KOMMENTAR ZUR BIBEL

KOMMENTAR ZUR BIBEL

AT und NT
in einem Band

Herausgegeben
von
Donald Guthrie,
J. Alec Motyer

R. BROCKHAUS VERLAG WUPPERTAL UND ZÜRICH

Titel der englischen Originalausgabe:

The New Bible Commentary Revised
Edited by D. Guthrie, J. A. Motyer;
Consulting Editors A. M. Stibbs, D. J. Wiseman

Übersetzung und Bearbeitung der deutschen Ausgabe:

Günter Balders; Ulrich Betz; Renate Biebrach;
Helmuth Egelkraut; Klaus Fiedler; Friedrich Gerlach; Fritz Goerling;
Klaus Günther; Wolfgang Klippert; Lisa Laepple; Ulrich Laepple;
Friedemann Lux; David Poysti; Gerhard Raabe; Friedrich Samuel Rothenberg;
Gerd Rumler; Reinhild Schmidt; Sylvia Schütz; Albert Martin Steffe;
Johannes Volkert; Ulrike Wettach; Hans-Georg Wünch

1. Sonderauflage 1992

Umschlaggestaltung: Carsten Buschke, Solingen
Satz: Breklumer Druckerei Manfred Siegel KG
Druck: Interpress Budapest

ISBN 3-417-24615-6

Inhalt

A Einleitung

B Altes Testament

Karten und Tabellen zum AT

C Neues Testament

Vorwort

Dieser Kommentar will allen, die sich ernsthaft mit der Bibel beschäftigen, eine Hilfe zum besseren Verständnis des Textes bieten. Dabei verbindet er den Glauben an die göttliche Inspiration der Bibel, ihre historische Vertrauenswürdigkeit und ihre Bedeutung für den Christen mit dem Bemühen um sorgfältige wissenschaftliche Arbeit. Aufgrund des begrenzten Raumes haben die Autoren es sich versagen müssen, bloße Vermutungen etwa im Blick auf Datierung und Verfasserschaft mancher Schriften ausführlich zu diskutieren.

Herausgeber und Verlag sind den vielen Mitarbeitern dieses Bandes zu großem Dank verpflichtet, haben sie doch ihre Gaben, ihre Zeit und ihre Erfahrungen bereitwillig in den Dienst dieses Projektes gestellt. Wie ein Blick auf die Liste der Mitarbeiter zeigt, sind diese in verschiedenen Denominationen zu Hause und arbeiten an Universitäten und theologischen Seminaren oder stehen im Gemeindedienst in vielen Teilen der Welt. So ist es nur natürlich, daß sie in einigen Auslegungsfragen unterschiedlicher Meinung sind. Deshalb sollte darauf hingewiesen werden, daß jeder Mitarbeiter nur für die von ihm gezeichneten Beiträge verantwortlich ist, und daß weder die einzelnen Autoren noch die Herausgeber unbedingt jede einzelne Aussage dieses Werkes bejahen müssen.

Die erste Auflage des Kommentars wurde mit der Hoffnung herausgegeben, daß Gott diese Auslegung durch seinen Geist dazu benutzen möge, vielen Benutzern anhand der Heiligen Schrift ein neues und vertieftes Verständnis seines Handelns und seines Willens für den Menschen zu schenken. Diese Hoffnung begleitet auch die neue Ausgabe.

Herausgeber und Verlag

Hinweise für den Benutzer

Die Einleitung dieses Kommentarwerks bilden elf ausführliche Grundsatzartikel. Sie informieren über historische, literarische und theologische Zusammenhänge, deren Kenntnis von den einzelnen Kommentatoren vorausgesetzt oder berücksichtigt wird.

Jedem biblischen Buch ist außerdem eine eigene Einleitung vorangestellt, die u.a. über Verfasser, Gliederung, Themen und Ziele des betreffenden Buches Auskunft gibt. Wer mit Hilfe dieses Kommentars einen Text oder ein ganzes Buch studieren will, tut gut daran, diese Einleitung vorher zu lesen.

Selbstverständlich und unerläßlich ist es, den jeweils vorliegenden Textabschnitt in der eigenen Bibel durchzuarbeiten und den Text aufgeschlagen vor sich zu haben. Dieses gilt umso mehr, als hier auf die Wiedergabe einer eigenen fortlaufenden Übersetzung aus Raumgründen bewußt verzichtet wird.

Jedem einzelnen Abschnitt ist in der Regel eine zusammenfassende Erläuterung vorangestellt. Auf erklärungsbedürftige Einzelverse wird dann mit einer Ziffer (in Fettdruck) verwiesen; dabei werden Begriffe und Abschnitte aus dem Text in kursiver Schrift zitiert, üblicherweise nach der Lutherübersetzung (LÜ), während andere Übersetzungen, wo sie angeführt werden, als solche gekennzeichnet sind (z.B. Zürcher Bibel [ZÜ], Elberfelder Übersetzung [EÜ], Jerusalemer Bibel [JB]). Die Kenntnis der Sprachen des biblischen Urtextes wird nicht vorausgesetzt. Gelegentlich werden hebräische bzw. griechische Wörter in vereinfachter Umschrift angeführt, sofern ihre Wiedergabe für die Kommentierung von Bedeutung erschien.

Auf die Grundsatzartikel im ersten Teil des Buches, auf Parallelstellen sowie auf Erläuterungen an andern Stellen des Kommentars wird jeweils verwiesen. Diesen Hinweisen sollte der Benutzer in jedem Fall nachgehen.

Andere Kommentare und sonstige Literatur werden nur vereinzelt ausdrücklich erwähnt. Häufiger wird jedoch auf das bewährte Lexikon zur Bibel (LBZ; herausgegeben von Fritz Rienecker) und - besonders wegen der anschaulichen Illustrationen - auf das Handbuch zur Bibel (HZB; herausgegeben von D. und P. Alexander) Bezug genommen.

Dem Verlag der englischen Originalausgabe und seinen Autoren sind wir dankbar für die Erlaubnis, den Text für den deutschen Benutzerkreis zu bearbeiten.

Der Verlag

Mitarbeiter

(* = Koautor)

James T. H. Adamson, Minister of First United Church, Ottawa, Canada: *Maleachi.*

Oswald T. Allis †, früher Westminster Theological Seminary, Philadelphia: *3. Mose.*

Gleason L. Archer, Trinity Evangelical Divinity School, Deerfield, Illinois: *Micha.*

John A. Balchin, Minister of First Presbyterian Church, Papakur, Neuseeland: *Hoheslied.*

Joyce G. Baldwin, Trinity College, Bristol: *Die Geschichte Israels; Ruth; Ester.*

George R. Beasley-Murray, Southern Baptist Theological Seminary, Louisville: *Die apokryphe und die apokalyptische Literatur**; *Hesekiel.*

Ulrich Betz, Pastor, Hamburg: *Die Autorität der Heiligen Schrift**.

Hugh J. Blair, Reformed Presbyterian Theological Hall, Belfast: *Josua.*

F. F. Bruce †, University of Manchester: *Poesie im Alten Testament; Die Weisheitsliteratur des Alten Testaments; Die apokryphe und die apokalyptische Literatur**; *Zwischen den Testamenten; Das vierfache Evangelium; Richter; Apostelgeschichte; 1. und 2. Thessalonicher.*

John T. Carson, Minister of Trinity Church, Bangor, Irland: *Zephanja.*

F. Cawlay †, früher Principal am Spurgeon's College, London: *Jeremia**.

R. Alan Cole, Robert Menzies College, Macquarie University, New South Wales: *Joel.*

A. E. Cundall, London Bible College: *Esra und Nehemia.*

Francis Davidson †, ehem. Theologieprofessor, Bible Training Institute, Glasgow: *Römer**.

Francis Foulkes, St. John's College und an der University of Auckland: *Philipper.*

Alexander Fraser, Minister of Cumlodden Church, Glasgow: *Nahum.*

Gerhard Gläser, Pfarrer i. R., Neuffen-Kappishäusern: *Offenbarung.*

Donald Guthrie, London Bible College: *Johannes, Kolosser, Philemon.*

Ronald Kenneth Harrison, Wycliffe College, Universität Toronto: *5. Mose**.

E. S. P. Heavenor, Minister of St. Michaels Church, Crieff: *Hiob.*

George S. Hendry, Princeton Theological Seminary, Princeton, New Jersey: *Prediger.*

R. E. Higginson, Vicar of Emmanuel Church, South Croydon: *Sacharja.*

Norman Hillyer, Tyndale House, Cambridge: *1. und 2. Korinther.*

J. B. Hindley †, früher Vicar of Wellington, Shorpshire: *Hosea.*

Hywel R. Jones, Minister of Grove Chapel, London: *2. Mose.*

Derek Kidner, Warden of Tyndale House, Cambridge: *Jesaja.*

Mededith G. Kline, Gordon-Conwell Theology Seminary, S. Hamilton: *1. Mose.*

William Sanford LaSor, Fuller Theological Seminary, Pasadena: *1. und 2. Könige.*

G. T. Manley †, früher Vicar of St. Luke's Church, London: *5. Mose**.

I. Howard Marshall, University of Aberdeen: *Lukas.*

Ralph P. Martin, Fuller Theological Seminary, Pasadena, Kalifornien: *Römer**; *Epheser.*

Leslie S. McCaw †, früher All Nations College: *Psalmen**.

Samuel J. Mikolaski, Regent College, Vancouver: *Galater.*

A. R. Millard, Universität Liverpool: *Jeremia**.

Leon Morris, ehem. Rektor, Ridley College, Melbourne: *1., 2. und 3. Johannes.*

J. Alec Motyer, Trinity College, Bristol: *Theologie des Alten Testaments; Psalmen**; *Amos.*

R. E. Nixon †, ehem. Rektor, St. John's College, Nottingham: *Matthäus.*

J. I. Packer, Regent College, Vancouver: *Die Autorität der Heiligen Schrift**.

D. F. Payne, The Queen's University, Belfast: *1. und 2. Samuel.*

D. W. B. Robinson, Bischof von Paaramatta, Australien: *Obadja; Jona.*

J. Ruffle, Birmingham: *Sprüche; Einleitung.*

L. E. H. Stephens-Hodge, London College of Divinity: *Klagelieder; Habakuk.*

A. M. Stibbs †, ehem. Prorektor, Oak Hill Theological College, London: *Die Pastoralbriefe; Hebräer.*

C. E. Graham Swift, ehem. Pastor der Cape Town Baptist Church: *Markus.*

J. A. Thompson, University of Melbourne: *4. Mose.*

Edward J. Young, Westminster Theological Seminary, Philadelphia: *Die Geschichte der Literarkritik des Pentateuch; Daniel.*

A. F. Walls, University of Aberdeen: *Sprüche.*

Ronald A. Ward, New Brunswick, Anglican Church of Canada: *Jakobus.*

John W. Wenham, Latimer House, Oxford: *Mose und der Pentateuch.*

David H. Wheaton, Rektor, Oak Hill Theological College, London: *1. und 2. Petrus; Judas.*

D. J. Wiseman, University of London: *Haggai.*

Abkürzungen

Altes Testament

1Mo	1. Mose (Genesis)
2Mo	2. Mose (Exodus)
3Mo	3. Mose (Leviticus)
4Mo	4. Mose (Numeri)
5Mo	5. Mose (Deuteronomium)
Jos	Josua
Ri	Richter
Rut	Ruth
1Sam	1. Samuel
2Sam	2. Samuel
1Kön	1. Könige
2Kön	2. Könige
1Chr	1. Chronik
2Chr	2. Chronik
Esr	Esra
Neh	Nehemia
Est	Esther
Hiob	Hiob
Ps	Psalmen
Spr	Sprüche
Pred	Prediger
Hld	Hoheslied
Jes	Jesaja
Jer	Jeremia
Klagl	Klagelieder
Hes	Hesekiel (Ezechiel)
Dan	Daniel
Hos	Hosea
Joe	Joel
Am	Amos
Obd	Obadja
Jona	Jona
Mi	Micha
Nah	Nahum
Hab	Habakuk
Zeph	Zephanja
Hag	Haggai
Sach	Sacharja
Mal	Maleachi

Apokryphen

3Esr	3. Esra
4Esr	4. Esra
Jdt	Judith
Weish	Weisheit
Tob	Tobias
Sir	Sirach
1Makk	1. Makkabäer
2Makk	2. Makkabäer

Neues Testament

Mt	Matthäus
Mk	Markus
Lk	Lukas
Jh	Johannes
Apg	Apostelgeschichte
Röm	Römer
1Kor	1. Korinther
2Kor	2. Korinther
Gal	Galater
Eph	Epheser
Phil	Philipper
Kol	Kolosser
1Thes	1. Thessalonicher
2Thes	2. Thessalonicher
1Tim	1. Timotheus
2Tim	2. Timotheus
Tit	Titus
Phlm	Philemon
Hebr	Hebräer
Jak	Jakobus
1Petr	1. Petrus
2Petr	2. Petrus
1Jh	1. Johannes
2Jh	2. Johannes
3Jh	3. Johannes
Jud	Judas
Offb	Offenbarung

Sonstige Abkürzungen

ägypt.	ägyptisch
akkad.	akkadisch
amorit.	amoritisch
Anm.	Anmerkung
Ant.	Antiquitates Iudaicae, Jüdische Altertümer des Geschichtsschreibers Josephus
apost.	apostolisch
arab.	arabisch
aram.	aramäisch
Art.	Artikel
assyr.	assyrisch
AT	Altes Testament
ATD	Das Alte Testament Deutsch. Neues Göttinger Bibelwerk, hrsg. von Artur Weiser
atl.	alttestamentlich
babyl.	babylonisch
BAT	Die Botschaft des Alten Testaments, Stuttgart
BHH	Biblisch-Historisches Handwörterbuch, hrsg. von Bo Reicke und Leonhard Rost
bibl.	biblisch
BK	Biblischer Kommentar. Altes Testament, hrsg. von Martin Noth und Hans Walter Wolff
christl.	christlich
dt.	deutsch
engl.	englisch
EinhÜ	Einheitsübersetzung Stuttgart 1980
EÜ	Elberfelder Übersetzung
Ev.	Evangelium
Evv.	Evanglien
GN	Die Bibel in heutigem Deutsch. Die Gute Nachricht.
griech.	griechisch
HAT	Handbuch zum Alten Testament, hrsg. von Otto Eißfeldt
hebr.	hebräisch
hell.	hellenistisch
hethit.	hethitisch
Hs.	Handschrift
Hss.	Handschriften
HZB	Handbuch zur Bibel, hrsg. von David und Pat Alexander
i.J.	im Jahre
israelit.	israelitisch
JB	Jerusalemer Bibel (Die Heilige Schrift des Alten und Neuen Bundes)
Jh.	Jahrhundert
Jt.	Jahrtausend
Jubil	Buch der Jubiläen
jüd.	jüdisch
kanaan.	kanaanitisch; kanaanäisch
Kap.	Kapitel
KAT	Kommentar zum Alten Testament, hrsg. von Wilhelm Rudolph, Karl Elliger, Friedrich Hesse
Komm.	Kommentar
kopt.	koptisch

lat.	lateinisch
LÜ	Luther-Übersetzung, revidierte Fassung von 1984
LXX	Septuaginta (griechische Übersetzung des AT)
LZB	Lexikon zur Bibel, hrsg. von Fritz Rienecker
mesopot.	mesopotamisch
Ms.	Manuskript
Mss.	Manuskripte
MT	Masoretischer Text (hebräischer Text des AT)
NT	Neues Testament
ntl.	neutestamentlich
pers.	persisch
Peschitta	syrische Bibelübersetzung
phöniz.	phönizisch
Plur.	Plural
p(p)	Parallelstelle(n) in den synoptischen Evangelien
1QS	Sektenregel von Qumran
rabb.	rabbinisch
röm.	römisch
S.	Seite
samarit.	samaritisch; samaritanisch
semit.	semitisch
Sib	Sibyllinische Orakel
Sing.	Singular
Sp.	Spalte
syr.	syrisch
Targum	aramäische Übersetzung des AT
THAT	Theologisches Handwörterbuch zum Alten Testament, hrsg. von Ernst Jenni und Claus Westermann
ThBL	Theologisches Begriffslexikon zum NT, hrsg. von Lothar Coenen, Erich Beyreuther und Hans Bietenhard
Übers.	Übersetzung
ugarit.	ugaritisch
V.	Vers
Verf.	Verfasser
Vulg.	Vulgata (lateinische Übersetzung der Bibel)
VV.	Verse
Welt der Bibel	Die Welt der Bibel, hrsg. von Pat Alexander
WStB	Wuppertaler Studienbibel. Begr. von Fritz Rienecker und Werner de Boor (NT). Reihe: Altes Testament, hrsg. von Gerhard Maier und Adolf Pohl
ZÜ	Zürcher Bibel

Transkription hebr.

א - ’	ז - s	מ - m	ק - q
ב - b	ח - ch	נ - n	ר - r
ג - g	ט - t	ס - ṡ	שׂ - ś
ד - d	י - j	ע - ‘	שׁ - sch
ה - h	כ - k	פ - p(h)	ת - t
ו - w	ל - l	צ - z	

Transkription griech.

α = a	ι = i	ϱ = r	ῥ = rh
β = b	ϰ = k	σ,ς = s	‘ = h
γ = g	λ = l	τ = t	γξ = nx
δ = d	μ = m	υ = y	γγ = ng
ε = e	ν = n	φ = ph	αυ = au
ζ = z	ξ = x	χ = ch	ευ = eu
η = e	ο = o	ψ = ps	ου = ou
Θ = th	π = p	ω = o	υι = yi

A Einleitung

Die Autorität der Heiligen Schrift

Seit den Tagen der Aufklärung ist die christliche Theologie in das hinein verwickelt, was wir den »Streit um die Bibel« nennen. Keine Generation ist von ihm verschont geblieben, und jede hat mehr oder weniger unter seinen Auswirkungen zu leiden gehabt. Nimmt man die Auseinandersetzungen jedoch einmal näher unter die Lupe, dann zeigt sich, daß es in der Regel nicht um die Bibel an sich ging. Alle christlichen Kirchen und alle theologischen Schulen haben jeweils immer betont, daß sie auf dem Boden der Heiligen Schrift stehen und stehen wollen. Die Auseinandersetzung ging vielmehr immer um das richtige Verstehen dessen, was die Bibel *ist.* Denn aus diesem Verständnis, was die Bibel *ist,* ergibt sich logischerweise die sachgemäße Methode der Auslegung der Bibel. (Zur Verdeutlichung: Wenn man von der Voraussetzung ausgeht, daß die Bibel eine historische Urkunde religiösen Charakters ist, liegt es nahe, die historisch-kritische Methode als sachgemäßen Schlüssel zur Auslegung zu verwenden.)

Auf der Auslegung aber beruht wiederum das, was von der Bibel her für Glauben und Verhalten verbindlich gemacht wird, also worin die Bibel unumstößliche Autorität ist. (Zur Verdeutlichung: Wenn man sich der historisch-kritischen Methode bedient, wird man wegen der weltanschaulichen Implikationen dieser Methode vieles, was die Bibel berichtet und lehrt, bezeugt und anweist, relativieren und damit im Blick auf den Glauben und das Verhalten heute für irrelevant erklären.)

Schon eine kurze Umschau würde zeigen, daß es zum Bibelverständnis eine Vielzahl unterschiedlicher Meinungen und Positionen gibt. Entsprechend bunt ist darum auch die Vielfalt hermeneutischer Ansätze, also der Vorstellungen darüber, wie die Bibel auszulegen sei. Man könnte sich nun daran machen, sie alle – oder doch wenigstens die wesentlichen unter ihnen – darzustellen und der Kritik zu unterziehen. Dies erscheint jedoch wenig sinnvoll, nicht nur wegen der gebotenen Kürze eines Einleitungsartikels, sondern vor allem von der Sache selbst her, um die es geht. Statt dessen ist es sicherlich angemessener, sich dem Verstehen der Bibel von ihrem Selbstzeugnis, von ihrem Selbstverständnis her zu nähern und daraus dann die entsprechenden Schlußfolgerungen zu ziehen, was Auslegungsweisen und Verbindlichkeit angehen.

Dabei wird man nun unweigerlich auf zwei Begriffe stoßen, die nicht nur eine wesentliche Rolle im Gesamtzusammenhang der christlichen Wahrheit spielen, sondern auch für die Begründung der Autorität der Heiligen Schrift konstitutiv und unverzichtbar sind: »Offenbarung« und »Inspiration«. Ihre Darstellung und Entwicklung anhand des biblischen Befundes wird eine vernünftige und einsichtige Begründung der Schriftautorität für Glauben, Lehre und Leben der Kirche Jesu Christi liefern.

Offenbarung

Der Begriff *»Offenbarung«* kann sowohl im aktiven wie im passiven Sinne verstanden werden und kommt in dieser doppelten Möglichkeit auch immer wieder in der Bibel vor. Offenbarung im aktiven Sinn meint das Handeln Gottes, durch das er aus seiner Verborgenheit heraustritt und sich auf verschiedene Weisen den Menschen in seinem Wesen und seinem Wollen bekanntmacht. Offenbarung im passiven Sinn ist die Erkenntnis, die das göttliche Offenbaren dem Menschen vermittelt hat, also die göttliche Wahrheit, die bei dem Menschen dauerhaft verbleibt. Was dazu im Alten und Neuen Testament gesagt wird, läßt das folgende Bild entstehen.

Das Alte Testament

Im Alten Testament wird an vielen Stellen betont: Israels Existenz wie auch seine Geschichte als Volk unter Völkern auf der einen, als Glaubensgemeinschaft, also als »Gottesvolk« auf der anderen Seite sind ausschließlich auf die göttliche Offenbarung zurückzuführen. Die wesentliche Kategorie ist in diesem Zusammenhang der *Bund,* den der sich offenbarende Gott mit Menschen bzw. dem Volk seiner Wahl eingeht und der den Fortgang göttlicher Offenbarung gewährleistet. In einem solchen Bund hatte sich Gott mit dem Stammvater des Volkes, mit Abraham zusammengeschlossen. Er hatte sich dabei als redender und wunderbar handelnder Gott erwiesen, der zusammen mit seinem Verbündeten Geschichte macht. Gott hatte in diesem

Bund auch Abrahams Nachkommen mitgemeint (1Mo 17). Weil er also eine Offenbarungs- und damit eine Heilsgeschichte in Gang setzte, hatte er die Israeliten aus der ägyptischen Gefangenschaft befreit und sie in das Land, das integraler Bestandteil der Bundesverheißung an Abraham war, zurückgeführt. Ziel dieses göttlichen Tuns war: Israel sollte im verheißenen Land zu einem Volk werden, das ihm diente und dessen Lebensweise zugleich für die Nachbarvölker missionarische Bedeutung gewinnen sollte. Darum gehörte zu dem guten und geordneten Leben im Bund mit Gott auch das *Gesetz,* die *Thora,* wörtl. übersetzt: die Weisung bzw. Unterweisung. Und diese Thora umfaßte alle Lebensbereiche – vom Kult bis zur Bracheordnung für das Ackerland. Somit war das ganze Leben Israels eingebettet in göttliche Offenbarung im aktiven und passiven Sinn.

Nicht von ungefähr kommt in der Geschichte Israels das Sich-Offenbaren Gottes nicht zur Ruhe, nicht zu einem Abschluß. Das hat zu einem, wenn auch nur geringeren Teil damit zu tun, daß Gottes Volk den Bund immer wieder bricht und damit Gottes Eingreifen provoziert. Entscheidend ist etwas anderes: Gott verfolgt in dem allen und durch alle Untreue seines Volkes hindurch seine ewigen Ziele weiter. Er schreibt Seite um Seite seiner Heilsgeschichte, die ja nichts anderes ist als die fortschreitende Geschichte seines Sich-Offenbarens. Diese soll und wird erst an ihr Ende gelangen, wenn es vom Glauben zum Schauen kommt, zu einer vollkommenen Gottesschau in der Nähe Gottes, die alle Offenbarung überflüssig machen wird. Darum nimmt es auch nicht wunder, daß sich Gott immer wieder Menschen »erweckte«, die in seinem Namen große Taten vollbrachten oder als seine bevollmächtigten Sprecher das »Wort des Herrn« verkündigten, so wie es die Situation gerade erforderte.

Israel war sich der Einzigartigkeit seiner Gottesbeziehung wohl bewußt (vgl. Ps 147,19.20). Wahrer Glaube war ja nur möglich in Gestalt von Gotteserkenntnis, von Erkenntnis Jahwes (Jahwe ist der Offenbarungsname des Bundesgottes, 2Mo 3,14). Gotteserkenntnis ist aber nur dort zu gewinnen, wo Gott sich selbst enthüllt in Taten und Worten, und dies eben nicht nur einmalig und zufällig, sondern immer wieder neu und als zu erwartendes Ereignis (vgl. dazu neben den Aussagen vieler Klagepsalmen bes. Jes 63,15–64,11). Die heidnische Umwelt, der die Gottesoffenbarung nicht zuteil geworden war, konnte darum auch nicht zur Gotteserkenntnis, zu wahrem Glauben kommen. Sie war darum fast zwangsläufig dem Götzendienst verfallen. Vor dem Hintergrund des Offenbarungsglaubens Israels wird erkennbar, daß alle anderen Religionen, ganz gleich welcher Art sie auch seien, ihrem Wesen nach blasphemisch waren (und sind): Sie verfehlten den wahren und einzigen Gott. Zwar wurde im Geschichtshandeln Gottes zusammen mit seiner Deutung durch das von Gott gegebene Wort auch hin und wieder den Völkern seine Gottheit vor Augen geführt (2Mo 7,5; Hes 25,11.17; 28,22–24), aber dies blieb letztlich ohne Resonanz (vgl. etwa Jona und was folgte). Dennoch sind die Völker nicht aus dem göttlichen Heilsplan ausgeklammert. Ihre Zeit kommt allerdings erst. Dies macht die Offenbarung der Zukunft Gottes im Wort der Propheten deutlich. Hier wird der Blick nach vorn gerichtet, auf Zeiten hin, in denen Gottes Herrlichkeit noch heller leuchten wird als bisher: Er wird den Messias erwecken, sein wegen seiner Untreue strafweise zerstreutes Volk wieder sammeln und sein Reich unter ihm aufrichten. Himmel und Erde werden neugeschaffen werden (Jes 65,17–25), Israels Glaube wird auf völlig neuen, von Gott gewirkten Voraussetzungen aufblühen (Jer 31,31–34). Dann werden auch alle Völker die Herrlichkeit Gottes in Israel erkennen und anerkennen (Jes 60,1–14; Hes 36,23). Nicht von ungefähr schließt das Alte Testament mit dem Ausblick auf den Tag des Herrn, mit dem dieser große, letzte Wandel einsetzt (Mal 3).

Das Neue Testament

Die Männer, denen wir die Schriften des Neuen Testamentes verdanken, sehen den letzten Sinn und das eigentliche Ziel der Offenbarungsgeschichte des Alten Bundes, die das Alte Testament aufgezeichnet hat, in Jesus Christus. Der Ablauf der Ereignisse in Israel von den ersten Anfängen an wie auch die darauf basierende Zusammenstellung des alttestamentlichen Kanons hatten sich also unter den wachsamen Augen Gottes vollzogen – und dies immer im Blick auf die künftige Inkarnation (die Fleischwerdung) Christi. Das AT selbst ist insofern Gottes Offenbarung im passiven Sinne.

Wenn aber die Inkarnation Christi Zielpunkt der alttestamentlichen Heilsgeschichte ist, müssen noch weitere, darin eingeschlossene Gesichtspunkte der Gottesoffenbarung berücksichtigt werden. Sie bilden den Rahmen des Heilsplans Gottes für die ganze Menschheit. Gott, der allmächtige Schöpfer, der »alle Dinge nach dem Rat seines Willens wirkt« (Eph 1,11), sah die Gottlosigkeit und die Selbstzerstörung der Menschheit durch die Sünde voraus. Aus Liebe zu seinen Geschöpfen entschloß er sich, sich als Retter der

Menschheit zu erweisen und zu verherrlichen. Dem diente schon alles, was im Alten Bund geschah und im Alten Testament festgehalten wurde, um die Erkenntnis des Kommenden vorzubereiten und zu ermöglichen. Dieses Zukünftige vollzog sich in der Menschwerdung Gottes in Jesus Christus, Gottes Sohn. Sein stellvertretender Tod am Kreuz bewirkte die der Menschheit notwendige »Erlösung«, eben jene Versöhnung zwischen dem heiligen Gott und dem schuldigen Menschen, für die schon die alttestamentliche Lebensordnung nur das stellvertretende Opfer kannte. Dieses Heil, das Jesus Christus für die Menschheit geschaffen hat, wird nun in der Verkündigung des Evangeliums den Bedürftigen angeboten und wird, wo es auf gläubige Aufnahme bei den Hörern stößt, angeeignet und in seinen befreienden Wirkungen schon jetzt erfahren. Die Glaubenden werden durch den Heiligen Geist Gottes, der ihnen verliehen ist, innerlich und durch die Taufe äußerlich dem neuen Volk Gottes in der Welt, nämlich der Gemeinde Jesu Christi, verbindlich eingegliedert. Die Gemeinde ist als Trägerin und Ausrichterin der Heilsbotschaft dazu berufen, Gottes Ziele in der Welt voranzutreiben, bis das Ende der Tage hereinbricht. Dabei ist ihr durch den Geist Gottes, der in ihr wirkt, die Fülle des Heilsplans Gottes geoffenbart. Dieser liegt im apostolischen Wort vor, dem darum bis zur Wiederkunft Christi und dem Abschluß der alten Weltzeit unbedingte Gültigkeit zukommt. In der neuen Welt Gottes wird dann auch die Gemeinde ihre letzte, nun vollkommene Gestalt erhalten und Gott alles in allem sein.

Dies ist mit wenigen, vielleicht zu knappen Strichen der große Rahmen, in dem das Neue Testament die Offenbarung Gottes entfaltet, unter Aufnahme des bereits mit dem Alten Testament Gegebenen. Die einzelnen Aussagen dazu sind über das ganze Neue Testament verstreut, besonders ausführlich und konzentriert begegnen sie jedoch im Johannesevangelium (vgl. etwa Joh 6,37–45; 10,14–18.27–29; 16,7–15.17) und in den Paulusbriefen (vgl. etwa Röm 8,29–39; Eph 1,3–14 etc.). Zur Verdeutlichung und Vertiefung der neutestamentlichen Aussagen zur Gottesoffenbarung seien die drei wichtigsten Stränge derselben noch ausführlich dargestellt.

Gottes Offenbarung in Jesus Christus. Jesus Christus, Gottes Sohn, ist das vollkommene Ebenbild des Vaters (2Kor 4,4; Kol 1,15; Hebr. 1,3). Insofern ist er in sich selbst eine vollkommene Offenbarung des Vaters für die, die Augen zum Sehen haben (Joh 1,18; 14,7–11). In dem fleischgewordenen Sohn wohnt die ganze Fülle Gottes (Kol 1,19; 2,9). Wer die volle Bedeutung des Lebens und Sterbens Jesu versteht, erkennt damit zugleich die ewige Absicht (die »Weisheit«) Gottes: das Heil für die Glaubenden (Kol 2,2–3; 1Kor 1,24; 2,7–10), für die, die sich nicht schämen, der in den Augen der Menschen so törichten Kreuzesbotschaft zu folgen. Allerdings tritt hierbei zugleich das Paradox hervor: niemand kann das Heil oder auch nur Teile der Offenbarung Gottes in Christus begreifen, wenn ihm nicht übernatürliche Erleuchtung durch den Geist Gottes geschenkt ist (Joh 3,3–12; 6,44; Mt 16,17; Gal 1,16 u.ä.).

Die Offenbarung des göttlichen Heilsplans. Gottes umfassender Plan, seine Auserwählten aus allen Völkern, aus Juden und Heiden, zu erretten, war das »Geheimnis«, das er in seiner Weisheit vor Grundlegung der Welt ersann. Dieser Plan wurde aber erst im Zeitalter der Apostel bekanntgemacht, das göttliche Geheimnis erst den Aposteln enthüllt. Zum ersten Mal wurde nun die volle Bedeutung der Erwählung und Geschichte Israels und damit der alttestamentlichen Offenbarung offenkundig: Es war schon immer Gottes Ziel gewesen, nicht nur eine der vielen Nationen der Welt zu retten. Er wollte schon immer ein neues Volk schaffen, dessen Angehörige aus allen Völkern herausgerufen werden und die ihre Zugehörigkeit zu ihm nicht durch eine natürliche, sondern durch eine geistliche Geburt empfangen sollten (vgl. etwa 1Petr 2,9–10). Diesen »von neuem Geborenen« soll die gleiche Verherrlichung zuteil werden, wie sie ihrem Haupt Jesus Christus (als dem »Erstling« eines neuen Geschlechts; vgl. 1Kor 15,20.23) bereits zuteil geworden ist. Seine Gegenwart im Himmel (als »Mensch der Herrlichkeit«) ist für sie das Unterpfand, daß sie dieser Herrlichkeit an dem Tage, den Gott dafür vorgesehen hat, teilhaftig werden.

Paulus beschäftigt sich in verschiedenen wichtigen Abschnitten seiner Briefe mit der Enthüllung dieses Geheimnisses (etwa Eph 1,8–12; 2,2–11; 1Kor 2,7–10; Röm 16,25.26; vgl. 11,25–36; 2Tim 1,9–11). Die Quelle dieser Offenbarung ist Gott, ihr Mittler ist Jesus Christus (Gal 1,12; vgl. Offb 1,1), die bei ihrer Übermittlung wirksame Kraft ist der Heilige Geist (1Kor 2,10–12; 2Kor 3,15–18, vgl. 4,6; Eph 3,5). Damit die Offenbarung der Kirche unversehrt übermittelt würde, inspirierte der Heilige Geist das apostolische Zeugnis (1Kor 2,13), wie er die Worte Jesu inspiriert hatte (Joh 3,34; vgl. 12,48–50). Er drängte die Apostel, der Offenbarung, die sie empfangen hatten, in einem Lehrtypos, dem »Vorbild der heilsamen Worte« (Röm 6,17; 2Tim 1,13), feste Gestalt zu geben. Das ist die »heilsame

Lehre« (1Tim 1,10; vgl. 6,3; 2Tim 4,3; Tit 1,9; 2,1), die apostolische »Tradition« (2Thess 2,15; 3,6), Prüfstein und Norm für den Glauben und das Leben der Gemeinden.

Die Offenbarung Gottes in der Durchführung des Heilsplans. Gott offenbart seine Absichten nicht nur durch das, was er sagt, sondern, wie wir schon sahen, auch durch das, was er tut. Darum wird jedes göttliche Handeln, das ein Fortschreiten in der Heilsgeschichte markiert, zu Recht als Offenbarung angesehen. Das Neue Testament kündigt zwei solcher Offenbarungsgeschehen an, die noch ausstehen: die Erscheinung des Antichristen (als von Gott zugelassenes, negatives Offenbarungsgeschehen, 2Thess 2,3; 6,8) und die Parusie (Wiederkunft) Jesu Christi (1Kor 1,7; 2Thess 1,7–10; 1Petr 1,7.13). Das zuletzt genannte Geschehen beendet die Geschichte und leitet den Tag des Weltgerichtes ein. Jesus Christus wird Gottes ewige Absicht in letztgültiger Vollendung verwirklichen – und dies sowohl im Blick auf die Unbußfertigen wie auf die Heiligen. Die einen wird er dem ewigen Zorn Gottes unterwerfen, die anderen in die ewige Herrlichkeit geleiten (Röm 2,5–10; 8,18, vgl. 1Petr 1,5).

Dies ist in kurzen Worten der biblische Befund, wenn wir nach der Sache und dem Wesen der Offenbarung Gottes fragen. Darin ist bereits eine erste Entscheidung über das der Bibel angemessene Verständnis gefallen. Die biblischen Aussagen bilden zugleich das Fundament für die gesamte christliche Lehre von der Offenbarung Gottes, in der die Lehre vom Wort Gottes immer miteingeschlossen ist. Es lohnt sich darum, sich dem umfassenderen dogmatischen Bereich zuzuwenden und dabei immer die Bibelfrage im Auge zu behalten.

Ursprüngliche Offenbarung

Sinnvoll von Offenbarung Gottes zu reden ist nur deshalb möglich, weil Gott den Menschen zu seinem Bilde geschaffen hat. Er schuf ihn als qualifiziertes Gegenüber; der Mensch sollte nach Gottes Schöpferwillen in der Lage sein, Gott zu erkennen, ihn zu lieben und anzubeten, ihm zu dienen und ihn zu verherrlichen. Dabei offenbarte sich Gott in der Ursprungssituation der Schöpfung dem Adam in dem Maße, wie es für das Leben in Gemeinschaft mit Gott nötig war. Diese Offenbarung enthielt verschiedene Elemente. Zum einen erkannte Adam Gottes Wesen an der Qualität der Schöpfung: Die Welt, die ihn umgab, war ein beredtes Zeugnis der Macht und Weisheit ihres Schöpfers. Diese geschaffene Welt unterliegt inzwischen zwar den Wirkungen des Sündenfalls (1Mo 3,18; Röm 8,11–22), aber noch immer verkündet sie Gottes Herrlichkeit (Ps 19,1f; Röm 1,19f). Um wieviel mehr muß sie dies vor dem Einbruch der Sünde getan haben. Ferner konnte Adam die Güte seines Schöpfers an dessen fürsorgendem Handeln erkennen. Trotz des Chaos, das durch die Sünde in die Welt gekommen ist, sind in allem immer noch Gottes erhaltende Kräfte wirksam und an sich auch einsichtig, »denn Gott hat sich selbst nicht unbezeugt gelassen« (Apg 14,17). Für Adam war dies zweifelsohne viel deutlicher erkennbar, als er noch in Eden lebte, mit der Frau, die Gott für ihn geschaffen hatte, umgeben von den Tieren, die Gott ihm zugeführt und unterworfen hatte (1Mo 2,18–24). Entscheidend war aber die unmittelbare Begegnung zwischen Gott und seinen Geschöpfen, die direkte Anrede an sie (vgl. 1Mo 2,16–17). Gerade diese letzte entscheidende Offenbarungsweise, die ja von Angesicht zu Angesicht geschehen sein muß, ist für uns Heutige kaum nachzuvollziehen. Die Gotteserkenntnis, die Adam vor dem Sündenfall zu eigen war, liegt also ebenso jenseits unserer Vorstellungsmöglichkeiten wie die Gotteserkenntnis, die der Gemeinde nach ihrer Auferweckung in der Vollendung bei Gott zuteil werden wird. Doch es gibt einige gleichbleibende Merkmale der göttlichen Selbstoffenbarung, die sich hier bereits abzeichnen.

Das Ziel der Offenbarung. Gott offenbart sich dem Menschen, damit der Mensch die Bestimmung seines Lebens nicht verfehlt. Sie besteht darin, Gottes gehorsamer und treuer Haushalter in der von Gott geschaffenen Welt zu sein. Damit er dieser Bestimmung genügen kann, muß der Mensch seinen Auftraggeber und dessen Willen kennen und in einer vertrauensvollen Beziehung zu ihm stehen. Dies aber wird erst möglich und wirklich, wenn Gott aus seiner Verborgenheit für den Menschen heraustritt und sein Wesen und Wollen dem Menschen, soweit dies zur Erfüllung seiner Aufgaben nötig ist, einsichtig macht. Wahre Gotteserkenntnis samt ihrer verpflichtenden Relevanz ist also immer abhängig von einer vorausgehenden göttlichen Selbsterschließung; alles andere wäre zweifelhafte Religionsphilosophie. Wenn also, um zu den Ursprüngen zurückzukehren, Adam in Gemeinschaft mit Gott leben sollte (was er ja tat!), dann setzte dies voraus, daß Gott sich ihm offenbarte (was er ja tat!). An diesem Tatbestand hat sich bis heute nichts geändert.

Die Formen der Offenbarung. Offenbarung ist die persönliche Selbstenthüllung Gottes gegenüber seinen vernunftbegabten Geschöpfen. Damit wird eine Beziehung hergestellt, die die Bibel ihrem Inhalt nach mit der Beziehung vergleicht, die zwischen Ehemann und Ehefrau, Vater und Sohn oder Freund und Freund besteht (Jer 3; Hos 11,1; Jes 41,8; Mt 7,11; Joh 15,15; Eph 5,25–27). In der Offenbarung Gottes vollzieht sich also ein personales Sich-Mitteilen. Dies ist ohne Worte, ohne die persönliche Anrede des Menschen durch Gott nicht möglich. Gottesoffenbarung geschieht demgemäß wesentlich durch Gottes Wort. Denn ganz allgemein gilt, daß Handlung ohne den Kontext mündlicher Erklärung, Tätigkeit ohne begleitende Kommentierung nur ein begrenztes Mittel ist, um sich einem anderen eindeutig bekanntzumachen. Für Adam genügte es nicht, Gott aus den Werken seiner ihn umgebenden Schöpfung zu erkennen. Um in der richtigen Beziehung zu ihm stehen zu können, um als Gottes Ebenbild Haushalterschaft in der Schöpfung wahrnehmen zu können, bedurfte er auch und vor allem des Redens Gottes, war er angewiesen auf Gottes Wort. Nur auf Grund ausdrücklicher Offenbarung des göttlichen Willens war er ja in der Lage, seiner Aufgabe verantwortungsvoll nachzukommen.

Es darf allerdings nicht übersehen werden, daß Selbstoffenbarung im Wort nicht in informierenden Mitteilungen aufgeht, so wenig wie der Glaube in rein begrifflicher Erkenntnis von Wahrheit aufgeht. Die Selbstoffenbarung Gottes an den Menschen ist immer auch Selbstmitteilung an den Menschen, Teilgabe an sich, die Teilhabe schafft und Gemeinschaft wirkt. Damit ist von ihrem Wesen her aller Intellektualisierung der Gottesbeziehung gewehrt. Ein Weiteres kommt hinzu.

Wenn göttliches Handeln ohne Erläuterung durch göttliches Wort nicht eindeutig immer als solches identifizierbar ist und darum nicht immer als Offenbarung erkannt werden kann, so gilt umgekehrt: Gottes Wort wird durch die Taten Gottes ergänzt, darin die Gottesoffenbarung vollendet. Es ist hier so wie in zwischenmenschlichen Beziehungen auch: Persönliche Standpunkte und Verhaltensweisen lassen sich auf Grund ihrer Eigenart verbal nur unzureichend ausdrücken. Zwar kann ihr Vorhandensein durch Worte angezeigt und ihr Wesen in einem gewissen Ausmaß beschrieben werden; letztlich bedürfen sie aber dann des Ausdrucks in Handlungen. Ein Beispiel: Wenn Gott seine Liebe zu den Menschen offenbart, wird er nicht nur *sagen*, daß er die Menschen liebt, sondern er wird den Menschen auch seine Liebe *erweisen*. Die umfassende Bedeutung dessen, was er sagt, wird also erkennbar in Verbindung mit dem, was er tut. Gottes persönliche Einstellung zu den Menschen wird also *nur* durch Worte in Verbindung mit Taten voll offenbar.

Die Wirksamkeit der Offenbarung. Gott ist durch die Begrenztheit menschlichen Verstehens in keiner Weise daran gehindert, sich zu offenbaren. Zwar ist die Gotteserkenntnis des Menschen unvollkommen, in vielem undeutlich und der Größe dessen, den es zu erkennen gilt, unangemessen. Auf der anderen Seite ist doch wahr, daß Gott in seiner Offenbarung sich auf die Ebene menschlichen Erkennens herabbegibt. Adam konnte mit Hilfe seines Verstandes nicht mehr von Gott begreifen, als Gott ihm auf dieser Ebene geoffenbart hatte. Aber dies war ausreichend, um in der richtigen Beziehung mit Gott zu stehen. Und, um ein umfassenderes Beispiel zu nennen, wenn Gott sich heute einem sündigen Menschen offenbart, dann gibt er ihm dabei die verlorene Fähigkeit zurück, Gottes Wort als solches zu erkennen und sich nun für oder gegen das zu entscheiden, was ihm geoffenbart wurde. Die Haltung des Vertrauens, die sich dann ergibt, wenn der Mensch positiv von dieser ihm neu eröffneten Fähigkeit Gebrauch macht, nennt die Bibel »Glauben«. Insofern kann man davon sprechen, daß Adam Glauben besaß. (Es vollzieht sich darum tatsächlich eine Art von Wiederherstellung dessen, was der Mensch im Sündenfall verlor, wenn durch die Verkündigung des Evangeliums zusammen mit der offenbarenden Wirksamkeit des Heiligen Geistes bei Menschen der Glaube geweckt wird.)

Gott offenbart sich als Erlöser

Mit dem Sündenfall zerbricht die ursprüngliche Beziehung zwischen Gott und dem Menschen, zwischen Schöpfer und Geschöpf. Der sündige, von Gott getrennte Mensch bedarf nun eines Helfers, eines Retters, eines Erlösers, der seine selbstverschuldete Lage wieder wendet. Dies kann aber nur Gott selbst sein, den der Mensch bis jetzt jedoch nur als Schöpfer und Gebieter kennt. Gott als Erlöser zu sehen, als den, der aus Liebe zu seinen Geschöpfen alles tut, um die Auswirkungen der Sünde zu heilen, bedarf eines neuerlichen offenbarenden Handelns Gottes, bedarf der gewißmachenden Erkenntnis Gottes als des Erlösers. Dies geschieht dann auch: Gott gliedert von nun an sein offenbarendes Handeln in den Prozeß der Erlösung, in den Gang der Heilsgeschichte ein. Dennoch bleiben die oben beschriebenen grundsätzlichen Elemente von Gottesoffenbarung erhalten.

Mit dem Sündenfall ging dem Menschen die Fähigkeit verloren, das Gotteszeugnis der Schöpfung zu verstehen. Zwar blieben Sinn und Botschaft dieses »Buches« die gleichen wie vorher, aber der gefallene Mensch konnte sie nicht länger erkennen; die Himmel verkündeten die Herrlichkeit Gottes vor tauben

Ohren. »Sie haben es für nichts geachtet, Gott zu erkennen« (Röm 1,28), die Sünde hat sie blind gemacht für ihre natürliche Bestimmung, den Schöpfer zu lieben und ihm zu dienen. Der Gedanke, sein Leben in Abhängigkeit von Gott zu gestalten, wird weit zurückgewiesen (Röm 8,7). Zwar blieb in den Herzen ein unzerstörtes Angelegtsein auf Gott hin zurück, ein Bewußtsein davon, daß da irgendetwas oder irgendjemand sei, der größer ist als der Mensch, der deshalb angebetet und dem gedient werden müsse. Aber der Mensch lehnte es ab, sich durch dieses Empfinden zu seinem Schöpfer zurückführen zu lassen. Er befand sich in der Gewalt des Unglaubens, einer nach biblischer Aussage satanischen Realität, einer leidenschaftlichen Kraft blinder Verneinung, einer resoluten Zurückweisung des wahren Gottes (vgl. Röm 1,21–32; Eph 2,2–3; 4,17–19). Weil also die ursprüngliche Offenbarung, obwohl sie fortbestand, die Menschen nicht länger zur Gotteserkenntnis führte, bedurfte es eines neuerlichen Handelns Gottes. Weil der gefallene Mensch, selbst wenn er das »Buch der Schöpfung« richtig läse, nur zur Verzweiflung getrieben würde (denn die natürliche Offenbarung läßt uns Gott als den erkennen, der den Ungehorsam und Undank des Menschen haßt und bestraft; Röm 1,18), bedurfte es eines neuerlichen Redens Gottes, bedurfte es der Offenbarung der guten Nachricht: Der Gott, der der Sünde unbarmherzig gegenübersteht, begegnet zugleich dem Sünder mit Barmherzigkeit. Und diese Offenbarung durch Gottes Wort und Tat ist durch die Selbsterschließung Gottes, die in Jesus Christus sich vollzog, Wirklichkeit geworden.

Das bedeutet: Seit dem Sündenfall hat sich Gott in der Menschheitsgeschichte vor allem als Erlöser zu erkennen gegeben. Dabei hat er seine ewigen Ziele zunehmend geoffenbart; sie bilden das »göttliche Geheimnis«, das die Apostel verkünden. Im Mittelpunkt des göttlichen Heilsplans steht das Wirken des menschgewordenen Gottessohnes auf der Erde. Im Christusgeschehen finden alle Vorbilder, Vorschattungen und Verheißungen des Alten Testaments ihren eigentlichen Zielpunkt, ihre letzte Erfüllung (Mt 5,17; Lk 24,27; Joh 5,39; Apg 13,26–33; Hebr 7–10), und dabei auch, was uns noch zu beschäftigen hat, Israels heilige Schriften. Auf Christi Erdenwirken baut alles weitere Heilshandeln auf, es bildet das Fundament. Mit seiner Himmelfahrt begann Christus seinen himmlischen Dienst. Durch seinen Geist teilt er den Seinen in der Welt alle die Heilsgaben mit, die er ihnen durch sein Erdenwirken erworben hatte. Zum Abschluß wird das Werk Christi bei der Vollendung seiner Gemeinde kommen. In der Vollendung der Gemeinde bei der Wiederkunft Christi kommt aber auch die Offenbarungsgeschichte zu ihrem Abschluß. Die verherrlichte Schar der Erlösten wird dann »schauen von Angesicht zu Angesicht«. Bis dahin aber bringt jedes Gnadenhandeln Gottes dem Zustand der Vollkommenheit näher. Die neue Schöpfung und ebenso die alte, Gottes besonderes Erlösungshandeln wie auch die Werke seiner allgemeinen Vorsehung sind offenbarende Taten, deren jede die Herrlichkeit Gottes verkündet.

Wortoffenbarung

In dem heilsgeschichtlichen Prozeß, an dessen Ende die Vollendung der Erlösten steht, hat die Offenbarung durch das Wort wiederum einen unersetzlichen Platz. Zunächst ist das Ergehen des Wortes Gottes ein wesentlicher Bestandteil in jener Kette göttlicher Handlungen, die die Erlösung in Gang setzten. Ohne das Angeredetsein durch Gott wäre Abraham nie nach Kanaan gezogen, hätte Mose Israel niemals aus Ägypten geführt, wäre das Leben Jesu nicht gerettet worden, als es durch den Mordbefehl des Herodes bedroht war (vgl. 1Mo 12,1–5; 2Mo 3,1–6; Mt 2,13–15) – um nur ein paar Beispiele zu nennen. Zum anderen war die Offenbarung Gottes im Wort zu allen Zeiten die entscheidende Voraussetzung für den Glauben: Gott redete – und der Mensch antwortete; Gott sprach – und der Mensch entsprach. Da aber dem Glauben Heilsbedeutung in dem Sinne zukommt, daß nur im Glauben das Heil empfangen werden kann und wird, gewinnt die Wortoffenbarung zusätzliche Bedeutung. Ohne göttliches Wort, ohne persönliche Anrede kann es keine Antwort, keinen Glauben (vgl. Röm 10,17) geben.

Das zeigt sich gerade bei der an sich klarsten Gottesoffenbarung, bei der Menschwerdung Christi. Zwar brachte Jesus Christus, das Wort Gottes in Person, die Erlösungsabsicht des Vaters vollkommen zum Ausdruck und zur Geltung. Aber gerade dies stößt auf Unverständnis, gerade dies übersteigt das menschliche Verstehen und Denken bei weitem. Die vollkommene Offenbarung Gottes in Jesus Christus hätte als solche nicht erkannt werden können, wenn die vorbereitende, begleitende und nachfolgende erklärende Wortoffenbarung gefehlt hätte. Wie hätten sonst Menschen die paradoxe und auf ewig geheimnisvolle Wahrheit begreifen können, daß Jesus der menschgewordene Sohn Gottes war und durch seinen Tod am Kreuz die Sünden der Welt hinwegnahm, wenn man es ihnen nicht gesagt hätte – und dies mit einer überführenden Kraft und Autorität, die nicht von Menschen stammt. Um den Glauben an Jesus Christus als den Retter möglich zu machen, gab Gott der Menschheit eine verbale Erläuterung des Christusgeschehens. Diese ist das Evangelium, das apostolische Kerygma, welches das fleischgewordene Wort als Gottes Gabe bekanntmacht und denen ewiges Leben verheißt, die es annehmen und Herr sein lassen in ihrem Dasein. Das macht deutlich, daß die Offenbarung der Pläne und Ziele Gottes im Wort keineswegs nur Zusatz oder Anhängsel des göttlichen Erlösungshandelns in der Geschichte ist. Sie ist vielmehr Teil desselben, als Glied in der Kette genauso wichtig wie die Ereignisse, auf die sie sich bezieht. Gottes Programm schließt beides ein: die Schaffung wie die Übermittlung des Heils, die Versöhnung wie das Wort und den Dienst der Versöhnung. Es ist erst erfüllt, wenn durch das Evangelium Sünder zum Glauben und damit zur Gotteserkenntnis gekommen sind.

Die dem Evangelium innewohnende Verheißung hat während der gesamten Heilsgeschichte ihre Form und ihren Inhalt unverändert beibehalten. Es geht in ihr immer um den Bund, in dem Gott den Menschen Gott sein will und der Mensch dies annimmt; in dem Gott den Menschen segnet und bewahrt und der Mensch sich segnen und bewahren läßt und darauf mit Liebe, Dank und Gehorsam antwortet; in dem Gott als der ewige Gott dem Menschen ewige Zukunft zuspricht, weil die in der Zeit begonnene Gemeinschaft nie mehr abgebrochen werden soll (Röm 8,31ff). Inhaltlich erfährt die Verheißung im Laufe der Geschichte zwar keine Veränderung, wohl aber ihre Entfaltung. Gott enthüllte im Rahmen der allgemeinen Bundeszusage zunehmend die einzelnen Segnungen, die diese einschloß, wie auch deren objektives Fundament: Gottes eigenes Erlösungshandeln. Dabei wurden die vorangehenden Offenbarungen nicht durch die neueren ersetzt, sondern unterstrichen und ergänzt, bis alles, was sich in Christus erfüllen sollte, mitgeteilt war.

Bei der Wortoffenbarung bediente sich Gott vieler und verschiedener Mittel. Manchmal wurde sie durch eine übernatürliche Erfahrung empfangen, also etwa in Visionen und Träumen oder durch die prophetische Inspiration, deren Gestalt von stiller Meditation bis hin zu schäumender Ekstase reichte.

Gott vermittelte seine Wahrheit aber auch so, daß er sich der natürlichen Gaben und Kräfte seiner menschlichen Werkzeuge bediente und ihnen zur Einsicht in seine Offenbarung verhalf: etwa auch bei historischer Forschung, bei der Auslegung kanonischer Schriften, durch betendes Nachdenken und nachdenkendes Beten, durch logisches und theologisches Denken. Ein großer Teil der Weisheitsliteratur sowie die historischen Schriften des Alten Testaments dürften diesem Offenbarungstypus zuzuordnen sein, ferner alle neutestamentlichen Schriften, die Offenbarung des Johannes ausgenommen.

Eines muß dabei besonders betont werden: In der Bibel selbst wird weder, was die Reinheit, noch was die Zuverlässigkeit der Offenbarung angeht, zwischen den verschiedenen Arten ihres Empfangs bzw. ihrer Übermittlung unterschieden. Alle Werkzeuge der Offenbarung, so begrenzt sie in sich selbst auch erscheinen mögen, werden in den Händen des souveränen Gottes für die Ziele, um deretwillen er sich ihrer bedient, uneingeschränkt brauchbar.

Biblische Offenbarung

Unsere breiten Überlegungen zur Frage der Gottesoffenbarung und Gotteserkenntnis dienten nun nicht primär dazu, um unser Verständnis zu diesem Gesichtspunkt der christlichen Wahrheit zu erhellen, sondern vielmehr, um zum richtigen Bibelverständnis und damit zur sachgemäßen Auslegung und Anwendung der Bibel zu kommen.

Gott hatte seine aktuelle und konkrete Offenbarung in Wort und Tat nicht nur für die jeweilige Zeit bestimmt, in die hinein er sie ergehen ließ. Sie war ja immer auch ein Stück Enthüllung seines ewigen Wesens und ewigen Wollens, ein Greifbarwerden dessen, »der da ist und der da war und der da kommt«. Die Einzeloffenbarung gehört in die Offenbarungsgeschichte Gottes hinein, die die göttliche Seite der Heilsgeschichte ist. Um seiner Offenbarung eine unversehrte Bewahrung zu sichern, ließ Gott sie »Schrift« werden, ließ er sie aufzeichnen. Das Buch, das auf diese Weise schließlich entstand, enthält zwar nicht alles an jemals gegebener Offenbarung (z.B. verweist 2Chr 9,29 auf prophetische Bücher, die nicht erhalten geblieben sind, und Joh 21,25 auf viele nicht aufgezeichnete Taten Jesu Christi). Es enthält aber alles, was für die Ziele dieses Buches wichtig und wesentlich war. Zum einen ist in ihm alles gesagt, was die Grundlage für den persönlichen Glauben bildet und was für eine individuelle christliche Verhaltensweise von Belang ist. Zum anderen versetzte die Bibel mit ihrer Vielfalt an Offenbarungsaussagen das Volk Gottes in jedem Jahrhundert in die Lage, sich selbst zu verstehen und zu beurteilen, seine Geschichte zu deuten, sein Leben fortgesetzt zu reinigen und zu erneuern und alle Angriffe abzuwehren, seien es Angriffe von innen in Gestalt von Sünde und Irrlehre oder von außen in Gestalt von Verfolgung oder konkurrierenden Ideologien.

Alle Probleme und Herausforderungen, denen die Kirche gegenüberstand, gegenübersteht und gegenüberstehen wird, finden im Prinzip in der Bibel ihre Antwort und Lösung. Obwohl dieses Buch der Gottesoffenbarungen ausgesprochen menschliche Züge trägt, obwohl in ihm viel von Sünde und Irrtum berichtet wird, obwohl seine Verfasser Menschen ihrer Zeit waren mit den damit gegebenen Begrenzungen, ist die Bibel auf Grund ihres Inhalts und – wie wir noch sehen werden – ihres besonderen Entstehens ein göttliches Werk. Offenbarung Gottes und Inspiration ihrer Verfasser durch den sich offenbarenden Gott machen klar, daß der eigentliche Autor der Bibel Gott selbst ist.

Dazu läßt sich folgender doppelter Beweisgang führen:

Das Zeugnis Jesu Christi (der äußere Beweis). Dieser Beweis schließt zwei Feststellungen ein. 1. Die Autorität Christi fordert die Annahme des Alten Testaments als eines Werkes göttlicher Inspiration. Jesu Aussagen sind in dieser Hinsicht eindeutig und nachdrücklich. Für ihn war das Alte Testament keine bunte Mischung religiöser Bücher verschiedensten Charakters und Wertes, sondern eine Einheit, eben »die Schrift« (Joh 10,35). Dieser Schrift kam bleibende und absolute Autorität zu, weil sie auf göttlichen Ursprung zurückging (vgl. Mt 5,17–20; Lk 16,17; Mt 19,4–6). Darum besaßen Argumente aus der Schrift für ihn entscheidende Kraft und Gewicht (Mt 22,32.41ff; Joh 10,34.35 etc.). Der Ausspruch »Es steht geschrieben« war endgültig und entschied die jeweils anstehende Sache. Die Evangelien machen unabweisbar deutlich: Der gesamte Dienst Jesu Christi legte davon Zeugnis ab, daß er die Autorität des Alten Testamentes als Gotteswort bejahte. Er predigte und heilte, er tröstete und vergab Sünden, ja er starb im Gehorsam gegenüber dem, was »geschrieben« stand (vgl. Mt 8,16f.26,24.54; Lk 4,18–21; 18,31–33; 22,37). Er, dem sich die christliche Kirche als ihrem Lehrer unterordnet, unterstellte sich selbst in allem dem Wort seines Vaters in den alttestamentlichen Schriften. Die Apostel wiederholen in ihren Schriften dieses Zeugnis (vgl. 2Tim 3,16; 2Petr 1,20f; Röm 3,2: »was Gott geredet hat«; oder es werden Abschnitte aus dem Alten Testament zitiert, die in ihrem jeweiligen Zusammenhang von Menschen als Worte Gottes oder des Heiligen Geistes gesagt wurden, z.B. Mt 19,4f; Apg 4,25f; 13,34f; Hebr 1,6ff; 3,7).

Die Autorität Jesu Christi fordert auch die Annahme des Neuen Testamentes als eines Buches, das den gleichen Charakter wie das Alte Testament besitzt. Jesus lehrte seine Jünger, das Alte Testament »christologisch« zu lesen, also als prophetische Offenbarung alles dessen, was in seinem Wirken und Geschick sich ereignete (Lk 24,24f.44f; Joh 5,39.46). Die Apostel taten dies (vgl. Apg 3,18.24; 1Petr 1,10–12), und sie machten dabei geltend, daß das Alte Testament nicht allein für Israel, sondern vor allem auch als Richtschnur und Hilfe für die Gemeinde Jesu Christi geschrieben worden sei (vgl. Röm 4,23f; 15,4; 1Kor 9,10; 10,22; 2Tim 3,16). Darum könne es auch nur von denen richtig verstanden werden, die es im Lichte Christi läsen (2Kor 3,14–16).

Was diese Überlegung mit der oben behaupteten These zu tun hat, daß auch dem Neuen Testament der gleiche Charakter wie dem Alten Testament zuzuerkennen sei, ergibt sich aus folgendem: Gott hatte seine früheren Offenbarungen Schrift werden lassen, im Alten Testament, damit sie in unversehrtem Zustand erhalten und zugänglich blieben, und das nicht nur für Israel, sondern auch für die Kirche Jesu Christi aus allen Nationen. Es wäre unerklärlich, wenn er diese begründete und bewährte Form der Offenbarungsübermittlung nicht beibehalten hätte, als er der Welt seine alles Vorherige übersteigende und krönende Selbstoffenbarung in Jesus Christus gab. Von daher mußte erwartet werden, daß die Aufzeichnung der Offenbarung des Alten Bundes im Alten Testament durch die Aufzeichnung der Offenbarung des Neuen Bundes im Neuen Testament fortgesetzt werden würde.

Vor dem Hintergrund dieser Annahme gewinnen bestimmte Faktoren ihre unmißverständliche Bedeutung: 1. Jesus Christus verhieß seinen Aposteln den Heiligen Geist, der sie an das erinnern und sie das verstehen lehren würde, was er zu ihnen gesagt hatte (Joh 14,25f). Der Heilige Geist würde ihnen zudem noch mehr von Christus offenbaren, solches, was sie noch nicht »ertragen« konnten, solange er noch sichtbar bei ihnen war (Joh 16,12–14). So ausgestattet sollten sie bevollmächtigte Zeugen und Lehrer sein können, und dies für die ganze Kirche und für die ganze Zeit der Kirche (Joh 17,20; vgl. Mt 28,19). Das aber bedeutet, daß sie das Zeugnis von Jesus Christus gültig formulieren und auf zuverlässige Weise weitergeben sollten, damit es seine Wirkungen tun könne von Generation zu Generation bis an das Ende der Zeiten.

2. Die Apostel erheben den Anspruch, daß sie kraft des ihnen innewohnenden Heiligen

Geistes die reine Wahrheit von Gott lehren und schreiben. Ihre Rede ist bis in ihre einzelnen Worte hinein inspiriert (1Kor 2,13), und ein wirklich »geistlicher« Mensch erkennt dies auch (1Kor 14,37; vgl. Gal 1,8; 2Thess 3,6.14). Es ist also keine Frage, daß die Apostel zumindest den Anspruch erhoben, daß ihre eigenen Predigten und Briefe keine geringere Autorität besäßen, als sie selbst dem Alten Testament einräumten.

3. Paulus zitiert 5Mo und Lk in einem Atemzug, und Petrus bezieht sich auf die Paulusbriefe als Teil des Schriftkanons (1Tim 5,18; 2Petr 3,16).

Im übrigen hat die christliche Auslegung der Bibel in den vergangenen Jahrhunderten immer wieder deutlich werden lassen, daß beide Testamente theologisch eine Einheit bilden. Das eine ergänzt das andere in einem harmonischen Christuszeugnis. Jedes bringt in einer kontinuierlichen, fruchtbaren Dialektik von Ankündigung und Erfüllung den Inhalt und die Bedeutung des anderen mehr und mehr ans Licht.

Der Auftrag und die Verheißung Jesu an die Apostel als bevollmächtigte Zeugen und Lehrer, der Anspruch, den die Apostel für sich selbst und füreinander erheben, sowie die Qualität dessen, was sie schufen, führt uns zu dem Ergebnis, daß das Neue Testament die notwendige Vervollständigung des Alten Testaments zu der einen Bibel, dem einen Wort Gottes ist.

Das Zeugnis des Heiligen Geistes (der innere Beweis). Jeder, der zu glauben beginnt, sieht sich überraschend in die Lage versetzt, Gottes Wort als solches zu erkennen. Dies ist keine Einzelerfahrung, sondern eine gemeinsame Erfahrung innerhalb der Kirche Jesu Christi. Sie ist darauf zurückzuführen, daß im Glauben die wahre Natur der Dinge erkannt werden kann und erkannt wird. Weil aber der Heilige Geist es ist, der den Glauben schenkt und in den Glaubenden die Werke des Glaubens bewirkt, wird diese Glaubensüberzeugung im Blick auf die Schrift als »das innere Zeugnis des Heiligen Geistes« bezeichnet.

Die Bibel ist das geoffenbarte Wort Gottes in dem Sinn, daß Gott darin seinen Willen ausspricht, und zwar umfassend: was seine Ziele mit der Menschheit und – in ihr – mit seinem Volk betrifft. Darum genügt es nicht, von der Bibel lediglich als einem Bericht oder Zeugnis von – in der Geschichte gegebener – Offenbarung zu sprechen, also etwa von einer »Offenbarungsurkunde«. Das ist die Bibel sicher auch, aber zugleich ist sie mehr. Sie ist eben nicht nur Bericht von dem, was Gott getan und gesagt *hat.* Sie ist zugleich das, was er *hier* und *jetzt* sagt und tut. Sie ist damit ein ganz wesentliches Glied in der Kette des göttlichen Heilshandelns. Denn das Lesen oder Hören des biblischen Wortes führt bis heute dazu, daß Nichtglaubende Gott den Vater und Gott den Sohn kennenlernen – durch das offenbarende Wirken des Heiligen Geistes; daß Sünder ihre Sünde und damit Verlorenheit erkennen und nach Heil und Vergebung verlangen und sie erhalten – durch das erneuernde Wirken des Heiligen Geistes; daß Nachfolge Christi und Gehorsam gegenüber Gott möglich und wirklich werden nach den biblischen Maßstäben – durch das erzieherische Wirken des Heiligen Geistes.

Auf der anderen Seite ist die Bibel allerdings nicht Gottes Wort in dem Sinn, daß jeder einzelne Satz, wie etwa auch die Worte von bösen Menschen (vgl. etwa 1Mo 4,23f), die in ihr mitaufgezeichnet sind, göttliche Absichten ausdrückt und seinen Willen widerspiegelt. »Gottes geschriebenes Wort« ist die Bibel als Ganzes, eben jene organische Einheit von Gottes Taten und Worten, die sein göttliches Wesen abbilden, seine Gedanken wiedergeben, seine Heiligkeit einschärfen und seine Gnade preisen. Bibel als Gottes Wort ist der verbale Ausdruck des Reichtums an Weisheit und Erkenntnis, der in Jesus Christus verborgen war und offenbar wurde. Hierauf kann der Glaube unerschütterlich ruhen.

Inspiration

Als davon die Rede war, wie geschehene Gottesoffenbarung in der Bibel »Schrift« wurde, haben wir hin und wieder von Inspiration der Schreiber gesprochen. Dies wurde besonders wichtig bei der Frage, welche Autorität dem Neuen Testament zukäme und ob es den gleichen Stellenwert besitze wie das Alte Testament, das ja durch Jesu Wort als Gotteswort gedeckt war. Dabei wurde das Wort »Inspiration« ganz selbstverständlich gebraucht, zu selbstverständlich. Es erscheint darum angebracht, sich dem Begriff »Inspiration« und der mit ihm gemeinten Sache noch einmal zuzuwenden.

Die Bedeutung des Begriffs »Inspiration«

Inspiration ist kein biblisches Wort. Sie wird gewöhnlich und am sachgemäßesten als übernatürliches Einwirken des Geistes Gottes auf die biblischen Schriftsteller definiert. Die Einwirkung des Geistes Gottes stellte sicher, daß sie genau das aufzeichneten, was nach Gottes Willen als Mitteilung der göttlichen Wahrheit für Gegenwart und Zukunft angemessen war. Insofern konnte man durchaus zu Recht den Begriff »inspiriert« verwenden. (Es handelt sich um ein latein. Lehnwort für das griechische »theopneustos«, wörtl. übersetzt: »von Gott durchhaucht«, aus 2Tim 3,16). Allerdings muß zur Korrektur falscher Vorstellungen noch einiges ergänzt werden. »Inspiration« im biblischen Sinn ist keinesfalls mit der »Inspiration« zu verwechseln, die einen schöpferischen Menschen, etwa einen großen Künstler, auszeichnet. Inspiration setzt auch keinesfalls immer einen abnormalen Zustand des Bewußtseins bei dem Schreiber voraus, also etwa einen Trancezustand oder eine Vision bzw. Audition. Sie bedeutet auch nicht die Auslöschung der Person und ihrer Eigenarten. Nicht selten bereitete Gott, wie uns die Bibel zeigt, die menschlichen Träger der Inspiration für ihre Aufgabe vor (Mose, Jeremia, u.a.). In vielen, möglicherweise in den meisten Fällen ließ er sie ihre Aufgabe mittels der ihnen gegebenen natürlichen Kräfte und Gaben wahrnehmen, nachdem er ihnen Einsicht in seine Pläne und Gedanken gegeben hatte.

Wir haben schon bei der Überlegung, wie der Offenbarungsempfang vonstatten ging, gesehen: Viele Bewußtseinslagen sind durchaus mit dem vereinbar, was wir hier nun Inspiration nennen. Es gibt nicht einmal Gründe für die Annahme, daß sich die biblischen Schriftsteller immer über ihre Inspiration im klaren waren, d.h. daß sie sich dessen immer bewußt waren, kanonische Schriften zu verfassen. Es gibt auch keine Gründe für die Behauptung, ein inspiriertes Dokument könne unmöglich – unter Gottes Leitung – in einem normalen Vorgang historischer Arbeit aus Quellen zusammengestellt worden sein (vgl. dagegen etwa 1/2Kön; 1/2Chr oder Lk) oder durch verschiedene Editionen und Rezensionen hindurchgegangen sein, ehe es seine endgültige Form fand (etwa 1–5Mo). Ein Anspruch bleibt allerdings bestehen: Das abgeschlossene Werk ist *theopneustos*, es stellt genau das dar, was Gott zur Mitteilung der rettenden Wahrheit haben wollte. Weil aber die Wahrheit in Worten mitgeteilt wird und darum Ungenauigkeit in der Formulierung den Sinn entstellt, muß die Inspiration eine verbale sein, das liegt in der Natur der Sache. Sind aber die Worte der Schrift in diesem Sinne »gottdurchhaucht«, ergibt sich mit innerer Folgerichtigkeit: Die Bibel ist in dem, was sie lehrt, irrtumslos und in der Orientierung für das Leben, die sie gibt, unfehlbar. Natürlich können Irrtumslosigkeit und Unfehlbarkeit der Bibel nicht nach allgemeinen Kategorien bewiesen werden. Beides sind Glaubensüberzeugungen, die sich der Lehre Christi und dem Zeugnis des Heiligen Geistes über die Schrift verdanken, daß nämlich die ganze Bibel von Gott durchhaucht ist, von dem Gott, der nicht lügen kann. Wer darum die Irrtumslosigkeit und Unfehlbarkeit der Schrift im oben definierten Verständnis leugnet, muß sich fragen lassen, ob er damit nicht auch bewußt das Zeugnis Jesu Christi, der Apostel und der universalen Kirche zurückweist, was die Natur des »geschriebenen Wortes Gottes« angeht.

Probleme der Inspiration

Es gibt keine christliche Lehraussage, die nicht auch Probleme und Fragen aufwürfe. Das hat seinen guten Grund: Es gibt nur einen einzigen sachgemäßen Zugang zu den göttlichen Wahrheiten, den Glauben. Nur der Glaubende erkennt! Daß aber ein Mensch glaubt, verdankt er letztlich dem geisterfüllten Wort Gottes, das seine Autorität an ihm überzeugend erwiesen hat. Damit stehen wir vor einer Art geschlossenem Zirkel: »aus Glauben in Glauben«. Wer sich in diesem Kreis bewegt, stimmt der Lehre von der Inspiration zu, und zwar auf Grund der Autorität Christi und aufgrund der inneren geistlichen Erfahrung, nicht aber aufgrund von Vernunftsargumenten. Und eben damit ist das Spannungsfeld gegeben. Denn gerade das Verlangen nach unabhängiger Erkenntnis, der leidenschaftliche Wunsch, alle fremde Autorität abzuschütteln und die Dinge nach eigener Einsicht und eigenem Gutdünken zu gestalten (vgl. 1Mo 3,5f), war ja die ursprüngliche Sünde des Menschen und verführte zum ersten Sündigen. Dies hat Folgen für die Gestalt des Heilsangebotes Gottes für den sündigen Menschen. Gott bietet ihm seine rettende Wahrheit so an, daß ihre Annahme auch einen Akt intellektueller Buße einschließt. Das bedeutet, daß sich der Mensch demütigt und sich neu der Belehrung durch Gott unterwirft. Damit entsagt er dem verderblichen Verlangen nach eigener Weisheit (vgl. Röm 1,22; 1Kor 1,19–25) und sucht zugleich die Art von Erkenntnis wiederzugewinnen, für die er geschaffen wurde und die aus dem Wort des Schöpfers empfangen wird. Deshalb ist kein einziger Glaubensartikel in der Weise beweisbar wie etwa ein geometrischer Lehrsatz. Er ist darum aber auch ebensowenig in dieser Weise zu widerlegen, weil eine unbekehrte Vernunft von Gott nichts wissen will und kann.

Aber innerhalb der Welt des Glaubens und der vernehmenden Vernunft des Glaubens gewinnt alles seinen Sinn und seine Harmonie, wenn auch hier der Vorbehalt bleibt, daß alles Erkennen »Stückwerk« bleibt und die vollkommene Erkenntnis noch aussteht.

Darum nimmt es nicht wunder, daß die

Lehre von der Inspiration außerhalb des geistgewirkten und gehorsamen Denkens des Glaubens Schwierigkeiten bereitet, nicht weniger als die von der Trinität, der Inkarnation oder der Versöhnung am Kreuz. Bemerkenswerterweise geraten aber auch Christen, die aus dem Glauben leben und denken wollen, gerade bei der Lehre von der Inspiration der Schrift schneller in eine falsche Richtung als an anderen Punkten der christlichen Wahrheit. Einiges davon sei abschließend noch in den Blick genommen.

1. Die Lehre von der Inspiration der Schrift wird dahingehend aufgeweicht, daß man sagt, die Bibel sei zwar in gewissem Sinne, aber nicht wörtlich inspiriert (Realinspiration statt Verbalinspiration). Begründet wird dies mit dem Hinweis darauf, daß die Schreiber, denen Gott sich und sein Wort offenbarte, sündige und fehlbare Menschen gewesen seien. Darum sei es zwangsläufig unvermeidbar gewesen, daß sie Gottes Wahrheit bei der Wiedergabe entstellt hätten. Man müsse also erwarten, in der Bibel auch Irrtümer zu finden. Das entspricht aber, wie wir gesehen haben, weder der Auffassung Jesu Christi noch der seiner geistgeleiteten Apostel. Vermutlich handelt es sich bei der Theorie um eine falsche Schlußfolgerung aus der durchaus einzuräumenden Tatsache, daß nicht alle biblischen Bücher den gleichen Grad von geistlichem Tiefgang und lehrmäßiger Letztgültigkeit haben. Hier gilt es eben zu sehen, daß die Offenbarungsgeschichte Gottes, die in der Bibel ihren Niederschlag gefunden hat, eine fortschreitende ist; auch bezieht sich Gottes Fürsorge und demgemäß sein Wort auf das ganze menschliche Leben – von den Gaben des Heiles bis hin zum guten Benehmen bei Tisch und einer Bracheordnung für das Akkerland. – Problematisch ist diese Theorie jedoch vor allem aus folgendem Grund. Sie stellt in Frage, daß Gott seine menschlichen Werkzeuge so vorzubereiten und zu bewahren imstande war, daß die von ihnen abgefaßte Schrift nur das enthielt, was sie nach Gottes Willen enthalten sollte, nicht mehr und nicht weniger. Mit anderen Worten: Die Bibel ist nach dieser Auffassung eigentlich nicht das, was sie nach Gottes Absicht sein sollte. Die Folgerung daraus liegt nahe: Sie ist dann auch nicht im Ganzen verläßlich. Nur: Wer entscheidet nach welchem Maßstab, wo sie verläßlich ist und wo nicht?

2. Die Lehre von der Inspiration der Schrift wurde wegen bestimmter innerer Besonderheiten der Bibel abgelehnt. Wenn man die hier gemachten Einwände auf ihre Stichhaltigkeit überprüft, zeigt sich nicht selten, daß von einem vorgefaßten Verständnis her gedacht wird, wie eine wörtlich inspirierte Bibel aussehen müßte, um wörtlich inspiriert zu sein. Hier begegnen wir erneut dem Problem, ob einer christlichen Lehre aufgrund der göttlichen Autorität zugestimmt wird oder nur aufgrund von durch menschliche Vernunft gewonnener Einsicht.

Natürlich kann auch der Glaubende das, was wir oben die inneren Besonderheiten der Bibel nannten, nicht übersehen. Aber er begegnet der Schrift in dieser Situation anders. Er geht von Gottes äußerem und innerem Zeugnis aus, daß die Bibel wörtlich inspiriert sei, und wendet sich dann den Fragen zu, die sich aus dem Verhältnis von Inspiration zu den Denkweisen, den literarischen Formen, den stilistischen Eigenarten und dem charakteristischen Vokabular der biblischen Schriftsteller ergeben. Es wird sich dann zeigen, daß die zuletzt genannten Dinge gemeinsam das Mittel sind, in dem der inspirierte Inhalt aufbewahrt und weitergegeben ist. Darum muß uns beim Studium der Bibel das Prinzip leiten, das aus der Gewißheit des Glaubens erwächst: Die Schrift stellt die Wahrheit, zu deren Erhaltung und Vermittlung sie inspiriert wurde, nirgends falsch dar. Jede Einzelheit wurde so berichtet, wie sie zur Übermittlung dessen, was die Kirche daraus lernen sollte, am besten geeignet war. Was das jeweils ist, kann nur von Fall zu Fall durch eine Untersuchung des betreffenden Abschnitts im Kontext der ganzen Schrift entschieden werden. Dieses Prinzip ist für die Auslegung und dann auch für die Anwendung der Schrift auf das heutige Leben von grundlegender Bedeutung. Wir dürfen es auch angesichts gegenteiliger Vorurteile nicht aufgeben und unser Vertrauen in seine Richtigkeit auch dann nicht erschüttern lassen, wenn wir bei seiner Anwendung auf Schwierigkeiten stoßen. Ein Beispiel: Gelegentlich kommen im Alten Testament Verhaltensweisen, Handlungen und theologische Reflexionen vor, die ein am Evangelium erwachsenes Niveau geistlichen Lebens nicht erreichen. Daraus wird ein Widerspruch zur Lehre der Inspiration konstruiert, weil Inspiration ja voraussetze, daß alles gleichwertig und gleichmäßig bzw. flächig sei. Aber dieser Vorwurf der Unebenheit, ja Widersprüchlichkeit biblischer Texte, was ihren geistlichen Inhalt angeht, deckt nur ein falsches Verständnis vom Wesen der Bibel auf. Denn die Bibel ist ja keine Summe von Einzeltexten, sondern eine organische Einheit. Darum kann jeder einzelne Teil nur im Zusammenhang mit dem Ganzen sachgemäß ausgelegt und verstanden werden. Alles soll uns zur Lehre dienen – auch Berichte über irrenden Glauben und falsches Verhalten. Daß derartiges, obwohl es vorkommt und berichtet wird, von Gott nicht gebilligt oder empfohlen wird, macht die Gesamtaussage der Bibel in ihrem Zusammenhang deutlich. Vielmehr dient es uns – und darum ist es in die Schrift aufgenommen – im Kontext der gesamten biblischen Lehre als Warnung.

Andere Schwierigkeiten erwachsen aus den Fragen, mit denen eine kritische Geschichtswissenschaft den Bibelleser und Bibelausleger bedrängt. Dabei geht es nicht nur um die Faktizität der in der Bibel berichteten übernatürlichen Ereignisse und Wunder, sondern auch um die historische Zuverlässigkeit des Berichteten in seinen Inhalten wie in seinem Ablauf. Nun ist es gar keine Frage, daß der bibelgebundene Glaube äußerst stark an der Geschichte interessiert ist, Geschichte als dem Ort, an dem Offenbarung Gottes geschehen ist und gewirkt hat. Denn von Offenbarung Gottes kann sachgemäß nur im Kontext der Geschichte geredet werden. Aber auch hier wird sich ein Doppeltes erweisen: Zum einen ist es für das Denken des Glaubens überhaupt kein Problem, das Eingreifen Gottes aus der Transzendenz anzunehmen und als Faktum zu verifizieren. Zum anderen wird eine vorurteilsfreie, unideologische historische Forschung immer wieder zeigen können, daß Inhalte und Abläufe in der biblischen Berichterstattung durchaus korrekt sind – soweit dies aufgrund des Wissensstandes überhaupt aussagbar ist.

Fragen der Auslegung entstehen auch an der literarischen Gestalt mancher Texte, ihrer Überlieferung und Überarbeitung durch Spätere, und bei anderem mehr. Dies kann hier nur genannt, aber nicht entfaltet werden. Die Darstellung und Entfaltung wird in den folgenden Einleitungskapiteln und bei der Auslegung der einzelnen biblischen Büchern zur Genüge geschehen.

Wer die Bibel als organische Einheit zu verstehen gelernt hat, findet einen Weg durch die genannten kritischen Denkweisen hindurch. Wer jeden biblischen Text im Licht der Wahrheit betrachtet, die in Jesus Christus gekommen und da ist, wird die Erfahrung machen: Jeder Text wirft nun umgekehrt auch Licht auf diese Wahrheit, diese personale Wirklichkeit Jesu Christi. Die Bibel ist also nicht nur eine geistgewirkte organische Einheit, sie hat auch eine Mitte, von der alle ihre Aussagen herkommen und auf die alle ihre Aussagen hinzielen. Wer mit dieser Mitte in Verbindung steht, versteht auch die Bibel – in ihrem Wesen und ihrem Wirken.

J. I. Packer
U. Betz

Die Geschichte Israels

Die Geschichte Israels verdient keinesfalls nur akademisches Interesse. Sie ist von Bedeutung, weil es Gott gefallen hat, sich in der irdischen Erfahrung eines Volkes zu offenbaren. Er erwies sich dabei als ein handelnder Gott, der durch sein Wirken in der Geschichte die Ziele verwirklichte, die er mit der Erwählung Israels verfolgte. Darum wurden die geschichtlichen Bücher des AT von den Juden auch die »Vorderen Propheten« genannt: Die Geschichte enthüllt Gottes Wege. Unter diesem Aspekt gewinnt sie ihren eigenen Stellenwert.

Die Patriarchen. 1Mo 11,27–50,26

Das Volk Israel stammt von Abraham, Isaak und Jakob ab; mit letzterem beginnt seine Geschichte. Diese Auffassung wurde von vielen Wissenschaftlern in Frage gestellt. Sie vertraten die Ansicht, daß die frühen Traditionen Israels aufgrund späterer theol. Einsichten so umgeformt wurden, daß sie nicht als Geschichte im eigentlichen Sinne verstanden werden könnten. Viele archäol. Funde aus dem Alten Orient stützen allerdings genau die gegenteilige These. Zwar bleibt im Blick auf die Patriarchen selbst das AT weiterhin unsere einzige Informationsquelle, aber die Welt der ersten Hälfte des 2. Jt. v.Chr., in der sie lebten, konnte aufgrund archäol. Dokumente erstaunlich erhellt werden. Von Tontafeln, die in Mari und Nuzi gefunden wurden, wissen wir, daß Einzelpersonen in semitischen Stämmen Namen trugen, wie sie in den Erzvätergeschichten erwähnt werden. Auf Sitten und Gebräuche, wie sie in 1Mo berichtet sind, wird auch dort Bezug genommen. Die Reisen, die die Patriarchen unternahmen, führten über Routen, von denen wir heute wissen, daß sie damals die großen Handelsstraßen waren. Die Lebensbedingungen in Transjordanien und Palästina, die uns in zeitgenössischen Quellen geschildert werden, stimmen mit dem Bild überein, das sich aus den bibl. Erzählungen ergibt. Solche Entsprechungen stützen die Historizität der Erzvätergeschichten, denn während des 14. Jh. v.Chr., als eine Periode politischer Umwälzungen begann, änderten sich die Verhältnisse; der alte Zustand wurde nie wieder hergestellt.

Abrahams urspr. Heimat war Ur in Chaldäa, eine bereits zu seiner Zeit alte Stadt. Er wanderte nach Haran im nördl. Mesopotamien aus. Später wandte er sich nach Kanaan, wo Isaak, Jakob und dessen 12 Söhne in der Folgezeit als Halbnomaden lebten. Die älteren Brüder verkauften Joseph, den Lieblingssohn Jakobs, aus Eifersucht als Sklaven. So kam Joseph nach Ägypten, wo er schließlich in das höchste Amt unter dem Pharao aufstieg. Dieser Pharao gehörte wahrscheinlich der aus Asien stammenden Hyksos-Dynastie an, die Ägypten etwa von 1710–1570 v.Chr. regierte. In seiner Fürsorge gebrauchte Gott Joseph, um in Ägypten Nahrungsmittelvorräte anlegen zu lassen und auf diese Weise auch dessen eigene Familie vor dem Verhungern zu retten. Nachdem die Nachkommen Jakobs einmal in der Provinz Gosen (im Nildelta) angesiedelt waren, blieben sie auch dort, als die Hungersnot zu Ende war. Ihr Wohlstand und ihre Fruchtbarkeit machten sie zu einem wichtigen Bevölkerungsteil, so daß ein »König, der nichts von Joseph wußte«, sie aus Furcht vor ihrer Kraft unterdrükken ließ, bis sie sich danach sehnten und darum beteten, das Land verlassen zu können. Die Bauten, die zu Beginn von 2Mo erwähnt werden, sind mit ziemlicher Sicherheit Sethos I. (1302–1290 v.Chr.) und Ramses II. (1290–1224 v.Chr.) zuzuordnen, die Ägyptens Hauptstadt im nordöstl. Delta wieder aufbauten, nachdem sie mehr als 250 Jahre in Trümmern gelegen hatte.

Mose und der Auszug. 2Mo 2,1–15,21

Der Bericht von der Kindheit und der durch Gottes Vorsehung gelenkten Erziehung Moses ist allg. bekannt. Sein Name (hebr. *Moscheh*) bedeutet: »Einer, der herauszieht« (nicht passiv wie 2Mo 2,10). Im Ägypt. steht der Name, der in Verbindungen wie z.B. Thutmoses vorkommt und genauso wie der hebr. ausgesprochen wurde, für »Kind«. Es gibt viele Anhaltspunkte dafür, daß in dem neuen Reich alle Schichten der ägypt. Gesellschaft von Semiten durchsetzt waren. Mose muß darum nicht der einzige Nichtägypter gewesen sein, der am Hof für ein verantwortliches Regierungsamt ausgebildet wurde. Die unüberlegte Tötung eines Ägypters veranlaßte ihn, ostwärts auf die Sinaihalbinsel zu flüchten. Dort fand er bei dem Midianiter Jethro/Reguël eine neue Heimat und verbrachte seine Tage als Schafhirte unter Lebensbedingungen, wie sie die Wüste vorschreibt – einer Lebensform, die er später mit den Israeliten noch einmal aufnehmen sollte. Nur die eindringliche Berufung durch den Gott seiner Väter konnte Mose zur Rückkehr nach Ägypten bewegen, um Israel aus dem eisernen Griff des Pharaos zu befreien. Verheerende Plagen (Hochwasser, Viehsterben, Hagel), die die Wirtschaft ruinierten und die Ohnmacht der ägypt. Götter offenbar machten, führten lediglich zu einer Verhärtung des Widerstands des Pharaos, bis ihn der Tod der Erstgeborenen zum Nachgeben zwang. Die Abfolge der Ereignisse vom Beginn der Plagen bis zum Durchzug durch das Schilfmeer (wahrscheinlich einer der heutigen Bitterseen) macht das Eingreifen Gottes zur Befreiung seines Volkes unmißverständlich deutlich. Die volle Bedeutung des göttlichen Handelns wurde erst am Sinai offenbar: Gott hatte die Israeliten aus Ägypten hinausgeführt, um sie zu seinem eigenen Volk zu machen. Mose wirkte bei der Errichtung des Bundes zwischen Gott und dem Volk als Mittler. Das Volk verpflichtete sich, den ganzen Willen Gottes, wie er in seinen Geboten geoffenbart war, zu tun (2Mo 19,1–8; 24,1–11). Nach der Befreiung aus der Sklaverei sollten sie nun ihr eigenes Land als Erbe in Besitz nehmen, in dem sie nach den für sie festgelegten religiösen und sozialen Grundordnungen leben konnten.

Der Auszug aus Ägypten als hist. Ereignis wird heute kaum noch bezweifelt. Man kann nicht annehmen, daß der gesamte Hintergrund der Sklaverei erfunden wurde. Propheten und Psalmdichter beziehen sich immer wieder auf die Befreiung aus Ägypten und auf den Bundesschluß am Sinai; denn ihre eigene Botschaft fußt auf diesen Ereignissen und auf dem Gesetz, das dem Volk damals gegeben wurde. Die meisten Forscher setzen den Auszug im 13. Jh. v.Chr. an. Die Verhältnisse in Ägypten während dieses Zeitraums stimmen weitgehend mit den bibl. Berichten überein. Nach einer Inschrift auf der Stele, die von dem Feldzug des Pharao Merenptah etwa im Jahr 1220 v.Chr. berichtet, befand sich Israel zu dieser Zeit bereits in Kanaan (Abb. LZB Tafel 4b). Der Auszug aus Ägypten ist darum etwa um 1280 v.Chr. anzusetzen, die Einwanderung in Kanaan um 1240. Allerdings ist es nicht möglich, in diesem Zeitrahmen alle Einzelheiten unterzubringen. Deshalb wird von einigen Wissenschaftlern das 15. Jh. v.Chr. als Datum des Exodus festgehalten, während andere ihn etwas später als 1280 ansetzen möchten. Vgl. dazu die ausführliche Diskussion in der Einleitung zu 2Mo.

Die Eroberung und Besetzung Kanaans. Jos; Ri; 1Sam 1–7

Mose führte das Volk während der Wüstenwanderung bis zu seinem Tod am Berg Nebo, von wo er das Verheißene Land bereits sehen konnte. Sein Nachfolger Josua war schon vorher damit beauftragt worden, die Israeliten über den Jordan zu bringen, das Land zu erobern, seine Einwohner zu vernichten und die einzelnen Stämme in die für sie bestimmten Siedlungsgebiete einzuweisen. Die Darstellung der nun folgenden Ereignisse durch den Verfasser des Buches Josua stellt erneut die Macht des Bundesgottes unter Beweis, der zugunsten Israels eingreift: Der über seine Ufer getretene Jordan wurde flußaufwärts gestaut, so daß er bei den Furten von Jericho ohne Schwierigkeiten überschritten werden konnte (Jos 3,1–4,24). Die Stadt Jericho fiel kampflos (Jos 5,13–6,27). Der Sieg im benachbarten Hügelland bei Bethel und Ai sowie die entscheidenden Niederlagen, die Josua sowohl der südl. wie anschließend der nördl. Koalition zufügte, brachten die Bevölkerung dazu, Josuas Überlegenheit anzuerkennen (Jos 7,1–12,24). Doch Josua ließ nie eine Besatzungsarmee hinter sich zurück. Während aller Feldzüge behielt er sein Hauptquartier in Gilgal im Jordantal bei. Dort war auch das Land unter die einzelnen Stämme aufgeteilt worden, die nun ihrerseits ihre Gebiete erobern und in Besitz nehmen mußten. Diese Tatsache erklärt einige offensichtliche Widersprüchlichkeiten zwischen Jos und Ri. Einige Städte, die bereits einmal besiegt und zerstört worden waren, dürften wieder aufgebaut und erneut besiedelt worden sein, so daß es notwendig wurde, sie noch einmal zu erobern. Jabin, der König von Hazor, wurde durch Josua getötet (Jos 11,1.10), offensichtlich aber folgte ihm ein Thronerbe gleichen Namens (Ri 4,2). Auch Jerusalem hatte eine abwechslungsreiche Geschichte: vgl. Jos 15,63 mit Ri 1,8.21.

Dieses allg. Bild wird durch archäol. Ausgrabungen bestätigt. Die Ruinenhügel von Bethel und Lachis zeigen deutliche Spuren von Zerstörung in der zweiten Hälfte des 13. Jh. v.Chr., während in Hazor zu jener Zeit die untere Stadt zerstört und danach nie wieder besiedelt wurde. Die Lage von Ai läßt sich nicht mit Sicherheit bestimmen. Und von Jericho ist aus der Zeit Josuas nichts Bemerkenswertes erhalten. Die ausgegrabenen »Zyklopenmauern«, von denen man angenommen hatte, daß sie zu der Stadt gehörten, die von Josua zerstört wurde, stammen aus der frühen Bronzezeit, sind also etwa 1000 Jahre älter.

Einige behaupten, in Jos sei die Darstellung der Geschichte zu stark vereinfacht: so stamme ein Teil Israels in der Richterzeit nicht von den Gruppen ab, die den Auszug aus Ägypten miterlebt hätten; die 12-Stämme-Ordnung sei eine spätere, künstliche Eintragung in die tatsächlichen Geschehnisse; und schließlich sei die Eroberung des Landes ein komplexer Prozeß gewesen. Sie wäre keine gemeinsame Unternehmung gewesen, sondern es hätten lediglich zu unterschiedlichen Zeiten Vorstöße einzelner Stämme stattgefunden. (Zur Diskussion dieser Auffassungen s. Komm. zu Jos und Ri.)

Die Besetzung des Landes war ohne Zweifel ein langwieriger Vorgang. Die im Land gebliebenen Kanaanäer ließen die neuen Siedler nicht zur Ruhe kommen, bes. im Norden, wo Jabin, »der König von Kanaan«, über eisengepanzerte Kampfwagen verfügte. Sein militärischer Befehlshaber Sisera schlug sein Heerlager im oberen Kisontal auf. Debora und Barak griffen ihn mit einem Heer an, das sich aus fünf Stämmen rekrutierte. Von ihrer günstigen Stellung auf dem Berg Tabor aus schlugen sie den Feind in die Flucht. Dabei half ihnen Gott durch einen Sturm, der den kleinen Fluß zum reißenden Strom anschwellen ließ. Das Tal wurde daraufhin zu einem einzigen Morast, in dem Kampfwagen wertlos waren. Mit der Niederlage Siseras endete die kanaan. Vorherrschaft (Ri 4–5).

Außerdem gab es immer wieder feindliche Einfälle. Die Nachbarvölker versuchten, die noch ungefestigten Verhältnisse zum eigenen Vorteil auszunutzen. Ri berichtet ausführlich über vier Invasionen, um an ihrem Beispiel Gottes Fürsorge zu demonstrieren. So wurde Moab durch die List Ehuds aus dem Gebiet um Jericho vertrieben (Ri 3,12–30). Nachdem sich Beduinen in sieben aufeinanderfolgenden Jahren der Ernte des Jesreeltales und der Küstenebene bemächtigt hatten, versetzte sie Gideon mit einer Handvoll Männer auf dem Berg More in einer Nacht so in Schrecken, daß sie flohen und nie mehr zurückkamen (Ri 6–7). Jephthah besiegte eindringende Ammoniter östl. des Jordans (Ri 11), während Simson das Land Dans vor den Philistern schützen sollte (Ri 13–16). Diese Männer waren typische charismatische Führer oder »Richter«, die von Gottes Geist erfüllt waren (Ri 6,34). Sie sollten das Volk retten, obwohl es sich in einem Stadium des Abfalls befand. Die dürftigen Berichte legen nahe, daß es zeitweise auch eine kontinuierliche Führung durch Männer gab, die ebenfalls »Richter« genannt wurden. Von ihnen ist, sieht man von Jephthah ab, außer ihren Namen kaum etwas bekannt (Ri 10,1–5; 12,7–15).

Die letzten fünf Kapitel des Buches enthüllen ein beschämend niedriges moralisches Niveau: Die Gottesdienste werden nur unregelmäßig durchgeführt, obwohl das Einhalten des Jahresfestes in Silo (Ri 21,19) und die Erwähnung von Brand- und Dankopfern in Bethel (Ri 21,2–4) für eine gewisse Ordnung sprechen. Wenn selbst Gideons Vater eine kanaan. Kultstätte besaß, gegen deren Zerstörung andere Israeliten protestierten, kann man sich vorstellen, wie weit die Verehrung der Fruchtbarkeitsgötter zu jener Zeit verbreitet war. Dieser Abfall war die Ursache für fortgesetzte Niederlagen und Unterdrückung. Das Volk dachte jedoch offensichtlich anders: Man war der Meinung, daß die kontinuierliche Regierung durch einen König das Land in die Lage versetzen würde, Perioden des Niedergangs zu vermeiden. Darum wurde Gideon nach seinem Sieg das Königsamt angeboten (Ri 8,22); aber er wollte das theokratische Ideal aufrechterhalten und lehnte ab. Abimelechs kurzes Königtum von eigenen Gnaden muß hier nicht in Betracht gezogen werden (Ri 9). Aber die Frage nach einem König mußte sich erneut stellen. Der ständig wiederkehrende Satz: »In jenen Tagen gab es keinen König in Israel« drückt die Erwartung aus, daß ein König auf sittlicher Ordnung und sozialer Gerechtigkeit bestanden hätte. Denn unter den gegebenen Umständen »tat jeder was ihn recht dünkte« (Ri 17,6; 21,25).

Elis Führung als Priester und Richter in Silo (1Sam 1–4) wird nur beiläufig als Hintergrund der Samuelgeschichte erwähnt. Alle Verbesserungen, um die Eli sich zu seiner Zeit bemühte, wurden durch das skrupellose und unmoralische Verhalten seiner Söhne bald wieder zunichte gemacht. Als diese in die Schlacht gegen die Philister die Bundeslade mitführten, weil sie in ihrer Präsenz die Garantie für den Sieg sahen, wurde Israel besiegt und sie selbst kamen ums Leben; ihre Asche erbeuteten die Feinde. Ausgrabungen in Silo legen die Vermutung nahe, daß der dortige Tempel ca. 1050 v.Chr. gewaltsam zerstört wurde, möglicherweise also im Zusammenhang mit dieser Schlacht (vgl. Jer 7,12; 26,6). Eli starb, der Gott Israels schien ohnmächtig und der Lage nicht gewachsen zu sein.

Der Prophet und Richter Samuel rief Israel dann zum Gehorsam gegenüber seinem Herrn zurück, und zwar in Mizpa (1Sam 7,5–14). Unter seiner Führung besiegte das Volk die Philister, als diese unerwartet angriffen, und eroberte verlorenes Gebiet zurück. Von der Tatsache abgesehen, daß er in Rama lebte und Israel während seines ganzen Lebens »richtete«, sowie daß er jährlich nach Bethel, Gilgal und Mizpa kam (1Sam 7,15–17), wird wenig über Samuel berichtet. Das änderte sich erst, als in seinen alten Tagen die Forderung nach einem König erneut aufbrach.

Die Errichtung der Monarchie: Die Regierung Sauls. 1Sam 8,1–31,13

Ein Volk, das nach nationalem Ansehen trachtete, konnte sich mit den ungewissen Nachfolgeregelungen, wie sie sich aus der theokratischen Tradition ergaben, nicht begnügen. Differenzen über das Königtum, wie sie aus 1Sam 8–12 ersichtlich sind, werden gewöhnlich mit dem Zusammenfließen verschiedener Quellen erklärt. Aber Samuel macht kein Geheimnis daraus, daß er der charismatischen Tradition, deren Vertreter er ist, den Vorrang gibt, obwohl ihn Gott dazu führte, einen König zu salben. Die beiden Gesichtspunkte spiegeln darum möglicherweise Samuels eigenen Konflikt wider, als er die Neuerung akzeptieren soll.

Die Regierungsweise Sauls rechtfertigte Samuels Urteil. Sauls tapfere Verteidigung von Jabesch in Gilead (1Sam 11,1–13) und sein großzügiges Verhalten gegenüber jenen Männern, die sich gegen ihn ausgesprochen hatten, ließen verheißungsvolle Ansätze erkennen. Aber dann nahm er sich heraus, angesichts einer kampfbereiten Armee der Philister (1Sam 13) die Opfer bei der Vorbereitung für die Schlacht selbst darzubringen, und später hielt er sich nicht an den Bann über die Amalekiter, den Gott vor der siegreich beendeten Schlacht geboten hatte (1Sam 15); das führte zu seiner Verwerfung. Saul mag sich daran gestoßen haben, daß ihm Samuels Autorität übergeordnet war. Doch was immer seine Motive gewesen sein mögen, Gott hatte ihn verworfen, sein Sohn sollte ihm nicht auf den Thron folgen. Gott sandte Samuel zu David, um diesen heimlich an Sauls Statt zum König zu salben (1Sam 16). Entscheidungsschwäche und ein fast schizophrenes Verhalten prägten die letzten Jahre von Sauls Herrschaft. Schließlich fand er am Gebirge Gilboa durch die Philister, die er weit in das Land hatte eindringen lassen, den Tod (1Sam 31). Die Reste seiner Armee wurden durch seinen Befehlshaber Abner östl. des Jordans gesammelt. Da auch Jonathan gefallen war, wurde dessen Bruder Isch-Boschet König in Gilead.

David war inzwischen in Hebron König über den Stamm Juda geworden. Kriegerische Auseinandersetzungen und Intrigen führten nach etwa zwei Jahren zum Sturz Isch-Boschets und später auch zum Fall Abners, so daß die Nordstämme schließlich bereit waren, Davids Herrschaft anzuerkennen. Sie salbten ihn in Hebron auch zu ihrem König (2Sam 2,1–5,3).

Die Regierungszeit Davids. 2Sam 5,4–1Kön 2,11; 1Chr 11,1–29,30

Nachdem David Herrscher aller Stämme Israels geworden war, konnte er neue Initiativen ergreifen. Die ersten Ereignisse, die berichtet werden, sind die Eroberung Jerusalems durch eine Kriegslist und die Erhebung der Stadt zu Davids Hauptstadt. Damit überbrückte er den Graben zwischen Juda und den Nordstämmen, aber eine solche Konsolidierung lief den Interessen der Philister zuwider. Darum griffen sie David im Tal von Rephaim westl. von Jerusalem an. David schlug sie so entscheidend, daß sie Israel danach nie wieder ernsthaft bedrohten (2Sam 5,17–25). Obwohl Gott David nicht erlaubte, ihm einen Tempel zu bauen (1Sam 7), legte dieser doch den künftigen Platz dafür fest und bereitete die Beschaffung des Baumaterials vor (1Chr 22; 28,11–29,9). Die Anwesenheit der Bundeslade in der Stadt (2Sam 6) sicherte die Zukunft Jerusalems als zentralem Ort des Gottesdienstes Israels. Die wiederaufgebauten Befestigungsanlagen, die Errichtung des Königspalastes (2Sam 5,11.12) und die Anwesenheit des Königs und seines Hofes machten Jerusalem zu einer Hauptstadt, auf die Israel stolz sein konnte.

Erfolgreiche militärische Großaktionen ermöglichten es David, mit Hilfe seines Söldnerheeres das Land »von Dan bis Beerseba« zu besetzen. Hochburgen der Kanaanäer wie Dor, Megiddo, Taanach und Beth-Schean unterstellten sich Israel vertraglich (1Kön 4,11.12), andere traditionelle Feinde wurden unterworfen (2Sam 8,1–15), was teilweise auf die damalige Schwäche der Großmächte zurückzuführen war. So erstreckte sich Davids Reich von der ägypt. Grenze und dem Golf von Akaba bis zum Euphrat im Norden. Tributzahlungen von Moab, Edom, Ammon und den Aramäerstaaten im NO füllten seine Schatzkammer. Während ihm nach außen viel gelang, blieben David in seiner Familie Streit und Zerbruch nicht erspart. Schwierigkeiten gab es bes. in der Frage der Thronfolge, weil David offensichtlich Salomo, den Sohn seiner illegitimen Frau Bathseba, bevorzugte (2Sam 11). Von daher verwundert es nicht, daß seine älteren Söhne Absalom und Adonia versuchten, den Thron gewaltsam zu gewinnen (2Sam 15–18; 1Kön 1,5–7). Flucht und Exil, Untreue und Aufstandsversuche in den Nordstämmen kennzeichneten die letzten Jahre einer brillanten Regierungszeit. Trotz allem hielt die überwiegende Mehrheit der Israeliten offensichtlich zu David. Auch von den nächsten Nachbarn war keiner bereit, mit dem Königreich einen Krieg zu beginnen, obgleich sich dazu gute Möglichkeiten boten.

Trotz aller Schwächen, die sie ebenfalls aufwies, war die Herrschaft Davids für Israel nahezu ideal. Er hatte das Königreich geeint und dessen Herrschaftsbereich ausgeweitet. Jerusalem war als Hauptstadt etabliert und hatte eine große Zukunft vor sich. Die Bevölkerung war bereit, den Bau des Tempels zu unterstützen und damit das Ansehen Jerusalems weiter zu heben. Gerade diese unvollendete Aufgabe erwies sich als bestes Vermächtnis Davids an seinen Nachfolger und gab den ersten Regierungsjahren Salomos Ziel und Schwung. Nicht weniger wichtig war Davids Beispiel, denn er war »der Mann nach Gottes Herzen«. Von Natur aus mit Gaben wie Führungskraft, gewinnendem Wesen, Mut und einer imposanten Erscheinung ausgestattet, würde David in jeder Gemeinschaft Achtung errungen haben. Aber die Bibel stellt einen Menschen nicht aufgrund seiner natürlichen Gaben heraus. In ihrer Sicht wird die Größe dieses Mannes gerade da erkennbar, wo er fehlte. Wo außer in Israel würde sich ein König öffentlich zu Schuld in seinem Leben bekannt haben? Zweimal nahm David Tadel durch einen Propheten an (2Sam 12,1–15; 25,10–17). Er tat Buße und erlebte das Wunder göttlicher Vergebung. Zugleich nahm er die göttliche Strafe auf sich. Es ging ihm wirklich um die Ehre Gottes, und er wußte um die Bedeutung des Gottesdienstes, wie es die Ps erkennen lassen, die ihm zugeschrieben werden. Er kannte Gott aus eigener Erfahrung als Fels, Schild und Befreier, und das nicht nur an Tagen des Sieges, sondern auch in der Niederlage. Buße, Glaube und Anbetung Gottes machten ihn zu dem großen König, der er war.

Die Regierung Salomos. 1Kön 2,12–11,43; 2Chr 1–9

Von Anfang an war klar, daß Salomo nicht das Format seines Vaters besaß. Aus einem Gefühl der Unsicherheit heraus ließ er seine persönlichen Feinde liquidieren – im Gegensatz zu David, der darauf wartete, daß Gott ihm Recht verschaffte und seiner Herrschaft Bestand verlieh. Nachdem Salomo den Thron bestiegen hatte, konzentrierte er sich auf die Hauptaufgaben seiner Regentschaft: die Festigung des Reiches, die Durchführung von Bauprojekten und die Organisation der Verwaltung. Für all dies war ihm die nötige Weisheit von Gott verheißen. Die Ausdehnung des Handels brachte bisher unbekannten Wohlstand nach Israel, aber auch starke Einflüsse fremder Kulturen. Dabei kam vor allem den zahlreichen Heiratsbündnissen des Königs Bedeutung zu. Die Bauvorhaben erforderten den Einsatz von Facharbeitern aus Tyrus. Auch die Handelsmarine, in Ezjon-Geber stationiert, kam nicht ohne tyrische Seeleute aus (1Kön 9,26–28). Der Handel mit Pferd und Wagen erforderte regelmäßige Reisen nach Ägypten, Syrien und in die kleinasiatischen Länder (1Kön 10,28.29). Diese Weltoffenheit dürfte dem erneuten Interesse an Weisheitsliteratur in Israel erheblichen Auftrieb gegeben haben. Salomo befand sich genau am richtigen Ort, um die Weisheitssprüche zu sammeln und auszutauschen, die ihm zugeschrieben werden (1Kön 5,9–14). Die Erwähnung von Sekretären und eines Archivars (1Kön 4,3) läßt vermuten, daß ein offizielles Archiv vorhanden war. Die Zeit Salomos wird von vielen als eine Periode literarischer Renaissance angesehen, die in Israels eigenem Hintergrund und in seiner hist. Tradition begründet war.

Der Bericht von 1Kön konzentriert sich auf die Pracht der Tempelbauten mit ihrem goldüberzogenen Schnitzwerk aus Zedernholz. Er verhehlt aber auch nicht, daß man zur Vollendung der königlichen Paläste 13 Jahre brauchte, zur Fertigstellung des Tempels dagegen nur 7 (6,38–7,1). Solche Projekte erforderten eine erhebliche Zahl von Arbeitskräften, die man durch Dienstverpflichtung gewann. Als zusätzliche Belastung wurde die Besteuerung eingeführt. Die Größe des königlichen Haushalts und die wachsende Zahl von Beamten machte eine derartige Maßnahme notwendig. Steuerzahlungen in Naturalien erforderten die Anlage von Vorratsstädten, die ihrerseits erst gebaut und befestigt werden mußten. Unter diesen Umständen verwundert es nicht, daß die Unzufriedenheit zunahm. Denn ein reicher König und ein Hofstaat, die ihren Vergnügungen auf Kosten der Armen nachgingen, standen zu den Überlieferungen Israels in völligem Gegensatz. Zudem verehrte der König in krasser Mißachtung des Gesetzes ausländische Götter. Im Reich wurden Zeichen des Niedergangs erkennbar: Edom und Damaskus bereiteten den Aufstand vor; im eigenen Land hatte Jerobeam die Möglichkeiten seines Amtes dazu benutzt, um eine Rebellion anzuzetteln (1Kön 11). Salomos Tod beschleunigte die krisenhafte Entwicklung, die schließlich in der Reichsteilung ihr Ende fand (1Kön 12).

Der junge Rehabeam hatte kein Empfinden für die Unzufriedenheit des Volkes. In seiner Unerfahrenheit versuchte er, seine Autorität dadurch unter Beweis zu stellen, daß er der Bevölkerung mit Repressalien drohte. Das führte zum Verlust aller 10 Nordstämme. Jerobeam, der aus dem ägypt. Exil zurückgekehrt war, übernahm bereitwillig ihre Führung. Er wurde zum ersten König eines abtrünnigen Reiches, das nur wenig länger als 200 Jahre Bestand hatte.

Das Nordreich (Israel) ca. 931–722 v.Chr. 1Kön 12 – 2Kön 17

Die Geschichte des Nordreichs läßt sich in vier Perioden einteilen:

1. ca. 931–880 v.Chr. Die ägypt. Einfälle in den Anfangsjahren der Herrschaft Jerobeams ließen nach, als Ägypten selbst eine Schwächeperiode durchmachte. Während dieser Jahre herrschte Feindschaft zwischen Israel und Juda. Jerobeam errichtete Heiligtümer in Bethel und Dan. Um seine Herrschaft zu stützen, unterband er die Pilgerreisen nach Jerusalem. Eine feste Hauptstadt besaß das Nordreich jedoch nicht. Jerobeam (1Kön 12,25–14,20) und Baësa (1Kön 15,16–21; 15,33–16,7) regierten je ungefähr 20 Jahre. In beiden Fällen kam es anschließend zu einem Dynastiewechsel, nach Baësa sogar zu einem Bürgerkrieg, aus dem schließlich Omri als Sieger hervorging (1Kön 16,8–22).

2. ca. 880–841 v.Chr. Die Dynastie Omris bedarf insofern der Erwähnung, als sie die Feindseligkeiten zwischen Israel und Juda einstellte und Samaria als neue Hauptstadt erbaute (1Kön 16,23–28). Phöniz. Fachleute halfen bei der Planung des weiträumigen Palastes, in dem der König mit seinem Hofstaat im Luxus residierte. Die politische Allianz mit Tyrus wurde durch die Heirat von Omris Sohn Ahab mit der phöniz. Prinzessin Isebel weiter gestärkt (1Kön 16,31). Israel gewann international an Ansehen und Bedeutung; wie eine Inschrift auf dem »Schwarzen Obelisken« Salmanassars beweist, war Omri selbst in Assur kein Unbekannter. Das Bündnis zwischen Israel und Juda ermöglichte sogar die zeitweilige Unterwerfung von Moab (2Kön 1,1) und Edom (2Kön 3,4ff). Der politische und wirtschaftliche Erfolg kann dazu beigetragen haben, daß das Volk sich der sinnlichen kanaan. Religiosität zuwandte. Während der Regierungszeit Ahabs war die Verehrung Jahwes mit Sicherheit verboten; der offizielle Kult war dem Baal-Melkart von Tyrus geweiht. Das änderte sich erst, als Elia auf dem Karmel die alleinige Macht des lebendigen Gottes Jahwe demonstrierte (1Kön 18). Aber der Kampf gegen Isebel war damit nicht zu Ende. Tyrischer Einfluß auf die öffentliche Moral ist etwa in dem Bericht von Naboths Weinberg zu erkennen. Als Folge von Ahabs Verhalten kündigt Elia die gewaltsame Vernichtung der Dynastie Omris an (1Kön 21). Während des gesamten 9. Jh. beunruhigte der syr. Staat von Damaskus die Nordgrenze Israels: ausgenommen ist lediglich eine kurze Periode, die ihren Höhepunkt 853 in der Schlacht von Karkar fand, wo die vereinten Heere von Israel und Damaskus Assur besiegten. In einer Schlacht gegen die Syrer um den Besitz von Ramoth-Gilead verlor Ahab sein Leben (1Kön 22,1–40). Der syr. Druck ließ auch während der Regierungszeiten der Söhne Ahabs, Ahasja und Joram, nicht nach. In Ramoth-Gilead erhielt Jehu den Auftrag, das Haus Omris zu vernichten (2Kön 9,1–10).

3. 841–752 v.Chr. Die Dynastie Jehus regierte Israel am längsten. Jehus Aufstand (2Kön 9,4–10,28) war durch die Propheten veranlaßt worden. Die Rechabiter und die Armee hatten ihn unterstützt, und das einfache Volk hat ihn vermutl. begrüßt. Jehus Säuberungsaktion befreite das Land von Joram, von Ahasja von Juda und von Isebel sowie von 70 direkten Nachkommen Ahabs in Samaria und 42 Verwandten Ahasjas. Auch ein Tempel einschließlich der darin versammelten Baalsverehrer wurde vernichtet. Obwohl Jehu auf der Seite des Rechts zu stehen schien, war er nicht ernsthaft daran interessiert, die Verehrung Jahwes in seinem Königreich durchzusetzen. Die Hinrichtung so vieler kampffähiger Männer hatte Israel erheblich geschwächt; es war Damaskus nicht gewachsen, das das israel. Gebiet östl. des Jordans annektierte (2Kön 10,32.33) und sogar in die Jesreelebene vordrang, wo es fruchtbare Gebiete im W und im S an der Küste besetzte (2Kön 12,18). Die Rückgewinnung dieser Gebiete wurde nur möglich, weil Damaskus 803 v.Chr. von der Großmacht Assyrien überrannt wurde. So konnte Jerobeam II. (2Kön 14,23–29), der vierte und bedeutendste König dieser Dynastie, die verlorenen Landstriche wiedergewinnen und die alten Grenzen Israels wiederherstellen. Unter seiner Herrschaft kamen der Hof, die Grundbesitzer und Kaufleute zu Wohlstand wie nie zuvor. Das einfache Volk erhielt an dem nationalen Reichtum keinen Anteil und verarmte weiter. Eine solche Mißachtung der mosaischen Überlieferung forderte den Tadel von Amos und Hosea geradezu heraus, auch wenn man andererseits peinlich auf die Einhaltung religiöser Pflichten achtete. Die sozialen Mißstände waren nichts anderes als das äußere Kennzeichen der tiefen Entfremdung von Jahwe. Es war zwar noch Zeit zur Umkehr, aber in der proph. Verkündigung tauchen Krieg und Gefangenschaft als düstere Leitgedanken auf. Auch wenn Assur den unmittelbaren Feind Israels beseitigt hatte, so bedeutete das nur eine kurze Atempause. Außerdem geriet die Dynastie Jehus ins Wanken. Jerobeams Nachfolger Sacharja wurde ermordet (2Kön 15,8–12).

4. Die letzten 30 Jahre von 752–722 v.Chr.

2Kön 15,13–31,17. Schon nach einem Monat fand der Emporkömmling Schallum durch Menahem den Tod, der dann 10 Jahre regierte. Durch Zahlung eines Tributs gelang es ihm, die Besetzung des Landes für eine gewisse Zeit abzuwenden. Sein Sohn Pekachja regierte 2 Jahre; dann wurde er im Palast durch Pekach, den Sohn Remaljas, ermordet. Pekach verfolgte eine antiassyrische Politik und versuchte, Juda in eine Koalition mit Israel zu zwingen. Teils auf ein Hilfeersuchen Juda eingehend (2Kön 16,5–8) marschierte Assur in Nordisrael ein, eroberte mehrere Städte und machte Gefangene. Hosea erschlug Pekach und wurde der letzte König des Nordreichs. Als er sich weigerte, Assyrien Tribut zu zahlen, wurde Samaria nach dreijähriger Belagerung eingenommen und seine Bevölkerung deportiert. Die Botschaft von Amos und Hosea hatte sich bewahrheitet.

Das Südreich (Juda) ca. 931–587 v.Chr. 1Kön 12,21–2Kön 25,21; 2Chr 11,1–36,21

Juda besaß gegenüber dem Nordreich anfangs einige Vorteile: Es hatte eine angesehene Hauptstadt und einen prachtvollen Tempel mit einem autorisierten Gottesdienst und konnte sich auf ein von Gott eingesetztes Königshaus stützen. Zudem war das Südreich, bereits zu Rehabeams Zeiten durch Ägypten seiner Schätze beraubt (1Kön 14,21–31), weniger wohlhabend, schlechter zugänglich und damit für mögliche Eroberer viel weniger attraktiv als Israel.

Asa, der dritte König (1Kön 15,9–24), bemühte sich als Reformator um die Reinigung des Gottesdienstes von allen fremden Einflüssen. Politisch suchte er von Syrien Hilfe gegen das Nordreich, aber während der Regierungszeit seines Nachfolgers Josaphat verpflichtete ein Bündnis mit Israel Juda dazu, gegen seine früheren Verbündeten zu kämpfen. Obwohl Josaphat (1Kön 22,41–50) ein gerechter und fähiger Regent war, führte die Heirat seines Sohnes mit Athalja zu einem verhängnisvollen Einfluß des Nordreichs (2Kön 8,18). Bei der Revolte Jehus war auch die Dynastie Davids von der Ausrottung bedroht. Nur ein Kind entging dem Dolch der Königin Athalja und sorgte für den Fortbestand des Königshauses. Mit Hilfe der Armee und des einfachen Volkes setzte Jojada den jungen Joas auf den Thron und ließ Athalja hinrichten (2Kön 11). Joas begann seine Regierungszeit mit Reparaturen am Tempel und religiösen Reformen. Aber dieser gute Anfang wurde nicht durchgehalten. Als Hasaël von Syrien drohte, Jerusalem anzugreifen, wurde er mit Tempelschätzen bestochen und zog sich zurück. Joas kam bei einer Palastrevolte ca. 796 v.Chr. ums Leben (2Kön 12).

Der bedeutendste König während des 8. Jh. war Usia, dessen Vater Amazja ebenfalls ermordet worden war (2Kön 14,17–20). Usia (2Kön 15,1–7; 2Chr 26), der auch Asarja genannt wurde, stärkte sein Königreich, indem er sich die Nachbarvölker unterwarf, seine Armee vergrößerte und Jerusalem und andere Städte befestigte. Zu seiner Zeit erlebte Juda einen Wohlstand, wie man ihn seit Salomos Tod nicht mehr gekannt hatte. Im letzten Jahr der 52jährigen Regierung Usias hatte Jesaja die Vision von dem »Heiligen Israels« und wurde in seinen Dienst gerufen (Jes 6). Zusammen mit Micha sollte er in jener kritischen Periode der assyr. Übergriffe, die 745 v.Chr. mit der Regierung Tiglath-Pilesers III. begannen, den Willen Gottes unter dem Volk bekanntmachen. Als Israel und Syrien sich gegen Assur verbündeten und Juda zwingen wollten, sich zu beteiligen (734), wies Ahas den Rat Jesajas ab (Jes 7) und rief Assur um Hilfe an. Dadurch wurde Juda tributpflichtig. Assyr. Truppen standen bereits im Westen. 732 fiel Damaskus und der Norden Israels wurde annektiert. 10 Jahre später bestand von den drei Königreichen nur noch Juda. Trotz der assyr. Siege planten Ägypten (z.B. Jes 30,1–7) und Asdod (Jes 20) den Aufstand. Jesaja riet zur Neutralität, aber auch Juda wurde, vor allem nach 705 v.Chr., in diese Revolten verwickelt. Die Folge war eine vernichtende assyr. Invasion, die zu ausgedehnten Zerstörungen im Land führte. Das belagerte Jerusalem überlebte nur durch ein Wunder, als König Hiskia (715–686) auf die Botschaft der Propheten Micha und Jesaja vertraute. Dieses Ereignis wurde als so entscheidend angesehen, daß es dreimal berichtet wird: 2Kön 18,13–19,37; 2Chr 32,1–23; Jes 36–37. Das Königreich Juda blieb für weitere 100 Jahre verschont.

Die Herrschaft Manasses (2Kön 21,1–18) verkehrte alles, was Hiskia erreicht hatte, wieder ins Gegenteil. Assyr. Lebensart, bes. im Bereich der Religion, galt als modern. Jeder prophetische Protest endete mit Blutvergießen. Nach Manasses und seines Sohnes Tod wurde jedoch unter Josia (639–609) noch einmal ein wirksamer Versuch zu einer geistlichen Reform unternommen (2Kön 22,1–23,30). Der Niedergang Assurs ermöglichte es Josia in seinem 8. und 12. Regierungsjahr, angespornt durch die aufrüttelnde Verkündigung des Propheten Zephanja, die fremden Kulte aus dem religiösen Leben zu verbannen. 626 berief Gott Jeremia zum Propheten. 621 gab die Entdeckung des Gesetzbuches im Tempel der Reform weiteren Auftrieb. Trotz aller äußeren Verbesserungen konnte Jeremia dem Volk jedoch keine Hoffnung machen, daß das Gericht erneut von Jerusalem abgewendet werden würde. Der Untergang war unvermeidbar. Diese unpopuläre Botschaft hatte für Jeremia Leid und Gefangenschaft zur Folge. Der Prophet Habakuk stellte eine Offenbarung in Frage, die er selbst empfangen hatte: Sie besagte, daß Jahwe Babylon dazu gebrauchen würde, um sein eigenes Volk zu bestrafen. Nach allg. Auffassung galt der Tempel als unverletzlich. Deshalb sah man in seinem Vorhandensein eine Garantie für die Sicherheit Jerusalems. Doch Jeremia in Jerusalem und Hesekiel in Babylon sagten beide den Untergang von Stadt und Tempel voraus.

Zunächst durchzogen die babyl. Armeen 605 v.Chr. das Land und forderten Unterwerfung (2Kön 24,1). Judas Abtrünnigkeit veranlaßte Nebukadnezar im Jahr 597, Jerusalem einzunehmen und König Jojachin samt der Jerusalemer Führungsschicht als Gefangene nach Babylon bringen zu lassen. Die Plünderung der Stadt 587 und weitere Deportationen bedeuteten das Ende des Königreiches Juda (2Kön 25). Sein Territorium wurde nach der Ermordung des Gouverneurs Gedalja Teil der Provinz Samarien. Johanan und seine Gefolgsleute flohen nach Ägypten. Die Tatsache, daß Edom den Gegner unterstützte und sich später Judas Gebiet aneignete, vervollständigte, gemäß der Prophetie Obadjas, Judas Demütigung.

Exil und Rückkehr. 2Chr 36,20–26; Esr 1–6

Jeremia und Hesekiel hatten das Volk auf den vollständigen Zusammenbruch vorbereitet. Sie bestanden darauf, daß jegliche Zukunftserwartung sich nur auf die Verbannten in Babylon richten dürfe (Jer 24; 29; Hes 11). Hesekiel setzte sein Wirken etwa bis 571 v.Chr. fort, nachdem der vorhergesagte Fall der Stadt und ihre Zerstörung eingetreten waren (Hes 33,21), aber nun mit einer neuen Botschaft. Jetzt konnte er einen neuen Bund, eine nationale Wiedererstehung und ein neues Jerusalem verheißen.

Diese Verheißung begann durch Cyrus, den König von Ansan, geschichtliche Gestalt anzunehmen. Er eroberte in rasantem Tempo den gesamten Nahen Osten; Babylon fiel ihm 539 v.Chr. zu. Es gehörte zu seiner Politik, Exilvölker in ihr Heimatland zurückkehren zu lassen und sie zu ermutigen, sich wieder ihrem alten Glauben und Gottesdienst zuzuwenden. So erhielten auch die Juden die Möglichkeit, nach Jerusalem zurückzukehren. Die ersten Kapitel von Esr beschreiben, wie eine kleine Kerntruppe diese Möglichkeit nutzte und ohne Verzögerung den Grundstein für den neuen Tempel legte. Dann jedoch ließen Entmutigung und der Widerstand der seßhaften Provinzbevölkerung, mit der die Rückwanderer nicht zusammenarbeiten wollten, die Arbeit bis 520 zum Stillstand kommen. Den Propheten Haggai und Sacharja gelang es, durch ihre Ermahnungen und Ermutigungen einen neuen Anfang zu erreichen. Um 516 war der neue Tempel fertiggestellt.

Die Prophetie Maleachis und die Berichte über Esra und Nehemia (Esr 7–10; Neh) beleuchten den Rest der persischen Periode. Die Widerstände dauerten an, und der kleinen Gemeinschaft mangelte es an der nötigen Führung. In dieser Situation erkannten der Schriftgelehrte Esra und Nehemia, ein hoher Beamter am persischen Hof, daß sie in Jerusalem einen Auftrag hatten. Nehemia reiste 455 v.Chr. dorthin. Durch kluge Behandlung der Gegner und eine realistische Planung des Baues der Stadtmauer gelang es ihm, die zuletzt genannte Aufgabe innerhalb von 52 Tagen zu bewältigen (Neh 6,15). Nach fast 150 Jahren war Jerusalem wieder eine durch Mauern geschützte Stadt. Seine Bevölkerung wuchs, und es wurde zu einer Hauptstadt, wie sie der kleinen Provinz Juda entsprach. Nehemia erließ als Gouverneur die notwendigen Gesetze, die die Fortdauer des Tempelkultes sicherstellten. Esra seinerseits konzentrierte die Aufmerksamkeit des Volkes auf das Gesetz Moses und machte jeden Juden für seine strikte Einhaltung verantwortlich. Es gab zwar keine unmittelbare Hoffnung auf politische Freiheit oder auf die Einsetzung eines eigenen Königs, aber das Halten des Gesetzes lag im Rahmen ihrer Befugnisse. Darauf richtete sich fortan die ständige Bemühung aller gesetzesfrommen Juden, ganz gleich, in welchem Lande sie lebten. Zur Datierung der Ankunft Esras in Jerusalem und der Beziehung zwischen ihm und Nehemia s. Komm. zu Esr und Neh.

Die historische Berichterstattung des AT endet an dieser Stelle, die proph. Deutung hat jedoch ein für allemal gewisse grundlegende Lehren daraus abgeleitet. Einmal war Jahwe ein ganz naher Gott, dem Ungerechtigkeit, Korruption und Unmenschlichkeit in Israels sozialem und politischem Leben nicht unbekannt blieben. Wenn er gleichzeitig auch als der »ganz ferne« Gott bezeichnet wurde, der Himmel und Erde erfüllte, so machte das lediglich deutlich, daß es für den Menschen unmöglich war, seinem Auge, das alles sah, und damit seinem Urteil zu entgehen. Den alltäglichen Routineentscheidungen kam dabei die größte Bedeutung zu, weil sie die Prioritäten des Menschen erkennen lassen. Was Gott wollte, war klar: unparteiische Gerichtsbarkeit, ehrlichen Handel auf den Märkten, gerechte Löhne, Großzügigkeit gegenüber den Armen und Hilflosen sowie eine aufrichtige und treue Gottesverehrung.

Zum zweiten war Israel nicht das Opfer eines blinden Schicksals, sondern für die Katastrophen, die es zu erleiden hatte, selbst verantwortlich. Jesaja hatte das deutlich ausgesprochen: »Wollt ihr mir gehorchen, so sollt ihr des Landes Gut genießen. Weigert ihr euch aber und seid ungehorsam, so sollt ihr vom Schwert gefressen werden« (Jes 1,19–20). Daß Gott dies genau so meinte, zeigte sich zur Zeit Hiskias. Als Hiskia den Rat des Propheten gehorsam und demütig annahm, wurde Jerusalem verschont.

Schließlich steht menschliche Verantwortlichkeit nicht im Konflikt mit der Tatsache, daß bei Gott alle Fäden der Weltgeschichte und der Geschichte des einzelnen zusammenlaufen. Er war gleichermaßen Herr der Geschichte wie Schöpfer der Welt. Er konnte sich der Könige von Babylon oder Persien bedienen und sie als Werkzeuge für seine Ziele einsetzen, ohne daß ihnen dies bewußt war. Daraus folgt, daß Israels Ungehorsam Gottes Absichten nicht vereiteln konnte. Waren Israels Könige treulos, so würde Jahwe für einen Herrscher aus dem Haus Davids sorgen, der Gottes Willen ganz tun würde. Wenn das Volk die Vereinbarungen des alten Bundes brach, so würde Gott einen neuen Bund schließen, Israels Sünde vergeben und es dazu bringen, seine Gebote zu befolgen. Als die Prophetie endete, waren weitreichende Verheißungen noch nicht erfüllt. Jahrhunderte vergingen, und denoch hielten die Glaubenden in Israel an der Überzeugung fest, daß der Herr der Geschichte zu seiner Zeit eingreifen und alle seine Verheißungen erfüllen würde. Diese teleologische Ansicht, daß alle Geschichte zweckbestimmt und zielgerichtet ist, verdanken wir der atl. Offenbarung.

J. G. Baldwin

Theologie des Alten Testaments

Von Anfang an stellt sich das AT seinem Leser als die Geschichte und Beschreibung einer Beziehung dar: des Verhältnisses zwischen Gott und der Welt. Diese Beziehung ist natürlich ungleich. Gott ist immer der Transzendente, seine Rechte und seine Macht über die Welt bedingen keine Gegenansprüche der Welt an Gott.

Diese Beziehung bestimmt ohne Frage das atl. Denken. Sogar wenn es um die zentrale Offenbarung des göttlichen Wesens selbst geht – nämlich, daß Gott heilig ist –, wird diese Heiligkeit nicht abstrakt gesehen, nicht in oder für sich selbst, sondern vielmehr unter dem Gesichtspunkt, wie sie auf die Welt und die Menschen übergreift. »Der kennzeichnende Unterschied zwischen der alttestamentlichen Gottespredigt und den Gottesvorstellungen aller orientalischen Völker (ist) die absolute Transzendierung des Wesens Gottes, ohne daß durch die Distanz in irgendeinem Sinne die Gemeinschaft zwischen Gott und dem Mensch verkürzt würde« (Th. Vriezen, Theologie des Alten Testaments in Grundzügen, 1957, S. 123). In dem vorgegebenen knappen Rahmen muß jede Behandlung der atl. Theologie notwendig selektiv verfahren. Die Beziehung zwischen Gott und der Welt begegnet uns in drei miteinander verbundenen Kreisen atl. Denkens, auf deren Untersuchung wir uns beschränken wollen.

Schöpfung

Erstmals und grundlegend entfaltet das AT die Beziehung des transzendenten Gottes zur Welt in der Schöpfungslehre. Wenn wir gerade hier einsetzen, so trennen wir damit die atl. Theologie keineswegs von der Geschichte oder vom Glauben Israels. Natürlich war die Lehre von Gott dem Schöpfer, wie andere Lehren auch, in bestimmten Perioden für Israel besonders relevant: Sie spielt z.B. bei Jesaja eine wesentliche Rolle (vgl. 40,12–14.25.26; 42,5; 44,24; 45,18 u.ä.). Dennoch sind die Zeiten längst vorbei, in denen man für die Entstehung der Schöpfungslehre eine Spätdatierung rechtfertigen konnte. (Vgl. Vriezen, a.a.O. S. 156; G. v. Rad, Das theologische Problem des alttestamentlichen Schöpfungsglaubens *in:* Gesammelte Studien zum Alten Testament, S. 136–147, bes. S. 146.)

Das AT beginnt mit der Hervorhebung einer Wahrheit, an der Israel immer festhielt: nämlich der Wahrheit vom Schöpfergott. Durch sie gewinnt die gesamte atl. Lehre die weltweite Perspektive, die in Person und Werk Jesu Christi ihren Höhepunkt und ihre eigentliche Wirksamkeit erhält.

Der absolute Schöpfer

In 1Mo 1 ist der Monotheismus grundlegend und wesentlich. Er gehört von der Sache her dazu und ist nicht erst durch die Reinigung eines polytheistischen Originals entstanden, bei der dessen anstößige Elemente ausgeschieden worden wären. Dieser Monotheismus zeigt sich einmal darin, daß jeder Hinweis auf andere Götter fehlt. Das fällt besonders an jenen Stellen auf, wo das benachbarte Heidentum auf der Erwähnung bestimmter Götter bestanden hätte, die diese oder jene Einzelaufgabe wahrzunehmen hatten. So ist z.B. die Fruchtbarkeit der Pflanzen (1Mo 1,11) eben nicht auf das direkte Eingreifen Baals als des angenommenen Fruchtbarkeitsgottes angewiesen. Vielmehr handelt es sich dabei um eine natürliche Fähigkeit, die der Schöpfergott dem pflanzlichen Leben von Anfang an mitgegeben hat. Zum anderen enthält die Aussage »und die Erde war wüst und leer« (1Mo 1,2) keines von den Merkmalen, die mit dem babyl. Chaosmeer Tiamat verbunden sind, das als unversöhnlicher Feind des Schöpfers dargestellt wird. Auch die Vorstellungen, die die Griechen mit dem Gedanken des Chaos verbanden, kommen nicht vor. Denn die hebr. Worte *tohū wabohū* bedeuten nicht »Gegensatz zur Schöpfung« (so leichthin E. Jacob, Theology of the Old Testament, 1958, S. 144). Sie lassen auch G. v. Rads Auffassung nicht zu, es sei kaum möglich, sich die Idee eines geschaffenen Chaos vorzustellen, denn was geschaffen sei, sei nicht chaotisch (Theologie des Alten Testaments, Bd. 1, S. 148). Jer 4,23 (vgl. auch Jes 40,17, wo *tohū* mit Leere [EÜ] übers. wird) bezeichnet dieser Ausdruck eindeutig eine Welt, die auf ihre materiellen Grundlagen reduziert ist, der demnach Ordnung, zweckgerichtete Existenz und Wert genommen sind. Darum findet sich in dem *tohū wabohū* von 1Mo 1,2 nicht der geringste Hinweis auf ein gegenwirkendes göttliches Wesen. Viell. handelt es sich hier (wie die Reihenfolge der Erzählung nahelegt) um die erste Phase im Werk des Schöpfers: um die Erschaffung der Materie, der er dann der Reihe nach Ordnung, Gestalt und Leben gab.

Diese fortschreitende schöpferische Aktivität wird auf das Wort Gottes zurückgeführt (1Mo 1,3; vgl. Ps 33,6.9; Ps 148,5). Daran wird die unmittelbare Beziehung zwischen Gott und seiner Welt deutlich. Da bleibt kein Raum, in dem irgendwelche vermeintlichen Götter etabliert werden könnten. Das Schöpfungswirken des göttlichen Wortes findet seinen sprachlichen Ausdruck in dem Verb *bara,* erschaffen. Das AT begrenzt den Gebrauch dieses Wortes offensichtlich bewußt (vgl. G. v. Rad, 1.Mose, 1972, S. 30) auf das göttliche Schöpfungshandeln. Das bedeutet, daß überall da, wo das Verb im Aktiv gebraucht wird, stets Gott sein Subjekt ist, und daß bei passiver Verwendung Gottes Tun vorausgesetzt wird. *bara* beschreibt jene Art von Taten, die entweder wegen ihrer Größe (z.B. Jes 45,8), wegen ihrer Neuheit (z.B. Jer 31,22) oder weil sie die menschlichen Möglichkeiten übersteigen (z.B. Jes 4,5) den handelnden Gott voraussetzen. Auch wenn sich vermutl. nicht behaupten läßt, daß sich aus der Etymologie des Verbs die Bedeutung »Schöpfung aus dem Nichts« ergebe, so schließt sein Gebrauch (z.B. 1Mo 1,1) diese Vorstellung jedoch zweifellos ein. Jedes Vorkommen des Verbs muß in seinem jeweiligen Textzusammenhang untersucht werden. Dann erst kann entschieden werden, ob das Neue, das Gott schafft, ein absoluter Neuanfang ist, oder ob etwas, was bereits embryonal oder vorläufig vorhanden war, in eine neue Richtung oder Dimension hineingebracht wird (z.B. Jes 65,18; s. Komm. zu 1Mo 1,20–23).

Die Erschaffung des Menschen

Das höchste Beispiel für das schöpferische Wirken Gottes ist der Mensch. Das Verb *bara* kommt in der Schöpfungsgeschichte insgesamt 6mal vor. Einmal beschreibt es den absoluten Anfang aller Dinge (1Mo 1,1); einmal faßt es das gesamte göttliche Schöpfungswerk zusammen (1Mo 2,3); einmal kennzeichnet es den Beginn des Lebens der Tiere (1Mo 1,21). Die verbleibenden 3mal stehen mit der Erschaffung des Menschen als göttlichem Ebenbild in Verbindung. Das allein hebt den Menschen als Krone der Schöpfung hervor, selbst wenn man von dem sorgfältigen Aufbau von 1Mo 1 absieht, in dem V.26.27 eindeutig den beabsichtigten Höhepunkt bilden.

Von daher steht außer Frage, daß der Mensch nicht das Ergebnis des Zusammenwirkens von blinden, sich selbst verursachenden und Bestand verleihenden Kräften sein kann. Er ist spezifisch Gottes Werk, unabhängig davon, ob wir diese Besonderheit letztlich in einem absoluten Schöpfungsakt sehen, in dem der Mensch als Gottes Ebenbild völlig neu die Weltbühne betrat, oder ob wir sie in der Gabe der Gottebenbildlichkeit erkennen, mit der ein göttlich gesteuerter Prozeß von Wachstum und Entwicklung abgeschlossen wurde.

In jedem Fall liegt das Wesentliche bei diesem Schöpfungsvorgang in der Neuheit: Zum erstenmal wird das Bild Gottes in einem Geschöpf anschaubar. Die hier verwendeten Worte Bild (*zelem*) und Entsprechung (*d^{e}mut*) werden in der Regel auf die äußere, sichtbare Gestalt bezogen (z.B. 1Sam 6,5; 2Kön 16,10). Daraus folgt: Obwohl Gott Geist ist (Jes 31,3) und die äußere Erscheinung nicht zu seinem Wesen gehört, gibt es eine sichtbare Gestalt, die der unsichtbaren Herrlichkeit Gottes angemessen ist (z.B. 4Mo 12,8). Nach ihrem Bild wurde der Mensch geschaffen. Daraus leitet sich die Würde ab, die die Schrift dem Menschen als Person von Anfang an zuerkannt hat.

In diesem Zusammenhang verdient die Beobachtung Helmer Ringgrens Erwähnung (Israelitische Religion, Stuttgart 1963, S. 111), daß die Herrscher im antiken Nahen Osten Bilder und Statuen von sich an Orten aufstellen ließen, an denen sie Autorität ausübten oder beanspruchten. Die Bilder vertraten dann den Herrscher als Symbole seiner Gegenwart und Autorität. Das verweist uns auf die Tatsache, daß der Mensch in seiner Stellung, seinem Wesen und seinen Funktionen als Ebenbild Gottes erkennbar wird: in seiner Beauftragung, die Erde zu beherrschen (1Mo 1,28–30), in seiner sittlichen Fähigkeit, unter Gesetz und Verheißung zu leben (1Mo 2,16–17), in der bewußten Wahrnehmung seiner Umwelt (1Mo 2,19) und vor allem in seiner Gemeinschaft mit Gott. Auch spiegelt die komplexe Einheit von Mann und Frau in der Ehe möglicherweise jene innergöttliche Einheit wider, die das AT offenbart (vgl. G. A. F. Knight, A Biblical Approach to the Doctrine of the Trinity, 1953, S. 17).

Die Natur des Menschen wird in den Ausdrücken »Erde vom Acker« und »Odem des Lebens« treffend zusammengefaßt; diese beiden Hauptkomponenten bleiben nicht isoliert nebeneinander stehen, sondern verbinden sich zu der Einheit eines »lebendigen Wesens« (1Mo 2,7). Als verschiedene Seiten der menschlichen Natur bleiben sie jedoch gedanklich unterscheidbar. So ist der Mensch äußerlich betrachtet »Fleisch« (*baśar*) in seiner Fleischlichkeit oder in seiner geschöpflichen Gemeinschaft mit anderen Lebewesen (vgl. Hes 23,20 [EÜ] bzw. 1Mo 6,17). Psychologisch betrachtet ist er aber auch »Person« (*nefesch*), d.h.: ein Individuum mit bewußtem Leben, ein »Ich« mit bestimmten eigenen Empfindungen und Sehnsüchten (vgl. Hiob 16,4; 2Mo 23,9; hier bedeutet *Herz* Gefühle). Der Mensch besitzt Geist (*ruach*), die Antriebskraft und Energie der Person, die ihn zum Handeln stimuliert (vgl. 2Mo 35,21) und zugleich ausdrückt, daß die Handlung in der Person ihren Ursprung hat (vgl. 5Mo 2,30). Neben diesen Begriffen verwendet das AT auch Bezeichnungen, in denen das Psychische und das Physische miteinander verschmolzen sind. So kennzeichnet »Herz« (*leb*) den Sitz der Gedanken (z.B. Ps 45,2), des Gewissens (vgl. 1Sam 24,6) und der Empfindungen (vgl. 5Mo 6,5); »Hand« (*jad*) zeigt die zielgerichteten Aspekte der Persönlichkeit an, also den Menschen als Handelnden (z.B. 5Mo 2,7.24; 5Mo 32,36 wird *jad* mit »Macht« übersetzt). Die bes. Bedeutung des Gebrauchs der Ausdrücke »Herz« und »Hand« liegt darin, daß sie die Einheit der menschlichen Natur unterstreichen: Der Mensch ist – »mit Leib und Seele« – *eine* Person.

Gott und die Geschichte

Die Transzendenz und zugleich die Unmittelbarkeit des Schöpfers kommen am klarsten in der Weltsicht des AT zum Ausdruck. Der Schöpfer behält die ihm zukommende unmittelbare aktive Kontrolle über seine Welt, und zwar sowohl wenn diese als Bereich menschlicher Geschichte (z.B. Jes 40,21–25) oder als der Ort komplizierter Naturvorgänge betrachtet wird (vgl. Jes 40,26). Auf dieser Tatsache basiert auch die lineare Vorstellung von Zeit, wie sie in der Bibel zum Ausdruck kommt: regelmäßig wiederkehrende Grundzüge menschlicher Erfahrung werden nicht von einer ihnen innewohnenden Notwendigkeit oder vom Schicksal bestimmt, sondern sie werden dem Menschen jeweils neu durch den Vorsatz der göttlichen Gnade und Treue zugeeignet (1Mo 8,22; Jer 33,20.25). Diese souveräne Kontrolle und Leitung umfaßt sämtliche Erfahrung: die des einzelnen (1Mo 45,5–9; 50,20; Jes 54,16.17) wie die des Volkes (z.B. Am 9,7; Hab 1,6; 2,16); dabei sorgt sie selbst für die kleinsten Einzelheiten der Ereignisse (z.B. Jes 37,26–29; Am 3,6).

Gott offenbart sich in seinem Weltregiment als weise, allmächtig und heilig (vgl. Jes 40,12–14.22–24.25; in Ps 104 entfalten V. 1–9 Gottes ordnende Macht, V. 10–24 seine Weisheit, V. 25–32 seine erhaltende Macht, V. 33–35 seine Heiligkeit; vgl. Ps 93; s. Komm. zu Hiob 38–40). In der Frage der Theodizee gibt es deshalb, wie die Schlußkapitel von Hiob zeigen, zur Exaktheit und Schärfe der bibl. Gottesvorstellung keine Alternative. Die menschliche Logik steht auf verlorenem Posten, wenn sie Erfahrungen mit der Annahme erklären will, daß Gott sich irre, versage oder falsche Urteile fälle.

Unter den Eigenschaften, die Gott in seinem Weltregiment entfaltet, nimmt seine Heiligkeit den ersten Platz ein; sie bestimmt alles andere. Das gilt gleichermaßen für die gesamte Offenbarung Gottes, die uns in der Bibel gegeben ist. Über die Hälfte aller Belegstellen, die sich auf den »Namen« Gottes – also auf sein offenbartes Wesen – beziehen, bestimmen Gott näher als »heilig«. Man kann offenlassen, ob die sprachliche Wurzel des Wortes »heilig« (*q – d – sch*) »Trennung« oder »Glanz« bedeutet, in jedem Fall steht dahinter der Gedanke, daß Gottes Wesen so absolut ist, daß der Mensch sich ihm weder nähern noch ihn anschauen kann. Immer wieder wird beschrieben, wie Menschen um ihr Leben fürchten, wenn sie in die Nähe Gottes kommen (z.B. 2Mo 33,20; Ri 6,22; 13,22). Allerdings ist das, »was den Menschen zum Zittern bringt, nicht das Bewußtsein seines Menschseins angesichts der göttlichen Macht, sondern das Bewußtsein seiner Sünde angesichts völliger Reinheit« (H. H. Rowley). Gottes Heiligkeit, d.h. seine absolute Reinheit, ist ein unveränderlicher Grundzug des atl. Gottesbegriffes. Sie hat ihren Ursprung also nicht in der Erfahrung, wie etwa Jesaja sie macht und in der sie sich offenbart, sondern sie ist ihr vorgeordnet (vgl. Jes 6,3–5; 1Mo 3,8.24; Hab 1,13).

Menschliches Leben auf dieser Erde wird damit in allen seinen Äußerungen automatisch an dieser göttlichen Heiligkeit gemessen. Das ist sowohl im Bereich der Natur wie in der Geschichte erkennbar. Im Bereich der Natur spiegeln die sog. Naturkräfte die zwischen Gott und den Menschen herrschende Situation wider; denn die Naturkräfte sind von Gott eingesetzt. So wird als Folge der ersten Sünde der Acker von Dornen und Disteln verwüstet (1Mo 3,17f). Entsprechend unterschied sich etwa die israel. Sicht von Wohlstand grundsätzlich von der des Israel umgebenden Heidentums. Für die Kanaanäer hing Wohlstand, soweit er sich auf den Ackerbau bezog, von der launenhaften Aktivität des Fruchtbarkeitsgottes Baal ab. Dieser konnte nur durch geheime Magie zum Handeln veranlaßt werden. Demzufolge basierte die kanaan. Religion auf so schändlichen Praktiken wie etwa der »sakralen« Prostitution, in der der Vollzug menschlicher Fruchtbarkeit als eine massive Aufforderung an den Gott verstanden wurde, nun seinerseits für die Fruchtbarkeit der Felder zu sorgen. In Israel dagegen ist das

Gegenstück zu Wohlstand der Gehorsam (z.B. 5Mo 28; 29; Hag 1,9–11; 2,15–19; Sach 6,15). Die Heiligkeit Gottes, die die Welt regiert, verlangt den sittlichen Gehorsam des Menschen. Im Einklang mit dieser Lehre kommt der atl. Glaube nicht umhin, den Wohlstand für die Frommen zu beanspruchen (Ps 1). Dies geschah nicht aufgrund einer immer gleichbleibenden Erfahrung; sondern die geoffenbarte Wahrheit ermutigte zu dem Vertrauen, daß Gott seinem Volk beistehen und es belohnen werde. Letztlich findet diese Lehre ihren Höhepunkt im unvergleichlichen Wohlstand des messianischen Reiches (Hos 2,23–25; Am 9,13–15). Wenn Gott und Mensch wieder vereint sind und Eden mehr als wieder hergestellt ist (z.B. Jes 11,1–9), dann muß die gesamte Schöpfung ihre volle Pracht entfalten.

Die Herrschaft des heiligen Gottes über die Geschichte löst heute viele Fragen aus. Das kommt daher, weil das AT in einer Weise von direktem göttlichen Handeln spricht, die modernen Denkvorstellungen zuwiderläuft. Der Angriff Sanheribs auf Jerusalem z.B. schafft einerseits Verstehensprobleme, zeigt aber gleichzeitig charakteristische bibl. Lösungen auf. Sanherib war von Gott dazu auserwählt, das sündige Juda zu strafen (Jes 10,5.15). Dabei wird so von ihm geredet, als träfe er keine eigenen Entscheidungen und trüge in dieser Sache keine Verantwortung, sondern sei lediglich eine Marionette. Doch nachdem er sein Werk abgeschlossen hat, wird er für seine Überheblichkeit bestraft, mit der er es gewagt hat, den Berg Zion anzugreifen (Jes 10,12–14). Wir beschäftigen uns an dieser Stelle nicht mit anderen Aspekten der Geschichte Sanheribs (etwa, daß es nicht in Gottes Absicht lag, ihm Jerusalem auszuliefern, sondern vielmehr die Stadt gegen ihn zu verteidigen); es geht hier ausschließlich um das Problem des Verhältnisses von göttlicher Souveränität und menschlicher Verantwortung, das in dem großen Epos Jesajas über den assyr. Angriff bes. deutlich wird. Wie kann Sanherib »Zuchtrute« in der Hand Gottes und gleichzeitig ein schuldiger menschlicher Aggressor sein? Die Lösung dieses Dilemmas besteht offensichtlich darin, daß es für den assyr. Angriff zwei Gründe gab. Hätte man Sanherib gefragt, so hätte er seinen Angriff überheblich mit seinem Recht auf Weltherrschaft begründet. Das bedeutet: Seine Motive waren egoistisch und sündig, und er verdiente die Strafe, die ihn schließlich ereilte. Aber daneben gab es einen verborgenen zweiten Grund für seine Invasion: den göttlichen (Sanherib nicht bekannten) Willen, eine sündige Stadt zu strafen. Der heilige Gott bejaht die sündigen Beweggründe von Menschen nicht, er läßt sich nicht in sie verwikkeln, und er ruft sie schon gar nicht hervor. Aber er kontrolliert sie und setzt sie außer Kraft.

Gottes Geist

Die geheimnisvolle Bezugnahme auf den Geist Gottes bei der Schöpfung (1Mo 1,2; vgl. Hiob 33,4; Ps 33,6; 104,30; Jes 40,7; 42,5) – er wirkt hier offensichtlich als Mittler des göttlichen Willens, als handelndes Bindeglied zwischen dem transzendenten Gott und seiner Welt – wird durch eine Reihe weiterer bibl. Aussagen über den Geist auf ein breiteres Fundament gestellt. Auch das übrige AT, das eine bemerkenswert ausführliche Lehre von Gottes Geist enthält, sieht ihn genau in dieser Funktion am Werk. Der Geist hat seinen Ursprung in Gott. Er wird auf Menschen »ausgegossen« (Spr 1,23; Jes 32,15; 44,3; Hes 39,29; Joel 3,1f) oder er »fällt auf sie« (Hes 11,5). Der Geist »ruht« auf Menschen (4Mo 11,25.26.29). Er erfüllt oder ergreift sie (Ri 6,34; 1Chr 12,19; 2Chr 24,20), er wohnt in ihnen, um bestimmte Aufgaben wahrzunehmen. Er ist wirksam gegenwärtig (4Mo 24,2; Ri 3,10; 11,29; 1Sam 19,20.23; 2Chr 15,1; 20,14; in all diesen Stellen steht die Übersetzung »kam auf« für das hebr. Verb *h-j-h;* »wirksam gegenwärtig sein«). Der Geist belebt oder treibt vorwärts (Ri 13,25); er erfüllt mit Kraft (Ri 14,6.19; 15,14; 1Sam 10,6; 11,6; 16,13; hier lautet das Verb *s-l-h* und bedeutet »durchdringen« oder, wahrscheinlicher, »stark sein«) und inspiriert (2Sam 23,2; Neh 9,20). Bei diesen Belegstellen steht wohl die Wirksamkeit des Geistes, die zu gewaltigen Taten befähigt, im Vordergrund. Aber dies ist keineswegs alles, was ihm zugeschrieben wird. Er begabt das ganze Gottesvolk (Jes 32,15; 44,3; 59,21; Hes 39,29; Joel 3,1f), bes. die großen messianischen Gestalten (4Mo 11,17; 27,18; 1Sam 16,13; Jes 11,2; 42,1; 48,16; 61,1). Er ist der Handelnde bei der individuellen Neubelebung (Hes 36,27). Er ist in charakteristischer Weise verbunden mit dem Werk der Propheten (4Mo 11,29; 1Sam 10,6.10; 2Sam 23,2; 1Kön 22,24; 1Chr 12,19; 2Chr 15,1; 20,14; 24,20; Neh 9,20; Hes 11,5; Joel 3,1f; Sach 7,12). E. Jacob (a.a.O., S. 125) betont zu Recht, daß es »für alle Propheten nicht der Geist, sondern das Wort ist, das sie für ihren Dienst qualifiziert. Aber das Wort setzt den Geist voraus, eben jenen schöpferischen ›Lebensodem‹ – das war für die Propheten so offensichtlich, daß sie es für unnötig hielten, dies ausdrücklich festzustellen«.

Die Überschrift »Gottes Geist« bringt bereits zum Ausdruck, daß wir vom Geist als Gott zugehörig reden müssen. Die bibl. Belege zwingen uns jedoch, noch weiter zu gehen und vom Geist als einer göttlichen Person zu sprechen. Denn er besitzt die göttlichen Eigenschaften der Heiligkeit (Ps 51,13; Jes 63,10), der Güte (Neh 9,20; Ps 143,10) und der Weisheit (1Mo 41,38f; 2Mo 31,3; Jes 11,2; 40,13; Dan 4,5.6.15; 5,11.14). Wo er gegenwärtig ist, ist Gott gegenwärtig (Ps 139,7). Wie Gott, so wird auch er durch die Sünde betrübt (Jes 63,10; vgl. Sach 6,8). »Der Geist«, sagt Knight, »bekommt die Persönlichkeit und das wahre Wesen von Gott selbst« (a.a.O., S. 54f).

Offenbarung

Von der Beschäftigung mit dem Geist Gottes, der die Propheten inspiriert, ist es nur ein kleiner Schritt zur allg. Lehre von der Offenbarung. In ihr wird erneut erkennbar, daß der transzendente Gott den Menschen nahekommt. Er tut dies, um sich bekanntzumachen. Wo das geschieht, verwendet das Hebr. allg. reflexive Verbformen (z.B. 1Mo 35,7; 2Mo 6,3); denn die Initiative dazu liegt ausschließlich bei Gott. Nirgendwo im AT gibt es Anzeichen dafür, daß der Empfang der Offenbarung von einer bes. Empfänglichkeit im Menschen abhängt.

Der Engel des Herrn

Die Unmittelbarkeit der göttlichen Zuwendung zum Menschen läßt sich bes. deutlich im Auftreten des Engels des Herrn erkennen (1Mo 16,7ff; 19; 21,17ff; 22,11ff; 31,11ff; 48,15f; 2Mo 3,2ff; 14,19–22 [mit 13,21 und 14,24]; 23,20f; 32,34; Ri 2,1ff; 6,11ff; 13,2ff; Jes 63,8f; Hes 40–48, bes. 44,2; Hos 12,4 [vgl. 1Mo 32,24ff]; Sach 1–6, beachte bes. das Verhältnis von 1,12f zu 3,6–10; Mal 3,1). Die Belege bestätigen eindeutig: Gott übernimmt die Initiative, um seinem Volk in Selbstoffenbarung und Mitteilung nahezukommen. Dabei verdient Beachtung, wie oft der Engel des Herrn in einem einzigen Ereignis mit Gott identifiziert (z.B. 1Mo 22,11.12) und von ihm unterschieden wird (z.B. 1Mo 22,15.16). E. Jacob bezeichnet ihn als das »Double Jahwes«; dennoch läßt sich dieses Verhältnis nicht einfach als Identität beschreiben. Der Engel (in dem nach 2Mo 23,21 der »Name«, also das ganze Wesen Jahwes präsent ist) kann mit Israel ziehen; würde dagegen Jahwe selbst auf dem Weg mit dabeisein, so würde er Israel seiner Halsstarrigkeit wegen unterwegs vertilgen (2Mo 33,1–3). Der scheinbare Gegensatz, der in der Existenz des göttlichen Engels begründet ist, war unlösbar bis zur Offenbarung des Einen, von dem beides gilt: Er ist von Gott unterschieden und doch mit ihm identisch. Er pflegt Gemeinschaft mit den Sündern, ohne damit seine göttliche Heiligkeit zu beflecken. Er verleugnet Gottes Zorn nicht und ist doch zugleich der höchste Ausdruck göttlicher Barmherzigkeit: Jesus Christus, unser Herr.

Offenbarung in Natur und Geschichte

Gott wird an seinen Taten erkannt. Aus seinem Schöpfungshandeln lassen sich seine Allwissenheit (z.B. Ps 94,8–11), seine Größe (z.B. Ps 95,3–5) und seine Fähigkeit ableiten, sein Volk zur Befreiung (z.B. Jes 50,2.3) und zum Gericht (z.B. Am 4,12.13) heimzusuchen. Allerdings muß man fragen, ob diese Wesenszüge Gottes sich allein aus der Naturbetrachtung gewinnen ließen, oder ob erst Israels Wissen um den Schöpfer diese Interpretation seiner Werke ermöglichte. Ps 19,2–7 spricht zwar von einer Gotteserkenntnis, die durch das geschaffene Universum verkündet wird und die überall verfügbar ist. Aber gerade dieser Abschnitt enthält auch eine in ein Paradoxon gekleidete Warnung; denn selbst wenn das »Reden« dieser Gotteserkenntnis bis an die Enden der Welt vordringt (V. 5), so tut sie es dennoch eingeschränkt: »ohne Sprache und ohne Worte, unhörbar ist ihre Stimme« (V. 4). Man kann dies so deuten, daß die Botschaft der Schöpfung nicht auf eine menschliche Sprache eingegrenzt ist, sondern von jedem Menschen in seiner eigenen Sprache gehört werden kann. Wahrscheinlicher ist jedoch, daß hier die Betonung auf der unartikulierten Gestalt der Botschaft liegt: Sie ist nicht in sprachliche Begrifflichkeit gebracht. Aus der Natur hört der Mensch jedoch nur, was er sich selbst sagt. Den einen spricht die Schönheit der Welt an, den anderen stößt ihre Grausamkeit und Gewalttätigkeit ab. So entsteht das, was William Temple treffend als »den Hunger der natürlichen Religion« bezeichnet (Nature, Man and God, 1935, S. 519f); es handelt sich um ein bleibendes Verlangen, weil es keine Möglichkeit gibt, sich selbst zu entkommen; denn es wird kein sicheres, objektives Wort vernommen. Darum ist es nur konsequent, wenn Ps 19 sich in den nachfolgenden Versen (8ff) dem sicheren Zeugnis zuwendet: dem Wort, das Gott zu seinem Volk geredet hat. Die Natur ist ein problematischer Führer. Sie hält ihre Geheimnisse vor einer Menschheit, die sich gegen Gott auflehnt, verborgen.

Wenn wir uns der Geschichte zuwenden, so stellen wir ähnliches fest. Zwar ist alle Geschichte letztlich Gottes Werk (vgl. Am 9,7). Aber das AT enthält keinen Anspruch auf eine allg. Gottesoffenbarung in der Geschichte. Ja es wird sogar versichert, daß die Suche nach Gott in den Werken seiner Vorsehung von vornherein zum Scheitern verurteilt ist (Pred 3,11). Das deckt sich mit unserer Erfahrung, daß jeder Mensch hist. Ereignisse durch sein Vorverständnis beeinflußt wahrnimmt und unter den Lehren, die sich daraus ergeben, nach eigenem Ermessen auswählt.

Ein Vergleich von 1Mo 15,7 mit 2Mo 20,2 führt uns zu einer zentralen atl. Aussage im Blick auf die Offenbarung Gottes. Der Wortlaut der beiden Texte ist fast identisch: Gott führte Abraham aus Ur; Gott führte Israel aus Ägypten. Aus dem Kontext ergibt sich, daß die erste Aussage lediglich eine Tatsache feststellt; die zweite dagegen ist die Zusammenfassung einer Gottesoffenbarung. Anders gesagt: Gott ist der letztlich Handelnde in aller Geschichte; ausgewählte Abschnitte oder Ereignisse dieser Geschichte bilden jedoch die Grundlage für bes. Gottesoffenbarungen an den Menschen, und zwar indem Gott diese Geschehnisse durch einen bevollmächtigten Deuter interpretieren läßt. Die bloße Tatsache, daß Gott Israel aus Ägypten herausführte, würde über das Wesen Gottes nichts aussagen, wäre nicht Mose da, der sie im Sinne Gottes deuten kann.

Gott redet

Das Wort, das Gott redet, ist seiner Definition nach gewaltig in seiner Macht und erreicht alles, wozu es gesandt wird. Das wird durch die Schöpfung deutlich veranschaulicht (1Mo 1,3; Ps 33,6). Mit dem gleichen machtvollen Wort regiert Gott die Natur (Ps 147,15.18; 148,8), lenkt er die Geschichte zu ihrem vorherbestimmten Ziel (Jes 45,23). Dieses unwiderstehliche Wort (Jes 55,11; vgl. 1Mo 24,50, wo *dabar*, »Wort«, in der Wirkung abgeflacht mit »Das kommt vom Herrn« übersetzt wird), wird in dem, was es ausrichtet, von Gott selbst überwacht (1Sam 3,19; Jer 1,12) und hat an der Heiligkeit Gottes Anteil; denn wer sein Wort verwirft, verwirft Gott selbst (1Sam 15,23; Jes 63,10). Knight formuliert durchaus korrekt, wenn er vom Wort Gottes als dem »alter ego«, dem »anderen Ich« Gottes spricht (a.a.O., S. 16).

Wie wird dem Menschen dieses Wort, das ihn über Gott unterrichten soll, zugänglich gemacht? Die grundsätzliche Antwort ist bereits gegeben: Die Gottesoffenbarung vollzog sich mit Hilfe von Ereignissen, die Gott bevollmächtigt deuten ließ. Aber in welchem Verhältnis stand der Deuter zum Ereignis? Unsere allg. Überlegung zur Möglichkeit von Offenbarung in der Geschichte hat gezeigt, daß mehr nötig ist als das Bemühen, nach dem Geschehen klüger zu sein als vorher.

Ein klassisches Beispiel, wie Geschichte und ihre Deutung übereinstimmen, bietet das Wirken Moses und der Exodus. Mose empfing die erforderliche Weisheit eindeutig bereits vor dem Geschehen: Das Reden Gottes ging dem Handeln Gottes voraus. Schon vor der Befreiungstat Gottes war Mose mit dem Ablauf der Ereignisse vertraut gemacht worden (2Mo 4,22f). Als Schlüssel zur Deutung der kommenden Tat Gottes hatte er bereits verstehbare, verbale, von ihm erbetene Mitteilungen Gottes zu seiner Belehrung empfangen: über Gottes Heiligkeit (2Mo 3,5), über den Namen Gottes (2Mo 3,14), über seine Unwandelbarkeit (2Mo 3,15), über seine Absicht, Israel zu erretten (2Mo 4,22) und dieses Volk in Einhaltung seiner Bundesverpflichtung zu erlösen (2Mo 6,6.7). Alttestamentler haben wiederholt behauptet, daß sich die Offenbarung im Verlauf einer Abfolge zeige, in der die Interpretation jeweils auf die Handlung folge. Aber dieser Auffassung haften zwei schwerwiegende Mängel an. Einmal wirkt sie auf jede Gewißheit in der Gotteserkenntnis zerstörend. Der Deutung Moses würde dann nur das Gewicht der zeitlich ersten zukommen. Sie könnte aber nicht den Anspruch erheben, vor anderen, alternativen Auffassungen des Exodus den Vorrang zu haben. Gravierender als dieser eher theoretische Mangel ist jedoch der Widerspruch dieser Theorie zu dem einzigen Beleg, den wir für die Offenbarung Gottes im AT haben, nämlich zum AT selbst. Die persönliche Begegnung mit Gott, das Hören auf seine Rede – wie es z.B. beim Auftreten des Engels des Herrn charakteristisch ist – bleibt auch in Zukunft die grundlegende Form der Offenbarung. Etwas allerdings kommt hinzu: Von Mose an wählt Gott Menschen aus, die er mit seinem Wort aussendet.

Das übereinstimmende Zeugnis der Propheten entspricht dabei dem Grundsatz, wie er in 2Mo 4,16; 7,1.2 umrissen wird. Der Prophet ist ein Mensch, der Gottes Worte spricht (vgl. Jer 1,9; 36,2.4; Hes 2,7–3,3; s. Komm. zu Am 1,1). Es ist zwar geheimnisvoll, aber nicht unrealistisch, wenn die Propheten behaupten, daß das, was sie reden, ihre eigenen und zugleich Gottes Worte seien. Das Privileg, wörtl. Inspiration zu empfangen, verdrängte offensichtlich ihre Persönlichkeit nicht; denn wir finden unter ihnen bedeutende, profilierte, vielfältig zu charakterisierende Männer. Ferner ist daran zu erinnern, daß nicht ein einziger der Propheten sich einer nachträglichen göttlichen Überlegung verdankt. Jeder einzelne wurde lange Zeit vorbereitet und für seine Aufgabe beiseite gesetzt (vgl. Jer 1,5), so daß er Gottes Mensch für seine Zeit sein konnte, ohne aufzuhören, er selbst zu sein. Seine

Persönlichkeit verlieh dem Gotteswort genau jene Färbung, die Gott haben wollte.

Der Bund

Die Lehre vom Bund steht in der Mitte der atl. Weltsicht und der göttlichen Selbstoffenbarung. Ein typischer Beleg dafür ist Ps 103: Die universalen Aussagen der VV. 6.19 bilden die Klammer für das, was V. 7–18 über die bes. Fürsorge Gottes für Israel ausgesagt ist. Voraussetzung für diese Beschreibung des erwählten Volkes ist die Bundesoffenbarung (V. 8; vgl. 2Mo 34,6). Der Bund ist somit das eigentliche Herzstück der atl. Theologie, der zentrale Kern ihrer Lehre von Gott.

Die Bundesterminologie

Das Wort Bund (*b^{e}rīt*) erscheint erstmals in 1Mo 6,18. Von da an kennzeichnet dieser Begriff die wesentlichen Epochen göttlichen Handelns mit seinem Volk (vgl. 1Mo 15,18; 17,1f; 2Mo 2,24; 6,5; 5Mo 4,13; Jes 54,10; Jer 31,31–34; Hes 37,26). Die genaue Bedeutung des Wortes ist umstritten. Einige Wissenschaftler führen die Wortwurzel auf ein Verb mit der Bedeutung »essen« zurück. Das würde auf das gemeinsame Mahl hinweisen, mit dem in der antiken Welt eine Übereinkunft besiegelt wurde (vgl. 1Mo 31,54; vgl. auch den Ausdruck »Salzbund«, 4Mo 18,19; vgl. LZB, Bund II, Sp. 252f). Andere leiten *b^{e}rīt* von dem assyr. *beritu* ab, was Bindung oder Fessel bedeutet. M. Noth (Das alttestamentliche Bundschließen im Lichte eines Mari-Textes, *in* Gesammelte Studien, S. 142–154, bes. S. 148) hält die Herkunft von der akkad. Präposition *birit* = »zwischen« für möglich, die als Hauptwort mit »Vermittlung« zu übersetzen ist. Jede dieser Ableitungen stimmt mit dem Gebrauch des Wortes im AT überein. Begrenzt auf den Bund, den Gott stiftet, bezeichnet das Wort die verbindliche Gemeinschaft mit Jahwe, in die dieser sein erwähltes Volk durch einen souveränen Akt hineinstellt. Ein Bund zwischen Menschen, also zwischen gleichen Partnern, war eine Übereinkunft auf Gegenseitigkeit, möglicherweise ein Vertrag, in dem die gegenseitigen Verpflichtungen der vertragsschließenden Partner sorgfältig aufeinander abgestimmt waren. Der göttliche Bund aber wurde nicht zwischen gleichgestellten Partnern geschlossen. Er wurde den Menschen von Gott gewährt, der dabei in souveräner Gnade handelte. Dieser Aspekt des Bundesschlusses wird bes. durch die Lehnsverträge der heth. Könige veranschaulicht (vgl. HZB, »Bundesschlüsse und nahöstl. Verträge«, S. 198f; G. v. Rad, Theologie des AT, Bd. 1, S. 135).

Im Zusammenhang mit dem Bundesschluß werden hauptsächlich drei Verben verwendet, die jeweils eine bestimmte Bedeutungsnuance einbringen. Das Verb *karat*, »schneiden« (1Mo 15,8), bezieht sich auf die feierliche Einsetzung eines Bundes in der dafür angemessenen Form. Gemeint sind Zeremonien, wie sie etwa 1Mo 15,9.10 oder Jer 34,18 beschrieben werden. Das zweite Verb, *qūm*, im Kausativstamm gebraucht und mit »aufrichten« übersetzt (z.B. 1Mo 6,18), bedeutet »in Kraft setzen« oder »erfüllen (was verheißen war)«. Das dritte Verb, *natan*, »stellen, setzen« bzw. »einsetzen, bestellen« (auch mit »schließen« übersetzt, 1Mo 9,12; 17,2), weist auf die Verbindlichkeit des Bundesschlusses hin, der von nun an das Verhältnis zwischen den Bundespartnern bestimmt. Es ist zweckmäßig, sich diese Bedeutungsnuancen zu merken, weil in der dt. Übersetzung die erste und dritte in der Regel gleichlautend mit »schließen« wiedergegeben werden. Erst bei sorgfältiger Unterscheidung wird z.B. erkennbar, daß es sich in 1Mo 17 nicht um einen neuen Bundesschluß handelt, sondern um die sorgfältige Darlegung einer Vereinbarung, die formal bereits in 1Mo 15 in Kraft gesetzt wurde.

Gott im Bund

In seinem Umgang mit Noah, Abraham und Mose wird Gott selbst jeweils relativ gleich beschrieben. Der Gedanke der Heiligkeit Gottes wird bis 2Mo 3,5 nicht ausdrücklich festgestellt. Danach beherrscht er die Offenbarung an Mose. Der gesamte Bericht des Auszugs wird durch die Erwähnung der beiden Feuer in 2Mo 3,2 und 2Mo 19,18 eingerahmt; die Bedeutung beider Feuer (3,5 und 19,20–24) wird mit der unnahbaren Heiligkeit Gottes erklärt. Die gleiche Schau Gottes findet sich bereits in 1Mo 6–9. Das Gericht der Sintflut ist eine Folge der Herausforderung des göttlichen Wesens durch die weltweite Sündhaftigkeit (1Mo 6,5–7). Auch die relativ ungetrübte Geschichte Abrahams ist nicht ohne Schatten (z.B. 1Mo 15,12–14.16), allerdings fehlt in den Erzvätergeschichten die Betonung von Sünde, Buße und Gericht, wie sie der Bibel insgesamt eigen ist.

Mit der Heiligkeit Gottes geht immer Gottes Gesetz, seine heilige Forderung an die Menschen, Hand in Hand. In der gleichen Weise, in der die Heiligkeit Gottes in der fortschreitenden Bundesoffenbarung von Noah bis Mose immer deutlicher hervortritt, kommen auch Platz und Wesen des Gesetzes verstärkt zum Ausdruck. Die Verpflichtungen, die Noah auferlegt werden, betreffen seine Stellung zum Bund nur allgemein (1Mo 9,1–7).

Bei Abraham liegt die Verpflichtung, obwohl noch vage, bereits innerhalb der Bundesvereinbarung (1Mo 17,1–2). Für Mose und die Israeliten ist der Empfang des Gesetzes, in seinen einzelnen Vorschriften und in seiner Durchsetzung, Ziel der gesamten hist. Entwicklung, die in Ägypten begann (z.B. 2Mo 3,12); das Gesetz wurde zum Inhalt des Bundes (z.B. 5Mo 4,13).

Neben Gottes Heiligkeit und seinem Gesetz steht in der Bundesoffenbarung seine Gnade. Erstmalig wird sie bei der Erwählung Noahs erkennbar und bes. erwähnt (1Mo 6,8). Der Ausdruck »(Noah) fand Gnade« (vgl. auch 1Mo 19,19; 47,25) wird am besten verständlich, wenn man ihn umkehrt in: »die Gnade fand (Noah)«. Das besagt, daß sich etwas Unverdientes ereignete, was in der Güte des Gebers und nicht in Verdiensten oder Bemühungen des Empfängers seinen Ausgangspunkt hat. Damit ist die gesamte Entwicklung des Bundesverhältnisses ein Produkt der göttlichen Gnade: Ein Mensch, und durch ihn seine Nachkommen, wurde aus dem Gericht heraus, das er verdient hatte, zur Barmherzigkeit erwählt.

Im Exodus ist die gleiche Gnade am Werk, um das versklavte Volk zu befreien. Von den drei Hauptwesenszügen, die göttliche Gnade für Israel erkennbar machen, begegnen uns zunächst zwei. Im Bericht vom Auszug wird das Verb »erlösen« (*ga'al*, 2Mo 6,6; vgl. Jes 43,3) erstmals in seiner spezifischen Bedeutung verwendet. In Verbindung mit dieser Erlösungstat Gottes, die zugleich seine Heiligkeit unterstreicht, wird zum ersten Mal die Bedeutung des göttlichen Namens »Jahwe« erklärt.

Die Bedeutung dieses Namens als einer Verbform wird noch diskutiert (vgl. ThBL, Art. »Gott«, S. 598f). Setzt man voraus, daß die Assoziation mit dem Verb *h-j-h*, »sein«, richtig ist, so muß man beachten, daß die entsprechende Übertragung weniger »Dasein«, sondern eher »wirkende Realität« bezeichnet. Selbst wenn wir annehmen, daß die Unbegreiflichkeit des Namens Gottes zum Teil beabsichtigt ist, um anzudeuten, daß die verborgenen Tiefen göttlichen Wesens noch nicht enthüllt sind, so gibt es im Blick auf das, was der Name offenbart, kaum eine substantielle Differenz zwischen der Übersetzung »Ich bringe in Bewegung, was ich in Bewegung bringe« (d.h.: »ich tue, was ich zu tun erwähle«; W. F. Albright) und der Übertragung der meisten anderen: »Ich werde sein, was ich sein werde« (d.h.: »Ich werde handelnd gegenwärtig sein, so wie ich es will«). In jedem Fall ist der Name Gottes der Rahmen, in den Wahrheit Gottes eingebettet werden kann – entsprechend der Weise, in der Gott sein Wort in kommenden Ereignissen bestätigt. Mit einem Satz: Die Auszugs- und damit die Bundesoffenbarung Jahwes kann in den Worten zusammengefaßt werden: Er ist der Gott, der sein Volk rettet und seine Feinde richtet, der Gott der heiligen Erlösung.

Sünde und Opfer

Das dritte Wesensmerkmal, in dem sich göttliche Gnade für Israel ausdrückt, ist tief in der Heiligkeit Gottes verwurzelt und trägt darum den Stempel der Auszugstheologie in besonderem Maß an sich; es ist die Festlegung des Opfersystems in seiner klassischen Form. Natürlich hat es von den frühesten Zeiten an Opfer gegeben; auch den einzelnen Gottesbünden waren Opfer zugeordnet. Bei Noah z.B. ist die Darbringung des Opfers Kennzeichen des Menschen, der mit Gott im Bund steht (1Mo 8,20–22). Bei Abraham hat das Opfer bei der Einsetzung des Bundes seinen zentralen Ort (1Mo 15,9.10.18), auch wenn seine Bedeutung nicht erklärt wird. Beim Auszug erkennen wir, warum das Opfer zentrale Bedeutung für den Bund besitzt und worin diese besteht.

Denn es war das Passaopfer, das die Befreiung Israels aus Ägypten bewirkte. Mose war vorhergesagt worden (2Mo 4,21ff), daß die Plagen die Sklaverei nur verschärfen würden, bis mit der Tötung der Erstgeburt der entscheidende Punkt erreicht sein würde. Zu dieser Krise kam es, als der Pharao die Verhandlungen mit Mose abbrach und Gott eine letzte Plage anordnete (2Mo 10,28–11,3). Als diese über die Ägypter hereinbrach, war es allein das Blut des Passalammes, das sich in jener Nacht des Gerichts als entscheidender Schutz für Israel erwies. 2Mo 12 liegt zentral der Doppelgedanke von Versöhnung und Stellvertretung zugrunde. Um die Bedeutung des »Blutes« bei den atl. Opfern zu verstehen (vgl. LZB, Art. »Blut«, Sp. 235f), muß man sich vor Augen halten: Das Blut, unter dem die Israeliten Schutz suchten, bewahrte sie aus einem bestimmten Grund vor dem göttlichen Gericht (2Mo 12,13.22.23); wenn Gott das Blut ansah, gab es für ihn keinen Grund mehr, weiter gegen die Bewohner dieses Hauses vorzugehen.

Es ist schwer zu begreifen, wie die allg. akzeptierte Auffassung, daß »Blut« »erlöstes Leben bedeutet, irgendeinen Bezug zum Passageschehen haben könnte. Der genaue Sinn der Passa-Anweisungen besteht ja darin, die Auswahl des Opferlammes so vorzunehmen, daß es den Bedürfnissen der jeweils versammelten Leute entsprach (2Mo 12,3.4). Israel identifizierte sich mit dem Tod dieses Lammes, indem es sich eine Nacht von seinem

Fleisch ernährte. Die Bestimmung, nichts übrigzulassen, unterstreicht, daß die Opfernden den Tod des Opfers in Anspruch nahmen (2Mo 12,10). Die Fragen, die der Bericht und die aus ihm sich ableitende Gesetzgebung notwendigerweise offenlassen, finden nur eine Erklärung, wenn man annimmt, daß das an die Türpfosten gestrichene Blut den Tod des Lammes anzeigte. Wenn dies zutrifft, dann ist der Tod des Lammes ein Akt der Stellvertretung; das Lamm, jeweils exakt aufgeteilt, um die Zahl der Menschen abzudecken (2Mo 12,4), nahm die Stelle von Gottes Erstgeborenem, Israel (2Mo 4,22) ein, der darum die Nacht überlebte, in der die Erstgeburt des Pharaos umkam.

Die Passageschichte sagt nicht mehr aus, als daß Israel durch das Blut vor dem göttlichen Gericht errettet wurde. Die spätere mosaische Gesetzgebung zeigte dann auf, daß eine derartige Rettung notwendig war, weil der Mensch sich im Zustand des Sünders befand. Ohne Blutvergießen war keine Vergebung möglich. Die Rettung, die das Passaopfer ein für allemal bewirkt hatte, wurde zur Freude derjenigen Israeliten, die in der Gemeinschaft mit Gott leben wollten, durch kontinuierliche Blutopfer weitergeführt, die mit der Darbringung von Brandopfern, Heilsopfern und Sündopfern verbunden waren. Die innere Logik des ganzen Opfersystems ist in 3Mo 17,11 zusammengefaßt. Man kommt hier leicht vorschnell zu der Annahme, daß, weil das Leben des Fleisches im Blut ist, Vergießen von Blut bereits Erlösung des Lebens bedeute. Das Vergießen des Blutes muß aber auch den Anforderungen entsprechen, die sich aus dem zweimal erwähnten Gedanken der Entsühnung ergeben. Dem wird man nur gerecht, wenn das Vergießen des Blutes den Tod des Opfertieres zur Folge hat. Außerdem muß das Blutopfer mit dem Satz: »Ich habe es dir gegeben« übereinstimmen. Es ist sicher eine ungewöhnliche Interpretation der Bedeutung von Opfer, wenn man sagt, daß das Leben als Gabe für Gott losgelassen wird, während es andererseits Gottes Gabe an den Menschen ist. Aber das zwingt uns weiterzufragen, ob ein solches Verständnis von Opfer nicht grundsätzlich einen von Gott vorgesehenen Stellvertreter erfordert (vgl. 1Mo 22,7; 8,13). Zum beständigen Merkmal des Opferns gehört, daß der Opfernde seine Hand auf das Opfertier legt; diese Handlung aber dürfte sich kaum befriedigend erklären lassen, wenn man darin nicht die Bestimmung zum stellvertretenden Opfer sieht (3Mo 1,4; 3,2; 4,4; vgl. 16,21). »Der grundlegende wichtige Vers 3Mo 17,11 empfängt seine letzte Erfüllung und Sinngebung erst durch das blutig geopferte Gehorsamsleben dessen, den Gott der Welt gegeben hat, daß sie Leben und Versöhnung habe in seinem Opfer« (Lutherbibel erklärt; vgl. Hebr 9,13f.22; Jh 3,16; 2Kor 5,19; 1Petr 1,19).

Der Mittler des Bundes

Das AT ist in außergewöhnlicher Weise ein Buch der Erwartung. Von Anfang an werden die Menschen als solche dargestellt, die in der Hoffnung auf einen verheißenen Erlöser leben (1Mo 4,1; 5,29). Diese Verheißung verengte sich im Lauf der Geschichte und wurde dabei klarer. Zunächst ruhte sie auf den Nachkommen Abrahams (1Mo 22,18). Später wurde die Verheißung mit dem Königshaus Davids verbunden (z.B. 2Sam 7; Ps 2; 72 etc.). Dazwischen brachte Mose sie mit der Erwähnung eines kommenden Propheten in Verbindung (5Mo 18,18f). So ergab sich aus vielen Bereichen des israel. Lebens eine messianische Erwartung. Diese wurde im einzelnen auch in den Zusammenhang des Bundesschlusses hineingestellt, etwa in der Hoffnung auf: den vollkommenen König (Jes 9,1-6; 11,1ff; 55,3), den vollkommenen Priester mit dem vollkommenen Opfer (Jes 52,13–53,12; 54,10), den vollkommenen Erlöser (Jes 59,16–21; 63,1–6), den vollkommenen Gesetzgeber (Jer 31,31–34) und den vollkommenen Mittler-»Fürsten« (Hes 45; 46; vgl. 37,25–27).

An dieser Stelle schließt sich der Kreis der atl. Theologie. Denn in der Gestalt des Bundes-Messias findet der universale Zug, der der Lehre vom Schöpfergott innewohnte, seinen letztgültigen Ausdruck. In dem Messias ergeht der Ruf auch an die Heidenvölker (Jes 42,1–4; 49,6). Im Messias findet die bibl. Grundaussage – daß der transzendente Gott den Menschen begegnet – ihren vollkommenen Ausdruck; denn die höchste Aussage des AT ist die Ankündigung des göttlichen Messias, des Gott-Menschen (Ps 45,7.8), der als Gott angeredet wird und doch seinerseits Gott anerkennt, des »Arms des Herrn« (Jes 53,1; vgl. 2Mo 6,6); in ihm kommt Gott selbst herab, um das Heil für die Welt zu schaffen.

J. A. Motyer

Die Geschichte der Literarkritik des Pentateuch

Bereits in den ersten christl. Jahrhunderten gab es bibelkritische Äußerungen, und sie bezogen sich nicht zuletzt auf den Pentateuch. Ihre ausgeprägte Form erhielt die rationalistische Bibelkritik jedoch erst in der nachreformatorischen Zeit. Aus Raumgründen müssen wir uns auf diese entscheidende Periode beschränken. Erste kritische Ansätze zeigen sich etwa in der Arbeit des röm.-kath. Rechtsgelehrten Masius (gest. 1573), der die Ansicht vertrat, daß Esra gewisse Interpolationen in den Mosebüchern vorgenommen habe. Ähnlich sprach der spanische Jesuit Benedict Pereira (1535–1610) davon, daß der Pentateuch nachträglich erheblich erweitert worden sei.

Benedict Spinoza (1632–1677) bestritt die mosaische Verfasserschaft des Pentateuch und wies das Werk als Ganzes einem späteren Kompilator, wahrscheinlich Esra, zu. Einige Teile hielt allerdings auch er für mosaisch. Möglicherweise sind die Anfänge der sog. Urkunden-Hypothese auf Henning Bernhard Witter (1711) zurückzuführen. Er vertrat die Ansicht, daß es parallele Schöpfungserzählungen gäbe, die sich am Gebrauch der Gottesnamen unterscheiden ließen.

Gewöhnlich werden die Anfänge der Urkunden-Hypothese Jean Astruc (1753) zugeschrieben. Astruc lehrte, daß Mose ihm vorliegende geschriebene Urkunden zur Komposition der Genesis verwandt habe, nämlich alte Memoiren, die die Geschichte der Vorfahren Moses von den ersten Tagen der Schöpfung an enthielten. Ihrem Inhalt entsprechend habe Mose diese Dokumente in einzelne Abschnitte aufgeteilt und in ihre heutige Ordnung gebracht. Dabei ist zu beachten, daß Astruc in diesem Sinn Mose als den Autor des Pentateuch ansah. Zur Entwicklung seiner These führte ihn einmal das Vorhandensein vermeintlicher Erzählungsdubletten von den gleichen Ereignissen, zum anderen der unterschiedliche Gebrauch der Gottesnamen und schließlich die nichtchronologische Ordnung bei gewissen Geschehnissen. Astruc katalogisierte die Texte: In Spalte A notierte er alle Abschnitte, in denen als Gottesname »Elohim« verwandt wurde. Spalte B nahm alle Texte auf, in denen der Gottesname Jehova (richtiger »Jahwe«) gebraucht wurde. Astruc gab sich mit seinen Untersuchungen erst zufrieden, als er Fragmente von 12 verschiedenen Dokumenten nachgewiesen zu haben glaubte.

Astrucs Werk blieb offensichtlich ohne große Wirkungen. Eichhorn betonte in seiner »Einleitung in das AT« (1780/83) seine Unabhängigkeit von Astruc, behandelte aber im wesentlichen die gleiche Frage; allerdings führte er seine Forschungen viel gründlicher durch. Wahrscheinlich war er der erste, der die beiden »Quellen« mit den Initialen J und E bezeichnete. J stand für Jahwe und E für Elohim. (Jahwe ist der Name des Bundesgottes, Elohim das gewöhnliche hebr. Wort für Gott.) Anfänglich meinte Eichhorn, Mose selbst habe die Quellen aneinandergefügt. Später schrieb er diese Aufgabe einem ungenannten Redaktor zu.

1798 entwickelte Karl David Ilgen die These (die später erhebliche Bedeutung gewinnen sollte), daß es zwei Elohisten und einen Jahwisten gäbe. Besonders wichtig war dabei, daß er seinem zweiten Elohisten Abschnitte aus 1Mo 1–11 zuordnete, die Astruc als dem Jahwisten zugehörig angesehen hatte. D.h., was man früher dem Jahwisten zugeschrieben hatte, sah man nun in viel engerer Verbindung zu E. Damit wurde deutlich, daß die Gottesnamen für sich genommen kein ausreichendes Kriterium für die Aufteilung der Genesis auf verschiedene Quellenschriften darstellten. Die Arbeit von Ilgen legte den Grund für die späteren Schriften Hupfelds.

Die Auffassung, daß sich die Genesis auf zwei grundlegenden Quellenschriften aufbaut, ist allg. als die Urkunden-Hypothese bekannt geworden. Einen weiteren Schritt tat de Wette, indem er die deuteronomische Frage in die Überlegungen einbrachte. De Wette hatte 1805 in seiner Dissertation die Behauptung aufgestellt, das Deuteronomium (= 5Mo) sei während der Regierungszeit Josias (622 v.Chr.) zusammengestellt worden. Daraus folgerte er, daß diejenigen Bücher des Pentateuch, in denen deuteronomisches Material vorausgesetzt wird, späteren Ursprungs sein müßten. Damit gab es nun drei Quellenschriften: J, E und D (oder nach Ilgen E^2).

Nicht alle Wissenschaftler schlossen sich diesem Standpunkt an. Einige vertraten z.B. die sog. Fragmenten-Hypothese. Sie besagt, daß der Pentateuch aus einer Vielzahl von Bruchstücken bestehe, die ein späterer Redaktor zusammengefaßt habe. Andere argumentierten, es habe in Wirklichkeit nur eine grundlegende Quellenschrift gegeben, die durch Auszüge aus einer anderen vervollständigt worden sei. Als grundlegende Quellenschrift wurde generell E angesehen, die Ergänzungen sollten aus J stammen. In diesem letzteren Punkt war man sich allerdings nicht einig. Die These konnte sich insgesamt nicht lange behaupten; es wurde nämlich nachgewiesen, daß Abschnitte von E Stoffe aus den angeblich eingeschobenen J-Abschnitten reflektierten. Möglich wäre aber nur das Umgekehrte gewesen. Damit erledigte sich die Theorie in dieser Form.

Die modifizierte Urkunden-Hypothese

Genau 100 Jahre nach dem Erscheinen von Astrucs Buch erfuhr die Urkunden-Hypothese eine wichtige Modifikation. Ansätze dazu enthielt bereits die Arbeit von Ilgen. Den letzten Anstoß gab jedoch Hermann Hupfeld (1853) . Er griff den Gedanken auf, den schon Ilgen weiterentwickelt hatte: daß nämlich E keine einheitliche Quellenschrift sei, sondern aus zwei Dokumenten bestehe, von denen das eine mehr Ähnlichkeit zu J aufweise als zu dem Rest von E. Hupfeld zufolge mußte man darum von einem ersten und einem zweiten Elohisten sprechen; hinzu kamen die jahwistische Quelle und das Deuteronomium. Als Reihenfolge legte Hupfeld fest: E^1, E^2, J, D. Im Lauf der Zeit erhielt E^1 die Bezeichnung »Priesterschrift«, weil dieser Elohist großes Interesse an priesterlichen und kultischen Fragen zeigt, denen man willkürlich auch Geschlechtsregister und Reiseberichte zuordnete, ja sogar 1Mo 1, das in keiner Weise Verbindungen zum Priestertum aufweist. Die vier Quellenschriften wurden nun abgekürzt mit den Buchstaben P, J, E, D benannt. Das Deuteronomium wurde als jüngste Quelle angesehen.

Allerdings ergeben sich bei dieser Aufteilung gewisse Schwierigkeiten. Hupfeld läßt E^2 mit 1Mo 20 beginnen, an der Stelle, an der E^1 praktisch abschließt. Das könnte den Anschein erwecken, als sei eine Quellenschrift lediglich in zwei Teile auseinandergebrochen worden. Zum anderen setzt E^2 offensichtlich bestimmte Partien von E^1 voraus. Der Inhalt von E^1 besteht zudem vor allem aus Geschlechtsregistern und Statistiken. Solches Material ist aber nie Eigentum eines bestimmten Verfassers. Da die Urkunden-Hypothese erhebliche Schwierigkeiten in sich barg, kam auch Hupfeld nicht ohne die Annahme eines Redaktors aus.

Hupfelds Arbeiten bedeuteten einen Meilenstein in der Geschichte der historischen Kritik am AT. Bevor wir die Entwicklung dieser Kritik weiter verfolgen, sei auf einige Probleme hingewiesen, die in Verbindung mit der Urkunden-Hypothese entstehen. In der Bibel wird der Anspruch erhoben, daß das Gesetz von Mose stammt. Im Pentateuch selbst wird ausdrücklich festgestellt, daß Mose niederschrieb, was Gott ihm auftrug (vgl. 2Mo 17,14; 24,4–8; 34,27; 4Mo 33,1.2; 5Mo 31,9). Nicht weniger wichtig ist die Beobachtung, daß nahezu das gesamte Material von 2Mo–5Mo implizit den Anspruch enthält, direkt von Mose zu stammen. Der Anspruch mosaischer Herkunft gehört zum Grundmuster dieser Bücher (s. Komm. dort). Zudem weist der Pentateuch eine Einheit auf, die durch die Urkunden-Hypothese nicht befriedigend erklärt werden kann. Denn wenn die ersten 5 Bücher der Bibel so entstanden sind, wie es aufgrund dieser These angenommen wird, so ist kaum zu verstehen, wie das Gesamtwerk jene Geschlossenheit aufweisen kann, die den Pentateuch auszeichnet. Schließlich ist eine solche Art der Zusammenstellung von Büchern absolut ungewöhnlich. Es gibt kein anderes Buch der Weltliteratur (selbst wenn man von der Frage der Inspiration der Bibel absieht), dessen Entstehung sich auf diese Methode zurückführen läßt.

Die Gottesnamen sind weder geeignete noch ausreichende Kriterien, um die bibl. Bücher auf Quellenschriften aufzuteilen. Schon Astruc hatte an dieser Stelle Probleme. Denn in mindestens 5 Kapiteln von 1Mo ist Gott überhaupt nicht erwähnt, und doch werden auch diese Kapitel unter J. P (E^1) und E^2 aufgeteilt. Hier müssen offensichtlich andere Kriterien als die Gottesnamen verwendet werden. In 17 Kapiteln in 1Mo und 2Mo 1–2 kommt dagegen der Name Jahwe nicht vor; trotzdem wird versichert, daß in jedem dieser Kapitel Stücke aus J zu finden seien. Daneben gibt es 15 Kapitel, in denen das Wort Elohim nicht gebraucht wird. Das läßt erkennen, daß die Namen nicht so adäquat über 1Mo verteilt sind, daß sie als Basis für Unterscheidungen und für die Aufteilung auf verschiedene Quellen ausreichen. Andererseits kommt es, wie in 1Mo 1–3, zu einer ausgesprochenen Häufung der Gottesnamen. 20mal erscheint hier die kombinierte Form Jahwe Elohim. Manchmal ist es zwar möglich, diese Doppelform theol. zu begründen, aber längst nicht in allen Fällen.

Ein Beispiel: In 2Mo 3 scheint die Annahme berechtigt, daß die Gottesnamen aufgrund ihrer theol. Bedeutung verwendet wurden. Dafür sprechen auch Ziel und Zweck dieses Kapitels: Es soll zeigen, daß der Elohim, den die Väter gekannt hatten, eben der Jahwe ist, der mit seinem Volk einen Bund schließen will. Darum führt das Kapitel, obwohl es mit dem Gebrauch von Elohim beginnt, bald auch die Bezeichnung Jahwe ein. In V. 4, einem echten Stolperstein für die kritische Analyse, werden beide Namen gebraucht, weil der Übergang von Elohim zu Jahwe noch nicht vollzogen ist.

In V. 6 stellt sich Jahwe selbst vor. Erst nach Abschluß seiner Rede (V. 10) stoßen wir wieder auf die Bezeichnung Elohim (V. 11). Der Eine, den Mose anredet, ist Elohim. Aber als Gott zu Mose spricht, bezeichnet er sich selbst als Jahwe (V. 15.16.18), denn als Bundesgott, als Erlöser, will er Mose damit beauftragen, die Israeliten aus Ägypten herauszuführen. Es mögen tatsächlich nicht selten theol. Erwägungen dazu geführt haben, eine bestimmte Gottesbezeichnung zu verwenden.

Weiter darf man nicht übersehen, daß die Bezeichnung Jahwe in Abschnitten vorkommt, die zu P gerechnet werden, und daß Elohim auch in J-Partien verwendet wird. Zu oft muß dann ein Redaktor eingeführt werden, um bestimmte Passagen und Formulierungen, die zur Quellenscheidung in Widerspruch stehen, als redaktionelle Eingriffe erklären zu können. Ein gutes Beispiel dafür ist 2Mo 3,4: »Als aber der Herr (= Jahwe) sah, daß er hinging, um zu sehen, rief Gott (= Elohim) ihn aus dem Busch.« Indem der Redaktor Einzelstücke aus den verschiedenen Quellen zusammenfügt, reißt er auseinander, was urspr. eine geschlossene Erzählung war. Beispiel: 1Mo 1 (P zugeordnet) sagt aus, daß alles »gut« war. 1Mo 5 (ebenfalls P zugeordnet) betont die machtvolle Herrschaft des Todes über die Menschheit, die nur im Falle von Henoch nicht gilt. Wodurch wird der Wechsel von dem »es war gut« in Kap. 1 zu der Formulierung »und er starb« in Kap. 5 verursacht? In den sog. P-Fragmenten findet sich dafür keine Erklärung. Sie steht an anderer Stelle, nämlich in Kap. 2 und 3, die die Kritiker J und E zuteilen. Hatte die urspr. P-Schrift keine Erklärung für die Veränderung, die durch den Sündenfall des Menschen eintrat? Und falls doch, warum ließ der Redaktor diese einfach aus?

Außerdem machte sich dieser Redaktor (oder Redaktoren, Schulen oder wie man sie sonst nennen will) nicht selten grober Nachlässigkeit schuldig. Markantes Beispiel ist die Verbindung von 1Mo 1 und 1Mo 2. Hier seien, so sagen die Kritiker, zwei verschiedene Schöpfungserzählungen mit voneinander abweichenden Anschauungen aneinandergefügt. Wenn dies tatsächlich der Fall wäre, muß man sich allerdings fragen, wie den Redaktoren ein so grober Fehler unterlaufen konnte. Warum stellten sie zwei sich widersprechende Schöpfungsgeschichten nebeneinander? Das spricht eindeutig gegen ihre literarische Qualifikation – und solche Männer sollen für die Komposition des Pentateuch verantwortlich sein? Hier liegt ein psychologisches Handicap vor, das die Vertreter der Quellenscheidung noch nicht erklärt haben. Es ist nicht einsichtig, warum diese fragwürdigen Hilfskonstruktionen erforderlich sind. 1Mo 1 stellt den Schöpfungsbericht dar, 1Mo 2 beschreibt die Vorbereitung des Gartens Eden für den Menschen (s. Komm. dort).

Als weitere Begründung für die Annahme, daß bei der Entstehung des Pentateuch zahlreiche Autoren beteiligt waren, wird das Vorhandensein von Berichts-Dubletten von gleichen Ereignissen angeführt. Bei einem einzelnen Verfasser wäre so etwas undenkbar. In diesem Zusammenhang wird dann z.B. gesagt, daß es zwei Berichte von der Austreibung der Hagar gäbe (1Mo 16,4ff und 21,9ff). Der erste Bericht gehöre zu J, der zweite zu E. Beide Geschichten seien durch die Erfindung des Engels, der Hagar nach der ersten Vertreibung zurückschickte, redaktionell harmonisiert worden. Außerdem gebe es zwei Berichte über die Namensgebung Beersebas (21,31; 26,31ff) und nicht weniger als drei über jenes betrügerische Verhalten, bei dem die eigene Frau als Schwester ausgegeben wurde (12,10ff; 20,1ff; 26,6ff).

Für die Quellenscheidungstheorie ergeben sich auch hier Probleme; denn die Dubletten treten nicht immer in verschiedenen Quellen auf – wie das gemäß dieser These der Fall sein müßte –, sondern sie kommen in beträchtlicher Anzahl in Texten vor, die der gleichen Quelle zugeschrieben werden. So gibt es z.B. bei E ebenso wie bei P (1Mo 35,6.7) einen zweiten Besuch in Bethel, und J berichtet zweimal von der Verleugnung der Ehefrau (1Mo 12 und 26). – »Dies legt nahe, daß selbst dann, wenn die Gleichartigkeit von Ereignissen so klar wäre, wie behauptet wird, dies nicht notwendigerweise verschiedene Verfasser beweist« (J. Orr, The Problem of the Old Testament, 1908).

Die Sachfrage kann jeweils nur durch eine eingehende Prüfung der Textabschnitte beantwortet werden. An den Texten, die die Verheimlichung des wahren Status der Frauen betreffen, bedarf es dazu der Quellenscheidungstheorie nicht. Zunächst berichtet 1Mo 20,13, daß wir es hier mit einem üblichen Verhalten zu tun haben. Nehmen wir diese Feststellung ernst, so gibt es keinen Grund, die Gleichartigkeit der Geschichten für unwahrscheinlich zu halten. Faktisch ist diese Gleichartigkeit jedoch gar nicht so groß.

Der Pharao z.B. schiebt Abraham mit der

Autorität eines großen Herrschers (12,19–21) einfach aus Ägypten ab. Abimelech hingegen, ein kleiner Fürst, sucht Abraham als Gleichrangigen auf und lädt ihn ein, sich im Lande niederzulassen, wo es ihm gefällt (20,15). Während Abraham im Verlauf seiner Wanderungen nach Gerar kam, sucht Isaak die Stadt einer Hungersnot wegen auf (20,1; 26,1). Sara wurde in Abimelechs Haus geholt, Rebekka dagegen nicht (20,2; 26,8). Abraham wird eingeladen zu bleiben, Isaak wird aufgefordert, zu gehen (20,15; 26,16); allerdings nicht (wie Abraham in Ägypten) wegen des Betrugs, den er begangen hatte, sondern weil er »zu mächtig geworden« war (26,16). Auch sonst läßt sich die individuelle Färbung jeder einzelnen Geschichte aufzeigen. Daraus läßt sich ableiten, daß sich die Überschneidung tatsächlich auf *eine* gemeinsame Tatsache beschränkt: daß nämlich jede Geschichte von einem Versuch berichtet, die eigene Frau als Schwester auszugeben. Dies aber war, wie im Zusammenhang mit Abraham ausdrücklich erwähnt wird, üblich.

Jede einzelne der angeblichen Dubletten muß in dieser Art eingehend untersucht werden. Die Ergebnisse zeigen, daß keine Veranlassung besteht, auf eine Vielzahl von Quellen für die Entstehung zu schließen.

Die Entwicklungs-Hypothese

Ein Problem der Urkunden-Hypothese war, daß die Aussagen ständig wechselten. Schon 1834 hatte Eduard Reuss die Behauptung aufgestellt, daß die elohistische Grundschrift (also P) nicht die früheste Quellenschrift sei, sondern die späteste. Es dauerte eine gewisse Zeit, bis dieser Gedanke Zustimmung fand. Karl Heinrich Graf kam dann aufgrund seiner Untersuchungen der Gesetzgebung des Pentateuch zu dem Schluß, daß die Priesterschrift in der Tat die späteste Quelle sei. Mit seinem Buch »Die Komposition des Hexateuch« (1876–77) verhalf dann Julius Wellhausen dieser Auffassung zur allg. Anerkennung. Er überzeugte durch die Art und Klarheit seiner Darstellung. Ihm verdankt die sog. Entwicklungs-Hypothese letztlich ihre Entstehung.

Diese Theorie baut auf der Urkunden-Hypothese auf. Ihren Namen erhielt sie aufgrund ihres Ansatzes, denn sie geht davon aus, daß die religiösen Einrichtungen in Israel eine Entwicklung durchliefen, bevor sie schließlich ihre endgültige Gestalt erlangten. Wellhausen setzte mit der Fragestellung ein, ob das Gesetz der Ausgangspunkt der Geschichte Alt-Israels oder des späteren Judentums gewesen sei. Eine Reihe atl. Bücher, so argumentierte er, stamme aus der Zeit des Exils. Konnte es da nicht sein, daß das Gesetz ebenfalls in diese Periode gehörte? Wellhausen berichtet dann von seinen frühen Erfahrungen; beim Lesen des AT habe es ihm vor allem Schwierigkeiten bereitet zu glauben, daß das Gesetz älter sei als die Propheten. Viell. wird uns die Natur der Hypothese Wellhausens am ehesten verständlich, wenn wir einen ihrer wesentlichen Aspekte betrachten: die Frage nach dem Ort des Gottesdienstes. Wellhausen vertrat die Ansicht, daß es nach dem NT für Juden und Samariter nur *einen* zentralen Kultort gebe. Sie unterschieden sich zwar in der Frage des Ortes, stimmten aber darin überein, daß es nur *ein* kultisches Zentrum geben dürfe. Dieser Glaube sei in Israel natürlich nicht immer dagewesen, er habe sich vielmehr während eines langen Zeitablaufs entwickelt. Vor der Errichtung des Tempels gebe es keine Spur von einem Heiligtum, das den Anspruch auf Exklusivrecht für den Gottesdienst erhoben hätte. Statt dessen begegne man einer Fülle von Heiligtümern, die möglicherweise auf die Kanaanäer zurückgingen. Denn als die Israeliten nach Palästina kamen, hätten sie, nach Wellhausen, viele der Höhenheiligtümer und Kultstätten übernommen.

Aus der Tatsache, daß Saul nach der Schlacht von Michmas einen Altar errichtete, dürfe man schließen, daß Altäre an beliebigen Orten gebaut werden konnten (vgl. 1Sam 14,33ff). Pracht und Größe des salomonischen Tempels sowie der Rückgang der Familienopfer habe dann den Gedanken an eine zentrale Kultstätte stärker aufkommen lassen. Darum geben die Königsbücher nach Wellhausens Meinung ein falsches Bild der damaligen Situation wieder; schließlich sei das Land als Jahwes Eigentum betrachtet worden, so daß jeder Platz darin für den Gottesdienst geeignet war. Mit dem Fall von Samaria habe dann ein Wandel eingesetzt. Zwar hatten schon Amos und Hosea erklärt, daß einige der frühen Heiligtümer für den Herrn ein Greuel seien. Aber ihr Eifer war, nach Wellhausen, weniger gegen die Heiligtümer an sich als gegen die kultischen Praktiken gerichtet, die dort ausgeübt wurden. Als Samaria fiel, hatte Juda freie Bahn. Jerusalem wurde bald als das legitime Kultzentrum angesehen. Im Gegensatz zu Samaria konnte Sanherib Jerusalem nicht in seine Gewalt bringen. So gewann diese Stadt an Prestige und Bedeutung.

Nun behauptet Wellhausen, es gebe drei Entwicklungsstufen im Gesetz, die mit den oben geschilderten Phasen der Geschichte korrespondieren. In 2Mo 20,24–26 werde eine Vielzahl von Altären selbstverständlich vorausgesetzt. Gottesdienst könne an jedem gewünschten Ort stattfinden. Die Patriarchen würden (obwohl Wellhausen sonst ihre Historizität leugnet) als Männer dargestellt, die ihren Gottesdienst nicht an einem zentralen Altar vollzögen, sondern wo es ihnen beliebte. Zu jener Zeit besaß nur eines Bedeutung: die Erscheinung Gottes. Die aber konnte überall geschehen.

Wie das Bundesbuch (2Mo 20,23–23,33) und die Quellenschrift J die erste Periode der israel. Geschichte verträten, so stehe 5Mo (= Deuteronomium) für die zweite. Nur im Deuteronomium werde auf der Beschränkung des Gottesdienstes auf einen auserwählten Ort bestanden. Nur hier sei diese Forderung in ihrer aggressiven Neuheit so ausdrucksstark und beherrsche die ganze Tendenz der Gesetzgebung. Zwar werde in 5Mo altes Material verwendet, jedoch so umgeformt, daß es mit den Absichten des Buches übereinstimme. Der Verfasser erlaube, was früher verboten gewesen sei, und verbiete, was vorher erlaubt war. Deshalb sei 5Mo als ein Ergebnis der Zeitumstände anzusehen und müsse der Zeit Josias zugeordnet werden. Das Buch, oder zumindest ein wesentlicher Teil, sei zu dieser Zeit geschrieben worden, um die Zentralisierung des Kultes durchzusetzen. Es handle sich keinesfalls um ein Werk Moses, sondern de facto um eine Fälschung. Denn es werde der Eindruck erweckt, als handele es sich um Worte, die Gott zu Mose gesprochen und die dieser dann an jene Israeliten weitergegeben habe, die das Land der Verheißung noch gar nicht betreten gehabt hätten.

Was P betrifft, so weist Wellhausen nach, daß sie, wie 5Mo, den zentralen Kultort fordert. Doch während diese Einheit des Kultes in 5Mo erst angeordnet werde, sei sie in P vorausgesetzt und werde als Selbstverständlichkeit betrachtet. Dennoch unterschieden sich 5Mo und P. 5Mo schildere vor allem die Bewegung und den Konflikt; P dagegen stelle die Dinge dar, als seien sie seit langer Zeit so festgelegt. 5Mo formuliere die Idee, P zeichne sie bereits als Geschichte auf. P könne sich Religion nicht ohne zentrales Heiligtum vorstellen, könne sich Israel nicht ohne ein solches denken. Unter diesem Aspekt sei hier die frühere Geschichte Israels nachträglich noch einmal umgeschrieben worden. So sei z.B. auch die Stiftshütte nachträglich nach dem Vorbild des Tempels (literarisch!) gestaltet worden und nicht umgekehrt. Mit der Entwicklung des Kultortes sei eine Entwicklung der Opfer, der heiligen Feste, des Dienstes der Priester und Leviten, des Gottesgedankens usw. Hand in Hand gegangen. Hier zeigen sich deutlich Einflüsse der darwinschen Evolutionstheorie.

Die Antwort auf Wellhausen

Wellhausens Auffassung war lange Zeit maßgebend. Zwar wurde seine Entwicklungstheorie letztendlich wieder aufgegeben, keinesfalls aber die ihr zugrundeliegende Urkunden-Hypothese, an der man in abgewandelter Form bis heute festhält. Neben anderen waren es vor allem zwei Faktoren, die die Entwicklungshypothese zu Fall brachten. Einmal konnten die der Wellhausenschen Position anhaftenden Schwächen bald aufgezeigt werden; zum anderen zeigten die Ergebnisse der archäologischen Forschung, daß Wellhausen unmöglich recht haben konnte.

Schon bald begannen Wissenschaftler, die logischen Fehlschlüsse Wellhausens aufzudecken. So kann man aus der Tatsache, daß das Volk das Gesetz nicht beachtete, z.B. nicht zwingend schließen, daß das Gesetz nicht existierte. Weiter wurde allg. nachgewiesen, daß diese Hypothese dem bibl. Zeugnis nicht angemessen ist; sie ist für niemanden akzeptabel, der den Selbstaussagen der Bibel über die Datierung und die Verfasser ihrer Schriften angemessene Beachtung schenkt.

Noch zu Wellhausens Lebzeiten meldete sich auch die Archäologie zu Wort. Mit der Entdeckung der Nuzitexte (1925) wurde nachgewiesen, daß der Hintergrund, den 1Mo für das Leben der Patriarchen zeichnet, keineswegs unzuverlässig, sondern im Gegenteil bemerkenswert akkurat war. Im Lauf der Zeit leistete die Archäologie weitere Beiträge zu den hier anstehenden Fragen. Der geringe historische Wert, den Wellhausen 1Mo beimaß, ließ sich auch wissenschaftlich nicht länger vertreten. Außerdem zeigte sich nun, daß ein großer Teil des Stoffes, wie er sich in der sog. »Priesterschrift« fand, von hohem Alter war. So ist Wellhausens Buch heute nur noch von forschungsgeschichtlichem Interesse; eine erstaunliche Tatsache, wenn man bedenkt, von welchem dogmatischen Anspruch seine Veröffentlichung begleitet war.

Die formgeschichtliche Schule

Die Archäologie erbrachte auch neues Wissen über die Kulturen des alten Orients. Antike Religionen wurden erforscht und mit der Bibel verglichen. Hermann Gunkel schrieb ein Buch, das in mancher Hinsicht die Ansätze zur Überwindung der Entwicklungs-Hypothese in sich trug. Gunkel wollte zeigen, in welcher Weise der Stoff von 1Mo aus anderen Kulturen übernommen und den Bedürfnissen Israels angepaßt worden war und welche Bedeutung dieses übernommene Gut schließlich in Israel erlangte. In diesem Prozeß der Umbildung sieht Gunkel das Charakteristikum der israel. Religion. Ihre Besonderheit liege in dem Glauben, daß Gott sich selbst in der Geschichte Israels geoffenbart habe.

Darum sei 1Mo 1 keine freie Konstruktion seiner Verfasser; hinter der P stünden alte Überlieferungen. Die Erzählungen oder Sagen von 1Mo seien Geschichten gewesen, die die alten Israeliten erzählt hätten. Diese Geschichten seien von Generation zu Generation weitergegeben worden, bis sie schließlich ihre endgültige Form fanden.

Anfänglich hätten diese Sagen keine bes. Beziehungen zueinander gehabt, aber im Lauf der Zeit seien sie mit einigen Lieblingsfiguren, wie etwa Abraham, verbunden worden. Später habe man sie dann zu größeren Einheiten zusammengefaßt, nämlich zu den Quellenschriften J, E usw. Schlußendlich seien dann auch die Quellenschriften noch zusammengestückelt worden. Die eigentliche Einheit, auf die sich die Untersuchung richtet, ist nach Gunkel die einzelne Sage oder Erzählung. Die Aufgabe des Forschers bestehe darin, die urspr. Form wieder herauszuschälen und so weit wie möglich die historische Situation zu bestimmen, den »Sitz im Leben«, dem die einzelne Erzählung ihre Entstehung verdankt. Dieses Vorgehen werde allerdings die Einheit der angenommenen Quellenschriften auflösen, in der die einzelnen Erzählungen jetzt stehen.

Die Literargeschichte Israels ist nach Gunkel nichts anderes als die Geschichte ihrer literarischen Gattungen. Jede einzelne literarische Form habe ihren Sitz im Leben, dem sie ihre Entstehung an einem bes. Ort verdanke. Um die Gattung zu entdecken, müsse man Fragen wie diese stellen: Wer redet? Wer hört zu? Welche Stimme bestimmt die Lage? Welche Handlung ist ins Auge gefaßt? Außerdem müsse dann auch die Geschichte der Sammlung der Einzelstücke untersucht werden.

Gunkels Arbeit wurde von anderen weitergeführt, etwa von Hugo Greßmann, der die gleiche Forschungsmethode auf 2Mo übertrug. Schließlich wurde das gesamte AT auf diese Weise untersucht; die Ergebnisse wurden in dem vierbändigen Werk »Die Schriften des Alten Testaments« (1911) veröffentlicht. Diese Methode gewann großen Einfluß und wirkt sich auf nahezu alle »kritische Forschung« der Gegenwart aus.

Bei der formgeschichtlichen Methode müssen bestimmte Überlegungen berücksichtigt werden. Grundsätzlich ist gegen die Bemühung um die Form, in der uns die bibl. Texte begegnen, nichts einzuwenden. Wir müssen z.B. ganz allg. zwischen Poesie und Prosa unterscheiden. Und es liegt nahe, daß sich die bibl. Verfasser bestimmter literarischer Gattungen bedienten. Auf der anderen Seite wird diese Methode oft sehr subjektiv angewandt. Auf der Suche nach der urspr. Gestalt eines Textes ist man bereit, alles, was man als sekundär oder als spätere Hinzufügung ansieht, abzutrennen. An dieser Stelle aber fließt zwangsläufig Subjektivität ein; denn wer kann mit absoluter Sicherheit sagen, was urspr. ist und was später dazukam? Wie stark dieses subjektive Moment ist, zeigt sich bei der Betrachtung der Forschungsarbeiten, die die verschiedenen Formgeschichtler veröffentlicht haben. Bes. deutlich wird das bei Studien zu den prophetischen Büchern. Die einzelnen Forscher stimmen nicht überein, und ihre Differenzen sind oft grundlegender Natur. Und hat man schließlich die angenommene urspr. Einheit erst einmal herausgearbeitet, so entstehen Fragen, die nun wirklich ohne Antwort bleiben. Z.B.: Welches war der Sitz im Leben, dem der Text seine Entstehung verdankt? Gewöhnlich wissen wir das nicht, denn der Text selbst sagt oft wenig oder nichts darüber aus. Es zeigt sich, daß die kritischen Forscher sich unbewußt nun doch am Kontext der Bibel orientieren, den sie bei ihrer Forschungsarbeit beiseite lassen wollten. Oft ist es auch unmöglich, festzustellen, wer redet. Von daher ist es nicht verwunderlich, daß in der Prophetenexegese behauptet wurde (so I. Engnell), es sei nicht möglich, zu den tatsächlichen Worten der Propheten (den *ipsissima verba*) zu gelangen. Die formgeschichtliche Methode führt, jedenfalls in der Art, wie sie oft praktiziert wird, zum Skeptizismus.

Neuere Entwicklungen

Nicht alle Alttestamentler folgten Wellhausen bzw. Gunkel. Manche gingen ihre eigenen Wege. 1908 griff z.B. B. D. Eerdmanns das Pentateuchproblem in einer Weise auf, die weitgehend von der Methode der meisten Wissenschaftler abwich. Er unterschied vier Entwicklungsphasen, die vom Polytheismus zum Monotheismus führten. Die Entdeckung von 5Mo habe eine monotheistische Neufassung von früherem Material nach sich gezogen. Weitere Zusätze seien nach dem Exil hinzugekommen.

1912 behauptete Rudolf Smend die Existenz von zwei jahwistischen Quellenschriften, die parallel zueinander verliefen. An der Einheit der E-Quelle hielt er fest, bei D und P meinte er jedoch, eine Fülle von Zusätzen zu erkennen. Otto Eißfeldt übernahm 1922 Smends Theorie und bezeichnete Smends J^1 mit L (= »Laienquelle«). Eißfeldts Beweisführung gründete sich hauptsächlich auf das Vorhandensein von angenommenen Dubletten bei den Erzählungen.

5Mo wurde zum Gegenstand ausführlicher Untersuchungen. Einige Forscher verlegten seinen Ursprung ins Nordreich Israel. Andere datierten es nach dem Exil oder zum mindesten während der Exilszeit. 1925 verteidigte Wilhelm Möller die mosaische Verfasserschaft von 5Mo. Er zeigte auf, daß das Buch häufig die ersten vier Bücher der Thora reflektiert. 1963 versuchte Meredith G. Kline nachzuweisen, daß 5Mo im allg. Stil der hethitischen Vasallenverträge geschrieben sei. Weil das Buch einen historischen Prolog enthalte, der nur für die frühen Verträge charakteristisch sei, müsse es sehr früh datiert werden; das passe zu einer mosaischen Verfasserschaft und spreche für eine Datierung zur Zeit des Mose.

Allmählich setzte dann eine Zeit des Zerfalls ein. Die archäol. Entdeckungen hatten dazu gezwungen, viele festgelegte Vorstellungen aufzugeben. Man wandte sich Spezialfragen zu.

Einer der führenden Vertreter der von Albrecht Alt gegründeten »Leipziger« oder »Alt-Schule« war Martin Noth. Noth vertrat nicht nur eine bes. Variante der Urkunden-Hypothese. Am bemerkenswertesten sind wahrscheinlich seine Arbeiten über die frühe Geschichte Israels.

Noth betrachtete den Pentateuch als das Ergebnis eines langen Wachstumsprozesses, der von unterschiedlichen Interessen und Tendenzen beeinflußt worden sei. Urspr. mündliche Überlieferungen seien schriftlich fixiert und später in einem großen literarischen Werk zusammengefaßt worden. Die sog. Quellenschriften J und E hatten nach Noth eine gemeinsame Grundlage. Er unterscheidet zwischen einem Tetrateuch (= 1Mo–4Mo) und dem »deuteronomistischen Geschichtswerk«. Für das letztere bildet das Deuteronomium (= 5Mo) die Basis, ferner gehören Jos, Ri, 1 und 2Sam, 1 und 2Kön dazu. Demzufolge gibt es zwei große Überlieferungsblöcke: den Pentateuch und die historischen Bücher (die »Vorderen Propheten«) des AT. Noths Darstellung ist sehr detailliert. Er behandelt die Geschichte der einzelnen großen Themen, die er in den Texten findet, mit großer Sorgfalt.

Zu den Argumenten, die sich allg. gegen die Quellenscheidung vorbringen lassen, kommt die Tatsache, daß 5Mo sich auf die vorausgehenden Bücher des Pentateuch bezieht, ja sogar den Anschein erweckt, auf ihnen aufzubauen. Das gilt bes. für den Auszug aus Ägypten. Warum wird er in 2Mo so grundlegend behandelt und in einer Weise beschrieben, als rede hier ein Zeitgenosse, während er in 5Mo und den folgenden Büchern als Faktum erscheint, das in der Vergangenheit liegt?

Am bekanntesten wurde Noth durch seine Behandlung der frühen Geschichte Israels. Schon Heinrich Ewald (gest. 1875) hatte behauptet, daß bei der Beschreibung und Aufzählung der Stämme die Zahl 12 grundlegend sei. Noth vertrat die Ansicht, daß es sich bei Alt-Israel um einen sakralen Bund gehandelt habe, um einen Zusammenschluß von 12 Stämmen, den Amphiktyonien der griech. Stadtstaaten entsprechend. Das Herzstück dieser Amphiktyonie, die etwa während der Richterzeit entstanden sein könne, sei der Gottesdienst in einem zentralen Heiligtum gewesen. Die Gebote stellten die Vorschriften für diese religiöse Gruppierung dar.

Verschiedene Überlegungen lassen es jedoch als ziemlich fragwürdig erscheinen, ob Noths Interpretation der frühen israel. Geschichte sachgerecht ist. Einmal war die Situation in Griechenland und Italien völlig anders als in Israel. In Griechenland diente die Amphiktyonie dazu, bereits existierende kleine Stadtstaaten zu schützen und zu vereinigen. Die Allianz der Philisterstädte scheint dieser Art der Zuordnung viel näher zu stehen. Bei den Israeliten dagegen handelt es sich um Stämme, die aus der Wüste nach Palästina eindrangen. Sie bildeten keine Stadtstaaten.

Jos 24, das als Beleg für die Aufrichtung der Einheit der Stämme herangezogen wird, setzt diese Einheit als schon immer gegeben voraus. Und obwohl das AT über einen reichen Wortschatz zur Beschreibung von Einzelheiten des religiösen Lebens verfügt, gibt es kein hebr. Wort für Amphiktyonie. Das AT erwähnt auch keinen Zusammenschluß, den man zu Recht als Amphiktyonie bezeichnen könnte. Während der Richterzeit waren die Stämme nicht vereint, wie sich aus Noths Theorie ergibt, sondern geteilt. Wenn sie unter Samuel einen König forderten, so geschah dies nicht aus religiösen, sondern aus politischen Gründen. Damit gibt es keine Belege, die die These Noths stützen könnten.

Die Traditionsgeschichte

Bes. Bedeutung erlangten auch die Forschungen Gerhard von Rads. Sie nahmen ihren Ausgangspunkt von 5Mo 26,5b–11. Von Rad hält diesen Abschnitt für ein gottesdienstliches Bekenntnis (»das kleine Credo«). Bedeutungsvoll ist nach seiner Meinung, daß hier die Ereignisse am Sinai in keiner Weise erwähnt werden. Daraus – und aus dem Umstand, daß sich Gleiches auch in anderen Perikopen erkennen lasse (z.B. 2Mo 15; Ps 136) – folgerte er, daß die Sinaitradition und die

Überlieferungen vom Auszug aus Ägypten und von der Eroberung des Landes urspr. nicht zusammengehört hätten.

Von Rad bestreitet nicht unbedingt die Historizität der Patriarchen als Individuen. Ihr Gottesdienst, so behauptet er jedoch, habe zwar nur einem Gott gegolten, der als der »Gott der Väter« bekannt sei, doch habe jeder der Patriarchen seinen eigenen Gott angebetet. Auch hätten sich nicht alle Stämme in Ägypten aufgehalten, sondern lediglich die Rahel-Stämme. Diese seien in das »Gelobte Land« eingewandert und hätten dort einen lockeren Verband (eine Amphiktyonie) mit den Lea-Stämmen gebildet, die bereits dort gewesen seien. Was sie vereinigte, war der allen gemeinsame Glaube an Jahwe als ihren Gott. Die Unterweisung des Volkes geschah über viele Jahre hin durch die Priester der Jahwegemeinden.

Der jahwistische Redaktor vereinigte dann die Sinai-Tradition mit der des Auszugs und der der Landnahme. In diesem Zusammenhang gewinnt die kritische Sicht, daß vieles von Israels religiösem Gedankengut von den Kanaanäern stamme (obwohl es sich letztlich auf die Babylonier zurückführen ließe), zusätzlich Gewicht. Von Rads Theorie erhält von daher ihre Radikalität. Jedoch muß dagegen angeführt werden, daß der Ort der Ratifikation in den Urkunden von Bundesschlüssen nicht selten unerwähnt geblieben ist. Es besteht deshalb keine zwingende Notwendigkeit, in der Perikope aus 5Mo die Erwähnung des Sinai zu erwarten. Ferner geht von Rads Sicht weit über das Beweisbare hinaus. Der Textabschnitt aus 5Mo, auf den er sich bezieht, läßt zwischen dem Auszug und der Einwanderung in Palästina alles aus. Wenn die Sinai-Traditionen deshalb nicht zum urspr. Material gehören, so kann auch kaum eine andere Überlieferung diesen Anspruch erheben.

Abschließende Betrachtung

Es ist instruktiv und interessant, sich über die Entwicklungen der verschiedenen Forschungsmethoden am AT zu informieren. Sobald sich ein Forscher von den direkten Ansprüchen der Bibel abwendet, gerät er in ernsthafte Schwierigkeiten. Denn keine der erwähnten Theorien wird den Tatsachen der Schrift wirklich gerecht. Erst wenn der Anspruch der Bibel (einschließlich der Aussagen, daß im letzten Gott ihr Urheber ist) wirklich ernst genommen wird, wird man der Schrift gerecht.

Theorien kommen und gehen, aber Gottes Wort bleibt immer bestehen. Durch dieses Wort der Schrift werden die Menschen gesegnet, denn es ist das Wort des ewigen Gottes.

Edward J. Young

Mose und der Pentateuch

Der Christ, der sich bei seinem Verständnis des AT an Jesus Christus orientiert und seiner Führung anvertraut, ist nicht durch Tradition gebunden, wenn es um Fragen der Verfasserschaft geht. Denn menschliche Überlieferungen können und dürfen nicht den Rang von Wort Gottes einnehmen (Mk 7,13). Andererseits ist für ihn verbindlich, was das AT im einzelnen lehrt und aussagt. Denn es besteht kein Zweifel, daß Jesus Christus selbst das AT als wahr, maßgeblich und inspiriert verstanden hat. Für ihn war der Gott des AT der lebendige Gott; insofern war auch die Lehre des AT göttliche Lehre. Für Jesus war das, was »die Schrift« sagte, Gottes Wort.

Auf den ersten Blick mag es so aussehen, als sei ein Historiker, der mit der Überzeugung an die Bibel herantritt, daß ihre Aussagen wahr seien, so voreingenommen, daß seine Ergebnisse keinen Wert haben könnten. Denn der wahre Wissenschaftler, so sagt man, sei nach allen Seiten hin offen. Aber diese Argumentation erliegt trotz ihrer scheinbaren Einsichtigkeit einem Trugschluß. Denn niemand ist in der Lage, geisteswissenschaftliche Forschung zu betreiben, wenn ihm nicht eine ausreichende Menge von Fakten und Überlegungen bekannt sind. Das gleiche gilt für naturwissenschaftliche Untersuchungen; sie setzen die detaillierte Kenntnis der Fakten und Grundprinzipien des jeweiligen Wissenschaftszweiges voraus. Die Fähigkeit zu fruchtbarer Forschungsarbeit hängt vom Verständnis der grundlegenden Prinzipien des zu erforschenden Gegenstandes ab, also von dem, was wir »Vorverständnis« nennen. Ein Physiker kommt nicht weiter, wenn er sorgfältig erarbeitete physikalische Gesetze ignoriert, nur weil er sich »Offenheit« bewahren will. Die sichere Kenntnis des Bekannten ist immer der Schlüssel zur Erforschung des Unbekannten. Das bedeutet nicht, daß das eine oder andere Gesetz nicht noch genauer bestimmt oder befriedigender formuliert werden könnte; das gehört zu jeder ernsthaften Forschungsarbeit. Aber jeder Wissenschaftler muß auf dem Bekannten aufbauen, wenn er in unbekannte Bereiche vorstößt.

Das Vertrauen in Jesus Christus und die Zuverlässigkeit seiner Lehre entspringt einem inneren Zeugnis, das von Gott selbst gewirkt wird. Es macht den Christen bereit, sich dem Anspruch seines Herrn unterzuordnen: »Himmel und Erde werden vergehen, aber meine Worte werden nicht vergehen« (Mk 13,31) – »Wer diese meine Rede hört und tut, der gleicht einem klugen Mann, der sein Haus auf Felsen baute« (Mt 7,24). Aus dieser inneren Überzeugung ergibt sich, gewissermaßen als Konsequenz, daß der Christ sich auch die Auffassung seines Herrn im Blick auf das AT zu eigen macht. Denn nur sie kann dann der sachgemäße Schlüssel sein, der ihm das Verständnis des AT öffnet.

Die vorherrschende Theorie der Pentateuch-Kritik verbindet zwei Stränge miteinander: die Urkunden-Theorie (Quellenscheidung) und die Entwicklungs-Theorie (Literatur- und Traditionsgeschichte). Beide gehen letztlich davon aus, daß das AT sich in weiten Bereichen selbst widerspricht. Aber diese Hypothesen sind ihrerseits fragwürdig geworden (vgl. Die Geschichte der Literarkritik des Pentateuch, S. 33ff). Es hat sich gezeigt, daß viele der angenommenen Widersprüche offensichtlich keine sind, und die übrigen gelten zumindest als anfechtbar. An dieser Stelle hat die Auffassung (und das Vertrauen) berechtigten Platz, daß der Inhalt des AT, wenn er richtig verstanden wird, durchaus ein harmonisches und organisches Ganzes bildet. Wenn diese Überzeugung richtig ist, dann muß sie zugleich ein begründetes Prinzip theol. Forschung darstellen; und dann besteht keine Notwendigkeit, bei irgendwelchen Antworten zu manipulieren. Dieses Prinzip wird nicht daran hindern, sondern dazu verhelfen, Antworten auf bisher ungelöste Schwierigkeiten zu finden. Es wird uns dazu anleiten, an die Behandlung schwieriger Probleme geduldig und aufrichtig heranzugehen und sie gegebenenfalls ungelöst zu lassen, solange sich keine befriedigende Antwort abzeichnet. Es ist schließlich keine Schande, wenn man zugibt, daß man nicht alles weiß. Und die Wahrheit Gottes kann es nicht nötig haben, sich auf ungesicherte Argumente zu stützen. Dieses Prinzip gebietet uns, uns bei der Beschäftigung mit den aufgezeigten Problemen an die bibl. Wahrheit zu halten – offen für alle Möglichkeiten, die mit dem Wirken des Heiligen Geistes bei der Entstehung der bibl. Schriften nicht im Widerspruch stehen.

Versucht man, die bibl. Lehre von der Schrift genauer zu bestimmen, so ergeben sich zwei Hauptgesichtspunkte. Einmal dient alle »gottdurchhauchte« Schrift »zur Lehre, zur Aufdeckung der Schuld, zur Besserung, zur Erziehung in der Gerechtigkeit, daß ein Mensch Gottes sei vollkommen, zu allem guten Werk geschickt« (2Tim 3,16.17). Die geschichtlichen Einzelheiten der Bibel sind also nicht an und für sich wichtig, sondern dienen dem übergeordneten Ziel, die Menschen mit den Wegen und Absichten Gottes bekanntzumachen. Dunkle und unklare Stellen in der Bibel hindern den Menschen aber nicht daran, Gottes Wege und Absichten mit ihm zu erkennen – wenn er nur bereit ist, sich für die göttliche Wahrheit zu öffnen. Die zentralen Aussagen der Bibel blieben nämlich immer eindeutig; eine schlechte Textüberlieferung oder eine nicht ganz exakte Übersetzung konnten sie nicht beeinträchtigen. Geringfügige Varianten der überlieferten Texte und gelegentliche Abweichungen bei den Übersetzungen waren (im Blick auf das AT) bereits in ntl. Zeit bekannt; sie verursachten jedoch keine Zweifel an der Zuverlässigkeit der Offenbarung, die in den bibl. Texten zum Ausdruck kommt.

Wenn wir die Heilige Schrift als »gottdurchhaucht« definieren, so liegt es andererseits nahe, daß nur die Bibel, wie sie urspr. gegeben ist, die angemessene Grundlage für die detaillierte wissenschaftliche Diskussion sein kann. Das Moment der »Inspiration« schließt die Wortwerdung und die schriftliche Fixierung ein; denn für die schriftliche Fixierung gilt, daß sie »gottdurchhaucht« ist. Daraus ergeben sich zwei Folgerungen:

1. Der beste Text ist der dem Original am nächsten stehende. (Es ist Aufgabe der Textkritik, zu entscheiden, welche Variante mit größter Wahrscheinlichkeit als urspr. zu gelten hat.)

2. Der Text in der Ursprache ist Übersetzungen grundsätzlich vorzuziehen. Eine antike oder auch eine moderne Übersetzung kann viell. einen Einzelaspekt des Originals bes. hervorheben (bereits die Verfasser des NT zitieren solche Übersetzungen), nur darf dadurch die letzte Autorität des Originals nicht in Frage gestellt werden.

Damit verfügen wir über drei Prinzipien, auf deren Grundlage wir auf die Frage der Verfasserschaft des Pentateuch eingehen können:

1. Wir sind nicht durch die Tradition gebunden.

2. Der Text der Bibel ist für uns maßgebend, soweit er original gegeben ist bzw. soweit dies mit Sicherheit festgelegt werden kann.

3. Bei der Überlieferung ist es in gewissem Ausmaß zu Textverderbnissen gekommen. Sie verfälschen den Offenbarungscharakter des Pentateuch nicht, müssen aber berücksichtigt werden, wenn man die Belege für die Verfasserschaft im einzelnen überprüft.

Der Pentateuch, ob man ihn nun als ganzes oder als eine Serie von fünf Büchern betrachtet, enthält tatsächlich keine eigene Verfasserangabe. Zwar wird in den Texten vermerkt, daß bestimmte Abschnitte urspr. von Mose geschrieben worden sind (2Mo 17,14; 24,4; 34,28; 4Mo 33,2; 5Mo 31,9. 22.24), aber es wird nirgends gesagt, daß Mose der Verfasser eines ganzen Buches sei. Hier ist auch die alt-jüd. Überlieferung für uns nicht maßgebend, die in ihrer strengeren Fassung (vertreten etwa durch Josephus und Philo) besagt, daß Mose der Verfasser des gesamten Pentateuch sei, einschließlich eines (prophetischen) Berichts über seinen eigenen Tod und die unmittelbar darauf folgenden Ereignisse. Die maßvollere Version der Tradition (etwa im Talmud) hält ebenfalls an der Verfasserschaft Moses für den gesamten Pentateuch fest, lediglich die Schlußabschnitte von 5Mo weist sie Josua zu.

Faktisch dürfte es im Pentateuch noch weitere nachmosaische Stücke geben. Unter diesem Aspekt ist 5Mo in gewisser Weise von den anderen Büchern isoliert. 1Mo–4Mo enthalten nur relativ wenige Abschnitte, die mit großer Wahrscheinlichkeit als nachmosaisch anzusprechen sind; für noch weniger ist die nachmosaische Entstehung nachweisbar. Aber auch das genügt, um zu zeigen, daß die jüd. Tradition zur Lösung des Problems nicht ausreicht. Z.B. wird 1Mo 14,14 die Stadt Dan erwähnt, die ihren Namen von den Daniten erhielt; diese haben den Ort jedoch erst sehr viel später erobert (Jos 19,47; Ri 18,29). – 1Mo 36,31ff enthält eine Liste von Edomiterkönigen, »die im Lande Edom regiert haben, bevor Israel Könige hatte«. – In 2Mo 16,35 heißt es: »Und die Kinder Israel aßen Manna vierzig Jahre lang, bis sie in bewohntes Land kamen; bis an die Grenze des Landes Kanaan aßen sie Manna.« Diese Aussage dürfte schwerlich Mose zuzuschreiben sein; sie wirkt viel eher wie der Kommentar eines Herausgebers. – Schließlich finden wir in 4Mo 12,3 den Satz: »Aber Mose war ein sehr demütiger Mensch, mehr als alle Menschen auf Erden.« Auch hier dürfte es sich um die Anmerkung eines Herausgebers handeln, und ähnliches gilt vermutl. für 2Mo 11,3: »Und Mose war ein sehr angesehener Mann in Ägyptenland«.

Zusätzliche Probleme entstehen durch die hohen Zahlenangaben, obwohl dies mehr die Frage der Textüberlieferung und weniger die

Verfasserschaft betrifft. Besonders fallen die in 4Mo 1 und 4Mo 26 aufgeführten Zahlen für die einzelnen Stämme Israels (nach der Volkszählung) auf. Eine mögliche Lösung dieses Problems könnte darin bestehen, daß die Zahl der *'allûphîm* (der vollbewaffneten Soldaten, Anführer) und die Zahl der *me'ôt* (der Kampfeinheiten von etwa 100 Mann) irrtümlich addiert wurde. Die ersteren wären in jedem Fall falsch als *'alaphîm* vokalisiert (*'alaphîm* bedeutet tausend). Die einzelnen Stämme verfügten über bis zu 27 »Hundertschaften«. Daraus ergäben sich dann die Tausenderstellen vor den Hunderterzahlen. Aber eigentlich müßte es z.B. für den Stamm Gad (4Mo 26,18) richtig heißen: Gad verfügte über 40 Schwerbewaffnete und 5 Hundertschaften Miliz. Akzeptiert man diese Berechnung, so ergibt sich für Gesamtisrael eine Kampfstärke von etwa 18000 Mann; insgesamt könnte die Zahl des Volkes während der Wüstenwanderung bei etwa 72000 gelegen haben. Die Volkszählungslisten und eine Reihe anderer Zahlenangaben setzen voraus, daß es eine Zeit gab, in der diese Zahlen den Lesern beträchtliche Schwierigkeiten bereiteten; daraufhin bemühte man sich, sie in eine sinnvolle Ordnung zu bringen. Solche Korrekturen, die einige Jh. nach Mose vorgenommen wurden, lassen allerdings nicht den Schluß auf ein nachmosaisches Original zu.

Möglicherweise stammen noch andere Abschnitte, wie etwa 4Mo 21,14f; 32,34ff, aus nachmosaischer Zeit. Allerdings enthalten sie keine Aussagen, die eine spätere Datierung belegen. Deshalb ist eine solche Spätdatierung für sie erst dann als einsichtige Möglichkeit zu betrachten, wenn sich für die Zusammenstellung des Buches aus anderen Gründen eine nachmosaische Datierung feststellen ließe.

Daraus ergibt sich, daß in 1Mo–4Mo nicht genügend Material effektiv als später eingefügt nachgewiesen werden kann, um daraus überzeugend eine nachmosaische Verfasserschaft abzuleiten. Bei Dokumenten, die die nationale Geschichte tradierten bzw. als Thora der religiösen Unterweisung dienten, muß man in einem Zeitraum von 1000 Jahren geradezu erwarten, daß eine Heranführung an die Gegenwart vollzogen wird: indem archaische Namen durch moderne ersetzt werden, ein Geschlechtsregister auf den neuesten Stand gebracht wird; indem man einen klärenden Kommentar einfügt, eine Textverderbnis aufzuhellen versucht oder den Text in eine verständlichere Form bringt. Aus 1Mo 36,31 hat man die Schlußfolgerung gezogen, daß die Letztfassung des Pentateuch in der Königszeit anzusetzen ist. Nimmt man hinzu, daß sich Ri (in Kap. 1–16) auf den Pentateuch bezieht (nach Ri 1,21 jedoch eindeutig vor der Eroberung Jerusalems durch David abgefaßt ist), so engt sich der Spielraum für die Datierung weiter ein: die endgültige Fassung des Pentateuch müßte danach spätestens im 7. Jahr der Regierung Davids vorgelegen haben. Zwar läßt sich durch die Entscheidung über die Datierung nicht gleichzeitig festlegen, wie groß der Anteil Moses am Gesamtpentateuch ist und wieviel auf spätere Beiträge entfällt. In welcher Richtung diese Festlegung zu geschehen hat, ergibt sich jedoch sachlich aus dem Tatbestand, daß 1Mo–4Mo nur wenige nachweisbar nachmosaische Abschnitte enthält. Es erscheint wissenschaftlich unhaltbar, auf diesen wenigen Partien eine ganze Theorie aufbauen zu wollen.

Etwas anders liegen die Dinge bei 5Mo. Hier wird im Text selbst ausdrücklich der Anspruch erhoben, daß der Großteil des Stoffes von Mose selbst niedergeschrieben wurde. »Als nun Mose damit fertig war, die Worte dieses Gesetzes vollständig in ein Buch zu schreiben« (5Mo 31,24), übergab er es der Obhut der Leviten, die es neben der Bundeslade aufbewahren sollten. Seine Anweisungen, in die Form der Ich- und Wir-Rede gekleidet, behielten ihre urspr. paränetische Gestalt. Und dennoch weist 5Mo, so wie es uns heute vorliegt, die Kennzeichen nachmosaischer Herausgabe auf. Das gilt bes. für die Schlußkapitel, wahrscheinlich auch für die Einleitung (1,1–5) und mehrere erklärende Notizen und Anmerkungen (2,10–12.20–23; 3,9.11; 4,45–49). Natürlich liegt nun die Annahme nahe, daß alle (oder fast alle) Abschnitte, in denen von Mose in der dritten Person die Rede ist, von einem selbständigen Erzähler stammen, obwohl es nicht ungewöhnlich ist, wenn ein Verfasser über sich selbst in der dritten Person schreibt. Der Erzähler berichtet als einer, der die Ereignisse, die er beschreibt, offensichtlich miterlebte. Er sagt nichts, was erst lange nach Moses Tod hätte geschrieben werden können. Dennoch ist, entgegen der Tradition des Talmud, kaum anzunehmen, daß Josua dieser Erzähler gewesen sein könnte. Josua würde sich kaum selbst als einen Mann beschrieben haben, der »erfüllt mit dem Geist der Weisheit« (34,9) gewesen sei.

Wenn wir den expliziten Aussagen des AT gerecht werden wollen, stehen uns für die Datierung des Pentateuch zwei grundsätzliche Möglichkeiten offen: Wir können die Zusammenstellung des mosaischen und vormosaischen Materials einmal in der frühen Königszeit ansetzen. Von einigen numerischen Schwierigkeiten abgesehen, könnte man den

Pentateuch dann, so wie er da steht, als eine geschlossene Einheit betrachten; es erübrigte sich, von der Einfügung irgendwelcher späterer Anmerkungen zu sprechen. In diesem Fall hätte der Pentateuch als anonymes Werk zu gelten, das zur Zeit Sauls oder Davids abgefaßt wurde.

Die andere Möglichkeit besteht darin, 1Mo–4Mo als ein Werk Moses anzusehen. Dieses hätte dann im Verlauf seiner Weitergabe einige geringfügige Veränderungen erfahren. 5Mo wäre in diesem Fall als Ganzes etwa in der Josuazeit von einem Erzähler verfaßt worden; dieser hätte dabei aber vor allem die Abschiedsreden Moses übernommen, die Mose selbst niedergeschrieben hatte.

Die besseren Argumente scheinen für die zweite Lösung zu sprechen. Denn erst eine Verfasserschaft durch Mose erklärt sowohl die überragenden Qualitäten wie auch die offensichtlichen Unzulänglichkeiten des Pentateuch. Diese Aussage bedarf der Begründung: Die Weltgeschichte ergäbe keinen Sinn, wenn man Mose nicht die Beachtung schenkte, die ihm zukommt; und zwar nicht nur als einer historischen Gestalt, sondern als einem der größten Männer der Geschichte. Der ethische Monotheismus des Judentums ist ein Phänomen, das den Gang der Menschheitsgeschichte mit Sicherheit so stark beeinflußt hat wie weniges sonst. Religionsgeschichtlich erwuchsen aus dem Judentum – auf unterschiedliche Weise – das Christentum und der Islam, ferner (indirekt) die moderne Wissenschaft und (sinnentstellt) der Kommunismus. Eine derartig große Auswirkung ist ohne die entsprechend große Ursache unvorstellbar. Sie erfordert als Ausgang – auch als untergeordneten Partner Gottes – nicht weniger als einen Genius. Mose muß unter diesen Umständen als eine der größten Persönlichkeiten aller Zeiten gesehen werden.

Zwar stellen auch die anderen geschichtlichen Bücher der Bibel große literarische Leistungen dar, ohne daß wir über ihre Verfasser gesicherte Kenntnisse besitzen. Aber in seiner Art ist der Pentateuch – und in ihm 1Mo – dennoch einzigartig. Einfach und schlicht wird der Grund für die gesamte jüd.-christl. Tradition gelegt. Wenn nicht Mose der Architekt dieses gewaltigen literarischen Gebäudes gewesen ist, so müßte es ein Mann von vergleichbarer Qualität gewesen sein. Wo aber wäre ein solcher zu finden? Mose war nicht nur ein Mann von außergewöhnlicher natürlicher Begabung, sondern zugleich der Mann, »den der Herr erkannt hatte von Angesicht zu Angesicht« (5Mo 34,10). Im Grenzbereich zwischen der hochentwickelten ägypt. Kultur und der Einfachheit des israel. Glaubens lebend, verfügte er über Möglichkeiten, wie sie keinem anderen zur Verfügung standen. Er hatte zur Läuterung an den Leiden in Ägypten Anteil. Er konnte über die bunte Palette von Überlieferungen nachdenken, die dem israel. Volk mündlich oder schriftlich geläufig waren. Und er war in der Lage, Wahres von Falschem, Relevantes von Unbedeutendem zu trennen. In seinem Bewußtsein konnte sich schließlich ein klares Bild des einen, wahren, lebendigen Gottes herausbilden: des Gottes, der Israel zu seinem Bundesvolk erwählt hatte. 1Mo stellt die entscheidenden Merkmale mosaischen, d.h. atl. Glaubens dar und bildet damit die Grundlage für bibl. Glauben überhaupt.

Entscheidet man sich für die Verfasserschaft Moses, so erklärt das nicht nur den Inhalt, sondern auch den Stil des Buches. Es fällt nämlich auf, wieviele Synonyme und Anmerkungen im Text verwendet werden. Ihre Notwendigkeit ergibt sich zwangsläufig, weil Mose für ein Volk schreiben muß, das im Ganzen nicht homogen ist (2Mo 12,38; 4Mo 11,4): es gehören Menschen dazu mit beduinischer Abstammung und aram. Herkunft, andere wurden ägypt. erzogen oder haben kanaan. Verwandte. Ohne zahlreiche Anmerkungen und Erklärungen und die umfangreiche Verwendung von arab., akkad., aram. und ägypt. Lehnworten konnte ein Werk für ein so vielfältig zusammengesetztes Volk nicht auskommen.

1Mo stellt eine Einheit dar, welche die göttlichen Offenbarungen vor der Zeit Moses zusammenfaßt. Auch 3Mo, im wesentlichen wohl ein Handbuch für Priester, bildet eine derartige Einheit, und dasselbe gilt im Blick auf 5Mo, »das zweite Gesetz«. Auch 2Mo und 4Mo wirken nicht wie Arbeiten eines mittelmäßigen Herausgebers. In gewisser Hinsicht sind sie aus heterogenen Sammlungen von Gesetzen und Geschichtsberichten zusammengesetzt und weisen nicht die gleiche offensichtliche Einheit der Konzeption auf. Vielleicht könnte man ihnen gerecht werden, wenn man sie als die möglicherweise zunächst unveröffentlichten Erinnerungen Moses betrachtet, die zu ändern und zu ordnen spätere Generationen nicht mehr die Freiheit besaßen. Jedenfalls hat eine solche Annahme mehr für sich, als wenn man in 2Mo und 4Mo sorgfältig erstellte Kompositionen aus der Königszeit sieht. Vermutl. wurden die einzelnen Teile des Pentateuch, zusammen mit dem deuteronomischen Gesetz, dem Hohenpriester zur Aufbewahrung übergeben.

Die überragende Gestalt Moses stellt den Schlüssel zur Geschichte und zu den Texten des Pentateuch dar.

J. W. Wenham

Poesie im Alten Testament

Dichtung in der Bibel ist nicht auf solche Bücher beschränkt, die wir aus naheliegenden Gründen als »poetisch« bezeichnen – also etwa auf Hiob, Ps, Hld, auf Klgl oder auf die in Versform gebrachten Weisheitssprüche von Spr und Pred. Auch ein großer Teil der Prophetenbücher besteht aus Weissagung in poetischer Gestalt; und selbst mitten in historischen Berichten stößt man auf längere oder kürzere poetische Passagen. Manchmal werden diese als Zitate aus Gedichtsammlungen ausgewiesen. Z.B. wird das »Buch von den Kriegen des Herrn« (4Mo 21,14) genannt oder das »Buch des Redlichen« (Jos 10,13; 2Sam 1,18; 1Kö 8,12f LXX). Einige Wissenschaftler gingen in ihren Thesen noch weiter. Eduard Sievers versuchte in seinen »Metrischen Studien« (1901–1907) nachzuweisen, daß den Prosaerzählungen etwa von 1Mo oder Sam ein älteres poetisches Muster zugrunde läge. Die einzelnen Ergebnisse einer solchen Untersuchung sind aber derart umstritten, daß sie in diesen kurzen Überblick nicht aufgenommen werden können.

Auch das NT enthält viel mehr poetischen Stoff, als man allg. annimmt. Die fünf Loblieder aus der lukanischen Geburtsgeschichte sind weithin bekannt, doch auch der Prolog des Johannesevangeliums basiert mit großer Wahrscheinlichkeit auf einem christl. Hymnus Einzeluntersuchungen zu Jesusworten haben gezeigt, daß viele von ihnen in die festen Formen hebr. Poesie gegossen waren. Damit stellte Jesus sicher, daß seine Worte sich dem Gedächtnis seiner Zuhörer einprägten und genau weitergegeben wurden, so daß die Evv. in ihrer Wiedergabe der Jesusworte auf sehr gutem Fundament stehen.

Auch die ntl. Briefe enthalten poetische Fragmente. So liegen z.B. den christologischen Abschnitten in Phil 2,5ff und Kol 1,15ff vermutl. urchristliche Hymnen zugrunde. Ähnliches gilt für den Ruf »Wache auf, der du schläfst . . .« (Eph 5,14), der möglicherweise aus einem alten Tauflied stammt, sowie für die Zusammenfassung des »Mysteriums der Frömmigkeit« in 1Tim 3,16, um nur einiges zu nennen. Auch das letzte Buch der Bibel ist voll von Lobgesängen – und es lohnte sich, dieser Tatsache und ihrer Bedeutung einmal nachzugehen (was hier aus Platzgründen nicht geschehen kann).

Poetische Formen

Die bibl. Dichtkunst kennt zwei verschiedene Formen: den Rhythmus des Gedankens und den Rhythmus des Klanges. Der Klangrhythmus ist uns aus der europäischen Dichtung vertraut. Hier begegnet er uns im Schema von betonten und unbetonten Silben, von Hebungen und Senkungen in einem bestimmten Versmaß, und wir finden ihn in der Gestalt des Reimes. In der Poesie des bibl. Hebr. begegnet uns nur die erste Ausprägung des Klangrhythmus, also die Abfolge von betonten und unbetonten Silben nach einem gleichmäßigen Grundmuster. Dabei ließ sich bis heute nicht klären, ob die Anzahl unbetonter Silben in einer Verszeile in der frühen hebr. Poesie irgendeine Bedeutung besaß (wie dies bei anderen frühsemitischen Dichtungen der Fall ist), und wenn ja, welche. Das Empfinden von Befriedigung, das bei unseren Dichtungen durch den Reim hervorgerufen wird, wird im Hebr. eher durch das bewirkt, was wir den Rhythmus des Gedankens (oder Sinnes) genannt haben. Dieser wird gewöhnlich als »parallelismus membrorum« bezeichnet. Er kommt übrigens nicht nur in der hebr., sondern auch in der altägypt., der mesopot. und kanaan. Dichtung vor.

Der hebr. Parallelismus ist verschieden ausgeformt. Dies läßt sich am besten anhand von konkreten Beispielen erklären. Einmal gibt es den vollständigen Parallelismus. Hier besteht eine Sinnzeile, oder, wie man sagt, ein »Langvers« (Distichon) aus zwei Halbversen (Halbzeilen, Stichen), wobei der eine Halbvers mit dem anderen korrespondiert. Ein gutes Beispiel dafür ist etwa Jes 1,3b:

»aber Israel kennt's nicht,
und mein Volk versteht's nicht.«

Hier entspricht »Israel« in dem einen Halbvers »mein Volk« in dem anderen, und »kennt's nicht« entspricht »versteht's nicht«. Beide Halbverse sagen mit jeweils anderen Worten dasselbe aus. Darum nennt man diese Form des Parallelismus »synonymen Parallelismus«. Offensichtlich hatten die ugarit. und hebr. Dichter eine Sammlung von Wortpaaren zur Verfügung, aus denen sie frei für die Gestaltung von Parallelismen schöpfen konnten (so jedenfalls S. Gevirtz, Patterns in the Early Poetry of Israel, 1963).

Eine andere Ausprägung des vollständigen Parallelismus wird als »antithetischer Parallelismus« bezeichnet. Hier macht der zweite Halbvers eine gegenteilige Aussage. Ein Beispiel dafür ist Spr 15,20:

»Ein weiser Sohn erfreut den Vater;
aber ein törichter Mensch verachtet seine Mutter«.

Eine weitere Form des Parallelismus nennt man »parabolischen Parallelismus«. Hier wird der Vergleich so vorgenommen, daß die erste Halbzeile das Bild, die zweite Halbzeile die gemeinte Sache erscheinen läßt. Dies kann verschieden geschehen; ein schönes Beispiel ist Ps 103,13:

»Wie sich ein Vater über Kinder erbarmt,
so erbarmt sich der Herr über die, die ihn fürchten.«

Hier hat jeder Halbvers drei betonte Silben. An dieser Stelle ist die Bemerkung angebracht, daß viel vom Genius hebr. Poesie in der Verwendung lebendiger und konkreter Vergleiche und Methaphern liegt. Diese vermitteln (wie die Gleichnisse, nur knapper) dem Hörer die Wahrheit auf eindringliche und wirksame Weise.

Gelegentlich wird der Parallelismus auch stark verfeinert. Er nimmt dann eine chiastische Form an. Auch hierfür ein Beispiel (Ps 30,9–11):

»Zu dir, Herr, rief ich, und zum Herrn flehte ich:
Was nützt dir mein Blut, wenn ich zur Grube fahre?
Wird dir auch der Staub danken und deine Treue verkündigen?
Herr, höre und sei mir gnädig! Herr, sei mein Helfer!«

Hier korrespondiert Zeile 1 mit Zeile 4 und Zeile 2 mit Zeile 3, das Schema der betonten Silben ist 5 : 4 : 4 : 5.

Ein ähnlicher Chiasmus begegnet uns auch in den Reden Jesu, z.B. in Mt 7,6:

»Ihr sollt das Heilige nicht den Hunden geben,
und eure Perlen sollt ihr nicht vor die Säue werfen,
auf daß sie dieselben nicht zertreten mit ihren Füßen
und sich wenden und euch zerreißen.«

Bis jetzt haben wir nur Beispiele für vollständige Parallelismen zitiert, wo jede gedankliche Einheit in dem einen Halbvers ihr Gegenstück in dem anderen Halbvers hat und die parallelen Halbverse die gleiche Anzahl betonter Silben aufweisen. Daneben muß aber auch mit unvollständigen Parallelismen gerechnet werden, wobei z.B. eine der gedanklichen Einheiten in einem vorangehenden Halbvers kein Gegenstück in einen nachfolgenden findet. Das ist z.B. in Ps 1,5 so:

»Darum bestehen die Gottlosen nicht im Gericht
noch die Sünder in der Gemeinde der Gerechten.«

Das Verb »sie bestehen nicht« im ersten Halbvers hat keine Entsprechung im zweiten Halbvers. Trotzdem bleibt die Anzahl der betonten Silben in beiden Stichen gleich. Das kommt daher, daß dem Wort »Gericht« (mit einer betonten Silbe) im ersten Stichos »Gemeinde der Gerechten« (mit zwei betonten Silben) im zweiten Stichos korrespondiert. Ähnlich ist es auch in Jes 1,3a:

»Ein Ochse kennt seinen Herrn
und ein Esel die Krippe seines Herrn.«

Auch hier fehlt im zweiten Halbvers das entsprechende Verb zu »kennt« aus dem ersten; aber der Ausgleich wird durch die zwei betonten Silben von »die Krippe seines Herrn« gegenüber der einen Tonsilbe bei »seinen Herrn« hergestellt. diese Erscheinung eines unvollständigen Parallelismus mit Ausgleich des Rhythmus durch das Versmaß kommt in der bibl. Dichtung häufig vor.

Manchmal fällt der Parallelismus auch völlig aus; der zweite Halbvers bringt eine logische Fortsetzung des ersten, der rhythmischen Zäsur (gemäß dem Versmaß) entspricht also keine logische. Ein Beispiel für diesen sog. »synthetischen Parallelismus« ist Ps 27,6a:

»Und nun erhebt sich mein Haupt
über meine Feinde, die um mich her sind.«

Hier hat zwar jeder Halbvers drei betonte Silben, aber ein Parallelismus im Gedankengang liegt nicht vor.

Oft fehlen jedoch bei unvollständigen Parallelismen die Ergänzungen. Dann ergeben sich »Stichen« von ungleicher Länge, die sich gleichwohl schematisch ordnen lassen. Ein solches Schema entspricht grob dem uns vertrauten Versmaß, das durch den Wechsel von 4 auf 3 Tonsilben pro Halbvers gekennzeichnet ist. Ein gutes Beispiel für dieses 4 : 3-Schema ist Jeremias Beschreibung von der kommenden Verwüstung des Landes (4,23–26):

»Ich schaute das Land an, siehe, es war wüst und öde,
und den Himmel, und er war finster.
Ich sah die Berge an, und siehe, sie bebten,
und alle Hügel wankten.
Und ich sah, und siehe, da war kein Mensch,

und alle Vögel unter dem Himmel waren
weggeflogen.
Ich sah, und siehe, das Fruchtland war eine
Wüste,
und alle seine Städte waren zerstört vor dem
Herrn.«

Noch weiter verbreitet ist das 3 : 2-Schema. Man nennt dieses Metrum »Qiṇa-Metrum« (weil es stets bei Leichenliedern, hebr. *qinōt*, auftritt). Das Beispiel hierfür stammt aus Klgl 3,1:

»Ich bin der Mann, der Elend sehen muß
durch die Rute des Grimms Gottes.«

Keineswegs ist diese poetische Form aber lediglich für die Klage geeignet. In ihr kann sich auch fröhliches Vertrauen ausdrücken, wie Ps 27,1 zeigt:

»Der Herr ist mein Licht und mein Heil;
vor wem sollte ich mich fürchten?
Der Herr ist meines Lebens Kraft;
vor wem sollte mir grauen?«

Es nimmt nicht wunder, daß sich dieses Versmaß auch in den Worten Jesu nachweisen läßt.

Eine letzte Form des Parallelismus haben wir noch nicht erwähnt. Es handelt sich um den stufenartigen bzw. klimaktischen Parallelismus. Hier werden nicht ähnliche Ausdrücke als Wechselglieder nebeneinandergestellt, sondern zwei Glieder wörtl. wiederholt, um mittels des ausgetauschten dritten Gliedes den Gedanken weiterzuführen und den Ansatzpunkt für einen weiteren Schritt zu schaffen. Ein klassisches Beispiel dafür ist etwa Ps 29,1–2, aber auch Ps 92,10:

»Siehe, deine Feinde, Herr,
siehe, deine Feinde werden umkommen,
und alle Übeltäter sollen zerstreut werden.«

Dieser Vers ist deshalb von bes. Interesse, weil er eine so starke Ähnlichkeit mit einem Abschnitt aus dem Baal-Epos zeigt, das sich unter den Ras-Schamra-Texten fand (vgl. C. H. Gordon, Ugaritic Handbook, Text 68, Zeilen 8f). Dort heißt es:

»Siehe, deine Feinde, o Baal!
Siehe, deine Feinde, die du erschlagen sollst!
Siehe, du sollst deine Widersacher vernichten!«

Ps 92,10 ist übrigens nicht nur ein bemerkenswertes Beispiel für den stufenartigen Parallelismus. Er bedient sich als Form nicht mehr des Distichons (2 Halbverse auf einen Langvers), sondern der Tristichons (3 Teilverse auf einen Langvers). Das Metrum ist hier 3 : 3 : 3. Ein tristichinisches Schema tritt uns auch in Ps 24,7–10 entgegen:

»Machet die Tore weit
und die Türen in der Welt hoch,
daß der König der Ehre einziehe . . .«

Hier haben wir eine Reihe von 4 aufeinanderfolgenden Tristichen, die zwei kurze Strophen bilden.

Die Frage, ob die bibl. Dichtung Strophen aufweist, ist ausführlich diskutiert worden. Mit Sicherheit lassen sich hier und da strophische Anordnungen erkennen. So ist z.B. ein immer wiederkehrender Refrain ein gutes Erkennungszeichen für eine strophische Anordnung. Ein solcher Refrain gliedert etwa Ps 42/43 (die urspr. wohl *ein* Psalm waren). Die Strophen enden demnach in Ps 42,5 und Ps 42,11 sowie in Ps 43,4. Ein anderes Beispiel ist die Prophetie in Jes 9,8–10,4. Auch hier begegnet uns viermal (9,11b; 9,16b; 9,20b; 10,4b) folgender Refrain: »Bei all dem läßt sein Zorn noch nicht ab, seine Hand ist noch ausgereckt.« Auch in den Worten Jesu lassen sich Beispiele für strophische Anordnung finden.

Außerbiblische Parallelen

Parallelen, die zwischen bestimmten poetischen Passagen des AT und solchen aus kanaan. Gedichten, die in Ras-Schamra gefunden wurden, bestehen, wurden schon erwähnt. Die Entzifferung und Erforschung der Ras-Schamra-Texte (die auf ca. 1400 v.Chr. zu datieren sind), haben die Gegebenheiten früher semitischer Poesie entscheidend erhellt. Zum einen haben diese Texte Gunkels Theorie, daß längere poetische Abschnitte in der Bibel spät zu datieren seien, weil am Anfang eine relativ lange Zeit der Balladendichtung gestanden habe, als falsch erwiesen. Das Baal-Epos z.B., das man in Ras-Schamra entdeckte, besteht aus nicht weniger als 5000 Zeilen. Daß das Deboralied (Ri 5) praktisch gleichzeitig mit den Ereignissen, die es feiert, entstanden sei, findet allg. Zustimmung. Neuerdings zeichnet sich unter dem Eindruck der Ras-Schamra-Texte eine Tendenz ab, der bibl. Datierung von Gedichten beizupflichten und sie zeitlich da einzuordnen, wo auch die Bibel selbst sie plaziert. Albright z.B. weist in diesem Zusammenhang darauf hin, daß Dichtungen wie etwa das Lied Mirjams in 2Mo 15 und die Orakel Bileams (4Mo 23–24) in ihrer urspr. Gestalt durchaus im 13. Jh. v.Chr. geschaffen sein könnten.

Unter den anderen Berührungen von bibl. und außerbibl. Dichtung seien bes. die zahlreichen Ähnlichkeiten zwischen Ps 104 und dem (an den Gott Aton gerichteten) »Sonnenlied« des ägypt. Königs Echnaton (1377–1360) erwähnt. Daneben dürfen aber auch die wesentlichen Unterschiede nicht übersehen werden. Die Prägekraft des israel. Glaubens an den *einen* Bundesgott verleiht aller Dichtung des AT (ebenso seiner Prosa) eine grundlegende religiöse Einzigartigkeit.

Textgestalt und Exegese

Man hat immer wieder Versuche unternommen, die Texte der poetischen Teile des AT zu verbessern, indem man sie gewissen metrischen Schemata anpaßte. Aber angesichts der großen Fülle metrischer Anordnungen, die uns im AT begegnen, ist der Maßstab eines Metrums zur Erstellung des Textes nur mit großer Vorsicht zu verwenden. Deshalb ist es nicht verwunderlich, daß kaum ein Wissenschaftler den Ergebnissen eines anderen, die mit diesem Kriterium gewonnen wurden, zustimmt. Natürlich wird man einräumen, daß dort, wo ein alphabetisches Akrostichon nicht mehr vollständig vorliegt, urspr. ein vollständiges gewesen sein muß. Aber selbst von daher ist es kaum möglich, jede einzelne Emendation, die darauf abhebt, das vollständige Akrostichon wiederherzustellen, als richtig anzuerkennen. Ein anderer Weg, den urspr. Text wiederherzustellen, wäre die Beachtung der Anzahl der betonten Silben in den Halbversen eines poetischen Abschnitts. Für dieses Vorgehen ist bereits bei der Zitierung von Jer 4,23–26 ein Beispiel gegeben worden. Die abschließenden Worte in unserem als verbindlich angenommenen Bibeltext (V. 26c: »und vor seinem grimmigen Zorn«) waren bei der Zitierung weggelassen worden, weil sie aus dem 4 : 3-Metrum herausfielen und darum, zumindest im Moment, als Prosaerweiterung behandelt wurden. Nur: Es gibt keine Sicherheit dafür, daß der Jeremia-Abschnitt tatsächlich urspr. völlig dem 4 : 3-Metrum folgte.

Auf der anderen Seite leistet die Kenntnis der grundlegenden Formen der bibl. Poesie, bes. der Formen des Parallelismus, einen wichtigen Beitrag zu einer sachgemäßen Auslegung. Sie bewahrt uns z.B. davor, zu denken, daß ein Verfasser zwei verschiedene Aussagen macht, wo er in Wirklichkeit die eine Sache nur zweimal sagt. Vor allem muß darum betont werden, daß die Erforschung der poetischen Formen – ganz gleich, wie begrenzt sie sein und in welche anderen Gefilde sie uns führen mag – primär deshalb wichtig ist, weil sie uns helfen kann, den Text der Bibel besser zu verstehen. Es ist so, wie es T. H. Robinson in seinem Buch über die Dichtung des AT treffend bemerkt: »Letztes Ziel aller Zweige der Erforschung der Bibel sollte die gesunde Exegese sein.« Das gilt auch hier.

F. F. Bruce

Die Weisheitsliteratur des Alten Testaments

Die kanonische Weisheitsliteratur des AT setzt sich aus den Büchern Hiob, Spr und Pred zusammen. Dazu kommen eine Anzahl Psalmen, z.B. Ps 4; 10; 14; 19; 37; 49; 73; 90; 112 sowie das sog. Gebet Habakuks (Hab 3). In den Apokryphen wird die Weisheitsliteratur hauptsächlich durch das Buch Jesus Sirach vertreten, das etwa 180 v.Chr. in Hebr. geschrieben und vom Enkel des Verfassers 132 v.Chr. ins Griech. übersetzt wurde. Ferner ist die »Weisheit Salomos« dazuzurechnen, ein Buch, das wahrscheinlich von einem alexandrinischen Juden kurz vor oder nach der Zeitenwende geschrieben wurde. Aber auch das Buch Baruch (bes. 3,9–4,4, wo die Weisheit mit dem Gesetz identifiziert wird) und 4. Makkabäer (das die Martyrien der Makkabäer als Beispiel des Triumphs der richtigen Einsicht über die menschlichen Leidenschaften präsentiert) leisten ihren Beitrag zur Weisheitsliteratur in den Apokryphen. Im NT könnte man den Jakobusbrief dem weisheitlichen Genre zurechnen.

Die praktische Weisheit der Alten drückte sich zunächst in Gestalt von Sprichworten (hebr. *maschal*, Plur. *m^e^schalīm*) aus. In gedrängtem Stil werden gewisse, durch Beobachtung entdeckte Gesetzmäßigkeiten formuliert, die sowohl aus dem Bereich der Natur wie des menschlichen Verhaltens stammen (z.B.: »Ein roter Himmel bei Nacht macht, daß der Hirte lacht« oder: »Keiner ist so taub wie der, der nicht hören will«; und ähnliches). Eine weiterentwickelte Form ist dann das Rätsel oder die Parabel. Das Rätsel Simsons (Ri 14,12ff), die Fabeln Jothams (Ri 9,7ff) und Joas' (2Kön 14,9) und die Parabeln Nathans (2Sam 12,1–4) wie der weisen Frau von Thekoa (2Sam 14,4–7) fallen dabei als bekannte bibl. Beispiele ein. Die Parabel erreicht in den Evangelien ihre vollkommene Gestalt.

Wirkliche Weisheit (hebr. *chokmā*) bestand für die hebr. Denker nie nur in simpler gedanklicher Spekulation. Sie war vielmehr im besten Sinn praktische Weisheit. Sie besaß einen sehr realen moralischen und religiösen Inhalt. »Die Furcht Jahwes ist der Weisheit Anfang« (Ps 111,10) – das gilt als Grundsatz. Der wahrhaft Weise ist deshalb ein Mann, der alles, was ihn umgibt, im Geist der Ehrfurcht vor Gott betrachtet. Auf der anderen Seite kennzeichnet den Toren, daß ihm jedes moralische und religiöse Verständnis abgeht. Denn wenn er in seinem Herzen sagt: »Es gibt keinen Gott«, dann ist er keineswegs ein »Freidenker« (im modernen Sinn); vielmehr *lebt* er nun so, als ob es Gott nicht gäbe.

Die Weisheitsliteratur des AT besteht nicht für sich selbst. Sie ist vielmehr Ausdruck einer moralischen und intellektuellen Bewegung, die schon früh in der Glaubensgeschichte Israels beginnt und auch außerhalb Parallelen hat. Die Weisheitsbücher erzählen die Geschichte von ernsthaften Wahrheitssuchern, die mit alten und neuen Problemen ringen. Auf der Suche nach der Wirklichkeit haben wir Denkern aller Rassen viel zu verdanken. Das AT bietet zahlreiche Belege dafür, wie gerade auch Israels Nachbarn nach Weisheit strebten. So wird in 1Kön 5,10f von der Weisheit Salomos vermerkt, sie sei größer gewesen »als die Weisheit von allen, die im Osten wohnen, und als die Weisheit der Ägypter. Und er war weiser als alle Menschen, auch weiser als Etan, der Esrachiter, Heman, Kalkol und Darda, die Söhne Mahols.« Und in Ob 8 warnt Jahwe: ». . . ich will zur selben Zeit die Weisen in Edom zunichte machen und die Klugheit auf dem Gebirge Esau.« Damit ist etwa Jer 49,7 vergleichbar: ». . . Ist denn keine Weisheit mehr in Teman? Ist denn kein Rat mehr bei den Klugen? Ist ihnen die Weisheit ausgegangen?«

Darum ist es auch nicht verwunderlich, wenn man die auf Beobachtung beruhenden Gemeinplätze der Alltagserfahrungen in den Sprichwörtersammlungen vieler Völker wiederfindet. »Auch ein Tor, wenn er schwiege, würde für weise gehalten und für verständig, wenn er den Mund hielte« (Spr 17,28). Das ist etwas, was die meisten Menschen ebenfalls beobachtet haben. Niemand käme darum auf die Idee, an eine Ableitung in der einen oder anderen Richtung zu denken, wenn ihm das gleiche Sprichwort in der Sanskrit-Literatur in folgender Gestalt begegnet: »Auch ein Tor, wenn er gut gekleidet ist, ist für eine Versammlung bis zu einem gewissen Grad annehmbar, aber nur so lange er den Mund hält.«

Doch nicht nur in diesen Binsenwahrheiten lassen sich Ähnlichkeiten zur bibl. Weisheit aufspüren. Dabei kommt es uns zugute, wenn wir uns bewußt machen, daß nur in der Weisheitsliteratur auch die Stimmen von Nichtisraeliten im kanonischen Bibeltext erscheinen. Hiob und seine Freunde stammen ja aus Edom und leben auch dort. Und der israel. Weisheit im Buch der Sprüche werden Sammlungen von Worten angefügt, die von Weisen aus Massa in Nordarabien stammen (Spr 30,1–31,9).

Ägypten, Mesopotamien und (zu einem späteren Zeitpunkt) Griechenland liefern weitere Parallelen. In Ägypten z.B. wird Imhotep als Verfasser von Sprichwörtern gerühmt. Er war Priester, Arzt und Architekt und lebte in den Anfangsjahren der 3. Dynastie (ca. 2700 v.Chr.). Zwei oder drei Jh. später entstehen die »Maximen« des Ptahhotep, die älteste Schrift über richtiges Benehmen in der Literatur überhaupt. Der Untergang des Alten Reiches (ca. 2200 v.Chr.) ließ bei anderen Weisen eine sehr viel pessimistischere Schau des Lebens entstehen. Sie denken bes. über die Eitelkeit, die Vergänglichkeit materiellen Reichtums nach. Einer von ihnen, ein Mann namens Ipuwer, sieht weiter. Von den gegenwärtigen Nöten richtet sich sein Blick auf das Kommen eines gerechten Königs, der den Menschen Ruhe bringen wird wie ein Hirt seiner Herde. Er beschreibt diesen kommenden König in Ausdrücken, die denen von Ps 72 und anderer messianischer Texte im AT sehr ähnlich sind.

Die engste Annäherung zwischen ägypt. und israel. Weisheit findet sich bei Amenemope, einem Weisen aus der Zeit der 21. Dynastie (ca. 1150–930 v.Chr.). Amenemope war in etwa ein Zeitgenosse Salomos. Seine »Weisheit« bietet einige bemerkenswerte Parallelen zu Spr, bes. zu Spr 22,17–23,12. An einer Stelle hilft Amenemopes Weisheit möglicherweise zur Erhellung eines Bibeltextes, und zwar bei Spr 22,20. Hier kann ein Wort des hebr. Konsonantentextes, nämlich *sch-l-sch-w-m*, verschieden vokalisiert werden, was dann jeweils eine unterschiedliche Bedeutung nach sich zieht (LÜ: mannigfach). Nun besteht Amenemopes Weisheit aus dreißig Abschnitten, auf die einmal mit folgenden Worten Bezug genommen wird: »Betrachte diese 30 Kapitel«. Möglicherweise kann man den Vers aus Spr als eine Parallele dazu ansehen (was der Konsonantentext erlaubt) und würde dann übersetzen: »Habe ich dir nicht 30 Sprüche aufgeschrieben des Rats und der Erkenntnis?«

Einige andere Ausprägungen bibl. Weisheitsliteratur finden ihre Entsprechungen stärker in Mesopotamien. Mit dem Problem des leidenden Gerechten, das seine klassische Darstellung in Hiob gefunden hat, befaßten sich verschiedene mesopotamische Werke, bes. eine Abhandlung mit dem Titel »Ludlul bel nemeqi« (»Ich, nemeqi, will den Herrn der Weisheit loben«). Hier wird der Fall eines Mannes geschildert, dessen Geschicke denen Hiobs sehr ähnlich sind, wenn auch die Art der Durchführung gegenüber der des hebr. Buches wesentlich abfällt. Der pessimistische Zug des Predigers Salomo findet seine Entsprechung in einigen Abschnitten des Gilgalmesch-Epos und in dem sog. »Dialog des Pessimismus«, in dem ein babyl. Herr und sein Sklave zu der Schlußfolgerung gelangen, daß nichts von Wert existiert, kurz: daß alles eitel ist.

Ein solcher Pessimismus ist keineswegs auf eine bestimmte Zeit oder ein Land beschränkt. Einige der beeindruckendsten Parallelen zu Pred finden sich in den Schriften griech. Denker, z.B. bei Theognis (ca. 500 v.Chr.). Allerdings zwingt diese erstaunliche Ähnlichkeit keineswegs dazu, eine direkte literarische Abhängigkeit anzunehmen. Gleiche Ursachen führen überall in der Welt zu gleichen Wirkungen. Weisheitslehre, ganz gleich ob in mündlicher oder schriftlicher Gestalt, ist nicht nur die Frucht der Erfahrung; sie setzt zugleich voraus, daß Erfahrung nicht illusorisch ist; daß sie ermöglicht, von bestimmten Einsichten her zu Schlußfolgerungen auf das menschliche Leben und die Welt im allg. zu gelangen.

Die ägypt. wie auch die mesopot. Weisheitsliteratur ist, zumindest in ihren Anfängen, älter als die entprechende hebräische. Die hebr. Weisen engagierten sich in einer Art von Literatur, die im Orient weit verbreitet war. Ohne Zweifel wurden sie von dem beeinflußt, was in den Ländern östl. und westl. von ihnen gebräuchlich war. Und dennoch sind ihre Schriften keineswegs nur Kopien, sondern originale Zusammenstellungen aus dem gleichen Stoff. In ihren besten Abschnitten, etwa dort, wo die Weisheit als Sprachrohr Gottes gepriesen wird, erreichen sie ein höheres gedankliches Niveau und eine stärkere emotionale Ausdruckskraft als ihre Nachbarn und Vorgänger.

Trotz der zahlreichen Vergleichspunkte gibt es in der hebr. Weisheitsliteratur auch unverkennbare Merkmale, die sie von der Weisheitsliteratur anderer Völker unterscheidet. Diese Unterscheidungsmerkmale ergeben sich aus dem einmaligen Offenbarungscharakter des israel. Glaubens mit seiner Betonung des einen wahren und lebendigen Gottes. Weisheit im bibl. Schrifttum ist göttliche Weisheit. Auf die letzten Tiefen menschlicher Not kommen die klarsten und gewissesten Antworten von dem Volk, dem sich Gott nach seiner ureigensten Entscheidung selbst bekanntmachen wollte. Die »Worte des Weisen«, die etwa mit der »Weisheit« Amenemopes korrespondieren, sind mit der Absicht gesprochen bzw. berichtet, daß »deine Hoffnung sich gründe auf den Herrn« (Spr 22,19). Atl. Weisheit ist eng auf die anderen Äußerungen des Bundesglaubens Israels bezogen.

Das AT kennt ferner eine erzählende Form der Weisheitsliteratur (vgl. etwa Pred 9,13–16). Hier verwendet man bes. gern das Motiv des frommen Israeliten, der, ohne eigene Schuld von zu Hause verbannt, in fremdem Land trotz Anfeindung und Neid aufgrund seiner Weisheit zu hohen Ehren kommt. Ein erster Beleg dafür ist die Josephsgeschichte, der Bericht von einem Mann, »in dem der Geist Gottes ist« (1Mo 41,38). Spätere Beispiele stammen bes. aus der exilischen und nachexilischen Zeit, etwa die Erzählungen von Daniel, bei dem sich »Erleuchtung, Klugheit und Weisheit wie der Götter Weisheit« (Dan 5,11) fanden; oder die Geschichten von Mardochai, dessen kluge Vorausplanung ihn in der Rangfolge auf den zweiten Platz hinter Xerxes avancieren ließ und der »für sein Volk Gutes suchte und redete, was seinem ganzen Geschlecht zum Besten diente« (Est 10,3). Ferner sind (außerhalb des hebr. Kanons) noch Tobias und Achikar zu nennen. Das Danielbuch gehört sowohl zur Weisheits- wie zur apokalyptischen Literatur. Die enge Verbindung zwischen Weisheitsrede und apokalyptischem Gedankengut, die hier erkennbar wird (vgl. etwa Dan 12,10: »aber die Verständigen werden's verstehen«) bleibt bestehen: Z.B. bedarf es zur Entschlüsselung der Namenszahl des Tieres (Offb 13,18) göttlicher Weisheit.

Die Entwicklung der Weisheit in Israel ist eng mit Salomo verbunden. Er war offensichtlich der königliche Schutzherr einer ganzen Schule von Weisen. Sein Name wurde darum auch später, sogar noch in christl. Zeit, mit Weisheitsschrifttum verknüpft (z.B. mit den sog. Oden Salomos aus dem 2. Jh. n.Chr.). Historische Wahrscheinlichkeit verbindet sich mit vertrauenswürdiger Überlieferung, wenn man der Periode der salomonischen Herrschaft eine bemerkenswerte Entwicklung des israel. Volkscharakters zuschreibt. Diese äußerte sich in den Bereichen des Handels, der Kunst und der Literatur, also in allem, was wir Zivilisation nennen. Und wie man das Ausmaß der zusätzlichen Schriften Salomos (über das hinaus, was »die Männer Hiskias, des Königs von Juda« abschrieben) auch immer beurteilen mag, eins ist klar: Zu seiner Zeit beginnt jener Strang der Lehre, den wir Weisheit nennen, und erhält seine wesentliche Prägung. Darum kann Salomo zu Recht der Vater der hebr. Weisheitsliteratur genannt werden, wenn es auch, wie bereits erwähnt, an nicht-literarischer hebr. Weisheit aus früherer Zeit nicht mangelte.

Die Errichtung des gemeinsamen Königreichs (für die Nord- und Südstämme) markierte in Israel den Beginn einer Zeit kultureller »Aufklärung«.

An Davids Hof gab es viele Weise wie z.B. Ahitophel, dessen Rat so war, »als wenn man Gott um etwas befragt hätte« (2Sam 16,23); oder wie Nathan, der zwar die Bezeichnung Prophet trägt, David aber nichtsdestoweniger in der parabolischen Redeweise des Weisen ermahnt (2Sam 12,1ff). Das Genre der Hofberichterstattung erreichte eine Qualität, die in der hebr. Literatur unübertroffen blieb (vgl. 2Sam 9–20). Salomo selbst muß über seine praktische Klugheit hinaus eine umfassende Kenntnis der Naturgeschichte sowie die Verfasserschaft von vielen Weisheitssprüchen und Liedern zugetraut werden. Sein Ruf als Weiser erweckte die Neugier von fernen Herrschern und Weisen (1Kö 3,16ff; 4,29ff; 10,1ff).

Neben der königlichen Weisheit gab es in Israel eine lebendige Tradition volkstümlicher oder »Gruppen«-Weisheit, deren Spuren hier und da im AT erkennbar werden (vgl. etwa den sprichwörtlichen Ruf, den die Stadt Abel in bezug auf Weisheit besaß; 2Sam 20,18), bes. in den Prophetenbüchern. So ist z.B. bei Amos der Einfluß solcher traditionellen Weisheit mit Händen zu greifen (vgl. dazu Hans Walter Wolff, Amos' geistige Heimat, Neukirchen 1964). Hosea, Jesaja, Jeremia und Habakuk bieten weitere Beispiele dafür. Daß der Weise in der öffentlichen Wertschätzung als Mittler göttlicher Wahrheit neben dem Priester und Propheten stand, legen die Worte der Feinde Jeremias nahe. Sie betonen, daß es »dem Priester nicht fehlen wird an Weisung noch dem Weisen an Rat noch dem Propheten am Wort« (Jer 18,18). Die Weisen überlieferten ihre Weisheit von Generation zu Generation. Sie hatten ihre Schulen und ihre Schüler, ihre Lehren und Spruchsammlungen (vgl. Spr 1,6; 24,23; Pred 9,17; 12,11f). Doch auch wenn Priester, Weise und Propheten jeweils ihre eigenen Aufgaben und ihre eigene Form der Mitteilung besaßen, dürfen die Grenzen zwischen ihnen nicht zu streng gezogen werden. Überschneidungen waren durchaus möglich und geschahen wohl auch immer wieder.

Die praktische Bedeutung der Weisheit für das alltägliche Leben wird in den verschiedenen Spruchsammlungen, die in Spr zusammengestellt sind, erläutert. Gott, so wird betont, ist ein Gott der Gerechtigkeit. Seine Welt ist eine sittlich-geordnete Welt, in der Gerechtigkeit zu Lebzeiten belohnt und Bosheit und Torheit bestraft werden. Die schwierigeren und oft kaum zu lösenden Probleme des menschlichen Lebens liegen jenseits des Horizonts von Sprüche. Das Buch scheint zu sagen: »Hier habt ihr die Lebensregeln. Probiert sie aus und stellt fest, ob sie funktionieren!« Hiob und Pred aber sagen: »Das haben wir getan, aber so funktionieren sie nicht!«

Hiob stellt den Höhepunkt eines langen Prozesses der Auseinandersetzung mit diesen bedrängenden Fragen dar. Frühere Ergebnisse dieser Entwicklung sind gewisse Klagepsalmen. Hier lassen sich zwei Typen gedanklicher Ausprägung unterscheiden, die für die gesamte Schule charakteristisch sind. Da ist einmal der abgeklärtere, philosophische Typos (z.B. Ps 14; 19; 90): Der Psalmist denkt über eine gottlose Welt nach, die von einem guten Gott geschaffen wurde, über die Herrlichkeit des Kosmos, über das Gewissen und das Geheimnis des sterblichen und zugleich unsterblichen Menschen. Da steht die menschliche Seele nackt vor den erbarmungslosen Realitäten des Lebens. Daneben steht der andere Typos: Hier kämpft der Weise mit dem Zweifel, sein Pulsschlag ist von Angst bewegt (Ps 10; 37; 49; 73). Da ruft der Psalmist, der den Gottlosen sich brüsten sieht, voller Verzweiflung aus: »Herr, warum stehst du so ferne, verbirgst dich zur Zeit der Not?« (Ps 10,1). Das Wohlergehen der Übeltäter und das Unglück der Gerechten sind in der Weisheitsliteratur ständig wiederkehrende Themen. Aber die Probleme werden nicht nur angesprochen, es wird auch gezeigt, in welcher Richtung ihre Lösung zu suchen ist. Die Antwort von Ps 37 z.B. lautet in einem Satz zusammengefaßt: Der Wohlstand der Gottlosen hat keinen Bestand. Und Ps 49 spricht davon, daß der Tod die Übeltäter ihrer verdienten Strafe zuführt, während Ps 73 zu dem positiven Ergebnis gelangt, daß wahres Wohlergehen allein denen zukommt, die sich zu Gott halten.

Hiob stellt zwei kritische Fragen: 1. Ist ein Mensch bereit, Gott allein um Gottes willen zu dienen (ohne irgendwelche persönlichen Nebenabsichten)? 2. Warum muß ein unschuldiger Mensch leiden? Die traditionelle Antwort auf die 2. Frage wird zunächst von Hiobs Freunden gegeben: Sünde und Leiden sind unlösbar miteinander verkoppelt. Das göttliche Prinzip eines sittlichen Weltregiments ist Vergeltung. Sünde und Leiden stehen ohne Ausnahme im Verhältnis von Ursache und Wirkung. Um diese harte Wahrheit – wenn auch nicht in ihrem eigentlichen Gehalt, wohl aber in ihrem starren Gleichmaß – in Frage zu stellen, wird Elihu in die Auseinandersetzung eingeführt. Er faßt eine andere Lösung des Leidensproblems ins Auge: Leiden ist nicht Strafe, sondern göttliche Erziehung. Es ist nicht zur Züchtigung, sondern zum Nutzen geschickt. Diese Lehre wird noch einen Schritt weitergeführt, als Hiob sich in Gottes Gegenwart einfindet und damit zufrieden ist, daß die Antwort bei Gott liegt und alles gut ist.

Pred (*Kohelet*, d.h. möglicherweise »Disputierer«) hat die Form eines königl. Testaments. Es korrigiert in seiner Lehre den Materialismus, den Fatalismus und den Pessimismus seiner Zeit. Die drei Wege, die man damals, ja eigentlich zu jeder Zeit, zu gehen versuchte, um in der Welt, so wie sie ist, das Glück zu erlangen, werden in all ihrer Vergänglichkeit entlarvt. Gemeint sind die Wege des Wissens, des Vergnügens und der Macht des Geldes. Das Buch lehrt statt dessen, daß es nur einen einzigen Weg gibt: den Weg der Weisheit. Diese Weisheit ist bedächtig und anspruchslos. Sie ist zufrieden, wenn die Alltagsarbeit gut verrichtet ist. Sie freut sich an einfachem Essen und Trinken und an den Annehmlichkeiten des Familienlebens. Hat man dies, so sollte man dankbar sein für alles kleine Glück. Denn die Welt ist zu voll von Ungerechtigkeit, die Zukunft zu ungewiß und der Tod für den Menschen zu endgültig, als daß er seine Hoffnungen zu hoch ansetzen dürfte wegen all der »Ewigkeit«, die in sein Herz gepflanzt ist.

Bei all ihren Bemühungen, mit den Dauerproblemen menschlicher Existenz fertigzuwerden, rufen die Weisheitsbücher nicht nach einer neuen Welt, um einen Ausgleich für das Leben in der alten herzustellen. Ihre Untersuchungen bleiben fast völlig auf den Bereich des gegenwärtigen, irdischen Lebens beschränkt. Erst die relativ späte »Weisheit Salomos« bekennt sich freimütig zur Lehre von der Unsterblichkeit.

Der Gedanke der göttlichen Weisheit spielt eine nicht unwesentliche Rolle bei der Vorbereitung des Kommens Christi. In den synopt. Evv. erscheint Jesus als der, der »größer ist als Salomo« (Mt 12,42; Lk 11,31); hier und in Jh spricht Jesus gelegentlich in der Rolle des Weisen (vgl. Mt 11,28ff mit Jesus Sirach 51,23–27, der wiederum auf der Aufforderung zur Weisheit in Spr 8,4–21 basiert). Hinter der Logos-Lehre des Johannesprologs läßt sich die personifizierte Weisheit der atl. Zeit wiedererkennen, wie sie bes. in dem berühmten Abschnitt Spr 8,22ff dargestellt wird: Hier ist die Weisheit Gottes Gehilfe bei der Weltschöpfung.

Auf diese und andere Weise bereiteten die

Weisen Israels die Ankunft dessen vor, der uns »von Gott zur Weisheit gemacht« wurde. Unter dem Aspekt der Menschwerdung Christi und unter Berücksichtigung ihrer Zielsetzung lassen sich die Weisheitsbücher durchaus als ein Instrument der Weisheit des Gottes verstehen, der von sich sagt: »Ich bin der Weg und die Wahrheit und das Leben«, der die endgültige Lösung der Probleme der Menschen und der Welt verkörpert.

(Weitere Literatur: Gerhard von Rad, Weisheit in Israel, Neukirchen 1970)

F. F. Bruce

Die apokryphe und die apokalyptische Literatur

Die Bezeichnung »Apokryphen«

Normalerweise werden mit Apokryphen die Bücher bezeichnet, die zwar in der lat. Vulgata, nicht aber im hebr. AT enthalten sind. Daß die Vulgata diese Bücher mit Ausnahme von 4Esr aufnahm, ist darauf zurückzuführen, daß sie auf der griech. Übersetzung des AT, der Septuaginta (LXX) fußt, die diese Bücher zusätzlich zum hebr. Text enthält. Aus dieser Tatsache ergibt sich – und das ist allg. anerkannt –, daß die griechisch sprechenden Juden Alexandrias den Apokryphen volle Kanonizität zuerkannten und daß die alte Kirche, die die griech. Bibel übernahm, ihnen darin folgte. Die Bücher, um die es sich hier handelt, sind weitgehend in Palästina entstanden. Sie waren hauptsächlich hebr. oder aram. geschrieben und sowohl in Palästina wie in der jüd. Diaspora weit verbreitet. Allerdings scheinen sie nicht auf einer Ebene mit den kanonischen Schriften gesehen worden zu sein, jedenfalls nicht überall. Darum könnte man die Apokryphen als Bücher »außerhalb« (des Kanons) definieren. Damit ist aber die wörtl. Bedeutung des griech. Ausdrucks *apokryphos* nicht getroffen. Das griech. Wort meint nämlich »verborgen« und wurde auf Schriften angewandt, die der Öffentlichkeit vorenthalten wurden und nur einem begrenzten Kreis Privilegierter zugänglich waren. In diesem Ausdruck schwang keineswegs ein negativer Unterton mit, er betont vielmehr die Besonderheit und den Wert der so benannten Bücher. Offensichtlich wurden speziell die Werke jüd. Seher aus der Zeit zwischen dem 2. und 1. Jh. v.Chr. so bezeichnet. Sie wurden zumeist unter den Namen uralter Helden und Propheten Israels veröffentlicht und galten als »verborgen« bis eben in jene Tage. Aber auch jetzt waren sie nicht für eine breite Öffentlichkeit gedacht, sondern nur für solche, die es verdienten, sie zu lesen. 4Esr 14 berichtet, daß Esra fünf Schreibern 94 Bücher diktiert habe. 24 davon waren die Bücher des AT (wobei die 12 kleinen Propheten als ein Buch gezählt wurden), die übrigen 70 waren bestimmt für »die Weisen unter diesem Volk. Denn in ihnen fließt der Bau der Einsicht, der Quell der Weisheit, der Strom der Wissenschaft« (14,46b.47 nach *Kautzsch, Die Apokryphen und Pseudepigraphen des AT II*).

Hier wird deutlich, daß man in den Kreisen, aus denen 4Esr stammt, diese Bücher höher schätzte als den kanonischen Teil des AT. Zudem zeigt sich, daß die apokryphe Literatur weit mehr Titel umfaßte, als die LXX aufgenommen hat. Die hier fehlenden Schriften hatten in der Regel apokalyptischen Charakter wie der oben zitierte 4Esr.

Origenes verwendet den Begriff Apokryphen darum auch nur für die apokalyptische Literatur des Spätjudentums. Bei Hieronymus zeigt sich erstmals ein Wandel in der Nomenklatur. In seinem *Prologus Galeatus* zu 1 und 2Sam verwendet er den Begriff für die Bücher, die wir gemeinhin »apokryph« nennen; von anderen frühen christl. Autoren wurden diese Bücher als kirchliche Schriften bezeichnet, die zur Verlesung im Gottesdienst geeignet waren.

Offensichtlich hat man als die Apokryphen (im Sinne von außerkanonischen Schriften) zuerst alle heiligen Bücher angesehen, die keinen Platz im Kanon gefunden hatten. Einige davon waren weiter verbreitet als andere. Diese sind über die Vulgata zu uns gelangt. Daneben genossen aber auch die sog. Pseudepigraphen (Bücher, die unter dem Namen eines Verfassers aus ferner Vergangenheit publiziert wurden) in vielen Kreisen großes Ansehen. Sie sollten nicht von den anderen Schriften separiert gesehen werden. Deshalb empfiehlt es sich, die Bezeichnung Apokryphen auf alle Bücher auszudehnen, die bisher unter der Doppelbezeichnung Apokryphen und Pseudepigraphen zusammengefaßt wurden.

Ein Überblick über die Bücher

Eine kurze Charakterisierung der apokryphen und pseudepigraphischen Schriften.

Die eigentlichen Apokryphen

3Esr enthält den größten Teil des Stoffes, der sich auch in dem kanonischen Esrabuch findet. Es stellt ihm aber ein Zitat aus 2Chr 35,1–36,21 voran und fügt den Bericht von der Verlesung des Gesetzes durch Esra aus Neh 8 an (Nehemias Name wird dabei allerdings ausgelassen). In 3Esr liegt eine abweichende griech. Version dieses Teils des chronistischen Geschichtswerks vor – möglicherweise bewahrt sie aber gerade die urspr. Fassung der LXX. Mehr dazu s. Einleitung zu Esra/Nehemia.

3Esr enthält ferner die Geschichte von den drei Höflingen (einer davon soll Serubabel sein) auf dem Fest des Darius – und gibt dabei die urspr. Quelle des Sprichworts an: »Die Wahrheit ist groß, sie ist am mächtigsten« (4,41). – *4Esr* ist eine Apokalypse aus dem 1. Jh. n.Chr., die man Esra in den Mund gelegt hat. In mehr als einer Hinsicht ist sie die tragischste aller Apokalypsen.

Das Buch *Tobias* erzählt die Geschichte eines frommen Mannes namens Tobias, dessen Glaubenstreue trotz aller Schwierigkeiten, in die er geriet, schließlich doch belohnt wurde. Es handelt ferner davon, wie der Sohn des Tobias, der ebenfalls Tobias heißt, auf von Gott gelenkte, wunderbare Weise seine Frau bekommt. Das Buch ist wahrscheinlich gegen Ende des 3. Jh. v.Chr. entstanden. Hebr. und aram. Bruchstücke des Buches wurden in Qumran gefunden.

Judit ist ein weiteres Stück lebendiger Erzählkunst. Es wird berichtet, wie Judit ihre Stadt von der assyr. Armee befreite. Die Schrift mag in der Makkabäerzeit, etwa 150 v.Chr., entstanden sein.

Die *Stücke zum Buch Esther* enthalten Ergänzungen zum kanonischen Est. Es handelt sich um Gebete bzw. Dekrete, die in der Erzählung erwähnt werden. Sie sollten Est ein religiöses Element anfügen.

Die *Weisheit Salomos* hat man oft als erhabenste Dichtung der Zeit zwischen den Testamenten bezeichnet. Sie ist das Werk eines griechischsprechenden Juden aus Alexandria, ein gutes Beispiel jüd. Weisheitsliteratur. Es beschäftigt sich speziell mit der Frage der Vergeltung und mit der Torheit des Götzendienstes. Die Abfassungszeit wird unterschiedlich angesetzt, die Datierungen schwanken zwischen 150 v.Chr. und 40 n.Chr.

Das Buch *Jesus Sirach* (auch *Ecclesiasticus* genannt) ist der Weisheit Salomos vergleichbar. Aber es ist eine sadduzäische Schrift und zeigt – trotz jahrelangen Nachdenkens und Erfahrungsammelns des Verfassers – doch eine sehr viel dürftigere Spiritualität als die Weisheit Salomos. Das Buch wurde ca. 180 v.Chr. hebr. veröffentlicht und ca. 132 v.Chr. durch den Enkel des Verfassers ins Griech. übersetzt.

Baruch, mit dem »Brief Jeremias an die Verbannten«, setzt sich aus verschiedenen Text-Elementen zusammen. Sein Thema ist die Bekämpfung des Götzendienstes. Urspr. dürfte es im 3. Jh. v.Chr. entstanden sein, erhielt seine jetzige Gestalt aber erst im 2. Jh. v.Chr.

Ferner gibt es drei Zusätze zum Danielbuch, alle später als das Buch selbst: Die Geschichte von *Susanna und Daniel* erzählt, wie der junge Daniel seine Weisheit bei der Verteidigung einer unschuldigen Frau, die zum Tode verurteilt war, unter Beweis stellt. (Daher stammt das Sprichwort: »Ein Daniel zum Gericht!«) – Das *Gebet Asarjas* und der *Gesang der drei Männer im Feuerofen* bringen todesverachtenden Glauben in einem glühenden Ofen zum Ausdruck. – *Bel und der Drache* sind zwei Erzählungen, die davon berichten, wie Daniel die Priester des Bel unglaubwürdig machte und die Vorstellung, daß der Drache ein Gott sei, samt dem Drachen vernichtete. – Das *Gebet Manasses* ist ein Bußgebet, das dem in der Bibel erwähnten König dieses Namens in den Mund gelegt ist (veranlaßt durch 2Chr 33,12f; 19). Es kann im 2. Jh. v.Chr. geschrieben worden sein.

1Makkabäer ist unsere Hauptquelle für den Kampf der Juden unter der Führung der Söhne des Mattathias gegen Antiochus IV. Epiphanes und dessen Nachfolger. Der Verfasser, der sein Werk wahrscheinlich unter Johannes Hyrkanus (135–104 v.Chr.) schrieb, war ein ausgezeichneter Historiker. Obwohl er zur Partei der Hasmonäer gehörte, bemühte er sich in seiner Darstellung um Objektivität. – *2Makkabäer* behandelt einen Ausschnitt aus der Periode, die 1Makk beschreibt. Bes. geht es um die Heldentaten des Judas Makkabäus. Die Schilderung ist hier viel reicher ausgeschmückt als in dem früheren Werk. 2Makk ist vom Standpunkt des frühen Pharisäismus geschrieben und betont die Auferstehungshoffnung für die Märtyrer der Antiochus-Zeit. Zusätzlich ist es durch ein reges Interesse am Tempel gekennzeichnet.

Die Pseudepigraphen

Das Buch *Henoch* (1Henoch) ist die bedeutendste Apokalypse unter dieser Art von Schriften. Es setzt sich mit Sicherheit aus mehreren Schichten zusammen. In der Wissenschaft wird derzeit die Frage verhandelt, ob das Buch aus einer Periode stammt oder ob es seine Gestalt in einem ständigen Anreicherungsprozeß mit Traditionen, die man Henoch zuschrieb, gewann, und zwar in dem Zeitraum von etwa 200 v.Chr. – 50 n.Chr. Das Henochbuch bringt als wichtigstes Merkmal die Vorstellung vom himmlischen Messias ein, von dem »Menschensohn«. Dies findet sich im zweiten Teil des Buches (ca. 37–71), den »Bilderreden Henochs«. Fragmente von allen Teilen des Buches außer diesem konnten in Aram. in den Qumrantexten ausgemacht werden.

Das *Buch der Jubiläen* ist eine Neuformulierung von 1Mo, die zeigen will, daß das Gesetz schon im Garten Eden befolgt wurde. Das Buch favorisiert einen reinen Sonnenkalender und teilt die Geschichte in Perioden von »Jubiläen«, d.h. in je 49 Jahre (sieben Jahrwochen). Das Buch der Jubiläen wird in der Regel auf ca. 100 v.Chr. datiert. Hebr. Fragmente davon wurden in Qumran gefunden. – Die *Testamente der zwölf Patriarchen* wurden wahrscheinlich etwa um die gleiche Zeit geschrieben. Sie geben vor, die letzten Ratschläge und Prophezeiungen der 12 Jakobssöhne zu sein, die jeder von diesen kurz vor dem Tod erteilt habe. Der griech. Text stellt eine christl. Rezension dar; ältere aram. und hebr. Fassungen von 2 der *Testamente* sind in Qumran gefunden worden.

Die *Sibyllinen:* jüd. Schriften, die den Stil der heidnischen sibyllinischen Orakel imitieren, um jüd. Gedanken unter den Heiden bekanntzumachen. Sie stammen aus dem 2. Jh. v.Chr. und der darauf folgenden Zeit. – Die *Himmelfahrt des Mose* (Assumptio Mosis) tauchte möglicherweise zu Zeit Jesu auf. Das Buch verfolgt die Absicht, die Geschichte der Welt von der Mosezeit bis zum Weltende zu erzählen. Es hüllt sich dabei in den Deckmantel prophetischer Autorität und sieht das Weltende unmittelbar bevorstehen. – 2Henoch (oder slavischer Henoch) setzt 1Hen voraus. Es ist wahrscheinlich Mitte des 1. Jh. n.Chr. entstanden (manche datieren es allerdings einige Jahrhunderte später). Das Buch enthält ausführliche Beschreibungen der sieben Himmel und sieht ein tausendjähriges Reich Gottes auf der Erde voraus.

Die *syrische Baruchapokalypse* (2Baruch) basiert im wesentlichen auf 4Esr. Sie ist ein Sammelwerk, das vorgibt, auf den Schreiber Jeremias zurückzugehen. Es wurde im letzten Drittel des 1. Jh. n.Chr. geschrieben. – Die *griech. Baruch-Apokalypse* (3Baruch) hat gewisse Ähnlichkeiten mit der vorher genannten Schrift, aber sie ist unabhängig von ihr entstanden und etwas später zu datieren. – Die *Psalmen Salomos:* 18 Psalmen, die Salomo zugeschrieben werden. Sie stammen aber entweder aus der Feder eines Pharisäers oder eines Mannes mit ähnlichen Ansichten. Sie sind im Stil der kanonischen Psalmen verfaßt und auf die zweite Hälfte des 1. Jh. n.Chr., nach der Eroberung Judäas durch die Römer, zu datieren. Sie verdammen die Hasmonäer und schauen nach dem Kommen des Messias aus dem Stamm Davids aus.

3Makkabäer berichtet von dem Versuch, während der Regierungszeit des Ptolemäus Philopator (222–205 v.Chr.) unter den Juden ein Massaker anzurichten. Der Anschlag endete mit einer triumphierenden Rechtfertigung des heiligen Volkes. –*4Makkabäer:* eine Art philosophischer Traktat, der anhand der Beispiele der makkabäischen Märtyrer die These des Verfassers von der Überlegenheit der wahren Vernunft entfaltet. – Der *Aristeasbrief* beschreibt die Umstände, unter denen die hebr. Bibel angeblich ins Griech. übersetzt wurde. – Das *Martyrium Jesajas* berichtet, wie sein Titel andeutet, von der Zersägung Jesajas in zwei Stücke. Die Datierung ist schwankend; einige setzen die Schrift im 1. Jh. n.Chr. an. Da jedoch das Buch, auf dem der Martyriumsbericht fußt, die »Himmelfahrt Jesajas«, als Ganzes christl. Ursprungs und später anzusetzen ist, muß die Datierung anders vorgenommen werden. Möglicherweise enthält das Martyrium Jesajas jedoch eine ältere Erzählung jüd. Herkunft, die mit der Qumranliteratur verwandt ist. – Das *Leben Adams und Evas* will eine ausführliche »Information« über die Ureltern des Menschengeschlechts geben. Es ist im 1. Jh. n.Chr. entstanden. – Ferner sind die *»Pirqe Aboth«*, die *»Sprüche der Väter«* zu nennen, eine Sammlung von Aussprüchen berühmter Rabbinen. Sie stammen aus einem großen Zeitraum: von ca. dem 3. Jh. v.Chr. bis ins 3. Jh. n.Chr. – Die *Geschichte Achikars:* eine Legende aus dem 5. Jh. v.Chr., die die Weisheit dieses Mannes rühmt. Sie war während des gesamten Zeitraums, den wir hier behandeln, sehr bekannt (vgl. etwa Tob 14,10). – Die *Abrahamapokalypse* sowie das *Testament Abrahams* sind jüd. Schriften mit christl. Interpolation aus dem 1. Jh. n.Chr. Die *Leben der Propheten:* Schon der Titel zeigt an, was das Buch enthält. Es stammt aus der gleichen Zeit wie die beiden zuletzt genannten und wurde ebenfalls christl. erweitert. – Dem *Testament Hiobs* hat man bis jetzt nur wenig Aufmerksamkeit gewidmet; vermutl. wurde es im 1. Jh. v.Chr. geschrieben. – Die *Damaskusschrift* (2 frühmittelalterliche Mss. aus der Synagoge in Alt-Kairo) gehört einwandfrei in den Bereich der Literatur, die man in Qumran gefunden hat. Andere Fragmente aus den Qumranhöhlen legen nahe, daß die Damaskusschrift etwa auf 100 v.Chr. anzusetzen ist.

Die 500 Schriften, oft nur in Fragmenten, die 1947 und in den folgenden Jahren in elf Höhlen bei Qumran (im NW des Toten Meeres) gefunden wurden, haben die Stoffmenge jüd. Literatur aus dem behandelten Zeitraum erheblich erweitert. Die gefundenen Schriften gehörten vermutl. zur Bibliothek einer Sektengemeinschaft, die 130 v.Chr. – 70 n.Chr. ihr Zentrum in dieser Gegend hatte. Diese Gemeinschaft, die Ähnlichkeiten mit den (von Schriftstellern im 1. Jh. beschrieben) Essenern aufweist, war von dem Bewußtsein geprägt, »heiliger Rest« zu sein; in Verbindung damit kennzeichneten sie bes. eschatologische Überzeugungen und ein eigenwillig schöpferisches System der Bibelexegese. Die Qumrantexte gehören darum auch keineswegs nur apokryphen und apokalyptischen Kategorien an. Neben Bibelhandschriften und Kommentaren zur Bibel finden sich auch Texte, die über das Leben, die Glaubensüberzeugungen und den Gottesdienst der Gemeinschaft Auskunft geben. Die Qumran-Funde machten, wie bereits erwähnt, einige schon vorher bekannte Bücher nun auch in ihrer Original-Sprache zugänglich. Zusätzlich stieß man auf Stücke des »Daniel-Zyklus«, die weder in Dan noch in den deuterokanonischen Zusätzen Aufnahme gefunden haben. Dazu gehört z.B. Das *Gebet des Nabonid,* ein aram. Text, der erzählt, wie der letzte König von Babylon sieben Jahre »in der Stadt Teman« von einer schlimmen Krankheit geplagt wurde. Als er dann jedoch seine Sünden bekannte, wurde ihm von einem jüd. Verbannten geholfen. Die *Genesis Apokryphon,* ebenfalls in Aram., enthält erfundene Erweiterungen der Patriarchenerzählungen. Andere Schriften tragen Titel wie: *Die Sprüche Moses,* die *Psalmen Josuas,* die *Vision des Amram,* das *Buch der Mysterien* und (offensichtlich war diese Schrift, wenn man nach der Anzahl der gefundenen Abschriften urteilt, äußerst beliebt), die *Apokalypse von dem neuen Jerusalem.* Wenn diese Schriften erst einmal alle veröffentlicht und erforscht sind, werden sie unser Verständnis vom Hintergrund des NT vermutl. wesentlich erweitern.

Die Lehre der apokryphen Literatur

Die Gotteslehre

In der gesamten apokryphen Literatur ist das Bestreben zu verspüren, über Gott nur in Begriffen zu denken, die seine Transzendenz betonen. Der Name Gottes wird nur noch zögernd gebraucht, lieber verwendet man Umschreibungen. In 1Makk wird Gott nicht ein einziges Mal direkt genannt, an seiner Stelle wird vom »Himmel« geredet; z.B.: »Denn der Sieg kommt vom Himmel und wird nicht durch eine große Zahl errungen« (1Makk 3,19). Damit läßt sich durchaus vergleichen, daß der Jude Matthäus in seinem Ev. konstant den Begriff Himmelreich gebraucht, wo die anderen Evv. vom Reich Gottes sprechen. Die Rabbinen nennen Gott nicht selten »den Heiligen, dessen Name gepriesen sei« (z.B. Pirqe Aboth 4,29). Aus dem gleichen Grund wird in dieser Zeit die Lehre von den Engeln weiter entwickelt. Damit konnte man vermeiden, daß Gott notwendigerweise persönlich in die irdischen Angelegenheiten eingreifen mußte. Im AT ist der Herr ein Kriegsheld, der Israels Schlachten schlägt. In 2Makk sind es nun die Engel, die für Israel in den Kampf ziehen, und in der *Kriegsrolle* aus Qumran stehen heilige Engel in der Armee der »Söhne des Lichts«. 1Makk akzentuiert das Ganze noch einmal anders. Hier greifen weder Gott noch Engel in den Kampf ein. Dank der guten militärischen Führung des Judas wird der Sieg errungen. Auch hier liegt der Gedanke zugrunde, daß es unpassend ist, von Gottes Eingreifen in solche Dinge zu reden. Ähnlich wird außer der direkten Beziehung, die Gott im AT zur Geschichte hatte, auch seine direkte Beziehung zur Schöpfung abgebaut. Sie wird ersetzt durch eine Fülle von Engeln, von denen jeder eine bestimmte Funktion übernimmt: einer ist für die Blitze zuständig, einer für den Schnee, je ein anderer für den Regen, die Wolken, die Dunkelheit, die Hitze, die Kälte, den Frost usw. Auf der anderen Seite gewann die Dämonenlehre zunehmend an Bedeutung, obwohl dabei auch noch andere Ursachen mitwirkten.

Bei einem solchen Gottesbild mußte der Gedanke der absoluten Souveränität Gottes dominieren. Das Weltende ist nicht nur vorhergesehen, es ist auf eine bestimmte Stunde festgelegt. Der einzelne hat an diesem Prädestinationsprozeß Anteil, ohne daß damit seine persönliche Freiheit ausgeschlossen wird. So kann der Verfasser der *Psalmen Salomos,* der an die völlige Verfügungsgewalt Gottes über den Menschen glaubt, dennoch sagen: »Unser Tun geschieht nach unseres Herzens Wahl und Willen, daß wir Recht und Unrecht tun in unserer Hände Werk« (9,4). Zugleich schloß Gottes Transzendenz seine Beziehung zu den Menschen nicht völlig aus, er wurde zunehmend in seinem Vatersein erkannt. In Pirqe Aboth findet sich die Wendung »Euer Vater, der im Himmel ist«, vgl. den Satz »Der Herr wird sich über seine Kinder freuen, er wird Gefallen haben an seinen Geliebten für immer« (TestLev 18,13; vgl. 4,2; Sib 3,701; 3Makk 6,28; Pirqe Aboth 3,19).

Das Gesetz

Das Gesetz ist ewig und für den Menschen von höchster Bedeutung. In Jubil wird gesagt, daß alle Gerechten der alten Zeit, ja sogar die Engel im Himmel, das Gesetz befolgten, so daß Mose am Sinai nicht die erstmalige Bekanntgabe des Gesetzes vornahm, sondern gewissermaßen eine Art Wieder-Einsetzung. Das Gesetz ist die Summe der göttlichen Offenbarung. Für die meisten Juden gehörte dazu (zur *Thora)* auch die mündl. Überlieferung, die den Anspruch erhob, in ununterbrochener

Kette von Mose über die Propheten bis hin zu den Männern der Großen Synagoge zu reichen. Diese Tradition schloß eine Fülle von Anwendungen des Gesetzes für alle möglichen Lebensumstände ein (die sog. *Mischna*). Die Mischna wurde ihrerseits in der *Gemara* kommentiert. Beide bildeten zusammen den *Talmud*, der in zwei verschiedenen Ausgaben vorliegt: als Jerusalemer und als babyl. Talmud. Die Stellung Jesu zu dieser umfangreichen Tradition ist bekannt; aber gerade ihre Befolgung bildete das Herzstück der jüd. Orthodoxie. Rabbinen und Apokalyptiker stimmten völlig darin überein, daß nur der darauf hoffen dürfe, das Leben in der kommenden Welt zu erlangen, der den Geboten der Tradition gehorsam sei.

Weisheit

Die Eigenschaften der Weisheit, wie sie etwa Spr 8,22ff berichten, wurden in dieser Zeit gedanklich weiterentwickelt, und zwar unter dem Einfluß griech. Denkens, das nun in die jüd. Welt eindrang. So bietet die Weisheit Salomos eine ausführliche und schöne Definition der Weisheit (7,22–8,31). Sie wird dort als ein »Hauch der Macht Gottes« bezeichnet, als »ein reiner Ausfluß der Herrlichkeit des Allmächtigen ... Denn sie ist ein Abglanz (griech. *apaugasma*, vgl. Hebr 1,3) des ewigen Lichts, ein fleckenloser Spiegel des Wirkens Gottes, ein Bild seiner Gottheit«. Sowohl dieses Buch wie auch Sirach enthalten eine Reihe von Sprüchen praktischer Weisheit.

Gleichzeitig dachte man zunehmend über den Begriff »Wort Gottes« nach. Seine Wirksamkeit wird in Weish 18,15f auf nahezu erschreckende Weise folgendermaßen dargestellt: »Dein allmächtiges Wort fuhr vom Himmel herab, vom königlichen Thron, ein harter Kriegsmann, mitten in das Land, das zugrundegerichtet werden sollte. Er trug ein scharfes Schwert, nämlich dein unerbittliches Gebot, und trat hin und erfüllte alles mit Toten, und obwohl er auf der Erde stand, berührte er doch den Himmel.« Deutlich ist hier auf die Tötung der Erstgeburt in Ägypten angespielt. Im gleichen Buch (9,1f) wird Wort Gottes mit Weisheit identifiziert: »Gott meiner Väter und Herr des Erbarmens, der du alle Dinge durch dein Wort geschaffen und den Menschen durch deine Weisheit bereitet hast ...«

Diese Lehraussagen müssen zu denen in Beziehung gesetzt werden, die Weisheit und Gesetz in einem sehen. Denn gerade diese Sicht begegnet in dieser Literatur ständig, bes. in Jesus Sirach und in den Pirqe Aboth. So gibt z.B. Sir 24 eine weitschweifige Beschreibung der Weisheit, um daraus die Schlußfolgerungen zu ziehen: »Dies alles ist das Buch des Bundes, den der höchste Gott aufgerichtet hat, nämlich das Gesetz, das uns Mose befohlen hat ...« (V.32). Gesetz und Wort Gottes werden aber auch als identisch angesehen; in Pirqe Aboth heißt es: »Darin war Israel geliebt, daß ihm das Instrument gegeben wurde, mit dem die Welt geschaffen wurde ...« (3,19). Die Bedeutung dieser Entwicklung für die Erforschung des NT liegt auf der Hand. Auf ihrem Hintergrund muß z.B. der Johannesprolog erforscht werden. Denn was der fromme Jude für die Weisheit, für das Wort und für das Gesetz Gottes beanspruchte, das, so sagt Johannes, ist in Jesus als dem fleischgewordenen Wort erfüllt worden.

Sünde

Über den Ursprung der Sünde wurde in jenen Tagen ausführlich diskutiert. Die Antworten variierten zwar, kreisten aber meist um den Sündenfall. Manchmal wird Eva die Hauptschuld zugewiesen (Sir 25,32), manchmal Adam (4Esr 7,118), manchmal Satan (Weish 2,24), manchmal auch den gefallenen Engeln (1Hen 10,7.8). Auf der anderen Seite erhebt der Verfasser der syr. Baruch-Apokalypse Einspruch gegen diese Auffassung, die den Vorfahren die Alleinschuld aufbürdet: »Denn wenn Adam zuerst gesündigt und über alle den vorzeitigen Tod gebracht hat, so hat doch auch von denen, die von ihm abstammen, jeder einzelne sich selbst die zukünftige Pein zugezogen, und wiederum hat sich jeder einzelne von ihnen die zukünftige Herrlichkeit erwählt ... Adam ist also einzig und allein für sich selbst die Veranlassung; wir alle aber sind jeder für sich selbst zum Adam geworden« (54,15.19). Die Versöhnung für die Sünde wird, wie im AT, vor allem im Opfer gesehen. Aber auch gute Taten sind dabei wirksam. So heißt es in Sir 3,4: »Wer seinen Vater ehrt, macht damit Sünden gut ...«, und in Tob 12,9b: »Almosen erlösen vom Tode, tilgen die Sünden und führen zum ewigen Leben«. Gegen Auffassungen dieser Art hat Paulus mit aller Macht protestiert. Auch die Verdienste der Heiligen wurden in diesem Zusammenhang geltend gemacht (4Esr 8,28f). Und 4Makk betrachtet schließlich sogar das Martyrium der treuen Bekenner als einen Weg, um für Sünde Genugtuung zu leisten (6,28f).

Ethik

Die letzte Bestimmung des Menschen besteht darin, das Gesetz zu verstehen und zu befolgen. Ein Rabbi sagt: »Auch wenn du viel der Thora ausgelebt hast, rechne es dir nicht als Verdienst an, denn um dies zu tun, wurdest du ja geschaffen« (Pirqe Aboth 2,9). In einer Zeit, in der man das Gesetz als die Summe der Gottesoffenbarung betrachtete, war eine solche Auffassung unvermeidlich. Leider führte dies dazu, daß die Erlösung durch eigene Werke in einer ausgesprochen plumpen Form zur Lehre erhoben wurde. Rabbi Akiba vergleicht Gott mit einem Geschäftsmann, der den Menschen Kredit gewährt, solange sie das Gesetz halten, und Bezahlung der Schuld fordert, wenn sie versagen (Pirqe Aboth 3,20).

Trotzdem zeichnet sich hier insgesamt gegenüber einigen Phasen des AT ein erheblicher Fortschritt in den ethischen Entwürfen ab. In den *Testamenten der zwölf Patriarchen* wird z.B. an verschiedenen Stellen die Ermahnung ausgesprochen: »Du sollst Gott und deinen Nächsten lieben« (z.B. Test Iss 5,2), eine bemerkenswerte Vorwegnahme der Lehre Jesu. Das gleiche Buch enthält tiefgreifende Aussagen zum Thema Vergebung: »Liebt einander von Herzen; und wenn einer gegen dich sündigt, sprich friedlich mit ihm und halte keine Hintergedanken in deiner Seele fest. Wenn er bereut und bekennt, dann vergib ihm. Aber auch wenn er seine Schuld leugnet, so falle nicht über ihn her im Zorn, damit er nicht das Gift von dir nehme und Zuflucht zum Schwur nehme, so daß ihr zweifach sündigt. Und auch wenn einer seine Schuld leugnet, ja nicht einmal das Empfinden von Scham zeigt, wenn er getadelt wird, so höre auf mit Tadeln. Denn auch der, der ein Schuldgeständnis ablehnt, mag in der Weise bereuen, daß er dir kein Unrecht mehr zufügen wird; ja, er mag dich sogar ehren und im Frieden mit dir leben wollen. Und wenn er schamlos ist und in seinem Fehlverhalten beharrt, so vergib ihm dennoch von Herzen und überlasse Gott die Rache« (Test Gad 6,3–7).

Diese Abschnitte entsprechen in solchem Umfang den Weisungen Jesu, daß immer wieder die Vermutung geäußert wurde, Jesus sei mit den »Testamenten« vertraut gewesen und habe sie benutzt. Dies ist möglich, obwohl es dafür keinen sicheren Beweis gibt. Denn moralische Maximen lassen sich selten als Eigentum eines einzelnen festlegen. Das gilt bes. in einer Atmosphäre, in der die Predigt so sehr zum täglichen Brot gehört wie für die Juden jener Zeit. Da es die »Testamente« auch in einer christl. Rezension gibt, besteht darüber hinaus die Möglichkeit, daß die Einflußnahme, wenn es eine solche gab, auch in umgekehrter Richtung erfolgt sein kann.

Eschatologie

Auf diesem Gebiet lassen sich in der Zeit zwischen den Testamenten die bemerkenswertesten Entwicklungen feststellen. Die Weiterentwicklung ist bes. bei den Vorstellungen von der persönlichen Unsterblichkeit, vom Reich Gottes und vom Messias zu erkennen.

Persönliche Unsterblichkeit. Der Glaube, daß es für den Menschen ein Weiterleben nach dem Tode gibt, ist in Israel von Anfang an vorhanden. Allerdings galt das Leben nach dem Sterben als farblose Existenz, für die keine Gemeinschaft mit Gott zu erhoffen war. Ps 88 gibt darüber Aufschluß: Für den Psalmisten ist das Jenseits »das Land des Vergessens«, »die Finsternis« (V. 13). Es ist der Ort, wo die Toten die Gemeinschaft Gottes entbehren müssen, sie sind »von seiner Hand geschieden« (V. 6). Es verwundert nicht, daß bei dieser Einstellung das Leben nach dem Tod auch als Nichtleben beschrieben werden konnte: »Laß ab von mir, daß ich mich erquicke, ehe ich dahinfahre und nicht mehr bin« (Ps 39,14).

Ein klareres Verständnis bildete sich heraus, als die Frommen Gottes mehr über ihre Gemeinschaft mit Gott nachzudenken begannen und die Erfahrung der Gottesgemeinschaft zu der Gewißheit vom Kommen des Reiches Gottes in Beziehung setzten. Darum glaubt Hiob, daß er nach dem Sterben den Beweis seiner Unschuld durch Gott erfahren wird (Hiob 19,25–27). Der Verfasser von Ps 139 glaubt, daß auch die Unterwelt Gott nicht verschlossen ist: »Bettete ich mich bei den Toten, siehe, so bist du auch da!« (V. 8). Und der Beter von Ps 73 richtet seinen Blick auf die Fortsetzung der Gottesgemeinschaft, wenn Gott ihn »in Ehren annimmt« (V. 24). Aber solche Lehre war die Ausnahme und wurde auch nicht von allen akzeptiert. Der Sadduzäer Ben Sirach schreibt: »Ob du zehn oder hundert oder tausend Jahre lebst, im Tod fragt man nicht, wie lange einer gelebt hat« (Sir 41,7). Mit einer derartigen Aussage wird aber der göttlichen Vergeltung nach dem Tod jeglicher Raum entzogen.

Den Chassidim, den Vorläufern der Pharisäer, war es vorbehalten, die Lehre von den »geistlichen Söhnen Israels« zu entfalten. Auch da gibt es bemerkenswerte Parallelen zur Lehre Jesu, etwa in 4Makk 7,18f: »Wieviele aber von ganzem Herzen die Gerechtigkeit zu ihrem ersten Gedanken machen, die sind auch in der Lage, die Schwäche des Fleisches zu meistern. Sie glauben, daß sie bei Gott nicht sterben, wie auch unsere Stammväter Abraham, Isaak und Jakob nicht starben, sondern daß sie bei Gott leben.« Das totale Gegenstück der Sätze von Jesus Sirach findet sich in den Sätzen eines anderen Rabbi: »Diese Welt ist im Blick auf die zukünftige Welt als eine Vorhalle anzusehen. Bereite dich in der Vorhalle so, daß du Einlaß in die

Festhalle findest« (Pirqe Aboth 4,21). So stellt sich der beharrlich vertretene Standpunkt der Apokalyptiker dar. Sie sorgten dafür, daß er auch im Judentum zur Zeit Jesu weit verbreitet war.

Das Reich Gottes. Hier lassen sich drei gedankliche Schichten nachweisen. Im AT wird das Reich Gottes als ewiges irdisches Reich erwartet. Die berühmte messianische Verheißung in Jes 11,1ff ist dafür ein typisches Beispiel. Die frühen Apokalyptiker beschäftigten sich viel mit solchen Textabschnitten und zeichneten eine Reihe von ausgesprochen sinnenfreudigen Bildern dieser kommenden Zeit. So heißt es in 1Hen 10,17f, daß der Gerechte ein hohes Alter erleben und Tausende von Kindern haben werde. Ihre Saat werde tausendfältig Frucht bringen, jedes Maß Oliven soll die zehnfache Menge an Öl aus der Presse geben usw. Hierauf basiert die bekannte Beschreibung des Tausendjährigen Reiches durch Papias.

Jes 65,17–22 spricht von einem erneuerten Himmel und einer erneuerten Erde. Aber es wird nicht klar, in welchem Ausmaß sich das auf den moralischen oder den physikalischen Bereich bezieht. Einige Apokalyptiker des 1. Jh. v.Chr. und des 1. Jh. n.Chr. vertraten die Ansicht, daß das messianische Reich zwar auf Erden aufgerichtet werde, aber zeitlich begrenzt sei und letztendlich dem ewigen Reich der Himmel Platz machen müsse. 2Hen verbindet dies mit der Bemerkung, daß die Weltgeschichte 7000 Jahre dauern werde, wovon die letzten 1000 Jahre dem Tausendjährigen Reich vorbehalten sind. Danach wird das ewige Reich als neue Schöpfung beginnen (32,2–33,2). Für den Verfasser von 2Hen ist das zeitliche Reich ohne Frage von großer Bedeutung. In 4Esr ist diese dagegen erheblich vermindert, was auf die pessimistische Weltsicht des Verfassers zurückzuführen ist. Für ihn dauert das Reich Gottes auf Erden nur 400 Jahre; nach deren Ablauf werden der Messias und alle Lebenden sterben (4Esr 7,29f).

Damit war der gedanklichen Entwicklung eine bestimmte Richtung gewiesen. Es verwundert nicht, daß einige Apokalyptiker nun die Idee eines zeitlichen messianischen Reiches völlig aufgeben und nur noch das ewige Reich in den neuen Himmeln erwarten. Auf dieser Linie bewegt sich auch der Verfasser der syr. Baruchapokalypse, für den diese Welt offensichtlich des Reiches Gottes unwürdig ist: »Das, was jetzt geschieht, ist nichts; was aber in Zukunft geschehen wird, das ist sehr gewaltig. Denn es vergeht alles, was verweslich ist, und es geht alles dahin, was stirbt, und es schwindet aus dem Gedächtnis die ganze jetzige Zeit, und nicht wird mehr da sein eine Erinnerung an die jetzige Zeit, die befleckt ist durch Sünden« (syrBar 44,8f).

Aber welche Auffassung man auch im Blick auf das Wesen dieses Reiches vertrat – in einem waren sich die Apokalyptiker einig: Das Hereinbrechen wird unter Katastrophen geschehen, so wie es der Traum Nebukadnezars in Dan 2 beschreibt. Einige Schriften lassen die Vorstellung erkennen, daß dieses Reich sich allmählich entfaltet; Jubil 33 und syrBar 73–74. Nach syrBar nimmt das Reich in dem Maß an Fülle zu, wie Studium und Befolgung des Gesetzes zunehmen.

Alle Apokalyptiker erwarten das Kommen des Reiches in naher Zukunft. Sie meinen, am Ende der Zeiten zu leben. In einigen Schriften wird sogar die Ansicht vertreten, daß sich das Herannahen des großen Tages durch Buße noch beschleunigen lasse: »An dem Tage, an dem Israel Buße tut, wird das Reich des Feindes zu Ende sein« (TestDan 6,4). In der *Himmelfahrt des Mose* (Assumptio Mosis) (1,18) wird darum der Jüngste Tag als ein »Tag der Buße bei der letzten Heimsuchung, mit der der Herr sie heimsucht, wenn sich das Ende der Tage vollendet« bezeichnet.

Die unterschiedliche Schau des Reiches Gottes berührte jedoch die Auffassung ihrer Anhänger im Blick auf die Unsterblichkeit nicht. Denn das hatten sie schon lange erkannt: Wenn das Ziel Gottes die Errichtung dieses Reiches war, dann umschloß es nicht nur die Generation der letzten Zeit, sondern alle Gottesfürchtigen. Von daher rückte die Lehre von der Auferstehung eindeutig in den Mittelpunkt. Im AT erscheint diese Lehre explizit nur in Jes 19 und Dan 12,3. Natürlich ergaben sich nun eine Reihe von Modifikationen. Geht die Auferstehung einem Reich irdischer Glückseligkeit voran, so muß der Auferstehungsleib die gleiche Natur besitzen wie der gegenwärtige. Entsprechend heißt es in Sib 4,180–181: »Dann wird Gott selbst wiederum die Gebeine der Männer gestalten und die Sterblichen wieder aufrichten, wie sie zuvor waren.« Eine solche Auferstehung findet verständlicherweise zu Beginn des Reiches statt. Dort hingegen, wo das irdische Reich nur auf Zeit erwartet wird, verlegt man die Auferstehung ans Ende dieses Reiches. In dem *Buch von den Geheimnissen Henochs* z.B. sagt Gott zu Adam, er werde ihn bei seinem zweiten Kommen von der Erde nehmen, d.h. am Ende der 7000 Jahre der Weltgeschichte. Der Verfasser versteht die Auferstehung offensichtlich spirituell, nicht materiell. Denn es heißt: »Der Herr sagte zu Michael: Geh und nimm Henoch aus seinen irdischen Hüllen, salbe ihn mit meinem lieblichen Öl und bekleide ihn mit den Gewändern meiner Herrlichkeit« (22,8). Autoren wie der Verfasser der Weisheit Salomos, die keine Verwirklichung des Reiches Gottes auf der Erde erhofften, hielten hier und da nach einer Auferstehung Ausschau, die unmittelbar nach dem Sterben eintreten sollte. Dabei wurden auch Einflüsse griech. Unsterblichkeitsdenkens spürbar – zumindest was die Gerechten betrifft. Aber diese Vorstellung entspricht dem palästinensischen Judentum nicht und wurde darum auch nicht allg. anerkannt.

Der Messias

Der Messias wird bei einigen atl. Propheten nicht erwähnt (z.B. Am, Zeph, Nah, Hab, Joel, Dan). Entsprechend fehlt er auch in einigen der apokryphen Schriften (1–4Makk, in Judith, Tob, 1Bar, Weish, AssMos, 2Hen). Daraus hat man hier und da die Schlußfolgerung gezogen, daß der Messias in der jüd. Prophetie nicht notwendig zur Reichserwartung gehörte. Nun darf man aus der Tatsache, daß der Messias nicht erwähnt wird, zwar nicht zwingend schließen, daß man keinen Messias erwartete; trotzdem hat die obige Theorie einiges für sich.

Der große Unterschied zwischen atl. und ntl. Eschatologie ist in der Tat die geringere Bedeutung des Messias im AT; im NT ist die Eschatologie völlig mit der Person und dem Werk Jesu Christi verbunden.

In den Abschnitten des AT, in denen der Messias eine herausragende Stellung im Reich Gottes einnimmt, tritt er erst nach Aufrichtung des Reiches in Aktion. Er selbst begründet es also nicht. Ps 110,1 faßt die Sachlage so zusammen: »Der Herr sprach zu meinem Herrn: Setze dich zu meiner Rechten, bis daß ich deine Feinde zum Schemel deiner Füße mache.« Ähnlich verhält es sich in den meisten apokalyptischen Schriften: Der Messias beginnt seine Wirksamkeit erst, nachdem das Reich aufgerichtet ist. Allerdings gibt es, wie wir sehen werden, auch hier Ausnahmen.

In einem anderen Gesichtspunkt stimmen AT und apokalyptische Literatur wieder überein: Der Messias stammt aus der Nachkommenschaft Davids. Eine verwirrende Konzeption begegnet uns in den *Testamenten der zwölf Patriarchen;* dort wird gesagt, daß Erlösung nicht allein aus Juda kommen werde, sondern auch von Levi. Die meisten Ausleger betonen deshalb, daß nach der Aussage dieses Buches der Messias aus dem Stamm Levi kommt. Ganz sicher gilt das für Test Rub 6,7–12. Andererseits geht aus Test Jud 22 und 24 eindeutig hervor, daß der Messias aus Juda stammt. Insgesamt gehen die »Testamente« davon aus, daß das Heil aus Levi *und* Juda kommt, also nicht aus einem Stamm allein.

Dafür gibt es nur eine befriedigende Erklärung: Der Verfasser erwartet nicht nur einen Messias, sondern zwei. Der Grund für eine so provozierende Sicht ergibt sich nicht nur aus den Heldentaten der makkab. Führer, die aus dem Stamm Levi kamen, sondern vor allem aus der Bedeutung, die der Verfasser dem Priestertum beimißt. Er läßt Juda sagen: »Mir nämlich gab der Herr das Königtum und jenem (Levi) das Priestertum, und er ordnete das Königtum dem Priestertum unter . . . Wie der Himmel die Erde überragt, so überragt das Priestertum Gottes das Königtum auf Erden« (TestJud 21,1f). Die Bedeutung einer derartigen Entwicklung so kurz vor der Geburt Jesu liegt in der Wirkung, die sie unter den Juden haben mußte, und zwar im Blick auf die Vorbereitung der Predigt des Messias, dessen großes Werk die Versöhnung war.

Wenn der Messias in den Qumrantexten im Sing. erscheint, so ist eindeutig der Messias aus dem Davidstamm gemeint. Aber manchmal werden auch zwei Messiasse erwähnt; der eine ist ein Priester, der andere ein Laie (»der Messias aus Aaron und der aus Israel«). Der priesterliche Messias wird in der neuen Weltzeit die Führung des Staates übernehmen, und der Laienmessias wird ihm untergeordnet sein – so wie bei Hes der »Prinz« aus dem Davidshaus der Priesterschaft untergeordnet ist. Zusammen mit diesen beiden Gesalbten erwartete die Qumrangemeinschaft noch einen Propheten wie Mose (5Mo 18,15ff). Eine weitere große Abweichung von dem traditionellen Messiasbild wird in den »Bilderreden Henochs« (1Hen 37–71) erkennbar. Der Messias ist nicht länger nur eine menschliche Gestalt, sondern vielmehr ein jenseitiges Wesen, präexistent und hoch über alle Geschöpfe erhoben. Er soll in der letzten Zeit offenbar werden, und zwar nicht nur, um für Gott die Herrschaft auszuüben, sondern um das Reich aufzurichten. Er wird eng mit der Gemeinschaft der Gerechten, mit dem erwählten Volk Gottes verbunden, wenn nicht sogar mit ihm identifiziert. Er kann seine individuelle Gestalt in einem Menschen finden, der außergewöhnlich gerecht ist. So nimmt er in 1Hen 71,14 in der Person Henochs die Gestalt eines einzelnen an. Dieser ist von Gott dazu berufen, im Jüngsten Gericht das Urteil über die Gottlosen zu verkündigen.

Zum ersten Mal werden hier dem kommenden Erlöser die Titel: der Christus, der Gerechte, der Erwählte und der Menschensohn beigelegt (1Hen 52,4; 38,2; 45,3.4; 46,1–6). Alle diese Titel begegnen uns auch im NT. Gott hat den Weg Jesu offensichtlich auf vielerlei Weise vorbereitet und jene Fülle der Zeit herbeigeführt, in der sein Sohn nach dem Zeugnis der Bibel vom Himmel kam. In diesem Sinn sind alle diese Schriften mit ihrer Bezugnahme auf den kommenden Erlöser nicht ohne Bedeutung; denn sie waren ein Stück der historischen Situation, in die Gott mit seiner Heilszeit einbrach.

G. R. Beasley-Murray
F. F. Bruce

Zwischen den Testamenten

Die Aufzeichnungen des AT enden zur Zeit des Perserreiches. Der letzte König, der erwähnt wird, ist »Darius, König von Persien« (Neh 12,22). Es ist unklar, ob damit Darius II. (423–404 v.Chr.) oder der letzte persische König, Darius III. (336–331 v.Chr.), gemeint ist. Das NT setzt zu einer Zeit ein, in der der Nahe Osten, ja die gesamte Mittelmeerwelt, von einer anderen Weltmacht beherrscht wird. Lukas verbindet die Geburt Jesu mit einem Erlaß des ersten römischen Kaisers Cäsar Augustus (27 v.Chr. – 14 n.Chr.), »daß alle Welt geschätzt würde« (Lk 2,1). Er datiert das Wirken Johannes des Täufers auf »das fünfzehnte Jahr des Kaisers Tiberius« (14–37 n.Chr.), des Nachfolgers des Augustus (Lk 3,1). Ein röm. Richter verurteilt Jesus zum Tod, und das Todesurteil wird auf römische Weise vollstreckt. Ein römischer Bürger trägt die Botschaft des Evangeliums am wirksamsten in den Mittelmeerraum hinein. Das NT schließt damit, daß die Macht Roms die Kirche auszulöschen droht; letztlich aber ist es Roms Geschick, von der Kirche überwunden zu werden.

Die Zeit zwischen dem letzten Perserkönig und der Errichtung der römischen Herrschaft im Nahen Osten war durch das griechisch-makedonische Weltreich Alexanders des Großen und seiner Nachfolger gekennzeichnet. Es gibt einige apokalyptische Anspielungen auf dieses Regime in Dan und einem oder zwei anderen atl. Büchern. Auch die apokryphe Literatur berichtet nur wenig von den griechisch-makedonischen Herrschern, wenn man von der kurzen Periode im 2. Jh. absieht, über die 1 und 2Makk informiert. Doch ohne eine gewisse Vertrautheit mit dem Hintergrund dieser Zeit »zwischen den Testamenten« kann man das NT nicht sachgemäß verstehen.

Die Eroberung des Perserreiches durch Alexander d.Gr. (331 v.Chr.) brachte weder für Samaria noch für Judäa einen politischen Wandel. Diese vorher persischen Provinzen wurden nun von griech.-makedonischen Gouverneuren verwaltet, der Tribut mußte lediglich an einen neuen Oberherrn gezahlt werden. Die jüd. Diaspora, die unter pers. Herrschaft weit verstreut von Susa bis Syene und Saselis (dem Sepharad von Ob 20) gelebt hatte, fand nun neue Mittelpunkte, vor allem Alexandria und Kyrene. Die Einflüsse der griech. Kultur begannen sich zwangsläufig unter ihr auszuwirken. Diese hell. Einflüsse erwiesen sich in mancher Beziehung als nützlich: man denke z.B. an die Situation unter den griechischsprechenden Juden in Alexandria, die im 3. bzw. 2. Jh. v.Chr. die Übersetzung des Pentateuch und anderer atl. Bücher ins Griechische notwendig machte. Dies eröffnete der heidnischen Welt erstmals einen Zugang zur Gotteserkenntnis Israels. Andererseits bestand die Tendenz, bestimmte Formen der hell. Kultur nachzuahmen, die unlösbar mit dem Heidentum verbunden waren. Das führte nicht selten dazu, daß sich die Unterscheidungsmerkmale zwischen dem Volk Jahwes und seinen Nachbarn verwischten. Wie weit eine prominente jüd. Familie in ihrer Anpassung an die Lebensauffassungen in den hell. Monarchien gehen konnte, illustriert der Bericht des Josephus über die Reichtümer der Tobiaden. Diese bereicherten sich zunächst als Steuereinnehmer der Ptolemäer und später der Seleukiden (Ant. XII, 160–222).

Unter den Dynastien, die das Erbe des Alexanderreiches antraten, beeinflußten vor allem zwei die Geschichte Israels: die Ptolemäer in Ägypten und die Seleukiden, die Syrien und die Gebiete jenseits des Euphrats beherrschten. Von 323–198 v.Chr. erstreckte sich das Ptolemäerreich von Ägypten bis zum Gebirgszug des Libanon und an die phöniz. Küste. Es schloß Judäa und Samaria ein. Nach dem Sieg der Seleukiden 198 v.Chr. bei Panim in der Nähe der Jordanquellen wurden Judäa und Samaria Antiochien tributpflichtig statt bisher Alexandrien. Als die Römer schließlich dem Seleukidenkönig Antiochus III. i.J. 190 v.Chr. bei Magnesia eine entscheidende Niederlage zufügten und ihm eine hohe Entschädigung abverlangten, führte das zu enormen steuerlichen Belastungen für die seleukidischen Untertanen, die Juden nicht ausgenommen.

Als sein Sohn Antiochus IV. in zwei Feldzügen 169 und 168 v.Chr. versuchte, seine Herrschaft auf Ägypten auszudehnen, um seine Lage zu verbessern, zwangen ihn die Römer, diese Pläne aufzugeben. Judäa an der Südwestgrenze des Seleukidenreiches wurde nun zu einem Gebiet von strategischer Bedeutung. Antiochus IV. meinte, schwerwiegende

Gründe zu haben, um an der Loyalität seiner jüd. Untertanen zu zweifeln; angesichts dieser Lage beschloß er, von unklugen Ratgebern beeinflußt, den spezifischen Volkscharakter der Juden und ihren Glauben zu beseitigen. Den Höhepunkt dieser Politik bildete die Einsetzung eines heidnisches Kults – die Anbetung des Zeus Olympios (von den Juden in einem Wortspiel in »Greuel der Verwüstung« abgewandelt) – im Jerusalemer Tempel im Dezember 167 v.Chr.. Der samarit. Tempel auf dem Garizim wurde entsprechend zur Verehrung des Zeus Xenias bestimmt.

Viele fromme Juden erlitten in dieser Zeit lieber das Martyrium, als ihrem Glauben untreu zu werden. Andere erhoben sich gegen den seleukidischen Oberherrn. Unter den letzteren befanden sich auch Mitglieder der Priesterfamilie der Hasmonäer, die von Mattathias und seinen fünf Söhnen angeführt wurden. Unter diesen ragte Judas Makkabäus heraus, ein geborener Volksführer und fähiger und erfolgreicher Guerillakrieger. Seine Anfangserfolge gegen die königlichen Streitkräfte veranlaßten viele seiner Landsleute, sich unter seine Führung zu stellen. Darunter war eine große Anzahl frommer Israeliten, sog. Chassidim, die der Überzeugung waren, daß passiver Widerstand angesichts der gegenwärtigen Bedrohung ihrer nationalen und religiösen Existenz nicht ausreichte. Der König schickte nun größere Truppeneinheiten gegen die Rebellen, aber auch sie wurden von Judas und seinen Männern mit Hilfe einer geschickten Taktik völlig aufgerieben. Dem König wurde klar, daß seine Politik gescheitert war. Er forderte Judas auf, Botschafter nach Antiochia zu senden, um über die Friedensbedingungen zu verhandeln. Antiochus plante eine militärische Aktion zur Rückeroberung abgefallener Landstriche im Ostteil des Reiches. Darum war es für ihn wichtig, an seiner ägypt. Grenze zu einem Arrangement zu kommen. Die Grundforderung der Juden bestand natürlich in der Aufhebung des Verbots ihrer jüd. Religion. Dem wurde entsprochen, so daß sich die Juden wieder der Religion ihrer Väter zuwenden konnten. Es folgte unmittelbar die Reinigung des Tempels von dem heidnischen Götterkult, der in ihm praktiziert worden war, sowie seine erneute Weihe für den israel. Gottesdienst. Die Tempelweihe Ende 164 v.Chr. (die seitdem jährlich im Chanukkafest gefeiert wird; vgl. Jh 10,22) war vermutl. in den Friedensbedingungen nicht vorgesehen, kann aber als ein fait accompli akzeptiert worden sein.

Judas und seine Brüder und Gefolgsleute gaben sich aber mit der Wiedergewinnung der Glaubensfreiheit nicht zufrieden. Da der erste Erfolg durch Waffengewalt erreicht worden war, meinten sie, durch die Fortsetzung der militärischen Auseinandersetzung am Ende auch die politische Freiheit gewinnen zu können. Darum ließ man der Tempelweihe die Befestigung des Tempelberges folgen, die nun der Zitadelle (Akra), die mit einer königlichen Garnison besetzt war, gegenüberstand. Judas schickte bewaffnete Streifscharen nach Galiläa, Transjordanien und in andere Gebiete, wo es isolierte jüd. Gemeinwesen gab, und ließ sie in jene Teile Judäas zurückbringen, die durch seine Truppen kontrolliert wurden und darum Sicherheit boten.

Eine solche Serie feindlicher Akte konnte die seleukidische Regierung nicht dulden. Erneut wurden Truppen gegen Judas angesetzt. Judas fiel in einer Schlacht im Frühjahr 160 v.Chr.; eine Zeitlang schien seine Sache verloren. Aber die Ereignisse spielten seinen Nachfolgern in die Hände. Nach dem Tod von Antiochus IV. (163 v.Chr.) kam es durch viele Jahre hindurch immer wieder zu Bürgerkriegen zwischen rivalisierenden Thronanwärtern und ihrer jeweiligen Anhängerschaft. Jonathan, der Bruder von Judas, der an dessen Stelle die Führung der Aufständischen übernommen hatte, wartete ab, bis die Zeiten günstig waren. Dann erreichte er durch diplomatische Verhandlungen einen plötzlichen, erstaunlichen Fortschritt. 152 v.Chr. verlieh Alexander Balas, der den Seleukidenthron mit der zweifelhaften Begründung beanspruchte, ein Sohn Antiochus' IV. zu sein, Jonathan das Recht, eine eigene Streitmacht zu unterhalten. Zugleich erkannte er ihn als Hohenpriester der Juden an. Jonathans Gegenleistung bestand in dem Versprechen, Alexander Balas bei der Durchsetzung seiner Ansprüche zu unterstützen.

Antiochus IV. hatte seinen Eingriff in die religiösen Angelegenheiten der Juden damit begonnen, daß er den legitimen Hohenpriester aus dem zadokitischen Geschlecht absetzte und, entgegen uralter Sitte, einen anderen nach eigener Wahl ernannte. Dies hatte letztlich den Aufstand der Hasmonäer zur Folge. Nun aber nahm ein Hasmonäer die Würde des Hohenpriesters aus den Händen eines Mannes entgegen, dessen Recht, diese zu verleihen, einzig und allein in dem Anspruch bestand, der Sohn und Nachfolger von Antiochus IV. zu sein. Das war von den hohen Idealen übriggeblieben, mit denen man den Kampf begonnen hatte.

Die Gruppen der Frommen, die seinerzeit die Hasmonäer unterstützt hatten, als es so aussah, als könne nur durch sie die Glaubensfreiheit zurückgewonnen werden, sahen sich zufriedengestellt, als dieses Ziel erreicht war.

Auf die dynastischen Ambitionen der Hasmonäer reagierten sie dagegen zunehmend kritisch, und nichts erregte ihr Mißfallen mehr als die Aneignung des Hohepriesteramtes durch die Hasmonäer. Ein Teil von ihnen weigerte sich, jemals einen anderen Hohenpriester als einen zadokitischen anzuerkennen und hielt sich vom Tempelkult fern, solange dieser von einer unrechtmäßigen Hierarchie geleitet wurde. Sie zogen sich in die Wüste Judäa zurück und gründeten die Gemeinschaft von Qumran (die durch die Schriftrollenfunde vom Toten Meer näher bekannt wurde). Man wird sie als eine unter den verschiedenen Essener-Gruppen ansehen müssen, die sich in jener Zeit bildeten. Ein Zweig der zadokitischen Priesterfamilie erhielt die Erlaubnis, im ägypt. Leontopolis einen jüd. Tempel zu errichten und dort das Hohepriesteramt auszuüben. Aber ein Tempel außerhalb des israel. Territoriums konnte von den Chassidim, die sich dem Gesetz verpflichtet wußten, nicht unterstützt werden.

143 v.Chr. wurde Jonathan durch einen Rivalen Alexander Balas' gefangengenommen und hingerichtet. Ihm folgte sein Bruder Simon, unter dem die Juden die vollständige Unabhängigkeit vom heidnischen Joch erlangten. Diese Unabhängigkeit wurde durch einen Erlaß des Seleukidenkönigs Demetrius II. (im Mai 142 v.Chr.) festgelegt. Darin wurden die Juden aus der Verpflichtung zur Tributzahlung entlassen. Simon vervollständigte diesen diplomatischen Erfolg, indem er die letzten Stützpunkte seleukidischer Herrschaft in Judäa, nämlich die Festung von Gezer und die Zitadelle von Jerusalem, in seine Gewalt brachte. Demetrius war zu einer Expedition gegen die Parther aufgebrochen. Er konnte nichts gegen Simon unternehmen, selbst wenn er das gewollt hätte. Simon empfing von seinen Volksgenossen für die Freiheit und den Frieden, die er ihnen gesichert hatte, außerordentliche Ehrungen. Bei einer Zusammenkunft der jüd. Volksversammlung im September 140 v.Chr. wurde beschlossen, ihn wegen seiner und seiner (vor ihm wirkenden) Brüder Verdienste für Volk und Vaterland zum Ethnarchen (= Regenten) des Volkes, zum Oberbefehlshaber der Armee und zum erblichen Hohenpriester zu ernennen. Diese dreifache Autorität hinterließ er seinen Nachkommen und Nachfolgern.

Simon wurde 135 v.Chr. in Jericho durch seinen Schwiegersohn Ptolemäus, den Sohn des Abubus, ermordet. Dieser hoffte, die Herrschaft über ganz Judäa an sich reißen zu können. Doch Simons Sohn Johannes Hyrkanus durchkreuzte die Pläne des Mörders und sicherte sich die Nachfolge seines Vaters. Dem Seleukidenkönig Antiochus VII., der bereits während der letzten Regierungsjahre Simons versucht hatte, die Vorherrschaft über Judäa zurückzugewinnen, gelang es, Johannes Hyrkanus zunächst tributpflichtig zu machen. Doch der Tod Antiochus' VII. in einer Schlacht mit den Parthern 129 v.Chr. beendete die seleukidische Vorherrschaft über Judäa für immer.

Im 7. Regierungsjahr des Johannes Hyrkanus, 40 Jahre nachdem Antiochus IV. die alte Verfassung Judäas als eines autonomen Tempel-Staates innerhalb seines Reiches aufgehoben hatte, wurde Judäa als unabhängiger Staat neu gegründet. Die Hingabe der Chassidim, der militärische Genius eines Judas und die Staatskunst Simons einerseits, eine zunehmende innere Zersplitterung und Schwäche des Seleukidenreiches andererseits, hatten die Juden (gegen allen Augenschein) mehr gewinnen lassen, als sie an Antiochus IV. verloren hatten. Es ist deshalb nicht verwunderlich, daß spätere Generationen auf die frühen Jahre der Unabhängigkeit als auf eine Art Goldenes Zeitalter zurückblickten.

Zur Zeit Johannes Hyrkanus kam es jedoch auch zum endgültigen Bruch zwischen der Mehrheit der Chassidim und den Hasmonäern. Johannes fühlte sich durch ihre Vorwürfe gegen seine Ausübung des Hohepriesteramtes beleidigt und brach mit ihnen. Von da an erscheinen die Chassidim in der Geschichte als »Partei der Pharisäer«. Es ist allerdings nicht sicher, ob sie ihren neuen Namen (hebr. *p^{e}rûschîm*, »die Abgesonderten«), wie man oft vermutet hat, der Tatsache verdanken, daß sie sich aus ihrer früheren Allianz mit den Hasmonäern zurückzogen. Möglicherweise geht er auch darauf zurück, daß sie sehr darauf bedacht waren, jede Gemeinschaft mit denen zu vermeiden, die ihre peinlich genaue Befolgung des Gesetzes, bes. im Blick auf kultische Reinheit und Zehntenabgabe, nicht teilten. 50 Jahre blieben sie in Opposition zur Regierung. Die religiösen Führer, die das Regime unterstützten und die Plätze im nationalen Rat einnahmen, tragen etwa seit dieser Zeit die Bezeichnung »Sadduzäer«. Im NT gehören die reichen Hohepriesterfamilien zur sadduzäischen Partei.

Johannes Hyrkanus profitierte von der zunehmenden Schwäche des Seleukidenreiches. Er konnte seine eigene Macht ausdehnen. Eine seiner ersten Taten nach der Unabhängigkeitserklärung Judäas war die Eroberung samarit. Territoriums und die Belagerung Samarias. Ein Jahr lang leistete Samaria Widerstand, dann wurde es gestürmt und zerstört. Auch Sichem wurde erobert und das

Heiligtum der schismatischen Samaritaner auf dem Garizim, das gegen Ende des Perserreiches errichtet worden war, niedergerissen. Die samarit. Bevölkerung rief den Seleukidenkönig um Hilfe an, aber die Römer warnten diesen vor einer Einmischung. Die Hasmonäer hatten bereits zu Anfang ihres Kampfes ein Bündnis mit den Römern geschlossen, die keine Gelegenheit ausließen, die Seleukiden zu schwächen und zu demütigen. Dieser Vertrag mit den Römern wurde von Johannes Hyrkanus erneuert.

An der Südgrenze seines Reiches führte Johannes Krieg mit den Idumäern, eroberte ihr Land und zwang sie, die Beschneidung und den jüd. Glauben anzunehmen. Er unterwarf auch griech. Städte im Westjordanland und fiel in Galiläa ein. Die Eroberung Galiläas wurde durch seinen Sohn und Nachfolger Aristobulus I. (104–103 v.Chr.) fortgeführt. Er zwang die unterworfenen Galiläer zum jüd. Glauben, wie sein Vater dies mit den Idumäern getan hatte.

Nach Josephus legte sich Aristobulus statt des Titels »Ethnarch«, mit dem sein Großvater und (soviel wir wissen) auch sein Vater zufrieden gewesen waren, den eines Königs zu. Zum Zeichen seiner Königswürde trug er ein Diadem. Ohne Zweifel hoffte er, auf diese Weise bei seinen heidnischen Nachbarn größeres Ansehen zu erlangen, obwohl ihn seine Münzen – in einer Sprache, die besser zu seinen jüd. Untertanen paßte – als »Judas, den Hohenpriester« bezeichnen.

Aristobulus starb nach einjähriger Regierung. Ihm folgte sein Bruder Alexander Jannäus (103–76 v.Chr.), der auch die Witwe seines Bruders, Salome Alexandra, heiratete. Ein unwürdigerer Hoherpriester als Jannäus ist kaum denkbar. Er vollzog zwar formal die Riten seines heiligen Amtes, bes. bei hohen zeremoniellen Anlässen, aber er tat dies auf eine Weise, die bewußt die Gefühle vieler seiner frömmsten Untertanen (bes. der Pharisäer) verletzte. Jannäus' Ehrgeiz richtete sich auf Eroberungen. Er erlitt dabei zwar manche Rückschläge, aber am Ende seiner Regierungszeit stand praktisch das gesamte Territorium unter seiner Herrschaft, das in der Blütezeit des Reiches zu Israel gehört hatte; allerdings um den ruinösen Preis aller Werte, die zum geistlichen Erbe des Volkes gehörten.

Jannäus' bes. Angriffsziele waren die griech Stadtstaaten an der Mittelmeerküste und im Westjordanland. Er belagerte und eroberte einen nach dem anderen. Der erbarmungslose Vandalismus, mit dem er dabei vorging, zeigte, wie wenig ihm die Werte der hell. Zivilisation bedeuteten. Er glich seinen Lebensstil dem der primitiven Duodezfürsten des westlichen Asiens an. Die Abneigung gegen ihn erreichte bei vielen seiner jüd. Untertanen ein solches Ausmaß, daß sie, als er 94 v.Chr. im Westjordanland eine verheerende Niederlage durch eine nabatäische Armee erlitt, gegen ihn revoltierten und dabei sogar die Hilfe des Seleukidenkönigs Demetrius III. in Anspruch nahmen. Andere Juden, die Jannäus zwar ebenfalls nicht gewogen waren, empfanden es jedoch für ihren Patriotismus als unerträglich, daß ein seleukidischer König bei einem Aufstand gegen die hasmonäische Familie zu Hilfe gerufen wurde. Sie unterstützten ihren hart bedrängten König freiwillig und ermöglichten es ihm dadurch, die Revolte niederzuschlagen und die seleukidischen Truppen zu verjagen. Die unmenschliche Art, mit der sich Jannäus an den Führern der Aufständischen (darunter einigen hervorragenden Pharisäern) rächte, blieb lange Zeit in schrecklicher Erinnerung.

Jannäus hinterließ das Reich seiner Witwe Salome Alexandra, die es 9 Jahre lang als Königin regierte. Die Würde des Hohenpriesters verlieh sie ihrem älteren Sohn Hyrkanus II. In einem wesentlichen Punkt änderte sie die Politik ihrer Vorgänger: Sie behandelte die Pharisäer als Freunde und schenkte ihrem Rat während ihrer ganzen Regierungszeit Beachtung.

Als sie 67 v.Chr. starb, brach zwischen Hyrkanus II. und Aristobulus II., dem jüngeren Sohn Salomes, ein Bürgerkrieg um die Alleinherrschaft in Judäa aus. Aristobulus war ein typischer Hasmonäerprinz, ehrgeizig und aggressiv; Hyrkanus war eine Null und ließ sich von den Leuten manipulieren, die seine Ansprüche aus eigenen Interessen unterstützten. Die herausragende Persönlichkeit unter diesen war der Idumäer Antipater, dessen Vater unter Jannäus Gouverneur von Idumäa gewesen war.

Der Bürgerkrieg zwischen den beiden Brüdern und ihren Anhängern wurde 63 v.Chr. durch die Römer gestoppt – und zwar unter Umständen, die Judäas kurzlebige Unabhängigkeit unter den Hasmonäern wieder beendeten.

66 v.Chr. hatten der röm. Senat und das röm. Volk ihren damals brilliantesten General Pompejus in den Osten entsandt, um den schon 20 Jahre dauernden Krieg mit dem König Mithridates von Pontus erfolgreich zu beenden. Mithridates hatte sich im Westen Kleinasiens aus Teilen des zerfallenden Seleukidenreiches und dessen Nachbarstaaten ein beachtliches Reich geschaffen. Pompejus brauchte nicht lange, um ihn zu besiegen. Mithridates floh auf die Krim und beging dort Selbstmord. Pompejus sah nun die Notwen-

digkeit, die politische Landschaft des westl. Kleinasiens neu zu ordnen. 64 v.Chr. annektierte er Syrien als röm. Provinz. Verschiedene Parteien im jüd. Staat forderten ihn dann zum Eingreifen auf, um den Bürgerkrieg zwischen den beiden Söhnen des Jannäus zu beenden.

Dank der klugen Einschätzung der Lage durch Antipater erklärte sich die Partei des Hyrkanus bereit, mit Rom zusammenzuarbeiten. Im Frühjahr 63 v.Chr. öffnete Jerusalem Pompejus die Tore. Nur der Tempel, der bes. befestigt war, wurde von Anhängern des Aristobulus noch drei Monate gegen röm. Belagerung verteidigt. Dann nahmen ihn die Truppen des Pompejus ein. Judäa wurde Rom tributpflichtig. Die griech. Städte, die die Hasmonäer-Könige erobert und annektiert hatten, wurden wieder von Judäa abgetrennt. Auch die Samaritaner wurden jüd. Kontrolle entzogen. Hyrkanus wurde als Hoherpriester und auch in der Führung des Volkes bestätigt. Allerdings mußte er sich mit dem Titel »Ethnarch« zufriedengeben; denn die Römer verweigerten ihm die Anerkennung als König. Antipater stand ihm weiterhin zur Seite. Er beschloß, die neue Wende zu seinem eigenen Vorteil auszunutzen, der (das muß eingeräumt werden) weitgehend mit dem Vorteil Judäas zusammenfiel.

Aristobulus und seine Familie bemühten sich immer wieder, die Rebellion gegen Rom zu schüren, um auf diesem Weg die Macht in Judäa zurückzugewinnen. Viele Jahre erwiesen sich diese Versuche jedoch als vergeblich. Röm. Gouverneure hielten Judäa und Syrien fest im Griff; denn diese Provinzen lagen nun an der Ostgrenze des röm. Reiches, dem rivalisierenden Partherreich gegenüber. Die strategische Bedeutung dieses Gebietes kann man daran ermessen, daß eine Reihe von führenden Gestalten der röm. Geschichte auch in der jüd. Geschichte dieser Jahre eine Rolle spielt: Pompejus, der Judäa unter die Kontrolle Roms brachte – Crassus, der als Gouverneur von Syrien 54–53 v.Chr. den Jerusalemer Tempel (und mit ihm viele syr. Tempel) plünderte, um die Mittel für einen Feldzug gegen die Parther zusammenzubringen; in der Schlacht bei Carrhae (53 v.Chr.) wurde Crassus von den Parthern besiegt und fand den Tod – Julius Caesar, der zum Herrn der röm. Welt aufstieg, als er Pompejus 48 v.Chr. bei Pharsalos in Thessalien geschlagen hatte – Antonius, der die östlichen Provinzen regierte, nachdem er und Oktavian die Caesarmörder und ihren Anhang bei Philippi (42 v.Chr.) besiegt hatten – schließlich Oktavian selbst, der 31 v.Chr. bei Aktium Antonius und Kleopatra (mit der die ptolemäische Dynastie Ägyptens zu Ende ging) schlug und danach (ab 27 v.Chr.) das röm. Imperium als Kaiser Augustus allein regierte. Durch alle Wechselfälle der inneren und äußeren Kriege Roms hindurch hielten Antipater und seine Familie an der Politik fest, jeweils den Hauptvertreter der römischen Macht im Osten zu unterstützen, ganz gleich, wer er war und zu welcher Partei innerhalb des röm. Staatswesens er gehörte. Bes. Julius Caesar hatte allen Grund, für Antipaters Hilfe dankbar zu sein, als er während des Winters 48–47 v.Chr. in Alexandria belagert wurde. Darum gewährte er sowohl Antipater wie den Juden überhaupt bes. Privilegien.

Das Vertrauen, das die Römer der Familie Antipaters entgegenbrachten, zeigte sich bes. 40 v.Chr. Die Parther waren in Syrien und Palästina eingefallen und hatten es Antigonus, dem letzten überlebenden Sohn Aristobulus' II. ermöglicht, die hasmonäische Herrschaft als König und Hoherpriester der Juden zurückzugewinnen. Hyrkanus II. wurden die Ohren abgeschnitten, um zu verhindern, daß er je wieder als Hoherpriester amtieren könnte. Antipater war gestorben, aber man versuchte, seine Familie zu ergreifen und zu liquidieren. Ein Sohn namens Phasaël wurde gefangengenommen und getötet. Herodes jedoch, der begabteste der Antipatersöhne, entkam nach Rom, wo der Senat ihn auf die dringenden Bitten von Antonius und Oktavian zum König der Juden ernannte. Als solcher hatte er nun Judäa von Antigonus zurückzugewinnen (der von dem röm. Befehlshaber in Syrien in Frieden gelassen wurde, nachdem die parthischen Invasoren vertrieben worden waren) und sein Königreich als »Freund und Verbündeter« des röm. Volkes nach dessen Interessen zu regieren. Diese Aufgabe war nicht leicht. Nach dreimonatiger Belagerung gelang es ihm, Jerusalem (37 v.Chr.) zu erobern. Doch das brachte ihm den erbitterten Widerwillen eines Teils seiner neuen Untertanen ein, den er trotz vieler Bemühungen nicht überwinden konnte.

Antigonus wurde in Ketten zu Antonius gesandt, der ihn hinrichten ließ. Herodes versuchte seine Stellung in den Augen der Juden zu legitimieren, indem er die hasmonäische Prinzessin Mariamne heiratete. Aber diese Heirat sollte ihm mehr Schwierigkeiten als Unterstützung einbringen.

In den ersten 6 Jahren seiner Herrschaft war die Lage des Herodes prekär. Obwohl Antonius sein Freund und Beschützer war, versuchte Kleopatra wiederholt, Judäa ihrem Reich einzugliedern, wie es bereits ihre ptolemäischen Vorfahren angestrebt hatten. Sie setzte all ihren Einfluß auf Antonius ein, um ihr Ziel zu erreichen. Der Sturz von Antonius und Kleopatra (31 v.Chr.) und die Bestätigung seiner Herrschaft durch den Sieger Oktavian schufen Herodes nach außen hin eine gewisse Erleichterung. Aber im eigenen Land war ihm weder Frieden in der Familie noch in seinen Beziehungen zum jüd. Volk vergönnt. Er regierte Judäa mit fester Hand und diente den Interessen Roms besser, als dies ein röm. Statthalter hätte tun können. Erbarmungslos unterdrückte er alle Aufstandsversuche. Als bleibende Erinnerung an seine Regierungszeit hinterließ er neue Städte wie Sebaste (an der Stelle des alten Samaria) und Cäsarea (eine Hafenstadt an der Mittelmeerküste mit künstlich angelegtem Hafenbecken) sowie gewaltige Bauten. Am berühmtesten davon war der erneuerte und erweiterte Tempel in Jerusalem.

Als Herodes 4 n.Chr. starb, wurde das Reich unter seine drei überlebenden Söhne aufgeteilt. Archelaus regierte Judäa und Samaria als Ethnarch bis 6 n.Chr. Antipas herrschte bis 39 n.Chr. als Tetrarch in Galiläa und Peräa. Philippus erhielt ein Gebiet östl. und nordöstl. des Sees Genezareth, das sein Vater im Interesse des Kaisers befriedet hatte, als Tetrarchie und verwaltete diese bis zu seinem Tod 34 n.Chr.

Antipas (in den Evv. der »Tetrarch Herodes«) erbte das politische Urteilsvermögen seines Vaters. Er setzte die undankbare Aufgabe fort, die röm. Interessen in Galiläa, Peräa und den umliegenden Gebieten wahrzunehmen. Archelaus besaß lediglich seines Vaters Brutalität, nicht aber dessen politischen Genius. Das veranlaßte seine Untertanen sehr bald, in einer Petition an den röm. Kaiser seine Absetzung zu erbitten, um einen Aufstand zu verhindern. Archelaus wurde daraufhin seines Amtes enthoben und verbannt. Seine Ethnarchie wurde zu einer röm. Provinz dritten Ranges. Um den jährlichen Betrag der Abgaben an die kaiserliche Finanzverwaltung festzusetzen, führte der Gouverneur von Syria, Quirinius, eine Volkszählung durch. Diese gab den Anlaß zum Aufstand von Judas, dem Galiläer (vgl. Apg 5,37). Die Revolte wurde zwar niedergeschlagen, aber ihre Ideen lebten unter den Zeloten weiter. Sie besagten, daß die Zahlung eines Tributs an den Kaiser oder irgendeinen anderen heidnischen Herrscher Verrat am Gott Israels sei. Die Zeloten hielten ihren Widerstand gegen Rom bis zum Krieg der Jahre 66–73 aufrecht. Ihr Kampf endete erst mit der Zerstörung Jerusalems.

Nach der Volkszählung erhielt die Provinz Judäa (die sich aus dem alten Judäa und Samaria zusammensetzte) einen Präfekten bzw. Prokurator als Verwaltungschef. Dieser Gouverneur wurde durch den Kaiser ernannt und unterstand der Oberaufsicht des kaiserlichen Legaten von Syrien. Er wurde in der Regel aus dem Ritterstand genommen, nicht aus dem Kreis der Senatoren. Seine militärische Verfügungsgewalt erstreckte sich nur auf Hilfstruppen, nicht auf die regulären Legionen. Die frühen röm. Statthalter übten (bis 41 n.Chr.) das Recht aus, den Hohenpriester für Israel zu ernennen, ein Recht, das nach dem Ende der hasmonäischen Dynastie bereits Herodes und Archelaus für sich in Anspruch genommen hatten. Die Prokuratoren verkauften dieses Amt an den Meistbietenden, was das religiöse Ansehen des Amtes tief sinken ließ. Der Hohepriester stand kraft seines Amtes dem Sanhedrin vor, also dem Ältestenrat, der die inneren Angelegenheiten des Volkes regelte.

Sowohl der Sanhedrin wie die röm. Provinzverwaltung haben nach dem Bericht der Evangelien Anteil am Prozeß gegen Jesus. Die röm. Provinzregierung verurteilte ihn wegen des Kapitalverbrechens, den Anspruch eines »Königs der Juden« erhoben zu haben. Jedenfalls wurde dieser Anklagepunkt in der Inschrift am Kreuz festgehalten; er bedeutete nichts anderes als die Übertragung des Anspruchs Jesu, der Messias zu sein, in politischer Terminologie. Bevor Jesus Pilatus vorgeführt wurde, fragte ihn der Hohepriester als Vorsitzender der jüd. Untersuchungskommission direkt, ob er der Messias sei. Jesus antwortete, daß man den Menschensohn sehen würde, sitzend zur Rechten des Allmächtigen und mit den Wolken des Himmels kommend. Damit vermied es Jesus, seinen messianischen Anspruch, der von den Vorstellungen des davidischen Erbes abgeleitet war, mit politischen Zügen zu verbinden. Er machte vielmehr deutlich, daß seine Sendung eher der des Menschensohnes entsprach, dessen irdische Kennzeichen Demütigung und Leiden waren, der aber von Gott als der Eine gerechtfertigt werde, durch den Gottes Absicht ihre umfassende Erfüllung finden wird.

Diese Stränge »messianischer« Hoffnung können (wenn wir das Adjektiv »messianisch« im weitesten Sinn verstehen) weit in das AT (ins Gesetz, in die Propheten, in die Schriften) zurückverfolgt werden: etwa bis zu dem Propheten Mose (5Mo 18,15), zu dem kommenden Fürsten (1Mo 49,10; 4Mo 24,17), zu einigen der Königspsalmen (bes. Ps 2; 110) bis zum Gottesknecht (Jes 42,1–53,12) und zu dem, der »aussah wie eines Menschen Sohn« (Dan 7,13f). Wie diese Vorstellungen während der Zeit zwischen den Testamenten auf unterschiedliche Weise im einzelnen weiterentwickelt wurden, bis durch sie die Erwartung entstand, mit der Jesus als der begrüßt wurde, »von dem Mose im Gesetz und auch die Propheten geschrieben haben« (Jh 1,45), dazu vgl. den Artikel »Die apokryphe und die apokalyptische Literatur« S. 61f).

F. F. Bruce

Das vierfache Evangelium

(Vgl. die Einleitungen der Kommentare zu Mt, Mk, Lk und Jh)

Die Evangeliensammlung

Gewöhnlich bezeichnen wir die ersten Bücher des NT als »die vier Evangelien«. Bis zum 4. Jh. war das anders: Da hieß diese vierfache Sammlung schlicht »das Evangelium«, das eine und einzige Evangelium von Jesus Christus. Die vier Teile der Sammlung wurden dadurch unterschieden, daß man jeweils »nach Matthäus«, »nach Markus« usw. hinzufügte. Hinter diesem geschriebenen Evangelium, das die Evangelisten aufgezeichnet hatten, stand das gesprochene oder mündliche Evangelium, die gute Nachricht oder das *euangelion*, das Jesus selbst und seine Jünger verkündet hatten. Die christl. Verwendung des Wortes *euangelion* und seiner Ableitungen geht auf den Gebrauch von *euangelizomai* in der LXX zurück, etwa in Abschnitten wie Jes 40,9; 52,7; 61,1 (vgl. die Anwendung von Jes 61,1 durch Jesus auf sich selbst: Lk 4,18).

Irenäus, Bischof von Lyon in Gallien (um 180 n.Chr.), betrachtete das vierfältige Evangelium als eines der vorgegebenen Fakten des Alls. Es gebe vier Himmelsrichtungen und vier Winde, darum sei es nur natürlich, daß die universale Kirche auf vier Säulen ruhe; und diese vier Säulen seien die vier Evangelien (Adv. haer. III, 11,8).

Daß sich Irenäus im Blick auf die Zahl der Evv. so überzeugt äußern konnte, setzt voraus, daß bei den Kirchen in der damals bekannten Welt eine generelle Übereinkunft darüber herrschen mußte, daß diese vier die allein gültigen waren. Um eine derartige Übereinstimmung zu erreichen, brauchte es jedoch Zeit. Tatsächlich lassen sich die Spuren der Diskussion um die Anerkennung des vierfachen Ev. von Irenäus bis in die Anfänge des 2. Jh. n.Chr. zurückverfolgen. So stellt der *Kanon Muratori* einen Beleg für die Anerkennung der Evv. durch die röm. Kirche etwa z.Z. des Irenäus dar; ebenso die antimarcionitischen Prologe zu den Evv. wenige Jahre zuvor. Tatian, ein Christ aus Ostsyrien, faßte das vierfältige Ev. (ca. 170 n.Chr.) zu einer fortlaufenden Erzählung, einer Evangelienharmonie zusammen. Diese wurde als *Diatessaron* bekannt und blieb in ihrer syr. Version fast 250 Jahre die beliebteste, wenn auch nicht die offizielle Fassung der Evv. in der syr. Kirche. (An verschiedenen Stellen erweiterte Tatian seine Darstellung durch den Gebrauch einer fünften Quelle, dem *Hebräerevangelium.*

Tatian war ein Schüler Justins des Märtyrers, in dessen Schriften auf sog. Erinnerungen der Apostel Bezug genommen wird. Justin erwähnt Matthäus, Markus und Lukas nicht namentlich, er bezieht sich auch nicht auf Johannes als Evangelisten, aber mit ziemlicher Sicherheit verwendet er alle 4 Evv., wobei er auf das Markusevangelium als Petrusmemoiren zurückgreift. Selbst wenn sich bei ihm Spuren von Evangelienstoffen finden, die aus den pseudonymen *Petrus-* bzw. *Thomasevangelien* stammen, so sind diese doch relativ unbedeutend im Vergleich zu dem Ausmaß, in dem die vier kanonischen Evv. verwendet werden.

Zur gleichen Zeit, als Justin in Rom wirkte, erschien in Kleinasien ein Werk mit dem Titel *Der Brief der Apostel*, das ebenfalls einen Beleg für das vierfältige Ev. darstellt.

1935 wurden durch das Britische Museum einige Papyrus-Fragmente veröffentlicht (Fragments of an Unknown Gospel and other Early Christian Papyri, Hg. H. I. Bell und T. C. Skeat); sie scheinen der Rest eines Handbuchs zu sein, das zur Unterweisung in den Evangelien-Berichten diente. In diesem Zusammenhang sind sie insofern von Bedeutung, als sie in die erste Hälfte des 2. Jh. n.Chr. gehören. Offensichtlich wurden sie von jemandem geschrieben, dem das Ev. in allen vier Fassungen vorlag und der es gut kannte. Es werden nämlich alle vier Evv. herangezogen. Ebenfalls aus der ersten Hälfte des 2. Jh. stammt das doketische *Petrusevangelium*, das wohl in der ersten Dekade des 2. Jh. in Asien entstand. Auch dieses zeigt deutlich, daß sein Verfasser mit den synopt. Evv. vertraut war und wahrscheinlich auch Jh kannte.

Das *evangelium veritatis*, ein Traktat, der den Standpunkt der valentinianischen Gnosis reflektiert, ist auf 140–150 n.Chr. zu datieren und stammt möglicherweise von Valentin selbst; er stimmt mit der apostolischen Tradition im Blick auf den Kanon allg. und auch im Blick auf die vierfache Abfassung des Ev. überein: Letztlich ist der Traktat nichts anderes als eine Meditation über die Geschichte, die in den Evv. erzählt wird, bes. bei Mt und Jh.

In den ersten Jahrzehnten des gleichen Jahrhunderts schrieb Papias, Bischof im phrygischen Hierapolis, seine *Berichte über die Herrenworte.* In diesem nur bruchstückhaft erhaltenen Werk bezieht er sich namentlich auf Mk und auf eine Zusammenstellung von Jesusworten durch Mt. Wahrscheinlich zog er auch die lukanischen Schriften heran und berichtete (zumindest dem antimarcionitischen *Prolog zum vierten Evangelium* zufolge), wie Johannes sein Ev. »noch zu Lebzeiten« diktiert habe, um es den Gemeinden zur Verfügung zu stellen. Euseb, dessen Zitaten wir fast alle Kenntnisse über dieses verlorene Werk des Papias verdanken, erwähnt nicht, daß sich Papias an irgendeiner Stelle auf Jh bezöge. Er verweist aber darauf, daß Papias »Zeugnisse« (vermutl. Belegstellen) aus 1Jh verwandt habe. Bedenkt man die enge Beziehung zwischen diesem Brief und dem vierten Ev., so ist anzunehmen, daß Papias auch dieses Ev. kannte.

Auf diese Weise können wir Existenz und Anerkennung der vier Evv. bis in die frühen Jahre des 2. Jh. zurückverfolgen. Die erste geschlossene Sammlung der vier Evangelienschriften ist kurz nach 100 n.Chr. zu datieren, also etwa in der gleichen Zeit, in der auch die andere große Sammlung im NT, das Corpus Paulinum, entstand.

Das mündliche Evangelium

Wie aber steht es um die Geschichte der vier Evangelien im 1. Jh.? Zur Beantwortung dieser Frage müssen wir uns der Zeit zuwenden, die unmittelbar auf die großen Ereignisse des Jahres 33 folgte: also auf die Leidenszeit, Auferstehung und Himmelfahrt Jesu und den darauf folgenden Pfingsttag. Hier liegen die Anfänge dessen, was man später »das Evangelium hinter den Evangelien« genannt hat. Natürlich war das Ev. schon vorher gepredigt worden. Jesus und die Apostel hatten vor der Leidenszeit Jesu die »gute Nachricht vom Reich Gottes« verkündigt. Aber die volle Bedeutung dieser guten Nachricht konnte erst erkennbar werden, nachdem die großen Heilsereignisse stattgefunden hatten. Jesus und die Apostel kündigten die Nähe des Reiches Gottes an, und in der Person Jesu war es ja tatsächlich nahe. Aber die Tragweite des Anbruchs dieses Reiches wurde erst durch Tod und Auferstehung Jesu in ihrer ganzen Bedeutung offenbar. Das Reich Gottes »kommt« durch das Leben, Sterben und die Auferstehung Jesu; diese Fakten jeweils in ihrem bes. Zusammenhang zu verkündigen bedeutet, das Evangelium vom Reich Gottes zu predigen. Zwar steht die Vollendung dieses Reiches, die mit der Erscheinung Jesu als Menschensohn in Kraft und großer Herrlichkeit verbunden ist, noch aus. Dann wird Jesus aus der Hand seines Vaters alle Gewalt und das Amt des Weltrichters empfangen. Diese Vollendung (der eine weltweite Verkündigung der guten Nachricht vorausgeht) ist aber nur das letzte in einer Reihe von Ereignissen; die oben erwähnten Heilstaten gehen ihm voraus.

Der Gott der Bibel offenbart sich in seiner Gottheit durch Machttaten. Als Gott der Väter gab er sich Israel auf unvergeßliche Weise beim Auszug aus Ägypten und bei der Einnahme des Verheißenen Landes zu erkennen. Nun offenbart er sich in der Person Jesu Christi noch gewaltiger und wirkt eine für alle Menschen gültige Lösung. Das war der Leitgedanke der frühen apostolischen Predigt. Den damit befaßten Berichten müssen wir uns zuwenden, wenn wir herausfinden wollen, worin das »Evangelium hinter den Evangelien« bestand.

Eine Vorstellung vom Gesamtkonzept dieser Verkündigung, die heute allg. nach der entsprechenden griech. Vokabel als »Kerygma« bezeichnet wird, ergibt sich einmal aus den ntl. Briefen, zum anderen aus den Berichten über frühchristliche Predigten in der Apg.

Die Paulusbriefe und die übrigen Briefe

Die paulinischen Briefe waren an Empfänger gerichtet, die mit dem Kerygma bereits vertraut waren. Jeder Bezug, der in den Briefen darauf genommen wird, dürfte daher zufällig sein oder der Erinnerung dienen. Zwei bes. bemerkenswerte Bezugnahmen finden wir in 1Kor (ca. 55 n.Chr.). In 1Kor 15,3ff erinnert Paulus seine Leser an die Botschaft, deren Verkündigung sie errettet hat: »daß Christus gestorben ist für unsere Sünden nach der Schrift; und daß er begraben ist; und daß er auferstanden ist am dritten Tage nach der Schrift; und daß er gesehen worden ist von Kephas, danach von den Zwölfen. Danach ist er gesehen worden von mehr als fünfhundert Brüdern auf einmal, von denen die meisten noch heute leben, etliche aber sind entschlafen. Danach ist er gesehen worden von Jakobus, danach von allen Aposteln . . .« Zu dieser kurz zusammengefaßten Botschaft bemerkt Paulus, daß er selbst sie von anderen empfangen habe (griech.: *parelabon*), bevor er sie den Korinthern weitergab (griech.: *paredōka*). Man kann annehmen, daß er dabei vor allem auf das vierzehntägige Zusammentreffen mit Petrus in Jerusalem anspielte (Gal 1,18).

Diese Zusammenfassung enthält trotz ihrer Kürze mehr als eine bloße Aufzählung von »Fakten«, die sich auf Tod, Begräbnis, Auferstehung und die Erscheinung einer bestimmten Person vor Menschen, die ihn kannten, beziehen. Diese Ereignisse werden vielmehr auch interpretiert: Die in Frage stehende Person war der erwartete Messias (Christus) der Juden, seinen Tod erlitt er für die Sünden anderer; sein Tod wie seine Auferstehung stimmten mit dem Heilsplan Gottes überein, der in den heiligen Schriften des jüd. Volkes angekündigt war.

Die zweite Bezugnahme (1Kor 11,23ff) ist durch die gleichen Verben gekennzeichnet: *parelabon* = ich habe durch Überlieferung empfangen (eine Überlieferung, die auf Jesus selbst zurückgeht); und *paredōka* = ich habe weitergegeben. Paulus erinnert seine Leser hier an ein einmaliges Ereignis, das in der Nacht geschah, in der der Herr Jesus verraten wurde. Er setzte Brot und Wein als Gedächtnismahl an sich selbst ein. Paulus sagt, daß die Christen dies immer wieder tun und auf diese Weise des Herrn Tod verkündigen sollen, bis daß er kommt. Der Nachsatz macht deutlich, daß das Geschehen noch nicht vollendet war. Erst ein weiteres Ereignis würde es zur letzten Erfüllung bringen.

Durch verschiedene Bemerkungen in dem gleichen Brief wird mitgeteilt, daß der Messias den Tod am Kreuz erlitt, was für viele, die das Evangelium hörten, ein Stein des Anstoßes war. In den übrigen Paulusbriefen finden sich Hinweise darauf, daß Jesus als Jude geboren wurde und unter dem jüd. Gesetz lebte; daß er nicht nur ein Nachkomme Abrahams war, sondern zugleich dem davidischen Königshaus entstammte; und wenn sein Tod am Kreuz auch einer röm. Hinrichtungsform entsprach, so trugen doch auch die Führer des jüd. Volkes dafür nicht geringe Verantwortung. In 1Tim 6,13 berichtet Paulus, daß Jesus vor Pontius Pilatus erschienen sei und dort »das gute Bekenntnis bezeugt« habe, obgleich er (nach 2Tim 4,1) der von Gott bestimmte Richter der Lebendigen und der Toten ist.

Zu der Zeit, als Paulus seine Briefe schrieb, glaubte die Gemeinde bereits, daß Christus zur Rechten Gottes erhöht sei (ein Ausdruck, der sich aus Ps 110,1 herleitet). Weil er der von Gott bestimmte Weltrichter ist, »müssen wir alle offenbar werden vor dem Richterstuhl Christi« (2Kor 5,10). Das Weltgericht ist offensichtlich mit der Wiederkunft Christi verbunden; in Verbindung mit diesem Ereignis werden auch die im Glauben Gestorbenen auferweckt werden und, beim Ton der letzten Posaune, zusammen mit den lebenden Glaubenden unvergängliches Wesen empfangen (vgl. 1Kor 15,52f; 1Thess 4,16). Das paulinische *Kerygma* trägt eindeutig der Tatsache Rechnung, daß die göttliche Erlösung in der Parusie Christi vollendet wird.

So schreibt er z.B. den jungen Christen in Thessalonich im Rückblick auf ihre Bekehrung: »Ihr habt euch bekehrt zu Gott von den Götzen, zu dienen dem lebendigen und wahren Gott, und zu warten auf seinen Sohn vom Himmel, welchen er auferweckt hat von den Toten, Jesus, der uns von dem zukünftigen Zorn errettet (1Thess 1,9f). Das eschatologische Element ist im ntl. Kerygma genauso konstant wie es die Botschaft der atl. Propheten bestimmte.

Paulus betont ausdrücklich (1Kor 15,11), daß das Fundament seines Ev. mit dem der anderen Apostel völlig identisch war. So verwundert es nicht, daß in 1Petr die gleichen Fakten als Begründung für das Kerygma aufgeführt sind: Tod und Auferstehung Jesu, seine Erhöhung zur Rechten Gottes, seine Herrlichkeit, deren Offenbarung noch aussteht; dies alles wird dargestellt als Erfüllung der atl. Prophetie und als Grundlage des ntl. Heils. Der Verfasser beansprucht, Zeuge der Leiden des Messias gewesen zu sein; er beschreibt Einzelheiten, z.B. in dem Hinweis auf das demütige Verhalten Christi bei seinem unverdienten Leiden und Sterben; er tut das in einer Weise, daß man meint, Gedanken oder sogar Sprache der urspr. apostolischen Predigt vor sich zu haben. Ein weiterer Verfasser des NT, der Schreiber von Hebr, setzt voraus, daß seine Leser diese fundamentalen Tatsachen bereits kennen. In der frühen apostolischen Predigt, die sich in den ntl. Briefen widerspiegelt, lassen sich folgende Elemente unterscheiden: a) Gott hat sein Volk heimgesucht und erlöst, indem er seinen Sohn als Messias sandte, als die Zeit zur Erfüllung seines im AT angekündigten Heilswerks gekommen war. – b) Der Messias kam, wie prophezeit, aus Israel: aus dem Stamm Juda und aus dem Königsgeschlecht Davids, und zwar in der Gestalt Jesu von Nazareth. – c) Wie die Propheten vorausgesagt hatten, starb Jesus am Kreuz für die Sünden der Menschheit. Er wurde begraben und – d) stand am dritten Tag danach von den Toten auf, was viele Augenzeugen bestätigen konnten; die persönliche Wahrnehmung (mit eigenen Augen) wird gerade hier bes. betont. – e) Er wurde zur Rechten Gottes erhöht, von woher er – f) denen seinen Geist sendet, die an ihn glauben. – g) Er selbst wird wiederkommen, um alle Menschen zu richten und sein Erlösungswerk zu vollenden. – h) Aufgrund dieser Heilstatsachen wurde den Menschen Vergebung der Sünden und ein Leben in der kommenden Welt Gottes angeboten, und zwar allen, die Buße taten und an das Evangelium glaubten. Wer glaubte, wurde im Namen Christi getauft und in eine neue Gemeinschaft, die christl. Kirche, aufgenommen.

Die frühchristliche Predigt

Eine Untersuchung der Reden, die Petrus und Paulus in der ersten Hälfte der Apg zugeschrieben werden, führt zu dem Ergebnis, daß es sich dabei keineswegs (wie ein Teil der krit. Bibelwissenschaft behauptet) um freie Erfindungen des Geschichtsschreibers handelt, sondern um vertrauenswürdige Zusammenfassungen frühester christl. Predigt.

Zu den wichtigsten Predigten gehören die des Petrus am Pfingsttag in Jerusalem (Apg 2,14–36) und die in Cäsarea im Hause des Cornelius (Apg 10,34–43) sowie die Rede des Paulus in der Synagoge von Antiochien in Pisidien (Apg 13,16–41).

Weitere Bruchstücke des Kerygmas finden sich etwa in Apg 3,13–26; 4,10–12; 5,30–32; 8,32–35. Sie alle enthalten die gleiche Botschaft, die in den Briefen reflektiert wird. Diese Botschaft selbst wird »die gute Nachricht« genannt und als Erfüllung der atl. Prophetie verkündet. Ihr Thema ist Jesus von Nazareth, ein Nachkomme Davids, dessen öffentliches Wirken zeitlich durch das Auftreten seines Vorläufers Johannes des Täufers bestimmt wurde. Seine Sendung wurde von Gott durch mächtige und barmherzige Taten beglaubigt, die die ersten Prediger persönlich miterlebten und bestätigen konnten. Er wurde an seine Feinde verraten und von den jüd. Führern den Römern übergeben. Trotz der Absicht des Pilatus, ihn freizulassen, bestanden die Juden darauf, daß Jesus getötet und statt dessen ein Mörder freigegeben wurde. Jesus wurde gekreuzigt (eine Tatsache, auf die mehrmals in einer Sprache Bezug genommen wird, die an 5Mo 21,23 erinnert: »Denn ein Aufgehängter ist verflucht bei Gott«) und schließlich begraben. Am dritten Tag wurde er von Gott auferweckt, die Apostel betonen wiederholt, daß sie selbst Zeugen seiner Auferstehung seien. Durch sie, so verkünden sie, habe Gott ihn öffentlich als Herrn und Messias bestätigt. Danach fuhr Jesus in den Himmel auf und nahm seinen Platz zur Rechten Gottes ein. Von dort sandte er seinen Geist auf seine Nachfolger. Er wird wiederkommen und dann das ihm von Gott übertragene Amt des Richters der Lebendigen und der Toten wahrnehmen. In der Zwischenzeit fordert das Evangelium alle, die es hören, zur Umkehr, zum Glauben und zur Taufe auf, zum Empfang der Sündenvergebung und der Gabe des Heiligen Geistes.

Die Apg und die Briefe berichten von dem gleichen Geschehen. Die Botschaft veränderte sich in ihren wesentlichen Konturen nicht. In der antiken Welt war eine gleichbleibende religiöse Unterweisung üblich; das Evangelium bildete an dieser Stelle keine Ausnahme.

Der markinische Grundriß

Ein ähnlicher Entwurf des Kerygma bildet den Rahmen von Mk. Markus setzt mit seinem Bericht dort ein, wo auch die Hauptzüge des Kerygma beginnen: nämlich mit dem Wirken Johannes des Täufers. Und er endet mit dem Bericht vom Leiden und von der Auferstehung Christi, wobei diesem Abschnitt ein unverhältnismäßig großer Raum zugeteilt ist (wenn man von rein biographischen Gesichtspunkten her denkt). Dieses ungleiche Verhältnis ist aber auch den anderen Evv. eigen. Das ist ein bes. Kennzeichen des Kerygma in allen Ausprägungen, in denen es vorkommt. Die Passionsgeschichte – das wird allg. anerkannt – wurde von den ersten Tagen apost. Predigt an als Einheit und mit bemerkenswerten Details weitergegeben.

Mk besteht im wesentlichen aus Kerygma, also aus der Botschaft über Jesus. Die urspr. christl. Verkündigung war mehr an den Taten Jesu interessiert als an dem, was er gesagt hat. Markus gibt uns tatsächlich eine sehr genaue Vorstellung von dieser frühen Predigtweise. In dem Aufriß, der seinen Rahmen bildet, verbindet er eine kurze Zusammenfassung des Wirkens des Täufers (1,1–13) mit der Leidensgeschichte Jesu (14,1ff) durch Verbindungsstücke, die uns, fügt man sie aneinander, auch in anderen ntl. Perikopen als Hinführung zur Passionsgeschichte begegnen.

Beim Vollzug der Predigt wird dieses Grundkonzept erweitert worden sein, etwa um Illustrationsmaterial, und dies zunehmend in dem Maß, in dem das Ev. unter Menschen verkündigt wurde, die mit der Geschichte von Jesus nicht vertraut waren. Für diese mußten z.B. Feststellungen wie: »Jesus von Nazareth, den Mann, von Gott unter euch erwiesen mit Taten und Wundern und Zeichen, welche Gott durch ihn tat unter euch« (Apg 2,22) – oder: »Er ist umhergezogen und hat wohlgetan und gesund gemacht alle, die vom Teufel überwältigt waren« (Apg 10,38) in der Praxis verdeutlicht werden, indem man im einzelnen von seinen Heilungen und anderen Taten berichtete.

Die in sich geschlossenen Abschnitte oder Perikopen, die den Großteil von Mk ausmachen, vermitteln uns eine gute Vorstellung von den Illustrationen, die in der frühen Predigt verwendet wurden. Einige haben die Form von »Paradigmen« (die Bezeichnung stammt von M. Dibelius) angenommen; von Beispielen, die in der frühchristlichen Predigt immer wieder zitiert wurden. Sie beruhten auf Vorkommnissen, die jeweils zu einer wichtigen Aussage Jesu führten; in Verbindung mit dem Jesuswort behielt auch der Kontext Bedeutung, in dem dieses Wort gesprochen wurde.

Die Paradigmen enthalten nicht selten ein kontroverses Element; denn die Äußerungen Jesu, um die es hier geht, ergaben sich oft als Antworten auf Vorwürfe, die man ihm und seinen Jüngern machte, weil sie etwas Bestimmtes gesagt oder getan hatten. Mk berichtet in zwei Paradigmen-Gruppen von solchen Kontroversen: Eine Fünfergruppe findet sich in 2,1–3,6, eine Dreiergruppe in 12,13–34. Beide Gruppen bestanden wahrscheinlich bereits als solche im Stadium der mündlichen Überlieferung, ehe sie in Mk eingegliedert wurden. Aus der Erwähnung einer Verbindung von Pharisäern und Anhängern des Herodes in 3,6 sowie in 12,13 hat man sogar geschlossen, daß es sich urspr. nur um eine Gruppe handelte, die erst später geteilt und in zwei verschiedene Kontexte des Markusrahmens eingefügt wurde.

Formkritik

Die Erforschung der »Formen«, die die verschiedenen Kategorien der ntl. Überlieferung in den mündlichen, vorliterarischen Phasen angenommen haben, wird »Formgeschichte des Evangeliums« genannt. Dabei geht es auch um die Erforschung der Traditionsgeschichte, wie sie sich aus der Entwicklung der »Traditionsformen« ergibt.

Die allg. Klassifizierung des Stoffes unterscheidet zwischen Erzählungen und Sprüchen. Allerdings kommt es auch zu Überschneidungen, etwa wenn eine Erzählung dazu dient, um eine pointierte Äußerung zu begründen. Neben diese Form von »Verkündigungsgeschichten« treten Wundergeschichten (bes. Heilungsgeschichten) sowie Erzählungen über Jesus (z.B. von seiner Taufe, von der Versuchung, von der Verklärung, Auferstehungsberichte). Herausragende »Spruch-Formen« sind Weisheitssprüche, prophetische und apokalyptische Reden, Gemeinschaftsregeln, Ich-bin-Worte und Gleichnisse. Es gibt auch andere Möglichkeiten der Klassifizierung des Evangelienmaterials, aber welche Art der Gruppierung und Zuordnung man auch wählt, es entsteht immer ein messianisches Bild von Jesus. Selbst wenn man die einzelnen Schichten der Evv. Stück um Stück abträgt, gelangt man zu keiner alternativen Überlieferung.

Nun lautet die Frage: Spiegelt dieses Bild die Tatsachen des Wirkens Jesu oder den Glauben der frühen Kirche wider? Diese Frage ist von vielen europäischen Formgeschichtlern immer wieder gestellt und in dem Sinn beantwortet worden, daß man es hier mit dem Glauben der frühen Kirche zu tun habe. Eine solche Schlußfolgerung beruht jedoch nicht auf der Klassifizierung von Formen, sondern auf zwei anderen Argumenten: 1. Die Evangelienüberlieferung habe in ihren urspr. Schichten im wesentlichen aus isolierten Perikopen bestanden, die von den Evangelisten durch redaktionelle Einfügungen ohne historischen Bezug miteinander verbunden worden seien. (Dagegen spricht allerdings der nachgewiesene kerygmatische Rahmen gerade der redaktionellen Stücke von Mk; s. oben). – 2. Der »Sitz im Leben« müsse für jede Perikope in den Erfahrungen und Nöten der Urgemeinde gesucht werden. Nun steht außer Frage, daß die Erhaltung verschiedener Überlieferungselemente und die Form, in der dies geschah, zu diesem Sitz im Leben in der Urgemeinde in Beziehung steht. Das schließt jedoch keineswegs aus, daß dieser Sitz im Leben urspr. im Wirken und in der Verkündigung Jesu zu suchen ist. Die Möglichkeit, einen solchen Sitz im Leben glaubhaft nachzuweisen, wird – sieht man von einigen wenigen Vorkommnissen ab – vielfach verneint; aber die Situation ist keineswegs aussichtslos. Einzeluntersuchungen zu den Überlieferungseinheiten sowie eine vergleichende Überprüfung der Parallelen in den synoptischen und johanneischen Berichten ergeben eine wachsende Zahl positiver Resultate (vgl. die zahlreichen Forschungen von C. H. Dodd). Es besteht auch kein zwingender Anlaß, die Historizität von Stoffen aus den Evv. von vornherein anzuzweifeln, nur weil sich Parallelen dazu in der rabbinischen Tradition finden oder sie sich in den Begriffen des Osterglaubens der Kirche erklären lassen. Der Anspruch, daß in solchen Fällen die Beweislast bei denen läge, die an der Authentizität der Überlieferung festhalten, ist wissenschaftlich nicht haltbar.

Die Frage nach dem Sitz im Leben ist wertvoll; denn sie verhilft dazu, die Situation in Gottesdienst und Zeugnis der Urgemeinde stärker zu berücksichtigen, in der die Evangelienüberlieferung ausgeformt und weitergegeben wurde. Soweit die formgeschichtliche Forschung Möglichkeiten erschließt, die Fassungen der Evv. in der Kirche des 1. Jh. zu der urspr. Formulierung ihres Materials zur Zeit der Wirksamkeit und Predigt Jesu zurückzuverfolgen, leistet sie den ihr gemäßen Beitrag zur Erforschung des NT und der Anfänge des Christentums.

Die Evangelienschriften

Die vier Evv. lassen sich ohne Schwierigkeit in zwei Gruppen aufteilen: in Mt, Mk und Lk auf der einen und Jh auf der anderen Seite. Die ersten drei werden allg. die synopt. Evv. genannt (nach J. J. Grisebach, Ende des 18. Jh.).

Der Grund dafür ist die Tatsache, daß diese drei Evv. soviel gemeinsam haben, daß sie sich bequem in drei Kolumnen nebeneinander stellen lassen; es entsteht eine »Synopse«, in der sie gemeinsam studiert werden können. Da sich der Markusbericht weitgehend an das Schema des frühen Kerygma hält und Petrus in der Apg als hauptsächlicher Vertreter dieses Kerygma erscheint, wird bis zu einem gewissen Grad die Überlieferung des Papias bestätigt, nach der Markus, der urspr. als Übersetzer bei Petrus tätig gewesen sei, später die Verkündigung des Petrus aufgezeichnet habe. Zugleich wird erkennbar, wie gering die praktische Differenz zwischen der heute gängigen Auffassung und der Meinung des 19. Jh. ist, die alles, was den drei Synoptikern gemeinsam ist, auf eine gemeinsame Abhängigkeit von der urspr. mündlichen Predigt zurückführte. Heute geht man davon aus, daß (wie erstmals 1835 von Lachmann begründet) der Markusbericht oder eine Mk sehr ähnliche Fassung die Hauptquelle des ersten und dritten Ev. sei; denn Mk enthielt ja vor allem die jetzt schriftlich fixierte urspr. mündliche Predigt. Im übrigen müssen wir damit rechnen, daß die mündliche Predigt zunächst in aramäisch gehalten wurde, später, als sich das Feld der apost. Wirksamkeit ausweitete, auch in griech. Die Aramaismen, die durch den griech. Text unserer Evv. hindurchscheinen, sind wichtige Spuren jenes frühen Stadiums.

Mk enthält zusätzlich einige Berichte über die Lehre und das Wirken Jesu. Es fällt auf, daß die Lehre Jesu in den anderen Evv. wesentlich mehr Raum einnimmt als in Mk. Das erklärt sich daraus, daß die Taten Jesu das Fundament der Missionspredigt, also des Kerygma, bildeten. Seine Lehre *(didache)* wurde keineswegs vergessen, diente jedoch einem anderen Zweck: Sie bildete die Grundlage für die Unterweisung derjenigen, die der guten Nachricht glaubten. Die ntl. Briefe enthalten insgesamt mehr Lehre als Predigt. Ihre ethischen Weisungen stimmen mit der Lehre Jesu, wie die Evv. sie aufzeichnen, völlig überein. Man vergleiche z.B. die ethische Unterweisung des Paulus in Röm 12,1–15,6 mit den Aussagen der Bergpredigt in Mt 5–7.

Neben der mündlichen Predigt, dem Kerygma, stand also immer zugleich die mündliche Belehrung, die Didache. Beide zusammen bildeten das Material der Evangelienberichte. So beschreibt Lukas sein Ev. (Apg 1,1) als die Geschichte »von all dem, was Jesus anfing zu tun *(Inhalt des Kerygma)* und zu lehren *(didache)*«. Eine wichtige Zusammenstellung der Lehre Jesu ergab sich aus den Abschnitten, die bei Mt und Lk vorhanden sind, bei Mk jedoch fehlen. Diese (insgesamt mehr als 200) Verse werden gewöhnlich mit dem Buchstaben Q bezeichnet. Betrachtet man sie für sich, so bieten sie, wenn man sich an die lukanische Reihenfolge hält, ein überraschendes Maß an Einheitlichkeit und Kontinuität. Die Annahme, die Quelle Q lasse sich genau rekonstruieren und sei womöglich mit den Rekonstruktionen einiger Forscher identisch, die diese Verse isoliert vom übrigen Text neu ordneten, geht jedoch über das hinaus, was als gesichert gelten kann. Wahrscheinlich sind die Q-Abschnitte einer Sammlung von Jesusworten entnommen, die von einem knappen Erzählungsrahmen umgeben waren. Diese Sammlung wurde urspr. aram. abgefaßt, später zirkulierten jedoch offensichtlich mehrere griech. Fassungen. Möglicherweise war Q eine Zusammenstellung von Herrenworten, die nach Ansicht des Papias von Mt vorgenommen wurde. Inhaltlich läßt sich das mit Q bezeichnete Spruchmaterial in vier Hauptgruppen unterteilen: a) Jesus und Johannes der Täufer; b) Jesus und seine Jünger; c) Jesus und seine Gegner; d) Jesus und die Zukunft.

Das Kerygma, wie es Mk berichtet, und die Didache, wie sie in der Sammlung Q aufgezeichnet ist, bilden (neben anderen) die Hauptquellen der synopt. Tradition. Als bes. wichtig muß daneben das Material angesehen werden, aus dem Lukas die nur bei ihm vorhandenen Informationen bezog. Dieses lukanische Sondergut wird mit dem Buchstaben L bezeichnet. Möglicherweise geht es auf den Philippuskreis in Cäsarea (Apg 21,8) zurück. Die lukanischen Erzählungen von der Geburt Johannes des Täufers und Jesus stellen offensichtlich eines der ältesten Evangelienfragmente bzw. Dokumente des NT dar; in jedem Fall sind sie in einer sehr altertümlichen Sprache abgefaßt. Sie mögen auf Erinnerungen einiger Mitglieder der Jerusalemer Gemeinde beruhen, die Lukas i.J. 57 (Apg 21,5ff) besuchte. Außerdem gilt als ziemlich wahrscheinlich, daß Lukas seine Sammlung von Jesusworten (seine Quelle Q) durch mündliche Überlieferungen erweiterte, die er in Antiochien, Jerusalem und bes. in Cäsarea vorfand. Schließlich ergänzte er zu einem späteren Zeitpunkt das Markusgut, möglicherweise zu einer Zeit, in der sie sich beide in der Umgebung des Paulus in Rom aufhielten (Kol 4,10.14).

Die eschatologische Rede in Mk 13 (übernommen in Mt 24 und Lk 21) zirkulierte viell. eine beträchtliche Zeit (vor 40 n.Chr.) – in Ausschnitten oder bereits als Ganzes – als Einzelstück in geschriebener Form, bevor sie in die Evv. aufgenommen wurde. Ein ähnl. Text muß Grundlage der eschatologischen Unterweisung gewesen sein, die Paulus in

Thessalonich vornahm (um 50 n.Chr.; vgl. 2Tess 2,1–11, bes. V.5). Unabhängig davon verwendet wahrscheinlich auch Matthäus daraus einen Abschnitt (V.17–23) als Bestandteil des Missionsauftrags in Mt 10.

Auch das erste Ev. besitzt ein bedeutendes Sondergut. Dazu gehört eine Geburtsgeschichte, die von der lukanischen völlig unabhängig ist, ferner einige Erzählungen (bes. solche, bei denen Petrus im Mittelpunkt steht), die offensichtlich im Kreis der »Nazarener« oder der Judenchristen tradiert wurden, sowie eine Sammlung von Lehren (M), die dem Text von Q gleicht, aber einen betont jüd. Akzent aufweist. Wenn Q möglicherweise die Lehrtradition der antiochenischen Gemeinde vertritt, so könnte M dasselbe für die Jerusalemer Gemeinde darstellen.

Lukas ordnet seine Quellen in wechselnden Blöcken an. Offensichtlich setzt er Teile des Markusstoffes mitten in sein anderes Material (Q + L) ein, das, wie einige Neutestamentler meinen, bereits vorher in Gestalt eines »Proto-Lukas« vorhanden war. Matthäus verfährt anders: Er wählte aus seinen Quellen einzelne Partien aus und fügte sie zu neuen Einheiten zusammen. Eine Untersuchung der Anordnung der Jesusworte bei Mt hat allg. zu der Ansicht geführt, daß er sie einander ihrem Hauptthema entsprechend zuordnete. Es ergeben sich fünf große Redegruppen, deren jede im wesentlichen einen Aspekt des Reiches Gottes behandelt. Rede I (Mt 5–7): Das Gesetz des Reiches; – Rede II (Mt 10): Die Verkündigung des Reiches; – Rede III (Mt 13): Das Wachsen des Reiches; – Rede IV (Mt 18): Die Gemeinschaft des Reiches; – Rede V (Mt 24–25): Die Vollendung des Reiches. (Die Rede in Mt 23 wird bei diesem Schema ausgelassen. Das führt zu der Frage, ob die beschriebene fünffache Anordnung dem Ev. wirklich innewohnt, oder ob sie ihm nur von außen herangetragen wurde.)

In der großen Predigt Mt 5–7 finden wir z.B. nicht nur den wesentlichen Inhalt der parallelen Rede Lk 6,20–49, sondern auch viele andere Q-Worte, die bei Lk in anderen Textzusammenhängen erscheinen, sowie Sprüche aus dem Sondergut von Mt. Nun ist es sicher nicht so, daß zwei ähnliche Abschnitte bei Mt und Lk immer auf eine gemeinsame Quelle zurückgeführt werden müssen. Manches, was Q zugerechnet wird, kann Lk durchaus von seinen sonstigen Quellen zugeflossen sein, bes. dann, wenn keine wörtl. Übereinstimmung mit der Parallele bei Mt feststellbar ist. Aber auch dann bleibt die Wahrscheinlichkeit bestehen, daß in Mt der Stoff in der beschriebenen Weise neu geordnet wurde. Die erzählenden Abschnitte (fast alle markinisch), die bei Mt den einzelnen Redestücken vorangehen, sind in ihrem Stoff ebenfalls neu gruppiert, um sie dieser thematischen Ordnung anzupassen.

Allerdings hält sich auch Lk nicht immer an die Anordnung seiner Quellen. So setzt er z.B. den Besuch Jesu in Nazareth früher an, als sich dies biographisch begründen läßt. Lukas tat dies vermutlich, um das Programm der messianischen Sendung Jesu, das dieser in der Synagogenrede proklamierte, an den Anfang des Berichts über seine gesamte Wirksamkeit setzen zu können. Auswahl und Anordnung des Materials durch Lukas zeigen, daß er ein viel größeres »biographisches« Interesse an der Gestalt Jesu hatte als die anderen Evangelisten; aber das ist bei dem einzigen Griechen unter den ntl. Autoren durchaus zu erwarten. Einige Wissenschaftler sehen keine Notwendigkeit, eine bes. Spruchquelle für Lukas zu postulieren. Sie halten die Annahme für ausreichend, daß Lk sein sog. Q-Material von Mt bezog. Aber diese Ansicht läßt größere Schwierigkeiten entstehen als sie beseitigt. Unter diesen Umständen würde es u.a. sehr schwierig, die Prinzipien zu erklären, nach denen Lk dieses Material auf sein gesamtes Werk aufgeteilt hat.

Wenn wir nun die mündlichen oder die urkundlichen Quellen der Evv. entdeckt haben (oder entdeckt zu haben meinen), so bedeutet das keineswegs, daß sie damit schon ausreichend erklärt sind. Die Fragen, die in diesem Artikel behandelt werden, sind lediglich die Prolegomena zu den wichtigen Untersuchungen der Evv. selbst. Denn jedes der vier Evv. ist ein eigenständiges Stück Literatur mit eigener Prägung. Jedes hebt einen bes. Aspekt der Person Jesu Christi hervor. Alle drei Synoptiker schließlich verbinden sich mit dem vierten Evangelisten, um gemeinsam das Bild Christi darzustellen, wie wir es kennen.

Die Erforschung der speziellen Interessen und Schwerpunkte der einzelnen Evangelisten findet seit einiger Zeit neue Aufmerksamkeit. Sie ist allg. unter der Bezeichnung »Redaktionsgeschichte« bekanntgeworden und korrigiert das Ungleichgewicht, das durch die einseitige Konzentration auf die Formgeschichte entstanden war. Matthäus, möglicherweise der Sprecher einer Schule (so K. Stendahl), findet eine gute (Selbst-)Beschreibung, wenn es in seinem Evangelium heißt: »Darum ein jeglicher Schriftgelehrter, der ein Jünger des Himmelreichs geworden ist, gleicht einem Hausvater, der aus seinem Schatz Neues und Altes hervorholt« (Mt 13,52). Er ordnet die Lehre Jesu unter Hauptgesichtspunkten in Reden, die als Handbuch für die Unterweisung von Katecheten und Katechumenen in der Gemeinde dienen können. Sein Interesse an der Kirche als einer Gemeinschaft, die von den Tagen Jesu an bis zur »Vollendung dieser Weltzeit« zum Leiden bestimmt ist, ist an seiner Niederschrift deutlich erkennbar. Markus stellt auf eine bes. Weise das »Messiasgeheimnis« Jesu heraus: Das wahre Wesen der Person und Sendung Jesu war während seiner Wirksamkeit weitgehend verhüllt, auch seinen Jüngern. Erst bei seinem Tod am Kreuz wird die Hülle weggenommen; das wird dadurch, daß der Tempelvorhang mitten durchreißt, symbolisiert, und durch das Bekenntnis des röm. Centurio gedeutet (Mk 15,38f). Lukas dagegen sieht in dem Wirken Jesu die Fortsetzung der großen Taten Gottes, von denen das AT berichtet, während das Wirken Jesu seinerseits in der Geschichte der Apostel seine Fortsetzung findet. Das Heilshandeln Gottes wurde, so jedenfalls verstand es Lukas, in der »Fülle« der Zeit vollbracht. Johannes formuliert den Hauptbericht des Evangeliums neu, ohne dessen Wesen zu verändern. Hier finden wir Aussagen im Blick auf die Fleischwerdung des ewigen Wortes, auf die Selbstentäußerung Gottes, der an der neuen Schöpfung genauso aktiv beteiligt ist wie bei der alten. Im Wirken Jesu, vor allem durch seinen Tod, wird die Herrlichkeit Gottes für alle geoffenbart, die Augen haben, um zu sehen.

Die vier Evangelisten haben nur einen kleinen Teil der Worte und Taten Jesu aufgezeichnet. Aber was sie festgehalten haben, ist so ausgewählt, daß wir Jesus – abgesehen von seiner lebendigen Gegenwart bei seiner Gemeinde – auch als geschichtliche Persönlichkeit besser kennen als viele andere, über die uns mehr Einzelheiten überliefert wurden. Diese Textauswahl bildet einen wesentlichen Teil der Inspiration der Evangelien. Sie trug dazu bei, die Verheißung Jesu zu erfüllen, daß der Heilige Geist die Jünger an all das erinnern werde, was Jesus selbst sie gelehrt hatte, und daß er ihnen die Bedeutung dieser Aussagen erklären werde.

Das Bild von Jesus als dem Messias oder dem Gottessohn durchzieht alle Schichten unserer Evv., auch die ursprünglichsten, und zwar unabhängig davon, auf welche Weise man sie klassifiziert und unterteilt. Auch in den frühesten Formen der Evangelienüberlieferung erhebt Jesus den totalen Anspruch auf den Menschen: Er macht seine Autorität geltend, Sünden zu vergeben und zu richten, und er erklärt den Gehorsam gegenüber seinem Wort zum Kriterium über Wohl oder Wehe des Menschen. Ein Q-Logion, das sowohl in Mt 11,27 wie Lk 10,22 vorkommt, hat man als »Meteor aus dem johanneischen Himmel« bezeichnet. Es lautet: »Alle Dinge sind mir übergeben von meinem Vater; und niemand kennt den Sohn denn nur der Vater; und niemand kennt den Vater denn nur der Sohn und wem es der Sohn will offenbaren.« Das ist die Linie der Lehre Christi, die im vierten Evangelium – aber nicht nur dort – herausgearbeitet wird. Denn Spuren davon finden sich auch in den Paulusbriefen, in Hebr und später in dem Liederbuch aus dem 2. Jh., das die *Oden Salomos* genannt wird; ferner in den Ignatiusbriefen und in den *Worten Jesu*, die man in den griech. Oxyrhynchus-Papyri entdeckte. (Diese sind vollständiger in der koptischen Fassung, dem *Thomasevangelium*, erhalten.) Mit ziemlicher Wahrscheinlichkeit ist nachgewiesen, daß zwei der großen christologischen Abschnitte des NT (Phil 2,5ff und teilweise der Johannesprolog) sich von urchristl. Hymnen herleiten. Auf jeden Fall ist ihre Darstellung der Person Christi in ihrer Gottheit keine späte Entwicklung christl. Theologie; sie geht vielmehr auf das Selbstzeugnis Christi zurück. Dieser Gesichtspunkt wird im vierten Ev. bes. betont, aber keinesfalls auf Kosten des wahren Menschseins Jesu. Vielmehr hat gerade Johannes Mühe, gegenüber doketischen Tendenzen das wahre Menschsein Christi immer wieder hervorzuheben. So verschieden das Johannesevangelium auch von Mt, Mk und Lk ist, es steht dennoch eindeutig auf dem gleichen Fundament des ursprünglichen Kerygma. Es beginnt mit der Taufe durch Johannes (alle wesentlichen Fakten werden aufgeführt) und der Salbung Jesu mit Geist und Kraft aus der Höhe. Es berichtet von den Werken seiner Gnade und Vollmacht, über sein Wirken in Galiläa und Jerusalem. Es folgen der Verrat, die Verhaftung, die Verhöre vor dem Hohenpriester und vor Pilatus. Schließlich werden seine Kreuzigung, seine Grablegung und Auferstehung geschildert, seine Himmelfahrt und Erhöhung, sein Kommen, um die Toten aufzuerwecken und die Welt zu richten.

Vom 2. Jh. an hat die Tradition die Entstehung des vierten Evangeliums mit Ephesus in Verbindung gebracht. Neuere Versuche, den Ursprung des Jh in Alexandria oder anderswo anzusiedeln, blieben ohne Erfolg. Es ist andererseits durchaus denkbar, daß jedes der vier Evv. urspr. vor allem in einem Zentrum der christl. Gemeinde beheimatet war. Etwa: Mk in Rom; Mt in Antiochien; Jh in Ephesus. Andere Evv. (die damals ebenfalls entstanden) besaßen nur vorübergehend und regional Ansehen. Unsere vier Evangelien hingegen durchbrachen aufgrund ihres inneren Wertes und ihrer (direkten bzw. indirekten) apostolischen Autorität die lokalen Begrenzungen und wurden von der gesamten Kirche als das vierfache Evangelium anerkannt. Denn jedes von ihnen stimmte in seinen Zielen mit der Sendung der Kirche in die Welt überein. Die erklärte Absicht des vierten Evangeliums gilt gleichermaßen auch für die anderen: »Diese aber sind geschrieben, daß ihr glaubt, Jesus sei der Christus, der Sohn Gottes, und daß ihr durch den Glauben das Leben habt in seinem Namen« (Jh 20,31).

F. F. Bruce

Die Paulusbriefe

Die Briefe des Paulus stellen einen wesentlichen, in ihrer Bedeutung kaum überschätzbaren Teil des ntl. Kanons dar. Was ihre Entstehung betrifft, so sind sie älter als die Evv. Deshalb muß die Auslegung der Evv. die Briefe in gewissem Ausmaß berücksichtigen. Das ändert jedoch nichts an der Tatsache, daß Leben und Werk Jesu die Grundlage der paulinischen Theologie bilden. Diese Fakten muß man beachten, wenn man sich um Zugang zu Paulus und seinen Briefen bemüht.

Die Briefe im Leben der Kirche

Obwohl diese Briefe als »Episteln« bekannt sind, unterscheiden sie sich von der allg. Tendenz griech. Episteln darin, daß sie nicht für ein literarisches Publikum bestimmt sind. Andererseits können sie auch nicht als Privatbriefe behandelt werden, weil sie einem halböffentlichen Zweck dienten. Faktisch stellen sie eine völlig neue Kategorie dar, für die es in der zeitgenössischen Literatur keine Parallelen gibt. Ihre Form ist auf die Bedürfnisse der urchristlichen Gemeinde im Blick auf Lehre und Leben zugeschnitten. Kein ntl. Brief wurde geschrieben, um Literatur zu schaffen; das gilt selbst für Röm, der von allen Briefen am ehesten einer theol. Abhandlung gleichkommt.

Da diese Briefe vor allem praktische Ziele verfolgten, geben sie zugleich über die Situation in den Gemeinden der Anfangszeit Aufschluß. Sie spiegeln den Kampf des Christentums gegen seine heidnische Umgebung wider. Sie verbergen nicht, daß moralische Probleme bestanden. Auch lassen sie erkennen, daß einige Gemeinden in ihrem Verständnis der christl. Wahrheit so unterschiedliche Auffassungen vertraten, daß Irrlehren leicht Anhänger finden konnten. Es gab keine einheitliche Organisationsform für alle Gemeinden. In einer Gemeinde (Korinth) scheint sich sogar erhebliche Unordnung breit gemacht zu haben.

Man muß die Briefe deshalb als das Werk eines christl. Missionars ansehen, der täglich von der Sorge um diese Gemeinden erfüllt war (vgl. 2Kor 11,28). Einige Briefe wurden in Zeiten intensiver Aktivität verfaßt, andere in Perioden erzwungener Muße, wie etwa die Gefangenschaftsbriefe. Es ist kaum anzunehmen, daß die frühen Briefe aufgrund langer gedanklicher Vorarbeit entstanden sind. Sie wirken nach Inhalt und Stil eher wie spontane Antworten der Apostel auf Situationen, die unmittelbaren Rat und sofortiges Handeln erforderten. Das erklärt auch, warum es in diesen Episteln soviele Abschweifungen gibt. Vermutlich schrieb bzw. diktierte Paulus die meisten seiner Briefe, während ihn gleichzeitig eine Fülle anderer Sorgen bedrängte. Trotzdem ist er sich zutiefst bewußt, daß er mit Vollmacht schreibt. Seine Briefe erwekken nie den Eindruck, als seien sie zufällige Meinungsäußerungen. Für Paulus gab es keinen Zweifel, in welcher Weise sich christl. Leben und Denken zu entwickeln hatte. Diese Überzeugung verlieh seinen Briefen ihre Kraft und Vitalität.

Die Sammlung der Paulusbriefe

Urspr. waren die Briefe an weit verstreute christl. Zentren versandt worden, aber irgendwann während der frühen Geschichte der Kirche wurden sie gesammelt. Die genauen Umstände, unter denen dies geschah, lassen sich nicht rekonstruieren. Wahrscheinlich vollzog sich die Sammlung Stück um Stück. Paulus selbst hatte den Austausch seiner Briefe zwischen benachbarten Gemeinden empfohlen (Kol 4,16). Manches spricht dafür, daß diese Praxis bald auch auf weiter entfernt gelegene Gemeinden ausgedehnt wurde. Neben Paulus hielten einige seiner engsten Mitarbeiter die Verbindung mit den heidenchristlichen Gemeinden aufrecht. Männer wie Timotheus, Titus und Tychikus werden Mitteilungen über die Aktivitäten des Paulus von Gemeinde zu Gemeinde getragen haben. Dabei kann in den Gemeinden durchaus der Wunsch entstanden sein, auch andere Briefe zu lesen, die Paulus verfaßt hatte. Aber alle unsere Vorstellungen von diesem Sammlungsprozeß beruhen weitgehend auf Vermutungen. Erst im 2. Jh. gibt es erstmals Belege für das Auftauchen einer autorisierten Sammlung von Paulusbriefen, allerdings einer häretischen. Sie war etwa um 140 n.Chr. von Markion erstellt worden und umfaßte alle Paulusbriefe mit Ausnahme der Pastoralbriefe. Markion konzentrierte sich bes. auf die Paulinen, um andere ntl. Bücher auszuscheiden. Von den Evv. ließ er lediglich Lk gelten, und auch dies nur stark verstümmelt. Dennoch ist dieser Hinweis wertvoll. Denn es ist kaum anzunehmen, daß Markion eine Zusammenstellung von Paulusbriefen vorgenommen hätte, wäre eine solche Sammlung nicht bereits in den rechtgläubigen Gemeinden vorhanden gewesen. Es gehörte damals zur üblichen Praxis pseudo-christl. Lehrer, autorisierte christl. Literatur nachzuahmen. Tertullian, der den Umgang solcher pseudochristl. Lehrer mit den ntl. Schriften beschreibt, stellt fest, daß die Wahrheit dem Irrtum notwendigerweise immer vorangehen müsse. Von etwa 180 n.Chr. an läßt sich die Situation innerhalb der rechtgläubigen Kirche nicht nur aus den Abhandlungen kirchlicher Schriftsteller wie etwa Irenäus feststellen, sondern auch anhand einer Kanonsliste, wie sie der *Kanon Muratori* darstellt. In dieser Liste werden Paulus die dreizehn Briefe zugeschrieben, in denen er auch im NT als Autor genannt ist.

Bereits für einen viel früheren Zeitpunkt gibt es Belege für die Benutzung einiger paulinischer Briefe bei den Apostolischen Vätern. Das setzt zumindest eine Sammlung bestimmter Briefe voraus, über ihren Umfang lassen sich allerdings keine sicheren Angaben machen. Ähnliches könnte im Blick auf den Hinweis in 2Petr 3,16 gelten, wo von den Schwierigkeiten die Rede ist, die Briefe des Paulus zu verstehen. Der Ausdruck »in allen seinen Briefen«, der hier erscheint, wird nicht näher definiert. Deshalb ist es unmöglich, mit Sicherheit zu sagen, welche Briefe er einschloß. Als sicher kann aber gelten, daß eine gewisse Zusammenstellung von Paulusbriefen in jener Zeit bereits weithin bekannt war.

Eine neuere Theorie geht davon aus, daß es vor dem Jahr 90 n.Chr. keine Sammlung von Paulusbriefen gegeben habe. Diese These basiert jedoch auf einigen fragwürdigen Voraussetzungen: So nimmt man eine Periode an, in der Paulus völlig ignoriert worden sei, bis das Erscheinen der Apg dem ein Ende gesetzt habe. Das wiederum setzt eine Spätdatierung der Apg voraus, die gleichfalls umstritten ist. Es ist unwahrscheinlich, daß die Paulusbriefe für fast 30 Jahre in den Archiven verschiedener Gemeinden eingeschlossen gewesen sein sollen, wo so viele Menschen der Arbeit dieses Mannes soviel verdankten.

Die Gruppierung der Paulusbriefe

Insgesamt enthält das NT 13 Briefe, in denen Paulus als Verfasser genannt wird. Sie lassen sich in vier Gruppen einteilen. Die frühesten Briefe waren an die Gemeinde in Thessalonich gerichtet. Sie wurden während der zweiten Missionsreise des Apostels von Korinth aus geschrieben. Die Gemeinde in Thessalonich war von Paulus bald nach seiner Ankunft in Europa gegründet worden, im Anschluß an sein Wirken in Philippi. Zwischen der Gemeindegründung und der Abfassung der Briefe liegen die Aufenthalte in Beröa und Athen.

Die nächste Gruppe wird manchmal »die großen evangelischen Episteln« genannt. Sie umfaßt 1 und 2Kor, Röm und Gal. Die ersten drei wurden mit ziemlicher Sicherheit während der dritten Missionsreise geschrieben, und auch der vierte gehört wahrscheinlich in diese Periode, obwohl ihn einige Neutestamentler für den frühesten aller Paulusbriefe halten (s. Komm. zu Gal). Den ersten Brief an die Korinther schrieb Paulus während seines dreijährigen Aufenthalts in Ephesus (nach 1Kor 16,8 neigte sich sein Aufenthalt dort dem Ende zu). Von Ephesus zog Paulus nach Troas, setzte nach Mazedonien über und hielt sich drei Monate in Griechenland auf. In Mazedonien schrieb er 2Kor, und zwar nach seinem Zusammentreffen mit Titus, der gerade Korinth besucht hatte. Während seines Aufenthalts in Griechenland kam Paulus zweifellos auch nach Korinth. Von hier aus schrieb er den Römerbrief. Zu diesem Zeitpunkt war sein Werk im Osten abgeschlossen, und er wandte seinen Blick nach Spanien. Bevor er jedoch die Reise in den Westen festlegte, entschloß er sich zu seinem Besuch in Jerusalem, um die Geldsammlung für die armen Christen in Judäa persönlich zu überbringen. Das führte zu seiner Verhaftung, an die sich die Gefangenschaft und seine Überführung nach Rom anschloß.

Die dritte Gruppe der Briefe ist unter der Bezeichnung Gefangenschaftsbriefe bekannt. Sie tragen diesen Namen, weil Paulus darin von sich selbst als von einem Gefangenen spricht. Zu ihnen gehören Eph, Phil, Kol und Phlm. Traditionell wurde die Entstehung dieser Briefe in der röm. Gefangenschaft des Paulus angesetzt, und vieles spricht für diese Ansicht. Nach einer anderen Theorie könnte Phil (und evtl. auch die anderen) in Ephesus geschrieben worden sein. Die Schwierigkeit bei dieser These besteht darin, daß wir nicht genau wissen, ob Paulus jemals in Ephesus eingekerkert war. Bestenfalls haben wir es hier also mit einer Vermutung zu tun, die allerdings richtig sein kann. Sicher muß man die enge Beziehung zwischen diesen Briefen betonen; das gilt bes. für Eph, Kol und Phlm; sie sind sowohl durch ihren Inhalt wie durch die Umstände, unter denen ihr Verfasser lebt, eng miteinander verbunden. Alle vier Briefe zeichnen sich durch einen reflektierenden Stil aus; wenn sich Paulus im Gefängnis aufhält, ist das erklärlich. Er hat Kontakt zu einer Reihe christl. Gefährten, die ihn über einzelne Nöte in den Gemeinden informieren. Wie die früheren Briefe wurden auch diese, Eph evtl. ausgenommen, als Antwort auf konkrete Situationen in den Gemeinden verfaßt: Da geht es um das Zunehmen von Häresie, um Fragen der Gemeinschaft, um die Unterscheidung von »fleischlich« und »geistlich«, um die Nöte eines entlaufenen Sklaven. Hält man an der Theorie des röm. Ursprungs dieser Briefe fest, so wurde wahrscheinlich Phil zuerst geschrieben, dann folgten etwa gleichzeitig Eph, Kol und Phlm.

Die vierte Gruppe sind die sog. Pastoralbriefe (1 und 2Tim; Tit). Diese drei Briefe setzen voraus, daß Paulus nach der röm. Gefangenschaft (Apg 28) noch einmal freigelassen wurde; denn in 1Tim und Tit ist Paulus kein Gefangener. In 2Tim steht er allerdings wieder vor Gericht, und es geht um sein Leben. Der Brief macht deutlich, daß Paulus sein Ende für nahe hält. Man hat diesen Brief darum auch den Schwanengesang des Apostels genannt. Die drei Briefe gleichen sich in Stil und Inhalt, so daß man sie als bes. Gruppe betrachten sollte. Sie enthalten Anweisungen zur Regelung des Gemeindelebens, die zur maßgebenden Richtlinie für Fragen der Kirchenordnung geworden sind. Zum anderen lassen sie einige Züge der Persönlichkeit des Paulus deutlich werden, weil sie an zwei seiner vertrautesten Mitarbeiter gerichtet sind. Sie sind ein würdiger Abschluß der literarischen Arbeit des großen Apostels.

Die Lehre des Apostels

Wenn wir uns der Theologie des Paulus zuwenden, müssen wir uns vor Augen halten: Unser Wissen ist einer Reihe von verschiedenen Dokumenten entnommen, von denen keins als Dogmatik gedacht war. Die unterschiedlichen Akzente in den einzelnen Briefen wurden hauptsächlich aus unmittelbaren praktischen Notwendigkeiten so gesetzt. Deshalb ergeben sich Schwierigkeiten, wenn man versucht, daraus die Struktur paulinischen Denkens aufzuzeigen. Es ist wichtig, zu erkennen, auf welchen wesentlichen Grundzügen bei Paulus der theol. Ansatz in seiner Gesamtheit beruht. Dazu müssen wir uns zunächst mit dem Hintergrund dieses Ansatzes befassen.

Einflüsse, die den Apostel bestimmt haben

Der jüdische Hintergrund. Paulus hat seine Leser über die Natur seines jüd. Hintergrundes nicht in Zweifel gelassen. Er war ein »Hebräer von Hebräern« (Phil 3,5) und gehörte zur strengsten jüd. Richtung, den Pharisäern. Das prägte ihn nicht nur, es erfüllte ihn auch mit Stolz. Er war ein Schüler des berühmten Gamaliel und hatte im Judentum weit größere Fortschritte gemacht als die meisten seiner Altersgenossen (Gal 1,14).

Will man das Wesen des Judentums im 1. Jh. n.Chr., so wie es sich Paulus darstellt, genau beschreiben, so stößt man auf Schwierigkeiten. Denn die meisten verfügbaren Angaben stammen aus späteren Quellen. Zwar hatte das rabb. Judentum zweifellos starke Wurzeln im 1. Jh., aber seine eigentliche Ausprägung erhielt es erst in der Zeit nach Paulus. Darüber hinaus war das Judentum starken hell. Einflüssen ausgesetzt, bes. außerhalb von Judäa. Aber auch in Palästina zeichneten sich Tendenzen ab, in denen ein gewisser Synkretismus zwischen jüd. Gedankenwelt und Hellenismus erkennbar war. Das belegen die Schriftrollen vom Toten Meer.

Man kann einige dominierende Grundzüge paulinischer Theologie nicht richtig beurteilen, ohne die Spannungen zu berücksichtigen, die im Denken des Paulus vor seiner Bekehrung bestanden. Der relig. Ansatz im Judentum war im wesentlichen gesetzlich. Wie sehr der Apostel offensichtlich gerade von diesem System enttäuscht wurde, zeigen seine Äußerungen über frühere Erfahrungen (Röm 4–7; Gal 1–4). Er wußte, daß eine Rechtfertigung aus Werken unmöglich war, weil er es an sich selbst erfahren hatte. Dennoch war das Judentum von der Suche nach Gerechtigkeit geprägt. Kein relig. System, das nicht in gleicher Weise davon gekennzeichnet war, Gerechtigkeit zu erlangen, hätte Paulus jemals befriedigen können. Diese Erfahrung und dieses Verlangen haben, was den jüd. Hintergrund angeht, vermutl. am meisten zur paulinischen Theologie beigetragen.

Ein weiteres Wesensmerkmal des religiösen Ansatzes bei Paulus war der beherrschende Einfluß, den das AT auf sein Denken ausübte. Wenn er sich auch in den meisten Fällen der LXX-Version des AT bedient, so ist sein Gebrauch der atl. Schriften doch typisch jüdisch. Darin steht er im klaren Gegensatz zu Philo von Alexandrien, der die Geschichte symbolisch verstand und deutete. Paulus sieht in den Taten, von denen die atl. Geschichte spricht, die Offenbarung Gottes in der Geschichte.

Als Jude glaubte Paulus an den einen, wahren Gott. Und er war von der Heiligkeit Gottes zutiefst überzeugt. Im Judentum hatte gerade der Gedanke der Heiligkeit zu einer Distanzierung Gottes in der Transzendenz geführt; in der christl. Theologie des Paulus dagegen ist Gott nicht fern. Er ist durch Jesus Christus nahegekommen. Trotzdem verdankt Paulus seine tiefe Ehrfurcht vor Gott zweifellos vor allem seinem jüd. Erbe.

Der Heilsbegriff, ein wesentlicher Bestandteil paulinischer Theologie, war durch das jüd. Denken und bes. durch den atl. Kultus vorbereitet. Auch wenn Paulus in seinen Briefen auf Einzelheiten des jüd. Kultus keinen Bezug nimmt (im Gegensatz etwa zum Verfasser von Hebr), so geht der grundlegende Gedanke, daß der Mensch eines Mittlers bedürfe, dennoch auf das Judentum zurück. Doch während das letztere eine Reihe von Mittlern kannte, war für Paulus klar, daß es nur einen einzigen geben könne.

Der hellenistische Hintergrund. Es wurde bereits erwähnt, daß der Hellenismus das Judentum zu beeinflussen begann, und zwar nicht nur in der Diaspora, sondern auch in Palästina. Paulus selbst war in hell. Umgebung aufgewachsen. Auch wenn er einen Teil seiner Ausbildung in Jerusalem genoß, so blieb er doch Bürger von Tarsus. Und Tarsus war für seine »Universität« berühmt.

Einige Wissenschaftler haben nachzuweisen versucht, daß Paulus von der Rhetorik der Stoa beeinflußt gewesen sei. Dies zeige sich etwa in der Verwendung verschiedener Fachausdrücke, Wortspiele, Antithesen und Formen der Diatribe. Es ist aber nicht zu übersehen, daß Paulus überall dort, wo er sich dieser Kunstformen bedient, keineswegs auch die Gedankenwelt der stoischen Philosophie übernimmt. Außerdem sind die Paulusbriefe eben gerade keine Beispiele rhetorischer Übungen, sondern praktischer Ausdruck eines lebendigen Glaubens.

Andere Forscher hielten Paulus für wesentlich durch das orientalische religiöse Denken beeinflußt, bes. durch dessen Ausprägung in den sog. Mysterienreligionen. Vor allem R. Reitzenstein und W. Bousset bestanden darauf, daß das gedankliche System des Paulus nur vor dem Hintergrund der Mysterienreligionen verstanden werden könne. Der Gedanke eines sterbenden und auferstehenden Gottes, einer Erlösung, die ein stark sakramentales Element enthielt, einer Gotteserkenntnis aufgrund realer Gottesgemeinschaft – für alle diese Aspekte der Mysterien fänden sich Parallelen bei Paulus. Aber man machte den Fehler, aus Ähnlichkeiten zwingend auf einen gemeinsamen Ursprung zu schließen. Die fundamentalen Unterschiede wurden übersehen, und man stützte sich auf Belege, die aus einer späteren Zeit stammten. Bultmanns Theorie von gnostischen Einflüssen auf Paulus weist die gleichen Mängel auf.

Die Bekehrungserfahrung. Die Theologie des Paulus wurde von der tiefen Wirkung seiner Bekehrung beherrscht. Diese Erfahrung ging so offensichtlich auf eine göttliche Offenbarung zurück, daß dem Apostel sofort eine völlig neue Schau von Gott und seinen Absichten mit ihm selbst geschenkt wurde. Im Mittelpunkt dieser Erfahrung stand die für ihn unbestreitbare Tatsache der Auferstehung Christi, denn auf der Straße nach Damaskus begegnete ihm der Auferstandene selbst. Ohne Zweifel sah Paulus diese Begegnung als ein reales Geschehen an. Sie war kein Produkt seiner Phantasie, sondern bildete die Grundlage seiner Glaubensgewißheit. Er hatte eine Gottesoffenbarung erlebt, die niemand bestreiten konnte. Aus der Tatsache, daß Lk die Bekehrungsgeschichte des Paulus in der Apg gleich dreimal berichtet, wird deutlich, daß sich auch andere der Bedeutung bewußt waren, die diese Erfahrung für den Apostel besaß.

Im paulinischen Denken ist die Auferstehung Christi der Schlüssel zum Verständnis vieler seiner theol. Entwürfe. Seine Auffassung von der Person Christi wird unmittelbar durch das Faktum der Auferstehung Jesu bestimmt. In Röm 1,4 unterstreicht er, daß Jesus durch die Auferstehung als Gottessohn eingesetzt worden sei; er wollte damit ausdrücken, daß er damit seine Göttlichkeit manifestiert habe. Auch in Röm 10,9 ist das Bekenntnis zu Jesus als dem Herrn mit dem Glauben an seine Auferstehung verbunden. Es besteht kein Zweifel, daß die frühen Christen Jesus durch dieses Bekenntnis mit Gott gleichsetzten (vgl. Oscar Cullmann, Die ältesten christlichen Bekenntnisse, S. 23), und Paulus zögerte nicht, das gleiche Bekenntnis für sich zu übernehmen. Weiter setzt der Apostel durchweg das messianische Mandat Jesu voraus. Das zeigt sich nicht nur in dem Übergewicht, das der Doppelname Jesus Christus oder Christus Jesus bei ihm besitzt, sondern auch in grundlegenden Voraussetzungen: Er verstand den Messias im jüd. Sinn als die Persönlichkeit, die im Auftrag Gottes die Erlösung vollbringt. Seine Vorstellung von dieser Erlösung unterscheidet sich von der jüd. Erwartung allerdings durch ihre völlig geistliche Ausrichtung.

Durch die Auferstehung wurde das Erlösungswerk Christi gültig und wirksam (vgl. Eph 1,19ff; Phil 2,7ff). Durch sie empfängt der Glaubende Kraft (Gal 1,1–4; Phil 3,10). Sie ist die Grundlage der Rechtfertigung aus dem Glauben (Röm 4,25), die Garantie für die

Auferstehung der Glaubenden (1Kor 15). Es bedarf keiner weiteren Belege für die überragende Bedeutung der Auferstehung in der Theologie des Paulus. Er denkt und redet von der persönlichen Erfahrung mit dem auferstandenen Christus her, der ihm zum ersten Mal auf der Straße nach Damaskus begegnete.

Die Hauptthemen

Es ist nicht möglich, den weitgesteckten Rahmen paulinischer Theologie in einer knappen Übersicht gerecht zu werden. Wir müssen uns darauf beschränken, die Hauptthemen seines theol. Denkens so darzustellen, daß der Leser sie in den einzelnen Briefen auffinden kann. Paulus hat keinen systematischen Entwurf seiner Theologie vorgelegt. Daher ist es notwendig, uns mit den Grundgedanken vertraut zu machen, die den verschiedenen Bereichen seines theol. Denkens zugrunde liegen. So lernen wir auch die Bedeutung jedes einzelnen Briefes in diesem Zusammenhang zu würdigen.

Die Gotteslehre. Das Gottesbild des Paulus war zutiefst durch das AT und die auf ihm basierenden Glaubensaussagen des Judentums geprägt. Es entspricht im wesentlichen dem, was wir bereits aus der Lehre Jesu kennen. Das paulinische Gottesbild war erhaben, aber der Apostel verfiel nicht in den Fehler seiner jüd. Zeitgenossen, Gott in einer jenseitigen Existenz aufgehen zu lassen (Transzendentalismus). Seine Gottesvorstellung war durch den Gedanken der Gnade bestimmt, unter der er Gottes unverdientes Wohlwollen verstand (vgl. Röm 1,5; 1Kor 15,9.10). Paulus konnte nie davon abgehen, daß der gesamte Vorgang der Erlösung allein auf Gottes Handeln zurückging und nicht auf eigener Bemühung des Menschen beruhte. Er war sich der Liebe Gottes in Christus zutiefst bewußt und wurde nicht müde, ihr Ausdruck zu geben (vgl. Eph 3,18.19). Doch neben Liebe und Barmherzigkeit Gottes stand für ihn ebenso nachdrücklich die göttliche Gerechtigkeit. Der Gedanke der Gerechtigkeit beherrscht bes. den Römerbrief (1,4.17; 3,21f). Gott ist nicht nur in sich selbst heilig; er will, daß seine Geschöpfe ebenso heilig sind, wie er selbst es ist. Daraus erklärt sich für Paulus die Notwendigkeit des Ev. für alle Menschen. Ihre Sündhaftigkeit erwächst nicht aus einer willkürlichen theol. Definition oder Lehrmeinung. Sie beruht auf dem offensichtlichen Gegensatz zwischen dem Menschen und dem Wesen Gottes.

Weil Heiligkeit aber Sünde nicht anders als verabscheuungswürdig ansehen kann, ist Gerechtigkeit bei Paulus zwangsläufig mit dem Zorn Gottes verbunden. Das wird am deutlichsten in Röm 1,17.18 ausgesprochen. Der Gedanke vom Zorn darf nicht verwässert werden. Er drückt konsequent das göttliche Mißfallen an der Sünde aus, obwohl er im Gegensatz zu Gottes Liebe für den Sünder zu stehen scheint (Röm 5,8). Nur auf dem Hintergrund dieses Gottesbildes kann die paulinische Erlösungslehre begriffen werden.

Die Christologie. Bereits eine kursorische Lektüre der Paulusbriefe macht deutlich, welche hohe Auffassung der Apostel von Christus hat. Dabei fällt allerdings auf, wie wenig er an den Ereignissen aus dem Leben Jesu interessiert scheint. Das erklärt sich daraus, daß sein Bekehrungserlebnis Paulus mit dem auferstandenen Christus bekanntgemacht hatte. Das war eine von jeder Kenntnis des irdischen Jesus unabhängige Erfahrung. Aber auch wenn Paulus wenig Interesse an dem menschlichen Leben Jesu zeigte, so läßt sich daraus nicht ableiten, daß sie für ihn keine Bedeutung gehabt hätte. Er erwähnt z.B. Einzelheiten wie die menschliche Geburt Jesu, seine Sündlosigkeit, die Einsetzung des Abendmahls, seine Armut, seinen Tod und seine Auferstehung. Diese gelegentlichen Bezugnahmen legen den Gedanken nahe, Paulus habe bestimmte Kenntnisse vorausgesetzt. Auch ging es ihm wesentlich darum, daß der Glaube nicht auf dem Schauen beruhen sollte (vgl. 2Kor 5,16). Dennoch finden sich bei Paulus keine Anzeichen einer bewußten Zweiteilung in einen Christus des Glaubens und einen historischen Jesus.

Die paulinische Christologie weist eine Reihe von Facetten auf. Häufig wird die Mitwirkung Christi bei der Schöpfung betont. Er hat nicht nur alles erschaffen, sondern er erhält auch alles Geschaffene. Aber so oft der Apostel die Aufmerksamkeit auf das Schöpferwirken Christi lenkt, verbindet er das mit dem von Christus vollbrachten Erlösungswerk (vgl. Kol 1,15ff). Auch gibt es keine klare Unterscheidung zwischen dem schöpferischen Handeln Gottes und dem Schöpferhandeln Christi.

Die Präexistenz Christi wird vorausgesetzt: »Gott sandte seinen Sohn« (Gal 4,4). Die Inkarnation versteht Paulus als freiwilligen Akt der Erniedrigung (2Kor 8,9). Die klarste Aussage zur Präexistenz findet sich in Phil 2,6–11, wo die freiwillige Preisgabe der himmlischen Herrlichkeit durch Christus besonders hervorgehoben wird. Der Prozeß der Erniedrigung führte durch Leiden zur Herrschaft.

Paulus beschreibt Christus in verschiedenen Sprachbildern. Er bezeichnet ihn als den

»letzten Adam« (1Kor 15,45), das »Ebenbild Gottes«, den »Erstgeborenen« (Kol 1,15), oder als das »Haupt des Leibes« (Eph 4,15; Kol 1,18). Der Apostel ist gewiß, daß Christus sowohl in der Kirche wie in der Schöpfungsordnung den höchsten Platz einnimmt. Und doch ist eines seiner Hauptthemen, daß die Glaubenden »in Christus sein« können. Er hörte nie auf, über die Erniedrigung des verherrlichten Christus in die Gemeinschaft mit den Glaubenden und die sich daraus ergebenden Konsequenzen nachzudenken.

Es gibt einige Abschnitte, die eine Unterordnung Christi unter Gott anzudeuten scheinen; in anderen jedoch wird eindeutig ausgedrückt, daß Christus selbst Gott war. Die erstgenannte Auffassung findet sich vor allem in Gal 4,4; Röm 8,32; Phil 2,9; 1Kor 15,28; die Gottheit Christi wird bes. in Röm 9,5 und Kol 2,9 betont.

Aspekte des Werkes Christi. Paulus hatte als Teil des urspr. Kerygma von anderen empfangen, daß Christus nach der Schrift für unsere Sünden gestorben sei (1Kor 15,3). Diese Verbindung von Tatsache und Deutung bildet die Basis der frühchristlichen Theologie. Der Apostel muß lange über das Geheimnis des Werkes Christi und seine Bedeutung für die Menschheit nachgedacht haben; denn er verwendet eine Vielfalt von Formulierungen, um etwas von dem Reichtum seiner Reflektionen über dieses Thema zu vermitteln. Nur die wichtigsten können hier angeführt werden; wer die Paulusbriefe studiert, wird ohne Mühe weitere hinzufügen können.

Der *Sühnegedanke* begegnet Röm 3,25 in Verbindung mit der Sünde des Menschen. Paulus gebraucht das entsprechende Wort hier eindeutig im Sinn von Opfer. Dabei geht es aber nicht darum, durch ein solches Opfer eine zornige Gottheit zu besänftigen. Vielmehr sorgt Gott selbst für das Opfer, das nötig ist, um Sünde zu tilgen. Der Apostel stellt klar heraus, daß es allein im Glauben möglich ist, sich das Erlösungswerk Christi anzueignen.

Ein weiterer zentraler Begriff bei Paulus ist *Erlösung.* Er ist von der zeitgenössischen Praxis abgeleitet, Sklaven gegen die Zahlung eines Lösegeldes freizukaufen. Paulus verwandte die Metapher nicht streng in ihrem wirtschaftlichen Sinn, aber er war sich zutiefst bewußt, daß Christus etwas Entscheidendes für ihn getan hat, um ihn von der Macht der Sünde zu befreien (Röm 3,24; Gal 4,4f; Eph 1,7).

Der Gedanke der *Versöhnung* ergibt sich mit Notwendigkeit, wenn man sich die Entfremdung des Menschen von Gott bewußt macht, ein bei Paulus ständig wiederkehrendes Thema. Er führt unsere Versöhnung mit Gott auf den Tod Christi zurück (Röm 5,10). Und er sieht seinen eigenen Auftrag darin, die Menschen zu bitten, sich mit Gott versöhnen zu lassen (2Kor 5,18ff). Daneben spricht Paulus von der Versöhnung des Kosmos; z.B. in Kol 1,20, wo es heißt, daß »alles durch ihn versöhnt würde mit Gott, es sei auf Erden oder im Himmel«. Das eröffnet eine Sicht von Versöhnung, die über die Wiederherstellung der Harmonie zwischen Personen weit hinausgeht.

Eng verbunden mit dem Thema der Versöhnung ist das der *Adoption* (Röm 8,15; Gal 4,5.6). Durch Christus werden die Glaubenden Söhne Gottes, durch den Geist rufen sie: »Abba, lieber Vater!« Eine solche neue Beziehung wird nur durch ein bes. göttliches Handeln in Christus ermöglicht.

Eins der beherrschenden Themen des Apostels ist die *Rechtfertigung aus Glauben,* bes. in Röm und Gal behandelt. Paulus sieht keine Chance für den Menschen, Gerechtigkeit zu erlangen, es sei denn durch den Glauben an das Werk Christi. Der Gedanke, ein Mensch könne durch seine eigenen Anstrengungen mit Gott ins Reine kommen, war für ihn völlig absurd.

Die Pneumatologie. Die paulinische Lehre vom Heiligen Geist stimmt voll mit der Lehre Jesu überein, bes. nach Jh. Das Wirken des Geistes ist eng mit dem Wirken Jesu verbunden. Der Geist Gottes ruht auf ihm, er wohnt in bes. Weise in ihm, wird von ihm gegeben; das Ziel des Geistes ist es, Jesus zu verherrlichen. Der Geist ist der Mittler, durch den Gott in Christus mit seinem Volk in Verbindung steht (vgl. Röm 5,5; 8,16; 15,19; 1Kor 2,10f; Gal 4,6; Phil 1,19; 1Thess 1,5). Durch den Geist begreifen wir unsere Kindschaft und können »Abba, lieber Vater!« rufen (Gal 4,6). Unsere Leiber sind zu Tempeln des Geistes geworden (1Kor 6,19). Am stärksten konzentrieren sich die paulinischen Aussagen über das Wirken des Geistes in Röm 8, wo der Apostel das Wirken des Geistes in den Glaubenden den Werken des Fleisches gegenüberstellt. Paulus selbst war zweifellos ein vom Geist erfüllter Mensch.

Aufgrund der engen Verbindung von Vater, Sohn und Geist in den Paulusbriefen kann man vom Ansatz zu einer Trinitätslehre sprechen, aber sie wird nicht systematisch ausgearbeitet.

Die Ekklesiologie. Der Apostel gebraucht in seinen Briefen den Begriff »ekklesia« auf zweierlei Weise. Er steht einmal für die Ortsgemeinde (z.B. 1Thess 2,14; 2Thess 1,4), aber auch für die universale Kirche (etwa in dem Begriff »die Kirche Gottes« in Kor, oder wenn er in den Gefangenschaftsbriefen Christus als »Haupt der Kirche« bezeichnet).

Paulus verwendet hauptsächlich drei Redewendungen, um die Funktionen und Beziehungen in der Kirche zu beschreiben.

a) *Die Metapher vom Bau.* Der Gedanke, die Kirche als ein Gebäude zu verstehen, geht möglicherweise auf einen Ausspruch Jesu zurück, der (nach dem Petrusbekenntnis Mt 16,16f) vom Bau der Kirche auf einem Felsen redet. Auf dem Fundament Christus haben Paulus und andere ihre missionarische Arbeit verrichtet (1Kor 3,10–15). Die Ortsgemeinde wird als Tempel Gottes verstanden (1Kor 3,16). In Eph 2,20f. wird die Metapher auf die gesamte Kirche übertragen, deren Eckstein Christus ist und die durch einzelne wie durch Gemeinden dargestellt wird. Zugleich wird die grundlegende Bedeutung der Apostel und Propheten für die Kirche unterstrichen, und zwar in historischer Sicht.

b) *Die Metapher vom Leib.* Dieses Bild kommt in vier Briefen vor; man kann es darum als charakteristisch für die paulinische Ekklesiologie ansehen. In Röm 12,5 wird die Vielfalt der Glieder in der Einheit des Leibes betont. Alle Glieder besitzen verschiedene Gaben. Ähnlich werden auch (1Kor 12,14ff) die Unterschiede innerhalb der Gesamtheit herausgearbeitet, denn jedes Glied trägt in seiner Eigenart wesentlich zum Wohl des Ganzen bei. Beim Abendmahl wird dieses wesensmäßige Einssein verdeutlicht; es kommt in dem Gedanken des einen Laibes für den einen Leib (1Kor 10,17) zum Ausdruck. In Eph 1,23; 4,12; 5,23 wird Christus als Haupt des Leibes und Retter seines Volkes beschrieben. Leben und Existenz des Leibes sind vom Haupt abhängig. Losgelöst von Christus kann die Kirche nicht existieren, geschweige denn wachsen. Ähnliche Gedanken enthält Kol (vgl. 1,18.24; 2,19).

c) *Das Bild von der Ehe.* In 1Kor 11,3 wird diese Vorstellung andeutungsweise auf eine Ortsgemeinde angewandt; in 1Kor 6,15ff wird sie auf den einzelnen Christen bezogen. In Eph 5,25ff wird die ganze Kirche unter dem Bild der Braut gesehen. Die Verbindung von Braut und Bräutigam dient als Illustration für die Vereinigung der Glaubenden mit Christus, die Paulus selbst als Mysterium bezeichnet.

Das paulinische Gemeindeverständnis läßt sich auch unter anderen Gesichtspunkten darstellen: So ist z.B. die Notwendigkeit der brüderlichen Liebe (vgl. 1Thess 5,15; Gal 5,14; 6,10; Röm 12,12–21; Eph 4,16) ein integraler Bestandteil seines Denkens. Ferner spricht Paulus von den Gaben *(charismata),* die Gott der Kirche gegeben hat und die zu ihrem Aufbau eingesetzt werden sollen.

Die Eschatologie. Paulus erwartet die Parusie (das zweite Kommen Jesu). Fast in allen seinen Briefen spricht er von diesem endgeschichtlichen Ereignis. Daß es unmittelbar bevorstehe, wird in den frühen Briefen (z.B. 1 und 2Thess) stärker betont als in den späteren. Der Apostel kam zu der Einsicht, daß er die Parusie wahrscheinlich selbst nicht mehr erleben werde. Das bedeutete jedoch nicht, daß er die Gewißheit dieses Ereignisses je aus dem Blickfeld verloren hätte. Der Beschreibung der kommenden, zukünftigen Ereignisse schenkte er wenig Aufmerksamkeit. Er schaute nach vorn – um bei Christus zu sein (Phil 1,23). Zugleich war er sich seiner Verantwortung in der Welt so sehr bewußt, daß er bereit war, in ihr zu bleiben und weiterzuarbeiten. In der großen Auseinandersetzung um die Auferstehung des Leibes in 1Kor 15 unterstreicht er die zentrale Bedeutung der Auferstehung für den christl. Glauben. Wenn Christus nicht auferstanden ist, ist der Glaube vergeblich. Weil Christus aber auferstanden ist, darum werden auch die, die an ihn glauben, auferweckt werden und einen neuen, geistlichen Leib empfangen. Darin weicht Paulus von der gängigen griech. Vorstellung ab, daß allein die Seele unsterblich sei (vgl. 1Kor 15,44; 2Kor 5,1–3).

Die andere große eschatologische Schau des Apostels hatte den Richterstuhl Christi zum Inhalt. Sie prägte die ethischen Zielsetzungen des Apostels. Der Gedanke, daß jeder für seine Taten einmal Rechenschaft ablegen muß, wirkt ernüchternd (2Kor 5,6–10). Paulus lebte als ein Mensch, der sich seiner Verantwortung vor Gott ständig bewußt war.

D. Guthrie

B Altes Testament I

1. Mose (Genesis)

Einleitung

Zum Titel

Nach der im Altertum üblichen Sitte, Bücher nach ihren Eröffnungswörtern zu bezeichnen, nannten die Juden das erste Buch des Gesetzes *»bereschit«*, »Am Anfang«. Der uns durch die lat. Tradition überlieferte griech. Name »Genesis« stammt wie die Namen der übrigen Bücher des Pentateuch aus der LXX. »Genesis« bedeutet »Ursprung«; das ist eine sachgerechte Bezeichnung für das Buch, das in seiner Gesamtheit den Prolog zur atl. Geschichte Israels darstellt und in seiner Einleitung, dem Schöpfungsbericht, bis auf den Ursprung aller menschlichen Geschichte zurückgeht.

Verfasser

Die Frage nach dem Autor der Genesis wird in den allg. Artikeln »Die Geschichte der Literarkritik des Pentateuch« und »Mose und der Pentateuch« behandelt. Wer die mosaische Autorschaft, die für die übrigen vier Bücher des Pentateuch allg. gilt, auch für die Genesis akzeptiert, wird zwei Argumenten bes. Gewicht beimessen, denn in dem Buch selbst wird Mose nicht ausdrücklich als Autor genannt.

Einmal sind die stofflichen Querverbindungen zwischen 1Mo und den übrigen Büchern des Pentateuch zu nennen. Viele Themen aus 1Mo werden in den übrigen Büchern des Pentateuch aufgegriffen und machen diese damit von dem ersten abhängig. Hier einige Beispiele: die Wiederaufnahme des Stammbaums von 1Mo 46 in 2Mo 1,1ff und 6,14ff; die Erinnerung an die Erzählung von den Zwillingen Esau und Jakob und von dem Segen Esaus (1Mo 25ff) als Rechtfertigung der Anweisungen, die Israel für seinen Zusammenstoß mit Edom erhält (5Mo 2,4ff; 4Mo 20,14ff); schließlich die Ähnlichkeit des Schlusses von 1Mo und 5Mo. Die Annahme, daß die zweite Schicht (2Mo–5Mo) unabhängig von der grundlegenden Schicht (1Mo) und sogar durch einen früheren Autor geschaffen sein könnte, erscheint unter diesen Umständen wenig wahrscheinlich.

Von besonderer Bedeutung ist zum anderen das ntl. Zeugnis im Blick auf Mose als Verfasser des gesamten Gesetzbuches (vgl. bes. Jh 1,45; 5,46f). Jesus und seine Jünger zitierten verschiedene Stellen des Pentateuch und schrieben sie Mose zu. Das läßt darauf schließen, daß sich Jesus der vorherrschenden jüd. Auffassung angeschlossen hat, Mose habe alle fünf Bücher des Pentateuch geschrieben. Wer argumentiert, die ntl. Autoren hätten die mosaische Autorschaft lediglich für diejenigen Passagen beansprucht, die sie auch als mosaisch zitierten (wobei man viell. zu der Auffassung gelangt, daß überhaupt keine Abschnitte aus 1Mo zitiert werden), der muß voraussetzen, daß die ntl. Autoren komplizierte kritische Untersuchungen angestellt oder eine bes. Offenbarung empfangen haben, aufgrund deren sie zu einer Ablehnung der zeitgenössischen Tradition kamen und damit zugleich zur Ablehnung mosaischer Autorschaft für Teile von 2Mo–5Mo. Denn nach der Überlieferung war Mose der Autor von Genesis.

Keine dieser Theorien erscheint akzeptabel. Wenn das so ist, dann bestätigt das NT die jüd. Tradition der mosaischen Autorschaft für den Pentateuch, ohne 1Mo auszuklammern.

Historizität und literarische Parallelen

Viele Wissenschaftler vertreten die Auffassung, 1Mo 12–50 sei nur begrenzt und in ungewissem Ausmaß historisch; denn hier würden Ereignisse berichtet, die lange vor ihrer schriftlichen Fixierung stattgefunden haben und von denen man nur aufgrund langer mündlicher Tradition wisse. Die Kap. 1Mo 1–11 werden als völlig unhistorisch betrachtet; nicht nur, weil hier extrem weit zurückliegende Zeiten beschrieben werden, sondern vor allem, weil sich dazu Parallelen in der mythologischen Literatur des Alten Orients finden. Man weiß, daß es bereits vor Mose Texte gegeben hat, die sich mit Themen wie der Schöpfung der Welt, dem Ursprung menschlicher Kulturen, der Sintflut und den Stammbäumen von Herrscherhäusern aus der Zeit vor und nach der Flut beschäftigen. Einige von ihnen korrespondieren mit 1Mo 1–11 bis in die allg. Zusammenstellung und in die Abfolge der Hauptthemen hinein.

Man kann jedoch aus der bloßen Existenz mythologischer Parallelen zu 1Mo 1–11 nicht schließen, daß auch der bibl. Bericht unhistorisch sein müsse. Denn genausogut kann man zu der Auffassung gelangen, daß die in 1Mo 1–11 berichteten Ereignisse historisch sind. In diesem Fall wäre es keineswegs überraschend, wenn diese Berichte in den heidnischen Traditionen mythologisiert worden wären, während ihre authentische historische Form im Überlieferungsstrom von 1Mo 1–11 vorliegt. In welchem Ausmaß dieser Bericht auf bes. Offenbarungen zurückgeht – sowohl im Blick auf seinen Ursprung wie auf die späteren Bearbeitungen und Neufassungen (einschließlich der Genesis-Fassung) – ist uns im einzelnen nicht bekannt.

Für die Annahme, daß es sich bei 1Mo 1–11 nicht um einen mythologischen, sondern um einen historischen Bericht handelt, spricht das Zeugnis der übrigen bibl. Bücher. Das Material dieser Kap. wird von anderen bibl. Autoren genauso als historisch interpretiert, wie sie auch 1Mo 12–50, die Königsbücher oder die Evv. als historisch verstehen.

Eine literarische Analyse von 1Mo 1–11 führt zu dem gleichen Ergebnis. Diese Kap. lassen sich aufgrund keiner der allg. anwendbaren literarischen Kriterien als unhistorisch identifizieren. In ihrem literarischen Charakter unterscheiden sie sich durch keine wesentlichen Merkmale von 1Mo 12–50. Es gibt zwischen 1Mo 11 und 1Mo 12 keinen großen Bruch. Vielmehr verbindet 1Mo 11 die vorausgehenden mit den folgenden Berichten. Durch den Stammbaum Sems schließt dieses Kapitel die Geschichte Abrahams und die übrigen Geschlechtsregister (1Mo 12 und weiter bis ins NT) mit der Weltkarte von 1Mo 10, mit der Weissagung Noahs (1Mo 9) und dem Stammbaum Adams (1Mo 5) zusammen. Der genealogische Charakter dieses Verbindungsstücks unterstreicht, daß sowohl die vorausgehenden wie die folgenden Berichte sich mit alltäglicher, irdischer Geschichte befassen (obwohl sie gleichzeitig Heilsgeschichte ist).

1Mo 1–50 ist durchweg als Geschichte zu betrachten. Und wenn die Geschichtsschreibung von göttlicher Inspiration durchdrungen ist, so entsteht als Ergebnis ein glaubwürdiges historisches Dokument; und zwar unabhängig davon, wie weit der menschliche Geschichtsschreiber von der Zeit, in der die berichteten Ereignisse spielen, auch immer entfernt sein mag. Eine solche Auffassung berechtigt nicht dazu, Fragen, die sich durch den Vergleich moderner wissenschaftlicher Untersuchungen mit der historischen Darstellung in den frühen Kapiteln von 1Mo ergeben, zu umgehen. Es geht lediglich darum, auf bestimmte Merkmale im Berichtsstil von 1Mo aufmerksam zu machen. So ist das Material immer wieder nach Hauptereignissen und nicht streng chronologisch geordnet. Wenn wir das beachten, läßt sich manche Sackgasse vermeiden, in die eine starre traditionelle Exegese führen kann. Vielleicht gelingt es uns sogar, neue Möglichkeiten einer fruchtbaren Wechselbeziehung zwischen bes. und allg. Offenbarung zu entdecken. Vgl. im Komm. die Anmerkungen zu archäol. Daten, welche die historische Vertrauenswürdigkeit der Erzväterberichte erhellen.

Wenn Mose bei der Zusammenstellung der Genesis von der Literatur des Nahen Ostens, die Parallelen zu 1Mo aufweist, nicht abhängig war, so hat er sie andererseits auch nicht verleugnet. Es hat jedoch den Anschein, daß da, wo der bibl. Bericht Merkmale einer heidnischen Version widerspiegelt, dies auf polemischer Absicht beruht. Damit wird die Eitelkeit der Weisheit dieser Welt angesichts göttlicher Offenbarung deutlich gemacht. Das kann hier im einzelnen nicht dargestellt werden; ein eindrückliches Beispiel dafür bildet jedoch die Behandlung des babyl. Schöpfungsberichts *Enuma elisch.* Sowohl der Schöpfungsbericht in 1Mo 1 wie der Bericht vom Turmbau zu Babel (1Mo 11) setzen die Kenntnis des babyl. Berichtes voraus. In beiden Abschnitten wird jedoch die Weltsicht des babyl. Epos zurückgewiesen, ja sogar verspottet, und zwar bes. an jenen Stellen, wo scheinbar die stärkste formale Übereinstimmung besteht.

Literarischer und theologischer Aufbau

Die folgende Kommentierung folgt in den Hauptüberschriften den Stammbäumen, in welche 1Mo formal gegliedert ist. In seiner weiteren Unterteilung versucht sie, die theol. Aussage des Buches zu entfalten.

Im Anschluß an die Einleitung (1,1–2,3) ist 1Mo in zehn Abschnitte gegliedert, von denen jeder mit der Formel *'elleh toledot,* »dies sind die Generationen von« (leicht modifiziert in 5,1), überschrieben ist. In fünf Fällen bilden genealogische Daten den Groß- bzw. Hauptteil solcher Abschnitte (5,1ff; 10,1ff; 11,10ff; 25,12ff; 36,1ff). Die Anordnung des gesamten Genesisberichtes in diesem genealogischen Rahmen ist ein eindeutiger Hinweis darauf, daß dem Autor daran liegt, seinen Bericht als Geschichte wirklichen Lebens verstanden zu wissen; es geht um ganz bestimmte, zu ihrer Zeit gezeugte Menschen, die ihrerseits Nachkommen gezeugt haben. Die Geschlechtsregister werden in der späteren bibl. Geschichtsschreibung wieder aufgenommen, die Stammbäume von 1Mo werden wiederholt und fortgesetzt, bis die Linie Adams weitergeführt ist bis auf Jesus, den zweiten Adam (vgl. bes. Lk 3,23–38).

Mit der Aufspaltung der Einheit von 1Mo leistete die Urkundenhypothese, zumindest in ihrer klassischen Formulierung, einen schlechten Dienst. Was als harmonische und zusammenhängende Entwicklung eines einzigen Themas gedacht war, reduzierte sie zu einer Reihe von zusammenhanglosen, sich überschneidenden, ja widersprechenden Fragmenten. Obwohl die Urkundenhypothese die Generationsformel als redaktionelle Untergliederung durch den Verfasser der Priesterschrift (P) verstand, hat sie sie nie recht ernst genommen. Der folgende Aufriß und der darauf basierende Kommentar versuchen zu zeigen, daß 1Mo eine natürliche Einheit darstellt und daß unter diesem Gesichtspunkt die Haupttheorien der Vertreter der Urkundenhypothese weder mit den Fakten übereinstimmen noch zur Erklärung notwendig sind.

Die bes. Stellung der verschiedenen Geschlechtsregister in 1Mo wurde durch ein thematisches Hauptanliegen des Buches bestimmt. Es wollte die auf Bundesschlüssen beruhende Beziehung Gottes zu den Menschen darstellen. Das Thema »Bund« wird in 1Mo ganz auf die urspr. Beziehung zwischen Gott und Mensch zurückgeführt; durch den Sündenfall wird der Bund gebrochen, die erlösende Wiederherstellung der Gemeinschaft konzentriert sich schließlich im abrahamitischen Bund. Am Ende des Buches stehen wir am Vorabend der mosaischen Erfüllung des abrahamitischen Bundes im Bundesschluß vom Sinai und der Errichtung der israel. Theokratie, die ein vorläufiges Vorbild auf das ewige Königtum Gottes im neuen Bund darstellt. Abschnitte, die im Blick auf die Bundesgeschichte keine epochalen Entwicklungen enthalten, und bes. die genealogischen Zweige außerhalb der Bundesgemeinschaft werden nur kurz behandelt und bestehen vor allem aus Stammbäumen, die zwar ordnungsgemäß aufgezeichnet werden, jedoch zurücktreten zugunsten einer umfassenden Darstellung der Geschichte des »auserwählten Restes«, der Empfänger und Träger einer zunehmenden Bundesoffenbarung, der Linie, die zu Israel und dem Messias hinführt. Der genealogische Rahmen erweist sich als geeignete Struktur für eine historische Behandlung des Bundesthemas; denn Gott verwaltet seinen Bund nicht in individueller Aufsplitterung, sondern er bezieht seine Knechte mit ihren Familien ein, sogar bis ins tausendste Glied derer, die ihn lieben.

Inhalt

1,1–2,3	**Einleitung**	
	1,1–13	Die Reiche der Schöpfung
	1,14–31	Die Regenten der Schöpfung
	2,1–3	Der Schöpfer-König
2,4–4,26	**Die Zeit, da Gott der Herr Erde und Himmel machte**	
	2,5–25	Die ursprüngliche Glückseligkeit des Menschen
	3,1–24	Das Hereinbrechen der Sünde
	4,1–26	Der Mensch in der Verbannung
5,1–6,8	**Das Geschlecht Adams**	
	5,3–32	Das Geschlechtsregister des Bundes: von Adam bis Noah
	6,1–8	Der Kult des Menschen
6,9–9,29	**Das Geschlecht Noahs**	
	6,9b–8,19	Der Flut-Bund
	8,20–9,17	Der Bund nach der Sintflut
	9,18–27	Der Bund in der Prophetie
10,1–11,19	**Das Geschlecht der Söhne Noahs**	
	10,1–32	Die Diaspora der Völker
	11,1–9	Die babylonische Zerstreuung
11,10–26	**Das Geschlecht Sems**	

11,27–25,11	**Das Geschlecht Tharahs**	
	11,27–15,21	Abram erbt das Königreich
	16,1–22,19	Abrahams königlicher Erbe
	22,20–25,11	Königliche Thronfolge
25,12–18	**Das Geschlecht Ismaels**	
25,19–35,29	**Das Geschlecht Isaaks**	
	25,19b–28,9	Isaaks Erbschaft und Erbe
	28,10–35,29	Jakobs Aufenthalt in Syrien und seine Rückkehr
36,1–37,1	**Das Geschlecht Esaus**	
37,2–50,26	**Das Geschlecht Jakobs**	
	37,2–45,28	Jakobs Erben
	46,1–47,27	Israel zieht nach Ägypten
	47,28–50,26	Israels Hoffnung auf Rückkehr

Kommentar

1,1–2,3 Einleitung

Der Prolog von 1Mo vermittelt die historischen Wahrheiten, die die notwendigen Voraussetzungen für das Streben nach menschlichem Wissen bilden. Zu seinen normativen Enthüllungen gehört der göttliche Akt absoluter Schöpfung *»ex nihilo«* (aus dem Nichts) und einer spezifischen, zeitlich begrenzten Schöpfungsperiode, in welcher der ganze Artenreichtum dieser Schöpfung hervortritt. Der literarische Charakter des Prologs begrenzt jedoch die Möglichkeiten, ihn zum Aufbau wissenschaftlicher Modelle heranzuziehen; denn seine Sprache ist die der einfachen Beobachtung, und eine poetische Qualität, die sich in einer Strophenform niederschlägt, prägt seinen Stil. Die Exegese legt nahe, das Schema der Schöpfungswoche selbst als eine poetische Form anzusehen, in der die verschiedenen Bilder der Schöpfungsgeschichte im Rahmen einer sechstägigen Arbeitswoche nicht chronologisch, sondern thematisch eingesetzt sind. Um einfache Beschreibung und poetische Form von dem abzuheben, was als definitive Grundlage anzusehen ist, bleibt hier wie an anderen Stellen allein die Möglichkeit des Vergleichs mit den Aussagen der übrigen bibl. Bücher.

1,1–13 Die Reiche der Schöpfung

1,1–5 Der erste Tag. **1** Der schlichte, aber ausgereifte hebr. Stil dieses Prologs spricht dafür, diesen Vers als unabhängige Erklärung zu betrachten. Wenn die Worte *am Anfang* die gesamte Schöpfungsperiode bezeichnen, so könnte V. 1 als zusammenfassende Überschrift verstanden werden. Kap. 1 würde dann keine bes. Erklärung über den absoluten Ursprung der Welt darstellen. Spr 8,22f und Jh 1,1 sprechen jedoch eher dafür, die Worte *am Anfang* als Beginn des Sieben-Tage-Berichts zu betrachten. *Schuf Gott:* beschreibt dann die absolute Schöpfung »ex nihilo«. Entsprechend drückt das Verb (hebr. *bara'*) göttliche Aktivität aus; sie führt zu einem außerordentlichen Ergebnis. *Himmel und Erde* werden hier entsprechend in ihrem ersten Stadium nicht vollkommen, aber als Ganzes gesehen; das wird durch die sprachliche Kraft ausgedrückt, die derartigen kontrastierenden Wortpaaren im Hebr. innewohnt. Vgl. Neh 9,6 im Blick auf die Möglichkeit, daß der Autor dabei an Engelscharen denkt. **2** *Die Erde:* hier in ihrem tiefen und dunklen Stadium gesehen (vgl. Hiob 38,8ff), war zum Wohnort des Menschen bestimmt (Jes 45,18; vgl. Spr 8,30f). Soweit sie diesem Zweck dienten, wurden verschiedene Entwicklungen als *gut* bezeichnet (V. 4.10.12.18.21.25.31). Die Gegenwart des Schöpfer-Geistes war das Angeld für die Verwandlung des »Wüsten und Leeren« in klare Realitäten (das Thema der ersten drei Schöpfungstage). **3** *Gott sprach:* Der Schöpfungsauftrag vollzog sich in einfachen Ausführungsbestimmungen (vgl. Hebr 11,3; Jh 1,3). **4.5** Das Tageslicht wurde, vergleicht man die Absicht, die aus den Namen deutlich wird, mit denen Gott es bezeichnet (vgl. Hiob 38,12ff.19), nicht geschaffen, um die Dunkelheit der Erde auszuschließen, sondern um die wechselnde Ordnung von *Tag und Nacht* (vgl. Ps 104,20–23) einzurichten.

1,6–8 Der zweite Tag. 6 *Feste:* (hebr. *raqia'*) bezeichnet den Himmel als eine Art Baldachin, als riesiges Zelt, das sich über Gottes »Gemächer« spannt (vgl. Ps 104,2; Spr 8,27; Jes 40,22). *Schied das Wasser . . . von dem Wasser:* Durch diese Teilung wird die Atmosphäre des Himmels von den Wassern auf der Erde geschieden; es ist ein erster Schritt, um die Tiefe zu binden. 7 *Das Wasser unter der Feste* machte eine weitere Einbindung erforderlich (vgl. V. 9). Die *Wasser über der Feste* sind die Wolken (vgl. Spr 8,28), von denen das Land seine Feuchtigkeit empfängt (Ps 104,13).

1,9–13 Der dritte Tag. 9 Durch einen weiteren Befehl Gottes zeichnete sich in der zunächst vorherrschenden Tiefe trockenes Land als eine neue irdische Wirklichkeit ab (vgl. Spr 8,25.29; Ps 104,7–9). **10** Die Wasser in der Tiefe erhielten dadurch den Charakter von Wasserflächen, die von Land umgeben waren: die Meere. **11.12** Die Grundvoraussetzungen für Leben sind damit geschaffen (vgl. 2,5), kraft seines schöpferischen Wortes ließ Gott nun das Grün aus der Erde hervorsprießen. *Jedes nach seiner Art:* Die Hauptunterscheidungslinien der verschiedenen Lebensformen werden im Rahmen des Sechs-Tage-Werks festgelegt (vgl. V. 21.24f). Gräser und Bäume, die beiden unterschiedlichen Vegetationsformen, werden bei den Werken des sechsten Tages noch einmal erwähnt (V. 29f), wobei der Bericht in seiner poetischen Struktur dem des dritten Tages entspricht. Vgl. Ps 104,13–18.

1,14–31 Die Regenten der Schöpfung

1,14–19 Der vierte Tag. Während die erste Drei-Tage-Folge wesentliche Bereiche des Herrschaftsraumes beschrieben hat, wiederholt die zweite Drei-Tage-Einheit die Serie (in Übereinstimmung mit der Tagesfolge jeder Dreiheit) und enthält die Einsetzung von Regenten über diese Bereiche. So hat der erste Tag (nach V. 1) die Scheidung von Licht und Dunkelheit gebracht (V. 4), den Rhythmus von Tag und Nacht geschaffen (V. 5). Der im Blick auf den Ort parallele vierte Tag stellt die Geschöpfe Gottes vor, die *den Tag und die Nacht regierten und schieden Licht und Finsternis* (V. 18). Für den vierten Tag wird ergänzend das kosmische System erwähnt, durch welches die beim ersten Tag beschriebenen Ergebnisse erreicht werden. Die Ausdrücke *es werde* und *Gott machte* werden wie an anderer Stelle dieses Kapitels zur Bezeichnung von Schöpfungsakten verwendet. Was die zeitliche Reihenfolge angeht, so begann die Schöpfung der Himmelskörper (das Werk des vierten Tages) bereits zu Anfang, als Gott die Himmel schuf; sie setzte sich jedoch während der weiteren Gestaltung der Erde, wie sie in der ersten Drei-Tage-Folge beschrieben wird, kontinuierlich fort. Nach heidnischer Vorstellung kontrollieren die göttlichen Sterne das menschliche Schicksal; nach 1Mo 1 dienen die Himmelskörper dem Menschen als Diener Gottes, die Tag und Nacht regulieren und damit *Zeichen* setzen, nach denen der Mensch *Zeiten, Tage und Jahre* und damit sein Leben und seine Arbeit einteilen kann (vgl. Ps 104,19ff; Hiob 38,7.31ff).

1,20–23 Der fünfte Tag. Hier werden die Fische des Meeres und die Vögel in der Luft erwähnt (vgl. 26.28.30). Als lebendige Geschöpfe beherrschen sie jene Bereiche, die während des parallelen zweiten Tagewerks geschaffen und für gut befunden wurden. Zeitlich beginnt die Arbeit des fünften Tages zumindest vor den letzten Entwicklungen, die im dritten Tagewerk beschrieben werden. **20** *Es wimmle das Wasser* (vgl. Ps 104,25ff): Dieser Ausdruck beschreibt das Ergebnis der Fruchtbarkeit, nicht die Methode der Hervorbringung, deren übernatürliche Dimension durch die Formel *Gott schuf* (V. 21) angezeigt wird. Gottes Segen (V. 22), der die Fähigkeit zur Fortpflanzung verleiht, ist im Schöpfungsbefehl enthalten.

1,24–31 Der sechste Tag. Der sechste Tag enthält zwei Werke, die beide damit abgeschlossen werden, daß Gott ihren Zweck als erfüllt erkennt (V. 25.31; vgl. V. 9.11). Dem trockenen Land mit seiner Vegetation, den klar unterschiedenen neuen Bereichen des parallelen dritten Schöpfungstages, entsprechen die Landtiere des sechsten Tages. Sie dokumentieren ihre Herrschaft über diesen Lebensraum, indem sie den Ertrag der Erde beanspruchen (V. 30). **24** *Die Erde bringe hervor* (vgl. V. 12): Das legt die Möglichkeit nahe, daß im Rahmen des göttlichen Schöpfungsaktes bereits vorhandenes irdisches Material als Mutterboden benutzt wurde. **26** *Lasset uns Menschen machen, ein Bild, das uns gleich sei:* Die Verwendung der ersten Person Mehrzahl (des Pluralis majestatis) läßt sich viell. dadurch erklären, daß der Schöpfer hier als himmlischer König spricht, der von seinen himmlischen Heerscharen begleitet wird. Wird die gleiche Formulierung an anderer Stelle benutzt, so sind meist dienstbare Geister in der Nähe (vgl. 3,22.24; 11,7; 18,21 [vgl. 18,2; 19,1]; Jes 6,8). Menschen und himmlische Geister sind in gleicher Weise personale religiöse Geschöpfe, die in einer verantwortlichen, geschichtlichen Beziehung zu Gott stehen. Dieses *Bild Gottes* (V.27) kann weder verlorengehen noch reduziert werden, läßt sich in seiner ethischen Ausrichtung jedoch umkehren. Seine angemessene Form bekommt es in der Übereinstimmung mit dem heiligen Willen Gottes. **28** *Füllet die Erde und machet sie euch untertan:* Die Herrschaft des Menschen als eines Gott ebenbildlichen Königs beschränkt sich zunächst auf seinen natürlichen Lebensraum: das trockene Land des dritten Tages. Von dort aus weitet sie sich als kulturelle Herrschaft über alle Bereiche der Schöpfung des ersten Drei-Tage-Werks und alle Geschöpfe, die diese Räume entsprechend der zweiten Drei-Tage-Folge beherrschen, aus (vgl. Ps 8,5–8). **30** Nachdem die Unterordnung sowohl der Tier- wie der Pflanzenwelt unter den königlichen Auftrag des Menschen bestätigt ist, wird die geringere Vorherrschaft der Tiere über die Vegetation vermerkt. **31a** Vgl. Spr 8,30f.

2,1–3 Der Schöpfer-König

2 *So vollendete Gott:* Der Abschluß des göttlichen Schöpfungswerkes, dem siebenten Tag zugeordnet, ist nicht durch eine weitere Schöpfungstat, sondern durch das Ruhen Gottes gekennzeichnet. Beenden und Ruhen charakterisieren den siebenten Tag für den Schöpfer als ein Stadium triumphaler Vollendung. Dieses Stadium hat einen zeitlichen Beginn, aber kein Ende (so fehlt die abschließende Abend-Morgen-Formel). Wenn dieses Stadium dennoch als »Tag« bezeichnet wird, so legt das nahe, die Tageseinteilung des Schöpfungsberichts sinnbildlich zu verstehen. **3** *Und Gott segnete den siebenten Tag:* Auch die Geschichte des Menschen sollte vom Anfangen zum Vollenden der Arbeit und Vervollkommnen seiner Herrschaft führen. Gott weitete den verheißenen Eintritt in den göttlichen Sabbat aus (vgl. Hebr 4,1ff); er übertrug den Rhythmus der symbolischen Sieben-Tage-Woche des Schöpfungsberichts auf den Lebensrhythmus alltäglicher menschlicher Existenz. Der Sabbat war besonders geheiligt; als Zeichen der ewigen Hoffnung des Menschen sollte er eine beständige Segensquelle für diesen darstellen. Gott fordert den Menschen, sein Ebenbild, auf, den Wegen seines Schöpfers zu folgen (vgl. 2Mo 20,8–11); der Sabbat ruft den Menschen auf, seinen Herrschafts-Dienst immer neu der Herrschaft des Schöpfer-Gottes zu weihen und unterzuordnen.

2,4–4,26 Die Zeit, da Gott der Herr Erde und Himmel machte

2,4 *Es war zu der Zeit:* s. Einleitung (»Literarischer und theolog. Aufbau«). Da der Genetiv in der hebr. Formel »Dies sind die Geschlechter von« einheitlich Gen. subjectivus ist, bezieht sich der Hinweis nicht auf den Ursprung von *Himmel und Erde,* sondern auf die Folgezeit, bes. auf die frühe Geschichte der Erdenbewohner. Der erste Teil dieses Verses ist deshalb nicht mit dem vorausgehenden, sondern mit dem nachfolgenden Bericht in Verbindung zu bringen, der dann nicht als eine weitere Version des Schöpfungsberichts anzusehen ist. *Als sie geschaffen wurden:* wörtl. »in ihrem Geschaffenwerden«. Dieser Ausdruck wird – wie das grammatische Äquivalent »als sie aus Ägypten zogen« (5Mo 4,45; 23,4; Jos 5,4; ZÜ) oder »wenn ihr nun über den Jordan geht« (5Mo 27,4.12) – verwendet, um einen Zeitabschnitt im Blick auf seinen Beginn und seine Entwicklung festzulegen. Vgl. 1Mo 33,18; 35,9. Der Hinweis in 2,4a (vgl. die Parallele in 4b) bezieht sich offensichtlich auf die gesamte Zeitperiode vor der Flut, die 2,4–4,25 umfaßt. *Gott der Herr* (hebr. *Jahwe Elohim*): Die Verbindung der allg. Bezeichnung *Elohim* (= Gott) mit dem Namen Gottes *Jahwe* findet sich in 1Mo 2 und 3 mehrmals. *Elohim* wird in 1Mo 1 für Gott als Schöpfer verwendet; es kennzeichnet Gott, wie er durch seine Offenbarung in Schöpfung und allg. Vorsehung erkennbar ist, einschließlich des inneren und intuitiven Wissens des Menschen von Gott. Von 1Mo 4 ab wird dann ausschließlich *Jahwe* gebraucht; es ist der persönliche Name Gottes, der sich in seiner geschichtlichen Bundesoffenbarung als Herr eines eschatologischen Planes und dessen souveräner Erfüllung zu erkennen gibt. Die Verbindung *»Jahwe, Gott«* (LÜ und ZÜ: »Gott der Herr«) in 1Mo 2 und 3 dient dazu, den Bundesgott Jahwe als den Schöpfergott zu identifizieren. Solche Doppelbezeichnungen der Gottheit waren in der bibl. Welt üblich.

2,5–25 Die ursprüngliche Glückseligkeit des Menschen

2,5–8 Der Mensch im Garten Gottes. 5 *Denn Gott der Herr hatte noch nicht regnen lassen:* Obwohl die Schöpfungsperiode immer wieder von übernatürlichen Handlungen unterbrochen wurde, wurde das Leben in dieser Zeit auf natürliche Weise erhalten. Der Schöpfer schuf deshalb kein pflanzliches Leben, bevor Wasser verfügbar war.

6.7 *Ein Nebel stieg auf:* besser: »begann aufzusteigen«. Diese Verse beschreiben die Bereitstellung beider Dinge, die in V.5 als fehlend erwähnt werden. Die ungewisse Bezeichnung *Nebel* (hebr. *'ed*) weist vermutl. auf unterirdische Wasser hin, die aus dem Boden hervorschossen. *Da machte der Herr den Menschen:* Die Einheit des Menschen mit der geschaffenen Welt wird durch die Ähnlichkeit der Begriffe *'adam* (Mensch) und *'adamah* (Erde) ausgedrückt. Der erste Mensch war auf der Erde ein Irdischer (vgl. 1Kor 15,47). Sein erster Atemzug war der Odem des Lebens, den Gott ihm einblies. Ein vertrauter Umgang Gottes mit diesem Geschöpf wird angedeutet, der mit der Natur des Menschen übereinstimmt; denn obwohl der Mensch irdisch ist, ist seine Beziehung zu Gott durch seine Gott-Ebenbildlichkeit bestimmt (vgl. 1,27). Das Geschöpf, das auf diese Weise zum Leben erweckt wurde, hatte es vorher nicht gegeben. Es war nichts weniger als ein Mensch, das Ebenbild Gottes, das durch diese einmalige göttliche Handlung erstmals zu einem »lebendigen Wesen« wurde (vgl. 1Kor 15,45). Im Blick auf die eschatologische Beschaffenheit des Menschen vgl. 1Kor 15,46ff. **8** *Pflanzte:* besser: »hatte gepflanzt«. *Eden:* könnte ein sumero-akkadisches Lehnwort sein und »Steppe« bedeuten. Hier scheint es jedoch ein Name zu sein, der »Freude, Entzücken« ausdrückt. Als Garten Gottes (vgl. Jes 51,3; Hes 28,13; 31,9) war Eden ein heiliger Ort; die Stellung des Menschen darin schloß seine priesterliche Berufung ein. Das Anlegen des Gartens wird in V. 9–14 entfaltet, die Bestimmung des Menschen im Garten in V. 15–17.

2,9–14 Die Quelle des Lebens. **9** Der Garten Gottes, die Quelle des Lebens, versorgte den Menschen reichlich mit allem, was er zum Leben brauchte. *Der Baum des Lebens* symbolisierte die Aussicht auf ein verherrlichtes Leben (vgl. Offb 2,7), das nach bestandener Prüfung entsprechend dem göttlichen Gebot erlangt werden kann (vgl. V. 15–17). *Der Baum der Erkenntnis des Guten und Bösen* ist, wie der Baum des Lebens, nach dem Geschick benannt, zu welchem er hinführt. Wer gut und böse kennt, ist in der Lage, einander Entgegenstehendes zu unterscheiden. Der Textzusammenhang deutet den Bereich des Unterscheidungsvermögens an; z.B. Sinneswahrnehmungen (vgl. 2Sam 19,36) oder, wie hier, ethisch-religiöse Erfahrung (vgl. 1Kön 3,9; Hebr 5,14).

10 Das Flußsystem, das den Garten reichlich bewässerte (vgl. 1Mo 13,10), erklärt viell. das Phänomen des *Nebels* (*'ed;* vgl. 2,6). **11–14** Das Interesse des Berichts an irdischer Geschichte zeigt sich in den geographischen Anmerkungen; das gilt bes. für die bekannten Flüsse *Tigris* (*Hiddekel;* ZÜ) und *Euphrat* (V. 14). *Pischon* (ZÜ: *Pison*) und *Gihon* sind unbekannt; das läßt die Möglichkeit großer territorialer Veränderungen zwischen der Zeit Adams und Moses vermuten. Die Fruchtbarkeit Edens und die Reichtümer, von denen es umgeben wird, erfüllen, was der Name verspricht (s. Komm. zu V. 8); sie manifestieren das Wohlwollen Gottes.

2,15–17 Das Gesetz des Herrn. **15** wiederholt V. 8 und fügt den Auftrag des Menschen hinzu. Die Unterwerfung der Erde (vgl. 1,28) begann mit der Kultivierung des Gartens. *Daß er ihn bewahrte:* viell. als kultische Aufgabe zu verstehen; d.h. der Mensch sollte über die Heiligkeit des Aufenthaltsortes Gottes wachen; vgl. die Verwendung des gleichen Verbs *schamar* in 3,24; Neh 13,22; Sach 3.7. **16** *Gebot dem Menschen:* Treuen Dienern des Bundes ist das Gesetz des Herrn eine Lust (vgl. Ps 1,2); das wies dem Menschen die Richtung zu dem ihm von Anfang an zugedachten Segen. **17** Der Baum der Erkenntnis stellte die entscheidende Bewährungsprobe auf Adams Weg zu dem Baum des Lebens dar, der die Vollendung des angebotenen Segens verkörperte. *Mußt du . . . sterben:* Obwohl das eigentliche Ziel der Bewährung das Leben war, stellte das Bundesgesetz Gottes Adam, wie später Israel, vor die Wahl von Gut oder Böse, Leben oder Tod (vgl. 5Mo 30,15ff).

2,18–25 Eine Frau für den Mann. **18** *Es ist nicht gut:* Erst nachdem Mann und Frau geschaffen waren, konnte die Arbeit des sechsten Tages als »sehr gut« bezeichnet werden (vgl. 1,27.31); denn erst dann konnte sich die von Gott vorgesehene Kultur in der ganzen Vielfalt des Menschengeschlechts entfalten (vgl. 1,28a). *Eine Gehilfin:* Die Frau wurde für den Mann geschaffen (vgl. 1Kor 11,9); aber nicht als seine Sklavin, sondern als seine Gehilfin. *Die um ihn sei:* ZÜ: *die zu ihm paßt;* das hebr. *kenegdo* drückt vor allem Übereinstimmung, Ähnlichkeit aus (vgl. V. 20.23); wie der Mann Gottes Bild und Abglanz ist, so ist die Frau der »Abglanz« des Mannes (1Kor 11,7). **19** Lies: »Nun hatte Gott . . . gemacht«: So kann und sollte das Hebr. übersetzt werden (vgl. V. 8). **20** *Der Mensch gab . . . Namen:* Den Bereichen der Schöpfung hatte Gott selbst Namen gegeben und damit ihre Bedeutungen festgelegt (1,5.8.10); nun wird diese Funktion vom Menschen nachgeahmt, indem er seinerseits den Tieren ihrer Bedeutung entsprechende Namen gab. Damit wurde dem königlichen und priesterlichen Aspekt der Aufgabe des Menschen im Reich Gottes eine prophetische Funktion hinzugefügt. **21.22** *Einen tiefen Schlaf* (ZÜ: *Tiefschlaf*): weniger ein Betäubungsmittel für den Mann als vielmehr ein Schutz für die Frau, bis sie darauf vorbereitet war, als Braut zur Hochzeit geführt zu werden. Paulus verstand diesen Bericht über die Erschaffung der Frau offensichtlich als historisch; denn er zog daraus die Schlußfolgerung, daß »der Mann ... nicht vom Weibe, sondern das Weib vom Manne« ist (1Kor 11,8). Damit gibt uns die Bibel selbst die Richtung an, der wir im Blick auf die exegetische Behandlung des erzählenden Materials in diesem Kap. folgen sollen. Wenden wir das gleiche Prinzip auf die Exegese des Berichts von der Erschaffung des Mannes an, bes. in 2,7, so sind wir weit entfernt von theoretischen Rekonstruktionen, nach denen der Schöpfungsakt, aus dem Adam hervorging, einer vorangehenden Artenentwicklung auf niederer Ebene zugeordnet wird. 23 *Männin ..., weil sie vom Manne genommen ist:* Der Gleichklang von *'isch* und *'ischah* (Mann und Frau) spiegelt die urspr. Interpretation der Bezeichnung für Frau wider: als von gleicher Art wie der Mann (vgl. V. 18b.20). 24 *Sie werden sein ein Fleisch:* In ihrem Ursprung stammen sie von dem einen Fleisch Adams; in ihrer Trennung stellen sie die sich gegenseitig ergänzende männlich-weibliche Erscheinungsform der einen Art dar; dann werden sie in einem neuen Sinn »ein Fleisch«, weil Gott sie in der Ehe miteinander verbindet (vgl. Mt 19,4ff). Dieser Vers ist als göttliche Weisung zu verstehen. 25 Vgl. 3,7.

3,1–24 Das Hereinbrechen der Sünde

3,1–7 Die Übertretung des Gesetzes. 1 *Die Schlange:* Will man nicht den gesamten Bericht über Paradies und Sündenfall als Allegorie oder andere nicht-historische Form betrachten – die übrigen bibl. Bücher stützen eine solche Auffassung nicht (s. Einleitung) – so ergibt sich aus dem Zusammenhang kein Hinweis darauf, daß die Erwähnung der Schlange nicht wörtl. zu nehmen sei. Anzeichen für ein wörtl. Verständnis bieten der Vergleich mit anderen tatsächlich vorhandenen Tieren und der Wortlaut des göttlichen Urteils (3,14). Die Schlange war das Werkzeug Satans, der die den Menschen von Gott gebotene Gelegenheit zur Bewährung in eine Kette von Versuchungen umwandelte (vgl. Mt 13,38f; Jh 8,44; Röm 16,20; 1Jh 3,8; Offb 12,9). *Listiger:* Die unberechenbaren, gewundenen Bewegungen der Schlange machten sie zum Symbol für die Anschläge des Teufels. **2.3** Die Frau läßt sich im Gespräch mit der sie herausfordernden Schlange in die Verteidigung drängen. Damit nimmt sie Satans Übertretung der göttlichen Anweisung hin, nach der alle sichtbaren Dinge der Herrschaft des Menschen unterstellt waren. So lieferte sie sich zugleich der Autorität aus, die Satan sich widerrechtlich angeeignet hatte. Sie verteidigte Gott zwar, jedoch nicht als »treuer Zeuge«, sondern als selbständiger Richter. Obwohl Eva damit bereits gestrauchelt war, gehörte zum Sündenfall des Menschen nicht nur die Verführung der Frau, sondern genauso die Übertretung des Mannes (V. 6b). 4 *Ihr werdet keineswegs ... sterben:* Zuerst hatte Satan Vorschriften des Bundesgesetzes (Gottes Maßstab für die Gegenwart) in Zweifel gezogen; nun bestritt er die gesetzliche Strafe (Gottes Absichtserklärung im Blick auf die Zukunft).

5 *Gott weiß ... ihr werdet sein wie Gott:* Mit einemmal stellte Satan Gott als einen Teufel dar, einen von eifersüchtigem Stolz besessenen Lügner; der Fluch wurde plötzlich als Segen deklariert. Der Versucher lenkte die Aufmerksamkeit von der geistlichen Verpflichtung ab, die sich aus der Gottebenbildlichkeit des Menschen ergab; damit spielte er den Sachverhalt zu einer mehr formalen Frage herunter, als gehe es um das Erklimmen einer (fiktiven) Stufenleiter des Seins auf dem Weg zur Göttlichkeit. 6 *Sie nahm ... und aß:* Als Ausdruck ihres neuen Anti-Glaubens und ihrer Zustimmung zu der »Theologie« Satans wagt es die Frau, sich der göttlichen Drohung auszusetzen. *Und sie ... gab:* vgl. 1Tim 2,14. Von einem Verteidiger Gottes wird sie zu einem Anwalt des Teufels. *Und er aß:* Durch diesen Ungehorsam des einen Menschen kam die Sünde in die Welt und damit der Tod über alle Menschen (vgl. Röm 5,12ff). 7 *Sie wurden gewahr, daß sie nackt waren:* Die Ähnlichkeit von *ᶜerummin* (»nackt«; vgl. *ᶜarummim,* 2,25) und *ᶜarum* (»listig«; 3,1) läßt ein Wortspiel vermuten: Die Art der Gottgleichheit, die sich aus dem Befolgen des Rates der Schlange ergab, war geistlich gesehen eine Teufels-Gleichheit. Das Gefühl der Scham in Verbindung mit körperlicher Nacktheit (vgl. 2,25) ist Ausdruck des Bewußtseins einer inneren Blöße, die sich aus dem Verlust eines reinen Herzens ergibt. *Machten sich Schurze:* Die Sünde hatte die menschliche Erfindungsgabe auf das verkrampfte Suchen nach Notlösungen reduziert.

3,8–19 Das Gericht Gottes. Der Herr des Bundes leitet nun gegen seine untreuen Untertanen den Prozeß ein. Er begann mit einer Befragung (V. 8–13), die sofort zu einem Urteil führte (V. 14–19). Die göttliche Gerechtigkeit mußte aufrecht erhalten werden; aber durch sie hindurch triumphierte ein einzigartiges Wunder der Gnade (vgl. V. 15).

8 *Gott ... ging:* Die Erscheinung Gottes in menschlicher Gestalt war offensichtlich von Anfang an eine bes. Art der Offenbarung. *Und versteckte sich:* als ob der Schuldige in

Gottes Heiligtum vor Gott Schutz finden könnte! Das eigene Erschrecken verurteilte sie; in der Begegnung mit dem göttlichen Richter offenbart die menschliche Reaktion die Wahrheit und nimmt das Urteil vorweg (vgl. Offb 6,15f). **10** *Denn ich bin nackt:* Das war eine ausweichende Halbwahrheit. Adams Empfinden für seine Nacktheit war, wie seine Furcht, eine Folge seiner Auflehnung. **11.12** Als Gott diesen Vorwand entlarvte und die ungehorsame Tat als Wurzel des Übels aufdeckte (vgl. V. 17), versuchte der Sünder dem Bekenntnis seiner Schuld dadurch zu entrinnen, daß er auf gotteslästerliche Art Gott selbst an seinem Fall die Schuld gab: *das Weib, das du mir zugesellt hast.* **13** Die Frau versuchte nun die Schuld von sich abzuwenden, indem sie auf die listige Schlange verwies. **14** *Seist du verflucht:* Gegen Satan gibt es kein Gerichtsverfahren; lediglich sein Verderben wird angekündigt. Die Schlange als Satans Werkzeug, auf der Erde kriechend, Fußtritten preisgegeben, wird zum Symbol seiner Demütigung und Verwerfung. *Aus allem:* ZÜ: *vor allem;* wörtl. »weg von allen«. Manche Wissenschaftler interpretieren diese Formulierung im Sinne von »getrennt werden von«; aber hier ist der gewöhnliche Gebrauch der Präposition vorzuziehen, der den Vergleich »mehr als« ausdrückt. **15** *Ich will Feindschaft setzen zwischen dir und dem Weibe:* Die Gefolgstreue des Menschen, die nun auf Satan übergegangen ist, wird noch einmal wechseln; Gott wird souverän eine Versöhnung herbeiführen. *Zwischen deinem Nachkommen und ihrem Nachkommen:* Über die Frau hinaus wird jener Teil der kommenden Generationen, der durch seinen Glauben zum geistlichen Samen der neuen Menschheit wird, kontinuierlich in Auseinandersetzung mit jenen Nachkommen des gefallenen Adam stehen, die halsstarrig daran festhalten, Söhne des Teufels zu sein (vgl. Jh 8,33.44). Die Letztgenannten identifizieren sich mit dem Kampf des Teufels und haben so an seiner endgültigen Verdammnis teil. *Der soll dir den Kopf zertreten, und du wirst ihn in die Ferse stechen:* Dieses »du«, mit dem der Mensch sich zu allen Zeiten im Widerstreit befinden wird, weist über die Schlange hinaus auf Satan. Daß die Auseinandersetzung hier auf einzelne Persönlichkeiten übertragen wird, läßt vermuten, daß auch das *»der«* nicht kollektiv als Nachkommenschaft der Frau zu verstehen ist, sondern als deren herausragender Vertreter. Dieser Vers erklärt die Verurteilung Satans näher; der entscheidende Unterschied zwischen der Kopfverletzung und dem Stich in die Ferse besteht darin, daß die erstere tödlich ist, die zweite nicht. In jedem Fall aber wird im erlösenden Sieg Leiden inbegriffen sein. Der bes. Erlösungsplan vollzieht sich auf dem Hintergrund der allg. Menschheitsgeschichte. Der Fluch des gebrochenen Bundes (vgl. 2,17), der gegenüber Adam und Eva als den Eltern der gesamten Menschheit ausgesprochen wurde, wird durch das Prinzip der allg. Gnade eingeschränkt (V. 16–19). **16** *Unter Mühen:* ZÜ: *mit Schmerzen;* Wehen werden von nun an die Vermehrung des Menschengeschlechts kennzeichnen. Die Ehe wird durch sündige Neigungen des Menschen entgegen ihrer Bestimmung beeinträchtigt (vgl. die Redewendung 4,7). **17.18** *Verflucht sei der Acker um deinetwillen:* Die Verfluchung des Ackers hat nicht die Einführung neuer charakteristischer Bestandteile, etwa der Disteln, zur Folge; vielmehr setzte Gott den Boden, der dem Menschen bisher zum Wohl gedient hatte (vgl. 1,29), nun als Mittel eines Gerichts-Fluches gegen ihn ein (vgl. 8,21; Hiob 31,40; Röm 8,20ff). **19** *Und sollst zu Erde werden:* Weil der Mensch aus Erde gemacht ist (vgl. 2,7), wurde die Verfluchung der Erde zu einer Todeskraft, die in allen wirkt, die aus dieser Grundsubstanz bestehen (vgl. 4Mo 5,16ff). Der Tod, bisher in der Schöpfung dem Menschen untertan, wurde nun als Folge seiner Sünde zum Schrecken des Bundesbrechers Mensch.

3,20–24 Hoffnung auf Wiederherstellung. **20** *Eva:* Die allg. Bestimmung des Menschen fand ihre angemessene Bezeichnung in »Adam« (vgl. 3,17; 4,25); der Gattungsname der Frau wurde jedoch durch den Namen *chawwah* ersetzt. Der Gleichklang mit *chaj* = »lebendig« spiegelt Adams Glauben wider, als er der Frau diesen Namen gab. Vermutl. bezieht er sich auf ihre geistlichen Nachkommen, die den Fürsten des Todes unter ihren Füßen zertreten und so dem Fluch Leben abringen sollten (vgl. 3,15; 1Tim 2,15; Röm 16,20). **21** *Der Herr . . . machte Röcke:* Die Behebung dieses Mangels, der die Menschen daran gehindert hatte, sich Gott zu nähern (vgl. 3,10), symbolisiert Gottes Absicht, die Gemeinschaft mit dem Menschen wieder herzustellen. Die Scham des Sünders als geistliches Problem konnte durch menschliche Anstrengungen nicht überwunden werden (vgl. 3,7). In Gottes Fürsorge ist die Opferung eines Tieres einbezogen; Art und Weise dieses Opfers bleiben unerwähnt, es wird lediglich deutlich, daß es das anstehende Problem löst. **22** *Wie unsereiner:* s. Komm. zu 1,26. In seiner Versuchung hatte der Mensch das ganze Ausmaß des Konflikts zwischen Gut und Böse erfahren, wie es vorher nur den himmlischen Wesen bekannt war. *Esse und lebe ewiglich:* Der unwürdige Griff nach dem

Sakrament des Lebens würde den begehrten Ausschluß vom leiblichen Tod zur Folge haben, und zwar als Strafe; das aber würde paradoxerweise den menschlichen Todeszustand in der Feindschaft gegen Gott verewigen; Versöhnung kann aber nur durch einen Opfertod erfolgen (vgl. 3,15.21). **23** Obwohl die Vertreibung des Menschen aus dem Garten Eden diese Möglichkeit barmherzigerweise ausschloß, manifestiert sich in der Verbannung auch Gottes Mißfallen an dem gefallenen Menschen. **24** *Die Cherubim mit dem flammenden, blitzenden Schwert ... bewachen den Weg:* Der Schutz des göttlichen Territoriums (s. Komm. zu 2,15) wurde nun Wesen übertragen, die auch an anderer Stelle als Wächter des Thrones Gottes genannt werden (vgl. 2Mo 25,18ff; 1Kön 6,23ff; Hes 10; 28,14ff), während der Mensch nun als möglicher Eindringling angesehen wurde. Doch Gott bewahrte das Heiligtum mit dem Baum des Lebens darin und bestätigte damit die Hoffnung auf eine Rückkehr aus der Verbannung, obwohl dieser Rückweg unter dem tödlichen Gerichtsschwert Gottes hindurchführt.

4,1–26 Der Mensch in der Verbannung

4,1–16 Die Verbannung des erstgeborenen Menschen. **1** Im Hebräischen bilden *qajin* (Kain) und *qaniti* (*ich habe gewonnen;* ZÜ: *Ich habe bekommen*) ein Wortspiel. Für Eva war der Name vermutl. mit der Erklärung identisch. *Mit Hilfe des Herrn:* besser »von dem Herrn«; die Präposition (*'et*) kommt auch an anderer Stelle in dieser Bedeutung vor. In Evas Erklärung drückt sich Vertrauen in Gottes vorausgegangene Offenbarung seiner erlösenden und seiner allg. Gnade aus (vgl. 3,15f). **2** *Abel* (hebr. *hebel* = »Hauch, Nichtigkeit«): Dies war entweder eine nachträgliche Bezeichnung (vgl. 4,25c) oder eine Besinnung auf frühere Erfahrungen der Hoffnungslosigkeit unter dem Fluch (vgl. 5,29; Pred 1,2ff). Aus **2b** geht hervor, daß die Bibel keine geschichtlichen Rekonstruktionen erlaubt, die die erste Phase der Feldbestellung und der Domestizierung der Tiere in der kulturellen Entwicklung des Menschen relativ spät ansetzen. **3** *Nach etlicher Zeit:* möglicherweise nach 130 Jahren (vgl. 4,25; 5,3). Ob Adam und Eva während dieser Zeit Töchter geboren wurden (vgl. 5,4) und ob diese bereits mit ihren Brüdern verheiratet waren, ist ungewiß (vgl. 4,17.25). *Opfer:* In beiden Fällen ist das Opfer formal eine dankbare Huldigung. **4** Die Absicht eines Sündopfers ist nicht einmal bei Abel ausdrücklich erwähnt. Die Betonung der *Erstlinge* und ihres *Fettes* deutet auf ein Opfer der Hingabe (Heiligung) hin. **5** Wie Gottes Wohlgefallen für Abel gegenüber Kain zu verstehen ist, wird nicht gesagt; vgl. jedoch 3Mo 9,24; Ri 6,21; 1Kön 18,38; 1Chr 21,26; 2Chr 7,1ff; vgl. 2Mo 14,24. Daß die Annahme des Opfers von der geistlichen Haltung des Opfernden abhängt, ist durch den Hinweis auf die Personen in Verbindung mit ihren Gaben angedeutet (V. 4b. 5a) und durch Hebr 11,4 bestätigt. **7** *So lauert die Sünde vor der Tür,* oder: »Sünde ist der Dämon vor der Tür«; denn *robez* (lauern) wird besser auf das akkad. Wort *rabizum* zurückgeführt, das einen »Eingangs-Dämon« (an einer Tür) bezeichnet. Hier wird nicht die Existenz eines derartigen Wesens vermutet; die Bezeichnung illustriert vielmehr die Kraft der Versuchung bei Kain und erinnert an die Schlange in 1Mo 3.

8 *Da sprach Kain zu seinem Bruder Abel:* Die Hinzufügung »laß uns auf's Feld gehen!« ist im MT nicht enthalten. *Wider seinen Bruder:* Als Gott sein Wohlgefallen zu erkennen gibt, wird in der eifersüchtigen Reaktion Kains die trennende Macht der Sünde offenbar. Hier ging es nicht um soziale Ungerechtigkeit, sondern um eine radikale geistliche Auseinandersetzung: um die Feindschaft zwischen den Nachkommen der Schlange und den Nachkommen des Weibes. Jesus bezeichnete Abel als den ersten Märtyrer (Mt 23,35; Lk 11,51). **9** *Wo ist dein Bruder Abel?* Kain verbirgt seine offenkundige Schuld; das entspricht dem Drang der Sünde nach Verheimlichung (vgl. 3,8ff). *Ich weiß nicht:* Kain war ein Lügner wie sein »Vater«, der Teufel (vgl. 3,4). *Soll ich meines Bruders Hüter sein?* Durch das faktische Eingeständnis der Unterlassung versucht Kain die schwere Sünde, die er begangen hat, zu verdecken. **10** *Die Stimme des Blutes deines Bruders:* Das Blut des Märtyrers ruft nach Vergeltung durch Gott als Schutzherr des Bundes (vgl. Mt 23,35; Hebr 11,4; 12,24; Offb 6,9ff). **11** *Verflucht seist du auf der Erde:* ZÜ: *... verbannt vom Ackerland.* Vgl. 3,14.17. Das Gericht über Kain schließt beides ein: die Erschwerung der Bodenbearbeitung (**12**; vgl. 3,18f) und die Trennung von Eden; Kain ist ein Ausgestoßener. **14** *Ich muß mich vor deinem Angesicht verbergen:* Die bittere Ironie des Satzes besteht darin, daß er Kain zu dem verurteilt, was er selbst gewünscht hatte. *Daß mich totschlägt, wer mich findet:* Das schließt wahrscheinlich wilde Tiere ein (vgl. den Bezug in 9,2ff), möglicherweise hat es auch die wachsende Erdbevölkerung kommender Jahre im Blick. **15** *Das soll siebenfältig gerächt werden:* Die menschliche Bevölkerung mußte sich ausbreiten, bevor eine bes. gerichtliche Institution geschaffen werden konnte. *Ein Zeichen* *an Kain:* Nach 9,2ff könnte das »Zeichen«, das Kain gegeben war, in der den Tieren eingeprägten Furcht vor dem Menschen bestehen (vgl. 35,5). **16** *So ging Kain hinweg von dem Angesicht des Herrn:* Der Erstgeborene der Menschheit, der Kronprinz der Erde zeigt die tragische Richtung an, in der sich der gefallene Mensch bewegt: in die Verbannung, ohne Gott, ohne Hoffnung in der Welt.

4,17–24 Die kainitische Kultur. In 1Mo geht dem Hauptstrang des Geschlechtsregisters, das bis zu Israel führt, eine Aufzählung der Seitenlinien voraus; hier werden die Kainiten vor den Nachkommen Seths erwähnt. **17** *Sein Weib:* Sie muß eine Tochter Adams gewesen sein (vgl. 5,4); ob sie vor Kains Verbannung geboren war (oder ihn gar geheiratet hatte), ist ungewiß. *Eine Stadt:* d.h. eine Niederlassung, die durch Befestigungsbauten irgendwelcher Art gegen ihre feindliche Umgebung geschützt war. Die Entstehung von Städten bereitet den Weg für das Königtum vor. Der Bericht verdichtet die Geschehnisse mehrerer Jahrhunderte. *Henoch:* bedeutet »Hingabe, Heiligung«. Hier beginnt das leidenschaftliche Bemühen des Menschen, seinem eigenen Namen auf der Erde Geltung zu verschaffen. **18** *Zeugte:* Die Eigentümlichkeit der Sprachform läßt darauf schließen, daß auf eine weit zurückreichende Abstammung aufmerksam gemacht werden soll; in diesem Vers müssen beträchtliche Zeitabschnitte überbrückt sein. Die Bezeichnung Vater-Sohn wurde offiziell auch zwischen einem Sippenoberhaupt und Mitgliedern seiner Sippe verwendet (vgl. V. 20). **19** *Zwei Frauen:* In Lamechs Mißbrauch der Ehe als Teil der Schöpfungsordnung zeigt sich der ungöttliche Geist kainitischer Kultur. **22** Die Verarbeitung von Erz in der späten Periode vor der Sintflut braucht nicht zu überraschen; seine Verwendung ist vor 6000 v.Chr. (viell. kurz nach der Sintflut) nachgewiesen; das Eisen war vermutl. meteoritischen Ursprungs. *Tubal-Kain:* Kains Name wurde von seinen königlichen Nachfolgern weitergeführt. **23** *Einen Mann erschlug ich:* z.Z. Lamechs, bei dem die mörderische Veranlagung seines Stammvaters Kain deutlich durchbricht, sank das Richteramt auf das Niveau rachsüchtiger Tyrannei ab. **24** *Aber Lamech siebenundsiebzigmal:* Der göttliche Schutz, den Kain noch gern angenommen hatte, ärgerte Lamech. Die kainitische Kultur fand ihren Höhepunkt in der Mißachtung des Gottes, dem sie hätte geweiht sein sollen.

4,25.26 Der Jahwe-Kult. Der Abschnitt 1Mo 2,4–4,26 befaßt sich im wesentlichen mit dem Eintritt und der Ausweitung der Sünde; er schließt jedoch mit einer Mitteilung über die Bewahrung eines Gottesvolkes und seines Gottesdienstes. **25** Ihrer Erklärung seines Namens entsprechend sah Eva in *Seth* die Wiederherstellung der zweiten Bundesgeneration durch Gott nach Abels Tod und Kains Verbannung. **26** *Den Namen des Herrn anrufen:* Bisher hatte es die Anbetung durch den Einzelnen gegeben, die bestimmte äußere Formen einschloß (vgl. z.B. 4,2ff). Nun wurde der Gottesdienst der glaubenden Gemeinde als gemeinsame, dem Bund entsprechende Hingabe an Jahwe eingeführt.

5,1–6,8 Das Geschlecht Adams

Der Bericht wiederholt sich nun (vgl. die knappe Zusammenfassung von 1Mo 1); er nimmt in Seth die Linie Adams wieder auf, gibt so noch einmal einen Überblick über die »Zeit, da sie (die Menschen) geschaffen wurden,« und verfolgt sie bis zu ihrem vorläufigen Ende. **1.2** Eine der Überschrift (V. 1a) angefügte Einleitung (V. 1b.2) verbindet diesen Abschnitt, wie den vorhergehenden (vgl. 2,4), mit der Ur-Geschichte (vgl. 1,26ff). *Gab ihnen den Namen »Mensch«:* Der allg. Gebrauch des Wortes *'adam* hebt sich in diesem Textzusammenhang von Adam als Name ab.

5,3–32 Das Geschlechtsregister des Bundes: von Adam bis Noah

Wie **3** zeigt, müssen die in ein Geschlechtsregister aufgenommenen Söhne nicht die erstgeborenen sein (oder von ihnen abstammen); und die Altersangaben lassen nicht unbedingt erkennen, wann der Betreffende zum erstenmal Vater wurde. *Nach seinem Bilde:* vgl. V. 1 und 1,27. Auch der Mensch pflanzt sich seiner eigenen Art gemäß fort (vgl. 1,11f); das Bild Gottes wird dabei übertragen, aber in einer durch den Sündenfall bedingten Verzerrung. **4.5** *Sein ganzes Alter:* Mesopotamische Überlieferungen spiegeln die Erinnerung des Menschen an bemerkenswert lange Lebenszeiten wider, bes. in der Periode vor der Sintflut. Unabhängig von der physiologischen Erklärung war dies von Gott zur Erhaltung der Menschheit vorgesehen; sie war noch klein an Zahl, jung in ihrer technologischen Entwicklung und gezwungen, sich in einer feindlichen Umwelt zu behaupten. *Und starb:* Mit diesem Kehrreim endet jede biographische Strophe mit Ausnahme der letzten (aber vgl. 9,28) und einer weiteren (vgl. V. 24). In dem kainitischen Stammbaum (4,17ff) wurde nur gewaltsamer Tod erwähnt. 1Mo 5 berichtet vom »natürlichen« Tod, dem als Gottes allg. Fluch alle Menschen unterworfen waren (vgl. 3,19). 22–24 Der Ausdruck *wandelte mit Gott* ist ungewöhnlich (vgl. 6,9; Mal 2,6; Sach 3,7); diese Erfahrung schloß offensichtlich eine bes. Offenbarung ein, die empfangen (vgl. das Wandeln Gottes in 3,8) und verkündigt wird (Jud 14f). *Nahm ihn Gott hinweg, und er ward nicht mehr gesehen:* Henoch war vom Tod befreit (Hebr 11,5; vgl. 2Kön 2,3.5.9ff); während der langen Vorherrschaft des Fluches in der vorsintflutlichen Zeit war seine körperliche Entrückung in den »Himmel« ein Zeichen dafür, daß Versöhnung mit Gott letztlich den Sieg über den Tod einschließt. 29 *Er wird uns trösten:* Das hebr. Verb bildet einen vokalen Gleichklang mit *Noah. Auf dem Acker:* hebr. wörtl. »von dem Acker«; auch im Hebräischen steht der Hinweis auf die Verfluchung des Ackers am Schluß und erklärt den bedrückenden Charakter menschlicher Arbeit. Die Hoffnung des Glaubenden auf die Verheißung (vgl. Hebr 11) macht ihm die Auswirkung des Fluches auf die gegenwärtigen kulturellen Bemühungen verstärkt bewußt; sie steht im Gegensatz zu dem kainitischen Lamech (4,23f). **32** *Sem, Ham und Japheth:* Sem war der Älteste (vgl. 7,11; 11,10), Ham der Jüngste (vgl. 9,24).

Die Geschlechtsregister von 1Mo 5 und 11,10ff wählen aus, sie sind nicht vollständig. Die hier verwendeten Fachausdrücke werden häufig zur Bezeichnung entfernter Verwandtschaft gebraucht. Selektive Geschlechtsregister sind in der Bibel und auch sonst üblich. In 1Mo 5 und 11,10ff findet sich außerdem der symmetrische Aufbau und die Vorliebe für traditionelle Zahlen; beides sind oft Kennzeichen für auswählende Geschlechtsregister. Folgen wir in 11,10ff der LXX, so umfaßt jede Serie 10 Personen, die zehnte hat immer drei Söhne. Vgl. bes. die dreifache Vierzehner-Reihe des offensichtlich selektiven Geschlechtsregisters in Mt 1, das zehnfache Generationen-Schema in 1Mo und das zehnfache Auswahlregister in Rut 4,18–22. Das Alter der Menschheit kann deshalb durch die Daten von 1Mo 5 und 11,10ff auch nicht annähernd bestimmt werden. In 1Mo 5 geht es um das Fortbestehen der Bundesgemeinschaft durch die gesamte Periode vor der Sintflut.

6,1–8 Der Kult des Menschen

6,1–4 Vergöttlichte Sünder. Das Thema des gigantischen Königtums wird mit der dynastischen Vermischung von Göttersöhnen und Frauen der herrschenden Geschlechter wieder aufgenommen. Damit ist der Höhepunkt der Greuel erreicht; er fordert die göttliche Vergeltung heraus. 2 *Gottessöhne:* kann auch mit »Söhne der Götter« übersetzt werden. Alte Texte bestätigen Vorstellungen von einem göttlichen Königtum; menschliche Könige wurden als Söhne der verschiedenen Götter bezeichnet. Dieser blasphemische Kult bildete einen Höhepunkt der kainitischen Vorliebe, dem eigenen Namen Geltung zu verschaffen (vgl. 4,17). *Töchter der Menschen:* wie in V. 1 menschliche Töchter schlechthin. *Nahmen sich zu Frauen, welche sie wollten:* Damit ist Polygamie gemeint (vgl. 4,19), wie in königlichen Harems üblich. 3 *Mein Geist soll nicht immerdar im Menschen walten:* Das Verb wird auch mit »handeln in«, »herrschen in«, »ringen mit«, »beschützen« übersetzt; vgl. viell. Jak 4,5. Was gemeint ist, wird in dem Gegensatz klar: *nicht immerdar...*, sondern *120 Jahre.* Der Mensch war dem Gericht verfallen, es erwartete ihn an der von der Geduld Gottes gesetzten Grenze. Für die Auslegung, daß es sich bei den Übertretern um Engel gehandelt habe, ist problematisch, da das göttliche Gericht sich ausdrücklich auf *Mensch* und *Fleisch* konzentriert. Wenn Jud 6 mit dieser Episode Engel in Verbindung bringt, so kann das als Ergänzung verstanden werden. 4 *Die Helden der Vorzeit, die hochberühmten:* Die Körpergröße mag dabei eine Rolle gespielt haben (vgl. 4Mo 13,33), aber *die Helden* deutet vermutl. politische Vormachtstellung an (vgl. 10,8ff). An den Höfen der Gottkönige erhoben sich mächtige Prinzen, die die Macht ihrer Väter durch tyrannische Ungerechtigkeit vergrößerten (vgl. V. 11). V. 4 erscheint unerklärbar, wenn man die in den vorausgehenden Versen erwähnten Verbindungen als religiöse Mischehen zwischen Sethiten und Kainiten versteht. *Die hochberühmten:* wörtl. »Männer von (Rang und) Namen«. Hier zeigt sich wieder das Motiv von 4,17ff.

6,5–8 Die Reue Gottes. 5 Mit der Vermehrung der Sünder (vgl. V. 1) nahm auch die Sünde zu. Nach Gottes Urteil war die menschliche Verderbtheit vollkommen. 6 *Da reute es ihn:* Im Kult des Menschen werden Sünder vergöttlicht, und Gott bleibt die Reue! Gottes Absicht war unabänderlich; aber sie war durch die nahezu völlige Ausrottung der »Nachkommen des Weibes« bedroht; das machte paradoxerweise den Wandel im Verhalten Gottes erforderlich; ein radikales Gericht unterbrach die Periode, in der allg. Fluch und allg. Gnade gültig waren (vgl. 3,16ff). 7 *Ich will... vertilgen:* deutet das Gericht durch die Wasserflut an. 8 *Noah fand Gnade:* Wie der voraufgegangene (vgl. 4,25) endet auch dieser Abschnitt mit einer hoffnungsvollen Anmerkung.

6,9–9,29 Das Geschlecht Noahs

6,9a Die Überschriftsformel bezieht sich hier nicht auf die Nachkommen Noahs (im Blick auf diese vgl. 10,1ff und 11,10ff), sondern auf die geschichtlichen Entwicklungen zu seinen Lebzeiten. Die ausführliche Behandlung der Flut unterstreicht ihre epochale Bedeutung (vgl. 2Petr 3,5ff). Da der begrenzte Ausblick der Insassen der Arche die Bedeutung ihrer geographischen Beobachtungen reduziert (s. Komm. zu 6,13ff), kann der Bericht eine universale Flut weder bestätigen noch dementieren. Weder die Vorstellung einer regional begrenzten noch einer universalen Flut führt zu Schwierigkeiten, wenn man einen übernatürlichen Eingriff voraussetzt. Und man sollte keine Auffassung nur deshalb ablehnen, weil sie ein solches übernatürliches Handeln einschließt. Angebliche Beweise von Flutkatastrophen zu dieser oder jener Zeit sind für uns nur von relativer Bedeutung, weil wir den Zeitpunkt der Sintflut nicht kennen (s. Komm. zu 1Mo 5 und 11,10ff). Auf jeden Fall wird die Sintflut als das größte allg. Gericht zwischen Weltschöpfung und Weltvollendung herausgestellt. Sie unterbrach den Hauptstrang der Menschheitsgeschichte, die Insassen der Arche ausgenommen, und beendete die alte Welt. Es ist völlig gerechtfertigt, wenn ihr im NT universale Bedeutung beigemessen wird; denn sie stellt im Erlösungsplan Gottes das Ende einer Zeitepoche und den Beginn einer neuen dar.

6,9b–8,19 Der Flut-Bund

6,9b–7,10 Heilsstrategie. **6,9b** *Frommer: (tamim):* Der Ausdruck kennzeichnete Noahs Treue gegenüber Gott unter seinen *Zeitgenossen* (ZÜ; LÜ: *zu seinen Zeiten*). **13** *Da sprach Gott zu Noah:* Der Zeitpunkt, zu dem Gott die erste Mitteilung über die Flut machte, markiert wahrscheinlich den Beginn der dem Menschen gesetzten Lebenszeit von 120 Jahren (vgl. 6,3.5ff). Wenn 6,13 so früh anzusetzen ist, muß die Geburt von Noahs Söhnen zurückdatiert werden (vgl. 5,32; 7,6); 6,13–21 faßt dann eine Serie von Anweisungen zusammen, die nahe bis an die Grenze von 120 Jahren heranreichen (vgl. V. 18b). *Auf Erden ('et):* deutet darauf hin, daß die ganze Welt des Menschen an Gottes Gericht teilhaben wird (vgl. 6,7.17). Aber es geht vermutl. um die Entfernung des Menschen »von der Erde« wie in 6,7; 7,4.23 (zu *'et* = »von« s. Komm. zu 4,1). Später (V. 17) wird das Mittel der Vertilgung genauer als Sintflut bezeichnet.

Hier und an anderen Stellen wird von den Zerstörungen durch die Flut in Begriffen gesprochen, die die ganze Welt einbeziehen (vgl. 6,7.13.17; 7,4.21ff; 8,21; 9,11.15). Diese Fachausdrücke werden manchmal aber auch im engeren Sinne verwendet (vgl. z.B. 41,56f; Dan 2,38; 4,22; 5,19). Außerdem wird die Geschichte der Sintflut offenkundig aus der begrenzten Sicht der Insassen der Arche berichtet (vgl. 7,18ff). Andererseits weisen die vielen Völker, die in der Zeit nach der Flut aus den Söhnen Noahs hervorgehen (vgl. 1Mo 10, bes. V.32; vgl. 9,19) auf eine Entvölkerung weiter Teile Asiens, Afrikas und Europas hin. Dies spricht für eine Auslegung, die mehr als ein lokales Ereignis im Blick hat.

14–16 *Kasten;* ZÜ: *Arche:* Übers. des hebr. Wortes *teba,* »Schachtel«; es findet sich sonst nur in 2Mo 2,3.5. Dieses etwa 135 x 22,5 x 13,5 m große »Schiff« war zum gleichmäßigen Dahingleiten bestimmt; Kurs, Geschwindigkeit und Bestimmungsort lagen vollständig in Gottes Hand. Die Rettung kommt von Gott, durch den Glauben (vgl. Hebr 11,7). **18** *Meinen Bund:* Dieser Vers sollte nicht als Vorwegnahme von 9,9ff angesehen werden; eher ist dieser Bund als die Verbindung zu verstehen, innerhalb der sich die Errettung aus der Flut vollzog; s. Komm. zu 8,1. Wie der ntl. Bund, so wurde auch dieser nicht durch einen Eid bestätigt, der das Gericht symbolisierte (vgl. 1Mo 15,17–21), sondern dadurch, daß es durch ein wirkliches Gericht hindurchging. **22** *Und Noah tat alles, was ihm Gott gebot:* Noah war der Mittler dieses Bundes. Durch seinen Gehorsam gegenüber dem Bundesgesetz, d.h. indem er die Arche baute und betrat, wurde er zum Retter des auserwählten Restes. Für alle übrigen Angehörigen seiner Generation, die durchweg ungehorsam waren (vgl. 1Petr 3,20; Mt 24,37ff; Lk 17,26f), war er ein prophetischer Zeuge (vgl. 2Petr 2,5).

7,1–10 Als der zum Bau und als Vorwarnung vorgesehene Zeitabschnitt abgelaufen war (6,11–22), wurde eine Woche (V.4) für die Einschiffung angesetzt. Ergänzend zu der Anweisung, daß von jeder Tierart ein Paar mitgenommen werden sollte (6,19f; 7,2b.9) wurden von allen reinen Tieren und Vögeln *je sieben* (Paar) zur Mitnahme bestimmt. Nach einer anderen Auffassung sollten die reinen Tiere »zu siebt« mitgenommen werden; dagegen spricht jedoch die wiederholte Erwähnung der Paare, während jeder Hinweis auf ein zusätzliches siebentes Einzeltier fehlt. Die Unterscheidung zwischen rein und unrein lag möglicherweise auf der Linie von 3Mo 11 und 5 Mo 14, bezog sich aber mehr auf Opfer (vgl. 8,20) als auf den Genuß des Fleisches (vgl. 9,3).

7,11–24 Ein Gottesurteil durch Wasser. *Sintflut* (hebr. *mabbul;* 6,17; 7,6.7.10.17): bezeichnet das Phänomen der vierzigtägigen Überschwemmungsperiode (7,14.17), deren Beginn in V.11 angegeben wird. Anscheinend wird *mabbul,* in Ausweitung des exakten Gebrauchs im eigentlichen Flutbericht, auch für den gesamten Zeitabschnitt verwendet (9,11.15.28; 10,1.32; 11,10). Hauptelement der Flut waren wolkenbruchartige Regenfälle (V.11b.12), obwohl auch eine Wasserwoge, die aus der Erde hervorbrach, zur Überschwemmung beitrug (V.11). Durch diese Wassermassen unterwarf Gott die alte Welt der Prüfung durch sein Gericht mit seinem doppelten Urteilsspruch: Verdammung und (für den auserwählten Rest) Rechtfertigung (vgl. 1Petr 3,20). **13** *An eben diesem Tage:* Abschluß der Einschiffung und Beginn der Flut fallen zusammen. **16** *Und der Herr schloß hinter ihm zu:* Diese Versiegelung der Erwählten zur Rechtfertigung war gleichzeitig ein Verschließen des Reiches in der Arche nach außen. Das Thema wechselt von Gottes Schutz für Noahs Familie (V.11–16) zu den alles beherrschenden Wassermassen (V.17–24; vgl. 8,4). Chronologisch wiederholt sich der Bericht, denn die vierzig Tage des *mabbul* sind die ersten der 150 Tage, über welche die Gewalt des Wassers andauert (vgl. 7,11.24; 8,4). Die Vorherrschaft der Wassermassen, hervorgerufen durch den *mabbul,* wirkt sich bes. auf die Arche, auf die Berge und auf alles Landleben aus. Das Steigen des Wasserspiegels ist, obwohl es dazugehört, nicht das charakteristische Kennzeichen der Flut. **17–19** Jeder dieser Verse stellt mit zunehmender Eindringlichkeit fest: Die Wasser *nahmen überhand.* Sie hoben die Arche von ihrem Liegeplatz, trugen sie fort und bedeckten die Berge. **20–24** V.20 faßt V.17–19 zusammen. **20** Bei *fünfzehn Ellen* Wasserstand, dem Tiefgang der Arche, schwamm diese. Die Wasser bedeckten alle Berge in Sichtweite (vgl. 8,5) und beseitigten so jeden Zufluchtsort. **24** Die Vorherrschaft des Wassers dauerte *150 Tage;* zwar war alles Leben außerhalb der Arche bereits innerhalb der *mabbul*-Periode vernichtet worden, aber die Überflutung der Berge z.B. erforderte einen längeren Zeitraum; auch brauchte die Arche Zeit, um ihren Bestimmungsort zu erreichen (vgl. 8,4).

8,1–19 Rechtfertigung im Gericht. Hier gibt es abermals eine zeitliche Überschneidung, indem der Bericht sich dem Absinken des Wassers zuwendet (V.1–12); denn das Nachlassen der Wassermassen begann unmittelbar nach den vierzig Tagen des *mabbul* und erstreckte sich über die restlichen 110 Tage der Flut. Dann nahm es fast noch ein weiteres halbes Jahr in Anspruch (vgl. 4.13), gefolgt von einer Zeit, in der das Land wieder auftauchte (V.13–19).

1 *Da gedachte Gott an Noah:* Gottes Treue in der Erfüllung seiner Bundeszusage wird als Gedenken an seinen Bund (vgl. z.B. 9,15f; 2Mo 2,24; 6,5; Lk 1,72) bzw. an die Menschen beschrieben, denen gegenüber er Bundesverpflichtungen eingegangen war (vgl. z.B. 19,29; 2Mo 32,13). *Gott ... ließ Wind auf Erden kommen:* vgl. 1,2; 2Mo 14,21. **3–5** *Ließ sich nieder:* zeigt, daß sich nun, am Ende des Gerichts, die Dinge zum Besseren gewendet haben. Von dem Verb *nuach* (sich niederlassen, ruhen) stammt viell. der Name Noah ab. *Ararat:* Land in der Nähe des Wan-Sees in Armenien, für eine Besiedlung nach der Flut zentral gelegen. Die Arche landete auf dem höchsten Berg im Gesichtskreis ihrer Insassen, nicht notwendigerweise auf dem höchsten Berg des Landes. Die Berechnung in V.3b und die Zeitangabe in V.4a stimmen überein. Demnach bedeutet die Feststellung, daß *die Wasser abnahmen,* daß sie die Tiefe von 15 Ellen nicht mehr erreichten (wörtl. *chaŝar,* weniger sein), die nötig waren, um die Arche frei treiben zu lassen. Dieser Rückgang ergab sich aus dem vorausgegangenen Prozeß, in dem die Wasser sich verliefen (V.3a); er begann, als der *mabbul* im eigentlichen Sinn beendet war (V.2; vgl. 7,11f.17). Nach 7,24 bezeichnete das Datum für die Landung der Arche das Ende der Vorherrschaft der Wassermassen. Deshalb muß dann auch die Überschwemmung der Berge (vgl. 7,19ff) beendet gewesen sein. Die Spitze des Berges, auf welchem die Arche landete, war vermutl. bereits vor der Landung über den Wassern sichtbar geworden (und hat dann während des in V.3a berichteten Absinkens die Höhe des jeweiligen Wasserstandes angezeigt). Die übrigen Berge in Sichtweite wurden erst später erkennbar (V.5). Das vollständige Absinken bezog auch das Hervortreten der umliegenden Berge und später das Wiederauftauchen des gesamten Landes ein, das von der nun auf festem Grund liegenden Arche aus beobachtet werden konnte (V.13). Offensichtlich verhinderte der begrenzte Ausblick aus dem Fenster der Arche (vgl. 6,16) in Verbindung mit der Form des Geländes rund um die Arche jedoch einen Ausblick auf die tiefer gelegenen Hänge und Täler, solange das Dach nicht abgenommen war.

6–12 Die wiederholten Erkundungen durch den Raben und die Taube(n) sollten Noah über das Fortschreiten des Wasserrückgangs in dem niedriger gelegenen und für ihn nicht einsehbaren Gebiet unterrichten. **13** Etwa einen Monat nach dem Einsatz dieser Vögel begann Noahs »Auszug«. Wie bei Mose fällt sein Exodus auf den Beginn eines Monats (vgl. 2Mo 12,2). *Da tat Noah das Dach von der Arche:* Damit fiel das Licht von Gottes neuem Tag in die Dunkelheit des »Kasten-Grabes«; nach der Fahrt durch die See des Todes kam das einer Auferstehung gleich. Von dem neuen Aussichtspunkt konnte Noah erkennen, daß die Wasser sich auch von den niedriger gelegenen Landgebieten zurückgezogen hatten. **14–19** Eine längere Wartezeit wurde eingeräumt, in welcher der Boden trocknen und viell. Pflanzen hervorbringen konnte. Dann, ein Jahr und zehn Tage, nachdem Gott die Arche zum Gericht versiegelt hatte (es ist ungewiß, ob es sich um ein Mond- oder Sonnenjahr handelte), befahl er den Überlebenden herauszukommen und übertrug ihnen die Aufgabe, die neue Welt in Besitz zu nehmen.

8,20–9,17 Der Bund nach der Sintflut

8,20–22 Schutzgebiet des Bundes. **20** Der Erbauer der Arche *baute ... einen Altar;* seine Kultur fand ihr höchstes Ziel in der Hingabe an den *Herrn.* **21** Noahs Opfer war zugleich Ausdruck der Versöhnung (vgl. *den lieblichen Geruch).* In dem bes. Segen der Erlösung haben alle allg. Segnungen ihren Ursprung (V. 21bff). *Der Herr ... sprach in seinem Herzen:* Die Abwendung des göttlichen Zorns wird durch die Wiederholung der Form (d.h. des göttlichen Nachsinnens) und der Sprache seines früheren Gerichtsurteils unterstrichen (vgl. 6,5ff). *Die Erde verfluchen:* Bei der Flut bestand die Verfluchung der Erde darin, den Menschen mit Hilfe der Natur zu verfluchen; nicht aber die Natur zu verändern. *Denn* (hebr. *ki*): sollte viell. mit »obwohl« übersetzt werden. Dieser Satzteil zitiert wahrscheinlich weiter das Urteil von 6,5ff; d.h. er erklärt, was mit *um der Menschen willen* gemeint ist. **23** *Soll nicht aufhören:* Diese Bundeszusage macht die Erde bis zum Endgericht zu einem Schutzgebiet Gottes.

9,1–7 Der Bundesauftrag. Als der Mensch im Rahmen der Königsherrschaft Gottes wieder den Platz zugewiesen erhält, der ihm von Anfang an bestimmt war, verbinden sich göttlicher Segen und göttlicher Auftrag. Der Bund offenbart gleichzeitig Gottes Gesetz und Gottes Gnade und in beidem eine souveräne Ausübung seiner Herrschaft. **1** *Seid fruchtbar* (vgl. 8,17): Der nach der Sintflut geschlossene Bund ist ein Bund des Lebens. Seine Bedingungen umfassen die Ausbreitung des Lebens (V. 1.7.), seinen Schutz und seine Heiligkeit (V. 2 und 5f) sowie seine Erhaltung (V. 3f; vgl. 8,22). In den Bundesbedingungen ist die Fortdauer der Schöpfungsordnungen von Ehe und Arbeit unausgesprochen eingeschlossen. **2.3** Schon früher lagen Furcht und Schrecken vor dem Menschen auf den Tieren; daß er nun deren Fleisch essen soll, kann ebenfalls auf die Erneuerung einer vor der Flut getroffenen Vereinbarung zurückgehen. **4** Das Verbot des Genusses von Blut beruhte auf dem Grundprinzip der Heiligkeit des Blutes als einem Symbol des Altaropfers. **5.6** Um menschliches Leben zu schützen, untersagt Gott jede Art, einen Menschen umzubringen. *Von einem jeden Menschen* (EÜ: *eines jeden, seines Bruders*): Mord ist immer Brudermord. *Dessen Blut soll auch durch Menschen vergossen werden:* Während der Herrschaft Lamechs war menschliches Leben durch die Tyrannei der königlichen Gerichtsbarkeit (vgl. 4,23f) ebenso gefährdet wie durch kriminelle Gewaltverbrechen. Die erneute Bestätigung der Macht des Staates über das Schwert setzt dieser Grenzen, indem sie darauf besteht, daß die Bestrafung nicht übertrieben wird, sondern dem Verbrechen angemessen ist. *Denn Gott hat den Menschen zu seinem Bilde gemacht:* Das begründet einmal die Ungeheuerlichkeit des Mordes, aber auch die Würde des Menschen, die es rechtfertigt, ihn mit einer so schweren juristischen Verantwortung zu beauftragen.

9,8–17 Das Bundeszeichen. **9** *Ich richte mit euch einen Bund auf:* Gottes Bünde schaffen eine Lebensordnung unter seiner Oberhoheit. Eine Besonderheit dieses Bundes besteht darin, daß er eine Interims-Regelung ohne eschatologische Strafen darstellt. **10.11** Es handelt sich um einen Lebensbund, der aber auf das irdische Leben beschränkt und Gottes ewigem Erlösungsplan untergeordnet bleibt. Eigenartig ist weiter, daß er nicht die persönlichen Beziehungen zwischen Gott und einem Volk zum Gegenstand hat, sondern zwischen *mir* (Gott) *und der Erde* besteht (V. 13), d.h. er schließt die unpersönlichen Geschöpfe und die Erde selbst ein (wie es fast jeder Vers wiederholt). Beherrscht wird die Vereinbarung von Gottes Zusage, die natürliche Ordnung aufrechtzuerhalten und die Welt vor dem Ende der Zeit nicht noch einmal zu zerstören. **12–17** Entsprechend stellt *das Zeichen des Bundes* eine Garantie Gottes für den Menschen dar und erinnert Gott an seine Verpflichtungen als Beschützer der Welt. *Meinen Bogen:* Übers. des hebr. *qeschet,* das gewöhnlich Waffe bedeutet. Der immer wiederkehrende Regenbogen, der durch die neu hervorbrechenden Sonnenstrahlen über dem weichenden Gewitter entsteht, gleicht Gottes beiseite gelegtem Kampfbogen; ein Zeichen der Gnade, das den Blitz-Pfeilen des Zorns Einhalt gebietet.

9,18–27 Der Bund in der Prophetie

9,18–23 Die Gemeinschaft wird geteilt. **18** *Ham . . . der Vater Kanaans:* Das verbindet vorwegnehmend die Sünde Hams (V. 22) mit dem Fluch über Kanaan (V. 25ff). **19b** Vgl. 10,1ff. **22** *Als nun Ham . . . sah, sagte er's:* Wenn diese vorsätzliche Respektlosigkeit kein Zeichen für ein Übergreifen der Saat der Schlange auf die übriggebliebenen Familienmitglieder ist, so kündigt sie dieses doch an. Die Nacktheit erinnert an das Verführungswerk Satans (vgl. 1Mo 3), das Bedekken der Blöße (V. 23) an Gott, der dem gefallenen Menschen Kleider machte (3,21); hier wird eine Gesinnung deutlich, die Gott nachzuahmen bestrebt ist.

9,24–27 Der patriarchalische Fluch. **24** *Als nun Noah . . . erfuhr, was ihm sein jüngster Sohn angetan hatte:* Diese Einleitung verbindet den folgenden Ausspruch mit der Übertretung; sie zeigt, daß er vor allem ein Fluch ist. Der Fluch über Kanaan wird bei der Segnung Sems und Japheths indirekt wiederholt. Dieser Ausspruch gehört in eine Reihe persönlicher Verfluchungen, die mit der urzeitlichen Verfluchung Satans begann (3,14) und sich mit dem Fluch gegen Kain (4,11) fortsetzte. Umstände und Formen der Verfluchung sind nur im Zusammenhang des Gerichts Gottes über Satan zu verstehen. **25** *Verflucht sei Kanaan:* Der Fluch (bzw. Segen) gilt nicht allen Angehörigen der Volksgruppe, die durch die genannte Person vertreten wird, sondern vor allem der Gruppe in ihrer Gesamtheit. So werden Sem und Japheth in ihren Nachkommen gesegnet, Ham wird in den seinen verflucht. Die Erwähnung von Hams Sohn Kanaan macht das noch deutlicher; sie weist direkt auf die sichtbare Erfüllung hin. *Knecht der Knechte sei er seinen Brüdern* (ZÜ): Der Gegensatz zwischen Kanaan und seinen Brüdern, die mit der Bundesgemeinschaft gleichgesetzt werden, erklärt Kanaans Verwerfung. Die Unterordnung Kanaans deutet den Sieg über Satan an; der »Same der Frau« wird ihm den Kopf zertreten. Mit dem Namen Kanaan ist ein Wortspiel verbunden; die Vokabel *kanaʿ* wird auch für »Unterwerfung« gebraucht, und zwar im Blick auf die Eroberung Kanaans durch Israel, also für die Erfüllung von Noahs Fluch (5Mo 9,3; Ri 4,23). **26** Der Lobpreis enthält den Segensspruch. Die Verfluchung Satans (3,15) schloß unausgesprochen das Heil für die Auserwählten Gottes ein; der Fluch über Kanaan führte gleichzeitig zur Segnung des semitischen Israel. Israel empfing das ihm verheißene Land durch die Enteignung Kanaans. *Sem* (hebr. *schem*): bedeutet Name; der Segen fand darin Ausdruck, daß Sems »Name« mit Gottes Bundesnamen Jahwe gedanklich verbunden wurde; das wird bes. im abrahamitischen Bund deutlich. **27** *Gott breite (japhat) Japheth (jephet) aus:* Herausragendes Ereignis im göttlichen Erlösungsplan, bei dem Japhethiten in die Bundesgemeinschaft Abrahams aufgenommen wurden, war die apostolische Sendung zu den Heiden nach dem NT.

28.29 Der Abschnitt über das Geschlecht Noahs hat eine übliche Rahmenform; er beginnt (6,9a) und endet mit einem genealogischen Formular. Diese Verse vervollständigen 5,32. Die Berechnung zählt den *mabbul* viell. exakt, nämlich nur als die ersten vierzig Tage.

10,1–11,9 Das Geschlecht der Söhne Noahs

Die Vermehrung der Bevölkerung war dem Schöpfungssegen Gottes zuzuschreiben (8,15ff; 9,1.7; vgl. Apg 17,26). Diese neue Ausbreitung (10,1ff) muß aber zugleich als Fluch aufgefaßt werden, als Fortsetzung der Exilsgeschichte des Menschen (vgl. 3,23f; 4,16). Der angefügte Bericht über die Ereignisse in Babel (11,1ff) unterstreicht diese Sicht.

10,1–32 Die Diaspora der Völker

Mit Ausnahme der auserwählten semit. Linie erfolgt die Aufzählung nach dem Alter. Die Semiten werden nach den üblichen Modellen als letzte genannt, obwohl die einzelnen Geschlechter hier eher parallel als in ihrer direkten Beziehung zu Israel (11,10ff) aufgeführt werden. Die insgesamt genannten Nachkommen ergeben die traditionelle Zahl 70, ein Zeichen dafür, daß Vollständigkeit nicht beabsichtigt ist. Von offenkundigen Ausnahmen wie Nimrod abgesehen, bezeichnet der Begriff »Söhne« kollektive Einheiten, die genealogisch mit derjenigen Linie Noahs verbunden werden, der sie zugeschrieben sind. Aufgrund früher Mischehen und späterer Vermischung der Gemeinschaften können bestimmte Gruppen ihre Abstammung auf mehrere Linien zurückführen. Innerhalb der Hauptabteilungen ließen sich Untergruppen nach geographischen, sprachlichen, völkischen und politischen Unterschieden feststellen, wie sie in den Schlußformeln angeführt wurden (V. 5,20.31).

10,2–5 Die Söhne Japheths. Nach allg. anerkannten Forschungsergebnissen bewohnten die Japhethiten das Land im N und NW des »Fruchtbaren Halbmonds«. Noah weissagte ihre Vermehrung (9,27); diese bildet den Auftakt für ihren zahlenmäßig bedeutsamen Eintritt in den Bund. Entsprechend erstrecken sich ihre Siedlungsgebiete hier bis »an die Enden der Erde« (vgl. V. 5 mit Jes 41,5), bis an die Inseln, zu denen die Berufung in das messianische Reich dringen wird (vgl. z.B. Ps 72,10; Jes 49,1ff).

10,6–20 Die Söhne Hams. Ihr Wohngebiet lag im SW des »Fruchtbaren Halbmonds«. **8** Nimrod *war der erste, der Macht gewann;* das erinnert an 6,4. **9** Tapferkeit bei der Jagd von Raubtieren, die Menschen angreifen, galt in Mesopotamien als bes. königliche Fertigkeit (vgl. 9,5). **10** *Kalne:* Ort im Lande Sinear, sonst nicht erwähnt. *Sinear:* ist Babylonien. **11** *Er ist nach Assur gekommen* (vgl. Mich 6,5): Nimrods Wirken in Babel wird möglicherweise in 11,2ff beschrieben; in diesem Fall vgl. 10,11 mit 11,8f. **15–18** Die kanaan. Stämme nehmen die Eroberungslisten Israels gewissermaßen vorweg, die den Fluch Noahs bestätigen (vgl. 9,25). **19** Ähnlich sieht die Beschreibung des von den Kanaanitern besetzten Gebietes den Israel verheißenen Landbesitz voraus. Auch die Liste der dem Untergang geweihten Städte in der Ebene (V. 19b) hat den Fluch über Kanaan im Blick.

10,21–31 Die Söhne Sems. **21** *Vater aller Söhne Ebers:* Noah verband die Bundeslinie mit Sem (9,26). Das wurde in Abraham, »dem Hebräer« (d.h. »dem Eberiten«) verwirklicht; vgl. 11,10.16.26. Die Semiten nahmen das Gebiet zwischen den Japhethiten entlang des arab. Subkontinents ein. **25** *Peleg ... zu seiner Zeit (wurde) die Erde zerteilt (niphlega):* Das Wortspiel muß sich entweder auf die Teilung der Eberiten in die erwählte Linie Pelegs (vgl. 11,17ff) und die Linie Joktans (10,26ff) beziehen, oder die Sippe Pelegs müßte in die Zerstreuung von Babel einbezogen gewesen sein (11,1ff).

32 ist Kolophon (Schlußformel) für das gesamte Kapitel. *Auf Erden:* Übers. von *'erez,* einem hebr. Wort mit verschiedenen Bedeutungen; hier bezeichnet es die bekannte Welt der Völkerliste.

11,1–9 Die babylonische Zerstreuung

1.2 *Alle Welt:* Wird *'erez* hier wie in 10,32 gebraucht, dann wird eine Situation nicht lange nach der Sintflut beschrieben und der Vers überbrückt einen längeren Zeitabschnitt. Bezieht sich *'erez* auf das *Land ('erez) Sinear,* dann ist die Perspektive von V. 1 nicht universal; vgl. V. 9. In beiden Fällen bezeichnet die wandernde Gruppe von V. 2ff nur einen Teil der damaligen Menschheit. Ihre vorbabyl. Wanderung gehörte zu der bereits im Gang befindlichen Neubesiedlung der Erde nach der Flut (vgl. 1Mo 10); ihre weitere Zerstreuung von Babel aus (V. 8f) wird als bes. Gericht über die empörende Manifestation des ungöttlichen Geistes erwähnt, der auch nach der Flut die menschliche Zivilisation kennzeichnet. **4** *Die Stadt:* wird einmal mehr (vgl. 1Mo 4) zum kulturellen Brennpunkt menschlicher Arroganz. *Turm (migdol):* kann auch Festung bedeuten; 5Mo 1,28 und 9,1 sprechen von Städten, die »bis an den Himmel ummauert« sind. Parallelen zu dem Bericht über den Bau Babels und seines Tempelbaus (vgl. das babyl. Epos *Enuma elisch*) lassen vermuten, daß der *migdol* ein Prototyp des Ziggurat oder Tempelberges war, der in seiner klassischen Form erstmals Anfang des 3. Jt. v.Chr. nachgewiesen ist. Im Blick auf das Verlangen, sich *einen Namen zu machen,* vgl. 4,17.22ff; 6,4; 10,9.

5 *Da fuhr der Herr hernieder, daß er sähe:* Wie Gott in Ps 2 über den Rat der Könige lacht, so verspottet und demütigt er hier die Eitelkeit der Turmbauer; denn er muß (menschlich gesprochen) herabsteigen, um die stolze Spitze ihres Turms überhaupt zu Gesicht zu bekommen. **7** *Laßt uns herniederfahren:* vgl. 1,27; 3,22; 18,2.21; 19,1. *Ihre Sprache verwirren:* Möglicherweise ist die Verwirrung das Ergebnis eines natürlichen Vorgangs; wahrscheinlich ist jedoch ein übernatürlicher Eingriff anzunehmen, ein seltsames Wunder der Verwirrung, das zu Pfingsten durch einen weiteren göttlichen Eingriff und ein Wunder sprachlicher Verständigung beantwortet wird. Der Text schreibt diesem Ereignis nicht alle vorhandenen sprachlichen Unterschiede zu. Er beansprucht nicht, daß dies hier nach der Flut zum erstenmal geschieht und leugnet auch nicht sprachliche Wandlungen bereits vor der Sintflut. **8** *Zerstreute sie:* Was die Einwohner von Babel zu verhüten gedachten, brach nun mit größerer Zerstörungskraft über sie herein, als es sich anderswo auf natürliche Weise vollzog. **9** *Babel, weil der Herr da selbst verwirrt (balal) hat:* Nach der allg. Etymologie in den sumerischen und babyl. Wiedergaben bedeutet der Name *Babel* »Tor Gottes«, was immer seine urspr. Bedeutung gewesen sein mag. Die polemische Spitze des mosaischen Berichts liegt in dem Wortspiel: *Babel – balal* (= Verwirrung). Angesichts dieser Ereignisse erscheint die Ausbreitungsbewegung von 1Mo 10 als Fluch, als eine Kraft, die die Menschen trennt und die Unterwerfung der Erde hemmt (vgl. V. 6b). Trotzdem erwies sich dieser Fluch zugleich als Segen; denn er verzögerte die Vervollkommnung der Ungerechtigkeit, die mit dem Fortschreiten der Zivilisation Hand in Hand ging (V. 6). Damit verhinderte er ein Gericht, das dem göttlichen Heilsplan entgegengestanden hätte.

11,10–26 Das Geschlecht Sems

Die Zeit von der Sintflut bis zu Abraham, Gegenstand des vorausgegangenen Abschnitts, wird hier unter dem Thema der direkten Beziehung zwischen Sem und Abraham noch einmal behandelt. Teilweise wird diese bereits in 10,21–25 erwähnt; hier wird jedoch die gesamte Zwischenzeit überbrückt und das vollständigere Geschlechtsregister der Bundeslinie aus 5,1ff mit seinen zusätzlichen Statistiken aus dem Familienregister zugrundegelegt. Weggelassen sind die abschließenden Angaben über das Gesamtalter jeder Person und die Mitteilung über ihren Tod. Der Nachweis kultureller Entwicklungen in den Zentren des Reiches und an anderen Orten in einem Zeitraum, der Tausende von Jahren vor Abraham umspannt, macht deutlich, daß dieses Geschlechtsregister für die gesamte Periode, die hier erfaßt werden muß, zu kurz wäre; es kann sich deshalb nur um eine Auswahl handeln. Man kann auch nicht annehmen (was nötig wäre, wenn man die Liste für vollständig hielte), daß Noah zur Zeit Abrahams noch lebte und daß Sem und die meisten der nach ihm erwähnten Personen noch am Leben waren, als Abraham seine Berufung empfing. Josua wäre dann kaum damit ausgekommen, im Blick auf die Stämme Israels z.Z. Abrahams lediglich den Götzendienst Tarahs zu erwähnen (Jos 24,2). Auch die allmähliche Abnahme des Lebensalters von 600 auf 200 Jahre erwiese sich als problematisch; das würde bedeuten, daß innerhalb von 300 Jahren zehn Generationen gleichzeitig gelebt haben müßten. Zur Bedeutung der symmetrischen literarischen Form s. Komm. zu 5,1ff. Um in 11,10ff auf insgesamt zehn Namen zu kommen, muß man nach Arpachschad den Namen Kenan einfügen, der sich in LXX und bei Lukas (Lk 3,36) findet. 1Mo 11 bietet keine Grundlage für eine zeitliche Bestimmung der Sintflut, nicht einmal im Blick auf 1 000 Jahre.

10 *Hundert Jahre alt . . . zwei Jahre nach der Sintflut:* Die Übereinstimmung mit den Angaben in 5,32 und 7,11 ist nachweisbar; sie läßt verschiedene Kombinationen zu: Sem wurde am Ende des 500. Lebensjahres Noahs geboren (oder empfangen); unter *mabbul* (Sintflut) werden exakt die ersten 40 Tage verstanden; Arpachschad wurde im zweiten Jahr nach dem *mabbul* (nicht unbedingt gegen Jahresende) empfangen. Einige Namen dieses Geschlechtsregisters sind in außerbibl. Quellen nachgewiesen; diese sind sämtlich vormosaisch. Es war nicht ungewöhnlich, daß Personen und Orte die gleichen Namen trugen. Folgende Namen von Vorfahren Abrahams finden sich in Ortsnamen im NW von Mesopotamien wieder: **18** *Peleg;* **22** *Serug;* **24** *Nahor* (vgl. V. 26); **26** *Tharah.* Der Ortsname Haran (V. 31; assyr. *harranu* = »Hauptstraße«) ist mit dem Namen von Abrams Bruder *Haran* in V. 26 nicht identisch. Offensichtlich lag die Heimat der Eberiter, die von Peleg abstammten, im Norden.

11,27–25,11 Das Geschlecht Tharahs

Bei Noah fanden wir die Herrschaft des Menschen unter Gott im Reich der Arche. Nun geht die Königsherrschaft Gottes auf Abram über; sie wird in den göttlichen Verheißungen, durch den Glauben, zugeeignet. Das Reich Gottes sollte zunächst in vormessianischer Form in Erscheinung treten, erst dann in der Verwirklichung messianischer Erfüllung. Die Abrahams-Erzählung beschäftigt sich durchgehend mit den Themen der Erbschaft und des Erben des Königreichs; die Erbschaft wird bes. in 11,27–15,21, der Erbe ab Kap. 16 behandelt. Daß in der Überschrift 11,27a der Name von Tharah (nicht der Abrams) erscheint, stimmt mit dem System von 1Mo überein; das Buch will den genealogischen Ursprung der 12 Stämme Israels nachweisen. Diese aber stammten von Tharah ab, und zwar nicht nur durch Abram, sondern auch durch Sara (20,12), Rebekka, Lea und Rahel aus dem Geschlecht von Tharahs Sohn Nahor.

11,27–15,21 Abram erbt das Königreich

11,27–32 Tharahs Wanderung. **28** *Ur in Chaldäa:* Die übliche Gleichsetzung mit dem babyl. Ur ist in Frage gestellt, da das untere Mesopotamien erst 1000 Jahre nach Abraham nach den Chaldäern benannt wurde. Personen- und Ortsnamen (vgl. 11,18ff) sowie Traditionen der Sozialgesetzgebung lassen eine Verbindung der Vorfahren mit dem Norden vermuten. 1Mo 24,1–10 und Jos 24,2 scheinen den Tharahiten eine Heimat im N zuzuschreiben. Daraufhin hat man Ur mit einem nördl. Ort identifiziert, und zwar unter Bezug auf die alte Bezeichnung »Haldai« für jene Gegend; sie könnte die Beifügung »in Chaldäa« erklären. Von einem solchen Ort, nicht vom südl. Ur aus, wäre *Haran* demnach auf die Route nach Kanaan gestoßen (vgl. V. 31). **30** *Sarai war unfruchtbar:* Das Thema des Erben zeichnet sich von Beginn an ab.

12,1–9 Abrams Berufung nach Kanaan. Nach der Auslegung des Stephanus (Apg

7,2ff; vgl. 1Mo 15,7; Neh 9,7) erreichte der Ruf Gottes Abram, als er noch in Ur war. Die Formulierung in 12,1 wäre dann vom Thema bestimmt und nicht chronologisch zu verstehen. Stephanus setzt den Auszug Abrams aus Haran (V. 4) nach dem Tod Tharahs (11,32) an. Aufgrund der Altersangaben in 11,26.32 und 12,4 würde dies bedeuten, daß Abram geboren wurde, als Tharah 130 Jahre alt war. Abrams Name würde dann in 11,26.27 nicht wegen seiner Erstgeburt, sondern aufgrund seiner Bedeutung als erster genannt. Der samarit. Pentateuch beseitigt dieses Problem, indem er das Alter Tharahs mit 145, nicht mit 205 Jahren angibt.

1 *Der Herr sprach:* Der abrahamitische Bund wurde durch Gottes Befehls- und Verheißungswort ins Leben gerufen. Es war ein Bund unter der Hoheit Gottes, in dem die Abrahamsgemeinschaft aufgrund von Forderungen und Garantien unter dem Schutz Gottes stand. *Geh aus deinem Vaterland:* Heidnische Bindungen im Haushalt Tharahs (vgl. Jos 24,2) müssen zugunsten der Verpflichtung auf die Herrschaft Jahwes aufgegeben werden. 2 *Zum großen Volk* (*goj* = »Nation«): bezieht sich sowohl auf das Land wie auf das Volk. Abrams Glaube erkannte in dieser Verheißung, daß die Stadt Gottes einem besseren, himmlischen Land angehört (vgl. Hebr 11,10ff.16); das gemeinsame Ziel der auserwählten Nachkommen des Weibes ist ein himmlisches Jerusalem: von Abel bis zum letzten Zeugen Jesu Christi in der Endzeit (vgl. Hebr 11,4ff.39f; 12,22). Das israel. Königreich in Kanaan war im Blick auf diese Gottesstadt lediglich ein Provisorium bis zum Anbruch der messianischen Zeit. *Ich will dich segnen:* Es geht um einen schöpferischen Segen, um einen Machtspruch. Der abrahamitische Bund setzte die Königsherrschaft des Menschen in der Schöpfung (vgl. 35,11) erneut in Kraft, die nun durch die Erlösung wiedererlangt werden sollte. 3 *In dir sollen gesegnet werden alle Geschlechter auf Erden:* Die ntl. Wiedergabe dieser Aussage interpretiert (der LXX folgend) sie in der Weise, daß durch den abrahamitischen Bund tatsächlich alle Völker gesegnet sind (vgl. Apg 3,25; Gal 3,8). Eine reflexive Übertragung (*werden sich Segen wünschen;* ZÜ) steht damit in Einklang; denn alle, die sich selbst durch Abram segnen, sind bereit, mit ihm in eine brüderliche Segensgemeinschaft einzutreten; und ihnen verheißt Gott, daß sie tatsächlich gesegnet werden. Der Segen wird durch Abram und seine Nachkommen vermittelt (vgl. 22,18; 26,4; 28,14), aber es ist Gottes Segnung. Diese beiden Aspekte treffen in Christus als dem von Abram abstammenden Mittler zusammen (vgl. Gal 3,16). *Ich will . . . verfluchen, die dich verfluchen:* Indem Gott Abrams Bundesherr wird, erfüllt sich der Segen, den Noah Sem zugesprochen hatte – mit der gleichzeitigen Folge des Fluches über Kanaan (vgl. 9,26).

4 *Da zog Abram aus:* Nicht alles, was uns von Abram berichtet wird, ist nachahmenswert. Aber es finden sich bei ihm eine ganze Reihe beispielhafter Handlungen im Gehorsam des Glaubens, die ihm den Titel »Freund Gottes« einbringen, d.h. eines Menschen, der Gott die Treue hält (vgl. 2Chr 20,7; Jes 41,8; Jak 2,23). *Lot zog mit ihm:* Die Bedeutung Lots kann darauf zurückzuführen sein, daß er sich Abram als möglicher Erbe anbot. Die allg. Praxis der Adoption liegt für Abram unter den gegebenen Umständen nahe: Haran und Tharah sind tot, und Sarai ist unfruchtbar (vgl. 11,28–30). 5 *Kanaan:* Obwohl Kanaan nicht unmittelbar als das verheißene Land bezeichnet wird, wies Gottes Ruf (V. 1ff; vgl. Hebr 11,8) Abram offensichtlich in diese Richtung. 6 *Es wohnten . . . die Kanaaniter im Lande* (vgl. 13,7): Diese Erklärung setzt, unmittelbar bevor Kanaan den Nachkommen Abrams als von Gott zugewiesenes Land zugesagt wird, die Verheißung in Gegensatz zu der tatsächlichen Situation. **7.8.** *Einen Altar dem Herrn:* Dieser Altar, errichtet an dem Ort der Erscheinung Jahwes, drückte Abrams Glauben aus, daß dieses Land Jahwe gehörte und daß er es verleihen konnte. Weiter südl. in der unmittelbaren Umgebung kanaan. Städte wurde ein zweiter Altar erbaut. **8b** Vgl. 4,26 9 *Zog weiter:* Die Patriarchen befanden sich in Kanaan dauernd auf der Wanderschaft (vgl. Hebr 11,9ff). *Südland* (Negev): wörtl. »trocken«, bezeichnet ein nicht näher begrenztes Gebiet im südl. Hochland. Archäol. Belege von Siedlungen im Negev zwischen dem 21. und 19. Jh. v.Chr. stützen die bibl. Zeitangaben, die den Wohnsitz der Patriarchen dort der gleichen Periode zuordnen.

12,10–20 Vorübergehender Aufenthalt in Ägypten. 10 *Hinab nach Ägypten:* Aus Berichten ägypt. Grenzbeamter geht hervor, daß es seit langem üblich war, Asiaten, die sich vor einer Hungersnot zu retten suchten, Zuflucht zu gewähren (vgl. 26,1ff; 43,1ff). 13 Über die List, Sarai als seine *Schwester* auszugeben, hatten sie sich geeinigt, als sie Tharahs Haus verließen (vgl. 20,13). Sie enthielt eine Halbwahrheit; denn Sarai war Tharahs Tochter, aber nicht von Abrams Mutter (vgl. 20,12). Möglicherweise enthielt dieser Betrug noch ein weiteres Wahrheitselement. Aus dem Gebiet, aus dem Abram stammt, gibt es Belege für einen gesetzlichen Status der »Schwesternschaft«, den eine Frau erlangen konnte. Er bot bes. Vorrechte und brachte

seine Besitzerin in den Genuß außergewöhnlicher Empfehlungsschreiben, etwa vor einem ausländischen Gericht. In einer Gesellschaft, die dem Bruder bes. Rechte einräumte (vgl. 24,29 und die Bedeutung von Rebekkas Bruder Laban) erfreute sich eine Frau, die durch ihren Bruder verheiratet wurde, eines doppelten Frau-Schwester-Status. Die List, die von Abram (und später von Isaak) angewendet wurde, sollte vor allem verbergen, daß er der Ehemann war; aber der Schwester-Status (wenn es sich tatsächlich um einen solchen handelte) bedeutete noch weitere Vorteile. Die Schwäche des Patriarchen führte zu einem erneuten Eingreifen Gottes als Schutzherr des Bundes; sein Fluch traf diejenigen, die sich der Erfüllung des Bundesprogramms feindlich entgegenstellten, während er die auserwählte Stammutter Israels, die den Erben der Verheißung gebären sollte, bewahrte (V. 17ff). **16** *Und er tat Abram Gutes:* Daß Gott Abram am Reichtum des Pharaos profitieren ließ, bedeutete nicht, daß er seine Ausflucht gut hieß; es war ein reiner Akt der Gnade. Daß der sich mehrende Besitz Abrams Kamele einschloß, ist durchaus zeitgemäß. Es gibt Belege für die Domestizierung des Kamels zu Beginn des 2. Jt. v.Chr., auch wenn es als Karawanentier erst zu einem späteren Zeitpunkt Verwendung fand.
17 *Große Plagen:* Die Erfahrungen Abrams in Ägypten bilden eine bemerkenswerte Parallele zu denen des Volkes Israel bei seinem späteren Aufenthalt in dem gleichen Land.

13,1–18 Landzusagen und Landansprüche. **1** Obwohl es in 12,10–20 nicht erwähnt wird, war auch Lot in Ägypten; er zog aus der bevorzugten Stellung Abrams Nutzen (V. 5) und fand Gefallen an den üppigen Tälern (vgl. V. 10: »gleichwie Ägyptenland«).
2 *Sehr reich an . . . Silber und Gold:* Noch bevor Abram nach Kanaan zog, hatten sich in Haran seine Begleitung und sein Besitz beachtlich vermehrt (vgl. 12,5). Viell. waren die Tharahiten als Kaufleute im Karawanenhandel tätig. Möglicherweise war dies der Grund, warum Tharah Ur verließ; viell. boten sich ihm in der Karawanenstadt Haran geschäftliche Vorteile, so daß er aus diesem Grund näher an Kanaan herankam. Während seines Aufenthalts in Haran kann Abram gut entlang der bekannten Esels-Karawanenrouten des Negev Handel getrieben haben. Vgl. 20,1; 34,10; 42,34. Seine Herden bildeten einen natürlichen Nebenerwerb; die Kampfkraft seiner Knechte (vgl. 14,14) bot seinen Karawanen Schutz. Mit Sicherheit waren die Erzväter keine Wüstennomaden. Als Lasttier verwendeten sie allg. den Esel. Ihre Siedlungen lagen in der Nähe städtischer Zentren, aber im spärlicher bewohnten Hügelland. Dabei waren sie in der Regel mit den umliegenden Städten verbündet. Isaaks landwirtschaftliche Unternehmung (26,12) kann den Übergang zu stärkerer Seßhaftigkeit bedeuten; aber die allg. ungebundene Lebensweise unterstrich ihre Stellung als Wanderer und Fremdlinge im Land.

5–7 *Das Land ertrug es nicht, daß sie beieinander blieben* (ZÜ): Selbst sein Reichtum wurde für Abram zur Glaubensprüfung; er erinnerte ihn daran, wie begrenzt seine Freiheit in dem verheißenen Land war; vgl. V. 7b.
8–13 Trotzdem zeigte sich bei Abram im Rahmen seiner Vorrechte die Großzügigkeit des Glaubens. Lot dagegen wollte das verheißene Gebiet möglichst schnell sichern (V. 10), ohne es mit den ethischen Forderungen des Bundes bes. genau zu nehmen (vgl. V. 13).
14.15 Auf die Landzusage Abrams an Lot folgte die Landzusage Jahwes an Abram. In der Festlegung der Gebiete bildete diese Offenbarung einen Übergang von den vagen Angaben von 12,7 zu den exakten Aussagen von 15,17ff. **16** Auch die Verheißung des »großen Volkes« (12,2) fand darin ihren Ausdruck. **17** *Durchzieh das Land in die Länge und Breite:* vgl. Jos 24,3. Vermutl. war dies eine symbolische gesetzliche Handlung, durch die man Grundbesitz einnahm. Für Abram bedeutete das in der Tat eine Wanderung im Glauben. **18** *Bei Hebron:* Abram bezog hier einen festen Wohnsitz; er schloß mit den örtlichen Fürsten Verträge (vgl. 14,13), die seine Gleichberechtigung garantierten; aber er baute auch einen Altar, seinen dritten, und brachte damit zum Ausdruck, daß Jahwe der Oberherr des Landes war und daß er es für ihn in Besitz nahm.

14,1–24 Oberherr von Kanaan. **1.2** Die genaue politische Situation, wie sie 1Mo 14 beschreibt, und die einzelnen Könige sind noch nicht identifiziert. Viele Namen gelten jedoch als für das frühe 2. Jt. v.Chr. authentisch. Auch Bündnisse zur Erlangung politischer Macht waren für jene Periode kennzeichnend. Das entsprechende Wort für den Namen *Arjoch* ist in den Dokumenten von Mari und Nuzi belegt. *Kedor-Laomer:* besteht aus zwei Elementen einer typisch elamitischen Namensform und bedeutet »Diener des (Gottes) Lakamar«. *Tidal:* entspricht dem hethit. Königsnamen Tudhalia. Die Identifizierung von *Amraphel* mit Hammurabi hat sich als unhaltbar erwiesen; sowohl aus sprachlichen Gründen wie aufgrund der Tatsache, daß dieser berühmte babyl. König erst mehrere Jh. nach Abram gelebt hat. *Sinear:* wird viell. vor allem erwähnt, um das Unternehmen der vier Könige ideologisch mit Babel in Verbindung zu bringen (vgl. 11,1ff). Die Identität von *Ellasar* ist ungewiß. *Gojim* (ZÜ): Das hebr. Wort bedeutet »Völker, Nationen« (LÜ: des *»Königs von Völkern«*); bezeichnet möglicherweise eine Gruppe von Städten in Kleinasien, die unter Tidal vereinigt worden waren. *Elam:* im SO von Babylonien; dominierte in dem Bündnis. Um 2000 v.Chr. gab es eine starke elamitische Dynastie. **3** *Tal Siddim, wo nun das Salzmeer ist:* In der Zeit zwischen Abraham und Mose wurde die Ebene von Lisan zu einem flachen Wasserarm, der das Tote Meer erweiterte. **4** *Im 13. Jahr:* Kedor-Laomers Lehnsvertrag war kurz vor Abrams Ankunft in Kanaan in Kraft getreten. **5** *Kamen . . . und schlugen:* Expeditionen über vergleichbare Entfernungen sind für mesopotamische Könige bereits vor 2000 v.Chr. nachgewiesen. Die Invasion folgte der Königsstraße, einer Karawanenroute, die vom Norden bis an den Golf von Akaba im Süden führte; sie umging die Städte der Ebene, durchquerte den Negev im NW und führte in einem Bogen in das Tal Siddim zurück. Das transjordanische Gebiet wies (wie der Negev) zwischen dem 21. Jh. und dem 19. Jh. v.Chr. ausgedehnte Siedlungen auf. Das hörte dann plötzlich auf, doch nicht notwendigerweise als unmittelbare Folge der Invasion Kedor-Laomers.

13 *Abram, der Hebräer:* Wie die anderen Führer wird auch Abram in diesem Text aufgrund seiner Volkszugehörigkeit identifiziert. Er war ein Nachkomme von Eber (*ʿibri* = ein »Eberit« oder »Hebräer«). *ʿibri* wird im AT durchweg ethnisch gebraucht. Es ist die Frage, ob Eberiten auch in außerbibl. Literatur erwähnt werden; das gilt vor allem im Blick auf die Habiru, die während des 2. Jt. v.Chr. in Texten aus allen Teilen des Nahen Ostens erwähnt werden. Die Habiru waren anscheinend Berufssoldaten, die urspr. viell. eine ethnische Einheit bildeten. Theoretisch ist es möglich, daß der urspr. ethnische Begriff *ʿibri* in Verbindung mit einer Gruppe von Eberiten, die Berufssoldaten wurden (d.h. den Habiru), zu einer Art Berufsbezeichnung wurde, während die ethnische Bedeutung im AT den Abrahamiten vorbehalten blieb. Selbst in 1Mo 14,13 ließe sich dann der Begriff im Sinn der Berufsbezeichnung (Habiru) plausibel erklären. Aber diese Theorie müßte durch eindeutiges Beweismaterial belegt werden. Die damit verbundene phonetische Gleichsetzung ist höchst problematisch. Außerdem hat der mit 1Mo 14,13 beginnende Abschnitt seinen Höhepunkt in einem Lobpreis des Segens (V. 19f), der sich auf einer Linie mit dem Noahs (vgl. 9,26) befindet; das legt nahe, daß Abram hier *der Hebräer* genannt wird, um die abrahamitische Erfüllung der Bundesverheißung Noahs an Sem durch die genealogische Verbindung zu unterstreichen (vgl. 10,21).

14 *Wappnete er seine Knechte:* oder »zog seine Gefolgsleute (wie ein Schwert)«. Lehnsbündnisse enthielten die Bedingung, daß der Vasall den Besitz seines Lehnsherrn im Fall der Gefahr mit Waffengewalt zu verteidigen hatte. Die Forderungen Kedor-Laomers an Kanaan beeinträchtigten die bes. Landansprüche Jahwes; deshalb handelt Abram.
15 *Schlug sie:* Es wird keine übernatürliche Unterstützung geleistet. Die Gesamtstärke des vereinigten Heeres (vgl. V. 13.24) und die genaueren Umstände sind unbekannt.
17.18 *Das Königstal:* Die Lage ist ungewiß; das Tal wird jedoch in der Nähe von Jerusalem vermutet (vgl. 2Sam 18,18). Auch ist keineswegs sicher, daß sich die Episode mit Melchisedek hier abgespielt hat. Das Verb in V. 18 kann auch Vorvergangenheit sein: »hatte . . . herausgetragen«. *Melchisedek:* vgl. Ps 110,4; Hebr 7,1ff. *Salem:* ist Jerusalem (vgl. Ps 76,2). *Gottes des Höchsten* (hebr. *ʾel ʿeljon*): dieses Wort wird in kanaan. Texten für eine Gottheit gebraucht; aber der Eine, den Melchisedek *ʾel ʿeljon* nennt und den er als Schöpfer von Himmel und Erde bekennt, wurde von Abram mit Jahwe, dem Schöpfergott, gleichgesetzt. Es scheint demnach, daß während Abrams Aufenthalt in Kanaan unter der Priesterschaft des Königs von Salem eine gefestigte Glaubensgemeinde bestand. Melchisedek war bedeutender als Abram, Abram übertraf ihn jedoch wegen der messianischen Linie.

19.20 *Gesegnet seist du, Abram . . . und gelobt sei Gott, . . . der deine Feinde in deine Hand gegeben hat:* Wieder hat die Segnung der Auserwählten die Verfluchung derjenigen zur Folge, die ihrerseits die Auserwählten verfluchen (vgl. 9,26; 12,2f). *Den Zehnten:* Durch diese Tributzahlung dokumentiert Abram, daß Jahwe Oberherr über alle war, unabhängig davon, welche Kräfte die Kontrolle über Kanaan ausübten. **21–24** Vermutl. hat er seinen Schwur vor Melchisedek geleistet. Gewöhnlich wurde den Vasallen erlaubt, die Kriegsbeute, die sie in den Feldzügen gemacht hatten, zu behalten; die Lehnsherren hatten jedoch das Recht, dies vertraglich festzulegen. Der König von Sodom versuchte vermutl., sich dieses Recht anzueignen, doch Abram lehnte das ab. Vasallenverträge verboten die Unterordnung unter andere Wohltäter. Die Zurückweisung des Vorschlags des Königs von Sodom war durch Abrams Treueschwur gegenüber Jahwe als seinem Bundesherrn bedingt.

15,1–21 Jahwes Bundeseid. Der Bund

wurde zunächst durch einen göttlichen (1Mo 15) und dann durch einen menschlichen Eid (1Mo 17) bekräftigt. Zu jener Zeit war der Untertanen-Eid für außerbibl. Bündnisse charakteristisch; gelegentlich legten sich Lehnsherren aber auch selbst durch einen Eid fest, bes. in Verbindung mit Zusicherungen von Landbesitz (vgl. V. 18ff).

1 *In einer Offenbarung:* Wenn diese »Offenbarung« das gesamte Kapitel umfaßt, so schließt sie vermutl. eine Vielzahl psychologischer Stadien ein: vom schlafähnlichen Zustand (V. 12ff) bis zu einem Wachstadium mit übersensiblem Bewußtsein (V. 5.10f.17; vgl. 2Kön 6,17). Ist der Bericht chronologisch angeordnet, so liegt eine längere Tageslicht-Periode (oder überhaupt eine längere Zeit) zwischen V. 5 und V. 12. Ist er thematisch angelegt, so schließt eine plausible Rekonstruktion folgende Elemente ein: V. 7 beschreibt den Beginn; V. 1b–4 ist dem Traumzustand V. 12ff zuzuordnen. Bemerkenswert ist, wie genau Gottes *Fürchte dich nicht* (V. 1) in die Situation Abrams (V. 12) hineinspricht; die Erfahrungen im Wachzustand (V. 5f und 17ff) gehören zusammen. *Schild* (hebr. *magen*): vgl. Ps. 3,3; 28,7; 33,20. Liest man dieses Wort mit anderen Vokalen als *mogen,* so bedeutet es: »Ich gebe dir deinen Lohn«. **2–5** *Was willst du mir geben?* Die Erfüllung der Reichsverheißung hing davon ab, daß Abram Nachkommen hatte, auf die sie sich übertragen ließ. **2b** Erhält ein unklares Wortspiel mit der Ortsbezeichnung »Damaskus«, aber V. 3 erklärt Abrams Klage. Er hatte gemäß der mesopotamischen Sitte gehandelt, nach der kinderlose Ehepaare einen Erben adoptierten (in manchen Fällen einen ehemaligen Sklaven); diese Sitte ist zwischen 2 000 und 1 500 v.Chr. vielfach nachgewiesen. Adoptionsverträge jener Zeit enthielten die Vereinbarung, daß einem später geborenen eigenen Sohn anstelle des angenommenen Sohnes das Haupterbe zustand. Auf diesem gesetzlichen Hintergrund erfolgte die nochmalige Bestätigung durch Gott. **6** *Abram glaubte dem Herrn:* Das Verb *ʾaman* drückt hier Vertrauen in Gott, Zuversicht gegenüber seiner übernatürlichen rettenden Gnade aus. Diese Aussage kann auf ein von Abram tatsächlich gesprochenes »Amen« (»es gilt«) hinweisen; denn bei Bündniszeremonien antworteten die Untergebenen in dieser Weise auf die Bekanntgabe der im Bündnis festgelegten Belohnungen und Strafen (vgl. 5Mo 27,15–26). **6b** Vgl. Röm 4,3.17ff; Gal 3,6ff.

Das Thema des Erben (V. 1–6) wird der Reichs-Verheißung gegenüber untergeordnet behandelt, die in den folgenden Versen betont wird. **7** *Ich bin der Herr, der dich aus Ur . . . geführt hat:* Diese Selbstbezeichnung und der Hinweis auf Gottes erlösendes Handeln entspricht der Präambel eines klassischen Vertrags, in welcher der königliche Bündnispartner seine Titel und Namen angab; es folgte eine geschichtliche Einleitung, in der er seine Taten aufzählte (vgl. 2Mo 20,2). **10** *Und zerteilte es in der Mitte:* Eine Schwurzeremonie, wie sie Abram hier vorbereitete, war bei Vertragsabschlüssen üblich. Von ihr sind verschiedene stehende Redewendungen für den Abschluß eines Bündnisses abgeleitet, u.a. das hebr. »einen Bund schneiden« (so V. 18 wörtl.; vgl. Einleitung, »Theologie des AT«, S. 30). Der Fluch, der in dem Schwur bedingt enthalten war, wurde durch das Töten und Zerteilen von Tieren symbolisch dargestellt; es bedeutete: »So soll es dem ergehen, der diesen Bund bricht« (vgl. 1Sam 11,17). **11** *Die Raubvögel:* Sie bildeten in der Fluchsymbolik den Abschluß; vgl. Jer 34,17–20. **12** *Ein tiefer Schlaf:* vgl. 2,21. *Große Finsternis:* Dieses Bild des Schreckens enthält die Vorwarnung auf die ägypt. Knechtschaft.

13 Die Länge des Aufenthalts in Ägypten wird mit einer abgerundeten Zahl (vgl. 2Mo 12,40) und in V. 16 als vier »Geschlechter« (ZÜ) oder besser »Menschenalter« (LÜ) angegeben; für ein »Lebensalter« werden etwa 100 Jahre gerechnet (weniger, als die Lebensspanne der Patriarchen betrug). V. 15 macht deutlich, daß in diesen vier Jh. die 215 Jahre, während derer sich Abram, Isaak und Jakob in Kanaan aufhielten, nicht enthalten sind; denn dieser Aufenthalt fiel in die Zeit der Nachkommen Abrams nach dessen Tod.
14 *Ich will das Volk richten:* Die lange Zeit des Aufschubs endet mit der Erfüllung der Verheißung Gottes (vgl. 12,3), und zwar auf der vorläufigen Ebene des AT: durch ein mächtiges Gerichtshandeln, das zugleich für sein Volk Erlösung bringt (vgl. Apg 7,17). Die Segnung der Abrahamiten vollzog sich in Verbindung mit dem Fluch über Ägypter und Amoriter, die ihrerseits Abram verfluchten (vgl. 12,3). **16** *Die Missetat der Amoriter:* vgl. 3Mo 18,24ff; 20.22ff; 1Kön 14,24. Gottes Zeiten (vgl. 5Mo 2,21) sind nicht willkürlich, und seine Geduld ist nicht auf ewig unbegrenzt (vgl. 2Petr 3,9f). **17** *Ein rauchender Ofen und eine Feuerflamme:* Wie auch sonst häufig benutzt Gott Feuer und Rauch, um seine Gegenwart anzuzeigen; vgl. bes. 2Mo 3,2ff; 13,21f; 19,18. Die zwischen den Stücken hindurchfahrende Feuerflamme zeigt an, daß Gott seinen Bundesverheißungen treu zu bleiben schwor und alle Verfluchungen auf sich zu nehmen bereit war, die durch die geschlachteten Tiere symbolisiert wurden.

18 *Der Herr schloß einen Bund:* Das war die Bedeutung der seltsamen Zeremonie. *Von dem Strom Ägyptens an bis an den großen Strom Euphrat:* vgl. 1Kön 4,21. Verschiedene außerbibl. Verträge enthalten ähnliche geographische Passagen; sie führen die Städte auf und bestimmen die Grenzen, die den Vasallen gesetzt werden. Das Land gehört den Nachkommen Abrams nur im Rahmen der Bundesbedingungen; so werden die Erben Abrahams nur in *dem* Samen Abrahams, in Christus, zur universalen Bundesgemeinschaft des NT; in ihm erhält die Landverheißung eine kosmische Dimension; denn es gibt in Christus weder Juden noch Griechen.

16,1–22,19 Abrahams königlicher Erbe

16,1–15 Ismael, der Sohn der Magd. **1** Das Thema des Erben wird unter dem Gesichtspunkt der natürlichen Schwierigkeiten, die den Glauben herausfordern (vgl. 11,30), noch einmal angeschnitten. In den zehn Jahren seit dem Verlassen von Haran (s. V.3; vgl. V.16 und 12,4) ist die Verheißung ständig wiederholt worden, aber Sarai blieb unfruchtbar, und auch die auf Lot und Elieser gesetzten Hoffnungen hatten sich zerschlagen. **2** Sarais Vorschlag, Abram solle Hagar zur Nebenfrau nehmen, entsprach der damals üblichen Sitte; Gesetze und Eheverträge bestätigen das. Manche enthielten die Bedingung, daß eine unfruchtbare Ehefrau ihrem Mann eine Nebenfrau besorgen müsse. Manchmal erhielt eine Frau eine persönliche Magd als Hochzeitsgabe (vgl. 29,29; 30,3); alle gesetzlichen Rechte im Blick auf ein Kind dieser Magd gingen auf die Frau über. **4** Die Gesetze, die derartige Vereinbarungen regelten, waren genau für den Fall vorgesehen, wie er in diesem Vers beschrieben wird; sie erlaubten der Frau, die Magd in ihren früheren Stand zurückzuversetzen, verboten jedoch ihren Verkauf. **5** *Mein Unrecht auf dich* (wörtl.): Sarai bat Abram, ihren gesetzlichen Rechten Geltung zu verschaffen. Es gehörte zu seiner Verantwortung, das Unrecht, das auf ihm lag, wieder gutzumachen. **6** Hagar erwirbt sich unser Mitgefühl, war aber gesetzlich im Unrecht.

7 *Der Engel des Herrn:* vgl. 21,17ff; 22,11.15; 24,7.40; 31,11ff; 48,16. Bei dieser Art von Offenbarung geht es primär um die Funktion, nicht um die Form; die Erscheinung Gottes erfolgte gewöhnlich in menschlicher Gestalt, aber nicht immer (vgl. z.B. 2Mo 3,2). Schon die Bezeichnung *mal'ak* = »Bote« legt nahe, daß es sich um die Ausführung einer Mission handelt. Dieser Engel ist von Gott gesandt und betet zu ihm (vgl. Sach 1,12f), doch er spricht wie Gott und wird im übrigen Gott gleichgesetzt. Hier deuten sich Unterscheidungen im Blick auf Gott an, die bes. im Blick auf das Kommen des Sohnes bedeutsam sind, der vom Vater gesandt wird, um den Bund zu erfüllen (vgl. Mal 3,1). S. auch Einleitung 2Mo, »Die Selbstoffenbarung Gottes«, S. 136f. *Schur:* war viell. der ägypt. Grenzwall; in jedem Fall floh Hagar in Richtung ihrer Heimat (vgl. 12,15f). **8** Vgl. 3,9; 4,9. **10** Vgl. 13,16; 15.5. Der universale Segen, der durch Abram verheißen war, umfaßte trotz seines vorwiegend erlösenden Charakters auch die Wohltaten der allg. Gnade Gottes, die allen zugute kamen. Den zahlreichen Nachkommen Hagars (vgl. 25,12ff) galten wohl die Zusagen des nachsintflutlichen Bundes (vgl. 8,20ff); sie gehörten jedoch nicht in die ewige Ordnung, die den Nachkommen Abrams »nach der Verheißung« bestimmt war (17,18ff).

11 Solche Ankündigungen waren in kanaan. Heldengedichten des 2. Jt. v.Chr. üblich. *Ismael:* bedeutet »Gott hört«; d.h. Gott hatte den Schrei der Flüchtigen vernommen.

12 *Ein Mensch ... wie ein Wildesel* (ZÜ; LÜ: *ein wilder Mensch):* Der wilde Esel galt als bevorzugtes Tier bei der Wüstenjagd; Wildheit kennzeichnet die stolze Unabhängigkeit der ismaelitischen Nomaden. **13** *Ein Gott, der mich sieht;* ZÜ: *El-Roi (d.i. Gott des Schauens):* Diese Wiedergabe stützt viell. zu Recht den Gedanken, daß nicht nur Gott Hagar ansieht, sondern daß auch Hagar Gott schauen darf, und zwar ohne katastrophale Folgen.

14 Auf der gleichen Linie könnte *Quell von Lahai-Roi* (ZÜ), »Quell des Lebendig-Schauens« liegen; LÜ: *Brunnen des Lebendigen.*

15 *Hagar gebar Abram einen Sohn:* Auf diesen Sohn setzte Abram nun natürlich seine Hoffnung; aber dieser letzte Versuch, die Verheißung Gottes mit natürlichen Mitteln durchzusetzen, wird in Enttäuschung enden. An der Frage des erstgeborenen Erben muß sichtbar werden, daß der Erlösungsbund nur durch einen übernatürlichen göttlichen Eingriff verwirklicht werden kann.

17,1–18,15 Bestätigung des Bundes. **17,1** *Neunundneunzig:* vgl. 16,16; 17,17.25. Der Gedanke an einen von Sarai empfangenen Erben war nun lächerlich geworden (vgl. 17,17; 18,12). *Erschien ihm der Herr:* vgl. V.22; 12,7; 18,1. *Ich bin der allmächtige Gott:* Lehnsverträge begannen in dieser Weise mit der Aufzählung der Titel des Großkönigs (vgl. 15,7). Die Ableitung von *schaddaj* ist noch ungewiß, aber der Ausdruck »der Allmächtige« gibt den offensichtlichen Sinn des Wortes wieder; vgl. 28,3; 35,11; 43,14; 48,3; 2Mo 6,3; Hes 10,5. *Sei fromm* (ZÜ: *unsträflich):* d.h. echt und rückhaltlos dem Dienst für Gott verpflichtet (vgl. 6,9). 5 *Abraham:* eine verlängerte Form von Abram (»Der Vater ist erhöht«); wird durch ein Lautspiel als *Vater vieler Völker* (hebr. *'ab-hamon*) erklärt. Die prophetische Bedeutung des Namens ist nicht in den abrahamitischen Völkern (wie Ismaeliten und Edomitern) zu suchen, denn dieselbe Zusage wird Sarai gemacht (V. 16), sondern vielmehr in der Vielzahl aus allen Völkern, die »durch den Glauben« zu Abrahams Kindern werden (vgl. Gal 3,29). 6 *Könige:* Das verheißene Geschlecht war königlich. Aus ihm ging »nach dem Fleisch« Christus als Nachfolger seiner atl. Vorgänger, der Könige von Israel, hervor. 7 *Ein ewiger Bund:* Der Bund befand sich in einer vorläufigen Entwicklungsphase, aber in Abrahams messianischem Nachkommen (vgl. Gal 3,16) und in dessen Königreich besteht er für immer. 8 *Ich . . . will ihr Gott sein:* Jahwe schafft ein Volk und identifiziert sich mit ihm als sein Herr.

9 *So haltet nun meinen Bund:* Der Bund ist sowohl Gesetz wie Evangelium (vgl. 12,1; 17,1; 22,2). 10 *Soll beschnitten werden:* Die Sitte der Beschneidung, die sich bereits früher bei anderen Völkern findet, wurde als Zeichen der Eingliederung in den abrahamitischen Bund übernommen. Ihre bleibende Bedeutung ergibt sich aus der Funktion, die sie bei ihrer Einsetzung zu erfüllen hat. Bündnisse wurden durch Schwüre bestätigt; die Schwur-Verfluchungen wurden von symbolischen Zeremonien begleitet (vgl. 15,9ff). Ein typischer Fluch bestand darin, den Knecht der Vernichtung preiszugeben und seinen Namen und seine Nachkommen nicht mehr zu erwähnen. Mit dem Nachsprechen dieser Formel war eine mit einem Messer vollzogene Zeremonie verbunden. Die Beschneidung stellte nun die Zeremonie dar, durch die der abrahamitische Bund geschlossen (geschnitten) wurde. 14 Die Beschneidung symbolisiert den Fluch des Ausschlusses aus der Bundesgemeinschaft. Die Beschneidung des männlichen Geschlechtsorgans symbolisierte den Entzug von Nachkommen. Als Schwur-Zeichen, das die Herrschaft Gottes bezeugte, bedeutete die Beschneidung zugleich Heiligung (vgl. Röm 4,11). Alte Vasallenbündnisse schlossen Königreich und Nachkommen des Lehnsabhängigen ein. Ähnlich schloß Gott seinen Bund mit Abraham nicht nur mit einem einzelnen Glaubenden, sondern mit ihm als dem Führer einer Gemeinschaft, dem Haupt einer Großfamilie, zu der auch Kinder und Sklaven gehörten (V. 12f.23ff), und das durch alle folgenden Generationen hindurch (V. 9.12).

15 *Sara:* eine Abwandlung von Sarai = »Prinzessin«; seltsamerweise wird die Bedeutung der Änderung nicht mitgeteilt. Merkwürdigerweise werden die Namen von Abram und Sarai beide durch Hinzufügung des gleichen Lautes (»ah«) verändert (alte Schreibweise von Sara = Sarah). 17 *Da fiel Abraham auf sein Angesicht und lachte:* Der gealterte Abraham empfindet die Komik der Situation, aber seine nächste Bitte zeigt, daß er noch nicht in der Freiheit rückhaltlosen Glaubens lachen kann. 18 *Daß Ismael möchte leben bleiben:* In der Fachsprache damaliger Bündnistexte wurde der Anwärter auf einen Thron »lebendig« gemacht, wenn der Großkönig ihn in sein Amt einsetzte; das galt besonders, wenn er vorher »getötet« worden war, d.h. wenn ihm seine Ansprüche durch Rivalen streitig gemacht wurden. Abraham, irritiert durch die Tatsache, daß er mit 100 Jahren noch Vater werden sollte, wollte sich mit Ismael als Erben begnügen. 20 *Zwölf Fürsten wird er zeugen:* Gott *erhörte* Abraham. Als Patriarch eines Stämmebundes sollte Ismael den Stab eines Herrschers erhalten, aber nicht über das Zwölf-Stämme-Reich Gottes. 21 *Aber meinen Bund will ich aufrichten mit Isaak:* Nach dem Gesetz war ein natürlicher Sohn, auch wenn er nach dem Sohn der Nebenfrau geboren wurde, der Haupterbe.

Vom Anlaß her ist 18,1–15 mit 18,16ff verbunden, thematisch bezieht es sich jedoch auf Kap. 17. Die Verheißung des Erben wird in der Form, wie sie sich dort findet, bestätigt (vgl. 17,21; 18,10.14); die Bündniszeremonien werden offensichtlich ergänzt; der Gedanke des Lachens wird noch einmal aufgegriffen und findet in einem bemerkenswerten Ausspruch Gottes seinen Höhepunkt (18,14f). **18,1** Schon kurz danach trat Gott wieder in Erscheinung. Das Herannahen der übernatürlichen Geburt wurde durch wiederholte Engelbesuche angekündigt. *Mamre:* vgl. 13,18; 14,13. 2 *Siehe, da standen drei Männer:* läßt auf eine plötzliche Erscheinung schließen. Einer der drei war der Engel des Herrn (vgl. V. 13.17; 16,7ff). 3 *Herr:* Das hebr. *'adonaj* (mein Herr; ZÜ), das Gott vorbehalten ist, erscheint in dieser Wiedergabe wie eine allg. höfliche Anrede. Vermutl. hat Abraham jedoch den Engel des Herrn nach kurzer Zeit erkannt. Dafür spricht der weitere Text der Begrüßung. Auch wäre die Erwähnung Jahwes in V. 13 sonst zu abrupt. 5–8 Das Mahl kann als Bekräftigung der Bundesbeziehung gelten (vgl. 2Mo 24,9–11). Entsprechend erfolgte anschließend die mündliche Bestätigung.

10 *Hinter der Tür des Zeltes;* ZÜ: *Am Eingang des Zeltes hinter ihm*: Beide Übers. sind

möglich. **12** In jedem Fall waren Saras Gedanken verborgen, sie lachte »bei sich selbst« (wieder als Reaktion auf die unmöglich scheinende Ankündigung). Wie Jesus die geheimen Zweifel Nathanaels aufdeckt und damit auf die größeren Taten hinweist, die er, dem die Engel dienen, tun wird (Jh 1,45–51), so ist die Allwissenheit Jahwes ein Anzeichen: Er, der mit seinen Engeln gekommen war und Saras verborgene Skepsis enthüllt, würde auch das größere Wunder vollbringen, indem er Saras Körper mit neuer Lebenskraft erfüllte. **14** *Sollte dem Herrn etwas unmöglich sein?* Gottes unendliche Weisheit macht das Lächerliche glaubhaft. **15** Trotz ihrer völlig unangebrachten Reaktion glaubte Sara; vgl. Hebr 11,11.

18,16–19,38 Die getrennte Linie Lots. **18,16** Ein zweiter Abschnitt der göttlichen Mission (vgl. 18,1ff) begann mit dem Aufbruch der beiden Engel (wiederholt in V. 22), bzw. mit Gottes Gespräch mit ihnen (V. 17–19) und seiner Erklärung gegenüber Abraham (V. 20f). **17** *Wie könnte ich Abraham verbergen, was ich tun will:* Als Freund Gottes (s. Komm. zu 12,4) soll Abraham die geheime Absicht seines göttlichen Bundespartners erfahren (vgl. Ps 25,14). **19** *Daß der Herr . . . kommen lasse, was er ihm verheißen hat:* Abraham war nicht herausgerufen worden, um seiner Sippe für alle Zeit den Status einer elitären religiösen Sondergruppe zu sichern; sie war vielmehr dazu bestimmt, die Furcht Jahwes und die damit verbundenen Segnungen (vgl. V. 18b; 12,3b) unter allen Völkern auszubreiten. Gerechtigkeit und Recht *(was recht und gut ist)* sind für das Reich Gottes ebenso kennzeichnend wie Kraft und Segen. **20.21** Die geringfügige Unterscheidung zwischen *se'aqa* und *ze'aqa*, beides wird mit *Geschrei* übersetzt, entspricht dem Unterschied zwischen »Frevel, Schande« und »Aufschrei (aus Entrüstung)«. Das Geschrei bezeichnet entweder das Vergehen selbst, das nach Bestrafung »schreit« (vgl. 4,10), oder es drückt die Bitte der Unterdrückten aus, die nach Rechtsschutz verlangen. Das Gerichtsverfahren begann mit einer bes. Untersuchung (vgl. 11,7). Die Tatsachen waren dem Richter in vollem Umfang bekannt und sein Urteil war vorauszusehen (vgl. 19,13); die Offenheit der Situation, wie sie in V. 21 beschrieben wird, läßt jedoch vermuten, daß den Sodomitern eine letzte Gelegenheit zur Buße eingeräumt wurde. **22ff** Gottes hinhaltende Erklärung gibt Abraham die Gelegenheit zur Fürbitte.

25 *Sollte der Richter aller Welt nicht gerecht richten?* Abrahams Glaube war im Kampf mit der Diskrepanz zwischen den Verheißungen Gottes und der geschichtlichen Wirklichkeit einer langen Bewährungsprobe ausgesetzt; sie hat ihn zu dieser festen Überzeugung geführt, die nun die Grundlage für seine Haltung gegenüber der göttlichen Vorsehung bildet. Abraham setzte sich weniger für den individuellen als für den allg. Gerichtsvollzug in Gottes Weltherrschaft ein. Er verstand Gottes Urteil gegen Sodom als grundlegende Maßnahme des Bundesgerichts (vgl. Lk 17,28f; 2Petr 2,6). Solches Gericht muß das doppelte Gesicht der allg. Geschichte aufdecken, so daß die Gemeinde der Gerechten nicht zugleich mit ihren gottlosen Mitbürgern vernichtet wird. Im Fall Sodom sah Abraham die einzige Möglichkeit, die Härte der in einem solchen Gericht erforderlichen konsequenten Gerechtigkeit zu vermeiden, darin, daß er Gott von seiner angekündigten Absicht abzubringen versuchte. Abraham bemühte sich, Lot zu retten (vgl. 19,29), indem er um Schonung für Sodom bat. Gott antwortete ihm, daß er sein Gericht zurückhalten würde, um die Gerechten zu schützen, auch wenn es nur wenige wären; in der Folge erweist sich das als unnötig. Wenn Gott Ungerechtigkeit für ein endgültiges Gericht reif hält, so verschont er nicht; aber er rettet die Angehörigen seines Bundesvolkes heraus, unabhängig davon, ob es sich um 50, um 10 oder um eine noch kleinere Familie (wie die Noahs oder Lots) handelt.

19,1 *Am Abend:* Jahwes Boten erschienen außergewöhnlich schnell in Sodom (vgl. 18,22) mit dem Auftrag, die Auserwählten vor dem Hereinbrechen des Untergangs zu sammeln (vgl. Mt 24,31; Mk 13,27). **2.3** Obwohl Lot die geistliche Kraft Abrahams fehlte, war er ein aufrechter Mann, der sich mit seiner ungöttlichen Umgebung in der Auseinandersetzung befand (vgl. 2Petr 2,7f). Zu V. 2b vgl. Lk 24,28f. **4** Außer Lots Familie fand sich kein einziger Gerechter in der ganzen Stadt; es stand schlimmer, als Abraham befürchtet hatte (vgl. 18,32). **5** *Daß wir uns über sie hermachen:* vgl. Ri 19,22; Röm 1,27. **8** Die unglückliche Wahl von Sodom als Wohnsitz hatte Lots geistliche und moralische Ausrichtung so ungünstig beeinflußt, daß dies zum Verlust seiner Urteilsfähigkeit, zur Unschlüssigkeit und zu einem erschreckend verwirrenden Kompromiß führte. **9** Die perverse Gewalttätigkeit der Sodomiter bestätigt, daß das »Geschrei über Sodom« (18,20) gerechtfertigt war. **11** *Blindheit* (vgl. 2Kön 6,18): bedeutet hier weniger Verlust des Augenlichts als eine plötzliche Orientierungslosigkeit, die die Peiniger befiel und damit die Ausführung ihres Vorhabens vereitelte. **12** *Hast du hier noch einen Schwiegersohn und Söhne und Töchter?* Das Angebot der Befreiung der Familienangehörigen ist bei Lot das gleiche wie bei Noah vor der Sintflut. **13** Vgl. 18,21. **14** *Die seine Töchter heiraten sollten:* Die Sprachform läßt auch die Übersetzung zu, daß sie bereits verheiratet waren und daß Lot zusätzlich zu den beiden Töchtern, die bei ihm waren, noch Töchter hatte, die mit ihren Männern zusammenlebten. *Lächerlich:* Wieder begegnen wir dem Wort *zachaq* und dem Gedanken einer scheinbar »lächerlichen« göttlichen Ankündigung. Vgl. Lk 17,28f.

16 *Weil der Herr ihn verschonen wollte:* Die Unvollkommenheiten der Übrigbleibenden konnten die gnädige Absicht Gottes nicht vereiteln. **22.23** *Zoar:* Der Name der Stadt *(zoʿar)* bezieht sich darauf, daß Lot sie als unbedeutend (*mizʿar,* V. 20) bezeichnet hat. Sie lag offensichtlich südl. des zerstörten Gebietes. Alle diese Städte lagen in dem Gebiet, das heute den flachen südl. Ausläufer des Toten Meeres bildet. **24** *Schwefel und Feuer:* Im Küstengebiet des Toten Meeres finden sich Vorkommen von Schwefel und Asphalt (vgl. die »Erdharzgruben« in 14,10). Vermutungen gehen dahin, daß die Entzündung von Naturgasen durch Blitzeinschlag, möglicherweise in Verbindung mit einem Erdbeben in dieser Senke, die Feuersbrunst mit dem nachfolgenden Schwefelregen und der Rauchwolke aus Asphalt ausgelöst haben könnte (V. 28). Trotzdem handelt es sich in jedem Fall um eine übernatürliche Zerstörung; denn Zeitpunkt und Ausmaß der Verwüstung entsprechen genau dem angekündigten Gerichtsurteil Gottes und der damit verbundenen bes. Absicht. **25** *Die ganze Gegend* (vgl. V. 28f): Adma und Zeboim wurden mit Sodom und Gomorra zerstört (5Mo 29,23; Jer 49,18; Hos 11,18; vgl. Jes 1,9f; 13,19; Hes 16,46ff). **26** *Salzsäule:* vgl. Lk 17,32. Das bekannte Salzvorkommen bei Dschebel Usdum an der SW-Küste des Toten Meeres bestätigt das Vorhandensein dieses zur Verkrustung führenden Stoffes. Aus archäol. Sicht gibt die Siedlung Bab ed-Dra Aufschluß über diese Episode. Sie lag wenige Kilometer östl. von den Städten in der Ebene und galt für deren Einwohner offensichtlich als Wallfahrtsort. Die Benutzung des Platzes endet im 21. Jh. v.Chr. **28** Vgl. 13,10. **29** Vgl. 2Petr 2,9; s. Komm zu 18,23ff. Als Heerführer hatte Abraham Lot bereits früher gerettet (1Mo 14); nun tut er es als prophetischer Bundes-Mittler (vgl. 8,1; 20,7). **30** Furcht (viell. vor weiteren Erdbeben) trieb Lot in die Höhlen des Gebirges. **31–38** beschreiben die abweichende Linie Lots (durch seine in Sodom verdorbenen Töchter) zu den Moabitern und Amalekitern, die für die Propheten Israels zunehmend zum Gegenstand der Verurteilung wurden. Trennung von Abraham bedeutete Trennung von der Zukunft des Bundes-Reiches.

20,1–18 Schutz der königlichen Familie. Die Ereignisse um Isaaks Geburt verbinden das Lachen bei der Ankündigung (1Mo 17ff) mit der Freude der Erfüllung (21,1ff). Saras Verjüngung (als Einleitung zur Empfängnis Isaaks) könnte sich, mit einem gewissen Schmunzeln berichtet, darin widerspiegeln, daß sich Abimelech bemüht, die neunzigjährige »Maid« in seinen Harem aufzunehmen, während der erfahrene Abraham sich in Schwierigkeiten befindet, die eigentlich in seine längst vergangene Jugendzeit gehörten (V. 5.11ff).

1 *Von dannen* (ZÜ: *von dort*): vgl. 18,1.33. *Zwischen Kadesch und Schur:* Manche Ausleger sehen hierin die Bezeichnung der Karawanenstraße, auf der Abraham Handel trieb, während er als Fremder in Gerar wohnte. **2** *Meine Schwester:* s. Komm. zu 12,13ff. *Abimelech:* Das Herrscherhaus von Gerar gehörte den Philistern an (vgl. 21,32.34; 26,1). Die Philister der Erzväterzeit hatten eine semit. Lebensweise angenommen. Ihr Verhältnis zu den Patriarchen war durch ein politisches Bündnis geregelt (21,22ff; 26,26ff), das im Gegensatz zu der Feindschaft zwischen Israeliten und Philistern während der Richterzeit steht. Vgl. 10,13f; Am 9,7. Abimelech betete anscheinend den wahren Gott an (vgl. V. 3ff). **3** *Du bist des Todes:* Vgl. Jes 38,1. Abimelech, seine Frau und sein Harem waren Opfer der plötzlichen Heimsuchung (vgl. V. 7.17). **4.5** *Ein gerechtes Volk* (ZÜ: *Unschuldige*): Abimelech stellte eine ähnliche Frage wie Abraham (vgl. 18,23ff), allerdings in Selbstverteidigung. Er konnte seine Unschuld insofern nachweisen, als er von Saras Ehe nichts gewußt hatte; trotzdem war er für den Mißbrauch der Heiratsordnung durch seinen Harem schuldhaft verantwortlich (vgl. 4,19ff; 6,1ff). **6b.7** Vgl. Ps 105,15. *Ein Prophet:* Als Mittler des göttlichen Bundes erhielt Abraham Kenntnis des göttlichen Willens und gab ihn an andere weiter; dadurch bot sich ihm eine besondere Gelegenheit zur Fürbitte (vgl. Hiob 42,8). *So wisse, daß du des Todes sterben mußt:* vgl. 2,17; 3,4. Abimelechs Tat bedrohte die Abraham verheißenen Nachkommen, und Gottes Drohung gegenüber Abimelech erstreckte sich auch auf dessen Familiendynastie (s. Komm. zu 17,18; vgl. Ps 105,13f). **9–13** Die Verwirrung Abrahams vor Abimelech und eine gewisse Ähnlichkeit zwischen der Art, wie Abraham seine Frau behandelt und wie Lot seine Töchter anbot, macht deutlich, daß auch das Wohlwollen

Gottes gegenüber Abraham allein auf Gnade beruht. **16** *Das soll eine Decke sein über den Augen* (ZÜ: *eine Ehrenrettung*, EÜ wörtl. *eine Augendecke*): d.h. ein Mittel, um die Aufmerksamkeit von einer Übertretung abzuwenden. Durch seine verschwenderischen Geschenke möchte Abimelech Saras Erinnerung an die Erfahrungen an seinem Hof auslöschen. Ist V.16d als Erklärung von V.16c zu verstehen, so bedeutet das, daß Saras Ehre trotz der erlittenen Demütigung in den Augen der anderen wiederhergestellt ist.

21,1–33 Isaak, der Erbe des Bundes. **1** Vgl. 17,21; 18,10.14. **3** Vgl. 17,19. **4** Durch die Beschneidung Isaaks weihte Abraham das Volk der Verheißung Jahwe. **5** Vgl. 17,17. **6.7** *Gott hat mir ein Lachen zugerichtet:* Sara singt ihr »Magnificat« (vgl. Ps. 113,9; Lk 1,48ff). Sie wiederholt das Wortspiel mit »Isaak«, vorausahnend, daß sich in die Freude der Eltern das spöttische Gelächter der Gratulanten mischen wird (vgl. Hes 23,32). **8** Das Entwöhnungsfest wurde vermutl. im zweiten oder dritten Lebensjahr Isaaks gefeiert. **9** *Wie er Mutwillen trieb:* Auch hier wird das hebr. *zachaq* (= verspotten, lächerlich machen) unter Anspielung auf V. 6b.7 gebraucht. Ismael machte die Familie des Stammesfürsten lächerlich, und zwar vermutl. in Verbindung mit dem Ereignis, dessen Absurdität Sara selbst beschrieben hatte (vgl. V.7). Paulus bezeichnet das als Verfolgung des Sohnes der Verheißung (Gal 4,28f).

10 Zur Stellung Hagars im Haushalt s.Komm. zu 16,2ff. Nach dem Gesetz hatte Ismael Anspruch auf einen Anteil des Erbes, Sara aber war entschlossen, Isaak zum Alleinerben einzusetzen. Das ließ sich auf legalem Weg erreichen; denn es gab eine gesetzliche Tradition, nach der der von einer Sklavin geborene Sohn von seinem Erbanspruch zurücktreten konnte, indem er gegen die Entlassung in die Freiheit auf sein Erbe verzichtete. *Treibe diese Magd aus mit ihrem Sohn:* Sara wollte ihnen die Freiheit aufzwingen. **11–13** Abraham entsprach dem, nachdem Gott ihn dazu angewiesen hatte, aufgrund seiner natürlichen Zuneigung zu Ismael allerdings nur zögernd (vgl. 17,18). **14–16** *Den Knaben:* Bei seiner Vertreibung war Ismael etwa 16 Jahre alt (vgl. 16,16; 21,5). Hagar versuchte offensichtlich eine Zeitlang, den erschöpften Jungen zu stützen, aber sein Gewicht erwies sich als zu schwer für sie. **17–19** *Da erhörte Gott:* ist eine Anspielung auf »Ismael« (vgl. 16,11). Durch einen übernatürlichen Eingriff wurde Hagar zum lebensrettenden Wasser geführt. Das verhinderte, daß die Ismael früher gegebenen Zusagen Gottes infolge seines Todes nicht wirksam werden konnten (vgl. 16,12; 17,20; 21,13). **20.21** Ismaels Verheiratung mit einer Ägypterin und sein nomadisierendes Durchstreifen der Sinai-Halbinsel unterstrich die Trennung der Ismaeliten von dem abrahamitischen Bund.

22–24 *Zu der Zeit:* Das Bündnis von Beerseba steht mit dem Textzusammenhang in loser Verbindung; möglicherweise wurde es bereits vor Isaaks Geburt geschlossen. Der Aufforderung Abimelechs folgend (20,15) ließ sich Abraham offensichtlich an der Grenze des Hoheitsgebietes nieder. Abimelech, obwohl politisch und militärisch überlegen, war von dem göttlichen Schutz beeindruckt, unter dem Abraham stand, und schlug ein formelles Bündnis vor, um die brüderlichen Beziehungen zu festigen. *Pichol:* ein semit. Name; er bedeutet »Wort aller« (d.h. »der Götter«). **25.26** Abraham benutzte die Gelegenheit, um das Gespräch auf einen Wasserbrunnen zu bringen, den er gebaut hatte, der dann aber ohne Wissen Abimelechs von dessen Knechten besetzt worden war. **27–31** Der Vertrag, der beiden eine gleichberechtigte Stellung einräumte, wurde wie üblich durch den Eid beider Parteien bekräftigt. Damaliger Sitte entsprechend wurden Tiergaben ausgetauscht und der Bündnisschluß in Gegenwart von Zeugen vollzogen. Gott selbst war *der* Zeuge. Abraham gab Abimelech sieben Lämmer als besonderes Zeugnis dafür, daß dieser der Zusatzvereinbarung zugestimmt und Abrahams Recht auf den Brunnen bestätigt hatte. **32** *Beerseba:* Der Name drückt drei charakteristische Merkmale des Bündnisses aus: *be'er* bedeutet »Brunnen«; *scheba'* »sieben« und *nischba'* »schwören«. **33** Der *Tamariskenbaum,* den Abraham pflanzte, galt vermutl. als weiteres Zeugnis. *Des ewigen Gottes:* Dadurch, daß Gott seinen Bund als »ewig« offenbart hatte (17,7f; 13,19), lernte Abraham, ihn anzubeten und ihm als dem unveränderbaren Grund seiner Hoffnung zu vertrauen (vgl. 12,8; 13,4).

22,1–19 Tod und Auferstehung des Erben. **1** *Gott versuchte Abraham:* Die gesamte Wanderschaft war eine fortwährende Versuchung. Hier aber handelte es sich um eine bes. Prüfung von zentraler Bedeutung (vgl. V. 12).

2 *Opfere ihn:* Abraham wurde aufgefordert, über die partielle und symbolische Trennung der Beschneidung hinauszugehen. Durch bedingungslose Dahingabe Isaaks an Gott im Todesgericht muß er die Echtheit seines Treueschwurs unter Beweis stellen. Daß Gott Isaaks Leben forderte, bestätigte sein Urteil über den gefallenen Menschen, es verwies auf die Notwendigkeit der Befreiung, schloß aber die Möglichkeit dazu scheinbar aus. Denn der Tod des von Gott bestimmten Nachkommen der Verheißung würde den göttlichen Erlösungsplan zunichte machen und die Verheißung sinnlos werden lassen. Abrahams Glaube überwand den Konflikt zwischen Gehorsam und Hoffnung, weil »er dachte, Gott kann auch wohl von den Toten erwecken« (Hebr 11,17–19). *Morija:* vgl. 2Chr 3,1, wo der Ort mit Salomos Tempelplatz in Jerusalem gleichgesetzt wird. **8** *Gott wird sich ersehen:* bedeutet nicht, daß Abraham den Ausgang im voraus kennt; denn dann entfiele die Glaubensprüfung. **13** *Und sah einen Widder:* Dieser von Gott beschaffte Ersatz ist ein Vorbild auf Jesus Christus, der stellvertretend den Fluch über die gefallene Menschheit trägt und nicht verschont wird (vgl. Röm 8,32). **14** *»Der Herr sieht«* (ZÜ: *»Gottessicht«):* Das hebr. *jhwh jir'eh* bezieht sich auf das Ereignis von V. 13 in der Sprache von V. 8. *Da der Herr sieht,* (JB) *wo Jahwe vorsieht;* andere Lesart: »wo Jahwe gesehen wird«. Aus der Sicht der Thronfolgerechte Isaaks als einem »Vasall« unter der Oberhoheit Jahwes bedeuten sein faktischer Tod und seine Auferstehung (vgl. Hebr 11,19) Amtsenthebung und Wiedereinsetzung. S. Komm. zu 17,18. **16** *Ich habe bei mir selbst geschworen, spricht der Herr:* vgl. 24,7; 2Mo 32,13. Die Verbindung von *spricht der Herr (ne'um jhwh)* mit dem göttlichen Schwur findet sich in Ps 110,1.4 wieder, einer Weissagung, die ebenfalls eine königliche Berufung betrifft; dort handelt es sich um den Sohn Gottes, durch den die Weissagung von 1Mo 22,15–18 erfüllt wird. *Weil du solches getan hast:* vgl. V. 18. Abraham hat diesen Segen nicht durch seinen Gehorsam verdient. Gottes Belohnungen sind, ebenso wie die ursprüngliche Erwählung der Empfänger, reine Gnadenakte. Aufgrund seiner besonderen Zusicherung gefiel es Gott jedoch, Abrahams überragenden Glaubenstriumph damit fest zu verbinden; er stand in kausalem Zusammenhang mit der Erfüllung des abrahamitischen Bundes (vgl. 26,3.5.24; Ps 105,42). Auf diese Weise wird deutlich, daß Abrahams Nachkommen im Alten und Neuen Testament die Welt durch die »Gerechtigkeit des Glaubens« ererben (vgl. Röm 4). **17** *Sollen die Tore ihrer Feinde besitzen:* vgl. 14,25.

22,20–25,11 Königliche Thronfolge

22,20–24 Die Nebenlinie Nahors. Die Entwicklungen in der Familie der Verwandten Abrahams im Norden werden nicht in einem formellen Geschlechtsregister dargestellt, sondern in Form von Nachrichten, die Abraham empfing und aufgrund deren er handelte (vgl. 24,4f). Tarahs Sohn *Nahor* hatte eine Tochter Harans geheiratet (vgl. 11,27.29). Seine Enkelin *Rebekka* (vgl. 24,15) und seine Urenkelinnen Lea und Rahel wurden Stammmütter des Volkes Israel. Zwölf Söhne Nahors werden erwähnt, aber ein gegenseitiges Bündnis scheint nicht bestanden zu haben. Die Auslassung von Laban (vgl. 24,29) lenkt die Aufmerksamkeit auf Rebekka, die auch in 1Mo 23 und 24 im Mittelpunkt steht.

23,1–20 Eine Grabstätte für die königliche Familie. **2–4** Der Hinweis auf *Kanaan* bereitet auf den Gedanken vor, der sich Abraham durch die Erfordernisse bei Saras Beerdigung aufdrängt: Er war noch immer *ein Fremdling* in dem verheißenen Land; nicht Herr, nicht einmal im Besitz von auch nur bescheidenen Ländereien. Er hätte jede Beerdigungsweise wählen können, die Verbündeten zustand; aber angesichts des Todesfalles in seiner Familie, ohne die Verheißungen erlangt zu haben (Hebr 11,13), handelte er im Glauben an den endgültigen Empfang des Erbes über den Tod hinaus (vgl. Hebr 11,19). Ein Familiengrab war kein legaler Anspruch auf den Besitz Kanaans, wohl aber ein prophetisches Zeichen. *Gebt mir ein Erbbegräbnis* (ZÜ: *eine Grabstätte*): Diese Bitte bedeutet nicht, daß Abraham etwas geschenkt haben wollte. Obwohl nur ein ausländischer Einwohner, beanspruchte er das Recht, unveräußerlichen Landbesitz zu erwerben. Entsprechend nahm er das Angebot Ephrons nicht ohne Bezahlung an (V. 11). **5** Die *Hethiter,* eine der frühen Volksgemeinschaften in Kanaan (vgl. 10,15; 15,20; 5Mo 7,1; Ri 3,5), waren semitisiert. Viell. waren sie mit den früheren Hattiern in Anatolien verwandt; möglicherweise stehen diese Hethiter in Südpalästina im Zusammenhang mit einem wirtschaftlichen Vordringen, das der ausgedehnten hethitischen Einwanderung nach Anatolien vorausging, die dort in der Mitte des 2. Jt. v.Chr. zur Errichtung des Hethiterreiches führte. **6** *Ein Fürst Gottes:* Daß die abrahamitische Gemeinschaft unter Gottes Schutz stand, war allg. bekannt (vgl. 21,22); sie hatte sich zu ansehnlicher Größe entwickelt, und ihr Führer war wohlhabend (vgl. 24,1.34).

9 *Die Höhle in Machpela:* Den Bestimmungen des hethit. Gesetzes zufolge, die scheinbar allg. beachtet wurden, blieb ein Landbesitzer für die Abgaben auf ein bestimmtes Grundstück verantwortlich, wenn er es nicht völlig veräußerte. Abraham wollte vermeiden, daß diese Verpflichtung auf ihn übertragen wurde, indem er lediglich die Höhle, *die am Ende seines* (Ephrons) *Ackers liegt,* erwarb; Ephron bestand jedoch darauf, die ganze Einheit – Feld und Höhle – zu verkaufen, wie es im Text verschiedentlich erwähnt wird (V. 17.19.20; vgl. 49,29ff). Dadurch wurde Abraham zum Landbesitzer in Kanaan und mußte, offizieller als bisher, das jetzt für ihn verbindliche kanaan. Eigentumsrecht anerkennen, indem er nun Abgaben für sein Land zu entrichten hatte.

24,1–67 Eine Königin für Abrahams Mitregenten. **1** Sara war tot, Abraham in vorgeschrittenem Alter (vgl. 17,17; 23,1; 25,20): Es war Zeit, das Notwendige zu veranlassen, um Isaak die Segnungen des Bundes im Blick auf Land und Nachkommen zu sichern. **2** *Unter meine Hüfte:* eine Anspielung auf das Geschlechtsorgan. Diese Schwur-Geste bezog sich vermutl. auf die Verwünschung, die durch die Beschneidung symbolisiert wurde. Die Anweisungen an Elieser stellen die letzten uns berichteten Worte Abrahams dar; auch das weist auf ihren testamentarischen Charakter hin. **3** *Keine Frau . . . von den Töchtern der Kanaaniter:* Das Erbe Kanaans darf nicht als Folge einer natürlichen Entwicklung durch Mischehen mit den Kanaanitern an die Nachkommen Abrahams fallen, sondern nur als übernatürliche Gabe durch göttliches Gericht an den Kanaanitern. Eine Mischehe würde dem Plan Gottes zuwiderlaufen. **6–8** *Hüte dich, daß du meinen Sohn wieder dahin bringest:* Gott hatte die Berufung nach Kanaan ausgesprochen, und dort hatten die Väter des Bundes ihre Herrschaft im Glauben auszuüben, solange Gott selbst nichts anderes befahl. Das letzte bibl. Zitat Abrahams drückt bezeichnenderweise sein Vertrauen in die Treue Gottes im Blick auf seine Verheißungen aus. **10** *Zu der Stadt Nahors:* Das ist Haran (vgl. 29,4 und Komm. zu 11,27–32). **14** Zur Bitte um ein Zeichen, vgl. V. 7.

15ff Gottes Antwort (V. 15–25) übertrifft die Bitte (V. 12–14) und führt zur Anbetung (V. 26f). Zu V. 15 vgl. 22,20ff. Obwohl der Knecht noch nicht wußte, daß Rebekka zur Verwandtschaft Abrahams gehörte (V. 23f; vgl. V. 4.38), hatte sich an ihr das erbetene Zeichen erfüllt, und seine Geschenke (V. 21) drücken aus, daß er in ihr die auserwählte Braut sieht. Labans Hervortreten (V. 29; vgl. V. 35; 25,20) und die untergeordnete Rolle Bethuëls (vgl. V. 15.24.50) spiegeln eine Sitte jener Zeit wider, nach der die Verantwortung über die Brüder und Schwestern einem Bruder übertragen wurde. **50.51** Rebekkas Familie war, wie die Hethiter in Hebron und wie Abimelech, von dem göttlichen Schutz Abrahams beeindruckt; sie konnten diese Mission nicht ablehnen, selbst wenn die Ehe nicht so offensichtlich vorteilhaft gewesen wäre. **58** *Ja, ich will es:* Die Zustimmung der Schwester zu einer beabsichtigten Eheschließung in einer fratriarchalischen Gesellschaftsordnung ist in einem Heiratsbericht aus Nuzi belegt. **60** Die Abschiedssegnung durch die Familie ähnelte formell dem Segen, den Gott den Abrahamiten verheißen hatte (V. 22,17). **62–67** Der Abschluß des Berichts über die von Gott begünstigte Reise konzentriert sich auf Isaak; Abraham wird nicht erwähnt. Statt dessen wird Rebekka als Nachfolgerin Saras bes. herausgestellt (V. 67). Isaak wird so bereits als Mitregent eines Vaters ausgewiesen. Entsprechend redet der Verwalter des gesamten Haushalts Abrahams Isaak als *mein Herr* an (V. 65; vgl. V. 36).

25,1–11 Isaaks Nachfolge. Dieser abschließende Bericht über das Leben Abrahams ist vor allem darauf ausgerichtet, Isaaks ausschließlichen Anspruch auf das Erbe des Bundes (V. 1–6) und seine Nachfolge als Bundes-Patriarch (V. 7–11) klarzustellen.

1 Abrahams Ehe mit *Ketura* dürfte noch zu Lebzeiten Saras geschlossen worden sein; die chronologische Reihenfolge wäre dann auch hier der thematischen Zusammenstellung untergeordnet. Da Abraham innerhalb von drei Jahren nach Saras Tod ernsthaft mit der Möglichkeit des eigenen Todes rechnet (vgl. 24,1ff), ist die Beziehung, wie sie in V. 1–6 beschrieben wird, nach Saras Tod unwahrscheinlich; auch wird Ketura als »Nebenfrau« bezeichnet (1Chr 1,32; vgl. V. 6). **2–4** Die Stämme Keturas lassen sich bis nach Nordwest-Arabien verfolgen; s. Komm. zu 17,5. **6** *Den Söhnen, die er von den Nebenfrauen hatte:* Viell. ist der Plur. abstrakt und bedeutet: »Konkubinat«. *Und schickte sie . . . fort:* Diese Entlassung kann in Verbindung mit der Vertreibung von Ismael erfolgt sein, wahrscheinlicher ist aber, daß es geschah, als Isaak Mit-Regent neben Abraham wurde (V. 5; s. Komm. zu 24,62–67). **8** Vgl. 15,15; Hebr 11,13. *Wurde zu seinen Vätern versammelt:* Das bezieht sich auf seinen Tod, nicht auf die Beerdigung (vgl. V. 9f; 35,29; 49,33; 50,13). **11** *. . . segnete Gott Isaak:* Der Verheißung entsprechend (17,21) wurde dem Sohn, der Abraham in seinem hundertsten Lebensjahr geboren wurde, hundert Jahre, nachdem Abraham das Land betreten hatte, das Erbe des Bundes bestätigt.

25,12–18 Das Geschlecht Ismaels

Ismael galten bes. Verheißungen, die Gott Hagar (16,10ff) und Abraham (17,20; 21,13) gegeben hatte. Ihre Erfüllung an Ismaels Nachkommen wird berichtet, bevor die Geschichte des abrahamitischen Königreichs fortgeführt wird. In dieser Kontrolle der Menschheit außerhalb des Geschlechts der Verheißung manifestiert Jahwe erneut, daß er nicht nur Herr des abrahamitischen Bundes, sondern Herr über die ganze Erde ist, der alle Geschichte durch seine souveräne Vorsehung lenkt. **16** *Nach ihren Gehöften und Zeltdörfern:* Auf diese Weise wurden die notmadisierenden und die bereits stärker seßhaft gewordenen Ismaeliten unterschieden. *Zwölf Fürsten:* Das läßt auf ein politisch-religiöses Bündnis schließen (vgl. 17,20). **18** Der nomadische Einfluß erstreckte sich weit über den NW der arab. Wüste und war in bedrohlicher Weise feindselig (vgl. 16,12), nicht zuletzt gegen die Israeliten (Ri 6,33ff; bes. Ri 8,24; vgl. Ri 7,12 mit 1Mo 25,18b; Ps 83,6).

25,19–35,29 Das Geschlecht Isaaks

25,19a Diese Überschrift ist mit dem folgenden Bericht in der gleichen Weise verbunden wie die Überschrift 11,27. Wie sich der Bericht über das »Geschlecht Tharahs« sofort auf Abraham konzentriert, so steht Jakob im Brennpunkt des »Geschlechts Isaaks«. Isaak nimmt jedoch eine bedeutendere Stellung als Tharah ein, mit dem das Geschlechtsregister lediglich beginnt; die Mitteilung seines Todes erfolgt früh in dem entsprechenden Abschnitt (11,32). Isaak, Erbe Abrahams, wohlhabend in Kanaan lebend, bietet ein Bild der Bundeserfüllung. Außerdem beherrscht er als Patriarch die gesamte Geschichte jener Zeit; der Bericht von seinem Tod beschließt den Abschnitt (35,29).

25,19b–28,9 Isaaks Erbschaft und Erbe

25,19b–34 Die Erwählung Jakobs. **20** *Des Aramäers aus Mesopotamien:* Die Abstammungslinie, die zu Israel führt, hat sich, obwohl sie sich (und zwar eher durch Arpachschad als durch Aram) direkt bis auf Sem zurückverfolgen läßt, mit Aramäern verbunden (vgl. 5Mo 26,5). **21** Die Unfruchtbarkeit Rebekkas und viele der anderen Einzelheiten, die aus Isaaks Leben berichtet werden, ähneln den Erfahrungen Abrahams; sie dienten wiederum der Erziehung im Glauben. **22** *Und sie ging hin, den Herrn zu befragen:* In ihrem verzweifelten Rufen zu Gott nahm Rebekka, wie viell. auch Isaak, Zuflucht zu einer heiligen Stätte, vermutl. einem der Altäre der Erzväter. Warum, fragte sie sich, hatte Gott sie von ihrer Unfruchtbarkeit geheilt, wenn ihre leiblichen Nachkommen, wie sie angesichts der schwierigen Schwangerschaft fürchtete, von Unglück überschattet sein würden? **23** *Der Ältere wird dem Jüngeren dienen:* Vgl. 9,25–27. Durch göttliche Vorherbestimmung war dem Jüngeren der miteinander kämpfenden Zwillinge der Platz in der Thronfolge Abrahams und Isaaks vorbehalten. Die offizielle Vorbestimmung des Sohnes einer bestimmten Frau (vor dessen Geburt) zur Stellung des Erstgeborenen ist im Alten Orient belegt; diese Bevorzugung gegenüber Söhnen von einer anderen Frau gilt ohne Rücksicht auf die tatsächliche Erstgeburt; vgl. Röm 9,10–12. **25** *Rötlich (ʾadmoni):* weist bereits auf das spätere Wortspiel mit Esaus zweitem Namen Edom hin (vgl. V. 30). *Rauh wie ein Fell* (ZÜ: *wie ein behaarter Mantel*): Das hebr. *śeʿar* (= »behaart«) bildet die Grundlage für das Wortspiel mit dem Namen Esau *(ʿeśaw)*; vgl. auch Seïr *(śeʿir)*. **26** *Ferse (ʿaqeb):* wird verwendet, um den Namen *Jakob (jaʿaqob)* zu erklären; er findet sich auch in zeitgenössischen außerbibl. Quellen und bedeutet: »Er (Gott) möge beschützen«.

29–34 Die göttliche Weissagung, bestätigt durch das Zeichen bei der Geburt, begann sich mit dem Verkauf von Esaus Erstgeburtsrecht an Jakob zu erfüllen. Das Recht der Erstgeburt schloß in der Regel einen doppelten Erbanteil ein. Hier bezog es sich auf den ganzen »Segen Abrahams« (28,4), auf das Bundes-Patriarchat. In Nuzi fand man den Beleg für die Übertragung eines Erbanteils an Grundbesitz von einem Bruder auf einen anderen im Tausch gegen ein paar Schafe. Viell. konnte sich Jakob durch diesen Tauschhandel nur den doppelten Erbanteil sichern; denn später suchten beide Brüder den testamentarischen Segen Isaaks, offensichtlich um die Führung der Familie und die Aussicht auf allg. Wohlstand zu erlangen (1Mo 27). **34** Vgl. Hebr 12,16. Esaus Name »Edom« identifiziert ihn mit seiner profanen Vorliebe für das rötlich *(ʾadom)* gefärbte Linsengericht. Jakob konnte nur trotz seines unwürdigen Verhaltens Gegenstand der erwählenden Liebe Gottes sein (vgl. Mal 1,2f).

26,1–33 Isaak unter dem Schutz des Herrn. Die hier geschilderten Ereignisse folgen auf Abrahams Tod (vgl. V. 1.15.18), das erste trug sich möglicherweise vor dem Austausch des Erstgeburtsrechts zu (vgl. 25,29ff). Ihre Anordnung zwischen den beiden Berichten über die rivalisierenden Brüder läßt vermuten, daß hier das Erbe beschrieben werden soll, nach dem Jakob trachtet. **2–4** Das Verbot, das Isaak davon zurückhält, auf die Stärke Ägyptens zu vertrauen, zwingt ihn, sich allein auf die besondere Fürsorge Gottes zu verlassen, der ihm gegenüber den abrahamitischen Bund bestätigt (vgl. V. 12). Das war eine Lektion, die auch dem habgierigen jungen Jakob galt. **5** S. Komm. zu 22,16. **6–11** S. Komm. zu 12,13ff und 20,1ff. *Abimelech:* offensichtlich ein Herrschertitel der Philister (vgl. 1Sam 21,11 und die Überschrift von Ps 34), deshalb muß es sich hier nicht um denselben Mann handeln, dem Abraham Jahrzehnte vorher in Gerar begegnet ist. Er hat jedoch einen ähnlichen Charakter, und sein fortgeschrittenes Alter könnte erklären, warum die Gefährdung Rebekkas in den Einwohnern von Gerar gesehen wird und nicht in dem königlichen Harem. Abimelechs zufällige Entdeckung, daß Isaak mit Rebekka *scherzte* (V.8; im hebr. *mezacheq* findet sich wieder das Wortspiel mit dem Namen Isaak), macht erneut den souveränen göttlichen Schutz deutlich. **12–16** Gottes bes. Fürsorge angesichts der Hungersnot und der Belästigung durch die Philister (s. 14.15) führte zu einem derartigen landwirtschaftlichen Erfolg und allg. Wohlstand, daß die Fremdlinge die eingeborenen Einwohner des Stadtstaates übertrafen (V. 16).

18–22 Vgl. 21,25ff. Über die Lager an den Brunnen *»Zank« (Esek)* und *»Streit« (Sitna)* führte der Weg zu dem weiträumigen, fruchtbaren und friedlichen Gebiet, in dem sie den Brunnen *»Weiter Raum« (Rehobot)* gruben. **23** Auch in *Beerseba,* wo Abraham einen Brunnen gegraben und gewohnt hatte, fanden Isaaks Knechte neue Wasserquellen (vgl. V. 25.32). **24.25** Hier erneuerte Gott seine Bundeszusagen und veranlaßte Isaak zu einem bes. kultischen Bekenntnis zu seinem Lehnsherrn (vgl. 21,33). **26** Im Blick auf *Pichol* (vgl. 21,22) bestehen dieselben Möglichkeiten zur Identifizierung wie für Abimelech (s. Komm. zu V. 8). **27–31** Das Bündnis zwischen Abimelech und Isaak stellte eine Erneuerung des Bündnisses zwischen Abimelech und Abraham dar (vgl. bes. 21,23). Durch die Philister ließ Gott bestätigen, daß die Verheißung, die er Isaak für seinen Aufenthalt im Land der Philister gegeben hatte (vgl. V. 3), erfüllt worden war. Nachdem Isaak seine Beschwerde vorgebracht hatte, nahm er es hin, daß seine Besucher die Grenzzwischenfälle vertuschten und stimmte einem Friedensvertrag zu, der beiden Parteien gleiche Rechte einräumte; er wurde mit einem Bündnismahl und einem gegenseitigen Schwur bestätigt. **33** *»Schwur«* (ZÜ: *Sebua,* d.i. Eid): Isaak bestätigte den von Abraham gegebenen Namen.

26,34–28,9 Die testamentarischen Segnungen Isaaks. Der Bericht von Esaus Verlust des Erstgeburts-Segens wird von Mitteilungen über seine Eheschließungen außerhalb des Geschlechts der Verheißung umrahmt (26,34f und 28,6–9). Seine erste Ehe wurde möglicherweise vor einigen der Ereignisse geschlossen, die in Kap. 26 von Isaak berichtet werden.

27,2 *Siehe, ich bin alt geworden:* Dies war eine juristische Formel zur Einleitung eines rechtskräftigen Testaments. Isaak war 137 Jahre alt und lebte noch weitere 40 Jahre (vgl. 35,28). Isaaks Absicht, Esau den Segen zu erteilen (V. 1–4), und Rebekkas Intrige, um Jakob in dessen Genuß zu bringen (V. 5–17), entsprangen der Bevorzugung ihrer jeweiligen Günstlinge (vgl. 25–28).

20 *Der Herr . . . bescherte mir's:* Der Betrüger, der den Namen Gottes unnütz gebrauchte, sprach damit unbewußt die Wahrheit aus. **23** *Und er segnete ihn:* ist das Ergebnis; in **24–29** werden die Einzelheiten berichtet. Rebekkas Betrug richtete sich gegen alle Isaak noch verbliebenen Sinne, mit Ausnahme des Gehörs. Isaaks Segensspruch (V. 27b–29) weicht in der Terminologie von früheren Verheißungen ab. Der Bundessegen schloß die Leitung über das ganze Haus Isaaks ein (s. Komm. zu 25,23), außerdem den Besitz des gelobten Landes, die Herrschaft Israels und die Mittlerschaft göttlichen Gerichts. Vgl. Hebr 11,20. **33** *Er wird auch gesegnet bleiben:* Juristische Belege aus Nuzi bestätigen, daß der mündlich geäußerte letzte Wille eines sterbenden Vaters, vor Gericht zitiert, den Ausschlag gab. Er galt soviel wie ein Eid (vgl. V. 7: »vor dem Herrn«). Isaak war völlig deprimiert, als er erkannte, daß er trotz gegenteiliger Absicht durch seine letztwillige Verfügung die vor der Geburt seiner Söhne erfolgte Verheißung (vgl. 25,23) bestätigt hatte. **34ff** Vgl. Hebr 12,17. **36** *Überlistet:* von hebr. *ʿaqab* = »bei der Ferse fassen«. Der bestürzte Esau sah in dem Vorfall eine Wiederholung des Tauschhandels mit dem Erstgeburtsrecht, die Erfüllung des bei seiner Geburt erfolgten Zeichens und eine Erklärung für Jakobs Namen (vgl. 25,26; Jer 9,4; Hos 12,3). **39.40** *Ohne Fettigkeit der Erde* (ZÜ: *fern von*): Die Präposition *(min)* bedeutet entweder »von« (wie in Jakobs Segen; V. 28) oder »hinweg von«; hier verlangen der Textzusammenhang und die Geschichte Edoms die zweite Wiedergabe (vgl. auch Mal 1,3). Das Gebirge Edom schreckte von einer Urbarmachung ab; seine Bewohner wurden von der Pflugschar zum Schwert getrieben (vgl. 25,27). Israel beherrschte Edom, bes. von der Königszeit an (vgl. 4Mo 24,18; 2Sam 8,14), zeitweise waren die Bemühungen Edoms um Unabhängigkeit jedoch erfolgreich.

41ff Die Sünden aller, die an der Vergabe des Segens beteiligt waren, begannen sofort ihren Tribut zu fordern. Um Jakob vor der Rache Esaus zu schützen (V. 41), war Rebekka, eine Meisterin im Ränkespiel, gezwungen, ihren Lieblingssohn zu ihrem ähnlich veranlagten Bruder Laban zu schicken (V. 43ff). Sie starb offensichtlich, bevor es geraten schien, Jakob zurückzurufen (V. 45; vgl. 49,31). **46** Rebekkas schlaue Annäherung an Jakob und Isaak (vgl. 26,34f), indem sie an beider Sorge um ihr Glück appellierte, führte jene ironischerweise dazu, genau das Unglück über Rebekka zu bringen, vor dem sie sie hatten bewahren wollen.

28,1ff S. Komm. zu 24,3. **4** *Den Segen Abrahams:* Zu diesem Zeitpunkt hatte sich die Situation soweit geklärt, daß Isaak bei der Bekräftigung des testamentarischen Segens anläßlich von Jakobs Abschied seine Segnung mit dem Segen Gottes gleichsetzen konnte, der dem abrahamitischen Bund gegeben war. Der Auftrag, eine Frau zu nehmen, veranlaßte ihn, die Segnung mit einer zahlreichen Nachkommenschaft bes. hervorzuheben. Sprachlich wird bes. 1Mo 17 aufgenommen, einschließlich der Gottesbezeichnung *'el schaddaj* (s. Komm. zu 17,1). Zu **4b** vgl. z.B. 17,8a; 26,3 in Gegenüberstellung zu 27,28. **5** nimmt zusammengefaßt V. 10ff vorweg, bevor der Abschnitt über die Wirksamkeit des Patriarchen Isaak abgeschlossen wird. **6–9** Daß Esau eine Ismaelitin zur Frau nimmt (vgl. 26,34f; 36,3), zeigt seine Achtung vor Isaak, unterstreicht aber auch seine Trennung von der abrahamitischen Erbfolge.

28,10–35,29 Jakobs Aufenthalt in Syrien und seine Rückkehr

28,10–22 Gottes Bund mit Jakob. Dieser Zeitabschnitt reicht von der Bestätigung der Bundes-Schirmherrschaft Gottes über Jakob in Bethel bis zur Bekräftigung dieses Bundes wiederum am gleichen Ort (35,1–15). **10** *Zog aus von Beerseba ... nach Haran:* vgl. 26,23; 28,5. Jakobs tatsächliche Einsetzung in das Amt des Patriarchen wurde lange hinausgeschoben. Mit seiner Flucht aus Kanaan fiel das Patriarchentum in seine Anfänge unter den götzendienerischen Tharahiten zurück und machte eine neue Berufung nach Kanaan notwendig. So wurde Jakob wegen der Art, in der er seinen Rivalen verdrängt hatte, zurechtgewiesen. **12** *Leiter:* besser »Rampe« oder »Treppe«, wie sie bei den künstlichen Tempelbergen oder Ziggurats vom Wohnsitz der Gottheit zu den Menschen hinunterführte. *Engel Gottes:* vgl. 11,7; 18,2; Hos 12,4f. Sie stiegen mit den Ergebnissen ihrer irdischen Erkundungen (vgl. Sach 1,11) hinauf und kamen herab, um den Willen Gottes auszuführen. **13.14** *Oben darauf* (hebr. *'alajw*): vermutl. besser: *vor ihm* (ZÜ) oder »neben ihm« (d.h. neben der Treppe); vgl. 35,13. Der von Gott gesandte Engel des Herrn stand da, doch für Jakob war Gott selbst offenbar und gegenwärtig; vgl. Jh 1,51. Die Enthüllung des göttlichen Bundes schloß die allg. Merkmale einer Vertragspräambel ein: die Angabe des Titels und, in der Selbstbezeichnung als Gott Abrahams und Isaaks, eine historische Vorrede, die Gottes Wohltaten gegenüber der Dynastie der Erzväter in Erinnerung ruft (V. 13b). Das gesamte Bundeserbe, das bereits durch den Segensspruch Isaaks übermittelt worden war, wird nun durch Gott unmittelbar bekräftigt (V. 13c.14).

15 *Wo du hinziehst:* Der göttliche Schutz für Jakob reichte, wie die Macht Jahwes, über das Gebiet Kanaans hinaus. Mit der Zusage seines Schutzes für die Dauer von Jakobs Aufenthalt in Syrien und mit der Zusicherung der Rückkehr erklärt Gott die Symbolik des Traumes. **19** *Bethel:* = »Haus Gottes« (vgl. V. 17); der Name, den Jakob der Stätte der Offenbarung gab, wurde später auf die in der Nähe liegende Stadt Lus ausgedehnt (vgl. Jos 16,2; 18,13), die, vorweggenommen, bereits 1Mo 12,8 und 13,3 Bethel genannt wird. **20** *Gelübde:* Jakob bestätigt den Bund mit einem Treuegelübde, indem er sich verpflichtet, den Zehnten als Tribut zu entrichten. Vgl. V. 14.20.22. **21** Im letzten Absatz zählt Jakob all das auf, was Gott für ihn tun wird; Jakobs eigenes Versprechen beginnt in V. 22. **22** *Steinmal ... Gottes Haus:* Vgl. V. 18. Es gibt auch außerbibl. Belege dafür, daß mit Bündnissen in Zusammenhang stehende Steinmale »Haus Gottes« genannt wurden. Vgl. auch 35,7.15. Dies erwies sich als Jakobs »Damaskus-Erlebnis«. Von da an bemühte er sich nicht mehr, das Heil durch eigene Werke zu erlangen, sondern führte einen Glaubenskampf, der ihm einen neuen Namen einbrachte.

29,1–30,24 Herkunft der Stammesväter. **29,1–12** Die Umstände der Herkunft der zwölf Stämme unterstreichen den reinen Gnadencharakter der Erwählung Israels. Die in Bethel verheißene besondere Fürsorge Gottes führte Jakob direkt zu Rahel, der zukünftigen Braut (V. 6). Jakob fühlte sich sofort zu ihr hingezogen und tat darum eifrig alles, um sich Laban irgendwie zu empfehlen (er konnte ja keine großzügigen Geschenke machen wie der Knecht, der um Rebekka geworben hatte). Das inspirierte ihn auch zu ausgesprochen ritterlichem Verhalten (V. 9f), wobei er sogar einen Verstoß gegen die herrschende Sitte auf sich nahm (V. 3.8). **13** vgl. 24,29ff. **14** *Du bist von meinem Gebein und Fleisch:* Dieser in alten Adoptionsurkunden erscheinende Ausdruck könnte einen Hinweis enthalten, daß

Laban Jakob adoptierte. Bei Jakobs Ankunft wurden keine Söhne Labans erwähnt; eine Tochter hütete die Schafe. S. Komm. zu 30,25ff; 31,1ff.14ff.19ff. **15** Wie immer der gesetzliche Status Jakobs auch war, Jakob wurde von Laban wie ein Sklave ausgebeutet. An sich wäre unter Verwandten Großzügigkeit zu erwarten gewesen, stattdessen degradierte er Jakob zu einem Lohnarbeiter.

18 Laban war sich der Liebe Jakobs zu Rahel bewußt. Er wollte dem zuvorkommen, daß Jakob um sie warb und womöglich, wie es damals nicht selten geschah, als Adoptivsohn ohne weiteres seine Tochter zur Frau erhalten würde. Habsüchtig ließ Laban sich das großzügige, aus Liebe zu Rahel angebotene Brautgeschenk im voraus bezahlen. **21ff** Schlimmer noch: In grober Mißachtung heiliger Ordnung, menschlicher Würde und aller natürlichen Gefühle brachte er es sogar fertig, seinen Gewinn zu verdoppeln, indem er den Liebenden den überhöhten Preis zweimal zahlen ließ. – Auf den Nuzi-Tafeln (auch bei Adoptionstexten) wird erwähnt, daß einer Tochter eine Magd zum Hochzeitsgeschenk gemacht wurde (vgl. V.24.29). **31** *Rahel ... war unfruchtbar:* Nach Leas Hochzeitswoche, doch vor Beginn der zweiten sieben Jahre seines Dienstes, erhielt Jakob Rahel als zweite Frau. **32–35** Lea, die ungeliebte Braut des Betrugs, gebar die ersten der Stammväter inmitten familiärer Spannungen und Disharmonie. *Ruben;* vgl. *ra'a ... be'onji,* »(der Herr) hat angesehen mein Elend«. *Simeon:* vgl. *schama'* »(der Herr) hat gehört«. *Levi;* vgl. *jillaweh* »(mein Mann) wird mir zugetan sein«. *Juda;* vgl. *'odeh,* »ich will dem Herrn danken«. Zwei dieser Söhne waren die Stammväter des königlich-messianischen und des priesterlichen Stammes in Israel.

30,2 *Bin ich denn an Gottes Statt?* (ZÜ) Die verärgerte Antwort Jakobs enthält auch ein Wissen um die Abhängigkeit von Gott. **3** Zum Konkubinat als üblicher Praxis bei Unfruchtbarkeit der Frau s. Komm. zu 16,2. *Auf meinem Schoß:* Wenn ein Kind auf den Schoß gesetzt wurde (normalerweise auf den des Vaters, hier jedoch auf den der Adoptivmutter), so bedeutete das Annahme an Kindes Statt. **6** *Dan:* vgl. *dananni,* »(Gott) hat mir Recht verschafft«. Er hat als ihr Verteidiger eingegriffen. **8** *Naphthali:* vgl. *naphtulej 'elohim niphtalti,* wörtl. »Kämpfe Gottes habe ich gekämpft«. Die in 29,32–35 und 30,1–8 berichteten Ereignisse überschneiden sich wahrscheinlich. Die chronologische Beziehung von 30,9–13 (was die natürliche Fortsetzung von 29,32–35 ist) zu 30,1–8 ist unbestimmt. **9** Der Kampf der Schwestern um die erste Stelle bei Jakob war so heftig, daß Lea, obwohl selbst schon vierfache Mutter, Rahels Strategie des Konkubinats mit dem gleichen Mittel begegnete. **11** *Gad:* vgl. *ba-gad* »Glück zu«. **13** *Asser:* vgl. *be'oschri* »wohl mir« und *'ischeruni* »sie werden mich selig preisen«.

14ff *Liebesäpfel,* bekannt als Aphrodisiakum, waren Rahels nächstes Mittel, um ihre Unfruchtbarkeit zu überwinden. Ihr Versuch schlug jedoch fehl; ihr Plan machte es ihrer Rivalin sogar möglich, sich einen weiteren Vorteil zu verschaffen. **17** *Gott erhörte Lea.* Wiederum betont der Bericht die wahre Quelle gesegneten Lebens. **18** *Isaschar:* vgl. *śekari,* »mein Lohnknecht« und *śakor śekartika* (V.16) »Ich habe dich erkauft«. **20** *Sebulon:* vgl. *sebed* »Geschenk« und *jisbelenî* aus einer Wurzel mit unsicherer Bedeutung. **21** Vgl. 37,35; 46,7; **22** *Gott erhörte sie.* Rahel suchte schließlich den Segen an der richtigen Stelle. **24** Joseph: vgl. *'asaph* »(Gott) hat genommen« (V.23) und *joseph* »(der Herr) wolle dazu geben« (V.24). Chronologisch überschneiden sich V.14–20 und V.10–13 teilweise, V.22–24 gehen V.21 voran und überschneiden sich wahrscheinlich mit V.19f.

30,25–43 Die Ausplünderung des Unterdrückers. **25** Als bei Josephs Geburt die 14 Dienstjahre für den Brautpreis zu Ende waren (vgl. 31,41), wollte Jakob nach Kanaan zurückkehren, wo ihn sein väterliches Erbe erwartete. Inzwischen waren Laban nämlich auch leibliche Söhne geboren worden (31,1), die als Haupterben an Jakobs Stelle traten (s. Komm. zu 15,4; 29,14ff). Jakobs Aussichten, den Verlust großer Teile des erhofften Erbes durch Aushandeln eines günstigen neuen Vertrages mit dem gerissenen Laban auszugleichen, waren gering. **26** *Laß mich ziehen:* Um mit der Familie, für die er durch seinen Dienst gezahlt hatte, fortziehen zu können, war Labans Erlaubnis nötig. Dies ähnelt der Freilassung eines Sklaven (vgl. 2Mo 21,2ff). *Eine* Erklärung ist die, daß die Dienstverträge dem Adoptionsverhältnis untergeordnet waren, so daß Jakob erst nach dem Tode Labans Eigentümer des Besitzes wurde (vgl. 31,43). **27–33** Da Laban auf einer Fortsetzung des Dienstes bestand, schlug Jakob eine Regelung vor, wie dieser Dienst abgegolten werden sollte. Sein Lohn sollten die gefleckten und bunten Tiere in Labans Schaf- und Ziegenherden sein. **34–36** Da diese ziemlich selten waren, stimmte Laban bereitwillig zu und leitete unverzüglich Maßnahmen ein, welche die Aussichten weiter verringerten, daß schwarze oder gefleckte Lämmer unter den normalerweise weißen

Schafen oder weißgesprenkelte Zicklein unter den normalerweise schwarzen Ziegen zu finden waren. **37–43** Jakobs Gegenmaßnahmen gingen von der Theorie aus, daß durch visuelle Einflüsse bei der Empfängnis die Farbe der Tiere beeinflußt werden könnte. In diesen Versen sind sechs Jahre Geschichte (vgl. 31,41) komprimiert, während derer Laban wiederholt die Bedingungen änderte (31,7f), wodurch er vergeblich das Anwachsen des Reichtums Jakobs aufzuhalten versuchte, das auf seine Kosten ging (V. 42f). Der Erfolg der Strategie Jakobs war auf die fürsorgliche Zuwendung des Gottes, der ihm in Bethel erschienen war (31,9ff), zurückzuführen.

31,1–54 Auszug. Jakobs Arbeit während der ersten 14 Jahre hatte Labans Besitz vergrößert (30,27.30), aber jetzt bewirkte sie, daß sich das Erbe der leiblichen Söhne Labans verringerte (V. 1f). Jakobs Entschluß fortzuziehen war jedoch nicht nur eine Reaktion auf die zunehmende Feindseligkeit seiner Rivalen, sondern seine Antwort auf Gottes direkte Weisungen (V. 3; vgl. V. 13). In seinem Appell an seine Frauen (V. 3ff) bezog er sich offensichtlich auf eine frühere Traumoffenbarung (V. 10–12) und einen weiter zurückliegenden göttlichen Befehl (V. 13; vgl. V. 3), ohne beides deutlich zu unterscheiden. Rahel und Lea akzeptierten Jakobs Erklärung seines Reichtums als Segen Gottes (V. 5.7.9.11f.16) und ehrten die göttliche Weisung, die ihm zuteil geworden war (V. 16), dies möglicherweise umso leichter, als Gottes Befehl mit Plänen übereinstimmte, die ihre Gedanken beschäftigt hatten. Laban hatte nämlich keine Neigung erkennen lassen, ihnen, wie es üblich war, einen Teil des Brautpreises (d.h. des Reichtums, der ihm durch die Dienste Jakobs zufloß) zu übertragen (V. 14f). Von daher kamen sie zu dem Schluß, daß das, was Gott nun ihrem Vater entzog und ihrem Mann gab, rechtens ihnen gehörte (V. 16). Labans eigene Vorsichtsmaßnahmen (30,36; 31,19) machten es Jakob möglich, heimlich mit seinem gesamten Haushalt fortzuziehen (V. 17ff).

19 *Hausgott:* Wahrscheinlich stahl Rahel diese Theraphim (ZÜ), Jakobs Plan vorausahnend, als er nach ihr schickte. Aus zeitgenössischen Adoptionsurkunden wissen wir, daß der Haupterbe die Götter des Vaters erhalten sollte. Der Besitz der Theraphim verlieh also einen rechtlichen Vorteil, was das Erbe anging. In Adoptionsurkunden findet sich auch die Bestimmung, daß die Hausgötter den leiblichen Söhnen gehörten, die nach der Adoption geboren wurden. In der verächtlichen Behandlung dieser Figürchen durch die Flüchtlinge (bes. V. 34) empfingen die Hausgötzen Labans zusammen mit ihm ihr Urteil. **23** Bei seiner Verfolgung legte Laban ungefähr 500 km zurück. Jakob hatte mit seinem Haushalt etwas weniger als zehn Tage Zeit, um diese Strecke zurückzulegen, denn er wird seine Herden so stationiert haben, daß er leicht aufbrechen konnte. **24** In der Nacht, bevor Laban Jakob einholte, griff Gott entscheidend ein (vgl. V. 29.42), indem er den Verfolger davor warnte, seine rechtlich erzwingbaren Ansprüche gegenüber Jakob in irgendeiner Weise (*weder Gutes noch Böses;* EÜ) durchzusetzen. Gott wirkte hier in der Rolle des Beschützers (Lösers), der für die Freilassung des Mannes sorgt, der im Grunde ein Sklave ist (vgl. die 6 Jahre, 31,41; 5Mo 15,12). **32–35** Die vorgeschlagene äußerste Strafe und Labans Erregung zeigen die große rechtliche Bedeutung der Theraphim. Labans vergeblicher Versuch, seine Anklage zu beweisen, bot Jakob eine ausgezeichnete Gelegenheit, sich zu verteidigen. Er nutzte den Vorteil zu einer leidenschaftlichen Erklärung der moralischen Seite zu seinen Gunsten (V. 36–42).

39 *Ich mußte es ersetzen:* Nach Hammurabis Gesetzen mußte ein Hirte, der die Überreste eines gerissenen Tieres vorwies, nicht für derartige Verluste aufkommen. **42** *Mit leeren Händen* (ZÜ): Laban hätte Jakob nicht mit festlicher Musik entlassen (V. 27) und nicht einmal mit dem, was einem Sklaven gebührte (vgl. 5Mo 15,13f). Jakobs Selbstrechtfertigung wurde zu einem Bekenntnis zu seinem vergeltenden Gott. **43–54** *Alles ... ist mein:* Laban stellte den rechtlichen Tatbestand fest (s. Komm. zu 30,26), doch aus Furcht, Gottes Warnung zuwiderzuhandeln, verzichtete er auf seinen Anspruch und schlug unter dem Vorwand väterlicher Großmut einen gegenseitigen Nichtangriffspakt vor (V. 44ff). Gott war der eigentliche Zeuge des Bundes (V. 49f; 53). Das *Steinmal* und der *Steinhaufen* (V. 45–52), die von den offensichtlich zweisprachigen Bündnispartnern jeweils in ihrer Muttersprache benannt wurden (V. 47f), waren symbolische Zeugen. Beide verpflichteten sich durch Eid (V. 52f). Laban setzte den Gott Nahors und Abrahams gleich, indem er in ihm synkretistisch den Gott ihres gemeinsamen Vaters Tharah sah (V. 53a; vgl. 12,1). Jakob jedoch rief Gott an mit einem Namen, der sich klar auf den Abraham-Bund bezog. Das Bundesmahl (V. 46.54) besiegelte den Pakt. Die Bestimmung, keine weiteren Frauen zu heiraten (V. 50), findet sich auch in außerbibl. Eheverträgen. Die Anrufung Gottes um seine Überwachung (V. 49) entsprang gegenseitigem Mißtrauen. Gesucht wurde nicht der Schutz für den anderen, sondern der eigene Schutz vor der Arglist des anderen.

32,1–33,17 Sieg im Westjordanland. **32,2** Vgl. 28,12ff. **3** *Mahanajim* bedeutet *Doppellager* (EÜ). Damit wird auf zwei »Heere« Bezug genommen, möglicherweise die Engel und Jakob mit seinen Leuten. Wenn 32,12ff chronologisch in den in V.4ff beschriebenen Verlauf der Ereignisse fällt, könnten die beiden Heere auch die Engel und Esaus Streitmacht sein (vgl. 2Kön 6,15ff). Mahanajim läge dann nahe bei Pniel. **4** Zu *Esau* als Bedrohung vgl. 27,41ff. Esau hatte sich im Land Seïr niedergelassen (36,6ff). **7–9** Der Bericht, den die Vorhut Jakob erstattete, war Anlaß, sofort Verteidigungsmaßnahmen zu ergreifen, wie sie bei Karawanen üblich sind. **10–13** Jakobs Gebet mit seiner Selbstdemütigung und seinem Vertrauen darauf, daß Gott frühere Verheißungen wahrmache, zeigt die innere Umwandlung, die unweigerlich mit der Erwählung aus Gnade einhergeht. *Jordan* (Hebr. *Jarden*) wird hier als Gattungsbegriff anzusehen sein und »Fluß« bedeuten. *Zwei Lager* ist ein weiteres Wortspiel aus Mahanajim. **14–22** Um seine vorbereitenden Maßnahmen noch weiter zu verbessern (vgl. V. 8f), sandte Jakob ein großzügiges Geschenk an Vieh, im richtigen Verhältnis für die Züchtung ausgewählt, vor sich her. **23** Unverzüglich überquerte er dann den Jabbok. (Hier ist ZÜ genauer als LÜ.) Der Vers ist eine einleitende Zusammenfassung; die Einzelheiten folgen in V.24ff. **25a** Nachdem er seine Familie hinübergeschickt hatte, blieb Jakob in der Nacht allein zurück (vgl. V. 14). **25b** Bevor er das Land des Erbes betreten konnte, mußte er eine Erfahrung machen, die ihn als Mann des Glaubens bestätigte und ihn durch ein geheimnisvolles Zeichen darauf verwies, was die letztendliche Quelle der Errettung und des Segens war. *Ein Mann:* Fürst über das Heer des Herrn (vgl. V.2f und Jos 5,13f; Hos 12,3f. *Rang* (Hebr. *wajje'abeq*): ist ein Wortspiel auf Jabbok. Im Nahen Osten wurden Rechtsfälle manchmal durch ein Gottesurteil oder eine Probe (vgl. 4Mo 5,11–31) entschieden. Eine Art davon war der Ringkampf. Der Zusammenstoß zeigt den grundlegenden Charakter des Strebens nach dem Reich Gottes als eines Ringens gefallener Menschen um Rechtfertigung. Bei diesem Gottesurteil spiegelte der äußere Verlauf des Ringkampfs die gleichzeitig stattfindende geistliche Auseinandersetzung wider. **26** *Übermochte ihn nicht:* Der göttliche Gegner war gleichzeitig der erwählende und errettende Gott, der Jakob gnädig die Kraft verlieh, mit Ihm zu ringen, damit er nicht besiegt und verurteilt würde! So ging Jakob durch ausdauerndes gläubiges Flehen aus dem Kampf gesegnet hervor (vgl. Hos 12,5). Die Rechtfertigung wurde durch Leiden erlangt. Das Hüftgelenk wurde als Sitz der Kräfte der Fortpflanzung betrachtet. Indem Gott Jakob das Hüftgelenk zerschlug, wird das Geschehen zum Zeichen auf *den* Nachkommen Jakobs, der von Gott geschlagen werden (Jes 53,4) und der durch sein Leiden und Überwinden Jakob und alle Erwählten des Herrn rechtfertigen sollte (Jes 53,11). **27** In dem Wunsch des Engels, vor Tagesanbruch die Stätte zu verlassen, zeigt sich Gottes Fürsorge, daß Jakob nicht umkäme, wenn er sein durch die Dunkelheit nicht mehr verhülltes Angesicht sähe (vgl. 16,13; 2Mo 33,20; Ri 6,22f; 13,22). Deshalb nannte Jakob die Stätte *Pniel* »das Angesicht Gottes« (V.31). **29** *Israel:* Dieser Name findet sich auch in den ugarit. Texten. Das theophore Element (*'el,* »Gott«) in solchen Namen ist normalerweise Subjekt, (»*Gott* kämpft«), doch hier liegt ein anderer Sinn vor (»er kämpft mit Gott«). Jakob hatte über Esau die Oberhand behalten und jetzt auch über Gott (vgl. Hos 12,5). **30.31** In seinem neuen Namen Israel war Jakobs Frage bereits beantwortet (vgl. auch Ri 13,17f), wie auch seine Reaktion (V.31) zeigt.

33,3 Eine siebenfache Verbeugung war eine weitbezeugte Form der Ehrerbietung, wie sie einem König gebührte. **4–9** Durch den Segen dessen, in dessen Hand selbst das Herz der Könige ist (vgl. 31,34; Spr 21,1), führte die gefürchtete Begegnung zur Versöhnung. Esau hatte offenbar die Erklärung der Knechte (vgl. 32,18ff) nicht beachtet. Nun erkannte er zwar das Angebot Jakobs, aber nur, um es zurückzuweisen (V.9). **10.11** Jakob drängte ihn zur Annahme seines großzügigen Geschenkes. Denn dies hätte bedeutet, daß Esau seinen Bruder als Besitzer des umstrittenen Erbes akzeptierte. Dies hätte auch dazu gedient, ein Wiederaufleben von Feindseligkeiten in Zukunft zu verhindern. *Als sähe ich Gottes Angesicht:* In Esaus versöhnter Miene erkannte Jakob, daß der Gott von Pniel sein Angesicht über ihm leuchten ließ. **12–16** Deshalb brauchte er auch den von Esau angebotenen bewaffneten Schutz nicht. Außerdem wollte er keine Verpflichtung Esau gegenüber eingehen. **17** Jakob blieb möglicherweise länger im Gebiet westl. des Jordans, fast ein Jahrzehnt muß zwischen dem Aufbruch aus Syrien und dem Blutbad von Sichem (vgl. 34,1) liegen.

33,18–34,31 Einzug in Kanaan. **33,18** *Aus Mesopotamien* (vgl. 35,9): Eine lange Reise wird mit ihrem ersten Schritt beschrieben; vgl. »als sie aus Ägypten gezogen waren« (5Mo 4,45; ähnlich 23,5; Jos 5,4).

Wohlbehalten, oder »in Frieden«; nicht als Eindringling, sondern nach Vereinbarung (vgl. V. 19; 34,21). **19** Zu dem Glauben, der sich in Jakobs Kauf ausdrückt s. Komm. zu Abrahams Kauf der Höhle von Machpela (1Mo 23). **20** Da Jakob in seiner Rückkehr eine Erfüllung der Bundesverheißung sah (28,15), errichtete er einen Altar in der Nähe von Sichem, wie es Abraham bei seiner Ankunft getan hatte (12,7). Vgl. Jos 8,30. *»Gott ist der Gott Israels« ('el elohej jiśrael).* Mit der Verwendung seines neuen Namens Israel bekannte Jakob, daß El sein Gott war (vgl. Isaaks Verwendung dieser Bezeichnung Gottes bei der Segnung Jakobs, 28,3 und 28,21).

34,1 *Dina* muß etwa 14 Jahre alt gewesen sein, kaum älter. Sie wurde nach Leas vier Söhnen geboren (30,21). Joseph, der ungefähr ein Jahr älter als Dina war, ist in einem späteren Abschnitt (s. 37,2) erst 17 Jahre alt. **2** *Hewiter:* vgl. 10,17. **5** Die in Labans Sippe üblichen bruderrechtlichen Sitten kamen wieder zum Vorschein, als Jakob Dinas Brüder (zweifellos besonders Leas Söhne) bei ihrer Reaktion auf Dinas Vergewaltigung gewähren läßt (V.5.7.13ff). **7** *Israel:* Der Verfasser sah in dem wachsenden Haus Jakobs die Keimzelle des Volkes Israel. **10** Die von Hemor angebotenen Privilegien waren dieselben, die in Bestimmungen erscheinen, die die Geschäfte hethit. Kaufleute in fernen Ländern regelten. **13** *Hinterhältig:* Obwohl es die Pflicht der Brüder war, für Dinas Freilassung zu sorgen (vgl. V. 26b), war die Anwendung von Kriegslist nicht zu rechtfertigen. **14–17** Tadelnswert war auch die Herabwürdigung des Bundeszeichens der Beschneidung. **20–24** Hemor brachte durch geschickte Tarnung die Bürger Sichems dazu, zu ihrem eigenen Verderben beizutragen. Er stellte die vorgeschlagenen Maßnahmen als Bündnis dar, durch das der Wohlstand der Einwohner Sichems erhöht würde (V. 23).
25–31 Die von Jakobs Söhnen geübte Rache war eine rücksichtslose Aggression, die das Gesetz angemessener Vergeltung (»Auge um Auge«) verletzte. Unbarmherzig begingen sie noch in vielfacher Weise genau das Verbrechen (V. 29b), das sie zu rächen vorgaben (V. 27b.31). In seinem Tadel der beiden Anstifter der Greueltat verwies Jakob mit Nachdruck auf die Torheit der Gefährdung des eigenen Hauses (V. 30). Wie sehr er jedoch ihre Tat verwarf, zeigt der in seinem letzten Willen geäußerte Fluch (49,5–7).

35,1–15 Bundeserneuerung. **1** In der durch das Massaker von Sichem (34,25ff) heraufbeschworenen Krise griff Jakobs göttlicher Beschützer mit neuen Weisungen und seinem Schutz ein (vgl. V. 5). Er rief Jakob zur Erfüllung seines Gelübdes nach Bethel, der Stätte seiner urspr. Bundesoffenbarung an ihn (vgl. 28,20ff; 31,13) zurück. **2** *Da sprach Jakob:* Jakobs patriarchalische Autorität in seinem eigenen Haus blieb weiterhin bestehen, auch wenn es daneben bruderrechtliche Autorität gab (s. Komm. zu 34,5). *Tut von euch die fremden Götter:* Ausschließliche Hingabe an den göttlichen Alleinherrscher war das erste Gebot des Bundes. Vgl. 31,19. *Reinigt euch:* Zum Verfahren ritueller Heiligung vgl. 2Mo 19,10. **4** *Ohrringe:* Amulette mit götzendienerischer Bedeutung. *Bei Sichem:* Bei einer späteren Bundeserneuerung an dieser Stelle verlangte Josua in ähnlicher Weise die Entfernung fremder Götter. Dabei erinnerte er an den Götzendienst der Vorfahren Israels jenseits des Euphrats (Jos 24,1ff.23). **5** *Ein Gottesschrecken,* der Israels Feinde mit unerklärlicher Lähmung oder Panik überfiel, war auf das Wirken des Engels des Herrn zurückzuführen, der vor ihnen herging (vgl. 2Mo 23,23.27; 1Mo 32,2ff). **7** Der Altar, *El-Bethel,* zeugte von der souveränen Treue Gottes. **8** Vgl. 24,59. **9** Der Erneuerung des Bundes durch Gott in V. 9ff entspricht die Erneuerung des Namens der Stätte durch Jakob (V. 15; vgl. 28,19). Zur Gotteserscheinung (V. 13) vgl. 28,12ff. **10–12** Gott faßte seine früheren Offenbarungen an Jakob zusammen: die segnende Verleihung des Namens Israel und die Verheißung, daß ein königliches Volk in Abrahams Land von ihm abstammen werde (17,1b.4ff; 28,13f). Die traditionellen Elemente eines Vertragsschlusses finden sich hier in den Worten Gottes: Seine Selbstbezeichnung, die Bestimmungen und Sanktionen, der historische Prolog (vgl. das Leitmotiv: von Bethel bis Bethel). *Sei fruchtbar und mehre dich:* Die Einfügung des Schöpfungsauftrags (vgl. 1,28) anstelle der üblichen Verheißung von Nachkommen verdeutlicht, daß der Abraham-Bund eine Fortsetzung des alle Menschen umfassenden Schöpfungsbundes war. **14** Das steinerne *Mal* war das übliche Erinnerungszeichen, das den Bund bezeugte (vgl. Jos 24,26f).

35,16–29 Jakobs Nachkommen. Dieser abschließende Abschnitt der »Generationen Isaaks« beschäftigt sich mit Dingen, die die gegenwärtige und zukünftige Leitung der Familie betreffen. Mit der Erzählung von der Geburt Benjamins (V. 16ff) wird der Bericht über die Herkunft der zwölf Patriarchen abgeschlossen. Die zwölf Stammväter werden dann nach ihren Müttern geordnet aufgeführt (V. 23ff), also eher in rechtlicher Rangfolge als nach ihrem Geburtsdatum. Eine Bemerkung über Rubens Vergehen (V. 22), durch das er sein Erstgeburtsrecht verwirkte (vgl. V. 23;

49,4) wird eingefügt. Bei Isaaks Tod (V. 29) folgte Jakob ihm als Patriarch des Bundes nach.

17b Vgl. 30,24. **19** *An dem Wege nach Ephratha:* Unterwegs zwischen dem Aufenthalt in Bethel und dem längeren Aufenthalt in der Nähe von Bethlehem (V. 21f) starb Rahel bei der Geburt und wurde begraben. Nach 1Sam 10,2 (vgl. Jer 31,15) liegt der Ort möglicherweise in der Nähe, und zwar nördl. von Jerusalem (s. Komm. 1Sam 10,2). **27** *Nach Mamre:* Es ist wohl möglich, daß Jakob nach seiner Rückkehr aus Mesopotamien und vor seiner Niederlassung in der Gegend von Hebron (vgl. 37,14) Isaak dort besucht hat. **28** Isaak lebte noch etwa zwölf Jahre nach diesem Wiedersehen. **29** Bei seiner Beerdigung finden sich seine Zwillingssöhne in Frieden zusammen.

36,1–37,1 Das Geschlecht Esaus

Bevor die Geschichte der Hauptlinie Jakobs weitergeführt wird, wird eine Übersicht über die Seitenlinien Esaus gegeben. In ihr wird entfaltet, wie Gott seine Absichten mit Esau (25,23) ausführt und wie das inspirierte Segenswort Isaaks (27,39f) für ihn Gestalt annimmt. Es gibt zwei Listen der Söhne Jakobs. In 35,23–26 werden ihre Namen genannt, und es wird auf ihre gemeinsame Herkunft aus Mesopotamien hingewiesen. In 46,8ff (vgl. 4Mo 26,5ff) werden sie (auf dem Weg nach Ägypten) mit den Namen ihrer Söhne aufgeführt, die Stammväter von Unterabteilungen ihrer Stämme wurden. Ähnlich werden hier zuerst die in Kanaan geborenen Söhne Esaus lediglich mit Namen aufgeführt (36,2–5). Dann werden sie nach der Umsiedlung in das Land Seïr mit ihren Söhnen, die für die Entstehung der einzelnen Sippen bedeutsam wurden (36,9–14), aufgezählt. Daß die genannten Söhne Stammväter wurden, zeigt die Nennung ihrer Namen in der Liste der Stammesfürsten von Edom (Hebr. *'alluph,* auch als »Sippe« zu verstehen) (36,15–19).

Die Einleitungsformel (36,1), die 1Mo von 2,4 an in zehn Teile teilt, markiert den in 36,9 beginnenden Unterabschnitt, der sich auf die edomitische Phase in der Geschichte Esaus bezieht. Daß Esau weiterzog (36,7), bedeutet viell., daß sein Aufenthalt im Land Seïr zur Zeit der Rückkehr Jakobs aus Mesopotamien (32,4) nur einen späteren Umzug mit seiner ganzen Sippe dorthin vorbereiten sollte. Da sich innerhalb des Kapitels das Interesse von der Familie Esaus auf das Volk der Edomiter verlagert, war es angebracht, Seïr, den Horiter, und seine Nachkommen zu erwähnen (36,20–30), die der Herr vor Esau vertrieb (vgl. 5Mo 2,12.22) und mit denen Esaus Nachkommen sich vermischten (vgl. 36,2 und 24,12.22). Bemerkenswert ist, daß – während die dem bevorzugten Jakob gemachte ausdrückliche Verheißung auf König und Reich (35,11; vgl. 17,6; 4Mo 24,7; 5Mo 17,14ff) noch unerfüllt blieb – in Edom, dem Land des weniger gesegneten Bruders, ein Königtum entstand (36,31). Dennoch ist die Annahme nicht nötig, daß dieser Hinweis auf Könige in Israel erst nach der Errichtung der Monarchie hätte gemacht werden können und deshalb eine viel spätere Einfügung sein müsse. Die Liste der Könige der Edomiter (36,32–39) zeigt, daß es sich um ein Wahlkönigtum, nicht um ein Erbkönigtum handelte. Die Bedeutung der Stammesfürsten zeigt die anschließende Liste, die geogr. und administrative Gesichtspunkte bes. berücksichtigt (36,40–43). **37,1** ist das Ende des Abschnitts über Esau – Edom. Daß dieser Satz *hier* eingefügt ist (vgl. 25,11), unterstreicht, daß die eigentliche Geschichte Gottes mit *Jakob* weitergeht.

37,2–50,26 Das Geschlecht Jakobs

In diesem letzten großen Abschnitt der Vätergeschichte wird von der Zeit Jakobs als Erzvater berichtet (37,2a), die mit seiner Rückkehr zu Isaak in Kanaan und einer Teilung der Herrschaft mit seinem alternden Vater beginnt. Joseph ragt in der Erzählung besonders heraus: Er ist berufen, die Familie des Bundes zu erhalten. Dabei wird er kraft seiner hervorragenden Stellung in Ägypten Autorität über sie ausüben. In ihm zeigt sich zum ersten Mal eine neue Art von Führer in Israel: Daß er Führer ist, beruht auf besonderer göttlicher Erwählung und charismatischer Begabung. Josephs besondere Begabung war die Weisheit. Er blieb jedoch Jakob innerhalb der Bundesstruktur untergeordnet. Im weiten geschichtlichen Rahmen gesehen, leitete die Ära Josephs die große erlösende Tat der Befreiung unter Mose ein. Von Gott genötigt führte Jakob die Bundesgemeinschaft aus dem Land der Verheißung, um sich in einer Gegend aufzuhalten, die zum Haus der Knechtschaft werden sollte. So erfüllte sich Gottes unheilverkündendes Wort an Abraham (15,13), aber alles stand zugleich unter der Verheißung der Rückkehr nach 400 Jahren (15,14.16).

37,2–45,28 Jakobs Erben

Die geistliche Wandlung, bisher nur bei dem erwählten Einzelnen, bei Jakob nämlich, vollzogen, wird nun vielfältig ausgedehnt. Die ganze Familie Jakobs wird zu einer atl. Glaubensgemeinschaft umgestaltet, die in Sohnes- und Bruderliebe unter Israel, dem Diener des Herrn, vereint ist.

37,2–36 Eine zerrissene Familie. 2 Frühe Anzeichen der zukünftigen hervorragenden Stellung Josephs machten ihn zum Gegenstand eifersüchtigen Hasses, wie es scheint besonders unter den vier Söhnen der Mägde, die den niedrigsten Rang einnahmen (vgl. 30,3–13; 33,2). Ihre Verdrossenheit äußerte sich in Faulheit, was der Lieblingssohn eilfertig dem Vater mitteilte. 3 *Sohn seines Alters:* Außer Benjamin wurden alle Söhne während der zweiten Dienstzeit Jakobs geboren. Joseph war ein Nachkömmling, den die Lieblingsfrau Rahel nach ihrer langen Unfruchtbarkeit geboren hatte. Die Brüder erkannten an dem besonderen *Rock* – ob er nun gemustert, bunt oder langärmelig war – Jakobs Absicht, Joseph das Erstgeburtsrecht zu verleihen, das Ruben verwirkt hatte (vgl. 35,22; 1Chr 5,1f). 5–8 Sie begriffen, daß sich in Josephs Träumen die göttliche Vorherbestimmung enthüllte. Berufsmäßige Traumdeutung wird in der Literatur des Alten Orients häufig erwähnt. Es gab sogar Nachschlagewerke über Traumsymbole und ihre Deutungen. 9–11 Der zweite Traum zeigt Joseph sogar als »Herrn« über seine Eltern. Jakob nahm daran Anstoß, weil er nicht wußte, daß Josephs Herrschaft über ihn im Zusammenhang mit dem erzwungenen Aufenthalt der Familie in Ägypten stehen würde und nicht bedeutete, daß Joseph die väterliche Autorität an sich reißen würde.

12ff Daß die Söhne Jakobs im Gebiet von Sichem ihr Vieh hüten konnten, ohne von den herausgeforderten Kanaanitern gestört zu werden (vgl. 34,30), läßt den fortgesetzten fürsorglichen Schutz Gottes erkennen. **18ff** Die Mordgedanken in den Herzen der Brüder konnten diesmal nicht mit gerechter Empörung entschuldigt (34,31), sondern nur mit einer gemeinen Lüge verborgen werden (V.31f). Rubens Gegenvorschlag (V.21f) wurde nur angenommen, weil er schließlich auch Josephs Tod in der tiefen Zisterne nach sich ziehen würde. Die Bitte um Gnade (42,21) fand erst Gehör, als ein zusätzlicher Gewinn winkte (V.26f), der über Josephs doppelten Erbanteil hinausging. Denn die Gier danach war ja die Wurzel alles dieses Übels. Juda vereitelte mit seinem Plan unabsichtlich den Rubens (V.22.29f), aber er rettete Joseph damit das Leben.

25a *Ismaeliter:* Hier, V.27.28b und 39,1 wird die Karawane als eine ismaelitische bezeichnet. Ismaeliter, urspr. wohl ein Stammesname, wurde dann allg. für »Händler« verwendet. Das erklärt, warum die Mitglieder der ismaelitischen Karawane dann als midianitische Kaufleute bezeichnet werden; vgl. auch Ri 8,24. **28** *Midianitische Kaufleute:* Als sie ihn in Ägypten verkaufen, heißen sie (V.36, hebr. Text) Medaniter. Die Erklärung dafür ist in folgendem zu suchen: Midian und Medan waren beides Söhne Abrahams und der Ketura (25,2), aber wahrscheinlich ist hier keine Unterscheidung beabsichtigt (LÜ, ZÜ, EÜ, JB ignorieren sie). Darum macht es die Identität von Midian und Medan und die Verwendung von »Ismaeliter« als Bezeichnung für Händler auch nicht nötig, in dieser Erzählung zwei mutmaßliche Quellen zu unterscheiden, um angebliche Widersprüche zu erklären. Aus der Ferne erkannte man in der sich nähernden Karawane »Kaufleute«, doch als sie *vorbeikamen*, sah man, daß es Midianiter waren. Die erneute Verwendung der Bezeichnung Ismaeliter (= Kaufleute) in V.28b unterstreicht, wie gefühllos die Brüder Joseph behandelten. In V.28 sind Josephs Brüder das Subjekt zu *zogen ihn heraus ...* (vgl. 45,4f). *Zwanzig Silberstücke;* vgl. 2Mo 21,32; 3Mo 27,5.

31–36 Der herausfordernde Rock (V.3f) wurde zum Beweisstück, um die Übertragung von Josephs Erbe auf seine Rivalen zu sichern (vgl. 2Mo 22,13 und Komm. zu 31,39). Jakob, in seiner Jugend selbst ein Betrüger, wurde grausam betrogen (V.33), doch Gott, den er nun verehrte, fügte es anders und wendete schon jetzt die Lage (V.36). Denn eben der Sohn, dessen Tod der Vater jetzt betrauerte (V.34f), sollte noch Jakobs Tod mit allen Ehrenerweisen Ägyptens (vgl. 50,1ff) betrauern.

38,1–30 Verbindungen mit Fremden. 1 *Von seinen Brüdern:* Judas Absonderung veranschaulicht die fortdauernde Uneinigkeit im Hause Jakobs (vgl. Kap. 37). Das Ganze muß bald nach dem Verkauf Josephs geschehen sein, denn in der Zeit zwischen diesem Ereignis und Jakobs Aufbruch nach Ägypten (wenig mehr als zwei Jahrzehnte) hatte Juda geheiratet und Söhne gezeugt, die wiederum geheiratet hatten. Kap. 38 umfaßt den Zeitraum dessen, was bis 42,1 berichtet wird. *Hinabzog:* Juda zog aus dem Bergland von Hebron hinab ins Hügelland der Philister. Auch nach den Maßstäben des Bundes war es eine Abwärtsbewegung, denn das Ergebnis war die Verbrüderung mit dem Kanaaniter Hira und die Heirat mit der Tochter des Kanaaniters Schua (V.2). S. Komm. zu 24,3ff. 7 *Ließ ihn der Herr sterben:* Im plötzlichen Tod seines erstgeborenen Sohnes wurde Juda mit der raschen Degenerierung konfrontiert, die sich aus seiner engen Verbindung mit den Kanaanitern ergeben hatte (vgl. 1Mo 19).

8 *Deinem Bruder Nachkommen:* Solche Leviratsehen waren übliche Praxis, wie hethit. und mittelassyr. Gesetzbücher zeigen. Sie wurden später für Israel von Mose gesetzlich geregelt (5Mo 25,5ff). Der Erstgeborene der neuen Ehe wurde als Erbe des verstorbenen Bruders angesehen und setzte sein Geschlecht fort. Onan wollte aber den Anteil des Erstgeborenen für sich selber haben. **9.10** In der verächtlichen Weigerung Onans, die brüderliche Verpflichtung zu übernehmen, und in dem darauffolgenden Urteil Gottes wurde Juda warnend an die Sünde der Brüder gegen Joseph erinnert. **11** Doch hatte auch er nicht im Sinn, Thamars Recht und Gers Namen zu achten.

12ff Thamar wurden schließlich die Augen geöffnet, und sie faßte den Plan, Genugtuung von Juda zu erlangen, der nun Witwer war. Hierfür gab es Präzedenzfälle, denn in einigen Gegenden konnte der Vater des Verstorbenen die Witwe heiraten. **18** *Siegel:* ein zylindrisches Siegel, das an einer Schnur um den Hals getragen wurde. Mit ihm leistete der Besitzer Vertragsunterschriften. Siegel und *Stab* dienten manchmal als Symbole bei Vertragsabschlüssen. **21** *Hure* (Hebr. *qedescha*), S. LZB, Sp. 637, Hure, Hurer, Hurerei. Besser *Geweihte Buhle* (ZÜ), s. auch EÜ Anm. Daß diese Bezeichnung im Blick auf Thamar verwandt werden konnte, spiegelt die abgrundtiefe Verdorbenheit der kanaanäischen Kultur wider, der sich die Bundesfamilie aussetzte, etwa durch den Wechsel des Wohnsitzes, wie ihn Juda vorgenommen hatte. Im kanaan. Fruchtbarkeitskult gaben sich Frauen und Männer der Prostitution als Gottesdienst hin (wie die Grundbedeutung von *qedescha* deutlich erkennen läßt).

24 *Verbrannt:* Obwohl Juda Thamar hatte loswerden wollen und sie in ihres Vaters Haus zurückschickte (V. 11), machte er jetzt patriarchalisches Recht geltend. Er sah darin einen Weg, sich ihrer zu entledigen und gleichzeitig als gerecht zu erscheinen. Nach der späteren mosaischen Gesetzgebung wurde das Verbrennen als die schwerste Strafe nur in extremen Fällen verhängt (3Mo 20,14; 21,9). Thamar hätte als Verlobte von Schela gesteinigt werden müssen (vgl. 5Mo 22,20ff).

26 *Gerechter als ich:* Beide hatten betrogen, doch sie, um ihr Recht zu erlangen, er aber, um seine gesetzlichen väterlichen Verpflichtungen zu umgehen. **29** *Perez:* ein Vorfahr der Davidsdynastie (vgl. Rut 4,18ff; 1Chr 2,3–15; Mt 1,3).

39,1–41,57 Bewahrung des Bewahrers. 39,1 knüpft an 37,36 an und greift damit etwa 20 Jahre zurück. Die Erzählung wendet sich nun den durch die Vorsehung Gottes beschlossenen Entwicklungen in Josephs Werdegang zu, die für Jakobs Familie einen Ausweg aus der zunehmend gefährlicher werdenden Situation vorbereiteten, die Kap. 37 und 38 beschrieben wurde.

39,1 *Potiphar:* sehr wahrscheinlich eine Kurzform des ägypt. Namens Potiphera (vgl. 41,45), »er, den der Sonnengott gegeben hat«. *Oberster der Leibwache* oder Oberkämmerer (s. Komm. zu 39,21): Auf Sklavenlisten aus dieser Zeit wird die Anwesenheit vieler Asiaten auf ägypt. Gütern bezeugt. Die meisten waren Kriegsgefangene, doch viele, wie Joseph, wurden durch Kaufleute ins Land gebracht. Der *Pharao,* dessen Name nicht genannt wird, ist verschiedentlich dem Mittleren Königreich zugeordnet worden (XII. Dynastie 1991–1786 v.Chr.), der XIII. (ägypt.) Dynastie oder der Hyksos-Ära (ca. 1720–1550 v.Chr.), ganz zu schweigen von radikalen Spätdatierungen. **2** *Der Herr war mit Joseph* (auch V. 21.23): vgl. Ps 105,17. **3** Vgl. 30,27. **4** *Setzte ihn über sein Haus:* dies entsprach einem üblichen ägypt. Amt. Auch außerbibl. Quellen belegen, daß einige semitische Sklaven in Ägypten Vertrauenspositionen erhielten.

9 *Wie sollte ich . . . gegen Gott sündigen?* Josephs Standhaftigkeit und Lauterkeit verdeutlichten die geistliche Kraft der göttlichen Gnade, die durch den Bund wirkte. Weltlicher Einfluß mochte in die Gemeinschaft der Erwählten eindringen (1Mo 38), aber von ihr sollte auch ein heiliges Zeugnis für den Namen Gottes zu den Völkern gelangen. **12** *Sein Kleid* (auch V. 15.18): Zum zweiten Mal wird ein Kleidungsstück Josephs zur Lüge gegen ihn verwandt (vgl. 37,31ff). **14** *Hebräischer Mann* (auch V. 17): s. Komm. zu 14,13. 1Mo 39 – 2Mo 10 ist einer der drei Abschnitte im AT, wo das Wort »hebräisch« erscheint (s. LZB, Sp. 569, Hebräer, I). Obwohl manchmal Hebräer und Israeliten einfach gleichgesetzt werden (2Mo 5,1–3), so ist »hebräisch« hier wohl umfassender gemeint (»Fremder« bes. Fremdarbeiter). Der verächtliche Ton aus ägypt. Mund läßt das ägypt. Vorurteil gegenüber Asiaten erkennen. **20** *Ins Gefängnis:* vgl. Ps 105,18. Für das Verbrechen, das man Joseph anlastete, war die Todesstrafe zu erwarten. **21–23** Die göttliche Gunst, der er die mildere Strafe verdankte, hielt auch im Gefängnis an, wo Joseph die Wertschätzung von Potiphars *Amtmann* (vgl. 40,3 und 39,1) gewann.

40,2 *Oberster über die Schenken:* entspricht dem Titel eines ägypt. Hofbeamten, der Vertrauter und Berater des Pharao war. *Oberster über die Bäcker* war als einer, der Zugang zum Pharao hatte, ein weiterer hoher Beamter.

4 *Gab ihnen Joseph bei:* Joseph war im Gefängnis mit administrativen Aufgaben betraut. Dies schloß keine Verfügungsgewalt über die hochrangigen Gefangenen ein (vgl. 41,12). 5 *Eines jeden Traum hatte seine Bedeutung:* S. Komm. zu 37,5ff. Die Einzelheiten des Traumes entstammten der speziellen Situation dessen, der den Traum gehabt hatte, doch sie wurden von Gott so gestaltet, daß sie proph. Bedeutung erlangten. 8 *Auslegen gehört Gott zu:* Vgl. 41,16.25ff. Die ägypt. Beamten waren traurig, weil sie nicht wie früher Zugang zu ihren hochgeschätzten Traumdeutern hatten. Aber der hebr. Sklave verwarf diese Fachleute als Scharlatane. 13 *Dein Haupt erheben:* ein Ausdruck, der grundverschieden verstanden werden konnte. Joseph benutzte ihn gleicherweise für die Begnadigung des Mundschenks und die Wiederherstellung seiner Ehre (vgl. 2Kön 25,27) wie auch für die Enthauptung des Bäckers (V. 19). Der Erzähler unterstreicht dieses Verfahren, indem er den Ausdruck in einer dritten Bedeutung im Sinne von »sich befassen mit (den anhängigen Fällen)« im Bericht von der Erfüllung verwendet (V. 20). 14 Joseph vertraute so auf seine göttliche Gabe der Traumdeutung, daß er den Mundschenk darum bat, ihm seine Freundlichkeit zu vergelten. 15 *Aus dem Lande ... gestohlen:* Joseph begründet seinen Anspruch auf Begnadigung mit seiner tatsächlichen Unschuld und beschrieb die Tat seiner Brüder, die ihn seiner Rechte, seiner Freiheit und seines Erbes beraubten, richtig als Diebstahl. 19 *Die Vögel werden dein Fleisch von dir fressen:* Daß der Tod durch Hängen stattfand und der Tote den Vögeln zum Fraß ausgeliefert war, stellt eine äußerste Verschärfung der Strafe und Schande (vgl. 5Mo 21,22) dar, besonders für einen ägypt. Beamten, für den die Mumifizierung und ein glänzendes Begräbnis von größter Wichtigkeit waren.

41,1 *Hatte der Pharao einen Traum:* Hiermit wird die von Gott gefügte Serie von Träumen abgeschlossen. Die mittleren beiden Träume (40,5ff) bewirkten, daß Joseph zur Deutung des dritten Traumpaares (vgl. 41,9ff) herangezogen wurde, und diese letzten beiden Träume dienten zur Erfüllung der ersten beiden (37,5ff). Die Doppelung der Träume signalisiert die Verläßlichkeit der Offenbarung des göttlichen Planes (41,32). 2–7 Ergänzende Einzelheiten s. V. 17–24. Die Wiederholung langer Abschnitte gehört zur Erzählkunst des Alten Orients. 8 *Alle Weisen:* Der Pharao konnte sich zwar an seine Wahrsager und Weisen wenden, doch sie konnten ihm nicht helfen (s. Komm. zu 40,8). 9 *Ich muß ... an meine Sünden* (oder »Verfehlungen«) *denken:* vgl. 40,14.23f. 14 *Ließ sich scheren und zog andere Kleider an:* Diese Veränderung geschah aus Rücksichtnahme auf ägypt. Sitten und besonders auf die höfische Etikette. Bilder auf Monumenten zeigen Ägypter mit glattrasierten Gesichtern und weißem Leinengewand. 16 *Das steht nicht bei mir:* Joseph ließ sich auf den Wettkampf mit den Weisen im Namen Gottes ein (vgl. V. 25.28.32; 5Mo 2,27–30).

29–32 *Sieben Jahre des Hungers* würden auf sieben reiche Jahre folgen. In ihnen würde nichts vom früheren Überfluß mehr vorhanden sein (V. 31). Siebenjährige Hungersnöte begegnen uns nicht nur als Motiv in alten Epen, sondern auch als Bericht in ägypt. historischen Dokumenten. **33–41** Josephs Vorschlag von Vorsorgemaßnahmen (V. 33ff) verstärkte den Eindruck auf den Hof des Pharao derart, daß man von seiner übernatürlichen Einsicht überzeugt war (V. 38; vgl. Dan 5,11ff) und er selbstverständlich als der Mann für die vorgeschlagene Position erschien (V. 39ff; vgl. Ps 105, 21f). Da Joseph als Oberkämmerer über Pharaos »Haus« (V. 40) eingesetzt wurde, wie auch zum Herrscher über *ganz Ägyptenland* (V. 41), und er nur dem Pharao direkt unterstellt war (V. 40), war sein Amt wohl das eines Großwesirs. Auch von anderen Asiaten ist bekannt, daß sie eine ähnlich hervorragende Stellung im Ägypten des 2. Jt. v.Chr. erlangten. 42 Josephs Einsetzung (mit Ehrengewändern und goldener Kette) entsprach ägypt. Tradition. 43 *Zweiter Wagen:* Wagen des zweitmächtigsten Mannes. 45 *Zaphenath-Paneach:* Die Bedeutung des Namens ist unsicher. *Asenath:* Die Form des Namens ist im frühen 2. Jt. bezeugt. *On* oder Heliopolis war der Hauptort der Verehrung des Sonnengottes Re. *Potiphera:* s. Komm. zu 39,1. Josephs Eintritt in den Hof des Pharao, seine Namensänderung (vgl. Dan 1,7) und die Heirat mit der Tochter eines Priesters machten ihn äußerlich zum Ägypter. Aber sein mutiges Bekenntnis zum Gott Israels sollte verhindern, daß man seine Anpassung an die Kultur des Gastlandes auch als religiöse Kapitulation mißverstand.

46a Vgl. 37,2. **50–52** Josephs Erklärungen zu den Namen *Manasse* und *Ephraim* setzten die Bezeugung seines Gottes, nun in Danksagung, fort. Er hatte das Haus Jakobs nur in dem Sinne vergessen (V. 51), daß das, was ihm von seinen Brüdern angetan worden war, nun kraft der von Gott herbeigeführten bemerkenswerten Wendung seines Geschicks der Vergangenheit angehörte. **53–57** Die fortschreitende Erfüllung der prophetischen Träume Pharaos bereitete den letzten Akt der Erfüllung der Träume Josephs vor.

42,1–45,28 Versöhnung. **41,57–42,5** S. Komm. zu 12,10. Zur Chronologie s. 45,6. In der gemeinsamen Not handelte die Familie unter Jakobs Führung gemeinsam. Benjamin war nun der Lieblingssohn, ein Umstand, der der Angelpunkt der bevorstehenden Prüfung der Zehn durch Joseph sein würde.

42,6ff *Fielen sie vor ihm nieder:* Unbewußt erfüllten sie hier die Träume, deren Verwirklichung sie so verzweifelt zu verhindern versucht hatten (vgl. 37,5ff; 42,9). Sie erkannten Joseph nicht, was aus seiner völligen Ägyptianisierung, den unglaublichen Umständen der Begegnung und der Tatsache zu erklären ist, daß Joseph bewußt seine Identität verbarg. Offensichtlich beaufsichtigte Joseph die Verteilung von Getreide an Ausländer selbst. Das anschließende nochmalige Erzählen der Unterhaltung von V.7ff (s. 43,7 und 44,19f) zeigt an, daß Joseph die Familiengeschichte erfragte (V.11ff), indem er weiter nachforschte, was hier nicht berichtet wird. **15** *Daran will ich euch prüfen:* Die eigentliche Frage war natürlich nicht, ob sie Kundschafter waren, sondern ob ein Sinneswandel bei ihnen stattgefunden hatte. **17–20** *Er ließ sie . . . in Gewahrsam legen,* dann aber zeigte er Milde und ließ sie mit der Begründung frei, daß auch er Gott fürchte! (Vgl. 20,11.) Er wollte damit ihren Gewissen die Erinnerung daran wachrufen, wie sie gnadenlos den Bruder als Sklaven verkauften, von dem sie jetzt als »nicht mehr vorhanden« sprachen (V.13). Vgl. V.21f. **21–26** *Nahm er . . . Simeon* (V.24), den Zweitältesten, als Geisel, nachdem er die Unschuld Rubens, des ältesten Sohnes, festgestellt hatte (V.22f). Die feinsinnige Beziehung zwischen der Behandlung, die jedem Bruder zuteil wurde, und seiner Verantwortung bei dem Verkauf Josephs (vgl. 43,33) verstärkte bei ihnen das Gefühl, daß göttliche Vergeltung sie ereilte (V.21). Viell. fragten sie sich auch, ob dieser unheimliche Ägypter wahrsagen konnte (vgl. 44,5.15). Joseph brachte sie wieder in die alte Situation, vor Jakob so erscheinen zu müssen, daß einer der Brüder fehlte (vgl. V.33f.36).

27 *Als . . . einer seinen Sack auftat:* Nach V.27 und 35 öffnete nur einer in der Herberge zufällig seinen Sack und fand das Geld, während die anderen ihres zu Hause entdeckten. In dem verkürzten Bericht über die Heimreise (der auch dem Haushalter in 43,21 gegeben wird) werden die erste und die spätere Entdeckung der Beutel mit dem Geld ineinander gesehen. Die gesamte Darstellung ist erkennbar vereinfacht, denn zur Deckung des Bedarfs von Jakobs Sippe und um eine Reise von zehn Männern zu rechtfertigen, mußten mehr als zehn Sack Getreide nach Hause gebracht werden. **28** *Warum hat Gott uns das angetan?* Josephs Strategie wirkte. Sie standen bereits unter Verdacht und hatten nun das Gefühl, daß sie sich nie von der unvermeidlichen Anklage wegen Diebstahls reinigen könnten. **29–36** Offenbar verbargen sie diese niederschmetternde Tatsache vor Jakob, bis durch die Entdeckung des Geldes in jedem Getreidesack gewissermaßen »die Katze aus dem Sack« gelassen wurde (V.35). **37** Ruben übernahm als Ältester die Verantwortung, wobei er wiederum bewundernswerte Eigenschaften zeigte (vgl. 37,21ff; 42,22). **38** Aber Jakob nahm sein Bürgschaftsangebot nicht an. Viell. dachte er an Rubens früheren Fehltritt (35,22). Jakobs Vorliebe für Benjamin war von der Art, daß er lieber seine Sorge um die Befreiung Simeons unterdrückte, als sich von Benjamin unter unheilsverkündenden Umständen zu trennen.

43,1–8 Die Erhaltung des Lebens aller in der anhaltenden Hungersnot verlangte jedoch die gefährliche Reise – mit Benjamin. **9.10** *Ich will Bürge für ihn sein:* Juda setzte sich gegenüber Jakob durch, indem er die volle Verantwortung für Benjamins Sicherheit bei Gefahr des Verlusts des väterlichen Segens und damit der Enterbung übernahm. Durch die verwandelnde Gnade, durch die aus Jakob Israel geworden war, war ein neuer Geist der Solidarität und Selbstaufopferung in der uneinigen Familie entstanden. **11–15** Traurig in die zweite Reise einwilligend (vgl. V.14b), traf Jakob Vorkehrungen, um Joseph versöhnlich zu stimmen (vgl. 32,14ff). Er vertraute die Angelegenheit Gott an, der in seiner Allmacht für die rechte Führung sorgen würde (V.14).

16–34 Als Joseph Benjamin sah, brachte er seinen lang gehegten Plan zur Ausführung (16ff). **23** *Euer Gott und eures Vaters Gott:* Der Haushalter war von Joseph ins Vertrauen gezogen worden und hatte viell. sogar dessen Glauben angenommen. Seine Erklärung löste weit mehr als das gegenwärtige Problem der Brüder (V.21f), und dies übrigens auf einer wesentlich bedeutenderen Ebene. Aber sie waren viel zu sehr mit den Nerven durcheinander, als daß sie diesen deutlichen Hinweis verstanden hätten. Vielmehr waren sie so auf der Hut vor dem unberechenbaren Herrn des Haushalters, daß gerade dessen Gastfreundschaft sie beunruhigte (V.18). Beim Essen waren sie nicht imstande, den einzig logischen Schluß aus seinem Verhalten zu ziehen, der aus seinen Fragen nach Jakob (V.27), seiner liebevollen Bevorzugung Benjamins (V.29f.34) und der genauen Kenntnis der Reihenfolge der Geburten dieser Söhne von vier Müttern (V.33) abzuleiten war. Die Empfindlichkeit der Ägypter beim Essen (V.32) entstammte Vorstellungen ritueller Reinheit. Das Fehlen von Ressentiments bei den Brüdern gegenüber dem stark bevorzugten Benjamin (V.34) ließ ihre Sinnesänderung erkennen, doch hatte Joseph eine noch sichere, letzte Prüfung vorbereitet (44,1ff).

44,1 *Jedem sein Geld:* Dieses Geld, das später nicht wieder erwähnt wird, sollte das in den Herzen der Brüder bereits schwelende Bewußtsein entflammen, daß Gott wegen ihrer großen Sünde auf geheimnisvolle Weise mit ihnen umging, um sie zur Buße zu rufen (vgl. 42,28; 43,23). Der Fund des Geldes bei allen würde auch eine Bestrafung aller einsichtig machen und die Aufmerksamkeit darauf ziehen, daß Joseph darauf bestand, Benjamin gesondert zu bestrafen. **2** *Der silberne Becher* diente dazu, Benjamin als bes. schuldig erscheinen zu lassen. Der Becher war heilig (vgl. V.5.15), darum war ein Diebstahl desselben ein todeswürdiges Verbrechen (vgl. 31,32). **4** *Noch nicht weit:* Die Ergreifung eines Diebes auf frischer Tat oder unmittelbar danach (wenn z.B. das Diebesgut in seinem Besitz gefunden wurde) hatte von Rechts wegen eine endgültige und äußerst strenge Bestrafung zur Folge (vgl. 31,22ff; Ri 18,22ff). Die Durchsuchung des gestellten Verdächtigen wurde als wirkliches Gottesurteil, ihr Ergebnis damit als unwiderlegbar angesehen (vgl. 31,36ff). **5** *Aus dem er wahrsagt:* Wahrsagen durch Wasser war eine weitverbreitete Praxis im Altertum. Josephs angebliches Wahrsagen aus dem Becher gehörte zu der Szenerie, die er sich mit seinem Haushalter ausgedacht hatte. **9** Die Strafe, welche die Brüder vor der Durchsuchung aussprachen, war für das ihnen zur Last gelegte Verbrechen üblich (vgl. V.2.4). **11–13** Die als Gottesurteil ausgewiesene Durchsuchung mit der Entdeckung der Geldbeutel (s. Komm. zu V.1), die verblüffende Übereinstimmung der Reihenfolge der Durchsuchung mit dem Alter der Brüder (vgl. 43,33) und die niederschmetternde Entlarvung Benjamins hatten die gewünschte Wirkung. **14–17** Wie unschuldig sie sich auch in diesem unerklärlichen Fall gefühlt haben mögen, so waren sie doch überzeugt, daß Gott ihre alte Schuld strafte (V.16; vgl. 42,21f). Josephs theatralischer Anspruch (V.15) ließ sie gegenüber dem Übernatürlichen noch empfindsamer werden und bewirkte das Bekenntnis, das Juda als Sprecher der Gruppe vorbrachte (vgl. 14,16; 43,3ff). Daraufhin verstärkte Joseph den Druck, indem er darauf bestand, daß die Zehn – ohne Benjamin – in Frieden zu Jakob zurückkehrten (V.17)!

33 *Laß deinen Knecht hier bleiben an des Knaben Statt:* Mehr konnte Joseph nicht erhoffen. Gott hatte das Herz seiner Brüder so verändert, daß Judas Bitte und Selbstopfer unwillkürlich an den aus seinem Stamm geborenen »Knecht des Herrn« denken läßt, der sich selbst für die Sünden seines Volkes opferte.

45,3.4 Lähmendes Schweigen folgte dem *Ich bin Joseph* des Ägypters, und trotz aller Versicherungen (V.4ff) blieb für viele Jahre das Unbehagen bestehen (50,15). **5** *Hat mich Gott . . . hergesandt:* Obwohl Joseph die göttliche Vorsehung in absoluten Aussagen unterstrich (*ihr . . . nicht . . . sondern Gott*, V.8a), beabsichtigte er nicht, seine Brüder zu entschuldigen. Seine ganze Strategie hatte ja darauf abgezielt, sie in ihrem Gewissen zu treffen. Da jedoch nun eine gottgewirkte Reue in ihnen zu erkennen war, wollte Joseph, daß sie nicht mehr reumütig in die Vergangenheit zurückblickten, sondern daß sie dankbar die Zukunft ergriffen, die Gott in seiner Gnade für sie vorgesehen hatte (V.8bff). **6** *Weder Pflügen noch Ernten:* Die zusammenfassende Aussage »kein Ertrag durch Bestellung des Ackers« wird durch zwei konkrete Aspekte ausgedrückt (Pflügen und Ernten). **7** *Nachkommenschaft* (ZÜ): Gott hatte einen Rest am Leben erhalten, der seine Offenbarung vom Sündenfall in Eden über die Sintflut hinweg und durch den Götzendienst, der in den Völkern überhandnahm, hindurchtragen sollte. Joseph deutete zu Recht auf die messianische Linie in der Geschichte Israels zu seiner Zeit. **8** *Dem Pharao zum Vater:* entspricht einem Titel, den ägypt. Wesire trugen. **10** *Gosen* war eine ägypt. Provinz (47,6.27) im östl. Delta-Gebiet (47,11) und daher nicht weit vom Hof in Memphis entfernt (gleich ob in der XII. oder XIII. Dynastie oder in der Hyksos-Ära). Es bot zudem als eine für das Vieh, das von den Ägyptern verachtet wurde (46,34), sehr geeignete Gegend (47,4–6) relative Abgeschiedenheit. **11** Gosen war geeignet, der unmittelbaren Not abzuhelfen, weil Joseph dort angemessen für Israel sorgen konnte. Diese Eignung war auch für den längerfristigen Aufenthalt vorhanden, der sich anschließen sollte. Denn das Für-sich-Leben sollte es den Israeliten möglich machen, ihre eigene Kultur, die im Bunde mit Gott gewurzelt war, zu erhalten, und das unter Voraussetzungen, die die Einheit und das Wachstum des Volkes förderten.

17.18 Der Pharao wandelte Josephs Anweisungen an Israel (V.9ff) in eine persönliche Einladung seinerseits um (vgl. 9ff). Josephs Absicht war es, die Familie in Gosen anzusiedeln. Das hatte er nur seinen Brüdern mitgeteilt. Die Einwilligung des Pharao sicherte er sich erst, als die Zeit dafür gekommen war (vgl. 46,31ff). **19** *Wagen:* wahrscheinlich große zweirädrige Karren, wie sie auf ägypt. Bildern dargestellt sind, s. LZB, Sp. 1194, Wagen. **22** *Fünf* (oder »mehrere«) *Feierkleider:* Joseph brauchte keine Bedenken zu haben, Benjamin als Bevorzugten mit seinen Brüdern ziehen zu lassen, obwohl er wie Joseph damals eine besondere Kleidung trug. **24** Er brauchte sie nur zu ermahnen, sich auf ihrem Weg zurück zu Jakob, dem sie ihre große Sünde bekennen mußten, nicht gegenseitig Vorwürfe zu machen. **26.27** So leicht sich Jakob von Josephs Tod hatte überzeugen lassen, so sehr zweifelte er an seiner »Auferstehung«. Erst die sinnliche Anschauung überzeugte ihn. **28** *Ich will hin:* So sprach der Mann Israel, und das Volk Israel sollte in einem Land entstehen, das nicht sein eigen war. Zur Rückkehr nach Kanaan bedurfte es Gottes mächtigen Eingreifens beim Auszug und bei der Landnahme. So wurde für Israel das Land und das Königreich souveränes Geschenk des göttlichen Erlösers.

46,1–47,27 Israel zieht nach Ägypten

46,1–27 Das Haus Israel. Jakob erkannte in dem erstaunlichen Verlauf der Ereignisse, der zuvor in Josephs Träumen göttlich geoffenbart und nachher von ihm prophetisch gedeutet wurde (vgl. 45,5ff), daß Gott einen Mann vorausgesandt hatte und nun wollte, daß das Haus Israel nach Ägypten zog (vgl. Ps 105,17.23). S. Komm. zu 24,8. **1a** Angesichts der Warnungen Gottes an Abraham, sich nicht in einem fremden Land aufzuhalten (15,13ff), wurde Jakobs Aufbruch aus Kanaan zu einer Prüfung bis in letzte Tiefen seines Glaubens an die im Bund verheißene Zukunft. **1b** Jakob antwortete danach mit der Erneuerung seiner Hingabe an den Bund in Beerseba, wo die Anbetungsstätte der Erzväter an der Grenze zur Wüste war (vgl. 21,33; 26,23–25). **2–4** Hier empfing auch Jakob die letzte in der Reihe der besonderen Offenbarungen, die sein Pilgerleben kennzeichneten; in vielem ähnelt diese der ersten in ihren Umständen und neuerlichen Zusagen (vgl. 28,12–15). Gott zerstreute alle verbliebene Unsicherheit im Blick auf Jakobs Schuldigkeit (V. 3b); in Ägypten würden die Verheißungen sich zu erfüllen beginnen (V. 3c; vgl. 12,2; Ps 105,24). *Dich . . . wieder heraufführen:* Wie der letzte Teil des Satzes in V. 4 zeigt, würde Jakob die Freude des Wiedersehens mit Joseph zuteil werden, er würde aber in Ägypten sterben (vgl. 45,28; 46,30). Gottes Verheißung der Rückkehr bezog sich nicht auf den alternden Jakob, sondern auf das Volk Israel (vgl. 3c; 15,14.16).

8ff *Dies sind die Namen der Söhne Israels, die nach Ägypten kamen.* Wie im Abschnitt über die Nachkommen Esaus (36,1ff) werden in dem über die Nachkommen Jakobs (37,2ff) zwei geogr. Phasen unterschieden – die eine in Kanaan und die andere fern von Kanaan. Die zweite Phase wird in einem neuen Geschlechtsregister beschrieben, welches das von 35,23ff ergänzt (vgl. 36,9ff). Die epochale Bedeutung der Wanderung nach Ägypten für die Geschichte Israels und der Verheißungen (vgl. 5Mo 10,22) ruft geradezu nach einem formalen Register an dieser Stelle. Stilistisch sind die Konventionen für solche Listen auch hier befolgt (s. Komm. zu 1Mo 5). Wichtig ist das Auswahlprinzip, das auf runde Zahlenwerte, in diesem Fall auf siebzig, abzielt (V. 27; vgl. 1Mo 10; 2Mo 1,5; 24,9). Wie ein Vergleich mit der späteren Liste in 4Mo 26 zeigt, diente die Auswahl hauptsächlich dazu, neben den Stammesfürsten die Gründer der Vaterhäuser, der wichtigsten Unterabteilungen der Stämme, zu erfassen. *Jakob und seine Söhne* (V. 8): Dies zeigt, daß Jakob in den 70 enthalten ist. V. 26f sagt offensichtlich, daß ohne Jakob, Joseph und seine beiden Söhne die Gesamtzahl 66 ist. Jakob ist darum zu den 33 in der Gruppe von Lea zu zählen (V. 15). Dina (vgl. *Töchter,* V. 15), Ger und Onan werden ausgelassen (V. 12). Solche Listen geben eher die allg. Situation wieder, als daß sie die bes. Umstände jedes Einzelnen beschrieben; vgl. aber 35,26b, wo Benjamin eine Ausnahme ist. Das wird auch in V. 18 deutlich, wo zu den »Söhnen« Silpas auch Serach gehört (V. 17). Ähnliches gilt für die Feststellung, daß *alle* nach Ägypten kamen (V. 8.26; vgl. etwa Joseph). Vielmehr legt die Chronologie nahe, daß einige der Nachkommen (neben Ephraim und Manasse) in Ägypten geboren wurden. Judas Sohn Perez (vgl. 38,29) war sicher vor dem Aufbruch noch nicht Vater von Hezron und Hamul (V. 12). Auch Benjamin, damals keine 25 Jahre alt, hatte sicher noch keine zehn Söhne und Enkel (V. 21; vgl. 4Mo 26,38ff). Zu Rubens vier *Söhnen* (V. 9) vgl. 42,37. Stephanus (Apg 7,14) folgt einer literarischen Tradition (vgl. LXX), die von fünf weiteren Nachkommen berichtet. Die tatsächliche Zahl des Hauses Jakob (vgl. 30,34) muß das Mehr- oder sogar Vielfache von siebzig gewesen sein.

46,28–47,27 Israel, gesegnet und segnend. Als der Pharao die Tür des Segens für Israel öffnete (47,6), kehrte der Segen durch das Wort Jakobs (47,7.10) und durch Josephs weise Verwaltung auf sein Haus zurück (47,13ff). Vgl. 12,3. Später sollte die Änderung der Politik des Pharao gegenüber Israel darum auch Gottes Strafen über Ägypten bringen.

46,28 *Sandte Juda vor sich her:* Juda wurde in seiner Rolle als vertrauenswürdiger Vermittler bestätigt (43,3ff; 44,18ff). Seine Aufgabe bestand darin, die Einzelheiten für das Zusammentreffen in Gosen zu arrangieren. 29 *Und als er ihn sah:* Für dieses Erscheinen des totgeglaubten Sohnes Jakobs in der Herrlichkeit Ägyptens wird ein Ausdruck verwendet, der in der Erzählung bisher den Gotteserscheinungen vorbehalten war (vgl. 37,9f). **31–34** Josephs Plan für Jakobs Haus zielte darauf ab, Israel vor den heidnischen Einflüssen Ägyptens zu bewahren. Er erreichte dies geschickt und ohne die Ägypter zu beleidigen, indem er den Pharao so handeln ließ, daß die Israeliten mit Rücksicht auf das Vorurteil der Ägypter abgesondert wurden (V. 34b). **47,1.2** Bei der vorbereitenden Audienz Josephs beim Pharao (V. 1; vgl. 46,31f) und bei der seiner Brüder (V. 2; vgl. 46,33f) wurde ihre Tätigkeit als Viehhirten und ihr augenblicklicher Aufenthalt im Weideland von Gosen so sehr hervorgehoben, daß dem Pharao die gewünschte Entscheidung in den Mund gelegt wurde (V. 5f. 11f). **6** Die Gunst des Pharaos erstreckte sich auch auf die Einsetzung von fähigen Israeliten in Beamtenstellen.

9 *Die Zeit meiner Wanderschaft:* Jakobs Beurteilung seines Lebens ist keine Klage (vgl. 48,16a), sondern eine nüchterne Einschätzung. Wie Abraham und Isaak war er ein Fremder in Kanaan, und sein Leben war auf die zukünftige Gottesstadt ausgerichtet (vgl. Hebr 11,13ff), doch war sein Aufenthalt als Fremder in Kanaan noch bewegter und sein Leben (wie er es richtig voraussah, vgl. V. 28) kürzer als das ihre (V. 9b). Überdies mußte er als Fremdling außerhalb des Verheißenen Landes sterben. **11** *Land Ramses:* Gosen wird hier schon mit seinem späteren Namen genannt. **13** *Kanaan:* Josephs Weisheit brachte dem Verheißenen Land Segen und stärkte die ägypt. Oberherrschaft dort. **14ff** Die von Joseph veranlaßten wirtschaftlichen Maßnahmen wurden von den Ägyptern als Rettung (vgl. V. 25) in der Aussichtslosigkeit der Hungersnot (V. 13.20) angesehen. **18** *Im zweiten Jahr* (besser: *im folgenden Jahr,* so JB): Das letzte der sieben vorhergesagten Hungerjahre war offensichtlich abgelaufen, denn Joseph denkt nun an Säen und besteuerbare Ernten (V. 23ff). **20** *Wurde das Land dem Pharao zu eigen:* Dies war schon vorher theoretisch so gewesen. Ägypt. Quellen belegen die hier beschriebene Situation (einschließlich der Ausnahmen für Priester, V. 22.26) für die Zeit des Neuen Reiches. **21** *Machte das Volk leibeigen:* folgt der LXX und dem Samarit. Pentateuch und paßt zum Kontext (V. 20 und V. 23.25). Im Hebr. (s. EÜ) wird gesagt, daß er das Volk entweder in die Städte schickte (weil dort die Kornspeicher waren?) oder von den Städten aufs Land (zum Säen). **27** *Mehrten sich sehr:* s. Komm. zu 46,3

47,28–50,26 Israels Hoffnung auf Rückkehr

Jakob starb im Glauben (vgl. Hebr. 11,13ff). Zuvor machte er in prophetischer Weise eine testamentarische Verfügung für die Familie Josephs (Kap. 48; vgl. Hebr 11,21), dann für alle seine Söhne (Kap. 49). Weiterhin beauftragte er Joseph in seiner Funktion als ägypt. Minister (47,29ff) und dessen Brüder als gehorsame Söhne des Bundes (49,29ff), ihn im Verheißenen Land zu begraben. Auch Joseph, der wie sein Vater im Glauben starb, sprach vom Auszug der Israeliten (50,24ff; vgl. Hebr. 11,22).

47,28–48,22 Josephs Auftrag und doppeltes Erbe. **47,29** *Als nun die Zeit herbeikam:* s. Komm. zu 27,2. Zu der den Eid begleitenden Geste (V. 29.31a) s. Komm. zu 24,2. **30** *Will liegen bei meinen Vätern,* besser: *mich zu meinen Vätern lege* (JB): meint wohl das Sterben, nicht das Begräbnis. Nach seinem Tode sollte sein Leichnam nach Kanaan überführt und dort endgültig bestattet werden. Daß Jakob darauf bestand, in Machpela begraben zu werden, bringt sein Vertrauen in den Bund mit Abraham und seinen Glauben an die Verheißung Gottes, daß in Kanaan das Reich errichtet würde, zum Ausdruck (s. Komm. zu 1Mo 23). **31** Dem Anlaß angemessen betet Jakob auch. Zum rechtlich-testamentarischen Charakter des Segens der sterbenden Erzväter (Kap. 48 und 49) s. Komm. zu 27,33.

48,1 Das Verhältnis von 47,29ff und 48,1ff ist unbestimmt. *Danach* muß sich nicht auf die unmittelbar vorangehende Aufforderung beziehen. Hebr 11,21b bezieht V. 47,31b auf die Episode in Kap. 48 (es sei denn, Hebr 11,21 verweist auf 48,12b). Josephs *beide Söhne* waren ungefähr zwanzig Jahre alt. **3.4** Jakob erkannte, daß die Quelle der Segnungen, die er weiterzugeben im Begriff war, in Gott lag. Er führte ihren Inhalt auf die Offenbarung in Bethel zurück (vgl. 28,13ff; 35,10ff). **5** *Sollen . . . mein sein:* Dies war eine Absichtserklärung, die beiden Enkel zu adoptieren. Dadurch erhielten sie den Status von Stammesfürsten, und Joseph wurde, wie er geträumt hatte (37,5ff), in die Stellung des Erstgeborenen eingesetzt. Als solcher erhielt er eine doppelte Vertretung unter den Stämmen Israels (1Chr 5,1f; vgl. 5Mo 21,15ff). **6** Josephs weitere Söhne sollten unter den Stämmen Ephraim und Manasse eingereiht werden. **7** Der Hinweis auf Rahel und ihr Begräbnis wurde durch die Ehrung ihres Sohnes Joseph ausgelöst. Ihr Grab befand sich zwar fern von dem Jakobs im Familiengrab in Machpela (vgl. 47,30; 49,29ff), aber ihres Namens sollte man in Josephs doppeltem Erbe ehrend gedenken.

8ff Der Vollzug der Adoption ist mit einer letztwilligen Segnung der beiden Enkel verbunden. **12** *Von seinem* (d.h. Jakobs) *Schoß:* viell. ist dies die Zeremonie, mit der die Adoption vollzogen wurde. **14** *Kreuzte seine Arme:* Oft wird der Letzte der Erste (Jakob und Joseph sind hierfür Beispiele). Das zeigt, daß die Bundessegnungen nicht durch einen natürlichen Ablauf der Dinge, sondern als freie Gaben Gottes erlangt werden. **15.16** *Segnete Joseph:* die Söhne, die gesegnet wurden, standen jetzt an Josephs Stelle unter den Stammesvätern. *Der Engel, der mich erlöst hat:* Jakob kannte den Bund als lebendige Wirklichkeit (V. 15), in der sich Gott ihm in der sakramentalen Erscheinung des Engels näherte. Dieser nahm die Rolle des nächsten Verwandten an (des Lösers, *go'el*), wie es das Wort »erlöste« andeutet, um Jakob von jeder Bedrohung seines Lebens und seiner Freiheit (s. Komm. zu 16,7) zu befreien. *Segne die Knaben:* Jakob segnete, indem er wirksam Gottes Segen herabflehte. **19.20** *Sein jüngerer Bruder wird größer:* Sowohl Ephraim als auch Manasse erlangten als Stämme das Erbteil, das Gott seinem ganzen Volk gab (V. 16b), doch Ephraim gewann größere Bedeutung in der Geschichte Israels. **21** Jakobs Hoffnung auf Rückkehr in das Land der Väter sollte sich zu Josephs Lebzeiten nicht erfüllen. Darum sollte die Weissagung bei Josephs Tod wiederholt werden (50,24). **22** *Bergrücken* (ZÜ): Jakob machte ein Wortspiel auf *schekem,* »Rücken«, dem Namen der Stadt Sichem. Denn in der Nähe der Stadt hatten sie einen Besitz (vgl. 33,19f), der ein Unterpfand der hier prophezeiten zukünftigen Eroberung Kanaans war. *Ich ... habe genommen:* die Zeitform ist prophetisches Perfekt, d.h. es wird, wie oft im Hebr., die Vergangenheit gewählt, um die Gewißheit auszudrücken, mit der ein zukünftiges Ereignis eintreffen wird. Jakob und Joseph stehen hier stellvertretend für ihre Nachkommen. Joseph wurde in Sichem begraben (Jos 24,32; vgl. Jh 4,5). *Vor deinen Brüdern:* als Vorrecht des Erstgeborenen. Vgl. Jos 17,14ff.

49,1–33 Jakobs prophetisches Testament. Vgl. 5Mo 33,1ff. Diese Segnungen der zwölf Söhne (V. 28) vom Sterbebett (V. 33) waren letztwillig und prophetisch. **1** *In künftigen Zeiten:* Dieses visionäre letzte Vermächtnis blickt über den Auszug und die Rückkehr ins Verheißene Land bis zum messianischen Zeitalter voraus (s. Komm. zu V. 10ff). Die hier gegebenen allg. Stammescharakterisierungen erfuhren ihre historische Verwirklichung während der alttestamentlichen Phase des Reiches Gottes. Leas sechs Söhne werden zuerst behandelt (V. 3–15), dann die vier Söhne der Mägde (V. 16–21) und schließlich die beiden Söhne Rahels (V. 22–27). Der überragenden Bedeutung der Stämme Juda und Joseph in der Geschichte Israels wird hier prophetisch durch den besonderen Segen entsprochen. Ruben, Simeon und Levi gehören zu den Stämmen des zukünftigen Bundesvolks und werden auch als solche gesegnet. Doch der Schatten, den ihre bösen Taten auf ihren Segen werfen, findet gebührende Beachtung (V. 3–7), wogegen sich Judas Glanz hell abhebt (V. 8ff). **3.4** Vgl. 35,22; 37,3; 48,5; 1Chr 5,1f. **5.6** Vgl. 34,25ff. **7** *Ich will sie versprengen:* dies war ein Schicksal, das der Bedeutung des Namens Levi entgegengesetzt war (vgl. 29,34). Levis Städte lagen später innerhalb der anderen Stammesgebiete. Zur späteren Umwandlung dieses Fluchs in einen Segen vgl. 5Mo 33,8ff. **8.9** *Dich werden ... preisen:* hebr. *joduka,* ein Wortspiel auf *jehuda,* Juda. *Vor dir werden ... sich verneigen:* Die Joseph in seiner Generation verliehene charismatische Führung über Israel sollte in Juda königliche Gestalt annehmen (vgl. V. 10), und zwar in der Dynastie Davids, der durch sein militärisches Geschick und seine politische Klugheit über Israels Feinde auf allen Seiten triumphierte (V. 8b.9).

10 *Wird das Zepter ... nicht weichen:* Der in David erlangten königlichen Würde Judas wurde durch den davidischen Bund Dauer verliehen (2 Sam 7,16). Sie wurde im Königtum Jesu Christi voll verwirklicht. *Bis daß der Held komme:* Der hebr. Text enthält hier das Wort *sch-j-l-h.* Einige Handschriften haben jedoch *sch-l-h,* es wäre dann *schelloh* zu lesen, das *'ascher lo* mit der Bedeutung »das (was) ihm« entspricht. Eine Möglichkeit des Verständnisses wäre dann »das (was) ihm (d.h. Juda) gehört«: Juda wird das Königshaus bleiben, bis alles, was ihm von Rechts wegen gehört, ihm zukommt; oder auch »er, dem es gehört« (d.h. das Zepter oder die Königswürde). Hesekiel behandelt diese Stelle erkennbar im letzteren Sinn (Hes 21,32; vgl. Hes 19), offensichtlich in messianischer Bedeutung. Bei seiner Behandlung von *sch-(j)-l-h* könnte ein Wortspiel vorliegen. Wenn *schiloh* gelesen wird (wie EÜ), dann ist dem traditionellen Verständnis des Wortes als Messias-Titel

»Friedensbringer« (vgl. 1Chr 22,9) der Vorzug zu geben vor der Auslegung, daß damit Silo, die Stadt in Ephraim gemeint sei (vgl. 1Sam 1,3). In Christus dem Friedefürsten (Jes 9,5) und dem Löwen aus dem Stamme Juda (Offb 5,5; vgl. 1Mo 49,9) erreichte die davidische Dynastie ihren Wendepunkt. Dabei wurde sie nicht etwa beendet, sondern erhielt ihre endgültige und vollendete Ausdrucksform. Christus *werden die Völker gehorchen* (EÜ), d.h. alle Nationen der Welt (vgl. z.B. Ps 72,8–11; Jes 11,10), und nur seine Herrschaft bewirkt den Frieden des letzten und ewigen Paradieses (V. 11f; vgl. z.B. Ps 72,15f; Jes 11,6ff). Wenn der hebr. Konsonantentext *sch-j-l-h* anders unterteilt wird, so ist eine Möglichkjeit, *schaj lon* »Tribut an ihn« (wie JB) zu lesen, wobei dann die letzten beiden Nebensätze von V. 10 parallel sind. Wiederum würde hier dem messianischen Nachkommen Judas die Anerkennung aller Welt zukommen.

13 *Am Gestade* (hebr. *lechoph*): Liegt hier ein weiterer Beleg dafür vor, daß die Präposition »von« auch »abseits von« (dem Ufer) bedeuten kann? Sebulons späteres Stammesgebiet lag jedenfalls nicht am Meer. **16** *Dan wird Richter sein (jadin):* Viele von Jakobs Segnungen enthalten solche hebr. Wortspiele. **18** *Herr, ich warte auf dein Heil:* Dieses nicht zu unterdrückende »Komme bald« kann durch Jakobs Furcht vor zu bestehenden Prüfungen oder durch seine Sehnsucht nach dem zu ererbenden Reich hervorgerufen worden sein. **22ff** Über Joseph, der unter seinen Brüdern einen besonderen Rang einnimmt (V. 26), sprach Jakob Segensworte für Zeiten des Friedens (V. 22.25b) und des Kriegs (V. 23f). Ihre Erfüllung liegt in den Händen Gottes, den er wiederholt als den Seinen bezeichnete (vgl. »in Jakob«, »Israels«, »deines Vaters«, V. 24f. V. 26 lautet nach MT: »Es seien übertroffen die Segnungen meiner Voreltern *(horaj)* bis *('ad)* zur äußersten Grenze *(ta'awat)* der ewigen Hügel«. LÜ liest *harare 'ad* »ewige Berge« und übersetzt *ta'awat* mit »köstliche Güter«. **29** *Gebot ihnen:* Die Zwölf wurden gemeinsam mit dem Glaubensauftrag betraut, den Joseph bereits erhalten hatte (vgl. 47,29ff). **33** *Versammelt zu seinen Vätern:* vgl. 47,30.

50,1–26 Bundespflegschaft. Die Patriarchenzeit war vorbei, die Bundesgemeinschaft sowie das Zeugnis wurden der Pflege Josephs anvertraut als Prototyp einer neuen charismatischen Führung in Israel. Wir werden sie bei Mose wiederfinden, und sie wird in Christus ihren Höhepunkt erreichen. **2** *Seinen Vater . . . salbten:* Die dazugehörigen religiösen Vorstellungen, bes. der ägypt. Unsterblichkeitsglaube, wurden mit der ägypt. Sitte der Mumifizierung nicht übernommen. Sie wurde mit Rücksicht auf Jakobs später erfolgendes Begräbnis in Kanaan vorgenommen und war dann ein Zeugnis für Israels eigene klar umrissene Hoffnung. **4ff** Diplomatische Erwägungen oder möglicherweise die Unfähigkeit, wegen seiner Trauer am Königshof zu erscheinen, erklären Josephs indirekten Verkehr mit dem Pharao. **5** *Das ich mir . . . gegraben habe:* Jakob hatte sich eine Begräbnisstätte in der Höhle vorbereitet, die Abraham gekauft hatte (49,30; 50,13). **7–9** Die Überführung Jakobs geschah entsprechend der Bitte Josephs mit allen Ehren, die Ägypten zu bieten hatte. Sie war eine Vorwegnahme von Israels späterem Auszug mit den Schätzen Ägyptens nach den Verhandlungen des Mose mit dem Pharao. **10** In gleicher Weise legte auch der Einzug Jakobs in Kanaan Zeugnis ab von Israels Eroberung des Landes, wie sie dann unter Josua auch geschah. **11** *»Der Ägypter Klage«:* wörtlich *'abel mizrajim* »Wiese (oder Wasserlauf) der Ägypter« ist ein Wortspiel auf *'ebel,* »Trauer«. Möglicherweise blieb die ägypt. Eskorte hier, während Jakobs Söhne den Auftrag ausführten, der den Kanaanitern Israels fortgesetzten Anspruch auf ihr Land vor Augen führte. **18** *Fielen vor ihm nieder:* Wiederum wurden Josephs Träume in frappierender Weise erfüllt und die Versöhnung des Hauses Israels bekräftigt (V. 21). **19.20** S. Komm. zu 45,5ff. **22** (vgl. 26) *Hundertundzehn Jahre:* wurde von den Ägyptern als ideales Lebensalter angesehen. **24.25** *Zu seinen Brüdern:* Josephs Verwandte insgesamt können gemeint sein. *Gott wird euch . . . heimsuchen:* Joseph stand Jakob im Glauben nichts nach. Auf dem Sterbebett bekannte er sich in einem prophetischen Wort zu dem Bundesgott und zur von Gott gegebenen Verheißung (V. 24; vgl. 48,21; Kap. 49). Auch er erteilte einen Auftrag (V. 25; vgl. 47,39ff; 49,29ff). **26** Zu V. 26b s. Komm. zu V. 2 und vgl. 2Mo 13,19; Jos 24,32. *Joseph starb* und Israel blieb in Ägypten unter der im Bund zugesagten Fürsorge des Gottes Abrahams, Isaaks und Jakobs bis zum Tag der Befreiung.

Meredith G. Kline

2. Mose (Exodus)

Einleitung

Titel und Verfasser

In der griech. Übersetzung des AT (der LXX) erhielt dieses Buch den Titel Exodus (griech. *exodus* = »Auszug«). In der hebr. Bibel wird es nach seinen Anfangsworten »Und dies sind die Namen« benannt. Nach hebr. Tradition (Sir 45,5f) sowie nach der Aussage Jesu (Mk 1,44) und seiner Jünger (Joh 1,45) gilt Mose als der Verfasser. Das Buch bestätigt diese Aussage in 17,14. Ihr wird nirgends ausdrücklich widersprochen. Eine Untersuchung dieser Frage bietet der Artikel »Mose und der Pentateuch« (S. 41).

Thema und Ziel

Die Schlüsselverse zum Verständnis des Buches sind 19,3–6. Daraus ergeben sich zwei Hauptthemen: 1. die Bestrafung der Unterdrücker und die Befreiung der Unterdrückten (19,4), 2. die Einsetzung der Befreiten als Volk Gottes und dessen Kennzeichen (19,5). Der Hauptteil des Buches behandelt diese beiden Themen und läßt sich auf dieser Grundlage unterteilen: 1,8–19,2 berichtet von Bestrafung und Befreiung; 19,7–40,38 von der auf diese Weise entstandenen neuen Gemeinschaft. Zwei Verbindungsstücke dienen dazu, dem Buch zusammen mit den obengenannten Abschnitten einen folgerichtigen und harmonischen Aufbau zu verleihen. Der erste dieser Texte ist 1,1–7; hier wird berichtet, wie die Israeliten nach Ägypten kamen; damit wird 1,8–19,2 vorbereitet. Den zweiten finden wir in 19,3–6; hier wird gezeigt, wie das Volk zum Berg Sinai gelangte; der Leser wird auf 19,7–40,38 vorbereitet.

Die in dem Buch berichteten Hauptereignisse haben zwei geogr. Schwerpunkte: Ägypten und den Sinai. Sie stehen im Mittelpunkt des Interesses; dabei wird der eine als Ausgangspunkt, der andere als Ziel betrachtet. Die dazwischenliegende Wüstenwanderung wird als Folge der Befreiung und als notwendige Vorbereitung zur Einsetzung der Israeliten als Volk Gottes angesehen. Die erkennbare Hauptlinie ist einfach und klar. 1,1–19,2: wie die Israeliten nach Ägypten und von dort zum Sinai gelangten; 19,3–40,38: wie sie dadurch ein selbständiges Volk wurden und als solches auftraten.

Der Titel »Exodus«, den die griech. Übersetzung trägt, bringt das zentrale Thema des Buches zum Ausdruck: Gott befreit Sklaven aus der Knechtschaft, um sie zum Volk seines Eigentums zu machen und zum Dienst für ihn und zu seiner Verherrlichung auszusondern. Dieses Handeln Gottes steht im Mittelpunkt des Buches. Das Interesse des Berichterstatters gilt jedoch auch den Rechten und Verpflichtungen, die sich daraus ergeben; dieses Thema wird in 3Mo abgeschlossen.

Das alles wirft seinen Schatten voraus auf jenen größeren Auszug (Befreiung), der durch Jesu Christi Tod bewirkt wird. Dann werden die, die bis dahin »Nicht-Volk« Gottes waren, als Volk Gottes erkennbar werden. Der durch das Blut Jesu besiegelte Bund begründet die Kirche. Dies wird im AT angedeutet, und die atl. Gläubigen haben daran Anteil.

Datierung und Route des Auszugs

Obwohl sich in ägypt. Aufzeichnungen kein Nachweis für den Aufenthalt Israels in Ägypten findet, besteht kein Grund, die bibl. Aussage in Frage zu stellen oder zu bestreiten, daß *zwölf* Söhne Jakobs nach Ägypten zogen (2Mo 1,1–5) und daß ihre Nachkommen von dort zurückkamen (2Mo 24,4).

Im Blick auf den Zeitpunkt des Auszugs gehen die Meinungen jedoch beträchtlich auseinander. Dabei werden zur Bestimmung der Periode des Auszugs und der Landnahme im wesentlichen zwei Auffassungen vertreten. Beide sind in sich schlüssig, doch bestehen gegenüber beiden bisher auch Einwände.

Auszug um 1440 v.Chr. (nach M. F. Unger)

1. Das vierte Regierungsjahr Salomos fällt in das Jahr 961 v.Chr. Nach 1Kön 6,1 hätte der Auszug demnach um 1441 v.Chr. stattgefunden. In Übereinstimmung mit 2Mo 12,40.41 wären die Israeliten dann um 1870 v.Chr. nach Ägypten gekommen. Wenn man sich dieser Datierung nicht anschließt, muß man die Periode, die vom Auszug bis zur Königszeit reicht, zeitlich ineinanderschieben.

2. Thutmoses III. (1482–1450 v.Chr.) war ein Eroberer und Städtebauer; er kann als der Pharao der Zeit der Bedrückung angesehen werden. Dann hätte der Auszug unter Amenophis II. stattgefunden.

3. Ereignisse in Palästina, die sich aus ar-

chäol. Funden rekonstruieren lassen, z.B. die Erwähnung der vordringenden Habiru in den Amarna-Briefen und der Fall Jerichos bestätigen, daß die Israeliten Kanaan etwa um 1400 v.Chr. einnahmen.

Dieser zeitliche Ansatz stimmt jedoch nicht mit 2Mo 1,11 überein. Auch benutzt er die Methoden der atl. Chronologie etwas naiv; denn er geht von der Annahme aus, daß man die in der Bibel genannten Jahreszahlen lediglich zu addieren brauche, um gesicherte Daten zu erhalten. Es ist jedoch wahrscheinlicher, daß bei solchen Angaben oft soundsoviele Jahre für eine Generation zusammengefaßt wurden, die nicht die genaue Anzahl Kalenderjahre wiedergeben.

Auszug um 1290 v.Chr. (nach A. K. Kitchen)

1. Für den Bau der Vorratsstädte wird in 2Mo 1,11 ein Datum am *Ende* der Bedrückungszeit angegeben. Ramses wurde von Sethos I. gegründet, jedoch von Ramses II. erbaut, der 1304 oder 1290 v.Chr. auf den Thron kam. 2. Auf der Stele Merenptahs, auf der dessen Sieg über die Libyer um 1220 v.Chr. berichtet wird, findet sich der Hinweis, daß Israel zusammen mit anderen Völkern in Syrien-Palästina unterworfen wurde. Demnach muß sich das Volk Israel um 1220 v.Chr. in Palästina befunden haben. Die Angabe von 40 Jahren für die Wüstenwanderung ist keine bloße Chiffre. So ergibt sich die Zeitspanne von 1290–1260 für den Auszug aus Ägypten und 1250–1220 für die Landnahme. 3. In Edom und Moab konnte es vor 1300 v.Chr. starke Königreiche nicht geben. 4. Ausgrabungen in Palästina deuten darauf hin, daß die Einnahme des Landes in der zweiten Hälfte des 13. Jh. begann. Die Funde bei Jericho müssen sorgfältig überprüft werden, weil während der Zeit, als die Stadt in Trümmern lag, ganze Schichten weggewaschen wurden; Lachisch, Bethel und Hazor fielen jedoch um diese Zeit. Die Eroberung von Ai läßt sich dagegen nicht datieren. 5. Die Habiru sind nicht mit den eindringenden Israeliten gleichzusetzen; sie waren unterschiedlicher Herkunft und gehörten zu den Kanaanitern; ihr Auftreten ist vom 18. bis zum 12. Jh. belegt. 6. Was 1Kön 6,1 und die dort erwähnten 480 Jahre betrifft, so ergibt eine Addition der einzelnen Zeitangaben in 2Mo – 1Kön 553 Jahre; dazu kommen drei in ihrer Größenordnung unbekannte Zeitabschnitte. In diesem Zusammenhang muß man die Methoden der frühen Geschichtsschreibung im Nahen Osten berücksichtigen; hier werden die einzelnen Berichte nicht durch ein System von Querverweisen zeitlich synchronisiert, sondern vielmehr aufeinander folgend und nicht als gleichzeitig aufgeführt.

Damit sind die Fakten, die bei der Datierung des Exodus zu berücksichtigen sind, umrissen. Im Blick auf den vorliegenden Kommentar entscheiden wir uns für das spätere Datum. Die eingeschlagene Route und der Versuch einer Lokalisierung der angegebenen Lagerplätze sind in die beigefügte Karte eingetragen (S. 145).

Untersuchungen zur Thematik

Die Selbstoffenbarung Gottes: Wunder und Theophanie

Gott offenbart sich durch sein Handeln in der menschlichen Geschichte (2Mo 6,7), aber auch durch sein Handeln in der Natur, denn er ist der Schöpfer und Herr aller Dinge. Er ist immer größer als die Natur. Er offenbart sich durch sie, darf jedoch nie mit ihr gleichgesetzt werden. Das AT bezeugt den geordneten Zustand der Natur (1Mo 8,22; Ps 104,19 usw.), weil dies dem Wesen des Schöpfers, der weise, vollkommen und unveränderlich ist, entspricht. Es spricht aber auch davon, daß Gott die Natur in ein (von ihm kontrolliertes) Chaos stürzen kann, um seine Majestät, Macht und Heiligkeit zu offenbaren. Dies geschieht auf wunderbare Weise. Es zeigt sich in 2Mo in zahlreichen Naturwundern: bei den Plagen, am Schilfmeer, beim Wasser, das aus dem Felsen fließt, bei Manna und Wachteln, in der Wolken- und Feuersäule und an dem in eine Wolke gehüllten, zugleich in Flammen stehenden Berg Sinai.

Wo diese Erscheinungen eine natürliche Erklärung zulassen, werden sie in Grenzen auch da akzeptiert, wo man die Möglichkeit übernatürlicher Eingriffe Gottes in sein Universum nicht anerkennen will. Fehlen diese natürlichen Erklärungsmöglichkeiten, so wird die Anerkennung versagt; das gilt besonders in Blick auf von Gott geoffenbarte Wahrheiten oder die vom Sinai aus in mündlicher und schriftlicher Form mitgeteilten Botschaften. Im Text aber werden diese Phänomene als tatsächliche Ereignisse beschrieben, denen eine von Gott bestimmte Bedeutung beigemessen wird. Sie werden Mose offenbart und durch diesen gedeutet. Sie sollten auch als solche Offenbarung verstanden werden. Der Schöpfer besitzt die Freiheit, Gesetze, die er dem Universum gegeben hat, zu durchbrechen, und er ist in der Lage, das sowohl durch sein Reden wie durch sein Handeln zu tun.

Der Engel des Herrn. Dieses Thema ist im Rahmen des Buches wichtig. Der Dienst der Engel war bis zur Mosezeit das charakteristische Mittel göttlicher Offenbarung gegenüber seinen Auserwählten. Nach der mosaischen Offenbarung hörte dieser Dienst auf, die geoffenbarten Wahrheiten und Gesetze machten ihn überflüssig. Dennoch geschah hier Gottesoffenbarung (Theophanie). In Verbindung mit der Person des »Engels des Herrn«, der ein »Mensch« und kein Wesen mit Flügeln ist, sind folgende Belegstellen und Fakten zu bedenken.

1. 1Mo 16,7ff: In V. 11 ist von dem Herrn in der dritten Person die Rede, doch in V. 13 wird von dem Engel als von Gott gesprochen. – 2. 1Mo 18: Von den drei Männern, die Abraham erschienen, wird einer als der Herr bezeichnet (V. 20.26). Die beiden anderen werden »Engel« genannt; von ihnen wird gesagt (19,13), daß sie vom Herrn gesandt sind. – 3. 1Mo 22,11ff: Der Engel des Herrn ruft vom Himmel, als wäre er Gott selbst, und Abraham gehorcht, wie er Gott gehorcht haben würde. In V. 16 wird der Engel jedoch von dem Herrn unterschieden, und Abraham gehorcht diesem, indem er die Botschaft weitergibt. – 4. 1Mo 24,40: Wieder wird der Engel von dem Herrn unterschieden, und er gehorcht dessen Befehl, indem er die Führung übernimmt. – 5. 1Mo 48,15.16: Hier sind der Engel und der Herr völlig gleichgesetzt. – 6. 2Mo 3,2: Der Engel wird mit dem Herrn identifiziert. – 7. 2Mo 13,21: Bei einem Vergleich mit 14,19 scheinen die Bezeichnungen austauschbar zu sein. Vgl. jedoch 4Mo 20,16. – 8. In 2Mo 33,20 werden beide unterschieden; diese Stelle ist besonders wichtig, denn der Engel wird deshalb gesandt, weil die Israeliten nach ihrem Abfall von Gott seine persönliche Gegenwart nicht ertragen können. Gott kann durch den Engel bei Sündern sein, ohne sie zu vernichten (33,3). Dabei ist dem Engel der ihm gebührende Respekt zu erweisen, denn er hat die Macht zu strafen. In ihm manifestiert sich die Heiligkeit Gottes. In 33,14 begleitet die Gegenwart Gottes das Volk in der Gestalt eines Engels; vgl. Jes 63,9. Hier gesellt sich Gott zu Sündern, ohne sich seiner Göttlichkeit entkleiden zu müssen. – 9. Jos 5,14: Der Fürst über das Heer des Herrn wird von dem Herrn unterschieden. Doch anschließend identifiziert er sich mit dem Engel, der Mose erschienen ist (V. 15) und wird in 6,2 mit dem Herrn gleichgesetzt.

Aus diesen Fakten ergibt sich, daß der Engel des Herrn zuweilen mit dem Herrn gleichgesetzt wurde und daß in ihm das ganze Wesen Gottes gegenwärtig war. Der Engel des Herrn ist eine Form der Selbstoffenbarung Gottes. In anderen Belegstellen wird der Engel des Herrn jedoch von ihm unterschieden. Bereits das AT kennt demnach eine gewisse Vielgestaltigkeit des einen Gottes. Das weist auf das Erscheinen seines ewigen Sohnes hin. »Es ist heute leicht, ja unumgänglich, in dem Engel des Herrn den deutlichsten Hinweis des AT auf die zweite Person der Trinität zu sehen. Wo sonst gibt es in der Bibel eine Person, die mit dem Herrn identisch ist und sich doch von ihm unterscheidet; wer hat, ohne seine Göttlichkeit aufzugeben, mit Sündern Gemeinschaft gehabt; wer lebte als Mensch unter Menschen; und wer repräsentiert, ohne den Zorn Gottes zu leugnen, die höchste Form der Gnade?« (J. A. Motyer, *Introducing the Old Testament,* 1960). S. auch »Theologie des Alten Testaments«, S. 28.

Die Herrlichkeit Gottes. Ihr kommt in Verbindung mit der Befreiung, der Wüstenwanderung, dem Bundesschluß und der Einsetzung der Stiftshütte besondere Bedeutung zu. Die folgende Anmerkung bezieht sich auf alle diese Zusammenhänge.

Man könnte meinen, daß eine Erörterung dieses Themas mit der Behandlung des Wesens und der Eigenschaften Gottes verbunden sein muß. Das AT versteht unter »Herrlichkeit« jedoch die sichtbare und übernatürliche Offenbarung der unvergleichlichen Majestät Gottes. Das hebr. Wort für »Herrlichkeit« *(kabod)* bedeutet »Gewicht« oder »Substanz«; es meint schließlich die Hochachtung, die sich aus der Enthüllung der Gesamtheit aller Eigenschaften Gottes ergibt, auch das Erschrekken, das eine solche Offenbarung bei all denen hervorruft, die sie schauen; vgl. Ps 96,5–9.

Das Angesicht Gottes. Das »Angesicht« Gottes bedeutet soviel wie seine Gegenwart; vgl. 2Mo 33,20. »Mein Angesicht« und »ich« sind im Blick auf die Person Gottes austauschbar. Gott zu schauen, wie er ist, ist nur durch seine Selbstoffenbarung möglich, die, obwohl sie wahr und zuverlässig ist, nicht erschöpfend sein kann. Die Gegenwart Gottes stellte sich nie als bloßes Empfinden einer unbegreiflichen göttlichen Macht dar, sondern immer als Gegenwart einer bekannten, persönlichen und erkennbaren Gottheit.

Der Name Gottes. Für die Pentateuchkritik ist 2Mo 6,3 besonders wichtig. (S. »Die Geschichte der Literarkritik des Pentateuch«, S. 33ff).

Die Formulierung *»Ich bin, der ich bin«* (ZÜ) in 2Mo 3,14 stellt nur eine von verschiedenen möglichen Übersetzungen dar. Das Verb kann auch »Ich war« oder »Ich werde sein« (LÜ) bedeuten. In dem zuletzt genannten Sinn wird es in 3,12 verwendet. Zweifellos ist der Name bewußt geheimnisvoll gehalten, so daß Gottes Wesen letztlich vor neugieriger und anmaßender Nachforschung verborgen bleibt. Der Name bringt zum Ausdruck, daß

Gott nur erkannt werden kann, wenn er sich offenbaren will. Dies führt uns zu der zentralen Bedeutung der von ihm gewählten, ansonsten rätselhaften Selbstbezeichnung. Das verwendete Verb drückt eine aktive, gegenwärtige Realität aus. Es begegnet uns auch in der geläufigen Wendung »das Wort des Herrn kam zu (ZÜ), erging an . . .«; z.B. 2Sam 7,4. Hier wird die spürbare aktive Gegenwart des Wortes ausgedrückt. Der Gott Israels erklärt damit, daß er seinem Volk seine Gegenwart und Macht in den Ereignissen des Auszugs kundmachen wird. Er wird diese Ereignisse nicht nur steuern, sondern sie werden zugleich eine sichtbare Erklärung seines Namens darstellen. In ihnen und durch sie wird sein Wesen offenbar werden.

Es ist deshalb unwesentlich, ob wir uns der Übersetzung »Ich bin« oder »Ich werde sein« anschließen oder der von Albright vertretenen Variante »Ich bewirke« den Vorzug geben. Die Bedeutung ist dieselbe: die Ereignisse offenbaren die Person. Jedoch darf man nicht außer acht lassen, daß Mose nicht nur als Beobachter zu diesen Ereignissen entsandt worden war, der sich seine Meinung allein aus dem zu bilden hatte, was er sah, sondern daß er unterwiesen und vorbereitet war, sie zu deuten. Die Gottesoffenbarung wurde wörtl. vermittelt, bes. in den Aussagen über Heiligkeit (z.B. 2Mo 3,5) und Erlösung (z.B. 2Mo 6,6.7). Und es ist diese in verständliche Sprache gekleidete Offenbarung, die Mose befähigte, den Auszug richtig zu deuten, und sie verleiht seiner Deutung der Ereignisse die gleiche göttliche Autorität, wie sie den Ereignissen selbst als Offenbarung Gottes zukommt. Deshalb erhielt der Name Gottes durch Mose und den Exodus seine klassische atl. Definition: »Ich bin der Herr, dein Gott, der ich dich aus Ägyptenland, aus der Knechtschaft, geführt habe« (2Mo 20,2). Wenn wir uns ins Gedächtnis rufen, daß diese Erlösung zwangsläufig das Gericht über Ägypten einbezieht, so läßt sich die Offenbarung in ihrer Gesamtheit so zusammenfassen: Jahwe ist der Gott, der sein Volk rettet und dessen Feinde bestraft (s. Komm. zu Am 3,2).

In 2Mo 6,2.3 war der Name Gottes als solcher nicht unbekannt, wohl aber seine Bedeutung; vgl. Jer 16,21 als genaue Parallele. Der Name bezeichnet die aktive und geoffenbarte Person, und der Gebrauch des Futurs für die verwendeten Verben läßt sich so zusammenfassen, daß ein unveränderlicher Gott immer für die Nöte seines Volkes sorgen wird. Der Name ist eher dynamisch als abstrakt. In 2Mo wird das Wesen der so bezeichneten Person in Verbindung mit ihrem in 6,4–9 (vgl. 33,19) beschriebenen Handeln entfaltet.

Der Bund

S. LZB Sp. 252; ThBL I, S. 157ff. Für das hebr. Wort *berit* (»Bund«) gibt es zwei mögliche etymologische Ableitungen. Die eine, von *bara* (»essen«), bezieht sich auf das kultische Mahl, das gewöhnlich zur Zeremonie eines Bundesabschlusses gehört; vgl. 1Mo 26,30. Für diese Möglichkeit spricht auch die Formulierung *karat berit* (»einen Vortrag abschließen« – wörtl. »zerschneiden«); sie deutet auf das Zerteilen (Schlachten) der Tiere für das Bundesmahl hin. Zum anderen besteht die Möglichkeit, das Substantiv von der assyr. Wurzel *beritu* abzuleiten, die »Band« oder »Fessel« bedeutet.

Bundesschlüsse im Alten Orient. Der Bundesgedanke war im Alten Orient weit verbreitet. Das AT enthält eine Vielzahl verschiedener Bundesschlüsse: *Persönliche:* z.B. zwischen David und Jonathan, 1Sam 18,1–5; 20,1–16; *auf der Basis der Gleichberechtigung:* z.B. zwischen Abraham und Abimelech, 1Mo 20,28ff (die Stämme oder Nachkommen waren hier einbezogen); *Lehensbünde:* z.B. zwischen Gott und Israel am Sinai, 2Mo 19ff. Die zuletzt genannte (üblicherweise schriftliche) Form des Bundesschlusses interessiert uns wegen des Sinaibundes besonders. Diese Form wurde in Lehens- (bzw. Vasallen-) Verträgen der Hethiter verwendet und erwies sich als vollkommen ausreichend, um die Beziehungen Gottes zu Israel schriftlich festzulegen. Ein Bundesschluß dieser Art war von 1500 bis 700 v.Chr. gang und gäbe; er stellt keine spätere religiöse Entwicklung Israels unter dem Einfluß der Propheten des 8. Jh. dar (wie Wellhausen annahm), sondern bildete gerade deren Ursprung. Der typische hethit. Vasallenvertrag war nach folgendem Muster aufgebaut (Beispiele finden sich in 2Mo 19,3–8; 20,1–17, dgl. in 5Mo und Jos):

1. Präambel: Die Namen, Titel und Eigenschaften des Großkönigs werden aufgeführt. 2. Geschichtsrückblick: Die früheren Beziehungen zwischen den beiden Parteien werden beschrieben, dabei wird das Wohlwollen des Königs gegenüber dem Vasallen hervorgehoben; vgl. 2Mo 19,4. 3. Abmachungen: Hier werden die dem Untertanen auferlegten Verpflichtungen im einzelnen aufgeführt; vgl. 2Mo 20,1–10. 4. Aufbewahrung der Bundesurkunde: Sie war jährlich vor dem Volk zu verlesen; vgl. 2Mo 24. 5. Aufzählung der Götter des Königs und des Vasallen, die als Zeugen dienten. 6. Fluch und Segen; vgl. 5Mo 27.

Die Bedeutung des Bundes. Man kann einen Bundesschluß im AT nicht lediglich als ein rechtliches Übereinkommen ansehen, auch wenn er sich der jeweils gültigen juristischen Fachsprache bediente. Wichtiger ist die vorhergehende göttliche Erwählung und Befreiung derjenigen, mit denen eine solche Übereinkunft geschlossen wird. Diese Verbindung von Vorrecht und Verpflichtung kennzeichnet die zentrale Bedeutung des Bundesgedankens, wie er in der Beziehung zwischen Gott und Israel zum Ausdruck kommt. Sie ist weder ein Abkommen im üblichen Sinn noch eine unter Gleichberechtigten ausgehandelte Übereinkunft. Sie stellt einen souveränen Gnadenerweis dar, aus dem sich die Gemeinschaft zwischen Israel und Gott ergibt. Der Bund wird souverän gewährt und führt auf seiten Israels zu entsprechender Verpflichtung.

Die voraufgegangenen Bundesschlüsse und der Sinaibund. Der Bund mit Noah in 1Mo 9,9–17 wird von Gott offensichtlich in Liebe und Nachsicht geschlossen. Er bestimmt Noah zum Ahnherrn einer neuen Rasse, die die gereinigte Welt bevölkern soll. Gott plant, offenbart, bestätigt (»mein Bogen«) und hält den Bund unabhängig vom Verhalten des Menschen.

In dem in 1Mo 15 mit Abraham geschlossenen Bund konzentrieren sich die gegebenen Verheißungen auf das Heil; und sie beschränken sich auf bestimmte Gruppen (Ismael wird ausgeschlossen, und sie gelten nicht »allem Fleisch«). Verheißungen und Segnungen erfordern durch ihre Eigenart die Hingabe des Empfängers.

Der Sinaibund mit Israel stellt eine Bestätigung des Bundes mit Abraham dar (2Mo 2,24; 3,16). Er schafft nicht im eigentlichen Sinn eine neue Rechtsgrundlage, denn er wurde mit einem erwählten, erlösten und bereits angenommenen Volk geschlossen (2Mo 2,25; 4,22; 6,6–8). Es ist eine geistliche Beziehung, die hier im Mittelpunkt steht; vgl. 2Mo 6,7.

Da dieser Bund eine bestehende Beziehung festigt, müssen die Forderungen, die sich aus der Heiligkeit Gottes für das Volk ergeben, die Formen der Gemeinschaft bestimmen und in der Freude an den Segnungen zum Ausdruck kommen. 19,5.6 und 24,7.8 sind nicht so zu verstehen, daß der Bundesschluß vom Versprechen zukünftigen Gehorsams abhängig ist. Der Bund wird geschlossen; was vom Gehorsam abhängt, ist die Freude an den Segnungen des Bundes. So soll Heiligkeit (3Mo 19,2) das Ergebnis der Bundesbeziehung sein, und daraus ergibt sich die atl. Verbindung von Gesetz und Ritual.

Das Gesetz

Gesetz oder Tora (hebr. *tora*) bedeutet eine Unterweisung oder eine Entscheidung, die für einen bestimmten Fall gegeben wurde. Im weiteren Sinne umfaßt der Begriff die Summe der Vorschriften, die die Beziehungen der Menschen mit Gott und mit anderen Menschen regeln. Da alle gesetzlichen Vorschriften des AT im Pentateuch erfaßt sind, bezeichnet man auch das Buch selbst als »das Gesetz« oder *tora* (vgl. LZB, Sp. 479; ThBL S. 520ff).

Die große Vielfalt innerhalb des Gesetzes läßt sich durch einen Vergleich der einzelnen »Gesetzessammlungen« (Codices) nachweisen. Damit sind diejenigen Abschnitte des Pentateuchs gemeint, die entweder wegen ihres literarischen Stils oder wegen ihres Inhalts als Einzelaufstellung von israel. Gesetzen angesehen werden können. Dazu gehört z.B. der Dekalog (2Mo 20,2–17) mit seinem ausgeprägt moralischen Ton und seinen kategorischen (oder apodiktischen) Vorschriften; ferner das »Bundesbuch« (2Mo 20,22–23,33) in dem das kasuistische Recht Israels durch Beispiele erläutert wird: Vorschriften für bestimmte Situationen werden in der Formulierung »wenn . . . dann . . .« beschrieben; weiter der deuteronomistische Codex in 5Mo (im wesentlichen Kap. 12–26), der einen ausgeprägten eigenen literarischen Stil aufweist, obwohl er viele der in den anderen Gesetzessammlungen enthaltenen Themen behandelt; oder das Heiligkeitsgesetz (3Mo 17–26), das nachweislich Hesekiel und die nachexilische Situation stark beeinflußte, was aber nicht bedeutet, daß es selbst nachexilischen Ursprungs sein muß.

Alle diese Gesetzessammlungen und Gesetzesformen sind auf dem Hintergrund einer Rechtsprechung zu sehen, die weit in die vormosaische Zeit zurückreicht. Nichts in ihrem Inhalt oder in ihrer Form spricht für eine nachmosaische Datierung. Verträge der Hethiter, der Codex Hammurabi und der ganze Bereich der sumerischen Gesetzgebung erübrigen es, den mosaischen Ursprung des atl. Gesetzes als anachronistisch in Frage zu stellen. Auch die Probleme, die in Verbindung mit der Frage der Verfasserschaft Moses auftauchen, sind in vielen Fällen zu lösen. Die wissenschaftliche Forschung hat den Gedanken längst fallen gelassen, die im Dekalog entwickelte Ethik sei für das mosaische Zeitalter zu weit fortgeschritten; Mose wird heute allg. als Verfasser der Zehn Gebote angesehen. Die Tatsache, daß 2Mo und 5Mo (5,6–21) leicht unterschiedliche Versionen des Dekalogs enthalten, läßt sich ohne Schwierigkeit erklären, wenn man 5Mo selbst berücksichtigt. Mose gab in seinen Abschiedsreden noch einmal einen Überblick über die Worte, die Gott durch ihn gesprochen hatte. Und im Rahmen einer Ansprache nahm er sich die Freiheit zu geringfügigen Änderungen und Abwandlungen.

Unmittelbarer wird 2Mo durch eine andere Argumentation betroffen: aus der Tatsache, daß die Gesetze oft auf eine seßhafte Gemeinschaft bäuerlichen Charakters abzielen (z.B. 2Mo 20,22–26; 23,10.14–17), schließt man, daß sie auf eine solche Gesellschaft zurückgehen und ihre Verhältnisse widerspiegeln müßten. Aber 2Mo und noch ausdrücklicher 5Mo (z.B. 2Mo 23,23–33; 5Mo 6,1) bezeugen, daß diese Gesetze vorausschauend gegeben wurden. Durch göttliche Eingebung in der Wüste ausgesprochen, zielen sie auf die seßhafte Gemeinschaft ab, die Mose im Auge hatte. Da Mose mit den Formen und Bedürfnissen eines seßhaften Lebens vertraut war, konnte er ohne Schwierigkeiten hierfür Gesetze erlassen. Der Landtag zu Sichem (Jos 24) konnte diese Gesetze deshalb sehr wohl neu ins Blickfeld rücken und bestätigen. Man muß keinesfalls annehmen, daß die Gesetzgebung erst zu diesem Zeitpunkt erfolgte.

Welches sind die charakteristischen Merkmale des israel. Rechts? Erstens wird das ganze Gesetz Gott zugeschrieben. Nicht nur das kultische, sondern auch das bürgerliche Recht ist mit göttlicher Autorität bekleidet, jede Übertretung ist eine offene Rebellion gegen Gott. Damit wird das Gesetz über das Niveau menschlicher Willkür und menschlichen Relativismus gestellt. Man könnte einwenden, daß auch zu Beginn und am Ende des Codex Hammurabi die Autorität des Gottes Schamasch angerufen wird; die eigentliche Gesetzessammlung ist jedoch an die Person Hammurabis als eines menschlichen Gesetzgebers gebunden, der sich als Stellvertreter des Schamasch versteht. Im Pentateuch wird dagegen das Gesetz von Gott festgelegt, der menschliche Mittler ist ihm untergeordnet. Dieses Gesetz (s. Komm. zu 20,1ff) umfaßt das gesamte nationale und persönliche Leben und gibt ihm eine hohe geistliche Bedeutung. Das einzigartige Merkmal ist die Verbindung von moralischen Vorschriften mit religiösen Geboten.

Zweitens läßt das Gesetz eine höhere Schau vom menschlichen Leben erkennen. Es gestattet deshalb keine Brutalität bei der Bestrafung der Schuldigen. »*Ein* Verbrechen – *eine* Strafe« ist ein unverwechselbares Merkmal israel. Rechts. Strafen konnten nicht, wie in Assyrien, willkürlich erhöht werden; auch körperliche Verstümmelung kam nicht in gleichem Maße vor, sie wurde vielmehr deutlich eingeschränkt (21,24). Hier zeigt sich ein Empfinden für Menschlichkeit, aber auch ein Betonen der Angemessenheit.

Dieses letztere ist wichtig, weil sich in der hethit. Rechtsprechung (um 1250 v.Chr.) eine Abschwächung der strengen alten Vorschriften zeigt, die jedoch auf Kosten von Recht und Moral geht; so stand z.B. auf Mord nicht länger die Todesstrafe. In Israel werden Strafen nur dann gemildert, wenn die Art des Verbrechens es erfordert, und auf diese Weise werden absolute Maßstäbe nicht untergraben.

Drittens gibt es nur ein für alle in gleicher Weise gültiges Gesetz. Der Codex Hammurabi bevorzugte unbestreitbar die herrschenden Schichten. Im AT treten jedoch die rechtlichen Sicherheiten für die Schutzlosen besonders hervor: z.B. für Witwen und Waisen (2Mo 22,21), Fremde (hebr. *gerim* = »Flüchtlinge«, Menschen, die um politisches Asyl nachsuchen, 23,9), Schuldner (21,1ff) und Sklaven (23,12). Auch hier ist es der göttliche Ursprung des Gesetzes, der diese humanen Vorschriften bedingt. Israel soll in seinem Verhalten das, was Gott für das Volk getan hat, ja, was er in sich selbst ist, widerspiegeln (22,20; 23,9; 5Mo 10,17–20).

Die Stiftshütte: Umgebung, Aussehen, Ausstattung und Bedeutung

S. LZB Sp. 1340–43; Abb. einer Rekonstruktion s. HZB S. 166. Die Stiftshütte stand in der Mitte des Lagers (4Mo 1,50). An den Seiten war sie von den Zelten der Leviten umgeben (4Mo 1,53), während Mose und die Priester dem Eingang gegenüber ihren Platz hatten (4Mo 3,38). So weilte Gott mitten unter seinem Volk und war doch seiner Heiligkeit wegen von ihm getrennt. Der Eingang der Stiftshütte war nach Osten gerichtet (2Mo 27,13) und durch Vorhänge aus gezwirnter feiner Leinwand geschlossen. Sie hingen von Messingsäulen herab, die durch silberne Querstangen verbunden waren. Die Stiftshütte stand am Ende eines Hofes, der ebenfalls von Vorhängen eingefaßt war; sein Eingang befand sich in der Mitte der Ostseite und wurde durch einen Vorhang (27,16) gekennzeichnet, der von vier Messingsäulen gehalten wurde.

Durch den Vorhang am Eingang gelangte der Gottesdienstteilnehmer in den Hof. Vor ihm, also zwischen ihm und der Stiftshütte befand sich der bronzene Brandopferaltar (27,1–8). Er zeigte an, daß alle Eintretenden durch Sünde verunreinigt waren und sich Gott nur nach einem Opfer nähern durften. An diesem Altar versahen die Priester den Dienst. Der Fromme durfte sein Opfertier selbst schlachten, die Opferung mußte jedoch durch den Priester vorgenommen werden (3Mo 1–7). In diesem geheiligten Bezirk war das Opfermahl (Sühnopfer) zu verzehren. In der Nähe des Altars stand das Becken zum Gebrauch für die Priester, die das Opfer darbrachten (2Mo 30,17–21).

Unmittelbar hinter dem Brandopferaltar stand die Stiftshütte, die nur die Priester betreten durften. Sie maß 10 x 30 Ellen (5,5 x 16,5m). Mit größter Wahrscheinlichkeit befand sich der Eingang genau in der Mitte des Hofes. Die Stiftshütte selbst bestand aus zwei Teilen. Da war zunächst ein hölzerner Aufbau (hebr. *mischkan* = Wohnung), der die Form eines Rechtecks hatte. Er wurde an drei Seiten durch vergoldete Wände begrenzt. Die Vorderseite wurde durch eine Vorhangswand gebildet, die der äußere Vorhang genannt wurde (2Mo 26,36f). Hinter diesem ersten Vorhang war ein zweiter angebracht, der das Innere in zwei Räume unterteilte: das Heilige und das Allerheiligste (26,31–33). In diesem zweiten Vorhang waren Cherubim eingewebt, die die unmittelbare Gegenwart Gottes symbolisieren sollten. Das Allerheiligste war offensichtlich ein Würfel mit einer Kantenlänge von 10 Ellen (= 5,5m).

Die *mischkan* besaß kein Dach, sondern war mit Decken überspannt, die über den oberen Teil, die Längsseiten und die Rückwand herabreichten. Die innere Decke entsprach genau dem Vorhang, der das Heilige vom Allerheiligsten trennte. Über dieser Decke befand sich eine weitere aus Ziegenhaar, darüber eine dritte aus rotgefärbten Widderfellen und schließlich noch eine weitere aus Dachsfell. Die gesamte Vorderseite des Raumes war verdeckt; nur die Priester durften in Ausübung ihrer Pflichten das Innere betreten. Dabei gelangten sie in das Heilige (26,33). Es wurde durch einen auf der linken Seite stehenden goldenen Leuchter erhellt, an dem sieben Lampen angebracht waren (25,31–40); diese mußten mit reinem Olivenöl gefüllt werden und wurden von den Priestern versorgt (3Mo 24,1–4). Der Leuchter brannte vom Abend bis zum Morgen (2Mo 27,20; s. Komm. zu 3Mo 24,1–4), tagsüber jedoch nicht. Seine Hauptbedeutung war zweifellos symbolisch: er stellte die Beziehung des Volkes zu Gott dar, der das heilige Licht, das in ihm ist, besitzt und widerspiegelt.

Der Tisch für die Schaubrote (25,23–30; auch »Brot der Gegenwart«) stand auf der rechten Seite; auf ihm befanden sich zwölf ungesäuerte Brote sowie Becher, die wahrscheinlich mit Wein oder Öl gefüllt waren (V. 29). Sie waren ein Opfer und Erinnerung an die tägliche Nahrung des Volkes, die Gott zurückgegeben wurde, wie sie von ihm kam. Die Brote wurden an jedem Sabbat ausgewechselt; nachdem sie geweiht waren, wurden sie von den Priestern im Heiligtum verzehrt (3Mo 24,5–9). Auf den Broten wurde Weihrauch verbrannt; damit wird der Tisch der Schaubrote mit dem Räucheraltar in Verbindung gebracht und der Opfergedanke betont.

Der wichtigste Gegenstand im Heiligtum war der Räucheraltar; das kann man daran erkennen, daß er vor dem Vorhang stand, der das Allerheiligste vom Heiligtum trennte. Auf den Räucheraltar stellte der Priester (2Mo 30,7ff) morgens und abends Räucherwerk; das Feuer, das von Gott selbst entzündet wurde, durfte niemals ausgehen (3Mo 6,6). Der Weihrauch symbolisierte die Gebete des Volkes Gottes.

Das Allerheiligste wurde nur durch den Vorhang vom Heiligen abgetrennt. Dieses durfte außer dem Hohenpriester niemand betreten, und auch er war dazu nur einmal im Jahr, am Versöhnungstag, berechtigt (3Mo 16). Im Allerheiligsten befand sich nur die Bundeslade, die die Zehn Gebote enthielt. Über der Lade war der Gnadenthron angebracht, der aus reinem Gold bestand und über den die Cherubim ihre Flügel breiteten. Die Bundeslade war der Thron Gottes. Von dort redete er. Das Allerheiligste besaß kaum Lichteinfall von außen. Seine Dunkelheit wurde vom Glanz der Schechinah erhellt, vom Licht der göttlichen Gegenwart. Dieser Glanz zeigte sich auch in der Wolken- und Feuersäule, die über der Stiftshütte stand, solange das Volk in seinen Zelten ruhte, und die Israeliten auf ihrem Weg geleitete, wenn sie weiterzogen (4Mo 10,34). Diese Wolke stellte die Gegenwart des Herrn dar und erschien in der Nacht als Feuer (40,38); von ihr ging Feuer aus, um die nie verlöschende, geheiligte Flamme auf dem Altar zu unterhalten (3Mo 6,5.6; 9,24) und um die Gottlosen und Ungehorsamen zu strafen.

Die ganze Anlage der Stiftshütte unterstrich die Tatsache, daß Gott mitten unter seinem Volk wohnte und doch von ihm getrennt war. Er ist unsichtbar und geistlich, in seiner Heiligkeit hoch erhaben und unnahbar. Sein Volk ist sündig und kann nicht in seine heilige Gegenwart eintreten. Seine Segnungen mußten auf dem Weg des Opfers durch Priester übermittelt werden und konnten nur von denen empfangen werden, die Blutopfer darbrachten. All dies hat deutliche Beziehungen zum NT.

Inhalt

Kommentar

1,1–4,31 Der Hintergrund

1,1–7 Geschichtlicher Rückblick

Diese knappe Zusammenfassung von 1Mo 46,8–27 dient als Bindeglied zwischen den beiden Büchern. Die Namensliste konzentriert sich auf die direkten Nachkommen Jakobs: sie umfaßt seine zwölf Söhne, seine Tochter Dina, einundfünfzig Enkel, seine Enkelin Sera und vier Urenkel. Zu dieser Zahl muß der »Haushalt« hinzugerechnet werden, d.h. die Frauen und Knechte jedes Sohns und Enkels, was insgesamt viel mehr als siebzig Personen ergibt. Im Stammbaum werden zuerst die Söhne der Ehefrauen, dann die der Nebenfrauen genannt.

5 Die Zahl »fünfundsiebzig« in Apg 7,14 und in der LXX (1Mo 46,27) wird gegenüber der hier genannten Zahl siebzig auf verschiedene Weise erklärt: (a) Wenn Joseph 75 Personen zu sich rief, obwohl Jakobs Sippe nur 70 Personen zählte, so ist es möglich, daß Joseph nicht wußte, daß drei Frauen Jakobs und zwei Söhne Judas bereits gestorben waren; (b) man nimmt an, daß die von Stephanus genannte Zahl zu den in 1Mo 46,26 erwähnten 66 Personen die zwölf Frauen der Söhne Jakobs enthielt, wobei der Sohn Judas, der gestorben war, und der Sohn Josephs, der sich in Ägypten aufhielt, ebenso wie Joseph nicht berücksichtigt wurde; (c) man vermutet, daß die LXX in 1Mo 46,20 die Söhne Ephraims und Manasses aus dem Stammbaum in 1Chr 7,14–21 hinzuzählt, während diese in der hebr. Liste nicht aufgeführt werden, weil sie noch nicht geboren waren. Einer dieser drei Erklärungen für die Abweichungen der LXX vom hebr. Text kann man sich sicher anschließen. Daß Stephanus sich an die LXX hielt, erklärt sich vermutl. daraus, daß sie für ihn als hell. Juden die übliche Bibel war. **7** Das starke Wachstum Israels entsprach der Bundesverheißung 1Mo 17,2. *Das Land:* Gosen, nicht ganz Ägypten.

1,8–22 Der Beginn der Unterdrückung

8 Es besteht kein zwingender Grund, diesen *neuen König* als Begründer einer neuen Dynastie anzusehen (wie bei der Auffassung, nach der der Auszug im 15. Jh. angesetzt wird); der neue König führte lediglich eine neue Politik gegenüber Israel ein. Gemäß der Datierung des Auszugs im 13. Jh (s. Einleitung: »Datierung und Route des Auszugs«) wäre dies Sethos I. (1302–1290 v.Chr.), der Joseph weder kannte noch etwas von seinen Verdiensten für Ägypten wußte und sich daher wenig um Josephs Nachkommen kümmerte. Sethos I. war berühmt wegen seines Städtebauprogramms, was den Angaben von V. 11 entspricht.

9.10 Das Wachstum der israel. Bevölkerung stellte für den Pharao ein ernstes Problem dar, weil sie im Grenzland wohnte und sich im Fall eines feindlichen Einbruchs dem Gegner anschließen konnte. Für Sieg oder Niederlage des ägypt. Reiches konnte das zu einem entscheidenden Faktor werden. **11–22** Andererseits waren die Ägypter nicht bereit, sie ziehen zu lassen, denn damit hätten sie die Möglichkeit aufgegeben, sie wirtschaftlich auszunutzen. Sethos I. entwickelte einen Plan, um beide Probleme zu lösen. Er versuchte, das Gebiet durch die Anlage von zwei Vorratsstädten zu sichern. In diesen Orten wurden Waffen und Vorräte zur Verteidigung wie für einen möglichen Angriff bereitgestellt. Außerdem bemühte sich der Pharao, das Anwachsen der israel. Bevölkerung durch Zwangsarbeit und Kindermord zu steuern. Das Letztere wurde durch die Fürsorge des treuen Bundesgottes sowie durch das mutige Verhalten der hebr. Hebammen zunichte gemacht. Sie gehorchten dem Willen des Herrn und wurden selbst mit Familien gesegnet (vgl. EÜ). Gottes Triumph über den Pharao zeichnete sich ab. Dieser erste Sieg rettete dem zukünftigen Befreier das Leben.

2,1–4,31 Die ersten Phasen des göttlichen Plans zur Bestrafung und Errettung

2,1–22 Gottes Werkzeug zur Befreiung.

1–9 Es handelt sich hier um einen stilisierten Bericht über Moses Geburt und Erziehung. Es ist daher verständlich, daß die Namen der Eltern weggelassen sind und daß Aaron, der vermutl. vor dem Erlaß des Pharao geboren wurde, nicht erwähnt wird. Die Hintergründe um die Geburt Moses bleiben im Dunkeln. Um so mehr wird das souveräne Handeln Gottes unterstrichen. Der Säugling wurde nicht nur mit Erfolg versteckt und durch die Tochter des Pharao gerettet; er wurde sogar formell, gegen Entrichtung einer Bezahlung, seiner eigenen Mutter zum Stillen anvertraut. Danach sollte er von der königlichen Prinzessin – der Tochter des Unterdrückers Israels – adoptiert werden. So kam es, daß Mose in der Weisheit der Ägypter unterwiesen wurde (vgl. Apg 7,22). Der Glaube seiner Eltern wurde bestätigt (vgl. Hebr 11,23).

10 In dem Namen Mose drückt sich seine zweifache Herkunft aus: er ist Adoptivsohn der Pharaotochter und hat (wie diese bestätigt) hebr. Eltern. Das ägypt. *mos* (Sohn) drückt viell. den ersten Gedanken der Adoptivmutter aus. Das wurde möglicherweise zu *moscheh* hebraisiert, wobei hier die Wurzel *mascha* (herausziehen) zugrundeliegt. Eigentlich stellt die Form *moscheh* ein aktives Partizip dar, bedeutet also: »ein Herausziehender«. Viell. steckt dahinter ein stillschweigendes Gebet der wirklichen Mutter: »Möge der Herr sein Volk herausziehen«.

11–14 Schon bald identifiziert sich Mose mehr mit den Unterdrückten als mit den Unterdrückern (vgl. Hebr 7,24ff). Indem er einen Ägypter erschlägt, gibt er den Status eines Adoptivsohnes auf; sein Eintreten für die Israeliten wird diesen aber nicht sofort deutlich. Die Zeit zeigt, daß Mose für seine Aufgabe noch nicht reif ist. Denn durch demütigen Gehorsam gegenüber Gott (vgl. 4Mo 12,3; Jak 1,20) und nicht durch ungerechten Zorn, durch Gottes Kraft und nicht durch seine eigene sollte das Volk befreit werden. Diese Erziehung zu Gehorsam und Vertrauen sollte 40 Jahre dauern.

15–17 Mose flieht vor dem Gesetz, um sich in Sicherheit zu bringen. Er sucht Zuflucht bei den Midianitern, einem halbnomadischen Volk, das von Midian, einem Sohn Abrahams und der Ketura (vgl. 1Mo 25,1), abstammte. Das *Land Midian* lag wahrscheinlich im Südosten der Sinaihalbinsel. Mose rastet an einem Brunnen, im Alten Orient der Mittelpunkt des sozialen Lebens. Hier tritt er wieder als Beschützer der Unterdrückten auf. Es scheint, als wäre Gott im Geheimen bereits dabei, Moses Wesen und Temperament für dessen Lebensaufgabe, die Befreiung aus Sklaverei vorzubereiten. **16** *Priester in Midian:* Das Priesteramt wurde von Stammes- und Familienhäuptern wahrgenommen. **18–22** *Reguel* oder Jethro (s. Komm. zu 4Mo 10,29ff) wird als Gegenleistung für erwiesene Dienste Moses Schwiegervater und betet schließlich den gleichen wahren Gott wie Mose an; vgl. 2Mo 18. Der Name von Moses Sohn ist aus *ger* (Fremder) und *scham* (dort) zusammengesetzt.

2,23–25 Die Notwendigkeit der Befreiung und ihr Ursprung. Nach unserer Datierung wäre der Pharao, dessen Tod hier erwähnt wird, Sethos I. (s. Komm. zu 1,8). Sein Nachfolger war Ramses II. (1290–1224 v.Chr.). Die klare Aussage dieses kurzen, aber wichtigen Abschnittes besteht darin, daß Gott das Schreien seines Volkes hört und seine Not voll Mitgefühl wahrnimmt, jedoch nicht als hilfloser, betrübter Beobachter. Er ist ein Gott, der auf das Schreien, das er hört, und die Not, die er sieht, mit der Tat antwortet; denn er ist diesem Volk gegenüber durch einen Bundeseid verpflichtet. Gott hatte auch den Mann, der die Befreiung vornehmen sollte, bereits ausersehen. Er hatte begonnen, ihn auf seine Aufgabe vorzubereiten, noch bevor das Volk um Hilfe schrie. Mit dem Tod des Pharao war für Mose die Zeit gekommen, nach Ägypten zurückzukehren. Der Herr der Geschichte erweist sich als ein Gott der Gnade, und der Gott der Gnade ist der Herr der Geschichte.

3,1–4,17 Moses Berufung und die Beschreibung seiner Aufgabe. Gott sichert ihm den letztendlichen Erfolg zu. Der Berg Horeb oder der Sinai (Horeb bezeichnet gewöhnlich den Höhenzug, Sinai den daraus aufsteigenden Berggipfel) ist schon früh mit dem Dschebel Musa an der Spitze der Sinaihalbinsel identifiziert worden. Das stimmt mit der versuchsweise rekonstruierten Wanderroute der Israeliten überein (s. Karte auf S. 145). Hier, weit weg von Ägypten, erhält Mose die abschließende Vorbereitung auf seine Aufgabe: er wird gedemütigt im Geist (3,1–6), in Gottes Pläne eingeweiht (3,7–10) und der Gegenwart und Kraft Gottes versichert (3,11–4,17). Nach dieser Erfahrung auf dem Horeb bezeichnet Mose ihn als den »Berg Gottes«.

1–6 Mose demütigt sich in der Gegenwart Gottes. Diese Gegenwart Gottes entsteht aus seiner Selbstoffenbarung. Der »brennende Busch« ist in keiner Weise ein Symbol für Israel. Gott ist lebendig (der brennende Busch wurde nicht verzehrt, deshalb unterhielt sich die Flamme selbst) und heilig (das Feuer oder die Flamme galt als Symbol der Reinheit und stellt eine Bedrohung für den Sünder dar; vgl. 1Mo 3,24). Aber nicht nur eine Offenbarung Gottes geschieht hier, zugleich wird deutlich, welche Bedeutung Gott im Leben des Mose erhalten und was zur Quelle und Haupttriebfeder seines Dienstes werden sollte: nicht ein neugieriges Interesse am Übernatürlichen (V. 3), auch kein lediglich mitfühlendes Eintreten für die Unterdrückten (2,11), sondern der Einsatz für die Verherrlichung Gottes in seinem Bundesvolk. *Der Engel des Herrn:* s. Einleitung: »Der Engel des Herrn«.

7–10 Mose wird in die Pläne Gottes eingeweiht. Gott will deutlich machen, daß er die Situation seines Volkes kennt: Er wird sich seines Schreiens und seiner Not gnädig annehmen, er wird es aus grausamer Knechtschaft befreien und zum Eigentümer eines Landes machen, das zur Zeit noch von anderen Volksstämmen bewohnt wird. Mose wird dazu erwählt und gesandt, das Volk aus der Knechtschaft herauszuführen. Aus der Armut soll es in ein Land des Überflusses kommen, das Raum genug bietet; vgl. 5Mo 6,3. Das erste Handeln Gottes gegenüber Mose besteht somit darin, daß er ihm im einzelnen darlegt, was er zu tun beabsichtigt. Gott handelt nicht einfach, um es dann den Menschen zu überlassen, herauszufinden, was sein Tun bedeutet. Er unterrichtet Mose im voraus, so daß das göttliche Handeln bei seinem Eintreten das gesprochene Wort bestätigt (vgl. V. 12).

3,11–4,17 Gott sichert Mose seine Kraft zu. Moses impulsive alte Art ist gedemütigt worden; nun tritt sein Widerstreben wegen der Größe der Aufgabe hervor und wird durch Zusicherungen Gottes überwunden. Mose bringt vier Einwände vor, und Gott antwortet auf jeden. **11.12** Erster Einwand: Mose fühlt sich für die beschriebene Aufgabe völlig unfähig. Gott antwortet darauf mit der Verheißung, ihn unablässig zu begleiten und voll und ganz für ihn zu sorgen. Er fügt die Versicherung hinzu, daß die befreiten Israeliten (am Gelingen der Befreiung gab es keinen Zweifel) mit Mose gemeinsam auf demselben Berg, auf dem er jetzt stand, den Herrn anbeten würden. Dieses Zeichen, dessen schnelle Erfüllung nicht zu erwarten war, bot einen weiteren Anreiz, den Verheißungen Gottes zu vertrauen.

13–22 Zweiter Einwand: Mose weist darauf hin, daß das Volk das Wesen Gottes nicht kenne; er deutet an, daß es deshalb auch der Botschaft, die er auszurichten hat, nicht glauben wird. Mose fragt hier nicht lediglich nach einem Namen Gottes, der ihnen noch nicht bekannt ist, es geht ihm vielmehr um die innere Bedeutung eines bereits bekannten Namens (vgl. 3,6). *Ich werde sein, der ich sein werde:* S. Einleitung: Die Selbstoffenbarung Gottes. Die Antwort, die Mose erhält, umschließt folgendes: Gott wird unter Beweis stellen, daß auf ihn immer Verlaß ist und daß

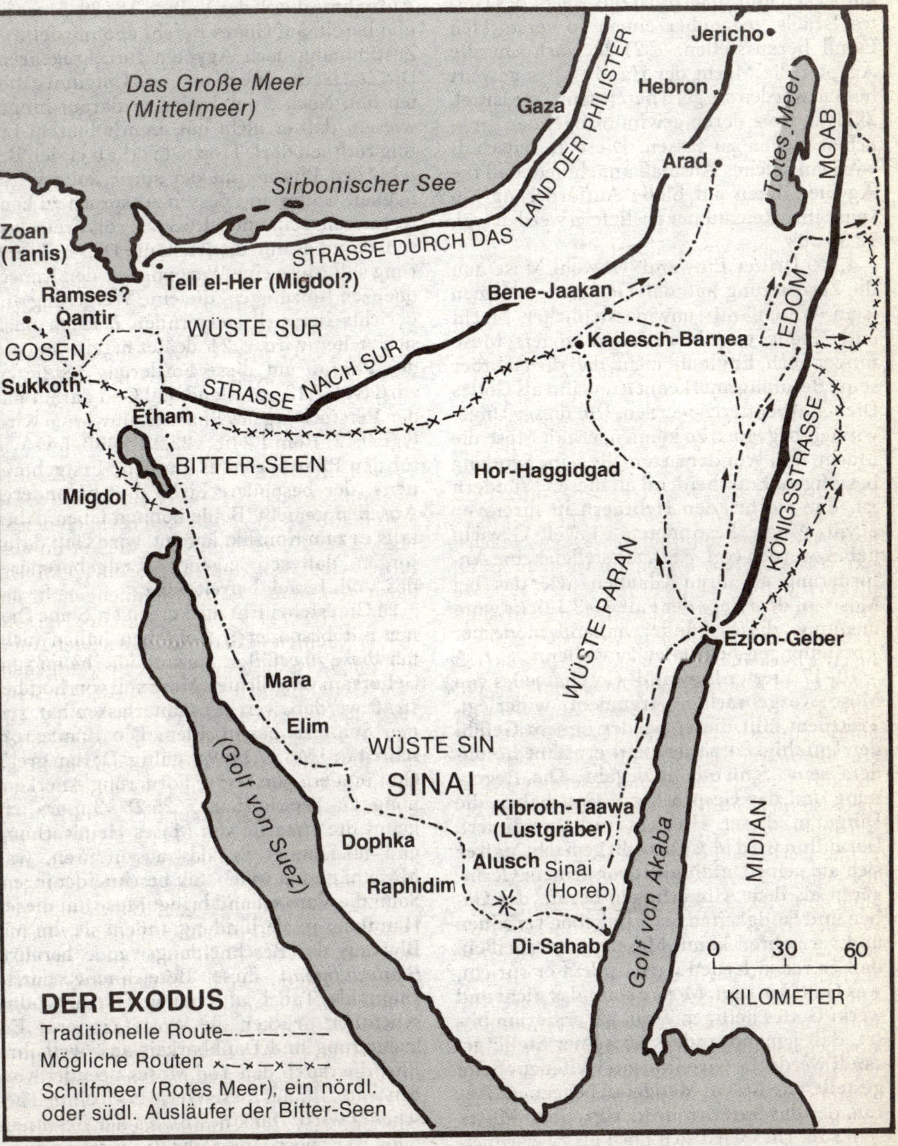

er genügend Möglichkeiten hat, um allen Nöten seines Volkes zu begegnen. Er wird den Pharao besiegen, sein Volk befreien und zu Wohlstand führen. **18.19** Man könnte daraus den Schluß ziehen, daß die Bitte (V. 18) auf eine Unwahrheit hinauslaufe, auf den Versuch, unter einem religiösen Vorwand zu entkommen. Hierzu ist zweierlei zu sagen: 1. Die von den Hebräern verwendeten Opfertiere wären für die Ägypter ein Stein des Anstoßes gewesen (vgl. 8,22). 2. Diese einfache Bitte sollte den wahren Charakter des Pharao aufdecken und so letztlich die Macht des Gottes Israels gegenüber einem so verstockten Feind herausstellen. **21.22** Nachdem die Ägypter die Macht der Hand Gottes gespürt haben, werden sie gern bereit sein, ihre israel. Sklaven trotz deren gewinnbringender Fronarbeit ziehen zu lassen. Diese Bereitschaft wird ein solches Ausmaß annehmen, daß die Ägypter ihnen auf bloße Aufforderung hin sogar ihre Reichtümer ausliefern werden (vgl. 12,35.36).

4,1–9 Dritter Einwand: Obwohl Mose nun die Zusicherung hat, daß Gott seinen Namen (sein Wesen) mit unwiderstehlicher Macht und Gnade offenbaren wird, zögert Mose immer noch. Er glaubt nicht, daß die Hebräer seine Berufung anerkennen und ihn als Gottes Diener akzeptieren werden. Um dieser Ungewißheit begegnen zu können, erhält Mose die Macht, drei Wunder zu tun, die seine Sendung bestätigen. Entscheidend an diesen Wundern ist, daß sie bei den Hebräern in ihrer von ägypt. Magie bestimmten Umwelt Gewicht haben werden (vgl. 7,8f). Sie stellen keine Anforderung an ihren Glauben, wie das bei Mose auf dem Berg der Fall ist (3,12). Es wäre unsinnig, diese Wunder anhand moderner Vorstellungen beurteilen zu wollen.

10–17 Vierter Einwand: Gott hat jedes von Mose vorgebrachte Argument widerlegt. Trotzdem fällt dieser wieder in sein Gefühl der Unfähigkeit zurück und erwähnt besonders seine fehlende Redegabe. Die Begegnung und das Gespräch mit Gott haben die Dinge in dieser Hinsicht nicht verändert. Daraufhin wird Mose bewußt gemacht, daß er sich auf seine Unfähigkeit vor keinem Geringeren als dem Allmächtigen beruft, der Gaben und Fähigkeiten nach Belieben verleihen und vermehren kann. Mose wird verheißen, daß er reden lernen wird, indem er spricht, was Gott ihm sagt. Mose glaubt das nicht und weckt Gottes heiligen Zorn, als er darum bittet, daß jemand anders an seiner Stelle gesandt werde. Es wird ihm ein Helfer zur Seite gestellt, um diesem Mangel zu begegnen: Aaron, der das Sprachrohr (der Prophet) Moses sein soll. Dies wird sich noch als zweischneidige Hilfe erweisen (vgl. 2Mo 32). Zunächst aber gilt: Mose ist der Empfänger und Aaron der Verkündiger der göttlichen Wahrheit. **15.16** machen das Wesen der Offenbarung einsichtig: sie enthüllt in Worten (verbal), was Gott die Unwissenden lehren will. Auch die Art und Weise, in der Inspiration und Mitteilung erfolgen sollen, werden beschrieben: beide stehen unter der souveränen Leitung Gottes, so daß das, was er offenbaren will, unfehlbar mitgeteilt werden kann.

4,18–31 Die Reaktion Moses und seine Aufnahme durch das Volk. 18–20 Mose ist nun bereit, auf Gottes Befehl und mit Jethros Zustimmung nach Ägypten zurückzukehren. Die Zeit ist da. Er will tun, was Gott ihm geboten hat. Noch einmal wird er darauf hingewiesen, daß er nicht mit unmittelbarem Erfolg rechnen darf. Trotzdem erhält er den Befehl, den Pharao mit der souveränen Wirklichkeit Gottes und dessen Anspruch zu konfrontieren, sein unterdrücktes Volk freizulassen, damit es ihm dienen kann. Dieser Forderung soll Mose eine Warnung vor den Konsequenzen hinzufügen, die eine Weigerung angesichts der sich steigernden Zeichen nach sich ziehen wird. **21** deutet bereits an, wie der Pharao auf diese Forderung reagieren wird (vgl. 7,13, usw.) und daß Gott darauf mit der Verstockung des Pharaos antworten wird (vgl. 9,12; Röm 1,24). **22.23** Für Jahwe wie für den Pharao geht es um den »Erstgeborenen«, der besondere Liebe und besonderes Ansehen genießt. Beide können leben. Aber falls es zum Konflikt kommt, wird Gott dafür sorgen, daß sein eigener »Erstgeborener«, das Volk Israel, befreit wird.

24 Gott sieht nicht die Person an. Seine Diener mit besonderen Aufgaben haben nicht nur diese zu erfüllen, sie sind überhaupt zum Gehorsam verpflichtet. Mose soll von Gott bestraft werden, weil er es unterlassen hat, seinen Sohn zu beschneiden. Die Bundesvorschrift in 1Mo 17,14 war gültig. Darum greift Gott nun ein, um seiner Forderung Anerkennung zu verschaffen. **25.26** Zippora erkennt die Ursache von Moses Heimsuchung und übernimmt es, das auszuführen, was Mose hätte tun sollen. Sie beschneidet ihrem Sohn die Vorhaut und bringt Mose mit dieser Handlung in Verbindung, indem sie ihn mit Blut aus der Beschneidungswunde berührt. *Blutbräutigam:* diese Bezeichnung dürfte kaum als Tadel zu verstehen sein. Wahrscheinlich drücken die Worte Zipporas Erleichterung und Dankbarkeit aus, weil ihre Ehe, die durch den Tod Moses beendet worden wäre, ihr auf diese Weise noch einmal geschenkt wird. Dank des Blutes der Beschneidung ist er noch einmal ihr Bräutigam geworden. Es kann nicht nachdrücklich genug darauf hingewiesen werden, welche heilsgeschichtliche Bedeutung dieser kleinen Episode zukommt. Mose ist es nun tiefer bewußt, daß der Mensch Schutz braucht vor dem Zorn Gottes und nicht vor dem Zorn des Pharaos. Er hat erkannt, daß Gott in seinem Gnadenbund und dessen Anordnungen ausreichend für diesen Schutz gesorgt hat. Diese Wahrheit wird in der Passanacht bes. im Zusammenhang mit dem Blut des Lammes in ganzer Vollkommenheit erkennbar.

27 Mose und Aaron begegnen sich am Horeb, und Aaron wird zum Sprachrohr (Propheten) Moses. **29–31** Sie werden dann von den Israeliten und deren Ältesten empfangen. Damit sind die Voraussetzungen für den bevorstehenden Konflikt gegeben. Wessen Sohn soll sterben? Wessen Sohn soll befreit werden? Vgl. V. 23.

Exkurse. Die Verstockung des Pharaos. Das Herz des Pharaos war bereits mit blindem Stolz und Eigenwillen erfüllt, als Mose ihm zum erstenmal gegenübertrat (5,1ff; vgl. 1,9.10.16; 3,19). Sein Herz war bereits verhärtet, und dafür war er selbst verantwortlich. Gott hätte den Pharao erweichen und ihn bereit machen können, die Israeliten ziehen zu lassen. Er zog es jedoch vor, anders zu handeln (9,16; vgl. Röm 9,17): durch seinen berechtigten Zorn brach er den hartnäckigen und wachsenden Widerstand des Pharaos und bestrafte diesen dafür. Dies betraf aus dem gleichen Grund auch die Untertanen des Pharaos (14,17). Gott ist vollkommen frei, sein Wort und sein Tun so einzusetzen, daß sie Herzen erweichen, wie etwa bei Mose (3,6), er kann sie aber auch dazu benutzen (Röm 9,18), vorhandene tiefgreifende Abneigung gegen ihn zu unterstreichen, wie im Falle des Pharaos (5,1–10; 7,10–13.22.23; usw.). Der Pharao verhärtet sein Herz, d.h. er widersteht Gott, wenn ihm eine Weisung erteilt oder eine vorübergehende Erleichterung der Strafe gewährt wird (z.B. 9,34.35). Dies geschieht jedoch nicht zufällig. Es ist eine Auswirkung des Zornes Gottes, der die Menschen zur gegenwärtigen Bestrafung für ihre Sünde an die beherrschende Macht ihrer Gelüste »dahingibt« (Röm 1,24.26.28).

Dies ist mit der scheinbar kühnen Aussage gemeint, daß der Herr das Herz des Pharaos verhärtete. Es bedeutet nicht, daß Gott das Herz des ägypt. Herrschers durch einen direkten Eingriff zur Auflehnung veranlaßt, noch daß er den Pharao gegen dessen Willen beeinflußt hätte. Er läßt den ägypt. Herrscher vielmehr das sein, was er sein will, nämlich ein Feind Gottes. Umgekehrt entspricht es des Pharaos eigenem Wunsch, sich gegen Gott zu stellen. Er tut dies nicht auf Veranlassung Gottes.

Beschneidung. Diese Handlung war im Alten Orient nicht unbekannt. Jedoch muß die besondere Bedeutung festgehalten werden, die ihr in Israel beigemessen wurde. Das charakteristische Merkmal der Beschneidung in Israel bestand darin, daß sie während der frühen Kindheit vorgenommen wurde. Damit läßt sie sich weder als Initiationsritus, in dem der Knabe zum Mann erklärt wird, noch als Vorbereitung auf die Ehe kennzeichnen. In 1Mo 17 wird sie vorrangig als geistliches und erst in zweiter Linie als völkisches Zeichen beschrieben. Vor allem besiegelte sie den Bund, den Gott mit dem Menschen geschlossen hatte und auf den der Mensch im Gehorsam gegenüber Gott antwortete. Daß sie hauptsächlich Bundessiegel war, wird dadurch bestätigt, daß sie an Kindern vorgenommen wurde. Ihnen sagte Gott seine Bundesverheißungen zu (vgl. 1Mo 17,7), obwohl sie zu diesem Zeitpunkt darauf nicht mit dem Bundesgehorsam antworten konnten. Schon im AT sollte diese Handlung sogar die »Beschneidung des Herzens« (5Mo 30,6) als Auswirkung des Gnadenbundes innerhalb der Generationenkette symbolisieren (1Mo 17,7).

5,1–15,21 Strafgerichte und Befreiung

5,1–11,10 Erste Gerichte über Ägypten

5,1–7,13 Die erste Gesprächsrunde.

5,1–5 Das erste Gespräch mit dem Pharao zeigt, daß dieser sich weder durch die Autorität Gottes noch durch menschliches Mitgefühl bewegen läßt. **6–14** Statt Freiheit zu gewähren, verschärft er den Frondienst. **15–21** Auch die Israeliten offenbaren durch ihre Klagen ihren Unglauben. Bevor der angebliche Befreier auftrat, war ihr Los leichter! **22.23** Mose braucht eine erneute Bestätigung seines Auftrags und wendet sich an Gott (vgl. 1Sam 8,21), wie er es auch später bei ähnlichen Gelegenheiten tut. **6,1–9** Die Zusicherung, die Gott ihm gibt, erinnert im Wortlaut an seine urspr. Berufung. Der Name Gottes war den Erzvätern nicht unbekannt. Die volle Bedeutung des darin ausgedrückten göttlichen Wesens jedoch sollte dem niedergeschlagenen und verbitterten Volk durch eine machtvolle Befreiung offenbart werden. Das entsprach dem Eifer Jahwes und dem Bund, den Gott mit dessen Vätern geschlossen hatte. Aber dies alles stößt auf taube Ohren oder wird mit Kleinmut aufgenommen. S. Einleitung: »Der Name Gottes« und »Der Bund«.

10–13 Mose wird kühner in seinem Verhalten, aber er neigt immer noch dazu, von sich aus zu entscheiden, was Gott mit ihm zu tun imstande ist und was nicht. Wie soll er den Pharao beeindrucken, wenn er nicht einmal bei seinem eigenen Volk Erfolg hat! Mose sollte wissen, daß man ein Volk nicht durch Beredsamkeit befreien kann. Dazu gehört ein göttlicher Auftrag, der Mut zum Handeln gibt und alle anderen Möglichkeiten ausschließt (vgl. Apg 4,20). **12** Mit einem solchen Auftrag antwortet Gott auf das Bekenntnis Moses, daß er *ungeschickt zum Reden* (wörtl. »unbeschnittener Lippen«) sei. Gott erkennt an, daß Mose keine besondere Redegabe besitzt. Aber für die vor ihm liegende gewaltige Aufgabe bedarf es eines Mundes, den Gott selbst angerührt hat, und einer von ihm verliehenen Redegabe. Mose hat hier den Gedanken der Beschneidung aus seinem urspr. Zusammenhang gelöst, behält das entscheidende Moment aber bei: Sie ist eine Handlung Gottes, die einen Menschen kennzeichnet und zu Gottes Eigentum macht.

14–25 Der Stammbaum wird eingefügt, um die Abstammung Moses und Aarons zu markieren; dabei werden Daten ausgelassen, weil man sich bewußt auf eine zu diesem Zweck getroffene Auswahl beschränkt. Trotzdem handelt es sich hier keineswegs um einen überflüssigen Einschub. Wie viele Geschlechtsregister in der Bibel hat auch dies die Aufgabe zu zeigen, wie beständig Gott seinen Plan verfolgt und verwirklicht. Während der ganzen Zeit der ägypt. Gefangenschaft wirkte Gott still und unauffällig, so daß im Augenblick der Befreiung die von ihm vorgesehenen Leute zur Verfügung standen. **26.27** Entsprechend heißt es: *das sind Aaron und Mose,* d.h. die Männer, die Gott in seiner Treue ausersehen hat. Aber sie gehen nicht als Nachkommen der Erzväter, der großen Führergestalten der Vergangenheit, an ihre Aufgabe, sondern werden neu mit dem Wort Gottes ausgerüstet. **28–30** betonen noch einmal einen wichtigen Punkt. Gott antwortet auf die natürliche Unfähigkeit (die Unbeschnittenheit der Lippen, die fehlende Redegewandheit) mit der Gabe seines eigenen Wortes.

7,1 Hier wird der in 6,13 unterbrochene Bericht wieder aufgenommen und Gottes unmittelbare Absicht enthüllt. **2–6** Wieder soll der Pharao im Namen Gottes herausgefordert werden, obwohl seine Verstockung trotz der Plagen, die Gott über Land und Volk schicken wird, zunehmen wird. Die Befreiung wird jedoch nicht aufgrund der Plagen allein, sondern durch ein besonderes Geschehen möglich werden. Dies wird die Ägypter davon überzeugen, daß Gott allein die Macht und Herrschaft innehat. **8–13** In seinem Handeln in der Geschichte läßt sich Gott zu den Menschen in ihrer vorhandenen Situation herab. Das hier berichtete Ereignis bestätigt dies. Es ist zugleich Zeugnis dafür, daß Gott sich über die Grenzen herrschender Sitten und Gepflogenheiten hinwegsetzt und so seine Souveränität unter Beweis stellt. Man konnte Schlangen vorübergehend unbeweglich machen, so daß sie wie ein Stab aussahen; das erklärt die Nachahmung durch die ägypt. Zauberer. Doch Aarons Schlange wird wieder zum echten Stab – und das erweist die Allmacht Gottes. Aber der Pharao wollte immer noch nicht nachgeben.

7,14–11,10 Die ersten neun Plagen. S. LZB, Sp. 1082–1084. In diesen Plagen erfüllen sich die Verheißungen von 3,19.20. Sie sollen die überlegene Macht des Gottes Israel über die Götter Ägyptens offenbaren. In den neun Plagen manifestieren sich im Niltal vorkommende Naturerscheinungen. Das Übernatürliche bei ihnen liegt im Zeitpunkt ihres Auftretens, in ihrer Intensität und ihrer Verbreitung. Hort hat gezeigt, daß diese Ereignisse mit einer ungewöhnlich hohen Überschwemmung des Nils von Juli/August bis zum darauffolgenden März in Verbindung gebracht werden können. So kann die ungewöhnliche Überschwemmung als Geißeltierchen bekannte Kleinstlebewesen mit sich geführt haben, die den Fluß rot färbten und auch die Voraussetzung für das Sterben der Fische schufen. Die im Küstengebiet angeschwemmten verwesenden Fische trieben die ebenfalls mit dem *Bazillus anthracis* infizierten Frösche aufs Land. Moskitos wären die dritte, und die *Stomoxys calcitrans-Fliege* die vierte Plage gewesen. Diese Insekten hätten sich dann durch den hohen Wasserstand ungehemmt vermehrt. Die Viehkrankheit könnte Milzbrand gewesen sein, den sich das Vieh durch die toten Frösche zuzog. Die Geschwüre an Mensch und Tier (sechste Plage) wären dann Hautkarbunkel, verursacht durch die *Stomoxys*-Fliege der vierten Plage. Hagel- und Gewitterstürme im Februar vernichten Flachs und Gerste, würden aber den später aufgehenden Weizen und den Dinkel für die Heuschrecken lassen, deren Schwärmen von denselben abessinischen Regengüssen begünstigt gewesen wäre, die letzten Endes die große Überschwemmung verursachten. Die »dichte Finsternis« wäre dann eine große Menge feinsten Staubes gewesen, *Roterde* (von dem durch die Überschwemmung abgelagerten Schlamm), im März vom *Khamsin*-Wind hochgetragen (nach K. A. Kitchen, *Alter Orient und Altes Testament,* S. 64.65). Der entscheidende Punkt ist, daß der Nil, den die Ägypter anbeten, zum Werkzeug des Gerichts und der Verwüstung wird (vgl. 12,12). Gott übt seine Gewalt auch über seine Feinde aus und kann sich auch durch Naturkatastrophen an ihnen verherrlichen.

7,14–24 Die erste Plage wird vorher angekündigt. Der Pharao kann erkennen, warum sie stattfindet und daß die Warnung keine leere Drohung ist. **22** Die Zauberer können klares Wasser hergestellt haben (wie in V. 24), um zu versuchen, das Ereignis auf andere Weise zu erklären. Schwarze Magie war in Ägypten weit verbreitet, und derartige Nachahmungen waren durchaus möglich. Im Blick auf die Zauberer s. 2Tim 3,8; sie sind ein Kennzeichen der »letzten Tage«, d.h. des Zeitraumes zwischen dem ersten und dem zweiten Kommen Christi.

7,25–8,11 Die zweite Plage wird mit der gleichen Absicht angekündigt. Als sie eintritt, wird sie ebenfalls nachgeahmt. Aber nur Gott kann von der Froschplage befreien. Er tut es als Antwort auf ein Gebet Moses, der bei dem Pharao Zeichen der Reue zu erkennen meint. Aber vorübergehende Leiden verändern das Herz eines Menschen nicht, und auf ein Lippenbekenntnis ist kein Verlaß.

8,12–15 Als direkte Antwort auf die Falschheit des Pharaos sandte Gott ohne Vorwarnung die dritte Plage; diese konnten die Zauberer nicht nachahmen. Wenn Gott sich, wie in diesem Fall, besonders offenbaren will, ist der Teufel gebunden. Das Bekenntnis der Zauberer bestätigt das.

8,16–28 Die vierte Plage veranschaulicht das zielbewußte Handeln Gottes, der hinter allen Plagen steht: die Israeliten werden offensichtlich von ihr ausgenommen. **20** Die hier erwähnten Stechfliegen konnten Sachwerte vernichten. **21** Wieder gibt der Pharao eine oberflächliche Antwort. Den Israeliten wird gestattet, *hier im Lande* zu opfern. Dies wird abgelehnt. Die volle Genehmigung, die dann gegeben wird, wird jedoch sofort zurückgezogen, als Gott die Stechfliegenplage auf Moses Gebet hin aufhebt.

9,1–12 Auch bei der fünften Plage (V. 1–7) werden Ägypter und Israeliten verschieden behandelt. Da der Pharao seinen hartnäckigen Widerstand fortsetzt, wird die sechste Plage (V. 8–12) ohne Warnung geschickt. Die Zauberer können sie nicht nur nicht nachahmen, sondern fallen ihr selbst zum Opfer. Nun verstockt Gott den Pharao endgültig. Er überläßt ihn den Lüsten seines eigenen boshaften Herzens.

9,13–35 Vor dem Beginn der siebenten Plage werden besondere Erklärungen gegeben. **20** Alle Ägypter, die an das Wort des Herrn glauben, sollen nicht geschlagen werden, **25** sie retten sich selbst und ihr Vieh. Am Pharao will Gott nun seine Gerechtigkeit erweisen und seine Macht über die Sünde dokumentieren. Der ägypt. König wird reif für das letzte Strafgericht. **27.34.35** zeigen, daß der Pharao trotz allem, was er weiß, nicht zur Buße finden kann. Die Israeliten bleiben in all diesen Situationen unversehrt.

10,1–20 Nun wird die Heuschreckenplage angedroht. Die Berater des Pharaos haben genau so reagiert wie ihr Herr (vgl. 9,34). Deshalb soll ihnen eine selbst für nachfolgende Generationen denkwürdige Lektion erteilt werden. **2** *Wie ich . . . verfahren bin:* rücksichtslos oder grausam handeln (vgl. 1Sam 31,4). Das Wort kann die Bedeutung unmoralischen Mutwillens haben (vgl. Ri 19,25), hier stellt es jedoch die überlegene Macht des Herrn heraus, für den der Pharao und seine Berater lediglich Marionetten sind. Natürlich wird Gott damit weder Unmoral noch gedankenlose Grausamkeit zugeschrieben. **7** Einige der Berater des Pharaos sind nicht so verstockt wie ihr Herr. **10** Die bittere Ironie des Pharaos bleibt jedoch unverändert. **16.17** Die Heuschrecken bewirken eine nur vorübergehende Wandlung. Die nächste Plage ist die Antwort darauf.

10,21–29 Die neunte Plage, die Finsternis, hat besondere Bedeutung. Der Sonnengott Re war einer der Hauptgötter Ägyptens, und doch haben nur die Israeliten Licht. Der Pharao bleibt halsstarrig, und Mose will sich nur mit der ganzen Freiheit zufriedengeben. Die Verbannung Moses bedeutet den endgültigen Verzicht auf Hoffnung und Frieden.

11,1–10 Die letzte Plage wird angekündigt, ihr Zeitpunkt jedoch nicht näher bestimmt. **7** Plötzlich wird unsägliches Leid über viele Familien hereinbrechen, doch die Israeliten werden erneut sicher sein. **10** Diese Feststellung darf nicht übersehen werden. Sie beschließt den ersten Teil des Berichts über das Gericht an Ägypten und die Befreiung Israels. Das Gerichtshandeln Gottes, das nicht zur Erlösung Israels führt, sondern die Israeliten durch die Verstockung des Pharaos immer weiter in die Versklavung treibt, ist jetzt abgeschlossen. Der Bericht zieht gewissermaßen einen Schlußstrich darunter und geht jetzt zum Bericht von dem Erlösungswerk über, mit dem Gott jetzt beginnt.

12,1–14,31 Das letzte Gericht über Ägypten. Befreiung aus der Knechtschaft und Errettung am Schilfmeer

Das bürgerliche Jahr begann in Israel im Herbst nach der Ernte. Hier (12,1) geht es jedoch um die Einsetzung eines »Kirchenjahres«, das im Frühjahr beginnt und der Erinnerung an die Befreiung gewidmet ist.

Beim letzten Gericht über Ägypten ließ Gott seinem Zorn freien Lauf. Die Gewährung des

Passaopfers machte den Unterschied zwischen Ägyptern und Israeliten noch augenfälliger: Israel erhielt am Tag des Zorns ein Zeichen des Friedens sowie die Freiheit von der Knechtschaft, die im Aufbruch aus Ägypten hervortrat. Nach dem NT haben wir hier ein klares Vorbild für den Tod Jesu Christi, die Erlösung durch ihn und den damit beginnenden Glaubensweg. Das Passaopfer sollte daher die Israeliten schützen und ihnen die Befreiung bringen, die ihnen die vorübergehenden Plagen nicht hatten erwirken können.

12,1–28 Das Passa. Die besonderen Merkmale des Opfers und der göttlichen Ordnungen für die Verwendung von Fleisch und Blut sind bedeutungsvoll. Das Schaf- oder Ziegenlamm mußte einjährig, fehlerlos und männlich sein (männliche Lämmer waren wertvoller als weibliche). Sein Tod (Blut) sollte für die israel. Familien Gott gegenüber als stellvertretendes Sühnezeichen gelten. Das ganze Lamm mußte auf offenem Feuer gebraten, ganz verzehrt bzw. Übrigbleibendes verbrannt werden. Darin offenbart sich die völlige Weihe des Opfers für den heiligen Zweck. Auch die Teilnahme daran in heiliger Furcht und friedfertiger Gesinnung (ungesäuertes Brot und Bitterkräuter, V.8) macht Wesentliches offenbar: Was Gott auf diese Weise dargebracht wurde, wurde von ihm angenommen und seinerseits zu einem Mittel für die Freiheit und das Leben seines Volkes verwandt.

Gott sah dabei das Blut an (V.13). Es gewährte denen Sicherheit (V.23), die unter seinem Schutz standen (V.22). Sie waren völlig sicher: gegen sie »soll nicht ein Hund mukken« (11,7) in einer Nacht, in der der Tod umhergehen wird (12,12); denn der Tod des Opfertiers erfolgt stellvertretend für den »erstgeborenen Sohn« und damit für das Volk (4,22.23). Das Passa sollte regelmäßig gefeiert werden, weil es die Rettung des Volkes verkörperte (12,26.27). In diesem Sinne würde es ein Erinnerungstag für den Menschen sein, und nicht für Gott. Das Fest der ungesäuerten Brote symbolisierte die Plötzlichkeit der Befreiung (V.30). Die Weihe und Erlösung der Erstgeburt brachten die Tatsache zum Ausdruck, daß ganz Israel Gottes freigekaufte Erstgeburt war, und das sollte nicht vergessen werden (13,2).

5.6 *Gegen Abend:* wörtl. »zwischen den zwei Abenden«, d.h. entweder zwischen dem Sinken der Sonne und Sonnenuntergang, oder zwischen Sonnenuntergang und dem Einbruch der Nacht. Nach Josephus wurde das *Lamm* (eher ein Schaf als ein Zicklein) zwischen der neunten und der elften Stunde geschlachtet, d.h. zwischen 15 und 17 Uhr (vgl. Mt 27,45–50). **11** Das gilt nur für dieses Fest, hat aber weiterreichende Bedeutung: den Geretteten ist »Wanderschaft« bestimmt; sie haben keine »bleibende Stadt« (Hebr. 13,14). **13** Die Rettung fiel den Israeliten nicht automatisch zu; sie mußten Gebote halten, Verheißungen im Vertrauen annehmen und das Blutopfer darbringen, bevor ihnen der Schutz zuteil wurde. **15–20** Nach dem Geist dieses Festes sollte sich die zukünftige Durchführung des Passa richten. Es sollte kein Sauerteig in den Häusern sein und keine Arbeit getan werden; geistlich gesehen sollte auf die Befreiung eine heilige Ruhe folgen. **22** *Ysop:* die Form dieser Pflanze eignete sich gut für den bezeichneten Zweck; sie wurde zum Symbol der Reinigung (vgl. Ps 51,9). **24** Es handelt sich um ein Familienritual. Die Kinder sollten das zurückliegende Ereignis als ihre eigene Vergangenheit betrachten (vgl. Ps 44,2–4; Ps 66,6).

12,29–51 Die Tötung der Erstgeburt und die Beendigung der Knechtschaft. **31** vgl. 10,26. Die Arroganz des Pharaos (10,28) steht in auffallendem Widerspruch zu seiner verspäteten Einwilligung in die Forderungen Moses. Wirklich: »alles Fleisch ist Gras . . . das Gras verdorrt . . . denn des Herrn Odem bläst darein« (Jes. 40,6). Diese Plage erfüllte die urspr. Warnung an den Pharao (vgl. 4,23). **32** Die Freilassung der Hebräer geschieht aus persönlichem Interesse: *bittet auch um Segen für mich.* **36** Die Ägypter geben alles, worum sie gebeten werden, nur damit die Israeliten fortziehen (entsprechend der Zusage von 3,20–22).

37 *Sechshunderttausend:* Eine runde Zahl, welche die in 4Mo 1,46 angegebene Zahl bestätigt; sie bezieht sich nur auf erwachsene Männer. **38** Das *fremde Volk* schloß eingeheiratete Ägypter und andere Semiten ein, die nach Ägypten gekommen waren. Sie sollten nicht fortgeschickt werden, doch sollte ihre Anwesenheit die Israeliten weder zu Kompromissen verleiten noch zu einer Verwischung oder Verzerrung der charakteristischen Bundeselemente des israel. Glaubens und Lebens führen. Jeder »Fremdling« (V.48) konnte vielmehr an den geistlichen Privilegien teilhaben, deren sich die Israeliten erfreuten, vorausgesetzt daß er beschnitten war, d.h. »zum Herrn herzutrat«. **40.41** Die Zahl entspricht der allgemeineren Angabe in 1Mo 15,13. Der Zeitraum beginnt mit dem Eintreffen Jakobs in Ägypten (1Mo 46,6.7) und endet mit der Befreiung 430 Jahre später.

13,1–16 Die Heiligung der Erstgeburt. **2** Hier wird die Weihe aller angeordnet, die befreit wurden. Wörtl. ist zwar nur die Erstgeburt von Mensch und Tier gemeint, aber im weiteren Sinne wird hier die Berufung des ganzen Volkes (des »Erstgeborenen«), das erlöst worden ist (vgl. Röm 12,1), symbolisiert und angesprochen. Die Heiligung, die nun folgt, wird erst durch die vorangegangene Erlösung möglich. Diese Erinnerung sollte innerhalb jeder Familie lebendig sein (5Mo 6,3–15). **8–10** Glaube und Gottesdienst waren in Israel weder durch tastende Suche nach dem Unbekannten gekennzeichnet, noch waren sie in ein feierliches Ritual gezwängt. Voraussetzung für die Anbetung war vor allem ein Herz, das sich in Freude und Dankbarkeit an das Erlösungshandeln des bekannten Gottes erinnerte. Das gilt trotz des zusätzlichen Rituals von 3Mo. **9** Die Ägypter schrieben Worte auf Stoffstreifen und trugen diese als Amulette. Eine ähnliche Sitte wurde in nachalttestamentlicher Zeit von den Juden angenommen. Um Stirn und linke Hand gebundene Gebetsriemen enthielten Abschriften von 2Mo 13,1–10; 13,11–16; 5Mo 6,4–9; 11,13–21. Hier und in V. 16 handelte es sich jedoch um eine reine Metapher; sie ist ein weiterer Beleg dafür, daß das atl. Glaubensleben in der Hauptsache innerlich ausgerichtet war.

13 Dieses Gebot untersagt definitiv das Kinderopfer und ist eine Erweiterung von V. 2; 22,28 ist entsprechend zu interpretieren. Der Esel ist als Vertreter der unreinen Tiere anzusehen, der seinen Wert als Lasttier hat; er sollte ausgelöst oder getötet werden. Das Gebot sieht nur die Alternative Weihe oder Tötung vor.

13,17–22 Der Beginn der Wanderung. **17** Die direkte Route nach Kanaan war der *Weg durch das Land der Philister* (s. die Karte auf S. 145). **18** Diese waren ein starkes, kriegerisches Volk. Die Israeliten waren auf ein Zusammentreffen mit ihnen, trotz ihrer veränderten Situation nicht vorbereitet. Es war Gottes Absicht, sich als der eigentlich Handelnde beim Sieg über die Ägypter und in der Schlacht mit Amalek als der souveräne Helfer zu offenbaren. Zunächst sorgte Gott für ein leichtes Entkommen aus Ägypten; dann nahm er das Volk in die Schule, in der es Vertrauen und Gehorsam lernen sollte. Der offensichtliche Umweg wurde von Gott gewählt, weil er um den Wankelmut des Volkes wußte. Er wollte es sicher heimbringen und vor Versuchungen bewahren, die seinen Glauben überfordern würden (vgl. 1Kor 10,13). So ließe sich das rätselhafte Handeln Gottes an seinem Volk u.a. erklären.

19 Die Voraussage Josephs erfüllte sich (vgl. 1Mo 50,25). Er, der im Glauben starb, wurde in die Heimat überführt, nach der er Ausschau gehalten hatte (vgl. Hebr 11,22). **21** Diese sichtbaren Zeichen der Gegenwart Gottes führten und begleiteten das Volk ständig (vgl. 4Mo 10,33–36; 2Mo 33,14.15). Vgl. Einleitung: »Die Selbstoffenbarung Gottes«.

14,1–31 Der Durchzug durchs Schilfmeer. Dieses Ereignis war gleichzeitig letzte Bestrafung und unwiderrufliche Befreiung. Es verlieh dem Volk ein im Glauben gegründetes nationales Selbstbewußtsein. Das Geschehen war so einzigartig, daß man es als Faktum nie vergaß, obwohl die Forderungen des Bundes, auf dem es beruhte, oft in Vergessenheit gerieten. Es wurde als der schlüssige Beweis der Liebe Gottes und als Rechtfertigung seines Anspruchs auf die Hingabe des Volkes betrachtet (Jer 2,6; Hos 13,4). Der Weg bis zum Ort des Durchzugs ist auf der Karte gekennzeichnet. Vermutl. erfolgte dieser durch das Schilfmeer (»Rotes Meer« ist eine Fehlübersetzung) in der Nähe des heutigen El Kantara.

2 Die Orte können nicht mit Sicherheit identifiziert werden. Es scheint, daß die Israeliten durch sichtbare Zeichen der Gegenwart Gottes in diese Sackgasse geführt wurden. Sie waren durch die Bitterseen und eine Gebirgskette eingeschlossen, vor ihnen lag ein nicht zu durchquerendes Meer und hinter ihnen stand ein hartnäckiger Feind. **3** Der Hohn der Ägypter ist durchaus berechtigt. **11** Die Aufsässigkeit der Israeliten ist Kennzeichen ihrer aus dem Unglauben erwachsenen Angst. In dieser Lage wird Mose durch vorhergehende (V. 1–4) und zusätzliche Offenbarung (V. 15.16) ermutigt. Sie überzeugt ihn davon, daß die Situation allem äußeren Anschein zum Trotz ganz in der Hand Gottes liegt, der sie herbeigeführt hat, um Israel zu zeigen, *was für ein Heil* (Rettung, EÜ) *der Herr . . . tun wird* (V. 13). Die Lage sollte ins Gegenteil verkehrt werden: von den Feinden würde man nichts mehr sehen. Gott hingegen würde durch sein Gericht über die Sünder verherrlicht werden. Die befreiten Sklaven sollten keine weitere Verfolgung mehr fürchten müssen; gerade in der Befreiung der Hoffnungs- und Hilflosen würde die Größe Gottes offenbar werden.

19.20 Das Volk wird von Gott verteidigt. Die Wolke hüllt die Ägypter in Finsternis, während sie den Israeliten Helligkeit gibt (vgl. 24,16.17). Vgl. Einleitung: »Die Selbstoffenbarung Gottes«. Gott hat zwar allein die Macht, doch läßt er sie durch seinen berufenen Knecht ausüben. Der Durchzug ist ein Wunder in dem Sinn, daß Gott ein natürliches Mittel (einen starken Ostwind) einsetzt, das jedoch übernatürliche Wirkungen hat (die Teilung des Meeres). **25** Das Eingeständnis der Ägypter ist die teilweise Erfüllung von V. 17.18; hier muß auch die Reaktion der in Ägypten zurückgebliebenen einbezogen werden. Die Israeliten andererseits glauben an den Herrn, fürchten ihn (V. 31) und lobsingen ihm (15,1).

15,1–21 Das Lied der Erlösten
Das Lied Moses ist eine poetische Version des Prosaberichtes in Kap. 14. Dies sollte man bei seiner Deutung im Auge behalten. Moses Lobgesang preist den souveränen Herrn (V. 1–3) für sein Handeln gegenüber den überheblichen Ägyptern (V. 4–12) und im Vorgriff bereits für das, was er an den Einwohnern Kanaans tun wird (V. 13–18). Die Erfahrung mit Gottes unwiderstehlicher wie gnädiger Macht, die Mose gerade gemacht hat und die den ersten Teil der Bundesverheißung Jahwes bildet (V. 3.16), ist ausreichende Garantie dafür, ihn für etwas zu preisen, was noch aussteht (V. 13.17). Dies alles bestätigt Gottes Einzigartigkeit und Überlegenheit (V. 11). Dieser eine Befreiungsakt hat die ganze Tiefe seines Wesens offenbart (vgl. Einleitung), zugleich war er der Gott, der sich bereits den Vorvätern des Volkes geoffenbart hatte (V. 2). Die eine Tat hat seine Macht über seine Feinde und seine Liebe zu seinem Volk geoffenbart; das ist das Fundament seiner ewigen Herrschaft (V. 18; vgl. Ps 66,5–7). Denn Gott beabsichtigt nicht nur, sein Volk zu befreien. Er will auch bei ihm wohnen (V. 13), von ihm verehrt werden (V. 17) und die Quelle seiner Segnung sein (V. 13). Vgl. Offb 15, den dortigen Kontext und das Thema dieses Liedes »der Überwinder«.

20.21 Mirjam, die Prophetin, greift das gleiche Thema auf. Sie führt die Frauen im Lobgesang und in einem feierlichen, spontanen Freudentanz an.

15,22–19,2 Vom Schilfmeer bis zum Sinai

15,22–17,16 In Mara, Elim, der Wüste Sin und in Raphidim
Hier haben wir es mit einem Bericht über sündiges Klagen zu tun. In Mara murrt das Volk: *»Was sollen wir trinken?«* (15,24). In der Wüste Sin klagen sie: »Was sollen wir essen?« (vgl. 16,3). Trotz angemessener Versorgung, die ihnen in beiden Fällen auf wundersame Weise zuteil wird, und trotz der Gabe des Wassers später in Raphidim fragen sie immer noch: *»Ist der Herr unter uns oder nicht?«* (17,7). Auf diese Weise zeigt sich die Widerspenstigkeit des Volkes, die nach dem Bundesschluß am Sinai noch häufiger sichtbar wird und an Bedeutung gewinnt (s. die historischen Berichte in 4Mo). Als Folge davon stirbt eine ganze Generation in der Wüste.

Die in dem Wunder bei Mara erkennbare Fürsorge Gottes wird sich an seinem Volk wiederholen, wenn es dem Gesetz Gottes gehorcht (15,26). Die Prüfung seines Gehorsams erfolgt in der Wüste Sin (s. Karte) im Zusammenhang der übernatürlichen Versorgung mit Manna. Das Volk hat deshalb keine Entschuldigung, wenn es seinen Befreier verläßt, der es versorgt und nicht dem Tod in der Wüste überläßt (16,4). Für das Manna gibt es keine bekannte Parallele; es ist in der Tat ein Wunder, daß es ihnen (vom Sabbat abgesehen) jeden Tag geschenkt wurde, bis sie von den Früchten Kanaans essen konnten (16,35; vgl. Jos 5,12). Einerseits prüft der Herr Israel auf diese Weise, gleichzeitig manifestiert er sich damit unter dem Volk. Etwas Manna soll zur Erinnerung daran aufbewahrt werden, wie Gott Israel in der Wüste am Leben erhielt (16,33). Der Sabbat ist nicht neu; er war ein Schöpfungsgebot (1Mo 2,1–3) und wird hier als Ruhe und als Wohltat für das Volk eingeführt und angeordnet. Gott will an diesem Tag für den Menschen sorgen, so daß dieser für sein Brot nicht arbeiten muß.

Die Prüfung und die Auflehnung in Massa und Meriba bleiben nicht ungestraft, obwohl auf wunderbare Weise für Wasser gesorgt wird; ein Feind tritt gegen Israel auf. Amalek (vgl. 1Mo 36,12.16) wird nicht durch Elitesoldaten und Ausdauer im Kampf, sondern durch inständiges Gebet und Fürbitte bezwungen. Der Fluch und die Strafe, die über die Amalekiter verhängt werden, sind ebenso Vergeltung für die Greuel, die sie mit den Kanaanitern genauso hatten, wie für ihr Verhalten gegenüber Israel (5Mo 25,17–19; 1Sam 15).

Zu den Orten Mara, Elim und Raphidim s. Komm. zu 4Mo 33,7–15.

15,22–27 In Mara und Elim. **22** In der Wüste Sur kommen die Israeliten, nachdem sie 50 bis 70 km zurückgelegt haben (s. Karte), nach Mara. Hier wiederholt sich das große Thema des Auszugs: echte Abhängigkeit von Gott und seine Anrufung gehen der Lösung, die er gibt, voraus. Dies ist eine Wanderung »im Glauben, nicht im Schauen« (2Kor 5,7). Auch die Befreiten sind von Gott abhängig, wenn sie überleben wollen, wie sie im Blick auf ihre Befreiung von ihm abhängig waren. **25** Es ist nicht ausgeschlossen, daß es dort ein Holz mit den natürlichen Eigenschaften gab, brackiges Wasser genießbar zu machen; schließt man sich dieser Ansicht an, würde das Wunder darin bestehen, daß die entscheidende Wirkung mit natürlichen Mitteln erzielt wurde. Die Tatsache, daß Gott sich dazu eines Baums bediente, der lange zuvor gepflanzt worden war, macht dieses Ereignis zu einem Beispiel vorausschauender Fürsorge. Gott hatte gegen die Not des Volkes bereits Vorsorge getroffen, bevor diese überhaupt entstanden war. Wie deplaziert war hier Murren! Das Volk brauchte lediglich zu beten. **27** Ruhe und Erfrischung in Elim, wo Wasser in Überfluß vorhanden war, sind ein weiterer Beweis für Gottes Fürsorge, doch diese war schon bald, nämlich in Raphidim, wieder vergessen (s. Komm. zu 17,1–6).

16,1–36 In der Wüste Sin. 2.3 Das Volk zieht nun Nahrung der Freiheit und sogar dem Leben vor. Was sie ungeduldig fordern, wird zu einer weiteren Erprobung ihres Glaubens, ihres Gehorsams und ihrer Abhängigkeit von Gott. **4.5** Gemäß dem Gesetz des Herrn sollen sie das *Brot vom Himmel* essen und (außer am sechsten Tag) nichts davon aufbewahren. Genau darin sind sie jedoch ungehorsam (V. 20.28). **8** Ihre Sünde wird nicht übersehen; ihre ständige Wiederholung wird vermerkt, bis sie reif ist zum Gericht (V. 20.27.28).

13 Wachteln zogen damals in großen Scharen über das Rote Meer und waren nach einem langen Flug so ermattet, daß man sie leicht fangen konnte. Das Wunder besteht im Zeitpunkt ihres Eintreffens. Wachteln waren kein Hauptnahrungsmittel, sondern galten als Luxus; mit ihnen erfüllt sich die Verheißung in V. 12. Das Ereignis ist ein zusätzlicher Beweis dafür, daß es der Herr war, der die Israeliten aus Ägypten herausführte, und daß ihr Murren sich gegen ihn und nicht gegen seine Diener richtete (vgl. V. 8). Die Wachteln konnten außerdem zur Strafe werden, wenn sie von denen gesammelt wurden, die das Manna verschmähten (4Mo 11,4–7.31–35). **14** Jeden Morgen, wenn *der Tau weg war,* lag etwas in der Wüste, *rund und klein wie Reif* (LÜ), etwas *Feines, Körniges* (ZÜ); es schmeckte nach Honig, konnte gemahlen und zum Kochen und Backen verwendet werden. Hierzu sind auf der Sinaihalbinsel mehrere Parallelen bekannt, z.B. honigtauerzeugende Insekten, die süße hellfarbige Tropfen auf Tamariskenzweigen hinterlassen. Letztlich aber wird keine dieser Parallelen den hier geschilderten Ereignissen gerecht. So bleibt das *man* völlig im Bereich des Übernatürlichen. Gott ließ die Israeliten Hunger leiden, um sie durch die Speisung mit Manna zu lehren, daß »der Mensch nicht vom Brot allein lebt, sondern ... von jedem Worte, das aus dem Munde Gottes hervorgeht« (5Mo 8,3; vgl. 5Mo 8,16; Jh 6,25–29; Offb 2,17). Daß das Manna, wenn man es – mit Ausnahme des Sabbats – für den kommenden Tag aufbewahren wollte, voller Würmer war, sollte deutlich machen, daß Gott im Blick auf die täglichen Bedürfnisse täglich neu Vertrauen erwartet und dafür sorgt, daß der Sabbat eingehalten werden kann.

18 Das Wort *Gomer* (ZÜ) kommt nur in diesem Kapitel vor. Es bedeutet einen kleinen Krug, der nach V. 36 ungefähr den zehnten Teil eines Scheffels faßte. **33.34** Das ist ein Hinweis auf die Errichtung der Stiftshütte. Der Krug mit Manna wurde mit den Gesetzestafeln in der Bundeslade aufbewahrt.

17,1-16 In Raphidim. 1 Vgl. 4Mo 33,1–49, wo ein Verzeichnis der Lagerstätten gegeben wird. **4** Mose sieht sich offenem Widerstand gegenüber und wendet sich deshalb an den Herrn. **6** *Horeb:* bezeichnet hier einen anderen Berg als den Sinai in der gleichen Gebirgskette. Das Wunder ist ein weiterer Beweis für Gottes gnädige Fürsorge, aber auch für seine Strenge gegenüber einem Volk, das trotz seiner religiösen Beteuerungen so halsstarrig war. **8** *Amalek:* Die Amalekiter stammten wie die Edomiter von Esau ab (1Mo 36,12.16). Sie waren ein Nomadenvolk und Israel gegenüber besonders feindselig eingestellt (vgl. 5Mo 25,17.18). **10** Hur war der Großvater des Kunsthandwerkers Bezalel (31,2; vgl. 1Chr 2,19.20). Er übernahm mit Aaron die Führung des Volkes, als Mose zum Sinai hinaufstieg. **11–13** Diese Gebetshaltung drückt demütiges Flehen aus; bei Mose verbindet sich mit der Bitte Fürsprache. **16** *Die Hand an den Thron des Herrn!:* wörtl.: »Eine Hand wird an (gegen) den Thron des Herrn erhoben!« Möglicherweise ist hier von der Sünde Amaleks die Rede. Gott, der seine Ehre keinem anderen überläßt, strafte ihn dafür schwer. Andere deuten 16a im Sinne einer Schwurhandlung (so EÜ). Die Vulgata liest mit leichter Korrektur, anknüpfend an V. 15: »das Feldzeichen Jahwes in die Hand!«

18,1–27 Der Besuch und Rat Jethros

Dieser Besuch beeinflußte für alle Zeiten die Verfassungsgeschichte Israels, denn hier erfolgte die Trennung (nicht Scheidung) von Gesetzgebung und Rechtsprechung in der Gemeinschaft. Es hatte sich ergeben, daß Streitfälle, die einer richterlichen Entscheidung bedurften, vor Mose gebracht wurden. Er fällte Urteile, und seine Entscheidungen (Kasuistisches Recht) wurden zu prinzipiell gültigen »Satzungen Gottes«. Mose legt hier nicht das geltende Recht in Gestalt von Einzelvorschriften vorweg fest, sondern nach der Darstellung des Textes so, daß er über Fälle befand, wie sie vor ihn gebracht wurden. Die getroffenen Entscheidungen galten, bes. bei schwierigen Sachverhalten (V. 26), als Präzedenzentscheidungen für zukünftige Fälle (vgl. 21,1). Sammlungen solcher Gesetze finden sich in 20,23–23,33. Vgl. auch Einleitung »Das Gesetz«.

2–9 Moses Schwiegervater, beeindruckt von

dem, was er über die Befreiung gehört hat, besucht Mose und bringt dessen Frau Zippora und seine Söhne mit. **10** Jethro fühlt sich veranlaßt, Gott für alles, was er getan hat, zu loben.

Dann berät er Mose, wie er sich die Last der Leitung des Volkes erleichtern kann. **11** Der Midianiter Jethro stammt zwar von Abraham ab, ist aber kein reiner Monotheist, wenn er vielleicht auch mehr als die Überlegenheit des Herrn über alle Götter bekennt. **12** Das Opfer, das er darbringt, läßt sich aus einer Position als Stammesoberhaupt erklären und hat den Charakter eines Sündopfers; denn Opfer waren, auch vor dem Sinaigeschehen, nicht unbekannt; vgl. 1Mo 4,4.

15.16 Moses Antwort ist aus zwei Gründen wichtig. Sie zeigt einmal, daß das Volk eine Entscheidung von Gott verlangt und daß Mose sie in Verbindung mit dem jeweils anstehenden Rechtsfall treffen kann. Zum anderen kann Mose auch moralische Satzungen übermitteln. **19–22** Die Antwort Jethros bedeutet nicht, daß Mose das Amt des ersten Richters einbüßt; sie sorgt vielmehr dafür, daß andere sich mit den geringeren Streitfällen befassen. Diese Männer sollten Gott und nicht Menschen fürchten und unbestechlich sein. **23.24** Diese Regelung wird Mose vorgelegt, ihm jedoch nicht aufgezwungen, und das Ganze wird Gott zur Zustimmung unterbreitet.

Exkurs. Die »Keniter-Hypothese«. Der Ursprung der Jahwe-Verehrung in Israel wird von einigen Wissenschaftlern auf den Einfluß der Keniter und speziell auf Jethro zurückgeführt. Sie halten für erwiesen, daß Israel vor Mose keine Kenntnis von Jahwe gehabt hätte. Mose habe von dem Sturmgott der Keniter, dessen Sitz sich auf dem Berge Sinai befand, erfahren, während er bei Jethro lebte. Er habe dann die Israeliten mit dieser Gottheit bekanntgemacht. Dies wird scheinbar durch die Tatsache erhärtet, daß Mose unter den Kenitern lebte, als ihm Jahwe am Sinai erschien. Dann aber muß diese Theorie gegen die ausdrückliche Aussage des Kontextes behauptet werden, daß nämlich Gott, der Mose am Sinai erscheint, kein anderer als der Gott der Erzväter ist. Daß Debora in ihrem Lied (Ri 5,5) Jahwe angeblich vom Sinai herbeiruft, wird literargeschichtlich oberflächlich gedeutet und läßt außer acht, daß Jahwe bei Israel in Kanaan gegenwärtig ist. In 4Mo 10,29 wird Hobab, der Keniter, aufgefordert, sich den Israeliten anzuschließen, damit sie ihm Gutes tun können, nicht etwa umgekehrt. In 1Mo 18 ist Jethro der Lernende und nicht der Lehrende (s.V.8), und sein Opfer (V.12) entspricht seinem Glauben (wie er in V.11 bezeugt wird), der wiederum auf der Grundlage des Berichts entstanden ist, den er über die von Gott bewirkte Befreiung gehört hat (V.1.8). Er ist ein Bekehrter.

Es gibt daher keine stichhaltigen Gründe, diese Hypothese zu vertreten.

19,1.2 Am Sinai

Die Israeliten gelangten im dritten Monat nach ihrem Auszug aus Ägypten an den Sinai. Sie blieben beinahe ein Jahr dort (4Mo 10,11). Unter der *Wüste Sinai* ist das offene Land vor dem Gebirge zu verstehen. Über dem Sinai stand die Wolke still (vgl. V.9). Das Ziel war erreicht.

19,3–24,18 Die Stiftung des Bundes

19,3–6 Gott tut seinen Plan kund

3 Gemäß 3,12 steigt Mose auf den Berg. **4** Daß das Volk diesen Ort erreicht hat, ist allein der Macht und Fürsorge Gottes zu verdanken (vgl. 5Mo 32,10–12; Offb 12,14) und entspricht seiner Bundesabsicht mit ihm (s. Einleitung). Israel soll ein einzigartiges Volk sein: erwählt, wertgeschätzt, gesegnet und nach Gottes Willen ausgesondert. Jeder einzelne soll Zugang zu Gott haben und sich der Anbetung und dem Dienst für Gott widmen. Das soll im Gehorsam gegenüber seinem Gesetz geschehen. Diese Absicht muß dem Volk verkündet werden. Die Israeliten sollen durch die Erinnerung an vergangene und gegenwärtige Gnadenerweise ihr innerlich verpflichtet werden (vgl. Röm 12,1).

5 *Mein Eigentum* (hebr. *ṡegulla* = »ein besonderer Besitz«): dahinter steht die Wahrheit von der göttlichen Erwählung. (Vgl. 5Mo 7,6. In Mal 3,17 bezieht sich dieser Ausdruck auf die gläubigen Israeliten am »Tage des Herrn«, in 1Petr 2,9 und Tit 2,14 auf die Gemeinde.) Die Rechtmäßigkeit dieser Erwählung beruht auf Gottes Recht, zu tun, was er will, und zu erwählen, wen er will; denn aufgrund der Schöpfung hat er ein Anrecht auf alle Menschen. **6** Im Unterschied zu allen anderen Völkern sollen die Israeliten (Gottes Volk) ein Königreich sein, dessen sämtliche Bürger Priester sind, wobei jeder das Recht des Zugangs zu Gott, des Gottesdienstes und der Anbetung hat. In Jes 61,6 werden so die Israeliten der kommenden Heilszeit beschrieben; die Erfüllung in der Gemeinde zeigt 1Petr 2,5–9 auf. Ein *heiliges Volk* ist ein von anderen Völkern ausgesondertes und an Gott hingegebenes Volk. Dieses Vorrecht war zugleich Verpflichtung. Wiederum wird es auf das vollendete Israel der Heilszeit (Jes 62,12) und auf die Gemeinde (1Petr 2,9) bezogen.

19,7–25 Das Volk nimmt den Bund formell an. Vorbereitung auf die Begegnung mit Gott Das Volk leistet einen Eid des Gehorsams und der Unterwerfung unter den Anspruch Gottes, sein rechtmäßiger Herrscher zu sein. Die Bundesbedingungen machen die Annahme durch das Volk erforderlich, obwohl sie in keiner Weise abgeändert werden können; einmal angenommen sind sie rechtsverbindlich. Nachdem das Volk sich Gott unterworfen hat, soll es die Gegenwart Gottes erfahren und seine Stimme vernehmen. Dadurch soll Israel von der göttlichen Majestät, von der Bedeutung des Bundesschlusses und von der Wahrheit dessen, was Mose ihm als Forderung Gottes mitteilen wird, zutiefst überzeugt werden.

Auf diese Weise erhält die bibl. Beziehung von Gesetz und Gnade ihre bleibende Definition. Bes. in 3,12, unausgesprochen aber in Kap. 3–9 insgesamt, wird deutlich, daß der Sinai keine zufällige Station auf dem Weg nach Kanaan ist, sondern für die erste Phase der Wüstenwanderung nach dem Auszug das eigentliche Ziel. Es ist der Wille Gottes, daß sein durch das Blut des Lammes erlöstes Volk (vgl. 12,13) nicht nur allg. seiner Führung unterstellt (vgl. 13,21.22) und von der Welt ausgesondert (vgl. 14,27–31) wird, es untersteht nun auch seinen genauen Anweisungen für das tägliche Leben und den Gottesdienst (vgl. 20,1–24,8). Das Gesetz Gottes ist daher keine »Leiter«, auf der die Unerretteten Zugang zum Himmel erlangen, sondern ein Prinzip zur Lebensgestaltung, das es den Erretteten ermöglicht, ihre Kindschaft (vgl. 5Mo 14,1.2) und ihre Stellung als Erlöste (vgl. 2Mo 20,2) zu entfalten.

Die Vorbereitung auf das Hören der Stimme Gottes schloß eine symbolische Reinigung durch Waschen der Kleider sowie durch sexuelle Enthaltsamkeit ein (V. 15). Die zuletzt genannte Forderung ist im Vergleich mit den zeitgenössischen antiken Religionen des Nahen Ostens bes. bemerkenswert; denn bei diesen gehörten sinnliche Ausschweifungen zum Gottesdienst. Die Religion Israels war anders, weil sie einen übernatürlichen Ursprung hatte. Der Schall der Posaune bildete die Einleitung zur Proklamation des Königs. Die übernatürlichen Begleiterscheinungen – die Naturelemente geraten auf dem Sinai in Bewegung – sollen die Israeliten beeindrucken, ihre sündige Neugier zügeln (vgl. 2Mo 3,3) und einen heiligen und zugleich gnädigen Gott offenbaren.

9 Gott beabsichtigt, seinen Boten vor dem Volk zu bestätigen. **12** *Grenze:* der Berg wurde eingezäunt; er wurde zum Ort Gottes, dem selbst geheiligte Menschen nicht nahekommen durften; Übertretern drohte die sofortige Todesstrafe durch Steinigung oder durch Pfeile. **16** Vgl. Einleitung »Die Selbstoffenbarung Gottes«. **19** Hier handelt es sich um eine Stimme, die von außen an Moses Ohr dringt, nicht um Abläufe in seinem Gewissen oder in seinen Gedanken. Die Erscheinung Gottes ist kein dichterisches Beiwerk. Das ist wichtig für unser Verständnis der Tatsächlichkeit der Offenbarung. »Gott . . . hat . . . zu den Vätern . . . geredet« (Hebr 1,1).

20,1–23,19 Die Gesetze der Bundesordnung

20,1–20 Die Zehn Gebote. Vgl. Einleitung: »Der Bund« und »Das Gesetz«. Die Tatsache, daß der Dekalog durch die Stimme Gottes, also ohne irgendeine Vermittlung bekanntgemacht wurde, bestätigt seine Autorität und seine bleibende Gültigkeit. Dies wird auch dadurch unterstrichen, daß die Gebote von Gott zweimal, und zwar auf Steintafeln, aufgeschrieben wurden (31,18; 32,15.16; 34,1.28; vgl. 5Mo 10,4). Die ersten Tafeln wurden von Mose zerschmettert, um die Auswirkungen des Abfalls Israels zu symbolisieren (32,19). Die zweiten Tafeln wurden in die Bundeslade gelegt (25,16; vgl. 5Mo 10,5).

Durch diese Gebote sollten dem Volk die Forderungen des Bundes bekanntgemacht werden und bei ihm Gültigkeit erlangen. Die grundlegenden Gebote von 20,2–17 werden in 20,22–23,33 entfaltet. Dies wiederum dient der Vorbereitung des Bundesschlusses in Kap. 24. Sie ordnen das ganze Leben in seinen Beziehungen zu Gott wie zu den Mitmenschen. Sie enthalten in summarischer Form das ganze Gesetz Gottes. Durch die vorwiegend verneinende Form der Gebote wendet sich Gott gegen die Sünde bei seinem erlösten Volk. Sie verweist aber zugleich auch auf den Triumph der Gnade, denn das Gebot soll Lebensregel, nicht Mittel zum Tod sein. Der Singular der Anrede »Du« steht zwar kollektiv für das ganze Volk, meint aber darüber hinaus auch jeden einzelnen Israeliten.

2 Hier liegt eine Art Gegenstück zu dem hist. Prolog eines hethit. Vasallenvertrages vor. (Vgl. Einleitung: »Der Bund«). Es handelt sich hier also nicht um ein Gebot, sondern gewissermaßen um die Grundlage, auf der alle Gebote formuliert sind: Gott ist ein persönlicher und ein souveräner Gott, der gnädig an seinem Volk handelt, das ihn liebt und ihm gehorcht (V. 6). **3** Zum ersten Mal wird hier die Vielgötterei verboten. Damit ist zugleich Gottes Recht auf ausschließliche Verehrung geltend gemacht. *Neben mir:* »vor meinen Augen«, d.h. wo Israel lebte und anbetete.
4 Dies ist der fundamentale Glaubenssatz Israels; vgl. 5Mo 6,4. Das zweite Gebot ist gegen

die Verehrung von Götterbildern gerichtet. Es ist allg. gefaßt und untersagt alle Versuche der Darstellung Gottes und jede Art von Götzenbildern, Abgöttern in Gestalt geschaffener Wesen. Solche Bilder entwürdigen den Schöpfer, zugleich aber auch den Menschen, der sie anbetet. Am Sinai war keine Gestalt und kein Bild zu sehen: nur eine Stimme war zu hören. **5.6** Das im vorhergehenden Vers genannte Gebot wird hier weiter entfaltet. Gott läßt nicht zu, daß Verehrung und Gehorsam, die ihm rechtmäßig zustehen, etwas anderem entgegengebracht werden. Gottes Ehre ist mit dem ehrfürchtigen Dienst seines Volkes aufs engste verbunden. Hier manifestiert sich die unveränderliche Gerechtigkeit Gottes. Er bestraft die Kinder nicht für die Sünden ihrer Väter, es sei denn, sie machen sich der gleichen Übertretungen schuldig oder die begangenen Sünden ziehen bestimmte soziale und physische Folgen nach sich. Wichtig ist aber, daß die auf diese Weise Bestraften diejenigen sind, die Gott »hassen«. Seine Gnade ist größer als sein Zorn, und sein Segen für die, die ihn lieben und ihm gehorchen, erstreckt sich über tausend Generationen.

7 Den Namen Gottes *mißbrauchen* heißt, ihn in eitler, leichtfertiger, lästerlicher oder unaufrichtiger Absicht zu gebrauchen. Damit werden die feierlichen oder in der Rechtsordnung vorgesehenen Eide nicht untersagt, sondern der Meineid (vgl. 3Mo 19,12). **8–11** *Gedenke:* Hier wird kein neues Gebot gegeben, vielmehr wird auf 1Mo 2,1–3 zurückverwiesen. Dieses Gebot dürfte von den Israeliten in Ägypten vergessen worden sein. Auch in der Zeit der Erzväter wird der Sabbat nicht erwähnt. Das Gebot sollte immer gültig bleiben. Nach sechs Tagen Arbeit hatte der Mensch Anspruch auf einen Ruhetag. Allerdings sollte dieser Tag auch dem Gedenken an Gottes Schöpferhandeln zugunsten des Menschen dienen und bot so eine besondere Gelegenheit zum Gottesdienst. Er wurde für den Menschen eingerichtet und war ein Segen und Anlaß zur Freude (Jes. 58,13), manchen auch ein Ärgernis (vgl. Am 8,5). **12** Hier wird die erste Verpflichtung für den zwischenmenschlichen Bereich genannt. Die Familie ist die Grundlage der Gesellschaftsordnung. Wer dieses Gebot befolgt, wird unter dem Segen Gottes stehen. Die Einhaltung dieses Gebotes ist eine wichtige Voraussetzung für sozialen Frieden und eine gesunde Entwicklung des Volkes. **13** Dieses Gebot verbietet den Mord. Er bezieht sich nicht auf unbeabsichtigten (und darum entschuldbaren) Totschlag (21,13; 4Mo 35). 2Mo 22,1 nimmt auch den, der einen auf frischer Tat ertappten Einbrecher tödlich verletzt, von diesem Gebot aus. Töten ist erlaubt beim Vollzug der Todesstrafe (1Mo 9,6) und im »gerechten« Krieg (5Mo 20). **14** Eine weitere Grundlage des sozialen Lebens ist die Ehe. Schwere Strafen sollen ihre Ordnung bewahren (3Mo 20,10). **15** Das Recht auf Privateigentum ist zu respektieren. Diebstahl wird unter Strafe gestellt (2Mo 21,16.37). **16** Dieses Gebot untersagt das falsche Zeugnis, bes. vor Gericht (23,1), schließt aber auch üble Nachrede ein. Die Strafen werden in 5Mo 19,16–21 genannt. **17** Die innere Haltung des Menschen, seine Gedanken und Begierden sind Gott nicht verborgen und fallen unter sein Gesetz. Das lag schon den vorangehenden fünf Geboten zugrunde. **18ff** Grundsätzlich ist zwar Liebe das Motiv für die Einhaltung der Gebote, zugleich ist aber auch Gottesfurcht nötig, damit Liebe nicht verfälscht wird.

20,21–26 Anweisungen für die Gottesverehrung. **22** Hier beginnt das sog. »Bundesbuch« (20,22–23,33; vgl. Einleitung: »Das Gesetz«). Auf die Beziehungen zwischen dieser Gesetzessammlung und dem Dekalog wird in der weiteren Auslegung hingewiesen. **23** Das erste und zweite Gebot klingen hier wieder an. **24** Der Altar aus Erde oder unbehauenem Stein sollte die Einfachheit wahrer Anbetung sowie den jedem Israeliten gewährten Zugang zu Gott unterstreichen. Stufen zum Altar hätten zur Folge gehabt, daß die Blöße des Anbeters aufgedeckt worden wäre, wenn er in seiner gewöhnlichen Kleidung zum Altar hinaufstieg (vgl. 28,40–43). Die Altäre sollten an Plätzen der Gottesoffenbarung errichtet werden, wo Gott immer wieder segnen würde.

Exkurs: 2Mo 20,24–26 und 5Mo 12. Man hat behauptet, daß dieses Gesetz aus 2Mo, das angeblich unbeschränkte Freiheit im Kult gewährt, älter sein müsse als das aus 5Mo, das den Gottesdienst an einem einzigen zentralen Heiligtum vorschreibt. Die Bestimmungen weichen offensichtlich voneinander ab. Der vermeintliche Widerspruch beruht jedoch auf einer falschen Auslegung von 2Mo 20. Denn dort ist weder von einer unbegrenzten Freiheit des Kults noch von einer unbegrenzten Zahl von Heiligtümern die Rede. Dieses Gesetz muß zunächst in engem Zusammenhang mit der vorhergehenden Geschichte gesehen werden; mit den »Orten, wo ich meines Namens gedenke lasse« sind die Ebene von More (1Mo 12,6), der Berg Morija (1Mo 22,2), Beerseba (1Mo 26,33), Bethel (1Mo 35,1) und Raphidim (2Mo 17,8.15) gemeint. Es geht also nicht um Stätten der Anbetung, die gleichzeitig nebeneinander existierten, sondern an denen sich Gott nacheinander offenbart hat. Das erklärt und rechtfertigt das Verhalten

Gideons (Ri 6,25.26), Manoahs (Ri 13,16), Davids (2Sam 24,18), Salomos (1Kön 3,4.5) und Elias (1Kön 18,31ff). Hier steht nichts im Widerspruch zu 5Mo; denn obwohl 5Mo 12 den Gottesdienst allg. in einem zentralen Heiligtum vorschreibt, werden 5Mo 27 Anweisungen für den Bau eines Altars auf dem Berg Ebal in einer Weise erteilt, wie sie genau 2Mo 20,25 entspricht.

21,1–23,13 Zivilrecht. Urteile aus vorher aufgetretenen Streitfällen (Präzedenzfällen) galten für die Zukunft; vgl. 2Mo 18,13ff. (Ähnlich das englische »Fallrecht«.)

21,2–11 enthält eine Rechtsordnung für die Behandlung hebr. Sklaven (von ausländischen Sklaven handelt 3Mo 25,44–46). Ein Israelit konnte von seinen Eltern als Sklave verkauft werden. Ein solcher Verkauf konnte auch wegen Diebstahl (22,1) oder Zahlungsunfähigkeit (vgl. Am 2,6) erfolgen. Manchmal war man gezwungen, sich selbst zu verkaufen (vgl. 3Mo 25,39). Ein Israelit konnte auch als Sklave geboren werden. **2.3** Im israel. Recht galt der Sklave nicht einfach als Besitz; er behielt bestimmte Rechte und konnte im siebenten Jahr (dem Sabbatjahr) den Sklavendienst als freier Mann verlassen, und zwar so, wie er in ihn eingetreten war (ledig oder verheiratet). **4** Wenn ein Sklave heiratete und eine Familie gründete, während er Sklave war, blieben seine Frau und etwaige Kinder Eigentum seines Herrn, vermutl. für einen Zeitraum von 6 Jahren. **5** Auch für den lebenslangen Sklavendienst gab es Ordnungen. Wer freiwillig sein Leben lang Sklave blieb, erhielt als Kennzeichen das Ohr durchbohrt. **6** *Bringe . . . vor Gott:* Diese Handlung war in der Gegenwart Gottes vor den Richtern am Türpfosten des Hauses zu vollziehen, in dem der Sklave diente. **7** Die Rechte der Sklavin wurden sorgfältig geschützt, obwohl ihr nach sechsjährigem Dienst nicht die Freiheit gewährt wurde. **8** Sie durfte nicht an Nichtisraeliten verkauft werden. Wenn sie ihrem Herrn nicht gefiel, konnte sie, ehe er sie zur Nebenfrau nahm, ausgelöst werden. **9** Wenn sie für seinen Sohn bestimmt war, so wurde sie zur Tochter. **10** Nahm der Herr eine andere Nebenfrau, so mußte er für die erste weiterhin sorgen. **11** Wenn er diese Pflicht nicht erfüllte, mußte sie freigelassen werden.

21,12–17 Die Gesetzgebung für Kapitalverbrechen. Für nicht vorsätzliche Tötung wurden die Strafe gemildert; später wurden Asylorte festgelegt (vgl. 5Mo 19,1–13). **14** Die Hörner des Altars wurden fälschlicherweise als Schutz betrachtet (vgl. 1Kön 1,50; 2,28ff). Dies war eine heidnische Praxis. Im AT gibt es hierfür keine göttliche Ermächtigung. Freistädte sollten den Israeliten Schutz bieten, die sich eines Totschlags schuldig gemacht hatten. Für den Mörder dagegen gab es keinen Schutz vor der Vollstreckung des göttlichen Rechts. **15–17** Vater oder Mutter zu schlagen oder zu verfluchen (vgl. 2Mo 20,12) und Menschenraub zählten ebenfalls zu den Kapitalverbrechen.

21,18–36 Die Gesetzgebung für Körperverletzungen durch Menschen (V. 18–27), durch Tiere oder aus bloßer Fahrlässigkeit (V. 28–36). **18–27** Bei der Festsetzung von Strafen wurden Stand und Geschlecht des Geschädigten, die Art der Verletzung und die sich aus ihr ergebenden Folgen berücksichtigt. **20.21** Das Leben eines Sklaven wurde geringer gewertet als das eines freien Mannes, aber auch der Sklave war nicht einfach ein Stück Besitz. **22** Der Verlust eines Kindes war nach richterlichem Schuldspruch mit Geld zu sühnen. Starb jedoch die Frau, mußte das Gesetz für Kapitalverbrechen angewendet werden. **25** Die Vergeltung von Gleichem mit Gleichem wurde schon zur Zeit Moses in eine Geldstrafe umgewandelt (vgl. 4Mo 35,31). Dieses Gesetz galt auch nicht, wenn ein Sklave verletzt wurde; denn der Sklave sollte dann freigelassen werden. Ein Sklave durfte nicht willkürlich verletzt werden. **28–36** Auch Tiere wurden getötet, wenn sie die Heiligkeit des menschlichen Lebens verletzten. Der Besitzer war zunächst nicht verantwortlich. Er mußte jedoch zusammen mit dem Tier sterben, wenn er auf die Gefährlichkeit des Tieres vorher hingewiesen worden war. Waren die Verwandten des Getöteten aber bereit, eine geldliche Entschädigung anzunehmen, so entging der Besitzer des Tieres dem Tod. Der Eigentümer eines Sklaven sollte ebenfalls finanziell für den Verlust eines solchen entschädigt werden. Die Verordnungen in V. 33–36 folgen dem Grundsatz der Billigkeit.

21,37–22,14 Wiedererstattung von Gütern. **21,37–22,3** Bestimmungen im Blick auf Diebstahl von Rindern oder Schafen und auf Einbruch. Wenn die gestohlenen Tiere geschlachtet oder verkauft wurden, war die Erstattungssumme im Falle des wertvolleren Rindes höher. War es nicht verkauft oder geschlachtet worden, war das gestohlene Tier zurückzugeben und zweifach zu erstatten. Ein Dieb konnte wegen Diebstahls in die Sklaverei verkauft werden. Wurde er nachts bei einem Einbruch erwischt und dabei erschlagen, blieb dieser Totschlag straffrei. Am Tag dagegen, wo er erkannt und festgenommen werden konnte, durfte er nicht getötet werden. **4.5** Bestimmungen für die Wiedergutmachung von durch Vieh oder Feuer angerichtetem Schaden. **6–12** Bestimmungen für die Wiedergutmachung bei Verlust oder Beschädigung von in Verwahrung gegebenen Gegenständen. Die Richter, die unter Gottes Führung handelten, hatten festzustellen, ob Gegenstände oder Geld veruntreut worden waren. **10** Einem feierlichen Eid war Glauben zu schenken. **13.14** Für gemietete Tiere trug der Entleiher die Verantwortung, außer wenn der Besitzer zugegen war.

22,15–23,12 Verschiedene Moralvorschriften. **22,15.16** Die noch nicht verlobte Tochter wurde dem Eigentum ihres Vaters zugerechnet; ihr Wert wurde durch den Verlust ihrer Jungfräulichkeit vermindert. Es war eine Entschädigung zu zahlen, und der Mann mußte sie heiraten. Weigerte sich der Vater, seine Tochter dem Mann zu geben, so mußte jener dennoch den Brautpreis bezahlen. **17** Vgl. LZB, Art. »Zauberei«, Sp. 1557. Zauberei stand im krassen Gegensatz zum Glauben Israels. Darum sollten die Zauberinnen getötet werden. **18** Eine solche Erniedrigung des Menschen mußte drastisch bestraft werden; der Täter sollte getötet werden. **19** Der Bann (hebr. *cherem*) bedeutete die Übergabe an Gott durch Ausrottung; dem Bann verfiel, was nicht vor Gottes Angesicht bleiben durfte, weil es ihm zuwider war (vgl. z.B. Jos 6,17–19). **22.23** Gottes Gericht ist gerecht. **24ff** Die Armen sollten nicht den Reichen ausgeliefert sein, lebenswichtige Dinge durften nicht als Pfand behalten werden, etwa der *Mantel*, der am Tag als Kleidung und in der Nacht als Decke diente. **27** Gott und solchen, denen er Autorität verliehen hat, ist Respekt entgegenzubringen. **28–30** Diese Verordnungen sollen die Weihe des Volkes für Gott zum Ausdruck bringen.

23,1–3 Die Aussagen vor Gericht sollen wahr und unparteiisch sein (vgl. 20,16). Weder die Meinung der Masse noch Mitleid darf das Gericht in seinen Entscheidungen beeinflussen. **4.5** Selbst für das Tier eines Feindes ist zu sorgen. **6ff** Die vollzogene Rechtsprechung soll Gottes Gerechtigkeit widerspiegeln, denn er wird nicht untätig bleiben. **9** Habt Mitleid mit Fremdlingen, denn ihr wart auch einmal Fremdlinge (vgl. Mt 7,12; Eph 4,32). **10–13** Das siebente Jahr und der siebente Tag sollen geheiligt werden; dies liegt im Interesse des Menschen und hat zugleich einen wirtschaftlichen Grund, aber das Gebot in V. 13 zeigt, daß auch hier die fürsorgliche Güte Gottes dahintersteht.

23,14–19 Festvorschriften. **14–17** Die drei jährlichen Feste werden ausführlicher in 3Mo 23 und 5Mo 16 behandelt. (Zum Überblick über den Festkalender vgl. LZB, Art. »Jahr«, Sp. 659f). Ihr Vorkommen an dieser Stelle (in knapper Form) bestätigt, daß Befreiung und Bundesschluß das Kernstück des israel. Glaubens bildeten. Das erste Fest war *das Fest der ungesäuerten Brote,* an dem man sich dankbar an die gottgewirkte Befreiung erinnerte. Darum wurde ein Dankopfer im Heiligtum dargebracht. Außerdem wurde beim *Fest der Ernte* und beim *Fest der Lese* der Güte des treusorgenden Herrn gedacht. Diese Anordnung der Feste war ein Angeld darauf, daß sich die wandernden Israeliten eines Tages, entsprechend der Verheißung Gottes, in Kanaan niederlassen würden. Alle gesunden Männer sollten als Vertreter ihrer Familien an den Festen teilnehmen. Die Frauen waren wegen ihrer Aufgaben im Haus nicht zur Teilnahme verpflichtet; sie stand ihnen aber offen (vgl. 1Sam 1,18). **18** bezieht sich auf das Passa. Das *Fett* wurde als das Beste des Opfers verbrannt. **19** Die *Erstlinge* sollten Gott dargebracht werden, denn sie waren ja von ihm gegeben. Die in 19b genannte heidnische Praxis war der nutzlose Versuch, die Fruchtbarkeit durch Magie zu steigern.

23,20–33 Die Grundsätze des zukünftigen Handelns Gottes

Wenn Israel auf Gottes Stimme hört, dann wird er es führen, es in das Verheißene Land bringen, seine Feinde vernichten, es im Land seßhaft werden lassen und sein Territorium und seine Macht erweitern. Diese Zielsetzung ist eines der Hauptthemen von 5Mo und Jos.

20 *Engel:* (vgl. Einleitung: »Theophanie«). Sich gegen ihn aufzulehnen heißt, sich gegen Gott aufzulehnen, und dafür gibt es keine Entschuldigung. **24** *Steinmale:* dem Götzendienst geweihte Steine, auf denen heidnische Symbole eingemeißelt waren. **25b.26** Die Segnungen, die Israel zuteil werden sollen. Gottes Handeln verwirklicht die ganze Fülle des Bundessegens. **28** *Hornisse* (EÜ; vgl. ZÜ; LÜ: *Angst und Schrecken*): das ist eine bildhafte Beschreibung des Handelns Gottes. **31** Israel wird von der Südostküste des Mittelmeers bis zum Euphrat reichen. **32.33** Wenn die Israeliten ihren Feinden erlauben, sich bei ihnen niederzulassen, so wird sie das nicht nur zur Sünde verführen, sondern auf den Weg ins Verderben bringen. Vgl. Ri.

24,1–18 Der Bundesschluß

Nachdem Mose alle Gebote empfangen und sie dem Volk weitergegeben hat, kehrt er, von Gott dazu aufgefordert, auf den Berg zurück, nachdem das Volk seine Bereitschaft zum Gehorsam erklärt hat; ihn begleiten die von Gott erwählten Vertreter des Volkes, die den Bund gemeinsam durch ein Opfer besiegelt hatten. Dann wird Mose von Gott aufgefordert, auf ihn zu warten, um die auf steinernen Tafeln geschriebenen Gesetze zu empfangen.

1 *Nadab und Abihu* sind die beiden Söhne Aarons; sie und die siebzig Ältesten bilden die Repräsentanten des Volkes. Das Volk soll am Fuß des Berges warten; seine Vertreter sollen ein Stück weit den Berg hinaufsteigen. Mose allein wird den Weg bis zum wolkenbedeckten Gipfel fortsetzen. **3.4** Mose zählt dem Volk die Gesetze des Herrn im einzelnen auf und schreibt sie dann nieder. Das Volk unterwirft sich ihnen und ihrem Urheber in einem rechtsverbindlichen, gnädigen und gesegneten Bundesschluß. Ein Altar wird gebaut und von zwölf Steinmalen umgeben, die die zwölf Stämme symbolisieren. Der Bund wird durch ein Blutopfer geschlossen. Die Riten bei einem Bundesschluß waren verschieden: man aß z.B. gemeinsam Salz (4Mo 18,19), nahm gemeinsam an einem Opfermahl teil (1Mo 31,54; vgl. V. 11), oder man ging zwischen einem zweigeteilten Opfertier hindurch (1Mo 15,10.17; Jer 34,18f); meist verwandte man dazu aber das Blut von Opfertieren.

5–8 Gott und das Volk werden durch das an den Altar (der Gott repräsentiert) und auf das Volk gesprengte Blut miteinander verbunden. Blut bedeutet hier Sühne durch den Tod; s. Komm. zum Passa, das den Schlüssel zu allen Opfern Israels bildet. Das Blut wurde zuerst an den Altar gesprengt; denn vor allem ist Versöhnung nötig, die Besänftigung des Zorns Gottes. Nachdem sich das Volk für ein Leben des Gehorsams entschieden hat, wird es ebenfalls mit Blut besprengt; denn gerade weil es zu einem geheiligtem Leben bereit ist, wird sich das Volk Gottes bewußt, daß es des sühnenden Blutopfers bedarf. Vgl. 1Joh 1,7–2,2. Das *Brandopfer* wird in 3Mo 1 beschrieben und symbolisiert die völlige Unterwerfung des Opfernden in Bekenntnis und Hingabe an Gott. Das *Dankopfer* (*Friedensopfer;* EÜ), hat die gleiche Bedeutung, es enthält jedoch das zusätzliche Merkmal festlicher Gemeinschaft zwischen Gott und dem Menschen durch das Opfer. **9–11** Die Ältesten essen das Fleisch der Dankopfer. Sie dürfen den Lichtglanz Gottes schauen, und zwar dort, wo man von außen nur eine dunkle Wolke sah. Sie begegnen der Herrlichkeit Gottes in einer Theophanie (s. Einleitung). Sie werden von dem heiligen Feuer nicht verzehrt, sondern essen und trinken in Gottes Gegenwart, umgeben von seiner unübertrefflichen Herrlichkeit. **12** Mose und die Ältesten kehrten vermutl. zum Volk zurück, bevor Mose zum Gipfel gerufen wurde, um die Gesetzestafeln zu empfangen. **13.14** Sein Diener Josua begleitet ihn, allerdings nicht bis zum Gipfel. Für die Zeit seiner Abwesenheit übergibt Mose die richterliche Gewalt an Aaron und Hur.

25,1–31,18 Die Institutionen des Bundes: Stiftshütte und Priesterschaft

25,1–27,21 Freiwillige Opfer für die Bundeslade, die Schaubrote, den goldenen Leuchter und die Stiftshütte (sowie die Modelle und Muster für ihren Bau)

Der Sinai ist Gottes Thron, hier hat er sich offenbart; dennoch soll Israel nicht für immer am Sinai bleiben. Es soll nach Kanaan ziehen. Gott wird es begleiten und bei der Wanderung mitten unter seinem Volk sein.

25,8.9 Das Heiligtum. Das Heiligtum soll nach einem von Gott dem Mose gezeigten Bauplan errichtet und ausgestattet werden. Die Kosten sollen durch freiwillige Spenden des Volkes gedeckt werden. Dazu waren die Israeliten in der Lage: Sie waren nicht ohne Beute aus Ägypten ausgezogen (12,36), und der Sieg über die Amalekiter (V. 17) hatte sie zusätzlich bereichert. Das Heiligtum (hebr. *miqdasch*) ist ein heiliger Ort, die Stiftshütte *(mischkan)* dagegen eine Wohnung (für Gott). An der Stiftshütte werden bestimmte geistliche Wahrheiten symbolhaft verdeutlicht. Es empfiehlt sich aber, nur in Verbindung mit denjenigen Gebräuchen und Gegenständen von ihr als einem »Vorbild« (Typos) zu sprechen, die für die Israeliten tatsächlich Symbolgehalt hatten und denen im NT ausdrücklich eine solche symbolische Bedeutung beigemessen wird. Zweifellos ist es legitim, die Bedeutung der Namen hervorzuheben, die den Israeliten für die Stiftshütte geläufig waren. Sie wurde als eine »Wohnung« bezeichnet; das weist darauf hin, daß Gott unter seinem Volk gegenwärtig war. Sie war ein »Zelt der Zusammenkunft«: Gott begegnet wirklich seinem Volk und offenbart sich ihm. Sie war ein »Zelt des Zeugnisses«: Im Inneren des Zeltes, und zwar in der Bundeslade, befand sich das Gesetz, das das Leben der Israeliten regelte. Weitere Gesichtspunkte werden im Lauf der Auslegung erörtert.

25,10–22 Die Bundeslade und der Gnadenthron. 10–17 Die *Bundeslade* war eine Truhe bzw. ein Kasten, hauptsächlich zur Aufbewahrung der beiden Gesetzestafeln bestimmt; ferner enthielt sie den Krug mit Manna (vgl. 16,33.34) und die Rute Aarons. Sie stand im Allerheiligsten und wurde zum Symbol der Gegenwart Gottes. Solche Behälter waren bei den Nachbarvölkern üblich. Das Einzigartige an der Bundeslade war, daß in ihr kein Götterbild, sondern die Gesetzestafeln aufbewahrt wurden. Gott ist Geist und kann nicht abgebildet werden. Die Lade war mit reinem Gold überzogen, ihr Zubehör bestand aus leicht legiertem Gold. **17** Der *Gnadenthron* war der rechteckige Deckel der Bundeslade mit den ihr entsprechenden Maßen (2 1/2 x 1 1/2 x 1 1/2 (andere) Ellen = ca. 131 x 79 x 79cm vgl. LZB Sp. 893 »Maße und Gewichte«). Das hebr. *»kapporet«* hat den Sinn »bedecken«; in der hier verwendeten Form bedeutet es »versöhnen«. Der Gnadenthron war nicht nur eine Deckplatte, sondern selbst ein heiliger Gegenstand. Er bestand aus massivem Gold. **18–20** Zwei *Cherubim* (Geschöpfe mit Flügeln, die himmlische Wesen darstellten) breiteten ihre Flügel über ihm aus und schützten den Gnadenthron und die Bundeslade mit ihrem Inhalt. Ihre ausgebreiteten Flügel sollten einen Thron für den unsichtbaren, doch gegenwärtigen Gott bilden. **22** An dem Ort, wo die Sünde gesühnt wird, sollte Gott zu finden und Barmherzigkeit zu erlangen sein.

25,23–40 Der Tisch und der Leuchter. **23–30** *Der Tisch* (s. LZB, Sp. 1210f, Art. »Schaubrot«) *aus Akazienholz:* Das gleiche Holz war auch für die Bundeslade verwandt worden. Der Tisch sollte 2 Ellen (etwa 92cm) lang, eine Elle (= 46cm) breit und anderthalb Ellen (= 69 cm) hoch sein. **30** Die *Schaubrote* (zwölf gebackene Kuchen) wurden in zwei Reihen zu je 6 eingelegt (3Mo 24,6). Darauf wurde Weihrauch gelegt und dem Herrn als Feueropfer dargebracht (3Mo 24,7). Die Bedeutung der Brote ist nicht völlig klar; wahrscheinlich sollten sie zum Ausdruck bringen, daß Gott die Menschen versorgt und erhält. Es gibt keinen Hinweis darauf, daß die Schaubrote als Speise für die Gottheit gedacht waren.

31–40 Der *Leuchter* (s. LZB Sp. 843, Art. »Leuchter«) war aus reinem Gold. Er hatte je drei Arme auf jeder Seite des Hauptschaftes. Die Arme und der Hauptschaft endeten in blütenförmigen Lampenhaltern. Die Bedeutung des siebenarmigen Leuchters ist nicht eindeutig zu klären.

26,1–27,21 Die Stiftshütte. Bei der Beschreibung der Stiftshütte und ihrer Ausstattung finden sich viele Wiederholungen. Das unterstreicht die Bedeutung, die ihr beigemessen wurde. Zuerst werden die Mose geoffenbarten Muster und Modelle beschrieben (Kap. 25–31); dann wird über die Ausführung der Arbeit berichtet (Kap. 35–39); es folgt eine abschließende Zusammenfassung (39,33–43); dann wird die Aufstellung der Stiftshütte beschrieben (40,1–33). Die Einzelheiten werden bewußt kurz kommentiert. Im Blick auf nähere Angaben vgl. die Einleitung sowie LZB Sp. 1340–1343, Art. »Stiftshütte« und HZB S. 166–168.

26,31 Der Innenraum des Heiligtums, das Allerheiligste, sollte durch einen einzigen *Vorhang* abgetrennt werden, in den Cherubim eingewebt waren; sie symbolisierten die Gegenwart Gottes. Innen befanden sich nur die Bundeslade und der Gnadenthron.

27,1–8 Der Brandopferaltar war gemäß 20,21–26 zu erbauen; er bestand vermutl. aus einem hohlen, mit Erde gefüllten Kasten. Die ornamentalen Hörner (V. 2) galten als sein heiligster Teil. Auf sie wurde das Opferblut gesprengt, an sie klammerten sich Verbrecher in der vergeblichen Hoffnung auf Schutz (s. Komm. zu 21,12–17). **9–21** führen Details über den Vorhof der Stiftshütte und das Licht auf, das auf dem Leuchter brannte. Der Vorhof umgab die Stiftshütte von allen Seiten. Innerhalb des Vorhofes standen der Brandopferaltar und das Becken. Der Eingang befand sich an der Ostseite des Vorhofs, am weitesten vom Allerheiligsten entfernt. Auf diese Weise blieb Gott, obwohl er unter seinem Volk wohnte, doch von ihm abgesondert. Das auf dem Leuchter brennende Licht, für dessen Öl das Volk aufkam und das die Priester versorgten, symbolisierte die Gegenwart Gottes und die sich daraus ergebende Erkenntnis auf der Seite der Menschen.

28,1–29,46 Die Einrichtung des Priestertums. Die Weihe der Priester und des Altars

Nachdem das Gesetz gegeben, die Stiftshütte geplant und die Voraussetzungen für ihre Verwendung im Gottesdienst umrissen waren, wurde nun auch eine Priesterschaft erforderlich, die die kultischen Dienste übernahm, das Volk segnete und geistlich leitete. Der Hohepriester und jeder andere Priester handelten dabei als Mittler zwischen dem Volk und Gott. Das drückt sich auch in der Kleidung der Priester aus: auf den Schulterteilen des Priesterschurzes und auf den Steinen der Brusttasche für die Losentscheidungen sollten die Namen der zwölf Stämme verzeichnet (eingraviert) werden (28,29.30). Aaron wurde zum Priestertum ausgewählt, weil er Moses Sprachrohr war. Der Dienst des Hohenpriesters weist auf den Dienst Jesu Christi hin (Hebr 7,1–10,39).

28,6 *Priesterschurz* (EÜ: *Ephod*): ein kurzes leinenes Gewand, aus dem gleichen Material wie der Vorhang der Stiftshütte; es wurde an den Schultern und den beiden offenen Seiten durch einen bestickten Gürtel zusammengehalten. **12** Vgl. Jes 49,16. **31** *Das Obergewand* wurde unter dem Priesterschurz getragen. **35** Der Klang der Schellen zeigte an, daß der Dienst der Fürbitte andauerte. *So* *wird er nicht sterben:* heilige Dinge müssen mit gebührender Ehrfurcht und im Gehorsam getan werden. **37.38** Vorn an den *Kopfbund* war das Stirnblatt aus Gold geheftet, das die Aufschrift trug: *»Heilig dem Herrn«.* Die Betonung der Heiligkeit Gottes war das Hauptmerkmal der Gottesverehrung Israels. Aaron sollte sicherstellen, daß Gott das Volk annahm.

29,1–46 Die Weihe der Priester und des Altars. Die Priester waren nicht sündlos. Darum durfte es auch keine Weihe ohne Versöhnungsblut geben. Da der priesterliche Dienst vor Gott für das Volk von wesentlicher Bedeutung war, mußten die Anweisungen Gottes strikt eingehalten werden. Es ist kennzeichnend für Gottes Gnade, daß er die Dinge, die er fordert, offenbart und zugleich Vorsorge für sie trägt. Die Weihe Aarons und seiner Söhne zu Priestern wurde durch folgende Handlungen vollzogen: Waschung zur Reinigung (V.4), Investitur in das Amt: Anlegen der Priesterkleidung, Salbung (V.5–9), Sühn- und Weiheopfer (V.10–21), das Füllen ihrer Hände, um sie zum Vollzug von Opferhandlungen zu bevollmächtigen (V.22–28).

1 Der *junge Stier* war für das Sündopfer bestimmt (vgl. V. 10–14). *Zwei Widder:* einer für das Brandopfer (vgl. V. 15–18), der andere für die Einsetzung in das Priesteramt (vgl. V. 19–22). **10** Das Auflegen der Hände ist ein Zeichen dafür, daß das Tier nicht einfach Gott als Gabe geweiht ist. Vielmehr sieht sich der Opfernde in das Opfer eingeschlossen; das Opfertier tritt an seine Stelle (vgl. 3Mo 16,21). **12** Mit Opferblut (s. Komm. zum Passa) muß richtig umgegangen werden. Hier wird der Altar damit bestrichen, um seine auf Gott ausgerichtete Bedeutung zu versinnbildlichen; es erfüllt die Forderung des heiligen Gottes nach Gerechtigkeit gegenüber dem Sünder; denn es erbringt den Nachweis, daß Leben stellvertretend getötet wurde. Auf diese Weise wird der entscheidende Mangel des Sünders in den Augen Gottes überwunden. **13** Die besten und auserlesensten Teile des Opfers werden verbrannt, um die völlige Hingabe an Gott zu versinnbildlichen. **14** Wenn ein Sündopfer für Priester oder für die ganze Gemeinschaft einschließlich der Priester dargebracht wurde, wurde das Fleisch verbrannt (vgl. 3Mo 4,15.21). Der Widder war als Brandopfer darzubringen (vgl. 3Mo 1), das die äußerste Hingabe an Gott zum Ausdruck brachte. **19.20** Hier handelt es sich im wesentlichen um ein Dankopfer (vgl. 3Mo 3), dessen Merkmal darin bestand, daß das Fleisch durch die am Opfer Teilnehmenden verzehrt wurde (V. 32–34). **20–25** Dieses Opfer wird gemäß der Situation modifiziert. **20** Das Bestreichen von Ohr, Daumen und großem Zeh mit Blut soll die Notwendigkeit aufzeigen, daß der Priester besonders in den Funktionen des Hörens, des Anfassens und Gehens gereinigt werden muß. **24** Die Priester werden ermächtigt, ihr erstes Opfer darzubringen, indem sie die geheiligten Teile des Tieres Gott opfern. **25** Mose soll diese auf dem Altar verbrennen. **26–28** Ein Teil des Widders der Einsetzung wird Aaron und den Priestern als ihr Anteil zurückgegeben. Mit diesem Mahl, durch das zum Ausdruck gebracht wird, daß Gott alles, was getan wurde, annimmt und seinen Segen schenkt, ist die Priesterweihe vollendet. **33** *Sühnung* vollziehen heißt, die berechtigten Forderungen Gottes gegenüber dem Sünder durch Stellvertretung zu erfüllen, so daß der Sünder nicht selber leiden muß. **35** Die gesamte Zeremonie war an sieben Tagen zu wiederholen. **37** Der Altar war in ähnlicher Weise zu weihen, er sollte hochheilig sein. **42** Die Aufforderung zu fortgesetzter Treue symbolisierte das tägliche Brandopfer. In der Stiftshütte (wörtl. »Zelt der Zusammenkunft«) wollte Gott bei seinem Volk wohnen. Die Stiftshütte und die Gegenstände in ihr werden nicht durch ihren Eigenwert, sondern durch die Gegenwart Gottes geheiligt. **45.46** fassen das Ziel des Bundes und seinen Segen zusammen.

30,1–31,11 Die Pläne und Muster sowie die Handwerker für andere Ausstattungsstücke der Stiftshütte

30,1–10 Der *Räucheraltar* stand vor dem Vorhang, der das Allerheiligste abtrennte. Er war der Bundeslade und dem Allerheiligsten zugeordnet, befand sich aber vor dem Vorhang, weil der Priester an ihm jeden Tag seinen Dienst versah. **9** Der Altar war nur für Räucherwerk bestimmt, das vorschriftsmäßig hergestellt worden war (vgl. V. 34ff; 4Mo 3,4: »fremdes Feuer«). **11–16** *Sühnegeld* für den Dienst am Heiligtum. Hier geht es keineswegs nur um eine Abgabe oder Steuer oder darum, die Kosten für den Gottesdienst in der Stiftshütte zu decken. Vielmehr erinnerte diese Abgabe daran, daß das gesamte Volk durch die Gnade Gottes geschont worden war, obwohl es durch die Sünde ihm gegenüber sein Leben verwirkt hatte. Die Summe war so gering, daß alle sie aufbringen konnten. Ihre Bezahlung wurde so zu einer gottesdienstlichen Handlung. Andererseits verdeutlichte die geringe Summe zugleich die Tatsache, daß ein Mensch mit Geld nicht zu erlösen ist. Auch erinnerte sie Reiche wie Arme daran, daß sie vor Gott im Blick auf ihre Erlösung alle gleich

bedürftig waren. 2Mo 38,25–28 gibt an, wofür diese Geld verwendet wurde.
17–21 Das *Becken* diente den Priestern zum Hände- und Fußewaschen, bevor sie opferten. *Auf daß sie nicht sterben:* dieser Dienst war von gereinigten Dienern zu versehen (s. Komm. zu 28,35). **22–33** Das *Salböl* drückte zeichenhaft die Verleihung des Heiligen Geistes für bestimmte Aufgaben aus. Es mußte eine besondere Zusammensetzung haben und durfte nicht für profane Zwecke verwendet werden. Alles, was mit dem Gottesdienst in der Stiftshütte zu tun hatte, wurde durch das Öl geweiht. So wurde es, im rechten Sinn verwendet, für die Gottesdienstteilnehmer zu einem Gnaden- und Segensmittel.
34–38 Ähnlich sorgfältig war mit dem heiligen Räucherwerk umzugehen.

31,1–11 Die berufenen Handwerker. Für diese Aufgabe waren nicht nur geschickte, sondern auch geistliche Männer erforderlich, die von Gott hierfür bestimmt wurden. Im AT wirkte der Heilige Geist u.a. darin, daß er die befähigte, die in seinem Auftrag handelten (vgl. Ri 6,34; 1Sam 10,10).

31,12–18 Der Sabbat als Zeichen. Die Gesetzestafeln

Durch die Sabbatheiligung unterschied sich Israel von den anderen Völkern. Im Sabbat kam Israels Glaube zum Ausdruck. Seine Einhaltung war ein Mittel in Gottes Hand zur Heiligung des Volkes. Deshalb sahen die Propheten in der Einhaltung des Sabbats einen Prüfstein für die Echtheit des Glaubens ihrer Zeitgenossen (vgl. Jer 17,19–27; Hes 20,12–24). **18** Die Verheißung von 24,12 wird erfüllt. Die Zehn Gebote sind von Gott aufgezeichnet, wie sie auch von ihm stammen.

32,1–34,35 Bruch und Erneuerung des Bundes

Es ist bemerkenswert, daß das Buch, das Gottes herrliche Befreiungstaten beschrieb und von seiner Fürsorge berichtet, die Sündhaftigkeit des Volkes, an dem Gott so handelt, nicht verschweigt. Israels Murren am Schilfmeer, bei Mara, in der Wüste Sin und bei Raphidim beweist seine Haltlosigkeit. Am Sinai jedoch schloß das Volk einen Bund mit Gott. Es nahm das Gesetz an und verpflichtete sich zu völligem Gehorsam. Seine jetzige Rebellion wiegt daher schwerer als das frühere Murren und Klagen – es ist offener Abfall von Gott.

32,1–10 Der Abfall: Das goldene Kalb

Die einzige Beschwerde der Israeliten besteht darin, daß Moses Rückkehr sich verzögerte, obwohl sie selbst ihn auf den Berg geschickt hatten, damit er für sie auf die Stimme Gottes höre. Kaum sechs Wochen sind vergangen, als das Volk, ausgerechnet am Fuß des Sinai, nach einem Götterbild von der Art verlangt, wie es in Ägypten angebetet wurde. Mose, nicht Gott, wird als derjenige bezeichnet, der die Israeliten aus Ägypten herausführte. Aaron gibt nach (vgl. Spr 25,26); es kommt zu Götzenanbetung und Vielgötterei am Fuß des Berges, von dem herab die Gebote gegeben wurden. **4** *Das Kalb,* das Aaron anfertigt, bedeutet einen Rückfall in das Leben in Ägypten. Dort wurden lebende Tiere als heilig angesehen, und Götter wurden mit Tierköpfen oder Tierkörpern dargestellt. Von daher rührte die Anbetung des Stiers, Apis, später Serapis genannt.

5.6 Aaron fügt der Sünde des Volkes eine weitere hinzu, indem er einen Altar baut und für Gott, der nun in Gestalt des Kalbes angebetet werden soll, ein Fest zelebriert. In Ägypten waren die Israeliten ebenfalls dem Götzendienst verfallen gewesen (vgl. 3Mo 17,7; Jos 24,14; Hes 20,8). Nun wird ihrer Gleichsetzung Jahwes mit den Tiergöttern durch den Hohenpriester ein Anstrich von Heiligkeit verliehen. Die Folge solcher Anbetung war aber nicht Heiligkeit, sondern *Lust* (LÜ) bzw. der orgiastische Tanz, »um sich zu belustigen« (ZÜ, EÜ, JB), ein Merkmal heidnischer Religion (vgl. 1Kor 10,6ff). **7–10** *Dein Volk:* In Anbetracht dessen, was sie getan haben, kann Gott von ihnen nicht mehr als von seinem Volk sprechen. Sie sind schon nach kurzer Zeit von ihm abgefallen. Gott will für die Beleidigung seines Namens sofort Vergeltung üben und seinen gerechten Zorn über sie kommen lassen. Aber auch durch diese Krise wird Gottes Plan nicht zunichte gemacht. So wie Gott mit Noah nach der Strafe durch die Sintflut neu begann, so will er auch mit Mose neu beginnen.

32,11–33,23 Fürbitte und Reinigung

Mose sieht sich sofort zur Fürbitte gedrängt. Keiner von Gottes Dienern hat je die Hände in den Schoß gelegt und den Versuch unterlassen, einen Aufschub des Gerichtes zu erreichen oder das Volk dazu zu bringen, Buße zu tun (vgl. z.B. 1Mo 18,22ff; Am 7,1–3). Das bedeutet nicht, daß sie gegen Gottes Gerechtigkeit angehen, sondern sie flehen: »Im Zorne denke an Barmherzigkeit« (Hab 3,2).

32,11–14 Moses Gebet. **11** Er sagt: *»dein* Volk«. Das Fundament seiner Fürbitte und der Grund seiner Hoffnung ist die Ehre Gottes (vgl. Jer 14,8.9; 19,22; Dan 9,17ff). In der Gewißheit, daß Gott ein »eifernder« Gott ist, verwendet Mose in seinem Gebet drei Argumente. Gottes Eifer gilt seiner Ehre bei seinem Volk. Ihretwegen wird er seine Verheißungen erfüllen und auch seine Drohungen wahrmachen. Mose erinnert Gott an seine Taten. **12** Was werden seine Feinde sagen, wenn er sein Volk jetzt vertilgt? **13** Wie ist es mit den Verheißungen, die Gott den Vätern des Volkes gegeben hat? Müssen sie nicht eingehalten werden? **14** *Gereute:* Gott hat es nicht nötig, wie Menschen zu bereuen. Er irrt sich nicht und wird auch im Blick auf seine Pläne nicht irritiert oder umgestimmt. Wenn (in menschlicher Redeweise) gesagt wird, daß es ihn »gereute«, so heißt das nicht, daß Gott seine Pläne, wohl aber den vorher angedrohten Ablauf der Ereignisse ändert. Die veränderte Haltung seines Volkes macht das urspr. angesagte Eingreifen nicht mehr nötig. Gott ändert sein Verhalten gegenüber Menschen, nicht sein Wesen oder seine Absichten.

32,15–29 Das Volk wird bestraft. Auch wenn Gott seinen Zorn zurückhält, wird Sünde weder entschuldigt noch übersehen. Mose trifft auf Josua (vgl. 24,13), und sie kehren gemeinsam mit den Gesetzestafeln ins Lager zurück. Mose zerschmettert die Tafeln, um dem Volk die Bedeutung seines Abfalls deutlich zu machen. Sein Zorn ist kein Temperamentsausbruch, sondern entspringt gerechter Empörung. Gott will für Israel sorgen; nun aber gehört es zum Gericht an den Israeliten, daß sie zu sich nehmen müssen, was sie mit ihren eigenen Händen gemacht haben (das zerstampfte Götzenbild); vgl. das »Wasser«, das die eigenen religiösen Führer verunreinigt haben, in Hes 34,18f. So strafte Gott den Götzendienst zu allen Zeiten. Aarons Selbstrechtfertigung wirkt pathetisch wie jeder Versuch, sich selbst von Sünde freizusprechen. Das Volk war schuld, und das Kalb scheint ganz von selbst entstanden zu sein! Aaron hätte den Leuten widerstehen müssen. Das Volk wird einer Sühne unterworfen. Diejenigen, die auf der Seite Gottes stehen, müssen sie vollziehen. **16** *Selbst gemacht:* Die Gebote sind göttlichen Ursprungs und von ihm selbst aufgezeichnet. Daher ist ihnen seine Autorität, seine Glaubwürdigkeit und seine Wahrheit eigen. **21** Mose erkennt, daß das Volk die Ursache des Unheils war. Aber er übersieht auch die Verantwortung Aarons nicht, der nachgegeben und Schuld über die Israeliten gebracht hat, als er sich ihren verwerflichen Wünschen nicht widersetzte. **24** Aarons Entschuldigungen zeigen seine Schwäche gegenüber dem Volk und gegenüber Mose. **25.26** Wenn keine Zucht mehr herrscht, leidet nicht nur das Volk, sondern es wird auch Gottes Ehre angetastet. Darum muß das Volk gereinigt werden. **27** Die Leviten tun, was Mose ihnen befiehlt. Sie töten die, die das Stierbild angebetet haben. **29** Als Belohnung wird ihnen das Priesteramt übertragen. Vgl. 4Mo 25,10–13.

32,30–33,23 Moses nochmalige Fürbitte. Er schaut Gottes Herrlichkeit. 32,30–33,11 In seinem ersten Fürbittegebet drückt sich die Liebe Moses zu seinem Volk in starken Worten aus: Er bietet sein eigenes Leben an, um ihm auf diese Weise Vergebung und Frieden zu sichern. Doch Gott nimmt ein solches Opfer weder für die eigene Person noch für jemand anderen an (vgl. Ps 49,8). Moses Gebet ist nicht förmlich; es entspringt der Sehnsucht eines niedergeschlagenen Herzens. Vgl. Röm 9,2.3.

32,32 *Tilge mich aus:* Dieser Ausdruck stammt aus der Praxis der Bearbeitung von Einwohnerverzeichnissen. Vgl. Ps 69,29, auch Jes 4,3 dort von Menschen, die im Glauben ausharren und in einer Zeit des Gerichts bewahrt werden. **33.34** Gott ist dem Volk gnädig, doch werden einzelne trotz seines Erbarmens bestraft werden. Das Volk soll in Zukunft durch einen Engel und nicht durch die unmittelbare Gegenwart Gottes geführt werden (s. Einleitung, »Theophanie«). **33,1–3** Gott bleibt treu. Die Verheißung, die er den Vätern gegeben hat, soll erfüllt werden. Aber Gott selbst kann ein solches Volk nicht begleiten, ohne es vertilgen zu müssen. Darum soll ihn der Engel vertreten. **4–6** Das Volk zeigt spontane Anzeichen von Reue und unterwirft sich der Forderung Gottes. Das ist ein neuer Aufbruch. Buße führt zu einer unmittelbaren Antwort Gottes. Die Verse **7–10** schildern, wie Gott in dem Zeitraum zwischen dem Auszug aus Ägypten bzw. der Ankunft am Sinai und der Fertigstellung und Weihe der Stiftshütte verehrt wurde. Mose *nahm* (vor dem Abfall) *das Zelt,* dessen Name »Zelt der Zusammenkunft« später auf die Stiftshütte übertragen wurde, und schlug es außerhalb des Lagers auf. Denn auch wenn Gott bei seinem Volk weilte, so war es doch von ihm abgesondert. In diesem Zelt hatte Mose Gemeinschaft mit Gott wie niemand sonst; andere beteten im Eingang ihres *Zeltes* (V.8) an. **11** *Von Angesicht zu Angesicht:* Diese Wendung kann nur im Zusammenhang mit den darauffolgenden Worten verstanden werden: *»wie ein Mann mit seinem Freunde redet«.* Hier geht es um uneingeschränkte Gemeinschaft, in der nichts zurückgehalten und nichts verborgen wird (vgl. 4Mo 12,8; 5Mo 34,10).

33,12–23 Die Dringlichkeit der Fürbitte nimmt noch zu. Gott hat versprochen, diesem Volk beizustehen und es in das Verheißene Land zu bringen. Die Sünde des Volkes hat zwar diese Verheißung Gottes nicht unwirksam gemacht (vgl. V.2), wohl aber seine Gnade und Gunst eingeschränkt (vgl. V.3). Dieser Verlust an göttlichem Wohlgefallen veranlaßt Mose, nicht nur um den Eintritt in das gelobte Land zu bitten, sondern zugleich um die herrliche Gegenwart Gottes mitten unter seinem Volk. Er will das Land der Verheißung nicht ohne Gott (V. 15); ohne die Gegenwart Gottes bedeutet dieses Land für das Volk nichts (V. 16). Es ist die Gegenwart Gottes, die seinem Volk Gnade und Sicherheit schenkt, die es als sein Eigentum kennzeichnet, das zu seiner Verherrlichung bestimmt ist. Deshalb folgert Mose auf der Grundlage des Bundes: Gott muß mit uns ziehen. Und dieses Gebet wird beantwortet. Gott wird Mose und die Israeliten begleiten. Die verheißene Ruhe in Kanaan soll ihnen zuteil werden (V. 14). Diese Antwort ermutigt Mose, noch mehr zu erbitten. Er ist nun davon überzeugt, daß Gott ihm gnädig ist und daß auch das Volk grundsätzlich wieder unter der vollen Bundesverheißung steht. Mose bittet darum, die Herrlichkeit des Herrn sehen zu dürfen (s. Einleitung: »Die Herrlichkeit Gottes«). Er sehnt sich nach einer Offenbarung Gottes; nicht nach seinem Anblick, denn er weiß, daß kein *Mensch* überlebt, der Gott gesehen hat; vielmehr verlangt ihn nach einer geistlichen Wahrnehmung Gottes und seines Tuns für ihn und sein Volk. Gott offenbart sich durch seinen Namen. Eben diesen Namen will er Mose noch einmal kundtun, indem er seine »Güte« (V. 18) an ihm vorübergehen läßt. Mose soll, was ihm bereits bekannt ist, in neuem Glanz schauen. Ein Vorhang wird für einen Augenblick zurückgezogen werden, und Gott wird vorübergehen.

17 *Gnade* vor Gottes Augen finden heißt nicht, sie zu verdienen, sondern sie geschenkt zu bekommen; denn Gott, der uns erwählt und berufen hat, »kennt« uns (vgl. 2Mo 3). **19** Vgl. Einleitung: »Der Name Gottes«. Dieser Vers schließt jeden Gedanken an ein Verdienen der göttlichen Gnade aus. Gott ist gnädig, wem er gnädig sein will. (Vgl. Röm 9,15: Errettung erfolgt allein durch Gnade, die nach freier Erwählung gewährt wird.) **23** Mose soll den Abglanz der Herrlichkeit sehen, der die ganze Herrlichkeit erahnen läßt.

34,1–35 Erneuerung des Bundes

Diese Schau des Bundesgottes ist die Grundlage für die Erneuerung des Bundes, der durch den Götzendienst gebrochen worden ist. Durch die erneuerte Verkündigung der Bundesordnung wird der Bund noch einmal geschlossen. Noch einmal will Gott die Gebote aufschreiben, doch soll diesmal Mose die Tafeln vorbereiten. Es besteht kein Widerspruch zwischen V. 1 und V. 27 und 28. In V. 27 wird Mose befohlen, den Inhalt der vorhergehenden Verse, »diese Worte«, aufzuschreiben; in V. 28 bezieht sich das letzte Verb auf Gott und nicht auf Mose. Der Inhalt dieses Kapitels ist eine Kurzfassung des »Bundesbuchs«. Einige Verheißungen und Warnungen sind hinzugekommen. Sie sind durch Israels Abfall von Gott und durch den kanaan. Götzendienst bedingt, mit dem sich das Volk bald konfrontiert sehen wird.

3 Der Berg ist heiliges Gebiet, denn Gott will dort gegenwärtig sein. **6.7** Luther bezeichnet diese Verse als »die Predigt über den Namen«. Obwohl Gottes Liebe, Gnade und Vergebung unerschöpflich sind, ist er doch gerecht; sein Zorn ist nicht impulsiv, aber real; die Schuldigen werden nicht entschuldigt. **8** Moses sofortige Verneinung entspricht seiner Anerkennung Gottes. **9** Mose ordnet sich in seiner Fürbitte Gott demütig unter. **10** Gott nimmt das Volk wieder an und verheißt ihm weitere Wunder der Befreiung in Verbindung mit seinem Einzug in das Verheißene Land. **11** Diese Gesetze werden als Gebote für Israels Zukunft festgelegt. Seine Feinde werden ausgestoßen werden, und Israel wird zum Gehorsam aufgefordert (vgl. 23,24.25.32.33). **12** Wer mit dem lebendigen Gott im Bund ist, kann keine Kompromisse mit dem Heidentum schließen, sondern muß es ausrotten. Gottes Volk muß rein sein. Vgl. die Auswirkung dieser Warnung in Ri. **13** *Steinmale:* Säulen aus Stein, sie repräsentierten (meistens männliche) Gottheiten. *Heilige Pfähle* (ZÜ: *Ascheren*) waren aus Holz und hatten die gleiche Funktion. **14–16** Synkretismus war und ist dem heiligen und eifernden Gott ein Ärgernis. Mischehen mit Kanaanitern waren bei den Israeliten und ihren Königen eine ständige Quelle des Übels. **18–26** Eine Wiederholung von 13,13.14; 23,12.15–19. S. Komm. dort. **21** *In der Zeit des Pflügens und des Erntens:* Eine weitere Warnung vor einer Versuchung, die in einer landwirtschaftlich geprägten Gemeinschaft leicht entstehen konnte. **24** Eine besondere Anmerkung, die sich bereits auf die Zeit bezieht, wenn das Volk in Kanaan sein wird. Gott wird dann, wenn die Männer durch die jährlichen Feste in Anspruch genommen sind, das Land selbst schützen. **29–35** Vgl. 2Kor 3,7–18. Mose legte den Schleier ab, wenn er mit Gott oder mit dem Volk im Namen Gottes sprach, während er sonst sein Gesicht verhüllte.

35,1–40,38 Bau und Aufstellung der Stiftshütte

Diese Kapitel berichten über die Ausführung der Mose in Kap. 25–31 gegebenen Anordnungen. Das geschieht im wesentlichen in wörtl. Wiederholung. Was die Einzelheiten der Arbeiten anbelangt, vgl. die entsprechenden Kapitel.

35,1–39,43 Das Volk opfert bereitwillig, und die Arbeit wird nach Plan ausgeführt

35,1–3 Bevor irgendeine Arbeit begonnen wird, wird das Sabbatgebot wiederholt; denn Gottes Werk muß in Übereinstimmung mit seinem Gesetz getan werden. Das Gebot stimmt in Bedeutung und Inhalt mit 31,12–17 überein. *Kein Feuer anzünden:* Diese Anweisung ist bereits in 16,23 enthalten. **4.5** Gaben werden durch Gott nur angenommen, wenn sie freudigen Herzens gegeben werden. Dieser Akzent findet sich auch in V. 21.22.29; vgl. 25,2; 36,2; 1Chr 29,9; 2Kor 9,7. **10ff** Alle sollten Opfer bringen, aber die eigentliche Arbeit durfte nur von denen getan werden, denen Gott die Begabung und das Verlangen dazu gegeben hatte. Gott macht sich die verschiedenen künstlerischen Fähigkeiten der Israeliten zunutze (vgl. bes. V. 25.26.30; 36,1). **36,2 –7** Es kamen viel mehr Gaben als nötig zusammen. Darum mußte dem Volk Einhalt geboten werden.

36,8–39,43 Die Arbeiten werden ausgeführt. **38,8** Die *Spiegel* waren aus polierter Bronze. Durch den persönlichen Verzicht frommer Frauen wurden sie geheiligter Verwendung zugeführt. **39,43** Mose überwachte die gesamten Arbeiten; er überprüfte, ob alles nach den göttlichen Anweisungen ausgeführt war. Dann segnete er die Leute.

40,1–38 Die Stiftshütte wird aufgerichtet. Die Herrlichkeit Gottes senkt sich auf sie herab

1–33 Die wesentlichen Teile und Ausstattungsgegenstände waren fertiggestellt. Sie mußten nun zusammengesetzt und die Stiftshütte aufgerichtet werden. Göttliche Anweisungen legten fest, wie und in welcher Reihenfolge vorzugehen war. Der Schwerpunkt lag dabei auf der Salbung (Weihe), Waschung und Einsetzung der Priester (Reinigung für die Ausübung des Priesteramtes). Vgl. in der Einleitung: »Die Stiftshütte: Umgebung, Aussehen, Ausstattung und Bedeutung«.

34–38 Die Wolke, das sichtbare Zeichen der Zuwendung Gottes, ruhte nun auf der Stiftshütte. So wird diese zum Mittelpunkt des Lebens in Israel, zum Ort des Gottesdienstes und des Gesetzes. Die Herrlichkeit des Herrn erfüllt die Stiftshütte, die selbst Mose nicht betreten kann. In ihr ist Gott zeichenhaft gegenwärtig, so daß sein Volk bei ihm Zuflucht suchen, von ihm Vergebung erlangen und mit ihm Gemeinschaft haben kann. Gott weilt unter seinem Volk, das er aus der Hand seiner Feinde erlöste.

Abschluß

Die Absicht Gottes mit der Erwählung und Befreiung seines Volkes ist verwirklicht: Gott kann jetzt bei denen wohnen, die er durch ein stellvertretendes Blutopfer und durch seine rettende Kraft zu sich gezogen hat. Er »zeltet« bei den Menschen, die sich ihm aufgrund seiner Gnade in dankbarer Liebe unterworfen haben, um nach seinen Weisungen für ihn und zu seiner Verherrlichung zu leben. Gottesdienst und Gehorsam entspringen erneuerten Herzen. Die Wolke der Herrlichkeit Gottes offenbart und bestätigt Gottes Zuwendung zu den Israeliten und sein Wohlgefallen an ihnen. Alles, was für ihre Knechtschaft kennzeichnend war, ist weggenommen. Die alten Feinde werden ihnen nie wieder begegnen (14,13). Fronarbeit, Tränen, Trübsal und Leid verbanden sich in der Erinnerung nicht mit der Sklaverei, sondern mit der Befreiung; das war Grund zu unendlicher Freude (15,1–18). Ihr Befreier war Herrscher über alles und für alle Zeiten; und doch wohnte er bei ihnen und sie bei ihm. Eine neue Beziehung war entstanden, in der sich Gott verherrlichte, indem er sein Volk hörte, ihm antwortete und es segnete. Nachdem die Israeliten befreit und zu Gottes eigenem »kostbaren Besitz« gemacht worden waren, bekennen alle gemeinsam, daß sie seine Diener sind: »Alle Worte, die der Herr gesagt hat, wollen wir tun« (24,3.7). Durch seine Hilfe und seine Gegenwart werden sie gesegnet.

Zeigen sich hier nicht bereits die wesentlichen Linien des »Exodus«, des »Ausgang(s), welchen er (Jesus) erfüllen sollte zu Jerusalem«, durch seinen Tod (vgl. Lk 9,31)? Kam er nicht, damit »wir, erlöset aus der Hand unserer Feinde, ihm dieneten ohne Furcht unser Leben lang in Heiligkeit und Gerechtigkeit, die ihm gefällig ist« (Lk 1,74.75)? Sünde, Schuld, Verdammung, ewiges Leid und Satans Macht werden durch die Kraft des stellvertretenden Blutopfers des Sohnes Gottes überwunden. Denen, die er befreit und in denen er durch seinen Geist wohnt, verleiht er neues Leben. Dennoch gilt, daß wir von unseren Feinden und Übeln noch nicht frei sind. Das Lied Moses (2Mo 15) wird sich einmal mit dem Lied des Lammes (Offb 15,3) verbinden. Dort wird all das, was zu unserer irdischen, sterblichen, sündigen Unfreiheit gehörte, abgetan sein. »Der Tod wird nicht mehr sein, noch Leid noch Geschrei noch Schmerz wird mehr sein; denn das Erste ist vergangen« (Offb 21,4). In der himmlischen, ewigen Stiftshütte werden wir »sein Angesicht sehen« und mit ihm »von Ewigkeit zu Ewigkeit regieren« (Offb 22,4.5). Hywel R. Jones

3. Mose (Leviticus)

Einleitung

Name und Art des Buches

Leviticus ist das dritte der fünf Bücher, die das »Gesetz« des Mose bilden. Es umfaßt 10 der 54 Perikopen oder Abschnitte, in die der Pentateuch (1Mo–5Mo) für die jährliche Lesung des Gesetzes in der Synagoge eingeteilt war. Die späteren Juden nannten 3Mo nach den Anfangsworten *wajjiqra'* (»und rief«). Der Name Leviticus (= Buch der Leviten) geht auf LXX zurück; er ordnet das Buch einseitig den »Leviten« zu, was die Priester (um die es vornehmlich geht) als Mitglieder des Stammes Levi allerdings auch waren.

Das Buch ist besonders für die Priester gedacht. Aaron und seine Söhne werden oft genannt, die Leviten dagegen nur in einem kurzen Abschnitt erwähnt (25,32f). Obwohl das Buch ein Handbuch für Priester ist, muß beachtet werden, daß viele Gesetze mit den Worten: »Rede mit den Kindern Israel« eingeleitet werden. Das ist offensichtlich deshalb so, weil diese Gesetze, zu deren Durchführung oft die Dienste der Priester benötigt wurden, für das Volk von direkter und lebenswichtiger Bedeutung waren. Sie bildeten einen wichtigen Teil jener Weisung, dessen lehrhafte Vermittlung an das Volk in die besondere Verantwortung der Priester fiel (5Mo 31,9; 33,10; Neh 8). 3Mo ist darum keinesfalls nur ein Buch für einen inneren Kreis. Die Israeliten waren berechtigt und verpflichtet, sich genau darüber zu informieren, was von ihnen und ihren Priestern im Dienst des Heiligtums, mit dem jeder wahre Israelit tief verbunden war, gefordert wurde.

Datierung

Ort und Zeitpunkt, an dem diese Gesetze dem Volk erstmals mitgeteilt wurden, sind genau angegeben: nämlich während des Aufenthaltes am Sinai (7,38; 25,1; 26,46; 27,34), der bis zum »zwanzigsten Tage im zweiten Monat des zweiten Jahres« (4Mo 10,11) dauerte. 1,1 setzt die Errichtung der Stiftshütte voraus, die in 2Mo 40 beschrieben wird. Die Erwähnung des achten Tages (9,1) muß sich auf den Tag beziehen, der auf die sieben Tage der Weihe Aarons und seiner Söhne folgte (8,33), die offensichtlich von der Errichtung der Stiftshütte am ersten Tag des ersten Monats (2Mo 40,2) gerechnet werden müssen. Die Sünde Nadabs und Abihus folgte unmittelbar darauf (3Mo 10,1.2). Die Worte »Aaron tat, wie der Herr es Mose geboten hatte« (16,34), die die Vorschriften für den großen Versöhnungstag abschließen, zeigen, daß dieses Fest erstmals fast fünf Monate, nachdem Israel den Sinai verlassen hatte, stattfand. Die Erwähnung der Bundeslade in Verbindung mit den Vorschriften für diesen Tag ist ein weiterer Beleg für die frühe Datierung von 3Mo, da die Lade, die in 2Mo–5Mo und in den historischen Büchern des AT häufig erwähnt wird, zur Zeit der babyl. Gefangenschaft verlorenging (wie in Jer 3,16 vorhergesagt). Es gab keine Bundeslade im zweiten Tempel, in dessen Zeit einige Ausleger 3Mo datieren. Vgl. ebenfalls 3Mo 23,44, wo es heißt »Mose tat den Kindern Israel die Feste des Herrn kund«. Schließlich ist zu beachten, daß die Befreiung aus Ägypten als gegenwärtige persönliche Erfahrung beschrieben (vgl. 11,45 und 18,3 mit 26,45) und der Besitz des Landes als noch zukünftig dargestellt wird (14,34; 19,23; 23,10; 25,2). Fakten wie diese sollten sorgfältig beachtet werden, da sie zeigen, daß die von vielen Gelehrten (z.B. von Bright, Eichrodt, Noth) vertretene Datierung des Buches in der Exil- oder in der nachexilischen Zeit mit den Aussagen der Schrift selbst nicht übereinstimmt.

Verfasser

Das Buch selbst sagt nichts über die Niederschrift der Gesetze aus, die es enthält, doch wird immer wieder festgestellt, daß diese Gesetze durch Mose übermittelt worden sind. Der Satz »und der Herr redete mit Mose« kommt ungefähr 30mal vor. 20 der 27 Kapitel beginnen so. Aaron wird gelegentlich neben Mose genannt (11,1; 14,33; 15,1), doch wird er nur einmal direkt angeredet (10,8). In 2Mo, 4Mo und 5Mo wird gesagt, daß Mose die Gebote niederschrieb (z.B. 2Mo 24,4.7). Auch sind viele dieser für das Wohl des Volkes Gottes so lebenswichtigen Anordnungen so präzise und akzentuiert in ihren Forderungen, daß sie sorgfältiger Übermittlung bedurften. Deshalb dürfen wir annehmen, daß sie entweder von Mose selbst oder in seinem Auftrag und unter seiner Aufsicht niedergeschrieben wurden.

(Zu Problemen, die durch die Urkundenhypothese zur Entstehung des Pentateuch aufgeworfen werden, siehe die einleitenden Artikel »Die Geschichte der Literarkritik des Pentateuch«, S. 33ff und »Mose und der Pentateuch«, S. 41ff.)

Quelle

3Mo besteht fast nur aus (von Gott selbst gegebenen) Gesetzen. Gott redete mit Mose aus der Stiftshütte (1,1; vgl. 4Mo 7,89), auf dem Berg (2Mo 25,1) oder an der Tür der Stiftshütte (4Mo 12,5). Daher besitzen diese Gesetze einen besonderen Rang, der sie von Anordnungen, die aus menschlichem Denken entstanden sind, unterscheidet. Das wird ausdrücklich betont: »Ihr sollt nicht tun nach der Weise des Landes Ägypten, darin ihr gewohnt habt, auch nicht nach der Weise des Landes Kanaan, wohin ich euch führen will. Ihr sollt auch nicht nach ihren Satzungen wandeln, sondern nach meinen Rechten sollt ihr tun, und meine Satzungen sollt ihr halten, daß ihr darin wandelt; ich bin der Herr, euer Gott« (3Mo 18,3.4).

Diesem umfassenden Gebot folgen viele Beispiele heidnischer Praktiken, die die Israeliten meiden sollen und die als »Greuel« (18,26ff) gebrandmarkt werden. Die Sinai-Religion war monotheistisch, geistlich und sittlich. Die Kulte der Nachbarvölker waren polytheistisch; sie verehrten Götzenbilder und waren oft im höchsten Maße unmoralisch. Die Verehrung weiblicher und männlicher Gottheiten brachte ein Element der Sinnlichkeit in ihre Riten (Orgien und Tempelprostitution), wie es an der Sünde Israels in Schittim (4Mo 25) deutlich wird. Sie verdarb das Volk und widersprach dem Buchstaben und dem Geist des Gesetzes, das Mose ihnen gegeben hatte (vgl. 2Mo 19,15; 20,26). Die Verehrung des Moloch (3Mo 20,1–5) war eine der heidnischen Praktiken, die besonders gebrandmarkt wurden.

Angesichts der Bedeutung, die viele Alttestamentler heute der vergleichenden Religionswissenschaft beimessen – wobei sie die Ähnlichkeit der Religion Israels mit den Kulten der umliegenden Völker herausstellen und sie sogar von ihnen ableiten – ist es wichtig, sich immer wieder zu vergegenwärtigen, daß in der ganzen Bibel und bes. in 3Mo die Betonung auf der *Unterscheidung* liegt. Der Glaube Israels ist einzigartig und spezifisch. Alle Ähnlichkeiten mit anderen Religionen sind zweitrangig und können sogar irreführend sein, wenn die grundlegenden Unterschiede nicht genau im Auge behalten werden. S. z.B. Komm. zu 24,5–9, wo die Schaubrote beschrieben werden.

Zweck des Buches

Der unmittelbare Zweck des Buches ist es, die Gesetze und Ordnungen bekanntzumachen, nach denen Israel als Volk Gottes leben soll. Israels Gott ist ein heiliger Gott, darum soll es ein heiliges Volk sein. »Ihr sollt heilig sein; denn ich bin heilig, der Herr, euer Gott«, lautet die ausdrückliche Forderung. Da ihr Heiligtum in ihrer Mitte ist, stehen sie »vor dem Herrn« (ein Ausdruck, der ungefähr 60mal in 3Mo vorkommt), wenn sie den Gottesdienst feiern. Das macht Trennung von Unreinheit und Sünde nötig und, da die Menschen sündig und für die Sünde empfänglich sind, auch Versöhnung für die Sünde und Reinigung von aller Unreinheit. So steht das Opfergesetz eindrücklich am Anfang. Zur Bedeutung des Opferrituals s. »Die Bedeutung des Kultes« im Anschluß an 7,35–38.

Die Gesetze in 3Mo haben teilweise allgemeinen, teilweise sehr spezifischen Charakter. Wir finden Zeremonial- und Moralgesetze, sehr strenge wie auch barmherzige Anordnungen. Die Gesetze trennen Israel von den Völkern ringsum und sondern es aus zum Dienst für den Gott, der dieses Volk zu seinem eigenen machte, indem er es aus der ägypt. Knechtschaft befreite. Was die reinen Zeremonialgesetze angeht, so sind sie gewiß nur für die Periode der Heilsgeschichte bindend, für die sie erlassen wurden. Sie galten unmittelbar für Israel als ein Volk, dessen gesamtes öffentliches und privates Leben durch das Gesetz Moses geregelt werden sollte. In diesem streng historischen Sinn ist das Buch für den christl. Leser sehr aufschlußreich. Es zeigt ihm, wie Gott an Israel handelte, sein Volk erzog und unterwies. Darüber hinaus mögen in manchen dieser Anweisungen, z.B. in den Speisegesetzen, hygienische Grundsätze enthalten sein, deren Gültigkeit zeitlos ist. So kann der Genuß von Schweinefleisch z.B. unter bestimmten Bedingungen gesund, unter anderen ungesund sein. Zu den Speisegesetzen vgl. Mk 7,19; 1Kor 10,31; Röm 14,20. Die ethischen Gesetze hingegen behalten auf alle Fälle ihre Gültigkeit, da auch der Christ, wie der Jude, für das Böse empfänglich ist und ständig in der Versuchung steht, das Gesetz Gottes, wie es in den Zehn Geboten vorliegt, zu brechen. S. Komm. zu 5Mo 4,8. Die beständige Forderung von 3Mo, daß Israel heilig sein solle, weil sein Gott heilig ist, wird im NT bestätigt und bekräftigt (1Petr 1,15).

3Mo ist besonders bemerkenswert, weil es zwei Elemente miteinander verbindet, die von manchem als völlig verschieden, sogar als unvereinbar angesehen werden. Einerseits ist 3Mo das gesetzlichste aller atl. Bücher. Es versucht durch allg. Grundsätze und spezifische Vorschriften das ganze Leben des Gottesvolkes zu regeln. Seine Anweisungen könnten mit den Worten des Apostels Paulus zusammengefaßt werden: »Ihr esset nun oder trinket oder was ihr tut, so tut es alles zu Gottes Ehre« (1Kor 10,31). Seine beständige Aufforderung und sein beharrlicher Ausspruch ist: »Ihr sollt heilig sein, denn ich bin heilig, der Herr, euer Gott.« Anderseits gibt es kein Buch im AT, das auf die Erlösung in Christus klarer hinweist als 3Mo. Es stellt sich der Frage: »Wie kann ein Mensch gerecht sein vor Gott?« (vgl. Hiob 4,17) und antwortet: »So soll er sein Opfer bringen«; »Er soll seine Hand auf den Kopf seines Opfers legen«; »Und der Priester . . . soll . . . das Blut . . . sprengen«; »So soll der Priester die Sühnung für ihn vollziehen, und ihm wird vergeben«.

Das ist in atl. Worte gekleidet und in das atl. Opferritual eingebunden nichts anderes als das Evangelium des NT. Es findet seinen vollkommensten Ausdruck bei der Feier des Großen Versöhnungstages. Bei anderen Völkern suchen wir vergebens nach einem Ritual, das diesem entspricht. Wenn jedes Opfer auf Christus hinweist, so tut es dieses am augenfälligsten. Was Jes 53 für die messianische Prophetie ist, ist 3Mo 16 für die vorausgehende (typologische) Darstellung Christi im mosaischen Gesetz: messianische Symbolik in Vollendung. Um Golgatha in seiner tragischen Herrlichkeit zu verstehen, müssen wir es auf dem Hintergrund der atl. Heilsgeschichte betrachten. Mit Jesaja, dem »evangelischen« Propheten des alten Bundes, und mit dem Verfasser von Hebr. wenden wir uns 3Mo zu und lesen den Bericht des Großen Versöhnungstages mit der Erklärung, die 3Mo 17,11 gegeben wird: »Denn des Leibes Leben ist im Blut, und ich habe es euch für den Altar gegeben, daß ihr damit entsühnt werdet. Denn das Blut ist die Entsühnung, weil das Leben in ihm ist«. So entfaltet sich das große Drama der Erlösung, und wir beginnen im Licht des Typos den Antitypus zu verstehen.

Inhalt

1,1–7,38	**Die Opfer**	
	1,2–5,26	Die Anteile Gottes am Opfer
	6,1–7,38	Die Anteile des Priesters und des Opfernden am Opfer
8,1–10,20	**Die Weihe Aarons und seiner Söhne**	
	8,1–36	Mose weiht Aaron und seine Söhne
	9,1–24	Aaron nimmt sein Amt auf
	10,1–20	Schändung der heiligen Stätte und ihre Folgen
11,1–15,33	**Gesetze über Reinheit und Unreinheit**	
	11,1–47	Unreine Tiere
	12,1–8	Unreinheit im Wochenbett
	13,1–14,57	Unreinheit bei Aussatz
	15,1–33	Unreine Ausflüsse
16,1–34	**Der Versöhnungstag**	
	16,1–10	Aarons Vorbereitung
	16,11–14	Das Sündopfer für die Priester
	16,15–22	Das Sündopfer des Volkes und der Sündenbock
	16,23–28	Der Abschluß der Opfer
	16,29–34	Weitere Vorschriften
17,1–16	**Die Stätte des Opfers und die Heiligkeit des Blutes**	
18,1–20,27	**Verstöße gegen das Moralgesetz**	
	18,1–30	Ehe- und Keuschheitsgesetze
	19,1–37	Eine Sammlung verschiedener Gesetze
	20,1–27	Strafbestimmungen für schwere Sünden

Kommentar

1,1–7,38 Die Opfer

Es spricht für seine große Bedeutung, daß dieses Opferhandbuch, wie man 1,1–7,38 nennen könnte, am Anfang steht. Die Opfergesetze sind sogar noch den Anweisungen für die Weihe der Priester vorangestellt, die diese doch durchführen sollen. Ähnlich wird in 4Mo die Volkszählung vor die Passafeier gestellt, die vorher stattgefunden hatte (4Mo 1,1; 9,1).

1 Das Gesetzbuch wird eindrucksvoll eingeleitet. *Und* verbindet direkt mit 2Mo 40,34f. *Rief:* ist ein wesentlich stärkerer Ausdruck als das zusätzlich folgende *redete.* Er läßt einen zwingenden Aufruf (vgl. 2Mo 24,16; 4Mo 12,5) und eine wichtige Mitteilung (vgl. 2Mo 3,4) erwarten. Das Wort wird gebraucht, wenn die Feste ausgerufen werden (23,2.4.21.37) und der Versöhnungstag (25,10) angekündigt wird. *Vom heiligen Zelt aus* (ZÜ): ist eine bessere Übers. als *aus der Stiftshütte* (LÜ). Im Hebr. steht das Wort *mischkan* (s. Komm. zu 2Mo 25,9), das wörtl. »Wohnung« bedeutet und in Israel für die Wohnung Gottes, das Allerheiligste, gebraucht wird, d.h. für die Vorrichtung aus vergoldeten Brettern, über die der Vorhang mit den eingewebten Cherubim gehängt war (vgl. 2Mo 26,31). *'ohel,* »Zelt«, steht für das Zeltdach, das das Allerheiligste bedeckt oder für die ganze Konstruktion (vgl. 2Mo 40,19.34). In der LÜ werden beide Worte mit Stiftshütte wiedergegeben. EÜ übers. *mischkan* mit »Wohnung« und *'ohel* mit »Zelt«.

Bevor wir diesen Abschnitt im einzelnen betrachten, einige grundsätzliche Anmerkungen: 1. Die Opfer werden zweimal und unter verschiedenen Gesichtspunkten erörtert: a) 1,2–5,26: die Anteile Gottes am Opfer, b) 5,27–7,36: die Anteile des Priesters und des Opfernden. 2. Die fünf verschiedenen Opferarten (Brandopfer, Speisopfer, Sündopfer, Schuldopfer, Dankopfer) werden unabhängig voneinander behandelt, ohne daß von möglichen Beziehungen zwischen ihnen die Rede ist. 3. Die hier aufgeführte Beschreibung und Bestandsaufnahme der Opfer ist nicht vollständig, sondern wird durch früher oder später gemachte Angaben ergänzt (z.B. werden

Trankopfer und Schaubrote nicht erwähnt). 4. Das Schema der Darstellung wechselt zwischen den beiden oben erwähnten Gesichtspunkten (1 oder 2) und folgt nicht dem Ablauf der Opferhandlung (vgl. Exkurs »Die Bedeutung des Kultes« nach Komm. zu 7,35–38).

1,2–5,26 Die Anteile Gottes am Opfer

2 *Rede mit den Kindern Israel:* Diese Gesetze gelten dem ganzen Volk. Es ist für den Laien genauso wichtig, seine Pflichten zu verstehen, wie für den Priester, die seinen richtig auszuführen. *Opfer darbringen:* das hebr. Wort *qorban* (vgl. Mk 7,11) bezeichnet sowohl Gaben als auch Opfer (z.B. 4Mo 7,11). Jetzt wird genauer beschrieben, was geopfert werden durfte: Zum *Vieh* gehörten auch unreine Tiere wie Pferde, Esel und Kamele. Vgl. 2Mo 9,3, wo festgestellt wird, daß des Pharaos Vieh aus Pferden, Eseln, Kamelen, Rindern und Schafen bestand. Für das Opfer kamen nur Rind, Schaf und Ziege sowie bestimmte Vogelarten in Frage.

1,3–17 Das Brandopfer (s. auch Komm. zu 6,1–6). 3 *Das Brandopfer:* heißt so, weil bei ihm das ganze Fleisch auf dem Altar verbrannt wurde. Daher wird es gelegentlich auch »Ganzopfer« genannt (5Mo 33,10; Ps 51,21). Vgl. auch 3Mo 6,15f. Das hebr. Wort für »Brandopfer« (*'ola*) bedeutet »das, was hinaufsteigt«; entweder weil das ganze Opfer als ein »lieblicher Geruch« (V. 17) zu Gott emporstieg, oder weil das ganze Tier und nicht nur ein Teil davon auf dem Altar geopfert wurde (im Rauch aufging). Dieses Opfer wird anscheinend deshalb zuerst genannt, weil es das auffälligste, wenn auch nicht das wichtigste Opfer war. Der große Bronzealtar wird auch Brandopferaltar genannt (2Mo 30,28; 31,9; 3Mo 4,7.10.18). 4,24.33 spricht von dem Ort, »wo man die Brandopfer schlachtet«. Auch das tägliche Opfer (*tamid*) war ein Brandopfer (2Mo 29,42; 4Mo 28–29).

Daß das Brandopfer ein freiwilliges Opfer sein sollte, wird durch den Gegensatz von 1,2; 2,2 und 4,2; 5,15 deutlich. Anders steht es 1,3: *damit es ihn wohlgefällig mache.* Das Tier muß männlich und ohne Fehler sein. Das gilt auch für das Schuldopfer (vgl. 5,15). 4–9 Das Ritual ist genau beschrieben. Der Opfernde bringt sein Tier vor die Tür der Stiftshütte, legt oder preßt seine Hand auf den Kopf des Opfertiers, bekennt über ihm die Sünden (16,21; vgl. 5Mo 26,13ff), schlachtet es *vor dem Herrn,* zieht ihm das Fell ab, zerlegt es *in seine Stücke,* d.h. ohne die Knochen zu zerbrechen (vgl. 2Mo 12,46; 4Mo 9,12; Jh 19,36), und wäscht die Eingeweide und Schenkel. Der Priester sammelt das Blut, sprengt es ringsum an den Altar und verbrennt das ganze Fleisch auf ihm. Beachte den betonten Hinweis: *die Priester, Aarons Söhne* (1,5.7.11; 2,2; 3,2). Der Opferritus ist eindeutig eine priesterliche Aufgabe. Weder der Priester noch der Opfernde ißt irgendeinen Teil des Opfers. Nur das Fell steht dem amtierenden Priester zu (7,8).

Bei diesem Opfer scheint, im Gegensatz zu den Sünd- und Schuldopfern, die Betonung auf der vollkommenen Weihe und Hingabe des Opfernden zu liegen. Das wird besonders in Röm 12,1 deutlich, wo die Worte »eure Leiber« und »zum Opfer, das da lebendig . . . sei« zeigen, daß Paulus hier das Brandopfer vor Augen hatte. Doch die Formulierung (V. 4) *damit es ihn wohlgefällig mache und für ihn Sühne schaffe* und das Sprengen des Blutes an den Altar weisen darauf hin, daß Bekennen und Sühne der Hingabe vorangehen (vgl. 17,11). Was wir mit »Versöhnung schaffen« übersetzen, heißt wörtl. »bedecken«. Sünde ist also etwas, das der Gott Israels, der heilig ist, nicht ansehen kann (Hab 1,13; vgl. Ps 51,3.11; 103,12; Jes 43,25; 44,22; Mi 7,19; auch Hebr 10,1–4). Deswegen muß die Sünde mit sühnendem Blut bedeckt werden. Der Ausdruck wird sowohl in bezug auf Personen (wie hier, vgl. 4,20) als auch Gegenstände (z.B. der Altar, 2Mo 29,36) gebraucht.

Es ist ein *Brandopfer, ein Feueropfer zum lieblichen Geruch für den Herrn* (V. 9). Der Ausdruck »Feueropfer« wird für alle Opfer gebraucht, von denen ein Teil auf dem Altar verbrannt wird. Die Bezeichnung *lieblicher Geruch* wird ebenfalls bei den meisten von ihnen verwendet und ist wahrscheinlich mit ihnen allen verbunden. Sie ist nicht wörtl. zu verstehen, sondern als Anthropomorphismus, der auf menschliche Weise die Befriedigung beschreibt, die Gott am Opfer seines Volkes hat. Das gilt auch für den Ausdruck »Speise Gottes«, der für die Opfer insgesamt gebraucht wird (21,6.8.17; 22f) und auch für die Dankopfer (3,11.16). Einige Wissenschaftler nehmen diese Ausdrücke wörtlich und schließen daraus auf eine rohe und primitive Vorstellung von der Bedeutung des Opfers. Doch auch solche Sicht ignoriert den Textzusammenhang. Die Unwissenden mögen diese niedrige Sicht vertreten haben. Doch die Tatsache, daß die Israeliten während der gleichen Zeit, in der diese Gesetze gegeben wurden, von Gott selbst mit Manna gespeist wurden, mußte sie davon überzeugen, daß der Gott, der sie mit Speise versorgte, es nicht nötig hatte, von ihnen gespeist zu werden. Vielmehr fand Gott Gefallen daran, von seinen Kindern einen Teil der guten Gaben, die er ihnen gegeben hatte, zurückzuerhalten: als Zeichen ihrer Anerkennung, daß er es war, der ihr Leben erhielt und dem sie allen Segen verdankten. Ps 50 ist viel später entstanden, doch kommt in ihm nachdrücklich die mosaische Vorstellung von der Bedeutung des Opfers zum Ausdruck. Vgl. Apg 17,25.

10–13 Schaf und Ziege werden genauso geopfert wie das Rind. Ort des Opfers soll die Nordseite des Altars sein. Das wird nur an dieser Stelle erwähnt, bezieht sich jedoch auf alle Opfer außer dem Dankopfer. **14–17** Wenn das Opfertier ein Vogel ist, ist das Ritual einfacher, doch es folgt dem gleichen Muster. Vögel wurden entweder als ordentliches Opfer dargebracht (vgl. 12,6) oder als ein Ersatz für das normale Opfer, der wegen der Armut des Opfernden erlaubt war und von Gott angenommen wurde (vgl. 5,7–10).

2,1–16 Das Speisopfer (s. auch 6,7–11). **1** Wie das Brandopfer ist auch dieses Opfer freiwillig: *Wenn jemand ... ein Speisopfer darbringen will.* Es wird hier unabhängig von den Tieropfern beschrieben, wurde jedoch gewöhnlich zusammen mit diesen dargebracht (vgl. 4Mo 15,1–16). Das Opfer bestand hauptsächlich aus feinem Mehl. Dieses wurde gewöhnlich mit Öl gemischt (7,10; vgl. 5,11), man konnte auch Öl darauf gießen (V. 6.15). Der so entstandene Teig konnte gekocht oder ungekocht dargebracht werden. **2** Der Priester nahm eine *Handvoll* davon und verbrannte sie auf dem Altar. Diese Handvoll mußte allen *Weihrauch* enthalten, der darauf gelegt worden war (V. 1). Dieser Teil wurde *Gedenkopfer* (hebr. *'askara*) genannt: Der Weihrauch (*lebona*) war einer der vier Bestandteile in dem heiligen Räucherwerk (2Mo 30,34), das zweimal täglich in der Stunde des Gebetes vom Priester auf dem goldenen Altar für das ganze Volk geopfert wurde, und sollte vermutl. für den einzelnen Anbeter denselben Zweck erfüllen, ihn bei Gott in Erinnerung bringen. Vgl. die Überschriften von Ps 38 und 70; danach sollten diese Psalmen zur Zeit der Darbringung des Gedenkopfers verlesen werden.

3 Das kleinste Speisopfer, ein Zehntel Epha/Scheffel (6,13; ZÜ: 6,20), betrug mehr als 3,5 Liter. Da eine Handvoll – die Menge, die als Feueropfer auf dem Altar verbrannt wurde – ein relativ geringer Teil des Gesamtopfers war, wird hier erklärt, daß der Rest *ein Hochheiliges* sei und den Priestern gehöre. Das bedeutet, daß dieser Anteil des Priesters nur von männlichen Mitgliedern seiner Familie gegessen werden durfte, und zwar an heiligem Ort, z.B. im Vorhof der Stiftshütte (6,9; vgl. 10,12f). Dasselbe galt für das Sündopfer (6,18–22), das Schuldopfer (7,16) und die Schaubrote (24,9). Das Brandopfer fiel nicht unter diese Regelung, weil es auf dem Altar ganz verbrannt wurde. Das Dankopfer war *heilig.* Die ganze Familie des Priesters durfte davon essen. Der größte Teil der Opfergabe gehörte dem Opfernden und wurde von ihm, seiner Familie und seinen bedürftigen Freunden oder Hausgenossen verzehrt (5Mo 12,11–18). Das mußte an einem *reinen* Ort, aber nicht notwendigerweise im Vorhof der Stiftshütte geschehen.

11–16 Allen Opfern mußte Salz beigegeben werden. Salz steht für Beständigkeit bzw. Unverderblichkeit. Daher der Ausdruck *Salz des Bundes deines Gottes* (vgl. 4Mo 18,19; 2Chr 13,5). *Sauerteig* und *Honig* sollen beim Feueropfer keine Verwendung finden, sie gehören nicht auf den Altar. Doch dürfen beide als *Erstlingsgabe* geopfert werden (vgl. 2Mo 23,16; 34,22f; 3Mo 23,17). V. 12 ist hier wohl eingefügt, um die Schlußfolgerung zu vermeiden, daß Sauerteig und Honig in sich selbst unrein seien. 2Mo 12,39 sagt ausdrücklich, daß die Israeliten bei ihrem Auszug aus Ägypten nur deswegen ungesäuertes Brot aßen, weil sie in großer Hast aufbrachen und keine Zeit hatten, den Teig zu säuern. Mehl, Öl und der Wein (der Trankopfer, die hier nicht genannt sind, aber häufig zusammen mit den Speisopfern dargebracht wurden) waren die wichtigsten Bestandteile der täglichen Nahrung des Volkes, häufig in den Worten »Getreide, Wein und Öl« zusammengefaßt (z.B. 5Mo 12,17). Das Speisopfer mit dem Öl und das ergänzende Trankopfer stellten daher Opfer aus der Alltagsnahrung des Volkes dar. Man brachte darin den Dank zum Ausdruck, daß man das tägliche Brot von Gott empfing. Das Öl symbolisierte wegen seines Gebrauchs bei der Salbung der Priester und seiner Verwendung für die goldenen Leuchter auch die gnadenvolle Gegenwart des Heiligen Geistes in Erleuchtung und Heiligung.

3,1–17 Das Dankopfer (s. auch Komm. zu 7,11–34). **1** *Ist aber sein Opfer ...:* Wie das Brandopfer sollte auch das Dankopfer freiwillig sein. Das Tier konnte *männlich* oder *weiblich,* mußte aber *ohne Fehler* sein. Wie die anderen Feueropfer unterschied es sich von den Brandopfern dadurch, daß nur ein Teil auf dem Altar verbrannt wurde. Dieser Teil wird genau beschrieben. **3.4** Er bestand aus dem *Fett,* das die Eingeweide umgibt, den *Nieren* und dem *Lappen an der Leber.* **9** War die Opfergabe ein Lamm, wurde auch der *Fettschwanz* verbrannt. Dieser wurde als Delikatesse betrachtet und konnte bei ausgewachsenen Tieren 4–7kg und mehr wiegen. Diese Einzelheiten werden bei der Beschreibung des Sündopfers wiederholt

(4,8f. 19.26–35) und gelten ebenso für das Schuldopfer (7,3f).

16 Die Begründung für dieses Opfer liegt darin, daß es eine *Feueropferspeise zum lieblichen Geruch* ist. *Alles Fett ist für den Herrn.* **17** Angefügt wird die ausdrückliche Anweisung, daß das Verbot, Fett oder Blut zu essen, ständig beachtet werden soll. *Eine ewige Ordnung für eure Nachkommen:* Dieser Ausdruck kommt in 3Mo 17mal vor. 5Mo 12,15f.21–24 wird nur das Blut, nicht aber das Fett erwähnt. Damit wird das Verbot keineswegs modifiziert. Vielmehr geht es hier um unterschiedliche Fälle; 5Mo 12 handelt nicht vom Dankopfer. Die Tiere werden auch nicht beim Altar getötet und gegessen, sondern in »allen deinen Städten« (5Mo 12,15). Das Blut wird auf den Boden gegossen und mit Erde bedeckt. Der Unreine (5Mo 12,15.22) darf ebenso wie der Reine davon essen. Das beweist, daß 5Mo 12 sich nicht mit dem Dankopfer beschäftigt (vgl. 3Mo 7,20f). Da der Ausdruck »Dankopfer« (wörtl. Friedensopfer) offensichtlich besagt, daß der Anbetende mit Gott versöhnt ist (sonst dürfte er nicht von dem Fleisch seines Opfers essen), ist auffällig, daß sowohl das Handauflegen (V. 2.8.13) als auch das Sprengen des Blutes betont werden. Alle Feueropfer hatten sühnenden Charakter. Daß der Hinweis auf einen Vogel als Ersatz im Falle der Armut des Opfernden fehlt, ist bemerkenswert. Der Grund: Der Ritus ist ein heiliges Mahl, das der Opfernde mit seiner Familie und seinen Freunden, bes. den armen und bedürftigen, teilen soll. Dafür würde ein Vogel nicht ausreichen. Der Arme, der sich kein Schaf oder keine Ziege leisten konnte, sollte zur Teilnahme an den Dankopfern seiner wohlhabenden Freunde und Nachbarn eingeladen werden.

4,1–5,13 Das Sündopfer (s. auch Komm. zu 6,12–23). **4,2.3** *Wenn jemand . . . sündigte . . . so soll er . . . darbringen:* vgl. 5,15. Die Sünd- und Schuldopfer sind zur Versöhnung für Sünden aus Unwissenheit oder Irrtum obligatorisch. Der Mensch hat unabsichtlich gesündigt und damit etwas getan, was Gott zu tun verboten hat (vgl. V. 13.22.27). Die Aufzählung der gemeinten Sünden in 5,1–4 zeigt aber, daß mehr als bloße Unwissenheit im Spiel ist. Unreinheit von der Art, wie sie z.B. in 11,24–28 (vgl. 17,15f) beschrieben wird, wird durch Waschungen und Enthaltung von gottesdienstlichen Handlungen (die den Aufenthalt an der Stiftshütte einschließen) bis zum Sonnenuntergang behoben. Doch wenn sich jemand verunreinigt hatte, ohne es zu merken (»wußte es nicht«, 5,2) und folglich das Gesetz der Reinigung nicht erfüllte (11,27f), dann hat er gesündigt und ist *schuldig.* Wenn er *seiner Sünde inne* wird, muß er ein Sündopfer darbringen. Hier handelt es sich wirklich um eine Sünde aus Unwissenheit. Daneben stehen andersartige. So mag die Weigerung, als Zeuge eines Verbrechens auszusagen, wenn öffentlich dazu aufgerufen wird, sehr unterschiedliche Gründe haben, ebenso der unbedachte Schwur. Das sind Sünden aus Schwachheit, nicht Sünden aus Verweigerung des Gehorsams (»mit erhobener Hand«), für die es keine Vergebung gibt.

In Kap. 4 wird das Sündopfer in besonderer Beziehung zu dem gesehen, dessen Sünde gesühnt werden soll: dem gesalbten Priester (d.h. der Hohepriester, 8,12) (V. 3–12); der ganzen Gemeinde (V. 13–21); einem Stammesfürsten (V. 22–26); jemandem aus dem Volk (V. 27–35). Die Größe der Schuld ist von der gesellschaftlichen Stellung des Schuldigen abhängig. **3** Der gesalbte Priester nimmt eine bedeutende Stellung ein. Obwohl einer aus dem Volk, repräsentiert er doch die ganze Volksgemeinschaft. Daher lädt er, wenn er sündigt, Schuld auf das ganze Volk. **5–7** Da er in heiligem Dienst steht und aufgrund seines Amtes das Heiligtum betreten darf, hat er durch seine Sünde diesen Ort entweiht. Die Sühnehandlung muß deshalb in der Stiftshütte vollzogen werden. Blut muß in die Stiftshütte gebracht, an den Vorhang zum Allerheiligsten gesprengt und an die Hörner des Räucheraltars gestrichen werden.

13–21 Dasselbe Ritual soll ausgeführt werden, wenn sich die ganze Gemeinde versündigt. Denn Israel ist als ein »Königreich von Priestern« (2Mo 19,6) gedacht, und der Herr wohnt in seiner Mitte. In diesem Fall müssen die Ältesten der Gemeinde als Repräsentanten des Volkes dem Opfertier die Hände auflegen. Für einen Laien, sei es nun ein *Stammesfürst* (V. 22) oder *jemand aus dem Volk, jemand vom Volk des Landes* (EÜ; V. 27), wird das Blut nicht in die Stiftshütte gebracht, sondern an die Hörner des Brandopferaltars gestrichen und neben diesem ausgegossen. Der Stammesfürst opfert einen Ziegenbock, der Mann aus dem Volk eine Ziege oder ein weibliches Schaf. Das Fett wird wie beim Dankopfer auf dem Altar verbrannt (V. 10.31). Mit dem Rest des Opfers wird anders als sonst verfahren: Das Fleisch der Tiere, deren Blut in das Heiligtum gebracht worden ist, soll außerhalb des Lagers an einer reinen Stätte verbrannt, die Asche verstreut werden (V. 12). Darin kommt das Prinzip zum Ausdruck, daß der, für den das Sündopfer dargebracht wird, in keiner Weise daran teilhaben darf (6,18–23). Auch der Priester darf das nicht, wenn er die Sühnehandlung für seine eigene

Sünde oder für die ganze Gemeinde vollzieht, deren Mitglied er ist (vgl. Hebr 13,10–13).

5,1–6 spezifiziert im einzelnen, welche Sünden ein Sündopfer notwendig machen: Eine Zeugenaussage nicht zu machen, wenn dazu aufgefordert wurde; sich durch die Berührung mit dem Kadaver eines unreinen Tieres oder durch die Unreinheit eines Menschen zu verunreinigen oder ein unbedachter Schwur. Diese Verse sind alle mit *oder* verbunden und bilden gemeinsam den bedingenden Vordersatz (Protasis) zum Nachsatz (Apodosis), der mit V. 5 beginnt. Die genannten Vergehen werden wie Sünden aus Unwissenheit behandelt (vgl. 4,13; 5,2.3.4). Wenn ein Mensch eine Schuld erkennt oder darauf aufmerksam gemacht wird, soll er sie *bekennen* und ein *Sündopfer . . . wegen seiner Sünde* darbringen.

7 Da das Sündopfer in den oben beschriebenen Fällen obligatorisch ist, werden den Armen, die sich kein kostspieliges Opfer leisten können, entsprechende Zugeständnisse gemacht. Statt des Schafes darf der Opfernde *zwei Turteltauben oder zwei gewöhnliche Tauben* (ZÜ; s. LZB, Sp. 1368, Art. »Taube«) darbringen. Die eine wird als Sündopfer, die andere als Brandopfer dargebracht. Da beim Sündopfer außer dem Fett das ganze Fleisch dem Priester gehörte (6,19), wurde vermutl. wegen der Schwierigkeit oder Unmöglichkeit, das Fett eines Vogels zu entfernen, das Fleisch des einen Vogels ganz auf dem Altar verbrannt und so als Anteil des Herrn am Sündopfer dargestellt (das jedoch Brandopfer genannt wurde, weil es ganz auf dem Altar verbrannt wurde). Den anderen Vogel erhielt der Priester als seinen Anteil am Sündopfer. Das würde erklären, warum zwei Vögel geopfert werden.

11 Dem ganz Armen wird ein weiteres Zugeständnis gemacht: Das Tieropfer darf durch ein Speisopfer ersetzt werden. Da es ein Sündopfer ist, unterscheidet es sich von dem gewöhnlichen Speisopfer dadurch, daß es ohne Öl und Weihrauch geopfert wurde.
12 Weiter wurde die Handvoll Mehl, die als Gedenkopfer dargebracht wurde, *auf dem Altar über den Feueropfern des Herrn* (ZÜ) verbrannt. Das verlieh ihr den Wert eines Blutopfers, weil sie mit den Feueropfern vermischt wurde, die auf dem Altar lagen. Daher konnte dies als *Sündopfer* bezeichnet werden. Indem er es opferte, vollzog der Priester die Sühnung für die Sünde. Was zunächst als Widerspruch zu dem Grundsatz ». . . ohne Blutvergießen geschieht keine Vergebung« (Hebr 9,22) erscheint, ist keine Ausnahme, sondern dient vielmehr dazu, das Prinzip der Stellvertretung zu erläutern, das darzustellen und durchzuführen das Hauptziel des Opferrituals ist.

5,14–26 Das Schuldopfer (vgl. auch 7,1–10). Entscheidendes Merkmal des Schuldopfers ist, daß es wegen einer Sünde dargebracht wird, die Wiedergutmachung erfordert. Diese Wiedergutmachung muß der Darbringung des Opfers vorausgehen. Zwei Fälle werden erläutert.

5,15.16 Beim ersten hält jemand etwas zurück, *was dem Herrn geweiht ist:* z.B. den Zehnten, Opfergaben, Erstlingsfrüchte usw., die Gott gehören. Das muß dem Priester entweder ausgehändigt oder ersetzt (gelöst) werden. **17** Im zweiten Fall handelt jemand *gegen irgendein Gebot des Herrn, was er nicht tun sollte.* Da hier derselbe Ausdruck gebraucht wird wie in 4,2.13.22.27, muß der Unterschied darin liegen, daß die Übertretung hier Wiedergutmachung erfordert.

5,18–26 Der nächste Abschnitt befaßt sich mit Handlungen, die dem Mitmenschen Unrecht oder Schaden zufügen. In allen diesen Fällen muß das zurückgehaltene Eigentum und zusätzlich der fünfte Teil seines Wertes zurückerstattet werden; eine Strafe, die sowohl den rechtmäßigen Besitzer entschädigte als auch den Schuldigen bestrafte (vgl. 4Mo 5,6–8). In allen Fällen ist das Opfer ein Widder (vgl. 19,21f), auch als »männliches Lamm« (14,12; ZÜ) oder »einjähriges Lamm« (4Mo 16,12; ZÜ) bezeichnet. Das Übertretungsopfer bildet einen Teil des Rituals zur Reinigung eines Aussätzigen (3Mo 14,12) und des Rituals der Gottgeweihten (4Mo 6,12).

6,1–7,38 Die Anteile des Priesters und des Opfernden am Opfer

Bis jetzt lag außer bei den Speisopfern (2,10; vgl. 5,13) der Schwerpunkt der Darstellung auf der gottzugewandten Seite der Opfer: Es ging um den Umgang mit dem Blut und um die auf dem Altar oder außerhalb des Lagers zu verbrennenden Teile des Opfers. Jetzt folgt eine Reihe von Gesetzen, die sich bes. mit den Anteilen des Priesters und des Opfernden am Opfer befassen. Der Abschnitt wird mit den Worten eingeleitet: *Gebiete Aaron und seinen Söhnen* (V. 2). Jede einzelne Betrachtung beginnt mit: *Dies ist das Gesetz des* (V. 2.7.18 etc.). Alle schon einmal behandelten Gesetze werden nun von diesem Gesichtspunkt aus besprochen.

6,1–6 Das Brandopfer (s. auch 1,3–17). Da das ganze Tier auf dem Altar verbrannt wird, sind nur zwei wichtige Einzelheiten zu beachten: die Beseitigung der Asche und das Hüten des Altarfeuers. Das heilige Feuer, das von Gott selbst auf dem Altar entzündet wurde, darf niemals verlöschen. Außerdem soll ständig auf dem Altar das Brandopfer brennen, als Zeichen der Hingabe Israels an Gott. Daß das Brandopfer auch während der Nacht brennen soll, läßt erkennen, daß dieses Gesetz auf ein beständiges Brandopfer (2Mo 29,38–42) abzielt.

6,7–11 Das Speisopfer (s. auch 2,1–6). **8** Mit Ausnahme des *Gedenkopfers* gehört das gesamte Opfer dem amtierenden Priester. **9** Wie Sünd- und Schuldopfer ist auch dieses Opfer »hochheilig« und muß an *heiliger Stätte* verzehrt werden, d.h. *im Vorhof der Stiftshütte* (vgl. V. 19). **11** *Wird heilig* (ZÜ): vgl. 6,20. Offensichtlich sollen sich die, die kraft ihres Amtes von dem Opfer essen dürfen, daran erinnern, daß ihnen das nur gestattet ist, wenn sie kultisch rein sind. Was für den Laien gilt (7,20), gilt erst recht für den Priester und seine Söhne. Das Verzehren des Priesteranteils der Speis-, Sünd- und Schuldopfer war auf die männlichen Familienmitglieder beschränkt (6,11.22; vgl. 7,6; 4Mo 18,8–10).

6,12–16 Dem Gesetz über das Speisopfer des Volkes wird eine kurze Feststellung über das tägliche Speisopfer für die Priester angefügt. Es soll täglich, morgens und abends, von dem gesalbten Priester (Aaron oder seinem Nachfolger) geopfert werden. Es scheint eine Art priesterliches Gegenstück zum täglichen Brandopfer zu sein. Da es für die Priester geopfert wird, darf nichts davon gegessen werden; es muß ganz verbrennen.

6,17–23 Das Sündopfer (s. auch 4,1–5,13). Bei diesem Opfer gehörte, außer dem Fett, alles Fleisch dem Priester. **19** *Der Priester, der das Sündopfer darbringt, soll es essen:* Die Heiligkeit dieses Anteils wird bes. betont. Das Geopferte ist hochheilig, und alles, was mit ihm in Berührung kommt, muß heilig sein oder wird heilig. Das gilt sogar für das Gefäß, worin es gekocht wird. **20** *Wird heilig* (ZÜ): Es wird als heilig behandelt und deshalb dem allg. Gebrauch entzogen. **21** Es muß gründlich gereinigt, wenn es aus Ton ist, zerbrochen werden. **22** Jedes männliche Mitglied der Priesterfamilie darf von dem Sündopfer essen. **23** Wieder wird betont, daß der Genuß von Opferfleisch nicht gestattet ist, wenn das Opfer für den Priester selbst dargebracht wurde.

7,1–10 Das Schuldopfer (s. auch 5,14–26). Da im früheren Abschnitt nichts über den Anteil des Herrn bei diesem Opfer gesagt wurde, wird das Gesetz, das für Dankopfer (3,3f) und Sündopfer (4,8–10) bereits dargelegt worden ist, in allen Einzelheiten wiederholt (7,2–5), statt daß man sich einfach auf frühere Ausführungen beruft, wie z.B. in 4,26. Dann wird erklärt, daß der Anteil des Priesters bei diesem Opfer derselbe ist wie beim Sündopfer. Mit Ausnahme des Anteils des Herrn gehört alles dem Priester. Die Speisopfer, die in diesem Zusammenhang erwähnt werden, sind diejenigen, die zusammen mit den oben erwähnten Schlachtopfern ausgeführt werden.

7,11–34 Das Dankopfer (s. auch 3,1–17). Das Dankopfer ist das einzige der verschiedenen Opfer (Brand-, Sünd-, Schuld- und Dankopfer), von dem der Opfernde selbst essen darf. Daher wird der Anteil des Herrn, des Priesters und des Opfernden genau unterschieden. Der Anteil des Herrn ist das Fett, das auf dem Altar verbrannt wird (V. 22–25). Der Anteil des Priesters (V. 30–34) besteht aus der »Brust« und der »Keule« (ob vom Vorder- oder Hinterbein, ist unklar). Die Ausdrücke Schwingopfer und Hebopfer bedeuteten offensichtlich, daß der Opfernde diese Anteile Gott durch den Priester zukommen ließ, dem sie dann gehörten. Der Rest des Fleisches ist der Anteil des Opfernden, jedoch mit bestimmten Einschränkungen. **15.16** Handelt es sich um ein Gelübde oder ein freiwilliges Opfer, darf das Übriggebliebene am nächsten Tag verzehrt werden. Ist es jedoch ein *Lob- und Dankopfer,* kann es nur am Tag des Opfers gegessen werden. Was nicht verzehrt wird, muß verbrannt werden. Ein Ziel dieser Forderung war sicher, Großzügigkeit und Gastfreundschaft zu fördern, also das Einladen von Freunden und Nachbarn, bes. der Armen und Bedürftigen, die dieses frohe Ereignis miterleben sollten (5Mo 12,12).

Mit dem Opfer soll der Opfernde verschiedene Arten von Kuchen darbringen. **12** Einige sind mit Öl bestrichen oder vermengt und ungesäuert. **13** Aber der Opfernde soll auch *Kuchen von gesäuertem Brot* darbringen. **14** Die Worte: *je ein Teil* zeigen, daß der Priester, zusammen mit den Schlachtopfern, sowohl die gesäuerten als auch die ungesäuerten Kuchen als seinen Anteil erhält. Da gesäuertes Brot ein Grundnahrungsmittel des Volkes war, bedeutete seine Opferung die Heiligung der täglichen Nahrung und Rückgabe eines Teils an Gott, den der Priester bekam. Allerdings durfte gesäuertes Brot nicht auf den Altar gelegt werden. Darum gelten diese Kuchen auch nicht als Speisopfer (*mincha*). Sie werden weder mit Weihrauch belegt, noch wird ein Teil von ihnen auf dem Altar verbrannt. Sie sind dem Dankopfer beigefügt und werden vom Priester und von den Opfernden verzehrt. Der Anteil des Priesters wird *Opfergabe* genannt. Es wird betont, daß diese Anteile (Schwing- und Hebopfer) den Priestern als beständiges Anrecht zufallen, und zwar vom Tag ihrer Salbung zu Priestern an. Das Dankopfer ist heilig, aber nicht

»hochheilig« (vgl. 7,6). Das ist daran zu erkennen, daß es im Vorhof geschlachtet werden soll (3,2) und der Opfernde oder jede andere kultisch reine Person davon essen kann. Das Dankopfer ist Ausdruck freudiger Gemeinschaft mit Gott und innerhalb der beteiligten Kultgemeinde.

7,35–38 Der göttliche Ursprung der Gesetze. *Das ist der Anteil... Das ist das Gesetz:* Die ausführliche Behandlung der Opfer ist in Versen zusammengefaßt, in denen das von Gott gegebene ewige Anrecht Aarons und seiner Söhne betont wird. Sie unterstreichen noch einmal, daß es Gott selbst war, der dieses Gesetz auf dem Berg Sinai gab.

Exkurs. Die Bedeutung des Kultes

Die Opfergesetze beeindrucken wegen der Klarheit, mit der sie auf die Erlösungstat Christi hinweisen und darin ihre Erfüllung finden. Beim Abendmahl erinnert sich der Christ an den Tod Christi als an sein Sühn- und Schuldopfer, ein Opfer, das ein für allemal auf Golgatha vollbracht wurde. Er kann an dem Opfer selbst nicht teilhaben, aber er hat Gemeinschaft mit Christus, der sein Passalamm und Dankopfer ist, wenn er an den Zeichen seines gebrochenen Körpers und an seinem vergossenen Blutes teilhat, indem er aus dem Kelch trinkt. Denn der Wein des Sakramentes symbolisiert Blut, das zur Versöhnung für die Sünde vergossen wurde und das für jeden Glaubenden zur Quelle des Lebens geworden ist (Jh 6,53). Der Christ weiht sich erneut dem Dienst seines Herrn, indem er sich selbst, seinen eigenen Körper dem Herrn als lebendiges Opfer (als Brandopfer) darbringt. Er wartet auf die Wiederkunft seines großen Hohenpriesters aus dem himmlischen Tempel, in den der eingegangen ist, der seine herrliche Erlösung vollenden und krönen wird, wenn er seine Erlösten zu sich holt. Sie feiern das Mahl, bis er kommt. S. auch zur ntl. Interpretation des Großen Versöhnungstages Komm. zu 16,29–34.

Da Opferriten in irgendeiner Form bei den alten Völkern gang und gäbe waren, ist die Möglichkeit einer Verbindung zwischen dem mosaischen Kultus und den Praktiken der umliegenden Völker oft diskutiert worden. Daß Ähnlichkeiten vorhanden sind, ist zu erwarten. Doch sollte man dabei folgendes beachten:

1–5Mo stellen den mosaischen Kultus als direkte Offenbarung Gottes dar: »Der Herr redete mit Mose«. Wiederholt wird Israel davor gewarnt, die Sitten und Gebräuche der Ägypter oder der Kanaanäer zu übernehmen. Vorstufen des Kultes, sofern es sie gibt, sind eher bei den Erzvätern zu suchen und reichen so bis in die Frühzeit der Heilsgeschichte zurück. Im Vergleich zum heidnischen Kultus gibt es derart gravierende Unterschiede, daß diese die äußerlichen Ähnlichkeiten bei weitem aufwiegen. Die Unterschiede zeigen sich sowohl in dem, was der Kultus Israels von der Religion der Nachbarvölker übernimmt, wie auch daran, was in Israel diesen exklusiven Vorrang hat.

Im Gottesdienst Israels gab es keine Beziehungen zu Wahrsagerei und Orakelpraxis, es finden sich weder religiöse Ekstase, Selbstverstümmelung noch sakrale Prostitution. Sinnliche und orgiastische Fruchtbarkeitsriten waren streng verboten. Es gab keine Menschenopfer und keine Opfer für die Toten. Der heidnische Grundsatz: »do ut des« = »ich gebe, damit du (Gott) gibst« hatte keine Geltung. Denn die Menge der Opfer war unerheblich. Das Gesetz forderte für das ganze Jahr knapp 1300 Tiere als öffentliche Opfer, also durchschnittlich 3–4 Tiere pro Tag. Massenopfer waren wertlos (Mi 6,7).

Positiv stellt die Betonung des Ethischen Israel in Gegensatz zu den Nachbarvölkern: die Unterstreichung der Sündhaftigkeit und der Notwendigkeit der Versöhnung; die Notwendigkeit der richtigen Geisteshaltung des Opfernden; die Betonung der Reue und des neuen Gehorsams gegenüber dem Gesetz Gottes; die Heiligkeit des Blutes, welches das Leben des Tieres symbolisiert, das Gott anstelle des Lebens des Opfernden zur Versöhnung für dessen Sünden annimmt. Alle diese Unterschiede zusammen zeigen, daß der mosaische Kultus trotz mancher Ähnlichkeiten einen ganz anderen Geist ausstrahlt als die Religionen der anderen Völker. Er ist in seinem Wesen einzigartig.

8,1–10,20 Die Weihe Aarons und seiner Söhne

Dieser Bericht steht in enger Verbindung zu 2Mo 28; 29. In 2Mo wird der Bau der Stiftshütte dreimal behandelt. Kap. 25–30 befassen sich hauptsächlich mit Konstruktion und Ausstattung, enthalten aber auch Anweisungen bezüglich der Kleidung der Priester und ihrer Weihe (Kap. 28 und 29).

Kap. 35–39 berichten die Ausführung der Anweisungen bezüglich der Stiftshütte und Kap. 40 schildert ihre Aufstellung und ihre Annahme durch Gott. Man hätte erwarten können, daß der Bericht der Priesterweihe sich als natürliche Folge an die Einweihung der Stiftshütte unmittelbar anschlösse und dann einen Teil von 2Mo bilden würde. Weil aber die Hauptaufgabe der Priester in der Darbringung der Opfer bestand und die Darbringung der Opfer einen unerläßlichen Teil ihrer eigenen Weihe darstellte, ist das »Opferhandbuch« (3Mo 1–7) wohl zu Recht dem Abschnitt von der ersten Priesterweihe vorausgestellt worden.

8,1–36 Mose weiht Aaron und seine Söhne

2 Der übergangslose Satz: *Nimm Aaron und seine Söhne und die Kleider und das Salböl und den jungen Stier . . . die beiden Widder und den Korb mit ungesäuertem Brot* weist auf 2Mo 29,1–3 zurück, wo alle diese Dinge bereits aufgezählt werden. Daher der Gebrauch des bestimmten Artikels. Daß dieser Ritus als Abschluß der Einweihung der Stiftshütte und als Fortsetzung von 2Mo 29–40 betrachtet werden muß, zeigt auch die Häufigkeit des Ausdruckes *wie der Herr es Mose geboten hatte* oder seiner Entsprechungen (15mal), der sich wie ein Refrain durch jene Kapitel zieht. Die einzigartige Stellung Moses (vgl. 2Mo 28.29), der als Diener dem ganzen Hause Gottes vorstand (4Mo 12,7; Hebr 3,2.5), wird hervorgehoben. So opfert Mose Aarons Sündopfer (8,14–17) und die Schwingbrust des Einsetzungsopfers, die normalerweise der Anteil des amtierenden Priesters gewesen wäre, wird Moses Anteil (V.29; vgl. 2Mo 29,26).

3 Das Ritual der Priesterweihe und Amtseinsetzung war aufwendig und eindrucksvoll. Es wurde in Gegenwart der ganzen Gemeinde vor der Tür der Stiftshütte vollzogen. **5** Beachtenswert ist die feierliche Einleitung: *Dies ist's, was der Herr geboten hat zu tun.* **6–9** Aaron und seine Söhne wurden zunächst mit Wasser gewaschen, dann wurden Aaron die heiligen Gewänder angelegt (vgl. 2Mo 28). **10.11** Darauf salbte Mose die Stiftshütte, den Altar und alle seine Geräte einschließlich des Beckens. **12** Danach goß er zur Heiligung und Weihe Öl auf das Haupt Aarons (vgl. Ps 133,2). **13** Nachdem er Aarons Söhne eingekleidet hatte, **14–17** brachte er ein Sündopfer dar, **18–21** desgleichen ein Brandopfer und **22–29** ein Einsetzungsopfer, das als einziges im Opferhandbuch nicht beschrieben wurde. Der hebr. Begriff ist *millu'im,* wörtl.: »Füllungen«; »die Hände füllen« ist der Fachausdruck für die Amtseinsetzung der Priester. **31** Das Einsetzungsopfer war dem Dankopfer insoweit ähnlich, als diejenigen, für die es geopfert wurde, von dem Fleisch essen durften. In diesem Fall aber konnte der Anteil des Priesters (Schwingbrust und Keule) nicht von Aaron und seinen Söhnen gegessen werden, weil das Opfer um ihretwillen von Mose dargebracht worden war. Deshalb wurde die Brust Mose als Anteil zugewiesen (V.29), da er als Priester handelte, und die Keule wurde auf dem Altar verbrannt (V.25.28).

Bei allen diesen Opfern legten Aaron und seine Söhne ihre Hände auf den Kopf des Opfertieres, zum Zeichen dafür, daß sie um ihretwillen dargebracht wurden. Es ist bezeichnend, daß das Blut des Sündopfers dazu benutzt wurde, um den Altar, an dem die Priester die Opferhandlung vollziehen sollten, zu reinigen und zu heiligen. Daß das Blut der Weihe auf Ohrläppchen, Daumen und Zehe (V.23.24) gestrichen wurde, daß Öl gemischt mit Opferblut auf Aaron und seine Söhne gesprengt (V.30) und Öl auf Aarons Haupt gegossen wurde (V.12), symbolisiert die Weihe und Heiligung für das heilige Amt und seiner Ausübung in verschiedenem Ausmaß. **33.34** Aaron und seine Söhne durften während der sieben Tage ihrer Weihe die Stiftshütte nicht verlassen. An jedem der sieben Tage mußten dieselben Opfer wiederholt werden. Daher wurde bezüglich des Verzehrs der Dankopfer, die am Tage nach der Opferung gegessen werden konnten (7,15–18), eine Ausnahme von der Regel gemacht: Sie sollten nun am selben Tag gegessen werden. Während der sieben Tage vollzog Mose an jedem Tag dieselben Opfer, während Aaron und seine Söhne im Vorhof der Stiftshütte verblieben.

9,1–24 Aaron nimmt sein Amt auf

1 *Am achten Tage:* d.h. an dem Tag, der ihre Weihe beendete, *rief Mose Aaron und seine Söhne. Rief* weist auf die Feierlichkeit der Situation hin. Jede Handlung, die Aaron ausführt, wird von Mose angeordnet. **5** Die ganze Gemeinde wird zusammengeholt, um *vor dem Herrn* zu stehen, so daß der Herr ihnen erscheinen und als Zeichen seiner Anerkennung und Bestätigung aller vorausgegangenen Handlungen (vgl. 2Mo 40,34f) seine Herrlichkeit zeigen kann (V.4.6.23f). **7** Die Opfer, die Aaron für sich selbst, seine Söhne und das Volk darbrachte – Aaron und seine Söhne waren in erster Linie Israeliten – waren ein Sünd- und ein Brandopfer (V.2.8.12). Für das Volk wurden ein Sünd-, ein Brand-, ein Speis- und ein Dankopfer dargebracht (V.3.4). Das Ritual wurde bereits beschrieben. Die hier angegebene Reihenfolge der Opfer ist offenbar die übliche, ja die logische: Sünd-, Brand- und Dankopfer. So werden die drei Grundgedanken des Opfers betont: Versöhnung für die Sünde, Weihe des Lebens und Gemeinschaft mit Gott in der Mahlfeier beim Dankopfer. In 3Mo 14,10–20 ist für die Opfer des gereinigten Aussätzigen folgende Reihenfolge angegeben: Schuldopfer (V.12–18), Sündopfer (V.19), Brandopfer und Speisopfer (V. 20). Sie finden sich auch 14,21–32. Das Opfer, zu dem Wiedergutmachung gehörte, wenn es dargebracht wurde, kam also als erstes an die Reihe und ging sogar dem Sündopfer voraus. **22** Nachdem alle Opfer dargebracht waren, segnete Aaron das Volk, während er noch am Altar stand. Vermutl. verwendete er die Segensformel aus 4Mo 6,22f. **23** Dann *gingen* Mose und Aaron *in die Stiftshütte.* Der Grund dafür wird nicht angegeben. Es ist jedoch anzunehmen, daß Mose dabei Aaron das Heiligtum (mit dem Leuchter, dem Tisch für die Schaubrote und dem Räucheraltar) übergab und ihn über seine Pflichten unterrichtete. Von der Errichtung der Stiftshütte an hatte bisher Mose diese Pflichten wahrgenommen (2Mo 40). Als sie herauskamen, segneten sie das Volk. Dann erschien die Herrlichkeit des Herrn wie an dem Tag, an dem die Stiftshütte aufgestellt worden war. **24** Das Feuer, mit dem die Opfer verbrannt wurden, war das heilige Feuer, das nicht ausgehen durfte. *Frohlockten:* drückt große Freude aus. Doch diese Freude war mit Ehrfurcht verbunden; denn sie *fielen auf ihr Antlitz* und beteten den Herrn an.

10,1–20 Schändung der heiligen Stätte und ihre Folgen

In diesem geschichtlichen Abschnitt folgt dem Bericht von der Weihe Aarons und seiner vier Söhne unmittelbar der Bericht von der Schändung des Heiligtums, der zu dem tragischen Tod der beiden ältesten Söhne Aarons führte, die die Herrlichkeit des Herrn auf dem Berg gesehen hatten (2Mo 24,1).

1 Die Art der Sünde Nadabs und Abihus wird nicht genau erklärt. *Nadab und Abihu nahmen:* In Kap. 8 und 9 wurde nichts über das Opfern von Weihrauch gesagt. Sie handeln also aus Eigeninitiative, nicht auf Anweisung Moses. *Fremdes Feuer; ungehöriges Feueropfer* (ZÜ): (vgl. 2Mo 30,9) offensichtlich Feuer, das nicht von dem Bronzealtar genommen wurde. Beide Söhne brachten es dar. Das Opfern von Weihrauch auf dem Räucheraltar war Aufgabe des Hohenpriesters (2Mo 30,9) oder *eines* der Priester (Lk 1,9). Daß sie ihrem Vater bei der ersten Ausführung dieser feierlichen Funktion den Vorrang streitig machten, war Anmaßung. Daß sie das gleichzeitig taten, läßt Rivalität und Eifersucht vermuten. Ihre Handlung mag auch deswegen überheblich gewesen sein, weil es nicht die Zeit für das Räucheropfer (Morgen oder Abend) war. Die Weihehandlungen waren so feierlich gewesen, die Opfer wurden mit so großer Sorgfalt ausgeführt. Alles war so durchgeführt worden, wie Gott es geboten hatte. Darum mußte eine so impulsive und willkürliche Abweichung, der Nadab und Abihu sich schuldig gemacht hatten, im höchsten Maß anmaßend und frevelhaft erscheinen.

8–11 Bedeutsam ist in diesem Zusammenhang die besondere Offenbarung und das Verbot, die Aaron ohne Moses Vermittlung zuteil werden. Es ist möglich, aber keinesfalls sicher, daß das erwähnte Verbot von Wein oder starken Getränken für den amtierenden Priester an dieser Stelle andeutete (vgl. Hes 44,21), daß Nadab und Abihu unter dem Einfluß von Alkohol handelten. Wie die Erklärung auch lauten mag, der Vorfall ist eine ernste Warnung vor jeder Sünde der Anmaßung, Überheblichkeit und Leichtfertigkeit.

Angesichts der genauen Anweisungen, die für den Anteil des Priesters an Schlacht- und Speisopfern gegeben werden, fällt auf, daß beim Trankopfer kein Anteil des Priesters erwähnt wird. Man könnte erwarten, daß ein Teil des Trankopfers auf oder neben dem Altar ausgegossen wurde und daß der Rest dem Priester als sein Anteil zufiel. Den Wein hätte er zu der Mahlzeit aus Opferfleisch und Brot trinken können, nachdem sein Dienst am Altar beendet war. Die Analogie des Passamahles (vgl. Mt 26,29) spräche für diese Annahme. Aber nach jüd. Tradition wurde das ganze Trankopfer ausgegossen: entweder auf den Brandopferaltar (so könnte man aus 2Mo 30,9 folgern) oder an seinen Sockel oder einen Teil auf dem Altar und den Rest an den Sockel.

10.11 Diese *ewige Ordnung* soll die Priester in die Lage versetzen, zu *unterscheiden, was heilig und unheilig, was unrein und rein ist,* d.h. alle rituellen und zeremoniellen Anweisungen des Gesetzes sorgfältig zu beachten und das Volk Israel das ganze Gesetz zu lehren (vgl. 5Mo 17,11; 24,8; 33,10; Ml 3,11).

16 Daß dieses Ereignis sofort auf die Einweihungszeremonie folgte, sieht man an dem Hinweis auf den *Bock des Sündopfers.* Dieser muß das Opfer sein, von dem schon in 9,3.15 die Rede war.

17.18 Das Blut dieses Opfers war nicht in das Heiligtum gebracht worden, wie es bei Aarons eigenem Sündopfer geschehen war. Es war das Sündopfer für das Volk, und das Fleisch gehörte den Priestern. Daher hatte das Fleisch von den Priestern im Heiligtum gegessen werden sollen. Der Grund dafür ist bedeutsam: *der Herr hat es euch gegeben, daß ihr die Schuld der Gemeinde wegnehmen und sie vor ihm entsühnen sollt.* Vgl. 2Mo 28,12.29.30.38. Der Priester hatte eine Mittlerfunktion. Offensichtlich demonstrierte der Priester stellvertretend Gottes gnädige Annahme des Opfers, indem er das Sündopfer verzehrte oder dem Opfernden gestattete, von seinem Dankopfer zu essen. Er zeigte damit an, daß Gott sowohl die Gabe wie den Geber annahm. Statt dessen war dieses Opfer verbrannt worden (ob auf dem Altar oder außerhalb des Lagers, wird nicht erwähnt). Offensichtlich konnten die übriggebliebenen Söhne Aarons unter diesen schrecklichen Umständen nicht von ihrem Anteil essen, oder sie wagten es nicht, weil sie sich in die Sünde ihrer Brüder verwickelt bzw. von ihr verunreinigt sahen, denn alle vier waren ja Priester. Sie hatten deshalb den Bock, der das Opfer des Volkes bildete, verbrannt, obwohl nur die Verbrennung des Fleisches ihres eigenen Sündopfers außerhalb des Lagers von ihnen gefordert war (9,11). Daß sie hier einem Irrtum unterlagen, wird durch 17f klargestellt.

20 Die Erklärung bzw. Entschuldigung, die Aaron für das Verhalten seiner übriggebliebenen Söhne angab, stellte Mose zufrieden, unabhängig davon, ob die Skrupel Aarons nun vorrangig die eines Vaters oder die eines Priesters waren. Auch im Gericht wird noch Gnade sichtbar.

Dieser tragische Zwischenfall diente dazu, sowohl den Priestern als auch dem Volk die Heiligkeit Gottes vor Augen zu stellen und sie vor jeder Anmaßung oder Leichtfertigkeit bei der Befolgung des Opfergesetzes, das in Kap. 1–7 sorgfältig festgelegt worden war, zu warnen. Er führte darüber hinaus zu der wichtigen und notwendigen Einsicht, daß kein Mensch für Gott unentbehrlich ist. Vier Priester waren eine geringe Zahl für den Dienst in einem Heiligtum, das als zentrale Anbetungsstätte für mehrere Millionen Menschen dienen sollte. Trotzdem nahm Gott beim ersten Anzeichen von Ungehorsam die Hälfte von ihnen fort. Gott kann eben »Abraham aus Steinen Kinder erwecken«.

Dieses schreckliche und eindrückliche Ereignis beschließt den Abschnitt, der als »Gesetz des Heiligtums« bezeichnet wird. Jetzt folgt das »Gesetz des täglichen Lebens«.

11,1–15,33 Gesetze über Reinheit und Unreinheit

»Unrein« ist das Wort, das in diesen Kapiteln am stärksten ins Auge fällt. Es kommt über 100mal vor. Ebenso bemerkenswert ist aber auch das seltene Vorkommen des Wortes Sünde und verwandter Begriffe. Das zeigt, daß hier die Betonung eher auf dem kultischen als auf dem ethischen Bereich liegt. Daraus folgt aber nicht, daß Unreinheit geringere Bedeutung hat. Wenn man nicht tut, was Gott befohlen hat, so ist das Sünde – ob die Verfehlung nun zeremonieller oder moralischer Art war. Unrein ist der Gegenpol zu heilig. Alles, was mit der Heiligkeit Gottes unvereinbar ist, kann als »unrein« beschrieben werden. Das gilt im Blick auf den Kultus (etwa das Berühren eines toten Körpers), aber auch für Verbrechen, die für das moralische Empfinden so schockierend sind, daß man sich schämt, davon zu sprechen (18,20–25). In den meisten Fällen ist Unreinheit zeitlich begrenzt und dauert nur bis zum Abend (11,25). In bestimmten Fällen muß der Unreine seine Kleider oder auch sich selbst waschen. Aber Unreinheit kann auch längere Zeit andauern und die Darbringung eines Sündopfers erfordern. Zeremonielle Reinheit war für ein heiliges Volk unerläßlich. Die Unreinheiten, die hier beschrieben werden, sind unterschiedlicher Art.

11,1–47 Unreine Tiere

Das Thema wird unter zwei Gesichtspunkten behandelt: lebende Tiere als Nahrungsmittel und Berührung toter Tiere.

11,1–23 Tiere als Nahrungsmittel (vgl. 5Mo 14,1–21). Diese Verse schreiben vor, welches Fleisch gegessen werden darf und welches nicht. Vier Arten werden unterschieden:

2–8 Vierfüßer. Es dürfen nur die Tiere gegessen werden, die ganz durchgespaltene Klauen haben und Wiederkäuer sind. Nachdem diese klare Regel genannt ist, werden vier Beispiele von Tieren angeführt, die diesen Anforderungen nicht entsprechen: *Kamel, Klippdachs, Hase und Schwein* (V. 5–8). Weder der *Hase* noch der *Klippdachs* sind Wiederkäuer. Beide sind Nagetiere, doch da ihre Kiefer ständig in Bewegung sind, sieht es aus, als seien sie Wiederkäuer. Das zeigt, daß die Beschreibung nicht streng wissenschaftlich, sondern einfach und praktisch sein sollte. Die reinen Tiere werden hier nicht genannt (vgl. 1Mo 7,2), sind aber in 5Mo 14,4f aufgeführt. Zu den Haustieren Rind, Schaf und Ziege kommen sieben wilde Tiere, die ebenfalls der Gattung der Wiederkäuer angehören (den »Pekora« gemäß heutiger Klassifikation). Für den Durchschnittsisraeliten war somit die Fleischnahrung hauptsächlich auf die Haustiere beschränkt, die auch als Opfertiere genommen wurden.

9–12 Wassertiere. Nur Fische, die Flossen und Schuppen haben, dürfen gegessen werden. Diese Regel schließt Aale, Schalentiere, Hummer, Krabben, Austern, Frösche usw. aus.

13–19 Vögel. In diesen Versen werden nur Verbote gegeben. Auf den Satz: *Diese sollt ihr verabscheuen unter den Vögeln* folgt eine Aufzählung von zwanzig verbotenen Vogelarten. 5Mo 14,11 sagt positiv, jedoch ohne deren

Namen zu nennen: »Alle reinen Vögel esset«. Dann folgt ebenfalls eine Aufzählung verbotener Arten, die mit der hier wiedergegebenen fast identisch ist. Reine Vögel waren u.a. Taube, Gimpel und Spatz. Ob Vogeleier gegessen werden durften, wird nicht erwähnt (vgl. 5Mo 22,6f). Viele der verbotenen Vögel sind Raubvögel. Vögel, die sich von Aas ernähren, wie Weihe und Geier, gelten als besonders widerwärtig.

20–23 Insekten. Sie werden bezeichnet als *alles kleine Getier, das Flügel hat und auf vier Füßen geht.* »Auf vier Füßen gehen« muß hier bedeuten: wie ein Vierfüßer laufen oder kriechen. Denn für die große Gattung der Insekten sind sechs Beine charakteristisch. Alle Insekten sind verboten; einzige (und bemerkenswerte) Ausnahme bilden vier Arten aus der Familie der Heuschrecken, die sich von den anderen durch ihre langen Sprungbeine unterscheiden. **23** *Was sonst Flügel und vier Füße hat:* bezieht sich auf V. 21, d.h. vermutl., daß außer den in V. 22 angegebenen alle anderen Heuschreckenarten verboten sind.

11,24–42 Das Berühren unreiner Tiere. Zur Zeit Jesu war zwischen Pharisäern und Sadduzäern die Frage umstritten, ob die Berührung lebender Tiere, die als Nahrung unrein waren (wie Kamel oder Esel), den Menschen unrein mache. Die Sadduzäer lehrten das. Aber die Tatsache, daß in diesem Text (11,24–42) 14mal der Begriff »Aas« erwähnt wird, beweist, daß die Berührung toter Tiere gemeint ist.

29–38 sind weitere Ausführungen zu V. 20–23; sie enthalten lediglich das allg. Verbot und die wichtigen Ausnahmen im Blick auf geflügelte Kriechtiere. **29.30** Hier werden acht Arten von Tieren, *die auf der Erde wimmeln,* als bes. abscheulich charakterisiert. Die Betonung scheint aber auf der durch ihre Leichname hervorgerufenen Verunreinigung zu liegen. Als Nahrungsmittel waren sie in jedem Fall unrein. **31** Aber auch ihre toten Körper rufen Unreinheit hervor. **41** Das Verbot, *was auf der Erde kriecht* zu essen, ist umfassend. Im Gesetz über unreine Berührungen werden die acht Kriechtiere bes. erwähnt, weil die Berührung mit ihren Leichnamen bes. wahrscheinlich war. In diesem Kapitel wird für den Genuß von Seetieren (V. 10–12), Vögeln (V. 13), Kriechtieren (V. 20.23) und geflügelten Kriechtieren (V. 41.43) das seltene Wort *Greuel* (*scheqez*) gebraucht. Das bestärkt den Schluß, daß V. 24–38 sich auf Unreinheit bezieht, die durch Berührung mit toten Tieren hervorgerufen wird, und daß erst V. 41 die Erläuterung der Speisegesetze wieder aufnimmt.

11,43–47 Das Volk Gottes soll heilig sein. Das Gesetz über die Beziehung des Menschen zum Tierreich, über das ihm die Herrschaft übertragen ist, wird mit einer wichtigen Forderung abgeschlossen. **44.45** *Denn ich bin der Herr, euer Gott. Darum sollt ihr euch heiligen, so daß ihr heilig werdet* (*... und sollt heilig sein;* ZÜ), *denn ich bin heilig ... Denn ich bin der Herr, der euch aus Ägyptenland geführt hat, daß ich euer Gott sei. Darum sollt ihr heilig sein, denn ich bin heilig* (vgl. 1Petr 1,15–17). Die Notwendigkeit der Heiligkeit wurde erstmals in Verbindung mit dem Verzehr der Opferanteile betont, die für die Priester und das Volk bestimmt waren, und auch in Verbindung mit der Amtseinsetzung Aarons und seiner Söhne. Nun wird das gleiche Gebot auf das tägliche Leben des ganzen Volkes angewandt (vgl. 19,2; 20,7.8.26; 21,6–8.15.23; 22,9.16.32, wo Gebote so wie hier oder ähnlich begründet werden). **46.47** Der Abschnitt schließt mit einer Zusammenfassung, deren Schlußworte wichtig sind: *auf daß ihr unterscheidet, was unrein und rein ist, und welches Tier man essen und welches man nicht essen darf* (vgl. 20,25f). Der erste Teil dieses Satzes scheint sich auf die Unreinheit zu beziehen, die durch Berührung mit etwas Unreinem hervorgerufen wurde, bes. mit dem, was durch den Tod unrein geworden ist. Der zweite Teil bezieht sich auf lebende Tiere, die als Nahrungsmittel in Frage kommen, und auf solche, deren Genuß verboten ist.

12,1–8 Unreinheit im Wochenbett

Das Gebot der Fruchtbarkeit wurde in 1Mo 1,28 gegeben und bei Noah nach der Sintflut erneuert (1Mo 9,1). Ausdrücklich wird berichtet, daß es von den nach der Sintflut lebenden Vorfahren Abrahams eingehalten wurde (11,11.13 u.a.). Die durchgehende Haltung des AT kann mit den Worten von Ps 127,3; 128,3f zusammengefaßt werden. Fruchtbarkeit war ein Zeichen göttlicher Gunst; Unfruchtbarkeit wurde als Schande betrachtet (1Mo 30,23). Daher sind die Gesetze, die hier und an anderen Stellen für Ehe und Mutterschaft gegeben werden, bes. bedeutsam. Zwischen dem Gebot der Fruchtbarkeit und der Freude über die Geburt eines Kindes auf der einen Seite und der damit verbundenen Unreinheit auf der anderen Seite, die ihren Ausdruck in der langen Reinigungszeit findet, die von der Mutter gefordert wird, besteht scheinbar ein Widerspruch. Die einzige angemessene Erklärung muß im Sündenfall und in dem Fluch liegen, der unmittelbar darauf über die Frau ausgesprochen wurde. Schmerz und Mühsal sollen die Mutterschaft begleiten (1Mo 3,16). Von

Adam heißt es: Als er »130 Jahre alt war, zeugte er einen Sohn, ihm selbst ähnlich, nach seinem Bilde« (1Mo 5,3; ZÜ). Als das geschah, war Adam ein gefallener, sündiger Mensch. Er stand unter dem von Gott ausgesprochenen Fluch: »An dem Tage, da du von ihm issest, mußt du des Todes sterben« (1Mo 2,17). Das letzte, was über Adam und alle seine Nachkommen, die in 1Mo 5 erwähnt werden (außer Henoch), ausgesagt wird, ist: »und starb«.

Aus dem allen folgt, daß die Geburt eines Kindes, obwohl freudiges Ereignis, doch zugleich vom Ernst kultischer Zusammenhänge überschattet wird. Der Geburt des Kindes wird eines Tages unvermeidlich sein Tod folgen; ein ewiger Tod, wenn das Kind nicht an der Erlösung in Christus Anteil hat. In diesem Sinn müssen wir den Ausspruch Davids: »Siehe, ich bin als Sünder geboren, und meine Mutter hat mich in Sünden empfangen« (Ps 51,7) verstehen. David zieht hier nicht die Tugendhaftigkeit seiner Mutter in Zweifel; er denkt an jene Ursünde, die sie ihm übertragen hat und die die Wurzel der schweren Sünde gegen das Frausein darstellt, der er sich schmerzlich bewußt war, als er den Psalm dichtete. Nach dem Gesetz wird alles, was mit Elternschaft zusammenhängt, als unrein behandelt. Es macht den Menschen insbesondere untauglich zur Ausübung religiöser Pflichten. Die Strenge, mit der alles, was mit Sexualität zu tun hat, aus dem Gottesdienst verbannt wird (2Mo 19,15; 20,26; 3Mo 15,16–18), ist eines der bemerkenswertesten Kennzeichen des Glaubens Israels und unterscheidet ihn auf schärfste von den Religionen der Nachbarvölker, die männliche und weibliche Götter verehrten und orgiastische (Fruchtbarkeits-)Riten zu einem besonderen Merkmal des Kultes dieser Götter machten.

2–4 Bei der Geburt eines Jungen dauert die Unreinheit der Mutter, soweit sie das eigene Heim betrifft, bis zum *achten Tage,* an dem der Ritus der Beschneidung an ihrem Sohn durchgeführt werden soll (vgl. 1Mo 21,4). Danach bleibt sie, was die öffentlichen religiösen Pflichten betrifft, weitere *dreiundreißig Tage* unrein. 5 Wird ein *Mädchen* geboren, so werden beide Zeitspannen verdoppelt. Ein Grund dafür wird nicht angegeben. Da dies als eine Zeit der Unreinheit beschrieben wird, ist die Erklärung vermutlich in Verbindung mit den oben angestellten Überlegungen zu suchen. Es ist unwahrscheinlich, daß der Grund rein körperlicher oder biologischer Natur ist. **6–8** Am Ende dieser Periode von 40 oder 80 Tagen soll die Mutter ein *einjähriges Schaf* als Brandopfer und eine *Taube oder Turteltaube* als Sündopfer darbringen, bzw. zwei *Turteltauben oder zwei andere Tauben,* wenn sie sich kein Lamm leisten kann (vgl. Lk 2,24). Daß eine Altersangabe für das Lamm gemacht wird, ist außergewöhnlich (2Mo 12,5; 29,38; 3Mo 9,3; 14,10 etc.). Es kommt sonst nur bei den Opfern für die Festtage vor. Der Abschluß ist eindrücklich: *und der Priester soll ihr Sühne schaffen, dann wird sie rein* (ZÜ).

Für den heutigen Christen hat dieses alte Gesetz besondere Bedeutung. Christen müssen begreifen, daß die Ehe nicht leichtfertig geschlossen werden darf, sondern daß sie »in dem Herrn« heiraten sollten (1Kor 7,39), damit sie für ihre Kinder die ntl. Bundesverheißungen und -segnungen in Anspruch nehmen können (1Kor 7,14). Vermutl. hören sie es nicht gern, daß ihre Kinder sündig und unrein sind; aber sie müssen sich über diese Tatsache klar werden. Heute besteht die weitverbreitete Ansicht, daß Kinder als gute Menschen geboren werden, daß man ihnen gestatten sollte, sich natürlich zu entwickeln, daß Selbstverwirklichung gefördert und Disziplin und Einschränkungen auf ein Minimum reduziert werden sollten. Christliche Eltern, die begreifen, worum es wirklich geht, werden ernsthaft darum beten, daß ihre Kinder, die in Sünde geboren wurden, durch den Heiligen Geist »wiedergeboren« werden. Sie bitten darum, daß sie als Eltern die Kraft bekommen, ihre Kinder in der »Zucht und Vermahnung zum Herrn« (Eph 6,4) zu erziehen. Führung, Begrenzung, Disziplin und religiöse Unterweisung sind genauso wichtig wie Selbstverwirklichung und in den meisten Fällen sogar wichtiger.

13,1–14,57 Unreinheit bei Aussatz

Analog zu den beiden soeben behandelten Themen wird auch der Aussatz allein vom Gesichtspunkt der Unreinheit aus betrachtet, die er hervorruft. Ein Mensch, der Aussatz hat oder im Verdacht steht, aussätzig zu sein, ist so *unrein,* daß man ihn isolieren, *einschließen* muß (achtmal erwähnt); offensichtlich außerhalb des Lagers (14,3), während über seinen Fall beschlossen wird. Fällt das Urteil ungünstig aus, muß er aus dem Lager entfernt werden, bis er geheilt ist (13,45f). Die Möglichkeit der Genesung ist also eindeutig in den Beschluß der Ausweisung eingeschlossen. Während zur Erkennung von Aussatz ebenso wie zur Unterscheidung von anderen Krankheiten, mit denen er leicht verwechselt werden könnte, ausführliche Vorschriften angeführt werden, wird über die Behandlung der Krankheit selbst nichts gesagt. Dieser Umstand hat manche Ausleger zu der Annahme veranlaßt, daß Aussatz als unheilbar gegolten habe, bzw. daß man ihn nicht als gewöhnliche Krankheit, sondern als Heimsuchung Gottes verstand. Dafür werden die Fälle von Mirjam (4Mo 12,10–15), Gehasi (2Kön 5,27) und Usia (2Chr 26,19–23) als Belege angefügt. Wäre das tatsächlich so, dann läge die Natur des Leidens und seine Ursache so deutlich auf der Hand, daß man auf die ausführlichen Vorschriften zu seiner Entdeckung hätte verzichten können. Offensichtlich müssen wir zwischen normalen und außergewöhnlichen Fällen, wie den oben erwähnten, unterscheiden.

Es ist interessant, daß Aussatz nicht zu den Krankheiten gehört, die Gott als Strafe für Abfall androht und von denen gilt: »daß du nicht geheilt werden kannst« (5Mo 28,27.35). Die Aussprüche 14,2f: *Dies ist das Gesetz über den Aussätzigen, wenn er gereinigt werden soll;* und: *daß die kranke Stelle am Aussätzigen heil geworden ist,* zeigen, daß Aussatz nicht unheilbar war. Andernfalls müßte *Aussätziger* hier als »der Mensch, der unter dem Verdacht des Aussatzes steht« verstanden werden; sonst wäre das aufwendige Ritual zur Reinigung des Aussätzigen lediglich für einen Fall wie den Mirjams verständlich, bei dem die Hand Gottes sowohl in der Heimsuchung als auch in der Heilung erkennbar war.

13,1–46 Das Erkennen von Aussatz. An dieser Stelle können die Vorschriften, die zur Feststellung der Krankheit formuliert wurden, nicht im einzelnen behandelt werden. Fest steht, daß Aussatz von einer Reihe anderer Krankheiten, die bei den Israeliten häufig vorkamen, schwer zu unterscheiden war. Keines der erschreckenden Symptome des Aussatzes, wie wir ihn kennen, wird hier erwähnt. Vielleicht unterschied sich die Krankheit vom Aussatz z.Z. des NT und von der Pest, die im mittelalterlichen Europa zur Geißel wurde. Aber man muß bedenken, daß die hier erwähnten Gesetze es mit der Erkennung der Krankheit in ihrem Frühstadium zu tun haben. Als Aaron und Mose sich gemeinsam für Mirjam einsetzen, beschreibt Aaron die Art der Krankheit und ihre furchtbaren Folgen mit schrecklicher Klarheit: »Laß Mirjam nicht sein wie ein Totgeborenes, das von seiner Mutter Leibe kommt und von dem schon die Hälfte seines Fleisches geschwunden ist« (4Mo 12,12). Moses Gebet, daß Gott sie heilen möge, bedeutet nicht notwendigerweise, daß ein übernatürlicher Eingriff die einzige Hoffnung für den Aussätzigen war.

13,47–59 Aussätzige Stellen an Kleidern. Das hier behandelte Thema steht in enger Beziehung zu dem vorhergehenden Text. Aussätzige Stellen an einem Kleidungsstück werden im Zusammenhang mit dem Aussatz am Körper diskutiert, weil dies offensichtlich die Leute unmittelbar beunruhigte. Auffallend ist, wie auf die Eigentumsrechte der Menschen Rücksicht genommen wird. Die Vernichtung eines ganzen Kleidungsstückes könnte ernsthafte Not, besonders für den Armen, zur Folge haben (5Mo 24,10–13). Darum soll nur der angegriffene Teil entfernt werden (V. 56). **51** *Fressender Aussatz:* Aussatz, der zerfrißt, der Löcher macht. Hier geht es also um einen Befall, der nicht nur die Oberfläche des Gewebes zerstört, sondern weiterfrißt. Das hebr. Wort kommt nur in diesem Kapitel und in Hes 28,24 vor, wo der Bezug zu Gestrüpp und Dornen eine derartige Bedeutung nahelegt. LXX und Vulg. übersetzen »beharrlich«. Manche Ausleger vermuten, daß es sich um eine Art Stockflecke bei Kleidungsstücken und eine Form von trockener Fäule bei Häusern handelte.

14,1–32 Reinigung und Wiederherstellung des Aussätzigen. Das Ritual zur Reinigung des Aussätzigen wird im einzelnen erläutert. Es ist ziemlich aufwendig. In mancher Hinsicht hat es Ähnlichkeit mit der Priesterweihe (Kap. 7–9) und dem Ritual für den Versöhnungstag. Es umfaßt eine Zeitspanne von sieben Tagen, mit besonderen Riten am ersten und achten Tag. **2–9** Die Reinigung wird besonders betont, dazu gehört das Abschneiden der Haare (vgl. 4Mo 8,7). *Ysop* wird wie beim Passafest benutzt (14,4ff; vgl. 2Mo 12,22), zusammen mit *dem Zedernholz* (und) *der scharlachfarbenen Wolle* (»Karmesin«, ZÜ), die auch zur Herstellung des Reinigungswassers verwendet werden (4Mo 19). **7** Die Freilassung des einen Vogels *ins freie Feld* erinnert an das Wegtreiben des Sündenbocks (3Mo 16,21f). Aber es ist nicht sicher, ob hier eine Verbindung besteht.

8 Am ersten Tag darf der Aussätzige ins Lager zurückkehren, jedoch noch nicht in sein Heim und in sein Familienleben. Das Ritual hatte keinen Opfercharakter. Das Blut wurde nicht zum Altar gebracht. Es geht also um einen Reinigungsritus.

10ff *Am achten Tage* muß der Gereinigte drei Lämmer opfern: ein männliches Lamm als Schuldopfer, ein weibliches als Sündopfer und wiederum ein männliches als Brandopfer. Bei einem Armen dürfen Vögel die Lämmer als Sünd- und Brandopfer ersetzen. V. 21 zeigt, daß das Schuldopfer ein Lamm sein muß. Das Ölritual (V. 15–18.26–29) wird besonders ausführlich und eindrucksvoll beschrieben. Das Öl muß auf das rechte Ohrläppchen, den Daumen und die Zehe des Aussätzigen gestrichen werden, auf die schon vorher das Blut des Schuldopfers gestrichen worden war; siebenmal versprengte der Priester dieses Blut »vor dem Herrn«. Dann soll er das restliche Öl über den Kopf des ehemals Leprösen ausgießen (vgl. 8,23f). Damit vollzieht sich offenbar die Weihe des wiederhergestellten Aussätzigen für den Dienst des Bundesgottes. Hier findet sich eine Entsprechung zu der Aufnahme (in diesem Fall: Wiederaufnahme) einer unreinen Person (eines Nichtjuden) in die Gemeinde Israels, des heiligen Volkes Gottes, oder auch zur Weihe eines Israeliten zu der herausragenden Tätigkeit eines priesterlichen Mittlers zwischen Israel und seinem Gott. Da der Aussätzige eine Zeitlang aus der Gemeinschaft und dem Gottesdienst des Heiligtums ausgeschlossen war, was auch die Zahlung des Zehnten und die Darbringung von Opfern einschloß, ist ein Schuldopfer nötig, das ihn für das Versäumnis in diesen Dingen entsühnt. Die Reihenfolge ist: Schuld-, Sünd-, Brandopfer. Die Tatsache, daß die Opfergabe für diese drei Opfer drei Zehntel feines Mehl ist, berechtigt zu der Annahme, daß zusammen mit jedem der drei Opfer ein Speisopfer dargebracht werden sollte, da ein Zehntel bei der Opferung eines Lammes das normale Speisopfer war (4Mo 29,4; 2Mo 29,40).

Obgleich der Aussätzige durchgängig als »unrein« und nicht als »Sünder« bezeichnet wird – trotz der Tatsache, daß die Heimsuchung mit Aussatz, wie im Fall Mirjams, eine Bestrafung für schwere Sünde sein kann –, ist dennoch unverkennbar, daß in der ausführlichen Behandlung des Aussatzes ein Anzeichen dafür zu sehen ist, daß diese bes. ekelhafte und schwer zu behandelnde Krankheit als Sinnbild jener den Menschen innewohnenden Sünde angesehen werden muß, in der alle Leiden und Übel der Menschheit ihren Grund und Ursprung haben. Wenn Tod der Fluch ist, den Gott über die Sünde ausgesprochen hat, und die Berührung mit dem Tod entweiht, dann bringt die Krankheit, die die Gesundheit untergräbt und eine Brücke zum Tod bedeutet, eine Entweihung mit sich, ob sie nun in medizinischer Hinsicht ansteckend ist oder nicht. Wir können nicht mit Sicherheit sagen, ob die Erwähnung von Ysop in Ps 51,9 (»Entsündige mich mit Ysop, daß ich rein werde«) eine Anspielung auf die Reinigung des Aussätzigen ist und die Folgerung erlaubt, daß David sich selbst für einen moralisch Aussätzigen hielt. Doch spricht manches für diese Annahme.

14,33–57 Aussatz an Häusern im Lande Kanaan. Aussätzige Stellen an einem Haus werden bes. behandelt, da sie die Zukunft betreffen. **34** *Wenn ihr ins Land Kanaan kommt:* vgl. 19,23; 23,10; 25,2, die auch auf diese zukünftige Zeit anspielen. Israel wohnte damals in Zelten, und der Aussatz an Steinhäusern betraf das Volk noch nicht. Die Worte: *und ich lasse an irgendeinem Hause . . . eine aussätzige Stelle entstehen* sind auffällig. Sie legen nahe (und sind in diesem Sinn verstanden worden), daß ein Haus wegen der Sünde seines Erbauers von einer übernatürlichen Plage befallen wird (wie ein Mensch vom Aussatz). Aber man muß berücksichtigen, daß die Bibel Nebenursachen und -wirkungen häufig ignoriert. Wir finden hier dieselbe Rücksicht auf das Eigentum wie im Fall des Bekleidungsstückes. Die Zerstörung soll, soweit es geht, in Grenzen gehalten werden. Ebenfalls zu beachten: das Ritual für die Reinigung des Hauses ist dasselbe wie der erste Teil der Reinigung des Aussätzigen, der ihn in die Gemeinde Israels zurückführt.

15,1–33 Unreine Ausflüsse

Dieses Kapitel befaßt sich mit Themen der Sexualität, es steht deshalb in enger Beziehung zu Kapitel 12, und für seine Auslegung gelten dieselben allg. Grundsätze. Es werden normale und außergewöhnliche Zustände beschrieben, die beide als verunreinigend bezeichnet werden. Im ersten Fall dauert die Unreinheit gewöhnlich nur bis Sonnenuntergang und wird durch Waschen mit Wasser beseitigt. Bei außergewöhnlichen Situationen bleibt der Betroffene noch sieben Tage nach Wiederherstellung des normalen Gesundheitszustandes unrein. Dann soll der Mann oder die Frau dem Priester ein Opfer bringen, das aus zwei Tauben besteht, eine als Sündopfer, eine als Brandopfer (V. 14f.29f; vgl. 5,7–10). Im Blick auf beide Fälle wird gesagt, daß der Priester durch die Opfer *entsühnen* soll. Wie die Unreinheit auch immer beschaffen sein mag, jeder, der mit der unreinen Person oder dem unreinen Gegenstand in Berührung kommt, soll sich selbst und seine Kleider waschen. Er wird bis zum Abend unrein.

An anderen Stellen erwähnt das Gesetz neben den hier genannten eine Anzahl weiterer Krankheiten (vgl. 26,16.25; 5Mo 28,22. 27f.35). Hier, in Verbindung mit »Unreinheit«, werden sie jedoch nicht genannt. Abnormitäten und Körperbehinderungen werden in 21,16ff und 5Mo 23,2 behandelt. *Die Kinder Israel wegen ihrer Unreinheit absondern:* bezieht sich hauptsächlich auf die in Kap. 15 beschriebene Unreinheit; das geht aus der folgenden Zusammenfassung hervor (V. 32f). Doch ist diese Regel auf alle in Kap. 11–15 beschriebenen Verunreinigungen anwendbar.

16,1–34 Der Versöhnungstag

Der Versöhnungstag (23,27f; 25,9) ist der wichtigste aller heiligen Riten, mit denen sich

3Mo befaßt. Er war nämlich der Tag, an dem *alle* Sünden der *ganzen* Gemeinde Israels versöhnt wurden (V. 16f.21f.30.33f). Deswegen nimmt er unter allen anderen privaten und öffentlichen Riten, die mit dem Gottesdienst Israels verbunden waren, eine besondere Stellung ein. Diese Sonderstellung wird auch daran erkennbar, daß der Versöhnungstag der einzige Tag im Jahr ist, an dem gefastet werden soll: *ihr sollt fasten* (V. 29.31; 23,27.32; 4Mo 29,7). Dieser Satz könnte auch mit »demütigt euch« (EÜ: *eure Seelen kasteien*) wiedergegeben werden. Arrogante Selbstgenügsamkeit und Eigenwille waren ja von Anfang an für Israel charakteristisch (vgl. 5Mo 8,2.3.16, wo das gleiche Verb gebraucht wird) und wurden ständig getadelt und mit Züchtigung beantwortet. Fasten war der äußere Ausdruck von Betrübnis und Reue. In dieser Hinsicht steht der Versöhnungstag deutlich im Gegensatz zu den jährlichen Festen, die Zeiten der Freude waren, bes. zum Laubhüttenfest (23,40; vgl. 5Mo 12,7.12; 16,11.14).

Vor diesem Hintergrund gewinnt der Stellenwert des Versöhnungstages in 3Mo an Bedeutung. Daß die Vorschriften an dieser Stelle aufgeführt werden, und nicht in 3Mo 23, wo alle Feste beschrieben werden, oder in 4Mo 28;29, wo die speziellen Opfer für jedes Fest erläutert werden, scheint die Wichtigkeit und Einzigartigkeit dieses Tages noch zu unterstreichen. Er nimmt unter allen öffentlichen Gottesdiensten Israels eine hervorragende Stellung ein. Andererseits hat der Große Versöhnungstag einen konkreten historischen Bezug, nämlich den Tod Nadabs und Abihus als Strafe für die Entweihung des Heiligtums (V. 1). Für einige Ausleger stellen die Worte: *nachdem die zwei Söhne Aarons gestorben waren* eine so enge Verbindung zwischen diesem Kapitel und Kap. 10 her, daß sie dazu neigen, Kap. 11–15 als Einfügung anzusehen. Wäre das so, ist schwer zu verstehen, weshalb diese Einfügung dann nicht auch die Kap. 17–22 einschließen sollte, zumal in ihnen das ethische Element gegenüber dem zeremoniellen vorherrscht.

Der Kontext dieses Kapitels ist zu beachten. Vorher werden Aaron und die Priester (vgl. 4Mo 4,17f) vor der Entweihung des Heiligtums und der schrecklichen Gefahr, die damit verbunden ist, gewarnt. In den folgenden Kapiteln werden die schweren Sünden beschrieben. Die Gnade Gottes, die eine allgemeine Versöhnung für Sünden der Unwissenheit und der Schwachheit anbietet, wird erläutert, bevor die abscheulichen Übertretungen behandelt werden. Die Sünden, für die es keine Vergebung gibt, die mit Ausstoßung oder Tod bestraft werden (bes. Kap. 20), werden, betont durch das sechsmal wiederholte »alle« (V. 21–34), in ihrer ganzen moralischen Verwerflichkeit herausgestellt. Wer Sünden begeht, die nicht vergeben werden können, zeigt dadurch an, daß er kein wahrer Israelit ist, sondern ein moralisch Aussätziger, der Bundesgnade des Gottes Abrahams und Moses unwürdig. Im rabbinischen Judentum neigte man dazu, Versöhnung allumfassend zu verstehen. Doch eine solche Auslegung ist nicht zu rechtfertigen, weil die ganze Generation, die aus Ägypten auszog, wegen ihres Ungehorsams in der Wüste zugrunde ging (vgl. Hebr 10,28). Die Deutung im einzelnen mag differieren; in jedem Fall ist der Standort dieses Kapitels von großer Bedeutung.

16,1–10 Aarons Vorbereitung

2 *Sage deinem Bruder Aaron;* vgl. 2Mo 28,1ff. Es erscheint klar, daß Gott Aaron für dieses hohe Amt auswählte, weil er Moses Bruder und »Prophet« war (2Mo 4,14ff). Moses Fürbitte hatte Aaron nach der Sünde mit dem Goldenen Kalb gerettet (5Mo 9,20). Die Bibel erkennt einerseits menschliche Beziehungen (vgl. 1Mo 21,13) an, kann sie aber auch ignorieren (2Mo 32,27). Da Aaron und seine Söhne in 3Mo schon über 60mal genannt wurden, deuten die Worte: *deinem Bruder Aaron* wohl die liebevolle Fürsorge an, mit der Mose ihm das Gesetz vor Augen führen soll, *damit er nicht sterbe.* Vgl. jedoch 2Mo 28,1–4. Deswegen bereitet auch die spätere Haltung Aarons und Mirjams (vgl. 4Mo 12,1f) Mose solchen persönlichen Kummer, obwohl sie zugleich eine ernste Herausforderung der Stellung bedeutete, die Gott ihm selbst zugesprochen hatte. *Heiligtum:* das Allerheiligste, wie die Worte: *hinter dem Vorhang* zeigen (vgl. V. 3.16.17.20.27). Alle Opfer, die in Kap. 1–15 beschrieben wurden, sind in diesem Verbot enthalten. Die meisten von ihnen wurden im Vorhof dargebracht. **3–5** Das Blut der Opfer wurde nur ausnahmsweise in das Heiligtum selbst gebracht. Nun wird die eine Gelegenheit, bei der es »hinter den Vorhang«, also ins Allerheiligste, gebracht werden darf, detailliert beschrieben. Bei dieser Gelegenheit muß Aaron sich waschen und statt der kostbaren hohenpriesterlichen Amtstracht leinene Gewänder anlegen (Symbol der Reinheit). Er bringt zwei Opfer dar: für sich selbst und seine Söhne einen *jungen Stier zum Sündopfer und . . . einen Widder zum Brandopfer;* für das Volk *zwei Ziegenböcke . . . zum Sündopfer und einen Widder zum Brandopfer.*

6–10 fassen einen Teil des Sündopferrituals zusammen. Der Stier und die Ziegenböcke

werden beide vor den Herrn gestellt, und über die Ziegenböcke wird das Los geworfen.
8 *Asasel:* Die Herkunft dieses hebr. Wortes ist unklar. LXX und Vulgata verstanden *'asa'sel* als Substantiv. Dann wäre es von der Wurzel *'asal,* »entfernen«, abzuleiten (eine solche verdoppelte Form ist zwar selten, kommt aber vor). EÜ Anm. übersetzt demgemäß »Abwendung, oder der abwendet oder der davongeht« (Rev. EÜ: »Wegschaffung«). LÜ, ZÜ, JB verstehen mit der Peschitta *'asa'sel* als Eigennamen. Man könnte dann evtl. an einen Wüstendämon oder an Satan denken.

Für das Verständnis als Substantiv (wie EÜ vgl. V. 10b »als Asasel«) spricht am stärksten die Tatsache, daß der Gedanke der Entfernung der Schuld schriftgemäß und eng mit dem der Sühne für die Sünde verknüpft ist. Ps 103,12: »So fern der Morgen ist vom Abend, läßt er unsere Übertretungen von uns sein« drückt diesen Gedanken treffend aus. Daß dies die Bedeutung des Rituals ist, zeigen die Worte: *schicke* oder *bringen lassen* und *Wüste* (V. 10.21.22), *Wildnis* (V. 22).

Für das Verständnis als Eigenname (LÜ V. 10b: »zu Asasel«), daß »für Asasel« (V. 10a) im Gegensatz zu »für den Herrn« (V. 9) zu stehen scheint. Doch wenn dies der Name eines bekannten Wüstendämons oder ein Name Satans ist, ist es seltsam, daß er in der ganzen Bibel nur an dieser Stelle vorkommt. Falls es sich um einen Dämon handelt, den Israel fürchtet, weil er einen mächtigen Einfluß auf das Volk ausübte und besänftigt werden mußte, ist schwer verständlich, warum betont wird, daß dieses bedrohende Wesen in der Wüste wohnt. Diese Entfernung hätte sich mit dem Einzug in Kanaan übrigens noch vergrößert. Sünde ist nicht entfernt, sondern im Leben des Menschen allgegenwärtig (1Mo 4,7). Weiter würde der Gedanke, daß Sühnung für die Sünde ein Erlösungs- oder Sündopfer an Satan oder einen unbekannten Wüstendämon erfordert (und mehr noch der Gedanke eines Bockes, der dem Dämon die Nachricht übermittelt, daß Sühnung für die Sünde geschehen ist), die Anerkennung einer feindlichen dämonischen Macht voraussetzen. Das aber ist in 17,7 ausdrücklich verboten. Mit Sicherheit sind darum in diesem heiligsten Ritus des alttestamentlichen Glaubens keine Anklänge an Dämonismus oder Polytheismus zu finden.

16,11–14 Das Sündopfer für die Priester

Diese Verse beschreiben die Opferung des Stieres als Sündopfer für Aaron. **11** *Sich und sein Haus entsühnen* bezieht sich auf das Handauflegen. Entweder legt Aaron dem Stier allein die Hände auf und vertritt dabei auch seine Söhne, oder er tut es mit ihnen gemeinsam. **12** Er soll die ganze Räucherpfanne (wörtl.: »die Fülle der Pfanne«) mit Kohlen vom Brandopferaltar füllen und beide Hände (wörtl.: »die Fülle seiner beiden Hände«) voll Weihrauch nehmen. **13** Eine große Wolke Räucherwerk muß den Gnadenthron bedecken, *damit er nicht sterbe.* Aaron soll das Blut mit seinem Finger siebenmal gegen und vor den Gnadenthron sprengen.

16,15–22 Das Sündopfer des Volkes und der Sündenbock

Hier wird die Opferung des Ziegenbocks, des Sündopfers des Volkes, beschrieben. Offensichtlich reicht die Wolke von Räucherwerk im Allerheiligsten für beide Sündopfer; mit dem Blut soll in der gleichen Weise wie vorher verfahren werden. Der Grund dafür wird ausführlich beschrieben: **16** Aaron soll *das Heiligtum entsühnen wegen der Verunreinigungen der Kinder Israel und wegen ihrer Übertretungen, mit denen sie sich versündigt haben.* Denn ihre Sünden haben es entweiht. **20** Die Reinigung soll die ganze Stiftshütte sowie den Brandopferaltar einschließen. *Lebendiger Bock:* zu diesem »Sündenbock« s. Komm. zu V. 8.

16,23–28 Der Abschluß der Opfer

Nachdem Aaron die Pflichten erfüllt hat, die er im Allerheiligsten verrichten muß, soll er seine leinenen Gewänder ausziehen, sich waschen und die Amtstracht des Hohenpriesters anlegen. Diese wird 2Mo 28,2 ausführlich beschrieben; sie ist »herrlich und schön«. Dann soll er das Heiligtum verlassen und das Ritual im Vorhof vollenden. Bisher hatte er nur das Blut dargebracht. Jetzt bringt er die Brandopfer für sich und für das Volk in der üblichen Weise dar und verbrennt auch das Fett des Sündopfers.

16,29–34 Weitere Vorschriften

29 Dieser Festtag soll eine *ewige Ordnung* sein. Der Ritus soll einmal im Jahr (V. 34), *am zehnten Tage des siebenten Monats* begangen werden. In diesem Vers wird erstmals in 3Mo der Fremdling (*ger*) erwähnt (s. Komm. zu 5Mo 1,16). Er hat zwar keinen Anteil an diesem nationalen Ritus, muß sich aber nach seinen Erfordernissen richten (vgl. 2Mo 12,19.48f). Die Zehn Gebote und das Bundesbuch (2Mo 20,22–23,13) lassen die Anwesenheit dieser Fremdlinge in Israel gelten und treffen Vorkehrungen für sie. Angesichts der Privilegien, die sie genießen, müssen sie viele Gesetze und Bräuche Israels beachten (vgl. 17,8.10.12.13.15).

34 Der Satz: *Aaron tat, wie der Herr es Mose geboten hatte,* deutet darauf hin, daß der Abfall des Volkes in Kadesch stattfand, nachdem der Große Versöhnungstag erstmals begangen worden war. Drei Tatsachen belegen, daß dieser Tag weder nach Israels Ungehorsam noch während der übrigen Jahre der Wüstenwanderung gefeiert wurde. 1. Als Strafe dafür, daß sie das Land nicht in Besitz nehmen wollten, sollte das Volk nicht in das Land kommen dürfen. Die Strafe mußte von der Generation, die auf diese Weise sündigte, getragen werden; ihr wurde nicht vergeben (4Mo 14,26–38). 2. Während der Wüstenwanderung wurde die Beschneidung nicht praktiziert (Jos 5,1–9), obgleich sie unerläßliches Zeichen und Siegel des Bundes war (1Mo 17,9–14). 3. Nach Amos 5,25f verfiel Israel während dieser Zeit in Abgötterei (vgl. Apg 7,42f). Angesichts der einzigartigen Bedeutung des Versöhnungstages – die späteren Juden nannten ihn »den Tag« – fällt auf, daß sich nirgends im AT ein ausdrücklicher Bezug findet, der seine Einhaltung betrifft (Jes 58,3 ist zu allg. gehalten, um als solcher zu gelten). Das ist schwer zu erklären, bes. weil die Erwähnung dieses Tages in Verbindung mit den Ereignissen, die 1Kön 8,2.65f; Esr 3,1–6; Neh 8 behandelt werden, natürlich und angemessen wären. Denn diese bedeutenden Ereignisse fanden ja im siebten Monat, also um die Zeit des Versöhnungstages statt. Allerdings wird im AT auch das Passafest nur viermal erwähnt (bei Josua, Hiskia, Josia und Esra, also in einem Zeitraum von ungefähr 1000 Jahren). Das gleiche gilt für die Beschneidung: Sie wird seit der Zeit der Erneuerung des Bundes durch Josua nicht mehr genannt, es sei denn aus gegebenem Anlaß (z.B. werden die Philister als »unbeschnitten« bezeichnet) oder in bildhaftem Sinn (Jer 6,10; 9,24). Allerdings darf man aus der Tatsache, daß die Quellen darüber schweigen, nicht schließen, daß diese feierliche Zeremonie nicht eingeführt worden sei. Wollte man so argumentieren, so wäre die erste Feier des Großen Versöhnungstages in der Zeit nach Esra und Nehemia anzusetzen. Außerdem muß beachtet werden, daß die Opfer für diesen Tag die einzigen sind, die direkt mit der Bundeslade zu tun haben. Das Blut der Sündopfer für Aaron und das Volk sollte auf oder gegen den Gnadenthron gesprengt werden. Das hebr. Wort für Gnadenthron *kapporet* bedeutet »Bedeckung«, »Sühnung«. Er war vor allem anderen der Ort der Entsühnung. Daher der Name *jom kippur* (Versöhnungstag). Aber Jeremia sagt die Zeit voraus, in der die Bundeslade in Vergessenheit geraten sein wird (Jer 3,16). Wir wissen zudem, daß die Bundeslade nach der babyl. Gefangenschaft nicht wie die anderen heiligen Geräte zurückgebracht wurde. Wir finden sie weder im Tempel Serubabels noch in dem des Herodes. Daher weist die Verbindung mit der Lade auf ein früheres Datum für die Einführung dieses Ritus hin.

Das AT enthält zwar keine Angaben über die Feier des Großen Versöhnungstages in nachmosaischer Zeit. Demgegenüber muß aber betont werden, daß der Verfasser von Hebr. ihn als den Ritus des mosaischen Bundes bezeichnet, der das Erlösungswerk Christi am deutlichsten darstellt, und zwar sowohl in seiner Ähnlichkeit wie in seinem Gegensatz zu ihm (Hebr 9; 10). Nur der Hohepriester durfte das Allerheiligste betreten. Er tat das einmal im Jahr (Hebr 9,7), brachte Opfer für sich und das Volk dar und trat dann aus dem Heiligtum heraus. Jesus ist ein für allemal (Hebr 9,12.26; 10,12–14) in das himmlische Heiligtum eingetreten, hat ein für allemal sein eigenes Blut geopfert, nicht für sich selbst, sondern nur für die Sünden anderer. Nachdem er durch sein Blut so eine ewige Erlösung erworben hat, wird er aus dem himmlischen Heiligtum wiederkommen, um seine Heiligen, die er erlöst hat, zu segnen. S. auch Exkurs »Die Bedeutung des Kultes« (S. 175) und die Einleitung (S. 167f).

Die Zerstörung des Tempels (durch Nebukadnezar und später durch Titus) und der Verlust der Bundeslade machten es unmöglich, die in 3Mo 16 vorgeschriebenen Opfer auszuführen (denen hier wie in Hebr. besondere Beachtung gilt). Deshalb konzentrierten sich die Juden später auf das »Kasteien der Seele« (3Mo 16,29.31; EÜ), verstanden als Reue, Wiedergutmachung, gute Werke und Leiden. Es war die einzige Sühnung, die Gott von ihnen für alle ihre Sünden verlangte. Die Worte: »Ohne Blutvergießen geschieht keine Vergebung« (Hebr 9,22), die die Bedeutung der atl. Opferriten zusammenfassen – wobei alle Opfer nach dem Gesetz ihren Höhepunkt im Großen Versöhnungstag und nach dem Evangelium ihre Erfüllung im Kreuzestod Jesu finden – wurden für den modernen Juden (wie für viele liberale Christen) zum toten Buchstaben, weil das Kreuz, dessen atl. Typos der Gnadenthron der Bundeslade ist, für sie einen Stein des Anstoßes und ein Geheimnis darstellt.

17,1–16 Die Stätte des Opfers und die Heiligkeit des Blutes

Bei kritischen Bibelauslegern war es lange üblich, 3Mo 17–26 als einen bes. Abschnitt zu behandeln und ihn als »Heiligkeitsgesetz« zu bezeichnen. Damit zerschneidet man aber die enge Verbindung, die zwischen 3Mo 16 und 17 unverkennbar besteht, ebenso wie zwischen Kap. 17 und dem Opferhandbuch in Kap. 1–7. Wie immer man 3Mo 18–26 einordnet, 3Mo 17 schließt an den vorhergehenden Text unmittelbar an. Es kann als Ergänzung, aber auch als Höhepunkt bzw. Abschluß des ersten Teils von 3Mo verstanden werden.

Der Versöhnungstag stellt die Bedeutung des Opfes unübertrefflich heraus und weist auf die einzigartige Heiligkeit des Blutes hin. Denn an diesem einen Tag wird das Opferblut in das Allerheiligste gebracht und auf die Bundeslade gesprengt, um die Vergebung aller Sünden des ganzen Volkes zu erwirken. Deshalb ist es verständlich, daß die beiden Aspekte des Opfers, die bes. das ganze Volk betreffen, im nächsten Kapitel stark betont werden.

Die Einleitung ist bes. eindrücklich gehalten. Sie umfaßt und unterstreicht den gesamten Sachverhalt. **2** *Dies ist's, was der Herr geboten hat:* vgl. 8,5; 9,6. **3–7** *Wer aus dem Haus Israel:* die allg. Anwendung des Gesetzes, das erläutert werden soll, wird bes. betont (vgl. V.8.10.13). *Schlachtet:* das gleiche Wort wie in 1,5, wo es für das Schlachten des Opfertieres verwendet wird. Hier bezieht es sich auf die Haustiere, die normalerweise für diesen Zweck gebraucht wurden. Sie sollen zur Tür der Stiftshütte gebracht und als Dankopfer geopfert werden. Das kam einmal dem Wunsch der Leute entgegen, die Fleisch essen wollten; zugleich machte es das Eigentumsrecht Gottes auch an den Tieren deutlich, die so oft als Opfertiere verwendet wurden. Außerdem wurden mit dieser Anordnung zwei weitere Ziele verfolgt: sie verhinderte den Genuß des Blutes (V.10ff) wie auch das Opfern der Tiere *auf freiem Feld.* Letzteres konnte leicht zum Opfer für die *Feldgeister* verleiten. Diese aber waren nicht nur Abgötterei (19,4; 26,1.30), sondern auch von orgiastischen Riten (V.7) begleitet (vgl. 2Mo 34,15f; 3Mo 20,5f). Solche abgöttischen Praktiken, die sie in Ägypten gelernt hatten, waren bei den Israeliten der Auszugszeit offensichtlich keineswegs ungewöhnlich. (Die Verehrung des Pan war im alten Griechenland und in Rom weit verbreitet.) Dieses Gesetz forderte konsequent nicht nur, daß die Israeliten die Tiere dem Herrn als Dankopfer darbringen sollten, anstatt sie einfach irgendwo zu verzehren, sondern vielmehr, daß sie sie bewußt dem Herrn opfern sollten und nicht den Feldgeistern. Wahrer Gottesdienst soll an die Stelle von Götzendienst und Zügellosigkeit treten. Daß eine solche Anordnung nötig ist, zeigt, wie stark der Aufenthalt in Ägypten das Leben Israels beeinflußt hat. *Ewige Ordnung:* Das Verbot, das Fleisch mit dem Blut zu essen und Götzendienst zu treiben, war während der gesamten mosaischen Periode der Heilsgeschichte unwiderruflich. Die Erlaubnis, die Tiere zu schlachten, wurde von Mose später den geänderten Bedingungen angepaßt, die sich aus der Besiedlung des Landes ergaben (5Mo 12,20–24). Diese Änderungen betrafen den Buchstaben des Gesetzes, nicht seinen Inhalt. Der Unterschied zwischen 3Mo und 5Mo zeigt an dieser Stelle deutlich, daß das erste dem zweiten vorausging und nicht umgekehrt. **8.9** nennt weitere Einzelheiten für das »Schlachten«, das auf jeden Fall eine gottesdienstliche Handlung sein soll. Das zeigt die besondere Bezugnahme auf das Brandopfer neben dem Schlachtopfer (= Dankopfer, V.5); denn vom Brandopfer wurde kein Stück als Nahrung verwandt.

10 *Ich ... will ihn ... ausrotten:* Gewöhnlich wird das Passiv gebraucht (vgl. V.4.9.14 und 7,20.21.27). Hier wird wie in 20,3.5.6 die stärkere Form verwendet. Das sollte zum Ausdruck bringen, daß das Ausrotten eine Tat Gottes sein muß. Die Unantastbarkeit des Blutes wird von Anfang an herausgestellt. Die sonst nicht begrenzte Erlaubnis zum Verzehr von Fleisch, die Noah erhielt, wurde durch die Anweisung eingeschränkt: »Allein esset das Fleisch nicht mit seinem Blut, in dem sein Leben ist!« (1Mo 9,4). Hier wird dreimal wiederholt, daß das Leben des Tieres im Blut ist (V.11.14). Es muß auch deshalb als heilig betrachtet werden, weil Gott es durch die Weisung, es auf seinem Altar darzubringen, zum Mittel der Sühne für die Sünde bestimmt hat. **13** Selbst bei Tieren, die sich nicht als Opfertiere eignen, muß deshalb das Blut mit Ehrfurcht behandelt werden. Es muß auf den Boden gegossen und mit Erde bedeckt werden (s. Komm. zu 5Mo 12,16). **15.16** nennen eine weitere Ausnahme. Wenn jemand unwissentlich das Blut mit dem Fleisch ißt, weil ihm die Art, auf die das Tier umgekommen ist, nicht bekannt ist (das muß die Bedeutung sein), so soll er sich waschen und bis zum Abend unrein sein.

Obwohl das Opferritual für die heutigen Juden doch seinen Sinn verloren hat, halten sie sich streng an die Forderung, die das Essen von Fleisch mit Blut betrifft. Ein strenggläubiger Jude wird nur *koscheres* Fleisch essen, also Fleisch, das »richtig« zubereitet ist. Blut ist für ihn immer noch heilig, weil es das Symbol des Lebens und der Heiligkeit des Lebens ist, nicht aber aus dem im AT immer wieder betonten Grund: nämlich wegen seiner Verbindung mit der Versöhnung für die Sünde.

18,1–20,27 Verstöße gegen das Moralgesetz

18,1–30 Ehe- und Keuschheitsgesetze

1–5 Die Einleitung ist eindrücklich. Gottes Volk soll die Gebote halten. Seine Verhaltensweisen sollen weder von den in Ägypten herrschenden Sitten und Gebräuchen bestimmt sein, wo Israel in der Sklaverei war, noch von denen Kanaans, das es in Besitz nehmen soll. Die Gesetze und Ordnungen ihres Gottes sollen den Israeliten als einzige Verhaltensregel gelten. Der Lohn für den Gehorsam ist Leben (vgl. 5Mo 30,15–20).
2 Die Begründung des Gesetzes lautet: *Ich bin der Herr, euer Gott.* Daß die »Greuel«, die beschrieben werden, in Ägypten wie in anderen Kulturländern des Altertums praktiziert wurden, ist eine bekannte Tatsache. Die modernen Ehegesetze gründen sich zum großen Teil auf die in diesem Kapitel festgelegten Einschränkungen. Doch sie sind nicht selten strenger gefaßt worden, als es das Gesetz fordert.

6–18 6 Das allg. Prinzip lautet: *Keiner unter euch soll sich irgendwelchen Blutsverwandten nahen* (wörtl.: »dem Fleisch seines Fleisches«). Auf Blutsverwandtschaft oder Verschwägerung wird wiederholt Bezug genommen (V.12.13.14.15.16.17; vgl. 20,19); das wird durch Formulierungen unterstrichen wie: *Es ist deine Mutter, darum sollst du nicht mit ihr Umgang haben; denn damit schändest du deinen Vater; damit schändest du dich selbst. Geschlechtlichen Umgang haben* (V.6 usw., wörtl.: »die Blöße aufdecken«; EÜ): Daß dieser Ausdruck sich hier auf die Ehe bezieht, ergibt sich durch die Ergänzung in **18:** *solange deine Frau noch lebt.* Unerlaubter Geschlechtsverkehr fiel unter Ehebruch oder Hurerei und wurde entsprechend bestraft (5Mo 22,13–30). Andererseits soll durch die Verwendung dieses Ausdruckes statt des üblichen »sich eine Frau nehmen« vermutl. betont werden, daß solche Verbindungen, wie sie hier und in Kap. 20 verurteilt werden, nichts mit wahrer Ehe zu tun haben und eher einer Leidenschaft als natürlicher und heiliger Zuneigung entspringen. Diese Verbote werden nur mit der Tatsache der Verwandtschaft begründet. Das kann bedeuten, daß die aus Blutsverwandtschaft oder Verschwägerung entstehenden Verbindungen eine Ehe unpassend oder unnatürlich machen. Aber es scheint auch eine Erfahrungstatsache zu sein, daß Ehen zwischen nahen Verwandten oft unfruchtbar sind oder geschädigte Kinder hervorbringen. Das Verbot, das am meisten Diskussionen und Kontroversen verursacht hat, ist das der Ehe mit der Schwester der verstorbenen Ehefrau (in England werden solche Ehen erst seit verhältnismäßig kurzer Zeit anerkannt). Die Bedeutung des Gebotes scheint jedoch klar zu sein. Die Worte: *zur Nebenfrau* in Verbindung mit den Worten: *solange ... noch lebt* weisen darauf hin, daß eine solche Ehe nicht wegen der Verschwägerung unerlaubt ist. Vielmehr ist sie erst nach dem Tod der Ehefrau gestattet. Das Gebot soll danach verhindern, daß ein Mann sich von seiner Frau trennt, um deren Schwester zu heiraten, eine Versuchung, die aus der Vertraulichkeit des Familienlebens leicht entstehen kann. Es fällt auf, daß über diese verbotenen Beziehungen nur in einem Fall ein moralisches Urteil gefällt wird (V. 17).

19 bezieht sich offensichtlich auf die Schließung und den Vollzug der Ehe. Vgl. 20,18 und 15,24. **20–23** nennen bes. abscheuliche Sünden. Ehebruch verletzt die Heiligkeit der Familie, bedeutet den Bruch von zwei Geboten des Dekalogs (2Mo 20,14.17) und untergräbt die Fundamente der menschlichen Gesellschaft. *Daß es dem Moloch geweiht werde!* besser: *dem Moloch durch* das Feuer *gehen zu lassen* (EÜ). Dieses Verbot bezieht sich eindeutig auf Kindesopfer, die dem ammonitischen Götzen gebracht wurden, und darauf, daß diese schreckliche Sünde den Eltern zuzurechnen ist (s. Komm. zu 20,2–5). Wenn ein Israelit das tut, entheiligt er den Namen seines Gottes. Weitere verabscheuenswürdige und unnatürliche Sünden werden im einzelnen angeprangert. Sie sind ein *Greuel* und *schändlicher Frevel.* Die meisten, viell. sogar alle wurden bei den Kulturvölkern der Antike in großem Umfang praktiziert.

24–30 bilden eine abschließende Zusammenfassung heidnischer Praktiken, die Israel bes. meiden soll. Das Versprechen, die Kanaaniter aus dem Land zu vertreiben, ist mit der ernsten Warnung an Israel verknüpft, daß es bei gleichem Verhalten das gleiche Schicksal ereilen werde. **24** *Die ich vor euch vertreiben will* (JB: *werde*) drückt besser als *die ich vor euch vertreibe* (EÜ) aus, daß hier die nahe Zukunft gemeint ist. **28** *Wie es die Völker ausgespien hat:* Diese Übersetzung folgt LXX, Vulgata und Peschitta, die davon ausgehen, daß das hebr. Verb auf der vorletzten Silbe zu betonen sei. Die Masoreten betonten die letzte Silbe und verstanden deshalb das Verb nicht als Vergangenheit, sondern als Partizip. Dieses Partizip kann futurisch sein (»die es ausspeien wird«) wie das Partizip in V.24 (»die ich vertreiben werde«). »Vertrieben habe« ist jedoch vorzuziehen. Wenn die Vergangenheit hier nicht vorgreifend gebraucht ist (Prophetisches Perfekt) –

und das ist unwahrscheinlich – dann stehen wir der Tatsache gegenüber, daß Gott hier von vergangenen, vorher angekündigten Gerichten spricht. Allerdings wissen wir kaum etwas über das, was hier gemeint ist. Die Tatsache, daß zur Zeit Abrahams zehn Völker das Land besetzt hielten (1Mo 15,19ff), könnte bedeuten, daß es Jahrhunderte lang ein Zankapfel war, denn daß diese Völker friedlich miteinander lebten, ist unwahrscheinlich. Durch seine Lage auf der Landbrücke zwischen Asien und Afrika war das Land Verwüstungen durch Invasionstruppen bes. ausgesetzt. Die Bemerkung: »Die Missetat der Amoriter ist noch nicht voll« (1Mo 15,16) deutet an, daß es in der Vergangenheit ernste Heimsuchungen gegeben haben muß; Hungersnot, Pest, Krieg und wilde Tiere (3Mo 26; vgl. Hes 14,21) dürften bereits hohen Tribut gefordert haben. In dem verheerenden Bericht der israelit. Kundschafter steckte demnach viell. mehr Wahrheit, als wir vermuten: »Das Land ... frißt seine Bewohner« (4Mo 13,32). »Fressen« und »ausspeien« deutet möglicherweise auf Unruhen hin, die die Zahl der Bewohner des Landes reduzierten und viele von ihnen ins Exil trieben. Aber wie schwer die früheren Heimsuchungen auch gewesen sein mögen – und sie müssen hart und noch lebhaft in Erinnerung gewesen sein, wenn sie hier erwähnt werden – sie sind doch nur ein Vorgeschmack des Gerichtes, das über die Kanaaniter kommen wird und das auch Israel zuteil wird, wenn es dem Beispiel der Kanaaniter folgt. Wer das Gebot, die Kanaaniter auszurotten als »grausam« bezeichnet, sollte sorgfältig die Begründung bedenken, die dafür angegeben wird. Die Wendung: *Ich bin der Herr, (euer Gott),* die das Gesagte verbindlich macht, kommt in V. 2.4.5.21.30 vor.

19,1–37 Eine Sammlung verschiedener Gesetze

Diese Gesetze sind so unterschiedlich, daß es schwierig ist, sie in ein Schema einzuordnen. **2** Sie werden mit der feierlichen Ermahnung eingeleitet: *Ihr sollt heilig sein, denn ich bin heilig, der Herr, euer Gott.* Die Worte: *Ich bin der Herr, euer Gott* werden in den 37 Versen 15mal wiederholt. In diesem Kapitel werden sowohl kultische wie ethische Gebote behandelt, wobei die letzteren zu beiden Gesetzestafeln gehören. **3.4** entsprechen 2Mo 20,5–12. Die Aufforderungen: die Eltern zu ehren, den Sabbat zu halten und den Götzendienst zu meiden, werden als bes. wichtige Gebote zuerst genannt. »Fürchten« wird hier und V. 30 im Sinne von »Ehrfurcht haben« gebraucht. Vgl. 5Mo 6, wo der Aufforderung: »Du sollst den Herrn ... liebhaben« (V. 5) das Gebot: »Du sollst den Herrn ... fürchten« vorausgeht (V. 2) und folgt (V. 13); vgl. auch 5Mo 9,19. Liebe zu Gott wird in 3Mo nicht gefordert, Liebe zum Menschen nur in 19,18.34. Aber wir müssen bedenken, daß Liebe zu Gott und zu den Menschen in den Zehn Geboten (2Mo 20,6) und sehr oft in 5Mo erwähnt wird.

5–8 betrifft den Verzehr des Dankopferfleisches (vgl. 7,15–18). **9.10** Das Gesetz, das die Nachlese betrifft, fällt unter die allg. Zusammenfassung der zweiten Gesetzestafel, die die Liebe zum Nächsten gebietet (vgl. 23,22; 5Mo 24,19–22). **11.12** gründen sich auf das achte und das dritte Gebot. **13.14** sind eng mit dem achten Gebot und dem ihm innewohnenden Prinzip der Humanität verbunden. **15.16** kommentieren das neunte Gebot. **17.18** stehen in enger Verbindung zum zehnten Gebot und schließen mit einer Zusammenfassung der zweiten Tafel: *Du sollst deinen Nächsten lieben wie dich selbst.* »Nächster« scheint sich hier nur auf Israeliten zu beziehen. Unmittelbar davor wird von *Kinder(n) deines Volkes* gesprochen. Daß in 2Mo 3,22 auch die Ägypter als Nächste bezeichnet werden (LÜ: Nachbarin), beweist keine Erweiterung des normalen Wortgebrauchs; denn die Lebensbedingungen in Ägypten waren abnormal, und Israel sollte in Kanaan als ausgesondertes Volk leben. Eine Erweiterung in der Bedeutung zeigt allerdings V. 34 an: in die Liebe zum Nächsten ist auch der nicht-israelitische Fremde (*ger*) miteinzubeziehen. Das wird von Jesus wunderbar aufgenommen, als er einen Samariter auswählt, um Bedeutung und Reichweite des Begriffs »Nächster« zu bestimmen (Lk 10,29ff). Vgl. 5Mo 10,18; s. Komm. zu 5Mo 25,35–55. Bei den VV. 19–37, die mit einer Ermahnung zum Gehorsam beginnen und enden, scheint es, als sei hier bewußt ein Kontrastelement eingeführt worden, um zu betonen, daß von den Geboten Gottes jeder Bereich des Lebens erfaßt wird. **19** So wird das Gesetz der Reinheit auch auf die Viehzucht, das Säen, die Kleiderstoffe und das Pflanzen von Fruchtbäumen (V. 23–25) angewandt, vgl. 5Mo 22,9–11. *Zweierlei Art unter deinem Vieh:* ist sehr allg. und umfaßt reine und unreine Tiere. Diese Anordnung muß u.a. als Verbot der Maultierzucht verstanden werden. Deswegen sind Maultiere, die zuerst z.Z. Davids erwähnt werden (1Kön 10,25), vermutl. eingeführt worden. **20–22** unterbrechen den Gedankengang des Abschnittes. **26–28** Vermutl. handelt es sich hier um heidnische Praktiken, die als solche verdammt werden. Das gleiche gilt für V. 31. **29** Die Sünde der Prostitution wird hier vermutl. aus dem gleichen Grund genannt; sie ist heidnischer Brauch. **30** Dieser Vers hingegen, der erneut zur Heiligung des Sabbats und des Heiligtums auffordert, wäre am besten mit V.32 zu verbinden, vgl. V.3. **33.34** Das Gesetz für den Fremden bildet das Gegenstück zu V.17.18 und erweitert den Geltungsbereich des bereits gegebenen Gesetzes. **35.36** sind eine erweiterte Anwendung des achten Gebotes. Das Kapitel schließt mit der oft wiederholten Bekräftigungsformel: *Ich bin der Herr, euer Gott, der euch aus Ägyptenland geführt hat* (vgl. 11,45; 22,33; 5Mo 5,15 u.a.).

20,1–27 Strafbestimmungen für schwere Sünden

1 *Und:* verbindet dieses Kapitel eng mit dem vorhergehenden. Für einige Vergehen, die schon vorher angeprangert worden waren, werden in diesem Kapitel schwere Strafen genannt. **2** Die Verehrung des Moloch wurde bereits 18,21 verboten. Er war der Gott der Ammoniter (1Kön 11,7). Sein Name enthält dieselben Konsonanten wie *melek* (König). Es scheint, als hätte man *melek* mit den Vokalen von *boschet* (Schande) kombiniert, um aus dem Ehrentitel dieses Götzen einen Schimpfnamen zu machen. Moloch steht, wie eine Gattungsbezeichnung, immer mit dem Artikel. Diese Form des Götzendienstes war bes. widerwärtig, weil man dem Moloch Kinder opferte. Einzelheiten dieses Rituals sind kaum bekannt. Man hat es als eine Reinigungshandlung gedeutet, die nicht unbedingt tödlichen Ausgang haben mußte; oder als ein Opfer, das insofern den Tieropfern ähnelte, als es zuerst geschlachtet und der Körper anschließend verbrannt wurde (Hes 16,20f rechtfertigt diese Interpretation allerdings kaum); oder auch als Opfer, bei dem die Kinder tatsächlich lebendig verbrannt wurden. Daß es sich um Menschenopfer handelte, scheint aus folgenden Stellen hervorzugehen: Ps 106,38; Jer 7,31; 19,4f; Hes 23,37–39; Mi 6,7. Es ist auch möglich, daß hier der phöniz. religiöse Brauch gemeint ist, lebende Kinder in die Arme des Götzenbildes zu legen, damit sie in dem Feuer, das in dem Götzen brannte, umkämen. Das würde die Strenge, mit der dieser Brauch gebrandmarkt wird, zusätzlich erklären. 5Mo 12,31 weist darauf hin, daß dieser widerliche Ritus nicht auf die Verehrung eines einzelnen Gottes beschränkt war, sondern als wesentliches Merkmal der kanaan. Religion überhaupt gelten muß. Die Strafe für diese schwere Sünde ist Steinigung. **3** Die Anmerkung: *mein Heiligtum unrein gemacht und meinen heiligen Namen entheiligt hat* zeigt, daß eine solche Handlung nicht nur in sich selbst schändlich war; sie verletzte zugleich mutwillig und vorsätzlich den ausschließlichen Anspruch Jahwes (als des Bundesgottes Israels) auf die Verehrung seines Volkes; das konnte nicht ungestraft bleiben. **5** Wenn das Volk diese Sünde auch nur ignoriert oder duldet, wird Gott jeden, der sie begeht oder an ihr teilhat, vernichten.

6 Als nächstes werden die Mittel verurteilt, mit denen Israels Nachbarn die Zukunft vorherzusagen und, wenn möglich, unter Kontrolle zu bringen suchten (vgl. 19,31). Die Strafe dafür ist ebenfalls Ausrottung. Vgl. V.27, wo der Tod des Mediums gefordert wird; vgl. auch 2Mo 22,18. Die Bezeichnung: *Abgötterei treiben* verbindet diese Sünde offenbar mit der in V.2–5 genannten. In 5Mo 18,10 werden beide Sünden in einem Vers angeführt.

7.8 Eine feierliche Ermahnung, heilig zu sein (vgl. 18,1–5; 19,1–2) und die Gebote Gottes zu halten. Sie bezieht sich auf schon gegebene und nachfolgende Satzungen. In V.**9–21** werden einige der schlimmsten der bereits in Kap. 18 und 19 erwähnten Sünden behandelt (vgl. V.9 mit 19,3). Das Verfluchen von Vater und Mutter ist eine schwerwiegende Verletzung des fünften Gebotes. Ehebruch, Inzest, Homosexualität und sexueller Umgang mit Tieren sollen schwerstens bestraft werden. Der Ausdruck: *die Blöße aufdecken* (EÜ; LÜ: *Umgang haben mit*), der in Kap. 18 häufig verwendet wird, kommt auch in diesem Kapitel 7mal vor. Da er sonst nirgendwo im Pentateuch verwandt wird, läßt dies auf eine enge Verbindung der beiden Abschnitte miteinander schließen. Die Strafen sind unterschiedlich formuliert. *Sollen ... des Todes sterben* (V.10.12.13.15), *soll ihn steinigen* (V.2.27; vgl. 24,14ff), *soll ihn mit Feuer verbrennen* (V.14; vgl. 21,9), *ausrotten* (V.5.17.18), *Schuld tragen* (V.17.19), *Schuld tragen, ohne Kinder sollen sie sterben* (V.20), *sie sollen ohne Kinder sein* (V.21). Beachtenswert sind auch die Begriffe, die dabei für diese Verbrechen verwendet werden: *Sie haben einen schändlichen Frevel begangen* (V.12), *haben sie getan, was ein Greuel ist* (V.13), *Schandtat* (V.14), *abscheuliche Tat* (V.21).

22–26 erinnern die Israeliten daran, daß bei den Menschen, deren Land sie einnehmen sollen, diese Greuel üblich sind. Das Land *spie* seine Bewohner deswegen *aus* (vgl. 18,25), und Israel hat dasselbe Schicksal zu erwarten, wenn es wie die Kanaaniter handelt (vgl. 18,28). Das Land als solches ist ihr Erbteil, und es ist ein gutes Land (2Mo 3,8.17). Der Herr hat sie *ausgesondert.* Dieses Wort wird in V.24–26 viermal wiederholt! Der Abschnitt zeigt deutlich, daß die Speisegesetze in Kap.

11 vor allem die Aufgabe haben, eine klare Trennung zwischen Israel und den Kanaanitern zu schaffen. Da Essen und Trinken im täglichen Leben eine wichtige Rolle spielen und V.22–26 eine Art Abschluß dieses großen kultischen und moralischen Gesetzeskodex bilden, ist ein Rückbezug auf Kap. 11, mit dem er beginnt, durchaus angebracht. *Daß ihr mein wäret* (V.26): formuliert kurz das Ziel des ganzen Gesetzes. Das Volk des Herrn muß seine Gesetze halten, wenn es wirklich »sein« sein will.

27 stellt eine weitere Anwendung von V.6 dar. Medien, die das Volk in die Irre führen, sollen gesteinigt werden (vgl. V.2; 24,14). Durch die Wiederholung dieses Themas wird die Verabscheuungswürdigkeit dieser Sünde bes. betont (vgl. 5Mo 18,9–14). Als Sünde der Abgötterei gehört sie zu denen, die Israel in jeder Form meiden soll.

21,1–22,33 Anweisungen für die Priester

21,1–9 Die Priester sollen heilig sein

Wenn sich schon das Volk von allem Bösen fernhalten soll, um wieviel mehr dann die Priester. Sie dürfen weder sich selbst verunreinigen (21,1.3–4), noch den Namen ihres Gottes entheiligen (V.6); sie sollen ihm heilig sein (V.6.7) und auch als solche behandelt werden (V.8). Als Begründung dafür wird ihre hohe Stellung angeführt: *Sie opfern die Feueropfer des Herrn, die Speise ihres Gottes* (V.6). Dieser Vers läßt klar erkennen, daß das Darbringen von Opfern ihre Hauptaufgabe war. *Die Speise ihres Gottes* ist ein in diesem Kapitel oft gebrauchter Ausdruck (V.6.8.17. 21.22; vgl. 22,25, auch 3,11.16). **1–3** Als erstes wird die Verunreinigung durch Berührung mit Toten behandelt. Sie muß vermieden werden; ausgenommen sind lediglich nächste Blutsverwandte. Da Tod die Strafe für Sünde ist, verunreinigte man sich, wenn man mit ihm in Berührung kam. Daß die Ehefrau nicht erwähnt wird, wenn Mutter, Vater, Sohn, Tochter und Schwester genannt werden, muß bedeuten, daß sie eine Sonderstellung einnahm. Sie gehört nicht zu *seinen nächsten Blutsverwandten* (V.2), sondern ist »ein Fleisch« mit ihm (1Mo 2,24). Sie zu erwähnen, wäre überflüssig. 4 *Der ihm zugehört:* Verständnis unsicher, vgl. die verschiedenen Übersetzungen. **5.6** Das Gebot, sich heidnischer Praktiken zu enthalten, gilt gleichermaßen für Priester und Volk (vgl. 3Mo 19,27f; 5Mo 14,1). Ein Priester muß offensichtlich in seinem ganzen Verhalten beispielhaft sein.

7 Er muß eine tugendhafte Frau heiraten, die nicht geschieden ist. Wieder wird der Grund genannt: er geht mit heiligen Dingen um (V.7.8). Wenn die Tochter eines Priesters zur Hure wird, ist das eine bes. abscheuliche Sünde und soll schwerstens bestraft werden.

21,10–15 Besondere Anweisungen für den Hohenpriester

Angesichts der besonderen Heiligkeit des Hohenpriesters sind bei ihm die Vorschriften gegen Verunreinigung strenger als bei gewöhnlichen Priestern, denn er ist in einzigartiger Weise Gott geweiht. Das heilige Öl ist auf sein Haupt gegossen worden, und er trägt die heiligen Kleider. Er darf die normalen Zeichen der Trauer nicht tragen und sich an keinem Toten verunreinigen. Die Ausnahmen, die für den gewöhnlichen Priester gemacht werden, gelten für ihn nicht. **12** Die Anweisung, nicht aus dem Heiligtum zu treten, dürfte bedeuten, daß er es nicht verlassen soll, um den Toten Ehre zu erweisen, nicht aber, daß er ständig in den Höfen der Stiftshütte bleiben muß. **13** Er darf nur eine Jungfrau aus seinem eigenen Volk heiraten. Seine Frau muß eine Tochter Israels sein, **15** *damit er seine Nachkommen nicht entheilige,* d.h. sie und sich selbst durch eine unwürdige Ehe, wie sie V.14a beschrieben wird, für das heilige Amt und für die Teilhabe an den heiligen Dingen ungeeignet macht.

21,16–24 Die Auswirkungen körperlicher Fehler

Wie die Opfertiere müssen auch die Priester, die die Opfer darbringen, ohne *Fehler* sein. Allerdings darf der, der vom Dienst am Altar ausgeschlossen ist, von den Anteilen der Priester am Heiligen essen. Als Abnormitäten werden äußere Mängel und Mißbildungen genannt, z.B. wenn einer sechs statt fünf Finger hatte. Auch die Kastration fiel unter dieses Gebot, denn Eunuchen haben keinen Platz in der Gemeinde (5Mo 23,2; vgl. aber Jes 56,3ff; Apg 8,26ff).

22,1–16 Unreinheit verbietet dem Priester, Heiliges zu berühren

Obwohl die Priester als höhere Diener des Heiligtums ausgesondert sind, sind sie doch denselben Unreinheiten ausgesetzt wie der Laie. 4 Außer den (dauernden) Abnormitäten (21,16–24) kann ein Priester vorübergehend unrein sein. Er kann z.B. aussätzig werden, einen Ausfluß haben oder mit etwas Unreinem in Berührung kommen. Diese Unreinheit macht ihn, solange sie andauert, zu einer Quelle der Verunreinigung. Dann darf er nichts Geweihtes oder Heiliges anfassen, damit er es nicht verunreinigt. Die hier ausgesprochenen Grundsätze sind schon an anderer Stelle genannt worden. Vgl. auch Hebr 5,2; 7,28. **10.11** Es wird zwischen der Familie des Priesters einschl. seiner Sklaven einerseits und Fremdlingen und Tagelöhnern anderseits unterschieden. Obwohl Fremdlinge und Tagelöhner zum Haushalt des Priesters gehören, dürfen sie nicht vom Heiligen essen. Eine kinderlose Witwe aus einer Priesterfamilie aber, die in ihres Vaters Haus zurückkehrt, wird wieder ein Mitglied seiner Familie. Wenn jemand versehentlich vom Heiligen ißt, soll er es zurückerstatten und, wie beim Schuldopfer, ein Fünftel hinzutun.

22,17–33 Regeln bezüglich der Opfergaben

18.19 Sie müssen *ohne Fehler* sein; diese Vorschrift betrifft Priester und Volk, ja sogar die Fremden. S. Komm. zu 2Mo 12,5. Das ist notwendig, *damit es . . . wohlgefällig mache* (vgl. 1,3). **23** Einzige Ausnahme bildet das Opfer aus freiem Willen. **24.25** beziehen sich auf die Kastration von Tieren. **24** *So etwas sollt ihr in eurem Land an Tieren nicht tun.* Josephus (Ant. IV 8,40) verstand dies als allg. Verbot, Tiere zu kastrieren. Möglicherweise galt das aber nur für Opfertiere. **27** Die Forderung, daß das Tier *sieben Tage bei seiner Mutter* sein soll, bedeutet offenbar, daß es vor diesem Zeitpunkt nicht als unabhängiges Lebewesen anzusehen war (vgl. das Gesetz über die Beschneidung, 1Mo 17,12).

28 Das Gesetz, das das Schlachten des Muttertieres und ihres Jungen am selben Tag verbietet, steht mit dem dreimal wiederholten Verbot im Zusammenhang, daß ein Junges nicht in seiner Mutter Milch gekocht werden darf (2Mo 23,19; 34,26; 5Mo 14,21). Offensichtlich sollten beide Verbote dem Israeliten einprägen, daß das Band, das die Glieder einer menschlichen Familie zusammenhält, sein Gegenstück in der Zuneigung findet, die die niedriger stehenden Tiere ihren Jungen entgegenbringen, indem sie sie mit ihrem Leben schützen. Damit sollte mutwilliger Grausamkeit gewehrt werden. Derartige Handlungen könnten von einem Kemosch oder Moloch gefordert werden und ihnen Freude bereiten, aber nicht von dem Gott Israels. S. Komm. zu 5Mo 14,21. **29.30** setzen fest, das ein *Lobopfer* am selben Tag gegessen werden muß. Vgl. 7,15. Alle diese Gebote werden mit der fundamentalen Aussage begründet und bekräftigt: *Ich bin der Herr.* Sie zu brechen bedeutet darum, seinen heiligen Namen zu *entheiligen.* Ihre Mannigfaltigkeit zeigt an, daß das Leben Israels, der Priester wie des Volkes, in allen Bereichen und in jeder Einzelheit von den göttlichen Ordnungen erfaßt und gelenkt ist.

23,1–44 Die heiligen Versammlungen

1.2 Kap. 23 führt die Versammlungen (hebr. *mo'ed,* das gleiche Wort in *'ohel mo'ed,* »Zelt der Begegnung«, LÜ: »Stiftshütte«) oder Feste auf, die als heilige Versammlungen ausgerufen werden sollten. In LÜ wird *mo'ed,* ebenso wie *chag,* mit Fest übersetzt. ZÜ übersetzt *mo'ed* mit Festzeit, *chag* mit Fest, um beide Wörter zu unterscheiden. Bei *mo'ed* liegt die Betonung offensichtlich auf der Zeit. V.4 wäre dann wörtl. zu übersetzen: »Dies sind die Festzeiten des Herrn, heilige Versammlungen, die ihr zu ihren festgesetzten Zeiten (= Zeitpunkten) ausrufen sollt.« Daß die meisten dieser Feste Freudenfeste waren, zeigt die Tatsache an, daß für sie auch das Wort *chag* verwendet wird. Sie werden *Versammlungen* genannt, weil die Leute durch Blasen der silbernen Trompeten zusammengerufen wurden (4Mo 10,1–10).

23,3 Der Sabbat

Es wird darauf Bezug genommen, daß Gott am siebenten Tag ruhte (1Mo 2,3); darüber hinaus gibt es verschiedene weitere Hinweise für das Einhalten einer Sieben-Tage-Woche (1Mo 29,27) und für die Heiligkeit der Zahl Sieben (z.B. 4Mo 23,1). In Verbindung mit der Manna-Speisung wird die Heiligkeit dieses Tages als eines Ruhetages für Israel erstmals erwähnt (2Mo 16,5.22–30). Der Erhalt einer doppelten Portion am sechsten Tag enthob Israel der Notwendigkeit, am siebenten Tag zu arbeiten. Hier werden die gleichen Worte, jedoch nicht dieselbe Formulierung wie in 2Mo 16 benutzt: es ist ein *feierlicher Sabbat,* hebr.: *schabbat schabbaton.* Hier wie in 2Mo 20,9 und 5Mo 5,13 ist das Gebot, an sechs Tagen zu arbeiten, gekoppelt mit dem Gebot, am siebten zu ruhen. Wer an den Werktagen arbeitet, ist am Tag des Herrn zur Ruhe berechtigt. Das Ruhen an diesem Tag ist vollkommener als zu den anderen Festzeiten, die lediglich *Werktagsarbeit* (ZÜ) untersagen (vgl. V.7.8.21.25. 35.36), d.h. es wird nur verboten, der gewöhnlichen Arbeit nachzugehen oder Handarbeit auszuführen, nicht aber die Vorbereitung der Mahlzeiten. Daher unterscheidet sich der Sabbat, der auch eine heilige Versammlung ist, in diesem wichtigen Punkt von den übrigen Festzeiten. Ein weiterer Unterschied ergibt sich dadurch, daß er wöchentlich gehalten wird, während jene jährlich stattfinden. Das ist der entscheidende Hinweis darauf, daß der regelmäßige, wöchentlich stattfindende Sabbat heiliger sein sollte als irgendeine der übrigen Festzeiten. Doch in der Kirchengeschichte finden wir bis heute eine starke Neigung, die Wichtigkeit besonderer

Feste auf Kosten der Bedeutung des »Tages des Herrn« herauszustellen. Der erste Tag der Woche aber ist der einzige heilige Tag, der im NT ausdrücklich sanktioniert wird. S. Komm. zu 5Mo 5,12ff.

23,4–8 Das Passafest und das Fest der ungesäuerten Brote

Da der Sabbat sich in mehreren wichtigen Punkten von allen anderen Festzeiten unterscheidet, wird er von ihnen durch V.4 abgesetzt, eine Art Überschrift zur Einführung der jährlichen Feste. Vgl. 2Mo 23,14–17; 5Mo 16. **5** Das erste der jährlichen Feste ist das Passa. Es wird nicht näher erläutert, da es schon beim Bericht von seiner Einsetzung beschrieben wurde (2Mo 12). **6–8** Dasselbe gilt für das Fest der ungesäuerten Brote, das eng mit ihm verknüpft ist. Die rituellen Einzelheiten dieses Festes werden 4Mo 28,16–25 erwähnt.

23,9–14 Darbringung der ersten Garben

Hier wird das dritte der vier Gesetze (vgl. 14,34; 19,23; 25,2) genannt, die sich auf die zukünftige Inbesitznahme des Landes beziehen. **10** *Die erste Garbe ('omer) eurer Ernte* (vgl. 5Mo 24,19; Rut 2,7.15) soll als ein »Schwingopfer« dargebracht werden (9,21; 14,12.24). Da *'omer* auch ein Trockenmaß (2Mo 16,16ff.36: 1/10 Epha) ist, ist zu vermuten, daß die Garbe genug Getreidekörner enthalten mußte, um ein Omer feines Mehl für ein Speisopfer zu ergeben. (Es muß sich hier um Gerste handeln, da sie zwei oder drei Wochen vor dem Weizen reif wird.) **11** *Am Tage nach dem Sabbat:* Sabbat hat hier zwei mögliche Bedeutungen: es kann sich auf den regelmäßigen wöchentlichen Sabbat beziehen, von dem soeben die Rede war, oder auf das Passafest als dem Tag der heiligen Versammlung, dem die Woche der ungesäuerten Brote folgte. Die Pharisäer vertraten die eine, die Sadduzäer die andere Ansicht. **12** Der Darbringung der Garbe sollte ein Brandopfer sowie ein Speis- und Trankopfer beigefügt werden. Bei dieser Gelegenheit ist die Menge des Speisopfers doppelt so groß wie gewöhnlich.

In diesem Abschnitt wird erstmals in 3Mo das Trankopfer genannt. Schon 2Mo 29,38–40 wurde im Gesetz über das tägliche Brandopfer darauf hingewiesen. Es ist nicht klar, warum es im Opferhandbuch 3Mo 1–7 nicht erwähnt wurde. Da es so oft in Verbindung mit den Opfern für die Festzeiten genannt wird, könnte man annehmen, daß es nicht zu gewöhnlichen Gelegenheiten oder bei privaten Opfern dargebracht wurde oder werden mußte. Doch nach 4Mo 6,17; 15, 1–12 ist eine solche Folgerung unberechtigt. Es war offenbar nie ein eigenständiges Opfer, sondern wurde stets zusammen mit dem Speisopfer dargebracht. Viell. ist es deswegen in 3Mo 1–7 nicht behandelt. Ein weiterer Grund dafür kann darin bestehen, daß es nicht geopfert werden sollte, bis Israel das Land betreten hatte (23,10). Das galt aber nicht für das tägliche Brandopfer, das in 3Mo 1–7 ebenfalls nicht erwähnt wird, aber schon 2Mo 29,38–42 beschrieben wurde.

Das Opfern der ersten Garben symbolisierte die Weihe der ganzen Ernte für Gott; erst, nachdem sie dargebracht waren, durfte man von der neuen Ernte essen (V. 14). Dieses Gesetz hat eine symbolische Bedeutung, auf die im NT Bezug genommen wird. Es wird sinnbildlich auf die Heidenchristen (Röm 8,23), auf die Vorfahren der Juden (Röm 11,16), auf einzelne Christen (Röm 16,5) und auf Christus als den Erstling in der Auferstehung (1Kor 15,20.23) angewandt. Vgl. auch 1Kor 16,15; Jak 1,18; Offb 14,4.

23,15–22 Das Wochenfest

Die Tatsache, daß die Beschreibung dieses Festes nicht mit den Worten: »Der Herr redete mit Mose« eingeleitet wird, hat zu dem Schluß geführt, daß Pfingsten (*schabu'ot*) eine Fortführung oder Ergänzung des Passafestes sei. Im Talmud wird es *'azarta* genannt (vgl. 23,36, wo dieses Wort für den achten Tag des Laubhüttenfestes gebraucht und mit »heilige Versammlung« übersetzt wird). Sieben Wochen sollen von dem Sabbat (s. Komm. zu V. 10f) an gezählt werden, an dem das Schwingopfer der Erstlingsgabe dargebracht wurde.
17 Dann soll ein neues Speisopfer in Form von zwei Schwingbroten dargebracht werden. Sie sollen von feinstem Mehl sein, *mit Sauerteig* (ZÜ) gebacken, und werden als *Erstlingsgabe für den Herrn* bezeichnet. Da das tägliche Brot der Israeliten gesäuert war, bedeutet das, daß die tägliche Nahrung des Volkes Gott geweiht wurde. Die Opfer bestanden aus Brand-, Sünd- und Dankopfern. Da das Fest auf das Ende der Weizenernte fällt, ist es angemessen, das Gebot im Blick auf die Nachlese hier zu wiederholen (vgl. 19,9). S. Komm. zu 5Mo 16,9–12.

23,23-44 Die Feste des siebenten Monats

Angesichts der Heiligkeit der Zahl Sieben ist es verständlich, daß der siebente Monat eine besondere Stellung erhält. In ihn fallen drei wichtige Feste: das Fest der Posaunen, der Versöhnungstag und das Laubhüttenfest.

23,24.25 Das Fest der Posaunen. Es wird nur kurz beschrieben. Das Blasen der Posaunen am ersten Tag des Monats lenkte die besondere Aufmerksamkeit auf diese wichtige Jahreszeit, die das landwirtschaftliche Jahr abschloß. Sie wurde durch zwei der größten Ereignisse des Jahres gekennzeichnet. Das erste wird als *Ruhetag* bezeichnet, mit Posaunenblasen *zum Gedächtnis,* und als eine *heilige Versammlung.* Nach der jüd. Überlieferung war das Instrument, das bei dieser Gelegenheit geblasen wurde, nicht die Silbertrompete von 4Mo 10,2–10, sondern die *schofar,* das Widderhorn (*jobel*), das nur bei bestimmten feierlichen Gelegenheiten benutzt wurde, bes. zur Ankündigung des Erlaßjahres (25,9). Vgl. auch Jos 6. Werktagsarbeit ist untersagt; es sollen Opfer dargebracht werden. Das Gedächtnisblasen kann zwei Bedeutungen haben: 1. Gott ermahnt das Volk, sich auf die Feierlichkeiten vorzubereiten, die in diesem Monat stattfinden; 2. das Volk erinnert Gott an seinen Bund und an seine Güte gegenüber den Vätern und sich selbst. Das Wort Posaune kommt im Hebr. nicht vor. *teru'a* bedeutet entweder »Geschrei« (von Menschen) oder (Trompeten)-»Stoß«. Wahrscheinlich gab es beides. Dieser Tag, der erste des Monats Tischri, wird von den Juden *rosch haschana,* »Beginn des Jahres«, genannt. Er ist der Anfang des Kalenderjahrs, der Neujahrstag.

23,26–32 Der Versöhnungstag. Dieses Fest, das in Kap. 16 im Blick auf die Pflichten Aarons, die darzubringenden Opfer und die Art der Darbringung ausführlich beschrieben wurde, wird hier nur vom Gesichtspunkt der Pflichten des Volkes aus betrachtet. Es soll ein *feierlicher Sabbat* sein (V.32; vgl. Komm. zu V.3). Jegliche Arbeit ist verboten. Das Volk soll fasten und sich demütigen. Ungehorsam wird schwer bestraft. Vgl. 4Mo 29,7–11, wo bes. die Opfer erläutert werden.

23,33–44 Das Laubhüttenfest. Dieses Fest ähnelt dem Passa und dem Fest der ungesäuerten Brote in mehreren wichtigen Punkten. Beide sind hauptsächlich historische Feste. Das eine erinnert an den Auszug, die Befreiung aus Ägypten und die Umstände der Flucht, das andere an den langen Aufenthalt in der Wüste. Beide dauern verhältnismäßig lang (acht Tage). Beide sind mit dem täglichen Leben und Wohlergehen des Volkes eng verbunden; das eine steht am Beginn, das andere am Ende des landwirtschaftlichen Jahres. Ein auffallender Unterschied besteht darin, daß beim Laubhüttenfest die Verwendung von Sauerteig nicht verboten ist. 4Mo 29,12–38 wird dieses Fest genauer beschrieben, und die besonderen Opfer für jeden Tag werden aufgezählt. Die Gesamtzahl der Opfer ist erstaunlich hoch. Das Brandopfer besteht aus Stieren, Widdern und Lämmern. Die Anzahl der Widder (zwei) und Lämmer (vierzehn) bleibt für jeden der sieben Tage gleich, während die Zahl der Stiere mit dreizehn beginnt und nach und nach auf sieben verringert wird, im ganzen werden siebzig Stiere geopfert, durchschnittl. zehn pro Tag. Am achten Tag werden ein Stier, ein Widder und sieben Lämmer geopfert. An jedem der acht Tage wird ein Ziegenbock als Sündopfer dargebracht. Immer wieder wird betont, daß zu jedem einzelnen Brandopfer ein eigenes Speis- und Trankopfer gehört. Auffällig ist, daß die Anzahl der Stiere von Tag zu Tag verringert statt erhöht wird.

Die soeben beschriebenen Festzeiten werden mit einer ähnlichen Formulierung wie in V.4 zusammengefaßt. Dann folgt noch ein weiteres Gesetz zum Laubhüttenfest: Das Volk soll sieben Tage lang in Laubhütten wohnen, damit seine *Nachkommen wissen, daß ich* (der Herr) *die Kinder Israel habe in Hütten wohnen lassen, als ich sie aus Ägyptenland führte* (V.43). Die Leute sollen *fröhlich sein vor dem Herrn* (V.40). So folgt dem Fasten am Versöhnungstag als Zeichen der Trauer über die Sünden unmittelbar die Freude. Der Name Laubhüttenfest (V.34; vgl. V.42.43) ist bemerkenswert, da das Wort »Hütte« (*sukkot*) sonst im Pentateuch nur in 1Mo 33,17 verwendet wird. Von Israel heißt es immer, es habe in Zelten gewohnt. Hier soll vermutl. die Hinfälligkeit und Vorläufigkeit der Behausungen des Volkes während der Wüstenwanderung unterstrichen werden. Den gleichen Gedanken nimmt Jesaja auf, wenn er Jerusalem mit einer Hütte im Weinberg vergleicht (Jes 1,8): so zerbrechlich und armselig ist die Wohnung der Tochter Zions geworden. (Das hebr. Wort »Hütte« ist übrigens völlig verschieden von dem für »Stiftshütte«, das Heiligtum des Herrn.) Vgl. die Bezugnahme auf dieses Fest in 2Chr 8,13; Esr 3,4; Neh 8,13–18; Sach 14,16–19.

An sich lagen diese Feste dem jahreszeitlichen Lebensrhythmus eines Bauernvolkes nahe. Daß sie jedoch mit historischen Ereignissen begründet und verknüpft wurden, verfolgte das eine Ziel: die Bedeutung der Befreiung aus Ägypten im Gedächtnis des Volkes wach zu halten.

24,1–23 Das heilige Öl. Die Schaubrote. Die Sünde der Gotteslästerung

Die folgenden Gesetze werden zwischen Kap. 23 und 25, die zusammenzugehören scheinen, eingefügt. Sie betreffen ständige und sich nicht verändernde, von den jährlichen Festen und besonderen Festtagen unabhängige Rituale.

24,1–4 Das Öl für den Leuchter

Olivenöl wurde zur Beleuchtung, zur Salbung und als Nahrungsmittel zum Kochen verwendet. In allen drei Funktionen wird es auch beim Dienst im Heiligtum gebraucht. Hier wird nur auf die erste Funktion Bezug genommen. Das Öl für die Lampen des goldenen Leuchters mußte reines Öl aus zerstoßenen Oliven sein (2Mo 27,30). Das Salböl war mit Spezerei gemischt (2Mo 25,6; 35,8). Zur Zeit der Errichtung der Stiftshütte war Öl eines der freiwilligen Opfer des Volkes und sollte es offensichtlich auch weiterhin sein. Das Hüten der Lampe wird hier Aaron aufgetragen, doch in 2Mo 27,21 werden auch seine Söhne mit dieser wichtigen Pflicht betraut.
3 *Vom Abend bis zum Morgen beständig:* Die Lampen brannten die ganze Nacht. Aus 1Sam 3,3 kann man eventuell schließen, daß die Lampen nur soviel Öl erhielten, daß sie bis zum Morgen brannten. Vgl. die Unterscheidung in 2Mo 30,7f zwischen dem Zurichten (wörtl. »gut machen«) der Lampen am Morgen und dem Anzünden (wörtl. »sie aufsteigen lassen«) am Abend. Wenn das stimmt, dürfen wir annehmen, daß die Lampen am Abend mit Feuer vom Brandopferaltar angezündet wurden. Andere Ausleger verstehen unter »beständig«, daß die Lampen Tag und Nacht brannten.

24,5–9 Die Schaubrote

2Mo 25,23–30 wird der Tisch für die Schaubrote ausführlich beschrieben, die Brote werden aber nur kurz erwähnt. Hier werden die Einzelheiten aufgeführt. Jeder Laib besteht aus 0,2 Epha (ca. 6,8l) Mehl, die vermutl., wie das Speisopfer, mit Öl angerührt wurden, obwohl das nicht gesagt wird. **6** Sie sollen in zwei Reihen oder »Schichten« gelegt werden; daher der hebr. Ausdruck: »Schichtbrot« (EÜ) in Chr (z.B. 2Chr 2,4; EÜ) und Neh (Neh 10,33; EÜ), was wahrscheinlich zwei Stöße von je sechs Brotkuchen bedeutet. Neben (wohl besser als LÜ: »auf«) jeden Stoß wurde Weihrauch gelegt, entweder in einer Schale oder in einem Löffel. Wie beim Speisopfer wurde er nicht mit den Kuchen gebakken. Nach späterer Überlieferung wurde er am Ende der sieben Tage auf dem Brandopferaltar zusammen mit dem Öl und dem Wein verbrannt, wenn die Brote *vor dem Herrn* weggenommen und von den Priestern gegessen wurden. Vgl. 2Mo 25,30; 35,13; 39,36.

Die Schaubrote fordern zu einem Vergleich mit den verschwenderischen Opfern an Lebensmitteln heraus, die die Ägypter und Babylonier ihren Göttern darzubringen pflegten. In Erech z.B. wurden täglich 243 Laib Brot gebacken, um die Tempel der Stadt zu versorgen. Der Gott Anu bekam davon allein dreißig; sie wurden ihm in zwei Morgen- und zwei Abendmahlzeiten dargebracht. Dahinter stand die Vorstellung, man müsse den Gott genauso wie einen Menschen ernähren. Daß die Brote in Wirklichkeit von den Priestern gegessen wurden, die sie opferten, war ein Geheimnis, das in der apokryphen Erzählung von Bel und dem Drachen (in den Stücken zum Buch Daniel) aufgedeckt wird. Mit den Schaubroten in Israel verhält es sich völlig anders. Die zwölf Laibe entsprachen den zwölf Stämmen Israels. Nach jeweils sieben Tagen wurden sie durch andere ersetzt und dann von den Priestern und deren Familien gegessen. Dies war göttliche Anweisung und unterstrich den symbolischen Charakter des Ritus. Wie das Mannagefäß, das zur ständigen Erinnerung aufbewahrt werden sollte, waren die Schaubrote ein tägliches Bekenntnis Israels und erinnerten das Volk daran, daß alle zeitlichen Segnungen von Gott kamen. Der Gedanke, die Gottheit zu ernähren, war zutiefst heidnisch und stand sowohl zur Lehre des Gesetzes wie auch der Propheten in Widerspruch, nach der es – gerade im Gegenteil – der Gott Israels war, der alle Bedürfnisse seines Volkes stillte. Vgl. z.B. 2Mo 16–17; 4Mo 11; Hos 2,9; Ps 50,9–14, ähnlich Apg 17,25.

24,10–23 Gotteslästerung und Gewaltverbrechen

Das in V. 10–16 berichtete Ereignis hat viell. zwischen den vorausgegangenen und den folgenden Gesetzesoffenbarungen stattgefunden. Vgl. 5Mo 4,41–49 und 4Mo 15,32–36, wo es ähnlich ist. Der Halbisraelit gehörte wahrscheinlich zu dem »vielen fremden Volk« von 2Mo 12,38. **10** *Ging . . . mitten unter die Kinder Israel:* meint kaum, daß er nicht im Lager lebte, sondern eher, daß er aus seinem Zelt ins Lager ging, mit einem Israeliten in Streit geriet und bei der Beschimpfung seines Gegners zu lästern anfing. Bei seiner Festnahme wird der Name und die Stammeszugehörigkeit seiner Mutter erwähnt, vermutl., weil er ihr seine Anwesenheit im Lager verdankte. Sein Vater war viell. gestorben; jedenfalls wird dessen Name nicht genannt. Es geht hier um die Sache, nicht um die Person, und dabei handelt es sich um eine offensichtliche und grobe Verletzung des dritten Gebotes. Nur, für dieses Gebot war keine Strafe angegeben, außer daß der Schuldige vor Gott nicht als »schuldlos« angesehen würde.
12 Das Problem wurde zusätzlich durch den irregulären Status des Angeklagten verkompliziert. Daher *legten* sie *ihn gefangen, bis ih-*

nen klare Antwort gegeben würde durch den Mund des Herrn.

22 Die Antwort (vgl. 4Mo 7,89) befaßt sich bes. mit der aktuellen Situation; sie betont aber auch, daß in solchen Fällen kein Unterschied zwischen einem Israeliten und einem Nichtisraeliten gemacht werden soll. Gotteslästerung wird hier zusammen mit Gewaltverbrechen wie Mord oder schwerer Körperverletzung genannt. Das kann einfach die Ungeheuerlichkeit dieser Sünde unterstreichen. Es könnte auch andeuten, daß der Streit, in dem es zur Gotteslästerung kam, sehr heftig war und Leib und Leben des Gegners bedroht waren (vgl. 2Mo 21,22f; 5Mo 25,11). Diese Gesetze, die schon in 2Mo 21,22.23–36 aufgeführt wurden, werden hier offensichtlich vor allem deshalb wiederholt, um zu zeigen, daß sie für den Beisassen und Fremdling genauso gelten sollen wie für den eingeborenen Israeliten.

Bezüglich des hier niedergelegten Gesetzes der Vergeltung, des *lex talionis,* sind drei Dinge zu beachten: 1. Es sollte als Gesetz der Gerechtigkeit dienen, nicht der Rache. 2. Es schloß private Rache aus und setzte an ihre Stelle ein öffentliches Gerichtsverfahren. 3. Der ausdrückliche Ausschluß von Mord aus denjenigen Verbrechen, für die man ein Sühnegeld zahlen durfte (4Mo 35,31f), läßt vermuten, daß für Körperverletzung oft oder meistens eine Geldstrafe festgesetzt wurde. Die Behauptung, es gebe in der jüd. Geschichte kein Beispiel dafür, daß das Gesetz der Wiedervergeltung (»Auge um Auge, Zahn um Zahn«) jemals wörtl. befolgt worden sei, läßt sich vermutl. weder beweisen noch widerlegen; allerdings stand solche Verstümmelung des Körpers mit dem Geist des mosaischen Gesetzes nicht im Einklang. Auf der anderen Seite sind Folter und Verstümmelung auch in christlichen Ländern Jahrhunderte lang als Strafe üblich gewesen, und diese stand oft, entgegen dem Geist und Buchstaben des mosaischen Gesetzes, in keinem Verhältnis zu dem Vergehen. – Der Zwischenfall unterstreicht, wie furchtbar die Sünde des Fluchens ist, die auch eines der großen Übel unserer Zeit darstellt.

25,1–55 Das Sabbatjahr und das Erlaßjahr

25,1–7 Das Sabbatjahr

Der Grundsatz eines regelmäßig wiederkehrenden Ruhetages wurde in Kap. 23 in Verbindung mit den jährlichen Festen behandelt, und zwar in einer Art und Weise, die das Siebener-Prinzip stark betonte. Dieser Grundsatz wird nun mit der Einrichtung des Sabbat- und des Erlaßjahres weitergeführt. Im Gesetz über die Sabbatruhe gilt dieses Prinzip für alle Menschen, frei oder unfrei, desgleichen für die Haustiere (2Mo 20,10; 5Mo 5,14) und ebenfalls für den Fremdling. Hier wird es auf das Land ausgedehnt. 4 In jedem siebten Jahr soll das Land einen *feierlichen Sabbat (schabbat schabbaton) halten.* Dann soll weder gesät noch geerntet werden. Das Land soll unbestellt bleiben und was das *Land während seines Sabbats von selbst trägt* (V. 6), soll Nahrung für alle sein; für den Besitzer wie den Sklaven, für den Fremden wie das Vieh. Weil es nicht das Erzeugnis menschlichen Fleißes ist, soll es für alle frei sein. Ferner wird die Verheißung gegeben, daß der von Gott gewirkte und gesegnete Ertrag des sechsten Jahres auch für diese Ruheperiode ausreichen wird (V. 18–22). Es ist ein erweitertes »Mannagesetz« (2Mo 16,22). Das deutet zumindest an, daß das Wachstum im Sabbatjahr (V. 6.7) für jedermanns täglichen Bedarf genügen wird (vgl. 2Mo 16,17f) und mit der Nachlese sonstiger Jahre, die den Witwen und Waisen zugesprochen wurde, nicht zu vergleichen ist. Nach 5Mo 31,10 soll dieses Jahr nicht der Faulheit dienen, sondern für die Lehre und die Ausbildung Israels im Gesetz Gottes genützt werden.

25,8–55 Das Erlaßjahr

25,8–22 Regeln für seine Einhaltung.
8 Das 50. Jahr wird als das Jahr bezeichnet, das auf sieben Sabbatjahr-Perioden folgt.
9 Es wird dadurch eingeleitet, daß man am Versöhnungstag des 50. Jahres die *Lärmposaune erschallen* (ZÜ) läßt. Die Posaune (hebr.: *schofar*), die dazu benutzt wurde, war das Horn (*qeren*) des Widders (*jobel*) (vgl. Jos 6,4f). Durch abgekürzte Redeweise wurde *jobel* bedeutungsgleich mit Posaune. (Von diesem Wort stammt, vermittelt durch das Lateinische der Vulgata, der Ausdruck Jubeljahr; so EÜ.). Vgl. 2Mo 19,13.19, wo beide Wörter verwendet werden. (Das Posaunenblasen, das das Erlaßjahr einleitet, ist mit jenem Posaunenschall zu vergleichen, der Israel darauf vorbereitet und dazu berief, Bundesvolk Gottes zu werden.) In diesem Jahr gilt für Saat und Ernte das gleiche Gesetz wie für die ihm vorausgegangenen Sabbatjahre. Wie das Erlaßjahr scheinen auch die Sabbatjahre im Herbst begonnen zu haben. **10.13** Es ist ein Jahr der Freilassung, ein Jahr der Rückkehr zu Besitz und Familie. **14–17** Diese Rückkehr zum Normzustand, wie man es nennen könnte, soll sich auf einer streng gerechten Basis vollziehen. Kauf und Verkauf sollen mit

entsprechender Rücksicht auf das nahende Erlaßjahr getätigt werden.

20 *Wenn ihr sagt: Was sollen wir essen im siebenten Jahr?* Vermutl. haben die hypothetischen Gegenredner lediglich das Sabbatjahr im Auge. Doch die Antwort schließt auch das größere Problem ein; den Fall nämlich, daß dem Sabbatjahr das Erlaßjahr folgt. **21.22** Das geht aus der Erwähnung der *drei Jahre* und des *achten* und *neunten* Jahres hervor. Die Antwort auf die größere Schwierigkeit schließt die Lösung der kleineren ein.

25,23–34 Das Gesetz des Rückkaufs. **23** Dem Rückkaufgesetz liegt das Prinzip zugrunde, daß das Land nicht irgendeinem Menschen, sondern Gott gehört. Die Israeliten sind nicht Besitzer, sondern *Fremdlinge* und *Beisassen* aus Barmherzigkeit, nach Gottes Willen Pächter in dem Land, das er ihnen gegeben hat. Vgl. 2Mo 22,20; s. Komm. zu 5Mo 10,19. **25–28** Der Rückkauf von Land soll von einem Verwandten oder von dem ursprüngl. Besitzer selbst getätigt werden. Wenn nicht, geschieht die Rückgabe automatisch im Erlaßjahr. **29** Das gilt nicht für ein *Wohnhaus in einer Stadt mit Mauern,* das nur innerhalb eines Jahres nach dem Verkauf zurückgekauft werden kann, offensichtlich weil es keine direkte Beziehung zum Land und seiner Bestellung hat. **31** Anders verhält es sich mit den Häusern in Dörfern, vermutl. weil Bauern und Hirten darin wohnen. Die Leviten und ihr Besitz werden gesondert behandelt.

25,35–55 Behandlung des armen Bruders und der Nicht-Israeliten. Die hier niedergelegten Gesetze unterscheiden klar zwischen Israeliten und Nichtisraeliten. Wiederholt wird auf Angehörige der Volksgemeinschaft Bezug genommen: *wenn dein Bruder* (V.25.35.39.47), *von euren Brüdern, den Kindern Israel* (V.46). Liebe gegenüber dem Fremdling (vgl. 19,34 und 5Mo 10,18) bedeutet nicht, daß der Unterschied zwischen ihm und den Israeliten aufgehoben wird. Vielmehr ist der Status des Israeliten ein völlig anderer. Ihm müssen z.B. Darlehen zinslos gewährt werden. Zur Frage des Wuchers s. Komm. zu 2Mo 22,24 und zu 5Mo 23,20. Verkauft er sich selbst, soll er als Tagelöhner und nicht als Sklave behandelt werden. Er hat Anspruch auf gute Behandlung. Im Erlaßjahr soll er frei werden, wenn dies vor Beendigung seiner sechs Dienstjahre eintritt (2Mo 21,2–4; 5Mo 15,12f). **44–46** Das Freilassungsgesetz gilt nicht für Nicht-Israeliten. Sie dürfen als Sklaven behandelt werden. Für sie besteht kein Loskaufrecht. Die Grundsätze des Rückkaufs werden dann auf den Fall ausgedehnt, daß ein Israelit sich an einen Fremdling oder Beisassen verkauft. Letzterer ist dann verpflichtet, die Forderungen des Gesetzes zu erfüllen; zumindest darf er sie nicht übertreten. **47–54** Der Israelit kann aus einer solchen Lage zurückgekauft werden. Im Erlaßjahr wird er frei. Er darf nicht unterdrückt werden. **55** Der Grund für diese unterschiedliche Behandlung liegt darin, daß die Israeliten Diener des Herrn sind; er hat sie aus der Knechtschaft von Menschen, konkret: aus der Knechtschaft Ägyptens befreit.

26,1–46 Segen und Fluch

Die Bedeutung der Einhaltung des Gesetzes, das dem Volk und den Priestern bis ins Detail vorgelegt worden war, wird von Mose mit den Worten zusammengefaßt: »Siehe, ich habe dir heute vorgelegt das Leben und das Gute, den Tod und das Böse« (5Mo 30,15). Vgl. 3Mo 18,5. Der feierliche Ritus, der am Berg Ebal stattfinden soll, wird nicht erwähnt (vgl. 5Mo 11,26–29; 27,4ff; Jos 8,30–35). Doch hier wird Israel, wie am Ebal, vor die Wahl gestellt. Das ist in diesem Fall noch beeindrukkender, weil der Herr, obwohl Mose sein Sprecher ist, das Volk in der ersten Person (beachte das häufig vorkommende »ich«) und ohne jede Einleitung anredet. Vgl. 5Mo 27.28, wo Mose im Namen des Herrn spricht. **1.2** Götzendienst in jeder Form ist zu meiden, der Sabbat soll gehalten und dem Heiligtum des Herrn mit Ehrfurcht begegnet werden. Diese drei Dinge werden wegen ihrer Wichtigkeit, wegen allem, was ihre Befolgung einschließt und nach sich zieht, zur besonderen Beachtung herausgestellt.

26,3–13 Segen als Lohn für Gehorsam

Diese Segnungen sind eine Erweiterung der in 2Mo 19,5f gegebenen Verheißung. Sie zeichnen ein idyllisches Bild von Wohlstand und Frieden als Belohnung für den Gehorsam gegenüber Gott, wie es ähnlich auch Jesaja tut. Der Herr wird Regen geben, und die Erde wird Überfluß hervorbringen. Die Ernte wird so reichlich sein, daß man Monate (statt Tage) brauchen wird, um sie einzuholen. Und zu dem Überfluß soll der Frieden kommen. Weder Mensch noch Tier werden die Israeliten verletzen oder ihnen Widerstand leisten können. **9** Der Herr *will* sich *zu* ihnen *wenden.* **11** Er wird unter ihnen wohnen und sie nicht verschmähen. Gerade diese letzte Feststellung klingt wie ein plötzlicher Gegensatz, ist es aber nicht. Denn Israel ist ein sündiges Volk, das es verdient, verabscheut zu werden. Gott würde es auch verabscheuen, wäre da nicht seine Liebe und Gnade. **12** *Ich will unter euch wandeln* erinnert an

1Mo 3,8. Das Land Kanaan wird wie der Garten Eden sein, weil der Gott Edens dort mit seinem Volk wohnen wird. Der Herr, der all das tun will, ist derselbe, der Israel aus Ägypten geführt hat. Damit hat er den größten Beweis seiner Liebe und Allmacht erbracht. Immer wieder wird im AT darauf Bezug genommen als Beweis für Gottes Liebe und als Mahnung, daß Israel zu Gott gehört und ihm Treue schuldig ist. Vgl. z.B. Jos 24,17.

26,14–45 Die Züchtigung für Ungehorsam

26,14–33 Die Heimsuchungen. Die angedrohten Heimsuchungen werden bezeichnenderweise viel ausführlicher beschrieben als die verheißenen Segnungen. Da der Mensch seinem Wesen nach sündig und zum Bösen geneigt ist, ist die Furcht in vielen, wenn nicht in den meisten Fällen ein stärkeres Antriebsmoment für den Willen als Liebe. **14** *Wenn ihr mir aber nicht gehorcht* (ZÜ). Durch das eine »wenn« des Gehorsams (V. 3) und die vielen »wenn« und »wenn nicht« des Ungehorsams (V. 14.15.18.21.23.27) wird ein scharfer Gegensatz deutlich. Das hebr. Wort, das mit »gehorchen« übersetzt wurde, hat im Deutschen drei Bedeutungen: »hören«, »horchen«, »gehorchen«. Das Sprichwort: »Hören ist Gehorchen«, entspricht dem hebr. Grundgedanken. Hier wird gehorchen (hören) in Gegensatz zu »verschmähen«, »verabscheuen« und zu »Ungehorsam« gesetzt, was letztlich Bruch des Bundes bedeutet. Das Wort »zuwiderhandeln«, das an Am 3,3 erinnert, wird siebenmal gebraucht. Der Gedanke der Wechselwirkung wird immer wieder angesprochen. Gott will mit Israel so umgehen, wie das Volk es verdient.

Die angedrohten Übel sind hauptsächlich folgende vier: Pest (V. 16.25), Hungersnot (V. 19), wilde Tiere (V. 22) und das Schwert, das Krieg und die daraus folgenden Verwüstungen symbolisiert (V. 25–39). Der Gegensatz zum Lohn für Gehorsam ist krass. Vgl. V. 7.8 mit V. 17.36–38. Viermal wird das Wort *siebenfältig* gebraucht (V. 18.21.24.28), das eher Intensität als zeitliche Anzahl (ZÜ: sieben*mal*) meint. Jeremia spricht von vier Arten von Strafen (Jer 15,3f). Vgl. Hes 14,12–21. Beide Propheten betonen bes. das Schwert. Auch das Exil wird hier ausdrücklich angedroht. Israel wird *unter die Völker* zerstreut werden.

26,34–39 Der Höhepunkt der Verwüstung. **34** *Alsdann wird das Land seine Sabbate nachholen:* während Israel im Exil ist. Vgl. 2Chr 36,21, wo derselbe Ausdruck auf die babylonische Gefangenschaft bezogen vorkommt. Das berechtigt nicht zu der Annahme, daß während der Jahrhunderte zwischen der Landnahme und der Gefangenschaft genau siebzig Sabbatjahre (der Dauer der Gefangenschaft entsprechend) nicht eingehalten worden seien. Aber es zeigt, daß das mosaische Gesetz, das die Sabbatruhe fordert, mißbraucht und vernachlässigt worden ist. Jesaja, Jeremia und Hesekiel tadeln Israel, weil es den Sabbat nicht einhält (vgl. z.B. Jer 17,19–27). Das Sabbatjahr aber erwähnen sie nicht. Jeremia stellt auch die siebzig Jahre nicht als einen Sabbat für das Land dar (Jer 25,8–11; 27,6–8; 29,10). **36.37** Das *Schwert* soll nach V. 25 *meinen Bund rächen:* eine harte Formulierung, die an den »Zorn des Lammes« (Offb 6,16) denken läßt.

26,40–45 Das Ergebnis: Bekenntnis und Vergebung. **41** Das »wenn« kommt erst in 41b: *wenn sich alsdann ihr unbeschnittenes Herz demütigt* (ZÜ). Wenn die Strafe endlich zum Bekenntnis geführt hat, wenn die Menschen, die unter die Völker verstreut wurden, sich demütigen, weil sie erkennen, daß Gott es ist, der sie in diese schlimme Situation gebracht hat. Und wenn sie *die Strafe für ihre Missetat abtragen* (V. 42), dann wird der Herr seines Bundes mit ihren Vätern gedenken. D.h., er will sie in das den Vätern verheißene Land zurückführen; denn dessen Besitz ist ein wichtiger Bestandteil der Bundesverheißung. Aber das wird nur angedeutet, im Gegensatz zu 5Mo 30,1–5, wo die Rückkehr in das Land unter der Voraussetzung der Buße ausdrücklich verheißen wird. **46** beschließt diese Gesetze mit der ausdrücklichen Feststellung, daß sie Israel durch Mose am *Berg Sinai* gegeben wurden (vgl. 7,38).

27,1–34 Gelübde und Zehnte

Gelübde und freiwillige Opfer sind bei der Behandlung der Opfergesetze schon mehrmals erwähnt worden (7,16; 22,18–23; 23,38). Hier werden »gelobte« oder »geheiligte« Opfergaben (hebr.: *qorban*), die nicht als Opfer im engeren Sinn dargebracht werden konnten, gesondert erläutert. Die hier erwähnten Votivopfer bestehen in Menschen, Tieren, Häusern und Feldern. In den meisten Fällen findet kein tatsächlicher Wechsel des Besitzes statt. Das Schlüsselwort ist Schätzung; es kommt ca. 20mal vor und wurde schon beim Schuldopfer verwendet, bei dem 1/5 des geschätzten Wertes zusätzlich erstattet werden mußte (5,15f). Hier wird es gebraucht, um den Wert anzugeben, der einer Person oder einem Besitz zukommt.

2–8 Bei Menschen ändert sich die Schätzung nach Geschlecht und Alter. Es geht hier offenbar um die Möglichkeit, daß ein Mensch sich selbst oder ein anderes Mitglied seines Haushaltes dem Herrn weiht. Die Schätzung bewegt sich zwischen 50 und 3 Schekel (Lot) Silber. Daß der Wert der in Frage kommenden Person in Geld ausgedrückt werden soll, ergibt sich aus V. 8. Wenn ein Mensch, der auf 50 Lot Silber geschätzt wurde, den vollen Betrag nicht zahlen konnte, sollte der Priester die Schätzung der Zahlungsfähigkeit dessen, der das Gelübde getan hat, anpassen, damit dieser sein Versprechen erfüllen konnte.

9–13 Bei Tieren wird zwischen reinen Tieren, die geopfert werden konnten, und unreinen Tieren unterschieden. Reine Tiere wurden Eigentum Gottes und konnten von ihrem Eigentümer nicht zurückgekauft werden. Das Gesetz wurde so ausgelegt, daß die Priester solche Tiere zwar an Leute verkaufen konnten, die ein Opfer darbringen wollten, jedoch nicht dem urspr. Besitzer. Ein unreines Tier durfte der urspr. Besitzer wieder zurückkaufen, indem er 1/5 des Schätzwertes zuzahlte.

14.15 Bei einem Haus galt das gleiche Prinzip. Wenn der Eigentümer es wieder einlösen wollte, hatte er 1/5 des Schätzwertes zuzuzahlen.

16–25 Bei einem Acker kam das Problem des Erlaßjahres komplizierend hinzu, doch konnte der Besitzer durch Zusatzzahlung von einem Fünftel den Acker wieder erwerben. Die Schätzung sollte nach der Art der Aussaat vorgenommen werden. Das war in einer bäuerlichen Gesellschaft eine relativ einfache Art der Wertermittlung. Wenn jemand seinen Acker, der sein Erbteil war, nicht einlöste oder wenn er ihn (heimlich) verkaufte, nachdem er ihn geweiht hatte, verlor er im Erlaßjahr allen Anspruch darauf. Der Acker wurde Eigentum der Priester. Der Wert eines Ackers, den jemand gekauft hatte, sollte nach der Nähe des Erlaßjahres geschätzt werden, da er dann wieder an seinen urspr. Besitzer zurückfiel. Hier (V.25) und an drei weiteren Stellen im Pentateuch (2Mo 30,13; 4Mo 3,47; 18,16) wird angegeben, daß ein Lot (Schekel) des Heiligtums 20 Gera (ZÜ) enthält.

26.27 Die Erstgeburt gehörte dem Herrn (vgl. 2Mo 13,2.12; 5Mo 15,19–23) und konnte deswegen nicht geweiht werden. Die Erstlinge von unreinen Tieren konnten jedoch »gelobt« und auch losgekauft werden, indem man 1/5 über ihren Wert zahlte. Wurden sie nicht eingelöst, konnten sie verkauft werden (vgl. 2Mo 13,13).

28.29 *Gebannte* Menschen oder Dinge bilden im Rückkaufsgesetz eine Ausnahme. Man kann sie nicht loskaufen; der Gebannte muß getötet werden. Diese Bestimmungen müssen sich auf den feierlichen furchtbaren Bann (hebr.: *cherem*) beziehen, der z.B. auf Amalek, Jericho und Achan gelegt wurde, nicht auf die Gelübde und Votivopfer, die in diesem Kapitel erwähnt werden; s. Komm. zu 5Mo 2,34. Der einzelne hat nicht das Recht, einen solchen Bann auf ein Volk oder einen Menschen zu legen. Er konnte nur als Folge eines offiziellen Urteils Gottes ausgesprochen werden, etwa durch Mose oder durch die ordnungsgemäß eingesetzten Führer des Volkes. Vgl. Jos 6,17–19.

30–33 befassen sich mit der Frage des Zehnten. Ein Zehntel vom Ertrag der Äcker, der Bäume, von den Rinder- oder Schafherden sind *dem Herrn heilig.* Ein Teil davon darf zurückgekauft werden, indem man das übliche Fünftel zuzahlt. Diese Ausnahme gilt nicht für Tiere. Zum Zehnten vgl. 5Mo 12 und 14. Die offensichtliche Diskrepanz zwischen 3Mo und 5Mo wurde von den Rabbinen ausgeglichen, indem sie verschiedene Zehnte unterschieden: den ersten, den zweiten und den dritten oder »Armen«-Zehnten.

34 Der Schlußvers ist kürzer und weniger deutlich als der von 26,46. Daher bezieht er sich wohl nur auf Kap. 27 und nicht auf das ganze Buch. In jedem Fall aber stimmt die abschließende Feststellung mit dem Gesamteindruck überein, den 3Mo vermittelt: daß dieses Buch die Gesetze enthält, die Mose am Sinai für Israel gegeben wurden.

Oswald T. Allis

4. Mose (Numeri)

Einleitung

Die lat. Bezeichnung »Numeri« (Zahlen, Zählungen) ist eine Übers. des griech. *Arithmoi* (LXX). Das Buch wurde so benannt, weil darin den Volkszählungen große Bedeutung zukommt, vor allem in den ersten Kapiteln und in Kap. 26. Der hebr. Titel *bemidbar*, wörtl. »in der Wüste« (1,1), paßt besser zum Inhalt, der den Weg Israels von Ägypten bis zur Ebene von Moab beschreibt.

Verfasserschaft

Nach der Tradition gehört Numeri zu den fünf Büchern Mose, und tatsächlich handelt ein großer Teil des Buches von ihm. Er ist durchweg die zentrale Gestalt, und es wird wiederholt zum Ausdruck gebracht, daß die im Buch enthaltenen Gesetze und Vorschriften auf Mose und Aaron zurückgehen (1,1; 3,44; 6,1; 8,1 u.ö.). Daß diese Gesetze und Regeln aus der Zeit der Wüstenwanderung stammen, ist unverkennbar (z.B. 9,1; 15,1f; 15,32), ebenfalls daß ein großer Teil der Ereignisse sich dort abspielt (z.B. 13,1f; 20,1; 22,1 usw.). Das Buch enthält keinen formellen Hinweis auf eine Autorschaft Moses, jedoch verweist 33,2 auf die von Mose verfaßte Liste der Lagerplätze auf dem Weg von Ägypten. Auch an anderen Stellen des Pentateuch wird darauf hingewiesen, daß Mose selbst geschrieben hat (z.B. 5Mo 31,9). S. »Mose und der Pentateuch«, S. 41ff.

Der Verfasser dieses Beitrags ist jedoch der Auffassung, daß man einige wichtige Fakten übersieht, wenn man das Buch *in seiner jetzigen Form* Mose zuschreibt. Z.B. wird im gesamten Buch nur in der 3. Person auf Mose Bezug genommen; das ist charakteristisch für den Stil eines Erzählers (z.B. 1,1; 2,1; 3,1.11.14 u.ö.). Wollte man Mose selbst jede Äußerung des Buches zuschreiben, so müßte auch die Empfehlung seiner eigenen Person, die ihn als den demütigsten unter den Menschen bezeichnet (12,3), von ihm selbst stammen; das aber dürfte kaum für die Richtigkeit einer solchen Annahme sprechen. Unterstellt man, daß Mose nicht nur 4Mo, sondern alle 5 Mose-Bücher verfaßt hat, so müssen Unterschiede zwischen den verschiedenen Büchern, die sich auf Einzelheiten von Opfern, Festen usw. beziehen, erklärt werden.

Wie sollen wir also die Frage der Verfasserschaft entscheiden? Viele Ausleger unterschiedlicher theol. Schulen stimmen heute darin überein, daß 4Mo, wie die anderen Bücher des Pentateuch, seine heutige Gestalt und wenigstens einen Teil seines jetzigen Materials erst einige Zeit nach Mose erhalten hat. Man ist sich nicht einig, wieviel Material auf Mose selbst oder zumindest auf seine Zeit zurückgeht; von vielen Forschern wird jedoch nachgewiesen, daß man zwischen der Ursprungszeit der grundlegenden Gesetze und Erzählungen und der Zeit, in der 4Mo seine jetzige Fassung erhielt, unterscheiden muß. Für die Annahme, daß diese Gesetze und der sie begleitende Bericht im wesentlichen in den Tagen Moses ihren Ursprung haben, ergeben sich wenig Schwierigkeiten. Ob sie bis zur schriftlichen Zusammenfassung mündlich oder (teilweise) in schriftlicher Form überliefert wurden, läßt sich nicht mit Bestimmtheit sagen. Viell. wurde der Hauptteil des Buches in der frühen Königszeit schriftlich niedergelegt; die Zeit der endgültigen Abfassung ist jedoch äußerst unsicher.

Die Quellen und ihre Bearbeitung

Natürlich muß der endgültige Bearbeiter (oder die Bearbeiter) auf mündliches oder schriftliches Quellenmaterial zurückgegriffen haben. Zum Teil ist dieses Material nachweislich alt. So gibt es einige alte Sprüche (z.B. 21,14ff), wichtige alte geogr. Anmerkungen (z.B. 22,5) und historische Informationen, die mit bekannten Ereignissen des 13. Jh. v.Chr. übereinstimmen und durch archäol. Funde gestützt werden. Das weist zumindest für einen Teil der Quellen auf ein hohes Alter hin. Diese Stücke wurden ebenso wie das übrige Material, das dem (den) Bearbeiter(n) zur Verfügung stand, gesammelt und so angeordnet, daß bestimmte theol. Fragen beantwortet wurden (nach derselben Methode haben viele Autoren des AT gearbeitet).

Naturgemäß ergeben sich in diesem Zusammenhang Fragen. Werden z.B. bei der Wiedergabe von Reden die tatsächlichen historischen Worte des Sprechers überliefert, handelt es sich lediglich um eine Zusammenfassung oder um eine freie Wiedergabe (vgl. das Problem der Jesusworte in den Evv.). – Kann es sein, daß der Bericht in 4Mo, wie er uns jetzt vorliegt, im Blick auf die alten Verordnungen und Zeremonien nur eine Beschreibung dessen darstellt, was in den darauffolgenden Jh. aus ihnen geworden ist, in Geist und Inhalt gleich, in Details aber unterschiedlich? Diese Fragen lassen sich nicht immer mit Sicherheit beantworten. Es läßt sich jedoch nicht ausschließen, daß einige solcher Abänderungen im Prozeß der Überlieferung und angesichts gemachter Erfahrungen vorgenommen worden sind.

Die sog. klassische Quellenhypothese, die über ein Jh. die atl. Forschung bestimmt hat, lieferte eine treffende, wenn auch etwas künstliche Aufteilung von 4Mo in seine verschiedenen Quellen. Gemäß dieser Theorie war bei 4Mo nach den Quellen P (Priesterschrift) und JE (Jahwist – Elohist) wie folgt zu unterscheiden: 1,1–10,10; 15; 18–19; 28–31 und kleinere Teile anderer Kapitel werden P zugeteilt; die Kap. 22,2–24,25 werden vollständig, Kap. 10,11–12,16; 13; 14; 16; 17; 20–21; 25–27; 32–36 teilweise JE zugeschrieben. Inzwischen hat man erkannt, daß dieses Schema zu künstlich war. Es ist unmöglich, Elemente von P und JE so genau zu bestimmen, daß die obengenannte Aufgliederung als gesichert gelten könnte. Dennoch hat man 4Mo auf dieser Basis als ein frühes historisches Erzählwerk (JE) verstanden, das mit späterer Gesetzgebung und einer priesterlichen Neu-Interpretation (P) durchwirkt war. Diese sollte Israel in die Lage versetzen, seinen göttlichen Ursprung und seine göttliche Berufung und Bestimmung besser zu verstehen. Eine solche Sicht hat, trotz ihres künstlichen Charakters, einiges für sich, vorausgesetzt, daß man sich im Blick auf Umfang und Zugehörigkeit zu P und JE nicht starr festlegt. Betrachtet man jedoch den Stoff von JE als eine Sammlung alter epischer Stücke und die Priesterschrift als eine Sammlung gesetzlichen und kultischen Materials, gleichfalls von bedeutendem Alter, also im Ursprung letztlich mosaisch, dann unterscheidet sich diese Theorie nicht wesentlich von der Auffassung, die in diesem Kommentar vorgeschlagen wird. Der endgültige Bearbeiter fügte das gesamte Material so zu seiner jetzigen Gestalt, daß es seiner Absicht entsprach. Das bedeutet nicht, daß das endgültige Bild so weit von der Zielsetzung entfernt und der urspr. Bericht so verzerrt sind, daß sie mit den tatsächlichen Ereignissen nur noch wenig oder keine Ähnlichkeit mehr haben. Man sollte vielmehr davon ausgehen, daß der Bearbeiter das ihm zur Verfügung stehende authentische Material so anordnete, daß die große Linie der tatsächlichen Ereignisse eingehalten und der Inhalt der alten Gebräuche und Vorschriften sachgerecht dargestellt wurde. Allerdings mag auch eine gewisse Idealisierung stattgefunden haben, indem sich in der endgültigen Fassung die Erfahrungen der inzwischen vergangenen Zeit niederschlugen.

Spezialprobleme

Die Frage der Zahlen

S. HZB, S. 191 »Die großen Zahlen des AT«. In 4Mo findet sich in den Volkszählungslisten der Kap. 1–4 und 26 sowie in dem Bericht des Midianiterkrieges in Kap. 31 eine bes. Verwendung der Begriffe »tausend« (hebr. *'eleph*) und »hundert« (hebr. *me'a*). Die Volkszählungslisten beruhen auf einer alten Tradition des Stammestributs wehrfähiger Männer, die Zahlenangaben bezeichnen hier also gewissermaßen militärische Einheiten (vgl. 1Sam 8,12; 22,7; 2Sam 18,1 usw.). Der genaue Zahlenwert dieser Angaben ist unbekannt. Eine andere Deutungsmöglichkeit besteht darin, die Konsonanten *'-l-p* so zu vokalisieren, daß man *'alluph* lesen kann, was »Führer« oder »Hauptmann« bedeutet. An anderen Stellen wiederum hat der Begriff *'eleph* die Bedeutung von »Geschlecht« oder »Sippe« (z.B. Ri 6,15; 1Sam 10,19; Mi 5,1). Wenn wir annehmen, daß die Begriffe in 4Mo 1–4.26 und 31 militärischen Ursprungs sind und die Listen alt und authentisch waren, so wäre auch denkbar, daß ein späterer Sammler des Quellenmaterials den eigentlichen Sinn der Begriffe mißverstand; er nahm an, daß es sich um Zahlen handelte und addierte sie, bis er schließlich die Summe von 603 550 (1,46) erreichte. Endlich könnte man sich vorstellen, daß die Bezeichnung *'alluph* »Hauptmann« mit *'eleph* »tausend« vertauscht wurde; in diesem Fall wäre z.B. in 1,39 anstelle der 62 700 Männer von Dan einzusetzen: »60 Hauptleute, 2700 Männer«, oder auch »60 Hauptleute, 27 *me'ot* (»Hunderte«). Das Problem ist vielschichtig, und sehr unterschiedliche Lösungen sind vorgeschlagen worden.

Opfer-, Fest-, Schwurgesetze

Ein Vergleich von 4Mo mit anderen Büchern, die Opfer, Feste und Schwüre behandeln (z.B. 2–5Mo; Hes) zeigt, daß es zwischen den Vorschriften der verschiedenen Bücher in Einzelheiten Unterschiede gibt. In einigen Fällen gelingt eine Harmonisierung, aber nicht immer. Eine andere Erklärung wäre diese: obwohl die Verordnungen ihre grundlegende Form bereits zur Zeit Moses erhielten, und obwohl sie in ihrem Wesen und den wichtigen Elementen den frühen Formen entsprachen, wurden sie im Laufe jahrhundertelanger Anwendung verändert; 4Mo enthält nun die Gesetze in der Form, wie sie zur Zeit der abschließenden Sammlung des Quellenmaterials vorlagen. Dieser Auffassung entspricht, was W. F. Albright in bezug auf die sog. Priesterschaft sagt: »Anhand unseres gegenwärtigen Wissensstandes wäre es müßig, wollte man zu ergründen versuchen, wieviele der Verordnungen auf Mose selbst zurückgehen; man kann annehmen, daß der Grundgehalt der Verordnungen und viele Einzelheiten aus der Zeit vor der Eroberung Kanaans stammen, also mosaischen Ursprungs sind« (The Biblical Period, 1963).

Die Geschichtlichkeit von 4. Mose

Wenige Wissenschaftler bestreiten heute, daß 4Mo wenigstens zum Teil echte historische Ereignisse zugrunde liegen. Einige, etwa Martin Noth, argumentieren, daß bestimmte Ereignisse nur mit bestimmten kleinen Gruppen des Volkes in Zusammenhang standen. Als die vielen Stämme sich jedoch in Kanaan zum Volk Israel vereinigten, wurden ihre verschiedenen Stammestraditionen, von denen jede eine geschichtliche Grundlage gehabt haben kann, zu einer »gesamtisraelitischen Sicht« zusammengefügt. Eine solche Auffassung würde die Möglichkeit offen lassen, daß die am Sinai anwesende Volksgruppe nicht notwendigerweise mit der identisch ist, die nach einem Aufenthalt in Kadesch das Gebiet jenseits des Jordan umwanderte, um von Osten her in Kanaan einzudringen.

Die gegenwärtige literarische Gestalt ist weder sekundär noch künstlich, sondern ergibt sich aus der Tatsache, daß die Ereignisse wirklich in dieser oder einer ähnlichen Reihenfolge stattgefunden haben. Bei der Identifizierung von Ortsnamen, bei der genauen Wegbeschreibung oder im Blick auf die zahlenmäßige Stärke des Volkes mag es Unsicherheiten geben, auch bei der Bestimmung von Ereignissen, die in mehr symbolischer Form berichtet zu sein scheinen (z.B. Kap. 31). Viell. ist auch die Reihenfolge der Ereignisse nicht so exakt chronologisch, daß sie die Anforderungen moderner historischer Kritik befriedigen könnte. Und viell. stellt die Beschreibung der Opfer, Feste usw. eine später entwickelte Form dar. All diese Möglichkeiten lassen sich zumeist durch die alten literarischen Methoden erklären. Trotzdem können wir davon ausgehen, daß der Bericht auf zeitgenössischen Belegen basiert und im wesentlichen den urspr. Tatsachen entspricht. Diese Auffassung gründet zwar nicht auf dem archäol. Befund, ist mit ihm aber auch nicht unvereinbar.

Beim Vergleich mit moderner historischer Geschichtsschreibung muß man beachten, daß 4Mo einer anderen Gattung angehört, denn es ist geschrieben worden, um die göttliche Bedeutung der Ereignisse deutlich zu machen. Genaue Einzelheiten über das Wann und Wie der Ereignisse fehlen oft, und ihr besonderer Charakter ist manchmal schwer zu bestimmen. Die Bedeutung der Ereignisse jedoch ist eindeutig erklärt. Für Israel war dies wichtiger. Denn welchen Nutzen sollte die Kenntnis genauer Einzelheiten haben, wenn man den eigentlichen Sinn der Ereignisse nicht verstand?

Die alten Sprüche

Die Bileamsprüche in Kap. 23 und 24 bilden einen eigenen geschlossenen Block. Stil und Inhalt deuten auf eine Abfassungszeit zwischen der Mitte des 13. Jh. und dem Ende des 12. Jh. v.Chr. hin. Der poetische Stil läßt ein hohes Alter erkennen, Wortbildung und Rechtschreibung des hebr. Textes sind ungewöhnlich. Der geogr. und historische Hintergrund der Sprüche weist auf die Zeit der Seevölker des frühen 12. Jh. v.Chr. hin. Andere Sprüche in 21,14f und 21,17.18.27–30 scheinen altem Quellenmaterial entnommen zu sein, so dem *»Buch von den Kriegen des Herrn«* oder dem Repertoire alter Balladensänger (21,27).

Der geistliche Wert

Wie jedes andere Buch des AT, so soll auch 4Mo dem Volk Israel Gottes Wahrheit verkünden. Dem dient auch Auswahl und Bearbeitung des alten Materials durch den, der dem Werk seine jetzige Gestalt gab. Das heißt nicht, daß diese Wahrheiten bis zu ihrer schriftlichen Niederlegung unbekannt waren. Denn der Glaube Israels reichte weit zurück und erfaßte das ganze Leben des Volkes. Grundlage dieses Glaubens war, daß Jahwe, der Gott Israels, ein persönlicher, lebendiger Gott war, der zu seinem erwählten Volk in einer ganz besonderen Beziehung stand. Von diesem Sein und Handeln des Gottes Israels werden in 4Mo einige wichtige Aspekte erläutert.

Jahwes Gegenwart in Israel

Jahwe, der Israel aus Ägypten geführt und am Sinai mit dem Volk einen Bund geschlossen hatte, war immer in seiner Mitte. Er sorgte für sein Volk und führte es. Das kommt auf vielfältige Weise zum Ausdruck, z.B. in der Wolkensäule, die immer mit dem Volk zog (9,15–23), oder in der Erklärung Jahwes: »Denn ich bin der Herr, der mitten unter den Kindern Israel wohnt« (35,34). Jahwes Sorge für sein Volk wurde auch erkennbar, als er bei mehreren Gelegenheiten trotz ihres Murrens Hunger und Durst der Israeliten stillte (z.B. 11,31f; 20,2–13); sie zeigte sich schließlich darin, daß Jahwe das Volk von seinen Feinden errettete, so daß es das Land erobern konnte (z.B. 21,1–3.21–35; 31,1–54 usw.) und vor den unheilvollen Absichten Balaks, des Königs von Moab, bewahrt blieb (Kap. 22–24).

Die Erziehung Israels durch Jahwe. Jahwe benutzte die Wüstenwanderung, um sein Volk zu erziehen. Er strafte Israel, wenn es sich gegen Jahwe oder die von ihm bestimmten Führer auflehnte, wenn es murrte, von Gott abfiel oder sich vermessen benahm. Das göttliche Gericht traf das ganze Volk (11,1–3; 21,6; 25,1–5.6–13), die Stammesführer (14,36f), die Leviten (Kap. 16), Miriam (12,10), und selbst Mose und Aaron (20,12f). Dadurch lernte Israel, daß Gott allein der Herr ist, und daß jeder Widerstand und jeder Versuch, sich einem anderen Gott zuzuwenden, bestraft wird. Dennoch war dies eine Erziehung und Züchtigung in Liebe.

Jahwes Absichten mit seinem Volk. Weil Jahwe der Gott der Geschichte ist, würde er seine Verheißungen an die Väter, ihnen Land und Nachkommen zu geben, erfüllen. Diese Zusagen waren ein Teil seines Planes mit Israel und der ganzen Welt. Nie würde Jahwe sein Volk wieder verwerfen, nachdem er es einmal erwählt und einen Bund mit ihm geschlossen hatte; er ist ein Gott, der seinem Bund treu bleibt. Nichts konnte die Verwirklichung seiner Absichten verhindern, weder der Unglaube Israels noch die Angriffe anderer Völker während der Wanderung oder die Fähigkeiten eines Wahrsagers. Trotz allem Widerstand würde er sein Volk in das Land Kanaan führen.

Jahwes Heiligkeit. Sowohl die Erzählungen wie die Gesetze in 4Mo verdeutlichen, daß Jahwe heilig ist. Niemals wird er zulassen, daß Israel neben ihm noch einen anderen Gott verehrt. Aber trotz seiner Heiligkeit konnte man sich Jahwe nähern, wenn man ihm die gebührende Ehrfurcht entgegenbrachte, wenn die festgesetzten Vorschriften befolgt wurden und jede Unreinigkeit getilgt war. Das Heiligtum, die Priester und Leviten, die Opfer, Feste und die verschiedenen Rituale dienten alle einem doppelten Zweck: sie bewahrten die Heiligkeit Jahwes und betonten seine Souveränität, die bis in die Einzelheiten des Lebens und der Gottesdienste hineinreichte. Es bestand immer die Möglichkeit, daß die Sünden des Menschen »zugedeckt« wurden, denn Jahwe war nicht nur der Richter, sondern: »der Herr ist geduldig und von großer Barmherzigkeit« (14,18f).

Aufgrund dieser wichtigen Erkenntnisse in bezug auf das Wesen und Wirken Jahwes sollte Israel begreifen, was Jahwe wollte: nämlich Treue, das Festhalten an seinem Bund, Vertrauen auf seine Verheißungen, die Anerkennung seiner Herrschaft und Heiligkeit und das Bewußtsein der Abhängigkeit von ihm in Stunden der Not und Gefahr. Darüber hinaus verlangte Jahwe, daß jeder einzelne Israelit das Leben, die Familie und den Besitz seines Nächsten respektierte. Auch sollte er für seinen ins Unglück geratenen Bruder sorgen und bereit sein, in den wichtigen Angelegenheiten des Volkes mit seinen Brüdern zusammenzustehen. Außerdem forderte Jahwe, daß jeder Israelit sich vor Mitschuld hüten müsse, wenn sein Bruder dem Gott Israels die Treue brach und einen anderen Gott verehrte.

Für den Glaubenden heute sind diese Wege Gottes mit seinem Volk wichtig. Denn Gottes Wege ändern sich nicht, und seine liebende Fürsorge gilt seinem Volk zu allen Zeiten. Er hat in Jesus Christus einen neuen Bund geschlossen und wird sein neues Bundesvolk ebenso führen, umsorgen und erretten wie Israel. Seine liebevolle Erziehung wird immer wieder erfahren, denn er ist auch jetzt noch ein Vater, der seine Kinder liebt, wenn er sie züchtigt. Er bleibt der Herr der Geschichte, seine Verheißungen bleiben bestehen. Auch die Gemeinde im 20. Jh. ist miteingeschlossen in seinen Plan, und keine Macht im Himmel und auf Erden kann die Erfüllung dieses Planes letztlich verhindern. Auch heute fordert Gott von seinem Volk völlige Treue (Röm 12,1). Durch seinen Sohn Jesus Christus, in dem die alten Opfervorschriften erfüllt worden sind (Hebr 7–10), hat Gott uns eine Möglichkeit geschaffen, ihm zu nahen. Darüber hinaus erwartet Gott von jedem Glaubenden, daß er ein Leben lebt, das zu seiner Würde als Mitglied des neuen Bundes paßt und mit dem Bekenntnis zu Christus übereinstimmt. Alles, was wir über den geistlichen Wert von 4Mo für Israel festgestellt haben, hat für den Christen die gleiche Bedeutung.

Inhalt

Kommentar

1,1–10,10 Die Vorbereitung der Wanderung vom Sinai nach Kanaan

Die bibl. Erzählung über die Ereignisse am Sinai beginnt in 2Mo 19 und endet in 4Mo 10. Dann wird der Bericht von der Wanderung in das Verheißene Land wieder aufgenommen. Die Vorbereitungen zum Aufbruch werden in 4Mo 1–10 geschildert.

1,1–54 Die erste Volkszählung

1,1–3 Gott befiehlt die Volkszählung. **1** Der hebr. Name des Buches (s. Einleitung) *bemidbar*, wörtl. »in der Wüste«, ist im Hebr. das vierte Wort von V. 1. Gottes Befehl zur Zählung des Volkes erging am *ersten Tage des zweiten Monats im zweiten Jahr*, nachdem Israel Ägypten verlassen hatte. Als Ort wird die *Wüste Sinai* angegeben; ihre genaue Lage ist nicht bekannt. In der Überlieferung hält man den Dschebel Musa für den Berg Sinai, obwohl es auch der Dschebel Serbal, ungefähr 30km nordwestl. davon, gewesen sein kann, oder irgendein Berg in der Gegend von Kadesch. Gott sprach mit Mose, wie es angemessen war, *in der Stiftshütte*. **2.3** Gezählt wurden alle Männer in der ganzen Gemeinde Israels vom 20. Lebensjahr an aufwärts. Zweck der Zählung war, die militärische Stärke des Volkes zu bestimmen, deshalb sollten die Begriffe »tausend« (hebr. *'eleph*) und »hundert« (hebr. *me'a*) auch im militärischen Sinne verstanden werden (vgl. 11,21f; s. Einleitung).

1,4–16 Die Ausführenden der Zählung. **4** Mose sollte von jedem Stamm einen Mann auswählen, der das *Haupt* seines Vaterhauses (EÜ) war. Diese Männer werden an anderer Stelle Fürsten (hebr. *naśi'*) genannt (vgl. 2,3–31; 7; 10,14–28), sie waren wichtige Personen im Leben jedes Stammes. In **5–15** werden diese Männer namentlich aufgeführt. Außer *Nachschon* und *Amminadab* (V. 7) ist keiner der Namen außerhalb von 4Mo belegt (vgl. 2Mo 6,23; Rut 4,18–21). Die meisten sind theophorisch, d.h. sie sind Verbindungen mit den Gottesnamen »El« oder »Schaddai«. Andere Namen enthalten die Elemente *'ab* (»Vater«), *'am* (»Verwandter«), *'ach* (»Bruder«), so z.B. *Abidan* (V. 11; hebr. *'abidan*, »der göttliche Vater hat gerichtet«). Die Namensgebung steht in der Tradition der westsemitischen Satznamen, die im 2. Jt. v.Chr. gebräuchlich waren, später aber außer Gebrauch kamen. **16** *Tausende:* eine Übers. des hebr. *'eleph* an anderer Stelle in diesem Abschnitt im militärischen Sinn (s. Komm. zu V. 2f). Hier würde das Wort besser mit »Sippe« übersetzt. Die Bedeutung des Wortes *'eleph* ist vielschichtig, sein Zahlenwert scheint immer mehr in den Hintergrund getreten zu sein (s. Komm. zu 11,21.22 und Einleitung).

1,17–46 Die Einzelheiten der Volkszählung. **17–19** Mose und Aaron führen die Volkszählung durch, unterstützt von den zwölf Stammesoberhäuptern. **20–46** Die hier für den Beginn der Wanderung genannten Zahlen sind mit den Zahlen am Ende der Wanderung zu vergleichen. Die folgende Liste nennt beide Zahlen, die spätere (Kap. 26) in Klammern: Ruben 46500 (43730), Simeon 59300 (22200), Gad 45650 (40500), Juda 74600 (76500), Isaschar 54400 (64300), Sebulon 57400 (60500), Ephraim 40500 (32500), Manasse 32200 (52700), Benjamin 35400 (45600), Dan 62700 (64400), Asser 41500 (53400), Naphthali 53400 (45400). Diese Liste unterscheidet sich von der in 1Mo 29–30. Die Söhne Leas und Rahels werden in der Reihenfolge ihrer Geburt aufgezählt, aber die Söhne Bilhas, Dan und Naphthali, und die Söhne Silpas, Gad und Asser, stehen nicht in dieser Reihenfolge. – Während sich im Lauf der Zeit die Stärke Simeons stark verminderte, nahm Manasse stark zu. Die Stämme des späteren Nordreiches (Israel) sind (an Zahl) etwa fünf- bis sechsmal so stark wie die Stämme des späteren Südreichs (Juda). Auf jeden Fall ergeben sich aus den einzelnen Zahlenangaben besondere Auslegungsprobleme (s. Einleitung).

1,47–54 Die Dienste der Leviten. **47–49** Der Stamm Levi wurde nicht gezählt, da die Leviten keinen Militärdienst verrichteten (3,21–39). **50.51** Die Aufgabe der Leviten war es, sich um die *Wohnung des Gesetzes* und alle ihre Einrichtungen zu kümmern, ebenso mußten sie die Stiftshütte auf- und abbauen, sie tragen und *in ihre Obhut nehmen*. Dieses letzte Verb (hebr. *scharat*) wird für jeden ehrenvollen Dienst benutzt, bes. aber für den Dienst vor Jahwe (vgl. 2Mo 28,35; 5Mo 10,8; 17,12). Die *Wohnung des Gesetzes* wurde so bezeichnet, weil sie die beiden Steintafeln enthielt, auf denen die Zehn Gebote geschrieben waren (vgl. 2Mo 31,18; 40,20). Das Wort *Gesetz* könnte hier auch mit »Abmachungen des Bundes« wiedergegeben werden. Unbefugten war es bei Todesstrafe verboten, sich dem Heiligtum zu nähern. **52–54** Während sich die Nichtleviten jeweils um das *Banner seiner Heerschar* lagerten, schlugen die Leviten ihre Zelte um das Heiligtum herum auf. Sie sollten es beschützen und jede Entweihung, die den Zorn Gottes erregt hätte, verhindern (vgl. 17,11; 1Sam 6,19f).

2,1–34 Die Ordnung der Stämme im Lager und unterwegs

Einige Ausleger sehen in diesem Kapitel eine Idealisierung der Ordnung Israels in der Wüste. Sie halten für möglich, daß es von Hes 48 beeinflußt sei. Die bibl. Schreiber haben ohne Frage gelegentlich literarische Kunstmittel benutzt. Auch waren sie nicht immer so um örtliche oder zeitliche Präzision bemüht, wie man es heute gewöhnt ist. (So sind z.B. die Versuchungen Jesu bei Mt und Lk in verschiedener Reihenfolge berichtet.)

Aber selbst wenn man voraussetzt, daß der Schreiber in diesem Kapitel idealisiert, sollte man daraus nicht schließen, daß es für unterwegs und für die Lagerplätze überhaupt keine Ordnung gab. Eine gewisse Lagerordnung war einfach nötig, dieses Kapitel hat in ihr seine Grundlage. Sowohl im Lager als auch unterwegs befand sich die Stiftshütte in der Mitte. Sie sollte zu jeder Zeit die Gegenwart Gottes in Israel deutlich machen. Das Zelt stand nicht mehr außerhalb des Lagers (2Mo 33,7f), sondern in der Mitte.

2,1–31 Die Anordnung der Stämme im Lager und unterwegs. **1.2** Jede Gruppe von Stämmen (»Lager«) sollte sich neben dem *Banner* des Fürsten dieser Stammesgruppe lagern. Außerdem hatte jede *Sippe* ihr eigenes *Banner.* Es gab vier Führer von Stammesgruppen: Juda, Ruben, Ephraim und Dan, und vermutl. zwölf Stämme. Jüd. Überlieferung schreibt Juda als Stammessymbol einen Löwen zu, Ruben einen Menschenkopf, Ephraim ein Rind und Dan einen Adler. Unklar ist, wie nahe die verschiedenen Lager der Stiftshütte waren. Das hebr. Wort für *»um . . . her«* (*minneged,* wörtl. »weg von«, »gegenüber«) kann ebenso »in gewisser Entfernung« bedeuten (vgl. 5Mo 32,52, wo es mit »vor dir« übersetzt ist). In Jos 3,4 ist der Abstand zwischen der Lade und dem Volk mit *2000 Ellen* (ca. 920m) genau angegeben. **3–9** Die Stämme waren in vier Gruppen aufgeteilt. Unter Nachschon, dem Fürsten Judas, lagerten auf der östl. Seite Juda, Isaschar und Sebulon. **10–16** Auf der südl. Seite lagerten Ruben, Simeon und Gad unter ihrem Fürsten Elizur vom Stamme Ruben. **17** Beim Aufbruch folgte dem Stamm Ruben die Stiftshütte. Hier ergeben sich einige Schwierigkeiten, weil 10,17–21 eine andere Reihenfolge angibt: in 2,17 folgen Ruben die drei Familien der Leviten, in 10,17 dagegen gehen die Söhne Gersons und Meraris, die die Stiftshütte tragen, dem Stamm Ruben voraus, und die dritte levitische Familie, die Kehathiter, folgt Ruben (vgl. 10,17–21). Diese letztere Anordnung ist einleuchtender, denn sie bot die Möglichkeit, die Stiftshütte aufzubauen, bevor die heiligen Geräte ankamen, die von den Kehathitern getragen wurden. Der Ausdruck *in der Mitte zwischen den anderen Lagern* sollte nicht zu wörtl. genommen werden. Den Leviten gingen einige Stämme voraus und andere folgten ihnen, deswegen waren sie »in der Mitte«. **18–24** Auf der westl. Seite lagerten sich Ephraim, Manasse und Benjamin unter ihrem Fürsten Elischama vom Stamm Ephraim. **25–31** Auf der nördl. Seite lagerten sich Dan, Asser und Naphthali unter dem Banner Ahiesers aus dem Stamm Dan. Alle vier genannten Fürsten hatten auch bei der Volkszählung geholfen.

2,32–34 Zusammenfassung. Die Gesamtsumme der in 1,44–46 angegebenen wehrfähigen Männer wird noch einmal wiederholt. Die Zahl der Leviten ist in 3,39 angegeben.

3,1–4,49 Die Zählung der Leviten und ihre Dienste

Die Leviten waren bei der Zählung der kriegsdienstpflichtigen Stämme nicht berücksichtigt worden, sie wurden gesondert gezählt (V. 14–51). Sie werden hier von den Priestern des Heiligtums (V. 1–4) unterschieden und standen diesen zu Diensten (V. 5–13). Die Stellung der Leviten war nicht in allen Perioden der Geschichte Israels gleich. Urspr. waren sie ein Stamm wie die anderen. Sie stammen von Levi, einem Sohn Leas ab (1Mo 29,34) und hatten urspr. keine priesterliche Funktion (vgl. 1Mo 34; 49,5–7). Die levitische Abstammung Moses ist belegt (vgl. 2Mo 2,1; 6,19f; 4Mo 26,59; 1Chr 5,27–29). Später, als die Zahl der Leviten für die Bedürfnisse des Jerusalemer Heiligtums zu groß wurde, gab es viele Leviten, die nie nach Jerusalem kamen. Praktisch fungierte nur eine Gruppe des levitischen Stammes als Priester, obwohl theoretisch alle Leviten Priester waren (vgl. 5Mo 18,1: »die levitischen Priester, der ganze Stamm Levi«). Wenn später Hesekiel zwischen Leviten und Priestern unterscheidet, formuliert er nur, was *de facto* schon sehr viel früher so war (vgl. Hes 44,6–31).

3,1–4 Die Nachkommen Aarons. **1** Diese Verse stehen in Zusammenhang mit 2Mo 6,23 und 3Mo 10,1ff, wo die Söhne Aarons ebenfalls erwähnt werden. Der Ausdruck *Geschlecht* (hebr. *toledot*), der in 1Mo häufig gebraucht wird und durch den das ganze Buch gegliedert ist (vgl. 1Mo 5,1; 6,9 und Einleitung 1Mo usw.), kann auch die Bedeutung »Geschichte« haben. V. 1 könnte also auch übersetzt werden: »Dies ist die Geschichte Aarons und Moses zu der Zeit, da der Herr mit Mose auf dem Berg Sinai redete.« **2.3** Die Namen der vier Söhne Aarons werden genannt, alle vier werden zu Priestern *gesalbt. »Die Hände füllen«:* d.h. »den Händen ein Amt anvertrauen«, ein Fachausdruck für »(zum Priester) ordinieren«. Abgesehen von jeder göttlichen Einsetzung hätte es auch sonst der Sitte seiner Zeit entsprochen, wenn Mose, als der Verkünder des Glaubens an Jahwe, seinem eigenen Stamm und darin seiner eigenen Familie eine führende Rolle in der Organisation und Erhaltung der neuen religiösen Institutionen zuwies, die Jahwe seinem Volk gegeben hatte (2Mo 29,7–9; 40,15). **4** Nadab und Abihu starben ohne Erben, da sie *fremdes Feuer* in das Heiligtum gebracht hatten (3Mo 10,1f), so daß von den Söhnen Aarons nur noch Eleasar und Ithamar übrigblieben und als Priester *unter ihrem Vater Aaron* fungieren konnten. Als der Ältere der Söhne hatte Eleasar dabei den Vorrang. Nachkommen beider taten noch zur Zeit Davids als Priester Dienst (1Chr 24,1–4).

3,5–10 Die Leviten als Diener der Priester. **5.6a** Die Leviten wurden erst »herzu«-gebracht, vermutlich vor Jahwe (8,16), und dann vor Aaron gestellt. **6b–10** Es war Pflicht und Vorrecht des ganzen Stammes Levi, Gott zu dienen. Aber es gab eine Aufgabenteilung innerhalb des Stammes. Aaron und seine Söhne hatten das Priesteramt inne; der Rest des Stammes stand ihnen zur Verfügung und tat seinen Dienst in der Stiftshütte für die Priester und die ganze Gemeinde. Nur Aaron und seine Nachkommen, Eleasar und Ithamar, Zadok und Abjathar, waren zum priesterlichen Dienst berechtigt. Unbefugte Priester standen in Todesgefahr.

3,11–13 Die Bedeutung der Leviten. Die Leviten waren Stellvertreter der Erstgeborenen (2Mo 22,28f; 34,19f). Anstatt die Erstgeborenen aller Stämme in seine Dienste zu nehmen, setzte Jahwe den Stamm Levi an ihre Stelle (3,40–51).

3,14–39 Die Zählung der Leviten. **14–16** Die Zählung der Leviten ging so vor sich, wie Jahwe es angeordnet hatte. Jeder männliche Levit, der älter war als einen Monat, wurde gezählt (vgl. 1,3). **17** Die Aufteilung der Leviten in die drei Gruppen Gerson, Kehath und Merari stimmt mit 26,57 und 2Mo 6,16–19 überein. **18–20** Diese Gruppen sind noch einmal aufgeteilt: Gerson in zwei, Kehath in vier und Merari in zwei Untergruppen. (Vgl. die Aufteilung der Leviten in fünf Familien in 26,58: Libniter, Hebroniter, Machliter, Muschiter und Korahiter.) **21–26** Die Gersoniter (7500) lagerten sich westl. des Heiligtums unter der Führung von Eljasaph. Sie hatten für die Decken, Vorhänge und Seile der Wohnung zu sorgen, für das Zelt und den Vorhof (4,24–28). Auf der Wanderung folgten sie dem Stamm Ruben (vgl. 10,17). **27–32** Nach LXX betrug die Stärke der Kehathiter nur 8300 Mann. (Die Gesamtsumme in V.39 erfordert eine Verminderung von 300 Mann bei einer der vorhergehenden Zahlenangaben. Allg. wird die Lösung akzeptiert, in V.28 statt *sch-sch* (»sechs«) *sch-l-sch* (»drei«) zu lesen.) Die Kehathiter lagerten sich südl. der Wohnung unter der Führung Elizaphans. Sie trugen die Verantwortung für die meisten der heiligen Einrichtungsgegenstände der Stiftshütte: *die Lade, den Tisch, den Leuchter, die Altäre und alle Geräte ... und den Vorhang,* der das Heilige vom Allerheiligsten trennte. Alle diese Gegenstände waren so heilig, daß sie nicht in Wagen transportiert werden durften. Sie mußten getragen werden (vgl. 4,14f; 7,9). **33–37** Die Merariter (6200), unter der Führung von Zuriel, lagerten sich nördl. der Stiftshütte. Sie sorgten für *die Bretter und Riegel und Säulen und Füße ... dazu die Säulen um den Vorhof mit ihren Füßen, Pflöcken und Seilen* (vgl. 4,29–33). **38** Mose, Aaron und seine Söhne lagerten sich östl. des Heiligtums. Sie waren stellvertretend für das ganze Volk verantwortlich für den *Dienst am Heiligtum* (ZÜ, der hier der Vorzug zu geben ist). **39** Die Gesamtzahl aller Leviten von einem Monat an aufwärts betrug 22000.

3,40–51 Die Zählung der Erstgeborenen in Israel. **40–43** Es wurde eine Zählung aller Erstgeborenen von einem Monat an aufwärts vorgenommen. Die Summe betrug 22273. Da die Anzahl der Leviten 22000 war, mußte die Differenz ausgeglichen werden; denn Jahwe wollte die Leviten *statt aller Erstgeburt der Kinder Israel* nehmen. **44–51** Für jeden der 273 Israeliten, dem kein Levit gegenüberstand, wurde eine Entschädigung von 5 Lot (Schekel) Silber bezahlt, *das Lot Silber nach dem Gewicht, wie es im Heiligtum gilt.* Obwohl diese Maßangabe auf die Zeit der Seßhaftigkeit hindeutet und die Hand des Herausgebers erkennen läßt, kann man annehmen, daß es schon zur Zeit Moses offizielle Gewichtseinheiten zur Abwicklung von Geschäften gab. Das so eingesammelte Silber, das *Lösegeld,* wurde Aaron und seinen Söhnen übergeben. Der Ausdruck *»Löse-«* entstammt der Wurzel *p-d-j* und kann auch mit »Freikaufbetrag« übersetzt werden. Dieser Begriff stammt aus den Handelsgesetzen und bezeichnet die Summe, die für einen Menschen oder einen Gegenstand gezahlt werden mußte, der in den Besitz eines anderen gekommen war. Die Anzahl der Erstgeborenen – 22273 – erscheint gering im Vergleich mit 1,46, wo die Zahl der Männer über 20 Jahre mit 603550 angegeben wird. Es ist nicht klar, auf welcher Basis diese Zahlenangaben zustande kamen. Es ist möglich, daß die Zahl nur die Erstgeborenen einschließt, deren Leben in Ägypten geschont wurde, und an deren Stelle dann die Leviten traten (vgl. V.13). Allerdings ist auch die Zahlenangabe in 1,46 im Hinblick auf den Terminus »tausende« unsicher (vgl. Einleitung).

4,1–49 Zahl und Dienst der Leviten. Es ist nicht möglich zu sagen, inwieweit das hier wiedergegebene Bild der Zeit Moses entspricht; aber es gab Kultobjekte in der Zeit Moses, und es ist anzunehmen, daß der Text, zumindest im groben Umriß, die Bräuche der damaligen Zeit wiedergibt.

1–20 Die Kehathiter. **1–3** An erster Stelle werden hier die Kehathiter angeführt, die für die Einrichtungsgegenstände des Heiligtums verantwortlich waren (3,21–32 werden die Gersoniter an erster Stelle genannt). Bei dieser Zählung geht es nicht darum, festzustellen, ob die Zahl der Leviten der der Erstgeborenen entspricht (wie 3,40–51). Jetzt sollen Mose und Aaron alle Männer zwischen 30 und 50 Jahren zählen, *die zum Dienst kommen, daß sie ihre Arbeit tun an der Stiftshütte.* Die Altersgrenze variierte von Zeit zu Zeit (vgl. 8,23–26; 1Chr 23,24.27; 2Chr 31,17; Esr 3,8). Der Ausdruck »Dienst« (hebr. *zaba'* wird in 1,3 für den Kriegsdienst benutzt, an anderer Stelle des AT beschreibt er die Mühsale des Exils (Jes 40,2; »Knechtschaft«), ebenso steht er für harte Arbeit und Sorge (Hiob 7,1). Daß das hier gebrauchte Wort für Dienst auch für den Kriegsdienst gebraucht wird, legt nahe, daß die Leviten für den Dienst Jahwes ebenso streng organisiert waren wie das Militär (vgl. 1Tim 1,18). **4** Der Wirkungsbereich der Kehathiter war das *Hochheilige,* gemeint ist wohl das Allerheiligste (vgl. 2Mo 26,33). **5.6** Wenn das Lager aufbrach, versorgten Aaron und seine Söhne die heiligen Gegenstände, damit die Kehathiter sie nicht sehen oder berühren konnten. Dazu wurde der *innere Vorhang* vor dem Allerheiligsten über die Lade gebreitet. Eine zweite Decke aus *Dachsfell* (evtl. Ziegenfell) und eine dritte *blaue* (oder purpurfarbene) *Decke* sollten die Lade vor neugierigen Blicken und vor dem Wetter schützen. Die äußere (blaue) Decke machte die Lade für jeden deutlich erkennbar. Zum Schluß wurden die Stangen, die normalerweise nur beim Auf- und Abbau entfernt wurden, in ihre Position gebracht (vgl. 2Mo 25,15). **7.8** Über den *Schaubrottisch* wurde eine ähnliche blaue Decke gebreitet und die in der Stiftshütte benutzten Gegenstände wie *Schüsseln* (»tiefe Gefäße«, »Schalen«, hebr. *qe'ara*; vgl. 4Mo 7,13), *Löffel,* kleine Weihrauchgefäße (wörtl. »Hände«), *Schalen und Kannen* darauf gelegt. Über diese Gegenstände wurde eine *scharlachrote Decke* gebreitet, und darüber wiederum eine *Decke aus Dachsfell* (Ziegenfell). Danach wurden die Tragestangen angebracht. **9.10** Der siebenarmige *Leuchter* wurde mitsamt seinem Zubehör, den *Lampen, Lichtscheren, Pfannen* (oder Weihrauchbehälter, hebr. *machta*) und Ölgefäßen, in ein Fell gewickelt und auf das Tragegestell gelegt. Dieses bestand vermutl. aus Stangen oder einem flachen Brett. **11** Der vor dem inneren Vorhang stehende goldene Altar (2Mo 30,1.3; zu seiner Funktion vgl. 3Mo 4,7) wurde ebenfalls mit einer bläulichen Decke und einer Dachsfelldecke bedeckt. Danach wurden die Tragestangen angebracht. **12** Alle im *Heiligtum* benutzten Geräte wurden dann ebenfalls in eine bläuliche Decke und ein Dachsfell gehüllt. **13.14** Vom großen Altar (2Mo 27,1) wurde die Asche entfernt, danach wurde ein purpurrotes Tuch über ihn gebreitet. Darauf wurden schließlich die verschiedenen am Altar benutzten Gegenstände gelegt, eine Decke über das Ganze gebreitet und die Stangen in ihre Position gebracht. *Kohlepfannen* (hebr. *machta*), vgl. V. 9. *Gabeln:* wahrscheinlich dreigezackte Fleischhaken, vgl. 1Sam 2,13. *Becken:* wurden benutzt, um die Ecken des Altars mit Blut zu besprengen. **15** Hatten Aaron und seine Söhne schließlich die heiligen Gegenstände alle zugedeckt, wurden sie den Kehathitern zum Tragen übergeben. **16** Eleasar, der auch über die Führer der Leviten gestellt war (vgl. 3,32), trug die Verantwortung für das Öl, den Weihrauch und das tägliche Speisopfer. Ebenso beaufsichtigte er die ganze Stiftshütte und ihre Geräte. **17–20** Bei ihrem Dienst mußten die Kehathiter eng mit den Priestern zusammenarbeiten. Dennoch durften die Kehathiter die Geräte des Allerheiligsten weder sehen noch berühren. Der Ausdruck *»für einen Augenblick«* lautet im Urtext viel drastischer: »wie ein Verschlucken«.

21–28 Die Gersoniter waren für die weniger heiligen Einrichtungsgegenstände verantwortlich, nämlich für die Vorhänge und Seile, den ganzen Bau, das Zelt und seinen Vorhof (vgl. 2Mo 20,1–14). Um die große Last befördern zu können, waren die Gersoniter mit Wagen ausgerüstet (vgl. 7,7). Sie standen unter der Führung von Ithamar, dem jüngeren der noch lebenden Söhne Aarons, der selbst ein Kehathiter war (vgl. 2Mo 6,16.18.20.23). Diese Verse zeigen, daß Eleasar, der andere Sohn Aarons, mit wichtigeren Aufgaben betraut war als Ithamar. Es ist deshalb anzunehmen, daß die Leviten aus dem Hause Zadok (wie sie später bezeichnet wurden; s. 1Chr 24,3.6) gegenüber den Leviten aus dem Hause Ithamar den Vorrang hatten.

29–33 Den Meraritern waren, ebenfalls unter der Aufsicht Ithamars, die niedrigsten Aufgaben übertragen. Sie sorgten für das Gerüst der Stiftshütte (2Mo 26,15–30) und seinen Transport. Ihnen standen ebenfalls Wagen zur Verfügung (7,8).

34–49 Die Zahl der Leviten. **34–48** 2750 Kehathiter, 2630 Gersoniter und 3200 Merariter, insgesamt also 8580 Leviten, standen für den Dienst an der Stiftshütte zur Verfügung. **49** ist schwierig zu übersetzen. Eine Möglichkeit: »Es geschah auf den Befehl Jahwes hin, und unter der Führung Moses, daß sie gezählt wurden, ein jeder nach seiner Aufgabe und seiner Traglast. Auf diese Weise wurden sie gezählt, so wie Jahwe es Mose geboten hatte.«

5,1–6,27 Vorschriften für die Nasiräer (Gottgeweihten) und verschiedene Gesetze

5,1–31 Verschiedene Gesetze und Vorschriften. Nicht alle Gesetze dieses Abschnitts haben direkte Beziehung zu einem Lager, obgleich VV. 1–4 zu solch einer Umgebung passen. Die in den übrigen Versen niedergelegten Gesetze sind allg. anwendbar, und zwar überall dort, wo Probleme des menschlichen Zusammenlebens auftreten.

1–4 Der Ausschluß der rituell Unreinen aus dem Lager. Die Stiftshütte und die Lade symbolisierten die Gegenwart Jahwes im Lager; das ganze Lager war deshalb ein heiliger Ort, von dem jede Unreinheit ausgeschlossen werden mußte. Unrein waren Aussätzige (3Mo 13,14), am Eiterfluß leidende Männer und Frauen (vgl. 3Mo 15), und jeder, der einen Toten berührt hatte (19,11f). Die Einschließung von Frauen im Lager zur Zeit ihrer Menstruation wurde im Orient noch bis in jüngste Zeit praktiziert.

5–10 Treuebruch und Wiedererstattung von gestohlenem Besitz. **5–6** Das Gesetz ist eine Erweiterung von 3Mo 5,20–26. Wenn ein Israelit einem anderen Unrecht oder Schaden zugefügt hatte, wurde dies zugleich als ein Vergehen gegen Jahwe angesehen. **7** Er wurde vor Gott schuldig, mußte seine Schuld bekennen und Wiedererstattung leisten (hebr. *'ascham*), und zwar ein Fünftel mehr, als der Schaden oder Verlust betrug. Der Ausdruck *'ascham* wird im AT sowohl für das Sündopfer (vgl. 3Mo 6,17ff) als auch für Schadenersatz benutzt. **8** Gab es aber keinen *go'el*, d.h. einen, *dem man's erstatten kann*, auch keinen Verwandten, dem man hätte Schadenersatz leisten können, wurde, um die böse Tat »zuzudecken«, der Schadenersatz zusammen mit dem Widder der Versöhnung dem Priester gegeben. **9.10** Die Priester erhielten außerdem das Hebopfer (hebr. *teruma*, vgl. 3Mo 7,14). Damit werden die Anteile bezeichnet, die der Priester vom Sündopfer erhält.

11–31 Das Eifersuchtsgesetz. Dieses Gesetz gilt für den Fall, daß eine Frau schwanger ist und ihr Mann vermutet, daß er nicht der Vater des erwarteten Kindes ist.

11.12 Wenn ein Mann seine Frau der Untreue verdächtigte, konnte er sie einer für uns fremdartigen Prüfung durch ein Gottesurteil unterziehen. Die Anklage lautet, daß eine Frau ihrem Mann *untreu* geworden ist (hebr. *śatah*, »eine eheliche Untreue begehen«) und sich *an ihm versündigt* hat (hebr. *ma'al*; hat in Jos 7,1 die Bedeutung »sich vergreifen«). **13** Offensichtlich ist hier Ehebruch gemeint, denn der Vers bedeutet wörtl.: »Ein Mann liegt bei ihr mit dem Ausfluß von Samen«. Ihr Mann weiß nichts davon, und es gibt auch keine Zeugen. **14.15** Ob der Ehemann Grund für seine Verdächtigung hat oder nicht: wenn die Eifersucht ihn quält, führt er seine Frau zum Priester und übergibt ihm für sie ein Opfer: ein Zehntel Scheffel Gerstenmehl ohne Öl oder Weihrauch. Daß diese letztgenannten Dinge fehlen, läßt ein Sündopfer vermuten (vgl. 3Mo 5,11). Das Opfer wird als *Eifersuchtsopfer* bezeichnet, das eine schlechte Tat in Erinnerung bringen soll. **16–18** Dann stellt der Priester die Frau *vor den Herrn*, d.h. an den Eingang des Heiligtums, mit aufgelöstem Haar (vgl. 3Mo 13,45) und mit dem Eifersuchtsopfer in ihren Händen. In der Zwischenzeit hat er das *heilige Wasser geholt*, wahrscheinlich aus dem bronzenen Becken. Er trägt das Wasser in einem irdenen Gefäß, in das er Staub vom Boden der Stiftshütte getan hat. Dann fordert er, während er das *bittere, fluchbringende Wasser* in der Hand hält, von der Frau einen Schwur. Die genaue Bedeutung von *bitter* (hebr. *marim*) ist unklar. Es kann von Sprachwurzeln abgeleitet werden, die »bitter«, »Probe«, »vorübergehen« bedeuten. Da der Ausdruck im Zusammenhang mit der Prüfung durch ein Gottesurteil benutzt wird, sollte man viell. »Wasser der Probe« übersetzen. Der Ausdruck *»fluchbringend«* entstammt vermutl. der Wurzel *'-r-r*, die »verfluchen« oder »einen Zauberspruch aussprechen« bedeutet. Das Wasser wurde als Mittel angesehen, um die in V.21f.27f beschriebene Wirkung hervorzurufen.

19–22 Nach der Warnung in V.19.20 spricht der Priester über die Frau einen *Verwünschungsschwur*, d.h. er erklärt ihr, welche schlimmen Folgen eine Lüge haben würde. Diese Konsequenzen sind sehr ernst: *»Der Herr mache deinen Namen zum Fluch* (eine Verwünschung, hebr. *'alah*) *und zur Verwünschung* (ein Fluch, hebr. *schebu'ah*) *unter deinem Volk, dadurch, daß der Herr deine Hüfte schwinden und deinen Bauch schwellen läßt! So gehe nun das fluchbringende Wasser in deinen Leib, daß dein Bauch schwelle und deine Hüfte schwinde.* Darauf mußte die Frau mit »Amen! Amen!« antworten. Jüd. Überlieferung in der Mischna *Sotah* interpretiert diesen Vorgang so: Da die Sünde mit der Hüfte beginne und mit dem Mutterleib ende, müßten auch beide die Strafe erleiden.

23.24 Als letzte Handlung dieses Rituals schreibt der Priester den Fluch auf einen Zettel und wäscht diesen dann mit bitterem Wasser ab. Danach gibt er der Frau das Wasser zu trinken.

25.26 Der Priester nimmt jetzt das Eifersuchtsopfer von der Frau, läßt es vor dem Herrn schwingen, bringt es zum Altar, wo ein Teil davon als Gedenkopfer verbrannt wird. **27** Unglücklicherweise geht aus dem Bericht nicht hervor, wie die Schuld oder Unschuld der Frau festgestellt wurde. Vermutl. trafen die schuldige Frau böse Folgen, wie starke Schmerzen, Schwellen des Unterleibes, Schwinden der Oberschenkel (ist dies viell. die Beschreibung einer Fehlgeburt?). Trat dies ein, traf die Frau die Verachtung, die man einer Ehebrecherin entgegenbringt.
28 Die unschuldige Frau aber bringt ungestraft ihr Kind zur Welt und danach noch weitere. Es ist vermutl. falsch, aus den verschiedenen Angaben über das Trinken der Frau (V.24.26.27) auf verschiedene Zeitpunkte der Handlung zu schließen. Die hebr. Berichterstatter schrieben anders als wir; V.24 kann gut eine Vorwegnahme späterer Verse sein. Vermutl. trank die Frau erst, nachdem der Fluch gesprochen und das Opfer dargebracht war. **29–31** Die Schlußverse zeigen, daß das Eifersuchtsgesetz nur angewandt wurde, wenn eine Frau in Verdacht stand, die Ehe gebrochen zu haben, Männer dagegen konnten im alten Israel mehrere Frauen heiraten und auch Konkubinen haben. Nur wenn ein Mann mit der Frau eines anderen Geschlechtsverkehr hatte, konnte er des Ehebruches bezichtigt werden.

Beim Verdacht der Untreue waren solche Gottesurteile im Altertum häufig. Die hier wiedergegebene Zeremonie ist bemerkenswert, weil sie im Vergleich zu den gefährlichen Gottesurteilen des Heidentums harmlos ist. Außerdem führte sie eher zum Urteil der Unschuld, während die heidnischen Gottesurteile meist mit einem Schuldspruch endeten. So fremd uns die ganze Sache erscheinen mag, ein Vergleich dieses Textes mit den außerhalb Israels üblichen Gebräuchen zeigt demnach, wie rücksichtsvoll das mosaische Gesetz die Frau behandelte.

6,1–21 Vorschriften für die Gottgeweihten (Nasiräer). Das Nasiräergelübde konnte von Männern und Frauen abgelegt werden. Es bedeutete, daß sich bestimmte Personen durch einen Schwur zur Enthaltsamkeit verpflichteten, um Jahwe bes. Dienste zu leisten. In V.1–8 wird der Charakter des Gelübdes beschrieben, in V.9–12 das Verfahren, das bei einem Bruch des Gelübdes eingeleitet wurde, und in V.13–21 werden die Zeremonien erläutert, die bei Erfüllung (und Beendigung) des Gelübdes befolgt werden mußten.

1–8 Das Gelübde der Nasiräer. **1.2** Das Nasiräergelübde gehörte zu den besonderen Gelübden, die ein Israelit ablegen konnte (vgl. 3Mo 22,21; 27,2). Der Ausdruck *nasir* kommt von der Wurzel *n-s-r,* »ein Gelübde tun«, mit der besonderen Bedeutung: »vom gewohnten Gebrauch zurückgehalten sein«. *nasir* ist ein Partizip Passiv; es bedeutet: »einer, der ein Gelübde abgelegt hat«. Dieselbe Wurzel liegt dem Verb »enthaltsam sein« zugrunde. **3.4** Der Nasiräer mußte sich von jeder Art von Alkohol und von allen Dingen enthalten, die gären und so Alkohol produzieren könnten. Also durfte er keinen Wein, kein starkes Getränk und keinen Würzwein trinken und weder frische noch getrocknete Weintrauben essen. Von den *unreifen bis zu den überreifen Trauben* (LÜ), hebr. *charzannim* und *sag,* Übers. nicht eindeutig. Andere mögliche Übers.: »Kerne und Schalen« (engl. RSV), »unreife Trauben und Rankenspitzen« (ZÜ), »frische oder getrocknete (Trauben)« (EÜ). Die Bedeutung ist klar: Absolut nichts, was mit dem Weinstock zu tun hat, darf gegessen werden. **5** Während der ganzen Zeit des Gelübdes blieben Bart und Haupthaar ungeschoren, damit der Nasiräer heilig und dem Herrn geweiht blieb (vgl. Simson, Ri 16,17.22). Das *Haar* (hebr. *pera*ᶜ). Das Substantiv kommt von derselben Wurzel, die in 5,18 benutzt wird, um das lose wallende Haar einer Frau zu beschreiben. (Vgl. Ri 5,2, dort kann der Satz »daß man sich in Israel zum Kampf rüstete« [LÜ] – »daß Führer führten in Israel« [ZÜ] – viell. auch mit: »daß das wallende Haar gelöst wurde« übersetzt werden. Das wäre eine Anspielung auf das Nasiräergelübde in Zusammenhang mit dem Vorhaben eines heiligen Krieges gegen Sisera.)
6–8 Den Nasiräern war es – selbst bei sehr nahen Verwandten – verboten, eine Leiche zu berühren; denn sie trugen das Zeichen ihres Abgesondertseins an ihrem Kopf.
9–12 Verfahren bei einem Bruch des Gelübdes. **9** Berührte ein Nasiräer aber unabsichtlich eine Leiche, z.B. wenn jemand plötzlich direkt neben ihm starb, so mußte er sein Gelübde noch einmal ganz von vorn beginnen. Sein Haupt wurde rasiert, dann mußte er sieben Tage warten, bis er wieder rein wurde, anschließend wurde sein Haupt noch einmal rasiert. **10–12** Am achten Tag wurde das billigste Opfer, *zwei Turteltauben oder zwei andere Tauben,* zum Priester an die Tür der Stiftshütte gebracht, denn seine Sünde war unabsichtlich geschehen. Die eine Taube wurde als *Brandopfer,* die andere als *Sündopfer* dargebracht. Nachdem er ein Schuldopfer dargebracht hatte, möglicherweise als Entschädigung für die Verzögerung der Erfül-

lung seines Gelübdes, begann für den Nasiräer die Zeit des Gelübdes von neuem.

13–21 Das Verfahren bei der Erfüllung des Gelübdes. **13a** Das Gelübde der Nasiräer galt nur für eine begrenzte Zeit. Wenn sie zu Ende ging, mußten bestimmte Vorschriften befolgt und mehrere Opfer dargebracht werden. Vgl. die Opfer am achten Tag bei der Weihe eines Priesters (3Mo 9,1–22). **13b–17** Der Nasiräer wurde zur Tür der Stiftshütte gebracht (oder kam, der Text ist unklar), um Jahwe eine Gabe darzubringen. Diese bestand aus einem makellosen männlichen einjährigen Schaf als *Brandopfer*, einem makellosen weiblichen einjährigen Schaf als *Sündopfer* und einem makellosen Widder als *Dankopfer* – mit den dazugehörigen Speise- und Trankopfern –, die der Priester darzubringen hatte. **18** Der Nasiräer scherte dann sein geweihtes Haupt vor der Tür der Stiftshütte und verbrannte das Haar in dem Feuer, *das unter dem Dankopfer brennt*. Der Anteil Jahwes war in diesem Fall das Fett, die Nieren und die Leber des Opfertieres (vgl. 3Mo 3,9–11). Zum Anteil Jahwes gehörte auch das Haar, weil es vor Jahwe heilig war. Nicht nur in Israel, sondern auch in vielen anderen Ländern hatte das Haar eine besondere Bedeutung, viell. weil sein schnelles Wachsen die den Menschen gegebene göttliche Kraft symbolisierte (vgl. Simson, Ri 13–16). **19.20** Vermutl. fielen dem diensttuenden Priester die üblichen Teile von dem Widder für das Dankopfer zu, also die Vorderkeulen, während die anderen Priester die Brust erhielten, wie in 3Mo 3,6–11; 7,28–34; 10,14f beschrieben. Aus der Hand des Nasiräers bekam der Priester dann in dieser Zeremonie die gekochte Schulter des Widders und einen Kuchen. Die schwang er vor dem Herrn und nahm sie als seinen heiligen Anteil zusammen mit der Brust und der Vorderkeule. Da an dem Dankopfer der Opfernde normalerweise selbst teilnahm (3Mo 7,11–21), ist es wahrscheinlich, daß der Abschluß des Nasiräergelübdes mit einem Familienopfermahl gefeiert wurde, bei dem man auch Wein trank. **21** Die vorgeschriebenen Opfer waren nur das Minimum, und es stand jedem Nasiräer frei, mehr zu opfern *von dem, was er sonst noch vermag*. Die einzige Bedingung war, daß er sein Gelübde auch einlöste.

6,22–27 Der priesterliche Segen. **22.23** Hier begegnen wir einem der schönsten Segenssprüche Israels. Er besteht aus drei an Jahwe, den Gott Israels, gerichteten Anrufungspaaren. **24** Zuerst wird Jahwe gebeten, sein Volk zu *segnen* (das schließt ein: gute Ernte, sich mehrende Herden, gutes Wetter, Kindersegen usw.), dann soll er es *behüten* (vor jedem Übel, schlechten Ernten, Feinden, unfruchtbarem Vieh, Kinderlosigkeit). **25** Im zweiten Vers wird Jahwe aufgefordert, sich seinem Volk freundlich zuzuwenden (vgl. Ps 31,17) und ihm seine Gunst zu erweisen. **26** Zum dritten soll Jahwe über seinem Volk sein *Angesicht leuchten* lassen, und er soll ihm *Frieden* geben, d.h. ihm Wohlergehen, Unversehrtsein und Vollkommenheit auf allen seinen Wegen gewähren. **27** Indem der Priester das Volk segnet, legt er den göttlichen *Namen* auf Israel, d.h. er erklärt, daß es zu Gott gehört, denn der Name Gottes war mit der Person Gottes verbunden, und jeder, der den Namen Gottes trug, war auch seines Segens versichert.

7,1–8,26 Die Weihegaben der Fürsten und verschiedene Gesetze und Vorschriften

7,1–89 Die Weihegaben der Stammesfürsten. In diesem Kapitel, viell. dem längsten im ganzen AT, wird eine Formel zwölfmal monoton wiederholt, wobei sich jeweils nur der Name des Fürsten und des Stammes ändert. Als Beispiel für spätere Generationen soll diese gleichförmige Wiederholung die große Freigiebigkeit der Stammesfürsten herausstellen. Die Geschenke dienten der Ausrüstung sowie dem Transport der Stiftshütte und ihrer Einrichtungsgegenstände. Jeder Stammesfürst opferte eine 130 Schekel (Lot) schwere Silberschüssel, eine 70 Schekel schwere Silberschale, beide mit Mehl und Öl für ein Speiseopfer gefüllt, einen 10 Lot schweren goldenen Löffel mit Weihrauch, einen jungen Stier, einen Widder, ein männliches einjähriges Schaf zum Brandopfer, einen Ziegenbock zum Sündopfer, und für ein Dankopfer zwei Rinder, fünf Widder, fünf Böcke und fünf einjährige männliche Schafe. Die Weihegaben wurden an dem Tag übergeben, *»als Mose die Wohnung aufgerichtet und sie gesalbt und geheiligt hatte mit all ihrem Gerät, dazu auch den Altar mit all seinem Gerät gesalbt und geheiligt hatte«* (V. 1). Am ersten Tag des ersten Monats im zweiten Jahr nach dem Auszug war die Stiftshütte aufgerichtet worden (2Mo 40,17). Am ersten Tag des zweiten Monats erging die Aufforderung zur Volkszählung (1,1f). Die in Kap. 7 berichteten Ereignisse müssen also denen in Kap. 1 vorangehen, die Reihenfolge ist hier nicht chronologisch. Möglicherweise wurde dieses Kapitel an seine jetzige Stelle gesetzt, weil in ihm die Wagen für den Transport der Stiftshütte eine wichtige Rolle spielen.

1–10 Die Wagen und die Rinder. **2** Die Stammesfürsten treten in der gleichen Reihenfolge wie in Kap. 2 auf. **3** Sie brachten *sechs bedeckte Wagen*, je einen für zwei Fürsten, und *zwölf Rinder*, für jeden Fürsten eins. Die anderen Geschenke wurden an den folgenden Tagen dargebracht, nämlich Gold- und Silbergefäße und die verschiedenen Gaben, die dem Heiligtum geweiht und für die ersten Opfer bestimmt waren. Die genaue Bauart der Wagen (hebr. *zab*, akkad. *zumbu*) ist unklar. In einigen Überlieferungen (Sifra und Targum Onkelos) sind es bedeckte Wagen, in anderen (Symmachus) waren es Wagen, die für den Militärdienst bestimmt waren. In Jes 66,20 wird das gleiche Wort mit »Sänfte« übersetzt. **4–8** Mose nahm die Wagen und Ochsen und gab sie an die Leviten weiter, zwei an die Gersoniter und vier an die Merariter. **9** Die Kehathiter erhielten keine Wagen, denn sie mußten die heiligen Einrichtungsgegenstände (hebr. Sing.) der Stiftshütte auf ihren Schultern tragen. **10** Der hebr. Ausdruck für Einweihung: *Chanukka* wurde wegen des so benannten, seit 164 v.Chr. gefeierten Festes der Tempelweihe in Israel sehr populär.

11–88 Die Opfer zur Einweihung des Altars. Der Rest des Kapitels enthält in fest geprägten Formeln eine genaue Liste der Gaben der Stammesfürsten. Verschiedene Arten von Opfern werden erwähnt: Speisopfer, Brandopfer, Sündopfer, Dankopfer. Interessant ist, daß Sündopfer bei der Einweihung der späteren Heiligtümer, des ersten Tempels (1Kön 8,64) und des zweiten Tempels (1Makk 4,53.56) nicht mehr erwähnt werden. Die Silberschüsseln (hebr. *qe'ara*) waren tiefe, 130 Lot (ca. 1,5kg) schwere Gefäße. Die Silberschalen (hebr. *misraq*) wurden benutzt, um den Altar mit Blut zu besprengen, sie wogen 70 Lot (ca. 840g). Die goldenen Löffel (hebr. *kaph*) waren wie eine Handfläche geformt und wogen 10 Lot (ca. 120g). **84–88** wird die Gesamtsumme aller Gaben sorgfältig aufgezeichnet.

89 Mose in der Stiftshütte. Dieser Schlußvers sagt aus, daß Jahwe mit Mose von den zwei goldenen Cherubim her sprach, die auf dem Gnadenthron ruhten, wenn er in die Stiftshütte kam (2Mo 25,18–22; 37,7–9).

8,1–26 Verschiedene Gesetze und Vorschriften. **1–4** Das Aufstellen der Leuchter. **1–3** Anweisungen für die Herstellung der Lampen finden sich in 2Mo 25,31–40; 37,17–24. Die hier festgelegten Anordnungen betreffen das Aufstellen der Lampen durch Aaron (vgl. 2Mo 30,8; 3Mo 24,2f) und seine Söhne (2Mo 27,21). Die Lampen sollten so postiert werden, daß das Licht von dem Leuchter aus nach vorn über den Tisch an der Nordseite (vgl. 4Mo 40,22–25) hinweg schien. **4** Der Leuchter war aus *getriebenem* (gehämmerten) *Gold* gefertigt, ebenso sein Schaft und die blumenförmigen Ölgefäße, gemäß *dem Bild, das der Herr dem Mose gezeigt hatte* (vgl. 2Mo 25,9.40). Es ist müßig zu untersuchen, wie Mose hier im einzelnen den Willen Jahwes erfahren hat.

5–22 Die Reinigung und Weihe der Leviten. **5–7** Es gab ein genau vorgeschriebenes Ritual für die Reinigung der Leviten. **6** *Reinigen:* Hier wird das Verb *tihar* gebraucht, vgl. das stärkere *qiddesch*, »weihen«, das in 2Mo 28,41; 3Mo 8,12 im Zusammenhang mit den Priestern benutzt wird. **7** Zuerst wurden die Leviten mit dem *Wasser zur Entsündigung* besprengt (vgl. die vollständige Waschung der Priester, 3Mo 8,6), danach wurden ihre Haare völlig abrasiert und ihre Kleider gewaschen (vgl. die neuen Kleider für die Priester, 3Mo 8,13). **8.9** Nachdem sie so gereinigt waren, opferten sie einen *jungen Stier . . . dazu als Speisopfer feinstes Mehl, mit Öl vermengt,* und einen *andern jungen Stier zum Sündopfer.* Mose brachte die Leviten zur Stiftshütte, wo die *ganze Gemeinde der Kinder Israel* versammelt war und ihnen die Hände auflegte. **10** Die Handauflegung muß in einer symbolischen Form vorgenommen worden sein, vielleicht so, daß die zwölf Stammesfürsten ihre Hände bestimmten Leviten auflegten. **11** Ebenso war das Darbringen der Leviten als Schwingopfer (s. LZB, Art. Webeopfer II,2; Sp. 1505) vor dem Herrn symbolisch. Damit wurden sie den Priestern für den Dienst Jahwes zugewiesen. **12** Nachdem sie so ausgesondert waren, legten die Leviten ihre Hände auf die mitgebrachten Tiere, und Aaron opferte diese, um *Sühne* (Bedeckung) zu schaffen. Diese Verse sind zum Verständnis der Bedeutung der Handauflegung wertvoll. In V. 10 werden die Leviten durch diese Handlung zu Stellvertretern des Volkes bestimmt, und ebenso sind die Tiere dazu ausersehen, an die Stelle der Leviten zu treten. Die gleiche stellvertretende Bedeutung dieser Handlung findet sich in 3Mo 16,21. **13** berichtet nicht von einem zweiten Schwingopfer, sondern ist – wie oft im Hebräischen – lediglich eine Wiederholung. **14.15** Danach konnten die Leviten mit ihren Diensten beginnen. **16.17** Noch einmal wird die stellvertretende Funktion der Leviten bestätigt. Sie standen für die Erstgeborenen in Israel (vgl. 3,11–13) und wurden ganz dem Herrn übergeben (3,9). Daß hier noch einmal auf die Erstgeborenen in Ägypten zurückverwiesen wird, kann darauf hindeuten, daß die Leviten urspr. stellvertretend für die Erstgeborenen der aus Ägypten befreiten Israeliten eintraten (s. Komm. zu 3,40–51). **18.19** Die Leviten bildeten eine Schutzwand oder Bedeckung für das Heiligtum, so daß niemand aus dem Volk sich dem Heiligtum nähern und so den Zorn Gottes erregen konnte (vgl. 1,53). Das Wort *Sühne* hat hier seine urspr. Bedeutung »Schutz«, »Bedeckung«. **20–22** Gemäß dem göttlichen Befehl wurden die Anweisungen ausgeführt.

23–26 Das Dienstalter der Leviten. **23.24** Die untere Altersgrenze liegt hier bei 25 Jahren (30 Jahre in 4,3 und 20 Jahre in 1Chr 23,24.27 usw.). Offensichtlich wurde die Altersgrenze von Zeit zu Zeit geändert. Der Redaktor dieser Berichte versuchte nicht, die unterschiedlichen Zahlenangaben zu harmonisieren. **25.26** Obwohl die Leviten im Alter von 50 Jahren in den Ruhestand traten, konnten sie auch weiterhin freiwilligen Dienst leisten, indem sie ihren jüngeren Brüdern halfen.

9,1–14 Die nachträgliche Passafeier

9,1–8 Ein neues Problem für Mose. **1–3** Normalerweise wurde das Passa zur festgesetzten Zeit am 14. Tag des 1. Monats (Nisan) so gehalten, wie es vorgeschrieben war (2Mo 12,24–27; 5Mo 16,1–8). Die Passafeier fand *gegen Abend* statt (wörtl. »zwischen den zwei Abenden« (EÜ), vgl. 3Mo 23,5). **4.5** Die Erzählung ist zeitlich unmittelbar nach dem Aufbau der Stiftshütte und noch vor der Volkszählung am Sinai einzuordnen. **6–8** Einige Israeliten konnten am Passa nicht teilnehmen, weil sie sich durch die Berührung eines Toten verunreinigt hatten. Nun suchten sie bei Mose Rat, wie sie das Fest halten sollten. Weil dies ein neues Problem war, das eine göttliche Weisung erforderte, wandte Mose sich an Jahwe.

9,9–14 Die Lösung. **9.10** Nachdem Mose Jahwe um Rat gefragt hatte, gab er dem Volk Anweisungen, die sowohl für die rituell unreinen als auch für die nicht anwesenden Israeliten galten. **11.12** Auch sie mußten das Passa feiern, konnten es aber auf den 14. Tag des 2. Monats verschieben. Diese Anweisung setzte voraus, daß der Abwesende in der Zwischenzeit zurückkehren konnte, die Situation des Exils ist hier also noch nicht ins Auge gefaßt. Das Gesetz war nicht starr, was den Zeitpunkt anging, obwohl die Teilnahme am Fest zwingend vorgeschrieben war. In allen anderen Dingen galten die gleichen Vorschriften (vgl. 2Mo 12,8.46). **13** Allerdings sollten diese Ausnahmeregelungen nicht Sorglosigkeit und Mißbrauch begünstigen. Wer das Passa zu feiern berechtigt, zu Hause und rituell rein war, mußte das Fest zur vorgesehenen Zeit halten. Wenn jemand dieser Pflicht nicht nachkam, sollte er aus dem Volk *ausgerottet werden.* Solch ein Mann mußte *seine Sünde tragen,* d.h. er hatte ihre Folgen zu erleiden. Unklar ist, ob der Ausdruck »ausgerottet werden« Exkommunikation oder Tod meint. Auch weiß man nicht, ob die Vollstreckung des Urteils von Menschen oder von Gott vorgenommen wurde. In einer derart engen Bundesgemeinschaft war es ruchlos, die Teilnahme an diesen Festen zu versäumen, die noch an die großen geschichtlichen Ereignisse erinnern sollten, die aus Israel erst ein Volk gemacht hatten. Soziale Ächtung und Exkommunikation waren deshalb in gewisser Weise auch ein Tod. **14** *Fremdling:* ein auf Dauer oder vorübergehend in Israel lebender Ausländer (vgl. 1Mo 15,13; 2Mo 2,22; 5Mo 10,19), der am Leben des Volkes teilnahm und somit auch den Gesetzen untertan war (2Mo 12,43–49). Daß der Fremdling am Passa teilnehmen durfte, zeigt Jahwes Fürsorge für alle Unterprivilegierten, ob Waisen, Witwen oder Fremdlinge (vgl. 5Mo 10,18).

9,15–10,10 Die Feuersäule und die Silbertrompeten

9,15–23 Die Feuersäule war für das wandernde Volk Israel sowohl Symbol der göttlichen Gegenwart als auch Mittel der Führung (2Mo 13,21f; 40,34–38). Beim Aufbruch vom Sinai wird die Tatsache, daß Gott das Volk führt, noch einmal deutlich hervorgehoben. **15.16** *Hütte des Gesetzes:* eine alternative Bezeichnung für die Stiftshütte. Der Ausdruck findet sich in 1Mo–5Mo nur hier und in 17,22.23; 18,2. Wie auch immer die Wolke beschaffen war, ihre Helligkeit bezeugte die Majestät Gottes, ihre Dunkelheit verhüllte seine Herrlichkeit (vgl. 1Kön 8,12). Die Wolke *bedeckte die Wohnung,* um dem Volk zu zeigen, daß Jahwe dort wohnte. (Im späteren Judentum nannte man dieses »Wohnen« »Schechina«). *Bei Tage* (diese Angabe fehlt im Hebr., vgl. LÜ, findet sich aber in den wichtigsten alten Übers.) stand die Wolke und *bei Nacht* lag sie wie ein feuriger Schein über der Wohnung. **17–18** Wenn die Wolke sich hob, wußte das Volk, daß die Zeit gekommen war, das Lager abzubrechen und weiterzuziehen. **19–23** Die Zeit, die die Wolke über dem Lager stehen blieb, war unterschiedlich lang. Es konnte ein Tag sein, ein Monat oder *noch länger* (hebr. *jamim,* »Tage«, »Jahr«; vgl. 3Mo 25,29; Ri 17,10 u.a.). Die ganze Erzählung ist ein deutlicher Beleg für Israels Überzeugung, daß Gott das Volk durch seine göttliche Fürsorge leitete. Sie lagerten sich, brachen wieder auf und hielten ihren Gottesdienst *nach des Herrn Befehl* (wörtl.: »nach dem Munde Jahwes«).

10,1–10 Die Silbertrompeten. Es wurden *zwei Trompeten von getriebenem Silber* (hebr. *chazozerah*) angefertigt. Sie dienten dazu, das

Volk zusammenzurufen und das Zeichen für den Abbruch des Lagers zu geben. Nach späteren Darstellungen auf jüd. Münzen und auf dem Titusbogen des Forum Romanum waren dies schlanke Metallröhren, die sich an ihren Enden verbreiterten. Ihre Länge betrug 90 bis 120 cm. Sie unterschieden sich von den Widderhörnern (hebr. *schophar*). Außer ihnen gab es noch eine andere Art von Trompeten (hebr. *jobel*). **3.4** Man vermutet, daß die beiden Trompeten verschiedene Töne gaben. Wenn beide Trompeten einmal lang geblasen wurden, versammelte sich die *ganze Gemeinde vor der Stiftshütte.* Wurde nur mit einer Trompete einmal lang geblasen, versammelten sich die Stammesführer. **5** Wurde einmal *laut* trompetet, bedeutete dies, daß die Lager Judas auf der östl. Seite aufbrechen mußten. **6.7** Wurde das zweite Mal laut trompetet, mußten die Lager Rubens auf der südl. Seite aufbrechen. Die LXX enthält noch Hinweise auf ähnliche Trompetenstöße für die Lager Ephraims auf der westl. und die Lager Dans auf der nördl. Seite. Dieses Signal zum Aufbruch unterschied sich offensichtlich von dem, das die Gemeinde versammelte. Nach späterer Überlieferung (Mischna Rosch Haschana 4,9) war das Zeichen zum Aufbruch eine Folge kurzer Trompetenstöße und kein Dauerton. **8** Die Priester bliesen die Trompeten und symbolisierten damit die göttliche Aufsicht über das Lager. **9** Die beiden hier festgelegten Vorschriften für die Verwendung der Trompeten gelten eher für ein seßhaftes Volk. Zu Kriegszeiten, wenn Israel seinen Feinden gegenüberstand, wurde die Trompete laut geblasen, um die Not Israels vor Jahwe zu bringen und so des Sieges gewiß zu werden. **10** Ebenso sollten die Trompeten bei den freudigen religiösen Festen und bei den Neumondsfesten während der Darbringung der Dank- und Brandopfer geblasen werden, damit Jahwe seines Volkes gedachte. Die Sätze *daß eurer gedacht werde vor dem Herrn* und *damit euer Gott an euch denke* besagen nicht, daß Jahwe sein Volk vergessen hätte; sie deuten eher darauf hin, daß Israel versucht sein würde, sich nicht auf Jahwes Hilfe zu verlassen, auch wenn dieser erklärte: *Ich bin der Herr, euer Gott.*

10,11–12,16 Die Wanderung vom Sinai nach Paran

Elf Monate, nachdem die Israeliten am Sinai angekommen waren (vgl. 2Mo 19,1), brachen sie ihr Lager wieder ab und zogen weiter. Jetzt werden die Ereignisse der Wüstenwanderung vom Sinai nach Kadesch berichtet.

10,11–36 Der Aufbruch vom Sinai

10,11–28 Das Lager wird abgebrochen. **11–13** Im zweiten Monat des zweiten Jahres nach dem Auszug erhob sich die Wolke von der Wohnung des Gesetzes. Die Reise führte in Etappen zur Wüste Paran, der Heimat Ismaels (vgl. 1Mo 21,21). Die genaue Lage dieser Wüste ist nicht bekannt; sie liegt westl. der Araba, südl. des Negev (vgl. 4Mo 13,17) und zwischen Midian und dem Sinai (vgl. 1Kön 11,18). Einige Forscher identifizieren sie mit der Wüste Et-tih in der Mitte der nördl. Sinaihalbinsel. **14–16** Unter ihrem Führer Nachschon brachen die drei Stämme des Lagers Juda – Juda, Isaschar, Sebulon – zuerst auf. **17–21** Nachdem die Stiftshütte zerlegt worden war, folgten die Gersoniter und Merariter. Diesen schlossen sich die drei Stämme des Lagers Ruben – Ruben, Simeon, Gad – unter ihrem Führer Elizur an. Die Reihenfolge unterscheidet sich von der in Kap. 2 genannten. Aber es ergibt sich kein echter Widerspruch, denn die Kehathiter, die die *heiligen Geräte* (hebr. *miqdasch*) trugen, blieben deshalb in der Mitte des Zuges, damit die ihnen vorausgehenden Merariter und Gersoniter die Wohnung an einem neuen Lagerplatz aufbauen konnten, bevor das heilige Gerät ankam. **22–28** Dann folgten die drei Stämme des Lagers Ephraim – Ephraim, Manasse, Benjamin – unter ihrem Führer Ammihud, und den Schluß des Zuges bildeten die drei Stämme des Lagers Dan – Dan, Asser, Naphthali – unter ihrem Führer Ahieser.

10,29–32 Hobab beabsichtigt, in sein Land zurückzukehren. Die folgenden Verse enthalten vier verschieden schwierige Probleme. Zunächst wird Hobab hier als Midianiter bezeichnet, während er nach Ri 4,11 ein Keniter ist. Möglicherweise deutet das nur auf ein Überlappen der alten Stämme. Ri 8,22–24 spricht z.B. von Midianitern, die Ismaeliter waren, und 1Chr 2,55 von Kinitern, die von den Rechabitern stammen. – Das zweite Problem ist, daß hier und in 2Mo 2,18 der Schwiegervater Moses Reguel heißt, während sein Name in 2Mo 3,1; 4,18; 18,1f mit Jethro angegeben wird. Diese Schwierigkeit ist nicht zu lösen, da uns die dazu notwendigen Quellen fehlen. Die unterschiedlichen Namen lassen sich viell. damit erklären, daß der Schwiegervater Moses zwei Namen hatte (vgl. Jakob – Israel), obwohl auch dann noch offen bliebe, warum manchmal der eine und manchmal der andere Name benutzt wird. Viell. war Jethro auch sein Amtsname; vgl. LZB, Art. »Jethro«, »Reguel«. – Das dritte Problem ist die Identität des in diesem Abschnitt erwähnten *Hobab.* Einige Kommentatoren identifizieren Hobab mit Jethro und halten Reguel für einen entfernten Vorfahren. Die Ausleger, die Jethro mit Reguel identifizieren, halten Hobab gewöhnlich für Moses Schwager. Diese Auffassung findet sich in LÜ, die auch Ri 4,11 entsprechend übersetzt. In ZÜ erscheint Hobab an beiden Stellen als der Schwiegervater Moses. Es ist anzunehmen, daß sich die Bezeichnung »Schwiegervater Moses« nicht auf Hobab, sondern auf Reguel bezieht. Dann sollte Ri 4,11 dahingehend verstanden werden, daß der Vers genau erklären will, zu welchem Geschlecht der Keniter Heber gehört. Dieser Vers enthält dann zwei Informationen über die Keniter: erstens, daß sie zum Hobab-Zweig der Sippe gehörten, und zweitens, daß sie mit Mose verschwägert waren (wie in Ri 1,16). Alle diese Verse stützen also die Vermutung, daß Hobab Moses Schwager war. – Das vierte Problem besteht darin, ob Hobab einwilligte, mit Mose zu ziehen oder nicht. Berücksichtigt man, daß die Keniter auch später noch unter den Israeliten lebten (Ri 1,16 u.ö.), so ist es wahrscheinlich, daß Hobab der Bitte Moses nachkam.

31 *Denn du weißt, wo wir ... uns lagern sollen:* Einige Forscher haben vorgeschlagen, diesen Satz mit »denn du verstehst uns zu führen« (*hanchotenu* anstatt *chanotenu*) zu übersetzen, weil dies besser mit *»du sollst unser Auge sein«* korrespondiere. Aber offensichtlich ging es Mose darum, einen Kundschafter zu haben, der in einem feindlichen Land – unabhängig davon, ob das Volk lagerte oder unterwegs war – dringend benötigt wurde.

10,33–36 Die Lade und das Volk brechen auf. **33.34** Die erste Etappe der Reise, vom *Berge des Herrn* aus (der Berg, an dem die Gesetze gegeben wurden, der Sinai), dauerte drei Tage. Andere Namen für den Sinai sind Berg Gottes (2Mo 3,1; 4,27; 18,5; 24,13 u.ö.) und Horeb. Eine offensichtliche Schwierigkeit dieses Abschnitts liegt darin, daß die Lade hier dem Volk voranzugehen scheint, während sich in V. 13–28 und 2,17 die Stiftshütte und ihre Einrichtungsgegenstände, wozu vermutlich auch die Lade gehörte, in der Mitte der wandernden Israeliten befanden. V. 34 korrigiert aber das Mißverständnis und vervollständigt das Bild: die Lade ging dem wandernden Heer voraus, um die göttliche Führung auf der Wanderung zu symbolisieren (vgl. 5Mo 9,3; Jos 3,3ff). 10,21 und 2,17 schließen das nicht unbedingt aus. Der Rest der heiligen Geräte folgte dann dem Lager Rubens. Klar bleibt in jedem Fall die zentrale Aussage, daß Jahwe sein Volk auf der Wanderung führte. **35.36** Zwei sehr alte rituelle Formeln beschließen das Kapitel. Sie werden Ladesprüche genannt, und es handelt sich hier nicht wie bisher in 4Mo um Prosa, sondern um einen Text in Reimform (vgl. die Textanordnung in ZÜ). In den Ladesprüchen klingt das Motiv des Heiligen Krieges an. Wenn die Lade zur Schlacht aufbrach, riefen die Männer:

»Steh auf, Jahwe. Laß deine Feinde
zerstreut werden;
Laß die, die dich hassen,
vor dir fliehen!«

Vgl. Ps 68,2; 132,8. Wenn die Lade von der Schlacht wiederkam, sangen sie:

»Kehre zurück, o Jahwe,
zu der Menge der Tausende in Israel!«

Vermutl. ist der Sinn dieses Spruches, daß Jahwe nach einem Sieg aufgefordert wurde, zu seinem Volk zurückzukehren, um in seiner Mitte zu wohnen. Es ist möglich, daß Ps 24 ein Festlied darstellt, das gesungen wurde, wenn die Lade von einer siegreichen Schlacht zurückkam. Vgl. auch 1Sam 4,1–11.

11,1–12,16 Ereignisse zwischen Sinai und Kadesch

Die Wanderung durch die Wüste nach Kadesch war durch das Murren und die Untreue des Volkes gekennzeichnet. Trotz seiner vergangenen Wohltaten zeigten sich die Israeliten Gott gegenüber sehr undankbar und hätten beinahe Mose als Führer verworfen. Die Kap. 11–12 enthalten einige eng miteinander verflochtene Motive: die Wachteln, das Manna, die Erwählung der 70 Ältesten. Sie sind ein interessantes Beispiel dafür, wie die hebr. Schreiber verschiedene Motive in *eine* Erzählung verarbeiten konnten.

11,1–3 Die Klage bei Tabera. **1** Das Volk klagte, *daß es ihm schlecht gehe.* Das Verb »(sich be)klagen« (hebr. *'anan*) findet sich nur hier und in Klgl 3,39. Im Akkadischen bedeutet es »seufzen, beseufzen«. Ohne Zweifel hatte das Volk wirklich Schweres durchzumachen. Aber mitten in ihrer Klage bricht über die Israeliten ein Unglück herein, das als *Feuer des Herrn* bezeichnet wird. Eine nähere Erklärung fehlt. Jedenfalls verstand Israel viele Naturerscheinungen als Handlungen Gottes, was sie ja auch sind. Bei einem Volk, das ständig unter brennender Wüstensonne lebte, gibt es für ein derartiges Feuer viele Erklärungen. Ein Teil des äußeren Lagers wurde vernichtet. Die Israeliten baten Mose, vor Jahwe für sie einzutreten, und das Unglück ging vorüber. Der Ort wurde *Tabera* genannt, was »brennend« bedeutet (hebr. Wurzel *b-'-r,* »brennen«). Die Lage Taberas kann nicht sicher identifiziert werden.

11,4–9 Klagen über das Manna. **4–6** Der Schreiber beschuldigt hier *das fremde Volk,* das Volk aufgewiegelt zu haben.

Das war vermutl. das »fremde Volk« aus 2Mo 12,38, oder »der Pöbel«, wie das Wort auch übersetzt wird. Sie wollten endlich Fleisch haben, und sie erinnerten sich an das Essen, an dem sie sich in Ägypten erfreut hatten: Fisch, Kürbisse, Melonen, Lauch, Zwiebeln und Knoblauch. Das war etwas ganz anderes als in der Wüste, wo die Nahrung zur Hauptsache aus Manna bestand. **7–9** sind eine Notiz, die der Schreiber in die ihm vorliegende Quelle einfügte. Sie beschreibt das Aussehen, das Einsammeln und die Zubereitung des Manna. Zweifellos war das Manna von Gott gegeben, aber das schließt nicht aus, daß es ein Naturprodukt gewesen sein kann. Die *Tamariske* (tamarix gallica mannifera) sondert über Nacht eine süße, klebrige, dunkelgelbe Substanz ab, die in kleinen Kugeln – wie Koriandersamen – zu Boden fällt. Diese Kugeln sind ungefähr so groß wie Pfefferkörner. Bei Tagesanbruch schmelzen sie in der Sonne. Auf der westl. Sinaihalbinsel beginnt die Reifezeit Ende Mai und dauert bis Ende Juni/Juli; das entspricht der Zeit, in der die Israeliten sich in der Wüste aufhielten (vgl. 10,11). Diese Substanz ähnelte dem Bedolachharz. Das Volk fragte »Was ist das?« (hebr. *man hu'*), daher der Name Man oder Manna (vgl. 2Mo 16,15). Es wurde früh am Morgen aufgesammelt und mit Handmühlen oder Mörsern, wie sie in ähnlicher Form heute noch im Orient benutzt werden, gemahlen (s. auch Komm. zu 2Mo 16,1ff).

11,10–15 Mose macht Gott Vorhaltungen. **10.11** Die Geschehnisse von V.4–6 werden nun wieder aufgenommen. Die Klage über das Essen war nur eines der Probleme, mit denen Mose konfrontiert wurde. Nun hielt er Gott vor: *»Warum bekümmerst du deinen Knecht?«* Seine lange Klage zeigt, wie überfordert er sich fühlte und daß er sich außerstande sah, die Verantwortung für das Volk allein zu tragen. **12** Das *Ich* ist nachdrücklich betont. Nicht Mose, sondern Gott hatte Israel zu einem Volk gemacht, aber Mose trug die Verantwortung für alle. **13–15** In einem ergreifenden Appell an Gott bekennt der überlastete Mose, daß er diese schwere Bürde nicht länger tragen kann. Wie andere nach ihm, bat er sterben zu dürfen, wenn ihm die Verantwortung nicht abgenommen werde (vgl. Jer 20,14–18).

11,16–23 Die Antwort Gottes. **16.17** Als Antwort gab Jahwe Mose die Anweisung, 70 erfahrene *Älteste* und *Amtsleute* auszusuchen und sie an der Tür der Stiftshütte zu versammeln. Dort wollte Jahwe ihnen begegnen und ihnen von dem Geist geben, den auch Mose hatte. Mose hatte mehr von diesem Geist empfangen als die Ältesten, und diese waren ihm untergeordnet. Die von den Ältesten zu unterscheidenden, ihnen untergeordneten Amtsleute waren urspr. Schreiber, wirkten aber *neben den Ältesten* als untergeordnete Amtsträger (vgl. 2Mo 4,29; 5,14). **18** Nachdem Gott der Klage Moses entsprochen hat, wendet er sich an das Volk. Er verspricht ihm Fleisch, aber da dieses Essen in gewisser Weise ein heiliges Mahl sein würde, fordert Jahwe die Israeliten auf, sich zu *heiligen,* d.h. sich rituell zu reinigen. **19.20** Das Volk sollte genügend Fleisch bekommen, aber diese Gabe würde zugleich ein Gericht sein; denn sie sollten einen Monat lang Fleisch essen müssen, bis es ihnen zum *Ekel* würde und sie es nicht mehr riechen könnten – das anschauliche Bild einer Übersättigung. **21.22** Mose, verwirrt von der Größe des Versprechens, fragt, woher denn soviel Fleisch für 600 »Tausende« (oder Einheiten) erwachsener Männer herkommen solle, von den Herden oder aus dem Meer. **23** Jahwe antwortet darauf nur, ob Mose sich denn vorstellen könne, daß *die Hand des Herrn zu kurz* sei (vgl. Jes 50,2; 59,1 u.ö.). Diese Erzählung wird in V. 31–35 fortgesetzt.

11,24–30 Die Einsetzung der Ältesten. **24** Gemäß den Anweisungen Gottes versammelte Mose 70 Älteste. **25** Auf außergewöhnliche Weise kam Jahwe wie am Sinai hernieder (vgl. 2Mo 19,9.18) und verlieh den Ältesten etwas von dem *Geist* (hebr. *ruach*), der übernatürlichen Kraft, die Mose besaß. Daraus ist aber nicht zu schließen, daß dieser Geist etwas Physisches oder Materielles war. Bis zu diesem Zeitpunkt besaß Mose allein die göttliche Befähigung, die zur Leitung des Volkes nötig war. Wenn andere neben ihn gestellt wurden, mußten sie den gleichen »Geist« haben. Es geht hier nicht darum, daß der Geist, den Gott Mose gegeben hatte, aufgeteilt wurde, sondern durch ihn als Mittler wurde den anderen etwas von dem gleichen Geist gewährt. Als der Geist auf die Männer kam, *gerieten sie in Verzückung wie Propheten.* Das gleiche Verb wird auch an anderer Stelle benutzt, um ekstatisches Verhalten zu beschreiben (vgl. 1Sam 10,11; 19,20.23; 1Chr 25,1–3; 2Kön 3,15). Für den letzten Teil dieses Verses gibt es zwei genau entgegengesetzte Übersetzungsmöglichkeiten. LÜ und ZÜ lesen, daß die Ältesten in Verzückung gerieten, ohne aufzuhören. EÜ liest: »aber sie fuhren nicht fort«. Das heißt, sie behielten den Geist, prophezeiten aber nicht mehr. **26** Daß die Gabe des Geistes nicht davon abhängig war, daß alle Ältesten zur gleichen Zeit am gleichen Ort versammelt waren, läßt sich daran erkennen, daß auch Eldad und Medad, die zu den Gewählten gehörten, den Geist verliehen bekamen und in Verzückung gerieten, obwohl sie das Lager nicht verlassen hatten. **27.28** Josua verstand das nicht; als ein junger Mann aus dem Lager kam und über Eldads und Medads Verhalten berichtete, drängte Josua Mose, das zu unterbinden. **29.30** Daraufhin tadelte Mose den Eifer Josuas (das Wort »eifern«, hebr. *qana'*, bedeutet: »sich aus Eifer oder Argwohn erregen«): *Wollte Gott, daß alle im Volk des Herrn Propheten wären und der Herr seinen Geist über sie kommen ließe!* Mose hatte erkannt, daß die Kraft nicht aus ihm selbst kam und deshalb keine Veranlassung zum Eigenlob bestand, sondern daß es Gottes Geist war, der von ihm Besitz ergriffen hatte. Was Mose hier ausspricht, gilt für jede Zeitepoche. Auch heute wäre zu wünschen, daß jeder Christ ein Prophet (Sprecher Gottes) wäre und Gott alle mit seinem Geist ausrüsten würde (s. Einleitung, »Theologie des Alten Testaments«, S. 24ff, bes. 27f).

11,31–35 Die Wachteln und das Gericht Gottes. **31** Jetzt wird beschrieben, wozu das Verlangen des Volkes nach Fleisch führte. Gott sandte einen Wind, der Wachteln vom Meer herbrachte, vermutl. vom Golf von Akaba. Daß die Wachteln im Frühling (März/April) von Afrika fortziehen und im Herbst (Sept.) zurückkehren, kann man auch heute noch beobachten. Sie ziehen entlang des Roten Meeres hinauf und überqueren die Sinai-Halbinsel in Richtung Palästina. Dort fallen sie oft erschöpft zur Erde, werden eingesammelt und gegessen oder verkauft. V. 31 berichtet, daß die Wachteln auf einer Fläche von zwei Tagesreisen Durchmesser niedergingen. *Zwei Ellen hoch auf der Erde.* Eine alte Auslegung versteht diese Zahlenangabe so, daß die Vögel ca. 90cm (2 Ellen) über dem Boden flogen, so daß sie leicht mit Netzen gefangen werden konnten. Es kann natürlich sein, daß der Satz *und ließ sie . . . fallen* wörtlicher zu verstehen ist, d.h., daß die Wachteln in solcher Fülle kamen, daß sie den Boden bis zu einer Höhe von 90cm bedeckten. Nach beiden Auslegungen handelt es sich um ein Wunder, sowohl im Blick auf den Zeitpunkt wie auf die Fülle. **32** Zwei Tage und die dazwischenliegende Nacht las das Volk die Vögel auf. *100 Scheffel* (10 Homer) waren die geringste Ausbeute, allein dies ist schon ein Zeichen von Gefräßigkeit. Der hebr. Text verursacht hier einige Schwierigkeiten. Normalerweise liest man: *und sie breiteten sie rings um das Lager aus.* In einigen Handschriften sind bei dem Verb »ausbreiten« (hebr. *schatach*) der zweite und der dritte Konsonant der Wurzel vertauscht, so daß sich die Bedeutung »schlachten« (hebr. *schachat*) ergibt. Wird diese Lesung vorgezogen, so entsteht ein guter Übergang zum nächsten Vers. **33** Gierig wurden die frisch geschlachteten Vögel verschlungen. Die daraufhin ausbrechende *Plage* mag eine heftige Magenverstimmung gewesen sein. **34** Offensichtlich sind dadurch viele umgekommen, denn der Ort wurde *Kibroth-Hattaawa* (s. EÜ; wörtl. »Gräber der Gier«; LÜ: »Lustgräber«) genannt. Der Ort kann nicht mit Sicherheit identifiziert werden. Viell. ist es Rueis el-Ebeirig, einige km nordwestl. des Sinai-Berges. **35** Der nächste Lagerplatz war *Hazeroth,* möglicherweise das nicht weit entfernte Ain Hudra.

12,1–16 Moses Einzigartigkeit. Der Hauptinhalt dieses Kapitels besteht darin, daß Aaron und Mirjam die bevorrechtigte Stellung und die Einzigartigkeit Moses in Frage stellten.

1.2 Der Anlaß war, daß sich Mirjam und Aaron darüber beklagten, daß Mose eine Kuschiterin geheiratet hatte. Das Verb steht jedoch in der dritten Person Sing. Femininum, es ist also wahrscheinlich, daß urspr. Mirjam allein gesprochen hatte. Auch wird später nur Mirjam bestraft (V. 10). Der scheinbare Grund der Anklage ist, daß Mose eine fremde Frau geheiratet hatte: damit mag u.U. Zippora gemeint sein. Sie wird in 2Mo 2,15 als Midianiterin bezeichnet; aber Midianiter und Kuschiter werden als verwandte Gruppen angesehen, so z.B. in Hab 3,7. Der eigentliche Vorwurf war: *»Redet denn der Herr allein durch Mose? Redet er nicht auch durch uns?«* Mirjam verfügt tatsächlich über manche Gaben. In 2Mo 15,20 wird sie als Prophetin bezeichnet und in Mi 6,4 mit Mose und Aaron auf eine Stufe gestellt. **3** Was für Funktionen und Gaben Mirjam und Aaron auch gehabt haben mögen, Mose blieb einzigartig. Er war *sehr demütig,* d.h. er war darauf bedacht, ein Diener Gottes zu sein; sein Ziel war nicht, die eigene Stellung zu verbessern. **4.5** Gott ging es darum, seinen Diener zu rechtfertigen. Er forderte Mose, Mirjam und Aaron auf, zur Stiftshütte zu kommen, wo er Mirjam und Aaron beiseite rief, um ihnen seinen Willen kundzutun. **6–8** Die Äußerung Gottes wird in Versform vorgetragen, und zwar in dem in epischen Gedichten üblichen Dreiermetrum. Es gibt einige textliche Schwierigkeiten. Eine der möglichen Lösungen ist folgende:

»Hört meine Worte: Wenn unter euch ein Prophet ist,
mache ich, der Herr, mich ihm selbst bekannt in einer Vision: ich spreche mit ihm im Traum;
Aber so ist es nicht mit meinem Diener Mose, er genießt in meinem ganzen Hause Vertrauen.

Mit ihm spreche ich von Mund zu Mund, unzweideutig und nicht in Rätseln; und er sieht die Gestalt des Herrn.
Warum also schaudert ihr nicht davor zurück, gegen meinen Diener Mose zu reden?«

Die Hauptaussage dieses Spruches ist, daß Gott mit Mose unmittelbaren persönlichen Umgang pflegt, mit anderen Menschen aber nur durch Träume und Rätsel redet. Die Anerkennung von Moses einzigartiger Stellung hätte Mirjam und Aaron vor jeder eifersüchtigen Anklage bewahren sollen. **9.10** Das göttliche Gericht traf Mirjam, und sie wurde *aussätzig wie Schnee.* Sie litt aber nicht unter Lepra, sondern an einer weniger gefährlichen Hautkrankheit (vgl. V. 12; 3Mo 13,10ff). **11.12** Jetzt erkennt Aaron den Vorrang Moses an: *Ach mein Herr, laß die Sünde nicht auf uns bleiben, mit der wir töricht getan und uns versündigt haben.* JB übersetzt: »Bitte, mein Herr! laß uns doch nicht die Sünde büßen, die wir so töricht waren zu begehen!« **13** Mose, der befürchtete, daß Mirjam wirklich leprakrank werden könnte, bat Gott, sie zu heilen. **14.15** Mirjam blieb die Krankheit erspart, aber nicht die Schande, sieben Tage aus dem Lager ausgeschlossen zu sein. Auch bei einem Familienstreit, der den Vater veranlaßt hätte, eine so drastische Zurechtweisung vorzunehmen, hätte diese Strafe gegolten (vgl. 5Mo 25,9; Jes 50,6); wieviel mehr also, wenn Gottes Autorität mißachtet wird. Trotzdem wurde Gottes Zorn durch seine wiederherstellende Gnade gemildert. Daß Gott mit sündigen Menschen gnädig verfährt, ist auch heute noch ein ständiges Wunder. Er züchtigt seine Kinder wie ein liebender Vater; selbst sein Gericht wird durch seine Gnade gemildert. **16** Die nächste Etappe der Reise brachte das Volk in die Wüste Paran.

13,1–20,13 Der Aufenthalt in der Wüste bei Kadesch

Die Zeit, die die Israeliten im Gebiet von Kadesch verbrachten, war für sie von großer Bedeutung und gab dem Volk Gelegenheit, sich nach den Erlebnissen am Sinai zu konsolidieren. Sie blieben dort eine ganze Generation lang (14,34). Über den Aufenthalt werden nur wenige Einzelheiten berichtet. Die Zeit in Kadesch begann als eine Periode der Furcht und des mangelnden Glaubens, nachdem die Kundschafter aus dem Land Kanaan zurückgekehrt waren. Sie endete mit dem Entschluß des Volkes, von Osten und nicht von Süden her in Kanaan einzudringen.

13,1–33 Die Kundschafter

13,1–17a Die Auswahl der Kundschafter. Die Gruppe der Kundschafter bestand aus je einem Repräsentanten der 12 Stämme. Außer über Josua (Hosea), den Sohn Nuns aus dem Stamm Ephraim, und Kaleb, den Sohn Jephunnes aus dem Stamm Juda, ist von diesen Männern nichts bekannt, obwohl ihre Namen gelegentlich anderweitig vorkommen. Wie üblich haben die Namen bestimmte Bedeutungen (s. LZB, Sp. 965, »Name und Namengebung«).

13,17b–20 Der Auftrag der Kundschafter. Die Aufgabe der Kundschafter bestand darin, sowohl über den Negev (den südl. Teil des Landes) als auch über die Bergregionen Informationen zusammenzutragen, und zwar über die Beschaffenheit des Landes, die Städte und die Zahl der Einwohner. Ebenso sollten sie erkunden, ob die Bewohner in befestigten Städten oder in Zeltdörfern wohnten. Mose sprach ihnen Mut zu und beauftragte sie, Früchte aus dem Lande als Proben mitzubringen. Es war *um die Zeit der ersten Weintrauben,* also Juli.

13,21–24 Die Erkundung Kanaans. **21** Sie erkundeten das Gebiet von Zin im Süden bis Rehob im Norden des Landes (vermutl. Beth-Rehob, 2Sam 10,6, in der Nähe von Lajisch = Dan, Ri 18,27–29). *Von wo man nach Hamath geht:* kann der Name eines Ortes sein, und zwar Lebo-Hamath in der Biqaʿ zwischen dem Libanon und dem Antilibanon-Gebirge. **22** In der ersten Phase wurde der Süden vom Negev bis Hebron erkundet. Die Patriarchen benutzten für Hebron einen anderen Namen (vgl. 1Mo 23,2; 35,27); Abraham, Isaak, Jakob, Sara, Rebekka und Lea wurden in dieser Gegend begraben. Hebron war sieben Jahre vor Zoan (Tanis oder Avaris) gegründet worden, der Hauptstadt der Hyksos-Dynastie in Ägypten (ca. 1720–1570 v.Chr.). Nachfahren Enaks, eines mächtigen Kriegers, lebten in Hebron. **23.24** Bei ihrer Rückkehr sammelten die Kundschafter am Bach Eschkol (wörtl. »Traube«) Weintrauben, Granatäpfel und Feigen.

13,25–33 Die Rückkehr und der Bericht der Kundschafter. **25.26** Als die Späher nach 40 Tagen zurückkamen, erstatteten sie Mose, Aaron und dem ganzen Volk Bericht und zeigten ihnen die Früchte, die sie mitgebracht hatten. **27–29** Im Licht der archäol. Forschung sind drei Züge des Berichtes von Bedeutung. Erstens: mit der Wendung *Milch und Honig* wird traditionell ein fruchtbares Land beschrieben. Mit dem gleichen Ausdruck charakterisiert die ägypt. Sinuhe-Erzählung (ca. 2000 v.Chr.) die Gegend nördl. von Galiläa.

Zweitens entspricht die Erwähnung der befestigten Städte den Tatsachen. Zahlreiche solcher Städte, 2–8ha groß, waren über das ganze Land verstreut, so z.B. Jericho, das ungefähr eine Fläche von 3ha bedeckte. Drittens: die Bevölkerung war in der Tat sehr gemischt. Schriftliche Quellen belegen die Anwesenheit von Amoritern, Hethitern, Kanaanitern, Indo-Europäern u.a. Von den *Amoritern,* die vor 2000 v.Chr. nach Palästina gekommen waren, weiß man, daß sie in den Bergen auf beiden Seiten des Jordans wohnten. Die *Hethiter* waren Abkömmlinge des mächtigen Hethiterreiches in Kleinasien. Die *Kanaaniter* bewohnten die fruchtbaren Gegenden des Jordantales und die Küstenebene. Die *Amalekiter* waren Nomaden. Bei den anderen Gruppen handelt es sich vermutl. um alte einheimische Völker. **30** Kaleb und Josua rieten zu einer sofortigen Einnahme des Landes, denn sie glaubten, daß die Israeliten dafür stark genug waren. **31–33** Die Mehrzahl der Kundschafter aber reagierte mit Furcht und Unglauben. Sie entmutigten das Volk durch ihre erschreckenden Nachrichten über das Land, das *seine Bewohner frißt,* und von den *Riesen* (hebr. *nephilim*; nur hier und 1Mo 6,4), den Söhnen des sagenhaften Enak, gegenüber denen die Israeliten wie Heuschrecken erschienen. Sie legen damit eine für das Volk Gottes zu allen Zeiten typische Haltung an den Tag. Furcht und mangelnder Glaube waren schon oft die Ursache für Stagnation, Rückgang und Niederlage. Der Glaubende aber kann des Sieges gewiß sein, denn zuletzt ist der Sieg doch des Herrn.

14,1–45 Die Reaktion des Volkes und das Gericht Gottes

14,1–10a Das Murren und die Rebellion des Volkes. **1–3** Schreien und Weinen war die erste Reaktion des Volkes, es murrte gegen Mose und Aaron, daß es doch besser gewesen wäre, in Ägypten zu bleiben, als in der Wüste durch das Schwert zu sterben und Frauen und Kinder als Beute hinzugeben. **4** In seiner Rebellion beschloß das Volk, einen Führer zu wählen, der es nach Ägypten zurückbringen sollte. **5** Mose und Aaron warfen sich vor dem Volk nieder, um es von seinem Vorhaben abzubringen. **6–10a** Auch Kaleb und Josua waren über das Vorhaben des Volkes entsetzt und *zerrissen ihre Kleider.* Sie versicherten dem Volk, daß *das Land* Kanaan *sehr gut* war, und wenn es dem Herrn gefiele, würde er sein Volk auch dorthin bringen. Aber es dürfte sich nicht gegen Jahwe empören noch die Einwohner des Landes fürchten, denn mit Jahwes Hilfe würde es sie besiegen. Daraufhin wollte das Volk Josua und Kaleb zusammen mit Mose und Aaron steinigen.

14,10b–19 Moses Fürbitte. **10b–12** Da erschien die Herrlichkeit des Herrn an der Stiftshütte, und Gott klagte die Israeliten an, daß sie trotz all der *Zeichen,* die er in Ägypten und unterwegs *unter ihnen getan hatte,* an ihrem Unglauben festhielten. Gott beabsichtigte, sein Volk mit der *Pest* zu schlagen und es zu enterben. An seiner Stelle wollte er Mose *zu einem größeren und mächtigeren Volk machen als dieses.* **13–16** Moses Fürsprache für das Volk ist bewegend. Unter den Ägyptern und den Bewohnern des Landes Kanaan, an denen sich die mächtige Gegenwart Jahwes erwiesen hatte oder die von ihr gehört hatten, würde es sich schnell herumsprechen, wenn er sein Volk vernichten würde. Man würde daraus schließen, daß er nicht mächtig genug war, sein Volk in das verheißene Land zu bringen. Das würde seinem Namen Unehre machen. **17–19** Mose bat Jahwe inständig, seine Kraft zu entfalten und sich als der Gott zu offenbaren, von dem man sagt: *Der Herr ist geduldig und von großer Barmherzigkeit und vergibt Missetat und Übertretung, aber er läßt niemand ungestraft, sondern sucht heim die Missetat der Väter an den Kindern bis ins dritte und vierte Glied.* Diese Formel aus 2Mo 34,6f kommt ganz oder teilweise in einer fast liturgischen Form an verschiedenen Stellen des AT vor (vgl. Joel 2,13; Jon 4,2). *Barmherzigkeit* (hebr. *chesed*) ist ein bes. wichtiger Begriff, der Treue, Güte, Verläßlichkeit und Standhaftigkeit einschließt; Eigenschaften, die bei Gott zu finden sind, der seinerseits den Bund hält und die Bundesverpflichtungen erfüllt. Das Wort findet sich 250mal im AT, mit starker Betonung der Treue und der gegenseitigen Verpflichtungen der Bundespartner. Moses Fürsprache war ein Appell an Gottes Gnade, denn er hatte *diesem Volk vergeben . . . von Ägypten an bis hierher.*

14,20–25 Gottes Antwort. **20–23** Die Antwort Gottes bestand in Vergebung. Er wollte sein Volk nicht gänzlich vertilgen. Aber keiner der Aufrührer und Zweifler, die seine Herrlichkeit gesehen hatten, die Zeugen seiner Befreiungstaten in Ägypten und in der Wüste gewesen waren und die Gott immer wieder (wörtl.: *zehnmal*) auf die Probe gestellt hatten und ihm ungehorsam gewesen waren, sollte das Verheißene Land betreten. Diese Erklärung war ein Schwur: *»Aber so wahr ich lebe, und alle Welt der Herrlichkeit des Herrn voll werden soll . . . soll keiner das Land sehen.* **24** Kaleb jedoch, den *ein anderer Geist* bestimmte und der dem Herrn treu gefolgt war, sollte in das Verheißene Land kommen, und seine Nachkommen sollten es besitzen. **25** Abschließend gab Jahwe Israel die Anweisung, nach Süden umzukehren. Die Amalekiter und Kanaaniter, die in den fruchtbaren Tälern wohnten, schnitten ihm den Weg nach Norden ab.

14,26–38 Der Tod der ungläubigen Generation. **26.27** Das in den vorangehenden Kapiteln erwähnte Murren und Klagen der Israeliten erreichte seinen vorläufigen Höhepunkt in dem Aufbegehren in 14,1–10. In V.27 wird das Murren dreimal erwähnt. Jetzt gibt Gott seine Entscheidung bekannt. **28–33** Mit einem Schwur – *so wahr ich lebe* – erklärt Gott, daß alle (außer Josua und Kaleb), die über 20 waren und in der Wüste gegen ihn gemurrt hatten, umkommen sollten. Die Kinder dagegen, um deren Zukunft die Murrenden gebangt hatten (V.3), sollten das Land betreten; allerdings erst, nachdem sie eine Zeitlang *Hirten in der Wüste* gewesen waren. **34.35** Entsprechend den 40 Tagen, die die Späher für die Erkundung des Landes benötigt hatten, sollte das Volk 40 Jahre in der Wüste zubringen. Die Zahlenangabe ist vermutl. symbolisch zu verstehen und meint eine Generation. Gott hatte gesprochen, sein Wort würde auch geschehen. **36.37** Der Abschnitt ist wohl so zu verstehen, daß eine *Plage* oder ein plötzliches Unglück die Missetäter dahinraffte; der Text kann aber auch bedeuten, daß über einen längeren Zeitraum einer nach dem anderen starb. **38** Wie zugesagt, blieben Josua und Kaleb verschont.

14,39–45 Die Anmaßung des Volkes und seine Niederlage. **39.40** Die rebellische Haltung der Israeliten wird nun noch deutlicher: Sie waren nicht bereit, in die Wüste zurückzukehren. Trotz der Furcht, die das Volk zunächst gezeigt hatte, als die Kundschafter berichteten, ist es nun entschlossen, das Land zu erobern. Mit dem oberflächlichen Bekenntnis *»Wir haben gesündigt«* versuchen die Israeliten, ihr Vergehen zuzudecken. **41–43** Mose erklärt, daß das Volk im Begriff stehe, *das Wort des Herrn zu übertreten,* deshalb werde es auch nicht siegen, sondern von den Amalekitern und Kanaanitern geschlagen werden. In so einem Feldzug, der kein heiliger Krieg war, würde Gott ihnen nicht beistehen. **44–45** Weil das Volk so *vermessen* (wörtl. »dickköpfig«) war, erlitt es eine schwere Niederlage und wurde bis nach Horma, möglicherweise Tell el-meschasch, 15km östl. Beerseba, zersprengt. Der Name *Horma,* von der hebr. Wurzel *ch-r-m* abgeleitet, bedeutet »völlige Vernichtung«. Der Sieg über die Kanaaniter rückte in weite Ferne: »eine lange Zeit« (5Mo 1,46), »40 Jahre«, oder »eine Generation« (s. Komm. zu 4Mo 21,3).

15,1–41 Verschiedene Gesetze und Vorschriften

Fünf Gruppen von Vorschriften sind hier zusammengestellt. Sie sollten befolgt werden, *»wenn ihr in das Land eurer Wohnsitze kommt«* (ZÜ). Auch wenn diese Vorschriften in ihrer jetzigen Form vom Bearbeiter stammen, bedeutet das nicht, daß Mose selbst den Israeliten keine Anweisungen gegeben hätte, wie sie unter geordneten Verhältnissen leben sollten.

15,1–16 Die vorgeschriebenen Speise- und Trankopfer. **1.2** Diese Gesetzgebung gehört nicht in die Zeit der Wanderschaft, obwohl es gut möglich ist, daß ähnliche Vorschriften, z.B. für Speisopfer, schon in der Wüste galten. Allerdings waren diese Regeln dann noch nicht so detailliert und genau festgelegt. **3–5** Wenn ein Tier geopfert wurde, sollte damit ein Speisopfer verbunden werden. Mit *Feueropfer* werden alle Opfer bezeichnet, die verbrannt wurden, also sowohl das Brandopfer, bei dem das Tier ganz verbrannt wurde, als auch das Dankopfer, bei dem nur ein Teil des Tieres den Flammen übergeben wurde (3Mo 3,3–5). Wenn nun solch ein Opfer dargebracht wurde – um ein Gelübde zu erfüllen, als freiwilliges Opfer oder als Opfer an den regelmäßigen Festtagen –, sollten mit dem Öl und Mehl als Speisopfer und Wein als Trankopfer dargebracht werden. Bei einem Schaf war dies ein Zehntel Epha (LÜ: Scheffel) feinstes Mehl, ein Viertel Hin (LÜ: Kanne) Öl und ein Viertel Hin Wein. Ein Epha entsprach etwa 22*l* (früher rechnete man aufgrund von Josephus 36*l*, s. LZB, Sp. 893, Maße und Gewichte), ein Hin 3,7*l*. **6.7** Mit einem Widder mußten zwei Zehntel Epha Mehl, ein Drittel Hin Öl und ein Drittel Hin Wein geopfert werden. **8.9** Zu einem Rind gehörten drei Zehntel Epha Mehl und jeweils ein halbes Hin Öl und Wein. Zu größeren Tieren gehörten also größere Speis- und Trankopfer. Vgl. Hes 46,4–15, wo allerdings kein Trankopfer erwähnt ist. *Lieblicher Geruch* (V.3.7.10): In diesem Bild wird Gott so dargestellt, als ob er Gefallen an dem Rauch hätte, der vom Opfer zum Himmel steigt. Was mit dem Trankopfer geschah, wird nicht näher erklärt, vermutl. wurde es über das Opfer gegossen, um einen angenehmen Geruch zu erzeugen (V.7).

11–16 Diese Vorschriften galten für den *einheimischen* Israeliten ebenso wie für den *Fremdling,* den unter ihnen wohnenden Ausländer. In diesen Versen werden für die Vorschriften, die das Leben in Israel regelten, drei verschiedene Bezeichnungen benutzt: *Gesetz* (*tora,* V.16), *Recht* (*mischpat,* V.16) und *Satzung* (*chuqqa*, V. 15). Der Ausdruck *Gesetz* (wörtl. »Lehre«) weist darauf hin, daß diese Vorschriften durch Offenbarungen bekannt wurden, also direkt vom göttlichen Lehrer kamen; *Satzung* (von dem Verb »eingravieren«) deutet auf Beständigkeit, unveränderbare Art; *Recht* beschreibt die genaue Anwendung des göttlichen Willens in bestimmten Fällen und Situationen.

15,17–21 Hebeopfer vom Brotgetreide. **20** *Teig* (LÜ), *Grütze* (ZÜ). Hier geht es um Opfer bei der Zubereitung des Brotes. Weil es von dem zum Verbrauch bestimmten Getreide »abgehoben« wurde, wird dieses Opfer »Hebeopfer« (LÜ: Opfergabe) genannt. Aus diesem Getreide wurde der erste Kuchen für den Herrn gebacken; das symbolisierte, daß alles Getreide von Gott kam und ihm gehörte. Wahrscheinlich sollte nach diesem Gesetz von jedem neuen Bündel Getreide eine kleine Menge für die Priester bestimmt werden.

15,22–26 Sündopfer bei versehentlichen und vorsätzlichen Vergehen. **22–26** Zwei Arten von unwissentlichen Sünden werden hier behandelt. Zunächst die Sünde der Gemeinde. (Vgl. 3Mo 4,5, wo noch zwei weitere Arten von Sünden genannt werden.) Das Ritual ist hier viel einfacher als in 3Mo: die Gemeinde muß einen jungen Stier als Brandopfer darbringen, einen Ziegenbock als Sündopfer, dazu die angemessenen Speis- und Trankopfer. *Und so soll der Priester für die ganze Gemeinde der Kinder Israel Sühne schaffen.* Die Vergebung erstreckte sich auf die ganze Gemeinde und die unter ihr lebenden Fremdlinge. **27–29** Falls ein einzelner unwissentlich eine Sünde begangen hatte, mußte eine einjährige Ziege als Sündopfer dargebracht werden. Dieses Gesetz galt für Einheimische wie für Fremdlinge. **30.31** Wer dagegen, gleich ob als Israelit oder als Fremdling, *mit erhobener Hand* (EÜ; LÜ: »aus Vorsatz«) eine Sünde beging, wurde aus der Volksgemeinschaft verstoßen und mußte die Konsequenzen seiner Tat tragen. Was dieses Urteil genau beinhaltete, ist nicht klar (s. Komm. zu 9,13). Zu den verschiedenen Kategorien der Sünde vgl. den Artikel »Theologie des Alten Testaments«, S. 24ff. Im Blick auf die Bedeutung dieser alten religiösen Riten für den modernen Menschen vgl. die Einleitung (Abschnitt »Der geistliche Wert«) S. 201, ebenso Komm. zu Kap. 28–29.

15,32–36 Der Sabbatschänder. **32.33** Ein Beispiel für eine vorsätzliche Sünde. Ein Mann wurde dabei ertappt, wie er *Holz auflas am Sabbattag.* Er wurde vor Mose, Aaron und die ganze Gemeinde gebracht. **34.35** Die Verhandlung wurde vertagt, bis Jahwe bestimmt hatte, *was man mit ihm tun sollte.* Die Strafe lautete auf Tod durch Steinigung (vgl. 2Mo 31,14f; 35,2). **36** Die ganze Gemeinde mußte die Steinigung vornehmen, das bedeutete, daß jeder einzelne Mitverantwortung trug. Das Urteil wurde *vor dem Lager* vollstreckt. Ob dieses Gesetz in Israel immer genau in dieser Form angewendet wurde, ist fraglich.

15,37–41 Das Tragen von Quasten an der Kleidung. **37.38** Den Israeliten wurde befohlen, an die *Zipfel* ihrer Kleidung *Quasten* zu machen. Es ist nicht sicher, was mit *Quasten* und *Zipfel* genau gemeint ist. Möglicherweise ging ein durchlaufender Saum um das ganze Gewand herum. Mehrere Fäden dieses Saumes wurden verflochten, um die Quasten zu bilden. An jeder Ecke mußte eine blaue Schnur befestigt sein. **39–41** Die Quasten sollten die Menschen daran erinnern, den Geboten Jahwes zu gehorchen und nicht dem eigenen Willen zu folgen. Gehorsam war das Kennzeichen eines heiligen Volkes. Einige der Ausdrücke in V. 40–41 erinnern an 2Mo 20,1f; 3Mo 19,36; 22,33; 26,13 usw. Die Erinnerung an die Rettungstaten Jahwes veranlaßte das Volk zum Gehorsam. Auch in außerbibl. Verträgen aus der Zeit Moses wird Gehorsam durch vorhergegangene Wohltaten begründet.

16,1–17,15 Der Aufruhr Korahs, Dathans und Abirams

Zweifellos sind die beiden hier geschilderten Auseinandersetzungen typisch für viele andere dieser Art. Der Anführer des einen Aufstandes war Korah, ein Levit; der andere Aufruhr wurde von Dathan und Abiram angeführt, die nicht aus dem Stamme Levi waren. In beiden Fällen wurden die Aufrührer zu einer Prüfung vor Gott herausgefordert, und in beiden Fällen wurde die Autorität Moses und Aarons bestätigt. Die beiden Geschichten sind ineinander verwoben, deshalb ist es schwierig, die Einzelheiten jeder Geschichte zu verfolgen. Wie in Kön sieht der Schreiber beide Erzählungen parallel. Es gibt keinen Grund zu bezweifeln, daß beide Revolten gleichzeitig stattgefunden haben.

16,1–11 Die Namen der Aufrührer und ihre Abstammung werden genannt. **2.3** Es scheint, daß mit diesen Versen die Darstellung des Aufruhrs Korahs beginnt. Die in V. 1 Genannten *empörten sich gegen Mose, dazu zweihundertundfünfzig Männer unter den Kindern Israel, Vorsteher der Gemeinde.* Diese *namhaften Leute* warfen Mose und Aaron vor: *Ihr geht zu weit!* Sie protestierten dagegen, daß Mose die Familie Aarons für die Dienste und Vorrechte des Priestertums ausgesondert hatte. **4–7** Mose warf sich, um

Hilfe bittend, vor Gott zu Boden, denn es handelte sich um einen schweren Übergriff. Dann forderte er Korah auf, sich für eine Prüfung vorzubereiten. Daß hier Korah genannt wird, deutet darauf hin, daß sich dieser Abschnitt mit der aufrührerischen Gruppe um Korah befaßt. Am nächsten Tag sollten Korah und seine Leute mit Pfannen, die mit Feuer und Räucherwerk gefüllt waren, vor dem Herrn erscheinen, und Gott würde kundtun, wer heilig (ausgesondert) war, sie oder Aaron. Dann kehrt Mose ihre Anklage gegen sie selbst: *Ihr geht zu weit!* **8–11** Mose erinnert die Gruppe der Aufrührer um Korah als Leviten daran, welche privilegierte Position sie einnahmen. Sie waren aus dem ganzen Volk Israel für den Dienst an der Stiftshütte ausgesondert worden. Sicherlich kein geringes Vorrecht. Beanspruchten sie nun auch noch das Priesteramt? Ihr Aufruhr richtete sich gegen Jahwe, denn wer war schon Aaron, daß sie gegen ihn murrten? – Ob die V. 2 erwähnten »Vorsteher« ebenfalls Leviten waren, oder andere, die jene unterstützten und die in den folgenden Ereignissen nicht mehr erwähnt werden, muß hier offenbleiben, vgl. aber V. 16.17.

16,12–15 Der Aufruhr Dathans und Abirams. **12** Nun werden die nicht-levitischen Aufrührer vorgestellt. Sie gehörten zum Stamm Ruben. Mose forderte sie auf, vor ihm zu erscheinen, aber sie weigerten sich zu kommen. **13.14** Der Grund ihres Aufruhrs wird aus ihrer Antwort ersichtlich. Sie meinten, Mose solle sich damit zufrieden geben, daß er das Volk aus Ägypten geführt habe. Warum sollte er jetzt auch noch über sie *herrschen?* Jedenfalls hatte er sie weder in das Land geführt, in dem Milch und Honig fließt, noch ihnen Felder und Weinberge zum Erbteil gegeben. – Die hebr. Wendung *die Augen ausreißen* entspricht unserer Redewendung »Sand in die Augen streuen«. **15** Zornig bat Mose Gott, ihre Opfer nicht anzunehmen. Seine Haltung war immer absolut lauter gewesen, und nie hatte er jemanden betrogen (vgl. 1Sam 12,3).

16,16–24 Die Prüfung Korahs. **16.17** Der Befehl an Korah wird wiederholt (V. 6f). Der ganze Vorgang spricht dafür, daß die 250 Männer von V. 2 Leviten waren. Außer ihnen sollte auch Aaron mit seiner Räucherpfanne vor den Herrn treten. **18.19** Die Aufrührer nahmen die Herausforderung an, und am nächsten Tag erschienen sie zusammen mit der ganzen Gemeinde. *Da erschien die Herrlichkeit des Herrn.* **20.21** Mose und Aaron wurden aufgefordert, sich nicht unmittelbar neben die versammelte Menge zu stellen, damit sie nicht mit ihr vernichtet würden. **22–24** Mose und Aaron, die das bevorstehende Gericht ahnten, fielen nieder, um Gott anzurufen; den *Gott des Lebensgeistes für alles Fleisch* (vgl. 27,16), d.h. den Gott, der das Leben aller Geschöpfe erhält. Sie drangen auf Gott ein: *Wenn ein einziger Mann gesündigt hat,* willst du darum gegen *die ganze Gemeinde wüten*? Daraufhin befahl der Herr, daß das Volk sich von den Wohnungen Korahs, Dathans und Abirams zurückziehen sollte. An diesem Punkt scheinen sich beide Erzählungen zu überschneiden; einige Ausleger haben die Frage aufgeworfen, ob in V. 24 statt *Wohnung Korahs,* nicht urspr. »Wohnung Jahwes« gestanden haben mag, denn das Substantiv *mischkan* (Wohnung) wird gewöhnlich nur für die Stiftshütte und nicht für die Wohnung von Menschen benutzt. Der Vergleich mit V. 32 zeigt, daß Korah zusammen mit Dathan und Abiram gerichtet wurde. Viell. soll diese Ausdrucksweise deutlich machen, daß schließlich alle Aufrührer dem göttlichen Urteil verfielen.

16,25–34 Die Prüfung Dathans und Abirams. **25** Die Prüfung Dathans und Abirams wird als nächstes beschrieben. Auch die Ältesten der Israeliten waren dabei anwesend. **26.27a** Wiederum wurde das Volk aufgefordert, sich von den Zelten der Aufrührer fernzuhalten, damit es nicht samt diesen weggerafft würde. In V. 27a tritt das gleiche Problem auf wie in V. 24 und 32. Es werden Aussagen gemacht, die für beide Gruppen gelten. Der Abschnitt beschäftigt sich aber nur mit Dathan und Abiram. **27b–30** Als Mose nahte, erschienen Dathan und Abiram mit ihren Familien an den Zelttüren. Mose erklärte ihnen den Ablauf der Prüfung. Im Falle ihrer Unschuld würde kein Unglück über sie kommen, und sie würden zu ihrer Zeit eines natürlichen Todes sterben. Würde der Herr aber etwas Außergewöhnliches tun (*»etwas Neues schaffen«,* wörtl. »eine Schöpfung erschaffen«), indem er die Erde öffnete und sie samt ihren Familien verschlänge, wäre das der Beweis ihrer Schuld. Das Gericht würde nicht nur die Aufrührer treffen, sondern auch ihre Familien. Der Grundsatz der Sippenhaftung, der auch seine positiven Seiten hat, besagt, daß die bösen Taten eines Menschen manchmal für seine ganze Familie Folgen haben können. **31–34** Als Mose seine Rede beendet hatte, öffnete sich die Erde und verschlang die Missetäter mit ihren Familien und ihrer gesamten Habe. In großem Schrekken floh das Volk, denn es wollte nicht auch von diesem Urteil getroffen werden.

16,35–17,15 Das Gericht über Korah und seine Folgen. **35** nimmt die Geschichte vom Aufruhr Korahs (V. 16–24) wieder auf. Der

Erzähler berichtet: *Feuer fuhr aus von dem Herrn und fraß die 250 Männer, die das Räucherwerk opferten.* **17,1–5** Das Feuer mußte zerstreut werden, damit niemand mehr das heilige Feuer benutzen konnte; denn obwohl es unrechtmäßig benutzt worden war, war es in das Heiligtum gekommen und gehört deshalb dem Herrn. Es entstand die Frage, was mit den unrechtmäßig benutzten Pfannen geschehen sollte. Auch sie waren heilig (ausgesondert), sie durften nicht mehr für profane Zwecke verwendet werden. Sie sollten *zu breiten Blechen* geschlagen und als Warnung und Zeichen über den Altar gedeckt werden; jeder Israelit sollte wissen, was ihm drohte, wenn er dem Beispiel Korahs folgte. Nur Priester durften sich dem Heiligtum nähern und Jahwe Räucherwerk opfern. **6** Die Unruhen waren noch nicht vorüber, denn am nächsten Tag gab das Volk Mose und Aaron die Schuld am Tod Korahs und seiner Leute. **7** In feindseliger Haltung versammelte sich das Volk an der Stiftshütte. **8–10** Als Mose und Aaron erschienen, befahl ihnen der Herr, sich vom Volk zu entfernen, damit er sie alle in einem Augenblick vertilgen könnte. Mose und Aaron fielen vor Gott nieder und baten um Gnade. **11–15** Mose befahl Aaron, zum Heiligtum zu laufen, um die Pfanne mit dem rechtmäßigen Feuer und Räucherwerk zu bringen, damit er *Sühne* (Bedeckung) schaffen könnte gegen das Gericht (*Plage*), das plötzlich über das Volk gekommen war. Die Plage hörte auf, als Aaron *zwischen den Toten und den Lebenden* stand, ein schönes Bild des »größeren Aaron«, der mehr als 1000 Jahre später kommen sollte. Aber es starben 14700 Menschen (was auch immer die Begriffe »tausend« und »hundert« hier bedeuten).

17,16–28 Aarons Stab

Nun wird der endgültige Beweis für die bevorrechtigte Stellung der Leviten geliefert. Während in Kap. 16 von negativen Beweisen berichtet wurde, durch die die oppositionellen Leviten zurückgewiesen und vernichtet wurden, werden die aaronitischen Leviten hier in einer positiven Prüfung in ihrer Stellung bestätigt und über die anderen Stämme erhoben.

17,16–20 Mose wurde angewiesen, für jeden Stamm (Sippe) einen Stab zu nehmen und auf diesen den Namen des Stammes zu schreiben. Aarons Name wurde auf den Stab Levis geschrieben. Dann wurden die Stäbe in der Stiftshütte vor der Bundeslade niedergelegt. Gott wollte einen der Stäbe grünen lassen, um für alle Zeit die Frage nach dem Priestertum zu beantworten und so dem Murren des Volkes ein Ende zu machen. **21.22** Wie befohlen, wurden die Stäbe eingesammelt und vor den Herrn gelegt. **23.24** Am nächsten Tag grünte der Stab Aarons, also der Stab Levis. Er trug Blüten und Früchte, während die anderen Stäbe sich nicht verändert hatten. Israel erkannte diesen Beweis an. **25.26** Der Stab Aarons wurde wieder ins Heiligtum zurückgebracht, als *Zeichen für die Ungehorsamen.* **27.28** Das Kapitel schließt mit der Erkenntnis des Volkes, daß jeden, der sich der Stiftshütte näherte, der Tod erwartete, natürlich außer den Leviten, die dazu berechtigt waren.

18,1–19,22 Lohn und Dienste der Priester und Leviten. Reinigungsvorschriften

In logischer Folge hat (haben) der (die) Bearbeiter das Material so angeordnet, daß die Darstellung der Pflichten und der Privilegien der Leviten an die Ereignisse in Kap. 17 anschließt. Durch diese Ereignisse wurden die Aaroniten in ihrem Priesteramt und die Leviten in ihrem Dienst bestätigt. Nun konnten die Abgaben des Volkes für die Priester und Leviten und die der Leviten für die Priester festgelegt werden.

18,1–7 Der Dienst der Leviten. **1** Um weiteres Unglück zu vermeiden, sollte der Stamm Levi die Verantwortung dafür übernehmen, daß sich in Zukunft niemand unberechtigt dem Heiligtum näherte. Aaron und seine Söhne sollten *die Schuld tragen, wenn eine Verfehlung begangen wird am Heiligtum* oder beim Priesterdienst. **2–5** Der Rest des Stammes Levi sollte Aaron dienen, während er und seine Söhne im Heiligtum amtierten. Unter Androhung der Todesstrafe durften sich die Leviten aber weder dem Altar noch den heiligen Geräten nähern. **6.7** *Denn euer Priesteramt gebe ich euch zum Geschenk* (wörtl.: »das Amt eines Geschenkes«): das Amt war also ein Privileg, das Gott selber gewährt hatte. Die Leviten waren ein Geschenk des Herrn an die Priester.

18,8–20 Abgaben des Volkes an die Priester. **8** Der Unterhalt der Priester war durch die verschiedenen Opfer gewährleistet, von denen die Priester einen Anteil erhielten, der Aaron und seinen Söhnen für alle Zeiten zustand. **9.10** Auch durften nur die Priester alles das essen, was nicht auf dem Altar verbrannt wurde, also jede Gabe, jedes Speis-, Sünd- und Schuldopfer. Sie werden als *hochheilige* Gaben bezeichnet, weil die das Heiligtum nicht mehr verlassen durften und so nur von den Priestern gegessen werden konnten. **11–13** Weiter standen den Priestern die Schwingopfer zu, d.h. die »abgehobenen« Teile des Opfers. Dazu gehörten die Erstlingsgaben, das Beste von Öl, Wein und Korn;

sie durften von den Familienangehörigen der Priester gegessen werden, vorausgesetzt, daß sie rituell rein waren. **14** Alles Gebannte, also Dinge, die dem gewöhnlichen Gebrauch entzogen waren, war für die Priester bestimmt (vgl. 3Mo 27,21). Dazu gehörten Teile der Kriegsbeute (vgl. Jos 6,17.19) ebenso wie die Opfergaben. **15a** Die Erstgeburten waren eine andere Unterhaltsquelle. **15b.16** Die Erstgeburt von Menschen und unreinen Tieren mußte losgekauft werden (hebr. Wurzel *p-d-h*, »etwas gegen Zahlung erhalten, was einem urspr. nicht gehörte«). Für Kinder und Tiere mußte im Alter von einem Monat der Loskaufpreis (hebr. *pedujim*) von 5 Schekel (3Mo 27,6) entrichtet werden. **17.18** Die Erstgeburt reiner Tiere (Rinder, Schafe, Ziegen) konnte nicht ausgelöst werden, denn sie war heilig, d.h. für den Herrn bestimmt. Sie wurden geschlachtet, ihr Blut wurde über den Altar gesprengt und ihr Fett *für den Herrn zum lieblichen Geruch* verbrannt; ihr Fleisch wurde den Priestern gegeben, und zwar die Brust und die rechte Schulter, genauso wie bei den anderen Opfern (3Mo 7,29–34). **19.20** *Alle heiligen Opfergaben* wurden den Priestern als ewiges Anrecht unter einem *Salzbund* zugesprochen. Der Salzbund konnte nie gebrochen werden (vgl. 3Mo 2,13). Diese Vorsorge wurde getroffen, da der Stamm Levi und mit ihm die Priester in Israel kein eigenes Erbteil besaßen.

18,21–24 Die Abgaben des Volkes an die Leviten. **21** Für ihren Dienst an der Stiftshütte erhielten die Leviten vom Volk den Zehnten. Die Art des Zehnten änderte sich von Zeit zu Zeit (5Mo 14,22f; 3Mo 27,30–33; 2Chr 31,6). **22.23** In gewissem Sinn war das Volk den Leviten verpflichtet, denn sie waren für die heiligen Gegenstände verantwortlich und sie trugen die *Schuld für ihre Verfehlung*, d.h. sie nahmen dem Volk Verantwortung ab und trugen an seiner Stelle das Risiko (vgl. V. 1). **24** Wie die Priester hatten auch die Leviten kein Erbteil, sondern lebten von dem Zehnten, die sie erhielten.

18,25–32 Die Gaben der Leviten an die Priester. **25–28** Die Leviten waren verpflichtet, einen Zehnten des Zehnten, den sie als Abgabe vom Volk empfingen, an die Priester als die Repräsentanten Jahwes weiterzuleiten. Sie verzehnteten nicht ihre Ernte, sondern ihr Einkommen. **29** Die Leviten sollten *die heilige Abgabe* von allen Gaben entrichten. Es sollte *das Beste* (wörtl. »Fett«) von dem sein, das sie empfangen hatten. **30.31** Die anderen 9/10 des Zehnten gehörten den Leviten; auch ihre Familien wurden damit versorgt, selbst wenn sie nicht am Heiligtum lebten. Es war der Lohn für den Dienst in der Stiftshütte. **32** Aber diese heiligen Gaben durften von den Leviten nur genossen werden, wenn sie zuvor den Priestern ihren Anteil gegeben hatten. Sonst hätte der Levit sich genauso schuldig gemacht wie jeder andere Israelit, der von seiner Ernte aß, ohne vorher den Leviten den Zehnten abgeliefert zu haben. Unter Androhung der Todesstrafe war es ihnen verboten, die heiligen Gaben zu *entweihen* (»gewöhnlich zu machen«). Wenn sie jedoch den Priestern deren Anteil am Zehnten gegeben hatten, würden sie (beim Genuß der heiligen Abgaben) keine *Sünde auf sich laden*, d.h. sie mußten nicht die Folgen tragen, die das Berühren heiliger Dinge sonst nach sich zog.

19,1–10 Das Reinigungswasser. Durch die Berührung einer Leiche wurde man unrein, deshalb wurde eine rituelle Reinigung notwendig. Sie wurde mit Reinigungswasser vollzogen.

1.2 Wenn jemand eine Leiche berührt hatte, mußte er eine *rötliche Kuh ohne Fehler* darbringen, d.h. sie durfte *kein Gebrechen* haben; es wurde absolute Vollkommenheit verlangt. Sie durfte noch kein *Joch* getragen, also niemand anders gedient haben, denn sie war für den Herrn bestimmt. *Rötlich* sollte die Kuh sein; möglicherweise ein Hinweis darauf, daß nur Blut eine Sünde wegnehmen kann. **3** Die Kuh wurde Eleasar, dem Sohn Aarons, übergeben und dann außerhalb des Lagers geschlachtet. **4–6** Sieben Mal wurde ein Teil des Blutes von Eleasar in Richtung auf die Stiftshütte gesprengt, unter seiner Aufsicht wurde danach der Körper der Kuh verbrannt und in das Feuer *Zedernholz und Ysop und scharlachrote Wolle* geworfen. Dies alles hat symbolische Bedeutung (vgl. 3Mo 14 das Ritual, um einen Aussätzigen zu reinigen). **7.8** Der Priester und der Mann, der die Kuh verbrannt hatte, wurden bei dem Ritual unrein. Beide mußten ihre *Kleider waschen* (das hebr. Verb wird u.a. in Ps 51,4.9; Jer 2,22 für das Reinwaschen von Sünden gebraucht und ihren Körper *abwaschen* (hebr.: Wasser darüber schütten), aber sie blieben bis zum Abend unrein. **9.10** Ein rituell reiner Mann sammelte die Asche der Kuh und brachte sie draußen vor dem Lager an einen reinen Ort. Dort wurde sie zur Herstellung des *Reinigungswassers* zur Reinigung von ritueller Unreinheit aufbewahrt. Der Ausdruck *»es ist ein Sündopfer«* weist darauf hin, daß die rötliche Kuh der Entsündigung diente (vgl. V. 17; dort wird es *verbranntes Sündopfer* genannt), obwohl es kein Sündopfer im engeren Sinne war (vgl. 3Mo 4).

19,11–13 Allgemeine Reinigungsvorschriften. **11.12** Jeder, der eine Leiche berührt hatte, war für sieben Tage unrein. Am dritten und am siebenten Tag mußte er sich mit dem Reinigungswasser reinigen (EÜ wörtl.: »sich entsündigen«). Die lange Zeit der Unreinheit unterstreicht die Ernsthaftigkeit der Verunreinigung. **13** Wenn sich aber jemand nicht reinigen wollte, entweihte er die Wohnung des Herrn und mußte aus der Volksgemeinschaft ausgeschlossen werden. *Gesprengt:* genauer: »gegossen« (vgl. 3Mo 1,5.11; 3,2 u.a.).

19,14–22 Besondere Reinigungsvorschriften. **14** Hier geht es um Anwendung der allg. Vorschrift in bes. Fällen. Jeder, der das Zelt eines Toten betrat, wurde unrein. **15** Auch unverschlossene Gefäße wurden unrein. **16** Auf dem freien Feld gab es viele Möglichkeiten, bei denen man eine Leiche berühren konnte. Einige davon werden aufgeführt. Aus diesem Grund wurden in späteren Zeiten Grabmäler weiß gestrichen (Mt 23,27; Apg 23,3). **17–19** Für die Herstellung des Reinigungswassers mischte man Quellwasser mit etwas Asche des Sündopfers. Am dritten und siebenten Tag tauchte eine reine Person einen Ysop in das Wasser und besprengte damit den Unreinen und seinen ganzen Besitz. Am siebenten Tag wurde der Unreine wieder rein (wörtl.: »entsündigt«). Er konnte sich selbst und seine Kleider waschen und war am Abend wieder rein. **20** Menschen, die dieses Ritual nicht beachteten, wurden aus der Gemeinde ausgeschlossen, da sie das Heiligtum entweiht hatten. **21** Der Mann, der das Reinigungswasser gesprengt hatte, und jeder, der das Wasser berührte, waren bis zum Abend unrein. Das war die kürzeste Zeit ritueller Unreinheit. **22** Alles, was der Unreine berührte, wurde unrein, und diejenigen, die berührten, was er berührt hatte, wurden ebenfalls unrein bis zum Abend.

20,1–13 Abschließende Ereignisse in Kadesch

20,1 Mirjams Tod. **1** Im ersten Monat kam das Volk nach Kadesch in der Wüste Zin. Das Jahr wird nicht angegeben. Mirjams Tod ist aber mit Sicherheit später anzusetzen als das zweite Jahr nach dem Auszug, als das Volk zum ersten Mal in Kadesch war, und vermutl. auch nach der Rückkehr zum Roten Meer, als die Israeliten den Rat Josuas und Kalebs, das Land zu erobern, ausgeschlagen hatten (vgl. 14,25). Möglicherweise blieb Kadesch während der langen Jahre in der Wüste das Zentrum. Deshalb kann Mirjam zu einer beliebigen Zeit während des Aufenthaltes im Gebiet von Kadesch gestorben sein.

20,2–13 Das Haderwasser. **2–5** Wieder einmal gab es kein Wasser (vgl. 2Mo 17,1–7), und wieder stritt das Volk mit Mose und sehnte sich nach dem Überfluß Ägyptens zurück (vgl. 4Mo 11,4–6). Die Israeliten hielten Mose vor, daß es besser gewesen wäre, wenn sie mit ihren Brüdern umgekommen wären (vgl. 16,35; 17,14.27). **6–9** Noch einmal baten Mose und Aaron den Herrn, sein Volk zu verschonen, und noch einmal befahl Gott Mose, seinen Stab zu nehmen und Wasser aus einem Felsen zu schlagen. Dieser Stab begegnet uns mehrmals in der Geschichte Moses (vgl. 2Mo 7,20; 14,16 usw.). **10–13** An dieser Stelle ist die Erzählung schwierig. Mose und Aaron durften das Verheißene Land nicht betreten, aber es ist nicht klar, was genau sie falsch gemacht hatten. Es gibt viele Vorschläge, wie man dieses Problem lösen könne: z.B. habe Mose den Fels zweimal geschlagen und auf diese Weise seinen Ärger verraten; oder: Mose habe sich selbst in den Mittelpunkt gestellt, als er sagte: *Werden wir euch wohl Wasser hervorbringen können aus diesem Felsen?* Das Volk habe Mose zu unbesonnenen Worten verleitet (vgl. Ps 106,32f), oder Mose und Aaron hätten nach dem Bericht der Kundschafter in ihrer Führungsrolle versagt (vgl. 5Mo 1,37; 3,26; 4,21). Aber uns sind nur die Worte des Herrn berichtet: *Weil ihr nicht an mich geglaubt habt und mich nicht geheiligt habt vor den Kindern Israel.* Es muß sich um ein Ereignis gehandelt haben, durch das der Herr *sich heilig an ihnen erwies* (hebr. *qiddesch,* also eine Anspielung auf Kadesch). Jedenfalls waren Mose und Aaron Jahwe in irgendeiner Weise zu nahe getreten.

20,14–22,1 Die Wanderung von Kadesch zu der Ebene von Moab

Nachdem die Israeliten lange Zeit vergeblich versucht hatten, vom Süden her in das Verheißene Land einzudringen, entschlossen sie sich nach Jahren des Zögerns, es vom Osten her einzunehmen. Die Geschichte der Wanderung zur Ebene von Moab wird an mehreren Stellen berichtet (5Mo 2,1–15; Ri 11,17f).

20,14–21 Israel und Edom

14 Mose sandte Boten an den König von Edom. Die Bezeichnung *»dein Bruder Israel«* spielt auf alte Verbindungen zwischen Jakob und Esau an, die nun zu Israel und Edom (vgl. 1Mo 25,20–34) geworden waren. Mose schilderte dem König die *Mühsal* in Ägypten und wie Jahwe sein Volk durch seinen Beauftragten (wörtl.: *»Engel«* oder »Bote«; vgl. 2Mo 23,2a) befreit hatte. **17.18** Mose hoffte auf eine positive Antwort. Er wollte das Land auf der *Straße des Königs* (EÜ; LÜ: Landstraße) durchziehen und versprach, nicht von ihr abzuweichen, wie Eindringlinge es tun würden.

Diese hist. Straße war damals nicht viel mehr als eine Karawanenroute, hatte aber durch die an ihr liegenden Ortschaften große Bedeutung. Deren Reste sind heute noch zu sehen. Einige Ansiedlungen hat man ausgegraben und genau erforscht. Trotz Moses Bitte verweigerte Edom den Durchzug. **19.20** Weitere Verhandlungen wurden dadurch ausgeschlossen, daß Edom den Israeliten mit seinem Heer entgegentrat. Von einer ähnlichen Erfahrung mit Moab wird in Ri 11,17f berichtet. Wir wissen heute, daß die Grenzen beider Königreiche durch Festungen gesichert waren; deren Überreste wurden bei Ausgrabungen gefunden.

20,22–22,1 Aarons Tod und der Sieg über feindliche Königreiche

20,22–29 Aarons Tod. Nachdem Israel Kadesch verlassen hatte, kam es zum *Berg Hor* an der Grenze Edoms. Der Dschebel Nebi Harun in der Nähe von Petra liegt für eine Identifizierung mit dem Berg Hor zu weit östl., deshalb ist es einleuchtender, den Dschebel Madera in der Nähe von Kadesch mit dem Berg Hor gleichzusetzen. **23–28** Als sie den Berg Hor erreicht hatten, nahm Mose Aaron und dessen Sohn Eleasar mit auf den Gipfel des Berges. Dort wurden die priesterlichen Kleider Aarons Eleasar übergeben, der von nun an der Hohepriester war. **29** Das Volk trauerte die übliche Trauerzeit von 30 Tagen um Aaron (vgl. 5Mo 34,8 das Trauern um Mose).

21,1–3 Der Streit mit dem König von Arad. **1** Als der König des im Negev gelegenen Arad hörte, daß sich die Israeliten auf dem Weg von *Atharim* näherten (wahrscheinlich Thamar oder Hazezon-Thamar in der Araba, einige km südl. des Toten Meeres), griff er sie an und nahm Gefangene. *Arad* ist ein wichtiger Ort in der bibl. Geschichte (vgl. 33,40; Jos 12,14; Ri 1,16). In derselben Gegend gibt es einen Tell Arad, aber vermutl. handelt es sich dabei um eine andere Stadt. Das in diesem Text erwähnte Arad ist vermutl. Tell el-Milh (Malatha) ungefähr 10km südwestl. des Tell Arad. **2.3** Israel bat den Herrn um Hilfe und versprach, Arad und seine Städte völlig zu zerstören (hebr. *cherem*, »bannen«), wenn Gott ihm den Sieg gäbe. Die Israeliten *vollstreckten den Bann an ihnen*, und der Ort wurde *Horma* (hebr. Wurzel *cherem*, »bannen«) genannt. Sie handelten nach dem einfachen Prinzip, daß alles, was dem Willen Gottes widerstand, unter sein Gericht fiel. Dieser Grundsatz gehört in den Zusammenhang des Heiligen Krieges (vgl. Komm. zu 31,1–54). In ihm kommt zum Ausdruck, daß der Gott Israels der Herr der Geschichte ist, ein heiliger Gott, der Sünde haßt, Widerstand nicht duldet und seine Heilsgedanken verwirklicht. Mehr als einmal wurden so die Heere Israels mobilisiert, um den Willen Gottes durchzusetzen. Natürlich hat der Heilige Krieg heute weder im Denken noch im Handeln des Christen einen Platz, aber für den Widerstand gegen Sünde und Sündhaftigkeit gelten die gleichen Grundsätze. Der Name *Horma* wird in den Berichten von der Wüstenwanderung und der Landnahme mehrfach erwähnt (bes. 4Mo 14,45; 5Mo 1,44; Ri 1,17); man hat deshalb angenommen, von dem hier geschilderten Ereignis lägen verschiedene sich widersprechende Berichte vor. Es ist jedoch einfacher, anzunehmen, daß sich in 4Mo 14,15 und 5Mo 1,44 Israels schmerzhafte Erinnerung an die größte militärische und geistliche Katastrophe der mosaischen Zeit niedergeschlagen hat, während 4Mo 21,3 als die später eingefügte Notiz eines Bearbeiters zu verstehen ist, die sich auf den in Ri 1,17 berichteten Sieg bezieht. Der Name Horma wurde dann der Stadt beigelegt, die früher Zephath geheißen hatte.

21,4–9 Die eherne Schlange. Dieses Ereignis wurde in späteren Jh. für Juden und Christen gleichermaßem bedeutsam (vgl. Weish 16,5–7; Jh 3,14). **4** Als Israel den Berg Hor verlassen hatte, zog es entlang der westl. Grenze Edoms südl. in *Richtung auf das Schilfmeer* (hebr. *jam suph*). Unklar ist, wie weit südl. sie auf dieser Straße kamen. *Denn das Volk wurde verdrossen auf dem Wege.* **5.6** Sie klagten über das Fehlen von Brot und Wasser und über *diese magere Speise,* das Manna. *Feurige Schlangen:* Das göttliche Gericht traf sie in Gestalt von giftigen Wüstenschlangen, deren Biß wie Feuer brannte. Deshalb werden sie im Hebr. *seraphim,* d.h. »die Feurigen« genannt (ZÜ: *die Schlangen, die Saraphe*). Viele Menschen starben durch sie. **7** Daraufhin bekannte das Volk: *Wir haben gesündigt, daß wir wider den Herrn und dich geredet haben.* **8.9** Als Antwort auf das Gebet Moses befahl Gott, eine eherne Schlange aufzurichten. Wer gebissen war, mußte diese Schlange ansehen und brauchte nicht zu sterben. So wurde den Israeliten deutlich gemacht, daß nur Gott ihnen Rettung schenken konnte. Die einfache Aufforderung, zu sehen, um zu leben, war eine Glaubensprüfung (vgl. Jes 45,22). Giftige Schlangen konnten nur durch Gottes Gnade unschädlich gemacht werden.

21,10–20 Die Wanderung vom Berg Hor zur Ebene von Moab. **10–13** Die Identifizierung der hier erwähnten Orte ist unsicher. *Oboth* (wörtl. »Wasserschläuche«) kann Ain el-Weibe (Ein Yahav) sein, ca. 22km südl. des

Roten Meeres, westl. von Punon (dem heutigen Fenan). *Ijjim-Abarim:* (wörtl. »Ruinen von Abarim«) ist möglicherweise Mahaj, östl. von Moab. Es ist anzunehmen, daß die Israeliten wie folgt gezogen sind: Zunächst von Kadesch aus ein Stück weit in südl. Richtung, dann östl. zur Araba, dann nördl. entlang der westl. Grenze Edoms zum Wadi Sered, dann das Tal entlang in Richtung O. Von dort wandte sich Israel nach N und umging so Moab im O und überquerte den *Arnon,* die Grenze zwischen den Moabitern und Amoritern. Diese Wegbeschreibung würde mit der in Ri 11,16–18 übereinstimmen. **14.15** Ein kurzer Auszug aus dem *Buch von den Kriegen des Herrn,* einer Sammlung alter Kriegsgesänge. Er wird hier eingefügt, da in ihm die Bäche erwähnt werden, die in den Arnon fließen. Der Text ist hier schwierig. **16–18** In *Beer* (genaue Lage nicht bekannt) fand das Volk Wasser, und dort sang es auch einen seiner vielen alten Gesänge. **19.20** Nachdem die Israeliten an einigen ebenfalls nicht identifizierbaren Orten verweilt hatten (nur *Bamoth* ist möglicherweise Chirbet el-Quweğiye), erreichten sie schließlich ein Tal in der Gegend von Moab, nicht weit vom Berg Pisga, von dem aus man die Wüste Juda (vgl. Mt 3,1 Par) überblicken konnte (LÜ in freier Wiedergabe: »Jordantal«; hebr. *jeschimon,* wörtl. »Wüste«). Pisga ist einer der hohen Gebirgszüge, die das moabitische Plateau zum Toten Meer hin überragen und von wo man eine gute Sicht hinüber nach Kanaan hat. Der höchste Berg dieser Gebirgskette ist der Nebo.

21,21–22,1 Der Sieg über die Könige der Amoriter. Die Königreiche der Edomiter, Moabiter und Amoriter waren von Festungen umgeben, die es den Israeliten unmöglich machten, Kanaan zu erreichen. In Edom und Moab konnte Israel nicht eindringen, es gelang ihm aber, die Festungen der amoritischen Königreiche einzunehmen.

21–32 Sihon. Mose bat für Israel mit ähnlichen Worten um Durchzug durch Sihon, wie er sie auch an Edom gerichtet hatte (vgl. 20,14–21); aber Sihon schlug diese Bitte nicht nur aus, sondern griff Israel bei *Jahza* an (möglicherweise das heutige Chirbet Iskander, ungefähr 8km nördl. von Dibon). **24** Das gab Israel die Möglichkeit, einen dieser Könige in offener Feldschlacht zu schlagen und so die Festungen ungehindert einzunehmen. In kurzer Zeit hatte Israel das Gebiet Sihons erobert: Vom Arnon bis zu den Schluchten des Jabboks und östl. bis nach *Jaser* an der westl. Grenze des Amoriterreiches. Jasar wird mit Chirbet Jazzir identifiziert, in der Nähe des heutigen es-Salt, 18km südl. des Jabboks, nach anderen mit Tell ʿAreme, 3km nordwestl. von Naʿur. **25.26** Ebenso wie Sihons Hauptstadt Hesbon wurden auch die benachbarten Städte eingenommen, die in früheren Zeiten die Amoriter von den Moabitern erobert hatten. Die Erwähnung von *Städten* in dieser Gegend ist wichtig für die Datierung des Auszugs aus Ägypten. Vor 1350/1300 v.Chr. gab es viele Jh. lang nur sehr wenige städtische Siedlungen im Transjordangebiet. Deshalb muß der Auszug zu einem Zeitpunkt stattgefunden haben, an dem die Israeliten in dieser Gegend auf Städte stoßen konnten. **27–30** Hier wird eine alte Ballade zitiert, die früher von den Amoritern gesungen wurde, um ihren Sieg über die Moabiter zu feiern. Sie wird wiedergegeben, um den Wechsel des Geschickes von Hesbon zu zeigen. Der letzte Abschnitt des Liedes ist nicht einwandfrei überliefert und wird deshalb sehr verschieden übersetzt. **33–35** Og. Bald darauf folgte der Sieg über das amor. Königreich nördl. des Jabbok. Auf dem Karawanenweg nach Basan traf Israel auf Og und schlug ihn bei Edrei (möglicherweise das heutige Derʿa, 60km östl. des Jordan). Og und seine ganze Familie wurden getötet. So faßte Israel im Transjordangebiet Fuß und konnte dort seine Macht bis ans Ende der Königszeit behaupten, war aber in zahlreiche Verteidigungskriege verwickelt, um das Gebiet zu halten. **22,1** Das Lager gegenüber Jericho. Sie *lagerten sich im Jordantal der Moabiter gegenüber Jericho:* Dies war der letzte Aufenthaltsort der Israeliten, bevor sie den Jordan überquerten. Es handelt sich wahrscheinlich um die Ebene östl. des Jordans gegenüber Jericho (vgl. Jos 4,13; 5,10), ein wald- und wasserreiches Gebiet nördl. des Toten Meeres. Hier fand eine Reihe von Ereignissen statt, die das Thema des nächsten größeren Abschnitts sind.

22,2–32,42 Die Ereignisse in der Ebene von Moab

22,2–24,25 Balak und Bileam

In den drei folgenden Kapiteln begegnen wir einigen Stücken, die zur ältesten Dichtung gehören, die wir in der Bibel finden. Es wird die Geschichte Balaks, des Königs von Moab, erzählt, der aus Angst vor den nahenden Israeliten einen Wahrsager aus Pethor am Euphrat im Lande Ammaw (s. Komm. zu V. 5) zu sich kommen ließ, der für ihn sowohl wahrsagen als auch verfluchen sollte (22,2–14). Nach langem Widerstand (22,15–35) kommt Bileam (22,36–40) und spricht vier Orakel (22,41–24,25), in denen Israel als ein gesegnetes Volk geschildert wird. Schließlich entläßt Balak Bileam.

22,2–14 Balaks Furcht vor Israel und seine erste Einladung an Bileam. **2–4** Der furchtsame Balak (wörtl. »Zerstörer«), der von der Niederlage der Amoriter gehört hatte, teilte seine Befürchtungen mit den Ältesten der Midianiter. **5** Er beschloß, Boten auszusenden, die Bileam holen sollten, den Wahrsager aus *Pethor* am Euphrat (möglicherweise Pitru, 20km südl. von Karchemis, s. LZB, Sp. 1057). *Ins Land der Söhne seines Volks:* so LÜ und ähnlich ZÜ; wahrscheinlicher ist die Übersetzung als Eigenname »ins Land der Söhne von Ammaw« (JB). Aus Keilschrifttexten wissen wir, daß es ein Land dieses Namens gab. Die Boten berichteten Bileam von der Ankunft eines Volkes aus Ägypten und von Balaks Absicht, sie anzugreifen. **6** Sie baten Bileam zu kommen, um dieses Volk zu verfluchen (»einen Zauberspruch zu sprechen« ist die eigentliche Bedeutung der hebr. Wurzel). Man glaubte also von Bileam, daß er mittels eines Zauberspruches segnen und verfluchen konnte. **7.8** Die Ältesten von Moab und Midian hatten den *Lohn für den Wahrsager* bei sich, der ein wichtiger Teil einer solchen Vereinbarung war (vgl. 1Sam 9,7f). **9–14** Aber Gott hielt Bileam zurück und ließ ihn wissen, daß das Volk Israel gesegnet ist. Er antwortete deshalb: *»Der Herr will's nicht gestatten, daß ich mit euch ziehe.«*

22,15–21 Balaks zweite Einladung. **15–17** Da Balak unbedingt Bileams Hilfe gewinnen wollte, sandte er eine zweite größere Gesandtschaft mit vielen Fürsten zu ihm und versprach ihm große Ehren. **18** Von diesen Zusagen unberührt, bestand Bileam darauf, daß er nur das tun könne, was Jahwe ihm auftrüge. **19.20** In dieser Nacht ließ Gott ihn wissen, viell. durch einen Traum, daß er mit den Gesandten aus Moab und Midian ziehen sollte. Solch ein offensichtlicher Wechsel der Absichten Gottes ist dem AT auch sonst nicht unbekannt (vgl. Jer 18,1–11). Bei einem Wandel der Umstände konnten sich auch die Absichten Gottes ändern. Daß Gott Bileam einmal zu gehen verbot (V. 12), es ihm dann erlaubte (V. 20) und schließlich wieder ärgerlich war, daß er gegangen war (V. 22), ist im einzelnen nicht einfach zu erklären. Auf jeden Fall wollte Jahwe nicht, daß Bileam Israel verfluchte. Bileam erhielt einen weiteren warnenden Hinweis Gottes, daß diesem die ganze Angelegenheit nicht gefiel. Das Wort »weiter« (V. 19) deutet jedoch einen verhängnisvollen Zug in Bileams Charakter an. Aufs ganze gesehen führte Gier (vgl. 2Pt 2,15; Jud 11) seinen Untergang herbei (vgl. 4Mo 25,1ff; 31,8; Offb 2,14). Hätte er nämlich die hochtrabenden Worte in V. 18 wirklich ernst gemeint, so wäre die Äußerung V. 19 überflüssig gewesen; denn Gott hatte schon gesprochen. Darum geht es hier. V. 20 offenbart die Versuchung des menschlichen Herzens, sich Gott gefügig machen zu wollen, während er vorgibt, dem Willen Gottes folgen zu wollen (*doch nur, was ich dir sagen werde, sollst du tun*). Den gleichen Sachverhalt drückt Ps 106,15 aus. **21** Am nächsten Morgen brach Bileam mit den Fürsten der Moabiter auf.

22,22–35 Bileam und seine Eselin. **22–27** Bileam wurde von *zwei Knechten begleitet,* die im palästin. Targum Jannes und Jambres genannt werden (vgl. 2Tim 3,8, wo aber auf 2Mo 7,11ff angespielt wird). Unterwegs wurde die Eselin störrisch und wich vom Weg ab. *Und der Engel des Herrn:* eine Erscheinung Gottes (s. Einleitung zu 2. Mose, S. 136f). *Um ihm zu widerstehen:* wörtl. »als Widersacher« (hebr. *śatan*, vgl. Hiob 1,6–9; Sach 3,1). Bileam schlug seine Eselin (wie es im Orient üblich ist). Diese betrat nun einen schmalen Pfad zwischen zwei Mauern (vermutl. niedrige Steinmauern), der durch Weinberge führte. Die Erscheinung wiederholte sich, die Eselin drängte an die Mauer und klemmte Bileams Fuß ein. Daraufhin schlug der Wahrsager sein Tier noch einmal. Das Tier geriet in einen Engpaß, wo es sich nicht mehr umdrehen konnte und brach schließlich unter Bileam in die Knie, woraufhin Bileam das Tier wiederum schlug. **28–30** Plötzlich hörte Bileam seine Eselin darüber klagen, daß sie als eine treue Dienerin so schlecht behandelt würde. Obwohl dies außerhalb der normalen Erfahrung liegt, haben Menschen verschiedentlich unter dem Eindruck gestanden, daß Gottes Kreaturen mit ihnen sprechen. **31–34** Dann sah Bileam den Engel des Herrn und verstand endlich das Benehmen der Eselin. Es war eine weitere Mahnung an einen Mann, dessen Weg *verkehrt* (V. 32) war (der hebr. Text ist hier unsicher). Bileam bekannte: *Ich habe gesündigt, ich habs ja nicht gewußt, daß du mir entgegen standest auf dem Wege.* Er bot dem Engel an, wieder zurückzukehren. **35** Aber Gottes Absicht konnte doch noch erfüllt werden, deshalb erlaubte Gott Bileam, mit den Fürsten Balaks zu ziehen; Bileam durfte jedoch nur sagen, was Gott ihm eingab.

22,36–40 Das Treffen zwischen Balak und Bileam. **36–39** Die beiden Männer trafen sich bei Ar-Moab, an der Grenze Moabs (vgl. 21,28) und zogen weiter nach Kirjath-Huzoth (wörtl. »Stadt der Straßen«). Auf dem Weg erklärte Bileam Balak, daß er nur das sagen würde, was Gott ihm eingab. Das war eine genaue Definition von Prophetie. **40** Balak opferte Rinder und Schafe und sandte das

Fleisch an Bileam und seine Begleiter (die Fürsten).

22,41–24,25 Bileams Orakel. Im Lauf der folgenden Tage sprach Bileam vier Orakel. Diese in Versmaß gehaltenen Aussprüche sind in einem sehr altertümlichen Hebr. abgefaßt. In ihrer jetzigen Form gehen sie ungefähr auf das 10. Jh. v.Chr. zurück, was vermuten läßt, daß sie in ihrer urspr. Form noch älter sein könnten.

22,41–23,12 Das erste Orakel. **22,41** Zuerst führte Balak Bileam hinauf nach *Bamoth-Baal* (wörtl. »Baals Höhen«), um ihm den *äußersten Teil des Volkes* (ZÜ) zu zeigen (hebr. *qazeh*, »Äußerstes«, kann sowohl das nahe, als auch das entfernt liegende Ende bezeichnen). **23,1–3** Bileam befahl Balak, sieben Altäre zu bauen und ihm sieben Stiere und sieben Widder zu bringen (offensichtlich war in solchen Fällen sieben die übliche Anzahl). Danach opferten sie *auf jedem Altar einen jungen Stier und einen jungen Widder.* Bileam bat Balak, eine Weile zu warten, und stieg auf eine kahle Anhöhe, um das Orakel zu empfangen. **4–6** Dort begegnete ihm Gott und teilte ihm sein Wort mit, das Bileam anschließend Balak und den Fürsten weitersagte. **7.8** Das Orakel erklärte, daß Balak Bileam aus Qedem (*dem Lande des Ostens*), d.i. Aram, hatte holen lassen, um Israel zu verfluchen. Aber das war unmöglich, denn Gott hatte sein Volk nicht verflucht. **9.10** Vom Berggipfel herabblickend sah Bileam Israel als ein Volk, das nicht zu den Heiden gehörte, und er fragte: *Wer kann zählen den Staub Jakobs, auch nur den vierten Teil Israels*? »Vierter Teil« steht genau parallel zu »Staub«; das Hebr. *roba'* könnte von der Wurzel *r-b-'* stammen und dann ebenfalls mit »Staub« zu übersetzen sein. Seinen Spruch schloß Bileam mit den Worten: *Meine Seele möge sterben den Tod der Gerechten, und mein Ende werde wie ihr Ende!* Dies ist viell. eine Art Schwur, der besagt, daß Bileam bereit ist zu sterben, wenn seine Worte nicht wahr sind. **11.12** Das Orakel gefiel Balak nicht, aber Bileam erklärte, daß er nur das sagen konnte, was Jahwe ihm auftrug.

23,13–26 Das zweite Orakel. **13.14** Balak dachte, daß das Orakel viell. anders ausfallen könnte, wenn Bileam nur einen Teil Israels sähe. Deshalb führte er ihn *zum Späherfeld auf dem Gipfel des Pisga.* **15–17** Dort wurde das gleiche Ritual ausgeführt, und Bileam ging wieder beiseite, um ein Orakel zu empfangen. **18–20** Er erhielt einen neuen Orakelspruch, in dem Gott erklärte, daß er kein Mensch sei, der lüge und seine Absichten ändere. Es sei sein fester Wille, Israel zu segnen. Der Ausspruch steht in poetischem Doppeldreier-Rhythmus. **21** Wieder konnte Bileam für das Volk kein Unglück entdecken, denn Jahwe war mit dem Volk, und *es jauchzt dem König zu.* **22** Gott hatte dieses Volk aus Ägypten herausgeführt. Die *Hörner* symbolisierten Stärke (vgl. 5Mo 33,17; Sach 1,18f). **23** *Gegen Jakob gibt es keine Vorzeichendeutung, gegen Israel keine Wahrsagekünste* (JB). **24** Israel wird sowohl mit einem Löwen wie auch mit einer Löwin verglichen. Diese doppelte Charakterisierung als männlich und weiblich soll die Machtfülle Israels unterstreichen. **25.26** In seinem Ärger befahl Balak Bileam, Israel weder zu segnen noch zu verfluchen.

23,27–24,9 Das dritte Orakel. **27.28** Balak versuchte es nun noch von einer dritten Stelle aus, dem Gipfel des Berges Peor, von wo aus man die Wüste überblicken konnte (am Fuß des Berges in der Ebene von Moab lag Beth-Jeschimoth, vgl. 33,49). Bileam schaute immer noch nach Westen. **29.30** Das gleiche Ritual wurde wiederholt. **24,1** Aber diesmal wartete Bileam nicht auf Zeichen, sondern schaute einfach auf das Volk Israel hinab. **3** Da kam der Geist Gottes auf ihn, und er sprach das dritte Orakel (hebr. *ne'um*, hier dreimal benutzt, bezeichnet einen göttlichen »Ausspruch«). **4** In diesem Vers erscheinen alte Namen Gottes: El (*Gott*) und Schaddai (*Allmächtiger*). Niedergeworfen vor Gott, die Augen *geöffnet* und von allen Hemmnissen befreit, empfing Bileam die göttliche Vision. **5–9** Er konnte die schönen Zelte Israel sehen, die sich wie Täler und Gärten an einem Fluß, wie Aloe und Zedernbäume ausbreiteten. Wohlstand und viele Nachkommen sollten Israels Los sein, und seine Herrschaft würde größer sein als die Agags (des ersten Königs, der von Israel getötet wurde, vgl. 1Sam 15,32f). Gott hatte sein Volk aus Ägypten befreit, er war seine Stärke, und er würde die Heiden vernichten, wie ein Löwe seine Beute zerreißt. Bileam schloß mit einem Segensspruch an Israel: *Gesegnet sei, der dich segnet, und verflucht, der dich verflucht.*

24,10–25 Das vierte Orakel. **10** Balak war verärgert und *schlug* verzweifelt *die Hände zusammen* (vgl. Hiob 27,23; Klgl 2,15). Bileam hatte Israel verfluchen sollen, und nun hatte er es dreimal gesegnet. Balak schickte Bileam in sein Land zurück. **11** Balak hatte versprochen, Bileam zu ehren, aber Jahwe, der Gott Israels, hatte das verhindert. **12.13** Bileam erinnerte Balak daran, daß er schon seinen Boten erklärt hatte, daß er nur das Wort Jahwes sprechen könne (vgl. 22,18). **14ff** Bevor er in sein Heimatland zurückkehrte, sagte er noch einmal voraus, was mit Israel, Amalek, den Kenitern und anderen Völkern geschehen sollte. **15.16** Nach einleitenden Worten ließ Bileam seine Zuhörer wissen, daß er eine Vision von dem Allmächtigen (Schaddai) empfangen habe. **17.18** Er sah Israels Zukunft (*nicht jetzt... nicht von nahem*): Sterne würden aus Jakob aufgehen, und die Stämme Israels würden Moab vernichten. Die übliche Übers.: *Es wird ein Stern aus Joab aufgehen und ein Zepter aus Israel aufkommen* hat zu vielen messianischen Deutungen Anlaß gegeben; auch die Qumran-Gemeinschaft sah diesen Abschnitt als messianisch an. Unter Berücksichtigung des Alters dieser Stücke spricht jedoch einiges dafür, den Plural »Sterne« und »Stämme« zu lesen und V. 17 eher auf Israels zukünftige politische Entwicklung zu beziehen. Die *Söhne Seths* sind vermutl. ehemalige Einwohner Moabs, aus frühen ägypt. Quellen als die »Suti« bekannt. **18** Ebenso sollte Edom entmachtet und seine Hauptstadt Seïr vernichtet werden. **19** So würde Israel Edom und Moab beherrschen, die ihm auf der Königsstraße den Durchzug durch ihr Gebiet verweigert hatten. **20** Auch die Amalekiter, ein anderes altes Volk, sollten untergehen. **21** Ebenso sollten die in ihren Bergen sich so sicher fühlenden Keniter vernichtet werden. (Hier liegt ein Wortspiel vor: *Keniter*, hebr. *qeni*, klingt an *qen*, »Nest«, an.) **21.22** Der Text der abschließenden Verse des Orakels ist schwierig; man hat sehr unterschiedliche Übersetzungsversuche unternommen. W. F. Albright schlägt für V. 21f vor:

»Deine Wohnung, oh Schmied (Keniter),
ist sehr beständig;
und dein Nest ist in den Felsen gebaut,
und dennoch sollen sie vernichtet werden,
deine Bewohner, so wie ich es sehe.«

In dieser Übers. wird Assur nicht erwähnt, und sie ermöglicht es uns, diesen Abschnitt in seinem hist. Rahmen zu verstehen. **23.24** sind ebenfalls schwierig. Albright übersetzt – allerdings mit einigen Textkorrekturen:

»Die Inseln sollen versammelt werden vom Norden,
und Schiffe vom fernsten Meer,
und während ich sehe, sind sie schon vorüber –
so soll auch er für immer vergangen sein!«

Es ist nicht ganz klar, auf welches Volk sich diese Verse beziehen; möglich ist, daß V. 23 und 24 auf die Invasion der Seevölker Bezug nehmen, der die Küstenländer des Mittelmeeres im 12. Jh. v.Chr. ausgesetzt waren. Zeitgenössische ägypt. Texte sprechen von »Fremden aus dem Norden«, die von »Inseln in der Mitte des Meeres« kommen und »von ihren Inseln« aus Raubzüge unternehmen. Jedenfalls beschreibt das vierte und letzte Orakel die Überwindung aller Feinde durch Israel, das in den Ebenen vor den Höhen Moabs lagerte. **25** Es ist nicht verwunderlich, daß Balak diesen für ihn unnützen Wahrsager entließ. Die beiden Männer trennten sich und gingen ihre eigenen Wege.

25,1–18 Israels Abfall in Peor

An den in den vorangehenden drei Kapiteln geschilderten Ereignissen hatte Israel keinen direkten Anteil. Aber nun werden zwei Fälle beschrieben, in denen Israel durch unsittliche Beziehungen zu nicht-israelit. Frauen in die Anbetung fremder Götter verwickelt wurde.

25,1–5 Unsittlichkeit mit Moabiterinnen. **1–3** *Und Israel lagerte in Schittim. Da fing das Volk an zu huren mit den Töchtern der Moabiter* (gemeint sind die Frauen Moabs). Dies war ein sexuelles und ein relig. Vergehen (vgl. Offb 2,14). *Schittim:* (wörtl. »Akazienbaum«) vermutl. Tell el-Kefren, war der letzte Lagerplatz vor der Überquerung des Jordans (vgl. Jos 2,1; 3,1). Israel wurde zu Festen des Gottes Baal-Peor und vermutl. auch des Gottes Kemosch (des Gottes Moabs) eingeladen. **4** Mose erhielt den Auftrag, die Führer öffentl. (wörtl. »im Angesicht der Sonne«) zu bestrafen. Die Art der Bestrafung ist unklar. Für das hebr. Verb (abgeleitet von einer arab. Wurzel) gibt es verschiedene Übersetzungsmöglichkeiten: »pfählen«, »aussetzen«, »hängen«, »niederwerfen«. Die Bestrafungsmethode ist auch an anderen Stellen des AT belegt (z.B. 2Chr 25,8–12; vgl. Lk 4,29). Möglicherweise wurden die Männer getötet und einen Abhang hinuntergeworfen, wo sie unbegraben in der Sonne liegen blieben. Nur so konnte ein Gericht über das ganze Volk abgewendet werden. **5** Die *Richter Israels* nahmen die Exekution vor.

25,6–18 Unsittlichkeit mit Midianiterinnen. **6–9** In der zweiten Erzählung wird berichtet, daß das ganze Volk weinend zur Stiftshütte kam, weil eine Plage ausgebrochen war. Ein Israelit hatte eine Midianiterin mit nach Hause gebracht. Pinhas, der Sohn des Hohenpriesters Eleasar, folgte den beiden in ihr Zelt und erstach sie. So kam die Plage zum Stillstand, aber sie hatte bereits *vierundzwanzigtausend* Opfer gefordert (Tausend: hebr. *'eleph*, der genaue Sinn ist unklar, s. Komm. zu 1,2.3). **10–13** Um seinen *Eifer* zu belohnen, schloß Gott einen *Bund des Friedens* mit Eleasar. Mit einem Vokalwechsel wäre statt *schalom* (»Frieden«) *schillum* (»Belohnung«) zu lesen (vgl. jedoch Mal 2,5); dann wäre das Versprechen des *ewigen Priestertums* an Eleasar und seine Nachkommen eine Belohnung für seinen Eifer. Die späteren Zadokiter führten ihren Stammbaum über Pinehas auf Eleasar zurück (vgl. 1Chr 24,3). An diesem Tag hatte Pinehas für das Volk *Sühne* oder »Bedeckung« geschaffen. **14.15** Der israel. Missetäter war Simri, ein Simeoniter, die midianitische Frau hieß Kosbi (wörtl. »Betrügerin«) und war die Tochter eines Sippenoberhauptes der Midianiter. **16–18** Danach sollte Israel die Midianiter angreifen, denn sie hatten Israel zweimal verführt.

26,1–65 Die zweite Volkszählung

Nachdem die Wanderung des Volkes im wesentlichen abgeschlossen war, wurde eine neue Volkszählung notwendig. Sie sollte dazu dienen, die militärische Stärke für eine Invasion abzuschätzen, aber man mußte auch wissen, wie groß die Stämme waren, um das Land Kanaan gerecht aufteilen zu können. Die erste Zählung hatten Mose und Aaron durchgeführt (Kap. 1). Eine Generation später wurde die zweite Zählung von Mose und Eleasar vorgenommen. Zwischen beiden Zählungen gibt es einige Unterschiede.

26,1–4 Mose und Eleasar werden angewiesen, eine zweite Zählung durchzuführen. **1–4** Nach der in Kap. 25 berichteten Plage wurden Mose und Eleasar angewiesen, eine zweite Zählung durchzuführen (vgl. 1,1). Wie bei der ersten Zählung sollten die Männer von 20 Jahren an aufwärts, also die Wehrfähigen, gezählt werden. **4** *Die 20 Jahre alt waren und darüber:* Vermutl. sind vor diesem Satzteil einige Wörter des hebr. Textes verlorengegangen.

26,5–51 Die Zählung der Stämme (ohne Levi). Ein Vergleich mit der ersten Zählung zeigt, daß sich die Gesamtzahl der erwachsenen Männer um 1820 vermindert hat. Sieben Stämme wurden größer, fünf Stämme kleiner. Die Reihenfolge der Stämme ist anders. Hier werden Ruben, Simeon und Gad zuerst genannt, dann folgen Juda, Isaschar und Sebulon, während in Kap. 1 die Reihenfolge umgekehrt ist. Im nächsten Abschnitt wird Manasse vor Ephraim aufgeführt (V. 28.35; vgl. 1,32.34).

5–11 Die Unterteilung des Stammes Ruben ist die gleiche wie in 1Mo 46,9, seine Stärke hat sich im Verhältnis zu 4Mo 1,21 um 2770 Mann vermindert. Der Bearbeiter hat zu Dathan und Abiram, die zusammen mit Korah umkamen (Kap. 16) Erläuterungen hinzugefügt. Die Anmerkung in V. 11 stimmt damit überein, daß auch nach dem Exil noch Korahiter erwähnt werden (vgl. 1Chr 26,1–19). Offensichtlich war nur ein Teil der Korahiter in die in Kap. 16 beschriebenen Ereignisse verwickelt. **12–14** Die Zahl der Simeoniter hatte sich um 37 100 vermindert (vgl. 1,23). Die Unterteilung des Stammes entspricht der in 1Mo 46,10. **15–18** Der Stamm Gad zählte 5150 Männer weniger, und die Namen der Unterstämme unterscheiden sich etwas von denen in 1Mo 46,16. **19–22** Juda verfügte über 1900 Männer mehr (vgl. 1,26); **23–25** Isaschar über 9900 (vgl. 1,29); **26.27** Sebulon über 3100 (vgl. 1,31) mehr. **28–37** Die Gruppe der Josephstämme war um 2500 gewachsen, obwohl Ephraim 8000 Mann verloren hatte (V. 37; vgl. 1,33). **38–41** Benjamin hatte sich um 10 200 vergrößert (V. 41; vgl. 1,37); **42–43** Dan um 1700; **44–47** Asser um 11 900 (V. 47; vgl. 1,41). **48–50** Naphthali war um 8000 kleiner geworden (V. 50; vgl. 1,43). **51** Es entsteht hier dasselbe Problem wie in Kap. 1; die Bedeutung der Begriffe »tausend« und »hundert« ist unklar. Vermutl. sind damit militärische Einheiten gemeint. Der abschließende Bearbeiter, der die genaue Bedeutung der Begriffe ebenfalls nicht kannte, verstand sie als Zahlen und kam so zu der Summe von V. 51 (vgl. 1,46).

26,52–56 Zwei Grundsätze für die Landverteilung. Zwei Grundsätze werden formuliert. Erstens: **52–54** die Aufteilung des Landes sollte entsprechend der Größe der Stämme erfolgen; zweitens: **55.56** das Land sollte durch Los verteilt werden. Diese beiden Prinzipien scheinen einander zu widersprechen. Einige Ausleger meinen, daß die Verteilung des Landes im Großen durch Los entschieden wurde, während die genauen Grenzen für jeden Stamm entsprechend seiner Größe festgelegt wurden. Es ist auch möglich, daß über Größe und Lage jedes Erbteiles noch vor der Eroberung des Landes entschieden wurde. Innerhalb dieses großen Gebietes würde dann der Anteil jeder Familie durch Los ermittelt.

26,57–62 Die Zählung der Leviten. **57** Wie bei der ersten Zählung (vgl. 1,47; 3,14–43) wurden die Leviten gesondert gezählt. **58** In diesem Kapitel ist der Stamm anders unterteilt. Die drei Hauptfamilien sind auch hier Gerson, Kehath und Merari, aber an Stelle von acht Unterteilungen (vgl. 3,17–20) werden hier nur fünf genannt: Libni, Hebron, Machli, Muschi und Korah. Vier von diesen finden sich auch in 3,18–20, aber Korah ist neu (vgl. Kap. 16; 26,11). **59** Die Abstammung Aarons, Moses und Mirjams wird über Amram und Kehath auf Levi zurückgeführt. **60.61** Die Söhne Aarons waren Nadab und Abihu (vgl. Kap. 16), Eleasar und Ithamar.

26,63–65 Eine wichtige Beobachtung zur Zählung. Der Bearbeiter weist darauf hin, daß nur Kaleb und Josua bei beiden Zählungen dabei waren (vgl. 14,30), denn das alte Israel hatte durch eine neue Generation abgelöst werden müssen, bevor das Volk das Verheißene Land betreten konnte.

27,1–11 Die Töchter Zelophhads

Im allg. konnten die Frauen im alten Orient keinen Besitz erben. Der »Erstgeborene« eines Mannes hatte bes. Vorrechte (vgl. 5Mo 21,15–17), auch wenn er Sohn einer Nebenfrau war. Starb ein Mann ohne Sohn, so war die Leviratsehe üblich; d.h. der Bruder des verstorbenen Mannes heiratete die Frau und zeugte für ihn einen Sohn (5Mo 25,5–10). In diesem Abschnitt wird beschrieben, daß es auch Töchtern erlaubt war, den Besitz des Vaters zu erben.

1–4 Als Zelophhad, ein Mann aus Manasse, ohne Sohn gestorben war, kamen seine fünf Töchter zu Mose, Eleasar und den Stammesfürsten. Sie brachten vor, daß ihr Vater, obgleich er gestorben war, nicht zu den Aufrührern Korahs gehört hatte (vgl. Kap. 16), sondern daß sein Tod der Sünde aller zuzuschreiben war, die aus Ägypten ausgezogen waren. Warum sollten sie nun sein Erbteil verlieren, nur weil er keinen Sohn hatte? Sollte das Erbteil nicht besser an seine Töchter gehen? **5–7** *Mose brachte ihre Sache vor den Herrn* und wurde angewiesen, *ihres Vaters Erbe ihnen zuzuwenden.* **8–11** Ein neues Gesetz wurde erlassen: Wenn ein Mann ohne Sohn stirbt, kann die Tochter erben; hat er auch keine Tochter, geht das Erbe an seinen Bruder; hat er auch keinen Bruder, fällt das Erbe dem nächsten Verwandten zu. Diese Vorschrift scheint eine Alternative zur Leviratsehe zu sein. In beiden Fällen blieb der Besitz in der Familie. Das Gesetz stellt sich in 36,1–9 anders dar, nämlich so modifiziert, daß eine Übertragung von Erbbesitz auf einen anderen Stamm verhindert werden soll, falls eine Frau einen Mann aus einem anderen Stamm heiraten sollte.

27,12–23 Josua wird zum Nachfolger Moses bestimmt

12–14 Angesichts seines bevorstehenden Todes wurde Mose von Gott auf das *Gebirge Abarim* gerufen (wörtl. »die Berge jenseits«; in 5Mo 32,49 wird genauer der Berg Nebo angegeben). Von hier aus sollte er das Land sehen, das er wegen seiner Auflehnung (vgl. 20,12) nicht betreten durfte. Danach würde er wie sein Bruder Aaron zu seinen *Vätern versammelt werden,* d.h. sterben. **15–17** Mose redete zu Jahwe, dem *Gott des Lebensgeistes* (vgl. 16,22), dem Gott, der allen Kreaturen Leben gibt. Er bat ihn, einen Nachfolger zu bestimmen, *der vor Israel aus- und eingeht* (vgl. Jos 14,11; 1Sam 18,13.16; 1Kön 3,7 u.a.), damit das Volk nicht führerlos werde *wie die Schafe ohne Hirten.* **18–20** Mose wurde befohlen, Josua zu sich zu nehmen, *einen Mann, in dem der Geist* wohnte, und ihm in der Gegenwart des Priesters Eleasar und des Volkes die Hände aufzulegen. Das sollte ihm nicht den Geist verleihen, den er ja schon hatte; diese Handlung sollte ihn vielmehr öffentlich als Führer kennzeichnen. Er sollte den Auftrag Moses übernehmen und etwas von seiner *Hoheit* erhalten (hebr. *hod,* »Ehre«, »Ansehen«). **21** Von jetzt ab sollte Josua den Willen Gottes *mit den heiligen Losen* (wörtl. *Urim;* EÜ) erfragen und das Volk regieren. **22.23** In der folgenden Zeremonie spielt Eleasar nur eine Nebenrolle, obwohl er in Zukunft der Sprecher Gottes sein würde, der Josua den Willen Gottes auslegt.

28,1–30,16 Vorschriften für Opfer und Gelübde

Diese drei Kapitel mit ihren detaillierten und umfassenden Angaben zu den in Israel darzubringenden Opfern werden von einigen Forschern sehr spät datiert. Ohne diesen Abschnitt und ähnliche Passagen (z.B. 3Mo 23) läßt sich nicht sagen, wie detailliert die Vorschriften zur Zeit Moses waren. Auch wenn man davon ausgeht, daß der endgültige Bearbeiter von 4Mo alte Gesetzestexte auf den neuesten Stand gebracht hat, ist es nur schwer möglich, diese drei Kapitel ganz in der nachexilischen Zeit (also der Priesterschrift) anzusiedeln. Es spricht sehr viel für die Ansicht von W. F. Albright (vgl. Einleitung S. 201), daß die Intention der Priesterschrift (zu der ein großer Teil von 4Mo gehört) und viele ihrer Einzelheiten auf die Zeit vor der Eroberung Kanaans zurückgehen, also ihren Ursprung in der Zeit Moses haben.

Mancher heutige Leser wird sich fragen, ob die hier niedergelegten detaillierten Vorschriften in unserer Zeit überhaupt noch eine Bedeutung haben, nachdem sie für den christl. Gottesdienst nicht mehr gültig sind. Selbstverständlich gehören die gottesdienstlichen Vorschriften einer bestimmten Epoche nicht notwendigerweise auch in eine andere; die Formen des Gottesdienstes unterliegen einer ständigen Veränderung. Wenn man sich mit solchen alten Formen des Gottesdienstes beschäftigt, muß man hinter den zeitbedingten Ausprägungen der Anbetung die großen Linien zu erkennen suchen. Diese sind beständig und finden im Lauf der Zeit immer neue Ausdrucksformen. Die Stiftshütte, ihre

Riten und Feste waren Ausdruck des Glaubens, daß Gott in der Mitte seines Volkes war, daß man sich ihm nähern konnte, die Menschen ihr Leben dementsprechend gestalten sollten, daß der heilige Gott unter ihnen wohnte. Diese Riten und ihre Ordnungen dokumentierten Israel und den Menschen aller Zeiten: der sündige Mensch kann sich durch das Mittlertum einer geheiligten Priesterschaft Gott nähern; es gibt eine beständige Reinigung von Sünden und beständige Weisung für die Lebensführung. Auch erinnern die Feste und Feiertage, wie z.B. Passa und Laubhüttenfest, an die großen Heilstaten Gottes der vergangenen Jahrhunderte.

Mit dem Kommen Jesu Christi war die Zeit für alle diese vorläufigen Formen und Ausprägungen, die nur Schatten der Wahrheit waren (Hebr 10,1), vorüber. Er war das Opfer für alle Sünde und zugleich der Hohepriester, der das Opfer darbringt. Heute führt er sein Volk durch seinen Geist. Jedesmal, wenn sich die Menschen am Tisch des Herrn versammeln, erinnern sie sich seiner am Kreuz vollbrachten Heilstat und verkündigen »des Herrn Tod, bis daß er kommt« (1Kor 11,26). Wenn man die »Schatten« und »Symbole« des AT als Bilder der Wahrheit versteht, können sie den Christen auch heute noch vieles sagen; denn sie zeigen die großen Grundlinien auf, die Gottes Wege mit den Menschen bestimmen.

28,1.2 Einleitung. Gott gebot Mose, das Volk anzuweisen, daß es seine Opfergaben, jede zu ihrer Zeit, ihm *zum lieblichen Geruch* darbringen sollte. *Opfern* wird hier ganz allg. für jedes Opfer gebraucht, das verbrannt wurde und dessen Rauch zu Gott aufstieg.

28,3–8 Die täglichen Opfer. **3–6** Das Brandopfer war die Grundlage des gesamten Opfersystems, denn es wurde täglich dargebracht (vgl. 2Mo 29,38–42; 3Mo 6,12–16). Die Einzelheiten variierten von Zeit zu Zeit (vgl. 2Kön 16,15; Hes 46,13–15). Hier besteht die Opfergabe aus einem männlichen Schaf am Morgen und einem männlichen Schaf am Abend (wörtl. »zwischen den Abenden«), dazu aus einem Zehntel Epha (Scheffel) feinsten Mehls als Speisopfer, das mit einem Viertel Hin (Kanne) Öl vermischt war. Das Ganze wurde Jahwe als Feueropfer dargebracht. **7** Dazu wurden zu jedem Schaf ein Viertel Hin als Trankopfer *im Heiligtum* ausgeschüttet, offensichtlich in dem Hofraum, wo der große Altar stand. Im Hebr. (vgl. ZÜ) wird das Trankopfer als *Opfer aus starkem Getränk* bezeichnet, aber möglicherweise ist hier ein ganz normales Trankopfer gemeint, denn das Wort »stark« (hebr. *schekar*) dürfte ein Fachausdruck sein, verwandt mit dem akkad. *schikaru.* An anderen Stellen bezeichnet der Ausdruck ein berauschendes Getränk. **8** Der Begriff *mincha,* hier mit *Speisopfer* übersetzt, scheint sowohl das Tier- als auch das Speisopfer zu umfassen, denn das Opfern des Schafes am Abend wird hier mit dem Morgenopfer verglichen (vgl. 1Kön 18,29).

28,9.10 Das Sabbatopfer. **9** Zum Sabbat wurden zwei einjährige Schafe, jedes mit Mehl, Öl und einem Trankopfer dargebracht. **10** Das Sabbatopfer galt als Zusatz zum täglichen Opfer, so daß am Sabbat die doppelte Zahl von Opfern dargebracht wurde (vgl. Hes 46,4f).

28,11–15 Die Opfer am Monatsbeginn. **11** Zu Beginn jedes Monats war ein großes Brandopfer vorgeschrieben: zwei junge Stiere, ein Widder und sieben einjährige Schafe. **12–14** Dazu kamen die passenden Speis- und Trankopfer (vgl. Hes 45,21f). **15** Außerdem wurde noch ein Ziegenbock als Sündopfer dargebracht.

28,16–25 Die Opfer am Fest der ungesäuerten Brote. **16** Am 14. Tag des ersten Monats wurde das Passa gefeiert. Opfer werden nicht erwähnt, denn die eigentlichen Opfer gehörten in den Bereich des Heiligtums, während das Passa in den Häusern gefeiert wurde (vgl. 3Mo 23,5–8). **17** Das Fest der ungesäuerten Brote begann am 15. Tag und dauerte sieben Tage. Urspr. waren dies zwei verschiedene Feste, aber sie wurden später – wie hier – zusammen gefeiert. Sieben Tage lang wurde ungesäuertes Brot gegessen. **18** Am ersten und siebenten Tag war *heilige Versammlung,* an diesen Tagen durfte *keine* Arbeit verrichtet werden (vgl. V.25). **19–21** Jeden Tag wurden Jahwe beträchtliche Opfer gebracht: zwei junge Stiere, ein Widder und sieben einjährige Schafe, alles Tiere *ohne Fehler,* begleitet von den dazugehörigen Speisopfern (vgl. Hes 45,23f). **22** Außerdem wurde an jedem Tag ein Ziegenbock als Sündopfer geopfert. **23–25** Diese Opfer wurden zusätzlich zum täglichen Brandopfer dargebracht.

28,26–31 Die Opfer zum Wochenfest. Dies war ein eintägiges Fest, das sich, was die Einzelheiten der Durchführung (Dauer des Festes und Art der dargebrachten Opfer) angeht, im Laufe der Zeit veränderte (vgl. 2Mo 23,16; 34,22; 5Mo 16,10f). In 2Mo 23,16 wird es »Fest der Ernte« genannt, in 2Mo 34,22 »Fest der Wochen«. Die Opfer sind die gleichen wie für das Fest des Neumonds und das Fest der ungesäuerten Brote. In Hes wird dieses Fest nicht erwähnt.

26 *Am Tag der Erstlinge:* Am Tag, an dem die ersten Feldfrüchte dem Herrn dargebracht wurden, wurde ein Opfer gebracht (*mincha*, s. Komm. zu V.8). Auch an diesem Tag war *heilige Versammlung*, und es durfte *keine Arbeit* verrichtet werden. **27–29** Das Brandopfer, das für Gott ein *lieblicher Geruch* war, bestand aus zwei jungen Stieren, einem Widder und sieben einjährigen Schafen, mit dem jeweils dazugehörigen Speisopfer aus Mehl und Öl. **30** Außerdem wurde ein Ziegenbock geopfert, um für Israel *Sühne zu schaffen*. **31** All diese Opfer wurden zusätzlich zum täglichen Opfer dargebracht.

29,1–6 Die Opfer für das Fest des siebenten Monats, das Fest des Posaunenblasens. **1** Auch der erste Tag des siebenten Monats war ein heiliger Tag, an dem nicht gearbeitet wurde. Es war der Tag, an dem die Posaunen geblasen wurden. **2–5** Ein *Brandopfer zum lieblichen Geruch für den Herrn* wurde dargebracht, es bestand aus einem jungen Stier, einem Widder und sieben einjährigen männlichen Schafen, jeweils mit dem entsprechenden Speisopfer und Öl, und einem Ziegenbock als Sündopfer (vgl. 3Mo 23,23–25). **6** Diese Opfer wurden zusätzlich zu denen des neuen Monats und zu den täglichen Opfern dargebracht (vgl. 28,11–15). Dieser Tag wird in Hes nicht erwähnt.

29,7–11 Die Opfer am Versöhnungstag, dem zehnten Tag des siebenten Monats. **7** Auch an diesem Tag war *heilige Versammlung*. Zur Ruhe von der Arbeit kam hier noch das Fasten hinzu. Der Tag wurde als der Versöhnungstag bekannt (hebr. *jom kippur*, vgl. 3Mo 23,26–32). **8–10** Das Opfer bestand aus einem jungen Stier, einem Widder und sieben einjährigen Schafen. Alle Tiere mußten *ohne Fehler* sein, sie wurden jeweils mit dem entsprechenden Speisopfer dargebracht. **11** Am selben Tag wurde *außer dem Sündopfer zur Sühnung* (hebr. *hatta't hakkippurim*), das aus einem Ochsen bestand (vgl. 2Mo 29,36; 30,10; 3Mo 16,11), ein Ziegenbock als Sündopfer geopfert. Hinzu kam noch das tägliche Opfer.

29,12–38 Die Opfer am Laubhüttenfest. **12** Zu diesem Fest wurden die meisten Opfer dargebracht. Am 15. Tag des 7. Monats begann das Fest mit einer heiligen Versammlung und dauerte dann noch sieben weitere Tage (vgl. 3Mo 23,33–36.39–43). **13–16** Am ersten der acht Tage des Festes wurden die meisten Tiere geopfert: *dreizehn junge Stiere, zwei Widder, vierzehn einjährige männliche Schafe*, alle *ohne Fehler*, jedes mit seinem Speisopfer. Hinzu kam ein Ziegenbock als Sündopfer, und das tägliche Opfer mit seinem Speis- und Trankopfer. **17–34** An den folgenden Tagen wurde jeweils ein Stier weniger geopfert, während die anderen Opfer gleich blieben. **35** Am achten Tag, dem »Schlußtag«, fand eine feierliche *Festversammlung* (hebr. *'azeret*) statt. **36–38** Die Opfer für diesen Tag waren ein Stier, ein Widder, sieben einjährige männliche Schafe, alle ohne Fehler, dazu die Speis- und Trankopfer, ein Ziegenbock als Sündopfer und das tägliche Opfer. Diese Opfer sind die gleichen wie die am ersten und am 10. Tag des 7. Monats (V. 1.7). In 2Mo 23,16; 34,22 wird nicht angegeben, wie lange dieses Fest dauerte. 5Mo 16,13–15 erweckt den Eindruck, daß es sich nur über sieben Tage erstreckte, vermutl. aber sollte man diese Stelle im Sinn von Hes 45,25 verstehen, wo man sicher zu Recht zu den sieben Tagen des Festes noch den vorhergehenden 15. Tag des 7. Monats hinzurechnet. Dann ergäbe sich dort, wie hier, eine Dauer von insgesamt acht Tagen.

29,39–30,1 Allgemeine Opfer. Das Kapitel schließt mit einer wichtigen Bemerkung. Die hier beschriebenen Opfer waren vorgeschrieben. Daneben gab es aber auch Opfer aufgrund von Gelübden und freiwillige Opfer, die als *Brandopfer, Speisopfer, Trankopfer und Dankopfer* dargebracht werden konnten.

30,2–17 Gesetz über die Gelübde, bes. der Frauen. Außer einer kurzen Bemerkung über die Verpflichtungen der Männer, die einen Eid geschworen haben, handelt der größte Teil des Kapitels (V. 4–17) von Frauen, die ein Gelübde abgelegt haben.

2.3 Der Schwur eines Mannes. Jeder Mann in Israel war uneingeschränkt zur Erfüllung jedes Gelübdes verpflichtet. Zwei Arten von Gelübden werden hier erwähnt: das *Gelübde* gegenüber dem Herrn, ein Begriff von umfassender Bedeutung, und der *Eid*, mit dem sich ein Mann zu etwas verpflichtete (hebr. *'issar*, von der Wurzel *'-s-r*, »binden«). Der Eid scheint sich auf weltliche Verpflichtungen zu beziehen, während das Gelübde relig. Versprechen betrifft. Aber die Verwendung beider Ausdrücke kann auch flexibel gewesen sein. Auch an anderen Stellen im AT werden Gelübde behandelt, so in 4Mo 6,2ff; 3Mo 5,4f; 27,1ff; 5Mo 23,22–24; Ps 22,26; 50,14; Pred 5,3–5 usw. Ein ganzer Abschnitt der jüd. Mischna befaßt sich mit den Gelübden, den »Nedarim«. Insgesamt war ein Mann an alles gebunden, was *über seine Lippen gekommen war*.

4–6 Das Gelübde einer unverheirateten Tochter. **4** Eine *ledige* Frau, die noch *im Hause ihres Vaters* lebte, konnte nur unter Zustimmung ihres Vaters ein Gelübde ablegen. **5** Erfuhr der Vater nachträglich von einem Gelübde und erklärte es nicht für ungültig, so war es gültig. **6** Wenn der Vater an dem Tag, an dem er von dem Gelübde hörte, sein Mißfallen ausdrückte, war es ungültig.

Da ihr Vater Einspruch erhoben hatte, würde Gott der Tochter den Bruch des Gelübdes vergeben.

7–16 Die Gelübde verheirateter Frauen. Drei mögliche Fälle werden aufgeführt: Sie betreffen die verlobte Frau, die ein Gelübde geleistet hatte, von dem ihr Vater nichts wußte, das aber nach der Hochzeit von ihrem Mann entdeckt wurde (V. 7–9); die verwitwete oder geschiedene Frau (V. 10); die verheiratete Frau (V. 11–16).

7–9 Wenn eine Frau heiratete, und es lag *noch ein Gelübde auf ihr* oder sie hatte *unbedacht etwas versprochen, durch das sie sich gebunden* hatte, so konnte ihr Mann an dem Tag, an dem er davon hörte, gegen dieses Gelübde Einspruch erheben und es so ungültig machen. Hörte er von den Verpflichtungen seiner Frau und mißbilligte sie nicht, so blieben sie gültig. Eine Frau wurde nicht bestraft, wenn ihr Mann ihr Gelübde nicht anerkannte. **10** Die verwitwete oder die geschiedene Frau, die ein Gelübde oder Versprechen geleistet hatte, war dafür voll verantwortlich. **11–16** Wenn eine Frau im Haus ihres Mannes ein Gelübde ablegte, konnte ihr Mann dies an dem Tag annullieren, an dem er davon erfuhr. Auch in diesem Fall wurde die Frau für den Bruch ihres Gelübdes nicht bestraft. Legte ihr Mann aber keinen Einspruch ein, war die Frau an die Erfüllung ihres Gelübdes gebunden. Wollte ein Mann ein Gelübde seiner Frau erst einige Zeit später aufheben, mußte er *ihre Schuld tragen,* d.h. er wurde für die Verpflichtungen seiner Frau verantwortlich gemacht.

17 Der letzte Vers ist eine Zusammenfassung des Gesetzes über die Gelübde, soweit es sich auf das Verhältnis eines Mannes zu seiner Tochter und eines Mannes zu seiner Frau bezieht.

31,1–54 Der heilige Krieg gegen die Midianiter

Der heilige Krieg hatte in der frühen Geschichte Israels große Bedeutung (s. LZB, Sp. 814ff, Art. Krieg). Weil Jahwe der Herr der Geschichte ist, führt er seine Absichten gegen jeden Widerstand durch und unterwirft jeden Gegner. Israels Aufgabe bestand darin, mit Gott zusammenzuwirken. Jahwe war der Heerführer Israels, der seinem Volk den Sieg sicherte, obwohl nicht jeder Krieg ein heiliger Krieg war. – Die gesamte Beute einer Schlacht und alle Gefangenen gehörten Jahwe und wurden entweder Jahwe »geweiht« und vernichtet, oder sie wurden nach seinem Willen – insgesamt oder teilweise – verwahrt. Die Erzählung in diesem Kapitel handelt von einem Feldzug gegen Midian. Wahrscheinlich betraf dieser Krieg nur einen Teil der Midianiter, denn ungeachtet des in V. 8–17 berichteten israel. Sieges blieben die Midianiter auch nach der mosaischen Zeit ein mächtiges Volk (vgl. z.B. Ri 6–8). Der Abschnitt läßt deutlich erkennen, wie ein solcher heiliger Krieg geführt werden mußte, wie die Krieger sich zu reinigen hatten und wie die Beute aufgeteilt wurde. Die hohen Zahlenangaben für Menschen und Tiere haben eher symbolische als exakt rechnerische Bedeutung.

31,1–6 Die Mobilmachung. **1–3** Mose als der Führer Israels erhielt die Anweisung, daß das Volk sich wegen des Zwischenfalls mit dem Baal-Peor (Kap. 25) an den Midianitern rächen sollte. **4** Jeder Stamm mußte eine Truppeneinheit zur Verfügung stellen (hebr. *'eleph*; die Übers. »tausend« ist falsch). **5.6** Zwölf »Tausende« von Bewaffneten wurden für den Krieg ausgewählt und unter die Führung des Pinhas gestellt (vgl. 1Chr 9,20). Dieser nahm die *heiligen Geräte* mit sich, vermutl. die Lade (vgl. 4Mo 10,35f; 14,44; 1Sam 4,4; 2Chr 5,5) und die *Kriegstrompeten* (*teru'a*); s. Komm. zu 10,3ff. Es handelt sich um Signaltrompeten, die vermutl. mit einer Reihe kurzer Stöße geblasen wurden.

31,7–12 Die Niederlage Midians. **7.8** Wie in anderen heiligen Kriegen mußten alle Männer und männlichen Nachkommen erschlagen werden. Unter ihnen waren fünf midianitische *Könige,* an anderen Stellen werden sie »Älteste« (22,4) oder »Fürsten« (Jos 13,21) genannt. Auch Bileam, die Hauptperson der Kap. 22–24, der sich offensichtlich den Midianitern angeschlossen hatte, wurde getötet. **9–12** Frauen und Kinder wurden gefangen genommen, Vieh und beweglicher Besitz als Beute mitgeführt, *Städte* (feste Siedlungen) und *Zeltdörfer* (Nomadensiedlungen) verbrannt. Die gesamte Beute wurde Mose, Eleasar und dem Volk gebracht.

31,13–18 Die Vernichtung der Midianiter. **13–16** Als Mose dem zurückkehrenden Heer entgegenging, wurde er zornig darüber, daß die Hauptleute die Frauen geschont hatten, die doch die Versündigung Israels mit dem Baal-Peor (25,16–18) verschuldet hatten. **14** ist ein gutes Beispiel dafür, daß die Begriffe »tausend« und »hundert« für die Bezeichnung von Truppeneinheiten benutzt wurden. **17.18** Das Heer mußte die Frauen ebeno wie alle Knaben töten. Die Jungfrauen durften die Krieger zu Frauen nehmen.

31,19–24 Die Reinigung der Krieger. Die Berührung der Leiche eines Gefallenen machte die Krieger und ihre Gefangenen unrein. Dadurch wurde die in Kap. 19 beschriebene Reinigung notwendig. Wer unrein war, mußte sieben Tage außerhalb des Lagers verbringen. Am dritten und siebten Tag mußte er sich und seine Kleidung reinigen (wörtl. »entsündigen«). **21–24** Eine weitere Reinigung durch Feuer wurde verlangt. *Alles, was Feuer verträgt,* also alle metallenen Gegenstände, mußte erst durch das Feuer gehen und dann mit *Reinigungswasser* (vgl. 19,1–22) gereinigt werden (wörtl. »entsündigt werden«). Gegenstände, die dem Feuer nicht standhalten konnten, mußten mit dem Wasser abgewaschen werden. Schließlich wuschen die Männer am siebten Tag ihre Kleider und kehrten ins Lager zurück.

31,25–54 Die Verteilung der Beute. **25–27** Die Stammessolidarität zeigte sich daran, daß die Beute zwischen denen, die in den Krieg gezogen, und denen, die zu Hause geblieben waren, gleichmäßig aufgeteilt wurde (vgl. 1Sam 30,24f). **28** Jahwe erhielt als Abgabe von Menschen und Tieren *je eins von fünfhundert* (0,2%). **29** Diese wurden Eleasar als *Opfergabe für den Herrn* übergeben. **30.31** Die Leviten bekamen von dem Anteil des Volkes an Personen und Tieren *je eins von fünfzig* (2%). **32** Dann wird *die Beute, soviel am Leben geblieben war von dem, was das Kriegsvolk erbeutet hatte,* einzeln aufgezählt. Unklar ist, was mit dem *Erbeutete(n), was von der Beute übrigblieb* (EÜ), genau gemeint ist. Vermutl. handelt es sich um das Vieh (vgl. LÜ: *soviel am Leben geblieben war*), das während des Feldzuges von den Kriegern nicht zur Nahrung verwendet worden war, und um die persönliche Beute (vgl. V. 50), die die Krieger den im Kampf getöteten Gegnern abgenommen hatten.
33–47 Die Zahlenangaben erscheinen übermäßig hoch, vermutl. haben sie eher symbolischen Wert, obwohl die Zahlen exakt berechnet sind, wie z.B. in V. 38 erkennbar ist. Es ist nicht wahrscheinlich, daß 12 000 Israeliten (V. 5) ein Volk überwinden konnten, unter dem allein 32 000 Jungfrauen waren (V. 35), und daß sie 800 000 Tiere erbeuten konnten, ohne einen einzigen Mann zu verlieren (V. 48.49). **48** Vgl. zu V. 14. **49.50** Aus Dankbarkeit für den übergroßen Segen Gottes brachten die Männer die Gabe zum Heiligtum, *um Sühne zu schaffen* (hebr. *kipper,* »bedecken«) vor dem Herrn. Viell. hatte dieses Verb auch, ähnlich wie das Substantiv *kopher,* die Bedeutung von »erlösen« (vgl. 2Mo 30,12). **51–54** Das Gewicht des Goldes der dargebrachten Opfergabe betrug 16 750 Schekel, ca. 201 kg, es war also eine ungeheure Menge. Auch diese Zahlenangabe dürfte symbolisch sein. Mose und Eleasar brachten die Gabe zur Stiftshütte, sie sollte Israel an dieses Ereignis erinnern, bei dem es durch Jahwe Hilfe und Befreiung erfahren hatte.

32,1–42 Ruben, Gad und Halb-Manasse lassen sich im Ostjordanland nieder

Die ersten Stämme, die ihr Land zugewiesen bekamen, waren Ruben, Gad und der halbe Stamm Manasse. Aber damit ihre Ansiedlung den Rest des Volkes nicht entmutigte, sollten sie zuerst ihren Brüdern bei der Besetzung des Landes Kanaan helfen, bevor sie sich am Ostufer des Jordans niederlassen konnten.

32,1–5 Die Bitte der Stämme Ruben und Gad. **1.2** Das Gebiet, um das Ruben und Gad baten, war das Land *Jaser und Gilead,* das zwischen dem Arnon und dem Jabbok lag. Es war ein gutes Weidegebiet. **3–5** Neun Städte dieser Region werden aufgezählt. Einige davon können identifiziert werden. *Ataroth* ist vermutl. Chirbet ʿAttarus, 12 km nordwestl. von Dibon; *Dibon* ist das heutige Diban, 6 km nördl. des Arnon; *Nimra* liegt in der Nähe von Tell Nimrin hoch im N; *Hesbon* ist das heutige Hesbān, die Hauptstadt von Sihon; *Elale* ist das heutige El-ʿAl, nordöstl. von Hesbon; mit *Beon* ist möglicherweise Beth-Baal-Meon gemeint, das heutige Maʿin, 15 km südwestl. von Hesbon. *Sibma* und *Nebo* können nicht identifiziert werden. Aus der Inschrift des 1868 in Dibon gefundenen Mesasteins (s. LZB, Sp. 914; mit vollem Text), der aus dem 9. Jh. v.Chr. stammt, geht hervor, daß der Stamm Gad schon in alter Zeit in Ataroth gewohnt hat (V. 10). Verschiedene der in V. 3–5 genannten Orte werden in dieser Inschrift erwähnt.

32,6–15 Moses Protest. **6.7** Mose war über die Bitte Rubens und Gads sehr ärgerlich; denn dieses Vorhaben der beiden Stämme konnte *die Herzen der Kinder Israel abwendig* (machen), *daß sie nicht hinüberziehen in das Land, das ihnen der Herr geben wird.* **8–13** Mose erinnerte an die zwölf Kundschafter, von denen zehn mit ihrem Bericht die Abkehr des Volkes bewirkt hatten (13,31–33), so daß nur Josua und Kaleb das Land betreten durften. **14.15** Der Vorschlag der beiden Stämme ähnelte dem damaligen Geschehen, eine neue *»Brut von Sündern«* (ZÜ) hatte sich erhoben, um den Herrn zu provozieren.

32,16–19 Das Versprechen der Stämme Ruben und Gad. **16** Natürlich mußten die Frauen und Kinder der Stämme Ruben und Gad geschützt werden. Die Männer wollten *Schafhürden* (wörtl. »Mauern für Schafe«) und – vermutl. befestigte – *Städte* für ihre Familien bauen. **17–19** Dann wollten sie gemeinsam mit den anderen Stämmen kämpfen, bis auch diese ihr Erbteil westl. des Jordans eingenommen haben würden (vgl. Jos 1,12–18).

32,20–33 Moses Bedingungen. **20–22** Das Versprechen der Stämme wird noch einmal förmlich bestätigt. Erst nachdem der Herr die Feinde westl. des Jordans vertrieben haben würde, würden Ruben und Gad *ohne Schuld vor dem Herrn sein.* **23** Sollten sie aber ihr Versprechen nicht einhalten, würden sie sich *an dem Herrn versündigen,* das Gericht würde sie unweigerlich treffen. **25–27** Ruben und Gad akzeptierten diese Bedingungen. **28–32** Nun wird beschrieben, wie Josua und Eleasar die Stammesführer öffentl. von dieser Abmachung unterrichteten. Durch einen Schwur bekräftigten Ruben und Gad die Zusage, ihren Brüdern bei der Einnahme des Landes beizustehen. **33** Das Ruben und Gad zugewiesene Land hatte früher den Amoriterkönigen Sihon und Og gehört (vgl. 21,21–35). An dieser Stelle wird der halbe Stamm Manasse im Zusammenhang mit Ruben und Gad in die Erzählung eingeführt. Vgl. V.39–42.

32,34–38 Die von Ruben und Gad erbauten Städte. **34–36** Einige dieser Städte wurden schon in V.3 erwähnt, so Dibon, Ataroth und Beth-Nimra. *Aroer* ist das heutige ʿAraʿir, von dem aus man einen guten Blick zum Wadi Arnon hat. *Jogbeha* ist möglicherweise Chirbet el-Ǧubeha, 8km nordwestl. von Amman; *Beth-Haran* liegt südl. von Beth-Nimra im östl. Teil des Jordantales. **37.38** Die von Ruben erbauten Städte wurden schon in V.3 genannt, außer *Kirjathajim,* heute Chirbet el-Qureye, 5km nordwestl. von Dibon. Auch diese Stadt wird auf dem Mesastein erwähnt.

32,39–42 Sippen des Stammes Manasse erobern Gilead. Auch der halbe Stamm Manasse gehörte zu denen, die das Ostufer des Jordans besetzten. Drei Sippen Manasses (Machir, Jair und Nobach) ließen sich in diesem Gebiet nieder, das das Manasse urspr. zugeteilte Land war. Später bekam Manasse noch ein Gebiet westl. des Jordans (Jos 17,14–18). **40–42** Hier wird geschildert, wie das Gebiet zwischen den drei Sippen verteilt wurde. Dieses Land hatte früher Og gehört (vgl. 21,31–35).

33,1–36,13 Verschiedene Nachträge

4Mo schließt mit einer Reihe von Nachträgen: Wegbeschreibung der Wanderung von Ägypten zu der Ebene von Moab (Kap. 33), Angabe der Stammesgrenzen (Kap. 34), Erwähnung der Leviten- und der Freistädte (Kap. 35); das Schlußkapitel (Kap. 36) enthält Vorschriften für das Erbteil der Frauen.

33,1–56 Rückblick auf die Wanderung von Ägypten zur Ebene von Moab

Dieses Kapitel ist ein Rückblick auf die Wüstenwanderung von Ägypten bis zur Ebene von Moab. Elf Lagerplätze werden zwischen Ramses und Sinai angegeben (V. 1–15), zwanzig zwischen Sinai und Ezjon-Geber (V. 16–35), einer in der Wüste Zin, nämlich Kadesch (V.36), und neun in der Ebene von Moab (V.37–49). Nur wenige dieser Lagerplätze können identifiziert werden; andere, wie Massa-Meriba oder Tabera, werden hier nicht aufgeführt. Vermutl. war die tatsächliche Zahl der Lagerplätze weitaus höher (vgl. Karte zu 2Mo, S. 145).

33,1–4 Einleitung. **1.2** Von Mose wird berichtet, daß er eine Art »Logbuch« geführt habe, in dem die verschiedenen *Lagerplätze* (hebr. *maššaʿ*, wörtl.: »das Herausreißen«, gemeint ist das Abbrechen des Lagers) aufgeführt waren. Die einzelnen Reiseetappen werden durch die Angabe der Lagerplätze gekennzeichnet. **3–4** *Ramses* (vgl. 2Mo 1,11) das alte Tanis, ist vermutl. das heutige Qantir. Israel zog aus *durch eine starke Hand,* als die Ägypter noch unter dem Schock der Ereignisse der Passanacht standen.

33,5–15 Von Ramses zum Sinai. **5–6** Der nächste Lagerplatz war *Sukkoth,* vermutl. Tell el-Maschuta. Von da aus zogen sie weiter nach *Etham,* das von einigen Forschern mit einer alten Festung identifiziert wird (ägypt. *chtm,* »Festung«), die zwischen den beiden Bitterseen lag. **7–15** Der Weg von dort zum Sinai entspricht den Angaben von 2Mo 12,37–19,2. Möglicherweise ging der Weg westl. der Bitterseen entlang, überquerte dann die seichten Wasser südl. des Großen Bittersees, um anschließend dem westl. Arm des Roten Meeres für *drei Tagesreisen* (2Mo 3,18; 15,22) in Richtung Süden nach *Mara* zu folgen. Unter der Voraussetzung, daß der Berg Sinai auf der Halbinsel lag, ist Mara möglicherweise ʿAin Hawara am Golf von Suez, knapp 40km golfabwärts. *Elim* ist dann evtl. die Oase des Wadi Gharandel, *Dopha* viell. Serabit el-Chadem und *Alusch* möglicherweise das Wadi el-ʿEschsch. *Raphidim* war vermutl. das Wadi Refajid (vgl. 2Mo 17,1; 19,2).

33,16–36 In der Wüste. **16** Zwischen Sinai und Ezjon-Geber sind 20 Lagerplätze verzeichnet. *Kibrot-Hattaawa:* (JB; LÜ und ZÜ übers. »Lustgräber«) ist möglicherweise Rueis el-Ebeirig einige km nordöstl. des Berges Sinai. **17–34** Die folgenden 12 Lagerplätze können nicht identifiziert werden. *Moseroth, Bene-Jaakan, Hor-Haggidgad und Jotbatha* begegnen uns auch in 5Mo 10,6f (Hor-Haggidgad ist dort Gudgoda genannt).

35–36 *Ezjon-Geber* liegt an der Spitze des Golfes von Akaba; es ist vermutl. das heutige Tell el-Chlefi, das inzwischen ausgegraben wurde. Von dort aus sind es ca. 75km bis nach Kadesch.

33,37–49 Von Kadesch nach Moab. 37–39 Viele Jahre vergingen, bis Israel Kadesch verließ, um weiterzuziehen. Am Berg Hor starb Aaron im Alter von 123 Jahren (20,22–29). **40** Nur nebenbei wird der Konflikt mit Arad erwähnt (vgl. 21,1). **41–49** Ab hier folgt die Wegbeschreibung derjenigen in Kap. 20–21. *Punon* ist möglicherweise das heutige Fenan, ein Ort mit Kupferbergwerken. *Ijjim-Abarim* am Wadi Zered ist viell. das heutige Machaj (vgl. 21,10–12). *Dibon-Gad* wird auf dem Moabiterstein als die Hauptstadt des Königs Mesa bezeichnet. *Almon-Diblathajim* ist möglicherweise das in Jer 48,22 erwähnte Beth-Diblathajim. Schließlich ist *Beth-Schittim* Tell el-Kefren. Beide Orte liegen im Jordantal gegenüber von Jericho, sie waren die letzten Lagerplätze in der Ebene von Moab, bevor Israel den Jordan überquerte.

33,50–56 Abschließende Anweisungen vor der Überquerung des Jordan. 50.51 Es folgen Anweisungen für die Behandlung der Völker westl. des Jordans. **52** Israel sollte die Kanaaniter usw. vertreiben und ihre Kultgegenstände zerstören: *Götzenbilder* (aus Stein gemeißelte Statuen), *gegossene Bilder* und *Opferhöhen*. **53–54** Das Land der enteigneten Einwohner sollte dann durch Los verteilt werden. **55.56** Die Israeliten wurden gewarnt, daß die bisherigen Einwohner, falls sie diese nicht vertreiben würden, *Dornen in euren Augen* würden und zu *Stacheln in euren Seiten*. Falls Israel der Anweisung zur Vertreibung nicht nachkommen sollte, würde Jahwe an ihnen tun, was sie eigentlich den Kanaanitern hatten tun sollen.

34,1–29 Die idealen Grenzen Israels

Solange Israel noch in der Ebene von Moab lagerte, mußte jede Grenzfestlegung auf der anderen Seite des Jordans rein theoretisch bleiben. Auch nachdem die Israeliten den Jordan überquert hatten, lagen noch viele Jahre des Kampfes vor ihnen. Nur in der Zeit Davids und Salomos erreichten die Grenzen Israels annähernd den hier beschriebenen Idealverlauf. Dennoch hatte diese Idealvorstellung durch die Jh. Bestand (vgl. Jos 15–19; Hes 47,13–23 u.a.).

34,1–15 Die Grenzen des Landes Kanaan. 1–2 In den folgenden Versen sollen die Grenzen des zu verteilenden Landes beschrieben werden. **3–5** Im Süden verlief die Grenze von der südl. Spitze des Salzmeeres (d.h. des Toten Meeres) aus südwestl. entlang der Grenze Edoms über den *Skorpionensteig* (Akrabbim; das heutige Naqb es-Safa), dann durch die Wüste Zin bis nach Kadesch Barnea. Dies war der südlichste Punkt. Dann verlief die Grenze nordwestl. durch das nicht identifizierbare Hazar Addar und Azmon zum *Bach Ägyptens* (Wadi el-ʿArisch) und weiter bis zum Mittelmeer. Die Gleichsetzung des *Baches Ägyptens* mit dem Wadi el-ʿArisch ist nicht unbestritten. **6** Die westl. Grenze bildete das *große Meer* (Mittelmeer); allerdings war dieses Küstengebiet nur zur Zeit Hiskias (2Kön 18,8) kurzfristig in Israels Hand. **7–9** Die nördl. Grenze verlief von einem nicht identifizierten Ort am Mittelmeer in östl. Richtung zu einem nicht identifizierten Berg Hor (sicher nicht der aus 20,22), von dort aus vermutl. in Richtung NO nach *Hamath* (wahrscheinlich Lebo-Hamath an der Quelle des Orontes). Die anderen Orte können nicht identifiziert werden, außer evtl. *Hazar-Enan* (wörtl. »Gebiet der Quelle«), das mit dem heutigen Banias gleichgesetzt wird, obwohl einige Forscher Hazar-Enan mit Qarjeten, der letzten Oase vor Palmyra, identifizieren. **10–12a** Die östl. Grenze des Landes ist klar, sobald sie entlang den *Höhen östlich vom See Kinnereth* (wörtl. »harfenförmig«; gemeint ist der See Genezareth) verläuft. Dann folgt die Grenze dem Jordan bis zum Toten Meer. **12b.13** *Das sei euer Land mit seiner Grenze rings umher:* Dieser Satz bezieht sich nur auf das Gebiet westl. des Jordans, da das Gebiet östl. des Jordans schon beschrieben wurde. Das Land sollte durch das Los unter die 9 1/2 Stämme aufgeteilt werden. **14.15** *Jenseits des Jordans . . . im Osten* (JB; ebenso übers. ZÜ *ʿeber* mit »jenseits«). Das erweckt den Eindruck, als hätte ein späterer Schreiber, der auf dem Westufer lebte, diesen Satz geschrieben. Doch das muß nicht so sein. Denn *ʿeber* bedeutet wahrscheinlich »in der Gegend von« und wird oft in Verbindung mit Begriffen wie »östlich« und »westlich« gebraucht (z.B. 5Mo 4,41; 11,30), um es genauer zu definieren. Vgl. Jos 9,1 und 1Kön 5,4. Die wahrscheinlichste Übers. in diesem Abschnitt dürfte »östl. des Jordans« sein, man sollte daraus aber keine Schlüsse auf den Standort des Verfassers ziehen. LÜ und EÜ geben *ʿeber* mit *diesseits* wieder.

34,16–29 Die mit der Austeilung des Landes betrauten Männer. 16–18 Mit der Austeilung des Landes waren Eleasar, Josua und ein *Fürst* aus jedem Stamm betraut. **19–29** Die Fürsten werden in der Reihenfolge der Stämme von S nach N genannt. Damals lebte der Stamm Dan noch im Süden, so daß diese Zeit vor Ri 18 liegt. Von den Fürsten ist nur Kaleb bekannt. Die Namen geben einen interessanten Einblick in die israel. Namensgebung, so bedeutet z.B. *Samuel* »Name Gottes« (vgl. aber LZB, Sp. 1191, Samuel), *Elidad* »Gott hat geliebt«, *Hanniel* »Gunst Gottes«, *Elizaphan* »Mein Gott beschützt«, *Paltiel* »Gott ist meine Rettung«, *Pedahel* »Gott hat erlöst« usw.

35,1–34 Die Städte der Leviten, die Freistädte und Gesetze über Mord und Totschlag

35,1–8 Die Städte und das Weideland der Leviten. **1–3** Die Leviten, von Gott aus den anderen Stämmen ausgesondert, besaßen kein Land. Da nicht alle Leviten zur gleichen Zeit am zentralen Heiligtum beschäftigt waren, wurden ihnen 48 Städte in den Gebieten der anderen Stämme zugewiesen. Dazu wurde ihnen in der Nähe dieser Städte *Weideland* für ihre Herden zur Verfügung gestellt. **4.5** Es ist schwer festzustellen, wo das Weideland genau lag. Es sollte sich *tausend Ellen weit draußen um die Stadtmauer herum erstrecken* (ca. 500m). Außerdem sollten die Israeliten auf jeder Seite der Stadt 2000 Ellen (ca. 1000m) abstecken. Diese Anweisung hat man auf verschiedene Weise zu erklären versucht. Eine einfache Lösung wäre, daß den Leviten auf jeder Seite der Stadt ein Gebiet vorbehalten war, ca. 500m von der Stadtmauer entfernt und ca. 1000m tief. Der Rest des Landes, falls noch etwas vorhanden war, gehörte dem Volk. Es ist vermutl. am besten, wenn man die Entfernungen als symbolische Angaben versteht. Vgl. Hes 48,8–14, wo den Priestern und Leviten schmale Landstreifen zugewiesen werden, die mitten im Land anderer liegen. **6–8** Von den 48 Städten wurden 6 als Freistädte bestimmt (V. 9–15). Die Verteilung der Freistädte auf die verschiedenen Stammesgebiete wird in Jos 21 genauer beschrieben. Ob den Leviten das Weideland persönlich gehörte, ist unklar. Einige Stellen des AT sprechen davon, daß Priester und Leviten zu bestimmten Zeiten Land besaßen, kauften und verkauften (3Mo 25,32–34; Jer 32,7–12). Die 48 Städte wurden vom Gebiet der anderen Stämme genommen, und zwar mußten die großen Stämme mehr Städte zur Verfügung stellen als die kleinen (26,54; 33,54).

35,9–15 Die Freistädte. **9–12** Wenn ein Mann einen anderen getötet hatte, gleich ob versehentlich oder vorsätzlich, wurde der Getötete nach altem semitischen Recht durch einen Verwandten nach dem Grundsatz gerächt: »Wer Menschenblut vergießt, dessen Blut soll auch durch Menschen vergossen werden« (1Mo 9,6). In dieser einfachen Form macht das Gesetz keinen Unterschied zwischen einem versehentlichen Totschlag und einem willentlichen Mord. Bei einigen anderen Völkern konnte man in einem Heiligtum vor dem Rächer (hebr. *go'el*) Zuflucht finden. In Israel gab es sechs Städte, wo der, der jemanden getötet hatte, Schutz finden konnte, bis sein Fall vor der Gemeinde gerichtet wurde. **13–15** Drei Städte lagen jenseits des Jordans und drei in Kanaan. Die Städte standen gleichermaßen für die Israeliten, für die Fremdlinge, die dauernd bei ihnen wohnten sowie für die, die sich nur zeitweilig in Israel aufhielten, offen (vgl. 5Mo 4,41–43; Jos 20,7f).

35,16–34 Die Unterscheidung von Totschlag und Mord. **16–18** Wenn ein Mann einen anderen mit einem gefährlichen Gegenstand, z.B. mit einem Eisen, Stein oder Holz erschlug, war er des Mordes verdächtig. **19** In solchen Fällen durfte der Rächer den Mörder töten. **20.21** Wenn vorher schon Haß oder Feindschaft herrschten oder wenn der eine dem anderen aufgelauert hatte, wies das auch auf Mord hin; auch in einem solchen Fall durfte der Rächer den Mörder töten. **22–25** Aber oft kam es aus Versehen zu einem Totschlag. Dann erklärte die Gemeinde die Unschuld des Betroffenen und rettete ihn vor dem Rächer, indem sie ihm erlaubte, in einer der Freistädte zu leben, *bis der Hohepriester stirbt.* **26–28** Wenn der Mann sich jedoch aus der Stadt wagte und dabei von dem Rächer gestellt wurde, konnte dieser ihn töten. **29** Jetzt folgen juristische Einzelheiten. **30** Zu einem Urteil über einen Mord waren mehrere Zeugen nötig. **31.32** Die Zahlung eines Lösegeldes (hebr. *kopher*) für das Leben eines Mörders oder auch nur die sichere Heimkehr in einem Fall von unbeabsichtigtem Totschlag war verboten. **33** Jede Art des Tötens wurde sehr ernst genommen und erforderte eine angemessene Bestrafung. Denn wenn das Blut eines Menschen vergossen wurde, wurde das Land Jahwes verunreinigt und konnte nur durch das Blut des Mörders wieder gereinigt werden. **34** Israel mußte die Verunreinigung des Landes unter allen Umständen vermeiden. Bei der Einsetzung eines neuen Hohenpriesters konnte durch die damit verbundenen Reinigungs- und Heiligungsriten das Land wieder gereinigt werden. Erst danach war die Verunreinigung, die – auch durch einen versehentlichen Totschlag – verursacht worden war, wieder aufgehoben.

36,1–13 Die Töchter Zelophhads und das Erbteil der Frauen

Als die Frage des Erbteils der Töchter des Zelophhad das erste Mal erörtert wurde

(27,1–11), war angeordnet worden, daß die Töchter den Besitz ihres Vaters erben konnten, wenn dieser keine Söhne hatte. Aber es entstand ein weiteres Problem, wenn eine solche Erbin heiratete.

1–4 Einige der Sippenoberhäupter Manasses waren darüber besorgt, daß durch die Heirat einer Erbin ein Stück des Erbteils des Stammes Manasse an einen anderen Stamm übergehen konnte. **5–9** Mose fragte nach dem Willen Jahwes und befahl daraufhin den betroffenen Frauen, daß sie innerhalb ihres Stammes heiraten sollten, damit diesem das ganze Erbteil des Stammes erhalten blieb.

10–12 Die Töchter Zelophhads heirateten dann auch später Männer aus Manasse. Daß Töchter erben konnten, scheint eine ganze spezielle Vorschrift gewesen zu sein, denn normalerweise wurde der Besitz nur in der männlichen Linie vererbt. Aus diesem Grunde wurde die Leviratsehe geschaffen (vgl. 5Mo 25,5–10). **13** Der Schlußvers des Buches ist eine Unterschrift unter die in den letzten Kapiteln enthaltenen Gesetze. Sie bezieht sich entweder auf Kap. 22–36 oder 27–36 (vgl. den Schlußvers von 3Mo).

J. A. Thompson

5. Mose (Deuteronomium)

Einleitung

Überschrift

Die Juden nannten das fünfte Buch des Pentateuch nach den Anfangsworten in 5Mo 1,1 *'elleh haddebarim* (»Dies sind die Worte«) oder kurz *debarim* (»Worte«). Eine andere Bezeichnung, *mischneh hattorah* (»Abschrift dieses Gesetzes«, Kurzform: *mischneh*), geht auf 5Mo 17,18 zurück. Diese Wendung wurde in der LXX irrtümlich mit *to deuteronomion touto* (»dieses zweite Gesetz«) wiedergegeben. Im Anschluß daran bezeichnet auch die Vulgata 5Mo als Deuteronomium. Diese Bezeichnung ist in der Theologie allg. üblich und wird auch in Bibelübersetzungen zunehmend verwendet.

5Mo wurde in der LXX offenbar Deuteronomium genannt, weil dieses Buch zum größten Teil aus einer Wiederholung von Gesetzesverordnungen besteht, die bereits in 2Mo und in einigen Abschnitten 3Mo und 4Mo enthalten sind. 5Mo ist jedoch nicht einfach eine Wiederholung älteren Materials. Es ist nach dem Muster orientalischer Vasallenverträge aufgebaut, und in dieser Form werden die Grundsätze des Bundes und die Pflichten des Volkes Gottes dargestellt. In 5Mo werden die Konsequenzen der geistlichen Gemeinschaft, wie sie am Sinai hergestellt worden war, in einer auch den Laien verständlichen Sprache formuliert. Das Buch richtet sich nämlich bes. an die versammelte Gemeinde Israels und nicht so sehr an eine bestimmte Gruppe, wie etwa die Priester des Hauses Aaron, deren Angelegenheiten weitgehend in jenen Teilen von 2Mo und 3Mo berücksichtigt werden, die in einer mehr priesterlichen Fachsprache abgefaßt sind. Wenn in 5Mo Leviten und Priester erwähnt werden, dann geschieht dies aus der Sicht des Laien. Die Priester werden als Diener und Lehrer des Gesetzes gesehen, die aufgrund ihrer Stellung in der Gemeinde die Treue und Unterstützung des Volkes erwarten können.

Zeitgeschichtliche Situation

5Mo enthält die Reden, die Mose in den letzten Monaten seines Lebens vor den Israeliten hielt, als sie in den Ebenen Moabs versammelt waren. Das Buch setzt wie 2Mo voraus, daß Mose ständig Ereignisse, Gesetzesvorschriften und andere Dinge aufzeichnete. Dabei erhebt 5Mo den Anspruch, im wesentlichen das Werk des großen israel. Gesetzgebers selbst zu sein. Zeitpunkt und Ort der Reden sind sorgfältig angegeben (1,1–5; 3,29; 4,46; 28,69) und müssen daher genau beachtet werden, wenn man versucht, den zeitgeschichtlichen Hintergrund des Buches zu erfassen.

Als die Reden gehalten wurden, lagerte Israel in der Ebene von Moab. Dieses Gebiet war ein bestimmter Teil des Landes Moab. Den Kern ihres Reiches bildete die Hochebene östl. des Toten Meeres zwischen den Flüssen Arnon und Sered. Aber häufig beherrschten die Moabiter auch beträchtliche Gebiete nördl. des Arnon. Die Ebene von Moab ist ein gut bewässertes Gebiet, das sich am Ostufer des Jordans über eine Entfernung von etwa 13km vom Toten Meer nördl. zum Fluß Nimrin hinzieht. Die Moabiter scheinen dieses Gebiet zu einem sehr frühen Zeitpunkt ihrer Geschichte erobert zu haben, da es schon unter dem im AT benutzten Namen bekannt war, als der Amoriterkönig Sihon die Moabiter nach S an den Arnon vertrieb.

Eine Generation lang war das Bundesvolk durch das harte Leben auf der Sinai-Halbinsel geschult worden. Trotz eines längeren Aufenthaltes in Kadesch-Barnea, in der Gegend von 'En Qudes und 'En Quderat, waren sie durch ihre Lebensumstände zu einer geistlichen Einheit geformt, durch göttliche Gnade für die Eroberung des Verheißenen Landes zubereitet worden. Nun, da sie auf den üppigen Weiden der Ebenen Moabs Rast machten und ihre Blicke westl. nach Jericho und zur Jordanebene richteten, war das Ziel ihrer langen Wanderung endlich in Reichweite gekommen. Östl. des Jordans hatte Israel bereits beträchtliche Gebiete besetzt, die von den Stämmen Ruben, Gad und dem halben Stamm Manasse besiedelt wurden. Die übrigen Israeliten waren nun an einem kritischen Punkt ihrer Geschichte angelangt. Obwohl sie moralisch und militärisch in guter Verfassung waren, würden sie sich bald großen Versuchungen und harten Prüfungen ausgesetzt sehen, und dies unter der Führung eines neuen Mannes, der sich als Krieger und Staatsmann erst noch bewähren mußte.

Zu diesem Zeitpunkt ruft Mose, der von seinem baldigen Tod weiß, das Volk zusammen und erinnert es in seinen Reden an die mächtigen Taten, die Gott für Israel getan hat. Im Hinblick auf die bevorstehende Eroberung Kanaans erläutert er die von Gott bestimmte Verfassung der Theokratie, die im Verheißenen Land errichtet werden soll. Er ruft die Israeliten zum Glauben und zum Gehorsam auf, warnt vor Götzendienst und Abfall und droht Strafe an, falls Israel den Sinaibund brechen sollte. Zugleich aber verspricht er Segnungen Gottes, falls Israel der göttlichen Berufung treu bleibt.

Mose wiederholt die »zehn Worte«, die Israel zuerst »mitten aus dem Feuer« heraus hörte (vgl. 5Mo 4,12 u.ö.) und erklärt ihre Bedeutung. Dann wiederholt er Gesetze, die bei verschiedenen Gelegenheiten offenbart worden waren. Einige davon sind sehr alt und gehen vermutl. bis auf die Zeit der Erzväter zurück, einige wurden während des Aufenthaltes am Horeb offenbart, andere bei verschiedenen anderen Anlässen. Die Sammlung dieser Gesetze ist in die Form eines Vertrages gekleidet. Sie bietet Anleitung und Richtschnur für das Leben im verheißenen Land. Die Gesetze sind treffend in den Worten zusammengefaßt: »Du sollst Gott, deinen Herrn, lieben von ganzem Herzen, von ganzer Seele, von allen Kräften und von ganzem Gemüte und deinen Nächsten wie dich selbst.« So steht es in Lk 10,27 in Anlehnung an 5Mo 6,5. Dieser Vers wird durch die Worte Jesu ergänzt: »Tue das, so wirst du leben« (Lk 10,28). Die große Bedeutung von 5Mo für Jesus und die Urgemeinde kann man daran erkennen, daß das NT mehr als 80 Zitate aus diesem Buch oder Hinweise darauf enthält. Diese Bezugnahmen müssen sorgfältig untersucht werden, wenn man die Botschaft von 5Mo erfassen und seine Bedeutung fur den Christen richtig verstehen will.

Verfasser und Abfassungszeit

Nach alter jüd. und samarit. Tradition ist Mose der Verfasser von 5Mo. Damit stimmt auch Neh 8,1 überein. Während der hebr. Text im Hinblick auf die Überlieferung von 3Mo und 4Mo keine Angaben macht, stellt er eindeutig fest, daß 5Mo im wesentlichen als das Werk Moses anzusehen sei. In 5Mo 1,5 wird von Mose gesagt, er fing an, »dies Gesetz auszulegen«, und später wird berichtet, er habe es in ein Buch geschrieben, das neben die Bundeslade gelegt und der Obhut der Leviten anvertraut wurde (5Mo 31,9.26). Der Hinweis auf »dieses Gesetz« (5Mo 17,18), von dem eine Abschrift angefertigt und zukünftigen Königen des Volkes ausgehändigt werden sollte, bezieht sich vermutl. nur auf die bes. Gesetze für den König und nicht auf ganz 5Mo, zeigt aber, daß Gesetze schriftlich niederzulegen üblich war. Weitere Hinweise auf eine frühe schriftliche Abfassung eines großen Teils von 5Mo ergeben sich aus den Abschnitten in Jos, die das Vorhandensein dieses Buches voraussetzen (vgl. Jos 1,7 u.a.). Diese Abschnitte sind zu zahlreich und zu eng im jeweiligen Textzusammenhang verzahnt, um sie als spätere Zusätze betrachten zu können. Auch dies deutet auf eine frühe Entstehung von 5Mo hin.

Die liberale Forschung des 18. und 19. Jh. war sich darin einig, daß Mose nicht der Verf. sein könne, und schrieb das Werk einem unbekannten Propheten zu, der es kurz vor 621 v.Chr., dem Jahr der Reform Josias (2Kön 22,23), zusammengestellt haben soll. Man glaubte, das Buch sei mit der Absicht geschrieben worden, Reformen in Gang zu bringen, wie sie in jener Zeit angestrebt wurden und zu denen vor allem die Verlegung des Gottesdienstes an einen zentralen Ort, nämlich Jerusalem, gehörte. Wellhausen nahm an, der Verfasser habe, um seine Absichten zu fördern, das Buch im Tempel versteckt und dafür gesorgt, daß es bei Renovierungsarbeiten an dem Gebäude »entdeckt« würde. Diese hypothetische Beziehung zwischen dem Werk des »Deuteronomisten« und der Reformbewegung unter Josia bestimmte lange die liberale Auffassung von der Entstehung des Pentateuch, indem auch andere Dokumente allg. mit Bezug auf das Deuteronomium datiert wurden.

Einige Forscher gingen noch weiter und datierten 5Mo in der Zeit nach dem Exil. Sie glaubten, die im Tempel wiedergefundene Rolle wäre das »Heiligkeitsgesetz« (3Mo 17–26) gewesen und setzten für 5Mo eine Abfassungszeit zwischen 520 und 400 v.Chr. an (so die sog. Uppsala-Schule). Es gab allerdings auch im 19. Jh. Forscher, die die Abfassung von 5Mo in der Regierungszeit Hiskias oder Manasses vermuteten; sogar Samuel wurde von einzelnen als Verfasser angesehen. Von anderen Voraussetzungen ausgehend kam später Gerhard von Rad zu der Überzeugung, 5Mo sei in Kreisen der »Landpriester« entstanden, die Zugang zu den überlieferten heiligen Schriften Israels gehabt hätten und die sich nach den Ereignissen im Jahre 701 v.Chr., als die Assyrer in Juda eingedrungen waren, intensiv für die nationale und militärische Wiederherstellung einsetzten. Diese Sicht stellt eine bemerkenswerte Abkehr von der Position des klassischen deutschen Liberalismus dar.

Eine überzeugendere Lösung für die Frage nach dem Verfasser und der Datierung ergab sich in jüngerer Zeit aus der Erkenntnis der

Ähnlichkeit zwischen dem Sinaibund und den Vasallenverträgen, wie sie zwischen den orientalischen Staaten vom 3. Jt. v.Chr. an allg. üblich waren. Solche Vertragsdokumente enthalten normalerweise die folgenden Elemente: 1. Die Präambel, in der sich der Großkönig vorstellt; 2. den geschichtlichen Rückblick, in dem in der Regel die bisherigen Wohltaten des Lehnsherrn hervorgehoben werden; 3. die Vertragsbestimmungen (Grundsatzerklärung und Einzelbestimmungen); 4. die Anrufung der Götter als Zeugen und Garanten des Vertrages; 5. Ankündigung von Segen und Fluch, die bei Vertragstreue bzw. Vertragsbruch über den Vertragspartner kommen. Meist folgen dann noch Bestimmungen über die regelmäßige öffentliche Verlesung des Vertrags.

Dieses Vertragsschema findet sich an verschiedenen Stellen im AT, unter anderem auch bei der Beschreibung des Sinaibundes (2Mo 19,3–8; 20,1–17); bes. deutlich tritt es in 5Mo hervor, wenn man dieses Buch als eine literarische Einheit betrachtet. Der Text des Buches läßt sich auf die oben beschriebenen Vertragselemente verteilen: 1. Präambel (1,1–5); 2. geschichtlicher Rückblick (1,6–4,49); 3. Vertragsbestimmungen (5,1–26,19); 4. Da es für Israel neben Jahwe keine anderen Götter gibt, können sie nicht als Zeugen angerufen werden. Stattdessen ruft Jahwe Himmel und Erde als Zeugen an (30,19); 5. Segen und Fluch (27,1–30,20). Es folgte die Regelung der Nachfolgefragen und der öffentlichen Verlesung (31,1–34,5). Diese Parallelen in der literarischen Form weisen darauf hin, daß 5Mo nach den besten Traditionen des 2. Jt. v.Chr. bewußt als Dokument der Bundeserneuerung zusammengestellt wurde.

Für das Abfassungsdatum ist wichtig, daß solche internationalen Verträge bis in die Zeit Assarhaddons (681–669 v.Chr.) abgeschlossen wurden. Die Tatsache, daß 5Mo in Form eines Vasallenvertrages gestaltet ist, muß nicht unbedingt bedeuten, daß das Buch im 2. Jt. entstanden ist. Es gibt jedoch einige wesentliche Unterschiede zwischen den Bundesschlüssen im 2. und im 1. Jt. v.Chr. Dazu gehört vor allem das völlige Fehlen des geschichtlichen Rückblicks in allen Verträgen nach dem Ende des 2. Jt. v.Chr. Formgeschichtliche Untersuchungen haben ergeben, daß nicht nur einzelne Abschnitte in 5Mo sehr alt sind, sondern daß der gesamte Text ein hohes Alter aufweist und auf dem Hintergrund der mosaischen Zeit zu sehen ist.

Die liberale Auffassung, 5Mo sei eine »fromme Fälschung«, verliert ihre Grundlage, und wäre es nur deshalb, weil sich absolut kein archäol. Beweis dafür findet, daß es im 2. Jt. v.Chr. solche »Fälschungen« gegeben hat. Auch die Behauptung, die Zentralisierung des Gottesdienstes in Jerusalem sei einer der Hauptgründe für die Entstehung von 5Mo gewesen, muß angezweifelt werden. Das Buch betont in keiner Weise den Anspruch Jerusalems, der einzig mögliche Ort für den Gottesdienst zu sein, und enthält auch keine entsprechenden Vorschriften. In 5Mo 12 geht es nicht darum, ob Jahwe an vielen Orten oder nur an einem Altar angebetet werden soll, sondern um den Gegensatz zwischen den heidnischen Altären Kanaans und dem Ort, wo Gottes Name verehrt werden soll.

Wie G. v. Rad feststellt, steht der Befehl in 5Mo 27,1–8, auf dem Berge Ebal einen Altar zu errichten und das Gesetz auf mit Kalk getünchte Steine zu schreiben, in Widerspruch zu der liberalen These von der Zentralisierung des Gottesdienstes in Jerusalem.

Der altertümliche Charakter der Anordnungen in 5Mo 27,1–8 zeigt sich in dem Fehlen von Wörtern wie *ba'al* (»Baal«), *bamoth* (»Höhen«) und in der undeutlichen Ortsbeschreibung. Nach diesem Text hat Jerusalem, die Stadt der Jebusiter, am allerwenigsten Anspruch darauf, der einzige Ort des israel. Kultus zu sein. Auch sollte man berücksichtigen, daß Jerusalem als Eigenname im Pentateuch nicht vorkommt, obwohl er in den Amarnabriefen, die aus dem 14. Jh. v.Chr. stammen, benutzt wird. Die Annahme, daß der Ausdruck »Salem« in 1Mo 14,18 eine Abkürzung von »Jerusalem« sei, läßt sich nicht begründen. Es ist wahrscheinlicher, daß mit Salem ein Ort im Jordantal südl. von Skythopolis gemeint ist und daß es sich dabei viell. um das »Salim« in Jh 3,23 handelt. Obwohl in 5Mo für den Gottesdienst Israels ein zentraler Ort vorgesehen wird, nämlich der Berg Ebal, wird nicht verlangt, daß der Kultus auf diesen Ort beschränkt werden müßte. Es ist bedeutsam, daß die Samaritaner das Gebiet um den Ebal und Garizim als den Ort verehrt haben, an dem es Gott gefiel, seinen Namen wohnen zu lassen, und sie haben zweifellos recht mit ihrer Überzeugung, daß der nahe dem Berg Garizim errichtete Altar der einzige ist, der nach den Anweisungen Moses gebaut wurde.

Es gibt also gewichtige Argumente dafür, daß 5Mo im wesentlichen von Mose selbst verfaßt ist. Die Erzählung ist lebendig und läßt den Leser an der Überquerung des Baches Sered (2,13) und an dem Aufenthalt in der Wüste Kedemoth (2,26) teilnehmen; der Verf. ist auf dem Wege nach Basan und schließlich beim Aufenthalt im Tal gegenüber Beth-Peor (3,29) dabei. Eine Fülle von eher beiläufig erwähnten geogr. Einzelheiten läßt darauf schließen, daß der Verfasser mit den moabitischen Geschichte und Landschaft des 2. Jt. vertraut war. Die Reden werden oft und unerwartet durch persönliche Erinnerungen unterbrochen, die sogar bei der Lesung der Gesetze einfließen (24,9) und den Leser an seinen Gedanken, Empfindungen und Gebeten teilhaben lassen.

Moses Charakter wird – wie schon in den anderen Büchern des Pentateuch – auch in 5Mo erkennbar. Sein leidenschaftliches Temperament (2Mo 2,12.13) zeigt sich in heftiger Empörung (5Mo 9,21ff) ebenso wie in ergreifenden Ermahnungen (10,12–22). Die Erziehung, die er in seiner Jugend erhalten hatte, kommt in seinen Fähigkeiten als Führer, Organisator und Schriftsteller (Apg 7,22) zum Tragen. Diese überragende Persönlichkeit konnte während der Wüstenwanderung Schwierigkeiten überwinden, die einen Schwächeren überfordert hätten. Er war nicht demagogisch veranlagt, und doch gelang es ihm mit großem Erfolg, seinem Volk Gottes Willen mitzuteilen. Was er schrieb, ist ein bleibendes Zeugnis seiner literarischen und geistigen Begabung. Als geweihter »Knecht des Herrn« (5Mo 34,5) lebte er im ständigen Wissen um Gott; seine Fähigkeit, in Krisenzeiten geistliche Kräfte freizusetzen, machte ihn zum größten aller Führer Israels. So steht das Bild, das 5Mo von Mose entwirft, absolut in Einklang mit dem Bild Moses in 2Mo und 4Mo. Es ist dem Leser zugleich das realistische Bild eines sterblichen Menschen, im Gegensatz zu den idealisierten Beschreibungen im späteren Judentum.

Seit die Verfasserschaft Moses für 5Mo angezweifelt wurde, weil er unmöglich den Bericht über seinen eigenen Tod verfaßt haben konnte, hat man die Möglichkeit späterer Zusätze immer wieder erwogen. Wie immer das Buch aussah, das Mose zusammengestellt hat, es hat höchstwahrscheinlich die Kap. 32–34 nicht enthalten, die vermutl. kurz nach Moses Tod angefügt wurden, um die Erzählung zu vervollständigen. Den Bericht vom Tod Moses könnte, wie es die jüd. Überlieferung behauptet, Josua, die Abschlußverse Eleasar geschrieben haben. Aber das sind nur Vermutungen.

Auch Wendungen wie »jenseits des Jordans« (*ʿeber hajjarden*) werden als Hinweise auf eine Entstehung des Buches in der Zeit nach Mose verstanden. Da sich dieser Ausdruck in der Regel auf das Ostjordangebiet bezieht, nimmt man an, der Standort des Verfassers sei in Kanaan gewesen, was Mose als Autor ausschließen würde. Der Ausdruck bezieht sich jedoch gelegentlich auch auf die Gegend westl. des Jordan (3,20.25; 11,30). Er bedeutet einfach: »Transjordanien« (vgl. Komm. zu 1,1) und geht nicht auf die Zeit der Patriarchen zurück. Erklärende Anmerkungen – wie »so wie es heute ist« (*kajjom hasseh*) in 2,30 – verursachen ebenfalls keine Schwierigkeiten, da es in der Antike – und bes. in Ägypten – üblich war, daß die Schreiber ältere literarische Stoffe überarbeiteten und den Text mit modernen Ortsbezeichnungen und erklärenden Zusätzen versahen, um ihn verständlicher zu machen. Die einfachste und wahrscheinlichste Lösung der Verfasserfrage ist vermutl. die, daß Mose die Gesetze nach dem anfangs beschriebenen Vertragsschema formuliert und Kap. 27 bis 31 zu einem späteren Zeitpunkt angefügt hat. Von den restlichen Abschnitten sind das Lied (32,1–43) und der Segen (33,1–29) zweifellos zunächst mündlich überliefert und später schriftlich niedergelegt worden.

Abfassungszeit

Den historischen Rahmen des Buches bilden die letzten Tage Moses. Das ganze Buch paßt in die zweite Hälfte des 2. Jt. Für die komplexere Gesellschaftsstruktur, die in Kanaan zu erwarten ist, werden entsprechende Gesetze erlassen, aber sie ist zum Zeitpunkt der Abfassung noch nicht Wirklichkeit; denn der geogr. Schauplatz von 5Mo befindet sich eindeutig noch jenseits des Jordans. Von besonderer Bedeutung für die Datierung ist das Vertragsschema des Buches. In 5Mo ist ein Geschichtsrückblick enthalten, wie er sich regelmäßig in den Bundesschlüssen des 2. Jt. findet. Dieser Geschichtsrückblick fehlt jedoch in allen Vasallenverträgen des 1. Jt. Andere Teile, wie etwa der abschließende Segensspruch, haben eine größere Nähe zur Patriarchenzeit als zu Josia oder zur nachexilischen Zeit. Die Gesetze in Kap. 13–20 passen in die Phase der Landnahme. In der Königszeit wären sie ein Anachronismus gewesen. Alle historischen Angaben beziehen sich auf Begebenheiten, die sich vor der Landnahme ereigneten, und der Schreiber verrät keinerlei Kenntnis so wichtiger Ereignisse wie der Teilung des Reiches während der Königszeit oder selbst früherer Begebenheiten wie der Unterdrückung durch die Philister, die in Ri beschrieben wird. Ausgrabungen in Ai, Bethel, Lachisch, Debir und Hazor bestätigen, daß diese Städte – in Übereinstimmung mit dem Bericht über die Eroberung in Jos – in der 2. Hälfte des 13. Jh. v.Chr. zerstört wurden. Dies wiederum stimmt mit der Datierung des Auszuges aus Ägypten um 1280 v.Chr. überein. Wenn man die Entstehungszeit für den größten Teil von 5Mo noch zu Moses Lebzeiten annimmt – und der Befund deutet darauf hin – so ist das gesamte Werk in seiner endgültigen Fassung wahrscheinlich während der nächsten ein oder zwei Generationen fertiggestellt worden.

Thema

Das beherrschende Thema in 5Mo ist der Bund. Hier liegt eine Beziehung zu 2Mo und Jos vor. Die sittlichen und religiösen Konsequenzen des Sinaibundes werden allgemeinverständlich dargestellt, damit Israel seine Verpflichtungen aus diesem Bund klar erkennen kann. Charakteristisch für 5Mo ist seine monotheistische Ausrichtung, die die Überlegenheit des Gottes Israels herausstellt, sich aber auch der Gefahren bewußt ist, die von den Göttern der heidnischen Völker drohen. Die Macht Gottes bildet die Grundlage für den Abschluß eines Bundes, der – sieht man ihn auf dem Hintergrund der Vasallenverträge des 2. Jt. v.Chr. – in seiner Bedeutung für Israel klar und unmißverständlich war. So hat es 5Mo in erster Linie mit der alles übergreifenden Bundesbeziehung zu tun, und zwar in der Erkenntnis, daß das zukünftige Schicksal Israels als des Volkes Gottes von der genauen Befolgung der Bestimmungen des Bundes abhing, für den Israel sich ja gemeinsam entschieden hatte.

In seinen Mahnreden verspricht Mose, daß dieselbe Macht, die das Wunder der Befreiung aus Ägypten bewirkt und dem Volk eine Generation lang in der Wüste beigestanden hat, es auch im Verheißenen Land führen werde, wenn die Israeliten die Verpflichtungen des Bundes erfüllen. Deshalb enthält 5Mo die feste Zusicherung, daß Gott auch in Zukunft bei seinem Volk sein wird, in guten wie in bösen Tagen, und daß er für das Volk kämpfen wird wie damals beim Auszug aus Ägypten. In ihrer neugewonnenen Freiheit sollen die Israeliten nie vergessen, daß sie einmal Knechte in Ägypten waren (5,15) und daß es die Kraft Gottes war, die sie aus dieser hoffnungslosen Lage gerettet hat (4,20). Sie sollen Gott von ganzem Herzen ehren und lieben (4,29; 5,10), weil er sie zuerst geliebt hat (4,37). Da sie ihm Treue geschworen haben, dürfen sie keinen Umgang mit den falschen Göttern der Heiden haben (7,25; 11,16).

Weil sich Gott im Sinaibund als heilig und sittlich untadelig offenbart hatte, mußten notwendigerweise auch für jedes Volk, das mit ihm durch einen feierlichen Vertrag verbunden war, dieselben sittlichen Eigenschaften maßgebend sein. Die Israeliten waren ein Volk, das die Ordnungen Gottes kannte (5,1), und vor allem hatten sie ein dem Herrn heiliges Volk zu sein (7,6; 14,2.21). Die tiefe Menschlichkeit, die den Pentateuch allg. auszeichnet, wird in dem Gebot sichtbar, daß sich die Israeliten, da sie Brüder sind, um die kümmern sollen, die ärmer sind als sie selbst; dazu gehören die Fremden, die Waisen und die Witwen (10,18).

Der prophetische Charakter von 5Mo ist seit längerem von Forschern verschiedener Richtungen erkannt worden. Damit stimmen die Zuversicht, der Glaube und das Vertrauen des Verfassers in die Macht Gottes überein. Die vertrauensvolle Ausrichtung des Buches in die Zukunft wird u.a. an den beiden Wendungen erkennbar, die am häufigsten in 5Mo vorkommen: nämlich »geht hinein und nehmt es ein« (35mal), und »das Land, das der Herr euer Gott euch gibt« (34mal). Wie ihren Vorfahren verheißen, hat Gott den Israeliten ein gutes Land (1,25) als Erbteil (4,21) gegeben. Segensverheißungen nehmen in 5Mo einen großen Raum ein; sie (7,13) werden erfüllt werden, wenn Gott seinem Volk vor seinen Feinden Ruhe gibt (3,20). Wenn die Israeliten den Bund halten (5,1), wird es ihnen gut gehen (2,7; 4,40). Sie werden fruchtbares Land besitzen (6,11; 12,15) und ein langes und gesegnetes Leben haben (4,40).

Neben den Segensverheißungen stehen in 5Mo die Warnungen vor dem Abfall. Ausdrücklich werden die Israeliten darauf hingewiesen, daß »Flüche« über sie kommen werden, wenn sie den Geboten Gottes nicht gehorchen (28,15), daß sie mit Plagen geschlagen werden, »mit Auszehrung, Entzündung und hitzigem Fieber, Getreidebrand und Dürre« (28,22). Sie werden es zu nichts bringen (28,29), Feinde werden sie unterdrücken (28,31ff), und sie werden »zum Spott werden unter allen Völkern« (28,37). Falls sie im Ungehorsam verharren, werden diese »Flüche« sie verfolgen, bis sie vertilgt sind (28,45). Alle Sünden werden verdammt (15,9), bes. der Götzendienst, der ein Greuel ist (7,25). Das Problem der Versündigung des Volkes wird so ernst genommen, daß die Fürsten angewiesen werden, in der Bestrafung schwererer Vergehen gegen die Bundestreue unerbittlich zu sein (13,10.12), so daß andere von solch frevelhaftem Verhalten abgeschreckt werden (13,6.12). Eine zentrale Stätte, die Gott erwählt (12,5.11), soll als religiöser Mittelpunkt des Volkes eingerichtet werden; dort sollen die Israeliten den Namen Gottes ehren und ihn anbeten (12,7). Sie dürfen jedoch nicht erwarten, daß die Segnungen ihnen als etwas Selbstverständliches zuteil werden, nur weil sie in einer Bundesbeziehung zu Gott stehen. Nur wenn die Israeliten die Gebote befolgen und den Sinaibund heilig halten, wird Gott seinem Volk Gnade und Wohlergehen schenken.

Inhalt

1,1–5	**Einleitung**	
1,6–4,43	**Die erste Rede**	
	1,6–3,29	Der geschichtliche Rückblick
	4,1–40	Aufforderung zum Gehorsam
	4,41–43	Bezeichnung der Freistädte im Ostjordanland
4,44–26,19	**Die zweite Rede**	
	4,44–49	Die Bundesgebote: Der geschichtliche Rückblick
	5,1–11,32	*Grundlegende Gebote*
	5,1–6,25	Belehrung der Nachkommen über die Offenbarung am Horeb
	7,1–11,32	Ermahnungen zur Treue und zum Gehorsam
	12,1–26,19	*Einzelgebote*
	12,1–16,22	Bestimmungen und Regelung des Gottesdienstes und eines heiligen Lebenswandels
	17,1–26,15	Verschiedene Gesetze und Einzelbestimmungen
	26,16–19	Abschließende Ermahnung
27,1–31,8	**Die dritte Rede**	
	27,1–10	Die Denksteine mit dem Gesetz. Aufforderung zum Gehorsam
	27,11–26	Fluchworte
	28,1–14	Segensverheißungen
	28,15–68	Feierliche Fluchworte
	28,69–31,8	Die Bedingungen des Bundes
31,9–30	**Übergabe des Gesetzes**	
	31,9–13.24–26	Aufbewahrung des Textes
	31,14.15	Beauftragung Josuas
	31,16–23.27–30	Zeugen des Bundes
32,1–43	**Das Lied Moses als Zeuge des Bundes**	
32,44–33,29	**Letzte Ermahnung und Abschied**	
	32,44–47	Moses letzte Mahnung
	32,48–52	Mose wird auf seinen Tod vorbereitet
	33,1–29	Abschließender Segen
34,1–8	**Moses Tod**	
34,9–12	**Schluß**	

Kommentar

1,1–5 Einleitung

1 *Die Worte, die Moses . . . redete:* Im NT wird Mose 99mal erwähnt, und jedes Mal steht 5Mo in irgendeiner Weise damit in Beziehung. Gleich die ersten Worte dieses Buches enthalten einen der vielen Hinweise, daß die Reden zunächst mündlich gehalten (4,45; 29,1; 31,30; 32,44) und später schriftlich niedergelegt wurden (17,18; 31,9). Das gleiche gilt für die Zehn Gebote (5,22; 9,10). Die Reden hielt der greise Mose während der letzten Monate seines Lebens. *Ganz Israel:* Eine für 5Mo charakteristische Wendung. Die Prüfungen, Entbehrungen und Fehler des Volkes während der Wüstenwanderung hatten das Volk gereinigt und geistlich zusammengeschmiedet. Israel war nun bereit und in der Lage, die Aufgaben in Kanaan in Angriff zu nehmen. Der Ausdruck *ganz Israel* findet sich

auch in 11,6; 18,6; 21,21; 27,9; 31,11; 34,12. *Jenseits des Jordan:* Diese Wendung kommt in 5Mo und Jos 18mal vor. In 5Mo finden sich viele geogr. Einzelheiten, vor allem in den Anfangs- und Schlußkapiteln, und immer wird Palästina von außen gesehen. Die geogr. Angaben in 5Mo sind eher allg. gehalten; deshalb bedeutet die hier benutzte hebr. Wendung nichts anderes als »jenseits des Jordans«, was sich in zwölf Fällen auf die östl. und in sechs Fällen auf die westl. Seite bezieht. Manchmal wird noch eine erläuternde Angabe hinzugefügt. In 4Mo 32,19 und 1Sam 14,4 wird das gleiche hebr. Wort für »diesseits« und »jenseits« gebraucht; das zeigt, daß sich aus der Wendung selbst der Standort des jeweiligen Schreibers nicht ermitteln läßt. Die *Wüste* (hebr. *midbar,* Weideland, Steppe, Wüste): ein Begriff, der sich auf jedes unbewohnte Land bezieht, ob es fruchtbar ist oder nicht. *Im Jordantal*; *In der Araba* (ZÜ): Wird der Name »Araba« mit bestimmtem Artikel gebraucht, bezieht er sich gewöhnlich auf den Teil des ostjordanischen Grabenbruchs, der sich vom See Tiberias zum Golf von Akaba erstreckt (vgl. 5Mo 3,17; 2,8 ZÜ). Die Mehrzahl »Araboth« beschreibt meist bestimmte Wüstengebiete innerhalb der Araba, bes. in der Nähe Jerichos und in der Wüste Moab. *Suph:* entweder der Name eines Ortes, dessen genaue Lage unbekannt ist, oder die Kurzform von *jam suph* (»Schilfmeer«). Ob Suph mit dem Supha in 4Mo 21,14 identisch ist, ist unklar. *Tophel:* Diese und die folgenden Ortschaften entsprechen ungefähr 4Mo 33,18–20; sie befinden sich alle zwischen dem Horeb und Kadesch-Barnea. Viell. sind einige der »Worte« zuerst in diesen Gegenden gesprochen worden.

2 *Elf Tagereisen:* Die Reise vom Berg Sinai nach Dahab an der Ostküste der Sinaihalbinsel, von dort entlang der Küste und dann hinüber nach Kadesch-Barnea (ʿAin Quderat und Umgebung) dauerte, wie man nachgewiesen hat, elf Tage. *Horeb* (wörtl.: trocken, öde; vgl. Jer 44,2): eine andere atl. Bezeichnung für den Sinai; viell. bezieht sie sich eher auf die ganze Gegend als auf den Berg selbst (2Mo 3,1). *Kadesch-Barnea* war eine wichtige Station während der Wüstenwanderung, an der die Israeliten sich offenbar verschiedentlich aufhielten. Es war der erste Endpunkt der Wanderung Israels vom Sinai aus; von dort wurden die Kundschafter nach Kanaan ausgesandt und dorthin kehrten sie zurück (4Mo 12,16; 13,26). Der Name *Kadesch* (heilig) wurde für mehrere in der Bibel erwähnte Ortschaften verwendet; Kadesch-Barnea durfte am ehesten in der Gegend von ʿAin Qudes und ʿAin Quderat, etwa 80km südwestl. von Beerseba, anzusiedeln sein. 4.5 *Im Lande Moab:* Im fruchtbaren Hochland von Moab hielt Mose, kurz bevor das Volk das Land Kanaan betrat, die Reden, die in 5Mo aufgezeichnet sind. Die erste Phase der Landnahme war mit dem Sieg über die ostjordanischen Könige Sihon und Og (4Mo 21,33–35; vgl. 5Mo 3,1–11) und der Ansiedlung von Ruben, Gad und Halb-Manasse (4Mo 32,1–33) zu Ende gegangen. *Auslegen* (wörtl. »einschneiden«, dann »erklären«, »erläutern«): Dieses Verb wird nur in 27,8 und Hab 2,2 gebraucht, und zwar in beiden Fällen in Verbindung mit »schreiben«. *Dieses Gesetz: Tora(h),* einheitlich mit »Gesetz« übers., ist vermutl. von dem hebr. Verb *hora(h),* »ausrichten«, »lehren«, abgeleitet und kann so mit »Belehrung« wiedergegeben werden. Die Bedeutung des Wortes *tora* ist umfassender als die des deutschen Wortes »Gesetz«. *Tora* schließt sowohl »Gebote und Rechte« (4,1) wie den ganzen Bereich der göttlichen Offenbarung ein. Hier sind mit *tora* die folgenden Reden gemeint, während der Ausdruck in 5Mo allg. die ganze Lehre Moses oder Teile davon bezeichnet. Der Begriff *tora* wurde für die Belehrungen der Väter oder auch der Weisen, die ihre Schüler als »Söhne« ansprachen, ebenso verwendet (Spr 3,1; 6,23; 7,2; 13,14) wie für die Belehrungen der Mütter (Spr 1,8; 6,20; 31,26). *tora* wird nie für die direkte Kommunikation zwischen Gott und dem Menschen benutzt, sondern nur für durch Menschen vermittelte göttliche Offenbarungen. In 5Mo kommt das Wort nur in der Einzahl vor und deutet damit auf eine geordnete und in sich geschlossene Sammlung solcher Offenbarungsinhalte hin. Im Lauf der Zeit wurde *tora* zur hebr. Bezeichnung für 1Mo–5Mo (Esr 7,6; Mt 12,5) oder auch für das ganze AT (Jh 10,34; 15,25). Die rhythmische Fassung von 5Mo 27,15–26 läßt darauf schließen, daß eine dichterische Form verwendet wurde, um die Texte besser auswendig lernen zu können. Im NT (s. ThBL I, S. 521–531) gibt das dem hebr. *tora* entsprechende griech. Wort *nomos* verschiedene Bedeutungen wieder: das AT (Jh 10,34); der Pentateuch (Lk 24,44); das AT als Ankündigung des Kommens Christi (Mt 11,13); das Sittengesetz (Lk 10,26); das jüd. Gesetz mit seinen »Geboten und Satzungen« (Eph 2,15), das für die Christen nicht mehr verbindlich ist.

1,6–4,43 Die erste Rede

1,6–3,29 Der geschichtliche Rückblick

In den orientalischen Vasallenverträgen des 2. Jt. gibt der geschichtliche Rückblick eine

Übersicht über die früheren Beziehungen zwischen den Vertragspartnern. Er weist darauf hin, daß die vergangenen Wohltaten des Großkönigs die Grundlage für die Dankbarkeit und den zukünftigen Gehorsam des Vasallen bilden.

1,6–18 Berufung der Obersten. Die erste Rede (1,6–4,43) beginnt mit einem langen Rückblick auf die Ereignisse, die in 4Mo 10–32 berichtet werden und in denen die Aussicht auf die Landnahme den Höhepunkt darstellte. 7 *Auf dem Gebirge und in dem Hügelland im Südland:* Palästina läßt sich in fünf große Regionen aufteilen: die Küstenebene, das zentrale Bergland, das Jordantal, die Hochebenen im Ostjordanland und die Wüstengebiete. Im Westjordanland schiebt sich die »Schephela« (»das Hügelland«), eine niedrige Hügelkette (300–400m), zwischen die Küstenebene und das Gebirge Juda (weiter im Norden das Gebirge Ephraim). Dieser Gebirgszug zieht sich von Hebron aus nach N und steigt bis etwa 1000m über den Meeresspiegel an. Mit dem »Südland« (hebr. *negev*; wörtl. »das Trockene«) ist ein nicht genau abgegrenztes Gebiet gemeint, das südl. der Straße Gaza-Beerseba beginnt und schließlich in das Hochland der Halbinsel Sinai übergeht. *Amoriter ... Land Kanaan:* Nach den aus dem 3. Jt. v.Chr. stammenden sumerischen und akkadischen Quellen waren die Amoriter unzivilisierte Wüstennomaden, die um 2000 v.Chr. Babylon eroberten und dort Dynastien errichteten. Amorit. Siedler nahmen nach 1900 v.Chr. den Libanon in Besitz, während andere weiter nach S und O ins Ostjordanland zogen. Im AT werden die Amoriter als Teil der Bevölkerung des Gebirges Juda angesehen (4Mo 13,29; Jos 5,1; 11,3). Die Bezeichnung »Amoriter« wurde aber auch im Sinn von »Kanaaniter« gebraucht. Israel sollte »Kanaan«, d.h. Palästina erobern (4Mo 13,17–21) und alle Völker im Lande der Amoriter besiegen (Jos 24,15.18). Die Kanaaniter und Amoriter hatten sich um 2000 v.Chr. fest in Syrien angesiedelt; die kanaan. Kultur, die ihren Höhepunkt unter den Phöniziern erreichte, ist heute am besten durch die Funde von Ras Schamra (Ugarit) bezeugt. Genau genommen bezeichnet der Ausdruck »Kanaaniter« den nordwestl. Teil der semitischen Völker und ihre Kultur im Westen Syriens und in Palästina vor dem 12. Jh. v.Chr. 8 *Der Herr (hat) euren Vätern geschworen:* Auf diese den Vätern gegebene Verheißung, die durch einen Eid bestätigt wurde (1Mo 22,16) beziehen sich auch: 1,35; 4,31; 6,10.18.23; 7,8.12; 8,1.18; 9,5; 10,11; 11,9.21; 13,18; 19,8; 26,3.15; 28,11; 29,12; 30,20; 31,7.20.21.23; 34,4. Ein ntl. Kommentar dazu findet sich in Hebr 6,13–20. Mose erinnerte die Israeliten ständig daran, daß Gottes Liebe zu ihnen nicht die Folge ihrer Verdienste sei (5Mo 7,7; 9,4), sondern allein auf göttlicher Gnade (vgl. Eph 2,8) und der Verheißung Gottes an die Väter beruhe. Die einzelnen Bestandteile dieser Verheißung, nämlich Nachkommenschaft, Land und reicher Segen, werden hier noch einmal genannt.

9 *Ich kann euch nicht mehr allein tragen:* Hier und in **12** gesteht Mose seine Unfähigkeit ein, mit seiner Aufgabe allein fertig zu werden. Und in **13** entschließt er sich, Verantwortung abzugeben. *Zu Häuptern:* Die führenden Männer, deren Berufung durch Jethro angeregt (2Mo 18,21) und von Gott zweifellos gebilligt worden war, bekommen nun einen Platz in der ständigen Rechtsordnung (5Mo 16,18). 15 *Amtleute* (hebr. *schoterim*): In Ägypten (2Mo 5,6) waren diese Leute als Schreiber oder Aufseher tätig, die unter den Fronvögten arbeiteten und für die Ablieferung der Ziegel verantwortlich waren. Nach der Befreiung aus Ägypten wurden sie den *Obersten* ihres eigenen Volkes unterstellt, die für Gerechtigkeit und für den Sieg arbeiteten (16,18; 20,5.8.9; 29,9; 31,28). 16 *Richter:* Ihre Stellung und ihre Pflichten werden außerdem in 16,18; 17,9; 19,17.18; 21,2 und 25,1 beschrieben. Sie sprachen Recht, hatten den Missetäter zu bestrafen und dem Gerechten zu seinem Recht zu verhelfen. Dabei mußten sie peinlich genau und völlig unvoreingenommen verfahren (V. 17; 16,19.20). *Der Fremdling* (hebr. *ger*): ein Siedler unter einem anderen Volk; zu unterscheiden von einem Ausländer, der sich jeweils nur kurzzeitig im Lande aufhält. Das Volk Israel war dreifach untergliedert in Stämme, Geschlechter (Sippen) und Familien (Häuser), vgl. Jos 7,16ff. Ein Fremdling konnte in eine Sippe aufgenommen werden; die »Fremden« (*sarim*) z.B. in Jes 1,7; Jer 5,19; 51,51; Hes 7,21; 28,7.10 und Ob 11 sind Feinde. Der »Fremdling« (*ger*) hatte in Israel viele Vorrechte; er sollte mit Liebe und Respekt behandelt werden (2Mo 22,20; 5Mo 10,19; 24,19–21). Diese humanitäre Grundtendenz des mosaischen Gesetzes ist einer seiner bemerkenswertesten Züge, wenn man es mit dem babyl. Codex Hammurabi vergleicht. Fürsorge für all jene, die in Gefahr stehen, ausgebeutet und unterdrückt zu werden, ist ein wichtiges Merkmal von 5Mo.

1,19–46 Aussendung der Kundschafter. 19 *Die ganze Wüste, die groß und furchtbar ist:* S. Komm. zu 1,1. Die dürre und unwirtliche Landschaft im N der Sinaihalbinsel hat wegen ihres öden und abstoßenden Charakters zu allen Zeiten Reisende beeindruckt. Die zerklüfteten Berggipfel sehen aus, als wären sie verbrannt, und die Erde ist mit einer Schicht von Steinen und scharfen schwarzen Kieseln bedeckt. Trotzdem gibt es in dieser Öde einige Oasen mit Brunnen oder Quellen und einige Hochebenen zu Füßen der Granitriesen, die nach der winterlichen Regenzeit eine überraschende Vegetation hervorbringen und die zweifellos für die Ernährung der Schafe und Rinder der Israeliten auf ihren Wanderungen eine wichtige Rolle spielten. Fünf Gebiete der Sinaihalbinsel, nämlich Sur, Etham, Sin, Pharan und Zin wurden in diesem Zusammenhang als »Wüste« (also als mögliche Weidegebiete, s. Komm. 1,1) bezeichnet. **21** *Zieh hinauf und nimm's ein:* Dies ist eine bezeichnende Wendung für den Einzug der Israeliten in das Verheißene Land. Israels Feinde werden nicht widerstehen können (7,2). Gott muß sein Volk immer wieder ermuntern, all das »einzunehmen«, was er ihm in seiner Gnade versprochen hat. Das hebr. Wort *jarasch* (untertan machen, in Besitz nehmen, wegnehmen) bezieht sich gewöhnlich auf Land und Eigentum. Israel würde auf diese Weise ein Anrecht auf Kanaan gewinnen, indem es die früheren Besitzer aus dem Lande vertrieb oder verdrängte, entweder nun durch Eroberung oder allmählich durch Erbfolge. *jarasch* kommt nicht weniger als 52mal in 5Mo vor; es findet sich sogar in den Gesetzesabschnitten (z.B. 19,2.14; 23,21). Das weist darauf hin, daß die ihm zugrunde liegende Vorstellung im wesentlichen in die Eroberungsperiode gehört. *Laß dir nicht grauen:* Die Furcht Gottes sollte die Furcht vor Menschen vertreiben (3,2.22; 20,3f; 31,6–8; Jos 1,9). **22** *Da kamt ihr alle zu mir:* Obwohl die jüngeren Zuhörer erst nach der Aussendung der Kundschafter geboren wurden, setzt Mose sie doch mit ihren Vorfahren gleich, die in ihrer Jugend selbst dabei waren. **24** *Traubenbach* (Eschkol): ein Wadi einige km nördl. von Hebron, bekannt wegen seiner Fruchtbarkeit. Es wuchsen dort vor allem Trauben (4Mo 13,23.24; 32,9). **25** *Das Land ist gut:* wird von Mose wiederholt betont (3,25; 4,21f; 6,18; 8,7.10; 9,6; 11,17). Immer wird das Land dabei als Geschenk Gottes verstanden, was als überzeugender Beweis für Gottes Gnade gilt. Dieses Verständnis bildet die Grundlage für die geforderte Achtung der alten Besitzgrenzen (19,14) und der Heiligkeit des Landes (21,23), vgl. die damit zusammenhängenden Siegesverheißungen (27,2.3), Segnungen (15,4) und Gerichtsdrohungen (28,52). Das hebr. Wort *natan,* das hier und an vielen anderen Stellen mit »geben« übersetzt wird, wird in 1,8 und 1,21 mit »dahingeben« bzw. »hingeben« und in 4,8 mit »vorlegen« wiedergegeben.

28 *Bis an die Himmel ummauert:* In Palästina sind viele befestigte Städte der Mittleren und Späten Bronzezeit (1950–1200 v.Chr.) ausgegraben worden. Städte der Hyksos fand man in Tell Bet Mirsim, in Tell es-Sultan und in Hazor. Sie wiesen gewaltige Befestigungsanlagen aus gestampfter Erde mit schräg abfallendem Schutzwall und umlaufendem Graben auf. *Enakiter:* Die Nachkommen Enaks, dessen urspr. Heimat vermutl. Hebron war. Ihre riesige Gestalt war sprichwörtlich (5Mo 9,2), und sie galten als Abkömmlinge von Riesen (1Mo 6,4). Hohe Mauern und Enakiter finden im übertragenen Sinn ihr Gegenstück auch im christl. Leben (Eph 6,12). **29** *Entsetzt euch nicht:* trotz vieler Erfahrungen der Bewahrung Gottes führte Verzagtheit zur Sünde des Unglaubens (V.32) und schließlich zum Gericht (vgl. V.34). Mose versucht, den nachwachsenden Generationen die Lehren der Vergangenheit nahezubringen. **31** *Wie ein Mann seinen Sohn trägt:* ein wunderbares Bild; ein Vater trägt seinen kleinen Sohn, der zu schwach oder zu müde zum Gehen ist (vgl. Hos 11,1–3). Viell. hat Paulus in Apg 13,18 (ZÜ: »trug er«) diese Stelle vor Augen (vgl. auch 2Mo 19,4; 5Mo 32,11f).

34 *Der Herr . . . wurde . . . zornig:* Im AT wie im NT wird vom Zorn Gottes gesprochen (z.B. Ps 78,31; Jh 3,36; Röm 1,18); alle Versuche, ihn »wegzuerklären«, tun dem Text Gewalt an. Göttlicher Zorn ist eine Eigenschaft des Gottes, der sein Recht durchsetzt (2Mo 20,5: »ein eifernder Gott«). **35** Bestrafung war eine Möglichkeit, um mit dem Geist der Auflehnung fertig zu werden, der das Volk sonst schon sehr früh dem Untergang zugeführt hätte. Um dies zu verhindern, wurde die Eroberung Kanaans der nun angesprochenen nächsten Generation übertragen. **36** Mose spricht nun von zwei seiner eigenen Zeitgenossen, die treu waren, nämlich von Kaleb und Josua (V.38). *Kaleb* (wörtl. »Hund«, d.h. »Sklave«): einer der Kundschafter, die von Mose nach Kanaan gesandt worden waren; er eroberte später Hebron. Er wird bes. als »Knecht« Gottes herausgestellt (4Mo 14,24). Kalebs Geschichte (4Mo 13; 14; Jos 14,6–14; 15,13–19; Ri 1,12–15) ist ein Ansporn für alle, die sich Gott ganz zur Verfügung gestellt haben. **37** *Auch über mich wurde der Herr zornig um euretwillen:* Immer wenn Mose daran dachte, daß er selbst das Verheißene Land nicht betreten durfte, wurde er an die ernsten Folgen des Ungehorsams erinnert. Die Bundesbeziehung erforderte absoluten Gehorsam und völlige Unterwerfung unter den geoffenbarten Willen Gottes. Wenn selbst Mose für seinen Ungehorsam so hart bestraft wurde, konnte kein Zweifel bestehen, daß die

Israeliten von zukünftigen göttlichen Segnungen ausgeschlossen würden, falls sie sich in ihrer Haltung und in ihrem Handeln nicht vollständig dem Willen Gottes unterwarfen. Diese vollständige Unterordnung unter Gott ist auch ein wichtiges Element der Frömmigkeit des neuen Bundes. Es wäre falsch, aus der Wendung »um euretwillen« zu schließen, Mose würde sich als Opfer betrachten, das, außerhalb des Gelobten Landes, stellvertretend für das Volk Israel stirbt. Moses Aufgabe war die eines Führers, Propheten und Mittlers der göttlichen Offenbarung; es gibt nicht den geringsten Hinweis im Pentateuch, daß er jemals – freiwillig oder gezwungen – für das Versagen des Volkes geopfert werden sollte. Die einzige Sühne für Sünde innerhalb des Sinaibundes war jene, die in den Opfergesetzen der Tora beschrieben wird. Mose hatte wegen seines eigenen Ungehorsams den Zorn Gottes auf sich geladen; dieser war jedoch veranlaßt durch die Handlungsweise des Volkes. Und der Führer trägt immer Mitverantwortung für das Versagen der von ihm Geführten, gleich welcher Art dieses Versagen ist. Das göttliche Mißfallen wird erwähnt, weil es zur nun folgenden Berufung Josuas als Moses Nachfolger überleitet. **38** *Dem stärke den Mut* (wörtl. »Mach ihn stark«): Mahnungen und Ermunterungen, stark zu sein, finden wir häufig in der Bibel. Hier gibt Mose ein Beispiel dafür. *Das Erbe austeilen (zu eigen geben;* ZÜ): die allg. Bedeutung des hebr. Wortes *nachal* wird in 12,12; 21,16 erkennbar; am häufigsten wird *nachal* jedoch in Verbindung mit der göttlichen Gabe des Landes Kanaan gebraucht. Vgl. 3,28; 4,21.38; 12,9.10; 15,4; 19,3.14; 20,16; 21,33; 24,4; 25,19; 26,1; 29,7; 31,7. **39** *Weder Gutes noch Böses verstehen:* Eine Redefigur (Merismus) sumerischen Ursprungs, die zwei gegensätzliche Merkmale einer Sache verwendet, um eben diese Sache umfassend zu beschreiben. Hier ist also der ganze sittliche Bereich gemeint.

41 *Wir . . . wir . . .:* Plötzlicher Stimmungsumschwung ist typisch semitisch. Die begeisterte Bereitschaft der Israeliten zu kämpfen, war jedoch noch keine wirkliche Sühne für ihre Sünde. **44** *Amoriter:* In 4Mo 14,43 wurden sie im weiteren Sinn genannt; s. Komm. zu 1,7. *Horma:* Eine Stadt Simeons im Süden Judas nahe Ziklag (Jos 15,30; 19,4). Bis hierher verfolgten die Kanaaniter die Israeliten durch das Gebirge Seïr in Richtung Kadesch-Barnea (4Mo 14,45). **46** *Eine lange Zeit:* Israel blieb die meiste Zeit des Wüstenaufenthaltes in Kadesch-Barnea, hielt sich zeitweise aber auch in den benachbarten »Wüsten« auf.

2,1–8 An den Grenzen Edoms. **1** *Das Gebirge Seïr:* Nach den Fehlschlag von Kadesch wandten sich die Israeliten wieder zurück zu dem Schilfmeer. Sie zogen am Rand des Gebirges Seïr entlang und umgingen so die Wohnsitze der Edomiter. Das Gebirge Seïr erhebt sich östl. der Araba, südl. des Toten Meeres. In früheren Zeiten war es von den Horitern bewohnt, bis die Nachkommen Esaus das Gebiet einnahmen (1Mo 14,6; 36,20). **3** *Nach Norden:* Bis dahin waren die Israeliten der Südwestgrenze Edoms gefolgt; nun wollten sie entlang der Südostgrenze weiterziehen. **4** *Das Land eurer Brüder, der Söhne Esau:* Die Bitte, Edom von Kadesch aus auf der Königsstraße durchqueren zu dürfen, war Israel abgeschlagen worden (4Mo 20,14–21), aber aus 5Mo 2,28.29 könnte man schließen, daß einige Edomiter durchaus bereit waren, den Israeliten Nahrungsmittel zu verkaufen. Obwohl Israeliten und Edomiter keineswegs freundschaftlich miteinander verkehrten, ist von der erbitterten Feindschaft späterer Zeit (Jer 49,7–22; Ob 8ff) noch nichts zu spüren. **4.5** *Hütet euch ja davor, sie zu bekriegen:* Es war den Israeliten verboten, gegen die Edomiter zu kämpfen. Die friedliche Gesinnung, die auch gegenüber den Moabitern (2,9) und Ammonitern (2,19) als »Brüdern« zum Ausdruck kommt, ist kennzeichnend für die Periode der Patriarchen und die Zeit Moses; sie ist zugleich ein Hinweis darauf, daß die Erzählung tatsächlich in jener Zeit entstanden ist. *Den Söhnen Esau zum Besitz gegeben:* Weil Gott Herr ist über die Völker, bestimmt er auch ihre Grenzen. David führte zwar gegen die Nachkommen Esaus Krieg und unterwarf sie (2Sam 8,14), aber er vertrieb sie nicht. **8** *Elath:* vermutl. Ezjon-Geber am Nordende des Golfes von Akaba, wo Salomo um 960 v.Chr. eine Anlage zur Kupferverhüttung errichtete.

2,9–15 Der Zug nach Moab. **9** *Ar:* Hauptstadt Moabs; unweit der Grenze; die genaue Lage ist allerdings ungewiß. Ausschnitte aus der frühen Geschichte der Stadt waren den Israeliten aus dem »Buch von den Kriegen des Herrn« (4Mo 21,15) und aus gängigen Sprichwörtern (4Mo 21,28) bekannt. **10** *Die Emiter:* wörtl. »die Schrecklichen«; die frühen Einwohner Moabs, die von Kedor-Laomer besiegt wurden, s. 1Mo 14,5. **11** Sie wurden den *Rephaitern* (ZÜ, JB; *Riesen:* LÜ, EÜ; vgl. 1Mo 14,5; 15,20) zugerechnet, ein Begriff, der im ethnographischen Sinn außerhalb des AT allerdings unbekannt ist. Zur Zeit der Eroberung Kanaans waren die Rephaiter vermutl. über ein weites Gebiet verbreitet und wurden deshalb je nach ihrem Wohnsitz mit verschiedenen Namen bezeichnet. In Moab wurden sie Emiter genannt, während sie in Ammon, wo sie vor den späteren Ammonitern wohnten, Samsummiter (5Mo 2,20f) hießen. Anscheinend waren sie Menschen von großer Statur. 12 *Die Horiter:* Ureinwohner Edoms, die von Kedor-Laomer besiegt wurden (1Mo 14,6) und von Seïr, dem Horiter, abstammen sollen (1Mo 36,20). Als Volksgruppe müssen sie von den Rephaitern unterschieden werden. Sie wurden von den Söhnen Esaus vertrieben und schlossen sich dann vermutl. anderen horitischen Gruppen in Zentralpalästina an (vgl. 1Mo 34,2). Die nichtsemitischen Churriter, im AT als Horiter bezeichnet, bildeten im 18. Jh. v.Chr. einen Teil der Bevölkerung Syriens. 13 *Der Bach Sered:* Ein Wadi (*nachal*), das von den Israeliten auf ihrer Wanderung nach Moab überquert wurde. In 4Mo 21,12 wird es als Lagerplatz erwähnt, was zu der Aufforderung paßt: *So macht euch nun auf.* Derartige Wadis sind für Ostjordanien charakteristisch, obwohl die genaue Lage des Baches Sered ungewiß ist. Vermutl. ist das heute Wadi el-Hesa gemeint, das von SO her zum Toten Meer führt. 14 *Achtunddreißig Jahre:* Die 40 Jahre in der Wüste (2,7; 8,2.4; 29,4) schließen demnach auch das erste Jahr von der Überquerung des Schilfmeeres bis zum Abzug vom Sinai und das letzte Jahr ein, in dem die Gebiete östl. des Jordan erobert wurden.

2,16–37 Sieg über die amoritischen Könige. 18.19 *Moabiter ... Ammoniter:* Die Moabiter und Ammoniter, Nachkommen Lots aus einer blutschänderischen Beziehung (1Mo 19,37.38), müssen als »Brüder« behandelt werden, im Gegensatz zu den Amoritern, einem fremden heidnischen Volk (s. Komm. zu 2,5). 20 *Samsummiter:* s. Komm. zu 2,11. Diese gefürchteten vorisrael. Einwohner Palästinas hatten sich auch in Ammon niedergelassen, bevor die späteren Ammoniter sie vertrieben. 21 *Enakiter:* Nachkommen Enaks. Auch dieses Volk gehörte zur vorisrael. Bevölkerung Palästinas. Ihre Körpergröße und ihre furchterregende Erscheinung wurden sprichwörtlich und galten als Maßstab bei der Beurteilung anderer Völker (2,10; s. Komm. zu 1,28). Sie lebten hauptsächlich im Bergland (vgl. Jos 11,21). 23 *Die Awwiter* gehörten zu den Ureinwohnern Kanaans (vgl. auch Jos 13,3; 2Kön 17,31), lebten in der Nähe von Gaza und wurden von den Kaphtoritern vernichtet. *Gaza:* ein wichtiger Seehafen der Philister an der Südgrenze Kanaans. Gaza wird vom 8. Jh. v.Chr. an in assyr. Annalen häufig erwähnt. *Kaphtoriter:* vermutl. mit den *kapta-ra,* die in einem assyr. Schulbuch aus dem 2. Jt. v.Chr. aufgeführt werden, gleichzusetzen. Kaphtor war das Land, aus dem die Philister kamen, vermutl. Kreta. Die einfache Ausdrucksweise dieses Abschnitts deutet auf eine frühe Entstehungszeit hin. 25 *Von heute an:* Wir wissen aus 4Mo 21,4, daß die Israeliten sehr niedergeschlagen waren, so daß die Ermunterung zur rechten Zeit kam. Ein neuer Anfang sollte gemacht werden, und der Herr bereitete vor ihnen den Weg. Vgl. V.31; 11,25.

26 *Die Wüste Kedemoth:* der öde Landstrich um Kedemoth, vermutl. das heutige Qasr ez-Zaʿfaran, 11km nordöstl. von Dibon. Vgl. Jos 13,18. *Mit friedlicher Botschaft:* Die Boten unterbreiteten Vorschläge für einen friedlichen Durchzug durch das Land und garantierten die Bezahlung von Nahrungsmitteln (vgl. 4Mo 21,21f). 27 *Nur wo die Straße geht* (hebr. *badderech badderech,* wörtl. »auf der Straße, auf der Straße«): die angegebene Straße und keine andere sollte benutzt werden (vgl. 4Mo 21,22: »Landstraße«, »Königsstraße«). 29 *Die Moabiter, die zu Ar wohnen:* Zusammen mit den Bewohnern von Seïr bildeten diese Moabiter eine Ausnahme unter den sonst unfreundlichen Bewohnern Ostjordaniens (s. Komm. zu 2,9). 30 *Der Herr ... verhärtete seinen Sinn:* Was in 4Mo 21,23 der Unfreundlichkeit Sihons zugeschrieben wird, wird hier als Teil göttlicher Führung betrachtet. Im AT findet sich nirgends ein Widerspruch zwischen menschlicher Freiheit und göttlicher Souveränität. Von Gott wird niemals gesagt, daß er den »Sinn« eines guten Menschen verhärtet. *Sinn* wird hier, wo die Haltung des einzelnen gegenüber den göttlichen Absichten immer abweisender wird (vgl. 2Mo 7,3 u.ö.), in der Bedeutung von »Willen« gebraucht. Für die Israeliten stand Gott, der Schöpfer aller Dinge, auch hinter allem Geschehen. Darum war es für sie nur natürlich, die Antwort Sihons im Zusammenhang mit Gottes Handeln zu sehen. 31 *Ich habe angefangen ... dahinzugeben; fangt ihr an, sein Land in Besitz zu nehmen:* Komm. zu 1,21. Das hebr. *jarasch* meint hier beides »in Besitz nehmen« und »erben«. Nun, da Gott den Weg vorbereitet hat, sind die Israeliten verpflichtet, das Land im Glauben zu betreten und das verheißene Erbe in Besitz zu nehmen.

34 *Vollstreckten den Bann:* Der Bann (hebr. *cherem*) bedeutete Vernichtung. Der Ausdruck wird in 5Mo in Verbindung mit Menschen (z.B. 20,17.18) oder Dingen (z.B. 7,26) gebraucht, die der Anbetung falscher Götter geweiht waren. Zu einer Zeit, als Krieg eine heilige Handlung war, verhinderte der Bann – obwohl in mancher Hinsicht grausam – wilde Plünderung, indem die Beute dem Gott der Sieger geweiht und den Feinden die Möglichkeit gegeben wurde, ihre Stadt kampflos zu übergeben. Die Israeliten durften Men-

schen und Dinge, die mit heidnischen Riten zu tun hatten, nur mit Abscheu betrachten, wie Sünde überhaupt verabscheut werden sollte. Alles, was mit Götzendienst zu tun hatte, galt ihnen als verdorben und Verderben bringend. Es verdiente nur die völlige Vernichtung, damit nicht der Bann später auf die zurückfiel, die Schonung geübt hatten.

36 *Aroër:* Eine ostjordanische Stadt, das heutige *ʿAraʿir,* am Nordufer des Arnon (Wadi Modschib), ca. 22km östl. des Toten Meeres. Sie bildete die südl. Grenze von Sihons amorit. Königreich und des Stammesgebietes Rubens. 37 *Zu den Städten auf dem Gebirge:* das Gebiet um die Quellen des Jabbok in der Nähe Ammons, das von den Ammonitern bewohnt wurde und östl. der in 3,10 genannten Hochebene lag. Die Beschreibung klingt ganz so, wie sie auch ein Reisender geben würde, der sich selbst dort aufgehalten hat.

3,1–17 Die Eroberung Basans. 1 *Basan:* das fruchtbare Gebiet östl. des Jordans und nördl. von Gilead, von dem es aber durch den Jarmuk getrennt wird. *Basan* bedeutet »fruchtbar« (vgl. 32,14). *Edrei:* eine wichtige Festung im Amoriterreich des Königs Og zur Kontrolle der Hochebene zwischen Gilead und Hermon; sie entspricht dem heutigen Derʿa. 2 *Fürchte dich nicht vor ihm:* Wie furchterregend der Widerstand auch sein mag, der wahrhaft Glaubende ist aufgerufen, im Glauben vorwärts zu gehen, da er weiß, daß die Entscheidung nicht von Heer oder eigener Kraft, sondern von Gottes Geist abhängt (Sach 4,6). 4 *Argob:* ein Gebiet im Ostjordanland mit 60 stark befestigten Städten und einigen Orten ohne Mauern. Die genaue Lage ist ungewiß, doch in 3,14 werden die kleinen Königreiche Geschur und Maachath als im W an Argob angrenzend erwähnt. 8.9 *Hermon . . . Sirjon . . . Senir: Sirjon* (»glitzernd«) war die kanaan. Bezeichnung für den Hermon. Die Amoriter nannten ihn Senir. Der Hermon ist der südl. Gipfel des Antilibanon; Senir war vermutl. ein bestimmter Teil dieser Bergkette, es ist aber auch möglich, daß der Name für die gesamte Bergkette gebraucht wurde. 10 *Städte auf der Hochebene:* Das hebr. *mischor* wird allg. für eine erhöht liegende Ebene gebraucht und ist von der *ʿaraba* oder Tiefebene zu unterscheiden. Hier ist die Hochebene Moabs gemeint. *Salcha:* Eine Stadt im äußersten Osten Basans, die zu dem von Gad eroberten Gebiet gehörte (1Chr 5,11). 11 *Steinerner Sarg* (ZÜ: *Basaltsarg*): Die alte LÜ spricht (wörtlicher) von einem »eisernen Bett«, vgl. EÜ. Die Übers. ist unsicher. Möglicherweise ist damit ein Dolmen (Hünengrab) gemeint, den Dalman 1918 an der Stätte des alten Rabbath-Ammon fand. Er ist aus grauschwarzem, *eisen*harten Basalt. Der Hinweis auf den Sarg scheint eingefügt, um auf die Körpergröße Ogs hinzuweisen. *Nach gewöhnlicher Elle* (wörtl. »Elle eines Mannes«): etwa 45cm. 12 *Rubeniter:* sie nahmen das Land östl. des Jordans in Besitz, wo es für einen Hirtenstamm genügend Weideplätze gab. 13 *Manasse:* Sechs der sieben Sippen, aus denen der Stamm Manasse bestand, ließen sich in Gilead nieder, einem zerklüfteten Bergland, das im Westen durch den Jordan, im Norden durch den Jarmuk und im Süden durch das Tal Hesbon begrenzt wird. Nach der Eroberung Kanaans erlaubte Josua dem östl. Teil des Stammes, in das schon früher besetzte Gebiet von Hesbon und Basan zurückzukehren. 14 *Geschuriter . . . Maachathiter:* die Bewohner von Geschur, einer kleinen syr. Stadt im Gebiet nordöstl. von Basan (Jos 12,5; 13,2.11), und von Maachath, einem kleinen Staat unter aram. Oberherrschaft südöstl. des Hermon. *Dörfer Jaïrs* (ZÜ: *Zeltdörfer Jaïrs*): vermutl. lagen sie in dem Bergland zwischen dem Berg Gilead und dem Jarmuk-Fluß. Jedes Zeltdorf war vermutl. die Heimstätte einer Sippe. 17 *Kinnereth:* die Stadt (vgl. Jos 11,2), die nach dem See Genezareth in Galiläa benannt ist (vgl. 4Mo 34,11). *Salzmeer:* das Tote Meer. *Am Fuße des Gebirges Pisga:* Immer wenn »Pisga« im Hebr. benutzt wird, steht es mit dem bestimmten Artikel; daraus geht hervor, daß damit wohl keine bestimmte Örtlichkeit bezeichnet wird. Das Wort meint jeden Grat oder Kamm, der die höchste Erhebung eines Berges oder eines Gebirges bildet und der, aus der Entfernung gesehen, eine ungleichmäßige Silhouette aufweist. Solche Bergrücken gibt es im Ostjordanland häufig; hier sind möglicherweise die südl. Hänge des Dschebel Oscha gemeint, die das Tote Meer überragen (s. Komm. zu 3,27), nach anderen die nordwestl. Kuppe der heute Sijaga genannten Bergkette.

3,18–29 Josua wird zum Führer berufen. 18 *Ich gebot ihnen:* Mose wendete sich nun an die Stämme Ruben, Gad und Halb-Manasse (vgl. 4Mo 32,20–24). 20 *Bis der Herr . . . zur Ruhe bringt:* Ruhe ist eine der bedeutendsten Segnungen im Verheißenen Land; sie ist ein Vorrecht des Volkes Gottes (Hebr 4,9). Ruhe schließt einerseits auch Freiheit von feindlicher Unterdrückung und anderseits Frieden des Herzens ein. Ruhe im tiefsten Sinn ist in Christus zu finden (Mt 11,28). *Jenseits des Jordan:* Im Gegensatz zu 1,1 ist hier die westl. Seite des Flusses gemeint.

21 *Josua gebot ich:* Es lohnt sich, die Beziehung zwischen Mose und Josua näher zu untersuchen. Josua wird zunächst als Heerführer vorgestellt (2Mo 17,9), dann als Diener

Moses (2Mo 24,13) und dessen ergebener Anhänger (4Mo 11,28). Moses Wertschätzung für Josua zeigt sich in 5Mo 1,38; 31,3; 4Mo 27,18–23. Die hier erwähnte Beauftragung wird in 4Mo 32 nicht erwähnt, da sie für die dort beschriebene Situation unwichtig ist.

23 *Ich bat den Herrn:* Mose denkt daran, daß er selbst vom Betreten des Landes ausgeschlossen ist. Er erinnert sich an seine Bitte, daß er hinübergehen und das Land sehen möchte. Nur der zweite Teil seiner Bitte wurde erfüllt. An andere Gebete Moses wird in 5Mo 9,20.26 erinnert. Für die Israeliten bat er um Gnade, die auch gewährt wurde. Für sich selbst erbat er die Gegenwart des Herrn und den Anblick seiner Herrlichkeit. Auch lehrte er das Volk zu beten (21,8; 26,5.13). 24 *Wo ist ein Gott . . .?* Eine rhetorische Frage; sie besagt in keiner Weise, daß Mose an die Existenz falscher Götter geglaubt hätte. Dem Herrn als dem einzigen und einzig wahren Gott kommt alle Macht zu. Aber Mose weiß auch um das Anbeten anderer Götter. Er hatte es während des Aufenthaltes in Ägypten und mindestens bei einem wichtigen Ereignis in der Wüste miterlebt (2Mo 32,1ff). Sogar Gottes Bundesvolk konnte zur Anbetung fremder Götter verführt werden, von Göttern allerdings, die in Wirklichkeit nicht existierten (vgl. 5Mo 5,7). 25 *Laß mich hinübergehen:* nämlich nach Westpalästina, und zwar nicht als Führer, sondern als einfaches Glied der Volksgemeinschaft, für das der Ratschluß Gottes immer noch gelten würde. 27 *Pisga:* s. Komm. zu 3,17. Dieser Gipfel wird in 34,1 genau beschrieben als »Berg Nebo, der Gipfel des Gebirges Pisga, gegenüber Jericho«; wahrscheinlich handelt es sich um den Dschebel Nebi Yuša'. Von diesem Gipfel aus kann man im N den schneebedeckten Hermon sehen, das Tote Meer, den Negev und andere Gebiete westl. des Jordan. 29 *Beth-Peor* (wörtl. »Haus [Tempel] Peors«): Hier hatte das Volk eine schwere Sünde begangen (4Mo 25; Ps 106,28–30). In der Nähe wurde Mose begraben (34,6). Dieser Vers schließt den geschichtlichen Rückblick der ersten Rede ab, der mit 1,6 begann.

4,1–40 Aufforderung zum Gehorsam

4,1–8 Der Sinn und die Bedeutung des Gesetzes. 1 *Nun höre, Israel:* Mose lenkt die Aufmerksamkeit des Volkes auf die folgende Auslegung des Gesetzes. Die Aufforderung »höre«, »nimm zu Herzen« und die Notwendigkeit eines bedingungslosen Gehorsams in bezug auf die Gebote Gottes werden in 5Mo immer wieder wiederholt. Vgl. 4,39.40; 8,20; 9,23; 13,4.19; 15,5; 26,14.17; 27,10; 28,1.2.15.45.62; 30,2.8.10.20. Zum Ganzen s. LZB, Sp. 479-86, »Gesetz«. *Gebote:* hebr. *chuqqim*; darin steckt die Bedeutung »eingraben«; es bezieht sich auf von höchster Autorität erlassene Verhaltensanweisungen, die als maßgebliche Richtlinien für den einzelnen oder die Gemeinschaft niedergeschrieben wurden. *Rechte:* hebr. *mischpatim*: autoritativ getroffene oder auf Gewohnheitsrecht beruhende Rechtsentscheidungen, an denen sich die Richter in späteren Fällen orientieren konnten. Die Begriffe »Gebote und Rechte« stehen in 5Mo gewöhnlich in dieser Reihenfolge. Damit wird die Vorrangigkeit des unbedingten Gehorsams gegenüber dem göttlichen Willen betont. Ein Beispiel für solche »Rechte« bilden die auf Einzelfälle bezogenen Rechtsordnungen (kasuistisches Recht) von 2Mo 21,1–22,17, die zweifellos für Richter gedacht sind. *mischpat* wird auch für das richtende Handeln Gottes gebraucht, wenn er die Bösen bestraft und die Unschuldigen schützt. Insofern schließt die Wendung »Gebote und Rechte« sprachlich alle Gesetze und Befehle ein. Die beiden Begriffe werden außerdem – manchmal in Verbindung mit *mizwah* – erwähnt in 4,5.8.14.45; 5,1.31; 6,1.20; 7,11; 8,11; 11,1.32; 12,1; 26,16.17. Der Begriff »Gebote« (*chuqqim*) wird allein gebraucht in 4,6; 6,24; 16,12; zusammen mit »Gesetze« steht er in 4,40; 6,17; 10,13; 27,10; 28,15.45; 30,10. *Auf daß ihr lebet:* Jedes Wort Gottes ist »Brot des Lebens« (8,3); seine Worte zeigen den Weg zum ewigen Leben (Mt 4,4; 19,17; Jh 6,63). 2 *Ihr sollt nichts dazutun:* Antike Vasallenverträge enthielten oft Verbote solcher Art. Hier bekräftigten diese Anweisungen den Unterschied zwischen dem Wort Gottes und dem Wort des Menschen, eine Unterscheidung, die auch von Jesus Christus betont wird (Mt 5,17–19; 15,6). Als die Weissagungen Gottes abgeschlossen waren, wurde die gleiche Warnung angefügt (Offb 22,18.19). Das bedeutet nicht, daß die mosaische Gesetzgebung nicht den jeweiligen Umständen angepaßt werden konnte; aber der ethische Grundgehalt durfte nicht verändert werden. *Gebote:* Der Begriff *mizwah* kann sich auf jede Art von Gebot beziehen, ob es nur vorübergehend oder dauernd gültig, ob es allg. gehalten oder auf einen bes. Fall bezogen ist. In 4,13 und 10,4 wird *dabar* (»Wort«) statt *mizwah* (»Gebot«) gebraucht. 3 *Eure Augen haben gesehen:* Mose appelliert oft an die Erfahrung seiner Zuhörer, um ihr Interesse zu gewinnen, indem er sie an das erinnert, was sie selbst gesehen (1,19; 3,21; 7,19; 11,7; 29,1f), gehört (4,12; 5,23) und kennengelernt (7,15) haben. *Baal-Peor:* die heidnische Gottheit, die in Peor (vgl. 3,29) in abstoßenden kultischen Riten angebetet wurde (vgl. 4Mo

25,1.2). Baal war das Oberhaupt des kanaan. Pantheon. Er wurde an verschiedenen Orten unter jeweils anderem Namen verehrt. Die kanaan. Kulte waren äußerst sinnlich, unsittlich und entartet (vgl. Hos 9,10).

5 *Daß ihr danach tun sollt im Lande:* Große Teile des mosaischen Gesetzes sind von einer Zeitlosigkeit, die sie auch für die Christen gültig macht. Die Israeliten konnten durch das Gesetz das Wesen Gottes und die Verpflichtungen erkennen, die sich aus der Bundesbeziehung ergaben. Zugleich bildete es eine Anleitung, wie das soziale Leben im verheißenen Land zu ordnen war. Die Gesetze konnten erst voll in Kraft treten, wenn die wandernden Israeliten das Land Kanaan erobert hatten. Insofern bezogen sie sich auf eine zukünftige Situation und sind nicht so zu verstehen, als ob sie die sozialen Bedingungen vorwegnehmen, die normalerweise in einer seßhaften Bevölkerung herrschen. Die rituellen Vorschriften und die juristischen Regelungen der Israeliten galten bis zur vollen Offenbarung in Christus. Sie waren nur vorläufig und nur für die Juden bindend, aber nicht für die frühen Christen. Vgl. Mt 8,4; Lk 11,42; Gal 4,9; 5,1–6; Hebr 9,9. 7 *Dem ein Gott so nahe ist:* Dieses große Vorrecht war das Geheimnis des Glaubens Israels und machte seine Einzigartigkeit aus. Kein Mittler war erforderlich, um sich Gott im Gebet nähern zu können. 8 *Dies ganze Gesetz:* Diese Wendung bezieht sich vermutl. auf ganz 5Mo. Welche Bedeutung hat das mosaische Gesetz für den Christen? Während das Gesetz einerseits zeitbedingte Elemente enthält, die für die Christen nicht mehr gelten, finden sich darin auch ewig gültige Grundsätze des Rechts, der Heiligkeit und der Wahrheit, wie sie in den Zehn Geboten niedergelegt sind und allen anderen Gesetzen zugrunde liegen. Diese sind für Juden wie Christen zu allen Zeiten verpflichtend. Solche Gebote werden im NT mit den Worten zitiert »Denn es steht geschrieben«. Vgl. Mt 4,10; 5,17; Röm 13,9; 1Petr 1,16. Außerdem ist 5Mo als Teil der von Gott eingegebenen Schrift »uns zur Lehre geschrieben« (Röm 15,4) und uns nützlich (2Tim 3,16). Schließlich stellt das NT ausdrücklich fest, daß Mose von Christus geschrieben hat (Jh 5,46). Jesus hat 5Mo häufig zitiert, bes. bei seiner Versuchung (vgl. Mt 4,4 und 5Mo 8,3; Mt 4,7 und 5Mo 6,16; Mt 4,10 und 5Mo 6,13).

4,9–24 Der Bund des Herrn. 9 *Hüte dich nur und bewahre deine Seele gut* (vgl. 1Tim 4,16): Mose sprach zu einer Generation, deren Aufgabe es war, die Offenbarung Gottes den zukünftigen Generationen von Israeliten zu vermitteln, deshalb die wiederholte Betonung der »Lehre«. *Seele* bedeutet hier das eigene »Selbst«; das Überleben besteht darin, sich stets des Sinaibundes zu erinnern und ihm treu zu bleiben. *Daß du nicht vergißt:* Die grundlegende Erkenntnis, daß Gott Geist ist und daß er Götzenverehrung und Abfall verabscheut, sollte sich Israel immer vor Augen halten. Die Pflicht, sich daran zu erinnern, wird immer wieder, positiv wie negativ, betont (5,15; 7,18; 8,2.18; 9,7; 15,15; 16,3.12; 24,9.18.22; 25,17; 32,7 und 4,23.31; 6,12; 8,11.14.19; 9,7; 25,19). Darüber hinaus werden die Israeliten aufgefordert, all dies den Nachkommen weiterzuvermitteln und es aufzuschreiben. Damit wird bereits eine Grundlage für die Sammlung der Heiligen Schrift gelegt. 10 *An dem Berge Horeb:* 5Mo ist voll solcher Erinnerungen Moses. Vier Gruppen lassen sich unterscheiden: die erste bezieht sich auf den Aufenthalt in Ägypten und die Wanderung zum Sinai; die zweite auf die Gesetzgebung am Sinai, die dritte auf die Wanderung vom Horeb nach Kadesch und die vierte schließlich auf die Ereignisse der letzten zwei Jahre. Die Kap. 5.6.9 und 10 enthalten hauptsächlich Erinnerungen der zweiten Gruppe: Sie berichten vom Bund, von den Zehn Geboten, von der Anbetung des Goldenen Kalbes, von den erneuerten Gesetzestafeln und von der Aussonderung des Stammes Levi. *Und so mich fürchten lernen:* Diese Wendung wird wiederholt in 14,23; 17,19; 31,13. Vgl. 6,24; 8,6; 10,12; 28,58. Ehrfurcht ist für den Beter genauso wichtig wie gehorsame Liebe. Beides sind wesentliche Elemente der Bundesbeziehung zwischen Gott und seinem Volk. 11 *Dunkel:* Vgl. 2Mo 19,18; 20,21; Ps 97,2. Gott, der in einem unzugänglichen Licht wohnt (1Tim 6,16), ist vor den Augen sündiger Menschen durch Dunkelheit verborgen. 12 *Mitten aus dem Feuer:* Diese Bemerkung kommt 10mal vor (4,12.15.33.36; 5,4.22.24.26; 9,10; 10,4. Vgl. 32,22). Sie zeigt, wie sehr dieses Ereignis Mose beeindruckt hat, dem Gott sich zuerst im brennenden Busch und dann im Feuer auf dem Berg Sinai geoffenbart hatte. Feuer symbolisiert die Majestät Gottes, die mächtigen Naturkräfte, die er beherrscht (Ps 104,4), und die Heiligkeit Gottes (vgl. 5Mo 4,24). Christus wird sich bei seiner Wiederkunft »in Feuerflammen« offenbaren (2Thess 1,7.8).

13 *Seinen Bund:* Dies ist die erste von 27 Stellen in 5Mo, in denen dieses wichtige Thema behandelt wird. Das hebr. *berit* bezeichnet eine vertragliche Vereinbarung (vgl. 1Mo 21,32), aber auch die verbindliche Beziehung zwischen Gott und Mensch. Im Vorderen Orient waren Verträge verschiedener Art weit verbreitet, die auf unterschiedliche Weise in Kraft gesetzt wurden. Im Fall Israels

beruhte der Bundesschluß auf einem Gnadenakt Gottes, in dem er Israel am Sinai in eine bes. geistliche Gemeinschaft aufnahm. Die Ratifizierung (2Mo 24,1–8) machte den Bund für beide Seiten verbindlich. Er schloß sowohl die »Zehn Worte des Bundes« (2Mo 34,28; vgl. 5Mo 9,9) als auch die »Gebote und Rechte« ein, die Israel aufgrund des Bundes zu halten versprochen hatte. So ging die Verheißung dem Gesetz voraus (Gal 3,15ff). *Er schrieb sie:* klare, zweimal wiederholte (5,22; 10,4) Bestätigung des göttlichen Ursprungs der Bundesgebote. *Zwei steinerne Tafeln:* Orientalische Vasallenverträge wurden in der Regel zweifach ausgefertigt, wobei der Vasall eine Ausfertigung bekam, um sie regelmäßig einsehen zu können. Das Gesetz vom Sinai ist deshalb eher ein Vasallenvertrag als ein Gesetzbuch; es entspricht den antiken Verträgen, die die Beziehung zwischen dem Großkönig und seinem Vasallen regelten. In altorientalischen Bundes-Erneuerungsdokumenten – 5Mo ist dafür ein gutes Beispiel - war es üblich, daß einzelne Vertragspunkte geändert wurden, vor allem, um sie neuen Verhältnissen anzupassen. So erklärten sich die Unterschiede in der Formulierung der Zehn Gebote in 2Mo 20 und 5Mo 5. In 5Mo 5,21 steht z.B. als Zusatz »Acker«, weil jeder Landbesitz aufgrund der bevorstehenden Eroberung Kanaans eine aktuelle Bedeutung bekam.

15 *So hütet euch nun wohl:* Daß die Israeliten Gott nicht gesehen hatten, bot keine Gewähr dafür, daß sie sich nicht doch irgendein Gottesbild machten. Die Warnung vor Götzendienst war angesichts der heidnischen Praktiken angebracht. **16** *Ein Bildnis:* Tonfiguren heidnischer Gottheiten, häufig Göttinnen mit stark überbetonten Geschlechtsmerkmalen, sind an vielen Orten Kanaans ausgegraben worden. Die ausschweifenden Riten der Anhänger Baals standen in völligem Gegensatz zu der sittlichen Reinheit, die das mosaische Gesetz verlangte. **17.18** *Gleich . . . einem Tier auf dem Land:* eine Warnung vor jeglichem Tierkult. Die ägypt. Gottheit Anubis hatte den Kopf eines Schakals, der Gott Thot den Kopf eines Falken. **19** *Sonne . . . Mond . . . das ganze Heer des Himmels:* Tempel, die dem Mond geweiht waren, gab es in Ur und Haran z.Z. Abrahams. Die Sonne wurde in On (Heliopolis) in Ägypten angebetet (1Mo 41,45), der Sternenkult war überall im Alten Orient zu finden. **20** *Glühender Ofen* (ZÜ: *Schmelzofen*): ein Ofen, dessen Feuer so heiß ist, daß es sogar Eisenerz zum Schmelzen bringt. *Das allein ihm gehört* (vgl. 9,26): eine doppelt unkündbare Beziehung, die Israel ebensowenig auflösen konnte wie Gott selbst. **24** *Ein verzehrendes Feuer:* es verschlingt alles, was den göttlichen Unwillen erregt. Das Feuer reinigt kostbares Metall, verbrennt aber alles, was wertlos und verdorben ist. Feuer ist ein Symbol der Heiligkeit Gottes und seines gerechten Gerichts; vgl. Hebr 12,29. *Eifernd:* Die beste Übers. von *qanna'* ist hier vermutl.: »Jemand, der seine Rechte behauptet«. Dieser Eifer ist die konkrete Folge der Heiligkeit und Gerechtigkeit Gottes.

4,25–40 Eine Mahnung zur Treue. **26** *Himmel und Erde:* Sie sind die stillen Zeugen aller menschlicher Gelübde und all dessen, was wir tun, und überdauern alle menschlichen Schicksale (vgl. 30,19; 31,28). Das bes. Gewicht dieser Redefigur (Merismus) liegt in einer Mahnung an die ganze Schöpfung. *Lange darin bleiben* (leben): Langes Leben wird oft als eine der Segnungen des Gehorsams genannt (5,16.33; 6,2; 11,9; 17,20; 22,7; 25,15; 30,18.20; 32,47. Vgl. Ps 21,5). **27** *Zerstreuen:* Falls die Israeliten nicht treu sind, werden sie enterbt (4Mo 14,12) und aus dem ihnen verheißenen Land vertrieben. Wenn sie aber Buße tun, werden sie durch Gottes Gnade aus allen Orten der Zerstreuung wieder gesammelt werden (30,1–5; vgl. Mt 24,31). **28** *. . . dienen den Göttern:* Das Unterworfensein unter heidnische Völker wird die abtrünnigen Israeliten demütigen, weil sie dann tote Gegenstände, die von Menschen angefertigt sind, verehren müssen. **29** *Von ganzem Herzen und von ganzer Seele:* Diese Wendung kommt häufiger vor (6,5; 10,12; 11,13; 13,4; 26,16; 30,2.6.19); sie drückt die bedingungslose Hingabe aus, die Gott von seinen Dienern erwartet. Das Herz ist der Ort der Entschlüsse, er entspricht dem »Willen«. Mit Seele wird das »Selbst« oder die Person bezeichnet. **30** *Seiner Stimme gehorchen:* Diese Aufforderung findet sich auch in 8,20; 9,23; 13,5.19; 15,5; 26,14.17; 27,10; 28,1.2.15.45.62; 30,2.8.10.20. Sie hebt jeweils einen wichtigen Teil der Bundesbestimmung hervor. **31** *Barmherzig* (hebr. *rachum*): Das hebr. Wort bedeutet »Erbarmung« und wird in diesem Sinn in 13,18 und 30,3 gebraucht. Gott gleicht für den Bösen einem verzehrenden Feuer, für den reuigen Sünder aber ist er der barmherzige und gnädige Gott. *Der Bund:* die Grundlage für Israels Erwählung durch Gott.

32 *Nach den früheren Zeiten:* Ein für Mose charakteristischer Hinweis auf die Geschichte, der zeigen soll, daß der göttliche Anspruch zu Recht besteht. Mose bezieht sich bes. auf die Zeichen, die den Auszug begleiteten. Die wiederholten Hinweise auf Ägypten sind nur erklärlich, wenn er selbst maßgeblich an der

Abfassung dieses Buches beteiligt war (1,2.7.30; 4,20.34.37.45.46; 5,6.15; 6,12. 21.22; 7,8.15.18; 8,14; 9,7.12.26; 17,16; 20,1; 23,6; 24,9.18.22; 25,17; 26,5.8; 28,27. 60.68; 29,1.15.24; 34,11). Außer an das Wunder des Auszuges erinnert er an Gottes Gnadentaten auf dem Weg zum Sinai; etwa daran, daß er das Manna gab (8,3.16) und Wasser aus dem Felsen fließen ließ (6,16; 8,15; 9,22; 33,8). **34** *Machtproben* (ZÜ: *Prüfungen*): etwa die Prüfung Pharaos oder die Erprobung Israels. *Durch seine mächtige Hand und durch seinen ausgereckten Arm:* Vgl. 5,15; 7,19; 11,2; 26,8. Eine Formulierung, die das göttliche Eingreifen in den Geschichtsablauf zum Ausdruck bringt. **37** Das hebr. *'ahab,* das die erwählende Liebe Gottes bezeichnet, entspricht dem griech. *agape* im NT. Solche Liebe ist unmittelbarer Ausdruck der Gnade. Sie wird ohne Rücksicht auf irgendein Verdienst des Empfängers geschenkt (9,6). Die Berufung auf diese göttliche Liebe, wie sie sich den Erzvätern offenbart hat, wird in 7,7f.13; 10,15 und 23,6 wiederholt. Mose findet für Gottes souveräne Gnadenwahl nur diese Erklärung. Gnade und Erwählung werden so schon früh verbunden (vgl. Röm 8,28; 11,28f). Gott offenbarte sich durch Israel und durch den Überrest des Volkes; in seiner ganzen Fülle aber gab er sich in Christus zu erkennen, als die Zeit erfüllt war (Gal 4,4). Mose bittet Israel inständig, Gottes Liebe zu erwidern. Dies ist ein weiteres durchgehendes Thema in 5Mo. Vgl. 5,10; 6,5; 7,9; 10,12; 11,1.13.22; 13,4; 19,9; 30,6. 16.20. **39.40** *Heute:* Da sich Moses Leben dem Ende nähert, werden seine Ermahnungen noch eindringlicher. Vgl. 6,6; 7,11; 8,1.11. *So wird's dir . . . wohlgehen:* Dieses Thema taucht in 5,16.33; 6,3.18; 12,25.28; 22,7 wieder auf. Wohlergehen ist eine Folge des Gehorsams und hat seine Ursache – wie andere irdische Segnungen – in der Liebe, die Gott mit seinem Volke verbindet.

4,41–43 Bezeichnung der Freistädte im Ostjordanland

41 *Drei Städte:* Die Einrichtung von Freistädten wird in 4Mo 35,9–34 grundsätzlich vorgeschrieben. Hier werden sie namentlich bestimmt; vgl. Jos 20,1–2. In Israel hatte der nächste männliche Verwandte als *go'el* (Löser) die Pflicht, einen Mörder zu bestrafen. Handelte es sich um jemanden, der ohne Vorsatz getötet hatte, so konnte er in einer dieser drei levitischen Städte Zuflucht finden, um so eine Blutfehde zu verhindern. In 19,1–13 werden drei weitere Freistädte auf der Westseite des Jordans festgelegt. Die orientalischen Völker garantierten im allg. die Sicherheit solcher Flüchtlinge in bestimmten Heiligtümern oder an geweihten Stätten. Die Städte westl. des Jordans blühten während des vereinigten Königreichs auf. Es besteht aber kein Grund, die ostjordanischen Freistädte als unhistorisch anzusehen oder zu bezweifeln, daß auch sie auf die mosaische Anweisung zurückzuführen sind.

4,44–26,19 Die zweite Rede

4,44–49 Die Bundesgebote: Der geschichtliche Rückblick

Dieser Abschnitt, der in den altorientalischen Vasallenverträgen die bisherigen Beziehungen zwischen den Vertragspartnern beschrieb, legt Schauplatz und Zeitpunkt der zweiten Rede fest und bildet die Einleitung zu den Geboten, die in 4,45 erwähnt und später im einzelnen ausgeführt werden (12,1–26,19). Dies geschah gegenüber von Beth-Peor (46; s. Komm. zu 3,29) und verstärkte so ihre warnende Bedeutung. **45** *Ermahnungen* (hebr. *'edot*): hier im Sinn von Erinnerung an die Bundesverpflichtungen. In 2Mo 25,21.22 wird der Dekalog selbst als »Ermahnung« (LÜ und ZÜ: »Gesetz«, EÜ: »Zeugnis«) bezeichnet; er bezeugt die grundlegenden Bestandteile des Bundes. **48** *Sion:* s. Komm. zu 3,9. Der kanaan. Name für den Berg Hermon, der nur hier und in 3,9 sowie Ps 29,6 als *Sirjon* vorkommt. **49** *Pisga:* s. Komm. zu 3,17.

5,1–11,32 Grundlegende Gebote

5,1–6,25 Belehrung der Nachkommen über die Offenbarung am Horeb

5,1–21 Der Dekalog. Die Zehn Gebote waren der Kern des Gesetzes und das Fundament des Bundes Gottes mit Israel. Sie faßten die religiösen und sozialen Verpflichtungen der Israeliten zusammen und bildeten die von Gott geoffenbarte Grundlage für die neuen Bestimmungen, die noch bekanntgemacht werden sollten. Die Zehn Gebote sind für alle Glaubenden verbindlich; als Jesus Christus den reichen Jüngling aufforderte, die Gebote zu halten, wenn er »zum Leben eingehen« wollte (Mt 19,17), stellte er sie als Lebensregel dar. An anderer Stelle bezeichnet er sie als »Gottes Gebot«, das zu menschlichen Satzungen in Widerspruch steht (Mt 15,3); damit erkannte er ausdrücklich ihre Verbindlichkeit an. Nur göttliche Gnade kann den Menschen befähigen, die Gebote zu halten. Aber gerade darin liegt der Sinn der Gnade. Gesetz und Gnade sind so miteinander verbunden. **1** *Höre, Israel:* Diese Wendung wird in 4,1; 6,3.4; 9,1; 20,3 und 27,9 wiederholt. Sie steht jeweils am Anfang eines neuen Aufrufes zum Gehorsam. *Gebote und Rechte:* s. Komm. zu 4,1. Die ausführlichen Gebote folgen in Kap. 12–26, und zwar anschließend an Kap. 5–11, die sich mit den Zehn Geboten und den darauf gründenden Ermahnungen befassen. *Bewahrt sie, daß ihr danach tut:* Eine charakteristische Ausdrucksform, die ähnlich wiederholt wird in 5,32; 6,3.25; 7,11; 8,1; 11,22.32; 12,1.28; 13,1; 15,5; 17,10; 19,9; 24,8; 28,1.15.58; 31,12; 32,46. Das Halten des Gesetzes setzt seine Kenntnis voraus.

3 *Diesen Bund:* Verpflichtung und Vorrecht des Bundes werden noch einmal durch Angabe des genauen Ortes hervorgehoben. Der Text betont, daß der Bund nicht nur »mit unseren Vätern . . ., sondern (auch) mit uns« geschlossen wurde. **4** *Er hat geredet:* Eine der wichtigsten Aussagen der Schrift ist, daß Gott seine Offenbarung in verständlichen Worten mitteilt. **5** *Er sprach:* Es folgt eine fast wörtl. Wiederholung der Zehn Gebote aus 2Mo 20,1–17. Dort hat der Dekalog die Form eines Vasallenvertrages und kann folgendermaßen gegliedert werden: Präambel (20,2a); geschichtlicher Rückblick (20,2b); Grundsatzerklärung (20,3); Einzelbestimmungen (20,4a.5a.7a.8.12a.13–17); Fluchworte (20,5b.7b); Segenssprüche (20,6.12b). Der Unterschied zu 5Mo besteht vermutl. darin, daß der Dekalog hier Teil einer Ermahnung an eine neue Generation ist; Mose zögert deswegen nicht, den Wortlaut von 2Mo zu erweitern und sogar leicht zu verändern, damit er besser verstanden wird. Der Dekalog hat hier mehr predigtartigen und ermahnenden Charakter als sein Gegenstück in 2Mo.

6 *Ich bin der Herr, dein Gott,* oder: *Ich, der Herr, bin dein Gott:* Die Selbstvorstellung Gottes, die über die Menschen regiert, geht den Forderungen, die Gott an die Menschen stellt, voran. Vgl. 2Mo 3,14 und Jh 14,6. Der Bundesname (2Mo 6,2.4) unterstreicht, daß Gott gegenüber seinem erwählten Volk die Stellung des Souveräns einnimmt. Die gleiche personale Beziehung zwischen Gott und Mensch in Jesus Christus ist die grundlegende christl. Erfahrung. Der Bestätigung der Existenz Gottes folgt die Erinnerung an seine rettende Macht. **7** *Neben mir:* Diese Formulierung drückt die Forderung nach alleiniger Anbetung des Gottes aus, der sich am Sinai offenbart hat. Die strengen Gebote gegen die Götzenverehrung (13,1–18), das Beharren auf der Reinheit des Gottesdienstes (16,1–22) und die Forderung der Bundestreue (29,1–28) müssen von diesem ersten Gebot her verstanden werden.

8 *Bildnis:* Verbot jeglicher Verehrung des wahren Gottes in unpassender oder falscher Weise. Gott kann nicht unter einem Bild wie z.B. dem des Goldenen Kalbes angebetet werden. Gott kann in Wahrheit nur erkannt werden, wo er sich selbst offenbart: nämlich zunächst in seinen Worten und dann in dem menschgewordenen Christus. **9** *Eifernd:* s. Komm. zu 4,24. Gott besteht auf seinen Rechten aus der Bundesbeziehung. *Die Missetat der Väter:* Daß die Kinder die Sünden der Väter zu tragen haben, ist ebenso eine Erfahrungstatsache wie **10** die Gültigkeit der göttlichen Verheißung, *Barmherzigkeit* zu erweisen. Das hebr. *chešed* (»Barmherzigkeit«) läßt sich eigentlich nicht übersetzen. Hier ist es – wie in Hos – mit den im Bund vertraglich zugesicherten Gnadenerweisungen in Zusammenhang gebracht. Der Ursprung des Begriffs ist ungewiß, aber er ist immer eng mit dem Gedanken des Bundes und der Treue verknüpft. So bezeichnet *chešed* die »unerschöpfliche, im Bund begründete Liebe«; es wird gebraucht, um Gottes Haltung gegenüber seinem Volk zu beschreiben, und ebenso auch für die Antwort, die er von ihm erwartet (vgl. 1Jh 4,11.19); von der letzteren bes. ist in Hos die Rede.

11 *Mißbrauchen:* Das hebr. Wort *laschaw'* kann »aus Nichtigkeit« oder »aus Falschheit« bedeuten. Es ist den Juden verboten, im Namen Gottes falsch zu schwören. Im israel. Denken steht der *Name* für das Wesen (vgl. Mt 1,21) und die Macht seines Trägers. Gottes Name ist heilig (Ps 111,9; Lk 1,49), herrlich und gebietet Ehrfurcht (5Mo 28,58); seine volle Bedeutung wird durch Mose (5Mo 32,3), die Propheten (Ps 99,3; Jes 63,12.14) und den Erlöser Jesus Christus (Jh 17,6.26) enthüllt. Um dies Gebot halten zu können, bedürfen wir der göttlichen Gnade; darum betet der Christ: »Geheiligt werde dein Name« (Mt 6,9).

12 *Den Sabbattag sollst du halten* (hebr. *schamor*; in 2Mo 20,8 *sakor,* »gedenke«): Mose gebrauchte hier einen stärkeren Ausdruck, weil er das Volk ermahnte, Gottes Gebote zu halten. Dieses Gebot gewährleistet Ruhe von der Arbeit, indem es eine bestimmte Zeit dem Gottesdienst vorbehält. Der Sabbat ist ein Vorbild der ewigen Sabbatruhe des Volkes Gottes (Hebr 4,9). Für Israel war der Sabbat auch das Symbol seiner Befreiung aus der Knechtschaft und des Beginns eines neuen Lebens in Freiheit. Insofern ist es ein prophetischer Hinweis auf den Tag der Auferstehung (Röm 4,25); deshalb wurde in der Schau des Johannes (Offb 1,10) aus dem Sabbat »der erste Tag der Woche« und »des Herrn Tag«. Es gibt keinen grundlegenden Unterschied zwischen dem Gebot hier und seinem Gegenstück in 2Mo 20,8–11, wo der

Sabbat als sein besonderer Tag dem Herrn gehört; er hat ihn gesegnet und zum Tag der Anbetung und der Ruhe bestimmt. In 5Mo 5,12 wird das Volk aufgefordert, den Sabbat in derselben Weise zu halten, wie es in 2Mo vorgeschrieben ist. Die Tatsache, daß der Sabbat dem Herrn gehört, wird noch einmal erwähnt. **14** Die damit verbundene humanitäre Bedeutung ist ein weiterer Grund, den Sabbat zu halten. Es besteht kein Anlaß, mit Hilfe komplizierter Erklärungsversuche die Herkunft solcher Erweiterungen des urspr. Gebotes herauszufinden. Sie sind von der Art, wie sie sich bei einem guten Redner ganz natürlich einstellen, und zwar besonders dann, wenn dieser wie Mose hier über die Erfahrung vieler Jahre verfügt, in denen er versucht hat, sein Volk zum richtigen Verständnis und zur richtigen Befolgung des Sabbatgebotes anzuleiten.

15 *Du sollst daran denken:* Diese Bemerkung erinnert daran, daß die Knechtschaft in Ägypten von keiner Sabbatruhe unterbrochen wurde. Der wöchentliche Ruhetag im Verheißenen Land dokumentiert daher den entscheidenden Unterschied zwischen der Arbeit des Volkes auf seinem eigenen Land und der Sklaverei in Ägypten.

16 *Deinen Vater und deine Mutter ehren:* Dieses Gebot berührt die engste menschliche Beziehung. Der Mensch verdankt seinen Eltern das Leben; schon dafür gebührt ihnen Achtung und Ehrerbietung. Als Ansporn zum Gehorsam wird langes Leben verheißen (vgl. Eph 6,2f). Die Achtung vor den Eltern wird allerdings eingeschränkt durch die Achtung, die Gott als dem Höchsten gebührt. Beides ist in Christus zu einer Einheit verbunden (Mt 10,37; 19,29; Lk 2,49.51; Jh 19,26.27), ohne daß die Spannung aufgehoben wird.

17 *Du sollst nicht töten:* Dieses Gebot erklärt das Leben aller für heilig, die nach dem Ebenbild Gottes geschaffen sind. Alles Leben kommt von Gott und muß mit Ehrfurcht behandelt werden (1Mo 9,4–6). Tiere, deren Fleisch der Nahrung dient, dürfen getötet werden. Ebenso Mörder, wenn sie von den von Gott eingesetzten Gerichten zum Tode verurteilt wurden (vgl. 5Mo 17,2–7; 19,12; Röm 13,4). Ein Mensch ist dann des Mordes schuldig, wenn er aus selbstsüchtigen Gründen einem anderen Menschen das Leben nimmt, das der Schöpfer diesem verliehen hat, damit er dadurch Gott verherrliche. Dann schreit das Blut seines Bruders von der Erde nach Gerechtigkeit (1Mo 4,10; vgl. 5Mo 21,1–9).

18 *Du sollst nicht ehebrechen:* Dieses Gebot ist die Grundlage der göttlichen Stiftung der Ehe und begründet zugleich die ausführlichen Vorschriften, die der sittlichen Reinheit gelten. Schon deren Vielzahl und Genauigkeit unterstreicht ihre Bedeutung (21,10–17; 22,1–23,19; 24,1–5; 25,11f). Gott setzte die Ehe ein (1Mo 1,28; 2,24; Mt 19,4–6). Er benutzte sie als Bild für seine Liebe zu Israel (Hos 2,16–22) und für die Einheit zwischen Christus und seiner Gemeinde (Mt 9,15; Eph 5,32). Der Ehebruch ist Symbol der Untreue der Israeliten (5Mo 31,16) und des Abfalls der Christen (Jak 4,4).

19 *Du sollst nicht stehlen:* Wie das Leben des Menschen ist auch sein Besitz Gabe Gottes (vgl. 5Mo 8,17; 1Kor 4,7). Der Mensch ist deshalb Gott für seine Einstellung zu den materiellen Gütern verantwortlich; ungesetzliche Aneignung solcher Güter, etwa durch Diebstahl, ist Sünde.

20 *Du sollst nicht falsch Zeugnis reden* (hebr. »lügenhaft«): s. Komm. zu 5,11. Unter dieses Gebot fallen alle Formen von Verleumdung, Schmähung und falschen Aussagen; im Unterschied zu den vorhergehenden drei Geboten, wo es um die Wirkungen von Taten ging, handelt es sich hier um das Böse, das durch Worte zugefügt wird. Der Christ soll, wie sein Herr, für die Wahrheit eintreten (Jh 18,37), wie sie in Jesus ist (Eph 4,21).

21 *Du sollst nicht begehren . . .:* Dieses Gebot unterscheidet sich insofern von allen anderen, als es sich mehr auf die innere Einstellung als auf sichtbares Handeln bezieht. Deshalb kann nur Gott sehen, wenn es übertreten wird. Es schließt das unrechte Verlangen nach fremden Gütern aus und betont Zufriedenheit und Vertrauen (Hebr 13,5.6). Die geringe Abweichung von 2Mo 20,17 könnte auf die Zeit vor der Landnahme hindeuten. Begehren mag während der Wüstenwanderung eine geringere Versuchung gewesen sein als nach der Einnahme des Verheißenen Landes, als das Volk seßhaft wurde und der Besitz des Nachbarn durchaus zum Gegenstand begehrlicher Wünsche werden konnte (s. auch Komm. zu 4,13).

5,22–33 Die Gebote werden dem Volk übergeben. Eine Ermahnung zum Gehorsam erinnert noch einmal an die Umstände, unter denen das Volk urspr. das Gesetz empfing.

22 *Tat nichts hinzu:* s. Komm. zu 4,2; vgl. Offb 22,18. **24** *Seine Herrlichkeit:* vgl. 2Mo 33,18. **27** *Höre:* Das Volk hörte nur den Donner, aber Mose verstand die Worte (vgl. Jh 12,29; Apg 9,7). Mose ist hier der Mittler zwischen Gott und dem Volk (vgl. Gal 3,19) und insofern ein Bild für Christus. **29** *Ihr Leben lang:* Den Erlebnissen am Sinai sollte nur zu bald die Anbetung des Goldenen Kalbes folgen.

6,1–9 Ermahnung, die Worte nicht zu ver-

gessen. Mose fährt fort, das Volk über die Gebote zu belehren, die dieses dann seinerseits an seine Kinder weitergeben soll. Diese Unterweisung wird teils schriftlich (6,9), teils mündlich überliefert. 2 *Du und deine Kinder:* Der häufige Wechsel von der Einzahl zur Mehrzahl, d.h. von dem einzelnen zum Volk, kommt in einer Rede häufig vor. 3 *Milch und Honig:* auch in 11,9; 26,9.15; 27,3; 31,20. 4 *Höre, Israel:* s. Komm. zu 5,1. Mose erklärt nun die Einzigartigkeit Gottes; Israels Antwort darauf besteht in bedingungsloser Treue. Mit diesem Vers beginnt das berühmte jüd. *Sch^ema*, ein Bekenntnisgebet, das aus 5Mo 6,4–9; 11,13–21 und 4Mo 15,37–41 besteht und von den frommen Juden zweimal am Tag in der Liturgie gebetet wird. Jesus fügte die Wendung »von ganzem Gemüte« hinzu und bezeichnete V. 4.5 als »das vornehmste und größte Gebot« (Mt 22,37f; Mk 12,29f; Lk 10,27). *Der Herr allein:* Dieser Vers kann auf verschiedene Weise übers. werden (ZÜ: der Herr . . . ist *ein* Herr). Vermutl. ist gemeint, daß Gott der einzige Gott ist, so daß die Teilhabe am Bund die Anerkennung jeder anderen Gottheit ausschließt. 8 *Du sollst sie binden:* Juden einer späteren Zeit verstanden diesen Vers wörtlich. Sie verschlossen Teile des Gesetzes in kleinen Behältern, den sog. Phylakterien, und befestigten sie an Stirn und Händen (vgl. Mt 23,5). 9 *Du sollst sie schreiben:* Die Fähigkeit zu schreiben gehört zu den ältesten Künsten des Menschen. Zur Zeit Moses gab es mehrere Verkehrssprachen, die von den Schreibern beherrscht werden mußten. Es ist anzunehmen, daß Mose als Teil seiner Erziehung in Ägypten schreiben lernte (vgl. Apg 7,22).

6,10–19 Lehren aus der Vergangenheit. Aus diesem Abschnitt zitierte Jesus bei seiner Versuchung in der Wüste zwei Verse. In V. 13 ersetzte er (wie der griech. Text von Mt 4,10 zeigt) in seiner Antwort auf die Herausforderung Satans das Wort »fürchten« durch »anbeten«. 12 *So hüte dich:* Den Israeliten wird die Gefahr bewußtgemacht, ihre Abhängigkeit von Gottes Güte zu vergessen. 14 *Andern Göttern:* so auch in 7,4; 13,7.14; 17,3; 28,36.64; 29,25; 30,17; 31,20. Diese Formulierung wird der besseren Verständlichkeit wegen benutzt. Natürlich wird dadurch die Existenz dieser Götter nicht bestätigt; sie sind »das Werk von Menschenhänden« (4,28). 16 *Massa* bedeutet »versuchen« oder »prüfen« (vgl. 2Mo 17,7; 5Mo 9,22). Es ist dem Menschen verboten, Gott zu versuchen, indem er seine Macht oder seinen Schutz in Frage stellt. (Vgl. auch Mt 4,7; Lk 4,12.)

6,20–25 Kommende Generationen sollen belehrt werden. 20 *Was sollen denn die Verordnungen . . .?* (ZÜ): Die Geschichte der Befreiung aus Ägypten, in der Art eines Dramas dargestellt, wird zukünftige Generationen an Gottes Macht und Gnade erinnern. 23 *Führte uns von dort weg:* Mose verbindet die in der Befreiung erfahrene göttliche Gnade mit der Art zu leben, die Israel nun aufgetragen ist. (Vgl. Röm 4,25.) 24 *Auf daß es uns wohlgehe:* Die Gebote und Verordnungen fördern alle ein lauteres, gerechtes und heiliges Leben (vgl. 10,13). 25 *Gerechtigkeit:* Ein Schlüsselbegriff des AT; auf seinem Hintergrund sollten ntl. Texte wie Röm 3,21–26 und Phil 3,6–9 betrachtet werden. Das hebr. *zedaqah* (»Gerechtigkeit«) umfaßt u.a. was normal, was offen und rechtschaffen ist; es schließt menschliche wie göttliche Gerechtigkeit und sittliche Rechtschaffenheit ein. In diesem Zusammenhang wird das Halten der Gebote Gottes als verdienstvoll angesehen.

7,1–11,32 Ermahnungen zur Treue und zum Gehorsam

7,1–11 Aufruf zur völligen Trennung von den Heiden. 1 *Ausrottet viele Völker:* zu den hier erwähnten Völkern vgl. 1Mo 10,15–18; 15,19–21; 2Mo 3,8.17; 13,5. Sie wurden vertrieben, damit Israel den ihm verheißenen Wohnsitz einnehmen konnte. Die hier genannten *Hethiter* waren wahrscheinlich Nachkommen von frühen Einwanderern aus Kleinasien, die den einheimischen Kanaanäern glichen. 2 *Den Bann vollstrekken:* s. Komm. zu 2,34. 5 *Steinmale . . . heilige Pfähle* (ZÜ: *Malsteine . . . Ascheren*): In der kanaan. Religion stellten die *Steinmale* männliche Gottheiten dar, bes. Baal. Deshalb waren sie für die Israeliten verboten. Überreste kanaan. Steinmale fand man in Geser, Byblos, Hazor und Ras Schamra. Die *heiligen Pfähle* waren meist Bilder weiblicher Gottheiten, bes. der Aschera. 6 *Ein heiliges Volk* (vgl. 2Mo 19,5.6): Wegen seiner göttlichen Berufung konnte Israel es sich nicht erlauben, sich durch Synkretismen zu verunreinigen. *Zum Volk des Eigentums:* Das Hebr. *segulla* meinte urspr. das Eigentum an einer Sache; hier wird es auf Israel als Gottes ureigensten Besitz angewandt. (Vgl. 14,2; 26,18; Tit 2,14; 1Petr 2,9.) 8 *Erlöst:* auch in 9,26; 13,6; 15,15; 21,8; 24,18. Das Verb *padah* bedeutet »loskaufen, auslösen«. Im alten Israel konnte Besitz wie auch das Leben durch eine entsprechende Bezahlung ausgelöst werden. Im NT geschieht die Erlösung des Menschen allein durch den Opfertod Christi. (Vgl. Mk 10,45; Lk 1,68; 1Petr 1,18f.) 9 *Bund und . . . Barmherzigkeit:* s. Komm. zu 4,13 und 5,10.

Chesed wird oft mit dem Bund in Zusammenhang gebracht (7,12); darüber hinaus wird das Wort sowohl für das Wohlwollen, das zwischen Freunden besteht, wie auch für die göttliche Gnade gebraucht.

7,12–26 Segen und Ermutigung. Nachdem Mose Gottes Absichten mit der Erwählung Israels erklärt hat, verheißt er den Segen Gottes, wenn die Israeliten seine Gebote halten. Er ermahnt sie, treu zu bleiben und mutig zu sein. 13 *Lieben:* Während Liebe bedingungslos ist, hängt Segen vom Gehorsam ab. *Getreide:* Glück und Wohlergehen des Volkes werden von einer reichen Versorgung mit den wichtigsten landwirtschaftlichen Erzeugnissen Kanaans begleitet sein. 15 *Böse Seuchen der Ägypter:* Das ägypt. Klima war ungesund; Plinius, ein Schriftsteller des Altertums, bezeichnete das Land als »die Mutter der schlimmsten Krankheiten«. 20 *Angst und Schrecken* (wörtl. »Hornissen«; ZÜ, EÜ): Es ist unklar, ob das Wort *zir'a* hier sinnbildlich gebraucht wird oder nicht; der Stich dieses Insektes konnte jedenfalls unter Umständen tödlich sein. 24 *Du sollst ihren Namen auslöschen:* wiederholt in 9,14; 12,3; 25,19 (vgl. Offb 3,5). Die Namen der falschen Götter sollten aus ihrem Gedächtnis ausgelöscht werden, aber der Name des Herrn sollte im Heiligtum und bei seinem Volk stets gegenwärtig sein. 25 *Greuel:* Dieser Begriff wird, meist in Verbindung mit Götzendienst und Unreinheit erwähnt in 12,31; 13,15; 14,3; 17,1.4; 18,12; 22,5; 23,19; 24,4; 25,16; 27,15; 32,16. 26 *Bann:* Es bestanden drei in ihrer Schärfe jeweils verschiedene Formen des Banns: der Kriegsbann, der Gerichtsbann und der persönliche Bann. S. Komm. zu 2,34.

8,1–20 Verheißungen und Ermahnungen. 1 *Das Land:* Die Erlebnisse in der Wüste sollten Israel lehren, der Macht und den Verheißungen Gottes zu vertrauen und sich auf sie zu verlassen. Jetzt, wo das Volk im Begriff steht, das fruchtbare Kanaan zu erobern, ist es umso wichtiger, sich an die göttliche Führung und Fürsorge zu erinnern. 2 *Diese vierzig Jahre:* Moses Erinnerungen umfassen die Erlebnisse in Ägypten, den Zug zum Sinai und die Gesetzgebung (9,7–10,11) sowie die Wanderung nach Kadesch (1,1–2,15). Zu diesen Erinnerungen gehören aber auch Erlebnisse des Versagens und des Abfalls: der Aussatz Mirjams (4Mo 12,10; 5Mo 24,9), das Gericht über Dathan und Abiram (4Mo 16,27ff; 5Mo 11,6), das Hadern bei Meriba (4Mo 20,10–13; 5Mo 1,37; 32,51). Die Art, wie diese Ereignisse, die Mose tief beeindruckt haben müssen, beschrieben werden, spricht für die Echtheit. 3 *Vom Brot allein:* Der Mensch lebt von geistlichen und körperlichen Kräften. Jesus nimmt diesen Satz bei seiner Versuchung auf (Mt 4,4; Lk 4,4). Wer das Vorhandensein geistlicher Kräfte leugnet, versperrt sich den Zugang zu einem entscheidenden Bereich der Wirklichkeit.
4 *Deine Kleider:* Eine eindrucksvolle Weise, um die bewahrende Macht Gottes während der Wüstenwanderung aufzuzeigen. 5 *Wie ein Mann seinen Sohn erzieht:* Für Israel ging es darum, die junge Generation zur Gerechtigkeit zu erziehen (vgl. Hebr 12,5–11; 5Mo 1,31; 32,6). 7 *Ein gutes Land:* s. Komm. zu 1,25. Der landschaftliche Gegensatz zwischen der wüsten Einöde der Sinaihalbinsel und dem reichen Kulturland Palästinas hat durch Jahrhunderte hindurch viele Reisende beeindruckt. In diesen Versen wird die landwirtschaftliche und geologische Beschaffenheit jenes Gebietes in großen Zügen beschrieben, um seinen Reichtum darzustellen. 9 *Eisen ... Kupfererz:* Eisen war in der Araba im Überfluß vorhanden, ebenso in der Nähe des Karmel und des Hermon. *Kupfererze* gab es reichlich im Sinai, in Midian und Syrien. Daß in der Nähe von Ezjon-Geber Kupfer und Eisen gefördert wurde, war eine wörtl. Erfüllung dieses Verses. 15 *Aus dem harten Felsen:* Bei zwei Gelegenheiten kam Wasser aus dem Felsen: am Horeb (2Mo 17,6) und bei Kadesch (4Mo 20,8). Dabei wird für »Fels« jeweils ein anderes Wort gebraucht. In 2Mo 17,6 steht – wie hier – *zur,* in 5Mo 32,4. 13.15.18.30.31 sinnbildlich von Gott als der Kraftquelle für den Glaubenden gebraucht. In 4Mo 20,8 steht *sela'*, das auch eine Felsspitze oder eine Festung bezeichnen kann. Daß Wasser aus einem Felsen fließt, weist auf die wasserspeichernde Eigenschaft des sinaitischen Kalksteins hin. 17 *Meine Kräfte:* Gott hat das Land gegeben; von daher kommt der Reichtum; er erfordert zwar auch den Einsatz von Zeit, Kraft und Energie, die aber letztlich ebenfalls Gottes Gaben sind.

9,1–29 Das Volk wird an seine Fehler und Sünden erinnert. Die Siege über die Einwohner Kanaans waren nicht Israels Verdienst. Gott wollte die dort ansässigen Völker um ihrer Verworfenheit willen ausrotten und durch ein ihm treu ergebenes Volk ersetzen, das das Land »besitzen« sollte. 2 *Enakiter:* s. Komm. zu 2,28. 5 *Um ihres gottlosen Treibens willen:* Ausgrabungen in Ras Schamra (Ugarit) und an anderen Orten Kanaans haben ergeben, daß die kanaan. Religion eine der sinnlichsten und verderbtesten im ganzen Alten Orient war. *Damit er das Wort halte:* Indem Gott Israel Kanaan als Besitz gibt, erfüllt er die den Erzvätern zugesprochene Verheißung. Während die Berufung Israels ihren Grund in Gottes Liebe hat und daher bedingungslos und unwiderruflich ist (vgl. Röm 11,29), sind die Segnungen vom Gehorsam des Volkes abhängig. Die Verheißung gilt im übertragenen Sinn Abrahams »Nachkommen«, nämlich Christus (Gal 3,16) und allen, die »in ihm« sind. Auch die Segnungen des Evangeliums werden nur unter der Voraussetzung des Gehorsams der Christen wirksam. **6** *Ein halsstarriges Volk:* Dem Wort »halsstarrig« liegt vermutl. das Bild von einem widerspenstigen Ochsen zugrunde, der sich das Joch nicht auflegen lassen will. Anschließend begründet Mose seine Behauptung. **10** *Versammlung:* irgendeine Gruppe oder deren Vertreter, die für die Gemeinschaft handeln. In der LXX wird das *qahal* mit *ekklesia* (»Gemeinde«) übersetzt (vgl. Apg 7,38). Beide Ausdrücke bezeichnen eine Sammlung oder Auswahl. Wie Israel aus Ägypten herausgerufen wurde, so wurde die christl. Gemeinde von Gott aus der Welt herausgerufen. **15** *und als ich mich wandte:* In diesem geschichtlichen Rückblick verkürzt Mose die Erzählung und folgt nicht genau dem zeitlichen Ablauf von 2Mo 32. **18** *Und fiel nieder vor dem Herrn:* Die Erzählung wird hier gekürzt und umgestaltet. **19** *Ich fürchtete mich:* Das hebr. *jagar,* ein selten gebrauchter Ausdruck für »fürchten«, wird hier im Hinblick auf eine dunkle Vorahnung kommender Ereignisse verwandt. **20** *Ich bat auch für Aaron:* Nur Mose konnte dies sagen. Da Aaron eine besondere Stellung in der Gemeinschaft einnahm, trug er einen großen Teil der Verantwortung für das, was geschehen war. **21** *Das Kalb:* Die Vernichtung dessen, was die Sünde verursacht hatte, mußte der Vergebung der Schuld vorausgehen. *Den Staub:* Auch hier ist die Erzählung gegenüber 2Mo 32 gerafft. **22** *Massa:* s. Komm. zu 6,16. Das Murren gegen Gott in Raphidim, wo der Name Massa zuerst aufkam, geschah, bevor die Israeliten den Sinai erreichten. Das Murren bei *Tabera* und bei den *Lustgräbern* fand nach der Gesetzgebung am Sinai statt. Die drei Ortsnamen stehen jeweils für die Ereignisse. **23** *Glaubtet nicht:* Unglaube war immer die Hauptsünde während der Wüstenwanderung wie auch später (1,32. Vgl. Jh 16,9; Hebr 3,1–4,10).

10,1–11 Die Lade und die Leviten. Diese Verse schließen den Rückblick auf die Ereignisse am Horeb ab. Mose läßt nun die Gedanken von seiner wiederholten Fürbitte für das Volk zurückgehen zu den Zehn Geboten und den Tafeln, die sich in der Bundeslade befanden; er denkt an Aarons Tod, an Eleasar und die Leviten, die während seiner Rede vermutl. bei ihm standen. **3** *Machte ich eine Lade:* Tatsächlich wurde sie von Bezalel gebaut (vgl. 2Mo 25,10–22; 35,30–34). Schon in der Zeit vor Mose gab es im Vorderen Orient goldüberzogene tragbare Heiligtümer. Die Bundeslade war allerdings einzigartig, weil sie die Steintafeln, die Dokumente mit den Bundesbedingungen enthielt. **6** *Von Beeroth-Bene-Jaakan ...:* V. 6–9 sind wahrscheinlich eine Anmerkung, die Mose einfügte, als er die Rede niederschrieb. In 4Mo 33,31–33 werden die Stationen in anderer Reihenfolge und teilweise mit anderen Bezeichnungen genannt; da jedoch bei zweien von ihnen das Vorhandensein von Wasser (*Beeroth* bedeutet »Brunnen«) erwähnt wird, sind diese Orte vermutl. mehr als einmal besucht worden. *Eleasar:* Das Amt des Hohenpriesters blieb auf diese Weise erhalten; die Wahl Eleasars deutet darauf hin, daß Aarons Sünde vergeben worden war. **8** *Zur selben Zeit:* d.h. als die Israeliten das Goldene Kalb anbeteten und die Folgen dieser Sünde eintraten. *Sonderte ... aus:* Einer der zwölf Stämme, Levi, wurde bes. zum Dienst im Heiligtum erwählt. Es gehörte zu seinen Pflichten, die Lade zu tragen. *Zu stehen:* Gott durch das Darbringen der Opfer zu dienen; eine Aufgabe, die nur die Priester ausüben durften (4Mo 3,10).

10,12–22 Was Gott von seinem Volk fordert. Eine abschließende Zusammenfassung der Gründe für den Gehorsam gegenüber Gott und der sich daraus ergebenden Folgen. Vgl. 5Mo 6,5; Mt 22,37 und die Antwort, die Micha auf die in V. 12 gestellte Frage gibt (Mi 6,8). Für Mose ist die ehrfürchtige Anbetung Gottes Grundlage jeglicher religiöser Ausdrucksform. **15** Obwohl Gott die ganze Welt geschaffen hat, hat er Israel *aus allen Völkern* erwählt. Seine Antwort auf seine festen Zusagen sollte in Gehorsam und Liebe bestehen. **17** Der Monotheismus, wie er hier zum Ausdruck kommt, ist für 5Mo typisch. **18** *Den Waisen ... Fremdlinge:* vgl. 14,29; 16,11.14; 24,17.19ff; 26,12f; 27,19. Ausgeprägte soziale und menschliche Gesichtspunkte sind ein wesentlicher Zug der mosaischen Gesetzgebung. Der *Fremdling* konnte den Schutz von Familie und Sippe nicht beanspruchen und hatte keinen Landbesitz. Er mußte aber den Sabbat halten (5,14), feierte die Feste mit (16,11.14; vgl. Apg 2,10) und hatte teil am Bund (5Mo 29,10f). So gehörte er zur israel. Gemeinschaft, die für ihn eine besondere Verantwortung trug (vgl. Mt 25,35; Apg 14,27; Eph 2,19). **19** *Die Fremdlinge lieben:* Diese Forderung an Israel, den Fremden zu lieben, ist in der Gesetzgebung des Alten Orients ohne Parallele. Den Israeliten war nicht nur aufgetragen, ihre Eltern zu ehren und auf die prophetische Botschaft zu hören, Gott erwartete von ihnen auch, daß sie ein freundschaftliches Verhältnis zu den Fremdlingen unterhielten, da diese sie stets an Gottes Liebe während der ägypt. Gefangenschaft erinnerten.

11,1–25 Motive für Liebe und Gehorsam. Die Erfahrung der mächtigen Taten Gottes sollte zu einem Leben der Liebe und des Gehorsams führen. **1** *Sein Gesetz:* Das hebr. Wort kommt in 5Mo nur hier vor und bezieht sich auf das, was im Verhältnis zu Gott gehalten und befolgt werden soll. In anderen Büchern des Pentateuch wird das Wort häufig für die Anordnung zur Bewachung der Stiftshütte gebraucht (z.B. 3Mo 8,35). **2** *Seinen ausgereckten Arm:* vgl. 4,34; 2Mo 6,6. Eine bildhafte Beschreibung der bewahrenden Fürsorge Gottes. **3** *Seine Zeichen und Werke:* Gott offenbart sich durch mächtige Taten und durch Worte. (Vgl. Mt 11,4; Jh 2,11.) Das Wunder des Auszugs aus Ägypten wird in Apg 7,36 und Hebr 11,27–29 erwähnt. **6** *Dathan und Abiram:* Auch Gottes Gerichtstaten sind eine Lehre für die Hörer. Vermutl. mit Rücksicht auf die Gefühle der Leviten (10,8), unter denen es einige Überlebende der Korahiter gab, wird Korah hier nicht erwähnt (vgl. Ps 106,17). **10** *Ägyptenland:* Die Bewässerung war in Ägypten ein ständiges Problem, dessen Lösung viel Zeit und Arbeit kostete. Die ägypt. Felder wurden nicht auf natürliche Weise durch Regen bewässert, sondern künstlich wie bei einem Gemüsegarten. In Kanaan keimte die Saat durch den Herbstregen, der – aufgrund der göttlichen Vorsorge – zu dieser Zeit niederging. Die Regenfälle im Frühjahr ließen die Früchte wachsen, die dann im Mai und Juni geerntet wurden. *Selbst tränken* (ZÜ: *mit deinem Fuß bewässern*): das geschah mit Hilfe eines Wasserrades und einer Pumpe, die mit dem Fuß betätigt wurde. **11** *Berge und Auen:* ein Gebiet, in dem mehr Regen fiel als in der Ebene. **18** *So nehmt ... zu Herzen:* Mose spricht wieder den Willen des Volkes an, denn aufgrund einer Willensentscheidung muß Gott gesucht (4,29) und geliebt (6,5), muß ihm gedient werden (10,12). Das Herz soll »beschnitten« werden (10,16), denn in ihm entstehen die bösen Gedanken (9,4; 15,9; vgl. Mt 15,18). *Merkzeichen:* s. Komm. zu 6,8. **19** *Lehrt sie ...:* Mose wandte sich nicht unmittelbar an die Kinder. Er erlegte den Eltern die Pflicht auf, dafür zu sorgen, daß die Kinder im Gesetz unterrichtet würden. **20** *Pfosten ... Tore:* An den Häusern orthodoxer Juden kann man noch heute am äußeren Haustürpfosten eine *Mesusa* (wörtl. »Türpfosten«) sehen, ein kleines Gefäß, das nach altem Brauch eine Abschrift von 5Mo 6,4–9 enthält. **21** *Solange die Tage des Himmels über der Erde währen:* d.h. solange die Welt besteht. **24** *Meer im Westen,* wörtl. *das hintere Meer* (EÜ): Die Völker im Vorderen Orient orientierten sich nach O, so daß der S rechts von ihnen lag. Gemeint ist also das Mittelmeer.

11,26–32 Segen und Fluch. Diese sieben Verse fassen die zweite Rede zusammen. Gleichzeitig sind sie die Einleitung zu den Einzelgeboten. Gottes Gerechtigkeit ist absolut und unbestechlich (Hes 18,25–29; 33, 17–20), die ganze Zukunft des Volkes hängt davon ab, daß es die richtige Wahl trifft. **28** *Andern Göttern:* s. Komm. zu 6,14; den Israeliten nicht vertraute, fremde Gottheiten. **29** *Garizim ... Ebal:* Die beiden bedeutendsten Berge in der Mitte Palästinas. Der eine kahl, der andere fruchtbar, symbolisierten sie Segen und Fluch. Für die Samaritaner sind Ebal und Garizim heilige Stätten. **30** *Gilgal:* Das Wort bedeutet Kreis, Haufen aus Steinen. Mehrere Orte tragen diesen Namen. Ein »Gilgal« wurde in der Nähe von Sichem gefunden. *Eiche More* (ZÜ: *Orakel-Terebinthe*): Vgl. 1Mo 12,6.

12,1–26,19 Einzelgebote

12,1–16,22 Bestimmungen zur Regelung des Gottesdienstes und eines heiligen Lebenswandels

12,1–14 Der Götzendienst soll ausgerottet werden. Die besonderen Bestimmungen dieses Abschnitts entsprechen den Verträgen des Vorderen Orients, die die dem Vasallen auferlegten und von diesem auch akzeptierten Verpflichtungen enthielten, u.a. das Verbot, mit ausländischen Mächten ein Bündnis zu schließen. Mose stellt hier Grundsätze für das religiöse, öffentliche, soziale und familiäre Leben in Kanaan auf. An diese Prinzipien fügt er Ermutigungen und Warnungen an. **1** *Im Lande:* Israels bevorstehender Einzug in Kanaan beherrscht alles, was nun folgt (vgl. 8,1; 12,10; 26,1). Sobald Israel sich im Land niedergelassen hat, werden Opfer nur noch an einem von Gott ausgewählten Ort dargebracht werden. **2** *Zerstört alle ...:* Genauer: *»zerstört gänzlich«* (EÜ). Das Land muß von allem Götzendienst gereinigt werden, so daß es für Gott heilig wird (vgl. 3Mo 11,44f). Diese Aufgabe ist in den beiden ersten der Zehn Gebote eingeschlossen. *Auf Hügeln:* Der Kult an diesen Plätzen war mit unmoralischen Handlungen verbunden. *Heilige Stätten:* Hier handelt es sich um einen allg. Ausdruck (hebr. *meqomot*). Damit sind nicht die *bamot* (»Höhen«), die örtlichen Heiligtümer, gemeint (vgl. 1Kön 15,14). Die Tatsache, daß *bamot* in 5Mo 12–26 nicht vorkommt, widerlegt die These, daß das Hauptthema der

deuteronomistischen Gesetzgebung das Verbot der »Höhen« sei. **3** *Steinmale:* s. Komm. zu 7,5. **5** *Die Stätte, die ... der Herr erwählen wird.* Sie bildete ein kultisches Zentrum für die Israeliten, wo immer sie sich aufhielten. Es war nicht festgelegt, daß der Kultus nur dort stattfinden sollte. Gott bestimmte von Zeit zu Zeit verschiedene Orte, wo geopfert werden konnte. Nach 5Mo 27,5 sollte ein Altar auf dem Berge Ebal gebaut werden. Danach war einige Jh. Silo die Stätte, die Gott erwählt hatte. In der Anfangsphase der Besiedlung bildete Sichem ein anerkanntes Heiligtum (Jos 8,30ff; 24,1ff). Es gibt keinen Hinweis, daß Jerusalem, zu jener Zeit eine jebusitische Festung, das religiöse Zentrum Israels sein sollte. Die Bestimmung Jerusalems zum zentralen Heiligtum geschah eindeutig in der frühen Königszeit (2Sam 7,1ff). Der Prophet Gad befahl David, einen Altar auf der Tenne Arawnas in Jerusalem zu errichten (2Sam 24,18). Parallelen dazu finden sich in Ri 6,26; 13,6–20; 1Kön 18,32. Daß *er seinen Namen daselbst wohnen läßt* (hebr. *leschichno*): Diese Formulierung entspricht dem Gedanken der göttlichen Gegenwart, wie ihn auch der Begriff *Schechina* ausdrückt.
6 *Brandopfer:* Die Bestimmungen dafür sind schon in 3Mo 1–7 festgelegt worden. *Eure Zehnten:* vgl. 14,22ff; 3Mo 27,30–33. Die Abgabe des Zehnten und der Erstlinge war verbindlich, die anderen Opfer waren freiwillig. *Eure heiligen Abgaben* (ZÜ: *Hebopfer*): Das hebr. *terumah* bedeutet »ein Beitrag zum heiligen Gebrauch«; es wurde vermutl. so genannt, weil es vom gesamten Opfer abgesondert wurde. (Vgl. 3Mo 7,14.32; 4Mo 15,17–21.) Das Gesetz über die Erstgeburten findet sich 5Mo 15,19–23. **7** *Und ihr ... sollt ... essen:* Kap. 12,14 und 15 handeln hauptsächlich von der Nahrung des Volkes, die auf verschiedene Weise verzehrt wurde. Das Wort »ihr« könnte sich entweder auf die levitischen Priester oder auf jene Leute beziehen, die ein Opfer bringen wollten. Das Heiligtum, wo die Opfer dargebracht wurden, war auch eine Stätte für schwierige Gerichtsverhandlungen (17,8.10). *Ihr ... sollt ... fröhlich sein:* vgl. 12,12.18; 14,26; 16,11.14; 26,11; 27,7; vgl. auch Jh 15,11; Phil 3,1; 4,4. Freude ist ein wesentlicher Bestandteil des christl. Glaubens. Sie ist eine geistliche Segnung, die mehr ist als nur ein Glücksgefühl.
8 *Was ihm recht dünkt:* Wegen des unruhigen und unsteten Lebens, das durch die kriegerischen Auseinandersetzungen im Ostjordanland bedingt war, war ein geordneter Gottesdienst kaum möglich. Vermutl. sollte hier die Errichtung von privaten Opferaltären verboten werden. **11** *Daß sein Name daselbst wohne:* vgl. 12,21; 14,23f; 16,2.6.11; 26,2. Die Stiftshütte war als Zeichen dafür gebaut worden, daß Gott in der Mitte seines Volkes wohnte (2Mo 25,8; vgl. Jh 1,14; Offb 21,3).
12 *Die Leviten, die in euren Städten wohnen:* Als Stamm hatten die Leviten keinen Landbesitz. Sie wohnten verstreut unter den anderen Stämmen, wo ihnen aber bestimmte Städte mit entsprechendem Weideland zugewiesen wurden (vgl. 4Mo 35,1–8). Dabei sollte der Levit als Fremdling bes. gut versorgt werden (vgl. 12,18.19; 14,27).

12,15–13,1 Das Töten von Tieren als Nahrung und als Opfer. Abgesehen von den oberen Schichten des Volkes konnten die Israeliten nur selten Fleisch essen. Von allen wurde es beim Opfer und zu anderen feierlichen Anlässen verzehrt; hier wird verlangt, daß solche Feste am zentralen Ort der Gemeinschaft stattfanden. Die hier genannten Grundsätze betonen die Heiligkeit allen Lebens, das unmittelbar von Gott kommt; es wird unterschieden zwischen »heiligen Gaben« (V. 26), die als Opfer dargebracht oder einem heiligen Zweck geweiht werden, und den Tieren, die zur Nahrung bestimmt sind (V. 15. 20.21). **15** *Reh oder Hirsch* (ZÜ: Gazelle oder Hirsch): Da diese Tiere nicht zu den Haustieren zählten, durften sie nicht geopfert werden, obwohl sie sonst rein waren. Diese Tierarten waren in jener Zeit anscheinend zahlreich vorhanden. Später wurde ihr Fleisch, vor allem in den Städten, als Delikatesse betrachtet (1Kön 5,3). **16** *Das Blut:* vgl. 3Mo 17,11. Das Blut ist das Leben, es wird darum im AT mit tiefer Ehrfurcht behandelt (vgl. 1Mo 9,4–6), bes. in Verbindung mit dem Bund und den Opfern; hierin liegt eine wichtige atl. Vorausdarstellung (Typos) auf das Versöhnungswerk Christi (vgl. 3Mo 16; Hebr 9,12–14; 1Petr 1,18f; 1Jh 1,7). **25** *Weil du getan hast, was recht ist* (13,18; 21,9): als Gegensatz vgl. 4,25; 9,18; 17,2; 31,29. **27** *Das Blut deiner Schlachtopfer:* s. Komm. zu 12,16. **30** *Wie haben diese Völker ihren Göttern gedient:* Die Israeliten durften nicht danach fragen, wie die Bewohner Kanaans ihre Götter anbeteten; denn würde eine heidnische Kultform den israel. Kult beeinflussen, hätte dies den Abfall in heidnische Gebräuche zur Folge. **13,1:** *Ihr sollt nichts dazutun:* s. Komm. zu 4,2.

13,2–19 Verführung zum Götzendienst. Mose warnt vor den Gefahren einer Verführung durch falsche Propheten, verwirrte Träumer und »heillose Leute« (V. 14). Diese Anordnungen mögen hart erscheinen; aber man muß bedenken, daß die Reinigung des Landes von bösen Einflüssen auch die Entfernung aller Israeliten einschloß, die durch die kanaan. Sittenlosigkeit zur Sünde verführt wurden. Das NT ist ähnlich streng (s. 2Thess 2,8; Offb 14,9–11). 2 Der falsche *Prophet* ist im AT nur allzu bekannt. Im NT ist er ein Diener Satans, der zum Bösen verführt (Mt 24,24; Offb 19,20). Die göttliche Offenbarung durch Mose hatte normativen Charakter. In jedem wahren Propheten zeigen sich Geist und Wesen jenes Gottes, der die Israeliten mit großer Macht aus Ägypten befreite. Alle spätere Prophetie war anhand dieses eindeutigen und endgültigen Maßstabs zu prüfen. *Ein Wunder:* ein Vorzeichen, das auf ein späteres Ereignis hinweist. 4 *Der Herr . . . versucht euch:* Daß sich die Vorhersage viell. erfüllt, ist nicht unbedingt ein Beweis für die Wahrheit, denn die wirkliche Prüfung ist anderer Art. 6 *Auf daß du das Böse . . . wegtust:* Diese strengen Maßnahmen waren in der mosaischen Zeit notwendig und der damaligen Situation angemessen. Vgl. auch 17,7.12; 19,13.19; 21,9.21; 22,22.24; 24,7. 7 *Dein Bruder:* Verführung zum Abfall ist auch innerhalb der Familie möglich (vgl. Mt 10,36). 10 *Deine Hand soll die erste wider ihn sein:* nämlich bei der Vollstreckung der Todesstrafe (vgl. 17,7). In dieser außergewöhnlichen Situation soll der Zeuge, der den Täter überführt hat, ohne Rücksicht auf seine Gefühle die erste Verantwortung tragen. 12 *Auf daß ganz Israel aufhorche und sich fürchte:* vgl. 17,13; 19,20; 21,21; 31,12f. Die Strafe soll zur Abschreckung öffentlich vollzogen werden. 14 *Heillose Leute* (ZÜ: *nichtswürdige Menschen*): bibl. Bezeichnung für Gewohnheitsverbrecher. *Aufgetreten:* nämlich mit dem Vorsatz der Verführung zum Abfall. 15 *Gründlich suchen:* Hier wird ein weiteres wichtiges Rechtsprinzip genannt; der Bestrafung hat eine gründliche Untersuchung vorauszugehen. 18 *Nichts . . . an deiner Hand kleben:* vgl. Jos 7,10–26. Die Bestrafung der Götzendiener und Abtrünnigen darf nicht zu einem materiellen Gewinn für die Israeliten werden.

14,1–21 Reine und unreine Speisen. 1 Mose wiederholt (vgl. 3Mo 11) die Anordnungen für die körperliche Gesundheit, wie sie für die *Kinder des Herrn* galten. Sie sind für den Christen nicht mehr maßgebend, obwohl sie wichtige Grundsätze der Hygiene und der Krankheitsverhütung enthalten; insofern verdienen sie mehr als nur beiläufige Beachtung. *Euch nicht wundritzen:* Als Kinder des Herrn durften sie sein Ebenbild nicht verunstalten (1Kor 3,17), wie es bei den kultischen Bräuchen der Heiden üblich war (1Kön 18,28). 2 *Ein heiliges Volk:* s. Komm. zu 7,6. 4 *Dies aber sind die Tiere, die ihr essen dürft:* reine Tiere, die gegessen werden dürfen (vgl. 3Mo 11,2–8). Haustiere werden vor dem Wild genannt. 7 *Den Hasen und den Klippdachs:* Diese Tiere scheinen Wiederkäuer zu sein, sind es aber in Wirklichkeit nicht. Auf jeden Fall passen sie nicht in die in V.6 aufgestellten Kriterien. Vgl. Komm. zu 3Mo 11,2–8. 8 *Das Schwein:* Das Schwein ist Überträger mehrerer Parasitenarten, und selbst modernste Hygiene kann die Übertragung solcher Schädlinge nicht immer verhindern, die unter gewissen Umständen tödlich wirken können. 9 *Flossen und Schuppen:* vgl. 3Mo 11,9.12. Implizit ist es damit auch verboten, jene Krebse zu essen, die sich von Abfall und Fäulnisstoffen ernähren. **12–18** Die Vögel, die in diesen Versen erwähnt werden, ernähren sich von Aas und dürfen nicht gegessen werden. 20 *Die reinen Vögel:* Vgl. 3Mo 11,21f, wo sich der Hinweis – wie hier – auf die eßbaren Heuschrekken bezieht. 21 *Aas* ist für den menschlichen Genuß wegen der Giftstoffe ungeeignet, die bereits darin enthalten sind. Der Verkauf des Fleisches verendeter Tiere ist in den meisten zivilisierten Ländern verboten. *Das Böcklein nicht kochen:* vgl. 2Mo 23,19; 34,26. Diesen unnatürlichen Brauch gab es bei den abergläubischen Kanaanitern, viell. zur Förderung der Fruchtbarkeit.

14,22–29 Abgabe des Zehnten. Als Mose diese Worte sprach, war die Abgabe des Zehnten in Israel schon eine anerkannte Ordnung. Der Zehnte wurde als Zeichen der Dankbarkeit (1Mo 14,20) oder der Hingabe (1Mo 28,22) gegeben. Der Besitz des Menschen ist eine Gabe Gottes, die als anvertrautes Gut zu betrachten ist (5Mo 8,18; Mt 25,14). Um die Heiligkeit allen Besitzes zu demonstrieren, wird ein bestimmter Teil ausgesondert und dem Heiligtum geweiht. Dies ist der sog. »zweite Zehnte«, im Unterschied zu jenem Teil des Ertrages, der zum Lebensunterhalt der Leviten bestimmt ist (4Mo 18, 26–28). 22 *Von allem Ertrag deiner Saat:* einschließlich des Getreides, des Weins und des Öls (V.23) und zusammen mit dem Zehnten, der gesondert für den Gesamtertrag eines Jahres berechnet wurde. 23 *Auf daß du fürchten lernst:* d.h. sei erfüllt mit dem Gefühl der Abhängigkeit von Gott. 25 *So mache es zu Geld:* Wer zu weit vom zentralen Heiligtum entfernt wohnte, konnte seinen Zehnten zu Geld machen und dann kaufen, was für das Freudenfest benötigt wurde. 28 *Den ganzen Zehnten:* Dieser war im jeweils dritten und sechsten Jahr der Sabbatjahrperiode anstelle des zweiten Zehnten fällig. Was in diesen Jahren der zweite Zehnte gewesen wäre, wurde zuhause zurückgehalten und den Armen gegeben.

15,1–18 Das Erlaßjahr des Herrn. In jedem siebten Jahr sollten auf Geheiß Gottes alle Schulden erlassen werden. **2** *Und soll's nicht eintreiben:* d.h. seinen Nachbarn nicht zur Zahlung zwingen. Das Erlaßjahr für Schuldner und Leibeigene (V. 12) war vermutlich zugleich das Jahr, in dem auch das Land Ruhe haben sollte (vgl. 2Mo 23,10f; 3Mo 25,2–4). Diese Vorschrift verweist auf eine Situation in der Zukunft, wenn jede Familie ihren eigenen Grundbesitz hat. Der Erlaß der Schuld war endgültig und wurde damit praktisch zu einem Geschenk. **3** *Ausländer* (hebr. *nakri*): zu unterscheiden von *ger* in 10,19. Der Ausländer war ein Händler, meist aus Ägypten, der durchaus in der Lage war zu zahlen. **4** *Es sollte überhaupt kein Armer unter euch sein:* Dazu ist nötig, daß die hier festgelegten Gebote befolgt werden (V. 5). **7** *Herz ... Hand:* Nächstenliebe sollte aus dem Herzen des Menschen kommen, wie das auch bei Gott der Fall ist. *Gegenüber deinem armen Bruder:* Noch heute fühlen die Juden in dieser Hinsicht ihre Verantwortung. **9** *Nicht unfreundlich ansiehst:* Auch wenn das Erlaßjahr nahe ist, darf die Hilfe für den notleidenden Bruder nicht abgelehnt werden. **12** *Dir verkauft:* Auch Sklaven *und* Sklavinnen werden dann frei; insofern wurden die Bestimmungen von 2Mo 21,1–6 ausgeweitet. Ein Mensch konnte sich selbst verkaufen und verfügte dann über keinerlei Mittel mehr. **14** *Du sollst ... aufladen:* Bei der Freilassung mußte der ehemalige Herr den Leibeigenen in angemessener Form mit lebensnotwendigen Gütern ausstatten, um ihm den Beginn einer neuen Existenz zu ermöglichen. Dies ist ein weiterer Beweis für die humanitäre Ausrichtung der mosaischen Gesetzgebung.

15,19–23 Die Erstgeburt. Der Abschnitt schließt an 14,22–29 an. **15** s. Komm. zu 7,8. Alle Erstgeburt sollte Gott geweiht werden, da alles Leben seine Gabe ist. **20** Das Opfer soll *jährlich* erfolgen, d.h. nicht über ein Jahr hinaus verzögert werden. **21** Wie andere Opfer muß auch dieses ohne *Fehler* sein. Aufgrund von 3Mo 27,26 und 4Mo 18,17f mußte den Hörern klar sein, wer die Erstgeburt essen sollte.

16,1–17 Drei Wallfahrtsfeste. Vgl. 2Mo 23,14; 34,18; 3Mo 23,4; 4Mo 28,16. Diese Feste sollten an der festgelegten Stätte gefeiert werden; sie erinnerten an ein für das Volk bedeutendes historisches Ereignis und markierten zugleich die drei für Reifung und Ernte wichtigen Jahreszeiten. **1** *Abib:* »Monat der reifen Ähren«, der spätere Nisan. **2.3** Das *Passa* war eng mit dem Fest der ungesäuerten Brote verbunden. Für das Passa war die Schlachtung eines Lammes vorgeschrieben (2Mo 12,21), das am Abend geopfert werden sollte. Zum Fest der ungesäuerten Brote waren am folgenden Tag ein Widder und zwei Stiere zu opfern (4Mo 28,19). *Auf daß du ... gedenkst:* eine häufig wiederholte Aufforderung in 5Mo. Das ntl. Gegenstück des Passa ist auch eine Feier des »Gedächtnisses« (Lk 22,19); im Gedächtnis an Christus soll der alte und böse »Sauerteig« ausgefegt werden (1Kor 5,7f). **8** *Festversammlung:* am siebten Tag des Passa. Diese wichtige Feier war dazu bestimmt, daß sich die Israeliten ihre Erfahrungen mit Gott neu bewußt machten und sich von neuem dem Dienst für Gott weihten. **10** *Das Wochenfest:* das »Fest der Ernte« (2Mo 23,16) und »der Tag der Erstlinge« (4Mo 28,26). *Eine freiwillige Gabe:* Während das Passaopfer genau vorgeschrieben war, konnten zum Wochenfest die Festteilnehmer selbst über Art und Umfang des Opfers entscheiden. Da zwischen dem Opfer der ersten Gerstengaben zu Beginn des Passafestes und der Feier des Wochenfestes fünfzig Tage lagen, wurde das Wochenfest später auch Pfingsten (griech. »fünfzig« genannt (vgl. 3Mo 23,16 in der LXX). Für die Christen wurde dieses Fest durch die Ausgießung des Heiligen Geistes bedeutsam (Apg 2,14–18). **13** *Das Laubhüttenfest:* Vgl. 3Mo 23,42. In 2Mo 23,16 und 34,22 wird es »Fest der Lese« genannt. Das Laubhüttenfest wurde am Ende des Erntejahres gefeiert, nachdem Korn und Wein eingebracht waren. Es erinnerte Israel daran, daß sein Leben von der göttlichen Erlösung abhing, die letztlich in der Vergebung der Schuld bestand (2Chr 30,22, ZÜ: »Heilsopfer«). Dadurch unterschied sich das Fest eindeutig von den heidnischen Erntefesten.

16,18–20 Die Verwaltung des Rechts. **18** *Richter und Amtsleute:* s. Komm. zu 1,16. Mose sorgt hier für eine geeignete Regierungsform, indem er die Position der Amtsleute im israel. Gemeinwesen eindeutig festlegt. **19** *Die Person nicht ansehen:* Vgl. 1,17; 10,17; Apg 10,34; Jak 2,9.

16,21.22 Verbot heidnischer Symbole. Für die Annahme, daß 5Mo von Mose stammt, spricht auch, daß sich die Gesetze nur gegen kanaan. Kulte wenden, nicht etwa gegen solche der benachbarten Länder aus einer späteren Zeit. **21** *Ascherabild:* s. Komm. zu 7,5. **22** *Steinmal* kann einen Stein meinen, der etwas Heiliges darstellt (1Mo 28,18) oder der an eine Vereinbarung erinnert (1Mo 31,52); es kann sich um eine Gedenksäule handeln (»Steinmal« in Jes 19,19) oder schließlich – und das ist hier der Fall – um die in Stein gemeißelten Symbole einer heidnischen Gottheit.

17,1–26,15 Verschiedene Gesetze und Einzelbestimmungen

17,1 Das vollkommene Opfer. *Fehler:* Vgl. 2Mo 12,5; 3Mo 22,17–33. Gott das Zweitbeste zu opfern, beleidigt ihn (vgl. Mal 1,8; Hebr 9,14).

17,2–13 Rechtsverordnungen. 2 *Mann oder Frau:* Jeder, der auf irgendeine Form von Götzendienst stieß, hatte die Pflicht, ihn auszurotten. 6 *Auf zweier ... Zeugen Mund:* Die Zeugen mußten absolut glaubwürdig sein und in ihrer Aussage völlig übereinstimmen. Folter durfte nicht angewandt werden, um ein Geständnis zu erzwingen, und die schwerste Strafe durfte nur bei unwiderlegbarer Beweislast verhängt werden. (Vgl. Mt 18,6; Jh 8,17; 2Kor 13,1; Hebr 10,28.) 7 *Das Böse:* In der LXX steht hier »der Böse« (vgl. Mt 6,13). Das hebr. Denken neigt dazu, Sünde konkret mit dem Sünder gleichzusetzen. 9 *Sie befragen:* Die Priester am Heiligtum sollten jene Fälle entscheiden, die für die örtl. Rechtssprechung zu schwierig waren. Der *Richter* würde dann der Vorsitzende des Gerichts am Zentralheiligtum sein. 12 *Vermessen:* Eine strikte Befolgung der Gerichtsentscheidungen war für den Bestand der Theokratie wesentlich.

17,14–20 Das Königsgesetz. Wahl, Eignung und Pflichten eines Königs werden hier behandelt, wo der König die Stelle des höchsten Richters einnimmt. Das Königtum wird eher hingenommen als eingesetzt, und auch der Herrscher muß sich dem Gesetz unterordnen. Dieser Abschnitt warnt schon im voraus vor den Gefahren, die mit dem Königtum im Alten Orient verbunden waren. Da diese einem aufmerksamen Beobachter im 2. Jt. v.Chr. durchaus bewußt waren, muß man nicht zwangsläufig annehmen, daß dieser Abschnitt lange nach Mose verfaßt wurde und die Gefährdungen beschreibt, die Salomos Herrschaft für Israel mit sich brachte. 15 *Erwählen wird:* Ein Israelit wird von Gott erwählt werden (vgl. 1Sam 10,24). Ein ausländischer König würde dem Bundesgedanken widersprechen. 16 *Um die Zahl seiner Rosse zu mehren:* Der König darf nicht nach militärischer Stärke trachten, sondern soll sich um die Verwirklichung des Bundes bemühen. Zu einer Zeit, als die Ägypter nach dem Vorbild der Hyksos und der Kanaanäer Streitwagen und Pferde militärisch sehr wirksam einsetzten, war eine solche Warnung notwendig. 17 *Daß sein Herz nicht abgewandt werde,* nämlich zur Abgötterei, wie es Salomo geschah (vgl. 1Kön 11,4f). 18 *Eine Abschrift dieses Gesetzes:* d.h. der Verordnung, die sich auf den König und seine Pflichten bezieht. Diese Wendung wurde von der LXX fälschlich auf ganz 5Mo bezogen. Daraus entstand der Name Deuteronomium (»zweites Gesetz«). *Den levitischen Priestern:* den Hütern des Gesetzes (vgl. 31,26). 20 *Er und seine Söhne:* Hier wird ein erbliches Königtum in Betracht gezogen.

18,1–8 Einkünfte der Priester und Leviten. 1 *Levitische Priester:* eine bes. Gruppe; das geht daraus hervor, daß Priestern (18,3–5) und Leviten (18,6–8) verschiedene Anteile zugewiesen werden. Während einige Priester als Gesetzeslehrer tätig waren (31,9–13), hielten die Leviten das Buch des Gesetzes (31,25–26), das bei der Lade aufbewahrt wurde, in ihrer Obhut. 3 *Das Recht der Priester:* Es handelt sich um in 4Mo nicht aufgeführte Anteile von Tieren, die für den gewöhnlichen Nahrungsbedarf geschlachtet wurden. 8 *Gut seiner Väter:* Gemeint sind hier entweder Einnahmen aus dem Verkauf seines Grundbesitzes (3Mo 25,33) oder um ihm zustehende Vergütungen.

18,9–14 Zauberei. In diesem Abschnitt wird vor jeglicher Duldung von Zauberei gewarnt. 10 *Der seinen Sohn durchs ... Feuer gehen läßt:* Die Verehrung des Moloch war durch ihre Menschenopfer bekannt. *Wahrsagerei:* ein allg. Begriff, der die folgenden Zauberpraktiken zusammenfaßt. 11 *Die Toten befragt:* Vgl. 1Sam 28,7. 13 *Untadelig:* aufrichtig im Dienst für Gott.

18,15–22 Der kommende Prophet. Mose kündigt nun in einem messianischen Abschnitt einen Nachfolger in seinem Amt als Prophet an. Petrus (Apg 3,22) und Stephanus (Apg 7,37) erkannten später die Erfüllung seiner Worte. Vgl. Jh 5,46; Hebr 3,2–6. Die traditionelle jüd. Auslegung rechnete damit, daß in jeder Generation ein Prophet aufstehen würde, aber das trifft, hist. gesehen, nicht zu. 15 *Wie mich:* das bedeutet: »wie ich am Horeb, so wird er der Mittler einer neuen und grundlegenden Offenbarung Gottes sein«. Mose war, in seinem Leben wie in seinem Amt, ein Vorbild auf Christus. Wie Jesus wurde auch ihm als Kind das Leben gerettet; er verzichtete auf seine Stellung am Königshof, um das Leben seiner Brüder zu teilen, und auch er führte Israel zur Errettung. Er war treu (Hebr 3,2), geprägt durch Barmherzigkeit und Liebe (4Mo 27,17; Mt 9,36), ein wirksamer Anwalt seines Volkes (5Mo 9,18; Hebr 7,25). Er sprach unmittelbar mit Gott, und auf seinem Angesicht spiegelte sich die Herrlichkeit Gottes (2Kor 3,7). Wie Jesus war er ein mächtiger Prophet in Worten und Taten (vgl. Lk

24,19); durch ihn offenbarte Gott seinen Willen (5Mo 6,1; Offb 1,1). Er war der Mittler des Bundes (5Mo 28,69; Hebr 8,6f) und Führer seines Volkes (vgl. Jes 55,4). **21** *Wie kann ich merken...?* Wahre Propheten können von falschen unterschieden werden. Sie müssen Gottes Propheten sein (5Mo 13,2–4), ihre Worte müssen in Erfüllung gehen (1Kön 22,28; Jer 28,9), und sie befolgen das geschriebene Gesetz. Falsche Propheten wird es bis zum Ende der Tage geben (Mt 24,11; 1Jh 4,1–3; Offb 19,20).

19,1–13 Die Freistädte. S. Komm. zu 4,41. Nachdem Mose schon drei Städte im Ostjordanland ausgesondert hatte, sorgt er nun für die Einrichtung von drei weiteren Zufluchtsorten westl. des Jordans (vgl. 4Mo 35,14). Die den Totschlag betreffenden Weisungen beschäftigen sich, wie einige andere Gesetze in 5Mo, mit Bräuchen, die noch älter sind. Einige Anordnungen werden bestätigt, andere erweitert. Die Gesetzgebung Moses hat zwar mit der Gesetzgebung anderer orientalischer Völker jener Zeit vieles gemeinsam, aber das mosaische Gesetz wertet das menschliche Leben höher (s. Komm. zu 5,17) und stellt im Blick auf die Liebe zu Gott und zum Nächsten höhere Ansprüche. **3** *Den Weg... herrichten:* Der Talmud sagt, daß der Weg durch Wegweiser mit der Aufschrift »Zur Freistadt« gekennzeichnet war. **6** *Der Bluträcher:* der nächste Verwandte des Getöteten (4Mo 35,12). Die Blutrache, unter arab. Stämmen noch heute üblich, wird hier stark eingeschränkt. **9** *Noch drei Städte* sollten eingerichtet werden, wenn Israel das gesamte Land eingenommen haben würde, das Abraham (1Mo 15,18) verheißen war. Ein späterer Autor hätte wohl kaum eine solche Maßnahme erfunden. **10** *Auf dich komme:* Ohne Freistädte würde die Blutschuld auf dem Lande bleiben. Vgl. 21,1–9. **12** *Die Ältesten:* In einer patriarchalischen Gesellschaft nahmen ältere Mitglieder der Familien, Sippen und Stämme eine führende Stellung ein. Sie waren für Gerichtsverfahren und andere öffentliche Angelegenheiten zuständig (vgl. 21,20; 27,1; 29,8; 31,28).

19,14 Grenzmarkierungen. Entweder stammten diese von den Ureinwohnern, oder sie wurden von den Israeliten selbst festgelegt (27,17). Die Entfernung solcher Grenzmarkierungen war gleichbedeutend mit Diebstahl.

19,15–21 Der Zeuge vor Gericht. S. Komm. zu 5,20 und 17,6. Allg. war im jüd. Recht der Vorsatz einer kriminellen Handlung noch kein strafwürdiges Vergehen; das galt jedoch nicht für den Fall, daß zwei Zeugen eine falsche Aussage miteinander absprachen. In Jh 5,31–46 nennt Jesus drei Zeugen, die seinen Anspruch beglaubigen, und in Offb 11 sagen zwei Zeugen für ihn aus. Vgl. 2Kor 13,1. **17** *Priester:* Sie hatten die Pflicht, bei ihrem Urteil die Wahrheit herauszufinden. Ihre späteren Nachkommen waren es, die dann »falsch Zeugnis wider Jesus« suchten (Mt 26, 59–68). **21** *Auge um Auge:* Dieses »ius talionis« oder »Recht gleicher Vergeltung« finden wir auch im Codex Hammurabi. Bei den Hethitern stand mehr der Gedanke der Wiedergutmachung im Vordergrund. Das Gebot steht hier im Zusammenhang mit der Bestrafung eines falschen Zeugen. Mt 5,38–42 bezieht sich auf die persönliche Lebensführung.

20,1–20 Kriegsgesetze. Auch im Krieg durften bestimmte humanitäre Grundsätze nicht aufgegeben werden. Ihr vernünftiger und auf Schonung zielender Charakter stand in scharfem Gegensatz zur Brutalität der späteren Assyrer. **1** *Fürchte dich nicht:* Das Volk Gottes braucht diese Ermutigung immer wieder (1,29). Die Erinnerung an die Befreiung aus Ägypten, die im Bewußtsein Moses ständig gegenwärtig war, dient hier dazu, den Mut zu stärken; an anderer Stelle soll sie völlige Hingabe (4,20), die Einhaltung des Sabbatgebotes (5,15), Ehrfurcht (6,12f), Demut (8,14), Buße (9,7), Freundlichkeit gegenüber Fremden (10,19), Gehorsam (11,2f), Mildtätigkeit gegenüber den Armen (24,18.22) und Dankbarkeit (26,5.8) bewirken. **2** *Der Priester:* In rabb. Zeit wurde der Rabbi als »der für den Krieg gesalbte Priester« bezeichnet. **5–8** Bei den hier erwähnten Freistellungen handelte es sich um besondere Härtefälle. Nichts sollte von dem eigentlichen Ziel, nämlich dem Sieg des Herrn, ablenken (vgl. Lk 14,18–20). **6** *Seine Früchte genießen:* Erst im fünften Jahr durfte die Frucht eines Baumes gegessen werden (s. 3Mo 19,23–25). **10** *Frieden anbieten:* Krieg galt als das letzte Mittel. Zwei Prinzipien spielen hier eine Rolle: Gottes Verkündigung seines Friedens und Wohlwollens und das unausweichliche Gericht über das Böse. Beides ist die Grundlage für den Bund wie für das Evangelium (vgl. Mt 10,12f). **17** *Den Bann vollstrecken:* s. Komm. zu 2,34; vgl. Jos 11,12–15. In dieser radikalen Form findet sich die Aufforderung nur hier (vgl. Offb 21,27). **20** *Bäume:* Bäume, die Früchte trugen, sollten nicht gefällt werden, weil sie lebensnotwendig waren und auch künftig genutzt werden sollten. Gleichzeitig wirkten sie der Bodenerosion entgegen.

21,1–9 Unaufgeklärter Mord. **2** *Von dem Erschlagenen:* Als »Erschlagener« galt, wer auf freiem Feld von einem Unbekannten getötet wurde (vgl. V. 1). Die Ältesten und Richter des nächstgelegenen Ortes mußten dafür nach einer bestimmten Ordnung Sühne leisten. 4 *Genick brechen:* Das Opfer sollte in einem unbewohnten Tal dargebracht werden, wo das Wasser eines Baches das Blut der jungen Kuh fortwaschen konnte. Sühne und Reinigung gehören hier zusammen (ein Hinweis auf Golgatha; Hebr 9,13f). 8 *Entsühne:* Diese Worte werden von den Priestern gesprochen. Sie deuten an, daß die Einwohner nicht in der Lage waren, den Reisenden sichere Straßen zu bieten. 9 *Wegtun:* Sollte der Mörder später noch gefaßt werden, würde er mit dem Tode bestraft.

21,10–21 Verordnungen zum Eherecht. Das Gesetz über die Ehe mit einer kriegsgefangenen Frau läßt eine bemerkenswerte Achtung vor der Persönlichkeit der Frau erkennen. 12 *Laß sie ihr Haar abscheren:* ein im Orient üblicher Brauch, der Verzicht und Reinigung bedeutet. 13 *Und einen Monat lang . . . beweinen:* eine angemessene Trauerzeit, die der Frau zugleich die Möglichkeit bot, sich an die neue Umgebung zu gewöhnen. Die in diesen Gesetzen zum Ausdruck kommende humanitäre Haltung ist in der Alten Welt einmalig. 14 *Kein Gefallen:* Wenn der Mann die gefangene Frau nicht mehr mag, kann er sich scheiden lassen; er darf sie aber nicht zur Sklavin machen. 15 *Die er nicht liebhat:* Diese Wendung drückt lediglich aus, daß er eine Frau lieber hat als die andere. Vgl. 1Mo 29,31; Mal 1,2f. 16 *Erstgeborener Sohn:* Sein doppeltes Erbrecht war seit langem Brauch (1Mo 27,1 u.a.). Es wird bereits durch archäol. Funde aus der Zeit der Erzväter belegt. 18 *Einen ungeratenen Sohn:* Für ihre Kinder sind die Eltern im ideellen Sinn Gottes Stellvertreter. Von daher bedeutet konstante Auflehnung ihnen gegenüber so viel wie Zurückweisung der göttlichen Gnade. Die Eltern haben hier eine Aufgabe und tragen zugleich Verantwortung (vgl. das Fünfte Gebot; 2Mo 20,12). 19 *Zu den Ältesten:* Der Vater ist nicht allein verantwortlich. Vater und Mutter müssen die Angelegenheit vor die Ältesten bringen, die am *Tor des Ortes,* dem orientalischen Gerichtsplatz, zu entscheiden haben.

21,22.23 Der Fluch des Holzes. Übliche Hinrichtungsart war die Steinigung. Das Aufhängen nach dem Tode bedeutete eine zusätzliche Schande für den Getöteten. Nach jüd. Überlieferung ist diese Strafe nie verhängt worden, aber sie stand im Gesetz und war die stärkste Warnung vor den Folgen des Ungehorsams gegenüber den Eltern und einem oft daraus folgenden gesetzlosen Lebens. Vgl. Gal 3,13; Jh 19,31.

22,1–23,1 Verhaltensregeln und Reinheitsvorschriften. Der unterschiedliche Charakter der Gebote in V. 1–12 ist nur dann überraschend, wenn man 5Mo als Gesetzbuch betrachtet. In einer gesprochenen Rede ist das durchaus nicht ungewöhnlich. Die ersten drei Verse wiederholen das Gebot aus 2Mo 23,4f, allerdings mit weiterreichenden Folgerungen. 2 *Wiedergeben:* Wer es nicht tut, begeht Diebstahl. 5 *Eine Frau soll nicht . . . tragen:* In einer Gesellschaft, in der sich die Kleidung von Männern und Frauen sehr ähnelte, war eine eindeutige Unterscheidungsmöglichkeit der Geschlechter ein wichtiger Schutz vor Unanständigkeit, Unsittlichkeit und Perversion. 6 *Vogelnest:* Dieser Vers betont die Heiligkeit und Unverletzlichkeit der Mutterschaft auch in der Natur. 8 *Geländer:* war bei Häusern mit flachem Dach notwendig, damit niemand herunterfiel. 9 *Zweierlei:* Gott hat in der Natur deutliche Unterscheidungen geschaffen; es wäre für den Menschen unklug, sie zu verwischen. »Zweierlei Gewächs« (ZÜ) verträgt sich nicht miteinander. 10 *Rind . . . Esel:* Es ist grausam, das schwächere Tier mit einem stärkeren in ein Joch zu spannen. Gottes liebende Fürsorge umschließt seine ganze Schöpfung (vgl. Mt 10,29). 12 *Quasten:* Ein Erkennungszeichen für die Israeliten und die anderen Völker, daß Israel Gottes Volk war. Vgl. 4Mo 15,37–41; Lk 8,44. 14 *Legt ihr etwas Schändliches zur Last:* Wer seine Braut fälschlich beschuldigt, sie habe ihre Jungfräulichkeit vor der Ehe verloren, soll mit einer Geldstrafe belegt werden und das Recht auf Scheidung verlieren. Die bloße Befriedigung der körperlichen Begierde ist eine absolut ungeeignete Grundlage für eine Ehe. 18 *Züchtigen:* Gemäß dem Talmud bestand diese Strafe in »vierzig Schlägen weniger einem«; vgl. 25,3. 23 *Verlobt:* Eine Verlobung galt im Orient als genauso verbindlich wie eine Heirat. Deshalb wird eine verlobte Frau auch als »Ehefrau« (LÜ: Gemahl) bezeichnet (Mt 1,20). 23,1 *Aufdecken:* Unterstreicht das Verbot sexueller Beziehungen zwischen bestimmten Verwandtschaftsgraden, wie es in 3Mo 18,6–13 festgelegt ist.

23,2–9 Mitgliedschaft in der Gemeinde. Das Leben in der israel. Gemeinschaft weist Ähnlichkeiten mit den ersten Christengemeinden auf. Beide waren heilig (abgesondert) und doch zugleich umfassend, sie waren zugleich exklusiv und für alle offen. Sie waren ihrem Wesen nach die irdischen Repräsentanten Gottes und sein besonderes Eigentum. 2 *Kein Entmannter:* Die Nichtzulassung Entmannter war ein Protest gegen heidnische Kultpraktiken und sollte die Einführung solcher Handlungen in Israel verhindern. Vgl. aber Jes 56,3f; Apg 8,27. 3 *Mischling:* Abkömmling aus einem ehebrecherischen und blutschänderischen Verhältnis oder einer solchen Ehe. 4 *Ammoniter und Moabiter:* Im Hebr. steht hier die männliche Form, vgl. ZÜ (dort V. 3): *Kein Ammoniter und kein Moabiter.* Es sind die männlichen Angehörigen dieser Völker gemeint, denn weibliche Proselyten – wie z.B. Ruth – konnten einen Israeliten heiraten. 5 *Bileam:* Für Mose ergibt sich nun eine passende Gelegenheit, seine Erinnerungen an die jüngste Vergangenheit zusammenzufassen. Dazu gehören die feindselige Haltung Edoms und Ammons (2,1–14), die Siege über Sihon und Og (2,30–3,11; 29,6f; 31,4), die Seßhaftwerdung der Stämme Ruben, Gad und Halb-Manasse (3,12–22), seine eigene Sünde in Kadesch (1,37; 4,21; 31,2; 32,51; 34,4), die Sünde des Volkes bei Beth-Peor (4,3), die Plage der feurigen Schlangen (8,15) und das Auftreten Bileams (4Mo 22,4–24,25).

23,10–26 Verschiedene Gebote für die Gemeinschaft. 13 *Vor dem Lager:* Sauberkeit im Lager war sowohl aus Gesundheitsgründen wie im Blick auf die persönliche Reinheit angesichts der Anwesenheit des Herrn in ihrer Mitte geboten. 16 *Geflüchtet:* Gemeint ist ein flüchtiger, nichtisraelitischer Sklave, der in Kanaan Zuflucht vor seinem strengen Herrn sucht. 18 *Tempeldirne ... Tempelhurer:* Einer der entwürdigensten Aspekte der kanaan. Religion war die Kultprostitution, an der männliche wie weibliche Prostituierte beteiligt waren. 19 *Hundelohn:* »Hund« ist der hebr. Ausdruck für jemanden, der Unzucht mit Tieren (Sodomie) treibt. 20 *Zinsen nehmen:* Darlehen an Ausländer waren gewöhnlich geschäftlicher Natur und konnten ohne Bedenken mit Zinsen belegt werden. Gab aber ein reicher Mann seinem armen Nachbarn ein Darlehen, so wäre die Erhebung von Zinsen eine Verletzung der Bruderliebe gewesen. Vgl. 2Mo 22,24; 3Mo 25,36. 22 *Gelübde:* Vgl. 4Mo 30,2ff; 5Mo 12,6.26. 26 *Kornfeld:* Die Äcker in Palästina waren nicht umzäunt. Ihr Ertrag war so groß, daß Vorübergehende mit der Hand nehmen konnten, soviel sie wollten. Vgl. Mk 2,23f, wo nach Ansicht der Pharisäer durch das Entkörnen der Ähren das Sabbatgebot verletzt wurde. Das galt für sie bereits als eine Form des Dreschens und somit als Arbeit.

24,1–4 Das Ehescheidungsgesetz. Vgl. Mt 5,31; 19,7. Dies ist kein Gesetz, das die Ehescheidung mit entsprechenden Regeln einführt, sondern lediglich eine nähere Bestimmung dieser alten semitischen Sitte. Der Mann muß einen eindeutigen Grund zur Klage haben, und es muß ein rechtsgültiges Dokument ausgestellt werden. 1 *Etwas Schändliches:* Der Ausdruck ist unscharf und die genaue Bedeutung umstritten. In der späteren rabb. Schule des Schammai wurde Scheidung nur erlaubt, wenn der Frau Unkeuschheit nachgewiesen wurde, während Hillel den Begriff Unanständigkeit im weitesten Sinne verstand. In Mt 19,3 wird auf den Unterschied zwischen diesen beiden Schulen angespielt. 3 *Scheidebrief,* wörtl. »Schreiben des Abschneidens«: Obwohl der Bund der Ehe heilig und unverletzlich war, konnte er unter bestimmten Bedingungen gelöst werden. Jesus verstand das Gebot in diesem Sinn und setzte es in die rechte Beziehung zum urspr. Gesetz Gottes (Mt 19,3–12).

24,5–22 Gebote der Menschlichkeit. 5 *Wenn jemand eine Frau genommen hat:* Öffentliche Verpflichtungen sollen dem Bräutigam ein Jahr lang nicht auferlegt werden. 6 *Zum Pfande:* Wird ein Mühlstein entfernt, ist auch der andere nutzlos, und die Familie wird des täglichen Brotes beraubt. Der Geist, der aus dieser Gesetzgebung spricht, spiegelt sich auch in Mt 6,32 und Lk 12,30 wider. 7 *Einen Menschen raubt:* Für die Semiten war Menschenraub der Anlaß für eine Blutfehde. Der Codex Hammurabi betrachtete ihn als todeswürdiges Verbrechen. 8 *Aussatz:* Die Gesetze, die den entsprechenden Oberbegriff *zara'at* betreffen, stehen in 3Mo 13 und 14. 9 *Mirjam:* Jede Erfahrung auf der Wüstenwanderung war als Lehre anzusehen, die Gottes Willen und seine Absicht mit dem Volke verdeutlichte. Vgl. 25,17. 14 *Sollst du seinen Lohn nicht vorenthalten* (ZÜ, EÜ: *nicht bedrücken*): Auch die fortschrittlichste Sozialgesetzgebung dürfte den humanitären Geist, der in diesem Kap. zum Ausdruck kommt, schwerlich übertreffen. 15 *Am selben Tage:* Der arme Lohnarbeiter durfte nicht ausgebeutet werden. Vgl. 3Mo 19,13. 16 *Die Väter:* vgl. Hes 18,4.20.

25,1–19 Bestimmungen zu Recht, Milde und Reinheit. 1 *Schuldig sprechen:* Prügelstrafe durfte nicht angewandt werden, um ein Geständnis zu erzwingen, sondern nur, wenn der Verdächtige tatsächlich als schuldig überführt war. 3 *Vierzig Schläge:* Auch beim Strafmaß sollte die Würde des Menschen geachtet werden. Die gerechte Bestrafung soll mit Milde erfolgen, und Züchtigung darf nicht zur Erniedrigung werden. Die Juden befolgten diese Anweisung sehr wörtlich und straften nach talmudischer Vorschrift mit »vierzig Schlägen weniger einem« (vgl. 2Kor 11,24), um diese Bestimmung nicht zu verletzen, womit aber der Geist dieses Gesetzes nicht getroffen ist. 4 *Das Maul verbinden:* vgl. Spr 12,10. Die Betonung des Anspruchs der niederen Schöpfung auf menschliches Mitgefühl ist für die Bibel charakteristisch. Wenn Gott sich um die Ochsen sorgt, sorgt er umso mehr für die Menschen, vgl. 1Kor 9,9. **5** *Schwager:* Dieser Brauch, als Levirats- oder Schwagerehe bekannt, geht auf die Zeit der Erzväter zurück (1Mo 38,8); hier sind die Bestimmungen in manchen Punkten leicht geändert. Die Schwagerehe verhinderte, daß der Familienname ausgelöscht wurde. Vgl. Mk 12,18–27. **9** *Den Schuh vom Fuß ziehen:* symbolisiert den Besitzwechsel von Eigentum. Vgl. Rut 4,7f. *Ihm ins Gesicht speien:* bringt die Verachtung dem gegenüber zum Ausdruck, der sich weigerte, die Leviratsehe zu vollziehen. (Das lat. Wort *levir* bedeutet »Bruder des Ehemanns«.) **19** *Austilgung:* Gerechtigkeit umfaßt die Bestrafung des Bösen und die Sorge für den Bedürftigen. In diesem Fall verlangte sie die Vernichtung des wilden und grausamen kanaan. Volkes.

26,1–15 Erstlingsfrüchte und Zehnte. S. Komm. zu 14,22. In der Art, wie die Erstlingsfrüchte und Zehnten dargebracht wurden, kommt auf vorbildliche Weise zum Ausdruck, wie Gebet und Lobpreis geschehen sollen. Die Feier sollte eine Danksagung an Gott für seine großen Gnadenbeweise sein. **3** *Priester:* der Hohepriester oder sein Stellvertreter. *Ich bekenne:* d.h. ich verkünde feierlich.
4 *Korb:* Der Inhalt des Korbes zeigt an, daß Israel nun gemäß der göttlichen Verheißung (1Mo 28,13) Besitzer des Landes war. Die Erstlingsfrüchte schließen die Verheißung der Ernte ein, für die Gott zu gegebener Zeit sorgen wird. **5–10** Dieses schöne Gebet enthält einen kurzen Abriß der israel. Geschichte und erinnert an die mächtigen Taten Gottes. Daß der Abschnitt in Form und Inhalt auf Mose zurückgeht, zeigen die Hinweise auf den *harten Dienst*, das Schreien nach Erlösung und den befreienden *ausgereckten Arm.* **12** *Wenn du ... zusammengebracht hast:* Der festliche Charakter und die großzügige Art der Verteilung lassen erkennen, daß hier der »zweite Zehnte« für die Armen gemeint ist. Vgl. 14,28. **13** *Aus meinem Hause gebracht:* es ist nichts heimlich zum privaten Verbrauch zurückbehalten worden (vgl. Apg 5,2); alles, was Gott gebührt, wurde bezahlt. Vgl. Mal 3,10.

26,16–19 Abschließende Ermahnung

Dieser Schlußabschnitt erinnert die Israeliten an ihre Verpflichtungen und Vorrechte, die sich aus der Bundesbeziehung ergaben.
16 *Heute:* Die Erfüllung der Zusagen verlangt von Israel Gehorsam. Vgl. Hebr 4,7.
17 *Du hast ... sagen lassen:* Viell. ein Ausdruck der Rechtssprache, der im Zusammenhang mit der Auferlegung von Bundesverpflichtungen gebraucht wird und der möglicherweise mit einem sonst nicht erwähnten Zeichen des Einverständnisses von seiten des Volkes verbunden ist. **19** *Über alle Völker:* die sichtbare Belohnung für ein treues und gehorsames Israel. Vgl. 28,10.

27,1–31,8 Die dritte Rede

27, 1–10 Die Denksteine mit dem Gesetz. Aufforderung zum Gehorsam

Nach Abschluß der Kap. 5–26 wird die Erzählform wieder aufgenommen. Mose gibt nun eine dreifache Anweisung, wie sich »dieses Gesetz«, das er gerade vorgetragen hat, dem Volk noch stärker einprägen soll.
1 *Älteste:* Sie werden nach dem Tod Moses für die Ausführung der Bestimmungen verantwortlich sein (Jos 8,33). **2** *Große Steine:* Es sind viele solcher beschriebenen Stelen im Orient gefunden worden, z.B. eine Stele mit dem Codex Hammurabi, die Merenptah-Stele und andere. *Kalk:* nach ägypt. Brauch ein Verputz aus Kalk oder Zement. **3** *Darauf schreiben:* Die Inschriften aus jener Zeit sind unterschiedlich lang. Die Inschrift auf dem Felsen von Behistun ist dreimal so lang wie 5Mo. *Alle Worte:* Der Ausdruck deutet an, daß ein geschriebenes Dokument entweder schon existierte oder gerade angefertigt wurde, von dem dann eine Abschrift auf die Steine gemacht wurde. Die Inschrift könnte den Inhalt der zweiten Rede oder einen Teil davon enthalten haben. **4** *Ebal:* Das Tal zwischen den Bergen Ebal und Garizim hatte die Form eines Amphitheaters und war für den in V. 5f genannten Zweck hervorragend geeignet. S. Komm. zu 11,29. **5** *Kein Eisen:* Vgl. 2Mo 20,25. Das Verbot von Eisenwerkzeugen würde alle Versuche, Götzenbilder herzustellen, unmöglich machen. **8** *Auf die Steine:* Gemeint sind die Steine von V. 4, nicht die unbehauenen Steine des Altars. Die Gebote sollten *klar und deutlich* aufgeschrieben werden, damit die Gesetze leicht gelesen und verstanden werden konnten. Diese Anordnung setzte voraus, daß die Fähigkeit zu lesen und zu schreiben unter den Israeliten in einem gewissen Maße vorhanden war. In Kanaan sind viele Beispiele antiker Inschriften und Schriftstücke gefunden worden, bes. aus der Amarnazeit und der Zeit danach. **9.10** *Am heutigen Tage:* Die Verpflichtung zur Erfüllung der göttlichen Gebote ist nun eindrücklich dargelegt worden. Im folgenden geht es um die Konsequenzen von Gehorsam und Ungehorsam.

27,11–26 Fluchworte

Solche Fluchworte waren ein wichtiger Bestandteil der orientalischen Bundesverträge; denn sie erinnerten den Vasallen an die Folgen, falls er die Bestimmungen in irgendeiner Weise verletzte. **12** *Diese sollen stehen:* Die Stämme, die für das Segnen ausgewählt wurden, stammten alle von Lea oder Rahel ab. Jüd. Ausleger meinen, daß die Zeremonie in Wechselrede ablief, **14** wobei die levitischen Priester das Fluchwort sprachen und **15ff** das Volk mit *Amen* (»so sei es«), einer feierlichen Bestätigung der vorausgegangenen Aussage, zustimmte. *Verflucht:* die unweigerliche Konsequenz der Heiligkeit Gottes gegenüber bestimmten menschlichen Verhaltensweisen. Die zwölf Fluchworte entsprechen den zwölf Stämmen. Es werden das erste, fünfte und sechste Gebot genannt. Die übrigen Fluchworte beziehen sich auf schwerwiegende Fälle von Unehrlichkeit und auf Verletzungen der Keuschheitsgebote. **24** *Heimlich:* Die hier erwähnten Sünden sind alle so geartet, daß sie heimlich begangen werden können. Deshalb wird das ganze Volk aufgerufen, sie öffentl. zurückzuweisen. **26** *Erfüllt:* eine zusammenfassende Wendung, die das Gesetz für jeden einzelnen Menschen als verbindlich erklärt. Auf diese Weise verpflichtet sich das Volk unter der Androhung eines Fluches (vgl. Apg 23,12), das ganze Gesetz zu halten. Vgl. Neh 10,29; Gal 3,10. Christus nahm diesen Fluch auf sich (Gal 3,13) und befreite so den Glaubenden davon.

28,1–14 Segensverheißungen

Wie die Fluchworte, so waren auch die Segenssprüche wichtiger Bestandteil der Vasallenverträge des 2. und 1. Jt. v.Chr. Gewöhnlich standen die Segensworte fast am Ende des Vertrages. Dort wurden die Vorrechte aufgezählt, die der Vasall beanspruchen konnte, wenn der Vertrag gehalten wurde. In der Regel wurden heidnische Gottheiten als Zeugen angerufen. **1** *Gehorchen:* Segen war für Israel immer vom Gehorsam abhängig. Aus dem Munde Moses bedeuteten diese Worte gütige Warnungen, die, wenn sie beachtet worden wären, Israel vor großem Elend bewahrt hätten. **3ff** *Gesegnet:* Die Segensworte werden über das ganze Volk, die Familie und den einzelnen ausgesprochen. Sie beziehen sich auf das Leben des Volkes Israel in Stadt und Land, auf die Nachkommenschaft, die Feldfrüchte, das Vieh, die Ernte und das tägliche Brot. **9** *Der Herr wird dich ... erheben:* Wie in 5Mo 18,15.18 bezeichnet das Wort »erheben« das Entstehen von etwas Neuem und Bleibendem. **10** *Daß über dir der Name des Herrn genannt ist:* s. Komm. zu 5,11. Die Israeliten sind Gottes Volk, das unter seinem Schutz lebt (Spr 18,10). Der Name Jahwes wohnte im Heiligtum (5Mo 12,5) und in diesem Namen sollten die Israeliten schwören (6,13), segnen (10,8) und prophetisch reden (18,19). Dieser Abschnitt zeigt deutlich, daß die Israeliten bei ihrem Einzug in Kanaan unter einem starken Schutz gegen die dort vorhandenen Fruchtbarkeitskulte standen. Gott hatte versprochen, daß er alle materiellen und geistlichen Bedürfnisse seines Volkes befriedigen würde, auch wenn es seßhaft wäre. Deswegen war es für Israel unnötig, sich an den kanaan. Kulten zu beteiligen, um zu Wohlstand zu gelangen. Dieser Abschnitt läßt erkennen, daß auch der Gott vom Sinai ein Gott der Fruchtbarkeit war, allerdings von völlig anderer Art als die kanaan. Götzen. Für die Israeliten bedeutete der sittliche Gehorsam gegenüber dem Bundesgott die Garantie für Fruchtbarkeit und Leistungsfähigkeit.

28,15–68 Feierliche Fluchworte

Diese Fluchworte sind das unmittelbare Gegenstück zu den vorangegangenen Segenssprüchen; sie zeigen, daß Gottes Gebote auch eine Kehrseite haben. **15** *Wenn du aber nicht gehorchen wirst:* Völlige Unterwerfung unter den Willen Gottes ist Voraussetzung für jede Segnung. Mangelnder Gehorsam gegenüber den Geboten Gottes kann nur im Unheil enden. **21** *Pest:* meint jede Epidemie. **22** *Der Herr wird dich schlagen:* nämlich mit fünf Plagen, die den Menschen, und zwei Plagen, die die Feldfrüchte treffen. **24** *Staub:* Sandstürme, die durch den Schirokko entstehen. **27** *Mit ägyptischem Geschwür:* eine Krankheit, die durch Staphylokokken (Eiterbakterien) hervorgerufen wurde. **31** *Vor deinen Augen:* während es dir völlig unmöglich ist, es zu verhindern. **36** *Wird dich ... treiben:* eine bestürzende Vorhersage der Verbannung. Vgl. 2Kön 24,12–16. **50** *Ein freches Volk:* das kein Gefühl für Erbarmen und menschliches Verhalten hat. **52** *Dich ängstigen:* Die hier vorhergesagten grauenhaften Vorfälle (V. 52–57) wurden bei der Belagerung von Samaria (2Kön 6,28) und Jerusalem (Klgl 2,19–22) Wirklichkeit. **58** *Diesen heiligen Namen* (ZÜ: *furchtbaren Namen*): Jahwes Name gebietet Ehrfurcht. Folgende Namen und Titel Gottes sind in 5Mo bes. zu beachten: »der lebendige Gott« (5,26), »Gott deiner Väter« (6,3), »Gott aller Götter und Herr über alle Herren« (10,17; vgl. Offb 19,16), »Fels«, »Gott der Treue« (32,42; ZÜ), »der Höchste« (32,8); »der ewige Gott« (33,27; ZÜ). Meist wird Jahwe in 5Mo »der Herr (Jahwe) dein Gott« genannt. **64** *Wird* *dich zerstreuen:* Diese Prophezeiung hat sich in der Geschichte Israels von 722 v.Chr. an mehrmals erfüllt. **68** *Mit Schiffen:* Nach der Zerstörung Jerusalems führten die Römer viele Juden in die Sklaverei; eine große Anzahl wurde auf Schiffen nach Ägypten gebracht. Ihre Tragik bestand in einer erneuten Gefangenschaft in Ägypten (vgl. Hos 8,13).

28,69–31,8 Die Bedingungen des Bundes

28,69–29,28 Erneuerung des Bundes. Der Inhalt der früheren Reden wird nun in der Form der Bundesbedingungen zusammengefaßt. **28,69** *Des Bundes:* Der urspr. Bund vom Sinai wurde bald gebrochen. Nun, am Ende seines Lebens, ruft Mose das Volk zu neuer Hingabe auf. Die Fluchworte des Gesetzes können durch die Segnungen, die der Gehorsam im Verheißenen Land bewirkt, aufgehoben werden. **3** *Ein Herz ... das verständig wäre:* Sie besaßen noch nicht genügend geistliche Einsicht, um die Gnadentaten Gottes wirklich würdigen zu können. Indem Mose diesen Mangel Gott zuschreibt, folgt er der atl. Tradition, die alles von Gott, der der tiefste Grund alles Lebens ist, herleitet; positiv gesagt: das »verständige Herz« kann nur Gott schenken. **4** *Er hat euch ... wandern lassen* (ZÜ: *Und ich habe euch geführt*): Gott selbst spricht hier (vgl. ZÜ). Vgl. 8,2–4. Die Worte werden in Am 2,10 zitiert. **5** Die Erziehung in der Wüste führte zur Erkenntnis Gottes hin, die das höchste Gut ist. **9** *Alle:* Der Gnadenbund umfaßt alle, angefangen von den Stammesoberhäuptern und Ältesten (s. Komm. zu 19,12) bis hin zu **10** den Kindern und Sklaven. Vgl. Apg 2,21. **11** *Damit du tretest in den Bund:* vgl. 1Mo 17,7f. **15** *Durch die Völker:* ein Hinweis auf Israels Verbindungen zu Edom, Ammon und Moab. **16** *Götzen* (wörtl. »leblose Klötze«): Wie andere atl. Verfasser sprach Mose nur mit Hohn und Verachtung von den Götzen. Aus israel. Sicht waren die Götter der Heiden immer nur leblose Dinge. Damit standen die Israeliten in krassem Gegensatz zu den Anhängern solcher Götter (vgl. 1Kön 18,26ff), die diesen in ihrem Aberglauben gewaltige Fähigkeiten zuschrieben. Für Mose ließ die Leblosigkeit der Götzen den Glauben an den einen Gott, wie er im Sinaibund zum Ausdruck kam, nur um so heller erscheinen. **17** *Laßt ja nicht ... sein:* im hebr. Text eine abgekürzte Wendung. Der ganze Satz müßte in der Übers. etwa umschrieben werden: »Ich beschwöre euch, daß ihr diesen Eid und Bund auf euch nehmt, daß nicht ...« **18** *Damit nicht fortgerafft werde:* Offenbar ein Sprichwort, das vollständige Zerstörung ausdrückte, das aber sehr unterschiedlich übersetzt wird. (Vgl. ZÜ, EÜ, JB im Unterschied zu LÜ.) **20** *Geschrieben:* Einer von den vielen Hinweisen in 5Mo auf die rege Schreibtätigkeit der Israeliten z.Z. Moses. Die Fluchworte sind nicht nur eine Warnung, sondern eine Bestätigung des Gerichtes Gottes über jene, die sein Wort verachten (vgl. Hebr 10,29). **22** *Adma und Zeboim:* zwei Städte in der Ebene, deren Zerstörung zum Symbol für das göttliche Gericht wurde. Da sie im Zusammenhang mit Gaza genannt werden (1Mo 10,19), ist zu vermuten, daß sie urspr. am Südende des Toten Meeres gelegen haben. Vgl. Hos 11,8. **25** *Nicht zugewiesen:* wieder eine Erinnerung daran, daß den Israeliten jede Beziehung zu heidnischen Gottheiten verboten war. **28** *Was verborgen ist:* Gewisse Dinge von ewiger Bedeutung weiß nur Gott, während andere den Menschen offenbart werden. Das Gesetz ist gegeben worden, damit Israel es befolgt; wer in dieser Weise nach dem Reich Gottes trachtet, dem wird alles, was notwendig ist, hinzugefügt werden (vgl. Mt 6,33). Eine andere Übers. dieses Verses wäre: »Das Verborgene wie auch das Geoffenbarte ist des Herrn, unseres Gottes; für uns und unsere Kinder ist es erforderlich, immer alle Worte dieses Gesetzes zu tun.«

30,1–14 Die Macht der Buße. Weil Mose die Sündhaftigkeit der menschlichen Natur und ihre unabwendbaren Folgen kennt, ruft er das Volk zur Buße auf. Dieser Appell ist eng mit dem Bundesgedanken verknüpft, denn der Titel *der Herr, dein Gott* kommt in V. 1–10 nicht weniger als zwölfmal vor. Mose betont die Nähe des göttlichen Wortes und wie einfach es ist zu glauben. **3** *Deine Gefangenschaft wenden* (ZÜ: *dein Geschick wenden*): Vgl. Neh 1,9, wo V. 2f zitiert werden. *Und wird dich wieder sammeln:* Bei der Ankündigung seiner Wiederkunft verband Jesus diese Verheißung mit anderen Zusagen des Alten Bundes (Mk 13,26f). **4** *Und dich von dort holen:* Die Rückkehr aus Babylon wurde durch den Erlaß des Cyrus im Jahre 538 v.Chr. möglich und begann unter Serubbabel. Sacharja (Sach 2,10f) kündigte weitere Rückkehrer an. **6** *Beschneidung:* Gott wird den Willen seines bußfertigen Volkes umformen, so daß es wieder mit den urspr. Zielen des Bundes in Einklang steht. Die Beschneidung war das äußere Zeichen der Zugehörigkeit zum Bundesvolk Israel. In der christl. Gemeinde trat die Taufe an ihre Stelle. **10** *Die geschrieben stehen:* Gemeint ist nicht etwa, »was verborgen ist« (29,28), sondern die Offenbarung Gottes. Mose spricht von ihr als *der Stimme des Herrn, deines Gottes* (vgl. V. 8) und bezeugt damit ihre Inspiration und Autorität. Wir können dieses Buch deshalb getrost als Wort Gottes bezeichnen. **11** *Heute:* Dieser Ausdruck der Unmittelbarkeit kommt mehr als 60mal in 5Mo vor. Vgl. Hebr 4,7. *Nicht zu hoch* (ZÜ: *Nicht zu schwer*): V. 11–14 sind mit Röm 10,5–8 zu vergleichen, wo Paulus diese Aussage auf Jesus Christus, das fleischgewordene Wort, bezieht. Mose stellte fest, daß das Wort nicht unerreichbar im Himmel blieb, sondern daß es den Menschen in verständlicher Sprache mitgeteilt wurde. **13** *Jenseits des Meeres:* Wie das Wort nicht über ihnen war, so war es auch nicht jenseits des Meeres. Paulus verändert das Bild etwas, damit es in seinen Gedankengang paßt, aber die Bedeutung ist dieselbe. **14** *Ganz nahe bei dir:* Daß Wille und Verstand (*Herz*) angesprochen werden, ist charakteristisch für 5Mo. Der Begriff »Herz« kommt etwa 34mal vor. Es ist das »Herz«, worauf es ankommt (Mt 15,18); wenn dieses sich im Gehorsam Gott unterwirft, so wird er sich gnädig erweisen (s. Komm. zu 4,29).

30,15–20 Die Wahl zwischen Leben und Tod. **18** *Über den Jordan:* Da sich sein Ende nähert, erwähnt Mose immer häufiger die Überquerung des Flusses, an der er nicht teilnehmen würde (vgl. 31,2.13; 32,47). **19** *Himmel und Erde:* der unwandelbare Kosmos, der alle Wechselfälle menschlichen Lebens überdauert. Vgl. 4,26. *Damit du das Leben erwählst:* Die freie Wahl des Menschen hat kostbarste geistliche Segnungen zur Folge. **20** *Deinen Vätern:* S. Komm. zu 1,8.

31,1–8 Übergabe der Führung an Josua. **2** *Ich kann nicht mehr:* Im vorgerückten Alter kündigt Mose das nahe Ende seiner Führerschaft an und übergibt sie an Josua (V. 3). Sein Lehramt überträgt er den Priestern (V. 9). **3** *Josua:* Nachdem Josua schon lange Heerführer gewesen war (2Mo 17,9) und erst kurze Zeit vorher einen Teil der »Hoheit« Moses übertragen bekam (4Mo 27,18–23), soll er nun seinen Auftrag unmittelbar von Gott erhalten (vgl. VV. 14.23). **6.7** *Seid getrost:* Mose ermutigt erst das Volk, dann Josua. Vgl. Jos 1,6.9; Eph 6,10. **8** *Vor euch herziehen:* Gott wird sein Volk wie in früheren Zeiten führen, deshalb darf Josua des Erfolgs gewiß sein.

31,9–30 Übergabe des Gesetzes

31,9–13.24–26 Aufbewahrung des Textes

Die Vasallenverträge enthielten jeweils eine Bestimmung, nach der das Vertragsdokument beim Vasallen verbleiben und in regelmäßigen Abständen öffentlich verlesen werden sollte, um den Vasallen an seine Verpflichtungen zu erinnern. Nachdem Mose das Gesetz der Obhut der Leviten überlassen hat, gibt er nun Anweisung, daß es dem versammelten Volk von Zeit zu Zeit vorgelesen wird. **9** *Und Mose schrieb:* Diese Worte und der Satz »Also schrieb Mose dies Lied . . .« (V. 22) sind die einzigen Angaben in 5Mo, die besagen, daß Mose selbst etwas geschrieben habe (vgl. 4Mo 33,2). Die Wendungen »Dies sind die Worte« (1,1; 28,69), »dies ist das Gesetz« (4,44) und »dies ist der Segen« (33,1) stammen möglicherweise von einem Redaktor, der das Quellenmaterial ordnete; aber das ist nur eine Vermutung. Obwohl es schwierig ist, genau zu entscheiden, welche Abschnitte Mose selbst geschrieben hat und welche nicht, dürfte es keinen Zweifel darüber geben, daß die Niederschrift im wesentlichen zur Zeit Moses angefertigt wurde. 5Mo ist deshalb eindeutig mosaischen Ursprungs. *Dies Gesetz:* Alles deutet darauf hin, daß es Moses Absicht war, noch zu seinen Lebzeiten eine Niederschrift des göttlichen Gesetzes anzufertigen, die bleibende Gültigkeit haben sollte. Vgl. den Gegensatz zwischen »seinen Schriften« und »meinen Worten« in Jh 5,47.

24 *Als nun Mose damit fertig war:* Den ersten Auftrag zur Niederschrift bekommt Mose in 2Mo 17,14, und hier findet sich der letzte Hinweis, daß er sich auf diesem Gebiet betätigt hat. Schon sehr früh hat die jüd. Überlieferung den ganzen Pentateuch in dem »Buch des Gesetzes«, der Tora, zusammengefaßt. **25** *Den Leviten:* S. Komm. zu 18,1. **26** *Legt es neben die Lade:* Der gesamte Gesetzestext, der den Bund am Sinai und den Bund im Lande Moab (28,69) umfaßte, wurde neben der Lade niedergelegt, in der sich die beiden Tafeln mit den grundlegenden Prinzipien des Sinaibundes befanden.

31,14.15 Beauftragung Josuas

14 *Stiftshütte* (hebr. *'ohel mo'ed*): Der Ausdruck wird in 2Mo 33,7 für ein Zelt mit einem einfachen Wüstenheiligtum gebraucht, das Vorläufer der Stiftshütte war. Es war außerhalb des Lagers aufgeschlagen, und nur Josua tat dort Dienst (vgl. 2Mo 33,11). Gewöhnlich wurde für Stiftshütte das Wort *mischkan* gebraucht. **15** *Erschien:* Die Wolkensäule, die Israel während seiner Wanderungen begleitete (2Mo 33,9), erscheint nun noch einmal. Gott redet zum letzten Mal »von Angesicht zu Angesicht« mit Mose.

31,16–23.27–30 Zeugen des Bundes

In den säkularen Verträgen seiner Zeit war die Anrufung von Gottheiten als Zeugen des jeweiligen Vertrages eine wichtige Voraussetzung für die Gültigkeit. Hier befiehlt Gott, daß ihm »das Lied ein Zeuge« (V. 19) sein soll, das den Gedanken des Bundes weitertragen und dafür ständig neu als Zeuge dienen soll. **16** *In das sie kommen:* Die Menschen, unter denen die Israeliten leben werden, würden sie durch ihre unsittlichen heidnischen Kultpraktiken verführen. **19** *Schreibt euch nun dies Lied auf:* angesprochen sind Mose und Josua (vgl. 32,44). *Ein Zeuge:* Gott hat zwei Zeugen für den Bund: das geschriebene Gesetz und das Lied. **21** *Denn ich weiß die Gedanken:* Gottes Vorherwissen umfaßt auch die bösen Neigungen der menschlichen Natur. Vgl. 1Mo 6,5; Jh 2,25. **22** *Zur selben Zeit:* Im Alten Orient wurde alles von Bedeutung bald, nachdem es geschehen war, aufgeschrieben. Hier haben wir einen ausdrücklichen Hinweis auf die mosaische Verfasserschaft dieses Liedes. **29** *Am Ende der Tage:* vgl. 1Mo 49,1; 4Mo 24,14. Abfall von Jahwe war in der Richterzeit weit verbreitet (Ri 2,11–16; 3,7). Eine ähnliche Voraussage für die christl. Gemeinde macht Paulus in 2Tim 3,1. **30** *Bis zum letzten Wort:* Der Beginn und das Ende der Niederschrift zunächst des Gesetzes (V. 24) und dann des Liedes (V. 30; vgl. 32,40) werden genau angegeben.

32,1–43 Das Lied Moses als Zeuge des Bundes

Anläßlich des Durchzugs durch das Schilfmeer (*jam suph*) sang Mose dem Herrn ein Lied (2Mo 15,1), und nun – das Verheißene Land vor Augen – beendete er seinen Dienst für Gott mit einem weiteren Freudengesang. Beide Lieder beschreiben die herrliche Zukunft, die auf die Wüstenwanderung folgen wird. Thema des vorliegenden Liedes ist der Name des Herrn, seine liebende Fürsorge für das Volk, seine Gerechtigkeit und seine Gnade. Dies alles wird dem Unglauben und der Treulosigkeit Israels gegenübergestellt, und das Wesen göttlicher Gerechtigkeit wird im ganzen Lied betont. **2** *Regen:* wie er für das gute Wachstum des jungen Grases gebraucht wird. **3** *Denn ich will . . . preisen:* Die Offenbarung des Namens und der Eigenschaften Gottes, die Mose bei seiner Berufung empfing (2Mo 3,13–15), erklären hinreichend seine Begeisterung und Leidenschaft, immer wenn es um diesen *Namen* geht.
4 *Fels:* Das Wort »Fels« wird in den VV. 13.15.18.30.31.37 wiederholt. Hier bezeichnet es Gottes ewige Macht und Beständigkeit als Zuflucht für schwache Menschen. *Treu ist Gott:* Er steht zu seinem Wort und seiner Verheißung. *Böses:* besser vermutl. »Ungerechtigkeit«. **5** Der Vers ist schwer zu übersetzen. ZÜ: »Gebrochen haben ihm die Treue seine Kinder, ein verkehrtes und verdrehtes Geschlecht.« Gemeint ist viell., daß die Ungerechtigkeit Israels die göttliche Güte nicht notwendigerweise in ein schlechtes Licht rückt. **6** *Dein Vater:* Während alle Menschen in einem allg. Sinn Gottes Geschöpfe sind, so sind doch nur die erlösten wirklich seine »Kinder« (Jh 1,12). **8** *Den Völkern:* Das Lied knüpft nur an 1Mo 10–11 an. In 1Mo 10 waren alle Völker in den Gnadenbund eingeschlossen, und ihre Grenzen wurden ihnen zugewiesen. In 1Mo 11 jedoch werden sie als Folge ihres Hochmutes »zerstreut«. Dieses Problem wurde gelöst, als Israel dazu erwählt wurde, der Mittler des Segens Gottes für diese Welt zu sein. Vgl. Röm 11,25; Eph 2,11–18. **10** *Er fand ihn:* Dieser und die folgenden Verse beschreiben die Zartheit der Liebe Gottes zu Israel. **11** *Ein Adler* sorgt bes. liebevoll für seine Brut. Wenn die Adlermutter ihren Jungen das Fliegen beibringt, beschützt sie sie und ermuntert sie zugleich, ihre Bewegungen nachzuahmen. So werden in diesem Bild Berufung, Erziehung und Bewahrung Israels zum Ausdruck gebracht. **13** *Honig . . . aus dem Felsen:* Gemeint ist nicht das bei den alten Völkern unter dem Namen »Honig« bekannte und beliebte alkoholische Getränk, sondern Bienenhonig. In den zahlreichen Rissen und Spalten der trockenen Kreidefelsen wuchsen viele kleine Blütenpflanzen, die den Bienen Nahrung boten. **15** *Jeschurun:* Ein dichterischer Name für Israel, in der LXX mit »Geliebter« wiedergegeben. **16** *Fremde Götter:* Angesichts der Berufung Israels, Zeuge Jahwes und seines heiligen Wesens zu sein, war die Abwehr des Götzendienstes von existentieller Bedeutung. **17** *Bösen Geistern geopfert:* Vgl. Ps 106,37; 1Kor 10,20. *Den neuen* (Göttern): Gottheiten, die von den Heidenvölkern übernommen wurden. **21** *Sie haben mich gereizt* (ZÜ: *Sie haben mich eifersüchtig gemacht*): Dieser Vers wird in Röm 10,19 zitiert. Die Eifersucht Gottes hat den Sinn, das Volk Gottes an seinen Schöpfer und Herrn zu erinnern. *Nicht-Gott . . . Nicht-Volk:* Der Gedanke wird in Hos 1,9 aufgenommen. **31** *Unserer Feinde Fels . . . unser Fels:* In V. 28–33 spricht Mose in eigenem Namen. Er wünscht, daß Israel Gottes Handeln bedenken und recht verstehen möge. Israels Feinde sind Werkzeuge in Gottes Hand, durch die er seine Pläne mit Israel verwirklichen will (vgl. Jes 10,5). Ständig siegreich zu bleiben, das ist Gottes Wille für sein Volk; auch wenn er genötigt sein mag, sie in die Hände der Feinde auszuliefern, kann er sie dennoch retten und wiederherstellen. **32** *Sodoms Weinstock:* Die Heiden werden mit Weinstöcken verglichen, die aus

den Weinbergen *Sodoms* und *Gomorras* stammen, aus Städten also, die damals geradezu als Symbol für Gottlosigkeit und Bosheit angesehen wurden. **35** *Die Rache ist mein:* zitiert in Röm 12,19; Hebr. 10,30. **39** *Daß ich's allein bin:* Das Lied erreicht einen Höhepunkt in der Bestätigung der absoluten Souveränität Gottes. **40** *Ich will meine Hand . . . heben:* um eine feierliche Erklärung anzuzeigen (vgl. Offb 10,5). **43** *Preiset . . . sein Volk:* Dieser Vers wird in Röm 15,10 wörtl. aus der LXX zitiert. Das Lied gebraucht, ähnlich wie die Offb, Bilder des Krieges, um die Furchtbarkeit des göttlichen Gerichts zu veranschaulichen; aber danach ruft es die Heiden auf, sich mit Gottes wiederhergestelltem und begnadigtem Volk zu freuen.

32,44–33,29 Letzte Ermahnung und Abschied

32,44–47 Moses letzte Mahnung

44 *Dieses Lied:* Das hohe Alter dieses Liedes wird in der heutigen Forschung zunehmend anerkannt. *Josua:* Sein urspr. Name war Hosea (hebr. *hoschea*ʿ, »Rettung«), der dann von Mose geändert wurde (4Mo 13,8.16). Daß sein urspr. Name hier im hebr. Text steht, läßt vermuten, daß Josua unter diesem Namen noch allg. bekannt war. **46** *Nehmt zu Herzen:* Die Pflicht zukünftiger Generationen, den Bund zu halten, wird erneut betont. **47** Dies ist keine nur formelle Verpflichtung. Den Bund zu halten ist für das weitere Wohlergehen des Volkes von größter Bedeutung.

32,48–52 Mose wird auf seinen Tod vorbereitet

Die besondere Angabe des Zeitpunktes (V. 48) und des Ortes (V. 49–51) weist darauf hin, daß es sich in der Tat um einen Bericht aus jener Zeit handelt. **49** *Gebirge Abarim:* »Abarim« ist der Plur. eines Wortes mit der Bedeutung »jenseits, über . . . hinweg«. Gemeint ist hier die Bergkette im NW Moabs, von der man das Nordende des Toten Meeres sehen kann. Vgl. 4Mo 21,11; 27,12. *Nebo:* die höchste Erhebung des Gebirges Abarim; nach einer islamischen Tradition der Dschebel Nebi Yušaʿ. **51** *Haderwasser zu Kadesch:* Hier wird ein Wortspiel gebraucht, das sich auf die Wurzel des Wortes »Kadesch« (»heilig«) bezieht, die in der Wendung *»weil ihr mich nicht heiliget«* wieder vorkommt. Mose nimmt also bereitwillig seinen Teil der Verantwortung für den Abfall auf sich (4Mo 20,10–13; 27,14), mit aller sich daraus ergebenden Konsequenz.

33,1–29 Abschließender Segen

1 *Vor seinem Tode:* Vgl. 1Mo 25,8; 49,33. Der Wortlaut könnte darauf hindeuten, daß der V. eine Einfügung des Bearbeiters ist, die viell. bei Moses Tod oder kurz darauf geschrieben wurde, um den Segensspruch einzuleiten. Archäol. Entdeckungen in Mesopotamien haben gezeigt, daß es solche Segenssprüche wie sie in 1Mo in Verbindung mit den Erzvätern zu finden sind, tatsächlich gegeben hat. Obwohl es sich beim mosaischen Segen um einen prophetischen Ausspruch des Gebets und des Lobes handelt, folgt er doch der Tradition des Jakobssegens (1Mo 49,1–27), indem er in dichterischer Form die Gnade Gottes ausruft, die jedem einzelnen Stamm gewährt worden ist. Die Weglassung des Stammes Simeon in Kap. 33 mag bewußt geschehen sein (viell. um die Zahl der Stämme bei zwölf zu halten; aber s. Komm. zu V. 6); das ist jedoch ohne Belang, da die Simeoniten nach und nach im Stamm Juda aufgegangen sind. Während das »Lied« (Kap. 32) eine Mahnung darstellt, handelt es sich bei dem »Segen« um die Ankündigung einer glücklichen und blühenden Zukunft für Israel. *Mann Gottes:* Vgl. Jos 14,6; Ps 90,1. Dieser Titel wurde gelegentlich auf Propheten angewandt (z.B. 1Sam 9,6). Hier bedeutet er »der fromme Mann«. **2** *Er ist erschienen:* Gott als der Offenbarer des Gesetzes wird mit der feurigen Glut eines Sonnenaufgangs im Orient verglichen, der mit seinen hellen Strahlen die Dunkelheit vertreibt. **3** *Heilige:* LXX liest »Engel«. Vgl. Ps 68,18; Apg 7,53. **4** *Mose:* Dieser Satz ist viell. eine erklärende Einfügung, etwa von der Art wie in V. 1. **5** *Der Herr ward König:* eine Korrektur des hebr. Textes. Besser hieße es »es gab einen König«. So nimmt Gottes Königsherrschaft über Israel ihren wahren Anfang. *Jeschurun:* ist der poetische Name für Israel (s. Komm. zu 32,15; vgl. Jes 44,2).

6 *Ruben:* In der Reihenfolge der Stämme haben die Kinder Leas und Rahels Vorrang, dann folgen die Kinder der Mägde. Der Vers weist auf die durch den Aufruhr von Dathan und Abiram verringerte Zahl dieses Stammes hin (4Mo 16,1–30). In LXX lautet dieser Vers: »Ruben lebe und sterbe nicht, und Simeon möge groß sein an Zahl.«

7 *Juda:* Man hat vermutet, dieser Vers sei urspr. unmittelbar auf V. 10 gefolgt und bei der Übermittlung versetzt worden. Doch abgesehen davon, daß dies in einem dichterischen Werk ziemlich ungewöhnlich wäre, müßte V. 11 sich dann ebenfalls auf den Segen über Juda beziehen.

8 *Levi:* Der Stamm Moses, deshalb ist der Segen sehr ausführlich. *Die Lose »Licht und*

Recht« (ZÜ: *Deine Thummim und deine Urim*): Sie wurden wohl in der am Ephod befestigten Brusttasche des Priesters verwahrt (2Mo 28,30; 3Mo 8,8). Mit ihrer Hilfe konnte der Priester dem Führer des Volkes (4Mo 27,21) wie dem Volk selbst (5Mo 33,8.10) Gottes Willen verkünden (s. LZB, Sp. 850). Nach der Frühzeit des Königtums werden sie nicht mehr erwähnt. Die Prophetie machte sie überflüssig. Als die Prophetie aussetzte, wartete man darauf, sie wieder benutzen zu können (Esr 2,63; Neh 7,65). Aus der Art der Fragen in 1Sam 23,9–12 könnte man schließen, daß es sich bei der Befragung der Urim und Thummim tatsächlich um eine Art Loswurf gehandelt hat. Das ist um so eher möglich, als *Urim* von *'arar*, »verfluchen« (negative Antwort), und *Thummim* von *tamam*, »vollkommen sein« (positive Antwort), abgeleitet werden kann, aber die Deutung ist ziemlich unsicher. 9 *Vater... Mutter:* Familienrücksichten dürfen den Priester nicht an der Ausübung seiner religiösen Pflichten hindern (vgl. 2Mo 32,27–29). *Die hüten dein Wort:* Priester und Leviten trugen die Verantwortung für die Belehrung des Volkes und die Aufbewahrung des Gesetzes (31,9). 11 *Segne seine Macht:* s. Komm. zu V.7. *Den Rücken* (ZÜ: *Hüften*): im Hebr. sind die »Lenden« (EÜ) gemeint, der Sitz der körperlichen Kraft.

12 *Benjamin:* Der Vers kann bedeuten, daß Jahwe in seiner Fürsorge für diesen Stamm einem Hirten glich, der ein geliebtes Tier auf seinen Schultern trug (vgl. Lk 15,5). Das hebr. Wort für *Höhen* wird in Jos 15,8 (dort »Berghang«) auch benutzt, um die Seite des Berges zu bezeichnen, auf der sich die jebusitische Festung Jerusalem befand. Es kann sich hier also auch um eine Anspielung darauf handeln, daß das ständige Heiligtum auf dem Boden Benjamins liegen sollte.

13 *Joseph:* Die Verheißung des *Köstlichsten* wurde in jedem Frühjahr erfüllt, wenn die Täler von Ephraim und Manasse mit Früchten übersät waren. 16 *Die Gnade dessen, der in dem Dornbusch wohnte:* gemeint ist der brennende Dornbusch in 2Mo 3,2. *Des Geweihten unter seinen Brüdern:* Der Gedanke des Vorrangs wird hier stark hervorgehoben. 17 *Wie die Hörner wilder Tiere* (ZÜ: *Wildochsen*): eine Abart des Büffels (*re'em*), heute ausgestorben; sie galt als Symbol für große Kraft (Hiob 39,9–11).

18 *Sebulon* wird für seine Handelsgeschäfte (*Fahrten*) Erfolg verheißen. *Issachar* wird es in seinem seßhaften Leben (*Zelte*) zu Wohlstand bringen.

20 *Gad:* Dieser Stamm, der in den Bergen jenseits des Jordans in dem ehemaligen Gebiet des Amoriterkönigs Sihon wohnte, brauchte Wendigkeit und Kraft. 21 *Eines Anführers Teil* (ZÜ: *Erstlingsteil*): vermutl. ein Stück Land nach Wahl, das für einen Heerführer angemessen war. *Er vollstreckte...:* als er den westl. Stämmen im Kampf um Kanaan zu Hilfe kam (4Mo 32,31.32).

22 *Dan:* In 1Mo 49,17 wurde Dan wegen seiner Schlauheit mit einer Schlange verglichen. Hier wird von ihm als einem jungen flinken Löwen gesprochen; beide Bilder beschreiben treffend den für diesen Stamm charakteristischen Abenteuergeist. Das Land *Basan* war im Altertum wegen der Größe und Stattlichkeit seines Viehs berühmt (5Mo 32,14; vgl. Am 4,1 ZÜ, EÜ, JB).

23 *Naphthali:* Diesem Stamm wurde das landschaftlich schöne und fruchtbare Gebiet westl. und südl. des Sees Genezareth zugewiesen.

24 *Asser:* Das Land Assers war wegen seiner Oliven berühmt, die dort im Überfluß wuchsen. 25 *Der Riegel deiner Tore:* Obwohl Assers Gebiet im Norden lag, wird ihm starker Schutz gegen seine Feinde zugesichert. *Dein Alter sei wie deine Jugend:* Diese Verheißung wurde für alle folgenden Generationen von Glaubenden zu einem wunderbaren Trost und Segen (vgl. Mt 28,20).

26 *Kein Gott wie der Gott Jeschuruns:* ein Lob des Gottes Israels. Er wacht über seinem Volk, ist in seiner Mitte und umgibt es von allen Seiten. Die Vorstellung eines Gottes, *der am Himmel daherfährt,* gibt es auch in der ugarit. Dichtung. 27 *Bei dem alten Gott: der ewige Gott* (ZÜ): Auch wir haben teil am ewigen Leben, wenn wir uns Christus anvertrauen. *Unter den ewigen Armen:* Eine weitere Verheißung, die auf den unerschöpflichen Reichtum Gottes und seinen Schutz für die Glaubenden hinweist. 28 *Israel wohnt sicher:* Noch einmal wird Israel an seine Ideale erinnert; jeder wird »unter seinem Weinstock und Feigenbaum wohnen« (Mi 4,4; Sach 3,10). 29 *Deine Feinde werden dir huldigen:* Vermutl. wird hier auf die geheuchelte Huldigung (ZÜ: *schmeicheln*) der Besiegten gegenüber den Siegern angespielt. Die abschließende Bemerkung bezieht sich auf den Sieg, der durch den schützenden *Schild* und das siegende *Schwert* Gottes errungen wurde. *Höhen:* Die Übers. dieses Wortes mit »Rücken« (JB) würde besser in den Zusammenhang passen. Mit einem Lob der Macht Gottes nahm Mose Abschied von den Israeliten, um deren Interessen und sehnsüchtige Erwartungen er sich so lange gesorgt hatte. Hätte das Volk sich weiterhin an diesem Geist der Verheißung orientiert, seine Geschichte wäre anders verlaufen.

34,1–8 Moses Tod

1 *Mose stieg . . . auf den Berg Nebo:* Der Erzähler berichtet über Moses letzten Gehorsamsschritt: er steigt hinauf zu dem auf einer felsigen Höhe liegenden vorbestimmten Ort (32,49). Abgesehen von zwei Männern waren alle Angehörigen seiner eigenen Generation bereits tot, und sein Auftrag war nun erfüllt. Aber bevor er stirbt, wird ihm seine Bitte gewährt, das Land sehen zu dürfen. Der Vers ist ergreifend und von großer Schönheit. Mose wird später in der Heilsgeschichte auf einem anderen Berg erscheinen und wieder »von Angesicht zu Angesicht« mit seinem Herrn sprechen (Mk 9,2–4). *Pisga:* Das Wort kann jeden zerklüfteten Bergrücken meinen; hier ist wohl der höchste Gipfel des Gebirges gemeint, der Dschebel Nebi Yušaᶜ, der von unten sehr zerklüftet aussieht (s. Komm. zu 32,49).
1–3 *Das ganze Land:* Die Aussicht, wie sie sich vom Dschebel Nebi Yušaᶜ an einem klaren Tag bietet, stimmt genau mit dieser Beschreibung überein. Man sieht den schneebedeckten Hermon, Galiläa, den Ölberg, Bethlehem und bis zum Toten Meer und darüber hinaus. **5** *Der Knecht des Herrn:* Vgl. Hebr 3,5. Mose war in vieler Hinsicht ein vorbildlicher Knecht Gottes, im Tode wie im Leben. *Starb . . . daselbst:* Gott hielt sein Wort, daß Mose nicht nach Kanaan kommen werde.
6 *Begrub ihn im Tal:* Nach islamischer Überlieferung in einer Senke der Bergkette in der Nähe des Gipfels. Wie bei anderen bedeutenden Persönlichkeiten der Bibel, so ist auch von Mose die genaue Lage des Grabes unbekannt. Die Persönlichkeit des Knechtes Gottes muß immer mehr zurücktreten, damit Gott allein die Ehre gegeben wird (vgl. Jh 3,30).
7 *Hundertundzwanzig Jahre alt:* Im alten Ägypten war die Grabinschrift »er starb, als er einhundertundzehn Jahre alt war« die höchste Ehrung, die einem Mann von hervorragendem Charakter und außerordentlichen praktischen Fähigkeiten zuteil werden konnte, wobei sein genaues Alter zum Zeitpunkt des Todes gleichgültig war (vgl. 1Mo 50,26; Jos 24,29; Ri 2,8). An diesem Maßstab gemessen, hat Mose ein ungewöhnlich reiches, fruchtbares und gesegnetes Leben geführt.
8 *Dreißig Tage:* die gleiche Trauerzeit, die auch für Aaron festgesetzt war (4Mo 20,29).

34,9–12 Schluß

Dieser Abschnitt ist offensichtlich nach Moses Tod geschrieben worden. Wahrscheinlich ist er das Werk Eleasars oder Josuas. Es ist kaum zweifelhaft, daß er spätestens eine oder zwei Generationen nach dem Tod Moses fester Bestandteil von 5Mo wurde. **9** *Erfüllt mit dem Geist der Weisheit:* Vgl. 2Mo 28,3. Der Heilige Geist, der durch die Propheten sprach, war sowohl Mose wie Josua gegeben. *Mose hatte seine Hände auf ihn gelegt:* Vgl. 1Mo 48,14; 4Mo 27,18; Apg 13,3. Die Handauflegung war ein Bild der Segnung, der Beauftragung und der Übertragung von geistlichen Gaben. **10** *Und es stand hinfort kein Prophet . . . auf:* Welche Propheten es auch immer gab, bevor dieser Satz geschrieben wurde, keiner konnte sich mit Mose vergleichen; und es gab keinen nach ihm, bis der Prophet kam, von dem Mose selbst geweissagt hatte (18,15). Mose führte sein Volk als Prophet (Hos 12,14). Er übergab den Israeliten die ihm anvertraute Offenbarung (5Mo 29,28) und wies sie auf ihren zukünftigen Messias hin (18,15). *Von Angesicht zu Angesicht:* vgl. 2Mo 33,11. **12** *Mit all der mächtigen Kraft:* Gott wirkte nicht nur in Worten durch Mose, sondern auch in Taten, die niemals vergessen werden sollten. Die in Ägypten geschehenen Zeichen und Wunder bildeten einen wichtigen Bestandteil in der alles umgreifenden Heilsgeschichte Gottes, die ihren Höhepunkt in der Erlösungstat fand, die durch Jesus Christus auf Golgatha vollbracht wurde.

G. T. Manley
R. K. Harrison

Josua

Einleitung

Man sagt, Weltgeschichte sei die Geschichte ihrer großen Männer. Im Blick auf die Geschichte insgesamt bedarf dieser Satz sicher der Prüfung; er kann jedoch als exakte Beschreibung jener Art von Geschichte gelten, wie wir sie im Buch Josua finden. Denn dieses Buch enthält fast aussschließlich die Geschichte Josuas. Es beginnt mit seiner Berufung und Beauftragung durch Gott und endet mit dem Bericht von seinem Tod. Die Führerpersönlichkeit Josua verbindet die Berichte von der Eroberung Kanaans durch Israel zu einem einheitlichen Ganzen.

Der Mann und sein Auftrag

Eine ganze Reihe von Fakten sprach eindeutig für eine Führerposition Josuas. Er stammte aus dem Haus Josephs, das zu jener Zeit in Israel die größte Autorität besaß. Josuas Großvater Elischama hatte den Stamm Ephraim während der Wüstenwanderung angeführt (4Mo 1,10); er war viell. auch für den einbalsamierten Leichnam seines großen Stammvaters Joseph verantwortlich gewesen, der im Verheißenen Land bestattet werden sollte. Josuas Verbindung zur ägypt. Zivilisation und Kultur – er war in Ägypten geboren und hatte am Auszug teilgenommen (4Mo 32,11f) – befähigte ihn (wie zuvor Mose) dazu, das Volk zu einer Nation zusammenzuschmieden. In diesem Zusammenhang ist bezeichnend, daß Josua in seiner Abschiedsrede das Volk daran erinnert, daß ihre Väter in Ägypten anderen Göttern gedient hatten (Jos 24,14). Als Gefährte Moses war Josua mit den Führungsaufgaben im Blick auf sein eigenes Volk bereits vertraut und somit als Nachfolger Moses ausgewiesen. Zweifellos hatte er während der langen Wüstenwanderung von seinem großen Lehrmeister viel gelernt und war auch durch eigene Erfahrungen gereift. Als Begleiter Moses auf dem Sinai (2Mo 24,13) und als ständiger Aufseher in der Stiftshütte (2Mo 33,11) war seine Führerrolle bereits festgelegt und allgemein anerkannt.

Glauben und Mut hatte Josua bereits bei der Erkundung des Verheißenen Landes bewiesen. In der Minderheit, nur von Kaleb unterstützt, befürwortete er den Einmarsch nach Kanaan von Kadesch aus: »Wenn der Herr uns gnädig ist, so wird er uns in dies Land bringen und es uns geben, ein Land, darin Milch und Honig fließt« (4Mo 14,8) – im Gegensatz zu der von Angst geprägten Schilderung der übrigen zehn Kundschafter.

Auch seine Tapferkeit als Heerführer hatte Josua bereits unter Beweis gestellt. Als die Amalekiter bei Raphidim die Nachhut des israel. Heeres überfallen und Frauen und Kinder erschlagen hatten (5Mo 25,18), hatte Josua die israel. Streitkräfte angeführt, die den Angriff der Amalekiter abwehrten. Josua errang einen entscheidenden Sieg; seine Feldherrnkunst war die menschliche Komponente, die Gott bei der Erhörung der Gebete Moses während der Schlacht benutzte (2Mo 17,8–13).

So also sah der Mann aus, den Gott dazu ausersehen hatte, die israel. Stämme nach Kanaan zu führen: qualifiziert durch Herkunft, Ausbildung und Lebenserfahrung. Seine eigentliche Befähigung ergab sich jedoch daraus, daß seine natürliche Begabung, sein Können und seine Erfahrung sich unter der Hand Gottes zu einer dynamischen Kraft vereinigten. Die Berufung durch Gott mobilisierte in Josua alle Fähigkeiten; Gottes Ruf stellte einen Mann an die Spitze Israels, der seines göttlichen Auftrags gewiß sein durfte; einen Soldaten, der alles von der göttlichen Waffenrüstung erwartete.

Verfasserschaft und Glaubwürdigkeit

Wenn man die Komposition des Josua-Buches betrachtet, muß man gleichzeitig seine Stellung im atl. Kanon berücksichtigen. Einerseits ist das Buch rückwärts orientiert: In der Eroberung Kanaans findet die Abraham gegebene Verheißung (1Mo 12,7; 28,13) ihre Erfüllung. Jos stellt also den Höhepunkt aller vorausgegangenen Geschichte dar. Dieser Gesichtspunkt schlägt sich auch in der historisch-kritischen Forschung nieder, in der Jos oft als Fortsetzung der 5 Bücher Mose betrachtet wird. Dann wird der Pentateuch (Fünf-Rollen-Buch) durch Jos zum Hexateuch (Sechs-Rollen-Buch). Nach dieser Auffassung lassen sich bei Josua die gleichen Primärquellen feststellen wie im Pentateuch: J, E, D, P (s. Die Geschichte der Literarkritik des Pentateuch, S. 33ff), wobei J, E und D in Kap. 1–12 zu finden sind, P dagegen in der zweiten Hälfte des Buches, die die Stammesgebiete beschreibt.

Dieser historisch-kritische Ansatz ist nicht allg. akzeptiert, und er ist auch vielfach modifiziert worden. Man hat nun nicht versucht, die angeblichen Gegensätze zwischen den verschiedenen Quellen durch eine lange zeitliche Entwicklung zu erklären (die archäol. Funde machten das unwahrscheinlich), sondern vielmehr durch das Vorhandensein unterschiedlicher mündlicher Überlieferungen an verschiedenen Orten, die von jeweils unterschiedlichen Interessen bestimmt waren. Gegen die Vorstellung eines Hexateuchs spricht vor allem die Tatsache, daß die israel. Überlieferung klar unterscheidet zwischen dem Pentateuch und den »vorderen Propheten«, an deren Spitze Josua steht.

Andererseits ist das Buch Josua auch nach vorn ausgerichtet: die Eroberung Kanaans bedeutet kein Ende, sondern einen Anfang, den Beginn der Geschichte Israels in seiner eigentlichen Heimat. Unter diesem Gesichtspunkt entstand eine andere Theorie. Sie sieht Jos als Teil einer großen geschichtlichen Darstellung an, die die Zeit von Mose bis zur babylonischen Gefangenschaft umfaßt. Diese Auffassung geht auf den Alttestamentler Martin Noth zurück; John Bright und viele neuere Ausleger sind ihm gefolgt. Noth behauptet, daß nicht nur Jos, sondern auch 5Mo vom Pentateuch und den darin benutzten Quellen abgetrennt werden müsse; nach seiner Auffassung gehören 5Mo, Jos, Ri, Rut, Sam und Kön zusammen. Dieses Geschichtswerk und vor allem die darin betonte Aussage der Propheten, daß nationaler Wohlstand auf die Dauer vom strikten Gehorsam gegenüber den Geboten Gottes abhängig ist, hält Noth für das Werk eines Bearbeiters, der zahlreiches Material aus verschiedenen Quellen zusammengetragen hat. Darunter befand sich auch das deuteronomische Gesetz (5Mo 4,44–30,20); es bildete die theol. Grundlage des gesamten Geschichtswerks, dessen Bearbeiter als der »Deuteronomist« bezeichnet wird. Noth findet in Jos viel Material, das nach seiner Auffassung vordeuteronomistisch ist, jedoch weder zu J noch zu E gehört. Kap. 1 bestehe z.B. aus einer Reihe ätiologischer Sagen (mündlich überlieferter Erzählungen, die die Entstehung bestimmter Orte oder Heiligtümer erklären sollen) und einigen Heldensagen. Diese ätiologische Methode ist zu Recht kritisiert worden, weil sie von keinerlei außerbibl. Belegen gestützt wird (vgl. J. Bright, *Alt-Israel in der neueren Geschichtsschreibung*, Zürich 1961).

Noths Ansicht war eine gesunde Reaktion auf die frühe kritische Forschung. Bes. wertvoll ist seine Beweisführung, daß die Kap. 13–12 nicht zur Priesterschrift (P) gehören und somit auch keine nachexilische priesterliche Idealisierung der Landnahme sind. Noths Grundauffassungen jedoch sind kaum akzeptabler als die der frühen kritischen Schule. Sicher sind die bei der Zusammenstellung von Jos benutzten Quellen bearbeitet worden – eine dieser Quellen, das »Buch des Redlichen« wird Jos 10,13 erwähnt. Es gibt jedoch keinen Beweis dafür, daß die Quellen dieses Teils des AT, wie Noth annimmt, von einem deuteronomistischen Redaktor frei bearbeitet worden sind, der das Material im Sinn der theol. Auffassung der Propheten umgeformt habe. Ferner läßt Noth, genau wie die frühe kritische Schule, die überlieferte Gliederung der hebr. Bibel und die Unterscheidung zwischen »Gesetz« und »Vorderen Propheten« völlig unberücksichtigt. Schließlich scheint Noth die Urform von 5Mo zu übersehen, dessen Struktur bemerkenswerte Ähnlichkeit mit den altorientalischen Vasallenverträgen aus der Mitte des 2. Jt. v.Chr. aufweist (s. Einleitung zu 5Mo). Diese unbezweifelbare Ähnlichkeit bestätigt die frühe Entstehung von 5Mo – im Gegensatz zu Noths Spätdatierung auf das 6. Jh. v.Chr. (als Muster für einen Bundesschluß s. Jos 8,30–35 und Kap. 23–24).

Die jüd. Überlieferung hat den Hauptanteil des Josuabuches stets Josua selbst zugeschrieben, obwohl er als Verfasser in der Bibel nirgends erwähnt wird. Folgende Fakten legen ein Abfassungsdatum etwa zu Lebzeiten Josuas nahe: a) Der Autor war offensichtlich Augenzeuge einiger Ereignisse, die in Jos beschrieben werden. In 5,6 heißt es z.B.: »Das Land, das der Herr, wie er ihren Vätern geschworen hatte, uns geben wollte.« Ähnlich verweist das Fürwort »eure« in 15,4 (»eure Grenze«) auf eine autobiographische Niederschrift. b) Der häufige Gebrauch der Wendung: »bis auf diesen Tag« und der Zusammenhang, in dem sie auftaucht, spricht für ein frühes Datum. So läßt die Bemerkung in 6,25 vermuten, daß Rahab noch lebte, obwohl sich die Formulierung »bis auf diesen Tag« auch auf ihre Nachkommen beziehen könnte. In 15,63 wird aber zweifellos auf ein Datum vor der Zeit Davids verwiesen (vgl. 2Sam 5,6–7), wie in 16,10 auf ein Datum vor Salomo (vgl. 1Kön 9,16). Allerdings könnte man einwenden, daß die hier verwendete Sprache einer Zeit vor der Errichtung des Königtums nicht angemessen sei. c) Innerhalb des Textes gibt es Hinweise, die für ein frühes Datum sprechen: So deutet die Bezeichnung »Sidon, die große Stadt« (11,8; 19,28) neben »Tyrus« und die Bezeichnung »Sidonier« für die Phönizier

(13,4–6) auf ein Datum vor dem 12. Jh. v.Chr. hin, in dem Tyrus zur wichtigsten Stadt der Phönizier wurde. – Die Verwendung von Steinen oder Steinhaufen, wie die Gedächtnissteine anläßlich des Jordanübergangs, der Steinhaufen auf Achans Leiche, die Steine auf den Gräbern der Könige von Ai und anderen Städten, auf denen besondere Ereignisse festgehalten wurden, weisen ebenfalls auf eine frühe Periode in der Geschichte Israels hin. – Die Philister sind offensichtlich noch nicht zu der großen Gefahr für Israel geworden, die sie, ägypt. Quellen zufolge, nach 1200 v.Chr. darstellten. – In 11,22 sind es die Enakiter, nicht die Philister, die die Städte Gaza, Gath und Asdod bewohnen, die später den Philistern gehören. In der Aufzählung der im Land wohnenden Stämme in 12,8 werden die Philister nicht erwähnt.

Es gibt jedoch auch Hinweise, die ein Abfassungsdatum des Buches *nach* Josua nahelegen; dazu gehört vor allem die Nachricht über seinen Tod in 24,29f. Auch enthält das Buch Berichte über Ereignisse, die sich erst nach dem Tod Josuas ereignet haben, z.B. die Eroberung Hebrons durch Kaleb (15,13f; vgl. Ri 1,10.20). Man kann einwenden, daß der Satz »Nach dem Tod Josuas« in Ri 1,1 sich nur auf Teile von Kap. 1 beziehe, etwa auf V. 1–9 und 16–19; die übrigen Teile des Kapitels sind dann nicht datiert und demnach könnten Ri 1,10–15.20 durchaus der Zeit Josuas zugeordnet werden. (K. A. Kitchen, *Alter Orient und Altes Testament,* 1965, S. 97, Anm. 161.) Ähnlich könnte man, da die Eroberung Debirs durch Othniel zeitlich nach dem südl. Feldzug Josuas erfolgt sein dürfte (Jos 15,15–19; vgl. Ri 1,11–15), mit Kitchen argumentieren, »daß Debir zweimal von den Hebräern geschlagen wurde; einmal während des kurzen Feldzuges Josuas, und ein zweites Mal von Kaleb und den Judäern am Anfang der ständigen Niederlassung« (S. 27f).

Die Wanderung der Daniter nach Lajisch und die Eroberung der Stadt, in Ri 17 u. 18 in allen Einzelheiten beschrieben, wird bei Jos in einem einzigen Vers (19,47) zusammengefaßt, in dem der Ort Leschem genannt wird. Wenn diese Umsiedlung auf den Druck der Philister zurückzuführen ist, was man allg. annimmt, so kann dies ein Hinweis darauf sein, daß zumindest dieser Teil von Jos später entstanden ist, nämlich in der Zeit, in der die Philister zu einer Bedrohung für Israel geworden waren. Der Hinweis auf Jonathan als einen Enkel Moses in Ri 18,30 legt dagegen nahe, daß sich die Kämpfe um Lajisch oder Leschem doch nicht sehr viel später als zu Lebzeiten Josuas abgespielt haben.

Zusammenfassend kann festgestellt werden: Über Autor und Abfassungszeit des Josuabuches kann nichts Eindeutiges ausgesagt werden; vieles spricht dafür, daß die Quellen, auf denen es beruht, auf die gleiche Zeit wie die beschriebenen Ereignisse zurückgehen und daß das Buch seine heutige Gestalt zu einem frühen Zeitpunkt erhalten hat.

Heutige Wissenschaftler sind denn auch viel eher bereit als frühere Forscher, den geschichtlichen Wert des in Jos enthaltenen Materials anzuerkennen. Die archäol. Forschung hat viel dazu beigetragen, die Glaubwürdigkeit der in Jos enthaltenen geschichtlichen Berichte zu bestätigen. Ausgrabungen haben überzeugend nachgewiesen, daß in der 2. Hälfte des 13. Jh. v.Chr., in der vermutl. die Eroberung Kanaans durch die israel. Stämme erfolgte, mehrere bedeutende Städte Kanaans zerstört wurden. Ausgrabungen an folgenden Orten haben den Nachweis erbracht, daß diese Orte zu jener Zeit von großen Feuersbrünsten heimgesucht wurden: Bethel (heute Betin), Lachisch (Tell ed-Duwer), Eglon (Tell el-Hasi? Tell ʿEtun?), Debir (nach Jos 15,49 Kirjath-Sanna; heute Tell Bet Mirsim?, Chirbet er-Rabud?) und Hazor (Tell el-Qedah). Starke Ascheschichten sind stumme Zeugen einer vollständigen Zerstörung. Die Lage der ausgegrabenen Städte – in der Mitte, im Süden und Norden des Landes – bestätigt den bibl. Bericht von Josuas Feldzügen, der in diesen Regionen heftige Kämpfe erwähnt. Auch die archäol. Einschätzung des Alters und der geschichtlichen Bedeutung der Städte- und Grenzlisten in Jos 13–21 läßt uns deren Entstehung heute viel früher ansetzen, als die Vertreter der Wellhausen-Schule es für möglich hielten.

So schreibt W. F. Albright: »Ein gutes Beispiel dafür ist das Verzeichnis der Levitenstädte in Jos 21 und 1Chr 6, das Wellhausen, und nach ihm die meisten Kritiker, als ein Produkt der Phantasie irgendeines nachexilischen Schreibers betrachteten. Eine sorgfältige Prüfung dieses Verzeichnisses im Lichte aller bekannten archäologischen Tatsachen ergibt eindeutig, daß das Verzeichnis viel älter ist« (*Archäologie in Palästina,* dt. 1962, S. 222f). Ausgehend von der Tatsache, daß keine der in Jos 21 genannten Städte nach 950 v.Chr. gegründet wurde, schreibt Albright: »Die uns erhaltene Form des Verzeichnisses stammt also vermutlich aus der Zeit zwischen 975 und 950 v.Chr., und seine Vorgeschichte scheint bis auf die Zeit der Eroberung zurückzugehen« (a.a.O.). G. E. Wright bestätigt Albrights Auffassung und geht sogar noch darüber hinaus, indem er für die Listen der Stammes-Städte in Jos 15–19 die gleiche Entstehungszeit annimmt und sogar für die dortigen Grenzbeschreibungen erwägt. Er sieht keinerlei Grund, diese Listen Verfassern aus der Priesterschaft einer nachexilischen Periode zuzuschreiben.

Die neuere archäol. Forschung ist demnach nicht bereit, diese Listen als eine Idealisierung aus nachexilischer Zeit anzuerkennen. Es muß aber betont werden, daß die Wahrheit der Bibel nicht von der Bestätigung durch archäol. Forschungen abhängig ist. »Letztlich beruht das Vertrauen in das AT auf Gott selbst; es hängt nicht von menschlichen Beweisen oder archäol. Funden ab, so wertvoll diese auch sein können« (Wiseman).

Die Datierung der Eroberung Kanaans

Heute wird weithin angenommen, daß der Auszug aus Ägypten um 1280 v.Chr. und die Eroberung Kanaans demgemäß um 1240 stattfand. Man muß jedoch zugeben, daß es einige Schwierigkeiten bereitet, alle Daten, die die bibl. Berichte und die archäol. Forschung liefern, in ein genaues Zeitschema einzuordnen.

Folgende bibl. Angaben müssen hier in Betracht gezogen werden: 1. In 1Mo 15,13 wird Abraham vorausgesagt, daß seine Nachkommen 400 Jahre lang als Fremdlinge in einem fremden Land leben würden. Ähnlich wird in 2Mo 12,40 die Zeit, die Israel in Ägypten zubrachte, mit 430 Jahren angegeben. Für die Datierung der Patriarchenzeit sind wir auf Vermutungen angewiesen; neuere Forschungen lassen jedoch möglich erscheinen, daß der Zug der Israeliten nach Ägypten um 1700 v.Chr. anzusetzen ist. Danach müßte der Auszug im 13. Jh. stattgefunden haben. 2. In Ri 11,26 argumentiert der Gileaditer Jephthah gegenüber dem König der Ammoniter, Israel lebe bereits 300 Jahre in Transjordanien. Auch Jephthah läßt sich nicht genau datieren; da er in die späte Richterzeit gehört, hat man ihn um 1100 v.Chr. angesetzt. Das legt für den Auszug Israels die Zeit um 1400 v.Chr. nahe (vgl. Komm. zu Ri 11,26). 3. In 1Kön 6,1 findet sich die präzise Angabe, das vierte Jahr der Herrschaft Salomos sei das 480. Jahr nach dem Auszug aus Ägypten gewesen. Das 4. Jahr der Regierungszeit Salomos fiel etwa auf 960 v.Chr. Demnach kämen wir auf etwa 1440 für den Auszug und auf etwa 1400 für die Eroberung Kanaans.

Es gibt jedoch andere bibl. Zahlen, die eine wesentlich kürzere Zeitspanne vermuten lassen als die in 1Kön 6,1 genannten 480 Jahre. Ein Vergleich von 4Mo 1,7 mit Rut 4,20ff führt zu der Vermutung, daß Nachschon, der in die Zeit des Auszugs gehört, von Salomo nur durch sechs Generationen getrennt war. Wahrscheinlich handelt es sich hier um eine unvollständige Genealogie; denn die Liste in 1Chr 5,29–34; 6,35–38 nennt zehn Geschlechter zwischen Aaron und Zadok, der zur Regierungszeit Salomos Hoherpriester war. Aber selbst zehn Generationen können die in 1Kön 6,1 genannte Zeitspanne nicht überbrücken. Andererseits führt 1Mo 36,31ff acht Könige auf, die vor der Zeit Sauls über Edom regiert haben; einer von ihnen gehört in die Zeit Moses (4Mo 20,14). Nun ist kaum vorstellbar, daß sich die Regierungszeit von maximal acht Königen über 480 Jahre erstrecken kann. Außerdem wird im Bericht von der Einwanderung des Stammes Dan in Ri 18 Michas Priester Jonathan als ein Enkel Moses bezeichnet (vgl. V.3 und 30); es sei denn, man folgt der anderen Lesart, die anstelle von »Mose« »Manasse« setzt. Wenn jedoch, wie allg. angenommen wird, der Zug der Daniten unter dem Druck der Philister erfolgte, der erst gegen 1200 einsetzte, so legt dies wiederum das 13. Jh. als Zeitraum für das Wirken Moses nahe. Dann würde der Abstand zwischen Mose und Salomo aber nicht mehr als etwa 300 Jahre betragen haben.

Die bibl. Zeitangaben legen zwei verschiedene Datierungen für die Einnahme Kanaans nahe; einmal das 15. Jh. v.Chr. (gestützt auf 1Kön 6,1 und die Behauptung Jephthahs, daß Israel bereits 300 Jahre im Land lebe; Ri 11,26); zum anderen das 13. Jh., für das vor allem die übrigen zitierten Stellen sprechen. Es ist nicht zuletzt auf diese Schwierigkeit zurückzuführen, wenn H. H. Rowley (From Joseph to Joshua, 1950) eine Synthese zwischen beiden Datierungen versucht und zwei Einwanderungen in Kanaan vermutet: Eine erste in der Amarnazeit, eine weitere zur Zeit Josuas. Zu dieser These gehört auch die Annahme, daß einige israel. Stämme bereits vor Josua in Palästina waren und andere möglicherweise überhaupt nie in Ägypten gewesen sind. Die bibl. Aussagen stehen jedoch zu dieser Theorie völlig im Widerspruch: Nirgends in der Bibel wird von einem zweifachen Auszug aus Ägypten geredet, und es gibt keine einzige Andeutung, daß einige Stämme nicht mit nach Ägypten gezogen wären. Alle Texte sprechen für die traditionelle Anschauung, und auch die Aussagen von Jos liegen eindeutig auf dieser Linie: Alle Söhne Jakobs zogen nach Ägypten, alle ihre Nachkommen, also die zwölf Stämme, nahmen am Auszug und an der Eroberung Kanaans teil. Die zwölf Gedächtnissteine am Jordan und die Aufteilung des Landes unter zwölf Stämme bestätigen, daß ein geschlossenes Volk, bestehend aus allen zwölf Stämmen, von dem Verheißenen Land Besitz nahm. K. A. Kitchen (*Alter*

Orient, S. 70) hat nachgewiesen, daß die aus nichtbibl. Quellen abgeleitete Auffassung Rowleys reine Hypothese ist und daß es gegen alle bekannten Fakten verstößt, wenn man den Angriff der Stämme Simeon und Levi auf Sichem (1Mo 34) in die Amarna-Zeit verlegen will. Die chronol. Probleme der Landnahme lassen sich durch die Theorie Rowleys nicht lösen.

Bevor wir eine andere Synthese der bibl. Zeitangaben versuchen, wollen wir den archäol. Befund zusammenfassen. Die meisten archäol. Belege sprechen dafür, daß die Landnahme im 13. Jh. v.Chr. stattgefunden hat. Dabei sind folgende Einzelheiten bedeutsam: 1. 2Mo 1,8–11 berichtet, daß die Israeliten beim Bau der Städte Pithom und Ramses Zwangsarbeit verrichten mußten. Die Stadt Ramses wurde unter den Pharaonen Sethos I. (ca. 1302–1290) und Ramses II. (ca. 1290–1224) wiederaufgebaut und nach dem letzteren benannt. Danach wäre der Exodus nach dem Amtsantritt von Ramses zu vermuten. 2. Eine Sieges-Stele, die um 1220 v.Chr. von Merenptah in Theben errichtet wurde (heute im Museum in Kairo), nennt in der vorletzten Zeile unter den in Palästina besiegten Feinden auch die Israeliten, wenn auch noch nicht als seßhaftes Volk. Die Eroberung Kanaans muß demnach vor 1220 v.Chr. stattgefunden haben. 3. Die Ausgrabungen von Nelson Glueck in Transjordanien stützen die Auffassung, daß die Israeliten Ägypten nicht vor 1300 v.Chr. verlassen haben; denn 4Mo 20,21 berichtet von einer kriegerischen Auseinandersetzung mit den Edomitern und Moabitern in der Wüste. Die Königreiche von Edom und Moab bestanden jedoch vor 1300 v.Chr. noch nicht. 4. Die Zerstörung bedeutender kanaan. Städte wie Lachisch, Debir, Bethel und Hazor muß nach den Ausgrabungsergebnissen in der 2. Hälfte des 13. Jh. v.Chr. stattgefunden haben. Die Ausgrabungen in Jericho, von denen man entscheidende Auskünfte über die Eroberung erhoffte, erbrachten keine eindeutigen Ergebnisse. John Garstang war aufgrund seiner Arbeit in Jericho zu der Überzeugung gelangt, daß die Stadt um 1400 v.Chr. erobert wurde; neuere Arbeiten von Kathleen Kenyon lassen jedoch vermuten, daß die Zerstörung, die Garstang mit Josua (Jos 6) in Verbindung brachte, bereits mehrere Jh. früher erfolgte. Die Identifizierung der Hebräer mit den »Habiru« der (um 1400 v.Chr. verfaßten) Amarna-Briefe, die ein frühes Datum für die Eroberung Kanaans stützen sollte, ist durch neuere Erkenntnisse ebenfalls in Frage gestellt worden.

Nach heutiger Erkenntnis sprechen die archäol. Funde für das 13. Jh. v.Chr. als Datum der Landnahme. Damit bleibt freilich ungelöst, wie man mit diesem zeitlichen Ansatz 1Kön 6,1 und die von Jephthah genannten dreihundert Jahre (Ri 11,26) vereinbaren kann. Aber da die Archäologie weder inspiriert noch unfehlbar ist, ist es für uns viel wichtiger, das Problem zu lösen, wie 1Kön 6,1 und Ri 11,26 mit den anderen, bereits erwähnten bibl. Zeitangaben in Einklang zu bringen sind: mit der Anzahl der Generationen zwischen dem Auszug und der Zeit Salomos, sowie mit dem zeitlichen Abstand zwischen Mose und der Eroberung von Lajisch durch die Daniten (Ri 18). Die 300 Jahre bei Jephthah könnten, nach Kitchen, u.U. sich überschneidende Zeiträume umfassen (*Alter Orient,* S. 32). Er weist auch darauf hin, daß die Datierung Jephthahs auf 1100 v.Chr. unsicher ist. (Eine andere Lösung s. Komm. zu Ri 11,26.) Ein schwerwiegenderes Problem stellen die Angaben in 1Kön 6,1 dar. Nur weil einige wenige Hss der LXX 440 statt 480 lesen, darf man nicht von einem verderbten Text ausgehen. Es könnte aber darauf deuten, daß irgendwann in der Textüberlieferung statt 12 Generationen 480 Jahre eingesetzt wurden. Denn es gibt Anzeichen dafür, daß man allg. 40 Jahre für eine Generation rechnete: Israel blieb 40 Jahre in der Wüste, bis die Generation, die am Auszug teilgenommen hatte, gestorben war. Demnach könnten die 480 Jahre in 1Kön 6,1 gleichbedeutend mit zwölf Generationen sein. Wenn eine Generation, gerechnet von der Geburt des Vaters bis zur Geburt des ältesten Sohnes, in Wirklichkeit jedoch nur etwa 25 Jahre umfaßt, dann kommen wir auf eine Spanne von etwa 300 Jahren zwischen der Landnahme und Salomo. Damit ergäbe sich für die Eroberung Kanaans ebenfalls das 13. Jh. v.Chr. als Datum.

Das ethische Problem der Kriegsführung Israels

Die unterschiedslose Ausrottung der Kanaaniter, wie sie in Jos berichtet wird, ist für viele, die an die göttliche Inspiration der bibl. Berichte glauben, zu einem Stein des Anstoßes geworden. Sollen wir glauben, daß Gott den Israeliten tatsächlich den Befehl gab, die Einwohner des Landes völlig zu vernichten? Und wenn er das tat, ist dann diese Enthüllung seines Wesens mit der Offenbarung des Vaters, wie Christus sie uns gebracht hat, in Einklang zu bringen?

Die moderne Kritik verfügt über zwei Möglichkeiten, diesen gordischen Knoten zu durchschlagen. Die einen behaupten, die Berichte von der Vernichtung der Kanaaniter seien erst lange nach den Ereignissen, welche sie zu beschreiben vorgeben, niedergeschrieben worden. Sie stellten deshalb ein Idealbild dar, wie sich nach der Vorstellung späterer Geschlechter dies alles abgespielt haben müsse, damit die Anbetung Jahwes rein und unvermischt durchgehalten werden konnte. Mit anderen Worten: Die beschriebenen Grausamkeiten hätten sich so nie ereignet. – Andere erklären, die göttliche Offenbarung, wie wir sie in der Frühgeschichte Israels vor uns haben, sei zwar Selbstoffenbarung Gottes, jedoch begrenzt und gefärbt durch die Aufnahmefähigkeit ihrer Empfänger. Die Vorstellung, Gott habe die Vernichtung der Kanaaniter befohlen, gehört nach dieser Auffassung in ein noch sehr primitives Stadium der religiösen Entwicklung.

Bei der Behandlung der Verfasserschaft und der Glaubwürdigkeit des Buches Josua haben wir bereits begründet, warum wir die erste dieser beiden Auffassungen ablehnen müssen. Die zweite Theorie behauptet, die Israeliten jener Frühzeit hätten Jahwe irrtümlicherweise für einen Stammesgott gehalten, der als solcher natürlich die Vernichtung der Feinde seines Volkes befehlen mußte. Erst spätere Offenbarungen (z.B. bei Jona) hätten dann deutlich gemacht, daß Gott auch für die Völker außerhalb Israels Gedanken der Liebe und des Friedens empfinde; so sei die frühere Offenbarung »überholt« worden. Aber diese Theorie bietet, so einladend sie auch klingen mag, keine befriedigende Erklärung für das hier vorliegende Problem. Es trifft zu, daß die Erkenntnis Gottes in dem Ausmaß wachsen mußte, in dem das Volk sie ertragen konnte. Und es ist auch wahr, daß das AT nur eine teilweise Offenbarung Gottes bietet. Aber wir können nicht annehmen, daß eine spätere Offenbarung der vorhergehenden völlig widerspricht. Gott kann sich schrittweise und zunehmend enthüllen, aber diese Offenbarung muß in sich stimmig sein, wenn wir sie als seine Selbstoffenbarung annehmen sollen.

Gibt es eine Erklärung, die sowohl der Inspiration der Berichte wie auch dem Gott gerecht wird, den diese offenbaren? Zunächst müssen wir klarstellen, was mit jener »Dahingabe« der kanaan. Städte eigentlich gemeint ist. Nehmen wir Jericho als Beispiel. Die Stadt, ihre Bewohner und alles, was sie sonst enthielt, wurden »dahingegeben« oder »gebannt« (6,17f; 7,1; hebr. *cherem*). Das bedeutete: alles, was das religiöse Leben der Gemeinschaft gefährden konnte, wurde außer Reichweite gebracht und für den menschlichen Gebrauch verboten; um die Wirksamkeit dieser Maßnahme sicherzustellen, mußte es völlig vernichtet werden. Der »Bann« hatte deshalb eine religiöse Bedeutung und war vorbeugender Natur: als religiöse Handlung (»weihen, hingeben«) bildete er zugleich einen Schutz für die Frömmigkeit Israels (»bannen«, »hinwegtun«, »vernichten«). Auf diese doppelte Funktion müssen wir bei der Lösung des Problems achten.

Demnach war die Vernichtung der Kanaaniter, wie die Berichte immer wieder unterstreichen, eine geistliche Aufgabe. Gott benutzte das Volk Israel als Werkzeug, um die Gottlosigkeit der Bewohner des Landes zu richten. Aus dem gleichen Grund hatte er die Städte Sodom und Gomorra ohne menschliche Hilfe vernichtet; um die wie ein Krebsgeschwür wuchernde Verderbtheit der Kanaaniter zu bestrafen und auszurotten, bediente er sich dagegen der Israeliten; beide Möglichkeiten standen ihm zur Verfügung. Wenn man eine sittliche Ordnung der Welt überhaupt anerkennen will, darf man die Möglichkeit des Gerichts und des Eingreifens Gottes nicht ausschließen. 1Mo 15,16 weist darauf hin, daß die Eroberung Kanaans durch Israel zeitlich genau festgelegt war, um so die sittlichen Ziele Gottes zu erfüllen. Der Bann als geistliche Anordnung stellte zudem eine sittliche Einschränkung der Plünderungen und Ausschweifungen dar, die als furchtbare Begleiterscheinungen der Kriegszüge jener Zeit gang und gäbe waren. Beim Bann ging es nicht um Beute oder Blutgier; er war ein göttliches Gebot, das es zu erfüllen galt.

Außerdem hatte der Bann eine vorbeugende Funktion. Wenn der Glaube der Hebräer rein und unverdorben erhalten werden sollte, so mußte jede Infektion durch heidnische Greuel vermieden werden. Zweifellos setzte Gott ein drastisches Mittel ein, um eine derartige »Infektion« zu verhindern. Aber es stand schließlich nicht weniger auf dem Spiel als die Offenbarung, die Israel zur Weitergabe an alle Völker anvertraut war. Darf man unter diesem Gesichtspunkt auch eine so harte Maßnahme als ungerechtfertigt bezeichnen? Es ist charakteristisch, daß überall da, wo Israel seiner großen Aufgabe nicht gerecht wurde, der Grund dafür in der Weigerung Israels gesehen wird, dem göttlichen Befehl zur Ausrottung nachzukommen. Die völlige Vernichtung der verderbten Bevölkerung war aus mehreren Gründen notwendig: um Gottes sittlich-moralischer Weltregierung willen; um Israels willen; um der Botschaft willen, die Israel an die Welt weiterzugeben hatte.

Die geistliche Aussage des Buches

Der geistliche Wert eines Buches wird daran gemessen, was es uns über Gott sagt und welche göttlichen Wahrheiten es uns offenbart.

Jos beleuchtet drei Aspekte der Offenbarung Gottes gegenüber den Menschen:

Die Treue Gottes

Viele Jahre zuvor hatte Gott vorausgesagt und versprochen, daß das Volk Israel das verheißene Land besitzen würde (z.B. 1Mo 15,7.18–21; 26,2–5; 28,13f). Es schien, als sei dieses göttliche Ziel durch die Sünde und den Ungehorsam des Menschen durchkreuzt worden. Aber letztlich konnte niemand Gottes Plan zu Fall bringen; Jos berichtet von seiner Erfüllung durch die Einnahme Kanaans (11,23; 21,43–45; 23,14).

Die Heiligkeit Gottes

Sie zeigt sich in Gottes Gericht über die Ureinwohner des Landes. Das Maß der Bosheit der Amoriter war voll; Israel wurde zu ihrer Bestrafung bestimmt (6,17; 10,40; 11,20; 23,3; vgl. 3Mo 18,24f). Aber Gottes Heiligkeit offenbart sich zugleich nicht weniger darin, daß er darauf besteht, daß auch das Werkzeug des Gerichts heilig ist. Immer wieder wird betont, daß dies ein heiliger Krieg ist und daß Israel die ihm übertragene Aufgabe nur dann erfüllt, wenn es alle Greuel aus seiner Mitte hinaustut (3,5; 7,10–13; 23,12f.16; 24,19f).

Gottes Heil

Der Name Josua bedeutet: Jahwe ist Hilfe, Heil, Rettung. Das Buch Josua schildert einen wichtigen Aspekt des Heils, das Gott gibt. 2Mo versteht Heil und Erlösung vor allem als Befreiung aus der Knechtschaft. Jos zeigt, daß Gottes Heil auch Sieg, Besitz und Zur-Ruhe-Kommen einschließt (s. 21,43f). In der Eroberung Kanaans und der Besitznahme des Landes durch Israel wird deutlich, wie Gott für sein Volk handelt, um das Versprechen seines Heils einzulösen, das weit über die Befreiung aus der Sklaverei hinausgeht.

Der Name Josua ist die hebr. Form von »Jesus«, des Namens, der über alle Namen ist (vgl. Mt 1,21; Phil 2,9f). Ist es verwunderlich, daß der christl. Glaube in Josua einen Vorläufer Christi erkennt und im Buch Josua ein Bild des Sieges und des Reichtums sieht, wie sie dem Christen in Jesus zuteil werden? Die Überschreitung des Jordans ist oft als Symbol des Sterbens verstanden worden; hilfreicher und den Tatsachen mehr entsprechend ist jedoch, die Überquerung des Flusses als ein Sinnbild für den Eintritt in ein Leben der Fülle und des Segens zu verstehen, in welches der »Herzog unserer Seligkeit« (Hebr 2,10) uns schon jetzt führen will. Zur Erlösung gehören für den Christen auch Sieg, Reichtum und Zur-Ruhe-Kommen »in Christus«. Darüber hinaus gilt, was der Verf. des Hebräerbriefes sagt: »Wenn Josua sie damals zur Ruhe geführt hätte, würde Gott nicht später von einem anderen Tag geredet haben. So muß also eine Sabbatruhe für das Volk Gottes noch kommen« (Hebr 4,8–9).

Inhalt

Kommentar

1,1–9 Josuas Auftrag

Josua wird von Gott zu der Aufgabe berufen, die er als Nachfolger Moses ausführen soll. Vgl. 5Mo 34,9.

1,1–2 Die Kontinuität der Aufgabe

Die Eingangsverse kennzeichnen Josua als den neuen Führer des Volkes; sie stellen die notwendige Vorbemerkung zum Bericht über die Landnahme dar. Das Werk muß trotz Moses Tod weitergeführt werden. Der Fortbestand des Volkes und seiner Aufgabe samt der ihm von Gott gegebenen Verheißungen wird durch den Wechsel in der Führung nicht unterbrochen.

1 *Moses Diener:* Hier wird Josuas Stellung als Moses Stellvertreter unterstrichen. Das hebr. Wort für »Diener« (*mescharet*) bezeichnet eher einen amtlichen Assistenten als einen persönlichen Bediensteten. Im AT bezieht es sich gewöhnlich auf den Tempeldienst. Möglicherweise weist es auch hier auf eine geistliche Funktion hin (vgl. 2Mo 33,11). Josuas Auftrag war von Anfang an geistlich bestimmt.

1,3–9 Verheißung und Befehl

Die Verheißung für das Volk bezieht sich auf das Land, welches Gott dem Volk zu geben im Begriff ist (V. 3f); Josua wird die Gegenwart, Treue und Teilhabe an der Autorität Gottes zugesagt (V. 5). In V. 6–9 folgen die göttlichen Befehle. Das ist stets die bibl. Reihenfolge. Erst die Verheißung, dann der Auftrag. Sei unverzagt und mutig, gehorche dem Gebot des Herrn – und der Erfolg wird sich gewiß einstellen; denn es geht um Gottes Sache.

4 *Das ganze Land der Hethiter:* Hier ist nicht das ganze Hethiterreich gemeint, sondern der Teil zwischen Euphrat und Mittelmeer, d.h. Nord-Syrien. 5 *Ich will dich nicht verlassen:* wörtl. »Ich will dich nicht fallen lassen«, vgl. 10,6, wo übersetzt wird: »Zieh deine Hand nicht ab«. 7.8 *Das Gesetz, das dir Mose, mein Knecht, gegeben hat:* Auf dieses Gesetzbuch wird in 5Mo 31,24–26 Bezug genommen (vgl. 5Mo 31,9.11); dieses Gesetz muß Gegenstand ständiger Betrachtung sein. Vgl. 5Mo 5,29–33; 6,4–9; Ps 1,2f.

9 *Ich habe dir geboten:* Der Feldzug, den Josua und das Volk nun unternehmen, ist gottgewollt. Josua ist weder Bandit noch Aggressor; er ist lediglich Untergebener, der die Befehle seines Herrn ausführt. Vgl. 5Mo 31,1–8.

1,10–5,12 Der Einzug in Kanaan

Dieser Abschnitt enthält einen Bericht über die Mobilisierung aller Stämme, die Aussendung der Kundschafter, die Vorbereitungen für die Überquerung des Jordans, den Übergang, die Errichtung einer Gedenkstätte an dieses Ereignis sowie über das erste Lager im Verheißenen Land.

1,10–18 Die Mobilmachung

1,10–11 Ein diszipliniertes Volk. Das Heer, das den Befehl zum Einmarsch in Kanaan erhielt, war diszipliniert und gut organisiert. Es besaß eine wesentlich höhere Kampfkraft als die ungeordneten Scharen, die einst Ägypten verlassen hatten.

10 *Amtleute des Volks:* Im Hebr. ist von Leuten die Rede, die »schreiben und Verzeichnisse anlegen können«. 11 *Nach drei Tagen:* Es scheint, daß die Kundschafter bereits ausgesandt worden waren, obwohl über ihre Mission erst später berichtet wird. Offensichtlich hält sich der Bericht nicht streng an die zeitliche Reihenfolge. Viell. war die Bezeichnung »nach drei Tagen« aber auch allg. Ausdruck für »bald«, ohne eine genaue Zeitspanne zu bezeichnen (vgl. 2,16).

1,12–18 Ein einiges Volk. Zu diesem höchst kritischen Zeitpunkt bildeten die Stämme Israels glücklicherweise eine lebendige Einheit. Die Rubeniter, die Gaditer und der halbe Stamm Manasse, denen ihre Siedlungsräume im Ostjordanland bereits zugewiesen worden waren (4Mo 32), erklärten sich ihrer Verpflichtung entsprechend sofort bereit, gemeinsam mit ihren Brüdern in das Westjordanland einzumarschieren. Es war diese geistlich begründete Einheit, die Israel zu einer Kraft machte, mit der man rechnen mußte.

14 *Diesseits des Jordan:* wörtl. »jenseits (auf der andern Seite) des Jordans«. Um welche Seite des Flusses es sich handelt, wird dem Verständnis des Lesers überlassen. An anderen Stellen wird präziser formuliert. So V. 15: »Diesseits des Jordans, gegen den Aufgang der Sonne«; oder 5,1: »Die jenseits des Jordans nach Westen zu wohnten«. Hier in V. 14 – vor dem Überschreiten des Flusses – ist die Wiedergabe »Diesseits des Jordans« zweifellos richtig. Die unterschiedliche Verwendung des Ausdrucks (vgl. 5,1 mit 12,1.7) zeigt, daß er keinen Rückschluß auf den geogr. Standort des Verfassers erlaubt. *Gerüstet:* entweder »in Abteilungen«, abgeleitet von einem Wort, das soviel wie »geteilt in 5 Gruppen« bedeutet; oder, wie in 2Mo 13,18: »wohlgeordnet«. Beide Bedeutungen laufen auf die Wiedergabe »in Schlachtordnung« hinaus.
16–18 Die Bereitschaft des Heeres, sich Josuas Führerschaft unterzuordnen, geht eindeutig auf dessen geistliche Befähigung zurück.
17 *Nur, daß der Herr, dein Gott, mit dir sei:* Im frühen Israel war das Recht auf eine Führerrolle immer davon abhängig, daß der Betreffende den Geist Gottes besaß. Vgl. 1Sam 10,6; 11,6. **18** *Wer deinem Mund ungehorsam ist:* Der totalen Verheißung Gottes entspricht völliger Gehorsam, – auch für die, die meinen könnten, es ginge im Augenblick nicht um ihre eigene Sache. Wer sein Leben erhalten und eigene Interessen verfolgen will, dem droht der Tod.

2,1–24 Die Kundschafter

Die Kundschafter wurden ausgesandt, um das Land zu erforschen; vor allem aber sollten sie Informationen über die strategisch wichtige Stadt Jericho einholen, die, an der Öffnung der Bergpässe gelegen, das Tor zum Landesinneren bildete. Die Eroberung des Landes sollte durch drei Feldzüge erreicht werden: einen gegen das Landesinnere (Kap. 7–9), einen gegen den Süden (Kap. 10) und einen gegen den Norden (Kap. 11). Der Übergang über den Jordan und die Eroberung Jerichos bildeten deshalb den Schlüssel für das gesamte Unternehmen.

2,1 Die Aussendung der Kundschafter. *Schittim:* von Nelson Glueck mit Tell el-Hammam identifiziert, liegt im Vorgebirge am Ostrand des Jordantals. Hier hatten die Israeliten vor dem Aufbruch nach Kanaan ihr letztes Lager aufgeschlagen (4Mo 33,49). Die Angabe dieses Ortes, der in einiger Entfernung vom Jordan liegt, spricht für die Annahme, daß die Kundschafter bereits von dort ausgesandt wurden, bevor die Israeliten zum Flußufer aufbrachen (vgl. 1,11).

1 *Heimlich:* wörtl. »lautlos«. Wahrscheinlich hatte Josua seine Absicht vor den Israeliten ebenso verheimlicht wie vor den Kanaanitern; ein ungünstiger Bericht sollte das Volk nicht erneut entmutigen. *Eine Hure, die hieß Rahab:* Seit Josephus hat man immer wieder versucht, Rahab als eine gewöhnliche Gastwirtin darzustellen. Aber das hier verwendete hebr. Wort, die LXX und die Erwähnungen im NT (Hebr 11,31; Jak 2,25) bestätigen die Richtigkeit des gewählten Ausdrucks »Hure«.

2,2–7 Die Kundschafter werden verdächtigt und versteckt. **2.3** Der ängstliche Argwohn des Königs von Jericho verrät die Panik, die in der Stadt herrschte und von der Rahab den Kundschaftern berichtete (V. 9–11). Der *König von Jericho* war lediglich Herrscher eines der winzigen Stadtstaaten, wie sie für das Kanaan jener Zeit charakteristisch waren. Ihre Selbständigkeit und mangelnde Zusammengehörigkeit (von wenigen Fällen abgesehen, wo sie dem Druck Israels gemeinsam standzuhalten versuchten) trugen zu dem Erfolg Israels bei. **4.5** Wir begegnen hier einer unvollkommenen Moralvorstellung. Wenn das NT Rahab positiv erwähnt, so nicht wegen ihrer Falschheit, sondern um ihres Glaubens willen.

2,8–21 Rahabs Glaube und Treue. **9–11** In Rahabs dunkles und tragisches Leben war ein Blitzstrahl der Wahrheit gefallen, daß es in Israel einen Gott gab, der größer war als alle Götter, die sie kannte. Berichte von seinen großen Taten und von den militärischen Erfolgen seines Volkes hatten die Stadt erreicht (vgl. 5Mo 2,25; 7,23; 11,25). So war Rahab darauf vorbereitet, sich der Macht und Barmherzigkeit dieses höchsten Gottes anzuvertrauen; und dieser Glaube war es, der sie rettete. **12** *Weil ich an euch Barmherzigkeit getan habe:* Das hebr. Wort *chesed* bezieht sich gewöhnlich auf die Bundestreue Gottes zu seinem Volk; es kann aber auch ernsthafte treue Beziehungen zwischen Menschen bezeichnen. Vgl. 2Sam 10,2. **18.19** Rahabs Glaube, wie unvollkommen er auch gewesen sein mag, rettete sie und ihre Familie (vgl. 6,15). Die Kundschafter versprachen ihr, daß bei der Einnahme der Stadt das Haus, aus dessen Fenster ein scharlachrotes Seil heraushing, verschont bleiben sollte. Einige Forscher meinen, dieses rote Seil sei mit dem Strick identisch, an dem Rahab die Männer durchs Fenster hinuntergelassen hatte (V. 15). Im Hebr. werden jedoch für beide verschiedene Wörter verwendet.

2,22–24 Die Kundschafter kehren zurück

und berichten. Dem Vorschlag Rahabs entsprechend (V.16) verbargen sich die Kundschafter drei Tage lang. Die vielen Höhlen in den Bergen um Jericho boten ihnen ausreichend Schutz. Dann durchschwammen sie vermutl. den Jordan und kehrten zu Josua zurück. Sie berichteten von der Angst und Verzagtheit der Kanaaniter.

3,1–13 Vorbereitungen für einen heiligen Krieg

Dem Volk wurde auf zweierlei Weise deutlich gemacht, daß der Krieg, in den es jetzt eintrat, ein heiliger Krieg war: Das Volk mußte sich heiligen (V.5), und die Bundeslade wurde dem Zug vorangetragen (V.3–4). **3.4** Der Bundeslade, getragen von Priestern aus dem Stamm Levi, sollte Israel in gebührendem Abstand folgen. Die Bundeslade diente einem doppelten Zweck: Sie war ein äußeres Zeichen für die Gegenwart Gottes bei seinem Volk, und in ihr wurden die beiden Tafeln des Dekalogs aufbewahrt (vgl. 2Mo 25,16.21). Beide Funktionen waren in diesem geschichtlichen Augenblick von Bedeutung: Das Volk bedurfte der Gewißheit der göttlichen Führung und brauchte klare Wegweisung für den unbestimmten Weg, der vor ihm lag (V.11 könnte übersetzt werden: »Siehe, die Lade des Bundes! Der Herr der ganzen Erde geht vor euch her in den Jordan«). Die Lade war das Zeichen, daß Gott vor seinem Volk herging, um es gegen seine Feinde zu führen.

4 Die Lade war als Aufbewahrungsort der Gesetzestafeln auch Symbol für die geistliche Unterweisung, die das Volk in der Zukunft benötigte. **5** *Heiligt euch:* Reinigung war notwendig; denn Gott stand im Begriff, wunderbar unter den Israeliten zu handeln und zu bestätigen, daß er Josua genauso nahe war wie seinem Knecht Mose. Dies alles erzeugte eine Atmosphäre, in der man mit der Wirkung übernatürlicher Kräfte rechnete; hier würde Gott handeln, nicht Israel.

9–13 In der Bibel gehören Wort und Wunder zusammen; das Wort kündigt an und erklärt, das Zeichen bestätigt. Gott offenbarte Mose und allen seinen Propheten im voraus, wie er im Blick auf bestimmte Ereignisse zu handeln gedachte; durch die Erfüllung ihrer Voraussagen stellt er unter Beweis, daß sie nicht in eigener Sache, sondern im Namen Gottes redeten. Auch Josua umreißt und erklärt die kommenden Ereignisse. Die Erfüllung bestätigt die göttliche Vollmacht seiner Führerschaft. **11** S. Komm. zu 3,3f.

3,14–4,18 Der Übergang über den Jordan

Manche Ausleger nehmen an, daß in diesem Abschnitt zwei verschiedene Überlieferungen verbunden worden sind. In der üblichen Übersetzung vermittelt 4,5 den Eindruck, daß der Durchzug durch den Fluß noch nicht begonnen hat (»Geht hinüber vor der Lade . . .«), während nach 3,16–17 und 4,1 anzunehmen ist, daß er bereits beendet sei. 4,5 kann aber auch wiedergegeben werden: »Überquert den Fluß dort, wo die Lade des Herrn eures Gottes mitten im Jordan steht (ähnl. EÜ). Wer die in diesem Bericht enthaltenen Schwierigkeiten dadurch zu lösen versucht, daß unterschiedliche Überlieferungen angenommen werden, die erst später verbunden wurden, übersieht, daß wir es mit einem in sich sehr komplexen Sachverhalt zu tun haben. Der Verfasser stand vor der Aufgabe, drei verschiedene und sich überschneidende Vorgänge zu schildern: die Überquerung des Flusses durch die Priester mit der Bundeslade (3,14–17; 4,11–18), die Flußüberquerung durch das Volk und die Aufrichtung der Gedenksteine, die nach 4,4–8 aus dem Fluß mitgenommen, und derjenigen, die nach 4,9 mitten im Fluß zusammengesetzt wurden (4,20 berichtet außerdem von der Aufrichtung von Gedenksteinen in Gilgal). Wenn der Berichterstatter in 3,17 wie in 4,10 von dem Übergang des Volkes über den Fluß spricht, so will er vor allem darauf hinweisen, daß die Priester während der ganzen Zeit des Übergangs im Fluß stehenblieben und daß die Errichtung der Gedenksteine vorgenommen wurde, während die Flußüberschreitung noch im Gange war. (Die Gedenksteine im Fluß waren »bis auf den heutigen Tag« sichtbar, vermutl. bei niedrigem Wasserstand.) – Diese Besonderheit der Berichterstattung findet sich auch in Kap. 10, wo der Sieg über die verbündeten Heere, das Wunder der stillstehenden Sonne und die Flucht der Könige alle als Berichte von *einem* Ereignis verstanden werden müssen. Die Reihenfolge der Ereignisse könnte etwa so gewesen sein:

3,14–17 Die zwölf Stämme überqueren den Jordan. **15** Die Priester, die die Bundeslade trugen, nahmen am Ufer des Flusses Aufstellung, der zu dieser Jahreszeit infolge der Schneeschmelze Hochwasser führte. **16** Als sie auf die Mitte des Flusses zugingen, trocknete das Flußbett vor ihnen aus; der Zufluß von Norden stoppte. Das Wasser stand *wie ein einziger Wall, sehr fern, bei der Stadt Adam, die zur Seite von Zarethan liegt.* Adam liegt von Jericho etwa 25km flußaufwärts (an der Mündung des Jabbok), so daß das Flußbett möglicherweise über eine Strecke von fast 40km trocken lag. Eine interessante Parallele findet sich bei dem arab. Historiker Nuwairi. Er berichtet, wie 1266 n.Chr. in der Nähe von Tell ed-Damije, das viele Fachleute für das alte Adam halten, das Flußbett infolge eines

Erdrutsches (der Fluß hat hier Steilufer) zehn Stunden lang trocken gelegen habe. Es werden noch weitere ähnliche Vorkommnisse berichtet; z.B. führte 1927 ein Erdbeben zum Einsturz des Westufers in der Nähe von Adam, dadurch wurde der Jordan über 20 Stunden lang gestaut. Diese Ereignisse legen für das, was sich Jahrhunderte vorher ereignete, eine »natürliche« Erklärung nahe. Wenn man diese Erklärung annimmt, schmälert das den übernatürlichen Eingriff in keiner Weise, der Israel den Weg genau in dem Augenblick frei gab, als es den Fluß überqueren mußte. Die im trockenen Flußbett ausharrende Priesterschaft war für das vorbeiziehende Volk das Zeichen, daß dies ein Wunder Gottes war.

4,1–9 Die Gedenksteine. Als das Volk das jenseitige Ufer erreicht hatte, nahm Josua die 12 bereits ausgewählten Männer (3,12) und befahl ihnen, an den Standort der Priester mit der Bundeslade zurückzukehren und von dort 12 Steine aus dem Flußbett zu holen, die später als Denkmal in Gilgal aufgerichtet wurden. Dann errichtete Josua aus 12 anderen Steinen in der Mitte des Jordans ein Denkmal, dort, wo die Priester gestanden hatten. **2–5** Die Errichtung von zwei Denkmälern aus zwölf Steinen *nach der Zahl der Stämme Israels* bestätigt nachhaltig, daß alle zwölf Stämme gemeinsam in der Wüste gewesen waren und zur gleichen Zeit in Kanaan einwanderten.

4,10–18 Die Beendigung des Übergangs. Die Priester blieben an ihrem Ort, bis die Gedenksteine zusammengetragen waren und das ganze Volk das Flußbett durchschritten hatte. Dann überquerten sie als letzte den Fluß; danach schwoll dieser wieder zu voller Stärke an. **12–14** Eine kurze Anmerkung unterstreicht die Tatsache, daß die östl. Stämme mit ihren Brüdern gemeinsam durch den Jordan gezogen sind und daß das ganze Ereignis als eine Erfüllung der Josua in 3,7 gegebenen Verheißung zu verstehen ist. **15** Dieser Vers nimmt den Hauptfaden des Berichtes – nach dem Einschub der VV. 12–14 – wieder auf. Entsprechend sollte man übersetzen: »Dann sprach der Herr zu Josua« oder sogar: »Denn der Herr hatte zu Josua gesagt«.

4,19–5,12 Das Lager in Gilgal

4,19–20 *Sie lagerten sich in Gilgal:* Hier wurden die Steine, die man vom Jordan mitgebracht hatte, zu einem Denkmal zusammengefügt und das Lager Israels als Basis für den kommenden Feldzug eingerichtet. Der Name Gilgal bedeutet »Kreis« oder »rollend«, von hebr. *galal* »rollen, wälzen«. Möglicherweise gab es dort bereits eine Rundanlage aus Steinen. Ri 3,19 spricht von »Steinbildern zu Gilgal«; unter der Voraussetzung, daß es sich um den gleichen Ort handelt, läge hier eine Bezugnahme vor. Doch Josua deutete den Namen des Ortes im Sinne des »Wegwälzens« der ägypt. Schande; Israel erneuerte seine Zustimmung zu dem Bund mit Jahwe durch die Wiederaufnahme der Beschneidung (vgl. 5,9).

4,21–24 Die Beständigkeit göttlichen Handelns. Die kommenden Geschlechter sollten daran erinnert werden, daß der Gott ihrer Väter auch ihr Gott war, der lebendige Gott, der beständig handelt, um sein Volk zu erlösen. **23.24** *Trocknete den Jordan vor euch aus . . . wie das Schilfmeer, das er vor uns austrocknete:* bestätigt 4Mo 14,29f, wonach eine ganze Generation in der Wüste umgekommen war, von der nur Josua und Kaleb überlebt hatten. Josua als einer der beiden Übriggebliebenen konnte im Zusammenhang mit dem Zug durch das Schilfmeer das persönl. Fürwort »uns« verwenden.

5,1 Die Auswirkung des Wunders am Jordan. Die Anmerkung über die Auswirkung, die der Jordanübergang auf die umliegenden Völker ausübte (vgl. 2,9–11), setzt voraus, daß eine gewisse Zeit verstrichen war, in der die Nachricht alle erreichen konnte. Die Bemerkung ist hier als unmittelbare Erfüllung des in 4,24 genannten Ziels des Wunders eingefügt; sie erklärt zugleich, daß, wie in V. 2–12 beschrieben, Beschneidung und Passa ungestört stattfinden konnten. *Amoriter . . . Kanaaniter:* Palästina war von jeher als Land der Kanaaniter bekannt. Die Amoriter drangen von Norden in Kanaan ein und ließen sich im Bergland beiderseits des Jordans nieder. *Da verzagte ihr Herz:* Dieser Schreck sicherte den Israeliten eine Atempause und gab ihnen die Gelegenheit, den Brauch der Beschneidung zu erneuern.

5,2–12 Die Bundesbeziehung wird wiederhergestellt. **2** *Beschneide die Kinder Israel:* Fast 40 Jahre lang hatte man die Sitte der Beschneidung nicht beachtet, – nicht, weil es dazu keine Gelegenheit gegeben hätte, sondern weil das Volk unter dem Gericht Gottes stand (vgl. 4Mo 14,34). Hätten die Israeliten während der Jahre der Wüstenwanderung die Beschneidung durchgeführt, so wäre der Eindruck entstanden, alles sei in Ordnung und der Bund sei nie gebrochen worden. Jetzt aber kehren sie in das alte Gottesverhältnis zurück; jetzt dürfen sie an ihren Körpern wieder das Zeichen des Bundes tragen. *Steinerne Messer:* Im 13. Jh. v.Chr. waren steinerne Werkzeuge bereits weitgehend durch Bronzegeräte abgelöst worden, und diese sollten schon bald durch das Eisen verdrängt werden. Bei der Ausübung dieser alten religiösen Sitte hielt man jedoch am Gebrauch alter Werkzeuge und an den alten Methoden fest. *Wie schon früher* (LÜ) ist klarer als das wörtl. *»zum zweitenmal«* (ZÜ, EÜ). Es geht nicht um eine Wiederholung der Beschneidung, sondern um eine Rückkehr zur alten Ordnung. **6** Nicht die Mühen der Wüstenwanderung hatten zur Einstellung der Beschneidung geführt, sondern der Ungehorsam einer ganzen Generation, die als Folge davon in der Wüste umgekommen war. **9** *Die Schande Ägyptens:* Der Ausdruck läßt vermuten, daß die Jahre der Wüstenwanderung den Ägyptern Anlaß gegeben haben, die Israeliten zu verspotten, als habe Gott sie verlassen. Die Wiederholung des Schilfmeerwunders am Jordan (vgl. 4,23) machte deutlich, daß Israels Verhältnis zu Jahwe nun wieder in Ordnung war.

10 Da das Volk nun wieder auf das Fundament des Bundes zurückgefunden hatte, bestand der nächste Schritt in der Feier des Passafestes. Nach 2Mo 12,43–49 durfte kein unbeschnittener Mann das Passa essen. Nun aber hatten alle männlichen Israeliten das Recht wiedererlangt, das Fest der Erinnerung an die Befreiung zu feiern. Mit der Erinnerung an diese Befreiung war gewiß das Vertrauen verbunden, daß Gott ihnen auch jetzt über die sie bedrohenden Mächte den Sieg schenken würde. **11.12** Das Volk tat nun den ersten Schritt auf dem Weg, das verheißene Erbe einzunehmen: es aß von den Früchten des Landes, das ihm durch den Bund als Eigentum zugesprochen war. Der Schreiber berichtet, daß die göttliche Versorgung mit Manna aufhörte (vgl. 2Mo 16,35); es wurde nicht mehr gebraucht.

5,13–12,24 Die Eroberung Kanaans

5,13–15 Der göttliche Befehlshaber

Der Bericht über den Vormarsch wird eingeleitet mit der Schilderung einer Begegnung Josuas mit einem Mann, der *ein bloßes Schwert in seiner Hand* trug. Für Josua muß dies eine Zeit besonderer Sorge und Ungewißheit gewesen sein. Der Jordan war überschritten, und es gab kein Zurück mehr. Die Last der Verantwortung lag schwer auf seinen Schultern. Und im gleichen Augenblick, als er *bei Jericho* besorgt die starken Befestigungen der Stadt erkundete, die Israel den Weg versperrten, erschien ihm der Vertreter Jahwes, der sich als *Fürst über das Heer des Herrn* bezeichnete. Hier erscheint letztlich Gott selbst in der nicht näher bestimmten Gestalt eines Menschen. 5,13–6,5 sind als durchgehender Bericht anzusehen, in den 6,1 eingefügt wurde. Der »Mann« aus 5,13 wird in 6,2 als der »Herr« bezeichnet. Ein ähnlich verschleiertes Wechselspiel der Personen finden wir in 1Mo 16, wo der »Engel des Herrn« von V. 7 in V. 13 als »der Herr« bezeichnet wird. Der »Engel des Herrn« wird häufig mit Gott selbst gleichgesetzt. (S. Einleitung zu 2Mo, S. 136f und »Theologie des Alten Testaments«, S. 28.)

13 *Gehörst du zu uns oder unsern Feinden?* Josua hatte den sich abzeichnenden Konflikt als Auseinandersetzung zwischen Israeliten und Kanaanitern angesehen. Er wollte herausfinden, ob dieser bewaffnete Krieger in diesem Kampf sein Verbündeter sein würde. Aus der Antwort ergab sich, daß er keinen Verbündeten vor sich hatte, sondern einen Befehlshaber, dessen Führung und Kontrolle er sich selbst unterwerfen mußte. Damit wird er erneut daran erinnert, daß dies ein heiliger Krieg ist, in dem er die Stellung eines Knechtes einnimmt, von dem Gehorsam (V. 14) und Verehrung (V. 15) erwartet werden. **14** Das Wort »ich« wird in diesem Vers besonders betont. *Ich bin der Fürst über das Heer des Herrn und bin jetzt gekommen:* Die letzte Verantwortung liegt nicht auf den Schultern eines menschlichen Heerführers, sondern bei Gott selbst. Das *Heer des Herrn* aber schließt die himmlischen Heerscharen ebenso ein wie die Naturgewalten (vgl. 10,11) und das Heer Israels.

Der nun folgende Bericht über die Eroberung des Landes stellt heraus, wie der göttliche Befehlshaber menschliche Strategie lenkt, beeinflußt und kontrolliert. Es kann uns helfen, die geschichtlichen Fakten besser zu verstehen, wenn wir die großen Linien dieser Strategie beachten. Die Eroberung des Landes geschah in drei Etappen. Die erste bestand in der Einnahme von Jericho und Ai (Kap. 6–8). Dadurch wurden die Pässe in das Landesinnere geöffnet und so ein Keil zwischen die nördl. und südl. Teile des Landes getrieben. Die zweite und dritte Etappe des Feldzugs bestand in der Unterwerfung der südl. (Kap. 9–10) und der nördl. (Kap. 11) Völker.

6,1–8,35 Die erste Etappe: Jericho und Ai

6,1–27 Die Eroberung Jerichos. Die archäol. Bestätigung für die Zerstörung Jerichos durch Josua ist nicht annähernd so beweiskräftig wie bei anderen Städten, die in dieser Zeit vernichtet wurden. John Garstang war der Auffassung, er hätte bei seinen Grabungen von 1929–1936 jene Mauern entdeckt, die in den Tagen Josuas eingestürzt waren. Die Forschungen von Kathleen Kenyon von 1952 bis 1958 ergaben jedoch, daß Garstang von der Stadt aus der Zeit Josuas praktisch nichts gefunden hatte; die meisten der von ihm freigelegten Objekte stammten aus der frühen

Bronzezeit und waren damit etwa 300 Jahre vor der Eroberung Jerichos durch Josua zu datieren. Keramikfunde machen eine Besiedlung Jerichos im 13. Jh. v.Chr. wahrscheinlich, aber die Überreste aus jener Zeit müssen als bescheiden bezeichnet werden. Dabei muß man berücksichtigen, daß die Stadt durch Josua vollständig zerstört wurde; außerdem sind die Einwirkungen der Erosion zu bedenken, denen die Stadt fünf Jahrhunderte lang ausgesetzt war, bis sie unter Ahab wieder aufgebaut wurde (1Kön 16,34; 869 v.Chr.). Der bisherige archäol. Befund kann eine israel. Eroberung Jerichos im 13. Jh. weder beweisen noch ausschließen. Es ist allerdings eindeutig, daß Jos 3–8 die Verhältnisse in diesem Gebiet und seine Topographie zutreffend wiedergibt.

1–5 Göttliche Anweisungen für den Angriff. **1** *Jericho war verschlossen und verwahrt:* Das Hebr. spricht hier von einer »Verriegelung«, die jedes Eindringen unmöglich machte und zugleich verhinderte, daß ein Einwohner Jerichos mit Menschen außerhalb der Stadt in Verbindung treten konnte. Man wird an das Pauluswort in 2Kor 7,5 erinnert: »Auswendig Streit, inwendig Furcht«. **4** Die Zahl sieben erhält hier besondere Bedeutung: sieben Priester, sieben Trompeten, sieben Tage, sieben Umzüge am siebenten Tag; damit wird Vollständigkeit, Vollendung und Endgültigkeit angedeutet. *Posaunen:* Das hebr. *jobel* wird außer im Gesetz über das Erlaßjahr (3Mo 25,8ff) nur noch in 2Mo 19,13 und hier erwähnt. Das legt die Vermutung nahe, daß die von den Priestern getragenen Posaunen eine stärkere Beziehung zum Gottesdienst als zum Krieg hatten. Es handelte sich in erster Linie um ein religiöses, nicht um ein militärisches Unternehmen. (An mehreren Stellen wird in diesem Kapitel ein anderes Wort [hebr. *qeren*] gebraucht, das man nicht mit »Posaune«, sondern eher mit »Lärmhorn« [EÜ] übersetzen sollte; es war als Signalgeber und Lärmverstärker gedacht.)

6–27 Die Zerstörung der Stadt und die Befreiung Rahabs. Der Engel Jahwes hatte für die Einnahme Jerichos genaue Anweisungen gegeben; sie wurden wörtlich befolgt. Sieben Priester trugen sieben Posaunen, die unaufhörlich geblasen wurden; ihnen folgte die Bundeslade. Sechs Tage lang zogen sie in feierlicher Prozession mit allen Kriegern und dem übrigen Volk je einmal um die Stadt. Abends kehrten sie ins Lager nach Gilgal zurück. Am siebenten Tag wurde die Stadt siebenmal umschritten. Während die Posaunen bliesen, brach das Volk auf Josuas Zeichen hin in ein großes Kriegsgeschrei aus – *da fiel die Mauer um* (V. 20; LÜ), sie *stürzte . . . an ihrer Stelle ein* (EÜ, nach dem Hebr.: »an dem Ort, wo sie stand«), also offenbar insgesamt, so daß jeder von seinem Standort aus in die Stadt eindringen konnte: *ein jeder stracks vor sich hin. So eroberten sie die Stadt* (V. 20). Selbst wenn man einen sekundären Grund, etwa ein Erdbeben, für dieses Ereignis annehmen könnte, so erklärt dies nicht, warum sich dieser Vorgang genau in dem kritischen Moment des israel. Vormarsches ereignete. Die Einnahme Jerichos war eine Tat des Glaubens: »Durch den Glauben fielen die Mauern Jerichos, als Israel sieben Tage um sie herumgezogen war« (Hebr 11,30). Gott zerbrach die Befestigungen, um die Stadt denen zu übergeben, die ihm im Glauben gehorcht hatten. **8** Das beständige Blasen der Posaunen sollte nicht nur die Israeliten daran erinnern, daß sie sich in einer geistlichen Auseinandersetzung befanden; es mußte zugleich die Herzen ihrer Gegner mit Schrecken erfüllen. Der furchteinflößende Klang, der Tag für Tag erschallte, mag ihnen den Gedanken an eine übernatürliche Macht nahegelegt haben. **9** Es ist bezeichnend, daß sich die Bundeslade inmitten der bewaffneten Männer befindet; Gott ist in der Mitte seines Volkes, gemeinsam ziehen sie um die Stadt. – Im Gegensatz dazu ist die Bundeslade am Jordan (3,4) vom Volk getrennt. Weist dies auf einen Unterschied zwischen einem Wunder hin, bei dem das Volk eine, wenn auch nur passive Rolle spielt – im Gegensatz zu einem Wunder, das ihm ohne jede eigene Beteiligung widerfährt?

17–21 *Diese Stadt . . . soll dem Bann des Herrn verfallen sein:* Die Einwohner und alles, was sich in der Stadt befand, wurde unter einen besondern »Bann« (hebr. *cherem*) getan. Dieser schloß jeden Kontakt mit den Israeliten aus. Für Menschen und Tiere bedeutete dies die Vernichtung (V. 21). Darin drückte sich einmal Gottes Gericht über die Sünde Jerichos aus (vgl. 1Mo 15,16), zugleich aber auch die Fürsorge für sein Volk: Es sollte vor Verunreinigung bewahrt bleiben (vgl. als Gegenbeispiel 4Mo 25,1–5 und Einleitung »Das ethische Problem der Kriegsführung Israels«, S. 281f).

22.23.25 Gemäß dem mit Rahab geschlossenen Bund (2,12ff) und in Übereinstimmung mit der Anweisung Josuas in V. 17 wird diese Frau und ihre Familie gerettet. Wir erkennen hier gewissermaßen das Gegenstück zum Bann: Rettender Glaube und die Identifizierung mit dem Volk Gottes heben den Bann auf (s. Komm. zu 7,24–26). Die Kundschafter *brachten* Rahab und ihre Familie zwar *außerhalb des Lagers unter,* denn sie waren Heiden und damit unrein; letztlich wurden sie jedoch mit den Israeliten gleichgesetzt. Im NT wird Rahab als Musterbeispiel aufrechten Glaubens bezeichnet (Hebr 11,31; Jak 2,25; vgl. auch Eph 3,6). **24** Aller Reichtum Jerichos wurde für das Haus des Herrn beschlagnahmt; jede Inbesitznahme eines gebannten Gegenstandes hätte Verunreinigung und Teilhabe am Verhängnis bedeutet (vgl. Jos 7,1ff). **26.27** Der Bannspruch über Jericho belegte zugleich jeden mit einem Fluch, der die Befestigungen der Stadt neu aufbauen würde. 500 Jahre später, zur Zeit Ahabs, mißachtete Hiël von Bethel diesen Fluch; das kostete ihn das Leben zweier Söhne (1Kön 16,34). Eine unmittelbare Verletzung des Bannspruchs hatte jedoch viel verheerendere Folgen für Israel, als es nun gegen Ai zog.

7,1–26 Die Niederlage von Ai und Achans Sünde. Die archäol. Erforschung von Ai hat zu einer ernsthaften Schwierigkeit geführt. »Für den heutigen Exegeten scheint das Problem der Eroberung von Ai schwieriger zu sein als seinerzeit für Israel« (M. Burrows). Die Ausgrabung von Et-Tell, das man allg. für Ai hält, hat gezeigt, daß dieser Platz von etwa 2400 bis 1200 v.Chr. unbewohnt war. Während dieser ganzen Zeit befanden sich dort nur Ruinen; schon der Name *ha'aj* = »die Ruine« deutet darauf hin. Nach diesen Belegen war Ai bereits zerstört, bevor Josua es überhaupt angriff.

Für die Unvereinbarkeit des bibl. Berichts mit den Ausgrabungsergebnissen gibt es vier verschiedene Erklärungen: 1. Spätere Israeliten haben die Ruinen aus dem 3. Jt. v.Chr. mit Josua in Verbindung gebracht, der als Zerstörer kanaanitischer Städte bekannt war. – Diese Deutung ist für uns nicht akzeptabel, da sie die Geschichtlichkeit des bibl. Berichts grundsätzlich verneint. 2. L. H. Vincent vermutet, daß die Einwohner der nur etwa 2km entfernten Nachbarstadt Bethel in Ai einen militärischen Außenposten eingerichtet hatten, der den Vormarsch des israel. Heeres auf die eigene Stadt stoppen sollte. Dieser Posten auf den alten Trümmern sei von so bescheidenden Ausmaßen und von so kurzer Lebensdauer gewesen, daß er keine Spuren hinterlassen habe, die den Archäologen seine Existenz verraten könnten. – Diese Erklärung übersieht, daß nach Jos 8,29 und 12,9 ein »König von Ai« existierte. 3. W. F. Albright vermutet, daß sich hinter dem Bericht in Jos 8 in Wirklichkeit die Geschichte des Falles von Bethel verbirgt. Diese Annahme wird dadurch unterstützt, daß es in Jos keinen Bericht über die Einnahme von Bethel gibt, obwohl die Archäologen nachgewiesen haben, daß es zur gleichen Zeit wie andere kanaan. Städte zerstört wurde. Auch wird Bethel in der Liste der besiegten Städte und Könige aufgeführt (12,16). Die Schwierigkeit besteht darin, daß der Text von Jos 8 zwischen Bethel und Ai unterscheidet (vgl. V. 17). Ob dieser Unterschied eindeutig nachgewiesen werden kann, bleibt offen. Im Heimkehrer-Verzeichnis von Esr 2 werden Bethel und Ai in einem Atemzug genannt (V. 28), ebenso in Neh 7,32. Viell. waren sie schon früh zu einer Stadt zusammengewachsen (vgl. 8,17). Außerdem ist zu beachten, daß Lokalisierung und Ausdehnung Bethels nicht eindeutig festliegen; meist wird Bethel mit Lus identifiziert (1Mo 28,19; 35,6; Jos 18,13), in 16,1.2 wird es jedoch deutlich von Lus unterschieden. Könnte es sein, daß es eine klar definierte Stadt Bethel und eine weniger klar definierte Stadt Bethel-Ai gegeben hat? Dann könnte es sich in Jos 8 um Bethel-Ai, oder viell. besser, um Ai-Bethel handeln. Immerhin ist bemerkenswert, daß der erfolgreiche Angriff auf Ai Vorsichtsmaßnahmen im Blick auf einen Gegenangriff von Bethel einschloß und daß 8,17 die beiden Städte besonders miteinander verbindet (vgl. 12,9). Aber dies alles ist weitgehend Spekulation. 4. Deshalb ist es viell. am besten, den archäol. Befund in Frage zu stellen. Die Identifizierung von Ai mit Et-Tell kann falsch sein. Die Frage wird von K. A. Kitchen (*Alter Orient und Altes Testament,* S. 25f) ausführlich diskutiert. Viell. ist Et-Tell in Wirklichkeit das bibl. Beth-Awen (Jos 7,2; 18,12; 1Sam 13,5). Man muß abwarten, ob die Arbeit der Archäologen neue Belege über das Ai aus den Tagen Josuas erbringt.

Welche Probleme sich bei der Lokalisierung von Ai auch immer ergeben mögen, für Israel war die Stadt das nächste Hindernis auf dem Weg zur Eroberung des Landes. Auf steil ansteigendem Gelände westl. von Jericho gelegen, war sie für das zentrale Bergland von strategischer Bedeutung. Sie beherrschte die Hauptroute von Gilgal ins Landesinnere.

7,1–12 Die Niederlage von Ai und ihre Ursache. Die großen Erwartungen der Angreifer erfüllten sich nicht. **1** nimmt den Grund dafür vorweg; dann werden die Ereignisse erzählt. *Vergriffen sich an dem Gebannten:* Alles, was unter dem Bann steht, ist von Gott beschlagnahmt; es ist jedem privaten Gebrauch entzogen. Man muß es opfern oder dem Heiligtum übergeben (6,19.24). Jeder Verstoß gegen dieses Gesetz ist ein Bundesbruch (V. 11.15). **2–5** Auf den Rat der Kundschafter, die Josua ausgesandt hatte, wurde nur ein Teil des Heeres zum Angriff gegen die Stadt eingesetzt. Aber dies war nicht der Grund für die Niederlage. Viell. spielte Israels unbesonnenes Selbstvertrauen bei der Übertretung des Banngebots eine Rolle. Die Garnison von

Ai unternahm einen Ausfall, trieb die Israeliten *bis zu den Steinbrüchen* zurück und tötete 36 Mann *am Abhang.* 5 *Da verzagte das Herz des Volkes:* Der gleiche Ausdruck wird in 2,11 für die Kanaaniter gebraucht. Der Grund ist nicht nur in der Niederlage und im Verlust kampffähiger Männer zu suchen; das Volk spürte betroffen, daß Jahwe seine Hilfe von ihm zurückgezogen hatte. 7 Josuas Hauptsorge bestand darin, die Kanaaniter könnten aus dieser Niederlage Israels neue Hoffnung schöpfen und der Name Gottes könnte entehrt werden.

10 Gott wendet die Gedanken Josuas von der Niederlage und ihren Folgen ab; er weist ihn auf die Notwendigkeit zu handeln hin.

11 Gott beschuldigt Israel erst allg., dann beschreibt er immer konkreter seine Sünde. Im Hebr. wird das noch betont, indem jeder Satz der Anklage mit der Formel »und ebenso« beginnt. Israel war jetzt eine Nation, und die Sünde des einzelnen galt als Sünde des ganzen Volkes, bis dieses die Tat verwarf und Sühne leistete.

13–26 Der Übeltäter wird entlarvt und bestraft. **13** *Heiligt euch:* Jede Handlung des Unglaubens (V. 1) war in erster Linie ein Bruch der Bundesvereinbarungen; deshalb muß sich Israel als das geheiligte Bundesvolk versammeln (vgl. 2Mo 19,10f), wenn der Herr als Richter unter das Volk tritt. **14** Das Wort *herzutreten* hat oft auch eine geistliche Bedeutung (vgl. V. 16ff). **16–18** Durch das Los wird Achan aus dem Stamm Juda als der Bannbrecher ermittelt (vgl. 1Sam 10,20f). **19** *Gib dem Herrn . . . die Ehre:* durch das Bekenntnis der Sünde und Anerkennung der göttlichen Überführung des Übeltäters. **20.21** Achan gestand, daß er *Gold* und *Silber* und einen *kostbaren babylonischen Mantel* genommen und unter seinem Zelt versteckt hatte. Als Grund gibt er ohne Beschönigung zu: es *gelüstete mich.* **23** *Legten's nieder:* Das gestohlene Gut wird vor Josua und ganz Israel gebracht und vor Jahwe (also vor der Bundeslade) »ausgeschüttet« (ZÜ). Damit wird Gott zuerkannt, was ihm gehört.

24–26 Achan hatte sich durch die Berührung »geweihter« (gebannter) Gegenstände verunreinigt; er war damit selbst unter den Bann geraten, indem er sich willentlich mit Dingen identifiziert hatte, die unter dem Fluch Gottes standen. (Das Gegenteil geschah mit Rahab; 2,3–6.8–11.21; 6,17.25; vgl. Mt 1,5). Die Abschlußszene spielt sich im Tal Achor (»Tal der Qual«) ab; das Urteil wird vollstreckt, Achan gesteinigt und mit seinem gesamten Besitz und dem Diebesgut verbrannt. Ob Achans Familie das gleiche Schicksal widerfuhr, ist ungewiß. **25** Der Plural *sie* kann sich lediglich auf seine Besitztümer beziehen, und auch 22,20 gibt auf diese Frage keine eindeutige Antwort, denn dieser Vers kann sich auch darauf beziehen, daß um der Sünde eines Mannes willen 36 andere sterben mußten. 5Mo 24,16 verbietet eindeutig die Todesstrafe für die Angehörigen eines Übeltäters, es sei denn, sie hätten sich durch Mitwisserschaft schuldig gemacht. Möglicherweise war ihnen, da sie das Zelt mit ihm teilten, sein Verbrechen nicht verborgen geblieben. **26** Durch Achans Tod war der Frevel gesühnt und Gottes Zorn abgewendet (vgl. V. 1). Der Ort der Tragödie, das Tal Achor, wurde zum »Tal der Hoffnung« (vgl. Hos 2,17; s. auch Jes 65,10); denn Israel richtete nun sein Angesicht wieder nach vorn.

8,1–29 Die Einnahme von Ai. **1.2** Ermutigung zum Angriff. **1** Nachdem die Situation bereinigt war, ermutigte Gott Josua zum Angriff. *Das ganze Kriegsvolk:* Zur Eroberung von Ai wären zwar nicht alle Männer nötig gewesen; aber die Moral des Volkes sollte wiederhergestellt werden. **2** *Die Beute und das Vieh:* Es ist bemerkenswert, daß diesmal die gesamte Beute und das Vieh unter das Volk verteilt werden; Achan hätte auf seinen Anteil also nur zu warten brauchen.

3–22 Die Strategie des Angriffs. Josua legte einen Hinterhalt, um Ai einzunehmen und zu zerstören. Der Text bietet zwei Schwierigkeiten. Es scheint ein Widerspruch zu bestehen zwischen V. 3–9, wo von 30 000 Mann in einem Hinterhalt an der Westseite der Stadt gesprochen wird, und V. 12, wo die Anzahl der Streitkräfte an dieser Position mit 5000 beziffert ist. Nun sind den Abschreibern bei Zahlenangaben öfter Fehler unterlaufen. Viell. nannten beide Stellen ursprünglich die Zahl von 5000. Die Zahl 30 000 kann sich auch auf die Gesamtstärke der eingesetzten Truppen bezogen haben. Noch einleuchtender aber ist die Vermutung, daß zwei verschiedene Hinterhalte gemeint sind; der eine bezog sich auf Ai, der andere auf einen von Bethel her drohenden Angriff. **17** berichtet, daß auch die Männer von Bethel an der Verfolgung der Israeliten beteiligt waren. Bethel lag etwa 3km von Ai entfernt, durch dazwischenliegende Höhen verborgen, aber politisch mit der Stadt verbunden. Es ist also anzunehmen, daß Josua Vorbereitungen traf, um sich gegen einen möglichen Angriff von Bethel her zu schützen. Die Truppen Bethels wurden besiegt und ihr König getötet (12,16). Es ist jedoch unklar, ob die Stadt wirklich besetzt und zerstört wurde. Ihre Einnahme wird in Ri 1,22–26 berichtet. Das kann sich noch zu Lebzeiten Josuas abgespielt haben, da über dessen Tod erst in Ri 2,8 ausführlicher berichtet wird (vgl. jedoch Ri

1,1). Ein zweites Problem entsteht durch die Zahl der Kämpfer im ersten Hinterhalt: *dreißigtausend* (V.3) ist für einen derartigen Zweck eine unwahrscheinlich hohe Zahl. Die »großen Zahlen« im AT haben die Exegeten oft beschäftigt. Für die hier vorliegende Stelle wird vermutet, daß »Hauptleute« statt »tausend« zu lesen ist. Das hebr. *'eleph* bedeutet zwar »tausend«, kann aber auch mit »Hauptmann« übersetzt werden. (S. dazu John Wenham, Die großen Zahlen im Alten Testament, HZB, S. 191f.) Danach hätten wir es mit einem ausgesuchten Stoßtrupp von 30 Mann zu tun, *streitbare Männer* (V.4), die für diese gefährliche Aufgabe geeignet waren. Ihre Aufgabe bestand darin, in die Stadt einzudringen und sie in Brand zu setzen, nachdem die Verteidiger sie verlassen hatten, um Josua und seine Leute zu verfolgen. Josuas Strategie erforderte demnach drei Gruppen: ein kleines Kommando, das in Ai eindringen sollte; 5000 Mann gegen eine mögliche Einmischung von Bethel; und schließlich das Gros des israel. Heeres, das unter Josuas Führung die Männer aus Ai herauslocken sollte. Es könnte aber auch sein, daß es sich bei den 5000 Mann von V.12 um einen verderbten Text handelt und daß auch hier wie in V.3 30000 zu lesen ist. Dann wären nur die 30 »Hauptleute« des Hinterhalts und das Hauptheer im Spiel gewesen.

13 *Zog hin in dieser Nacht:* JB korrigiert das hebr. *wajjalek* in *wajjalen* und liest »verbrachte jene Nacht«. Einige Kommentare gehen noch weiter und lesen in V.9 wie in V.13 *im Tal.* Beide Korrekturen sind unnötig; sie dienen nur dazu, die Ansicht zu stützen, daß hier zwei Berichte des gleichen Ereignisses vorlägen. VV.3–9 beschreiben den Beginn der Verwirklichung von Josuas Plan: In der ersten Nacht nimmt der ausgewählte Stoßtrupp der 30 Männer seine Position ein, während Josua beim Rest des Volkes bleibt; am nächsten Tag (V.10) legt Josua mit dem Volk die etwa 25km bis vor Ai zurück; in jener Nacht (V.12–13) wird der Hinterhalt (V.13 »Die Nachhut«; ZÜ) von 5000 Mann zwischen Ai und Bethel postiert, während Josua mit dem Hauptheer in der Ebene vor Ai Position bezieht.

18.19 *Die Lanze:* Josuas Waffe gab den Männern, die im Hinterhalt lagen, wahrscheinlich das Zeichen, indem sich auf ihrer flachen Scheide das Sonnenlicht spiegelte.

22–29 Der Sieg und seine Folgen. Die Strategie war überaus erfolgreich: Die Stadt wurde besetzt und in Brand gesteckt. Ihre Bewohner, von vorn und von rückwärts angegriffen, fielen durch das Schwert. **26** Die Lanze Josuas blieb ausgereckt, bis der Bann vollstreckt war (das Bild erinnert an 2Mo 14,26; 2Mo 17,9). **28.29** Ai wurde völlig zerstört. Es wurde, was sein Name besagt, ein *Schutthaufen.* Der König wurde getötet, sein Leichnam bis zum Abend an einem Baum aufgehängt (vgl. 5Mo 21,23) und dann unter einem Steinhaufen begraben – eine bleibende Erinnerungsstätte an einen weiteren Meilenstein auf dem Vormarsch Israels.

8,30–35 Altarbau und Erneuerung des Bundes. In einer feierlichen Handlung von höchster Bedeutung erinnerte Josua die Israeliten nun an den geistlichen Aspekt der Landnahme. Ziel der Wanderung waren die Berge, die Mose (5Mo 11,29) für diese Feier der Bundeserneuerung bestimmt hatte: Ebal und Garizim. Wahrscheinlich hat das Bundesfest selbst jedoch in Sichem stattgefunden, das im benachbarten Tal lag und durch die Erinnerung an die Patriarchen geheiligt war. Sichem war später noch einmal Schauplatz einer Bundesfeier (Jos 24). Daraus hat man geschlossen, es handele sich um zwei verschiedene Berichte von dem gleichen Ereignis. Aber es ist sehr einleuchtend, daß Josua sowohl beim Beginn der Ansiedlung in Kanaan, als auch in dem Augenblick, wo er das Ende seines Auftrags nahen fühlte, das Volk an die Verpflichtung erinnerte, dem Bund mit Jahwe gehorsam zu sein. In Übereinstimmung mit dem ausdrücklichen Befehl Moses rief er alle auf, ihren Treueid gegenüber Gott zu erneuern und die Bedingungen zu beachten, die mit dem Besitz des Landes verbunden waren (s. Komm. zu 5Mo 11,26–32; 27–30).

Drei Punkte bedürfen der Erklärung: 1. Es überrascht, daß nichts über die Einnahme der alten befestigten Stadt Sichem gesagt wird; und das, obwohl das Volk zweimal unmittelbar vor ihren Toren ein Bundeserneuerungsfest begeht. Dafür gibt es zwei Erklärungen. Einmal behauptet das Buch Josua nicht, einen erschöpfenden Bericht über die Eroberung Kanaans zu geben; wenn die Einnahme von Sichem also nicht erwähnt wird, so braucht das nicht zu bedeuten, daß die Stadt nicht erobert wurde. Zum anderen verhielten sich die Einwohner von Sichem den Israeliten gegenüber nicht feindselig. 1Mo 34 beschreibt, wie die Stadt in die Hand Jakobs kam. Die Amarnabriefe erwähnen ferner, daß um 1380 v.Chr. Labaju, der Herrscher von Sichem, mit den »Habiru« (möglicherweise einer mit den Hebräern in Beziehung zu sehenden Gruppe) liiert war. Es kann sein, daß Jakob die Kontrolle über Sichem an eine verwandte Gruppe semitischer Herkunft abgetreten hatte, die ebenfalls an den Gott Israels glaubte, so daß Israel beim Einzug in Kanaan in den Bewohnern von Sichem Art- und Glaubensverwandte vorfand. Das könnte auch erklären, warum die Einwohner von Sichem in Ri 9 als Israeliten gelten, sich Israel jedoch überlegen fühlen.

Es ist aber bezeichnend, daß in Sichem eine sehr unvollkommene und synkretistische Form des Jahweglaubens praktiziert wurde. Sie erlaubte den Einwohnern, auch einen der »Baale« Kanaans zu verehren; in Ri 8,33 und 9,4 wird »Baal-Berith« als der Gott von Sichem bezeichnet. Der bibl. Bericht schweigt über eine derartige Verbindung mit Hebräern, die bereits in Kanaan lebten; eine derartige Annahme ist jedoch nicht ausgeschlossen. Eindeutig widerspricht der bibl. Befund jedoch der These moderner Gelehrter, nach der sich in Sichem hebr. Stämme, die nie in Ägypten oder am Sinai gewesen waren, unter der Führung von Josua mit den aus Ägypten vertriebenen und nun in Kanaan einmarschierenden Gruppen erst zu einem heiligen Bund von 12 Stämmen zusammengeschlossen hätten (vgl. 4,1ff).

2. Der durch Feindesland führende Marsch nach Sichem stellt kein wirkliches Problem dar; denn das Land zwischen den Städten war nur wenig bevölkert, vor allem wegen fehlender Wasserquellen. Auch wird deutlich gesagt, daß die Kanaaniter unter dem Eindruck des Einmarsches der Israeliten wie gelähmt waren und deswegen nur geringen Widerstand leisteten (z.B. 5,1; 9,24).

3. Zum Wesen des in Sichem erneuerten Bundes und zu seiner Ähnlichkeit mit den Bundesschlüssen gegen Ende des 2. Jt. v.Chr. s. Komm. zu Jos 24. Dort wird auch von einer Bundeserneuerung berichtet und auch die in diesem Abschnitt nicht erwähnte feierliche Zeremonie beschrieben (V.30–31).

30–35 Auf dem Berg Ebal wurde ein Altar aus unbehauenen Steinen errichtet, und feierliche Opfer wurden dargebracht. Eine Abschrift der 10 Gebote wurde in Tontafeln eingeritzt und dem ganzen Volk vorgelesen. Segen und Fluch des Bundes wurden öffentlich verkündigt. Sechs Stämme auf dem Garizim sagten zu den Segenssprüchen, sechs auf dem Ebal zu den Verfluchungen ihr »Amen«. Damit wurden drastisch die beiden Möglichkeiten dargestellt, die dem Menschen unter Gott gegeben sind: verflucht und verloren oder gesegnet und gerettet zu sein. So verpflichtete sich Israel erneut feierlich, Gottes Gebot als Grundlage seines Lebens und als Bedingung des Wohlstandes anzuerkennen. **33** *Die Fremdlinge sowohl als auch die Einheimischen:* In den Bund eingeschlossen waren Völker wie die Keniter, die sich mit Israel in der Wüste vereinigt hatten, aber auch Einzelpersonen wie Rahab und ihre Familie und später die Gibeoniter (Kap. 9).

9,1–10,43 Die zweite Etappe: Der Feldzug nach Süden

Israels Siege über Jericho und Ai führten einerseits dazu, daß der Widerstand wuchs und besser organisiert wurde (9,1f; 10,1–43), zum anderen dazu, daß Bewohner des Landes veranlaßt wurden, sich mit den Einwanderern zu arrangieren (9,3–27).

9,1–27 Der Vergleich mit den Gibeonitern. **1–3** Durch das Verhalten der gibeonitischen Städte (Gibeon, Kephira, Beeroth, Kirjath-Jearim; V. 17) wurde der Mittelteil des Landes für die Israeliten weit geöffnet. In V. 7 werden die Gibeoniter als »Hewiter« bezeichnet; möglicherweise ist jedoch die Lesart der LXX richtiger, die von »Horitern« spricht (vgl. 1Mo 36,2.21). **4.5** Sie täuschten vor, Abgesandte eines fernen Landes zu sein und als solche für den weiteren Vormarsch Israels keine Bedrohung darzustellen; auf diese Weise veranlaßten sie die Israeliten, mit ihnen einen Bund zu schließen und ihnen die Schonung ihres Lebens zuzusichern. *Alte Säcke ... geflickte Weinschläuche ... alte, geflickte Schuhe ... alte Kleider* überzeugten die Führer Israels, daß sie aus einem fernen Land kamen. **9.10** Die Täuschung wurde dadurch noch glaubwürdiger, daß sie vorgaben, nur von Israels Siegen jenseits des Jordans gehört zu haben; Jericho und Ai erwähnten sie nicht. **14.15** Das Bündnis wurde geschlossen, bevor die Täuschung erkannt wurde. Die Obersten der Israeliten aßen von der Speise der Gibeoniter und verpflichteten sich damit zu dauernder Freundschaft. *Sie befragten den Mund des Herrn nicht,* sondern schlossen ein Bündnis mit ihnen. Dies kann ein vollständiger Vasallen-Vertrag nach dem Muster jener Zeit gewesen sein (s. Komm. zu Jos 24); wie die späteren Ereignisse zeigten, schloß er in jedem Fall Hilfeleistung gegen die Feinde des Vasallen ein.

16–21 Die Entdeckung des Betruges. Als die Israeliten die Städte der Gibeoniter erreichten, erkannten sie den Betrug. Aber das Abkommen war geheiligt, es konnte nicht rückgängig gemacht werden, obwohl es ziemlichen Aufruhr im Volk gab. Der Gerechtigkeit wurde Genüge getan, indem die Gibeoniter für immer zu *Knechten ... für das Haus ... Gottes* bestimmt wurden. **21** *Wasserschöpfer:* Ausgrabungen haben ergeben, daß die Gibeoniter spezielle Kenntnisse auf dem Gebiet der Wasserförderung besaßen. Das zeigt sich an einem großen Teich im Zentrum der Stadt Gibeon mit einer Wendeltreppe zu der etwa 25m tiefer gelegenen Wasserquelle.

22–27 Ein Fluch, der zum Segen wird. **23** *Darum sollt ihr verflucht sein:* Sie wurden zu dauernder Knechtschaft verurteilt, aber der Fluch, der sie traf, war zugleich ein Segen: »Wohl denen, die in deinem Hause wohnen« (Ps 84,5). **27** Der »Fluch« der Gibeoniter bestand darin, für immer der Gemeinde und dem Altar des Herrn zu dienen, *an der Stätte, die er erwählen würde.* So wirkt die Gnade Gottes. Um der Gibeoniter willen wirkte Gott das Wunder der Schlacht von Beth-Horon (10,7–15), und in Gibeon stand später vorübergehend das heilige Zelt (2Chr 1,3). Und als später Priester und Leviten versagten, setzte er Gibeoniter an ihre Stelle. Seit Josua sie zu *Holzhauern* gemacht (hebr. *natan,* wörtl. »geben«) hatte, wurden sie als *netinim,* als »Gegebene« oder als »Tempeldiener« bekannt (Esr 2,43; 8,20; 1Chr 9,2). Der Übertritt der Gibeoniter zu Israel half Josua in diesem Stadium, den Keil in den Mittelteil Kanaans noch tiefer vorzutreiben. Diese Tatsache und dazu die Möglichkeit, die Vorräte und Reichtümer der großen Stadt Gibeon zur Verstärkung seines Angriffs gegen die Kanaaniter einsetzen zu können, erklärt die Schärfe, mit der die fünf Könige der Amoriter nun gegen Josua vorgingen (10,1–5).

10,1–43 Sieg über die Gegner im Süden.
1–6 Das Bündnis gegen Gibeon. Die Nachricht vom Bund zwischen Israel und den Gibeonitern war das Signal zum Krieg. Fünf Könige der Amoriter beschlossen nicht nur, ihre ehemaligen Verbündeten wegen deren Verrats zu bestrafen, sondern Josua an jener Stelle anzugreifen, wo eine Niederlage sich fatal auf seine Pläne auswirken mußte. Der Fünferbund wurde von Adoni-Zedek (vgl. Melchisedek, 1Mo 14,18) angeführt, dem König von Jerusalem, das seit langem eine einflußreiche Stadt war. Außerdem gehörten die Könige von Hebron, Jarmuth, Lachisch und Eglon dazu. Ihr vereinigtes Heer belagerte Gibeon, dessen Bewohner sich nun, aufgrund des abgeschlossenen Schutzbündnisses, dringend um Hilfe an Israel wandten. **6** *Zieh deine Hand nicht ab:* wörtl. »laß deine Hand nicht fallen«; vgl. 1,5. *Alle Könige der Amoriter, die auf dem Gebirge wohnen:* keine Übertreibung, denn diese fünf Könige repräsentierten das ganze Gebiet.

7–15 Josuas Sieg und das Wunder der stillstehenden Sonne. **8** Ermutigt durch eine göttliche Bestätigung seines Auftrags (vgl. 1,2–6) zog Josua in einem nächtlichen Gewaltmarsch von Gilgal heran und überfiel die vereinigten amorit. Heere bei Gibeon.

10,11 *Der Herr erschreckte sie:* Nicht Israel, sondern Jahwe ist der Sieger. *Beth-Horon:* Die Amoriter flohen auf der »Steige von Beth-Horon«, einem Paßweg vom Gebirge Judas ins Hügelland der Schephela. (Dieser Paß führt längs einer Erdverschiebung und wird von den Orten Oberes Beth-Horon [617m] und Unteres Beth-Horon [399m] beherrscht. In der Schephela lagen drei der verbündeten Städte: Libna, Eglon und Lachisch.) Aber sie sollten nicht entkommen; denn der Herr griff noch einmal ein, um seinem Volk zu helfen. Ein großer Hagelsturm kam auf; steingroße Hagelkörner töteten ganze Scharen und machten die Niederlage vollkommen.

12–15 Das Wunder der stillstehenden Sonne. Es folgt nun ein Zitat aus dem »Buch des Redlichen«, das vermutl. eine Sammlung von Preisliedern auf die Helden Israels war. Es gibt das Gebet Josuas wieder: *Sonne, steh still zu Gibeon, und Mond, im Tal Ajalon!* Als Antwort darauf *stand die Sonne still und der Mond blieb stehen, bis sich das Volk an seinen Feinden gerächt hatte.* Zwei Fragen ergeben sich: Wo beginnt und wo endet das Zitat? Und wie ist das hier berichtete Wunder zu erklären? Das Zitat beginnt offensichtlich in V. 12. Da Josua erst nach der endgültigen Niederlage des Feindes nach Gilgal zurückkehrte (V. 43 berichtet davon), müssen wir annehmen, daß das Zitat V. 15 einschließt. Man kann aber auch der LXX folgen, die V. 15 wegläßt. Da V. 15 mit V. 43 identisch ist und V. 14 und 42 den gleichen Schluß haben (»denn der Herr stritt für Israel«), ist es möglich, daß ein Abschreiber diese Zeilen versehentlich bereits nach V. 14 eingefügt hat. In diesem Fall werden die dichterischen Verse 12b und 13a in V. 13b und 14 unter Angabe der Quelle in Prosa wiederholt.

Eine weitere Frage lautet: Stand die Sonne still? Man hat versucht, diesen Abschnitt damit zu erklären, daß der Erzähler als geschichtliches Faktum angesehen habe, was urspr. eine bildhafte dichterische Umschreibung des göttlichen Eingriffs zugunsten seines Volkes gewesen sei. Aber es gibt keinen Grund, ein wörtl. Verständnis grundsätzlich zurückzuweisen, obwohl Wissenschaftler diesen Abschnitt oft zur Zielscheibe ihres Spotts gemacht haben, dies jedoch möglicherweise aufgrund eines Mißverständnisses. Gewöhnlich nimmt man an, Josua habe Gott um Verlängerung des Tages gebeten. Aber ist es nicht denkbar, daß Josua, der das Schlachtfeld bei Nacht erreichte (V. 12), etwas anderes viel nötiger brauchte: nämlich anhaltende Dunkelheit, also die Verlängerung der Nacht, damit sein Überraschungsangriff gelang? Daß er sein Gebet am frühen Morgen sprach, ergibt sich aus der Stellung des Mondes im Tal Ajalon (im Westen) und der Stellung der Sonne über Gibeon (im Osten). Die Antwort auf sein Gebet erfolgte in Form eines Hagel-Unwetters (V. 11), was zur Folge hatte, daß die Dunkelheit erst später wich. Eine Untersuchung der exakten Bedeutung der hier verwendeten hebr. Wörter bestätigt diese Version. »Stillstehen« (hebr. *dom*) heißt wörtl. »still sein« oder »still bleiben«; das aber kann bedeuten: »ablassen«, »aufhören« (vgl. die gleiche Übers. von *dom* in Ps 35,15; Klgl 2,18). Ähnlich kann das hebr. Wort *'amad,* in V. 13b mit *blieb . . . stehen* übersetzt, auch die Bedeutung von »versiegen«, »aufhören« haben (vgl. 2Kön 4,6; Jon 1,15). Die Grundbedeutung des hebr. Wortes *bo'* (= »untergehen«) in dem Satz *und beeilte sich nicht unterzugehen fast einen ganzen Tag* ist »kommen« oder »gehen«. Wenn es im AT in Verbindung mit der Sonne gebraucht wird, bedeutet es in der Regel »untergehen«, z.B. in 1Mo 15,12.17; 28,11; 2Mo 17,12; 22,26; Jos 8,29; 10,27 usw. In Verbindung mit dem Sonnenaufgang werden gewöhnlich die Verben *jaza'* (weitergehen) oder *sarach* (aufgehen) verwendet. In einem bes. Fall jedoch, auffälligerweise auch in einem poetischen Text, wird das Verb *bo'* (= »kommen«) parallel zu *sarach* (= aufgehen) verwendet, nämlich in Jes 60,1: »Mache dich auf, werde licht; denn dein Licht kommt . . .« Zwar ist hier »Licht« nicht im Sinn von »Sonne« zu verstehen, aber in Hiob 31,26 wird dasselbe hebr. Wort *'or,* das hier für »Licht« steht, mit »Sonne« übersetzt. Man kann daraus schließen, daß das hebr. Wort *bo'* in einem poetischen Text, wie hier in Josua, mit dem Kommen des Lichts und dem Sonnenaufgang in Verbindung gebracht werden kann. Die Wendung: *fast einen ganzen Tag* kann man besser übersetzen mit: »Wenn der Tag zu Ende ist« (hebr. *kejom tamim*). Demnach kann man V. 13b auch übersetzen: »Die Sonne hörte auf zu scheinen in der Mitte des Himmels und beeilte sich nicht aufzugehen, (so daß es war) als wäre der Tag zu Ende«. Und so, in der Dunkelheit des Gewitters, wurde die Niederlage der Feinde vollendet. Das Wunderhafte dieses Ereignisses wird keineswegs dadurch herabgesetzt, daß man von einem weniger spektakulären göttlichen Eingreifen ausgeht als bei der geläufigen Version, die auf einer Verlängerung des Tages basiert. Es war gewiß kein anderer als Gott selbst, der durch sein wunderhaftes Eingreifen die Dunkelheit der Nacht zugunsten seines Volkes verlängerte.

16–27 Der Tod der fünf Könige. **16** Die fünf Könige hatten in einer *Höhle bei Makkeda* Zuflucht gefunden. Die Verfolger hielten sich zunächst jedoch nicht mit ihnen auf. **22.23** Erst später wurden sie herausgebracht. **24** Nachdem die israel. Führer den Fuß zum Zeichen der völligen Unterwerfung auf die Nacken der Gefangenen gesetzt hatten, wurden diese getötet, ihre Leichname an Bäumen aufgehängt und nach Sonnenuntergang in der Höhle begraben, in der sie Zuflucht gesucht hatten. Es gibt keinen zwingenden Grund, diesen Bericht als eine ätiologische Erzählung anzusehen, die zu dem Zweck erfunden wurde, um für die mit großen Steinen verschlossene Höhlenöffnung und die fünf markanten Bäume eine Erklärung zu geben. Es erscheint glaubwürdiger, die Existenz der Gedenkstätte auf die tatsächlich geschehenen Ereignisse zurückzuführen, als eine Geschichte zu erfinden, um damit das Vorhandensein der Gedenkstätte zu erklären. John Bright weist darauf hin, daß eine Reihe von Ortschaften im Süden Palästinas im letzten Teil des 13. Jahrhunderts zerstört worden sind, zu denen Debir und Lachisch gehören. »Die darauffolgende Besiedlung ist typisch für das frühe Israel« (*Geschichte Israels,* S. 119).

28–39 Der Abschluß des Feldzugs gegen Süden. Der Sieg bei Beth-Horon leitete einen Feldzug ein, der vermutl. längere Zeit in Anspruch nahm, schließlich jedoch das ganze südl. Kanaan unter Israels Kontrolle brachte. Josuas Strategie scheint zu dieser Zeit in einer Serie schneller, verheerender Angriffe gegen kanaanitische Schlüsselstädte bestanden zu haben, um ihre Bewohner zu vernichten, ohne die Städte selbst anschließend unbedingt gleich zu besetzen. Josuas Feldzüge galten der Zerstörung, nicht einer unmittelbar anschließenden Besiedlung. So wurde Israel Herr im Lande, aber ohne, wie Ri zeigt, damit schon völlig im Besitz des Landes zu sein. Man muß davon ausgehen, daß zuerst das vereinigte Israel unter Josuas Führung grundlegend die Kanaanitermacht brach und dann in der Richterzeit die Stämme einzeln ihr zugeteiltes Gebiet sich als Heimat erwarben und ausgestalteten (nach Karl Gutbrod, BAT 10, S. 94).

40–43 Schlußbericht über den Feldzug. Das eroberte Gebiet wird zunächst gemäß seiner natürlichen geogr. Grenzen beschrieben. **40** *Das ganze Land:* Im folgenden sind die verschiedenen Landesteile genannt (vgl. ZÜ). *Gebirge:* das judäische Hochland; *im Süden* (besser Südland; ZÜ): Negev (hebr. *negeb* = »das Trockene«), die halbtrockenen Steppengebiete, die sich bis in die Wüste des Südens erstrecken; *Hügelland:* die Schephela zwischen der Küstenebene und dem zentralen Bergland; *Abhänge:* wahrscheinlich das Gebiet westl. des Toten Meeres (vgl. auch die Aufzählung in 12,8). Manche Wissenschaftler haben die Korrektheit dieser Zusammenfassung in Zweifel gezogen; sie sehen darin einen Gegensatz zu der mehr allmählichen Eroberung, wie sie Ri 1 nahelegt. Archäol. Forschungen haben jedoch bestätigt, daß die Städte dieses Gebietes (z.B. Lachisch, Eglon, Debir) in der Zeit von 1250–1200 v.Chr. durch Gewalteinwirkung völlig zerstört wurden. Es gibt deshalb keinen Grund zu bezweifeln, daß Josua tatsächlich eine Serie von Vernichtungsangriffen gegen kanaan. Hauptstützpunkte geführt hat. Diese Angriffe demoralisierten die Kanaaniter und erlaubten den Israeliten, fest Fuß zu fassen, obwohl das Land zu dieser Zeit nicht vollständig unterworfen wurde; spätere Abschnitte (z.B. 11,13; 13,2–13; 15,63) zeigen klar, daß noch viel zu tun blieb. Der Satz: Er *ließ niemand übrig und vollstreckte den Bann an allem, was Odem hatte* ist im Sinne von V. 20 zu verstehen: »Was übrig blieb von ihnen, entkam in die festen Städte«; es blieb nur am Leben, wer sich durch die Flucht retten konnte. *Wie der Herr, der Gott Israels geboten hatte:* Vgl. 5Mo 20,16. **41** Der Bericht beschreibt dann die Grenzen des eroberten Landes von *Kadesch-Barnea an bis Gaza und das ganze Land Goschen bis Gideon. Goschen* (nicht zu verwechseln mit dem Land Gosen; 1Mo 45,10): konnte noch nicht eindeutig identifiziert werden; offensichtlich handelt es sich um ein Gebiet in Südkanaan. **42** Abschließend wird mit den Worten *denn der Herr . . . stritt für Israel* noch einmal eindeutig unterstrichen, daß diese Landnahme das Werk des Herrn war. Ausgrabungen haben gezeigt, daß die kanaan. Städte stark befestigt waren und ihre Einwohner einer fortgeschrittenen Zivilisationsstufe angehörten. Israels Sieg war in der Tat ein Wunder.

11,1–23 Die dritte Etappe: Der Feldzug nach Norden

11,1–15 Sieg über die nördlichen Verbündeten. Josuas erfolgreicher Feldzug im Süden war ein Alarmzeichen für die kanaan. Könige im Norden. Geführt von Jabin, dem König von Hazor (wörtl. Festung), bildeten sie ein umfassendes Bündnis gegen Israel. Es schloß die unmittelbaren Nachbarn Jabins ein; aber der Ruf zu den Waffen war nicht auf diese begrenzt. Das Bündnis erstreckte sich auch auf die Könige des nördl. Berglandes, der Araba und eine Region im Nordwesten des Sees Genezareth, schließlich auf die Überreste der geschlagenen Feinde im Süden (Kanaaniter, Amoriter usw.).

2 *Jordantal:* Wörtl. Araba (ZÜ, EÜ). Verschiedene Ausläufer des Ostafrikanischen Grabenbruchs werden mit Araba (Senke, Ebene) bezeichnet. Meist ist ein Stück zwischen Totem Meer und Golf von Akaba gemeint, hier aber die Senke südl. von Kinnereth. **4** Die Stärke des Bündnisses hing nicht nur mit der großen Zahl der streitbaren Männer zusammen, sondern auch mit der Tatsache, daß sie *sehr viele Rosse und Wagen* besaßen. **5** Sie versammelten sich *am Wasser von Merom* zwischen dem Hule-See und dem See Genezareth (= Kinnereth), 15km westl. des Jordans. Reichliche Quellen ergossen sich von dort südl. in den See Genezareth. **6** Josuas verständliche Furcht wurde von Gott mit der Versicherung seiner Gegenwart und eines völligen Sieges beantwortet. Josua wurde befohlen, die Wagen des Feindes zu verbrennen und die Pferde zu lähmen, so daß sie hinterher nicht etwa von den Kanaanitern gebraucht werden konnten – oder von den siegreichen Israeliten, die nun viell. versucht waren, ihr Vertrauen auf Schlachtrosse zu setzen. (Erst Salomo führte pferdebespannte Kriegswagen ein.) Ein Überraschungsangriff, viell. wieder nach einem Gewaltmarsch, versetzte auch hier die Kanaaniter in Schrecken. **8** Gottes Zusage verwirklichte sich, *der Herr gab sie in die Hände Israels.* Der Feind wurde geschlagen und in eine überhastete Flucht getrieben.

10 *Josua kehrte um* von der Verfolgung und zerstörte die große Stadt Hazor. Dieses Hazor in Naphthali (1Kön 9,15; 2Kön 15,29; 1Makk 11,67), nicht zu verwechseln mit den Dörfern Hazor in Juda (Jos 15,23) und Benjamin (Neh 11,33), kennen wir aus den Mari-Briefen (ca. 1700 v.Chr.) als Handelszentrum in Nord-Palästina. Es handelt sich um den heute ausgegrabenen »Tell el-Kedach« oder »Tell-Hazor«, 15km nördl. von Kapernaum. Die Ausgrabungen, die vor allem Y. Yadin seit 1955 vornahm, haben ergeben, daß die Stadt zur Zeit Josuas eine große Fläche bedeckte und von ca. 40 000 Menschen bewohnt war. Sie bestand aus einer Oberstadt, die auf das 3. Jt. v.Chr. zurückgeht, und einer Unterstadt im Norden, die zu Anfang des 2. Jt. hinzugebaut wurde. Diese Unterstadt bedeckte ein so großes Gebiet, daß Garstang 1926 glaubte, er habe nur Stallungen für Pferde und Wagen vor sich. Spätere Untersuchungen zeigten aber, daß dieses Areal eine wohlgebaute Stadtanlage enthielt. Nach Yadin wurde Hazor im 13. Jh. v.Chr. zerstört; er schreibt dieses Ereignis Josuas Feldzug zu. Von besonderem Interesse sind die Reste eines kanaan. Tempels und Kultgegenstände, die erkennen lassen, daß in Hazor der Sonnengott in Verbindung mit einem Stier verehrt wurde. **13.14** Die völlige Zerstörung Hazors war außergewöhnlich; sie geschah wohl wegen der Größe und Bedeutung der Stadt. Andere Städte, *die auf ihren Hügeln* (hebr. *tel*) *standen,* wurden nicht zerstört. Sie waren wohl jetzt, wo die Israeliten sich im Lande festgesetzt hatten, keine Gefahr mehr, sondern eher ein Vorteil für die Siedler. **15** Erneut wird unterstrichen, daß der Gehorsam gegen die Gebote des Herrn das Geheimnis des Erfolges ist (vgl. 1,8).

11,16–23 Schlußbericht über die Eroberung des Landes. Die Schlachten von Beth-Horon und Merom hatten entscheidende Auswirkungen. Die Kraft der Kanaaniter, den eindringenden Israeliten zu widerstehen, war gebrochen. Zu einem organisierten Widerstand kam es nicht mehr. **21** Eine besondere Bemerkung wird über die Ausrottung der Enakiter gemacht, viell. deshalb, weil sie es waren, die mehr als 40 Jahre zuvor die Kundschafter Israels in großen Schrecken versetzt hatten (4Mo 13,33). **23** *Das Land war zur Ruhe gekommen vom Kriege:* gemeint ist, daß nun keine regelrechten Schlachten mehr zu schlagen waren. In 13,1 erfahren wir jedoch, daß »vom Lande . . . noch sehr viel einzunehmen« blieb. Sich mit den noch nicht unterjochten Teilen des Landes zu befassen, war nun die Aufgabe der einzelnen Stämme.

12,1–24 Liste der besiegten kanaanäischen Könige

Diese Liste muß man als einen Anhang zur Geschichte der Feldzüge Josuas betrachten. Sie schließt den Bericht von der Landnahme ab, bevor dann der Bericht von der Landverteilung folgt. **1–6** sprechen von der Eroberung *jenseits des Jordan gegen Sonnenaufgang:* gemeint sind die auf der Ostseite des Jordans gelegenen Gebiete, die unter Mose eingenommen worden waren. **7–24:** Der Rest des Kap. zählt Josuas Erfolge *diesseits des Jordan im Westen* auf. Es ist interessant, daß ein so kleines Land wie Kanaan eine so große Zahl von Königen hatte. Aber sie besaßen durchweg nur eine lokale Autorität. Im Grunde waren sie nur Stadtoberhäupter. Die Zersplitterung des Landes in kleine Hoheitsgebiete war einer der Gründe, welche den Israeliten ihre Aufgabe erleichterten. Aber im Fall eines Angriffs von außen konnten die Könige ihre Streitkräfte auch zusammenfassen, wie wir es im Falle Beth-Horon und Merom gesehen haben. **23** *Der König von Völkern (gojim) in Galiläa:* Diese Übers. schließt sich der LXX an. Gemeint ist wahrscheinlich Haroscheth der Heiden (gojim), vgl. Ri 4,2. Der MT »König von Völkern in Gilgal« ist hier völlig unverständlich.

13,1–22,34 Die Verteilung des Landes

Wenn man an diesen Abschnitt des Buches mit seinen zahlreichen Verzeichnissen von Grenzen und Orten kommt, empfindet man viell. wie Calvin, der schrieb: »Ich möchte nicht zu genau sein im Beschreiben der Lage der Ortschaften und in der Behandlung von Namen, einmal, weil ich mit den geogr. und geschichtlichen Einzelheiten nicht sehr vertraut bin, zum anderen, weil eine große Arbeit dem Leser nur kleine Früchte vermitteln würde.« Man darf aber nicht vergessen, daß eine genaue und ins Einzelne gehende Beschreibung der Grenzen und Ortschaften für die Stämme Israels selbst enorm wichtig war: es waren die Besitztitel ihres Erbes, eingetragen ins Grundbuch der Nation.

Über das vermutliche Alter der folgenden Listen ist viel geschrieben worden. Die meisten Alttestamentler sind der Ansicht, daß es sich um Aufzeichnungen verschiedenen Ursprungs handelt, die zwischen dem 11. und 7. Jh. v.Chr. miteinander verbunden worden sind. Die Forscher der frühen kritischen Schule sahen in ihnen vor allem ein Produkt der nachexilischen Priesterschaft, deren Schau der Größe des israel. Erbes sich hier niedergeschlagen habe. Neuerdings werden die Listen wieder für älter gehalten. Die Liste der Städte, so wird behauptet, ist nach den späteren Verwaltungsbezirken Judas angeordnet. Man ist sich aber in der Frage, wann diese Verwaltungsbezirke eingerichtet wurden, nicht einig. Albrecht Alt meinte, die Liste in Jos 15 basiere auf einem Verzeichnis der zwölf Provinzen im Reich Josias. W. F. Albright hielt Jos 21 für eine Liste levitischer Städte aus der Zeit Davids und Salomos, da sie keine Namen von Städten enthalte, die nach 950 v.Chr. gegründet wurden. John Bright glaubt, die Listen seien zwar erst zur Zeit Davids aufgestellt worden, es spiegele sich in ihnen aber die Situation der Zeit vor der Monarchie.

Folgende Punkte müssen bei der Frage der Datierung dieser Listen beachtet werden: a) Zur Zeit Davids war die Verwaltung des Landes straff durchorganisiert (1Chr 23–27). Albright hat deutlich gemacht (Archaeology and the Religion of Israel, 1953, S. 120), daß Davids Organisation teilweise auf ägypt. Vorbildern aufbaute. Die Teilung der Funktionen Kanzler und Schreiber (vgl. 2Sam 8,16.17), auch sein »Rat der Dreißig« (vgl. 1Chr 27,6) haben ihre Vorbilder in Ägypten. Das legt die Vermutung nahe, daß nicht nur das Beamtentum, sondern auch die städtische Verwaltung der Zeit Davids auf eine Zeit zurückgehen, wo der direkte Einfluß Ägyptens auf Israel sich noch ausgewirkt hat. b) Da viele der Levitenstädte, z.B. Geser (21,21), Jibleam (17,11; in 1Chr 6,55 Bileam genannt) und Taanach (Jos 21,25), vor der Zeit Davids überhaupt nicht israel. waren, nimmt man an, daß David den Leviten diese Orte zugeteilt habe. Aber die Listen in Jos nennen allg. nicht nur Städte, die damals oder später wirklich in Israels Besitz waren; es war sozusagen eine ideale Gebietszuteilung, wie sie ausgesehen hätte, wenn Israel treu und einsatzbereit beim Vertreiben der Ureinwohner des Landes gewesen wäre (vgl. die in 15,45–47 aufgeführten Philisterstädte). c) Einige Städte erscheinen mit ihrem alten Namen, z.B. Baala, später Kirjath-Jearim (15,9), Kirjath-Arba, später Hebron (15,54). Die Verwendung des Namens Debir, das »vorzeiten Kirjath-Sepher hieß« (15,15), scheint von der Hand eines späteren Bearbeiters zu stammen. d) John Rea weist darauf hin, daß diese Methode der Grenzbeschreibung, die sich an topographischen Wahrzeichen (Stadt/Berg; Stadt/Fluß) orientiert, sich in ganz ähnlicher Form in dem Vasallen-Vertrag findet, den der Hethiterkönig Suppiluliuma mit Niqmadu, dem Herrscher des Vasallen-Stadtstaates Ugarit an der syr. Küste, schloß (Claude Schaeffer, Le Palais Royal d'Ugarit, IV, 10–18). Damit ist erwiesen, daß die Erstellung solch genauer Listen zu Josuas Zeiten denkbar ist. e) 925 v.Chr. fiel Schischak in Palästina ein und unterjochte Israel (1Kön 14,25). Eine Darstellung seines Feldzugs, aufgefunden in Karnak, nennt viele Städte Palästinas. Es ist auffällig, daß von den hier aufgeführten Orten aus dem Negev und den Nachbargebieten nur wenige in Jos vorkommen, wohingegen viele von ihnen als Eigennamen oder als Sippennamen in den späteren Geschlechtsregistern von 1Chr 2 und 4 erscheinen. Das führt John Rea zu der Vermutung, »daß die Städtenamen im Josuabuch einer Zeit *vor* der Negev-Besiedelung durch die Nachkömmlinge Judas und Simeons angehören, wobei sie den neuen Ansiedlungen, die zur Zeit der Schischak-Periode bestanden, ihre Namen gaben.« f) Daß Abschreiber sich beim Übertragen ungewohnter Wörter verschrieben, kann einige Unstimmigkeiten erklären, z.B. wenn in Jos 15,32 von einer Gesamtsumme von 29 Städten die Rede ist, während 36 aufgeführt werden.

Der vorhandene Befund macht es schwierig, zu einer klaren Entscheidung in der Frage der Datierung der Listen zu kommen. Dennoch scheint eines festzustehen: was immer auch bei der späteren Redaktion geschehen ist, die Grundform der Listen geht auf die Zeit der Landnahme zurück. Es besteht kein Grund, die Sorgfalt und Gewissenhaftigkeit zu bezweifeln, mit der die Vertreter der Stämme nach 18,4–9 ans Werk gingen, als sie das Land erforschten und ihre Feststellungen schriftlich festhielten. Das Ergebnis einer solchen Aufnahme des Landes könnten diese Listen sein. Und man kann annehmen, daß David (oder Salomo, Josia, Josaphat) für ihre Verwaltungszwecke wesentlich ältere Beschreibungen des Landes benutzten.

Wer hat die Verteilung des Landes vorgenommen? In 13,7 wird Josua beauftragt. Nach 14,1 haben der Priester Eleasar und die Sippenhäupter mitgewirkt. Nach 14,5 verteilen die Kinder Israel insgesamt das Land. Diese Angaben müssen sich nicht gegenseitig ausschließen. Die letzte Verantwortung lag bei Josua; die Lose warf der Priester Eleasar, wobei die Sippenoberhäupter mitwirkten, und das Volk akzeptierte die getroffene Aufteilung.

13,1–19,51 Die Landverteilung an die Stämme

Der zwangsläufig ausführliche Bericht über die Siedlungsgebiete der einzelnen Stämme, den wir in den folgenden Kap. vor uns haben, erschwert die Übersicht. Deshalb soll die Landverteilung vorab in großen Zügen umrissen werden.

Ruben, Gad und der halbe Stamm Manasse hatten ihre Gebiete bereits am Ostufer des Jordans zugewiesen bekommen (4Mo 32,1–42). Jos 13 beschreibt ihre Ansiedlung. Von dem Gebiet, das man westl. des Jordans bereits in Besitz genommen hatte, wurde der größte Teil den Stämmen Juda und Joseph (d.h. Manasse und Ephraim, Jos 14,4; 17,17) zugewiesen. Die Auslosung unter den übrigen Stämmen basierte auf dieser bereits vorgenommenen Zuteilung. Juda erhielt seinen Besitz im Süden, dem Gebiet der fünf Könige (Kap. 15); mit Juda verbunden war Kaleb (14,1–15; 15,13–19) und, bei der späteren Landverteilung, der Stamm Simeon (19,1–9), »weil der Anteil des Stammes Juda zu groß für ihn war« (19,9). Das mächtige Haus Joseph, d.h. die Stämme Manasse und Ephraim, erhielt in Mittel-Kanaan (Kap. 16.17) ein reiches Erbteil. Sie wurden jedoch durch eine Anzahl befestigter Städte behindert: Beth-Schean, Jibleam, Dor, Taanach und Megiddo (17,11f; vgl. 16,10) versperrten ihnen den Weg nach Norden. Sie beschwerten sich darüber, daß sie zu wenig Land bekommen hätten (17,14). Josua forderte sie auf, die Waldgebiete in dem ihnen zugewiesenen Bergland zu roden. Und er versicherte ihnen, daß sie die mächtigen Einwohner dieses Gebietes schlagen und die Kanaaniter schließlich vertreiben würden, »obwohl sie eiserne Wagen haben, denn du wirst mächtiger sein als sie« (17,15–18). Als sein eigenes Erbteil wählte sich Josua die Stadt Timnath-Serach (19,49f).

Zwischen den beiden mächtigen Blöcken Joseph im Norden und Juda im Süden wurde später den Stämmen Benjamin (18,11–28) und Dan (19,40–48) Land zugewiesen. Dan hatte jedoch Schwierigkeiten, sich gegen die Einwohner der Küstenebene zu behaupten (Ri 1,34f) und wanderte später in den Norden aus (Ri 18). Auch die übrigen Stämme, Sebulon, Asser und Naphthali, fanden später im nördl. Teil des Landes ihren Wohnsitz. Ähnlich wie für Simeon, Benjamin und Dan war für sie bei der ersten Aufteilung des Landes noch kein Anteil ausgelost worden (vgl. 19,10–39).

13,1–7 Der Befehl, das Land zu teilen. **1** Obwohl *vom Lande noch sehr viel einzunehmen* blieb, erforderten das Alter und die zunehmende Schwäche Josuas eine Aufteilung des Landes, gewissermaßen im Vorgriff auf die vollständige Eroberung. **3** Viell. eine redaktionelle Anmerkung, die erklären sollte, daß das spätere Gebiet der Philister zur Zeit Josuas den Kanaanitern gehörte. Die noch nicht eroberten Gebiete werden in groben Umrissen von Süden nach Norden aufgeführt. Mit dem *Schihor* könnte der seichte Abschnitt des östl. Nilarmes gemeint sein oder das heutige Wadi el-ʿArisch, das im AT »Bach Ägyptens« genannt wird (4Mo 34,5; Jos 15,4). Dieses Wadi mündet ca. 80km südwestl. von Gaza ins Mittelmeer (s. LZB Sp. 173 »Bach Ägyptens«). **6.7** Gott befahl, das gesamte Land unter die neuneinhalb Stämme aufzuteilen; sein Eingreifen sicherte ihnen den endgültigen Sieg zu.

13,8–33 Das Gebiet der zweieinhalb Stämme. Ruben, Gad und dem halben Stamm Manasse war ihr Anteil bereits im östl. Palästina zugeteilt worden. Nun wurden die genauen Grenzen für jedes dieser Gebiete festgelegt: Ruben erhielt den Süden, Gad das Gebiet in der Mitte und Manasse den Norden (vgl. 4Mo 32; 5Mo 3,12–17). **14** *Dem Stamm der Leviten gab er kein Erbteil:* Mose hatte genaue Anweisungen für die Sonderstellung des Stammes Levi gegeben; es sollten ihnen zwar Wohnorte mit Weideland zugewiesen werden, ein geschlossenes Stammesgebiet erhielten sie jedoch nicht (vgl. 4Mo 18,20–24; 35,1–8). Über die Auswahl von Levitenstädten wird in Kap. 21 berichtet.

14,1–15,63 Das Gebiet Kalebs und Judas. **14,1–5** beschreibt das Verfahren der Auslosung, das bei der Landzuteilung angewandt wurde. Es wird wiederholt, daß für die zweieinhalb Stämme und den Stamm Levi eine andere Regelung galt.

6–15 Kaleb forderte nun die Einlösung des ihm in 5Mo 1,36 (vgl. 4Mo 14,24.30) gegebenen Versprechens. Auf seine Bitte hin erhält er aus dem Besitztum Judas die befestigte Stadt Hebron als sein Erbteil.

15,1–19 (vgl. Ri 1,10–15.20) beschreibt die

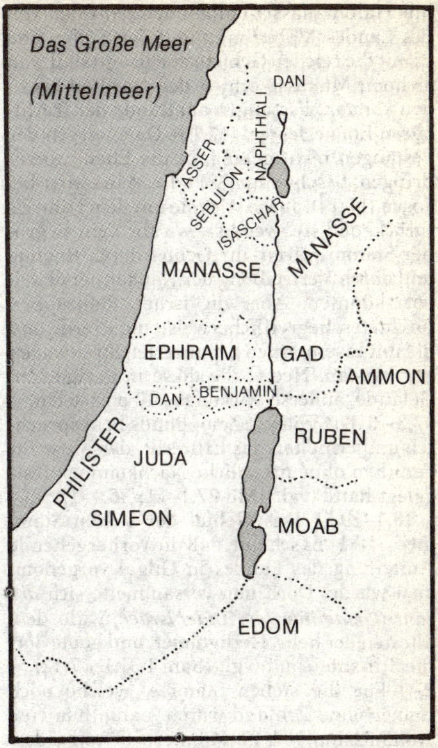

DIE SIEDLUNGSGEBIETE DER ZWÖLF STÄMME

Grenzen des Stammes Juda. Kaleb erweiterte sein Erbteil durch die Eroberung von Debir, wobei ihn sein Neffe Othniel unterstützte, der sein Schwiegersohn wurde. Offenbar war der in 10,38f berichtete Sieg über Debir nicht von Dauer gewesen; nach dem Blitzangriff von damals war nun eine zweite Eroberung erforderlich. Die VV. 2–12 geben die südl., nördl. und westl. Grenzen des Stammesgebietes von Juda an, **20–62** zählt die Städte Judas auf. Die Liste verzeichnet 12 Distrikte (vgl. 1Kön 4,7) in vier geogr. Landschaften: **21** *das Südland* (*Negev*); **33** das *Hügelland* (die Schephela zwischen der Küste und dem Gebirge); **48** das *Gebirge* und **61** die *Wüste.* **59b** Die Beschreibung des Bezirks Bethlehem ist im hebr. Text entfallen, in der LXX jedoch erhalten geblieben. Der fünfte Distrikt (V. 45–47) wird nur durch die Philisterstädte Ekron, Asdod und Gaza beschrieben. **63** berichtet von dem vergeblichen Versuch des Stammes Juda, die Jebusiter aus Jerusalem zu vertreiben.

16,1–17,18 Das Gebiet von Ephraim und Manasse. Das Gebiet Ephraims und das Ge-

biet Halbmanasses umfaßt den zentralen Teil des Landes. Ephraim erhielt den Süden und damit die reichen Gebiete nördl. und südl. von Sichem; Manasse erhielt den Nordteil bis zu den kanaan. Festungen am Rande der fruchtbaren Ebene Jesreel (17,16). Da es wegen der Festungen nicht gelang, in die Ebene vorzudringen, beschwerten sich die Manassiter bei Josua (17,14). Josua wies sie mit dem Hinweis zurück, daß sie, wenn sie wirklich ein so großer Stamm wären, ihr Gebiet durch Rodung und durch Vertreibung der Kanaaniter erweitern könnten. Aber die israel. Fußtruppen fürchteten begreiflicherweise die Pferde und die mit Eisenplatten gepanzerten Streitwagen der kanaan. Heere, die diese in geeignetem Gelände äußerst wirkungsvoll einsetzten.
17,3–6 Die Töchter Zelophhads beanspruchten und erhielten das Erbrecht, das Mose für Familien ohne männliche Nachkommen festgelegt hatte (vgl. 4Mo 27,1–11; 36,1–12).

18,1–19,51 Das Gebiet der sieben Stämme. **18,1** Es scheint, daß die vorhergehende Aufteilung des Landes in Gilgal vorgenommen wurde. Doch nun versammelte sich *die ganze Gemeinde der Kinder Israel* in Silo, dem ältesten der hebr. Heiligtümer, und baute dort die Stiftshütte auf (vgl. 1Sam 1,3; Jer 7,12).
2–9 Für die sieben Stämme, welche noch immer ohne Erbland waren, nahm nun eine Kommission von 21 Männern (3 von jedem Stamm) eine Übersicht über die noch nicht verteilten Gebiete vor. **5** Bei der weiteren Aufteilung des Landes wurde auf die bereits von Juda und Joseph besiedelten Gebiete Rücksicht genommen. **10** Das gesamte übrige Land wurde nun in sieben Gebiete aufgeteilt; diese wurden in Silo durch Losentscheid vergeben. **11–28** Benjamin erhielt sein Erbteil zwischen den Gebieten von Juda und Ephraim.

19,1–9 Das Gebiet Simeons wurde aus dem bereits Juda zugewiesenen Gebiet herausgelöst, weil es für diesen Stamm zu groß war. Später ging Simeon in Juda auf; damit erfüllte sich der Fluch, der einst über Simeon und Levi ausgesprochen worden war (vgl. 1Mo 49,7).
10–39 Der nördl. Teil des Landes wurde Sebulon, Isaschar, Asser und Naphthali zugewiesen. Isaschar siedelte an der Nordgrenze Manasses, von diesem Stamm durch die bereits erwähnten kanaan. Festungen getrennt. Sebulon erhielt das Gebiet nordwestl. von Isaschar einschließlich der Ebene, die vom See Genezareth bis zur Küste reicht. Durch diese Ebene führte eine der wichtigsten Handelsrouten des Altertums, der »Weg der See«. Asser und Naphthali teilten sich das noch weiter nördl. gelegene Gebiet. Das Gebiet Assers erstreckte sich an der Küste entlang und reichte bis an die große Handelsstadt Tyrus; der Besitz Naphthalis schloß sich östl. daran an.
40–48 Dan erhielt einen schmalen Landstreifen zwischen dem nordwestl. Hügelland Judas und dem Meer zugewiesen. **47** Das genannte Gebiet war für Dan offensichtlich zu klein. Diese Feststellung wird ergänzt durch eine Mitteilung in Ri 1,34, wonach die Amoriter (bzw. die Philister) die Daniter ins Gebirge zurückdrängten. Der größere Teil des Stammes wanderte später weit nach Norden aus und siedelte sich in Leschem an; darüber berichtet Ri 18 ausführlich, wo Leschem Lajisch genannt wird. **49–51** Nachdem alles Land verteilt war, nahm sich Josua Timnath-Serach im Gebiet von Ephraim als sein eigenes Erbteil.

20,1–21,45 Freistädte und Levitenstädte

20,1–9 Die Freistädte. Den Anweisungen im mosaischen Gesetz entsprechend (4Mo 35,9–34; 5Mo 19,1–10) wurden sechs Freistädte festgelegt. Dort sollten alle Asyl finden, die aus Versehen einen Menschen getötet hatten. **1–6** Die wesentlichen Punkte der mosaischen Vorschriften werden nach 4Mo 35,9–34 und 5Mo 19,1–10 zusammengefaßt. Die hier festgelegte Schutzmaßnahme galt auch für *die Fremdlinge, die in ihrer Mitte wohnten.* **4.5** In Ergänzung der von Mose erlassenen Vorschriften wurde den Stadtältesten eine besondere Verantwortung übertragen. **6** Die Vorschriften *bis er vor der Gemeinde vor Gericht gestanden hat* und *bis der Hohepriester gestorben ist, der zu jener Zeit im Amt sein wird* sind nach 4Mo 35,9–28 so zu verstehen, daß der Totschläger in der Asylstadt bleiben soll, bis er an seinen Wohnort zurückgebracht wird, um dort von der Gemeinde gerichtet zu werden. Wurde er des Mordes schuldig befunden, so sollte er dem Bluträcher übergeben werden; erwies sich jedoch, daß er nicht mit Absicht getötet hatte, wurde er in die Asylstadt zurückgebracht und hatte bis zum Tod des amtierenden Hohenpriesters dort zu bleiben. Der Tod des Hohenpriesters – zu jener Zeit der einzige nationale Amtsträger – markierte das Ende eines bestimmten Zeitabschnitts.

Nach 5Mo 4,41–43 setzte Mose drei Freistädte östl. des Jordans fest. Nach 5Mo 19,1–10 sollten drei weitere Orte den Status von Asylstädten erhalten, nachdem Israel das Verheißene Land in Besitz genommen hatte. Zusätzlich sah Mose drei weitere Städte vor, wenn sich dies als nötig erweisen sollte; das war aber nie der Fall. **7–9** Die sechs Städte werden nun ausgesondert und festgelegt, drei auf jeder Seite des Jordans, an zentralen Punkten im Norden, in der Mitte und im Süden gelegen. Kadesch befand sich im nördl. Galiläa, Sichem in Mittel-Palästina und Kirjath-Arba (Hebron) im judäischen Bergland. Von den Freistädten auf der anderen Jordanseite läßt sich Bezer nicht genau lokalisieren; da es jedoch zum Gebiet Rubens gehörte, muß es nordöstl. des Toten Meeres gelegen haben; Ramoth in Gilead befand sich im Stamm Gad, Golan in Basan lag weiter nördl. im Gebiet von Manasse.

21,1–45 Die Levitenstädte. Nachdem alle Stämme ihr Erbland erhalten hatten, beanspruchten die Leviten die Städte, die ihnen Mose zugesagt hatte (4Mo 35,1–8). Als Hüter des Glaubens der Väter und als für den Gottesdienst zuständige Priester sollten sie über das ganze Land verteilt wohnen, und zwar so, daß sie ihren besonderen Auftrag erfüllen konnten. Um beiden Forderungen gerecht zu werden, gab man ihnen 48 über das ganze Land verteilte Städte, die mit dem dazu gehörigen Weideland aus den jeweiligen Stammesgebieten herausgelöst wurden. Viell. sollte dieses »Weideland«, im Unterschied zum »Ackerland«, an das einfache Leben erinnern, das Israel in der Wüste geführt hatte, und damit an den schlichten Glauben, der die Zeit der Wüstenwanderung auszeichnete. Die Leviten sollten Hüter des geistlichen Lebens im Volk sein (vgl. 5Mo 10,9).

4–42 Die drei großen Linien der Leviten wurden nach den drei Söhnen Levis genannt: Die Kehathiter, Gersoniter und Merariter. Die Kehathiter waren nochmals eingeteilt in die Priester (die Söhne Aarons) und solche, die kein Priesteramt bekleideten. Die Levitenstädte mußten deshalb unter diese vier Gruppen von Leviten aufgeteilt werden. Die Leviten waren nicht die ausschließlichen Eigentümer und Bewohner der ihnen zugeteilten Städte. Debir z.B. gehörte zum Besitz Othniels, der kein Levit war (vgl. 15,15–19), obwohl es hier als Levitenstadt aufgeführt wird. Die Verordnung besagte, daß den Leviten innerhalb ihrer Städte angemessener Raum zur Verfügung stehen sollte, dazu das Recht auf die angrenzenden Weidegebiete.

43–45 Ein kurzes Nachwort beschließt die Aufteilung des Landes und der Städte. Der Abschnitt endet mit einem Lobpreis der Treue Gottes: *Es war nichts dahingefallen von all dem guten Wort, das der Herr dem Hause Israel verkündigt hatte. Es war alles gekommen.*

22,1–34 Rückkehr der östl. Stämme und Errichtung eines Gedenkaltars

Mit der Entlassung der östl. Stämme an ihre Wohnsitze auf der anderen Seite des Jordans fanden die mit der Landnahme verbundenen Ereignisse ihren Abschluß.

22,1–9 Die Verabschiedung der zweieinhalb Stämme. Josua lobte die Rubeniter, Gaditer und Halb-Manasse wegen ihrer Treue. Dann entließ er sie mit der feierlichen Warnung, auch in der Abgeschiedenheit ihrer Siedlungsgebiete ihren Bund mit Jahwe nicht zu vergessen. Josuas Rede, die mit der Segnung der Scheidenden endet, erinnert an die berühmten Sätze aus 5Mo 6,1–5. **9** *Zum Lande ihres Erbes, das sie nach dem Befehl des Herrn durch Mose geerbt hatten:* Die zweieinhalb Stämme waren wiederholt kritisiert worden, weil sie Siedlungsgebiete östl. des Jordans angenommen hatten. Hier wird eindeutig klargestellt, daß dies auf Gottes Befehl geschah.

22,10.11 Errichtung eines Gedenkaltars. Die zurückkehrenden Stämme waren sich bewußt, daß der Jordan eine Trennungslinie darstellte. Bemüht, ihrer Zugehörigkeit zum gesamten Israel Ausdruck zu geben, errichteten die östl. Stämme am Jordanufer einen großen Altar. Und zwar erbauten sie ihn am Westufer, also *noch im Lande Kanaan* (V. 10). Die Ortsbezeichnung in dem Bericht, der dem Volk vorgelegt wurde: *An den Grenzen des Landes Kanaan, bei den Steinkreisen des Jordan, an der Grenze des Gebietes von Israel* läßt genau jene Auffassung erkennen, die die Oststämme befürchtet hatten; denn diese Beschreibung schließt die Stämme auf der anderen Seite des Flusses praktisch aus. Es ist bezeichnend, daß die Oststämme als Symbol ihrer Einheit mit den übrigen Stämmen Israels einen Altar bauten; sie hatten erkannt, daß das Fundament ihrer Gemeinsamkeit in ihrem gemeinsamen Glauben und im gemeinsamen Gottesdienst bestand. Neuere Untersuchungen der Verfassung Israels haben ergeben, daß die israel. Stämme bis zur Königszeit weitgehend unabhängig waren und nur durch die gemeinsame Treue gegenüber ihrem Bundesgott Jahwe zusammengehalten wurden. Diese geistliche Einheit fand in der Anbetung an einem gemeinsamen Heiligtum Ausdruck. Deshalb hat man die Verfassung der israel. Stämme als eine »Amphiktyonie« verstanden; mit diesem Ausdruck bezeichneten die Griechen Gruppen, die durch ein zentrales Heiligtum zusammengehalten wurden. In gewissem Sinn war auch der Altar am Jordan ein Sinnbild für die Wirklichkeit einer Amphiktyonie, auch wenn diese Deutung der Verfassung Israels nicht unumstritten ist.

22,12–20 Israels Protest gegen eine mögliche Trennung. Die Handlungsweise der zweieinhalb Stämme wurde von den westl. Stämmen als ein Versuch mißverstanden, entgegen dem Gebot Moses (vgl. 3Mo 17,8f) einen zweiten Opferaltar zu errichten. Von Silo, Standort der Stiftshütte und Mittelpunkt des gottesdienstlichen Lebens, entsandten sie eine Abordnung, die den vermeintlichen Verrat ihrer Brüder untersuchen sollte. Angeführt von dem Priester Pinhas, der für seinen Eifer für den Herrn und wegen seiner strikten Ablehnung heidnischer Praktiken bekannt war (vgl. 4Mo 25,6–18), erinnerte die Abordnung die östl. Stämme an frühere Vorkommnisse, die Unheil über das ganze Volk gebracht hatten: an den Abfall zu dem moabitischen Götzen Peor (4Mo 25,1–5) und an Achan, der sich am Gebannten versündigt hatte (Jos 7). Großmütig boten sie (V. 19) ihren Brüdern Siedlungsgebiete im Westen an, falls sie das Land östl. des Jordans für *unrein* halten sollten (in dem Sinn, daß es nicht durch die nachweisliche Gegenwart Gottes geheiligt war).

22,21–29 Die Verteidigung der östl. Stämme. Die östl. Stämme verwahrten sich gegen die ihnen gegenüber erhobenen Vorwürfe. Sie schworen bei den drei Namen ihres Gottes (El, Elohim, Jahwe), daß der von ihnen errichtete Altar nichts anderes darstelle als ein ständiges Zeichen ihrer Zugehörigkeit zu dem Volk im Westen, und bekräftigten das durch die Wiederholung der Formel: *der starke Gott, der Herr.* Hinter ihrer Handlungsweise stehe allein die Sorge, ihre Nachkommen könnten eines Tages die Verbindung mit der Gesamtheit Israels verlieren. Der Altar sei weder für Schlacht- noch für Brandopfer bestimmt, sondern ein Zeugnis der Zusammengehörigkeit.

22,30–34 Glücklicher Ausgang. Diese Erklärung befriedigte selbst einen Eiferer für den reinen Glauben wie Pinhas. Es kam zu einer für alle beglückenden Versöhnung. Der Altar selbst wurde nun zu einem Denkmal der Verständigung. Er erinnert an das Mal von Gilead (1Mo 31), das zum Gedenken an den Vertrag zwischen Hebräern (Jakob) und Aramäern (Laban) errichtet wurde.

23,1–24,33 Die letzten Tage Josuas

Das Buch Josua beginnt mit der Berufung Josuas zum Führer Israels; es endet mit seinen Abschiedsreden und dem Bericht von seinem Tod. Man hat vermutet, daß die Kap. 23 und 24 zwei verschiedene Berichte des gleichen Ereignisses darstellen, da der Inhalt der Ansprachen im wesentlichen übereinstimmt. Es dürfte aber richtiger sein, Kap. 23 als ein informelles Gespräch Josuas mit den Führern des Volkes zu betrachten, während Kap. 24 die formelle, öffentl. Erneuerung des Bundes darstellt.

23,1–16 Die erste Rede

Im alten Israel wurden, wie bei den antiken Völkern allg., die Abschiedsworte von Volksführern und Familienoberhäuptern hoch geachtet (vgl. 1Mo 49; 5Mo 32; 33). Josuas Abschiedsrede muß bei den Ältesten und Hauptleuten des Volkes einen tiefen Eindruck hinterlassen haben. **2** Durch die *Ältesten, Häupter, Richter und Amtleute* ist das gesamte Israel offiziell vertreten.

3–16 Die Rede läßt sich unter zwei Hauptthemen zusammenfassen: Was Gott getan hat und tut, und was Israel zu tun hat. Die VV. 3f.9f.14 haben zum Inhalt, was Gott getan hat und was die Hörer selbst miterlebt haben: wie Gott für sie kämpfte, ihnen das Land anvertraute, ihre Feinde vertrieb, sein Volk in aussichtslosen Situationen zum Sieg befähigte (V. 10 verallgemeinert: *einer von euch jagt tausend*) und wie Gott seine Verheißungen eingelöst hat (V. 14). Die VV. 5.13.15f sprechen von dem, was Gott tun wird. Gott verspricht dem Volk weiterhin Erfolg und seine Hilfe (V. 5), allerdings unter der Voraussetzung, daß Israel seinem Bund mit Jahwe treu bleibt. Abfall, Übertretung des Bundes (V. 16), Vermischung mit anderen Völkern (V. 12) werden dagegen zur Folge haben, daß sich all das Gute, das Israel erfahren hat, in Böses verkehrt und daß das Volk sein Erbe verliert.

Das zweite Thema ist die Verantwortung des Menschen. Im Blick auf Israel schließt sie viele Dinge ein: Gehorsam gegenüber dem Gesetz Gottes (V. 6), Trennung von den heidnischen Völkern Kanaans (V. 7; in V. 12 werden Mischehen ausdrücklich verboten), Treue gegen Gott (V. 8) und vor allem Liebe, die alles andere einschließt (V. 11).

24,1–28 Die zweite Rede. Erneuerung des Bundes

George Mendenhall hat erstaunliche Parallelen zwischen dem Sinai-Bund und den Verträgen der hethitischen Großkönige mit ihren Vasallen um die Zeit von 1450–1200 v.Chr. nachgewiesen (*Law and Covenant,* 1955). Diese Vasallenverträge folgten einem festgelegten Modell. Zunächst wurde in einer Präambel der Urheber des Bundes beschrieben; es folgte eine geschichtliche Einführung, meist in der Gegenüberstellung »ich – ihr«, in der die Wohltaten des Großkönigs gegenüber seinem Vasallen aufgezählt wurden; daran schlossen sich die allg. und besonderen Bedingungen an, die dem Vasallen auferlegt und von diesem akzeptiert wurden. Dazu gehörte, daß der Vasall keine Vereinbarungen mit Feinden des Großkönigs treffen durfte.

Der Vasall durfte keine Beziehungen zu den Feinden des Großkönigs haben, mußte mit den anderen Vasallen Frieden halten und den Großkönig ggf. tatkräftig unterstützen. Dann folgte eine Bestimmung über das Hinterlegen einer Vertragsabschrift im Heiligtum des Vasallen und über die öffentl. Verlesung in bestimmten Zeitabständen, eine Liste der Gottheiten, die als Zeugen des Bundes beschworen wurden, schließlich Segenswünsche und zuletzt Verfluchungen für den Fall des Bundesbruchs. Es ist deutlich, daß Jos 24,1–28 eine den veränderten Umständen angepaßte Erneuerung des Bundesschlusses vom Sinai ist und daß dieser Text dem Muster des klassischen Vasallenvertrags entspricht. Zur klassischen Form eines solchen Vertrags gehörte auch, daß er von Zeit zu Zeit erneuert werden mußte. Und genau das geschah nun in Sichem, wohin Josua das Volk zusammengerufen hatte, um den Bund Israels mit Jahwe zu erneuern und zu bestätigen (vgl. 5Mo 31,9–13). Die Auslegung dieses Kap. folgt deswegen am besten den Hauptbestandteilen eines Vasallenvertrages, wie er für die Mitte des 2. Jt. v.Chr. charakteristisch war.

2a Die Präambel. Als Urheber des Bundes wird *der Herr, der Gott Israels* bezeichnet.
2b–13 Geschichtlicher Rückblick. Hier zählt Jahwe selbst die Wohltaten auf, die er seinem Volk in der Vergangenheit erwiesen hat: die Berufung Abrahams (V. 2–4) und die Befreiung aus Ägypten (V. 5–7) waren Beweise seiner besonderen Beziehung zu seinem Volk. Dann werden den Anwesenden Taten Gottes in Erinnerung gebracht, die sie selbst miterlebt haben: die Vernichtung der Amoriter (V. 8) und die Umkehr von Bileams Fluch in Segen (V. 9–10), der Übergang über den Jordan und die Einnahme von Jericho und schließlich die Niederwerfung der kanaan. Völker (V. 11). **12** *Ich sandte Angst und Schrecken* (LÜ); *ich sandte die Hornissen* (ZÜ): Garstang vertrat die Auffassung, daß mit diesem Ausdruck ägypt. Heere gemeint seien, die das Land vor der Besetzung durch Israel verwüstet hätten. Seine Argumente stützen sich dabei weitgehend auf seine Datierung der Landnahme, die heute allg. abgelehnt wird; in jedem Fall gibt es keinen Beleg dafür, daß ägypt. Streitkräfte jemals das Land von Og und Basan, das Land der beiden *Könige der Amoriter*, gebrandschatzt haben. Der LÜ ist hier der Vorzug zu geben; es ist unwahrscheinl., daß auf eine Hornissenplage im wörtl. Sinn Bezug genommen wird. Einen Schlüssel zum Verständnis dessen, was gemeint ist, finden wir viell. in der parallelen Aussage von 5Mo 7,20–23: »Der Herr, dein Gott (wird) Angst und Schrecken unter sie senden ... Der Herr, dein Gott, wird sie vor dir dahingeben und eine große Verwirrung über sie bringen, bis er sie vertilgt hat«. Panik und wilde Verwirrung, in ihrer Wirkung dem Überfall eines Hornissenschwarms vergleichbar, waren Gottes geheime Angriffswaffen, mit deren Hilfe Israel siegen würde. Letztlich geht es darum, daß es nicht *Schwert und Bogen* waren, die den Sieg erstritten, sondern Gottes wunderbares Handeln (vgl. Ps 44,2–5). Vor allem in **13** wird nachdrücklich von einem Land gesprochen, das nicht erobert, sondern verliehen worden ist (vgl. 5Mo 6,10–11).

14.15 Bedingungen. Grundbedingung ist absolute Treue; *laßt fahren die Götter, denen eure Väter gedient haben jenseits des Euphratstroms und in Ägypten.* Josua war klug genug, um anzudeuten, daß es auch andere Möglichkeiten gab. Nämlich: *den Göttern* zu dienen, *denen eure Väter jenseits des Stromes* gedient haben (d.h. in Ur in Chaldäa; V. 2), *oder den Göttern der Amoriter, in deren Land ihr wohnt.* Diese zweite Möglichkeit sollte sich in der weiteren Geschichte Israels als beständige Versuchung erweisen. Zwar gab es andere Möglichkeiten, aber Josua verkündet als seine unwiderrufliche Entscheidung: *Ich aber und mein Haus wollen dem Herrn dienen.*
16–18 Reichlich schnell und leichtfertig gibt das Volk den Bedingungen des Bundes seine Zustimmung. Es ist bezeichnend, daß ihre Antwort in V. 17–18 sich auf die Überzeugung gründet, daß die Ansprüche ihres göttlichen Wohltäters in V. 5–12 zu Recht bestehen. So sprechen sie ein überzeugtes »Ja« zu dem, was Gott von ihnen fordert. Deshalb verpflichtet Josua sie ernst und feierlich auf den erneuerten Bund. **19.20** Josua erinnert das Volk daran, daß es sich mit diesem Bundesschluß auf keine leichte Sache einläßt. *Ihr könnt dem Herrn nicht dienen.* Er bezeichnet Jahwe als einen heiligen und eifernden Gott; man kann ihm nicht leichtfertig dienen. Wenn Josua nachdrücklich versicherte: er wird euch *eure Übertretungen und Sünden nicht vergeben,* so wollte er damit keine allg. Regel im Blick auf Vergebung aufstellen (dem bußfertigen Sünder wird immer Vergebung verheißen), sondern er bezog sich auf die bes. Sünde der offensichtlichen Leugnung Gottes, wie er sie in V. 20 selbst ansprach: *Wenn ihr den Herrn verlaßt und fremden Göttern dient* (vgl. 4Mo 15,30, wo dem *seine Schuld bleibt,* der *aus Vorsatz frevelt*). Die ntl. Parallele im Blick auf die Sünde, die nicht vergeben werden kann, finden wir in Mt 12,31–32. (Hier gibt es keine Vergebung für die, welche die großen Taten Gottes dem Bösen [Baal-Zebub oder Beelzebub] zuschreiben.) Josua warnte das Volk,

daß, wer den Baalen von Kanaan die Macht zuschrieb, die allein Jahwe zustand, sich eines Vergehens schuldig machte, das, wenn er darin verharrte, nicht vergeben werden konnte. **21** Das Volk reagierte auf die Herausforderung und Warnung Josuas mit überzeugter Zustimmung: *Nein, sondern wir wollen dem Herrn dienen.* **22** Die Zeugen. Eine Anrufung heidnischer Götter zu Zeugen des Bündnisses, wie in den Verträgen der Hethiter, konnte es in Israel nicht geben. Aber die Israeliten selbst werden nun als Zeugen des Bundesschlusses aufgerufen: *Ihr seid Zeugen gegen euch selbst.* **23** Offenbar gab es in Israel noch *fremde Götter.* Das hebr. Wort, das hier mit »unter euch« (»in eurer Mitte«; EÜ, JB) übersetzt wird, kann aber auch »in euch« bedeuten; die Versuchung zum Götzendienst schlummerte jedenfalls in ihren Herzen. **26** Das Hinterlegen des Vertrags: *Josua schrieb dies alles ins Buch des Gesetzes Gottes,* das dann zweifellos, wie es 5Mo 31,26 vorgeschrieben wurde, neben der Bundeslade seinen Platz finden sollte. **27** Zum Zeugnis für die feierliche Erklärung des Volkes wurde unter der berühmten Eiche beim Heiligtum von Sichem ein Gedenkstein errichtet. Archäologen sind bei Ausgrabungen in Sichem (dem heutigen Tell Balata, 2km südöstl. von Nablus) auf einen großen Pfeiler aus Kalkstein gestoßen; es ist nicht auszuschließen, daß es sich dabei um diesen Stein handelt.

Segen und Fluch: Die bei solchen Bundesschlüssen üblichen Segenssprüche und Flüche werden nicht ausdrücklich angeführt wie in 5Mo 28; sie sind jedoch in den Warnungen der V. 19f enthalten. Vgl. auch die frühere Erneuerung des Bundes in Sichem (Jos 8,30–35).

Die letzte öffentl. Tat Josuas bestand demnach darin, das Volk im Rahmen einer feierlichen Handlung zur Erneuerung seines Bundes mit Jahwe hinzuführen.

24,29–33 Josuas Tod und Begräbnis

Josua, der hier erstmals *Knecht des Herrn* genannt wird, starb im Patriarchenalter von 110 Jahren (wie Joseph, 1Mo 50,22; s. aber auch Komm. zu 5Mo 34,7). Sein Leben findet die größte Anerkennung in dem anschließenden Ausspruch des Berichterstatters: *Und Israel diente dem Herrn, solange Josua lebte und die Ältesten, die noch lange Zeit nach Josua lebten und alle Werke des Herrn kannten, die er an Israel getan hatte* (V.31).

Das Buch schließt mit dem Bericht über die Beerdigung des Leichnams Josephs, der während der gesamten Wüstenwanderung mitgeführt worden war und erst im Verheißenen Land, in dem geheiligten Boden von Sichem zur letzten Ruhe gebettet wurde. Hier hatte Jakob von den Ureinwohnern ein Stück Land gekauft, lange bevor die Nachkommen Abrahams im Land Besitzrecht erwarben (1Mo 33,19). Auch Tod und Beerdigung Eleasars, des neben Josua stehenden Priesters (vgl. 5Mo 10,6) werden in diesem Zusammenhang erwähnt.

Möglicherweise hat die Beerdigung der Gebeine Josephs, wie viele Ausleger annehmen, lange Zeit vor dem Tod Josuas stattgefunden. Aber wenn am Schluß dieses Buches, das von der Einnahme Kanaans berichtet, von drei Gräbern die Rede ist, dann gewiß deshalb, weil jedes einzelne von ihnen ein Zeugnis für die Treue Gottes und für den Glauben ist, durch den Israel in den Besitz dieses Landes kam.

Hugh J. Blair

Richter

Einleitung

Das Buch Richter (hebr. *schophetim*) wird nach den darin dargestellten Führern genannt, die Jahwe berief, um die Stämme Israels von ihren Bedrängern zu befreien und sie zu richten. »Richten« heißt nicht unbedingt regieren, wohl aber Gottes Urteil vollstrekken. Das hebr. *schophetim* ist mit dem phöniz. *suffetes* verwandt, mit dem 1000 Jahre später röm. Schriftsteller den Stadtvorsteher Karthagos titulieren. Samarit. Quellen nennen die Richter »Könige«. In der hebr. Bibel ist Ri nach Jos und vor Sam und Kön das zweite der sog. »Vorderen Propheten«.

Geschichtlicher Hintergrund

Das Buch Richter handelt in den zwei oder drei Jahrhunderten, die dem Einzug der Stämme Israels nach Kanaan unter Josua (1250–1200 v.Chr.) folgten. Das entspricht in der Geschichte des Vorderen Orients der frühen Eisenzeit. Ein wirtschaftliches Eisenschmelzverfahren war entwickelt worden. Obwohl schwerer zu bearbeiten, verdrängte das häufiger vorkommende Eisen langsam Kupfer und Zinn, Bestandteile der Legierung, nach der die vorangehende Bronzezeit benannt ist. Gewiß findet man vereinzelt in früheren Jh. schmiedeeiserne, oft aus meteoritischem Eisen gefertigte Werkzeuge. Aber erst mit der wirtschaftlicheren Herstellung in größeren Mengen begann es den Verlauf der Zivilisation zu beeinflussen. Dieses Verfahren hatte für Landwirtschaft, Handwerk und Kriegswesen weitreichende Folgen. Die Entdeckung gelang anscheinend um 1400 v.Chr. im Gebiet von Kissuwatna im östl. Kleinasien im hethit. Herrschaftsbereich. Das hebr. Wort für Eisen, *barsel,* ist aus dem Hethit. entlehnt. Die Könige der Hethiter und des benachbarten Mitannireiches hielten das Herstellungsverfahren geheim und überwachten Produktion und Ausfuhr des Eisens. Die Könige von Mitanni sandten den Pharaonen Eisengegenstände als Geschenk, bis um 1370 v.Chr. die Hethiter Mitanni unterwarfen. Mit Geschenken dieser Art wurde wie mit Kostbarkeiten umgegangen. Als ein Monarch (viell. ein assyr. König) den Hethiterkönig Hattusili III. um 1260 v.Chr. schriftlich um einen Eisenvorrat bat, lehnte der königliche »Bruder« unter Vorwänden ab und schickte lediglich einen Dolch. Solche Geheimhaltungspolitik war in der Antike nicht erfolgreicher als heute. Um 1200 v.Chr. endet im Vorderen Orient die Bronzezeit samt der von ihr hervorgebrachten großen Zivilisationen mit dem Zusammenbruch der tragenden Großreiche. Barbarische Feldzüge leiten die Eisenzeit ein.

Das AT reflektiert die herannahende Eisenzeit durch Hinweis auf das eiserne Bett (oder war es ein basaltener Sarkophag?) des Königs Og von Basan (später ein Museumsstück; 5Mo 3,11), die eisernen Wagen der Kanaaniter (Jos 17,16) und die 900 Wagen Siseras (Ri 4,3), sowie in der Betonung des philistäischen Monopols der Eisenbearbeitung (1Sam 13,19–22).

Israels Besitznahme von Kanaan fand gleichzeitig mit einer großen Völkerbewegung im Vorderen Orient statt, die wahrscheinlich Auswirkung großräumiger Völkerwanderungen in den eurasischen Steppenländern war und zum Niedergang der minoischen, hethit. und mykenischen Großreiche führte. In Kanaan fielen verschiedentlich auf dem Landwege und von der See her Eroberer ein. Unter den Hyksos (ägypt. Dynastie asiat. Herkunft ca. 1720–1580 v.Chr.) war Kanaan eng mit Ägypten verbunden. Die Pharaonen der 13. Dynastie (1580–1319) fügten Kanaan dem ägypt. Reich ein. Ende des 14. Jh. greifen *Habiru* genannte Banden die Städte Ostkanaans an. Die Habiru sind Halbnomaden, die vom 18.–13. Jh. überall in Westasien anzutreffen sind. Das Wort *Habiru* könnte mit »Hebräer« identisch sein, doch was wir über die Habiru wissen, verbietet es, sie mit den unter Josua das Land erobernden Israeliten zu identifizieren (vgl. LZB, Hebräer). In der diplomatischen Korrespondenz der Regierung Echnatons (1377–1360 v.Chr.) – erhalten in den Amarnabriefen, Tontafeln, die 1887 bei Tell el-Amarna gefunden wurden – bitten Provinzstatthalter verzweifelt um Hilfe gegen die Habiru – Hilfe, die nie kam.

In der frühen 19. Dynastie (1319–1200) versuchten die Pharaonen Kanaan zurückzuerobern. Das führte zum Konflikt mit dem nördl. gelegenen Hethiterreich, der 1297 in der unentschieden endenden Schlacht bei Kades am oberen Orontes gipfelte. Darauf wurde die Grenze zwischen beiden Reichen vertraglich festgelegt (1280). Damit waren beide frei, sich gegen andere Bedrohungen zu wehren. Die Hethiter wurden im O von den Assyrern und im W durch die Achijawa (Achäer?) bedrängt, die ihrerseits dem Druck von Völkerverschiebungen weiter innerhalb Europas nachgaben. Ägypten wurde von räubernden Seevölkern angegriffen. Zunächst trieb sie Merenptah (ca. 1230) und später Ramses III. (etwa 1194) zurück. Da ihnen Ägypten verwehrt war, ließen sie sich teilweise an der Küste Kanaans nieder. Darunter taten sich die Philister bes. hervor, die sich sehr rasch ausbreiteten und die Vorherrschaft über Teile Kanaans bis zur Zeit Davids (1010–970) wahrten. Nach ihnen erhielt das Land den Namen Palästina, eine Kurzform für das griech. *Syria Palaistine*, d.h. »das philistäische Syrien«.

Die Richterzeit

Auf diesem historischen Hintergrund müssen der Einzug Israels in Kanaan und die Zeit der Richter gesehen werden. Die Ereignisse der Richterzeit können auf ca. 1250–1050 angesetzt werden.

J. Garstang datiert in Übereinstimmung mit seinem Ansatz der Zerstörung Jerichos den Einzug nach Kanaan um 1400. Er arbeitete in seinem Buch »Josua-Richter« (1931) ein synoptisches Schema der Geschichte Ägyptens und Israels zur Zeit der Richter heraus, das den Eindruck erweckt, daß die Zeiten der »Ruhe« in Ri mit dem jeweils verstärkten ägypt. Einfluß in Palästina zusammenfallen. Die Zeiten der Bedrängnis entsprechen den Jahren nachlassender ägypt. Macht, in denen die Völker in und um Kanaan freier schalten und walten konnten. Dieser frühen Datierung der Landnahme stehen große Schwierigkeiten entgegen. Die Königreiche im Transjordangebiet wurden erst im 13. Jh. gegründet und bestanden als Königreiche bis gegen Ende der Wüstenwanderung (späte Datierung). Außerdem setzt Garstangs Schema voraus, daß alle Richter nacheinander wirkten, wohingegen das Buch schlüssig darauf hindeutet, daß einige gleichzeitig in verschiedenen Landesteilen auftraten.

Vor allem müssen Garstangs Deutung des archäol. Befundes von Jericho und seine Folgerungen für die bibl. Überlieferung nach den von Kathleen Kenyon geleiteten Ausgrabungen (1952–1958) angezweifelt werden. Von der letzten Stadt der Bronzezeit (Josuas Jericho) blieb wegen der Verwitterung fast nichts übrig. Garstangs Identifizierung einer bestimmten Stadtmauer als zu Josuas Jericho gehörig, hat sich als falsch erwiesen. Jericho liefert kein archäol. Material zur Datierung der Eroberung unter Josua. Die israel. Zerstörung anderer Festungen läßt sich archäol. vielmehr am sichersten gegen Ende des 13. Jh. v.Chr. datieren.

Das Geschichtsverständnis des Verfassers

Der griech. Historiker Herodot (2. Hälfte des 5. Jh. v.Chr.) wird gewöhnlich und mit gutem Grund »Vater der Geschichtsschreibung« genannt. Seine Vorgänger waren als Annalenschreiber und Chronisten lediglich Sammler von geschichtlichen Fakten gewesen; aber zum Geschichtsschreiber gehört mehr. Er muß den zugrundeliegenden Zusammenhang von Ursache und Wirkung erkennen; er verfügt über eine Geschichtsphilosophie, mit der er den Verlauf der Ereignisse als Ausdruck zugrundeliegender Prinzipien darstellt. So gesehen waren Israels Geschichtsschreiber Herodots Vorgänger. Für sie war Geschichte die Geschichte des Handelns Gottes mit seinem Volk und den anderen Völkern; sie durchdrangen das Vordergründige, um die Wurzel der Ereignisse im Handeln Gottes zu finden. Das von Jos bis zu 2Kön reichende Geschichtswerk entfaltet Israels Geschichte auf dem Hintergrund des deuteronomistischen Geschichtsverständnisses. So wird es genannt, weil sich die entsprechende theol. Grundlegung im Deuteronomium findet (5Mo). Wohlergehen hat seine Wurzel im Gehorsam gegen Gottes Willen, bes. in der Abkehr vom Baalskult Kanaans mit seinen sittenzerstörenden Fruchtbarkeitsriten. Unglück ist die sichere Folge der Abkehr vom rechten Pfad der Tora. Dieses Grundschema bestimmt auch den Aufbau des Buches Ri. Der Abfall des Volkes von Jahwe und die Verehrung anderer Götter führt regelmäßig zu Fremdherrschaft. In der Not schreien alle zu Gott, der einen Befreier beruft.

Dieses Geschichtsbild ist keine fromme Dichtung. Solange die Stämme Jahwe und dem in der Lade symbolisierten Sinaibund die Treue hielten, waren sie einig und stark. Verfielen sie dagegen dem Baalskult, war das einigende Band verloren; sie teilten sich und wurden schwach. Die Befreiung führte deshalb allg. zur Rückkehr zu dem Glauben, den sie in der Wüste empfangen hatten und in dessen Kraft sie, obwohl sie Nomaden waren, die höher zivilisierten Völker Kanaans unterwerfen konnten.

Entstehungszeit und Aufbau

Für die Entstehungszeit des Buches in der jetzigen Form gibt es nur wenige Hinweise. Die

Worte: »Solange das Haus Gottes zu Silo stand« (18,31) deuten auf eine Zeit nach der Zerstörung Silos in den Tagen Samuels hin. Die wiederholte Formulierung »Zu der Zeit war kein König in Israel« (17,6; 18,1 u.a.) läßt auf ein Datum während der Königszeit schließen. »Bis auf die Zeit, da sie aus dem Lande gefangen weggeführt wurden« (18,30) bezieht sich wahrscheinlich auf die assyr. Gefangenschaft 723/22 oder aber auf die Verschleppung des galiläischen Volksteils durch Tiglath-Pileser 732 v.Chr.

Das Geschichtsverständnis des Verf. könnte die Abfassung nach der Reform Josias (621 v.Chr.) nahelegen, die auf der Neuentdeckung des deuteronomischen Gesetzeskodex basierte. Oft werden heute die gesamten »Vorderen Propheten« als ein fortlaufendes Geschichtswerk verstanden, das die Geschichte Israels von der Niederlassung in Kanaan an darstellt und unter dem Einfluß der josianischen Reform entstand (ein Anhang führt die Geschichte bis Mitte der babyl. Gefangenschaft, 562 v.Chr. fort). Für diese, bes. von M. Noth vertretene Ansicht, spricht mehr als für die Auffassung von G. Hölscher und O. Eißfeldt, daß die Vorderen Propheten eine Fortführung der Hauptquellen der fünf Bücher Mose seien. E. Robertson, *»The Old Testament Problem«* (1950, S. 159ff), meint Hinweise darauf zu finden, daß Ri in eine Zeit gehört, in der die Feindschaft zwischen Juden und Samaritern bes. ausgeprägt war. Aber Ri 1,21 weist eher in die Zeit vor der Eroberung Jerusalems durch David (etwa 1003 v.Chr.), und Ri 1,29 muß vor der Einnahme Gesers durch Salomo liegen (etwa 950). Hinweise auf frühere Zeiten zeigen lediglich, daß die verarbeiteten Quellen älter sind als das abgeschlossene Buch. Dem Verf. stand viel alter Stoff zur Verfügung, der älteste, das Deboralied (5,2–31a), ist mit dem gefeierten Ereignis zeitgleich. Die meisten Vorlagen ordnete er so an, daß sein Geschichtsverständnis hervortritt. Der Hauptteil des Buches – die Erzählung des wiederholten Abfalls, der Götzenverehrung, Unterdrückung durch Fremdstaaten, Befreiung – ist durch einen stereotypen Rahmen folgender Form gekennzeichnet: »Und die Kinder Israel taten, was dem Herrn mißfiel, und der Herr verkaufte sie in die Hand A's, des Königs von B, und sie dienten ihm x Jahre. Da schrieen die Kinder Israel zum Herrn, und der Herr sandte ihnen einen Retter, C, den Sohn des D, und er überwand A, den König von B, und befreite Israel. Da hatte das Land Ruhe y Jahre (oder: und er richtete Israel y Jahre).« Mit solch einem Rahmen sind die Berichte von den Unterdrückungen durch Kuschan-Rischathajim, Eglon, Jabin, Midian, Ammon und die Philister und den zugehörigen Befreiungen durch Othniel, Ehud, Debora und Barak, Gideon, Jephtha und Simson versehen. Dieser Hauptteil von Ri (3–16), von dem der Name stammt, enthält auch den Vorfall um Schamgar (3,31), die Geschichte Abimelechs (9,1–57) und kurze Anmerkungen zu fünf weniger bedeutenden Richtern: Tola, Jaïr, Ibzan, Elon und Abdon (10,1–5; 12,8–15). Viell. hatte der Verf. insgesamt 12 Richter im Blick (bedeutende und weniger bedeutende); dem entspräche der Zeitraum von 480 Jahren (d.h. 12 Generationen vom Auszug aus Ägypten bis zum Bau von Salomos Tempel) in 1Kön 6,1.

Voraus geht ein einführender Abschnitt, der a) die Eroberung des Landes zusammenfaßt (1,1–2,10). Er entstammt einer oder mehreren älteren Quellen, deren Material sich z.T. auch in Jos. findet. Dazu kommt b) eine Darstellung des Geschichtsverständnisses des Verf., die darlegt, warum so viele kanaan. und nichtsemitische Einwohner im Lande blieben (2,11–3,4).

Das Buch endet mit zwei unverbundenen Erzählungen, die dem Kolorit nach in die frühe Richterzeit gehören und dem Rahmen nicht eingegliedert sind: 1. die Nordwanderung des Stammes Dan und die Begründung seines Heiligtums (17.18); 2. der Krieg gegen Benjamin (19–21). Beide Erzählungen illustrieren die Unruhe der Zeit, als »kein König in Israel (war und) jeder tat, was ihn recht dünkte« (21,25).

Die Bedeutung der Richterzeit

Die Stämme Israels bildeten zu der Zeit eine Amphiktyonie. (Dieser Ausdruck stammt aus der griech. Geschichte und bezeichnet einen Stammes- oder Städteverbund mit einem gemeinsamen Heiligtum.) Die sich daraus ergebenden Verpflichtungen sind das sie verbindende Element. Das den Stämmen Israels gemeinsame Heiligtum war die Bundeslade. Wo sie stand, traf man sich zur Anbetung des Bundesgottes. Vor der Niederlassung in Kanaan befand sich die Lade in einem beweglichen Zeltschrein. In Kanaan war zunächst Silo der Standort der Lade und ihres Schreins (vgl. Jos 18,1; Ri 18,31; 21,12ff; 1Sam 1,3), doch scheinen von Zeit zu Zeit auch andere Orte benutzt worden zu sein, wie Gilgal (Ri 2,1), Mizpa (Ri 20,1) und Bethel (Ri 20,18). Vgl. 2Sam 7,6, wo Jahwe, noch in der Zeit Davids, sagt: »Habe ich doch in keinem Hause gewohnt, seit dem Tag, da ich die Kinder Israel aus Ägypten geführet, bis auf diesen Tag, sondern ich bin umhergezogen in einem Zelt als Wohnung.«

Dieses Heiligtum aller Stämme, mit einer

Priesterschaft versehen, die ihre Abstammung bis auf Aaron zurückverfolgen konnte (Ri 20,28), war vor der Gründung des Königtums Israels die einzige verbindende Einrichtung. Ihr einigender Einfluß war nur wirksam, solange die Stämme dem Bund treu waren. Dieser Einfluß überstand die vielfältigen Wechsel, die Ri festhält. Als die Philister die Lade raubten (1Sam 4; Jer 7,12ff; 26,6.9), konnten nur Persönlichkeit und Einsatz Samuels und die Einrichtung des Königtums Israel die nationale Identität wahren.

Während der Richterzeit, Israels »Eisenzeit« (im geistlichen, nicht im kulturgeschichtlichen Sinn), wuchs das Volk in die Lebensbedingungen Kanaans hinein; es führte einen Überlebenskampf um die eigene Existenz. Nach einer Lektüre von Ri allein erscheint der Kampf als zum Scheitern verurteilt; wie Niederlage in Sieg umgewandelt wurde, wird erst in 1/2Sam berichtet.

Was den Glauben betrifft, begegnet uns hier eine Zeit, in der Gott sein Volk in der Glut der Not formt, damit es das ausgewählte Werkzeug zur Weiterführung seines Willens in der Welt wird. So wenig erbaulich viele Einzelheiten der jeweiligen Episoden wirken mögen, zusammen zeichnen sie ein Bild der unablässigen Treue des Gottes Israels gegenüber dem Bund mit seinem Volk, trotz dessen wiederholter Untreue. Gerade darüber setzt er sich in Gericht und Gnade mit dem Volk auseinander; er zeigt ihm, was es bedeutet, Gottes Volk zu sein und Jahwe als Gott zu haben.

Spätere Generationen erkannten an der Zeit der Richter, wie Gott damals zeichenhaft für die Verteidigung seines Volkes eingetreten war. Samuel erinnert Israel in seiner Abschiedsrede daran, wie Gott es unter Mose und Aaron aus Ägypten befreite und es »an dieser Stätte wohnen ließ«. »Aber«, fährt er fort, »sie vergaßen den Herrn, ihren Gott, und er verkaufte sie in die Hand Siseras, des Feldhauptmanns von Hazor, und in die Hand der Philister und in die Hand des Königs von Moab; die kämpften gegen sie. Und sie schrieen zum Herrn und sprachen: Wir haben gesündigt, daß wir den Herrn verlassen und den Baalen und Astarten gedient haben; nun aber errette uns aus der Hand unserer Feinde, so wollen wir dir dienen. Da sandte der Herr Jerubbaal, Barak, Jephtha und Samuel und errettete euch aus der Hand eurer Feinde ringsum und ließ euch sicher wohnen« (1Sam 12,8–11). Auf andere Begebenheiten der Richterzeit beziehen sich 2Sam 11,21; Jes 9,3; 10,26. Die herausragendste Würdigung aber findet sich in Hebr 11,32ff, wo »Gideon, Barak, Simson, Jephtha« unter denen genannt werden, die »durch den Glauben Königreiche bezwungen (haben), Gerechtigkeit gewirkt, Verheißungen erlangt, der Löwen Rachen verstopft . . ., des Schwertes Schärfe entronnen (sind; sie) sind kräftig geworden aus der Schwachheit, sind stark geworden im Streit, haben der Fremden Heere zum Weichen gebracht«.

Inhalt

1,1–2,5	**Teileroberung Kanaans durch Israel**	
	1,1–21	Die Eroberung Südkanaans
	1,22–26	Die Eroberung Bethels
	1,27–36	Städte, die Israel nicht einnehmen konnte
	2,1–5	Der Engel des Herrn bei Bochim
2,6–3,6	**Warum Heidenvölker im Lande belassen wurden**	
	2,6–10	Tod Josuas und der Ältesten
	2,11–13	Israels Götzendienst
	2,14–19	Zusammenfassung der Richterzeit
	2,20–3,6	Die verbleibenden Kanaaniter als Prüfstein für Israel
3,7–11	**Unterdrückung durch Kuschan-Rischathajim und Befreiung durch Othniel**	
3,12–30	**Unterdrückung durch Eglon, König von Moab, und Befreiung durch Ehud**	
	3,12–14	Unterdrückung durch Eglon
	3,15–30	Befreiung durch den Benjaminiter Ehud
3,31	**Die Tat Schamgars, des Sohnes Anaths**	

4,1–24 Unterdrückung durch König Jabin und Befreiung durch Debora und Barak

4,1–3	Unterdrückung durch Jabin und Sisera
4,4–16	Die Schlacht am Kison
4,17–24	Siseras Tod

5,1–31a Das Deboralied

5,31b–8,32 Unterdrückung durch Midian und Befreiung durch Gideon

5,31b–6,6	Unterdrückung durch Midian
6,7–10	Der Prophet
6,11–24	Der Engel des Herrn erscheint Gideon
6,25–32	Gideon zerstört den Altar Baals
6,33–35	Gideon sammelt ein Heer
6,36–40	Gideons Vlies
7,1–8	Die Verkleinerung des Heeres Gideons
7,9–14	Gideon im Lager Midians
7,15–25	Gideons Sieg
8,1–3	Die Beschwerde der Ephraimiter
8,4–21	Verfolgung und Gefangennahme Sebachs und Zalmunnas
8,22–32	Gideons Herrschaft über Israel

8,33–9,57 Die Geschichte Abimelechs

10,1–5 Die »kleinen Richter« Tola und Jair

10,6–12,7 Unterdrückung durch Ammon und Befreiung durch Jephthah

10,6–18	Die ammonitische Unterdrückung
11,1–11	Jephthah wird zum Führer gewählt
11,12–28	Jephthahs Protest beim König von Ammon
11,29–40	Jephthahs Sieg und Gelübde
12,1–7	Jephthahs Streit mit Ephraim

12,8–15 Die »kleinen Richter« Ibzan, Elon und Abdon

13,1–16,31 Unterdrückung durch die Philister und die Taten Simsons

13,1–25	Die Geburt Simsons
14,1–20	Simsons Hochzeit
15,1–16,3	Weitere Taten Simsons
16,4–31	Letzte Taten Simsons

17,1–18,31 Michas Priester und die Wanderung Dans

17,1–13	Michas Priester
18,1–31	Die Wanderung Dans

19,1–21,25 Der Krieg gegen Benjamin

19,1–30	Die Schandtat von Gibea
20,1–48	Die Zerstörung Gibeas
21,1–25	Die Versöhnung

Kommentar

1,1–2,5 Teileroberung Kanaans durch Israel

1,1–21 Die Eroberung Südkanaans

1 *Nach dem Tod Josuas:* wohl ein Vermerk des Herausgebers. Der Tod Josuas erscheint chronologisch richtig in Ri 2,8. Ri 1 ist eine Zusammenstellung verschiedener Fragmente: V. 2–21, die Eroberung Südkanaans durch Juda und angeschlossene Gruppen; V. 22–26, die Einnahme Bethels durch die Josephstämme; V. 27–36, eine Liste der Städte, aus denen die mittleren und nördl. Stämme die kanaan. Einwohner nicht vertreiben konnten. *Wer soll unter uns zuerst hinaufziehen?* 4Mo 21,1–3 erwähnt einen israel. Vormarsch vom Süden her, der dem aus dem Osten vorausgeht (vgl. Ri 1,16f). **3** *Sprach Juda zu seinem Bruder Simeon:* Vom Stamm oder Volk wird oft unter dem Namen des Stammvaters geredet; so offensichtlich hier, während es sich an anderen Stellen nicht so klar erkennen läßt. Simeon löste sich früh als Stamm auf und wurde Juda eingegliedert. **4** *Als nun Juda hinaufzog:* Einen Teil des Gebiets hatten Juda und seine Familie vor der Reise nach Ägypten bewohnt (1Mo 38). *Kanaaniter und Perisiter:* Die Perisiter sind unbekannt, könnten aber ein eingeborenes Volk von anderer Rasse als die Kanaaniter gewesen sein. **5** *Fanden den Adoni-Besek zu Besek:* Besek lag vermutl. in Südkanaan; ist sonst unbekannt. Der Name seines Königs lautet »Herr von Besek«. **6** *Hieben sie ihm die Daumen ab an Händen und Füßen:* wahrscheinlich, um ihn durch die Verstümmelung zu entwürdigen, nicht bloß, um ihn unfähig zu machen zur Waffenführung. **7** *Brachte ihn nach Jerusalem:* Für die früheste Stadt, auf dem Hügel Ophel südl. des Tempelgebietes gelegen, kann archäol. die Gründung um 3000 v.Chr. nachgewiesen werden. Jerusalem wird in ägypt. Texten um 1900 v.Chr. erwähnt und ist viell. das Salem aus 1Mo 14,18. Die kanaan. Stadt war eine gemischt hethit.-amorit. Gründung (Hes 16,3) und einer der bedeutendsten kanaan. Stadtstaaten der Amarnazeit (1400–1360 v.Chr.).

8 *Juda kämpfte gegen Jerusalem und eroberte es:* Jos berichtet den Tod des Königs von Jerusalem (Jos 10,22ff; 12,10), nicht die Eroberung der Stadt. Befürworter der Frühdatierung verbinden dieses Ereignis mit der Bedrohung Jerusalems durch die Habiru unter König Abdi-Hiba zur Zeit Echnatons (um 1370 v.Chr.); aber die Einzelheiten der beiden Ereignisse stimmen nicht überein. Wenn Jerusalem hier die jebusitische Hauptstadt ist, kann diese Einnahme nur eine Episode sein, auf die unmittelbar die Rückgewinnung durch die Jebusiter folgte (vgl. 1,21). Es ist jedoch möglich, daß das von Israel unter Josua eroberte Jerusalem nicht die Hauptstadt der Jebusiter auf dem Ophel, sondern eine Siedlung auf dem Südwesthügel war. **10** *Hebron aber hieß vorzeiten Kirjath-Arba: Kirjath-Arba* bedeutet »Vierstadt« (Tetrapolis), was auf ein altes Bündnis hinweist, zumal Hebron »Bündnis« bedeutet. 2Mo 13,22 zufolge wurde Hebron 7 Jahre vor Tanis (Zoan) in Ägypten erbaut. Das deutet vermutl. auf die Befestigung von Tanis durch die Hyksos hin, wodurch die Gründung Hebrons auf das Jahr 1725 v.Chr. zu datieren ist. *Scheschai und Ahiman und Talmai:* Diese werden in der Kundschaftererzählung 4Mo 13,22 »Söhne Enaks« genannt, was viell. »Langhalsleute« bedeutet, vgl. Ri 1,20.

11 *Und zogen von dort gegen die Einwohner von Debir:* Nachdem Hebron gewonnen war, war die Einnahme Debirs leicht. Der frühere Name Kirjath-Sepher (oder Kirjath-Sopher) bedeutet »Stadt der Bücher« (oder: der Schreiber). Debir wird von einigen Forschern mit dem heutigen Tell Bet-Mirsim identifiziert. Dieser Ort ist ausgegraben worden; der Befund ergab, daß die Stadt der späten Bronzezeit um 1230 verbrannt und danach mit schwächeren Wällen, geringerer Bevölkerung und niedrigerer Zivilisation wiederaufgebaut wurde. **13** *Da eroberte es Othniel, der Sohn des Kenas:* Die »Söhne Kenas« (Kenisiter), auch andere Nomaden wie Keniter (V. 16) und Jerachmeeliter, vermischten sich mit Juda.

16 *Die Kinder des Keniters, des Schwagers Moses* (EÜ): Das hebr. *choten* (wörtl. »Beschneider«?) bedeutet Schwiegervater. Mit anderen Vokalen als *chatan* ausgesprochen kann es Schwager heißen (so LÜ und ZÜ, die aus 4,11 den Namen Hobab einfügen); doch die Normalbedeutung von *chatan* ist »Schwiegersohn«, »Bräutigam« (vgl. 2Mo 4,25f); dieser wurde in einer gewissen Zeitperiode anscheinend am Vorabend der Hochzeit vom Schwiegervater beschnitten. Deshalb sollte übersetzt werden: »dessen Schwiegersohn Mose war«, vgl. 4Mo 10,29–32. Die Keniter (von hebr. *qain*, »Schmied«), waren ein Nomadenvolk, offenbar reisende Kesselflikker, die als Nachbarn der Amalekiter im Negev und der Araba lebten. *Palmenstadt:* d.h. »Dattelpalmen« und bezeichnet gewöhnlich Jericho (vgl. 3,13). Hier könnte es sich aber auf Thamar (»Palme«) beziehen, das 140km südl. von Arad liegt. *In die Wüste Juda, die im*

Süden von Arad liegt: vgl. die Niederlage des Königs von Arad in 4Mo 21,1–3. Die kanaan. Stadt Arad identifiziert Y. Aharoni mit Tell el-Milh. 17 *Und nannten die Stadt Horma:* d.h. »Hingabe« im Sinne völliger Zerstörung. Siehe 4Mo 14,45; 5Mo 1,44. Aharoni hält Horma für Tell el-Mešaš, nahe Tell el-Milh. Beide Orte hatten eine gute Wasserversorgung und wurden in der mittleren und späten Bronzezeit besetzt. 18 *Doch eroberte Juda nicht Gaza ... Askalon ... Ekron:* Diese Übers. beruht auf der LXX; ZÜ gibt MT wieder: *Juda eroberte auch Gaza ...,* vgl. EÜ. Diese Städte sowie Asdod und Gath wurden wenig später (im frühen 12. Jh.) von den Philistern besetzt. 19 *Daß es das Gebirge einnahm:* Die Kanaaniter beherrschten weiterhin die Ebene, die sie mit eisernen Wagen verteidigen konnten. Die Kenntnis der Eisenverhüttung, den Israeliten erst 200 Jahre später eigen, hatten sie von Hethitern und Mitannern erworben; vgl. Einführung. 20 *Sie gaben Kaleb Hebron:* vgl. Jos 15,13. 21 *Benjamin vertrieb die Jebusiter nicht, die in Jerusalem wohnten:* vgl. Jos 15,63, wo Juda an Stelle Benjamins genannt wird; vgl. auch Jos 18,28. Jerusalem lag an der Stammesgrenze zwischen Juda und Benjamin. Die Jebusiter waren wahrscheinlich eine amorit. Gruppe, die sich auf einer älteren hethit. Gründung in Jerusalem niederließen. *Die Jebusiter wohnten bei denen von Benjamin in Jerusalem bis auf diesen Tag:* Damit wäre dieser Teil von Ri vor 1003 v.Chr. zu datieren, als David die Stadt einnahm; die gemischt hethit.-amorit. Bevölkerung lebte auch unter David dort weiter, vgl. Arawna, den Jebusiter, 2Sam 24,16, dessen Name man auf ein hethit. Wort für »Edler« oder »Freier« (*arawanis*) zurückführt.

1,22–26 Die Eroberung Bethels

22 *Das Haus Joseph zog hinauf nach Bethel:* Wir wenden uns nun vom südl. dem mittleren Kanaan zu. Bethel (heute Betin) bedeutet »Gotteshaus«, vgl. 1Mo 12,8; 13,3f; 28,19; 31,13 u.a. Der Name läßt an ein altes Heiligtum denken. Ausgrabungen haben ergeben, daß die Stadt der späten Bronzezeit in der 2. Hälfte des 13. Jh. v.Chr. angegriffen und verbrannt wurde. Hier wird die Einnahme als erstes und hervorragendes Unternehmen des Hauses Josephs bezeichnet. 26 *Da zog der Mann ins Land der Hethiter:* d.h. nach Nordsyrien jenseits des oberen Orontes, der Grenze zwischen dem hethit. und ägypt. Großreich, u.U. ein Hinweis, daß der Mann selber zur eingewanderten hethit. Bevölkerung gehörte, die sich im Bergland Judas niedergelassen hatte. Die neue Stadt *Lus,* die der Mann gründete, ist unbekannt, jedoch kann der Ortsname Lazi auf den Alalach-Tafeln damit zusammenhängen.

1,27–36 Städte, die Israel nicht einnehmen konnte

27 *Manasse vertrieb nicht Beth Schean ... Taanach ... Dor ... Jibleam ... Megiddo:* V.27 und 28 entsprechen Jos 27,11.12. Die genannten Städte bildeten (von O nach W) eine Reihe von kanaan. Stützpunkten in der Ebene von Jesreel und trennten die Josephstämme im mittleren Kanaan von den Nordstämmen. *Beth-Schean* war bis in die Zeit Ramses III. (1198–1167 v.Chr.) von ägypt. Truppen besetzt. *Taanach:* das heutige Tell Taʿanek, 9km südöstl. von Megiddo. Seine Besetzung im 12. Jh. endete 1125 v.Chr. in einer grauenvollen Zerstörung, vgl. 5,19. Im frühen 12. Jh. besetzten die Tjeker, den wandernden Seevölkern zugehörig, die Stadt *Dor,* die etwa 15km südöstl. von Megiddo liegt. *Jibleam:* das heutige Chirbet Belʿame. *Megiddo* stand in der 1. Hälfte jenes Jh. unter ägypt. Kontrolle und wurde zur gleichen Zeit wie Taanach zerstört.

29 *Ephraim vertrieb die Kanaaniter nicht, die in Geser wohnten:* vgl. Jos 16,10. *Geser:* im SO Ephraims, geriet erst etwa 950 v.Chr. unter israel. Herrschaft, vgl. 1Kön 9,16. Es wurde nach Angaben Merenptahs (um 1230 v.Chr.) von Ägypten z.Z. der 18. Dynastie und wieder z.Z. der 19. erobert. Es nimmt eine strategisch wichtige Stellung an der Straße von der Küstenebene nach Jerusalem durch das Tal Ajalon ein.

31 *Asser vertrieb nicht ... Akko, noch ... Sidon:* Die Kanaaniter bewahrten ihre Unabhängigkeit nur entlang der phöniz. Küste, und zwar bis zum 6. Jh. v.Chr. *Akko* (ntl. Ptolemais) wurde als Hafen benutzt, wenn es auch keinen natürlichen Hafen besaßt. *Sidon* war z.Z. der Richter bedeutender als die Schwesterstadt Tyros, deren Aufstieg in Davids Zeit fällt, vgl. Jos 19,28f. *Sidon:* z.Z. der 19. Dynastie Ägypten untertan, wurde aber unter Zimrida zur Amarnazeit abtrünnig; von den Philistern um 1150 v.Chr. verwüstet. Die Bewohner flohen nach Tyros. 33 *Naphthali vertrieb nicht ... Beth-Schemesch noch ... Beth-Anath:* zwei heilige Stätten. *Beth-Schemesch,* der Verehrung des Sonnengottes geweiht, wurde von J. Garstang mit Kedesch-Naphthali von 4,6 identifiziert. In *Beth-Anath* wurde Anath, die kanaan. Fruchtbarkeitsgöttin verehrt, die auf den Ras-Schamra-Tafeln als Gattin Baals erscheint. 34 *Die Amoriter drängten die Daniter aufs Gebirge:* Dieser Druck veranlaßte die Daniter bald, nach Norden zu ziehen; vgl. Kap. 18. Die *Amoriter* (d.h.

»Westliche«, aus akkad. Sicht), waren semitische Einwanderer aus der Arabischen Wüste, die um 2000 v.Chr. ins Kulturland eindrangen. Um 1750 beherrschten sie die bedeutendsten Städte zwischen Syrien und Babylon. **35** Die amor. Städte trennten Joseph und Juda. **36** Ihre östl. Grenze wird *Skorpionensteig* (Steige Akrabim) genannt und liegt im SO Judas nahe dem Toten Meer, dem Gebiet im S, in dem das amorit. Hazezon-Thamar aus 1Mo 14,7 lag.

2,1–5 Der Engel des Herrn bei Bochim

1 *Es kam aber der Engel des Herrn herauf von Gilgal nach Bochim:* »Engel des Herrn« ist ein im AT weit verbreiteter Ausdruck zur Bezeichnung Gottes in seiner Erscheinung vor Menschen, vgl. Ri 6,11–24; 13,3–21. *Gilgal:* der Name ist mit dem Vorhandensein eines Steinkreises verbunden, wahrscheinlich stehende Steine; der Ort liegt zwischen dem Jordan und Jericho, möglicherweise an der Stelle des heutigen Chirbet el-Mefğir, 2km nordöstl. von Jericho. An Stelle von *Bochim* scheint im Text ursprünglich »Bethel« gestanden zu haben, so jedenfalls LXX (aufgenommen in JB). Das könnte auf eine frühere Verschickung von Bundeslade und Zeltschrein von Gilgal (Jos 4,18f) nach Bethel (Ri 20,26f) hindeuten. **2** *Ihr aber solltet keinen Bund schließen mit den Bewohnern dieses Landes:* Die Worte in V.2f beziehen sich auf den Bund zwischen Jahwe und Israel, vgl. 2Mo 23,33; 34,12–16; 4Mo 33,55; 5Mo 7,2.5.16; 12,3. **5** *Und sie nannten die Stätte Bochim:* d.h. »die Weinenden«. Einige Ausleger sehen hier eine Verbindung zur Klageeiche unterhalb Bethels (1Mo 35,8).

2,6–3,6 Warum Heidenvölker im Lande belassen wurden

2,6–10 Tod Josuas und der Ältesten

6 *Als Josua das Volk entlassen hatte:* vgl. Jos 24,28–31 als Parallele zu V.6–9 mit leichter Abweichung in der Satzfolge. **10** *Kam nach ihnen ein anderes Geschlecht auf, das den Herrn nicht kannte:* Hier beginnt die eigentliche Fortsetzung von Jos. Zur Sprache dieses Verses vgl. 2Mo 1,8.

2,11–13 Israels Götzendienst

11 *Und dienten den Baalen:* d.h. den örtlichen Ausprägungen des vorherrschenden Fruchtbarkeitsgottes Kanaans, vgl. V. 13.
13 *Denn sie verließen je und je den Herrn und dienten den Baalen und Astarten:* Baal (»Herr«) war der gebräuchliche Name für den Wettergott Hadad, in der kanaan. Mythologie der Sohn Els. Er verkörperte den Regen und die Fruchtbarkeitskräfte der Natur. Zu seinem Kult, der darauf zielte, die Fruchtbarkeit des Bodens durch regelmäßigen Regen zu sichern, gehörten die »heilige Hochzeit« und orgiastische Riten, die als eine Art Übertragungszauber wirken sollten. *Astarten:* Plur. von Aschtaroth oder Aschtoreth (griech. Astarte), der Gottheit des Planeten Venus, in Palästina die Gattin Baals; in Nordsyrien war dessen Gattin Anath, vgl. 1,33. In Israel neigte man dazu, in Friedenszeiten Baal zu verehren, da man damit gute Ernten zu sichern meinte. Aber der Druck von Bedrängern und kriegerische Ereignisse erinnerten das Volk an den Gott der Väter, der es allen Feinden zum Trotz zum Sieg geführt hatte.

2,14–19 Zusammenfassung der Richterzeit

14 *Konnten nicht mehr ihren Feinden widerstehen:* Jedesmal, wenn Israel sich den Baalen zuwandte, verlor es den Sinn für die Einheit; denn das Bundesband, das sie dadurch zusammenhielt, daß es sie an Gott band, wurde geschwächt. Den Feinden bot sich eine zersplitterte Front. **17** *Sie hurten anderen Göttern nach* (EÜ): Götzenverehrung wird als geistlicher Ehebruch dargestellt, da das Bundesverhältnis zwischen Gott und Israel mit einem Ehebund verglichen wird.

2,20–3,6 Die verbleibenden Kanaaniter als Prüfstein für Israel

21 *Will ich auch hinfort die Völker nicht vertreiben:* Aus drei Gründen ließ Gott Kanaaniter neben Israel im Lande bleiben: 1. Um Israel für seine Abkehr vom Glauben zu bestrafen, 2,3.20f; 2. um Israels Treue zu Gott zu testen, 2,22; 3,4; 3. um Israel Erfahrung im Kriegswesen zu vermitteln, 3,2. 5Mo 7,20–24 erwähnt einen vierten Grund: 4. um das Land vor Verwilderung zu bewahren. **22** *Damit ich Israel durch sie prüfe:* Was wir als Ergebnis feststellen würden, wird hier, für das Hebr. typisch, als Zwecksatz formuliert.
3,1 *Alle, die nichts wußten von den Kriegen um Kanaan:* d.h. die Generationen, die an der Landnahme nicht beteiligt waren. Hier und in V. 2 wird die schrittweise Eroberung als dazu bestimmt angesehen, daß auch spätere Generationen das Kriegswesen lernten, vgl. 2Mo 23,29f; 5Mo 7,22. **3** *Die fünf Fürsten der Philister:* d.h. die Herrscher der fünf Stadtstaaten Asdod, Askalon, Ekron, Gaza und Gath. Das Wort, das mit »Fürst« übersetzt wird (hebr. *šeren*) ist nicht semitisch, sondern offenbar philistäischen Ursprungs. Die Philister brachten es aus ihrer anatolischen Hei-

mat mit. Es scheint dem (vorhellenischen) griech. Wort *koirannos* oder *tyrannos* verwandt zu sein; vgl. das hieroglyphisch-hethit. *tarwana.* Die Philister sind anscheinend aus Karia in Kleinasien gekommen. Die Wachen der Philister vor dem Palast in Jerusalem werden hebr. *karim* genannt, 2Sam 20,23; 2Kön 11,4.19. Der Name *krethim* (LÜ: Krether), mit dem sie manchmal bezeichnet werden, 1Sam 30,14; 2Sam 8,18, weist auf eine Verbindung mit Kreta im Verlauf ihrer Wanderung nach S hin (vgl. Am 9,7, wo Gott die Philister von Kaphtor, d.i. Kreta, herbeiführt). Um 1190 v.Chr. ließen sie sich in Palästina in einem Gebiet nieder, das zuvor die Awwiter innegehabt hatten, vgl. 5Mo 2,23. Sie breiteten sich später nach N und O aus und eroberten dabei den größten Teil Palästinas (vgl. Ri 13,1). Auf zeitgenössischen Abbildungen sind sie mit Federhelmen dargestellt, einem Kopfschutz, der in der Alten Welt als für sie typisch galt (vgl. Abb. LZB Sp. 1075f). Ihre Rüstung, in 1Sam 17,5–7 geschildert, erinnert an die homerischen Krieger. *Alle Kanaaniter:* die in 1,27–33 erwähnten. *Sidonier:* die Phönizier, hier Sidonier genannt, da ihre Hauptstadt zu jener Zeit Sidon war, vgl. Komm. zu 1,31. *Hewiter, die am Gebirge Libanon wohnten:* Sie lassen sich nicht sicher ermitteln. Der Versuch, sie wegen der Ähnlichkeit von hebr. *Chiwwi* mit hethit. *Achijawa* mit den Achäern gleichzusetzen, ist nicht überzeugend. Allg. werden sie als Horiter angesehen; entweder waren sie ein Unterstamm der Horiter, oder »Heviter« muß überall zu »Horiter« berichtigt werden. LXX liest »Hethiter«. Die Horiter (oder Hurri) drangen aus den östl. Gebirgen in das nördl. Mesopotamien und Syrien ein. Im 18. Jh. bildeten sie bereits einen Teil der Bevölkerung in und um Alalach (Nordsyrien); um 1500 gründeten sie das Reich Mitanni im oberen Mesopotamien. Viele Gepflogenheiten der Patriarchen sind horitischen Ursprungs. Im 15. und 14. Jh. breiteten sie sich so schnell aus, daß die Ägypter Kanaan auch *ch'rw* nannten. Zu Josuas Zeiten beherrschten die Hewiter vier Städte im NW Jerusalems, sie bildeten den Gibeonitischen Bund (Jos 9,7.17). Der *Berg Baal-Hermon* (später Hermon) verläuft als Gebirgszug östl. parallel zum Libanon und erstreckt sich südwestl. von Damaskus. Anstelle von: *dorthin, wo man nach Hamath kommt,* lese man »Labo von Hamath«, da es mit dem heutigen Labwe, 21km nordnordöstl. von Baalbek, identifiziert wurde. 4 *Um Israel durch sie zu prüfen:* vgl. Komm. zu 2,22. 6 *Nahmen sie deren Töchter zu Frauen:* ein Verstoß gegen die Anweisung von 2Mo 34,10–16, auch 5Mo 7,1–5, Teil der Bundessatzung.

3,7–11 Unterdrückung durch Kuschan-Rischathajim und Befreiung durch Othniel

7 *Taten, was dem Herrn mißfiel:* Dieser Abschnitt beginnt mit der vollständigen, immer wiederkehrenden Formel, in die die wichtigsten Vorgänge von Ri gefaßt sind. Nur die nötigsten Einzelheiten werden hinzugefügt: der Name des Bedrängers, die Dauer der Unterdrückung, der Name des Befreiers und die Länge der folgenden Ruhezeit. *Dienten den Baalen und den Ascheren:* den männlichen und weiblichen Fruchtbarkeitsgöttern. *Ascheren,* in manchen Übers. auch wörtl. Ascheroth, ist Plur. von Aschera, einer kanaan. Göttin, die in den Ras-Schamra-Tafeln als Gattin des höchsten Gottes El genannt wird. An anderer Stelle sind die weiblichen Gegenstücke der Baale die Astarten (vgl. 2,13); Astarte könnte auch hier urspr. Lesart sein, so jedenfalls zwei hebr. Hss. und die Vulgata; das um so mehr, als der übliche Plur. von Aschera Ascherim ist (vgl. 6,25). 8 *Kuschan-Rischathajims, des Königs von Mesopotamien* (hebr. Aram-naharaim): Ägypt. Quellen erwähnen ein Gebiet namens *Qsnrm* (Kuschanrom, »Oberes Kuschan«) im Land Naharen in Nordsyrien. Kuschan-Rischathajim kann ein Habiruhäuptling dieser Gegend gewesen sein, und sein Sturz durch Othniel mag das Verschwinden der Habiru als Macht im Westen Asiens erklären. Aber es ist einzigartig, daß ein Monarch aus dem N von einem Helden Südjudas zurückgedrängt worden sein soll. Möglicherweise ist an einen südl. Eindringling *Kuschan rosch Teman* (»Kuschan, Haupt von Teman«) gedacht, wobei Aram zu Edom zu verbessern wäre, wie oft im AT. Sein Name ist im Hebr. so vokalisiert, daß sich die Bedeutung »Kuschan mit der zwiegefärbten Bosheit« ergibt. 9 *Othniel, der Sohn des Kenas, des jüngsten Bruders von Kaleb:* vgl. 1,13. 10 *Und der Geist des Herrn kam auf ihn:* In ähnlicher Weise wird in Ri von Gideon (6,34), Jephthah (11,29) und Simson (13,25; 14,6.19; 15,14) geredet, und in 1Sam von Saul (10,10; 11,6) und David (16,13). Diese Führer nennt man »charismatisch«, da sie ihre Stellung einer besonderen Kraft verdanken, die ihnen durch Gottes Gnade mitgeteilt wird, dem *Geist des Herrn.*

2,12–30 Unterdrückung durch Eglon, König von Moab, und Befreiung durch Ehud

3,12–14 Unterdrückung durch Eglon

12 *Da machte der Herr den Eglon, den König der Moabiter, stark gegen Israel:* Das Land

Moab lag östl. des Toten Meeres, mit dem Arnon als nördl. und dem Sered als südl. Grenze. Eglon drang in Kanaan auf demselben Weg ein, dem die Israeliten gefolgt waren, als sie den Jordan überquerten und die Gegend um Jericho besiedelten. Es war daher natürlich, daß sein Hauptgegner ein Benjaminiter wurde: Ehud (V.15). Nach N. Glueck wurde das Königreich Moab wie die anderen transjordanischen Königreiche (Basan, Hesbon, Ammon, Edom) im 13. Jh. v.Chr. gegründet; davor waren seine Bewohner Nomaden. Die moabitische Hauptstadt war Kir-Hareseth. 13 *Ammoniter und Amalekiter.* Die Ammoniter, den Moabitern eng verwandt, lebten nordöstl. von ihnen. Die Amalekiter waren mit den Edomitern verwandte Nomaden, die lange Zeit im Süden Kanaans lebten. Sie belästigten Israel während seiner Wüstenwanderung beträchtlich. *Palmenstadt:* Jericho; vgl. 1,16. Hier ist nicht vom Wiederaufbau Jerichos die Rede – es lag von der Zerstörung unter Jos bis zum 9. Jh. in Trümmern (1Kön 16,34) – sondern von einer zeitweiligen Besetzung der Oase ʿEn es-Sultan.

3,15–30 Befreiung durch den Benjaminiter Ehud

15 *Der Herr erweckte ihnen einen Retter, Ehud, den Sohn Geras, den Benjaminiter, der war linkshändig:* Das letzte Wort lautet im Hebr. *ʾitter jad jemino* wörtl. »gebunden (gehemmt) an seiner rechten Hand«; vgl. ebenso in 20,16, auch dort in bezug auf die Benjaminiter. LXX und Vulg. schreiben »beidhändig«. *Als die Kinder Israel Tribut sandten an Eglon:* wahrscheinlich nach Jericho, wie aus dem Verweis auf Gilgal in V. 19 zu schließen. 19 *Bei den Steinbildern zu Gilgal:* das hebr. *pesilim* bedeutet wörtl. »gemeißelte Bilder« oder »Ritzungen«, viell. Figuren auf den stehenden Steinen, von denen Gilgal seinen Namen hat (vgl. 2,1). *Hinaus:* das hebr. *hoś* ist ein lautmalendes Wort wie etwa das deutsche »Pst! Ksch!« 20 *Er aber saß allein in dem kühlen Obergemach:* wörtl. »in seinem Obergemach der Kühle«; ein auf dem flachen Dach gebauter Raum, gut belüftet durch große Fenster. Vgl. das Fenster, durch das Ahasja fiel (2Kön 1,2). 22.23 Manche Übers. schließen V. 22 mit »und der Schmutz kam heraus« oder »und es kam hinten heraus«. Dieser Satz ist im Hebr. dem folgenden »Aber Ehud ging zum Nebenraum hinaus« so ähnlich, daß es sich um zwei ausgeschriebene Lesarten ein und desselben Satzes handeln könnte; LÜ läßt entsprechend den Schluß in V. 22 weg. Jedoch bestehen auch Zweifel hinsichtlich der Bedeutung der zwei seltenen Wörter, die mit »Nebenraum« übersetzt werden. 24 *Er ist vielleicht austreten gegangen:* wörtl. »er bedeckt sicher seine Füße« (vgl. 1Sam 24,3). 25 *Nahmen den Schlüssel und schlossen auf:* Der Schlüssel war ein flaches, mit Nägeln besetztes Stück Holz, dem Löcher in einem hohlen Bolzen entsprachen. Der Bolzen war auf der Innenseite in einer Vertiefung im Türpfosten mit Nägeln befestigt. Diese fielen von einem aufrecht stehenden Stück Holz (dem Schloß) an der Innenseite der Tür in die Löcher des Bolzens. Um die Tür zu öffnen, mußte man die Hand durch ein Loch an der Tür stecken (vgl. Hld 5,4) und hob die Stifte im Bolzen mittels der entsprechenden Stifte am Schlüssel herauf (vgl. LZB, Sp. 1225f, Art. »Schlüssel«). 27 *Blies die Posaune auf dem Gebirge Ephraim:* Dieses lag nördl. des Gebiets der Benjaminiter und war vermutl. ebenfalls von Eglon überfallen worden.

3,31 Die Tat Schamgars, des Sohnes Anaths

31 *Schamgar* scheint kein Israelit gewesen zu sein. Der Name (hurritisch *schimiqari*) ist auf den Nuzi-Tafeln mehrfach belegt. *Sohn Anaths* könnte bedeuten, daß er aus Beth-Anath stammte – wahrscheinlich eher aus einem im Süden gelegenen Ort (vgl. Jos 15,59) als dem in Galiläa (vgl. Komm. zu 1,33) – oder aus einem anderen Ort, an dem Anath ein Heiligtum geweiht war. Aber selbst wenn er ein Kanaaniter war, sein Kampf gegen die Philister rettete Israel. J. Garstang sieht in ihm Ben-Anath, einen syr. Seekapitän, Schwiegersohn Ramses II. (um 1260 v.Chr.). In diesem Fall wären die angegriffenen Philister eine frühe Vorhut des Hauptzugs gewesen, der sich 50 Jahre später an der Küste Palästinas niederließ. (C. Marston hält sogar den *Ochsenstecken* für den Namen eines Schiffes!) Aber dieses Verständnis ist aus zeitlichen u.a. Gründen unwahrscheinlich. Einige Hss der LXX und andere Textzeugen wiederholen diesen Vers am Ende von Ri 16 in einem stärker auf die Philister bezogenen Zusammenhang. Aber die vorliegende Einfügung ist zeitlich angemessen. Daß Schamgar ein weit bekannter Mann war, geht aus seiner Erwähnung im Deboralied hervor (Ri 5,6).

4,1–24 Unterdrückung durch König Jabin und Befreiung durch Debora und Barak

4,1–3 Unterdrückung durch Jabin und Sisera

2 *Der Herr verkaufte sie in die Hand Jabins, des Königs von Kanaan, der zu Hazor herrschte:* Bisher kamen die Unterdrücker von O und

SO und überrannten Teile des südl. und mittleren Kanaan. Nun kommt die Bedrohung aus dem Norden. Hazor (heute Tell el-Qedach) liegt 7km südwestl. vom Hule-See und war Hauptstadt eines seine Nachbarn beherrschenden kanaan. Königreichs, vgl. Jos 11,10: »denn Hazor war vorher die Hauptstadt aller dieser Königreiche«. Seine Lage identifizierte J. Garstang 1926. Es nahm eine Schlüsselstellung ein – als große, geschützte Lagerumfriedung (*chazor*), die bis in die Hyksoszeit zurückreicht – und war mit Sidon durch eine feste Straße verbunden. Die Stätte wurde 1955–58 unter Leitung von Y. Yadin freigelegt. Der Haupthügel (ca. 6ha) wurde im 3. Jt. v.Chr. besiedelt; die große, tiefer gelegene Unterstadt (ca. 40ha) wurde im frühen 2. Jt., wahrscheinlich durch die Hyksos, umgrenzt und besiedelt. Die erweiterte Stadt konnte 40 000 Einwohner beherbergen. Die Unterstadt wurde nach der wahrscheinlich unter Josua im 13. Jh. v.Chr. erfolgten Zerstörung nie wieder besiedelt (vgl. Jos 11,1ff); V. 13 zeigt, daß Josua auch die Siedlung auf dem Tell zerstörte, die aber wieder bewohnt wurde. Nach Jos 11 führte König Jabin von Hazor eine Koalition, die durch Josua am »Wasser von Merom« geschlagen wurde, das von Nordwesten in den See Genezareth fließt. Das kanaan. Heer von Ri 4f wurde weiter westl., nämlich im Kisontal, besiegt. Man ist heute allg. der Ansicht, daß Ri 4 einen Sieg über Jabin von Hazor durch Sebulon und Naphthali und einen Sieg über Sisera von Haroscheth durch eine größere Zahl von Stämmen, der in Ri 5 gefeiert wird, miteinander verknüpft. Von den hier erwähnten Kanaanitern wird 1,27.33 gesagt, daß sie unter den Stämmen Manasse und Naphthali lebten. *Sisera:* ein nichtsemitischer, möglicherweise illyrischer Name. *Haroscheth der Heiden* (Haroseth-Gojim; ZÜ): viell. das heutige El-Haritiye, südöstl. von Haifa, oder eher der benachbarte Tell el-ʿAmr (so Albright). Auch Chirbet el-Harbag, von wo aus man das rechte Ufer des Kison überschaut, ist in Betracht gezogen worden. 3 *Denn Jabin hatte neunhundert eiserne Wagen:* Diese Streitmacht machte Sisera unbesiegbar, bis sie in einer bestimmten Situation zum Hindernis wurde. Die Sammlung des israelitischen Heerbannes gegen ihn unter Barak fiel mit einem Unwetter zusammen, in dem der Kison, sonst ein ausgetrocknetes Flußbett, zu einem reißenden Strom wurde, der die Streitwagen verschlang.

4,4–16 Die Schlacht am Kison

5 *Palme Deboras:* nicht mit der Eiche zu verwechseln, unter der eine frühere Debora »unterhalb von Bethel« begraben wurde (1Mo 35,8). Debora bedeutet »Biene«. *Und die Kinder Israel kamen zu ihr hinauf zum Gericht:* Sie war eine Richterin (schophtah) im gewöhnlichen, nichtmilitärischen Sinn, aber das charismatische Element war auch in ihr lebendig, da sie eine Prophetin war. 6 *Barak* bedeutet »Blitz«, vgl. das karthagische *Barca. Kedesch in Naphthali,* ein Heiligtum, das J. Garstang mit Beth-Schemesch (1,33) identifizierte, nach anderen das heutige Tell Qedes. *Berg Tabor:* Hier berühren sich die Gebiete Isaschars, Sebulons und Naphthalis. 7 *Bach Kison:* Ein Wadi, das zur Regenzeit zu einem reißenden Strom wird. Es verläuft auf der Nordseite des Karmel durch die Ebene Jesreel zum Mittelmeer. 11 *Heber aber, der Keniter, war von den Kenitern . . . weggezogen:* s. Komm. zu 1,16. Eine Kenitерfamilie hatte sich von ihrem Stamm im S getrennt, war bis zur Ebene Jesreel im N gezogen und lebte dort. Wenn die Keniter immer noch ihr Handwerk als Kesselflicker versahen, waren sie beweglicher als andere Volksgruppen und an deren Streitereien unbeteiligt. 15 *Der Herr erschreckte den Sisera samt allen seinen Wagen:* Die ältere, poetische Fassung (5,20–22) beschreibt die Umstände der Niederlage. Ein plötzlicher heftiger Regen füllte das ausgetrocknete Flußtal, machte es undurchquerbar und ließ die Wagen sich festfahren. Das gleiche geschah, als Napoleon am 16. 4. 1799 in der Schlacht am Berg Tabor die türkische Armee schlug.

4,17–24 Siseras Tod

18 *Sie deckte ihn mit einer Decke zu:* mit einem Fliegennetz (hebr. *śemikah*). 19 *Da öffnete sie den Schlauch mit Milch:* d.h. Sauermilch (vgl. 5,25) mit einer einschläfernden Wirkung. 21 *Da nahm Jael, die Frau Hebers, einen Pflock von dem Zelt:* Die genaue Beschreibung seines Todes findet sich 5,26. Hammer und Pflock zum Zeltaufbau lagen griffbereit; Zeltaufbau war Frauenarbeit. *Er aber war ermattet in einen tiefen Schlaf gesunken. So starb er:* Diese Fassung ist besser als: »denn er lag in tiefem Schlaf. So wurde er ohnmächtig und starb«. Es handelt sich nur um eine Vokalveränderung (*wejaʿeph* statt *wajjaʿaph*); »er wurde ohnmächtig« trifft nicht auf einen Mann zu, durch dessen Schläfen ein Zeltpflock getrieben wurde. 24 *Bis sie ihn vernichteten:* Die Prosaschilderung wird 5,31b fortgeführt. Davor wird die dichterische Darstellung von Siseras Niederlage eingeschoben.

5,1–31a Das Deboralied

1 *Da sangen Debora und Barak:* Dieses Lied

steht neben anderen dichterischen Beschreibungen von Ereignissen bei der Eroberung Kanaans. Es wurde u.U. wie diese in einer Liedersammlung, etwa dem »Buch des Redlichen« (Jos 10,13) oder dem »Buch von den Kriegen des Herrn« (4Mo 21,14), überliefert. Diese Dichtungen sind praktisch zeitgleich mit den besungenen Ereignissen entstanden. Das Deboralied ist der längste und wichtigste Bestandteil von Ri, aber auch der älteste, wie aus seiner altertümlichen Sprache hervorgeht, die z.T. schon für die Übersetzer der LXX unverständlich war. Es gibt Versuche, die ursprüngl. Liedgestalt durch einschneidende Veränderungen wiederherzustellen; nur wenig davon fand Anerkennung. Das Lied läßt sich so gliedern: V. 2.3: Aufruf zum Lobpreis; 4.5: Anrufung Gottes; 6–8: Not unter den Bedrängern; 9–18: Musterung der Stämme; 19–23: Schlacht am Kison; 24–27: Tod Siseras; 28–30: die Mutter Siseras erwartet dessen Heimkehr; 31a: Ausklang.

2 *Und das Volk dazu willig gewesen ist:* Der Aufruf, sich als durch den Gottesbund geeintes Volk zur Schlacht zu sammeln, durcheilte die nördl. und mittleren Stämme. Sie mußten, vertreten durch ihre Führer, entscheiden, ob sie darauf eingehen wollten. Die Mehrheit reagierte diesmal positiv. **4.5** *Herr, als du von Seïr auszogst:* ein Bild Gottes, wie er inmitten der Sturmwolke zur Verteidigung seines Volkes aus dem Gebiet heraneilt, wo er sich zuerst offenbarte, *vom Gefilde Edoms* nach Kanaan. Vgl. 5Mo 33,2; Ps 68,8ff; Hab 3,3ff. *Der Sinai* (hebr. *seh ṡinai*): hier und in Ps 68,9 wahrscheinlich Titel Jahwes: »Der des Sinai«. JB hält es für einen Zusatz zu *die Berge:* »das ist der Sinai«. **6** *Zu den Zeiten Schamgars, des Sohnes Anaths, zu den Zeiten Jaëls:* vgl. 3,31. Man denkt naheliegenderweise an Jaël, die Frau des Keniters Heber, die in 5,24 gerühmt wird; seltsamerweise wird sie hier zeitlich mit Schamgar verbunden. Die Anspielung mag auf jemanden aus einer früheren Generation zielen, der nicht mehr bekannt ist. **7** *Bis du, Debora, aufstandest . . . eine Mutter in Israel:* Das althebr. *qamti* kann 2. Pers. Sing. Fem. wie auch 1. Pers. Sing. sein; daher in manchen Übers. die Wiedergabe: »ich stand auf«; andernfalls wird hier wie in V. 12 Debora angesprochen. Aus dem Ausdruck »*eine Mutter in Israel*«, der in 2Sam 20,19 eine Stadt meint, hat man geschlossen, daß urspr. die Stadt Daberath (Jos 21,28; 1Chr 6,57), das heutige Daburiye am Fuße des Tabor, gemeint sei. Das ist unmöglich. **8** *Man erwählte sich neue Götter; es gab kein Brot in den Toren:* Ein bedeutsamer Satz, vgl. 2,14. *Es war kein Schild noch Speer unter 40 000 in Israel zu sehen:* In 20jähriger Unterdrückung war Israel entwaffnet worden – vgl. die Entwaffnung des Volkes durch die Philister, 1Sam 13,19ff. Zu beachten ist die zeitgenössische Schätzung der Zahl der wehrfähigen Männer Israels. *Tausend* (hebr. *'eleph*): kann eine militärische Einheit mit weit unter tausend Mann bezeichnen, vgl. 6,15; 20,2. **10** *Die ihr auf weißen Eselinnen reitet:* ein Kennzeichen des Adels, vgl. 10,4; 12,14. **11** *Gerechtigkeit des Herrn:* Mit seiner Gerechtigkeit (wörtl. »gerechte Taten«) tritt er für sein Volk ein, um ihm Rettung und Sieg zu bringen. Die Zusammenarbeit der nördl. und mittleren Stämme geschah nicht nur unter dem Druck des gemeinsamen Feindes, sondern im Bewußtsein des gemeinsamen Jahwebundes, das zu solchen Zeiten wieder auflebte. Das Lied sieht alle Stämme als Verehrer Jahwes. *Sage man (jetannu):* ein Aramaismus, dessen Vorkommen in so frühem Hebr. bemerkenswert ist, vgl. 11,40. Die eigentliche Bedeutung ist »im Wechsel singen« und bezieht sich darauf, daß sich die Mädchen am Brunnen in den folgenden Friedenszeiten die Siegeslieder zugesungen haben. Dasselbe Wort kommt vermutl. in Ps 8,2 vor: »Wie herrlich ist (wird) dein Name (gesungen) in allen Landen« – ebenfalls ein Sieglied.

14 *Aus Ephraim zogen sie herab ins Tal.* Diese Wiedergabe folgt LXX, die *'emeq* (Tal) statt *'amaleq* (Amalek) liest. Andere Übers. folgen dem hebr. Text, so EÜ: »Von Ephraim kamen die, deren Stammsitz unter Amalek ist«. Einige der amalekitischen Nomaden aus dem Süden hatten, wie der Keniter Heber (4,11), ihre Heimat verlassen und waren ins mittlere Kanaan eingewandert, vgl. 3,13; 6,3f.33; 12,15. *Und nach ihm Benjamin:* vermutl. Schlachtruf des Stammes Benjamin, der mit »Ihm nach, Benjamin!« oder »Vorwärts, Benjamin« wiedergegeben werden müßte, vgl. möglicherweise Hos 5,8 (s. JB). *Von Machir:* urspr. das östl. Manasse, hier viell. das östl. und westl. Manasse. *Die den Führerstab halten:* Manche übersetzen »den Schreiberstab« (hebr. *schebet ṡopher*). Der Stab war vermutl. das Amtszeichen des Schreibers. Der Bezug auf einen Schreiber zu dieser Zeit (etwa 1125 v.Chr.) ist nicht überraschender als die Erwähnung der »Stadt der Bücher« in 1,11. Die Schriftkunst, auch alphabetisches Schreiben, war entlang der syr. Küste schon seit Jh. bekannt: angefangen vom einfachen Alphabet von Serabit auf der Sinaihalbinsel, einer frühen Form des urspr. nordsemitischen Alphabets, von dem das phöniz. und andere semit. Alphabete abgeleitet wurden, bis zur Keilschrift von Ras-Schamra, einer Weiterentwicklung desselben nordsemitischen Alphabets. Papyrus wurde in großen Mengen von Ägypten nach Phönizien ausgeführt (um 1100 v.Chr.; vgl. Ri 8,14). **17** *Gilead blieb jenseits des Jordan:* Das bezieht sich auf die Leute von Gad, die, anders als ihre rubenitischen Nachbarn (V. 16), am Kampf nicht teilnahmen. *Warum dient Dan auf fremden Schiffen?* Garstang meint, daß dieser Bezug dem späteren nördl. Wohnsitz der Daniter gilt und daß die Schiffe auf dem Hule-See fuhren. Aber es liegt näher, an ihre frühere Heimat an der Westküste Kanaans zu denken. Selbst wenn die Wanderung nach N bereits stattgefunden hatte (vgl. 18,1ff), blieben sicherlich einige zurück (vgl. 13,2). *Asser saß am Ufer des Meeres:* An dem Gebiet Assers vergriffen sich bald die Phönizier.

19 *Zu Taanach, am Wasser Megiddos:* d.h. am Wildbach Kison. Zu *Taanach* und *Megiddo* s. Komm. zu 1,27. Beide Städte wurden um 1125 v.Chr. zerstört, vermutl. nach dem in diesem Lied gefeierten Sieg. **20** *Vom Himmel kämpften die Sterne, von ihren Bahnen stritten sie wider Sisera:* Ein Hinweis auf den Wolkenbruch, der den Kison über die Ufer treten und Siseras Streitwagen erfassen ließ. Zur Sprache vgl. die des poetischen Bruchstücks Jos 10,12ff. **23** *Meros:* wurde versuchsweise mit Chirbet Marus zwischen Hazor und Kedesch in Naphthali gleichgesetzt. Meros hat offenbar auf ihr liegende Verpflichtungen nicht wahrgenommen. LXX [Text A] hat *Mazor,* das an das heutige el-Mazar in der Jesreelebene erinnert.

24 *Gepriesen sei unter den Frauen Jaël:* In dem Hinweis auf Jaëls Unternehmen und in der ausdrucksvollen Schilderung von Siseras Mutter (V. 28ff) hat man die Handschrift einer Frau zu erkennen gemeint. **25** *Milch gab sie:* hebr. *chem'ah,* s. Komm. zu 4,19. **26** *Sie griff mit ihrer Hand den Pflock:* Nach LXX u.a. Versionen war es die Linke. Aus dem Parallelismus des Verses folgt noch nicht, daß *Hand* synonym zu »Rechte« und *Pflock* zu *Schmiedehammer* ist. Burney verweist zu Recht auf Spr 3,16. *Durchbohrte seine Schläfe:* Das Verb *chalaph* wird auch Hiob 20,24 für durchbohren gebraucht.

28 *Die Mutter Siseras spähte zum Fenster hinaus:* Die Schlußszene des Liedes ist unvergeßlich lebendig und bewegend. *Gitter:* Das Gitterwerk der gekreuzten Latten könnte von außen auf ägypt. Art verziert gewesen sein. **29** *Und sie selbst wiederholt ihre Worte:* wie um sich zu versichern, daß alles in Ordnung sei; aber auch die Zuversicht der Edelfrauen konnte die Vorahnungen der Mutter Siseras nicht ersticken. **30** *Ein Weib, zwei Weiber:* Das Wort für Weib (hebr. *racham*) ist auf dem moabitischen Mesastein (um 850 v.Chr.) in demselben eher verächtlichen Ton zu finden (wie heute das dt. Wort »Dirne«). *Gewirkte bunte Tücher:* Die Israeliten waren in der Färbetechnik unübertroffen. Das geht aus der Beschreibung der Stiftshütte und der Priesterkleider hervor. Viell. haben sie diese Kunst von den Ägyptern gelernt. Ausgrabungen haben ergeben, daß Wollfärberei in Debir und im benjaminitischen Mizpe die vorherrschende Industrie war. *Um den Hals als Beute:* wörtl. »auf den Hälsen der Beute«. Eine geringfügige Veränderung ergibt die wahrscheinlichere Lesart, der LÜ folgt. **31a** *Sollen umkommen, Herr, all deine Feinde!:* Der Ausklang des Liedes, der Jahwes Feinde verwünscht und Segen auf seine Freunde herabruft, entspricht auffallend Ps 68,2–4; vgl. auch das Kriegslied, das das Vorrücken der Bundeslade begleitete, 4Mo 10,35.

5,31b–8,32 Unterdrückung durch Midian und Befreiung durch Gideon

5,31b–6,6 Unterdrückung durch Midian

31b *Das Land hatte Ruhe vierzig Jahre:* schließt an 4,24 an und ist der eigentliche Schluß der Prosaerzählung von Jabins Sturz. **6,2** *Als die Hand der Midianiter zu stark wurde über Israel:* Die Midianiter waren Wüsten-Nomaden, die als erste gezähmte Kamele in großem Maße einsetzten. Das erleichterte Raubzüge über lange Strecken. Sie kamen vermutl. aus ihrer Heimat um den Golf von Akaba (vgl. 2Mo 21,5ff) durch das Transjordanland nach N, auf demselben Weg, den die Israeliten zuvor gewählt hatten. Sie überquerten den Jordan, zogen ins zentrale Kanaan und drangen westl. bis nach Gaza vor (V. 4). Vermutl. erlitten sie auf dem Weg durch das Transjordanland in Moab ihre erste Niederlage durch König Hadad I. von Edom (1Mo 36,35). *Machten sich die Kinder Israel in den Bergen Schluchten zurecht:* eine Erklärung der Felsenbehausungen in den Bergen Ephraims und Judas. **3** *Die Midianiter und Amalekiter:* zu den Amalekitern vgl. 3,13; es war bei ihnen anscheinend Sitte, sich Einfällen von Jordanien nach Kanaan anzuschließen. *Die aus dem Osten* (hebr. *bene qedem*): eine allg. Bezeichnung für die Nomaden der syr. Wüste, vgl. 1Mo 29,1, wo der Ausdruck jedoch für das Hirtenvolk aus dem oberen Mesopotamien steht; ähnlich die ägypt. Erzählung von Sinuhe, der etwa 1900 v.Chr. bei einem amorit. Herrscher Zuflucht fand, der im Lande Qedem ein halbnomadisches Leben führte. **5** *Wie eine große Menge Heuschrekken:* ein treffender Vergleich, sowohl der Vernichtungskraft als der Zahl wegen.

6,7–10 Der Prophet

8 *Sandte der Herr einen Propheten zu ihnen:* Die Botschaft des Propheten ähnelt der des Engels bei Bochim. Die Worte V. 8b erinnern an die Einleitung zu den Zehn Geboten (2Mo 20,2). **9** *Und habe euch errettet aus der Hand der Ägypter:* Ein Hinweis auf Begegnungen mit Ägyptern in Kanaan läßt sich daraus nicht unbedingt ableiten. Näher liegt der Bezug zum Exodus. **10** *Und zu euch gesprochen:* Nachfolgend werden erneut die Anweisungen 2Mo 34,10–16; 5Mo 7,1ff zusammengefaßt, vgl. Ri 3,5f.

6,11–24 Der Engel der Herrn erscheint Gideon

11 *Der Engel des Herrn:* s. Komm. zu 2,1. *Unter die Eiche bei Ophra:* zu dieser Art Eiche bzw. Terebinthe (hebr. *'elah*), einem heiligen Baum, vgl. 1Mo 13,18; 14,13; 18,1; 35,8; Hos 4,13. *Ophra* ist nicht mit Sicherheit zu identifizieren; als möglich erscheint Et-Taijibe, 12km nordwestl. von Beth-Sean. *Joas, dem Abiësriter:* Abiëser, ein Unterstamm Manasses, gehörte zum westl. Teil dieses Stammes, vgl. 5,14. *Sein Sohn Gideon drosch Weizen in der Kelter:* vermutl. mit einem Stab oder einer Stange, wie sie manchmal für geringe Kornmengen verwandt wurden, vgl. Rut 2,17. **13** *Wo sind alle seine Wunder, die uns unsere Väter erzählten:* zur Sprache und allg. Stimmung vgl. Ps 44,1ff. **14** *Der Herr aber wandte sich zu ihm:* Der Wechsel zwischen »Engel des Herrn« und »Herr« ist in Theophanie-Erzählungen üblich. **15** *Mein Geschlecht:* wörtl. *mein 'eleph*; wie Mi 5,2. Das Wort wird gewöhnlich mit »Tausend« übersetzt, obwohl es nicht immer die Bedeutung einer Zahl hat; s. Komm. zu 5,8 und 20,2. **18** *Meine Gabe:* Das hebr. *minchah* ist eine ungewöhnliche Bezeichnung für Mahlzeit, aber angebracht, wenn es sich um ein Speisopfer handelt. **20** *Lege es hin auf den Felsen hier und gieße die Brühe darüber:* Der Felsen diente als improvisierter Altar. Die Brühe mag als Trankopfer in eine der Felsenmulden gegossen worden sein, wie man sie in Palästina und Europa gleicherweise findet. **21** *Der Engel des Herrn entschwand seinen Augen:* Zur gesamten Theophanie wie zur Schlußszene vgl. Ri 13,3–21. **22** *Ach Herr Herr:* zu Todesfurcht und göttlicher Aufmunterung vgl. Ri 13,22f; auch 2Mo 33,20: »Kein Mensch wird leben, der mich sieht.« **24** *Der Herr ist Friede:* hebr. *Jahwe schalom*; der Name bezieht sich zurück auf die Worte »Friede sei mit dir« (hebr. *schalom lecha*) in V. 23.

6,25–32 Gideon zerstört den Altar Baals

25 *Nimm einen jungen Stier von den Stieren deines Vaters und einen zweiten Stier, der siebenjährig ist:* Die Textüberlieferung ist unsicher; vielleicht ist hier und in V. 26.28 *schamen* »fett« statt *scheni* »zweiter« zu lesen. Vgl. dazu Lk 15,23. Das Tier war möglicherweise schon zum Opfer bestimmt. *Reiße nieder den Altar Baals ... und haue um das Bild der Aschera, das dabei steht:* zu Baal und Aschera s. Komm. zu 2,13; 3,7. Hier war der Glaube an Jahwe und der Baalskult in synkretistischer Weise miteinander verbunden, wobei Jahwe viell. als einer der Baale angesehen wurde. Der Name des Joas weist auf Jahwe (»Jahwe hat gegeben«), aber er baut Baal einen Altar, der Aschera ein Standbild bzw. einen heiligen Pfahl und nennt seinen Sohn »Jerubbaal« (»Möge Baal vermehren«), V. 32; wegen der Zerstörung des Ascherabildes wird dieser Name in »Baal streite mit ihm« umgedeutet (s. Komm. zu V. 32). **26** *Auf der Höhe dieses Felsens einen Altar und rüste ihn zu:* Auf diesem Altar schichtet Gideon (in Übereinstimmung mit 2Mo 20,25) das Holz des umgehauenen Ascherabildes auf. Darauf wird der Stier gelegt und vom Feuer verzehrt. **31** *Soll noch diesen Morgen sterben:* Es war viell. Abend, als Gideon den Baalsaltar zerstörte. Joas galt offensichtlich viel in der Gemeinde. Vermutl. kannte er seine Nachbarn gut genug, um zu erkennen, daß sie sich anschließen würden, wenn er entschieden voranging. *So streite er für sich selbst:* Ähnliche Ironie findet sich in 11,24; auch 1Kön 18,27. **32** *Nannte man Gideon Jerubbaal:* Der Name wird umgedeutet in »Baal streite mit ihm« (hebr. *jareb Ba'al*). 2Sam 11,21 erscheint er nach der Gepflogenheit, Baal durch *bescheth, boscheth* (= »Schande«) zu ersetzen, wie in Isch-Boscheth, Mephiboscheth u.a., als Jerubbescheth (EÜ).

6,33–35 Gideon sammelt ein Heer

33 *Zogen sie herüber und lagerten sich in der Ebene Jesreel:* Vermutl. töteten die Midianiter zu dieser Zeit Gideons Brüder bei Tabor (8,18). **34** *Da erfüllte der Geist des Herrn den Gideon:* wörtl. »kleidete sich mit Gideon«; ein Ausdruck, der in 1Chr 12,19 und 2Chr 24,20 wieder auftaucht. Er drückt vollständige Inbesitznahme aus. Gideon wird das Gewand des Geistes und tritt so in die Reihe der charismatischen Führer Israels. **35** *Die kamen herauf, ihm entgegen:* Gemeint ist das ganze nördl. Israel; die Auslassung Ephraims, des mächtigsten der mittleren Stämme, ist bemerkenswert im Blick auf das, was folgt.

6,36–40 Gideons Vlies

39 *Wenn ich noch einmal rede:* Zur Sprache vgl. 1Mo 18,32. Gideon könnte nach dem ersten Zeichen überlegt haben, daß es sich nicht wirklich um ein Zeichen handelte, da die felsige Dreschtenne auf jeden Fall schneller trocknete als das Vlies; erst das umgekehrte Ergebnis ist wirklich ungewöhnlich.

7,1–8 Die Verkleinerung des Heeres Gideons

1 *Quelle Harod:* d.h. Quelle des Zitterns; bezieht sich viell. auf V. 3: »Wer ängstlich und verzagt ist« (hebr. *chared*). Es könnte sich um die Quelle *'En Ğalud* handeln, die am Fuße des Berges Gilboa entspringt, vermutl. die »Quelle« in 1Sam 29,1. *Hügel More* (»Orakelgeber«): könnte der Dschebel ed-Dahi im Norden Gilboas, jenseits der Jesreelebene, sein. **3** *Der kehre um. So sichtete sie Gideon:* LÜ beruht hier auf einer Textkorrektur. EÜ folgt dem Hebr.: *»kehre um und wende sich zurück vom Gebirge Gilead«*. Vgl. JB. Das einzige uns bekannte Gilead liegt im nördl. Jordanien. Gab es ein zweites Gilead in Naphthali? Evtl. wäre hier »Galud« (Feigling?) zu lesen, vgl. das heutige 'En Ğalud; andere haben die Korrektur »Gilboa« vorgeschlagen.
4 *Dort will ich sie dir sichten:* Die Art des Sichtens wird nicht klar beschrieben. Mit der Zunge wie ein Hund schlürfen (V. 5) kann man nicht, wenn man die Hand zum Mund führt (V. 6). Niederknien und schlürfen mag als sträfliche Sorglosigkeit in Gegenwart des Feindes erscheinen; die 300, die stehend das Wasser mit der hohlen Hand von der Quelle zum Mund führen, konnten dabei die Augen für einen plötzlichen Angriff offenhalten. Aber der Test könnte auch ganz willkürlich gemeint sein: Gott wollte sehen, ob Gideon zu widerspruchslosem Gehorsam bereit war, und ihm zeigen, daß er als Werkzeug gebrauchen kann, wen er will.

7,9–14 Gideon im Lager Midians

12 *Heuschrecken . . . wie der Sand:* vgl. 6,5; die Mengenvergleiche sind typisch orientalisch. **13** *Da erzählte einer einem andern einen Traum:* Träume galten als hochbedeutsam. Im AT hat jeder Traum seine Bedeutung, obwohl diese nicht immer erkannt wird. *Laib Gerstenbrot:* Gerste war das in Palästina am weitesten verbreitete Getreide, Gerstenbrot das Grundnahrungsmittel ärmerer Leute.

7,15–25 Gideons Sieg

16 *Er teilte die dreihundert Mann in drei Heerhaufen:* Die dreifache Aufteilung einer Armee erscheint im AT auch an anderen Stellen; vgl. 1Sam 11,11; 2Sam 18,2. Ein nächtlicher Überraschungsangriff wird ebenfalls in 1Sam 11,11 beschrieben. Hier werden die Midianiter durch das plötzliche Auftauchen der Lichter, den Schall der Posaunen und das Kriegsgeschrei aus dreihundert Kehlen (»Für den Herrn und für Gideon!«) in Angst und Schrecken versetzt. Die *Posaunen* waren Hörner von Rindern oder Hammeln (hebr. *schopharot*). Die *Krüge* (leere Kannen) schützten die Fackeln vor dem Wind und verbargen das Licht bis zum entscheidenden Augenblick.
19 *Anfang der mittleren Nachtwache:* Das setzt eine Einteilung in 3 Wachen zu je 4 Stunden voraus. Es war daher ungefähr 22 Uhr.
22 *Bis Beth-Schitta:* Die erwähnten Orte sind nicht mit Sicherheit auszumachen, aber offenbar flohen die Midianiter in Richtung Jordan und überquerten ihn da (V. 24), wo ihr Rückzug von den Ephraimitern am besten abgefangen werden konnte. **23** Zu den genannten Stämmen vgl. 6,35. **25** *Oreb und Seeb* bedeuten »Rabe« bzw. »Wolf«. An die »Schlacht Midians am Rabenfelsen« erinnert Jes 10,26; vgl. Jes 9,3 »wie am Tage Midians«. Die Lage des *Felsen Oreb* und der *Kelter Seeb* ist unbekannt. *Brachten die Häupter Orebs und Seebs zu Gideon über den Jordan:* d.h. nach Transjordanien, wohin er zur Verfolgung der midianitischen Könige Sebach und Zalmunna (8,4) gezogen war.

8,1–3 Die Beschwerde der Ephraimiter

1 *Warum hast du uns das angetan:* Die Ephraimiter dachten, man habe sie bei dem Unternehmen übergangen, um sie von der Siegerehre auszuschließen. Viell. war ihnen auch der Gedanke an einen starken Nordblock, von dem sie ausgeschlossen waren, unangenehm. Gideon jedoch spricht ihnen Anerkennung aus und beruhigt ihren Zorn. Wie anders verfährt er als Jephthah (12,1ff).

8,4–21 Verfolgung und Gefangennahme Sebachs und Zalmunnas

4 *Die waren müde und jagten den Feinden nach:* Viell. sollte man mit einigen Übers. »müde und hungrig« lesen. **5** *Die Oberen von Sukkoth* (= Hütten): Dieser Ort lag im Transjordangebiet nördl. des Jabboks. Die Namen Sebach und Zalmunna, der Könige Midians, sind so vokalisiert, daß sie »Opfer« und »zurückgelassener Schatz« bedeuten.
7 *Will ich euer Fleisch . . . zerdreschen:* viell. indem er sie auf Dornengestrüpp legte und mit stacheligen Zweigen drosch. **8** *Pnuël:* etwa 8km östl. von Sukkoth (vgl. 1Mo 32,31f), vermutl. mit der östlicheren der beiden Erhebungen, die Tell ed-Dahab genannt werden, identisch. **9** *So will ich diese Burg niederreißen:* Die Burg Pnuël war eine amorit. Fe-

stung aus der Zeit um 1700 v.Chr., ebenso wie der Turm von Sichem, 9,6.46ff. Sie wurde unter Jerobeam wieder aufgebaut, 1Kön 12,25. Pnuël war stark befestigt, denn es kontrollierte den Eingang zum Jordantal von der Jabbokschlucht her.

10 *Sebach aber und Zalmunna waren in Karkor:* Der Ort ist unbekannt, muß aber in der Nähe von *Nobach* und *Jogbeha* (V. 11) gelegen haben. Der Name Jogbeha (Chirbet el-Ğubeha) ist im heutigen Ğubehat erhalten, das 9km nordwestl. von Amman liegt. Nebach wird mit einem Tell nahe Safut identifiziert. **11** *Während es ohne Sorge lagerte:* vgl. 18,7.27. **12** *Setzte das ganze Heerlager in Schrecken:* hebr. *hecherid;* Burney verbessert (unnötig) zu *hecherim* (»gründlich vernichtet«), so auch Josephus (Ant. V228): »Er vernichtete den Feind vollständig«. **13** *Auf der Steige von Heres:* Heres ist ein seltenes Wort für Sonne, daher ist auch die Übers. »bevor die Sonne aufging« möglich; es kann auch eine Verdoppelung der letzten Wendung von V. 12 durch einen Abschreiber sein. **14** *Der schrieb ihm auf die Oberen von Sukkoth:* Die Erfindung der alphabetischen Schrift (s. Komm. zu 5,14) versetzte gewöhnliche Leute wie diesen zufälligen Gefangenen in die Lage, zu lesen und zu schreiben. Die ältere Bild- und Silbenschrift war durch ihre Eigenart Vorrecht einer bes. Klasse geblieben. Der Junge schrieb eine Liste der Oberen von Sukkoth möglicherweise auf Ton. **16** *Ließ es die Leute von Sukkoth fühlen:* Das Verb kann auch »etwas beibringen« heißen. Hier ergibt aber die andere Bedeutung einen besseren Sinn: »zur Ruhe bringen«, »unterwerfen«, vgl. Ri 16,9; 1Sam 14,12. **18** *Wie waren die Männer, die ihr am Tabor erschlagen habt:* s. Komm. zu 6,33. **19** *So wahr der Herr lebt:* oder »beim Leben Jahwes«; die Art des Eides setzt Glauben an Jahwe als den lebendigen Gott voraus. **21** *Denn wie der Mann ist, so ist auch seine Kraft:* Es mußte eine Ehre sein, durch die Hand eines Kriegers wie Gideon zu sterben, von dem außerdem anzunehmen war, daß er seine Gegner mit einem Schlag tötete und die Sache nicht verzögerte wie viell. ein Jüngling. *Die kleinen Monde, die an den Hälsen ihrer Kamele waren:* Die kleinen Monde (LXX), Halbmonde (EÜ), waren vermutl. an Halsketten gebunden und wurden als Amulette getragen. Viell. waren diese Beduinen Mondanbeter.

8,22–32 Gideons Herrschaft über Israel

22 *Du und dein Sohn und deines Sohnes Sohn:* Gideon wird aufgefordert, eine erbliche Monarchie zu begründen. **23** Gideons entschiedene Ablehnung könnte auch als eine verborgene Annahme verstanden werden (vgl. 1Mo 23,6.11.15). Was immer seine Haltung war, sein Sohn Abimelech versuchte den Aufstieg des Vaters fortzusetzen (9,1–6). *Der Herr soll Herrscher über euch sein:* Israels alleiniger König ist Gott, vgl. 1Sam 10,19. **24** *Weil es Ismaeliten waren:* wahrscheinlich Handel treibende Nomaden. Das ist eine auffallende Parallele zum Wechseln der Wörter »Midianiter« und »Ismaeliter« in der Geschichte des Verkaufs von Joseph, 2Mo 37,25ff; 39,1. Sowohl Ismael als auch Midian waren Söhne Abrahams. **26** *Tausendsiebenhundert Lot Gold:* etwa 20kg. **27** *Gideon machte einen Ephod daraus:* Hier und 17,5 bedeutet Ephod vermutl. etwas anderes als das Priestergewand gleichen Namens; denn ein Ephod aus Gold war kaum zum Tragen bestimmt. Was auch immer es war, offensichtlich diente es zum Wahrsagen. **31** *Seine Nebenfrau, die er in Sichem hatte, gebar ihm einen Sohn:* Der Hauptunterschied zwischen den anderen 70 Söhnen (V. 30) und Abimelech war vermutl., daß deren Abstammung nach der männlichen Linie, seine nach der weiblichen gerechnet wurde. Jene gehörten demnach zu dem väterlichen Geschlecht Abiësers, er zu der sichemitischen Familie seiner Mutter. Er war in einer *zadiqa*-Ehe geboren (s. Komm. zu 14,2).

8,33–9,57 Die Geschichte Abimelechs

33 *Als Gideon gestorben war:* VV. 33–35 enthalten eine zusammengefaßte Wertung der folgenden Erzählung. *Baal-Berith:* s. Komm. zu 9,4 und zu 9,46. **9,1** *Abimelech aber, der Sohn Jerubbaals, ging hin nach Sichem zu den Brüdern seiner Mutter:* Gideon selbst hatte zwar die erbliche Monarchie abgelehnt (8,23); aber einige seiner Familienmitglieder dachten anders. Vgl. V. 2, in dem Abimelech die Möglichkeit vor Augen steht, daß die Söhne aus der Familie Abiësers eine gemeinsame Herrschaft über jenen Teil des Landes ausüben könnten. Doch Abimelech, der von seiner Mutter her das Bürgerrecht in Sichem besaß, vereitelte jeden derartigen Versuch seiner abiësritischen Brüder, indem er sie umbrachte und ein Königreich mit Sichem als Mittelpunkt gründete. *Sichem:* Tell Balata; wurde im 4. Jt. v.Chr. erstmals besiedelt. Die Hinterlassenschaft der Einwohner besteht ausschließlich aus Keramik, den Funden aus der zweiten Phase des Neolithikums in Jericho vergleichbar (obwohl das in Nordsyrien und Mesopotamien die Epoche des Chalkolithikums war). Sichem blieb während der ganzen Mittleren und Jüngeren Bronzezeit bewohnt. Bei Sichem baute Abram nach der

Ankunft in Kanaan den ersten Altar (1Mo 12,6f). Die Stadt wurde von den Söhnen Jakobs vor der Auswanderung nach Ägypten erobert (1Mo 34,25ff; vgl. 1Mo 48,22). In den Amarnabriefen (um 1370 v.Chr.) wird Sichem mit den Habiru in Verbindung gebracht. Die Eroberung unter Josua wird nicht erwähnt, doch wird es bald ein israel. Heiligtum. Viell. waren die Einwohner mit Israel verwandt, so daß es als Stadtstaat dem Jahwebund beitrat. Sichem erscheint Jos 20,7 und 21,21 als Leviten- und Freistadt. Die Segens- und Fluchsprüche wurden auf den sie überragenden Bergen Ebal und Garizim ausgerufen (Jos 8,30–35). Dort versammelte Josua vor seinem Tod das ganze Volk Israel (Jos 24,1), und dort wurden auch Josephs Gebeine beigesetzt (Jos 24,32). Der Ortsname bedeutet, wegen seiner Lage auf dem Paß zwischen Ebal und Garizim, »Schulter«. Sichem ist die »natürliche Hauptstadt Kanaans« (A. T. Olmstead), »die ungekrönte Königin Palästinas« (A. Alt). Eine neue Bedeutung erhielt Sichem unter den Samaritern, die es zu ihrer heiligen Stadt machten. Nahe der angrenzenden griech. Gründung Neapolis (heute Nablus) lebt die samarit. Gemeinde bis heute. **4** *Tempel des Baal-Berith:* der Name »Baal (Herr) des Bundes« bezieht sich auf den Bund zwischen Sichem und seinen Nachbarn, vgl. V.46. Der Tempel wird mit G. E. Wrights »Tempel 2b« identifiziert, dessen Lage E. Sellin 1926 zuerst bestimmte und der Ende der Späten Bronzezeit völlig zerstört wurde. **5** *Auf einem Stein:* eine öffentl. Massenhinrichtung.

6 *Haus Millo* (EÜ): »Haus der Festung«, vermutl. dasselbe Bauwerk wie der Turm von Sichem in V.46. (Millo ist eine auf eine Aufschüttung gesetzte Festung, vgl. 2Sam 5,9; 1Kön 9,15.24; 11,27.) *Alle Bewohner des Millo:* in diesem Fall eine Gruppe der *Männer von Sichem,* möglicherweise der Stadtrat. *Bei der Eiche am Steinmal von Sichem:* wohl ein heiliger Baum (derselbe wie 1Mo 12,6; 35,42), daneben ein steinernes Standbild (das von Jos 24,26?). Das Standbild war wahrscheinlich der große Pfeiler (*mazzebah*), der im Tempelhof stand (zwei kleinere befanden sich zu beiden Seiten der Tür). Das Königreich Abimelechs kann nicht groß gewesen sein; es erstreckte sich kaum über das westl. Manasse hinaus.

7 *Gipfel des Berges Garizim:* Der heilige Berg der Samariter (vgl. Joh 4,20) lag südwestl. der Stadt. *Rief und sprach zu ihnen:* Indem Jotham auf einem Felsabhang oberhalb Sichems stand, konnte er sich bei den Bürgern Gehör verschaffen. **8** *Die Bäume gingen hin, um einen König über sich zu salben:* Zu dieser Art Fabel vgl. die von König Joas in 2Kön 14,9. Die Fabel spiegelt eine verächtliche Meinung vom Königtum wider. Der Dornbusch (V.15), zu nichts sonst nütze, hat die nötige Muße, König der Bäume zu werden, kann ihnen aber keinen Schutz bieten, sondern fängt leicht Feuer und verdirbt alle mit sich. Gute, nützliche Bäume (wie Gideon) haben keine Zeit, »König« zu werden. Diese Verachtung der Monarchie kann durchaus die Meinung der Frühzeit reflektieren. Die Fabel ist rhythmisch abgefaßt. **10** *Feigenbaum:* der verbreitetste Fruchtbaum Palästinas.

13 *Meinen Wein lassen, der Götter und Menschen fröhlich macht:* die Götter erfreute er als Trankopfer. **18** *Abimelech, seiner Magd Sohn:* Jotham gebraucht ein Wort, das »Sklaven-Nebenfrau« bedeutet, und schreibt ihr absichtlich eine niedrigere Stellung als die tatsächliche zu, wie sie 8,31 voraussetzt.

21 *Ging nach Beer und wohnte dort:* Beer bedeutet schlicht: »Brunnen«. Der Name ist deshalb weit verbreitet; hier könnte El-Bire zwischen Sichem und Jerusalem gemeint sein.

23 *Die Männer von Sichem wurden Abimelech untreu:* Sie brachen ihre Vereinbarung mit ihm, wandten sich gegen ihn und kehrten zu ihrer (bronzezeitlichen) stadtstaatlichen Verfassung zurück. **25** *Beraubten alle, die auf der Straße an ihnen vorüberkamen:* Sie entzogen damit Abimelech die Abgaben, welche er Kaufleuten auferlegte, die durch sein Reich kamen. **26** *Gaal, der Sohn Ebeds:* bietet sich selbst als Führer der Sichemiten gegen Abimelech und seinen Statthalter Sebul an. **27** *Zogen hinaus aufs Feld:* gemeint ist die Zeit der Weinernte, wenn die Trauben gesammelt und in Bottichen gestampft werden. *Hielten ein Freudenfest:* das sichemitische Gegenstück zum israel. Laubhüttenfest. Der feuchtfröhliche Trubel bot die Gelegenheit, das Bündnis mit Abimelech aufzukündigen. **28** *Dienet den Leuten Hemors, des Vaters von Sichem! Warum sollten wir jenem dienen?* Trotz des Massenmords von 1Mo 34,25f halten die Sichemiten Verbindung zu ihrem Stammvater Hemor. Hemor bedeutet »Esel«; Albright hebt hervor, daß die Opferung eines Esels wesentliches Element eines Bundesschlusses unter den Amoritern des 18. Jh.v.Chr. war und zitiert dazu einen sichemitischen Bundesschluß im Namen Baal-Beriths. **31** *Er sandte heimlich Botschaft zu Abimelech:* Abimelech scheint nicht in Sichem, sondern in Aruma gewohnt (V.41; manchmal mit Chirbet El-ʿOreme zwischen Sichem und Silo identifiziert) und Sebul in Sichem als Stadtvogt eingesetzt zu haben; daher mag teilweise die Feindschaft der Sichemiten gegen ihn herrühren. **34** *Legten einen Hinterhalt gegen Sichem mit vier Heerhaufen:*

demnach stellte die Truppeneinheit in der Stadt unter Sebul buchstäblich eine »fünfte Kolonne« dar. **37** *Siehe, Kriegsvolk kommt herab vom Nabel der Erde:* Der runde Gipfel des Garizim, die zentrale Erhebung des kanaan. Berglandes, galt als Mitte der Erde. Die *Zaubereiche:* kann die Eiche von Mamre (1Mo 12,6) gewesen sein.

42 *Ging das Volk heraus aufs Feld:* wo sie von den zwei Abteilungen Abimelechs angegriffen und niedergemacht wurden, die aus verschiedenen Richtungen herankamen, während die dritte Abteilung das Stadttor durchbrach. **45** *Zerstörte die Stadt und streute Salz darauf:* Die Zerstörung des Sichems der Späten Bronzezeit ist archäol. für das 12. Jh. v.Chr. erwiesen. Das Bestreuen mit *Salz* symbolisiert Unfruchtbarkeit als Strafe für den Bundesbruch. Sichem wurde von Jerobeam I. als dessen erste Hauptstadt nach der Reichsteilung wieder aufgebaut, 1Kön 12,25. **46** *Burg von Sichem:* wahrscheinlich der Millo aus V. 6. Das in V. 46–49 Berichtete kann auf das Vorangegangene gefolgt, aber auch währenddessen vorgefallen sein, wie der archäol. Befund eher nahelegt. Turm oder Tempelburg waren in der Oberstadt gelegen. Die Leute in der Burg *hörten* vermutl. Abimelechs Durchbruch durch das Stadttor und sein Eindringen in das südöstl. Stadtviertel. *Das Gewölbe des Tempels des Baal-Berith:* vermutl. Teil der Burg von Sichem oder des Millo. *Baal-Berith:* nach LXX, vgl. V. 4; MT hat El-Berith. »El« als Gottesname ist in der Frühzeit in Palästina weit verbreitet. Der oberste Gott auf den Ras-Schamra-Tafeln und beim phöniz. Geschichtsschreiber Sanchuniathon wird so genannt. Es ist anzunehmen, daß »El« in Sichem als Schirmherr des Bundes angerufen wurde und deshalb El-Berith (Gott des Bundes) oder, wie in V. 4, Baal-Berith (Herr des Bundes) hieß. **48** *Berg Zalmon:* Der Name bedeutet »Beschatteter«, viell. wegen der Wälder, die seine Hänge bedeckten (vgl. das jordanische Salmon, Ps 68,15). Zalmon ist nicht sicher auszumachen; es kann ein Ausläufer des Garizim oder der Dschebel el-Kebir gewesen sein.

50 *Abimelech aber zog nach Tebez:* das heutige Tubas, etwa 15km nordöstl. von Nablus an der Straße nach Beth-Schean. Diese Stadt, abhängig von Sichem, hatte sich der Revolte gegen Abimelech angeschlossen. **51** *Es war aber eine starke Burg mitten in der Stadt:* Sie diente, wie die in Sichem, als Zufluchtsort. **53** *Aber eine Frau warf einen Mühlstein:* wörtl. einen »Drehstein« (hebr. *pelach rekeb*). 2Sam 11,21 wird auf diesen Vorfall als Warnung angespielt, daß man nicht zu nahe an die Mauer einer belagerten Festung oder Stadt gehen soll. **54** *Zieh dein Schwert und töte mich:* vgl. Sauls Bitte an seinen Waffenträger, um zu verhindern, daß er lebendig in die Hände der Philister fällt (1Sam 13,4). **55** *Die Israeliten:* Die Widerständler waren Sichemiten; die israel. Bevölkerung unterstützte Abimelech, viell. wegen seiner Verwandtschaft mit Gideon. **56** *So vergalt Gott dem Abimelech das Böse:* Der Verf. von Ri nimmt hier eine eigene ethische Wertung der Geschichte vor.

10,1–5 Die »kleinen Richter« Tola und Jaïr

1 *Tola:* ein Stammesname; ein Sohn Isaschars namens Tola wird u.a. in 1Mo 46,13 genannt. *Dodo:* (»Geliebter«): viell. derselbe Name wie David. Von diesen »kleinen« Richtern (Tola und Jaïr in diesem Kap., Ibzan, Elon und Abdon in Kap. 12) sind keine großen Taten wie von den »großen« Richtern überliefert. Ihre Aufgabe mag sich auf Rechtsprechung beschränkt haben. Albright beschreibt sie als »den Stämmen übergeordnete Schiedsleute«. Man kann sie mit Samuel vergleichen, der im 11. Jh. reihum von Ort zu Ort zog und in Israel Recht sprach (1Sam 7,15–17). E. Robertson nennt sie weniger überzeugend »militärische Führer, die das Amt zu Zeiten innehatten, als militärische Unternehmen nicht gefragt waren«; er äußert die ziemlich gewagte Vermutung, daß sie vom Hohenpriester ernannt wurden – was freilich von der samaritischen Tradition unterstützt wird. **3** *Jaïr, ein Gileaditer:* Gilead ist in den Stammesgenealogien der Sohn Machirs, der ein Sohn Manasses von einer aram. Nebenfrau war. Jaïr ist derselbe Name wie ntl. Jairus. **4** *Dreißig Söhne, die auf dreißig Esel ritten:* ein Zeichen besonderen Ansehens; vgl. die Bemerkung zu Abdons Söhnen und Enkeln in 12,14. *Dörfer Jaïrs:* d.h. »Zeltdörfer« Jaïrs (ZÜ). 4Mo 32,41; 5Mo 3,14 und 1Chr 2,23 werden die »Dörfer Jaïrs« mit Jaïr, dem Enkel von Judas Enkel Hezron verbunden, der eine Tochter Machirs heiratete. **5** *Wurde begraben in Kamon:* wahrscheinlich Qamm in Gilead.

10,6–12,7 Unterdrückung durch Ammon und Befreiung durch Jephthah

10,6–18 Die ammonitische Unterdrückung

7 *Verkaufte sie unter die Hand der Philister und Ammoniter:* Die Philister marschierten in das israel. Gebiet westl. des Jordans von der Küstenebene her ein, in der sie seit mehr als einem Jh. ansässig waren, während die Ammoniter vom Transjordanland her in israel. Gebiet einfielen. Zuerst wandte man sich gegen die ammonitische Bedrohung; sie war – jedenfalls vorläufig – schnell zunichtegemacht. Doch einige Jahrzehnte später, zu Beginn der Regierung Sauls, kommt es erneut zu einer ammonitischen Bedrohung (1Sam 11,1ff). Die Ammoniter scheinen sich, wie ihre moabitischen Verwandten und andere transjordanischen Nachbarn, im 13. Jh. v.Chr. zu einem Königreich zusammengeschlossen zu haben. An diesem Einfall in israel. Gebiet beteiligten sich offensichtlich die Moabiter (s. Komm. zu 11,15.24), so wie die Ammoniter mit Eglon gezogen waren (3,13). **11** *Der Herr sprach zu den Kindern Israel:* vermutl. durch den Mund eines Propheten, wie in 6,8ff. *Haben euch nicht auch unterdrückt die Ägypter, die Amoriter, die Ammoniter, die Philister:* bezieht sich auf den Exodus, den Sturz Sihons (s. Komm. zu 11,13ff) und die Befreiung unter Ehud (3,13) und Schamgar (3,31). **12** *Die Sidonier, die Amalekiter und Maoniter.* Es gibt keinen anderen Hinweis auf eine sidonische Unterdrückung; zu Amalek vgl. 3,13; 6,3. Anstelle von *Maoniter* schreibt LXX »Midianiter«. Der Name könnte mit dem heutigen Maʿan bei Petra verbunden sein (vgl. 1Chr 4,41; 2Chr 20,1; 26,7). **16** *Da jammerte es ihn:* wörtl. »er wurde kurz«, d.h. ungeduldig, zornig.

17 *Israel versammelte sich und lagerte sich in Mizpa:* Mizpa (»Wachtturm«) ist wohl das gleiche wie das, wo Jakob und Laban einen Steinhaufen errichteten (1Mo 31,45ff), und wie Ramath-Mizpe oder Ramoth-Gilead (5Mo 4,43; Jos 13,26; 1Kön 4,13); es liegt etwa 60km nördl. von Amman.

11,1–11 Jephthah wird zum Führer gewählt

1 *Jephthah:* hebr. *jiphtach,* wahrsch. gekürzt aus *jiftach-'El* »Gott öffnet (den Schoß)«. Dieser Name findet sich im Sabäischen als Eigenname. *Der Sohn einer Hure:* Daher war er wie Abimelech halb Kanaaniter und nicht Glied der Familie seines Vaters. **3** *Im Lande Tob:* vermutl. nördl. des Königreichs Ammon, im Osten des transjordanischen Manasse. *Es sammelten sich bei ihm lose Leute:* Männer, die aus versch. Gründen von der Stammes- und Sippengemeinschaft ausgestoßen waren; vgl. die Männer, die sich in der Höhle Adullam zu David gesellten (1Sam 22,1f). *Zogen mit ihm aus:* Jephthah war demnach ein Räuberhauptmann. **6** *Sei unser Hauptmann:* Das hebr. *qazin* ist mir dem Arab. »Kadi« (*qadi*) verwandt: einer der eine richterliche Entscheidung fällt. LXX übersetzt *archegos* (»Führer«), das uns im NT viermal als Christustitel begegnet. **11** *Jephthah redete alles ... vor dem Herrn in Mizpa:* In diesem Heiligtum wurde zwischen Jephthah und den Obersten von Gilead ein feierlicher Vertrag geschlossen. Sie bekräftigten ihre Entschlossenheit, Jephthah zu ihrem Herrscher zu machen, mit einem Schwur, und er leistete eine Art »Krönungseid«.

11,12–28 Jephthahs Protest beim König von Ammon

13 *Weil Israel mein Land genommen hat:* bezieht sich, wie aus Jephthahs Antwort (V. 15ff) zu entnehmen, auf das Gebiet von Sihon, das (nach 4Mo 21,26–30) Sihon den Moabitern genommen hatte. Deshalb und wegen der Erwähnung von Kemosch in V.24 wird allg. angenommen, daß es in V. 12–28 urspr. um einen Streit mit den Moabitern ging. *»Noch den Ammonitern«* (V. 15) wäre dann eine Ergänzung des Hg. Akzeptiert man aber den Text, wie er dasteht, so ergibt sich, daß sowohl Ammon wie auch Moab in einem Streit mit Israel verwickelt waren. *Vom Arnon an bis an den Jabbok und bis an den Jordan:* die südl., westl. und nördl. Grenze des Königreiches Sihon, das im Osten von Ammon begrenzt wurde. Sihon mag dieses Königreich durchaus auf Kosten Ammons und Moabs gebildet haben. **15** *Israel hat kein Land genommen, weder den Moabitern noch den Ammonitern:* Dieser V. deutet, wie gesagt, auf eine moabitisch-ammonitische Waffenbrüderschaft zu dieser Zeit hin. **16** *Zog Israel durch die Wüste bis ans Schilfmeer:* Das Schilfmeer (*jam suph*) ist hier wie 4Mo 33,10 der Golf von Akaba. Die Ereignisse am Sinai werden nicht erwähnt, da sie für Jephthahs Zwecke unbedeutend waren. *Kadesch:* Kadesch-Barnea im S des Negev an der Grenze zum Königreich Edom. **17** *Da sandte Israel Boten zum König der Edomiter:* vgl. 4Mo 20,14–21. *Auch sandten sie zum König der Moabiter:* in 1–5Mo nicht berichtet. Die Israeliten nahmen die ungünstige Antwort ihrer edomitischen und moabitischen Verwandten an, wandten sich aber mit Gewalt gegen das amorit. Sihon. **18** *In der Wüste:* d.h. in der Wüste Zin. *Und sie umgingen das Land der Edomiter und Moabiter:* d.h. sie zogen südl. und östl. von Edom und östl. von Moab, anstatt der Königsstraße zu folgen, die von S nach N durch diese Königreiche und die Königreiche Sihon und Og verlief, vgl. 4Mo 21,4.13. Starke Festungen riegelten den Weg entlang der Grenzen Edoms und Moabs ab. Es muß Frühling gewesen sein, als Israel östl. dieses Gebiet durchzog, denn nur dann findet man dort genügend Wasser und Weide. *Der Arnon ist die Grenze von Moab:* im Norden trennt er es von Sihon bzw. später vom Gebiet Rubens.

19 *Israel sandte Boten zu Sihon:* vgl. 4Mo 21,21ff. *Hesbon:* das heutige Hesban, 25km östl. des Jordan, 36km nördl. des Arnon. 20 *Jahza.* Dieser noch nicht identifizierte Ort wird auf dem Mesastein (s. LZB Sp. 914f) als äußerste Grenzfeste Israels gegen Moab erwähnt. Er wurde später von Mesa erobert und Dibon einverleibt, das 6km nördl. des Arnon lag. 22 *Vom Arnon bis an den Jabbok:* Bei der Verteilung des Landes ging der nördl. Teil an Gad, der südl. an Ruben. 24 *Du solltest das Land derer einnehmen, die dein Gott Kemosch vertreibt:* Kemosch war der Gott der Moabiter, die Gottheit der Ammoniter dagegen Milkom (1Kön 11,5). Jephthahs Redeweise besagt keineswegs, daß für ihn Kemosch und Jahwe gleichberechtigte Nationalgottheiten sind, obwohl es nicht überraschen würde, wenn ein Halbkanaaniter wie Jephthah so dächte. Mesa schreibt auf dem erwähnten Stein die Niederlagen und Siege dem Groll bzw. der Gunst Kemoschs zu. Jephthah argumentiert, daß die zwei Gottheiten ihren Willen gezeigt haben: Jahwe, indem er Israel den Sieg über Sihon gab, und Kemosch, indem er Moab nicht in die Lage versetzte, Sihons früheren Anmaßungen zu widerstehen. In jedem Fall muß der göttliche Wille als vollendete Tatsache angesehen werden. Die Tatsache, daß Jahwe für Israel mehr getan hat als Kemosch für Moab tun konnte, beweist die Überlegenheit Jahwes. Der Verf. von Ri (und vermutl. auch Jephthah) glaubte gewiß nicht an eine unabhängige Existenz Kemoschs, aber um der Argumentation willen sprach er ironisch von Kemosch so wie seine Verehrer und zeigte doch, daß nicht viel von einem Gott an ihm war (vgl. 6,31). Dieser Abschnitt wird oft als Paradebeispiel gegen den israel. Monotheismus hingestellt. Wie abwegig das ist, zeigt W. F. Albright, wenn er darauf hinweist, daß es für hebr. Erzählkunst typisch ist, die Dinge in scheinbarer Objektivität zu schildern. 25 *Meinst du, daß du ein besseres Recht hättest als Balak:* Die Tatsache, daß der König von Moab zur Zeit des Sturzes Sihons gar nicht versuchte, das von Israel besetzte Land zurückzuerobern, obwohl es zuvor moabitisches Gebiet gewesen ist, spricht gegen den jetzigen Anspruch. 26 *Aroër:* die südlichste »Stadt« des Reiches Sihons, am Nordufer des Arnon. *Dreihundert Jahre:* d.h. im dritten Jh. nach den erwähnten Ereignissen, nach unserer Rechnung mögen es etwa 150 Jahre sein.

11,29–40 Jephthahs Sieg und Gelübde

29 *Da kam der Geist des Herrn auf Jephthah:* Damit tritt dieser in die Reihe der charismatischen Führer. *Zog durch Gilead und Manasse:* vermutl. durch West- und Ostmanasse, um sein Heer auszuheben. *Nach Mizpe* (MT: »durch Mizpe«; JB, ZÜ), *das in Gilead liegt:* Dort befand sich das israel. Lager (10,17), von wo er gegen die Ammoniter zog. 30 *Jephthah gelobte dem Herrn ein Gelübde:* Eine ähnliche Geschichte findet sich bei Servius (Kommentator Vergils): Idomeneus, König von Kreta, geriet, als er vom Trojanischen Krieg heimkehrte, in einen Sturm. Er gelobte den Göttern, aus Dank für die Rettung zu opfern, was immer ihm bei der Ankunft zuerst begegnen würde. Das war sein Sohn. 33 *Aroër:* am Nordufer des Arnon, 6km südwestl. von Dibon. *Minnith:* Lage nicht bekannt. *Abel-Keramin:* »Ebene der Weinfelder«; Lage nicht bekannt.

34 *Siehe, da geht seine Tochter heraus ihm entgegen:* Der einfache Erzählstil dieses Abschnitts ist vorzügliches Beispiel der hebr. Erzählkunst. Aufgrund von V.38–40 folgerte man gelegentlich, daß Jephthah das Schicksal seiner Tochter vom Brandopfer zu lebenslanger Jungfräulichkeit umwandelte. Die Erzählung belegt das kaum. Die einfache, zurückhaltende Aussage: *und er tat ihr, wie er gelobt hatte* (V.39) faßt man am besten so auf, daß ihre Opferung eingeschlossen ist. Obwohl Menschenopfer den Israeliten streng verboten waren, überrascht es nicht, wenn ein Mann wie Jephthah mit halbkanaanitischer Herkunft in solchem Fall kanaan. Brauch folgt. Der Verf. von Ri billigt die Tat nicht; er sieht sicher darin bestätigt, daß *»jeder tat, was ihn recht dünkte«* (vgl. 17,6; 21,5). Die engste bibl. Parallele ist Mesas Opferung seines ältesten Sohnes (2Kön 3,27). Vgl. auch die Opferung Iphigenies und Polyxenas' in der griech. Sage. Der Edelmut der Tochter Jephthahs hat sie zu einer der großen Heldinnen der Weltgeschichte gemacht. 37 *Meine Jungfrauschaft beweine:* vgl. Sophokles' Schilderung der Jungfrau Antigone aus Theben, die ihre Jungfrauschaft beweint, bevor sie mit dem Tode dafür bezahlt, daß sie dem Ruf der Geschwistertreue gehorsam war.

40 *Daß die Töchter Israels jährlich hingehen, zu klagen um die Tochter Jephthahs:* Das mit »beklagen« oder besser »feiern« bzw. »besingen« wiedergegebene Wort ist dasselbe wie in Ri 5,11, wo es mit »jubeln« übersetzt wird. Die Sitte scheint die Abwandlung eines Fruchtbarkeitsritus, des Tammuzkultes, zu sein (vgl. Hes 8,14). Epiphanius berichtet, daß zu seiner Zeit (4. Jh. n.Chr.) Jephthahs Tochter bei Sichem mit dem griech. Namen *Kore* (»Jungfrau«) verehrt wurde; das ist der Name, mit dem Persephone angebetet wurde.

12,1–7 Jephthahs Streit mit Ephraim

1 *Die Männer von Ephraim wurden aufgeboten:* Dieser Stamm zeigt Vorbehalte gegen Jephthah, so wie früher gegen Gideon. Vermutl. strebten sie die Vorherrschaft über die Stämme an; denn sonst verwundert es, daß Ephraim Jephthahs Aufforderung, sich seinen Heeren gegen Ammon anzuschließen, ausschlug (V. 2), obwohl die Ammoniter den Jordan überschritten und neben anderen Stämmen im W auch Ephraim angegriffen hatten (10,9). 4 *Jephthah sammelte alle Männer von Gilead und kämpfte gegen Ephraim:* Offenbar hatte Ephraim den Jordan überschritten und war in Gilead eingerückt, um den Streit mit Jephthah auszufechten. Der Seitenhieb der Ephraimiter: *Ihr seid Flüchtlinge aus Ephraim* bezog sich darauf, daß diese Transjordanier Abtrünnige der Josephstämme waren. 5 *Die Gileaditer besetzten die Furten des Jordan vor Ephraim:* Die Eindringlinge von der anderen Seite des Jordans waren entkräftet und wieder auf dem Heimweg, als sie entdeckten, daß ihnen der Rückweg von den Leuten jenseits des Jordans abgeschnitten war. Der folgende Aussprachetest zeigt, daß im Dialekt Ephraims, wie im Arabischen und Amoritischen, *s* statt *sch* gesprochen wurde. Das Wort *schibboleth* bedeutet: »Wasserschwall«. (Ähnlich wurde in den Grenzkriegen zwischen Schottland und England ein northumbrischer Eindringling in Schottland sofort an seiner Sprache erkannt, wenn er auf die Aufforderung einging, das Wort »tree« [Baum] zu sprechen; auch er wurde dann sofort liquidiert.) 7 *In seiner Stadt in Gilead:* MT (EÜ) »in den Städten Gileads«. JB nach einigen Hss der LXX: »in seiner Stadt, Mizpe in Gilead«.

12,8–15 Die »kleinen Richter« Ibzan, Elon und Abdon

Zur Rolle dieser »kleinen« Richter s. Komm. zu 10,1. 14 *Siebzig Esel:* s. Komm. zu 10,4. 15 *Im Lande Ephraim auf dem Gebirge der Amalekiter:* zu den Amalekitern in Mittelkanaan vgl. 5,14.

13,1–16,31 Unterdrückung durch die Philister und die Taten Simsons

13,1–25 Die Geburt Simsons

1 *Der Herr gab sie in die Hände der Philister vierzig Jahre:* Nach dem ammonitischen Einmarsch wendet sich der Verf. nun den anderen in 10,7 erwähnten Eindringlingen zu. Diese *vierzig Jahre* reichen wenigstens bis zur zweiten Schlacht bei Ebenezer (1Sam 7,10ff), wenn nicht sogar bis zur Regierungszeit Sauls. Gegen Ende von Sauls Herrschaft (etwa 1010 v.Chr.) drangen die Philister bis nach Beth-Schean vor (1Sam 31,10). 2 *Ein Mann in Zora von einem Geschlecht der Daniter: Zora* (heute Sarʿa) lag an der Grenze des alten danitischen Gebietes zu Juda. Die Nordwanderung der Daniter (18,1ff) hatte vermutl. schon stattgefunden. Ein Rest muß im alten Gebiet zurückgeblieben sein. *Seine Frau war unfruchtbar und hatte keine Kinder:* Die Geburt des kommenden Kindes geht auf göttliches Eingreifen zurück wie die Isaaks, Samuels und Johannes des Täufers. Sie wird durch einen Engel angekündigt wie bei Isaak und Johannes. 3 *Der Engel des Herrn erschien der Frau: Der Engel* ist die Erscheinungsform Gottes; vgl. 1Mo 16,7.13; Ri 2,1; 6,11f. 5 *Der Knabe wird ein Geweihter* (hebr. *nesir*) *Gottes sein von Mutterleibe an:* Daher muß auch seine Mutter wenigstens einige der Nasiräergebote (4Mo 6,22ff) beachten, bes. soweit sie Essen und Trinken betreffen (V. 4.14). Das Nasiräergelübde konnte begrenzte Zeit oder, wie hier, für das ganze Leben gelten. Das hebr. Wort selbst ist ein Partizip Passiv und bedeutet »geheiligt, gewidmet«. Die Enthaltsamkeit des Nasiräers von berauschendem Getränk findet sich auch Am 2,12. *Er wird anfangen, Israel zu erretten aus der Hand der Philister:* Das kann durchaus heißen: Er wird der erste sein, der Israel befreit; das Werk wurde von Samuel, Saul und Jonathan fortgeführt und von David beendet.

15 *Wir möchten dich gerne hierbehalten und dir ein Ziegenböcklein zurichten:* Die Erzählung ähnelt an dieser Stelle stark 6,18ff, obwohl es Unterschiede gibt, z.B. in der Antwort des Engels auf die Einladung zum Mahl. 17 *Wie heißt du?:* vgl. 1Mo 32,30. 18 *Warum fragst du nach meinem Namen, der doch geheimnisvoll ist?:* Zum Unwillen des Engels, seinen Namen zu offenbaren, vgl. 1Mo 32,30. Das Hebr. *peli'*, mit »geheimnisvoll« wiedergegeben, findet sich in der weiblichen Form *peli'ah* auch in Ps 139,6. Das Hauptwort *pele'*, von dem sich das Adjektiv ableitet, wird Jes 9,5 mit »Wunder« übersetzt. 19 *Da nahm Manoa Ziegenböcklein und Speisopfer:* das Hebr. *minchah* (s. Komm. zu 6,18) wird hier für einen Zusatz zum Brandopfer verwendet; daher »Speisopfer«, wie bei der pflanzlichen Gabe von 3Mo 2,1ff. *Brachte es auf einem Felsen dem Herrn dar:* »Bis auf den heutigen Tag ist der stufenförmige Felsaltar mit seinen tassenförmigen Mulden mit Blutspuren von Opfertieren bedeckt« (A. T. Olmstead). *Der geheimnisvolle Dinge (tut):* hebr. *maphli'*; zeigt, wie sehr der göttliche Besucher seinem Namen gerecht

wurde. **20** *Als die Flamme aufloderte vom Altar gen Himmel:* vgl. 6,21. **22** *Wir müssen des Todes sterben:* vgl. 6,22f und Komm. dort. *Weil wir Gott gesehen haben:* wörtl. »denn *Gott* haben wir gesehen«. **23** *Wenn es dem Herrn gefallen hätte, uns zu töten:* Das nüchterne Empfinden der Frau überwindet den dumpfen Schrecken des Mannes.

24 *Simson:* hebr. *schimschon,* abgeleitet von *schemesch,* »Sonne«; vgl. den ähnlichen Namen des benachbarten Beth-Schemesch. Aus dem Namen schloß man, daß die Geschichte Simsons, wie das Gilgamesch-Epos und die Herkules-Sage, urspr. ein Sonnenmythos gewesen sei. Diese Auffassung ist ungenügend begründet. Der Wert der Simsonerzählungen besteht u.a. darin, daß sie das Dorfleben jener Zeit und die Beziehungen zwischen den Israeliten und den Philistern, die im Grenzgebiet lebten, erhellen (Burney). Man hat »zwölf Heldentaten Simsons« gezählt: 1. Er kämpft mit dem Löwen, 2. tötet die Philister bei Askalon, 3. jagt die Füchse im Getreide, 4. schlägt die Philister bei Etam, 5. sprengt die Fesseln der Männer von Juda, 6. schlägt die Philister mit dem Eselkinnbacken, 7. stillt seinen Durst bei Lehi, 8. trägt die Tore von Gaza fort, 9. zerreißt sieben Bastseile, 10. zerreißt die neuen Seile, 11. befreit sich vom Webstuhl, 12. reißt die Säulen des Tempels ein. Natürlich ist auch eine andere Zählweise der Episoden möglich. Die Stillung des Durstes bei Lehi kann z.B. kaum als »Tat« bezeichnet werden. Auf jeden Fall haben wir es bei den Simsonepisoden nicht mit Mythologie zu tun. **25** *Der Geist des Herrn fing an ihn umzutreiben:* So wird auch Simson ein charismatischer Held. Sein Richteramt scheint nicht in Rechtsprechung bestanden zu haben, sondern darin, daß er der erste Mann seines Volkes im Kampf gegen den Feind wurde. *Lager Dans; Machaneh-Dan* (EÜ): zu Name und Lage des Ortes s. Komm. zu 18,12. *Zwischen Zora und Eschtaol:* Eschtaol, im Tiefland Judas gelegen, wird gewöhnlich mit Eschwaʿ (neuhebr. deswegen Eschtaol), 2,5km nordöstl. von Zora, identifiziert. Der Name (von hebr. *schaʾal* »fragen«) könnte auf eine alte Orakelstelle hinweisen. Zu *Zora* vgl. Komm. zu V.2.

14,1–20 Simsons Hochzeit

1 *Timna:* lag, wie Zora und Eschtaol, an der Grenze zu Juda, vgl. Jos 15,10; 19,43, scheint zu dieser Zeit aber von Philistern besetzt gewesen zu sein; (heute Chirbet-Tibne, 6km südwestl. von Beth-Schemesch). **2** *Nehmt mir nun diese zur Frau:* Gewöhnlich entschieden die Väter des Brautpaares über die Einzelheiten der Hochzeit, einschließlich des Brautpreises. Hier scheint es sich aber nicht um eine normale Heirat zu handeln, bei der die Braut zu Simson gezogen wäre, sondern um eine *zadiqa*-Ehe (vgl. 8,31), bei der die Frau bei ihrer eigenen Familie blieb und von ihrem Ehemann nur von Zeit zu Zeit besucht wurde. Die Kinder gehörten zur Familie der Mutter. **3** *Von den Philistern, die unbeschnitten sind:* ist abwertend gemeint, denn die anderen Völker, die die Israeliten zu dieser Zeit kannten, Ägypter, Kanaaniter usw., übten wie die Israeliten die Beschneidung. *Diese:* im hebr. betont. Als Antwort auf den Vorschlag der Eltern, daß er besser eine Israelitin heiratete, entgegnet er: »Die und keine andere.« **5** *Da kam ein junger Löwe brüllend ihm entgegen:* Zur Zeit des AT waren in Palästina Löwen verbreitet, bes. im »Dschungel« des Jordans, aber auch in anderen Landesteilen. **6** *Er zerriß ihn, wie man ein Böcklein zerreißt:* Simsons Begabung mit göttlicher Kraft verleiht ihm ungewöhnliche Stärke, vgl. V.19; 15,14. Das Zerreißen des Löwen hat seine Parallelen in der antiken Kunst; Kraftmenschen wie z.B. Enkidu, ein Kamerad Gilgameschs, werden dargestellt, wie sie einen Löwen bis zur Mitte teilen, indem sie ihn bei den Hinterbeinen auseinanderreißen. *Hatte doch gar nichts in seiner Hand:* Aus dem gleichen Grund erwürgte Herkules den nemeischen Löwen mit bloßen Händen. Josephus berichtet, vermutl. unter dem Einfluß der Herkulesgeschichte, daß Simson den Löwen erwürgt habe. **8** *Da war ein Bienenschwarm in dem Leibe des Löwen und Honig:* Der Leichnam war mittlerweile völlig ausgetrocknet. Herodot berichtet eine vergleichbare Geschichte von einem Bienenschwarm und einer Honigwabe, die man im Schädel des Onesilos fand. Es ist kaum mit einer Anspielung auf die bei Vergil belegten alten Vorstellungen zu rechnen, daß Bienen in verwesenden Kadavern zur Welt kämen. Diese sind wohl aufgrund der Beobachtung entstanden, daß Drohnen in solch einer Umgebung zu finden sind, erklären aber nicht das Vorhandensein von Honig. **9** *Er nahm davon in seine Hand:* Das ist eine Verletzung des Nasiräergebots, das verbietet, Aas zu berühren (4Mo 6,6), und könnte erklären, warum er seinen Eltern nicht sagte, daß der Honig aus einem toten Löwen stammte.

10 *Machte Simson dort ein Hochzeitsgelage:* Daß das Fest im Haus der Braut gegeben wurde und die Begleiter des Bräutigams Philister waren, deutet darauf hin, daß es tatsächlich eine Zadiqa-Heirat war, s. Komm. zu V.2. *So pflegten die jungen Männer es zu halten* (ZÜ; vgl. JB, EÜ): Der Verf. erklärt es als frühere Gewohnheit, woraus hervorgeht, daß sie zur Abfassungszeit als veraltet galt; anders LÜ und EÜ Anm. 11 *Als sie ihn sahen:* Mit einigen alten Hss. könnte man lesen: »weil sie ihn fürchteten« (*kejir'atam* oder *bejir'atam* statt *kir'otam*). *Dreißig Gesellen:* die »Hochzeitsleute« (Mk 2,19). Sie mögen urspr. Leibwache des Bräutigams gewesen sein; hier scheinen sie eher die Anwesenden vor dem Bräutigam geschützt zu haben. 12 *Gewänder:* große rechtwinklige Tücher, die man bei Tage umlegte und nachts als Decke benutzte. *Festkleider:* Gewänder für besondere Anlässe. 14 *Speise ging aus vom Fresser ...:* Im Hebr. hat das Rätsel die Form eines rhythmischen Verspaares, bei dem jede Zeile drei Hebungen aufweist.

15 *Am vierten Tage:* nach LXX und den syr. Übers., was mit den drei Tagen von V. 14 übereinstimmt; aber der hebr. Text schreibt »siebenter Tag« (vgl. EÜ). Auch bei der Lesart »vierter Tag« entsteht eine Umstimmigkeit mit den »sieben Tagen« in **17**. An welcher Stelle der Text verderbt ist, läßt sich schwer feststellen. 18 *Ehe die Sonne unterging:* oder viell. »bevor er in die Kammer hineinging« (ZÜ). *Was ist süßer als Honig? ...:* Wieder ein rhythmisches Verspaar, dieses Mal mit zwei Hebungen je Zeile. Simsons Entgegnung: *»wenn ihr nicht mit meinem Kalb gepflügt hättet ...«* ist ein Verspaar mit je drei Hebungen und außerdem einem doppelten Reim. Man könnte übersetzen: »Hättet ihr nicht mein Kälbchen genommen, wärt ihr nicht auf die Lösung gekommen«. 19 *Er ging hinab nach Askalon:* 35km entfernt, an der Küste; eine Stadt aus dem Fünferbund der Philister (vgl. 1,18). *Sein Zorn entbrannte, und er ging hinauf in seines Vaters Haus,* ohne das Brautgemach betreten zu haben. 20 *Seinem Gesellen gegeben, der sein Brautführer gewesen war:* vgl. »Freund des Bräutigams« in Joh 3,29.

15,1–16,3 Weitere Taten Simsons

15,1 *Um die Weizenernte:* Diese fand in Palästina je nach Ort und Klima zu verschiedenen Zeiten statt, fiel jedoch meist in den Mai (vgl. das Pfingstfest). Gesät wurde der Weizen im Nov./Dez. *Daß Simson seine Frau besuchte mit einem Ziegenböcklein:* um sie wegen der Beleidigung zu versöhnen, daß er sie bei der Hochzeit so plötzlich verlassen hatte. Um die Demütigung wettzumachen, die ihr durch Simson zugefügt worden war, hatte ihr Vater sie jedoch bereits mit Simsons Brautführer verheiratet. 2 Nun bietet er Simson stattdessen eine *jüngere Schwester,* vgl. 1Sam 18,19ff und die entfernte Parallele 1Mo 29,23ff. 3 *Diesmal bin ich frei von Schuld:* oder »Diesmal bin ich mit den Philistern quitt.« 4 *Simson ging hin und fing dreihundert Füchse:* Das ist die Grundbedeutung des hebr. *schu'al,* aber es ist oft vermutet worden, daß hier Schakale gemeint seien, da sie in Rudeln leben und leicht zu fangen sind; der Fuchs hingegen ist ein Einzelgänger und entkommt leichter. Aber vermutl. sind doch Füchse gemeint. Was Simson mit ihnen macht, ähnelt dem Brauch beim röm. Fest der Ceres (Getreidegöttin), bei dem Füchse mit brennenden Fackeln an den Schweifen im Circus gejagt wurden. 6 *Verbrannten sie und ihren Vater:* EÜ; einige Hss und Übers. haben: »sie und ihres Vaters Haus« (vgl. die Drohung in 14,15). 8 *Schlug sie zusammen:* wörtl. »schlug sie, Schenkel samt (auf) Hüfte« (EÜ), vermutl. ein Ausdruck der Ringkämpfer, vgl. im Deutschen: »jemanden aufs Kreuz legen«. Der Vorgang wird auf babyl. Zylindersiegeln wiedergegeben, auf denen Gilgamesch dargestellt ist, wie er diesen Trick beim Ringen anwendet. *Felsenkluft von Etam:* Unter den vorgeschlagenen Möglichkeiten zur Identifizierung dieser Kluft ist die oberhalb des Wadi Ismain, 4km ostsüdöstl. von Zora, die wahrscheinlichste.

9 *Breiteten sich aus bei Lehi:* Der Ort (Bedeutung: »Wange, Kinn«) wurde vermutl. wegen des Aussehens der Felswände so genannt und kann mit dem heutigen Chirbet es-Sijagh identifiziert werden. Dabei scheint Sijagh ein Lehnwort aus dem Griech. zu sein (*siagon,* »Kieferknochen«). So wird Lehi jedenfalls bei Josephus und in einigen griech. Texten des AT wiedergegeben. 11 *Weißt du nicht, daß die Philister über uns herrschen?* Die Leute in Juda sind offensichtlich mit der Herrschaft der Philister durchaus zufrieden und bedauern die Störung, die Simsons Fehde mit ihnen verursacht. 15 *Frischen Eselskinnbacken:* wörtl. »einen feuchten Kieferknochen«. Ein alter wäre zu brüchig gewesen. Zu erwägen ist, daß ein Kieferknochen, mit drei oder vier scharfen Steinen versehen, als einfache Waffe gedient haben könnte. 16 *Mit eines Esels Kinnbacken habe ich ...:* Simsons ausgelassene Rufe sind in die Form eines vierhebigen Verspaares gefaßt. Das Hebr. enthält ein Wortspiel mit den Wörtern »Esel« und »Haufen« (beide *chamor*). Für *habe ich sie geschunden* lese man: »Ich häufte sie in Haufen«.
17 *Warf er den Kinnbacken aus seiner Hand, und man nannte die Stätte Ramath-Lehi:* d.h. »Kinnbackenhöhe«; hier liegt ein weiteres Wortspiel vor: »Ramath« erinnert an *ramah* (»werfen«; ein anderes Wort als in der ersten Vershälfte), als ob also der Name »Kinnbakkenwurf« hieße. 19 *Da spaltete Gott die Höhlung im Kinnbacken:* Das Hebr. *mak-*

tesch, das mit »Höhlung« übersetzt wird, heißt wörtl. »Mörser«; es handelt sich offenbar um eine Felsenvertiefung mit einer Quelle, deren Entstehung auf diese Weise erklärt wird. Die irreführende Wiedergabe bei LÜ und anderen: »Gott spaltete die Höhlung *im Kinnbacken«* ergibt sich aus der Tatsache, daß das hebr. Wort für »Kiefer« (*lechi*) mit dem Ortsnamen identisch ist. Diese Wiedergabe ist unbegründet, da der Erzähler sich darauf bezieht, daß diese Quelle in Lehi bis zu seinen Tagen bestand. *»Quelle des Rufenden«:* hebr. *'en haqqore'*; wegen dessen hervorstechenden Balzrufes ist die Vokabel im bibl. Hebr. zugleich Name des Rebhuhns. **20** *Er richtete Israel zu den Zeiten der Philister zwanzig Jahre:* etwa 1070–1050 v.Chr. Es gibt keinen Hinweis darauf, daß das Wort in diesem Fall eine richterliche oder militärische Tätigkeit einschließt. Simsons Unternehmungen beschränkten sich auf den SW, bes. die Grenze mit den Philistern.

16,1 *Gaza:* Die südlichste Stadt des Fünferbundes der Philister. Sie war viel älter als die Besiedlung durch die Philister, wird in den Amarnabriefen (14. Jh. v.Chr.) erwähnt und war vorübergehend in der Hand Judas (Ri 1,18), bevor die Philister sie besetzten. Es bedarf einiger Phantasie, um in dieser Erzählung die Grundlage für eine sonnenmythologische Interpretation zu finden, wie es verschiedentlich geschah. Man verweist dabei auf die Entsprechung zwischen einem Bräutigam und der Sonne, die wie ein Bräutigam aus ihrer Kammer trete und sich auf ihren Lauf freue (vgl. Ps 19,6). **2** *Lauerten die ganze Nacht auf ihn am Stadttore, und sie verhielten sich still die ganze Nacht:* EÜ; Kittel bessert das erste »ganze Nacht« zu »den ganzen Tag« mit dem Sinn, daß die Männer von Gaza die Tore bei Tage bewachten, ihre Wachsamkeit bei Nacht jedoch verringerten, da die Tore dann geschlossen waren. **3** Aber so arbeiteten sie Simson in die Hand; denn er stand in der Nacht auf und ging hinaus, hob die verriegelten Tore samt Torpfosten aus und trug sie auf den Schultern auf die Höhe des Berges vor Hebron, wo sie vermutl. späteren Generationen gezeigt wurden. *Hebron:* vgl. 1,20, liegt etwa 60km östl. von Gaza.

16,4–31 Letzte Taten Simsons

4 *Im Tale Sorek:* scheint das Wadi es-Sarar zu sein; eine Ruine nördl. des Wadi, etwa 3km von Zora, trägt noch heute den Namen Surik. *Delila:* Es ist nicht klar, ob sie Israelitin oder Philisterin war, doch läßt die Erzählung eher das letztere vermuten. Ihr Name ist semitisch und bedeutet »die Eifernde«; u.U. schloß ihr voller Name den Namen des Gottes ein, dem ihr Eifer gelten sollte. Der Name taucht im griech. Text von 1Chr. 4,19 im Stammbaum des Volkes Juda auf. Es ist nicht ungewöhnlich, wenn sich bei den Philistern semitische Namen finden, da die einwandernden Philister wenig Frauen mitbrachten und sich mit den Völkern Kanaans vermischt haben müssen. **5** *Fürsten der Philister:* s. Komm. zu 3,3. *Tausendeinhundert Silberstücke:* fast 15kg. Es gibt keine überzeugende Erklärung, warum von 1100 statt der glatten Zahl 1000 die Rede ist (vgl. 17,2). **7** *Mit sieben Seilen von frischem Bast:* besser *frische Saiten* (ZÜ). Es handelt sich vermutl. um Bogensehnen aus gedrehten Därmen. **9** *Philister über dir, Simson:* d.h. sie standen bereit für den Fall, daß Simson die Wahrheit gesagt hätte; zeigte sich aber seine Stärke, blieben sie verborgen, so daß er denken konnte, sie hätte mit ihm gescherzt. *So wurde nicht kund, worin seine Kraft lag:* genauer: »seine Stärke wurde nicht gebrochen«.

11 *Wenn sie mich bänden mit neuen Stricken:* vgl. seine Fesselung durch die Judäer in 15,13. **13.14** *Wenn du die sieben Locken meines Hauptes zusammenflöchtest mit dem Aufzug deines Webstuhls:* Delila, so kann man annehmen, hat den Kopf des schlafenden Simson im Schoß, wie in V. 19, webt sein Haar in die Kettfäden und heftet es *mit dem Pflock,* einem flachen Holzstück, an den Webstuhl, so daß sein Haar mit dem Webmaterial verwoben wird. Der Webstuhl muß von der einfachen Bauart gewesen sein, bei der zwei aufrechte Pfosten in der Erde verankert sind, wobei der eine den Garnbaum, der andere den Tuchbaum hält. Als Simson aufwacht, erhebt er sich samt Webstuhl und allem, was an seinen Haaren hängt, und zieht die aufrechten Pfosten aus dem Boden. **19** *Der ihm die sieben Locken seines Hauptes abschnitt:* vgl. die griech. Erzählung, wie Minos Megara einnahm, nachdem die goldene Locke seines Königs Nisos abgeschnitten war. **20** *Ich will frei ausgehen, wie ich früher getan habe:* Daraus wäre zu schließen, daß er bereits gefesselt und geschoren war. **21** *Er mußte die Mühle drehen:* wörtl. »und er drehte unablässig die Mühle«; vermutl. eine Mühle mit Sattelwelle. Es ist zweifelhaft, ob die große Mühle, die von einem Esel getrieben wurde (in Mt 18,6 *mylos onikos* genannt), schon so früh bekannt war. **22** *Das Haar seines Hauptes fing wieder an zu wachsen:* Das bedeutete auch die Rückkehr seiner Stärke.

23 *Ihrem Gott Dagon:* vgl. hebr. *dagan* (Getreide); ein semit. Fruchtbarkeitsgott, von dem man in der amorit. Stadt Mari am Euphrat einen Tempel fand (18. Jh. v.Chr.). Sein Kult wurde durch die Amoriter in Syrien verbreitet; sein Name erscheint auf den Tafeln von Ras Schamra, wo ihm ebenfalls ein Tempel geweiht war. Die Philister hatten den Kult offenbar übernommen. **24** *Unser Gott hat uns unseren Feind in unsere Hände gegeben:* Ihr Triumphgesang ist ein gereimter Vierzeiler mit zwei Hebungen je Zeile. **25** *Laßt Simson holen, daß er vor uns seine Späße treibe:* Vermutl. sollte er Kraftübungen vorführen. *Und sie stellten ihn zwischen die Säulen:* Die Art des Gebäudes ist durch Funde bei Geser und Gaza erhellt worden. Das Dach wurde von hölzernen Pfeilern auf Steinsockeln getragen, war flach und bestand aus Holzbalken, die sich von der Wand bis zu den Stämmen erstreckten, die von den Stützpfeilern getragen wurden und von diesen Stämmen zu anderen Balken oder bis zur gegenüberliegenden Wand. Der Tempel in Geser hatte einen Vorhof, der zu einer gepflasterten inneren Kammer führte, von der er durch vier kreisrunde Steine abgetrennt war, auf denen die Pfeiler ruhten. Simson stand vermutl. zwischen den zwei mittleren Pfeilern, sofern es mehr als zwei gab. Die Fürsten und Fürstinnen der Philister befanden sich in der inneren Kammer, die Menge schaute vom Dach aus zu, **27** *wie Simson seine Späße trieb:* nämlich im Vorhof. Dann bat er einen Jungen, ihn zu den Mittelpfeilern zu führen, damit er sich ausruhen könne. Da legte er seine Arme um die Pfeiler, bog sie vorwärts, um sie aus der Senkrechten zu drücken, und brachte so das Dach zum Einsturz. Das Gewicht der Leute auf dem Dach mag das Kraftstück erleichtert haben. **28** *Damit ich mich für meine beiden Augen* einmal *räche an den Philistern:* ein bitterer Scherz. Eine andere Übersetzungsmöglichkeit: »daß ich mich räche für eins meiner Augen«. **31** *Da kamen seine Brüder herab und das ganze Haus seines Vaters:* Manoa war zu dieser Zeit bereits tot.

17,1–18,31 Michas Priester und die Wanderung Dans

17,1–13 Michas Priester

2 *Tausendeinhundert Silberstücke:* s. Komm. zu 16,5. *Derenthalben du den Fluch gesprochen:* oder einfach »den Eid leistetest« (um die Summe religiösen Zwecken zu widmen). Damit wurde ein Fluch über den gesprochen, der den Eid verletzte. Als Micha bekannte, daß er das Geld genommen und dem Zweck zugeführt habe, für den seine Mutter es bestimmt hatte, glich sie den Fluch aus, indem sie einen Segen über ihn ausrief. **4** *Da nahm seine Mutter zweihundert Silberstücke:* viell. indem sie, wie Ananias und Saphira, einen Teil der urspr. versprochenen Summe behielt. Das *geschnitzte Bild* dürfte aus Holz geschnitzt und mit Silber belegt gewesen sein. Das *gegossene Bild* muß ganz aus Silber gewesen sein. Es gibt jedoch Hinweise im Text, daß nur ein Bild gemeint ist, so auch LÜ. *Das kam danach in das Haus Michas:* Es wird nicht gesagt, was das Bild bzw. die Bilder zeigte(n); aber es liegt nahe, daß es ein junger Stier war. **5** *Micha hatte nämlich ein Gotteshaus:* wörtl. »ein Haus von Göttern«; es war an sein Wohnhaus angebaut. Dorthin kamen die Leute, um den Willen Gottes zu erfahren. *Machte einen Ephod:* zum Zauberephod vgl. Komm. zu 8,27. *Hausgötzen:* wörtl. Teraphim; vermutl. Götzenbilder, die auch zum Zaubern benutzt wurden (vgl. 1Mo 31,19, 1Sam 19,13). *Füllte einem seiner Söhne die Hand, so daß er sein Priester wurde:* d.h. füllte seine Hände (hebr. *mille' jad*) mit Opferstücken (vgl. 2Mo 28,41 usw.). Es gab neben denen aus Levi, die als »levitische Priester« hervorgehoben werden (wie 5Mo 18,1), auch andere Priester. Der Fortgang der Erzählung zeigt, daß, wenn verfügbar, ein levitischer Priester wohl vorgezogen wurde. Als man zur Zeit der Könige den Gottesdienst im Tempel von Jerusalem zentralisierte, wurde nur die aaronitische Priesterschaft anerkannt. **6** Der erklärende Hinweis des Verf., der unter wesentlich anderen Verhältnissen lebt und Ereignisse einer früheren Zeit festhält: *Zu der Zeit war kein König in Israel und jeder tat, was ihm recht dünkte.* Eine Kritik an der Übertretung des Bilderverbotes dürfte hierin mitenthalten sein; vgl. Komm. zu 19,24.

7 *Ein junger Mann von Bethlehem in Juda aus dem Geschlechte Judas; der war ein Levit:* Da er Moses Enkel war (18,30), war er von Geburt Levit. Dennoch wird er dem Stamm Juda zugerechnet. Die Leviten, die kein eigenes Stammesgebiet hatten, waren auf die Gastfreundschaft der anderen Stämme angewiesen (vgl. 19,1). So erklärt sich, warum dieser in Bethlehem lebte und Juda zugerechnet wurde. Die Leviten waren mit den südl. Stämmen eng verbunden, bes. mit Juda. *War dort fremd:* hebr. *ger scham,* genau wie der Name des Vaters des Leviten (18,30). Der urspr. Text könnte gelautet haben: »Und er war Jonathan, der Sohn Gerschoms«. **10** *Du sollst mir Vater und Priester sein:* zu *Vater* als Ehrentitel vgl. 1Mo 45,8; 2Kön 6,21; 13,14. In **11** wird auf die entgegengesetzte Beziehung angespielt: *er hielt ihn wie einen Sohn.* Damit wird gesagt, wie gut Micha für ihn sorgte. *Jährlich zehn Silberstücke:* ungefähr 120g. **13** *Weil ich einen Leviten zum Priester habe:* Offensichtlich glaubte man, daß ein Levit bes. priesterliche Vollmachten hatte. Unter den Minäern Arabiens finden sich die verwandten Wörter *lawi'u* und dessen weibliche Form *lawi'atu* für eine Person als Pfand für einen Eid oder eine Schuld (vgl. Samuel).

18,1–31 Die Wanderung Dans

1 *Der Stamm der Daniter suchte sich zu der Zeit ein Erbteil, wo sie wohnen könnten:* Nach 1,34 übten die Amoriter (zweifelsohne von den Philistern verdrängt) Druck auf die Daniter aus. Die Geschichte der Wanderung wird Jos 19,47 zusammengefaßt, wo Lajisch (V.7) Leschem genannt wird. **2** *Zora und Eschtaol:* s. Komm. zu 13,25. **3** *Fiel ihnen die Stimme des jungen Leviten auf:* Das deutet darauf hin, daß sie ihn von früher kannten, als er in Bethlehem wohnte, zumal zwischen Juda und Dan enge Beziehungen bestanden. Oder sie erkannten an seinem Dialekt, daß er aus ihrer Gegend war. **5** *Befrage doch Gott:* Das war der offensichtliche Zweck von Michas Gotteshaus (17,5). **7** *Kamen nach Lajisch:* das heutige Tell el-Qadi (arab. *qadi* »Richter«; vgl. hebr. *Dan*), an einem der Jordanquellflüsse. Es wird in einigen ägypt. Texten um 1850–25 v.Chr. Lus(i) genannt. *Hatten mit Aramäern nichts zu tun:* Hier folgt LÜ griech. und syr. Hss. MT hat *»Menschen«* (vgl. EÜ), was eine Verschreibung von *'aram* zu *'adam* sein kann. Das Gebiet der Daniter war von Phönizien durch den Libanon und von Syrien durch Hermon und Antilibanon getrennt. Der Bericht von den Lajischiten zeigt, daß Ruhe und Neutralität allein nicht gegen Angriffe schützen. In diesem Fall waren sie sogar ein Grund mehr für die Daniter, sie zu vertreiben, **10** zumal, *da ihrem Lande nichts von alledem fehlt(e), was es auf Erden gibt.* **11** *Sechshundert Mann:* Die geringe Kriegerzahl zeigt die Schwäche dieses Stammes. **12** *Kirjath-Jearim,* eine Stadt Judas, 11km westl. Jerusalems an der Grenze zu Benjamin. *Daher heißt die Stelle »Lager Dans«:* vgl. 13,25. **16** *Vor dem Tor:* vermutl. führte es in den Hof von Michas Haus. **19** *Schweig und halte den Mund:* wörtl. »Schweige! Lege deine Hand auf deinen Mund« (EÜ). Zu diesem Ausdruck als Aufforderung zum Schweigen vgl. Hiob 21,5; 29,2; 40,4; Spr 30,32; Mi 7,16. *Daß du uns Vater und Priester seist:* vgl. 17,10. **24** *Meine Götter . . . die ich gemacht hatte:* Dahinter verbirgt sich die Ironie des Verf. (ähnlich, aber ausführlicher, in Jes 44,9). **28** *In der Ebene:* die El-Biqa' zwischen Libanon und Hermon. *Beth-Rehob:* unbekannt; nicht das Rehob von 1,31. **29** *Nannten sie Dan:* die Stadt wurde der nördlichste Punkt des Zwölfstämmegebietes; vgl. die Redewendung »von Dan bis nach Beerseba« (vgl. 20,1; 1Sam 3,20 u.ö.).

30 *Jonathan, der Sohn Gerschoms, des Sohnes des Mose und seine Söhne waren Priester im Stamm der Daniter.* Zu Gerschom vgl. 2Mo 2,22. Die Masoreten, um den guten Ruf Moses bemüht, hängten ein »N« zwischen »M« und »S«, als ob der Name Manasse hieße. Nicht daß sie den wahren Sinn verdunkeln wollten, die Rabbinen wußten und gaben auch zu, daß Mose gemeint war; aber sie deuten an, daß dieser götzendienerische Priester eher zu Manasse paßt als zu Mose; wobei wir nicht wissen, welcher Manasse gemeint ist: der böse König dieses Namens (2Kön 21,1ff; 2Chr 33,1ff) oder (wahrscheinlicher) der abtrünnige Zadokide, der die abtrünnige Priesterschaft für das Heiligtum von Garizim begründete (Josephus, Ant. XI 302ff). Wenn im Stammbaum dieses Jonathan keine Generation ausgelassen wurde, muß die Auswanderung der Daniter in der frühen Richterzeit stattgefunden haben. Vermutl. blieben einige Daniter im südl. Gebiet zurück (vgl. 5,17; 13,2). Das Vorhandensein einer von Mose abstammenden Priesterschaft in Dan verlieh dem Ort hohes Ansehen; das erklärt, warum Jerobeam I. dort eines der beiden nationalen Heiligtümer des Nordreichs errichtete. Jerobeams Stierkalb in Dan kann durchaus auf Michas geschnitztes Bild zurückzuführen sein, das wahrscheinlich dieselbe Form hatte. Es diente als sichtbarer Schemel für die unsichtbare Gegenwart der Gottheit. *Bis auf die Zeit, da sie aus dem Lande gefangen weggeführt werden sollten:* vermutl. die Gefangenschaft der galiläischen Bevölkerung unter Tiglath-Pileser III. 733/32 v.Chr. (2Kön 15,29), die das Priestertum und den Kult effektiv beendete. (Houbigant folgt einem Vorschlag von D. Qimhi und verbessert »da sie aus dem Lande gefangen weggeführt werden sollten« zu: »da die Lade gefangen weggeführt werden sollte«. Er liest *ha'aron* statt *ha'are* und versteht den Satz als eine Doppelung von »solange das Haus Gottes zu Silo stand«, V.31. Aber die Auswirkung des Philistersieges bei Aphek war im so weit nördl. Dan kaum zu spüren.) **31** *Solange das Haus Gottes zu Silo stand:* Dieser angefügte Vermerk sollte viell. darauf hinweisen, daß das Heiligtum in Dan, verglichen mit dem von Silo, auch relativ alt war. *Silo:* heute Chirbet Selun, etwa 30km nördl. von Jerusalem und 17km südl. von Sichem. Dort wurde bald nach dem Einzug in Kanaan die Stiftshütte aufgebaut und diente als Zentralheiligtum für den israelit. Stämmebund (Jos 18,1; 21,2; Ri 21,12.19ff). Das Gotteshaus zu Silo ist in den ersten Kap. von 1Sam ein festeres Bauwerk und nicht nur ein

Zelt. Die Zerstörung Silos wird 1Sam nicht erwähnt, aber man kann annehmen, daß es von den Philistern nach der Schlacht bei Aphek (1Sam 4,10) zerstört wurde; vgl. dazu Jer 7,12ff; 26,6.9; Ps 78,60ff. Dänische Ausgrabungen in den Jahren 1926 und 1928 ergaben, daß im 12. und frühen 11. Jh. v.Chr., bis zur Zerstörung etwa 1050 v.Chr., Silo ausgedehnt besiedelt war.

19,1–21,25 Der Krieg gegen Benjamin

19,1–30 Die Schandtat von Gibea

1 *Ein Levit wohnte als Fremdling weit hinten im Gebirge Ephraim:* entweder auf dem westl. oder östl. Hang des Gebirges Ephraim. *Und hatte sich eine Nebenfrau genommen aus Bethlehem in Juda:* Wie der Levit aus Kap. 17 und 18 hatte auch dieser sowohl zum Gebirge Ephraim wie zu Bethlehem in Juda Verbindung. **2** *Als sie über ihn erzürnt war:* so verschiedene Übersetzungen anstelle des hebr.: »betrieb Hurerei« (vgl. EÜ). **3** *Um freundlich mit ihr zu reden:* wörtl. »um zu ihrem Herzen zu reden« (EÜ; vgl. Jes 40,2). **8** *Labe dich doch . . . bis sich der Tag neigt: daß sie verzogen, bis der Tag sich neigte* (ZÜ) beruht auf einer Textverbesserung, ist aber vorzuziehen, da der Schwiegervater in V. 9 den Anbruch des Abends als Grund anführt, sie sollten eine weitere Nacht bleiben. **9** *Der Tag hat sich geneigt:* wörtl. »das Lagern des Tages«, d.h. die Zeit, ein Nachtlager aufzuschlagen. Als die Israeliten seßhaft wurden, blieben nomadische Redewendungen erhalten, vgl. 2Sam 20,1; 1Kön 12,16. **10** *Kam bis gegenüber von Jebus:* d.h. Jerusalem. Die Stadt war noch in Händen der Jebusiter. **12** Deswegen lehnte es der Levit ab, die Nacht dort zu verbringen, wenngleich sie ihn nicht weniger gastfreundlich als Gibea behandeln konnte, das doch *von den Kindern Israels* war. Jebus erscheint als Name für Jerusalem nur hier und in 1Chr 11,4f und ist vermutl. vom Namen der amorit. Gruppe (Jebusiter), die dort ansässig war, abgeleitet (s. Komm. zu 1,21). **13** *Gibea:* das heutige Tell el-Ful, 6km nördl. von Jerusalem. Es war eine Stadt Benjamins, später als »Gibea Sauls« bekannt, da es Heimat und Regierungssitz Sauls war (1Sam 11,4). Ausgrabungen bei Tell el-Ful ergaben, daß die erste Festung Gibeas bald nach der Landnahme angelegt und im 12. Jh. v.Chr. zerstört wurde; die zweite Festung, die Sauls, ist ebenfalls freigelegt worden. *Oder in Rama:* weiter nördl. als Gibea, auf dem Wege nach Bethel, vgl. 4,5.

16 *Ein alter Mann . . . der war auch vom Gebirge Ephraim:* wie der Levit selber; es gibt der Geschichte eine zusätzliche Spitze, daß der einzige Mensch in Gibea, der dem Fremden Gastfreundschaft anbot, kein Benjaminiter war. **18** *Nach Hause zurück:* so (mit LXX) anstelle von »zum Hause Jahwes« (vgl. EÜ). Die Pronominalendung in der Bedeutung »mein« ist fälschlich als Abkürzung für »Jahwe« gelesen und ausgeschrieben worden. **22** *Ruchlose Männer:* das hebr. Wort wird so vokalisiert, daß es »wertlos« (hebr. *beli,* »ohne«, und *ja'al,* »Wert«) bedeutet. »Söhne Belials« (EÜ) bedeutet demnach »schlechte, nichtswürdige Männer« (vgl. Apg 17,5). Andere schlagen vor, Belial mit »Totenwelt« zu übersetzen (der Sinn von 2Sam 22,5; Ps 18,4), wörtl. »Ort ohne Rückkehr«, oder mit »Herr der Nacht« bzw. »Ort des Verschlingens«. Im nachbibl. jüd. Schrifttum ist Belial (griech. Beliar) der Name einer Person, der Antichrist oder die Verkörperung des Bösen, vgl. 2Kor 6,15. Diese unerfreuliche Schilderung (V. 22–24) ist der Geschichte Sodoms auffallend ähnlich (1Mo 19,4–8). **23** *Tut doch nicht solch ein Unrecht:* Die Gesetze der Gastfreundschaft rangieren hier, wie in 1Mo 19, über der Ritterlichkeit gegenüber dem weiblichen Geschlecht. **29** *Nahm er ein Messer:* Die Zerstückelung und Verteilung eines Körpers als Aufruf an das ganze Volk findet ihre Parallele in 1Sam 11,7. Dort wird ein Joch Ochsen benutzt und die Verteilung mit der Drohung begleitet, das solle den Ochsen aller geschehen, die sich nicht gegen den Feind zusammenschlössen. Die zwölf Stücke, in die der Leib der Frau geteilt wurde, entsprechen ohne Zweifel den zwölf Stämmen Israels. Das Verfahren bedeutet für alle, die diese gräßlichen Zeichen empfangen, eine feierliche Verpflichtung und ruft sie auf, im Geist des Stämmebundes zu handeln.
30 *Seitdem Israel aus Ägyptenland gezogen ist:* Der Auszug, der die Geburt des Volkes kennzeichnet, ist der Anfang, von dem aus man Ereignisse berechnet (vgl. 1Kön 6,1). Das Verbrechen von Gibea galt noch jahrhundertelang als Mahnmal der Bosheit, vgl. Hos 9,9; 10,9.

20,1–48 Die Zerstörung Gibeas

1 *Die Gemeinde versammelte sich wie ein Mann:* Der Aufruf des Leviten war erfolgreich. Alle Stämme – von Norden, Süden und von jenseits des Jordans – versammeln sich in Mizpa, 8km nordwestl. von Jerusalem (nicht das Mizpa auf der anderen Seite des Jordans, wenngleich die Bedeutung »Wachtturm« dieselbe ist). **2** *Vierhunderttausend Mann:* Diese Zahl stimmt mit den Angaben aus dem Pentateuch überein, aber das hier wie dort mit »tausend« übersetzte Wort (hebr. *'eleph*) kann eine viel kleinere Einheit bezeichnen; viell. steht es sogar für die Unterabteilung eines Stammes, die als »des Vaters Haus« bekannt ist (vgl. Ri 6,15; s. Komm. zu 5,8). **6** *Denn sie haben ein Verbrechen und eine Schandtat getan in Israel:* vgl. 1Mo 34,7; 5Mo 22,21; Jos 7,15; 2Sam 13,12f.

13 *Das Böse aus Israel austilgen:* s. Komm. zu 5Mo 17,12. Die Trennung der Gemeinschaft vom Bösen, das in ihr geschah, ist der Sinn der gemeinschaftlichen Strafaktion. **15** *Sechsundzwanzigtausend:* LXX (s. JB) hat 25 000, was mit den Angaben in V. 35 und 47 besser übereinstimmt. Benjamin war im Verhältnis zu den anderen Stämmen klein (etwa 1/17 der Gesamtzahl aus allen Stämmen). *Siebenhundert . . . auserlesene Männer:* Die gleiche Zahl wird nochmals in V. 16 genannt. Die Vulgata läßt vermuten, daß es sich hier um eine Doppelschreibung handelt. Die versch. Übers. bieten versch. Lösungen. EÜ folgt MT; JB versteht V. 15b als Dublette zu V. 16a und läßt deswegen in V. 15 die Zahlenangaben weg. **16** *Linkshändig:* LXX und Vulgata lesen »beidhändig«. S. Komm. zu 3,15; vgl. 1Chr 12,2. *Ohne zu fehlen:* Das hebr. Verb ist *chata'*, das allg. für »sündigen« gebraucht wird. **18** *Zogen hinauf nach Bethel:* Dieses alte Heiligtum diente weiterhin als religiöser Mittelpunkt im Nordreich. Manche übersetzen den Namen (»Haus Gottes«), als ob »Silo« gemeint sei, da in V. 27f Pinhas und die Bundeslade erwähnt werden. Aber die Lade stand nicht immer am selben Ort. **26** *Brandopfer:* zur Sühne für das Böse, das ihre Niederlage verursachte. *Dankopfer:* auf das Brandopfer folgte ein gemeinsames Opfermahl. **28** *Pinhas, der Sohn Eleasars, des Sohnes Aarons, versah den Dienst vor ihm in jener Zeit:* Dieser Vorfall gehört also in dieselbe Generation wie die Wanderung der Daniter, vgl. 18,30. Pinhas (hebr. *pinchas*) ist ein Name ägypt. Ursprungs, der »der Nubier« oder »dunkelhäutiges Kind« bedeutet (vgl. 4Mo 25,1–13). Israeliten mit ägypt. Namen (vgl. Mose) kommen im Stamm Levi vor. **29** *Israel legte einen Hinterhalt rings um Gibea her:* Die Taktik ähnelt der bei Ai angewandten (Jos 8,12ff). **31** *Von denen die eine nach Bethel und die andere nach Gibeon führt:* Gibeon ist das heutige El-Ǧib, etwa 9km nordwestl. von Jerusalem und 6km von Gibea. **33** *Baal-Thamar:* an der Grenze zwischen Juda und Benjamin. Der Name bedeutet »Herr der Palmen«; der Ort mag nach der kanaan. Gottheit dieses Namens benannt worden sein. **35** *Daß die Kinder Israel an dem Tag umbrachten fünfundzwanzigtausendeinhundert:* Damit blieben nur die 600 von V. 47 übrig; die urspr. Vollzahl war 25 700 (s. Komm. zu V. 15; betr. »Tausend«: zu V. 2). Die Aussage hier ist eine vorweggenommene Zusammenfassung der VV. 36–46. **38** *Eine Rauchsäule:* Das Wort findet sich auch Jer 6,1 und in den Lachischbriefen und bedeutet »Fackelzeichen«. Vgl. Jos 8,20f. **40** *Da ging die Stadt ganz in Flammen auf zum Himmel:* Die Zerstörung Gibeas zu dieser Zeit ist durch Ausgrabungen amerikanischer Archäologen in den Jahren 1922/23 belegt. **43** *Verfolgten sie von Noha:* so ZÜ, was aber die Lesart *nochah* statt *nokach* (MT) voraussetzt. Zu Noha vgl. 1Chr 8,2; EÜ gibt die schwierige Stelle wieder mit: »traten ihn nieder, wo er ausruhen wollte«, LÜ läßt das Wort unübersetzt. *Gibea:* einige verbessern es zu »Geba«, das 10km nordöstl. von Jerusalem liegt. **47** Der *Fels Rimmon* liegt in der gleichen Richtung noch einmal so weit. Es ist eine freistehende Kalksteinerhebung, durch lange schmale Täler im N, W und S abgeschnitten, und enthält Höhlen, in denen Flüchtlinge leben können. Der Name hat sich im heutigen Dorf Rammon erhalten.

21,1–25 Die Versöhnung

2.4 *Das Volk kam nach Bethel . . . und baute dort einen Altar:* eine seltsame Handlung, da 20,26 besagt, daß es dort bereits einen Altar gab. Viell. ging es urspr. um den Bau eines Altars in Mizpa. **5** *Denn es war ein großer Schwur getan:* wörtl. »der große Eid war es«; viell. eine bes. feierliche Eidesform. **8** *Niemand gekommen von Jabesch-Gilead:* Man nimmt an, daß es an der Stelle des heutigen Tell Abu Charaz, 15km südöstl. von Beth-Schean, östl. des Jordans, auf der Nordseite des Wadi el-Jabis lag. **10** *Zwölftausend:* s. Komm. zu 20,2. **11** *Doch so sollt ihr tun:* vgl. das Vorgehen Moses im Blick auf die midianitischen Frauen, 4Mo 31,15ff. **12** *Sie fanden bei den Bürgern von Jabesch in Gilead vierhundert Mädchen:* Auf die Heirat dieser Mädchen mit den benjaminitischen Überlebenden mag die enge Beziehung zwischen Jabesch-Gilead und dem Stamme Benjamin in späteren Tagen zurückzuführen sein, bes. z.Z. Sauls, der Benjaminiter war; vgl. Sauls Kriegszug für die Jabeschiter gegen die Ammoniter (1Sam 11) und die Rettung der Leiche Sauls aus den Mauern Beth-Scheans durch die Jabeschiter (1Sam 31,11ff). Im Blick auf Sauls Verbindung mit Gibea fragt man sich, ob es eine frühe Beziehung gab, die die Jabeschiter abhielt, sich dem Rachefeldzug gegen jene Stadt anzuschließen. Zur Zeit des Ereignisses von 1Sam 11 (etwa 1025 v.Chr.) war Jabesch wieder stark bevölkert. *Silo:* diente als Zentrum aller Stämme (vgl. 18,31; 21,19ff). **19** *Und sie sprachen:* vermutl. zu

den Benjaminitern, wenigstens zu den zweihundert, die noch keine Frauen hatten. Daher die Sorgfalt, mit der der Festort beschrieben wird. *Siehe, jedes Jahr findet ein Fest des Herrn statt zu Silo:* Dieses Fest (hebr. *chag*, wörtl. »Pilgerfahrt«) war eine örtliche Abwandlung des Laubhüttenfestes, hier vermutl. als Weinlesefest (vgl. 9,27). Es mag das Fest gewesen sein, zu dem Elkana und seine Söhne jährlich nach Silo zogen (1Sam 1,3ff). Der Mädchentanz ist Teil des Erntefestes.
21 *Raubt euch jeder eine Frau:* ein Brautraub; der Raub der Sabinerinnen in der röm. Sage ist eine bekannte Parallele. 22 *Gönnt sie uns:* Sie bringen zwei Gründe zur Beruhigung der Männer von Silo vor: Sie hatten die Frauen nicht in einem Kriegsakt geraubt; und sie hatten es den Silonitern auf diese Weise ermöglicht, den bei Mizpa geschworenen Eid nicht zu brechen, nach dem sie ihre Töchter nicht freiwillig herausgeben durften (V. 1).
25 *Zu der Zeit war . . .:* gibt 17,6 wieder, vgl. auch 18,1; 19,1. Eine angemessene Bemerkung, um diese Erzählung im bes. und Ri allg. abzuschließen.

F. F. Bruce

Ruth

Einleitung

Es ist nicht schwer, die große Beliebtheit dieses kleinen Buches zu begründen. Allein vom literarischen Standpunkt besitzt es hervorstechende Qualitäten: Ebenmaß der literarischen Gestalt, überzeugende Charakterisierung der Personen, Zucht, Würde und einen behutsam wiederholenden Stil, der der Sprache der ländlichen Bevölkerung entspricht. Die Handlung verläuft reibungslos und ohne jede moralisierende Tendenz von einem Unglück in Moab bis zu einem glücklichen Ende in Bethlehem; die Persönlichkeiten sind durch und durch lobenswert, und selbstlose Treue wird belohnt.

Charakter des Buches und Autor

Diese Kurzgeschichte mit ihrem ländlich-idyllischen Hintergrund könnte von modernen Lesern leicht als sentimental empfunden werden. Der Städter des 20. Jh. kann sich nicht mehr vorstellen, welche Mühe und Plage eine Ernte von Hand unter der brennenden Sonne bedeutete. Und viell. betrachtet er die Heirat von Ruth und Boas nicht in der nötigen Schlichtheit, war sie doch nichts anderes als ein vorbildliches Beispiel beständiger Treue und Loyalität gegenüber der Familie. Andererseits sind einige Ausleger bei dem Versuch, das Buch in seinen nahöstlichen Kontext einzuordnen, zu der Auffassung gelangt, es habe seinen Ursprung in babyl. oder ägypt. Mythologien oder in einer Kultlegende des alten Bethlehem. Es gibt jedoch keine überzeugenden Beweise für solche Theorien. Weiter verbreitet ist die Ansicht, daß es sich um eine Geschichtsnovelle handelt. Für eine Dichtung und gegen deren Historizität werden folgende Argumente angeführt: Aus dem grausamen Bild jener Zeit, wie es das Buch Richter schildert, sind die unangenehmen Elemente weggelassen; die Charaktere von Ruth, Naëmi und Boas sind idealisiert; die Namen einiger Persönlichkeiten passen so auf ihre Rolle in der Erzählung, daß der Autor sie geprägt haben muß (hierzu vgl. Komm. zu 1,2–4). Die Atmosphäre des Buches unterscheidet sich in der Tat von der des Richterbuches, aber es dürfte schwer nachzuweisen sein, daß es weniger lebenswahr ist. Um dem Autor gerecht zu werden, muß man seine eigenen Intentionen berücksichtigen, wie der Text sie erkennen läßt.

Die Eröffnungsformel, die sowohl in LÜ wie ZÜ mit »Zu der Zeit« wiedergegeben wird, ist als Einführung in eine historische Erzählung bekannt; die letzten Verse des Buches stellen die Verbindung von Ruth und Boas zu König David her. Das zeigt, daß der Autor sein Buch historisch verstanden wissen wollte, obwohl es von einer Durchschnittsfamilie handelt und nicht von den Taten der Großen. Es ist eine wahre, feinsinnig erzählte Geschichte, die den tiefen Glauben und die geistliche Einsicht des unbekannten Autors erkennen läßt.

Ziel des Buches

Wenn es die Absicht des Autors war, eine hübsche Geschichte zu erzählen, so hat er sein Ziel mit Sicherheit erreicht. Zugleich aber war er besonders an David interessiert, über dessen Kindheit uns kein Bericht vorliegt. Und da der Autor Zugang zu diesem Material hatte, wollte er zumindest etwas von Davids Vorfahren erzählen. Um die Mitte des vergangenen Jahrhunderts kam in Deutschland und Holland die Ansicht auf, das Buch Ruth sei aus Protest gegen die rigorosen Maßnahmen Esras und Nehemias zur Bekämpfung der Mischehe entstanden. Nun spricht das Buch sicher gegen eine jüd. Absonderung und vertritt eher eine missionarische Haltung gegenüber anderen Völkern. Es ist jedoch zweifelhaft, ob dies in der bewußten Absicht des Schreibers lag. Propagandisten vertreten ihre Meinung meist weniger zurückhaltend. Die ganze Episode beeindruckte den Autor als unvergeßliches Beispiel von Gottes Fürsorge für diejenigen, die ohne Rücksicht auf ihre Volkszugehörigkeit ihr Vertrauen in ihn setzen, und aus der Freude darüber verfaßte er diese Geschichte mit all der Kunstfertigkeit, die ihm zu Gebote stand.

Datierung

Obwohl die Ereignisse in die Zeit der Richter gehören, so können wir schon allein aus der Tatsache, daß die Schuh-Zeremonie in 4,7 einer Erklärung bedarf, schließen, daß einige Zeit verstrichen sein muß, bevor sie aufgezeichnet wurden. In 5Mo 25 wird die Unwilligkeit eines Schwagers, seiner Verpflichtung nachzukommen, durch Ausziehen des Schuhs, Anspucken und Verfluchung als verwerflich gebrandmarkt; in Rut 4 dagegen scheint die Übergabe des Schuhs lediglich den Verzicht auf ein Recht zu symbolisieren. Diese abgeschwächte Bedeutung läßt vermuten, daß 5Mo früher anzusetzen ist. Offensichtlich hatte der nähere Verwandte in Rut 4 nicht mit der Verpflichtung gerechnet, Ruth heiraten zu müssen. Es ist also gut möglich, daß das Gebot der Schwagerehe, obwohl noch in Erinnerung, bereits nicht mehr allg. befolgt wurde. Ein oder zwei Generationen weiter ist es dann durchaus denkbar, daß die Schuh-Zeremonie einer Erklärung bedurfte.

Ausleger, die das Buch als einen Protest gegen die Politik Esras und Nehemias betrachten, müssen ein nachexilisches Entstehungsdatum im 5. oder 4. Jh. v.Chr. annehmen. Manche geben auch aus anderen Gründen einer nachexilischen Entstehung den Vorzug. Sie führen den Platz an, den das Buch im hebr. Kanon einnimmt (siehe unten), sprachliche Überlegungen oder eine Spätdatierung von 5Mo, die Ruth in die nachexilische Periode verlegen würde. Eine zeitliche Festlegung des Hebräischen muß zwei unumstrittene Faktoren berücksichtigen: 1. Es handelt sich um klassisches Hebr.; 2. der Text enthält Aramaismen. Im Blick auf die Schlußfolgerungen, die sich daraus ergeben, gehen die Ansichten der Wissenschaftler weit auseinander. Manche stützen mit dem Vorhandensein von Aramaismen eine nachexilische Datierung; andere verweisen darauf, daß die Führer in Jerusalem zur Zeit Hiskias durchaus in der Lage waren, aram. zu verstehen (2Kön 18,26); daß seit der Zeit Davids enge Verbindungen zwischen dem syr. Aram und Israel bestanden hatten, bei denen sprachliche Entlehnungen naheliegen; daß sich in jedem Fall einige sog. Aramaismen als frühe westsemitische Begriffe erwiesen haben und somit zum gemeinsamen Erbe beider Sprachen gehören. Die Sprache liefert keinen hinreichenden Beweis für eine nachexilische Entstehung, im Gegenteil, der Stil des Buches unterscheidet sich erheblich vom Stil jener Bücher, die mit Sicherheit nachexilisch sind. Ruth steht in der Tat mit den besten Teilen des Buches Samuel auf einem Niveau. Man könnte einwenden, der Schreiber habe bewußt altertümlich geschrieben, um sich der Zeitepoche anzupassen, aus der er erzählt. Wahrscheinlicher aber dürfte sein, daß er selbst in vorexilischer Zeit gelebt hat, viell. etwa 100 Jahre nach Ruth. Auch die Regierungszeit Salomos, eine Blütezeit literarischen Schaffens in Israel, ist als mögliches Entstehungsdatum anzusehen.

Die Stellung im Kanon

In den dt. Bibeln folgt das Buch Ruth auf Richter, wie in der LXX und der Vulgata. In der hebr. Bibel erscheint Ruth jedoch in der letzten Abteilung, die als kanonisch gilt, unter den sog. »Schriften«. Hier ist es die zweite von fünf Festrollen, die um das 6. Jh. in der Liturgie der Synagoge verwendet wurden. Ruth wurde zu Pfingsten gelesen. Der babyl. Talmud, der vor dem 6. Jh. entstanden ist, begann die »Schriften« mit Ruth, gefolgt von den Psalmen. Andere Listen nennen Ruth als erste der fünf, weil das Buch chronol. an die erste Stelle gehörte. Offensichtlich hatte das Buch seinen Platz zunächst unter den »Schriften« und wurde später dort eingeordnet, wohin es historisch gehört: zwischen Ri und Sam.

Die Theologie

Namen Gottes

Jede der Hauptpersonen bezeugt ihren tiefen Glauben an den Herrn, an »Jahwe«, dessen Name in den vier kurzen Kapiteln 18mal vorkommt. »So wahr der Herr lebt« (3,13) unterstreicht die Überzeugung, daß er nahe ist, das Leben jedes einzelnen genau kennt; und obwohl er durch Hungersnot und Trauer straft, verwandelt er Unfruchtbarkeit in Fruchtbarkeit, belohnt gnädig diejenigen, die ihm vertrauen, und ist die Quelle alles wahren Segens. Der Name Jahwe war in besonderer Weise beim Exodus offenbart worden, als Gott die Israeliten aus der Sklaverei befreite, sie an den Sinai brachte und einen Bund mit ihnen schloß; diesen Namen zu verwenden bedeutete, sich an die durch ihn geschenkte Befreiung und an die Gewißheit seiner Bundesverheißung zu erinnern. In 1,16 und 2,12 verlangt der Textzusammenhang den allg. Namen für Gott »Elohim«. Die einzige andere vorkommende Gottesbezeichnung, »(El) Schaddai« gebraucht Naëmi, als sie erschöpft von langer Wanderung ihren früheren Nachbarinnen begegnet und sich wehmütig ihrer ersten Ehejahre in Bethlehem erinnert (1,20f). Indem Naëmi den vertrauten Namen »Jahwe« meidet und eine eher distanzierte Bezeichnung für Gott gebraucht, bringt sie ihr Gefühl der Entfremdung zum Ausdruck. Sind ihr die zugesagten Segnungen nicht vorenthalten worden? Der Textzusammenhang, in welchem der Name in 1Mo erscheint, legt nahe, daß der Name El Schaddai die menschliche Machtlosigkeit betonte und von dem Gott sprach, der Situationen menschlicher Hilflosigkeit verändern konnte. Naëmi war sich ihrer Schwachheit und Bedürftigkeit schmerzlich bewußt. Obwohl ihr Glaube verkümmert war, erinnerte sie mit der Verwendung des Namens »Allmächtiger« an seine Macht, große Dinge zu tun, und er hat sie nicht enttäuscht.

Erlösung

Zwanzigmal kommt in diesem kurzen Buch das Verb »erlösen« (Hebr. *ga'al*) vor; das Wort muß demnach in Israel allg. gebraucht worden sein. Es gehörte in den Bereich der Familienordnung: Jedes Familienglied war verpflichtet, die anderen zu schützen; keiner sollte einsam oder mittellos sein. Der nahe Verwandte, der Familieneigentum zurückkaufte (3Mo 25,25), seinem versklavten Bruder die Freiheit zurückgewann (3Mo 25, 47–55) oder einen Mord rächte (4Mo 35; 5Mo 19,6), wurde als *go'el* bezeichnet. Das Buch Ruth dehnt seine Pflichten darauf aus, seinem kinderlos verstorbenen Verwandten einen Erben zu sichern. Das Gesetz der Schwagerehe, das in 5Mo 25,5–10 festgelegt wird, geht davon aus, daß mehrere Brüder mit ihren Familien in einem Haus wohnen. Starb nun ein Bruder, ohne einen Sohn hinterlassen zu haben, sollte der nächste Bruder die Witwe zur Frau nehmen und für seinen toten Bruder einen Erben zeugen. Im Falle Ruths, die keinen Schwager hatte, wurde von einem entfernteren Verwandten erwartet, daß er sie heiratete. Wenn das AT Jahwe als Israels *go'el* herausstellte, so betonte es damit dessen Bundeszusage, durch das Israel sein Eigentum wurde (2Mo 19,5). Er wohnte unter seinem Volk (2Mo 25,8) und war sein göttlicher Verwandter, bereit, es zu befreien und zu beschützen. Das Buch Ruth leistet in diesem Zusammenhang einen besonderen Beitrag: Es macht klar, daß allein der *go'el* das Recht besaß, zu erlösen, ohne jedoch dazu verpflichtet zu sein. Die bereitwillige, großherzige Reaktion des Boas war, wenn auch auf bescheidene Art, ein Hinweis auf den großen *go'el*, der von ihm abstammen sollte, Jesus (Mt 1,5; Lk 3,32).

Barmherzigkeit

Das hebr. Wort *cheśed*, das in 1,8; 2,20 und 3,10 vorkommt, ist viel reicher in seiner Bedeutung, als die übliche Übersetzung »Barmherzigkeit« wiedergibt. So verwendet LÜ in 3,10 »Liebe«, ZÜ verwendet an allen drei Stellen »Liebe«, EÜ »Güte«, JB in 3,10 sogar »Kindesliebe«. Alle diese Übersetzungen geben nur einen Teil der umfassenden Bedeutung wieder. *Cheśed* ist vor allem charakteristisch für Gott selbst: »Der Herr tue an euch Barmherzigkeit« (1,8), ». . . vom Herrn, der seine Barmherzigkeit nicht abgewendet hat von den Lebendigen und von den Toten« (2,20). Das Wort steht in enger Beziehung zum Bundesbegriff, denn im Bund wird die gnädige Zuwendung Gottes zum sündigen Menschen am klarsten sichtbar. In dem Lobgesang Israels über die Befreiung aus Ägypten heißt es: »Du hast geleitet durch deine Barmherzigkeit (*cheśed*) dein Volk, das du erlöst hast« (2Mo 15,13). 5Mo zeigt die Verbindung sehr klar: »Der Herr, dein Gott, (ist) allein Gott . . ., der treue Gott, der den Bund und die Barmherzigkeit (*cheśed*) . . . hält« (5Mo 7,9). Cheśed schließt sowohl die Wärme der Gemeinschaft mit Gott wie die Gewißheit seiner Treue ein.

Daraus folgt: Wer des Herrn *cheśed* erfahren hat, soll dadurch verwandelt werden und so die Qualität dieser Liebe für andere sichtbar machen. Sowohl Naëmi wie Boas tun dies; aber es ist die Moabiterin Ruth, von der ausdrücklich gesagt wird, daß sie *cheśed* gezeigt hat (3,10), wobei Boas vor allem ihre moralische Standhaftigkeit, selbstlose Liebe und Treue betont (2,11). Wo solche Liebe und Treue in den menschlichen Beziehungen dargestellt wird, ist Gott am Werk. Bei Ruth war die Entscheidung, Naëmi *cheśed* entgegenzubringen, der Augenblick ihrer Bekehrung; sie machte Naëmis Gott zu ihrem Gott. Allerdings hat sich die Überzeugung, daß Jahwe der lebendige Gott war, nach dem sie über alles verlangte, über einen langen Zeitraum hin in ihr geformt. Viell. gehen wir recht in der Annahme, daß die Lebensweise der Israeliten, mit denen sie so eng verbunden war, diese Sehnsucht in ihr geweckt hatte. Ähnlich wie die Psalmen zeigt uns dieses Buch, wie freudevoll und beglückend Israels Glaube war und wie anziehend er für andere wurde, wenn Gottes Volk seine treue Liebe zu ihm im gegenseitigen Verhalten widerspiegelte.

Inhalt

1,1–22 Rückkehr nach Bethlehem

- 1,1–5 Hungersnot und Trauerfall
- 1,6–18 Abschied von Moab
- 1,19–22 Ankunft in Bethlehem

Kommentar

1,1–22 Rückkehr nach Bethlehem

1,1–5 Hungersnot und Trauerfall

1 Die Zeit der *Richter* wird mit all ihrer Gesetzlosigkeit in dem Buch der Richter beschrieben; wir erhalten hier jedoch keinen Anhaltspunkt, wie die beiden Bücher einander zuzuordnen sind. Viell. fiel die Hungersnot, die Bethlehem heimsuchte, in einen jener Zeitabschnitte, als »das Land vierzig Jahre lang Ruhe« hatte (Ri 3,11; 5,31). Ironischerweise bedeutet der Name Bethlehem »Brothaus«. Die Bezeichnung *Bethlehem in Juda* unterscheidet den Ort von dem nördl. Bethlehem (Jos 19,15). Das Buch der Richter bezeugt, daß die moralische Situation in Bethlehem vergleichsweise besser war als an anderen Orten, etwa Gibea (Ri 19). Die Erwähnung des Geburtsortes Davids mußte von Anfang an das bes. Interesse jüd. Leser wecken. Als die Hungersnot begann, zog ein Mann mit Unternehmungsgeist samt seiner Familie 80km weit an die Ostseite des Toten Meeres *ins Land der Moabiter*. Das hebr. Wort bedeutet wörtl. »Feld«; da Moab jedoch zum großen Teil aus steilen, felsigen Bergen besteht, bezieht es sich vermutl. auf die fruchtbare Hochebene (600–900m) südl. des Arnon. Von den Bergen südl. Bethlehems aus wäre es möglich gewesen, dieses Plateau am südöstl. Horizont jenseits des Toten Meeres zu erkennen.

2 Der Name *Elimelech* bedeutet »Melek ist Gott« oder »Gott ist König«; in den Amarnabriefen des 14. Jh. v.Chr. findet er sich in der Form *Milkilu,* er ist demnach sehr alt. Mit Melek zusammengesetzte Namen werden der vorexilischen Zeit zugerechnet. *Naëmi* bedeutet »meine Wonne« und ist viell. von einer weiblichen Form von *naaman* abgeleitet, einem Adjektiv, das in den Ras-Schamra-Texten um 1400 v.Chr. vorkommt, also ebenfalls alt ist. Die mögliche Bedeutung von *Machlon* als »schwach« und *Kiljon* als »hinfällig« stützt sich lediglich auf Vermutungen; aber selbst wenn man sie als richtig annimmt, so beweist ihre Beziehung zur Geschichte nicht, daß die Namen vom Autor erfunden worden sind. *Ephrathiter:* Ephratha, der alte Name Bethlehems (1Mo 35,19), bestand in der adjektivischen Form weiter. 4 Trotz vieler Vermutungen blieb die Bedeutung der Namen *Orpa* und *Ruth* unbekannt. Der Form nach sind sie moabitisch und nicht hebräisch. So stimmen sie mit der Geschichte völlig überein. Ruth war die Frau Machlons (4,10). Die Heirat der Söhne fand in den zehn Jahren statt, die die Familie in Moab lebte. 5 Elimelechs Tod (V. 3), dem später der Tod Machlons und Kiljons folgte, hätte dem Autor Anlaß zu einem Tadel sein können, daß sie sich in einem götzendienerischen Land niedergelassen hatten; aber der Autor beschränkt sich darauf, die Fakten anzugeben, soweit sie Naëmi betreffen. Er betont den Schmerz ihrer Trauer, bes. da sie weder Vermögen noch Hoffnung für die Zukunft besaß.

1,6–18 Abschied von Moab

6.7 Ein interessantes Beispiel, wie Nachrichten über das Geschehen in Israel andere Länder erreichten; es zeigt, wie andere Völker Jahwes Handeln mit seinem Volk beobachteten und so Gelegenheit hatten, an ihn zu glauben. Naëmi, an die Barmherzigkeit Gottes erinnert, wurde von dem Verlangen erfaßt, nach Hause zurückzukehren und an seinem Segen Anteil zu haben. Orpa und Ruth machten sich mit ihr auf den Weg; sie wollten sie nach Bethlehem begleiten, obwohl sie nicht dazu verpflichtet waren. Sie schienen eine tiefe Zuneigung zu ihrer Schwiegermutter gefaßt zu haben und zögerten, sie allein zurückreisen zu lassen. **8.9** Naëmi selbst dachte nur an die Zukunft ihrer Schwiegertöchter. Sie sollten sich frei fühlen, in ihre Elternhäuser zurückzukehren, wo sie in einer zweiten Ehe Geborgenheit würden finden können. Sie hatten ihren Männern und auch Naëmi Liebe entgegengebracht; nun bat Naëmi den Herrn, er möge ihnen seine Barmherzigkeit erweisen, indem er die Häuser segnete, in denen sie in Zukunft leben würden (zu »Barmherzigkeit« vgl. Einleitung). **11–13** Als Antwort auf ihre Proteste führt Naëmi ins Feld, daß es in ihrem Fall nicht möglich sei, das Gesetz der Schwagerehe anzuwenden (vgl. Einleitung: »Erlösung«). Sie hatte keine Söhne mehr, und es war unwahrscheinlich, daß sie noch welche bekommen würde. Deshalb sah sie bei beiden für eine Ehe in Juda keine Möglichkeit. Sie wandte ihren Schwiegertöchtern ihr Wohlwollen um so mehr zu, weil deren Leid nicht zuletzt durch das Handeln des Herrn mit ihr selbst verursacht worden war. **14** Orpa ließ sich überzeugen und kehrte nach Hause zurück. **15** Naëmi machte ihr keinen Vorwurf, vielmehr drängte sie Ruth, dasselbe zu tun und zu ihrem Volk und zu Kemosch, dem Gott der Moabiter, zurückzukehren. **16.17** Nun wurde klar, daß Ruth nicht länger dem Gott Kemosch dienen wollte, sondern entschlossen war, dem Gott Israels zu folgen, den sie durch das Leben und durch das Zeugnis ihres Mannes und Naëmis kennengelernt hatte. Diese Verse bringen in gedrängter Form äußerste Treue und selbstlose Hingabe zum Ausdruck. Kein Hintergedanke beeinflußte Ruths Entscheidung. Sie identifizierte sich mit Naëmi und verpflichtete sich durch einen Eid, bis zu ihrem Tod bei ihr zu bleiben. Der Schwur, *der Herr tue mir dies und das*, kommt sonst nur in Sam und Kön vor.

1,19–22 Ankunft in Bethlehem

19 Alle überflüssigen Einzelheiten sind weggelassen. Wie zwei Silhouetten am Horizont *gingen die beiden miteinander.* Ihre Ankunft in Bethlehem rief, bes. unter den Frauen, Überraschung und aufgeregtes Interesse hervor. Deren Frage läßt vermuten, daß sie Naëmi kaum wiedererkannten, weil sie sich so verändert hatte, oder daß sie überrascht und hocherfreut waren, sie wiederzusehen. **20** Naëmi unterband jede Freudenregung schnell, indem sie die Tiefe ihrer Verzweiflung in einem Wortspiel mit ihrem Namen offenbarte. Weit davon entfernt, sich für jemand zu halten, an dem der Herr Wohlgefallen hatte, nannte sie sich selbst *Mara,* d.h. »bitter«, im Blick auf den Kummer, den sie durchgemacht hatte. Der *Allmächtige:* s. Einleitung: »Namen Gottes«. Wenn Naëmi den Allmächtigen beschuldigte, sie hart behandelt zu haben, so vergaß sie die gnädige Macht des Gottes, über den sie sich beschwerte; sie machte sich ein falsches Bild von Gott und von ihrer Vergangenheit. **21** Obwohl sie sagt, sie sei »reich ausgezogen«, war die Hungersnot zu jener Zeit doch eine Katastrophe gewesen; nun, in ihrer Armut, hatte sie Gelegenheit, zu erleben, daß der Herr ihre Bedürfnisse befriedigen konnte. *Der Herr (hat) gegen mich gesprochen* (LÜ): ist eine verbesserte Form des Hebr., die der LXX und der Vulg. folgt. Der MT lautet: »Der Herr hat gegen mich gezeugt« (ZÜ). Ihre Leiden sind ein Zeichen des Mißfallens Gottes. Die Verbesserung verändert die Satzkonstruktion, indem sie das Verhältniswort wegläßt und die Form des Verbums verändert.

22 Der Erzähler faßt zusammen und wiederholt: *und sie kamen nach Bethlehem* (EÜ). Aber er bereitet uns auf den nächsten Abschnitt vor, indem er hinzufügt: *um die Zeit, da die Gerstenernte anging.* Das war im April. Der »Bauernkalender von Geser« (s. Die Welt der Bibel, S. 227) aus der Zeit Salomos teilt das Jahr nach der Arbeit des Bauern ein und erwähnt »den Monat zur Gerstenernte«. Hätte der Autor einige Jh. später geschrieben, so hätte sich hier leicht ein Anachronismus einschleichen können.

2,1–23 Gottes gnädige Fürsorge

1 An dieser Stelle flicht der Erzähler geschickt die Tatsache ein, daß in Bethlehem noch ein Verwandter Elimelechs lebte, vermeidet aber den Ausdruck *go'el,* der zuviel vorweggenommen hätte. Naëmi wußte von ihm, beschloß aber, sich nicht an ihn zu wenden. Indem der Autor dies im voraus erwähnt, kann er zeigen, wie wunderbar Gott die Sache in die Hand nimmt. Boas, dessen Name möglicherweise »in ihm ist Kraft« bedeutet, *war ein angesehener Mann.* Das hebr. Wort drückt aus, daß er sowohl angesehen als auch reich war. Viell. war von Elimelech früher ähnliches gesagt worden. **2** Ruth, die nichts von Boas wußte, wollte das alte Recht in Anspruch nehmen, das dem Bedürftigen erlaubte, während der Erntezeit auf den Feldern Ähren zu lesen (vgl. 3Mo 19,9; 23,22; 5Mo 24,19); so ersparte sie Naëmi die mit einer solchen Arbeit verbundene Mühe und Demütigung. **3** Da sie den Ort nicht kannte, würde sie den anderen Frauen auf die Erntefelder folgen, wo die Männer das Korn mit Sicheln schnitten und die Frauen es zu Garben banden. Was übrig blieb, gehörte den Ährenleserinnen. Der Autor sah die Hand Gottes darin, daß das Feld, auf dem Ruth las, gerade *dem Boas gehörte,* der von dem Geschlecht Elimelechs war. *Feldstück* (EÜ): In Palästina gab es keine Hecken, deswegen wurde das kultivierte Land in Streifen eingeteilt, die durch Grenzsteine markiert waren; ein solcher Streifen ist gemeint, nicht,

daß der reiche Boas nur ein Stück eines Feldes besaß.

4.5 Als Boas kam, war mit der Arbeit bereits begonnen worden. Ein Knecht führte die Aufsicht. *Der Herr sei mit euch:* Diese aus dem Gottesdienst bekannte Redewendung finden wir nur hier in genau dieser Form. Der Herr war bekannt und auch bei der täglichen Arbeit als Herr anerkannt. *Zu wem gehört das Mädchen?* In einer sippenmäßig strukturierten Gesellschaft gehörte jede Frau zu jemandem. Boas interessierte sich für die Menschen, die auf seinem Land arbeiteten, und er kannte Ruth nicht. **7** Als Fremde konnte Ruth nicht erwarten, daß ihr das Recht des Ährenlesens gewährt wurde, und hatte sie vorsichtshalber um Erlaubnis gefragt. Der Schluß des Verses wurde nach LXX und Vulg. übersetzt. Das Hebr. ergibt nicht ohne weiteres einen Sinn. Viell. ruhte sie sich gerade aus, als Boas ankam, und der Aufseher wollte ihren Fleiß hervorheben.

8–10 Boas freut sich über das, was er über sie hört, und wendet sich selbst an Ruth; er fordert sie auf, auf seinen Feldern zu bleiben und verspricht ihr besonderen Schutz. Offensichtlich konnte sie nicht voraussetzen, daß sie geachtet würde, noch hatte sie ein Anrecht auf das kostbare Wasser, das vom Brunnen hergebracht werden mußte und oft knapp war. Entgegen der üblichen Sitte sind es hier die jungen Männer, die das Wasser aus dem Brunnen herausziehen. Boas' Großzügigkeit überwältigte Ruth.

11.12 Er erklärt, daß er von ihrer Liebe zu Naëmi gehört habe und daß er möchte, daß sie die Belohnung erfährt, die nur der Gott Israels geben kann. Sie hatte erst vor kurzem begonnen, diesem Gott zu vertrauen, und Boas wollte sie in ihrem Glauben ermutigen. Sein bildhafter Ausdruck: *Gott Israels, zu dem du gekommen bist, daß du unter seinen Flügeln Zuflucht hättest,* wird wiederholt in den Psalmen verwendet und in Mt 23,37 von Jesus aufgenommen. Wenn ein Vogel seine Schwingen über seine Jungen ausbreitet, um sie mit seinem Leben zu beschützen, kann der beutegierige Feind sie nicht einmal sehen. Wieviel mehr ist der Herr darum besorgt, all diejenigen zu beschützen, die bei ihm ihre Zuflucht nehmen! **13** *Laß mich vor deinen Augen Gnade finden* (LÜ): eine Redewendung, die Dank ausdrückt und zugleich weitere Wohltat erhofft.

14 Bei der Mahlzeit wurde das Brot in mit Öl vermischten Essig getunkt. Dazu gab es *geröstete Ähren,* in diesem Fall über dem Feuer geröstete Gerste. Ruth saß bei den Schnittern und erhielt ihren Anteil an der Ernteverpflegung. Davon ließ sie einen Teil für Naëmi übrig. Daß sie ihre Mahlzeit mit Naëmi teilen wollte, mag Boas veranlaßt haben, seine Schnitter anzuweisen, dafür zu sorgen, daß Ruth noch mehr auflesen könne. **17.18** Gewöhnlich hatte ein Ährenleser nach langer Arbeit in der heißen Sonne nicht viel vorzuweisen, aber Ruth klopfte *ungefähr ein Scheffel Gerste* aus. Scheffel ist die Übers. des hebr. *Epha* (ca. 36*l*; für einen anderen Ansatz [22*l*] vgl. LZB, »Maße und Gewichte«), ein Scheffel Gerste wiegt etwa 25kg. Außerdem brachte sie Naëmi die gerösteten Ähren mit, die sie übrigbehalten hatte. **19** *Wo hast du gearbeitet?* Wenn dies die Bedeutung der zweiten Frage ist, so fügt sie zur ersten nichts hinzu. Statt »wo« müßte genauer »wohin« übers. werden. Außerdem könnte das hebr. Verb *ʿaśah,* das hier gebraucht wird, im Textzusammenhang eher die Bedeutung von »sich wenden« als von »machen« haben. Dann wäre zu übersetzen: »Und wohin hast du dich gewandt?« **20** Naëmis erfreuter Ausruf drückt ihr Erstaunen über Gottes wunderbares Eingreifen aus, indem er Ruth auf das Feld des Boas führte. Als sie Ruth erklärt, daß er zu ihrer nächsten Verwandtschaft gehört, gebraucht sie das Wort *go'el*; sie sieht bereits voraus, daß der Herr ihr durch ihn helfen könnte. **21–23** Ruth machte sich den Schutz Boas zunutze, bis Gersten- und Weizenernte abgeschlossen waren. Danach gab es für sie keine Möglichkeit, ihren Lebensunterhalt sicherzustellen.

3,1–18 Anspruch an die Verwandtschaft

1–6 Eine Heirat wurde von den Eltern vorbereitet, und es war völlig normal, daß Naëmi die Initiative ergriff, um für Ruth ein Heim zu schaffen und ihre Versorgung sicherzustellen. Die Ernte war eingebracht, nun war man mit dem Worfeln der Gerste beschäftigt. Naëmi hatte ihre Pläne sorgfältig vorbereitet und herausgefunden, daß Boas die Nacht auf der Tenne verbringen würde, um sein Getreide zu schützen. Nachdem Ruth sich gewaschen und mit wohlriechendem Öl gesalbt hatte, sollte sie ihre Kleider anlegen, wahrscheinlich ihr großes Übergewand, das ihr in der Kälte der Nacht die nötige Wärme bieten und ihr zugleich ermöglichen würde, bis zum entscheidenden Moment unerkannt zu bleiben. Naëmis Anweisungen sind eindeutig; viell. liegt ihnen ein allg. Brauch zugrunde. Der Text betont, daß Ruth alles tat, was ihr aufgetragen war, und stellt damit klar, daß Ruth für ihr Eindringen in die Scheune Boas' keine Schuld traf; es mag sogar einigen Mutes bedurft haben, um ihrer Schwiegermutter zu gehorchen. Nach dem traditionellen Festmahl am Ende eines Erntetages war zu erwarten, daß Boas sich in guter Stimmung zurückzog und in gesunden Schlaf fiel. Ruth deckte den Mantel, der ihm als Decke diente, von seinen Füßen ab und stellte damit sicher, daß Boas allmählich erwachen und sie zu seinen Füßen bemerken würde. Dann würde sie Gelegenheit haben, ihm unter vier Augen den Anspruch vorzutragen, den sie geltend machen wollte.

7–9 Nichts stört das Gelingen des Planes. Das lebendige Detail: *Er ging hin und legte sich hinter einen Kornhaufen* fällt auf. Der Autor muß oft Bauern beobachtet haben, die in dieser Weise ihre Ernte schützten. Als Boas plötzlich erwachte und eine Frau bei sich fand, wollte zu zunächst herausfinden, wer sie war. Mag er geahnt haben, daß Naëmi versuchen würde, verwandtschaftliche Rechte geltend zu machen? Als Ruth ihn bat, seinen Mantel über sie zu breiten, sprach sie symbolisch von Heirat. Dieselbe Redewendung finden wir in Hes 16,8b. **10** Boas faßte Ruths Handlungsweise nicht nur ausgesprochen günstig auf, er segnete sie sogar aufgrund all ihrer Liebe (*chešed*). Er ließ durchblicken, daß es natürlicher gewesen wäre, wenn sie einen der jungen Schnitter geheiratet hätte, als diese Werbung an ihn zu richten; denn er gehörte möglicherweise zur Generation ihres Schwiegervaters. Ruths umsichtiges und *tugendsames* Verhalten auf den Erntefeldern, wo wohl oft Freundschaften angebahnt wurden, war weder Boas noch den Leuten in Bethlehem insgesamt entgangen. **11–13** Diese Tatsache ermöglichte es Boas, ihrer Bitte zu entsprechen, vorausgesetzt, daß ein näherer Verwandter ihm das Recht des Lösers, des *go'el*, abtrat. Boas war gesetzlich verpflichtet, diese Angelegenheit mit dem nächsten Verwandten zu klären, bevor er selbst die Verantwortung übernehmen konnte. Falls Naëmi von der Existenz dieses anderen Verwandten wußte, so mußte sie zu der Entscheidung gekommen sein, daß sie Ruth lieber unter Boas' Schutz sehen würde.

14 Sobald der Tag anbrach, forderte Boas Ruth auf, nach Hause zurückzukehren; bei Licht, aber von neugierigen Augen unbeobachtet. Er wollte keinen Anlaß zum Klatsch bieten. **15** Das Tuch kann eine Ecke ihres großen Mantels oder ein Kopftuch gewesen sein. Das hebr. Wort findet sich nur noch in Jes 3,22. Die *sechs Maß Gerste* bedeuteten ein sichtbares Zeichen seines Wohlwollens und zugleich eine großzügige Gabe an Naëmi. Obwohl die Größenordnung des Maßes nicht angegeben wird, hat sie wohl soviel erhalten, wie sie gerade tragen konnte. **16** Naëmis Frage lautet wörtl.: »Wer bist du, meine Tochter?« Der Sinn dieser Redewendung ist in unseren Übers. gut wiedergegeben: *Wie steht's mit dir, meine Tochter?* **18** Ruth hatte nun geduldig zu Hause zu warten, bis die Angelegenheit geregelt war. Der Ausgang wird mit der Spannung eines Dramas erwartet.

4,1–17 Der Verwandte als Löser

Die letzte Szene spielt auf dem offenen Platz am Stadttor, wo Rechtsfragen entschieden und die Geschäfte der Stadt getätigt wurden. **1.2** Boas verlor keine Zeit, sein Versprechen einzulösen; er machte sich auf den Weg zum Tor; dort würde er seinen Verwandten am frühen Morgen, wenn die Geschäftstätigkeit begann, am ehesten antreffen. Obwohl dieser Mann in unserer Geschichte unbekannt bleibt, hat Boas ihn gewiß mit Namen angerufen. Boas genießt zweifellos Ansehen in der Gemeinde, denn er nimmt die Angelegenheit in die Hand, und die Ältesten stellen sich ihm als Zeugen zur Verfügung. Dies bestätigt, daß er kein junger Mann mehr war. **3.4** Zum ersten Mal erfahren wir, daß Naëmi Land besaß, das sie zum Verkauf anbot. Soweit wir wissen, besaß eine Witwe kein Erbrecht, aber sie konnte die Interessen ihrer Söhne wahrnehmen. Wenn sie das Feld an den *go'el* verkaufte, so blieb es in ihrer Familie, und sie selbst würde ein bescheidenes Vermögen erhalten. Boas bringt die Dinge klar zur Entscheidung, indem er feststellt, daß er bereit ist zu lösen, falls der nähere Verwandte nicht lösen will; aber dessen Antwort lautet: *Ich will's lösen.* **5.6** Erst jetzt ist der kritische Punkt angesprochen. Elimelech hat ein Recht auf einen Erben; seine Schwiegertochter Ruth lebt noch, und der Mann, der das Feld erwirbt, hat die Pflicht, dem Verstorbenen einen Erben zu erwecken. Wurde ein Sohn geboren, so fiel das Feld an ihn zurück; der *go'el* hatte in diesem Fall sein Erbteil geschädigt, denn seine Söhne würden nicht erben, was er gekauft hatte. Darüber hinaus hatte er für eine weitere Familie zu sorgen. Diese Überlegungen veranlaßten den Mitbewerber, sein Angebot zurückzuziehen; sie unterstreichen zugleich Boas' Großzügigkeit. Viele Gesetze des AT schließen die Bereitschaft zum materiellen Verlust ein und führten bei denen, die gehorchten, zu Wachstum im Glauben.

7–10 Die Ältesten hörten mit an, wie der nächste Verwandte das Recht des Lösens an Boas abtrat; um die Verhandlung zum Abschluß zu bringen, mußte noch die symbolische Handlung der Übergabe des Schuhs stattfinden (vgl. Einleitung: »Datierung«). Der Schuh symbolisierte den Besitz (vgl. Jos 1,3), und die Zeugen bestätigten auf diese

Weise Boas als gesetzmäßigen Erben Elimelechs und damit auch als Erben Machlons und Kiljons. Ruths erster Sohn sollte als »Sohn Elimelechs« gelten, um so den *Namen des Verstorbenen* fortbestehen zu lassen. **11** Zu diesem Zeitpunkt hatten sich neben den amtlichen Zeugen andere Männer beim Tor eingefunden; sie bestätigten die Legalität der Transaktion und fügten ihren eigenen Segen zu dem der Ältesten hinzu. Dieser Segen schloß die Hoffnung auf mehr als einen Nachkommen ein. Rahel und Lea hatten zusammen mit ihren Mägden Jakob zwölf Söhne geboren; Boas würde belohnt werden, wenn Ruth ihm viele Söhne gebar, die zu seinem Ansehen und seinem Reichtum beitrugen. **12** Auf den ersten Blick mag die Erwähnung der widerwärtigen Geschichte von Juda und Thamar (1Mo 38) unangebracht erscheinen, aber der Autor hatte zwei gute Gründe, sie anzuführen. Einmal bezog sie sich auf die Schwagerehe. Doch während Thamar stillschweigend abgewiesen wurde, kam Boas der Verpflichtung nach. Zum anderen bestand ein spezielles lokales Interesse. Perez, den Thamar aufgrund ihrer List gebar, war ein Vorfahre Boas (V. 18) und zweifellos auch vieler anderer in der Gegend von Bethlehem; denn die Geschlechtsregister erwähnen nur drei Söhne Judas, auf die der ganze Stamm zurückgeführt wird.

13.14 Die Geburt von Ruths Sohn wird unmittelbar dem Segen des Herrn zugeschrieben. Die Glückwünsche jedoch empfängt Naëmi, denn sie ist nun nicht länger verlassen, sondern sie hat einen »Sohn«, durch den der Name Elimelechs weiterleben wird. **15** Das neugeborene Kind gibt ihr ein neues Leben und wird sie bis ins Alter erfreuen. Obwohl Ruth Anerkennung entgegengebracht wird, ist Naëmi die Hauptfigur. **16.17** Indem Naëmi das Kind auf ihre Knie nimmt, zeigt sie an, daß sie es adoptiert, und die Worte der Nachbarinnen lassen erkennen, daß sie ihre Handlung auch so verstehen. In V. 17 ergibt sich in der vorliegenden Form keine Verbindung zwischen den einführenden Worten »gaben ihm einen Namen« und dem darauffolgenden Ausruf. Ein früher Schreiber könnte aus Versehen das Verb zweimal eingesetzt haben, vgl. die syr. Übersetzung. *Obed* ist eine Kurzform des Namens Obadja, was »Diener des Herrn« bedeutet, ein würdiger Name für den Großvater des großen Königs David, dessen Erwähnung die Erzählung auf ihren Höhepunkt bringt. 1Sam 22,3f berichtet von Davids Besuch in Moab; es ist sogar denkbar, daß er Ruth gekannt hat. Einige Ausleger vertreten die Auffassung, daß das Buch urspr. hier endete.

4,18–22 Abschluß

Das abschließende Geschlechtsregister, das die Verbindung zwischen Perez und David nachweist, stammt möglicherweise aus der gleichen Quelle wie 1Chr 2,4–15. Der Hauptgrund für die Annahme, daß es später hinzugefügt wurde, besteht darin, daß Elimelechs Name nicht vorkommt, obwohl die Erzählung selbst darauf besteht, daß der erstgeborene Sohn dessen Familie weiterführen soll. Stattdessen wird Obed als Boas' Sohn bezeichnet. *Hezron* ist in der Liste derjenigen aufgeführt, die mit Jakob nach Ägypten hinabzogen (1Mo 46,12). Aus 2Mo 6,23 wissen wir, daß *Amminadab* und *Nachschon* gleichzeitig mit Mose lebten; da Nachschon jedoch nur eine Generation von Boas trennt, muß das Geschlechtsregister gekürzt sein. *Salma:* auch erwähnt in 1Chr 2,11; in 1Chr 2,51 ist mit »Salma, der Vater Bethlehems«, ein anderer Salma, ein Nachkomme Kalebs gemeint.

Ob die Genealogie nun Teil des urspr. Buches war oder nicht, sie bildet einen passenden Abschluß der Erzählung, indem sie Ruth mit der weiteren bibl. Geschichte verbindet. Der Autor wollte uns wissen lassen, daß künftige Geschicke auf dem Spiel standen, als Ruth die anscheinend private Entscheidung traf, bei Naëmi zu bleiben und dem Gott Israels zu dienen. Es ging sogar um mehr, als er selbst wußte; denn Ruth wird hier nicht zum letzten Mal in der Bibel erwähnt. Als Stammutter Davids gehört sie zu den Vorfahren Jesu Christi (Mt 1,5).

J. G. Baldwin

1. und 2. Samuel

Einleitung

Im hebr. Text bildeten die beiden Samuelbücher nur ein Buch. Die jetzige Teilung ist wenig überzeugend, denn sie reißt die Davidsgeschichte und den Bericht vom Scheitern Sauls auf dem Gebirge Gilboa auseinander. Die Autoren der LXX verstanden 1/2Sam, 1/2Kön als eine zusammenhängende Geschichte des Königtums, teilten sie in vier Abschnitte und gaben ihnen den Namen »Bücher der Königsherrschaften« (*Basileiōn*). In der lat. Bibel wurden sie »Bücher der Könige« genannt, so daß die Samuelbücher entsprechend als 1./2. Könige (besser: *Regum*) bezeichnet wurden. Seit dem 16. Jh. folgen die meisten hebr. Bibelausgaben der Gewohnheit, das Samuelbuch zu teilen und von 1 und 2Sam zu sprechen. Unsere Übersetzungen machen es genauso.

Datierung und Verfasserschaft

Der Name Samuels ist ein passender Titel für die beiden Bücher, denn Samuel ist die zentrale Gestalt in den ersten Kapiteln und zugleich der Mann, der Saul und David, die Hauptfiguren der übrigen Kapitel, zu Königen salbte. Der Titel besagt nicht, daß Samuel die Bücher geschrieben hat, wird doch sein Tod schon 1Sam 25,1 berichtet. Er kann aber der Verfasser einer der Quellenschriften gewesen sein, die der Endredaktor benutzt hat. (1Chr 29,29 läßt vermuten, daß Samuel sich als Verfasser betätigt hat. – Zu den Quellen vgl. Anhang 1.)

Es besteht kein Zweifel, daß dem Redaktor frühe und zuverlässige Quellen vorgelegen haben. Da jedoch 1Sam 27,6 auf die Teilung des Reiches anspielt und die Formulierung offenbar voraussetzt, daß auf Salomo noch mehrere Könige folgten, ist die frühestmögliche Datierung für das ganze Werk das Ende des 10. Jh. v.Chr. Der Charakter des Hebr. und das Fehlen aram. Ausdrücke sprechen eher für ein hohes Alter der Quellen als für ein hohes Alter des Gesamtwerks. Allg. herrscht die Auffassung, daß der Redaktor nur geringfügig in die Vorlagen eingegriffen und sie kommentiert hat. Es ist ziemlich sicher, daß die Samuelbücher, wie wir sie kennen, als Teil eines größeren Geschichtswerks abgefaßt wurden, das Jos, Ri, Sam und Kön umfaßte. Wenn dies zutrifft, kann die Endredaktion nicht vor dem Exil stattgefunden haben, denn die Königsbücher berichten bis in diese Zeit, d.h. bis ins 6. Jh. v.Chr. Aber wahrscheinlich hat eine erste Redaktion, die sich inhaltlich nicht von der abschließenden unterschied, lange vor dem Exil stattgefunden. 1Sam 27,6 muß vor dem Untergang des Königtums geschrieben worden sein, ist aber sicher ein redaktioneller Zusatz und gehört nicht zu einer urspr. Quelle.

Absicht

Die Absicht der Samuelbücher kann ebensowenig wie die Frage der Verfasserschaft unabhängig von den anderen Geschichtsbüchern Jos, Ri und Kön erörtert werden. Israels Geschichte von der glorreichen Eroberung Kanaans bis zur schmählichen Wegführung ins Exil wird als ein Geschehen zwischen Gott und diesem Volk erzählt, speziell zwischen Gott und den Führern dieses Volkes. Die Samuelbücher wollen die Aufmerksamkeit auf den Beginn des Königtums mit seinen großen Hoffnungen und Möglichkeiten lenken. Wir können uns vorstellen, daß man sich an David mit Stolz und nostalgischer Wehmut erinnert hat, an Saul eher mit gemischten Gefühlen, während Samuel – in der Rückschau – vermutl. ein großer Prophet, aber ein schwacher politischer Führer war, der gegen die Philister nicht viel ausgerichtet hatte. Die historischen Fakten wurden vom Autor der Samuelbücher nicht aufgezeichnet, um das geschichtliche Wissen seines Volkes zu erweitern, sondern um diese Fakten in die richtige theol. Perspektive zu rücken. So erfahren die Leser damals und heute, warum es zu einer neuen Staatsform kam, warum Saul letztlich wahre Größe versagt blieb. Die Geschichte Davids belehrt darüber, welche Fähigkeiten und Charaktereigenschaften, welches Verhalten von einem Mann verlangt werden, der das Volk Gottes führen will; und sie zeigt, wie Gott in verschiedenen Situationen mit diesem Mann umgeht. Darum ist die Bathsebageschichte nicht als Schwäche des sonst so großen und guten Königs übergangen worden. Sie wird vielmehr gerade als ein Wendepunkt seiner Herrschaft dargestellt.

Durch die Art der Erzählung kommt zum Ausdruck, wie Gott immer auf die eine oder andere Weise bei seinem Volk gegenwärtig ist. Wenn Israel auch leiden mußte, häufig durch die Schuld seiner Führer, hielt Gott doch immer etwas Besseres für sein Volk bereit. So wiesen die Bücher Samuel im Rückblick nach vorn. In den dunklen Zeiten unter einem Manasse oder Nebukadnezar vermittelten sie Trost.

Dubletten

Eine Besonderheit der Samuelbücher, die viel Aufmerksamkeit erregt hat, ist das Vorkommen einiger Dubletten, d.h. einander sehr ähnlicher Berichte. Das deutlichste Beispiel sind die beiden Erzählungen, wie David das Leben Sauls geschont hat (1Sam 24; 26). Auch der Untergang des Hauses Eli wird zweimal berichtet (1Sam 2,31–36; 3,11–14), ebenso die Verwerfung Sauls durch Jahwe (1Sam 13; 15). Zweimal wird über Davids Einführung am Hof Sauls berichtet (1Sam 16,17–22; 17,55–18,5), zweimal über seine Flucht zu König Achis von Gath (1Sam 21,11–16; 27,1–7). Es gibt zwei oder drei Versionen, wie Saul König wurde (1Sam 8–12; doch dieser Komplex ist ein Spezialfall, der am besten gesondert behandelt wird; vgl. Anhang 2).

Bei diesen Doppelberichten entstehen kaum hist. Schwierigkeiten: Wenn David Sauls Leben einmal geschont hat, kann er es ebensogut zweimal getan haben. Manche Leser mögen das für unwahrscheinlich halten, unmöglich ist es jedoch nicht. Das schwierigste hist. Problem ist die Einführung Davids bei Saul. Denn Sauls Gespräch mit Abner (1Sam 17,55–58) setzt scheinbar voraus, daß der junge Krieger Saul unbekannt war, obwohl David vorher als königlicher Musikant und Waffenträger gedient hatte (1Sam 16,21–23). Aber auch diese Schwierigkeit ist nicht unüberwindlich (s. Komm.).

Das Problem als solches läßt sich lösen, wenn man sich die Absicht des Schreibers bewußt macht. Auch wenn man die Dubletten in jedem Fall auf zwei verschiedene Quellen zurückzuführen versucht (was zweifelhaft ist), muß zumindest der Redaktor sie ganz bewußt aufgenommen haben. Und tatsächlich dient die Wiederholung bestimmter Einzelheiten dazu, gewisse Gesichtspunkte, die dem Schreiber wichtig sind, hervorzuheben. Auf diese Weise konnte der Autor unterstreichen, daß es kein Zufall war, daß das Haus Eli verworfen wurde, oder daß Saul und seine Nachkommen von Gott abgelehnt wurden. Die Dubletten betonen – so kann man sie jedenfalls verstehen –, daß es kein Zufall war, daß David an Sauls Hof kam, und keine vorübergehende Laune, wenn David Sauls Leben schonte. Dem Leser wird so das Handeln und die Absicht Gottes in der Geschichte nahegebracht.

Darüber hinaus läßt sich in den Parallelberichten oft ein beabsichtigter Zusammenhang erkennen. Das gilt besonders von den Berichten über Davids Ankunft am Hof und seine Flucht nach Gath (s. Komm.). Und wenn der Schreiber in der zweiten Version eines Doppelberichtes auffallend ähnliche Formulierungen benutzt wie in der ersten, so kann er den Leser damit absichtlich an die frühere Episode erinnern wollen. Das gilt bes. von der zweifachen Erwähnung des Spottverses auf Sauls »prophetische« Fähigkeiten (1Sam 10,12; 19,24). Manchmal liegt die »Schwierigkeit« viell. in der künstlerischen Absicht des Erzählers. Zweifellos gibt er das Gespräch zwischen Saul und Abner nach Davids Sieg über Goliath nur teilweise wieder (1Sam 17,55–58). Im Gegensatz zu der hervorragenden Stellung, die David danach an demselben Hof einnehmen sollte, will er unterstreichen, daß David für Saul vorher nur geringe oder keine Bedeutung hatte. Hier ist zu berücksichtigen, daß wörtl. Rede in der Bibel ein Gespräch, das tatsächlich stattgefunden hat, oft gekürzt und frei wiedergibt.

Kurz: Wer zwei ähnliche Geschichten als bloße Dubletten betrachtet, kann manches von der beabsichtigten Wirkung der Erzählung aus den Augen verlieren.

Der Text

Leider sind die Samuelbücher im hebr. Text, wie er uns als MT vorliegt, relativ schlecht erhalten. An einigen Stellen sind Einzelheiten ganz verloren gegangen, vgl. 1Sam 13,1, an anderen ist der MT unverständlich. In den meisten Fällen bietet die LXX hier eine verständliche Lesart; deshalb hat man die LXX auch in beachtlichem Umfang zur Erhellung des Hebr. herangezogen. In der LÜ weisen dort, wo dies nötig schien, in der Regel Fußnoten darauf hin. JB folgt der LXX noch häufiger.

Im allg. ist es nicht ratsam, das Hebr. zu schnell nach der LXX zu verbessern; denn man kann selten mit Sicherheit sagen, welchen hebr. Text die Übersetzer der LXX vorliegen hatten; zudem scheuten sich diese nicht, Wortlaut und Bedeutung erheblich abzuändern, wenn sie das für angebracht hielten. Deshalb ist auch für die Samuelbücher von einer zu starken Anlehnung an die LXX abzuraten. Aber der Wert der LXX für diese Texte ist wieder gestiegen, seit man unter den Qumranfunden einige Fragmente der Samuelbücher entdeckt hat, die große Ähnlichkeit mit der erschlossenen LXX-Vorlage aufweisen. Dieser Fund legt die Vermutung nahe, daß der LXX eine andere Fassung der Samuelbücher zugrunde liegt als die, auf der der MT beruht. Trotzdem ist Vorsicht geboten. Die Entscheidung zwischen zwei Lesarten muß nach wissenschaftlich sauberen textkritischen Methoden getroffen werden; in einem Fall wird der MT, im andern die LXX vorzuziehen sein.

Die Textprobleme von 1Sam 17; 18 werden gesondert in Anhang 4 behandelt.

Es ist unmöglich, hier die vielen Schwierigkeiten des Textes und der Übers. im einzelnen zu behandeln. Deshalb folgen wir, wenn keine abweichende Entscheidung oder besondere Erläuterung notwendig erscheint, kommentarlos der LÜ, die manchmal selbst auf Unklarheiten hinweist.

Chronologie

Die Lebensdaten von Samuel, Saul und David können nicht exakt angegeben werden. Die Meinungen gehen hier in einigen Punkten weit auseinander, bes. im Blick auf die Länge der Regierungszeit Sauls, s. Komm. zu 1Sam 13,1. Für Samuels Amtszeit werden die Jahre 1075–1035 v.Chr. angenommen, da die Schlacht bei Aphek nicht vor 1050 gewesen sein kann. Sauls Regierungszeit überschnitt sich mit Samuels Auftreten, ihr Beginn kann ungefähr auf 1045 datiert werden, Sauls Tod mit größerer Sicherheit auf 1010, Davids Regierungszeit auf die Jahre 1010–970.

(In diesem Komm. abgekürzt zitierte Lit.: H. W. Hertzberg, *Die Samuelbücher.* ATD 10, ^{5}1973; W. McKane, I/II Samuel, Introduction and Commentary, 1963.)

Inhalt

(In dieser Übersicht werden die beiden Bücher als Einheit betrachtet)

1. Samuel

1,1–7,14	**Samuels Jugend**	
	1,1–3,21	Samuel und Eli
	4,1–7,14	Der Philisterkrieg
7,15–15,35	**Samuel und Saul**	
	7,15–12,25	Saul wird König
	13,1–14,52	Krieg mit den Philistern
	15,1–15,35	Der Sieg über Amalek
16,1–31,13	**Saul und David**	
	16,1–17,58	David kommt an den Königshof
	18,1–21,1	David und Jonathan
	21,2–26,25	David als Flüchtling
	27,1–30,31	David bei den Philistern
	31,1–13	Tod Sauls und Jonathans

2. Samuel

1,1–8,18	**Davids erste Regierungsjahre**	
	1,1–27	Davids Reaktion auf Sauls Tod
	2,1–4,12	David und Isch-Boscheth
	5,1–25	David besiegt die Philister
	6,1–7,29	David, die Lade und das Haus Gottes
	8,1–18	Weitere Siege Davids
9,1–20,26	**David und sein Hof**	
	9,1–13	David und Mephiboscheth
	10,1–12,31	Der Krieg mit Ammon und seine Folgen
	13,1–19,1	David und seine ältesten Söhne
	19,2–20,26	Davids Rückkehr und Schebas Aufstand

Kommentar

1Sam 1,1–7,14 Samuels Jugend

Der Beginn der Samuelbücher setzt als hist. Situation das Ende der Richterzeit voraus. 1Sam ist die Fortsetzung von Ri. In den Samuelbüchern tauchen zwei Themen immer wieder auf: Das Problem der Führerschaft des Gottesvolkes Israel und die Gegenwart Gottes in seiner Mitte. Zum ersten ist zu sagen, daß die Geschichte Israels als die Lebensgeschichte der drei herausragenden Gestalten Samuel, Saul und David erzählt wird. Das zweite Motiv tritt in der häufigen Erwähnung der Bundeslade und des Heiligtums hervor. Beide Themen werden verbunden, wenn es heißt, daß der »Herr mit« der einen oder anderen Führergestalt sei (hebr. *Jahwe immo*).

1,1–3,21 Samuel und Eli

Der erste Abschnitt von 1Sam stellt zwei aufeinander folgende geistliche Führer vor: Eli und Samuel. Schauplatz ist das Hauptheiligtum der Israeliten während der Richterzeit, Silo (vgl. Ri 18,31), das 1050 v.Chr. von den Philistern zerstört wurde.

1,1–8 Elkana und seine beiden Frauen. Zunächst gilt die Aufmerksamkeit Samuels Eltern, Elkana und Hanna, frommen Leuten, die regelmäßig den Opfergottesdienst in Silo besuchten. Hanna war unglücklich, weil sie unfruchtbar war und zudem unter den Kränkungen der zweiten Frau Elkanas litt. Nach dem mosaischen Gesetz war Polygamie erlaubt (5Mo 21,15-17), sie entsprach aber nicht der urspr. Absicht Gottes (vgl. Mt 19,3–8) und führte immer wieder zu menschlicher Tragik. Unfruchtbarkeit galt für eine hebr. Frau als große Schande.

1 *Ramathajim-Zophim:* eine längere Form des bekannten »Rama« (vgl. V. 19); der zweite Teil des Namens bringt den Ort mit *Zuph* in Verbindung (im gleichen Vers erwähnt), einem Vorfahren Elkanas, der nach 1Chr 6,7–23 über Kehath von Levi abstammte. Daher muß der Zusatz *ein Ephraimiter* eine geographische, keine verwandtschaftliche Angabe sein. **4.5** Die *Stücke vom Opferfleisch* waren Teil der Opfermahlzeit. Hanna bekam nur *ein* Stück, weil sie nur sich selbst zu versorgen hatte.

1,9–18 Hannas Gebet und Erhörung. Hanna erbat von Gott einen Sohn und gelobte, daß er von Jugend an dem Herrn gehören sollte. Der Text zeigt, daß Samuel als ein besonderes Geschenk der Vorsehung Gottes zu verstehen sein würde; nicht nur für Hanna, sondern für ganz Israel.

9 *Eli aber, der Priester,* saß dort, wo man ihn um Rat fragen konnte; seine Söhne versahen die kultischen Dienste (s. V. 3). **11** Samuel sollte ein Nasiräer, ein Gott Geweihter werden. Die Vorschriften für die »Gottgeweihten« finden sich 4Mo 6. Dort ist aber klar, daß es sich in der Regel um ein zeitlich begrenztes Gelübde handelt (vgl. LZB, Art. »Nasiräer«).

1,19–28 Samuels Geburt und Übergabe an Gott. Daß Gott diesen Sohn auf wunderbare Weise schenkte und er dementsprechend vorbehaltlos an Gott zurückgegeben wird, kommt in den Sätzen zum Ausdruck: »Ich habe ihn vom Herrn erbeten« (V. 20), und: »Darum gebe ich ihn dem Herrn . . . wieder, weil er vom Herrn erbeten ist« (V. 28). Im Hebr. erscheint in allen drei Fällen das gleiche Verb *scha'al.* Darin liegt eine gewisse Ironie mit einem versteckten theol. Hintergedanken, die keinem hebr. Leser entgangen sein kann. Hier wird auf Sauls Namen angespielt (*scha'ul*; buchstäblich in V. 28); dessen und nicht Samuels Name bedeutet »der Erbetene«. Samuel war all das, was Saul nicht war.

20 Die Bedeutung des Namens *Samuel* ist nicht klar. Manche deuten ihn »sein Name ist Gott (El)« oder »göttlicher Name«. J. W. Martin versucht das so zu erklären, daß Hanna, als sie ihrem Sohn einen Namen gab, etwa gesagt haben könnte: »Ich habe einen göttlichen Namen für ihn erbeten.« (Die von LZB Art. »Samuel« vermutete Zusammenziehung aus *schemua'el,* »erhört von Gott«, scheidet nach neueren Untersuchungen als urspr. Form aus.) **21** *Das jährliche Opfer:* Offenbar unternahm Elkana diese Pilgerfahrt einmal im Jahr (trotz der Anweisung in Ex 23,17). Die meisten Ausleger nehmen an, daß es sich um das Laubhüttenfest handelte.

2,1–10 Das Lied der Hanna. Die meisten Exegeten halten Hanna nicht für die Verf. dieses Lobgesangs, bes. wegen der ausdrücklichen Erwähnung eines Königs in V. 10. Das Lied paßt jedoch in die Situation: Israel war von Feinden umgeben, und der von Gott erwählte Retter würde sein »Gesalbter« sein. Deshalb wäre es denkbar, daß Hanna in einer bes. prophetischen Schau Samuels Aufstieg und die Rettung Israels von den Philistern voraussah. Andererseits steht V. 1 hier isoliert und ist viell. der einzige Satz, der Hanna zugeschrieben werden sollte. (Ähnlich wie in Jh 3 ist schwer festzustellen, was hier wörtl. Rede sein soll.) Der Erzähler kann an dieser Stelle einen bekannten Psalm eingefügt haben, vielleicht aus der Liturgie des Laubhüttenfestes, den er für Hannas Situation bes. passend fand. Dieses Lied ist in vieler Hinsicht mit dem Lobgesang der Maria (Lk 1,46–55) zu vergleichen. »Der Psalm stellt das Geborenwerden und damit das Leben Samuels in das allmächtige Heilshandeln Gottes hinein« (Hertzberg).

5 *Die Unfruchtbare hat sieben geboren:* erinnert an Hannas persönliche Situation. Es ist natürlich nicht wörtl. zu nehmen. **6** *Führt hinab zu den Toten:* Vorausgesetzt ist die Vorstellung eines unterirdischen Aufenthaltsortes der Toten, hebr. *sche'ol.* **10** *Seines Gesalbten:* hebr. *meschiach,* davon »Messias«; in den Sam ein häufiger Titel, da sie sich ausführlich mit der Frage des von Gott erwählten Führers befassen.

2,11–26 Das Heiligtum von Silo. Die Frömmigkeit des Knaben Samuel steht in scharfem Kontrast zu den unseriösen Praktiken der Söhne Elis, denen ihr Vater hilflos zugeschaut zu haben scheint.

11 *Elkana ging heim* und nahm vermutl. die übrige Familie mit. **13** Die Unsitte von Hophni und Pinhas (1,3) bestand darin, daß sie von dem nahmen, was zum Anteil des Opfernden selbst an der Opfermahlzeit gehörte. Und sie beleidigten Gott, indem sie ihren Anteil forderten, bevor der seine auf dem Altar verbrannt war (vgl. 3Mo 3,3–5; 7,29–34). **18.19** *Mit einem leinenen Ephod* (EÜ): dem *Priesterschurz* (LÜ). *Ein kleines Oberkleid:* ein allgemeines Kleidungsstück. **20** *Des Erbetenen, den sie ... erbeten hat:* vgl. 2,10. **21** Enthält mehr als eine Familiennachricht; der Vers zeigt den Segen, der von Samuels Amt ausgeht. **25** *Wer soll ... für ihn entscheiden:* d.h. es gab keine Instanz, die zwischen Priester und Gott Recht sprechen konnte. Gottes Absichten mit Elis Söhnen werden hier bereits angedeutet, ihre Bestrafung wird in 4,11 berichtet. Ihr Ungehorsam entsprang eigenem Entschluß. Allerdings kann die Strafe für die Sünde manchmal im Verlust des freien Willens bestehen (Eichrodt).

2,27–36 Eine Prophezeiung über das Priestertum. Die Prophezeiung ist ausführlich. Sie sagt nicht nur den Tod der Söhne Elis voraus, sondern auch die Ablösung Elis durch Samuel sowie den Aufstieg der Priesterfamilie der Zadokiden. Der Abschnitt läßt erkennen, daß geschichtliche Ereignisse durch das Verhalten der Menschen bedingt sind und zugleich unter Gottes Kontrolle stehen. Wie bei Hannas Lobgesang kann man erwägen, ob die urspr. Prophezeiung vom Schreiber erweitert worden ist, um Gottes Pläne für die priesterliche Führung seines Volkes ausführlicher darzustellen. Aber wir können der göttlichen Offenbarung an die Propheten nicht von uns aus Grenzen setzen.

In diesem Abschnitt ist textlich vieles unklar.

31 erfüllte sich in dem Massaker von Nob, vgl. Kap. 22. **35** spielt auf die notwendig gute Gemeinschaft zwischen Priester und König, bzw. kultischen und politischen Führern in Israel an. **36** sagt die niedrige Stellung voraus, die Elis Nachkommen einnehmen werden.

3,1–21 Der Herr erscheint Samuel. Gemäß der Prophezeiung in Kap. 2 tritt Eli in den Hintergrund und Samuels Bedeutung wächst. (Vgl. die Schilderung Johannes des Täufers in den Evv. vom Zeitpunkt der Taufe Christi an.)

1 *War des Herrn Wort selten:* Das ist sowohl eine Einleitung zum folgenden Bericht wie ein Hinweis auf die traurige Lage, in der Israel sich befand. Die Vermutung liegt nahe, daß die Verfehlungen der Familie Elis der Anlaß dafür waren, daß die Stimme Gottes so selten gehört wurde. **3** *Die Lampe Gottes:* wohl nicht der siebenarmige Leuchter, dessen Lichter niemals verlöschen durften (3Mo 24,3; s. aber auch Komm. dort). Samuel lag in der Nähe der Bundeslade, um jedes Wort Gottes aufzunehmen, **7** obwohl er diese Erfahrung noch nie gemacht hatte; dies erklärt seine ersten Reaktionen auf die Anrede Gottes.

10–14 wiederholen mit anderen Worten die Prophezeiung, die Eli (2,27–36) empfangen hatte. **10** *Wie vorher:* bezieht sich vielleicht auf Samuels Vorgänger, die an der Bundeslade gewacht haben. **19** Samuel hatte prophetische Gaben. **20** Als Priester beschränkte sich Samuels Tätigkeit auf Silo, aber als *Prophet* reichte sein Einfluß *von Dan bis Beerseba,* vom nördlichsten bis zum südlichsten Heiligtum Israels. Damit wird er als Mann von nationaler Bedeutung herausgestellt (vgl. V. 21b).

4,1–7,14 Der Philisterkrieg

Der Schreiber wendet sich nun der Philistergefahr zu (die zuletzt in Ri 13–16 behandelt wurde). Aber immer noch geht es im Grunde um die Anwesenheit Gottes. Man könnte diesen Abschnitt auch überschreiben: »Der abenteuerliche Weg der Bundeslade«.

4,1–10 Israels Niederlage. Die Erwähnung von *Aphek,* das westl. von Silo am Rand der Küstenebene lag, zeigt: Die Philister wagten nun, nachdem die Küstenebene fest in ihrer Hand war, Einfälle ins Bergland. Die Israeliten sammelten sich und versuchten, sie daraus zu vertreiben, wurden aber in die Flucht geschlagen.

1 *Eben-Ezer:* Hier errangen die Israeliten später einen Sieg, vgl. 7,12. **3.4** Die Israeliten machten die Lade Gottes zum Fetisch. Sie wußten, daß Gott für ihre Niederlage verantwortlich war; deshalb nahmen sie an, daß die reale Anwesenheit der Lade ihnen unfehlbar den Sieg bringen würde. Die Lade galt als Gottes Thron; da er der *Herr Zebaoth* war (wörtl. »Herr der Heerscharen«, aber eher der himmlischen als der des Volkes Israel), folgerten die Israeliten daraus, daß seine Anwesenheit ihr Kriegsglück sichern würde. 5 Das *Jauchzen* galt der Anwesenheit Gottes, vgl. Ps 47,6. **6–8** Die Philister waren Polytheisten und nahmen dasselbe von Israel an. **8** Sie hatten aber eine verschwommene Vorstellung von Israels früherer Geschichte. **9** zeigt, wie weit die Macht der Philister schon ging.

4,11–22 Der Fall des Hauses Eli. Die zweite und viel schwerere Niederlage brachte die Erfüllung der in Kap. 2 und 3 berichteten Prophezeiungen. Der Verf. hält sich aber weder bei dem Elend auf, das damit über Israel kam, noch berichtet er von der Plünderung Silos durch die Philister. Wir wissen davon durch archäol. Ausgrabungen in Silo und die Hinweise in Jer 7,12; 26,6. In den Augen des Erzählers ist der Verlust der Bundeslade die eigentliche Katastrophe (vgl. V. 18–22).

18 Nur an dieser Stelle wird mitgeteilt, daß Eli nicht nur Priester, sondern auch Richter war. Diese kurze redaktionelle Notiz verbindet die Erzählung mit dem Richterbuch und stellt sie in den Zusammenhang des Geschichtsschemas von Ri. **21** *Ikabod: kabod* heißt »Herrlichkeit«; die Bedeutung des »I« am Anfang ist unklar, viell. »da ist nicht« oder »wo ist?« oder »ach! um . . .« **22** *Weggenommen:* wörtl. »ins Exil gegangen«. Ps 78,60f erinnert an die Katastrophe dieses Kapitels.

5,1–12 Die Lade in den Händen der Philister. Der Erzähler folgt dem Weg der Lade bis zum Tempel des Dagon in Asdod. Dagon war ein Fruchtbarkeitsgott, dessen Kult von Südpalästina bis nach Mesopotamien verbreitet war. In Ugarit stand ein weiterer Dagontempel. In den Ras-Schamra-Texten wird Baal »Sohn des Dagon« genannt. Aber nicht Dagon hatte Israel besiegt und die Lade erobert, sie blieb Jahwes Eigentum. Jahwes Anwesenheit war keineswegs an die Lade gebunden, aber ebensowenig gab er sie auf. Israel war geschlagen, aber Jahwe blieb Sieger.

1 Asdod war eine der fünf großen Philisterstädte, die 6,17 aufgezählt werden. Simson hatte den Dagontempel in Gaza zerstört (Ri 16). **4.5** *Die Schwelle:* Viell. ist der Sockel des Götterbildes gemeint. Zeph 1,9 geht auf den hier geschilderten Brauch zurück. Der Sockel wurde zum Tabu, weil das Götterbild ihn direkt berührt hatte. **6** *Beulen:* Die Erwähnung von Mäusen in 6,4f (in der LXX auch in diesem Vers) legt nahe, daß es sich um die Beulenpest handelte, eine Seuche, die von Nagetieren übertragen wird und für die geschwollene Lymphknoten in der Leistengegend typisch sind; vgl. Ps 78,66. **8** *Die Fürsten der Philister:* die Regenten der fünf Städte, die zwar unabhängig, aber doch zu sehr wirkungsvollen gemeinsamen Unternehmungen fähig waren. **11** *Ein tödlicher Schrekken:* Eine nicht näher beschriebene Ursache forderte noch über die Opfer der Seuche hinaus ihre Todesopfer.

6,1–12 Die Lade kommt zurück. Die Lade kam ohne die geringste Anstrengung seitens der Israeliten auf israelitischen Boden zurück, obwohl die Philister bei ihren heidnischen Priestern und Wahrsagern Hilfe suchten. So wurde die überlegene Macht Jahwes offenbar.

2 *An ihren Ort:* Die Philister wußten möglicherweise gar nicht, daß die Lade aus Silo stammte. Sie stellen eine doppelte Frage: Wohin sollen wir sie senden, und wie? **3.4** *Die Sühnegabe* entsprach nicht den levitischen Vorschriften. Die Philister praktizierten offenbar eine Art sympathischer Magie, bei der Gleiches durch Gleiches aufgehoben werden soll. Die Zahl *fünf* und die Erwähnung aller fünf Städte in V. 17 weist darauf hin, daß die Seuche das ganze Gebiet der Philister befallen hatte, nicht nur die drei in Kap. 5 genannten Städte.

5 *Mäuse, die euer Land zugrunde gerichtet haben:* Viell. war es die Vernichtung von Kornvorräten durch die Mäuse, die die Philister bekümmerte; daß die Pest durch Nagetiere übertragen wird, können sie kaum gewußt haben. **5.6** Bei den Ratschlägen der Wahrsager handelte es sich nur um tastende Versuche, denn sie hatten etwas derartiges noch nie erlebt. Sie verließen sich jedoch auf

ihr verschwommenes Wissen von den Plagen, die über die Ägypter gekommen waren, als jene die Israeliten nicht hatten ziehen lassen. 7 *Säugende Kühe:* Normalerweise wurden sie nicht vor Wagen gespannt; deswegen würden sie von sich aus keinen bestimmten Weg einschlagen. Wie der *neue Wagen* hätten auch sie noch nie etwas Unheiliges transportiert. Die Philister beachteten offensichtlich jedes denkbare Tabu. 9 *Beth-Schemesch* lag am Rande des israel. Gebiets, wenige Meilen südöstl. von Ekron. Urspr. wurde es Dan zugeteilt (»Ir-Schemesch«, Jos 19,41), später war es eine Levitenstadt innerhalb des Stammesgebietes von Juda (Jos 21,16). **10–12** Die Kühe hätten sehr wohl nach *daheim* zu ihren Kälbern umkehren können, aber sie *gingen geradewegs auf Beth-Schemesch zu.*

6,13–20 Die Lade in Beth-Schemesch. Trotz der verständlichen Freude der Israeliten über die Rückkehr der Lade – es gab ihrer Stimmung einen gewaltigen Aufschwung – zeigten die Ergebnisse bald, daß mit der Lade nicht leichtfertig umgegangen werden durfte. Als Symbol der Gegenwart Gottes war sie heilig und deshalb gefährlich (eine in der Alten Welt verbreitete Vorstellung). W. McKane meint, der springende Punkt sei, daß die Lade für israel. Laien – im Gegensatz zu Priestern – genauso gefährlich ist wie für die Philister, vgl. 2Sam 6,1–11. Solange die Leviten mit ihr umgingen, war alles in Ordnung (V. 15), aber oberflächliche Neugier wurde bestraft (V. 19). Gottes Gegenwart bei seinem Volk gebietet sowohl ehrfürchtige Scheu als auch Freude über sein Heil.

14 *Josua:* in Israel ein häufiger Name; dieser Josua war einer der Landbesitzer des Ortes. *Großer Stein:* ein natürliches Wahrzeichen; bei dieser Gelegenheit als Altar benutzt, diente er noch viele Jahre dazu, Israel an die Geschichte der Lade zu erinnern, vgl. V. 18. 15 *Die Leviten:* Eine der wenigen Erwähnungen der Leviten in Sam und Kön. Die oft geäußerte Vermutung, dieses Detail sei unhistorisch (und von einer späteren Praxis abgeleitet), ist weniger zwingend, wenn man beachtet, wie beiläufig die Leviten in diesem Abschnitt eingeführt werden, während sie in 2Sam 6 nicht erwähnt sind. Man müßte von einem Redaktor, der diese Abschnitte unter Berücksichtigung seiner eigenen Zeit überarbeitet, erwarten, daß er die Leviten auch 2Sam 6 einträgt, wenn er sie dort nicht einfach vergessen haben soll. **16** Die *Philister* sind zufrieden. Die Lade ist wieder, wo sie hingehört, und sie ist mit der gebührenden Feierlichkeit aufgenommen worden. **18** *Goldene Mäuse nach der Zahl aller Städte:* d.h. fünf, vgl. V. 4; die *Dörfer* sind der Vollständigkeit halber mit aufgeführt. *Bis auf diesen Tag:* die Zeit der abschließenden Redaktion des Buches. **19** Die Männer, die sterben mußten, hatten gegen das Gesetz 4Mo 4,20 verstoßen. *Siebzig* Mann kamen um; für die weiteren 50000, die in den meisten hebr. Handschriften hinzugefügt sind, gibt es keine Erklärung. Es ist eine völlig undenkbare Zahl.

6,21–7,2 Die Lade in Kirjath-Jearim. Kirjath-Jearim lag etwa 14km nordöstl. von Beth-Schemesch, in der Richtung auf Silo zu. Die Tatsache, daß Silo zu dieser Zeit zerstört war, erklärt, warum die Lade nicht dorthin zurückgebracht wurde und warum Israel klagte. J. Bright und andere vertreten die Auffassung, daß die Philister, obwohl sie froh waren, die Lade losgeworden zu sein, gewiß die Kontrolle darüber behalten wollten. Das kann stimmen; andererseits sind sie aber nicht gegen ihre Entfernung aus Beth-Schemesch eingeschritten, und später hat Saul trotz seines Sieges nichts unternommen, um sie aus Kirjath-Jearim zu holen.

7,1 *Abinadab* und *Eleasar* werden sonst nicht erwähnt. 2 *Zwanzig Jahre* dürften nicht bis zu den Ereignissen unter Davids Regierung reichen, die 2Sam 6 berichtet werden (vgl. aber Komm. zu 13,1). Deshalb bezieht sich die Zeitangabe wohl eher auf die nationale Reue, vgl. V. 2b–4. *Dann wandte sich das ganze Haus Israel zu dem Herrn:* Viell. sind hier Klagezeremonien gemeint, vgl. JB. Der Text ist jedoch unklar. Manche verbessern: »wandten sich vom Herrn ab (um Götzen zu dienen)«, doch setzt V. 3 eher »ein positives Tun des Hauses Israel« voraus (Hertzberg).

7,3–14 Sieg unter Samuels Führung. Jetzt ruht die Lade schon zwanzig Jahre, aber der Herr der Lade ist keineswegs untätig. Er offenbart sich Samuel, der jetzt nicht mehr als Priester von Silo, sondern als nationaler Führer auftritt. Seine Mahnung an Israel zeigt, daß der Götzendienst weitverbreitet war und daß die Philister die mit ihrem Sieg bei Aphek errungene Position gehalten hatten, vgl. Kap. 4. Für einen Sieg war die Abkehr vom Götzendienst unabdingbare Voraussetzung. Das war das ständige Thema des Richterbuches (vgl. z.B. Ri 2).

3.4 *Astarten:* Plur. von Astarte; eine Fruchtbarkeitsgöttin, deren Verehrung im alten »Fruchtbaren Halbmond« weit verbreitet war. Das AT bringt sie häufig mit Baal in Verbindung. Der Plur. (das gilt auch für den Plur. von Baal in V. 4) bezeichnet die verschiedenen örtlichen Kultstätten dieser Gottheit. Baal war in Kanaan beheimatet, aber hier wird klargestellt, daß er, was Israel betrifft, als eine fremde Gottheit angesehen werden soll. **5** *Mizpa:* Ort etwa in der Mitte zwischen Jerusalem und Silo, die genaue Lage ist umstritten. Zu verschiedenen Zeiten war es eine wichtige Stadt, vgl. Jer 40; und sie hatte ein Heiligtum (an dem Samuel seine Richterfunktion ausübte, vgl. V. 16). **6** *Schöpften Wasser:* Es wird nirgends näher erklärt, aber in Verbindung mit dem Fasten ist es sicher als ein Symbol der Reue zu verstehen. **9** Samuel handelt als Priester und in einer Weise, die im AT einzigartig ist; in jedem Fall hatte das Opfer die Bedeutung von Buße. **10.11** Der Sieg der Israeliten kann nur Jahwe zugeschrieben werden; Israel besaß gar nicht die Waffen, um gegen die gut gerüsteten Philister zu kämpfen, vgl. 13,19–22. Trotzdem konnten sie sie verfolgen. **12** Möglicherweise hatte der frühere Sieg der Philister (4,1f) bei einem anderen *Eben-Ezer* stattgefunden. Wenn das stimmt, hat Samuel dem Ort der neuen Schlacht diesen Namen absichtlich und im Bewußtsein seiner Bedeutung gegeben: »Stein der Hilfe«. **13.14** Die Treue zu Jahwe trug so militärisch und politisch Früchte. Daß es keineswegs ein endgültiger Sieg war, zeigt V. 13b und 14; der Krieg ging weiter. Samuel gelang kein genialer militärischer Handstreich, und noch zu seinen Lebzeiten stationierten die Philister einige Garnisonen im israel. Bergland. Bevor wir jedoch die hier niedergelegte Darstellung als idealisiert und unrealistisch abwerten, müssen wir uns vor Augen halten, daß der Erzähler und seine ersten Leser sehr wohl wußten, daß Saul als erster israel. Heerführer nennenswerte Erfolge gegenüber den Philistern aufzuweisen hatte. Der Schreiber betont nun ausdrücklich, daß er von der gesamten Lebenszeit Samuels spricht, nicht nur von der Zeit, bevor Saul König wurde. De facto stuft er Samuel in der Hierarchie Israels stillschweigend hoher ein als Saul, obwohl dieser den Königstitel trug. **14** *Von Ekron bis Gath:* bezeichnet die Grenzen des Gebiets. *Amoriter:* nicht-israel. Einwohner Kanaans, die sich oft mit den Philistern, mit denen sie z.B. die Religion gemeinsam hatten, verbanden. Daß sie zu dieser Zeit friedlich waren, ist auf den israel. Erfolg zurückzuführen.

7,15–15,35 Samuel und Saul

Dieser Teil des Berichts zeichnet Samuel durchweg als den von Gott erwählten Führer Israels, selbst wenn er eine so rätselhafte Gestalt wie Saul, den ersten König Israels, einführt. Auch wenn Saul in vieler Hinsicht nicht so bedeutend war wie Samuel und David, bildete die Einführung des Königtums doch einen wichtigen Meilenstein in der Geschichte Israels. Es überrascht nicht, daß diesem Thema mehrere Kapitel gewidmet sind. (Zu den literarischen und historischen Problemen dieser Kapitel vgl. Anhang 2.)

7,15–12,25 Saul wird König

7,15–8,3 Samuels Stellung in Israel. Samuel war, wie vor ihm Eli (4,18), Richter in Israel. Er hatte nicht nur das Amt inne, sondern war zugleich »Richter« in dem bes. Sinn des Richterbuches, d.h. als von Gott berufener Führer und Befreier. Sein Amt als Rechtsprecher übte er reihum an einigen Heiligtümern aus (V. 16f). Trotz seiner eigenen großen Qualitäten gaben seine Söhne Anlaß zu allg. Unzufriedenheit.

7,16 Rechtsentscheidungen wurden in der Regel an heiligen Stätten getroffen. Da die Bundeslade die Zehn Gebote enthielt, kann man annehmen, daß an allen israelitischen Heiligtümern Gesetzesabschriften verfügbar waren. **8,1** *Richter* nur im Sinne der Rechtsprechung. **2** *Beerseba:* südlichstes Heiligtum von Palästina. Seine Erwähnung zeigt, wie groß Samuels Einflußbereich war, vgl. Komm. zu 3,20. Nach Josephus amtierte ein Sohn Samuels in Bethel (Ant. VI 3,2). **3** Vgl. 2,12. Immer wieder geht aus den Berichten des AT hervor, daß die leiblichen Nachkommen schlechte Nachfolger sind; das zeigt sich von Gideon bis David.

8,4–9 Das Volk begehrte einen König. Vom politischen Standpunkt aus ist das Verlangen der Ältesten verständlich. Was Israel fehlte, war Stabilität; das zeigt das wechselvolle Geschick des Volkes in Ri. Die Ältesten der Stämme brachten das mit dem Fehlen einer beständigen Führung in Zusammenhang. Natürlich stand hinter diesem Verlangen der Druck der Philister. Vom religiösen Standpunkt aus lief dieser Wunsch (obwohl er ein vernünftiger, weitsichtiger politischer Schritt war) dennoch auf eine Verwerfung Jahwes als König hinaus. Dabei mußte nicht einmal unterstellt werden, daß ein menschlicher König in irgendeiner Weise Gottes Platz einnehmen oder Gott dem Volk entfremden würde. Denn die Richter, einschließlich Samuel, waren mit der vollen Zustimmung Gottes Führer gewesen, die von Israel Gefolgschaft verlangen durften. Der Hauptunterschied zwischen einem Richter und einem König bestand in der Kontinuität: Könige stiften Dynastien. Der theol. Unterschied zeigt sich darin, daß die Richter einzeln von Jahwe erwählt worden waren, und zwar zu dem Zeitpunkt, den er bestimmte. Israels Niederlagen wurden durch seine eigenen Sünden verursacht, nicht durch die politische Unfähigkeit seiner Richter. Aber statt diese Lektion aus der Geschichte ihres Volkes zu lernen, Buße zu tun und Jahwe zu vertrauen, meinten die Ältesten, das Auf und Ab der Vergangenheit ließe sich durch eine stabile Führung vermeiden. Diese Entscheidung lief auf den Versuch hinaus, Gott den Abschied zu geben; sie verwarf seine zukünftige Führung und sein bleibendes Recht, Führer zu erwählen, obwohl die Ältesten bereit waren, es Gott zu überlassen, durch Samuel den ersten König zu bestimmen.

5 *Wie ihn alle Heiden haben:* Viele Nachbarvölker Israels waren seit langem Monarchien; schon der Wunsch, es anderen Völkern gleichzutun, war ein Zeichen von Abtrünnigkeit. **6** Dieses Verlangen war auch für Samuel kein Kompliment. **7** Die Bezeichnung Gottes als *König* seines Volkes findet sich im AT und NT häufig, vgl. aber Ri 8,22f. **8** In der Verwerfung Jahwes findet die bisherige Treulosigkeit des Volkes ihren Höhepunkt. **9** Wenn die Ältesten lediglich an politischer Zweckmäßigkeit interessiert sind, müssen ihnen die politischen Konsequenzen ihres Bestrebens auch klar vor Augen geführt werden.

8,10–22 Samuels Rat wird verworfen. Samuel schildert in seiner Rede die Nebenwirkungen der Monarchie keineswegs in rosigen Farben: Zwangsarbeit und Wehrpflicht, hohe Steuern und schließlich reine Tyrannei. Aber nachdem Israel einmal entschieden hatte, gab es kein Zurück mehr. Man hat oft behauptet, der Beschreibung in diesen Versen liege die Situation unter Salomo zugrunde. Aber neuere Funde (in Ugarit und Alalach) haben ergeben, daß »die Heiden ringsum« schon lange vor Samuels Zeit bittere Erfahrungen mit dem Königtum gemacht hatten. Natürlich hat der Geschichtsschreiber bes. die Punkte betont, die seine Leser nur allzu genau kannten; aber eine Berichterstattung, die für die Leser aktuelle Bezüge herstellt, braucht deshalb nicht »unhistorisch« zu sein.

16 *Rinder:* so LÜ, ZÜ nach LXX, vgl. JB. Es gibt jedoch keinen gewichtigen Grund, diese Lesart dem hebr. »eure besten jungen Männer« (vgl. EÜ) vorzuziehen, zumal die *Esel* das Reittier der Vornehmen waren, vgl. 9,2f. **18** Vgl. 1Kön 12,4. **20** Wieder bringen die Ältesten zum Ausdruck, daß sie »wie alle anderen Völker« (ZÜ) sein möchten. Diesmal wird deutlich, daß es ihnen vor allem um das militärische Problem geht. **22** Man muß nicht annehmen, daß Gott hier unter Zwang handelte; die Situation erforderte einschneidende Maßnahmen, und es entsprach dem göttlichen Plan, seinen Gesalbten zu seiner Zeit zu wählen. 5Mo 17,14–20 wird das Bild eines Königs nach Gottes Willen entworfen.

9,1–14 Saul kommt nach Rama. Die Szene wechselt – dramaturgisch geschickt – zu dem Mann, der Israels erster König werden sollte. Die Erzählung betont, daß bei Saul jeder persönliche Ehrgeiz fehlt. Er sucht nur die verlorenen Eselinnen; politische Ambitionen lagen ihm fern, er erkannte Samuel nicht einmal, als er vor ihm stand (V. 18f). Aber er kam aus guter Familie, und seine Erscheinung war durchaus königlich.

1 *Ein Mann aus Gibea in Benjamin* (ZÜ): Obwohl weder die hebr. Hss. noch die antiken Überss. den Ortsnamen angeben, befürworten manche Kommentatoren die von Wellhausen vorgeschlagene Ergänzung. *Ein angesehener Mann:* ein im Hebr. häufig gebrauchter Ausdruck, vgl. z.B. Rut 2,1. Er bezieht sich auf »Tapferkeit« und »Reichtum«, an dieser Stelle sicher auf beides. **3–5** Der Weg Sauls läßt sich nicht exakt verfolgen. Gerade in Rama, Samuels Heimatstadt, trat die Ermüdung ein; darauf weist die Erwähnung des *Gebiet(s) von Zuph* hin (vgl. 1,1). Viell. ist die Erwähnung von Rama bewußt vermieden, weil der sehr geschickte Erzähler die Karten nicht vorschnell aufdecken will: daß nämlich ein Zusammentreffen mit Samuel unmittelbar bevorsteht. Auch der Name Samuels wird bis V. 14 nicht genannt. **6–8** Die literarisch kunstvolle Erzählung wird fortgesetzt: Saul hält sich nun in Samuels Stadt auf, und der große Richter-Prophet sucht einen König. Saul hat noch nie von Samuel gehört und wird von einem einfachen Knecht auf den Gedanken gebracht, ihn aufzusuchen, und zwar wegen der banalen Frage nach dem Verbleib der Eselinnen. Saul sieht noch Schwierigkeiten, der ungenannte Knecht räumt sie aus dem Weg. Man verkennt das literarische Geschick des Erzählers, wenn man an dieser Stelle (wie viele ältere Kommentatoren) vermutet, Saul sei nur ein unbedeutender Dorf-Seher gewesen. Es ist durchaus vorstellbar, daß ein Bauernjunge wie Saul den Propheten Samuel nicht kannte oder nicht viel von ihm wußte. Und es ist die Absicht der Erzählung, Saul als den ahnungslosen Fremden darzustellen, nicht aber, Samuel abzuwerten. **6b** bedeutet, daß Saul und sein Knecht über das Ziel ihres Weges im unklaren waren. Das ist wieder literarische Ironie; sie dachten, ihr Ziel wären ein paar Eselinnen, aber in Wirklichkeit und für sie völlig unvorhersehbar war es ein Thron und ein Königtum! **9** Vgl. Anhang 3. **11–13** stimmen mit den vorangegangenen Aussagen über Samuel überein: Er war weder nur von lokaler Bedeutung, noch war er nur ein Seher. Aber der Erzähler lüftet dessen Identität vor dem Leser noch nicht. *Die Höhe:* das Heiligtum selbst.

9,15–25 Samuel bewirtet Saul. Endlich wird die Zukunft erkennbar: Saul soll König werden und Israels Feinde besiegen. Die Absicht Gottes ist offenbar: Er gibt nicht einfach dem Wunsch der aufrührerischen Ältesten nach, andere Völker nachzuahmen (8,20); aber er hört auf das Schreien seines Volkes und dessen Flehen um Rettung von den Philistern.

16 bezieht sich auf 7,3f. *Fürst:* hebr. *nagid,* nicht die übliche Bezeichnung für den König, die viell. bewußt vermieden wird; aber das Wort *salben* zeigt in diesem Zusammenhang eindeutig, daß es um ein Königtum geht.

M. Noths Auffassung, das Wort »salben« bedeute hier »zum König designieren«, ist im atl. Sprachgebrauch zu wenig belegt.

M. Buber verweist darauf, daß in dem Substantiv *nagid* das Verb »sagen«, hebr. *n-g-d,* aufgenommen sei, das in V.6.8.18.19 vorkommt. (Vgl. die deutsche Redewendung »das Sagen haben«.) **17** Eine ähnliche Anspielung besteht zwischen *sah* (hebr. *ra'ah*) und Samuels Amt des »Sehers« (*ro'eh*). *Herrschen:* wörtl. »hemmen; in Schranken halten«; ein ungewöhnlicher Ausdruck, der sich hier viell. auf die ungewöhnliche Macht bezieht, die ein König über seine Untertanen hat, vgl. 8,11–17. **18** Man beachte auch hier die literarische Qualität der Erzählung: Gott hat gesprochen, Samuel weiß alles, aber Saul weiß noch nicht einmal, wen er in Samuel vor sich hat! **20** D.h. Saul kann in Zukunft soviele Esel haben, wie er will, und alles, was sein Herz sonst noch begehrt. *Was wertvoll ist in Israel:* wörtl. »Israels Wunsch«; könnte speziell auf das Königtum anspielen. **21** Saul antwortet bescheiden, fast übertrieben demütig. Seine Familie war nicht arm oder unbedeutend, wenn auch Benjamin nur ein kleiner Stamm war. **22–24** Saul wird beim Festmahl demonstrativ geehrt, aber Samuel erklärt noch nicht, warum er das tut. **24** *Fettschwanz:* ein Leckerbissen; diese Wiedergabe nach Targ.; MT wörtl. »und das an ihr« (vgl. EÜ). Auf jeden Fall bekam Saul eine große Portion (s. Komm. zu 1,4f).

9,26–10,8 Die heimliche Salbung Sauls. Die erste Salbung Sauls am Stadtrand von Rama war eine rein private Angelegenheit. Nicht einmal Sauls Knecht durfte dabeisein. Ähnlich wurde auch David zunächst heimlich gesalbt (1Sam 16). Das Volk mußte Saul auf andere Weise erwählen.

10,1 Die Salbung bezeichnete den Mann, den Gott für das Königsamt bestimmt hatte. Sie vermittelte auch die für das Amt des Königs erforderlichen Fähigkeiten. Von diesem Zeitpunkt an war Saul – selbst noch nach seiner Verwerfung – unwiderruflich der Gesalbte Jahwes, vgl. 1Sam 24,6. Der Kuß gehörte zum Ritual der Salbung. **2** *Rahels Grab* lag in der Nähe von Rama, nördl. von Jerusalem, vgl. Jer 31,15. Heute zeigt man ein Rahelgrab (aus der Kreuzfahrerzeit) in der Nähe von Bethlehem, südl. von Jerusalem, aber 1Mo 35,16 sagt nur, daß Rahel sich irgendwo zwischen Bethel (nördl. von Rama) und Bethlehem aufhielt, als sie starb. Auch Mt 2,16f macht keine genauere Ortsangabe. **3** Fleisch, Brot und Wein waren Opfergaben für das Heiligtum von Bethel. **4** Saul wird mit Proviant versorgt, vgl. 9,7. **5** *Gibea Gottes:* normalerweise einfach »Gibea« (V. 10); war Sauls Heimatstadt. Sie lag auf halbem Weg zwischen Rama und Jerusalem. Daß dort eine *Wache* der Philister stationiert ist, läßt erkennen, wie weit deren Macht reichte. *Eine Schar von Propheten:* offensichtlich Ekstatiker, die in Gruppen auftraten. Das unterschied sie von den »Sehern« dieser Zeit (vgl. Anhang 3). **6** *Der Geist des Herrn wird über dich kommen:* Damit wird Saul legitimer Nachfolger der Richter, die alle in dieser Weise vom Geist Gottes geleitet wurden. **7** Die drei *Zeichen* befreien Saul von alltäglichen Sorgen, zeigen ihm das Wohlwollen seiner zukünftigen Untertanen an und bestätigen ihm, daß er die Fähigkeit besitzt, Israel zu regieren. **8** *Gilgal* war Sauls Ziel und wurde zugleich der Ort seines Scheiterns (13,7–14). Der Text sagt nicht, wann er dorthin gehen sollte, aber Samuel muß das mit ihm besprochen haben. Der Erzähler gibt nur den Kern des Gesprächs wieder. Saul hat nach 11,14 Gilgal schon vor den Ereignissen von Kap. 13 besucht. Am meisten spricht deshalb für die Annahme, daß Samuel sich auf die Musterung vor der Schlacht bezog, die dort irgendwann stattfinden sollte.

10,9–16 Die Zeichen treten ein. Hier ist der Bericht wieder knapp. Die Erfüllung der ersten Zeichen, die Samuel vorausgesagt hat, wird als selbstverständlich vorausgesetzt. Nur die wichtigste Tatsache wird mitgeteilt: Gottes Zustimmung zur Wahl Sauls durch Samuel.

9 *Gab ihm Gott ein anderes Herz:* d.h. Gott verwandelte ihn in einen großen Führer und Krieger. **11.12** Was denen, die ihn kannten, ein Hinweis auf die Saul anvertraute Führerrolle hatte sein sollen, bewirkte bei diesen nur Erstaunen und abfällige Bemerkungen. Das Sprichwort war für Saul schlicht beleidigend: Was er, ein respektabler Bürger des Ortes, unter diesen lärmenden Verrückten von zweifelhafter Herkunft zu suchen hätte? (Hertzberg verweist auf Apg 2,13ff als vergleichbare Beleidigung geisterfüllter Menschen.) Diese Verse machen auch deutlich, daß es anfangs Widerstand gegen Saul gab. Das Sprichwort taucht 19,24 noch einmal auf (s. Komm. dort). **13** *Nach Gibea:* Wiedergabe nach der für LXX vermuteten Textvorlage. Gibea heißt »Anhöhe«, MT hat »auf die Höhe« (EÜ), wobei im Hebr. aber ein anderes Wort (*bamah*) erscheint. Daß jedoch die Heimatstadt Sauls gemeint ist, läßt das folgende familiäre Gespräch vermuten. **14–16** Hier kommt die Geschichte mit den Eselinnen, die 9,3 begann, zum Abschluß. Es wird nicht erklärt, warum Sauls Onkel und nicht sein Vater als Gesprächspartner auftritt. Der kurze Bericht will nur zeigen, daß Sauls Königtum noch immer, auch vor seiner eigenen Familie, ein Geheimnis war.

10,17–27 Die öffentliche Salbung Sauls. Jetzt kommt, wie in Kap. 8, wieder das ganze Volk in den Blick. **18.19** wiederholen das Wesentliche aus der Mahnrede Samuels in Kap. 8. Nächster Schauplatz des Geschehens ist Mizpa.

19 *Tausendschaften:* In diesem Zusammenhang kann das Wort kaum eine Zahl bedeuten, sondern soviel wie »Sippe«. Diese doppelte Bedeutung des hebr. Wortes *'eleph* erklärt viell. einige der hohen Zahlen im AT. **20.21** Vgl. Jos 7,16ff. Saul versteckt sich. Das Thema des »verborgenen« Königs wird auch hier weitergeführt. **22** *Da befragten sie abermals den Herrn:* Auch das vorangegangene Losen war demnach eine religiöse Handlung, viell. unter Benutzung der Lossteine Urim und Thummim, vgl. 14,41f. (Vgl. LZB, Art. »Licht und Recht«, Sp. 850.) **23–25** verbindet zwei frühere Themen: die Aussage, daß Saul von Gott zum König *erwählt* war, mit dem Hinweis auf das *Recht des Königtums,* das nach 8,11ff kein ungetrübter Segen für Israel sein würde. *In ein Buch:* inhaltlich viell. 5Mo entnommen, vgl. vor allem 5Mo 17, 14–20. Es enthielt vermutl. die neue Verfassung; denn die Monarchie war für Israel neu. Das Dokument wurde im Heiligtum von Mizpa aufbewahrt. **27** *Ruchlose Leute:* Die Bedenken einiger Israeliten waren zwar verständlich – das Königtum war eine neue Sache und welche bes. Fähigkeiten hatte Saul schon aufzuweisen? – aber Saul die Gefolgschaft zu verweigern, bedeutete Auflehnung gegen Gottes Wahl.

11,1–15 Der Zusammenstoß mit den Ammonitern. Der Berichterstatter wechselt plötzlich das Thema, ohne seine Absicht zu verraten: Er will zeigen, wie die anfängliche Opposition gegen Saul überwunden wurde und wie der neue König sich bewährte. V.3f machen deutlich, daß Sauls Position noch nicht gefestigt war.

1 *Jabesch in Gilead:* Tell el-Maqlub; dieser Ort wie das Gebiet der *Ammoniter* lagen östl. des Jordans. Die Ammoniter scheinen das Land jenseits des Jordans beherrscht zu haben. Die *Männer von Jabesch* wollten einen Friedensvertrag unter Anerkennung der Herrschaft des Nahasch. **3** Das Ansinnen der *Ältesten von Jabesch* klingt in unseren Tagen »totaler« Kriege seltsam. Aber bis in die Neuzeit wurde nach strengen Regeln Krieg geführt. **6.7** Der *Geist Gottes* kam *über Saul,* und dieser sandte *Boten* aus; er tat damit das, was auch die Richter vor ihm getan hatten. Seine Drohung entsprach aber mehr dem Verhalten eines Königs. Viell. war dies seit der Eroberung Kanaans das erste Mal, daß alle Stämme dem Aufruf Folge leisteten. Die Erwähnung Samuels ist bedeutsam. **8** *Besek:* liegt westl. des Jordans, aber vermutl. weit genug im N, um keine Einmischung der Philister befürchten zu müssen. Die Zahlen erscheinen zu hoch (obwohl die Proportionen stimmen). Da LXX noch höhere Zahlen angibt, ist schon für ein frühes Stadium der Überlieferung mit einer Textverderbnis zu rechnen. **10** *Morgen wollen wir zu euch hinausgehen:* Diese Botschaft sollte die Ammoniter irreführen. Allerdings wird das Wort oft im Sinne von »die Schlacht eröffnen« gebraucht. Das haben die Leute von Jabesch ja auch tatsächlich vor. **12–15** berichten von einem weiteren Fest; es ist die natürliche Folge der im vorhergehenden Kap. behandelten Ereignisse.

12,1–15 Samuels letzte Rede an Israel. Dieses Kap., oft »Samuels Abschied« genannt, ist eigentlich mehr ein Rechenschaftsbericht über seine administrative Tätigkeit, die er jetzt Saul überläßt. Sein Priesteramt legt er nicht nieder. Nach dem Textzusammenhang (11,15) muß der Ort Gilgal gewesen sein; der Abschnitt wird jedoch oft mit Mizpa in Verbindung gebracht, weil der Tenor monarchiefeindlich ist und deshalb an 10,20–24 anknüpft. (Zum ganzen Problemkreis s. Anhang 2.)

McKane vertritt die Auffassung, das »festgefügte juristische Formular« in V.3.5 lasse vermuten, daß der ganze Abschnitt spät und daher unhistorisch sei. Diese Schlußfolgerung ist unberechtigt; denn auch ein festgefügtes juristisches Formular (wenn es ein solches war, was nicht bewiesen ist) kann durchaus Bestandteil der neuen Verfassung (10,25) gewesen sein. Gleichzeitig müssen wir bedenken, daß der Erzähler, da es sich hier um direkte Rede handelt, für den Wortlaut mitverantwortlich ist (s. Komm. zu 2,1–10). Natürlich benutzt er Samuels Rede auch als eine Predigt an seine eigene Generation. Aber im Blick auf Sauls spätere Verwerfung und die Tatsache, daß er in Juda später wenig Lob und Anerkennung fand, verdient Beachtung, daß die in dieser Passage geübte Kritik sich gegen die Monarchie als solche und nicht gegen Saul persönlich richtet.

1–5 Samuel erklärt, daß er sich an die Bundesregelungen gehalten habe. **2** *Meine Söhne:* Ihre Bestechlichkeit (8,3) steht hier nicht zur Debatte; sie werden erwähnt, um Samuels Alter und die lange Zeit seines Dienstes für Israel zu verdeutlichen. **6–12** Solche historischen Rückblicke waren bei Bundesschlüssen im Alten Orient üblich (s. Komm. zu Jos 24,2b–13). Sie waren die Grundlage der dann folgenden Abmachungen. Samuels Rede entspricht einem Bundesformular und trifft damit die Situation, da das ganze Volk jetzt die neue Verfassung annimmt, mit der es zunächst Jahwe verpflichtet ist und erst danach dem König. **11** *Jerubbaal:* d.i. Gideon, s. Komm. zu Ri 6,25–32. *Barak:* nach LXX; MT hat *Bedan* (vgl. EÜ), was eine Verschreibung von *Abdon* (Ri 12,13) oder *Barak* sein kann. Ein Richter Bedan ist sonst nicht bekannt. *Samuel:* Sein Name nimmt sich hier in einer Rede Samuels etwas merkwürdig aus. Einige alte Übers. haben hier »Simson«, eine (zu) naheliegende Variante. **14.15** Samuel macht den Israeliten klar, daß das Königtum allein sie nicht vor dem Auf und Ab bewahren werde, wie sie es in ihrer bisherigen Geschichte erlebt hatten (s. Komm. zu 8,7).

12,16–25 Die Erneuerung des Bundes. Ein Zeichen vom Himmel bestätigte die Erneuerung des Bundes, die Wahrheit der Worte Samuels und die wichtige Stellung des Propheten innerhalb der neuen Verfassung. Nicht der Prophet, sondern der König stand in Gefahr, wie vom Regen »weggerafft« zu werden (V. 25 EÜ, ZÜ, JB).

17.18 Das *Donnern* erinnert an den Bundesschluß am Sinai (2Mo 19,16); *Regen,* zu dieser Jahreszeit in Palästina praktisch unbekannt, war ein Wunderzeichen. **19.20** Daß etwas hätte rückgängig gemacht werden können, wird hier mit keiner Silbe angedeutet. Saul ist und bleibt der von Gott erwählte König. **23** Diese Äußerung öffnet den Weg für Samuels Nachfolger im prophetischen Amt. Zugleich wird Samuel als Mittler des Bundes herausgestellt.

13,1–14,52 Krieg mit den Philistern

Es war hauptsächlich die Bedrohung durch die Philister, die Saul auf den Thron gebracht hatte. Sein Lebenswerk sollte darin bestehen, die Angreifer zu bekämpfen. Kap. 13 und 14 berichten von seinen wichtigsten Siegen über diesen mächtigen Feind.

13,1–7 Israel sammelt sich zum Kampf. Bei diesem Kap. ergeben sich einige Schwierigkeiten. Zunächst die Datierung: Wie lange nach Sauls Salbung haben diese Schlachten stattgefunden? Vermutl. sind sie eher den Anfangsjahren seiner Regierungszeit zuzurechnen. Die Philister dürften ihm kaum lange Zeit gelassen haben, ungestört über Israel zu regieren. Die Beziehung zwischen 10,8 und 13,8 läßt eine längere Ruhepause unwahrscheinlich erscheinen. Die Schwierigkeit ist, daß Saul jetzt einen erwachsenen Sohn hat (Jonathan, V. 2), obwohl er selbst als »junger Mann« (9,2) galt, als er König wurde. Bei den Israeliten war jedoch frühe Heirat üblich; Saul kann Mitte dreißig gewesen sein und doch schon einen waffenfähigen Sohn gehabt haben.

1 Die urspr. Zahlen sind beim Überlieferungsprozeß verlorengegangen. Nach Apg 13,21 hat Saul vierzig Jahre regiert. Das mag eine abgerundete Zahl sein; sie ist aber, wenn man das Alter Isch-Boscheths bei Sauls Tod berücksichtigt (2Sam 2,10), wahrscheinlicher als die zwei Jahre, die ihm Martin Noth (Geschichte Israels, S. 163), ausgehend vom überlieferten Text, als Regierungszeit zugestehen will. **2.3** *Gibea* (V. 2) und *Geba* (MT in V. 3) sind ähnliche Namen, und die Städte lagen verhältnismäßig nahe beieinander. Deshalb sind sie in diesem Abschnitt möglicherweise verwechselt worden. Geba lag nördl. von Gibea, südl. von Michmas (V. 5), wo die Schlacht stattfinden sollte. **4** *Gilgal* lag weiter östl., nahe am Jordan. Es bot deshalb als Sammelplatz mehr Sicherheit. *Wache:* Das Wort kann auch »Aufseher« oder »Vogt« bedeuten. **5** *Dreitausend:* MT (EÜ) hat 30000. Die meisten Übers. wie LÜ und ZÜ folgen mit 3000 Lukians LXX-Rezension und der syr. Übersetzung. *Beth-Awen:* vermutl. ein anderer Name für Bethel (vgl. Hos 4,15) oder Ai. **6.7** Die Angst und Feigheit der Israeliten erklärt die Ungeduld, die Saul an den Tag legte.

13,8–15 Sauls Bruch mit Samuel. Saul folgte den ausdrücklichen Anordnungen Samuels (10,8) nicht. Er entschuldigte sich damit, daß das Opfer notwendig war, um den Erfolg der Schlacht zu sichern. Seine Männer begannen bereits auseinanderzulaufen, und eine derart wichtige Handlung einfach zu unterlassen, hätte sich verheerend auf die Kampfbereitschaft ausgewirkt.

8.9 *Bis zu der Zeit, die von Samuel bestimmt war:* Das kann kaum bedeuten, daß Saul Samuels Anweisungen de facto doch befolgte (so Hertzberg). Wahrscheinlich wartete Saul genau bis zum Anbruch des siebten Tages, brachte es aber nicht fertig, auch noch den Ablauf dieses Tages abzuwarten.

13.14 In seinem Tadel sagt Samuel Saul voraus, daß seine Nachkommen das Königtum nicht erben würden. *Mann . . . nach sei-*

nem Herzen: Damit wird erstmals auf David Bezug genommen, ohne daß sein Name genannt wird. 15 *Und zog seines Weges. Die Übrigen vom Volk aber zogen hinter Saul her dem Kriegsvolk entgegen von Gilgal hinauf:* nach LXX; das Fehlen dieser Passage im MT wird häufig als Abschreibfehler erklärt. *Sechshundert Mann:* Sauls Streitkräfte waren auf einen Bruchteil zusammengeschmolzen, vgl. V. 2. Samuels Ärger kann durchaus noch weitere Männer dazu bewegt haben, zu desertieren.

13,16–23 Truppenbewegungen der Philister. Das israel. Heer war nicht nur zahlenmäßig schwach, sondern auch schlecht bewaffnet, vgl. V. 19–22. Daher fühlten sich die Philister stark genug, um ihre Streitmacht zu teilen und Stoßtrupps auszusenden. **16** *In Gibea in Benjamin:* nach MT (vgl. 14,4f) *Geba-Benjamin* (EÜ, ZÜ, JB). **19** Die Philister verfügten über ein Monopol in der Behandlung von Eisen. **21** Natürlich nahmen sie hohe Preise für das Schärfen von Geräten, die als Waffen dienen konnten. **23** *Den engen Weg von Michmas:* ein Paß mit zwei markanten Felsen beiderseits. Die Philister stellten dort einen Vorposten auf. (Zur Topographie vgl. Welt der Bibel, Karte S. 302.)

14,1–15 Jonathans Heldentat. Jonathans tollkühne Tat führte zu einem unerwarteten Sieg. Zwei Zeichen machten deutlich, daß Gott diesen Sieg geschenkt hatte.

2 *Gibea:* möglicherweise »Geba«, vgl. V. 5 und 13,16. Zur geogr. Lage vgl. A. Alt in *Palästinajahrbuch* 23, 1927, 18–20. **3** bereitet V. 18 vor, bezieht sich auch auf 4,19–22 zurück. *Ahia:* der Ahimelech von 22,9ff. *Priesterschurz:* s. Komm. zu V. 18. **4.5** Die beiden *Felsklippen* an dem *engen Weg* (s. 13,23) verbargen Jonathan vor den Augen beider feindlicher Heere. **6** *Unbeschnittene* waren die Philister tatsächlich, im Gegensatz zu den meisten anderen Nachbarn Israels. Der Ausdruck hat hier vor allem religiöse Bedeutung. **6b** zeigt, daß die Auseinandersetzung als »heiliger Krieg« verstanden wurde. **10** Daher kann Jonathan zuversichtlich ein Zeichen von Gott erwarten. **11** Vermutl. hielten die Philister die beiden einzelnen Männer für Überläufer. **13** Die Einzelheiten sind etwas unklar, aber offensichtlich waren die Philister vor Schreck wie gelähmt. **14b** ist schwer verständlich und viell. verderbt; möglicherweise sollte wohl der genaue Ort des Scharmützels angegeben werden. 15 Die Ausschaltung des Außenpostens auf dem Paß hatte enorme Wirkung. Die ausgesandten Stoßtrupps waren verängstigt, daß sie nicht wagten, zum Hauptheer zurückzukehren (vgl. 13,17). Ein Erdbeben vergrößerte die Panik der Philister zusätzlich; ein sicheres Zeichen, daß Gott mit Jonathan war.

14,16–23 Die folgende Schlacht. Nun griff das Hauptheer der Israeliten unter Sauls Führung ein und schlug das Heer der Philister in die Flucht. **16** *Gibea:* möglicherweise »Geba« (vgl. V. 2). **18** *Ephod:* Priesterschurz; nach LXX. Im MT steht *Lade Gottes*; die Bundeslade, zuletzt in 7,2 erwähnt, befand sich in Kirjath-Jearim, aber es ist durchaus denkbar, daß sie, wie in Kap. 4, gelegentlich mit auf das Schlachtfeld genommen wurde. Trotzdem folgen die meisten Übers. LXX, was hier im Blick auf V. 3 und V. 41 (s. Komm. dort) vorzuziehen ist. Die Kritik an heidnischer Verehrung eines Ephod in Ri 8,27 könnte einen Abschreiber des MT zu der Änderung »Lade Gottes« veranlaßt haben (vgl. JB). **19** Ahia stand offensichtlich im Begriff, auf Wunsch Sauls das Gottesorakel zu befragen, die Lose Urim und Thummim. Plötzlich änderte Saul jedoch seine Meinung, weil die Zeit zu knapp war. Er mußte in die Schlacht. **20–22** Als sich Sauls Sieg abzeichnet, wechseln Überläufer wieder die Seiten, aus Angst Geflohene mischen sich erneut in den Kampf. **23** *Beth-Awen:* vgl. 13,5. JB liest mit Lukian *Beth-Horon.* In jedem Falle wurden die Philister in Richtung Westen aus dem Bergland vertrieben. Ajalon (V. 31) liegt in der Nähe von Beth-Horon. Das stützt Lukians Lesart.

14,24–35 Zwei unglückliche Zwischenfälle. Viell. wollte Saul mit seinem Eid wiedergutmachen, daß er in seiner Ungeduld nicht auf das priesterliche Orakel gewartet hatte (V. 18f). Daß Jonathan von dem Eid nichts wußte, kann an der durch seinen Alleingang bedingten Abwesenheit vom Heer gelegen haben. Jonathan hat Sauls Fluch zu Recht kritisiert (V. 29f); denn er hatte nicht nur die Schwächung der israel. Verfolger zur Folge, sondern führte auch zum Verstoß gegen kultische Vorschriften; die Krieger waren zu müde und hungrig, um darauf zu achten.

25.26 Der Text ist äußerst schwierig zu übersetzen. Im Hebr. kommt für »Honigwabe« und »Wald« dasselbe Wort vor, vgl. EÜ mit LÜ, JB. Vielleicht liegt ein uns unverständliches Wortspiel vor. **32.33** Zu den kultischen Vorschriften vgl. 3Mo 17,10–14; 5Mo 12,23. **34** Mit diesem Opfer wollte Saul den Bruch der Riten sühnen. **35** Der *Altar* war viell. noch lange Zeit als »Sauls Altar« bekannt.

14,36–46 Jonathans Versehen hat Folgen. Selbst im Kriegsbericht ist die zunehmende Entfremdung zwischen Saul und Gott offensichtlich. In dieser ersten Zeit seiner Regierung scheint Sauls Hauptfehler allzu spontanes, unüberlegtes Handeln gewesen zu sein. Dieser Abschnitt ist verblüffend: Der unsichere König wird von seinen Truppen überstimmt. Die Frage, wer recht hat – Saul, Jonathan oder das Volk – bleibt unbeantwortet. In V.41 finden wir die aufschlußreichste Beschreibung im AT über das geheimnisvolle priesterliche Orakel mit »Urim und Thummim«. Es scheint, daß es aus einem Losverfahren bestand, bei dem mit Ja oder Nein zwischen zwei Möglichkeiten entschieden wurde. Doch war auch eine neutrale Antwort möglich. Saul erhielt an jenem Tag auf seine erste Frage keine Antwort (V.37). Nach 2Mo 28,30 wurden Urim und Thummim in der Brusttasche des Priestergewandes, des Ephod, getragen. (Vgl. LZB, Art. »Licht und Recht«, Sp. 850.)

39 zeigt den Wahnsinn solcher unbedachten Schwüre. In tragischer Ironie erwähnt Saul sogar seinen eigenen Sohn mit Namen. Die Erzählung erinnert an Jephthahs Schwur Ri 11,30–40. **45** *Gott hat heute durch ihn geholfen:* Das Volk konnte nicht glauben, daß Gott gleichzeitig durch Jonathan den Sieg schenkte und Gericht über ihn verhängt haben soll. Das Volk setzte sich durch, es wird aber nicht erklärt, wie Jonathan »ausgelöst« wurde; viell. durch ein Opfer, vgl. V.34. **46** kennzeichnet das Ende des ersten Philisterkrieges.

14,47–52 Überblick über Sauls Regierung. Während seiner Regierungszeit siegte Saul über die das Land von allen Seiten bedrängenden Feinde. Außer den Philistern, dem Hauptgegner, hatten die meisten feindlichen Völker ihren Wohnsitz jenseits des Jordans.

47 *Ammoniter:* vgl. Kap. 11. *Zoba:* ein aram. Königreich nördl. von Damaskus. **48** *Amalekiter:* im Süden Israels; erwähnt, weil Kap. 15 von Sauls Sieg über sie berichtet. **49** *Jischwi:* besser bekannt als »Isch-Boscheth« (»Mann der Schande«, 2Sam 2,8, eine kränkende Abwandlung seines Namens Eschbaal, 1Chr 8,33; 9,39). *Jonathan, Malkischua* und ein anderer, hier nicht genannter Sohn Sauls (Abinadab) starben auf dem Gebirge Gilboa (31,2). **50** Sauls Vetter *Abner* spielte auch bei Isch-Boscheths Königtum eine wichtige Rolle. **52** Saul schuf allmählich ein stehendes Heer, eine notwendige Neuerung in Israel.

15,1–35 Der Sieg über Amalek

Über den Amalekiterkrieg wird ausführlich berichtet, weil er zum endgültigen Bruch zwischen Saul und Samuel führt. Die Amalekiter waren alte Feinde Israels (vgl. 2Mo 17,8–16), daher standen sie unter Gottes Fluch (5Mo 25,17–19). Der Bericht stellt für den heutigen Leser zweifellos ein ernstes ethisches Problem dar. Es ist einsichtig, daß Amalek eine deutliche Strafe verdient hatte, aber die totale Vernichtung (V.3) bereitet uns Schwierigkeiten. Der Ausdruck »den Bann vollstrecken« bedeutet im Hebr. »Jahwe übereignen«. Damit ist der Tod der Amalekiter nicht als Hinrichtung, sondern in gewissem Sinn als Opfer zu verstehen. Außerdem kam man in jener Zeit, die weit weniger individualistisch geprägt war als unsere, kaum auf den Gedanken, einzelne Schuldige herausfinden zu müssen. Unrecht galt als Schuld der ganzen Gemeinschaft. Historisch gesehen bot die Tatsache, daß Saul die Amalekiter nicht völlig schlug, diesen die Möglichkeit, Südjuda noch eine Generation länger zu bedrängen.

15,1–9 Der Angriff auf Amalek. Der Beginn des Berichts betont, daß auch von Saul Gehorsam gefordert wurde. Daß er nicht gehorsam war, hatte kaum humanitäre Beweggründe. Möglicherweise wollte er, der König, aus Trotz seine Unabhängigkeit von der Autorität Samuels beweisen. (13,8–12 in diesem Sinne zu interpretieren, wäre allerdings schwierig.)

4 *Telaim:* viell. mit dem Telem von Jos 15,24 identisch, lag vermutl. einige km südl. von Beerseba. *Juda* sandte in Anbetracht seiner Nähe zum Gebiet der Amalekiter selbstverständlich Truppen. Die Zahlenangaben in diesem Vers scheinen zu hoch, möglicherweise aufgrund früher Textverderbnis. (Vgl. auch John Wenham, Die großen Zahlen im AT, HZB S. 191f.) **5** *Stadt:* nach heutigen Begriffen eher ein befestigtes Dorf; die Amalekiter waren Nomaden. **6** Die *Keniter* waren früher ebenfalls Nomaden gewesen. Den Israeliten waren sie immer wohlgesonnen (vgl. 3Mo 10,29–32; Ri 1,16). **8.9** Anfangs gehorchte Saul den Anweisungen Samuels, änderte dann aber – viell. wieder impulsiv – seine Haltung.

15,10–31 Samuels Eingreifen und Sauls Verwerfung. Das Thema dieses Abschnitts (bes. V.29) ist Unwandelbarkeit. Sauls Eid (Kap. 14) hatte sich als ergebnislos erwiesen, viell. ohne seine Schuld. Jetzt aber ist er voll verantwortlich, trotz seiner Versuche, die Verantwortung abzuschieben. Er hat sein Wort gegenüber Jahwe gebrochen, die Strafe ist unausweichlich. Gott handelt nicht aufgrund einer Laune.

11 *Es reut mich:* bedeutet hier Schmerz und Änderung des Verhaltens, nicht der Gesinnung wie in V.29. »Gott ist an seine eigenen Beschlüsse nicht sklavisch gebunden« (Hertzberg). **12** *Karmel:* Ort in Südjuda (Jos 15,55), nicht der Berg Karmel in 1Kön 18.

13 Wie in 13,11 ist Saul von seinem Gehorsam überzeugt. **15** Saul übergeht die Schonung Agags und behauptet, die Tiere seien zum Opfer bestimmt. Die Opfernden essen normalerweise vom Opfer. Aber das war gerade für diese Tiere ausdrücklich verboten. **22** faßt die grundsätzliche prophetische Kritik an Opferfeiern und kultischer Verehrung zusammen, vgl. Am 5,21–24. Jesus nimmt dieses Wort in Mt 9,13 auf. **23** Samuel verkündet die Verwerfung Sauls durch Gott. Vorher war ihm nur die Gründung einer Dynastie versagt worden (13,13f), jetzt wird er im Namen Jahwes durch Samuel seines Amtes enthoben. **24.25** Saul sucht noch einmal Vergebung, aber wohl nicht aufrichtig. Wieder möchte er die Schuld abwälzen. Es sieht so aus, als wollte er vor allem sein Gesicht wahren. Aber seine Worte könnten auch echter Frömmigkeit entspringen. **27.28** Im MT ist nicht klar, wer von beiden den Rockzipfel ergriff und abriß. LÜ, ZÜ fügen mit LXX »Saul« ein; viell. ist aber die Vorstellung richtiger, daß Samuel selbst sein Gewand zerriß. Jedenfalls deutet Samuel den Vorfall sofort als Symbol für Gottes Absichten (vgl. 1Kön 8,30f). Erneut wird auf den noch ungenannten Nachfolger angespielt. **29** *Israels Ruhm:* kommt als Ehrentitel für Jahwe nur an dieser Stelle vor. Das hebr. Wort *nezach* (Glanz; Dauer) betont die Ewigkeit Jahwes; es korrespondiert mit seiner hier hervorgehobenen Unwandelbarkeit. **30** Wieder bittet Saul Samuel, wenigstens äußerlich zu ihm zu halten; schließlich verdankte er seine Stellung weitgehend der Unterstützung Samuels.

15,32–35 Samuels Abschied. Dieser Teil des Buches endet damit, daß die Wege der beiden sich schließlich trennen. Saul bleibt der Mann an der Spitze, aber nicht mehr als der Erwählte Gottes. Samuel, der frühere Führer, entfernt sich, um Sauls Nachfolger zu salben, und tritt dann unauffällig ab.

32 Im Hebr. steht hier: »Gewichen ist die Bitterkeit des Todes« (EÜ, ZÜ). Dabei ist nicht zu erkennen, ob Agag so mit dem Leben abgeschlossen hat, daß er dem Tod »heiter« (ZÜ, vgl. EÜ) entgegensehen kann, oder ob er mit Begnadigung rechnet (vgl. 1Kön 20,33). LÜ übersetzt nach LXX: »Bitter ist der Tod«; Agag erscheint hier »zitternd«, mögliche andere Wiedergaben: »in Fesseln« (vgl. Hiob 38,31), »widerstrebend« (JB). **33** Trotz der Worte Samuels war die Tötung Agags kein Racheakt, sondern die Vollstreckung von Jahwes Bann über Amalek. Es ging um Gerechtigkeit, nicht um politischen Vorteil. **35** Samuel sah Sauls Scheitern nicht ohne persönliches Bedauern.

16,1–31,13 Saul und David

Die restliche Regierungszeit Sauls steht in 1Sam unter dem Aspekt seiner Beziehung zu David. Saul ist von dem Gott Israels verworfen worden, und Samuel ist ein alter Mann. Aber der zukünftige Mann Gottes ist in der Person des jungen David bereits auf der Szene. Gott hat sein Volk nicht ohne Führer gelassen. Die restlichen Kap. von 1Sam schildern, wie Gott David auf seinen Aufstieg vorbereitet, wie er ihn vor Gefahren behütet und ihn dem Volk als den Mann seiner Wahl vorstellt.

16,1–17,58 David kommt an den Königshof

Der angemessene Ort für David war der Königshof, aber als Sauls Nachfolger wäre er dort kaum willkommen gewesen. Diese beiden Kap. beschreiben, wie er dank seiner Fähigkeiten an Sauls Seite gelangt.

16,1–13 Die Salbung Davids. Diese Erzählung ist dem Bericht von 9,1–10,1 ähnlich. In beiden Fällen salbt Samuel einen nichts ahnenden jungen Mann heimlich für das Königsamt; beide waren attraktive Erscheinungen. Auf diese Weise zeigt der Berichterstatter, daß David in keiner Weise hinter Saul zurückstand. Mit großem erzählerischen Geschick bleibt Davids Name bis zum letzten Augenblick ungenannt, obwohl V. 1 und 11 bereits andeuten, um wen es sich handelt.

1.2 Samuel wird hier sehr menschlich geschildert, sowohl in seiner Trauer über die Verwerfung Sauls, wie in der Furcht vor dessen Macht. *Opfern:* Es ist möglich, daß Samuel in Bethlehem regelmäßig Opfer brachte, obwohl der Ort in 7,16f nicht vorkommt. Bethlehem war eine größere Stadt in Juda (Mi 5,1 setzt spätere Verhältnisse voraus), 9km südl. von Jerusalem. *Saul wird's erfahren und mich töten:* Dies ist der erste Hinweis auf Sauls mißtrauischen und rachsüchtigen Charakter. Der Weg von Rama nach Bethlehem führte durch Sauls Residenz Gibea. **6** *Eliab:* heißt 1Chr 27,18 Elihu. **7** Ein eindeutiger Hinweis auf den verworfenen Saul (9,2). David war ausschließlich von Gott auserwählt, während Saul sein Königsamt auch dem Volk verdankte. **9** *Schamma:* Der Name taucht im AT in verschiedener Form auf (vgl. 13,3; 21,21; 1Chr 20,7). **10** 1Chr 2,14f nennt drei andere Brüder und schließlich David als den siebenten. Ein Bruder wird im AT nicht namentlich erwähnt. **11** *Wir werden uns nicht wieder setzen:* nämlich zum Opfermahl. **13** *Mitten unter:* Hertzberg übersetzt »mitten aus«; so erscheint diese Salbung als auch vor den Brüdern verborgen. Jetzt erst wird *David* namentlich genannt; dadurch daß der *Geist* Gottes über ihn kommt, wird er als

Nachfolger der Richter und Sauls legitimiert.

16,14–23 David tritt in den Dienst des Königs. In dem Maß, wie David den Geist Gottes empfängt, verliert ihn Saul. Damit geht bei Saul ein fortschreitender Verlust seiner geistigen Kräfte einher. Man kann sich gut vorstellen, was psychologisch mit Saul vorging. Seine Stellung war durch die Trennung von Samuel untergraben, und seine Ängste waren berechtigt, bes. da die Philister ihre Feindseligkeiten nie einstellten. Es ist Ironie und Tragik zugleich, daß gerade Sauls geistige Verwirrung David an seinen Hof bringt.

14 Sauls Geistesgestörtheit wird als Strafe Gottes verstanden. **18** *Tüchtig zum Kampf:* Obwohl David noch Hirte war, hatte er seine Tüchtigkeit im Kampf bereits bewiesen. **21** Deshalb wurde er Waffenträger, nicht nur Hofmusikant. **21.22** beziehen sich viell. auf die Zeit nach Davids Sieg über Goliath. Die atl. Autoren verfolgen nicht selten ein Thema bis zum Ende und tragen erst dann die Einzelheiten nach. *Saul gewann ihn sehr lieb:* Vermutl. handelte es sich nicht um eine tiefe persönliche Zuneigung; Saul bewunderte wohl eher die anmutige Gestalt Davids und seine Musik.

(Zu den Schwierigkeiten des Textes und der historischen Situation der Kap. 17 und 18 s. Anhang 4.)

17,1–11 Die Herausforderung der Philister. Die Philister drangen in das Bergland von Westjudäa ein, und Saul schickte ihnen sein Heer entgegen. Aber es kam nicht zur Schlacht, der Feind entschied sich für einen Zweikampf von Vorkämpfern. Das war in der Alten Welt nicht ungewöhnlich.

4 Der Name *Goliath* wird nur hier und in V.23 erwähnt (vgl. auch 21,10 und 2Sam 21,19). De Vaux und Hertzberg vermuten aufgrund von 2Sam 21,19, daß Goliaths Name hier später eingetragen wurde. Diese Möglichkeit kann nicht völlig ausgeschlossen werden (s. Komm. zu 2Sam 21,19 und Anhang 5). Der Mann war ungefähr drei Meter groß. **5–7** berichten, daß er durch seine Rüstung vollständig geschützt war, und geben Größe und Gewicht von Rüstung und Waffen an. **11** Auch *Saul* schreckt aus guten Gründen vor dieser Herausforderung zurück.

17,12–30 David besucht das Heer der Israeliten. Jetzt wird klar, daß David zu dieser Zeit noch nicht Sauls Waffenträger war (beachte V.15). Sein Erscheinen auf dem Schlachtfeld ist eine Fügung Gottes, ohne daß der Erzähler das ausdrücklich erwähnen muß.

12 *Ephrathiter:* d.h. aus Ephratha, einem Gebiet, das offenbar an Bethlehem angrenzte (vgl. Mi 5,1). **13** Wie in 16,6–9 werden *die drei ältesten Söhne Isais* genannt. **25** bereitet Davids Aufstieg vor. **26** David bringt die erste theol. Note in die Erzählung. **28–30** Eliabs Reaktion deutet auf Eifersucht hin und erinnert an die Feindseligkeit, die Joseph von seinen älteren Brüdern erfuhr.

17,31–40 Sauls Gespräch mit David. Saul geht rein militärisch an das Problem heran. Davids Antwort und die Tatsache, daß er Sauls Rüstung ablehnt, machen etwas von dem Behütetsein deutlich, das er in vergangenen Gefahren erlebt hat und worauf er offensichtlich auch jetzt vertraut. In diesem Gespräch weist nichts darauf hin, daß Saul David nicht kannte (s. Anhang 4).

38.39 Eine vollständige *Rüstung* besaßen nur sehr wenige Israeliten (vgl. 13,19.22). **40** David tritt hier, wie in V.34ff, als Hirte und nicht als geübter Krieger auf. Das kann an der Chronologie (s. Komm. zu 16,21) oder an der Absicht des Erzählers liegen, den Kontrast zwischen dem unbewaffneten, unerfahrenen jungen Burschen und dem kampferprobten mächtigen Krieger herauszuarbeiten. Der Sieg kann nur ein Geschenk Gottes sein (vgl. V.47).

17,41–49 David tötet Goliath. Das Wortgefecht zwischen David und seinem riesenhaften Gegner klingt für den heutigen Leser unwahrscheinlich; aber es gehörte zum Stil antiker Kriegsführung.

45 Noch einmal betont David, daß er sich weniger als Vorkämpfer Israels, sondern vielmehr als Vorkämpfer Gottes versteht (vgl. V.26.36). Die Philister verhöhnten nicht nur das Heer der Israeliten, sondern letztlich Jahwe. **47** *Der Herr . . . hilft* (LÜ); *um Rettung zu schaffen* (JB): Das ist der Grundton dieses Kap. und zugleich ein wesentlicher Tenor der ganzen Bibel. Die gesamte bibl. Geschichte ist Geschichte der Rettung durch Gott, ist Heilsgeschichte.

17,50–58 Die Folgen des Sieges. Der Erzähler ist weniger am Sieg der Israeliten über die Philister interessiert als an Davids Aufstieg. David war zunächst wegen weniger bedeutender Fähigkeiten an den Hof geholt worden, jetzt kam er als ein Mann, den Saul kaum übergehen konnte. Kap. 16 und 17 enthalten eine dramatische Steigerung. Diese entgeht allerdings jenen Auslegern, die hier nur »zwei sich widersprechende Traditionen« finden (s. Einleitung).

51–53 *Gath* und *Ekron:* die beiden nächstliegenden der fünf Philisterstädte. **54** Dieser Vers stellt ein Problem dar, weil Jerusalem damals noch nicht in der Hand der Israeliten war. David selbst eroberte es während seiner Regierungszeit (2Sam 5). Der Ausdruck *sein Zelt* ist schwer zu erklären, da David doch gerade erst aus Bethlehem gekommen war.

Außerdem erfahren wir später, daß Goliaths Schwert in Nob aufbewahrt wurde (21,9). Es ist möglich, daß David den Kopf des Riesen in dem israel. Teil Jerusalems (vgl. Ri 1,8) außerhalb der Jebusiterfeste zurückließ und daß mit dem *Zelt* seine Unterkunft gemeint ist (C. F. Keil). Hertzberg vertritt die These, daß der Schädel des Riesen später nach Jerusalem gelangte und dort ausgestellt worden sei (das könnte sogar den ntl. Ortsnamen »Golgatha« erklären). Mit Hilfe einer kleinen Textverbesserung ließe sich (nach Hertzberg) *sein Zelt* in »Zelt Jahwes«, d.h. das Heiligtum in Nob abändern. Nob lag offensichtlich unmittelbar bei Jerusalem (s. Komm. zu 21,1). Wahrscheinlich wurde es später als Teil der Stadt angesehen. Dies sind jedoch nur Vermutungen.

55–58 Dieser Abschnitt fehlt im Codex Vaticanus der LXX. Er besagt mit Sicherheit nur, daß Saul Davids Familie nicht kannte; es geht nicht notwendig daraus hervor, daß ihm auch David unbekannt war. Denkbar ist, daß 16,22 chronologisch auf Kap. 17 folgt. Diese Annahme würde manche Schwierigkeit beseitigen. Im Gesamtzusammenhang liegt der Ton darauf, daß David jetzt eine wichtigere Stellung am Hofe einnehmen soll. Kap. 18 schildert, wie er in die königliche Familie aufgenommen wird (vgl. 17,25). Sauls Interesse an Davids Herkunft ist natürlich; denn er war ihm in hohem Maße verpflichtet.

18,1–21,1 David und Jonathan

Der Aufenthalt Davids an Sauls Hof wird fast ausschließlich unter dem Aspekt der Beziehung zwischen David und Jonathan geschildert. Sie verband eine unvergleichliche Freundschaft, die zu Recht sprichwörtlich geworden ist. Der Erzähler beschreibt sie aber aus einem besonderen Grunde so ausführlich. Er berichtet, wie David König wurde; der Mann jedoch, den er dabei aus der Thronfolge verdrängte, war und blieb sein bester Freund; und Jonathan erkannte die Rechtmäßigkeit von Davids Königtum an.

18,1–9 Davids Ansehen und Erfolg. Jonathans Bewunderung für David war spontan und echt. Jeder, außer Saul, beeilte sich, David zu beglückwünschen.

2 bedeutet nicht, daß David nicht mehr nach Bethlehem durfte, sondern daß er zu einem Mitglied des Hofes aufgestiegen war (vgl. V. 5). **4** Das waren die äußeren Zeichen des *Bundes* (V. 3). In der Kleidung drückte sich etwas von der Persönlichkeit des Trägers aus, so daß jeder der beiden Männer dem andern gewissermaßen sich selbst gab. **5** *David richtete alles recht aus:* Er war geschickt und erfolgreich. **6–8** Sauls beginnende Eifersucht zeigt sich. Man beachte die Ironie am Schluß von V. 8. Auf den ersten Blick erscheinen die Sänger als taktlos. Das hebr. Wort für *zehntausend* wird selten als exaktes Zahlwort gebraucht. »Abertausende« gibt viell. besser wieder, was die Sänger meinten. Vielleicht soll lediglich die Gleichrangigkeit von Saul und David zum Ausdruck kommen? Aber Sauls Mißtrauen zeigt sich gerade darin, daß er die Zahlen wörtlich nahm.

18,10–30 Sauls Anschlag auf David. Sauls Furcht ist verständlich: Seine Stellung hing von seinem Ansehen ab. Jedenfalls meinte er das. Und nun begann David, ihn in den Schatten zu stellen. Wäre David rücksichtslos ehrgeizig gewesen – Saul hätte sich zu Recht gefürchtet! Sein erster Versuch, David zu beseitigen, scheiterte. Der letzte Anschlag, von dem in diesem Kapitel berichtet wird, führte letztlich nur dazu, Davids Ruhm zu vermehren und seine Stellung in der königlichen Familie zu festigen. Diese Ereignisse bewiesen, was auch Saul zugeben mußte: daß »der Herr mit David« war (V. 28).

10 *Geriet in Raserei:* Er *geriet außer sich* (ZÜ) wie ein ekstatischer Prophet (vgl. EÜ, Anm.). **11** *Zweimal:* bezieht sich viell. schon auf 19,9f. Er *zückte* ist nach einigen alten Übers. viell. gegenüber »er warf« (MT; EÜ) vorzuziehen. Der Unterschied in der hebr. Schreibweise ist minimal; »zückte« drückt stärker den plötzlichen Impuls aus. **13.16** *Er zog aus und ein:* militärischer Fachausdruck für »das Heer führen«. **17** Sauls Versprechen, das er alsbald brechen sollte, wäre die Erfüllung der Zusage von 17,25 gewesen. **18.23** Unterwürfigkeit gehört zur orientalischen Höflichkeit. Es ist jedoch klar, daß David keinen Brautpreis bezahlen kann.

19,1–10 Jonathans Fürsprache scheitert. Jonathan beweist seine Freundschaft jetzt durch die Tat. Er versucht, seinen Vater für David zu gewinnen.

1 Sauls Eifersucht übersteigt jede Vernunft. Er schreckt selbst vor Mord nicht zurück. **2.3** sind etwas unklar. Jedenfalls postiert Jonathan David so, daß er das Gespräch beobachten kann, ohne die Worte zu verstehen. Weist Saul Jonathans Fürsprache zurück, kann David ohne Zeitverlust fliehen. Ist Saul bereit, Vernunft anzunehmen, kann David sofort gerufen werden. Das letztere geschieht dann auch.

8–10 Neue militärische Erfolge Davids wecken Sauls Feindseligkeit aufs neue, und die ganze Geschichte wiederholt sich (vgl. 18,10f). Diesmal geht aus dem Text eindeutig hervor, daß Saul den Speer tatsächlich wirft und daß dies nicht aus einem spontanen Impuls heraus geschieht.

19,11–24 Davids Flucht. Davids Leben wird nun durch Michal, Sauls Tochter, gerettet. Zwei von Sauls Kindern tragen also dazu bei, das Leben des Mannes zu erhalten, der ihren Vater auf dem Thron ablösen soll.

13 *Das Götzenbild:* W. F. Albright übers. das hebr. *teraphim* hier mit »alte Lumpen«. Sonst bezeichnet es aber immer Hausgötter. Hausgötter zu haben war eine alte Sitte, vgl. 1Mo 31,19.30–35. Trotz des Verbots im mosaischen Gesetz wurden sie vor dem Exil nie völlig abgeschafft, vgl. 2Kön 23,24. Hier soll Michals Liebe zu David herausgestellt werden. Aber auch ihre Unehrlichkeit und ihr Götzendienst werden sichtbar. Manche Ausleger verstehen diese Schilderung von Michals Charakter als Kritik an Sauls Erziehung. **18** *Najoth:* gehörte zu *Rama,* wo sich **20** eine Prophetenschule befand. Der Führer dieser Prophetengruppe war Samuel. Offensichtlich erkannten bedeutende Propheten wie Samuel und Elia (vgl. 2Kön 2) die Möglichkeiten, die mit diesen umherziehenden Gruppen gegeben waren (vgl. Kap. 10), und lenkten deren Tatkraft in eine gute Richtung. Möglicherweise verdanken wir diesen Prophetenschulen die Überlieferung eines Großteils der atl. Literatur. **20–23** Prophetische Aktivität wirkte (und wirkt) ansteckend. Sauls Boten und sogar der König selbst wurden von der Kraft des Geistes Gottes ergriffen, als sie mit den Propheten zusammentrafen. Sie gerieten gegen ihren Willen in Verzückung. **22** *Sechu:* unbekannt; schon die alten Übers. weichen bei der Wiedergabe des Satzes stark voneinander ab. **24** Saul verlor völlig die Kontrolle über sich (vgl. 18,10). Der Spottvers von 10,10–12 wird bewußt wiederholt. Er stellt einen für Sauls ganzes Leben charakteristischen Zug heraus. Sauls Fehler war generell, daß er immer zu weit ging.

20,1–11 David sucht Jonathan auf. Viele Kommentatoren meinen, diese Geschichte könne schlecht auf Kap. 19 folgen und müsse deshalb aus einer anderen Quelle stammen. Gewiß kann David nach den Ereignissen von Kap. 19 kaum mehr im Zweifel darüber gewesen sein, was Saul wirklich vorhatte. Aber das wird ihm auch gar nicht unterstellt, eher das Gegenteil (V. 3). Es war Jonathan, der das seinem Vater nicht zutrauen konnte (V. 2). Es geht darum, daß David immer noch Mitglied des Königshofes ist und sich faktisch unmöglich verhält, wenn er zur Festzeit fehlt (V. 5). Also bespricht er mit Jonathan, wie man Saul eine Garantie für seine Sicherheit entlocken kann (vgl. V. 21). Sauls Feindseligkeit könnte sich, wenigstens vorübergehend, gelegt haben, und David will ihn nicht noch weiter beleidigen, indem er sich unentschuldigt vom Hof entfernt. Deswegen kommt das Opferfest in Bethlehem ins Gespräch (V. 6). Aber am Ende ist Saul nur um so wütender auf David.

5 Der *Neumond* wurde immer bes. gefeiert, vgl. 4Mo 10,10; 28,11–15. *Laß mich:* David mußte um Erlaubnis bitten, die Jonathan vermutl. geben durfte. **7** *Beschlossen:* im Gegensatz zu einem plötzlichen Impuls. **11** Die beiden Freunde gingen *aufs Feld,* um den in V. 18ff erwähnten Plan vorzubereiten, weniger, um vor Lauschern sicher zu sein.

20,12–23 David und Jonathan erneuern ihren Bund. Sie schmieden Pläne und geloben einander Treue. Aber Jonathan geht in seiner Freundschaft noch weiter: Er erkennt ausdrücklich an, daß David eines Tages König sein wird, und zeigt dabei nicht die geringste Eifersucht. **14** *Die Barmherzigkeit* (hebr. *chesed*) *des Herrn:* die verläßliche Liebe, nach der Jahwe verlangt und die er selbst an den Tag legt (Eichrodt). Liebe und Treue sind das Fundament jedes Bundes. Im Hebr. schwingen beide Aspekte in dem Wort *chesed* mit. **19** *Am Tage jener Tat:* ist nicht klar verständlich. Viell. bezieht es sich auf 19,2 oder auf ein Ereignis, von dem wir nichts erfahren. **23** *Zwischen dir und mir:* eine bei Bundesschlüssen allg. übliche Wendung, z.B. in 1Mo 31,44–54 mehrmals wiederholt.

20,24–34 Jonathan errät Sauls Absichten. Jonathan war schon vorher bei seinem Vater für David eingetreten, und Michal hatte den König überlistet. Aber jetzt ist Saul zum ersten Mal offen herausgefordert. Jonathans Bund mit David wiegt schwerer als der Respekt des Sohnes gegenüber dem Vater.

26.27 *Nicht rein:* durch etwas Unvorhergesehenes kultisch unrein geworden und so nicht imstande, an der rituellen Mahlzeit teilzunehmen, vgl. 3Mo 15,16; 5Mo 23,11. Eine solche Unreinheit galt jedoch nur bis zum Einbruch der Dunkelheit; deshalb merkte Saul am nächsten Tag, daß Davids Abwesenheit andere Gründe hatte. **30** Aus dieser verletzenden Rede spricht Sauls Zorn. **31** Saul übergeht die Bedrohung, die David für ihn selbst darstellt, und versuchte stattdessen, Jonathan auf die ihm drohende Gefahr hinzuweisen. **33** *Zückte* ist auch hier die richtige Übers., s. Komm. zu 18,11. **34** *Ihm . . . solchen Schimpf angetan:* bezieht sich auf David, den Saul öffentl. des Verrats bezichtigt hatte.

20,35–21,1 David und Jonathan nehmen Abschied. Nachdem Jonathan Untreue gegenüber dem König vorgeworfen worden war, hat man ihn viell. überwacht. Das würde den Trick mit den Pfeilen erklären. Beim Abschied bekräftigen die Freunde noch einmal ihren Bund.

38 Jonathan wollte vermutl. verhindern, daß der Knabe allzu sorgfältig suchte; wahrscheinlich waren seine Worte aber doppeldeutig und auch für Davids Ohren bestimmt. **40** Viell. fürchtete Jonathan, daß der Knabe ihm nachspionieren sollte. **41** David respektiert den Kronprinzen; ebenso war ihm später Saul als Person heilig (24,6; 26,9). **21,1** *Jonathan aber ging in die Stadt:* Es gibt keinen Hinweis darauf, daß er David hätte ins Exil begleiten sollen. Die Pflicht stellte ihn an die Seite seines Vaters.

21,2–26,25 David als Flüchtling

Für David beginnt jetzt eine lange Zeit des Flüchtlingsdaseins. Er wird von Saul unerbittlich verfolgt.

21,1–15 David in Nob und Gath. Dieses Kapitel schildert die außergewöhnlichen Situationen, in die David nun gerät. Er wendet sich nach Nob, dem zentralen Heiligtum nach der Zerstörung Silos, wagt aber nicht, dort Zuflucht zu suchen. Dann geht er das erste Mal in die Philisterstadt Gath. In beiden Fällen muß er lügen und betrügen. Bes. sein Verhalten in Nob ist mehr als zweifelhaft, aber der Berichterstatter tadelt ihn nicht. Er will kein Urteil abgeben, sondern vielmehr zeigen, wie weit David getrieben wird, um sein Leben zu retten.

2 *Nob:* Wenn es der gleiche Ort wie in Jes 10,32 ist, lag es nahe bei Jerusalem; viell. auf dem Berg Skopus. *Ahimelech* war der amtierende Priester, ein Enkel Elis (s. Komm. zu 14,3). Daß David ihn aufsucht, ist (wie 19,18) ein Zeichen für seine guten Beziehungen zur Priesterschaft. Die Katastrophe, die er damit heraufbeschwor, bereute er später tief (22,22). **5.7** *Heiliges Brot:* die Schaubrote, die immer *vor dem Herrn* liegen mußten (2Mo 25,30). **6** *Der Leib:* wörtl. »die Gefäße« (EÜ), euphemistische Umschreibung für das männliche Glied. **7** Vgl. Mk 2,23–28. **8** Der Edomiter *Doëg* war dort *eingeschlossen,* weil er kultisch unrein war, am nächsten Tag jedoch für eine kultische Handlung rein sein mußte. **10.11** s. Komm. zu 17,54. Ein Anflug von Humor liegt in der Verknüpfung der Episoden in diesem Kap.: David betritt das Gebiet der Philister ausgerechnet mit Goliaths Schwert bewaffnet. **12** *Der König des Landes:* zweifellos eine verfrühte Titulatur. Man hatte aus dem Preislied in 18,7 vermutl. die falschen Schlüsse gezogen. **13–16** Es handelt sich nicht um eine Dublette oder Vorwegnahme von Kap. 27. Denn die Philister wissen noch nichts von dem Bruch zwischen Saul und David. Das ist nicht verwunderlich, da es noch nicht einmal in Nob bekannt war.

22,1–5 David flieht weiter. David bleibt ständig in Bewegung. Dabei beginnt er, seine Angelegenheiten zu regeln und seine Position auszubauen.

1 *Adullam:* eine Stadt im westjudäischen Bergland, wohl das heutige Chirbet esch-Schech Madkur, nicht weit von der Grenze der Philister. *Die Höhle:* lag vermutl. in der Nähe des Ortes. Viell. ist aber auch mit einer kleinen Textkorrektur »Festung« zu lesen. **2** David formte aus diesem heruntergekommenen Haufen eine schlagkräftige Truppe. **3.4** Durch diese Maßnahme bewahrte David seine Eltern vor Sauls Rache. Aus Ruth wissen wir, daß David auch moabitisches Blut in seinen Adern hatte. **5** Die Erwähnung von *Gad* weist darauf hin, daß David von den Propheten unterstützt wurde. Gad riet David, nach Juda zurückzukehren. *Jaar-Hereth* wird wenige km östl. von Adullam vermutet.

22,6–23 Das Massaker von Nob. Sauls Mißtrauen und seine Rache richteten sich nicht mehr allein gegen David. Seine eigenen Leute bekamen nun seine Boshaftigkeit zu spüren, und die unschuldigen Priester von Nob wurden umgebracht.

6 *Von sich reden machten:* besser »entdeckt worden seien« (EÜ, JB). *Saul saß . . .:* vgl. Ri 4,5.7. **7** *Ihr Benjaminiter:* Offensichtlich gehörten zu Sauls unmittelbarer Umgebung nur Leute aus seinem eigenen Stamm. **8** *Daß er mir nachstellt:* Saul bezeichnet David nicht als Flüchtling, sondern als Rebell. Seinen Vorwurf gegen Jonathan verfolgt Saul nicht weiter. Viell. hat die Bemerkung Doëgs Jonathan vom Verdacht befreit. **14.15** Ahimelech verteidigt sich und zugleich in sehr nobler Weise David. **20–23** David ist an dieser Tragödie nicht schuldlos. Aber er zeigt Reue; auch Abjathar wußte genau, wem er trauen und helfen sollte. Der Bericht versucht nicht, David von aller Schuld reinzuwaschen. Es wird vielmehr dargestellt, wie sich alle Ereignisse für David zum Guten auswirken. Die Unterstützung durch Abjathar war zweifellos wertvoll. Er trug den Ephod (s. 23,6), daher konnte David immer wieder den Herrn befragen. Eine solche Veranlassung ergab sich bereits in 23,2. Abjathar hat später zusammen mit Zadok an dem von David errichteten Heiligtum in Jerusalem Dienst getan (vgl. 2Sam 15,24).

23,1–13 David in Kegila. David stand in dieser Zeit nicht nur unter besonderem göttlichen Schutz (V. 14), Gott ließ ihn auch einen wichtigen Dienst in Israel, bes. an seiner Heimat Juda, tun.

1 *Kegila:* Stadt in Juda, südl. von Adullam. **3** Verständlicherweise wollen sich die Männer keinen weiteren Feind schaffen.

6 vgl. 22,20; hier wird klar, auf welche Weise David den Herrn befragen konnte (V. 2.4). Zu Urim und Thummim s. Komm. zu 14,41. **12.13** Nach dem, was mit den Priestern von Nob geschehen war, wagten es die Leute von Kegila nicht, David aufzunehmen. Seine Bereitwilligkeit, ihnen eine Bestrafung durch Saul zu ersparen, wird sie ihm gegenüber zu doppelter Dankbarkeit verpflichtet haben.

23,14–18 Jonathan besucht David. Auch dieser Bericht enthält eine feine Ironie: Saul und seine Truppen können David nicht aufspüren (V. 14), aber Jonathan hat keine Schwierigkeiten, seinen Freund zu finden. Hier treffen sie einander zum letztenmal. David erhält erneut die Gewißheit, daß die verzweifelte Situation ein gutes Ende nehmen wird.

14 Hier wird deutlich, wie gefährdet David tatsächlich war. *Siph* liegt ein gutes Stück weiter im S, in noch unwirtlicherem Gebiet. David weicht immer weiter nach S aus, tiefer in die Wüste hinein. **17** *Ich werde der Zweite nach dir sein:* So wie Jonathan hier spricht, kann er keine Ahnung von dem Schicksal haben, das ihm bevorsteht. **18** Die beiden erneuern ihren Bund (vgl. 18,3).

23,19–28 Der Verrat der Siphiter. Jonathans Versicherung kommt zur rechten Zeit, unmittelbar vor der bisher größten Gefahr für David. Es ist offensichtlich, wie sehr er vom Wohlwollen seiner judäischen Stammesgenossen abhängig ist.

22.23 Natürlich hatte sich David mit dem judäischen Bergland vertraut gemacht. **24** *In der Steppe südlich von Jeschimon:* wörtl. »in der Araba, südlich von der Einöde« (vgl. EÜ, JB), danach von manchen auf die Senke des Jordantales bezogen. Die *Wüste Maon* gehört jedoch noch zum Gebirge, daher dürfte »Araba« hier parallel zu »Wüste« stehen; so LÜ. *Jeschimon* bleibt topographisch unklar. **27.28** Ausgerechnet die Philister werden, ohne es zu wollen, Davids Retter. Sauls unsinniger Plan, David zu töten, kommt den Philistern gerade recht.

24,1–8a In der Höhle von En-Gedi. Kap. 24 schildert noch einmal die lebensgefährliche Situation, in der sich David befindet; zugleich zeigt es seine Hochachtung vor der Würde des Königs. Eine apologetische Tendenz ist erkennbar: David enthält sich Saul gegenüber jeder Feindseligkeit, und Saul ging in seinen lichten Momenten so weit, daß er Davids Recht auf den Thron anerkennt. Dies ist eine Lehre für diejenigen, die das Haus Sauls unterstützen und die es noch lange nach Sauls Tod gegeben haben dürfte (vgl. Kap. 26, wo ein ähnliches Ereignis berichtet wird).

1 *En-Gedi:* in der Nähe des Toten Meeres; hat eine gute Quelle, liegt aber in einer öden Gegend. **4** *Um seine Füße zu (be)decken:* so wörtl.; verhüllender Ausdruck für »um seine Notdurft zu verrichten« (ZÜ). **5.6** Sauls Kleidung anzutasten bedeutete genausoviel wie seine Person anzutasten (s. Komm. zu 18,4). Das erklärt Davids Gewissensbisse.

24,8b–22 Die Unterredung zwischen David und Saul. Höhepunkt dieses Kapitels ist V. 20; dort wird noch einmal betont, daß David unausweichlich auf den Thron kommen wird und deshalb unverletzlich ist (vgl. V. 5).

9 David beweist Mut; denn er war zahlenmäßig weit unterlegen (vgl. 22,2 mit 24,3). *David neigte:* Er bleibt höflich und demütig (vgl. V. 15). **16** David gibt sich in Gottes, nicht in Sauls Hand. **18** Wieder zeigt sich eine apologetische Tendenz. Denn wenn David die Dynastie Sauls gestürzt hätte, hätte das sehr wohl Zweifel an der Rechtmäßigkeit seiner eigenen Regentschaft hervorrufen können. **23** *Und David schwor:* Dieser Eid wurde 2Sam 9 erfüllt (vgl. aber 2Sam 21,1–14). *Die Bergfeste:* vermutl. Adullam (vgl. 22,1). David verließ sich klugerweise nicht darauf, daß Sauls Sinneswandel von Dauer sein würde.

25,1 Samuels Tod. Dieser Vers steht hier ohne Verbindung mit dem Kontext. Vermutl. ist er der Chonologie wegen eingefügt worden (vgl. 28,3, wo die darauf folgende Erzählung auf den Tod Samuels Bezug nimmt). Hinter der Erwähnung des Todes Samuels unmittelbar, nachdem Saul David endlich als seinen Nachfolger anerkannt hat, kann sich auch eine theol. Absicht verbergen (24,21).

Maon (vgl. V. 2): ist hier mit LXX gegenüber »Paran« (MT; EÜ), das viel zu weit im SW liegt, vorzuziehen.

25,2–13 Nabals Weigerung. Nabals Verhalten war sicher nicht typisch; trotzdem macht dieser Bericht deutlich, welchen Schwierigkeiten Davids Truppe in dieser unfruchtbaren Gegend ausgesetzt war. Die Landbesitzer jener Gegend dürften David und seine Leute durchaus mit gemischten Gefühlen, wenn nicht mit offener Feindseligkeit betrachtet haben. Denn Gastfreundschaft gegenüber einer Truppe von 600 Mann war eine kostspielige Sache.

2 *Karmel:* Gemeint ist der Ort in Juda, nicht der gleichnamige Berg; vgl. 15,12. **3** *Nabal:* Dieser Mann wird mit bewußter Ironie so geschildert; denn sein Name bedeutet »Narr« (V. 25). *Einer von Kaleb:* Das Gebiet südl. von Hebron hieß Kaleb, vgl. 30,14. Hertzberg vermutet hier zusätzlich eine bes. Ironie, denn Kaleb bedeutet »Hund« (vgl. 24,15). **4** Die Schafschur war eine Festzeit (vgl. V. 8), in der man gut aß und Freundschaft pflegte. **7.8** David hatte Juda einen großen Dienst erwiesen, als er die Philister bei Kegila schlug (23,1–5); trotzdem fordert er nur Gastfreundschaft, keine Belohnung. **13** Offensichtlich wurde die Schar um David immer größer (vgl. 22,2).

25,14–44 David und Abigail. Sachlich wird berichtet, wie David in Juda zu Landbesitz kommt und wie allmählich ein königl. Harem entsteht. Theol. bedeutsam sind vor allem VV. 28–31.

14–17 Nabals eigene Leute bestätigen Davids Anspruch (V. 7). Offensichtlich weigerte sich Nabal, aus politischen oder persönlichen Gründen, einer allg. üblichen Sitte zu folgen.

26.31 Abigail gibt David den guten Rat, nicht aus Rache Blut zu vergießen. David bestätigt das (V. 33) und hält sich eigentlich zeit seines Lebens daran. Diese VV. sind nicht frei von Ironie; denn Nabal wird sterben, und Abigail wird Davids Frau werden. **29** *Eingebunden im Bündlein der Lebendigen:* Ein *Beutel* (ZÜ) nahm die Zählsteine bei der Zählung des Viehs auf (nach Eißfeldt), so kannte der Hirte jederzeit den Bestand; ein anschauliches Bild für die wachsame Sorge, mit der Gott Davids Leben behütet (vgl. Mt 6,25–34). Vgl. das folgende entgegengesetzte Bild von der Hirtenschleuder. **30** *Fürst:* s. Komm. zu 9,16. **37.38** Nabals Tod könnte auf einen Schlaganfall zurückzuführen sein. **43** *Jesreel:* ein in der Nähe gelegener Ort (vgl. Jos 15,55f). Es handelt sich nicht um die (nördlichere) Ebene Jesreel. **44** Die Handlungsweise Sauls erinnert an seinen unnachgiebigen Haß. Der Vers bezieht sich zurück auf 19,11–17 und weist voraus auf 2Sam 3.

26,1–16 David schont noch einmal Sauls Leben. Viele Kommentatoren betrachten dieses Kapitel als einen zweiten Bericht des in Kap. 24 geschilderten Ereignisses. Aber obwohl das gleiche Thema behandelt wird, ergeben sich in den Details deutliche Unterschiede. Die ausführlichen geogr. Angaben in beiden Kapiteln deuten auf genaue Kenntnis der Ereignisse hin; das spricht für die hist. Korrektheit beider Berichte. VV. 1.2 bringen, vermutl. mit Absicht, den früheren Bericht in Erinnerung. Viell. will der Autor darauf hinweisen, daß die Geschichte, die er jetzt erzählen will, sich vor den in Kap. 25 berichteten Ereignissen abgespielt hat.

2 *Dreitausend auserlesene Männer:* vgl. 24,3. **3–5** Es scheint aber, daß nicht alle in Sauls *Lager* waren. **6** *Zeruja:* nach 1Chr 2,16 Davids Schwester. *Abisai:* vgl. 2Sam 23,18. **9** ruft noch einmal 24,6 ins Gedächtnis. **10** Diesmal sieht David die zukünftige Entwicklung besser voraus. Seine Voraussage traf ein (Kap. 31). **12** *Ein tiefer Schlaf:* dasselbe hebr. Wort wie in 1Mo 2,21. **13** David ist vorsichtiger als beim vorigen Mal (24,9). **16** *Ihr seid Kinder des Todes:* ein Hinweis auf Abners Ende (2Sam 3).

26,17–25 Davids erneute Unterredung mit Saul. Wie in 24,8–23 weist David den Vorwurf des Verrats zurück, und Saul zeigt sich auch hier vorübergehend einsichtig. Trotz der großen Ähnlichkeit findet sich ein neuer Aspekt, der den Inhalt des nächsten Kapitels vorwegnimmt. Sauls unerbittliche Verfolgung treibt David aus dem »Erbteil des Herrn« (V. 19), und Saul wird im voraus dafür verflucht.

18.19 Nach Davids Aussage kommen für diesen Konflikt nur drei Schuldige in Frage: er selbst, Jahwe oder eine dritte Gruppe. Da die ersten beiden unschuldig sind, muß die dritte (taktvollerweise nicht namentlich genannte) Gruppe die Schuld tragen. **19** Außerhalb Israels gab es keine Jahwe geweihten Heiligtümer. Bei einem Opfer im Gebiet der Philister mußte es sich schon deshalb um Götzendienst handeln. Der Gottesdienst war noch viel enger an die Heiligtümer gebunden als in ntl. Zeit (vgl. Joh 4,20–24). Man muß aus diesem Vers nicht schließen, daß David gemeint habe, Jahwe könne nur in Israel wirken. Dagegen spricht 30,7f. **20** *Einen einzelnen Floh:* MT, danach LÜ, EÜ; viell. aus 24,15 übernommen, denn LXX hat »mein Leben« (JB). **21** Sauls Einladung an David war zweifellos ernst gemeint; aber er war in seinen Gefühlen so unberechenbar, daß David töricht gewesen wäre, sie anzunehmen. **25** Die beiden Parteien gehen wieder auseinander. Der Text vermittelt den Eindruck, daß Davids Weg feststeht und daß Saul das weiß.

27,1–30,31 David bei den Philistern

Nun treiben die Ereignisse unaufhaltsam auf ihren Höhepunkt in der Schlacht bei Gilboa zu (Kap. 31). Hier wird ungewöhnlich ausführlich über die Bewegungen der Philister berichtet, aber relativ wenig von den Kriegsvorbereitungen der Israeliten. Das liegt daran, daß die Erzählung auf David ausgerichtet ist, der sich zu dieser Zeit als Vasall bei den Philistern aufhält.

27,1–28,2 David als Vasall der Philister. Trotz seiner früheren Erlebnisse (21,10–15) kehrt David nach Gath zurück. Ihm blieb keine andere Wahl. Diesmal wird er willkommen geheißen, zweifellos wegen der 600 Mann, die er anführt. Er wird als Vasall der Philister in Ziklag angesiedelt. David ist gewitzt genug, seinen Lehnsherrn zu täuschen, indem er von dort aus gemeinsame Feinde der Israeliten und der Philister angreift, dabei aber vorgibt, sein eigenes Volk zu bekriegen. Die Grausamkeiten und die Täuschungsmanöver lassen erkennen, in welch einer verzweifelten Lage David sich befand.

6 *Ziklag:* lag ziemlich weit im Süden, knapp 20km nördl. von Beerseba. Vormals eine Stadt der Simeoniten (Jos 19,5), von den Philistern annektiert. Später gehörte es zum Kronbesitz von Juda (s. Einleitung). **8** *Die Geschuriter, Girsiter und Amalekiter:* nomadische Wüstenstämme, die die seßhaften Nachbarvölker oft überfielen. Auch Saul hatte gegen die Amalekiter gekämpft (Kap. 15). **10** *Das Südland* (Negev): das dünn besiedelte Gebiet zwischen den fruchtbaren Bergen Judas im N und der Wüste im S. Wie der hebr. Name sagt, ist es sehr trocken. Hier werden drei Gebiete des Negev genannt. **12** Hätte David wirklich sein *Volk Israel* angegriffen, so hätte Achis recht.

28,1.2 David war in Bedrängnis; er konnte sich nur fügen. Wieder liegt eine gewisse Ironie darin, daß Achis von Gath David und seine Leute zu seiner Leibwache macht: Wenige Jahre später wird David die Gathiter zu seiner Leibwache machen!

28,3–25 Saul befragt eine Totenbeschwörerin. Der Berichterstatter wendet sich jetzt wieder Saul zu, der offenbar am Ende ist. Nur bei einer Totenbeschwörerin kann er noch Rat und Hilfe suchen. Er war in Schwierigkeiten, weil das Heer der Philister eine neue Strategie anwandte: Vorher hatten sie im Bergland gekämpft, wo ihnen ihre fortschrittlichen Waffen wenig Vorteil brachten, während den Israeliten ihre Kenntnis des Geländes zustatten kam; jetzt drangen sie in die Ebene von Jesreel vor, blieben im Flachland und drohten, Saul von den Nordstämmen abzuschneiden.

3 Vgl. 25,1. *Geisterbeschwörer und Zeichendeuter:* Totenbeschwörung war in Israel streng verboten und wurde von den Führern Israels ständig bekämpft; offensichtlich war der Brauch aber zu weit verbreitet, um ganz ausgerottet werden zu können. (Vgl. 3Mo 19,31; 5Mo 18,9–14; 2Kön 21,6.) **6** *Urim:* s. Komm. zu 14,41. **7.8** *Endor:* Ort nördl. von Sunem, wo das Heer der Philister lagerte. Der Weg vom Berg Gilboa im S der Jesreelebene nach Endor war mühsam und gefährlich. Daß Saul ihn auf sich nahm, zeigt, wie verzweifelt er war. **12** Es ist unklar, warum die Frau den verkleideten Saul plötzlich erkannte. *»Als das Weib merkte, daß es um Samuel ging«* (LÜ) umschreibt erklärend den eigentlichen Wortlaut *»als das Weib Samuel sah«* (EÜ nach MT). ZÜ liest mit einigen Hss. der LXX: »Da schaute das Weib *Saul* an, schrie laut . . .« Hertzberg schlägt eine allerdings umfangreiche Textverbesserung vor: »Als das Weib *den Namen* Samuels *hörte,* schrie sie.« **13** *Einen Geist:* hebr. *'elohim;* nur hier im AT für einen Totengeist; sonst »Gott« (EÜ). **14.15** Der Bericht geht davon aus, daß Samuel tatsächlich erschien und es sich nicht um irgendein Gespenst oder eine Halluzination handelte. Voraussage und Urteil passen genau zu Samuel. **16–18** Die Verwerfung Sauls, die Samuel verkündet hatte (15,26.28), ist noch wirksam. **19** Saul erfährt sein Schicksal in eindeutigen Worten, die ihn **20.21** buchstäblich zu Boden werfen.

29,1–11 David wird nach Ziklag zurückgeschickt. Sollte David wirklich daran gedacht haben, die Kriegspläne der Philister zu vereiteln? Der nur allzu verständliche Verdacht der Philisterfürsten läßt ihm dazu jedenfalls keine Möglichkeit. Achis hat sich durch Davids Worte und Taten offensichtlich völlig übertölpeln lassen.

1 *Aphek:* Wenn es sich nicht um eine andere Stadt als das in 4,1 erwähnte Aphek handelt, muß man annehmen, daß dieses Ereignis vor dem Aufmarsch der Philister in Sunem (28,4) stattfand; denn Aphek lag viel weiter im Süden. *Jesreel* liegt am Fuß des Gebirges von Gilboa. **2** *Fürsten:* Titel der Herrscher der fünf Philisterstädte. Achis war einer davon. **3** *Obersten:* vgl. V. 9; militärische Führer, den *Fürsten* (VV. 3.7) dem Rang nach untergeordnet. Vermutl. wird in diesem Text jedoch zwischen beiden nicht unterschieden. **5** vgl. 18,7; 21,11. Offensichtlich kannten die Philister diesen Vers, den Israel auf ihre Kosten sang. **9** *Wie ein Engel Gottes:* wohl eine allg. Redewendung, vgl. 2Sam 14,20; 19,27. **11** *Nach Jesreel:* d.h. zum Kampf gegen das Heer Israels.

30,1–31 David besiegt die Amalekiter. Davids Rückkehr nach Ziklag war mehr als günstig. Daß die Philisterfürsten ihn zurückgeschickt hatten, bewahrte ihn nicht nur davor, gegen sein eigenes Volk kämpfen zu müssen; er konnte auch seine Familie und die Familien seiner Leute befreien. Damit sicherte er sich erneut die Dankbarkeit der Judäer (V. 26–31). Der Berichterstatter versteht es geschickt, die Spannung des Lesers auf den Ausgang der Schlacht von Gilboa aufrechtzuerhalten: Noch einmal, wie mit Kap. 28, wird der Hauptstrom der Erzählung durch eine eingeschobene Geschichte unterbrochen.

1 *Das Südland:* s. Komm. zu 27,10. **2** Die Amalekiter wollten ihre Gefangenen als Sklaven verkaufen. **7.8** Vgl. 22,20; 23,6.9ff. Nomadentrupps sind nicht leicht aufzuspüren. **14** Die *Krether* waren mit den Philistern verwandt. **16** Ziklag war demnach nicht die einzige Stadt, die vom Einfall der Amalekiter betroffen war. **21–25** Ein Streit unter seinen Leuten veranlaßt David erstmals,

ein Gesetz zu erlassen. **31** *Und allen Orten:* David zeigte sich auf diese Weise für die ihm erwiesene Gastfreundschaft erkenntlich und gewann damit sicher die Sympathie der Bevölkerung.

31,1–13 Tod Sauls und Jonathans

31,1–7 Die Schlacht von Gilboa. In der Schlacht besiegt, versuchen die Israeliten in das sichere Bergland zu entkommen, aber viele, darunter auch Saul und Jonathan, werden von den sie verfolgenden Philistern eingeholt.

1 *Die Philister aber kämpften:* schließt unmittelbar an 29,11 an. **2** S. Komm. zu 14,49. *Abinadab:* wird auch 1Chr 8,33 erwähnt. **4** *Saul* tötet sich selbst. Ein Amalekiter stellte später David gegenüber den Hergang anders dar, 2Sam 1,10; s. Komm. dort. **7** *Ebene:* Gemeint ist Jesreel. Israel besaß nach den hier gemachten Angaben drei Wohngebiete: nördl. von Jesreel, östl. des Jordans und das Hauptgebiet im S der Ebene. Die Philister konnten in alle diese Gebiete eindringen; jenseits des Jordans war ihr Einfluß allerdings begrenzt.

31,8–13 Die Bergung der Leiche Sauls. Sauls erste Tat als König war die Rettung der Stadt Jabesch in Gilead gewesen (Kap. 11). Nun statten ihm die Bewohner nach seinem Tod ihren Dank ab.

10 *Astarte:* eine gemeinsemitische Kriegs- und Fruchtbarkeitsgöttin. In Mesopotamien als Ischtar bekannt. Ihr Haupttempel war vermutl. in Askalon. *Beth-Schean:* eine größere Stadt östl. der Jesreelebene, unweit des Jordans. **12** *Verbrannten* (ZÜ, EÜ, JB): ist möglicherweise richtig, obwohl die Korrektur *salbten* (LÜ) von vielen vorgezogen wird. Hebr. Sitte entsprach das Begräbnis, aber die Aufbewahrung der Leichen bis zu diesem Zeitpunkt erforderte möglicherweise eine bes. Behandlung. Beim Verbrennen achtete man darauf, daß die Knochen nicht mit verbrannt wurden.

(2. Samuel)

2Sam 1,1–8,18 Davids erste Regierungsjahre

Nun war die Zeit für den Amtsantritt Davids gekommen. Der von Gott verworfene König war tot. Trotzdem lagen noch viele Schwierigkeiten vor David. Aber sein Aufstieg zur Macht wurde weiter von eindeutigen Zeichen göttlichen Wohlwollens begleitet. In dieser Phase seines Lebens steht David, im Gegensatz zu seinen späteren Jahren, deutlich unter dem Segen Gottes.

1,1–27 Davids Reaktion auf Sauls Tod

Der Fall Sauls und seines Königshauses war vorherbestimmt und in gewissem Sinn Voraussetzung für Davids Aufstieg zur Macht. Auf der anderen Seite bedeutete Sauls Tod für Israel eine Tragödie. Davids Reaktion entspricht seiner Überzeugung von der Unantastbarkeit der Person des von Gott Gesalbten (vgl. 1Sam 24,6; 26,11). Davids Trauer war zweifellos echt.

1,1–16 Ein Amalekiter überbringt die Todesnachricht. Der Bericht des Amalekiters stimmt im allg. mit 1Sam 31 überein. Allerdings behauptet er, er habe Saul den Gnadenstoß gegeben, während sich Saul nach 1Sam 31 selbst das Leben nahm. Die Berichte sind nicht unvereinbar. Nach V. 9 kann Saul bereits verwundet gewesen sein, und es ist durchaus möglich, daß sein eigener Schwertstich nicht sofort tödlich wirkte. Wahrscheinlicher ist aber, daß der Bericht des Amalekiters übertrieben war bzw. nur zum Teil den Tatsachen entsprach. Auch Davids Antwort in V. 16 deutet darauf hin, daß er von der Geschichte nicht ganz überzeugt war, s. Komm. zu 4,10. Der Verf. der Chronik hält sich (1Chr 10) an 1Sam 31 und beachtet 2Sam 1 gar nicht.

2 *Am dritten Tage:* Solange brauchte ein Bote, um die 150km von Gilboa nach Ziklag zurückzulegen. Der Amalekiter überbrachte seine Nachricht David, nicht Sauls überlebendem Sohn Isch-Boscheth. Er betrachtete David jetzt als König *und huldigte ihm.* **6** *Von ungefähr:* Der Mann gehörte nicht zu Sauls Gefolge; viell. hat er die Leichen geplündert. Die Philister fanden Sauls Leiche erst einen Tag nach der Schlacht (1Sam 31,8). **13** *Der Sohn eines Fremdlings:* d.h. ein Nicht-Israelit mit festem Wohnsitz in Israel.

1,17–27 Davids Klagelied. Schönheit und Aufrichtigkeit dieses Liedes sind allg. anerkannt, auch, daß es tatsächlich von David stammt.

18 lautet wörtl. »man solle die Söhne Juda den *Bogen* lehren«; vermutl. war das Lied wegen V. 22 (»Bogen Jonathans«) unter diesem Titel bekannt (vgl. LÜ). ZÜ läßt nach LXX das Wort weg. *Das Buch des Redlichen* (*Jaschar*; EÜ): eine der Quellen, die der Autor der Samuelbücher benutzte. Vgl. Jos 10,13. **21** *Trügerische Gefilde:* Weithin anerkannte Textverbesserung; MT wörtl. »Gefilde der Erstlingsgarben«. **23** *Nicht geschieden:* wird von manchen Kommentatoren als fromme Lüge angesehen; aber es trifft zu, daß Jonathan, trotz seiner völlig anderen Einstellung zu David, nie von der Seite seines Vaters wich. **24** Diese Liedstrophe läßt erkennen, wie erfolgreich Saul gegenüber den Philistern gewesen war. 27 *Die Streitbaren* (LÜ); wörtl. *die Rüstzeuge des Krieges* (ZÜ): bildlicher Ausdruck für Saul und Jonathan.

2,1–4,12 David und Isch-Boscheth

Es ist verständlich, daß der überlebende Sohn Sauls versuchte, seinem Vater auf den Thron zu folgen. Eher überraschend erscheint, daß die siegreichen Philister die Nominierung Davids zum König von Juda hingenommen haben. Aber vermutlich galt er zunächst weiter als ihr Vasall. Außerdem waren sie mit verschiedenen kleinen kanaan. Stadtkönigtümern verbündet; auch wäre es ihnen sicher recht gewesen, wenn David die israel. Stämme auf Dauer in zwei feindliche Lager gespalten hätte.

2,1–11 Die beiden rivalisierenden Könige. Die Bereitschaft des Stammes Juda, David zum König zu ernennen und sich damit von den Nordstämmen zu trennen, stand keineswegs von vornherein fest. Daher befragte David wieder das heilige Orakel. Seine Botschaft an die Männer von Jabesch war ein kluger politischer Schachzug. Jabesch lag nördl. von Isch-Boscheths Residenz Mahanajim (V.8). Die Antwort von Jabesch ist jedoch nicht bekannt.

1 *Hebron:* wichtige Stadt in Juda, südl. von Davids Heimatstadt Bethlehem. 2 Vgl. 1Sam 25,42f. 4 Vgl. 1Sam 31,11ff. 7 Eine stillschweigende Einladung zur Zusammenarbeit. 8 Es wird kein Zweifel daran gelassen, daß faktisch Abner die Macht hatte. *Mahanajim:* lag östl. des Jordans. Nach der Niederlage von Gilboa war eine israel. Hauptstadt westl. des Jordans kaum denkbar. 9 *Asser(iter):* ist an dieser Stelle vermutl. richtig, obwohl nur im Targum bezeugt. »Assyrer« (MT, vgl. EÜ) ist in diesem Zusammenhang sachlich unmöglich. Viell. liegt im MT auch eine Vermischung von »Asser« und »Geschur« vor (»Geschur« war ein aram. Staat im N von Gilead, den die lat. und syr. Übers. hier voraussetzen; s. aber 3,3). Isch-Boscheths Kontrolle über ganz *Israel* kann aufgrund von 1Sam 31,7 nur »auf dem Papier« bestanden haben. **10.11** Hertzberg möchte die *zwei Jahre* der Regierungszeit Isch-Boscheths in »sieben Jahre« verbessern, damit sie zu Davids Zeit in Hebron paßt. Aber vermutl. sind in V.11 die ersten Regierungsjahre Davids zusammengefaßt. Demnach regierte er von Hebron aus zwei Jahre über Juda und weitere fünfeinhalb Jahre über ganz Israel. Dann machte er Jerusalem zu seiner Hauptstadt.

2,12–32 Die Schlacht von Gibeon. Von dem »langen Kampf« (3,1) zwischen David und Isch-Boscheth ist nur diese Einzelheit überliefert. Der Bericht will zeigen, wie die Blutfehde begann, die zu Abners Tod führte. Die Schlacht scheint (wie in 1Sam 17) als Zweikampf von Vertretern beider Parteien begonnen zu haben und, weil alle fielen und nur ein Unentschieden zustande kam, in eine allgemeine Kampfhandlung übergegangen zu sein. (Eigenartig erscheint in diesem Zusammenhang lediglich der Ausdruck »Kampfspiel« [V.14]. Hertzberg nimmt an, es habe sich um eine Art Mensur gehandelt, die aus irgendwelchen Gründen in blutigen Ernst umschlug.)

12 *Gibeon:* eine wichtige Stadt in Benjamin, nicht weit nördl. von Davids Gebiet. 14 *Kampfspiel:* bezieht sich in der Regel auf sportliche Wettkämpfe (s.o.). 18 *Zeruja:* Davids Schwester (vgl. 1Chr 2,16). 23 *Schaft:* Die genaue Bedeutung des hebr. Wortes ist unklar. Es ist möglich, daß Abner Asahel nicht töten, sondern nur abschrecken wollte. 24 ZÜ und EÜ haben nach MT »Gibeon«. LÜ verbessert in *Geba*; s. Komm. zu 1Sam 13,2f. 25 Offensichtlich bekam Abner aus dieser Gegend Verstärkung.

3,1–5 Davids Familie. Die Erwähnung von Davids Familie an dieser Stelle geschieht in betontem Gegensatz zu Isch-Boscheths ungesicherter Position. Seit er König geworden war, hatte David offensichtlich vier weitere Frauen geheiratet, unter ihnen Maacha, eine Prinzessin von Geschur (V.3). Diese Heirat bekräftigte vermutl. ein Bündnis, das dazu beitrug, Isch-Boscheth zu isolieren; denn Geschur war ein aram. Staat im N von Gilead.

2 *Zu Hebron:* d.h. bevor David Jerusalem zur Hauptstadt machte, wo ihm weitere Söhne geboren wurden, vgl. 5,13–16. *Ahinoam:* vgl. 1Sam 25,43 3 *Kilab:* Dieser Name ist im Blick auf LXX-Varianten und 1Chr 3,1 (»Daniel«) unsicher. *Abigail* vgl. 1Sam 25,42.

3,6–11 Der Bruch zwischen Isch-Boscheth und Abner. Der Einbruch in den königlichen Harem war gleichbedeutend mit dem Anspruch auf den Thron (vgl. 16,20ff). Zweifellos war Abners Tat Verrat. Unsicher ist, ob er wirklich an Isch-Boscheths Stelle König werden wollte oder nur einen Grund suchte, um in Davids Lager überzuwechseln.

8 *Ein Hundskopf aus Juda:* d.h. ein verabscheuungswürdiger Verräter. LXX läßt »aus Juda« weg; viell. weil Isch-Boscheth Abner gar nicht vorgeworfen hatte, mit David zu paktieren. 9 Wie Saul und Jonathan vor ihm, erkennt Abner jetzt öffentlich an, daß David der von Gott erwählte König ist.

3,12–21 Abner geht zu David über. David lehnte geheime Verhandlungen mit Abner ab; viell. erwartete er sogar, daß seine Forderung, Michal zurückzuerhalten, abgelehnt wurde. Sie war Sauls Tochter und damit eine große Stütze für Davids Anspruch auf Sauls Thron. Aber Isch-Boscheth fügte sich widerstandslos.

14 Vgl. 1Sam 18,20–27. **15.16** Vgl. 1Sam 25,44 (»Palti« ist eine Kurzform des Namens). *Paltiëls* Geschick ist hart, aber die Schuld trifft Saul, nicht David. **17–19** Isch-Boscheths Sache war schon vor seinem Tod verloren. Selbst sein eigener Stamm *Benjamin* war bereit, David zu seinem König zu machen.

3,22–39 Die Ermordung Abners. Joabs Haß auf Abner ist verständlich. Einmal bestand Blutfehde zwischen ihnen; zum andern hätte ihn Abner mit seiner großen militärischen Erfahrung leicht als oberster Heerführer Davids verdrängen können. Es ist nicht zu erkennen, ob Joab seine gegen Abner vorgebrachten Anschuldigungen des Verrats und der Spionage (V. 25) selbst ernstnahm. Es erstaunt, daß David darauf nicht reagierte. Er kann Joabs Plan aber kaum stillschweigend gebilligt haben; denn die Ermordung Abners brachte ihn in eine peinliche Lage.

28 David wußte, daß die göttliche Vergeltung unausweichlich war. **29** *Am Stabe gehe:* Die Übers. ist unsicher. Viell. ist gemeint: »der zur Spindel greift«, also nur zu Frauenarbeit fähig ist. **30** Offensichtlich hatte Abisai bei dem Mord seine Hand im Spiel (vgl. V. 39). **36** David hat sich von dem Verdacht der Komplizenschaft erfolgreich gereinigt. **39** Ein ungewöhnliches Eingeständnis von Schwäche von seiten Davids.

4,1–12 Die Ermordung Isch-Boscheths. Der Tod Abners demoralisierte Isch-Boscheths Leute noch mehr. Der Machtverfall führte schließlich zur Ermordung Isch-Boscheths.

2.3 *Beeroth:* gehörte nach Jos 9,17 zu den Gibeoniterstädten; viell. hatten seine Bewohner zusammen mit den Gibeonitern (vgl. 21,1) unter Saul zu leiden. So könnte der Hintergrund für den Mord alte Feindschaft zwischen Saul und den Beerothitern gewesen sein. **4** Diese Angaben unterbrechen die Erzählung, sind an dieser Stelle aber wichtig; denn sie informieren über den nächsten Verwandten Sauls nach Isch-Boscheth und bereiten damit auf Kap. 9 vor. *Mephiboscheth:* viell. »der Schande verbreitet«; Schimpfname des Meribbaal (1Chr 8,34; 9,40), um die Erwähnung Baals zu vermeiden. **6** Die meisten Übers. folgen hier LXX, die einen guten Sinn gibt. Der MT ist unklar. Nach seiner Darstellung gaben Rechab und Baana vor, Weizen holen zu wollen, und gelangten auf diese Weise ins Innere. Vgl. EÜ. **10** David erinnert an die in Kap. 1 berichteten Ereignisse, erwähnt dabei übrigens nicht, daß der Amalekiter behauptete, Saul getötet zu haben. **12** Ein ehrenvolles und ein schmähliches Begräbnis werden nebeneinandergestellt.

5,1–25 David besiegt die Philister

Jetzt hatte David keinen Rivalen mehr. Aber er war noch nicht vom ganzen Volk als König anerkannt, und er mußte die Philister schlagen. Beide Aufgaben nahm er unverzüglich in Angriff.

5,1–5 David wird König über ganz Israel. Niemand dachte daran, Sauls behindertem Enkel Mephiboscheth (Merib-Baal) (4,4) die Regierung anzuvertrauen; die Situation verlangte einen einsatzfähigen Krieger.

2 Zwei Motive bewogen die Nordstämme, zu David überzugehen: seine Bewährung als Feldherr und die Tatsache, daß Jahwes Verheißungen auf ihm ruhten. *Du sollst mein Volk . . . weiden:* Das Bild des Hirten wird häufig auf den König angewandt, vgl. bes. Hes 34. *Fürst:* s. Komm. zu 1Sam 10,1. **3** Die Auffassung von A. Alt, daß Nord- und Südstämme nur in der Person des Königs, nicht verfassungsmäßig vereint waren, wird heute allg. vertreten. **5** Eine Zusammenfassung von Davids bisheriger Regentschaft und Hinführung zum Bericht über die Eroberung Jerusalems.

5,6–16 Jerusalem wird erobert und zur Hauptstadt gemacht. Jerusalem war bereits eine sehr alte Stadt. Zur Zeit der Eroberung Kanaans durch die Israeliten blieb sie in der Hand der Jebusiter (Ri 1,21), obwohl die Männer von Juda sie einmal, wenigstens teilweise, eingenommen hatten (s. Komm. zu Ri 1,8). Nun bildete Jerusalem eine kanaan. Enklave, die Juda von Benjamin und Ephraim trennte. Die Eroberung dieser Stadt, die weder im Besitz der Süd- noch der Nordstämme war, bildete einen wichtigen Schritt zur Festigung des Königtums Davids. **6** Die Jebusiter hielten ihre Festung für uneinnehmbar. **7** Zu den topographischen Bezeichnungen s. LZB, Art. »Jerusalem«. **8** Dieser V. muß im Hebr. auf jeden Fall verbessert werden. Das Wort für »Schacht« ist in seiner Bedeutung ungewiß (ZÜ läßt es weg). W. F. Albright übers. »Hakenleiter«. Die LXX liest an dieser Stelle »Dolch«, der parallele Abschnitt in 1Chr 11,6 läßt das Wort weg. Es ist durchaus möglich, daß Joab (vgl. 1Chr 11,6) die Stadtbefestigung an einer Schwachstelle der Wasserleitung durchbrochen hat. Hertzberg vermutet, daß die Rogelquelle im Osten der Stadt, die heute Hiobsquelle genannt wird, urspr. Joabsquelle hieß. *Das Haus:* ist hier vermutl. der Tempel. **9** *Der Millo:* ein Teil der Stadtbefestigung, den Salomo später bes.

ausbauen ließ (1Kön 9,15). **11.12** »Zugleich wird deutlich, daß David nunmehr die Augen des Auslands auf sich lenkt. Er findet Beachtung und Anerkennung« (Hertzberg). Der Libanon war für seine Baumaterialien und seine Baukunst bekannt. David wurde von Gott nicht um seiner Person, *sondern um seines Volkes willen* in seinem Königtum bestätigt. Eine derart »demokratische« Vorstellung von Königtum war in der Alten Welt ungewöhnlich. **13–16** setzen die Liste von 3,2–5 fort. *Eljada:* erscheint in 1Chr 14,7 als Beeljada. *Salomo* wird in dieser Aufzählung erst an vierter Stelle genannt.

5,17–25 Der Angriff der Philister wird zurückgeschlagen. Nun war ganz Israel unter David vereinigt, und die Philister konnten ihn nicht länger als Bundesgenossen oder Vasall betrachten. Diese Schlacht kann durchaus vor der Eroberung Jerusalems stattgefunden haben.

17.18 *Die Bergfeste:* viell. wieder Adullam, vgl. 23,13f und 1Sam 22,1. Andererseits lag *die Ebene Rephaim* in der Nähe von Jerusalem. Die Philister versuchten, Juda von den Nordstämmen abzuschneiden. **20** *Baal-Perazim:* Der Ort erhielt seinen Namen »Herr der Durchbrüche« nach dieser Schlacht. »Durchbruch« läßt, im Unterschied zu der Strategie, die David in der zweiten Schlacht anwandte (V. 23), auf einen Frontalangriff schließen. **21** Die Philister hatten *Götzenbilder* mit aufs Schlachtfeld gebracht, um den Sieg zu sichern (vgl. 1Sam 4,3f). David ließ sie später verbrennen (1Chr 14,12). **22** Die Philister sahen keine Veranlassung, ihre Kampfesweise zu ändern. **23–25** David aber wandte mit großem Erfolg eine neue Taktik an. *Von Gibeon an bis Geser:* Die Philister wurden gänzlich aus dem Bergland vertrieben. Im Hebr. steht *Geba.* Gibeon (LXX) dürfte eher richtig sein (1Chr 14,16).

6,1–7,29 David, die Lade und das Haus Gottes

Saul hatte nie Interesse an der Bundeslade gezeigt; er hatte sich sowohl mit den Propheten wie mit den Priestern verfeindet. David, der von Gott erwählte König, nahm eine ganz andere Haltung ein; um so größere Verheißungen göttlichen Segens waren die Folge.

6,1–31 Die Lade wird nach Jerusalem geholt. 1Chr 13 und 15 berichten darüber ausführlicher. Auf diese Weise machte David die Hauptstadt und Königsresidenz auch zum zentralen Heiligtum. Das brachte den König zwangsläufig in engen Kontakt zu Kultus und Priesterschaft. **2** *Baala in Juda:* in 1Sam 7,1 heißt der Ort Kirjath-Jearim. S. Komm. zu 1Sam 4,4. **3** *Ein neuer Wagen:* vgl. 1Sam 6,7. *Söhne:* Das hebr. Wort kann auch allg. Nachkommen bezeichnen; im Blick auf die lange Zwischenzeit und die Tatsache, daß Eleasar (vgl. 1Sam 7,1) nicht mehr erwähnt wird, ist wahrscheinlich, daß es sich hier um Enkel handelt. **6** *Nachon:* ein ungewöhnlicher Name, viell. ist »Kidon« (so 1Chr 13,9) vorzuziehen. **7** *Weil er seine Hand nach der Lade Gottes ausgestreckt hatte:* LÜ und ZÜ folgen 1Chr 13,10, weil MT an dieser Stelle unklar ist. EÜ und JB (»wegen des Vergehens«) versuchen, den MT wiederzugeben. Die Bestrafung Usas wird oft als zu hart empfunden, weil er in guter Absicht handelte. Aber die Lade war nun einmal das Symbol der Majestät Jahwes. Die Israeliten mußten lernen, daß Gottes Heiligkeit allumfassend ist; dazu bedurfte es manchmal solcher erschreckender Machterweise (vgl. 4Mo 4,15). **10.11** *Obed-Edom, des Gathithers:* Der Name bedeutet »Verehrer Edoms«. Edom war vermutl. eine Gottheit. Es ist nicht ohne Ironie, daß ein Philister und Götzendiener Wächter der Lade wird und ihm daraus Segen erwächst. **12–15** Viele moderne Ausleger halten diesen Abschnitt für eine Beschreibung des jährlichen Thronbesteigungsfestes Jahwes als Teil des Neujahrs- oder Laubhüttenfestes. Aber die Belege dafür sind nicht überzeugend. K. A. Kitchen hält es für unangemessen, wenn man so spezielle historische Begebenheiten wie 2Sam 6 in das Schema eines Neujahrsfestes zu pressen versuche. **14** *Der leinene Priesterschurz* (JB: *Linnen-Ephod*) war viel kürzer als ein normales Obergewand (vgl. V. 20). **15** *Jauchzen:* ein ritueller Ruf, vgl. Ps 47,6. **19** *Fleisch:* Diese Übers. beruht lediglich auf Vermutung; andere übersetzen »Datteln« (JB) oder »Wein« (EÜ). **20** Michals Reaktion ist viell. auf das allg. bekannte peinliche, die Würde des Königs herabsetzende Benehmen ihres Vaters in Najoth in Rama zurückzuführen (1Sam 19,24).

7,1–17 Die Weissagung Nathans. Dieser Abschnitt ist in vieler Hinsicht der wichtigste in den gesamten Samuelbüchern. Davids Wunsch, dem Herrn ein »Haus« zu bauen, wird abgelehnt; Gott ist der souveräne Herr und keines Menschen Schuldner. Stattdessen verspricht Gott David ein »Haus« (d.h. eine Dynastie). Mehr noch: diese Dynastie soll »ewig« bestehen (V. 16). Das war die Basis für die messianische Hoffnung, die im NT erfüllt ist. Durch das Haus Davids wollte Gott Israel Heil schaffen (V. 10f).

1 Der Berichterstatter übergeht hier zunächst einen Zeitabschnitt (in Kap. 9 werden noch weitere Schlachten erwähnt), um die Geschichte der Lade und des Heiligtums zu Ende zu erzählen. **2** *Nathan:* ein würdiger Nach-

folger Samuels, wird hier zum ersten Mal erwähnt. **6** *Wohnung:* Das hebr. Wort bezeichnet eine nur vorübergehende Wohnstatt. In 1–5Mo wird so die Stiftshütte genannt. Das Heiligtum in Silo war in gewissem Sinn ein »festes Gebäude« gewesen – doch es war zerstört worden. Im NT vgl. Jh 4,21; Apg 7,48f; 17,24. **7** Gott geht noch immer vor seinem Volk her. **8–13** Erst wenn Israel (unter Salomo) zur Ruhe gekommen sein wird, ist Gott mit einer festen Wohnung einverstanden.
13 Ausführlicher in 1Chr 22,7–10. **14** *Ich will sein Vater sein, und er soll mein Sohn sein:* deutet eine bes. enge Beziehung zwischen Gott und dem davidischen König an (vgl. Ps 2,7). Unwürdige Könige sollen den Fortbestand der Dynastie nicht gefährden.
15 *Meine Gnade:* Das hebr. Wort *chesed* umschließt die in einem Bundesverhältnis vorausgesetzten Eigenschaften, z.B. Treue; vgl. Jes 55,3 (s. auch Einleitung zu Ruth, S. 336).

7,18–29 Davids Gebet. David nimmt die unerwartete Zusage Gottes demütig an. Und er bringt das ihm gegebene göttliche Versprechen mit den früheren Verheißungen an das Volk, das er nun regiert, in Verbindung. Davidsbund und Sinaibund sind miteinander verknüpft. Dieser Abschnitt eröffnet Perspektiven, die weit über die Geschichte Israels hinausgreifen (Hertzberg).

18 *Vor dem Herrn:* im derzeitigen Heiligtum für die Lade. **19** Hier wie an anderen Stellen dieses Abschnitts ist der Text unklar, vgl. LÜ und ZÜ. **23.24** Vgl. 2Mo 19,3–6.

8,1–18 Weitere Siege Davids

8,1–14 Verschiedene Kriegszüge. Es entsteht der Eindruck, als würden die Verheißungen von Kap. 7 teilweise unmittelbar erfüllt; viele der hier zusammengestellten Kriegszüge hatten jedoch lange vor der Nathanweissagung stattgefunden (vgl. 7,1). (Zu den Kriegen Davids vgl. M. Noth, *Geschichte Israels,* S. 178ff; J. Bright, *Geschichte Israels,* S. 189ff.)

1 *Dienstzaum:* wörtl. »Zaum der Elle«; das Bild ist uns nicht mehr verständlich, vgl. die verschiedenen Übersetzungen; *»die Zügel der Hauptstadt«* (ZÜ) würde sich auf Gath, eine bedeutende Philisterstadt, beziehen (vgl. 1Chr 18,1). **2** Die Grausamkeit gegenüber den *Moabitern* läßt auf Verrat von ihrer Seite schließen; denn früher hatten freundliche Beziehungen geherrscht (vgl. 1Sam 22,3f).
3 *Zoba:* ein kleiner aram. Staat in der Nähe von Damaskus, dem **5** seine Stammverwandten zu Hilfe kamen; vgl. Ps 60,2. **6** *Der Herr half David, wo er auch hinzog:* eine theol. Aussage, die zugleich die allg. Überraschung über Davids Siege widerspiegeln mag.
8 1Chr 18,8 überliefert die Ortsnamen in abweichender Form. **9** *Hamath:* ein weiterer aram. Kleinstaat, knapp 200km nördl. von Damaskus. **12** *Edom:* MT liest Aram (= Syrien), was viell. doch richtig ist (EÜ).
13 *Sieg über die Aramäer, schlug er die Edomiter:* setzt Textergänzung voraus. MT hat hier wieder (nur) *Aram* (vgl. EÜ), aber aufgrund von Ps 60,2 und 1Kön 11,15 ist es sicher richtig, mit LXX Edom zu lesen. Beide Namen sind im Hebr. kaum auseinanderzuhalten, wenn die Vokale nicht mitgeschrieben werden, wie es viele Jh. lang üblich war.

8,15–18 Davids Beamte. Davids Eroberungen erforderten eine umfassende Verwaltung; offensichtlich deshalb die kurze Liste der königlichen Beamten an dieser Stelle. 20,23–26 folgt eine weitere Liste. Dieser Abschnitt dient als Überleitung zu den folgenden Kapiteln, in denen der Verf. sich von den Schlachtfeldern abwendet und die Aufmerksamkeit auf den königlichen Hof richtet.

15 *Recht und Gerechtigkeit:* David war für die Gerichtsbarkeit im ganzen Land selbst direkt verantwortlich. Diese Tatsache machte sich später Absalom zunutze (vgl. 15,3).
17 weist einige Textprobleme und Unklarheiten auf (s. JB Anm.). Vermutl. müssen wir zuerst die Namen *Ahimelech* und *Abjathar* austauschen (vgl. 1Sam 22,20). Nach anderen bibl. Genealogien sind sowohl Zadok wie Abjathar Nachkommen eines Ahitub (nicht notwendig derselbe!, vgl. 1Chr 6,8; 1Sam 22,9). Man hat oft vermutet, daß Zadok gar kein Levit war, sondern lange, bevor David die Stadt eroberte, in Jerusalem als Priester »Gottes des Allerhöchsten« (1Mo 14,18) Dienst tat (so H. H. Rowley). Ebensoviel spricht für die Lösung, daß Saul Zadok zum Hohenpriester machte, nachdem er die Priesterschaft von Nob getötet hatte (und sie stimmt zudem mit den bibl. Genealogien überein). Es ist eher anzunehmen, daß David versucht hat, den Anhängern Sauls entgegenzukommen, indem er dessen Hohenpriester neben seinem eigenen amtieren ließ, als daß er einen vorisrael. (jebusitischen?) Priester in Jerusalem geduldet hätte. Schließlich war David selbst eine Art Priesterkönig »nach der Weise Melchisedeks« (Ps 110,4); für einen früheren Jerusalemer Priester dürfte daher in der Hierarchie kaum Platz gewesen sein. **18** Die *Krether und Plether* gehörten zu den Seevölkern. Sie waren mit den Philistern verwandt oder gehörten zu ihnen. *Plether* könnte auch einfach Philister bedeuten und um des Wortspiels willen auf »Krether« gereimt worden sein. Diesem Vers zufolge waren auch *die Söhne Davids Priester.* Manche Ausleger wollen das hebr. Wort, das normalerweise »Priester«

bedeutet, im Blick auf 1Chr 18,17 hier mit »Vertraute« übersetzen. Aber wenn David als König in Jerusalem nach dem Vorbild Melchisedeks einige priesterliche Funktionen übernahm, kann er sie auch ganz oder teilweise seinen Söhnen übertragen haben. Vgl. aber Komm. zu 1Chr 18,17.

9,1–20,26 David und sein Hof

Dieser lange Abschnitt stellt eine – nur geringfügig bearbeitete – Hofgeschichte Davids dar, die gut einer einzigen literarischen Quelle entstammen kann (s. Anhang 1). Diese Kap. enthalten aber nicht etwa lose miteinander verbundene Einzelepisoden, sondern haben ein klares gemeinsames Thema: Der von Gott Erwählte. In Kap. 9 wird berichtet, daß David dem Enkel seines Feindes Saul Bundestreue erweist. In Kap. 11 dagegen wird berichtet, wie derselbe Mann einen treuen Gefolgsmann betrügt und ermordet. Damit weicht David vom Willen Gottes ab. Trotzdem führen gerade diese Ereignisse zur Geburt Salomos hin, des von Gott bestimmten Nachfolgers Davids. In den übrigen Kapiteln wird berichtet, wie David durch die bösen Taten seiner Söhne für seine Sünde bestraft wird. Und doch verhindert Gott, daß sie David oder Salomo die Herrschaft entreißen. Viele neuere Ausleger bezeichnen 2Sam 9–20 (mit 1Kön 1–2) als »Thronfolgegeschichte Davids«.

9,1–13 David und Mephiboscheth

Das Kapitel bietet einen Kontrast zu dem Bericht über David in Kap. 11. Zugleich bereitet es die Rolle vor, die Mephiboscheth und Ziba bei Absaloms Revolte spielen werden (16, 1 4; 19,24–30).

9,1–8 Mephiboscheth wird eingeladen. Die Furcht Mephiboscheths ist berechtigt; denn in der alten Welt rotteten Könige normalerweise alle Mitglieder der vorhergehenden Dynastie aus. Es ist auch möglich, daß die 21,7–9 berichteten Ereignisse bereits stattgefunden hatten. Davids erste Frage dürfte sich für mißtrauische Ohren kaum anders angehört haben als die Aufforderung des Herodes in Mt 2,8 (Hertzberg).

1 *Um Jonathans willen:* David will seinen Bund mit Jonathan (1Sam 20,42) einhalten. 3 Vgl. 4,4. 4 *Machir:* war ein reicher Landbesitzer (vgl. 17,27–29). *Lo-Dabar:* ist nicht genau zu lokalisieren, muß aber in Nord-Gilead gelegen haben, unweit von Jabesch, dessen Bewohner Saul bestattet hatten (1Sam 31,11ff). 6 *Mephiboscheth:* s. Komm. zu 4,4. 7 *Besitz ... Sauls:* d.h. dessen persönlichen Landbesitz in Benjamin.

9,9–13 Mephiboscheth am Hof. Man ließ Mephiboscheth nicht nur Leben und Besitz, er erhielt sogar einen Ehrenplatz am Hof. Mit dieser Großzügigkeit tat David mehr, als sein Bund mit Jonathan verlangte; hier kommt in der Tat »Gottes Barmherzigkeit« (V.3) zum Ausdruck.

10 klingt in sich widersprüchlich. Viell. ist vorauszusetzen, daß die Anwesenheit am Hofe seine Ausgaben eher vergrößern als verringern würde. 12 *Micha:* Durch ihn wurde das Fortbestehen von Sauls Geschlecht über mehrere Generationen gesichert (1Chr 9,41–44).

10,1–12,31 Der Krieg mit Ammon und seine Folgen

Der Ammoniterkrieg bildete den Hintergrund für Davids Affäre mit Bathseba und die Folgen.

10,1–19 Sieg über Ammon und seine Verbündeten. David war Hanun aufgrund eines Freundschaftsdienstes, den ihm dessen Vater Nahasch erwies, freundlich gesonnen; viell. geht das auf die Zeit zurück, als David im Nachbarland Moab Zuflucht genommen hatte (1Sam 22,3f). Saul hatte Nahasch angegriffen (1Sam 11); es war also nicht verwunderlich, daß Nahasch später dem von Saul verfolgten David beistand. Der Krieg, der jetzt zwischen David und Hanun ausbricht, ist einer der wenigen Eroberungszüge Davids, dessen Ursachen wir erfahren. Hanun hat David provoziert. Aber es ist verständlich, daß die benachbarten Herrscher den mächtigen König Israels argwöhnisch betrachtet haben.

5 *Jericho:* liegt an der Straße von Ammon nach Jerusalem. Bevor David Ammon eroberte, war es Grenzstadt. 6 Für die Ammoniter lag es nahe, ihre Bundesgenossen in den aram. Kleinstaaten im N zu suchen, vgl. 8,3–12. 16–18 Die Schlacht, von der hier berichtet wird, erinnert auffallend an die in Kap. 8,3ff erwähnte Auseinandersetzung. Da Kap. 8 eine Zusammenfassung von Davids Siegen enthält, kann es sich gut um dieselbe Schlacht handeln, über die diesmal im richtigen chronologischen und politischen Zusammenhang berichtet wird. Allerdings stimmen die Zahlenangaben nicht überein. Doch das ist kein Gegenbeweis; denn ein Vergleich mit dem entsprechenden Abschnitt in 1Chr 19,16–19 läßt auf Textverderbnis schließen.

11,1–13 David, Bathseba und Uria. V.1 stellt die Verbindung zwischen dem Kriegsgeschehen jenseits des Jordans und Davids Ehebruch mit Bathseba in Jerusalem her. Die Geschichte des Kriegszuges wird 12,26 wieder aufgenommen.

1 *Da die Könige ins Feld zu ziehen pflegen:*

d.h. im Frühjahr; im übrigen hier viell. eine ironische Bemerkung, denn genau das tat David nicht! *Rabba:* Rabbath-Ammon (heute Amman), die Hauptstadt der Ammoniter.
2 Davids erste Reaktion ist verständlich. Auch ist nicht klar, ob Bathseba von Koketterie frei war. Scheinbar hat ein purer Zufall diese fatale Kette von Ereignissen in Gang gesetzt. Bathseba wird jedenfalls nirgends als schuldiger Teil bezeichnet. **3** *Eliam* wie *Uria* gehörten zu Davids »Helden« (vgl. 23,34.39). Obwohl Uria *Hethiter* war, muß er Jahwe verehrt haben; denn sein Name bedeutet: »Jahwe ist Licht«. **4** Diese Tat wäre für viele Monarchen der Alten Welt selbstverständlich gewesen, aber in Israel herrschte eine andere Auffassung von den Rechten des Königs (vgl. 1Kön 21,5–7.19). **8** *Wasch deine Füße:* eine allg. Redewendung jener Zeit; V. 11 drückt klarer aus, was gemeint ist. Offensichtlich möchte David seine Vaterschaft vertuschen. **11** Sexuelle Enthaltsamkeit war im Krieg religiöse Pflicht (vgl. 1Sam 21,6). **13** Uria wurde nicht schwach, obwohl er betrunken war. Viell. hatte ihn auch das Gerücht von der Untreue seiner Frau erreicht.

11,14–27 Urias Tod. David wußte, daß sich Joab von allen seinen Leuten am wenigsten sträuben würde, bei einem Mord mitzuwirken. Joab bemühte sich auch prompt, Davids Anweisungen noch zu verstärken. Das kostete einigen weiteren guten Soldaten das Leben. David wollte, daß nur Uria starb, aber das wäre zu auffällig gewesen. **20.21** Eigenartigerweise nehmen diese Verse detailliert Davids mögliche Antwort auf die Botschaft vorweg. Trotzdem ist es nicht nötig (wie Hertzberg es mit einiger Unterstützung der LXX tut), die Verse umzustellen, um sie David direkt in den Mund zu legen. Denn David erwartete schließlich nur die Nachricht vom Tod eines bestimmten Menschen. *Abimelech:* s. Ri 9,53. **27** Davids Eile war ungebührlich; sie läßt darauf schließen, daß die Trauer ihm hier bloße Formalität war. Natürlich war auch wegen Bathsebas Schwangerschaft rasches Handeln geboten.

12,1–14 Nathans Strafrede. Eine Tat war geschehen, die Davids ganzes weiteres Leben bestimmen sollte. Aber mehrere Monate vergingen (11,27), bevor sich Konsequenzen abzeichneten. Nathans frühere Prophezeiung hatte David unbegrenzten göttlichen Segen zugesprochen (7,8–16), und David hatte offensichtlich nicht die geringste Ahnung, daß Nathans Besuch ihm Unheil ankündigen könnte. Nathans Gleichnis war in doppelter Hinsicht geschickt gewählt: Es führte David dahin, sich – unfreiwillig – selbst zu verurteilen, und es appellierte an ihn als den obersten Richter des Landes (vgl. 8,15).

1 David war nicht der einzige Mann in Israel, der direkte Weisungen von Gott empfing. **5.6** Die *vierfache* Erstattung entsprach dem Gesetz (2Mo 22,1), die zusätzliche Todesstrafe läßt das Ausmaß von Davids Zorn auf den ungenannten Übeltäter erkennen. **8** *Die Frauen deines Herrn* (ZÜ): Sonst wird nirgends gesagt, daß David Sauls Harem übernahm; aber es war damals bei der Thronfolge allg. üblich (vgl. 3,7; 16,22). David besaß bereits einen stattlichen Harem; darum war sein Ehebruch um so unentschuldbarer.
9 *Durchs Schwert der Ammoniter:* Nathans Worte drücken Verachtung aus: So tief ist David gesunken, daß er seine Feinde zu seinen Mordkomplizen macht. **10–12** Die Strafe entspricht dem Vergehen. Die Weissagungen erfüllten sich in dem gewaltsamen Tod von Amnon und Absalom zu Lebzeiten Davids, in späterem Blutvergießen (wie Athaljas Säuberungsaktion 2Kön 11,1) und in Absaloms öffentlicher Inbesitznahme des königlichen Harems (16,22). **13** Davids Reue war spontan und echt (vgl. Ps 51,1 und ff). Er hat Nathan nie als seinen Feind bezeichnet, wie etwa Ahab Elia (1Kön 21,20). Auf die Buße Davids folgte unmittelbar die Zusage der Vergebung; denn nach dem Gesetz (5Mo 22,22) und nach seinem eigenen Urteil hätte David sterben müssen. Gottes Vergebung und Strafe schließen einander nicht unbedingt aus. **14** *Die Feinde:* Die Streichung dieses Wortes (ZÜ, JB) ist unnötig und ohne Rückhalt in der Textüberlieferung.

12,15–25 Der Tod des Kindes und die Geburt Salomos. Nathans letzte Prophezeiung wurde als erste erfüllt: Das Kind aus der ehebrecherischen Verbindung mußte sterben. Hier werden die Sünden des Vaters offensichtlich an dem Kind heimgesucht. Davids Reaktion auf Krankheit und Tod des Knaben stand in krassem Gegensatz zu allem, was damals Brauch und Sitte war; seine Höflinge mußten schockiert und verwirrt sein. Aber Davids Überlegungen sind verständlich.

23 *Ich werde wohl zu ihm fahren:* Hier geht es um die Unausweichlichkeit des Todes. David sagt hier nichts über ein Leben nach dem Tod aus. **24** *Salomo:* Der Name hängt mit *schalom,* »Frieden, Heil«, zusammen und bezieht sich entweder auf die bereinigte Situation in Davids Familie oder auf Jerusalem; denn wahrscheinlich war Salomo der erste Sohn, der David in dieser Stadt von einer seiner »Frauen« – nicht von einer Konkubine (»Nebenfrau«) – geboren wurde (vgl. 5,13f).
25 Der zweite Name, *Jedidja* (»der Geliebte des Herrn«), war ein für David bestimmtes

Zeichen, daß dieser Sohn nicht sterben würde. Zugleich, ob David es zu dieser Zeit wußte oder nicht, kennzeichnete er diesen Knaben als Thronfolger.

12,26–31 Die Eroberung der Hauptstadt der Ammoniter. Der Kriegsbericht, der 11,1 unterbrochen wurde, kommt nun zum Abschluß. V. 26 faßt den ganzen Abschnitt vorab zusammen. **27** *Die Wasserstadt:* meint nicht die ganze Stadt Rabba, sondern die überdachte Verbindung zur Wasserquelle, vergleichbar dem Siloahtunnel von Jerusalem in späterer Zeit. **30** *Sein König:* Das hebr. *malkam* wurde von der LXX als Name verstanden; moderne Exegeten sehen darin die ammonitische Gottheit Milkom (vgl. Zeph 1,5; so auch ZÜ, JB). Insgesamt ist jedoch »sein König« vorzuziehen, denn David dürfte kaum die Krone einer heidnischen Gottheit aufgesetzt worden sein. Das bedeutende (aber mögliche) Gewicht der Krone bildet ein gesondertes Problem. **31** *Ließ sie arbeiten:* Die erwähnten Werkzeuge unterstützen diese jetzt allg. übliche Wiedergabe, die jedoch eine, wenn auch geringfügige Textänderung erfordert: *he'ebid* (»ließ arbeiten«) für *he'ebir* (»ließ vergehen«). Der Einsatz besiegter Völker zur Zwangsarbeit war damals allg. üblich. Vgl. auch 20,24. MT würde demgegenüber eine grausame Tötung mit nicht-kriegerischen Geräten bedeuten (s. EÜ). Vgl. Komm. zu 1Chr 20,3.

13,1–19,1 David und seine ältesten Söhne

Die zentrale Gestalt der nächsten Kapitel ist Absalom, Davids dritter Sohn (vgl. 3,2f). Er ermordet Davids ältesten Sohn Amnon. Der zweite ist vermutl. jung gestorben, denn er taucht in der Thronfolgegeschichte überhaupt nicht auf. Nach dem Tode Amnons meinte Absalom, den ersten Anspruch auf den Thron zu haben.

13,1–22 Amnon schändet seine Halbschwester. Davids unglückliches Geschick, das er durch seine Affäre mit Bathseba über sich gebracht hat, wird weiter verfolgt. Die Geschichte von Absaloms Rebellion beginnt mit den gleichen Sünden wie bei David: Sexuelle Unmoral und Mord.

1 *Thamar* war *Absaloms* Schwester und *Amnons* Halbschwester. **2** *Unmöglich:* Es war nach 3Mo 18,11; 5Mo 27,22 verboten; aber Thamar hielt (V. 13) eine Ausnahme für möglich (auch Abraham hatte schließlich seine Halbschwester geheiratet). Nach dem Textzusammenhang dürfte jedoch eine praktische Unmöglichkeit gemeint sein: Thamar war zu gut abgeschirmt. Auf jeden Fall hatte Amnon Verführung, nicht Heirat, im Sinn. **3** *Schima:* s. Komm. zu 1Sam 16,9. **6–11** Die Mühe, die Amnon auf sich nimmt, zeigt, daß es sich nicht um eine augenblickliche Laune handelt. **12** In Thamars Antwort kommt zum Ausdruck, daß Israels moralischer Standard dem der Nachbarvölker überlegen zu sein hat. Amnons Übergriff würde sie mit einem bleibenden Makel belegen. Dem entspricht auch ihre Äußerung in V. 16. **18** *Ärmelkleid:* dasselbe Wort wie 1Mo 37,3. **19** Thamar stimmte die Totenklage einer Witwe um ihren Mann an. **21** Davids Zorn veranlaßte ihn nicht dazu, etwas zu unternehmen. Ein Grund wird in MT nicht genannt. LÜ, ZÜ und JB ergänzen den Text nach LXX: ». . . denn er liebte ihn, weil er sein Erstgeborener war« (so auch ein Textfragment von 2Sam aus Qumran). Auch Absalom tat nichts, **22** aber mit anderen Gefühlen und Absichten!

13,23-39 Amnons Tod und Absaloms Flucht. Absalom zeigte sich nicht weniger geschickt als sein Vater, einen Mann zu beseitigen (vgl. Kap. 11). Absaloms Haß auf Amnon war allerdings nicht unberechtigt.

23 *Baal-Hazor:* Zwei Orte kommen in Frage, der eine 18km, der andere nur 6km von Jerusalem entfernt. *Schafschur:* s. Komm. zu 1Sam 25,4. **29–33** Das Durcheinander führte zu übertriebenen Gerüchten. *Jonadab* bewies erneut seine »Erfahrung« (V. 3) durch richtige Einschätzung der Situation und beruhigte damit den König. **34** *Absalom aber floh:* Diese Bemerkung unterbricht an dieser Stelle die Erzählung, während sie sich in V. 37 gut einfügt. Sie ist vermutl. als letzter Satz der Rede Jonadabs zu verstehen: »Amnon allein ist tot, Absalom aber ist geflohen«. (Hertzberg vermutet, daß der Satz über Absalom urspr. zwischen V. 29a und 29b gestanden habe.) **37** *Absalom floh* zur Familie seiner Mutter (vgl. 3,3) nach Geschur, nordöstl. von Davids Einflußbereich. **39** Ein schwieriger Vers. Der Sinn ist offensichtlich, daß David sich allmählich mit Amnons Tod abfand und Absalom wiedersehen wollte.

14,1–20 Die Frau aus Thekoa. Viell. beabsichtigte Joab, sich sowohl David als auch Absalom persönlich zu verpflichten. Sein Plan beruhte auf der Tatsache, daß David oberster Richter war (vgl. 8,15); auch Nathan hatte sich in seinem Gleichnis dieses Faktum zunutze gemacht (12,1–6).

2 *Thekoa:* 10km südl. von Bethlehem. **5–7** Das Problem, das die Frau vorbringt, ist aus dem Leben gegriffen; es könnte unter Beduinen heute noch vorkommen. Im Gleichnis und in der Anwendung geht es darum, daß andere da sind, die nur darauf lauern, sich auf das Erbe zu stürzen. **8–11** Als die Frau entlassen werden soll, bittet sie um eine sofortige

Entscheidung und bekommt sie. **9** *Schuld:* weil die heiligen Pflichten der Sippe verletzt werden. **11** *Bluträcher:* wird der nächste männliche Verwandte des Toten; seine Pflichten sind 4Mo 35 und 5Mo 19 beschrieben. **13** David mußte das als Anspielung auf Absalom erkennen. **14** *Wir sterben des Todes:* d.h. das Leben ist viel zu kurz. *Er ist darauf bedacht:* LÜ folgt hier MT »Gott ist bedacht«. ZÜ folgt einem auf Ewald zurückgehenden Vorschlag: »dessen . . ., der darauf sinnt«. Diese Korrektur erscheint jedoch unnötig; denn so wie Gott in seiner großen Barmherzigkeit darauf bedacht ist, nicht zu verstoßen, so soll es auch David sein. David wußte, was es heißt, verstoßen zu sein; er war selbst nur knapp mit dem Leben davongekommen und hatte dann eine triumphale Rückkehr erlebt. **17** Davids Fähigkeiten als Richter waren von Gott gegeben und entsprachen seinem Vorbild. Absaloms späterer Vorwurf (15,4) bezieht sich nicht auf unzureichende Fähigkeiten Davids, sondern auf den Mangel an Zeit für seine Pflichten als Richter. **18–20** David beweist seinen Scharfblick; er erkennt sofort, daß Joab die Hand im Spiel hat.

14,21–33 Absaloms Heimkehr. Wenn es auch Joab war, der die Heimkehr Absaloms auf israel. Boden veranlaßte, so sorgte doch Absalom selbst dafür, daß er bei Hof wieder zugelassen wurde. Er tat das auf sehr arrogante Weise. Dieser Abschnitt läßt erkennen, daß weder Vater noch Sohn vergeben und vergessen hatten. **26** Ein Hinweis auf Absaloms spätere Todesart (18,9.14). *Nach dem königlichen Gewicht:* eine – neben anderen – sowohl in Israel wie in Babylon anerkannte Maßeinheit. **27** *Drei Söhne:* 18,18 läßt darauf schließen, daß sie vor ihrem Vater starben. **33** David erkennt Absalom jetzt offensichtlich (allerdings erst hier) als Kronprinz an. Er war der älteste lebende Königssohn (vorausgesetzt, daß Kilab gestorben war, vgl. 3,3).

15,1–12 Absaloms Aufruhr. Absalom verstand es, seine Ziele ruhig und systematisch zu verfolgen. Er hatte zwei Jahre gewartet, bevor er Amnon tötete (13,23); jetzt verwendete er vier Jahre darauf (V. 6), seinen Aufstand vorzubereiten. Er setzte seinen Charme ein und nutzte das Vorkommen von Ungerechtigkeiten für sich aus. Auch wußte er Prunk und Volkstümlichkeit (V. 5) geschickt zu verbinden.

2.6 *Israel:* könnte sich auf die Nordstämme im Gegensatz zu Juda beziehen (Hertzberg). Aber wenn Absalom hier regionale Differenzen gegeneinander ausspielen wollte, dürfte er seine Revolte kaum in Hebron, der ehemaligen Hauptstadt Judas, begonnen haben (V. 10). Daher ist *Israel* vermutl. eher im weiteren Sinn zu verstehen. **8** Möglicherweise war David erstaunt, daß Absalom sein *Gelübde* jetzt noch erfüllen wollte. **11** Absalom hatte in der Hauptstadt selbst offensichtlich kaum Anhänger. **12** Wir erfahren nicht, warum *Ahithophel* sich der Verschwörung anschloß. Er war Bathsebas Großvater (vgl. 11,3; 23,34); vielleicht empfand er immer noch Davids Verhalten als Entehrung seiner Enkelin.

15,13–37 Davids Flucht. David war überrascht; trotzdem schätzte er die strategische Lage sofort richtig ein. In den Jahren der Flucht vor Saul hatte er wertvolle Erfahrungen gemacht. Er kannte den besten Fluchtweg und schlug ihn ein. Vor allem mußte er Zeit gewinnen. Er räumte die Hauptstadt Jerusalem, um sie zu schonen (genau wie übrigens die deutsch-türkische Armee 1917, worauf Hertzberg hinweist). Seine Leibwache nahm er mit, nicht jedoch die Lade. Sie war zwar von israel. Truppen oft in die Schlacht mitgeführt worden, viele von Davids Leuten mögen es als schlechtes Vorzeichen betrachtet haben, wenn man sie jetzt zurückließ. Aber David sah die Sache anders und ließ die Lade ins Heiligtum zurückbringen (V. 25–28).

16 *Der König ließ zehn Nebenfrauen zurück:* Sie wurden von Absalom übernommen (16,21f). **17.18** *Beim letzten Hause:* David musterte seine Truppen beim Ortsausgang an der Straße, die von Jerusalem nach O führte, in der Nähe des Kidrontals (vgl. V. 23). *Krether und Plether:* s. Komm. zu 8,18. **19–22** *Ittai* reagierte ähnlich wie Ruth gegenüber Naëmi (vgl. Rut 1,15ff). David nimmt die gesamte Situation außergewöhnlich ruhig hin. Er nennt Absalom sogar »König«. **20** *Barmherzigkeit:* hebr. *cheśed*; gehört zur Sprache eines Bundesverhältnisses. Die Verwendung gegenüber einem Nichtisraeliten ist bemerkenswert, ebenso dessen Antwort V. 21. David belohnt Ittais Treue, s. 18,2. **24** ZÜ hat diesen Vers umgestellt, um *Abjathar* mit am Anfang zu nennen. LÜ folgt hier dem Hebr. genauer und ist vermutl. vorzuziehen. *Brachte Opfer dar:* so LÜ wohl richtig für das wörtl. »ging hinauf« (EÜ). Abjathar war ranghöher als Zadok. (Unter Salomo fiel er in Ungnade, vgl. bes. 1Kön 2,35.) Wenn Abjathar zu dieser Zeit am Heiligtum in der Stadt (?) Opfer darbrachte, würde das erklären, warum Zadok hier zuerst und allein erwähnt ist und warum *»und Abjathar«* im MT in V. 27 fehlt. (Dann müßte allerdings »und Abjathar« in V. 29 als Zusatz eines Abschreibers wieder gestrichen werden.) **30–37** Daß *Ahithophel* überlief, war ein harter Schlag, aber Gott sorgte in der Person des *Huschai* sofort für einen Ausgleich. Damit konnte David eine Art Spionagering bilden, um Ahithophels Scharfsinn entgegenzuwirken. **37** David entkam rechtzeitig und Huschai kehrte früh genug in die Stadt zurück.

16,1–14 Ziba und Simeï. In diesem Kapitel werden zwei Paar unterschiedlicher Reaktionen auf die neuen Machtverhältnisse geschildert. Ziba hatte mit Sicherheit seinen eigenen Vorteil im Auge, als er David Proviant brachte. Er muß schon in dieser Situation an Davids endgültigen Sieg über Absalom nicht gezweifelt haben. Simeïs wilder Haß ist auf seine Verwandtschaft mit Saul zurückzuführen. Nach dem was David bei Simeï erlebte, mußte er um so mehr auch von Mephiboscheth Übles erwarten, der noch enger mit Saul verwandt war.

1 *Ziba:* vgl. Kap. 9. **3** Mephiboscheth bestritt später Zibas Bericht (19,27). Es ist tatsächlich schwer zu glauben, daß Mephiboscheth gehofft haben soll, ein Sieg Absaloms würde ihm Vorteile bringen. Aber es kann sein, daß er die Entwicklung in Ruhe abwarten wollte. **7.8** *Bluthund:* wörtl. *Mann des Blutes* (EÜ); Simeï dachte zweifellos an Abner und Isch-Boscheth, viell. auch an jene Nachkommen Sauls, deren Tod 21,7ff berichtet wird. **9** *Abisai:* Joabs Bruder (vgl. 2,18; 18,2). **10** *Was habe ich mit euch zu schaffen?:* d.h. »eure Einstellung ist völlig anders als meine«. **12** David hatte den Eindruck, daß sein augenblickliches *Elend* (LÜ, ZÜ) größer war, als er es verdient hatte. Im MT steht noch deutlicher: *mein Unrecht,* d.h. »das mir zugefügte Unrecht«. **14** Im MT fehlt die notwendige (*»dort«!*) Ortsangabe. LÜ und ZÜ fügen ein: *an den Jordan* (nach Lukian; vgl. 17,22); Hertzberg, sachlich gleich: *ans Wasser* (vgl. 17,21; EÜ). Das Wasser muß nach dem beschwerlichen Weg, auf dem sie auch noch ständig von Simeï belästigt worden waren, eine Wohltat gewesen sein.

16,15–23 Huschai und Ahithophel. Bei Absalom findet sich ein ähnlicher Gegensatz. Aber hier liegt der Unterschied nicht so klar auf der Hand. Absalom wird betrogen. Huschai, der natürlich verdächtig ist, erwirbt sich geschickt Sympathien. Der (absichtliche) Bruch in seiner Logik bestand darin, daß er Absalom in irgendeinem Sinn als »erwählt« betrachtete (V. 18).

19 *So will ich auch vor dir sein:* Absalom war Kronprinz und würde eines Tages sowieso König sein. Sein Anspruch auf den Thron war nicht illegitim, nur verfrüht. **21** Ahithophel schlug eine Handlungsweise vor, die eine Versöhnung zwischen David und seinem Sohn unmöglich machte. Nicht nur, daß Absalom mit der Übernahme des Harems seine Stellung als neuer König dokumentieren würde (s. Komm. zu 3,7; vgl. auch 12,8). Er machte sich vor allem bei seinem Vater »stinkend« (so EÜ wörtl.), indem er wie Ruben handelte (vgl. 1Mo 35,22; 49,4) und gegen ein göttliches Verbot verstieß (3Mo 18,8).

17,1–14 Ahithophels Plan wird vereitelt. Ahithophels Scharfsinn wurde von David und von Absalom geschätzt (16,23). Sein Ruhm war begründet. Nun gab Ahithophel Absalom einen zweiten ausgezeichneten Rat. Tatsächlich war Eile geboten. Und es war auch richtig, daß Absalom nur für den Tod seines Vaters sorgen mußte, um seinen Anspruch auf den Thron zu sichern. Dann würden Davids Anhänger sich um Absalom scharen, wie eine junge Frau, die nach einem kleinen Streit zu ihrem Mann zurückkehrt. Auch Huschais Plan klang einleuchtend, obwohl er damit nur Zeit für David gewinnen wollte. Sehr geschickt setzt er verschiedene Mittel ein, um Absalom zu überreden: Beredsamkeit; die Idee, alles im großen Rahmen zu tun; Schmeichelei. Die Schmeichelei bestand in dem Vorschlag, Absalom selbst solle das Heer anführen. So enthielt Huschais Plan auch eine versteckte Herabsetzung Ahithophels, der das Kommando übernehmen wollte.

14 Huschais Erfolg war letztlich auf Gottes Eingreifen zurückzuführen; denn Absalom war nicht der von Gott erwählte König. Absalom war frei, sich für einen der beiden Ratschläge zu entscheiden. Aber Gott erweist sich auch in den freien Entscheidungen eines Menschen als der Handelnde (Eichrodt).

17,15–29 Die Ereignisse vor der Schlacht. Dieser Abschnitt berichtet über viele Einzelheiten, die der Schlacht vorausgehen, und zeigt dabei, wie sich die Dinge zu Davids Gunsten entwickeln. David bekommt Nachrichten über Absaloms Vorgehen und erhält ausreichend Proviant. Absalom dagegen verliert seinen klügsten Ratgeber und den geschicktesten Heerführer Israels (V. 25).

16 Huschai war anscheinend nicht sicher, ob Absalom letztlich seinen oder Ahithophels Rat befolgen würde. **17** *Rogel:* (die heutige Hiobsquelle) im Tal südöstl. von Jerusalem; vgl. Komm. zu 5,8. **18** *Brunnen:* vermutl. eine leere Zisterne, in der sich die beiden Männer leicht verstecken konnten. **23** *Ahithophel* wußte bereits, wie es ausgehen würde. Auch jetzt durchschaute er noch die Situation. **24** Es muß einige Zeit vergangen sein; denn David hat seine Truppen geordnet und ist nach N zu Isch-Boscheths früherer Hauptstadt gezogen (vgl. 2,8). *Absalom* hat ebenfalls Zeit gebraucht, ein großes Heer zu sammeln, mit dem er jetzt (südl. von Davids Truppen) in Transjordanien einmarschiert. 25 *Nahasch:* muß ein Abschreibfehler sein; gemeint ist Isai, Davids Vater; so Lukian (ZÜ; JB), vgl. auch 1Chr 2,16f (dort heißt *Jithra,* der Vater Amasas, der *»Israeliter«: Jether, ein Ismaeliter*). Der falsche Name ist aus V. 27 übernommen. *Amasa* war ein Vetter Absaloms und Joabs. 27 *Schobi:* zweifellos Davids Statthalter in Ammon; sein Vater *Nahasch* war dort König gewesen (vgl. 10,1). Offensichtlich fand Absalom im Ostjordanland wenig Unterstützung; Schobi und *Machir* (früher ein Freund der Familie Sauls, vgl. 9,4) hätten sich ebensogut David gegenüber feindlich verhalten können. **28.29** Der Proviant enthielt nichts Verderbliches und keine Luxusgüter.

18,1–18 Absaloms Niederlage und Tod. Als es endlich zur Schlacht kommt, wissen Davids erfahrene Krieger das schwierige felsige und waldige Gelände gut zu nutzen. Die Bemerkung, daß der Wald an diesem Tag mehr Volk fraß als das Schwert (V. 8), wird durch Absaloms eigenes Schicksal verdeutlicht. Seltsamerweise scheint David nicht zu begreifen, daß nur sein oder Absaloms Tod das Problem lösen konnte, weil es dann keinen Grund zu Kämpfen mehr gab.

5 *Verfahrt mir schonend:* Diese Äußerung drückt zugleich Zuversicht und Schwäche aus. 13 Der Soldat kannte Joabs Rücksichtslosigkeit. Viell. dachte er auch an das Schicksal der Mörder Isch-Boscheths (4,12). *Unter Lebensgefahr:* berücksichtigt diesen Zusammenhang und ist »heimtückisch« (ZÜ) vorzuziehen. 14.15 *Ins Herz:* ist viell. nicht wörtl. gemeint, weil ihn nachher noch die *zehn Knappen* totschlugen. Dasselbe hebr. Wort wird V. 14 ein zweites Mal benutzt: *inmitten (der Terebinthe)*, so EÜ. Joabs Tat war eher symbolisch zu verstehen. 16 Absaloms Tod bedeutet das Ende des Aufstandes; deshalb bricht Joab klugerweise die Verfolgung ab. 18 Möglicherweise hat Absalom diese Säule nach dem Tod seiner drei Söhne aufgerichtet (vgl. 14,27). Sie muß nahe bei Jerusalem gestanden haben, war aber nicht das Bauwerk, das heute seinen Namen trägt.

18,19–19,1 David erhält die Nachricht. Joab zog es vor, anstelle von Ahimaaz einen Sklaven als Boten zu senden – für den Fall, daß David auf die Nachricht von Absaloms Tod gewalttätig reagieren sollte. Außerdem signalisiert nach antiken Vorstellungen der dunkelhäutige »Mohr« (ein Kuschiter, d.h. Äthiopier) als Bote Unglück. Diese Passage ist großartige Literatur, höchst dramatisch und offensichtlich von einem Augenzeugen erzählt. Einige Ausleger nehmen an, daß Ahimaaz der Autor sei (und deshalb viell. auch Verf. der Kap. 9–20).

19 *Gute Botschaft:* Ahimaaz war von dem Sieg ganz erfüllt und dachte gar nicht daran, wie tragisch diese Nachricht für David zugleich sein mußte. 25 *Allein:* Eine Gruppe laufender Männer würde auf Flucht hindeuten. 27 Es ist unklar, warum David hier so sicher ist, daß es eine *gute Botschaft* sein muß, die Ahimaaz bringt. Wenn mehrere Männer Flüchtlinge sein könnten, dann war ein einzelner Mann eher ein Siegesbote. Ein einzelner konnte aber auch geschickt werden, um dringend Verstärkung anzufordern. Doch es ist nicht anzunehmen, daß David in dieser Situation alle Möglichkeiten abwägen konnte. Vermutl. rechnete er eher damit, daß Joab einen typischen Unglücksboten wie den Mohren senden würde, wenn die Nachricht schlecht wäre. 29 Ahimaaz wagt es nicht, die Wahrheit zu sagen, obwohl Joab ihn ausdrücklich von Absaloms Tod unterrichtet hatte (V. 20).

19,1 Davids Klage ist leidenschaftlich und zweifellos echt. Denn diesen Tod hat er durch seine Sünde über seinen Sohn gebracht (vgl. 12,10).

19,2–20,26 Davids Rückkehr und Schebas Aufstand

Nach Absaloms Tod scheinen die Intrigen um die Thronfolge bis zum Kampf zwischen Adonia und Salomo am Ende von Davids Regierung (vgl. 1Kön 1f) aufgehört zu haben. Aber Absaloms Revolte hatte eine Uneinigkeit unter den israel. Stämmen zur Folge, aus der ein zweiter Aufstand erwuchs. Seit Davids Ehebruch mit Bathseba war seine Herrschaft von Schwierigkeiten und Unglück überschattet.

19,2–16 Vorbereitung der Rückkehr Davids. Davids unkontrollierte Trauer hätte eine politische Katastrophe heraufbeschwören können; Joabs harte Worte waren berechtigt, und sie hatten Erfolg. V. 9–16 zeigt sich nicht nur ein grundsätzliches Mißtrauen zwischen Juda und den Nordstämmen, sondern es wird auch erkennbar, daß David die Unterstützung seines eigenen Stammes zum großen Teil verloren hat. Viell. hatte er sich gerade durch den Versuch, mit den Nordstämmen auf gutem Fuß zu bleiben, von Juda entfremdet.

10.11 *Stritt sich:* Die danach geäußerte Meinung wurde nicht von allen geteilt (vgl. V. 41). Die Philister waren vertrieben worden, und sicher wären manche Israeliten jetzt bereitwillig zur vor-monarchischen Verfassung zurückgekehrt. Andere hätten viell. einen neuen König gesucht. 12 *Zadok und Abjathar* waren Vertraute des Königs. Auf sie konnte er sich vorbehaltlos verlassen (vgl. 15,35f). **14** *Amasa:* war Absaloms Heerführer gewesen (17,25). Indem David ihn zu seinem eigenen Heerführer machte, hoffte er jene Anhänger Absaloms für sich zu gewinnen, die seine Vergeltungsmaßnahmen fürchteten. Außerdem hat er *Joab* sicher nicht ungern seines Postens enthoben; er hat ihm nie vergeben (vgl. 1Kön 2,5f). Vieles spricht dafür, daß dies ein törichter Schritt war; denn hier wurde Treue bestraft und Abfall belohnt und so Mißtrauen gegenüber Davids Urteilsvermögen geweckt. Die Ereignisse haben Davids Entscheidung schnell korrigiert. Viell. wollte der Erzähler andeuten, daß Davids Urteilsfähigkeit durch die bittere Trauer über den Tod seines Sohnes getrübt war. **16** David kommt ehrenvoll zurück; er hat es nicht nötig, sich nach Hause zu schleichen (vgl. den Gegensatz zu V. 4).

19,17–40 David wird ehrenvoll empfangen. Dieser Abschnitt ist die dramatische Umkehrung von 16,1–14. Dort wurde berichtet, wie David auf offene und verdeckte Untreue stieß, als er auf der Straße von Jerusalem nach Osten floh. Jetzt kehrt er im Triumph in die Hauptstadt zurück und wird ganz anders begrüßt.

17 *Simeï:* vgl. 16,5–8. Als *Benjaminiter* konnte er David leicht als erster erreichen, da Gilgal und die Furt über den Jordan (V. 16) auf dem Gebiet von Benjamin lagen. **18** Das gleiche gilt für *Ziba* (vgl. 16,1–4). **19** *Sie machten eine Furt:* wohl besser »Fähre« (EÜ; vgl. ZÜ: »die Familie des Königs überzusetzen«). **21.22** *Abisai* hatte immer noch das Verlangen, *Simeï* zu töten; doch Davids friedliche Haltung blieb unverändert (vgl. 16,9–12). **24** Der *Eid* schützte Simeï nur, solange David lebte (vgl. 1Kön 2,8f.36–46). **25** *Mephiboscheth:* kommt diesmal (im Gegensatz zu 16,1ff) selbst. Seit David den Hof verließ, hatte Mephiboscheth die klassischen Trauerzeremonien befolgt. Diese Bemerkung soll viell. unterstreichen, daß Ziba ihn verleumdet hat (16,3). *Enkel:* wörtl. »Sohn« (EÜ); s. Komm. zu 6,3. **27** Trotz seiner Lähmung war Mephiboscheth nicht völlig unbeweglich (vgl. V. 25). Aber vermutl. hatte er Jerusalem wegen Zibas Betrug nicht rechtzeitig vor Absaloms Ankunft verlassen können. Denn damals war höchste Eile geboten (vgl. 15,37). **28** *Wie der Engel Gottes:* So hatte auch die Frau aus Thekoa (14,17) Davids Fähigkeiten als Richter gerühmt. Wenn Mephiboscheth völlig unschuldig war (was wahrscheinlich ist; der Erzähler enthält sich aber jedes Urteils), erscheint Davids Urteil (V. 20) als hart. Aber Ziba hatte David in der Not praktisch geholfen (16,2), und David sah sich beiden Parteien gegenüber im Wort (s. 9,7; 16,4). **29** *Hast deinen Knecht gesetzt:* David hatte Mephiboscheth gegenüber bereits unverdiente Gnade und Großzügigkeit bewiesen. **30.31** Davids Urteil erinnert an das sprichwörtliche Urteil Salomos und Mephiboscheths Antwort an die Antwort jener Mutter (1Kön 3,25f). Aber David revidierte daraufhin nicht, wie Salomo, seine Entscheidung. **32** *Barsillai:* vgl. 17,27ff. **38** Vermutl. war *Kimham* sein Sohn.

19,41–20,3 Parteiungen und Revolte. Bis jetzt wurde in diesem Kapitel noch nichts berichtet, was die Freude über Davids Rückkehr hätte trüben können. Aber V. 41 konfrontiert erneut mit der Wirklichkeit: Nur die Hälfte des Nordreiches hatte sich bis jetzt entschieden, David wieder zu unterstützen. Es scheint, daß Davids Aufruf an seinen eigenen Stamm (VV. 12–14) und die Reaktion darauf (V. 15) von den anderen Stämmen als Beleidigung empfunden wurde; ein bitterer Streit bricht aus. Scheba nützt diese unglückliche Situation geschickt aus.

42 *Alle Männer Davids:* seine Söldnertruppe. **43** *Der König steht uns doch näher:* Diese Tatsache war die Ursache des Streits, und eine solche Antwort zielte darauf, Eifersucht und Ressentiment noch zu verstärken. **44** *Zehnfachen Anteil:* Offensichtlich ist Juda der elfte Stamm. Aber welcher ist der zwölfte? Nach der Teilung des Reiches bei Salomos Tod war es natürlich Benjamin. Hier jedoch ist gerade der Führer des Aufstands, Scheba, ein Benjaminiter. So ist vorgeschlagen worden, daß der zwölfte Stamm Simeon gewesen sei, dessen Gebiet noch weiter südl. von Juda lag. Anderseits waren wohl auch Ziba und Simeï mit seinen Leuten aus Benjamin (vgl. V. 17) ein wichtiger Faktor. So können die Vertreter der Nordstämme Juda und Benjamin leicht als zusammengehörig betrachtet haben. Wie auch immer die hist. Zusammensetzung war: Die ersten Leser von 2Sam haben ohne Frage an Benjamin gedacht. Die letzte Bemerkung in V. 44 läßt darauf schließen, daß *die von Juda* das letzte Wort behielten und damit die Nordstämme noch mehr verärgerten. In dieser gespannten Situation sah Scheba seine Chance.

20,1 *Scheba* hat als *Benjaminiter* viell. versucht, sich als den wahren Nachfolger Sauls auszugeben. **2** *Jedermann in Israel:* Die Leichtigkeit, mit der Schebas Aufstand unterdrückt wurde, zeigt, daß er keineswegs ungeteilten Beifall fand. Der Ausdruck kann daher nur die Abtrünnigen aus allen Stämmen meinen. **3** Ein Nachtrag zur Absalomgeschichte (vgl. 15,16; 16,22). Kein Mann sollte mehr mit den *zehn Nebenfrauen* verkehren. So lebten sie tatsächlich *wie Witwen.*

20,4–13 Joab und Amasa. Mit Amasas Kriegskunst war es nach den bisherigen Berichten nicht weit her: Als Absaloms Heerführer hatte er eine schwere Niederlage hinnehmen müssen, und nun führte er Davids Anordnungen so zögernd aus, daß eine neue Katastrophe drohte. Wieder war es die gut ausgebildete königliche Leibwache (»die Männer deines Herrn«, V. 6), auf die sich David verlassen mußte. Davids bleibender Groll auf Joab zeigte sich darin, daß er dessen Bruder Abisai zum Kommandeur der königlichen Truppen ernannte. Trotzdem benutzte Joab die Gelegenheit, um seine alte Position zurückzugewinnen, auch wenn er dazu seinen eigenen Vetter umbringen mußte.

6 *Entreiße sie vor unseren Augen:* LÜ; ungenaue Wiedergabe des hebr. Bildwortes »reißt uns unsere Augen aus«. Dabei wird vermutl. vorausgesetzt, daß die Städte für die Macht im Lande so wichtig sind, wie die Augen für den Menschen. **8** *War Amasa vor ihnen angekommen:* Er muß sich sehr beeilt haben, denn er hatte sich in Juda, südl. von Jerusalem, aufgehalten (V. 5), während Gibeon nördl. von Jerusalem liegt. *Entfiel ihr der Dolch:* Er fiel in Joabs Hand, nicht auf die Erde, da **10** Amasa ihn nicht bemerkte. *Joab und Abisai:* Offenbar hatte Abisai inzwischen das Kommando seinem Bruder übergeben. **11.12** Joab postierte dort einen Mann, damit Amasas Truppen sich nicht zerstreuten, vgl. V. 22.

20,14–22 Das Ende des Aufstands. Es stellte sich bald heraus, daß Scheba nur wenige Leute hinter sich hatte. Joabs schnelle Verfolgung schreckte vermutl. viele ab, die sich sonst den Aufständischen angeschlossen hätten. Schließlich verschanzte sich Scheba in einer Stadt in der Nähe von Dan im Norden Israels. Nur seine eigene Sippe, die Bichriter, kämpften noch mit ihm. Schebas Tod beendete den Aufstand.

18 *Man frage doch nach in Abel:* Das Sprichwort ist textlich und sachlich unklar. Vermutl. war die Stadt Abel-Beth-Maacha für die weise und friedliche Lösung von Streitfällen berühmt. *Und Dan:* so LXX. ZÜ folgt ganz der LXX und übersetzt: »Man frage doch in Abel und in Dan, ob nicht mehr gilt, was die Getreuen Israels verordnet haben« (ähnlich JB). Das ist auch nicht klarer. Viell. ist gemeint, daß die beiden benachbarten Städte treue Wächter der israel. Tradition waren.
21 *Das Gebirge Ephraim:* der nördl. Teil des zentralen Berglandes zwischen der Küstenebene und dem Jordantal. Scheba gehörte dem Stamm Benjamin an (V. 1), der in diesem Hügelland wohnte. **22** *Joab aber kam zurück zum König:* Offensichtlich fochten ihn seine vorausgegangene Degradierung und der neue Mord, den er begangen hatte, nicht an. David konnte nichts anderes tun, als ihn wieder mit seinem alten Amt zu betrauen (V. 23), aber er vergaß und vergab ihm nicht. In seinem Testament wandte sich David wie gegen Simeï auch gegen Joab (1Kön 2,5f.8f).

20,23–26 Davids Beamte. Joabs Rückkehr in die Hauptstadt und seine erneute Einsetzung als oberster Heerführer leitet über zu einer Liste von Davids Beamten in seinen späteren Regierungsjahren. Eine frühere Liste findet sich in 8,15–18; natürlich sind im Lauf der Jahre Veränderungen eingetreten. S. Komm. dort.

24 *Adoram* (= Adoniram): hatte sein wenig beliebtes Amt auch während der gesamten Regierungszeit Salomos inne. Zu Beginn der Regierung Rehabeams wurde er gesteinigt (1Kön 12,18). **25** *Scheja:* Der Name ist vermutl. ägypt. Ursprungs. Er erscheint in verschiedenen Formen, sowohl in den alten Übers. wie an anderen Stellen im MT. Viell. ist er mit Seraja identisch (8,17). **26** *Ira, der Jaïriter:* viell. derselbe Mann, der in 23,38 als »Ira, der Jithriter« (EÜ) vorkommt. Wenn Jithriter gleichbedeutend mit »aus Jattir« ist, was auch die syr. Peschitta nahelegt (vgl. LÜ in 23,38), könnte er ein Levit sein: vgl. Jos 21,14. Ist »Jaïriter« jedoch richtig, dann gehört Ira nach Gilead (vgl. 4Mo 32,40f). Auf jeden Fall unterstreicht die Erwähnung Iras als Priester Davids stillschweigend die Tatsache, daß Davids Söhne Priester nicht mehr waren, vgl. 8,18. So endet dieser lange Abschnitt von 2Sam mit der unausgesprochenen Erkenntnis, daß David viel verloren hat, was ihm lieb und teuer war: Und das alles sind Nachwirkungen seiner Sünde, die Folgen von Ehebruch und Mord.

21,1–24,25 Davids Königtum: Probleme und Zukunftsaussichten

Die letzten vier Kapitel werden oft als Anhang zu 2Sam betrachtet, der verschiedenes Material aus weit auseinanderliegenden Perioden der Regierungszeit Davids aufgreift und die Geschichte der Thronfolge, die 1Kön 1 zu Ende geführt wird, unterbricht. Aber diese Kapitel bilden doch eine stärkere thematische Einheit, als es auf den ersten Blick erscheint. Auch die Absicht des Erzählers wird durchaus deutlich. 1. Hier kommen neue Probleme zur Sprache, mit denen sich David auseinanderzusetzen hatte: Hungersnot, Krieg und Seuchen. 2. Hier wird gezeigt, wie Gott David in all diesen Schwierigkeiten Weisung gab und treue Helfer schickte. 3. Hier wird deutlich, wie David – durch Läuterung in den Wechselfällen des Lebens und durch die Erfahrung der Güte Gottes – der »liebliche Sänger Israels« geworden ist. 4. In den Psalmen wie in der abschließenden Erzählung eröffnen sich Zukunftsperspektiven. Die bibl. Geschichtsschreiber sind immer an der Gegenwart *und* an der Zukunft interessiert.

Die sechs Stücke dieser vier Kapitel sind chiastisch angeordnet: Naturkatastrophe, militärische Unternehmungen, Psalm; Psalm, militärische Unternehmungen, Naturkatastrophe.

21,1–22 Hunger und Krieg

Bisher wurden Davids Schwierigkeiten, soweit sie in 2Sam berichtet sind, weitgehend durch die Intrigen in seiner eigenen Familie und die sich daraus ergebenden Aufstände verursacht. Jetzt fällt der Blick auf andere Probleme: Die Hungersnot deckt auf, daß Saul ein böses Erbe hinterlassen hat.

21,1–14 Die Blutrache der Gibeoniter an der Familie Sauls. Die meisten Kommentatoren datieren diese Episode in Davids erste Regierungszeit, bevor er Mephiboscheth an den Hof rief (s. Komm. zu Kap. 9). Viell. ist das richtig; V.7 weist aber in eine andere Richtung. Sauls Angriff auf die Gibeoniter bedeutete einen Bruch des Vertrags, den Josua mit ihnen geschlossen hatte (Jos 9,15), wenn sie ihn auch erschlichen hatten. Eine Blutschuld des Volkes war die Ursache für die Hungersnot.

1 Möglicherweise hat David das Orakel in Gibeon befragt (vgl. 1Kön 3,4; 2Chr 1,3). **2** *Jedoch suchte Saul sie auszurotten:* Sauls Absicht, kanaanäische Enklaven auszurotten, um sein Reich zu festigen, war verständlich. Wir wissen aber nicht genau, wann das stattfand. **3** Nur durch einen Segensspruch der Gibeoniter würde ihr Fluch unwirksam, vgl. Ri 17,2. **6** *Aufhängen:* Gemeint ist eine rituelle Hinrichtung; aus dem Hebr. geht nicht eindeutig hervor, wie sie vollzogen wurde. **8** *Merab:* vgl. 1Sam 18,19. Die meisten hebr. Hss. haben fälschlich »Michal« (vgl. 6,23). Dieser bekanntere Name kann durch den Irrtum eines frühen Abschreibers in den Text geraten sein. **10** Eine Zeit von bis zu sechs Monaten; denn nach der Gerstenernte (April oder Anfang Mai) gibt es kaum Regen. Der Regen bedeutete das Ende der Dürre, die die Hungersnot verursacht hatte (V. 1); er war ein Zeichen göttlichen Segens. **12–14** Vgl. 1Sam 31,10–13. Der Regen als Zeichen des zurückgekehrten Segens gab David die Freiheit, das Andenken der Toten Saul und Jonathan und der sieben Hingerichteten zu ehren. Vermutl. wollte David damit auch dem Eindruck entgegentreten, er selbst habe diese Männer aus Rache an Saul hinrichten lassen. **14** *Zela:* als Name unbekannt; möglicherweise ein Substantiv, das »Grabkammer« bedeutet. Dann müßte das Grab in Gibea, Sauls Heimatstadt, gelegen haben. *Wurde Gott dem Lande wieder gnädig:* Der Regen gab dem Land seine Fruchtbarkeit zurück.

21,15–22 Einzelheiten aus den Philisterkriegen. Das erste Ereignis, das hier berichtet wird, markiert das Ende von Davids aktiver militärischer Laufbahn. Sie endet, wie sie begonnen hatte, mit einem Kampf gegen einen riesenhaften Philister. Alle vier hier erwähnten Philister waren gewaltige Männer; in Mut und Geschicklichkeit der Israeliten, die sie besiegten, können wir nicht zuletzt Gottes Hand am Werk sehen. David war von Gottes besonderem Schutz und von treuer menschlicher Hilfe abhängig.

15.16 *Und David wurde müde:* so der durchaus einleuchtende hebr. Text. Aber beide Verse sind klar; ZÜ vermutet statt *David* hier – als Namen des Riesen – *Dod*; EÜ folgt den alten Übers., die aus anderen Satzteilen einen Namen *Jischbi-Benob* bilden. LÜ folgt mit »in Gob« (statt MT »in Nob«, hebr. *benob*) einem Vorschlag Wellhausens; vgl. V. 18. **17** *Abisai:* Davids Neffe und Joabs Bruder, vgl. 2,18. *Leuchte in Israel:* unterstreicht die Schlüsselposition des Königs in der Volksgemeinschaft; vgl. 1Kön 11,36. Es kann sein, daß das Bild dem Ritual des Laubhüttenfestes entnommen ist (vgl. 2Mo 27,20). **19** *Da erschlug Elhanan . . . den Goliath:* scheint 1Sam 17 zu widersprechen. Viele Erklärungen und Textveränderungen sind möglich. In Anhang 5 ausführlich behandelt.

22,1–23,7 Zwei Psalmen Davids

Man kann weder beweisen noch widerlegen, daß David diese beiden Psalmen selbst geschrieben hat. Zumindest die Abfassung zur Zeit Davids ist weithin anerkannt. Der erste Text ist bis auf kleine Abweichungen mit Ps 18 identisch. Beide Psalmen erinnern an dieser Stelle an das Lied und den Segen Moses in 5Mo 32; 33.

22,1–51 Ein Lied Davids. Erläuterungen im einzelnen s. Komm. zu Ps 18. Die Bedeutung des Liedes an dieser Stelle ist klar, s. bes. V. 1 und V. 51. Epilog zur Davidsgeschichte, blickt das Lied zugleich nach vorn. Es betrachtet die Siege, die Gott bereits ermöglicht hat, und seine Verheißungen für die Zukunft. Die VV. 21–25 sind ein Spiegel nicht nur für die Nachfolger Davids auf dem Thron Judas.

23,1–7 Davids letzte Worte. Die folgenden

Verse haben ein hohes, alle verpflichtendes geistliches Niveau (s. V. 2) und zugleich manches von einem Vermächtnis oder Testament eines bestimmten Menschen zu bestimmter Zeit an sich, vergleichbar mit 5Mo 33. (1Kön 2 enthält letzte Verfügungen Davids, die sich auf profanere Dinge erstrecken.) Im Blick auf den Text und seine Übers. ergeben sich eine Reihe von Schwierigkeiten.

1 *Liebling der Lieder Israels:* Diese Übers. ist durchaus möglich (man kann an Situationen wie 1Sam 18,7 denken). Wahrscheinlicher ist jedoch: »der liebliche Sänger Israels«. Manche Ausleger sprechen David die Verfasserschaft dieses Psalms mit der Begründung ab, er dürfte sich kaum selbst so bezeichnet haben. Möglicherweise beginnt der eigentliche Psalm jedoch erst mit V. 2. 4 Ein schöner Vergleich: Die Gerechtigkeit des Königs entspricht dem segensreichen Wechsel von Sonne und Regen. Kap. 21 hatte von den traurigen Folgen ausbleibenden Regens berichtet. **6.7** *Die nichtswürdigen Leute:* gefährliche Menschen, mit denen man geschickt umgehen muß. Aber es gibt Mittel und Wege, mit ihnen fertig zu werden.

23,8–39 Davids Helden

Der Rest des Kapitels enthält eine Liste von Kriegern Davids (mit deren Hilfe er nach 1Chr 11,10 König wurde) mit Hinweisen auf einige ihrer großen Taten. Wiederholt wird betont, daß sie ihre Erfolge Gott verdankten.

23,8–23 Die Taten der Helden Davids. Offenbar gab es unter Davids Soldaten zwei herausragende Gruppen: »die Drei« und »die Dreißig«, von denen »die Drei« die bedeutendere war. Die Ähnlichkeit der Zahlen »drei« und »dreißig« im Hebr. hat hier und da zu Verwirrung und Irrtümern geführt. Einige Namen sind 1Chr 11 abweichend überliefert. Den geschichtlichen Hintergrund zu V. 8–17 bilden die Philisterkriege.

13 *Drei von den dreißig:* Nicht identisch mit den »Dreien« (V. 8). Ihre Namen werden nicht genannt. Hertzberg vermutet, es handle sich um die drei Söhne der Zeruja: Joab, Abisai und Asahel. Das dürfte jedoch kaum stimmen, weil Joabs Name in der Liste der »Dreißig« nicht erscheint (V. 24–39); vermutl. stand er als oberster Heerführer über den beiden Gruppen. *Adullam ... in der Ebene Rephaim:* Diese Ortsangaben lassen darauf schließen, daß die erwähnte Episode während der in 5,17–25 beschriebenen Kämpfe stattfand. **16** *Goß es aus vor dem Herrn:* d.h. als Trankopfer. **20** *Die beiden »Gotteslöwen« der Moabiter:* Wörtl. »Die Söhne Ariels aus Moab« (ZÜ). Ariel bedeutet »Gotteslöwe«. Es könnte sich demnach um ungewöhnlich starke Löwen gehandelt haben; vermutl. sind aber moabitische Krieger gemeint, die mit Löwen verglichen werden. 23 vgl. 8,18.

23,24–39 »Die Dreißig«. Bei den Zahlenangaben ergeben sich zwei Probleme, denn es werden mehr als dreißig, aber weniger als siebenunddreißig Krieger aufgezählt (V. 39). Das erste Problem läßt sich relativ leicht lösen: Die ausgewählte Mannschaft der »Dreißig« ist wahrscheinlich (nach ägypt. Vorbild, so K. Elliger) als feste Einrichtung zu sehen und mußte von Zeit zu Zeit aufgefüllt werden, wenn ein Mann getötet wurde (z.B. Asahel) oder ein anderes Amt bekam (z.B. Benaja). Daher tauchen mehr Namen auf, und 1Chr 11,41–47 nennt noch weitere. Zum zweiten Problem: In den VV. 24–39 werden 31 Männer genannt. Hinzu kämen Abisai (V. 19) und Benaja (V. 23). Um die Anzahl von 37 zu erreichen, müßte man »die Drei« (V. 8–12) und auch Joab als obersten Heerführer mitrechnen. (Er wird in anderem Zusammenhang in V. 37 erwähnt.)

24 *Asahel:* starb schon früh in Davids Regierungszeit (vgl. 2,23). Demnach entstand die Gruppe »der Dreißig« vermutl., als David in Ziklag war. 25 *Elika:* Das der Name in LXX und in 1Chr 11 fehlt, kann Zufall sein. **39** Als Letzter wird Uria genannt, der Mann, der David treu diente und doch von David betrogen wurde. »Damit wird einer Heroisierung Davids (und seiner Männer) ein Riegel vorgeschoben. Auch hier haben nicht Männer die Geschichte gemacht, sondern die Gnade des Herrn, dessen Hilfe und Vergebung auch David und seine Zeit brauchten« (Hertzberg).

24,1–25 Volkszählung und Strafe

Trotz der Probleme, die dieses Kapitel für den heutigen Leser aufwirft, rundet es die Samuelbücher und den Bericht über Davids Regierungszeit sinnvoll ab. David hatte bisher mit Krieg, Aufstand und Hungersnot zu tun. Nun bringt die Pest neues Unglück über Volk und König. Aber Gott steht von Anfang bis Ende hinter den Ereignissen. Die Not führt zum Kauf des Geländes, auf dem später der salomonische Tempel stehen sollte, das eindrückliche Symbol der Gegenwart Gottes inmitten seines Volkes. So endet das Buch mit der Rettung aus der Bedrängnis und mit einer Verheißung, die weit in die Zukunft weist. Wie nach der Sintflut folgt aus Zerstörung und Strafe neuer Segen (Hertzberg).

24,1–14 Die Volkszählung und ihre Folgen. Für den heutigen Leser ist schwer zu verstehen, warum diese Volkszählung Sünde war. Zudem stört ihn die Vorstellung, Gott selbst könne David dazu veranlaßt haben. Nun muß man zunächst davon ausgehen, daß Gottes

Zorn auf Israel (V. 1) keiner Augenblickslaune entsprang. Die Gründe für sein Handeln werden oft nicht offenbar; vermutl. wurde hier jedoch (so C. F. Keil) die Auflehnung des Volkes gegen David bestraft. Die Sünde bei der Volkszählung wird allg. im Hochmut gesehen. Es war Gottes Sache, sein Volk zu vergrößern und zu zählen. Selbst Joab wußte, daß dies ein falscher Schritt war.

1 *Abermals:* bezieht sich auf die Hungersnot in Kap. 21. *Der Herr . . . reizte David:* Der Verf. von Sam sieht in allem, was geschieht, die Hand Gottes am Werk. Der spätere Schreiber der Chronik hat den Charakter des Vorfalls im Blick und führt ihn auf eine Versuchung Davids durch Satan zurück (1Chr 21,1). **2** *Von Dan bis Beerseba:* Demnach handelte es sich um eine Zählung des ganzen Volkes. Sie reichte sogar über die traditionellen Grenzen Israels hinaus, vgl. V. 5–7. Zweck der Zählung war vermutl. eine Neuorganisation der Besteuerung, des Heerwesens und der Zwangsarbeit. **5** Die hier erwähnten Gebiete liegen im Ostjordanland. **6** *Kadesch:* vermutl. eher Kedesch in Naphthali im N Israels als die alte Hethiterhauptstadt Kadesch am Orontes weit außerhalb der Grenzen Israels. Die Fassung *»zum Land der Hethiter nach Kadesch«* (LÜ) geht auf Lukian zurück. Es ist nicht sicher, ob er das Original richtig wiedergegeben hat. Viell. ist nur die Richtung gemeint. MT hat hier *Tachtim-Hodschi* (EÜ), einen sonst unbekannten Namen. **7** *Alle Städte der Hewiter und Kanaaniter* lagen in der Küstenebene zwischen Tyrus und Philistäa. **9** Die Zahlenangaben sind erstaunlich hoch, in 1Chr 21,5 sogar noch höher. Einiges spricht für diese Angaben; frühe Textverderbnis ist jedoch nicht auszuschließen. **10** Warum David plötzlich Reue fühlte, wird nicht erwähnt. Nach 1Chr 21,7 hatte Israel bereits zu leiden, bevor der König seinen Sinn änderte. **11** *Davids Seher:* s. Anhang 3. **13** Die ersten beiden Möglichkeiten hatten David und das Volk bereits erduldet (genau drei Jahre Hungersnot, vgl. 21,1). Die Strafen werden immer härter, dafür nimmt ihre Dauer ab.

24,15–25 Die Pest und ihre Folgen. Selbst im Gericht offenbart Gott seine Gnade: Wo der Engel des Herrn einhält, wird ein Altar errichtet. Diese Stelle, bisher ein Tenne im Norden von Davids Hauptstadt, wurde so zur Stätte, wo man sich an die Gegenwart Gottes mit ihrem Schrecken und ihrer Gnade erinnerte. Mit gutem Grund wurde dort später Salomos Tempel erbaut (vgl. 1Chr 22,1; 2Chr 3,1). Es erscheint zunächst seltsam, daß der Tempel in diesem Abschnitt überhaupt nicht erwähnt wird. Aber die ersten Leser von 2Sam wußten genau, daß Arawnas Tenne der Tempelplatz war.

15 *Bis zur bestimmten Zeit:* die Zeit des Abendopfers an diesem Tag. *Von Dan bis Beerseba:* im ganzen Land, in dem ja auch die Zählung durchgeführt worden war, vgl. V. 2. **16** *Der Engel:* Gottes Werkzeug – zur Bestrafung und zur Rettung. *Arawna:* vermutl. ein hethit. Name (*a-raw-wan-ni,* »der Vornehme«, »der Adelige«), der den Israeliten fremd war; sie glichen die Aussprache offenbar dem Hebr. mehr und mehr an. So kam es zur Namensform »Ornan« (vgl. 1Chr 21,18–28; 2Chr 3,1). Viell. war er sogar der ehemalige Herrscher Jerusalems (C. H. Gordon, *Ugaritic Manual,* S. 234). **17** Davids Gebet, obwohl es für ihn spricht, kam eigentlich zu spät: Die göttliche Gnade war bereits am Werk. Die Tatsache, daß David von Gottes Entscheidung nichts wußte, ist kein Grund, in den VV. 17.21.25 Spuren einer anderen Textquelle zu vermuten. Der Berichterstatter ist davon überzeugt, daß das vorzeitige Ende der Plage und der Erwerb der Tenne in Gottes Absicht lagen. **22–24** Arawnas Angebot und Davids Ablehnung des Geschenks erinnern an 1Mo 23,11ff. **25** Das Buch endet mit der Rettung Jerusalems. Das Königtum und der Tempelplatz bleiben unversehrt in Gottes Hand. Sie können an Davids Nachkommen weitergegeben werden.

Anhang 1

Die Quellen der Samuelbücher

Zweifellos hat der Autor der Samuelbücher frühere Dokumente benutzt, aber ihre Anzahl läßt sich nicht mehr feststellen. Niemand hat die gesamte Zeit Samuels, Sauls und Davids miterlebt. Bemerkungen wie »bis zum heutigen Tage« (z.B. 1Sam 27,6) lassen erkennen, daß zwischen den Ereignissen und der Abfassung des Buches ein längerer Zeitraum verstrichen ist. Man hat deshalb versucht, die Quellen, die der Autor verarbeitet hat, zu ermitteln, gelangte dabei aber zu unterschiedlichen Ergebnissen.

Das einfachste Schema ist die auf K. Budde zurückgehende Zweiquellentheorie. Die eine Quelle wird als »früh«, die andere als »spät« bezeichnet. Budde selbst hielt diese Quellen noch mit den Pentateuchquellen J und E für identisch. Viele Ausleger bestreiten jedoch eine direkte Verbindung mit dem Pentateuch; deshalb steht und fällt die Hypothese über die Samuelbücher nicht unbedingt mit Wellhausens Analyse der Fünf Bücher Mose.

Die Vertreter der Zweiquellentheorie berücksichtigen zwar auch Sprache und Stil; ihr Grundansatz ist jedoch der der subjektiven historischen Kritik: Zunächst werden »Dubletten« und »abweichende Berichte« festgestellt, dann wird jedes Ereignis historisch beurteilt. Der »zuverlässigere« Bericht wird schließlich der »frühen« Quelle zugeordnet, der weniger zuverlässige der »späten«. Auch Berichte, die nicht doppelt vorliegen, werden je nach ihrer »Glaubwürdigkeit« auf die eine oder andere Quelle zurückgeführt. Der »frühen« Quelle wird eine klare und objektive Darstellung der historischen Ereignisse und Persönlichkeiten zugeschrieben, die »späte« sei »von Legenden umnebelt und durch Theorien verzerrt« (R. H. Pfeiffer). Auf dieser Basis gilt Davids Ankunft als Harfenspieler an Sauls Hof als »früh«, sein Sieg über Goliath und die darauffolgende Aufnahme an den Hof dagegen als »spät« und unhistorisch. Daß David Sauls Leben in der Wüste Ziph geschont hat, wird auf die »frühe« Quelle zurückgeführt, dieselbe Tat in En-Gedi auf die »späte« usw.

Die Zweiquellentheorie ist mehrfach verändert und verbessert worden. O. Eißfeldt vertrat die Theorie, daß sich in den Samuelbüchern, genau wie im Pentateuch, neben J und E eine »Laienquelle« (L) finde. Viele Ausleger, auch Budde, schreiben schließlich einen Teil der Texte einem noch viel späteren Verfasser zu, den man als »Endredaktor« bezeichnet oder für den »Deuteronomisten« selbst hält.

Gegen die Zweiquellentheorie erheben sich viele Einwände. Zunächst erscheint es unwahrscheinlich, daß zwei verschiedene Dokumente mit relativ ähnlichem Inhalt existierten, von denen das eine völlig zuverlässig, das andere historisch praktisch wertlos war. Wenn es sie aber tatsächlich gegeben hätte, warum sollte sie ein Autor dann derart durcheinandergebracht haben? Diese Theorie hat eine weitere Schwachstelle: Wenn nachgewiesen werden kann, daß viele der »Doppelberichte« durchaus als historisch gleich zuverlässig betrachtet werden können und sich nicht gegenseitig ausschließen, dann hat die Zweiquellenhypothese keine Basis mehr. Die sog. Dubletten sind in ihrem Verhältnis zueinander jeweils sehr verschieden zu beurteilen. Buddes Einstufung der Texte erweist sich als zu stark vereinfachend.

Eine differenziertere Quellenhypothese, von A. R. S. Kennedy entwickelt, sieht in 1 und 2Sam nicht wie im Pentateuch parallele durchlaufende Quellenstränge, sondern unterscheidet fünf verschiedene Quellenschriften: eine Geschichte der Frühzeit Samuels, eine Geschichte der Bundeslade, eine Geschichte des Königtums, die diesem positiv, und eine, die von Feindseligkeit gegenüber der Monarchie geprägt ist, und eine Geschichte des Königshofs Davids. Die Gründlichkeit dieser Untersuchung ist anzuerkennen. Schwächster Punkt ist die Frage, ob wirklich zwei Quellen existierten, die die Entstehung des Königtums so gegensätzlich behandelten. Wenn es sie gab (und die meisten Ausleger nehmen das an), darf nicht gefolgert werden, der königskritische Bericht sei als spät und unzuverlässig anzusehen (vgl. Anhang 2). Kennedy fand außerdem viel Material, das sich keiner der genannten Quellen zuordnen läßt und vermutl. auf mündliche Überlieferung zurückgeht.

Auch diese Fünfquellenhypothese wurde später modifiziert. A. Weiser nimmt nur vier »ursprünglich selbständige literarische Grundeinheiten« an (Einleitung in das AT, S. 146) und legt größeres Gewicht auf die ungeschriebenen Überlieferungen und ihre allmähliche Sammlung.

Eine Quelle, die der Verf. der Samuelbücher benutzt hat, wird 2Sam 1,18 genannt: »Das Buch des Redlichen«. Über seinen Inhalt (viell. enthielt es ausschließlich Poesie) sind nur Vermutungen möglich. Bei der Suche nach »Quellen« hilft uns das also nicht weiter. Andererseits muß dem Autor biographisches Material zur Verfügung gestanden haben. Vermutl. gehörte eine Hofgeschichte Davids, viell. von Ahimaaz zusammengestellt (s. Komm. zu 2Sam 18,19–33) zu diesen Dokumenten. 1Chr 29,29 bezieht sich auf von (oder in Verbindung mit) Samuel, Nathan und Gad verfaßte Berichte; allein diese drei Quellen könnten die gesamte Periode, die in den Samuelbüchern behandelt wird, abdecken. Die Geschichte der Flüchtlingszeit Davids könnte z.B. Abjathar geschrieben haben. Außer diesen Texten standen dem Verfasser sicher mündliche Überlieferungen zur Verfügung; wir können jedoch heute nicht mehr sagen, wie er sie verwendet hat.

Der Autor hat nicht nur Texte zusammengestellt. Manchmal hat er umgeschrieben und erweitert, was er in den Quellen vorfand. Das läßt sich an Bemerkungen, die sich auf seine eigene Zeit beziehen, und an erklärenden Zusätzen wie 1Sam 9,9 nachweisen. Viele Ausleger nehmen an, daß bes. 2Sam 7 vom Verfasser der Samuelbücher beträchtlich erweitert worden ist. Man kann dieses Kapitel mit Jh 3 vergleichen. Auch dort ist es schwierig, die Worte Jesu von denen des Evangelisten zu unterscheiden. An vielen Stellen in den Samuelbüchern findet sich hohe Erzählkunst. Nimmt man alle diese Fakten zusammen, so erklären sie eine gewisse literarische Uneinheitlichkeit der Samuelbücher. Insgesamt ist zu sagen, daß keine völlig befriedigende Quellenanalyse von 1 und 2Sam möglich sein dürfte.

Anhang 2

Die Entstehung des Königtums

Unter Alttestamentlern herrscht allg. die Auffassung, daß sich der Teil von 1Sam, der die Entstehung des Königtums behandelt, auf zwei, wenn nicht drei verschiedene literarische Quellen zurückführen läßt. Der eine Bericht, zu dem 1Sam 8; 10,17–27; 12 gehöre, sei ausgeprochen königsfeindlich, während der andere (1Sam 9; 10,1–16; 13) die Ereignisse objektiv bis freundlich und ohne Vorbehalte darstelle. Kap. 11 wird häufig einer dritten Quelle zugeordnet, die jedoch mit dem königsfreundlichen Bericht so verwoben sei, daß sich eine gesonderte Behandlung erübrigt.

Das Hauptargument für diese Unterscheidung ist der von einem Abschnitt zum anderen auffallend stark wechselnde Tonfall. Andere widersprüchliche Elemente werden als zusätzliche Beweise angeführt: In der einen Quelle sei Samuel nur ein »kleiner Seher« von lediglich lokaler Bedeutung, nach der anderen ein wichtiger Mann von nationalem Rang. In dem einen Bericht wird Saul öffentlich auf einer Versammlung der Stämme gewählt, in dem anderen wird er von Samuel heimlich gesalbt. Und nicht weniger als drei Ortsnamen sind mit der Erhebung Sauls zum König verbunden: Rama, Mizpa und Gilgal (9,5; 10,7; 11,15).

Nachdem man sich darauf festgelegt hatte, daß in 1Sam 8–12 zwei verschiedene Quellen ineinandergearbeitet worden sind, erhob sich die Frage, welcher Bericht der historisch richtige sei. Gewöhnlich bezeichnet man die königsfeindliche Quelle als unhistorisch. »Wir haben in diesem Text die bitteren Reflexionen der deuteronomistischen Schule vor uns«, schrieb A. R. S. Kennedy, »die weitgehend die Untreue und die Entartung des Königtums für die Sünden des Volkes und die darauf folgende Vernichtung des Reiches verantwortlich machte« (in seinem Komm. *Century Bible*, S. 18). Nach Auffassung von Kennedy und vieler anderer Gelehrter war der Gedanke der Theokratie erst während des Exils oder danach entstanden; deshalb wiesen sie alle (irgendwie) königskritischen Abschnitte in 1Sam als »idealistisch« und »unhistorisch« zurück.

Unter den heutigen Gelehrten besteht die Tendenz, die »königskritischen« Abschnitte früher anzusetzen und sie für zuverlässiger zu halten, als Kennedy es tat. Ein so drastischer Schritt wie die Einführung des Königtums mußte von Anfang an Opposition hervorrufen. Zudem ist die Vorstellung, Jahwe selbst sei der König Israels, sehr alt (vgl. 2Mo 15,18). Auch Gideon lehnte einen Menschen als König ab (Ri 8,23); allerdings wird auch dieser Text häufig für spät und unhistorisch gehalten. Daß Israel in einer Umwelt, in der die Monarchie die normale Staatsform darstellte, so lange ohne König existierte, zeigt, daß es einen tief sitzenden Vorbehalt gegen das Königtum gegeben haben muß. Auch waren Übergriffe und Ausschreitungen der Könige anderer Völker in Israel nicht unbekannt (s. Komm. zu 1Sam 8,11–17).

Räumt man aber die Möglichkeit ein, daß das »königsfeindliche« Material genauso früh entstanden sein kann wie das »königsfreundliche«, so muß man die Differenzen zwischen den beiden Überlieferungssträngen eingehender prüfen. Zunächst entspricht es nicht den Fakten, wenn man annimmt, Samuel werde in 1Sam 9 als unbedeutender Dorfprophet ohne politische Bedeutung dargestellt (s. Komm. dort). Er spielt in allen Teilen des Berichts die entscheidende Rolle.

Auf den ersten Blick erscheint es zwar problematisch, daß es drei »Krönungszeremonien« an drei verschiedenen Orten gegeben haben soll. Aber bei genauerem Hinsehen finden sich dafür durchaus akzeptable Erklärungen. Zunächst leuchtet die Reihenfolge ein: Samuel salbt Saul erst heimlich. Dann beruft er eine Volksversammlung ein und leitet eine Wahl durch die Stammesvertreter. Das Werfen der Lose war eine religiöse Handlung; Samuel konnte gewiß sein, daß Gott hier dieselbe Antwort geben würde, die er ihm bereits persönlich offenbart hatte. Daß einige abseits standen, überrascht nicht. Saul gewann diese Leute erst durch den militärischen Erfolg. Nach Sauls Sieg über Ammon hat Samuel dann in einer feierlichen Handlung Sauls Königtum bestätigt. In den Städten Rama, Mizpa und Gilgal befanden sich zudem drei der vier Heiligtümer, an denen Samuel sein Richteramt bes. ausübte (vgl. 1Sam 7,16). Man vergißt in diesem Zusammenhang oft, daß auch David dreimal als König eingesetzt wurde: heimlich in Bethlehem (1Sam 16,13), über Juda (2Sam 2,4) und über ganz Israel (2Sam 5,3), beide Male in Hebron. (Vgl. die Bemerkung 2Sam 16,18 »wen der Herr erwählt *und* dies Volk *und* alle Männer in Israel«.) Salomos Nachfolger Rehabeam mußte zur Einsetzung als König nach Sichem ziehen (1Kön 12,1), obwohl er zweifellos bereits in Jerusalem zum König gesalbt worden war.

Entscheidend ist die historische Frage. Kann sie befriedigend gelöst werden, so ist die Überlegung, ob das Material von 1Sam 8–12 aus einer oder aus mehreren Quellen stammt, nur noch von untergeordneter Bedeutung. Es steht außer Frage, daß der Autor der Samuelbücher verschiedene Quellen benutzt hat (s. Anhang 1). Damit ist aber nicht gesagt, daß gerade die Kap. 8–12 aus zwei *verschiedenen* Quellensträngen zusammengesetzt sein müssen. In den »königsfeindlichen« Abschnitten wird z.B. (trotz seiner späteren Verwerfung) niemals etwas gegen die Person Sauls gesagt. Getadelt werden nur die aufrührerischen Ältesten, die deutlich auf die mit einer Monarchie verbundenen Gefahren hingewiesen werden. Der unterschiedliche Standpunkt schließlich, der in verschiedenen Abschnitten zum Ausdruck kommt, ist häufig durchaus dem literarischen Geschick des Autors zuzuschreiben, s. bes. Komm. zu 1Sam 9.

Anhang 3

»Seher und Prophet« (1Sam 9,9)

1Sam 9,9 ist ein erklärender redaktioneller Zusatz, eine Art Fußnote. Das Wort »Seher« stand offensichtlich in der Quelle, die der Autor oder Herausgeber der Samuelbücher benutzt hat. Die Bezeichnung ist an dieser Stelle angemessen; denn Samuel wird hier in Ausübung dieser Funktion dargestellt: Er »sieht«, wo die Eselinnen sind. Weil spätere Leser diesen Ausdruck mißverstehen konnten, erklärt der Autor für seine eigene Generation, daß das Wort »Seher« früher dasselbe bedeutete wie »Prophet«. Bis zu diesem Punkt der Erzählung war Samuel nur als »Gottesmann« bezeichnet worden. Dieser Ausdruck war weniger präzise und rief keine falschen Vorstellungen hervor. Aber in 9,9 reicht er nicht aus; außerdem will der Autor hier wohl den Begriff »Seher«, den er später öfter verwendet, als solchen einführen (VV. 11.18ff).

Nimmt man Mi 3,7 als Hinweis, so kann man sich vorstellen, daß der Begriff »Seher« im 8. Jh. in Verruf geraten war. Der faktische Unterschied bestand vermutl. darin, daß der Seher zur Zeit Samuels allein wirkte (im Gegensatz zu den Propheten, die in kleinen örtlichen Gruppen auftraten, vgl. 1Sam 10,5), während er später Mitglied einer Berufsgruppe war. Es ist aber auch möglich, daß zur Zeit Michas nur heidnische Wahrsager »Seher« genannt wurden. Sie »sahen« das Schicksal in den Sternen oder in der Leber von Tieren voraus. Astrologie, Eingeweideschau und andere Praktiken waren damals stark gefragt. Diese Art Wahrsagerei war in 5Mo 18,9–14 strikt verboten worden, bei den Kanaanäern war sie offenkundig weit verbreitet.

Zur Zeit Sauls genoß der »Seher« in Israel jedoch großes Ansehen. Weder für Samuel noch für Davids Seher Gad bedeutete diese Bezeichnung eine Geringschätzung (2Sam 24,11).

Anhang 4

1Sam 17 und 18

Eine wichtige Hs. der LXX, der Codex Vaticanus (LXX^B), ist hier erheblich kürzer als der MT. LXX^B stimmt zwar im Wortlaut mit der längeren Erzählung überein, aber es fehlen zwei große Abschnitte, nämlich 17,12–31 und 17,55–18,5. (Weitere kleinere Auslassungen sind: 17,41.50; 18,10.11.17–19.30 und Teile von anderen Versen.) So fehlen in LXX^B: daß Isai David mit Proviant für seine Brüder aufs Schlachtfeld schickte; Davids Antwort auf die Herausforderung durch Goliath und wie David zu Saul gebracht wurde; Sauls Erkundigungen nach Davids Vater und der darauffolgende Eintritt Davids in Sauls Heer; Sauls erster Versuch, David mit dem Speer zu töten.

Erstaunlicherweise bietet LXX^B trotz dieser Auslassungen einen in sich geschlossenen, verständlichen Bericht. Damit stellt sich die Frage, welche Fassung die ursprüngliche ist: die längere oder die kürzere. Die kürzere Erzählung wirft zweifellos weniger Probleme auf. Wenn nicht erwähnt wird, daß Isai David aus Bethlehem geschickt hat und daß David vor Saul gebracht wurde, entsteht der Eindruck, daß David immer an Sauls Seite geblieben sei; das paßt zu 16,21ff. Außerdem läßt die kürzere Fassung keinen Raum für die Vermutung, Saul könnte David und/oder dessen Vater nicht gekannt haben; und das stimmt mit 16,17–21 überein. Schließlich entfällt in LXX^B das Problem einer weiteren »Dublette«; denn sie enthält nur *einen* Bericht darüber, wie Saul mit dem Speer nach David warf (19,9f).

Früher neigte man dazu, die kürzere Fassung des Codex Vaticanus für urspr. zu halten, weil sie weniger Schwierigkeiten bereitet. Nun gilt aber als Grundsatz der Textkritik, daß die »schwierigere« Lesart die wahrscheinlichere ist. Deshalb besteht an sich kein Grund, vom längeren hebr. Text abzugehen. Seit der Entdeckung der Schriftrollen vom Toten Meer wissen wir, daß es im 2. oder 1. Jh. v.Chr. eine hebr. Fassung von Sam gab, die der LXX verwandt ist. Es kann sein, daß den Übersetzern der LXX mehrere hebr. Fassungen des AT vorlagen. Aber diese Auffassung verlagert das Problem lediglich. Denn der Herausgeber oder Autor der Samuelbücher muß eine dieser Fassungen niedergeschrieben haben; die Frage, welche die ursprüngliche war, bleibt also bestehen.

Es ist durchaus möglich, daß in LXX^B eine gekürzte Fassung des urspr. Berichts vorliegt, in der Abschnitte, die nicht unbedingt nötig schienen, und an anderen Stellen vorkommende Informationen ausgelassen wurden. Das muß nicht bedeuten, daß der Redaktor der Kurzfassung dieselben »Schwierigkeiten« empfand, denen sich die moderne kritische Forschung gegenübersah – obwohl das auch denkbar ist. Eher bedurften für ihn manche Einzelheiten, die schon an anderen Stellen erwähnt waren, einfach keiner Wiederholung. An anderer Stelle von Sam wurde z.B. schon berichtet, daß David Saul bekannt war und daß er ihn an seinen Hof holte. Auch von Davids Dienst als Waffenträger und davon, daß er später beinahe durch einen Speerwurf Sauls getötet wurde, erhalten wir an anderen Stellen Kenntnis. Aber die Betonung bestimmter Sachverhalte durch zwei ähnliche Erzählungen ist kennzeichnend für den Stil des Autors von Sam. Das alles spricht meines Erachtens deutlich dafür, daß der längere hebr. Text der ursprüngliche ist.

An einer anderen Stelle läßt sich demonstrieren, daß LXX^B wahrscheinlich eine gekürzte Fassung des Originals ist: In LXX^B fehlt, daß Saul David zuerst seine ältere Tochter Merab als Frau versprach, sie dann aber mit einem anderen Mann verheiratete (18,17ff). Dieser Text bietet keinerlei Schwierigkeiten. Aber diese Geschichte ist dem Bericht über Michal, die David tatsächlich bekam, dann aber ebenfalls einem anderen Mann gegeben wurde, auffallend ähnlich. Für den Autor der Samuelbücher scheint es also charakteristisch zu sein, daß er zwei ähnliche Geschichten erzählt. Man gewinnt den Eindruck, als habe der Redaktor, der 1Sam 17; 18 kürzte, auch hier gestrichen.

Zu den historischen Problemen wird im Kommentar selbst Stellung genommen. Zur Frage der »Dubletten« s. die Einleitung zu den Samuelbüchern.

Anhang 5

Wer tötete Goliath? (2Sam 21,19)

Wenn es 2Sam 21,19 heißt, daß Elhanan (Elchanan) Goliath tötete, so steht das in Widerspruch zu dem bekannten Bericht von Davids Sieg über Goliath in 1Sam 17. 2Sam 21,19 muß mit seiner Parallele 1Chr 20,5 verglichen werden. Dabei zeigt sich, daß der Text entweder in Sam oder in Chr oder in beiden verderbt ist.

Es wird hilfreich sein, die entscheidenden Teile der beiden Verse in Deutsch und in einfacher Umschrift auch in Hebr. nebeneinander zu stellen (nach EÜ; in ZÜ und LÜ sind bereits textkritische Änderungen vorausgesetzt).

2Sam 21,19:
und Elchanan, der Sohn Jaare-Orgims, der Bethlehemiter, erschlug Goliath ...
1Chr 20,5:
und Elchanan, der Sohn Jaïrs, erschlug Lachmi, den Bruder Goliaths ...

2Sam 21,19:
wajach 'elchanan ben ja're(j) 'oregim bet halachmi 'et goljat
1Chr 20,5:
wajach 'elchanan ben ja'ir 'et lachmi 'achi goljat

Allg. geht man davon aus, daß der zweite Teil des Namens von Elhanans Vater (*'oregim*) in 2Sam als Abschreibfehler (Dittographie) wegzulassen ist. Er bedeutet »Weber« und erscheint noch einmal am Ende des Verses. Also hieß Elhanans Vater entweder *ja're* oder *ja'ir*, wobei *ja'ir* vorzuziehen ist, denn dieser Eigenname findet sich auch anderweitig (z.B. 4Mo 32,41). Die Form *ja're(j)* ist als Eigenname äußerst unwahrscheinlich; durch eine kleine Änderung würde daraus jedoch *jischaj*, d.i. Isai.

»Bethlehemiter« in 2Sam dürfte »Lachmi« in Chr vorzuziehen sein.

Schwieriger ist es, ausschließlich nach textkritischen und linguistischen Kriterien zu entscheiden, ob »Goliath« in 2Sam oder »Bruder Goliaths« in Chr der Vorzug zu geben ist. Man hat oft argumentiert, der relativ unbekannte Elhanan habe Goliath getötet, der Verf. von 1Sam 17 habe jedoch diese Tat seinem Helden David zugeschrieben, und der Chronist habe in 1Chr 20,5 das Wort »Bruder« absichtlich eingefügt, um die unterschiedlichen Aussagen zu harmonisieren. Geht man aber von einer gewissen Textverderbnis in 2Sam 21,19 aus (s.o.) und berücksichtigt ferner, daß das hebr. Wort für »Bruder« (*'achi*) dem Schriftbild von *'et* (in Sam) sehr ähnlich ist, dann ist eine derartige Schlußfolgerung nicht unbedingt zwingend. Es ergeben sich drei weitere denkbare Möglichkeiten:

1. Elhanan tötete Goliath, und David tötete einen anderen unbekannten Riesen der Philister. Der Name Goliath wäre dann in 1Sam 17,4.23 und 21,9 ein später redaktioneller Zusatz.

2. David tötete Goliath, Elhanan Goliaths Bruder. Dann wäre der Text von Chr in allen Einzelheiten richtig; dabei wäre unerheblich, ob man für »Lachmi« »Bethlehemiter« einsetzte.

3. Elhanan und David sind verschiedene Namen für dieselbe Person, genauso wie Salomo noch einen zweiten Namen hatte: Jedidja (vgl. 2Sam 12,25), der nur in diesem einen Vers in der Bibel vorkommt. In diesem Fall müßte der Name des Vaters natürlich in »Isai« geändert werden. Diese Auffassung läßt sich vielleicht auch mit 2Sam 21,22 stützen. Dort heißt es, daß »diese vier ... durch die Hand Davids und seiner Kriegsleute« fielen. David hätte keinen dieser Männer selbst getötet, wenn er nicht tatsächlich Elhanan war.

Angesichts dieser Textprobleme läßt sich jedenfalls nicht ohne weiteres behaupten, daß 2Sam 21,19 dem Text von 1Sam 17 widerspricht.

D. F. Payne

1. und 2. Könige

Einleitung

Was wir als die Königsbücher bezeichnen, ist eigentlich nur ein Buch – und zwar die Fortsetzung des Buches Samuel. Erst in der LXX wurde Könige in zwei Teile geteilt. Diese wurden als »Buch der Königsherrschaften 3 und 4« bezeichnet. 1 und 2Sam ist in der LXX »Buch der Königsherrschaften 1 und 2«. In der dt. Bibel gelten 1 und 2Kön als Geschichtsbücher. In der hebr. Bibel sind sie das vierte Stück der »Vorderen Propheten« (nach Josua, Richter und Samuel). Die Zuordnung der Bücher in den beiden Kanons ist jedoch dieselbe. Die Bezeichnung Geschichtsbücher in der deutschen Bibel muß im Sinne von heiliger oder prophetischer Geschichte (Geschichte in prophetischer Sicht) verstanden werden. Die Königsbücher berichten die (prophetisch beleuchtete) Geschichte des Volkes Jahwes von den letzten Tagen Davids an (ca. 970 v.Chr.) bis zur Freilassung Jojachins aus der Gefangenschaft (etwas später als 562 v.Chr.). Sie enden jedoch vor der Rückkehr aus dem Exil (538 v.Chr.).

Verfasser

Der Autor des Werkes wird in der Bibel nicht erwähnt. Die jüd. Tradition (Mischna Baba Bathra 15a) schreibt Kön Jeremia zu. Für diese Auffassung spricht, daß Jeremia ein Zeitgenosse Josias und der noch folgenden Könige von Juda bis zum Fall Jerusalems war. Außerdem würde sie dem sonst unerklärlichen Fehlen Jeremias in Kön Rechnung tragen (der Jeremia, der 2Kön 23,31; 24,18 erwähnt wird als Vater Hamutals, war offensichtlich nicht der Prophet, da dieser nicht verheiratet war; vgl. Jer 16,1). Andererseits wurde Jeremia aber von der ägyptenfreundlichen Partei mit nach Ägypten genommen (Jer 43,6.7), während das Ende von 2Kön eine bemerkenswerte Vertrautheit mit den Ereignissen in Babylon aufweist. Es ist anzunehmen, daß Kön von einem unbekannten Propheten in Babylon geschrieben wurde, wahrscheinlich um 550 v.Chr.

Möglicherweise gibt es zu Mißverständnissen Anlaß, wenn man hier von »Verfasser« spricht. Denn das Werk läßt eine Reihe von Quellen erkennen, die offensichtlich auf andere Autoren zurückgehen. Ein umfangreicher Teil (2Kön 19,9–20,19) ist darüber hinaus eng mit Jesaja verbunden (Jes 37,9–38,8). Außerdem finden sich Parallelen zu Jer und Chr. Eindeutige stilistische Differenzen (z.B. in den Elia- und Elisa-Zyklen) lassen auf weitere Quellen schließen, die nicht genannt werden. Es ist aber nicht nötig, das Werk in eine Unzahl von Quellenschriften und Redaktionen aufzusplittern (Laienquelle, Jahwist und Elohist, Thronnachfolgegeschichte, Elia-Zyklus, Elisa-Zyklus, Ahab-Quelle, Jesaja-Quelle, versch. Prophetenquellen [Ahia, Semaja u.a.], vordeuteronomistischer Redaktor und schließlich der »Deuteronomist« als Autor), wie es im Verlauf der hist.-krit. Forschung immer wieder geschehen ist. Eher könnte man annehmen, daß die versch. Quellen von Königsannalen über mündliche und schriftliche Erzählungen bis hin zu prophetischen Botschaften vom schöpferisch denkenden Verfasser unter Leitung des Heiligen Geistes zu einem Buch verarbeitet wurden.

Der Deuteronomist

Die Beziehung zwischen dem geistlichen Standpunkt von Kön und von 5Mo (= Deuteronomium) ist unverkennbar. So stellt sich die grundlegende Frage, ob 5Mo in der Spätzeit Judas entstand und mit der Absicht geschrieben wurde, den wahren Gottesdienst allein im Tempel von Jerusalem zu zentralisieren, wie viele Wissenschaftler annahmen – oder ob dieses Buch im wesentlichen aus der Zeit Moses stammt und zur Zeit Josias wiederentdeckt wurde. Dann wären die deuteronomistischen, auf der Linie von 5Mo liegenden Reformen Josias und auch die Person des Deuteronomisten durch dieses Buch entscheidend geprägt. Zu dieser Frage ist folgendes zu bedenken: Wenn 5Mo zur Zeit Josias oder zu irgendeiner anderen Zeit zwischen dem Untergang Samarias und dem Untergang Jerusalems entstanden ist, und wenn es mit der Absicht geschrieben wurde, die Vorrangstellung des Jerusalemer Heiligtums zu festigen, so bedürfen verschiedene Fragen der Klärung: Wie kommt es, daß in 5Mo der Name Jerusalem gänzlich fehlt? Woher stammt die detaillierte Kenntnis der Periode der Wüstenwanderung, und wieso hat 5Mo in der Wüste seinen *Sitz im Leben*? Wie erklärt sich der deuteronomische Standpunkt von Jos, Ri und Sam? Man neigt heute weitgehend dazu, all dies dem Deuteronomisten zuzuschreiben. Wir sind dagegen der Überzeugung – und das wird die Kommentierung erweisen –, daß 5Mo (von späteren Anfügungen und vermutl. erheblichen Überarbeitungen abgesehen) im wesentlichen mosaisch ist. Sein Einfluß erhielt sich mehr oder weniger stark bis zur Zeit Salomos. Daher der Einfluß dieses Buches auf David und Salomo bei Planung und Bau des Jerusalemer Tempels. Die deuteronomistischen Reformen Josias ebenso wie der deuteronomistische Standpunkt des Verfassers der Kön sind auf das Auffinden von 5Mo z.Z. Josias zurückzuführen.

Zweck des Buches

Offensichtlich wollte der Autor eine Botschaft übermitteln und nicht nur Geschichte schreiben. Diese Botschaft ist deuteronomisch; man lese zum Vergleich etwa 5Mo 7 und 9 und 11 (bes. V. 26–28). Der Verfasser will zeigen, daß von Israel als dem Volk Jahwes erwartet wird, daß es das Gesetz Jahwes hält, bes. was die Reinheit der Jahweverehrung angeht, daß auf dem Einhalten dieses Gesetzes Segen liegt und daß seine Mißachtung bestraft wird.

Weil der König das gesamte Volk repräsentiert, hat der Verf. sich dafür entschieden, seine Botschaft vor allem im Erzählen der Geschichte der Könige auszurichten. Die Regierungszeit jedes Königs wird nicht nach politischen, sondern allein nach geistlichen Gesichtspunkten beurteilt: »Er tat, was dem Herrn mißfiel«, oder: »Er tat, was dem Herrn wohlgefiel.« Das treffendste Beispiel dafür bietet Omri. Nach politischen Maßstäben war er einer der bedeutendsten Könige Israels (vgl. LZB, Sp. 1014), aber er wird in acht Versen abgehandelt, die in die Feststellung münden: »Omri tat, was dem Herrn mißfiel, und trieb es ärger als alle, die vor ihm gewesen waren« (1Kön 16,25).

Methode

Der Verfasser von Kön geht chronologisch vor. Für die Zeit, in der es zwei parallele Königshäuser gibt (von der Teilung des Reiches bis zum Untergang Samarias), verbindet er sie miteinander. Fast ausnahmslos berichtet er zunächst vollständig über die Regierungszeit eines Königs und fügt dann die Geschichte der gleichzeitig regierenden Könige des anderen Reiches an. Eine Ausnahme gibt es bei Ahab. Hier wird der Bericht durch den Elia-Zyklus unterbrochen. Ähnliches gilt für Joram. Der Bericht über seine Regierungszeit wird von der Elisageschichte durchzogen. Hier tritt eine zusätzliche Schwierigkeit auf. Der Name des »Königs von Israel« ist im Elisa-Zyklus regelmäßig ausgelassen. Der Bericht über Joas von Israel schließlich wird durch die letzten Elisageschichten und die Einfügung über die Regierung Amazjas von Juda unterbrochen.

Den Berichten über die Könige Israels stellt der Autor gewöhnlich eine einführende Bemerkung voran, die folgende Angaben enthält: a) das Datum der Thronbesteigung in chronol. Zuordnung zu dem entsprechenden König von Juda; b) den Namen der Hauptstadt, in der er residiert; c) die Regierungsdauer und d) eine kurze Beschreibung seines Charakters (s. z.B. 1Kön 15,33f). Für die Könige von Juda enthält die einführende Vorbemerkung folgende Daten: a) den Zeitpunkt der Thronbesteigung in chronol. Zuordnung zu dem entsprechenden König von Israel (entfällt nach dem Untergang des Nordreiches); b) das Alter des Königs bei der Thronbesteigung; c) den Namen der Königinmutter (außer bei Joram und Ahas); d) eine Zusammenfassung des Verhaltens des Königs gegenüber dem Gesetz und ein Vergleich mit »seinem Vater David« (z.B. 1Kön 15,1–5). Zwei Könige werden vorbehaltlos gebilligt (Hiskia und Josia), sechs mit Einschränkung (Asa, Josaphat, Joas, Amazja, Usia und Jotham), zehn werden streng verurteilt. Für die Könige Israels wie auch Judas gebraucht der Autor jeweils eine Schlußformel, die a) auf die Chronik der Könige Israels oder Judas verweist; b) den Tod des Königs und seine Grabstätte angibt und c) den Namen seines Nachfolgers nennt (z.B. 1Kön 15,7.8). (Bei Königen, die entthront oder ermordet wurden, entfallen diese Angaben.) Die *Chronik der Könige Israels* wird 17mal, die *Chronik der Könige Judas* 15mal erwähnt. Diese Chroniken dürfen nicht mit 1 und 2Chr verwechselt werden.

Chronologie

Da die Regierungsdauer der einzelnen Könige angegeben ist, sollte es eigentlich keine Schwierigkeiten bereiten, die Zeitangaben zu vervollständigen und eine klare Chronologie zu erhalten. Leider ist das aber nicht möglich. Rehabeam von Juda und Jerobeam von Israel wurden zur gleichen Zeit König, und Ahasja von Juda und Joram von Israel starben zur gleichen Zeit. Aber die Gesamtzahl der Regierungsjahre der Könige dieses Zeitraums beträgt in Juda 95, in Israel 98. Auch Athalja von Juda und Jehu von Israel traten ihre Regierung zur gleichen Zeit an, der Untergang Samarias wird im sechsten Jahr der Regierungszeit Hiskias von Juda angesetzt. Im Nordreich ergeben sich für diese Epoche 143 Jahre, in Juda hingegen 165. Hier warten offensichtlich Probleme auf ihre Lösung. Ziehen wir außerbibl. Material hinzu, etwa die Zeitangaben ägypt. Pharaonen oder assyr. Könige, so kompliziert das den Sachverhalt noch mehr.

Zum Teil liegen die Schwierigkeiten in dem System, nach dem die Jahre einer Regierungszeit gezählt wurden. In manchen Fällen rechnete man das Jahr der Thronbesteigung nicht mit, sondern setzte mit der Zählung erst beim nächsten vollen Jahr ein. In anderen Fällen rechnete man unmittelbar von der Thronbesteigung an – im Text ist das jedoch nicht angegeben. Außerdem gibt es eine Reihe von Doppelregentschaften. Es kam vor, daß der Nachfolger bereits gleichzeitig mit dem Amtsinhaber regierte. In der Regierungsdauer mancher Könige ist die Zeit derartiger Mitregentschaften enthalten. Auch das ist im Text nicht ausgewiesen, obwohl es aus einem Vergleich mit dem anderen Reich oft deutlich hervorgeht. Hat man diese Schwierigkeiten ausgeräumt, so bleiben immer noch einige ungelöste Probleme: z.B. die Diskrepanz von 12 bis 13 Jahren für die Zeit, in der Jotham, Ahas und Hiskia in Juda, Pekach und Hosea in Israel regierten.

Die bibl. Datierung gibt uns nur relative und zeitvergleichende Daten. Astronomische Beobachtungen und die assyr. *limmu*-Listen ermöglichen es uns, bestimmte Ereignisse mit Kalenderdaten zu belegen. So ist sicher, daß die Schlacht bei Karkar 853 v.Chr. stattfand, und daß Ahab von Israel im selben Jahr starb. Ähnlich läßt sich die Thronbesteigung Jehus auf 841 v.Chr. festlegen. Eine babyl. Tontafel versetzt uns in die Lage, die Eroberung Jerusalems exakt auf den 15./16. März 597 v.Chr. festzusetzen. Von diesen gesicherten Angaben aus rechnen wir, unter Benutzung der bibl. Daten, rückwärts und vorwärts, um auch die übrigen Zeitangaben vom Tod Salomos bis zum Fall Jerusalems 587/86 v.Chr. festzulegen.

Der Text

Ein Vergleich des MT mit LXX und Vulgata zeigt, daß der Text von 1 und 2Kön einigen redaktionellen Veränderungen unterworfen wurde. Die LXX ist oft kürzer, und die griech. Version Lukians scheint an einigen Stellen verläßlicher zu sein. Der Qumran-Text von Kön, obwohl fragmentarisch, zeigt, daß es einen hebr. Text gab, der der LXX näher stand als MT. Das ist ein weiterer Hinweis darauf, daß wir dem vorliegenden hebr. Text nicht blindlings folgen sollten, sondern einen sorgfältigen kritischen Gebrauch von allen vorhandenen Möglichkeiten machen sollten, um dem hebr. Original so nahe wie möglich zu kommen.

Chronologie von 1. und 2. Könige

Juda		Israel		Andere	
931–913	Rehabeam	931–910	Jerobeam I.	945–924	Scheschonk I. (Schischak)
913–910	Abia			915–900	Tabrimmon
910–870	Asa	910–909	Nadab		
		909–886	Baësa	900–860	Benhadad I.
				898–866	Ethbaal I.
		886–885	Ela		
		885	Simri	(898–843	Benhadad I.) (?)
		885–880	Tibni	(860–843	Benhadad II.) (?)
*873–848	Josaphat	§885–874	Omri		
		874–853	Ahab	859–824	Salmanasser III.
*853–841	Joram	853–852	Ahasja	853	Schlacht bei Karkar
841	Ahasja	852–841	Joram	843–796	Hasaël
841–835	Athalja	841–814	Jehu		
835–796	Joas	814–796	Joahas		
796–767	Amazja	*798–782	Joas	796–770	Benhadad III./II.
*790–740	Asarja (Usia)	*793–753	Jerobeam II.		
		753	Sacharja	750–732	Rezin
		752	Schallum	747–727	Tiglath-Pileser III.
		752–742	Menahem		
		741–740	Pekachja		
*†751–732	Jotham	§752–732	Pekach	732	Fall von Damaskus
†735–716	Ahas	731–722	Hosea	727–722	Salmanasser V.
*728–687	Hiskia	722	Fall Samarias	722–705	Sargon II.
*696–642	Manasse			705–681	Sanherib
				690–664	Tirhaka (?)
642–640	Amon			669–627	Assurbanipal
639–609	Josia			626–605	Nabopolassar
				612	Fall Ninives
609	Joahas			610–595	Necho II.
608–597	Jojakim			605–562	Nebukadnezar II.
597	Jojachin			595–589	Psammetich II.
597	Eroberung Jerusalems				
597–586	Zedekia				
586	Fall Jerusalems			589–570	Apries (Hophra) (?)
562	Jojachin freigelassen			562–560	Amel-Marduk

* sich überschneidende Daten bedeuten Mitregentschaft
§ sich überschneidende Daten: Thronanspruch
† Jothams 16 Regierungsjahre endeten 735

Rekonstruktion der Chronologie der Könige von Juda

(Angaben aus dem bibl. Text in Fettdruck, geschätzte Daten kursiv)

König	Geburtsjahr	Vater (mit Alter)	Jahr bei Übernahme der Mitregentschaft (mit Alter)	Jahr der Thronbesteigung (mit Alter)	Regierungsjahre	Ende der Regierungszeit (mit Alter)
Rehabeam	*971*	Salomo		931 (**41**)	**17**	913 (58)
Abia	*950*	Rehabeam (*21*)		913 (*37*)	**3**	910 (*40*)
Asa	*929*	Abia (*21*)		910 (*18*)	**41**	870 (*59*)
Josaphat	908	Asa (21)	873 (**35**)	870 (38)	**25**	848 (60)
Joram	886	Josphat (22)	853 (**32**)	848 (37)	**8**	841 (45)
Ahasja	864	Joram (22)		841 (**22**)	**1**	841 (23)
[Athalja]		[Ahab]		841	**7**	835
Joas	843	Ahasja (21)		835 (**7**)	**40**	796 (47)
Amazja	821	Joas (22)		796 (**25**)	**29**	767 (54)
Asarja (Usia)	808	Amazja (13)	790 (**16**)	767 (31)	**52**	740 (68)
Jotham	776	Asarja (32)	751 (**25**)	740 (35)	**16**	735 (41)
					20*	732 (44)
Ahas	755	Jotham (21)	735 (**20**)	732 (23)	**16**	716 (39)
Hiskia	741	Ahas (14)	728 (**13**)	716 (**25**)	**29**	687 (54)
Manasse	709	Hiskia (32)	696 (**12**)	687 (21)	**55**	642 (67)
Amon	664	Manasse (45)		642 (**22**)	**2**	640 (24)
Josia	648	Amon (16)		639 (**8**)	**31**	609 (39)
Joahas	632	Josia (16)		609 (**23**)	**1/4**	609 (23)
Jojakim	633	Josia (15)		608 (**25**)	**11**	597 (36)
Jojachin	615	Jojakim (18)		597 (**18**)	**1/4**	597 (18)
Zedekia	618	Josia (30)		597 (**21**)	**11**	586 (32)

* Das 20. Regierungsjahr Jothams wird erwähnt, er regierte jedoch 16 Jahre (2Kön 15,30.33)

Inhalt

(In dieser Übersicht werden die beiden Bücher als Einheit betrachtet)

1. Könige

1,1–2,46 Die letzten Tage Davids und die Thronbesteigung Salomos

1,1–53	Der Kampf um die Nachfolge
2,1–12	Davids letzte Aufträge und sein Tod
2,13–46	Salomos Säuberungsaktion

3,1–11,43 Die Herrschaft Salomos

3,1–5,14	Salomos Weisheit und Pracht
5,15–7,51	Der Bau des Tempels
8,1–66	Die Weihe des Tempels
9,1–28	Salomos großer Ruhm
10,1–29	Der Besuch der Königin von Saba
11,1–43	Salomos Niedergang

12,1–14,31 Die Teilung des Reiches

12,1–24	Rehabeam wird Salomos Nachfolger
12,25–33	Jerobeam vereint die Nordstämme
13,1–32	Jerobeam weiht Priester
13,33–14,20	Das Ende der Regierungszeit Jerobeams
14,21–31	Das Ende der Regierungszeit Rehabeams

15,1–16,28 Die Kriege zwischen Israel und Juda

15,1–8	Abia von Juda
15,9–24	Asa von Juda
15,25–32	Nadab von Israel
15,33–16,7	Baësa von Israel
16,8–14	Ela von Israel
16,15–20	Simri von Israel
16,21–28	Omri von Israel

1Kön 16,29 – 2Kön 1,18 Ahab und Elia

16,29–34	Ahab von Israel
17,1–19,21	Erster Teil des Elia-Zyklus
20,1–43	Ahabs Kriege mit Syrien
21,1–29	Ahab und Naboths Weinberg
22,1–40	Ahabs letzter Krieg mit Syrien
22,41–1,18	Der Abschluß des Elia-Zyklus

2. Könige

2,1–10,36 Der Elisa-Zyklus

2,1–25	Elia wird entrückt, Elisa tritt seine Nachfolge an
3,1–27	Der Krieg mit Moab
4,1–8,15	Erzählungen über Elisa
8,16–24	Joram von Juda
8,25–29	Ahasja von Juda
9,1–10,36	Die Revolution Jehus

11,1–17,41 Von der Revolution Jehus bis zum Untergang des Nordreichs

11,1–20	Athalja von Juda
12,1–22	Joas von Juda
13,1–9	Joahas von Israel
13,10–13	Joas von Israel
13,14–25	Die abschließenden Ereignisse des Elisa-Zyklus
14,1–22	Amazja von Juda
14,23–29	Jerobeam II. von Israel
15,1–7	Asarja (Usia) von Juda
15,8–31	Unruhen in Israel
15,32–38	Jotham von Juda
16,1–20	Ahas von Juda
17,1–41	Das Ende des Nordreichs

18,1–21,26 Juda und das assyrische Reich

18,1–12	Hiskia von Juda
18,13–19,37	Sanherib belagert Jerusalem
20,1–21	Das Ende der Regierungszeit Hiskias
21,1–18	Manasse von Juda
21,19–26	Amon von Juda

22,1–23,30 Die Reform Josias

22,1–20	Das Gesetzbuch
23,1–30	Josias Reformen und sein Tod

12,31–25,30 Die letzten Tage Judas

23,31–35	Joahas von Juda
23,36–24,7	Jojakim von Juda
24,8–17	Jojachin von Juda
24,18–25,7	Zedekia von Juda
25,8–30	Die Zerstörung Jerusalems und das Exil

Kommentar

1,1–2,26 Die letzten Tage Davids und die Thronbesteigung Salomos

1,1–53 Der Kampf um die Nachfolge

Es scheint sich hier um eine Fortsetzung von 2Sam 20,22 zu handeln, und zwar nach einer Zwischenzeit von mehreren Jahren. Es muß nicht unbedingt angenommen werden, daß sich diese Ereignisse kurz vor Davids Tod abgespielt haben.

1,1–4 Davids hohes Alter. 3 *Abisag von Sunem:* ein Mädchen aus Sunem (wahrscheinlich das heutige Solem) in der Jesreelebene, nicht weit von Nazareth. 4 *Der König erkannte sie nicht.* Diese Bemerkung bietet keinen Grund für die Annahme, daß mit Abisag die Potenz Davids getestet werden sollte, um festzustellen, ob er noch regierungsfähig war. Es gibt keine Hinweise, daß David als sakraler König verstanden wurde, von dessen Gesundheit und Fruchtbarkeit das Wohlergehen des Landes abhing. Abisag sollte David pflegen, wurde aber, wie 2,17 und 2,23 zeigen, als seine Nebenfrau angesehen.

1,5–10 Adonia wird zum König ausgerufen. Adonia, Davids ältester lebender Sohn (vgl. 2Sam 3,2–4), wird von Joab und Abjathar als Erbe anerkannt. Er beschließt, die Herrschaft an sich zu reißen. 5 *Gespann:* Besser Reiter (EÜ), viell. aber wäre Pferde richtig. Berittene Truppen gab es in Israel erst später. 6 *Hatte ihm nie etwas verwehrt.* LXX »Hatte ihn nie bestraft« ergibt möglicherweise einen besseren Sinn. 8 *Schimi und Reï:* viell.: »Schimi, der Freund«, wie Josephus liest, denn auch alle anderen in diesem Vers genannten Namen sind mit einem Attribut versehen. 9 *Opferte* bedeutet hier: ein Opfertier schlachten. Die Quelle Rogel ist das heutige Bir Eijub in der Nähe des Dorfes Silvan. 10 *Aber... lud er nicht ein:* Die Tatsache, daß Adonia Nathan, Benaja und Salomo nicht einlädt, läßt vermuten, daß er einen Anschlag gegen sie plante. Hätte er sie zu einem Essen eingeladen, wäre er verpflichtet gewesen, ihr Leben zu schonen.

1,11–14 Nathans Intrige zugunsten Salomos. 11 *König geworden ist:* Diese Formulierung trifft nicht genau den Sachverhalt, Adonia hatte zwar seine Thronbesteigung vorbereitet, war aber noch nicht gekrönt. 12 Nathan weist deutlich darauf hin, daß Adonia sowohl Salomo als auch dessen Mutter Bathseba töten wollte. 13 Diese Worte sind in höfischer Sprache gehalten. 14 *Deine Worte zu Ende führen:* wörtl.: »Ich werde deine Worte ausfüllen.« Von einem solchen Versprechen Davids an Bathseba ist nichts bekannt, aber es gibt keinen Grund, es für eine Erfindung Nathans zu halten.

1,15–21 Bathseba vor David. 15 Ein Anhaltspunkt für die Art des Dienstes, den Abisag bei David versieht, ist die Tatsache, daß sie nicht aus dem Raum geschickt wird, als Bathseba eintritt. 16 *Was willst du?* Wörtl.: »Was ist mit dir?« 18 *Adonia ist König geworden;* vgl. 1,11 und 1,20. 21 *Empörer:* wörtl. »die das Ziel verfehlt haben«, was auch oft in der Bedeutung von Sünder verwandt wird. Es ist kaum zu bezweifeln, daß Adonia, hatte er erst einmal den Thron erlangt, einen Grund finden würde, um Salomo und Bathseba zu töten.

1,22–27 Nathan vor David. 24 Nathan bezieht sich auf Adonias Verschwörung, als wäre sie die Ausführung eines Versprechens Davids. Er sagt nicht, daß David kein Recht gehabt hätte, so etwas zu versprechen, sondern daß er dadurch Schande über Nathan, Zadok und Benaja gebracht hat. 25 *Und die Hauptleute:* In Übereinstimmung mit LXX lautet die korrekte Lesart vermutl.: »Joab, der Befehlshaber des Heeres«.

1,28–31 David verspricht, Salomo zum König zu machen. 31 *Lang lebe mein Herr, der König David!* Die übliche Grußformel für einen orientalischen König.

1,32–37 David handelt. Er trifft nicht nur eine Entscheidung, sondern läßt auch die Salbung und Krönung Salomos unverzüglich durchführen. Damit kommt er Adonias Krönung zuvor und bringt ihn in die Lage, den König stürzen zu müssen, wenn er auf seinem Anspruch besteht. 33 *Gihon:* das heutige 'Ain Umm ed-Daradsch im oberen Kidrontal. Später leitete man dort durch Hiskias Tunnel das Wasser in den Teich von Siloa (2Chr 32,30). Daß Salomo Davids eigenes Maultier reitet, versinnbildlicht wahrscheinlich den Anspruch auf den Thron.

1,38–40 Salomo wird zum König gesalbt. 38 *Krether und Plether:* wahrscheinlich Krether und Philister; die Einstellung ausländischer Söldner war ein Mittel, Anschläge gegen den König zu verhindern (s. Komm. zu 2Sam 8,18). 39 *Das Ölhorn:* Für die Königssalbungen wurde ein bestimmtes mit Olivenöl gefülltes Horn benutzt. *Zelt:* die transportable Schutzhütte, in der sich die Lade befand. Wohl nicht die Stiftshütte, die einige Jh. früher in der Wüste gebaut worden war. 40 *Blies mit Flöten:* »Tanzte Tänze« (LXX) erscheint sinnvoller. *So daß die Erde* *von ihrem Geschrei erbebte* (barst): Diese Redewendung darf man nicht zu wörtl. nehmen.

1,41–48 Adonia wird überlistet. Seine Verschwörung scheitert. 41 *Stadt:* besser Zitadelle oder Festung. 42 *Ein redlicher Mann:* Die Wendung meint einen wohlhabenden Mann, nicht einen, der zum König hält. 47 *Segnen:* nicht nur menschlicher Glückwunsch, sondern realer Zuspruch des Segens Gottes. 48 *Einen meiner Söhne:* so nach LXX (anders MT; EÜ). Der Beginn einer Dynastie war für Israel eine grundsätzlich neue Erfahrung. Saul und David waren charismatische Führer gewesen. Jetzt besteigt zum ersten Mal der Sohn eines Königs den Thron Israels.

1,49–53 Salomo schont Adonia. 50 Indem man die *Hörner des Altars* ergriff, gebot man der Hand des Rächers Einhalt (s. Komm. zu 2Mo 21,14). 51 Viell. war der Altar in der Nähe des Zeltes (V.39). 52 *Wird er redlich sein:* Salomo respektiert, daß Adonia zum Altar Zuflucht genommen hat. Er schont sein Leben, verpflichtet ihn aber gleichzeitig, nie wieder den Thron zu beanspruchen. 53 *Geh in dein Haus!* Viell. bedeutet das Hausarrest, auf jeden Fall aber Ausscheiden aus dem öffentlichen Leben.

2,1–12 Davids letzte Aufträge und sein Tod

2,1–4 Der Auftrag an Salomo. Seine Ausführung mag mehrere Jahre in Anspruch genommen haben (vgl. 1Chr 22,6–29,25). Man hat diesen Abschnitt als deuteronomistisch und von einem späteren Redaktor eingefügt bezeichnet. In 5Mo war der König jedoch für die Kenntnis und Weitergabe des Gesetzes verantwortlich (5Mo 17,18f; vgl. Jos 1,1–9). S. Einleitung.

2,5–9 Der Auftrag im Blick auf Davids Feinde. Man hat angenommen, daß es sich hier nicht um Anweisungen Davids handele, sondern um Beschlüsse Salomos, die dann David zugeschrieben wurden. Zum Mord an Abner vgl. 2Sam 3,27; an Amasa 2Sam 20,8–10. Joab hatte beide Heerführer in Friedenszeiten ermordet. Manche Ausleger vermuten, daß David in beiden Fällen nicht in der Lage war, Joab zu bestrafen und deshalb die Verantwortung Salomo zuschob.
6 *Weisheit:* hier praktische Klugheit: Kenntnis und geschickte Nutzung der Fakten; überlegte Handlungsweise. 7 *Sollst du Barmherzigkeit* (hebr. *chesed) erweisen*: Hier wird ein Handeln gefordert, das den Ordnungen des Gottesbundes entspricht. *Sie taten wohl an mir:* MT »sie sind mir entgegengekommen« (EÜ). Vgl. 2Sam 17,27ff; 19,32ff.
8 Bezüglich des Fluchs Simeïs vgl. 2Sam 16,5ff; 19,16ff. Dieser Fluch wurde noch als gültig angesehen und mußte deshalb entkräftet werden. Dem Herrscher zu fluchen war ein Kapitalverbrechen (2Mo 22,28).

2,10–12 Davids Tod. 10 *Legte sich David zu seinen Vätern:* Umschreibung für: er starb. *Stadt Davids:* der Zion. Apg 2,29 nimmt auf das Grab Davids Bezug. Davids Regierungszeit wird allg. von 1010–971 v.Chr. angesetzt; vgl. 2Sam 5,45f. 12 ist ein Überblick über das, was folgt. Ausführlicher findet er sich in 1Chr 29,23–25. Nach einer griech. Hs. war Salomo bei der Thronbesteigung 12, nach Josephus (Ant. VIII 7,8) 14 Jahre alt. Rehabeam wurde vermutl. zu der Zeit geboren, als Salomo König wurde (1Kön 14,21).

2,13–46 Salomos Säuberungsaktion

2,13–27 Adonia bittet um Abisag. Adonia versucht über Bathseba Salomo dazu zu bewegen, ihm Davids Pflegerin Abisag zur Frau zu geben. Salomo faßt diese Bitte als Anspruch auf den Thron auf (s. Komm. zu 2Sam 3,6–11), denn nach damaliger Sitte fiel dem neuen König von Rechts wegen der königl. Harem zu (s. Komm. zu 2Sam 16,21f). Deshalb läßt Salomo Adonia hinrichten. 15 Adonia hielt seinen Anspruch auf den Thron für rechtmäßig.
19 Die Königinmutter erhält den Ehrenplatz zur Rechten des Königs. 22 *Zu ihm hält der Priester Abjathar und Joab:* LÜ folgt hier den Übers., EÜ dem MT. Abjathar wurde verbannt, denn als Priester war er unverletzlich. 26 *Anathoth:* heute Anata, etwa 5km nordöstl. von Jerusalem (vgl. Jer 1,1).

2,28–35 Der Tod Joabs. Joab flieht zum Altar. Nicht wegen der Morde, sondern weil er Adonia unterstützt hatte. Das Heiligtum ist keine Freistatt für Mörder, aber eben dafür hält Salomo Joab. 34 *Wurde begraben in seinem Haus:* wahrscheinlich unter dem Fußboden des Hauses, obwohl man auch das Land ringsum als »Haus« bezeichnete. *Wüste* bedeutet hier wahrscheinlich Steppe, minderwertiges Weideland in Ostjudäa, das wohl zu steinig für Ackerbau war. 35 *Benaja* bekommt Joabs Stellung. *Zadok* wird Priester. Die Qumran-Gemeinschaft am Toten Meer bezeichnete sich als rechtmäßige Nachfolgerin Zadoks. Das Priestertum galt als erblich und als vom König unabhängig. Salomo hat hier ein Prinzip mit weitreichenden Konsequenzen eingeführt.

2,36–46 Simeïs Hausarrest und sein Tod. Simeï verletzt das Gebot, Jerusalem nicht zu verlassen (2,36), obwohl er den Kidron nicht überquert. Salomo nimmt dies zum Anlaß, Davids Auftrag auszuführen (1Kön 2,9; im Gegensatz dazu 2Sam 19,23). 39 *Gath:* von manchen Forschern als Libna, etwa 50km südwestl. von Jerusalem, identifiziert.

45 *Der König Salomo ist gesegnet:* Damit wird der Fluch aus 2Sam 16 außer Kraft gesetzt. **46** Der zweite Teil des Verses ist eine Zusammenfassung des vorhergehenden. Einige Exegeten halten ihn für die Einleitung des nächsten Teiles.

3,1–11,43 Die Herrschaft Salomos

Salomos Herrschaft kann sowohl nach politischen als auch nach geistlichen Gesichtspunkten untersucht werden. Politisch ist sie eine Glanzzeit, geistlich gesehen kommt es in ihrem Verlauf zum Abfall von Gott. Aus unerfindlichen Gründen hat die christl. Literatur das Bild Salomos so idealisiert, daß es der bibl. Darstellung kaum noch entspricht.

3,1–4,34 Salomos Weisheit und Pracht

3,1 Salomos ägyptische Heirat. Dieser Abschnitt läßt keine Absicht zeitlicher Einordnung erkennen. Wir wissen nicht, um welchen Pharao es sich handelt; wahrsch. war es aber nicht Schischak (1Kön 14,25), sondern ein König der schwachen XXI. Dynastie. Die Heirat geschah aus politischen Gründen, die Mitgift bestand nach 9,16 aus Geser (viell. besser: Gerar). In der LXX ist V. 1 mit 9,16 verbunden, beide sind hinter 4,34 gestellt (4,34 ist im MT 5,14).

3,2–4 Opfer auf den Höhen. Die Höhen waren Kultstätten, an denen in Kanaan geopfert wurde, bevor die Israeliten ins Land kamen. Die Israeliten benutzten diese Stätten weiter, oft gegen den Einspruch der Propheten. Die Annahme, V. 2 sei eine später eingefügte Apologie, in der das Verhalten des Volkes mit dem Fehlen eines Tempels in Jerusalem entschuldigt wird, ist nicht zwingend. Es ist durchaus möglich, daß der Autor am Anfang seines Berichtes eine der Schwächen der Regierung Salomos aufzeigen will. Andererseits handelte Gott an seinem Volk immer in der Situation, in der es sich gerade befand, und zwar in der Absicht, es zu Besserem zu führen. Gott war bereit, dem König im Heiligtum von Gibeon zu begegnen (V. 5), obwohl er die Höhenheiligtümer wenige Generationen später als Greuel bezeichnet hat. Zu jener Zeit wurden die Opfer zwar noch nach dem Buchstaben, aber nicht mehr im Geist des mosaischen Gesetzes dargebracht. **4** Nach 2Chr 1,1–13 war das Opfer in Gibeon eine religiöse Einsetzungshandlung anstelle der Krönung (vgl. 1Kön 1,39; 1Chr 29,22). Zadok war offensichtlich Priester in Gibeon (1Chr 16,39). Es scheint dort seit der Zeit Josuas auch eine aaronitische Priesterschaft gegeben zu haben (Jos 9). Das würde erklären, warum die Stiftshütte und der kupferne Altar (2Chr 1,3.5), wahrscheinlich von Silo aus, dorthin gebracht wurden. Keil ist der Meinung, daß die Höhenheiligtümer Jahwe geweiht waren und mit den Baals-Kultstätten der Kanaaniter nichts zu tun hatten. Das ist jedoch schwer zu beweisen. *Gibeon:* heute El-Dschib, 10km nordwestl. von Jerusalem. *Um dort zu opfern:* Im hebr. Text steht hier ein Imperfekt. Das könnte bedeuten, daß Salomo regelmäßig dort opferte, oder es könnte die Gesamtzahl der Opfer gemeint sein, die er im Laufe seines Lebens in Gibeon darbrachte. *Tausend Brandopfer:* nicht unbedingt als exakte Mengenangabe zu verstehen. Möglicherweise soll lediglich festgestellt werden, daß es sich um sehr viele oder sehr wichtige Opfer handelt.

3,5–15 Salomos Traum und Jahwes Antwort. **6** *Große Barmherzigkeit* (hebr. *cheṡed* = Bundesliebe): Gott und David hatten beide den Bund gehalten. **7** *Ich aber bin noch jung:* nicht unbedingt wörtl. zu nehmen (wie in der Überlieferung, daß Salomo nur 12 oder 14 Jahre alt war). Es handelt sich um eine orientalische Redewendung, die Demut ausdrückt. *Weiß weder aus noch ein:* Diese Redewendung soll Salomos Mangel an Erfahrung in seiner neuen Position verdeutlichen (vgl. 4Mo 27,17). **9** *Herz:* Das hebr. Wort umfaßt die Gefühle, den Willen und das Unterscheidungsvermögen zwischen Gut und Böse. **11** *Leben:* hebr. *nefesch,* wird meist mit Seele übersetzt, kommt jedoch der Bedeutung »Person« oder »Leben« näher. *Verstand, zu hören und recht zu richten:* wörtl.: Die Fähigkeit, Gericht zu hören. Das hebr. *mischpat* (= Gericht) bedeutet nicht nur Entscheidung; es steht auch für die göttl. Prinzipien, aufgrund deren die Entscheidung getroffen wird. **15** Falls die Bundeslade sich zu dieser Zeit noch nicht in Jerusalem befand, muß dieser Vers als spätere Einfügung betrachtet werden. Nimmt man ihn jedoch wörtl., so kann man diesen Abschnitt als groben Überblick verstehen, der dem detaillierten Bericht über das Leben Salomos vorangestellt ist, und der auch die spätere Zeit, in der die Bundeslade tatsächlich in Jerusalem aufbewahrt wurde, mit einbezieht. In Chr fehlt dieser Abschnitt.

3,16–28 Salomos Urteil über die beiden Dirnen. Die Weisheit, die Gott Salomo verliehen hat, wird nun an einem typischen Fall veranschaulicht. Sie ist Klugheit in praktischen Dingen, doch wird sie nichtsdestoweniger auf Gott zurückgeführt (V. 28). **16** Auffällig ist, daß Leute aus dem Volk Zutritt zum König haben. **22** Wie schon die einleitende Erzählung, nennt dieser Vers Einzelheiten der Beweisführung vor dem König. **26** *Herz:* das hebr. Wort kann auch Mutterleib bedeuten; das entspricht der hebr. Psychologie, die starke Gefühle in der Gegend des Unterleibs angesiedelt glaubte. Wir dagegen schreiben sie dem Herzen zu. **28** *Gericht zu halten:* im Hebr. eigentl.: »ein gerechtes Urteil fällen«; *mischpat* ist hier auf die bes. Entscheidung bezogen, die durch den Gebrauch der von Gott gegebenen Weisheit getroffen wurde.

4,1–6 Salomos Beamte. **2** *Großen:* hohe Beamte. **3** *Schreiber:* Plur.; an anderen Stellen ist von nur einem Schreiber die Rede. **4** *Abjathar:* Seine Nennung ist problematisch, weil Abjathar bei Regierungsantritt Salomos aus dem Priesteramt entfernt wurde (2,35). **5** *Des Königs Freund:* Diese Bezeichnung findet sich in den Amarnabriefen als Titel eines kleinen Beamten; seine Aufgaben sind nicht bekannt. Keil dagegen meint, Freund des Königs bedeute so viel wie Priester oder persönlicher Ratgeber. Zur Zeit Davids war Huschai »des Königs Freund« (2Sam 15,37). *Nathan:* wahrscheinlich der 2Sam 5,14 erwähnte Sohn Davids, nicht der Prophet. **6** *Adoniram:* s. Komm. zu 2Sam 20,24 und 1Kön 12,18.

4,7–19 Salomos Verwaltungsbezirke. Diese Bezirke entsprachen nur teilweise den alten Stammesgebieten und wurden von hohen Beamten verwaltet, unter denen auch zwei Schwiegersöhne Salomos (V. 11.15) waren. **7** *Amtleute:* hebr. wörtl. Bevollmächtigte. **8ff** *Der Sohn Hurs, der Sohn Dekers ...:* besser als EÜ »Ben-Hur, Ben-Deker«. Die Eigennamen sind nicht mehr bekannt. Viell. war das Original dieses Textstückes auf Tontafeln geschrieben, die im Lauf der Zeit derart beschädigt wurden, daß in manchen Fällen nur noch das »Sohn« lesbar blieb. **16** *Bealoth:* viell. Maaloth, wie LXX.

4,20–5,8 Salomos Herrschaft und Reichtum. (In der LXX ist in diesem Abschnitt die Versfolge anders.) **1** Das Reich Salomos war so groß, wie Gott es Abraham zugesagt hatte (1Mo 13,14–17; 15,18). Doch Salomo verlor Edom (11,22), und Rezon von Syrien eroberte Damaskus (11,24f). **4** *Jenseits des (Euphrat-)Stromes* (ZÜ nach dem Hebr.: »Trans-Euphrat«) bezeichnete das Gebiet westl. des Euphrats. Man braucht nicht anzunehmen, daß der Autor deshalb auf der östl. Seite des Euphrats gelebt haben müsse; denn es handelt sich um einen stehenden Ausdruck (vgl. »Transjordanien« als früher übliche Bezeichnung für ein ganz bestimmtes Gebiet). Nach Gray wurde die Bezeichnung »Jenseits des Euphrats« erstmals in assyr. Dokumenten aus der Mitte des 7. Jh. v.Chr. verwendet, also drei Jh. nach diesem Bericht. *Tiphsach:* später Thapsacus, eine wichtige Furt des Euphrats (heute Qal'at Dibs). **5** *Jeder unter seinem Weinstock und unter seinem Feigenbaum:* der ideale Zustand, wie ihn der einfache Mann sich wünschte. *Von Dan bis Beerseba:* die traditionellen Grenzen Palästinas (Ri 20,1; 1Sam 3,20). **6** *Leute für die Pferde* bedeutet normalerweise berittene Soldaten; berittene Kämpfer wurden jedoch zu dieser Zeit gerade erst in Assyrien eingeführt. Viell. ist der Ausdruck hier umfassender gemeint. Er drückt die Hoffnung aus, die Salomo auf den Einsatz von Pferden setzte. Aus anderen Textabschnitten wissen wir, daß er sich mit dem Pferdehandel befaßte. **7** Man schätzt, daß am Hof Salomos 4000–5000 Personen verpflegt wurden.

5,9–14 Salomos Weisheit. Einige Wissenschaftler meinen, daß dieser Abschnitt aus verhältnismäßig später Zeit stammt, obwohl er eine alte Überlieferung aufnimmt. Nun handelt es sich bei der Salomo zugeschriebenen Weisheit um Naturweisheit. Diese ist in Mesopotamien und Ägypten mindestens ein Jahrhundert, möglicherweise sogar schon 200 Jahre, vor Salomo bekannt (vgl. Ptahhotep). **9** *Einen Geist, so weit:* bezieht sich wahrscheinlich auf Salomos weitgespannte Interessen. **10** *Von allen, die im Osten wohnen:* (wörtl.: die Söhne des Ostens): So bezeichnete man allg. Araber und Edomiter, die im SO Palästinas ansässig waren, der traditionellen Heimat der Weisheit (vgl. Hiob 1,3). Das Wort, das hier mit *Osten* übers. ist, kann ebensogut »alte Zeiten« bedeuten. **11** *Ethan, Heman* usw.: Personen, über die wir nichts wissen, die offensichtlich mit irgendeiner Weisheitstradition verbunden waren. **12** *Sprüche:* Gemeint sind Sprichwörter, die eine Wahrheit in Form eines einfachen Bildes ausdrücken. Viele der Sprüche Salomos sind uns in Spr erhalten. Seine Lieder sind bis auf wenige, die sich im Hld finden, vermutl. verloren gegangen. **13** Die Erwähnung von *Bäumen, Tieren, Vögeln, Gewürm und Fischen* weist wahrscheinlich darauf hin, daß Salomo sie in seinen Sprüchen anführte (Spr 30,25f; vgl. Ri 9,8–15).

5,15–7,51 Der Bau des Tempels

Vgl. 2Chr 1,18–5,1; Josephus, Ant. VIII 2,6–9. Salomo führt aus, wovon David träumte: Er baut Jahwe ein Haus. Er bedient sich dabei der Fachkenntnis und der Kunstfertigkeit der Tyrer (Phönizier), der Sklavenarbeit besiegter Völker und des Frondienstes der Israeliten. Er verpfändet einen Teil seines Königreiches. Am Ende hatte er einen prächtigen Tempel und einen vermutl. noch großartigeren Palast errichtet. Aber war das richtig? Wir nehmen es an, obwohl Gott durchaus auch ohne Tempel seinem Volk nahe ist, und nicht erst seit 70 n.Chr. Und selbst als der Tempel noch stand, wies Jesus darauf hin, daß er zum wahren Gottesdienst nicht notwendig sei (Jh 4,21–24). Der Tempel war für fremde Plünderer sehr verlockend. Aber Gott bediente sich des Tempels mit Wohlgefallen, wie er auch das Opfersystem gebrauchte, bis bessere Opfer (Hebr 9,23) möglich waren. Dieser Abschnitt enthält eine Reihe ungewöhnlicher technischer Ausdrücke und eine Anzahl verderbter Textstellen. Deshalb sollte man zu seinem Studium einen ausführlichen Kommentar und Lexikonartikel über den Tempel und seine Ausstattung heranziehen (z.B. LZB, Sp. 1374ff).

5,15–26 Salomo sichert sich die Hilfe Hirams von Tyrus. Vgl. 2Chr 2,1–16. 15 *Hiram:* Kurzform von Ahiram. In Chr »Huram«. *Tyrus:* ein wichtiger Stadtstaat an der Küste Nordpalästinas; im Begriff, die Vorrangstellung unter den phöniz. Stadtstaaten einzunehmen. *Hiram liebte David sein Leben lang:* EÜ besser: *war allezeit ein Freund Davids gewesen,* vgl. Est 5,10; Ps 38,12; Jer 20,4. 17 Hier wird ein Grund angegeben, warum David den Tempel nicht bauen konnte; vgl. 2Sam 7,12ff und 1Chr 22,8; 28,2ff. 18 *Widersacher (hebr. śatan):* urspr. eine allg. Bezeichnung für einen Feind, später wurde sie zum Namen für *den* Widersacher (vgl. 4Mo 22,22; 1Sam 29,4). 20 *Sidonier:* meint mehr als speziell »die Bewohner von Sidon«, sondern allg. die Einwohner der phöniz. Städte. 23 *Flöße:* der Ort, an dem sie auseinandergenommen wurden, ist nach 2Chr 2,14 Jaffa; die Ausgrabungen Maislers am Tell Qasileh an der Mündung des Jarkon-Flusses nördl. von Jaffa haben ergeben, daß dies die Stelle sein könnte. 25 *Zwanzigtausend Sack* (ZÜ: *Kor*): Kor oder Homer ist das größte Hohlmaß (= 220 *l*), es wurde meist für Getreide verwendet. *Zwanzigtausend Eimer* (EÜ: Kor): Nur selten wird Kor als Flüssigkeitsmaß erwähnt. *Gepreßtes Öl* (EÜ: *gestoßenes Öl*) wurde mit Stößel und Mörser hergestellt, während es sonst in der Presse ausgequetscht wurde. 26 *Vertrag:* eine feierliche relig. Zeremonie.

5,27–32 Fronarbeit in Israel. Vgl. 1Kön 9,15.20ff; 2Chr 2,2.17ff. Frondienst war im Altertum Besteuerung. In Israel hatte David ihn eingeführt (2Sam 20,24). Salomo hat die Kanaanäer vermutl. zu ständiger Sklavenarbeit herangezogen (vgl. 1Kön 9,20f), die Israeliten mußten dagegen im Jahr nur vier Monate Fronarbeit leisten (V. 27f). Es ist darum ein untauglicher Versuch, aus Salomo einen Menschenfreund zu machen. 28 *Je einen Monat* (ZÜ: abwechselnd): das hebr. Wort legt die Übers. »Ersatz« nahe. 30 *Dreitausenddreihundert, welche den Leuten geboten:* Demnach müßte auf 15 Leute ein Vogt gekommen sein; 1Kön 9,23 nennt 550 Vögte. 31 *Behauene Steine:* Steine, die genau aneinander passen, ein Kennzeichen phöniz. Baukunst. 32 *Gebaliter:* Das Hebr. ist nicht eindeutig. Es sind wohl Arbeiter aus Gebal, griech. Byblos, nördl. von Sidon, gemeint.

6,1–10 Der Bau des Tempels. Vgl. 2Chr 3,1–14; Josephus, Ant. VIII 3,1–3. Der Tempel war weder als Haus für die Gemeinde noch als Privatkapelle des Königs gedacht. Er sollte vielmehr die Bundeslade beherbergen und die Gegenwart Jahwes symbolisieren. Viele Forscher haben sich eingehend mit den Einzelheiten beschäftigt, doch gibt es an vielen Punkten immer noch Unsicherheiten und Meinungsverschiedenheiten. Hinzu kommt, daß zwischen LXX und MT viele Unterschiede bestehen.

1 *Im vierhundertundachtzigsten Jahr:* Diese Angabe verlegt den Auszug aus Ägypten auf ca. 1447 v.Chr., was weder durch bibl. noch durch außerbibl. Angaben bestätigt wird. Es gibt Anzeichen dafür, daß es sich bei diesem Vers um eine späte Anmerkung handelt. In der LXX erscheint sie zwei Verse früher und lautet dort 440 statt 480. Für Monat wird hier ein anderes Wort gebraucht als im restlichen Kap.; der Monat Siw ist der 3. Monat des späteren babyl., jedoch der 8. Monat des vorexilischen Kalenders. LXX läßt »im Monat Siw« aus. 2 Höhe und Breite haben beim Tempel genau die doppelten Abmessungen wie bei der Stiftshütte. In keinem Fall stellt der Tempel also ein großes Gebäude dar; er war ungefähr 27–30m lang und 9–10m breit. *Elle* = 6 Handbreit oder 42cm; nach 2Chr 3,3 handelt es sich hier jedoch um die »größere Elle« (= ca. 53cm). 3 *Eine Vorhalle vor der Tempelhalle:* Es ist nicht sicher, was unter dieser Vorhalle zu verstehen ist. *Tempelhalle:* wahrsch. Haupthalle des Hauses. 4 *Fenster mit festen Stäben:* Fenster mit Gitterwerk. 6 Die drei Stockwerke, die sich von unten nach oben jeweils verbreitern, lassen eine Bauweise mit Strebepfeilern an den Außenmauern vermuten, mit Ausnutzung des Zwischenraumes zwischen den Säulen auf den Plattformen. Insgesamt verlor die Mauer dadurch ca. 1,5m an Dicke. Daraus kann man auf die Dicke der Mauer an ihrem Fundament schließen. 8 *Zum unteren Seitengemach:* Diese Übers. geht von LXX und Targ. aus; hebr. heißt es eigentlich »mittleres«. *Wendeltreppe:* Das hebr. Wort kommt sonst nirgends im AT vor, Übers. nach LXX. Bei Ausgrabungen am Tell Atchana ist in einem Palast aus dem 18. Jh. v.Chr. eine solche Wendeltreppe

entdeckt worden. In späterem Hebr. bedeutet das hier verwandte Wort Falltür.

6,11–13 Jahwes Wort über den Tempel. Der Ausspruch Jahwes betrifft eigentlich mehr Salomos Lebenswandel als die Einzelheiten des Tempelbaus. In Chr fehlt dieser Abschnitt; manche halten ihn für eine sehr späte Einfügung, die deshalb in LXX keine Aufnahme finden konnte.

6,14–22 Die Innenausstattung des Tempels. Der Abschnitt ist schwierig. Er enthält Wiederholungen und läßt wenig Zusammenhang erkennen. Montgomery vermutet in dem Bericht zwei Erzählstränge. **15** *Vom Boden des Hauses bis an die Decke:* Übers. folgt LXX; ebenso V. 16. **18** *Zedernholz mit gedrehten Knoten und Blumen:* Die Innenwände waren mit Reliefarbeiten verziert. V. 18 fehlt in LXX. **19** *Chorraum:* das Allerheiligste, s. V. 16. **20** Gehört vermutl. zu V. 17. Das Hebr. ergibt wenig Sinn, so scheint die Übers. »Chorraum« nach Vulg. angebracht. Da das Heiligtum ein Würfel war (Seitenlänge = ca. 9m), hat man oft vermutet, daß der Boden des Heiligtums höher gelegen habe als der Boden der Vorhalle; dafür gibt es jedoch keine Anhaltspunkte. Nach V. 2 betrug die Gesamthöhe des Gebäudes 30 Ellen (ca. 14m). *Überzogen mit lauterem Gold, machte er den Altar aus Zedernholz:* nicht ganz eindeutig. Zwei hebr. Worte dieses Satzes sind in ihrer Bedeutung unklar; die gegebene Übers. liegt jedoch nahe. **21** Aufgrund der Textschwierigkeit von V. 20 ist nicht eindeutig zu sagen, ob das Vergolden der ganzen Halle oder nur des Altars gemeint ist. *Salomo überzog das Haus innen mit lauterem Gold:* Hier ergibt sich die gleiche Schwierigkeit wie V. 20. Das Vergolden kann mit flüssigem Gold vorgenommen worden sein, aber das ist nicht erwiesen. *Goldene Riegel:* Die Bedeutung dieser Worte ist unklar. Viell. ist die Übers. Vorhang oder Schutzwand richtig. **22** ist entweder eine Wiederholung oder eine Zusammenfassung. Nach dem Hebr. wörtl.: »Er vergoldete das gesamte Haus vollständig mit Gold, und den ganzen Altar, der zum Heiligtum gehört, vergoldete er mit Gold« (vgl. EÜ).

6,23–28 Die Cherubim. Diese Cherubim sind nicht identisch mit den Cherubim des Gnadenthrones (2Mo 25,18–20). Entsprechend 2Chr 3,10–13 standen sie an der Rückwand, mit dem Gesicht zum Vorhang. Vermutl. standen sie in gegenüberliegenden Ekken und schauten nach draußen; vgl. jedoch V. 27. **23** Zwischen den ersten und zweiten Teil dieses Verses scheint V. 26 zu gehören. **26** Die Cherubim waren (10 Ellen = ca. 15m) halb so hoch wie das Allerheiligste, ihre ausgebreiteten Flügel reichten von Wand zu Wand und berührten sich in der Mitte.

6,29–36 Innenwände, Fußboden und Eingang. **29** *Innen und außen:* Die Bedeutung ist nicht ganz sicher, das Hebr. meint eher: von innen nach außen. *Blumenwerk:* In der Aufzählung der Verzierungen in LXX fehlt diese Angabe. Einige Forscher meinen, es könnte sich um Blumengirlanden handeln. **30** *Überzog er innen den Boden mit Goldblech:* Man hat bezweifelt, daß der Fußboden mit Gold bedeckt war, doch so unwahrscheinlich es auch anmuten mag, im hebr. Text heißt es: »Er vergoldete den Boden des Hauses innen und außen mit Gold« (ZÜ: »im innern und äußern Raum«). **31** Den Eingang zum Allerheiligsten bildete eine Tür aus Olivenholz, wörtl.: »aus Öl«. Der zweite Teil des Satzes ist unverständlich; im Hebr. heißt es etwa: »das Türgewände bestand aus gefünfteten Pfosten«. Es scheint, daß es neben den Türflügeln einen Vorhang (2Chr 3,14), die Riegel (V. 21) oder eine Trennwand gab. **33** Der Eingang zum Vorraum war ebenfalls aus Olivenholz. **34** *So daß jede Tür zwei Flügel hatte, die sich drehten:* Möglicherweise drehten sich die Türen in Angeln; wahrsch. ist jedoch, daß sie in beweglichen Halterungen auf dem Fußboden befestigt waren, die verhindern sollten, daß die Türen sich verzogen. In diesem Fall könnte man sich anstelle der zwei Türen mit je zwei Türflügeln eine große Tür vorstellen, in die zwei kleinere Türen eingelassen waren, oder sogar eine Doppeltür. **35** *Genau wie es eingegraben war:* Vermutl. ist damit gemeint, daß die Goldschicht eingelegt war und sich der Oberfläche der Schnitzarbeiten anpaßte. Hiskia hat das Gold später wieder entfernen lassen, um den Tribut an Sanherib zahlen zu können (2Kön 18,16). **36** *Von drei Schichten behauener Steine und von einer Schicht Zedernbalken:* Wahrscheinlich ist damit eine Art Fachwerk gemeint. Diese Bauweise wurde im Orient zum Schutz gegen Erdbeben angewandt. Die Balken sollten die Steinschichten zusammenhalten und eine gewisse Flexibilität der Wände gewährleisten.

6,37–7,1 Zusammenfassung der Bauzeit. **37** *Monat:* Hier wird das ältere Wort gebraucht, so wie bei der ersten Erwähnung in V. 38; bei der zweiten Erwähnung von Monat in V. 38 wird ein späteres Wort verwendet. Manche Forscher vermuten deshalb eine spätere Erweiterung von V. 38. **38** *Wie es sein sollte;* ZÜ: *in allen seinen Teilen und in allem, was dazu gehörte.* Wörtl.: »in all seinen Worten und in all seinen Sätzen«.

7,2–12 Das Libanon-Waldhaus und die anderen Gebäude. Fehlt in Chr. Wir müssen uns einen großen Gebäudekomplex vorstellen: Im N lag der Tempel mit seinem Vorhof, südl. des Tempels der königl. Palast und sein Hof. Dahinter befand sich das Haus der Tochter des Pharaos. An den Königspalast schloß sich die Säulen- und Thronhalle an, und noch weiter südl. lag das Libanon-Waldhaus. Der gesamte Bereich war von einer dicken Mauer aus behauenen Steinen und Zedernstämmen umgeben.

2 Das *Libanon-Waldhaus* war größer als der Tempel (100 x 50 x 30 Ellen gegenüber 60 x 20 x 30 Ellen). *Drei Reihen von Zedernsäulen:* MT nennt vier Reihen; LÜ folgt LXX. 3 *Fünfundvierzig Säulen:* Es ist nicht klar, ob sich die Zahl 45 im Hebr. auf die Säulen oder auf die Gemächer bezieht. 4 Die Angaben in diesem Vers lassen vermuten, daß es drei Stockwerke gab. Die *Fenster* waren möglicherweise vergittert; vgl. 6,4. 5 *Fenster* (hebr. Pfosten): viell. Fenstersturz. 6 *Halle von Säulen:* viell. eine Säulenvorhalle. 7 *Vom Boden bis zur Decke:* das Hebr.: »von Boden zu Boden« ergibt keinen Sinn. In dieser Halle empfing der König vermutl. Rechtsuchende und sprach sein Urteil. 8 *Dazu sein Haus:* Dies wird nur nebenbei erwähnt. *Im anderen Hof, hinten an der Halle:* viell. eine Einfügung. Mögliche Übers.: »Und sein Haus, in dem er wohnte, der zweite Hof, lag innerhalb des Säulengangs.« Die *Halle für die Tochter des Pharao* wird genannt, aber nicht näher beschrieben. 9 *Mit Sägen geschnitten:* Palästinischer Kalkstein ist kurz nach dem Abbau noch weich und wird erst an der Luft hart. 10 *Zehn und acht Ellen lang:* So große Steine gibt es in Jerusalem aus herodianischer Zeit. Ähnliche Blöcke kann man noch in Taht-i-Suleiman im N von Pasargade (Iran) sehen. Interessanterweise werden sie mit Salomo in Verbindung gebracht, obwohl sie aus viel späterer Zeit stammen. 12 Vgl. 6,36.

7,13–47 Die Arbeit Hirams. Vgl. 2Kön 25,12ff; 2Chr 4,11–18. Israel hatte keine geschickten Handwerker. Um die Facharbeiten ausführen zu können, stellt Salomo Hiram von Tyrus ein (nicht den König, sondern einen Handwerker gleichen Namens).

7,13.14 Die Person Hirams. 13 *Hiram:* In 2Chr 2,12.13 u. 4,16 (ZÜ) wird er Huram-Abi genannt; er hatte einen tyrischen Vater und eine israel. Mutter. 14 *Naphthali:* In 2Chr 2,14 heißt es Dan; das Gebiet Dans lag neben dem Naphthalis. *Voll Weisheit, Verstand und Kunst:* Das letzte Wort bedeutet wörtl.: Kenntnis; alle drei Begriffe haben eine praktische Nebenbedeutung, die sich auf die Kunstfertigkeit Hirams bezieht, deshalb wird hier Kunst übersetzt. *Kupferarbeit:* das hebr. Wort kann sowohl Kupfer wie Bronze bedeuten.

7,15–22 Die Kupfersäulen. 15 Der hebr. Text lautet: »... eine Schnur von 12 Ellen Länge umspannte die zweite Säule«. Jede Säule war 8,23m hoch und hatte einen Umfang von 5,48m (Durchmesser etwa 1,83m); der Metallmantel war etwa 7,5cm stark, im Innern war die Säule hohl. Im Vergleich zu ihrer Höhe hatten die Säulen einen verhältnismäßig großen Durchmesser. Es fehlte ihnen die Anmut, die griech. Säulen eigen ist. 2Chr 3,15 gibt die Höhe der Säulen mit 35 Ellen an, was offensichtlich nicht richtig ist. Sie zu gießen, war eine Kunst für sich. Die Säulen scheinen frei gestanden zu haben; demnach waren sie mehr Verzierung als Stütze. Die Verwendung von freistehenden Säulen vor einem Tempel ist durch Münzen nachgewiesen, die man in Sidon gefunden hat. Auf diesen Münzen sind die Säulen vor dem Baalstempel in Tyrus abgebildet; auf ihnen brannte nachts ein Feuer. Es wäre möglich, daß auf den Säulen vor Salomos Tempel ebenfalls heilige Feuer brannten, die die Israeliten an die Wolken- und Feuersäule erinnern sollten. Aber das sind nur Vermutungen. Vgl. Abb. Tempel in HZB, S. 256. 16 Der Knauf war 2,3m hoch; Knauf und Säule waren zusammen also 10,5m und damit höher als der Tempel selbst. Genaues läßt sich jedoch nicht sagen, weil wir nicht wissen, wie hoch das Tempeldach war. 17 Die Übers. *Gitterwerk* folgt LXX, der hebr. Text ist problematisch. *Für jeden Knauf ein Geflecht* (ZÜ): So ebenfalls nach LXX; LÜ kommt dem Hebr. an manchen Stellen näher, weicht jedoch an anderen Stellen ab. Hebr. wörtl.: »sieben für den einen, und sieben für den anderen«. 18 *Granatäpfel:* hebr. Säulen. *Knauf:* hebr. Spitze der Granatäpfel; es scheint, als seien im hebr. Text die Worte vertauscht worden. **19–20** Die Reihenfolge der Verse und Sätze läßt sich nicht mehr rekonstruieren, da schon der hebr. Text Unklarheiten aufweist. In der LXX folgen V. 19 u. 20 auf V. 21; V. 22 fehlt. 21 *Säulen ... vor der Vorhalle des Tempels:* Diese Säulen sind bisher nicht erwähnt worden; manche Forscher halten diesen Versteil für eine spätere Einfügung. *Jachin:* »er richtet auf«. *Boas:* »in ihm ist Stärke«. Zahlreiche Untersuchungen haben sich mit diesen Namen befaßt; es gibt jedoch keinen zwingenden Grund, warum man sie nicht so belassen sollte, wie sie im Text stehen. 22 *Lilienschmuck:* Hier zeigen sich deutliche Parallelen zu V. 19.

7,23–26 Das Meer. Vgl. 2Chr 4,2–6. 23 *Das Meer, das gegossene Meer* (ZÜ): Dies ist die einzige Stelle im AT, an der der Begriff

Meer im übertragenen Sinn gebraucht wird. Es hatte einen Durchmesser von etwa 4,50m, war etwa 2,25m hoch und aus Kupfer oder Bronze gegossen. Der Umfang ist nur annähernd bezeichnet; LXX nennt 33 Ellen (= 15,20m); die Angaben des hebr. Textes (30 Ellen = 13,80m) dürften mathematisch richtiger sein. Die Form des Meeres wird nicht beschrieben, viell. lassen sich jedoch von seinem Inhalt Rückschlüsse ziehen. **24** *Knoten:* wahrscheinlich offene Knospen. **26** *Eine Hand breit:* etwa der sechste Teil (7,5cm) einer Elle. *Zweitausend Eimer:* ZÜ: *Bath.* 1 Bath = ca. 22 *l*; der Gesamtinhalt betrug demnach etwa 44 000 *l* (= 440hl). LXX bringt V. 25 u. 26 in umgekehrter Reihenfolge.

7,27–37 Die zehn Gestelle. **27** *Kupfer:* auch Bronze oder Erz. *Vier Ellen:* Jedes Gestell maß ca. 1,80m im Quadrat und war 1,37m hoch. Es stand auf vier Rädern von ca. 0,68m Durchmesser (so nach V. 32). Vgl. Abb. Bronzegestell in HZB, S. 257. Dieser Abschnitt enthält viele technische Details und wurde offensichtlich von jemandem abgefaßt, der mit dem Handwerk vertraut war; eine Erklärung der angegebenen Einzelheiten ist uns heute nicht mehr möglich. Die beweglichen Becken enthielten das Wasser zur rituellen Reinigung (2Chr 4,6) und zur Säuberung von Altar und Hof.

7,38.39 Die zehn Kessel. Hier werden die Becken selbst beschrieben: Jedes faßte 40 *Eimer* (Bath = 880 *l* = ca. 3/4 Tonne); rechnet man das Gewicht des Metalles hinzu, so ergibt sich, daß man die Becken unmöglich tragen konnte. Sie waren auch zu hoch, so daß man das Wasser nicht ohne weiteres erreichen konnte. Wir müssen deshalb annehmen, daß es eine Vorrichtung gab, um Wasser für den Gebrauch herausfließen zu lassen, viell. ein Siphon.

7,40–44 Die Töpfe, Schaufeln und Becken. *Töpfe:* Das Hebr. meint Schüsseln; nur in 1Sam 2,14 sind Kochtöpfe gemeint. LXX, Vulg. und 2Chr 4,11 lassen darauf schließen, daß hier urspr. das Wort Kochtopf stand.

7,45–47 Der Ort der Gießerei. **45** *Von blankem Kupfer:* Die Oberfläche war auf Glanz poliert. **46** Bei neueren Untersuchungen in Deir-ʿAlla, nördl. des Jabbok (allg. als Sukkoth identifiziert), hat man Depots mit Metallschlacke, Schmelzöfen und den Teil eines Schmelztiegels, in dem noch Kupfer war, gefunden. Das ganze Gebiet, das sich mehrere km nach N ausdehnt, war während der Königszeit ein Zentrum der Metallverarbeitung. Wahrscheinlich war der Lehm hier für die Herstellung von Gußformen gut geeignet, und die Menschen hatten sich über Generationen hin bes. Fertigkeiten in diesem Handwerk angeeignet. Holzkohle konnte aus den Zwergeichen gewonnen werden, die im nahen Transjordanien wuchsen. Der im Jordantal vorherrschende beständige Nordwind sorgte für die nötige Trockenheit und beim Verbrennungsvorgang in den Öfen für die erforderliche Temperatur. Das Kupfererz wurde vermutl. aus den Hügeln im O und W der Wüste Araba südl. des Toten Meeres herangeschafft.

7,48–50 Die goldenen Geräte. Vgl. 2Chr 4,19–5,1. Nach der detaillierten Beschreibung im vorhergehenden Abschnitt fällt hier das Fehlen jeglicher Einzelheiten auf. Andere Stellen, wie 2Kön 12,13; 25,14ff; Jer 52,18ff lassen nicht auf solche Mengen Gold schließen, wie sie hier beschrieben werden; auch in der Aufzählung der goldenen Ausstattungsstücke in 1Kön 6,20ff sind diese Gefäße nicht erwähnt. Deshalb fragen sich viele Ausleger, ob dieser Abschnitt zur urspr. Beschreibung gehört. **48** *Goldener Altar:* In 1Kön 6,20 wird er nicht erwähnt, es sei denn, der Zedernholz-Altar wäre mit Gold überzogen gewesen. Es ist jedoch wahrscheinlicher, daß dies der Räucheraltar war. *Schaubrote:* Brote, die vor dem Herrn niedergelegt wurden. **49** *Leuchter:* viell. genauer Kandelaber. 2Chr 4,20 spricht nicht von 10 Leuchtern. **50** Die im ersten Teil des Verses aufgezählten Gegenstände sind Räuchergeschirre. *Die Angeln an den Türen:* Es ist unwahrscheinlich, daß die Türangeln bzw. die Türschienen auf dem Fußboden aus Gold waren, vermutl. ist ein anderer Teil der Tür gemeint. Das Wort, das hier gebraucht wird, kommt im AT nur hier vor.

7,51 Davids Gabe. Offensichtlich hatte David bereits begonnen, Gold, Silber und Gefäße für das Haus zu weihen, das er Jahwe bauen wollte (vgl. 2Sam 8,11).

8,1–66 Die Weihe des Tempels

8,1–11 Die Lade wird in den Tempel gebracht. Diesen Abschnitt bringt LXX viel kürzer. Sobald die Lade im Tempel ist, wird dieser von der Wolke, dem sichtbaren Zeichen der Herrlichkeit Jahwes, erfüllt. **2** *Monat Ethanim:* der 7. Monat des Kalenders, der mit der Frühjahrs-Tagundnachtgleiche beginnt. Später wurde er von der Herbst-Tagundnachtgleiche ausgehend Tischri genannt. Diese fiel in die zweite Septemberhälfte. Das wichtigste Fest war das Erntedank- bzw. das Laubhüttenfest. Nach 1Kön 6,38 war der Tempelbau im 8. Monat beendet worden, also elf Monate früher. Nach Auffassung vieler Kommentatoren wurde die Einweihung bewußt hinausgezögert, so daß sie mit dem Beginn des neuen Jahres zusammenfiel. (Nach dem auch jetzt noch gültigen Kalender fällt der Neujahrsbeginn auf den 1. Tag des Monats Tischri.) Manche Ausleger sehen darin den Anlaß für das große Fest, das das Königtum Jahwes zum Thema hatte; aber wenn es für die Israeliten wirklich ein so herausragendes Ereignis war, berichtet die Bibel eigentlich zu wenig darüber. **6** Chorraum: hier eindeutig als das Allerheiligste identifiziert. **8** *Die Stangen waren so lang, daß ihre Enden gesehen wurden in dem Heiligen, das ist die Tempelhalle:* Das läßt darauf schließen, daß die Lade quer (von N nach S) im Allerheiligsten aufgestellt wurde. Der Vorhang war ein Stück in die Öffnung hinein versetzt, so daß die Stangen auf jeder Seite aus dem Bereich, den der Vorhang verdeckte, hervorstanden. **9** *Nichts in der Lade als nur die zwei steinernen Tafeln des Mose:* Nach Hebr 9,4 enthielt die Lade außerdem den Stab Aarons und ein Gefäß mit Manna. Einige Forscher meinen darum, Hebr. habe eine Überlieferung aus späterer Zeit übernommen, nach der diese Gegenstände in der Lade waren. Das ist sicher nicht die einzig mögliche Lösung dieses Problems. Die genaue Antwort kennen wir jedoch nicht. **10** *Erfüllte die Wolke das Haus des Herrn:* Die Anwesenheit des Herrn wird, wie in den Tagen des Auszugs aus Ägypten (2Mo 14,19f) und bei der Stiftshütte (2Mo 33,9) sichtbar dargestellt. Diese Wolke scheint nicht immer im Tempel geblieben zu sein, denn sie wird bis in die Zeit Hesekiels nicht wieder erwähnt. Dieser sieht ja in einer Vision die Herrlichkeit Gottes den Tempel verlassen (Hes 9,3; 10,4; 11,23).

8,12–21 Salomos Rede an das Volk. Vgl. 2Chr 6,1–11; Josephus, Ant. VIII 4. Diese Rede wird im allg. als deuteronomistisch bezeichnet; danach wäre sie in der Zeit nach Josia (621 v.Chr.) formuliert worden. Nun hatte das Deuteronomium (5Mo) unzweifelhaft großen Einfluß auf das relig. Leben des Volkes. Wenn aber, was einleuchtend ist, Mose als der Urheber dieses Buches anzunehmen ist und nicht irgendein namenloser Prophet des 7. Jh., dann gibt es auch keinen ausreichenden Grund, die traditionelle Auffassung abzulehnen, nach der David und Salomo, ebenso wie andere Könige, stark von der mosaischen Tradition beeinflußt waren, unabhängig davon, ob sie zu dieser Zeit bereits schriftlich fixiert war oder nicht. Die Rede schildert zu einem Teil hist. Fakten, zum anderen Teil besteht sie aus theol. Überlegungen. Sie will zeigen, daß das Haus für die Gegenwart Jahwes in Israel nicht erforderlich ist, daß es aber seiner Art entsprach, seine Gegenwart für alle sichtbar zu demonstrieren. Das urspr. Weihegebet war nach LXX ein Lied aus dem Buch Jaschar (Buch der Lieder). **12** *Die Sonne hat der Herr an den Himmel gestellt:* Diesen Satz haben LÜ, ZÜ der LXX entnommen (fehlt in EÜ, JB). Er klingt wie eine sehr wörtl. Übers. aus dem Hebr. Es wird daher vermutet, daß er im vormasoretischen Text enthalten war. **13** *Haus:* Manche übersetzen nach dem Hebr. »ein königliches Haus«.

8,22–53 Salomos Weihegebet. Vgl. 2Chr 6,12–42. Dies Gebet ist viel mehr als ein Weihegebet. In ihm finden wir wichtige Aussagen über die Bedeutung des Tempels. Der Fürbitte wird viel Raum gewidmet: Salomo bittet für die davidische Dynastie, er bittet für das Volk, wenn es von Katastrophen wie Dürre, Niederlage im Krieg oder Gefangenschaft getroffen wird, und er bittet auch für die Proselyten, die sich dem Glauben Israels anschließen werden. **22** *Trat vor:* Salomo betet also stehend. Orientalische Kunst stellt den Betenden immer stehend dar, während die angerufene Gottheit sitzt. Auch Könige stehen vor der sitzenden Gottheit. *Altar* wird hier bei der Beschreibung des Tempels in Kön zum erstenmal erwähnt. S. Komm. zu 2Chr 4,1. **23** *Barmherzigkeit* (hebr. *chesed*) ist in engem Zusammenhang mit dem Bund, den Gott mit Israel geschlossen hat, und mit den Verpflichtungen, die beide Partner eingegangen sind, zu verstehen. Barmherzigkeit bezieht sich hier also auf die Partner, die dem Bund angehören. Bundesliebe wäre eine angemessene Übers. **25** Hier geht es eindeutig um den Bund, den Gott mit David geschlossen hat.

8,27–30 Wollest erhören das Flehen . . . **27** Der Gedanke der göttlichen Allgegenwart wird von manchen für eine spätere Hinzufügung gehalten. Aber einmal muß er aufgekommen sein.

8,32 *Indem du den Schuldigen schuldig sprichst . . . und den Gerechten gerecht sprichst* (EÜ, wörtl.). *Nach seiner Gerechtigkeit* bedeutet hier Übereinstimmung mit der geltenden Moral.

8,33–40 Für das Volk in Not. **33** Niederlagen des Volkes werden als Folgen der Sünde angesehen; eine prophetische Auffassung.

8,41–43 . . . für den Fremden im Land. **41** *Fremder* (hebr. *nochrī*) meint einen Nicht-Israeliten, der zum Glauben an Jahwe gekommen ist. Der in Israel als Gast lebende »Fremdling« wurde mit *ger* bezeichnet; um einen Ausländer schlechthin zu bezeichnen, verwendet man einen anderen Begriff. **42** *Großer Name . . . mächtige Hand . . . ausgestreckter Arm:* Der Text nimmt offensichtlich Bezug auf die Befreiung aus Ägypten und das Geschehen am Sinai (5Mo 4,34 usw.).

8,44.45 . . . für das Volk im Krieg. Diesen V. hält man allg. für eine exilische Einfügung. Aber die Geschichte des Alten Orients war zweifellos eine Geschichte ständiger Kriege – und Salomo war realistisch genug, sich dieser Tatsache zu stellen.

8,46–53 . . . für Befreiung aus der Gefangenschaft. Diesen Abschnitt schreibt man ebenfalls der Exilszeit zu. Aber der Codex Hammurabi und andere Dokumente, die zum Teil lange vor Salomo entstanden sind, berichten ebenfalls von der Freilassung Gefangener und ihrer Rückkehr in die Heimat. Nichts in diesen Versen ist so spezifisch exilisch, daß wir sie der Exilszeit zuordnen müßten. **47** *Wir haben gesündigt und übelgetan:* Hier werden drei versch. hebr. Worte für sündigen verwendet: *chata'* mit der Bedeutung: das Ziel verfehlen; *'awah* im Sinne einer vorsätzlichen bösen Tat; *rascha'* als Abweichen von der gesetzten Norm. In V. 50 wird ein weiterer Begriff für Sünde gebraucht: *pescha'* in der Bedeutung von: Rebellion; Auflehnung gegen Gott und sein Gesetz. **51** Hier wird die Bedeutung von *chesed (Barmherzigkeit)* klar: Obwohl dieses Volk sich gegen Gott aufgelehnt hat, stellt Salomo es vor Gott dar als: *dein Volk und dein Erbe, die du aus Ägypten, aus dem glühenden Ofen, geführt hast.* Sie waren das Volk, mit dem Gott in seiner Barmherzigkeit einen Bund geschlossen hatte. Nun war er verpflichtet, entsprechend an ihnen zu handeln. Das ntl. Gegenstück lautet: »Denn Christus ist ja zu der Zeit, da wir noch schwach waren, für uns Gottlose gestorben« (Röm 5,6). **53** *Hast sie dir ausgesondert zum Erbe aus allen Völkern auf Erden:* Die Erwählung des Gottesvolkes zieht sich als Thema durch die gesamte Bibel. Eine bibl. Theologie, die das nicht berücksichtigt, ist undenkbar.

8,54–61 Der Segen. S. Komm. zu 2Chr 7,1; Josephus, Ant. VIII 4,2. Salomo segnet die Versammlung Israels und fordert sie zur völligen Treue gegenüber Jahwe auf. **54** *Hörte auf zu knien:* Vermutl. hat sich Salomo während des Fürbittegebetes niedergeworfen; am Anfang hatte er gestanden (V. 22). **60** Die mit der Erwählung verfolgte Absicht wird klar ausgesprochen: *damit alle Völker auf Erden erkennen, daß der Herr Gott ist, und sonst keiner mehr* (vgl. 1Mo 12,3; 22,18).

8,62–64 Das Weihopfer. Vgl. 2Chr 7,4–10; Josephus, Ant. VIII 4,4. **63** Die Zahlen sind wahrscheinlich abgerundet. Hiermit beginnt das tägliche Opfer, das für die Sünden des Volkes dargebracht wurde, solange der Tempel stand. Es wird im neuen Bund durch die Fürsprache Christi ersetzt, die er täglich für sein Volk einlegt (Hebr 7,25).

8,65.66 Das Fest. Das sieben Tage dauernde Fest wurde wahrscheinlich im ganzen Reich gleichzeitig gefeiert, ähnlich wie heute das Passa. **65** Vermutl. handelt es sich um das Laubhüttenfest, oft nur »das Fest« genannt. *Grenze Hamaths:* südl. Taleinschnitt zwischen den Höhen des Libanon, 160km nördl. von Galiläa, im heutigen Südlibanon. *Bach Ägyptens:* wahrscheinlich Wadi el-'Arisch in der Wüste Sinai. *Sieben Tage und noch sieben Tage:* In LXX ist nur von sieben Tagen die Rede. **66** Danach ist anzunehmen, daß die Angabe in LXX im Blick auf die Dauer des Festes richtig ist.

9,1–28 Salomos großer Ruhm

Der Bericht über Salomo wird fortgesetzt (vgl. 3,1–4,34). Der Aufbau ist ungeordnet; der Bericht, welcher der Schilderung des Besuchs der Königin von Saba folgt, scheint die Übersicht über die wirtschaftlichen Unternehmungen Salomos zu unterbrechen.

9,1–9 Jahwe erscheint Salomo noch einmal. Vgl. 2Chr 7,11–22. Die erste Begegnung (3,3–14) gilt Salomo, die zweite seiner Dynastie. Der Bund mit David bleibt immer im Blick. Die Nachfolger werden als Söhne Davids, nie als Söhne Salomos bezeichnet.
1 *Alles, was er zu machen gewünscht hatte:* Das hebr. Wort *cheschеq,* das hier für wünschen gebraucht wird, drückt ein starkes körperliches Gefühl, Hinzugezogensein oder Liebe aus. Hier scheint es in enger Verbindung mit Salomos Liebe zu Gott zu stehen.
3 *Habe dies Haus geheiligt:* Die Unterscheidung von Heiligem und Profanem ist bedeutungslos, wenn sie von Menschen getroffen wird. Sie hat nur dann Sinn, wenn Gott selbst einen Ort oder eine Person als heilig erklärt. **4.5** *Wenn du vor mir wandelst . . .:* Auch hier geht es um den Bund, aber es ist und bleibt der Bund mit David, der Thron wird immer als Thron Davids angesehen, der König als Sohn Davids. **8** *Dies Haus wird eingerissen werden:* Diese Übers. hält sich an alte lat. und syr. Übers.; nach dem Hebr. müßte man übersetzen: Dies Haus wird hoch sein (vgl. EÜ Anm.).

9,10–14 Handel mit Hiram von Tyrus. Vgl. 2Chr 8,1.2; Josephus, Ant. VIII 6,4. Dieser Abschnitt verursacht eine Reihe von Schwierigkeiten, bes. im Vergleich mit Chr.
11 *Zwanzig Städte:* Salomo überließ Hiram diese Städte vermutl., weil er den Reichtum des Landes ausgeschöpft hatte und Kredit brauchte (vgl. V. 14). *Galiläa* (hebr. = Gebiet, Region): wahrscheinlich nur der Teil eines längeren Namens. Andere Gebiete wurden ebenfalls als Galiläa bezeichnet. **13** *Land Kabul:* Kabul war möglicherweise ein Dorf, 13km von Akre entfernt und 8km nordwestl.

der Stadt Jotapata. Dort lokalisiert es auch Josephus. Eine volkstümliche Ableitung des Wortes legt die Bedeutung »gleich Null« nahe; doch diese früher anerkannte Erklärung gilt heute als fragwürdig. Nach 2Chr 8,2 trat Hiram das Land an Salomo ab, man versucht das damit zu erklären, daß er unzufrieden war und es deshalb zurückgab. **14** *120 Zentner:* ZÜ: *Talente.* Etwa 4100kg Gold (1 Talent = 1000 Schekel = 34,2kg). Bei einem angenommenen Goldpreis von 500 DM je Unze entspräche das heute einem Gesamtwert von über 50 Mill. DM.

9,15–23 Einzelheiten über die Fronarbeit. Vgl. 2Chr 8,3–10; Josephus, Ant. VIII 6,4; 1Kön 5,13–18. Alle Nicht-Israeliten wurden zu Fronarbeit verpflichtet; wieweit Israeliten Fronarbeit leisten mußten, ist unklar; vgl. V.22. **15** Der *Millo:* wahrsch. ein Teil der Verteidigungsanlagen Jerusalems (vgl. 11,27); die Wurzel des Wortes bedeutet: füllen, aufschütten. *Hazor:* Ausgrabungen haben ergeben, daß Hazor eine der bedeutendsten Festungen in Nordgaliläa war. *Megiddo:* ebenfalls eine wichtige Festungsanlage; sie kontrollierte den Verkehr zwischen der Ebene Jesreel und der Saronebene. An beiden Orten handelt es sich um gut angelegte Befestigungen. **16** *Pharao:* nicht identifiziert, viell. ist Psusennis gemeint. *Geser:* Manche lesen Gerar (s. Komm. zu 3,1). **17** Das *untere Beth-Horon* kontrollierte eine Straße nach Jerusalem. **18** *Baalath:* von Josephus als »Baalath in Dan« identifiziert (Jos 19,44); liegt südwestl. von Beth-Horon (Jos 15,11). *Thamar in der Wüste:* im MT und in 2Chr 8,4 »Tadmor«; viell. ist Palmyra in der syr. Wüste gemeint, das AT gibt darauf jedoch keinen weiteren Hinweis. Wenn wir Baalath mit Thamar im S in Verbindung bringen, könnte es sich um eins der Baalaths östl. von Beerseba handeln (vgl. Jos 15,24–29). Thamar bildete eine der Südostgrenzen des Landes (Hes 47,19; 48,28), viell. Hazezon-Thamar (1Mo 14,7) oder die Palmenstadt (Ri 1,16). Die Aufzählung entspricht der geogr. Reihenfolge, wenn wir annehmen, daß Baalath in der Nähe von Beth-Horon lag und Thamar im S. *Juda* ist eine Hinzufügung der Übersetzer. **19** *Im Libanon:* Manche Forscher halten dies für eine Einfügung aufgrund von 2Chr 8,6. **22** *Aber aus Israel machte er niemand zu Fronleuten:* vgl. jedoch 5,13 u. 11,28. Auch die Annahme, daß sie Soldaten, Beamte, Offiziere waren, muß mit der Tatsache in Einklang gebracht werden, daß ausländische Söldner das Rückgrat der Armee Davids bildeten. *Ritter:* hebr. der dritte Mann, d.h. neben dem Kämpfer und dem Wagenlenker der dritte auf dem Kampfwagen, vermutl. ein Mann aus der nächsten Umgebung des Königs (2Kön 7,2; 17,19).

9,24 Das Haus für die Tochter des Pharaos und der Millo. *Und die Tochter des Pharao:* Viell. ist es hier sinnvoller, »denn« zu lesen; vgl. 3,1–4. *Millo:* vgl. V.15.

9,25 Salomos Opfer. Wenn man die täglichen Opfer in Betracht zieht, läßt sich diese Stelle so erklären, daß Salomo bei drei bestimmten Anlässen selbst den Priesterdienst versah. *Dreimal im Jahr:* viell. zum Fest der ungesäuerten Brote, zum Wochenfest (sieben Wochen später) und zum Laubhüttenfest (im Herbst). *Auf dem Altar:* vgl. 8,22.

9,26–28 Die Flotte auf dem Roten Meer. Vgl. 2Chr 8,17.18; Josephus, Ant. VIII 6,4. **26** *Salomo baute ...:* Vermutl. haben ihm phöniz. Schiffsbauer die Schiffe gebaut (vgl. V.27). **28** *Ophir:* geogr. nicht eindeutig festzulegen; in Frage kommen Südarabien, die unter dem Namen Punt bekannte Küste des Roten Meeres, die Ruinen von Zimbabwe in Ostafrika und viell. Indien. Im allg. neigt man zu Südarabien. *400 Zentner:* S. Komm. zu 9,14; analog zu der dort aufgestellten Berechnung würde es sich hier um einen heutigen Wert von über 200 Mill. DM handeln.

10,1–29 Der Besuch der Königin von Saba

Vgl. 2Chr 9,1–9.12; Josephus, Ant. VIII 6,5f. In der Wissenschaft neigt man inzwischen generell dazu, diesen Besuch für hist. zu halten. Das Königreich von Saba erlebte seine Blütezeit etwa um 900–450 v.Chr. Königinnen aus dem 8. und 7. Jh. werden in assyr. Inschriften genannt. Es ist nicht sicher, ob *Saba* das gesamte Königreich im südl. Teil der arab. Halbinsel meint oder nur einige seiner Randgebiete im N Arabiens. Ein verständlicher Grund für den Besuch der Königin ergibt sich aus der Tatsache, daß Salomo den oberen Teil des Golfes von Akaba kontrollierte (hier verlief die Seeroute von Arabien nach Ägypten) und sich im Seehandel engagiert hatte; dieser bedrohte den Karawanenhandel, der die südarab. Königreiche groß gemacht hatte. Der Vorwand für ihren Besuch wird der Wunsch gewesen sein, den großen König kennenzulernen.

10,1–5 Die Königin und ihr Gefolge. **1** *Rätselfragen:* wahrscheinlich Testfragen zur Erprobung seines Scharfsinns. **4** *Weisheit:* Gemeint ist praktische Klugheit, administratives Geschick. **5** *Seine Brandopfer:* Manche Forscher meinen, der Vers beziehe sich auf die große königl. Prozession. Auf jeden Fall war es der Höhepunkt der ihr vorgeführten Pracht.

10,6–10 Ihre Worte und ihre Geschenke an Salomo. **8** *Glücklich sind deine Frauen*

(ZÜ): nach LXX und Peschitta; es scheint die richtigere Lesart zu sein, vor allem, da hier eine Frau spricht; LÜ hält sich an MT: *Glücklich sind deine Männer.* **9** Dieser Vers klingt an den Bund mit David an und hat nahezu messianischen Charakter (vgl. Ps 2; 110; Jes 9,6.7; 11,1–5). *Einhundertzwanzig Zentner:* S. Komm. zu 9,14. **10** *Spezerei:* Südarabien ist für seine Gewürze berühmt.

10,11.12 Der Reichtum durch den Seehandel. Vgl. 2Chr 9,10.11; Josephus, Ant. VIII 7,1. Diese Verse scheinen den Bericht vom Besuch der Königin von Saba zu unterbrechen (das gleiche gilt für 2Chr 9). **11** *Sandelholz:* im AT oft erwähnt.

10,13 Salomos Geschenke für die Königin. Nach einer alten Überlieferung soll die Königin in ihre Heimat auch ein Kind zurückgebracht haben, das sie von Salomo empfangen hatte. Von ihm leiteten die äthiopischen Kaiser ihre Herkunft ab. Die Bibel sagt lediglich, daß Salomo ihr gab, wie es einem König zukam, der über derartigen Reichtum verfügte.

10,14–25 Salomos Reichtum. Vgl. 2Chr 9,13–24; Josephus, Ant. VIII 7,2.3. **14** *Sechshundertsechsundsechzig Zentner:* (nach heutigem Goldwert über 100 Mill. DM; vgl. Komm. zu 9,14). Die meisten Ausleger halten dies für eine unglaublich hohe Summe, vor allem, da die in V. 15 genannten Einnahmen noch nicht enthalten sind. **15** *Von den Händlern:* Nach LXX heißt es: die Zölle der Kaufleute; diese Lesart ist wahrscheinlicher und erfordert nur eine geringfügige Änderung des hebr. Wortes. Bei Zöllen auf Transitgüter handelte es sich in der Regel um erhebliche Beträge. Plinius berichtet, daß indische Waren, die man nach Rom gebracht hatte, dort zu einem Preis gehandelt wurden, der das Hundertfache des urspr. Wertes betrug. Die Aramäer oder Syrer in diesen Staaten gewannen erheblich an Einfluß, weil sie die wichtigsten Handelsrouten beherrschten. *Könige Arabiens:* im MT: Könige von Mischvölkern. Das Hebr. ist hier nach einigen Übers. und 2Chr 9,14 zu verbessern. **16** *Schilde vom besten Gold:* Die Schilde waren entweder aus massivem Gold oder mit Gold überzogen und verziert. In jedem Fall stellten sie eine Art königl. Schatzkammer dar. *Sechshundert Lot Gold:* 600 Schekel (= 6,84kg); nach heutigem Goldwert etwa 100000,– DM (vgl. Komm. zu 9,14). **17** *Kleine Schilde:* wahrscheinlich Rundschilde. *Pfund* = Mine; 3 Minen sind ca. 1,70kg oder 60 Unzen. **18** *Thron von Elfenbein:* vermutl. aus Holz mit Einlegearbeiten aus Elfenbein. Das Gold war entweder in das Elfenbein eingelegt, oder das restliche Holz war damit überzogen. **19** *Hinten am Thron waren Stierköpfe:* Diese Übers. basiert auf LXX; man hat die Vokale des hebr. Wortes ausgetauscht. In 2Chr 9,18 heißt es statt Stierkopf Fußschemel; dieses Wort unterscheidet sich nur in einem Buchstaben von einem Wort, das Lamm bedeutet. Urspr. dürften deshalb beide Texte eine Lamm- oder Stierdekoration gemeint haben. **22** *Tarsisschiffe:* Meist bringt man diese Schiffe mit der phöniz. Niederlassung in Spanien in Zusammenhang. Es besteht aber auch die Möglichkeit, daß das Wort sich von der Wurzel *r-sch-sch* (= raffinieren) ableitet; dann könnte es etwa Metallraffinerie bedeuten. In diesem Fall wären Schiffe gemeint, die Erz transportierten. In jedem Fall bezeichnet der Ausdruck eine Schiffsart, nicht den Bestimmungsort der Schiffe. Es gibt keinen Grund zu der Annahme, daß die Schiffe um Südafrika herum nach Spanien fuhren. S. LZB, Schiff, bes. Sp. 1215. *Elfenbein:* wörtl.: Elefantenzähne. *Affen und Pfauen:* Manche meinen, diese Stelle müßte Affen und Menschen übersetzt werden. Bei Josephus heißt es: »Elfenbein, Äthiopier und Affen« (Ant. VIII 7,2). Das legt die Vermutung nahe, daß es im Hebr. urspr. *sukkijjim* (Neger) statt *tukijjim* (Affen) hieß. Diese Textkorrektur wird jedoch durch Hss. und alte Übers. nicht gedeckt.

10,26–29 Salomos Handelsunternehmungen. Vgl. 2Chr 1,16; 9,25–28; Josephus, Ant. VIII 7,3.4. Salomo importierte und exportierte Pferde und Kampfwagen, exakte Angaben darüber fehlen jedoch. Man vermutet, daß er als Zwischenhändler fungierte. **26** Die angegebenen Zahlen sind durchaus glaubwürdig. **28** *Ägypten:* Viele Wissenschaftler halten dafür, daß hier »Musri«, das spätere Kappadozien nördl. des Taurusgebirges gemeint ist. *Koë:* ein Ort, der in assyr. Aufzeichnungen und auch sonst oft erwähnt wird; viell. ist er mit Zilizia im S des Taurusgebirges identisch. Das würde den Bericht in sich geschlossen erscheinen lassen; denn an den Hängen des Taurus fand man vermutl. auch das zum Bau der Streitwagen erforderliche Holz. **29** *Ägypten:* wahrscheinlich wieder Musri. Wenn das stimmt, wird Ägypten hier gar nicht erwähnt, sondern nur Syrien und das Gebiet der Hethiter.

11,1–43 Salomos Niedergang

Vgl. Josephus, Ant. VIII 7,5–8. Dieser Abschnitt fehlt in Chr. Nach Meinung mancher Forscher entspricht das der Absicht des Chronisten, nichts Negatives über die Könige von Juda zu berichten. Vgl. hierzu Einleitung zu Chr. S. 443. LXX erscheint objektiver als MT, doch liegt das möglicherweise an der redaktionellen Bearbeitung.

11,1–8 Salomos ausländische Frauen und sein Götzendienst. Viele Ehen Salomos waren politische Heiraten, eine im Altertum übliche Form der Außenpolitik. Salomo war verpflichtet, die religiösen Überzeugungen seiner Frauen zu respektieren und es ihnen zu ermöglichen, ihre eigenen Götter anzubeten. **2** Kritisiert wurde an Salomo scheinbar vor allem, daß er Ehen mit Ausländerinnen einging, weniger die große Anzahl seiner Frauen überhaupt. **3** *Siebenhundert ... dreihundert:* Vgl. Hld 6,8: »sechzig Königinnen, achtzig Konkubinen und Frauen ohne Zahl.« Viele Ausleger halten die Angaben in 1Kön für übertrieben. David hatte 15 Frauen (1Chr 3,1ff), Jerobeam 18 Frauen und 60 Nebenfrauen (2Chr 11,21), Abia 14 Frauen (2Chr 13,21). Andererseits hatte Chosroes II. zwischen 3000 und 12000 Konkubinen, und von Sultan Mulai Ismael wird berichtet, er habe 2000 Frauen und 800 Nebenfrauen gehabt. **4** *Ungeteilt bei dem Herrn:* im Hebr. wahrscheinlich »eins mit ...« oder »in Frieden mit dem Herrn«. **5** *Astarte:* kanaan. Fruchtbarkeitsgöttin. **7** *Milkom* und *Kemosch* waren die Götter der Ammoniter und Moabiter; Astarte kann vermutl. als ihr weibliches Gegenstück gelten. *Göttin:* Im AT gibt es kein Wort für Göttin; MT liest: der Gott derer von Sidon. *Auf dem Berge, der vor Jerusalem liegt:* der Ölberg. In 2Kön 23,13 wird er Berg des Verderbens genannt; nach 2Chr 28,3 wird dieser Ort im Tal Hinnom südl. von Jerusalem lokalisiert.

11,9–13 Jahwes Urteil über Salomo. Wieder wird der Bund mit David erwähnt. Das Königreich soll Salomo entrissen werden, **12** aber nicht zu seinen Lebzeiten, **13** und auch nicht ganz. Die davidische Dynastie und die Davidsstadt werden weiterbestehen. *Einen Stamm:* der Stamm Juda, wahrscheinlich mit Simeon; das AT spricht von zehn Stämmen im Nordreich und von einem im Südreich. Obwohl Ahia den Mantel in zwölf Streifen zerriß, von denen zehn für das Nordreich bestimmt waren, blieb nur einer für den Thron Davids (11,32).

11,14–22 Der Aufstand Hadads von Edom. Bei diesem Abschnitt handelt es sich um eine nicht unbedingt chronol. geordnete Zusammenfassung. Der Aufstand Hadads ereignete sich am Anfang der Regierungszeit Salomos (vgl. V. 21). Der Text enthält zahlreiche Schwierigkeiten, wie ein Vergleich mit LXX zeigt. **14** *Widersacher:* hebr. *satan;* später wurde das hebr. Wort zur Bezeichnung für *den* Widersacher schlechthin (s. Komm. zu 5,4); vgl. 1Chr 21,1. *Edomiter:* Aramäer in V. 25 scheint ein Fehler aufgrund eines falsch geschriebenen Buchstabens zu sein. Zu Hadad als Namen eines Edomiterkönigs vgl. 1Mo 36,31–39. **15** Dies Ereignis ist im AT sonst nirgends erwähnt. *Alles, was männlich war in Edom:* Hier liegt eindeutig eine Generalisierung vor; der Ausdruck darf nicht wörtl. aufgefaßt werden, wie auch die nächsten Verse zeigen. Der Name des Königs wird hier im Hebr. auch Adad geschrieben; das ist jedoch kein Grund anzunehmen, daß es sich um zwei getrennte Berichte über zwei verschiedene Personen handelt. **18** *Midian:* Wenn wir Midian östl. des Golfes von Akaba lokalisieren, ergeben sich gewisse Schwierigkeiten. Besser ist es, Midian östl. des Nordufers des Golfes von Akaba zu lokalisieren, also östl. von Ezjon-Geber. *Paran* wird manchmal mit dem Wadi Feiran in der Nähe des Sinai identifiziert. **19** *Tachpenes* ist kein Eigenname, sondern wahrscheinlich der Titel für die Frau des ägypt. Königs. *Königin:* im hebr. Text Herrin.

11,23–25 Der Aufstand Resons von Damaskus. Nicht nur der südl. Teil des Landes ging Salomo verloren, auch das aram. Gebiet um Damaskus löste sich vom Reich Salomos, so daß es sich spürbar verkleinerte. **23** *Reson:* Der Niederlage Zobas folgt die Erhebung Resons (2Sam 8,3). **24** Er wurde Führer einer Räuberbande, eroberte Damaskus und war während der ganzen Dauer der Regierungszeit Salomos eine Quelle des Ärgers und der Feindseligkeit. **25** *Aramäer* muß hier wohl in Edomiter verbessert werden. Dieser Vers ist eine Zusammenfassung der beiden vorher erzählten Ereignisse.

11,26–40 Jerobeam, der Sohn Nebats, und Ahia. Hier gibt es eine Reihe Textprobleme. Außerdem muß man, unter Berücksichtigung der folgenden Ereignisse, annehmen, daß Jerobeam in eine ernsthafte Verschwörung verwickelt war, die ihn zwang, das Land zu verlassen. Sie mußte ihm bei den Nordstämmen aber soviel Ansehen eingebracht haben, daß er hoffen konnte, daß sie ihm später die Führung des Landes übertragen würden. Es mag ein Versuch seinerseits gewesen sein, aus der Stellung, die er erlangt hatte, Vorteile für die Nordstämme zu erreichen. **26** *Sohn Nebats:* Nebat war tot; Jerobeams Mutter wird als Witwe bezeichnet. *Zeruga:* »Aussätzige«, solche Namen wurden oft gegeben, um böse Geister abzuhalten. **27** nennt den Grund für den Aufstand und die Zeit, in der er stattfand: nach dem Bau des Millo, d.h. mindestens 20 Jahre nach Salomos Regierungsantritt. **28** *Tüchtiger Mann:* Diese Wendung trifft nicht das, was eigentlich gemeint ist. Er war reich, wahrscheinlich durch Erbschaft, und hatte deshalb Verpflichtungen der Krone gegenüber. Er war auch tatkräftig und fleißig, deshalb setzte Salomo ihn über die Fronarbeit. Mit *Haus Joseph* sind Ephraim und Manasse gemeint, nicht alle Nordstämme. Nebat war Ephraimit. Nach LXX baute Jerobeam eine Stadt im Bergland von Ephraim, befestigte sie, baute ein Heer von 300 Kampfwagen auf und erhob Anspruch auf die Herrschaft. Das würde auch V. 26 erklären. JB übersetzt dagegen: »Salomo baute den Millo . . . merkte, wie tüchtig der junge Mann bei der Arbeit war, setzte er ihn an die Spitze der gesamten Fron des Hauses Joseph.« **29** *Ahia von Silo:* Ahia stammte aus Silo, wo einst die Bundeslade gestanden hatte (1Sam 4,3.4). LXX fügt hinzu: »Er kam vom Wege ab.« **30** *Riß ihn in zwölf Stücke:* s. Komm. zu V. 9–13. Wahrscheinlich blieb der Stamm Simeon bei den Nordstämmen; das ergibt sich aus einer Wallfahrt, die man vom N aus nach Beerseba unternahm (Am 5,5), aus der Lage anderer Heiligtümer in Simeon (Am 7,9) und daraus, daß Benjamin zu Juda hielt. Der größte Teil Benjamins gehörte jedoch zu Israel. **32** *Einen Stamm:* LXX und Vulgata lesen: zwei Stämme. Das ist offensichtlich ein Versuch, auf die Gesamtzahl zwölf zu kommen. Die Regel, daß die schwierigere Lesart die urspr. ist, spricht hier für MT. **34** *Fürst:* Möglicherweise eine Einschränkung der Autorität Salomos, der sonst immer als ruhmreicher König bezeichnet worden war. Eine Textveränderung ermöglicht jedoch eine Übereinstimmung mit LXX: »ich will Geduld mit ihm haben«. **37** *Israel:* hier nur Bezeichnung für die nördl. Stämme. Ein Stamm soll dem davidischen Königshaus verbleiben (V. 36). **38** *Wirst du nun gehorchen:* Auch der Bund mit Jerobeam beruht auf bestimmten Bedingungen. *Dir ein beständiges Haus bauen:* als Strafe für das Haus Davids, aber nicht als Ersatz dafür. **39** *Doch nicht für alle Zeit:* Dieser Bund ist zeitlich begrenzt. Der Bund mit David war das nicht. **40** *Da machte sich Jerobeam auf und floh:* die Folge des beabsichtigten Mordanschlages. *Schischak:* der erste hist. Name, der in der Bibel identifiziert werden kann. Allg. wird er mit Scheschonk I., dem Gründer der XXII. Dynastie (945–924 v.Chr.) gleichgesetzt.

11,41–43 Der Tod Salomos. Hier wird die Formel eingeführt, die von nun an bei jedem König verwendet wird. **41** *Chronik von Salomo:* sonst unbekannt. Sie scheint in die Reihe der offiziellen Berichte zu gehören, die später allg. als das Buch der Chronik der Könige Israels bzw. Judas bezeichnet wurden. **42** *Vierzig Jahre:* möglicherweise eine runde Zahl. Sie kommt jedoch der wirklichen Dauer der Regierungszeit Salomos nahe, die von 970–931 v.Chr. angesetzt wird. **43** *Rehabeam:* Diese Namensform kommt eher aus dem Griech. als aus dem Hebr. Die Auffassung, Jerobeam sei eine freie Nachbildung des Namens Rehabeam, ist ohne Gewicht.

12,1–14,31 Die Teilung des Reiches

Diese Periode läßt sich in drei Abschnitte unterteilen: a) von Jerobeam bis Omri im Nordreich und von Rehabeam bis Asa im Südreich; eine Zeit gegenseitiger Feindschaft; b) Ahab, Ahasja und Joram in Israel – Josaphat, Joram und Ahasja in Juda, eine Zeit der Freundschaft als Folge einer diplomatischen Heirat; c) von Jehu in Israel und Joas in Juda bis zum Untergang von Samaria, wiederum eine Zeit der Feindschaft.

12,1–24 Rehabeam wird Salomos Nachfolger

Vgl. 2Chr 10; Josephus, Ant. VIII 8,1–3. Der Text bereitet einige Schwierigkeiten. Es scheint, als gehörte V. 2 vor V. 1, entsprechend LXX, Vulgata und 2Chr 10,2. Generell wird jeweils über die Regierungszeit eines Königs bis zu seinem Tod berichtet, dann parallel dazu über die gleichzeitig regierenden Könige im anderen Reich (s. Einleitung).

12,1–5 Rehabeam bemüht sich um die Königskrone des Nordreichs. Ziel seines Zuges nach Sichem war, auch von den Nordstämmen als König anerkannt zu werden. Die tiefe Kluft innerhalb des Reiches zeigt sich bereits bei Saul, der durch das Los aus einem nördl. Stamm gewählt wird (1Sam 10,21) und in Gilgal (1Sam 11,15 vgl. 11,8) offensichtlich von Israel und Juda als König anerkannt wurde. Ähnlich wurde David zum König von Juda gewählt (2Sam 2,4). Erst siebeneinhalb Jahre später wurde er auch König von Israel (2Sam 5,3ff). Es wäre für Rehabeam undenkbar gewesen, in Sichem zum König von Juda ausgerufen zu werden. Sichem wurde in der Folgezeit erste Hauptstadt des Nordreichs (1Kön 12,25). Rehabeam war bei seiner Krönung etwa 41 Jahre alt (1Kön 14,21). **2** *Jerobeam . . . kehrte aus Ägypten zurück:* entspricht LXX, Vulgata und 2Chr 10,2; MT dagegen: Jerobeam blieb in Ägypten. **3** *Jerobeam:* Der Satz ergibt einen besseren Sinn, wenn wir den Namen auslassen. *Die ganze Gemeinde Israel:* Gemeint sind die Nordstämme. Sicher wurde Rehabeam in Jerusalem gekrönt. **4** *Joch:* an anderen Stellen Umschreibung für die Unterwerfung eines Volkes. Steuerlast und Zwangsarbeit sind wohl härter gewesen, als wir allg. annehmen. Viell. hätte Rehabeam den N doch halten können, wäre er den Ratschlägen der Ältesten gefolgt.

12,6–11 Rehabeam zieht den Rat der Jun-

gen dem Rat der Alten vor. 8 *Der Jüngeren, die mit ihm aufgewachsen waren:* Männer in seinem Alter, um die vierzig. Das Wort, das hier mit »die Jüngeren« übersetzt wird, bedeutet wörtl. »Kinder«; wahrscheinlich ist es abwertend gemeint. 10 *Mein kleiner Finger:* So nach LXX, Vulgata und Peschitta; eine anschauliche Umschreibung. MT und 2Chr 10,10 lesen: Meine Kleinheit. 11 *Skorpione:* Peitsche mit Stacheln.

12,12–15 Rehabeams Antwort an die Nordstämme. Diese Antwort ist alles andere als diplomatisch. Die Folgerichtigkeit seiner Handlungsweise ist schwer zu erkennen. Jedenfalls scheitert er kläglich. 12 *Jerobeam:* Einige möchten den Namen hier mit LXX streichen. Andere stellen V. 12 zwischen V. 13 und V. 14. 15 Hier wird die geistl. Bedeutung des Ereignisses genannt: *der Herr* bedient sich solcher Ereignisse, um seinen Willen auszuführen. Moderne Historiker lehnen derartige Versuche, in göttliche Gedankengänge einzudringen, ab. Aber das gehört zum Wesen des Glaubens.

12,16–20 Der Abfall der Nordstämme. Israel, das sich durch das Verhalten Rehabeams düpiert sah, zog sich zurück. Das gibt uns in etwa eine Vorstellung, in welchem Ausmaß Demokratie in der Monarchie Israels Raum hatte. 16 *Auf zu deinen Hütten:* eine stehende Redewendung, die unserem »laßt uns nach Hause gehen« entspricht; die Nordstämme ziehen sich damit vom Haus Davids zurück (vgl. 2Sam 20,1). 17 (fehlt in LXX) bereitet Verstehensschwierigkeiten. Möglicherweise bezieht er sich auf Israeliten, die den Aufenthalt in Juda vorzogen oder wahrscheinlicher auf Israeliten vom Stamm Benjamin, die eigentlich zu den Nordstämmen gehörten, aber in und um Jerusalem lebten. 18 *Adoram:* wahrscheinlich der Adoniram aus 1Kön 4,6; 5,14; er war Aufseher über die Fronarbeiter und deshalb der ungeeignetste Abgesandte, den Rehabeam schicken konnte. 19 *Fiel Israel ab:* eine gute Umschreibung der Grundbedeutung des Wortes, das oft für »Sünde« gebraucht wird: Es meint eine Rebellion gegen den bekannten Willen Gottes (vgl. Am 1). *Bis auf diesen Tag:* Dies wurde vor dem Untergang des Nordreichs geschrieben, d.h. vor 722 v.Chr. 20 *Zum König über ganz Israel:* Es scheint, daß Jerobeam, der gerade aus Ägypten zurückgekehrt war, in die Versammlung gerufen und zum König gemacht wurde. Es müssen entsprechende Geschehnisse vorausgegangen sein, um eine solche Handlungsweise zu erklären. Wenn V. 3 und 13 in MT korrekt wiedergegeben sind, war Jerobeam bereits bei den Ereignissen in Sichem zugegen. Das würde jedoch V. 20 bedeutungslos machen. *Der Stamm Juda allein:* LXX fügt hinzu: »und Benjamin«. Das erfordert jedoch eine Umbildung des Satzes: Stamm müßte dann im Plur. stehen, und »allein« wäre überflüssig. Die Einbeziehung von Benjamin in V. 21 deutet entweder darauf hin, daß Juda den nördl. Nachbarn mit Gewalt zum Anschluß zwang, oder daß hier ein späterer Einschub vorliegt.

12,21–24 Rehabeams Kriegsplan wird vereitelt. Vgl. 2Chr 11,1–4. Dieser Abschnitt steht in einer gewissen Spannung zu anderen Aussagen. Nach ihm will Rehabeam ja versuchen, die Nordstämme durch einen Krieg zur Rückkehr in sein Königreich zu zwingen, aber der Prophet Schemaja hält ihn davon ab. Nach 1Kön 14,30 gab es jedoch während der Regierungszeit Rehabeams beständig Krieg zwischen Nordreich und Südreich. 21 *Hundertachtundvierzigtausend streitbare Männer:* Diese Zahl erscheint viel zu hoch, man hat deshalb vorgeschlagen, sie in 18000 zu verbessern. LXX nennt 120000; auch diese Angabe scheint noch zu hoch. 22 *Schemaja:* wird nur hier und 2Chr 11,1–4; 12,5–8.15 erwähnt. 24 LXX fügt diesem Vers einen langen Abschnitt an, zu dem ein entsprechendes Gegenstück in MT fehlt. Er enthält jedoch viele Aussagen, die anderen Stellen des MT entsprechen.

12,25–33 Jerobeam vereint die Nordstämme

12,25 Jerobeam erbaut Sichem. Er wählt für die erste Hauptstadt des Nordreichs einen in geographischer wie religiöser Hinsicht strategisch wichtigen Ort. Die religiösen Bindungen gingen nicht nur auf die Patriarchen zurück, sondern auch auf die Kanaanäer, die hier eine Kultstätte hatten, bevor Abraham an diesen Ort kam. *Baute Sichem . . . aus:* Er vergrößerte und befestigte es, so daß es als Hauptstadt dienen konnte. Sichem lag östl. des heutigen Nablus zwischen den Bergen Ebal und Garizim. *Ephraim:* Das ganze Gebiet wurde Ephraim genannt, obwohl Sichem streng genommen innerhalb des Stammesgebietes von Manessa lag. *Pnuël:* Ort im Gebiet jenseits des Jordans, an der Furt des Jabboks. Es kann sich um einen Versuch handeln, das Gebiet jenseits des Jordans nicht an Rehabeam fallen zu lassen; auch ein Zusammenhang mit der Invasion Schischaks ist möglich, der in Inschriften über seinen Feldzug Pnuël erwähnt; es gibt jedoch keinen atl. Bericht darüber.

12,26–28 Jerobeam baut eigene Staatsheiligtümer. Das Motiv dürfte mehr politisch als religiös gewesen sein. Jerobeam wollte verhindern, daß das Volk bei Pilgerreisen nach Jerusalem unter den Einfluß der dortigen Könige geriet. **28** *Zwei goldene Kälber:* Albright meint, daß diese Kälber nicht als Darstellungen Jahwes gedacht waren, sondern lediglich das Podest bildeten, auf dem der unsichtbare Jahwe thronte, vergleichbar den geflügelten Cherubim in Salomos Tempel. Dennoch scheint sich in V. 28 ein polytheistischer Aspekt zu ergeben. Das hebr. *deine Götter* könnte auch hier, wie an vielen anderen Stellen, in der Einzahl übersetzt werden. Aber hier steht auch das Verb im Plural. Manche Wissenschaftler halten diese Form für ursprünglich und 2Mo 32,4.8 für eine spätere Abänderung, bei der der Plural in einen Singular verwandelt wurde. Aber in dem betreffenden Abschnitt in 2Mo finden sich auch pluralische Verben. Man sollte die These Albrights deshalb nicht vorschnell verwerfen.

12,29–33 Die goldenen Kälber in Bethel und Dan. Wieder ist Jerobeams Plan wohlüberlegt. Er »heiligt« damit die Grenzen des Landes und errichtet gleichzeitig ein Heiligtum an der Pilgerstraße nach Jerusalem.
29 *Bethel:* etwa 17km nördl. von Jerusalem in Ephraim an der Hauptstraße, die die Pilger nach Jerusalem benutzten. *Dan:* im äußersten N des Landes an einer der Jordanquellen. Es gab dort bereits ein kanaan. Heiligtum.
31 *Höhenheiligtum:* Jerobeam wird auch beschuldigt, Altäre auf den Höhen errichtet und Priester geweiht zu haben, die keine Leviten waren. *Aus allerlei Leuten:* auch Nicht-Leviten. **32** *Des achten Monats:* Möglicherweise hat Jerobeam auch das Laubhüttenfest vom siebenten auf den achten Monat verlegt. Einige Forscher nehmen an, daß nicht Jerobeam für diese Neuerungen verantwortlich war, sondern daß sie von Jerusalem ausgingen. Möglicherweise sei das hier genannte Fest das Neujahrsfest. Rehabeam sei am Neujahrstag König von Juda geworden und sei wenige Tage später mit der Absicht nach Sichem gekommen, sich auch dort zum König krönen zu lassen. Jerobeam habe dann das gleiche Fest einen Monat später für seine Krönung angesetzt. Aber das AT sagt sehr viel weniger über das Neujahrsfest als die Wissenschaft.

13,1–32 Jerobeam weiht Priester (vgl. 12,31)

13,1–10 Der Gottesmann weist Jerobeam zurück. Man vermutet, daß dieser Prophetenspruch aus einer späteren Zeit stammt und nachträglich an dieser Stelle eingefügt worden ist. Andererseits entspricht die Erwähnung des Wunderhaften dem bibl. Grundzug, den Beginn einer neuen Epoche durch ein bedeutendes, manchmal wunderhaftes Ereignis zu kennzeichnen. **1** *Mann Gottes:* in diesem Bericht Bezeichnung für den Propheten aus Juda. Ein Prophet aus dem N wird dagegen Prophet genannt. *Auf das Wort des Herrn hin:* wörtl.: »dem Wort des Herrn«. Das *Wort* ist die zwingende, unwiderstehliche Macht.
2 *Mit Namen Josia:* In die Zukunft weisende Prophetie geschieht im AT an sich in den großen Grundlinien, nicht durch Angabe von Details. Neben Josia wird nur Cyrus (Jes 44,28; 45,1) mit Namen erwähnt. Viele Wissenschaftler, unter ihnen auch namhafte konservative Ausleger, halten den Namen deshalb für eine spätere Einfügung. Keil versucht das Problem zu umgehen. Nach ihm ist die Bedeutung des Namens (»der, den Jahwe unterstützt«) der Inhalt der Prophetie gewesen, die später durch den Träger des Namens erfüllt worden sei. Diese These läßt sich jedoch nicht auf den Namen Cyrus anwenden und ist darum nicht überzeugend. (Vgl. Einleitung zu Jesaja.)

13,11–32 Der alte Prophet in Bethel und der Mann Gottes. Ein schwieriger Abschnitt, über den sich die Ausleger keineswegs einig sind. Der »Prophet«, der dem »Mann Gottes« eine falsche Botschaft ausrichtet, wird später von Jahwe dazu gebraucht, um sein Wort zu verkünden. Der Mann Gottes wird von einem Löwen getötet, weil er auf die falsche Botschaft des Propheten gehört hat. **11** *Söhne:* Das hebr. Wort steht hier im Sing., im folgenden Vers jedoch im Plur. **12** *Seine Söhne zeigten ihm den Weg:* MT sagt hier: »seine Söhne sahen«; LÜ hält sich an LXX und Vulgata. **18** *Auch ein Prophet:* Die Bezeichnung Mann Gottes ist in dem Titel Prophet eingeschlossen. *Er belog ihn aber:* Einige Ausleger halten dies für eine spätere Einfügung. Keil schließt sich dem nicht an, möchte aber andererseits den alten Propheten auch nicht als einen falschen Propheten ansehen. Der Prophet benutzte sündige Methoden und spiegelt fälschlicherweise vor, ein Engel habe ihm aufgetragen, zu dem Mann Gottes in Juda in engere Beziehung zu treten. Im Mittelpunkt steht jedoch der Mann Gottes und sein Ungehorsam. Es kann sein, daß der örtliche Prophet sein eigenes Ansehen aufzubessern versuchte. **20** *Tisch:* Zu jener Zeit gab es Tische nur in den Häusern sehr reicher Leute oder im Königspalast. Hier handelt es sich wahrscheinlich um eine Ledermatte, die auf dem Boden ausgebreitet wurde. **21** *So spricht der Herr:* Wenn wir diesen Propheten als falschen Propheten bezeichnen, dann hat Gott ihn ebenso gebraucht, wie er sich Bileams bediente. **22** *Soll dein Leichnam nicht in deiner Väter Grab kommen:* Er würde fern von zu Hause eines gewaltsamen Todes sterben, so daß er nicht im Grab seiner Väter beerdigt werden konnte. **23** *Prophet:* Sieht man von den Aussprüchen des Propheten (V. 18) ab, so ist dies die einzige Stelle in diesem Bericht, in der der Mann Gottes als Prophet bezeichnet wird. Man hat die These aufgestellt, daß ein Prophet zwar ein falscher Prophet sein könne, daß ein Mann Gottes dagegen aber immer ein wahrer Mann Gottes sei. 24 *Löwe:* Im Orient gab es eine kleine Löwenart, die erst im 12. Jh. n.Chr. ausstarb. 32 scheint später eingefügt worden zu sein, als Samaria bereits Hauptstadt war und die Städte als »Städte Samarias« bekannt waren.

13,33–14,20 Das Ende der Regierungszeit Jerobeams

Hier wird der Bericht wieder aufgenommen, der 12,31 unterbrochen wurde.

13,33.34 Jerobeam weiht Priester. 34 *Sünde:* hier »das Ziel verfehlen«. Viell. wäre in diesem Zusammenhang besser »Verderben« zu übersetzen. Da jedoch Jerobeams Beziehung zu Gott eindeutig eingeschlossen ist, ist »Sünde« gerechtfertigt.

14,1–18 Der Tod des Sohnes Jerobeams. Dieser Abschnitt fehlt in LXX. Fragmente finden sich jedoch in einem bes. Abschnitt, den MT nicht enthält. Abia ist ernstlich krank, und Jerobeam schickt seine Frau zu dem Propheten Ahia, um zu erfragen, ob der Junge gesund werden wird. Der Prophet sagt nicht nur den Tod des Jungen, sondern auch das Ende der Dynastie Jerobeams voraus. 3 *Kuchen:* wahrscheinlich Kuchen, der mit Körnern bestreut war. 9 *Um mich zum Zorn zu reizen:* eine Gefühlsregung, die Gott in der Bibel oft zugeschrieben wird. Heutige Wissenschaftler versuchen meist, sie wegzuerklären. Dagegen ist aber zu sagen, daß diese moderne Idee mit ihrer Tendenz zum Theismus dem bibl. Gedanken eines entschiedenen und persönlichen Widerstandes Gottes gegen die Sünde nicht gerecht wird. 10 *Alles, was männlich ist:* JB gibt hier das Hebr. wörtl. wieder. Die proph. Vorhersagen deuten darauf hin, daß die Dynastie Jerobeams mit einem gewaltsamen Umsturz zu Ende gehen wird. Sie erfüllten sich mit dem Tod von Jerobeams Sohn Nadab. 14 *Wie es heute ist:* wörtl.: »dies heute, was aber auch jetzt?«. Der Sinn dieser Bemerkung bleibt dunkel. 15 *Euphrat:* wörtl.: der Fluß. So wurde der Euphrat allg. bezeichnet. Einige vermuten deshalb, daß dieser Satz erst nach dem Fall von Samaria eingefügt wurde. *Ascherabilder:* hölzerne Stelen, die in kanaan. Heiligtümern standen. 17 *Tirza:* die erste Erwähnung dieses Ortes, der zur Zeit Baësas Hauptstadt des Nordreichs wurde (1Kön 15,21).

14,19.20 Zusammenfassung der Regierungszeit Jerobeams I. Im Blick auf die stilisierte, immer wiederkehrende Formel bei der Aufzählung seiner weiteren Taten und bezüglich des Vergleichs mit dem »Buch der Chronik der Könige Israels« s. Einleitung. Die Regierungszeit Jerobeams kann 931–910 v.Chr. angesetzt werden.

14,21–31 Das Ende der Regierungszeit Rehabeams

In der Regel berichtet der Autor die Geschichte eines Königs von Anfang bis Ende und greift dann die Geschichte seines Zeitgenossen im anderen Königreich auf. Hier wird der Bericht über Rehabeam, der 12,1–24 begann, durch den Bericht über Jerobeam unterbrochen, der seinerseits ebenfalls unterbrochen wird. Rehabeams Regierungszeit dauerte etwa von 931–913 v.Chr.

14,21–24 Das verwerfliche Verhalten Judas. Vgl. 2Chr 11,5–12,16; Josephus, Ant. VIII 10. 21 Zur Formel, die für jeden König von Juda verwendet wird, s. Einleitung. 22 *Juda:* LXX liest hier Rehabeam. Offensichtlich setzt sie das Verhalten von König und Volk gleich. 23 *Höhen, Steinmale und Ascherabilder:* verschiedene Elemente des kanaan. Götzendienstes. 24 *Tempelhurer:* hebr. »Ausgesonderte« (*qedaschim*). Das Wort schließt Männer und Frauen ein, die zur kultischen Prostitution ausgesondert waren; vgl. 5Mo 23,17. Dasselbe hebr. Wort steht auch für heilig, im Sinn von ausgesondert (für den Dienst Jahwes).

14,25–28 Schischaks Einfall in Juda. Vgl. 11,40. Schischak nutzte die Teilung des Reiches aus, um in das Land einzufallen. Seine Inschrift in Karnak zählt ungefähr 150 Orte auf, die er »eroberte«. In den meisten Fällen dürfte das bedeuten, daß er Tribut von ihnen forderte. Der Tribut, den er von Rehabeam verlangte, ist in V. 26 erwähnt. Albright setzt die Regierungszeit Schischaks auf 940–920 v.Chr. an.

14,29–31 Zusammenfassung der Regierungszeit Rehabeams. 30 *Krieg:* möglicherweise eine Art »kalten Krieges«, bei dem Grenzbefestigungen gebaut, aber keine offenen Kämpfe ausgetragen würden. Vgl. aber auch Komm. zu 12,21–24.

15,1–16,28 Die Kriege zwischen Israel und Juda

Dies ist eine Zeit ständiger kriegerischer Auseinandersetzungen zwischen den beiden Reichen. Sie geht über in eine Reihe von Bürgerkriegen im Nordreich. In Israel amtieren in dieser Zeit fünf Könige (und ein sechster als Rivale), während in Juda auf die kurze Regentschaft Abias die lange Regierungszeit Asas folgt.

15,1–8 Abia von Juda

Vgl. 2Chr 13; Josephus, Ant. VIII 11,2.3. Abia wird um Davids willen »geduldet«. Dieses Thema wird wiederholt angeschnitten. Schließlich scheinen nur noch zwei Personen im Blick zu sein: David und sein idealer Sohn, der aber erst in der Person Jesu Christi in Erscheinung tritt. **1** *Im achtzehnten Jahr des Königs Jerobeam:* die zeitliche Abstimmung mit dem anderen Reich. Jeder König wird in ähnlicher Weise zeitlich eingeordnet (s. Einleitung). Abia regierte etwa 913–910 v.Chr. **2** *Abisalom:* Gewöhnlich wird er mit Absalom, dem Sohn Davids, identifiziert, zumal Maacha Davids Enkelin war. In 2Chr 13,2 wird diese als Michaja, die Tochter Uriëls, bezeichnet. Nehmen wir an, daß Michaja eine falsche Lesart für Maacha ist, so liegt die Vermutung nahe, daß Tamar, die Tochter Absaloms, Uriël geheiratet hat. **3** *ungeteilt:* hebr. *schalem* bedeutet primär »vollständig, unversehrt«, dann auch »in Frieden«. Wir können auch übersetzen: »Sein Herz war nicht in Frieden mit dem Herrn, seinem Gott« (vgl. 11,4). **4** Wieder finden wir einen Verweis auf den Davidsbund. **6** Dieser Vers wiederholt 14,30; er ergibt in diesem Zusammenhang keinen Sinn; in LXX fehlt er. **7** *Chronik der Könige von Juda:* Damit ist nicht die bibl. Chr gemeint. In ihr wird das hier genannte Buch in Verbindung mit dem Krieg zwischen Jerobeam und Abia ebenfalls zitiert (2Chr 13,3–20); s. Einleitung.

15,9–24 Asa von Juda

Vgl. 2Chr 14–16; Josephus, Ant. VIII 12. Asa ist ein Reformer. Er entfernt die Tempelhurer und die Stelen. Er ist aber auch für das Zustandekommen eines Bündnisses mit einer auswärtigen Macht verantwortlich: Er veranlaßt den König von Damaskus durch Bestechung, Israel anzugreifen. Israel wird dadurch veranlaßt, seinen Druck auf Juda aufzugeben. Es ist möglich, daß es bereits früher ein Abkommen zwischen Juda und Syrien gegeben hat. Jedenfalls hatte Israel seine Südgrenze näher an Jerusalem herangeschoben.

15,9–15 Asas Reformen. Juda hatte, ebenso wie Israel, kanaan. Kultpraktiken übernommen, und zwar spätestens seit der Zeit Salomos. Wahrscheinlich gab es eine volkstümliche Art der Gottesverehrung, die immer dazu neigte, solchen Götzendienst zu übernehmen. Asa versuchte, diese Götzen aus Israel zu entfernen. Seine Regierungszeit dauerte von 910–870 v.Chr. **10** *Maacha:* Asas Mutter trägt den gleichen Namen wie Abias Mutter. Man hat deshalb vermutet, daß Asa und Abia Brüder waren. Andere nahmen an, daß Maacha Asas Großmutter, also die Königinmutter war (V. 13). Asa führt religiöse Säuberungsaktionen durch, in deren Verlauf auch die Königinmutter ihren Platz aufgeben muß. **13** *Greuelbild:* das hebr. Wort nur hier und 2Chr 15,16, wörtl. vielleicht »Gegenstand des Schreckens«. Vulgata vermutet dahinter ein Phallussymbol, dafür gibt es jedoch keine weiteren Hinweise. *Herrin* (ZÜ: *Gebieterin*): hebr. »Dame«. Das hebr. Wort für Königin wird lediglich für die Königin von Saba, für die Königinnen Esther und Vasthi und zweimal im Plur. gebraucht (Hld 6,8.9). Es wird nie für die Königinnen von Israel und Juda verwendet. *Kidron:* Tal zwischen Jerusalem und dem Ölberg. **14** *Die Höhen:* Keil versucht nachzuweisen, daß diese Orte nicht Götzenbildern geweiht waren, sondern ungesetzliche Opferstätten für Jahwe darstellten. In den Prophetenbüchern ist jedoch immer wieder davon die Rede, daß das Volk auf den Höhen weiterhin Götzendienst trieb. Es hat deshalb wenig Sinn, wenn man versucht, diese Tatsache wegzuerklären. Die Sünde des kanaan. Götzendienstes erfaßte alle Schichten des israel. Volkes, sieht man einmal von den wenigen standhaften Königen und Propheten ab, die Gott für seine Ziele einsetzte. *Ungeteilt bei dem Herrn:* s. Komm. zu 15,3.

15,16–22 Der Krieg mit Baësa von Israel. Vgl. 2Chr 15,19–16,10. Dies ist eine Fortführung des Kriegs, der zwischen Rehabeam und Jerobeam begonnen worden war. Zeitweise schwelte er als kalter Krieg, brach aber zu verschiedenen Zeiten auch offen aus. Möglicherweise war Abia weiter nach N vorgedrungen (2Chr 13,19), und Baësa versuchte nun, das verlorene Gebiet zurückzugewinnen. Abia baute eine Festung nördl. von Jerusalem, nachdem er Benhadad von Damaskus dazu gebracht hatte, seinen Bund mit Baësa zu brechen und in Nordisrael einzumarschieren. Hier werden erstmals die aram. Stadtstaaten erwähnt, die in der Geschichte Israels eine wichtige Rolle spielen. Bündnisse mit fremden Mächten werden seinen Königen zum Verderben werden. Das wird von den Propheten immer wieder betont (Jes 7,4–9; 8,6–8 usw.). **17** *Rama:* 8km nördl. Jerusalem. **18** *Benhadad:* Sohn des Hadad. Hadad war der oberste Gott des aram. Götterhimmels, der Sturmgott oder Donnerer. *Tabrimmon:* Ramman oder Rimmon ist ein weiterer Name für denselben Gott. Auch der Doppelname Hadad-Rimmon kommt vor (Sach 12,11). **20** *Ijjon und Dan und Abel-Beth-Maacha* liegen alle im äußersten Norden Israels, meist im oberen Jordantal. **21** *Tirza:* einige km nordöstl. von Sichem, heute Tell Fara'. Wahrscheinlich machte es Baësa zur Hauptstadt (V.33). 22 *Bot ganz Juda auf*: Die Befestigungsanlagen Baësas wurden mit Hilfe von bes. angesetzter Fronarbeit abgerissen. Aus dem so gewonnenen Material wurden an anderen Orten neue Befestigungen errichtet. *Geba:* Man hat vermutet, daß es mit Gibea identisch ist; aber der Name Geba (eine Form des Wortes bedeutet Hügel) kann sich auf viele Orte beziehen.

15,23.24 Zusammenfassung der Regierungszeit Asas. 23 *An seinen Füßen krank:* Man hat vermutet, daß es sich um Wassersucht handelte.

15,25–32 Nadab von Israel

Vgl. Josephus, Ant. VIII 11,4. Nadab verdient Beachtung, weil er den Untergang des Hauses Jerobeams heraufführt. 25 Tatsächlich regierte Nadab weniger als *zwei Jahre,* wie ein Vergleich von V.25 und 33 zeigt. Seine Regierungszeit dürfte 910–909 v.Chr. anzusetzen sein. Nach einer Zählweise rechnete man die Dauer einer Regierungszeit als 2 Jahre, wenn ein König sein Amt vor Neujahr antrat und bis in das neue Jahr hinein ausübte.

15,27–30 Baësas Verschwörung. 27 *Baësa,* der Sohn Ahias, aus dem Stamme Isaschar: eine Kennzeichnung, um ihn von Ahia aus Silo zu unterscheiden (V.29). *Gibbethon:* eine Philisterstadt östl. von Ekron, im urspr. Stammesgebiet von Dan. Nadab war stark genug, um den Versuch zu wagen, seine Grenzen nach Westen auszudehnen. 29 *Erschlug er das ganze Haus Jerobeams:* Der Untergang der ersten Dynastie des Nordreichs ist die Erfüllung der Vorhersage Ahias (14,10). 32 *Krieg zwischen Asa und Baësa:* vgl. 14,30; 15,7.16.

15,33–16,7 Baësa von Israel

Vgl. Josephus, Ant. VIII 12,3. Asa und Baësa regierten beide lange und nahezu gleichzeitig, Asa jedoch etwa 14 Jahre länger. Die meisten Vorkommnisse während der Regierungszeit Baësas sind deshalb bereits im Bericht über Asa miterwähnt worden.

15,33.34 Einleitende Bemerkung. Zur stehenden Formel s. Einleitung. 33 *Im dritten Jahr:* s. Komm. zu V.25. Baësa regierte ungefähr von 909–886 v.Chr.

16,1–4 Jahwes Wort an Jehu über Baësa. Die Gestalt des Propheten Jehu, des Sohnes Hananis, bleibt dunkel. Er wird für die Zeit Josaphats von Juda als Verf. eines Buches genannt, das in das Buch der Könige Israels aufgenommen wurde (2Chr 20,34; vgl. 2Chr 19,2). Das ist über 50 Jahre nach dem hier erwähnten Prophetenspruch. Seine Vorhersage ähnelt auffallend der Prophezeiung über Jerobeam (14,7–11). Das ist jedoch kein ausreichender Grund, einen der beiden Berichte für nicht echt zu halten.

16,5–7 Zusammenfassung der Regierungszeit Baësas. 7 Dieser Vers erscheint überflüssig. Manche Ausleger halten V.2–4 für eine redaktionelle Überarbeitung des Prophetenspruchs über Jerobeam und nehmen an, daß lediglich V.7 der urspr. Prophetenspruch Jehus über Baësa ist.

16,8–14 Ela von Israel

Der Bericht über Ela wird durch eine Information über die Verschwörung Simris unterbrochen. 8 *Zwei Jahre:* Baësas Sohn regierte weniger als 2 Jahre. Er wurde im 26. Jahr Asas König (V.8) und starb im 27. Jahr Asas (V.10). Seine Regierungszeit ist 886–885 v.Chr. anzusetzen. 9 *Trank und wurde trunken:* Ela scheint von Anfang an Schwierigkeiten gehabt zu haben. 10 *Simri:* (sein Vater wird nicht einmal erwähnt) war Befehlshaber über die Hälfte der Streitwagen. Das läßt eine Teilung des Heeres vermuten. 11 *Ließ nichts übrig, was männlich war, dazu seine Verwandten und seine Freunde:* Das sollte wohl verhindern, daß ein männlicher Verwandter als *go'el* (Löser, Rächer) auftreten konnte. 12.13 Erfüllung der Vorhersage Jehus über das Haus Baësas.

16,15–20 Simri von Israel

Die Lage in Israel war trostlos; im Volk gab es Parteiungen, und mehrere Rivalen kämpften um den Thron: Simri, Tibni und Omri. 15 *Simri ... regierte sieben Tage:* Israel führte wieder Krieg gegen Gibbethon (vgl. 15,27). Als bekannt wurde, daß Simri den König getötet hatte, machten die Truppen im Feld Omri, den Heerführer, zum König von Israel. Tibni (V.21) bleibt hier unberücksichtigt. 17 *Belagerten Tirza:* Simri hatte die Hauptstadt eingenommen, und Omri marschierte sofort gegen sie. 18 *Ging er in den Burgturm ... und verbrannte sich mit dem Hause des Königs:* Simri muß sofort erkannt haben, daß er nicht stark genug war, um sich durchzusetzen. So tötete er sich nach einer »Regierungszeit« von sieben Tagen, wahrscheinlich 884 v.Chr.

16,21–28 Omri von Israel

Aus politischer Sicht war Omri viell. der bedeutendste König Israels. Hier wird deutlich, nach welchen ganz anderen Maßstäben geistliche Geschichtsdeutung urteilt. Omris

Hauptstadt Samaria gab dem Land für alle spätere Zeit den Namen. Omri ist der einzige israel. König, der auf dem Mesastein erwähnt wird. Er berichtet von dem Übel, das seine Söhne verursachten, aber nur Omris Name wird genannt. Jehu, der unrechtmäßige Machthaber, war in Syrien als »Sohn Omris« bekannt (s. Komm. zu 2Kön 9,2). Noch ein Jh. nach dem Untergang der Dynastie Omris bezeichnen assyr. Inschriften Israel als »Haus Omris«.

16,21.22 Der Kampf um den Thron mit Tibni. Die Feststellung, daß *ganz Israel* Omri zum König machte (V. 16), muß, wie viele Textstellen, in denen das Wort »ganz« gebraucht wird, im Licht anderer Abschnitte betrachtet werden. **21** Hier zeigt sich, daß nicht ganz Israel hinter Omri stand. Etwa die Hälfte des Volkes wollte Tibni zum König machen. **22** nennt keine genaue Zeitangabe. Vermutl. war der Kampf zwischen den Anhängern Omris und Tibnis kurz. Simri, der nur sieben Tage regiert hatte, kam im 27. Jahr Asas auf den Thron (884 v.Chr.; V. 15), Omri aber wurde nicht vor dem 31. Jahr Asas König (etwa 880 v.Chr.; V. 23). Danach müßte der Bürgerkrieg etwa vier Jahre gedauert haben. In einer griech. Hs. heißt es: »Simri regierte sieben Jahre«, aber das stimmt mit der übrigen Zeitrechnung nicht überein. Es entspricht auch V. 17 nicht, wonach die Herrschaft Simris ein schnelles Ende fand.

16,23.24 Die Gründung Samarias. Omri verlegte die Hauptstadt Israels nach Samaria, einem Hügel ca. 13km nordwestl. von Sichem, der sich etwa 90m aus dem flachen Land erhob. Ausgrabungen haben die Mauern von Omris Palast freigelegt (s. Die Bibel in ihrer Welt, S. 57). **23** *Regierte zwölf Jahre:* Darin müssen die Jahre des Bürgerkriegs enthalten sein. Davon *zu Tirza sechs Jahre:* Nur zwei davon waren legale Regierungsjahre.

16,25–28 Zusammenfassung der Regierungszeit Omris. Omri regierte etwa von 880–874 v. Chr. **25** *Trieb es ärger als alle, die vor ihm gewesen waren:* So lautet das bibl. Urteil über Omri. **26** Geistlich gesehen steht er noch tiefer als Jerobeam. Außer der Gründung der Hauptstadt Samaria wird so gut wie nichts über ihn berichtet. Der Aufstand des Moabiterkönigs Mesa wird in 2Kön 3,4ff beschrieben. Die Unterdrückung Moabs durch Omri und dessen Söhne, die nach dem Mesastein vierzig Jahre dauerte, wird nicht erwähnt. Micha spricht einmal von den Weisungen Omris (Mi 6,16). Demnach müßte Omri eine Art Gesetzesreform durchgeführt haben, wir wissen darüber jedoch nichts Genaueres.

1Kön 16,29–2Kön 1,18 Ahab und Elia

Der Bericht über Ahab wird durch die hier eingeflochtenen Elia-Erzählungen unterbrochen und erst in 22,40 zum Abschluß gebracht. Der Konflikt zwischen Ahab und Isebel auf der einen und Elia auf der anderen Seite führt in mancher Hinsicht zu einer Krise des Jahweglaubens. König und Königin wollen ihn ausrotten, nur Elia kann dem entgegentreten.

16,29–34 Ahab von Israel

Vgl. Josephus, Ant. VIII 12,1–13,1. Ahab machte sich zweier großer Verfehlungen schuldig: Er folgte dem sündigen Weg Jerobeams, und er nahm Isebel, die Tochter Ethbaals, des Königs von Sidon, zur Frau. Diese erwies sich als leidenschaftliche Verfechterin des Baalkultes (V. 31). Ihrer beider Tochter Athalja eroberte sich vorübergehend den Thron Judas (2Kön 8,18.26; 11,1ff). Nach Josephus (Contra Apion I 18,8) war Dido, die Gründerin Karthagos, eine Enkelin Ethbaals. Ethbaal selbst bezeichnet Josephus als einen Priester der Astarte.

29 *Im achtunddreißigsten Jahr Asas, des Königs von Juda:* Ahab ist der siebente König in Israel, seit Asa den Thron von Juda bestieg. Ahabs Regierungszeit kann auf 874–853 v.Chr. angesetzt werden. **34** *Hiël* von Bethel: LXX nennt ihn Ahiel, wahrscheinlich ist das die vollständige Form des Namens. Die Bedeutung dieses Verses ist umstritten. Nach dem Targum opferte Hiël seinen ältesten Sohn, als er das Fundament für den Ort legte, und seinen jüngeren Sohn, als er die Tore einsetzte. Manche verstehen dies als Bauopfer, andere lehnen diese Deutung ab. Es ist möglich, daß die Söhne einfach verunglückten. Weil jedoch über dem Wiederaufbau von Jericho ein Fluch lag (Jos 6,26), hat man darin die Ursache für ihren Tod gesehen. Der formelle Abschluß des Berichts über Ahab findet sich erst 22,39.40. In den meisten der dazwischenliegenden Kapitel wird über Elia berichtet.

17,1–19,21 Erster Teil des Elia-Zyklus

Der Ausdruck Elia-Zyklus hat keine kritische Bedeutung, er bezeichnet einfach die Teile von Kön, die von Elia berichten. Elia, der für die Propheten das ist, was Mose für das Gesetz bedeutet, wird ohne weitere Einleitung vorgestellt und lediglich als Elia, der Thisbiter, bezeichnet. Es ist jedoch offensichtlich, daß bereits eine umfangreiche Zeit des Wirkens hinter ihm liegt, als es zu dem Ereignis in 17,1 kommt. Ahab nennt ihn den, der Israel ins Unglück stürzt (18,17). Obadja, der Hofmeister Ahabs, erwähnt, daß sie Elia überall haben suchen lassen (18,10). Ein Hinweis auf das geheimnisvolle Verschwinden Elias findet sich in 18,12. Elia muß bereits vorher einen Ruf gehabt haben, der Ahab beeindruckte. Denn dieser nahm die Voraussage der Trockenheit in 17,1 ernst. Viell. stand Elia mit den Prophetenschulen in Verbindung, die es in Bethel, Jericho und Gilgal gab (2Kön 2,3–5; 4,38). Gott beruft ihn in eben der Zeit, in der der Baalskult die Jahweverehrung in Israel lebensgefährlich bedroht. Die herausgehobene Stellung Elias im NT bestätigt seine Bedeutung. Der Wegbereiter Christi sollte »in Geist und Kraft des Elia« vor ihm hergehen (Lk 1,17). Mose und Elia, die Vertreter von Gesetz und Propheten, erscheinen Jesus auf dem Berg der Verklärung (Mt 17,3; Lk 9,31). Die Beschreibung der beiden Ölbäume in Offb 11,4ff weist einerseits auf Mose hin, der die Macht hatte, Wasser in Blut zu verwandeln und die Erde mit allen Arten von Plagen zu strafen, zum andern auf Elia, der den Himmel verschließen konnte, so daß es in der Zeit, für die er es vorausgesagt hatte, nicht regnete.

17,1–7 Elia und die Raben. Wunder sind im AT nichts Alltägliches (sie können deshalb nicht einfach als Produkt menschlicher Einbildung abgetan werden). Sie kommen nur in bes. wichtigen Abschnitten der Geschichte vor, in denen Gott seine Macht offenbaren muß, um sein Volk zu erhalten, z.B. bei der Befreiung aus Ägypten, bei der Einnahme Kanaans, und hier, wo es gilt, den wahren Glauben angesichts der Bemühungen Isebels, die Erkenntnis Jahwes auszurotten, zu bewahren.

1 *Aus Thisbe:* nach LXX. Die hebr. Konsonanten können so vokalisiert werden. MT hat eine andere Vokalisation: »von den Beisassen« (EÜ). *Gilead:* Nach der Tradition kam Elia aus Thisbe in Naphthali (Tob 1,2) und ließ sich in Gilead jenseits des Jordans nieder. Die heutige Forschung lehnt diese Überlieferung fast geschlossen ab. Falls sie richtig ist, so ist es bemerkenswert, daß die Schriftgelehrten zur Zeit Jesu sagten: »Aus Galiläa steht kein Prophet auf« (Jh 7,52). *Weder Tau noch Regen:* Josephus (Ant. VIII 18,2) berichtet unter Berufung auf Menander, daß z.Z. Ethbaals, Isebels Vater, ein ganzes Jahr lang Dürre herrschte. **3** *Bach Krith:* nach der Tradition das Wadi Qelt in der Nähe von Jericho. Die darauf folgende Anmerkung läßt jedoch vermuten, daß er jenseits des Jordans gesucht werden muß. **4** *Raben:* Manche Wissenschaftler haben versucht, statt dessen »Araber« zu lesen. Dieses Wort hat im Hebr. die gleichen Konsonanten. Außerdem machte man für diese Vermutung den besseren Textzusammenhang geltend, da der zweite Teil der Geschichte in Phönizien spielt. Heute neigt man dazu, die Geschichte unverändert zu lassen und als einen Ausdruck des Glaubens Israels zu akzeptieren (was bedeutet, daß sie in den Augen heutiger Rationalisten unhistorisch ist).

17,8–16 Elia und die Witwe in Zarpath. Elia wird von Jahwe nach Zarpath in der Nähe von Sidon geschickt, wo eine Witwe für seine Nahrung sorgt. Die Forderung Elias, die Witwe solle aus ihrem letzten Öl und Mehl eine Mahlzeit zubereiten, entspringt nicht dem Egoismus Elias, sondern soll den Glauben der Frau prüfen. Nach V. 12 scheint sie an Jahwe zu glauben, obwohl sie keine Jüdin ist. **9** *Sidon:* Eine der wichtigsten Städte Phöniziens, nördl. von Galiläa an der Küste gelegen, im heutigen Libanon. Elia hielt sich also außerhalb von Ahabs Herrschaftsbereich auf. *Zarpath:* das heutige Sarafad, etwa 14km südl. von Sidon an der Küste. **14** Das Wunder bestand darin, daß Mehl und Öl bis zum Ende der Dürrezeit nicht ausgingen. Jesus bezieht sich auf dieses Ereignis in Lk 4,25f.

17,17–24 Elia erweckt den Sohn der Witwe wieder zum Leben. **17** *Daß kein Odem mehr in ihm blieb:* Man hat gefragt, ob der Sohn wirklich tot oder nur dem Tod nahe war. Seine Mutter (V. 18) und Elia (V. 20) hielten ihn jedenfalls für tot. Der Ausdruck »es blieb kein Odem in ihm« ist im Hebr. gleichbedeutend mit tot. Die moderne Medizin ist zwar gelegentlich in der Lage, Leben auch nach völligem Stillstand des Herzens zu erhalten, wir haben es hier jedoch mit einer Situation zu tun, für die die modernen medizinischen Maßstäbe nicht gelten. **18** *Was habe ich mit dir zu schaffen:* Der hebr. Ausdruck scheint demjenigen zu entsprechen, den Jesus in Kana gegenüber Maria gebraucht (Jh 2,4). Die Witwe hatte den Eindruck, daß die Anwesenheit des Gottesmannes eine ihrer Sünden ans Licht gebracht hatte und daß dies der Grund für den Tod ihres Sohnes war. **19** *Obergemach:* wahrscheinlich ein Raum auf dem Dach, den man über eine Treppe an der Außenseite des Hauses erreichen konnte. Die Entfernung eines Kranken war wohl aus hygienischen Gründen geboten. **21** *Er legte sich auf das Kind dreimal:* Wir gehen am Eigentlichen vorbei, wenn wir in dieser Handlung Elias eine Art Wiederbelebungsversuch sehen. Allerdings wird diese Technik bei zwei anderen Fällen erwähnt (2Kön 4,34f; Apg 20,10). Die genaue Bedeutung der Handlung ist uns nicht bekannt. **22** *Leben:* Manchmal wird hier auch Seele übersetzt. Leben ist jedoch treffender. Anhand dieser Stelle läßt sich deshalb keine Lehre entwickeln, nach welcher die Seele bei Eintreten des Todes den Körper verläßt bzw. bei der Wiederbelebung in den Körper zurückkehrt. Selbst wenn diese Vorstellung richtig wäre – das atl. Wort bedeutet eher Leben als Seele. Die Idee der Seele kommt im AT nicht eindeutig vor. **24** Ein bemerkenswertes Glaubensbekenntnis, aber man fragt sich, welche Bedeutung es außer für die Frau selbst hatte. Es gibt keine Hinweise darauf, daß sie diesen Glauben unter ihren Angehörigen verbreitete. Und da sie nicht in Israel lebte, konnte sie ihn auch vor den Israeliten nicht bezeugen. Der Bericht des Ereignisses durch Elia selbst könnte ohne ein anderes Zeugnis weniger überzeugend geworden sein. So besteht der größte Wert des Bekenntnisses jener Frau womöglich darin, daß es den Glauben Elias stärkt, der verschiedentlich derartige geistliche Hilfen zu brauchen scheint. *Des Herrn Wort in deinem Munde ist Wahrheit:* besser: »des Herrn Wort ist wirklich in deinem Munde« (Moffat).

18,1–19 Elia wird zu Ahab gesandt.
1 *Im dritten Jahr:* Nach der üblichen Zeitrechnung könnte das Ende des zweiten Jahres gemeint sein. Das NT nimmt jedoch eine Dürre von dreieinhalb Jahren an (Lk 4,25; Jak 5,17). Möglicherweise bezieht sich V. 1 auf die Zeit, die Elia bei der Witwe in Zarpath verbrachte. Dann müßte die Zeit dazugerechnet werden, die er sich am Bach Krith aufhielt.
3 *Obadja:* Gemeint ist nicht der Prophet, sondern der gleichnamige Hofmeister (vgl. 1Kön 4,6) Ahabs. Er wird als gottesfürchtiger Mann beschrieben, der die Propheten Jahwes versteckte, als Isebel sie vernichten wollte.
4 *Propheten des Herrn:* möglicherweise die »Söhne der Propheten« oder die »Prophetenschule«. Wir sollten gegenüber den Vermutungen über diese Männer sehr zurückhaltend sein. Sie nehmen im AT nur wenig Raum ein und spielen für den atl. Glauben nur eine geringe Rolle (vgl. 1Sam 10,5–13; 2Kön 2,3–5). *Höhlen:* Im Berg Karmel gab es viele Höhlen; man hat über 2000 gezählt. **5** *Die Rosse:* Salmanasser III. berichtet von 2000 Pferden, die Ahab zur Zeit der Koalition mit Syrien beschafft habe. Von daher können wir uns vorstellen, wie überaus angespannt die Versorgungsmöglichkeiten des Landes im Falle einer Hungersnot waren. **7** *Als er ihn erkannte:* Es gibt keinen Hinweis darauf, daß Obbadja und Elia sich bereits vorher begegnet waren. Man nimmt deshalb an, daß Elia aufgrund seiner Erscheinung oder Kleidung zu erkennen war. Die Frage Obadjas: »Bist du es nicht, Elia, mein Herr?« könnte aber auch auf ein früheres Zusammentreffen hindeuten.
9 Dies mag lediglich eine großmütige Entschuldigung sein, hinter der Obadja sein eigentliches Anliegen verbarg: die Sicherheit des Propheten. **12** *Geist:* Das hebr. Wort kann Wind oder Geist bedeuten. Wir sollten es hier nicht unbedingt im Sinn einer geistlichen Entrückung verstehen wollen. Auch wenn Obadja an einen starken Wind gedacht haben sollte, würde er ihn als von Gott geschickt angesehen haben, das Element des Wunderbaren ist in jedem Fall da. **13** *Als Isebel die Propheten tötete:* Offensichtlich gab es urspr. mehr als jene 100 Propheten, die Obadja rettete. **15** *Der Herr Zebaoth;* (ZÜ) *Herr der Heerscharen:* In Kön taucht diese Bezeichnung zum erstenmal auf. Man hat viele Deutungen versucht und Heerscharen auf viele Dinge bezogen: auf die Heerscharen des Himmels (Planeten, Sterne etc.), auf die Engelheere, die Naturkräfte, auf das Heer Israels oder auf die unbegrenzten Kraftquellen Gottes. Dafür, daß die Bezeichnung sich auf das Heer Israels bezieht, spricht, daß sie zum erstenmal im zeitlichen und sachlichen Zusammenhang mit den Philisterkriegen auftaucht (vgl. 1Sam 1,3.11; aber bes. 4,4 und 17,45). Dann drückt diese Gottesbezeichnung die enge Verbindung zwischen Jahwe und seinem Volk aus. Der Genitiv »der Heerscharen« als Übers. des Hebr. ist jedoch nicht haltbar. Es erfordert entweder, daß Herr und Heerscharen als hauptwörtliche Beifügungen betrachtet werden und somit aussagen, daß der Herr in sich selbst alle denkbare Macht besitzt, oder daß es sich um eine Abkürzung der Bezeichnung »Herr, (Gott der) Heerscharen« mit einer der obengenannten Bedeutungen handelt (LZB, Sp. 968).

17 *Der Israel ins Unglück stürzt:* vgl. Jos 6,18; 7,24f; Jer 38,4. **18** Elia gibt diese Anklage (V. 17) an Ahab zurück. *Daß ihr des Herrn Gebote verlassen habt:* LXX verschärft die Aussage, indem sie »Gebote« wegläßt und formuliert: »daß ihr den Herrn verlassen habt«. *Den Baalen:* Die örtl. Baale waren Schreine oder Darstellungen des einen Baal. Darum kann man heute nur noch mit Einschränkungen von »vielen Baalen« sprechen. Baal war der Hauptgott der kanaan. Kulte, einer Naturreligion, die kultische Prostitution als Mittel zur Fruchtbarmachung des Bodens betrachtete. Das Hebr. *baʿal* bedeutet Herr, Besitzer, auch Ehemann; Kanaan wurde deshalb auch als *b*ᵉ*ūla,* als »das Land, das verheiratet ist« bezeichnet. In den Augen der Kanaanäer war Baal der Besitzer des Landes und machte es auch fruchtbar. Später sollte das Wort *b*ᵉ*ūla,* »die Vermählte« (JB), noch eine viel schönere Bedeutung erhalten (s. Komm. zu Jes 62,4ff). Der Karmel war eine der Höhen, auf denen Opferstätten für Baal errichtet waren. Elia trug seine Auseinandersetzung demnach im Heiligtum Baals aus. **19** *Ganz Israel:* Generalisierende Redeweise. Zweifellos waren von jedem Stamm Vertreter anwesend, aber die Annahme, daß jeder Israelit sein Haus verließ und auf den Berg stieg, ist undiskutabel. *Berg Karmel:* ein Höhenzug von teilweise beachtlicher Höhe (bis 552m), dessen Ausläufer unterhalb der Bucht von Haifa ans Mittelmeer heranreichen. An der Westseite gibt es ein Karmeliterkloster, das Elia geweiht ist, und eine Grotte. Sie kann jedoch nicht der Ort sein, an dem Elia das Wunder tat. Wahrscheinlich war bei den Ruinen von El-Muchraqa, einem der höchsten Punkte an der Südostseite des Berges, der Schauplatz der Handlung. *Propheten Baals:* wörtl. *des* Baal; im Hebr. steht Baal immer mit dem bestimmten Artikel. Die Übers. gibt das nicht wieder. *Propheten der Aschera:* Manche halten dies für einen Einschub in den Text, da diese Propheten später nicht mehr erwähnt werden. Keil vermutet, daß sie einen Weg fanden, um den Aufruf zu umgehen und einfach nicht erschienen. LXX fügt diesen Text in V. 22 ein, wahrscheinlich um ihn mit V. 19 in Einklang zu bringen. Vielleicht könnte der Text urspr. auch so gelautet haben: »die 450 Propheten Baals, die ebenso 450 Propheten der Aschera sind, die an Isebels Tisch essen«; im zweiten Satzteil wäre dann lediglich das Wort für »fünfzig« ausgefallen. Diese Deutung ist deshalb nicht abwegig, weil Aschera bei den Kanaanäern als Gemahlin Baals galt.

18,20–40 Elia und die Baalspropheten auf dem Karmel. Die Auseinandersetzung mit den Baalspropheten auf dem Karmel ist einer der dramatischsten Berichte im AT. Historisch gesehen bewahrte sie die Jahweverehrung in Israel vor dem Untergang. Angesichts der anschließenden Verbindung zwischen Israel und Juda durch eine politische Heirat (s. 2Kön 8,18) hätte die wahre Gotteserkenntnis sogar in beiden Reichen völlig ausgetilgt werden können, wenn Jahwe Elia nicht gerade zu diesem Zeitpunkt mit bes. Kraft ausgerüstet hätte. Die Auseinandersetzung galt nicht der Frage, welcher Gott größer wäre. Vielmehr mußte sich zeigen, wer in Wahrheit Gott war und wer nicht. **20** *So sandte Ahab hin zu ganz Israel:* So sehr fürchtete der König Elia. **21** *Wie lange hinket ihr auf beiden Seiten?* Viell. eine damals allg. bekannte Redewendung. Wörtl. lautet sie vermutl.: »Wie lange willst du an zwei Krücken humpeln?« Die Sünde des Volkes bestand nicht darin, daß es Jahwe nicht mehr verehrte, sondern daß es versuchte, diese Verehrung mit dem Baalskult zu verbinden. Synkretismus dieser Art bezeichnet man meist als Aufgeschlossenheit, das Gegenteil hält man für engstirnig. Aber der Gott Israels ließ keinen Raum für andere Götter. Elia spricht das deutlich aus: *Ist der Herr Gott, so wandelt ihm nach, ist's aber Baal, so wandelt ihm nach.* **26** *Vom Morgen bis zum Mittag:* Bis zu diesem Zeitpunkt scheint die Szene eher ruhig. Weil die Propheten Baals keine Antwort bekommen, setzen sie ihr Ritual um den Altar fort. **27** Eine deutliche Sprache. Der Spott Elias ist eine der härtesten Kritiken, die je an heidnischer Mythologie geübt wurde. *Denn er ist ja ein Gott:* reine Ironie, denn wenn er ein Gott ist, sollte er hören können. Den Spott über den sog. Gott, der einmal hier ist und einmal dort, der aber im entscheidenden Moment nicht zu finden ist, setzt Elia noch eine Weile fort. **29** *Die Zeit, zu der man das Speisopfer darbringt:* wahrscheinlich 15 Uhr. Die Baalspriester befanden sich vom Mittag bis zu dieser Zeit in Ekstase, aber noch immer erhielten sie keine Antwort.

30 *Baute er den Altar des Herrn wieder auf, der zerbrochen war:* Es wird also auf dem Karmel auch einen Altar zu Ehren Jahwes gegeben haben. Kön spricht sich jedoch an anderer Stelle offensichtlich gegen Altäre auf den Höhen aus. Wenn Elia sich tatsächlich an die Kultstätte Baals begeben hatte, müssen wir diesen Vers neu überdenken. In LXX sind V. 31 und 32a in die Mitte von V. 30 eingeschoben. V. 32a und V. 30b lassen sich nicht leicht einander angleichen. Das folgende Ritual ist in sich unwirksam. Vielleicht ahmt Elia nur die Baalspropheten nach. Auf jeden Fall macht er deutlich, daß es sich, wenn Jahwe antwortet, um ein echtes, nicht um ein vorgetäuschtes Wunder handeln wird. *Zwei Kornmaß Aussaat:* etwa 23 Liter. Wenn damit die Menge gemeint ist, die der Graben fassen kann, so dürfte sie kaum ausreichen. Bezieht es sich jedoch, wie frühere Ausleger angenommen haben, auf die Bodenfläche, die der Altar einschließlich Graben einnimmt und die mit diesem Korn eingesät werden könnte, so scheint es wieder viel zu viel zu sein. Die richtige Lösung ist uns nicht bekannt. **33.34** Offensichtlich genügten zwölf Eimer Wasser, um das Holz zu durchnässen, die Erde rings um den Altar zu wässern und den Graben zu füllen.

36 *Als es Zeit war, das Speisopfer zu opfern:* s. Komm. zu V. 29. Es ist möglich, daß Elia den Altar für Jahwe bereits errichtet hatte, als das ekstatische Ritual der Baalspriester sich seinem Ende näherte. Die dem Wunder folgenden Ereignisse setzen voraus, daß dafür am gleichen Tag noch genügend Zeit geblieben sein muß: Die Baalspropheten mußten getötet werden. Dann mußte Elia noch einmal den

Gipfel des Berges ersteigen, um nach der Wolke Ausschau zu halten. Anschließend hatte er den Abstieg zu bewältigen und etwa 23km bis zur Sommerresidenz Ahabs in Jesreel zurückzulegen. *Gott Abrahams, Isaaks, Israels:* Es ist interessant, daß Elia »Israel« für Jakob gebraucht (s. 1Mo 32,29). Viell. verbindet er damit einen Tadel an das Nordreich, weil es sich selbst für Israel hält. **37** Elias Gebet entspricht ganz der in V. 24 enthaltenen Herausforderung: Das Volk soll erkennen, daß Jahwe der wahre Gott ist. *Ihr Herz wieder zu dir kehrst!* Ein umstrittener Ausspruch. Manche meinen, daß Gott in den Herzen des Volkes den wahren Glauben erneuert. Andere sehen in Gott denjenigen, der letztlich die Herzen des Volkes aufgrund seiner Sünden abwenden oder verhärten kann. Dieses grundsätzliche Problem kann hier nicht geklärt werden. **38** *Fiel das Feuer des Herrn herab:* Der Eindruck auf das Volk war überwältigend (V.39). Manche Erklärungen sind angeboten worden. Ein Ausleger nimmt an, daß der Altar bei seiner Errichtung so mit Phosphor präpariert gewesen sei, daß er sich bei der Berührung mit Wasser sofort entzündet habe! Weiter verbreitet ist die Vorstellung, daß die Antwort durch einen Blitz gekommen sei. Das heißt, daß Wolken aufkamen, sich zusammenballten, und daß als Antwort auf das Gebet Elias in V.36.37.42ff dann der Blitz einschlug, der das Opfer entzündete. Dagegen setzt der Text hier noch eindeutig einen wolkenlosen Himmel voraus. Zudem kann kein Mensch durch seinen Willen, sei es aus wolkenlosem oder bewölktem Himmel, einen Blitz hervorbringen. Es kann auch kein Mensch einen Blitz auf ein von ihm gewähltes Ziel lenken. Die Vorstellung, Elia habe aus einer nahen Quelle Petroleum herbeigeholt, den Altar damit übergossen und mit Hilfe eines Vergrößerungsglases das Sonnenlicht so verstärkt, daß das Feuer dadurch entzündet worden sei, bedarf wohl keiner Kommentierung. Es handelt sich um verzweifelte Versuche, an der Bibel festzuhalten, ohne ihr glaubend zu vertrauen. Rowley sagt zu Recht: »Daß etwas Außerordentliches geschehen ist, ist absolut sicher . . . Wenn wir den Bericht über das Feueropfer als Erfindung ablehnen, dann müssen wir entweder auch den gesamten Bericht über die Regierungszeit Ahabs und die Elia-Berichte zurückweisen, oder die Niederlage der Baalspropheten bleibt ohne Erklärung« (Bull. of the John Rylands Library 43, 1961). **40** *Tötete sie:* Die Hinrichtung der Baalspropheten war vermutl. zum einen die Rache für Isebels Versuch, die Propheten Jahwes zu töten, zum anderen wurde damit das Gesetz erfüllt, das für falsche Propheten den Tod forderte (5Mo 7,2f; 13,13ff).

18,41–46 Jahwe schickt Regen, um die Dürre zu beenden. Nachdem Elia den Beweis erbracht hat, daß Jahwe Gott ist und nicht Baal, kann er nun Gott um Regen bitten. Denn solange dieser Nachweis nicht erbracht war, blieb die Möglichkeit offen, daß auch Baal den Regen geschickt haben könnte. **43** Daß Elia seinen Diener *siebenmal* auf den Gipfel des Karmel sendet, ist wahrscheinlich nicht als Ritual zu verstehen, sondern lediglich ein Detail der Berichterstattung. **44** *Geh hin* (ZÜ: geh hinauf): »hinauf« ist schwer verständlich. Viell. handelt es sich um eine Redewendung, die die Höherstellung eines Königs ausdrückt. Elias Glaube, daß die kleine Wolke sich in einen großen Regenguß entladen wird, kommt in seinen Worten an Ahab klar zum Ausdruck. **46** *Lief vor Ahab hin:* Man nimmt an, daß dies der Handlungsweise eines königlichen Dieners entsprach, des Vorläufers oder der Leibwache (1Kön 1,5), und daß Elia damit öffentlich zeigen wollte, daß er ein treuer Diener des Königs war, der sich nicht gegen diesen auflehnen wollte, sondern ihn für die Verehrung Jahwes zu gewinnen suchte. Die Frage, ob es überhaupt möglich ist, Entfernungen von über 20km im Lauf zurückzulegen, beantwortet Paul W. Harrison. Er berichtet von arab. Läufern, die in der Wüste über 160km in weniger als 2 Tagen zurückgelegt hätten. Der bibl. Text macht deutlich, daß Elia zu dieser Leistung in der Lage war, weil *die Hand des Herrn* über ihn kam; mit anderen Worten: Er wurde mit übernatürlicher Kraft und Ausdauer ausgerüstet.

19,1–3 Isebel und Elia. Unmittelbar nach seinem Triumph über die Baalspropheten verfällt Elia in tiefe Niedergeschlagenheit. Die Bedrohung seines Lebens durch Isebel reicht als Ursache kaum aus. **3** *Da fürchtete er sich:* LÜ folgt LXX und Peschitta, EÜ dem anders vokalisierten MT: Als er sah. *Beerseba:* die Südgrenze von Juda. Elia ließ dort seinen Diener zurück, viell. weil er nicht damit rechnete, zurückzukommen.

19,4–8 Elia flieht an den Horeb. Elia scheint völlig hoffnungslos und bittet Jahwe, sein Leben zu beenden. **4** *Wacholder:* ein Strauch, der in den Wüstenwadis häufig vorkommt und nicht selten bis zu 3m hoch wird. Die gelegentlich geäußerte Annahme, daß Elia schon sehr alt gewesen sei, wird durch den Text nicht gerechtfertigt. **5** *Ein Engel:* fehlt in LXX, doch im Licht von V.7 ohne Grund. **6** Die Mahlzeit erscheint nicht nur wunderbar im Blick auf ihre Herkunft, sondern auch im Blick auf die durch sie verliehene Kraft. Denn Elia konnte danach 40 Tage und 40 Nächte gehen. **8** *Horeb:* normalerweise ein anderer Name für Sinai. Einige Forscher sind jedoch der Ansicht, daß es zwei verschiedene Überlieferungen gibt, die sich auf zwei verschiedene Orte beziehen. Die Entfernung von Beerseba bis zum Horeb beträgt, je nach der gewählten Route, nur 300 bis 500km und läßt sich in weniger als 40 Tagen bewältigen. Die Zahl kann symbolisch gemeint sein. Viell. hat Elia die Strecke auch nicht im Gewaltmarsch zurückgelegt.

19,9–18 Das stille sanfte Sausen. **9** *Eine Höhle:* wörtl.: die Höhle. Da sich in diesem Bericht Anklänge an Moses Sinaierlebnis finden, kann damit die Felskluft gemeint sein, in der Jahwe Mose erschien (2Mo 33,21ff). *Was machst du hier, Elia?* Ist dies ein Tadel, oder gibt Jahwe Elia nur Gelegenheit, seine Gefühle auszusprechen? **10** Ist das letztere der Fall, so gibt Elia eine verzweifelte Antwort. Er beschwert sich gewissermaßen, daß Jahwe solche Dinge, wie sie geschehen sind, zugelassen hat. Diese Verse bereiten einige Schwierigkeiten. Man hat vorgeschlagen, den ersten Teil von V. 11 oder sogar die VV. 9a–11a wegzulassen. Streicht man V. 11a, so ergibt sich, daß Elia während der folgenden Ereignisse in der Höhle stand. Das legt auch V. 13 nahe. **11** Die Erscheinung Jahwes ist zum Teil Antwort auf die unausgesprochene Kritik Elias. Wind, Erdbeben und Feuer waren Mittel, deren Jahwe sich gelegentlich bediente. Sicher entsprach das der Wesensart Elias, aber diesmal war der Herr nicht in ihnen. **12** *Ein stilles sanftes Sausen:* Dies ist ein schöner, fast klassisch gewordener Ausdruck. Das Hebr. ist sogar noch anschaulicher: »das Geräusch (der Klang) sanfter Stille«, oder einfach »sanfte Stille«. **13** Natürlich verhüllte Elia in der Gegenwart des Herrn sein Gesicht. Gray weist darauf hin, daß man das stille sanfte Sausen als Zeichen dafür angesehen habe, daß das gewaltsame Vorgehen auf dem Karmel nicht der Wesensart Jahwes entspreche. Gegen diese Auffassung stehe jedoch, daß Elia den Auftrag erhält, Hasaël und Jehu zu salben, und diese wiederum haben Gottes Absicht mit Gewalt durchzusetzen. Jahwes Wort ist unerbittlich. Es stürzt auch Königreiche. **13b.14** Wiederholung von V. 9b.10, doch wahrsch. beabsichtigt. **15** *Wüste:* Die syr. Wüste. Elias unterschwelliger Protest gegen das Nichteingreifen Jahwes wird durch das stille sanfte Sausen beantwortet und durch die Ereignisse, die in Verbindung damit vorhergesagt werden, bes. V. 16.17. Gott ist langsam zum Zorn, aber er hält ihn nicht für immer zurück. **15.16** *Salbe Hasaël ... Jehu ... Elisa:* Man hat oft darauf hingewiesen, daß dies im einzelnen nicht wörtl. ausgeführt wurde. Elia hat weder Hasaël noch Jehu gesalbt. Beide Aufträge wurden von Elisa übernommen, und zwar im Fall Hasaëls nur symbolisch und bei Jehu nach nochmaliger Aufforderung (2Kön 9,1). Auch hat Elia Elisa nicht gesalbt. »Salben« schließt ein Berufen zur Ausführung einer bestimmten Aufgabe ein. Ob damit ein bestimmtes Salbungszeremoniell verbunden ist oder nicht, ist nicht entscheidend. Man muß das Horeb-Erlebnis Elias nicht unbedingt am Ende seines Lebens ansetzen. **17** *Wer ... entrinnt, den soll Elisa töten:* Auch dies ist nicht wörtl. zu verstehen (vgl. 2Kön 2,24). **18** *Ich will übriglassen:* Diese Aussage bezieht sich auf die Zukunft. Nach dem Gericht von V. 17 wird immer noch ein Rest in Israel übrigbleiben.

19,19–21 Elia wirft seinen Mantel über Elisa. Elisa verstand die Bedeutung dieser Handlung so, daß er Elia folgen sollte. Die Antwort Elias soll wahrscheinlich darauf hinweisen, daß der Ruf nicht von ihm, sondern von Jahwe ausgeht. Von Elisa wird lediglich gesagt, daß er der *Sohn Schaphats* ist. Eine Angabe über seinen Heimatort fehlt. **19** *Als er pflügte mit zwölf Jochen vor sich her, und er war selbst bei dem zwölften:* Wahrscheinlich ist gemeint, daß die Knechte mit den anderen elf Joch gingen (vgl. Lk 14,19). *Warf seinen Mantel über ihn:* Statt der Salbung nimmt Elia diese symbolische Handlung vor. **20** Wie seine Antwort zeigt, verstand Elisa sofort. **21** Elisa bereitete noch ein Abschiedsmahl zu (vgl. dagegen Lk 9,61f), dann wurde er Elias Diener. *Diente ihm:* vgl. 2Mo 24,13, dort wird Josua als Diener Moses bezeichnet. Elisa wird erst in 2Kön 2,1 wieder erwähnt.

20,1–43 Ahabs Kriege mit Syrien

Vgl. Josephus, Ant. VIII 14. Der Autor verläßt hier zunächst den Elia-Zyklus und nimmt den Bericht über Ahab wieder auf. Wenn dieses Kapitel chronologisch richtig eingeordnet ist, dann ist anzunehmen, daß Jahwe Ahab um Israels willen Gnade erzeigt. Die Datierung dieses Kapitels ist problematisch. Die Schlacht bei Karkar fand 853 v.Chr. statt. Zu jener Zeit war Ahab mit Damaskus und neun aram. Stadtstaaten gegen Salmanasser III. von Assyrien verbündet. Nach einer Inschrift Salmanassers verfügte Ahab über 2000 Streitwagen und 10000 Mann Fußtruppen. Insgesamt umfaßten die Streitkräfte der Verbündeten 3940 Streitwagen, 1900 Reiter, 1000 Kamele und 62900 Mann Fußtruppen. Im Kampf gegen den König von Damaskus wurde Ahab bei Ramoth in Gilead tödlich verwundet (etwa 852 v.Chr.). Der Sieg über Benhadad von Syrien wurde wohl einige Jahre früher errungen. Der Vertrag mit Benhadad (20,34) dürfte ein Schritt zum Bündnis gegen die Assyrer gewesen sein. Nach der Schlacht bei Karkar befanden sich Israel und Damaskus wahrscheinlich wieder im Kriegszustand.

20,1–6 Benhadads Forderung. Es ist nicht ganz klar, was mit diesem Abschnitt gemeint ist. Wahrscheinlich haben wir es zunächst mit einer Verlautbarung zu tun, nach der Ahab ein Vasall Benhadads werden soll. Daran schließt sich die Forderung an, Menschen und Besitz auszuliefern. 1 *Benhadad:* Es ist möglich, aber nicht wahrscheinlich, daß es sich um den gleichen Mann handelt, der gegen Baësa gekämpft hat (15,18ff). Benhadad kann auch allg. ein Titel für den König gewesen sein, in dem man einen »Sohn« Hadads, des Nationalgottes, sah. *König von Aram:* Die Syrer oder Aramäer errichteten kein großes Königreich, sondern bildeten einen Bund mehrerer kleiner Stadtstaaten. Benhadad hatte 32 solcher Stadtkönige zu einem Bündnis vereinigt. Diese Zahl ist durchaus glaubhaft. Eine Inschrift aus Sendschirli erwähnt einen Bund von 30 Königen. 3 *Dein Silber und dein Gold sind mein:* Darin mag sich die »de-facto«-Anerkennung Benhadads ausgedrückt haben, 4 der Ahab auch zustimmte. 5.6 Hier werden beleidigende Forderungen gestellt, die auf bedingungslose Kapitulation hinauslaufen.

20,7–12 Ahabs Antwort. 7 *Alle Ältesten des Landes:* wahrscheinlich ältere Männer (Familienoberhäupter) aus allen Stammesgebieten. *Ich hab ihm nichts verweigert:* viell.: »Sollte ich es ihm nicht verweigern?« 10 *Die Götter sollen mir dies und das tun:* ein feierlicher Schwur. Benhadad hatte gelobt, Samaria dem Erdboden gleich zu machen. 11 *Wer den Harnisch anlegt ...:* Ahab antwortet mit einem Sprichwort, das im Hebr. nur aus vier Wörtern besteht.

20,13–21 Jahwe schlägt die Syrer in die Flucht. 13 *Ein Prophet:* Er ist nicht näher bekannt. Der Schlachtplan, den er Ahab vorschlägt, ist folgender: Ahab soll 232 Knechte der Landvögte schon am Mittag ausschicken, wenn Benhadad und seine Verbündeten in ihren Zelten trinken. Wenn Benhadads Leute dann herausgelockt sind, soll er mit 7000 Soldaten gegen sie vorrücken (vgl. V. 19). In dem Durcheinander würden die aram. Könige fliehen, ihre Pferde und Kampfwagen jedoch den Israeliten in die Hände fallen. 15 *Das ganze Volk Israel, und es waren 7000 Mann:* Diese Zahl meint natürlich nicht die Gesamtbevölkerung, sondern eine Auswahl aus allen Stämmen. In LXX heißt es: »Alle kräftigen Männer«. 21 *Schlug* (MT): LXX »erbeutete« (ZÜ). Viell. setzte man die Pferde ein, um die Niederlage der Aramäer vollständig zu machen.

20,22–30a Die Syrer greifen noch einmal an, und Jahwe schlägt sie. 22 *Wenn das Jahr um ist:* hebr. »die Wiederkehr (oder der Kreislauf) des Jahres« (vgl. 2Sam 11,1); allg. hält man das für die Frühjahrs-Tagundnachtgleiche. Dagegen ist die Auffassung vertreten worden, daß die Könige des Orients im Herbst Krieg führten, nachdem die Ernte eingebracht war. Das ist jedoch fraglich, weil kurz danach die Regenzeit einsetzte. Während dieser war es so gut wie unmöglich, Krieg zu führen. Von daher liegt es näher, für die Zeit, in der normalerweise militärische Unternehmungen durchgeführt wurden, an das späte Frühjahr und den Sommer zu denken. 23 *Ihre Götter sind Berggötter:* Benhadads Ratgeber überzeugten ihn, daß die Israeliten gesiegt hatten, weil ihr Gott ein Berggott war und sie auf eigenem Boden gekämpft hatten. 26 *Als nun das Jahr um war:* s. Komm. zu V. 22. *Aphek:* Wenigstens fünf Orte dieses Namens sind bekannt. Dieser liegt wahrscheinlich in der Ebene von Jesreel, viell. auch im nördl. Teil der Ebene von Saron. Es kann sich aber auch um einen Kontrollpunkt auf dem Weg nach Damaskus, östl. des Sees Genezareth, handeln. Das würde voraussetzen, daß die Israeliten das Gebiet jenseits des Jordans zurückerobert hatten. Andere geben der Gleichsetzung mit El-Fiq, östl. des Sees von Tiberias, den Vorzug. 29 *Hunderttausend Mann Fußvolk:* Diese Zahl erscheint übertrieben. Es ist zu bedenken, daß die vereinten Streitkräfte von elf Königreichen, die gegen Salmanasser III. mobilisiert worden waren, nur insgesamt über 62 900 Mann Fußtruppen verfügten. 30 *Die Mauer fiel auf ... 27 000 Mann:* Auch diese Zahl weckt Fragen. Man versucht, diese Formulierung so zu erklären, daß die Zerstörung der Stadtmauer den Weg freigab, um die Soldaten, die in die Stadt geflohen waren, zu töten.

20,30b–34 Ahab schont Benhadad. Fraglos ist es die Furcht vor der Macht Assyriens, die Ahab nur zu bereit macht, Benhadad zu schonen. Auf das geringste Anzeichen von Nachsicht hin setzen die Großen Benhadads ihre Petition durch. 34 *Mein Vater deinem Vater:* Vater ist hier nicht wörtl. zu nehmen. Das Wort bezeichnet oft auch entferntere Vorfahren. Es gibt keine Berichte über einen Krieg gegen Omri, den Vater Ahabs. Bestimmte Städte im oberen Galiläa verlor Israel z.Z. Baësas (15,20), der als Vorgänger Ahabs hier viell. als dessen Vater bezeichnet wird. Die Erwähnung von *Märkten* in Samaria bedeutet andererseits, daß diese Konzession von Omri erteilt wurde, denn er errichtete Samaria.

20,35–43 Ein Prophet tadelt Ahab, weil er Benhadad geschont hat. **35** *Prophetenjünger:* Schüler der Propheten. Sie erscheinen in den bibl. Berichten zur Zeit Elias und Elisas, werden aber auch bei Amos erwähnt (s. Komm. zu 18,4). **40** *Das ist dein Urteil:* vgl. Nathan und David (2Sam 12,1–7). Ahab spricht das Urteil über sich selbst. **42** *Dein Leben für sein Leben:* Es wäre töricht, die nachgiebige Politik Ahabs zu loben und das harte Durchgreifen der Propheten zu verurteilen. Gott wollte sein Volk Israel schützen. Benhadad hatte bereits genug Unheil und Tod über Israel gebracht. Ahab aber vertraute nicht auf Jahwes Hilfe. Er ging stattdessen Bündnisse mit fremden Staaten ein. Benhadad war in Ahabs Hände gegeben worden, damit dieser ihn ein für allemal bestrafte. Das hatte Ahab versäumt. Als Folge kam unbeschreibliches Leid über das Volk.

21,1–29 Ahab und Naboths Weinberg

In LXX ist die Reihenfolge der Kap. 19; 21; 20; 22.

21,1–4 Ahabs Bitte und Naboths Weigerung. **1** *Naboth:* Über ihn wird nur gesagt, daß er einen Weinberg besaß, der an Ahabs Sommerpalast in Jesreel grenzte.

2 *Gib mir deinen Weinberg:* Ahabs Bitte erscheint angemessen, er bietet Naboth Bezahlung oder Tausch an. **3** Hinter Naboths Weigerung, den Weinberg abzugeben, steht jedoch ein religiöser Beweggrund. Nach dem mosaischen Gesetz war Naboth für seine Familie verantwortlich, und zwar sowohl im Blick auf die Vergangenheit wie im Blick auf die Zukunft (3Mo 25,23–28; 4Mo 36,7ff). Land war in Israel nicht frei verkäuflich. Ähnliche Erbschaftsgesetze finden sich in anderen Gesetzesniederschriften des Alten Orients. Die Familie Naboths wäre zudem zu Abhängigen des Königs geworden, wenn Naboth die Bitte Ahabs erfüllt hätte.

21,5–10 Isebels Verschwörung gegen Naboth. **8** Die örtl. Scheingerichtsbarkeit ist bemerkenswert. Ahab hatte großen persönlichen Einfluß, und die im Bericht genannten Personen waren seit langem daran gewöhnt, seinen Anweisungen Folge zu leisten. **10** *Ruchlose Männer:* wörtl. Söhne Belials. Die Bedeutung des hebr. Wortes ist nicht ganz klar. Es könnte aus den Wörtern »ohne« und »Nutzen« zusammengesetzt sein. *Gelästert:* hebr. »gesegnet«, ein Euphemismus, denn es wurde schon als Gotteslästerung angesehen, wenn man die Verfluchung Gottes auch nur erwähnte. *Der König:* Die Verfluchung des Königs war ein schweres Vergehen (2Mo 22,28). *Steinigt ihn, daß er stirbt:* vgl. 3Mo 24,16. Zur Forderung nach zwei Zeugen vgl. 5Mo 17,6; 19,15. Es ist erstaunlich, wie sehr Isebel darauf bedacht ist, daß das deuteronomische Gesetz beachtet wird. Wenn man diese Anmerkung einer späteren deuteronomistischen Redaktion zuschreibt, ergibt sie keinen Sinn mehr.

21,11–14 Naboths Tod. **11–13** sind Wiederholungen. LXX kürzt hier. Nach 2Kön 9,26 wurden gleichzeitig auch die Söhne Naboths beseitigt, viell. um evtl. Erbansprüchen vorzubeugen. Die gesetzliche Grundlage bestand wahrscheinlich darin, daß man die Söhne beschuldigte, an einer Verschwörung gegen den König beteiligt gewesen zu sein. Der Text sagt jedoch darüber nichts.

21,15.16 Ahab im Besitz von Naboths Weinberg. **15** *Isebel ... sprach:* Offensichtlich überwachte Isebel jede Phase des Komplotts.

21,17–26 Elias Prophetenspruch an Ahab. Hier kehrt der Autor wieder zu den Berichten des Elia-Zyklus zurück. **19** *An der Stätte, wo Hunde das Blut Naboths geleckt haben:* Diese Vorhersage wurde nicht wörtl. erfüllt, s. Komm. zu 22,38; eine der vielen Schriftstellen, die zeigt, daß die Beurteilung von Prophetie sich am Textzusammenhang orientieren muß. Vollständige Erfüllung ist nicht notwendigerweise zugleich wörtl. Erfüllung. (Vgl. 2Kön 9,26.) **20b–26** enthält Passagen, die 14,10f u. 16,3.13 ähneln. **20** *Weil du dich verkauft hast, Unrecht zu tun:* drückt bildhaft die Lebenshaltung Ahabs aus. **21** *Will von Ahab ausrotten:* Eine Weissagung über das Ende der Dynastie. *In Israel:* fehlt in LXX. **22** Bezieht sich auf die früheren Dynastien von Jerobeam und Baësa. **23** Vgl. 2Kön 9,36. **25.26** Diese Verse nehmen sich wie eine Anmerkung des Redaktors aus, während man bei den vorhergehenden den Eindruck hat, er habe sie aus einer schriftlichen oder mündlichen Quelle übernommen.

21,27–29 Ahabs Reue. Nach dem Wort des Herrn zu urteilen, war Ahabs Buße, obwohl oberflächlich, echt. Deshalb wurde das angekündigte Unheil bis zur Zeit seines Sohnes aufgeschoben.

22,1–40 Ahabs letzter Krieg mit Syrien

Vgl. 2Chr 18; Josephus Ant. VIII 15,3–6.

22,1–4 Das Bündnis mit Josaphat von Juda. Josaphat ist offensichtlich ein Vasall Ahabs von Israel. Das mag einer der Gründe für die Heiratsverbindung zwischen den beiden Königshäusern gewesen sein. **3** *Daß Ramoth in Gilead unser ist:* Ramoth war anscheinend nach dem Friedensschluß von

Aphek (20,34; 2Kön 8,28) Israel nicht zurückgegeben worden. 4 *Will sein wie du:* Josaphat erklärt sich bereit, an dem Feldzug teilzunehmen. Er tut das mit Worten, die Unterwerfung ausdrücken. In den drei Friedensjahren zwischen Syrien und Israel (V. 1) scheinen Bündnisse zur Vorbereitung der Schlacht von Karkar geschlossen worden zu sein. Nun, da die Bedrohung durch Assyrien in den Hintergrund getreten ist, sieht Ahab die Zeit gekommen, um Ramoth in Gilead zurückzuerobern. Es war eine wichtige Stadt, weil sie nahe an der östl. Karawanenstraße lag. Verschiedentlich wird sie mit dem heutigen Es-Salt identifiziert. Möglicherweise ist Ramoth aber auch bei dem heutigen Tell er-Ramit, 7km südöstl. von Er-Remta zu suchen. Zur Heiratsverbindung zwischen den beiden Königshäusern vgl. 2Chr 18,1; 2Kön 18,18.

22,5–12 **Der Rat der Propheten.** Es gibt wahre und falsche Propheten, und zwischen beiden besteht nur *ein* Unterschied: Der wahre Prophet spricht aus, was Jahwe ihm aufträgt, der falsche Prophet dagegen verkündet, wofür er bezahlt wird oder was er meint, sagen zu sollen; in einigen Fällen sogar das, was Satan ihm eingegeben hat. 5 *Frage doch zuerst nach dem Wort des Herrn:* Josaphat möchte, bevor er sich an dem Kampf beteiligt, den Willen des Herrn erfahren. *Propheten, etwa 400 Mann:* offensichtlich Prophetén Jahwes und nicht des Baal, doch der König hatte sie bestochen, und deshalb sagten sie, was er hören wollte. Sie rieten ihm, in den Krieg zu ziehen. 7 *Ist hier kein Prophet des Herrn mehr:* Josaphat zweifelt an der Wahrheit ihrer Prophetie, daraufhin nennt ihm Ahab Micha, den Sohn Jimlas. Josaphat versteht unter einem Propheten ein Werkzeug, das der Gemeinde den Willen Gottes offenbart, nicht einen Agenten des Throns, der Gott beeinflussen soll. 11 *Eiserne Hörner:* Ein Prophet namens Zedekia stellt in einer Symbolhandlung den Sieg über die Syrer dar (vgl. Sach 1,18–21).

22,13–28 **Die Prophetie Michas.** 15 *Zieh hinauf; es soll dir gelingen:* Michas erste Antwort enthält genau die Worte, die der König hören will. Dieser merkt jedoch sofort, daß sie nicht wahr sind. Daraufhin spricht Micha die echte Prophetie aus. Ahab wird getötet, seine Armee zerstreut werden. 20 *Wer will Ahab betören?* Die Unterscheidung von wahren und falschen Propheten war zu allen Zeiten schwierig. Die Erklärung Michas, der dem Geist des Herrn einen *Lügengeist* gegenüberstellt, mag uns heute unbefriedigend erscheinen, stimmt jedoch mit vielen anderen Schriftstellen überein (vgl. Hiob 1; 2; Sach 3,1; 2). Micha schreibt die Botschaft der falschen Propheten einem Lügengeist zu, der letztlich von Gott kommt. Dies ist eine konsequente Folge des Monotheismus: Auch Satan selbst steht ja unter der Macht Jahwes, obwohl er die falschen Propheten zu ihrem Tun anstiftet. Hier wie in anderen Situationen wird der Mensch der Verantwortung für seine Entscheidung nicht enthoben. Ahab kennt die Vorhersage der falschen Propheten und die Ankündigung des Propheten Jahwes. Tragischerweise entscheidet er sich dafür, gegen Ramoth in Gilead zu ziehen. 24 *Ist der Geist des Herrn von mir gewichen, daß er mit dir redet?* Mit anderen Worten: Wer autorisiert Micha zu einer Vorhersage, die von der Botschaft der übrigen Propheten abweicht? 26 *Bring ihn zu Amon:* Möglicherweise wird er in Schutzhaft genommen. 27 *Mit Frieden:* siegreich. Ahab zieht es vor, der Mehrheit der Propheten zu glauben. 28a Micha kündigt eine Probe aufs Exempel an. 28b ZÜ läßt diesen Satz aus, weil sie ihn für einen Einschub aus Mi 1,2a hält.

22,29–36 **Die Schlacht von Ramoth in Gilead.** 30 *Behalte deine königlichen Kleider an* (LXX: meine Kleider): Ahab verkleidet sich, um der Vorhersage Michas zu entgehen. Nach LXX tauscht er mit Josaphat die Kleider, möglicherweise um das Unheil auf Josaphat zu lenken. Aufgrund dieser Maßnahme sollte das Heer wohl Josaphat für seinen königlichen Befehlshaber halten. 31 *Zweiunddreißig:* Diese Zahl wird in Chr nicht erwähnt. Der Verfasser kann sie aus 20,1 hier angefügt haben. *Allein gegen den König von Israel:* Ziel des Königs von Aram ist es offensichtlich nicht, das israel. Heer zu vernichten, sondern den König zu töten. Angesichts der ständigen assyr. Bedrohung ist eine solche Strategie verständlich. 32 *Meinten sie, er wäre der König von Israel:* Josaphat wird beinahe gefangengenommen, weil man ihn für Ahab hält. 34 *Zwischen Panzer und Wehrgehänge:* Ein Zufallstreffer verwundet Ahab. Während der Schlacht hält er tapfer im Kampfwagen aus, am Abend stirbt er. Das entmutigte Heer kehrt nach Hause zurück.

22,37–40 **Zusammenfassung der Regierungszeit Ahabs.** Die lobenswerten Taten Ahabs, »das Elfenbeinhaus, das er baute, und alle Städte, die er ausgebaut hat«, werden nur kurz erwähnt. Das vom geistl. Gesichtspunkt Negative überwiegt bei weitem (21,25.26). 37 *Der König ist tot:* Er starb wahrscheinlich Ende 853 v.Chr. Die Schlacht bei Karkar fand, nach dem Bericht Salmanassers, im Juli oder August 853 v.Chr. statt. An ihr hat Ahab noch teilgenommen. Dies ist ein gesichertes Datum, weil sich die assyr. Zeitangaben durch den Bericht über eine Sonnenfinsternis (15. 6. 763

v.Chr.) nachprüfen lassen. **38** *Leckten die Hunde sein Blut:* Dies gehört zur Erfüllung der Vorhersage Elias (vgl. 21,21ff). Ahab wurde in Samaria begraben, Naboth starb in Jesreel. *Die Huren wuschen sich darin:* Einige alte Übersetzungen lesen: Sie wuschen seine Rüstung. Beide Fassungen ergeben im Textzusammenhang wenig Sinn. **39** Ausgrabungen im Palast Ahabs förderten zahlreiche Elfenbeinschnitzereien an Möbeln und Wänden zutage. Viell. rührt daher die Bezeichnung Elfenbeinhaus.

1Kön 22,41–2Kön 1,18 Der Abschluß des Elia-Zyklus

Vgl. 2Chr 20,31–34. Bei der Teilung des urspr. zusammengehörenden Buches der Könige würde 2Kön besser entweder hier oder bei V. 51 begonnen haben (s. Einleitung).

22,41–51 Josaphat von Juda. Vgl. 2Chr 17–20; Josephus, Ant. IX 1–3. Die meisten Fakten der Regierungszeit Josaphats sind bereits berichtet worden. Hier werden lediglich der erfolglose Versuch, die Handelsstraße nach Ezjon-Geber zu öffnen, und Josaphats Weigerung, gemeinsam mit Ahasja Handel zu treiben, nachgetragen. Josaphat wird noch einmal 2Kön 3,4ff erwähnt. **41** *Josaphat:* Unter den bisherigen Königen von Juda sind Abia und Josaphat die einzigen, in deren Namen die Silbe Ja-(Jeho-)/-i(j)a(h) für »Jahwe« enthalten ist. Nach ihnen trugen außer Ahas, Manasse und Amon alle Könige Judas solche jahwistischen Namen. Ahas ist jedoch wohl eine Kurzform von Joahas. *Im vierten Jahr Ahabs:* Hier wird die Chronologie problematisch, denn es entsteht eine Differenz von etwa vier Jahren. Eine Lösung ergäbe sich, wenn man fur Josaphat eine Mitregentschaft annimmt, die im 39. Jahr Ahas' (873 v.Chr.) begann (vgl. 2Chr 16,12), und seine 25 Jahre dauernde Regierungszeit von dort zu zählen beginnt. Sie kann von 870–848 v.Chr. angenommen werden. **43** *Wandelte in allen Wegen seines Vaters Asa:* Abschließend wird Josaphat für seine Lebensführung gelobt. Er schloß mit Israel Frieden und schaffte die kultische Prostitution ab. Kritisiert wird jedoch, daß er die Höhenheiligtümer nicht entfernte. **49** *Tarsisschiffe:* s. Komm. zu 10,22.

22,52–54 Ahasja von Israel. Vgl. 2Chr 20,35–21,1; (Josephus, Ant. IX 2). **52** *Regierte . . . zwei Jahre:* Ahasja bestieg den Thron im 17. Jahr, sein Nachfolger im 18. Jahr Josaphats (2Kön 3,1; auch hier wird ein Kalenderjahr als zwei Regierungsjahre gezählt). Ahasja war von 853–852 v.Chr. König. **53** *Tat, was dem Herrn mißfiel:* Ahasja wird außerordentlich schlecht beurteilt, ähnlich wie Ahab, Isebel und Jerobeam.

(2. Könige)

2Kön 1,1–4 Ahasjas Krankheit und Elias Sendung. 1 *Es fielen aber die Moabiter ab von Israel:* vgl. 3,4–27. Die Inschrift des Mesasteins setzt dieses Ereignis am Ende des 2. Jahres der Regierungszeit Ahasjas an. 2 *Das Gitter:* Die Einzelheiten sind nicht ganz klar. Wahrscheinlich handelt es sich um einen Raum, der auf dem Dach des Hauses errichtet war und ein Gitterfenster besaß. Dieses sollte einmal ungestörtes Alleinsein ermöglichen, zum anderen das helle Licht abhalten und für Durchlüftung sorgen. *Baal-Sebub:* wörtl. Herr der Fliegen, wie in LXX übersetzt. Aus ugarit. Dokumenten läßt sich schließen, daß der Name an sich Baal-Zebul (Fürst Baal) lautet, vgl. die Form Beelzebul, die sich im NT findet. Anscheinend gab es in der Philisterstadt Ekron, etwa 24km südl. von Joppe (Jos 13,3), einen Tempel oder eine Kultstätte. **3** *Der Engel des Herrn redete mit Elia:* Gott sandte Elia, um sich gegen den Synkretismus zu verwahren und um Ahasjas Tod vorauszusagen.

1,5–8 Elias Vorhersage. **6** *Ist denn kein Gott in Israel:* Die atl. Frömmigkeit wird uns nicht verständlich, wenn wir sie nicht in Verbindung mit der »Eifersucht« Jahwes sehen. **8** *Langes Haar:* ZÜ: ein zottiges Fell; dies könnte bedeuten, daß Elia ein Gewand aus Schaf- oder Ziegenfell, viell. aus Kamelhaut trug (vgl. 1Kön 19,13; Sach 13,4; Mt 3,4). Der König erkannte Elia aufgrund der Beschreibung.

1,9–16 Die Hauptleute und ihre 50 Mann. Den Auslegern bereitet dieser Abschnitt Schwierigkeiten, weil die Handlung nicht zu dem übrigen Elia-Zyklus paßt. JB hält ihn für einen Zusatz, der auf die Schüler Elisas zurückgeht. Montgomery spricht von der »Widersprüchlichkeit des Elements des Wunderbaren« und seiner »Unmenschlichkeit bei der Vernichtung der unschuldigen Fünfzigerschaften«. Keil weist darauf hin, daß die Forderung unverschämt war, und fügt hinzu, daß die ersten beiden Gruppen eines Vergehens schuldig gewesen sein müssen, das sie mit dem Tod zu büßen hatten. Das erscheint etwas spitzfindig. Wir können Keil zwar darin zustimmen, daß das zweimalige Wunder die Autorität unterstreichen sollte, die dem Propheten als Repräsentanten Gottes gegeben war. Moralisch dürfen wir jedoch nicht nach ntl. Kriterien urteilen. **13** Der dritte Hauptmann über fünfzig konnte durch seine Bitte sein Leben und das seiner Leute retten. Elia erhält den Auftrag, mit ihm hinunterzugehen.

1,17.18 Zusammenfassung der Regie-

rungszeit Ahasjas. Der Abschluß des Berichts und die Erwähnung seines Nachfolgers erfolgt nicht gemäß der üblichen Formulierung (s. Einleitung). Auch ist die Zeitangabe in V. 17, wenn sie nicht auf ein anderes System zurückgeht, mit den übrigen Angaben unvereinbar. Nach 3,1 wird Joram im 18. Jahr Josaphats von Juda, der 25 Jahre regierte (1Kön 22,42), König von Israel. Damit wird die Thronbesteigung Jorams sechs bis neun Jahre früher angesetzt als in 1,17 (s. Komm. zu 1Kön 22,41). Viell. ist 3,1 so zu verstehen, daß Joram zu dieser Zeit Mitregent wurde. **17** LXX bezeichnet Joram als Ahasjas Bruder. Im Hebr. fehlt dieser Hinweis. Aber Ahasja hatte keinen Sohn, und 3,1 wird Joram als Sohn Ahabs bezeichnet.

2,1–10,36 Der Elisa-Zyklus

Diese Kapitel enthalten eine Anzahl Erzählungen über Elisa, darunter einige Wunderberichte. Elisas erstes Wunder besteht darin, daß er die Wasserquelle bei Jericho gesund macht. Die meisten der von Elisa vollbrachten Wunder weichen in ihrer Art von anderen bibl. Wundern ab. Einige von ihnen verletzen sogar die wichtigste Regel, die wir zur Unterscheidung zwischen echten und scheinbaren Wundern kennen: nämlich daß ein echtes Wunder eine moralische oder ethische Absicht verfolgt, wogegen das Pseudowunder lediglich Aufsehen erregen will. Wenn wir den Wundertaten Elisas diese Sonderstellung zuerkennen, lassen sich fast alle übrigen in der Bibel berichteten Wunder unter den Gesichtspunkt einordnen, daß sie eine moralische Absicht verfolgen. Damit stellt sich uns die Aufgabe, hinter den Wundertaten Elisas eine andere Absicht zu erkennen.

2,1–25 Elia wird entrückt, Elisa tritt seine Nachfolge an

2,1–8 Elia und Elisa gehen an den Jordan. **1** *Gilgal:* offensichtlich nicht der bekannte Ort im Jordantal bei Jericho, sondern ein anderer in der Nähe von Bethel; denn sie *kamen hinab* nach Bethel (V. 2). Vermutl. lag der Ort in der Nähe von Baal-Schalischa (4,42); entweder bei Hirbet Sarisijeh (22km nördl. von Lydda), oder bei Kefr Thulth (26km nördl. von Lydda); mit Gilgal kann auch das spätere Gilguliye oder El-Gilgeliye gemeint sein. Der Bericht setzt voraus, daß Gott nicht nur Elia, sondern auch Elisa und den Prophetenjüngern etwas von seinem Plan bekanntgemacht hat (V. 3.5). **2** *Bleibe hier:* Elia will sich dem bevorstehenden Ereignis allein aussetzen, Elisa weigert sich, ihn zu verlassen. **3** *Prophetenjünger:* wörtl. Söhne der Propheten. Männer, die sich aus eigenem Antrieb einem Propheten angeschlossen hatten oder in die Schule eines Propheten berufen worden waren. Für sich allein kann der Ausdruck sowohl für wahre wie für falsche Propheten gebraucht werden. **5** *In Jericho:* In Bethel und in Jericho gab es mindestens fünfzig Prophetenjünger (V. 7). **8** *Das Wasser teilte sich:* vgl. 2Mo 14,21.

2,9–12a Elisas Bitte und Elias Fortgang. Es wird nicht ausdrücklich gesagt, daß Elia nicht gestorben sei. Auch die Tatsache, daß er mit Mose auf dem Berg der Verklärung erscheint (Mt 17,3pp), kann nicht in diesem Sinn gedeutet werden. Denn nach Aussage der Schrift ist Mose gestorben. Sein Leichnam wurde von Gott (5Mo 34,6) bzw. seinem Engel (Jud 9) weggenommen. **9** *Zwei Anteile von deinem Geist:* Aus dieser Aussage hat man falsche Schlüsse gezogen: a) Elisa habe das zweifache Maß an Heiligem Geist empfangen; b) Elisa habe zwei Drittel der geistlichen Begabung Elias erhalten. Zu verstehen ist der Ausdruck von 5Mo 21,17 her. Danach entfallen auf den Erstgeborenen als den Erben zwei Anteile. Elisa bittet darum, daß er im Verhältnis zu den anderen Prophetenjüngern als der Erstgeborene, als Erbe des Prophetenamtes Elias anerkannt wird. Elia weiß, daß er nicht in der Lage ist, eine solche Bitte zu erfüllen, daß Gott es aber tun kann, wenn er will. **11** *Ein feuriger Wagen mit feurigen Rossen:* Man beachte, daß hier nicht gesagt wird, Elia sei in diesem feurigen Wagen gen Himmel gefahren. Der feurige Wagen trennte Elia und Elisa. *Elia fuhr im Wetter gen Himmel:* Nicht jeder konnte den feurigen Wagen sehen (vgl. 6,17). Joas sah ihn beim Tode Elisas (13,14). **12** *Du Wagen Israels und sein Gespann:* Der Sinn dieser Formulierung ist rätselhaft. Vermutl. soll sie ausdrücken, daß Elia für Israel von größerer Bedeutung war als alle seine Streitwagen und Rosse.

2,12b–18 Der Geist Elias ruht auf Elisa. **12** *Zerriß sie in zwei Stücke:* Ausdruck der Trauer und des Schmerzes. **14** *Schlug ins Wasser:* Lukian und einige Hss. der Vulgata fügen hinzu: »Und es teilte sich nicht«. Diese Einfügung nach dem ersten Schlag soll die Frage verständlich machen: »Wo ist nun der Herr, der Gott Elias?« MT teilt den Vers anders ein (»auch er, und er schlug«), was allerdings wenig Sinn ergibt. **16** *Die laß gehen und deinen Herrn suchen:* Die Prophetenjünger, die ihnen gefolgt waren, sahen Elisa mit dem Mantel Elias kommen. Es wird nicht gesagt, daß sie den feurigen Wagen sahen oder daß sie Elia im Wetter gen Himmel fahren sahen. Wir erfahren nicht einmal, ob sie beobachtet haben, wie Elisa mit dem Mantel Elias die Wasser des Jordans teilte. Wir können annehmen, daß Elisa ihnen von den Ereignissen erzählt hat, aber offensichtlich trauten sie seinem Bericht nicht ganz. Sie schickten fünfzig Männer aus, die in den Bergen nach Elia suchen sollten. Diese berichteten nach drei Tagen, daß er unauffindbar sei.

2,19–22 Die Heilung der Quelle bei Jericho. Elisas erstes Wunder gehört zu den am wenigsten anstößigen unter seinen Wundertaten. Hier war eine Quelle verdorben, die Lebensgrundlage einer Stadt. Nach der Meinung des Volkes (dabei mag durchaus Aberglaube im Spiel gewesen sein) machte sie unfruchtbar. **19** *Macht unfruchtbar:* bezieht sich auf Menschen und Tiere, obwohl das hier gebrauchte Verb sonst nur im Blick auf Menschen verwendet wird. **21** *Warf das Salz hinein:* Es wäre unrecht, die Behebung des Übels dem Salz zuzuschreiben, denn Jahwe hat es getan.

2,23–25 Die spottenden Knaben und die Bären. Dieses Wunder stellt schon eher ein moralisches Problem dar. Gewiß war Elisa ein Prophet, und niemand hat das Recht, Propheten zu verspotten. Andererseits herrscht hier doch ein ganz anderer Geist als bei dem, »welcher nicht widerschalt, da er gescholten ward« (1Pt 2,23). **23** *Kleine Knaben:* Damit sind keine kleinen Kinder gemeint. Das hebr. Wort meint Jugendliche und kann auch im Sinne von Knecht gebraucht werden. Klein bezieht sich viell. mehr auf den Charakter als auf Alter oder Größe. *Kahlkopf:* Wahrscheinlich hatte Elisa wegen der heißen Sonne seinen Kopf bedeckt. Da er nach diesem Ereignis noch 50 Jahre lebte (13,14) ist es unwahrscheinlich, daß er zu dieser Zeit kein Haar mehr hatte. Der Ausdruck war wohl als solcher ein Schimpfwort.

3,1–27 Der Krieg mit Moab

Die moabitische Darstellung dazu findet sich auf dem Mesastein (vgl. LZB, Sp. 914/15).

3,1–3 Joram von Israel. Zum Bericht über Joram gehört auch ein Teil von Kap. 9, von dem dieser Abschnitt durch den Elisa-Zyklus getrennt ist. Joram entfernte eine Stele Baals, ansonsten aber folgte er den Sünden Jerobeams. Seine Mutter Isebel lebte während seiner gesamten Regierungszeit (9,30). Auch Jehu zerstörte ein Steinmal Baals (10,27). Damit erhebt sich die Frage, ob es zwei solcher Stelen gegeben hat, von denen Joram nur eine zerstörte. **2** *Das Steinmal Baals:* Die Sendschirli-Stele des Panamuwa trägt eine Inschrift und ein Relief des Gottes Hadad. Ebenso zeigt die von Benhadad dem Baal Melkart gewidmete Stele ein Relief des Gottes. Das legt nahe, daß es sich hier um eine ähnliche Stele mit einem eingemeißelten Bild Baals handelte.

3,4–8 Aufstand des Königs von Moab gegen Israel. **4** *Besaß viele Schafe:* Das hier verwendete hebr. Wort bedeutet Schafzüchter und kommt im AT nur noch in Am 1,1 vor. In einem ugaritischen Text wird ein Mann erwähnt, der Oberster Priester und Oberster der Schäfer ist. Man betrachtet diese Bezeichnung deshalb als ein offizielles Amt. Allerdings kann das kaum für Amos gelten. *Wolle von hunderttausend Lämmern und hunderttausend Widdern:* eine hohe Abgabe. LXX nimmt darum an, daß es sich um eine einmalige Wiedergutmachungsleistung handelt. Targum dagegen versteht es als *jährliche Abgabe* (ZÜ). **8** *Der Weg durch die Wüste Edom:* Damit ist anscheinend die Route durch das Wadi el-Hesa gemeint (vgl. Komm. zu Jes 15,7). Gewöhnlich gibt es dort das ganze Jahr über Wasser. Sie fanden aber keins (V. 9).

3,9–12 Das Bündnis zwischen Israel, Juda und Edom. Der König von Edom schließt sich Joram von Israel und Josaphat von Juda an. Nach einem langen Marsch verlangt Josaphat nach einem Propheten Jahwes. Elisa ist in der Nähe. Wir erfahren nicht, ob er von Gott dorthin geschickt geworden ist, oder ob er die Heere begleitet hat. Die Heere müssen einen Umweg bis zur Mündung des Wadi el-Hesa weit im Osten gemacht haben, weil sie eine Woche brauchten und weil die Morgensonne auf dem Wasser zu sehen war (V. 22). **11** *Der Elia Wasser auf die Hände goß:* Elisa hatte Elia als Knecht gedient.

3,13–20 Elisa prophezeit die Rettung. **13** *Was habe ich mit dir zu schaffen?* Elisas Bemerkung zu Joram ist schneidend scharf, und die Erwiderung des Königs scheint nicht weniger sarkastisch. Er macht Gott für ihre ausweglose Lage verantwortlich. **15** *So bringt mir nun einen Spielmann:* Um Josaphats willen erklärt Elisa sich bereit, den Willen Jahwes zu erforschen. Er tut das, indem er den Spielmann musizieren läßt. Man kann daraus aber nicht den Schluß ziehen, daß alle Propheten Musik verwendeten, um eine Art Ekstase herbeizuführen. Der einzige weitere Hinweis darauf findet sich in 1Sam 10,5ff, und dort liegen die Dinge anders. **16** *Macht:* MT hat hier einen Infinitiv, der als Befehlsform gelesen werden kann. *Gruben:* Einige Ausleger nehmen an, daß der Regen eines nächtlichen Sturmes in den Bergen Moabs in das Tal abfloß. Andere vermuten, daß die Soldaten den Befehl erhielten, Gruben auszuheben, in denen sich das Grundwasser sammeln konnte. Das Vorhandensein von Grundwasser wäre aber allen bekannt gewesen. **19** *Alle festen Städte:* Glueck hat in

Moab über 60 befestigte Siedlungen aus der Eisenzeit entdeckt. *Fällen alle guten Bäume:* 5Mo 20,19f verbietet das ausdrücklich.

3,21–27 Teilsieg über Moab. 21 *Die zur Rüstung . . . alt genug waren:* Anstelle von Altersangaben werden Umschreibungen gebraucht. Ein junger Mann, der für den Militärdienst tauglich ist, wird als einer, der einen Gürtel trägt, bezeichnet. Das unterscheidet ihn eindeutig von jemandem, der nur mit einem losen Hemd bekleidet ist. *Grenze:* Südgrenze. 22 *Rot wie Blut:* bedingt durch die Farbe des Bodens oder des Sonnenaufgangs. 25 *Kir-Hareseth:* das heutige Kerak, die südlichste Festung Moabs. *Übrigblieb:* Übers. dieses Satzes beruht auf einer Textkorrektur. EÜ folgt MT: »bis sie an Kir-Hareseth nur dessen Steine übrig ließen.« 26 *Als aber der König der Moabiter sah, daß ihm der Kampf zu stark war,* opferte er seinen ältesten Sohn auf der Mauer (wahrsch. von Kir-Hareseth) als Brandopfer für Kemosch, den Gott Moabs. *König von Edom:* JB verbessert in König von Aram und nimmt an, daß er versuchte, sich zu ihm durchzuschlagen. Die Lesart Aram findet sich tatsächlich in der Vetus Latina. Andere vermuten, daß er eine Chance sah, den König von Edom auf seine Seite zu ziehen. Klar ist, daß alle Versuche hier fehlschlugen. 27 *Großer Zorn:* Der Schlachtverlauf wendet sich plötzlich, und die verbündeten Heere ziehen ab. Manche Kommentatoren verstehen den Satz so, daß das Opfer des Königs gewirkt und der Zorn des Kemosch sich gegen Israel gewendet habe – eine äußerst unwahrscheinliche Vermutung. Nicht auszuschließen ist allerdings, daß die Israeliten glaubten, das Opfer für Kemosch sei in dessen eigenem Land wirksam. Der Volksglaube der Israeliten unterschied sich häufig von der geoffenbarten Wahrheit wie von der Sicht der Propheten.

4,1–8,15 Erzählungen über Elisa

Vgl. Kap. 9. Dieser Abschnitt enthält eine Reihe von Erzählungen über Elisa. Jede der wohl nicht chronologisch geordneten Geschichten berichtet von einer wunderbaren Tat.

4,1–7 Elisa und der Ölkrug der Witwe. Die Witwe eines Prophetenjüngers – im Targum die Frau Obadjas (1Kön 18,4) – ist in Schulden geraten. Ihr Gläubiger droht, ihre beiden Söhne zu seinen Sklaven zu machen. Als sie sich an Elisa um Hilfe wendet, trägt er ihr auf, Gefäße zu borgen und sie mit Öl aus ihrem kleinen Ölkrug zu füllen. Die Ölmenge war nur durch ihren Glauben beim Ausleihen der Anzahl leerer Gefäße begrenzt. Sie verkauft das Öl und verwendet das Geld, um die Schuld abzutragen und für sich und ihre Söhne zu sorgen. Josephus (Ant. IX 4,2) ergänzt, daß Obadja das Geld geliehen hatte, um die Propheten zu verpflegen, die er versteckt hatte. Zum Gesetz über die Versklavung von Söhnen vgl. 2Mo 21,7; 3Mo 25,39; Am 2,6; 8,6. 2 *Ölkrug:* Im Hebr. steht hier ein dafür ungewöhnliches Wort. Es handelt sich vermutl. um ein sehr kleines Gefäß, das normalerweise für Salben benutzt wird.

4,8–37 Elisa und die Sunamiterin (vgl. auch 8,1–6). Das Dorf Sunem lag wenige km nördl. von Jesreel. 10 *Leuchter:* eine kleine, flache Tonschale mit zusammengedrückter Dochtöffnung. 16 *Um diese Zeit übers Jahr:* Ähnlich das Wort an Sara (1Mo 18,10.14). 21 *Schloß zu:* um den *nefesch,* den Lebensatem, zurückzuhalten. 23 *Neumond: . . . Sabbat:* Diese Tage wurden in Israel beachtet, aber es gibt keinen Beleg dafür, daß man an ihnen zum Haus des Propheten ging, um Unterricht zu empfangen oder um Gottesdienst zu halten. *Laß es gut sein:* MT: *schalom,* kann einfach der Abschiedsgruß sein, der die Unterredung beendet. Von Sunem bis zum Karmel sind es etwa 40km. Der Knecht hatte vermutl. die Aufgabe, neben dem Esel herzugehen und ihn beständig anzutreiben. 25 *Als aber der Mann Gottes sie kommen sah,* schickte er Gehasi aus, um sie zu begrüßen. Offensichtlich wußte er nichts von ihrer Lage. 27 *Der Herr hat mir's verborgen:* Die Bibel gibt keinen Anlaß zu der Annahme, daß die Propheten allwissend gewesen seien. Der Herr enthüllte ihnen nur, was er ihnen bekanntmachen wollte. 28 Die Frau tadelt Elisa. Sie weist darauf hin, daß sie nicht um den Sohn gebeten habe, geschweige denn um das darauf folgende Leid. 31 *Keine Stimme und kein Empfinden:* Das Kind war wirklich tot. Bei dem Sohn der Witwe von Zarpath wird das nicht so klar gesagt (s. Komm. zu 1Kön 17,17). 35 *Breitete sich über ihn. Da nieste der Knabe siebenmal:* Nach LXX breitet sich der Prophet siebenmal über das Kind. Von Niesen ist dort nicht die Rede. Es gibt gewisse Übereinstimmungen zwischen diesem Wunder und der Auferwekkung des Sohns der Witwe in Zarpath durch Elia (1Kön 17,17–24). Sonst gibt es im AT keine Wunder, die diesen beiden auch nur entfernt ähnlich sind.

4,38–41 Elisa und das vergiftete Gemüse. Wie bei der Heilung der Quelle von Jericho (2,19–22) nicht das Salz die entscheidende Rolle spielte, so hat auch hier nicht das Mehl die Wirkung hervorgebracht. Es war lediglich eine prophetische Handlung, das Wunder wirkte Gott. 38 *Hungersnot:* vermutl. die in 8,1 erwähnte. *Die . . . vor ihm saßen:* zur Unterweisung. Das von dem Verb sitzen abgeleitete Hauptwort *jeschiwa* erhält später die Bedeutung Schule (Sirach 51,29, Zählung der LÜ).

4,42–44 Elisa und die zwanzig Brote. Es gibt keinen Hinweis, daß das hier Berichtete unmittelbar an das vorangehende Wunder anschließt. Wahrscheinlich spielt es nicht zur Zeit der Hungersnot. Die Leute, denen zu essen gegeben werden soll, waren vermutl. Schüler des Elisa. Die Erstlingsfrüchte hätten eigentlich den Priestern dargebracht werden müssen. Wenn dies hier nicht geschah, besagt dies keineswegs, daß es damals in Israel keine Priester gegeben habe. Viell. handelt es sich um einen privaten Protest gegen die Kultpropheten in Samaria und um die Anerkennung der Tatsache, daß Elisa der wahre Repräsentant Gottes war. 42 *Baal-Schalischa:* viell. 22km nördl. Lydda in der Ebene Saron (vgl. 1Sam 9,4). 43 Viell. ist mit hundert die Gesamtzahl der Prophetenjünger gemeint. In 2,7.16.17 wird eine Gruppe von 50 erwähnt, und in 1Kön 18,4 werden 100 Propheten in Gruppen zu 50 versteckt. Daraus läßt sich jedoch nicht der Schluß ziehen, daß eine solche Schule normalerweise aus 50 oder 100 Propheten bestand.

5,1–19a Elisa und Naëman. Israel stand zu dieser Zeit offensichtlich unter syr. Oberherrschaft. Das Ereignis fällt also in die letzten Lebensjahre Elisas. Der Name des Königs wird nicht angegeben; in 8,7 erscheint er als Benhadad. Auch der Name des Königs von Israel wird nicht genannt. 1 *Gab der Herr den Aramäern Sieg:* vgl. Spr 21,31. *Aussätzig:* wird im AT zur Bezeichnung für verschiedene Krankheiten gebraucht. Es bezieht sich jedoch selten oder nie auf die Hansensche Krankheit, die gewöhnlich Lepra genannt wird. 3 *Prophet:* Elisa wird hier nicht Mann Gottes genannt. *Befreien:* Das hebr. Verb bedeutet heilen oder reinigen. Es wird im AT nur hier (dreimal) gebraucht. (Verwandt ist das akkadische *asapu:* exorzieren). 5 *Zehn Zentner Silber:* 30 000 Schekel (ca. 350kg; s. Komm. zu 1Kön 9,14). *Sechstausend Goldgulden* (Schekel): Im Hebr. fehlt die Münz- bzw. Gewichtsbezeichnung. Münzprägung war noch nicht üblich. Ein Geschenk von 2400 Unzen (ca. 75kg) Gold war äußerst großzügig, zumal das Silber und die zehn Feierkleider hinzukommen.

11 Naëman erwartete eine Art Exorzismus, zu dem die Anrufung Jahwes und das Aufheben der Hand gehörte. 12 *Amana und Parpar:* gewöhnlich identifiziert mit dem Barada, der mitten durch Damaskus fließt, und dem El-Aʿwag weiter südl. in der Oase von Damaskus. 15 *Segensgabe:* im Hebr. wörtl. Segen, aber wenigstens sechsmal im AT mit Gabe, Geschenk zu übersetzen (vgl. 1Mo 33,11). 16 *Ich nehme es nicht:* Elisa lehnte ein Geschenk ab. In einer Welt falscher Propheten und Wundertäter konnte es sich der wahre Prophet Jahwes nicht leisten, den Anschein zu erwecken, als lebe er von seinem Amt, als weissage er für ein Stück Brot oder eine andere Gabe. Ebenso mußte er klarstellen, daß nicht *er* die Fähigkeit besaß zu heilen, sondern der Herr. 17 *Erde:* Naëman wollte Erde aus dem Heiligen Land in seine Heimat mitnehmen, um so Jahwe weiter verehren zu können. Dahinter steht die Vorstellung, daß die Gegenwart eines Gottes an sein Land gebunden ist. Nimmt Naëman ein Stück Erde mit, kann er Gottes Nähe erwarten. 18 Naëman hatte jedoch einen Vorbehalt. Er würde auch weiterhin seinen König in den Tempel Rimmons (Hadads), des Gottes von Damaskus, begleiten müssen. Dafür erbat er die Vergebung Jahwes. *Sich auf meinen Arm lehnt:* deutet an, daß er von allen Untergebenen dem König am nächsten stand. 19 Elisas Antwort ist zurückhaltend. Schon die Ausleger in früherer Zeit haben sie als problematisch empfunden. Man hat daraus sogar einen künstlichen Unterschied zwischen echter Götzenverehrung und bloßer Teilnahme an rituellen Handlungen (ohne daran zu glauben) konstruieren wollen.

5,19b–27 Elisa und Gehasi. 21 *Stieg er vom Wagen:* wörtl.: fiel er. Das hebr. Wort enthält das Element der Eile (ZÜ: *sprang er*); vgl. 1Mo 24,64, Am 3,5. 22 *Ein Zentner Silber:* keine geringe Menge (ca. 35kg). Naëman verdoppelte sie und tat das Silber in zwei Beutel, damit zwei Diener es tragen konnten. Vermutl. verwendete man Tragtiere, um solche Lasten zu transportieren. 24 *Hügel:* hebr. *Ophel*, wörtl. Buckel; vgl. die gleiche Bezeichnung für einen Teil des Südosthügels von Jerusalem, z.B. 2Chr 27,3. LXX und Vulgata übersetzen aufgrund eines falschen Verständnisses des hebr. Wortes »Abenddämmerung«. 25 *Woher, Gehasi? . . . Dein Knecht ist weder hierhin noch dorthin gegangen:* Unmittelbar neben dem Wunder offenbart sich menschliches Versagen. 27 Die strenge Bestrafung ist u.a. damit zu erklären, daß durch Gehasis Verhalten das Ansehen des wahren Propheten Jahwes und seines Amtes geschädigt wurde.

6,1–7 Das schwimmende Eisen. Nach dieser Erzählung scheinen die Prophetenjünger in einem gemeinsamen Gebäude gewohnt zu haben (vgl. 4,38). Als Ort hat man meist Gilgal angesehen. Dabei ging man von der irrigen Annahme aus, daß es sich um das Gilgal bei Jericho handelt; s. aber Komm. zu 2,1.

Möglicherweise war es die Prophetenschule bei Jericho. 4 *Bäume:* U.a. wurden Weiden, Tamarisken und Akazien als leichtes, nicht als schweres Bauholz verwendet. 5 *Eisen:* Das ist die wörtl. Übers.; offensichtlich eine Axt. *Dazu ist's noch entliehen!:* Hebr. »es war erbeten«. Das läßt vermuten, daß die Prophetenjünger nicht über die Mittel verfügten, um solche Werkzeuge kaufen zu können.

6,8–23 Die Aramäer werden mit Blindheit geschlagen. 10 *Vor dem er ihn gewarnt hatte:* »warnte ihn jeweilen« (= jeweils; ZÜ). Hier wird eine enge Beziehung zwischen Elisa und dem König von Israel deutlich. 12 Manche nehmen an, der Ruf von der Heilung Naëmans sei Elisa vorausgeeilt, aber die zeitliche Folge der beiden Ereignisse ist nicht klar zu bestimmen. Es könnte sein, daß sich die enge Verbindung zwischen Hasaël und Elisa (s. Komm. zu 8,7–15) auf das Verhältnis zum König ausgewirkt hat. 13 *Dothan:* etwa 15km nördl. von Samaria, ein im Blick auf die Nordsüd- und Ostwestverbindungen strategisch wichtiger Ort. 14 Die Stärke des Heeres wird nicht angegeben. Man gewinnt jedoch den Eindruck, daß der König von Aram die Gefangennahme Elisas für eine schwierige Aufgabe hielt. 15 *Diener:* JB (ähnlich ZÜ) korrigiert Diener (in V. 15a) zu »am folgenden Tag«, bei der zweiten Erwähnung steht ein anderer Ausdruck (EÜ: Knabe). 16 Einer der bedeutendsten und bekanntesten Aussprüche Elisas. 19 *Dies ist nicht der Weg:* Dieser Vers bereitet denen Schwierigkeiten, die meinen, daß ein Mann Gottes unter keinen Umständen lügen darf. Aber wir müssen diesen Satz so annehmen, wie er in der Schrift steht. 21 *Mein Vater:* eine ungewöhnliche Form der Anrede, der sich der König gegenüber Elisa bedient. Diese Erzählung scheint einer anderen Zeit anzugehören als die folgende (V. 31); vgl. 8,9 und 13,14. 22 bereitet Schwierigkeiten. Mindestens eine alte Übers. fügt das Wort »nicht« ein: »Was schlägst du denn die, die du ... *nicht* gefangen hast?« JB merkt hierzu an: »Abgesehen vom Bann, den Jahwe verhängt, oder von Sonderfällen, war es in Israel nicht Sitte, Kriegsgefangene umzubringen, vgl. 1Kön 20,31«. Elisa bittet für sie, sie werden bewirtet und entlassen. 23 Die beabsichtigte Folge dieses Verhaltens dürfte in dem abschließenden Satz ausgedrückt sein: *Seitdem kamen streifende Rotten der Aramäer nicht mehr ins Land Israel.*

6,24–31 Die Belagerung Samarias. Dieses Ereignis läßt sich zeitlich nicht genau einordnen. Wenn es sich um denselben Benhadad handelt, der 844 v.Chr. ermordet wurde, fällt es in die Regierungszeit Jorams. Sicher ist, daß zwischen V. 23 und 24 keine enge zeitliche Verbindung besteht. 24 *Danach:* bezieht sich offensichtlich nicht auf die Ereignisse von V. 23. *Benhadad:* nach JB viell. Benhadad III. von Damaskus. 25 *Ein Eselskopf:* Der Esel galt als unrein und durfte deshalb nicht gegessen werden. Aber hier handelte es sich um einen Ausnahmezustand. *Achtzig Silberstücke* (LXX: 50 Schekel): entspricht etwa 150 DM. *Taubenmist:* Möglicherweise der Name eines Unkrauts. 26.27 *Hilf mir, mein Herr und König!* Die Antwort des Königs zeigt, wie äußerst gespannt die Lage ist. 28 Aus Mitgefühl erkundigt sich der König nach der Notlage der Frau. 29 Der Kannibalismus, wie er hier beschrieben wird, erscheint unglaublich. Aber alle hier angeführten Einzelheiten finden sich auch in anderen Quellen. Vgl. 5Mo 28,56f; Klgl 2,20; 4,10; Hes 5,10. Josephus erwähnt Kannibalismus während der Belagerung Jerusalems, und Luckenbill weist ihn anläßlich der Belagerung Babylons durch Assurbanipal nach. 30 Der König trug ein *härenes Tuch* unter seinem Gewand, in verborgener, aber vermutl. aufrichtiger Buße. 31 ist etwas schwierig, aber LÜ trifft den Sinn. Wir erfahren nichts über den Hintergrund, oder warum der König Elisa beschuldigt. Vermutl. hatte Elisa ihn gedrängt, der Belagerung standzuhalten und ihm Rettung angekündigt. Andererseits könnte die Hungersnot die Folge der siebenjährigen Trockenheit sein, die Elisa vorausgesagt hatte (8,1).

6,32–7,2 Elisas Prophezeiung. 32 *Mörder:* hebr. Sohn eines Mörders (vgl. EÜ). Besagt nicht, daß sein Vater ein Mörder war, sondern daß er selbst ein Mörder ist. Durch die Ähnlichkeit der hebr. Worte für König und Bote kann es in diesen Versen leicht zu Verwechslungen gekommen sein. *Der König:* hebr. »er« (vgl. EÜ Anm.). 33 *König:* hebr. hier Bote. Dieser Vers ist problematisch und paßt nicht zu den in V. 31 vom König geäußerten Absichten. Er würde jedoch verständlich, wenn man annimmt, daß Elisa dem König vorher geraten hatte, sich den Aramäern nicht zu ergeben, sondern standzuhalten und auf Befreiung durch den Herrn zu warten. 7,1 *Maß:* ein Seah, ein Drittel Epha, etwa 7,3 *l*. 2 *Ritter* (hebr. dritter Mann; s. Komm. zu 1Kön 9,22): Gemeint ist der Adjutant des Königs, *auf dessen Arm sich der König lehnte.*

7,3–15 Die Flucht der Aramäer. 5 *In der Dämmerung:* am Abend (V. 12). 6 gibt die Erklärung für die Flucht der Aramäer. Es mag sich dabei viell. eher um ein Gerücht gehandelt haben als um ein Geräusch. Wie das Wunder sich vollzogen hat, erfahren wir nicht. *Hethiter:* die Syro-Hethiter. *Ägypter:* besser: Musri, denn die Bezeichnung »Könige der Ägypter« findet sich sonst weder in der Bibel noch in außerbibl. Quellen. Musri war der Name für das den Syro-Hethitern benachbarte Kappadozien (s. Komm. zu 1Kön 10,28f). Von den Musri weiß man, daß sie sich in den Jahren 853, 849 und 846 v.Chr. mit Damaskus gegen die Assyrer verbündet hatten. Es ist aber unwahrscheinlich, daß die hier beschriebenen Ereignisse vor 842 stattfanden. Die Erwähnung Benhadads legt ein Datum nach der Thronbesteigung Benhadads III. (nach 797 v.Chr.) nahe. **9** *Schuld:* hebr.: Böses oder dessen Folgen. Die Aussätzigen wußten, daß sie in irgendeiner Weise bestraft würden, wenn sie die gute Nachricht nicht an alle weitergaben. **10** Der Bericht war unglaubhaft, **12** und der König vermutete eine Kriegslist. **13** *Einer seiner Obersten* schlägt vor, *fünf Rosse* aufs Spiel zu setzen. Ein geringes Risiko, da die Pferde wegen Futtermangels ohnehin verenden würden. **14** *Zwei Wagen mit Rossen:* kein Widerspruch zu V. 13. Dort handelt es sich nur um einen Vorschlag.

7,16–20 Die Einwohner von Samaria plündern das Lager der Aramäer. **16** *Ein Maß:* vermutl. ein Epha, etwa 22 *l* (vgl. LZB, Sp. 894). **18–20** enthalten auffällig viele Wiederholungen. Manche Forscher halten diesen Abschnitt für eine Dublette, andere akzeptieren ihn als moralisierende Zusammenfassung des Verfassers. Der Ritter, der an Elisas Vorhersage gezweifelt hatte, erlebt ihre Erfüllung nicht mehr.

8,1–6 Die Sunamiterin erhält ihren Besitz zurück. Es scheint sich um eine Fortsetzung der Erzählung aus 4,8–37 zu handeln. Der erste Teil ist offensichtlich vor, der zweite nach der siebenjährigen Hungersnot einzuordnen, deren Ende vor der Heilung Naëmans angesetzt werden muß. In Verbindung mit dieser Heilung wurde Gehasi aussätzig (5,27). Zu den Besitzrechten vgl. 2Mo 21,2; 23,10f. **3** *Den König anzurufen:* wörtl.: »zum König schreien« (gemeint ist: um Rechtshilfe); es handelt sich um einen Ausdruck aus dem Rechtswesen.

8,7–15 Elisa und Hasaël von Aram. Diese Begebenheit gehört zeitlich wahrscheinlich vor 6,24–7,20, weil der dort erwähnte Benhadad der Sohn Hasaëls war. Der Abschnitt bietet verschiedene Schwierigkeiten. Die geschilderte Begebenheit trug sich zwischen 846 und 842 v.Chr. zu, denn nach der Bull-Inschrift, datiert 846 v.Chr., berichtet Salmanasser III. von einem Sieg über Benhadad, in der Inschrift auf dem Schwarzen Obelisken (841 v.Chr.; Abb. LZB Tafel 82a) von einem Sieg über Hasaël von Damaskus. In einer weiteren, nicht datierten Inschrift erwähnt er, daß Hasaël, ein Mann niederer Herkunft, den Thron bestiegen habe. Das müßte während der Regierungszeit Jorams von Juda gewesen sein, höchstens drei Jahre vor Jehus Thronbesteigung in Israel. Es ist anzunehmen, daß Elisa nach Damaskus gesandt wurde, um Hasaël zu salben. Denn das gehörte zu dem Auftrag, den Elia auf dem Horeb empfangen hatte (1Kön 19,15). Elia hat ihn mit Sicherheit an Elisa weitergegeben. Die Salbung Hasaëls fand vermutl. nach der Heilung Naëmans statt. Dadurch ließe sich der Ruf Elisas am Hof von Damaskus erklären.

2 *Allerlei kostbare Dinge . . . eine Last für 40 Kamele:* Manche Ausleger bezweifeln die riesige Menge an Geschenken. Geschenke waren jedoch üblich (1Sam 9,7; 1Kön 14,3; 2Mo 23,15). **10** *Sage ihm: Du wirst genesen!* MT liest: »Sage, du wirst nicht genesen«. Aufgrund der Übersetzungen und 18 hebr. Hss. scheint jedoch die von LÜ akzeptierte Lesart urspr. zu sein. Die Abänderung in »nicht« (sie betrifft im Hebr. nur einen Buchstaben und bedeutet keinen Unterschied in der Aussprache) dürfte den Versuch eines späteren Abschreibers darstellen, Elisa von dem Makel einer Lüge zu befreien. Elisas Worte haben aber einen guten Sinn; wenn man annimmt, daß Benhadad gesund geworden wäre, hätte Hasaël ihn nicht erdrosselt. Ein weiteres Problem stellt die mögliche Beteiligung Elisas an der Ermordung des Königs dar. Hat er Hasaël auf diesen Gedanken gebracht? V. 13 mag das nahelegen. **11** *Schaute starr und lange vor sich hin:* Allg. nimmt man an, Elisa habe Hasäel angeschaut, und man vermutet, er sei dabei in einen Zustand der Entrückung versetzt worden, in dem er die schrecklichen Taten, die Hasaël verüben würde, voraussah. Josephus, die griech. Übers. Lukians und einige moderne Kommentatoren machen Hasaël zum Subjekt des ersten Satzteils und führen das neue Subjekt erst im zweiten Teil des Verses ein: »Und der Mann Gottes weinte«. **12** Die Einzelheiten scheinen einer Vision entnommen, die der Herr Elisa zuteil werden ließ. Vgl. 2Kön 10,32f; Am 1,3–5. Auch 2Kön 13,3–7; Hos 10,14; 14,1 erhellen diese Prophezeiung. **13** *Hund:* eine gebräuchliche Formulierung für Unterwürfigkeit. Sie findet sich in verschiedenen Dokumenten aus dem Alten Orient. **15** *Decke:* ein sonst unbekanntes hebr. Wort. Vermutl. handelte es sich dabei um eine Art Netz, das aus rauhem Ziegenhaar gewebt war und als Zelttuch, Moskitonetz, sowie in angefeuchtetem Zustand zur Kühlung der Luft verwendet wurde. Wenn jemand kommt, um das Netz wegzunehmen, neu zu befeuchten und wieder aufzuhängen, wird er den Tod des Königs entdecken und vermutl. für einen Unfall halten. Diese letzte Deutung setzt einen sehr freien Umgang mit dem Text voraus. *Nahm er:* Es ist nicht gesagt, wer mit *er* gemeint ist. Es darf aber davon ausgegangen werden, daß Hasaël auf diese Weise Benhadad umbrachte und Benhadad sich nicht selbst den Tod auf diese Weise gegeben hat (JB).

8,16–24 Joram von Juda

Vgl. 2Chr 21,1–20 (viel ausführlicher); Josephus, Ant. IX 5. 16 *Im fünften Jahr:* vgl. 8,25 und 1Kön 22,42.51; 2Kön 3,1. Josaphat muß Mitregent neben Asa gewesen sein. Die Regierungszeiten von Ahasja und Joram von Israel sind von der Zeit an zu rechnen, wo er Alleinherrscher war. Joram von Juda war etwa 848–841 v.Chr. König und wohl seit 853 Mitregent. 17 *Acht Jahre:* Die alten Übers. bieten zum Teil andere Zahlen, wohl weil sie versuchten, die Chronologie abzustimmen. 18 *Ahabs Tochter:* In V. 26 ist Athalja Enkelin Omris. 19 *Seinen Söhnen:* MT liest »vor ihm« (ZÜ: *vor seinem Angesichte*), aber viele hebr. Hss. und die wichtigsten alten Übers. unterstützen LÜ. 21 *Zaïr:* manchmal mit Zoar (1Mo 13,10) gleichgesetzt. Möglicherweise auch Zibor (Jos 15,54), 8km nordöstl. von Hebron. 22 *Fiel... Libna ab:* Darüber ist sonst nichts bekannt, auch die Lage des Ortes ist nicht mit Sicherheit zu bestimmen.

8,25–29 Ahasja von Juda

Vgl. 2Chr 22,1–6; Josephus, Ant. IX 5. Seine Regierungszeit ist kurz und kann auf 841 v.Chr. datiert werden. Der Verfasser unterbricht den Bericht über Ahasja, um über Jehu, den König von Israel, zu berichten. Ahasjas Tod wird in 9,27–29 beschrieben.

9,1–10,36 Die Revolution Jehus

9,1–10 Die Salbung Jehus. Elisa schickt einen seiner Schüler nach Ramoth in Gilead, um Jehu zu salben. Jehu war mit Joram dorthin gezogen, um gegen Hasaël Krieg zu führen (8,28), aber Joram war verwundet worden und nach Jesreel zurückgekehrt. In Jesreel besuchte ihn Ahasja von Juda. Die Salbung Jehus wird heimlich vorgenommen, aber sobald Jehus Offiziere davon erfahren, rufen sie ihn zum König aus. Die heimliche Salbung gleicht der Sauls und Davids (1Sam 10,1; 16,13). 2 *Jehu:* auch der Name eines Propheten (1Kön 16,1). *Nimschi:* vgl. V. 20 und 1Kön 19,16; sonst ist er unbekannt. In assyr. Inschriften wird Jehu »Sohn Omris« genannt, aber diese Bezeichnung wird offensichtlich in sehr weitem Sinn gebraucht. Der Schwarze Obelisk Salmanassers III. (aus dem Jahr 841 v.Chr.) als einer der Fixpunkte der Chronologie der Könige des AT erwähnt die Tributzahlung Jehus und stellt ihn (oder seinen Bevollmächtigten?) beim Kniefall vor Salmanasser III. dar (vgl. LZB Tafel 46b; HZB S. 275). Die Dynastie Jehus hat die längste Dauer in der Geschichte Israels, in ausländischen Inschriften wird jedoch weiterhin der Name Omri gebraucht. 3 *Gesalbt:* Das hebr. Wort hat dieselbe Wurzel wie Messias (= der Gesalbte). 5 *Saßen ... beisammen:* möglicherweise berieten sie über einen Umsturz. **7–10a** Vgl. 1Kön 17–19; 21,23; 14,10ff.

9,11–13 Jehu wird zum König ausgerufen. 11 *Dieser Rasende:* Einige Ausleger meinen, wegen der Ekstase seien die Propheten allg. so bezeichnet worden. Hier enthält der Ausdruck etwas Spöttisches (vgl. Jer 29,26; JB). Was uns jedoch an den Propheten des AT beeindruckt, ist ihre vernünftige Persönlichkeit, nicht ihre Abnormität. Ihr Verhalten unterschied sich deutlich von dem wilden und oft sinnlosen Benehmen und Reden mancher »Propheten«. 12 *Das ist nicht wahr:* Im Hebr. steht hier lakonisch »Lüge«. Sie wußten, daß etwas Wichtiges geschehen war und daß Jehu der Antwort auszuweichen versuchte. 13 *Die hohen Stufen:* Die Bedeutung des hebr. Wortes ist nicht bekannt. Am befriedigendsten erscheint der Übersetzungsvorschlag: Der Absatz am oberen Ende der Treppe. Vgl. Mt 21,7.

9,14–20 Jehu eilt nach Jesreel. Jehu handelt sofort, damit die Nachricht nicht vor ihm nach Jesreel gelangt. Das gäbe dem König Gelegenheit, Widerstand zu organisieren. 14.15 wiederholen, was in 8,28.29 gesagt wurde. Sie klingen hier wie die Einfügung eines Abschreibers. Einige Kommentatoren wollen in V. 14b anstelle von Joram Jehu lesen; das würde bedeuten, daß Joram, als er nach Jesreel zurückkehrte, in Ramoth in Gilead eine Wache unter dem Befehl Jehus zurückgelassen hätte. 19 *Was geht dich der Friede an?* Eine hebr. Redewendung, wörtl. »Was haben der Friede und du gemeinsam?« 20 *Unsinnig:* Hebr. dieselbe Wurzel wie Rasender in V. 11.

9,21–26 Der Reformer Jehu tötet Joram von Israel. 22 *Abgötter:* wörtl. Hurerei (ZÜ). Jahwe ist der Ehemann Israels, Abgötterei ist also Ehebruch. LÜ gibt den übertragenen Sinn korrekt wieder, aber Hurerei und *Zauberei* sind auch im Wortsinn wesentlich für die kanaan. Fruchtbarkeitsreligion gewesen. 23 Joram erkennt, daß er getötet werden soll. Er versucht zu fliehen und Ahasja zu warnen, aber Jehu ist schneller.

9,27–29 Der Tod Ahasjas von Juda

27 *Beth-Haggan:* allg. als En-Gannim identifiziert; das heutige Ǧenin, 11km südl. von Jesreel und 1,5km nördl. von *Jibleam.* **28** Vgl. 2Chr 22,9, die hierzu eine detaillierte Erklärung bietet. **29** *Elften:* vgl. 8,25: »im zwölften Jahr«; vermutl. regierte er weniger als ein Jahr. Der Vers weicht vom üblichen Schema ab.

9,30–37 Der Tod Isebels als Erfüllung der Vorhersage Elias. **30** *Schminkte sie ihr Angesicht:* Es scheint, als habe sie in ihrer ganzen Schönheit sterben wollen. **31** Das ist der Gipfel an Hohn. Sie bezieht sich auf jenen Simri, der das Haus Baësas ausrottete (1Kön 16,9–15), selbst aber nur 7 Tage regierte. **34** Man hat hierin ein typisches semitisches Gemeinschaftsmahl gesehen, das Jehu in die Gemeinschaft einbindet. Aber es gibt keinen Hinweis dafür im Text. Es scheint eher, als schaffe Jehu damit die Gelegenheit zur Erfüllung des Prophetenwortes, auf das er sich V.36 bezieht. **36** Vgl. 1Kön 21,23.

10,1–11 Die Ausrottung des Hauses Ahab. Jehu tötet alle männlichen Nachkommen der königlichen Linie, um eine Blutrache zu verhindern und seine eigene Dynastie zu schützen. Dabei geht er geschickt vor. Er fordert die Führer Israels auf, aus den Königssöhnen einen treuen König zu wählen. Sie lehnen das klugerweise ab und beugen sich ihm und erklären sich bereit, seine Bedingungen anzunehmen. **1** *Siebzig Söhne:* Die Zahl kann symbolisch gemeint sein. Auch beschränkt sich die Bezeichnung Sohn nicht unbedingt auf direkte leibliche Nachkommen (vgl. 2Mo 1,5). *Oberste der Stadt:* MT liest Jesreel; LÜ folgt LXX und Vulgata. Vermutl. hat der Brief mit den Worten angefangen: »An die ältesten Vorsteher in Jesreel und die Vormünder der Nachkommen Ahabs«, woran sich V.2 anschloß. *Die lauteten:* viell. Equivalent zu »er sprach«, das sich in Dokumenten jener Zeit häufig findet. *Vormünder:* Dasselbe Wort wird für Mardochai in bezug auf Esther gebraucht. Zweifellos waren einige Nachkommen Ahabs noch minderjährig. **9** *Ihr seid ohne Schuld:* wahrscheinlich eine Versicherung, daß das Blutbad vorüber ist oder daß keine weitere Rache folgen wird. **11** läßt vermuten, daß Jehu nicht nur die direkten Nachkommen Ahabs, sondern auch alle der alten Dynastie nahestehenden Edelleute, engen Freunde und Priester umbrachte.

10,12–14 Das Blutbad unter Ahasjas Verwandten. Da die Tochter Isebels den König von Juda geheiratet hatte, ist auch das Haus Ahasjas Jehu ein Greuel. Deshalb befiehlt er seine Vernichtung. *Beth-Eked:* Euseb identifizierte es als Baith-Akad (Bet Qad), etwa 5km nordöstl. von Ǧenin. **13** Es ist nicht klar, wieso die Verwandten Ahasjas nichts von den Hinrichtungen gehört hatten. **14** *Zweiundvierzig:* Einige vermuten, daß diese Zahl symbolische Bedeutung habe, es sich also um eine runde Summe handele (vgl. 2,24).

10,15–28 Das Massaker unter den Baal-Anbetern. **15** *Jonadab, der Sohn Rechabs:* Die Rechabiter werden nur hier und Jer 35 erwähnt. Sie hielten nach Art ihrer Väter daran fest, in Zelten zu leben, und distanzierten sich von den kanaan. Bräuchen. Zur Genealogie Rechabs vgl. 1Chr 2,55; 4,11ff. Jonadab war der »Vater« (das Oberhaupt) der Rechabiter (Jer 35,6). Nach Josephus (Ant. IX 6,6) waren Jehu und Jonadab seit langem befreundet. Jehu möchte wissen, ob Jonadab mit seinem Vorgehen einverstanden ist, und er findet Zustimmung. *Ist dein Herz aufrichtig?* LÜ folgt LXX. Hebr. heißt es: »Ist es deinem Herzen recht, wie mein Herz zu deinem Herzen steht?« Man könnte auch übersetzen: »Sind wir uns einig?« *Sprach Jehu:* fehlt im Hebr., findet sich aber in LXX und ist für den Zusammenhang offensichtlich wichtig. **16** *Er ließ ihn:* hebr. »sie« (Plur.); in LXX und alten Übers. heißt es »er«, was offensichtlich korrekt ist. **18** Viell. hat sich Jehu ein Wortspiel zunutze gemacht. Im Hebr. unterscheiden sich *ʿabad* (dienen) und *ʾabad* (vernichten) nur unmerklich. Beide Wörter klingen beinahe gleich. Im letzten Satz von V.19 stehen beide Wortstämme dann nebeneinander. **20** *Heiliges Fest:* Das hebr. Wort ist sonst nicht gebräuchlich; möglicherweise ein Abschlußfest (3Mo 23,36; 5Mo 16,8). In diesem Fall läge hier ein Doppelsinn vor. **22** *Feierkleider:* Offensichtlich wurden bei der Baals-Verehrung bes. Kleider getragen. **24** *Sie kamen hinein:* folgt dem Hebr., LXX liest »er«. **25** *Das Innere des Hauses Baals:* Das Hebr. scheint »Stadt des Hauses Baals« zu lauten, was keinen Sinn gibt. Aber das hier verwendete hebr. Wort oder ein ähnliches kann in Entsprechung zu ugaritischen Belegen mit Altar oder innerster Schrein übersetzt werden. **26** *Die Bilder:* Der Plural im MT paßt nicht zum folgenden Singular *verbrannten es* (wörtl.). ZÜ und JB ändern zu »die Aschera«; LÜ verbindet ohne Textgrundlage beides sinngemäß. **27** *Bis auf diesen Tag:* bis zur Abfassungszeit dieses Berichts.

10,29–31 Das Wort Jahwes an Jehu. Trotz seiner baalfeindlichen Reformen versucht Jehu nicht, mit dem Götzendienst Jerobeams aufzuräumen. Er bemüht sich auch nicht, nach dem Gesetz des Herrn zu leben. Für seine Reformmaßnahmen verheißt ihm Gott eine Dynastie, die bis zur vierten Generation reichen wird.

10,32–36 Zusammenfassung der Regie-

rungszeit Jehus. **32** Die Schwäche Assyriens ermöglichte es Hasaël, das gesamte Gebiet östl. des Jordans einzunehmen. Es konnte bis zur Eroberung von Damaskus durch Adadnirari III. im Jahre 805 v.Chr. gehalten werden. So begann Jahwe, Teile des Königreichs Jehus abzutrennen. **33** *Aroër:* das heutige Araʿir nördl. des Arnons, etwa 16km östl. des Toten Meeres. **36** Die Regierungszeit Jehus kann von 841–814 v.Chr. angesetzt werden.

11,1–17,41 Von der Revolution Jehus bis zum Untergang des Nordreichs

Dies ist eine turbulente Zeit für Israel: Elisa richtet seine letzte Botschaft aus, es gibt Krieg gegen Amazja von Juda, Könige werden durch Verschwörungen gestürzt, an Assyrien sind hohe Tributzahlungen zu entrichten, und schließlich kommt es zum Angriff auf das Nordreich und zu seiner Eroberung durch Assyrien. Auch für Juda ist die Zeit nicht leicht. Zunächst bemächtigt sich Athalja, die Tochter Isebels, des Thrones. Es folgen die Reformen des Königs Joas und der Götzendienst des Königs Ahas. Vor allem aber macht man sich zunehmend von ausländischen Verbündeten abhängig, statt Jahwe zu vertrauen. In dieser Zeit sendet Jahwe die Propheten Jesaja und Micha nach Juda und Amos und Hosea nach Israel.

11,1–20 Athalja von Juda

Vgl. 2Chr 22,10–23; Josephus, Ant. IX 7. Athalja regierte 841–835 v.Chr.

11,1–3 Athalja bemächtigt sich des Throns, aber Joas wird in Sicherheit gebracht. **2** *Joscheba, die Tochter des Königs Joram:* Nach 2Chr 22,11 war sie die Frau des Hohenpriesters Jojada. *Mit seiner Amme:* Einige Kritiker halten dies für eine Glosse nach 2Chr. *Bettenkammer:* nach Josephus (Ant. IX 7,1) ein Raum, in dem Matratzen und Bettgestelle gelagert wurden. **3** *Im Hause des Herrn:* vermutl. im Wohnbezirk der Priester, da Joas bei der Frau des Priesters blieb.

11,4–16 Die Entmachtung Athaljas und Joas' Krönung. **4** *Jojada:* s. Komm. zu V. 2. *Hauptleute . . . der Garde und der Leibwache:* vermutl. die Krether von 2Sam 20,23. In 2Chr 23,1–21 nehmen die Leviten ihren Platz ein. **5–7** Der Abschnitt ist problematisch. Einige Forscher lassen V. 6 aus. Auf jeden Fall war der Staatsstreich für den Sabbat geplant. Das geschah vermutl. deshalb, weil am Sabbat zwei Abteilungen der Wache im Tempel waren und nur eine sich im Haus des Königs befand. Sie stellten den jungen Joas unter starke Bewachung und riefen ihn zum König aus. **12** *Ordnung:* Einige Ausleger lesen statt dessen Armspangen (ZÜ), vgl. 2Sam 1,10. Die Lesart »Ordnung« wird jedoch von allen alten Übers. unterstützt. Es handelt sich hier um einen Teil der Krönungszeremonie, der mit dem Bund Davids zusammenhing und die Verpflichtung des Königs gegenüber diesem Bund zum Ausdruck brachte.

11,17–20 Der Bund des Volkes. Die davidische Dynastie war durch Athalja unterbrochen worden. Es war deshalb angebracht, den Bund von neuem auszurufen. **18** *Mattan:* Viell. lautete der volle Name Mattan-Baal = Geschenk Baals; vgl. Mattanja = Geschenk Jahwes.

12,1–22 Joas von Juda

Vgl. 2Chr 24,1–14; Josephus, Ant. IX 8,2–4. Joas war ein pflichtbewußter König, aber nicht fähig, Reformen durchzusetzen.

12,1–4 Einleitende Bemerkung. Joas ist gerade 7 Jahre alt, als er König wird. Seine Regierungszeit ist deshalb ungewöhnlich lang. **2** *40 Jahre:* Die Regierungszeit Joas' muß von 835–796 v.Chr. angesetzt werden. **3** *Solange ihn der Priester Jojada lehrte:* Damit wird Joas' Treue gegenüber Jahwe auf die Zeit begrenzt, in der er sich von Jojada beraten ließ. Das stimmt mit 2Chr 24,2 überein.

12,5–17 Ausbesserung des Tempels. Viell. wird hier auf die Veruntreuung von Tempelgeldern angespielt. Jedenfalls hielt Joas eine Renovierung des Tempels für notwendig, aber nach 23 Jahren ist noch nichts geschehen. Daraufhin ergreift er drastischere Maßnahmen. Die lange Zeit des Zuwartens spricht nicht für ihn. Dieser sog. Joas-Kasten, der in einigen Kirchen zum Vorbild für die Kollektensammlung wurde, hatte urspr. die Aufgabe, der Unehrlichkeit der Priester vorzubeugen, indem das eingelegte Geld von einem Beamten des Königs und von dem Hohenpriester gezählt wurde. Die Männer, denen diese das Geld zur Bezahlung der Arbeiter übergaben, wurden für vertrauenswürdiger gehalten als die hierbei übergangenen Priester. **5** *Wie er geschätzt wird:* LÜ folgt LXX und bietet eine vernünftige Erklärung für das verwendete hebr. Wort. Es handelt sich um zwei verschiedene Arten von Abgaben: Tempelsteuer und freiwillige Zuwendungen. **6.8** *Bekannter:* ein Fachausdruck, der in ugaritischen Texten neben Priestern, Tempelprostituierten und Silberschmieden auftaucht. Viell. kann man sie als »Schätzer« bezeichnen, die den Priestern bei der Festsetzung von Kosten oder des Wertes von Opfertieren und anderen Gaben zur Hand gingen. Man hat auch an eine Gruppe von Geldeinnehmern im Tempel gedacht, ähnlich den Geldwechslern in Mt 21,12. Für den Plan, den Tempel zu restaurieren, wird kein Datum genannt. Viell. wurde er wenige Jahre vor dem 23. Jahr (V.7) gefaßt, aber es erscheint eher anders.

10 *Neben dem Altar:* Wahrscheinlich sollte man mit LXX besser Pfeiler übersetzen. Das ergäbe einen Platz für sie an der Tür, wo die Torwächter sie im Auge behalten konnten. Man vermutet, daß der Bruch zwischen dem König und Jojada in diese Zeit fiel (2Chr 24,6–14). Viell. war Jojada alt und unfähig gewesen, was zu einer Vernachlässigung des Tempels geführt hat. Joas hat dies dann ausgenutzt, um sich selbst und das Land von der Vorherrschaft der Priester zu befreien. Der erste Schritt bestand in der Beseitigung der Schätzer oder Geldeinnehmer. Als nächstes wurden die Priester von der Pflicht zu Reparaturen entbunden; schließlich wurde die königliche Autorität im Tempel gefestigt, indem dem Oberpriester zur Verwaltung der Einnahmen ein königlicher Finanzbeamter zur Seite gestellt wurde. **11.12** *Geld:* Münzprägung war noch unbekannt. Das Metall wurde gewogen. Bereits im 9. Jh. gab es genormte Gewichte, die mit dem Siegel einzelner Händler versehen waren. Sie garantierten Reinheit und Gewichtsnorm. Dies war der erste Schritt zur Münzprägung. Viell. gehörte es zur Aufgabe des »Schätzers«, das Metall zu begutachten, das in den Tempel gebracht wurde. Diese Aufgabe wurde nun gemeinsam einem Beamten des Königs und dem Hohenpriester übertragen. Sie waren es, die das Geld *zählten ... und zusammenbanden.* Die hebr. Verben bedeuten wörtl.: formten und zählten. Das erste Wort meint möglicherweise zu Barren schmelzen (vgl. Jer 18,11; Sach 11,13). Im Licht dieser Erklärung kann man verstehen, wie die Geldwechsler zu einer notwendigen Institution im Tempel geworden sind.
14 Die hier genannten Gegenstände waren bei Plünderungen bzw. im Zusammenhang mit verschiedenen Versuchen, sich durch Tributzahlungen von fremden Herrschern loszukaufen, aus dem Tempel verschwunden. Viell. war dies eine weitere Einschränkung priesterlicher Macht. Es wurde ihnen untersagt, solche Gegenstände herzustellen.

12,18.19 Joas kauft sich von Hasaël von Aram los. **18** *Gegen Gath:* Um diesen Ort zu erreichen, mußte Hasaël mit seiner syr. Armee weite Gebiete judäischen Landes durchqueren, wahrscheinlich mit freiwilliger oder erzwungener Zustimmung Israels. Jerusalem befand sich in ernster Gefahr, und Joas erkaufte sich auf Kosten der Schätze des Tempels und des Königshauses zeitlichen Aufschub.

12,20–22 Zusammenfassung der Regierungszeit des Joas. Wie prekär die Lage war, läßt sich daraus ersehen, daß die Vertrauten des Joas sich gegen diesen verschwören, um ihn zu töten. Nach 2Chr 24,25.26 war dieser Mord eine Rache für Joas' Beteiligung am Tod Sacharjas, des Sohnes Jojadas.
21 *Haus des Millo:* vgl. Ri 9,6 oder 1Kön 9,15.24. Viell. die Unterkünfte der Garnison.

13,1–9 Joahas von Israel

Dies ist ein dunkler Abschnitt in der Geschichte des Nordreichs. Der König sündigte, und Gott gab das Land in die Hand Hasaëls, des Königs von Aram, und seines Sohnes Benhadad. Auf das Gebet Joahas' hin gab es unter Benhadad einige Erleichterungen.
1 *Im dreiundzwanzigsten Jahr des Joas:* Die Regierungszeit des Joahas ist etwa 814–796 v.Chr. anzusetzen. **7** *Kriegsvolk ... fünfzig Gespannpferde, zehn Wagen und zehntausend Mann Fußvolk:* Im Vergleich dazu umfaßte die Armee Ahabs nach einem assyr. Bericht 2000 Wagen und 10000 Mann Fußtruppen, s. Komm. zu 1Kön 20,1ff.

13,10–13 Joas von Israel

Vgl. Josephus, Ant. IX 8,6.7. Joas von Israel ist nicht mit dem gleichnamigen König von Juda zu verwechseln. Der Bericht über seine 16jährige Regierungszeit beschränkt sich auf die Bewertung in V. 11. Joas regierte 798–782 v.Chr. **10** *Im siebenunddreißigsten Jahr:* Nach 13,1 und 14,1 müßte es sich um das 39. Jahr handeln. Man nimmt deshalb für 798–796 v.Chr. eine Mitregentschaft an.
12 Vgl. 14,11.

13,14–25 Die abschließenden Ereignisse des Elisa-Zyklus

Elisa nähert sich dem Ende seines langen Dienstes, der sich über mehr als sechzig Jahre und die Regierungszeiten von sechs Königen in Israel erstreckte. Elisas Alter wird nicht angegeben, kann aber auf 80 bis 90 Jahre geschätzt werden. Seine letzte Prophetie ist eine symbolische Handlung, die den Kleinglauben des Joas von Israel tadelt.

13,14–19 Elisas letzte Botschaft an Joas von Israel. **14** Die Worte des Joas erinnern an den Ausspruch Elisas gegenüber Elia bei dessen Entrückung (2,12). **16** *Spanne ... den Bogen:* vgl. das Ausstrecken der Lanze durch Josua (Jos 8,18). Einige Forscher halten dies für sympathetische Magie. Die Bibel gibt darauf jedoch keinen Hinweis. Das Spannen des Bogens und das Schlagen mit den Pfeilen sind rein symbolische Handlungen.

13,20.21 Elisas Tod. Noch Elisas Gebeine sind in einem weiteren Wunderzeichen wirkkräftig. Der Ort ist nicht angegeben. Da das

Land regelmäßig von den Moabitern überfallen wurde, könnte es Jericho gewesen sein.

13,22–25 Siege über Aram. Die Prophetien Elisas erfüllen sich. Etwa zu der Zeit, als Benhadad König wird, wird Aram zurückgedrängt, und Israel kann aufatmen. Manche Forscher führen das u.a. darauf zurück, daß der assyr. König Adadnirari 805 v.Chr. Damaskus unterwarf. Aber dieses Datum paßt nicht in die bibl. Chronologie. Es bietet auch keine Grundlage, um diese umzustellen.

14,1–22 Amazja von Juda

Vgl. 2Chr 25; Josephus, Ant. IX 9. Amazja ist ein starker König. Er läßt die Mörder seines Vaters hinrichten, schlägt die Edomiter, vermutl. bei einem Versuch, sein Königreich bis zum Golf von Akaba auszudehnen (vgl. V. 22), und führt einen Krieg gegen Joas von Israel. In dem letzteren unterliegt er, und Jerusalem wird geplündert. Das Volk steht gegen ihn auf, man verfolgt ihn bis nach Lachisch und tötet ihn.

14,1–7 Einleitende Bemerkungen. Amazja ist ein guter König, aber er schafft den Höhenkult nicht ab. Er rächt den Tod seines Vaters, schlägt die Edomiter und nimmt Sela ein. 2 *Regierte neunundzwanzig Jahre:* Einige wollen diese Zahl auf 9 reduzieren, aber das würde nicht zu V. 17 passen, wonach Amazja Joas von Israel um 15 Jahre überlebt hat. Im 6. Jahr Amazjas beginnt die Mitregentschaft Asarjas, die ungewöhnlich lange, nämlich vierundzwanzig Jahre, dauern wird. Sie paßt gut zu Asarjas langer, 52 Jahre währender Regierungszeit. Amazja regierte 796–767 v.Chr., aber ab 791 war Asarja Mitregent. Vgl. 14,21. 5 *Brachte er die Großen um:* Er verurteilte die für die Ermordung seines Vaters Verantwortlichen zum Tode, 6 *aber die Söhne der Totschläger tötete er nicht;* vgl. 5Mo 24,16. 7 *Salztal:* die Ebene südl. des Toten Meeres. *Sela:* die Felsenstadt, wird oft mit Petra gleichgesetzt (Ri 1,36; Jes 16,1). Hier aber scheint das zu weit ab zu liegen. Nach Ri 1,36 läge Sela in der Araba südl. des Toten Meeres, in der Nähe des Skorpionensteigs (Steige Akrabim). Das paßte zum vorliegenden Text. Als die Aramäer bis nach Gath vordrangen, hatten die Edomiter Gelegenheit, einen Teil des judäischen Territoriums zu besetzen. Die Unabhängigkeit Edoms zu dieser Zeit ist aus assyr. Inschriften belegt und spiegelt sich auch in Am 1,11.12.

14,8–14 Krieg mit Joas von Israel. 9 Für Amazja kommt das Gleichnis von der Zeder und dem Dornstrauch fast einer Beleidigung durch Joas gleich. Amazja läßt sich nicht einschüchtern, und so kommt es bei Beth-Schemesch zu einem Kampf mit verheerenden Folgen. 10 *Habe den Ruhm:* »Genieße deinen Ruhm« (JB) gibt den Sinn sehr gut wieder. Das Hebr. ist verächtlich: »Laß dich rühmen und bleib zu Hause.« 11 *Beth-Schemesch:* westl. von Jerusalem; Joas muß demnach durch die Küstenregion marschiert sein. Während des vorübergehenden Niederganges Arams (Syriens) muß Israel das an die Philister grenzende Gebiet besetzt haben. Nach 2Chr 25,6ff gab es in der Armee Amazjas Israeliten, aber er schickte sie vor der Besetzung Edoms zurück. Das führte zur Verstimmung zwischen den beiden Reichen. 13 *Vierhundert Ellen:* ca. 184m. *Tor Ephraim:* vermutl. in der nördl. Mauer. *Ecktor:* in der nördl. (oder nordwestl.?) Ecke. Die Zerstörung der Mauer kann aber nicht bedeutend gewesen sein, da Usia diese ohne große Mühe ausbessern und neu befestigen ließ (2Chr 26,9). 14 *Geiseln:* möglicherweise ein Versuch, den Frieden zu erzwingen; einzige Erwähnung von Geiseln im AT.

14,15.16 Zusammenfassung der Regierungszeit des Joas von Israel. Die Zusammenfügung von V. 15.16 und 17–22 ist ungewöhnlich. In der Regel berichtet der Autor über einen König durchgehend bis zum Ende seiner Regierungszeit. Joas wurde in 13,10 eingeführt, Amazja in 14,1. In derselben Reihenfolge stehen auch die Zusammenfassungen. S. Einleitung.

14,17–22 Zusammenfassung der Regierungszeit Amazjas von Juda. S. Komm. zu 14,15.16. 17 *Fünfzehn Jahre:* Diese Zahl wird von vielen Auslegern als falsch angesehen oder geändert (s. Komm. zu 14,2). 19 *Verschwörung:* Wir erfahren nicht, wer sie inszenierte und warum. Vermutl. war sie eine Reaktion auf Amazjas Krieg gegen Israel. *Lachisch:* Tell ed-Duwer, ca. 40km südwestl. von Jerusalem. 21 *Das ganze Volk:* Möglicherweise war an der Verschwörung nur eine kleine Gruppe direkt beteiligt, viell. Offiziere. *Asarja:* auch Usia genannt. Einige Forscher vertreten die These, Usia sei durch versehentliches Auslassen eines Buchstabens aus dem hebr. Asarja entstanden. Aber dann muß man fragen, warum diese Abänderung nur in Kön und nicht auch in Chr, Jes, Hos, Am und Sach vorkommt. Vermutl. ist die eine Form der Königsname, die andere ein gewöhnlicher Personenname. *In seinem sechzehnten Jahr:* Dies bietet Schwierigkeiten im Blick auf die Zeitrechnung. Diese lassen sich lösen, wenn man diesen Satz als Vorvergangenheit versteht: »Das Volk hatte Asarja in seinem 16. Jahr genommen und zum König gemacht« (sei es als Mitregent oder sogar als Gegenkönig zu Amazja). Das würde zugleich erklären, warum diese Angabe gerade an dieser Stelle des Textes gemacht wird. Vgl. 14,2. 22 *Elath:* das heutige Akaba am Nordostende des Golfes von Akaba; den Namen Elath trägt heute die gegenüberliegende israelische Stadt.

14,23–29 Jerobeam II. von Israel

Vgl. Josephus, Ant. IX 10,1.2. Einige Historiker halten Jerobeam II. für den erfolgreichsten König Israels. Der Wohlstand, der zu seiner Zeit im Land herrschte, spiegelt sich bei Am, Hos und in Jes 28. Vermutl. wurde er um 793 v.Chr. für etwa 12 Jahre Mitregent. Danach herrschte er allein. **23** *Im fünfzehnten Jahr Amazjas:* Diese Angabe bezeichnet den Beginn der Alleinherrschaft, während *einundvierzig Jahre* offenbar eine 12jährige Mitregentschaft einschließen. Jerobeam II. wurde also ca. 793 v.Chr. Mitregent und war von ca. 782–753 König über Israel. **25** *Hamath:* s. Komm. zu 1Kön 8,65. *Salzmeer:* entweder das Tote Meer oder der Golf von Akaba. *Jona, den Sohn Amittais, den Propheten:* vgl. Jon 1,1. *Gath-Hepher:* eine Stadt in Sebulon (Jos 19,13). **27** *Errettete sie durch Jerobeam:* Gott gebrauchte Jerobeam, trotz der kritischen Beurteilung in V. 24. **28** Einige Forscher meinen, dieser Vers müsse etwa so umformuliert werden: »seine Stärke im Kampf gegen Damaskus, und wie er den Zorn Jahwes von Israel abwendete«. In der jetzigen Fassung ist seine Bedeutung nicht klar.

15,1–7 Asarja (Usia) von Juda

Vgl. 2Chr 26 (mit einer langen Einfügung); Josephus, Ant. IX 10,3.4. Über Asarjas Regierungszeit wird außer der Tatsache, daß er mit Aussatz geschlagen wurde (vgl. 2Chr 26,16–21), wenig berichtet. Für etwa 13 Jahre war Jotham König bzw. Mitregent. **1** *Asarja:* Wahrscheinlich war Asarja der Thronname, Usia dagegen ein selbstgewählter Name. **2** *Sechzehn ... zweiundfünfzig:* Mit 16 Jahren, 790 v.Chr., wurde Asarja Mitregent. Seine Nachfolge im *siebendundzwanzigsten Jahr Jerobeams* (V. 1) (767 v.Chr.) bezieht sich auf den Beginn seiner Alleinherrschaft. »Im 27. Jahr« schließt die Jahre der Mitregentschaft Jerobeams ein. Es war das 15. Jahr seiner Alleinherrschaft. Asarja regierte etwa 767–740 v.Chr., Mitregent wurde er etwa 790.

15,8–31 Unruhen in Israel

An dieser Stelle läßt der Bericht nahezu chaotische Zustände vermuten. Alles weist darauf hin, daß Israel als Nation dem Zusammenbruch nahe ist. Die Unbeständigkeit zeigt sich in der Tatsache, daß in den beiden Jahren 753 und 752 v.Chr. vier Könige den Thron bestiegen, von denen zwei ermordet wurden. Jerobeam II. starb. Sacharja wurde sechs Monate nach Regierungsantritt ermordet und Schallum einen Monat nach der Thronbesteigung. Dann bemächtigte sich Menahem des Throns, und etwa zur gleichen Zeit beginnt Pekach die Jahre seiner Regierung zu zählen. Das läßt auf Unfähigkeit oder Mangel an Autorität bei Menahem schließen. Wahrscheinlich ergeben sich die chronologischen Schwierigkeiten (z.B. die zwanzigjährige Regierungszeit Pekachs) dadurch, daß rivalisierende Könige den Thron gleichzeitig für sich beanspruchten.

15,8–12 Sacharja von Israel und Schallums Verschwörung. Vgl. Josephus, Ant. IX 11,1. Die Dynastie Jehus endet nun; vgl. die Vorhersagen in 10,30. **8** *Im achtunddreißigsten Jahr Asarjas:* Wenn man die Mitregentschaft mitzählt, ergibt sich für Sacharja 753 v.Chr. als Regierungsjahr. Er regierte 6 Monate. **10** *Vor dem Volk* (EÜ wörtl.); *zu Jibleam* (ZÜ): diese Lesart stimmt mit Lukian überein, wird durch andere alte Übers. jedoch nicht unterstützt. Sie ergibt sich durch eine kleine Veränderung der Konsonanten. Die Wissenschaftler sympathisieren mit dieser Lesart, weil Jehu in der Nähe dieses Ortes die Nachkommen Ahabs ermordete, als er den Thron Israels in Besitz nahm (vgl. 10,14). Aber dies ist kein Beweis für die Richtigkeit der These.

15,13–15 Schallum von Israel. **13** *Im neununddreißigsten Jahr Usias:* vgl. 15,8; Schallum regierte etwa 752 v.Chr. **14** *Sohn des Jabesch:* Viele Wissenschaftler lesen statt dessen »ein Mann aus Jassib«. Dieser Ort liegt in der Nähe von Thappuah (s. Komm. zu V. 16 »Tiphsach«). In der assyr. Geschichtsschreibung wird Schallum als Sohn eines Niemand, also als Emporkömmling, bezeichnet.

15,16–22 Menahem von Israel. Nach einer kurzen Periode des Bürgerkriegs, in der Menahem die Gegend um Tiphsach grausam verwüstet, besteigt er den Thron und regiert nominell 10 Jahre lang. Mindestens für einen Teil dieser Zeit kann er seine Herrschaft durch Tributleistungen an den assyr. König Tiglath-Pileser behaupten. **16** *Tiphsach:* so im Hebr. ZÜ liest mit Lukian »Thappuah«. Thappuah wird von vielen der Vorzug gegeben, weil Tiphsach am Euphrat liegt. Es gab aber mehrere Orte dieses Namens; mindestens auf einen von ihnen, er liegt 10km südwestl. von Sichem, würde der Text passen. Man vermutet, daß sich die Anhänger Schallums dorthin zurückgezogen hatten, oder daß Schallum aus dieser Gegend stammte. Thappuah liegt an der Grenze zwischen Manasse und Ephraim in der Nähe von Jassib (Jos 17,7); vgl. Komm. zu V. 14. **17** *Im neununddreißigsten Jahr Asarjas:* vom Beginn seiner Mitregentschaft im Jahr 790 gerechnet, also 752 v.Chr. Menahem regierte demnach 752–742 v.Chr. **19** *Pul, der König von Assyrien:* Aufgrund einer falschen Übers. von 1Chr 5,26 hat man Pul und Tiglath-Pileser (dort Tilgath-Pilneser geschrieben) für zwei versch. Personen gehalten, obwohl das Verb im Sing. steht (s. Komm. zu 1Chr 5,26). Der Name Pul kommt in der babyl. Königsliste vor. Offenbar nahm Tiglath-Pileser diesen Namen an, als er 729 König von Babylon wurde. In der Chronologie des Ptolemäus steht stattdessen Poros. Das wird verständlich, wenn man bedenkt, daß die Ägypter kein L aussprechen konnten. *Tausend Zentner Silber:* 3 Mio. Schekel, etwa 35000kg (1 Schekel = 11g). *Fünfzig Silberstücke auf jeden Mann:* Es gab also 60000 Steuerpflichtige. Da diese *die Reichsten* genannt werden, erhalten wir hier einen Eindruck vom Umfang der Oberschicht, die von den Propheten des 8. Jh., Amos, Hosea und Jesaja, verurteilt wurde. Die Steuer war nicht hoch, etwa 100DM pro Kopf.

15,23–26 Pekachja von Israel. Über ihn wird nur wenig berichtet. Er regierte zwei Jahre, tat Böses und wurde bei einer von seinem Hauptmann Pekach angezettelten Verschwörung ermordet. **23** *Im fünfzigsten Jahr Asarjas:* vgl. 15,8. Die Regierungszeit Pekachjas kann von 741–740 v.Chr. angesetzt werden. **25** *Argob und Arje:* Die Bedeutung beider Worte ist im Hebr. nicht klar. Allgem. hat man sie als Personennamen angesehen. Hieronymus hielt sie für Ortsangaben. Verschiedene Übersetzungen (so ZÜ, JB) lassen sie weg.

15,27–31 Pekach von Israel. Auch von ihm wird wenig berichtet, wenn man von der bezeichnenden Mitteilung absieht, daß während seiner Regierungszeit der König von Assyrien dem Nordreich große Teile Galiläas und Transjordaniens wegnahm und viele Einwohner in die Gefangenschaft führte. Pekachs zeitliche Einordnung bereitet Schwierigkeiten. Einige Forscher reduzieren seine Regierungszeit auf zwei Jahre. Es ist aber unwahrscheinlich, daß er in dieser kurzen Zeit so große Bedeutung gewonnen haben kann, wie sie z.B. nach Jes 7 angenommen werden muß. Außerdem sind mehrere Ereignisse im AT nach der Regierungszeit Pekachs datiert; bei einer Regierungszeit von nur 2 Jahren läßt sich das kaum erklären. Da er unrechtmäßig vom Thron Besitz ergriff, entfällt die Möglichkeit, eine Zeit der Mitregentschaft anzunehmen. Dennoch beansprucht er eine 20jährige Regierungszeit. Möglicherweise hat Pekach seine Regierungszeit vom Tode Schallums ab gerechnet und gehofft, auf diese Weise die Dynastie Menahems aus der Geschichte zu streichen. **27** *Im zweiundfünfzigsten Jahr Asarjas:* vgl. 15,8. Die Regierungszeit Pekachs muß von 739–732 v.Chr. angesetzt werden, mit einer zusätzlichen angeblichen Regierungszeit ab 751 v.Chr. **29** *Führte sie weg:* Die erste Erwähnung von Gefangenschaft in der Geschichte Israels (vgl. Jes 9,1). Die Verschwörung Pekachs zusammen mit Rezin von Aram wird in Jes 7 beschrieben. Der assyr. Einmarsch in den Jahren 734 und 732 erfolgte vermutl. auf Drängen des Ahas von Juda, s. 16,7. **30** Die Verschwörung Hoseas und die Ermordung Pekachs fallen in das Jahr 732. Tiglath-Pileser berichtet, daß er die Menschen aus dem Land *Bit-Humria* (Haus Omris) und ihren König *Paqaha* (Pekach) wegführte und *Ausi* (Hosea) als König einsetzte. Ob nun Tiglath-Pileser Hosea auf den Thron brachte, oder ob dieser seinen Aufstieg einem Volksaufstand verdankte, Hosea war auf jeden Fall dem assyr. König tributpflichtig. *Im zwanzigsten Jahr Jothams:* Diese Zahl läßt sich nicht mit der Angabe in Übereinstimmung bringen, daß er 16 Jahre regiert habe (V. 33; 2Chr 27,1.8); es sei denn, man rechnet mit einigen Jahren über das offizielle Ende seiner Regierungszeit hinaus. Mit größter Wahrscheinlichkeit war Ahas 734–732 v.Chr. schon König (Jes 7,1–17; 8,1–8), und Hosea kam nicht vor etwa 732 an die Regierung. Dies wäre der einzige Fall, wo die Regierungszeit eines Königs vor seinem Tod oder seiner Gefangennahme als beendet angesehen wird. Vgl. Tabelle S. 389.

15,32–38 Jotham von Juda

Vgl. 2Chr 27; Josephus, Ant. IX 11,2. Jotham, der Sohn Usias (Asarjas), kam im Alter von 25 Jahren auf den Thron. Zu seiner Zeit versuchten die verbündeten Syrer und Ephraimiter Juda zu erobern. Chr berichtet von Jothams ausgedehnten Bauvorhaben und von seinem Sieg über die Ammoniter, der den syrisch ephraimitischen Angriff ausgelöst haben könnte. Die zeitliche Einordnung bereitet Schwierigkeiten. Wenn Jotham den Thron im 2. Jahr Pekachs bestieg und 16 Jahre regierte (V. 32), dann müßte Pekach nach V. 30 im 20. Jahr Jothams getötet worden sein. Anscheinend war Jotham nicht nur 12 Jahre lang Mitregent neben seinem Vater Asarja (Usia), sondern er hatte während der letzten vier Jahre seiner Regierungszeit seinerseits Ahas als Mitregenten neben sich. Demnach hat Jotham nur 4 Jahre, 740–735 v.Chr., allein regiert und war seit 751 Mitregent. Den Hinter grund der Regierungszeit Jothams beschreibt Jes 2–5.

16,1–20 Ahas von Juda

Vgl. 2Chr 28,1–4; Josephus, Ant. IX 12.

16,1–4 Einleitung. Ahas führt in Juda einen abscheulichen Götzendienst ein. **1** *Im siebzehnten Jahr Pekachs:* etwa 735 v.Chr.; s. Komm. zu 15,27–31. *Ahas:* Kurzform von Joahas (in der Inschrift Tiglath-Pilesers Jauhazi). Ahas regierte 732–716 v.Chr., seit 735 war er Mitregent. **2** *Zwanzig Jahre . . . alt:* Nach Berechnungen, die auf dieser Zahl basieren, wäre Ahas bei der Geburt seines Sohnes Hiskia 11 Jahre (in einem anderen Fall nur 1 Jahr!) alt gewesen. LXX und Peschitta haben in 2Chr 28,1 fünfundzwanzig anstelle von zwanzig. Wahrscheinlich war Ahas etwa 14 oder 15 Jahre alt, als Hiskia geboren wurde. Dies ist für antike Verhältnisse durchaus denkbar. Wenn Ahas 735 v.Chr. Mitregent wurde, dann war Jotham zu dieser Zeit erst 41 Jahre alt (nach 15,33 war er 751 v.Chr. 25 Jahre alt). Jotham war vermutl. kränklich. Sein Tod 732 v.Chr. im Alter von 43 Jahren scheint das zu bestätigen (s. Komm. zu 15,27–31). **3** *Ließ er seinen Sohn durchs Feuer gehen:* nicht im übertragenen Sinn gemeint. Er opferte ihn, viell. durch eine kritische Situation veranlaßt, als Brandopfer. Nach Jer 7,31.32 wird es im Tal Hinnom, an einem Ort namens Topheth (Brand), stattgefunden haben.

16,5.6 Das Bündnis zwischen Rezin von Aram und Pekach von Israel. Beide Könige versuchen Ahas zu zwingen, sich an ihrem Aufstand gegen Assyrien zu beteiligen. Jedenfalls gewinnt man diesen Eindruck nach dem weiteren Verlauf der Geschichte.
5 *Rezin:* nach assyr. Texten Rason oder Rasûn. Sie belagerten tatsächlich Jerusalem. Vgl. in diesem Zusammenhang Jes 7 und 2Chr 26. Nach 2Chr 28,6–15 mußte Ahas schwere Verluste hinnehmen, aber die Verbündeten konnten ihn nicht dazu bewegen, mit ihnen in den Kampf zu ziehen. Er sicherte seine Wasserversorgung (Jes 7,3) und wandte sich dann an Tiglath-Pileser um Hilfe. **6** Vermutl. muß man Rezin als Schreibfehler streichen und mit ZÜ auch die doppelte Erwähnung Arams in V. 6a als Edom lesen. Im hebr. Text steht nur in V. 6b Edomiter. Alles spricht für die Richtigkeit dieser Korrekturen. Es ist höchst unwahrscheinlich, daß sich Rezin mit Edom oder Elath im tiefen Süden anlegen konnte, während er im Norden von Assyrien bedrängt wurde. Die Änderung im Hebr. ist minimal. *Judäer:* wörtl. Juden. Hier wird diese Bezeichnung zum erstenmal für die Einwohner des Königreichs von Juda gebraucht.

16,7–9 Ahas wendet sich an Tiglath-Pileser und wird dadurch dessen Vasall.
7 Hier wird die Unterwerfungsformel wörtl. wiedergegeben: *Ich bin dein Knecht und dein Sohn.* Tiglath-Pileser berichtet über die Tributzahlungen des (Jeho)ahas von Juda. Dies ist die erste Erwähnung Judas in assyr. Inschriften. **9** *Kir:* (wörtl. Mauer, Stadt) die Lage ist nicht bekannt. In LXX fehlt die Angabe. Vgl. Am 9,7; Jes 22,6.

16,10–18 Ahas baut einen neuen Altar. Tiglath-Pileser steht im Begriff, Damaskus einzunehmen. Ahas zieht dorthin, wahrscheinlich um Tribut zu zahlen. Ein Altar weckt sein Interesse. Er beschließt, einen gleichen in Jerusalem errichten zu lassen. Es handelte sich um einen assyr. Altar. Ahas verehrte nun auch die Götter Assyriens.
10 Nach der Inschrift von Sendschirli starb Panamuwa, der Vater Bar-Rekkabs, in einem Lager Tiglath-Pilesers, vermutl. vor Damaskus, weil der Leichnam von dort nach Hause gebracht wurde. Wahrscheinlich war Ahas 732 in Damaskus. **13** Die wichtigsten Opfer werden aufgezählt: das Ganzopfer oder *Brandopfer,* das *Speisopfer,* das *Trankopfer* und das *Dankopfer.* Das morgendliche Speisopfer wird auch 2Kön 3,20, das abendliche Speisopfer 1Kön 18,29 erwähnt.
14.15 Nach Peschitta, Targum und LXX hat Ahas seine Opfer auf dem alten Altar dargebracht und den neuen für Orakel gebraucht. »Um Orakelsprüche zu erhalten« (so Calvin), würde bedeuten, daß Ahas die babyl. Sitte der Opferschau (zur Erhellung zukünftiger Ereignisse) eingeführt hätte (vgl. Hes 21,26).
17.18 Ahas demontierte die metallenen Gegenstände, weil er das Metall für die Tributzahlungen brauchte (vgl. 1Kön 7,23ff).

16,19.20 Zusammenfassung der Regierungszeit des Ahas von Juda. Von dieser Zeit an ist Juda, mit Ausnahme von zwei oder drei Aufständen, ein Vasallenstaat Assyriens. Diese Tatsache wird beim Bibelstudium oft übersehen.

17,1–41 Das Ende des Nordreichs

In gewissem Sinn ist dies der Kern von 2Kön. Hier vollendet sich ein Geschichtsabschnitt, der mit der Wirksamkeit Jerobeams I. begann, nachdem Jahwe durch den Propheten Ahia die Teilung des salomonischen Reiches angekündigt hatte. Das Nordreich sollte dem Haus Davids als Beispiel dienen, doch Juda lernte aus den Erfahrungen Israels nur wenig und wurde vom gleichen Gericht getroffen: Zerstörung und Exil. Der Verfasser legt den göttlichen Standpunkt in 17,7–23 dar.

17,1–6 Hosea, der letzte König von Israel. Vgl. 1Chr 5,26; Josephus, Ant. IX 14. Hosea regiert bis zum Fall Samarias. Er ist Vasall Assyriens (Tiglath-Pileser nimmt sogar in Anspruch, ihn zum König gemacht zu haben), aber nach wenigen Jahren hält Hosea den Tribut zurück und versucht, sich mit dem König von Ägypten zu verbünden. Daraufhin belagert Salmanasser, Tiglath-Pilesers Nachfolger, Samaria und erobert es nach drei Jahren. Die Einwohner werden ins Exil weggeführt.

1 *Im zwölften Jahr des Ahas:* Dies ist eine der Zeitangaben, die möglicherweise um 12 Jahre verschoben worden sind (s. Einleitung). Es handelt sich um das 4. Jahr der Mitregentschaft oder das erste Jahr der Alleinherrschaft Ahas, d.h. 732 v.Chr. Die Regierungszeit Hoseas kann auf 731–722 v.Chr. datiert werden. 3 *Salmanasser:* Salmanasser V., der 727/726 v.Chr. den Thron bestieg. Man schreibt ihm zwei Feldzüge zu: den ersten zur Eintreibung des Tributs, den zweiten, um Samaria zu bestrafen. In dem einzigen uns erhaltenen Bericht Salmanassers werden sie nicht erwähnt. *Wurde ihm untertan:* wahrscheinlich »war ihm untertan geworden«; vgl. Komm. zu 15,30. 4 *So . . . König von Ägypten:* Ein Pharao dieses Namens ist nicht bekannt. *So* (in hebr. Konsonanten *Sw'*) ist wenig einleuchtend mit Schabaka oder auch Schabataka, dem ersten und zweiten König der XXV. Dynastie, gleichgesetzt worden. Viell. ist *So* der von Sargon erwähnte ägypt. Feldherr (Tartan) namens Sibe, den er 720 bei Raphia besiegte. Dann wäre hebr. Sewe zu lesen. Man kann annehmen, daß Hosea durch den Druck seiner Landsleute gezwungen wurde, sich an Ägypten um Hilfe gegen die Assyrer zu wenden. Prompt traf ihn die Strafe Salmanassers. Sollten die in V.4 berichteten Ereignisse mit denen identisch sein, die Sargon aus dem Jahr 720 berichtet, so stehen sie hier nicht unmittelbar im chronologischen Zusammenhang. Zur Klärung dieser Frage reichen die zur Verfügung stehenden Informationen nicht aus.

5 *Zog durch das ganze Land:* Zweifellos ist die Besetzung durch Salmanasser 724 n.Chr. gemeint. *Drei Jahre lang:* schließt den Fall Samarias im Jahr 722 ein. Dieses Datum ist relativ zuverlässig. Daß die Stadt der Belagerung so lange standhalten konnte, verdankt sie der technischen Geschicklichkeit Omris und Ahabs. Sargon II., der Salmanasser V. 722 auf dem Thron folgte, berichtet, daß er in seinem ersten Regierungsjahr Samaria belagerte und einnahm, 27290 Einwohner und Beutegut wegführte und Menschen aus anderen Ländern dort ansiedelte. (Sargon wird Jes 20,1 erwähnt, hier jedoch nicht genannt.) Auf den ersten Blick läßt der bibl. Text vermuten, Salmanasser selbst habe Samaria erobert. Die Meinungen der Wissenschaftler gehen in diesem Punkt auseinander. Einige sind überzeugt, daß Salmanasser die Stadt selbst einnahm, daß Sargon dies jedoch als seine Leistung ausgegeben habe. Andere meinen, Sargon könne der mit der Belagerung beauftragte General gewesen sein und deshalb den Erfolg für sich in Anspruch genommen haben. Die Beziehungen zwischen Salmanasser und Sargon sind unklar. In einer Inschrift beansprucht Sargon, ein Sohn Tiglath-Pilesers und damit ein Bruder bzw. Halbbruder Salmanassers zu sein. Aber dafür gibt es keine weitere Bestätigung. Es ist gut möglich, daß Sargon ein Emporkömmling war. Da von Salmanasser keine Aufzeichnungen erhalten sind, läßt sich diese Frage nicht klären.

6 *Führte Israel weg:* In der assyr. und babyl. Zeit war es üblich, aus eroberten Ländern alle die Personen zu deportieren, denen Aufstand oder Verrat zuzutrauen war. Die Assyrer teilten in solchen Fällen die Deportierten in kleine Gruppen auf, so daß sie ihre Identität verloren und in der ansässigen Bevölkerung aufgingen. Die Babylonier dagegen wiesen den Exilierten Siedlungsgebiete zu, wo sie ihre Identität bewahren konnten. *Helach* (LÜ, andere Wiedergaben Halah, Halach): falls es sich um einen Ortsnamen handelt, möglicherweise Halahhu, östl. von Haran. LXX hält Helach für den Namen eines Flusses. *Habor:* der Fluß Chabur. *Gosan:* Gebiet (?) im oberen Habortal. *In den Städten der Meder:* Eine genauere Bestimmung ist nicht möglich (vgl. ZÜ). Die Eroberung Mediens war einer der großen Erfolge Sargons. Galiläa und Transjordanien waren bereits von Tiglath-Pileser III. besetzt worden. Die Zahl der Gefangenen in Sargons Inschrift bezieht sich deshalb nur auf die Einwohner der Stadt und ihrer Umgebung.

17,7–18 Die Ursache für den Fall Samarias. Die theol. Deutung dieses Ereignisses wird bis ins einzelne ausgeführt. Wir wissen daher mehr über die Theologie jener kritischen Zeit als über den Geschichtsablauf selbst. **10.11** *Steinmale . . . Ascherabilder . . . Höhen:* s. Komm. zu 1Kön 14,15; 18,17ff; 2Kön 10,15–28. **16** *Gegossene Kälber:* Sie wurden von Ahas eingeführt; ebenso **17** *Wahrsagen und Zauberei.*

17,19–23 Zusammenfassung der Sünde Israels. So wie »der Weg Davids« das Ideal Judas darstellt, so charakterisiert die Bezeichnung »alle Sünden Jerobeams« die Geschichte des Nordreichs. **19** *Juda:* Den Propheten dient Israel oft als warnendes Beispiel für Juda. **23** *Bis auf diesen Tag:* Dies beweist einen späteren Standort des Schreibers, ist jedoch kein Grund, diesen Abschnitt für nachexilisch zu halten.

17,24–41 Die Entstehung der Samariter. **24** Nach der Eroberung des Nordreichs und der Verschleppung vieler seiner Bewohner holte der assyr. König Leute aus anderen Gegenden ins Land. *Kutha . . . Arwa . . . Sepharwajim:* Man nimmt an, daß diese Orte in Syrien, in der Nähe von *Hamath* am Orontes lagen. **25.26** Das Auftauchen von *Löwen* (vgl. 1Kön 13,24) führt der assyr. König darauf zurück, daß die Einwanderer den Gott des Landes nicht kannten. Deshalb wurden Priester herbeigeholt. **27** *Einen der Priester:* Eventuell besser einige oder ausgewählte Priester. **30** *Sukkoth-Benoth:* Name eines Gottes, aber keiner der vielen Erklärungsversuche überzeugt. *Nergal:* der Gott der Stadt *Kutha* (Chut) (vgl. LZB, Sp. 269–270). *Aschima:* möglicherweise eine assyr. Göttin, andere lesen Aschera. **31** *Nibhas und Tartak* sind unbekannt. *Adrammelech und Anammelech:* Manche lesen statt dessen Adad-Melech und Anu-Melech; Adad und Anu sind Namen alter babyl. Götter. Vor allen diesen Kulten wird das Volk des Herrn, das diesen Bericht liest, gewarnt. Es soll seine Lektion aus den Geschehnissen beherzigen.

18,1–21,26 Juda und das assyrische Reich

Dieser Abschnitt umfaßt etwa 100 Jahre und fällt mit dem allmählichen Niedergang des assyr. Reiches zusammen, vom Höhepunkt seiner Macht zur Mittelmäßigkeit. Er bildet die Schlußphase der Geschichte Judas und wird ausführlich dargestellt. Die Einzelheiten haben häufig geistliche und nicht nur historische Bedeutung.

18,1–12 Hiskia von Juda

Vgl. 2Chr 29–32. Fast der gleiche Text in Jes 36–39. Vgl. Josephus, Ant. IX 13–X 2. Hiskia wird als einer der größten Könige und Reformatoren Judas bezeichnet. Er regierte in der Zeit Salmanassers, Sargons II. und Sanheribs. Die Historiker beklagen, daß der Text mehr Informationen über die Geschwüre Hiskias bietet als über die politische Lage. Zum erstenmal spielt ein Schriftprophet (Jesaja) eine aktive Rolle in der Politik des Landes.

18,1–8 Einleitung. Die geistliche Beurteilung der Regierungszeit Hiskias ist ausschließlich positiv. Hierin ist er nur mit Josia vergleichbar. **1** *Im dritten Jahr Hoseas:* Auch diese Zeitangabe kann um 12 Jahre verschoben sein, s. Einleitung. **4** Weil Hiskias Maßnahmen denen Josias ähnlich sind, haben Ausleger diese Reformen Hiskia abgesprochen. Aber dazu besteht kein Grund. Sie passen ebensogut in die Zeit Jesajas wie die Reformen Josias in die Zeit Jeremias. *Eherne Schlange:* vgl. 4Mo 21,9. **8** *Von den Wachttürmen bis zu den festen Städten:* schließt alle Arten von Niederlassungen der Philister ein.

18,9–12 Der Fall Samarias. Abgesehen von den Zeitangaben wiederholt dieser Abschnitt in verdichteter Form, was 17,3–8 mitgeteilt ist.

18,13–19,37 Sanherib belagert Jerusalem

Vgl. 2Chr 32,1–23; Jes 36–37. Der Bericht ist lang und ausführlich, aber militärische und politische Einzelheiten werden kaum erwähnt.

18,13–16 Hiskia leistet Tribut. **13** *Im vierzehnten Jahr des Königs Hiskia:* Auch hier ergibt sich eine Schwierigkeit in der Zeitrechnung. Sanherib bestieg den Thron 705 v.Chr., und sein dritter Feldzug fällt mit Sicherheit in das Jahr 701. Wenn das 6. Jahr Hiskias 722 v.Chr. war (Fall Samarias, 2Kön 18,10), dann kann sein 14. Jahr nicht 701 v.Chr. gewesen sein. Jeder Versuch, die Zahlen zu verändern und etwa 24 statt 14 zu lesen, betrifft gleichzeitig die Lebensalter von Ahas und Hiskia und verschiedene andere bibl. Angaben. Wir nehmen an, daß Hiskia im Jahre 716/715 v.Chr. alleiniger Herrscher wurde und bis 687 v.Chr. regierte. Sanherib berichtet von seinem Einfall in das Land (HZB S. 280). Er behauptet, 46 befestigte Städte und viele Dörfer belagert zu haben; er habe 200150 Gefangene gemacht und Hiskia in Jerusalem »wie einen Vogel in seinem Käfig« eingeschlossen. Seine Angaben: »30 Talente Gold, 800 Talente Silber« (HZB irrtümlich 300) stimmen mit V. 14–16 überein. Die in V. 14 genannten *300 Zentner Silber* waren möglicherweise geprägt. Die 800 Zentner Silber, die Sanherib erwähnt, schlossen dagegen die in V. 15 erwähnte Silbermenge ein. Der Wert des in V. 14 angegebenen Goldes und Silbers beträgt nach einer Schätzung etwa 9 Mio. DM, nach einer anderen etwa 28 Mio. DM.

18,17–37 Der Spott des Rabschaken. Vgl. 2Chr 32,9–19; Jes 36,2–22. **17** *Tartan:* akkadisch: »zweiter Mann im Staat«. Der Oberbefehlshaber der Armee (vgl. Jes 20,1). *Rabsaris:* hoher militärischer Beamter (vgl. Jer 39,3). *Rabschake:* wahrscheinlich ein hoher Zivilbeamter. Solche Titel werden manchmal wie Eigennamen behandelt. *Wasserleitung des oberen Teiches:* Sie konnte bisher nicht mit Sicherheit bestimmt werden. Viell. führte sie zum Teich von Siloah (vgl. Jes 7,3). **18** *Eljakim:* vgl. Jes 22,20. Im Blick auf die

Ämter s. Komm. zu 1Kön 4,2.3. Nach Jes 22,15ff war *Schebna* Hofmeister und wurde gestürzt. *Eljakim* soll ihn ersetzen. Einige Forscher schließen aus der doppelten Erwähnung des Namens Schebna (vgl. V. 26) auf zwei verschiedene Personen. **23** Der Rabschake fordert Hiskia mit einer Wette heraus und **25** mit der Anmaßung, daß er auf Befehl Jahwes gekommen sei. Wir brauchen das nicht für wahr zu halten. Selbst wenn es so gewesen wäre, dürfte der Rabschake es kaum gewußt haben. **26** *Rede ... aramäisch:* Aramäisch war die Diplomaten- und Handelssprache, wurde aber zu dieser Zeit von den einfachen Leuten in Juda nicht verstanden. Vermutl. benutzte der Rabschake für Hebr. einen Dolmetscher. **27** Seine Antwort an Eljakim ist beleidigend. **28** Sein Aufruf an die Einwohner von Juda *auf hebräisch,* über die Köpfe ihrer Führer hinweg, zeigt seine Kühnheit. **31.32** Die Bedingungen des Exils werden nicht hart sein, wenn das Volk sich fügt. **34** *Hamath und Arpad ... Sepharwajim, Hena und Iwwa:* syr. Städte, die Sanherib eingenommen hatte (vgl. 17,10). Lukian und Vetus Latina fügen ein: »wo sind die Götter des Landes Samarien?«

19,1–7 Jesajas Rat. Schließlich wendet sich der König an Jesaja, der sich dem Bündnis mit Ägypten standhaft widersetzt hatte (Jes 30,1–7.15; 31,1–9). **2** *Zu dem Propheten Jesaja:* Erstmals erscheint ein Schriftprophet in den historischen Büchern des AT. **4** *Die Übriggebliebenen:* vgl. dazu den Namen von Jesajas Sohn Schear-Jaschub (d.h. ein Rest wird sich bekehren), Jes 7,3.

19,8–19 Die Botschaft des Rabschaken. **9** *Tirhaka:* Es ergibt sich eine chronol. Schwierigkeit, weil seine Regierungszeit 668–670 v.Chr. angesetzt wird. Gelegentlich hat man einen zweiten Einfall Sanheribs zu diesem späteren Zeitpunkt angenommen. Andere Forscher halten Tirhaka für einen General (er wird nicht Pharao genannt) im Dienst seines Onkels Schabataka. Dagegen spricht jedoch, daß Tirhaka 701 für eine solche Aufgabe noch viel zu jung war. In unserem Text scheint es, als hätte das Gerücht vom Herannahen der Ägypter Sanherib zum schleunigen Rückzug nach Assyrien veranlaßt. Nach anderen Quellen schlug der assyr. König den Pharao und seine Verbündeten jedoch im Jahre 701 v.Chr. bei Elteke. Man nimmt an, daß es Nachrichten von einem unmittelbar bevorstehenden Aufstand in Babylon waren, die Sanherib zum Abzug aus dem Westen und zur Rückkehr in seine Heimat bewogen. **12** *Gosan:* viell. Tell Halaf, vgl. auch 17,6. *Haran:* ein wichtiges Handelszentrum am Al-Balich im nordwestl. Mesopotamien. *Rezeph:* Es gibt mehrere Orte dieses Namens. Der hier gemeinte liegt an der Straße von Haran nach Palmyra. *Eden:* der aram. Staat Bit-Adini (vgl. Am 1,5 ?) in der Nähe von Haran. *Telassar:* Lage unbekannt, möglicherweise Til-Baschir. **13** *Sepharwajim:* s. Komm. 17,24. *Hena:* Lage unbekannt.

19,20–34 Die Weissagung Jesajas. Vgl. Jes 37,21–35. **21–28** Dieser Abschnitt wird manchmal als Spottlied (im Versmaß Qina) bezeichnet. **22** *Der Heilige Israels:* ein in ganz Jes gebräuchlicher Ausdruck (s. Einleitung zu Jes). **23** *Auf die Höhen der Berge ... im dichtesten Walde:* vgl. 2Chr 26,10. **24** *Alle Flüsse Ägyptens:* Ägypten findet sich nicht im hebr. Text. Andererseits bezeichnet das hier verwendete hebr. Wort für Fluß im AT gewöhnlich den Nil. MT liest: »Ich werde austrocknen«, LXX und Vulgata übersetzen in der Vergangenheitsform. Da Sanherib jedoch nie in Ägypten eingefallen ist, ergibt das Futur hier einen besseren Sinn. **25** Vgl. Jes 10,5–11. **28** *Meinen Ring in deine Nase:* Das Relief Asar-Haddons in Sendschirli zeigt Tirhaka von Ägypten (oder dessen Sohn?) und Baalu von Tyrus (nach anderen Abdimilkut von Sidon) je mit einem Ring durch die Lippen, die daran angebundenen Leinen hält der Eroberer in der Hand (Abb. in LZB Sp. 120). Vgl. 2Chr 33,11. **29** Jesaja sagt die Befreiung des Landes voraus, schlimmstenfalls unter Verlust von zwei Jahresernten. **30** Vgl. die Lehre vom »Rest«, die in Jes 10,20–22 entfaltet wird. Allerdings wird hier nicht das gleiche Wort gebraucht. Zur wunderbaren Befreiung vgl. Jes 30,15; 31,1–5. **32** In seiner Zylinder-Inschrift erwähnt Sanherib nicht, daß er Jerusalem angegriffen habe.

19,35–37 Die Befreiung von der Herrschaft Sanheribs. Vgl. Jes 37,36–38; 2Chr 32,21–23. **35** *In dieser Nacht:* Bei Jes und in Chr fehlt diese Angabe. *Hundertfünfundachtzigtausend:* Es gibt keinen außerbibl. Beleg für einen so gewaltigen Verlust; in Chr ist er viel bescheidener. Herodot (II,141) gibt eine Überlieferung wieder, nach der die Armee Sanheribs in der Nähe von Pelusium sich in regellose Flucht auflöste, als Mäuse in das Lager eindrangen und in einer einzigen Nacht sämtliche Köcher und Bogensehnen und die ledernen Griffe der Schilde wegfraßen. Einige Forscher meinen, dies beziehe sich auf dieselbe Situation, obwohl die Ortsangabe nicht paßt; viell. verbirgt sich hinter beiden Berichten als eigentliches Geschehen eine Seuche, etwa die Beulenpest. Jedenfalls nahm Sanherib Jerusalem bei dieser Gelegenheit nicht ein. **37** *Nisroch:* sonst unbekannt; möglicherweise der Gott Nuku, der in Nippur verehrt wurde, oder auch der Gott Marduk.

Adrammelech und Sarezer: Nach Euseb wurde Sanherib von seinem Sohn Ardumuzanus oder Adramelus (viell. zwei verschiedene Personen) getötet; sein Nachfolger war Nergilus, der von dem eben erwähnten Adramelus umgebracht wurde. Nergilus könnte mit Nergal-Sarezer und damit viell. mit dem hier erwähnten *Sarezer* identisch sein. Die assyr. Quellen geben die Namen der Mörder nicht an. Sie teilen nur mit, daß Sanherib durch die Hand eines seiner Söhne umkam. Sanherib wurde 682 v.Chr. ermordet.

20,1–21 Das Ende der Regierungszeit Hiskias

20,1–11 Hiskias Krankheit. Vgl. Jes 38–39; 2Chr 32,24–26. 1 *Bestelle dein Haus:* vgl. 2Sam 17,23. 6 *Fünfzehn Jahre:* Rechnet man von Hiskias Tod um 687 v.Chr. zurück, so könnte dies bedeuten, daß Hiskia 701 v.Chr. krank war, also im Jahr der Belagerung durch Sanherib (vgl. »Zu dieser Zeit«; V. 1). Gegen diese Datierung läßt sich allerdings einwenden, daß Merodach-Baladan (V. 12), der 721–710 v.Chr. regierte, noch einmal für kurze Zeit im Jahre 702 König von Babylon war. Zum letztgenannten Zeitpunkt dürfte er allerdings kaum in der Lage gewesen sein, Botschaften zu versenden. Aber Merodach-Baladan bemühte sich seit dem Tod Sargons 705 v.Chr., den Thron wiederzuerobern, und versuchte in diesen Jahren möglichst viele Verbündete zu gewinnen. Wahrscheinlich muß man Hiskias Krankheit vor der Belagerung Jerusalems ansetzen, viell. zwischen 705 und 702 v.Chr. (Die Vorhersage der 15 Jahre darf nicht als Mittel zur zeitlichen Bestimmung der Krankheit angesehen werden, weil sie dazu nicht gegeben wurde.) 7 Die kritische Forschung meint, die Krankheit könne nicht sehr schwer gewesen sein, wenn ein Brei von Feigen, wie man ihn zur Behandlung von Geschwüren verwendete, ausreichte, um sie zu heilen. Dabei wird übersehen, daß hier Gott handelt, auch wenn es in diesem Vers nicht ausdrücklich erwähnt wird. 9 *Zehn Striche:* (ZÜ u.a.: *»Zehn Stufen«*): Es muß sich nicht unbedingt um eine *Sonnenuhr* gehandelt haben. Man kann eine Treppe so anlegen, daß der Schatten, den die Sonne auf die einzelnen Stufen wirft, ungefähr die Zeit angibt. Nach einem Ausdruck im Jesaja-Text von Qumran könnte man auch auf einen Schrein zur Sonnenanbetung auf dem Dach eines Hauses schließen. Das wird jedoch den Einzelheiten der Geschichte und der psychologischen Wirkung auf Hiskia nicht gerecht. Die Frage, ob die Sonne sich wirklich rückwärts bewegt hat, oder ob eine Brechung ihrer Strahlen den Schatten rückwärts wandern ließ, geht über die Aussage des Textes hinaus. 11 EÜ Anm. zeigt die Textprobleme; vgl. Jes 38,8.

20,12–15 Die Botschaft Merodach-Baladans. Vgl. Jes 39,1–8; 2Chr 32,31. 12 *Merodach-Baladan:* MT »Berodach«, ein offensichtliches Versehen, bedingt durch die Ähnlichkeit von B und M in der älteren Schrift. Nach Josephus (Ant. X 2,2) sollte die Botschaft Hiskia als Bündnispartner gewinnen. 13 Einiges spricht für das Datum 702 v.Chr., denn Hiskia lehnte sich tatsächlich auf. *Hiskia freute sich:* hebr. »hörte ihnen zu«. LÜ folgt LXX, Vulgata, Peschitta und Jes 39,2. Im Hebr. ist nur ein Buchstabe unterschiedlich.

20,16–19 Jesaja tadelt Hiskia. 17 Die kritische Wissenschaft verweist nach dem verbreiteten Grundsatz, daß es keine vorhersagende Prophetie geben könne, diese Prophezeiung in eine spätere Zeit. Mit dieser Annahme läßt sich aber die psychologische Wirkung, die die Propheten bei ihren Zeitgenossen erzielt haben, nicht erklären. Setzen wir voraus, daß Gott Jesaja diese Dinge offenbaren konnte, so enthalten die Verse nichts, was nicht schon viele kleine Völker erfahren hatten, die in assyr. Gefangenschaft geraten waren. Der Einwand, daß hier von Babylon die Rede ist, läßt sich damit erklären, daß Babylon bereits im Begriff ist, die assyr. Herrschaft in Frage zu stellen. Und es war eine Botschaft aus Babylon, die Hiskia zu dieser Dummheit veranlaßte. 19 *Friede und Sicherheit . . . zu meinen Zeiten:* Mit einer sehr ähnlichen Einstellung wurde das Münchener Abkommen von 1938 von vielen aufgenommen.

20,20.21 Zusammenfassung der Regierungszeit Hiskias. 20 *Den Teich und die Wasserleitung:* wahrscheinlich ein Hinweis auf Hiskias Tunnel. Die 1880 wiederentdeckte Siloa-Inschrift beschreibt die Vollendung des Tunnels. Jes 22,9ff deutet darauf hin, daß er möglicherweise 701 v.Chr. gebaut wurde (vgl. LZB, Sp. 1301 und Tafel 82b.c).

21,1–18 Manasse von Juda

Vgl. 2Chr 33,1–20; Josephus, Ant. X 3,1–4,1. Manasse regierte länger als jeder andere König von Juda. Als Mitregent kam er 696 v.Chr. auf den Thron, 687/686 wurde er alleiniger Herrscher und regierte bis 642 v.Chr. Er wird als der schlimmste von allen Königen bezeichnet. Die Sünden Manasses werden als Grund für das Gericht über Juda angegeben (24,3). Während seiner Regierungszeit erreichte das assyr. Reich den Höhepunkt seiner Macht. Asar-Haddon marschierte 671 in Ägypten ein, und wenigstens zwanzig Jahre lang patroullierten assyr. Truppen ständig auf der Küstenstraße nach Ägypten, was für Juda Frieden und Sicherheit, zugleich aber Unterwerfung unter assyr. Herrschaft bedeutete. Manasses Name taucht in einigen assyr. Inschriften auf, der Bericht in 2Kön befaßt sich dagegen hauptsächlich mit seinen geistlichen Verfehlungen.

21,1–10 Die Greuel Manasses. 2 *Nach den greulichen Sitten der Heiden:* Diese werden in den folgenden Versen beschrieben. 3 *Die Höhen:* s. Komm. zu 1Kön 3,2. Manasse ist der einzige König Judas, der mit Ahab von Israel verglichen wird. *Heer des Himmels:* Manasse führt den Kult der Himmelsgötter wieder ein. 6 *Ließ seinen Sohn durchs Feuer gehen:* als Opfer an Moloch, vgl. 16,3. Der Moloch-Kult wurde im Tal Hinnom ausgeübt (2Chr 28,3; Jer 32,35). *Vogelgeschrei... Zeichen ... Geisterbeschwörer ... Zeichendeuter:* Die uralten Kulte, die möglicherweise nie ganz ausgestorben waren, förderte Manasse als Landesherr. Wenn man behauptet, 5Mo sei gegen die greulichen Kulte dieser Zeit geschrieben worden, so ergibt das wenig Sinn angesichts der Tatsache, daß sich viele von ihnen bis vor die Zeit Moses zurückverfolgen lassen. 7 *Aschera:* s. 1Kön 15,13.
7–15 Die kritische Wissenschaft schreibt diese Verse einem späteren Bearbeiter, etwa um 550 v.Chr., zu, der eine Erklärung dafür habe finden müssen, daß Jerusalem zerstört und das Königreich vernichtet worden sei. Aber dabei läßt man außer acht, warum Jerusalem zerstört wurde. Nach übereinstimmender bibl. Darstellung haben Propheten, die zweifelsfrei vor der Zeit der Zerstörung lebten, diese Geschehnisse vorausgesagt, aber Jerusalem weigerte sich, darauf zu hören.

21,11–16 Jahwes Spruch über Manasse. Götzendienst und Gottlosigkeit begannen in Juda nicht mit Manasse. Wer annimmt, der »Redaktor« habe eine derartige Vorstellung gehabt, setzt damit voraus, daß es keine Sünde am Sinai, keinen Ungehorsam gegen Jahwe in der Richterzeit, keinen Götzendienst unter Salomo gegeben habe und daß vor dem Jahr 550 v.Chr. kein Prophet im Land gegen den Götzendienst Einspruch erhoben hat. Bei Manasse erreicht die Auflehnung gegen Jahwe ihren Höhepunkt. Er ist das genaue Gegenstück zu David, ein »Anti-David«. Sein Ziel ist die Zerstörung des davidischen Bundes. Es ist kennzeichnend, daß während der Regierungszeit Manasses kein Prophet seine Stimme erhebt. 13 *Meßschnur ... Lot:* s. Am 7,8. 16 Josephus (Ant. X 3,1) berichtet, daß Manasse täglich Menschen umbrachte. Nach einer Überlieferung tötete er den Propheten Jesaja, indem er ihn zersägte (vgl. Hebr 11,37).

21,19–26 Amon von Juda

Vgl. 2Chr 33,21–25. Amon trat in die Fußstapfen seines Vaters. Er regierte nur 2 Jahre. Es gibt kein Anzeichen dafür, daß Amon neben Manasse Mitregent gewesen wäre – ein bemerkenswerter Umstand, wenn man das Alter Manasses und seine lange Regierungszeit berücksichtigt. 19 *Jotba:* ca. 32km nördl. von Ezjon-Geber (4Mo 33,33).
23 Amon wurde im Alter von 24 Jahren von seinen *Großen* ermordet. Aber *das Volk* rächte seinen Tod, indem es die Verschwörer tötete und seinen Sohn Josia zum König machte.

22,1–23,30 Die Reform Josias

22,1–20 Das Gesetzbuch

22,1.2 Einleitung zu Josias Regierungszeit. Vgl. 2Chr 34,1–35,27. Josia ist in mancher Hinsicht ein idealer König. Er und sein Urgroßvater Hiskia sind die einzigen Herrscher, die in Kön uneingeschränkt bejaht werden. Die Regierungszeit Josias verläuft etwa gleichzeitig mit dem Leben des Propheten Jeremia. Erstaunlicherweise findet sich jedoch keine Erwähnung Jeremias in Kön und nur ein beiläufiger Hinweis auf Josia in der Prophetie Jeremias. Assurbanipal von Assyrien war ein schwacher König. So konnte Josia ziemlich selbständig handeln. 1 *Acht Jahre alt:* Man erwartet eine höhere Zahl. Seine Söhne Jojakim (23,36) und Joahas (23,31) waren 25 und 23, als er etwa 39 Jahre alt war. Er wäre demnach mit 15 oder 16 Vater geworden, was denkbar ist. Wenn er 7 Jahre lang versteckt war, stimmt die Angabe *acht.* Wollte man achtzehn lesen, so würde das bedeuten, daß Amon bei der Geburt Josias erst 7 Jahre alt war. Der Tod Josias läßt sich durch die »Babylonische Chronik« genau auf das Jahr 609 v.Chr. datieren. Demnach wurde er 639 v.Chr. König.

22,3–7 Die Ausbesserung des Tempels. Josia konnte mit der Ausbesserung kaum vor dem Tod Assurbanipals beginnen. Dann verzögerte der Einfall der Skythen den Plan.
3 *Im achtzehnten Jahr:* 621 v.Chr., fünf Jahre nach dem Tod Assurbanipals. Nach 2Chr 34,3 begann Josias Reform im 12. Jahr seiner Herrschaft, also 628. 4 Er geht genauso vor wie Joas (12,10–16).

22,8–13 Die Auffindung des Gesetzbuches. Die Einzelheiten des Berichts hören sich an, als ob sie oft erzählt worden wären; ein Zeichen für die große Bedeutung dieses Ereignisses. 8 *Gesetzbuch:* Die früheste kritische These lautete, daß es sich hier um das Urdeuteronomium, wahrscheinlich 5Mo

12–26, gehandelt habe. Dieses sei gerade geschrieben worden, und nun habe man seine Entdeckung inszeniert, um ihm Ansehen zu verleihen. Diese Auffassung ist durch die Forschung auf so vielfältige Weise abgeändert worden, daß von der urspr. Theorie fast nichts übrig blieb. Auf der anderen Seite überzeugt auch die konservative Anschauung nicht, daß es sich um den ganzen Pentateuch gehandelt habe. Eine Rolle des gesamten Pentateuch müßte allein schon einen viel zu großen Umfang haben. **8.10** Das Gesetzbuch wurde zweimal ausschnittsweise öffentlich gelesen, und zwar an einem Tag. Da die Reformen dem Inhalt von 5Mo eng verwandt sind, gibt es kaum Zweifel, daß es sich bei dem Gesetzbuch entweder um 5Mo oder einen erheblichen Teil desselben gehandelt hat.

22,14–20 Die Prophezeiung Huldas. Die Wissenschaftler akzeptieren diesen Bericht als zuverlässig, weil es außergewöhnlich war, daß eine Frau für Jahwe sprach. Jeremia und Zephanja übten zu dieser Zeit beide das Prophetenamt aus. Bei einem erfundenen Bericht hätte man sicher einen von ihnen als Verfasser angegeben (vgl. 2Chr 34,20–28). **15** *Dem Mann:* Auch der König ist nur ein Mensch; dies muß man sich vor Augen halten angesichts aller Versuche, nachzuweisen, daß der König in Israel als göttlich angesehen worden sei. **16–20** Die kritische Wissenschaft nimmt an, daß die Vorhersage der Zerstörung des Tempels und der Wegführung der Bewohner Jerusalems ins Exil von dem späteren Bearbeiter eingefügt worden sei. Aber im Licht der Erfahrung so vieler anderer Völker und bes. des Nordreiches gibt es keinen Grund, diesen Abschnitt in eine spätere Zeit zu datieren.

23,1–30 Josias Reformen und sein Tod

Vgl. 2Chr 34,29–32.

23,1–3 Der Bundesschluß. Der atl. Glaube fand seinen Ausdruck im Bund zwischen Jahwe und seinem Volk. So ist es nicht verwunderlich, daß in einer Zeit geistlicher Erweckung vor allem dieses Bundesverhältnis wiederhergestellt wird. **3** *Die Säule:* vgl. 11,14. *Trat in den Bund:* beschreibt wahrscheinlich den eigentlichen Ritus: das Hintreten zwischen die Bundessymbole.

23,4–20 Die Zerstörung der Kultstätten und -gegenstände. Vgl. 2Chr 34,3.4.7.33. **4** *Im Tal Kidron:* ZÜ: »auf den Feldern«. **5** *Planeten:* Das hebr. Wort kommt im AT nur hier vor; im rabbinischen Hebr. ist es jedoch für die Tierkreiszeichen und die Planeten gebräuchlich. **6** *Am Bach Kidron:* später Tal Josaphats genannt. Der Ort der letzten Auferstehung und des Weltgerichts. Vgl. das Ende des Verses mit 2Mo 32,20. **7** *Tempelhurer:* umfaßt wahrscheinlich beide Geschlechter, obwohl das Wort männlich ist (vgl. 5Mo 23,18). **8** *Feldgeister:* vgl. 3Mo 17,7; 2Chr 11,15. **9** ist schwer zu deuten. Diese Priester durften wohl heilige Speisen essen, aber keine Opfer darbringen. **10** *Topheth:* wohl Feuerstätte, so ZÜ und JB. *Im Tal Ben-Hinnom* wurden Kinder als Opfer an Moloch verbrannt (vgl. 5Mo 12,31; Jer 7,31). Das Tal Hinnom (s. Komm. zu 16,3) liegt an der Südseite Jerusalems und wurde als »Gehenna« bekannt. **11** *Parwarhaus:* Bedeutung unsicher; ZÜ, JB: Anbau. Wahrscheinlich ein Bauwerk westl. des Tempels (1Chr 26,18). Einige Forscher halten die Bezeichnung für ein persisches Lehnwort und datieren diesen Abschnitt entsprechend spät; sie läßt sich aber auch aus dem Babyl. ableiten. *Wagen der Sonne:* Teil des Symbols der Sonnengottheit. **13** *Berg des Verderbens:* s. Komm. zu 1Kön 11,7. Viele Ausleger nehmen an, daß das hebr. Wort für Verderben umpunktiert worden ist aus dem Wort für Salböl, und daß deswegen der Ölberg, östl. vom Bach Kidron, gemeint ist. (So auch Targum.) **15** *Brach er ab, zerschlug:* LÜ folgt LXX. MT: »er verbrannte die Höhen« ergibt wenig Sinn. **18** *Die Gebeine des Propheten ... der aus Samaria gekommen war:* vgl. 1Kön 13; aber der Abschnitt ist schwierig.

23,21–23 Die Feier des Passa. Dies war der Höhepunkt der Reform. Es wurde gefeiert, wie in 5Mo 16,1–8 gefordert. Einige halten dies für das erste Passa, das je in Jerusalem gefeiert wurde; deshalb brauchte man neue Vorschriften. Weder dieser Abschnitt noch 18,4 erwähnen die Erneuerung des Passafestes durch Hiskia (2Chr 30). Das Passa läßt, wie alle religiösen Bräuche, Zeichen einer geschichtlichen Entwicklung erkennen. Es erscheint jedoch unmöglich, es vom Auszug aus Ägypten zu trennen, weil es so tief mit dem Kultus und mit dem Glauben der Menschen des AT verbunden ist.

23,24–27 Weitere Reformen und das Wort des Herrn. Josia setzt die Reform in ganz Juda durch, um den Worten des Gesetzes Geltung zu verschaffen. Die Annahme, der Verfasser habe V. 26.27 eingefügt, weil er nicht verstehen konnte, warum diese Reform den Zorn Jahwes nicht abwandte, überzeugt nicht. Die großen Propheten des 8. Jh. hatten gesprochen, Jeremia und Zephanja redeten noch: Wenn wir aus ihren Prophetien alle Warnungen entfernen wollten, so bliebe wenig übrig! **24** *Abgötter:* Hausgötter, vgl. 1Sam 19,13–16; 1Mo 31,32.34. **25** entspricht der Formulierung in 5Mo 6,5, die wahrscheinlich bereits liturgisch gebraucht wurde.

23,28–30 Zusammenfassung der Regierungszeit Josias. Vgl. 2Chr 35,20–27. Die große Reform bricht plötzlich zusammen, als Josia mit seinem Heer nach Megiddo gegen den heranrückenden Pharao Necho zieht und dabei getötet wird. 612 v.Chr. war die Stadt Ninive einem Zweifrontenangriff der Meder und Babylonier zum Opfer gefallen. Wir wissen nicht, warum Necho diesen Kriegszug unternahm. Viell. wollte er das zerfallene assyr. Reich stützen, oder, was wahrscheinlicher ist, Syrien selbst einnehmen. Es wird auch kein Grund für Josias Marsch nach Megiddo genannt. Viell. war er Assyrien noch verpflichtet. Wahrscheinlicher ist, daß er sein eigenes Hoheitsgebiet vergrößern wollte (vgl. 2Chr 35,20–24). Der Annahme, Josia habe den Kriegszug auf Wunsch oder Forderung Nechos unternommen, wird durch Chr widersprochen. **29** *Necho:* Necho II. von Ägypten, 610–595 v.Chr. *Gegen den König von Assyrien:* auch »zu dem König« ist denkbar; *el* = zu und *al* = gegen werden im AT häufig verwechselt. **30** *Den Toten:* Das Hebr. könnte auch »den Sterbenden« heißen, was mit Chr übereinstimmen würde. Aber dann ergibt sich eine ungewöhnliche Konstruktion des hebr. Satzes. *Megiddo:* von dem hebr. *har megiddon* (= Berg Megiddo) ist das griech. Harmagedon abgeleitet (Offb 16,16). Es ist bemerkenswert, daß es *das Volk* war, das Joahas zum Nachfolger Josias machte.

23,31–25,30 Die letzten Tage Judas

Vom Tode Josias bis zur Zerstörung Jerusalems vergeht nur eine kurze Zeitspanne, die Ereignisse nehmen einen immer schnelleren Verlauf. Innerhalb von 22 Jahren regierten vier Könige, und Jerusalem wird dreimal erobert.

23,31–35 Joahas von Juda

Vgl. 2Chr 36,1–4. Wie Manasse hatte auch Joahas einen großen Reformer zum Vater. Wir müssen uns fragen, warum beide Söhne »böse« waren. Hiskia hatte den Herrn nicht befragt, bevor er seine Schatzkammer den Babyloniern öffnete. Josia hatte Jahwe nicht gefragt, ob er nach Megiddo ziehen sollte. Gibt es hier einen Zusammenhang?

31 Joahas war nicht der älteste Sohn Josias (V.36). *Joahas* war sein Königsname; an sich hieß er Schallum (Jer 22,10ff; 1Chr 3,15). *Regierte drei Monate:* Das wird von der »Babylonischen Chronik« bestätigt. Diese stellt fest, daß Nechos Feldzug im Jahre 609 vom Tammuz (Juni/Juli) bis zum Elul (August/September) dauerte (D. J. Wiseman, Chronicles of Chaldaean Kings, S. 62ff). **32** *Tat, was dem Herrn mißfiel:* Er hatte allerdings nicht viel Gelegenheit dazu. Wahrscheinlich lehnte er es ab, von Ägypten Unterstützung zu erbitten. Daraufhin nahm Necho ihn gefangen, machte das Land tributpflichtig und machte Eljakim anstelle von Joahas zum König. **33** *Ribla:* eine wichtige Stadt, etwa 30km südl. von Hama, in der Biqaʿ nahe Kadesch am Orontes. *Hundert Zentner Silber:* nach heutigem Wert etwa 1 Mio. DM. *Ein Zentner Gold:* (ZÜ: Ein Talent) = 34,2kg. Nach heutigem Wert etwa 160000 DM; s. Komm. zu 1Kön 9,14; 10,16). **34** *Eljakim:* der ältere Sohn Josias. *Jojakim* war sein Königsname. Die Namengebung unterstreicht seine Stellung als Vasall. Joahas wurde nach Ägypten gebracht und starb dort. **35** Im Gegensatz zu dem Tribut zur Zeit Manasses, der von den Reichen aufgebracht werden mußte, wird diese viel kleinere Abgabe dem ganzen Land auferlegt. Das läßt darauf schließen, daß das Land inzwischen verarmt war.

23,36–24,7 Jojakim von Juda

Vgl. 2Chr 36,5–8; Jer 22,18.19; 26,20–23; 36,1–26; 3.Esra 1,32–36; Josephus, Ant. X 5,2. Josephus bietet einen umfangreicheren Auszug aus der »Babylonischen Chronik« des Berossos, die für diesen Teil des Nebukadnezar'schen Reiches als Hauptquelle gilt. Jojakim regierte elf Jahre, einen Teil dieser Zeit als Vasall Nebukadnezars. Nach drei Jahren wird Jojakim abtrünnig, viell. in Zusammenhang mit dem Zug Nechos nach Norden (nach Jer 46,2 im vierten Jahr Jojakims). Das war die Gelegenheit für Nebukadnezar, Necho zu schlagen und seine eigene Macht bis an die Grenze Ägyptens auszudehnen. Vermutl. wurden zu dieser Zeit Mitglieder der königl. Familie und des Adels nach Babylon gebracht (Dan 1,1–6; vgl. jedoch Jer 52,28). Einige Schwierigkeiten sind noch nicht gelöst. Nach Josephus weigerte sich Jojakim in seinem 8. Jahr, Tribut zu zahlen, und Nebukadnezar schickte eine Strafexpedition. Das stimmt mit der Babylonischen Chronik überein, die in diesem Jahr einen Zusammenstoß mit Ägypten in Palästina verzeichnet.

23,36–37 Einführende Feststellung. *Jojakim:* (= Eljakim, V.34) wird von Necho zum König gemacht und zur Tributleistung an den Pharao gezwungen. *Tat, was dem Herrn mißfiel:* Dies wird nicht weiter im einzelnen beschrieben. Jojakims Einfluß in Ägypten deutet Jes 26,21–23 an. Er regierte 608–597 v.Chr.

24,1–4 Die Herrschaft Nebukadnezars. Dieser bedeutende babyl. König regierte 605–592 v.Chr. Die babyl. Form seines Namens lautet *Nabu-kudurri-usur.* **1** *Jojakim* *war ihm untertan drei Jahre:* Wenn wir Josephus folgen, war das von 603–601 v.Chr., es ist aber auch möglich, daß Nebukadnezar als Befehlshaber des babyl. Heeres sofort gegen Jerusalem marschierte, als sich Necho 608 v.Chr. nach Ägypten zurückgezogen hatte. Dann wäre der Aufstand Jojakims auf 605 v.Chr. zu datieren. In diesem Jahr befand sich Nebukadnezar auf einem Feldzug im Westen und mußte heimkehren, um nach dem Tod seines Vaters den Thron einzunehmen. 2 Diese Situation paßt in eine Zeit, in der Babylon anderweitig engagiert ist und die Grenzstämme versuchen, daraus Kapital zu schlagen. *Die Propheten:* Jeremia und Uria (Jer 26,20ff). Zum Hintergrund vgl. Jer 7,16–18; Hes 8,5–18.

24,5–7 Zusammenfassung der Regierungszeit Jojakims. **6** *Legte sich zu seinen Vätern:* deutet einen friedlichen Tod an. Nach 2Chr 36,6 legte Nebukadnezar ihn jedoch in Ketten, um ihn nach Babel zu führen, und Jeremia (22,19) sagt, er solle das »Begräbnis eines Esels« haben (d.h. gar keins). Ein Erklärungsversuch geht von der Annahme aus, Jojakim sei nochmals abtrünnig geworden. Als Nebukadnezar versuchte, ihn nach Babylon zu bringen, sei er verwundet worden und gestorben. Sein Leichnam sei fortgeworfen worden. **7** Babylon hatte schließlich den Westen völlig unter Kontrolle.

24,8–17 Jojachin von Juda

Vgl. 2Chr 36,9.10; Jer 29,2. 3.Esra 1,41–44; Josephus, Ant. X 6,3 und X 7,1. Er regierte nur 3 Monate während der Belagerung Jerusalems. Nach der Chronik Nebukadnezars dauerte diese Belagerung vom Kislev (Dezember) 598 bis zum Adar (März) 597 v.Chr. Eine Beurteilung Jojachins findet sich Hes 17,12–24. **8** *Jojachin:* ist sein Königsname, sonst hieß er Jechonja (1Chr 3,16) oder abgekürzt Konja (Jer 22,24). **12** *Im achten Jahr seiner Herrschaft:* Hier wird in der Bibel erstmals eine ausländische Datierung benutzt. Nebukadnezars 8. Jahr ist 597 v.Chr.; das »siebente Jahr« in Jer 52,28 basiert auf einer anderen Berechnung. Nach einer babyl. Tontafel wird die Einnahme Jerusalems auf den 15./16. März (2. Adar) 597 v.Chr. datiert. **13** Vgl. Jer 27,19f. *Alle:* Dieses Wort wird in der Bibel oft verallgemeinernd gebraucht (vgl. 25,15). Nach Dan 5,2; Esr 1,7–11 ist anzunehmen, daß nur die Gefäße zerschlagen wurden, die zum Abtransport zu groß waren. Die übrigen wurden in den Tempel Marduks in Babylon gebracht. Der Bericht über Jojachin wird 25,27–30 fortgesetzt. Es ist offensichtlich, daß er als der wahre König von Juda angesehen wurde. **13.14** Einige Wissenschaftler meinen, dies beziehe sich auf die Zerstörung Jerusalems im Jahr 586. Allerdings passen die Zahlenangaben in V. 14.16 nicht zu Jer 52,28–30. **15** Vgl. Jer 27,20. **16** Vgl. Jer 52,28ff; einige Forscher geben den Angaben Jeremias den Vorzug.

24,18–25,7 Zedekia von Juda

Vgl. 2Chr 36,11–21; Jer 39,1–10; 40,7–41,18; 52. Die Auseinandersetzungen zwischen der pro-ägyptischen und der pro-babylonischen Partei in Juda spiegeln sich in Jer; Zedekia hielt es offenbar mit der pro-ägyptischen Partei. Als Psammetich II. 593 v.Chr. den ägypt. Thron bestieg, führte das in den westl. Provinzen des babyl. Reiches zu Unruhen. Unter seinem Nachfolger Apries (Hophra), der 588 v.Chr. auf den Thron kam, steigerten sie sich zur Revolte, an der Zedekia zweifellos beteiligt war. **18** *Zedekia:* Er hieß Mattanja (V. 17), war Joahas Bruder und Jojachins Onkel, wie auch Jer 52,1 und die LXX in 2Chr 36,10 angeben. In 2Chr 36,10 ist deswegen nicht MT, sondern LXX zu folgen. Zur Namengebung vgl. Komm. zu 23,34. **20** Der Verf. hat die dazwischenliegenden Jahre der Regierungszeit Zedekias überschlagen und teilt uns den Grund des Aufstandes nicht mit. Nachdem es im Jahre 588 v.Chr. unter Hophra (Jer 44,30) eine Revolte gegeben hat, liegt es nahe, Zedekias Aufstand damit in Verbindung zu bringen.

25,1 Das Datum ist nach dem babyl. Kalender angegeben. Die Belagerung begann Ende Dezember. Das Jahr hatte demnach im März angefangen. Warum es 19 Monate dauerte, Jerusalem einzunehmen, ist nicht klar. Berücksichtigt man Jer 37,5, so ergibt sich, daß die babyl. Streitkräfte mehrmals von der Belagerung abgelenkt wurden, u.a. wahrscheinlich durch den Aufstand Hophras. Die Revolte brach 588 v.Chr. aus, im 9. Jahr Zedekias (25,1). **2** *Das elfte Jahr:* 586 v.Chr. **3** *Der vierte Monat:* Tammuz (Juni/Juli). **4** *Der König und alle Kriegsmänner flohen:* nach LXX. Fehlt im Hebr. Vgl. Jer 39,4; 52,7. Zedekia entkam an der Südostecke aus der Stadt und versuchte, nach Jericho zu gelangen. *Jordantal:* wörtl. Araba = die Steppe. Gemeint ist der südl. Jordangraben. **5.6** Bei *Jericho* wurde er gefangengenommen und zum babyl. König nach Ribla (vgl. 23,33) gebracht. **7** Seine Bestrafung wird hier erwähnt. Von seinem Tod berichtet wahrscheinlich Hes 12,12ff.

25,8–30 Die Zerstörung Jerusalems und das Exil

Vgl. 2Chr 36,14–21; Jer 52,12–30. Die Babylonier brannten die ganze Stadt nieder: Tempel, Königspalast und Häuser. Sie führten die Bewohner fort und ließen nur die Landarbeiter zurück. Es war eine absichtliche Zerstörung und Bestrafung der Stadt. Archäol. Forschungen haben bestätigt, daß Judäa in dieser Zeit fast total entvölkert wurde.

25,8–21 Die Zerstörung Jerusalems. **8** *Das neunzehnte Jahr:* 586 v.Chr. *Am siebenten Tage des fünften Monats:* Juli/August. Lukian und Peschitta lesen 9. Tag in Übereinstimmung mit der jüd. Tradition, daß der Tempel, wie später durch Titus 70 n.Chr., am 9. des Monats Ab zerstört wurde. Jeremia berichtet über die Wegführung von Gefangenen im 7. (52,28), 18. (52,29) und 23. (52,30) Jahr Nebukadnezars. **16.17** Vgl. Jer 52,20–23. Es findet sich kein Hinweis auf die kupfernen Rinder (vgl. 2Kön 16,17). **18–21** Die Männer, die die Verantwortung für den Aufstand trugen, wurden von Nebukadnezar bei Ribla hingerichtet.

25,22–26 Gedalja wird Statthalter in Juda. Nach Josephus (Ant. X 9,1f) war Gedalja freundlich und großzügig, setzte sein Vertrauen aber in Leute, die es nicht verdienten. Das führte schließlich zu seiner Ermordung. **23** *Mizpa:* Sitz des Statthalters, nachdem Jerusalem vernichtet worden war (vgl. 1Kön 15,22); wohl Tell en-Nasbe, etwa 15km nördl. von Jerusalem. Nach den Ergebnissen archäol. Forschung eine der wenigen Siedlungen, die zu jener Zeit unversehrt blieben. Gedaljas Vater unterstützte interessanterweise Jeremia gegen die pro-ägyptische Partei (Jer 26,24). Ein Tonsiegel aus dieser Zeit, das in Lachisch gefunden wurde, trägt die Inschrift: »Gehört dem Gedalja, der über das Haus ist« (Abb. LZB Sp. 443). Mit größter Wahrscheinlichkeit ist der bibl. Gedalja gemeint. *Ismael:* sonst unbekannt. *Seraja:* ein Enkel des Priesters Hilkia (1Chr 5,39.40; MT). **25** Es scheint, als seien zusammen mit Gedalja alle Vertreter der Obrigkeit umgebracht worden. **26** Die Mörder und ihre Helfer flohen nach Ägypten. *Ägypten:* Es gab eine ansehnliche Niederlassung von Juden im Nildelta (vgl. Jes 19,18.19; Josephus, Ant. XIII 3,1). Etwas später finden wir eine jüd. Siedlung in Elephantine in Oberägypten.

25,27–30 Jojachin wird aus dem Gefängnis entlassen. **27** Die Zeitrechnung orientiert sich immer noch an Jojachin, sie wird hier mit dem Jahr der Thronbesteigung Evil-Merodachs synchronisiert. Der neue König, dessen Name nach korrigierter Punktation Amel-Marduk gelesen werden sollte, regierte 562–560 v.Chr. *Ließ ... kommen:* wörtl. »erhob das Haupt« (EÜ; ZÜ = begnadigte). S. Komm. zu 1Mo 40,13. **29** *Saß alle Tage bei dem König:* vgl. 2Sam 9,7; 19,34; 1Kön 2,7. Keilschrifttafeln aus der Zeit 594–569 v.Chr. erwähnen Lieferungen an Jojachin (babylon. Jaukin) und seine fünf Söhne. Aus diesen Tafeln ergibt sich, daß Nebukadnezar Jojachin mit dem Respekt behandelt hatte, der einem König gebührte. Die Handlungsweise Amel-Marduks bedeutet eine Ausweitung dieser Politik. Die Juden in Babylon zählten die Jahre des Exils nach der Gefangennahme Jojachins (vgl. Hes 1,2), ein Zeichen für ihren Glauben, daß der davidische Bund noch gültig war und Jahwe noch für die Nachkommen Davids sorgte.

William Sanford La Sor

1. und 2. Chronik

Stellung im alttestamentlichen Kanon

Während die deutschen Bibeln LXX und Vulgata folgen und die Chronikbücher gleich hinter 1 und 2Kön einordnen, stehen diese in der hebr. Bibel ganz am Ende des AT. Dort dürften sie auch zur Zeit Jesu ihren Platz gehabt haben (s. Komm. zu 2Chr 24,20f). Urspr. bildeten 1 und 2Chr eine Einheit, die Zweiteilung wurde erst in der LXX eingeführt und dann von den Christen übernommen. Sie findet sich auch in den gedruckten hebr. Bibeln.

Name und Datierung

Die Bezeichnung Chronik geht auf den Kirchenvater Hieronymus zurück. Sie gibt den hebr. Titel *dibre hajjamim* (die täglichen Ereignisse oder Annalen) ziemlich genau wieder, sagt allerdings über Wesen und Zweck der Bücher wenig aus. Der in kath. Übersetzungen verwendete Titel Paralipomena ist über die Vulg. aus der LXX übernommen worden. Er bedeutet (von Kön) »Ausgelassenes« und ist kaum zutreffend.

Das frühestmögliche Datum für die Abfassung ist mit 537 v.Chr. offensichtlich in 2Chr 36,22 gegeben. Da Chr, Esr und Neh urspr. vermutlich *ein* Buch waren, läßt sich der Zeitpunkt der Abfassung um 430 v.Chr. ansetzen. Die sechs Generationen umfassende Liste der Nachkommen Serubabels weist auf ein Abfassungsdatum nicht vor 400–340 v.Chr. hin (s. aber Komm. zu 1Chr 3,19–24). In Neh 12,10f.22f endet die Liste der Hohenpriester mit Jaddua, der um 332 v.Chr. lebte. Rudolph vertritt die durchaus mögliche Auffassung, daß es sich bei diesen Versen um spätere Zusätze handelt und datiert deshalb die Chr auf kurz nach 400 v.Chr. Albright kommt von anderen Voraussetzungen her zu einem ähnlichen Ergebnis. Auf jeden Fall können Daten, die später als 300 v.Chr. liegen, als unwahrscheinlich ausgeschlossen werden.

Verfasser

In der jüd. Überlieferung wird Esra als Verfasser der Chronik angesehen. Die im vorhergehenden Abschnitt referierten Datierungsprobleme und die bruchstückhafte Beschreibung des Wirkens Esras machen diese Annahme ziemlich unwahrscheinlich. Möglicherweise wurde jedoch die jüd. Überlieferung mißverstanden. Viell. wollte sie nur die Geschlechtsregister (1Chr 1–9) Esra zuschreiben. In diesem Fall könnte Delitzsch's Ansicht, daß Esra einen maßgeblichen Teil des Materials zusammengestellt habe, zutreffen. Auch Welchs Theorie (Schweich Lectures 1939), der größte Teil des Buches sei vorexilisch, hätte dann etwas für sich. Wie dem auch sei, der Name des Autors läßt sich letztlich nicht identifizieren.

Zweck

Eine Chronik unterscheidet sich von Geschichtsschreibung dadurch, daß sie die Ereignisse festhält, ohne ein klares Auswahlprinzip dafür zu haben, was sie aufnimmt und was nicht. Nach dieser Definition ist der Chronist jedoch eindeutig ein Geschichtsschreiber. Denn sowohl in dem, was er zu Sam und Kön hinzufügt, wie auch in dem, was er ausläßt, sind klare Grundsätze erkennbar. Seine Erzählungen betreffen hauptsächlich den Tempel, die Tempeldienste und die Ereignisse, die die geistlich-religiöse Seite des staatlichen Lebens hervorheben. Allgemeinen politischen Ereignissen wird weniger Gewicht beigemessen. Offensichtlich geht es dem Chronisten vorwiegend um Israel als religiöse Gemeinschaft. Auch seine Auslassungen zeigen, daß sein Interesse wesentlich auf die Entwicklung zweier göttlicher Institutionen, nämlich des Tempels und des davidischen Königshauses, konzentriert ist. Deshalb wird nur der Tod Sauls erwähnt. Sauls Herrschaft, die Sünde Davids, die Rebellion Absaloms und auch der Versuch Adonias, sich selbst zum König zu machen, werden übergangen. Die Geschichte des Nordreiches, das sich gegen beide Institutionen aufgelehnt hatte, wird nur erwähnt, wo sie die Geschichte Judas berührt.

Deswegen sah man in der Chr den priesterlichen Standpunkt vertreten, dem es um die göttlichen Institutionen ging. Sam und Kön beschreiben dagegen vom prophetischen Standpunkt aus, wie Gott an seinem Volk handelte und sich dadurch offenbarte.

Die Gründe, die zur Abfassung der Chr führten, sind leicht zu erkennen. Die nachexilische Gemeinde mußte verstehen, wie sie entstanden war: nämlich als die wahre Fortsetzung der vorexilischen Gemeinde (deshalb auch die Geschlechtsregister). Sie mußte die Bedeutung des Tempels und seiner Gottesdienste, die ihr anvertraut waren, neu begreifen.

Das Fehlen von vielen Details, die uns aus Sam und Kön vertraut sind, unterstreicht noch einmal, daß Gott alles, was sich gegen ihn auflehnt, aus der Geschichte seines Volkes ausmerzt. Das zeigt auch die geringe Zahl derer, die aus dem Exil heimkehrten.

In einer Zeit, die durch die zunehmende Tendenz gekennzeichnet ist, Gottes Offenbarung in der Bibel preiszugeben, haben uns die Chronikbücher eine gute Lektion, als Ermutigung und als Warnung, zu vermitteln.

Quellen

Die Hauptquelle der Chr sind Sam und Kön. Zusätzlich gibt es etwa 20 andere Quellen, auf die Bezug genommen wird, z.B. in 1Chr 5,17; 9,1; 23,27; 27,24; 29,29; 2Chr 9,29; 12,15; 13,22; 24,27; 26,22; 27,7; 33,19; 35,25 etc. Auch wenn kein Grund besteht, die Existenz dieser Quellen zu bezweifeln, so bedeutet das nicht, daß der Chronist sie wörtl. zitiert. Möglicherweise benutzte er selbst bereits Sekundärliteratur, die auf ihnen fußte. Es ist unwahrscheinlich, wenn auch nicht unmöglich, daß alle diese Quellen über das Exil hinaus erhalten blieben.

In seiner Darstellung hält sich der Chronist ziemlich eng an Sam und Kön, Abweichungen sind selten. Deswegen liegt der Schluß nahe, daß er mit seinen anderen Quellen gleicherweise umging, wenn man davon absieht, daß er ihre Sprache umgestaltete.

Der geschichtliche Wert

Für sich allein würde die Chr ein einseitiges geschichtliches Bild abgeben. Aber es ist offensichtlich, daß der Autor bei seinen Lesern die Kenntnis von Sam und Kön voraussetzt. Größere Schwierigkeiten bereiten die zahlreichen scheinbaren und wirklichen Unterschiede zwischen Chr auf der einen und Sam und Kön auf der anderen Seite. Dies hat wahrscheinlich dazu geführt, daß im Talmud die hist. Genauigkeit der Chr angezweifelt wurde, wenn auch nicht ihre Zugehörigkeit zum Kanon.

In neuerer Zeit ist die Historizität aller der Abschnitte angezweifelt worden, die nicht auch in Sam und Kön vorkommen. (Man hat sie sogar als Erfindung des Chronisten bezeichnet.) Aber in den wenigen Fällen, in denen sich die Archäologen ein Urteil bilden konnten, fiel es zugunsten des Chronisten aus. Heute sind die Wissenschaftler deshalb sehr viel vorsichtiger in ihrer Kritik. Im wesentlichen besteht kein Anlaß, die Genauigkeit des Chronisten und seiner Quellen anzuzweifeln. Einige Unterschiede können auf Textverderbnissen in seinen Quellen beruhen, an anderen Stellen ist auch der Text der Chr selbst schlecht überliefert.

Besondere Schwierigkeiten bereiten die Zahlenangaben. Einige erscheinen unmöglich hoch, andere stimmen mit Sam und Kön nicht überein, wieder andere lassen sich mit archäol. Funden nicht in Einklang bringen. Es finden sich aber auch Zahlenangaben, die nicht durch die Annahme erklärt werden können, daß es sich hier um Übertreibungen handele: z.B. die 300 Kampfwagen in 2Chr 14,9, verglichen mit den 1000000 Fußsoldaten. Am ehesten leuchtet die Annahme ein, daß entweder der Text der dem Chronisten vorliegenden Quelle verderbt war oder daß der Text des Chronisten verderbt überliefert worden ist. (Vgl. Wenham, Die großen Zahlen des AT, HZB 191–194.)

Die Untersuchung der Abweichungen in den Geschlechtsregistern wird uns eingehender auf das Problem der Textübermittlung hinführen. Es muß aber noch ein anderer Aspekt bedacht werden. Zahlen über tausend werden nicht nur als Zahlenwerte verwendet, sondern haben auch symbolischen Wert. So wird es an einigen Stellen wohl nur darum gehen, sie als eine große oder eine sehr große Zahl zu verstehen. Dabei müssen wir uns allerdings immer bewußt machen, daß auf diesem schwierigen Gebiet der Textexegese alle Erklärungsversuche nur vorläufig sein können.

(In diesem Komm. abgekürzt zitiert: W. Rudolph, *Chronikbücher.* HAT 21, 1955.)

Inhalt

1. Chronik

2. Chronik

Kommentar

1,1–9,44 Die Geschlechtsregister

Die Geschlechtsregister verfolgen die gleiche Absicht wie die Chr als Ganzes. Das Hauptinteresse gilt eindeutig der davidischen Linie und den Nachkommen Levis (dabei wird das Haus Eli, das dem Tempel in Jerusalem nicht in hohepriesterlicher Funktion diente, nicht erwähnt. Vgl. 1Kön 2,27; 1Chr 24,3). Wichtig sind für den Chronisten ferner die beiden Stämme Juda und Benjamin, die am engsten mit dem Königtum verbunden sind. Die flüchtige Erwähnung so vieler Namen zeigt, daß ihre Träger im geschichtlichen Teil der Chr bewußt übergangen werden, weil sie nicht Gottes Plan gemäß lebten. Auf der anderen Seite unterstreicht die Erwähnung der vielen unbedeutenden Namen, daß niemand, der Gott diente, vergessen wurde.

Viele Namen stammen aus anderen Büchern des AT. Bei den übrigen sind in der Regel die Quellen nicht erwähnt. Der fragmentarische Charakter vieler dieser Listen beweist jedoch, daß der Chronist Teile alter Dokumente vor sich hatte. Wie überall in der Chr, so werden auch hier manche Namen anders geschrieben als in den früheren Büchern des AT. Die üblicherweise als korrekt angesehene Form ist durch ein Sternchen gekennzeichnet. Wenn keine Form markiert ist, läßt sich nicht feststellen, welche Schreibweise urspr. ist. In der Regel, aber nicht immer, muß die in der Chr enthaltene Form als die weniger korrekte angesehen werden. Dafür sind oft die Abschreiber, nicht der Autor selbst verantwortlich.

Zur Chronologie der in der Chr behandelten Periode siehe die Einleitung zu 1 und 2Kön.

1,1–2,2 Geschlechtsregister aus 1. Mose

Die äußerst straffe Form großer Teile dieses Abschnittes zeigt, daß der Autor bei seinen Lesern die Kenntnis von 1Mo voraussetzt.

1,1–4 Die Patriarchen vor der Sintflut. Vgl. 1Mo 5,3–32. Bemerkenswert ist die Auslassung der Linie Kains in voller Übereinstimmung mit den Grundsätzen des Chronisten.

1,5–23 Die Völkertafel. Vgl. 1Mo 10,2–29. **6** *Diphath* (EÜ); *Riphath (1Mo 10,3). **17** *Uz* usw. waren die Söhne Arams. *Mesech* (EÜ); *Masch (1Mo 10,23). **22** *Obal* (LÜ) sowohl hier als auch in 1Mo 10,22 (ZÜ übers. in 1Mo Obal, in 1Chr Ebal).

1,24–27 Der Stammbaum Abrahams. Vgl. 1Mo 11,10–26.

1,28–33 Die Nachkommen Abrahams durch Ismael und Ketura. Vgl. 1Mo 25,12–16 und 1–4.

1,34 Die Nachkommen Abrahams durch Sara. Der Chronist gebraucht in Übereinstimmung mit seiner Grundtendenz immer *Israel,* nie Jakob.

1,35–54 Die Nachkommen Esaus. Vgl. 1Mo 36,10–14.20–43. **36** *Zephi* (EÜ); *Zepho (1Mo 36,11). In 1Mo 36,12 ist *Timna* Nebenfrau des Eliphas und Mutter Amaleks. **39** *Homam* (EÜ); Hemam (1Mo 36,26). **40** *Aljan* (EÜ); Alwan (1Mo 36,23). *Schephi;* Schepho (EÜ; 1Mo 36,23). **41** *Hamran* (EÜ); Hemdan (1Mo 36,26). **42** **Jaakan* (EÜ); Akan (1Mo 36,27). **50** **Hadad,* Hadar (1Mo 36,39). *Paghi* (EÜ); Pagu (1Mo 36,39). **51** *Alja* (EÜ); *Alwa (1Mo 36,40).

2,1.2 Die Söhne Israels. Vgl. 1Mo 35,22–26. Die einzige Erklärung für die ungewöhnliche Einordnung Dans ist die, daß ein Abschreiber den Namen ausließ, ihn dann an den Rand der Seite setzte, von wo aus er später an seine jetzige Stelle im Text rutschte.

2,3–4,23 Die Geschlechter Judas

Es scheint heute fast unmöglich, diese Geschlechtsregister zu entwirren. Sie sind oft unvollständig, manchmal sogar nur bruchstückhaft erhalten, und möglicherweise wird der gleiche Name an zwei verschiedenen Stellen erwähnt. Textverderbnisse und die Tatsache, daß wir es manchmal nicht mit Personen-, sondern mit Ortsnamen zu tun haben, machen eine Entflechtung noch schwieriger.

2,3–9 Einige Nachkommen Judas. **3** Einige der Nachkommen Schelas werden in 1Chr 4,21; 9,5; Neh 11,5 genannt. Der Chronist erwähnt sie hier nicht, weil er vor allem am davidischen Königshaus interessiert ist. *Die Tochter Schuas:* vgl. 1Mo 38,2. **5** *Hezron und Hamul:* vgl. 1Mo 46,12. Die Liste der Nachkommen Hezrons beginnt in V. 9. Die Annahme, daß Hamul kinderlos starb, ist nicht zwingend. Vgl. 4Mo 26,21. **6** *Simri,* *Sabdi (Jos 7,1). Wahrscheinlich handelt es sich bei *Ethan, Heman, Kalkol* und *Dara* um Ethan den Esrachiter (d.h. den Nachkommen Serachs), Heman, Kalkol und Darda aus 1Kön 5,11. In diesem Fall wäre Mahol das Bindeglied zwischen ihnen und Serach. **7** *Karmi* war der Sohn Sabdis, *Achan* (vgl. Jos 7,1ff) Sabdis Enkel. Dies sowie die Tatsache, daß die Verbindung zwischen Karmi und Achan nicht erwähnt wird, zeigt, daß der Autor bei seinen Lesern die Kenntnis von Jos voraussetzt. **8** ZÜ und EÜ korrekt: *Söhne* Ethans. Nur Asarja wird genannt, die anderen sind um der Kürze willen weggelassen.

9 Die Interpretation der Geschlechtsregister Judas hängt weitgehend von der Auslegung dieses Verses ab. *Kelubai,* d.h. Kaleb (vgl. V. 18) wird von den meisten Gelehrten mit Kaleb dem Kenisiter gleichgesetzt (1Chr 4,15; Jos 14,6), der als Nicht-Israelit in den Stamm Juda aufgenommen wurde (4Mo 13,6). Wenn man das tut, muß man zwangsläufig die Echtheit eines beachtlichen Teils der Geschlechtsregister ablehnen. Ein großer Teil Judas wäre dann nicht-israel. Herkunft. Eine einfachere Lösung ergibt sich durch die Annahme, daß es sich um zwei Träger des gleichen Namens handelt, von denen der in diesem Vers genannte Kaleb mehrere Jahrhunderte vor dem Helden der Landnahme lebte. Die Erwähnung von *Achsa,* der Tochter Kalebs, in V. 49 (vgl. Jos 15,17; Ri 1,13) braucht diese Erklärung nicht in Frage zu stellen. Achsa muß nach Kalebs Eingliederung in den Stamm Juda geboren worden sein, und er kann den Namen mit Absicht gewählt haben. *Jerachmeel:* Seine Nachkommen werden in 1Sam 27,10 und 30,29 erwähnt. Gewöhnlich hält man sie für eine nicht-israel. Sippe, die später mit Juda verschmolz. Auch diese Annahme steht im Gegensatz zur geschichtlichen Zuverlässigkeit der Geschlechtsregister. Man kann jedoch ebensogut davon ausgehen, daß die Nachkommen Jerachmeels, die ja im Süden Judas siedelten, ihre nomadischen Lebensgewohnheiten länger beibehielten und deshalb z.Z. Davids als eigenständige Gruppe angesehen wurden.

2,10–17 Die Vorfahren Davids. Vgl. Rut 4,18–22. **11** *Salma:* vgl. Rut 4,20.21; Mt 1,5. **13** Isai hatte acht Söhne (1Sam 16,10–11). Hier werden nur sieben aufgeführt. 1Chr 27,18 erwähnt einen Sohn namens Elihu, doch handelt es sich dabei vermutl. um eine Variante von Eliab. Der nicht genannte Sohn starb viell. jung. **16** *Abiga(i)l:* Nach 2Sam 17,25 war sie die Tochter Nahaschs und damit Davids Halb- oder Stiefschwester. **17** **Jether, ein Ismaeliter:* in 2Sam 17,25 Jithra, ein Israeliter.

2,18–24 Die Nachkommen Kalebs. S. auch Komm. zu 2,42–55. **20** *Bezalel:* vgl. 2Mo 31,2. **21** *Danach:* d.h. nach V. 9. **23** *Aber die Geschuriter und Aramäer:* Wann die Städte verlorengingen, wird nirgends berichtet; wahrscheinlich vor der Regierungszeit Ahabs. **24** Die Ehe Kalebs mit Ephratha, der Frau seines Vaters, fällt möglicherweise in die Zeit vor der Gesetzgebung am Sinai, durch die eine solche Ehe verboten wurde.

2,25–41 Die Nachkommen Jerachmeels. Über die in diesen Versen erwähnten Personen ist nichts bekannt. **31** Ein offensichtlicher Widerspruch zu V. 34. *Achlai* könnte ein Enkel Scheschans sein, der Sohn einer anderen Tochter als der in V. 35 erwähnten.

2,42–55 Weitere Nachkommen Kalebs. S. auch Komm. zu 2,18–24. Dieses Geschlechtsregister ist möglicherweise eine Ergänzung zu 2,18–24. Zwischen beiden gibt es kaum Berührungspunkte. Der Textvorschlag: »Mescha, sein Erstgeborener, der Vater Siphs, und sein zweiter Sohn Marescha, der Vater Hebrons« (nach Rudolph) ist möglicherweise korrekt. Bei einigen Namen in diesen Versen handelt es sich um Städtenamen. Es ist nicht immer möglich, das mit Sicherheit festzustellen. Manchmal rührt die Übereinstimmung daher, daß ein Mann einer Stadt seinen Namen gab. **50** In diesem Fall ist klar, daß Schobal die Stadt Kirjath-Jearim gegründet oder wiedergegründet hat. Er hatte nicht etwa einen Sohn dieses Namens. **55** besagt, daß die Rechabiter urspr. eine kenitische Sippe waren (2Kön 10,15; Jer 35), die in den Stamm Juda eingegliedert wurde.

3,1–9 Die Söhne Davids. Zur Liste der Söhne Davids vgl. 2Sam 3,2–5; 5,14–16. **1** *Daniel:* Kilab (2Sam 3,3) = »ganz der Vater«, ein Kosename. **5** *Schimea* (EÜ), **Schammua:* 1Chr 14,4; 2Sam 5,14. *Bath-Schua:* *Bathseba (2Sam; 1Kön). *Ammiël:* möglicherweise nur eine Variante von Eliam (2Sam 11,3). Ist der Text so zu verstehen, daß Schammua, Schobab und Nathan auch ihre Söhne waren? Wenn ja, so steht der Name Salomos am Ende, weil er der bedeutendste war. Wahrscheinlicher ist jedoch, daß die drei jüngeren Söhne nicht erwähnt werden. **6** *Elischama, Eliphelet:* *Elischua, Elpelet (1Chr 14,5; vgl. 2Sam 5,16). In beiden Fällen ist die zweite Lesart offensichtlich die richtige, sonst würde es zwei Brüderpaare mit denselben Namen geben. Vgl. V. 8. **8** *Eljada:* so auch 2Sam 5,16; *Beeljada in 1Chr 14,7; s. Komm. zu 1Chr 8,33.

3,10–16 Von Salomo bis zur Gefangenschaft. **10** *Abia:* so auch an anderen Stellen der Chr. In 1Kön Abiam. **12** *Asarja:* so allg. in 2Kön. An anderen Stellen der Chr, in 2Kön 15,13.32.34 und in den Propheten heißt er Usia. **15** *Johanan:* sonst unbekannt. **16** *Zedekia:* nicht der Onkel Jechonjas (in V. 15 erwähnt), der ihm auf den Thron folgte.

3,17–24 Das Haus David nach dem Exil. Es ist zu beachten, daß im Geschlechtsregister Jesu von den hier genannten Namen außer *Sealthiël* (V. 17) und *Serubabel* (V. 19) kein Gebrauch gemacht wird. Nach Esr 3,2; Hag 1,1; Mt 1,12; Lk 3,27 war Serubabel der Sohn bzw. Enkel Sealthiëls. V. 17–19 lassen ihn als seinen Neffen erscheinen. Nach einer alten jüd. Erklärung werden in V. 18 die Söhne Sealthiëls aufgeführt. Eine andere mögliche Erklärung wäre, daß er sowohl der Enkel Sealthiëls als auch Pedajas war. **18** *Schenazzar:* wahrscheinlich identisch mit Scheschbazar in Esr 1,8 (s. dort).

Dieser für die Datierung von Chr so wichtige Abschnitt kann leider nicht mit Sicherheit erklärt werden. Die Schwierigkeit liegt im Verhältnis der beiden Teile von V. 21 zueinander. Die übliche Auslegung geht davon aus, daß V. 21b–24 verschiedene andere Zweige des Hauses David erwähnen (nur von einem verfügten wir über weitere Einzelheiten, und ihre Beziehung zu Serubabel wäre nicht genauer festzustellen). Aufgrund dieser Annahme argumentiert Young, daß nach Serubabel nur zwei Generationen erwähnt werden. Das würde es ermöglichen, Esra als Autor der Chr anzusehen. Obwohl manches für diese Ansicht spricht, kann man ihr insgesamt nicht zustimmen. Denn selbst wenn Schechanja kein Zeitgenosse Hananjas war, kann er kaum vor Serubabel gelebt haben, und nach Hananja werden noch vier Generationen aufgeführt. Auch dürfen wir die Lesart von LXX, Vulgata und Peschitta nicht einfach übergehen, wo es heißt: »Der Sohn Hananjas war Pelatja, dessen Sohn war Jesaja, dessen Sohn war Arnan, dessen Sohn war Obadja und dessen Sohn Schechanja.« Wenn diese Übers. korrekt ist, werden nach Serubabel noch elf Generationen erwähnt.

4,1–23 Bruchstückhafte Geschlechtsregister Judas. Kap. 4 ist eine Sammlung von Fragmenten, die miteinander oder mit den Geschlechtsregistern in Kap. 2 wenig oder nichts zu tun haben. **1** *Karmi:* Ein Vergleich mit 2,9.19.50 zeigt, daß es sich um Kaleb handeln könnte. Vgl. aber 2,7. **9.10** *Jabez:* (wörtl. »er macht Schmerzen«) wird bes. Aufmerksamkeit zugewandt, weil sein Glaube über seinen Namen triumphierte (man schrieb Namen fast magische Kraft zu). **13** *Othniel* und **15** *Kaleb:* Beide Verse müssen in Verbindung mit Jos 15,17 gesehen werden. Sie verstärken den Jos 14,6 geweckten Eindruck, daß Kaleb als Nicht-Israelit in den Stamm Juda aufgenommen wurde; denn sein Geschlechtsregister weist keine Verbindung auf. **21** *Die Söhne Schelas:* s. Komm. zu 2,3. **22** *Kehrten nach Bethlehem zurück:* Obwohl keine Verbindung besteht, liegt hier eine interessante Parallele zu Ruth vor. Es gibt keinen Hinweis darauf, wie es Joas und Saraph gelang, *in Moab* hohe Stellungen zu erreichen. Andere übersetzen »die sich in Moab verheiratet hatten«. **23** *Töpfer:* Die Archäologie hat nachgewiesen, daß das Töpfergewerbe weit verbreitet war.

4,24–5,26 Die Geschlechter Simeons, Rubens, Gads und Manasses

4,24–43 Die Nachkommen Simeons. **24** Vgl. 1Mo 46,10; 2Mo 6,15; 4Mo 26,12–14. Bei den Namen kommen kleinere Unterschiede vor. Es läßt sich jedoch schwer entscheiden, welches die jeweils korrekte Form ist. **28–33** Vgl. Jos 19,2–8. **31** *Bis auf den König David:* Diese Formulierung weist darauf hin, daß zur Zeit Davids eine Stadt (Ziklag, 1Sam 27,6), evtl. auch mehrere Städte, in den Besitz Judas kamen. **39–43** beschreiben einige der Eroberungen Simeons. Diese Verse zeigen deutlich, daß man die Teilung des Reiches unter Rehabeam in zehn Stämme und einen Stamm (1Kön 11,30ff) nicht zu wörtl. verstehen darf. Der Stamm Simeon trennte sich nicht von Juda, ging aber auch nicht in Juda auf. **39** *Gedor:* Lage unbekannt; viell. nach LXX Gerar. **43** *Erschlugen, die übriggeblieben waren von den Entronnenen der Amalekiter:* Unter Berücksichtigung von 1Sam 14,48; 15,3; 2Sam 8,12 handelt es sich möglicherweise um die Zeit Davids oder Salomos. Wir wissen von diesem simeonitischen Königreich auf dem Gebirge Seïr nichts weiter. Allerdings könnte Jes 21,11.12 darauf hindeuten. *Bis auf diesen Tag:* bezieht sich wahrscheinlich auf die Zeit, in der diese Quelle der Chr abgefaßt wurde.

5,1–10 Die Nachkommen Rubens. **3** Vgl. 1Mo 46,8.9; 2Mo 6,14; 4Mo 26,5–9. Der Chronist erwähnt nicht alle in 4Mo aufgeführten Namen. Er gibt auch nicht an, in welcher Verbindung **4** *Joel* zu Ruben steht. **6** *Tiglath-Pileser:* vgl. 2Kön 15,29. **9** *Wohnten nach Osten zu:* Diese Ausdehnung der Wohnsitze in das Gebiet östl. von Gilead scheint z.T. durch moabitischen Druck auf das urspr. Wohngebiet ausgelöst worden zu sein. **10** *Hagariter:* Nomadenstamm (Ps 83,7); der Name klingt an Hagar (1Mo 16,3) an, der Name hat jedoch wahrscheinlich eine andere Herkunft. Bei diesem Krieg handelt es sich vermutl. um den in V. 18–22 beschriebenen.

5,11–17 Die Nachkommen Gads. Es gibt keinen erkennbaren Grund, warum die Einzelheiten aus 4Mo 26,15–18 ausgelassen worden sind. **17** *Jerobeam, König von Israel:* offensichtlich Jerobeam II., vgl. 2Kön 14,23.

5,18–22 Der Krieg mit den Hagaritern. S. Komm. zu V. 10. Dieser Abschnitt, zusammen mit 4,34–43, warnt davor anzunehmen, daß die bibl. Berichte vollständig seien. Es kann in Sam und Kön viele Lücken geben, die der Chronist nicht geschlossen hat. Der Krieg endete mit einem bedeutenden Sieg und führte zu einer beträchtlichen Erweiterung israel. Territoriums.

5,23–26 Die Nachkommenschaft Ost-Manasses. Vermutl. um Überschneidungen mit 7,14–19 zu vermeiden, werden in diesem Abschnitt keine Angaben über die frühe Geschichte des Stammes gemacht. **25.26** Vgl. 2Kön 15,29. Diese Gefangenschaft der östl. des Jordans lebenden Stämme wird in 2Chr nicht erwähnt. **26** *Pul und Tiglath-Pileser* bezeichnen denselben Herrscher. Pul ist der Eigenname, den er als König von Babylon führte, Tiglath-Pileser sein Titel als König von Assyrien (s. Komm. zu 2Kön 15,19).

5,27–6,66 Die Geschlechter Levis

Sie werden ausführlicher in 1Chr 23–26 dargestellt.

5,27–41 Die hohepriesterliche Linie. Vgl. auch V. 49–53. Die Liste ist unvollständig. Die Hohenpriester von Silo, das Haus Eli, werden bewußt übergangen. Darüber hinaus gibt es keine Erklärung für die Auslassung von Jojada (2Chr 22,11), Uria (2Kön 16,11) und Asarja (2Chr 26,20).

6,1–33 Die levitischen Geschlechtsregister. Hier finden sich zunächst drei Stammbäume, die in V. 5. 7 und 14 beginnen. Es folgen die Geschlechtsregister Hemans (18–23), Asaphs (24–28) und Ethans (29–31). Der Stammbaum Hemans ist der gleiche wie der in V. 7 beginnende. Das Geschlechtsregister Asaphs läßt sich evtl. mit dem in V. 5 beginnenden in Übereinstimmung bringen. Zwischen den anderen beiden gibt es keine Beziehung. Große Unterschiede werden sichtbar, wenn man V. 7–12 mit V. 18–23 vergleicht. **13** Vgl. V. 18. Es handelt sich um den Propheten Samuel, vgl. 1Sam 1,1; 8,2. Daß er Ephraimiter genannt wird, muß auf die gleiche Weise erklärt werden wie die Bezeichnung »ein junger Mann ... aus dem Geschlecht Judas« in Ri 17,7 (s. dort). Obwohl es aus 1Sam nicht hervorgeht (s. Komm. zu 1Sam 1,1), war er Levit. Wäre dies eine Erfindung, hätte man ihn bestimmt direkt mit dem Priestertum Aarons verbunden.

Vertreter der Hypothese, daß der Auszug aus Ägypten unter Merenptah oder Ramses II. (um 1225 bzw. 1290 v.Chr., s. Einleitung zu 2Mose, Seite 136 und zu Richter, Seite 305f) stattgefunden habe, weisen darauf hin, daß von Aaron bis Zadok (5,27–34), von Korah bis Heman (6,7–13.18–22) und von Machli bis Ethan (6,29–31) jeweils elf Namen angegeben sind und das von Simeï bis Asaph (6,24–27) zwölf Namen genannt werden. Sie argumentieren, daß das kein Zufall sein kann, und daß 11–12 Generationen zwar zwei Jahrhunderte überbrücken, aber nicht für die 400 Jahre ausreichen, die sich ergeben, wenn man den Auszug im 15. Jh. ansetzt. Dieses Argument hat viel für sich. Es zeigt, daß eine zahlenmäßige Kürzung der Geschlechtsregister, falls sie vorgenommen wurde, nach einem bestimmten Prinzip erfolgt sein muß. Allerdings müßte man bei dieser Argumentation das Geschlechtsregister in 6,18–23 kürzen. Sie läßt ferner die in 6,5 und 6,14 beginnenden Stammbäume und die direkte Linie von Korah zu Saul in V. 9 außer acht. Diese Stammbäume sind dann einfach zu kurz. Und wenn in ihnen Namen ausgelassen sein sollten, muß man annehmen, daß das auch in den längeren Stammbäumen geschehen sein könnte.

6,34–38 Die Nachkommen Aarons. Vgl. 5,29–34; s. Komm. zu 5,27–41.

6,39–66 Die Wohnsitze der Leviten. Vgl. Jos 21,1–42. Der Text der Chr weist Umstellungen und Kürzungen auf, auch liegen viele Unterschiede in der Schreibung der Namen vor. Vermutl. sind sie zumeist auf mangelnde Sorgfalt der Abschreiber zurückzuführen.

7,1–40 Die Geschlechter Isaschars, Sebulons (?), Dans (?), Naphthalis, Manasses, Ephraims und Assers

7,1–5 Die Nachkommen Isaschars. **1** Vgl. 1Mo 46,13; 4Mo 26,23–25.

7,6–11 Die Nachkommen Sebulons (?). Versteht man diese Verse als Geschlechtsregister Benjamins, so erscheint es unmöglich, sie mit Kap. 8 in Übereinstimmung zu bringen. Zudem läßt sich nicht erklären, warum zwei Geschlechtsregister Benjamins aufgenommen sein sollten. Da andererseits kein Geschlechtsregister Sebulons vorkommt, das nach geogr. Gesichtspunkten hier seinen Platz haben müßte, nehmen viele Ausleger an, daß es sich hier um ein durch Schreibfehler verdorbenes Geschlechtsregister Sebulons handelt. Vgl. aber 1Mo 46,21; 4Mo 26,38.

7,12 Die Nachkommen Dans (?). Aus denselben Gründen wie im obigen Abschnitt muß man hier (mit noch größerer Wahrscheinlichkeit) ein Geschlechtsregister Dans vermuten.

7,13 Die Nachkommen Naphthalis. Vgl. 1Mo 46,24f; 4Mo 26,48f.

7,14–19 Die Nachkommen Manasses. Vgl. 1Chr 5,23f. Die hier gegebenen Informationen sind fragmentarisch und schwer zu interpretieren. Eine Anzahl der in 4Mo 26,28–34 genannten Namen erscheint hier nicht. **15** *Zelophhad:* vgl. 4Mo 26,33; 27,1–11. **16** *Maacha, Machirs Frau:* In V. 15 erscheint sie als seine Schwester. Möglicherweise ist hier der Text verderbt.

7,20–27 Die Nachkommen Ephraims. Zu den ersten vier Namen in dieser Liste vgl. 4Mo 26,35–37. Allerdings ist die Schreibweise unterschiedlich. Bei den folgenden Namen läßt sich nicht mit Sicherheit sagen, ob es sich um Söhne oder entferntere Nachkommen Ephraims handelt. Daß sie in 4Mo 26 (vgl. *Beria,* V. 23) nicht erwähnt werden, ist hier nicht von Belang. Es bleibt offen, ob **21** *Eser* und *Elad* Ephraims Söhne waren. **22** *Ihr Vater:* Auch diese Formulierung führt zu keiner Klärung, da im Hebr. auch andere männliche Vorfahren als Vater bezeichnet werden. Der Raubzug (V. 21) muß von Ägypten aus unternommen worden sein. **24** Hier treten unlösbare Probleme auf. Wir besitzen keine weiteren Informationen über *Usen-Scheera* und haben keine Vorstellung von der Lage des Ortes. Der Vers läßt vermuten, daß die Israeliten während ihres Aufenthaltes in Ägypten (vgl. auch V. 21) Beziehungen zu Kanaan unterhalten haben, von denen im Pentateuch nichts berichtet ist. Die Annahme solcher Kontakte könnte helfen, einige der mit der Landnahme verbundenen Schwierigkeiten zu lösen. **25–27** Der Stammbaum Josuas. Die Namen vor *Ammihud* finden sich im Pentateuch nicht. In diesem Geschlechtsregister sind mehr Namen aufgeführt als in allen vergleichbaren. Offensichtlich berichtet der Chronist absichtlich nicht mehr Einzelheiten über die Stämme der Söhne Josephs. Er widmet allg. dem Nordreich nur wenig Aufmerksamkeit, weil es sich gegen das von Gott bestellte davidische Königshaus und gegen das aaronitische Priestertum auflehnte.

7,28–29 Das Gebiet der Söhne Josephs. Kein vollständiges Ortsverzeichnis. Nur die wichtigsten Grenzorte werden erwähnt. Da sich diese Liste deutlich von der Aufzählung der levitischen Wohnorte in 6,39–66 unterscheidet und keine Parallele hat, muß sie aus einem besonderen Grund eingefügt worden sein. Viell. sollte sie alle Versuche des Nordreiches – z.B. den Abimelechs (Ri 9), den Angriff der Ephraimiten auf Jephtah (Ri 12), den Jerobeams, des Sohnes Nebats (1Kön 11,26) –, sein Territorium zu erweitern, als widerrechtliche Eroberung kennzeichnen.

7,30–40 Die Nachkommen Assers. **30.31** Vgl. 1Mo 46,17; 4Mo 26,44–46. Einziger neuer Name ist *Birsawith*, allg. als Ortsname aufgefaßt. **32–39** Die hier genannten Namen werden sonst nirgends erwähnt. **39** *Ulla:* vermutl. ein Schreibfehler eines der vorhergehenden Namen. **40** Die Zahl 26 000 deckt sich weder mit den Angaben in 4Mo noch mit 1Chr 12,36. Unsere bruchstückhaften Kenntnisse ermöglichen es uns nicht, festzustellen, auf welche Zeit sich diese Zahl bezieht.

8,1–40; 9,35–44 Die Geschlechter Benjamins

Die im Vergleich zu anderen Stämmen detaillierte Darstellung Benjamins ist kaum damit zu erklären, daß dem Chronisten hierzu mehr Material zur Verfügung stand. Die Ausführlichkeit ist ein Tribut an die loyale Haltung Benjamins gegenüber dem davidischen Königshaus. Das parallele Geschlechtsregister in 7,6–12 wird von manchen als in der Überlieferung verdorbene Genealogie Sebulons und Dans angesehen (s. Komm. dazu). In keinem Fall kann es mit Kap. 8 harmonisiert werden.

8,1–5 Die direkten Nachkommen Benjamins. Vgl. 1Mo 46,21; 4Mo 26,38–40. Die Unterschiede zwischen diesen Abschnitten sind groß, eine überzeugende Möglichkeit der Harmonisierung bietet sich nicht. **1** **Bela, seinen Erstgeborenen:* 1Mo 46,21 hat stattdessen Bela und Becher; 4Mo 26,28 läßt Becher aus. Im Hebr. haben Erstgeborener und Becher dieselben Konsonanten. **3** *Abihud:* sonst nirgends erwähnt. Unter Berücksichtigung von V. 6 muß man möglicherweise lesen: »(Gera), der Vater Ehuds« (vgl. V. 6).

8,6–28 Die Nachkommen Ehuds. So läßt sich das folgende vermutl. am besten verstehen. Zu Ehud vgl. Ri 3,15; allerdings ist nicht völlig gesichert, daß es sich um dieselbe Person handelt. **6–8** sind im Hebr. genauso dunkel wie in der deutschen Übersetzung. Der Text ist vermutl. fehlerhaft überliefert. Man hat verschiedene Versuche unternommen, Textkorrekturen vorzunehmen, aber sie haben wenig Wert. Alle in diesem Abschnitt genannten Namen sind sonst völlig unbekannt. **8** Es gibt keinen Hinweis darauf, warum Schaharajim nach Moab zog. **12** *Dieser* (Elpaal) *baute Ono und Lod:* Eine Datierung ist nicht möglich. **13** *Sie verjagten:* Auch für dieses Ereignis gibt es keine Hinweise zur Datierung. **28** *Die in Jerusalem wohnten:* Man nimmt allg. an, daß dies ein Hinweis auf die nachexilische Stadt ist. Davon leitet man ab, daß es sich bei der Mehrzahl der genannten Personen um nachexilische Benjaminiter handelt. Diese Kette von Schlußfolgerungen ist äußerst gewagt. Es kommt hinzu, daß keiner der hier erwähnten Namen in 9,1–17 (vgl. Neh 11,1–19) zu finden ist, in dem Abschnitt, der sich bes. mit den Bewohnern Jerusalems nach dem Exil beschäftigt. Da Jerusalem praktisch im Stammesgebiet Benjamins lag, muß man damit rechnen, daß in der Königszeit ein großer Teil der Einwohner Benjaminiter waren (vgl. V. 32).

8,29–40 Die Sippe Saul. Vgl. 9,35–44. Diese parallelen Abschnitte sind fast identisch. Bei Unterschieden im Text ist meist der Lesart in Kap. 9 der Vorzug zu geben. **31** *Secher:* in 9,37 Sacharja. **32** *Auch sie:* bezieht sich vermutl. auf Mikloth und Schiman. Dann würde der ganze Vers auf eine benjaminitische Siedlung in Jerusalem nach dessen Eroberung durch David verweisen (vgl. V. 28).

33 Ein Vergleich mit 1Sam 9,1 zeigt, daß die Chr große Teile von Sauls Stammbaum ausläßt. Hier wird erneut deutlich, daß Lükken in der Chr oft beabsichtigt sind. Aus 1Sam 9,1 und 1Sam 14,51 ergibt sich, daß Ner und Kis Brüder waren. Der überlieferte hebr. Text lautet (so auch ZÜ): »Ner zeugte Kis, Kis zeugte Saul.« LÜ hat hier eine Textkorrektur vorgenommen und formuliert mit 1Sam 14,51: »Ner zeugte Abner, und Kis zeugte Saul.« Diese Korrektur ist vermutl. unumgänglich. Allerdings gibt es weder in den frühen Hss. noch in den Übers. einen Beleg dafür. Der hebr. Text von V.33 erscheint mit 1Sam 9,1 unvereinbar, aber dieser Vers könnte so verbessert werden: »Kis, der Sohn Ners, der Sohn Abiëls«. *Abinadab:* vgl. auch 1Sam 31,2. In 1Sam 14,49 wurde er vermutl. durch Abschreibfehler ausgelassen. Er ist nicht mit Jischwi gleichzusetzen. **Esch-Baal:* in 1Sam 14,49 Jischwi (ZÜ: Isja). Außer in 1Chr 8,33 und 9,39 lautet der Name Isch-Boscheth. Isch-Boscheth bedeutet »Mann der Schande«, war also zweifellos nicht sein richtiger Name. Baal ist kein Eigenname, sondern ein Titel und bedeutet Herr. Zur Zeit der Richter wurde dieser Titel unter kanaan. Einfluß oft auf Jahwe angewandt. Diese Sitte scheint in der Familie Sauls verbreitet gewesen zu sein. Vgl. Baal (V.30) und Merib-Baal (V.34). Spätere Abschreiber fanden das so abscheulich, daß sie für Baal *Boscheth* = »Schande« einsetzten (z.B. Isch-Boscheth, Mephiboscheth statt Merib-Baal, Jerub-Boscheth statt *Jerubbaal) oder El = »Gott« (z.B. Eljada 2Sam 5,16; 1Chr 3,8 statt Beeljada, 1Chr 14,7) oder Jah (z.B. Jischwi statt *Esch-Baal). Die Verschiebungen bei Konsonanten und bes. bei Vokalen wurden um des besseren Klanges willen vorgenommen. **34** **Merib-Baal:* Obwohl die Übers. dies nicht wiedergeben, wird der Name in 9,40 Meribaal geschrieben. Beide Schreibweisen ergeben im Hebr. einen Sinn. In 2Sam wird Mephiboscheth gebraucht; s. Komm. zu V.33.

39.40 kommen im Paralleltext nicht vor, da es dort nur darum geht, zu zeigen, daß Sauls Linie weiterbestand. Es ist gut möglich, daß hier das Geschlechtsregister Sauls bis zum Exil weitergeführt wird.

9,1–34 Die nachexilischen Sippenhäupter in Jerusalem

9,1–16 Die Sippenhäupter. Vgl. Neh 11,1–18, wo sich ein ähnliches Verzeichnis befindet. Zwischen beiden Listen gibt es beträchtliche Abweichungen, aber nur eine wesentliche soll erwähnt werden. Sowohl bei Neh wie in Chr zeigt sich, daß nicht immer sorgfältig abgeschrieben wurde. Auch wurde kein Versuch unternommen, die hier vorhandenen Namen mit den detaillierten Stammbäumen der vorhergehenden Kapitel zu verbinden. Kap. 1–8 zeigen den Rahmen auf, in dem die Geschichte der göttlichen Institutionen sich entwickelte. Kap. 9 betont, daß die nachexilische Gemeinde die legitime Fortsetzung des vorexilischen Israel darstellt.

1a scheint eine Zusammenfassung der vorhergehenden Kapitel zu sein, keine Einführung in das kommende. **1b** *Im Buch der Könige von Israel:* LXX, Vulgata und Targum ergänzen ». . . und Juda«. Akzeptiert man diese Lesart, muß man davon ausgehen, daß Juda versehentlich weggefallen ist. **2** ist im vorliegenden Text kaum übersetzbar; am besten als eine Zusammenfassung von Neh 11,1.3 zu verstehen. *Zuerst:* dürfte im Sinn einer Rangfolge gemeint sein. *Israeliten* hat hier die Bedeutung von Nicht-Leviten. *Tempelsklaven* (hebr. *nethinim*). Vgl. Esr 2,43; Neh 11,3. Vermutl. Nicht-Israeliten, Nachkommen der Gibeoniter; vgl. Jos 9,27. **3** *Ephraim und Manasse:* Obwohl keine Einzelheiten erwähnt werden, werden sie vermutl. genannt, um den Anspruch der Samariter zurückzuweisen, die wahren Repräsentanten dieser beiden Stämme zu sein. 2Chr 11,16; 15,9; 30,11.18; 34,9 betonen, daß zu verschiedenen Zeiten eine beträchtliche Zahl von Angehörigen der Nordstämme nach Juda überwechselten. **5** *Schelaniter* (4Mo 26,29): Nachkommen Schelas, vgl. 1Chr 2,3; 4,21. **11** *Vorsteher im Hause Gottes:* Die Bedeutung ist nicht klar. Vermutl. ist nicht der Hohepriester gemeint, es sei denn, die Stelle bezieht sich auf Ahitub (vgl. 2Chr 35,8). **14** **Merari:* Bunni in Neh 11,15.

9,17–34 Die Torhüter und ihre Pflichten. Der Text ist schwierig, wahrscheinlich hat der Chronist die ihm vorliegende Quelle zu stark gekürzt. Die Ordnungen der Torhüter werden auch in 1Chr 26,1–19 beschrieben. Dieser Abschnitt betont weniger die Bedeutung der in ihm genannten Personen als vielmehr die Tatsache, daß die nachexilische Gemeinde primär eine religiöse Gemeinschaft war.

17 *Torhüter:* Viele Ausleger meinen, die unterschiedliche Ausdrucksweise in V. 14 und 17 (Leviten – Torhüter) bedeute, daß die Torhüter keine Leviten waren. Das ist jedoch unwahrscheinlich; vgl. Kap. 26 und s. Komm. zu 9,26. **18b–21** betonen die Wichtigkeit des Torhüteramtes. Es wurde bereits in der Wüste ausgeübt. Torhüter hatten wie das von David errichtete Zelt auch schon die Stiftshütte bewacht. *Bis jetzt:* bis in die Zeit des Chronisten. **20** *Der Herr sei mit ihm!* Redewendungen dieser Art waren im nachexilischen Judentum üblich, wenn man von berühmten Verstorbenen sprach. **21** *Stiftshütte* (LÜ); *heiliges Zelt* (ZÜ): Hier ist nicht die Stiftshütte aus der Zeit der Wüstenwanderung gemeint, sondern das Zelt, in dem die Bundeslade zur Zeit Davids stand. *Sacharja:* vgl. 26,2.14. **22** *David und Samuel, der Seher:* Die einfachste Erklärung ist, daß das Amt der Torhüter auf die Zeit Moses zurückgeht (V.19), der großartige Tempel, der von Salomo gebaut werden sollte, jedoch eine starke Ausweitung dieses Dienstes verlangte. Das gleiche gilt für die levitischen Sänger. Es ist nicht klar, welche Rolle Samuel in diesem Zusammenhang spielte. Man kann aber durchaus annehmen, daß er David zeitweilig auf sein zukünftiges Amt als König vorbereitet hat. Viell. hat er sogar schriftliche Ratschläge hinterlassen. Ohne diese Annahme ist Davids Initiative in diesem Bereich der gottesdienstlichen Einrichtungen schwer zu erklären. **24–26** Der allg. Zusammenhang läßt folgende Textverbesserungen Rudolphs als möglich erscheinen. »Den vier Obertorhütern waren die Tore nach den vier Himmelsrichtungen anvertraut . . ., die vier Obertorhüter waren dauernd im Dienst. Sie gehören zu den Leviten.« Die natürlichste Auslegung dieses Satzes wäre, daß nicht alle, sondern nur die obersten Torhüter Leviten waren. Aber dem widerspricht der Sinn des gesamten Abschnitts. Auch z.Z. des NT waren alle Torhüter Leviten. Deshalb spricht mehr für die Annahme, daß diese Unsicherheiten auf die Kürzung vorgegebener Listen zurückzuführen sind.

28 *Einige von ihnen:* Damit könnten die Torhüter gemeint sein. Aber die folgenden Verse beziehen sich eindeutig nicht auf sie. Deshalb nimmt man wohl besser an, daß mit V. 28 eine sehr gekürzte Darstellung der Dienste der Leviten, z.T. sogar der Priester (V. 30) beginnt. **33.34** lesen sich wie die Überschrift oder der Abschluß von Listen, die ausgelassen worden sind.

9,35–44 Die Sippe Sauls. S. Komm. zu 8,29–40. In gewisser Hinsicht wäre es besser, diesen Abschnitt von den Geschlechtsregistern abzutrennen und als Anfang des Buches von der Herrschaft Davids zu betrachten. Er würde dann diesen Bericht mit früheren Ereignissen verbinden, wie sie in 1Sam berichtet werden.

10,1–29,30 Die Herrschaft Davids

10,1–14 Der Tod Sauls

S. Komm. zu 1Sam 31,1–13. Abgesehen von V. 13.14, die die Gründe für Sauls Schicksal nennen, sind die beiden Texte fast gleich. Es erübrigt sich, auf die geringen Abweichungen einzugehen. In dieser einzigen längeren Bezugnahme auf Saul wird etwas von der Art deutlich, wie der Chronist Geschichte deutet. Da Saul von Gott zum König erwählt worden war, konnte er nicht übergangen werden. Aber da er später verworfen wurde, genügt ein Bericht über seinen Tod, den letzten Beweis für seine Verwerfung. Seit seiner Salbung durch Samuel war David der König Gottes. Da seine anfängliche Ablehnung durch die Menschen nicht dem Willen Gottes entsprach, übergeht der Chronist diese Periode (s. aber Komm. zu 21,1–22) ebenso wie die kurze Herrschaft Esch-Baals (Isch-Boscheths).

11,1–12,41 David wird König

Der Chronist behält normalerweise die in Sam vorgegebene Reihenfolge bei. Seine Auslassungen machen die ohnehin schwierige Chronologie von Sam jedoch noch undurchsichtiger. Zu dieser Frage s. auch die entsprechenden Komm. zu 2Sam.

11,1–9 David wird zum König gesalbt und erobert Jerusalem. Vgl. 2Sam 5,1–10. **4** *Jebus:* vgl. Ri 19,10. Der Name Jerusalem in der Form »Urusalim« kommt schon in den Amarnabriefen (etwa 1390 v.Chr.) vor. Eine ähnliche Form findet sich in den ägypt. Ächtungstexten aus dem 19. und 18. Jh. v.Chr.; vgl. 1Mo 14,18. Aber es kann gut sein, daß die Jebusiter die Stadt, die ja ihre Hauptstadt war, Jebus nannten. **6** *Joab . . . wurde Hauptmann:* Diese Information findet sich nur in Chr. Sie steht nicht im Widerspruch zu 2Sam 2,13. Der Feldherr des Königs von Juda mußte nicht automatisch auch Feldherr des Königs von ganz Israel werden. **8** *Joab aber stellte die übrige Stadt wieder her:* Auch diese Mitteilung findet sich nur in Chr; Textvarianten in einigen hebr. Hss, LXX und Peschitta lassen es jedoch als möglich erscheinen, daß hier der Text fehlerhaft überliefert ist.

11,10–47 Die Helden Davids. Zu V. 10–41a vgl. 2Sam 23,8–39. Wegen der natürlichen Verbindung zu Kap. 12 stellt der Chronist die Liste der Helden Davids an den Beginn des Berichtes über dessen Herrschaft. Das bedeutet jedoch nicht, daß die berichteten Ereignisse stattfanden, bevor David König wurde. **10** Nur in Chr. Die Aussage darf nicht überbewertet werden. Die Mehrheit der Helden war zwar mit David im Exil, aber vermutl. nicht alle. **12.13** Zwischen diesen Versen sind aufgrund eines Abschreibfehlers eindeutig mehrere Zeilen ausgefallen; vgl. 2Sam 23,9b.10. **41b–47** Die erwähnten Namen finden sich ebenfalls nur hier. Man kann kaum daran zweifeln, daß der Autor von 2Sam die Liste bewußt mit Uria, dem Hethiter enden ließ, um die Abscheulichkeit der Sünde Davids zu unterstreichen. **42** *Dreißig Mann waren bei ihm:* In diesem Zusammenhang offensichtlich ein Abschreibfehler. Moffats Version könnte zutreffen: Hauptmann einer Schar von dreißig aus dem Stamme Ruben.

12,1–23 Davids Anhänger im Exil. Auch dieser Abschnitt findet sich nur in Chr. Mit einer möglichen Ausnahme sind die Namen sonst unbekannt. Daraus ergibt sich, daß diese Liste keine Erfindung des Chronisten sein kann. Hätte er sie erfunden, hätte er die großen Männer jener Zeit sicher darin aufgeführt.

1–8 ist eine Liste der Benjaminiter (V. 2), die David unterstützten. Ihr Verhalten war insofern bemerkenswert, als Saul zu ihrem Stamm gehörte. Deshalb werden sie hier zuerst genannt. Vergleicht man V. 1 mit V. 9 und 17, so wird deutlich, daß sie nicht die ersten waren, die sich David anschlossen. **4** *Jischmaja, der Gibeoniter:* Sein Name findet sich in Kap. 11 nicht. Viell. ist die Liste der Helden nicht vollständig. Die Erweiterung durch den Chronisten legt eine solche Annahme nahe (11,41b–47). Oder Jischmaja war nicht nur einfach einer der Dreißig, sondern nahm unter ihnen eine bevorzugte Stellung ein. Er kann auch zu einer dritten Gruppe von Dreißig gehört haben. **7** *Korahiter:* vermutl. keine Leviten. Korah war ein Sohn Kehaths, und die Orte der Kehathiter lagen nicht in Benjamin.

9 *Von den Gaditern:* Es wird nicht erwähnt, was diese Männer vom anderen Ufer des Jordans bewog, sich David anzuschließen, während er noch als Flüchtling in der Wüste Juda lebte. Ihre Entscheidung war um so erstaunlicher, als sie ihre Verwandten der Rache Sauls aussetzten, gegen die sie sie nicht verteidigen konnten. Die Formulierung »daß sie zu David übergingen« läßt vermuten, daß sie nicht einmal bei ihren Stammesgenossen auf Sympathie stießen. *Bergfeste:* vgl. V. 17; wahrscheinlich die Höhle von Adullam. **11** *Jeremia:* vgl. V. 14. Im Hebr. sind die beiden Namen durch verschiedene Schreibweise unterschieden. **16** vgl. Jos 3,15. Der Jordan fließt durch Schwemmland, das bis zu 50m tiefer liegt als das eigentliche Jordantal und zwischen 200–1500m breit ist. Das ist der *ga'on ha-Jarden*, ein Dickicht, die »Pracht des Jordan« (Jer 12,5 EÜ). Im Frühling ist der *ga'on ha-Jarden* von reißenden Fluten überspült. Diese wenigen Männer schafften es nicht nur, das natürliche Hindernis zu überwinden, sondern auch noch die Truppen vernichtend zu schlagen, die im Auftrag Sauls auf beiden Seiten versuchten, ihren Marsch aufzuhalten.

17 *Männer von Benjamin und Juda:* Obwohl die Judäer wahrscheinlich das Übergewicht hatten, werden die Benjaminiter aus den gleichen Gründen wie in V. 1–8 zuerst genannt. Davids Sorge spiegelt genau die Situation wider, die in 1Sam 23 geschildert wird. **19** *Der Geist ergriff Amasai:* wörtl.: bekleidete sich mit Amasai. Vgl. Ri 6,34; 2Chr 24,20. Amasai, der *Erste der Dreißig*, wird in der Liste der Helden Davids nicht aufgeführt. Einige vermuten, daß Abisai (11,20f), andere, daß Amasa (vgl. 2Sam 17,25; 19,14) gemeint ist.

20 *Von Manasse ... einige:* Der Satz ist auf dem Hintergrund von 1Sam 29f zu verstehen. **21** David mußte auf seinem Rückweg nach Ziklag durch das Gebiet von Manasse ziehen. Das Verhalten dieser Manassiter verdiente nicht die Anerkennung wie das der vorher genannten, denn zu dieser Zeit war Sauls Schicksal bereits klar. **23** *Ein großes Heer:* Offensichtlich nahm Davids Stärke ständig zu, als er König in Hebron war; vgl. 2Sam 3,1. *Wie ein Heer Gottes:* eine hebr. Redewendung. Sie bezieht sich auf die zahlenmäßige Größe, nicht auf die Qualität.

12,24–41 Die Krieger, die nach Hebron kamen, um David zum König zu machen. Diese nur in Chr vorkommende Darstellung erweckt deutlich den Eindruck, daß sie auf dem offiziellen Bericht über Davids Wahl zum König beruht. Vermutl. sind Partien dieses Berichtes kaum noch lesbar gewesen. Es fällt auf, daß für die Abgeordneten Isaschars keine Zahlenangabe gemacht wird. Auch ist die unterschiedliche Größe der Gesandtschaften nur schwer zu erklären, wenn man annimmt, daß die Zahlenangaben korrekt überliefert sind. **28** Es gibt keinen Grund anzunehmen, daß dieser Jojada der Vater Benajas war (11,22 usw., aber s. Komm. zu 27,5). Es wird auch nicht gesagt, daß er Hoherpriester war. **29** *Zadok:* Vermutl. handelt es sich hier um Davids Hohenpriester gleichen Namens. **33** *Die erkannten und rieten, was Israel zu jeder Zeit tun sollte:* vgl. 2Sam 20,14–22, bes. V. 18. Abel-Beth-Maacha lag in Isaschar.

13,1–17,27 David und die Bundeslade

Dieser Abschnitt entspricht 2Sam 6,1–7,29, allerdings mit beträchtlichen Erweiterungen religiösen Inhalts. Um die Wichtigkeit der Bemühungen Davids um die Bundeslade hervorzuheben, hat der Chronist wahrscheinlich Davids ersten Versuch, die Lade nach Jerusalem zu bringen, an anderer Stelle in seinen Bericht eingefügt, als 2Sam es historisch korrekt tut.

13,1–14 Der erste Versuch, die Bundeslade nach Jerusalem zu bringen. Außer zu V. 1–4 vgl. 2Sam 6 und Komm. dazu. **1** *David hielt einen Rat:* Der Chronist macht aus der Angelegenheit mehr als der Verfasser von 2Sam, aber auch 2Sam 6,1 setzt diese Rücksprache eindeutig voraus. Die Lade war das Symbol der Einheit der Stämme Israels, die in der gemeinsamen Jahweverehrung begründet war. Brachte man sie nach Jerusalem, so bedeutete dies, daß die Stadt nicht nur zum politischen, sondern auch zum religiösen Mittelpunkt Israels wurde. Für diesen Plan suchte David die volle Zustimmung. 2 *Zu unseren Brüdern in allen Landen Israels:* d.h. zu denen, die bei dieser Versammlung nicht anwesend waren. Zu den Wohnstätten der Priester und Leviten vgl. 4Mo 35,1–5.

5 *So versammelte David ganz Israel:* Obwohl es so scheinen mag, ist dies kein Widerspruch zu 2Sam 6,1. Ganz Israel war in seinen gewählten Vertretern anwesend. Praktisch alle Stellen, die davon sprechen, daß sich »ganz Israel« versammelt, sind so zu verstehen. Mit *Schihor* wird in Jes 23,3 und Jer 2,18 der Nil bezeichnet. Hier und in Jos 13,3 ist damit jedoch der Bach Ägyptens, das Wadi el-ʿArisch, gemeint (4Mo 34,5; Jos 15,4 u.a.m.). *Wo es nach Hamath geht:* Hamath (hebr. Lebo-Hamath) wird allg. mit dem heutigen El-Lebwe gleichgesetzt, einer Stadt in der Nähe der Quelle des Orontes (s. Komm. zu 1Kön 8,65). 6 *Baala:* Kirjath-Baal aus Jos 15,60, eine Stadt der Gibeoniter. Ihr Name wurde offensichtlich in Kirjath-Jearim abgeändert, um den verabscheuten Namen Baal zu vermeiden. 9 **Kidon:* Nachon (2Sam 6,6).

14,1–17 Ereignisse am Anfang der Herrschaft Davids. Vgl. 2Sam 5,11–25 und Komm. dazu. 4–7 s. Komm. zu 1Chr 3,5–8. 12 *Mit Feuer zu verbrennen:* Der Chronist vermeidet bewußt die unklare Formulierung von 2Sam 5,21. Zur Verbrennung der Götzen vgl. 5Mo 7,5.25. 16 **Gibeon:* 2Sam 5,25 steht im hebr. Text Geba, aber LXX hat Gibeon.

15,1–24 Vorbereitungen für den zweiten Versuch, die Lade nach Jerusalem zu bringen. Dieser Abschnitt findet sich nur in Chr. 2Sam 6,12 (1Chr 13,14) berichtet, wie David vom Segen Gottes für das Haus Obed-Edoms erfährt. Dies zeigt ihm, daß Jahwe gegen die Überführung der Lade an einen anderen Ort nichts einzuwenden hat. Er läßt ihn den wahren Grund für den Tod Usas erkennen.

1 *David baute sich Häuser:* Zwischen diesem Vers und 13,14 besteht kein Widerspruch. 14,1 gehört in eine Zeit lange vor dem ersten Versuch, die Lade nach Jerusalem zu bringen. *Ein Zelt:* nicht die Stiftshütte, die sich in Gibeon befand (16,39; 2Chr 1,3). Es wird nicht berichtet, wie die Stiftshütte nach Gibeon kam, noch warum nur die Lade nach Jerusalem gebracht wurde und nicht auch die Stiftshütte. Auffällig ist allerdings, daß Gibeon in der Nachbarschaft des kleineren Kirjath-Jearim lag. Viell. dachte David bereits an einen Tempelbau, und es kam ihm gelegen, die unvermeidlichen Proteste der Gibeoniter zu respektieren. Genausogut ist denkbar, daß die Stiftshütte aufgrund ihres hohen Alters baufällig geworden war. 2 *Die Lade Gottes soll niemand tragen außer den Leviten:* Beim ersten Versuch wurde offensichtlich ein neuer Wagen benutzt (13,7), weil Gott diese Transportweise bei der Rückkehr der Lade aus dem Land der Philister (1Sam 6,7) toleriert hatte. Man übersah, daß Gottes Ausnahmen die eindeutige Offenbarung seines Willens nicht aufheben. Jetzt erkannte David diesen Fehler.

4ff. Es fällt auf, daß die Namen der Leviten sich nicht mit den Listen der Leviten in Kap. 23–26 verbinden lassen. Wären diese Listen eine bloße Erfindung des Chronisten, wie oft behauptet wird, dann würde er sicher versucht haben, eine Verbindung zu V. 4ff herzustellen, um diese glaubhafter zu machen. 12 *Heiligt euch:* Hier ist äußere, rituelle Heiligkeit gemeint. Dazu gehörten Waschungen (2Mo 19,10.14), das Vermeiden ritueller Verunreinigungen (3Mo 11,44) und sexuelle Abstinenz (2Mo 19,15). Es genügt nicht, heilig zu sein. Heiligkeit sollte auch in äußeren Formen Ausdruck finden. 20 *Nach der Mädchenweise* (ZÜ): Übersetzung unsicher, deutet viell. die Tonhöhe an.

21 *Asasja* ist in 16,5 ausgelassen. *Obed-Edom:* Dieser Name erscheint in 1Chr häufig. Es ist nicht sicher, um wieviele Träger dieses Namens es sich handelt. Die einfachste Annahme ist, daß immer der gleiche Mann gemeint ist. Die Lade war in seinem Haus untergebracht. Man nimmt allg. an, daß die Bezeichnung Gathiter (13,13) bedeutet, daß er aus Gath war. Unvorstellbar ist jedoch, daß man die Lade einem Philister gelassen haben sollte und daß dieser bereit gewesen wäre, ein solches Risiko auf sich zu nehmen. Außerdem erscheint das Wort Gath (wörtl. Kelter) in seiner Dualform Gittaim als Name eines Ortes in der Nähe von Kirjath-Jearim (2Sam 4,3; Neh 11,33) und kommt auch in einer Reihe von zusammengesetzten Ortsnamen vor (s. Komm. zu 2Sam 6,10.11). Aufgrund der ihm zuteil gewordenen göttlichen Gnade wurde Obed-Edom zu einem der besonderen Hüter der Lade gemacht (V. 24). Da er seinen Dienst gut verrichtete, wurden er und seine Söhne zu Torhütern im salomonischen Tempel bestellt (vgl. 26,14.15). An dem Tag, an dem die Lade nach Jerusalem hinaufgebracht wurde, taten Obed-Edom und sein Gefährte Jeiël (V. 18) ausnahmsweise Dienst als Sänger (V. 21). Deswegen wurden Berechja und Elkana vorübergehend als Torhüter der Lade eingesetzt (V. 23). Dies bietet sich als einfachste Erklärung für die Unterschiede zwischen V. 23 und V. 24 an. Obed-Edom ist ein gutes Beispiel für die Folgen, die aus dem rechten Gebrauch unerwarteter Gelegenheiten zum Dienst entstehen. *In der unteren Oktave* (ZÜ); LÜ: *Harfen von acht Saiten:* vgl. Ps 6,1; 12,1. Auch hier ist

die Übersetzung unsicher. **24** *Jehia:* vermutl. identisch mit Jeïël (V.18).

15,25–16,3 Die Lade wird nach Jerusalem gebracht. Vgl. 2Sam 6,12–19. **26** *Sieben junge Stiere und sieben Widder:* das Opfer der Ältesten und der Hauptleute. Davids Opfer war ein Stier und ein fettes Kalb (2Sam 6,13).

16,4–7 Der Dienst vor der Lade. Daß hier weniger Personen genannt sind als in Kap. 15, ergibt sich aus der Dienstordnung an der Stiftshütte in Gibeon, vgl. V.39. **5** Vermutl. ist die erste Erwähnung Jeïëls (JB korr. Usiel) auf Abschreibfehler zurückzuführen. (Vgl. 16,38, s. auch Komm. zu 15,21.)

16,8–36 Der Psalm des Lobes. David wird nicht als Autor des Psalms genannt. Der Psalm ist aus drei Psalmen zusammengesetzt: Ps 105,1–15 (V.8–22), Ps 96,1–13 (V.23–33) und Ps 106,1.47.48 (V.34–36). Zur Auslegung s. Komm. zu den jeweiligen Psalmen. Es finden sich kleinere Abweichungen von den Psalmtexten. Einige sind beabsichtigt, andere zufällig. Bei den letzteren bieten die Psalmen die bessere Lesart.

Keiner der drei benutzten Psalmen stammt von David. Alle sind späteren Datums, möglicherweise sogar nachexilisch. Vgl. V.35; Ps 106,47. Der Chronist fand in seinen Quellen offensichtlich keinen Psalm vor, deshalb stellte er etwas Geeignetes zusammen. Daß er Texte aus den Psalmen nahm, und zwar solche, bei denen kein Verf. genannt war, bedeutet nicht, daß für ihn David oder ein Zeitgenosse der Verfasser gewesen wäre. **36b** ist die Doxologie (der Lobspruch) am Ende des 4. Buches der Psalmen. In der Chr findet sie sich als faktische Aussage, in Ps 106,48 als eine Aufforderung zur Anbetung. Es ist die einzige Doxologie in dieser Form; offensichtlich wurde sie aus der Chr übernommen.

16,37–43 Ordnung des Dienstes in Jerusalem und Gibeon. Dieser Abschnitt ist eine Fortsetzung von V.4–7. Er beginnt mit einer Zusammenfassung ihres Inhalts.
38 *Obed-Edom und seine Brüder, achtundsechzig Mann:* LÜ folgt LXX und Vulgata. Wahrscheinlicher ist, daß zwischen Obed-Edom und die Zahl der Brüder einzufügen ist: »und Jehia« oder: »und Hosa« (wie ZÜ).
39 *Der Priester Zadok:* Die Folgerung liegt nahe, daß Abjathar, Zadoks älterer Bruder, in Jerusalem bei der Lade Dienst tat. Es kann gut sein, daß Zadok schon Priester des Heiligtums von Gibeon war. Bei der Stiftshütte mußte ein Priester höchsten Ranges tätig sein. **42** *Die Söhne Jeduthuns:* vgl. V.38. Hier sind wahrscheinlich die Söhne Obed-Edoms gemeint.

17,1–27 Davids Wunsch, einen Tempel zu bauen. Gottes Antwort und Davids Dankgebet. S. Komm. zu 2Sam 7,1–29. Es gibt nur unwesentliche Textunterschiede zwischen 1Chr 17 und 2Sam 7. **5** *Bin umhergezogen von Zelt zu Zelt und von Wohnung zu Wohnung:* 2Sam 7,6 bietet die korrekte Lesart: »Bin umhergezogen in einem Zelt als Wohnung« (so auch ZÜ). **6** *Richter:* LÜ und ZÜ haben das sich in 2Sam 7,7 findende Wort Stämme dort aufgrund von 1Chr 17,6 durch Richter ersetzt. **17** *Und hast ... auch von ferner Zukunft geredet:* s. Komm. zu 2Sam 7,19. Es scheint, als wäre der Text in Chr und Sam fehlerhaft. Es gibt keine befriedigende Textverbesserung.

18,1–20,8 Die Kriege Davids

18,1–13 Eine Zusammenfassung seiner Kriege. Vgl. 2Sam 8,1–14. **1** *Gath und seine Ortschaften:* Dies ist wahrscheinlich die richtige Interpretation von 2Sam 8,1. **4** *Tausend Wagen, siebentausend Reiter:* Die Lesart der LXX von 2Sam 8,4 stimmt mit Chr überein. **8** **Tibhath und Kun:* Betach und Berothai (2Sam 8,8). Diese Städte sind bisher nicht gefunden worden, lagen aber vermutl. im Anti-Libanon. **10** *Hadoram:* Joram (2Sam 8,10). **12** An diesem Erfolg waren offensichtlich verschiedene Einheiten beteiligt, die in gewissem Ausmaß unabhängig voneinander operierten. Denn in 2Sam 8,13 wird der Sieg David zugeschrieben, in Ps 60,2 Joab.

18,14–17 Davids Beamte. Vgl. 2Sam 8,15–18. **16** *Abimelech, der Sohn Abjathars:* LXX und Vulgata haben Ahimelech statt Abimelech, so auch 2Sam 8,17. Vgl. 1Sam 22,20 und Komm. zu 1Chr 24,3. Man nimmt allg. an, daß hier und in 2Sam 8,17 gelesen werden sollte: Abjathar, der Sohn Ahimelechs. Es kann jedoch auch sein, daß sich Abjathar wegen seines hohen Alters bereits weitgehend vom praktischen Dienst zurückgezogen und diesen seinem Sohn überlassen hatte. **Schawscha:* Schischa (1Kön 4,3), Seraja (2Sam 8,17), Scheja (2Sam 20,25). Die unterschiedliche Schreibweise beruht wahrscheinlich darauf, daß er Ausländer war, vgl. Uria der Hethiter und Ittai der Gittiter.
17 *Die Söhne Davids aber waren die Ersten an der Seite des Königs:* eine bewußte, aber korrekte Veränderung von 2Sam 8,18: »sind Priester gewesen«. Urspr. bedeutete Priester nichts als Diener Gottes. Zur Zeit der Chr war die Bedeutung des Begriffs jedoch schon so verengt, daß eine Benutzung im weiteren Sinne mißverständlich gewesen wäre.

19,1–20,3 Der Krieg mit den Ammonitern. Vgl. 2Sam 10,1–11; 12,26–31. **6** *Tausend Zentner Silber:* eine enorme Summe, denn Amazja konnte 100000 Soldaten für 100 Talente (Zentner) anwerben (2Chr 25,6). Da V.16 die Erwähnung von Mesopotamien voraussetzt, könnten diese 1000 Talente die Gesamtsumme darstellen, die während des Krieges für ausländische Söldner ausgegeben wurde. *Mesopotamien:* hebr. *'aram-naharajim;* das Gebiet unmittelbar jenseits des Euphrats, viel kleiner als das heutige Mesopotamien; viell. das alte Naharin oder Nordsyrien. **7** *Zweiunddreißigtausend Männer mit Streitwagen:* Es kann sich hier unmöglich um 32 000 Streitwagen handeln. Salmanasser III. behauptet, daß die verbündeten Gegner, die er bei Karkar besiegte, 3940 Wagen gegen ihn ins Feld führten. Ein Vergleich mit 2Sam 10,6 zeigt, daß es sich hier um die Summe von zwei Kontingenten Fußsoldaten handelt. Wagen werden in 2Sam 10,6 nicht erwähnt. **18** *Siebentausend Wagen:* 2Sam 10,18 nennt siebenhundert Wagen. Das ist wahrscheinlicher. *Vierzigtausend Mann zu Fuß:* In 2Sam 10,18 hat LÜ 40 000 Reiter korrigiert zu 40 000 Mann. **20,1** *David aber blieb in Jerusalem:* An dieser Stelle folgt in 2Sam der Bericht über Davids Ehebruch und den Tod Urias (2Sam 11,2–12,25). Der Chronist läßt diese Geschichte nicht aus, um David reinzuwaschen. Er zeichnet die Linie göttlichen Handelns nach, nicht die Abirrungen davon. David wird kein Vorwurf gemacht. Staatsgeschäfte erforderten seine Anwesenheit. **3** *Ließ sie ... Frondienste leisten:* Diese Übersetzung beruht darauf, daß man *wajjasem* statt *wajjasar* liest, also Knechtschaft und Frondienst, aber nicht Massaker.

20,4–8 Der Tod der Riesen der Philister. Vgl. 2Sam 21,18–22. **4** *Geser:* Gob (2Sam 21,18). *Sippai:* Saph (2Sam 21,18). **5** *Erschlug Elhanan, der Sohn Jaïrs, den Lachmi, den Bruder Goliaths, den Gathiter.* 2Sam 21,19 lautet: »Da erschlug Elhanan, der Sohn Jaïrs aus Bethlehem, den Goliath, den Gathiter.« Für die extremen Vertreter der historisch-kritischen Schule gilt es als ausgemacht, daß 2Sam korrekt ist. Damit wird der Bericht in 1Sam 17 (Davids Sieg über Goliath) zur wertlosen Überlieferung degradiert. Die Formulierung in diesem Vers wird als Versuch des Chronisten abgetan, den Widerspruch zu harmonisieren. Zur detaillierten Diskussion dieser Frage s. Komm. zu 2Sam 21,19 und Anhang 5 zu Sam. Es gibt keinen hinreichenden Grund, die Aussage des Chronisten nicht zu akzeptieren.

21,1–22,19 Die Vorbereitungen für den Tempelbau

Abgesehen von Kap. 21 findet sich diese Darstellung nur in Chr. Aber selbst Kap. 21 hat einen anderen Zusammenhang, es stellt hier keinen eigenständigen Bericht dar, sondern schildert lediglich, wie es zum Kauf des Tempelplatzes kam. Die Frage der Einordnung dieser Kapitel in die Chronologie des Lebens Davids wird in Verbindung mit Kap. 22,2 behandelt.

21,1–27 Die Volkszählung und die Pest. Vgl. 2Sam 24. **1** *Satan:* In 2Sam erscheint Davids Handeln als von Gott, hier als von Satan veranlaßt. Aber der Unterschied ist nur scheinbar. Volkstümliche christl. Vorstellungen von Satan, soweit sie überhaupt vom NT abgeleitet sind, sind das Ergebnis einer Exegese, die außer acht läßt, daß sich die Grundlagen für alle Begriffe und Vorstellungen des NT im AT finden. Und im AT ist Satan, obwohl böse, immer noch ein Engel Gottes, sein Diener, ein Wesen, das nur über soviel Macht verfügt, wie Gott sie ihm zuteilt; vgl. Hiob 1 und 2; Sach 3,5. Demnach erfüllt Satan hier nur die Absichten Gottes. **5** Die unterschiedlichen Zahlenangaben (hier und 2Sam 24,9) scheinen nicht auf schlechte Textüberlieferung zurückzuführen zu sein. Es gibt keine voll befriedigende Lösung (s. Komm. zu 2Sam 24,9).

7 *Dies ... mißfiel Gott sehr:* V. 7 findet sich nicht in Sam. Er muß als Vorwegnahme der weiteren Entwicklung des Berichts verstanden werden. Zweifellos kam die Pest erst über Israel, nachdem David gewählt hatte (V. 13.14). Aus Sam geht klar hervor, daß David durch sein Gewissen zur Erkenntnis seiner Sünde gelangte, nicht durch die göttliche Strafe. **12** *Drei Jahre Hungersnot:* In 2Sam 24,13 nennt der hebr. Text sieben Jahre. Der Lesart der Chr, mit der auch LXX in 2Sam 24,13 übereinstimmt, ist der Vorzug zu geben. **15** *Ornans, des Jebusiters:* Arawnas, des Jebusiters (2Sam 24,16). Der Unterschied in den Konsonanten ist gering. Die verschiedenen Schreibweisen gehen wahrscheinlich darauf zurück, daß es sich um einen ausländischen Namen handelt (vgl. Komm. zu 18,16). **20** *Versteckte sich und seine vier Söhne mit ihm:* Sie taten dies, um den Engel nicht sehen zu müssen (vgl. V. 15 und 16). *Ornan aber drosch Weizen:* offensichtlich bevor der Engel erschien. Daraufhin versteckte er sich mit seinen Söhnen. Jüd. Überlieferungen schildern, wie er sich in einer Höhle versteckte, die sich unter dem Felsen befand, über dem später das Allerheiligste errichtet wurde. Diese Höhle ist noch heute unter dem Felsendom (der Omar-Moschee) zu sehen. **25** Vgl. 2Sam 24,24. Zwischen den beiden Aussagen besteht kein Widerspruch. Während 2Sam den Preis der felsigen Tenne nennt, ist in Chr vom Preis für den ganzen Platz die Rede. Das umliegende Gelände dürfte später erworben worden sein (und da es keine Pest abzuwenden galt, zu einem wesentlich höheren Preis). Es ist typisch für den Chronisten, daß er beide Ereignisse zu einem zusammenfaßt.

21,28–22,1 Die Wahl des Tempelplatzes. Der Satzbau in diesem Abschnitt ist schwierig. V. 29.30 sollten in Klammern gesetzt werden. 22,1 ist die direkte Fortsetzung von 21,28.

22,2–5 Davids Vorbereitungen für den Tempelbau. Dieser und die folgenden Abschnitte sind nicht datiert, aber 1Kön gibt dazu einige Hinweise: Die einzige einleuchtende Erklärung für Adonias Versuch, sich selbst zum König zu machen (1Kön 1,5), besteht darin, daß er hoffte, seinen Vater vor vollendete Tatsachen zu stellen, da David seinen Nachfolger niemals öffentlich benannt hatte; vgl. Komm. zu 1Kön 1,5.11. Nach der Aussage von 22,17 war die Lage völlig anders. Es ist deshalb anzunehmen, daß Kap. 22–29 einen begrenzten Zeitraum betreffen, wobei die Salbung Salomos zum König vor 22,6 liegt (1Kön 1,39). Der offensichtliche Bruch bei 23,1 beruht darauf, daß der Chronist hier eine neue Quelle benutzt. Er bedeutet keinen zeitlichen Sprung (s. Komm. zu 23,1).

Es wird häufig behauptet, daß sich Chr mit 1Kön nicht in Übereinstimmung bringen lasse. Aber auch 1Kön 2,1 setzt voraus, daß zwischen der Salbung Salomos und dem Tod seines Vaters ein gewisser Zeitraum lag. Es ist nichts Ungewöhnliches, daß eine Krise bei einem Menschen unerwartete Kraftreserven weckt. In den meisten Zeittafeln läßt sich eine 40jährige Regierungszeit Salomos schwer unterbringen. So spricht vieles dafür, daß er eine Zeitlang Mitregent seines Vaters war (s. Komm. zu 22,17). Es ist wiederum typisch für den Chronisten, daß er 1Kön 1 in seiner Darstellung ignoriert, obwohl er durch 29,22 beweist, daß ihm diese Fakten bekannt waren.

2 *Fremdlinge:* eine korrekte, aber möglicherweise irreführende Übersetzung. *Ger:* bezeichnet im Hebr. einen geduldeten Gast. Die verbliebenen früheren Einwohner hatten den Jahweglauben nicht angenommen. Deshalb besaßen sie kein Recht, im Lande zu wohnen, sondern waren nur geduldet. Davids Haltung gegenüber diesen Fremden nimmt die Handlungsweise Salomos vorweg (s. Komm. zu 1Kön 5,27–32; 2Chr 2,16f; 8,7f). Wenn diese Anordnung hart erscheint – was sie zweifellos war – so darf man nicht vergessen, daß damals von allen Bewohnern eines Landes erwartet wurde, daß sie den Gott dieses Landes anbeteten. Zu jener Zeit waren die Bedingungen, unter denen die Arbeit durchgeführt wurde, so hart, daß sie für Freie als unzumutbar galt.

22,6–19 Davids Auftrag an Salomo und die Obersten. **8** *Weil du ... so viel Blut ... vergossen hast:* Dieser Grund ist in der prophetischen Botschaft in Kap. 17 nicht genannt. Auch Salomo wiederholt ihn in 1Kön 5,17 nicht. Diese Einsicht wird David gekommen sein, als er darüber nachdachte, warum Gott ihm nicht erlaubte, den Tempel zu bauen. Gott gibt oft, wenn er etwas ablehnt, keine Gründe an. Er läßt aber zu, daß wir durch Gebet und im Umgang mit seinem Wort die Ursachen im nachhinein erkennen. **9** *Ihm Ruhe schaffen vor allen seinen Feinden:* Obwohl keine Bedingung genannt ist, wird sie doch, wie so oft, vorausgesetzt; vgl. 1Kön 11,14ff. Es wird weder gesagt, daß Salomo moralisch höher stand als David, noch daß Davids Kriege nicht gerechtfertigt waren. Trotzdem empfanden die Menschen, daß Krieg im Gegensatz zur göttlichen Ordnung stand. David bezahlte für die Sünden seiner Vorgänger. Wäre Israel bei der Eroberung des Landes treu gewesen, hätte es nicht die düstere Epoche der Richter durchmachen müssen, und David hätte über ein Volk regiert, das zu stark war, um leichthin angegriffen zu werden. In dieser glücklichen Lage befand sich aber nach ihm Salomo. **12** *Möge der Herr dir Einsicht und Verstand geben* (ZÜ): Diese Übers. ist der futurischen Formulierung in LÜ vorzuziehen. War es dieses Gebet des Vaters, das Salomo zu seiner Bitte um Weisheit veranlaßte? Vgl. 2Chr 1,8ff. **13** Vgl. Gottes Auftrag an Josua, Jos 1,7ff. **14** Nimmt man die Zahlenangaben dieses Verses wörtl., so erscheint David als wesentlich reicher als Salomo. Das widerspricht der bibl. Gesamtaussage. Es ist besser, diese Zahlenangaben als Äquivalente für groß, sehr groß oder enorm zu verstehen. **15** *Eine Menge Werkleute* (ZÜ): d.h. mehr als genug; ginge es um Lohn und Verpflegung, wären sie gezählt worden.

17 *Die Oberen Israels; ZÜ: Fürsten;* hebr. *śar*: Es handelt sich zuerst nicht um Mitglieder des Königshauses, sondern um die Stammesführer und um die zivilen und militärischen Beamten (so auch an anderen Stellen des AT). Dieser Vers setzt voraus, daß Salomo Mitregent oder zumindest offiziell benannter Thronfolger war (s. Komm. zu V. 2–5).

23,1–26,32 Die Organisation der Leviten und ihre Ämter

23,1.2 Die letzten Handlungen Davids. Es ist nicht nötig, zwischen diesen Versen und dem vorhergehenden Abschnitt einen langen Zeitabstand anzunehmen. Es wird lediglich deutlich, daß hier ein neuer Abschnitt beginnt, der wahrscheinlich auf einer neuen Quelle beruht. Diese Verse fassen zusammen, wie David Salomo zum König machte (vgl.

28,1–29,25). Er versammelte die Führer Israels (vgl. 27,1–34), dazu die Priester (vgl. 24,1–19) und die Leviten (23,3–32; 24,20–26,32). Wie so oft kehrt der Chronist da, wo es um Einzelheiten geht, die Reihenfolge um; außer bei einigen zusätzlichen Angaben über die Leviten.

23,3–23 Die 24 Abteilungen der Leviten. **3** *Von dreißig Jahren an und darüber:* s. Komm. zu 23,24. Obwohl es nicht erwähnt wird, kann man davon ausgehen, daß sie unter 50 waren (vgl. 4Mo 4,3). **4** Diese Zahlenangaben werden verschiedentlich als absurd hoch bezeichnet. Man muß jedoch beachten, daß die Leviten in 24 Abteilungen eingeteilt waren. Bedenkt man den Umfang der Arbeit, so sind 1000 Aufseher keine übermäßig große Zahl. Das gleiche gilt für die anderen Gruppen. *Amtleute und Richter:* vgl. 5Mo 17,9; 2Chr 19,8.11. **6** Die Zahl der levitischen Abteilungen ist ebenso groß wie die der Priester. V.6–23 haben eine Parallele in dem offensichtlich bruchstückhaften Abschnitt 24,20–31. Kleinere Abweichungen bei den Namen bedürfen keiner detaillierten Erwähnung. Wichtiger ist, daß man dort nur 22 Abteilungen findet, oder 23, wenn man, was berechtigt sein dürfte, *Eleasar* aufgrund seiner Töchter als Sippenoberhaupt zählt. Wir können nicht sagen, wo der 24. Name ausgefallen ist. Viell. in V.9, wo der Name Semeï textlich nicht klar überliefert ist, oder in V.16, wo nur einer von Gersons Söhnen erwähnt wird. **7** *Ladan:* Libni (1Chr 6,14). Viele meinen, Ladan könnte ein Nachkomme Libnis gewesen sein.

23,24–27 Das Alter für den Tempeldienst. Eine gesicherte Auslegung dieses Abschnitts ist nicht möglich, seine großen Linien sind jedoch klar. Bei seinen Überlegungen im Blick auf die Zukunft erkannte David, daß das umfangreiche Ritual des Tempels mehr Leviten erforderte, auch wenn ihr tatsächlicher Dienst etwas leichter würde. Deshalb ordnete er an, daß mit der Vollendung des Tempels das Alter für den Eintritt in den levitischen Dienst von 30 auf 20 Jahre gesenkt werden sollte. Es ist unklar, ob eine zweite Zählung durchgeführt wurde; s. Komm. zu 24,1–19. Die besondere Bedeutung dieses Abschnitts liegt in dem Hinweis, daß ein Gebot des Gesetzes von einer legalen Autorität abgeändert werden konnte, und zwar ohne daß man sich auf eine angeblich mosaische Überlieferung berief. Wenn die Thesen der modernen Kritik zur Entstehung des Pentateuch, in denen das immer wieder behauptet wird, zutreffen, warum sollte man dann alle späteren Gesetze Mose zugeschrieben haben?

23,28–32 Überblick über die Aufgaben der Leviten. Diese Vorschriften waren nötig, weil viele Leviten bisher an den kleineren und weniger offiziellen Heiligtümern Priesterdienste verrichtet hatten; vgl. 2Kön 23,8f; bes. Ri 17,7–13; 18,30. **31** Bei der Darbringung von Opfern arbeiteten die Leviten als Gehilfen der Priester. Zur Zeit des NT war die Zahl der Priester so angewachsen, daß sie die Leviten weitgehend aus dem Dienst verdrängt hatten.

24,1–19 Die Abteilungen der Priester. In der Periode des Niederganges z.Z. der Richter fand sich für die Nachkommen Aarons in den vielen Lokalheiligtümern genügend Arbeit. Nun, da Jerusalem zum Zentralheiligtum wurde, gab es zu viele Priester. Die gleiche Situation wäre auf die Dauer auch durch das Wachstum der Bevölkerung entstanden. Die Priester wurden in 24 Abteilungen aufgeteilt, d.h. jeder Priester tat 14 Tage im Jahr Dienst, dazu kam ein Bereitschaftsdienst an den großen Festen, an denen er ohnehin in Jerusalem sein sollte. Da nach dem jüd. Kalender das Jahr etwa zweimal innerhalb von 5 Jahren 13 Monate zählte, verschob sich die Dienstperiode langsam über das ganze Jahr. Zur Zeit des NT taten die Priester pro Jahr für zwei getrennte Wochen Dienst, dazu an den großen Festen. Es ist gut möglich, daß es schon von Anfang an so war. **3** *Ahimelech von den Söhnen Ithamar:* vgl. V.6: Ahimelech, der Sohn Abjathars; s. auch Komm. zu 18,16. Es scheint, daß der Stammbaum lauten muß: Ahitub, Ahimelech (1Sam 22,9), Abjathar (1Sam 23,6), Ahimelech. Es ist verständlich, daß dabei leicht Verwechslungen vorkommen konnten. Hier dürfte der Text korrekt sein. Abjathar war zu dieser Zeit zu alt, um mit organisatorischen Details behelligt zu werden. **4** Die kleinere Zahl der Nachkommen Ithamars läßt sich durch die Mißgeschicke des Hauses Eli erklären, bes. durch das Massaker an den Priestern von Nob (vgl. 1Sam 22,11ff). **5** *Oberste im Heiligtum und Oberste vor Gott:* Die Begriffe sind wahrscheinlich synonym. Der ganze Vers sagt vermutl. aus, daß, abgesehen von der Zahl der Abteilungen, beiden Priestersippen gleiche Ehre zukam. **6** *Der Schreiber Schemaja . . . ein Levit:* Die Betonung liegt weniger darauf, daß er zu den Leviten gehört, sondern darauf, daß er nicht der königl. Schreiber war. Die Reihenfolge des Dienstes wurde durch das Los entschieden, bei den ersten 16 Abteilungen stand abwechselnd je eine von Eleasar und von Ithamar zur Wahl. **10** *Hakkoz:* vgl. Esr 2,61; Neh 3,4.21.

24,20–31 Die Familien der Leviten. Vgl. 23,6–23. Dieser Abschnitt ist bruchstückhaft, die Gersoniter sind ohne ersichtlichen Grund ausgelassen. In V.26.27 dürfte der Text nicht korrekt überliefert sein. Es gibt keinen anderen Hinweis darauf, daß Jaasia ein Sohn Meraris war. Viell. war er ein späterer Nachfahre.

25,1–31 Die Sippen und Abteilungen der Sänger. 1 *Die Feldhauptleute:* Offensichtlich sind die Tempelhauptleute gemeint. *Prophetische Männer:* Obwohl ein Bezug zu 1Sam 10,5 möglich ist, werden die zu Sängern Berufenen offensichtlich höher eingestuft als die gewöhnlichen Leviten. Es stellt sich die Frage, ob nicht viele Christen Musik im Gottesdienst zu niedrig einstufen. 2–4 Die hier genannten Namen finden sich mit kleinen Abweichungen noch einmal in V.9–31. 4 *Hananja . . .:* Manche Wissenschaftler halten die letzten neun Namen nicht für Namen. Wenn man anhand des konsonantischen Textes die Worte gelegentlich anders trennt, ergibt sich folgender Text:

> *Sei mir gnädig, Herr, sei mir gnädig, du bist mein Gott! Du hast groß gemacht und hoch die Hilfe dessen, der im Unglück saß, hast in Fülle, in überreichem Maße Gesichte gegeben* (Fußnote ZÜ).

Man nimmt an, daß es sich hier nicht um einen Zufall handeln kann. Eine der wenigen plausiblen Erklärungen ist, daß ein früher Abschreiber die Möglichkeit sah, dieses Gebet aus den Namen der Söhne Hemans herauszulesen, und daß er sie aus diesem Grund geringfügig änderte. 5 Es ist zu beachten, daß *Heman* als Seher bezeichnet wird. *Drei Töchter:* Ihre Erwähnung kann bedeuten, daß sie am Tempeldienst teilnahmen (vgl. Ps 68,26). 8 Die 288 waren die Meister, die übrigen (bis zur Gesamtzahl von 4000; vgl. 23,5) die Schüler. Beide Gruppen waren in je 24 Abteilungen eingeteilt, entsprechend der Ordnung bei den Priestern und Leviten.

26,1–19 Die Ordnungen und Wachplätze der Torhüter. Vgl. 9,17–27. Es ist nicht klar, wie die Pflichten der Torhüter aufgeteilt waren. In V.1–11 werden 24 Namen genannt, aber es findet sich kein Hinweis darauf, daß es 24 Abteilungen gab. 13 Ausgelost wurde der Ort des Dienstes, nicht die Zeit. VV.8.9.11 lassen darauf schließen, daß es 93 Oberste der Torhüter gab. Diese Annahme kann aber falsch sein, da 9,22 die Zahl 212 nennt. Diese wären dann die Obersten der 4000 (23,5). VV.17.18 erwähnen 24 (Oberste der) Torhüter, die jeweils im Dienst waren. 16 *Für Schuppim:* ist viell. auszulassen (wie ZÜ); es handelt sich wohl um eine Doppelschreibung des vorigen Wortes *'asuppim* (Vorratshaus). *Schallecheth* und 18 *Parbar* können nicht mit Sicherheit identifiziert werden.

26,20–32 Verschiedene levitische Beamte. Zwei Schatzkammern werden genannt: *die des Hauses Gottes* unter den Nachkommen Ladans und die der *geheiligten Gaben* unter den Nachkommen Amrams. 22 *Die Söhne der Jehiëliter:* vermutl. auszulassen. Setham und Joel waren Brüder Jehiëls (23,8). 27 *Haus des Herrn:* Damit muß nicht der Tempel gemeint sein. Es kann sich auch um Gaben für die Reparatur der Stiftshütte oder für die Pflege des Zeltes in Jerusalem gehandelt haben; vgl. 15,1. 29 *Draußen in Israel zum Dienst:* vgl. Neh 11,16. Es ist gut möglich, daß sie die Tempelsteuer und die Steuern für den König einzunehmen hatten (vgl. V.30). 30 Es läßt sich kein Grund erkennen, warum es zur Verwaltung von West-Palästina nur *tausendsiebenhundert* Beamte gab, während Vers 32 für das Gebiet jenseits des Jordans *zweitausendsiebenhundert* genannt werden. Dies ist eine der vielen Stellen, die zeigen, daß die Zahlenangaben der Chr oft schwer zu verstehen sind. Daraus ist jedoch nicht abzuleiten, daß sie erfunden seien.

27,1–34 Heerführer, Stammesfürsten und Beamte

27,1–15 Die Abteilungen des Heeres. Bei den 24 000 Mann monatlich kann es sich kaum um die königl. Leibwache handeln, wie manche vermuten. Die Zahl wäre zu hoch, und der Text sagt das auch nicht aus. Zudem erweckt 2Sam den Eindruck, daß die Leibwache vorwiegend aus fremden Söldnern bestand, den Krethern und Plethern (2Sam 8,18; 20,23; 1Kön 1,38). Stellen wir uns diese 24 000 dagegen über das ganze Königreich verstreut vor, so leuchtet die Zahl ein. V.7 erwähnt Asahel, den Bruder Joabs. Das bedeutet, daß diese Einteilung älteren Ursprungs ist, wenn auch nicht notwendig in all den hier genannten Einzelheiten. Asahel wurde getötet, als David noch König in Hebron war (2Sam 2,19ff). Obwohl sich die Namensformen teilweise leicht unterscheiden, scheinen alle 12 Obersten aus der Liste der Helden Davids hervorzugehen. 5 *Benaja, der Sohn des Hohenpriesters Jojada:* ist der Lesart »Benaja, der Sohn Jojadas, der Priester« vorzuziehen, obwohl letztere dem hebr. Text entspricht. Aber es gibt keinerlei Hinweis, daß Benaja Priester war. Viell. liegt hier ein Abschreibfehler vor, verursacht durch eine Gedankenverbindung mit 2Sam 8,18. Benaja fungierte gelegentlich auch als Scharfrichter (1Kön 2,25.29.34.46), ein Amt, das sich schwer mit dem eines Priesters vereinbaren läßt.

27,16–24 Die Stammesfürsten. Sie waren z.Z. der Volkszählung berufen worden (vgl. V.23.24). 13 Namen werden genannt. Zadok repräsentiert vermutl. das ganze Volk. Die beiden Halbstämme Manasses werden getrennt aufgeführt. Gad und Asser werden nicht erwähnt, viell. aufgrund eines Überlieferungsfehlers. Es ist nicht anzunehmen, daß sie ausgelassen worden sind, um die Zahl 12 beizubehalten, da diese bereits durch die Erwähnung Zadoks überschritten wurde. **18** *Elihu:* viell. Eliab (1Sam 16,6; 1Chr 2,13). **23** *Zwanzig Jahre und darunter:* Diese Regelung galt schon in der Wüste (4Mo 1,3). Sie wird auch in 2Sam 24,9 und 1Chr 21,5 vorausgesetzt.

27,25–31 Verschiedene königliche Beamte. Sie verwalteten Davids Grundbesitz. **30** *Obil* und **31** *Jasis* sind Ausländer.

27,32–34 Die Ratgeber des Königs. Diese Liste unterscheidet sich wesentlich von der der Beamten Davids (vgl. 18,14–17, ebenso die spätere Liste in 2Sam 20,23–26), obwohl einige Namen in beiden Listen vorkommen. Hier werden sie in ihrer Eigenschaft als Ratgeber aufgeführt. Wie schon die vorige Liste steht auch diese in keinem bes. Zusammenhang mit dem Ende der Herrschaft Davids. Einer der genannten Ratgeber war schon seit längerer Zeit verstorben. **32** *Jonathan, Davids Oheim:* Wird sonst nirgends erwähnt. Aufgrund von 20,7 würden viele die Wiedergabe Davids Neffe vorziehen. Der hebr. Text erlaubt das, aber eine solche Lösung erscheint unnötig und wegen des Alters unwahrscheinlich. *Jehiël:* offensichtlich der Erzieher der Söhne des Königs. **33** *Huschai . . . des Königs Freund:* vgl. 2Sam 15,32 u.a. »Freund des Königs« ist ein offizieller Titel, viell. ägypt. Ursprungs. *Ahithophel:* vgl. 2Sam 15,31 u.a. **34** *Jojada, der Sohn Benajas:* Obwohl sonst nirgends genannt, liegt kein Grund vor, das Verhältnis umzukehren und »Benaja, der Sohn Jojadas« zu lesen. Des Alters wegen kann es sich kaum um den Sohn des bekannten Benaja handeln. *Abjathar:* wahrscheinlich der Priester gleichen Namens.

28,1–29,30 Salomo wird König

Es ist anzunehmen, daß der neue König nach seiner eiligen Salbung (vgl. 1Kön 1,39) sobald wie möglich in einer feierlichen Versammlung den Repräsentanten des Volkes vorgestellt wurde, um ihn in seinem Amt bestätigen zu lassen. Der Satz: »Machte zum zweitenmal Salomo . . . zum König« (29,22) zeigt, daß der Chronist von Adonias gescheitertem Versuch, sich selbst zum König zu machen, wußte. Die richtige Auslegung von 23,1 (s. Komm. dort) schließt aus, daß es sich beim ersten Mal um die in 23,1 erwähnten Ereignisse handelt. Der Chronist übergeht Adonia, weil er, soweit eben möglich, alles ausläßt, was nicht den göttlichen Plänen entspricht.

28,1–10 Salomo wird den Vertretern des Volkes vorgestellt. **1** *Sowie die Kämmerer:* Obwohl das hebr. Wort oft in weiterem Sinne gebraucht wird, ist das hier unwahrscheinlich. Hier sind tatsächlich Eunuchen gemeint. Zum ersten Mal wird dieser Greuel im Zusammenhang mit dem israel. Königshof erwähnt (vgl. aber 1Sam 8,15). Die Korrumpierung durch die Macht war schnell eingetreten. **2** *David stand auf:* Normalerweise würde David im Sitzen gesprochen haben. Archäol. Funde (aber auch sein hohes Alter) legen dies nahe. Daß er sich trotzdem erhebt, unterstreicht den religiösen Charakter des Ereignisses. David, der Erwählte Gottes (V. 4), stellt dem Volk den neuen Erwählten vor (V. 5), dem die besondere Aufgabe anvertraut ist, den Tempel zu bauen (V. 6). Wir finden in Sam und Kön keine ausdrückliche Bestätigung, daß Gott Salomo erwählt hat. 2Sam 12,24.25 kann allerdings darauf hindeuten. **5** *Daß er sitzen soll auf dem Throne des Königtums des Herrn über Israel:* vgl. 29,23: »Thron des Herrn«. Der König war Jahwes Stellvertreter. **10** *Sieh nun zu:* Diese Ermahnung wird in V. 20 fortgesetzt.

28,11–19 Die Pläne für den Tempel. Die Auslegung dieses Abschnitts hängt von der Interpretation des Begriffes *tabnit* (Plan; V. 11f) ab. 2Mo 25,40 läßt eindeutig auf ein Original schließen, das Mose gesehen hat und später denen beschrieb, die die Arbeit ausführten. Da dieses Kapitel offensichtlich auf dem Hintergrund von 2Mo 25 zu verstehen ist, beschreibt David Salomo vermutl. die Vision, die er empfangen hat (vgl. V. 19: »gegeben von der Hand des Herrn«). Wenn das zutrifft, dann ist mit der *Schrift* in V. 19 die Beschreibung der Stiftshütte in 2Mo gemeint, und David hat durch göttliche Eingebung erkannt, welche Änderungen an diesem Entwurf für den Tempelbau notwendig sind. Für diese Sicht der Dinge spricht, daß es bisher keine befriedigende Erklärung für die Teile des Tempels gibt, in denen er von der Stiftshütte abweicht. Selbst der Hebräerbrief beschäftigt sich nicht mit dem Tempel, sondern mit der Stiftshütte. Von einem himmlischen Vorbild, so wie sie es bei der Stiftshütte tut, spricht die Bibel im Blick auf den Tempel ebenfalls nicht. **18** *Thronwagen mit den goldenen Cherubim:* Man stellte sich vor, daß die Cherubim Gottes Thronwagen bildeten; vgl. Ps 18,11 und bes. Hes 1.

28,20.21 Abschließende Ermutigung Salomos. Diese Verse knüpfen an V. 10 an. LXX zeigt, daß am Schluß von V. 20 ein Abschnitt unbeabsichtigt ausgefallen ist. Er lautet: »Sieh nun den Entwurf für die Vorhalle (des Tempels) und für sein Haus und die Schatzkammer und die Obergemächer und inneren Räume und den Entwurf für den Raum des Gnadenthrones und den Entwurf für das Haus des Herrn« (vgl. 11.12a).

29,1–9 Davids Aufruf zu reichen Spenden und das Echo darauf. David kündigte zusätzlich zu der in 22,14 genannten Summe eine beträchtliche Gabe für den Tempelbau aus seinem eigenen Vermögen an. Aufgrund der eigenen Spende appelliert er an die Gebefreudigkeit der Versammlung. Dabei steht vermutl. weniger die Notwendigkeit weiterer Spenden im Vordergrund als vielmehr der Wunsch, daß möglichst viele am Bau des neuen Tempels Anteil haben sollten. Die Angaben über die Höhe der Gabe Davids und der Spenden des Volkes kann man kaum wörtl. nehmen. Die enorme Summe läßt sich am ehesten erfassen, wenn man sich, statt sie in moderne Währungen umzurechnen, mit der Höhe des Tributs vergleicht, den Sanherib dem König Hiskia (2Kön 18,14) oder Tiglath-Pileser dem König Menahem (2Kön 15,19) auferlegte.

1 *Wohnung:* aram. *bira*; besser *Palast* (ZÜ). Dieses späte Wort wird nur dreimal auf den Tempel angewandt. Das Wort *hekal,* das normalerweise für Tempel steht, hatte jedoch urspr. ebenfalls die Bedeutung Palast oder großes Haus. **5** *Seine Hand ... füllen:* Fachausdruck für die Bestellung eines Mannes zum Priesteramt (2Mo 28,41 u.a.). Wird hier im übertragenen Sinne gebraucht, etwa mit der Bedeutung: Wer möchte für den Bau des Tempels eine Gabe zur Verfügung stellen, wie ein Mann sich dem Priesteramt weiht?

7 *Zehntausend Gulden: Dariken* (ZÜ): Die Darike ist eine persische Goldmünze (ein offensichtlicher Anachronismus, der auf die Abfassungszeit von Chr hinweist) im Wert von einigen Mark. Der Unterschied zwischen der enormen Goldmenge in Talenten und der geringen Zahl von Dariken kann darin begründet sein, daß es sich bei den Dariken um Münzen, beim Talent dagegen um ein Gewichtsmaß handelt. Da wir bisher noch keinerlei Belege für Münzen vor dem 7. Jh. v.Chr. haben, ist die Vermutung, daß es sich hier um eine falsche zeitliche Einordnung aufgrund eines Mißverständnisses der Quelle durch den Chronisten handelt, nicht von der Hand zu weisen.

29,10–19 Davids abschließendes Dankgebet. Eins der schönsten Gebete des AT. **13** *Wir danken dir und rühmen deinen herrlichen Namen:* Im Hebr. ist eine kontinuierliche Handlung gemeint. Man könnte also übersetzen: »Und rühmen deinen herrlichen Namen immer und immer wieder.« **15** *Sind Fremdlinge vor dir:* Es geht nicht darum, daß wir Gott gegenüber Fremde sind. Vielmehr wird die immer unsicher bleibende Stellung *auf Erden* als die Stellung des Fremdlings angesprochen. Aber da, wo sie *vor Gott,* d.h. unter seinen Augen leben, sind sie sicher. *Und bleibet nicht;* besser *ohne Hoffnung* (ZÜ): Es gibt keine Hoffnung ohne Gott. **17** Der Wert der Gaben für den Tempel lag nicht in ihrer Höhe, sondern darin, daß sie freiwillig gegeben worden waren. David vertraut darauf, daß Gott, der die Herzen der Menschen kennt, die gleiche Willigkeit bei allen erkennen und sie ihnen erhalten wird.

29,20–25 Abschluß der Versammlung. Salomo wird König. **20** *Neigten sich und fielen nieder vor dem Herrn und vor dem König:* Das hier verwendete Verb wird im AT meist mit anbeten übersetzt. Seine urspr. Bedeutung ist: sich niederwerfen. Es kann deshalb, wie hier, sowohl in Beziehung auf Gott wie auf den König benutzt werden. **22** *Machten zum zweitenmal Salomo ... zum König:* s. Komm. zu 28,1ff. *Und Zadok zum Priester:* Wir wissen nicht genug über die Sitten dieser Zeit, um uns hier festlegen zu können. Aber eine wörtl. Auslegung erscheint gewagt. Zadok wird immer als der Hohepriester dargestellt, deshalb kann es sich kaum um eine Priesterweihe (oder Wiederweihe) handeln. Es gibt auch keine Belege dafür, daß der Hohepriester bei der Krönung eines neuen Königs erneut geweiht wurde. Viell. sollte man diesen Satzteil als Anspielung des Chronisten auf die Absetzung Abjathars verstehen, die seinen Lesern aus 1Kön 2,26 bekannt war. **23** *Thron des Herrn:* s. Komm. zu 28,5. **24** *Alle Söhne des Königs David stellten sich unter den König Salomo:* Eine indirekte Bezugnahme auf Adonia (1Kön 1,53). **25** *Ein herrliches Königreich, wie es keiner vor ihm über Israel gehabt hatte:* Diese Übersetzung beschränkt den Vergleich auf David und Saul. Wahrscheinlich wäre der hebr. Text besser zu übersetzen: »Ein herrliches Königreich, wie es keinem anderen König über Israel gegeben war.« Das würde auch Salomos Nachfolger einschließen.

29,26–30 Eine Zusammenfassung der Regierungszeit Davids. **27** Vgl. 1Kön 2,11. **29** *Samuels, des Sehers* (hebr. *ro'eh*)... *Gads, des Sehers* (hebr. *chozeh*): s. Anhang 3 zu Samuel. Der erste Ausdruck, der 1Sam 9,9.11 für Samuel gebraucht wird, läßt eine gewisse Verwandtschaft mit dem Begriff Hellsehen vermuten, der zweite verweist eher auf Träume und Visionen. **30** *Die Geschehnisse:* wohl deutlicher: Schicksale (ZÜ). *Über die Königreiche in allen Landen:* Gemeint sind nur die Länder, mit denen David Berührung hatte.

(2. Chronik)

2Chr 1,1–9,31 Die Herrschaft Salomos

Der Chronist bietet kaum Informationen, die sich nicht auch in Kön finden. Einige seiner Ergänzungen sind allerdings sehr wichtig. Daß er bestimmtes Material nicht übernimmt, etwa den Versuch Adonias, sich zum König zu machen, oder den Abfall Salomos und seine Folgen, erklärt sich zum Teil aus der Grundhaltung des Chronisten. Zum anderen soll offensichtlich Platz gespart werden. Das bemerkenswerteste Charakteristikum des Buches ist die Art und Weise, wie der Chronist den Text von Kön wiederholt umgeschrieben, gekürzt bzw. erweitert hat, statt ihn einfach zu übernehmen.

1,1–17 Gott bestätigt die Herrschaft Salomos

1,1–13 Salomos erstes Opfer und seine Vision in Gibeon. **1–6** Der größte Teil dieses Materials findet sich nur hier. Offensichtlich wurde ein solches erstes Opfer nach der Thronbesteigung mit großem Prunk dargebracht. **7–13** gekürzte Fassung von 1Kön 3,5–15 (s. Komm. dort). **3** *Stiftshütte:* Daß die Stiftshütte in Kön nicht erwähnt wird, kann darauf hindeuten, daß sie nicht mehr benutzt wurde, sondern im Heiligtum von Gibeon ehrenvoll abgestellt worden war. Das würde auch erklären, warum David sie nicht nach Jerusalem brachte, um in ihr die Lade unterzubringen.

1,14–17 Salomos Reichtum. Vgl. 1Kön 10,26–29 (fast wörtl. übereinstimmend) und 2Chr 9,13–28. Eine solche Anhäufung von Edelmetallen mußte zwangsläufig inflationistische Auswirkungen haben, die die Bauern am schlimmsten treffen würden.

1,18–5,1 Der Tempelbau

Vgl. 1Kön 5,15–7,51. Chr läßt die Details der anderen Bauten Salomos aus (1Kön 7,1–12), auch einige den Tempel betreffende Einzelheiten.

1,18–2,15 Salomo und Hiram. Vgl. 1Kön 5,15–26. Chr gibt die Korrespondenz wesentlich ausführlicher wieder. Da VV. 6.12f sehr ursprünglich wirken (vgl. 1Kön 7,14), ist anzunehmen, daß in Kön eine Kurzfassung vorliegt. **1** ist eine Dublette von 2,17. **2** *Hiram, König von Tyrus:* Im hebr. Text der Chr wird immer die Form Huram benutzt. Dem folgt ZÜ. LÜ verwendet auch hier die in Sam und Kön gebräuchliche Form Hiram, eine Kurzform von Ahiram. **6** *Einen tüchtigen Mann, der mit Gold ... arbeiten kann und ... zu schnitzen versteht:* Archäol. Funde weisen nach, daß Israel zu dieser Zeit im Blick auf die Entwicklung der Künste weit zurücklag. **7** *Zedern-, Zypressen- und Sandelholz:* Vgl. 1Kön 5,22; 10,11f und die Parallelstelle 2Chr 9,10f. Möglicherweise wurde Sandelholz hier versehentlich genannt; da wir nicht genau wissen, um welche Sorte Holz es sich handelte, läßt sich das nicht mit Sicherheit feststellen. **9** Bezüglich der Mengenangaben der Nahrungsmittel s. Komm. zu 1Kön 5,25. **11–16** Die Echtheit der Antwort Hirams ist wegen ihrer religiösen Sprache oft angezweifelt worden. In einer polytheistischen Gesellschaft war Höflichkeit gegenüber dem Gott eines Nachbarn durchaus möglich. **12** *Hiram, meinen Berater:* s. Komm. zu 1Kön 7,13.14. Es läßt sich nicht feststellen, ob Huram oder Hiram die urspr. Form ist. Auch der Name des Königs hilft nicht weiter. Einige vermuten, daß der Name Huram-Abi lautete (wie ZÜ). Das ist möglich, wahrscheinlicher ist jedoch, daß man »Huram, mein (sein) Berater« lesen sollte (ähnlich LÜ).

2,16.17 Aushebung von Arbeitskräften. Vgl. V. 1.2; s. Komm. zu 1Kön 5,27–32.

3,1–4 Der Bau des Tempels. S. Komm. zu 1Kön 6,1–10. In Chr ist der Bericht seltsam verstümmelt. **1** *Berg Morija:* vgl. 1Mo 22,2. Nur an dieser Stelle wird der Berg Zion oder Tempelberg so genannt. In 1Mo ist Morija der Name eines Gebiets, nicht eines Berges. **4** *Die Höhe aber war hundertzwanzig Ellen:* Wenn die Vorhalle einem ägypt. Pylon glich, ist diese Höhe möglich. War es ein Säulengang, müssen wir die hundert als Abschreibfehler streichen. Das ist die wahrscheinlichere Lösung, weil der Tempel in phöniz. Stil gebaut war.

3,5–14 Das Innere des Gebäudes. S. Komm. zu 1Kön 6,14–36. Auch hier ist die Beschreibung stark gekürzt. Trotzdem fügt Chr einige Einzelheiten hinzu. **5** *Große Halle:* das Heilige. *Zypressenholz:* Aufgrund von 1Kön 6,15 muß man annehmen, daß diese Täfelung für den Boden und möglicherweise für die Decke verwendet wurde, deren Material in Kön nicht erwähnt wird. *Blumenwerk:* Zierketten, deren Glieder hier aus Blumen bestehen; vgl. 1Kön 6,18.29. **6** *Parwajim:* viell. Ort in Arabien. **8** *Sechshundert Zentner; Talente* (ZÜ): Nach der wahrscheinlichen Umrechnungsweise über 25000kg, eine unglaublich groß erscheinende Menge (vgl. Komm. zu 1Chr 29,1–9). **9** *Obergemächer:* vgl. 1Chr 28,11. Bedeutung nicht klar. **14** *Vorhang:* in Kön nicht erwähnt; in Chr fehlen hingegen die Tore.

3,15–17 Die Bronzesäulen. S. Komm. zu 1Kön 7,15–22.

4,1 Der kupferne Altar (ZÜ: der eherne Altar). Es gibt keine Erklärung dafür, warum dieser Altar in Kön nicht erwähnt wird, denn Kön setzt seine Existenz voraus (1Kön 8,22.64). Man könnte einen Abschreibfehler vermuten, wenn der Altar nicht auch in der Zusammenfassung 1Kön 8,41–43 und selbst in 2Chr 4,11–16 unerwähnt bliebe. Die beste Erklärung könnte sein, daß der kupferne Altar von Gibeon hergebracht wurde (1,5), sich dann als zu klein erwies (7,7) und später durch einen wesentlich größeren ersetzt wurde (vgl. 4,1 mit 2Mo 27,1). Chr erwähnt in der ihr eigenen Art der Zusammenfassung den späteren Altar in der allg. Beschreibung. Kön dagegen befaßt sich mit den Vorbereitungen für die Tempelweihe und erwähnt den Altar nicht. Dem widerspricht zwar 7,7, aber das könnte eine spätere fehlerhafte Einfügung sein. Wäre ein Altar mit 2,7m² Oberfläche wirklich zu klein gewesen?

4,2–6.10 Das Meer und die zehn Kessel. S. Komm. zu 1Kön 7,23–37. Die schwierige Beschreibung der Gestelle in 1Kön wird hier weggelassen. **5** *Dreitausend Eimer; Bath* (ZÜ): 1Kön 7,26 gibt 2000 an. S. Komm. dort.

4,7 Die Leuchter. Vgl. V. 20f. *Er:* bezieht sich auf Salomo, nicht auf Hiram. Chr gibt keinen Hinweis darauf, daß die Goldschmiedearbeiten von Hiram ausgeführt wurden.

4,8 Die Tische. Vgl. 4,19 und 1Kön 7,48.

4,9 Die Vorhöfe. S. Komm. zu 1Kön 7,2–12.

4,11–18 Zusammenfassung der Arbeit Hirams. Fast wörtl. identisch mit 1Kön 7,40–47 (s. Komm. dort).

4,19–5,1 Die goldenen Geräte. Fast wörtl. identisch mit 1Kön 7,48–50. **19** *Die Tische mit den Schaubroten darauf:* 1Kön 7,48 nennt, offensichtlich korrekt, nur einen Tisch. Die übrigen neun waren nur zur Zierde da. Die erhöhte Zahl an Tischen und Lampen wurde nötig, weil die Grundfläche des Heiligen vervierfacht worden war.

5,2–7,22 Die Tempelweihe

Dieser Abschnitt stimmt fast wörtl. mit 1Kön 8,1–9,9 überein. Die wenigen Ergänzungen enthalten vorwiegend liturgische Angaben.

5,2–14 Der Transport der Lade nach Jerusalem. S. Komm. zu 1Kön 8,1–11. **4.5** *Die Leviten hoben die Lade auf . . . es brachten sie hinauf die Priester und Leviten:* In Chr ist Priester (1Kön 8,3) abgeändert in Leviten (V. 4); im hebr. Text steht zwischen Priestern und Leviten kein *und* (V. 5). Viell. hat der Chronist einfach den häufig vorkommenden Ausdruck »die levitischen Priester« (so JB) im Ohr gehabt (z.B. 5Mo 18,1). Im Pentateuch wird nicht deutlich, ob Priester oder Leviten die Lade tragen sollten. Es kann sein, daß die Leviten die Lade bis zum Tempelplatz trugen und die Priester sie dort übernahmen. In jedem Fall wurde damals zwischen den Nachkommen Aarons und den übrigen Angehörigen des Stammes Levi nicht so strikt unterschieden. **5** *Stiftshütte:* Nur auf Chr bezogen, würden wir diese Bezeichnung natürlich im Sinn von 1,3 interpretieren; berücksichtigt man jedoch 1Kön 8,4, so wird man darunter vermutl. eher das Zelt verstehen, das David in Jerusalem errichtete, um darin die Lade unterzubringen, denn Kön erwähnt die alte Stiftshütte nicht. **11b–13a** Eine Erweiterung des Chronisten, um den Prunk des Festes zu betonen. Offensichtlich waren alle anwesenden Priester und Leviten im Dienst, nicht nur die wöchentlichen Abteilungen (vgl. 1Chr 24). Das Blasen der Trompeten war eine besondere Aufgabe der Priester (4Mo 10,8).

6,1–7,3 Die eigentliche Tempelweihe. Vgl. 1Kön 8,12–61, wovon sich dieser Bericht nur geringfügig unterscheidet. **13** *Eine Kanzel aus Kupfer; eine Tribüne aus Erz* (ZÜ): In Kön nicht erwähnt. **40–42** nehmen die Stelle von 1Kön 8,50b–53 ein. Da sie sich davon stark unterscheiden, ist denkbar, daß die Schlußverse aus Kön durch einen Abschreibfehler weggefallen sind. **7,1–3** nicht in Kön. **1** *Fiel Feuer vom Himmel:* Vgl. 3Mo 9,24; 1Chr 21,26; 1Kön 18,24.38. Der Rest ist eine Erweiterung von 5,13b–14. Chr erwähnt nicht, daß Salomo das Volk segnete (1Kön 8,54–61). Viell. hielt es der Chronist nicht für richtig, wenn ein König priesterliche Funktionen ausübte. Es war immer eine große Versuchung für den König, sich priesterliche Aufgaben anzumaßen, wie es bei den heidnischen Völkern üblich war (vgl. 1Sam 13,8–14; 2Chr 26,16–20).

7,4–10 Die Opfer und das Fest. Vgl. 1Kön 8,62–66. **7** *Der kupferne Altar:* s. Komm. zu 4,1. **9.10** *Am achten Tage . . . Am dreiundzwanzigsten Tage:* Es ist schwierig, diese Verse mit 1Kön 8,65f in Übereinstimmung zu bringen, wo ein siebentägiges Weihefest (8.–14. des 7. Monats) beschrieben wird, dem das Laubhüttenfest (15.–21. des 7. Monats) folgte. Am Tag darauf wurde das Volk entlassen. Der Chronist fand in seinen zusätzlichen Quellen, daß das Volk am 23. des 7. Monats entlassen wurde, daß das Fest also einen Tag länger gedauert haben müsse. Kön geht von einem siebentägigen Tempelweihfest mit dem Versöhnungstag in der Mitte (10. des 7. Monats) aus, d.h. vom 8.–15. Tag des 7. Monats, dem mit einem Tag Verspätung das Laubhüttenfest folgte (16.–22. des 7. Monats). Chr rechnet den Versöhnungstag als Teil des

Tempelweihfestes (also 8.–14. Tag), dem das Laubhüttenfest folgte (15.–21. Tag), mit dem achten Tag als dem Abschlußfest (3Mo 23,36). Es kommt also darauf an, wie die Feste aufgeteilt wurden. Viell. wurde auch gar keine eindeutige Grenze gezogen, da beide Feste sich kaum wesentlich unterschieden haben dürften.

7,11–22 Gottes Antwort auf Salomos Gebet. Vgl. 1Kön 9,1–9. Abgesehen von V. 13–16 finden sich nur geringe Unterschiede im Wortlaut. V. 13–16 sind ebenfalls nur eine Erweiterung dessen, was in 1Kön 9,3 vorausgesetzt ist.

8,1–9,31 Salomos Herrlichkeit

Vgl. 1Kön 9,10–10,29; 11,41–43. Auch hier gibt es keine wesentlichen Unterschiede zwischen Kön und Chr. 1Kön 9,11–16 ist in Chr ausgelassen, zu 2Chr 8,13–16 findet sich keine Parallele in Kön.

8,1.2 Salomos Geschäfte mit Hiram. Vgl. 1Kön 9,10–14. Es wird oft behauptet, daß Chr hier Kön widerspreche. Wahrscheinlicher ist aber, daß Chr diese Geschäfte Salomos mit Hiram mißbilligte, und daß sie deswegen nur den Abschluß berichtet, der wiederum in Kön nicht erwähnt wird (s. Komm. zu 1Kön 9,10–14). Es kann sein, daß diese Städte von Anfang an als Pfand für die Zahlung dienten.

8,3–11 Salomos Aushebungen und sein Städtebau. Vgl. 1Kön 9,15–24. **3** Vom Feldzug gegen Hamath-Zoba berichtet nur Chr. Zoba hatte David erobert (2Sam 8,3ff), Hamath hatte sich ihm freiwillig unterworfen (2Sam 8,9ff); nun nahm man viell. Davids Tod zum Anlaß für den Versuch, die Unabhängigkeit wiederzuerlangen. Dieser Feldzug ist der einzige von Salomo geführte. Er war vermutl. nur kurz. **4** *Tadmor in der Wüste:* allg. mit Palmyra, etwa halbwegs zwischen Damaskus und dem Euphrat, gleichgesetzt. Tadmor existierte schon zur Zeit Tiglath-Pilesers I. von Assyrien, etwa 1100 v.Chr., demnach kann es sich gut in Salomos Besitz befunden haben. Da in 1Kön 9,18 aber mit Sicherheit Thamar gelesen werden muß (s. Komm. dort), kann die Erwähnung Hamaths einen Abschreiber irregeführt haben. Die *Städte mit Kornspeichern, die er in Hamath angelegt hatte,* wurden wahrscheinlich gebaut, um die Nordflanke Israels zu sichern (vgl. 1Kön 8,65). **10** Hier werden 250 oberste Amtsleute genannt, in Kön 550. Ihre Zahl dürfte während der Herrschaft Salomos nicht immer gleich gewesen sein. Wenn man die Zahlen in 1Kön 5,30 und 9,23 addiert, erhält man die gleiche Summe wie bei einer Addition von 2Chr 2,17 und 8,10. **11** Die Aussage über die *Tochter des Pharao* ist schwer zu verstehen. *Eine Frau soll mir nicht wohnen . . .:* deutlicher ZÜ: Keine meiner Frauen soll im Hause Davids . . . wohnen.

8,12–16 Salomos Ordnung des Gottesdienstes. V. 16 legt nahe, daß in diesem Abschnitt urspr. die Beschreibung des Tempelbaues abgeschlossen wurde.

8,17.18 Salomos Handel auf dem Roten Meer. Vgl. 1Kön 9,26–28. **17** *Zog Salomo nach* muß ebensowenig wörtl. verstanden werden wie die Parallele in Kön: »Salomo baute auch Schiffe«. **18** *Hiram sandte ihm . . . Schiffe:* Damit ist nicht gesagt, daß sie fertig montiert über Land transportiert wurden. Bauholz ist in der Nähe des Golfes von Akaba so selten, daß es von Phönizien eingeführt werden mußte. Vermutl. war es schon zu einem guten Teil vorgefertigt. Die Hölzer wurden wahrscheinlich über den Nil und den Kanal, der den Nil mit dem Roten Meer verband, transportiert, aber der Text sagt nichts darüber.

9,1–12 Der Besuch der Königin von Saba. Fast wörtl. wie 1Kön 10,1–13 (s. Komm. dort).

9,13–28 Salomos Handel und sein Reichtum. Vgl. 1Kön 10,14–29. Zu 1Kön 10,26–29 liegt in 2Chr 1,14–17 und 9,25–28 eindeutig eine Dublette vor. **16** Zum Gewicht der 300 Schilde s. Komm. zu 1Kön 10,17. **18** *Einen goldenen Fußschemel:* eine verderbte Wiedergabe von 1Kön 10,19 (s. Komm. dort). **21** *Die Schiffe des Königs, die . . . nach Tarsis fuhren:* Der Chronist kennt nur den Seehandel von Ezjon-Geber aus (8,17; 9,10). Da V. 21 offensichtlich mit 1Kön 10,22 identisch ist, haben wir es hier mit einem Übertragungsfehler zu tun. JB ändert entsprechend in Tarsis-Schiffe. S. Komm. zu 1Kön 10,22. Die Schiffe können bis Indien gefahren sein, aber sie konnten nicht Afrika umsegeln, um das Mittelmeer zu erreichen, an dem Tarsis lag (Jona 1,3). Zudem brachten die Schiffe keine Produkte des Mittelmeerraumes zurück. Derselbe Irrtum hat sich in 20,36.37 eingeschlichen. Zwar gab es mehr als ein Tarsis, denn der Name bezeichnete ganz allg. einen Hafen, in dem Kupfererz verladen wurde. Es könnte also auch am Indischen Ozean einen Hafen namens Tarsis gegeben haben, aber dafür gibt es keinen Beleg.

9,29–31 Zusammenfassung der Herrschaft Salomos. Vgl. 1Kön 11,41–43. Chr erwähnt Salomos Götzendienst und seine Schwierigkeiten nicht. Er läßt sie aus dem gleichen Grunde unberücksichtigt wie Davids Sünde und ihre Folgen. Er ist am Königtum als Institution interessiert, nicht am persönlichen Fehlverhalten derer, die auf dem Throne saßen (s. Einleitung S. 443).

10,1–36,23 Die Könige Judas

10,1–12,16 Rehabeam

Chr bietet eine Reihe von interessanten, teilweise bedeutenden Angaben, die in Kön nicht erwähnt werden.

10,1–19 Der Abfall Israels. Vgl. 1Kön 12,1–19. 1Kön 12,20 ist offensichtlich bewußt ausgelassen worden. Die Erwählung Jerobeams zum König von Israel wird nicht erwähnt. Für Chr ist das Nordreich von Anfang an abtrünnig, was es natürlich im tiefsten Sinne auch war.

11,1–4 Der Bürgerkrieg wird verhindert. Vgl. 1Kön 12,21–24. 3 *All denen von Israel, die in Juda und Benjamin wohnen:* Dies ist vom Chronisten hinzugefügt. Er betont immer wieder, daß dem davidischen Königtum zu allen Zeiten Teile der nördl. Stämme treu blieben.

11,5–12 Die Organisation Judas. Dieser Abschnitt findet sich in Kön nicht. Wenn es Jerobeam gelang, den Norden zu organisieren, mußte das Nordreich sowohl im Blick auf die Bevölkerungszahl wie auf die natürlichen Hilfsquellen stärker sein als Juda. Jerobeam war ein ehrgeiziger Mann, von dem man nicht erwarten konnte, daß er mit dem, was Gott ihm gegeben hatte, zufrieden sein würde. Deshalb tat Rehabeam alles, um sein geschwächtes Königreich zu stärken. 5 *Baute:* befestigte. Das kann nach Schischaks Invasion gewesen sein, denn alle genannten Orte liegen im Süden. Andererseits muß Rehabeam gewußt haben, daß Schischak Jerobeam unterstützen würde (1Kön 11,40). Von daher mußten alle seine Bemühungen unzureichend bleiben.

11,13–17 Einwanderung aus Israel. Vgl. 1Kön 12,31; 13,33. 14 Nicht nur Jerobeam, sondern auch seine Söhne, d.h. seine Nachfolger, werden erwähnt. Das zeigt, daß die Einwanderung der Priester und Leviten, obwohl sie zum größten Teil sofort stattfand, sich doch über einen längeren Zeitraum hinzog. Der hebr. Wortlaut in V. 13 unterstützt diese Annahme. *Hatten sie verstoßen:* Jerobeam hätte sie bestimmt gern im Land behalten. Aber da er auf einer kanaanisierten Form der Jahweverehrung bestand, machte er denen, die ihrer Berufung die Treue halten wollten, das Bleiben unmöglich. Man kann allerdings annehmen, daß mancher den Einkünften im Nordreich gegenüber der Stimme des Gewissens den Vorzug gegeben hat. 15 *Feldgeister* (hebr. *saʿir*): Dämonen oder Dschinnen, von denen man annahm, daß sie die Wüsten und Einöden bewohnten. Man stellte sie sich als haarig oder in Tiergestalt vor. Die Rückkehr zur Naturanbetung bedeutete einen Rückfall in alten Aberglauben. *Die Kälber, die er machen ließ:* Dieser Satz ist wichtig, weil er zeigt, daß der Chronist Kön als bekannt voraussetzt. 16.17 Die natürlichste Erklärung dieser Verse ist, daß die, die sich Jerobeams Bann nicht fügen wollten, nach Jerusalem kamen, um dort anzubeten, und sich dann dort auch niederließen; vgl. 15,9.

11,18–23 Die königliche Famile. 18 Rehabeams Hauptfrau war *Mahalath.* Ihr Vater Jerimoth war ein sonst nicht erwähnter Sohn Davids, ihre Mutter *Abihail,* eine Nichte Davids. 20 Seine Lieblingsfrau aber war *Maacha* oder Michaja (13,2), eine Enkeltochter Absaloms (vgl. 20 mit 13,2). 23 *Verschaffte ihnen viele Frauen:* Er folgte Salomos Beispiel und versuchte, den Thron durch geeignete Heiraten zu stärken (V. 21). Das galt auch für seine Söhne.

12,1 Rehabeams Götzendienst. Vgl. 1Kön 14,21.22. Es ist unverständlich, warum hier keine Einzelheiten berichtet sind, denn sie werden 14,2.4 eindeutig vorausgesetzt. *Ganz Israel:* bedeutet für Chr immer das Südreich.

12,2–12 Schischaks Invasion. Vgl. 1Kön 14,25–28. Schischaks eigener Bericht über diesen Feldzug findet sich auf der Außenmauer des Tempels von Karnak. Dieser Text und andere archäol. Belege zeigen, daß Israel und Juda überrannt wurden. Sogar Ezjon-Geber wurde wahrscheinlich zerstört. Die ägypt. Oberherrschaft muß einige Jahre gedauert haben. Es ist möglich, daß kein Widerstand geleistet wurde. 3 *Sukkijiter:* noch nicht identifiziert. 7 *Will sie in Kürze erretten:* Die Ägypter konnten ihre Herrschaft nicht lange aufrechterhalten. 12 *Denn auch in Juda war noch manches Gute* (vgl. ZÜ): Die kanaanisierte Form der Jahweverehrung, wie sie von Jerobeam gefördert wurde, fand zwar im Norden weiten Eingang, gewann im Süden aber erst unter Ahas und Manasse wirklich Boden.

12,13–16 Zusammenfassung seiner Herrschaft. Vgl. 1Kön 14,29–31. 15 *Des Sehers Iddo:* vgl. 13,22, aber auch 9,29.

13,1–22 Abia

Vgl. 1Kön 15,1–8. 1 Im hebr. Text von Kön steht »Abiam«. Bisher fehlt eine überzeugende Erklärung dafür, welches die urspr. Form ist. 2 *Seine Mutter:* s. Komm. zu 11,20. 3 Die Größe der Armeen muß mit den Ergebnissen der Volkszählung verglichen werden (2Sam 24,9; 1Chr 21,5). Zu diesem Eroberungsfeldzug wurden alle Kräfte aufgeboten. 4 *Berg Zemarajim:* vgl. Jos 18,22.
5 Ein *Salzbund* konnte nicht gebrochen werden (4Mo 18,19). Abias Verhalten stimmte mit dem, was er predigte, keineswegs überein

(1Kön 15,3). Aber was im Norden bereits feste religiöse Ordnung darstellte, war in Juda noch lediglich ein Abweichen von der Norm. **6.7** Abias Vorstellung von der Reichsteilung ist eigenartig. Denn Rehabeam war immerhin 41 Jahre alt, als er den Thron bestieg (12,13). **12** Abia behauptet, daß es sich um einen heiligen Krieg handelt. **15** *Schlug Gott:* deutet auf übernatürliches Eingreifen hin. **17** Wir müssen die *fünfhunderttausend* im Sinne von »eine sehr große Zahl« verstehen, denn einziges Ergebnis dieses Sieges war die Einnahme einiger Grenzorte, die Asa bald wieder verlor (s. Komm. zu 1Kön 15,16–22).

13,23–16,14 Asa

13,23–14,4; 15,16–18 Asas Reform. Vgl. 1Kön 15,9–15. Es liegt kein Grund zu der Annahme vor, Asas Reform habe in zwei Phasen stattgefunden. Der Eindruck entsteht durch die Art, in der das Material aus Kön mit anderen Quellen zusammengefügt worden ist. Das *Greuelbild* der Maacha (15,16) muß schon am Anfang beseitigt worden sein.

13,23 Wenn wir 1Kön 15,28 und 16 zusammensehen, wird deutlich, daß *zehn Jahre* als runde Zahl zu verstehen sind. **2–4** beschreiben im einzelnen, was in 1Kön 15,12 vorausgesetzt ist. **2** *Entfernte die Altäre der fremden Götter und die Opferhöhen:* Es wird behauptet, daß dies in bewußtem Widerspruch zu 1Kön 15,14 so geschrieben wurde (s. Komm. dort). Da diese Erklärung 2Chr 15,17 widerspricht, wird jener Vers entweder als ein späterer Einschub aus Kön angesehen, oder man geht davon aus, daß hier mit *Israel* das Nordreich gemeint ist. Einleuchtender wäre es, *fremd* nicht nur auf die *Altäre,* sondern auch auf die *Höhen* zu beziehen. Demnach hätte Asa auch die nicht legitimen Höhenheiligtümer beseitigt.

14,5–7 Asas Verteidigungsmaßnahmen. Nicht in Kön, aber vgl. 1Kön 15,23.

14,8–14 Asas Sieg über Serach. Nicht in Kön. **8** Serach wird allg., auch wenn linguistisch wenig dafür spricht, mit dem Pharao Osorkon I. oder Osorkon II. identifiziert. Einige archäol. Funde deuten auch auf eine Invasion durch Osorkon II. hin. Er wird hier jedoch *ha-kuschi,* der Kuschiter, genannt. Kusch ist entweder das antike Äthiopien, d.h. der Sudan, oder ein Teil Arabiens (1Mo 10,7; 2Chr 21,16). Die 22. Dynastie Ägyptens war nicht äthiopischer Herkunft, obwohl es sein kann, daß sie einen Teil des Sudans beherrschte. Möglicherweise handelte es sich hier um eine arab. Invasion mit ägypt. Unterstützung (vgl. 16,8: Kuschiter und Libyer). Die Art der Beute (V. 14) würde zu einer arab. Eroberung passen. Die Erwähnung der 300 Wagen zeigt, daß die Zahlen nicht erfunden sind. »Eine Million« bedeutet vermutl. nichts anderes als »eine unerhört hohe Zahl«. **12–13** *Gerar* und die Nachbarstädte waren philistäisch. Sie hatten wahrscheinlich Serach unterstützt. **14** *Zeltlager der Hirten:* wörtl. »Viehzelte«. Wahrscheinlich ist nicht hebr. *'ohel* (Zelt), sondern nach dem Arab. *ahl* (Leute) zu lesen, also »Viehbesitzer«.

15,1–15 Asarjas Mahnreden und ihre Folgen. Nicht in Kön. Der Hauptgedanke dieses Abschnitts ist klar. **1** Asarja erklärte den Sieg **2** mit den Worten: »Der Herr ist mit euch, weil ihr mit ihm seid.« **7** ermutigte er alle, die Reform, die bis dahin lediglich in der Umgebung des Königs verwirklicht worden war, überall durchzuführen. **10** Dies wurde bei einer großen Volksversammlung auf dem Wochenfest besiegelt. **3–6** bereiten einige Schwierigkeiten. Sie scheinen die Situation z.Z. der Richter zu beschreiben und kommentieren offensichtlich den letzten Teil von V. 2. Es ist aber nicht klar, ob es sich um Asarjas Worte oder um einen Kommentar des Chronisten handelt. **10** *Des fünfzehnten Jahres:* Im Zusammenhang mit 13,23 macht diese Angabe deutlich, daß der Chronist keine komplette Chronologie der Herrschaft Asas beabsichtigt. S. auch Komm. zu 15,19. **9** *Alle aus Ephraim, Manasse und Simeon, die bei ihnen wohnten:* Es ist möglich, daß sie nach Juda ausgewandert waren, bes. in den wirren Zeiten, als Baësa das Haus Jerobeams vernichtete (1Kön 15,27–29). Aber warum wird auch Simeon erwähnt? Von den Simeoniten ist nichts anderes bekannt, als daß sie immer im Süden lebten und sich eng an Juda angeschlossen hatten. Und zwar so eng, daß Simeon in 1Kön 11,36; 12,20 nicht einmal gesondert erwähnt wird. Das Stammesgebiet Simeons (Jos 19,1–9) konnte nicht zum Nordreich gehören. Entweder bedeutet diese Stelle, daß die Simeoniten bis zu dieser Zeit mit dem Nordreich sympathisierten, oder, und das ist wahrscheinlicher, handelt es sich hier um den ungeschickten Verbesserungsversuch eines frühen Abschreibers.

15,16–18. S.o. bei 13,23–14,4.

15,19–16,6 Asas Krieg mit Baësa. Vgl. 1Kön 15,16–22. Die Jahresangaben in 15,19; 16,1 können nicht stimmen, denn Baësa starb im 26. Jahre Asas. Der urspr. Text könnte gelautet haben: »Bis in das 35. Jahr (des Königreiches), d.h. dem 16. Jahr Asas . . .« Manches spricht für diese Erklärung. Belege fehlen allerdings.

16,7–10 Zurechtweisung Asas durch Hanani. Nicht in Kön. **7** Hanani erklärt Asa, daß er die vereinigten Heere Baësas und der

Syrer besiegt hätte, wenn er Gott vertraut hätte. (Der griech. Text Lukians lautet: »das Heer des Königs von Israel«). **10** Asa ließ ihn deswegen ins Gefängnis bringen (LÜ) und in den Block legen (ZÜ), d.h. der Prophet wurde gefoltert. Im letzten Satz dieses Verses ist ZÜ klarer (»mißhandelte«; vgl. LÜ: »bedrückte«). Die Mißhandelten hatten viell. Sympathie für Hanani gezeigt. Hier wird zum ersten Mal von der Mißhandlung eines Propheten berichtet.

16,11–14 Zusammenfassung der Herrschaft Asas. Vgl. 1Kön 15,23.24. **12** Wenn, was gut möglich ist, die *Ärzte* Ausländer waren, ist diese Verurteilung leicht zu verstehen, da ihre Behandlungsmethoden mehr magisch als medizinisch waren. **14** *Machten ihm zu Ehren einen sehr großen Brand:* Keine Feuerbestattung, sondern das Verbrennen von Spezereien (vgl. Jer 34,5). Chr betont, daß ein würdiger König auf würdige Art und Weise bestattet wurde.

17,1–20,37 Josaphat

17,1–6 Der Charakter seiner Regierung. **3** *Wie vormals sein Vater David:* Es ist besser, LXX und einigen hebr. Hss. zu folgen und wie JB David wegzulassen (vgl. Anm. zu 17,3 in ZÜ). Dann wäre zu lesen: Wie anfangs sein Vater (Asa); vgl. Kap. 14 und 15 mit Kap. 16. **6** *Entfernte er wieder die Opferhöhen . . . aus Juda:* s. Komm. zu 20,33 und 14,2. Daß Einzelheiten über Josaphats Reformen fehlen, zeigt, daß es sich nur um eine Korrektur der Nachlässigkeit handelte, die nach Asas Reformen wieder Raum gewonnen hatte (s. Komm. zu 19,4).

17,7–9 Regelmäßiges Lehren des Gesetzes. Überlegungen darüber, ob die Leute zu einer bestimmten Zeit lesen konnten, gehen häufig an der Wirklichkeit vorbei. Eine Gesetzesrolle war so teuer, daß zur Zeit Josaphats nur die reichsten Leute sie sich hätten leisten können. Die Priester sollten das Gesetz auswendig kennen, aber auch das läßt sich in einer Zeit religiöser Laxheit nicht mit Sicherheit voraussetzen.

17,10–19 Josaphats Größe. **11** *Die Araber:* Wenn Serach ein Araber war (s. Komm. zu 14,9), kann dies eine Folge von Asas Sieg gewesen sein. **14–18** Die Angaben über Josaphats Armee gehören zu den Zahlenangaben der Chr, die sich nicht mehr erklären lassen (s. Einleitung). Sie sind viel zu hoch, wenn man sie mit der Zahl der Ahab verfügbaren Soldaten vergleicht oder mit den wahrscheinlich bereits übertriebenen Zahlen, die Salmanasser in seinem Bericht über die Schlacht von Karkar angibt. Sie widersprechen auch dem gesamten archäol. Material. Wenn wir jede Zahlenangabe durch zehn teilen, kommen wir auf 112000 ausgebildete Soldaten (wozu dann noch eine Art Miliz zu rechnen wäre); eine Zahl, die für Juda auf dem Höhepunkt seiner Macht realistisch sein könnte. Sie entspricht den 500000 wehrfähigen Männern (2Sam 24,9), über die David verfügte.

18,1–34 Josaphats Verbindung mit Ahab. Vgl. 1Kön 22,1–38. Außer V. 1 und 2 und den Einzelheiten der Ereignisse nach Ahabs Tod (1Kön 22,36–38), die aber mit Josaphat nichts zu tun haben, sind die Texte fast identisch. Die wesentlichen Änderungen dienen dazu, Josaphat mehr in den Mittelpunkt zu rücken. **1** *Verschwägerte sich mit Ahab:* vgl. 2Kön 8,18.26. S. Komm. zu 1Kön 3,1.

19,1–3 Vorwürfe wegen der Verbindung zu Ahab. **1** *Mit Frieden:* vgl. 18,26.27. **2** *Jehu, der Sohn Hananis:* In 1Kön 16,1 verkündigt Jehu, der Sohn Hananis, den Untergang Baësas; in 2Chr 16,7 weist der Seher Hanani Asa zurecht. Dieser Jehu ist möglicherweise der Enkel des Jehu aus 1Kön 16,1. In einigen Familien war es üblich, daß der Enkel den Namen des Großvaters erhielt. *Kommt über dich der Zorn vom Herrn:* Diese Prophetie erfüllte sich durch die in Kap. 20 beschriebene Eroberung.

19,4–11 Ordnung der Rechtssprechung. **4** *Josaphat blieb in Jerusalem:* Er besuchte das Nordreich nicht mehr. *Brachte sie zurück zu dem Herrn:* Die Reinheit der Gottesverehrung war nur durch andauernde Wachsamkeit zu erhalten.

Bei genauerem Studium erweist sich die mosaische Gesetzgebung als unvollständig, obwohl die Pharisäer sie durch geschickte Auslegung für alle Lebensbereiche gültig machten. Bei einem Vergleich mit dem Codex Hammurabi oder ähnlichen antiken Gesetzeswerken wird das deutlich. Das mosaische Gesetz ersetzte nicht völlig das bisherige Stammesrecht, sondern zeigte an, wie es verändert und weiterentwickelt werden mußte. Es gab deshalb von Anfang an bürgerliche (2Mo 18,25.26) und religiöse Richter (2Mo 21,6; 22,8.10) nebeneinander. 4Mo 16,18 und 17,8–12 zeigen das deutlich. **5** Bei seiner Reform ernannte Josaphat bürgerliche *Richter* im ganzen Land, vermutl. weil das alte System, das auf den Sippenhäuptern beruhte, nicht mehr funktionierte. **8** In Jerusalem richtete er einen gemischten Appellationsgerichtshof ein *für das Gericht des Herrn* (für Fälle, bei denen das mosaische Gesetz galt) *und für die Streitfälle* (also für Zivilsachen). **11** Dieses Gericht hatte zwei oberste Richter, den Hohenpriester *Amarja* (1Chr 5,37) und *Sebadja,* der den König vertrat. Der König zog sich mehr und mehr aus der eigentlichen

Rechtssprechung zurück, kontrollierte aber ihre ordnungsgemäße Durchführung.

20,1–4 Der Einfall der Moabiter und ihrer Verbündeten. Diese Invasion muß vor dem Feldzug stattgefunden haben, von dem 2Kön 3 berichtet und der möglicherweise eine Folge der Invasion war. 1 *Mëuniter:* Die Mëunim werden in 1Chr 4,41 und 2Chr 26,7 erwähnt. Sie waren wohl Edomiter, in jedem Fall aber Bewohner Edoms und mit dem Gebirge Seïr (in V. 10.22) verbunden. Der Name Edom wird nicht erwähnt, weil Edom damals unter der Herrschaft Judas stand (vgl. 1Kön 22,48; 2Kön 3,9). Diese Mëuniter gehören zu den Einwohnern des Gebietes, die sich mit den durchziehenden Angreifern verbanden. 2 *Von Edom:* Der hebr. Text hat »von Syrien«. Diese Verwechslung von *'dm* und *'rm* kommt häufig vor. Die Truppen hatten das Tote Meer an seinem Südende umgangen und waren durch Edom gezogen. Auf jeden Fall reichte das Tote Meer zu der Zeit wohl nur bis Masada. 3 *Josaphat aber fürchtete sich:* Er wußte, daß in diesem Angriff Gottes Zorn zum Ausdruck kam (19,2).

20,5–19 Josaphats Gebet und Gottes Antwort. 5 *Im neuen Vorhof:* s. Komm. zu 1Kön 7,2–12. Offensichtlich waren seit Salomo Veränderungen vorgenommen worden, von denen nichts berichtet wird. 17 Der Sieg wird in dieser bes. Form versprochen, weil Jahwe die Angreifer als Strafe herangeführt hatte. Da dieser Zweck erreicht war, würde Jahwe sie selbst wieder wegbringen. Dies ist um so überraschender, als Josaphat über ein starkes Heer verfügte.

20,20–30 Die Rettung. 21 Josaphats Vertrauen zeigt sich darin, daß er bereits vor Erfüllung des Versprechens Loblieder singen läßt. *In heiligem Schmuck:* ähnlich 1Chr 16,29; Ps 29,2; 96,9; 110,3. 22 *Ließ der Herr einen Hinterhalt kommen:* Diese Formulierung schließt eine Beteiligung Josaphats aus. Es ist möglich, daß die Einwohner der überrannten Gebiete einen Hinterhalt legten; wahrscheinlich ist aber ein nicht näher beschriebenes übernatürliches Ereignis gemeint. *Wurden geschlagen:* Erklärt durch V. 23.

20,31–37 Zusammenfassung der Herrschaft Josaphats. Vgl. 1Kön 22,41–50. 33 *Nur die Opferhöhen wurden nicht entfernt:* vgl. 17,6. Hier liegt der gleiche Widerspruch vor wie zwischen 14,3 und 15,17 (s. Komm. dort). Solange das Volk die Haltung des Königs nicht teilte, halfen offensichtlich nur drastische Maßnahmen, wie sie Josia ergriff. Die Höhen (hebr. *bamah*) mußten sich nicht auf einem Hügel befinden, obwohl das oft der Fall war; *bamah* bedeutet lediglich eine Plattform, auf die die Kultgegenstände gelegt wurden. Ein Gebäude war nicht nötig, und das Ganze konnte sehr bescheiden sein. Bis Josia die Plätze der Opferhöhen entweihte (34,5), bedeutete Zerstörung wenig. Denn es war vor allem der Platz, der heilig war, weniger die Kultgegenstände. 35–37 Es ist nicht klar, warum Chr den Abschnitt über Josaphats Flotte so herausstellt. *Nach Tarsis:* Es handelte sich um Tarsisschiffe, die nach Ophir fahren sollten; s. Komm. zu 9,21.

21,1–22,9 Joram und Ahasja

21,1–10 Die Herrschaft Jorams. Vgl. 2Kön 8,16–22. Außer V. 2–4 ist der Text mit Kön identisch (s. Komm. dort). 4 Für Jorams Handlung werden keine Motive genannt. Daß er nicht nur seine Brüder erschlug, sondern *auch einige Obere in Israel* (mit Israel bezeichnet hier und an anderen Stellen die Chr das Südreich), läßt vermuten, daß er Opponenten seiner beabsichtigten Religionspolitik beseitigte.

21,11–20 Jorams Abfall und dessen Folgen. Nicht in Kön. 11 Da in 23,17 (2Kön 11,18) nur ein Tempel Baals erwähnt wird, ist anzunehmen, daß Joram die Einführung des Baalskultes durch die Förderung einer ausgehöhlten Form der Jahweverehrung bewußt vorbereitete. Der Name seines Sohnes Ahasja (22,1) wird jedoch durch Zusammensetzung mit der Silbe Jah (Jahwe) gebildet. 12–15 Die Schwierigkeit mit Elias Brief besteht darin, daß Elia zu der Zeit mit Sicherheit bereits tot war (vgl. 2Kön 3,11, während der Regierungszeit Josaphats). Man kann nur annehmen, daß er ihn vor seiner Entrückung schrieb, so daß Athalja sich bei dem Versuch, die Politik ihrer Mutter Isebel in Juda weiterzuführen, mit der Erinnerung an den großen Widersacher Isebels auseinanderzusetzen hatte. 16 *Araber, die neben den Kuschitern wohnen:* s. Komm. zu 14,8. 17 *Alle Habe ... im Hause des Königs:* Es wird nicht gesagt, daß sie Jerusalem eroberten, vgl. 22,1. *Außer Joahas, seinem jüngsten Sohn:* kein Widerspruch zu 22,1. Joahas = Jah + ahas, Ahasja = ahas + Jah. Beides bedeutet »Jahwe hat ergriffen«. 19 *Man machte keinen Brand ihm zu Ehren:* s. Komm. zu 16,14.

22,1–9 Ahasja. Vgl. 2Kön 8,25–29. V. 7–9 haben keine eindeutigen Parallelen in Kön. 1 Vgl. 21,16.17. *Einwohner von Jerusalem:* Es ist möglich, daß die Landbevölkerung die Politik des Hofes so stark ablehnte, daß sie bereit gewesen wäre, die Krone auf einen anderen Zweig des Hauses David zu übertragen. 2 *Zweiundzwanzig Jahre alt:* Hier ist ein offensichtlicher Schreibfehler im hebr. Text, wo von 42 Jahren die Rede ist, berichtigt; vgl. 21,20; 2Kön 8,26. **2–6** S. Komm. zu 2Kön 8,25–29. **7** setzt die Kenntnis von 2Kön 8,25–29 voraus; **9** läßt sich jedoch mit 2Kön 9,27.28 nicht vereinbaren und **8** nicht mit 2Kön 10,12–14, wenn man Chr so versteht, daß sie vor Ahasja getötet wurden. Wahrscheinlich haben wir es hier mit einer beträchtlich verderbten Textstelle zu tun. Es ist aber keinesfalls berechtigt, dem Chronisten zu unterstellen, er habe sich bewußt in Gegensatz zu Kön gesetzt, denn er hatte, wie bei ihm üblich, den an Einzelheiten interessierten Leser durch V. 7 schon auf Kön hingewiesen. **9** *Es war niemand mehr aus dem Hause Ahasjas, der zum Königtum tüchtig war:* Durch die Gemetzel von 21,17; 22,8 waren alle beseitigt, die Athalja hätten Widerstand leisten können.

22,10–24,27 Joas

22,10–12 Athalja als Königin. Vgl. 2Kön 11,1–3.

23,1–15 Die Verschwörung gegen Athalja. Vgl. 2Kön 11,4–16.

23,16–21 Der Bund. Vgl. 2Kön 11,17–20.

24,1–14 Die Reparatur des Tempels. Vgl. 2Kön 12,1–17.

24,15–22 Joas' Abfall. Nicht in Kön, obwohl dort angedeutet. Eigenartigerweise zweifeln einige Forscher an der Echtheit dieses Abschnittes. Warum sollte der Chronist den guten Ruf des Königs Joas so willkürlich verderben wollen? Das barmherzige Schweigen von Kön wird im Licht dieser Passage besser verständlich.

Der Sturz Athaljas und die Reformen, die darauf folgten, waren weitgehend das Werk des Landvolkes. **17.18** Die Vertreter der alten Hoftradition gewannen Joas fur den Götzendienst zurück. **20** *Sacharja . . . trat vor das Volk:* Der heutige, fast ebene Tempelplatz wurde von Herodes gebaut. Zur Zeit des Joas stand der Altar über dem Hof, in dem sich die Gemeinde versammelte. **21** *Verschwörung:* Vermutl. wurde er wie Naboth aufgrund einer erfundenen Anklage getötet (1Kön 21,8–13). *Steinigten ihn . . . im Vorhof am Hause des Herrn:* vgl. Mt 23,35; Lk 11,51. Daß Jesus Sacharja als letzten Märtyrer erwähnt, zeigt, daß Chr zu seiner Zeit, so wie heute, am Ende des hebr. Kanons stand. *Vorhof am Hause des Herrn:* Zwischen Tempel und Altar (Mt 23,35). In der rabb. Überlieferung galt dieser Mord als einer der Hauptgründe für die Zerstörung des salomonischen Tempels. Auf jeden Fall erholte sich Juda nie mehr ganz von Joas' Abfall.

24,23–27 Die Strafe für Joas' Abfall und sein Tod. Vgl. 2Kön 12,18–22. **27** *In den Geschichten im Buch der Könige:* vgl. 13,22. Es ist nicht klar, welche Quellenschrift gemeint ist.

25,1–26,2 Amazja

25,1–4 Amazjas Thronbesteigung. Vgl. 2Kön 14,1–6.

25,5–13 Der Sieg über Edom. Vgl. 2Kön 14,7. **5** Amazjas Zählung zeigt, daß die Zahl der Wehrfähigen seit der Zeit Asas zurückgegangen war (14,7). **6** *Dazu warb er aus Israel hunderttausend Kriegsleute:* Im Lichte von 2Kön 13,7 wird klar, daß es sich auch hier um eine runde Zahl handelt, die ausdrücken soll, daß wir es mit einer sehr großen Menge zu tun haben. **7** *Mit Israel, mit allen Kindern Ephraim:* Diese Definition des Ausdrucks Israel ist nötig, weil Chr mit Israel normalerweise das Südreich bezeichnet. **8** Nach dem hebr. Text sagt der Prophet dem König Amazja, ganz gleich, was er tue, den Untergang voraus. LXX läßt vermuten, daß hier der Text verderbt ist; LÜ und ZÜ folgen LXX. **11** *Salztal:* vgl. 2Sam 8,13. Wahrscheinlich die Fortsetzung des Grabenbruches südl. des Toten Meeres. In jedem Fall reichte das Tote Meer damals nicht so weit nach Süden wie heute (vgl. Komm. zu 20,2). Die übliche Gleichsetzung von Sela (2Kön 14,7) mit Petra ist keineswegs sicher, bes. da es kein Anzeichen dafür gibt, daß der spätere NameIoktheel (2Kön 14,7) in irgendeiner Verbindung mit Petra vorkommt. **12** Warum *zehntausend* Gefangene getötet wurden, wird nicht gesagt; vgl. jedoch Am 1,11, das zeitlich nicht viel später liegt. Es ist anzunehmen, daß dieser Sieg Amazja nur die Kontrolle über die Straße nach Elath brachte (26,2; vgl. 2Kön 8,22; 14,22). Die Söldner waren voll Zorn nach Hause zurückmarschiert (V. 10). **13** Als sie in *Samaria* ankamen, hörten sie, daß Amazja sich in Edom aufhielt. Daraufhin unternahmen sie Raubzüge gegen Juda. Das ist der einzige vernünftige Sinn, der sich aus dem hebr. Text ergibt. Es kann sein, daß Rudolph recht hat, wenn er statt Samaria Migron (vgl. Jes 10,28) zu lesen vorschlägt.

25,14–16 Amazjas Götzendienst. Nicht in Kön, obwohl in 2Kön 14,3 ein Hinweis darauf vorliegt. Die Bibel befaßt sich nie mit der Rechtfertigung eines Menschen im Blick auf seine Taten, sondern sie beschäftigt sich mit seinen Taten selbst. Die verachtende Zurückweisung der prophetischen Warnung durch Amazja (V. 16) zeigt, daß er die ganze Sache anders ansieht. Er erkannte Jahwe als den höchsten Gott an, aber eben doch nur als einen Gott neben anderen. Sein Sieg über Edom war für ihn Beweis für den Sieg Jahwes über die Götter Edoms (von denen wir nichts wissen). Aber trotz ihrer Niederlage waren sie Götter. Deswegen brachte er ihre Bilder nach Jerusalem, 14 um die Edomiter ihrer Hilfe zu berauben. Selbst gefangene Götter verdienen Respekt, deshalb *betete er sie an und opferte ihnen.* Oder hat ihn die Größe des Sieges über Edom zu dem Gedanken veranlaßt, daß die edomitischen Götter übergelaufen wären? All das bedeutete für Amazja keine Ablehnung Jahwes. Für die Propheten dagegen war Jahwe der alleinige Gott, andere Götter neben oder auch nur unter ihn zu stellen, kam für sie der Ablehnung Jahwes gleich.

25,17–24 Amazja trifft Joas. Vgl. 2Kön 14,8–14, mit dem der Text fast völlig übereinstimmt. 17 *Amazja . . . entschloß sich:* Dies war die göttliche Irreführung (vgl. 18,18–22).

25,25–26,2 Zusammenfassung der Herrschaft Amazjas. Vgl. 2Kön 14,17–22, mit dem es fast wörtl. übereinstimmt.

26,3–23 Usia

26,3–5 Anfang der Herrschaft. Vgl. 2Kön 15,1–4. Die Beziehung der Namen Usia und Asarja zueinander ist nicht klar; vgl. Komm. zu 2Kön 14,21; 15,1. Usia bedeutet: »Jahwe ist meine Stärke« und Asarja: »Jahwe hat geholfen«.

26,6–15 Die Kriege Usias und seine Größe. 7 *Meuniter:* s. Komm. zu 20,1. 9 Wir wissen zu wenig über das vorexilische Jerusalem, um diesen Vers mit Sicherheit deuten zu können. 10 Die *Türme* dienten dem Schutz des Viehs. *Hügelland:* Die Schephela ist das niedrige Hügelland zwischen Juda und der Ebene der Philister. *In der Ebene:* vermutl. jenseits des Jordans (vgl. V. 8).

26,16–23 Usias Sünde und ihre Bestrafung. Vgl. 2Kön 15,5–7. Usias Versuch, priesterliche Funktionen wahrzunehmen, bedeutete, daß er der immer akuten Versuchung der Könige erlag, sich als Gottkönig zu verstehen; vgl. 1Kön 12,27. Usias Krankheit war wohl Lepra, die als bes. Strafe Gottes angesehen wurde.

27,1–9 Jotham

Vgl. 2Kön 15,32–38. 3 *Ophel:* wörtl. »Bukkel«. Teil der alten Jebusiterstadt, viell. die Burg, die als Stadt Davids immer ein wichtiger Teil Jerusalems blieb. (Vgl. LZB, Jerusalem III, Sp. 682; 1025).

28,1–27 Ahas

28,1–4 Ahas' Abfall. Vgl. 2Kön 16,1–4. 3 *Verbrannte seine Söhne:* Die Einzahl in 2Kön 16,3 ist wahrscheinlicher.

28,5–15.17–19 Der Angriff Syriens und Ephraims. Vgl. 2Kön 16,5.6. Hier finden sich zusätzliche Angaben über die Edomiter und Philister (V. 17.18) sowie darüber, wie Israel die Gefangenen behandelte (V. 6–15). Es hat den Anschein, als hätten einige aus dem Nordreich ihre Meinung geändert, als es bereits zu spät war (V. 13). 15 *Palmenstadt:* vgl. Ri 1,16; 3,13.

28,16.20–27 Der Appell an Assur und seine Folgen. Vgl. 2Kön 16,7–16. 20 *Tiglath-Pileser:* vgl. 1Chr 5,6.26; 2Kön 15,19. *Bedrängte ihn:* zweifellos durch die Höhe des verlangten Tributs. 23 *Opferte den Göttern von Damaskus, die ihn geschlagen hatten:* VV. 22.23 sind ein Einschub und beziehen sich auf die Zeit des syr. Angriffs. Es besteht keine Verbindung mit 2Kön 16,10 (s. Komm. dort). 24 *Ahas brachte die Geräte des Hauses Gottes zusammen und zerschlug sie:* bezieht sich vermutl. auf 2Kön 16,17, viell. auch noch auf andere Gegenstände. 29,18.19 zeigen, daß keine allg. Zerstörung der Tempelgeräte stattfand. *Schloß die Türen zu am Hause des Herrn:* Kön zeigt deutlich, daß Ahas Jahwe weiterhin auf seine Weise verehrte, und 2Kön 16,12–16 belegt, daß die Vorhöfe des Tempels weiterhin benutzt wurden. Es kann sein, daß Ahas das bildlose Heiligtum für seinen Gottesdienst als ungeeignet ansah. Diese Auffassung wird durch die Tatsache unterstrichen, daß sogar bei dem noch weitergehenden Abfall Manasses der Tempel weiter benutzt wurde.

29,1–32,33 Hiskia

Über die Hälfte des Materials dieser Kapitel findet sich nur in Chr, und wo 2Kön und Jes 36–39 Parallelen bieten, sind die Texte stark gekürzt und umgeschrieben worden.

29,1.2 Hiskias Regierung. Vgl. 2Kön 18,1–3.

29,3–19 Die Reinigung des Tempels. Nicht in Kön. 3 *Tat auf die Türen am Hause des Herrn:* s. Komm. zu 28,24. 4 *Auf dem Platz im Osten:* vgl. Esr 10,9. 5 *Unrat:* der in Jahren der Vernachlässigung angesammelte Schmutz. 7 *Sie haben sogar die Türen an der Vorhalle zugeschlossen:* s. Komm. zu 28,24. *Kein Räucherwerk geräuchert . . . keine Brandopfer dargebracht:* Oberflächlich betrachtet ist dies ein Widerspruch zu 2Kön 16,15. So wie die Propheten die kanaanisierte Form der Jahweverehrung nur als Baalskult bezeichnen konnten, so verhielt sich Hiskia im Blick auf Opfer, die Jahwe auf einem assyr. Altar dargebracht wurden. Er betrachtete sie als den assyr. Göttern dargebracht. 8 *Der Zorn des Herrn:* vgl. die Katastrophen von Kap. 28. 10 *Einen Bund zu schließen mit dem Herrn:* vgl. 15,12; 23,16; 34,31. Das Motiv war gut, aber es fehlte die Kraft, den

Bund zu halten. **12–14** Daß die Namen der Leviten in einer Liste festgehalten sind, bestätigt, was wir aus anderen Quellen (z.B. Spr 25,1) wissen, daß nämlich die Zeit Hiskias eine Zeit der literarischen Aktivität war, die der Nachwelt bedeutende Aufzeichnungen hinterlassen hat. **16** *Bach Kidron:* vgl. 15,16; 30,14. **19** *Die der König Ahas ... hatte wegwerfen lassen:* vgl. Komm. zu 28,24.

29,20–36 Die Erneuerung des Tempelgottesdienstes. Nicht in Kön. **21–24** Der Eröffnungsgottesdienst war ein Sühnegottesdienst, in dem sieben Ziegenböcke als Sündopfer dargebracht wurden und je sieben Stiere, Widder und Lämmer als Brandopfer. Bei eingehender Betrachtung stellt man fest, daß die Sündopfer immer von einem Brandopfer begleitet wurden. Daß man sieben Tiere wählte, kann im Symbolwert der Zahl begründet sein, oder weil das Volk in sieben Gruppen eingeteilt wurde. Drei Gruppen werden in Vers 21 genannt. *Königreich* meint das Königshaus, *Heiligtum* die Priester und Leviten. **25.26** Die Erwähnung der Musik an dieser Stelle deutet darauf hin, daß Ahas in Verbindung mit seinen Reformen des Tempelkultes auch die Tempelmusik geändert hatte. Musikalische Begleitung bei den Brandopfern gab es spätestens seit David (vgl. 1Chr 23,5; 25,1), möglicherweise aber schon früher. **27** *Gesang für den Herrn:* Es wird heute nahezu allg. anerkannt, daß die meisten Psalmen für den Gebrauch bei verschiedenen Anlässen im Tempel geschrieben wurden. **30** zeigt, was gesungen wurde. *Samt den Oberen:* Hier sind wahrscheinlich die Obersten der Priester gemeint (s. Komm. zu 1Chr 25,1). **32.33** Die verhältnismäßig kleine Zahl der Opfer bei einem derartigen Anlaß zeigt, wie sehr Juda unter Ahas gelitten hatte. Eigentlich war das Töten und Abhäuten des Opfertieres (3Mo 1,5.6) Aufgabe derer, die das Opfer darbrachten. Hier wurde es viell. anders gehandhabt, weil es sich um Opfer der gesamten Gemeinde (V. 32) und nicht um persönliche Opfer handelte. *Die Priester waren zu wenig:* Uria, der Hohepriester (2Kön 16,10f), hatte Ahas keinen Widerstand geleistet, sondern mit ihm zusammengearbeitet. Wahrscheinlich waren ihm viele Priester gefolgt, während sich die meisten Leviten abseits gehalten haben dürften.

30,1–12 Die Einladung, das Passafest zu feiern. Nicht in 2Kön. **1** Die Wahl des Passafestes, **2** das eigentlich erst im zweiten Monat gefeiert werden konnte (vgl. 4Mo 9,10.11), geschah bewußt. Das Hauptfest des kanaanisierten Jahwekultes war das Wochenfest (vgl. 1Kön 12,32), das große Neujahrsfest der Natur. Das Passa dagegen war das Neujahrsfest des übernatürlichen Jahwe, der die Geschichte beherrschte. Da Samaria im Jahre 723 v.Chr. zerstört wurde, Hiskia aber nicht vor 716 auf den Thron kam, sind mit *Ephraim und Manasse* (V. 1) diejenigen gemeint, die nicht in die Gefangenschaft weggeführt worden waren (vgl. Komm. zu 2Kön 17,6). Da Hiskia Assyrien tributpflichtig war, werden die neuen Siedler keine Einwendungen gehabt haben. **10** Daß Hiskias Boten nur bis *Sebulon* gingen, deutet darauf hin, daß im äußersten Norden Galiläas das israel. Element schon untergegangen war.

30,13–27 Die Feier des Passafestes. Nicht in Kön. **14** Wie die Priester den Tempel gereinigt hatten, reinigte das Volk jetzt die Stadt. *In den Kidronbach* (ZÜ): vgl. 15,16; 29,16. **15** Der Eifer des Volkes beschämte die noch zögernden Priester und Leviten, so daß auch sie sich noch rechtzeitig heiligten. **17** Sie hatten mehr Arbeit als üblich, denn die Leviten mußten die Lämmer schlachten, eine Arbeit, die sonst von denen getan wurde, die die Opfer darbrachten. **18** Aber viele von ihnen waren rituell unrein. In vielen Fällen konnte die Unreinheit erst nach 7 Tagen beseitigt werden, und die Pilger hatten Jerusalem nicht früh genug erreicht, um die Vorschriften beachten zu können. **20** *Heilte das Volk* (EÜ): d.h. er vergab ihnen (vgl. Ps 41,5; Jer 3,22; Hos 14,4). **23** Die Zahl der Tage des Festes der ungesäuerten Brote wurde verdoppelt (s. Komm. zu 7,9.10). Das wurde als Neuweihe des Tempels empfunden. **24** Die Anzahl der Opfertiere wird erwähnt, weil es sich meist um Dankopfer handelte, die zum größten Teil von denen, die sie darbringen, gegessen wurden (vgl. LZB, Opfer II,4, Sp. 1018). **26** *War solches in Jerusalem nicht geschehen:* Nicht die Passafeier war einmalig, sondern die *große Freude.*

31,1 Die Zerstörung der Götzenheiligtümer. Vgl. 2Kön 18,4. **1** *Steinmale ... Bilder der Aschera:* vgl. 1Kön 14,23 (vgl. LZB »Aschera«, Sp. 123–24; »Hain«, Sp. 533). Da die Aktion unpolitisch war, hatten die Vertreter Assyriens in der Provinz Samaria keinen Grund einzuschreiten.

31,2–21 Organisation und Versorgung der Priester und Leviten. Nicht in Kön. **2** Hiskia regelte die Dienste der Priester und Leviten, **3** den Anteil des Hofes an den Opfern und **4** die Abgabe des Zehnten. **5–10** Diese wurden großzügig dargebracht. **6** Der hebr. Text ist durch Haplographie (fehlerhafte Einfachschreibung doppelter Buchstaben oder Silben) entstellt. Er lautete wohl urspr.: »den Zehnten von den Früchten des Feldes, den sie geweiht hatten«. **7** Da der Sommer in Palästina regenlos ist, konnten die

Abgaben im Freien gelagert werden. Diese seit langem nicht mehr praktizierte Gebefreudigkeit machte es nötig, die Verwendung des Zehnten zu regeln bzw. neu zu regeln. Dazu mußte auch ein Verzeichnis derer erstellt werden, die berechtigt waren, etwas von den Abgaben zu empfangen.

32,1–8 Vorbereitung auf den Angriff Sanheribs. Nur geringe Berührungspunkte zu Kön; vgl. jedoch Komm. zu 2Kön 18,13–16. **3.4** Vgl. Komm. zu 2Kön 20,20. **5** *Millo:* vgl. 1Kön 9,15. *Waffen:* vermutl. richtiger: Geschosse. **7.8** *Mit uns:* viell. eine Anspielung auf Jesajas »Immanuel-Prophetie« (Jes 7,14; Immanuel = »Gott mit uns«).

32,9–23 Sanheribs Drohungen. Eine Zusammenfassung von 2Kön 18,17–19,37 (s. Komm. dort). V. 17 unterbricht den Bericht und verweist auf 2Kön 19,9–13. **20** Das Gebet *Hiskias* wird in 2Kön 19,15–19 wiedergegeben. Das Gebet *Jesajas* findet sich in Kön nicht. Es ist charakteristisch für den Chronisten, daß er die Niederlagen der bösen Könige in Einzelheiten beschreibt, die Schwierigkeiten der guten Könige dagegen nur andeutet. Allerdings zeigt die Art, in der er 2Kön in seine Darstellung einflicht, daß er wußte, daß seinen Lesern die Probleme bekannt waren.

32,24–33 Zusammenfassung der Herrschaft Hiskias. **24** Vgl. 2Kön 20,1–11. **25.26.31** Vgl. 2Kön 20,12–19. **30** Vgl. 2Kön 20,20. **27** Vgl. 2Kön 20,13. **33** *Beim Aufstieg zu den Gräbern der Nachkommen Davids* (ZÜ): Diese Übersetzung ist möglich, aber unwahrscheinlich. Der Sinn dürfte sein: »an einem bevorzugten Platz unter den Gräbern« (vgl. LÜ: »über den Gräbern der Söhne Davids«).

33,1–20 Manasse

Vgl. 2Kön 21,2–18. **1–10** Vgl. 2Kön 21,1–15. Chr läßt die Einzelheiten der Botschaft Gottes aus. **3** *Den Baalen:* Daß das Wort hier im Plur. erscheint und in Kön im Sing., hat keine Bedeutung. **6** *Söhne:* vgl. Komm. zu 28,3. Solche Opfer waren sehr selten. *Im Tal Ben-Hinnom:* vgl. Jer 7,31. Der Chronist, der vorwiegend an der religiösen Entwicklung interessiert ist, läßt die Morde aus (2Kön 21,16). **11** Gegen Ende seiner Herrschaft (648/7 v.Chr.) gab es eine Rebellion gegen Assurbanipal, die seinen Bruder, den Vizekönig von Babylon, an die Macht bringen sollte. Ob Manasse daran beteiligt war oder nur der Beteiligung verdächtigt wurde: Auf jeden Fall brachte man ihn *mit Fesseln* (wörtl.: mit Dornen) und *in Ketten . . . nach Babel.* Vgl. Komm. zu 2Kön 19,28. Assurbanipal hielt sich vermutl. wegen des gerade unterdrückten Aufstandes in Babylon auf. Es muß einige Zeit gedauert haben, bevor er sich nach Westen wenden konnte. Deswegen wurde Manasse erst spät in seiner Regierungszeit nach Babylon gebracht. Nach seiner Rückkehr blieb ihm nur noch eine kurze Zeit. Das erklärt, warum seine Buße und seine Reformen (V. 12.13.15–17) in Kön nicht erwähnt werden und warum sie ohne anhaltende Wirkungen blieben. Im Blick auf 2Kön 23,4–6.26 bleiben viele Fragen unbeantwortet. Es erscheint klar, daß Manasse nur einen Anfang machen konnte, und daß sein Nachfolger Amon den Götzendienst sofort wieder herstellte. **14** kann nicht mit Sicherheit erklärt werden. Unsere Kenntnis des vorexilischen Jerusalems reicht dazu nicht aus. **18** *Sein Gebet zu seinem Gott . . .* **19** *Sein Gebet:* Das Gebet Manasses in den Apokryphen kann nicht als authentisch gelten.

33,21–25 Amon

Es gibt im Text nur geringe Unterschiede zu 2Kön 21,19–26 (s. Komm. dort). Es wird nicht gesagt, warum Amon ermordet wurde. Viell. weil er der verdorbene Sohn eines bösen Vaters war, oder aus Widerwillen gegen seine Politik.

34,1–35,27 Josia

34,1.2 Einleitung. Vgl. 2Kön 22,1.2.

34,3–7.33 Die Reformen. Zumindest oberflächlich betrachtet ist der Chronist mit seiner Darstellung der Reform Josias weiter von Kön entfernt als an jeder anderen Stelle seines Buches. Das liegt zum Teil an der Eigenart von Kön. Dieser Abschnitt wurde dort mit größter Wahrscheinlichkeit von einem Augenzeugen für Augenzeugen geschrieben. Deshalb fühlte der Autor sich frei, die Einzelheiten herauszustellen, die er für bes. wichtig hielt. Der Chronist wollte 2Kön 22,3–23,3 so vollständig wie möglich in sein Buch übernehmen, deshalb achtete er in seiner Darstellung nicht genau auf die zeitliche Reihenfolge.

3 *Im achten Jahr . . . zwölften Jahr* **8** *achtzehnten Jahr:* Die schrittweise Einführung der Reform ist dadurch zu erklären, daß sie sowohl politisch als auch religiös war. Im 8. Jahr Josias (632 v.Chr.) war Assurbanipal, der letzte der großen Könige Assyriens, gerade gestorben. Die assyr. Götter nicht mehr anzubeten, und mehr noch die Entfernung ihrer Symbole und Altäre aus dem Tempel, würden als Zeichen der Rebellion aufgefaßt werden. Josia und seine Berater entschieden sich offensichtlich dafür, langsam vorzugehen, um festzustellen, welche Folgen ihre Handlungsweise haben würde. Im 8. Jahr seiner Herrschaft war Josia 16 und wurde damit vermutl. volljährig. **4.5** Was in diesen Versen berichtet wird, geht offensichtlich, zumindest teilweise, dem Wiederaufbau des Tempels voraus, während **6.7** diesem folgende Ereignisse wiedergeben (vgl. 2Kön 23,15–20). 4 *Streute ihn auf die Gräber ...* 5 *Verbrannte die Gebeine der Priester auf ihren Altären:* Damit entweihte er den »heiligen« Staub der Kultobjekte und Bilder (V.4) und damit die Altäre und den »heiligen« Platz, auf dem sie standen. 6 *In ihren Trümmern* (ZÜ): Diese wörtl. Übersetzung ergibt keinen Sinn. Die Städte waren seit langem wieder aufgebaut. Die wahrscheinliche Bedeutung ist *auf ihren Plätzen* (LÜ), d.h. es wurden sowohl die Altäre entweiht als auch die Plätze, auf denen sie errichtet waren. 7 *Kehrte er zurück nach Jerusalem:* ein deutliches Zeichen, daß der Chronist sich auf 2Kön 23,20 bezieht.

34,8–14 Die Reparatur des Tempels. S. Komm. zu 2Kön 22,3–7. 9 *Von Manasse, Ephraim und von allen in Israel Übriggebliebenen:* Damit dürften Angehörige der Nordstämme gemeint sein, die sich im Süden niedergelassen hatten (11,16; 15,9); weniger die im Nordreich selbst Übriggebliebenen, denn im Gegensatz zur Zeit Hiskias (30,11) werden bei Josias Passafest keine Teilnehmer aus dem Norden erwähnt.

34,15–19 Das Auffinden des Gesetzes. S. Komm. zu 2Kön 22,8–13.

34,20–28 Huldas Botschaft. S. Komm. zu 2Kön 22,14–20. 20 *Abdon, dem Sohn Michas:* 2Kön 22,12 ist korrekt: »Achbor, dem Sohn Michajas«. 22 *Des Sohnes Tokhaths, des Sohnes Hasras:* 2Kön 22,14 ist korrekt: »des Sohnes Tikwas, des Sohnes des Harhas«.

34,29–32 Der Bundesschluß. S. Komm. zu 2Kön 23,1–3. Die Propheten in V.30 sind absichtlich ausgelassen; vgl. 2Kön 22,14.

34,33. Siehe oben bei 34,3–7.

35,1–19 Josias Passa. Vgl. 2Kön 23,21–23. Zur Bedeutung der Passafeier s. Komm. zu 30,1.2. 3 *Bringt die heilige Lade ins Haus:* Vermutl. war die Lade während der Renovierungsarbeiten anderswo untergestellt worden. Eine von Rudolph vorgeschlagene kleine Textänderung hat allerdings manches für sich. Danach würde die Übersetzung lauten: »Seit man die heilige Lade in das Haus gebracht hat, das Salomo ... erbaute, habt ihr nichts mehr auf der Schulter zu tragen.« 4 *Ordnungen, wie sie aufgeschrieben sind von David:* vgl. 1Chr 23,26. *Seinem Sohn Salomo:* vgl. 8,14. 6 *Schlachtet das Passa:* vgl. 30,17. Aber da hier nicht der gleiche Grund vorliegt, sollte man den Satz nicht überbewerten. **7.8** *Rinder:* Hier handelt es sich um Opfer während des Festes der ungesäuerten Brote, die von allen gegessen wurden. S. Komm. zu 30,24. **11–13** Es kann sein, daß der Kürze wegen die eigentlichen Passaopfer und die in der Woche darauf folgenden Opfer zusammengefaßt worden sind. 18 *Kein Passa ... wie dieses:* vgl. 30,26. Das Passa war vom Laubhüttenfest als Neujahrsfest überschattet worden.

35,20–25 Josias Tod. S. Komm. zu 2Kön 23,29.30a. 25 *Jeremia sang ein Klagelied über Josia:* Dieses Klagelied ist nicht erhalten. Offensichtlich gibt es keine Beziehung zum Buche der Klagelieder.

35,26.27 Zusammenfassung der Herrschaft Josias. S. Komm. zu 2Kön 23,24–28.

36,1–23 Zusammenbruch und Wiederherstellung

36,1–4 Joahas. S. Komm. 2Kön 23,30b–35. 3 *Geldbuße:* Als Strafe war der Tribut höher als normal.

36,5–8 Jojakim. S. Komm. zu 2Kön 23,36–24,7. V.7 dürfte als Vorwegnahme von V.10 zu verstehen sein, könnte sich aber auch auf das in Dan 1,2 berichtete Ereignis beziehen. Wegen Jojakims Sünde und Aufruhr wurde Jerusalem erobert und der Tempel geplündert.

36,9.10 Jojachin. S. Komm. zu 2Kön 24,8–17.

36,11–13 Zedekia. S. Komm. zu 2Kön 24,18–25,7. 10 *Seinen Bruder Zedekia:* Mit einigen Hss. ist korrekt zu lesen: »Zedekia, den Bruder seines Vaters.« Da der legitime König im Exil und der Tempel geplündert ist, sieht der Chronist keinen Grund, den letzten Todeskampf Jerusalems noch zu beschreiben. 13 Typisch für die letzte Generation in der Stadt ist ihr meineidiger König.

36,14–21 Die Zerstörung Jerusalems. Chr enthält nur eine Zusammenfassung. Sie soll zeigen, daß die Zerstörung der Stadt die unausweichliche Folge ihrer Sünde war. 20 *Seiner Söhne Knechte:* Gemeint sind seine Nachfolger Evil-Merodach (2Kön 25,27), Neriglissar und Nabonid. Die letzten beiden waren Usurpatoren. 21 *Bis es an seinen Sabbaten genug hatte:* Das bedeutet, daß das Sabbatjahr zur Zeit der Monarchie nicht gehalten wurde (vgl. 3Mo 25,1–7; 26,34.35). *Siebzig Jahre:* Juda war Babylon von der Schlacht von Karkemisch an (605 v.Chr., Dan 1,1) bis zum Fall Babylons (538 v.Chr.) untertan, also 67 Jahre. 70 ist als runde Zahl zu verstehen.

36,22.23 Wiederherstellung. Diese Verse sind mit den Eingangsversen von Esr identisch. S. Einleitung zu Esr. Daß Esr und Chr urspr. ein Buch waren, läßt sich daran erkennen, daß der letzte Vers in der Mitte eines Satzes endet.

H. L. Ellison

Esra und Nehemia

Einleitung

Die Beziehung der beiden Bücher zueinander

Die Bücher Esra und Nehemia waren urspr. *ein* Buch, das sich an Chr anschloß. Mit dieser zusammen bildete es das sogenannte Chronistische Geschichtswerk, das von Adam bis Nehemia reichte. Ein Vergleich zwischen 2Chr 36,22f und Esr 1,1ff läßt diese Zusammengehörigkeit deutlich erkennen. Hinzu kommt, daß die Ähnlichkeit des Stils und des Interesses (etwa für den Tempel und seinen Kult, für Statistiken, Geschlechtsregister usw.) in Chr und Esr es nahelegen, an denselben Verfasser zu denken. Esr und Neh berichten von einer Periode, die in Kön nicht behandelt wird (anders als Chr, die in etwa die in Kön aufgezeichnete Geschichte wiederholt). Deshalb wurden sie von Chr getrennt und erhielten im dritten Teil des hebr. Kanons, den sogenannten »Schriften«, einen bedeutenderen Platz vor Chr.

Vergleich mit 3 Esra

Es gibt zwei versch. griech. Übersetzungen von Esra-Nehemia: die LXX (Esdras B), die dem hebr. Text folgt, und Esdras A (3Esra, gewöhnlich der apokryphe, auch griech. Esra genannt). Esdras A ist in elegantem Griechisch geschrieben, enthält die letzten beiden Kapitel von Chr, ganz Esr und schließt mit Neh 8,1–12. Diese Übersetzung basiert vermutl. auf einer besseren Vorlage als MT, aber die Übersetzung ist sehr frei und bei Daten und geschichtlichen Einzelheiten unzuverlässig. Deswegen ist dem bibl. Esra der Vorzug zu geben. Dem jüd. Geschichtsschreiber Josephus lag für sein Werk Esdras A als Quelle vor. – Folgende Tabelle kann helfen, Verwechslungen zu vermeiden. Die pseudepigraphe Esra-Apokalypse (4. Esra) ist der Vollständigkeit halber aufgeführt.

Deutsch		LXX (griech.)		Vulgata (lat.)
Esra	=	} Esdras B (II)	{ =	I Esdrae
Nehemia	=		=	II Esdrae
3. Esra (apokryph.)	=	Esdras A (I)	=	III Esdrae
4. Esra (pseudepigr.)	=	Esdras der Prophet (Esdras-Apokalypse)	=	IV Esdrae

Geschichtlicher Hintergrund

Das babyl. Großreich wurde endgültig vernichtet, als die Meder und Perser 539 v.Chr. Babylon eroberten. Der Perserkönig Cyrus, ein aufgeklärter Herrscher, machte die Politik der Unterdrückung, die für die Assyrer und Babylonier typisch war, rückgängig. Gegenüber den von ihm Besiegten zeigte er Milde, und die, die durch seine Vorgänger zwangsweise umgesiedelt worden waren, ermutigte er, in ihre Heimat zurückzukehren. Soweit wie möglich gewährte er den unterworfenen Völkern lokale Selbständigkeit und trat bes. als Beschützer der einheimischen Religionen auf. Eine Inschrift aus dieser Zeit, der Cyrus-Zylinder, berichtet: ». . . die Götter, die in ihnen (den Städten) lebten, brachte ich an ihre Orte zurück . . . Alle ihre Bewohner sammelte ich und ließ sie an ihre Wohnorte zurückkehren!« Aufgrund dieser Politik erhielt eine Anzahl Juden unter Führung eines Nachkommen Davids im Jahre 538 v.Chr. die Erlaubnis, nach Jerusalem zurückzukehren. Zu dem, was dann geschah, bieten Haggai und Sacharja viele zusätzliche Informationen. Maleachi (nicht genau datierbar) beschreibt vermutl. die Situation in Jerusalem vor der Ankunft Esras und Nehemias. Aus der gleichen Zeit sind außer dem bereits erwähnten Cyrus-Zylinder die Papyri von Elephantine erhalten. Diese aram. geschriebenen Dokumente enthalten Briefe einer jüd. Militärkolonie in Oberägypten aus dem 5. Jh. v.Chr. Darin werden Bagoas, der persische Statthalter von Judäa, Johanan, der Hohepriester (vgl. Esr 10,6; Neh 12,22), und Sanballat, der Statthalter von Samaria (Neh 2,19 usw.), und seine Söhne erwähnt.

In dieser Periode regieren folgende Perserkönige:

559–530 Cyrus (Kyros)
530–522 Kambyses II.
522–486 Darius I. (Sohn des Hystaspes)
486–465 Xerxes I. (Ahasveros)
465–424 Artaxerxes I. (Arthahsastha)
424–423 Xerxes II.
423–404 Darius II. (Nothus)
404–358 Artaxerxes II. (Mnemon)

Das Verhältnis zwischen Esra und Nehemia

Die Frage stellt ohne Zweifel das größte ungelöste Problem beider Bücher dar. Die Antworten sind darum auch ziemlich kontrovers. Die Argumente, die für oder gegen die verschiedenen Auffassungen beigebracht werden, sind in der Regel wenig überzeugend. Die wichtigsten Gesichtspunkte lassen sich wie folgt zusammenfassen:

Das Datum der Rückkehr Nehemias

Dies ist der Fixpunkt der Diskussion. Nehemia war vom 20. bis zum 32. Jahr des Artaxerxes I. (Neh 2,1; 13,6), also von 445–433 v.Chr., in Jerusalem. Danach hielt er sich eine unbestimmte Zeit am persischen Hof auf (Neh 13,6), um für eine zweite Arbeitsperiode nach Jerusalem zurückzukehren. Eines der Papyri von Elephantine, auf 407 v.Chr. datiert, erwähnt Johanan, vermutl. Jonathan, den Enkel Eljaschibs. Eljaschib aber war ein Zeitgenosse Nehemias (Neh 3,1; 12,10f.22). Ferner erwähnt der Papyrus auch Delaja und Schelemija, die Söhne von Nehemias Gegner Sanballat. Von daher ist eine Datierung Nehemias während der Regierungszeit Artaxerxes' II. auszuschließen.

Das Datum der Rückkehr Esras

Unter der Vielzahl von Hypothesen haben drei größere Bedeutung erlangt:

1. Esra traf 458 v.Chr. in Jerusalem ein. Das ist die traditionelle Ansicht, die den in Esr 7,7f genannten König als Artaxerxes I. identifiziert. Dies würde bedeuten, daß Esra vor Nehemia gewirkt hat, was der bibl. Reihenfolge entspricht. Ein weiteres (allerdings schwaches) Indiz für diese Ansicht ergibt sich daraus, daß Esr 8,36 keinen Statthalter von Jerusalem erwähnt. Dies könnte bedeuten, daß Esra demnach vor Nehemias Ernennung gewirkt hat. Da Nehemia aber selbst von »früheren Statthaltern« spricht (Neh 5,15), verliert dieses Argument an Bedeutung.

Gegen diese Ansicht gibt es verschiedene Einwände. Viele sind wenig überzeugend, und auch eine große Zahl von nicht eindeutigen Argumenten stellt keinen Beweis dar. In der folgenden Liste sind die Argumente a–h als wenig überzeugend anzusehen; i–l müssen dagegen ernst genommen werden.

a) In Esr 9,9 wird eine »Mauer« (ZÜ) erwähnt. Damit könnte Nehemias Mauer gemeint sein. Aber das Wort kann auch im übertragenen Sinn verstanden werden. LÜ z.B. übersetzt »Bollwerk«. Es gibt eine Reihe von Belegen dafür (Esr 4,12.23; Neh 1,3), daß kurz vor Nehemias Ankunft ein vergeblicher Versuch unternommen wurde, um Jerusalem eine Mauer zu bauen. Wenn dieser Versuch unter Esras Führung stattgefunden hätte, so würde dieses außerhalb seiner Kompetenzen liegende Unternehmen ihn in Konflikt mit den persischen Beamten gebracht und an der Ausübung seiner eigentlichen religiösen Aufgaben gehindert haben. Vermutl. haben die in Esr 9 u. 10 berichteten Ereignisse aber kurz nach Esras Ankunft in Jerusalem stattgefunden. Damit ergäbe sich zwischen diesen Ereignissen und dem versuchten Mauerbau ein zeitlicher Zwischenraum von 10 Jahren. Das erhöht die Wahrscheinlichkeit, daß »Mauer« in Esr 9,9 im übertragenen Sinn zu verstehen ist.

b) Esra war von einer großen Volksmenge umgeben (Esr 10,1), während Nehemia die Stadt nur schwach bevölkert vorfand (Neh 7,4) und Maßnahmen einleitete, die zu einer Bevölkerungszunahme führen sollten (Neh 11,1). Aber Esr 10,1 erwähnt, daß die »große Gemeinde« aus den umliegenden Gegenden, »aus Israel«, kam.

c) Nehemia ernannte vier Schatzmeister (Neh 13,13). Diese Anordnung galt auch noch, als Esra eintraf (Esr 8,33). Aber die Beibehaltung einer derartigen Anordnung ergibt sich leicht von selbst. In einer Zeit der Unordnung konnte es gut sein, daß Nehemia einfach die vorhandenen Amtsträger durch ehrbare Männer ersetzte.

d) Manche halten es für unwahrscheinlich, daß Esra in der unruhigen Anfangsperiode der Herrschaft Artaxerxes' I. eine solche Reise ohne Schutz unternehmen konnte. Aber in Esr 8,21ff geht es genau darum, daß die Reise gefährlich war und daß man sich deshalb mehr als sonst von Gott abhängig wußte.

e) Nehemia kam in eine zerstörte Stadt, wogegen bei Esra von Unsicherheit keine Rede ist. Da Nehemias spezieller Auftrag jedoch den Mauerbau und die Verteidigung Jerusalems betraf, ist es nur natürlich, wenn sich das Buch bes. mit den Problemen der Verteidigung befaßt.

f) Nehemia mußte gegen wirtschaftliche Mißstände angehen (Neh 5,1–13). Warum ließ Esra das Fortbestehen solcher Mißstände zu, wenn er vor Nehemia in Jerusalem war? Es ist problematisch, das Schweigen einer Quelle zu einem bestimmten Ereignis als Beweis anzuführen. Auch können Mißstände sehr schnell eintreten, wie es sich z.B. während der verhältnismäßig kurzen Abwesenheit Nehemias zeigte (Neh 13,6–31).

g) Man nimmt an, daß Nehemias Reformen eine Art Provisorium darstellten, während Esras Anordnungen auf dem Gesetz basierten. Dieser Einwand übersieht die unterschiedliche Stellung beider Männer und ihre unterschiedliche Persönlichkeit. Nehemia erscheint als der stärkere und dynamischere Charakter. Auch besaß er offizielle Regierungsvollmacht, wogegen Esras Autorität nur moralischer und religiöser Natur war. Das Problem der Mischehen spielte offensichtlich immer wieder eine Rolle: Esra beschäftigte sich damit (Esr 9 und 10); Esra und Nehemia gingen gemeinsam dagegen an (Neh 9,2; 10,31); Nehemia hatte auch allein damit zu tun (Neh 13,23–29). Selbst wenn man annimmt, daß Esra vor der Ankunft Nehemias bis zu einem gewissen Grad erfolglos war, würde er dennoch den hervorragenden Platz, den ihm die spätere jüd. Überlieferung zuschreibt, zu Recht verdienen. Es kann durchaus sein, daß ein Esra die Unterstützung eines Nehemia brauchte, um seine Fähigkeiten voll entfalten zu können.

h) Neh 12,26 nennt Esra nach Nehemia, und Neh 12,47 erwähnt Esra (zwischen Serubabel und Nehemia) überhaupt nicht. Die Erklärung kann einfach darin liegen, daß hier den bürgerlichen Autoritäten Vorrang zuerkannt wird.

i) Von den Männern, die mit Esra zurückkehrten, erscheint kaum einer in der Liste derer, die Nehemias Mauer bauten (Neh 3). Aber Neh 3 nennt nur die Führer der Baukommandos, und die dürften vermutl. schon lange in Jerusalem gewohnt haben.

j) Nehemia war ein Zeitgenosse des Hohenpriesters Eljaschib (Neh 13,28), Esra dagegen lebte in der Zeit von dessen Enkel Johanan (Esr 10,6; vgl. Neh 12,22). Deshalb müßte Nehemia vor Esra gewirkt haben. Diese Tatsache ist von großer Bedeutung, obwohl Esr 10,6 nicht sagt, daß Johanan zu jener Zeit Hoherpriester war.

k) Esras Auftrag war die Verkündigung des Gesetzes (Esr 7,12.14). Wenn wir jedoch die bisher übliche Datierung akzeptieren, wurde das Gesetz erst 444 v.Chr. zum erstenmal öffentlich verlesen (Neh 8,1–8). Es bleibt ein Problem, wie dieser Zwischenraum von 13 Jahren (seit Esras Ankunft 458) zu erklären ist. Es wäre denkbar, daß Esra sich auf Bauarbeiten einließ, damit seine Kompetenzen überschritt und dadurch bei den persischen Behörden in Ungnade fiel. Aber es gibt keinen Beleg, der Esra mit dem nicht autorisierten Versuch des Mauerbaus (Esr 4,7–23) in Verbindung bringt. Auch finden sich nicht die geringsten Hinweise darauf, was Esra zwischen 458 und 444 v.Chr. getan hat, wenn man der traditionellen Datierung folgt. 3Esr 9,37ff schließt an den Bericht über Esr den Text Neh 7,72–8,12 an. Danach könnte die Gesetzesverlesung früher datiert werden. Aber dann muß der Name Nehemias in Neh 8,9 als Randglosse angesehen werden.

l) Als Nehemia seine Volkszählung durchführte, benutzte er die Liste der mit Serubabel Zurückgekehrten (Neh 7,6–71), aber er sagt nichts über die, die mit Esra zurückgekommen sind (Esr 8,1–14).

2. Esra traf 398 v.Chr. in Jerusalem ein. Dann muß es sich bei dem in Esr 7,7f erwähnten König um Artaxerxes II. handeln. Für diese Hypothese spricht, daß damit jeder Gedanke an einen Mißerfolg Esras ausgeschlossen wird; sein Wirken muß dann im Gegenteil von entscheidender Bedeutung gewesen sein. Auch das Problem, daß Nehemia und Esra einander offensichtlich ignorieren, was für Zeitgenossen erstaunlich ist, wäre damit hinfällig. Für diese Hypothese spricht ferner, daß die persischen Behörden nicht zur gleichen Zeit zwei jüd. Amtsträger ernennen würden. Allerdings hatten Esra und Nehemia so getrennte Aufgabenbereiche, daß ihre parallele Amtseinsetzung dennoch denkbar erscheint. Schließlich könnte der Verlust Ägyptens, der in diese Zeit fällt, die Perser veranlaßt haben, Judäa größere Freiheit einzuräumen, um sich seine Loyalität zu sichern. Die Ernennung Esras und die Freiheit, die man ihm im Blick auf den Glauben an Jahwe und das jüd. Gesetz gewährte, könnte diesem Zweck gedient haben.

Zwei wichtige Argumente sprechen allerdings gegen diese Hypothese.

a) Der sog. Passa-Papyrus der Elephantine-Texte, der auf 419 v.Chr. datiert ist, zeigt, daß die religiösen Angelegenheiten der jüd. Diaspora schon damals zwar unter der Autorität des pers. Königs, aber doch von Jerusalem aus geregelt wurden. Das aber war der Aufgabenbereich Esras, und er hatte, wie Esr 7,25f schließen läßt, als erster das entsprechende Amt inne. Deshalb muß Esra vor 419 v.Chr. in Jerusalem gewesen sein. Ein Datum während der Regierungszeit Artaxerxes' II. kommt nicht in Frage.

b) Diese Hypothese macht eine Reihe Textkorrekturen notwendig. Nehemias Name muß in Neh 8,9 gestrichen werden (was von 3Esr unterstützt würde), und Esras Name müßte in Neh 12,36, evtl. auch in 12,26 ausgelassen werden. Esra und Nehemia könnten dann nicht beide mit den Ereignissen von Neh 9 und 10 zu tun gehabt haben. Ein guter Grundsatz theol. Arbeit ist jedoch, daß eine Theorie um so unwahrscheinlicher ist, je größere Textänderungen sie erforderlich macht.

3. Esra kam um 428 v.Chr. nach Jerusalem. Diese Lösung würde nur eine kleine Textänderung notwendig machen. Das Datum für den Zug Esras nach Jerusalem (Esr 7,7f) wäre dann das 37. Jahr Artaxerxes' I. Das würde bedeuten, daß Esra kurz nach dem Beginn der zweiten Periode Nehemias in Jerusalem eintraf. Dann hätte Nehemia, im Bewußtsein seiner eigenen Begrenzungen, viell. sogar selbst

dafür gesorgt, daß Esra, begleitet von einer Gruppe von Priestern und Leviten, nach Jerusalem kam. Diese Hypothese stimmt mit der traditionellen Auffassung überein, daß beide Männer Zeitgenossen waren. Das Hauptproblem dieser Hypothese besteht darin, daß alle Hss. und Übersetzungen in Esr 7,7.8 das gleiche Datum aufweisen.

Es ist deutlich geworden, wie kompliziert es ist, hier eine Lösung zu finden. Die Argumente für die verschiedenen Theorien sind zwar oft geistreich, aber nicht unbedingt überzeugend. Auch die traditionelle Auffassung bringt einige Schwierigkeiten mit sich, und obwohl jeder Dogmatismus fehl am Platze ist, überzeugt sie insgesamt doch am stärksten. Sie erfordert keine Textveränderungen und läßt sich auch mit den zahlreichen Hinweisen in Übereinstimmung bringen, daß kurz vor dem Amtsantritt Nehemias eine frische Gruppe von Rückkehrern nach Jerusalem kam und daß in dieser Zeit ein ernsthafter Versuch unternommen wurde, die Mauern Jerusalems wieder aufzubauen. Man erwartete viel von dieser Unternehmung. Wenn sie nicht unter Esras Führung stattgefunden hat, so ist sie schwer zu erklären. Hat Esra aber auf diese Weise vergeblich versucht, die politische Stabilität Jerusalems zu sichern und damit die religiöse Reform zu ermöglichen, so erscheinen die Schwierigkeiten während der ersten Zeit seines Wirkens verständlich. Wir halten deshalb an der traditionellen Auffassung als der besten Arbeitshypothese fest.

Die Verläßlichkeit des Chronisten

Hinter der Ablehnung der überlieferten Auffassung verbirgt sich u.a. die Vermutung, der Chronist habe die Reihenfolge von Esra und Nehemia aus Unwissenheit verwechselt. Die Probleme des Chronisten sind nicht zu leugnen (s. Einleitung zu 1 und 2Chr), aber die hier geäußerte Vermutung geht zu weit. Die autobiographischen Erinnerungen Nehemias sind in Stil und Inhalt von Chr und Esr deutlich unterscheidbar. Die jetzige Reihenfolge der Bücher könnte darauf beruhen, daß der Chronist selbst die Memoiren Nehemias an sein eigenes Werk anfügte, ohne eine chronologische Einordnung zu versuchen.

Vieles spricht dafür, daß der Chronist ein Zeitgenosse Esras und Nehemias war oder jedenfalls nicht viel später gelebt hat. Die davidische Linie wird nach dem Exil maximal über sechs Generationen fortgeführt. Einige meinen, daß es sogar nur vier seien (1Chr 3,15–24). Rechnet man für eine Generation etwa 25 Jahre, so muß der zuletzt Erwähnte kurz nach 400 v.Chr. datiert werden. Nun hat Jaddua, der letzte Hohepriester, der erwähnt wird (wahrscheinlich ein Urenkel Eljaschibs, Neh 12,22), sein Priesteramt vermutl. in den ersten Jahrzehnten des 4. Jh. v.Chr. angetreten. Die Verwendung von Genealogien zur Datierung ist natürlich problematisch, weil Namen hinzugefügt worden sein können, um eine Liste zu vervollständigen, aber immerhin erlauben sie einige Rückschlüsse auf die Datierung. Aber selbst wenn man von einem späten Abfassungsdatum um 350 v.Chr. ausgeht, ist es unwahrscheinlich, daß dem Chronisten ein so schwerwiegender Fehler in der Chronologie unterlaufen sein sollte. Eine Reihe führender Wissenschaftler, unter ihnen W. F. Albright, vertritt sogar die Auffassung, daß Esra selbst der Chronist war.

Die Quellen

Außer den persönlichen Aufzeichnungen Esras und Nehemias wären noch folgende zu nennen: Esr 1,1–4,7 und 6,19–22 sind wahrscheinlich Zusammenstellungen durch den Chronisten, für die er verschiedene Quellen benutzte, zu denen möglicherweise auch die Bücher Hag und Sach gehörten. Esr 4,8–6,18 und 7,12–26 sind in Aramäisch (der Verkehrssprache jener Zeit) geschrieben. Sie enthalten offizielle Korrespondenz mit persischen Behörden und verbindende Passagen. Beide Bücher enthalten viele Listen, Geschlechtsregister, Verzeichnisse usw., von denen einige integrale Bestandteile der Aufzeichnungen Esras oder Nehemias gewesen sind. Hierzu gehören Esr 1,9–11a; 2,1–70; 7,1–5; 8,1–14; Neh 3,1–32; 7,1–72; 11,3–36.

Esra und das Judentum

Durch den babyl. Angriff 588/87 v.Chr. wurde der Davidsdynastie und ihrem Königtum faktisch das Ende bereitet. Auch der Tempel wurde zerstört. Die Juden in der Gefangenschaft unter der Führung Hesekiels lernten diese Tragödie als Gottes Strafe für ihren Abfall verstehen. Wenn die Juden als Volk nicht untergehen wollten, brauchten sie einen neuen Kristallisationspunkt für ihr gemeinsames Leben. Diesen neuen, geistlichen Mittelpunkt fand man in der Treue gegenüber dem Gesetz, also zu dem Sinaibund und den dazugehörigen Symbolen der Sabbatheiligung und der Beschneidung. Nach der Rückkehr aus der Gefangenschaft wurde der wiederaufgebaute Tempel zwar wieder zum Sammelpunkt für die kleine theokratische Gemeinde, aber die Jahre nach der Wiedereinweihung des Tempels (520 v.Chr.) waren doch eine Zeit der Mittelmäßigkeit. Es war

Esra, der, auf den politischen Leistungen Nehemias aufbauend, seinem Volk einen neuen geistlichen Aufschwung vermittelte. Das Gesetzbuch, das er auslegte (Neh 8,1–8), war mit Sicherheit nicht in seinem Inhalt und nicht notwendigerweise auch in seiner Form neu. Dennoch leitete Esra eine neue Ära ein, in der der Pentateuch nicht einfach als ein Gesetzbuch galt, sondern als Handbuch angesehen wurde, das Anweisungen für alle Bereiche des Lebens bereithielt. Diese Sicht verband sich mit einer Auslegungstechnik, die sowohl mündliche als auch schriftliche Gestalt annahm. So wurde Esra »der Vater des Judentums« und damit einer Lebensweise, deren Mitte die absolute Treue gegenüber der Tora bildete. Sie prägte nicht nur das jüd. Leben von jener Zeit an, sondern sie ermöglichte es dem Judentum, die tiefgreifenden geschichtlichen Krisen der folgenden Jahrhunderte zu überstehen.

Esra

Inhalt

1,1–2,70 Die Rückkehr aus dem Exil

3,1–4,5 Der Beginn des Wiederaufbaus

4,6–23 Weitere Widerstände gegen die Bauplanungen

4,24–6,22 Die Vollendung des Tempels

7,1–8,36 Esras Rückkehr nach Jerusalem

9,1–10,44 Das Problem der Mischehen

Kommentar

1,1–2,70 Die Rückkehr aus dem Exil

1,1–4 Der Erlaß des Cyrus

Die Echtheit des Erlasses steht außer Frage. Als Cyrus 539 v.Chr. Babylon eroberte, war eine seiner ersten Anordnungen, den deportierten Volksgruppen die Rückkehr in ihre Heimat zu erlauben. Man hat an dem Stil des Erlasses Anstoß genommen, weil er den Eindruck erweckt, als sei Cyrus ein Verehrer Jahwes gewesen. Eine Parallele dazu findet sich auf dem Cyrus-Zylinder, wo der Herrscher seine Siege Marduk zuschreibt, während er in einem in Ur entdeckten Text die gleiche Ehre dem Mondgott Sin zukommen läßt. Es gehörte zur Politik Cyrus', die bodenständigen Religionen seines gewaltigen Reiches zu achten. Die hebr. Form des Erlasses scheint die amtliche Proklamation an die Juden zu sein (vgl. 6,1–5).

1 *Im ersten Jahr des Cyrus:* im Jahr, in dem er Babylon eroberte. König von Persien war er nämlich schon seit 559 v.Chr. *Durch den Mund Jeremias:* Cyrus war das Instrument, durch das Jahwe sein Wort erfüllte (vgl. Jer 25,11f; 29,10). **2** *Hat mir befohlen:* vgl. Jes 44,28; 45,13. **4** In diesen Geschenken der Nachbarn an die Rückkehrer (vgl. 2Mo

12,35f) findet sich ein Anklang an das, was beim Auszug aus Ägypten geschah (vgl. Jer 16,14.15).

1,5–11 Die Reaktion auf den Erlaß

6 *Was sie freiwillig gaben:* Hier sind wohl Gaben für den Tempel gemeint (vgl. V. 4b). **7** *Die Geräte des Hauses des Herrn:* Nebukadnezar hatte den Tempel 597 v.Chr. und noch einmal 587 v.Chr. geplündert (2Kön 24,13; 25,13ff). Es war allg. üblich, daß ein Eroberer die Götter der Besiegten in sein eigenes Heiligtum brachte (vgl. z.B. 1Sam 5,2). Da es im jüd. Glauben kein Gottesbild gab, dienten die Tempelgefäße als Ersatz dafür. Der großzügige Cyrus erlaubte die Rückkehr der gefangenen Götter, in diesem Falle also des Tempelschatzes. **8** Es ist nicht klar, wer Scheschbazar ist. Einige meinen, daß es sich um Serubabel handelt, andere halten Scheschbazar für einen Onkel oder Großonkel Serubabels (vgl. 1Chr 3,17ff; dabei gehen sie davon aus, daß Schenazzar mit Scheschbazar identisch ist). Möglicherweise starb Scheschbazar kurz nach der Rückkehr. Wieder andere sehen in Scheschbazar den offiziell ernannten Führer, in Serubabel dagegen die populäre, aber inoffizielle Führergestalt (s. Komm. zu Esr 5,14–16). **9–11** Die unterschiedlichen Zahlenangaben in LÜ und ZÜ beruhen auf einer fehlerhaften Überlieferung des hebr. Textes. Auch stimmt die Summe mit den Einzelangaben nicht überein. Im Hebr. wurden anfangs Zahlenangaben in Wörtern ausgedrückt. Später wurden Buchstaben benutzt, im Aramäischen dagegen Zahlzeichen. Deswegen treten bei Zahlenangaben bes. leicht Abschreibfehler auf. Die Reise von Babylon nach Jerusalem dauerte etwa 4 Monate (vgl. Esr 7,8.9).

2,1–67 Das Verzeichnis der Heimkehrer

Dieselbe Liste, mit einigen Unterschieden bei Namen und Zahlen, findet sich in Neh 7,6–68 und 3Esr 5,4–42. Es ist nicht einfach, die Unterschiede zu erklären. A. Weiser begründet die doppelte Aufnahme der gleichen Liste damit, daß sie bereits in den vom Chronisten benutzten Quellen zweimal vorhanden war. Andererseits stellt auch er fest, daß die Liste in Neh 7 weniger eng mit dem Kontext verbunden ist (A. Weiser, Einleitung in das AT, S. 281). Andere Wissenschaftler vermuten, die späteren Abschreiber seien beim Abschreiben der »Schriften«, dem dritten Teil des hebr. Kanons, weniger sorgfältig vorgegangen. In diesem Zusammenhang ergäbe sich die Möglichkeit, daß die Liste der 538 v.Chr. Zurückgekehrten revidiert und erweitert wurde, um andere aufzunehmen, die später zurückgekommen oder viell. sogar nie in der Verbannung gewesen sind, sich mit den Heimkehrern jedoch voll und ganz identifizierten. Man kann sieben Gruppen unterscheiden:

2a Die Führer. *Serubabel:* entweder der Sohn Sealthiels (vgl. Esr 3,2; Neh 12,1; Hag 1,1) oder Pedajas, Sealthiels Bruders (vgl. 1Chr 3,19). Möglicherweise hat es sich hier um einen Fall von Leviratsehe gehandelt (5Mo 25,5f). *Jeschua* oder Josua: der erste Hohepriester nach dem Exil, ein Enkel Serajas, des letzten Hohenpriesters vor der Gefangenschaft (2Kön 25,18). *Nehemia:* Hier ist nicht der Erbauer der Mauer gemeint. Die parallelen Listen in Neh und 3Esr enthalten jeweils 12 Namen. In der hier vorliegenden Aufzählung scheint ein Name verlorengegangen zu sein, denn der Zahl 12 als der Zahl der Stämme wurde große Bedeutung beigemessen (vgl. Esr 6,17; 8,35). **2b–35** *Männer des Volkes Israel:* Die Sippen werden entweder nach den Namen ihrer Ahnen oder nach ihren Wohnorten identifiziert. **36–39** *Priester:* Daß sich unter den Rückkehrern verhältnismäßig viele Priester befanden, hängt ohne Zweifel mit der Aussicht auf einen neuen Tempel und die damit verbundenen Dienste zusammen. **40–42** *Leviten:* Nur 341 Leviten kehrten zurück, wenig im Vergleich zu 4289 Priestern. Ihr zweitrangiger Status in der nachexilischen Periode mochte ihnen eine Rückkehr als wenig sinnvoll erscheinen lassen haben. Esra begegnete später die gleiche Einstellung (Esr 8,15). **43–54** *Tempelsklaven:* Diese Gruppe wird nur vom Chronisten erwähnt (vgl. 1Chr 9,20; Esr 8,20). In dem hebr. Wort steckt die Wurzel »geben«. Nach einer einleuchtenden Theorie, die durch die große Zahl ausländischer Namen unterstützt wird, handelt es sich hier um Kriegsgefangene, die dem Tempel für die mehr weltlichen Arbeiten zugeteilt wurden (vgl. die Gibeoniter, s. Komm. zu Jos 9,27). Sie standen in jedem Fall unter den Leviten. **55–57** *Nachkommen der Sklaven Salomos* (vgl. Neh 11,3): Die hier aufgeführten Namen sind ebenfalls meist ausländisch, aber es gibt keine befriedigende Erklärung für die Herkunft dieser Gruppe. Möglicherweise handelt es sich um eine andere Art von Tempeldienern. Vgl. 8,20 und Hes 44,7–9. **59–63** Die Leute, deren Herkunft nicht sicher zu klären war. Im alten Israel hatten die Geschlechtsregister große Bedeutung. Wer seine Abstammung nicht nachweisen konnte, war stark benachteiligt. In jedem Fall war er vom Priestertum ausgeschlossen (V. 62). **61** *Barsillai:* vgl. 2Sam 17,27; 19,32–39; 1Kön 2,7. **63** *Der Statthalter:* Ein persischer Titel: »der zu Fürchtende«, entspricht etwa unserem: »seine Exzellenz«. Mit diesem Titel wurde gewöhnlich Nehemia bezeichnet (8,9; 10,1), hier ist jedoch entweder Scheschbazar oder Serubabel gemeint. *Urim und Thummim* (ZÜ); *die heiligen Lose »Licht und Recht«* (LÜ): vgl. 2Mo 28,30; 4Mo 27,21; 1Sam 14,41f; 28,6. Sie befanden sich in der Brusttasche des hohenpriesterlichen Gewandes und dienten dazu, sich des Willens Gottes zu versichern. Vermutl. handelte es sich dabei um markierte flache Steine. Die verschiedenen Kombinationen der Markierungen hatten jeweils eine bestimmte Bedeutung (vgl. Art. »Licht und Recht«, LZB, Sp. 850). Es gibt keinen Beleg dafür, daß sie in der späteren Periode der Monarchie oder in der nachexilischen Zeit tatsächlich gebraucht wurden.

64–67 Zusammenfassende Statistik. Die gleiche Gesamtsumme (42360) findet sich auch bei Nehemia und in 3Esr, aber in keiner der drei Listen ergibt eine Addition der einzelnen Angaben diese Gesamtsumme. Demnach müssen hier Fehler im Verständnis der Zahlenangaben oder Abschreibfehler vorliegen (s. Einleitung zu diesem Kapitel). Es ist interessant, daß in keinem der drei Texte ein Versuch zur Harmonisierung unternommen wird. Die Liste der Besitztümer zeigt, daß die Juden im Exil beträchtlichen Besitz erworben hatten (vgl. aber 1,4). **65** *Sänger und Sängerinnen:* Hier handelt es sich, im Gegensatz zu den levitischen Sängern (V. 41), um weltliche Sänger. **66** *Pferde* und *Maultiere* waren die edleren Last- und Reittiere.

2,68–70 Ankunft in Jerusalem

68 *Haus des Herrn:* Obwohl der Tempel zerstört war, fanden in den Ruinen während der Zeit des Exils doch Gottesdienste statt (vgl. Jer 41,5). **69** Die Unterschiede zum Bericht in Nehemia (Neh 7,69–71) lassen sich erklären: Esras Version ist ein konzentrierter Bericht, der die Gaben des Statthalters, der Sippenhäupter und des Volkes zusammennimmt. Anstelle der 50 goldenen Becken (vgl. Neh 7,69) wurde deren geschätzter Geldwert – 21000 Golddrachmen – angesetzt. Die exakten Angaben über Silberminen und Priestergewänder bei Nehemia sind hier durch runde Zahlen ersetzt. Um die beiden Berichte zu harmonisieren, ist eine Textverbesserung nötig: Anstelle der kaum wahrscheinlichen Zahl von 530 Priestergewändern in Neh 7,69 wäre 500 Silberminen und 30 Priestergewänder zu lesen.

3,1–4,5 Der Beginn des Wiederaufbaus

3,1–6 Die Wiederaufnahme des Opferdienstes

Die erste Handlung der in ihre Heimat zurückgekehrten Juden, von der uns berichtet wird, ist das Darbringen ihrer freiwilligen Gaben (2,68). Das Laubhüttenfest (V. 4) im 7. Monat (V. 1) war vermutl. das erste der drei großen Wallfahrtsfeste nach der Rückkehr der Israeliten in ihre Wohnorte (vgl. 3Mo 23,33–36). Die in Neh 8,1–12 beschriebene große Gesetzesverlesung fand zur selben Jahreszeit statt. Das Laubhüttenfest, das eine Erinnerung an die Zeit der Wüstenwanderung war, sollte nun auch als Erinnerung an die Rückkehr aus der Gefangenschaft gelten. Ein Vergleich mit 3,8 macht deutlich, daß es sich um den 7. Monat des ersten Jahres nach ihrer Rückkehr handelt.

2 *Jeschua* wird hier vor Serubabel genannt, weil es um religiöse Dinge geht (vgl. 3,8; 5,2; Hag 1,1 u.a.m.). **3** Man ehrt Gott durch die Errichtung des Altars an der Stelle, wo er urspr. gestanden hatte. Zugleich suchte man damit seinen Schutz gegen die *Landbevölkerung* (ZÜ), d.h. gegen die gemischte Bevölkerung der Umgebung, die jedem Versuch, das Geschick Jerusalems zu wenden, feindlich gegenüberstand (s. Komm. zu 4,1.4). **5** *Neumond:* der erste Tag des Monats; er wurde als heiliger Tag gefeiert. 4Mo 28,11–15 führt die Opfer für diesen Tag auf. Einige Ausleger meinen aufgrund des Scheltwortes Jesajas (Jes 1,13f), daß die Feier des Neumondes nicht mosaischer Herkunft sei. Aber Jesaja wendet sich gegen den Mißbrauch des Kultes, nicht gegen den Kult selbst. **6** Die Wiederaufnahme des Opferdienstes fand vor dem Wiederaufbau des Tempels statt.

3,7–13 Die Grundsteinlegung für den Tempel

Man kann sich gut vorstellen, welche tiefen Empfindungen ein solches Ereignis auslösen mußte. Ein Vergleich mit Jer 33,10.11 zeigt, wie sehr man sich bewußt war, an der Erfüllung der Prophetie aktiv beteiligt zu sein. Die Tragödie der nationalen Demütigung und die scheinbare Nutzlosigkeit ihres Bemühens müssen von den Beteiligten ausgesprochen stark empfunden worden sein. Diese Empfindungen standen im Gegensatz zu den spontanen Äußerungen der Freude (V. 12ff).

7 Es wird genauso verfahren wie beim Bau des ersten Tempels (vgl. 1Kön 5,21–26). **8** Die Leviten fungierten als Bauaufseher. Das Mindestalter für den Eintritt in den vollen Dienst eines Leviten war unter David von 25 Jahren (vgl. 4Mo 8,24) auf 20 Jahre herabgesetzt worden (1Chr 23,24), vermutl. um die Zahl der zur Verfügung stehenden Leviten zu erhöhen. **9** *Jeschua:* der Levit aus 2,40. **10** Ein Vergleich mit 5,1f und Hag zeigt, daß bis 520 v.Chr. außer der Grundsteinlegung nur wenig geschafft wurde. **11** *Sie stimmten den Lobpreis an:* Es handelt sich um einen Wechselgesang. Er wurde entweder von zwei Chören oder einem Chor und einem Priestersolisten gesungen. Das zeigt sich als Grundmuster in vielen Psalmen. Die hier überlieferten Worte wären dann der Kehrreim (vgl. 1Chr 16,34; 2Chr 5,13; 7,3; Ps 136). *Barmherzigkeit* (LÜ): hebr. *chesed*; betont besonders die Liebe und Treue in der Bundesbeziehung (s. Einleitung Ruth).

4,1–5 Widerstand während der Herrschaft des Cyrus

Die in 3,3 angedeutete Opposition wird hier deutlich.

1 *Die Widersacher:* »die Landbevölkerung« (V.4). Die Bedeutung des Ausdrucks Landbevölkerung variiert innerhalb des AT beträchtlich. Urspr. wurde damit eine einflußreiche Gruppe bezeichnet, möglicherweise die reichen Landeigentümer (vgl. 2Kön 23,30). Haggai scheint diesen Begriff auf die aus dem Exil zurückgekehrten Israeliten anzuwenden (Hag 2,4), während sein Zeitgenosse Sacharja (etwa 520 v.Chr.) damit diejenigen bezeichnet, die nicht in Gefangenschaft geführt worden waren (Sach 7,1–5). Zur Zeit des Chronisten (etwa 400 v.Chr.) ist damit die Mischbevölkerung gemeint, die später unter dem Namen Samariter bekannt wurde; sie stammt von Volksgruppen ab, die von den Assyrern in jener Gegend angesiedelt worden waren (vgl. 2Kön 17,24–41). Da Jerusalem zu dieser Zeit in der Provinz Samaria lag, war aufgrund alter Rivalitäten mit gegenseitiger Abneigung zu rechnen. **2** *Asar-Haddon:* (681–669 v.Chr.) war mit dieser Umsiedlung der assyr. Politik gefolgt. Diese mußte jede nationalistische Regung im Keim ersticken. Sie führte zu einer synkretistischen Religion, die Hiskias und Josias Reformen nicht zu reinigen vermochten (vgl. 2Kön 23,19; 2Chr 30,1–10; 34,6f). **3** Mit ihrer Ablehnung einer samarit. Beteiligung erhoben Serubabel und Jeschua den Anspruch, die gerade wiederhergestellte Gemeinde in Jerusalem sei das wahre Israel. Diese exklusive Haltung ist vielfach kritisiert worden, aber man kann sich nur schwer vorstellen, wie der jüd. Glaube ohne solch klare Trennungslinien hätte überleben können. **4** Die hier erwähnte Angst wird in Sach 8,10 beispielhaft beschrieben. Haggai weist darauf hin, daß auch Egoismus, Gleichgültigkeit und Zögern zur mangelnden moralischen Widerstandskraft der Juden beigetragen haben. **5** Ein Vergleich mit V.24 zeigt, daß der Bericht dort wieder aufgenommen wird.

4,6–23 Weitere Widerstände gegen die Bauplanungen

Dieser Abschnitt unterbricht den Fluß der Erzählung und die chronologische Reihenfolge. Er wurde aus thematischen Gründen hier eingefügt. Auch in ihm ist von Widerständen gegen die Bauvorhaben der Juden die Rede.

4,6 Widerstand während der Herrschaft des Xerxes (486–465 v.Chr.)

Da der Tempelbau 515 v.Chr. vollendet worden war, muß es sich hier mehr um mehr allg. Behinderungen handeln, die während der ganzen Herrschaft des Xerxes (des bibl. Ahasveros) immer wieder vorkamen. *Im Anfang seiner Herrschaft:* im Jahr seines Regierungsantritts. Die Gegner der Juden verloren keine Zeit, Druck auf den König auszuüben.

4,7–23 Widerstand während der Herrschaft des Artaxerxes (465–424 v.Chr.)

4,8–6,18 enthält vorwiegend offizielle Korrespondenz, die durch kurze erzählende Abschnitte miteinander verknüpft ist. Der ganze Abschnitt ist in Aramäisch, der Verkehrssprache des Reiches, geschrieben. Der Widerstand in dieser Zeit richtete sich gegen Versuche, die Mauer Jerusalems wieder aufzubauen (V.12.16). Die Ablehnung wird dem König gegenüber dreifach begründet: geringeres Steuereinkommen (V.13), Gefährdung seines Ansehens (V.14) und Gefahr des Abfalls (V.16).

8 *Rehum und Schimschai:* waren möglicherweise königl. Kommissare, die mit der ständigen Untersuchung von Angelegenheiten in den Provinzen betraut waren. **9** Die eindrucksvolle Liste erhöht die Bedeutung des Briefes. **10** *Osnappar:* der aram. Name für Assurbanipal (669–630 v.Chr.), den bibl. Asar-Haddon. *Jenseits des Euphrat:* die offizielle Bezeichnung der 5. persischen Satrapie, die ganz Palästina und Syrien einschloß.
12 Dieser Vers ist ein äußerst wichtiger Beleg für die Rückwanderung von Juden während der Regierungszeit des Artaxerxes. Wenn wir die traditionelle Datierung der Rückkehr Esras (etwa 458 v.Chr.) annehmen, könnte hiermit gut die Gruppe gemeint sein, die mit Esra zurückkehrte. Die Einstellung des nicht genehmigten Bauvorhabens mag Nehemia berichtet worden sein (Neh 1,1ff). Viell. hatte Esra erkannt, daß ohne die Sicherheit einer Mauer keine wirkungsvolle Reform möglich war. Aber für ihre Errichtung fehlte ihm die Kompetenz, deshalb wandte er sich an Nehemia. Sieht man von diesem Rekonstruktionsversuch ab, so gibt es keine hist. Belege für die Einbeziehung dieser Gruppe. **14** *Weil wir*

aber das Salz des Königshauses essen: weil wir im Dienst des Königs stehen. Ein Bund wurde oft mit Salz besiegelt (s. Komm. zu 2Chr 13,5). **15** *Chroniken deiner Väter:* Dies würde die Assyrer und Babylonier einschließen, als deren rechtmäßige Nachfolger sich die Perser verstanden. **19** Sie enthielten viell. Nachrichten über Rebellionen in Juda in den Jahren 701, 601 und 587 v.Chr. (vgl. 2Kön 18,7.13; 24,1.20). **21** Diese Entscheidung wurde später tatsächlich von demselben König widerrufen (vgl. Neh 2). **23** Man verlor keine Zeit und scheute keine Mühe, um den Erlaß des Königs durchzusetzen (vgl. Neh 1,3).

4,24–6,22 Die Vollendung des Tempels

4,24–5,2 Ein Dienst der Ermutigung

Wir sind jetzt im Jahre 520 v.Chr. (vgl. Hag 1,1; Sach 1,1). Die zeitgenössischen Berichte Haggais und Sacharjas werfen Licht auf diese Periode. Besonders Haggai schildert, wieviel Ermutigung die Leute nach 16 enttäuschenden Jahren brauchten, um wieder mit dem Bau zu beginnen. Auch die jüd. Führer brauchten nach so viel offiziellem Widerstand einen neuen Ansporn, um den weiteren Wiederaufbau zu fördern. Diesen Rückhalt gaben ihnen in vollem Maße die beiden Propheten.

5,3–17 Infragestellung des Wiederaufbauprogrammes

Tatnai, der in einem zeitgenössischen Geschäftsdokument als »Statthalter des Gebiets jenseits des Euphrats« bezeichnet wird, scheint die Juden fair behandelt zu haben, im Gegensatz zu der unverhüllten Feindschaft in Kap. 4. Daß am Tempel intensiv gearbeitet wurde, zeigt V. 8. Es fehlt aber jeder Hinweis, daß die Bauprojekte darüber hinausreichten. Das spricht gegen die Auffassung, daß die Bauvorhaben Teil einer nationalistischen Bewegung waren, die durch Spannungen innerhalb des Perserreiches nach dem Tode des Kambyses im Jahre 522 v.Chr. Auftrieb erhalten hätte.

8 *Große Quadern* (ZÜ); *behauene Steine* (LÜ): wörtl. »zu rollende Steine«, d.h. Steinblöcke, die so groß waren, daß sie auf Rollen transportiert werden mußten. **12** Die Zerstörung 587 v.Chr. wird in theol. Perspektive betrachtet, im Gegensatz zu 4,15. **14–16** Diese Verse setzen voraus, daß Scheschbazar bereits gestorben ist. Wenn er (vgl. Einleitung) der von den Persern ernannte Führer war, so würde das erklären, warum in dieser offiziellen Mitteilung herausgestellt wird, daß er den Grundstein legte. Serubabel, möglicherweise der volkstümliche Führer, wird dagegen im internen Bericht (vgl. 3,8–11) Vorrang eingeräumt. Verständlicherweise wollten die Juden ihre Sache nicht durch das Eingeständnis schwächen, daß der Bau 16 Jahre lang vernachlässigt worden war. **17** Der Erlaß war in Babylon nicht aufzufinden, aber die pers. Organisation war so intakt, daß man ihn in Ekbatana (Achmetha) aufspürte (6,2). Tatnai fragt an, ob der König den Erlaß, falls er gefunden würde, bestätigen werde.

6,1–12 Darius begünstigt den Wiederaufbau

Darius setzte die Politik seines Vorgängers verstärkt fort. Er förderte die nationalen Religionen seiner Untertanen. Es spricht für die persische Verwaltung, daß sie so viel Mühe und Sorgfalt auf diese Angelegenheit verwandte. Das in Ekbatana gefundene Dokument war kein formeller Erlaß (vgl. 1,1–4), sondern ein Memorandum, in dem wesentliche Einzelheiten des Tempelbaus niedergelegt worden waren. Da Cyrus die Hilfe der Regierung zugesagt hatte, war diese Formalität notwendig. In den Elephantine-Papyri findet sich auch ein kurzes Memorandum über den Wiederaufbau des dortigen Tempels.

2 *Achmetha:* Ekbatana, eine hübsch gelegene Festung, die den persischen Königen als Sommerresidenz diente. **3** *Seine Höhe sechzig Ellen:* Das wäre doppelt so hoch wie der salomonische Tempel (1Kön 6,2). Hier ist eher an die Länge des geplanten Gebäudes zu denken, die im jetzigen Text nicht erwähnt wird. Die Angabe über die Höhe dürfte verlorengegangen sein. **6–12** Der urspr. Erlaß des Cyrus wird jetzt durch ein in deutlichen Worten abgefaßtes Dekret des Darius bestätigt. Möglicherweise hatte Darius jüd. Ratgeber, die auf eine angemessene Formulierung achteten. In Hag oder Sach findet sich kein Hinweis auf großzügige öffentliche Unterstützung. Das überrascht nicht, denn alle prophetischen Reden Haggais und die meisten Sacharjas waren ja darauf ausgerichtet, die Arbeiten am Tempel wieder in Gang zu bringen, und zwar im zweiten Jahr des Darius (vgl. Hag 1,1; Sach 1,1 usw.). Der Erlaß des Darius aber kam erst zur Wirkung, als der Bau schon beträchtliche Fortschritte gemacht hatte (6,8).

6,13–18 Die Tempelweihe

Die Unterstützung durch Darius, Tatnai und die jüd. Ältesten wird anerkennend erwähnt. Als wichtiger aber wird der Dienst Haggais und Sacharjas angesehen, und letztlich wird Gott als dem eigentlichen Initiator die Ehre gegeben. Der Tempel wurde am 12. März 515 v.Chr. vollendet, etwas mehr als 70 Jahre nach seiner Zerstörung. Dieses Fest der Tempelweihe weist Parallelen mit der Tempelweihe Salomos auf (vgl. 1Kön 8). Aber alles ist bescheidener. Die jüd. Gemeinde ist jetzt kleiner und ärmer als damals. **14** *Arthahsastha* (Artaxerxes): Seine Erwähnung an dieser Stelle ist ein Anachronismus; möglicherweise wurde sein Name hier eingefügt, weil er zu einem späteren Zeitpunkt zur Verschönerung des Tempels beitrug (vgl. 7,21–28).

6,19–22 Die Feier des Passafestes

Das Passafest, das nach vielen bedeutenden Ereignissen in der Geschichte Israels gefeiert wurde (4Mo 9,5; Jos 5,10; 2Kön 23,21ff; 2Chr 30), folgte einen Monat nach der Tempelweihe. Nach dem mosaischen Gesetz begann das Jahr mit dem Passafest (2Mo 12,2), aber Einflüsse des kanaan. Kalenders (bei dem das Jahr von Herbst zu Herbst reichte) hatten zur Folge, daß man zur Zeit der Monarchie das Jahr mit dem Laubhüttenfest begann. Nach dem Exil erhielt das Passa seinen rechtmäßigen Platz zurück. Dabei spielte es zweifellos eine Rolle, daß auch das babyl. Kalenderjahr im Frühjahr begann. **21** Zwei Gruppen nehmen am Passafest teil: die Rückkehrer aus der Gefangenschaft und diejenigen Juden, die das Exil nicht mitgemacht hatten, aber bereit waren, sich vom Götzendienst der Samariter konsequent zu trennen. Die Heimkehrer waren nicht völlig exklusiv, ihre Ablehnung der Samariter hatte religiöse Gründe, sie war aber durchaus überwindbar. **22** *Das Herz des Königs von Assur ihnen zugewandt:* Der Chronist zeigt, daß das Einwirken Gottes auf heidnische Herrscher bei diesen Spuren hinterläßt (auch 1,1; 7,27). Die Erwähnung Assurs ist ein offensichtlicher Schreibfehler, obwohl sich die Herrschaft Darius' natürlich auch über das frühere Assyrien erstreckte.

7,1–8,36 Esras Rückkehr nach Jerusalem

7,1–28 Artaxerxes ernennt und unterstützt Esra

Wenn wir das traditionelle Datum der Rückkehr Esras zugrunde legen (458 v.Chr.; s. Einleitung), liegen zwischen Kap. 6 und 7 fast 60 Jahre. Für diese Periode fehlt, von dem kurzen Hinweis in 4,6 abgesehen, jede Information, es sei denn, man geht davon aus, daß das Buch etwa auf 465 v.Chr. zu datieren ist. Was aus Serubabel wurde, ist unklar. Wahrscheinlich hat sein Tod und der Tod des Hohenpriesters Jeschua die großen Hoffnungen zunichte gemacht, die man auf diese beiden Persönlichkeiten gesetzt hatte (Hag 2,20–23; Sach 6,9–14). Bis zur Rückkehr Esras und Nehemias nach Jerusalem, die erneut für Ordnung und Stabilität sorgten, verlief das Leben der verachteten jüd. Gemeinde glanzlos und ohne Höhepunkte.

7,1–5 Esras Stammbaum. Dieses Geschlechtsregister enthält offensichtlich nur eine Auswahl. Es beabsichtigt, Esras Herkunft auf Aaron zurückzuführen. Vergleiche mit anderen Stellen (z.B. 1Chr 5,29–41) sind nötig, um die Lücken zu schließen. *Sohn:* bedeutet oft Nachkomme.

7,6–10 Esras Zug nach Jerusalem. In der vorexilischen Zeit waren die Schreiber lediglich Sekretäre (s. 2Sam 8,17; 1Chr 27,32). Nach dem Exil jedoch, als prophetische Rede seltener und das Gesetz zur höchsten Autorität wurde, gewann das Amt der Schreiber an Bedeutung, so daß man sie zu Recht als Schriftgelehrte bezeichnet. Die beste Zusammenfassung der Pflichten eines Schriftgelehrten findet sich in V. 10. Er hatte das Gesetz sowohl zu bewahren als auch zu erklären.
7 *Im siebten Jahr des Königs Arthahsastha* (Artaxerxes): Zur Identität dieses Königs und möglichen Textverbesserungen s. Einleitung. Die viermonatige Reise von Babylon führte über fast 1500km.

7,11–26 Der Brief des Artaxerxes. Wegen seines eindeutig jüd. Tones und wegen der zugesagten großzügigen Unterstützung ist die Echtheit dieses Briefes angezweifelt worden. Dem ersten Einwand kann man begegnen, wenn man annimmt, daß der Brief von Esra in seiner Eigenschaft als »Staatssekretär für religiöse Angelegenheiten der Juden« (vgl. V. 12) selbst entworfen worden ist. Dem anderen Einwand steht entgegen, daß sich die persischen Könige oft als großzügig erwiesen. Wenn es um Frieden und Stabilität in einem Teil des Großreiches ging, so war der Preis vergleichsweise gering. Esras Autorität galt in der ganzen 5. Satrapie des Perserreiches (s. Komm. zu 4,10). Seine Stellung ermächtigte ihn, in allen jüd. Gemeinden Richter einzusetzen (V. 25). Das galt auch für die Samariter und erklärt ihre Haltung Esra gegenüber, den sie »Esra den Verfluchten« nannten. Die Samariter sollten sich den anerkannten jüd. Sitten anpassen. Deshalb ist es unwahrscheinlich, daß das »Buch des Gesetzes« (s. den ausführl. Komm. zu Neh 8,1), mit dem Esra in Verbindung gebracht wird, ein neues Buch war. Die Einführung eines neuen Gesetzbuches wäre, statt Ordnung herzustellen, mit der Gefahr weiterer Unruhen in der Jerusalemer Gemeinde (und in anderen Gemeinden) verbunden gewesen. Den Priestern wurden beträchtliche Anreize geboten, um sie zur Rückkehr zu bewegen (V. 24). **25.26** Die volle Erfüllung dieser Pflichten mußte für Esra über einen längeren Zeitraum viele Reisen mit sich bringen. Das könnte das Schweigen in den Jahren zwischen 458–445 v.Chr. erklären.

7,27.28 Der Anfang der Memoiren Esras. Der plötzliche Wechsel zur ersten Person läßt die autobiographische Natur des Berichtes erkennen. Ab hier ist das Buch hebr. geschrieben. Der Charakter Esras, obwohl nicht so klar umrissen wie der Nehemias, zeigt sich im Loben Gottes. Sein Frohlocken über die Verschönerung des Tempels offenbart das Herz des Priesters. Seine natürliche Ängstlichkeit, hier und in 8,21ff erkennbar, wird durch das Bewußtsein überwunden, daß *die Hand des Herrn, meines Gottes, über mir war.*

8,1–14 Verzeichnis der Juden, die mit Esra zurückkehrten

Zwischen dieser Liste und der entsprechenden in 3Esr 8,28–40 gibt es kleine Unterschiede. Hier beträgt die Gesamtzahl 1496, in 3Esr dagegen 1690. **13** *Die letzten:* die, die später kamen. Es ist möglich, daß andere kleinere Gruppen von Rückwanderern der Gruppe Esras folgten.

8,15–23 Vorbereitungen für den Aufbruch

Zur geringen Zahl von Leviten s. Komm. zu 2,40ff. Ihr Fehlen mußte das Wiederaufbauprogramm Esras sehr erschweren. Deshalb seine dringende Bitte um Leviten. Vor dem Aufbruch wurde am Sammelpunkt ein Fasten gehalten. Das geschah nicht nur im Blick auf die natürlichen Gefahren einer so langen Reise; es war eine Zeit großer Unruhe, bes. die westl. Hälfte des persischen Großreiches war davon erfaßt. Sicherlich hatte Esra eine militärische Eskorte für nötig gehalten, aber ihre Inanspruchnahme wäre ein Zeichen mangelnden Gottesvertrauens gewesen. Gottvertrauen war darum die einzige Alternative. Nehemia, der nicht mit einer so großen Gruppe reiste, hatte keine Bedenken, eine bewaffnete Eskorte anzunehmen (vgl. Neh 2,9).

15 *Ahawa* (vgl. V.21): Die Lage des Flusses und des Ortes sind nicht bekannt. **17** *Kasiphja:* Der Ort kann ebenfalls nicht mehr identifiziert werden. Die Konzentration von Kultpersonal deutet darauf hin, daß sich in Kasiphja, genau wie in Elephantine, ein jüd. Tempel befand. Das hier gebrauchte Wort für »Ort« (ZÜ, nicht in LÜ) wird in 9,8 für den Tempel selbst benutzt.

8,24–30 Die Verwahrung der Tempelschätze

Der Wert dieser Gaben betrug mehrere Millionen Mark, aber angesichts des enormen Reichtums des persischen Großreiches ist das keineswegs unvorstellbar.

24 (Vgl. VV. 18.19.30.) Es waren 12 Priester und 12 Leviten.

8,31–36 Die Reise nach Jerusalem

31 Ein Vergleich mit 7,9 zeigt, daß alle Vorbereitungen, einschließlich des Fastens, in 12 Tagen beendet waren. **32** Nehemia legte eine ähnliche Ruhepause ein (vgl. Neh 2,11), die nach einer so anstrengenden Reise nötig war. **36** *Den Statthalter:* Normalerweise gab es in der Provinz »Jenseits des (Euphrat-)Stromes« nur einen Statthalter (Satrap), der über mehrere Unterstatthalter gebot. Möglicherweise wurde der Titel jedoch großzügig verwendet. Daß kein Statthalter in Jerusalem erwähnt wird, ist angesichts von Neh 5,14ff nicht entscheidend.

9,1–10,44 Das Problem der Mischehen

9,1–5 Die Größe des Problems

Als Esra etwa 4 1/2 Monate in Jerusalem war (vgl. 8,31; 10,9), unterrichteten ihn die Amtsträger von dem Problem der Mischehen. Die Übertreter stammten vermutl. aus den Reihen der mit Serubabel Zurückgekehrten. Viele von ihnen hatten bereits Familien (womit die mit Esra Zurückgekehrten in diesem Zusammenhang ausscheiden). 10,18–43 führt 111 Schuldige auf. Das Gesetz warnt vor den verderblichen Einflüssen der Mischehen (5Mo 7,1–5), und die Geschichte Israels von der Zeit der Richter an liefert hinreichend Beispiele dafür (z.B. Ri 3,5f); deshalb die strikte Haltung Esras. Nehemia vertrat die gleiche Einstellung (Neh 13,23–28), ebenso Maleachi (Mal 2,11.13ff). Es handelt sich offensichtlich um ein immer wiederkehrendes Problem, das viell. durch den Überschuß an Männern unter den Rückkehrern verursacht wurde.

3 Es war Sitte, seinem Schmerz durch Zerreißen des Gewandes und durch Abrasieren der Haare Ausdruck zu geben (vgl. Hiob 1,20; Hes 7,18). Esras extreme Handlungsweise läßt erkennen, wie betroffen er war. Er beruft sich nicht auf seine offizielle Stellung und seine Macht, sein Appell ist ausschließlich moralisch und geistlich. Reformation kann nie mit Gewalt durchgeführt werden.

9,6–15 Esras stellvertretende Fürbitte

Esras Gebet und Bekenntnis sind mit Neh 9,6–37 und Dan 9,4–19 zu vergleichen. Er steht nicht abseits von seinem Volk und verdammt es nicht aus der Distanz. Obwohl er selbst schuldlos ist, identifiziert er sich mit ihm in seiner Schuld und seiner Not. Damit wird er zum Vorbild für alle, die stellvertretend für andere eintreten wollen. Es drohte ja die Gefahr, daß Gottes Gericht sein Volk noch einmal treffen würde wie in den Ereignissen, die zum Exil geführt hatten; nur daß diesmal keine Verheißung eines *Restes* für einen Neuanfang gegeben war (V. 8.14). Aber selbst wenn man den Gesichtspunkt göttlichen Strafhandelns einmal außer acht läßt, so kann auch sonst kein Zweifel bestehen, daß die Juden ihre soziale und religiöse Eigenständigkeit sehr schnell verloren hätten, wenn der Trend zur Mischehe fortbestanden und sich ausgebreitet hätte. Gleicherweise warnt darum auch das NT vor der Heirat mit Nichtchristen (2Kor 6,14).

8 *Einen festen Halt:* wörtl. Nagel oder Zeltpflock. Das ist im übertragenen Sinn gemeint: Wie der Zeltpflock das ganze Zelt sichert, so hatten die aus dem Exil Zurückgekehrten, die den Tempel wieder aufbauten und seinen Kultus wieder einführten, »am Ort seines Heiligtums« (JB) ihren Halt. **9** *Bollwerk:* wörtl. Mauer (ZÜ). Es ist zu bezweifeln, ob schon so kurz nach Esras Rückkehr ein Versuch unternommen worden ist, die Mauer wieder aufzubauen. Deshalb dürfte das Wort im übertragenen Sinn zu verstehen sein.

10,1–44 Die Abhilfe

Die lebendige Darstellung der Einzelheiten in diesem Kapitel erweckt den Eindruck, daß sie urspr. zu Esras persönlichen Aufzeichnungen gehörte. Der Chronist paßte den Text möglicherweise seinem Bericht an, indem er die dritte Person verwendete und ihn vermutl. auch kürzte, z.B. bei der Rede in V. 10f.

10,1–5 Die Wirkung von Esras Gebet. **1** Es besteht kein Grund zu der Annahme, Esra habe mit seinem Gebet zunächst nicht Gott angeredet, sondern seine Zuhörer beeindrucken wollen, wie das manchmal bei öffentlichen Gebeten geschieht. Trotzdem reagieren die Hörer mit tiefster Betroffenheit. Sie veranlaßte die Leute, selbst bestimmte Schritte zu unternehmen, die viel größeren Erfolg versprachen als aufgezwungene Reformen. **2** Ihr Sprecher Schechanja erscheint nicht in der Liste derer, die fremde Frauen genommen hatten. **3** Ein Bund war die verbindlichste Form der Verpflichtung (vgl. 2Chr 15,12–15).

10,6–17 Art und Weise des Vorgehens. Wie dringend den Juden die Sache geworden war, ist daran zu erkennen, daß sie sich trotz der äußerst ungünstigen Regenzeit unverzüglich versammelten. Außer einer unbedeutenden Minderheit, deren Meinung aber dennoch wiedergegeben wird (V. 15), befürworteten alle die Reform. Die Einsetzung einer Untersuchungskommission erschien als der beste Weg, um mit diesem weitreichenden Problem fertigzuwerden. **6** Es wird nicht gesagt, daß Johanan oder Eljaschib zu dieser Zeit Hoherpriester waren. Nach Josephus, der der überlieferten Datierung folgt, war Jojakim, der Vater Eljaschibs, Hoherpriester, als Esra nach Jerusalem kam. Möglicherweise verfügten sowohl sein Sohn Eljaschib als auch sein Urenkel Johanan über private Räume im Tempelgelände. **9** *Im neunten Monat:* im Dezember, in dem es bei *strömendem Regen* oft bitterkalt sein konnte. **14** Die örtlichen Amtsträger sollten dafür sorgen, daß in allen Einzelheiten korrekt verfahren wurde. **16f** Die Untersuchungskommission brauchte drei Monate für ihre Arbeit.

10,18–44 Die Liste der Schuldigen. Sie enthält 111 Namen (17 Priester, 10 Leviten, 84 israel. Männer). Daß die Kommission so lange Zeit für ihre Arbeit brauchte, deutet darauf hin, daß sie auch andere Fälle untersuchte, in denen eine Scheidung nicht für nötig erachtet wurde. Das durch diese Scheidungen verursachte Unglück darf nicht nur der mit dem Eheschluß erfolgten Übertretung gegenübergestellt werden. Hier geht es um eine die ganze Welt betreffende Segnung, die nur durch eine gereinigte Gemeinde übermittelt werden konnte. Die Übertretung des Gesetzes mußte hart bestraft werden. Gefühle durften die grundlegenden Prinzipien, die hier auf dem Spiel standen, nicht beeinflussen.

Nehemia

Einleitung s. Esra

Inhalt

1,1–2,11	Nehemia kehrt nach Jerusalem zurück
2,12–3,32	Beginn des Mauerbaues
3,33–7,4	Vollendung der Mauer trotz Widerstand
7,5–13,3	Weitere Ereignisse während Nehemias erster Amtszeit
13,4–31	Nehemias zweite Amtszeit

Kommentar

1,1–2,11 Nehemia kehrt nach Jerusalem zurück

1,1–3 Der Appell an Nehemia

Hanani und seine Begleiter versuchten offensichtlich, die Unterstützung des einflußreichen Beamten Nehemia zu gewinnen, der zum Herrscher des Reiches Zutritt hatte. Ein Versuch, die Mauer wieder aufzubauen, der mit dem in Esr 4,7–23 erwähnten Unternehmen identisch sein muß, war fehlgeschlagen. Die Juden brauchten nun dringend einen Freund in einflußreicher Position.

1 *Die Geschichte Nehemias* (LÜ); *Bericht* (ZÜ): mit diesen Worten werden die persönlichen Aufzeichnungen Nehemias eingeleitet, eine der autobiographischen Glanzleistungen des Altertums. *Kislew:* der neunte Monat. *Des zwanzigsten Jahres:* Archäol. Funde bestätigten, daß es sich um das 20. Jahr Artaxerxes' I. handelt (s. Einleitung). Entweder hier oder in 2,1 muß jedoch ein Abschreibfehler vorliegen. In 2,1 wird der Nisan, der erste Monat, als Datum angegeben. Viell. sollte man 1,1 verbessern in: »des neunzehnten Jahres«. *Susa:* Winterresidenz der persischen Könige.
2 *Hanani:* vgl. 7,2.

1,4–11 Die Antwort Nehemias

Vermutl. stand Nehemia in enger Beziehung zur Jerusalemer Gemeinde. Viell. hat er sogar von ihrem vergeblichen Versuch, die Mauer wieder aufzubauen, gewußt. Aber jede Unterstützung des Bauvorhabens brachte Nehemia in große persönliche Gefahr, denn sein Dienstherr Artaxerxes war nun einmal der Meinung, daß Jerusalem eine rebellische und verräterische Stadt sei. Deshalb hatte er das Ende des illegalen Mauerbaues angeordnet (Esr 4,17–22). Ein Bittgesuch würde bedeuten, daß der König einen erst wenige Jahre alten Erlaß widerrufen müßte. Wie Esra (Esr 9,6–15) und Daniel (Dan 9,4–19), so identifiziert sich auch Nehemia völlig mit seinem Volk. Er erkennt die Gerechtigkeit der Urteile Gottes an (V. 8), erinnert aber auch an die göttlichen Verheißungen (V. 5.9). Nehemia kannte das Gesetz. Er zitierte Abschnitte wie 3Mo 26,33 und 5Mo 30,1–5. Legt man die vorgeschlagene Textkorrektur im Blick auf die Jahresangaben in V. 1 zugrunde, so mußte Nehemia 4 Monate auf Gottes Eingreifen und einen zum Handeln günstigen Augenblick warten.

11 *Mundschenk:* ein Amt, das volles Vertrauen voraussetzt. Nehemia war nicht der einzige Mundschenk, aber dieses Amt gewährte ihm Zutritt zum König. Seine Hauptaufgabe bestand darin, den Wein in der Gegenwart des Königs zu kosten, um sicherzustellen, daß er nicht vergiftet war. Die meisten Beamten in dieser Stellung waren Eunuchen. Da es keinen Hinweis darauf gibt, daß Nehemia verheiratet war, dürfte er keine Ausnahme gewesen sein.

2,1–8 Nehemia nutzt seine Chance

Die hohe Dramatik ist dem Bericht noch heute abzuspüren. Die Macht eines Herrschers ging damals so weit, daß es sofortige Entlassung oder den Tod bedeuten konnte, wenn man in seiner Gegenwart traurig erschien. Denn hinter Traurigkeit konnte sich auch die Unzufriedenheit eines Verschwörers verbergen. In dieser kritischen Situation bewahrte Nehemia Haltung. Er besaß den Mut, den Grund seiner Trauer anzudeuten. Artaxerxes erkannte sofort, daß sich hinter Nehemias Bemerkung eine Frage verbarg. Das war für Nehemia der entscheidende Augenblick. Den ausführlichen Gebeten der vergangenen vier Monate folgte nun ein kurzer Stoßseufzer. Die Art, wie Nehemia betet, ist eine eigene Studie wert (vgl. 1,4–11; 2,4; 3,36f; 4,3; 5,19; 6,9.14; 13,14.22.29.31). Ein Vergleich mit 5,14 ergibt, daß Nehemia etwa um diese Zeit zum Statthalter von Jerusalem ernannt worden ist. Damit wurde zugleich Judäa von Samaria getrennt. Es gibt Belege dafür, daß Megabysos, der Statthalter (Satrap) von »Jenseits des Stromes«, kurz zuvor einen Aufstand versucht hatte. Deshalb erschien es Artaxerxes vermutl. geraten, eine unabhängige Provinz Judäa zu schaffen.

1 *Nisan:* s. Komm. zu 1,1. **6** *Nannte ich ihm eine bestimmte Zeit:* Nehemia kehrte nach 12 Jahren zurück (vgl. 13,6), aber vermutl. war die urspr. vereinbarte Periode verlängert worden. **7f** Nehemia hatte offensichtlich sorgfältig überlegt, was er brauchen würde. Das ist für ihn charakteristisch.

2,9–11 Nehemia kommt nach Jerusalem

Eine Zeitangabe wird nicht gemacht. Sanballat und Tobia, die durch die offizielle Korrespondenz von Nehemias Plänen unterrichtet waren, traten sofort als seine hauptsächlichen Gegenspieler in Erscheinung. Dabei ging es vorrangig um politische Fragen. Denn Samaria hatte nun keine Kontrolle mehr über Judäa. In einem auf 408 v.Chr. datierten Papyrus von Elephantine wird Sanballat als Statthalter von Samaria erwähnt. Die Namen seiner Söhne Delaja und Schelemija lassen darauf schließen, daß er Jahwe verehrte. Möglicherweise wurde er in Beth-Horon in Ephraim geboren. Tobia verwaltete vermutl. das Gebiet östl. von Judäa. Er war Sanballat entweder untergeordnet oder machte mit ihm gemeinsame Sache (vgl. 3,33–35; 6,12.14).

2,12–3,32 Beginn des Mauerbaues

2,12–16 Nehemia untersucht den Zustand der Mauer

Auch hier zeigt sich Nehemias Organisationstalent (vgl. V.7f). Die geheime Besichtigung machte ihn mit dem derzeitigen Zustand der Mauer vertraut. Das versetzte ihn in die Lage, mit denen zu verhandeln, die gegen den Mauerbau sprechen würden, weil er nicht zu bewältigen sei. In jener Zeit waren die Stadtmauern wohl auf die nordöstl. und südöstl. Hügel beschränkt. **13** Das *Taltor,* bei dem Nehemia seine Besichtigung begann, befand sich vermutl. in der Südmauer, in der Südwestecke der Stadt. Das *Misttor* lag etwa 500m (3,13) weiter östlich. **14** Wenn des *Königs Teich* der Teich von Siloah war, dann müßte sich das *Quelltor* in der östl. Mauer befunden haben. **15** Das *Bachtal* wäre dann das Kidrontal. Nehemia kehrte zurück, ohne zu versuchen, die Stadt ganz zu umreiten. Neuere Ausgrabungen haben ergeben, daß die von ihm inspizierte Gegend tatsächlich die problematischste war. Die Zerstörung der Mauer und der Gebäude hatte auf dem steilen Abhang zu chaotischen Zuständen geführt. Heute weiß man, daß Nehemia nicht dem urspr. Mauerverlauf folgte, sondern seine Mauer auf den Grat des südöstl. Hügels (Ophel) baute, also oberhalb des so stark zerstörten Gebietes.

2,17–20 Nehemia ruft zum Mauerbau auf

Nehemia konnte jetzt aus eigener Erfahrung sprechen. Zweifellos aber gab bei seinem Aufruf der Bericht darüber, auf welch erstaunliche Weise Gott bisher die Dinge gelenkt hatte, den Ausschlag. Die Opposition ließ nicht lange auf sich warten. Natürlich hatte Sanballat seine Informanten in Jerusalem. Diesem Widerstand setzt Nehemia den starken Glauben an den lebendigen Gott entgegen.

19 *Geschem,* »der aus Inschriften als mächtiger Scheich von Kedar in Nordwest-Arabien bekannt ist . . ., verwaltete die Provinz Arabien, die nominell unter persischer Gewalt stand und zu der außer Edom auch Südjuda gehörte« (John Bright, Geschichte Israels, dt. 1966, S. 401). *Wollt ihr von dem König abfallen?* Natürlich konnte davon keine Rede sein. Aber eine derartige Politik der Einschüchterung, den Israeliten nach den Esr 4,23 berichteten Ereignissen noch frisch in Erinnerung, hatte alle Aussicht auf Erfolg. **20** *Für euch gibt es keinen Anteil, kein Anrecht noch Gedenken in Jerusalem:* Diese offene Unabhängigkeitserklärung wurde durch die kompromißlose Gegnerschaft Sanballats und seiner Freunde ausgelöst.

3,1–32 Die Liste der Bauleute

Es ist nicht sicher, ob dieser Abschnitt von Nehemia selbst stammt. Wahrscheinlicher ist, daß die Liste im Tempel aufgehoben und dann vom Chronisten hier eingefügt wurde. Nur die Führer der 42 Bauabschnitte werden genannt. Der Name Esras wird nicht erwähnt, und auch keiner der mit Esra Zurückgekehrten kann mit Sicherheit mit einem der aufgeführten Namen identifiziert werden. Das beweist jedoch nicht, daß Esra mit seiner Gruppe erst nach Nehemias Zeit in Jerusalem ankam. Wenn Esra zu dieser Zeit in Jerusalem war, so hatte er gewiß, ebenso wie Nehemia, der auch nicht erwähnt wird, eine Aufsichtsfunktion inne. Die Beschreibung beginnt mit dem Schaftor am Ostende der Nordmauer und geht dann entgegen dem Uhrzeigersinn weiter. Alle Bevölkerungsschichten halfen beim Bau, einschließlich der Priester (V. 1), der Goldschmiede (V. 8.31f) und Salbenbereiter (V. 8), der Vorsteher und der Frauen (V. 12), der Leviten (V. 17) und der Händler (V. 31f).

1 Der Hohepriester und eine Gruppe von Priestern gaben dem Volk ein gutes Vorbild. **5** *Thekoa:* etwa 15km südl. von Jerusalem. Die Ortsvorsteher standen entweder Sanballat nahe oder fürchteten dessen Gegenmaßnahmen, wenn sie sich offen zu Nehemia bekannten. Ihre Stadt lag am Rande der Zivilisation und grenzte an das von Geschem beherrschte Gebiet (vgl. 2,19). Der hier anklingende Mißton wird durch V. 27 ausgeglichen. Dort wird berichtet, daß die Leute von Thekoa ein zusätzliches Stück Mauer bauten. Auch andere Gruppen übernahmen einen zweiten Bauabschnitt (s. V. 11.19–21.24.30). Die Unvollständigkeit der Liste zeigt sich daran, daß bei einigen der Gruppen, die einen zweiten Bauabschnitt übernahmen, der erste nicht angeführt wird (s. V. 11). **10** *Gegenüber seinem Hause:* (vgl. V. 30b). Nehemia scheint versucht zu haben, die Leute in der Nähe ihres eigenen Hauses einzusetzen. Das mußte ihr persönliches Interesse am Bau der Mauer fördern, die ja ihrer eigenen Sicherheit diente (vgl. 4,8).

3,33–7,4 Vollendung der Mauer trotz Widerstand

3,33–38 Man versucht, den Mauerbau lächerlich zu machen

Dies war der erste einer Reihe von Versuchen, den Bau zu vereiteln. Obwohl Samaria, Judäa und ihre Nachbargebiete alle dem persischen Großreich angehörten, schloß das lokale Rivalitäten nicht aus. Diesen waren jedoch Grenzen gesetzt. Sanballats Handeln war vermutl. dadurch beeinflußt, daß er wußte, daß der König Nehemia günstig gesonnen war. Spott kann eine gefährliche Waffe sein. Er kann sich vor allem da erfolgreich erweisen und ein Unternehmen vereiteln, wo direktere Maßnahmen keinen Erfolg haben.

34 *Wollen sie's schon heute vollenden?* (ZÜ, dort 4,2): Eine sarkastische Frage, ausgelöst durch die intensive Bautätigkeit der Juden. *Die doch verbrannt sind:* Feuer führt zu Rissen in den Steinblöcken und reduziert so ihre Haltbarkeit. Hier und in V. 35 geht es um den Vorwurf einer unsoliden Bauweise. **36f** Verwünschungsgebete sind mit christl. Maßstäben nicht vereinbar. Sie sind nur im Rahmen der atl. Bundesbeziehung mit Jahwe verständlich, dessen Ehre durch diesen Angriff auf sein Volk auf dem Spiel stand. **38** *Das Volk war von Herzen bei der Arbeit* (ZÜ, dort 4,6): Diese Bereitschaft des Volkes führte in Verbindung mit der dynamischen Führerpersönlichkeit Nehemias zum Erfolg des Bauvorhabens.

4,1–17 Die Gegner drohen mit bewaffnetem Eingreifen

Jerusalem war jetzt auf allen Seiten von Feinden umgeben: Samaria im Norden, Ammon im Osten, Geschem und seine Araber im Süden und die alte Philisterstadt Asdod, jetzt Mittelpunkt einer anderen persischen Verwaltungseinheit, im Westen. Eine offene bewaffnete Auseinandersetzung war nicht möglich, weil Artaxerxes den Bau erlaubt hatte. Deshalb wollte man durch Infiltration und Terror zum Ziel gelangen. Nehemia begegnete diesen Versuchen durch eine geschickte Planung, die auf psychologischem Einfühlungsvermögen beruhte. Wenn ihre eigenen Familien bedroht waren, würden die Leute bis zum Äußersten Widerstand leisten (vgl. 7,3). Es scheint, als sei in dieser Periode akuter Gefahr der Bau selbst zum Stillstand gekommen (V. 7ff). Danach wurden die Bauarbeiten bei ständiger Verteidigungsbereitschaft wieder aufgenommen.

3 Hier finden wir ein atl. Gegenstück zu dem Satz: »Vertraut auf Gott und haltet euer Pulver trocken.« Sich auf Gott verlassen schließt nicht aus, sinnvolle Vorsichtsmaßnahmen zu treffen. **4** Die Größe der Aufgabe stellte eine zusätzliche Entmutigung dar. Ausgrabungen lassen erkennen, wie gründlich die Stadt 587 v.Chr. zerstört worden war. **5.6** Die Flüsterpropaganda erwies sich besonders bei den außerhalb lebenden Juden als wirkungsvoll, zu denen Sanballat und seine Leute leichter Zugang hatten. **8** *Gedenket an den Herrn:* Immer wieder erinnert Nehemia das Volk daran, daß sein Fundament das Vertrauen auf Jahwe ist (vgl. V. 3.14). **16** Diese Maßnahme verstärkte die Mannschaften in der Stadt, entblößte aber zugleich die Städte in der Provinz. Das Verhalten der Ältesten von Thekoa (vgl. 3,5) mag von dieser Überlegung beeinflußt worden sein. **17** *Die Wache, die mir folgte:* wahrscheinlich eine Abteilung persischer Soldaten. Der größte Teil der Militäreskorte (vgl. 2,9) dürfte zu dieser Zeit allerdings schon zurückgekehrt sein. *Jeder hatte seinen Spieß zur Rechten* (LÜ); *jeder trug seine Waffe an der Seite* (ZÜ, dort V. 23): MT lautet: »Jeder seine Waffe das Wasser«. Die genaue Bedeutung ist nicht klar. Aber es soll ausgedrückt werden, daß bei jeder Tätigkeit (auch beim Waschen; so eine engl. Wiedergabe) die absolute Aufmerksamkeit aufrechterhalten wurde.

5,1–19 Nehemias soziale und wirtschaftliche Maßnahmen

Es ist unwahrscheinlich, daß Nehemia während des Mauerbaues eine *große Versammlung* des Volkes einberufen hat (V. 7). Da V. 14 eindeutig einen Rückblick darstellt, nimmt man allg. an, daß diese Ereignisse nach Vollendung der Mauer stattfanden. Es ist jedoch möglich, daß die durch den Mauerbau verursachten Belastungen – während dieser Zeit entfielen fast alle normalen Einkünfte – die in V. 1–5 beschriebenen grundsätzlichen Mißstände so verschärften, daß Nehemia gezwungen war, sofort etwas dagegen zu tun.

5,1–13 Abschaffung sozialer Ungerechtigkeiten

Drei Gruppen waren betroffen: a) Diejenigen, die kein eigenes Land besaßen, litten unter großem Nahrungsmangel (V. 2). b) Die Landbesitzer waren wegen der großen Hungersnot gezwungen, ihren Besitz zu verpfänden (V. 3; nicht zu verkaufen, wie LÜ). c) Diejenigen, die zu überhöhten Zinssätzen Geld leihen mußten, um die persische Grundsteuer zahlen zu können (V. 4). V. 5 faßt wohl die Klage aller drei Gruppen zusammen. Sklaverei war in Israel innerhalb genau festgelegter Grenzen erlaubt (2Mo 21,2–11; 3Mo 25,39–43; 5Mo 14,12–18). Bei Krediten an arme Angehörige des eigenen Volkes durften jedoch keine Zinsen erhoben werden (2Mo 22,24; 3Mo 25,35ff; 5Mo 23,20f). Nehemias Anordnungen schlossen die Rückgabe allen veräußerten Besitzes ein und beendeten jede Zinszahlung. Damit erhielten diejenigen, die Geld geliehen hatten, die Möglichkeit, die Schuldsumme in einer überschaubaren Zeit zurückzuzahlen. **8** Die jüd. Oberschicht hatte die Gelegenheit genutzt und ihre eigenen Volksangehörigen an fremde Herren verkauft, weil man wußte, daß es zur Politik Nehemias gehörte, diese wieder auszulösen. **9** Nehemia appelliert an das Volksgewissen und weist auf das Zeugnis gegenüber den anderen Völkern hin. **10** Nehemia gibt zu, daß auch er in Geschäfte verwickelt ist, die er jetzt für ungesetzlich erklären will, der Schulderlaß ihn also auch selbst betrifft. **13** *Schüttelte ich mein Gewand aus* (LÜ); *schüttelte ich den Bausch meines Gewandes aus* (ZÜ): eine symbolische Handlung der völligen Zurückweisung.

5,14–19 Nehemias selbstlose Regierung

Nehemia zählt hier offen seine Leistungen als Verwalter der Provinz auf. Sie stehen im krassen Gegensatz zu den überzogenen Forderungen, die Männer seiner Position in der Regel zu erheben pflegen. **14f** Normalerweise wurde vom Volk eine Steuer erhoben, um daraus die Einkünfte des Statthalters und die Kosten für seinen Hof- und Regierungsapparat zu decken. *Statthalter, die vor mir gewesen waren:* Damit sind nicht Scheschbazar oder Serubabel gemeint, sondern die unmittelbaren Vorgänger Nehemias: entweder die Statthalter von Samaria oder untergeordnete Beamte in Jerusalem. **16** Nehemia und seine Leute hatten ihren vollen Anteil am Bau der Mauer geleistet. **17f** Er gewährte großzügig, aber nicht aufwendig, Gastfreundschaft (vgl. die Regelungen für Salomos Haushalt 1Kön 4,22f). **19** (vgl. 13,14.22.31). Die Aufzeichnungen Nehemias waren möglicherweise eine Weihegabe, die dem Herrn im Tempel dargebracht wurde.

6,1–14 Weiterer Widerstand gegen den Mauerbau

6,1–4 Intrige. Mit dem schnellen Fortschreiten des Mauerbaus war die Gefahr eines bewaffneten Angriffs wesentlich reduziert worden. Sanballat und seine Verbündeten versuchten daraufhin, den Anführer selbst anzugreifen. Sie wollten Nehemia von Jerusalem fortlocken, um ihn leichter ermorden zu können, oder um in seiner Abwesenheit einen Angriff auf die Stadt zu wagen. **2** *Ono:* ein Tal, das »neutral« zwischen den Provinzen von Asdod und Samarien lag. Es war jedoch über 30km von Jerusalem entfernt.

6,5–9 Erpressung. Nachdem vier Intrigen gescheitert waren, wurde ein fünfter Versuch unternommen, Nehemia einzuschüchtern. Es wurde ein nicht verschlossener Brief abgefaßt, den jeder lesen konnte (und würde), der ihn beförderte. So mußten sich die darin enthaltenen Unterstellungen schnell herumsprechen. Der Brief war auf ein Tontäfelchen, auf Leder oder Papyrus geschrieben. Zwei Umstände verliehen diesem Angriff Bedeutung: Geschem war ein einflußreicher Mann, dessen Wort bei den persischen Behörden etwas galt. Und die Anschuldigung, Nehemia wolle König werden, stieß am persischen Hof, wo man um die Loyalität der Provinzen immer besorgt sein mußte, sicher nicht auf völlig taube Ohren. Das galt ganz besonders im Blick auf Judäa, das ohnehin als aufrührerisch bekannt war. Nehemia beugte sich diesem Druck nicht. Er beantwortete ihn mit völliger Aufrichtigkeit und Rechtschaffenheit und suchte zusätzlich Kraft bei Gott.

6,10–14 Man versucht, Nehemia in schlechten Ruf zu bringen. Da Tobia zweimal zuerst genannt wird (V. 12.14), ist anzunehmen, daß er aufgrund seiner Kontakte in Judäa (V. 17ff) bei diesem Plan die Führung übernahm. **10** *Schemaja:* ein Prophet (V. 12), der nur hier erwähnt wird. Er behauptete, eine besondere Offenbarung im Blick auf einen Anschlag auf Nehemias Leben empfangen zu haben. Sein Vorschlag, sich mit ihm erneut und zwar *im Innern des Tempels,* zu treffen (das Betreten dieses Raumes war allen außer den Priestern bei Todesstrafe verboten; 4Mo 18,7), sollte Nehemia in Verruf bringen und ihn den Priestern entfremden. Die Auffassung, Schemaja habe Nehemia vorgeschlagen, er solle nach dem Asylrecht im Tempel Zuflucht suchen, ist weniger wahrscheinlich. *Behindert:* Rituelle Unreinheit kann kaum gemeint sein, denn dann hätte Schemaja den Tempel nicht betreten dürfen. Viell. ist ein Zustand proph. Ekstase gemeint. **14** Die falschen Propheten waren sich im Widerstand gegen Nehemia genauso einig wie gegenüber den Vorgängern Nehemias vor dem Exil.

6,15–19 Die Vollendung der Mauer

Die Aufgabe wurde in unglaublich kurzer Zeit bewältigt, obwohl gewisse Feinarbeiten sicher erst nachträglich vorgenommen wurden. Die Tatsache, daß dies nur mit göttlicher Hilfe geschehen konnte, worauf der Bericht immer wieder hinweist, mußten selbst die Gegner anerkennen.

15 *Elul:* der sechste Monat, d.h. August/September. Im Blick auf die Landwirtschaft war die Zeit für den Bau zwischen Hauptgetreideernte und Weinlese günstig gewählt. **18f** *Die Tochter Meschullams:* Meschullam war einer der führenden Mauerbauer (3,4.30). Nehemia sah sich einer gut organisierten »Fünften Kolonne« unter den einflußreichen Bürgern der Stadt gegenüber. Es gibt jedoch keinen Hinweis darauf, daß er irgendwelche Maßnahmen gegen sie ergriff.

7,1–4 Sicherheitsvorkehrungen in Jerusalem

Der praktisch denkende Nehemia gab sich mit der durch die neugebaute Mauer gewonnenen Sicherheit nicht zufrieden. Er sorgte zusätzlich für ein ausreichendes und gut kontrolliertes Wachsystem. Außerdem mußte er etwas unternehmen, um die unzureichende Einwohnerzahl Jerusalems zu vergrößern (vgl. 11,1f).

1 Alle drei erwähnten Gruppen konnten Tempelpersonal sein. Vermutl. war es außerordentlich schwierig, genügend verläßliche Männer für den Wachdienst zu finden. **2** *Hanani . . . Hananja:* Beide Formen des Namens kommen häufig vor (vgl. 3,8). Die Notwendigkeit vertrauenswürdiger Führer wird durch 6,18f deutlich. **3** *Einen jeden seinem Hause gegenüber* (ZÜ): Dieser Übersetzung ist gegenüber LÜ der Vorzug zu geben. Ein weiteres Beispiel für Nehemias Verständnis der menschlichen Natur (vgl. 3,10; 4,8).

7,5–13,3 Weitere Ereignisse während Nehemias erster Amtszeit

7,5–72 Das Verzeichnis der mit Serubabel Zurückgekehrten

Diese Liste, die vermutl. im Tempelarchiv aufbewahrt wurde, bildete viell. die Grundlage für die Maßnahmen Nehemias zur Vergrößerung der Einwohnerzahl von Jerusalem (vgl. 11,1f). Der Text besagt eindeutig, daß das Verzeichnis nicht das Ergebnis einer eigenen Volkszählung Nehemias ist (V. 5f). Es ist praktisch mit der Liste in Esr 2 identisch (s. Komm. zu Esr 2,1–67).

8,1–18 Die große Verlesung des Gesetzes

8,1–8 Das Gesetz wird verlesen und erklärt. In 3Esr folgt der Bericht von der Verlesung des Gesetzes durch Esra auf Esr 10; der Name Nehemias fehlt (vgl. Neh 8,9). Es erscheint fraglich, ob eine solche Versammlung einberufen werden konnte, bevor Nehemia den Schutt beseitigt und der Stadt neue Ordnung und Sicherheit gegeben hatte. Deshalb paßt das Kapitel wohl am besten dahin, wo es sich jetzt befindet. Vermutl. wurde es nicht von Esra, sondern vom Chronisten verfaßt. Es scheint aber auf Aufzeichnungen Esras zurückzugehen. Die Initiative dürfte vom Volk ausgegangen sein (V. 1). Die Bereitwilligkeit, mit der Esra und seine Begleiter dem Wunsch nachkommen, legt jedoch nahe, daß diese Lesung in gegenseitiger Übereinstimmung vereinbart wurde. Vermutl. war es das erste Mal, daß das Gesetz in dieser Weise verlesen und ausgelegt wurde (vgl. 12b), denn die Führer wurden durch die Reaktion des Volkes überrascht (V. 9).

8,1 *Das Buch des Gesetzes des Mose:* Allgemein wird angenommen, das hier erwähnte Gesetzbuch sei die sog. Priesterschrift (P) gewesen, die Esra von Babylon nach Jerusalem gebracht hätte und die dann den Rahmen für den gesamten Pentateuch (1–5Mo) gebildet hätte. Diese Hypothese läßt jedoch einiges offen. So ist es z.B. unvorstellbar, daß die Samariter, die Esra haßten, etwas annahmen, was von ihm selbst kam. Sie erkannten jedoch den vollendeten Pentateuch an. Es dürfte deshalb einleuchtender sein, wenn man annimmt, daß der Pentateuch wesentlich früher abgeschlossen wurde und daß Esra aus diesem Buch vorgelesen hat. Die Reaktion des Volkes beruhte nicht darauf, daß hier ein neues Buch verlesen wurde, sondern auf der Unkenntnis seiner Vorschriften. **4** Die Zahl der Helfer Esras wird in den Textversionen verschieden angegeben. LÜ, ZÜ, EÜ und JB nennen dreizehn. **5f** Die Ehrerbietung gegenüber der Tora (dem Gesetz), die sich in der stehenden Haltung während der Verlesung ausdrückte, sollte für das Judentum der Synagoge charakteristisch werden. **8** *Legten ... klar und verständlich aus:* Damit könnte eine Übersetzung aus dem Stegreif gemeint sein. Möglicherweise verstanden einige der Zuhörer nur aram., nicht aber hebr. (vgl. 13,24).

8,9–12 Die Reaktion des Volkes. Das Verhalten des Volkes erinnert an die Reaktion Josias auf die Verlesung des wiedergefundenen Gesetzbuchs (vgl. 2Kön 22,8–13). Es bedurfte großer Anstrengung der Führer (vermutl. war Esra der in V.10 genannte Sprecher), um das Volk davon zu überzeugen, daß dieser Tag ein Tag der Freude war. **9** Nehemias Name fehlt in 3Esr 9,49. Auch das Wort Statthalter wird dort fälschlich als Eigenname (Attarates) wiedergegeben. Einige empfehlen deshalb, Nehemias Namen hier als spätere Einfügung wegzulassen. Möglicherweise ist der Name Nehemias in 3Esr jedoch bewußt ausgelassen worden, weil der Schreiber sich lediglich für Esra, nicht aber für Nehemia interessierte.

8,13–18 Die Feier des Laubhüttenfestes. Im wesentlichen war dies ein Erntedankfest (5Mo 16,13ff; s. auch die Einzelheiten in 3Mo 23,33–43). Es war zur Zeit Salomos (1Kön 8,2) und im Nordreich zur Zeit Hoseas bekannt (Hos 12,10). Und obzwar auch Serubabel und seine Begleiter das Fest gefeiert hatten (Esr 3,4), wußten die jetzigen religiösen Führer über die Einzelheiten der Feier nicht Bescheid (V.13f). Viell. liegt das daran, daß sich der Charakter des Festes während der Königszeit unter kanaan. Einfluß verändert hatte. Es wurde mit dem Davidsbund verknüpft (zumindest in Juda; vgl. 2Sam 7) und verlor dabei seine urspr. Beziehung zu der Zeit der Wüstenwanderung weitgehend. Die Verlesung des Gesetzes war fester Bestandteil des Laubhüttenfestes (5Mo 31,9–13). Der Versöhnungstag, der am 10. Tag des 7. Monats, also kurz vor dem Laubhüttenfest (das vom 15.–22. Tag des gleichen Monats dauerte) gefeiert wurde, wird nicht erwähnt. Der Chronist muß von diesem Festtag gewußt haben und hätte ihn wahrscheinlich in diesen Bericht eingefügt, wenn er zu jener Zeit gefeiert worden wäre.

9,1–37 Die große Buße des Volkes

Die Mehrzahl der Wissenschaftler stimmt darin überein, daß dieses Kapitel urspr. auf Esr 10 folgte. Dann würden zwischen beiden Ereignissen drei Wochen liegen (Neh 9,1; vgl. Esr 10,17). Diese Annahme ist einleuchtend, denn beide Ereignisse haben mit Nichtisraeliten zu tun (Neh 9,2). Damit ist die Möglichkeit einer Verbindung dieses Kapitels mit Neh 8–10 jedoch nicht ausgeschlossen. Das Sündenbewußtsein, ausgelöst durch das Verlesen des Gesetzes und von den Führern zeitweise als für ein Freudenfest unpassend unterdrückt (8,9–12), kann jetzt, zwei Tage nach Abschluß des Laubhüttenfestes, seinen Ausdruck finden. In diesem neuen Gottesdienst folgen auf drei Stunden Verlesung des Gesetzes drei Stunden Buße und Anbetung (9,3).

Esras Gebet (V.5–37) beginnt mit der Anerkennung der Majestät Gottes. Es folgt eine Wiedergabe der wichtigsten Wendepunkte in der Geschichte Israels. Der erste ist die Berufung Abrahams (V.7f), mit der die Geschichte Israels praktisch beginnt. Nächster Markstein ist der Auszug aus Ägypten und die Gesetzgebung (V.9–14). Während der Wüstenwanderung steht der Barmherzigkeit Gottes die Widerspenstigkeit seines Volkes gegenüber (V.15–23). Gottes Gnade wurde dann erneut bei der Eroberung Kanaans offenbar (V.24ff), aber trotz der Warnungen der Propheten und des rettenden Eingreifens der Richter (V.26.27.30) lehnte Israel sich weiter gegen Gott auf. Gott hatte sein Volk durch andere Völker strafen lassen, jedoch in weiser Voraussicht und mit Absicht (V.30f), und dies hatte schließlich zu Demütigung, Buße und zu dem vollen Vertrauen geführt, das im Bund zwischen Gott und Israel von ausschlaggebender Bedeutung war.

4f Für die Unterschiede zwischen den Namen in V.4 und V.5 gibt es noch keine überzeugende Erklärung. **14** *Hast deinen heiligen Sabbat ihnen kundgetan:* Die Anweisung zur Einhaltung des Sabbats findet sich im ethischen Dekalog (2Mo 20,8ff), im Bundesbuch (2Mo 23,12) und im rituellen Dekalog (2Mo 34,21). Das legt den Gedanken nahe, daß der Sabbat ein Grundelement israel. Glaubens war. In der Zeit des Auszugs wurde der Sabbat zum Bundeszeichen.

10,1–28 Die Führer, die den Bund schlossen

Im Vergleich zu V. 1 werden die Unterzeichner dann in 2–9.10–14.15–28 in umgekehrter Reihenfolge aufgeführt. 2 *Nehemia, der Statthalter:* Wenn diese Ereignisse mit Esr 10 verbunden werden sollen (s. Komm. zu Neh 9,1–37, Einl.), dann muß man den Namen Nehemias an dieser Stelle als nicht urspr. Randbemerkung streichen; und zwar sowohl wenn man die überlieferte Datierung der Rückkehr Esras beibehalten will, wie wenn man annimmt, daß er im Jahr 398 v.Chr. zurückgekehrt ist. *Zedekia:* sonst unbekannt; seine Stellung zwischen dem Statthalter und den Priestern läßt vermuten, daß er ein einflußreicher Mann war. **3–9** Die meisten dieser Namen werden in 12,1–7 wieder erwähnt. Da mit Serubabel nur vier Priesterfamilien nach Jerusalem zurückkehrten (vgl. Esr 2,36–39), müssen sich aus ihnen weitere gebildet haben oder andere müssen später nachgekommen sein. **10–14** Bis auf vier Leviten werden alle in 8,7; 9,4.5; 12,8 erwähnt. **15–28** Unterschiede in den Listen der führenden Sippen im Vergleich mit Esr 2 können auf Aus- bzw. Einwanderung, auf Spaltung oder das Aussterben von Familien zurückzuführen sein.

10,29–40 Die Pflichten des Bundes

Zu den Bundesverpflichtungen gehörten: das Verbot der Mischehe (V. 31), Einzelheiten im Blick auf die Sabbatheiligung und die Einhaltung des Sabbatjahres (V. 32), sowie die Bereitstellung ausreichender finanzieller Mittel für den Tempeldienst (V. 33–40). Die offensichtliche Verbindung zwischen diesen Anordnungen und den Reformen, die während der zweiten Amtszeit Nehemias eingeleitet wurden (13,10–31), hat einige Ausleger zu der Annahme geführt, daß dieser Bund Teil der Politik Nehemias war, um solche Gesetzwidrigkeiten auszumerzen. Wahrscheinlicher ist jedoch, daß Nehemia gerade über jene Mißstände verärgert war, die abzustellen das Volk sich 12 Jahre vorher feierlich verpflichtet hatte.

31 Hier handelt es sich um ein in dieser Zeit immer wiederkehrendes Problem (vgl. Esr 9–10; Neh 13,23–27). **32** Das Gesetz verbietet zwar nicht ausdrücklich, am Sabbat Handel zu treiben, es wurde aber allg. so verstanden (vgl. z.B. Jer 17,21.22; Am 8,5). Zum Gesetz über das Sabbatjahr vgl. 3Mo 25,2–7; 5Mo 15,1ff. Diese Vorschriften, die die Mißstände in Jerusalem verringert hätten (vgl. Neh 5,1–4), waren bis zu diesem Zeitpunkt in der Geschichte Israels wohl noch nie beachtet worden, und zwar weitgehend auf den Druck privilegierter Gruppen hin, die daran besonders interessiert waren (vgl. 2Chr 36,21, wo die 70 Jahre des Exils als Strafe für die Nichtbeachtung dieser Vorschrift während 70 Sabbatjahren [= 490 Jahren] bezeichnet werden). **33** *Der dritte Teil eines Silberstücks:* Das war weniger als der im Gesetz festgelegte Betrag (2Mo 30,13; Mt 17,24), wahrscheinlich wegen der allg. Armut. **35** *Brennholz ... geben:* Eine Folge des Gesetzes, das vorschreibt, daß das Altarfeuer ohne Unterbrechung zu unterhalten ist (vgl. 3Mo 6,5f). **38** Der Zehnte an Vieh wird hier nicht erwähnt (vgl. 3Mo 27,32), obwohl die Erstgeburt in V. 37 genannt wird (vgl. 4Mo 18,15–18). Viell. war in dieser Zeit allgemeiner Armut das Vieh so knapp, daß eine Lockerung des Gesetzes notwendig erschien.

11,1–12,26 Einwohnerlisten

11,1–24 Die Einwohner Jerusalems. Die Liste in V. 3–19 stimmt, von geringen Abweichungen abgesehen, mit 1Chr 9,2–17 überein. Sie führt wahrscheinlich alle Einwohner auf, die bereits in Jerusalem wohnten. Ihre Zahl schließt die Oberschicht ein (V. 3–9): die Priester (V. 10–14), die Leviten (V. 15–18) und die Torhüter (V. 19). Hinzu kamen laut Erlaß 10 % der Bewohner der umliegenden Gegenden und eine nicht genannte Zahl von Freiwilligen (V. 2). **20–24** Unter diesen Anmerkungen über die Beaufsichtigung des Tempelpersonals ist zweierlei bes. interessant: V. 23 läßt erkennen, daß für bestimmte Gruppen Vorschriften des (persischen) Königs bestanden. Aus V. 24 kann man schließen, daß das jüd. Volk am persischen Hof einen Vertreter hatte. Daß das so war, wird durch zeitgenössische Dokumente erhärtet, die die Eigenart persischer Herrschaft erkennen lassen. Es entspricht dem bes. Interesse der Perser an religiösen Angelegenheiten.

11,25–36 Von den Juden bewohnte Ortschaften. In diesem Abschnitt werden Städte und Dörfer der früheren Stammesgebiete von Juda (V. 25–30) und Benjamin (V. 31–36) aufgeführt. Es gibt keine Erklärung dafür, warum wichtige Orte, die in Esr und Neh an anderer Stelle erwähnt werden, z.B. Tekoa (Neh 3,5), Bet-Zur (3,16), Bethlehem (7,26), Kirjat-Jearim (7,29), Jericho (7,36) usw. hier nicht genannt sind. **25** *Kirjat-Arba:* der alte Name Hebrons (Jos 14,15). **30** *Von Beerseba bis zum Tal Hinnom:* von der südl. bis zur nördl. Grenze Judas.

12,1–9 Die Priester und Leviten, die mit Serubabel zurückkehrten. Der Chronist hat in 12,1–26 verschiedene Listen zusammengestellt. Ihre Auslegung ist schwierig. Die vier

Sippen der Priester aus Esr 2 werden hier erwähnt, außer der Sippe Paschurs. Die weiteren Namen beziehen sich wohl auf ihre Nachkommen in Nehemias Tagen, in denen der Tempelbau und die Weiterentwicklung des Tempelkultes eine größere Zahl von Priestern und eine weitere Spezialisierung nötig machte.

12,10f Das Geschlechtsregister der Hohenpriester nach dem Exil. Dies ist die Fortsetzung der Liste in 1Chr 5,29–41. *Eljaschib:* ein Zeitgenosse Nehemias (vgl. 3,1). *Johanan* (Jonathan im MT ist wahrscheinlich ein Schreibfehler, vgl. 12,22 und Esr 10,6) wird in Texten aus Elephantine erwähnt, die auf 411 und 408 v.Chr. datiert werden.

12,12–21 Eine Liste der Priester zur Zeit Jojakims. Vgl. V. 10.

12,22–26 Eine Liste der Leviten in der Zeit Jojakims und danach. Die dreifache Zeitangabe (V. 22.26) läßt darauf schließen, daß diese Liste auf verschiedenen Quellen beruht, obwohl nur eine genannt ist (V. 23). Es sieht so aus, als ob diese Listen erst nach dem Tode Nehemias und Esras vollendet worden wären (V. 26).

12,27–43 Einweihung der Stadtmauer

Hier nimmt der Chronist wieder den Text der Memoiren Nehemias auf. V. 27–30 scheinen vom Chronisten überarbeitet worden zu sein. Wann die Weihe stattfand, ist nicht angegeben. Aber manche Ausleger schließen aus 2Makk 1,18, daß sie am 25. Tag des 9. Monats stattfand, also drei Monate nach Fertigstellung der Mauer. Wenn man die traditionelle Datierung der Rückkehr Esras ablehnt (458 v.Chr.), muß entweder sein Name in V. 36 gestrichen oder das Datum der Weihe unmöglich weit hinausgeschoben werden.

12,27–30 Verstärkung der Leviten. Die großen Opfer (V. 43) machten mehr Tempelpersonal nötig. Die Reinigung (V. 30) wurde wahrscheinlich mit Opferblut vollzogen.

12,31–43 Die Prozession auf der Mauer. Die beiden Gruppen scheinen an einem Punkt auf der Südmauer, vermutl. am Taltor, die Prozession begonnen zu haben. Sie zogen in entgegengesetzter Richtung und trafen sich im Bereich des Tempels. Beiden Gruppen gingen Chöre voraus (V. 31.38). Hoschaja (V. 32), sonst nirgends erwähnt, scheint in der ersten Gruppe eine ähnliche Position eingenommen zu haben wie Nehemia in der zweiten. Esra wurde ein bes. Platz in der ersten Gruppe der Priester gegeben. Viele Opfer wurden an diesem Freudentag gebracht.
43 Viermal wird die Freude erwähnt.

12,44–47 Die Versorgung des Tempelpersonals

Dieser Abschnitt stammt vom Chronisten, der ein bes. Interesse am Tempelkult und seinem Personal hatte. Er betont die Rolle, die David bei der Planung des Kultes für den ersten Tempel gespielt hatte. Nehemia und Serubabel werden hervorgehoben, weil sie so gut für das Tempelpersonal sorgten (13,10–14).

47 Die Leviten zahlten den Zehnten des Zehnten an die Priester (10,39; 4Mo 18,25–32).

13,1–3 Die Heiden werden aus der Gemeinde ausgeschlossen

Dieser Abschnitt ist ein weiteres Beispiel für das immer wiederkehrende Problem des Verhältnisses Israels zu seinen heidnischen Nachbarn. Die ersten Worte von V. 1 sprechen dafür, diesen Abschnitt zeitlich 12,44 zuzuordnen. Vom Inhalt her ist es aber einleuchtender, diese Verse in Zusammenhang mit 13,4–9 (vgl. 2,19) zu sehen.

1 *Fand darin geschrieben:* Bezieht sich auf 5Mo 22,3–6 (vgl. 4Mo 22–24). Edomiter und Ägypter (5Mo 23,8f) konnten großzügiger behandelt werden, aber die Situation der Gemeinde nach dem Exil scheint eine strengere Anwendung des Gesetzes verlangt zu haben.

13,4–31 Nehemias zweite Amtszeit

13,4–9 Der Skandal um Tobia den Ammoniter

Es kam zu diesem Mißstand, als Nehemia sich gemäß der Abmachung mit dem persischen König an dessen Hof aufhielt (2,6). Dieser Zwischenfall zeigt deutlich die Schwierigkeiten Nehemias. Es gab offensichtlich zu freundliche Beziehungen zwischen den Amtsträgern in Jerusalem und den Führern der umliegenden Provinzen. Aber eine solche Beziehung zwischen dem Hohenpriester (vgl. 3,1; 13,28) und Tobia, einem der schlimmsten Widersacher Nehemias und einem der Hauptgegner des Mauerbaues, spottet jeder Beschreibung (vgl. V. 28). Nehemias drastisches Eingreifen beseitigte nicht nur diesen Mißstand, sondern führte die Kammer (V. 5) auch wieder ihrem richtigen Verwendungszweck zu (V. 8f).

4 *Und es hatte einst* (LÜ); *und vordem. (ZÜ):* Beide Übersetzungen zeigen, daß hier keine genaue Zeitangabe beabsichtigt ist. Es kann sein, daß die Formulierung andeutet, daß der Chronist hier eine Stelle aus den Memoiren Nehemias aufgreift, die er zuvor ausgelassen hatte. *Kammern ... am Hause unseres Gottes:* Zum Tempel gehörten eine Menge

Räume, die vom Tempelpersonal benutzt wurden, sowohl für sich als auch für verschiedene Dienste (vgl. 1Kön 6,5; Esr 8,29; 10,6; Hes 40,6f). **6** *Im zweiunddreißigsten Jahr Arthahsasthas, des Königs von Babel:* 433 v.Chr. Babylon war die Verwaltungshauptstadt und eine der Residenzen des persischen Königs.

13,10–14 Versorgung der Leviten

Die in 10,36–40 erlassenen Gesetze werden hier vorausgesetzt. Vernachlässigung der Leviten mußte notgedrungen den Standard des Tempeldienstes senken. Der Hohepriester Eljaschib war offensichtlich mitschuldig an diesen Mißständen (V.4f) und hatte wohl auch teil an den Mißbräuchen, die Nehemia durch die Ernennung von vier verläßlichen Schatzmeistern zu korrigieren versuchte (V. 13).

10 *Ein jeder auf sein Land:* Laut 5Mo 18,1 durften Priester und Leviten kein Land besitzen, aber diese Regelung wurde in der Zeit nach der Gefangenschaft nicht beachtet.

13,15–22 Die Sabbatheiligung wird durchgesetzt

Die Juden verkauften zwar keine Waren am Sabbat, aber sie bereiteten den Verkauf am nächsten Tag vor und transportierten die Waren am Sabbat nach Jerusalem (V. 15). Phöniz. Händler dagegen verkauften ihre Ware selbst am Sabbat (V. 16). Möglicherweise war es Aufgabe der Vornehmen, in solchen Fragen für Ordnung zu sorgen (V. 17f). Nehemia bemühte sich, den Mißbrauch des Sabbats auszuschließen, und er drohte direkte Maßnahmen gegen die an, die seine Anweisungen nicht beachten würden und versuchten, ihre Stände außerhalb der Mauer zu errichten (V. 19ff). Zur Kontrolle seiner Anordnungen setzte Nehemia anfangs seine eigenen Leute ein, die größere Autorität hatten, danach oblag die Kontrolle dieser Anordnungen wieder den levitischen Torhütern (vgl. 7,1).

13,23–29 Das Problem der Mischehen taucht wieder auf

Wenn man die traditionelle Datierung der Wirksamkeit Esras akzeptiert, dann hatte sich Esra schon vor 30 Jahren mit diesem Problem beschäftigt (Esr 8,9). Auch in Nehemias erster Amtszeit war es ein dorniges Problem (Neh 9,2; 10,29ff). Während Nehemias Abwesenheit war es wieder in den Vordergrund gerückt, verstärkt dadurch, daß ein Mitglied der hohenpriesterlichen Familie selbst beteiligt war (V. 28). Die Toleranz unserer Zeit darf uns nicht blind machen vor der Gefahr der Auslöschung, die dem jüd. Glauben von den Mischehen her drohte. In einer konkreten geschichtlichen Situation bauten Männer wie Nehemia eine Mauer der Absonderung um die jüd. Gemeinde, die es ihr ermöglichte, die weltweiten Heilsabsichten Gottes zu erfüllen. Auch hier handelte Nehemia mit der für ihn charakteristischen Energie. Josephus (Ant. XI 7,8) benutzt einen Zwischenfall, der dem in V. 28 beschriebenen ähnlich ist, um den vollständigen Bruch zwischen Juden und Samaritern zu erklären, der seinen Ausdruck im Bau eines eigenen Tempels auf dem Garizim fand. Josephus' Datierung ist falsch, denn er setzt den Zwischenfall um etwa 100 Jahre zu spät an, in die frühen Jahre Alexanders des Großen. Seine Datierung des Baues des samar. Tempels in dieser Zeit ist aber wohl korrekt.

25 Nehemia verhinderte eine weitere Zunahme der Mischehen, und vermutl. sorgte er auch dafür, daß die Übertreter ihre heidnischen Frauen entließen.

13,30.31 Schlußworte

Was Nehemia erreichte, war beträchtlich. Der Bau der Mauer sowie seine wirtschaftlichen, sozialen und religiösen Maßnahmen brachten die Jerusalemer Gemeinde, die sich fast ein Jahrhundert lang in einer verzweifelten Lage befunden hatte, auf sicheren Grund. Dieses Wirken Nehemias und Esras Beitrag, der dem Gesetz zu neuer Bedeutung verhalf, ermöglichten das Überleben des Judentums in den nächsten Jahrhunderten. Man kann sich kaum vorstellen, wie der jüd. Glaube überlebt haben könnte, wäre es der liberalen Opposition unter dem Hohenpriester Eljaschib gelungen, diese klare Haltung zu verwässern.

A. E. Cundall

Esther

Einleitung

Die Geschichte des Buches Esther spielt nicht in Palästina oder Babylon, sondern noch weiter östl. in einer Hauptstadt des Persischen Reiches, über das die Juden in der nachexilischen Zeit zerstreut worden waren. Cyrus, der Begründer dieses Reiches, war bekannt für seine maßvolle Haltung gegenüber besiegten Völkern. Er erlaubte den Juden nach der Eroberung Babylons 539 v.Chr. die Rückkehr nach Jerusalem. Der bei Haggai und Sacharja erwähnte Perserkönig Darius baute während seiner Regierungszeit (522–486) den Verwaltungsapparat für das riesige Reich auf. Ahasveros, der persische Herrscher zur Zeit von Est, war sein Nachfolger.

Der Bericht handelt von dem Großwesir Haman, der aufgrund eines privaten Streites mit einem Juden die Ausrottung aller im Persischen Reich lebenden Juden plante. Damit wäre faktisch das ganze jüd. Volk ausgelöscht worden. In dieser kritischen Situation griff Gott durch ein jüd. Mädchen namens Esther ein, das der persische König sich zur Frau genommen hatte.

Aufgrund nicht vorhersehbarer Umstände wurde Haman das Opfer seines eigenen Anschlags: Die Juden waren gerettet, ihre Feinde wurden getötet, und ein Angehöriger ihres Volkes erhielt eine der einflußreichsten Stellungen beim König. Dieser wunderbare Umschwung wurde von den Juden im ganzen Persischen Reich und wird von den Juden in aller Welt noch heute als Purimfest gefeiert. Im Rahmen der damit verbundenen Feiern wird alljährlich die Schriftrolle des Estherbuches vorgelesen, wobei die Gemeinde an entsprechenden Stellen Mißfallen oder Beifall äußert. Deshalb ist diese Geschichte heute vielen Juden vertrauter als jeder andere Teil des AT. Mehr noch: Immer wenn die Juden der Verfolgung ausgesetzt waren, hat dieses Buch sie in der Gewißheit bestärkt, letztlich doch befreit zu werden und zu überleben. Es hat die nationale Hoffnung des jüd. Volkes durch die Jahrhunderte aufrechterhalten. Von daher erklärt sich die große Beliebtheit des Buches bei den Juden.

Text und Einordnung im Kanon

Auf diese Beliebtheit ist zurückzuführen, daß es mehr Abschriften von Est als von irgendeinem anderen atl. Buch gibt. Zudem gibt es seit frühchristlicher Zeit zahlreiche rabbinische Kommentare. Diese liegen im Talmud vor und werden von jüd. Gelehrten noch heute geschätzt. Frühe Übersetzungen des Buches weisen eine Anzahl vom hebr. Text abweichender Lesarten auf, so daß die urspr. Textgestalt problematisch ist. Bes. Bedeutung kommt hier der LXX zu, weil sie wahrscheinlich bereits im 2. Jh. v.Chr. entstanden ist. Sie weist über 100 Verse auf, die im hebr. Text nicht enthalten sind. In manchen Bibelausgaben wurden diese, aus dem urspr. Zusammenhang herausgelöst, als »Zusätze zu Esther« in die Apokryphen aufgenommen. Eine ausführliche Untersuchung aller frühen Versionen und Lesarten legt den Schluß nahe, daß der unseren Übersetzungen zugrunde liegende masoretische Text (MT) die besterhaltene Textform darstellt und jeder Auslegung des Buches zugrunde gelegt werden muß. Die Zusätze der LXX entstanden wahrscheinlich bei dem Versuch, die religiösen Aussagen des urspr. Textes betonter hervorzuheben.

Das Buch, so wie es uns vorliegt, stammt mit ziemlicher Sicherheit von *einem* Verfasser, obwohl häufig der Schlußabschnitt 9,20–10,3 für eine späte Ergänzung gehalten wird. Die Argumente dafür sind jedoch nicht überzeugend. Die Wandlung in Stil und Wortschatz läßt sich auch durch den Wechsel von der Erzählform zu Anweisungen für die Feier des Purimfestes erklären. Es trifft auch nicht zu, daß das Purimfest nur in diesem Abschnitt erwähnt werde. Es ist bereits in 3,7 davon die Rede. Der Bericht scheint überhaupt mit der Absicht niedergeschrieben worden zu sein, die Einhaltung des Festes zu empfehlen. Eine solche Einheit in der Absicht setzt aber *einen* Verfasser voraus.

Von den fünf »Schriften« im dritten Teil des hebr. Kanons nimmt Est gewöhnlich den letzten Platz ein, weil Purim auch das letzte Fest im jüd. Kalender ist. In unseren dt. Bibelausgaben steht Est hinter Esr und Neh, also Büchern, die ebenfalls einen persischen Hintergrund haben.

Das Purimfest

Die Ableitung des Wortes *purim* hat früheren Auslegern Schwierigkeiten bereitet. Die einen brachten es mit dem hebr. Wort *pura* (Weinpresse) in Verbindung. Sie dachten dabei an ein Fest, das möglicherweise von einem griech. Faßanstichsfest herrührte. Oder man sah in der Kelter ein Bild für den Zorn Gottes, der sich im Sieg des Judas Makkabäu über Nikanor am 13. Adar 161 v.Chr. offenbart habe. Gegen diese Ansicht spricht freilich, daß der Monatstag nicht übereinstimmt. Es gibt zudem frühe Belege dafür, daß es sich um zwei ganz verschiedene Feste gehandelt hat (2Makk 15,36). Andere Ausleger versuchten, ein persisches oder babylon. Fest zu finden, von dem sich Purim herleiten ließe, aber keine dieser Thesen hat breite Unterstützung gefunden. Heute ist allg. anerkannt, daß es sich bei *purim* um einen Plural handelt, der von dem assyr. Wort *puru* abzuleiten ist und in Texten verschiedener Epochen in der Bedeutung »Los« vorkommt. Die Information des Autors in 3,7 hat sich also als korrekt erwiesen. Eine bessere Erklärung des Purimfestes gibt es bis heute nicht.

Historizität

Während der letzten 200 Jahre waren sich kritische Ausleger weitgehend darüber einig, daß das Buch nicht als exakte Geschichtsschreibung zu verstehen sei. Einige bezeichneten es als reine Erfindung. Andere sahen in den Namen der Hauptpersonen Anklänge an die babyl. Gottheiten Marduk und Ischtar, die mit den elamitischen Göttern Humman und Maschti rivalisierten. Von daher behauptete man, die Erzählung basiere auf heidnischer Mythologie. Ein neuerer Erklärungsversuch sieht in dem Buch eine mit einem geschichtlichen Rahmen versehene Weisheitserzählung. Die heute am weitesten verbreitete Auffassung berücksichtigt die genaue Schilderung der örtlichen Verhältnisse und ordnet das Buch deshalb den hist. Novellen zu. Damit werden viele der äußeren Umstände als hist. anerkannt, die eigentliche Handlung jedoch betrachtet man als Erfindung.

Die Zeit des Ahasveros liegt weit zurück. Es ist deshalb leicht, Gründe gegen die Historizität von Est anzuführen, die eher auf subjektiven Annahmen als auf Kenntnissen über das Persien des 5. Jh. v.Chr. beruhen. Es stehen uns jedoch voneinander unabhängige Informationen aus verschiedenen Quellen zur Verfügung:

1. Die Historien des griech. Geschichtsschreibers Herodot. Herodot schrieb sie in der zweiten Hälfte des 5. Jh. v.Chr. nach ausgedehnten Reisen. Er ging dabei den Ereignissen nach, die zum Konflikt zwischen Persien und Griechenland geführt hatten. Kap. 7–9 seines Buches behandeln den Zeitraum, in den das Buch Esther gehört. Sie beschreiben den persischen König, der griech. Xerxes heißt, als launisch, wollüstig, grausam und tyrannisch. Zwar war Xerxes nicht der einzige persische König mit diesen Eigenschaften, immerhin bestätigt Herodot aber das in Est gezeichnete Bild dieses Perserkönigs. Auf weitere Parallelen zwischen den beiden Büchern weist die Kommentierung hin.

2. In einer Inschrift, die in Persepolis gefunden wurde, stellt sich der Herrscher folgendermaßen selbst vor: »Ich bin Xerxes, der große König, der einzige König, der König aller Länder und Sprachen, der König dieser großen weitreichenden Erde . . .« (vgl. Ancient Near Eastern Texts, hrsg. v. J. B. Pritchard, 1955, S. 316). Darauf folgt eine Liste der von ihm beherrschten Völker.

3. Ausgrabungen französischer Archäologen in Susa förderten einen Text zutage, in dem Darius über den Bau seines Palastes berichtet. Er benützte dazu Material aus jedem Teil seines Reiches. Xerxes vollendete, was sein Vater begonnen hatte. Der gesamte Palastkomplex, der von einer hohen Mauer aus Ziegelsteinen umgeben war, befand sich westl. der Stadt, zwischen dieser und dem Fluß Choaspes, der das königl. »Paradies«, d.h. den Park um den Thronsaal, mit Wasser versorgte. Der Eingang zum Palast befand sich im Osten und trug den Namen Königstor. Auf der rechten Innenseite befand sich die Schatzkammer, geradeaus waren drei von Wohnungen umgebene Hofräume angeordnet. Auf der rechten Seite des Innenhofs war der Harem untergebracht. Bevor man den Thronsaal erreichte, mußte man drei weitere große Hallen durchqueren. Zum Thronsaal selbst, einer sog. Apadana (= Säulenhalle) von ca. 20m Höhe, führten breite Treppen empor, die vermutl. alle bewacht waren. Wahrscheinlich sollte der Eindruck weiträumiger Erhabenheit erzielt werden, der dem Herrscher zugleich würdige Distanz sicherte. Neben Palast und Wohntrakt erbaute Darius eine Zitadelle. Alle drei waren von einer großen Außenmauer und einem Wallgraben umgeben.

4. Eine in Borsipa bei Babylon gefundene Keilschrifttafel erwähnt für die ersten Regierungsjahre des Xerxes am Hof von Susa einen hohen Beamten namens Mardoka, und zwar zur Zeit des Satrapen von Babylonien und des Gebiets »jenseits des Flusses«, Ustannu. Mardoka war Verwaltungsbeamter oder persönlicher Berater. Man hat ihn mit dem Mardochai aus Est identifiziert. Das würde bedeuten, daß Mardochai vor seiner Erwähnung im bibl. Bericht schon ein Beamter von einiger Bedeu-

tung gewesen wäre. Er hätte dann offiziell Verbindung zum Königshof gehabt, ja er könnte sogar den Vertrauensposten eines Torhüters bekleidet haben.

5. In einer Sammlung von Tontafeln aus der Regierungszeit der Perserkönige Artaxerxes I. und Darius II. werden bei wichtigen Posten über 100 jüdische Namen genannt. Nehemia war Mundschenk Artaxerxes' I. (Neh 1,11). Mehrere Juden sind sogar Statthalter von Verwaltungsbezirken gewesen, wenn auch nicht zur Zeit Darius' I. Zwischen seiner Regierungszeit und der des Artaxerxes, also zur Zeit des Xerxes, muß eine Veränderung stattgefunden haben. Es wird vermutet, daß diese auf den Einfluß Mardochais zurückzuführen sein könnte (10,3). Alle diese Informationen stützen die Historizität von Est. Der Verfasser war über den König, die Stadt und die Situation, über die er schrieb, besser informiert als wir. Sein Buch beginnt mit der in der hebr. Geschichtsschreibung üblichen Formel. Er nennt eine Informationsquelle, an der sich seine Aussagen überprüfen lassen (10,2), und er beschreibt Menschen und Gebräuche, als ob er mit dem Leben am persischen Hof aus eigener Anschauung vertraut gewesen sei. Ein ungelöstes Problem ist der Name der Königin, der Frau des Xerxes. Nach Herodot hieß sie Amestris, war die Tochter eines persischen Generals und bereits vor den Ereignissen, die in Est geschildert werden, mit Xerxes verheiratet. Wie sich diese Aussage mit unserem Bericht verbinden läßt, wissen wir noch nicht. Angesichts einer polygamen Gesellschaft erscheinen diese Schwierigkeiten jedoch nicht unüberwindlich, vor allem wenn man das leichtfertige Leben des Königs in Betracht zieht. Auf weitere Aspekte, die für die Geschichtlichkeit des Buches wichtig sind, wird im Rahmen des Kommentars eingegangen.

Verfasserschaft und Abfassungszeit

Wir wissen nicht, wer Est verfaßt hat. Die Vermutung, Mardochai sei der Verfasser gewesen, beruht auf einem Mißverständnis von 9,20. Trotzdem ist anzunehmen, daß der Autor Jude war, denn sein Nationalismus zieht sich durch den ganzen Bericht. Seine Kenntnis persischer Orte und Sitten deutet darauf hin, daß er im Perserreich lebte, bevor dieses von den Griechen erobert wurde, und läßt sich nur so erklären. Trotzdem gibt es Ausleger, die das Buch der Zeit des Hellenismus, speziell dem 2. Jh., zuschreiben. Sie begründen dies mit dem Hinweis, daß Est das Nationalbewußtsein der Makkabäerzeit bzw. den ungestümen Patriotismus der Zeit Johannes Hyrkans widerspiegele. Nun trifft zwar zu, daß das Purimfest zum ersten Mal in 2Makk 15,36 erwähnt wird und daß Josephus Est als erster zitiert. Aber aus der Tatsache, daß frühere Belege fehlen, darf nicht der Schluß gezogen werden, daß das Buch nicht bereits früher entstanden sein kann.

Zweck und Bedeutung des Buches

Zweifellos wollte der Verfasser die wunderbare Befreiung des jüd. Volkes unter Xerxes schildern und die Erinnerung daran auch unter späteren Generationen wachhalten. Deshalb betont er auch nachdrücklich die Notwendigkeit, das Purimfest jährlich zu feiern. Bis zum heutigen Tag ist das Wunder, daß die Juden inmitten einer Vielzahl anderer Kulturen ihre Identität bewahren konnten, eine unbestreitbare historische Tatsache. Das gleiche gilt vom Überleben des jüd. Volkes trotz aller Versuche, es durch Verfolgung, Pogrome und Konzentrationslager zu vernichten. Gott hat sein altes Bundesvolk nicht verstoßen, sondern er handelt weiter gnädig mit ihm, weil er sein Versprechen ewig hält. Demnach gehört Est mit Recht nicht nur zum jüd., sondern auch zum christl. Schriftkanon. Denn Gottes Verheißungen gelten allen Glaubenden, und Gottes Vorsehung, die sein Volk zur Perserzeit bewahrte, ist auch heute noch für seine Kirche am Werk und beschützt und stärkt sie in allen offenkundigen oder verborgenen Gefahren. Darüber hinaus unterstreicht das Buch die souveräne, vorausschauende Herrschaft Gottes im Blick auf alle menschlichen Angelegenheiten und Belange, und das unabhängig davon, ob es dem Menschen gefällt oder nicht.

Lehraussagen

1. Das Buch stellt die Wertlosigkeit des Aberglaubens als Lebenshilfe heraus. Haman hat seinen Glückstag gar nicht erlebt, denn Gott und nicht irgendein unpersönliches Schicksal bestimmt über das Leben des Menschen. 2. Es steht nicht zur Diskussion, ob die Juden eine Bevorzugung durch Gott verdient hätten. Niemand hat jemals Gottes Gnade verdient. Mardochai und Esther waren nicht besser als die meisten anderen, vielmehr muß ihnen als Schuld angerechnet werden, daß sie ihren Gegnern nach dem Leben trachteten. 3. Est offenbart die überlegene Herrschaft Gottes in einer bestimmten Situation; er erreicht sein Ziel, ohne sich über die freien Entscheidungen und Handlungen der beteiligten Menschen hinwegzusetzen. Die Schlaflosigkeit des Königs führte dazu, daß er sich »das Buch der täglichen Meldungen« (6,1) gerade im rechten Augenblick vorlesen ließ. Haman seinerseits

stand zu nächtlicher Stunde auf, um seinen unheilvollen Plan in die Tat umzusetzen. Und gerade dies beschleunigte seinen Untergang. Mardochai machte vorsichtig von seiner bevorzugten Stellung »im Tor« Gebrauch. Esther mußte für sich entscheiden, was richtig war, und ihren Entschluß dann in die Tat umsetzen. Als Gott seinen Plan ausführte, schaltete er die menschliche Verantwortung für sittliche Entscheidungen nicht aus. Selbst ein Versagen Esthers hätte Gottes Absichten nicht vereiteln können. Denn dann wäre den Juden »von einem andern Ort her« (4,14) Hilfe und Befreiung zuteil geworden. Sogar die Tatsache, daß Gott in diesem Buch nicht erwähnt wird, unterstreicht nachdrücklich, daß er zu jeder Zeit souverän die Geschichte bestimmt, und zwar nicht nur aufgrund menschlicher Bitten. Er wendet menschliches Unheil ab, um seine gerechten Absichten zum Ziel zu führen, jedoch ohne sich selbst mit Sünde zu beflecken. Wenn andererseits Menschen ihren Willen ihm unterordnen, werden sie in einem Ausmaß gesegnet, das seiner Souveränität entspricht.

Inhalt

1,1–22 **Der persische König entthront die Königin**

1,1–9 Die königliche Pracht

1,10–22 Königin Vasthi widersetzt sich ihrem Mann

2,1–18 **Die Wahl einer neuen Königin**

2,19–23 **Bewahrung des Königs**

3,1–15 **Der Erlaß Hamans**

4,1–5,14 **Ein Verbündeter am Hof**

6,1–14 **Eine unerwartete Entwicklung**

7,1–10 **Esthers Bitte**

8,1–17 **Ein neuer Großwesir und ein neuer Erlaß**

9,1–32 **Die Einsetzung des Purimfestes**

10,1–3 **Schluß**

Kommentar

1,1–22 Der persische König entthront die Königin

1,1–9 Die königliche Pracht

1 *Ahasveros* ist die hebr. Form des persischen Namens Chsajarsa. Uns ist die griech. Form Xerxes vertrauter. Ahasveros folgte seinem Vater Darius auf dem Thron und regierte 486–465/4 v.Chr. Das wird durch die Bemerkung des Verf. bestätigt, daß sich das Reich zu dieser Zeit *vom Indus,* d.h. von dem Land, das vom Indus bewässert wird und von Darius für Persien erobert wurde, *bis zum Nil* erstreckte. Der Ausdruck »bis zum Nil« bezieht sich auf Äthiopien, auch Kusch, den heutigen Nord-Sudan; dieses Gebiet wurde von dem Perserkönig Kambyses (530–522) unterworfen und dem Reich zugefügt. *127 Länder; Provinzen* (ZÜ): Herodot (III 89) berichtet, Darius habe 20 Regenten, sog. Satrapen, über die Provinzen des Reiches eingesetzt. Dabei handelt es sich um Gebiete, deren Abgrenzung sich aus steuerlichen Gründen ergab. Der Verfasser benutzt ein anderes Wort, das sich auf völki-

sche Einheiten bezieht. 2 Die wörtl. Übersetzung aus dem Hebr. müßte lauten: »Als König Ahasveros den Thron in Susa einnahm«. Aber warum *im dritten Jahr seiner Regierungszeit?* Wahrscheinlich hatte er vorher von einem anderen königl. Wohnsitz aus regiert, z.B. von Ekbatana oder Babylon aus. *Susa* ist die griech., Schuschan die hebr. Form des persischen Schuschin oder Schuschim. Die ehemalige Hauptstadt von Elam war von Darius wieder aufgebaut worden und diente Xerxes vermutl. als Winterresidenz. Im Sommer war es hier unerträglich heiß. 3–5 Es ist anzunehmen, daß das *Festmahl,* das in V. 3 erwähnt und in V. 5 näher beschrieben wird, *sieben Tage* gedauert hat. Es bildete den Höhepunkt einer sich über 6 Monate erstreckenden Ausstellung der königl. Schätze, zu der Abgesandte aus allen Teilen des Reiches angereist waren: Beamte und Höflinge, Offiziere der Armeen von Persien und Medien, Adlige und Provinz-Statthalter. Die Perser sind dafür bekannt, daß sie große Feste feierten; manchmal nahm eine ganze Stadt daran teil. Der Zweck der hier erwähnten Zusammenkunft könnte darin bestanden haben, Xerxes' Griechenlandfeldzug aus dem Jahr 482 v.Chr. vorzubereiten (Herodot VII 8). Nach getaner Arbeit wären dann alle in Susa Versammelten 7 Tage lang festlich bewirtet worden, vermutl. in dem geräumigen Hof des Palastes, von dem aus man über die königl. Gärten schauen konnte. 6.7 Der Verfasser führt die prunkvolle Szenerie gekonnt vor: die weißen und blauen Musselinvorhänge, die Marmorsäulen, goldene und silberne Ruhebetten und bunte Mosaikfußböden. Jedes Trinkgefäß hatte ein bes. Muster, und der Weinausschank war unbegrenzt. So reich war der König. 8 *Man schrieb niemand vor, was er trinken sollte:* Die Diener hatten Anweisung, jeden Gast nach seinen persönlichen Wünschen zu befriedigen. 9 Wir wissen aus Est selbst, daß die Landessitte den Frauen nicht verbot, am Mahl ihrer Männer teilzunehmen. Wahrscheinlich wurde aufgrund der großen Zahl ein gesondertes Fest für die weiblichen Gäste erforderlich.

1,10–22 Königin Vasthi widersetzt sich ihrem Mann

12 Es findet sich kein Hinweis darauf, warum Vasthi sich gegen ihren Mann auflehnte. Für den bibl. Bericht ist das auch bedeutungslos. Das Ansehen des Königs war durch Vasthis Verhalten verletzt worden. Er mußte strenge Maßnahmen ergreifen, um seine Autorität zu stärken. 13 Ein orientalischer Herrscher umgab sich in der Regel mit weisen Männern, die ihm raten konnten. Unter ihnen befanden sich Astrologen, aber auch rechts- und gesetzeskundige Leute. 14.15 Daß sieben ausgesuchte Männer die unmittelbare Umgebung des Königs bildeten, wird sowohl von Herodot wie in Esr 7,14 erwähnt. Sie hatten den König in allen Angelegenheiten zu beraten. Im vorliegenden Fall trugen alle persische Namen. 16–18 Memuchan gab der Meinung des »Rates der Sieben« Ausdruck. Nicht nur die Ehre des Königs, sondern die Überlegenheit des männlichen Geschlechts überhaupt stand auf dem Spiel! Deshalb mußte hart durchgegriffen werden, um die Gefahr der Anarchie zu bannen. 19.20 Wenn Vasthi durch einen unwiderruflichen Erlaß verstoßen und ersetzt würde, konnte man dieser Gefahr begegnen. Zwar gibt es bisher keine außerbibl. Bestätigung dafür, daß die Gesetze der Meder und Perser nicht rückgängig gemacht werden konnten, doch entspricht eine solche Annahme durchaus persischem Stolz. Durch das Eingeständnis, daß persische Gesetze der Verbesserung bedürften, wäre er empfindlich verletzt worden. 21.22 Daß der König den Erlaß in alle Teile des Reiches und in den vielen Sprachen, die in seinem Reich gesprochen wurden, verbreiten ließ, wird allg. als Übertreibung angesehen. Aramäisch wurde fast überall verstanden und diente von Ägypten bis Indien als Verkehrssprache. Es gibt jedoch viele Belege dafür, daß Xerxes auf die große Zahl von Völkern, aus denen sich sein Herrschaftsbereich zusammensetzte, stolz war (vgl. Einführung, Historizität); mit Hilfe der vielen am Hofe anwesenden Vertreter der verschiedenen Völker ließen sich Übersetzungen ohne weiteres anfertigen. Trotzdem mutet der Erlaß, *daß ein jeder Mann der Herr in seinem Hause sei,* eigenartig an, denn in einem orientalischen Haus war das die Regel. *Und nach der Sprache seines Volkes reden solle* (EÜ): Daß die Sprache des Mannes gesprochen werden sollte, bezieht sich wohl vor allem auf Mischehen. (LÜ, ZÜ und JB lassen mit LXX diesen Satz fort.) Ein solches Gesetz ließ sich freilich weder durchsetzen noch kontrollieren.

2,1–18 Die Wahl einer neuen Königin

1 *Nach diesen Geschichten* läßt einen größeren zeitlichen Abstand vermuten. Da V. 16 aussagt, Esther sei im siebenten Jahr der Herrschaft Ahasveros' in den Königspalast gekommen, liegt zwischen Kap. 1 und Kap. 2 vermutl. die Periode des persisch-griech. Krieges. Erst danach konnte der König sich wieder mit Vasthi befassen. 2–4 Um einer Wiedereinsetzung Vasthis vorzubeugen,

schlugen die Höflinge dem König vor, aus den schönsten Frauen seines Reiches eine neue Königin zu wählen. **5–7** In diesem Zusammenhang werden zum erstenmal Mardochai und Esther erwähnt, die beide in Susa lebten. *Ein jüdischer Mann:* Obwohl diese Bezeichnung von Juda abgeleitet ist, wurde seit dem Exil jeder Israelit so genannt. Die bekannten Namen *Simeï* und *Kis* könnten unmittelbare Vorfahren Mardochais bezeichnen; wahrscheinlicher ist jedoch, daß auf die berühmten Benjaminiter der frühen Königszeit Bezug genommen wird, vgl. 2Sam 16; 1Sam 9,1. In diesem Fall muß sich das Relativpronomen *der* in V. 6 auf Mardochai beziehen. Sollte dieser jedoch 597 v.Chr. in babyl. Gefangenschaft geraten sein, so kann er praktisch an den Ereignissen des Jahres 480 nicht teilgenommen haben. Dieser Vers wird oft als Beleg dafür angeführt, daß der Verfasser historisch nicht korrekt ist. Aber er könnte auch einen unvollständigen Ausdruck benutzt haben, mit dem er sagen wollte: »dessen Familie weggeführt wurde«. Mit der Annahme eines Waisenkindes bewies Mardochai praktische Frömmigkeit. Da er in der Festung lebte, war es ihm unmöglich, das Mädchen vor den königl. Hofbeamten zu verbergen, die für den Bestand des Harems zu sorgen hatten.
7 *Hadassa* ist der hebr. Name für Esther und bedeutet Myrte. Der Name Esther stammt wahrscheinlich von dem persischen Wort für Stern ab. Andere Ausleger bringen ihn mit der babyl. Göttin Ischtar in Verbindung.
9 Von Anfang an fiel Esther dem Eunuchen Hegai, der die Verantwortung für den Harem trug, besonders auf. Sie widersetzte sich weder der Schönheitspflege noch der vorgesetzten Nahrung, verhielt sich damit also völlig anders als Daniel, der gegen die aufgezwungene Übertretung der jüd. Speisegesetze protestierte. **10** Eine Auflehnung war für Esther unmöglich, wenn sie Mardochais Anweisung befolgen wollte. Ihre Chancen sollten durch ihre Volkszugehörigkeit nicht beeinträchtigt werden. Manche Ausleger meinen, Mardochai sei ehrgeizig gewesen und habe sich von einem Aufstieg Esthers persönliche Vorteile versprochen. Andere vertreten die Auffassung, der Verfasser habe diese Bemerkung lediglich eingefügt, weil der Verlauf des Berichts dies erforderlich machte.
11 Mardochai konnte den Harem nicht betreten, aber er fand einen Weg, um sich täglich über Esthers Befinden zu informieren.
14 Obwohl diese Mädchen den größten Luxus genossen und über jede Art von Schmuck verfügen konnten, der ihre Schönheit unterstrich, kehrten sie nach der Begegnung mit dem König in das Haus der Nebenfrauen zurück, als wären sie nichts weiter als ein Stück seines Besitzes. Dann mußten sie abwarten, ob sie ihm gefallen hatten, vorausgesetzt, daß er sich ihrer überhaupt erinnerte. Es ist verständlich, daß Mardochai den Wunsch hatte, seiner Adoptivtochter das Leben so erträglich wie möglich zu machen. **15–18** Als Esther im Monat Tebeth (Dez./Jan.) 479 v.Chr. (während des Exils übernahmen die Juden die babyl. Monatsnamen) an der Reihe war und zum König gerufen wurde, äußerte sie keine besonderen Wünsche. Esther gefiel dem König von Anfang an. Sie wurde zur Königin gekrönt, und der erfreuliche Anlaß wurde durch ein besonderes Fest gefeiert. In Verbindung damit wurde die Freilassung von Gefangenen angeordnet, und der König ließ Geschenke verteilen. **18** *Steuererlaß* ist ungenau. Das hebr. Wort bedeutet freilassen. Es kann auch ein Feiertag, die Freilassung von Gefangenen oder die Entlassung aus dem Militärdienst gemeint sein.

2,19–23 Bewahrung des Königs

19 *Als man nun die übrigen Jungfrauen in das andere Frauenhaus brachte:* Man kann annehmen, daß Mädchen aus entlegenen Teilen des Reiches verspätet angekommen sind. Auch dürfte Xerxes ein Mann gewesen sein, der ohne weitere Nebenfrauen nicht zufrieden war. Dieses Ereignis wird hier erwähnt, um den Zeitpunkt anzugeben, an dem die Verschwörung gegen den König aufgedeckt wurde. Angesichts seiner Stellung *im Tor des Königs* hatte Mardochai offensichtlich Gelegenheit, zu erfahren, was sich im Palast abspielte. **20** Obwohl Esther nun Königin war, gehorchte sie Mardochai, als ob er ihr leiblicher Vater gewesen wäre. (Wird mit diesem Hinweis nicht indirekt das 5. Gebot angesprochen?) Wäre Mardochai ehrgeizig gewesen, so hätte er daran interessiert sein müssen, nicht inkognito zu bleiben. Er hätte vielmehr Veranlassung gehabt, Esther aufzufordern, die Karriere ihres nächsten Verwandten zu fördern. Der weitere Verlauf des Berichts zeigt, daß Mardochai durch die Umstände zu Ruhm gelangt, den er viell. auch hätte manipulieren können. **21–23** Durch Zufall erfuhr Mardochai von einer Verschwörung, die von zwei Eunuchen angezettelt worden war, um den König umzubringen. Xerxes kam später doch durch eine Verschwörung dieser Art ums Leben. Diesmal aber gab Mardochai die Nachricht an Esther weiter, die sie in Mardochais Namen dem König überbrachte. Die Verschwörer wurden gehängt, und der Vorfall wurde in das *Buch der täglichen Meldungen* eingetragen, das dem König immer vorlag.

3,1–15 Der Erlaß Hamans

1 *Nach diesen Geschichten* will die Aufmerksamkeit auf einen weiteren zeitlichen Sprung richten. V.7 gibt für die hiei beschriebenen Ereignisse das 12. Regierungsjahr des Xerxes an. Haman muß seine hohe Stellung also zwischen dem 7. und dem 12. Regierungsjahr erhalten haben. Josephus versteht unter der Bezeichnung *Agagiter,* daß Haman von dem in 1Sam 15 erwähnten Agag abstammt. Josephus schloß daraus, und mit ihm viele Ausleger, daß Haman ein Amalekiter gewesen sei und deshalb ein traditionell feindliches Verhältnis zu den Juden gehabt habe. Trifft dies zu, so setzte sich in Mardochai die Feindschaft zwischen dem Haus Kis und den Amalekitern fort. Ein Sieg Mardochais konnte dann als Einlösung des Fluches von 5Mo 25,17–19 verstanden werden. Eine derartige Deutung der Bezeichnung *Agagiter* ist zwar denkbar, aber keinesfalls sicher. Agag war kein Name einer Einzelperson, sondern der Titel eines amalekitischen Königs. Nun ist aber kaum anzunehmen, daß ein Stammesname von einem Titel abgeleitet wurde. Wer immer Hamans Vorfahren waren – er selbst wurde, möglicherweise unerwartet, aus einer viell. unwichtigen Position in den Rang eines Großwesirs erhoben. Denn **2** zeigt deutlich, daß der König allen Hofbeamten befehlen mußte, sich vor Haman zu verneigen. Vermutl. rechnete er damit, daß die Höflinge zögern würden, diesem Befehl nachzukommen. Unklar ist, warum Mardochai den Gehorsam verweigerte, denn auch in Israel wurde von Untergebenen erwartet, daß sie sich vor ihrem König (z.B. 2Sam 18,28) sowie vor anderen Höhergestellten (2Sam 18,21) niederwarfen. **4–6** Als einzige Erklärung wird angeführt, daß Mardochai aufgrund der Tatsache, daß er Jude war, eine Ausnahmeregelung beanspruchte. Das läßt vermuten, daß Haman nicht nur Ergebenheit, sondern Anbetung forderte. Mardochai jedoch wollte das 1. Gebot nicht brechen. Die Zusätze in der LXX (Vulgata 13,14; LÜ Kap. 2) gehen von dieser Annahme aus, denn hier wird Mardochai ein Gebet in den Mund gelegt, in dem er zum Ausdruck bringt, daß er sich vor niemandem außer Gott verbeugen würde. Wenn hinter Mardochais Weigerung die Furcht vor Götzendienst stand, dann konnte kein Jude Haman die geforderte Reverenz erweisen. Von daher würde dessen Entschluß, sich an dem ganzen Volk zu rächen, verständlich. Herodot (I 106; III 79) berichtet von ähnlichen Racheakten, die zu Massenmorden führten. Auch die Juden in Judäa hatten derartige Feindseligkeiten bereits erfahren, weil sie darauf bestanden, sich von anderen Volksgruppen abzusondern (Esr 4; Neh 3,38). In Est zeigt der Antisemitismus sein wahres Gesicht: in der Absicht nämlich, das gesamte jüd. Volk auszulöschen. Der verletzte Stolz eines einzigen Mannes als Anlaß für eine solche Wahnsinnstat erscheint unglaubhaft. In der Judenverfolgung des 20. Jh. begegnen wir jedoch dem gleichen Wahnsinn.

7 *Im ersten Monat* des Jahres erinnerte das Passafest an die Befreiung aus Ägypten. Ironischerweise begann Haman im selben Monat, seinen Vernichtungsplan auszuführen. Wie alle Völker des Nahen Ostens waren die Perser abergläubisch (vgl. Hes 21,23–28). Haman bildete keine Ausnahme: Er warf das Los, um die günstigste Zeit für die Verwirklichung seiner Pläne herauszufinden. *Von einem Tag zum andern:* Wahrscheinlich wurden die Lose zuerst für den Tag, dann für den Monat und schließlich für das Jahr geworfen. *Pur* ist kein hebr. Wort. Es wurde jetzt in assyr. Texten mit der Bedeutung »ein Los werfen« gefunden (vgl. Einleitung). **8** Haman vermied es sorgsam, die Juden bei Namen zu nennen, als er sie vor dem König verklagte, weil sie ihr eigenes Gesetz hätten (was zutraf) und weil sie das Gesetz des Landes mißachteten (was nicht stimmte, wenn man von dem einen Punkt absah, der Hamans Status betraf): Sie waren angewiesen worden, im Exil der Stadt Bestes zu suchen (Jer 29,7) und hatten sich entsprechend verhalten. Die raffinierte Mischung von Wahrheit und Lüge in der Anklage Hamans lieferte einen guten Grund, das Land von einem so halsstarrigen und möglicherweise gefährlichen Bevölkerungselement zu säubern. **9** Finanzielle Interessen boten einen zusätzlichen Anreiz. Es ist nicht klar, wo dieser riesige Betrag (ca. 35000kg Silber, nach heutigem Wert etwa 30 Mill. DM) hätte herkommen sollen. V.13 zeigt, daß diejenigen, die das Massaker ausführen sollten, ihre Opfer auch plündern sollten. Fraglos hätten sie dabei ihren eigenen Beuteanteil sichergestellt. Der Landbesitz zum Tode Verurteilter fiel im Orient in der Regel dem König zu (vgl. 1Kö 21,15). Man würde erwarten, daß Haman nach einem derartigen Gewaltstreich in der Lage gewesen wäre, der königl. Schatzkammer entsprechende Summen zufließen zu lassen, ohne auf eigenen Profit verzichten zu müssen. Andererseits ist nicht auszuschließen, daß Haman bereits so reich war (Herodot I 192 vermittelt uns eine Vorstellung vom Reichtum eines persischen Statthalters in Babylonien), daß er eine derartige Summe aus seinem eigenen Vermögen aufbringen konnte. **10** Xerxes war nicht einmal daran interessiert, den Namen des Volkes zu erfahren, das sterben sollte. Er begnügte sich damit, ein Minimum an Verantwortung zu übernehmen und die Angelegenheiten des Landes seinem Großwesir zu überlassen. Mit dem Empfang des königl. Rings erhielt Haman nahezu unbegrenzte Macht. Denn in diesen Ring war das offizielle königl. Siegel eingearbeitet, dem in der Antike die Funktion der Unterschrift zukam. Im Besitz dieses Ringes konnte Haman jedes ihm geeignet erscheinende Gesetz erlassen, und zwar im Namen des Königs. **11** Was immer Haman im Blick auf Menschen oder Besitz anordnete, der König würde es billigen.

12.13 Der Erlaß wurde unverzüglich verfaßt, vervielfältigt, übersetzt, versiegelt und mit Hilfe des unter Cyrus organisierten Postwesens (Herodot V 14; VIII 98) im ganzen Reich verbreitet. Selbst in den abgelegenen Teilen würde er Monate vor dem 13. Adar eintreffen. Wer Est für unhistorisch hält, sieht in diesem Datum meist eine Verzögerungstaktik des Verfassers. Aber man kann es auch als eine Verwirklichung von Spr 16,33 auffassen. Gott hatte über dem Werfen der Lose gewacht, und der abergläubische Haman würde es nicht wagen, die dadurch ermittelten Weisungen zu mißachten. **15** Die Schilderung dieses Vorfalls schließt mit einem großartigen dramatischen Kontrast: auf der einen Seite der unbekümmerte König und sein Höfling beim Wein, auf der anderen die Bewohner der Stadt, die angesichts der Bekanntgabe eines so eigenmächtigen Erlasses bestürzt sind.

4,1–5,14 Ein Verbündeter am Hof

1–3 Mardochai und die übrigen Juden gaben ihrer Trauer nach jüd. Sitte an allen Orten öffentlichen Ausdruck. Zwar besaßen sie kein Haus des Herrn, zu dem sie hätten gehen können, wie Hiskia es in einer Zeit großer Bedrohung getan hatte (2Kön 19,1); aber sie nahmen ihre Zuflucht zum Gebet, fasteten, klagten und bestreuten sich mit Asche. **4.5** Mit Ausnahme der im Harem von der Umwelt abgeschnittenen Frauen erfaßten alle den Sinn dieser Trauer. Nur die Königin mußte die Bedeutung durch den Eunuchen Hathach in Erfahrung bringen. **7** Mardochai war gut informiert. Er konnte nicht nur seine eigenen Erlebnisse berichten, er konnte auch die Geldsumme nennen, die zwischen Haman und Xerxes im Gespräch war. **8** Hathach kehrte mit einer Abschrift des Erlasses zu Esther zurück. Er sollte ihn ihr erklären (viell. konnte sie nicht persisch lesen) und sie auffordern, ihren Einfluß beim König geltend zu machen. **11** Das Hofzeremoniell schützte den König vor unerwünschten Eindringlingen. Die hier genannten Einzelheiten sind jedoch sonst nirgends belegt. Verschiedentlich haben Ausleger auf Esthers Sorge um ihre eigene Sicherheit hingewiesen. Aber sie ist nur natürlich und damit ein Zeichen für die Echtheit des Berichts. Als Frau eines launischen Königs, der viele Frauen besaß und sie seit einem Monat nicht mehr beachtet hatte, mußte sie u.U. mit weniger Verständnis rechnen als ein Fremder. Wie konnte sie erwarten, allein durch die Darlegung ihrer Meinung einen Erlaß des Günstlings Haman rückgängig machen zu können? **13.14** Mardochais Antwort ist von brutaler Deutlichkeit: Esther muß mit dem Tod rechnen, ob sie nun zum König geht oder nicht. Sie hat also nichts zu verlieren. Falls sie versagt, würde die Hilfe von anderer Seite kommen. Denn Mardochai war davon überzeugt, daß das jüd. Volk in irgendeiner Weise vor der Vernichtung bewahrt werden würde. Esther konnte dabei das von Gott erwählte Werkzeug sein. Der Name Gottes wird nicht erwähnt. Mardochai aber ermutigt Esther, den göttlichen Plan in ihrem Leben zu erkennen: Dies war der entscheidende Augenblick ihres Lebens. **16.17** Esther nimmt die Herausforderung an, aber ihre Antwort zeigt deutlich, wie sehr sie von ihrer Unfähigkeit überzeugt ist. Die Bitte, sie durch ein dreitägiges Fasten zu unterstützen, läßt ihre Abhängigkeit von Gottes Hilfe erkennen. Sie wollte ihre Aufgabe durch Gebet vorbereiten. *Komme ich um, so komme ich um:* Esther traf ihre Entscheidung mutig, ohne jedoch vom Erfolg überzeugt zu sein. Offensichtlich wurde ihr während des Fastens klar, wie sie vorgehen sollte.

5,1 Esther faßte sich ein Herz, legte ihr Staatsgewand an und suchte den König während einer offiziellen Audienz auf. **2.3** Der König streckte ihr das goldene Zepter entgegen und bedeutete ihr damit, daß sie nähertreten dürfe. Das war ein ermutigender Beginn. **4.5** Dennoch ging Esther vorsichtig ans Werk. Die Einladung zu einem Mahl sollte die Situation vorbereiten. **6–8** Esther war jedoch intuitiv klar, daß der günstigste Zeitpunkt noch nicht gekommen war. Ohne daß sie es gewußt haben kann, war ihre zweite Einladung von wesentlicher Bedeutung für ihr Vorhaben. **9–12** Haman fühlte sich geschmeichelt und im Gefühl seiner eigenen Wichtigkeit bestärkt. Daß er ein zweites Mal als einziger Gast an die königliche Tafel geladen wurde, bedeutete einen Triumph über alle seine Feinde. **13.14** Nur der Gedanke an Mardochais Widerstand trübte Hamans Glück. Für Menschen wie ihn ist das typisch. Wahrhaft große Persönlichkeiten können Geringschätzung ertragen, aber nicht Emporkömmlinge wie Haman. Die gewaltige Höhe des Galgens (etwa 25m, die Höhe der Stadtmauer) muß keine Übertreibung sein. Haman wollte ja aus Mardochais Fall ein großes Schauspiel machen. Er war davon überzeugt, daß der König auf seine Bitte hin Mardochais Todesurteil unterzeichnen würde.

6,1–14 Eine unerwartete Entwicklung

Die jüd. Ausleger sehen in den Ereignissen, die in diesem Kapitel beschrieben werden, Gott am Werk. Die meisten anderen vertreten die Auffassung, daß eine derartige Häufung von Zufällen viel eher einer Fiktion entspreche als der Wirklichkeit. Die Entscheidung darüber, ob die hier berichteten Ereignisse als unwahrscheinlich anzusehen sind, muß der Leser selbst treffen; und zwar so, daß er die anderen offensichtlichen »Zufälle«, die ihm sowohl in der Bibel wie in seiner täglichen Erfahrung begegnen, dabei in Rechnung stellt.

1 Weil er nicht schlafen konnte, befahl der König seinen Dienern, ihm aus dem *Buch mit den täglichen Meldungen* vorzulesen, das 2,23 erwähnt wird. Die hebr. Formulierung legt nahe, daß sie ohne Pause, viell. die ganze Nacht hindurch, gelesen haben. **2.3** Schließlich stießen sie auf die Eintragung, die davon berichtete, daß Mardochai dem König das Leben gerettet hatte. **4.5** Das erforderte eine Belohnung, und der König, der geeignete Vorschläge brauchte, zog dazu den frühen Besucher am Hof zu Rate. **7–9** Haman, mit seinen eigenen bösen Gedanken beschäftigt, verstieg sich zu der Schlußfolgerung, daß jede besondere Auszeichnung für ihn bestimmt sein müsse. Das führte ihn dazu, einen derart ausgefallenen Vorschlag zu machen. Jeder würde denken, der König selbst nähere sich, denn alle äußeren Kennzeichen königlicher Würde (der gesamte Ornat eines Herrschers) sollten eingesetzt werden. Daß es üblich war, die Köpfe der Pferde mit einer Art Krone zu schmücken, ist durch assyr. Reliefs belegt. **10.11** Der König ahnte nichts von der Ironie der Situation, in die er den von ihm so geförderten Mann brachte. Er allein wußte weder etwas von der Fehde zwischen Haman und Mardochai, noch daß Hamans Erlaß sich gegen die Juden richtete und damit Mardochai einschloß. Den Einwohnern von Susa hingegen würde nicht entgehen, welche Demütigung es für Haman bedeutete, seinen Feind als den Mann bezeichnen zu müssen, der das Wohlwollen des Königs gefunden hatte. **12** Mardochai erhielt keine grundlegend neue Position. Er nahm vielmehr seinen Posten am Königstor wieder ein. Haman dagegen kehrte zutiefst gedemütigt nach Hause zurück, wie die Geste des verhüllten Hauptes anzeigt. **13** Diejenigen, die ihn noch vor kurzem zur Rache ermutigt hatten, erkannten, daß das Glück sich der anderen Seite zuwandte. In ihrer abergläubischen Art machten sie sich klar, daß letztlich niemand Erfolg haben würde, der sich mit den Juden anlegte. **14** Bei orientalischen Festen wurden Gäste gewöhnlich abgeholt und feierlich geleitet. Diesmal kam Haman *eilends*; er war völlig im Hintertreffen.

7,1–10 Esthers Bitte

1–3 Innerhalb von 24 Stunden hatte sich die gesamte Lage so geändert, daß Esther, als der König sie erneut aufforderte, ihre Bitte vorzubringen, unerschrocken zunächst um ihr eigenes Leben und dann um das ihres Volkes bat. Die Juden sind sich bis heute bewußt, daß das Leben des einzelnen mit dem Schicksal des Volkes verbunden ist. Esthers Bitte wurde in zwei jüd. Liturgien aufgenommen. **4** *Wir sind verkauft* bezieht sich auf Hamans Bestechungsgelder, und zwar drohte ihnen nicht nur Sklaverei, sondern völlige Vernichtung. Deshalb konnte Esther nicht schweigen. **5.6** Erst als Esther Hamans Namen nannte, verband der König ihre Bitte mit dessen Anschlag. **7** Daß der König aufstand und den Raum verließ, war eine normale Reaktion auf eine augenblickliche Überforderung. Haman wollte die vorübergehende Abwesenheit des Königs ausnutzen, um die Königin um Gnade anzuflehen. **8** Er lag noch immer in bittender Haltung vor der auf ihrem Lager ruhenden Königin – vermutl. umklammerte er bittend ihre Füße (vgl. 2Kön 4,27) , als der zornentbrannte König zurückkehrte und die Haltung Hamans auf die schlimmste Weise deutete. *Als das Wort aus des Königs Munde gekommen war:* Wort dürfte hier soviel wie Urteil bedeuten. Daraus ergibt sich, daß der König auf der Stelle sein vernichtendes Urteil gesprochen hat. Daraufhin bedeckten die Höflinge das Gesicht des Schuldigen. **9** *Harbona,* einer der Sieben des in 1,10 erwähnten Vertrautenkreises, fügte dem Schuldkonto Hamans noch ein weiteres Vergehen hinzu. Er wies auf den Galgen hin, an dem der vom König ausgezeichnete Mardochai hatte hängen sollen. Viele meinen, Esther hätte für Haman eintreten oder zumindest die falsche Folgerung des Königs aus der bittenden Haltung Hamans richtigstellen sollen. Dabei unterschätzt man vermutl. die Spannung, die durch den Zornesausbruch des Königs entstanden war. Sie dürfte jeden Einwand ausgeschlossen haben. **10** Der Autor fand Genugtuung darin, daß die Gerechtigkeit sich Geltung verschafft hatte, wie es Ps 9,16b ausdrückt: »Ihr Fuß ist gefangen im Netz, das sie gestellt haben.«

8,1–17 Ein neuer Großwesir und ein neuer Erlaß

1 Nach geltendem Recht (s. Komm. zu 3,9) beschlagnahmte der König den Besitz Hamans. Er schenkte ihn Esther. Diese hatte inzwischen vor dem König ihre Verwandtschaft mit Mardochai aufgedeckt. Nun wurde dieser einer der wenigen Bevorzugten, die unmittelbar zum König Zugang hatten. **2** Durch Verleihung des königl. Siegelrings wurde Mardochai zum Großwesir ernannt. Außerdem verwaltete er den Besitz Esthers. Das Ansehen und die Autorität, die vor ihm Haman innegehabt hatte, wurden damit auf ihn übertragen. **3** Trotz allem, was bisher erreicht war, war Hamans Erlaß noch in Kraft. Deshalb bittet Esther darum, ihn aufzuheben. **4** Diesmal hebt der König sein goldenes Zepter, um anzudeuten, daß Esther sich erheben und vor ihn hintreten soll. **5.6** Ihre Sorge gilt den Juden in den Provinzen, obwohl alle, auch Mardochai und sie selbst, noch unter dem Vernichtungsurteil des Hamanschen Erlasses stehen. **7** Der König läßt erkennen, daß er den Juden wohlwollend gegenübersteht.
8 Er kann den ersten Erlaß, der in seinem Namen ergangen ist, nicht rückgängig machen. Doch kann ein neuer Erlaß den ersten in seiner Wirkung neutralisieren. **9** Dieses neue Edikt wird abgefaßt und an alle verschickt, die vorher Hamans Erlaß erhalten hatten. Die Juden in allen Provinzen bekommen ihn in Hebr. **10** Die schnellsten Pferde sollen eingesetzt werden, um den neuen Erlaß zu verbreiten. **11.12** Man muß den neuen Erlaß mit dem Hamans in 3,13 vergleichen: Die gleiche Behandlung, die den Juden widerfahren sollte, wird nun für ihre Gegner angeordnet. Da der alte Erlaß in Kraft bleibt, können die Juden sich nur schützen, indem sie dem geplanten Angriff auf die gleiche Weise zuvorkommen. **15–17** Gleichzeitig mit der Veröffentlichung des Erlasses zugunsten der Juden tritt Mardochai erstmals im Staatsornat und mit Krone vor die Öffentlichkeit. Beides wurde von der Bevölkerung Susas beifällig aufgenommen. Hatte die Verfügung Hamans Verwirrung gestiftet, so löste Mardochais Erlaß Freude aus, vor allem unter den Juden; zunächst in Susa, dann an allen Orten, in denen die Nachricht eintraf. Dieser gnädige Ausgang zugunsten der Juden überzeugte viele von der Macht ihres Gottes, und sie traten zum Judentum über.

9,1–32 Die Einsetzung des Purimfestes

In diesem Kapitel wird die eigentliche Absicht deutlich, die den Verfasser zu seinem Bericht veranlaßt hat. Denn nun wird beschrieben, was sich am 13. Adar ereignete.

1 Betont wird die erstaunliche Umkehrung dessen, was die Gegner der Juden beabsichtigt hatten. Denn die Gehässigkeit des einen Mannes hatte auch dessen Verbündete erfaßt. **2–5** Die Juden griffen ihre Gegenspieler mit außerordentlichem Erfolg an. Die regionalen Machthaber, mit zwei entgegengesetzt lautenden Verfügungen konfrontiert, entschieden sich vor allem angesichts der Beliebtheit Mardochais für die zweite, die dessen neuer Machtstellung Rechnung trug.
6–10 Mit dieser Unterstützung gelang es den Juden, ihre Gegner zu vernichten, darunter 500 Bewohner von Susa und auch die 10 Söhne Hamans. Die Namen der letzteren werden im hebr. Text traditionell im Schriftbild besonders hervorgehoben, als wolle man sich an ihrem Anblick weiden. Der wohlüberlegte Verzicht der Juden auf die Beute, auf die sie Anspruch gehabt hätten (vgl. 8,11), wird hier und in V. 15.16 ausdrücklich erwähnt.
11–15 Im Anschluß an den Bericht über die Tagesereignisse in Susa fragt der König, ob Esther noch weitere Bitten habe. Zwar fehlen uns genaue Kenntnisse der Situation, doch muß man angesichts der genannten Fakten annehmen, Esther habe aus besonderer Rachsucht darum gebeten, die Vernichtungsaktion in Susa um einen weiteren Tag zu verlängern. Auf Gottes Gnade mit Haß gegenüber Menschen zu antworten, ist besonders beschämend. Die Leichen der Söhne Hamans wurden aufgehängt, um ganz Susa zu zeigen, was aus ihnen geworden war. **16–19** Die Verben in V. 16 kann man auch im Plusquamperfekt (Vorvergangenheit) übersetzen, und das erscheint sinnvoller. Denn dem Autor geht es vor allem darum, zu erklären, warum in den Provinzen der Feiertag auf den 14. Adar fiel, während er in Susa aufgrund des zweitägigen Blutvergießens erst am 15. begangen wurde. Heute halten die Juden ihr Festmahl am Spätnachmittag des 14. Adar, also genau einen Monat vor dem Passa. Die Sitte, an Festtagen Lebensmittelgeschenke auszutauschen, wird auch Neh 8,10.12 erwähnt.

20–22 Der glückliche Ausgang für die Juden war so bedeutsam, daß man die Erinnerung an dieses Ereignis durch ein jährlich zu feierndes Fest wachhalten wollte. Mardochai hatte als erster einen Bericht über diese Befreiung verfaßt, damit sie nicht in Vergessenheit geriet. Auf seine Anordnung sollte jährlich am 14. und 15. Adar ein Fest gefeiert werden, an dem man auch der Armen gedachte. **23–28** Die Juden stimmten der Einsetzung dieses Festes zu. Es sollte in jeder Generation von Juden und Proselyten in allen Teilen der Welt begangen werden. Im Anschluß an V. 23b könnte es sich bei V. 24.25 um ein Zitat aus Mardochais Brief handeln. Der Bericht ist stark gekürzt, und V. 25 weist am Anfang eine Unklarheit auf: Das hebr. Verb hat eine feminine Endung, so daß es auf Esther bezogen werden könnte, ohne daß ihr Name genannt wird. Die LXX bezieht das Verb dagegen auf Haman, der im vorhergehenden Satz erwähnt wird (so JB). Würde der Verf. sich auf Esther beziehen, ohne ihren Namen zu wiederholen, so wäre das eigenartig, denn er hat ihn in V. 13 zum letzten Mal erwähnt. Andererseits kann man durch die Hinzufügung von »Esther« (so LÜ, ZÜ)eine Änderung des hebr. Textes vermeiden. In dieser Zusammenfassung wird bes. hervorgehoben, das Haman das Los (*pur*) warf. Dieses Wort kommt in V. 26 mit der hebr. Pluralendung noch einmal vor: *Purim.* Unter diesem Namen ist das Fest zu allen Zeiten bekannt gewesen. **29–32** Zur Bestätigung des Erlasses wurde von Esther und Mardochai ein zweiter Brief verfaßt. Die Hinzufügung des Namens der Königin zu dem Mardochais sollte die Autorität des Erlasses bestärken. In V. 31 wird zum ersten Mal in Verbindung mit dem Purimfest ein Fasten erwähnt. Eine Zeit wird nicht angegeben, doch bietet sich der 13. Adar, der »Glückstag« Hamans dazu an. Die Juden begehen diesen Tag bis heute als »Esthers Fasten« vor dem eigentlichen Purimfest. Zu diesem gehören, neben der Verlesung des Estherbuches in einer traditionellen Vertonung, verbunden mit Segenssprüchen und Liedern, das Festmahl und Lustbarkeiten. In V. 32 geht es wohl nicht um ein bestimmtes Buch, sondern generell um die schriftliche Aufzeichnung der Ereignisse.

10,1–3 Schluß

Der Verfasser schließt mit einer kurzen hist. Anmerkung. Er verweist den Leser auf eine weitere Informationsquelle. Viell. hat er sich bereits in V. 1 auf dieses Dokument bezogen, mit der Absicht, noch mehr über die Regierungszeit des Xerxes zu berichten, begnügte sich dann aber doch damit, auf den Bericht Mardochais hinzuweisen. Die Schlußbemerkung über Mardochai, die dessen überaus guten Einfluß unterstreicht, ist ganz in der Sprache der Bibel abgefaßt. Sacharja sagt vom kommenden König von Jerusalem: »Er wird Frieden gebieten den Völkern« (Sach 9,10). Kein Herrscher konnte mehr erreichen als das, *was seinem ganzen Geschlecht zum Besten diente.* Dabei hatte Mardochai offensichtlich im Unterschied zu Sach 9,10 vor allem das Wohl der Juden im Auge.

J. G. Baldwin

Hiob

Einleitung

Verfasser

Der Verfasser des Buches ist unbekannt. Als mögliche Autoren hat man Hiob selbst, Elihu, Mose, Salomo, Jesaja, Hesekiel, Baruch (den Freund Jeremias) u.a. in Erwägung gezogen; aber für keinen von ihnen gibt es gesicherte Belege. Fest steht lediglich, daß der Autor ein treuer Jude war, der sich jedoch von bestimmten Einzelheiten des Volksglaubens distanzierte, besonders soweit sie eine unbarmherzige Beurteilung von Leid und Sünde betreffen.

Abfassungszeit und Hintergrund

Auch die Datierung des Buches ist unsicher. Es fehlen direkte Hinweise auf historische Ereignisse, die die zeitliche Einordnung erleichtern könnten.

Man muß zwischen dem Alter des historischen Hintergrundmaterials, das wir in der Einleitung des Buches (Kap. 1–2) und im Nachwort finden (42,7–16), und der Erzählung selbst unterscheiden. Die erstgenannten Teile sind zweifellos vorexilisch. Sie enthalten patriarchalische Züge. Reichtum wird am Viehbesitz gemessen, und Hiob erscheint als sein eigener Priester (1,5). Einen Hinweis auf Hiob finden wir in Hes 14,14. Das grundlegende historische Material wurde von Generation zu Generation überliefert, bis es, unter Hinzufügung der poetisch gestalteten Dialoge, im Buch Hiob verarbeitet wurde.

Verschiedene Forscher halten die mündliche Tradierung für ausgemacht; andere geben der Theorie (B. Duhm) den Vorzug, Einleitung und Nachwort seien Fragmente eines *Volksbuches,* in dem die Hiob-Erzählung enthalten war. A. B. Davidson schließt aufgrund des reflektierenden Stils des Buches und der Kenntnis ferner Länder eine Abfassung vor der Zeit Salomos aus. Er hält die schriftliche Fixierung des Stoffes während der ersten Verschleppung von Judäern (597 v.Chr.) für wahrscheinlich. Nach den erwähnten Theorien läge die Abfassungszeit des Buches zwischen 600 und 400 v.Chr. Die Frage der Datierung ist jedoch nicht so wichtig. Oesterley und Robinson sagen zu Recht: »Es gibt in der ganzen Literatur nur wenige Gedichte, bei denen Datierung und historischer Hintergrund weniger bedeutsam sind als bei Hiob . . . Es ist eine umfassende Dichtung, und das ist eins der Merkmale, die seinen Wert und seine Bedeutung für uns heute ausmachen.«

Es gibt interessante Berührungspunkte mit anderen bibl. Büchern: vgl. Hiob 3 mit Jer 20,14–18 und Hiob 15,35 mit Jes 59,4. Auffallende Ähnlichkeit besteht zwischen der Gestalt Hiobs und dem Knecht Gottes in Jes: vgl. Jes 50,6; 53,3 mit Hiob 16,10; 30,9ff. Vgl. auch Ps 8,4 (Hiob 7,17); 1Kor 3,19 (Hiob 5,13); Jak 5,11.

Text und literarischer Stil

Der hebr. Text hat den Forschern viele Schwierigkeiten bereitet. Die Verfasser der LXX fanden den Text wohl so schwierig, daß bei der Übersetzung fast ein Viertel des Buches wegfiel. Manche Stellen lassen sich so, wie sie im hebr. Text (MT) stehen, kaum übersetzen. Die Verwendung von zahlreichen ungewöhnlichen Ausdrücken führte bei einigen Wissenschaftlern zu der Auffassung, das Buch sei urspr. in Arab. oder Edomitisch abgefaßt und dann ins Hebr. übersetzt worden. Wahrscheinlicher ist wohl die Annahme (W. A. Irwin), daß es sich hier um einen hebr. Dialekt handelt, der von jenem, den man gewöhnlich im AT vorfindet, stark abweicht.

Hiob enthält sowohl poetische Stücke als auch Prosa. Einleitung und Nachwort sind Prosa, während den größten Teil des Buches drei poetisch gestaltete Dialogzyklen bilden.

Hiob hat zweifellos vieles mit der hebr. Weisheitsliteratur gemeinsam, aber die Eigenart des Buches läßt eine genaue Klassifizierung nicht zu. Es nimmt neben den großen Tragödien der Weltliteratur, von den Griechen bis zur Moderne, einen würdigen Platz ein. Viele Aussagen des Buches sind Allgemeingut geworden.

Inhalt und Wert

Schauplatz der Erzählung ist »das Land Uz«, das nicht sicher lokalisiert werden kann. Der dürftige bibl. Beleg, der uns zur Verfügung steht, verweist auf die Gegend im Osten des südl. Libanons.

Vier Freunde Hiobs (Eliphas, Bildad, Zophar und Elihu) tragen sämtliche Argumente der orthodoxen Theologie im Blick auf die Bedeutung der Katastrophen vor, die Hiobs Glück und Standhaftigkeit zerstört hatten. Ihr Beitrag blieb, Elihu möglicherweise ausgenommen, durch eine unerbittliche Deutung des Leidens als Folge persönlicher Sünde und Schuld begrenzt. Hätten sie sich darauf beschränkt, menschliche Solidarität in der Sündhaftigkeit nachzuweisen, Hiobs augenblickliche Zustimmung wäre ihnen sicher gewesen; denn er erhebt nirgends den Anspruch, ein vollkommener Mensch zu sein. Doch als sie andeuten und dann direkt behaupten, Hiobs Leid sei die zwangsläufige Folge seiner Sünde, deren Wurzel allein Gott kenne, da bestreitet Hiob leidenschaftlich und konsequent die Richtigkeit ihres Urteils.

Hiob ist ein allgemein gültiges Buch, weil es ein überall bestehendes Problem anspricht: die Qual des menschlichen Herzens, wenn es »vom Kummer und den tausend natürlichen Erschütterungen, die das Fleisch geerbt hat« zugrunde gerichtet wird. Viele Leidende und Kranke hat das Buch Hiob in ihrer Not wie kein anderes Buch der Bibel angesprochen. Bedeutende christl. Persönlichkeiten und namhafte Dichter stimmen mit den Leidenden in der Wertschätzung des Buches Hiob überein, das seine Aussagen oft in der Form großartiger Dichtung vermittelt. Luther nannte Hiob »großartig und erhaben wie kein anderes Buch der Schrift«.

Was hat dieses Buch nun der leidenden Menschheit zu sagen?

Es ist eine eindrucksvolle Mahnung, daß der menschliche Verstehenshorizont nicht ausreicht, um das Problem des Leidens wirklich zu begreifen. Bei keinem der Sprecher, die in dieser dramatischen Auseinandersetzung auftreten, werden die Behauptungen Satans in bezug auf Hiobs Frömmigkeit berücksichtigt, von denen in der Einleitung berichtet wird, und sie wissen nicht, daß der Ankläger die göttliche Zustimmung erhalten hat, seine Behauptung, wenn möglich, zu beweisen. Auf dem Hintergrund der Einleitung stellt sich Hiobs Leiden nicht als erdrückender Beweis des göttlichen Urteils über ihn dar, wie seine Freunde nachzuweisen versuchen, sondern vielmehr als Beweis göttlichen Vertrauens in ihn. Wir müssen, auch in unseren Formulierungen, jede Annäherung an die naive Vorstellung vermeiden, als ob ein allwissender Gott eines derartigen Beweises für die Rechtschaffenheit seines Dieners bedürfe, um sozusagen seine letzten Zweifel bei sich auszuräumen. Aber wir begegnen hier Hinweisen auf die Wahrheit, die wir jetzt nur »undeutlich in einem dunklen Spiegel« erkennen. Hiob und seine Freunde versuchten, die Teile eines Puzzles zusammenzufügen, ohne alle Teile in ihrer Reichweite zu haben. So ist das Buch Hiob ein eindrücklicher Hinweis auf die Unzulänglichkeit des menschlichen Geistes: Die vielschichtigen Probleme des Leidens lassen sich nicht auf ein einheitliches Muster reduzieren. Hiob ist ein Buch, in dem durch Schweigen mehr erreicht wird als durch Reden. Vgl. 2,13; 13,5.

Der Verfasser von Hiob würde sicher jedem, der sich mit dem Problem des Leidens beschäftigt, Bescheidenheit empfehlen, aber er redet nicht der Verzweiflung das Wort. Er glaubt an einen Gott, der die Antwort auf die Not des Menschen hat. Das Auftreten der Männer, die Hiob raten, hat Auseinandersetzungen, Enttäuschung und Verzweiflung zur Folge; das Erscheinen Gottes führt zu Gehorsam, Glauben und Ermutigung. Menschliche Rede ist nicht imstande, die Dunkelheit im Herzen Hiobs zu durchdringen; das Wort Gottes bringt Erleuchtung. Gott beantwortet keine der brennenden Fragen, die im Laufe des Buches so heiß diskutiert werden. Aber er antwortet auf die Verzweiflung Hiobs. Er erklärt keine Phase der Auseinandersetzung, aber er verhilft Hiob zum Sieg. (S. Anm. zu Kap. 40.)

Wie die anderen Bücher des AT weist das Buch Hiob auf das Kommen Christi hin. Fragen werden aufgeworfen, eine Verzweiflung tritt zutage, die letztlich nur in Jesus und durch Jesus beantwortet werden kann.

Inhalt

1,1–2,13	**Einleitung**	
	1,1–5	Ein guter Mensch inmitten einer sündigen Welt
	1,6–12	Der Himmel verdunkelt sich
	1,13–22	Der Sturm bricht los
	2,1–8	Der Sturm dauert an
	2,9–13	Die verschiedenen Reaktionen auf den Sturm

Kommentar

1,1–2,13 Einleitung

1,1–5 Ein guter Mensch inmitten einer sündigen Welt

1 Hiobs Charakter wird als *fromm und rechtschaffen* bezeichnet. *Fromm* (EÜ: *vollkommen*): meint nicht sündlose Vollkommenheit (eine solche wird für Hiob nie in Anspruch genommen), sondern kennzeichnet Hiob eher als einen moralisch intakten Menschen mit ausgeglichenem Charakter. Spurgeon hätte von Hiob dasselbe sagen können, was er von Gladstone gesagt hat: »Wir glauben nicht an die Unfehlbarkeit eines Menschen; aber es ist beruhigend zu wissen, daß er integer ist.« Die moralische und geistliche Standhaftigkeit Hiobs hatte sich in einer gesicherten Welt entwickelt. **2** Kinderreichtum, **3** umfangreicher materieller Besitz, **4** häuslicher Frieden und Freude trugen zu Hiobs Glück bei. Für Hiob gilt die Aussage in Ps 1,3.

5 Die Erklärung für Hiobs moralische Reife

liegt in seiner Gottesfurcht. Die Tiefe seiner Frömmigkeit veranschaulicht der Bericht über seinen häuslichen Gottesdienst. Über seinen eigenen geistlichen Bedürfnissen vergaß er die seiner Familie nicht. Seine regelmäßigen Opfer waren eine Vorsorge für die Möglichkeit, daß seine Kinder gegen Gott gesündigt haben könnten. *In ihrem Herzen:* Die Frömmigkeit Hiobs war nicht oberflächlich; er wußte um die Notwendigkeit der Bitte: »Schaffe in mir, Gott, ein reines Herz« (Ps 51,12).

1,6–12 Der Himmel verdunkelt sich

6 Wir werden über eine dramatische Zusammenkunft im Himmel unterrichtet, in der die *Gottessöhne,* d.h. die Engel einschließlich Satans, vor Gott treten. Doch man darf hier keine ausführliche Satanologie erwarten, wie sie sich oft in der orthodoxen Theologie findet. Satan erscheint hier nicht als gefallener Engel, sondern er hat regulär Zutritt zum Himmel (1,6; 2,1). Dem Namen *Satan* geht der bestimmte Artikel voraus (vgl. EÜ: »der Widersacher, Ankläger«). N. H. Snaith beschreibt die Rolle des Satan folgendermaßen: »Er prüft für Gott die Menschen auf Erden, und er ist ihr Verkläger im Himmel.« Er ist ein Agent Gottes, dessen Aufgabe es ist, die Tugenden und Untugenden der Menschen unter die Lupe zu nehmen. Er erscheint als der große, überlegene Zyniker am himmlischen Hof. **8** Gottes Lob für Hiob (vgl. Ps 149,4) veranlaßt Satan zu der häßlichen Frage: **9** *Meinst du, daß Hiob Gott umsonst fürchtet?* **10** Die Tatsache, daß Gott den materiellen Besitz Hiobs schützt, bezeichnet Satan als ausreichende Erklärung für dessen Frömmigkeit. **11** Wenn dieser Schutz entfällt, werde auch Hiobs Frömmigkeit verschwinden. Die Anschuldigung geht also dahin, daß materieller Reichtum keine Zugabe zum Glauben Hiobs ist, sondern seine Ursache. Reiße man aber die Wurzel aus, so verwelke die Blüte.

12 Gott nimmt die Herausforderung an, aber mit der Einschränkung, daß die Person Hiobs nicht angetastet wird. Damit ist das Geschehen in Gang gesetzt, das im Buch Hiob diskutiert wird.

1,13–22 Der Sturm bricht los

Vier furchtbare Schicksalsschläge erfüllen die Welt Hiobs mit Schmerz: **15** Ein Überfall derer *aus Saba,* **16** ein Blitz, **17** ein Handstreich der *Chaldäer* **18.19** und ein Wirbelsturm berauben Hiob seiner Herden, Diener und, was das schmerzlichste ist, seiner Familie. Doch obwohl alle Wogen der Anfechtung über ihn hinweggehen, bleibt Hiob Gott ergeben. Die Beschuldigungen seines Anklägers erweisen sich als unzutreffend. Der Verlust des Besitzes hat nicht den Verlust des Glaubens zur Folge. **20** Die Trauer verändert zwar das Aussehen Hiobs, sie kann ihn aber nicht um den Trost des Glaubens bringen. Betend tritt er der Anfechtung entgegen. **21** In dieser Situation findet sich eine der schönsten Formulierungen für die Unterwerfung unter Gott, die es für den Glauben überhaupt gibt: *Ich bin nackt von meiner Mutter Leibe gekommen, nackt werde ich wieder dahinfahren.* Dieser Auffassung entspricht 1Tim 6,7. So wie wir keine materiellen Güter in diese Welt mitbringen, können wir auch nichts mitnehmen, wenn wir sie wieder verlassen. Die exakte Bedeutung des Satzes ist jedoch schwieriger zu ermitteln. Möglicherweise ist mit »Mutterleib« (ZÜ: *meiner Mutter Schoß)* die »Mutter Erde« gemeint (so Ewald und andere). Vgl. 1Mo 3,19. **22** *Törichtes* (EÜ: *Ungereimtes*): Das hebr. Wort läßt an Geschmacklosigkeit oder Taktlosigkeit denken und somit an einen Mangel an moralischer Urteilskraft.

2,1–8 Der Sturm dauert an

Eine zweite Zusammenkunft im Himmel führt zu einer Verlängerung der Prüfung Hiobs. **3** Der Ankläger will nicht zugeben, daß er Hiob falsch eingeschätzt hat. Doch Gott stellt fest, daß Hiob aus dem Feuer der Anfechtung so rein wie Gold hervorgegangen ist. **4.5** Daraufhin beschwert sich Satan, daß die Anfechtung nicht radikal genug gewesen sei und beschuldigt Hiob der Gefühllosigkeit. Immerhin hatte das Unglück bisher nur das Leben anderer gekostet, er selbst war verschont geblieben. Sobald es um sein eigenes Leben, um die eigene Haut ginge, würde er nicht mehr an seinem Glauben festhalten. *Haut für Haut:* wahrscheinlich ein Sprichwort. Häute wurden bei Geschäften allg. als Zahlungsmittel verwendet. Die jetzt erhobene Anklage lautet: Hiob sei bereit, mit dem Leben anderer – seines Viehs, seiner Diener und seiner Kinder – zu bezahlen, solange seine eigene Haut nicht angetastet würde.

6 Satan erhält eine Chance, diese Anschuldigung zu beweisen; die Person Hiobs ist nicht länger unantastbar. **7** Krankheiten, die nur mit ihren antiken Namen benannt sind, sind schwer zu identifizieren. Die *Geschwüre* können eine Form von Lepra gewesen sein. Mit Sicherheit läßt sich nur sagen, daß Hiob an einem schmerzhaften Hautausschlag erkrankte. Eine schlimmere, entnervendere Krankheit ist kaum vorstellbar. **8** Mit *Asche* ist der Müllplatz außerhalb der Stadtmauern gemeint. In regelmäßigen Abständen wurde dort Kot und anderer Abfall verbrannt. Auf diesen Abfallplätzen tummelten sich die Hunde auf der Suche nach Tierkadavern, die oft dort abgeladen wurden, und die Lausbuben des Ortes wühlten hier mit Begeisterung in Dingen, die andere nicht mehr haben wollten. Zwischen all diesem Unrat saß jetzt der Mann, der einmal reicher gewesen war »als alle, die im Osten wohnten« (1,3).

2,9–13 Die verschiedenen Reaktionen auf den Sturm

2,9.10 Hiobs Frau. **9** Der Verlust der Familie, des Besitzes und schließlich der Gesundheit ihres Mannes läßt ihren Glauben zerbrechen. Sie fordert Hiob auf, Gott abzusagen (ZÜ: *Fluche Gott*), selbst wenn diese Gotteslästerung den Tod zur Folge haben sollte. Sogar der Tod ist seinem gegenwärtigen Unglück vorzuziehen. **10** Damit ist Hiob einer weiteren Stütze seines Glaubens beraubt. In dem harten Kampf, den sein Glaube durchzustehen hat, kann er jetzt auch auf die Hilfe seiner Frau nicht mehr rechnen. Entschieden weist er ihren Vorschlag ab; so etwas kann nur *törichten* (im Sinne von) gottlosen Menschen einfallen. Er unterwirft sich der Hand Gottes, ob sie nun beschenkt oder wegnimmt, ob sie liebkost oder schlägt. Sinngemäß lautet sein Gebet: »Dein Wille geschehe«.

2,11–13 Die Freunde Hiobs. Die Freunde Hiobs werden oft falsch beurteilt. Als »Hiobströster« bezeichnet zu werden, ist eine zweifelhafte Auszeichnung. **11** Um diesen Männern gerecht zu werden, muß man sich vor Augen halten, daß sie wohl im Gegensatz zu vielen anderen zu ihm hielten, als das Unglück über ihn hereinbrach. Hatten sie sich einst mit dem glücklichen Hiob gefreut, so waren sie jetzt bereit, mit dem leidenden Hiob zu weinen. **12** Der Anblick des entstellten Hiob erfüllt sie mit tiefem Schmerz. **13** *Sieben Tage und sieben Nächte:* So lange hielten sie in schweigender Anteilnahme bei dem Leidenden aus; das charakterisiert den Wert ihrer Freundschaft. Durch dieses schweigende Mitleiden erwiesen sie Hiob einen größeren Dienst als später durch all ihre Worte (vgl. 13,5). Das ist eine Warnung für all jene, die andere Menschen im Leid trösten wollen.

3,1–14,22 Der erste Gesprächszyklus

3,1–26 Elendes Leben! Gesegneter Tod!

Wir hören den Schmerzensschrei eines gequälten Menschen. In dieser wie in anderen Reden dürfen wir nicht jedes Wort mikroskopisch genau untersuchen, als wäre jeder Satz sorgfältig durchdacht und damit ein treffender Ausdruck der tiefsten Gedanken Hiobs. Hiob selbst beklagt sich darüber, daß seine Freunde sich wortgewaltig »über die Rede eines Verzweifelten« hermachten, die doch »im Wind verhallt« (6,26). Es geht nicht so sehr darum, daß wir auf jede kleinste Wendung achten, die dieser Sturm nimmt, sondern vielmehr auf das tiefe Verwundetsein, das er hinterläßt.

3,1–12 Hiob verflucht den Tag seiner Geburt. **4** Und Gott droben frage nicht nach ihm! Dahinter steht die Vorstellung, daß Gott die aufeinanderfolgenden Tage kommen läßt. Vgl. Jes 40,26, wo Gott die Sterne herbeizitiert. Der Tag der Geburt, der Hiob in das Elend seines Lebens rief, soll nie wieder erwähnt werden. **5** *Und Verfinsterung am Tage mache ihn schrecklich:* gemeint ist eine Sonnenfinsternis. **6** *Sie soll sich nicht unter den Tagen des Jahres freuen:* Jene Nacht soll aus dem Kalender und aus der Gemeinschaft fröhlicher Tage gestrichen werden. **7** Eine stolze, frohe Stimme hatte Hiob einst begrüßt, als er zur Welt kam (vgl. Jh 16,21); nie wieder soll eine solche Stimme an jenem Tag gehört werden! **8** *Es sollen sie verfluchen, die einen Tag verfluchen können:* d.h. die Zauberer, von denen man glaubte, daß sie die Macht hätten, Unglück über einen Tag zu verhängen. *Leviathan:* viell. der Drache der Mythologie, der sich um die Sonne winden und so Finsternis hervorrufen konnte. Andere sehen darin das Ungeheuer, das Gott in der Schöpfung besiegte. In Kap. 40 ist der Leviathan ein Riesentier nach der Art des Krokodils.

3,13–26 Die Launenhaftigkeit des Lebens. **13** Die Aufregungen des Lebens werden dem sanften Schlaf des Todes gegenübergestellt. Je mehr sich Hiob mit dem Tod beschäftigt, um so mehr wird er davon fasziniert. Er stellt sich vor, wer ihm im Schlafsaal des Todes Gesellschaft leistet: **14.15** hochgestellte Persönlichkeiten; **16** totgeborene Kinder; **17** die *Gottlosen,* deren Toben dann niemanden mehr in Unruhe versetzen kann (Jes 57,20); **18** Sklaven, die nun die scharfe Stimme des Aufsehers nicht mehr hören; **19** *klein und groß; die Kleinen und die Großen* (ZÜ): einst durch die Rangordnungen dieser Welt getrennt, liegen nun Seite an Seite.

Franz von Assisi konnte den Tod als »freundlich und sanft« bezeichnen. Hiob hätte dieselben Worte dafür gebrauchen können, wenn auch aus anderen Gründen. Für Franziskus war der Tod ein Geschöpf Gottes, das dieser, wie alle anderen Geschöpfe, dazu auffordern konnte, den Schöpfer zu preisen; er war lediglich ein vom Glanz der Unsterblichkeit umstrahlter Wegweiser in die himmlische Heimat, wo die Liebe des Vaters viele frohe Überraschungen bereithielt. Für Hiob dagegen war der Tod eine Flucht aus dem Leben, ein Betäubungsmittel, das seine Seele die Schlingen und Fallen eines abscheulichen Lebens vergessen lassen würde. **20** Das *Licht* des Lebens erscheint hier als fragwürdiges Privileg. Es läßt nur das elende Los des Armen und Verbitterten sichtbar werden. **21** In Hiob haben wir einen Mann vor uns, für den der Tod kein Schreckgespenst mehr ist, vor dem man flieht, sondern ein Lohn, nach dem man mit der Gier eines Schatzgräbers sucht. **23** Das *Licht* muß dem Menschen, der von seinem Lebensweg abgekommen ist, *dem Gott den Pfad ringsum verzäunt hat,* wie Hohn vorkommen. »Licht ohne Freiheit ist eine ärmliche Gabe« (Strahan). Auch das hellste Licht kann den Menschen im Kerker und den Vogel im Käfig nur verhöhnen. Als Gegensatz zu dieser trüben Stimmung vgl. Ps 118,5. **24** *Denn wenn ich essen soll, muß ich seufzen:* bedeutet vermutl.: »Seufzer sind mein tägliches Brot« (so Moffatt).

4,1–5,27 Die erste Rede des Eliphas

4,1–11 Er bietet seinen Rat an. Hiob hat das Schweigen gebrochen; nun versucht Eliphas, ihm durch seine Rede zu helfen, ihn zu heilen und zu warnen. **2** Er möchte den Freund nicht verletzen, fühlt sich aber der Wahrheit verpflichtet. Seine Verantwortung gegenüber Gott, gegenüber dem Freund und der eigenen Überzeugung zwingt ihn zu reden. **3–5** Zuerst erinnert er Hiob daran, wie oft dieser selbst in der Vergangenheit Menschen getröstet und aufgerichtet hat. Hiob war immer sofort bereit gewesen, den Leidenden zu helfen. Nun, da es ihm schlecht geht, soll er sich an den Trost erinnern, den er anderen zusprach. **6** Er soll sich dem Trost zuwenden, der aus dem Glauben und aus dem Zeugnis eines reinen Gewissens kommt.

7–11 Damit ist das gute Beispiel, das Hiob selbst den in Not Geratenen gegeben hatte, hinreichend beschrieben. Nun äußert Eliphas Gedanken, die durch den Schmerzensschrei Hiobs in ihm wach wurden. Hiob hatte von seinem leidenschaftlichen Verlangen nach dem Tod gesprochen. Eliphas hält dem entgegen, daß ein plötzlicher, unnatürlicher Tod nicht der Lohn des Gerechten, sondern des Gottlosen sei. Vgl. 5,26.

4,12–5,7 Eliphas geht auf die Kritik Hiobs ein. Auch die unausgesprochene Kritik Hiobs an Gottes Handeln mit ihm nimmt sich Eliphas vor. Wie kann ein schwacher, unvollkommener und sterblicher Mensch sich erdreisten, an seinem Schöpfer Kritik zu üben? **12–16** Er stützt sein Argument durch die eindrückliche Wiedergabe einer Vision, die er selbst erfahren hat. **17** Die geheimnisvolle Stimme hatte ihm klar gemacht, wie absurd es ist, wenn *ein* sterblicher *Mensch* sich für *gerecht . . . vor Gott* hält. **18** Wenn völlige Zuverlässigkeit und fehlerfreier Dienst nicht einmal von den himmlischen Dienern Gottes erwartet werden kann, **19** wie darf dann ein Mensch in seiner Vergänglichkeit, in seinem begrenzten Bemühen um Weisheit einen solchen Anspruch erheben? *Wie Motten:* bedeutet »gleichwie die Motten« oder »früher als die Motten«. **21** *Ihr Zelt wird abgebrochen:* Der Tod der Menschen wird mit dem Abbrechen eines Zeltes verglichen (vgl. Jes 38,12).

5,1 Hiobs Beschwerde gegenüber Gott kann bei den *Heiligen,* d.h. den Engeln (vgl. Sach 14,5; Dan 4,10.14.20) keine Unterstützung finden. Das Beispiel von moralisch und geistlich unverständigen Menschen, die sich »der Zucht des Allmächtigen« (vgl. 5,17) widersetzen, sollte Hiob eine ernste Warnung sein. **2** *Eifer:* auch *Erbitterung* (EÜ Anm.); *Leidenschaft* (EinhÜ). **3** Solche Ungeduld führt nur in neues Unglück; das weiß Eliphas aus eigener Lebenserfahrung. **4** *Tor:* im alten Orient der Ort, an dem die Gerichtsverhandlungen abgehalten wurden (vgl. Rut 4,1). **5** *Aus den Hecken:* kann sich auf Nomaden beziehen, die bei ihren Überfällen die Dornenhecken um die Felder durchbrachen. **6.7** Übles kommt nicht von ungefähr, sagt Eliphas; es kommt so unvermeidlich aus dem bösen Herzen des Menschen, wie Funken aus einem Feuer sprühen.

5,8–27 Hiob wird aufgefordert, Gott anzurufen. **8.16** Eliphas preist die Macht, Güte und Gerechtigkeit Gottes. **17** Akzeptiere die Zurechtweisung eines solchen Herrn, rät er, die vermutlich nur einen Fehler in deinem Charakter korrigieren soll, und alles wird gut werden. **18** Der Allmächtige verwundet, um zu heilen. Ertrage die Verwundung, dann wird er dich aus aller Not erretten. **19–27** Er wird deine Herde, dein Feld und dein Heim segnen und dich im Alter deinen Reichtum genießen lassen. Ein Mensch, der in Harmonie mit Gott lebt, lebt auch in Harmonie mit der Schöpfung. **19** *Sechs . . . sieben:* Die Zahlenfolge bedeutet: »in jedem nur erdenklichen Fall«.

Eliphas verdient manche Anerkennung. Er zeigt das meiste Mitgefühl mit Hiob und geht mit dem leidgeprüften Mann taktvoll um. Er behandelt die Wunden Hiobs nicht wie die Wunden eines Feindes, sondern wie die eines treuen Freundes. Er tritt Hiob nicht aufgeblasen mit menschlicher Weisheit entgegen, sondern als ein Mann, der Erfahrungen mit Gott gemacht hat. Er steht unter dem Eindruck, daß Gott ihm Einsicht in das menschliche Leid gegeben hat; deshalb muß er auch mit Hiob darüber reden. Seine Worte erinnern verschiedentlich an andere Aussagen der Heiligen Schrift. Vgl. 5,13 mit 1Kor 3,19, dem einzigen wirklichen Zitat aus Hiob im NT. Zu 5,17 vgl. Ps 94,12; Spr 3,11; Hebr 12,5f.

Doch obwohl Eliphas der sympathischste unter den Beratern Hiobs ist – auch er irrt. Man findet bei ihm kein Wort der Anerkennung für die außergewöhnliche Demut vor Gott, die Hiob gezeigt hat (vgl. 1,21 und 2,10). In seiner gesamten Rede fehlt ein eindeutiges Anzeichen von Mitleid. Eliphas gleicht einem Hauptmann, der seine Soldaten, die erschöpft aus schwerem Gefecht zurückkehren, zu weiterem Aushalten antreibt, ohne ihre bisherige Leistung auch nur mit einem einzigen lobenden Wort zu erwähnen.

Auch die voreilige Vermutung, die Leiden Hiobs seien die Folge von dessen eigener Sündhaftigkeit, steht ihm als Tröster schlecht zu Gesicht. Zwar hatte Eliphas recht mit der Behauptung, daß er für die Leiden der Menschen eine göttliche Erklärung habe; die Erfahrung bestätigt, daß der Mensch durch seine Sünde auf vielerlei Weise Leid über sich bringt. Doch wenn Eliphas sich anmaßt, damit über eine Erklärung für alle Formen menschlichen Leidens zu verfügen und so auch den Fall Hiobs richtig durchschaut zu haben, so sind das Worte eines irrenden Menschen. Es fehlt ihm die Einsicht, die die Einleitung von Hiob uns vermittelt; er weiß nichts vom Zusammentreffen Gottes mit dem Ankläger; die daraufhin im Himmel getroffenen Vereinbarungen sind Hiob wie Eliphas fremd. Eliphas hat die Begrenztheit der menschlichen Erkenntnis noch nicht begriffen, die Paulus später so formuliert: »Wir sehen jetzt nur wie mittels eines Spiegels in rätselhafter Gestalt« (1Kor 13,12 ZÜ). Für dieses Eingeständnis muß der Mensch in seinem Denken immer mehr Raum schaffen, vor allem angesichts des Leidens.

6,1–7,21 Hiob antwortet Eliphas

6,1–13 Bitte um Fairness. Offensichtlich ärgert sich Eliphas über die Ungeduld des leidenden Hiob; der aber wirft ihm vor, daß er nur eine Seite des Problems sehe. **2.3** Eliphas urteilt allein nach der Ungeduld Hiobs; würde er auch die Größe der Anfechtung berücksichtigen, bliebe ihm nicht verborgen, daß sich hier die ungleich größere Belastung ergibt. **4.5** Hiob fühlt sich wie ein Mensch, auf dessen Körper der allmächtige Gott wie ein Bogenschütze vergiftete Pfeile abschießt. Er kann nicht verhindern, daß das Gift in ihn eindringt, er weiß sich gegen wilde, aufbrausende Worte nicht zu helfen. Erkennt das denn niemand an? Er schreit doch nicht ohne Grund. **6.7** Hiob hat die Freude am Leben verloren, das er mit fadem, ungesalzenem Essen vergleicht. *Eiweiß:* andere Deutung des nur hier auftretenden Wortes »Schleim des Hibiskus« (Eibisch), eines Malvengewächses. **8–10** Andererseits verlangt Hiob nach dem Tod, die Aussicht zu sterben ist sein einziger Trost. Die furchtlose Haltung Hiobs gegenüber dem Tod wird besonders hervorgehoben. Er begrüßt den Gedanken an den Tod, auch wenn ihm der damit verbundene Schmerz nicht erspart bleibt. Er fürchtet weder den Tod, noch Gott, dessen Gebote er nie mißachtet hat. **11–13** Das Leben hat an seine Kraft und Geduld zu hohe Anforderungen gestellt. Mehr Kämpfe meint er nicht durchstehen zu können.

6,14–30 Zurechtweisung seiner Freunde. Ein Mann, der in Not gerät, sollte auf das Mitgefühl seiner Freunde rechnen können. Darum geht es in **14.** Wie dieser Vers richtig zu übersetzen ist, wissen wir allerdings nicht. Vgl. die verschiedenen Übersetzungen. **15.16** Hiob vergleicht seine Freunde mit Bächen; diese führen im Winter Schnee und Eis mit sich, doch wenn die Hitze kommt, trocknen sie aus. **18–20** Hiob zeichnet das Bild arabischer Karawanen, die zu den Bächen eilen, aber enttäuscht werden. Sie müssen in der Wüste umkommen. **21** Die Furcht, die die Freunde Hiobs bei der Betrachtung seines Unglücks befallen hat, hat ihr Mitgefühl erkalten lassen. Sie befürchten, sich durch eine Parteinahme für Hiob gegen den Gott zu stellen, in dessen Macht es steht, sie in gleiches Elend zu stürzen.

Schließlich wird der Gegensatz zwischen dem, was Hiob von seinen Freunden erwartet hatte, und dem, was sie ihm tatsächlich gegeben haben, aufgezeigt. **22–24** Er hatte keine materielle Hilfe verlangt, aber auf ehrliches Mitgefühl und Aufrichtigkeit gehofft. Statt dessen hatte man seine Rechtschaffenheit angezweifelt. **25–27** Seine Freunde hatten den Fehler begangen, die unbedachten Reden eines verzweifelten Mannes Wort für Wort als bare Münze, als wohlüberlegte Äußerungen aufzufassen. **28** Hiob besteht auf seiner Unschuld; wenn nötig ist er bereit, der ganzen Welt mit reinem Gewissen und festem Blick gegenüberzutreten. **29** *Kehrt doch um!,* d.h. ändert eure Ansicht, sucht nach einem anderen Grund für meine Leiden. **30** Hiob fragt: »Ist denn mein Gefühl für Moral pervertiert? Kann ich nicht mehr zwischen Gut und Böse unterscheiden?«

7,1–10 Die Beschwerlichkeit und kurze

Dauer des menschlichen Lebens. In einer Reihe eindrücklicher Bilder beschreibt Hiob das Leben als harten Kampf. **1.2** Es gleicht der anstrengenden Arbeitszeit eines Tagelöhners, dessen einziger Trost der kühle Schatten des Abends, in dem er die Arbeit des Tages vergessen kann, und der Lohn sind, den er erhält. **3.4** Für Hiob gibt es keine süßere Ruhe und keinen wertvolleren Lohn als den Tod. Aber ist das verwunderlich, wenn das Leben nur noch aus furchtbarer Krankheit und schlaflosen Nächten besteht? **5** *Gewürm:* In seinen Geschwüren hatten Maden ihre Eier abgelegt. **6–10** Dann spricht Hiob die Kürze des Lebens an. Es ist einem schnell dahinfliegenden Weberschiffchen vergleichbar, einem Hauch, einer leichten, dahinschwindenden Wolke; es eilt dem Grab zu, dem Ort ohne Wiederkehr.

7,11–21 Vorwurf gegen Gott. Von der Last menschlichen Elends und seinem eigenen Leid dazu getrieben, erhebt Hiob eine bittere Anklage. **12** Die Art, wie Gott ihn behandelt, läßt fast darauf schließen, daß er dem Meer gleiche, das man eindämmen müsse, oder einem grausamen Ungeheuer, das streng bewacht werden muß, weil es die Ordnung des Universums gefährdet. **13–16** Was ist der Grund für diese ständige Qual, die ihm fast den Verstand geraubt hat und ihn das Leben verwünschen läßt? **15** *Meine Schmerzen:* viell. hier und Ps 22,18 mit »starke Leiden« zu übersetzen; oder »meine Gebeine« (so EÜ nach LXX), gemeint ist dann der zum Skelett abgemagerte Körper Hiobs. **17.18** Die Frage hier ist der in Ps 8,5 genau entgegengesetzt. Dort verwundert sich der Psalmist, wie ein so großer Gott sich der kleinen Menschen annehmen kann. Hier ist es eher eine verzweifelte Bitte: »Wenn Gott so groß ist, warum kann er mich dann nicht in Ruhe lassen?« **19** *Bis ich meinen Speichel verschlucke* (EÜ): noch heute unter den Arabern gebräuchlicher Ausdruck für »einen Augenblick«. **20** *Du Menschenhüter:* im Sinne von *Menschenprüfer* (JB). Warum muß dieser große Gott immer wachsam sein? In diesem Moment erscheint Gott Hiob wie ein zorniger Inspektor, dessen Besuche immer Unglück bringen, weil er mit Sicherheit einen Fehler findet. Was kann die kleine Sünde eines unscheinbaren Menschen dem mächtigen Gott bedeuten? Kann er sie nicht vergeben? **21** Bald wird es für Vergebung zu spät sein, denn der Todesschlaf wird ihn übermannen. In diesen Versen begegnen wir einem falschen Verständnis von Sünde: »Ich kann mir nicht vorstellen, daß meine Sünde Gott irgend etwas bedeuten kann. Für einen mächtigen Gott ist es doch ein Kleines, über die geringen Sünden der unscheinbaren Menschen hinwegzusehen.« Das klingt erstaunlich modern. Doch die geringste Sünde verursacht Gott einen solchen Schmerz wie ein Sandkorn, das mir der Wind ins Auge weht. Das neutestamentliche Urteil lautet: »Die Sünde ist über die Maßen sündhaft« (Röm 7,13; ZÜ). Nicht obwohl, sondern weil Gott so groß ist, hat er ein so großes Opfer nicht gescheut, um endgültig zu überwinden, was die Menschen leichthin als »kleine Sünden« bezeichnen.

8,1–22 Bildads erste Rede

8,1–7 Zurechtweisung. Dieser Freund fordert Hiob auf, die Einsichten der überlieferten Weisheit anzunehmen. **2** Zunächst tadelt er Hiob wegen seiner wilden und stürmischen Worte, mit denen er Gottes Handeln an ihm und an der Menschheit kritisiert hat. **3** Bildad tritt als Kämpfer für die Gerechtigkeit Gottes auf. **4** Gut und Böse bringen die Frucht hervor, die sie gesät haben. Hiobs Kinder hatten Böses gesät; nun hatte Gott ihnen eine böse Ernte geschickt. **5** Hiob soll jetzt Gutes säen, die Haltung eines demütigen Bittstellers einnehmen; **6** er soll *rein und fromm* sein, **7** dann wird seine Ernte besser ausfallen als alles, was er in der Vergangenheit erlebt hat.

8,8–19 Die Überlieferung der Vorfahren. **8–10** Höre auf die Stimme der vergangenen Geschlechter, der in der Diskussion, die wir führen, das letzte Wort zusteht. Dahinter steht die Vorstellung, daß sie selbst kurzlebig und unwissend und nicht weise und glücklich sind wie die Menschen vor der Sintflut. Stück für Stück wird Hiob diese Weisheit der Alten zur Selbstprüfung und Belehrung vorgelegt. Die Gefahren, denen sich der gottlose Mensch aussetzt, werden in krassen Bildern dargestellt. Bildad sagt nicht eindeutig: »Du bist der Mann!« (2Sam 12,7), doch er hält für möglich, daß es im Leben Hiobs Ungerechtigkeit gibt. **11.12** Nun wird beschrieben, wie das Wasser von den Papyruspflanzen und dem Schilf, das am Ufer wächst, zurückweicht. Ohne Wasser verdorren die gesunden Pflanzen und sterben schneller ab als Gras. **13** Die Hoffnung des gottlosen Menschen rettet ihn nicht (Röm 8,24), sondern verdammt ihn; denn sie richtet sich nicht auf Gott, sondern auf den Menschen. **14** Sie ist so unbeständig wie ein Spinngewebe. **15** Das Haus, das der Gottlose immer für fest und dauerhaft gehalten hat, bricht plötzlich zusammen. **16–18** Der Gottlose gleicht einer Pflanze in vollem Saft, die unvermittelt ausgerissen und vernichtet wird, **17** auch wenn sich ihre Wurzeln einen Weg durch Steine und Geröll bis tief ins Erdreich hinein suchen.

19 *Das ist die Freude seines Weges* (EÜ): ist wohl ironisch gemeint. Der Text ist schwierig. Manche vermuten, daß statt *Freude* (hebr. *maśoś)* »zerfließen« *(meśoś)* zu lesen ist, vgl. JB (in Anlehnung an LXX) »so wird er auf dem Wege verkommen«.

8,20–22 Das unausweichliche Ende. Wenn Hiob ein rechtschaffener Mann ist, wird er sich endlich in einer Welt voller Freude befinden. Nur das Leben der Gottlosen endet im Unglück. Bildad begeht zwei schwere Fehler, die seine Worte für Hiob unannehmbar machen. Einmal fehlt ihm das Mitgefühl, nach dem Hiob so dringend verlangte, völlig. Seine Annahme, daß der plötzliche Tod der Kinder Hiobs eine Strafe für deren Sünde war, muß den verletzten Hiob tief treffen. Denn er weiß, daß dies nicht der Wahrheit entsprach. Zum anderen hat die Vorliebe für die Tradition Bildad engherzig gemacht. Er ist so auf die Vergangenheit fixiert, daß er gar nicht wahrnimmt, daß Hiob nach einer viel tieferen Gotteserfahrung verlangt, als sie ihm jemals zuteil geworden ist. Er hält die göttliche Offenbarung bereits für abgeschlossen.

9,1–10,22 Hiobs erste Antwort an Bildad

9,1–16 Wie kann ein Mensch gerecht sein vor Gott? Das ganze Kapitel behandelt die Unmöglichkeit, vor Gott Gerechtigkeit zu erlangen. Hiob verzichtet auf eine Antwort im Detail. Er hält sich an das Prinzip, von dem auch alle seine Freunde ausgehen und das Eliphas in 4,17 ausführlich erläutert hat: die Unmöglichkeit, daß Sterbliche vor Gott gerecht werden können. **2** Hiob gibt zu, daß dieser Grundsatz wahr ist, doch er bestreitet, daß sich darin auch nur ein Körnchen Trost findet. **3** Welchen Sinn hat es, seine Unschuld vor einem unendlich weisen Gott beweisen zu wollen, zumal dieser tausend unbeantwortbare Fragen bereithält? **4–10** Außerdem verfügt dieser Gott über unbegrenzte Macht, mit der er Himmel und Erde erschüttert und Wunder tut, die alles menschliche Wissen weit übersteigen. Es ist aussichtslos, vor solch einem Gott seine Sache zu vertreten. **11** Wenn Gott seine Aufmerksamkeit von der Natur den Menschen zuwendet, handelt er mit ihnen ebenso willkürlich wie mit dieser. **12** Wenn er zugreift, wer kann ihn dann zur Rede stellen? **13.14** Wenn schließlich selbst der Mutigste vor der Macht Gottes kapitulieren muß, wie kann dann Hiob oder irgend ein anderer hoffen, sich dieser Macht durch bloße Worte und Erfolg entgegenzustellen, wie wohlüberlegt diese auch sein mögen? *Die Helfer Rahabs:* Hier wird auf einen Mythos Bezug genommen, der von der Niederwerfung eines Angriffes berichtete, den das Seeungeheuer Rahab und seine Verbündeten auf den Himmel unternommen hatten. Vgl. 26,12; Ps 89,11. **15** Auch fleckenlose Unschuld muß vor diesem Gott verstummen; und wenn sie doch den Mund zu öffnen wagt, kann nur ein Flehen um Gnade herauskommen. **16** Selbst wenn Gott die Bitte Hiobs um eine Gerichtsverhandlung akzeptiert hätte, wäre Hiob nicht sicher, ob er mit einer fairen Verhandlung rechnen könnte.

9,17–24 Anklage Gottes. In diesem Abschnitt wird ein schreckliches Bild von Gott gezeichnet: **17** Grundlos wütet er und schlägt zu; **18** er läßt den Menschen keine Atempause; **19** er setzt Gewalt vor Recht. *Wer will ihn vorladen:* wörtl. *wer will mich vorladen* (EÜ). **20** Er vernichtet gleicherweise Gerechte und Ungerechte, **23** lacht über die Qualen der Unschuldigen, **24** gibt die Erde zum Tummelplatz der Gottlosen frei und schlägt die Richter mit Blindheit, so daß sie nicht sehen, was recht ist. Wie kann er, Hiob, von diesem Gott eine gerechte Behandlung erwarten? **20.21** Hiob wird von der Furcht gequält, daß er in der Aufregung und Verwirrung eine Schuld zugeben könnte, die er nicht auf sich geladen hat. Ich bin unschuldig: Um so fester beharrt er auf seiner Unschuld; er kann sie nicht aufgeben, auch wenn er dafür sterben muß. Das ist in Verbindung mit **22** zu sehen. *Es ist eins:* Gemeint ist wahrscheinlich: »Es ist egal, ob ich lebe oder sterbe. Das Leben ist mir verleidet.«

9,25–35 Die Vergänglichkeit des Lebens. **27** Jeder Versuch, sich eine optimistischere Sicht einzureden, **28.29** scheitert an dem Wissen, daß Gott ihn ja doch für schuldig hält. Eigentlich könnte er den ungleichen Kampf schon jetzt aufgeben. **30.31** Hiob sieht sich einem Gott gegenüber, der die Absicht hat, einen Menschen, der sich mit seiner ganzen Kraft nach Reinheit der Seele sehnt, in den Schmutz zu drücken. **32.33** Hätte er es doch mit einem Menschen zu tun und nicht mit Gott, dann könnte er sich wehren. Doch es gibt nicht einmal einen Schiedsmann, der einen fairen Ablauf des Prozesses garantieren könnte. **34.35** Am Schluß des Kapitels wendet sich Hiob traurig erneut seiner Realität zu: Da ist die schreckliche *Rute* Gottes über seinem Leben. Wenn Gott sie nur wegnähme, dann könnte er furchtlos seine Unschuld verteidigen, denn sein Gewissen ist rein.

Hiob verlangt nach der Offenbarung des geheimnisvollen, schrecklichen Gottes in einer Weise, die der menschlichen Erfahrung zugänglich ist. In dem Schrei nach einem Richter zwischen Gott und Mensch manifestiert sich die Sehnsuch nach dem einen »Mittler zwischen Gott und den Menschen«, Jesus

Christus (1Tim 2,5). Für Hiob gab es noch keine endgültige befriedigende Antwort auf seine Probleme; diese kann erst Christus geben.

10,1–7 Bitte an Gott. **1.2** Ohne diesen Schiedsrichter muß Hiob sich unmittelbar an Gott wenden und versuchen, das Geheimnis der göttlichen Feindseligkeit gegen ihn zu ergründen. Jeder Vorstellung, die seine verwirrte Phantasie hervorbringt, verleiht er jetzt Ausdruck: **3** Bringt seine Unterdrückung Gott irgendeinen Gewinn? **4** Oder handelt Gott aus Kurzsichtigkeit: Kann er nicht erkennen, was er den Menschen antut? **5.6** Kann es sein, daß auch Gottes Lebenszeit, wie die der Menschen, begrenzt ist? Muß er deshalb jeden, den er einer Sünde verdächtigt, bestrafen, bevor er die Angelegenheit gründlich überprüft hat? **7** Doch während Hiob diese Vermutungen ausspricht, weiß er, daß sie gegenstandslos sind. Er kann den Gedanken nicht abschütteln, daß Gott um seine Unschuld weiß.

10,8–22 Die Tiefe der Verzweiflung. **8.9** Nun appelliert Hiob an Gott als seinen Schöpfer, der so große Sorgfalt auf das Werk seiner Hände verwandt hat. *Aus Erde:* nach LXX; hebr. *aus Ton* (EÜ). **10–12** Sowohl in der Zeit vor seiner Geburt wie in seinem Leben erkennt Hiob viele Anzeichen göttlicher Fürsorge. Welches Ziel hatte Gott bei diesem Handeln mit ihm vor Augen? **13ff** In der Antwort, die er sich selbst gibt, rührt Hiob an Tiefen des Zweifels und der Verzweiflung, die finsterer sind als alles, was sonst in diesem Buch angesprochen wird. Der Töpfer hat das Gefäß nur deshalb besonders schön gemacht, damit in der Stunde, in der er es zerstören wird, der Gegensatz zwischen Vergangenheit und Gegenwart um so deutlicher zutage tritt. **14** Hiob spürt, daß er mit einem Gott hadert, der sogar die geringsten Sünden bemerkt. **15** Er erschrickt bei der Vorstellung, was ihm passieren würde, wenn er wirklich schuldig wäre. Doch auch seine Rechtschaffenheit ändert nichts. Geängstigt durch einen Gott, der sich daran freut, ihn wie ein wilder Löwe unerbittlich zu jagen, muß er den Kopf senken. **17** *Immer neue Heerhaufen,* d.h. Leiden führt Gott als Strafe und damit indirekt als Zeugen gegen Hiobs Unbescholtenheit ins Feld. **18–20** enthalten zwei Notschreie: »Wäre doch meine Wiege mein Grab gewesen!« (vgl. 3,2) und: »Kann ich nicht wenigstens einen Augenblick Ruhe haben, bevor ich in die immerwährende Nacht des Todes eingehe?«

11,1–20 Zophars erste Rede

11,1–6 Hiob wird getadelt. **1.2** Zophar weist Hiob wegen seines leeren Geredes scharf zurecht. **3** Hiob kann nicht erwarten, daß Männer, die es besser wissen als er, sich alles schweigend anhören. **4** Hiob hat den Anspruch erhoben, ehrlich und aufrecht zu sein. **5.6** Würde Gott ihm tatsächlich antworten, er würde diesen Anspruch zerschlagen. Hiobs erbärmliches menschliches Wissen würde vor der Macht göttlicher Weisheit vergehen, und er würde erkennen, daß Gott ihm seine Sünde noch milde vergilt.

11,7–12 Verherrlichung der Größe Gottes. **10.11** Gott weiß, welches Urteil er über den eitlen Menschen fällt; sein Urteil muß unfehlbar sein. **12** Hiob soll sich dem umwälzenden Prozeß unterwerfen, den die göttliche Weisheit an ihm vornehmen will; dann besteht Hoffnung, daß er am Ende wirklich verstehen wird, auch wenn er nicht mehr Verstand als ein junger Wildesel besitzt. Unverständnis kann nur durch göttliche Offenbarung in Verstehen umgewandelt werden.

11,13–20 Aufruf zur Reue. **13.14** Zophar fordert Hiob auf, alle bewußten Sünden abzulegen und schildert den glänzenden Lohn der Buße. **15** Ein Teil dieses Lohns wird darin bestehen, daß er der Welt wieder furchtlos und ohne Scham entgegentreten kann. Vgl. 10,15. **16.17** Die Buße wird ihn auch das vergangene Elend vergessen lassen, dessen Dunkelheit von dem strahlenden Licht der Gegenwart völlig überdeckt wird. **18.19** Buße führt auch zu Sicherheit und Hoffnung (vgl. 7,6). **20** Ohne Buße aber bleibt für Hiob nur die Hoffnung, bald zu sterben.

Zophar ist der klassische Fall eines engstirnigen Dogmatikers. Zwei Fehler sind für ihn charakteristisch. Zum einen ist er zu sehr von seinem eigenen religiösen Standpunkt überzeugt. Bei ihm gibt es kein demütiges: »Ich weiß nicht.« Er hat recht, wenn er von sich behauptet, etwas von der Wahrheit zu kennen (vgl. 11,7–11, wo von der unvergleichlichen, überweltlichen Weisheit Gottes die Rede ist). Doch er irrt sich, wenn er glaubt, alle Wahrheit zu besitzen. Über den Grund, warum Hiob leiden muß, weiß er nicht mehr als Hiob selbst. Zum anderen fehlt es ihm an Demut. Er erwartet zwar Demut von Hiob, wenn er über die Grenzen menschlicher Weisheit spricht. Doch als er dann auf Hiob einredet, vergißt er, daß auch der Verstand, der die Leiden Hiobs zu erforschen sucht, begrenzt ist. Ohne daß er es merkt, klingen die Schlußfolgerungen, die er aus dem Leiden Hiobs zieht, viel mehr nach der Hohlköpfigkeit eines jungen Wildesels (11,12) als die schlimmsten Notschreie des Leidenden.

12,1–14,22 Hiob antwortet seinen Freunden

12,1–12 Er ärgert sich über ihre vermeintliche Allwissenheit. Bisher hatte Hiob die Haltung seiner Freunde nur wenig beachtet. **2–4** Jetzt kritisiert er mit Sarkasmus und Logik ihre überhebliche Annahme, daß sie auf ihn herabsehen könnten. **5** Wie leicht war es für sie, aus ihrer Sicherheit und Bequemlichkeit heraus, oberflächliche Gemeinplätze im Munde zu führen. **6** Als erfolgreicher *Verwüster, ein Gewaltmensch* (EinhÜ), würde er ihnen wahrscheinlich mehr Respekt abgewonnen haben denn als frommer Mann. *Die Gott in ihrer Faust führen:* Der einzige Gott, dem jene Verbrecher dienen, ist ihre eigene Kraft, die hier durch das Schwert in ihrer Hand symbolisiert wird. **7–9** Alles, was die Freunde ihm über Weisheit und Macht Gottes gesagt haben, war für Hiob nicht neu. Sogar die Tiere auf den Feldern wissen darum; die Stimme der Natur ist in dieser Hinsicht einhellig. **10** Hiob weiß auch, daß alles Leben in Gottes Hand liegt. Die Frage, die ihn bewegt und auf die sich seine Freunde nicht einlassen wollen, richtet sich darauf, wie Gott seine Macht einsetzt. Welche Kriterien bestimmen das Wirken dieser Macht? **11** Hiob ist nicht bereit, die Meinungen anderer ungeprüft zu übernehmen, wie alt sie auch sein mögen, solange sie sich nicht mit seinem moralischen und geistlichen Empfinden decken. **12** Vgl. 8,8–10.

12,13–25 Schilderung der Macht Gottes. Hiob beschreibt die Macht Gottes: Sie dominiert unterschiedslos und unwiderstehlich über alles, verwüstet die Erde durch Naturkatastrophen, macht den Einfluß der Weisen, der Mächtigen und der Geachteten zunichte; sie läßt Menschen groß werden, nur um sie wieder niederzuwerfen; sie erhebt andere in Führerpositionen, die im Blick auf die einzuschlagende Richtung Männern gleichen, die im Dunkeln tappen. Vergebens sucht man nach einem Prinzip, dem die göttlichen Handlungen untergeordnet sind, und merkt dann, daß wir verstehen sollen, daß es für Hiob ein solches Prinzip nicht gibt. **18** *Bande der Könige:* die Zwänge, die diese ihren Völkern auferlegten. **22** Die exakte Aussage dieses Verses ist schwer zu erfassen. Vielleicht bezieht er sich auf Gottes genaue Kenntnis der tiefsten Geheimnisse des menschlichen Herzens. Vgl. Jes 29,15.

13,1–12 Hiob weist den Rat der Freunde zurück. Wieder wendet sich Hiob von seinen Freunden ab, scharf und ungeduldig. Sie waschen sich mit Lügen rein und sind als Seelenärzte unbrauchbar. Gott wollen sie mit »Sprüchen aus Asche« rechtfertigen und mit »Bollwerken« aus Lehm verteidigen. Hiob beschuldigt sie, keine ehrlichen Verbündeten Gottes zu sein, sondern unterwürfige Kriecher, die mit verdrehten Argumenten für die Sache eintreten, wesentlich bestimmt von der Angst um die eigene Haut. Sie sind Männern zu vergleichen, die die Sache eines Tyrannen verteidigen, nicht weil es ihnen um Recht oder Unrecht geht, sondern weil sie die Macht des Tyrannen fürchten. Die Freunde haben oft von Gottes Allwissenheit geredet, wenn es um die verborgenen Sünden Hiobs ging; sind sie sich darüber klar, daß dieser alles erfassende Blick auch die Motive durchschaut, die sie zur Parteinahme für Gott bewogen haben? Wie wird es ihnen ergehen, wenn sie vor dem Gericht Gottes stehen? **9–11** Hiob meint, ehrliche Opposition gegen Gott könnte im Gericht eine bessere Chance haben als heuchlerische Unterwerfung.

13,13–28 Hiob ruft zu Gott. **13** In dem Bewußtsein, daß weitere Appelle an seine Freunde nutzlos seien, wendet sich Hiob an Gott. **14–18** Er weiß, daß dieser Appell riskant ist, doch er kann nicht umhin, seine eigene Angelegenheit vorzubringen. **19** Verwegen verlangt er nach jemandem, der seine Unschuld widerlegen kann. Wenn es diesen Jemand gäbe, wolle er, Hiob, schweigen.

15 Dieser Vers ist zum richtigen Verständnis dieses Abschnitts wichtig. Aber seine Übers. ist schwierig. *Siehe, er wird mich doch umbringen, und ich habe nichts zu hoffen* (LÜ; vgl. ZÜ, JB): Hier wird nach dem hebr. Text *l'o (nicht)* gelesen. Eher ist jedoch *lo (auf ihn)* zu lesen, so EÜ: *ich werde auf ihn warten* (vgl. EinhÜ). Dafür spricht: 1. Völlige Hoffnunglosigkeit steht im Widerspruch zu V. 16, in dem es um die Versicherung geht, daß das Urteil für Hiob günstig ausfallen wird und nur gottlose Menschen einen Grund haben, Gott zu fürchten. 2. Es ist möglich, in V. 15 eine teilweise Vorwegnahme der Erkenntnis aus 14,13–17 zu sehen. 3. Der Gedanke aus V. 9–11, daß Gott die Unehrlichkeit der Freunde nicht gutheißt, läßt darauf schließen, daß ein gerechter Gott auch die Hoffnungen dessen, der auf ihn vertraut, nicht enttäuscht.

20.21 Hiob bittet weiter um gerechte Behandlung durch Gott. Sie würde auch bedeuten, daß die schwere Hand, die auf ihm liegt, von ihm genommen würde und damit die quälende Furcht vor der Majestät Gottes. **22** Würde ihm dies garantiert, wäre er sowohl mit der Rolle des Klägers wie mit der des Angeklagten einverstanden. **23–26** Doch so weiß er nicht einmal, welcher Sünde er beschuldigt wird. Deshalb bittet er um eine Erklärung für die Feindschaft Gottes, die zu einem so harten Urteil über ihn geführt hat. Kann es sein, daß Gott ihn um seiner Jugendsünden willen straft? **27** Was auch immer der Grund sein mag, die gegenwärtige Situation läßt sich nicht leugnen: drastische Beschränkungen, die Gott ihm auferlegt hat. Was beabsichtigt Gott mit dieser seiner Härte? **28** Erreicht hat er, daß Hiob nur noch ein gedemütigtes, vom Leben herumgestoßenes Geschöpf ist, das schon Zeichen der Verwesung an sich trägt.

14,1–22 Sehnsüchtige Erwartung eines Lebens nach dem Tod. **1–6** Hiob findet es eigenartig, daß die göttliche Gerechtigkeit sich auf ein Geschöpf wie den Menschen konzentrieren kann. Sein Leben ist flüchtig, voller Unruhe und der Sündhaftigkeit seines Geschlechtes unterworfen. Wie kann ein einzelner Mensch, der noch nicht einmal ein großer Sünder ist, so viel göttliches Mißfallen erwekken? Kann Gott diesem kurzlebigen Geschöpf in seinem Elend nicht einen Augenblick der Ruhe gönnen? **7–12** Vergleicht man das Los der Dinge mit dem Geschick der Menschen, so sind erstere im Vorteil: Ein gefällter Baum kann neue Äste treiben, doch der Tod des Menschen ist endgültig. **13–15** Diese Vorstellung beherrscht Hiob so stark, daß er sich in einem dramatischen Gefühlsausbruch davon zu befreien sucht. Seine Seele verlangt nach der Hoffnung auf ein besseres Leben nach dem Tod. In der Gegenwart spürt er nur die Zornesrute Gottes auf seinem Rücken. Und vermutlich wird sich das nicht ändern, solange er lebt. Doch danach? Nun verleiht Hiob seinem schönen Traum von dem gnädigen Gott, der ihm Asyl gewähren wird, Ausdruck: zuerst im Totenreich *(sche'ol)*; und wenn es den Schöpfer nach dem Werk seiner Hände verlangen wird, wird er ihn wieder ins Sein zurückrufen. Wenn ich das glauben könnte, sagt Hiob, würde ich auf meinem Platz ausharren, bis Erlösung kommt. Das sind Worte eines Mannes, der auch den Glauben an einen Gott, dessen gegenwärtiges Handeln ihm ein Geheimnis ist, nicht loslassen kann; der Fragen stellt, auf die erst viel später Jesus antworten wird. Vgl. Jh 11,25; 2Tim 1,10, u.a. **16.17** Doch der Glanz des Traumes scheint hinter den grausamen Tatsachen der Gegenwart zu verblassen. *Wachst du nicht über meiner Sünde?* (EÜ): An die Stelle des gnädigen Gottes tritt in Hiobs Sicht wieder ein Gott, der kleinlich jede Sünde in Rechnung stellt. Andere deuten diese beiden VV. auf die heilvolle Zukunft, vgl. LÜ: »Dann ... hättest du ... nicht acht auf meine Sünden.« **18.19** Hier ist in jedem Fall wieder von der gegenwärtigen Not die Rede, von einem Gott, der die größten Werke der Natur zu Staub zermalmt und die Hoffnungen der Menschen zerschlägt. **20** Der Tod ist der höchste Trumpf in der Hand des göttlichen Gegenspielers des Menschen. **21** Er verwehrt es dem Menschen, sich mit seinen Kindern, die er zurücklassen muß, zu freuen, oder mit ihnen zu weinen, wenn sie Unglück trifft. **22** Der Tod bedeutet noch nicht einmal das Ende des eigenen Schmerzes. Das bezieht sich vermutl. auf die Vorstellung, daß die Seele in der Scheol mit dem vermodernden Körper leidet und so selbst die Verwesung spürt.

15,1–21,34 Der zweite Gesprächszyklus

15,1–35 Die zweite Rede des Eliphas

Eliphas hat gesehen, wie Hiob die weisen Ratschläge seiner Freunde mit Füßen getreten hat. Offensichtlich waren alle ihre Versuche, Hiob zur Unterwerfung unter den weisen und allmächtigen Gott zu bewegen, erfolglos. Doch vielleicht wird er sich durch die Beschreibung des göttlichen Gerichts überzeugen lassen, das über die Gottlosen ergeht. Dies ist die Spitze des Angriffs, den die Freunde in dieser zweiten Redenfolge auf Hiob starten. Sie haben den Eindruck, daß die Tröstungen Gottes (V. 11), die sie Hiob zugesprochen haben, diesem zu gering waren. Vielleicht bringen ihn die Schrecken Gottes wieder zu Verstand.

Eliphas gibt in seiner Rede zu erkennen, daß er sich in seinem Stolz und in seinen religiösen Gefühlen verletzt fühlt.

15,1–16 Die Einstellung Hiobs wird kritisiert. **1–6** Eliphas beschuldigt Hiob, leichtfertig und im Grunde seines Herzens irreligiös zu sein. Seine Anmaßung von Unschuld und seine Kritik an Gott seien nur ein listiger Schachzug zu seiner Verteidigung gewesen. **7.8** Weiter beschuldigt er Hiob der Selbstüberschätzung; er rede wie ein Mensch, der von Anbeginn der Welt an gelebt hat, wie ein Mitglied des geheimen Rates Gottes, wie jemand, der die Weisheit gepachtet hat. **9–13** Dabei ist es widersinnig, das Zeugnis des Alters und der Erfahrung zurückzuweisen.

14–16 Hiob habe in seiner Rede in tragischer Weise die Unreinheit des Menschen ignoriert, der so gierig Unrecht aufsaugt, wie ein durstiger Mann Wasser trinkt. Wenn er nur einmal seine Augen zu dem Gott erheben würde, vor dem nicht einmal die Heiligen, d.h. die Engel (vgl. Komm. zu 5,1) und die Himmel rein sind!

15,17–35 Das Schicksal der Gottlosen. Eliphas nimmt die Worte Hiobs aus 12,6 auf. **17–19** Er beruft sich auf Aussprüche der Weisen, die bis in die Zeit zurückreichen, als noch keine fremden Einflüsse Moral und Religion verdarben. **20** Hiob hatte behauptet, daß die Gottlosen in Sicherheit leben. Welch ein Irrtum! Ihrer Sicherheit wird beständiger Schmerz folgen. **21** Sie ist von kommendem Unheil bedroht, dessen Vorankündigungen ihnen beständig in den Ohren klingen. **22–24** Und wenn sie schließlich die furchtbare Dunkelheit überfällt, wird all ihre Hoffnung zunichte. Was ihnen bleibt, ist Gewalt, Hunger, Unruhe und Angst. **25.26** In Stunden flüchtiger Sicherheit erheben sie sich zwar stolz gegen den Allmächtigen. In der Meinung, ihre Schilde könnten sie schützen, **27** spielen sie die erfolgreichen, aufgeblasenen Lüstlinge **28** und bauen Trümmerstädte wieder auf, auf denen der Fluch Gottes liegt. **29.30** Doch die endgültige Finsternis des Gerichts, das ihren Reichtum vernichten wird, zieht bereits herauf. **31–35** Ihr Schicksal gleicht einer Pflanze, die vor der Zeit verwelkt und abstirbt.

16,1–17,16 Hiob antwortet Eliphas

16,1–5 Derart leeren Trost verschmäht er. **2.3** Die leeren Worte: Eliphas hatte Hiob beschuldigt, ein gegen Gott rebellierender Schwätzer zu sein (vgl. 15,2–6). Hiob richtet diese Anschuldigung jetzt gegen seine Freunde und bezeichnet sie als *leidige Tröster.* **4.5** Wenn er an ihrer Stelle wäre, würde er einen besseren Trost anzubieten haben.

16,6–17 Hiob beschreibt seine verzweifelte Lage. Er schildert die Erbärmlichkeit seiner ausweglosen Situation in ergreifenden Bildern. **6** Weder Reden noch Schweigen kann sein Elend lindern. **7.8** Sein trostloses Aussehen beweist zur Genüge, daß die Hand seines göttlichen Gegenspielers auf ihm liegt. *Er hat mich:* hebr. du hast mich (so auch in V. 7b). **9** In seinem Elend kommt es ihm vor, als packe ihn Gott, wie ein wildes Tier seine Beute reißt, und blicke mit funkelnden Augen auf ihn Hilflosen herab. **10.11** Die Feindschaft Gottes findet in der Feindschaft der Menschen ihre Entsprechung. **12.13** Am Ende von V. 12 wechselt das Bild: Gott erscheint jetzt als Bogenschütze, der eine Flut von Pfeilen auf die lebenswichtigen Organe seines Opfers abschießt. **14** Noch einmal wechselt das Bild: Gott tritt als Krieger auf, der wiederholt die Mauern durchbricht, hinter denen die Seele Hiobs Schutz sucht. **15–17** Trauer und Demütigung waren die Folge dieser göttlichen Angriffe. Und dabei galten alle diese Angriffe einem Unschuldigen.

16,18–21 Dennoch behält sein Glaube die Oberhand. Wieder erhebt sich Hiob aus tiefsten Tiefen zu den höchsten Höhen. Trotz der Anschuldigungen seiner Freunde hatte er an seiner Unschuld festhalten müssen, ebenso kann er seinen Gott, auch angesichts der schlimmsten Zweifel und Ängste, nicht loslassen. **18** Sollte ein ungerechter Tod sein unschuldiges Leben beenden, so wird die Stimme seines Blutes bis zum höchsten Himmel vordringen. Vgl. 1Mo 4,10. **19** Und dort im Himmel sieht er nun plötzlich Gott als Fürsprecher, der für seine Unschuld eintreten wird. **20.21** Unter Tränen appelliert er an Gott als den himmlischen Zeugen, seinen Fall gegen die Anschuldigungen seiner Freunde und gegen die vernichtenden Schläge Gottes selbst zu verteidigen, der für sein irdisches Leiden verantwortlich ist. Dieses leidenschaftliche Verlangen nach einem himmlischen Zeugen weist hin auf den »Fürsprecher bei dem Vater, Jesus Christus, der gerecht ist« (1Jh 2,1). Solcher Glaube verlangt nach dem »Gott für uns«. Auch hier ist allein Jesus die Antwort auf Hiobs Frage. Vgl. Hebr 9,24.

16,22–17,16 Flüchtigkeit und Sorgen des Lebens. **16,22–17,2** Der Appell Hiobs wird noch dringender, als ihm bewußt wird, daß sein Leben unerbittlich dem Grab zustrebt. Er verwirft die trügerischen Hoffnungen auf eine bessere Zukunft, die seine Freunde ihm in Aussicht gestellt haben, um ihn das Elend des Tages vergessen zu lassen. Ja er verwirft jede menschliche Hoffnung! **3–5** Er appelliert an Gott gegen Gott. Nur Gott selbst kann Sicherheit geben. **6ff** Das gegenwärtige Elend Hiobs besteht auch darin, daß er zur Zielscheibe für Moralpredigten und Beleidigungen geworden ist. **8.9** Das Leiden eines solchen Menschen kann Gerechte wohl befremden, doch es darf sie nicht daran hindern, ihren gerechten Weg um jeden Preis fortzusetzen. Die Meinungen der Wissenschaftler über diese beiden Verse gehen auseinander. Einige sind der Auffassung, daß diese Worte im Mund Hiobs befremdlich klingen; sie vermuten deshalb, daß sie ursprünglich in eine der Reden der Freunde gehörten und erst nachträglich an diese Stelle gerückt wurden. Doch es ist nicht nötig, einen derartigen Eingriff in den Text anzunehmen. Diese Verse erhellen plötzlich die tragische Dunkelheit des Buches, wenn auch nur für einen Augenblick (Delitzsch). **10–12** Doch das Dunkel verdichtet sich erneut. Wieder schiebt Hiob die Hoffnung seiner Freunde beiseite, daß seine Nacht sich wieder in hellen Tag verwandeln könne. **13–16** Seine einzige Hoffnung ist der Tod, für den er fast schon freundschaftliche Zuneigung empfindet.

18,1–21 Die zweite Rede Bildads

Bildad hat nichts Neues zu sagen und sicherlich nichts, was für Hiob Bedeutung haben könnte. Eine Schilderung des Untergangs der Gottlosen kann nur einen Menschen mit schlechtem Gewissen ansprechen.

18,1–4 Einleitung. Diese Verse leiten zu Bildads Hauptthema hin und lassen erkennen, wie sehr er sich über die Einstellung Hiobs zu den Tröstungsversuchen seiner Freunde ärgert. **2** Bildad wirft Hiob vor, Argumente, die auch nicht mehr als leere Worte sind, an den Haaren herbeizuziehen. **3** Hiob behandelte die Freunde wie unverständiges Vieh. **4** Er habe Gott beschuldigt, ihn in seinem Zorn zu zerreißen (vgl. 16,9), während er sich in Wahrheit selbst quäle. Durch diese seine Haltung stelle er die ganze Welt mit ihrer moralischen Ordnung auf den Kopf, nur um seine Beschuldigung Gottes und sein Selbstmitleid zu rechtfertigen.

18,5–21 Das Schicksal der Gottlosen. **13** *Der Erstgeborene des Todes:* d.h. eine tödliche Krankheit. **15** *Wird Schwefel gestreut:* Es war Brauch, über gebannte Stätten Salz zu streuen, vgl. Ri 9,45 und Komm. Vielleicht symbolisierte Schwefel einen noch schlimmeren Fluch.

19,1–29 Hiob antwortet Bildad

Man hat dieses Kapitel als die »Wasserscheide« des Buches bezeichnet. Von der tiefsten Selbstaufgabe erhebt sich Hiob zu einem triumphalen Glaubensbekenntnis.

19,1–22 Hiob beschreibt seine Demütigung durch Gottes Hand. Als er seine Freunde anredet, weicht sein Zorn der Trauer. **2–4** Selbst wenn er gesündigt haben sollte, könnte seine Sünde doch den Freunden nichts anhaben. *Zehnmal:* bedeutet »oft« (vgl. 1Mo 31,7). **5–12** Hiob beschwert sich, daß Gott ihn demütigen will. Er begnügt sich nicht damit, sein persönlicher Feind zu sein, sondern rekrutierte ein ganzes Heer von Mitarbeitern. **13–20** Seine Verwandten, Freunde, Diener und sogar seine Frau, alle wenden sich mit Abscheu von ihm ab. Er bleibt allein, der Zuneigung derer beraubt, die ihm alles bedeuteten. **20** *Nur das nackte Leben brachte ich davon:* wörtl. (nur) *mit der Haut meiner Zähne bin ich entronnen* (EÜ). Damit wird wohl auf die abgemagerten Wangen angespielt. **21** Durch die Vergegenwärtigung seiner Verlassenheit fast zerbrochen, appelliert Hiob an das Mitleid seiner Freunde. Die tragische Beziehung zwischen ihnen wird jetzt deutlich. Hiob meint, die Erkenntnis, daß Gottes Hand ihn demütige, müsse sie zum Mitleiden bewegen. Doch eben weil es Gott war, der Hiob strafte, mußten ihm die Freunde ihr Mitleid versagen. Ihre starren religiösen Grundsätze standen dem entgegen. Sie mußten zwischen ihrem Freund und ihrem Glauben wählen. **22** Hier wird auf besondere Weise deutlich, wieviel wir Christus im Blick auf unser Gottesverständnis verdanken. Wir werfen den Menschen oft vor, daß sie nicht wie Gott, daß sie Gott so wenig ähnlich sind (vgl. Lk 6,35f: Eph 4,32). Hiob dagegen klagt, daß seine Freunde Gott zu ähnlich sind. Ihre Einstellung zu seinem Leiden wird immer unfreundlicher; Hiob sieht darin eine Reflektion der Haltung Gottes, der für seinen Kummer ebenfalls völlig abgestumpft zu sein scheint.

19,23–29 Wieder triumphiert der Glaube. Hiob schaut in die Zukunft, um dort die Hoffnung, die die Gegenwart ihm versagt, erneut aufstrahlen zu sehen. **23.24** Man sollte seine Geschichte niederschreiben, in Blei kratzen oder in einen Felsen ritzen! Kommende Generationen würden sie sicher besser verstehen als seine eigene. Doch dieser Mann kann sich auch nicht lange mit dem Gedanken an ein Lob aus dem Munde zukünftiger Generationen zufrieden geben. Seine Entfremdung von den Menschen ist längst nicht so ausgeprägt wie seine Entfremdung von Gott. Hier liegt der Schlüssel zu jener Qual des menschlichen Herzens, die in diesem Buch geschildert wird.

25–27 Und dann schaut Hiob in der Zukunft einen *Erlöser,* der seine Sache übernimmt und ihm schließlich das »nicht schuldig« zuspricht, auf das er so lange gewartet hat. Dann wird Hiob Gott sogar sehen. V. 25–27 sind ein prophetischer Hinweis auf Christus; »denn er lebt immerdar und bittet für sie« (die an ihn glauben; vgl. Hebr 7,25), er hat »das Leben und ein unvergänglich Wesen ans Licht gebracht« (2Tim 1,10). Wir dürfen jedoch Hiob nicht zu einem Christen machen; er wußte nichts von der prophetischen Bedeutung seiner Worte. Wood versteht V. 25–27 als Vision entsprechend der Eliphas' (4,12–21). Das ist zwar nicht unmöglich, doch fehlt es dafür an Belegen.

Der hebr. Text ist schwierig; dadurch wird jede ungewöhnliche Interpretation noch problematischer. *Erlöser:* hebr. *go'el*; »einer, der für mich eintritt«. Der *go'el* war der nächste Blutsverwandte, nach dem Zivilrecht dazu verpflichtet, Besitz oder Person seines Verwandten auszulösen; nach dem Gesetz fiel ihm die Aufgabe zu, seinen Verwandten zu rächen, wenn dessen Blut unschuldig vergossen worden war. Vgl. Komm. zu Rut 3,11–13; 4,5f. Irwin (1962) und Wood (1966) meinten, der bei Hiob genannte Erlöser sei ein Mensch. Irwin sieht den Schlüssel zu Wesen und Aufgabe des Erlösers in den Ras-Schamra-Texten, die von einem Boten der Götter sprechen, »der bei der Befreiung des toten Lebensgottes mitwirkte«. Diese Verbindung ist eine bloße Annahme ohne Anhaltspunkt im Text. Es ist sicher richtiger, wenn man versucht, die Bedeutung des *go'el* auf dem Hintergrund der Gedanken Hiobs zu erklären, die auch an anderen Stellen des Buches erwähnt werden. Hiob hat Gott als seinen Richter angerufen (13,15–18), als seinen Zeugen (16,19), als Anwalt für seine Verteidigung (16,21). Der Ausdruck *go'el* als Kennzeichnung für Gott findet sich in Ps 19,15 und wiederholt bei Jesaja (Jes 41,14; 44,6; 47,4; 60,16; 63,4.9). Welche genaue Vorstellung über die Person des *go'el* hier bei Hiob vorliegt, wissen wir nicht. Das Schwergewicht lag sicher auf der Funktion des *go'el:* er sollte Hiob vor den Menschen rechtfertigen und ihn mit Gott versöhnen. *Über dem Staub:* auch andere Übers. sind möglich: »auf der Erde«, »auf meinem Grab«. Vgl. 7,21; 17,16.

26 *Und mein Fleisch* (ist) *dahingeschwunden:* hier kann auch übersetzt werden: »aus meinem Fleische« (EÜ; JB). Der Vers kann also entweder bedeuten, daß Hiob erwartete, seine Rechtfertigung noch als Mensch zu erleben, oder, daß er annahm, ihr nur noch als körperloser Geist beizuwohnen. Es läßt sich nicht sagen, welche Bedeutung zutrifft. **27** *Ich selbst:* Man vergleiche die Bemerkung Luthers, daß das Wesentliche des Glaubens in den Personalpronomen liege. Hiob kennt Gott demnach nicht nur vom Hörensagen. *Und kein Fremder:* Einige Übersetzer beziehen dies nicht auf Hiob, sondern auf Gott (vgl. JB). Das läßt vermuten, daß Hiob sehnsüchtig auf die Zeit wartete, in welcher der Gott der Gegenwart, der ihm so oft geheimnisvoll erschien, als ein Fremder, der ihn mit seiner tiefen Feindseligkeit verwirrte, sich in Wahrheit als sein Freund offenbaren würde. Dann würde dieser Gott alle Vorbehalte auslöschen, welche sich in den Jahren des Leidens bei Hiob über ihn gebildet hatten. Auf jeden Fall überwältigte der Gedanke an die kommende Rechtfertigung Hiob. **28.29** Das Kapitel endet mit einer Warnung. Der Gott, der Hiob zu seinem Recht verhelfen wird, wird diejenigen bestrafen, die sich in der falschen Annahme, den wahren Grund seiner Leiden zu kennen, gegen ihn gewandt hatten.

20,1–29 Die zweite Rede Zophars

Zophar redet über die Kurzlebigkeit des Reichtums der Gottlosen und über ihren unausweichlichen Untergang – für Hiob müssen diese Worte grausam und völlig irrelevant gewesen sein. Zophar spricht lautstark, leidenschaftlich und impulsiv. **2** Die ganze Rede muß auf dem Hintergrund dieser Bemerkung verstanden werden: *Darum geben meine Gedanken mir Antwort, und deswegen bin ich innerlich erregt* (EÜ). Erregung kann zu einer falschen Einschätzung von Menschen führen (vgl. Ps 116,11), aber auch eine falsche oder bruchstückhafte Gotteserkenntnis zur Folge haben. »Seine (Zophars) Erregung erklärt seine Theologie. Hätte er sich Zeit genommen, um zu beobachten und nachzudenken, er hätte vielleicht gesagt: ›Einige Dulder sind Heilige‹« (Strahan). Der leidende Hiob erscheint Zophar fälschlich als sündiger Hiob. Diese falsche Auffassung, die uns oft zu Fehlurteilen bei Menschen führt, entspringt unserer verzerrten Ansicht von Gott. In Zophars Worten weist nichts darauf hin, daß Gott etwas anderes sein könnte als ein ebenso ungeduldiger Richter wie Zophar selbst. **23** *Seine Schrecknisse:* so nach LXX; hebr. *in sein Fleisch hinein* oder *als seine Speise* (EÜ). **26** *Das keiner angezündet hat:* d.h. ein Feuer, für dessen Brennen es keine natürliche Erklärung gibt. Vgl. 1,16.

21,1–34 Hiob antwortet Zophar

21,1–6 Einleitung. Die Worte Zophars veranlassen Hiob zu der in diesem zweiten Redenzyklus bisher ausführlichsten Antwort. **2.3** Er erwartet von seinen Freunden, daß sie ihn ruhig anhören. Das ist der einzige Trost, den er von ihnen fordert. **4** Seine Aufgabe ist auch mit dieser menschlichen Unterstützung schwer genug, denn seine Anklage richtet sich unmittelbar gegen den Gott des Himmels. **5.6** Wenn er an sein Vorhaben denkt, erschrickt er; doch seine Ehre zwingt ihn, den furchtbaren Tatsachen, die die eigene Erfahrung ihn lehrt, ins Auge zu sehen.

21,7–22 Das Wohlergehen der Gottlosen. Hiob widerspricht der dogmatischen Vorstellung, die Zophar von den Gottlosen entfaltet hat, kategorisch (vgl. 20,4.5.11 usw.). Vgl. auch Ps 73. **7–12** In kräftigen Strichen zeichnet er ein Bild ihres dauerhaften Wohlstands im Blick auf Heim, Familie, Herden und Landbesitz. **13** Am Ende ihres Lebens gehen sie ohne Kampf ins Totenreich ein. **14.15** All das wird ihnen trotz der Verachtung zuteil, die sie Gott gegenüber an den Tag gelegt haben. **17–19** Was die Freunde jetzt vielleicht zur Verteidigung ihrer Position anführen würden, daß nämlich dann die Kinder der Gottlosen die Sünden ihrer Väter zu spüren bekommen, löst das von Hiob aufgeworfene Problem nicht. Denn auch in diesem Fall kämen die Gottlosen selbst ungestraft davon. Sie spüren die Striemen und das Leid ihrer Kinder nicht. **22** Hiob beschuldigt die

Freunde der Anmaßung. Mit ihren Theorien versuchen sie, Gott vorzuschreiben, wie er zu herrschen habe, statt sich mit den Tatsachen abzufinden.

21,23–34 Die Tatsachen, wie Hiob sie sieht. **23–26** Ein Mensch stirbt in mühelos erworbenem Reichtum, der andere im tiefsten Elend. **27–31** Wer ist zu der Annahme berechtigt, das eine sei die Folge eines tugendhaften, das andere die Folge eines lasterhaften Lebens? Eine solche Behauptung wäre reine Theorie, die den Tatsachen nicht standhält; denn Männer mit großer Menschenkenntnis und Erfahrung könnten zahlreiche Fälle nennen, in denen sich Schlechtigkeit ausgezahlt zu haben scheint. **34** Wenn die Dinge so stehen, welchen Trost kann Hiob da von den nichtssagenden Allgemeinplätzen seiner Freunde noch erwarten? Sie stützen sich lediglich auf Tatsachen, die ihnen dienlich sind, und ignorieren alle anderen. **32.33** Die prunkvolle Bestattung eines gottlosen Menschen wird beschrieben; an seinem Grab werden lange Wachen gehalten, und sein Erfolg stachelt viele zur Nachahmung an. **33** Mit den Menschen, die ihm vorangehen und ihm nachziehen, sind die Teilnehmer an der Beisetzung gemeint.

22,1–31,40 Der dritte Gesprächszyklus

22,1–30 Die dritte Rede des Eliphas

22,1–5 Die Ursache des Leidens. Eliphas versucht weiter, nachzuweisen, daß es für das Leiden der Menschen einen Grund geben muß. Die Ursache dafür kann nicht bei Gott liegen, weil das Verhalten der Menschen seine Allmacht nicht beeinflussen kann. Deshalb muß der Grund im Menschen zu suchen sein. Wird Hiob für seine Frömmigkeit gestraft? Das ist unvorstellbar! Dann bleibt nur die Möglichkeit, daß er für seine Sünden bezahlen muß. **3** Eliphas kann zu keiner anderen Antwort auf diese Frage kommen. Die Verf. von Aussprüchen, wie wir sie u.a. Jer 31,20; Hos 11,8; Mt 23,37 finden, würden vermutlich anders urteilen. Nach Eliphas Vorstellung kann sich der ferne Gott in den unendlichen Höhen seines Himmels nicht persönlich mit menschlichen Tugenden und Untugenden befassen. S. auch Komm. zu 7,20. Eliphas könnte nie sagen: »So hat Gott die Welt geliebt ...«, sondern lediglich: »Dieses Gesetz hat Gott für die Welt gemacht.« Er wußte noch nichts vom Kreuz Christi; so mußte ihn das Wissen um die Liebe Gottes und um seinen Schmerz angesichts der Sünde des Menschen fremd sein. Er konnte nichts von der Freude Gottes ahnen, wenn ein Mensch in die Gemeinschaft mit ihm zurückkehrt. Er wußte nichts von dem Wunder, in dem die Christenheit triumphiert: »der Erwählung des Menschen aus dem Nichts zum Geliebten Gottes und damit (in gewissem Sinne) zu jemandem, den Gott braucht und ersehnt. Doch außer dieser Tat braucht und verlangt Gott nichts; denn er ist die ewige Güte« (C. S. Lewis).

22,6–20 Hiob wird offen angeklagt. Nachdem Eliphas das, was sonst immer nur hinter seinen Worten stand, offen ausgesprochen hat, fährt er mit konkreten Anklagen gegen Hiob fort. **6–9** Er wirft ihm die typischen Verfehlungen eines orientalischen Tyrannen vor. **10.11** Sie seien die Ursache für das gegenwärtige Unglück Hiobs. **12** Statt dem Herrn im höchsten Himmel den Respekt zu erweisen, der ihm gebührt, **13.14** habe sich Hiob irrtümlich darauf verlassen, daß die große Entfernung Gott daran hindere, das Verhalten des Menschen im einzelnen zu verfolgen. **15** In diesem Gefühl des Unbeobachtetseins habe Hiob den Weg des Gottlosen eingeschlagen, **16** und am Ende dieses Weges stehe das Verderben. **19.20** Das Gewissen des Gerechten erkenne das Gericht Gottes an. **17.18** Viele Wissenschaftler halten diese Verse für einen späteren Einschub. Sie erinnern an die Worte Hiobs in 21,7–16 (vgl. bes. V.14 und 16). **18a** klingt aus dem Mund Eliphas' befremdlich; **19** paßt besser im Anschluß an V.17 als an V.18.

22,21–30 Eine Aufforderung, zu Gott zurückzukehren. Eine mildere Gesinnung durchbricht hier die Feuer-und-Schwefel-Predigt des Eliphas; es ist ein schöner Abschnitt voll geistlicher Wahrheit, wenn man ihn vom direkten Bezug auf Hiob löst und allgemein betrachtet. **21** Der Mensch kann wahren Frieden nicht in seinen Sünden, sondern nur in der Vergebung finden; **22** in der Annahme der von Gott offenbarten Wahrheit; **23** durch demütige (LXX) Rückkehr zu ihm und **24.25** durch eine Umwertung der Werte, so daß die Herrlichkeit Gottes alles andere überstrahlt. **23** *Demütigst du dich:* so LXX; hebr. *wirst du wieder aufgebaut werden* (EÜ). **26** Ein solcher Friede schließt Freude, **27** Gemeinschaft mit Gott, **28–30** und Überwindung ein; er macht den Menschen für andere nützlich. In V.24 und 25 wird eine schöne Unterscheidung zwischen religiösen und materiellen Werten vorgenommen. **29** *Er erniedrigt die Hochmütigen:* Diese Wiedergabe läßt den Gegensatz zu 29b hervortreten, beruht jedoch auf einer Textkorrektur; MT wörtl.: *sie haben erniedrigt und du sagst: Empor* (vgl. EÜ). **30** Der Text ist schwierig, obwohl alle alten Übers. den MT unverändert übernommen haben (LXX, Peschitta, Vulg.). Vielleicht ist statt *nicht unschuldig* (hebr. *'i-naqi*; MT; EÜ, LÜ) *der unschuldige Mann ('isch naqi)* oder *wer immer schuldlos ist ('e naqi)* zu lesen (Fohrer, KAT XVI, S. 352; vgl. EinhÜ).

23,1–24,25 Hiob antwortet Eliphas

23,1–17 Hiob offenbart seine Gedanken. Er ist kein Rebell gegen Gott, er beklagt sich nicht um des Beklagens willen. **2** Er hat versucht, seine Protestschreie zurückzuhalten, doch das Elend hat ihn schließlich doch dazu getrieben. *Seine Hand:* LXX und Peschitta »meine Hand«. Die Übers. würde dann lauten: »Meine Hand drückt schwer auf mein Seufzen«, d.h. »Ich versuche es zu kontrollieren«. **3–7** Wenn er sich gegen etwas auflehnt, dann gegen das, was ihm als Gottes willkürlicher Zorn erscheint. In diesen Versen zeigt sich die Sehnsucht des Menschen nach einem gnädigen Gott. Ein solcher Gott würde einsichtig mit Hiob verfahren, er würde in dessen Sache Gerechtigkeit walten lassen und ihn nicht durch rohe Gewalt betäuben. Dieser Sehnsuchtsschrei eines Menschen, der nach Gott sucht, kann nur von Jesus beantwortet werden; denn in ihm macht Gott sich auf die Suche nach dem Menschen (Jh 14,9). **8–12** Hiob gibt der Enttäuschung über seine vergebliche Suche nach Gott Ausdruck. Selbst seine unermüdlichen Bemühungen bleiben fruchtlos, obwohl Gott doch um die Reinheit seines Herzens wissen muß. **9** *(Zur Linken,) während er wirkt* (EÜ): so MT. **10** *Er aber kennt meinen Weg gut:* wörtl. *denn er kennt den Weg, der bei mir ist* (EÜ). *Er prüfe mich, so will ich erfunden werden wie Gold:* ist weder als Anspielung auf das Gold, das aus dem reinigenden Feuer des Leidens hervorgeht, zu verstehen, noch als arroganter Anspruch Hiobs, sein Wesen sei durch und durch lauteres Gold. Hiob widerspricht hier vielmehr den Anspielungen seiner Freunde. Sie hielten daran fest, daß Hiob für verborgene Fehler in seinem Wesen bestraft würde, die er mit Erfolg vor den Menschen verborgen hatte. In seinen Leiden, so glaubten sie, reiße Gott Hiob die Maske herunter.

13–17 Die Versuche Hiobs, Gott zu finden, sind überschattet. Hiob bemüht sich erschöpft, den schwindelerregenden Berg der Frage nach Vorherbestimmung zu erklimmen. Seine Leiden sind in einem unumstößlichen Beschluß festgelegt. **17** *Nicht der Finsternis wegen muß ich schweigen:* ZÜ läßt im Anschluß an eine Hs. die Verneinung weg. Doch ist diese Änderung unbegründet. Vielmehr wird deutlich: Nicht das Dunkle des ihn umgebenden Elends noch die Finsternis, die über ihn hereingebrochen ist, beschäftigt Hiob am meisten, sondern die ihm als willkürlich erscheinende Handlungsweise Gottes, des Allmächtigen (V. 16).

24,1–25 Die Vorsehung Gottes. Hiob stellt das Problem jetzt in einen größeren Zusammenhang. Er nennt verschiedene Gruppen von Menschen, die unrecht handeln. Wieso greift Gott da nicht ein? **1** Zeiten . . . Tage: Gemeint sind regelmäßige Gerichtstermine. **5–8** Diese Verse beschreiben, wie die Ureinwohner eines Gebietes, unterdrückt durch eine stärkere Gruppe, in die Wildnis getrieben werden. **6** Sein Futterkorn (EÜ): eher für Tiere als für Menschen geeignete Nahrung. LÜ und ZÜ nehmen einen Schreibfehler an und lesen stattdessen »des Nachts«. **10.11** Hier werden unterdrückte Arbeiter beschrieben, die für einen Hungerlohn schuften müssen. Inmitten einer Fülle von Lebensmitteln bleiben sie hungrig und durstig. **13–17** beschreiben die ruchlosen Taten des **14** Mörders, **15** Ehebrechers und **16** Räubers. **17** *Denn sie sind bekannt mit den Schrecken der Finsternis:* Offensichtlich gibt es einen Unterschied zwischen dem Verhalten ehrlicher Menschen und dem dieser nächtlichen Übeltäter. Jene fürchten die Dunkelheit mit ihren unbekannten Schrecken; diese dagegen lieben die Dunkelheit mehr als das Licht, denn ihre Taten sind böse (vgl. Jh 3,19). Ihre Vertrautheit mit der Finsternis hat ihnen Verachtung eingetragen. Wenn sie sich noch fürchten, dann bei Tag; vielleicht weil sie wissen, daß sie dann der sie verfolgenden Gerechtigkeit eher ausgeliefert sind. **18** *Wie auf dem Wasser:* Vielleicht ist an einen Zweig gedacht, der auf einem schnell fließenden Wasser dahinschwimmt (vgl. Hos 10,7).

Dieses Kapitel ist schwierig; oft fällt es schwer, zwischen den Gedanken Hiobs und denen seiner Freunde zu unterscheiden. **22.23** müssen wahrscheinlich Hiob zugeschrieben werden. Wenn **24** auch von Hiob stammt, muß die Bedeutung noch geklärt werden. Der Akzent liegt wohl nicht auf *nach einer kleinen Weile,* sondern auf *wie alle* (anderen). Hilfreich ist in diesem Zusammenhang der Hinweis A. Weisers, »daß es in der Beurteilung der Strafwürdigkeit der erwähnten Sünden überhaupt keinen Unterschied zwischen Hiob und seinen Freunden geben kann« (ATD 13, S. 185). Im Gegensatz zu der Ansicht seiner Freunde bleibt Hiob aber bei der Behauptung, daß am Tod der Gottlosen nichts Ungewöhnliches ist.

25,1–6 Die dritte Rede Bildads

Die Kürze der Rede hat viele Diskussionen ausgelöst. Einige Forscher meinen, wir haben es hier mit einem zerstörten Manuskript zu tun, es handele sich nur um ein Fragment der eigentlichen Rede oder um eine Reihe von Gemeinplätzen, die man hier zusammengestellt hat, um eine fehlende Rede Bildads zu ersetzen (Irwin). Andere schließen – wohl zu Recht – aus der Kürze dieser Rede, daß Hiob die Argumente seiner Freunde entkräftet und die Argumente der Freunde erschöpft sind.

2.3 In dieser Rede versucht Bildad, Hiob angesichts der Macht Gottes in die Knie zu zwingen. **4–6** Wenn die mächtigsten himmlischen Wesen, unterworfen und ihrer Schuld bewußt, vor Gott zittern müssen, wie kann dann ein unbedeutender und sündiger Mensch hoffen, zu Gott aufblicken zu könnnen, ohne Furcht davor, was das Licht enthüllen mag? Vgl. 4,17ff und 15,14ff. Die Rede enthält Wahrheit, doch so, wie Bildad sie meint, kann sie Hiob nicht helfen. Denn dieser hatte nie behauptet, daß es in ihm keine Dunkelheit gäbe; er hatte nur abgestritten, daß es die Finsternis sei, die seine Freunde vermuteten.

26,1–14 Hiob antwortet Bildad

Hiob zeigt, daß er verstanden hat, was Bildad über die Macht Gottes sagen wollte. Die Kontroverse zwischen ihm und seinen Freunden erklärt sich nicht aus einer unterschiedlichen Einschätzung der Allmacht Gottes. Sie hat vielmehr darin ihre Ursache, daß sich Hiob bestimmten unerklärlichen Tatsachen seiner Erfahrung stellt, die sie entweder übersehen oder bewußt unterdrücken. Hiob wetteifert gewissermaßen mit Bildad in der Darstellung der Größe Gottes (A. Davidson).

2–4 sind durch und durch sarkastisch. Solche Worte der Weisheit, wie sie Hiob gerade zu horen bekommen hat, tragen den Stempel einer großen Persönlichkeit! **5.6** reden von der Macht Gottes, die in der Unterwelt tätig ist. *Die Schatten* (hebr. *repha'im*): kann sowohl die vorisraelitischen Menschen (1Mo 14,5; 15,20) als auch die Toten (Ps 88,11) meinen. *Abgrund* (hebr. *'abaddon*): Dieses Wort ist ein Synonym für das gleichzeitig genannte *Totenreich (sche'ol).* Es kommt in Hiob noch zweimal vor (28,22; 31,12), insgesamt 7mal in der ganzen Bibel.

In **7–13** zeigt Hiob, daß Himmel, Erde und Meer dasselbe Zeugnis von der Macht Gottes ablegen. Wie mächtig muß der Gott sein, der das Universum so geordnet hat! **12** *Rahab:* s. Komm. zu 9,13. **13** *Schlange:* s. Komm. zu 3,8. **14** beschließt das Kapitel eindrucksvoll. Auch dann, wenn wir alles beschrieben haben, was wir von der Macht Gottes wahrnehmen, immer bleibt noch unendlich viel mehr darüber zu sagen.

27,1–31,40 Hiob antwortet seinen Freunden

Man nimmt an, daß an dieser Stelle im Gesprächsverlauf eine Pause eintrat. Hiob wartete auf eine weitere Rede Zophars, doch dieser schwieg; die Freunde waren mit ihrer Weisheit buchstäblich am Ende. Es folgen zwei allgemeine Reden Hiobs an seine Freunde, die jeweils mit demselben Satz beginnen: *Und Hiob fuhr fort mit seinem Spruch und sprach* (27,1; 29,1).

27,1–6 Hiob wiederholt die Beteuerung seiner Unschuld. Hiob weist die Beschuldigungen, die seine Freunde ihm unterstellt oder auch auf den Kopf zugesagt haben, erneut zurück. **2** Seine Unschuldsbeteuerung wird durch »den ungewöhnlichsten Schwur in der ganzen Bibel« eingeleitet (Strahan): Hiob schwört bei einem Gott, der ihm sein Recht verweigert. Vor uns steht das bemerkenswerte Bild eines Mannes, dessen Glaube ihn auch in der Anfechtung nicht verläßt; der den Gott, von dem er annehmen muß, daß er ihn verlassen hat, noch immer mit »mein Gott« anreden kann. **5.6** Er kann weder an der Realität des allmächtigen Gottes noch an der Tatsache, daß dieser die Welt regiert, zweifeln. Was ihn verwirrt, ist nur die Art, wie er regiert und wie sich das für ihn, Hiob selbst, auswirkt. Er kann sich seine gegenwärtigen Qualen nicht mit seiner eigenen Sündhaftigkeit erklären.

27,7–23 Das Ende der Gottlosen. Dieser Absatz bietet einige Schwierigkeiten. Zwischen der Unschuldsbeteuerung Hiobs und seiner Darstellung des Endes der Gottlosen läßt sich nur schwer eine Verbindung herstellen. Die Freunde hatten behauptet, daß die Situation Hiobs mit dessen eigener Sündhaftigkeit zu erklären sei, und deshalb nicht an seine Unschuld geglaubt. Diese Haltung ergab sich zwangsläufig aus ihrer Glaubensüberzeugung. Und nun tritt Hiob, ohne jede Erklärung, plötzlich auch als Ankläger dieses Glaubensbekenntnisses auf. Zum anderen widerspricht dieser Abschnitt dem, was Hiob früher über das Wohlergehen der Gottlosen gesagt hat. Vgl. 21,22ff; 24,1ff und den Unterschied zwischen 27,14 und 21,11. Zu den Aussagen dieses Abschnitts gibt es keine Parallele in irgendeiner anderen Rede Hiobs. Aus dem Mund der Freunde würden sie jedoch durchaus glaubhaft klingen. Zwei Erklärungsmöglichkeiten bieten sich an: a) Wir müssen annehmen, daß Hiob seine Meinung geändert hat und die Argumente seiner Freunde unterstützt. Nach Meinung eines Auslegers wetteifert Hiob in Kap. 26 mit Bildad in der Verherrlichung der Größe Gottes (s. Komm. zu 26,1–14); damit nimmt er für sich in Anspruch, mehr über Gott zu wissen als Bildad. Vielleicht will uns der Verf. mit dieser Passage klarmachen, daß Hiob die grundlegende Wahrheit in den Gedanken seiner Freunde durchaus akzeptierte, jedoch nicht bereit war, sie so willkürlich und engstirnig anzuwenden wie diese. b) Viele Wissenschaftler vermuten, daß die Ordnung des Buches an dieser Stelle durcheinandergeraten ist und schreiben diesen Abschnitt Zophar zu; danach hätten dann doch alle Freunde dreimal geredet.

11 *Über Gottes Tun.* Diese Worte haben einen eigenartigen Klang. Will Hiob Menschen über Gott belehren, deren Reden gezeigt haben, daß sie selbst über ein profundes Wissen verfügen? **18** *Spinne:* LXX; MT: *Motte* (EÜ). *Eine Hütte:* eine Laubhütte, wie ihn die Nachtwächter in den Weinbergen für sich errichteten; vgl. Jes 1,8. **23** In die Hände klatschen galt als Zeichen der Entrüstung (vgl. z.B. 4Mo 24,10).

28,1–28 Gottes Weisheit. Dieses Kapitel besteht aus einem schönen Gedicht über die Weisheit. Es will zeigen, daß Weisheit zu erreichen vollkommen außerhalb der menschlichen Möglichkeiten liegt und sie nur in der *Furcht des Herrn* erlangt werden kann. Viele Wissenschaftler halten dieses Kapitel für eine spätere Ergänzung. Für diese Annahme sprechen folgende Gründe: 1. Die Verbindung zwischen Kap. 27 und 28 ist problematisch; 2. diese gelassene Ergebung in die Erhabenheit der Weisheit Gottes widerspricht den sonstigen Reden Hiobs, vor und nach diesem Abschnitt. Dabei ist jedoch zu berücksichtigen, daß man von einem Leidenden keine durchgängig konsequente Argumentation erwarten darf. Im Gottesbild Hiobs haben sich bereits verblüffende Widersprüche gezeigt; manchmal erschien ihm Gott als Feind, manchmal als Freund. Ebenso könnte sich Hiobs Einschätzung des menschlichen Wissens über die Wege Gottes geändert haben. Doch wie wir die Frage nach dem ursprünglichen Ort dieses Kapitels auch beantworten, sein Wert steht außer Frage. Wir werden hier mit der Wahrheit konfrontiert, daß wahrhafte Weisheit Glaube an Gott und Ablehnung des Bösen bedeutet. Weisheit ist die Erkenntnis, daß es im Himmel und auf Erden mehr Dinge gibt, als menschliche Schulweisheit sich träumen läßt (Shakespeare). Weisheit ist letztlich Gehorsam gegenüber dem Willen Gottes, wie geheimnisvoll er auch sein mag. Dies bringt den Wahrheitssucher weiter als jede intellektuelle Spekulation (vgl. Jh 7,17). In Kap. 28 blickt man zurück auf die Wirkungslosigkeit der Weisheit der Freunde mit ihrer unerbittlichen Gleichsetzung von Leid und Sünde. Und man sehnt sich nach der einzig möglichen Antwort: dem Reden Gottes selbst. In Kap. 29–31 wird das Problem, das nur Gott lösen kann, noch einmal neu formuliert.

1–14 In diesen Versen wird ein Bild der erfolgreichen und rastlosen Arbeit des Menschen auf der Suche nach wertvollen Erzen und Steinen gezeichnet. **3.4** Wir sehen, wie der Bergmann sich seinen Weg durch die Finsternis bahnt und komplizierte Arbeiten unter Tage ausführt. *Hängen und schweben:* Die Bedeutung dieser Formulierung ist unklar. Sie kann (nach Irwin) nicht das »Hängen« im Schacht meinen, weil das mit *Schacht* übersetzte hebr. Wort eigentlich »Flußbett« bedeutet. Deshalb bezieht Irwin das *schweben* (oder auch »schwingen«) auf die Windungen des Tunnels. **9.10** beschreibt, wie der Bergmann sich durch das Gestein gräbt. **5** soll den Kontrast zwischen dem stillen Wachstum des Korns auf der Erde und den gewaltsamen Aktionen der Bergleute unter Tage hervorheben.

7.8.12–14 Die Erzählung spricht hier von einer Herausforderung, welche die Geschicklichkeit und Genialität von Mensch und Tier weit übersteigt: von der Suche nach Weisheit. **12** Auch die Erde weiß keine Antwort auf die Frage: *Wo will man aber die Weisheit finden?* Vielleicht war dieser Vers unter den nachdenklichen Israeliten als Rätselspruch bekannt. **15–22** Weisheit kann man auf keinem Markt kaufen. Kein lebendes Wesen, einschließlich der dunklen Mächte der Unterwelt, ist in der Lage, die in V. 12 und V. 20 gestellte Frage zu beantworten. Bestenfalls können sie ein Gerücht über die Weisheit weitergeben, das sie gehört haben.

23–27 Jetzt wird auf den verwiesen, der allein die Frage nach Weisheit beantworten kann: der Gott, der den Gewalten des Universums ihr Maß gesetzt hat, der Gott der Schöpfung; ihm ist die verborgene Weisheit untertan. **28** Wenn der Mensch sich dieser Weisheit, die allein Gott zu Gebote steht, nähern will, muß er gottesfürchtig und gut sein. Vgl. Ps 111,10; Spr 1,7.

29,1–25 Hiob erinnert sich an bessere Tage. Dies ist eins der eindrucksvollsten Kapitel des Buches. Die Ursachen von Hiobs Glück werden künstlerisch vollendet geschildert.

2–4 Er stand unter Gottes Schutz. Das Ergreifende an Hiobs Schicksal spiegelt sich in den Worten: *in den Tagen, da Gott mich behütete.* Sein vergangenes Glück, davon ist er überzeugt, wurzelte darin, daß Gott über ihn wachte. Entsprechend drückt sich sein gegenwärtiges Elend in dem Gefühl aus, daß Gott nicht mehr über ihn wacht, oder aber, falls er es doch tut, dann mit unerbittlich kritischem Blick. **5** Hiobs Glück lag in seiner

Familie. **6** Zugleich war er ein reicher Mann. *Und die Felsen Ölbäche ergossen:* gemeint ist nicht, wie man vermuten könnte, daß der Reichtum Hiobs auch aus ungewöhnlichen Quellen stammte. Olivenbäume wachsen auf felsigem Boden bzw. – eher gemeint – die Olivenpressen waren in den Fels gehauen. **7–10.21–25** Hinzu kommt, daß Hiob ein überall angesehener Mann war. Wenn er seinen Platz im Rat der Stadt einnahm, zollten ihm die Menschen aller Schichten Respekt. Man wartete auf das, was er sagen würde, und wenn er gesprochen hatte, war alles gesagt. Seine Rede war für die Mutlosen wie ein erfrischender Regen, und schon sein Lächeln bedeutete eine Stärkung für die Wankelmütigen.

11–17 Dies erklärt, warum Hiob bei allen angesehen war. Der Mann, der unter Gottes Schutz lebte, wachte peinlich genau über die Interessen der Armen. **16** Auch Fremdlinge konnten sich darauf verlassen, daß er sich ihrer Sache annehmen würde. **14** In all diesen sozialen Aktivitäten war *Gerechtigkeit* sein *Kleid* und das *Recht* sein *Mantel und Turban* (ZÜ). Damit soll ausgedrückt werden, daß das Recht selbst in Hiob Gestalt annahm. Vgl. Ri 6,34 (und Komm.), wo es wörtl. heißt: »Doch der Geist des Herrn kleidete sich mit Gideon«. **12–20** Hier geht es um Hiobs Zukunftserwartungen. Er hatte gehofft, bis zu seinem Tod in Ruhe und Frieden leben zu können. Doch diese Erwartungen wurden durch die in Kap. 1 und 2 geschilderten Katastrophen grausam zunichte gemacht. **19** spricht von einem Leben aus Quellen, die nie versiegen. **20** Männliche Kraft wird hier durch den Bogen symbolisiert, vgl. 1Mo 49,24.

30,1–31 Die schmachvolle Situation, in die Hiob geraten ist. Das düstere *Jetzt* steht in scharfem Gegensatz zum goldenen »Damals«. Das Elend der Gegenwart dringt von allen Seiten auf Hiob ein. **1–15** Einmal kommt es von außen. Hiob wird von den Menschen beleidigt, sogar von den Leuten aus den ärmsten Bevölkerungsschichten, für die er sich früher so oft eingesetzt hat (vgl. 29,11–17). **4–8** Die Menschen, die Hiob jetzt schmähen, werden beschrieben. Sie sind dankbar, wenn sie ihre spärliche Nahrung in Form von Wurzeln finden und bereiten sich ihr Nachtlager in wilden Felswüsten, weil ehrliche Menschen ihnen kein Dach über dem Kopf anbieten. Das ist das Los von Menschen, die unbekannt oder unbeliebt sind. **9–15** Nun ist Hiob selbst zum Ziel ihres Spotts und ihrer Verachtung geworden. **11** handelt von der unbegrenzten Demütigung Hiobs durch Gottes Hand. Vgl. 29,20. **12** Die Schar, die Hiob bedrängt, kommt ihm wie ein Feind vor, der eine Stadt belagert und **13** jedes Entkommen unmöglich macht, **14** bis er schließlich über die Stadt herfällt, sobald in die Mauern eine Bresche geschlagen ist.

16–18.30 Außerdem bedrängt Hiob das Elend von innen. Er beschreibt die Qual seiner Krankheit. **18** ist schwierig. *Mit aller Gewalt wird mein Kleid entstellt:* So LÜ nach dem MT (vgl. EÜ). Die Kleider hängen in Falten an Hiob herab, weil sein Körper durch die Krankheit entstellt und abgemagert ist. **18b** läßt eher an zu eng anliegende Kleider denken. Peake meint, daß auf einige besonders angeschwollene Körperteile Hiobs angespielt wird, während sein Körper sonst ausgemergelt war. Die Übersetzung *»Packt er mich am Kleid«* (EinhÜ; vgl. JB) beruht auf LXX.

19–23 Und schließlich bedrängt Hiob das Unglück auch von oben. Er verhandelt mit einem Gott, der ihn auf den Abfall geworfen hat (vgl. Ps 40,3), und auf seinen Hilferuf nicht einmal reagiert. Gottes mutwillige Grausamkeit treibt Hiob unaufhaltsam den grauen Pforten des Todes zu.

24 *(Die Hand ausstrecken) unter Trümmern:* Der hebr. Text ist nicht klar; man vgl. die verschiedenen Übersetzungen. Die Wiedergabe *wie ein Ertrinkender* (Dillmann; vgl. ZÜ) ergibt einen besseren Sinn, setzt aber eine Textänderung voraus. Wieder und wieder rief Hiob: »Herr, rette mich!« Sein Glaube verlangte nach einem Retter, den er noch nicht sehen konnte. **25.26** Durch diese Verse klingt der Satz hindurch: »Wenn Gott mit mir so großzügig gewesen wäre, wie ich mit anderen umgegangen bin, wie anders wäre dann meine gegenwärtige Lage!« **27** beschreibt die aufgewühlten Gefühle Hiobs, während **28** und **31** von dem Kummer sprechen, der an die Stelle des vergangenen Glücks getreten ist. **29** handelt von dem Ausschluß Hiobs aus der zivilisierten Welt. **28** *Schwarz:* auch mit *trauernd* (EÜ) zu übersetzen; vielleicht eine Anspielung auf die schwarzen Trauerkleider. *Nicht von der Sonne:* Die an sich einleuchtende Wiedergabe *ohne Trost* (JB) beruht auf einer Korrektur. **30** *Schwarz:* ein anderes Wort als in V. 28; Folge der Krankheit.

31,1–40 Hiobs abschließende Unschuldsbeteuerung. Dieses Kapitel gewährt uns Einblick in Hiobs Charakter. Seine Gedanken sind weder oberflächlich noch schlicht, sondern geistig anspruchsvoll. »Er beurteilt sich selbst nach einem geradezu evangelischen Maßstab« (Strahan). Duhm bezeichnet dieses Kap. als die Hochwassermarke der atl. Ethik. Tatsächlich ergeben sich einige verblüffende Entsprechungen zum NT. Hiob stellt im Blick auf sein früheres Leben sechs Behauptungen auf.

a) **1–12** Er war unbefleckt von Unmoral. **1.7.9** Das gilt für seinen Lebenswandel ebenso wie für seine geheimsten Gedanken (vgl. Mt 5,8.28). Ehebruch wird hier schonungslos verurteilt. **2.3** Erstens verdient Ehebruch die Strafe Gottes. Das reine Leben Hiobs hat seine Ursache in der Furcht des Herrn, die Weisheit ist (vgl. 28,28). **11** Zweitens verdient er Bestrafung durch die Menschen; denn er ist nicht nur ein Vergehen gegen Gott, sondern auch gegen die Gesellschaft. **10** *Einem andern mahlen:* drückt die niedrigste Form einer Bindung aus, die einer Arbeitsklavin an der Mühle (vgl. 2Mo 11,5). **12** Drittens ist Ehebruch ein *Feuer,* das alles, was ein Mann besitzt, mit Vernichtung bedroht: Gesundheit, Zuhause, Glück (vgl. Spr 6,27.28).

5–8 handeln nicht nur von Sinnlichkeit. Hiob lehnt hier Betrug und Verrat jeder Art ab. **6** Hiob fürchtet die Waage der göttlichen Gerechtigkeit nicht, wenn sie nur richtig wiegt. **7** Wenn sein Anspruch, unschuldig zu sein, unberechtigt ist, **8** will er den Ertrag seiner Ernte abgeben.

b) **13–23.31.32** Vgl. 29,12ff. Hiob hatte sich keine Gedankenlosigkeit zuschulden kommen lassen. **13–15** Seine Diener behandelte er immer gerecht; denn er dachte daran, daß es einen Gott im Himmel gab, der Herren und Knechte geschaffen hatte (vgl. Eph 6,9). V. 15 drückt eine bemerkenswerte soziale Verantwortung aus (vgl. Spr 14,31; 22,2). **16–20** Ebensowenig wie über Ungerechtigkeit konnten sich die Mitglieder seines Hauses über leiblichen Mangel beklagen. Doch Hiobs Güte endete nicht an den Mauern seines Hauses; sie erstreckte sich auch auf die Armen, Bedürftigen, Witwen und Waisen. Ausbeutung und Unterdrückung der Schwachen war seinem Wesen fremd, **21** obwohl es Hiob ein Leichtes gewesen wäre, die Rechtsprechung in seiner Stadt zu beeinflussen. Doch lieber half er den Hilflosen. **17** Sein reichliches Auskommen hatte Hiob gegenüber dem Hunger anderer nie gleichgültig gemacht. An seiner Tür blieb kein Lazarus unbeachtet und ungetröstet liegen (vgl. Lk 16,20). **31.32** Hiob war gastfreundlich, auch wenn er nicht mit Erwiderung rechnen konnte (vgl. Röm 12,13 und Lk 14,12–14).

c) **24.25** Er war frei von dem Drang, ständig mehr besitzen zu müssen. Zwar machte er sich Freunde mit dem »ungerechten Mammon« (Lk 16,9), doch seine Einstellung zum Besitz hatte nie die Warnung nötig: »Ihr könnt nicht Gott dienen und dem Mammon« (Mt 6,19–21.24).

d) **26–28** Er hatte nichts mit geheimer Götzenanbetung zu schaffen. **27** spricht von dem Brauch, den Himmelskörpern Küsse der Anbetung zuzuwerfen.

e) **29.30** Er war frei von Bitterkeit gegenüber seinen Feinden. Diese Aussage erinnert an die Worte Jesu in Mt 5,44.

f) **33.34** Hiob war frei von Unehrlichkeit. Er hat nie versucht, etwas zu vertuschen, weil er sich vor der Menge oder den einflußreichen Familien gefürchtet hätte.

35–37 Diese Vergegenwärtigung seines früheren Lebens veranlaßt Hiob, sein »nicht schuldig«, mit dem er den Himmel herausfordert, noch einmal zu bekräftigen. Eine Anklageschrift kann Hiob nicht verwirren oder demütigen (V. 35); er will sie vielmehr freudig und offen tragen (V. 36) und mit festem Schritt vor den Ankläger treten, den zu finden ihn so viel Mühe gekostet hat. Er ist bereit, einen ausführlichen Rechenschaftsbericht über sein Leben abzulegen (V. 37).

In diesem Kapitel hat sich Hiob so weit vorgewagt, daß ihn weder die Meinung von Menschen noch die Stimme Gottes mehr umstimmen oder irritieren können. Er ist unschuldig; die Verfehlungen, die seine Freunde ihm vorgeworfen hatten, hat er nie begangen.

38–40 Er geht sogar noch weiter und stellt fest: »Selbst wenn mein Land eine Stimme hätte, könnte es mich nicht verdammen.«

32,1–37,24 Die Reden Elihus

Viele Wissenschaftler halten die Reden Elihus aus folgenden Gründen für einen Einschub von anderer Hand: a) Elihu wird weder im Prolog noch im Epilog erwähnt. b) Seine Reden unterscheiden sich sprachlich und stilistisch vom Rest des Buches. c) Die Reden Elihus – so wird behauptet – fügen dem, was vorher gesagt worden ist, nichts Neues hinzu.

Budde, Cornill, Kamphausen, Wildeboer, Sellin, Bauer und Peters halten die Elihu-Reden jedoch für ursprünglich. Es erscheint unwahrscheinlich, daß der Autor einer späteren Einschaltung, der um die im Prolog beschriebenen Aktivitäten Satans wußte, den Prolog völlig außer acht gelassen haben sollte.

Charakteristisch für die Reden Elihus sind tiefe Gottesfurcht; ein tiefer gehendes Sündenverständnis, als es in den anderen Reden zum Ausdruck kommt; das Auftreten Gottes als Lehrer (35,11; 36,22), der versucht, die Menschen durch die Zucht des Leidens zu einer weiseren Lebensführung zu veranlassen. Budde meint, es sei die Aufgabe dieser Reden, den gefährlichsten Charakterzug Hiobs darzustellen: seinen geistlichen Hochmut (33,17; 35,12; 36,22). Die heilende Wirkung des Leidens wird auch in anderen Reden erwähnt, doch nirgends mit solchem Nachdruck.

32,1–22 Der Grund für das Eingreifen Elihus

Dieses Kapitel ist deutlich durch einen inneren Drang gekennzeichnet, durch ein »ich muß es tun« (1Kor 9,16). Die Unfähigkeit der Freunde Hiobs, seine Fragen und Zweifel zu beantworten, hatte ihn, den Jüngeren schließlich dazu gebracht, in das Gespräch einzugreifen. Während er die Diskussion verfolgt hatte, war ein zweifacher Zorn in ihm aufgestiegen: einmal gegen Hiob, der in zu großer Selbstsicherheit seine Augen zum Himmel aufhob, und zum anderen gegen die Freunde, die nicht in der Lage waren, Hiob wirkungsvoll entgegenzutreten. **2–5** In diesen Versen wird viermal darauf hingewiesen, daß Elihu zornig ist. Dadurch wird der Vorwurf der Überheblichkeit, der Elihu oft gemacht wird, etwas abgeschwächt. (Zur Überheblichkeit Elihus vgl. V. 14.17.18). Denn im Zorn übertritt ein Mensch leicht die Grenzen der ihm geziemenden Demut. Außerdem sollte man berücksichtigen, daß hier ein Orientale zu Orientalen spricht. In einer solchen Umgebung dürfte das, was westliche Ohren als Überheblichkeit empfinden, nicht den gleichen Stellenwert besitzen. Ein Ausleger weist darauf hin, daß die Einleitung Elihus nach einem üblichen Muster gestaltet ist; sie besteht aus Sätzen, die zum damaligen Debattierstil gehörten.

6–16 Elihu nennt als Grund für sein bisheriges Schweigen den selbstverständlichen Respekt vor dem Alter. Doch letzten Endes hatte eine größere Achtung ihn dazu bewogen, sein Schweigen zu brechen: **8** sein Respekt vor der Offenbarung Gottes, die sich junger Männer ebenso bedienen konnte wie alter. **9** Wer reich an Jahren ist, muß nicht zwangsläufig auch reich an geistlicher Weisheit sein. *Die Betagten:* MT *die Vielen*; wohl Schreibfehler (hebr. *rbjm* statt *rbjmjm*). Würde Elihu weiter schweigen, so wäre das ein Zeichen dafür, daß er mehr Respekt vor den Menschen als vor Gott hätte. Doch das trifft auf Elihu nicht zu (vgl. V. 21.22). Die Alten waren nicht in der Lage gewesen, die Argumente Hiobs zu entkräften. Doch sie sollten daraus nicht schließen, daß dessen Verteidigung allen menschlichen Angriffen standhielt. Sie sollten nicht sagen: »Er war zu klug für uns. Gott muß ihn überwinden, nicht Menschen« (V. 13, nach Moffatt). Hiob hatte es bisher noch nicht mit dem entschiedenen Angriff Elihus zu tun gehabt.

17–22 beschreiben einen Mann, der sich dazu gedrängt fühlt, das auszusprechen, was er für die Wahrheit hält. Vgl. 1Kor 9,16. Er kann kaum noch an sich halten; nur die Rede kann ihn von seiner inneren Spannung befreien.

33,1–33 Elihu kritisiert die Einstellung Hiobs zu seinen Leiden

1–7 In den einleitenden Versen dieses Kapitels stellt Elihu klar, daß er vollkommen ehrlich **3** und aufrichtig reden will und **4.6** daß er, was seine geschöpfliche Abhängigkeit von Gott betrifft, im selben Boot wie Hiob sitzt. Hiob hatte geklagt, daß die Demonstration göttlicher Macht ihn betäube und erschrecke (vgl. 9,34; 13,21) und es ihm so unmöglich mache, sich vor Gott, sei es in Worten oder durch Taten, zu rechtfertigen. **7** In dem Streitgespräch, zu dem Elihu ihn herausfordert, würde Hiob sich darüber nicht zu beklagen haben; denn sein jetziger Ankläger ist ein Mensch wie er selbst.

8–13 Elihu tadelt Hiob wegen des Festhaltens an seiner Unschuldsbeteuerung und weil er Gott der Feindschaft gegen sich beschuldigt habe. Eine solche Anklage gegen den großen Gott, dessen Erhabenheit die Kraft menschlicher Weisheit unendlich übersteigt, kann nur unbegründet sein. Und Hiob erwartet sogar, daß dieser Gott sich ihm als Gesprächspartner stellen solle, wie Menschen es in ihren Diskussionen tun. Doch so würde Gott nicht mit ihm reden. Er würde sich vielmehr – als der mächtige Gott, der er ist – in Werken der Gnade zu erkennen geben. Das hatte Hiob bisher bestritten. **13** *Menschenworte:* Im hebr. Text steht *seine Worte,* was LÜ auf irgendeines Menschen Worte bezieht. EÜ übersetzt: »Denn über all *sein Tun* gibt er keine Antwort«, deutet es also auf Gott. Wäre von Hiobs Anklagen die Rede – so hat es LXX verstanden – müßte es *deine Worte* (so JB, EinhÜ) oder *meine Worte* (bei direkter Rede; vgl. ZÜ) heißen. Hierzu vgl. 9,16; 19,7.

14–30 Elihu zählt jetzt die verschiedenen Weisen auf, in denen Gott sich im Leben der Menschen zu erkennen gibt. **15.16** Er spricht durch Träume und Gesichte, durch die er seine Anweisungen im Gedächtnis der Menschen zurückläßt und **17** die Menschen von bösen Absichten abbringt, **18** die ohne sein Eingreifen zu Tod und Vernichtung führen würden. **19** Er spricht auch durch Schmerzen (vgl. Hebr 12,6). **20** Leiden können einen Menschen seines Appetits und **21** seiner Gesundheit berauben; **22** sie können ihn an den Rand des Grabes bringen. *Den Toten:* wörtl. *den Tötenden* (EÜ Anm.), d.h. den *Todesboten* (EinhÜ; vgl. ZÜ). Doch Leiden können Gott auch den Zugang zu seiner Seele öffnen. **23** spricht von der Vermittlung eines Engels der Gnade, der den Todesboten seine Beute entreißt, indem er dem Menschen die Bedeutung seines Leidens erklärt und ihm zeigt, wie er sich daraufhin zu verhalten hat.

Einer aus tausend: legt die Vermutung nahe, daß Gott über ein unbegrenztes Heer solcher Engel der Gnade verfügt, vgl. 5,1. **24–30** handelt von der Frucht, die aus der rechten Antwort des Leidenden auf die Annäherung Gottes erwächst. **25** Er wird körperlich und **26** seelisch gesund und mit Freude erfüllt. Außerdem wird er vor Gott gerechtfertigt. **27.28** Freude des Herzens führt zu einem frohen Zeugnis von den Taten Gottes vor anderen.

31–33 Jetzt fordert Elihu Hiob auf, zu sprechen, wenn er etwas zu erwidern habe. »Ich würde dich gerne frei von Verdächtigungen sehen« (V. 32b, Moffatt), sagt er. Doch wenn Hiob keine weise Erwiderung bereit hat, solle er lieber weiter zuhören.

34,1–9 Eine Zusammenfassung der Klagen Hiobs

Hiob beantwortet die Aufforderung Elihus mit Schweigen; so fährt dieser mit seiner Kritik an Hiob fort. **2** Zunächst appelliert er an alle verständigen Zuhörer. **3.4** Er fordert zu einer Unterscheidung zwischen wahren Worten und Irrtümern auf. Zu welcher Gruppe gehören wohl die Worte Hiobs? Elihu faßt die Reden Hiobs zu zwei Klagen zusammen: **5.6** Die erste Klage lautet, daß Gott unrecht an einem unschuldigen Mann gehandelt, ihn unmotiviert verletzt hat. **7** Solche Worte kennzeichnen Hiob, nach Elihu, nur als einen Menschen, der ein unersättliches Verlangen nach Streit hat, **8** als einen Mann mit falschen Ansichten, was mit Sicherheit gegen die schlechte Gesellschaft spricht, in der er sich aufgehalten hat. **9** Die zweite Klage Hiobs ist, daß es für einen Menschen keinen Sinn habe, fromm zu sein. Vgl. 9,22.

34,10–37 Die Widerlegung der ersten Klage Hiobs

10–12 Hiob hatte sich über das ungerechte Handeln Gottes beklagt. Mit der ganzen Überzeugung seiner Frömmigkeit bekräftigt Elihu nun, daß Gott gerecht ist und den Menschen in eine gute Welt hineingestellt hat. Der Mensch erntet, was er gesät hat, je nach dem, ob die Aussaat gut oder böse ist. Elihu untermauert diese Behauptung mit verschiedenen Überlegungen.

Gott allein verfügt über absolute Autorität. **13–15** Die Herrschaft über die Welt ist ihm nicht von einer anderen Macht übertragen worden. Wäre das der Fall, so könnte es sein, daß Gott gleichgültig oder zu seinem eigenen Vorteil regieren würde. Doch ein derartiges Verhalten Gottes würde das Universum in einem Augenblick zerstören. Der Mensch ist völlig vom *Odem* Gottes abhängig (vgl. 1Mo 2,7). Wenn das Leben der Menschen aber durch Gottes Atem erhalten wird, warum sollte Gott diese Menschen dann ungerecht behandeln?

17 Elihu argumentiert weiter, daß schon die Kontinuität der Herrschaft Gottes Gerechtigkeit voraussetze. **18** Gott spricht das Urteil über Gerechtigkeit oder Ungerechtigkeit weltlicher Fürsten – unrecht gebrauchtes Recht zieht Verderben nach sich (vgl. Mt 12,25) –, **19** doch wie kann eine solche Anklage von seiten eines Menschen gegen den Schöpfer aller Menschen erhoben werden, der weder Fürsten noch Bettler bevorzugt, sondern für alle gleichermaßen sorgt? Wieder fragt Elihu, wo hier ein Motiv für Ungerechtigkeit zu erkennen sei.

Bis jetzt waren die Überlegungen Elihus theoretischer Art. **20–28** Jetzt wendet er sich mehr der praktischen Seite zu. Gottes Allwissenheit verbürgt seine Gerechtigkeit. Einfache Menschen spüren ebenso wie Fürsten die Macht Gottes. **23** *Denn er bestimmte keine Frist* (JB; ähnlich LÜ, ZÜ, EinhÜ): Diese Wiedergabe beruht auf einer Textkorrektur. Der V. ist dann auf dem Hintergrund von 24,1 zu verstehen, wo Hiob nach den Gerichtsterminen Gottes fragt. Gott weiß jederzeit um das Verhalten des Menschen und benötigt kein Gerichtsverfahren, um über sie zu einem gerechten Urteil zu kommen.

29 Nun wendet sich Elihu von der allgemeinen Betrachtung des Geschichtshandelns Gottes dem Fall Hiobs zu. Ob ganze Völker oder einzelne Menschen sich der Gegenwart Gottes erfreuen können oder ob sie Gott im Elend aus den Augen verlieren – in jedem Fall haben sie sich, ohne zu klagen, Gottes Willen zu fügen. **30** Gott setzt seine Gerechtigkeit zum Guten der Menschen ein. **31f** Dann fragt Elihu Hiob, ob ein Mensch, der Buße tut, sich anmaßen würde, Gott die Strafe vorzuschreiben, die er ihm auferlegen soll. **33b** Elihu distanziert sich deutlich von Hiob.

34–37 Elihu fordert die verständigen Männer auf, die rebellischen Worte Hiobs zu beurteilen. Für Elihu ist das Verhalten Hiobs schlimmer als dessen Elend. Solange er seine Auflehnung nicht aufgibt, muß nun um seinetwillen auch sein Elend andauern. **37** *Er treibt Spott unter uns:* wörtl. *klatscht unter uns in die Hände* (EÜ). S. Komm. zu 27,23.

35,1–16 Die Widerlegung der zweiten Klage Hiobs

Hiob hatte behauptet, daß dem Gerechten seine Gerechtigkeit keinen Vorteil bringe, daß es ihm nicht besser erginge als einem Sünder (vgl. 21,15; 34,9). **5–7** Darauf antwortet Elihu, daß menschliche Tugenden oder

Laster dem transzendenten Gott weder Vor- noch Nachteil bringen. **8** Betroffen vom Verhalten der Menschen sind nur andere Menschen, nicht Gott. Zum Denkfehler Elihus s. Komm. zu 7,20 und 22,3.

Elihu widerlegt einige weitere Punkte, die Hiobs Behauptung zu stützen schienen, daß dem Gerechten aus seiner Gerechtigkeit kein Vorteil erwächst. **9.12** Da ist einmal das Problem der nicht erhörten Gebete. **13** Elihu meint, daß ein Gebet, das nicht beantwortet wird, leer, *nichtig* ist. (Vgl. Jak 4,3.) **11** Ein derartiger Schmerzensschrei erhebt den Menschen nicht über die Tiere. Gott aber, *der uns mehr belehrt als die Tiere* (EÜ), hält für den Menschen jedoch größere Dimensionen des Vertrauens bereit (vgl. 36,22). **10** *Die Nacht:* Gemeint ist natürlich die Dunkelheit des Leidens. Die Belehrbaren kann Gott belehren, auch durch das Leid.

Der Gedanke an Gott als Lehrer, der den Menschen durch ein dorniges Labyrinth des Leidens zu tieferer Gotteserkenntnis führt, ist charakteristisch für die unterschiedliche Gottesvorstellung von Elihu und den Freunden Hiobs. Für diese war Gott vorrangig Herrscher oder Richter.

14.15 Der hebr. Text ist schwierig. Der Sinn ist wohl, daß Elihu erklärt: Gott verfährt mit denen, die gegen ihn freveln, milde; das nutzen manche Menschen aus. **16** Wenn Hiob weiterhin *stolze Reden mit Unverstand* führt, sei er selbst dabei, Gottes Nachsicht auszunutzen.

36,1–37,24 Die mächtigen Werke Gottes

Hier spricht ein Mann mit »unfehlbarer Erkenntnis« (36,4, Moffatt), was die Wege Gottes mit den Menschen im allgemeinen und mit Hiob im besonderen angeht; einer, der meint, Gott *Recht verschaffen* zu müssen. **3** *Weit herholen:* bedeutet, daß sein Argument weitreichende Gültigkeit hat.

5–7 Seht den mächtigen und gnädigen Gott! Seiner Vorherbestimmung kann man vertrauen; unnachgiebig widersteht er den Gottlosen, und wachsam schützt er die Gerechten. **8–10** Auch durch Elend und Bedrängnis führt Gott, der große *Lehrer* (V. 22), sie hindurch in einen weiten Raum (vgl. V. 16), wo sie ihre Verfehlung, die sie in Not geraten ließ, erkennen und bereuen. **11–15** Gehorsam gegenüber diesem Lehrer führt zu Glück, Ungehorsam zum Untergang. **13** *Zorn:* bezieht sich auf ihren schwelenden Groll gegen Gott. *Sie flehen nicht:* Sie beten nicht mit dem Vertrauen, das Gott erwartet; vgl. 35,10.

17–25 Das Handeln des mächtigen und gnädigen Gottes, das bisher allgemein behandelt worden ist, wird jetzt auf den Fall Hiobs bezogen. **18** *Die Menge des Lösegeldes:* meint wohl die Ernsthaftigkeit des Elends, das Hiob durchmacht. Nichts sonst kann ihm zu jenem größeren Vertrauen auf Gott verhelfen, zu dem er durch sein Leiden aufgefordert wird. Seine eigene Kraft reicht dazu gewiß nicht aus. **20** Die Bedeutung des Wortes *Nacht* ist hier unklar. Manche sehen darin einen Bezug auf Hiobs Lebensüberdruß, andere verstehen es als Synonym für Gericht. Vgl. den oft geäußerten Wunsch Hiobs, Gott im Gericht gegenüberzutreten. Die zweite Vershälfte ist unklar; wörtl. *»wo Völker auf ihrer Stelle hinweggehoben werden«* (EÜ Anm.). Auch **21** ist schwierig. Der erste Teil enthält eine Warnung, sich nicht dem Unrecht zuzuwenden; doch der zweite Teil geht davon aus, das eben das, wovor der erste warnt, schon geschehen ist. Der Text ergibt trotzdem einen Sinn, wenn wir Unrecht hier als die Auflehnung Hiobs gegen sein Leiden verstehen. **22.23** Die Situation Hiobs würde sich ändern, wenn er nur anerkennen wollte, daß Gott in seiner Macht nur sich selbst verantwortlich, daß der große *Lehrer* niemandem zur Rechenschaft verpflichtet ist. **24.25** Es ist vielmehr Aufgabe Hiobs, mit allen Menschen Gott zu preisen.

36,26–37,24 In diesem literarisch schönen und geistlich bedeutenden Abschnitt nimmt Elihu seine Rede von der Größe Gottes wieder auf. Er führt die Naturerscheinungen als Zeugen für die Macht Gottes an.

a) **27.28** Die Entstehung des Regens.

b) **36,29–37,5** Das Gewitter. **30 ist** schwierig. *Tiefen des Meeres* sind entweder die Wassermassen in den Gewitterwolken, die den Allmächtigen verhüllen, oder das irdische Meer, dessen Wasser verdunstet ist und die Wolken und den Nebel gebildet hat. **31** redet vom Gewitter als Gerichtsbote Gottes, aber auch als Bote seiner Gnade (weil es Regen für das Land bringt).

c) **37,6–10** Schnee und Eis. Elihu beschreibt die lähmende Wirkung der Winterkälte auf die Arbeit des Menschen und auf die Tiere. Die Hilflosigkeit des Menschen gegenüber der Unbill des Wetters soll ihn immer daran erinnern, daß er Geschöpf und nicht Schöpfer ist.

d) **11–13** Die Wolken. Sie bewegen sich auf göttlichen Befehl zur Strafe oder zum Wohl von Mensch und Land.

14 Dieses Zeugnis, das die *Wunder Gottes* von dem Gott abgeben, der in ihnen wirkt, wird nun auf den Fall Hiobs angewandt. Es müßte ihn von seinem verkehrten Weg der Auflehnung abbringen und ehrfürchtig auf das Wort des Herrn hören lassen, das so eindrücklich geredet wird. **15–18** Nur einer,

Gott selbst, kennt alle Wege Gottes in der Natur. Der Mensch jedoch muß die Bruchstückhaftigkeit seines Wissens eingestehen, wenn er mit den Erscheinungen der Natur konfrontiert wird.

19 Das menschliche Verständnis der Wege Gottes mit den Menschen wird in ähnlicher Weise eingeschränkt durch die Begrenztheit des menschlichen Geistes. Sie macht es dem Menschen unmöglich, Gott richtig anzusprechen (vgl. Röm 8,26). **20** Durch überhebliche Rede läuft der Mensch Gefahr, vernichtet zu werden. **21** Außerdem kann kein Mensch zuversichtlich vor einen Gott treten, dessen Herrlichkeit ihn völlig blenden muß. **22** *Goldener Schein:* wörtl. »Gold«. Gemeint ist das Licht, das plötzlich erscheint, wenn der Nordwind die Wolken vertreibt. **23** Aus all dem geht hervor, daß der Mensch Gott nicht verstehen kann. **24** In Anbetracht dieser Begrenztheit bleibt dem Menschen nur, sich Gott in Ehrfurcht unterzuordnen.

38,1–41,34 Gott antwortet Hiob

38,1–3 Hiob wird zur Rechenschaft aufgefordert

Das Schweigen des Himmels hat ein Ende. **2** *Wer ist's:* Damit ist der in V. 1 Angeredete, also Hiob gemeint, nicht etwa Elihu. *Ratschluß:* weist darauf hin, daß Gottes Handeln mit Hiob nicht zufällig war, sondern einem zusammenhängenden, wohlüberlegten Plan entsprach. Alle bisherigen Reden in diesem Buch, sowohl die der Freunde wie die Hiobs, hatten diese Tatsache übersehen und verdeckt. **3** *Mann:* hebr. *geber*; meint nicht den Menschen in seiner Schwäche, sondern in seiner Stärke, den Mann als Kämpfer. Hiob selbst hatte wiederholt eine Sprache gebraucht, die vermuten ließ, daß er sich als würdigen Gegner Gottes verstand (z.B. 31,35–37; 13,22). Ironisch greift Gott diese Selbsteinschätzung auf. Doch es wird nicht lange dauern, dann wird das gebrechliche Geschöpf sich im Eingeständnis seiner Bedürftigkeit vor der Offenbarung des mächtigen Schöpfers beugen (vgl. 42,6). Der Kämpfer wird zum demütigen Anbeter.

38,4–38 Die Wunder der unbelebten Welt

38,4–11 Erde und Meer. Hatte Hiob mit Gott zusammen an der Schöpfung gearbeitet, war er in alle ihre Geheimnisse eingeweiht? **7** spricht poetisch von Sternen und Engeln, die am Schöpfungsmorgen gemeinsam Gott lobten. **8–11** beschreiben großartig, wie das Meer wie aus einem Mutterschoß hervorbricht und in Wolken und Dunkelheit wie in Windeln gewickelt wird. Es ist nicht Gegner, sondern Schöpfung Gottes, von ihm ins Leben gerufen und beherrscht.

38,12–15 Die Morgendämmerung. Angesichts des Alters der Welt und des ewigen Seins Gottes, wird Hiob an die Vergänglichkeit seines Lebens gemahnt. Dann wird die Wirkung der Dämmerung auf die Gottlosen beschrieben, die die Dunkelheit mehr lieben als das Licht. **13** Die Morgenröte treibt sie aus ihren Zufluchtsorten. **14** schildert die Wirkung der Morgenröte auf die Erde. Details, Schönheit und Farben werden plötzlich sichtbar. »Sie« in V. 13a bezieht sich auf die Morgenröte, in V. 14 auf die Erde (s. EÜ).

38,16–21 Hiobs Unwissenheit im Blick auf die verborgenen Dinge. Hiob wird gefragt, ob er jemals bei den Quellen in der Tiefe gewesen ist, die das Meer speisen, und ob er die Geheimnisse der Unterwelt kennt. **18** Ist ihm die Ausdehnung der Erdoberfläche bekannt? **19.20** Weiß er, wo Licht und Finsternis ihre Wohnung haben? Kann er sie an ihre Einsatzorte und wieder nach Hause geleiten? **21** Ein Beispiel kaum noch überbietbarer Ironie.

38,22–30 Die Naturerscheinungen. Sogar so gewöhnliche Dinge wie Schnee und Hagel (die »Artillerie des Himmels«), Wind, Regen, Blitz, Frost und Eis sind für Hiob Geheimnisse. **24** Mit der »Teilung« des Lichtes kann die Ausbreitung des Lichtes über die Erde gemeint sein. **26.27** Der stolze Mensch soll ja nicht glauben, daß er das alleinige Objekt der göttlichen Vorsehung ist. Gott läßt es nicht nur »regnen über Gerechte und Ungerechte« (Mt 5,45), er gedenkt auch der ausgedörrten, unbewohnten Gebiete der Erde. D.h. die »Vorsehung« ist viel komplexer, als Hiob es sich vorgestellt hatte. **28** *Hat der Regen einen Vater?* (EÜ): Diese Frage bezieht sich auf einen menschlichen Vater, meint also: Ist Hiob der Vater des Regens?

38,31–38 Das Universum. Beherrscht Hiob die Stellung der Gestirne und den Himmel? **33b** bezieht sich auf den volkstümlichen Glauben, daß die Himmelskörper das Leben der Menschen beeinflussen. **36** Die Bedeutung des hebr. Textes ist unsicher. LÜ: *Wer gibt die Weisheit in das Verborgene? Wer gibt verständige Gedanken?* ist wahrscheinlich unkorrekt. Damit würde die Beschreibung der Wunder der Natur unterbrochen. Eher ist hier von zwei »Wetterpropheten« aus dem Tierreich die Rede: *Wer legt die Weisheit in den Ibis, und wer verleiht Verstand dem Hahn?* (JB). **38** beschreibt den von der Sonne ausgedörrten Erdboden.

38,39–39,30 Wunder des Tierreiches

38,39–39,4 Hiobs Unwissenheit auch im Blick auf die Tiere. In diesen Versen kommt ein Gegensatz zwischen Gott und den Menschen zum Ausdruck. Der Mensch ist bereit, die Löwen zu töten; er ist nicht dazu da, ihnen bei der Futtersuche für sich oder ihre Jungen zu helfen. Doch Gott sorgt auch für die Löwen und ihre Jungen. Hiob, der Gott der Grausamkeit beschuldigt hat, soll sich daran erinnern, wie freundlich sich Gott sogar gegenüber wilden Tieren verhält. Lk 12,24 ist die ntl. Antwort auf die Frage in V. 41.

39,5–12 Wildesel und Wildstier. Der Wildesel ist im Gegensatz zum Hausesel schnellfüßig und anmutig und zieht in Herden über die großen Steppen des Landes. Die Betonung liegt hier auf seiner *Freiheit.* Der Text deutet an, daß das Tier gerade erst aus der Gefangenschaft freigelassen wurde. Diese Freilassung ist nicht des Menschen Werk. Beim *Wildstier* geht es um die Stärke des Tieres und um seine Unzuverlässigkeit. Kann Hiob diesen Stier für die Feldarbeit einspannen, wie die Menschen es mit dem Haustier machen? Nur einer beherrscht ihn: der Gott, der ihn geschaffen hat.

39,13–18 Das Straußenweibchen.
13 *Aber ist's ein Gefieder, das sorgsam birgt?* Der hebr. Text ist unklar, vgl. die verschiedenen Übersetzungen. Wahrscheinlich bezieht sich 13b wie die folgenden Verse auf die sprichwörtliche Grausamkeit des Straußes (vgl. Klgl 4,3). Die Darstellung geht davon aus, daß das Straußenweibchen seine Jungen vernachlässige. Es gibt verschiedene Erklärungen, wie es zu dieser heutiger Kenntnis nicht entsprechenden Annahme kommen konnte: a) Der Vogel entfernt sich manchmal von seinen Eiern und findet dann den Weg nicht mehr zurück. b) Offensichtlich werden manche Eier außerhalb des Nestes abgelegt und später, zufällig oder mit Absicht, als Futter für die gerade geschlüpften Kücken verwendet. **16** *Es kümmert sie nicht:* Es macht ihr nichts aus, wenn sie ihre Eier vergeblich legt. **17** Das Verhalten des Straußenweibchens wird auf eine Anordnung Gottes zurückgeführt. Der Mensch kann den Grund dafür nicht erkennen, da er nicht die Weisheit des Schöpfers besitzt, die das Universum umspannt. **18** weist auf die große Schnelligkeit des Straußes hin.

39,19–25 Das Pferd. **19** *Mähne:* Das hebr. Wort kommt nur hier vor, die Wiedergabe beruht demgemäß auf einer Vermutung. **20** *Heuschrecken:* Vgl. Offb 9,7.

39,26–30 Falke und Adler. **26** *Dem Süden zu:* meint die Wanderung des Vogels nach Süden, wenn der Winter kommt. Die Beschreibung der Kraft und der Gewohnheit des Adlers ist besonders lebendig. Wieder wird Hiob durch die Feststellung, daß er sich auch in diesen Dingen nicht auskennt, an seine menschliche Unzulänglichkeit erinnert.

40,1–41,26 Die große Macht Gottes

40,1–5 Hiobs Selbsteinschätzung ist erschüttert. Auf die Rede Gottes folgt nun die Antwort des Menschen, eingeleitet durch die Frage in V. 2. Ironisch hatte Gott Hiob aufgrund von dessen Selbsteinschätzung als mannhaften Gegner bezeichnet (s. 38,3). Hat Hiob, der Herausforderer, auf diese Erläuterung der belebten und unbelebten Natur, die der Herr der Schöpfung ihm gegeben hat, etwas zu antworten? Aber die Offenbarung Gottes hat den Kämpfer in einen demütigen Anbeter verwandelt. **3–5** Dies ist ein klassisches Beispiel für das, was geschieht, wenn der Himmel sein Schweigen bricht, wenn der allmächtige Gott sich selbst offenbart (vgl. 42,1–6) und der Mensch ihm in der Haltung des Glaubens zuhört, ohne den es »unmöglich ist, Gott zu gefallen« (Hebr 11,6). Wahrscheinlich hätte Hiob seine unbedachten Klagen jetzt gern zurückgenommen. In solchen Momenten sieht sich der Mensch im rechten Licht: *Ich bin zu gering* (V. 4). Dies ist kein Sündenbekenntnis, obwohl Hiob sicherlich auch die Sündhaftigkeit mancher seiner Worte und Verhaltensweisen erkannt hat; es ist zunächst das Eingeständnis der eigenen Unwichtigkeit. Als Hiob von sich selbst weg auf Gott blickt, den er jetzt viel überwältigender sieht als zuvor, sieht er auch sich selbst in einer neuen Perspektive.

Manche Ausleger befriedigt die Reaktion Hiobs nicht. Sie scheinen zu bedauern, daß er klein beigibt. Der frühere Hiob, in seiner offenen Auflehnung gegenüber Gott, war ihnen lieber. Die bedingungslose Aufgabe Hiobs wird als eine Überforderung menschlichen Glaubens empfunden. Auch die Tatsache, daß auf Hiobs bedrängende Fragen nicht direkt eingegangen wird, wird als Mangel empfunden.

Doch mit »Rückzug« ist das Verhalten Hiobs sicher falsch beschrieben. Seine Antwort ist ein Schritt auf dem Weg zu wahrer Gotteserkenntnis; zu dem, was Paulus als »die heimliche, verborgene Weisheit Gottes« (1Kor 2,7) bezeichnet. Der Mensch ist nicht in der Lage, die Bedeutung aller Aspekte des menschlichen Daseins zu erfassen. Hiob hatte erkannt, daß das, was ihm ein Rätsel gewesen war und weiter blieb, Gott offenbar souverän lenkte.

An diesem Punkt wäre es eine größere Belastung für unseren Glauben, wenn Hiob seinen Kampf gegen Gott weitergeführt hätte. In dem Bemühen, seine Unschuld zu beweisen, hatte er sich gefährlich dem Punkt genähert, an dem er sich als mit Gott auf einer Stufe stehend, als »Gott gleich» betrachten konnte. Die ironische Aufforderung: »Schmücke dich mit Pracht und Hoheit; zieh Majestät und Herrlichkeit an!« (40,10) traf ihn zu Recht. Hätte er diese Einstellung beibehalten, er hätte leicht der Sünde aller Sünden schuldig werden können, zu der die Schlange Adam und Eva mit dem schillernden Traum verlockte: »Ihr werdet sein wie Gott und wissen, was gut und böse ist« (1Mo 3,5). Doch das Geflüster Satans kann gegen die Rede Gottes nicht bestehen. Sein Wort hatte den Umschwung bewirkt, den alle menschlichen Argumente nicht hatten erreichen können. In den Kap. 3–37 wird ausführlich dargestellt, wie wenig menschliche Worte und menschliche Weisheit auszurichten vermögen, wenn es um die Erklärung des Leidensgeheimnisses, der Warum-Frage, geht. Eliphas, Bildad, Zophar und Elihu hatten zwar viel geredet, aber kein einziges Wort gefunden, das Hiob überzeugen konnte oder ihm Trost brachte. Auch die Antworten Hiobs hatten das Rätsel nicht gelöst, sondern Gottes Ratschluß vielmehr »mit Worten ohne Verstand« verdunkelt (38,2). Dann sprach Gott, und der Streit war beendet. Er hielt keine intellektuelle Rede, die den Verstehensproblemen Hiobs durch ihre zwingende Logik mit einem Schlag ein Ende machte. Gott gab auch keine theoretische Erklärung zu den Leidenserfahrungen Hiobs ab. Er schweigt darüber ebenso wie über die Frage nach der vergeltenden Gerechtigkeit, die die Männer so stark beschäftigt hatte; wir hören kein Wort über eine disziplinarische Wirkung des Leidens. Gott spricht, indem er sich neu als der Allmächtige offenbart, der hinter den Wundern der belebten und der unbelebten Natur steht, der das Unerwartete und Unbedeutende bis ins einzelne überwacht (vgl. bes. 38,26.27.39; 39,30) und der menschliche Macht und Weisheit weit überragt.

Das Wort der Offenbarung überzeugte Hiob davon, daß er diesem Gott vertrauen konnte. Es machte ihm erneut klar, daß »göttliche Vorsehung« viel weitreichender und vielschichtiger war, als er es sich vorgestellt hatte. Dieser Hiob war kein »verängstigter« oder »verschüchterter« Mensch, sondern ein Mann, der davon überzeugt wurde, daß die menschlichen Schicksale ihre Berechtigung haben, weil der Ewige sich nicht irrt. Dabei lebte Hiob lange vor der Zeit, in der Gott eindrücklich und unwiderleglich zum Ausdruck brachte, daß man ihm vertrauen kann und muß: durch das Wort vom Kreuz. Die Offenbarung des Schöpfers verwandelte Hiob in einen Mann der Anbetung, wieviel mehr überwältigt der auf Golgatha geoffenbarte Gott den Leidenden und veranlaßt ihn zu Staunen, Liebe und Dank.

40,6–14 Gottes Wirken in der Ordnung der Welt. Auch hier findet sich die feine Ironie, von der die Rede Gottes bisher gekennzeichnet war. **8** fragt, ob Hiob seine Unschuld auch dann behaupten will, wenn er damit die Gerechtigkeit Gottes aufs Spiel setzt. **9** Der Gedankengang wechselt jetzt von der natürlichen zur sittlichen Weltordnung. Ist Hiobs Arm so mächtig, verfügt seine Stimme über die gleiche Autorität wie Gott? **10** Wenn ja, dann soll er sich in Gottes Herrlichkeit kleiden. **11–13** Dann soll er sich auf den Thron der Welt setzen und den Donner seines Zorns den Hochmütigen und Gottlosen entgegenschleudern. **14** Dann, und nur dann, kann er die Ordnungen Gottes beurteilen und seine Zustimmung erhalten.

40,15–24 Behemoth. In 40,15–41,34 werden zwei Ungeheuer beschrieben, *Behemoth:* normalerweise als Flußpferd identifiziert, und *Leviathan:* ein drachenartiges Wesen oder das Krokodil. Das Umfeld dieses Kapitels erinnert eher an Kap. 38 und 39 als an 40,6–14. Die Argumentation bewegt sich hier auf folgender Linie: Kann Hiob sich die Herrschaft über die Ordnung einer Welt anmaßen, die durch diese furchtbaren Geschöpfe repräsentiert wird? Noch viel schrecklicher aber ist es, als Gegner ihres Schöpfers aufzutreten (41,9–11). Durch diese Wende in der Beweisführung schneidet Gott Hiob den letzten Ausweg aus seiner heiklen Lage ab. Die Notsituationen des Lebens können logisch erklärt werden, wenn man zu behaupten wagt: Gott ist nicht weise genug, um uns immer das zukommen zu lassen, was wir verdienen. Oder: Er ist zwar weise genug, seinem Wesen nach aber ungerecht. Oder: Er ist zwar weise und gerecht, verfügt aber nicht über genug Macht, um seine Weisheit und Gerechtigkeit voll durchzusetzen. In seinen Reden an Hiob hat Gott zunächst von der Liebe und mit der bis ins Kleinste vorsorgenden Weisheit (38,1–39,30) gesprochen; dann behandelte er das Wirken Gottes in der Weltordnung, seine Fähigkeit, die Hochmütigen und Gottlosen zu strafen (40,1–14). Damit ist seine Gerechtigkeit bestätigt. Behemoth und Leviathan, Phänomene an physischer Kraft, sollen die Macht Gottes demonstrieren. Für den Menschen verkörpern diese Ungeheuer unbezähmbare Kraft, aber ihrem Schöpfer müssen sie gehorchen. Wie mächtig muß dieser Schöpfer sein! Durch diese dreifache Argumentation überführt Gott Hiob. Dieser tut Buße und gewinnt neues Vertrauen. Die Verneinung der Weisheit, Gerechtigkeit und Macht Gottes ist für ihn kein Ausweg mehr. Nachdem er gesehen hat, wie weise, mächtig und gerecht Gott ist, kann er sich ihm nur noch demütig und vertrauensvoll unterwerfen. **19** *Der Werke Gottes:* wörtl. *der Wege Gottes* (EÜ 40,14). **24** Der Text ist unsicher und unvollständig, vgl. die verschiedenen Übers. *Ihn fangen Auge in Auge:* eher zu übersetzen mit *in die Augen greifen* (ZÜ, dort 40,19).

40,25–41,26 Leviathan. In 25–32 werden die furchterregenden Eigenschaften des Krokodils geschildert. **25.31** Kann Hiob mit dem Krokodil umgehen wie mit einem Fisch, den er einfach fängt? **28** Kann er es sich untertan machen? **29** Kann er es als Spielgefährten zähmen? **41,1** *Jede Hoffnung:* d.h. die Hoffnung, es besiegen zu können. **2.4** Wenn schon ein Geschöpf unüberwindlich ist, wie unüberwindlich muß dann erst sein Schöpfer sein? Vgl. Röm 11,35. Gott ist keinem Menschen etwas schuldig. Die Menschen haben Gott nichts gegeben, aber sie verdanken Gott alles. Es ist Vermessenheit des Menschen, wenn er glaubt, auf gleicher Höhe mit Gott stehen zu können. Und doch hatten einige Forderungen Hiobs das nahezu vorausgesetzt.

4–26 Hier wird das Krokodil beschrieben. **5** *Zähne:* Wörtl. *Doppelgebiß,* d.h. Kiefer (EÜ, dort V.4). JB und EinhÜ lesen stattdessen mit LXX *Doppelpanzer.* **14** *Vor ihm her tanzt die Angst:* beschreibt die erschreckte Flucht anderer Wesen beim Herannahen des Leviathans.

42,1–6 Hiobs Antwort auf Gottes Rede

Vgl. 40,1–5 und Komm. dort. Der Mann, den wir als Kämpfer gegen Gott kennengelernt haben, begegnet uns nun als Anbetender, der seine Sünde bekennt und deshalb die göttliche Vergebung empfangen kann. Die Offenbarung der Herrlichkeit Gottes hat ihn zu einer nie zuvor erlebten Erfahrung der göttlichen Vergebung geführt. Vgl. Röm 3,23. Hand in Hand mit der neuen Erkenntnis seiner Sündhaftigkeit geht ein neues Vertrauen in Gottes Fürsorge. **2** *Alles:* weist darauf hin, daß sich auch in den Leiden Hiobs eine wohlmeinende Absicht Gottes erfüllte. Vgl. Röm 8,28. Der Rebell Hiob konnte nicht darauf vertrauen, daß Gott alles, was er sich vorgenommen hatte, auch ausführen konnte; der demütige Beter kann es.

Auch verläßt sich Hiob jetzt nicht mehr auf Menschenwort und menschlichen Verstand. **3** *Wer ist der, der den Ratschluß verhüllt mit Worten ohne Verstand?* ist eine Wiederholung von 38,2. Seine eigenen Worte und Überlegungen, deren er sich so gerühmt hatte, hatten den Plan, nach dem Gott mit ihm handelte, nur verschleiert. **4** Hier greift Hiob Gottes Worte noch einmal auf. Vgl. 38,3; 40,7. Soll Hiob eine Herausforderung wie diese mit seinem begrenzten Verstand beantworten, der gar nicht in der Lage ist, es mit der Weisheit Gottes aufzunehmen? Das ist unmöglich! Auch hier hätte der Rebell Hiob eine andere Antwort gegeben.

5 Hiob wurde die persönliche Glaubenserfahrung zuteil, nach der er sich so lange gesehnt hatte. Im Vergleich mit dem Vertrauen, das er durch die Offenbarung Gottes gewonnen hat, war sein früherer Glaube blaß, nur auf Hörensagen und nicht auf persönliche Erfahrung gegründet.

42,7–17 Epilog

Im Gegensatz zum Hauptteil des Buches ist der Epilog, ebenso wie der Prolog, in Prosa gehalten. Der Schlußteil beginnt mit der Verurteilung der drei Freunde Hiobs: Eliphas, Bildad und Zophar. Daß Elihu hier nicht erwähnt wird, ist bemerkenswert; es mag seinen Grund darin haben, daß er die traditionelle theologische Auffassung, daß Leiden immer die Folge von Sünde ist und im Verhältnis zur Größe der Übertretung steht, nicht übernimmt. Den drei Freunden wird vorgeworfen, daß sie *nicht recht* von Gott geredet haben. Ihre Vorstellung von Gott war falsch, besonders was seine Herrschaft über die Erde und sein Handeln mit den Menschen betrifft. Hiob dagegen wird gelobt. Doch dieses Lob bedeutet nicht, daß alles, was er gesagt hatte, richtig war. Die Erzählung schildert dann die Rechtschaffenheit Hiobs. Der Patriarch vergibt seinen Freunden den Schmerz, den sie ihm durch ihre Worte zugefügt haben, und betet für sie. Daraufhin stellt Gott die Gerechtigkeit Hiobs öffentlich heraus.

42,7–10 Hiobs geistliche Segnungen

In diesem Abschnitt finden wir eine treffende Beschreibung der geistlichen und materiellen Gaben Gottes, von denen die geistlichen die bedeutungsvolleren sind. **7.8** Gott bezeichnet Hiob in diesen zwei Versen viermal als *mein Knecht.* Das erinnert an den »leidenden Gottesknecht« von Jesaja 53. (Vgl. 1,8.) Dann lobt Gott Hiob wegen seines unnachgiebigen Verlangens nach Wahrheit und tadelt die Freunde, weil sie sich diesem Verlangen entgegenstellten. Das große Opfer, das von ihnen verlangt wird (V.8), zeigt an, wie sehr sie die Gunst Gottes verloren hatten, trotz der schö-

nen Abschnitte in den Reden der Freunde, die viel geistliche Wahrheit enthielten, während sich Hiob nicht selten hart an der Grenze zu Auflehnung, Irrtum und Blasphemie bewegt hatte. Unerschrockene Ehrlichkeit, wie unbequem sie auch war, ist Gott bei Hiob und über ihn hinaus lieber als das furchtsame Festhalten an bekannten und bequemen Vorstellungen, die der Wirklichkeit nicht entsprechen.
9.10 Schließlich erhört Gott das Gebet Hiobs für seine Freunde. Mit seiner Fürbitte tritt Hiob neben Beter wie Abraham, der für Abimelech betete, und Mose, der für den Pharao eintrat. Das kostbare Opfer war nicht genug: Es bedurfte zusätzlich des Gebets. Ist dies ein Hinweis darauf, daß das alte Ritual zur Bewältigung der Sünde des Menschen nicht ausreichte? (Vgl. Ps 51,16f.)

42,11–17 Hiobs materielle Segnungen

Verblüffend ist, daß **10** der materielle Reichtum Hiobs wiederhergestellt wurde, während er betete. Als seine Aufmerksamkeit auf die geistlichen Bedürfnisse anderer gerichtet war, »fielen« ihm alle diese Dinge zu (vgl. Mt 6,33). Diese Verse berichten von der Wiederherstellung **11** der Freundschaften, **12** des Besitzes und **13–17** der Familie. Die Erzählung endet zutreffend mit den Worten: *Und Hiob starb alt und lebenssatt.* Vgl. 1Mo 25,8; 35,29. Und wie eine Erläuterung zum Absatz über die Auferstehungshoffnung (19,25–27) fügt LXX hinzu: »und es steht geschrieben, daß er auferstehen wird mit denen, die der Herr auferweckt.«

Wer mit den neueren Kommentaren über Hiob vertraut ist, weiß, daß viele Wissenschaftler den Epilog nicht als passenden Schluß des Buches ansehen. Dafür gibt es mehrere Gründe:

a) Es sei eine »traurige Konzession an eine niedrige Einschätzung der Vorsehung« (Cheyne), die mit der Anerkennung Hiobs durch Gott verbundenen materiellen Beigaben so herauszustellen.

b) Der Epilog muß sich den Vorwurf der Unwahrhaftigkeit gefallen lassen. Das Leben habe meist kein solches Happy End. Deshalb könne man gegen den Epilog denselben Vorwurf erheben, den Hiob gegen seine Freunde vorbrachte: daß die Theorie nicht mit den Tatsachen der menschlichen Erfahrung übereinstimme.

c) Es sei schwer zu glauben, daß 42,7.8 den Dialog zutreffend beschreiben. Man weist darauf hin, daß Hiob in den Reden Gottes auch getadelt wird und daß diese Reden eigentlich nur das wiederholen, was die Freunde Hiobs wieder und wieder vorgebracht hatten, und was dieser ebensooft zurückgewiesen hatte.

Manche Ausleger (u.a. Peake, Sellin, Duhm und Franks) nehmen deshalb an, daß der Verf. von Hiob auf ein älteres Hiob-Buch zurückgriff und in dieses an Stelle der ursprünglichen Reden die uns vorliegenden Gesprächsgänge einsetzte.

Hierzu ist zu sagen:

a) Daß die Kritik Cheynes unberechtigt ist, läßt sich anhand mehrerer Überlegungen nachweisen. Wie konnte die Tatsache, daß Gerechtigkeit etwas Reales ist und schließlich den Stempel der Rechtfertigung Gottes erhält, in einer Zeit, in der man noch keine klare Vorstellung vom Leben nach dem Tode hatte, anders dargestellt werden als in Bildern aus diesem Leben? Das ist kein Bruch im Gedankengang des Buches, da nie beabsichtigt war zu zeigen, daß es keine Beziehung zwischen Gerechtigkeit und materiellem Wohlstand gibt, sondern nur, daß diese Verbindung nicht unveränderlich ist. Außerdem ist zu beachten, daß der Besitz Hiobs vernichtet wurde, um dessen Frömmigkeit auf die Probe zu stellen. Da der Lauf der Ereignisse die Unterstellungen Satans nicht bestätigt hatte, verlangte die Gerechtigkeit nach Wiederherstellung des Vernichteten.

b) Kann man den Epilog wirklich der Unwahrhaftigkeit beschuldigen? Dieser Vorwurf wäre nur gerechtfertigt, wenn der Epilog folgendermaßen lautete: »So erging es zu guter Letzt dem Hiob, und es wird jedem anderen genauso ergehen.« Doch es findet sich nirgends auch nur die Spur eines Hinweises darauf, daß der Verf. in einer Art Märchenwelt lebte. Wir haben im Gegenteil allen Grund zu der Annahme, daß er nicht weniger scharfsinnig und erfahren war wie die Verf. der Psalmen, die das Problem des Wohlergehens der Gottlosen so deutlich schildern. Es gibt keinen Hinweis darauf, daß der Verf. von Hiob den Schluß einer alten Geschichte übernahm, obwohl er seiner eigenen Überzeugung widersprach.

c) Man kann 42,7.8 durchaus als zutreffende Wiedergabe des Dialogs betrachten, wenn man davon ausgeht, daß der Denkfehler der Freunde Hiobs darin bestand, daß sie die Leiden Hiobs auf seine Sündhaftigkeit zurückführten. Das war aber nicht der Grund seiner Leiden, und auch die Antworten Gottes lassen nicht darauf schließen. Es kam zwar zu einem Sündenbekenntnis, doch im Angesicht Gottes und nicht aufgrund der Reden der Freunde. Hiob erkannte, daß seine Sünde in der Selbstüberhebung bestand; doch das ist die Sünde jedes Sterblichen, einschließlich der Freunde Hiobs. Deren größter Irrtum war, daß sie ihre eigene Glaubensüberzeugung mit dem Willen Gottes gleichsetzten.

So gesehen ist es durchaus möglich, für Prolog, Dialog und Epilog ein- und denselben Autor anzunehmen. Der Epilog entläßt uns mit einer Hoffnung, nicht jedoch mit einer Antwort auf das Problem des Leidens. Es mögen nicht alle Knechte Gottes so behandelt werden wie Hiob, doch sie alle können die Gewißheit haben, wie paradox ihnen das Leben manchmal auch erscheinen mag, daß Gott die ganze Welt und jedes einzelne menschliche Leben in seiner Hand hält. Der scheinbare Widerspruch des Buches Hiob weist voraus auf Golgatha. William Neil schließt seinen Kommentar mit den Worten: »Wir haben den Kern der Botschaft des Buches Hiob gefunden, wenn wir sagen können: ›Nichts hab' ich zu bringen; ich verlasse mich allein auf das Kreuz‹. Oder wenn wir die Worte des Paulus aus Röm 8,35–39 nachsprechen.«

E. S. P. Heavenor

Die Psalmen

Einleitung

Über die Jahrhunderte hinweg sind die Psalmen Bestandteil des christlichen Gottesdienstes. Ohne die damit zusammenhängenden Probleme zu übersehen, dürfen wir dies als Beweis dafür nehmen, daß sich die Christen in keinem Teil des AT so heimisch fühlen wie im Psalter. Hier sieht man sich ohne Umwege dem Gott gegenübergestellt, der sich in Jesus Christus in seiner Fülle offenbart hat. Hier ringen Menschen wie wir mit diesem Gott, und wir können mit ihnen feststellen, daß und wie er der jeweiligen Situation gerecht wird. Welch eine Herausforderung und häufig auch Zurechtweisung bedeutet es für uns, wenn wir erkennen, daß sie uns in ihrer Liebe zu Gott, ihrer Freude an seiner Erkenntnis, ihrer Bereitschaft, um des Glaubens willen zu leiden, weit übertreffen, obwohl Gott doch seine Liebe gegen uns darin erwiesen hat, »daß Christus für uns gestorben ist, als wir noch Sünder waren« (Röm 5,8). Wie man im NT sehr bald erkennt, daß die Zeit der Gnade letztlich nicht ohne Gesetz ist, so erfahren wir vor allem im Psalter, daß die Zeit des Gesetzes nicht ohne Gnade war. Von jeher hat das Gottesvolk erfahren, daß der Glaube Freude und Frieden schenkt, daß dazu aber auch die Trübsale gehören, durch die man ins Reich Gottes eingehen muß (Apg 14,22).

Verfasser und Sammlung der Psalmen

Gedichte und Lieder finden sich überall im AT. Mit einem Lied feierte Mose den Durchzug durch das Schilfmeer (2Mo 15). Mit Gesang bejubelten Debora und Barak Siseras Niederlage (Ri 5). Einfache Menschen wie Hanna (1Sam 2), Könige wie David (z.B. 2Sam 1,17ff) und Hiskia (Jes 38,10ff), dazu viele Propheten (z.B. Jes 37,21ff; Hab 3) kleideten ihre eindrücklichsten Erfahrungen in Lieder. Es überrascht deshalb nicht, daß aus dieser Glaubenswelt heraus eine Sammlung von Psalmen entstand. Dennoch bleiben die schwierigen Fragen: dank welcher Quellen und über welche Vorstufen erhielt der Psalter seine jetzige Form?

Die Überschriften

Auf den ersten Blick scheint es wegen des Ursprungs der Psalmen gar keine Probleme zu geben. Die meisten tragen Überschriften, in denen sich oft ein Name findet, der, so möchte man schließen, doch der des Autors sein müßte. In 73 Überschriften wird David genannt (z.B. Ps 3; 4; 5), in 11 die »Söhne Korahs« (z.B. Ps 44–49), in 12 »Asaph« (50; 73–83). Dazu kommen noch andere Namen wie in Ps 88; 89; 90.

Unabhängig davon, wie man Sinn und Wert der Überschriften beurteilt, ist inzwischen klar geworden, daß der Name David im allg. auf eine frühe Entstehungszeit hinweist. Die Psalmenforschung hat schon lange die eher kuriose Vermutung überwunden, die Mehrzahl der Ps stamme aus der Makkabäerzeit. Aus Gründen, denen gleich nachgegangen wird, gilt heute weitgehend die Königszeit als die Epoche der Psalmendichtung, David wieder als »Liebling der Lieder Israels« (2Sam 23,1). Mit gutem Grund kann man sich auf die in 1Chr 16 überlieferte Tradition verlassen, daß David hinter dem Aufbau der Schule der Tempelsänger steht. Was die weiterreichende Frage der Datierung der Ps im allg. angeht, sollte man die Meinung Kaufmanns zur Kenntnis nehmen, »daß es keinen Psalm gibt, dessen schlichtes Verständnis (im Gegensatz zu den midraschartigen Phantasien mancher moderner Exegeten) eine Datierung nach dem im Exil entstandenen Ps 137 erfordert« (E. Kaufmann, *The Religion of Israel,* 1961, S. 311).

Auch Weiser tendiert zu einer frühen Datierung des Psalters. Gerade im Blick auf die Davidspsalmen erklärt er, daß »das *lᵉdāwîd* als eine Art Sammelname die Zugehörigkeit des betr. Psalms zur ›David-Tradition‹ des vorexilischen Tempelkults markiert« (*Die Psalmen I,* ATD 14, 1979^{9}, S. 66). Auch eine ausgeglichenere Beurteilung der Überschriften der Psalmen in der LXX wird so möglich. Man hat oft behauptet, die Psalmenüberschriften der LXX würden so sehr vom MT abweichen, daß es sich hier um eine äußerst unzuverlässige Textüberlieferung handeln müsse. Das aber stimmt so pauschal nicht. Die LXX geht vielmehr von den Überschriften des MT aus und erweitert sie in einigen Fällen, womit aber die hebr. Tradition nicht abgewertet, sondern bestätigt wird. Wenn nämlich zwischen dem Ursprung der hebr. Überschriften und dem Entstehen der LXX eine längere Zeit liegt, dann sind diese Erweiterungen keineswegs überraschend.

Trotz allem lösen die Überschriften die Frage der Verfasserschaft nicht. Was bedeutet die hebr. Präposition *le,* die im deutschen genitivisch als »Psalm Davids« wiedergegeben wird? Während sie Verfasserschaft ausdrücken kann, wie Hab 3,1 zeigt, geht der eigentliche, buchstäbliche Sinn mehr in Richtung auf Besitzanzeige: dem ... gehörend bzw. zugehörig. Wenn ein Ps in einer persönlichen Erfahrung wurzelt (z.B. Ps 3), dann versteht man das *le* am besten als Verfasserangabe, denn es läßt sich kein einsichtiger Grund zur Bezweiflung der historischen Zuverlässigkeit dieser Aussagen beibringen. Wenn es aber von einem Ps heißt, »den Söhnen Korahs zugehörig«, dann ist es einleuchtender anzunehmen, daß dieser Ps zu ihrem Repertoire gehörte und aus der Liedsammlung stammt, die sie für ihren eigenen Gebrauch zusammengestellt hatten. Die Überschrift von Ps 102 hingegen will zeigen, für welche Gelegenheit sich dieser Ps vor allem anbietet. Auch unsere Gesangbücher ordnen ja die Lieder nach bestimmten Gebrauchskategorien. Weiser (I, S. 65) führt diesen Gedanken noch weiter; er liest das *l^e dawîd* als »für David« und sieht darin eine »Anweisung zum gottesdienstlichen Gebrauch des Lieds ›für David‹, d.h. den davidischen Herrscher, der in der Rolle des Ahnherrn als Träger der Davidsverheißungen ... mit kultischen Funktionen auftritt«. Sie »wird demnach auf der ältesten Stufe zur Bezeichnung solcher Psalmen gedient haben, deren Vortrag im Festkult des Tempels dem König zustand«. Diese letzten Gedanken müssen freilich im Zusammenhang mit Weisers Gesamtverständnis der Ps gehört werden, demzufolge der König im Kult eine große Rolle spielt. Uns aber zeigt es, daß es für das Verständnis der Überschriften keine einfache, alles gleichmäßig erklärende Lösung gibt.

Die Überschrift *lamenazzeach,* die 55mal vorkommt, in LÜ z.T. nicht wiedergegeben, von EÜ »dem Chorleiter« (z.B. Ps 4–6) übersetzt wird, bezeichnet wohl den Musikmeister und könnte andeuten, daß zu irgendeiner Zeit der Musikmeister der Tempelchöre bestehende Liedersammlungen zusammenfaßte. Abgesehen von Ps 66; 67 findet sich in diesen Überschriften nämlich immer auch noch eine persönliche Zueignung, etwa »dem David« oder »dem Asaph«. Das zeigt, daß der Musikmeister bestehendes copyright wohl zu honorieren wußte. Aber keine der Überschriften enthält mehr als einen Namen. Bezeichnen diese Namen lediglich Liedersammlungen, aber keine Autoren, dann scheint es doch nicht einsichtig, warum sich ein Ps nicht sowohl in der Davids- als auch in der Asaphsammlung gefunden haben soll. Diese Überlegungen legen im Blick auf Ps 88 nahe, daß der Musikmeister, als er diesen Ps in seine Sammlung aufnahm, mit der Überschrift sagen wollte: »Dieser Psalm gehörte urspr. zur Sammlung der Korahiten; er wurde von Heman, dem Esrachiter, verfaßt.«

Redaktionelle Bearbeitung

Auch wenn man davon ausgeht, daß die Mehrzahl von Ps 3–41 und Ps 51–72 einst eine selbständige »davidische« Sammlung bildeten, daß sich daneben auch noch andere Sammlungen nachweisen lassen (z.B. die Wallfahrtspsalmen, 120–134, die Hallelujapsalmen 105–107; 111–113; 116–118; 135; 136; 146–150, u.a.) und daß Sammler wie der »Musikmeister« am Werk waren, ist immer noch nicht gesagt, wie der Psalter seine jetzige Gestalt und den jetzigen Umfang erhielt.

Verschiedene Fakten weisen darauf hin, daß er schrittweise wuchs. Einmal sind Ps 14 und 53 identisch, abgesehen davon, daß der erste die Bezeichnung *Jahwe* für den Gott Israels benutzt, während der letzte ausschließlich das Wort *'elōhîm* (= Gott) gebraucht. Damit verbunden ist die Beobachtung, daß in Ps 3–41 die Gottesbezeichnung Jahwe vorherrscht, in Ps 42–83 aber Elohim. Es ist nicht anzunehmen, daß *ein* Redaktor den gleichen Ps zweimal in seine Anthologie hineinnahm. Es sind also zwei Redaktoren anzunehmen, von denen einer in einer Umgebung wirkte, die den Gottesnamen Jahwe möglichst mied. Auf eine ähnliche redaktionelle Situation läßt die Identität von Ps 70 und 40,14–18, sowie von Ps 108 mit 57,8–12 und 60,7–14 schließen. Zum anderen muß Ps 72,20: »Zu Ende sind die Gebete Davids, des Sohnes Isais« als redaktionelle Notiz gelten, die den Abschluß der umfassenden Ausgabe der damals bekannten Davidspsalmen bezeichnet. Drittens verdeutlicht ein Blick auf die oben genannten Hallelujapsalmen, die nicht in einen Block zusammengefaßt sind, sondern über den letzten Teil des Psalters verstreut sind, wohl auch einen Wachstumsprozeß. Einen vierten Hinweis auf ein Wachstum des Gesamtpsalters sowie auf das Fehlen eines umfassenden redaktionellen Konzepts geben die musikalischen und liturgischen Anweisungen (z.B. das Wort *Sela*). Sie kommen nicht in allen Ps gleichmäßig vor. *Sela* z.B. findet sich in Ps 1–89 76mal, aber danach nur noch 4mal.

Die »fünf Bücher«

Welche Hände und welche Umstände auch immer beteiligt gewesen sein mögen, uns liegen 150 Ps in fünf Büchern zusammengefaßt vor. Damit sollen den fünf Büchern des Gesetzes wohl fünf Bücher Gesänge gegenübergestellt werden. Als redaktioneller Abschluß eines jeden »Buches« findet sich eine Doxologie (41,14; 72,18f; 89,53; 106,48). Am Ende des fünften Buches findet sich keine gesonderte Doxologie, was wohl damit zu erklären ist, daß der ganze Ps 150 ein Lobruf ist, der das fünfte Buch und den ganzen Psalter passend zum Abschluß bringt.

Die Auslegung der Psalmen

Die Ps bieten dem, der die Bibel studiert, eine vorzügliche Gelegenheit, die Auslegungsmethoden systematisch anzuwenden. Der Leser sollte an jeden Ps mit dem Gedanken herantreten, daß ihm eine in sich abgeschlossene Einheit mit einem einzigen Thema vorliegt, das klar und gestrafft entfaltet wird. Natürlich ist das eine Verallgemeinerung, die z.B. für Ps 119 nicht zuzutreffen scheint. Den auszulegenden Ps sollte man lesen und immer wieder lesen, bis man das Thema entdeckt und dabei erkennt, wie sich die Gedanken von Abschnitt zu Abschnitt weiter entfalten. Dabei ist besonders auf verbindende Worte wie »denn« oder »darum« zu achten, die die Abschnitte miteinander verbinden. So kann der moderne Leser erkennen, unter welchen Umständen der Beter von damals seine Gedanken formte, welcher Belastung er ausgesetzt war, welchen Trost und Zuspruch er bei Gott fand. Indem man herausfindet, was der Ps dem Verfasser bedeutete, erschließt sich uns die Bedeutung für die Gegenwart.

Historische Verknüpfungen

Gelegentlich geben die Ps durch Hinweis auf eine bestimmte historische Situation eine Verstehenshilfe an die Hand (Ps 3 und dreizehn weitere). Die gegenwärtige alttestamentliche Forschung bringt diesen historischen Hinweisen wenig Vertrauen entgegen. Sie teilt weitgehend G.W. Andersons Meinung, daß Gebetsdichtung es mit immer wiederkehrenden Situationen des Gottesdienstes oder des Lebens des einzelnen Gläubigen zu tun habe und nicht mit speziellen historischen Gegebenheiten (*A Critical Introduction to the Old Testament,* 1959, S. 174). Aber vielen Ps sind eine Wärme und Eindringlichkeit eigen, die sich viel eher so erklären lassen, daß ein nur kurze Zeit zurückliegendes persönliches Erleben zwar nicht beschrieben, wohl aber die darin liegende allgemein gültige Erfahrung zusammengefaßt zum Ausdruck gebracht wird. Helmer Ringgren schreibt im Blick auf die Klagepsalmen, daß sie nicht das Erleben eines einzelnen beschreiben, wohl aber seine Not und Verzweiflung in typische, allgemeinverständliche Worte fassen, denn »nicht beschrieben, sondern schon bekannten Kategorien soll ein Erleben zugeordnet werden«. Er behauptet, daß »dieses Zuordnen dem einzelnen hilft, sein Leiden zu verstehen und ihm zeigt, wie er Hilfe erlangen kann« (*Israelite Religion,* 1966, S. 181). Wie sich z.B. an Ps 51 mit seiner detaillierten historischen Zuordnung zeigen läßt, geschieht gerade das. Wenn man dazu noch die historische Überschrift ernst nimmt, werden sonst unerklärliche Andeutungen einsichtig und verständlich. Allgemein läßt sich dazu noch sagen, daß mit der Verallgemeinerung und Einordnung eines spezifischen Erlebens für einen geistlich gesinnten Menschen auch schon ein Stück Erklärung und Bewältigung gegeben ist.

Das Werk Hermann Gunkels

Der Fortschritt in der Psalmenforschung dieses Jahrhunderts besteht vor allem in dem Versuch, für jeden Psalm den *Sitz im Leben* anzugeben, d.h. die Gegebenheiten festzustellen, in denen der Psalm seiner Gattung nach entstand und lebt. Am einflußreichsten für die Gattungsforschung war das Werk Hermann Gunkels, dessen wesentliche Arbeiten zwischen 1900 und 1926 erschienen. Er lenkte die Forschung von den oft wertlosen Bemühungen um genaue Datierung der Ps zu der gewinnbringenden Aufgabe der genauen Durchdringung von Form, Inhalt und Leitgedanken (Hermann Gunkel, *Die Psalmen,* Göttingen 1968^5 [1929]). Dabei war es sein primäres Anliegen, die Psalmen nach Gattungen zu ordnen. Erst in zweiter Linie wandte er sich aufgrund der Ergebnisse der Gattungsforschung Fragen der Verfasserschaft und der Datierung zu. Die von ihm herausgeschälten fünf Gattungen: 1. *Hymnen:* Psalmen, die die Größe und Herrlichkeit Gottes und sein Wirken in Schöpfung und Geschichte herausstellen. Sie sind »beschreibendes Lob« (Westermann). Dazu gehören Ps 8; 19; 29; 68; 100; 103; 105 u.a.m. 2. *Klagepsalmen des Volkes:* Sie wurden von der versammelten Volksgemeinschaft in Zeiten nationaler Bedrohung gebetet. Typisch sind Ps 44; 74. 3. *Königspsalmen,* z.B. Ps 2; 18; 20; 45; 72. Gunkel nahm an, daß der regierende davidische König sie als Teil des königlichen Rituals im Tempelgottesdienst vortrug. Er bemühte sich darüber hinaus, für die Verwendung jedes Psalms konkrete geschichtliche Gelegenheiten anzugeben. So soll nach Gunkel Ps 132 bei der jährlichen Gedenkfeier der Gründung der Davidsdynastie vorgetragen worden sein. 4. *Klagepsalmen des einzelnen,* für Gunkel die umfangreichste Gattung (z.B. Ps 3; 5; 6; 7; 22; 42/43; 51; 88 u.a.m.). Sie dienten dazu,

Schmerz und Not des einzelnen vor der versammelten Gemeinde Ausdruck zu verleihen. Gunkel stellte fest, daß diese Psalmen in ihrer Struktur verblüffend ähnlich sind. Besonders auffällig ist der häufige Hinweis auf die Gewißheit, von Gott erhört zu sein. Zwei Erklärungen boten sich dafür an. Entweder erhielt der Beter, während er seine Klage vorbringt, die innere Gewißheit, von Gott erhört zu sein (z.B. 6,9–11), oder es wurde ihm in die Klage hinein ein Gotteswort zugerufen, etwa durch einen Priester (z.B. 55,23; vgl. 2Chr 20,4–13.14–17). Gunkel bestand auf der echten Individualität des jeweiligen Psalmbeters, entgegen der Vorstellung, daß es sich lediglich um personalisierte Parteistreitigkeiten des nachexilischen Judentums handele. 5. *Danklieder des einzelnen.* Oft wird in individuellen Klagepsalmen Gott für den Fall der Hilfe ein Dankopfer gelobt (z.B. 54,8). Die öffentliche Erfüllung dieser Gelübde findet Gunkel in dieser bes. Psalmgattung, zu der u.a. Ps 18; 30; 32; 34; 116; 118 gehören.

Die Psalmen im Gottesdienst

Gunkels Arbeit ist überall von der Überzeugung getragen, daß die Ps zum öffentlichen Gottesdienst Israels gehören. Sehr oft belegen die Ps selbst die kultische Orientierung: Man freut sich über Gottes Haus (84,11); man sucht Zugang zu Gottes Gegenwart auf dem heiligen Berg, im Heiligtum und am Altar (43,3f). Sie geben kultische Hinweise (118,27; vgl. Komm.). Innere Frömmigkeit sucht unbedingt sichtbaren Ausdruck in kultischen Handlungen (116,13f.18f). Die Ansicht, die Ps richteten sich gegen den Opferkult, ist unbegründet. Die Verse, auf die man sich berief (z.B. Ps 50,13), stützen die Hypothese nur, wenn man den Kontext (50,5) mißachtet. Vgl. auch Ps 51. Wie das übrige AT sind die Ps im Kult verwurzelt, bestehen aber wie das ganze AT darauf, daß Opfer sinnlos sind, wenn die innere Herzenshaltung des Beters dem äußerlichen Opferakt nicht entspricht. Es müssen »Opfer der Gerechtigkeit« sein (Ps 4,6; EÜ: »Gerechtigkeitsopfer« LÜ: »Opfert, was recht ist«), d.h. Opfer, die in rechter, dem Anliegen entsprechender Haltung dargebracht werden.

Alte Anmerkungen in den Überschriften unterstreichen die gottesdienstliche Verankerung. Sie zeigen wahrscheinlich an, für welche gottesdienstliche Situation der Ps geeignet war. Hier findet man u.a. die Bezeichnungen »Psalm« (*mismor,* Ps 3 und weitere 55 Psalmen) und »Lied« (*schir,* Ps 30 und weitere dreizehn). Der Unterschied zwischen beiden Begriffen ist nicht mehr genau faßbar. »Gebet« (Ps 17 und weitere vier), »Loblied« (Ps 145) und »zur Unterweisung« (Ps 60) sind ohne weiteres klar, nicht hingegen drei weitere Begriffe: *schiggajon* (Ps 7; vgl. Hab 3,1), wahrscheinlich »Trauergesang«; *miktam* (Ps 16; 56–60), manchmal mit »Gold« in Verbindung gebracht (LÜ »ein güldenes Kleinod«), vielleicht Ausdruck der Wertschätzung; eher steckt jedoch ein Verb »bedecken« dahinter. Manche meinen, die Vorstellung des »Zudekkens«, d.h. der Vergebung der Sünde stehe dahinter. Es fällt allerdings auf, daß alle so überschriebenen Ps es mit dem Schutz vor äußeren Feinden zu tun haben, was Sinn der Bezeichnung »Psalmen der Bedeckung« sein könnte. *Maśkil* (Ps 32 und zwölf weitere) ist sicher mit einem Verb »Einsicht haben; verstehen« verwandt. Es könnte sich also um Lehrgedichte handeln. Weitere Anmerkungen haben es mit der musikalischen Ordnung des Gottesdienstes zu tun: »zum Flötenspiel« (Ps 5); »beim Saitenspiel« (Ps 4); *scheminit* LÜ: »beim Saitenspiel auf acht Saiten«; Ps 6 und zwölf weitere): »Gittith« (Ps 8; 81; 84) scheint mit dem hebr. Wort für »Weinkelter« zusammenzugehören und ist viell. Hinweis auf eine freudige Melodie, wie sie bei der Weinlese gesungen wurde. Das am häufigsten vorkommende Wort ist freilich bis jetzt noch vollkommen unerklärt: »Sela« (z.B. Ps 3,3.5.9; insgesamt 71mal im Psalter). Es handelt sich anscheinend um einen technischen Begriff, aber ob er für die Musik, die Stimme(n) (des)/der Sprecher(s) oder für die Responsorien der Gemeinde bestimmt ist, bleibt nach wie vor unklar. Verwandtschaft könnte zu einem Verb bestehen, daß man am besten mit »aufbauen« wiedergibt; es könnte also ein »Erheben« der Stimmen, ein Crescendo der Musik oder ein Transponieren in eine höhere Tonart gemeint sein. Andere vermuten hinter »Sela« ein Wort mit der Bedeutung »Pause«, was auf ein musikalisches Zwischenspiel (so auch die LXX) oder auf eine Zeit der Stille zu Gebet oder Meditation gemünzt sein könnte. Schließlich könnte es sich um eine Abkürzung aus den drei Buchstaben *s-l-h* handeln mit dem Sinn von Wiederholen oder Stimmwechsel. – Schließlich scheinen viele Ps in der Überschrift einen Hinweis auf die zu benützende Melodie zu enthalten (9; 22; 45; 46; 53; 56; 57–60; 75; 80; 88).

Diese Faktoren ließen immer schon vermuten, daß die Psalmen im Gottesdienst verankert seien, was – seit Gunkel – im Detail untersucht wird. Eine besondere Forschungsrichtung verbindet sich mit dem Namen S. Mowinckel. Darüber hinaus, daß man die Verwurzelung der Psalmen im Gottesdienst ernstzunehmen hat, vermutete er als eigentlichen Anknüpfungspunkt ein jährliches Thronbesteigungsfest Jahwes, bei dem dessen universale Herrschaft in einer Tempelzeremonie dargestellt wird. Mowinckel meinte, daß die einleitenden Worte in Ps 93; 97 und 99 (vgl. 96,10) »Jahwe ist König geworden« übersetzt werden müßten und der kultische Freudenschrei beim jährlichen Fest sind. Aufgrund inhaltlicher Ähnlichkeit sei der gleiche kultische Rahmen für Ps 46; 48; 76; 87; 120–134 vorauszusetzen. (Für eine umfassende Darstellung s. H.J.Kraus, BK S. 201ff.)

Nun wird ein solches Fest in den historischen Büchern des AT nicht erwähnt. Jedoch ließ Jerobeam bei seinem Versuch, die zehn Nordstämme vom Hause David und von der alten Bindung an Jahwe zu lösen, im Norden zwei Heiligtümer einrichten und »machte ein Fest am fünfzehnten Tag des achten Monats wie das Fest in Juda« (1Kön 12,25–33). Bei diesem Fest spielte er als König die führende Rolle. Von daher schloß man auch für Juda auf ein Fest, in dessen Mittelpunkt Gott und König standen. Man dachte dabei an das Laubhüttenfest, das jährlich genau einen Monat vor dem imitierten Fest Jerobeams begangen wurde. In Sach 14,16ff sind, allerdings aus späterer Zeit stammend, Königtum und Fruchtbarkeit mit dem Laubhüttenfest verbunden.

Man hätte die Überlegungen in dieser Sache wohl kaum so weit getrieben, hätte man nicht in der babyl. Religion ein »Neujahrsfest« entdeckt, das – so wird vielfach behauptet – als Modell für identische Feste im ganzen Bereich des Fruchtbaren Halbmondes diente. (Der Fruchtbare Halbmond umfaßt Mesopotamien, Syrien, Palästina und Ägypten.) Bei diesem Fest wurde der oberste babyl. Gott Marduk als König der Schöpfung gefeiert. Man schrieb ihm den Sieg über die Mächte des Chaos – vor der Schöpfung – zu (vgl. 1Mo 1,2: die Tiefe) und verherrlichte seinen gegenwärtigen Sieg über alle anderen Götter (vgl. Ps 93; 95,3–5). Der zu diesem Sieg führende Kampf wurde in einem Kultdrama vergegenwärtigt; der herrschende König spielte den siegreichen Gott. Zugleich spielte er seine eigene Rolle als Mittler zwischen Gott und Volk. Im Ritus wurde er zunächst erniedrigt (vgl. Ps 89), bis es keine Hoffnung für eine Neubelebung mehr gab, aber in letzter Stunde wurde er durch göttliches Eingreifen erlöst (Ps 46; 48). Die feindlichen Mächte wurden vernichtet, die Ordnung wieder hergestellt und Fruchtbarkeit für ein weiteres Jahr garantiert. Fruchtbarkeit, die in Babylon Wohlstand verhieß, wurde weiter durch die sog. »Heilige Hochzeit« gesichert, in der sich der König im Kult mit einem auserwählten Mädchen vereinigte. Verschiedentlich wollte man sogar diesen Aspekt in Israel wiederfinden und berief sich dazu auf Ps 45 und Hld. Außerdem fand man in Ps 46,9: »Kommt her und schauet . . .« und Ps 48,9: »Wie wir es gehört haben, so sehen wir es . . .« (man übersetzte: so stellen wir es dar) einen Hinweis auf das mit dem Neujahrsfest verbundene Kultdrama.

Die wenigen oben zusammengestellten Zitate und Stellenangaben geben nur schwach die Materialfülle wieder, die diese Theoretiker aus dem Psalter herausgekämmt haben, doch sie sind typisch. Es muß noch betont werden, daß nicht alle Forscher dieser Schule auch die »Heilige Hochzeit« in Juda wiederfinden wollten: Das besondere religiöse Erbe Israels erlaubte gar keine undifferenzierte Übernahme heidnischer Riten. Und vor allem: Während in Babylon zur Garantie göttlichen Wohlwollens die exakte Durchführung des Ritus genügte, war in Israel Gerechtigkeit auf jeder Ebene gefordert. Sollte das Neujahrsfest in Israel je existiert haben, dann kann es nur den Charakter einer nationalen Hingabe an Jahwe, also eines Bundeserneuerungsfestes, gehabt haben (Näheres bei H.J.Kraus, *Gottesdienst in Israel,* 1962, und A.Weiser, a.a.O., S. 14ff).

Sowohl R. de Vaux als auch M. Noth (*Gott, König, Volk im Alten Testament, eine methodologische Auseinandersetzung mit einer gegenwärtigen Forschungsrichtung;* jetzt in *Gesammelte Studien zum Alten Testament,* 1960², S. 188–229) haben bezeichnenderweise gegen die Mowinckelsche Theorie Stellung genommen. Noth hielt z.B. die Existenz eines gleichbleibenden Festmodells für den ganzen vorderen Orient für äußerst zweifelhaft und verwies darauf, daß die Monarchie in Israel erst sehr spät aufkommt und daß der König zudem vom Volk gewählt bzw. bestätigt wird, ganz im Gegensatz zum Gottkönigtum des Orients. Wie kann man auf das Ritual eines Gottkönigs schließen, wenn es einen solchen überhaupt nicht gibt? Auch ist von sprachlicher Seite her einzuwenden, daß sich die Übersetzung »Gott ist König geworden« (Ps 93,1; 96,10; 97,1; 99,1) nicht halten läßt. Vielmehr muß das Hebr. übersetzt werden: »Jahwe ist König«, d.h. in der Form, die den bleibenden Zustand voraussetzt (s. dazu H.J.Kraus, *Gottesdienst,* S. 215ff und D.Michel, »Studien zu den sogenannten Thronbesteigungspsalmen«, *Vetus Testamentum* VI, 1956, S. 40–68).

Gunkels grundlegende Studien griff andererseits auch eine andere Forschungsrichtung auf, die vor allem mit den Namen Arthur Weiser und Gerhard von Rad verbunden ist. Nach ihnen waren diejenigen Ps, in deren Mittelpunkt das Königtum Gottes steht oder aber die Person des menschlichen Königs, sowie der größere Teil des restlichen Psalters für das Laubhüttenfest verfaßt, das vorrangig Bundesfest oder Bundeserneuerungsfest war und dessen regelmäßige Feier das Gesetz anordnete (5Mo 31,10). Diese Feier, so meint man, stehe hinter 5Mo 26 und Jos 24. Die Bestandteile dieses Festes waren typisch israelitisch: eine Darstellung des Kommens Gottes zu seinem Volk (z.B. Ps 50,2f), wobei wir allerdings nicht wissen, wie diese Theophanie dargestellt wurde. Ps 50 könnte nahelegen, daß dies mit einem Lichtritus geschah; Jes 6,4 deutet auf Rauch und 2Mo 19,16 auf Trompetenschall hin. Zum andern wurden die großen geschichtlichen Taten Jahwes rezitiert (vgl. Ps 136) und sein für Israel verbindlicher Wille proklamiert (vgl. 2Mo 20); ihm jubelte man als dem König über die ganze Schöpfung zu. Man hat erwogen, ob nicht Ps 8 z.B. eine dramatische Darstellung begleitete, in der das Werk der Schöpfung vergegenwärtigt wurde und bei der der davidische König die Rolle des ersten Menschen spielte und so die ganze Menschheit repräsentierte.

Auch hier bewegt man sich im Bereich der Theorien, nur daß man an ein bekanntes israelit. Fest anknüpft, bei dem es um ausgesprochen auf Jahwe bezogene Vorstellungen geht. Aber Beweise lassen sich nicht vorbringen. Trotz allem haben diese Studien die Psalmenforschung wesentlich bereichert. Insbesondere hat man erkannt, welch wichtigen Platz der König einnahm und welche lebendigen messianischen Erwartungen sich mit seiner Person verbanden.

Die Theologie der Psalmen

Hier kann nur eine Zusammenfassung der Grundgedanken der Psalmen geboten werden. Aber zu jedem Gesichtspunkt werden einige charakteristische Ps genannt, die dem Leser weiteren Aufschluß bieten.

Zu den auffallendsten Zügen der Ps gehört es, daß sie einerseits persönliches Zeugnis sind, bei dem das persönliche Fürwort »ich« vorherrscht, daß andererseits das Bild Gottes, nicht das von Menschen, am klarsten hervortritt. So gesehen sind die Ps das AT in Miniatur. Sie bezeugen, daß Gott der Schöpfer ist (8; 104), aber nicht in einem abstrakten Konzept über den Anfang der Welt; vielmehr gründet in Gottes Schöpfermacht seine gegenwärtige aktive und mächtige Herrschaft als König über alles (29,96–99). Die Gerechtigkeit seiner Herrschaft wird oft herausgestellt (11; 75); sie ist untrennbar mit seiner Herrlichkeit und Gnade verbunden (145; vgl. 146). Gottes Güte (34) läßt sich von seiner Heiligkeit nicht trennen (103) und hat ihr notwendiges Gegenteil im Zorn Gottes (38). Ebenso gehören der Universalismus der Gottesherrschaft über die ganze Welt (67) und der Partikularismus der Erwählung Israels (87) zusammen. Bindeglied ist die Person des messianischen Königs, dem in seiner Stellung als davidischer, priesterlicher Herrscher Israels (110) ein weltweites Regiment verheißen ist (2; 72).

Gott ist der Hirte seines ganzen Volkes (80) und des einzelnen Gläubigen (23). Damit ist einerseits eine Basis absoluten Vertrauens gegeben, von der aus man allein von Gott Erlösung erwartete (16; 25; 31) und wissen durfte, daß er sich um Nöte und Bedürfnisse der Seinen kümmert (3; 27; 57; 90; 91). Andererseits entstanden von daher Fragen wegen der göttlichen Vorsehung und wegen der Feinde des Gottesvolks, der »Gottlosen«, für den einzelnen (10; 12; 37; 73; 77; 88) wie für die Gesamtheit (44; 74; 80). Auch das scheinbar automatische Zusammengehören von Gerechtigkeit und Wohlergehen in Ps 1 muß im Licht der Tatsache gesehen werden, daß Gottes Volk immer Leiden und Anfechtung ausgesetzt war (54; 55; 56). Hier handelt es sich nicht um ein Zeugnis unveränderlicher Erfahrung, sondern um ein Bekenntnis des Glaubens: »Da unser Gott gut ist und es keinen anderen Gott gibt, muß es den Gerechten auch wohlergehen.«

Leid und Anfeindung riefen auch die Verdammung der Gegner in den sog. »Rachepsalmen« hervor, die vor allem feinfühligen Christen immer wieder zu schaffen machen. Man ist schnell bei der Hand, die entsprechenden Passagen mit dem Hinweis abzutun, es bestehe eben eine große Kluft zwischen der Offenbarung in Jesus Christus und dem Glauben auch der Besten früherer Zeiten. Kann der Christ sich denn mit dem Wunsch nach plötzlicher Vernichtung seiner Feinde (55,16), nach dem Zerbrechen ihrer Zähne (58,7), nach plötzlicher Verarmung (109,11), nach einem Massaker an ihren Kindern (137,9) identifizieren?

Dennoch überzeugt es nicht, wenn man derartige Stellen einfach als »alttestamentliche Moral« abschreibt. »Es gehört zu den großen Irrtümern vergangener Forschungsperioden, daß, einer allgemeinen Ideologie folgend, Gegensätze zwischen dem Gott der Liebe im Neuen Testament und dem ›Gott des Hasses‹ im Alten Testament herausgebildet wurden« (H.J. Kraus, *Theologie der Psalmen*, 1979, S. 233). Einmal finden sich ähnliche Aussagen auch im NT (Gal 1,8; Offb 6,10; 18,20; 19,1–6). Zum andern findet sich im AT das Liebesgebot wie im NT (vgl. 3Mo 19,17f); auch nach dem AT sind Gott Gewalttätigkeiten zuwider (Ps 5,7), soll Böses mit Gutem vergolten werden (Ps 7,5; 35,12–14). Drittens finden sich in allen sog. »Rachepsalmen« Züge, die für jeden Christen beherzigenswert sind: In Ps 71 z.B. will der Beter Gottes Ruhm verkündigen (V. 14–16), bezeugt er Gottes erfahrene Hilfe (V. 2–7) und betet ihn an (V. 19).

Insgesamt muß bedacht werden, daß diese uns so widerstrebenden Aussagen in Gebeten gemacht werden. Es findet sich kein Hinweis darauf, daß die Feinde durch Wort oder Tat persönlich abgewiesen worden wären. Die Bedrängten flohen zu Gott, und obwohl sie ihren Gefühlen ungehemmt Ausdruck verliehen, ist deutlich, daß sie bereit waren, alles Gott zu überlassen; genau das wird auch von Christen erwartet (Röm 12,19ff). Die Gewißheit, daß Gott sich dieser Sache annehmen wird, gründet in dem offenbarten Wissen, daß Gott gerecht richten wird (siehe Ps 7, wo der Fluch von V. 7 auf der theologischen Überzeugung der VV. 9–12 beruht). »Der Ruf nach Rache, wie er in den Psalmen laut wird, ist allein zu verstehen als Erwartung des bedrängten Gottesvolkes, Jahwe möge dem Hohn und Frevel der feindlichen Völker in Gericht antworten und den Erweis seiner Macht in der Welt der Völker antreten« (H. J. Kraus, a.a.O., S. 82). J. R. W. Stotts Stellungnahme verdient in diesem Zusammenhang Beachtung: »Ich kann mir sehr wohl eine Situation vorstellen, in der ein Heiliger Gottes zu Gott um Rache schreit und ihm seine eigene Rechtschaffenheit vorhält. Da Gott den Unbußfertigen richtet, kann ein Christ auch um dieses Gericht bitten, ohne daß sich persönliche Feindschaftsgefühle hineinmischen (*The Canticles and Selected Psalms,* 1966, S. 11, 12, 154).

Zusammengefaßt lassen sich hinter den Rachepsalmen drei Motive feststellen: zunächst die ethische Leidenschaft heiliger Männer (139,21f). Stott bekennt freimütig: »Es fällt mir schwer, mich diesen Gefühlen anzuschließen, aber nicht etwa weil sie zu tief unter meinem Niveau lägen, sondern weil sie für mich zu hoch sind ... Ich jedenfalls kann nicht nach Gottes Gericht verlangen, ohne dabei an persönliche Revanche zu denken, noch kann ich von meiner eigenen Rechtschaffenheit reden, ohne stolz zu werden« (a.a.O.). Zweitens waren diese Männer vom Eifer erfaßt, Gottes heiligen Namen rein zu halten (z.B. 9,14–21; 83,17–19). Drittens fällt ihre Ehrlichkeit und ihr Wirklichkeitssinn auf. Darf man darum bitten, daß Gott sein geschundenes Volk räche? Wenn dem so ist – und es ist offenbar so –, dann werden sich wohl auch Gedanken wie in Ps 137,7ff einstellen, auch wenn wir sie aus vermeintlicher Höflichkeit nicht aussprechen? Aber warum zögern wir nicht, Ps 143,10f zu beten und unterdrücken das konkrete Gegenstück, das doch dazugehört? Wir beten gern um Christi Wiederkunft. Bedenken wir dabei, daß wir damit auch um die Ereignisse von 2Thess 1,8 beten? Daß uns diese Gebete so anstößig sind, liegt vielleicht gar nicht so sehr an unserer christlichen Gesinnung, sondern daran, daß wir gar nicht wissen, was Verfolgung ist, und daß wir versagen, wenn es darum geht, uns mit unseren Brüdern in der Bedrängnis zu identifizieren. Gottes Sieg gibt es nicht ohne das Zertreten des Bösen.

Aber der Wirklichkeitssinn der Psalmbeter reichte weiter als einzelne Wendungen aus »Rachepsalmen« erkennen lassen. Schon beim Beten von Ps 1 werden vier Grundwahrheiten anerkannt. Erstens: Da Gott nach Gerechtigkeit ausschaut (4; 5; 15; 24; 50) und dem Gottlosen widersteht (52), und die Beter selbst um ihre Sündhaftigkeit wußten (51), mußten sie erwarten, daß das Leben Widerwärtigkeiten enthält. Zweitens: Die so oft erwähnte Güte Gottes gegenüber Israel (78; 81; 114) schuf das Vertrauen, daß Gott sein Volk niemals endgültig verlassen würde. Dieses Vertrauen war sehr wohl begründet, wie die Zeugnisse einzelner (18; 40; 116) und des Volkes (46; 47; 48) belegen. Drittens: Es wird daran festgehalten, daß das Vorrecht, Jahwe zum Gott zu haben, jede doch vorübergehende, irdische Bedrängnis gering erscheinen läßt. Die Freude über Gott findet sich immer wieder in den Ps (9; 100; 136; 150). So sehnt man sich nach Gottes Gegenwart (63), freut sich seiner Nähe (121; 123), verlangt nach seinem Haus (42; 43; 84), nach der Herrlichkeit seiner Offenbarung (19), ist entzückt über sein Gesetz (119) und über das Wunder seiner Vergebung (32; 51). Aus großer Verzweiflung heraus betete einer für alle: »Wenn mir gleich Leib und Seele verschmachtet, so bist du doch, Gott, allezeit meines Herzens Trost und mein Teil« (73,26).

Viertens: Die Beter der Psalmen bekennen sich zur Hoffnung eines Lebens in der Gemeinschaft mit Gott in Herrlichkeit (s. Komm. zu Ps 6; 16; 17; 30; 49; 73; 88; 115). Freilich gehen gerade hier die Meinungen der verschiedenen Ausleger auseinander. Doch mit zunehmendem Abstand von der Zeit einer rein entwicklungsgeschichtlichen Sicht der Religion Israels, ist eine zunehmende Offenheit dafür zu beobachten, die Unvergänglichkeit des Glückes der Menschen, die in Gott leben, zu entdecken. Und dies ist die überragende Überzeugung der Psalmisten angesichts von Leben und Tod, die sich, wenn Gott es schenkt, auch bei uns einstellt, wenn wir die Psalmen betend erforschen.

Kommentar

DAS ERSTE BUCH. PSALM 1–41

Psalm 1 Die Alternativen des Lebens

Dieser Ps eignet sich ausgezeichnet als Einleitung in den Gesamtpsalter. Er greift ein Thema auf, das den Psalmisten besonders am Herzen liegt: Gegensätzlicher menschlicher Charakter schlägt sich in gegensätzlichen Verhaltensweisen nieder und führt zu einem gegensätzlichen Lebensausgang. Er steht Ps 2 sehr nahe, der die gleiche Thematik auf nationaler Ebene verhandelt. Der Ps darf allerdings nicht so verstanden werden, als ob dem Frommen für alle Zeit ungefährdeter Wohlstand und Wohlergehen verheißen würde. Dazu kennt das AT das Leben zu gut. Interessanterweise beginnt das Zweite Buch des Psalters mit Psalmen, die den Frommen und Gottes Volk in äußerster Anfeindung zeigen (Ps 42–44; vgl. auch Ps 73; 74). Ps 1 ist in gewissem Sinn ein Credo, ein Bekenntnis. So wie wir bekennen: »Ich glaube an Gott, den Vater, den Allmächtigen . . .«, obwohl wir gelegentlich Erfahrungen machen, die so aussehen, als wäre Gott weder Vater noch allmächtig, so hält Ps 1 im Glauben daran fest, daß der Fromme gesegnet ist, daß Gott ihn ans Ziel geleitet. Gerade der Schlußvers V. 6 unterstreicht dies nochmals.

1 Der Ps zeigt einleitend das Leben des Gerechten in der Öffentlichkeit. Bei den Verben (*wandelt . . ., tritt . . ., sitzt . . .*) geht es nicht um sündlose Vollkommenheit, sie umschreiben vielmehr die Einstellung des Frommen: er hat sich dazu entschieden, nicht den Grundsätzen *(Rat)* zu folgen, die das Leben des Gottlosen (JB: *Frevler*) bestimmen, nicht gemeinsame Sache *(Weg)* mit denen zu machen, die Gottes vorgegebenes Ziel verfehlen *(Sünder)*, und die Gemeinschaft *(sitzen)* derer zu meiden, die sich bewußt gegen Gott stellen (*Spötter*; vgl. Spr 21,24). **2** Diese bewußte Entscheidung wurzelt in der inneren Haltung: Er hat seine *Lust* an dem, was Gott will *(Gesetz)* und denkt ständig darüber nach. Es zeigt sich also: Die entschiedene Haltung im äußeren Lebensvollzug ist in einer Gesinnung verankert, Gottes Wahrheit verhaftet und von ihr ständig genährt. **3** könnte mit »folglich« beginnen: das in V. 2 beschriebene innere Leben führt zu einer bestimmten Frucht. Wer seine Lebenskraft aus Gottes Gesetz empfängt, so wie ein Baum sie dem Bach entnimmt, der bringt seine Frucht, grünt immer, sein Tun gelingt ihm. Das ist jedoch nicht gleichbedeutend mit dem, was man gemeinhin Erfolg und Wohlstand nennt. **4.5** Im Gegensatz dazu sind die Gottlosen wertlos wie *Spreu*. Sie sind nicht von Dauer, sie sind vor dem göttlichen *Gericht* hilflos. An der Gemeinschaft des Volkes Gottes haben sie keinerlei Anteil. **6** Die entscheidende Kennzeichnung der gegensätzlichen Art zu leben und zu denken liegt bei dem *Herrn*. Er ist es, der den *Weg der Gerechten kennt*, d.h. er bewacht und bewahrt ihre Entscheidungen und ihr Verhalten (vgl. 2Tim 2,19) und läßt sie – im diametralen Gegensatz zu den Gottlosen – ans Ziel gelangen (vgl. Jh 3,16; Röm 6,23).

Psalm 2 Anschlag und Gegenschlag

Mit Recht spricht man hier von einem messianischen Psalm. Wahrscheinlich liegt eine historische Situation wie 2Sam 5,3 oder die Krönung eines Königs aus dem Hause Davids zugrunde. Auch eine Begebenheit wie Ps 83,6ff ist denkbar. Ps 2 zeichnet sich allerdings dadurch aus, daß er die kosmische Dimension herausarbeitet, die hinter einem nationalen Ereignis steht.

Hier wird eine Welt gezeichnet, die sich in bewußtem Widerstand gegen Gottes Herrschaft organisiert hat, und der Kontrast markiert, der zwischen der Agitation und Nichtigkeit der Rebellen einerseits und Gottes Gleichmut und der Unwandelbarkeit seines Planes andererseits besteht.

1–4 Der souveräne Gott

1 Die Frage ist rhetorisch, nicht analytisch, denn jede Revolte gegen Gott ist grundlos. Die kollektive Macht der *Völker* und *Nationen* (ZÜ) bringt *vergebliche Pläne* (EinhÜ) zustande. **2.3** Wie das NT den Christen in der Auseinandersetzung mit der gottlosen »Welt« (Jh 15,19), im Kampf »gegen die Mächte, gegen die Gewalten, gegen die Weltbeherrscher« (Eph 6,12 EÜ) sieht, so ist für das AT Gottes universaler Plan mit seinem Gesalbten (vgl. Ps 72,8–11) dem Angriff der Welt und ihrer Herrscher ausgesetzt. Historisch gesehen war der *Gesalbte* des Herrn das Objekt ihrer Attacken (s. dazu David etwa 1Sam 24,6). Prophetisch gesprochen geht es um den Messias (vgl. Apg 4,25–27). **4** Aber da Gott *im Himmel wohnt* und *Herr* (hebr. *'adonaj*, »Souverän«) ist, sind seine Stellung und Macht von der Art, daß er angesichts dieser Rebellion nur lachen kann.

5.6 Der erwählte König

5 Das *Einst* ist bes. nachdrücklich: Es deutet das Ende der Zeit scheinbarer menschlicher Freiheit und den Einsatz konkreten göttlichen Handelns auf Erden an. Dieser Höhepunkt ist so gewiß, daß Gott es hinnehmen kann, daß jahrhundertelang den rebellierenden Nationen all ihre Anschläge bis zur Reife kommen, daß sie alle Einwände gegen seine Herrschaft vorbringen und jeglichen Widerstand versuchen können. Hinter allem steht seine Barmherzigkeit, die so viele wie nur möglich erretten will (2Petr 3,8f), und seine absolute Gerechtigkeit, die niemanden richtet, bevor ihn nicht seine eigenen Werke für das Gericht reif gemacht haben (1Mo 15,16). Wenn die Zeit dazu reif ist, wird er mit seinem *Zorn* (wörtl.: [schnaubende] Nase) und mit seinem Grimm (wörtl. glühendem Zorn) eingreifen (Röm 1,18; 2Thess 2,8–13). **6** sagt deshalb betont: *Ich habe meinen König eingesetzt auf meinem heiligen Berg Zion* (vgl. Hebr 1,2f). Das göttliche Handeln wird bes. unterstrichen (wörtl.: was mich betrifft, so habe ich schon . . .). Der Ps legt Person und Platz fest: Gottes König in Gottes Stadt ist der erwählte Weltherrscher.

7–9 Seine Regierungserklärung

Man muß sich vorstellen, daß die rebellierenden Nationen, die in tumultarischer Revolte auf Erden versammelt sind, für einen Augenblick durch die göttliche, vom Himmel kommende Erklärung zur Ruhe gebracht wurden. In diese Stille hinein redet David selbst die versammelten Könige und Völker an. Wenn hinter dem Ps tatsächlich ein bei der Krönung üblicher oder auch jährlich wiederholter Ritus steht, dann muß das äußerst eindrücklich gewesen sein. Zunächst macht David geltend, daß sein Königtum durch Jahwe selbst autorisiert ist, und zwar aufgrund einer vorgegebenen Stellung (V. 7), Ausstattung (V. 8) und Beauftragung (V. 9).

7 *Du bist mein Sohn:* vgl. Ps 89,27f. *Heute habe ich dich gezeugt:* weist wohl ursprüngl. auf Davids Krönungstag hin und meint seine Adoption als Gottes *Sohn* (vgl. 2Sam 7,14). Die letzte Erfüllung ist in Jesus Christus gegeben. Apg 13,33 und Röm 1,4 erklären, daß er in der Auferstehung als bevollmächtigter Sohn Gottes offenbart wurde. Hebr 1,5 und 5,5 zitieren die Wendung im Zusammenhang mit der Inkarnation und dem Hohenpriestertum Christi. **8** Ähnlich wurde auch das verheißene Geschenk der Völker und Reiche dieser Welt mit messianischen Erwartungen verbunden und lange auf Christus gedeutet (doch s. auch Mt 4,8f und Joh 18,36). **9** Offb 2,27 zitiert diesen V. in Zusammenhang mit »dem Ende«, d.h. dem Kommen Christi in Herrlichkeit und Macht. Vgl. auch Offb 12,5; 19,15.

10–12 Der Augenblick der Entscheidung

Im zweiten Teil seiner Ansprache wendet sich David wieder der in V. 1–3 beschriebenen Situation zu. Die Gefahr ist noch nicht vorüber, die Krise noch nicht bewältigt, das göttliche »Einst« (V. 5) noch nicht da; noch können die Menschen die Situation gestalten. **10** Deshalb ergeht ein Appell an die *Könige* und *Richter auf Erden.* **11.12** Die Alternativen Zorn oder Zuflucht, Verderben oder Segen liegen vor ihnen, aber nicht für immer.

Psalm 3 Gebet verändert die Lage

Ps 3 und 4 sind miteinander verwandt: je ein Morgen- und ein Abendgebet in einer Zeit großer Gefahr und reichlich erfahrenen Schutzes. Die in die Überschrift aufgenommene Situation entspricht voll dem Inhalt des Ps 2. Die Weite des Aufruhrs erschütterte den König zutiefst (vgl. 2Sam 15,13) und **3** ließ den Eindruck entstehen, daß nicht einmal Gott helfen könnte. Beachtenswert ist, daß die Not David im Gebet zu Gott hin- und nicht im Unglauben von ihm wegtrieb (vgl. 1Sam 30,6). **4–9** spiegeln seine Reaktion wider: ein hehres, nicht zu unterdrückendes Vertrauen zu Gott.

2–5 Am Abend verzagt

Die düsteren Tagesereignisse werden im Abendgebet zusammengefaßt und dem Herrn in der Gewißheit überlassen, daß er es gehört hat und zu Herzen nehmen wird. **4** Gott ist ihm *Schild,* d.h. Schutz in der Gefahr, *Ehre* in der Erniedrigung. Wenn er Gott noch hat, hat er alles, auch wenn ihm sonst nichts bleibt (vgl. Ps 73,25; 2Kor 4,7–11); er traut Gott zu, daß er gegen alle Feinde und Verleumder sein *Haupt emporhebt.* **5** Woher kommt dieses Vertrauen? Aus der Erfahrung erhörter Gebete (der Verbform nach geht es um feste Gebetsgewohnheit) und aus dem Wissen um Gottes Wesen, wie er es auf *seinem heiligen Berge* offenbart hat (das könnte ein Hinweis auf den Sinai oder auf Zion sein, beides Stätten der Offenbarung der Bundestreue Gottes). Dieses Wissen um Jahwe ermöglichte ihm zu schlafen.

6.7 Am Morgen lebensstarker Glaube

Der Herr hält mich: Die leibliche Erfrischung und die Ruhe des Glaubens, mit denen der Beter am nächsten Morgen erwacht, verdanken sich der Gewißheit göttlicher Barmherzigkeit und Bewahrung. Damit werden nicht nur irgendwelche dunklen Schicksalsmächte in der Weise entmachtet, daß sie keine Furcht mehr einflößen können; hier liegt auch der Ansatz zum Sieg über sie.

8.9 Ein Aufruf an Gott

Eine Nacht in Sicherheit hat die Gefahr noch nicht vertrieben. Das Gebet bleibt Davids Kraftquelle. **7** Der zweite Versteil könnte ein Hinweis auf früheres Eingreifen Gottes sein (EÜ), wobei erfahrener Beistand Gottes zur gegenwärtigen Ermunterung würde. Doch könnte sich David auch an die unwandelbare Treue Gottes erinnern. **8** wendet den Blick auf den Herrn, den einzigen Helfer und Erretter und die einzige Segensquelle für Gottes Volk.

Psalm 4 Ein Abendgebet

Nach V. 9 handelt es sich um ein Abendgebet. Es könnte der gleichen Situation wie Ps 3 entstammen.

2.3 Anrufung Gottes

2 Wie am Morgen so ist auch am Abend der Herr Davids Zuflucht. Ihn ruft er aufgrund des bestehenden persönlichen Verhältnisses und wegen seiner unveränderlichen Treue und Verläßlichkeit an. Aber auch Gottes früheres Eingreifen, mit dem er »in Bedrängnis . . . Raum gemacht« hat (EÜ vgl. z.B. 1Sam 23,26–29), ermutigt ihn. Zugleich weiß er, daß Gott ihm *gnädig* gesinnt ist. **3** Während David noch im Gebet vor Gott verharrt, appelliert er im Stillen an seine Gegner, als ob sie vor ihm versammelt wären. Der Versuch der Aufständischen, sich des fliehenden Königs zu bemächtigen, war fehlgeschlagen, weil Absalom dem Rat Ahitophels nicht gefolgt war (s. 2Sam 17,1ff). Die darauf folgende Verwirrung bot Gelegenheit, nochmals darüber nachzudenken, ob es richtig war, Absalom zu unterstützen. David beschuldigt sie, daß sie die königliche Würde, die er von Gott empfangen hat, mit Füßen treten, und hält ihnen vor, daß sie aufgrund rücksichtsloser Verfälschung der Tatsachen sich zur Rebellion verleiten ließen (vgl. 2Sam 15,1–6).

4.5 Warnung

David verstärkt seinen Appell, indem er sie warnend daran erinnert, daß ihm in Gottes Vorsehung ein bes. Platz gebührt. **4** Es wird nicht darauf hingewiesen, daß er der Gesalbte des Herrn ist, doch daran, daß er Gottes Eigentum ist: *seine Heiligen.* Da ihre Beschuldigungen ihn nicht treffen, verläßt er sich vertrauensvoll darauf, daß Gott für ihn eingreifen wird (vgl. Ps 66,19). **5** Menschlicher Zorn grenzt immer an Sünde (vgl. Eph 4,26; Jak 1,20). Bevor sie ihren Widerstand fortsetzen, sollten sie auf die Stimme des Gewissens in ihrem *Herzen* hören.

6 Ermahnung

Die rechten Opfer (ZÜ): Voraussetzung ist ein Herz, das Frieden mit Gott haben möchte; sie ebnen den Weg zur Versöhnung. David ermutigt seine Gegner dazu. Er möchte sie davon weglenken, sich weiterhin auf Absalom zu verlassen, der sie letztlich enttäuschen wird; statt dessen, so mahnt er: *vertraut auf den Herrn* (EÜ).

7–9 Zeugnis

Der Glaubensweg ist gesegnet. **7** *Wer wird uns Gutes sehen lassen?* Auf »die« resignierende Frage vieler antwortet David mit dem Hinweis auf Gottes unveränderliche Treue, wobei der aaronitische Segen (4Mo 6,25) anklingt. Wenn der Herr sein Angesicht über sein Volk leuchten läßt, dann verändert das tatsächlich die Lage, denn er segnet es. **8** Dabei ist die innerliche Gewißheit der göttlichen Gnade weit mehr als der materielle Segen, der David z.B. dadurch zukam, daß der alte Barsillai ihn mit Nahrungsmitteln versorgte (vgl. 2Sam 17,27–30). **9** *Allein:* bezieht sich entweder darauf, daß allein Gott ihn schützt (so LÜ, ZÜ, JB, EinhÜ) oder daß Gott ihn schützt, auch wenn er allein ist (so EÜ).

Psalm 5 Morgengebet

Zum vorausgehenden Ps besteht eine klar zu erkennende Verwandtschaft. Die Umstände ähneln sich. V. 4 kennzeichnet ihn aber als Morgengebet.

2–4 Gebetsruf

Die Dringlichkeit seiner Not treibt ihn wiederum zum Gebet. **3** *Mein König und mein Gott:* Diese Anreden deuten eine enge Beziehung zwischen David und Gott an, die es ihm ermöglicht, die Hilfe der höchsten Macht und der höchsten Gerechtigkeit für sich in Anspruch zu nehmen. **4** *In der Frühe* (EÜ): *am Morgen* (EinhÜ) breitet der Beter als erste Betätigung am Tage seine Not vor Gott aus (vgl. Ps 88,14). *Zu dir wenden:* wörtl. »rüste ich dir zu«, gemeint ist wohl ein Morgenopfer (EÜ, ZÜ). Glaubensvoll will er dann darauf *aufmerken,* wie Gott auf sein Gebet eingeht.

5–9 Gottes Weg mit dem Gottlosen

Die Erwartung gründet sich auf das Wissen um Gottes Wesen, das dem seiner Feinde entgegensteht. **5.6a** Drei negativen Aussagen folgen **6b.7** drei positive, die zeigen, daß Gott allen bösen Wegen widersteht, bes. den *Ruhmredigen,* die sich selbst wichtig machen, den *Lügnern,* den Rücksichtslosen und Unaufrichtigen. **8** Der Beter stellt dem seine eigene Stellung gegenüber. Er darf in Gottes Haus gehen, um anzubeten (vgl. Ps 27,4). **9** In seiner Not bestimmt ihn das eine Verlangen, daß Gott ihn führen möge. Es genügt nicht, daß er weiß, was richtig ist. Die Hindernisse, die es ihm unmöglich machen, in Gottes Wegen zu gehen, müssen weggeräumt werden. *Ebne vor mir deinen Weg:* d.h. laß nichts mich hindern, deinen Weg zu gehen.

10–13 Gottes Weg mit den Frommen

Dieser Teil nimmt die gleichen Anliegen auf wie der vorausgehende, doch läßt sich eine andere Ausrichtung und Akzentuierung erkennen. VV. 5–7 beschreiben die Gottlosen aus der Sicht Gottes, VV. 10.11 skizzieren sie so, wie sie im Leben begegnen. VV. 8.9 sind ein demütiges Vertrauensbekenntnis zu Gott, VV. 12.13 bezeugen in jubelndem Vertrauen Gottes Rettungshandeln. Das Gebet wurde präzisiert, der Glaube gewisser. **10** Die Sprachsünden werden nochmals bes. verurteilt (vgl. V. 6f). **11** Sie führen direkt unter Gottes Hand zum Unheil. Das Bewußtsein, daß die Sünde ihre eigene Strafe in sich trägt, findet sich ausgesprochen oft im Psalter (vgl. Ps 28,4f; Gal 6,7f).

Psalm 6 Gebet in Angst und Anfechtung

Dieser Psalm betont nochmals die gleiche Botschaft wie die vorausgehenden: Richtig reagiert auf Schwierigkeiten, wer betet. Daneben fließen neue Töne ein: Menschliche Feindschaft macht unter Umständen göttliches Mißfallen sichtbar. Das Gebet geht in diese Richtung, denn wer bedrängt ist, muß sich auch immer fragen, ob er nicht mit bewußten oder verborgenen Sünden Gott herausgefordert hat, und muß um Erbarmen und Versöhnung beten.

2–8 Auf Widerstand mit Gebet reagieren

Mehr als die menschlichen Feinde, die den Beter immer noch bedrängen (V. 8f.11), bedrückt ihn die Angst, daß Gott selbst sein Feind sein könnte. Darauf richtet sich das ganze Gebet. Drei Aspekte treten hervor: **3.4** Zuerst trägt der Beter Gott seine gegenwärtige Not vor. Die Angst ist so heftig, daß sowohl seine *Gebeine,* d.h. die physische Konstitution, als auch seine *Seele,* die Psyche, Geist und Verstand, zusammenzubrechen drohen. Er ist zutiefst erschrocken, leiblich, seelisch und nervlich aufgewühlt und erregt. In diesem Zustand kann er nur im Gebet zur Ruhe kommen. **3** Zweitens beruft er sich auf Gottes Gnade, die bes. erschreckten Gemütern verheißen ist. **5** Seinem Volk ist Gott mit seiner unwandelbaren Güte verbunden. Gegen Angst und Bedrängnis geht der Psalmist wirkungsvoll an, indem er mit diesem Gebet bei Gott Zuflucht nimmt. **6** Als drittes ringt er mit Gott wegen seines drohendes Todes. Was hier begegnet, ist nicht die einzige alttestamentliche Todesvorstellung. Sie muß im Zusammenhang mit V. 2 gesehen werden. So tritt der Tod heran, wenn der Mensch unter Gottes Zorn und Grimm stirbt. Welche Hoffnung bleibt dem, dem Gott in seinem Sterben unversöhnter Feind ist? Das treibt den Psalmisten ins Gebet (Ps 30,4.10; 88,5f). **7.8** Derartige Hoffnungs- und Ausweglosigkeit führt zu ängstlichem Sorgen.

9–10 Das Gebet gibt Gewißheit

In Anknüpfung an frühere Gebetserfahrung wird in diesen Versen das Erbetene vorweggenommen. Intuitiv wird die eigentlich noch zukünftige Erfüllung vergegenwärtigt. **9.10** Gott antwortet auf Gebet und Flehen, indem er eingreift. Letztlich wird sich zeigen, daß die Angst unbegründet war. Die Feinde werden verwirrt und zurückgeschlagen (vgl. Ps 35,4–8; 83,14–18; 2Thess 2,4–10; 2Petr 3,3–10). **11** Die hier etwas zurückhaltendere Erwartung ist von gleicher Gewißheit getragen. Die Feinde werden zuschanden, ihr Erwarten ins Gegenteil verkehrt. Statt seiner werden sie verzagen und in Sorgen und Angst versinken (V. 3f). »Ist Gott für uns, was mag wider uns sein?« (Röm 8,31).

Psalm 7 Bitte um Gericht

Ein weiteres Gebet um göttlichen Schutz angesichts grober Rücksichtslosigkeit und falscher Anschuldigungen. In Kusch (V. 1), in den historischen Büchern nicht erwähnt, sieht der Talmud einen Decknamen für Saul. Vielleicht war er aber auch ein fanatischer Stammesgenosse Sauls wie Simei (2Sam 16,5). Man nimmt allgemein an, daß das Gebet in die Zeit gehört, als Saul David verfolgte. Näheres vgl. Einleitung zu Ps 52.

2–11 Gebetsruf

2.3 Der Beter befindet sich auf der Flucht vor grausamen Feinden, von denen einer (s. EÜ, ZÜ) besonders zu fürchten ist, denn er ist bösartig wie ein *Löwe.* **4–6** sind von starker Überzeugung persönlicher Unschuld getragen. Sie wird fast so eindringlich vorgetragen wie bei Hiob in dessen abschließendem Ge-

spräch mit seinen Freunden (Hiob 31). Anscheinend beschuldigen die Verfolger David, daß er sich an Saul, dem Gesalbten, rächen wollte. **5b** erinnert an 1Sam 24,1–12.
7.8 Das Gebet ist für den Gottesfürchtigen die einzige Hilfe. Auf die grundlosen Anschuldigungen geht er nicht ein. Er bringt seine Sache Gott vor. Der soll richten (vgl. 1Petr 2,23). David sieht seine Rechtfertigung im größeren Rahmen des Völkergerichts vor dem himmlischen Gerichtshof (vgl. Jes 43,9). Der Richter aller Welt (1Mo 18,25) muß doch recht richten (Röm 3,5f). Oft werden individuelle göttliche Urteilssprüche mit Gottes universalem Richteramt in Verbindung gebracht, um ihre Richtigkeit und Endgültigkeit zu betonen.
9 Nach dem hier gezeichneten Bild hat sich der himmlische Gerichtshof schon konstituiert und das Weltgericht schon begonnen. Der Beter fleht Gott um ein gnädiges Gericht aufgrund seiner eigenen *Gerechtigkeit* an.
10 Dann bittet er um wahrhaftiges Gericht über die Gottlosen, die es auf seine Zerstörung abgesehen haben. Denn in der letzten, durchgehenden Bewertung des Lebens muß offenbar werden, daß alles Böse seine Verurteilung nach sich zieht. Gerechtigkeit ist hier mehr als äußere Konformität. *Herz und Nieren:* d.h. Gedanken und Gefühle werden von Gott durchleuchtet. Nur wer von *Herzen* Gott zugetan (fromm) ist, kann mit seinem Schutz *(Schild)* rechnen.

12–17 Göttliches Gericht

12 Gott kann *täglich strafen*; es gehört zu seinem Wesen, daß er allen, die seiner Gerechtigkeit widerstehen, feind ist. **13.14** Die Notsituation des Verfolgten wird in ein Kriegsbild gekleidet: das gewetzte Schwert, der gespannte Bogen, die feurigen Pfeile. Die Strafe des göttlichen Richters (V. 12) aber wird darin bestehen, daß der Sünder, kehrt er sich nicht zu Gottes Gnade und Erbarmen, durch seine eigenen *tödlichen Waffen*, seine eigenen Taten, unaufhaltsam zugrunde gerichtet wird. **15–17** Die Karriere des Bösen wird im ganzen Umfang dargestellt: Sie beginnt in der Gesinnung, setzt sich durch die Tat fort und nimmt im Verderben ihr Ende (vgl. Jak 1,15). **15** Der Böse gebiert, wie es seinem Wesen entspricht, Falschheit und Lüge. **16** Sein Werk kommt nicht zum erwarteten Ziel, vielmehr verfängt er sich in seinen eigenen Anschlägen und kommt zu Fall (vgl. Ps 9,17b). **17** Seine Pläne und sein Vorgehen sind sein Ruin (vgl. 1Sam 25,39; ebenso Mt 21,33–41; 25,24–28).

18 Diese Überlegungen lassen in dem Psalmisten die Überzeugung wachsen, daß Gott wert ist, gepriesen zu werden, und zwar um seiner Gerechtigkeit willen, und weil er, Jahwe, der Allerhöchste, gewiß auch diese Bitte um Beistand und Gericht erhören wird.

Psalm 8 Der Mensch – ein Rätsel

Im Gegensatz zu den vorausgehenden und folgenden Psalmen, in denen der Beter aus tiefer Not zu Gott schreit, ist dieses Gedicht nachdenklich meditierend und fast lyrisch. Anfang (V. 2a) und Schluß (V. 10) sind identisch und bilden den Rahmen zu tiefen Gedanken über Gott und sein Werk auf Erden.

2.3 Gottes allgegenwärtige Majestät

2a *Herr unser Herrscher:* Hier redet ein Israelit Gott mit seinem Bundesnamen Jahwe an; er weiß, daß Jahwe allein universaler und souveräner *Herrscher* ist. Aus dieser Erkenntnis erwächst die Glaubensgewißheit, in der Fürsorge dessen zu stehen, dessen Hände alles umfassen und dessen souveränem Willen sich niemand entziehen kann. **2b.3** sind schwierig zu übersetzen und zu verstehen. Bedeutet es, daß die Majestät Gottes, die man in der Weite des hohen Himmelsgewölbes sucht, sich gerade im Kleinsten offenbart, da er sich kleiner Kinder, ja Säuglinge bedient, um Gottlose zum Schweigen zu bringen (so Menge-Übersetzung)? Erlebte es der Psalmist, wie ein kleines Kind in seinem schlichten Glauben einen Spötter zum Schweigen brachte? Man kann V. 2b aber auch als Frage lesen: Wie läßt sich die Herrlichkeit Gottes, die über allen Himmeln thront, erkennen? Darauf die Antwort: Sie wird sichtbar, wenn Kinder Gott in einfachem Glauben loben und sich freuen und die Feinde Gottes darüber zum Schweigen gebracht werden (V. 3b; vgl. 4Mo 35,14–28 und Mt 11,25ff).

4–9 Der unerforschliche Weg Gottes mit dem Menschen

Das in diesem Ps entwickelte Paradox wird, was den Menschen angeht, weiter ausgeführt. **4** Der Blick in die Weite des Himmels (vgl. Hiob 36,22–37,12) und auf die Himmelskörper (vgl. Ps 19,1–6; Hiob 9,7–10; 38,31–33) läßt seine Hinfälligkeit und Bedeutungslosigkeit recht bewußt werden.
5 *Mensch . . . Menschen Kind:* Das Hebr. betont den irdischen Ursprung des Menschen in seiner Niedrigkeit und Vergänglichkeit (s. Komm. zu 1Mo 2,7). Warum sollte Gott überhaupt an den Menschen denken, warum ihn nie fallenlassen (vgl. Ps 144,3f; dazu 33,13f und 2Mo 3,15f)? Weder Vernunft noch empirische Forschung können darauf antworten. Das kann nur göttliche Offenbarung, die ein Menschenbild zeichnet, dem menschliche Lo-

gik nie gerecht wird. Der Mensch ist als Gottes Ebenbild aus der ihn mit der übrigen Kreatur verbindenden Nichtigkeit herausgehoben und in eine Stellung von erstaunlicher Wichtigkeit versetzt. **6** Von Gott geschaffen ist er nur *wenig niedriger gemacht als Gott* selbst. Gott orientiert den Menschen nach oben, an sich selbst, und vergleicht ihn nicht nach unten. Als Ebenbild Gottes eignen ihm Ehre und Herrlichkeit, Wesenszüge, die ihn über die ganze Schöpfung erheben. **7–9** Dazu ist ihm die Welt mit allen Lebensformen unterstellt (vgl. 1Mo 1,26–28). **9** Das Bewußtsein dieser hohen Berufung und übergeordneten Bestimmung entlockt dem Psalmisten den überfließenden, alles überragenden Lobpreis des Schlußverses.

Das NT bezieht den Ps speziell auf Christus. Hebr 2,5–9 zitiert die Übersetzung der Septuaginta, die das hebr. *'elohim* (Gott) in V. 6b mit *angelous* (Engel) wiedergibt und den Vers auf Jesus in seiner Erniedrigung bezieht. V. 7b *alles hast du unter seine Füße getan* wird als prophetischer Hinweis auf Christi Erhöhung verstanden. Ähnliches liegt in 1Kor 15,27 vor; in Christus sieht man, wie die von Gott dem Menschen zugedachte Herrschaft aussieht; die Erlösten werden einst daran beteiligt werden.

Psalm 9 Danklied für Errettung

Es ist der erste sog. Alphabetpsalm, d.h. der Ps enthält ein Akrostichon, bei dem jedes erste Wort eines Verses mit dem nächstfolgenden Buchstaben des hebr. Alphabets beginnt. Im vorliegenden Fall werden aber nur die ersten elf Buchstaben benützt, wobei noch einer ausgelassen ist. (Unsere Verszählung weicht von diesem Schema ab.) Die alphabetische Anordnung scheint sich im nächsten Ps fortzusetzen, freilich auch nur unvollkommen. Möglicherweise hat der Redaktor die beiden Ps wegen inhaltlicher Ähnlichkeit zusammengestellt und die Zusammengehörigkeit durch die gekünstelt wirkende Akrostik noch weiter hervorheben wollen. Ps 9 könnte wohl in einer Situation wie in 2Sam 5,17–25 beschrieben, entstanden sein (s. bes. VV. 4.6.7). In V. 2–11 bezeugt der Psalmist seine Dankbarkeit; in V. 12–19 fordert er die Gemeinde auf, mit in das Gotteslob einzustimmen. Innerhalb dieser Unterteilung ist zunächst der Grund des Lobpreises genannt (5.6.13–15): Gottes Befreiungsstat. Dann wird auf die sich daraus ergebende Situation verwiesen (7.16); schließlich wird gezeigt, welche bleibenden Wahrheiten darin sichtbar werden und wie Gottes universale Herrschaft gestaltet sein wird (8–11; 17f). Der Ps schließt mit dem berechtigten Wunsch, daß sich Gottes Weltherrschaft bald durchsetzen möge (20f).

2.3 Das Wort *Wunder* ist im AT übernatürlichen, menschlich nicht erklärbaren Gestalten (vgl. Jes 9,5) und Ereignissen vorbehalten. In seiner Befreiung sieht David Gottes Hand am Werk. Das muß er bezeugen. **4.5** Historisch gesehen ist die Ursache seiner Begeisterung und der Grund seines Dankens ein Sieg im Kampf, durch den Gott ihm sein Königtum bestätigt hat. Es zeigte sich, daß Wahrhaftigkeit und Recht auf Davids Seite stehen. **6.7** Daneben freut er sich über die Vernichtung seiner Feinde, die ihn nun nicht mehr bedrohen können. **8.9** Hinter diesem Erleben verbirgt sich für ihn die bleibende Wahrheit, daß Gottes gerechte Herrschaft ewig bestehen wird. Der ewige und gerechte Gott thront in himmlischer Macht und wacht über die irdische Gerechtigkeit. **10.11** Schließlich preist David Gott für seine nie versagende, gnädige Fürsorge. Wer Gott anerkennt und ihm gehorcht *(die deinen Namen kennen)* kann sich in Verfolgung und Bedrängnis völlig auf seinen Schutz und seine Fürsorge verlassen.

12.13 Ist der historische Anlaß für diesen Lobpreis, welcher auch immer es gewesen ist, einmalig und unwiederholbar, so läßt sich die dahinter stehende Glaubenserkenntnis in keiner Weise begrenzen. Deshalb fordert der Psalmist alle, die sein Zeugnis gehört haben, auf, die Taten des *auf Zion* wohnenden Gottes weltweit zu verkündigen (vgl. Ps 96,3.7–10). Zur umfassenden Anerkennung der Souveränität Gottes wird es kommen, wenn die Menschen grundsätzlich erkennen, daß man Gott nicht entkommen kann (vgl. Ps 33,13–15). Alles Blutvergießen, das rein menschlich-sündlichen Motiven entspringt, ist Gott verhaßt (1Mo 9,5; Lk 11,50f; Offb 6,10). Es wird nicht ungestraft bleiben.

14.15 Ein typischer Notschrei des *Elenden* (V. 13), den Gott hört und auf den hin er handelt. Die Gefahr brachte ihn den *Toren des Todes* nahe, d.h. an den Rand des Todes (vgl. Ps 107, 18–20 EÜ), aber er hofft, daß er durch Gottes Eingreifen wieder *in den Toren* Jerusalems wird sein können, um Gottes Hilfe zu bezeugen. **16.17** sind Ausdruck des Glaubens des Psalmisten, erwachsen auf dem Boden persönlichen Erlebens, zugleich aber allgemein gültige Wahrheit. Das Unglück des Gottlosen, schon eingetreten oder auch noch ausstehend, sieht oft wie die natürlich reifende Frucht der bösen Tat aus (vgl. Ps 7,16f). Dennoch wird darin die richtende göttliche Gerechtigkeit offenbar (Gal 6,7f; 2Kor 5,10).
18 Wer in böser Absicht Gott ignoriert oder aus Prinzip gegen alles Göttliche rebelliert,

wird sicherlich zugrunde gehen. *Zu den Toten:* hebr. *sche'ol,* d.h. zum *Totenreich* (EÜ). **19** Den *Armen* und *Elenden* gehört Gottes besondere Fürsorge. Vgl. als Gegenüber V. 6f. Die im Psalter so oft erwähnten Elenden und Armen leiden nicht unbedingt materielle Not. Gemeint sind alle, die ganz auf Gott geworfen sind, von dem sie alles erwarten (vgl. Mt 5,3).

Angesichts der Bedrohlichkeit des Handelns der Gottlosen wird auf die ständige Möglichkeit göttlichen Eingreifens hingewiesen. **20.21** Das zuversichtliche Vertrauen auf Gott, das den Eingangsvers kennzeichnete, richtet sich nun auf die Bitte, daß Gott seine Macht zeigen, die Völker der Erde richten (vgl. 7,7–10) und die Hochmütigen durch Offenbarung seiner Majestät erschrecken wolle, damit alle sich ihrer menschlichen Schwachheit und Vergänglichkeit bewußt werden (vgl. Jak 4,14).

Psalm 10 Gebet in einer Zeit gesellschaftlicher Verwirrung

Die Ps 9 und 10 sind außer durch die alphabetische Aufreihung (s. Einl. zu Ps 9) durch Thema und Stil verbunden. V. 1–11 führen deutlich das kurze Gebet am Schluß des vorigen Ps fort.

Das Thema hat durch die ganze Kirchengeschichte bis heute noch nichts an Aktualität verloren: Scheinbar können die Gottlosen rücksichtslos und ungestraft ihr eigensüchtiges Handwerk betreiben, ohne sich dabei um Gott oder Menschen zu kümmern; ihre Methoden und Ziele kennen weder moralische noch humanitäre Grenzen. Niemand, dem organisiertes Verbrechen oder die rabiaten Methoden unpersönlichen kommerziellen Vorgehens begegnet sind, kann sich des Gefühls der Hilflosigkeit erwehren, dem der Psalmist hier Ausdruck verleiht. In Wirklichkeit ist er aber keineswegs hilflos, denn er glaubt an den lebendigen, barmherzigen und gerechten Gott, der im Regiment sitzt und dem der letzte Sieg gehört.

1–11 Warum schweigt Gott zum Überhandnehmen des Bösen?

Die Bösen könnten mit ihrem Tun nie Erfolg haben, wenn die göttliche Gerechtigkeit ihrer Bösartigkeit sofort in den Weg treten würde. Andrerseits könnte das Böse auch nie sein eigenes Verderben herbeiführen, wenn es nicht seinen Lauf nehmen könnte. **1.2** Der Beter ist verwirrt, weil Gott untätig zuzusehen scheint, obwohl sich die Ungerechtigkeit im Volk immer mehr ausweitet, immer schändlicher und immer offenkundiger wird (vgl. dazu Ps 22; 35; 37; 38; 73). **3–11** beschreiben das Vorgehen der Gottlosen im einzelnen. Ihr Erfolg macht sie stolz. **3** *Der Gottlose rühmt sich:* Er lobt sich selbst und vergöttert damit sich und seine Absichten (vgl. Hab 1,15f). **4** Ähnlich Ps 14,1; Hiob 21,14f. Es ist nicht so, daß die Bösen die Existenz Gottes leugneten (s. V. 11). (Atheismus im modernen Sinn war damals in Israel und auch sonst unbekannt.) **5.6** Aber er macht sich darüber lustig, daß Gott sich um das Verhalten von Menschen kümmern könnte. Daß Gott das Böse nicht sofort straft, dient den Gottlosen, deren Denken ganz im Sichtbaren gefangen ist, gern als Vorwand. Sogar den Tod finden sie nicht bedrohlich (vgl. Hiobs Erbitterung darüber, Hiob 21,17). **7** Aus der üblen Gesinnung erwächst innere Falschheit. Zur Blindheit kommt die Schuld hinzu, zunächst durch falsches, böses Reden, dann **8** durch Grausamkeiten an Unschuldigen und Hilflosen. **9.10** Eindrücklich werden Grausamkeiten und Hinterlist beschrieben. **11** Nochmals wird das *in seinem Herzen* versteckte Grundmotiv seines Verhaltens beim Namen genannt.

12–18 Aufruf an Gott, doch einzugreifen

Abgesehen von V. 1 war das Thema bisher »der Gottlose«. Der 2. Teil des Ps handelt von Gott, dem Herrn, der über ein Dutzend Mal erwähnt wird. Die Gedankenführung geht von der detaillierten Beschreibung des Gottlosen zu dem über, was Gottes Herrschaft charakterisiert. Dabei zeigt sich, daß Gottes Herrschaft den Erwartungen des Bösen in jeder Hinsicht widerspricht. **14** Gott sieht nicht nur die Bedrängnis der Frommen, sie fordert ihn heraus. **15** Der Ps wird zu einem Appell an Gott, einzugreifen und das Böse zu überwinden. **16** In der Erkenntnis, *der Herr ist König immer und ewig,* kommt der Psalmist schließlich zur Ruhe. Die Herrschaft Gottes betrifft zum einen *die Heiden,* die hier – offen oder versteckt – als organisierter Widerstand gegen Gott auftreten (wie in Ps 2,1), und deshalb zugrunde gehen müssen. Gottlosigkeit, in welcher Form auch immer, hat keine Zukunft. **17** Zum andern gilt Gottes Herrsein dem bedrängten Frommen, dessen Trost es ist, daß der Herr den *Elenden* z.B. den *Waisen und Armen* (V. 18) hört, sein *Herz gewiß* macht und ihn stärkt, das Leid zu ertragen, **18** bis Gott eingreift und ihm Recht verschafft. Denn letztlich ist es unmöglich, daß ein *Mensch,* der *von der Erde* (EÜ) und nichts als Erde ist, ein Geschöpf (vgl. Ps 9,21; Jes 2,22), dem Schöpfer gegenüber das letzte Wort haben sollte.

Psalm 11 Lied der Treue

Das Thema ist ähnlich wie in Ps 10,16–18 festes Gottvertrauen angesichts äußerer Gefahr. Das Gedicht könnte Davids innere Haltung widerspiegeln, als seine Freunde ihm rieten, sich vor dem eifersüchtigen Saul in Sicherheit zu bringen, bevor jener den dritten und gefährlichsten Anschlag auf Davids Leben unternahm (s. 1Sam 18,11; 19,10–12). Andererseits gehört der Ps den Frommen aller Zeiten, deren Sicherheit und Leben von bösen Mächten bedroht ist. Der Blick auf Gott, dessen Thron im Himmel fest steht, gibt dem Leben Festigkeit und Gewißheit. Der Ps beginnt mit einer klaren Glaubensaussage (V. 1a), die dann diskutiert wird. Auf den Einwand der Warner (1b–3) folgt die Antwort des Glaubens (4–7). Der Ps schließt mit einer Begründung zu der anfänglichen Vertrauensbekundung (7).

1–3 Die Warnung der Vernunft

Freunde rieten David wohl: *»Flieh wie ein Vogel . . . was kann . . . der Gerechte ausrichten?«* Oder war es die Stimme der Vernunft, die im eigenen Herzen laut wurde? 1Sam 27,1 zeigt, wie naheliegend und überzeugend die Stimme der Vernunft sein kann; aber wie verführerisch und falsch hingegen, das belegt Davids Ergehen bei den Philistern. **2** Die Macht der Gegner und ihr Geschick, überraschend und heimlich anzugreifen, untergraben den Glauben. **3** Eine grundsätzliche Überlegung verleiht dem Argument weiteres Gewicht: Wo die Grundfesten der Gesellschaft unterminiert sind, können alle Anstrengungen des Gerechten den Zerfall nicht aufhalten. Ist es nicht geraten, ein sinkendes Schiff zu verlassen?

4–7 Gott sieht es

Der Bedrohung durch die Tagesereignisse und der scheinbaren Wirkungslosigkeit von Aufrichtigkeit (2b; s. EÜ) und Gerechtigkeit (3b) steht der heilige, unbestechliche Gott gegenüber, dem nichts entgeht. Er, dessen Wohnung im Himmel ist und dessen Autorität über allem steht, erforscht unaufhörlich alles Geschehen und alles Tun der Menschen (vgl. Ps 33,13–19; 94,9). **4** Sehr anschaulich wird Gottes Angesicht dargestellt: Seinen *Augen* entgeht nichts; die *Wimpern* (ZÜ; LÜ: Blicke) ziehen sich zusammen, als ginge es darum, Wesen und Verhalten eines Menschen einzuschätzen. **5** Die *Gerechten* und die *Gottlosen* werden gleicherweise geprüft (vgl. Jak 1,12; 1Petr 1,6f), denn der Herr tut nichts ohne vorausgehende genaue Prüfung (vgl. 1Mo 18,20f). Seine Reaktion auf das Geschehen bleibt nicht ungewiß. Der Fromme erfährt seinen Schutz; **6** über *die Gottlosen,* deren Tun ihm verhaßt ist (V. 5) läßt er Unglück und Naturkatastrophen hereinbrechen (vgl. 1Mo 19,24; Ps 18,8–16). **7** Angesichts dieser gegensätzlichen Perspektiven fällt es dem Psalmisten nicht schwer, sich dem Herrn anzubefehlen, dem nichts entgeht und der die liebt, die seine Gerechtigkeit suchen. Im Gegensatz zu der Unruhe und Ungewißheit des Lebens wird, wer dem Herrn fest vertraut, nach der Anfechtung den Frieden der Gegenwart Gottes haben (vgl. 1Petr 5,10; Offb 7,14–17).

Psalm 12 Lüge gegen Wahrheit

Obwohl dieser Ps zu der umfangreichen Gruppe der Klagen über den Erfolg der Gottlosen gehört (z.B. auch noch 7; 10; 17; 25; 37 u.a.), hat die Thematik hier einen besonderen Akzent. Den Gerechten und Frommen begegnet das Tun der Gottlosen vor allem im Bereich des Redens, nämlich als Verfälschung und Verdrehung des Wortes, das doch für den Menschen eine Gottesgabe ist. Deshalb beschränkt sich Gottes Eingreifen nicht auf die Taten der Menschen, sondern auch auf deren Reden. Dieses Gedicht stellt den betrügerischen und verführerischen Wörtern, die von den Lippen des Gottlosen kommen, das reine und wirkungskräftige Wort Gottes gegenüber und unterstreicht, wie ernst es die Bibel mit Wortsünden nimmt.

2.9 Der gesellschaftliche Trend

Der erste und der letzte Vers beschreiben die Verderbnis der Gesellschaft, in der heuchlerische und niederträchtige Menschen Macht und Einfluß haben; Gottlose werden öffentlich als vorbildlich hingestellt, aufrichtige Glaubensmenschen aus dem öffentlichen Leben verdrängt.

3–5 Der lügnerische Mund

Das menschliche Gespräch und der Umgang miteinander werden durch Falschheit, Lobhudelei, Doppelzüngigkeit und Inhaltslosigkeit verdorben (vgl. Jak 3,5–10). Die Spitze menschlichen Hochmuts ist erreicht, wenn die Sprache in der Propagandaschmiede so gebogen und geformt wird, daß das Ergebnis, die verführerische Propaganda, unüberwindbar scheint.

6–7 Reine Wahrheit

Wenn die Stolzen und Hochmütigen das Schreien des Elenden zu seinem Gott auch verachten, so ist ihr Spott doch so unbegründet wie ihr Stolz. In Wahrheit weiß Gott um die Bedrängnis seiner Gläubigen, und im richtigen Augenblick wird er um ihretwillen eingreifen und sie bergen. 7 *Wie Silber, im Tiegel geschmolzen:* das Bild eines Schmelzofens, aus dem das gereinigte Silber in auf der Erde stehende Formen gegossen wird; es illustriert gut die Reinheit und die Kostbarkeit des göttlichen Worts, zeigt, wie es sich auf irdische Nöte anwenden läßt, wie es mit einemmal die Wahrheit offenbart und für immer bewahrt. An anderen Stellen im AT wird der Läuterungsprozeß meist auf die Kinder Gottes bezogen, die im Ofen der Anfechtung geläutert werden (vgl. Hes 22,17–22; Mal 3,3).

8 Festes Vertrauen

Das Wort Gottes, das als rein und *lauter* angeführt wurde (V. 7), wird jetzt von dem glaubenden Herzen in Besitz genommen. Weil der Herr freundlich und gnädig und weil sein Wort wahr ist, kann man sich ganz auf Gott verlassen. Er wird den Frommen bewahren, **9** auch wenn er sich allenthalben von Gottlosen umgeben sieht, *Gemeinheit* herrscht und ihm nichts begegnet als Bosheit.

Psalm 13 Aus Verzweiflung zum Vertrauen

Nach der Klage über einen allgemeinen Schaden in der Gesellschaft im vorausgegangenen Ps 12 tritt Ps 13 um so deutlicher als ein durchdringender persönlicher Schrei hervor. Der Beter ist mit seiner Geduld fast am Ende. Doch schon die Anrufung Gottes regt seine Hoffnung so an, daß er sich schließlich über Gottes Werk und Absicht in seinem Leben freut. Gebet ist nicht allein erste Reaktion des Frommen auf Schwierigkeiten, es ist ihm auch Medizin in aller Niedergeschlagenheit.

2.3 Die Not

In dem »Wie lange . . .?« bewegen sich Hoffnung und Verzweiflung wie in einem geschlossenen Kreis (vgl. Ps 74,10; 79,5). In vierfacher Hinsicht leidet der Beter: an dem Gefühl, von Gott verlassen, vergessen zu sein; an der Hoffnungslosigkeit dessen, der nicht zu Gott vordringt, weil Gott sich vor ihm ständig verbirgt; an innerem Schmerz; unter einem stolzen und erbarmungslosen Feind. Diese Widerfährnisse sind miteinander verknüpft. Wer nicht mehr Verbindung mit Gott hat, ist um so eher dem Zusammenbruch nahe und sieht sich um so mehr seinen menschlichen und geistlichen Feinden ausgeliefert. Schon jetzt läßt sich erkennen, daß der Psalmist durch sein Beten aus dieser Notlage befreit werden und seine Freude und inneren Frieden in Gott wiederfinden wird.

4.5 Der Hilfeschrei

Die Fragen der Verzweiflung müssen dem Gebet weichen, in dem jede Not und jedes Bedürfnis vor Gott ausgebreitet wird. Obwohl Gott ihn scheinbar verlassen hat, hält der Psalmist am Glauben fest. Gläubige Bitte ist das rechte Gegengewicht gegen überwältigenden Schmerz und Angst vor dem Untergang. **4a** Zuerst fleht er wegen des abgewandten Angesichts Gottes (s. V. 2b): *Schau her, antworte mir* (EÜ). Die Glaubenstiefe zeigt sich daran, daß er an der persönlichen Gottesverbindung festhält, indem er immer noch ruft: *Mein Gott.* **4b** Dann schüttet er seinen ganzen inneren Schmerz vor Gott aus, die Angst, daß er, ohne Gottes Gnade gefunden zu haben, in den Tod gehen müßte. **5** Schließlich betet er angesichts der unablässigen Demütigung durch seinen Feind.

6 Die Gewißheit

Nachdem der Beter in Frage (V. 2f) und Bitte (V. 4f) seine Situation vor Gott gebracht hat, müssen beide der Grundeinstellung des Glaubens weichen: *Ich aber* (betont!), *ich traue auf dich.* Die Verzweiflung ist dem Vertrauen gewichen. Er erinnert sich der Verläßlichkeit und Treue Gottes und kündigt voller Hoffnung an, daß er über Gottes *Rettung* (EÜ) frohlocken soll. Diese nicht auszulöschende Hoffnung, die im Gebet immer wieder zum Leuchten kommt und noch klarer wird, ist eines der Grundelemente des Psalters (vgl. auch 1Kor 15,19; Hebr 6,18f). *Denn er hat wohlgetan an mir* (EÜ): blickt auf die schon erfolgte Rettung zurück, im Sinne einer Vorwegnahme dank der im Gebet gewonnenen Gewißheit, oder weil eine Wende in der Situation des Beters eingetreten ist.

Psalm 14 Eine verdorbene Gesellschaft

Diese Beschreibung des Menschen in seiner Verderbtheit und Ungerechtigkeit hat vor allem die Menschheit als ganzes im Auge; sie bezieht sich nicht auf einen bestimmten Zeitabschnitt extremen moralischen Verfalls in Israel. Das wird auch dadurch unterstrichen, daß V. 1–3 in Röm 3,10–12 aufgenommen und zitiert wird. Später wurde der Ps umgeschrieben; die Neufassung erscheint als Ps 53. Der Dichter sieht die Dinge einmal aus irdischer und dann aus himmlischer Perspektive.

1 Die Frevelhaftigkeit der Menschen

Ein *Tor* oder »nichtswürdiger« Mensch (vgl. 1Sam 25,25; ZÜ) verhält sich den ethischen Forderungen des Gesetzes gegenüber gleichgültig, in der Meinung, daß Gott sich um das unterschiedliche Verhalten der Menschen nicht kümmere. Dieser »praktische Atheismus« ist nicht ohne Einfluß auf andere; er bringt *abscheuliche Taten* hervor und bewirkt, daß *keiner . . . Gutes tut.*

2–4 Gottes Nachforschung und sein Urteil

Ständig fragt Gott nach der letzten Norm ethischen Verhaltens. 2 Bis ins kleinste kümmert er sich um das Tun der Menschen. Er kennt jeden, der klug handelt; d.h. sein Leben der göttlichen Weisheit entsprechend ordnet. 3 Die hier gestellte Diagnose ist dem Gottlosen, der sich von allem wahrhaft Guten, von aller Gerechtigkeit und Wahrheit abgewendet hat, nicht einsichtig. Zunächst ist für diese Menschen charakteristisch: *alle sind abgewichen.* Der Mensch ist in seinem Wesen verdorben (Hiob 15,16). Deshalb sind alle ohne Ausnahme Übeltäter; *da ist keiner, der Gutes tut.* 4a könnte auch übersetzt werden: »Wollen die Übeltäter das denn nicht zur Kenntnis nehmen?« Diese Fakten können Leuten, für die die Ausplünderung Israels zur Tagesordnung gehört, eigentlich nicht verborgen bleiben. Ein Beispiel bietet 2Mo 5,10–19.

5.6 Die Angst der Ungerechten

Der Psalmist stellt sich vor, wie es sein wird, wenn die Übeltäter die Wahrheit erkennen, die in V.4 angedeutet ist. Dann werden sie so erschrecken wie die Ägypter, die vergebens gegen das Rote Meer ankämpften (2Mo 14,24f); denn Gott steht auf der Seite der *Gerechten* (vgl. 2Mo 14,19f). 6 Die Anschläge und hinterlistigen Attacken der Bösen können den *Armen* (hier der von den Gottlosen Unterdrückte) nicht daran hindern, seine Zuflucht zu Gott zu nehmen.

7 Gebet um Erlösung

Es ist eine gute Sache, wenn man sich an früher erlebte göttliche Bewahrung erinnert. Aber wie steht es mit der Gegenwart? Der Psalmist begegnet ihr im Aufblick zu Gott, der sein unterdrücktes Volk erlösen wird (s. EÜ, ZÜ).

Psalm 15 Gemeinschaft mit Gott

Das kurze Gedicht beschreibt, was Gott nach der Meinung des Psalmisten von seinen Gästen erwartet. Die Makellosigkeit wird ausschließlich am persönlichen und gesellschaftlichen Verhalten gemessen, d.h. es geht um einen ethischen Maßstab. Eine ähnliche Beschreibung findet sich Ps 24,4–5 und Jes 33,14–16.

1.5b Das Thema

Diese Verse legen das Thema fest. Der höchste Wunsch des Frommen war es 1 einerseits, Zutritt zum Tempel als dem Ort der Gegenwart Gottes zu erhalten. Der Ausdruck *Zelt,* gemeint ist das Heiligtum (während der Wüstenwanderung Israels), symbolisiert die Nähe Gottes inmitten der Bedrängnisse des Lebens. Der *heilige Berg:* der Berg Zion. Er ist das Zeichen der Herrschaft Gottes über dem wechselnden Schicksal Israels. 5b Andererseits wünscht sich der Fromme Gewißheit und Beständigkeit, im Blick auf sich selbst und das eigene Verhalten in den verschiedenen Lebensumständen. Als Gerechter wird er *nimmermehr wanken.*

2.3 Persönliches Verhalten

2 Im positiven Sinn ist der Fromme ohne Tadel im Blick auf seine Lebensführung (vgl. 1Mo 6,9; 17,1), sein gerechtes Verhalten in allen Situationen; er ist frei von Falschheit, denn er fühlt sich der *Wahrheit* verpflichtet.
3 Unter negativem Aspekt gesehen, ist er kein *Verleumder,* d.h. er läßt sich nicht in Gerede ein, das anderen schadet. Vgl. 2Mo 20,16. Er sieht darauf, daß er nicht in Geschwätz hineingezogen wird (vgl. 1Tim 5,13); nützt seine Mitmenschen nicht aus; gibt acht, daß er seine Freunde nicht durch taktloses Reden über Dinge verletzt, die längst bereinigt sind.

4.5a Gesellschaftliches Verhalten

4 Wieder werden die positiven Eigenschaften zuerst genannt. Nachdem es zwei Möglichkeiten gibt, sein Leben zu führen, achtet der Fromme darauf, die Menschen vor allem nach ihrem ethischen Verhalten zu beurteilen. Er distanziert sich von den *Verworfenen* und achtet jeden, der den Herrn fürchtet und ehrt. Wenn er einen Eid geschworen oder ein Gelübde auf sich genommen hat, so steht er dazu, auch wenn damit unvorhergesehene Lasten und Kosten verbunden sind; denn der Eid ist heilig (Jos 9,19). 5a Im Blick auf materiellen Reichtum lehnt er die habgierigen Praktiken des Zinsgeschäftes ab (3Mo 25,36f; Spr 28,8). Gebe- und Hilfsbereitschaft sind Kennzeichen der Menschen Gottes (vgl. Mt 10,8). Von Korruption und Bestechung hält er sich fern, vor allem, wenn damit einem Unschuldigen Schaden zugefügt wird.

Psalm 16 Der Glaubensweg

Der Ps wird David zugeschrieben (vgl. Apg 2,25; 13,35f). Er enthält Ausdrücke und Hinweise, die gut zu dem Leben Davids zur Zeit seiner Flucht passen. Der Ps besteht aus drei Teilen.

1–4 Kennzeichen des Glaubenden

Insgesamt werden vier genannt. **1** Der Glaubende vertraut auf Gott, indem er bei ihm Zuflucht sucht. **2** Jahwe ist sein souveräner Herr, bei dem er volles Genüge findet, so daß er darüber hinaus nichts bedarf. **3** Er schätzt Gemeinschaft der *Heiligen* und freut sich in ihr; die Heiligen sind Gottes Eigentum; Gottes Herrlichkeit spiegelt sich in ihnen wider (vgl. 2Thess 1,10). **4** Der Glaubende meidet allen Götzendienst (vgl. Jos 23,7; 1Jh 5,21).

5–8 Die gegenwärtigen Segnungen des Glaubenden

Dazu gehören: ein zufriedenes Herz (V. 5f), Rat, Ermahnung (V. 7) und Geborgenheit (V. 8). **5** Die wörtliche Übersetzung lautet: »Jahwe ist mein Anteil und mein Kelch.« Die Erwähnung des Kelchs deutet darauf hin, daß es sich zunächst um ein Anrecht auf Speise handelt. Der Sinn wäre dann, daß Jahwe alles ist, wessen ich bedarf; er stillt meinen Hunger und meinen Durst; vgl. Ps 23,5 EÜ. *Erbteil:* ein Hinweis auf die Landverteilung durch das Los (4Mo 26,56); es kann aber auch ausdrükken, daß Gott mein Geschick in seiner Hand hat. Dann würde V. 5 bedeuten, daß man bei Gott für Gegenwart und Zukunft Genüge findet. **6** Das *Los* ist das ihm zugeteilte Land (vgl. Ps 78,55; Am 7,17). **7** Das *Herz:* (wörtl.: »die Nieren«) gilt als Sitz der Gefühle und des Gewissens (vgl. Ps 73,21). In der Nacht hält der Glaubende Zwiesprache mit Gott; er wird dadurch korrigiert und empfängt Weisung. **8** Der Psalmist weiß Gott gegenwärtig; er steht ihm als machtvoller Freund und Beschützer zu seiner Rechten (vgl. Ps 110,5; 121,5).

9–11 Was den Glaubenden in der Zukunft erwartet

Gott bewahrt ihn vor dem Tod (V. 9f), zeigt ihm den Weg des Lebens (V. 11a) und läßt ihn an der Freude seiner Gegenwart teilhaben (V. 11b). Der Psalmist hat zunächst seine irdische Zukunft im Blick, aber die Worte enthalten einen tieferen Sinn. **9** Die Freude erklärt sich aus der Tatsache, daß der Herr (wörtl.) »meine Seele dem Scheol nicht als Besitz überlassen wird«, was den befürchteten Tod unter Gottes Zorn und von ihm verworfen, kennzeichnete. **11** Den Gegensatz dazu bildet die Offenbarung des *Weges zum Leben,* der in die Gegenwart Gottes führt und *Freude die Fülle* zur Folge hat. Das gilt für David, aber auch für jeden Glaubenden vor und nach ihm; denn im tiefsten und umfassendsten Sinn erfüllt sich diese Zusage in Christus (Apg 2,25–28; 13,35).

Psalm 17 Gebet des Gerechten um Gottes Eingreifen

Drei Psalmen werden mit »Ein Gebet Davids« überschrieben (Ps 17, 86, 141). Dieser wirkt besonders spontan. Man denke etwa an die verzweifelte Lage Davids in Maon (1Sam 23,25), war er sich doch gerade dort seines gerechten Verhaltens bewußt (1Sam 24,11). Intensität und Eindringlichkeit des Gebets kommen nicht nur in der den ganzen Ps durchziehenden Angst zum Ausdruck, sondern auch in den drei Aspekten seiner Bitte.

1–5 Das Verlangen nach Gehör

1.2 Ausdrücke wie *höre, merk auf, vernimm, sprich zu meiner Sache* veranschaulichen und bekräftigen, daß es sich hier um ein wirkliches *Schreien* (hebr. rinna = ein lauter Schrei) handelt, das sich dem Herzen des Beters entringt, wobei dieser von seiner eigenen Rechtschaffenheit überzeugt ist. Das wird noch zweifach hervorgehoben: a) indirekt durch den Vergleich mit den *Lippen, die . . . trügen;* b) zeigt sich das Gefühl völliger Unschuld in der Bereitschaft des Beters, sein *Herz* von den *Augen* Gottes prüfen zu lassen. **3–5** Die persönliche Integrität wird ausführlicher erläutert. Auch die eingehendste Untersuchung durch Gott würde nichts erbringen, was vor diesem keinen Bestand hätte. Zum anderen war der Beter im Umgang mit Menschen immer darauf bedacht, auf das *Wort deiner Lippen,* also Gottes Wort zu achten (vgl. Ps 119,11). Deshalb ist er weder gestrauchelt noch von Gottes Wegen abgewichen.

6–12 Die Bitte um Schutz

Die Worte: *Ich rufe zu dir . . . du wirst mich erhören, neige dein Ohr, . . . zeige* klingen erneut wie ein leidenschaftlicher Appell, in den wieder ein indirekter Hinweis auf die Gegner einfließt (V. 7c). Aber Eindringlichkeit und Selbstsicherheit (V. 1f) weichen hier der Anbetung und dem Vertrauen. **7** *Erweise wunderbar* (EÜ): im Hebr. ein Wort, das das Eingreifen der übernatürlichen Macht Gottes meint, und zwar in Gestalt der Güte (chesed), den Äußerungen seiner liebevollen Verbundenheit (EÜ; im Hebr. Mehrzahl!) mit dem Beter. Gott ist die Zuflucht derer, die ihm vertrauen. In V. 8–12 wird das eigentliche Ziel des Gebets, der Schutz vor den Feinden, ausführlicher vor Gott dargelegt. **8** An erster Stelle steht das Verlangen nach besonderer göttlicher Fürsorge. Wie man das Auge in-

stinktiv vor jeder Bedrohung schützt, so möchte der Beter sich von Gott behütet wissen. Vgl. 5Mo 32,10; Sach 2,12. Und wie ein Vogel seine Flügel über seine Jungen breitet, so daß sie bei ihm völlig geborgen sind, so möchte auch der Beter bei Gott dadurch geborgen sein (vgl. Ps 36,8; 57,2; 63,8; 91,4).
9 Dieses Verlangen wird dadurch verstärkt, daß er sich von *Todfeinden* (EÜ) umgeben sieht, also Feinden, die ihm *nach dem Leben trachten.*

Das Wesen dieser Feinde wird in verschiedener Hinsicht beschrieben. 10 Ihr *Herz* ist *verschlossen,* so daß sie keines Mitleids fähig sind; sie drohen und sind sich ihrer Macht bewußt. 11 Und weil sie David und seine Gefährten umstellt haben, sehen sie diese bereits gefangen am Boden liegen. 12 Einer (oder jeder) der Angreifer gleicht einem gereizten *Löwen* (vgl. Ps 7,2; 1Petr 5,8). Der Gedanke an ihre Mordlust leitet zum letzten Teil des Gebets über.

13–15 Der Schrei nach Rechtfertigung und Verteidigung

Der abgerissene, wiederholte Schrei entspricht der natürlichen Reaktion eines Mannes, der sich einem zum Sprung ansetzenden Löwen gegenübersieht. 13 Der Psalmist schreit zu seinem Beschützer, damit er eingreife und sich dem Bedroher in den Weg stelle. Nur eine Tat Gottes, der wie ein Bewaffneter mit *Schwert* und starker Macht *(Hand)* interveniert, kann hier noch helfen.

Nun wird der Gegensatz zwischen dem Wesen des Gottlosen und des Frommen herausgearbeitet. Die Feinde sind *Leute dieser Welt,* deren Lebensziel materielle Güter dieser sichtbaren Welt sind (vgl. auch 1Jh 2,15–17). Hier wird der schonungslose und zugleich zutiefst geistliche Realismus des Psalters deutlich. Der Psalmist erkennt, daß er seine Feinde nicht zum Gegenstand seines Gebets machen kann, wenn er nicht wüßte, daß sie es mit Gott zu tun bekommen, der sie mit den Folgen ihrer bösen Taten bestrafen wird, auch wenn sie vorübergehend Erfolg haben. Vgl. Ps 73,12.19f. Im Blick auf die Auswirkungen verderblichen Handelns bezieht sich das AT immer zugleich auf die Nachkommen (vgl. 2Mo 20,5). 15 Der Beter trachtet nicht nach irdischem Reichtum. Es geht ihm um die ungestörte Gemeinschaft mit Gott. Er möchte Gottes Angesicht schauen, ihm persönlich begegnen (vgl. 4Mo 12,8). Damit drückt er zugleich die Hoffnung aus, daß dies nach Überwindung der gegenwärtigen Bedrohung wieder ungehindert möglich ist. Dabei distanziert sich der Beter wörtlich (*Ich ..., ich ...:* EÜ) von den Menschen, denen über das Materielle dieser Welt hinaus nichts bleibt (V. 14). Sein Verlangen aber reicht über das Diesseitige hinaus. Ihm geht es darum, in Ewigkeit Gott zu schauen; damit drückt er das höchste Verlangen des Frommen aus (vgl. Jes 26,19; Dan 12,2; Phil 3,21; 1Jh 3,2; Offb 22,4).

Psalm 18 Davids Siegeslied

Vermutlich handelt es sich hier um eine Version von 2Sam 22, die für den allgemeinen Gebrauch überarbeitet wurde. Die Überschrift läßt erkennen, um welche freudige Situation es sich handelt. Die Befreiung *von der Hand aller seiner Feinde* (V. 1) läßt an die in 2Sam 8 beschriebenen Umstände denken. Zu jener Zeit war Davids Leben von nahezu uneingeschränktem Erfolg gekrönt. Die Bezeichnung *Knecht des Herrn* fehlt in 2Sam 22. Es ist ein höchst ehrenvoller Titel; er wird einige wenige Male für Josua gebraucht und sonst fast ausschließlich Mose beigelegt oder in prophetischer Vorausschau auf den Messias bezogen.

2–4 Einleitung

Der ungewöhnlich eindringliche Beginn fällt auf. *Ich liebe dich* (EÜ, ZÜ: hebr. racham), meint die zarte und innige Mutterliebe. Das Wort wird nur an dieser Stelle im AT für die Liebe des Menschen zu Gott gebraucht. Die Wiedergabe *Ich will dich rühmen* (EinhÜ; vgl. Ps 30,2; 145,1) setzt eine Textkorrektur voraus. 2 Gott wird als *ein Fels* bezeichnet. Damit wird an Mose (5Mo 32,4.18.30.31.37), die Geschichte Israels (2Mo 17) und frühere Erfahrungen Davids (1Sam 23,25.28) angeknüpft. Die sieben Titel, die Gott in diesem Vers beigelegt werden, beschreiben alle seine Unbesiegbarkeit.

5–20 Höchste Gefahr und göttliche Befreiung

5.6 Die damalige Situation des Psalmisten wird mit der eines Mannes verglichen, der in einem Gewässer von einem Strudel erfaßt und nach unten gerissen wird, und mit der eines wilden Tieres, das sich im Netz des Jägers gefangen hat. 7 Niemand außer Gott konnte ihm helfen; so schrie er in tiefster Verzweiflung zu ihm. Das Verb steht in einer unserem Präsens entsprechenden Zeitform, als wäre die Gefahr noch immer in David lebendig.
8–16 Gott kam ihm zu Hilfe. Das Eingreifen Gottes wird mit furchterregenden Bildern beschrieben, in denen auch sonst Theophanien wiedergegeben werden, vgl. Ps 97,2ff u.a. Das geistliche Faktum wird in die Beschreibung von Naturereignissen umgesetzt, die so schrecklich sind, daß man den Untergang der Schöpfung befürchtet. Das Kommen Gottes ist

mit Rauch- und Feuerzeichen, mit Finsternis und einer gewaltigen Stimme verbunden, die an die Begleiterscheinungen bei der Gesetzesoffenbarung am Sinai erinnern. Zugleich wird es von strahlender Helligkeit und Blitzen gekennzeichnet, wie sie der Offenbarung der Gnade entsprechen (vgl. Hebr 12,22–24). In all diesen Erscheinungen findet sich jedoch kein Gottesbild (vgl. 5Mo 4,11f). Hinter der Fülle von Bildern verbirgt sich das Paradox, daß Gott unfaßbar und zugleich allmächtig, daß er unerforschlich ist und es zugleich vor ihm kein Entrinnen gibt. Die Anklänge an die Sinaierscheinung (2Mo 19) erinnern daran, daß der Gott, der David hilft, derselbe ist, der sich lange vorher als Heiland und Erlöser seines Volkes offenbarte (2Mo 6,6f). Die Bildhaftigkeit kann nur erschrecken; die damit verbundene Offenbarung ist für den Glaubenden rettende Gnade.

17–20 Gott handelt hier sehr persönlich. In der Darstellung der Errettung des Psalmisten treten die Naturbilder zurück. Selbst die übermächtigen Feinde werden nur noch nebenbei erwähnt, denn hier geht es um sein ureigenes Erleben. Deshalb das ständig wiederholte *er ... mich,* und als Höhepunkt das Staunen: Der Herr *riß* mich aus aller Not, *weil er Gefallen an mir hatte* (EÜ). **17** Dahinter steht fast eine Art Parallele zur Errettung des kleinen Mose, der auch von feindlichen Mächten vernichtet werden sollte. Das Verb *zog ... aus* findet sich im AT nur hier und 2Mo 2,10. In dem gesamten Abschnitt finden sich auch viele Parallelen zu Hiob (vgl. Hiob 36,29–38,1).

21–28 Der Grund für Gottes Eingreifen

Dieser Abschnitt erklärt die Aussage: *er hatte Gefallen an mir.* Zwei Aspekte werden hervorgehoben: Davids Wesen und Handeln (V.21–24) und Gottes Art (V.25–28). Gottes Eingreifen um Davids willen ist der Lohn für dessen gottgefälliges Leben. Aber David hat auf diese schützende Fürsorge keinen Anspruch; dahinter steht vielmehr die Einfalt eines Herzens, das sich auch vor dem prüfenden Blick des Heiligen nicht scheuen muß. Davids *Gerechtigkeit* ist nicht nur auf seine Beziehung zu Saul begrenzt. Sie zeigt sich in jedem Bereich seines Lebens, das er als aufrichtig, ehrbar, barmherzig, ohne Hintergedanken und rein bezeichnet. **24** *Und hüte mich vor Schuld:* d.h. ich achtete in jeder Hinsicht darauf, mich wie ein Mann Gottes zu verhalten, deshalb habe ich nichts getan, was man als Ungerechtigkeit bezeichnen könnte; sie ist nicht mein Teil (vgl. 1Kön 14,8; Apg 23,1). Der ganze Abschnitt läßt den Grundsatz erkennen, daß Gott den Menschen in der Wesensart respektiert und bestärkt, für die dieser sich entschieden hat; Gott verhält sich zu dem Menschen so, wie dieser sich ihm gegenüber verhält (V.27; vgl. 1Sam 2,30; Röm 1,28, vgl. auf diesem Hintergrund Röm 5,8).

29–46 Die hohe Berufung

Davids Beteuerung seiner Gerechtigkeit und der Grundsatz, nach dem Gott mit dem Menschen handelt, werden durch die im vorhergehenden Abschnitt berichtete Befreiung bestätigt. Neben diesem besonderen Beispiel werden sie durch das gesamte Leben Davids unterstrichen. Den wesentlichen Aspekten dieses Lebens wendet sich der Psalm jetzt zu.

29.30 Die Dynamik im Leben Davids hat ihre Ursache in dem Bekenntnis: *Der Herr (ist) mein Gott.* Dadurch empfängt sein Leben Licht und auch die Kraft, Schwierigkeiten zu überwinden. *Kriegsvolk:* Das gleiche Wort wird 1Sam 30,8 mit »Schar« wiedergegeben. Hinter dem Ausdruck *eine Mauer überspringen* (EÜ) könnte sich eine Anspielung auf die Eroberung Jerusalems (2Sam 5,6–10) verbergen. **31.32** Gott gebührt alle Ehre und Anbetung; nicht nur der Segnungen wegen, mit denen er seine Leute bedenkt, sondern um seines Wesens willen: Was er sagt, ist absolut wahr, und was er tut, ist *vollkommen.* Deshalb kann er die nicht schützen, die sich gegen ihn wenden; für die aber, *die ihm vertrauen,* erweist er sich in jeder Hinsicht als vertrauenswürdig. Außer ihm gibt es keinen Gott (vgl. Jes 45,5f). **33–37** David wurde von Gott für seine Aufgaben sorgfältig vorbereitet. Das gilt einmal für seine physischen Kräfte. Gott verlieh ihm Gesundheit, Kraft und Wendigkeit, so daß er in jeder Lage bestehen kann; daneben ist er mit besonderen Fähigkeiten ausgestattet: Er weiß mit Waffen umzugehen und versteht etwas von Strategie. Außerdem schützt ihn Gott, indem er ihm *Hilfe* (ZÜ) zuwendet, seine Macht *(Rechte)* für ihn einsetzt und groß macht durch seine *Herabneigung* (EÜ; wörtlich »Demut«, 2Sam 22,36 hat an dieser Stelle mit anderer Vokalisation »Antwort«). **38.39** David stellt sich bereitwillig den ihm zugedachten Aufgaben. Im vollen Vertrauen darauf, daß Gott ihn für diese Aufgabe befähigt hat, beginnt er mit der Unterwerfung der Feinde. **40** Dabei wirkt Gott durch ihn. Die Überwindung der Feinde ist letztlich Gottes Werk. **41** Gott hat seine *Feinde in die Flucht* getrieben, um sie zu vernichten. **42.43** Deshalb muß ihr Gebet ungehört bleiben. Sie lehnen sich ja gegen Gott selbst auf. Deshalb kann David ihren Aufstand niederschlagen.

44–46 Jetzt wird der Höhepunkt seiner Herrschaft beschrieben. Nicht nur jeder innerstaatliche Widerstand ist überwunden (vgl. 2Sam 3,1), Gott hat ihn auch zum Herrn über viele Völker (Luther: »Heiden«, »Söhne der Fremde«) gemacht (vgl. 2Sam 8). Auch die Völker, mit denen er noch nicht in Berührung gekommen ist, erkennen seine Oberherrschaft an, sobald sie nur von ihm hören. Historische Hinweise darauf finden sich 2Sam 10,18f. Zusätzlich kennzeichnet diese Aussagen ein prophetischer Aspekt (vgl. Jes 52,15; Ps 2,8).

47–51 Abschluß

Aus diesen Überlegungen drängt sich vor allem eine Schlußfolgerung auf: Gott, dem David alles verdankt, ist eine lebendige, ja Leben gestaltende Realität. **48** *Der mir Vergeltung schafft:* meint keine nachtragende, persönliche Rache; es unterstreicht, daß Gott – und nicht ein Mensch – die gerechte Sache verteidigt hat. **50** Der Ps schließt mit einem Gelübde Davids, die ihm anvertraute Macht dazu zu benutzen, um den Ruhm Gottes unter vielen Völkern auszubreiten. Diesen Gedanken nimmt Paulus auf (Röm 15,9) und bezieht ihn auf Christus, in dem Heil und Gnade in ihrer ganzen Fülle offenbar sind und der auch Davids Herr ist. **51** Schließlich nennt David sich selbst im Zusammenhang mit einem ewigen Bund Gottes, der in der Vollendung des davidischen Königtums seine Verwirklichung findet (vgl. 2Sam 7,12–16 und Lk 1,32f).

Psalm 19 Die zwei Zeugen Gottes

Die VV. 2–7 und 8–14 sind jeweils in sich abgeschlossene Einheiten. In beiden geht es um eine Offenbarungsquelle, aus der der Mensch Wissen über Gott erhalten kann: durch Nachdenken über die sichtbare Schöpfung und durch Hören auf das Gesetz, die Tora (wörtl.: die Weisung). Ohne das Sonnenlicht auf der einen und das geistliche Licht der göttlichen Gebote auf der anderen Seite wäre kein Leben möglich.

2–7 Die Herrlichkeit der Schöpfung

2–5a Die Herrlichkeit der Himmel. Die Weite und Höhe des Himmels ist in den Ps immer wieder Anlaß zum Gotteslob (vgl. Ps 29; 93; 104). Das Gewicht liegt dabei mehr auf der objektiven Bestätigung als auf der subjektiven Interpretation. **1** Die unendliche Schönheit des Himmels weist auf die Herrlichkeit Gottes hin. *Die Feste:* d.h. das Firmament; vgl. 1Mo 1,6–8; dessen Ausdehnung verkündigt Gottes Herrlichkeit, denn es ist das Werk seiner Hände. **3** Nichts bringt dieses Zeugnis zum Verstummen, niemand kann es leugnen. Es spricht Tag für Tag, Nacht für Nacht. **4.5** Obwohl diese Zeugen stumm sind und ihr Zeugnis nicht artikulieren können, wird es doch überall vernommen (vgl. Röm 1,19f).

5b–6 Die besondere Herrlichkeit der Sonne. Die Aussagen über die Sonne schließen die im Alten Orient weit verbreitete Sonnenanbetung aus. Die Sonne ist nicht eine Gottheit, sondern von Gott eingesetzt. Er hat ihr ihren Standort am Himmel zugewiesen. Sie ist keine eigene Macht oder gottheitliche Würde. Aber die Weite ihrer Ausstrahlung, die Intensität ihres Lichts, die von ihr ausgehende belebende Wärme spiegeln Gottes universale Macht und seine Allwissenheit wider. Das zwingt uns, über das innere Licht nachzudenken, das von der Tora, der Weisung Gottes, ausgeht.

8–14 Die vollkommene Herrlichkeit der Tora

8–11 Die ethische Wirkung der Tora. Während die sichtbare Schöpfung Gottes ewige Macht und Gottheit bestätigt (Röm 1,20), empfängt Israel die Selbstoffenbarung Gottes in der Tora. Die Unterscheidung zeigt sich u.a. darin, daß im ersten Teil die Gottesbezeichnung »Gott« (hebr. *'elohim*), im zweiten *Jahwe* (in unseren Bibelübersetzungen »Herr«) verwandt wird. Jahwe ist der Name des Bundesgottes, der sich Israel persönlich offenbart (vgl. 2Mo 3,13ff; 33,19; s. auch Einleitung zu 2Mo »Der Name Gottes« S. 137f). Mit wechselnden Ausdrücken wird diese Offenbarung beschrieben, und zwar in sechsfacher Weise: **8** Die Tora ist *vollkommen* bzw. unfehlbar (vgl. Jak 1,25), sie stärkt und tröstet den Menschen, wörtl. »bringt die Seele zurück«. Das *Zeugnis:* d.h. das Wort, das Gottes Wesen und Willen offenbart (vornehmlich der Dekalog), macht die *Unverständigen,* die *Einfältigen weise.* Der Einfältige ist ganz darauf angewiesen, sich von Gott unterweisen zu lassen, vgl. Komm. zu Spr 1,22. **9** Die *Befehle des Herrn* sind eindeutige Anweisungen; ihre Einhaltung verleiht dem Menschen ein ruhiges Gewissen. Das *Gebot* ist der göttliche Imperativ, der dem Suchenden wie ein Licht den Weg des Lebens zeigt (vgl. Apg 26,18; Hebr 11,13). **10** *Die Furcht des Herrn* soll durch die Tora im Menschen eingepflanzt werden. Sie bewahrt ihn vor Irrwegen. Vgl Spr 1,7 und Komm. dort. *Die Rechte des Herrn* geben Anweisung für das soziale Verhalten. Sie sind wahr und gerecht. **11** Damit wird die Offenbarung Gottes in seinem Wort erstrebenswerter als Reichtum; sie ist erquikkender und belebender als Honig. In Ps 119 wird dieses Thema ausführlicher behandelt.

12–14 Das persönliche Verlangen nach einem sündlosen Leben. Das Nachdenken über

Jahwes offenbarten Willen führt zu einem Gebet um Reinigung von allen Charakter- und Verhaltensfehlern. Das Gesetz ist die entscheidende Hilfe zur Gestaltung eines Gott wohlgefälligen Lebens. Allerdings geht von ihm keine magische Wirkung aus; es bedarf dazu vielmehr der Bereitschaft des Menschen, sich unterweisen und anleiten zu lassen. Wie aber steht es um die unbewußten oder unbeabsichtigten Sünden? Daher die Bitte, Gott möge von verborgenen Sünden freisprechen und ihn zugleich vor den *Stolzen* bewahren, den *Übermütigen* (EÜ), die ihn und sein Verhältnis zu Gott gefährden und unter Umständen zu Handlungen veranlassen, in denen er nicht *rein bleiben* würde.

15 Abschließendes Gebet

Auch die abschließende Bitte enthält eine Gegenüberstellung: Das äußerlich zu vernehmende Wort und die im Innern des Menschen sich vollziehende Meditation darüber haben in der objektiven Wirklichkeit (V. 2–7) und dem auf den Menschen ausgerichteten Handeln Gottes durch das Gesetz (V. 8–14) ihre Entsprechung. Der Psalmist bringt Gott sein Gebet wie ein Opfer dar (vgl. z.B. 3Mo 22,1; auch Ps 104,34; 119,108).

Psalm 20 Gebet für den König vor der Schlacht

Dieser und der folgende Ps gehören zusammen. Sie beschreiben die Fürbitte des Volkes und den Dank vor bzw. nach der Schlacht, in die es vom König geführt wurde. Andere Ausleger (u.a. Weiser) meinen statt dessen, daß dieser Ps bei den Krönungsfeierlichkeiten oder bei der jährlichen Krönungsgedenkfeier Verwendung fand, um für das kommende Jahr Glück und Wohlstand zu erbitten. Anhand der persönlichen Fürwörter »du«, »ich« und »wir« läßt sich der Ps gut unterteilen.

2–6 Fürbitte des Volkes

Es ist ungewiß, ob das Gebet im Heiligtum auf dem Zion oder in der Umgebung des Schlachtfeldes gebetet wurde. **2** *In der Not:* wörtl. *am Tag der Drangsal* (EÜ), der bevorstehende Tag des Kampfes oder ein noch ausstehender möglicher anderer Unglückstag. Der *Name Gottes* umfaßt alles, was Gott über sein Wesen offenbart hat. Ziel des Gebets ist der vollkommene Schutz, den man von Gott aufgrund seines Wesens erwarten darf. Die Betonung liegt in diesem ersten Teil auf dem am Anfang stehenden *der Herr.* Von ihm (Jahwe) erwartet man, daß er *erhört, schützt, Hilfe sendet, stärkt,* daß er des Beters *gedenkt* und daß ihm dessen Opfer *angenehm* ist. Vom Herrn wird erbeten, daß er die Wünsche des Königs erfüllt und seine Pläne verwirklicht, damit das Volk jubeln und im Triumph die Banner schwenken kann. Aber der Triumph wird Gottes Triumph sein. Alle Siege seines Volkes kommen von ihm und erwachsen daraus, daß er ihr vollkommenes Opfer in Gnaden angenommen hat. **4** Hier ist an tatsächliche Opfer zu denken, einschließlich der vorangegangenen Kulthandlungen und Anbetung (vgl. 1Sam 7,9).

7 Gewißheit für den König

Es läßt sich nicht entscheiden, ob der König oder ein möglicherweise bei der Liturgie anwesender Prophet der Sprecher ist (vgl. 2Chron 20,14ff). In jedem Fall geht es um die im Gebet oder durch Zuspruch gewonnene Gewißheit, daß der Herr vom Himmel her mit mächtigen Heilstaten dem König beistehen wird. *Seinem Gesalbten:* Die Salbung des Königs dokumentiert seine Berufung und Ausrüstung durch Gott selbst (vgl. 1Sam 16,13; Ps 2,2; 18,51 u.a.).

8–10 Abschließendes Bekenntnis, Gewißheit und Gebet des Volkes

8 Ein Hinweis auf die Feinde, die ihre Hoffnung auf die bessere Bewaffnung setzen, auf schnellere und schlagkräftigere Armeen. Das bezieht sich nicht auf einen bestimmten Feind. Die Macht des *Namens des Herrn* und seine Ausrufung werden in 1Sam 17,45 eindrücklich beschrieben. **9** Das Vertrauen in den Beistand des Herrn erfüllt sie mit solcher Zuversicht, daß zeitlich das Perfekt verwendet wird, als sei die Schlacht bereits gewonnen.
10 Aber die Wirklichkeit und Spannung des Augenblicks veranlassen die versammelten Kriegsleute, nochmals um den *Sieg* zu bitten, den nur Gottes *Hilfe* geben kann. In der Bibel führt Gewißheit nie zu Selbstzufriedenheit oder Gleichgültigkeit, sondern zu ernstem Gebet und eindringlichem Bitten um Gottes Beistand und Errettung.

Psalm 21 Danklied für den König nach der Schlacht

Der Zusammenhang mit dem vorausgehenden Ps ergibt sich, wenn man 20,5 und 21,3 miteinander vergleicht. Dennoch kann man nicht einfach von dem einen als Gebet vor der Schlacht und von dem andern als Dankgebet nach der Schlacht sprechen; denn auch in 21,9ff scheint der Sieg über die Feinde noch bevorzustehen. Weiser sieht diese Schwierigkeit. Er verbindet den Psalm deshalb wiederum mit einem königlichen Fest und sieht in ihm einen »Bestandteil des Krönungsrituals, das zur kultischen Tradition des Königsfestes gehörte« (ATD, S. 143). Damit ergibt sich ein weiterer Hinweis auf die messianische Erwartung, die man zu Recht in diesem Psalm festgestellt hat; denn das davidische Königtum wurde seit frühester Zeit bewußt als Vorbild des wahren messianischen Königs verstanden.

1–8 Die dankbare Anerkennung der Güte Gottes gegenüber dem König

Der überströmende Lobpreis richtet sich primär auf die Gegenwart: Der König hat Jahwe um etwas gebeten, und diese Bitte ist erhört worden. 4 Die *goldene Krone* könnte auf die Krone der Ammoniter (1Chr 20,2) hinweisen, ebenso aber auch auf die richtige Krone des israelitischen Königtums, die David der Gnade Gottes verdankt, einschließlich der damit verbundenen prophetischen Verheißungen (2Sam 7,12f). 6 *Große Herrlichkeit, ... Pracht und Hoheit* sind dem König von Gott geschenkt (vgl. Ps 8,5). 7 Setzt ihn zum Segen: Er ist dazu bestimmt, Segen zu empfangen und ein bleibender Segen zu sein. Das gilt, so lange er seine Freude in der Gegenwart Gottes findet. Diese messianischen Vorstellungen greift das NT an verschiedenen Stellen auf (z.B. Hebr 1,8f; 2,9; Offb 5,12–14). 8 Daß der König von Gott so gesegnet wurde, hat seinen Grund in dem besonderen Vertrauensverhältnis, in dem er zum Herrn steht. Die Bezeichnung »der Höchste« bezieht sich eigentlich auf den Gott Melchisedeks, den Abraham mit Jahwe gleichsetzt (vgl. 1Mo 14,18.22). In den Psalmen wird Jahwe oft als »Gott der Höchste« oder »Gott der Allerhöchste« angebetet (z.B. 9,3; 46,5; 47,3; 92,2). Diese Gottesbezeichnung wurde in Juda vermutlich gebräuchlich nach der Eroberung Jerusalems, der Stadt Melchisedeks, durch David. Sie drückte wohl am stärksten diejenigen Elemente des göttlichen Wesens aus, die dem königlichen Priestertum entsprachen. Als Titel deutet er auf höchste Würde, uneingeschränkte Macht und allumfassende Herrschaft hin.

9–14 Die Verherrlichung der königlichen Macht

Der Themenwechsel zeigt sich daran, daß anstelle des »du« (der Herr) und »er« (der König) nun »du« (für den König) und »der Herr« treten. Es handelt sich um eine ehrfürchtige Rede der Untertanen an ihren König, in der sie seine Herrschaft über alle seine Feinde hervorheben. **10** Die Vernichtung der Feinde allein durch die Gegenwart des Königs ist ein messianischer Gedanke (vgl. Mal 3,1f; Mt 21,40f; 2Thess 1,7–9).

14 Der letzte Vers ist ein von Volk und König gemeinsam gesprochenes Gebet. Sie bitten um den weiteren Beistand der göttlichen Macht und Herrlichkeit; so wird auch ihr uneingeschränkter Lobpreis erhalten bleiben.

Psalm 22 Errettung aus größter Not

Für den Christen ist dieser Psalm untrennbar mit der Kreuzigung Jesu verbunden: nicht nur, weil Jesus die einleitenden Worte am Kreuz betete, sondern weil der ganze erste Teil des Psalms den körperlichen Zustand und das seelische Empfinden des Gekreuzigten zu beschreiben scheint. Doch die eigentliche Bedeutung des Liedes muß in dem Umfeld gesucht werden, in dem es tatsächlich entstand. Damit soll nicht gesagt werden, daß der Geist Gottes Gedanken und Worte des Psalmisten nicht dahingehend beeinflußte, daß das Lied einen Sinn erhielt, der weit über dessen eigene Lebenserfahrung hinausreicht (vgl. Apg 2,30f). Welches Erlebnis hier ursprünglich zugrunde lag, läßt sich nicht feststellen. Der Text könnte sich auf einen dunklen Abschnitt jener Zeit beziehen, in der David als Geächteter beständig mit Not und Verzweiflung konfrontiert war. Andere Ausleger sind der Auffassung, es handle sich um das Gebet des davidischen Königs, der während der jährlichen Thronbesteigungsfeierlichkeiten in einem liturgischen Gebet seine ganze Hilflosigkeit angesichts der ihn umgebenden Feinde ausspricht, sich dabei ganz Gott anvertraut, alles von ihm erhofft und schließlich die Gewißheit göttlicher Hilfe empfängt. Wo immer man den historischen Ansatz sucht, in jedem Fall begegnet man hier prophetischen Elementen, die auf den Messias hinweisen.

1–22 Leiden und Gebet

1–12 Verzweiflung und zweimalige Anrufung Gottes. **2.3** Die bitteren Worte deuten auf die geistliche Erschütterung des Beters hin, die einerseits durch seine tiefe Anfechtung und zum anderen durch die scheinbare Teilnahmslosigkeit Gottes ausgelöst wird. Er vertraut Gott noch, findet die Spannung aber fast unerträglich; Gott läßt ihn warten und versagt ihm jedes Zeichen seiner Zuneigung. Die Trostlosigkeit drückt ihn nieder und nimmt immer noch zu. Trotz unablässigen Rufens *(des Tags ... des Nachts)* umgibt ihn nichts als Schmerz *(ich schreie ... rufe ... finde keine Ruhe)* und Schweigen Gottes *(hast du mich verlassen..., meine Hilfe ist ferne... du antwortest nicht).* Die Gedankenführung des Psalms läßt erkennen: Das Problem, daß Gott schweigt, bedrückt den Beter am meisten. **4–6** Da jegliche Antwort Gottes aus bleibt, wird der Leidende auf seinen alten Glauben zurückgeworfen. Dabei steht an erster Stelle die Überzeugung, daß Gott gerecht ist, d.h. daß er seinen Leuten beisteht. Dieses Vertrauen wird dadurch gestärkt, daß der Beter sich an frühere Rettungstaten erinnert. Gott hat die Israeliten früherer Generationen, die sich ihm im Glauben anvertrauten, mit seiner Hilfe nicht enttäuscht. **7–9** Warum sollte der Beter dann eine Ausnahme sein, warum sollte sein Vertrauen zuschanden werden? Sobald seine Gedanken sich wieder mit sich selbst beschäftigen, wird er erneut von der Anfechtung überwältigt. Wie ein *Wurm* ist er verachtet. Man versagt ihm die Anerkennung, die normalerweise jedem Menschen zusteht (vgl. Jes 52,14). Das spöttische Lachen, die verächtlichen Worte und das Kopfschütteln weisen auf die lebhafte Unterhaltung einer Volksmenge hin; vgl. Lk 23,35; Mt 27,39.43. Die Haltung des Vertrauens erinnert an Ps 37,5.

10.11 Der Gedanke, völlig von dem Gott abhängig zu sein, dessen Wohlgefallen er einst besaß, erinnert den Beter an die Zeit, da er als kleines Kind ganz von der Mutter abhängig war. Aber schon die Tatsache der Geburt wird ihm zu einem Hinweis auf das Eingreifen Gottes in das Leben des Menschen. Die Abhängigkeit von Gott war ihm nahezu mit der Muttermilch eingeflößt worden. **12** Der Abschnitt endet mit der eindringlichen Bitte um die Erfahrung der Gegenwart Gottes, wie sie ihm seit seiner Kindheit zuteil geworden war. Niemand sonst kann ihm jetzt helfen, *Angst* hat von ihm Besitz ergriffen (vgl. Hiob 3,24–26).

13–22 Höchste Qual im unmittelbaren Elend. Die Stimmung wechselt. An die Stelle der Demütigung, wie sie sich durch eine mißverstandene Beziehung ergibt (Gott beachtet seine Not nicht, und Menschen respektieren ihn nicht als Person), tritt der Schmerz eines geschundenen Körpers. Der Schmerz ist so heftig, daß er jede Erinnerung an Gottes Größe verdrängt, wie sie etwa in V. 5 und 10 zum Ausdruck kommt. Die schreckliche Einsamkeit der Seele, wie sie V. 2 beschreibt, wird durch einen unvergeßlichen Eindruck abgelöst: Der Beter sieht sich von einer Vielzahl wilder Gesichter wie von einem Rudel wütender Hunde umdrängt. Die Schilderung dieser Erfahrung wird durch einige aussagekräftige Metaphern verstärkt. **13.14** Der Psalmist vergleicht seine Peiniger mit wilden Tieren, die bereit sind, ihn zu verschlingen. **15.16** Seine physische Schwäche und seine absolute Hilflosigkeit werden in Bildern ausgemalt: ausgeschüttet wie Wasser; wie zerschmolzenes Wachs; vertrocknet wie eine Scherbe; in des Todes Staub. **17** Nun wird eine Bewertung vorgenommen. Die Menge besteht aus Übeltätern; sie sind *Hunde,* d.h. wertlose Leute (vgl. 2Sam 16,9). Aber bald dominiert wieder der persönliche Schmerz, denn die heulende Meute hat begonnen, ihn anzugreifen. *Durchgraben:* so LXX; andere alte Übers. »gebunden« (MT: *wie ein Löwe* ist unverständlich). **18** gierige Bestien sehen zu, wie sein Körper sich bereits in Teile auflöst; bald werden sie ihn zerfleischen. **19** Nun sieht er, wie die Feinde seine Kleider unter sich verteilen. **20–22** Und doch vertraut er Gott weiter, kein Unglaube schleicht sich ein. In der Tiefe seines Herzens festigt sich das Band des Vertrauens zu Gott; es äußert sich schließlich in einem lauten Hilferuf, in einem Schrei nach seiner Nähe. **22** Die letzte Bitte um Errettung mündet in einen Schrei unermeßlicher Erleichterung. Gott hat sein Schweigen durchbrochen.

Es ergibt sich eine überraschende Übereinstimmung mit den Einzelheiten des Kreuzigungsgeschehens auf Golgatha: Verspottung (V. 7–9), Schmach (VV. 14.18), der körperliche und seelische Schmerz (V. 14–17), selbst die durchgrabenen Hände und Füße (V. 17) und das Aufteilen der Kleider werden erwähnt.

Außerdem sollten wir die eher beiläufigen Hinweise auf Jesus beachten, bes. auf seine Sündlosigkeit. Der ganze Leidenspsalm Jesu enthält keinerlei Andeutung eines Sündenbekenntnisses. Selbst die äußerste Qual erweckt bei dem Leidenden nicht den Gedanken an eine etwa verborgene Sünde. Der Gequälte bleibt in seinem Verhältnis zu Gott (V. 1–12; 20ff), im Blick auf seine Verfolger (VV. 7.8.13.14.17–19) und auch im Blick auf sich selbst (VV. 7.11.15.16) absolut sündlos. Jedes Selbstmitleid und jede Selbstanklage fehlen (vgl. 1Petr 2,22–24).

23–32 Gewißheit und Zeugnis

Der Rest des Psalms ist Lobpreis und Danksagung an Gott wegen seiner Treue und Herrlichkeit. Das Thema ist: *dein Name* (V. 23), der Gottes Erbarmen, seine Ehre und seine gnädige Zuwendung ausdrückt. Der Lobpreis Gottes muß auf zwei Ebenen hörbar werden: einmal im unmittelbaren lokalen Bereich, d.h. in der Gemeinde; zum andern unter allen Völkern; bis an der *Welt Enden* (V. 28).

23–27 Der Lobpreis unter den Brüdern. **23–25** Wer in Israel Gott ehrt, soll sich aufgrund der Größe und Freundlichkeit vor ihm beugen, die sich in seinem Handeln offenbaren. **26** Weil aller Lobpreis in der erfahrenen Errettung seinen Ursprung hat, lädt David andere *Elende* und solche, *die nach Gott fragen,* zu einem Gedächtnis- oder Dankopfermahl ein, das er seinem Erretter gelobt hat (vgl. 3Mo 7,16); **27** in der Erwartung ihrer Gegenwart spricht er bereits den Tischsegen über seine Gäste: *euer Herz soll ewiglich leben!*

28–32 Der Lobpreis der ganzen Menschheit. Weil der Psalmist erfahren hat, wie die Güte Gottes dem nicht versagt bleibt, der ihm vertraut, wendet er sich der Gesamtheit der Völker zu. **28** Für ihn kann das nur zu einem Ergebnis führen: daß Gott letztlich überall auf Erden anerkannt und angebetet wird. **29** Ist er nicht souveräner Herrscher über alle? (vgl. Jer 16,19; Sach 14,9; Offb 11,15). **30a** *Ihn allein werden anbeten alle, die in der Erde schlafen:* Diese Wiedergabe enthält einen Parallelismus zu 30b, setzt aber eine Textkorrektur voraus. MT hat »Es aßen und fielen nieder alle Fetten der Erde« (EÜ). Das würde etwa heißen: Auch die, die ihm bisher die Anerkennung versagten, werden sich in Anbetung vor ihm beugen (vgl. Jes 49,7; Phil 2,10). **30b** Alle Sterblichen werden ihn, den Unsterblichen, ehren (vgl. Jes 25,6; Offb 19,9; 22,17). **31** Eine endlose Nachkommenschaft wird ihm dienen, und der Bericht von seiner großen Erlösungstat wird zum bleibenden Erbe jeder Generation gehören (vgl. Lk 1,48–50). **32** Jedes neue Geschlecht wird die Treue und Gerechtigkeit Gottes verkünden (vgl. Jes 59,21).

Keine Leidenserfahrung und keine Erlösung hatte eine derart umfassende Auswirkung wie die durch den Kreuzestod und die Auferstehung Christi vollbrachte. Es ist unvorstellbar, daß einer der Frommen des AT, sei es David oder ein anderer, seinem individuellen Gotteserlebnis eine so weltweite und überzeitliche Bedeutung beigemessen hätte. Der Psalm verlangt deshalb geradezu danach, als vorausschauende Prophetie verstanden zu werden. Dem wird man am besten gerecht, wenn man davon ausgeht, daß der über sich selbst hinausweisenden Formulierung Davids eine göttliche Eingebung zugrundeliegt, die ihn auf den kommenden größeren König hinweisen läßt.

Psalm 23 Hirt und Gastgeber

Der Psalm verdankt seinen Reiz der geschickten Anordnung sich gegenüberstehender Bilder, die die wesentlichen Aspekte menschlichen Lebens enthalten. Draußen und drinnen (V. 1f und 6), Friede (V. 2) und Gefahr (V. 4), die Möglichkeit des Bösen (V. 4) wie des Guten (V. 5), Zeiten der Neubelebung (V. 3) und Zeiten unheilschweren Dunkels (V. 4), die Erfahrung der Nachfolge (V. 1f) und das Leben in beständiger Geborgenheit (V. 6) werden einander gegenübergestellt. Doch alle literarischen Kristallisationspunkte dieses lyrischen Meisterwerks sind auf Gott ausgerichtet, dessen liebende Fürsorge, nicht endende Wachsamkeit und bleibende Gegenwart das Leben lebenswert machen und mit Befriedigung erfüllen. Die Beschreibung der vielfältigen Tätigkeit in den VV. 2–5 (er weidet, führt, erquickt, leitet, ist bei mir, tröstet, bereitet den Tisch, salbt das Haupt und schenkt voll ein) ist eingerahmt durch den Namen des Herrn. *Der Herr* steht am Anfang und am Schluß des Psalms.

Der beherrschende Leitgedanke des Psalms ist, daß Gott in den Wechselfällen des Lebens Führer und Beschützer bleibt. Das auf Gott angewandte Bild des Hirten reicht zurück in die Zeit der Patriarchen, die selbst als Hirten lebten (1Mo 48,15). Im Laufe der Zeit wurde es beständig weiter ausgeschmückt (vgl. Ps 78,52–55; Jes 40,11; Hes 34,1–23; Jh 10,1–18). Ein weiteres Bild wird in V. 5 geschildert: Der Herr ist ein Gastgeber von grenzenloser Güte. Auch dieser Gedanke, daß ein Mensch sich wie ein Gast vorkommt, den Gott mit einem prächtigen Mahl überrascht, ist für die biblische Vorstellungswelt wesentlich, angefangen von Joseph, der seine Brüder mit Nahrung versorgt (1Mo 43,34) bis zur Mahlgemeinschaft Jesu mit seinen Jüngern, mit den Zöllnern und Sündern (Mk 2,16), Speisung der Fünftausend (Mt 14,19) und den Gleichnissen vom Großen Abendmahl (Lk 14,15–24) und vom Hochzeitsfest (Mt 22,1–14; Offb 19,9).

1–4 Wanderschaft

Der Psalmist ist von Gott so völlig abhängig wie ein Schaf von seinem Hirten. Dabei geht es vor allem um die Gelassenheit des Glaubens, die mit dem Bild des Sichlagerns am frischen Wasser und auf grünen Auen umschrieben wird, und um Sicherheit, die im beständigen Schutz und in der Führung auf rechter Straße ausgedrückt wird. Dahinter verbirgt sich der Hinweis auf innere Ruhe und Frieden des Herzens; denn wo man sich so umsorgt weiß, findet die Angst keinen Zutritt. Das alles führt zu innerer Sorgenfreiheit, verbindet den Psalmisten durch das Band persönlicher Zuneigung und Liebe mit dem Hirten.

Zwei große Lebensprobleme werden in diesen Versen behandelt. Das eine wird dem Menschen meist gar nicht bewußt, das andere dagegen wird oft als bes. bedrückend empfunden. **1–3a** An erster Stelle steht die Frage nach Glück und Wohlergehen. Der Glaubende sollte sich immer wieder fragen: Wie kann der heilige Gott einen Sünder, wi ich es bin, so mit Liebe und Freundlichkeit überschütten? **4** Daneben begegnet die Frage des Leidens. Sie wird lebendig, sobald sich in einem Leben Widerwärtigkeiten einstellen. **3b** deutet eine Lösung an, soweit die Bibel in diesen Fragen eine solche zuläßt. Das Leben des Menschen wird von Gott *auf rechter Straße,* besser: auf Wegen der Gerechtigkeit (EÜ) geführt, der wie ein guter Hirte manchmal den unumgänglichen Weg durch ein dunkles Tal hin zu einer guten Weide führt. Es handelt sich um Wege, die in seinen Augen richtig sind und mit *seinem Namen* in Einklang stehen, d.h. seinem Wesen entsprechen, wie er es offenbart hat. Wohl nicht zufällig wechselt der Psalm in V.4 betont in die direkte, vertrauensvolle Anrede Gottes über: *im Tal des Todesschattens . . . fürchte ich kein Unglück, denn du bist bei mir* (EÜ).

5.6 Gastfreundschaft

Diese VV. heben Davids klaren Blick für die Freigiebigkeit Gottes hervor, der sich als der vollkommene Gastgeber erweist. Dabei geht es einmal um die Fülle: Gott gibt alles, was wir zur Erfüllung unserer Bedürfnisse und zu unserer Freude brauchen. Zweitens geht es um den Schutz, den er als Gastgeber *angesichts (meiner) Feinde* (EÜ) gewährt (vgl. 1Mo 19,8). Schließlich um die Endgültigkeit; die Gemeinschaft mit Gott ist grenzenlos, zugleich ist sie völlig personbezogen.

Psalm 24 Ein Loblied zum Einzug in Jerusalem

Eines der bedeutendsten Ereignisse in Davids Leben war die Überführung der Bundeslade vom Haus Obeds des Edomiters in die neu eroberte Stadt der Jebusiter. Verschiedene Lieder und Psalmen greifen dieses Geschehen auf und besingen es (2Sam 6; 1Chr 15,16–24). Der vorliegende Psalm wurde entweder für diesen Anlaß oder für die jährlich wiederkehrende Gedenkfeier geschaffen. Dabei geht der Psalm aber über die eigentliche Situation hinaus. Er wurde deshalb in der Kirche allgemein als ein prophetischer Hinweis auf die Erhöhung Christi nach seinem Sieg über Tod und Sünde verstanden (s. V.8 und vgl. Kol 2,15; Hebr 2,14f). Darüber hinaus sah man darin auch seine letzte, allumfassende Herrschaft angedeutet (s. V.9f und vgl. Offb 5,11–14; 17,14).

1–6 Auf dem Weg zum Berg des Herrn

Es handelt sich um ein Prozessions- oder Wallfahrtslied mit zwei Themen: **1.2** Zunächst geht es um Gottes Hoheit über die Erde (V.1b) und ihre Bewohner (V.1c), deren Schöpfer Gott ist (V.2). Wenn David über die verschiedenen Wechselfälle nachdachte, durch die sowohl die Lade als auch er bis auf diesen Tag hindurch mußten (z.B. 1Sam 5f; 30,1–6 usw.), dann konnte er gar nicht umhin, die göttliche Vorhersehung zu preisen.

3–6 An zweiter Stelle geht es um die Rechtschaffenheit, die von den Menschen gefordert wird, die den Segen Gottes erleben wollen. Offensichtlich führt das Thema der göttlichen Hoheit hin zu dem göttlicher Heiligkeit. Die in 2Sam 6,6f angedeuteten Ereignisse sprechen eine deutliche Sprache. Wie kann ein Mensch die Heiligkeit erlangen, ohne die niemand den Herrn sehen kann (Hebr 12,14)? **4** Es geht dabei um eine umfassende Heiligkeit, die die Hände (Äußeres) und das Herz (Inneres), ungetrübte Treue zu Gott und den Menschen (vgl. Ps 15,2–5) umschließt. **5** bietet die Erklärung, wie es zu einem Gott wohlgefälligen Leben kommt: Nur der kann vor Gott bestehen, der den *Segen* Gottes in Form empfangener *Gerechtigkeit* erfährt. David hatte entdeckt, daß er durch das Darbringen von Opfern (2Sam 6,13f) sicher, ja freudig vor der Lade, dem Zeichen der Gegenwart des heiligen Gottes, stehen konnte. Dabei tritt jedoch – etwa in Ps 51,18f – die Vorläufigkeit des Weges deutlich hervor, sich durch Opfer Hände und Herz von Schuld zu reinigen. Das Verständnis der geschenkweise empfangenen Gerechtigkeit ist voll in Christus Jesus erschlossen, dessen Gerechtigkeit uns zugerechnet wird, so daß wir nun vor Gott stehen können (vgl. Phil 3,9). Solcher Segen kann nur vom *Gott seines Heils* kommen.
6 Er wird denen zu eigen, die den Gott Jakobs *suchen,* den Gott, der sich von Jakob den Segen abringen ließ und ihn, den Betrüger, in einen »Gottesstreiter« (ZÜ) umwandeln konnte (1Mo 32,27ff). Das Wort *Geschlecht* ist in seiner Bedeutung nicht ganz klar. Es meint wohl eine Anzahl Menschen, die etwas gemeinsam haben, in diesem Fall: daß sie wie Jakob den größten Segen erhalten haben, indem sie darum baten.

7–10 Vor den Toren Zions

Die Prozession kommt vor den verschlossenen Toren des Heiligtums zum Stillstand. In aller Form wird im Namen Gottes, des *Königs der Herrlichkeit* (EÜ), aufgerufen, die Tore für Gott zu öffnen. **7.9** Der Befehl, *die Tore hoch* oder *weit* zu machen, schließt in sich, wie Weiser sagt, »daß Pforten, von Menschenhänden erbaut, nicht hinreichen, den gewaltigen Gott aufzunehmen« (ATD, S. 158).
8 Auf eine Rückfrage der Torwächter hin wird der Name des Einzug begehrenden Königs genannt: *der Herr, mächtig im Streit* (vgl.

2Sam 6,2b). **10** Jahwes Gegenwart und Vorherrschaft auf dem Zion hat aber noch eine andere Grundlage als die, daß er sich in den geschichtlichen Kriegen Israels mächtig erwiesen hat. Darum wird auf nochmalige Rückfrage hin erneut unterstrichen, daß der Herr von sich aus der König über alles ist, denn seine Macht und seine Eigenschaften überragen alles, was es in Raum und Zeit gibt. Der *König der Ehren* ist der Herr Zebaoth, der *Herr der himmlischen Heerscharen* (vgl. 1Kön 22,19), der Herr, der alle Macht und alle Herrschaft sein eigen nennt, und dem allein es deshalb auch zusteht, sich Jahwe, den Allmächtigen, nennen zu lassen.

Psalm 25 Ein persönliches Gebet

Auch dieser Psalm ist akrostisch angeordnet, d.h. seine Verse beginnen im Hebr. nacheinander mit den verschiedenen Buchstaben des Alphabets. Eindringliches Bitten und nüchternes Überlegen wechseln sich gegenseitig ab, was oft für ernstes Beten charakteristisch ist. In dem Gebet zeigen sich drei Stimmungslagen, die eng miteinander verbunden sind.

1–7 Bitte um Leitung

Dieser erste Teil bildet ein eigenständiges Gebet, aber seine Themen werden in den folgenden Versen weiter entfaltet. Mit der Bitte um Rechtfertigung vor den Feinden (V. 2f) vgl. V. 19–21; zur Bitte um Unterweisung und Leitung (V. 4f) vgl. VV. 8–10.12; das Bußgebet (V. 6f) wird in V. 11 weitergeführt, und die Vertrauenszusage (V. 1) wird in V. 15 wieder aufgenommen. Die Situation ist die gleiche wie in vielen anderen Psalmen.

1.2 Von heimtückischen Feinden bedrängt, wendet sich der Beter vertrauensvoll an Gott. Gebet war die einzige Waffe der Frommen des AT gegen ihre Feinde. Sie ließen sich nicht selbst auf jene ein, sie rächten sich nicht. Das Gebet kommt erstens von Herzen, wörtl. *zu dir, Herr, erhebe ich meine Seele* (EÜ). *Seele* ist die Mitte des ganzen Seins. Hier, im Innersten, erhebt sich der Beter über alle irdischen Interessen, um sich auf Gott allein zu konzentrieren. Zweitens ist das Gebet von tiefem Vertrauen getragen, und drittens ist es **3** von grundsätzlicher Zuversicht geprägt. Er versteht sich hier als einer von denen, die auf Gott harren, d.h. die ein göttliches Eingreifen erwarten.

4.5 Glaube ohne Gehorsam ist aber in sich selbst und gegenüber Gott unaufrichtig. Deshalb bittet der Beter sogleich darum, auf der Basis echter und ernster Treue in Gottes ganze Wahrheit eingeführt zu werden (vgl. 2Mo 33,13; Ps 86,11; Jh 16,13). Obwohl es wahr ist, daß Gehorsam ein Zeichen für die Echtheit des Glaubens ist, kann der Gehorsam Gottes Zuwendung nicht erzwingen. **6.7** Nachdem der Psalmist die Echtheit seines Glaubens bezeugt hat, von der das Gebet ausgeht, wendet er sich dem Grund zu, auf dem der Glaube eigentlich ruht: Gottes *Barmherzigkeit* und *Güte*, die der Sünden »nicht gedenkt«, d.h. sie vergibt (vgl. Jer 31,34).

8–15 Die Güte des Herrn

8 Wie häufig im AT wird im betenden Nachdenken der letzte Gedanke des vorausgehenden Abschnittes zum Thema des folgenden, hier die *Güte* Gottes (vgl. V. 7). Sodann wird eine Folgerung daraus gezogen. Weil Gott absolut *gut und gerecht* ist, wird er sündigen Menschen, die sich über den rechten Weg des Lebens ungewiß sind, seine Hilfe nicht versagen. Eigentlich widerspricht diese Folgerung jeder Logik. Warum sollte der Gott, der *gerecht* ist in allem, was er tut, sich irgendwie um *Sünder* kümmern? Daß er es dennoch tut, zeigt, wie vollkommen gnädig und fürsorglich er ist. Hinter dem Wort *Sünder* steht die Vorstellung des »Irregehens«, des »Vom-Weg-Abweichens«, vgl. ZÜ: »Irrende«. Zugleich **9** sind die Sünder aber auch *die Elenden* (ZÜ: »die Gebeugten«). Das Wort erscheint gleich zweimal, womit betont wird, welche Sünder mit der Hilfe Gottes rechnen können: die, die sich vor ihm *demütigen* und beugen, **10** die bereit sind, ein Leben des Gehorsams zu führen. **11–15** Die enge Verbundenheit Gottes mit dem gedemütigten Sünder wird weiter entfaltet und zugleich werden nacheinander verheißen: Vergebung, Leitung, Geborgenheit, Freundschaft und Erlösung – und zwar als Früchte des Bekennens, der Gottesfurcht und des Vertrauens.

16–22 Gebet um Erlösung

Das Bild des Mannes, dessen Fuß sich in einem Netz verfangen hat (V. 15), erinnert den Beter erneut an seine gegenwärtige Not und entlockt ihm ein leidenschaftliches Gebet um Erlösung. **16–18** Die Angst greift ihm ans Herz, denn seine Nöte haben ihn von allen Freunden abgeschnitten. Deshalb schreit er nach Erlösung, nach göttlicher Zuwendung und Vergebung. **19–21** Dabei handelt es sich nicht nur um innere Ängste und Nöte; seine Feinde sind eben so unerbittlich und gewalttätig wie zahlreich. Deshalb die Bitte um Schutz und um Rechtfertigung.

22 *Gott, erlöse Israel.* Wie in V. 1–3 weitet sich die Bitte auch hier aus, um alle einzuschließen, die sich in ähnlicher Lage befinden. Der persönliche Schmerz macht nicht blind für das Leiden des Volkes. Echtes Gebet kann nie selbstsüchtig oder eng sein. Die ganze Gemeinde gehört zum Verantwortungsbereich des einzelnen.

Psalm 26 Gebet in Bedrängnis

Dieser Psalm zeigt Probleme auf, die jeden Frommen betreffen können, der in eine gottlose Umgebung hineingestellt ist. Einige Ausleger finden hier einen Königspsalm und sehen Parallelen zu Ps 18 (bes. 18,20ff); 28 und 101 und vermuten daher, daß der Beter einer der von einer nationalen Krise bis zum äußersten bedrängten davidischen Könige ist.

1.2 Die Anrede

Die Bitte *schaffe mir Recht, prüfe, erprobe, erforsche mich* zeigt eine gewisse Spannung auf, die in den folgenden Versen deutlich zum Ausdruck kommt. Der Beter behauptet nicht, daß er sündlos ist, aber daß er sich bemüht hat, aufrichtig und beständig vor Gott zu leben (vgl. Ps 139,23f).

3–10 Keine Gemeinschaft mit den Gottlosen

3–5 Auf der einen Seite wird die Wahrhaftigkeit und Güte Gottes gepriesen, ihr gegenüber steht die Heillosigkeit, Falschheit und Bosheit bestimmter Menschen. Er liebt das göttliche Wesen, aber haßt und meidet das der Gottlosen. **3** legt nahe, daß hier einer sein Leben bewußt nach Gottes Wesen gestalten möchte (vgl. 1Jh 4,11).

6–8 Jetzt wird beschrieben, was ihm am Herzen liegt. Er möchte unter denen sein, die sich um Gottes Altar sammeln; in Vorbereitung auf eine Opferhandlung reinigt er sich von aller Unreinheit (vgl. Ps 73,13; 2Mo 30,17–21). War in V.3 noch allgemein vom »Wandeln« die Rede, so geht es hier konkret um den Eintritt ins Haus Gottes. Sein Bekenntnis, daß er mit den Gottlosen nichts zu tun haben will (V.4), geht in ein Dank- und Loblied über. Anstelle des Hasses auf die Versammlungen der Boshaften (V.5) tritt die Liebe zu der Stätte, an der die Ehre und Herrlichkeit Gottes zu finden ist.

9.10 Er breitet seine Wünsche vor dem göttlichen Richterstuhl aus. Das knappe Gebet umfaßt etwa folgendes: Laß mich nicht dem gleichen Gericht verfallen wie die *Sünder* (die sich von Gott abgewandt haben), wie solche, die rücksichtslos mit andern umgehen *(Blutdürstige)* und unter der Hand ständig ihren eigenen Vorteil suchen *(Schandtat, Geschenke nehmen)*, die deshalb auch von deinem Zorn hinweggefegt werden.

11.12 Hingabe und Gewißheit

Das Gebet führt dahin, daß er sich **11a** verpflichtet, so ein Mensch zu werden, wie er es von Gott erbeten hat. **11b** Das ist aber nur in ständiger Abhängigkeit von dem möglich, der ihn in seiner Gnade erlöst hat. Das Gebet bewirkt beim Beter **12a** vermehrte Gewißheit und **12b** ein frohes öffentliches Zeugnis.

Psalm 27 Ein Loblied auf die Erlösung

Der Unterschied zwischen der ersten und der zweiten Hälfte des Psalms ist greifbar. Die Trennungslinie liegt nach V.6. Überschäumender Lobpreis schlägt um in inständiges Bitten. Es entspricht gesundem geistlichen Verhalten, daß man sich erst in der Anbetung Gottes stärkt, bevor man sich mit seinen Bitten an ihn wendet. So erwächst eine Gewißheit, die aus dem Wissen kommt, daß wir selbst unsere tiefsten Nöte in die Hände eines Gottes legen dürfen, den wir kennen und lieben und dem wir vertrauen dürfen. Vgl. Phil 4,6.

1–3 Umfassendes, herzliches Vertrauen

Dies ist ein Preislied von übersprudelnder Freude angesichts dessen, daß alle Bedrohungen und Bedürfnisse des Lebens dem Herrn bekannt sind. **1** Ein dreifacher Parallelismus: Der Herr ist mein *Licht*; mein *Heil* (oder: Errettung); meine *Kraft*, wörtl. meine Schutzburg. **2.3** Obwohl mich eine Menge Widersacher und Feinde bedrohen, brauche ich mich nicht zu fürchten. Sie werden in der Dunkelheit zu Fall kommen, aus der ich durch sein Licht herausgenommen bin. Heerhaufen können mir den Frieden des Herzens nicht rauben, der mir durch seine Errettung zuteil geworden ist. Auch wenn mich Konflikte von allen Seiten umgeben, bin ich sicher, denn er bleibt meine Festung, der Ort meiner Zuflucht.

4–6 Der höchste Wunsch

Der Psalmist sucht die bleibende Geborgenheit und Freude göttlicher Gegenwart. **4** Es ist sein Wunsch, bei Gott zu sein, seine *Freundlichkeit* (ZÜ; LÜ: »schönen Gottesdienste«) zu sehen und *seinen Tempel* mit Freude *zu betrachten*. Es ist das Verlangen nach der fühlbaren Nähe Gottes, das der Psalmist auf dem von Gott verordneten Weg des Opferdienstes stillen möchte (vgl. V.6b). **5** So ist er geborgen, wenn Gott ihn von oben schützend *deckt* und ihn auf einen *Felsen* gründet. **6** Kein Feind kann dem Mann nahen, der sich so am Ort der Opfer birgt (vgl. Hebr 2,14f).

7–12 Gebet um Errettung aus Gefahr

Das Gebet weist die drei wesentlichen Elemente echten Bittens auf: **7–9a** es folgt der ausdrücklichen Aufforderung Gottes. *Mein Herz hält dir vor dein Wort,* wörtl. mein Herz spricht dir nach (M. Buber); **9b.10** es wirft die ganze Last auf Gott, ohne menschlicher Hilfe zu vertrauen, und **11.12** es sucht – bei aller Bitte um Errettung – in erster Linie Gottes Willen zu erfahren und zu tun.

13.14 Gott enttäuscht nicht

Diese Worte rufen nochmals die gegenwärtige Not des unschuldig Verfolgten in Erinnerung. Sie bezeugen die Ausdauer im Gebet und ermahnen zur Geduld. Am Ende wird nochmals auf die menschliche Vergänglichkeit hingewiesen. Zugleich aber wird betont, daß Gott eingreifen wird, daß er gewiß der Not gewachsen sein wird, daß andererseits aber ausharrender Glaube nötig ist, der zuversichtlich warten kann (vgl. Ps 62,2.6; 123,1f; Jes 40,31).

Psalm 28 Ein Ruf nach Vergeltung

Der Psalm entstand in einer Zeit ernster Bedrohung von seiten gottloser Menschen. Wie so oft in den Klagepsalmen schiebt sich unerwartet ein kurzer Lobpreis (V. 6–8) ein – ein Zeichen dafür, daß die Gewißheit, erhört zu werden, untrennbar zum Gebet des Glaubens gehört. Beide Teile des Psalmes setzen sich aus einem persönlichen und einem gemeinschaftsbezogenen Aspekt zusammen.

1–5 Ein Hilfeschrei

1 Die hier geäußerte Angst, daß Gott *schweigen* könnte, geht nicht auf einen Mangel an Glauben zurück. Sie zeigt vielmehr eine angemessene Selbsterniedrigung des Beters, der sich dem heiligen Gott naht. Dahinter verbirgt sich auch die Einsicht, daß ja seine Zeit einzugreifen zu unserer Zeit noch nicht gekommen sein könnte. Vielleicht stellt er sich wie taub, um uns eine Zeitlang zu erproben (vgl. Ps 23,4). Ein eigentliches Gebetsanliegen ist es, nicht mit den Gottlosen zusammengesehen und im Gericht hinweggerafft zu werden. **3** So bittet er Gott, ihn nur nicht mit den *Übeltätern,* die sich geschickt verstellen, zu vertilgen. **4** Zugleich fleht er Gott an, den Bösen ihren gerechten Lohn zukommen zu lassen. Dahinter steckt nicht Rachsucht, sondern das Verlangen, daß die Gerechtigkeit zu ihrem Recht kommt. **5** Die Bösen haben keinerlei Entschuldigung. Bewußt übersehen oder leugnen sie die Hinweise auf den lebendigen Gott, wie sie seine Werke offenbaren (vgl. Jes 5,12.18.19; Röm 1,18–20).

6–9 Dank für Gottes Antwort

Die hier genannte Erfüllung des Gebetsanliegens von V. 2 geht nicht auf irgendwelche Erinnerungen an frühere Errettungen zurück. Vielmehr wird sich der Beter unmittelbar der Erhörung Gottes bewußt. Möglicherweise ist sie ihm auch von einem Beauftragten Gottes verkündet worden, vgl. 1Sam 1,17. **8.9** Die Erfahrung der Zuwendung Gottes bringt ihm solch eine Erleichterung und Freude, daß er seinem ganzen Volk Gleiches wünscht. Ist nicht sein Volk Gottes Volk? Er, Gott, ist doch ihre *Stärke* wie eine Festung, und er ›weidet‹ sie mit großer Zärtlichkeit wie ein *Hirte* (vgl. Jes 40,11). **8** *Seines Volkes:* So LXX; MT: *ihre Hilfe und Stärke:* wörtl. »die Feste der Hilfen«, d.h. *die rettende Burg* (EÜ).

Psalm 29 Die Herrlichkeit Gottes im Gewitter

Der Donner rollt wie brausender Gesang bis in den Himmel hinein, und Engel werden aufgefordert, einzustimmen in den Lobpreis und die Anbetung Jahwes. VV. 3–9, Hauptstücke des Hymnus, beschreiben einen Gewittersturm, der sich von den Wassern des westlichen Meeres erhebt und über die bewaldeten Berge im Norden Palästinas rauscht bis hin zur Wüste von Kadesch und Edom (4Mo 20,16). Dieses Geschehen wird aber nicht als ein Schauspiel entfesselter Naturgewalten, sondern als symphonischer Lobpreis des Schöpfers beschrieben.

Der beschreibende Teil des Gedichtes zerfällt in drei Strophen, die etwa dem Aufkommen, dem Losbrechen und dem Weiterziehen des Sturmes entsprechen. Stets bleiben die Naturerscheinungen den geistlich-göttlichen Kräften untergeordnet.

3.4 Das Aufkommen des Gewitters

Im Hebräischen wird hier durch Lautmalerei (Wiederholungen kurzer, klingender Worte) der Eindruck erweckt, als ob man den Donner von Ferne hörte. **3** *Über den Wassern,* d.h. über dem Meer oder über den angeschwollenen Bächen der Küstengebirge, wo der Regen schon herniederrauscht. Unheil braut sich zusammen. Noch ist die Gewalt der Elemente gezügelt, aber man erwartet, daß kolossale Energien losbrechen, wie sie der Ehre, **4** der *Macht* und *herrlichen* Majestät Gottes entsprechen.

5–7 Das Losbrechen des Gewitters

Die Worte *mit Macht* (V. 4) deuten eine neue Lage an, in der es zunehmend dramatischer hergeht. Äste großer Bäume biegen sich im Wind. Heftige Sturmböen brechen sie ab, so daß entblößte, zersplitterte Stämme übrigbleiben. Der Höhepunkt des Sturmes wird mit lebhaften Worten beschrieben. Hier ist uneingeschränkte Macht am Werk, wie wenn ein *Kalb* oder *Wildstier* in größter Ausgelassenheit tobt. *Sirjon* ist wohl eine andere Bezeichnung für den Berg Hermon (s. 5Mo 3,9); er scheint in dem dahintobenden Sturm mit den Gipfeln des Libanons einen wilden Tanz aufzuführen. **7** *Sprüht Feuerflammen:* d.h. Blitze.

8.9 Das Weiterziehen des Gewitters

Der Sturm zieht über dem weiter im Osten gelegenen Plateau davon. Das wenige an den Bäumen gebliebene Laub kann die zersplitterten Stämme abgerissener Äste und umgestürzter Bäume nicht mehr verbergen. Man meint, die ganze Natur hielte den Atem an, um das »Ehre dem Herrn« aus dem Tempel, dem himmlischen Heiligtum (s. V. 1) widerhallen zu lassen. Er braucht nur ein Wort zu sagen, und schon geschieht es, ein Ton seiner Stimme genügt, um die Erde dahinschmelzen zu lassen (vgl. Ps 46,7).

Diese drei Szenen, die die Vorstellung uneingeschränkter Macht durch vom Regen überschäumende Flußläufe, entwurzelte Wälder und in die Ferne brausende Stürme heraufbeschwören, sind in einen total andersgearteten Rahmen eingespannt. **1** Die *Ehre und Stärke* des Herrn kann im wilden Toben der Natur gar nicht voll offenbart werden. Das ist nur in der hohen Erhabenheit des himmlischen Hofstaates möglich, wo die Himmlischen (= Engelmächte), »die Söhne der Starken« (EÜ), sich in heiliger Anbetung niederbeugen. Alles Denken und Handeln zielt hier auf den ewig thronenden Herrn selbst hin, der den Seinen nicht nur ohne Unterlaß die Gabe seiner Macht, sondern den Segen seines *Friedens* zukommen läßt (V. 10f). Der Hymnus vereinigt geschickt das Natürliche und das Geistliche, wobei das Geistliche uneingeschränkt im Vordergrund steht.

Die göttliche Macht fordert uns zur Anbetung heraus und beschenkt uns mit seinem Segen (VV. 1.11); die geschaffene Welt kann auf diese Dinge nicht mehr als einen kleinen, wenn auch furchterregenden Hinweis geben.

Psalm 30 Vom Weinen zur Freude

Die Überschrift *Zur Einweihung des Tempels* könnte wohl im Zusammenhang stehen mit der Entscheidung über Ornans Tenne (1Chr 21,18–27). Die unmittelbare Todesnot, aus der heraus der Beter errettet wurde, wäre dann ein Hinweis auf die Plage, die damals Jerusalem heimsuchte (1Chr 21,7.14ff). Eine andere Möglichkeit wäre, daß es sich um den Palast Davids handelt, den er wegen einer Invasion der Philister bis hin nach Bethlehem zunächst nicht beziehen konnte (vgl. 2Sam 5,11.18.22; vgl. 23,13–17). Schließlich könnte die Widmung dem Psalm auch bei der Einweihung des zweiten Tempels vorangestellt worden sein. In diesem Fall wäre das Gedicht ursprünglich der Bericht einer persönlichen Errettung aus großer Not. Die zur Einweihung versammelte Gemeinde hätte dann dieses persönliche Gebet benutzt, um ihrer früheren Niedergeschlagenheit und jetzigen Freude Ausdruck zu verleihen. Eine Verbindung mit David, besonders die an zweiter Stelle erwähnte, macht die stark individuellen Züge des Psalms leichter erklärbar.

2–6 Das tat Gott

2–4 Anfangs wird eine Zusammenfassung zurückliegender Heilserfahrung gegeben. Im Mittelpunkt steht Gottes Tat, die David aus Krankheit (V. 3b) und Todesgefahr, wörtl. der *sche'ol* (der Totenwelt) errettete, ihn vom Rand des Abgrunds zurückriß, in den andere unwiederbringlich hinabstürzten. Seine Errettung enttäuschte seine Feinde, die damit gerechnet hatten, daß Gott in dieser Not weder helfen wolle noch könne (vgl. Ps 3,3).

5.6 Ein Danklied, in dem von der persönlichen Erfahrung ein allgemein gültiger Grundsatz göttlichen Handelns abgeleitet wird. Nacht und Dunkelheit können nicht immer währen. Die Gewißheit, daß endlich Licht und Hoffnung siegen werden, bleibt.

7–11 Das Elend des Psalmisten

Die scheinbare, vom Wohlstand garantierte Sicherheit wird dem schrecklichen Schweigen des Todes gegenübergestellt. Ein äußerst kritischer Abschnitt der jüngsten Vergangenheit steht ihm vor Augen. **7** Es hatte den Anschein, als ob Gott ihn so stark und unumstößlich wie einen Berg gemacht hätte. **8** Dann wurde er durch Krankheit oder plötzliche Gefahr daran erinnert, daß sein Wohlergehen eigentlich nur ein Gnadengeschenk Gottes war. *Erschrak* ist im Hebr. ein starker Ausdruck, der tiefe Erschütterung meint. **9** Er schämt sich seiner früheren Ruhmredigkeit und ruft zum Herrn. **10** Die Frage, was Gott wohl davon habe, wenn er ihn sterben lasse, mag seltsam erscheinen. Die Erklärung liegt im folgenden Satz: Wenn ihn erst einmal das Grab verschlungen hat, kann er Gott nicht mehr loben und bekennen. Wie in Ps 6,6 (s. Komm.) redet der Psalmist nicht vom Tod an sich – als ob das AT keine Hoffnung über das Grab hinaus gekannt hätte –, sondern von dem Sterben, bei dem Gott sich in Mißfallen vom Menschen abwendet. Bei solch einem Sterben gibt es keine weitere Hoffnung.

12.13 Eine bemerkenswerte Lösung

Die unleugbare Tatsache, daß Gott durch sein Eingreifen Trauer in Freude verwandelt hat (vgl. Jer 31,13), verdient Lob ohne Ende.

Psalm 31 Anfechtung und Vertrauen

Der Psalm greift das bekannte Motiv des »Leidens des Gerechten« auf. Darum geht es besonders bei Jeremia immer wieder. Der Ausdruck *Schrecken um und um* (V. 14) findet sich in Jer 6,25; 20,3; 46,5; 49,29 und ein Teil von V. 14 wird in Jer 20,10 zitiert. Auch das Bild vom *zerbrochenen Gefäß* (V. 13) wird mit Vorliebe von Jeremia aufgegriffen (vgl. Jer 18,4; 19,10f; 22,28).

1–9 Wirksamer Glaube

2–4 Der Glaubende weiß um die Ehre, die Möglichkeiten, die Heiligkeit, Gnade und Treue Gottes. Dieses Wissen begründet seine Bitte an Gott, sich in der gegenwärtigen Situation zu offenbaren. Obwohl die Bitten eindringlich sind, sind sie doch voll Frieden, denn ausschlaggebend ist das uneingeschränkte Vertrauen zu Gott (s. V. 2). **4.5** *Um deines Namens willen:* Es geht darum, daß Gott um seines eigenen Wesens und Namens willen führen, leiten und erlösen wird; vgl. Ps 23,3.

6 An Gott glauben heißt, sein Leben ihm in die Hand legen (vgl. Lk 23,46). **7** Wo das geschieht, wird der Glaube gestärkt und der Unterschied zwischen Wahrheit und Lüge deutlich (vgl. Jona 2,8f). **8.9** Der Kreis von Anbetung, Erwartung und Hingabe schließt sich in der Danksagung für die Errettung. In dieser Hinsicht übersieht der Glaube den zeitlichen Aufschub und nimmt das schon für sich in Anspruch, was im Moment noch gar nicht sichtbar ist.

10–25 Einzelheiten eines tiefen Erlebens

Zunächst redet der Psalmist von seinem Elend. Er bittet Gott um Erbarmen angesichts seiner grenzenlosen Not (V. 10–14). Darüber hinaus fleht er um Rechtfertigung durch göttliches Eingreifen (V. 15–19). **10** Sein Elend wird anschaulich beschrieben. Leib und Seele sind davon betroffen. **11** Angst und Ungewißheit quälen ihn in seiner Not. **12** Sein Leben schwindet dahin, weil er ständig den Anklagen und Verdächtigungen seiner Bekannten ausgesetzt ist. Selbst die Treue seiner Freunde ist erschüttert (vgl. Ps 38,12; 55,14; 88,9.19). **13** Er kommt sich wie ein unbrauchbares, zerbrochenes Gefäß vor. Sein Leben ist so anders als früher, daß sein ehemaliges Selbst ihm wie tot und vergessen erscheint. **15.16** Trotzdem vertraut er nach wie vor ganz auf Gott und legt sein Leben in seine Hand (vgl. V. 6). *Meine Zeit:* wörtl. *meine Zeiten* (EÜ). **17** Nun bittet er aber um die greifbare Gunst und Zuwendung Gottes, d.h. um die strahlende Freude und den Frieden, den seine Gegenwart schenkt. **18b.19** Damit würden seine Feinde beschämt und der ganze Nebel der Verdächtigungen müßte weichen. Ja, die, die hinter all den Verleumdungen und Anschlägen stehen, sollten in das Schweigen des Totenreiches eingeschlossen werden. **20.21** Weiter erinnert der Psalmist nun an die Güte Gottes; sie schützt alle diejenigen, die ihn *fürchten* und ihm *trauen.* Vgl. Ps 27,5f. **22.23** Er hat auch selbst die Güte Gottes erfahren: Als er, von Bosheit umgeben, meinte, jetzt könne ihm nicht einmal mehr Gott helfen, erhörte der Herr ihn doch und griff ein. **24** Fast wie selbstverständlich schließt sich eine Ermahnung an alle Gottesfürchtigen an, Gott in Zukunft völlig und in jeder Hinsicht zu vertrauen. Das persönliche Erleben des Betens erweist sich als Widerfahrnis einer Wahrheit, die für alle gilt. *Seine Heiligen:* wörtl. die *Frommen* (EÜ); *die Gläubigen:* wörtl. die *Treuen* (EÜ). **25** Solche Menschen werden durch das Zeugnis des Psalmisten ermutigt, an dieser Haltung festzuhalten und geduldig und zuversichtlich auf den Herrn zu hoffen.

Psalm 32 Die Freude der Vergebung

Der Psalm handelt vom Segen der Sündenvergebung. Zugleich erfahren wir einiges über die psychologischen und religiösen Wirkungen von Schuld und Befreiung.

1–5 Die Freude der Vergebung

Diese Verse beschreiben näher die große Befriedigung und frohe Befreiung, die dem zuteil werden, dessen Sünde von dem vollkommen gerechten Gott *bedeckt,* nicht *zugerechnet* und bereinigt wurde. **1.2** In vier Variationen wird die Tatsache der Sünde und der Vergebung dargestellt. V. 5 faßt sie zusammen und führt zu einem betonten Höhepunkt. Inmitten dieser umfassenden Beschreibung der Umwandlung eines Menschenlebens wird rückblendend jener Konflikt dargestellt (VV. 3.4), den das frühere Schuldbewußtsein mit sich brachte. **3** Der anfängliche Versuch, die Sünde totzuschweigen, verdrängte sie lediglich in das Unterbewußtsein, von wo aus sie sich in den Symptomen körperlicher Niedergeschlagenheit und Anfälligkeit auswirkte, bis hin zu starken Schmerzen.

4 Auch der Schlaf half über dieses tiefe Verstörtsein nicht hinweg. Ja, gerade die Hartnäckigkeit dieser Symptome war ein Hinweis darauf, daß man der Hand der göttlichen Gerechtheit nicht entfliehen kann. Wo er sich gegen diesen Druck versteifte, wurde seine Lebenskraft mehr und mehr ausgezehrt, wie die eines Baumes nach längerer Dürre.

5 Die Wende kam, als er sich entschloß, Gott alles zu bekennen. Daraufhin vergab er ihm seine Sünde und löste so seine Not völlig. Die Vergebung bezieht sich sowohl auf den äußeren Akt (durch das Wort *Sünde* bezeichnet), als auch auf den dahinterstehenden rebellischen Ungehorsam (die *Übertretung*) und schließlich die innere Seite (die *Schuld*).

6–11 Die Basis zuversichtlichen Gebets

6 Aufgrund der persönlichen Erfahrung göttlicher Vergebung (VV. 1.2) ermutigt David alle Gottesfürchtigen, sich zuversichtlich im Gebet an Gott zu wenden. **6b.7** Durch Buße tritt der Mensch in Gottes Nähe und ist dort in den Stürmen des Lebens geborgen (vgl. Lk 13,3.5).

8.9 sind das Gegenstück zu VV. 3 und 4. Dem einstigen sündhaften Schweigen Davids steht hier das Reden Gottes gegenüber, das Führung verheißt. **8** Wo vorher der unbußfertige Sünder für sich alleine stand, herrscht jetzt gegenseitiges Verstehen: *Ich will dich mit meinen Augen leiten,* eine Verbindung wie zwischen Lehrer und Schüler, Vater und Sohn. **9** Im Gegensatz zu dem Herzen, das sich weisen läßt, steht der störrische Wille, der nicht zu Gott kommen will und erst durch Gericht dazu gebracht werden muß. Diese Ausführungen über göttliche Unterweisung und freies Schuldbekenntnis können mit Ps 51,12–14 verglichen werden. **10.11** enthält im Grunde die gleiche Gegenüberstellung wie V. 3–5. Sünde kann sowohl zur Erfahrung der Strafe Gottes als auch des göttlichen Erbarmens führen. Es hängt davon ab, ob man Gott seine Sünde bekennt oder nicht. Seine *Güte* eröffnet allen *Gerechten* (dadurch, daß sie von Gottes Vergebung leben) eine Quelle bleibender Freude.

Psalm 33 Ein Lied der Anbetung

Dieses Lied, das keine Überschrift hat, nimmt die Schlußsätze des vorausgehenden Psalms auf; aber im Gegensatz zu ihm ist nicht von einer persönlichen Heilserfahrung die Rede. Es ist ein Danklied des Volkes. Die Gedankenführung ist ausgeglichen, der Aufbau symmetrisch.

Die Einleitung (V. 1–3) und der Schluß (V. 20–22) sind klar vom Rest des Gedichtes abgesetzt. **1–3** beschreiben den begeisterten, von Musik begleiteten Chorgesang. **20–22** schildern den Glauben der anbetenden Gemeinde, die sich umgeben weiß vom Schutz und der Barmherzigkeit ihres Gottes. Das Lobpreisen im Lied wird zum Gebet des Glaubens. Gleichzeitig wendet sich die Aufmerksamkeit von den Äußerlichkeiten des Gottesdienstes zu der inneren Erfahrung des Vertrauens und Hoffens.

Der Hauptteil des Psalms zerfällt wiederum in zwei Abschnitte: V. 4–12 und 13–19. Der erste handelt von Gott dem Herrscher, der zweite von Gott dem Richter.

4–12 Das alles beherrschende Wort des Herrn

Die VV. 4–11 bauen sich aus 4 Strophen zu je 4 Zeilen auf. **4.5** Zunächst wird die Treue Gottes zu seinem Wort betont. Gottes Wort ist *wahrhaftig*; das zeigt sich auch an seinem Handeln, an dem, was er liebt und an seiner geschaffenen Welt. Er steht immer und überall zu seinem Wort und bindet sich an das, was er einmal gesagt hat. *Die Erde* leitet schon zum nächsten Komplex über: **6.7** die Macht des Wortes Gottes offenbart sich im Werk der Schöpfung (vgl. 1Mo 1,3) und in der Unterwerfung solch aufgewühlter Elemente wie dem Meer. So stellt sich die Frage, wie man diesem Gott in rechter Weise antwortet und begegnet. **8** antwortet darauf, daß die Menschen Gott *fürchten* und ihn *scheuen* (vielleicht besser: vor ihm ›beben‹, ZÜ) sollen, denn **9** sein Wort ist unwiderstehlich. **10.11** vergleichen die Nichtigkeit menschlicher Worte mit der sicheren Erfüllung von Gottes Wort. Letztlich wird gezeigt, **12** was für einen Segen es bedeutet, wenn man mit diesem Gott, der so wirksam seine Herrschaft in dieser Welt ausübt, verbunden ist.

13–19 Das Auge des Herrn schaut alles

Der vorausgehende Abschnitt gab etwa zu folgender Frage Anlaß: Es mag schon stimmen, daß es ein besonderer Segen ist, diesem großen Gott zu gehören. Richtet sich sein Walten nur auf sein Volk? **13** Gott hat seine Wahl nicht beschränkt: Er hat sie unter *alle(n) Menschenkinder(n)* getroffen. Daran schließt sich die Vorstellung der göttlichen Allwissenheit an. **14** Gott kennt jedes menschliche Wesen auf Erden. **15** Dabei hat Gott nicht nur das äußerliche Erscheinungsbild vor Augen, sondern er erkennt und lenkt auch die Gedanken und die Vorstellungen des Herzens, das er ja selbst geschaffen hat (vgl. Ps 139,1–5; Hebr 4,12f).

Hier ereignet sich etwas Erstaunliches. Seit V. 4 wurde jeder neue Gedanke durch eine Bezugnahme auf die vorausgehende Aussage eingeführt. Aber **16** greift einen Gedanken auf, der durch nichts angedeutet war. Es geht um die menschliche Ohnmacht. Während sich beim Rundblick durch Raum und Zeit auch nicht der geringste Hinweis auf irgendeine Unvollkommenheit oder Gefahr gezeigt hat, sollen wir nun sehen lernen, wie der forschende Blick Gottes einen so tiefgehenden Mangel der Menschen aufdeckt, daß ihre Erlösungsbedürftigkeit deutlich wird. Es gibt da keine irdische Macht, die erlösen könnte. Weder Stellung, persönliche Fähigkeit, **17** noch Naturkräfte (durch *Rosse* versinnbildlicht) bringen die Erlösung zustande. Wenn es eine Errettung geben soll, muß sie von Gott kommen. **18.19** So tritt als letztes die göttliche Erwählung in den Gesichtskreis. Es handelt sich nicht nur um Wiederholung dessen, was schon in V. 12f über die göttliche Souveränität gesagt wurde, sondern hier geht es um die Grundlage wahren Lebens. Die Erwählung hat es weder mit Willkür noch mit Launenhaftigkeit zu tun, sie ist ein gerechtes Prinzip, das für alle gilt. In der Erwählung steht an erster und letzter Stelle Gottes Treue. Er erlöst alle die vom Tode und hilft ihnen in den Lebensnöten, die ihn ehren und auf seine Barmherzigkeit und Güte trauen. Dieser unverrückbare Glaubensgrundsatz ist das Gegenstück zu den Aussagen über die göttliche Güte und Wahrhaftigkeit, die am Ende der ersten Hälfte des Psalms anklangen.

Psalm 34 Ein Zeugnis

Das ist wiederum ein akrostisches Gedicht, vgl. Komm. zu Ps 25. Die Überschrift bringt dieses Loblied mit der Flucht Davids von Gath nach Adullam zusammen (vgl. 1Sam 21,11–22,1). Man sollte hierbei auch die Einleitung zu Ps 52 beachten. *Abimelech* war höchstwahrscheinlich der Titel des Königs von Gath, so wie »Pharao« die Bezeichnung des ägyptischen und ›Agag‹ die des amalekitischen Herrschers war (vgl. 1Mo 20,2; 26,1). 1Sam kennt ihn unter dem Namen Achis.

In diesem Psalm ist der Geist überreichen Gottvertrauens wichtiger als die Logik des Aufbaus. Viele seiner Verse sind in die Gebetssprache übergegangen.

2.3 Einleitung

2 David hat den Punkt geistlicher Gewißheit erreicht, wo er zu sagen wagt, daß sein Gotteslob unabhängig von den Umständen ist. **3** Es kommt ihm aus der *Seele,* d.h. dem eigentlichen Zentrum seines Wesens. Dabei ist es sein Wunsch, daß es den *Elenden* Erleichterung bringt, denen, die das Leben übergangen und zu Boden geworfen hat.

4–9 Ein persönliches Zeugnis

Die Aufforderungen *Preiset mit mir den Herrn* (V. 4) und *Schmecket und sehet, wie freundlich der Herr ist* (V. 9) legen sich wie ein Rahmen um ein unvergeßliches Erleben: **5** *Als ich den Herrn suchte, antwortete er mir.* **6** Alle, die auf ihn sehen, *werden strahlen vor Freude* und sollen nie mehr vor Scham erröten. **7** Die Bereitschaft, den Elenden (V. 3) zu helfen, erwächst aus der Tatsache, daß er selbst einst *im Elend* war (auch im Hebr. das gleiche Wort), zum Herrn *rief,* erhört wurde und ihm volle Hilfe zuteil wurde. **8** Von der Geschichte des Gottesvolkes her weiß er, wie er dieses Erleben zu verstehen hat: Der göttliche Befreier, *der Engel des Herrn,* hat eingegriffen und ihn errettet (vgl. 1Mo 16,7–13; 48,16; 2Mo 14,19; Ri 6,11–24; vgl. Jos 5,13–15).

10–19 Allgemeine Ermahnung

10 Die persönliche Aufforderung von V. 4 wird nun ausgeweitet und verallgemeinert – vgl. dazu VV. 7.8 mit VV. 18.19. Zwei Themen werden dann näher ausgeführt. **11** Zunächst wird der Gedanke der Erlösung aus aller Angst in zweifacher Hinsicht illustriert. *Reiche:* setzt eine Textkorrektur voraus. Im MT steht *junge Löwen* (ZÜ; EÜ). D.h. die mächtigsten Tiere auf der Höhe ihrer Kraft haben weniger Sicherheit im Leben als die, die ihren Lebensunterhalt von Gott erwarten und sich an seinen Gaben freuen. **16** Das Bild von V. 6, daß das Angesicht derer, die auf den Herrn schauen, erstrahlt (vgl. 2Kor 3,18), wird nun umgekehrt: Das Auge des Herrn schaut auf die Gerechten (vgl. Ps 32,8), und bei seinem Anblick werden alle Gottlosen zuschanden.

12–15 Ein Zwischenstück, das schon durch seinen lehrhaften Ton hervorsticht. **12** David lehrt die Zuhörer, was es bedeutet, den Herrn zu fürchten (vgl. V. 10). **13** Das Leben, das geprägt ist von der Freude über die ständig erlebte Güte Gottes, hat drei Kennzeichen: **14** Jede Unwahrhaftigkeit wird gemieden (vgl. Mt 5,37); **15** das Gute wird uneingeschränkt gesucht und getan; man läßt nicht nach in dem Bemühen, mit den Menschen Frieden zu haben und unter ihnen Frieden zu schaffen (vgl. Röm 14,19; Hebr 12,14). Daß David und seine Mitstreiter sich danach ausrichteten, wird durch 1Sam 25,14–16 bezeugt. Diese unaufgebbaren Regeln für ein Gott wohlgefälliges Leben werden wörtlich in 1Petr 3,10–12 zitiert und entsprechen auch den Zusammenfassungen christlichen Verhaltens wie z.B. in Kol 3,8–17.

20–23 Abschluß

Eine Zusammenfassung der beiden Wege, die dem menschlichen Leben offenstehen. Auf der einen Seite bietet sich der Weg der Gerechtigkeit und Frömmigkeit an, der trotz gelegentlichen Anfechtungen die Zusage der Güte und der Kraft Gottes hat, die den Gläubigen innerlich stärkt. Auf der andern Seite ist der Weg der Gottlosigkeit, der unausweichlich ins Verderben führt. Durch seinen Gegensatz zu allem Guten wird das Böse all seine schuldbeladenen Anhänger in den Untergang reißen. Letztlich klingt wie ein Echo das Zeugnis von V. 2f nochmals an. Mit aller Bestimmtheit wird festgehalten, daß es unmöglich ist, daß die, die dem Herrn vertrauen, mit den Schuldigen der Verdammnis verfallen (vgl. Röm 8,1.33.34). **21** *Er bewahrt ihm alle seine Gebeine:* ein lebendiges Bild für eine umfassende Bewahrung. Buchstäblich hat es sich bei der Kreuzigung und dem Sterben Jesu erfüllt (Jh 19,36).

Psalm 35 Ein Bittgebet

Dieser durchdringende Verzweiflungsschrei könnte aus der Zeit stammen, als David von Saul gejagt wurde. Er erscheint wie eine Weiterführung von 1Sam 24,15. Wegen der Feinde am Hofe Sauls, der mangelnden charakterlichen Festigkeit des Königs, der Undankbarkeit, ja, des Hasses von Menschen war David zutiefst bedrückt. Auch erschien ihm Gottes Plan – vom Ziel her an sich klar – doch undurchschaubar (vgl. 1Sam 24,6.20f). So darf dieses Gebet, das Gottes Gericht über seine Feinde herabfleht, nicht als Ausdruck verborgenen Hasses gegen Saul verstanden werden, hatte David doch dessen Leben geschont. Es ist ein Schrei nach sichtbarer Manifestation der wahren Gerechtigkeit.

Der Psalm zerfällt in drei Abschnitte; jeder endet mit dem Ausblick auf jene Zeit, in der er Gott für seine Errettung danken kann.

1–10 Gebet um kraftvolle Errettung aus Gefahr

1–3 sind ein Aufruf an Gott, doch endlich einzugreifen. Dabei werden Ausdrücke aus dem Kriegswesen verwendet. **1** *Führe meine Sache:* Das hebr. Wort gehört eigentlich in den Rahmen einer Gerichtsversammlung. Hier aber ist der Gerichtssaal zum Schlachtfeld geworden (vgl. VV. 11 und 23). **3** *und Streitaxt:* so mit veränderten Vokalzeichen zu lesen. MT hat: *und versperre* (den Weg? s. EÜ). **4–8** deuten an, was denen, die ihn umzubringen versuchen, widerfahren soll (vgl. Ps 1,4; Jer 23,12). **5.6** *Der Engel des Herrn:* ein *Bote* (so wörtl.) aus dem himmlischen Heer, durch den Gott eingreifen soll (vgl. 34,8). **9.10** sind ein Ausblick auf die Zeit, wenn Gott aufrichtiger Dank dargebracht werden wird, weil er in seiner Gnade Errettung geschaffen hat.

11–18 Bitte um unmittelbare Erlösung von Ungerechtigkeit

Falsche Zeugen schleudern aus der Luft gegriffene Anklagen gegen den Psalmisten. **12** *Sie vergelten mir Gutes mit Bösem.* Der Schmerz ist um so größer, als seine Ankläger einst mit ihm befreundet waren. Die Auseinandersetzung wird bis ins einzelne ausgemalt. **13.14** beschreiben sein Mitgefühl für die anderen. Als sie krank oder niedergeschlagen waren, litt er mit ihnen und trat fürbittend für sie ein (vgl. Hiob 2,12). Auch für seine Blutsverwandten hätte er nicht mehr tun können. *Ich betete immer wieder von Herzen:* wörtl. »Ach, daß mein Gebet in meinen Schoß zurückkehrte.« Der Sinn ist, daß sein Gebet, das fruchtlos erscheint, als Segen auf ihn zurückkommen wird. Vgl. Mt 10,12f. **15.16** Sie verhalten sich jetzt, wo die Situation umgekehrt ist, völlig anders. Sie warten nicht einmal, bis er tatsächlich in verzweifelte Not hineinkommt. Schon ein kleines Stolpern genügt, um über ihn herzufallen, ihn zu verleumden, zu verspotten; ihre Worte zerreißen ihn und dringen wie Messerstiche in ihn. **17.18** Am Schluß dieser Überlegungen steht eine Bitte, ähnlich der von Ps 13,2.3 und 22,20–22.

19–28 Bitte um Erweis der Unschuld

Jetzt geht es um die moralische Dimension. Gott wird wegen seiner *Gerechtigkeit* als Verteidiger angerufen (V. 24). **19f** Die Auseinandersetzung vollzieht sich nicht mit Waffen, sondern mit heimtückischen Blicken und Worten. *Mit den Augen spotten:* treffender ZÜ, EÜ: *mit den Augen zwinkern.* Unterstellt man solchen Böses, die sich an das Gesetz halten, *die Stillen im Lande,* dann kann daraus großes Unheil entstehen: Der *Frieden (schalom),* das geordnete Leben wird zerstört. **21** Dabei geht es nicht nur um etwas Äußeres, daß etwa die Widersacher zum Schweigen gebracht werden, sondern ihre tief im Herzen wurzelnden verderblichen Absichten (V. 25) sollen überwunden werden. **23** Deshalb ruft er so eindringlich Gott an, den er als *mein Gott und Herr* anredet (vgl. Jh 20,28). Die entsprechenden hebr. Bezeichnungen sind *'elohim* und *'adon*; sie beschreiben Gott als den, in dem die Fülle göttlichen Wesens wohnt und der der mächtige und souveräne Herr ist. Die Bitte des Psalmisten entspringt einem reinen

Gewissen und einem tiefen Widerwillen gegen die bösen Absichten und Praktiken jener Leute, die sich über seine Schwierigkeiten freuen und deshalb selbst zuschanden werden sollen (vgl. V. 4). **27.28** Ihm geht es darum, die Güte und Freundlichkeit Gottes zu erfahren, damit sich viele mit ihm freuen können und mit ihm gemeinsam Gott loben, der allein den unschuldig Verfolgten retten kann.

Psalm 36 Die Güte Gottes

Das Zentralthema dieses Psalms ist die Güte Gottes (VV. 6.8.11). In scharfem Kontrast dazu steht das Bild der *Übertreter* (V. 2–5). Der Psalm endet mit einem Gebet um Errettung und der festen Glaubensgewißheit, daß die Übeltäter zugrunde gehen werden (V. 11–13).

2–5 In den Fängen des Bösen

2a Die Übertretung tritt hier selbst auf und spricht im Herzen des Übeltäters; vgl. EÜ: *Die Übertretung spricht zum Gottlosen im Innern seines Herzens.* Er empfindet ihr Reden wie einen »Gottesspruch«, d.h. die Sünde bringt den Sünder dahin, daß er seinen bösen Trieben im Innern den Platz einräumt, von dem er Gott zuvor als sittliche Autorität verdrängt hat. **2b** Der Geist der Rebellion gegen Gott raubt dem Sünder jegliche *Gottesfurcht.* Er meint, er müsse keinerlei Konsequenzen für sein Verhalten fürchten. Dieser Selbstbetrug des Gottlosen ist die Folge seiner freiwillig gewählten Blindheit gegen Gott. Er schließt sich gegen Gott hin ab, hört nur noch auf die gefälligen Worte der eigenen inneren Stimme und überzeugt sich selbst davon, daß er vor Schande und Strafe sicher sei. **3** *Denn er schmeichelt sich selbst ...* (ZÜ, vgl. EÜ): Diese psychologische Diagnose muß im Licht von Mk 7,21–23 (vgl. 5Mo 29,18) gelesen werden. Die Verwerfung des wahren Gottes zieht unvermeidlich die Aufrichtung eines falschen Götzen nach sich, in dem sich dann all die betrügerischen Neigungen eines aufrührerischen Herzens verkörpern.

Nach dieser allgemeinen Skizze über das Wesen des sich selbst betrügenden Sünders wird sein eigentliches Handeln beschrieben. **4** Wie so oft stehen die Lippensünden am Anfang; dann geht es um die Mißachtung sittlicher Werte. **5** Ruht er auf seinem Lager, so denkt er nicht an Gott, sondern grübelt seinen abwegigen und bösen Plänen nach. Sein ganzer Lebensweg verläuft nach einem Muster, das *nicht gut* (EÜ; LÜ: *böse*) ist; vgl. Jes 65,2. Deshalb erkennt er das Böse weder als böse, noch reagiert er in der rechten Weise darauf.

6–10 Gottes Größe

Die menschliche Sprache ist nicht in der Lage, die Eigenschaften Gottes angemessen darzustellen. Für ihre Größe gibt es kein Maß, sie liegen jenseits jeglicher geistigen Vorstellung. Dennoch bleibt uns kein anderes Mittel, der Wahrheit Ausdruck zu verleihen, als die Sprache. So benutzt der Psalmist die Vorstellungen von Höhe, Weite und Tiefe im Bereich der Schöpfung, um geistliche Dimensionen zu umschreiben (vgl. Eph 3,18). Zu gleicher Zeit zieht er Bilder menschlicher Lebensbedürfnisse heran wie das Verlangen nach elterlicher Geborgenheit und der Stillung des Durstes, um den Reichtum der göttlich-menschlichen Gemeinschaft auszumalen.

6 Die *Güte* und die *Wahrheit* Gottes sind so grenzenlos wie der Himmel und der endlose Zug der Wolken. **7** Seine *Gerechtigkeit* und seine *Gerichte* (ZÜ; vgl. LÜ: ›sein Recht‹), d.h. sein grundsätzliches Wesen und sein Handeln, sind so unveränderlich wie die Berge und so unfaßbar wie der Ozean (vgl. Röm 11,33). Auf der ganzen Erde gibt es weder einen Menschen noch ein Tier, für die Gott nicht sorgen würde. **8** Seine Fürsorge ist unaussprechlich *kostbar* (vgl. Ps 139,17 EÜ). *Unter dem Schatten deiner Flügel Zuflucht haben:* spielt auf den Schutz an, den der Bedrängte im *Haus* Gottes (V. 9) erfährt. Das Bild meint die *Flügel* der Cherubim (1Kön 6,27). **9** Mit seinem Reichtum versorgt er alle Menschen und, wie im Garten Eden, gibt es kein Dorren und Darben für den, der sich ihm anvertraut. (Das mit *Wonne* übersetzte hebr. Wort hat die gleiche Wurzel wie ›Eden‹). **10** Nur wo man von dem lebt, was Gott darreicht, kann man sich des Lebens tatsächlich freuen, und nur durch seine Erleuchtung scheint uns das *Licht* der Wahrheit (vgl. Jh 1,9).

11–13 Ein Gebet um weiteren Segen

11 Während der Gottlose sich der Herrlichkeit des göttlichen Wesens gar nicht bewußt ist, hat der Fromme einen kleinen Einblick in sie erhalten. Der Psalmist setzt hier an und bittet darum, daß die *Güte* Gottes ihn weiter geleite, **12** damit er weder von den rücksichtslosen Stolzen zu Boden getreten noch von den *Gottlosen* vertrieben werde. **13** Im Glauben sieht er den endgültigen Fall der Gottlosen voraus.

Psalm 37 Eine Meditation über das Wohlergehen der Bösen

Das Gedicht baut sich akrostisch nach der Ordnung des hebr. Alphabets auf (s. zu Ps 9; 25 Einl.) und besteht aus Gedankengängen, die für die alttestamentliche Weisheitsliteratur charakteristisch sind. Vgl. z.B. V. 1 mit Spr 24,19; V. 5 mit Spr 16,3; V. 16 mit Spr 16,8; V. 23 mit Spr 16,9. Dazu erinnert manches an Aussagen im Buch Hiob, vgl. V. 6 mit Hiob 11,17; V. 10 mit Hiob 7,10; V. 19 mit Hiob 5,20. Wohlstand und Macht der Gottlosen sind dem Psalmisten zur Anfechtung geworden, aber er ist überzeugt, daß es sich nur um eine vorübergehende Verkehrung der wahren Ordnung handelt. Dieser Psalm sollte zusammen mit Ps 73 gelesen werden, wo das Ganze mehr von einer geistlichen (73,17) als von einer materiellen Perspektive her gesehen wird.

Das Gedicht hat keine offensichtliche Gliederung. Ein Gedanke zieht sich jedoch durch den ganzen Psalm, nämlich daß Gott in der Zukunft alles zurechtbringen wird. Dadurch werden die verschiedenen Aussagen miteinander verbunden, was sich besonders an dem wiederkehrenden Ausdruck *werden das Land besitzen* (EÜ) zeigt; vgl. VV. 9.11.22.29.34.

1–8 Die rechte Haltung zu den Problemen des Lebens

Angesichts der Ungereimtheiten des Lebens liegt zunächst die Betonung auf dem Negativen: *entrüste dich nicht, sei nicht neidisch.* Der Schwerpunkt liegt freilich auf dem Positiven: *hoffe, bleibe, habe deine Lust, befiehl dem Herrn, sei stille dem Herrn.* Dabei wird stets darauf Bezug genommen, daß die Güte Gottes voll genügt. **1** VV. 7b und 8 nehmen die Mahnungen dieses Verses nochmals auf. **2** Auf der negativen Seite wird hier ein sehr treffendes Bild benutzt, das im Alten wie im Neuen Testament oftmals aufgegriffen wird (vgl. Ps 90,5f; 103,15f; Jes 40,6–8; Jak 1,10f). **3–5** Auf der positiven Seite wird ganz deutlich, daß es zwischen Gott und dem Gläubigen eine lebendige Verbindung gibt. Zu V. 5 *Befiehl dem* (wörtl.: *Wälze auf den*) *Herrn deine Wege* vgl. Ps 55,23; 1Petr 5,7. Diese Haltung festigt sich, indem man das Gute tut (V. 3). Gott wird den Gläubigen so gewiß rechtfertigen, wie das Tageslicht jeden Morgen neu erscheint (V. 6) und **4** zudem wird er jedem, der seine *Lust am Herrn* hat, sein Verlangen stillen, d.h. sich selbst ihm schenken. **8** Zur Mahnung, sich auch durch Unrecht nicht zum *Zorn* hinreißen zu lassen (vgl. Jak 1,19f). Man ist besser still und überwindet den Ärger durch unverrückbares Gottvertrauen (vgl. Ps 62,2.6).

9–22 Der Glaube des Psalmisten

9 Die beiden gegensätzlichen Zeilen *(Denn ... aber)* geben einen Hinweis darauf, wie sich die richtige Einstellung zu den Unausgewogenheiten des Lebens finden läßt. Es wird nicht lange dauern, bis die Gottlosen verschwunden sind und die Gottesfürchtigen nicht mehr bedrängt werden. **10.11** vertiefen diese doppelte Einsicht noch (vgl. Mt 5,5). In **12–14** wird dieses Thema weiter ausgeführt. Der Gottlose *droht, knirscht mit den Zähnen,* die Gottlosen *ziehen das Schwert, spannen ihren Bogen,* um die *Gerechten,* die nach Gottes Gesetz ihr Leben gestalten, zu Boden zu werfen. **15** Aber ihre Waffen werden zu ihrem eigenen Verderben. **16** Die Gerechten dagegen werden nach sittlichen Maßstäben beurteilt, nicht nach ihrem materiellen Wohlergehen. **17** Entscheidend bleibt, wie Gott sie einschätzt und daß er sie durch seine Gnade im Glauben erhält. **18.19** Die Gedanken wenden sich nun den Gerechten zu, die näher beschrieben werden. Das Auffälligste an ihnen ist die Zuversicht, die nicht von den Umständen des täglichen Lebens abhängt. Deshalb sind sie auch nicht verunsichert, wenn sie Unheil trifft, und auch in Nöten sind sie noch zufrieden (vgl. Phil 4,11–13). **20** Im Gegensatz dazu mangelt den Gottlosen jegliche bleibende Sicherheit; sie sind wie prächtige Wiesen, deren Pracht bei Trockenheit in *Rauch vergeht,* d.h. verbrennt (so MT. Viele Hss. und Übers. lesen: *wie Rauch.* Zur Sache vgl. Mt 6,30).

23–33 Glaube und Zeugnis

Die Gedanken des Psalmisten wenden sich nun dem Wesentlichsten im Leben zu: dem sich frei schenkenden Wohlgefallen Gottes. **23.24** Er macht den Weg, den der Gerechte einschlägt, sicher und gewiß. Sollte er zu Fall kommen, bleibt er doch nicht liegen (vgl. Spr 24,16; Jud 24), denn der Herr hält ihn fest an der Hand. **25** will nicht besagen, daß der Gerechte nie Mangel hätte (vgl. 1Sam 21,3ff; 25,8), sondern daß er nie von Gott verlassen ist, und daß endlich – für *seine Kinder* – bessere Zeiten anbrechen werden. Vgl. Lk 22,35. **27** Das immer und einzig richtige Prinzip ist es, Gutes zu tun (vgl. V. 3 und Ps 34,15), denn Rechtschaffenheit im Umgang mit Menschen und Treue zu Gott finden immer Gottes Wohlgefallen und werden von ihm bestätigt. **28.29** Die Darstellung wendet sich nun vom Thema der fürsorglichen Vorsehung Gottes dem praktischen Erleben *seiner Heiligen* zu. **30** An dem, was der *Mund* redet, zeigt sich das Wesen eines Menschen zuallererst (vgl. Ps 36,4). **31** Sein Leben ist am Gesetz Gottes orientiert, sein Herz beschäftigt sich mit Gottes Willen. **32.33** Auch wenn die Bösen Verderben gegen ihn planen, ja ihn vor bestechlichen Richtern verklagen, wird der Herr ihn nicht fallen lassen, sondern früher oder später eingreifen.

34–40 Abschließender Ratschlag

34 Bleib in all deinem Trachten bei dem Herrn und richte dein Leben nach seinem Willen aus, dann wirst du letztlich sehen, wie der Gottlose zu Fall kommt. Diese Quintessenz dient nicht der persönlichen Genugtuung. So fordert es die sittliche Grundordnung Gottes für das Leben. **35.36** Dem fügt der Psalmist ein weiteres persönliches Zeugnis hinzu. **37f** Es kann gar nicht anders sein, als daß alle Übertreter vertilgt werden. Die Bösen haben keine Zukunft. Deshalb soll jeder zur Kenntnis nehmen, was dem geschieht, der aufrichtig und gottesfürchtig sein Leben führt. Für ihn gibt es eine Zukunft. Entscheidend ist am Ende *(zuletzt)* das Handeln Gottes (vgl. Ps 73,17.19.24).

39.40 sind ein Bekenntnis des Glaubens an die wirksame Macht und absolute Vertrauenswürdigkeit Gottes.

Psalm 38 In schwerer Heimsuchung

Dieses Gebet um göttlichen Beistand entstand unter großer physischer und geistlicher Bedrängnis. Man vermutete deshalb, daß es sich um ein Tempellied handelt, das von und für Schwerkranke gebetet wurde. Die beschreibenden Einzelheiten in den VV. 2–9 könnten aber auch bildlich gemeint sein (vgl. Jes 1,5.6). Auf jeden Fall enthält der Ps ausgesprochen persönliche Züge, so daß sich eine persönlich durchstandene ernste Erkrankung nahelegt. Die Überschrift deutet an, daß der Psalm (später) im Zusammenhang mit einem *Gedenkopfer* gebetet wurde, bei dem Gottes Eingreifen angesichts einer verzweifelten Notlage erfleht wurde.

2–12 Die Folgen der Sünde

2 Von seinem Ergehen her schließt der Psalmist, daß Gott ihm zürnt und mit Mißfallen auf ihn schaut. **3** Er fühlt sich wie mit Pfeilen von Gott durchbohrt und wie von einer schweren Hand zu Boden gedrückt. **4** Letztlich ist allerdings die *Sünde* der Grund seiner Niedergeschlagenheit. **5** Sein Unrecht wird zunächst als erstickende Flut (vgl. Ps 42,8; Jona 2,3–5) und dann als zu Tode drückende Last (vgl. 1Mo 4,13) beschrieben. Der rasche Wechsel der Bilder unterstreicht nur noch die Ruhelosigkeit und Verzagtheit, die den von seiner Schuld überführten Sünder bedrängt. **6–8** Die Folgen seiner Sünde werden eindrücklich dargestellt: eiternde Wunden, ein vom Schmerz entstellter Körper, niedergedrückt und gebeugt wie ein Trauernder, elend und vom Fieber ergriffen. Die Beschreibung, die zunächst die äußeren, leiblichen Symptome aufgriff, wendet sich dann immer mehr dem inneren, Gott bekannten Zustand zu. **9.10** Allgemeine Mattigkeit und Niedergeschlagenheit werden vertieft durch das unausgesprochene Seufzen eines gebrochenen Herzens und eines geschlagenen Gewissens. **11** Diese innere Not läßt das Herz *pochen* (ZÜ, EÜ), trübt den Blick und läßt die Lebenskraft und Freude schwinden. **12** Sie läßt Freunde und Verwandte skeptisch werden, so daß sie sich zurückziehen, als wäre er ein Aussätziger.

13–18 Die Entscheidung, sich Gott zuzuwenden

Der Blick auf die anderen wird aber auch zum Anlaß neuer Gewißheit. **13** Er weiß, daß seine Verfolger seine Schwäche nutzen wollen und schon dabei sind, hinterlistige Anschläge gegen ihn zu planen. **14.15** Da er selbst um seine Schuld weiß, kann er nicht so tun, als träfe ihn ihre Verleumdung nicht; er kann nicht auf seine Unschuld verweisen. *Widerrede* meint hier: Argumente zu seiner Verteidigung. **16** Der äußere Druck der Feinde läßt aber die innere Haltung des Psalmisten klar werden: sein Vertrauen hängt am Herrn. Und er muß es dem Herrn überlassen, mit seinen Widersachern zu reden. **18** Er selbst ist am Ende seiner Möglichkeiten angelangt. Zu wahrer Buße gehört aber ein weiteres hinzu.

19–23 Das Sündenbekenntnis

19 Er gesteht seine Sünde ein und anerkennt, daß sie die eigentliche Wurzel seiner Sorgen und Not ist. **20** Seine Widersacher bleiben trotzdem weiter aktiv; ihre Zahl wird nicht weniger und die Änderung seiner Einstellung hat scheinbar zunächst keinerlei Bedeutung für sie. **21** Ja, sie beantworten sogar jede Freundlichkeit seinerseits mit Undank und Unfreundlichkeit. *Ich (halte) mich an das Gute* und zwar im Umgang mit den Feinden.
22.23 Das Gebet schließt mit einer dringlichen Bitte an Gott, ihn nicht zu verlassen und sein Eingreifen nicht zu lange hinauszuzögern. Vgl. Ps 13. Der Glaube hat noch nicht die siegreiche Höhe von Ps 6,9f erreicht, obwohl das eigentlich im Schlußbekenntnis enthalten ist: *Herr, du meine Hilfe.*

Psalm 39 Im Angesicht des Todes

Der Name *Jeduthun* in der Überschrift bezieht sich auf den Musikmeister Davids, den Leiter des Tempelchors (vgl. 1Chr 16,41f; 25,1–3). Der Name erscheint weiter in den Überschriften zu Ps 62 und 77. Die Wiedergabe *Für Jeduthun* (LÜ; EÜ) ist ebenso möglich wie *von Jeduthun* (ZÜ), der in diesem Falle den Psalm David gewidmet hätte.

Der Psalmist erzählt von seinem vergeblichen Bemühen, seinen Schmerz zu verbergen (V. 2–4). Dann folgt ein Gebet, bei dem es wesentlich um die Kürze des Lebens und den Ernst der Sünde geht (V. 5–12). Er endet mit einer Bitte um göttliches Erbarmen (V. 13f).

Im wesentlichen bieten sich zwei Verständigungsmöglichkeiten an. Nach der einen Sicht (Weiser, ATD) werden die Beschwernisse, die den Psalmisten dazu trieben, sein Schweigen zu durchbrechen, nicht dargelegt. Das eigentliche Anliegen sei, daß er mit seinem Reden seinem Glauben untreu geworden wäre und Gott in Gegenwart der *Gottlosen* verunehrte (V. 2). VV. 5–12 wären dann seine Bitte um Vergebung verbunden mit dem Gebet um Stärkung, damit er nicht wieder in das gleiche Vergehen falle. Er bittet darum, daß ihm die Kürze des Lebens recht bewußt werde, damit er in allen Dingen die nötige Umsicht walten lasse. Die letzten beiden Verse sind dann eine Bitte um göttlichen Beistand für die noch verbleibende Lebenszeit.

Nach der Sicht der meisten Kommentatoren handelt es sich jedoch in den VV. 5–12 selbst um den Ausbruch, den er eigentlich vermeiden wollte. Aber es gelang ihm nicht. Natürlich gehen die Vermutungen auseinander, was der Psalmist im Sinn hatte und warum es ihm so sehr darum zu tun war, diese Gedanken nicht auszuplaudern.

2–4 Die Zurückhaltung

2 Seine Entscheidung, über alles, was er sagte, genau zu wachen, und vor allem sich zu keinerlei Beschwerden über seine Plagen hinreißen zu lassen, kam aus der Angst, daß er damit den *Gottlosen* Grund zum Gespött geben könnte, womit die Ehre Gottes verletzt würde (vgl. Ps 73,15). **3.4** Diese Verdrängung seiner Gefühle führte schließlich zu einem psychologisch bedingten Ausbruch; er konnte sich nicht mehr länger zurückhalten.

5–12 Der Ausbruch

Das Thema seines Aufschreis ist die Kürze und Hinfälligkeit des menschlichen Lebens. **5** In diesem Zusammenhang ist seine große Angst, die ihn schließlich auch übermannte, daß der Tod ihn plötzlich ungewarnt hinwegreißen könnte. Dies kam über ihn als einem, der mit dem *Ende* und damit, daß *ich davon muß,* noch gar nicht so ernsthaft rechnete. **6a** Solch einem Tod würde er wehrlos gegenüberstehen. Hier zeigt sich, was die von Gott dem Menschen zugemessene Lebensspanne ist: lediglich *eine Handbreit* Zeit, soviel *wie nichts* angesichts der Ewigkeit Gottes. **6b.7** Wenn er aber wegen des unwiderstehlichen Willens Gottes schon wehrlos ist, dann um so mehr im Blick auf sein eigenes menschliches Wesen. Von Geburt an ist der Mensch hinfällig. Sogar im Blick auf rein weltliche Unternehmungen kann der Mensch die Zukunft nicht durchschauen und nach seinen Wünschen in die Hand nehmen. Wie sollte er sich dann erst gegen den Tod wappnen können?

8 Aber es ist keineswegs alles verloren. Bei Gott gibt es Hoffnung im Blick auf drei ausschlaggebende Lebenswirklichkeiten.

9a Erstens gibt es Hoffnung auf Vergebung. Ein Hauptfaktor hinter der Todesangst des Psalmisten ist, daß er ohne Vergebung sterben könnte. Vielleicht ist auch das der Grund, weshalb er seine Angst vor den *Gottlosen* verbergen wollte (V. 2). Für jemanden, dessen Religion und Glaube ihn im Angesicht des Todes keine Sicherheit geben, hätten sie nur beißenden Spott gehabt. Wie entscheidend unvergebene Sünde sein kann, spielt für sie keine Rolle. Somit würden sie auch den Gott lächerlich machen, der seine Knechte im letzten Augenblick fallen ließe. **9b** Als zweites gibt es die Hoffnung, daß Gott die Seinen vor ihren Spöttern rechtfertigt. Sie können nicht verstehen, daß der Gottesfürchtige sich dessen bewußt ist, wie sehr Gott die Sünde verabscheut. Aber ihr Mund wird gestopft, wenn sie ihn triumphieren sehen, wo sie eigentlich seinen Untergang erwarteten. **10–12** Drittens ist der Plan Gottes für das menschliche Leben ein Grund zur Hoffnung. V. 10 sollte vom Hebr. her eigentlich in der Vergangenheitsform wiedergegeben werden: ›ich habe geschwiegen‹. Der Psalmist schwieg damals, weil er sich unter Gottes Willen in Ehrfurcht beugte. Weil Gott aber auch der ist, auf den er hofft (vgl. V. 8), **11** wartet er nun darauf, daß Gott ihm seine Bürde abnimmt. **12** Denn auch wenn Gottes Strafe gerecht und vollkommen berechtigt ist, nimmt sie dem Menschen doch das Beste, was er hat, sein Leben.

13.14 Gebet

Das ist das Gegenstück zu V. 2–4. Das subjektive *ich habe mir vorgenommen, ich will,* usw., ist zurückgedrängt. Statt dessen ist Gott in den Mittelpunkt gerückt. Seine Zuwendung, sein Reden und seine Barmherzigkeit werden erfleht, denn darin liegt wahres Leben.

13 Vor Gott sind auch *Tränen* wie ein Gebet. Seine Aufmerksamkeit gehört dem *Gast,* dem *Fremdling,* wie es die Israeliten seit der Zeit der *Väter* selbst sind (vgl. 3Mo 25,23; 1Chr 29,15; Ps 119,19; Hebr 11,13), für die Gott als der Herr des Gottesvolkes sorgt, wie er ebenso seinem Volk die Fürsorge für die Fremdlinge geboten hat (5Mo 10,18f). **14** *Laß ab von mir* ist eine Bitte um die Abwendung des Zorns Gottes (vgl. V. 11). Der Psalmist bittet Gott einerseits, sich seiner Bedürfnisse anzunehmen, und fleht ihn andrerseits an, ihn nicht ins Gericht zu bringen.

Psalm 40 Eine Dankliturgie

Es könnte gut sein, daß die gegensätzlichen Stimmungen, die uns in diesem Lied begegnen, auf die Umstände zurückgehen, die am Ende des ersten Samuelbuches berichtet werden. Die Klage über die Zerstörung von Ziklag (1Sam 30,1–6), der rasche Sieg über die Amalekiter (1Sam 30,16–20) und schließlich die Nachricht vom philistischen Sieg bei Gilboa samt dem Tod Sauls mit allem, was das für David bedeutete: all das spielte sich innerhalb von drei bis vier Tagen ab (vgl. 2Sam 1,1). Möglicherweise spiegelt sich in diesem Psalm die Erleichterung über die endliche Befreiung aus den Gefahren seiner jahrelangen Flucht. Gerade darin hatte er ja gemerkt, was Gottvertrauen bewirken kann (V. 2–4). Dazu kommt dann seine Bereitschaft, die Berufung zum König zu übernehmen (V. 8) und sich den damit verbundenen Aufgaben vor Gott zu stellen (V. 9). Daneben steht das Wissen darum, daß nicht alle seine Feinde in Gilboa gefallen sind (V. 15–17) und daß so manches, was er in der Zeit der Feindschaft Sauls tat, jetzt, da er aus dem Exil als König zurückkehrt, negative Folgen nach sich ziehen wird (V. 13). Das Lied zeigt auf jeden Fall, daß er sich vollkommen von Gott abhängig weiß (VV. 14.18), daß er in ihm seine Freude findet (V. 2–6) und zum Dienst für ihn bereit ist (V. 7–11). Sicherlich muß eingeräumt werden, daß diese Verknüpfung mit der persönlichen Lebensgeschichte Davids hypothetisch ist. Sie zeigt jedoch, daß auch ein Psalm mit so gegensätzlichen Elementen eine Einheit sein kann, wenn ihm gegensätzliches Erleben auf engstem Raum und in kürzester Zeit zugrundeliegt. Man muß sich also nicht jenen Auslegern anschließen, die in diesem einen Psalm verschiedene Psalmen zusammengefügt sehen. »Die Spannung zwischen dem Haben und dem Ringen um die Gewißheit des Glaubens, die bis in den Schlußvers hinein über dem ganzen Psalm liegt, darf nicht durch die Verteilung des Lieds auf verschiedene Verfasser und Situationen weginterpretiert werden, sondern gehört zum Wesen des Glaubens und ist ein Merkmal echter, lebendiger Frömmigkeit eines biblischen Beters, der auf dem Weg über die Höhen und Tiefen des Glaubenslebens von der Erfahrung zur Hoffnung schreitet« (Weiser, ATD). (Zur selbständigen Überlieferung der VV. 14–18 als Ps 70 s. dort.)

Die in Ps 40 enthaltenen Elemente einer Königsweihe (V. 7–9) sind zu Recht prophetisch auf den königlich-priesterlichen Messias gedeutet worden (Hebr 10,5–10); das Sündenbekenntnis (V. 13b) zeigt dann, welch ein Abstand zwischen dem menschlichen Typus und ihm, dem absolut Vollkommenen und Sündlosen, besteht.

2–6 Die Danksagung

2–4 Blick in die Vergangenheit. **2** Das geduldige Ausharren wird nicht erwähnt, um die Länge der Verlassenheit herauszustellen, sondern um zu zeigen, wie sie schließlich beendet wurde. Der Herr *hörte* sein Beten.
3 Gott zog ihn aus der Grube *des Verderbens* (EÜ), d.h. er rettete ihn aus Todesgefahr, entriß ihn und stellte ihn auf den *Fels,* den unerschütterlichen Grund göttlicher Zuwendung (vgl. Ps 18,32ff). Er ebnete seinen Weg (Ps 37,23) und **4** gab ihm ein neues Lied, damit viele andere es hören, Gott anbeten und vertrauen.

5.6 Das neue Lied. Das Lied hat zwei Strophen. **5** Zunächst rühmt es den Weg des Glaubens. Zu diesem gehört a) ein Wählen und Handeln, das ganz bewußt *seine Hoffnung auf den Herrn setzt*; b) zugleich das Wissen, daß es absolut nutzlos ist, sich auf die Hoffärtigen (Stolzen, EÜ) zu verlassen, die doch nur leere Worte machen; und c) das Abweisen aller *Lügen,* gleich ob es dabei um natürliche oder übernatürliche Dinge geht.
6 In der zweiten Strophe geht es um Gottes Ehre. Als der Herr, mein Gott ist er Gegenstand des Glaubens. Seine Wundertaten sind Ausdruck seiner uns geltenden Heilsgedanken. Man kann ihn eigentlich gar nicht mit Irdischem messen oder vergleichen. Seine schon erwiesenen Wohltaten sind nur ein ganz geringer Teil dessen, was er noch tun wird (vgl. Jes 64,3; 1Kor 2,9).

7–11 Die Weihe

7–9 Das größte Opfer. Als Höchstes hat Gott dem Psalmisten offenbart, daß echter Gottesdienst sich nicht in Ritualen mit der blutigen Opferung von Tieren erschöpft, sondern in der willigen Lebenshingabe des Beters zum bleibenden Gehorsam gegen Gottes Willen. Die vier hier erwähnten Opferarten werden in 3Mo 1–4 näher beschrieben. Obwohl sie im alttestamentlichen Gottesdienst, dessen Zentrum Opfer und Altar waren, ihren berechtigten Platz hatten, waren sie doch längst nicht alles, was Gott von den Seinen erwartete (vgl. 5Mo 10,12f). Opfer ohne Gehorsam und ohne Buße sind völlig nutzlos (vgl. 1Sam 15,22ff; Jes 1,13). Dennoch muß festgehalten werden, daß das Alte Testament auf die Opfer nicht einfach verzichten konnte, so als ob sich der ganze Gottesdienst im Bereich des Ethisch-Moralischen abspielen könnte. Was hier zunächst wie ein Entweder-Oder erscheint, ist gar kein echter Gegensatz. Es geht lediglich um die Frage, was an erster Stelle stehen muß (vgl. Ps 51,18f und Hos 6,6). Hebr 10,5–10 legt diese Verse Jesus in den Mund. In ihm sind sie erfüllt.

7 *Die Ohren hast du mir aufgetan,* wörtl. »Ohren hast du mir gegraben« (EÜ). Der Ausdruck hat in der Bibel keine Parallele. Um seine Bedeutung zu erfassen, ist entweder an die Sitte zu erinnern, daß einem Sklaven, der seinen Herrn nicht verlassen sollte, mit einem Pfriemen das Ohr durchbohrt wurde, wodurch er zu bleibendem Dienst bestimmt war (vgl. 2Mo 21,6; 5Mo 15,17); oder man versteht den Begriff als eine Redewendung, nach der mit dem Öffnen des Ohrs eine Offenbarung Gottes gemeint wäre (vgl. Jes 50,5). Beide Vorstellungen treffen sich in dem Element des Gehorsams (vgl. 1Sam 15,22). Höchstwahrscheinlich will der Ausdruck gerade das deutlich machen: Gott hat dem Menschen die Ohren »gegraben«, d.h. geschaffen, damit er **9** den *Willen* Gottes, das *Gesetz* zur Kenntnis nimmt und ihm in der Tat gehorcht.

10.11 Das öffentliche Zeugnis. Gottes *Heil* wird vor den Menschen bezeugt. Was der einzelne mit Gott erlebt, dient nicht nur ihm selbst. Die Treue, Barmherzigkeit und Wahrheit Gottes wird öffentlich vor den Menschen verkündigt. Sein Heil wird bekannt. Der Übergang von V. 9 zu V. 10 ist bedeutsam. Wie echt es um die Hingabe eines Menschen bestellt ist, zeigt sich an seiner Bereitschaft, die frohe Botschaft von Gott auch andern mitzuteilen (vgl. Röm 10,9.10). Persönlicher Glaube, der nicht an die Öffentlichkeit dringt, verliert seine Echtheit.

12–18 Das Gebet

12–14 Um Bewahrung. Der Ton liegt auf dem: *Du . . . Herr.* »Entziehe mir nicht deine Barmherzigkeit, wie ich meine Lippen auch deinem Lob nicht entzogen habe. Laß deine Güte und Treue, die ich vor den Menschen nicht verheimlicht habe, mein Schutz bleiben, denn die Menge des Bösen umfängt mich und die Folgen meiner früheren Sünden nehmen mir den Überblick, wo ich doch gerade jetzt eine klare Sicht brauche.« So versteht sich die Bitte von V. 14.

15–18 Um Errettung aus Gefahr. 15.16 In dieser Bitte geht es darum, daß die Feinde Davids zugrundegehen sollen, indem all die Anschläge und Verleumdungen, die ihn treffen sollten, auf sie zurückfallen.
17 Daneben steht die Bitte, daß alle, die in sein Loblied einstimmen (V. 4), mit ihm gesegnet werden. **18** Dem *ich bin arm und elend* steht das *Du bist mein Helfer und Erretter* gegenüber. Gott wird sich seiner annehmen (s. V. 6) und ihn aus allen Schwierigkeiten herausreißen, wie undurchdringlich und unlösbar sie jetzt auch erscheinen (s. V. 3). Dieser letzte Vers faßt noch einmal den ganzen Lobpreis, das ganze Gottvertrauen und den Hilferuf des Psalms zusammen. Der Herr allein kann helfen, deshalb wird er eindringlich um Hilfe gebeten.

Psalm 41 Gemeines Gerede und Gewißheit

Das Enttäuschtsein vom nächsten Vertrauten (V. 10) verbindet dieses Gebet mit Ps 55,14f.21f. Im Mittelpunkt des Psalms scheint eine ernste Krankheit zu stehen. Mit Vielseitigkeit, wie sie der Schrift eigen ist, redet der Psalm einerseits von der so oft erlebten menschlichen Untreue und bereitet zugleich denen Trost, die an ihren Freunden leiden.

2–4 Eine Grundsatzaussage

2 Der Psalmist zählt sich selbst zu den *Schwachen,* d.h. den Entmutigten, und macht gleichzeitig eine allgemeine Aussage, die für alle ähnlichen Fälle gültig ist. Derjenige wird glücklich gepriesen, der sich darüber Gedanken macht, wie er dem Notleidenden am besten helfen kann. *Zur bösen Zeit* wird der Herr sein Beistand sein. **3** Die bösen Absichten seiner Feinde werden durch den tatsächlichen Gang der Ereignisse unterlaufen werden.
4 Wird er tatsächlich einmal ernstlich krank, dann wird er Gottes Hilfe erfahren bis dahin, daß der Herr sein »Pfleger« ist und endlich sein ›Krankenlager wandelt‹ (s. ZÜ, EÜ).

5–10 Bittere Erfahrung für David

Jetzt wird ein besonderer Fall angeführt, eigenes Erleben. Es geht darum, daß ihm seine Güte anderen gegenüber nicht erwidert wurde – im Gegenteil! **6** Als während einer Erkrankung seine Feinde öffentlich seinen Tod herbeiwünschten und ihn schon vorhersagten, erwiesen ihm auch solche, von denen er eigentlich Freundlichkeit und Mitempfinden erwartete, nichts als Betrug und Haß. **7** Einigen, die ihn besuchten, gefiel es offensichtlich, daß er darniederlag. Als sie ihm gute Genesung wünschten, heuchelten sie.
8 Ihre wahren Gedanken zeigten sich außerhalb des Krankenzimmers, so daß auch seine geheimen Widersacher ermutigt wurden, ei-

nen Anschlag gegen ihn zu planen. **9** Sie brachten Gerüchte über eine unheilbare Krankheit in Umlauf, von der er nie mehr genesen würde und die auf ein Unrecht seinerseits zurückgehen solle. **10** Am schwersten war für ihn das Verhalten eines engen Vertrauten (wörtl.: ›Mann meines Friedens‹), mit dem er durch einen Treuebund vereinigt war (vgl. 1Sam 18,3), der sich in geheiligter Gastfreundschaft manifestiert hatte. Seine niederträchtige Feindschaft schmerzte, als hätte man den Kranken mit Füßen getreten. Dahinter könnte im Leben Davids ein Ereignis wie der Verrat Ahitophels stehen, obwohl in jenem Zusammenhang nicht von einer Krankheit Davids die Rede ist (2Sam 15,12.31). Jesus hat diesen Vers zitiert, als er auf den Verrat des Judas hinwies (Jh 13,18).

11–13 Gewisses Vertrauen auf den Herrn

Trotz der bitteren Enttäuschung mit seinem Freund, den er für treu gehalten hatte, bleibt Davids Gottvertrauen ungebrochen. **11** Er bittet nicht nur um Genesung, so daß er seine Pflicht als königlicher Richter wieder ausführen kann, sondern er preist Gott durch ein dreifaches Bekenntnis: a) **12** als den Gott, dessen Wohlgefallen es ist, die Seinen zu rechtfertigen; b) **13a** als den Gott, der *Frömmigkeit* nicht unbelohnt läßt; und c) **13b** als den Gott, der sündige Menschen in bleibende Gemeinschaft mit sich selbst bringt (vgl. V. 5).

14 Lobpreis Gottes

Der letzte Vers ist ein Lobpreis, den der oder die Sammler der Psalmen hier einfügten, um das Ende des ersten Psalmbuches anzuzeigen (vgl. Ps 72,18ff; 89,53; 106,48; Ps 150). S. dazu die Einleitung, S. 538.

ZWEITES BUCH. PSALM 42–72

Psalm 42 und 43 Sehnsucht nach Gottes Heiligtum

Alles spricht dafür, daß diese beiden Psalmen eigentlich zusammengehören. Verschiedene hebr. Handschriften verbinden sie auch zu einem. Ps 43 ist der einzige Psalm im zweiten Buch, der keine Überschrift hat. Beide haben zudem als gemeinsames Thema den tiefen Schmerz des Ausgeschlossensein vom Heiligtum Jahwes. Schließlich ist 43,5 identisch mit Ps 42,6 und 12, ein Refrain, der das Gedicht in drei Strophen unterteilt.

42,2–6 Verlangen und Bedauern

Das Bild eines Hirsches, der nach Wasser lechzt, zeigt eindrücklich, wie tief und schmerzlich der Psalmist seinen eigenen Mangel empfindet (vgl. Ps 63,2; 84,3). **3** Sein Verlangen nach dem *lebendigen Gott,* der die Quelle lebendigen Wassers ist (vgl. Jer 2,13), ist für ihn unlösbar mit dem gewohnten Gang zum Heiligtum verbunden. Dabei zeigt die vielfache ausdrückliche Erwähnung Gottes, daß das Verlangen sich auf den Umgang mit Gott selbst richtet. **4** Wie innig seine Liebe und wie stark das Verlangen nach Gott ist, zeigen die dauernden *Tränen,* die er angesichts des spöttischen Zweifels seiner Nächsten vergießt. **5** Die ungläubige Umgebung hat seine Erinnerung an die Zeit nur noch stärker werden lassen, als er mit den anderen Pilgern *zum Hause Gottes* zog (vgl. 2Sam 6,15–19). **6** Dieser traurige Rückblick wird plötzlich beendet. Der Psalmist spricht sich selbst Mut zu, Gott zu vertrauen, und mit seiner Errettung zu rechnen.

42,7–12 Niedergeschlagenheit und Hoffnung

7 Die zweite Strophe nimmt aus dem Refrain das Wort *betrübt* auf, wörtl. *aufgelöst ist in mir meine Seele* (EÜ). Es läßt sich erkennen, daß der Beter sich weit im Norden, in der Gegend des schneebedeckten *Hermon,* am Oberlauf des *Jordan* befindet. *Berg Misar:* wörtl. *der kleine Berg,* viell. ein bestimmter Berg im Hermongebirge. Nichts deutet an, wie er dorthin kam. Vielleicht ist er in einem der vielen Gefangenenzüge mitgenommen worden, die feindliche Könige nach einer Invasion mit sich führten. **8** Der Donner der von der Schneeschmelze genährten Wasserfälle scheint die Tiefe seiner Sorgen nur noch untermalt zu haben; doch schließlich behauptet sich der Glaube. Wenn er sich schon von den Wellen hin- und hergeworfen fand, dann waren die Wellen doch Gottes Wellen. Es gab immer noch eine allmächtige Hand, die ihn führte. **9** läßt sich nicht ohne weiteres mit V. 8 verbinden. Aufgrund der Flexibilität der hebr. Zeiten kann man hier unbedenklich in der Gegenwartsform (LÜ) übersetzen. Dann bezeugt er hier den Trost, den er von der Gewißheit empfängt, daß Gott im Regiment ist. Übersetzt man dagegen in der Zukunftsform (EÜ), dann redet der Psalmist von der Gewißheit, daß Gott ihn trotz aller Stürme zum Triumph führen wird. Als Vergangenheit übersetzt wäre es eine Hinführung zu V. 10 mit seiner Klage über Schmerzen, die ihn schon fast physisch quälen, wenn er seine spottenden Feinde sieht. **10** Aber er nennt Gott ja nicht umsonst seinen *Fels* – unveränderlich in Treue und Stärke, eine sichere Zuflucht (Ps 94,22). Aus der Klage wird so **12** eine Aufforderung zum Glauben.

43,1–5 Gottvertrauen

In der dritten Strophe des Gedichtes treten die Züge menschlicher Niedergeschlagenheit und Verzweiflung zurück. Das Bewußtsein der Treue und der Macht Gottes tritt an ihre Stelle. Die Stimmung wechselt vom anklagenden Bedauern der ersten Strophe über unstete Verwirrung in der zweiten zu festem Vertrauen und Zuversicht in der dritten. **1** Die verwirrenden Umstände sind immer noch die gleichen. Deshalb wiederum die Bitte um Verteidigung gegen die Hasser, Betrüger, Ungerechten und das Verlangen nach der Gewißheit, daß Gott sich seiner annimmt. Vgl. Ps 35,1. **2** Gott ist doch seine einzige Zuversicht. Warum läßt er ihn dann unter dem Eindruck, er hätte ihn verworfen? Warum muß der Psalmist wie ein Trauernder seinen Weg allein gehen? All diese Fragen werden gerade deshalb vor Gott ausgebreitet, weil sich sein ganzes Wünschen, Hoffen und Vertrauen auf ihn richtet. **3** Welche Dunkelheit sich auch über seine Seele lagern mag, Gott ist sein *Licht,* das nie dunkel werden wird; ja seine Wahrheit muß schließlich den Sieg über alle Irreführungen behalten. Deshalb gibt es gar keinen Zweifel daran, daß Gott schließlich alle Hindernisse in und um ihn abbauen wird, die ihn jetzt noch daran hindern, zum heiligen Berg, nach Zion, hinaufzuziehen. **4** Dabei geht es ihm gar nicht um den Ort als solchen, außer eben, daß er den *Altar Gottes* beherbergt, der durch das da vergossene Blut der Opfer Zugang zu Gott gewährt, in dem er allein *Freude und Wonne* finden wird. **5** Die Erwartung der ungehinderten Gemeinschaft mit Gott führt hin zum abschließenden Refrain. Die Worte sind die gleichen geblieben, aber der Ton dürfte sich geändert haben! Was zunächst der Tadel des Glaubens gegen die Niedergeschlagenheit (42,6) und dann die Ermahnung des Glaubens inmitten von Verwirrung war (42,12), wird nun zur triumphierenden Bezeugung der Glaubensgewißheit (43,5).

Psalm 44 Fragen des Volkes Gottes

Dies ist der erste einer Reihe von Klageliedern des Volkes im Psalter (vgl. z.B. Ps 83; 106). Jedes Mal geht es um das ernste Bestreben, Gottes Wege zu begreifen. Wie ist sein Handeln in der Geschichte zu rechtfertigen? Im allgemeinen sah man den Niedergang eines Volkes als direkte Folge seiner Schuld an. Man meinte, Gott reagiere auf das Verhalten des Volkes entweder mit Belohnung oder mit Strafe. Überwöge die Gottesfurcht, sendete er Sieg und Wohlstand; herrschte aber Sünde und Gottlosigkeit im Volk, stellten sich Dürre, Mißernten und Niederlagen ein. So z.B. Ri 2,16–23; Ps 106.

Ps 44 paßt nicht in dieses Schema, denn hier leidet das Volk, obwohl es fromm und gottesfürchtig ist (s. V. 18–23). Israel steht vor der verwirrenden Tatsache, daß Treue Gott gegenüber zum Kreuz führen kann.

2–9 Der äußere Segen der früheren Jahre

Dieser Überblick über die Geschichte greift zunächst einige Ereignisse auf (V. 2–4), um dann das Glaubensbekenntnis zu wiederholen (V. 5–9), das aus diesen Ereignissen erwuchs. Die eindrücklichste Erfahrung war die Landnahme. Im Zusammenhang damit lag die Betonung meist auf der Befreiung aus Ägypten (vgl. Ps 78,42–53). Hier hingegen wird die Eroberung Kanaans selbst als geschichtliches Denkmal göttlichen Handelns herausgestellt; das aber nicht nur, weil das damalige Geschehen immer noch zum Staunen herausfordert (vgl. 5Mo 4,35–38), sondern weil es im krassen Gegensatz zum jetzigen Erleben des Volkes steht (s. V. 12).

2–4 Gottes Hilfe *in den Tagen der Vorzeit* (EÜ) ist über allen Zweifel erhaben. Waffen allein konnten die damaligen Erfolge nicht garantieren (vgl. Ps 20,8; 33,16f). Sie wurden ausschließlich der machtvoll wirksamen (s. *Rechte, Arm*) Gegenwart (s. *Licht*; V. 4) Gottes verdankt. **5–7** Gott war ihr »Kriegsmann« (2Mo 15,3; s. dazu auch Jes 59,16f). Deshalb hatten sie auch die nötige Kraft, ihre Gegner niederzuwerfen. **8.9** Die Siegeserinnerungen weisen auf denselben Gott hin, zu dem sich das Volk jetzt noch siegesgemäß bekennt. Durch die Gegenwartsform der VV. 5–9 tritt der nicht vorhersehbare und unerklärbare Kontrast zum Inhalt der folgenden Verse stark hervor.

10–17 Die tiefe Schmach der gegenwärtigen Lage

10 Das nun macht auf den erschreckenden Gegensatz aufmerksam. Ihr *König und Gott* (V. 5) hat sein Volk verworfen und seine Verbindung mit ihnen gelöst. So hat es wenigstens den Anschein (vgl. Ps 43,2; 89,39ff). Ihr Heer war in die Schlacht gezogen, aber offenbar ohne den Herrn. **11–13** Sie sind den siegreichen Feinden ausgeliefert, müssen *fliehen,* werden *wie Schlachtschafe* umgebracht, sehen sich um, ein *Nichts,* einen Spottpreis verkauft. **14.15** Damit hat Gott sie dem Gespött der Heidenvölker preisgegeben. **16.17** Gottes Volk ist tief gedemütigt, denn schon sind die Spötter da: »Die Verheißungen des Herrn, eures Gottes sind offenkundig wertlos.« Diese Erfahrung des Volkes hat seine Parallele in der in Ps 42,4.11 beschriebenen Erfahrung des einzelnen.

18–23 Das Bewußtsein der Schuldlosigkeit

18.19 Die Erfahrung ist deswegen so schmerzlich, weil sich das Volk bei all dem keinerlei Schuld bewußt ist. Wenn es von Gott abgefallen wäre (vgl. Ps 16,4) oder wenn es seinen Bund übertreten hätte (vgl. 5Mo 28,15ff), dann wäre sein Elend noch verständlich. Aber das Gewissen des Volkes ist rein. **20** *Ort der Schakale:* d.h. das Land ist verwüstet; vgl. Jes 34,13. **21.22** Hier zeigt sich eine tiefe Überzeugung, daß die Schuldlosigkeit Gott bekannt sein müsse. **23** So kann dieser Anschlag auf die Existenz des Volkes nur durch das *um deinetwillen* erklärt werden. Das heißt entweder, aus irgendeinem unerklärlichen Grund, der nur Gott verständlich ist (vgl. Ps 23,3b), oder »weil wir dein Volk sind und deshalb gehaßt werden« (vgl. Ps 34,20; 1Jh 3,13). Dieses zweite Verständnis wird grundsätzlich im NT übernommen (vgl. Mt 5,11; Jh 15,20.25; Apg 14,22; Röm 8,36; 2Tim 3,12).

24–26 Die Dringlichkeit göttlicher Hilfe

24.25 bringen, um die ganze Tiefe der Verlassenheit auszumalen, das gewagte Bild eines schlafenden Gottes, der das Elend vergißt und sich verbirgt. So ruft man zu ihm. Vgl. Ps 7,7. Wie ungeschützt Gott uns doch manchmal reden läßt! **26** Das sich keiner Schuld bewußte Volk liegt wie ein Büßer vor Gott (vgl. Ps 119,25). **27** Der Ruhepunkt des Glaubens ist letztlich immer seine *Güte,* d.h. seine unverbrüchliche, im Bund versiegelte Treue, an die eindringlich appelliert wird.

Psalm 45 Ein königliches Hochzeitslied

Dieses Hochzeitslied dürfte zur Vermählung eines israelitischen Königs mit einer ausländischen Prinzessin geschrieben worden sein. Wer der König war, läßt sich nicht mit Sicherheit feststellen. Sein kriegerisches Handeln (VV. 4.6) läßt sich kaum mit Salomo in Zusammenhang bringen (vgl. 1Kön 3,1). Seine Gerechtigkeit und Frömmigkeit (VV. 7.8) passen nicht zu Ahab – wenigstens nicht nach seiner Vermählung mit Isebel (1Kön 16,31). Auf einen davidischen König weisen im Licht der Verheißung von 2Sam 7 die V. 3b und 17, vielleicht auch V. 7a (s. Komm.).

Das Lied wurde in den Psalter gefügt, weil es eine oft in der Schrift benutzte Vorstellung behandelt: die menschliche Ehegemeinschaft ist ein Abbild der Bundesgemeinschaft Gottes mit seinem Volk. Diese Vorstellung wirkt in das NT hinein, das die Gemeinde als Braut Christi bezeichnet (s. 2Kor 11,2; Eph 5,31f; Mt 22,2ff; 25,1ff; Offb 19,6–9).

2 Einführung

Der Dichter beschreibt sein großes Verlangen, etwas Schönes und Anmutiges zu besingen. Sein Entzücken über seinen König treibt ihn zum Dichten und Schreiben.

3–10 Lob des königlichen Bräutigams

Am Anfang der Beschreibung des Königs wird seine enge Gemeinschaft mit Gott herausgestellt (V. 3), die sich nicht in stiller Frömmigkeit erschöpft, sondern sich im aktiven Eintreten für Wahrheit und Recht auswirkt (V. 4–6). Der Sieg, den der König offenbar errungen hat, wird damit erklärt, daß Gott sein Eintreten für die Gerechtigkeit belohnt hat, indem er ihn über alle andern erhöhte (V. 8). Diese Erhöhung zeigt sich auch an äußerer Schönheit und Pracht (V. 9) und daran, daß die Damen seines Hofstaates selbst königlicher Herkunft sind (V. 10). Gerade an ihrer Anwesenheit zeigt sich etwas von dem Ansehen, das er bei Nachbarstaaten genießt. Es ist nicht verwunderlich, daß dieses Lob des davidischen Königs als Prophetie auf den verstanden wurde, dem es allein zusteht (Hebr 1,8f).

3 Vor allem anderen lassen die *Lippen* des Königs, d.h. sein Reden, erkennen, wer er ist. Wer ihn hört, erkennt, daß auf ihn der bleibende Segen göttlicher Gnade ruht (vgl. Jh 6,68; 7,46). **5.6** Das AT beschreibt die Ausbreitung der Herrschaft des Messias oft mit den Redeweisen aus dem Eroberungskrieg (vgl. Ps 110,5–7; Jes 11,12–16). Aber es geht dabei nicht um Landgewinne mit Waffengewalt, sondern um die Ausbreitung der *Wahrheit.* **7.8** *Gott, dein Thron:* eine andere Möglichkeit der Übersetzung ist: dein Thron, du Göttlicher (hebr. *'elohim*; ZÜ; vgl. Ps 2,7), d.h. der davidische König ist Gottes Mitregent, der in seinem Namen regiert (1Chr 28,5; 29,23) und dessen Herrschaft *immer und ewig* bleiben soll, entsprechend der Nathanverheißung in 2Sam 7,16. Doch ist die Wiedergabe *»Dein Thron, o Gott«* (EÜ) vorzuziehen. So oder so wird die enge Beziehung des von Gott »gesalbten« Königs, d.h. des Messias, zu Gott deutlich; zugleich aber wird er klar von Gott unterschieden, der als *der Herr, dein Gott* genannt wird.

11–18 Lob der Braut

11.12 Jetzt wird die Braut angeredet. Sie wird aufgefordert, ihrem Mann so die Treue zu halten, daß die frühere Bindung an ihr Volk in den Hintergrund tritt. Das wird ihr nicht allzu schwerfallen, denn er bringt ihrer Schönheit glühendes Verlangen entgegen.

13.14 Dazu erwarten sie unterwürfig die Vertreter fremder Völker, um ihr mit Geschenken zu huldigen. Sie wartet mit glänzenden Brautgewändern bekleidet im Inneren des Palasts. **15.16** Von hier wird sie in Begleitung ihrer Brautjungfern unter freudiger Musik dem König zugeführt. Im NT ein Bild für Christus und seine ihm zugeführte Gemeinde, zu der die Völker hinzugekommen sind (vgl. 2Kor 11,2; Eph 5,27).

17.18 Die restlichen Worte, die nun die Zukunft betreffen, richten sich an den König. Er wird viele Nachkommen haben, alle wie ihr Vater von königlicher Art. Aber *Kind* und *Kindeskind,* sowie die hinzugekommenen *Völker,* werden nur ihn rühmen.

Psalm 46 Ein feste Burg ist unser Gott

Dieser Psalm ist der erste von dreien, die ein Thema behandeln: die Anbetung Gottes, der sein Volk durch eine Krise hindurchgeleitet hat, die ein nationales Unglück zu werden drohte.

Zwei Auslegungen bieten sich an. Früher war man der Ansicht, daß es sich um die Errettung im Zusammenhang mit der Invasion Sanheribs handele (2Kön 18; 19). Nach neuerer Sicht verbindet man den Psalm mit einem (vermuteten) jährlichen Tempelritual, in dem der davidische König in ganzer Hilflosigkeit den Mächten der Erde ausgeliefert dargestellt wurde, bis Jahwe eingreift, um ihn zu retten und seine Feinde zu vernichten. Ein derart dramatisiertes Ritual sollte das ganz von Gott abhängige Wesen des Königtums in Juda immer wieder bewußt machen. Beide Auslegungsmöglichkeiten bleiben hypothetisch.

2–4 Feste Verankerung in Gott in einer Zeit allgemeiner Verunsicherung

Die Betonung liegt hier auf äußerlichen Veränderungen. Die feindlichen Könige werden im Bild kosmischer Mächte dargestellt, die die Schöpfungsordnung in ihrer Gesamtheit bedrohen. Angesichts dessen sagt der Psalmist: »Gott ist auf unserer Seite, eine Zuflucht und Stärke; er zeigt sich als Hilfe und Retter angesichts jeder erdenklichen Not.«

5–8 Freudige Gewißheit in der uneinnehmbaren Gottesstadt

Herausgestellt werden hier die inneren Werte; dabei wird besonders jene sichere Gewißheit betont, die auch dann noch Frieden verleiht, wenn draußen die Mächte wüten und toben. **5** *Stadt Gottes:* d.h. Jerusalem; aber nicht die Stadt an sich bietet die feste, sichere Zuflucht, sondern Gottes Präsenz in ihr (vgl. V.2). Die Quelle der inneren Stärke wird zunächst als ruhig dahinziehender Strom dargestellt. *Brünnlein,* besser: *des Stromes Bäche* (EÜ); vgl. Ps 23,2; Jes 33,21; 58,11. Wie die Paradiesströme (1Mo 2,10) ist er Symbol der lebendigen Gottesgegenwart, die in den folgenden Versen näher beschrieben wird. Der ›Strom‹ könnte auch ein Rückverweis auf die tobenden Wasser von V.4 sein. Das hieße: gleichgültig wie die Welt wütet und tobt, der souveräne Gott steht so über allem, daß aus dem wildesten Meer zum Wohl seines Volkes und seiner Stadt ein sanfter Strom werden muß. *Des Höchsten:* vgl. V.11; zu dieser Gottesbezeichnung s. Komm. zu Ps 21,8.

6–8 Sowohl die eine als auch die andere Auslegung von V.5 führt zu diesen Versen hin. Sie betonen die Gegenwart Gottes bei den Seinen und seine unmittelbare Herrschaft über die ganze Erde.

9–12 Aufruf, das Werk des Herrn zu bedenken

9 Allen Völkern muß das Handeln Gottes offenbar werden. Allen Völkern muß klar sein, welche Schlüsse aus der geschilderten Krise und ihrer Überwindung zu ziehen sind. Niemand kann bezweifeln, daß Gott Erstaunliches getan hat. Die Vernichtung des Feindes, gleich ob es sich um ein historisches Völkerheer oder um kosmische, geistliche Kräfte handelte, ist offenbar. Dieses Geschehen wird aber noch von der Größe der göttlichen Macht überragt, die es bewirkte. Darin, wie diese Krise zu einem guten Ende geführt wurde, sieht der Psalmist einen Hinweis auf die zukünftige Heraufführung unbeschränkten Friedens. **10** Dann werden alle Waffen zerstört werden (vgl. Jes 2,4; 9,3f). **11** Die Hauptaussage des Psalms liegt auf der Hand: Der Herr ist Gott; deshalb sollten die Menschen endlich ihre Versuche aufgeben, seine Macht und Souveränität anzufechten. **12** Es ist zu beachten, daß der Refrain in V.8 und V.11 drei Gottesbezeichnungen aufgreift: *Der Herr Zebaoth* ist eine Bezeichnung, die die göttliche Macht herausstellt. *Der Gott Jakobs* unterstreicht seine Bundestreue. *Ist mit uns* (hebr. *ʿimmanu)* weist auf seinen Namen ›Immanuel‹ hin (vgl. Röm 8,31).

Psalm 47 Unser Gott ist König

In einem festlichen Hymnus entfaltet dieser Psalm die Worte: »Ich bin . . . der Höchste auf Erden«, die gegen Ende des vorausgehenden Psalms (46,11) stehen. Der Hauptgedanke ist, daß Gott, der vom Himmel herab eingriff, um sein Volk mit großer Macht zu erretten, nun zu seinem Thron zurückkehrt. Diese Zurschaustellung göttlicher Macht und Würde ruft nach öffentlicher Anerkennung, nicht nur seitens des Volkes Israel, sondern auch bei allen Völkern der Erde (vgl. Ps 66,1–8).

In dem Gedicht sind dementsprechend zwei Themen miteinander verwoben: **2** Zum einen werden die Völker der Erde, die sich versammelt haben, um Jahwe als König auszurufen, aufgefordert, zu klatschen und zu jauchzen. **6** Posaunen und Hörner zu blasen, und **7** ohne Unterbrechung Lobpsalmen zu singen.

Zum andern wird die göttliche Majestät beschrieben, die der Grund dieses Freudenausbruchs ist. Drei Leitgedanken lassen sich feststellen: **3.4** Einmal, der Gott, der die ganze Menschheit regiert, ist unser König. Vor dem Höchsten neigen wir uns in Ehrfurcht. Niemand auf Erden kann ihm widerstehen. **5** Er hat Kanaan als Erbteil für sein Volk bestimmt, und es ist stolz auf diese sichtbaren Zeichen seiner Liebe. **9** Der erhöhte Herr, unser König, ist darüber hinaus König der ganzen Erde (vgl. Jer 10,6–8; 1Tim 1,17; 6,15f). Der Verlauf der jüngsten Ereignisse hat seine Macht gezeigt. Jetzt begibt er sich öffentlich an den Platz höchster, geheiligter Macht. **10** Der gekrönte Herr ist oberster Herrscher. Da er so erhöht ist, müssen sich letztlich alle Völker, vertreten durch ihre Fürsten, vor ihm als sein Volk versammeln. Schon von Abraham hieß es ja, daß er ein Vater vieler Völker sein und die Welt erben wird (vgl. Röm 4,16f; Gal 3,8.14.29). Alle *»Schilde«* (so EÜ; LÜ liest *Starken*) auf Erden gehören Gott, d.h. alle Autorität, die Könige und Regierungen ihr eigen nennen, kommt von Gott her. Somit steht er über allen (vgl. 1Kor 15,24–28).

Psalm 48 Freut euch! Der Herr ist auf dem Berg Zion

Der erste Psalm dieser Dreiergruppe Ps 46–48 feierte die Errettung des Volkes aus großer Gefahr; der zweite pries die Macht und Majestät dessen, der diese Errettung schuf. Der dritte beschreibt die Herrlichkeit der Stadt, die Gott so wunderbar bewahrt hat. Das hebr. Wort, das in V. 2 als *hoch* übersetzt ist, findet sich auch in Ps 46,2, wo es mit *groß*, sowie in Ps 47,10, wo es ebenfalls mit *hoch* wiedergegeben ist (Hebr. *me'od*). Dies ist eins der verbindenden Stichwörter zwischen diesen Psalmen: Gott hilft in höchster Not, ist hoch erhaben und wird hoch gerühmt.

2–4 Die Stadt Gottes wird gepriesen

Wie man den Herrn hoch rühmt, weil er König der ganzen Welt ist (Ps 47,7f), so ist auch die von ihm erwählte *Stadt* des Ruhmes wert (vgl. Ps 50,2; Klgl 2,15). Die heidnischen Völker suchten den Götterberg *fern im Norden* (vgl. Jes 14,13f). Wenn der Psalmist den Zion mit dem Götterberg im Norden gleichsetzt (V. 3), beansprucht er, daß es nur einen einzig mächtigen und herrlichen Gott gibt, den Gott Israels. Er allein regiert.

5–9 Gedemütigte und geschlagene Angreifer

5 Obwohl sich eine ganze Schar von Königen versammelt hatte, um die Stadt zu belagern, **6** verloren sie den Mut, als sie die Stärke der Stadt sahen; verwirrt und erschrocken wandten sie sich ab. **7** Ihr plötzliches Erschrekken wird durch das Bild der Geburtswehen eindrücklich dargestellt. **8** *Die großen Schiffe:* wörtl. *Tarsisschiffe* (EÜ), die größten Schiffe des Altertums (s. auch Komm. zu 1Kön 10,22). Die Macht des Sturmes, gegen die sogar derartige Schiffe hilflos sind, symbolisiert die überwältigende Macht Gottes.

9 Nachdem das Volk Zeuge der Macht Gottes geworden ist, bricht es in Lobpreis aus. Wie sie früher von Gottes Machttaten durch ihre Väter gehört hatten, so erleben sie sie jetzt selbst in dem Geschehen um Jerusalem oder, wie verschiedene Forscher (z.B. Weiser) meinen, in der dramatischen Darstellung im Festritual des Tempels. Die Macht Gottes schien die Sicherheit der Stadt für alle Zeiten zu garantieren. Später hat man diese Überzeugung allzu leicht von ihrer geistlichen Grundlage gelöst. Die religiösen Führer des Volkes steigerten sich in einen Unüberwindbarkeitstaumel hinein, als die Heere Nebukadnezars die Stadt belagerten. Sie übersahen, daß die eigentliche uneinnehmbare Burg Gott selbst ist (vgl. Ps 46), der den zu einer festen Burg macht, der im Vertrauen auf Gott verharrt (vgl. Jer 1,18f).

10–15 Eine Meditation über Gottes Güte und Treue

Nachdem die Gefahr einer Niederlage gebannt worden war, sah man die geliebte Stadt mit neuem Entzücken. Hinter der Liebe zu Jerusalem steht eine tiefe Liebe zu dem Herrn dieser Stadt. Wenn die Einwohner den Tempel betreten, wissen sie, daß es mehr darauf ankommt, über Gottes Güte und Treue nachzudenken als über die äußere Befestigung der Stadt, ihre Mauern und Türme. Auf diesen Gott, auf ihn und nichts und niemand anderes, kann man sich verlassen.

10 *Wir gedenken:* wörtl. wir vergleichen (H.J. Kraus: »wir veranschaulichen uns«). Das wäre ein Hinweis auf ein Tempeldrama. **12** Die *Töchter Judas* sind die Städte der Nachbarschaft, die von Jerusalem abhängig sind und mit der Hauptstadt befreit wurden. **13** Die Aufforderung, die *Türme zu zählen* steht in Zusammenhang mit dem Rückblick auf die überstandene Belagerung, während der die Stadt zwar äußerst bedroht war, von der sie aber ohne den geringsten Schaden befreit wurde. **15** *Er ist's, der uns führet:* MT hat zusätzlich: »... bis an den Tod« (vgl. EÜ Anm.). LXX: »in Ewigkeit«. LÜ setzt eine Änderung des hebr. Textes voraus und zieht diesen letzten Ausdruck zu 49,1: »... nach der Weise der Jugend«.

Psalm 49 Der Tod offenbart den Wert menschlichen Lebens

Dieser Psalm gehört zur sogenannten Weisheitsliteratur; und zwar weniger vom Stil her, der sich keineswegs von normaler Poesie unterscheidet, sondern aufgrund des Inhalts. Die hier verhandelten Fragen erinnern in etwa an das Buch Hiob und die Sprüche. Es geht um die rechte Haltung des Gottesfürchtigen zu den Ungerechtigkeiten und Unausgewogenheiten des Lebens.

2–5 Einleitung

Die Anfangsverse zeigen typische Eigenschaften der Weisheitsliteratur. Zunächst erfolgt ein allgemeiner Ruf zur Aufmerksamkeit (V.2 und 3); dann wird für das anstehende Problem eine Lösung angekündigt (V.4f).
4 *Weisheit* und *verständig* sind im Hebr. zwei Hauptworte, die in der Mehrzahl stehen. Das deutet an, daß hier Weisheit in Fülle kundgetan werden soll. Es wird nicht nur eine oberflächliche Lösung des Problems erstrebt, sondern es wird zu einer umfassenden Antwort kommen. **5** Die Quelle dieser Unterweisung ist ein Offenbarungswort. Das ist der Sinn des Ausdrucks: *Ich will einem Spruch mein Ohr neigen.* Hier redet Gott.

6.7 Das Problem

Ob es sich nun um ein tatsächliches Geschehen handelt oder ob sich der Weisheitslehrer nur in eine typische Situation versetzt, ist gleichgültig. Es geht um die Angst eines Mannes, den schamlose Machtmenschen mit all ihren Mitteln bedrohen. Während die Frageform dieser Verse nahe legt, daß die Ängste unberechtigt sind, ist die Frage an sich äußerst bedeutsam (vgl. Jak 2,6.7). Der Psalmist will eine Antwort geben, die jemandem, der sich in dieser Lage befindet, hilft.

8–13 Die Antwort – 1. Teil

Geld kann nicht alles. **8–10** Vertrauen auf Reichtum, wie ihn V.7 widerspiegelt, kann einem Mann in dieser Welt u.U. viel einbringen, aber er kann ihn nicht aus dem Gericht Gottes freikaufen. *Auslösen* und *Sühne* sind Grundbegriffe der Erlösungslehre sowohl im Alten als auch im Neuen Testament. In V.21 steht an der entsprechenden Stelle »bedenkt nicht«, hat keine Einsicht (EÜ; hebr. *jabin*); vgl. Ps 73,22. **12** Auch denen, die sich durch großen Besitz einen ewigen Namen machen wollten, bleibt am Ende nur das Grab.
13 Was das Sterben selbst angeht, sind sich Mensch und Vieh ganz gleich. *In seiner Herrlichkeit* sollte wohl besser als *»trotz« seiner Herrlichkeit* wiedergegeben werden. Dahinter verbirgt sich ein Hinweis auf alles was den Menschen über das Tierreich erhebt. Der Tod überwindet die Unausgeglichenheit des Lebens. Aber das ist nur eine Teilantwort auf die anstehende Frage. Bedenkt man, daß der Weise (V.11) auch stirbt, dann ist es doch wahrhaftig ein harter Trost, wenn man dem Bedrückten und Getretenen entgegenhält, daß das Grab einst alles wieder ins Gleichgewicht bringt. *Kann nicht bleiben:* wörtl. übernachtet nicht (hebr. *jalin*).

14–16 Die Antwort – 2. Teil

Die eigentliche Weisheit zeigt sich erst, wenn der Psalmist das Dunkel des Grabes durchstößt und zeigt, daß die Gleichheit, die der Tod schafft, nicht das Letzte ist. **14.15** Der hebr. Text ist schwierig (vgl. besonders V.15 in LÜ und ZÜ im Blick auf die Hauptunterschiede). Aber wenn die Einzelheiten auch offen bleiben, ist doch die wesentliche Linie klar. Auf der einen Seite gibt es Menschen wie die, deren *Torheit* schon in V.7 geschildert wurde. Wie der reiche Mann im Gleichnis Jesu (vgl. Lk 16,25) hatten sie schon alles Gute in diesem Leben. Jenseits des Grabes sind sie hilflos wie *Schafe*, die für die *sche'ol*, das Reich des Todes, bestimmt sind. Ihr Hirte ist der *Tod*. Ohne weitere Chance kommen sie im Totenreich an. **16** Dem steht das betonte *Aber* gegenüber. Wenn der Mensch auch unfähig ist, seine eigene Erlösung zu bewirken (vgl. VV.8 und 9), so kann doch Gott die Erlösung schaffen, die das Gefängnis des Totenreiches durchbricht, den Erlösten dem Tode entreißt und zu Gott hinführt. *Nimmt mich auf* ist schon fast ein Spezialbegriff dafür, daß Gott einen Menschen in seine Herrlichkeit aufnimmt (vgl. 1Mo 5,24; 2Kön 2,9ff; Ps 73,24). Versteht man den Psalm so direkt, dann behauptet er, daß die Unausgeglichenheiten des Lebens angesichts der endlichen segensreichen Erlösung, die Gott den Seinen bereitet, und dem Schicksal derer, die ihren Glauben in andere Dinge setzen, getragen werden können. Weiser sagt dazu: »Das ist die Hoffnung des Glaubens, die über den Tod hinausreicht und darin den Tod innerlich überwindet« (ATD).

17–21 Die praktische Folgerung

Das Wissen um das Gericht des Gottlosen in der ›Scheol‹ nimmt allem Reichtum dieser Welt seinen Glanz. **21** LÜ paßt diesen Vers im Wortlaut V. 13 an. Wenn der Mensch trotz all seiner Herrlichkeit, seines Reichtums und seiner Ehre die Beziehung seines Lebens zur Ewigkeit nicht versteht und er den Weg der Rettung nicht kennt, was ist dann seine ganze Errungenschaft wert? (vgl. Mt 16,26a).

Psalm 50 Der Mensch als Angeklagter vor Gottes Gericht

1–6 Einleitung

1 Die dreifache Benennung Gottes als *Gott, der Herr, der Mächtige* (hebr. *El Elohim Jahwe*; ebenso Jos 22,22) umschreibt ihn feierlich als den *einen* Gott, in dem die Fülle der Gottheit wohnt und schließlich als den, der mit seinem Volk einen Bund machte (s. 2Mo 3,15). Dieser Gott läßt seine Stimme hören und ruft alle Bewohner der Erde zusammen, damit sie seinem Gericht beiwohnen und Zeugen davon werden, wie er sein Volk richtet. **2** Der Aufruf geht von Zion aus und wird begleitet vom Glanz der göttlichen Wahrheit (vgl. Ps 80,4; 2Kor 4,6; 1Jh 1,5). **3** Zuerst hört man sein Wort, dann erkennt man sein Licht und dann ist es, als ob der Dichter Gott selbst – umgeben von Blitzen und Stürmen – herannahen sähe. **4** An *Himmel und Erde* ergeht die Aufforderung, als Zeugen vor seinem Gericht zu erscheinen, denn sie waren Zeugen all dessen, was sich ereignete (vgl. Jos 24,27).
5 Jetzt werden die Angeklagten aufgerufen, das Volk, mit dem er einen *Bund* geschlossen hat. Dieser von Generation zu Generation erneuerte Bund war zu Anfang mit einem *Opfer* besiegelt worden (vgl. 2Mo 24,3–8). **6** Das Verfahren wird mit dem Vortrag eines der Zeugen eröffnet, der die *Gerechtigkeit* des Richters beschwört.

7–15 Gott redet mit seinem Volk

7 Er wendet sich mit einem Mahnwort an Israel. **8** Er klagt sie nicht etwa an, daß sie sich irgendwelche Nachlässigkeiten beim Opferritual hätten zuschulden kommen lassen. Sie hatten die religiösen Pflichten gewissenhaft erfüllt. **9–13** Aber ihre Motive waren fragwürdig. Sie brachten ihm ihre Opfer dar, als ob er ihrer bedürfe und ihnen deshalb für ihre Freigiebigkeit zu Dank verpflichtet wäre. Solch ein Gottesdienstverständnis ist vor Gott absurd. Alles, was die Menschen haben, die ganze Natur, die ganze Welt ist doch sein. Als ob Gott wie die Menschen Fleisch zur Nahrung bräuchte! **14** Wahrer Gottesdienst kann nicht darin bestehen, daß man Gott das Fleisch toter Tiere darbringt. Gott geht es um den persönlichen Dank, der sich u.U. am Opfer zeigt. Er sucht Hingabe und Treue in und außerhalb des Gottesdienstes (vgl. Pred 5,4). **15** Damit ist die vertrauensvolle Hinwendung zu Gott in Not verbunden. Da wird man seine Hilfe erfahren, was wiederum zu Dank und Lobpreis führt.

16–23 Gott spricht zu den Gottlosen

16.17 Dieser ernste Vorwurf gilt denen, die von Gottes Gesetzen reden, aber sie nicht halten (vgl. Mt 7,21–23), d.h. denen, die sittliche Zucht hassen und Gottes Gebote zurückweisen, **18** sich in der Gemeinschaft mit Dieben wohlfühlen und geschlechtliche Freizügigkeit gutheißen, **19** sich selbst eine ungezügelte, schmutzige, unehrliche Zunge leisten **20** und sogar die verleumden, mit denen sie verwandt sind. **21** Sie betrachten Gottes Geduld als Schwäche und seine Langmut, die ihnen Zeit zur Umkehr läßt, als Gleichgültigkeit oder gar Zustimmung. Ihre oberflächige Annahme, daß Gott so gesetzlos, betrügerisch und unzuverlässig sei wie sie selbst, wird zunichte werden. Jede ihrer Taten werden sie zu verantworten und die Folgen selbst zu tragen haben.
22 *... die ihr Gott vergesset.* Vgl. Jer 13,25; Hes 22,12. Der Psalm schließt mit einer furchtbaren Warnung an die Gottlosen (vgl. Jud 15) und **23** zugleich mit einem Heilsangebot, das denen gilt, die ihr Leben in Dank und Gehorsam an Gott ausrichten. Dieser letzte Abschnitt dient als Grundlage für Röm 1,18–32 und 2,21.23.

Psalm 51 Ein Bußgebet

Ein ausdrücklicher Hinweis in der Überschrift bringt diesen Psalm mit 2Sam 12,1–13 in Verbindung. Als Ausdruck eines Herzens, das von Scham überwältigt, von der Schuld gedemütigt und gebrochen und doch durch den bußfertigen Glauben an Gottes Barmherzigkeit vor der Verzweiflung bewahrt wird, ist dieses Gedicht unübertroffen.

1–10 Überführt von der Sünde

Man muß sich daran erinnern, daß unmittelbar nachdem David seine Sünde bekannt hatte, Nathan ihm die Vergebung Gottes zusprach. David ist sich also des Wunders und der Nähe der Gnade bewußt. Ihm ist für ein außerordentlich großes Vergeben die *wunderbare* Verheißung der Vergebung zuteil geworden (2Sam 12,13). Aber er kann sich damit nicht zufriedengeben, bis er ein umfassendes Bekenntnis abgelegt hat. Darum geht es in diesem Psalm. Vier Themen bestimmen dabei Davids Schuldbekenntnis.

Das Bewußtsein der persönlichen Verantwortung. Die Häufigkeit, mit der von *meiner Sünde, meiner Missetat* geredet wird, ist auffällig. Die persönliche Verantwortung wird nicht unter Berufung auf zufällige Umstände oder instinktive Nötigung umgangen; weder Unwissenheit noch Zwang noch die Übermacht des Bösen werden vorgeschoben. Nicht einmal ein Versuch wird gemacht, Bathseba einen Teil der Schuld an Ehebruch und Mord zuzuschieben. David ist verantwortlich für die geschehene Sünde und er schöpft das ganze Register alttestamentlicher Sündenbezeichnungen aus, um das in Worte zu fassen (vgl. Ps 32,5). Die Tiefe dieses Schuldbewußtseins wird unterstrichen durch die Worte: *Meine Sünde ist immer vor mir* (V. 5).

Das Bewußtsein, sich an Gott vergangen zu haben. Ganz abgesehen von dem, was mit Bathseba und Uria geschah, hat David gegen Gott gehandelt. *An dir allein habe ich gesündigt* (V. 6). Der Beter bekennt seine Sünde, so daß Gott, wenn er den Sünder verurteilt, von jedem Verdacht der Härte, Einseitigkeit oder Voreingenommenheit frei ist.

Die Bitte um vollkommene Reinigung von Sünde. Heftig und leidenschaftlich drängen sich hier die Bitten: *Tilge* (V. 3), d.h. radiere weg, wie man eine Schrift wegradiert (2Mo 32,32) oder wie man Wasser aus einem Gefäß auswischt (2Kön 21,13). *Wasche mich rein* (V. 4) – ein Wort aus der Sprache des Walkers, eigentlich ›bleiben‹. Die Sünde hat sich tief in die Fasern der Existenz eingegraben. Deshalb ist intensive Behandlung notwendig. *Reinige mich* (V. 4) wie man einen Aussätzigen nach ritueller Waschung für rein erklärt (3Mo 14,8f), ihn von jeder religiösen Unreinheit freispricht und wieder zur Gottesgemeinschaft zuläßt.

Das Vertrauen auf Gott, der allein helfen kann. Das Ganze ist von der Haltung durchdrungen: Gegen Gott hat er gesündigt; allein zu Gott fleht er; Gott allein kann helfen. Aber nun wird diese Wahrheit auch greifbar. In VV. 7 und 8, die durch das wiederholte *Siehe* verkoppelt sind, bekennt er die wahre Tiefe seiner Sündhaftigkeit, die als natürliches Erbe von Geburt an an ihm haftet. Er anerkennt die Forderung Gottes, die auf eine innere, persönliche Erneuerung hinausläuft, die im Innersten *(im Verborgenen, im Geheimen)* Gottes *Wahrheit* entspricht. Die erforderliche Reinigung kann nur von Gott kommen (V. 9); nur er kann den von der Sünde zerstörten Leib und die von der Sünde betroffene Seele wiederherstellen (V. 10). **7** Weder der Zeugungs- oder Empfängnisakt, noch der Geburtsvorgang als solcher sind sündig. David verfolgt vielmehr seine eigene Geschichte zurück bis zu den ersten Anfängen, zur Geburt, ja, bis zum Augenblick der Zeugung und muß feststellen, daß die Sünde ihn von Anfang an begleitete. Das ist wohl die grundlegendste Aussage des AT zur Erbsünde. Dabei geht es nicht darum, den Menschen etwa für seine Sünde zu entschuldigen. Es soll vielmehr deutlich werden, bis in welche Tiefen und in welchem Ausmaß die Sünde den Menschen durchdrungen hat. **9** *Ysop* wurde benutzt, um das Blut der Opfer zu sprengen bzw. auf etwas aufzutragen (s. Komm. zu 2Mo 12,22). Der Mann, der in V. 18 bekennt, daß ihm kein Opfer bekannt ist, das Gott für seine Sünde annehmen würde, wendet sich voll Vertrauen Gott selbst in der Gewißheit zu, daß er um solch ein Opfer weiß und daß er es auch zu seiner Rettung verwenden wird.

11–16 Niedergeschlagenheit und Verlangen nach Heiligkeit

11–13 Ein weiterer Aspekt der Sünde wird angeführt: Sünde bedeutet Trennung von Gott. Es bedrängt ihn, daß die Trennung von Gott unumkehrbar sein könnte und der Heilige Geist ihm genommen würde. Deshalb fleht er um sittliche Gesundung, um ein *neues Herz* und *einen beständigen (willigen) Geist* (V. 14). Er ist sich bewußt, daß der Mensch, der sündigt, sich nicht nur gegen Gott wendet, sondern daß er sich damit auch auf den Weg in tiefste Dunkelheit und Gottesferne begibt.

Buße meint auch die Preisgabe des sündigen Strebens und Wollens. Der Psalmist wendet sich nun dem damit verbundenen positiven Aspekt zu. **14** Er fleht um die Erneuerung seiner Freude an Gott, die ihm durch die Sünde geraubt worden ist, und um einen willigen Geist, der immer gerne bereit ist, das Rechte zu tun. **15** Wird ihm diese Bitte gewährt, dann wird er so erleichtert und auch umgewandelt sein, daß er auch andere Sünder überzeugend dazu auffordern kann, sich zu diesem gnädigen Gott zu bekehren. »Erst durch die Bekanntschaft mit den Wegen Jahwes (wird) der Irrweg des Sünders bekannt« (H. J. Kraus, BK). Mit diesem Gelübde scheint das Gebet abzuschließen. **16** Warum folgt dann ein nochmaliges Bekenntnis, und zwar vor allem der *Blutschuld*? An sich läßt sich keine Erklärung für die Durchbrechung der Ordnung des Psalms finden, es sei denn, man akzeptiert die Tatsache, daß David nicht zur Ruhe kommen konnte, bis er alle seine Sünden vor Gott ausgebreitet hatte. Es gibt kein Bekenntnis, das nicht detailliertes Bekenntnis wäre. In V.16 zeigt sich der Schmerz über die Mittäterschaft am Mord Urias (2Sam 12,9).

17–21 Wahrer Gottesdienst

Der Psalm endet mit dem Ausblick auf einen persönlichen Dank, der Gott gefällt und aus der Buße erwächst (V.17–19), sowie auf den gemeinsamen Gottesdienst der Gemeinschaft, die unter dem Segen und Schutz Gottes steht (VV.20 und 21). **18.19** Es geht in diesen Versen nicht um eine grundsätzliche Verwerfung des Opfers. Das Gesetz sah kein Opfer für Ehebruch und Mord vor; deshalb konnte auch keins dargebracht werden. David konnte sich nur auf Gott verlassen, der schon ein Opfer finden würde (s. zu V.9). Er selbst konnte Gott nur den *geängsteten Geist* und das *zerschlagene Herz* darbringen, ohne die jegliches Opfer wertlos war. **20.21** Es stimmt nicht, daß man diese beiden Verse am besten als einen nachexilischen Anhang versteht, der den Psalm eines einzelnen für den Gemeindegottesdienst brauchbar machen sollte. Die Sünde des Königs bedrohte das ganze Volk (vgl. 2Sam 24). Davids Ehebruch und Mord haben nach dieser Sicht die *Mauern Jerusalems* untergraben. Im Zusammenhang mit seiner eigenen Vergebung bittet er darum, daß doch auch seinem Volk die Gnade (V.20a), der Schutz (V.20b) und die Gemeinschaft mit Gott (V.21) nicht entzogen werden.

Psalm 52 Die Verurteilung, die einem mächtigen, gottlosen Menschen bevorsteht

Dies ist einer von insgesamt acht Psalmen, die durch ihre Überschriften in Zusammenhang gebracht sind mit Davids Erleben auf der Flucht vor Saul. Die andern sind Ps 7 (wegen der Worte des Kusch), 59 (als Saul David töten lassen wollte), 56 (als ihn die Philister in Gath ergriffen hatten), 34 (als er am Hof Abimelechs war), 57 (David in der Höhle Adullam), 142 (Gebet in der Höhle), 54 (David verraten von den Männern aus Siph). Ps 52 gehört zu den älteren Psalmen. Er steht im Zusammenhang mit Davids Flucht zum Heiligtum in Nob. Saul wurde berichtet, wie der Priester Ahimelech David zu Hilfe kam (1Sam 21,1–9; 22,9–23). Der Psalm drückt Davids berechtigten Unmut über den Verrat Doegs aus.

3–6 Das Reden und das verderbliche Tun des Mächtigen

Heftige, sarkastische und verächtliche Worte stehen am Anfang. Doeg ist es gar nicht wert, genannt zu werden. Er ist ruhmredig; er vollbringt nicht nur das Böse, er rühmt sich dessen auch noch. Sein Leben besteht in unablässiger Ablehnung der ihn umgebenden Güte Gottes. Er ist betrügerisch, verleumderisch und falsch. Seine hauptsächliche Waffe ist seine Zunge (vgl. Ps 7,15–17; 10,3–11). Für den ganzen Psalm gilt die Zunge als wesentlichstes Anzeichen für den Charakter des Menschen. Wie einer redet, so ist er auch. Das zeigen auch die beiden Hälften von V.5: die Lust am Bösen schlägt sich nieder in der bösen Sprache der Lüge (vgl. dagegen Ps 34,12–15). **3** *Die Güte Gottes (währt) den ganzen Tag:* so EÜ nach MT; vgl. LÜ. Vielleicht ist statt hebr. *cheṡed 'el* mit der Peschitta *'el chaṡid,* d.h. *vor den Frommen* zu lesen (so EinhÜ).

7 Sein sicheres Verderben

Das *Darum* macht deutlich: es gibt eine unumgängliche Antwort Gottes. Das Verderben wird bildlich umschrieben mit *zerschlagen, aus deinem Zelte reißen, ausrotten.*

8.9 Die Antwort des Gerechten

Die sichtbare Strafe, die Doeg treffen wird, löst bei den Gerechten einmal Furcht, zum andern Zufriedenheit darüber aus, daß Gott Gerechtigkeit wiederherstellt. Es ist nicht notwendig, persönlichen Haß oder Vergeltungssucht hier hineinzulesen (vgl. Hiob 31,29). Die Gerechten werden miteinander darüber reden, wie hinfällig das Leben ist, das sich auf weltlicher Macht und bösem Trachten aufbaut.

10.11 Die bleibende Treue des Psalmisten

David sieht sich selbst im Gegensatz zum Gottlosen als *grünenden Ölbaum* (vgl. Ps 1,3). Das Verderben des Gottlosen und das Bleiben des Frommen ergeben sich aus Gottes eigenem Wesen, auf dessen *Güte* sich David verläßt – vgl. Ps 34,16f.

Im Zusammenhang mit diesem Vertrauen werden noch drei weitere Kennzeichen seines Lebens sichtbar: Dankbarkeit, weil Gott um seinetwillen eingegriffen hat; Bereitschaft, die Liebe und Güte Gottes zu preisen, und Lust an der Gemeinschaft mit dem Volk Gottes.

Psalm 53 Unterdrückung in Vergangenheit und Gegenwart

Es handelt sich um die überarbeitete Fassung des 14. Psalms. Erläuterungen s. dort. Im wesentlichen fallen zwei Veränderungen auf. Einmal hat Ps 14 an vier Stellen den Namen *Jahwe,* während an sieben Stellen, wo hier von Gott die Rede ist, jedesmal die Gottesbezeichnung *Elohim* benutzt wird. Ganz gleich warum das im einzelnen so ist, erhält der

Psalm dadurch einen weiteren, universalen Spannkreis, denn die Gottesbezeichnung Jahwe, die mit dem Bund im Zusammenhang steht, galt exklusiv für Israel. Zum andern wurde Ps 14,5f hier ganz umgeschrieben. Das legt eine wunderbare Errettung des Volkes seit der Abfassungszeit von Ps 14 nahe, sei es durch den Zerbruch der ammonitischen Liga (2Chr 20,22–24), sei es durch die übernatürlich verursachte Panik in der syrischen Armee (2Kön 7,6f).

Psalm 54 Gott erhält mein Leben

Bald nachdem Abiathar, der dem Massaker Doegs bei Nob entronnen war (Ps 52), bei Kegila zu David stieß, hörte jener, daß Saul sich der Stadt näherte, um sie zu belagern. Obwohl David die Stadt vor einem Angriff der Philister gerettet hatte, warnte man ihn wegen der Unzuverlässigkeit der Einwohnerschaft. So flohen er und seine Männer weiter ostwärts, bevor Saul eintraf (s. 1Sam 23,5.13). In den unwirtlichen, bewaldeten Bergen südlich Hebrons fanden sie Zuflucht. Doch die Männer der benachbarten Stadt Siph verrieten sie wiederum an Saul (1Sam 23,19). Nach der Überschrift gibt dieser Psalm Davids Gefühle angesichts der Feindseligkeiten der Siphiter wieder.

3–5 Ein Hilferuf

Gottes Beistand sucht man in seinem *Namen,* d.h. aufgrund des Wesens Gottes, der sich als Beschützer der Schwachen und Unterdrückten offenbart hat, und im Hinblick auf die Offenbarung seiner Macht. **5** Daß Davids Feinde *Stolze* (eigentlich: ›Fremde‹) und *Gewalttäter* ihm gegenüber sind, liegt an ihrer Einstellung zu Gott.

6.7 Ein Glaubensbekenntnis

Im Unterschied zu seinen Feinden kann David auf Gott als Quelle seiner Hilfe weisen. Ja, er hat gar keine andere Hilfe. Der Herr ist sein einziger Retter und Erhalter (vgl. Ps 3,6; Jes 41,10). Deshalb kann es gar keinen Zweifel daran geben, daß er eingreifen wird, um das David zugefügte Übel zu beantworten.

8.9 Ein Dankgelübde

Wenn David durch den Namen Gottes errettet sein wird (V. 3), dann wird er auch fröhlich Gott in aller Öffentlichkeit danken. Sein Gottvertrauen ist so tief, daß er jetzt schon seine Feinde besiegt vor sich sieht (V. 9b) und einen Vorgeschmack seiner Errettung empfindet, die im *Namen* des *Herrn* geschehen wird (vgl. Jes 30,27). In V. 9 steht im Hebr. sogar die Vergangenheitsform (vgl. EÜ: »hat . . . errettet; hat . . . gesehen«), was die feste Gewißheit ausdrückt, daß Gott seinem Namen gerecht werden wird (vgl. 2Mo 14,30–15,2).

Psalm 55 Verwirrt, bedrückt – und dennoch bewahrt

Hier spricht ein Mensch, der durch die Treulosigkeit eines Freundes tief verwundet ist, und sich nun in Verzweiflung und Vertrauen an Gott wendet. Der tiefe Schmerz ist schon daran erkenntlich, daß die Gedankenführung des Gedichts sich ruhelos bald der Treulosigkeit der Menschen, bald der Zuverlässigkeit Gottes zuwendet. Der Psalmist muß sich in einer weiteren Spannung zurechtfinden: auf der einen Seite ist er versucht, sich durch Flucht den Problemen zu entziehen (V. 7–9), auf der anderen Seite bietet sich der Weg des Glaubens als alleinige Möglichkeit an, einen Ausweg aus den Enttäuschungen zu finden (V. 23).

2–9 Dunkle Ahnungen und der Wunsch, sich durch Flucht allem zu entziehen

Schon die Formulierung der Bitte zeigt: hier ist ein Mensch, der sich nach Gewißheit sehnt. **2** *Verbirg dich nicht:* vgl. Ps 27,4f. **3.4** Der Psalmist ersehnt die Zuwendung und eine unmittelbare Antwort von Gott, denn er ist völlig niedergeschlagen. Er kann nicht schweigen, denn die Spannung, die durch die ständig zunehmenden Verdächtigungen seiner Person aufgebaut wird, ist erdrückend. Er erinnert sich an eine Vielzahl von einzelnen Begebenheiten, die in der Vergangenheit kaum beachtet, nun ein Netz übler Komplotte und Anschläge gegen ihn zu bilden scheinen. **5.6** In dieser Stimmung sieht er nicht nur, wie seine Feinde ihren Erfolg schon bejubeln, er hat sogar Vorahnungen eines gewaltsamen Todes.

7.8 Der Druck der Ereignisse ist so unerträglich geworden, daß er in Gedanken zu flüchten sucht. Am liebsten wäre er eine Taube, die sich fern von den Menschen eine ruhige Bleibe suchen und **9** sich mit verzweifelter Anstrengung aus plötzlichem Sturm in Schutz und Sicherheit bringen könnte. Der Drang, der Wirklichkeit zu entfliehen, ist aber eine Verkehrung des Verlangens nach Ruhe (V. 7). Das Fluchtmotiv, sei es, daß man Pflichten, Zucht oder Gott ausweichen möchte, ist in der Bibel bedeutsam. Es ist ein wesentlicher Grund für die dauernde Ruhelosigkeit und Unzufriedenheit des Menschen. Noch niemand kam zur Ruhe, indem er in die *Wüste* floh. Vielmehr ist gerade die Wüste der Ort der Anfechtung. Vgl. 1Kön 19,4.

10–16 Gebet um das Verderben der Bösen

Die aufgewühlten Gedanken kehren sich jetzt speziell gegen einen Mann, der, obwohl früher der nächste Freund, jetzt anscheinend der Hauptgegner ist. Vgl. Ps 41,10. **10** Der Psalmist fleht zu Gott, er möge doch unter diesen Ränkeschmieden solch eine Uneinigkeit und Verwirrung, solche Mißverständnisse und Gegensätzlichkeit schaffen, daß ihr Planen zunichte wird wie das der Menschen von Babel (vgl. 1Mo 11,7f; 2Sam 15,32ff; 17,1–14). **11.12** Die Verse legen nahe, daß Betrug und innerer Verfall sowohl unter den Soldaten auf den *Mauern* als auch unter den Handwerkern in den Gassen der Stadt herrschten. Einige Ausleger sehen *Frevel* und *Hader* (V. 10) personifiziert gedacht. Gleiches gilt für *Mühsal* und *Unheil* (V. 11), *Verderbnis, Lügen und Trügen* (V. 12). Das alles glaubt der Psalmist noch ertragen zu können; **13–15** was indessen seinen Zorn herausfordert, ist der Verrat eines Freundes, dem er ganz vertraute, mit dem er als ebenbürtig verkehrte, der oft bei ihm war, mit dem er vor allem auch im Glauben eines Herzens war.
16 Der Beter appelliert an das Gottesgericht. Unvermittelt soll sie die Scheol (der Abgrund) verschlingen (vgl. 4Mo 16,30ff). Wenn wir diesen Vers lesen, können wir nicht umhin, eine gewisse Rachsucht herauszuhören. Dennoch sollten wir vorsichtig sein, unsere eigenen Empfindungen andern zuzuschreiben. Daß jemand lebendig in das Totenreich, den Abgrund, hinabfährt, ist ein Urteil, das dem Aufruhr gegen den von Gott eingesetzten Führer angemessen ist. Dem Psalmisten, gleich ob David oder einem späteren davidischen König, geht es hier – wie die Anklänge an die Geschichte vom Untergang der Rotte Korahs zeigen – weniger um persönliche Rechtfertigung als darum, daß das königliche Amt durch ein göttliches Zeichen bestätigt wird.

17–24 Gottvertrauen

17 Ganz anders als seine Feinde kann sich David mit Gewißheit an Gott wenden.
18 Seine dauernden Hilferufe werden erhört werden, seine Notlage wird eine Lösung finden. **19** Er wird der großen Gefahr entrissen werden, ganz gleich, wieviele Feinde sich gegen ihn aufgemacht haben. **20** Gott, der ewige König der Gerechtigkeit, wird ihm zu Hilfe kommen und seine Feinde demütigen.
21 Von da aus wenden sich die Gedanken des Beters wieder seinem treulosen Freund zu, der sich in böser Absicht gegen die kehrte, die ihm in Liebe und Frieden verbunden waren. Er zerriß die zwischen ihnen geknüpften Freundschaftsbande. **22** Wenn er an all die Bosheit, Doppelzüngigkeit und Verleumdung denkt, schmerzt ihm das Herz. Wenn er seine früheren Worte im Licht seiner jetzigen Taten betrachtet, treffen sie ihn wie Schwerthiebe.

Aber weder Flucht, noch Bedauern, noch Verärgerung, noch bittere Enttäuschung geben inmitten des tiefgreifenden persönlichen und politischen Aufruhrs eine befriedigende Lebensbasis ab. **23** Endlich zeigt sich die richtige Handlungsweise. Sie kann nur darin bestehen, daß man alles, was das Herz zermürbt, alle Lasten und Schmerzen, der Verantwortung des Herrn übergibt. Das nimmt sich auch David vor. Dabei erfährt er, daß Gott selbst ihn aufrecht hält (vgl. 1Petr 5,7). Der Herr wacht über die Gerechten. Er läßt nicht zu, daß sie durch irgendwelche üblen Absichten aus der Bahn geworfen werden.
24 Andrerseits werden Gottlose, Verleumder und Mörder niemals ihre Tage ungestört zu Ende bringen. Dem sollte man das von Paulus in 2Tim 4,10.11 und 17 angedeutete Erleben zur Seite stellen.

Psalm 56 Ist Gott für mich, wer mag wider mich sein?

Die Überschrift weist hin auf Davids ersten Aufenthalt in Gath, als er anscheinend in seiner Bewegungsfreiheit eingeengt war (vgl. 1Sam 21,13; 22,1). Ps 34 ist kurz nach seiner Flucht von den Philistern gedichtet; Ps 56 bringt die Befürchtungen zum Ausdruck, die ihn plagten, als er noch in Achis' Händen war.

Der Psalm setzt sich aus zwei kurzen Strophen zusammen, die jeweils in einem Refrain einmünden (VV. 5.11.12), während die VV. 13 und 14 eine kurze Zusammenfassung geben.

2–5 Gegensätze und Spannungen

2.3 Der Gegensatz besteht zwischen *Gott* und den *Menschen* in ihrer Hinfälligkeit (das hebr. Wort meint den Menschen als Sterblichen), zwischen dem einen, der *gnädig* ist und den vielen, die ihm den ganzen Tag *nachstellen,* ihn *bedrängen* und ihn in ihrem Hochmut *bekämpfen.* **4.5** Das führt zu der Spannung: *Ich fürchte mich . . . ich hoffe.* Die Spannung wird nicht nur durch den Entschluß, Gott zu vertrauen, entschärft, sondern vor allem durch das Bewußtsein, daß Gottes Wort nicht enttäuscht.

6–12 Zwei aufmerksame Beobachter

David weiß sich einerseits unter Menschen gestellt, die ihn belauern (VV. 6ff.), andrerseits weiß er sich von Gott umgeben, der seine *Tränen* zählt (V. 9). Seine Belastbarkeit in der Bedrängnis hängt weitgehend davon ab, wem er sich zuwendet. **8** Zwischen diesen beiden

Polen entscheidet er sich schließlich doch für Gott. Er bittet ihn, mit seinem gerechten Zorn die hochmütigen Gedanken und drohenden Worte der mißtrauischen Philister zunichte zu machen. Dieses Gottesgericht soll sie zusammen mit allen Gottlosen treffen (vgl. Ps 7,7–10; Jud 14–16). **9** Gott weiß um jede Einzelheit seines von Ungewißheit bestimmten Lebens. Seine Tränen werden nicht unbemerkt vergossen und sind Gott kostbar. *Krug:* wörtl. *Schlauch* (EÜ). *Ohne Zweifel, du zählst sie:* Dieser Nachsatz heißt wörtlich: »(Stehen) die nicht in deinem Buch?« (vgl. EÜ). Damit wird bildlich auf eine Art »Gedenkbuch« Gottes angespielt, vgl. Mal 3,16; Hiob 19,23. **10** Sein Beten findet nicht nur Gottes Wohlgefallen, es bewirkt etwas: *Das weiß ich, daß du mein Gott bist*; oder genauer: *dieses weiß ich, daß Gott für mich ist* (EÜ). Vgl. dazu Röm 8,31. **11.12** So ist er sich in jeder Hinsicht der Macht und Treue Gottes gewiß. Der Refrain von V.5 wird noch etwas erweitert und damit stärker betont.

13.14 Abschluß

13 Schließlich sieht er die Rettung schon, als ob sie gegenwärtig wäre, und will Gott das für den Fall seiner Errettung versprochene Gelübde einlösen. **14** *Vom Tode errettet* und vom Fallen bewahrt, wird er weiter *vor Gott wandeln,* der ihm das *Licht* des Lebens ist. Vgl. Ps 27,13; 116,8f.

Psalm 57 Trotz Gefahr nicht verzweifelt

Die Überschrift läßt erkennen, daß dieser Psalm bald nach Davids Flucht aus Gath entstand (s. 1Sam 22,1). Er steht dem vorausgehenden in Thema und Stil sehr nahe. Sie beginnen jeweils mit den gleichen Worten, setzen sich aus 2 Strophen zusammen, die in einem Refrain münden (VV. 6.12), berichten von ähnlichen Gefahren (vgl. 56,2f; 57,4) und zeichnen sich durch gleiches tiefes Gottvertrauen aus (vgl. dazu 2Kor 4,7–11).

2–6 Die Notlage und das Gebet

2 Das Bild des jungen Vogels, der instinktiv unter den Flügeln seiner Mutter Schutz sucht, begegnet ebenfalls in Ps 17,8; 36,8; 91,4. Man beachte das immer wiederkehrende *Zuflucht.* Im Gegensatz zu Ps 55,7f ist es hier nicht Fluchtweg von den Problemen und womöglich von Gott, sondern Flucht hin zu Gott. **3** Das Gebet ist an *Gott, den Allerhöchsten* gerichtet. **4** Ohne Verzögerung möge Gott Hilfe senden (s. V. 11) und ihn so von seinem Verfolger erretten, der »nach (ihm) schnappt« (so wörtl. EÜ), und zwar Hilfe in Gestalt von *Güte und Treue.* Dabei werden diese göttlichen Eigenschaften nahezu personifiziert. Daran wird eindrücklich deutlich, daß der gütige und treue Gott selbst ihm beistehen wird. **5** Wie bedrohlich die Situation für den Beter ist, läßt sich daran erkennen, daß er diejenigen, von denen die Gefahr für sein Leben ausgeht, mit reißenden Löwen vergleicht, »die Menschen verschlingen« (so versucht EÜ die textlich schwierige Stelle wiederzugeben; vgl. 10,9f; 17,12), und mit schwer bewaffneten Kriegern. **6** Die *Herrlichkeit,* um deren Offenbarwerden der Refrain bittet, ist in diesem Zusammenhang die Güte und Treue Gottes (V. 4b), wie aus V. 11f deutlich wird. Vgl. 2Mo 33,18f und 34,6. Dabei ist beachtlich, wie der Beter »die persönliche Not in den großen Rahmen des allgemeinen Heilsgeschehens« hineinstellt (A. Weiser, ATD), das *über alle Welt* offenbar werden soll.

7–12 Bewahrung und Lobpreis

7 Das Bild des Mannes, der von wilden Tieren verfolgt ist, wird nun durch ein anderes ersetzt: Hinterlistig wird dem gejagten Wild eine Falle gestellt. Der Psalmist ist am Rande der Verzweiflung; lediglich sein Gottvertrauen hält ihn aufrecht. Doch sein Glaube ist lebendig, so daß er plötzlich erkennt, wie sich all dieses Böse gegen seine Feinde selber kehren wird. Die Bosheit, mit der sie den Unschuldigen zu Fall bringen wollen, wird ihr eigenes Verderben sein (vgl. Ps 7,15ff; 9,16f). **8** Wie so oft in den Klagepsalmen kommt es schließlich zu voller Gewißheit. Aus dem Klagelied geht ein Danklied hervor. Sein Herz ist bereit zum Lobpreis. **9** Der Aufruf *Wach auf, meine Seele* ist eine Selbstermahnung, die die besten Kräfte in ihm wachrufen soll. Die Instrumente sollen einstimmen, um nach der Nacht höchster Gefahr den anbrechenden Erlösungstag mit Gesang zu begrüßen. **10** Nach dieser persönlichen Danksagung im Morgengebet bei Tagesanbruch wird es später zu einer Danksagung vor der Öffentlichkeit kommen. Auch Dank soll zum Zeugnis vor aller Welt, *unter den Völkern* werden. **11** Das Thema des Dankgebets ist jeweils das gleiche: die *Güte* und *Treue* (LÜ: *Wahrheit*) Gottes, die die Herrschaft Gottes auf Erden aufrichten werden. (*Treue* und *Wahrheit* sind übrigens unterschiedliche Übersetzungen desselben hebr. Wortes; vgl. V. 4b.) **12** Über allem aber steht die *Herrlichkeit* Gottes selbst, die alles andere weit übertrifft.

Psalm 58 Gott ist noch Richter auf Erden

Hier begegnet uns eine leidenschaftliche Anklage gegen Bestechung und Betrug, die sich als Gerechtigkeit ausgeben. Das größte Problem dieses Psalms bereitet die Übersetzung des hebr. Wortes, das LÜ mit *ihr Mächtigen* wiedergibt (V.2; ZÜ: *ihr Gewaltigen*). Die Wiedergabe in der alten EÜ *durch Verstummen,* stellt einen Versuch dar, das unübersetzbare hebr. Wort *'eläm* zu deuten. Viele moderne Bibelausgaben und Kommentare verändern den hebr. Text geringfügig zu *'elim,* d.h. »(ihr) Götter« (so z.B. Weiser, ATD, S. 278f). Bei dieser Übersetzung könnte dann ein Bezug auf das hypothetische Neujahrsfest vorliegen (s. Einleitung), bei dem es angeblich auch um den Sieg Jahwes über alle Götter ging. Einige Ausleger meinen deshalb, daß Jahwe selbst hier – sein Vorrecht als Richter ausübend – andere Götter zur Verantwortung dafür ziehe, daß sie die Menschen verführen. Doch auch die menschlichen Werkzeuge selbst müssen sich verantworten (V.4–6). Mehr überzeugt die von anderen vertretene Ansicht, daß mit dem Titel »Götter« menschliche Richter gemeint sind. Hierbei ist zu beachten, daß die Begriffe »vor Gott« und »vor die Priester/Richter« gelegentlich austauschbar zu sein scheinen (vgl. dazu 2Mo 21,6 und 22,8ff mit 5Mo 17,8–13). Dazu sind in 2Mo 22,27 und 5Mo 19,17f Gott und die Obersten des Volkes eng nebeneinander gestellt. In diesem Falle könnte »ihr Götter« den Sinn haben von »ihr, die ihr an Gottes Stelle zu Gericht sitzt und recht sprecht«. Ihre Verdorbenheit wird in V.4–6 herausgestellt. Gleich wie man sich hier entscheidet, von V.7 an ist der Psalm eine Bitte, daß Gott selbst das Regiment auf Erden in die Hand nehmen möge.

2–6 Die Anklage

2 *Im Herzen übt ihr Ungerechtigkeiten* (EÜ): Diese wörtl. Übersetzung macht deutlich: Die Anklage konzentriert sich sehr bald auf das menschliche Herz und zeichnet ein klares Bild des menschlichen, von Gott entfremdeten Wesens. **3** Das böse Herz führt zum bösen Tun der Hände. **4** Die innere Verkehrtheit haftet der menschlichen Natur von Mutterleib an; selbst das neugeborene Kind ist von ihr nicht frei. **5** Die gottlosen Menschen sind die Giftschlangen, voll mit tödlichem *Gift,* **6** sind nicht zu bändigen und taub gegen jeden Appell und jede Beeinflussung.

7–10 Die Bitte

Die Verurteilung des Angeklagten gilt als selbstverständlich. Der Ankläger tritt für ein Urteil ein, das die Schuldigen ganz von der Erde wegnimmt. In einer abwechslungsreichen Bildfolge, in der jedes einzelne Bild wiederum eine besondere Bitte enthält, ringt er darum, daß sie ihrer Macht beraubt und **8a** ausgetilgt werden. **8b.9a** Im nächsten Bild geht es darum, daß ihr wahres Wesen offenbar wird, ihre Vergänglichkeit und Hinfälligkeit, die sich jetzt hinter ihrer vorgegebenen Kühnheit verbirgt. Auch ihre innere Bosheit soll endlich aufgedeckt werden. Sie sollen vertilgt werden, **9b** und zwar so vollständig, als ob sie nie dagewesen wären, **10** und so rasch, wie nicht einmal die eben entzündete Flamme den Topf berührt.

11.12 Das Ergebnis

Diese Verse bringen die tiefe Befriedigung der in Gottes Augen *Gerechten,* d.h. des erlösten Gottesvolkes (vgl. Ps 24,5), zum Ausdruck, und zwar darüber, daß das Böse sichtbar gebrochen und ausgetilgt sein wird. In drastischer Bildersprache (vgl. Offb 19,13–18) wird gesagt: Alle sollen am Ende öffentlich bekennen, daß die Gerechtigkeit triumphiert (vgl. Phil 2,9–11) und Gott der unentrinnbare Richter ist.

Psalm 59 Sicher trotz der Schrecken der Nacht

Obwohl David mit einer Tochter Sauls verheiratet war, ließ Saul ihm auflauern, um ihn zu töten (1Sam 19,1.9–18). Der Inhalt dieses Psalm stimmt mit der dortigen Situation überein.

2–6 Gebet um Gottes Beistand

2.3 Der Gang der Schilderung läßt hier nachempfinden, wie sich Angst und Schrecken immer mehr aufbauen. Menschen, die im Innersten seine *Feinde* sind, stellen sich als *Widersacher* gegen ihn. Sie, die als Übeltäter bekannt sind, lassen in ihrer Blutgier das Schlimmste befürchten. **5** Davids Unschuld (die auch in der im Samuelbuch dargestellten Geschichte deutlich wird) macht ihn zuversichtlich, Gott zu bitten, sich seiner Sache anzunehmen. **6** Gottes Einschreiten als Richter gründet sich einmal auf seine Allmacht – er ist der *Herr Zebaoth,* der Herr der Heerscharen – zum andern, auf seine Bundestreue – er ist der *Gott Israels* – und schließlich auf sein universales Richteramt, das ihn verpflichtet, Gerechtigkeit zu schaffen (vgl. 1Mo 18,25) und *alle Völker* zu richten. Vielleicht können wir diesen Einblick in Davids persönliche Not besser verstehen, wenn wir bedenken, wie wir in Augenblicken eigener Bedrängnis danach seufzen, daß Christus wiederkommen und allem Unrecht ein Ende machen möge.

7–11 Beschreibung einer gefährlichen Lage

7.8 Wie Bluthunde nutzen seine Feinde die Dunkelheit der Nacht. Sie sind dabei der Überzeugung, daß sie sich so jeglichem forschenden Blick, sei es von Menschen, sei es von Gott, entziehen können. **9.10** Sie prahlen großtuerisch. David fühlt sich dennoch sicher und geborgen (ZÜ gibt die Tätigkeitsworte hier sogar in der Gegenwartsform wieder, was nach dem Hebr. gut möglich ist). Dabei wird ein Gegensatz aufgebaut: die Machtlosigkeit der Feinde angesichts Gottes (vgl. Ps 2,4; 37,13) steht seiner gottgeschenkten Kraft gegenüber, weil Gott ihm *Stärke* und *Schutz* ist. **11** Es fällt auf, daß sein Gottvertrauen ganz in dem persönlichen Gottesverhältnis wurzelt. Gott nimmt sich Davids in seiner Not an und kommt zu ihm in seiner Güte.

12–14 Bitte um gerechtes Gericht

Jetzt zeigt es sich, daß Davids Wunsch nach Vergeltung gegenüber denen, die ihm nach dem Leben trachten, frei von jeder Rachsucht ist. Ihm geht es darum, daß sein Volk eine Lektion der Gerechtigkeit lernt (V. 12), daß es sieht, wie die Sünde ihre gerechte Strafe empfängt (V. 13) und daß Gottes umfassende Richtermacht erkannt wird (V. 14). **12** Deshalb bittet er auch nicht um rasche Vernichtung der Feinde. Das wäre zu schnell vergessen. Vielmehr soll an ihnen auf lange Zeit hinaus ersichtlich werden, wie Gott Sündern widersteht und sie richtet. **13** Wiederum wird darauf hingewiesen, wie ernst die Zungensünden sind. David liegt mehr daran, die Sünde *ihrer Lippen* beim Namen zu nennen, als die hinterlistigen Anschläge auf sein Leben im einzelnen darzustellen.

15–18 Gewißheit und Vertrauen

15.16 Inhaltlich eine Parallele zu V. 7–11; David ist sich gewiß, daß sie nicht erreichen werden, wonach sie verlangen. **17.18** Dabei wird seine Freude und sein Vertrauen in Gott noch vertieft. Der Refrain (vgl. V. 10) wird variiert: aus *zu dir will ich mich halten* wird: *Dir will ich lobsingen*; *Gott,* der *meine Festung* ist, ist der *Gott meiner Gnade* (EÜ).

Psalm 60 Ein Klagelied in großer Bedrängnis

Die Überschrift verbindet diesen Psalm mit Davids Krieg gegen die Aramäer von Mesopotamien und von Zoba (zwischen Damaskus und dem oberen Euphrat gelegen); vgl. 2Sam 8,3–6. Es hat den Anschein, daß Edom und Moab im Süden einfielen, während der Krieg im Norden wütete. In dieser unerwartet plötzlichen Krise rief David Joab zurück, damit er mit seinem Heeresteil der Bedrohung im Süden entgegentrete. Der Psalm spiegelt die Stimmung nationaler Demütigung wider, zu der es durch die totale Umkehrung der militärischen Verhältnisse kam.

3–6 Die Klage des Volkes

3 Es ist durchaus biblisch, wenn der Psalmist Gott für jegliches Geschehen verantwortlich sieht. Sekundäre Ursachen, seien sie physischer, strategischer, kultureller oder anderer Art, galten als nicht entscheidend. Deshalb hatte diese unerwartete Veränderung der militärischen Lage den Elan des Volkes gebremst. **4** Es war, als reiße ein Erdbeben ein Gebäude vollständig auseinander. **5** Die Niederlage ging auf göttliches Eingreifen zurück. Das Volk taumelte wie ein Mann, der starken Wein getrunken hat (vgl. Jes 51,17; Jer 25,15ff). Die Niederlage traf sie um so mehr, als sie überzeugt waren, selbst doch das Volk Gottes zu sein. **6** Unter seinem *Zeichen* (Feldzeichen; vgl. 2Mo 17,15f) hatten sie sich Sicherheit erhofft. Der Kern ihrer Enttäuschung lag darin, daß es plötzlich den Anschein hatte, als müßten Gottes Verheißungen unerfüllt bleiben, als sei das Zeichen ein *Signal* (EÜ) zur Flucht gewesen.

7–14 Der König bittet um Bestätigung einer Siegesverheißung

7 Wie soll man darauf reagieren, wenn eine göttliche Verheißung nicht eingehalten wird? Es wird daraus ein Gebet zu Gott. **8–10** An erster Stelle steht Gottes Verheißung für Israels Herrschaftsbereich. Die zitierten Worte werden Gott selbst zugeschrieben. Die nur in Stichworten wiedergegebenen Verheißungen beziehen sich auf den dauernden Besitz des einst verheißenen Landes, die besondere Bedeutung des erwählten Volkes und den Sieg über die Feinde ringsum. So handelt es sich bei *Sichem, Ephraim* und *Juda* um die Inbesitznahme des Landes westlich des Jordans und bei *Gilead* und *Manasse* um die des Ostjordanlandes. *Ephraim* und *Juda* repräsentieren die beiden Teile des Volkes Gottes; sie tragen den Helm als Zeichen der Stärke, das Zepter als Zeichen der Herrschaft. Den Nachbarvölkern wird eine untergeordnete Rolle zugewiesen; sie sind Knechte des Volkes Gottes: *Moab* muß ihm die Füße waschen, *Edom* ist der Diener, dem man die Sandalen hinwirft, und das *Philisterland* muß dem Eroberer mit Siegesgesang zujubeln.

11.12 Die Verheißungen wurden zunächst zitiert: nun werden sie zum Gebet. Der Mensch kann Gottes Verheißungen nicht selbst erfüllen, steht Gott nicht zu ihnen, fallen sie zu Boden. **13** Der Mensch kann nicht einmal nachhelfen, wenn Gott seine Hilfe zurückhält. Alles hängt deshalb von Gott ab, und wird deshalb in dem Aufschrei zusammengefaßt: *Schaff uns Beistand in der Not!* Das ist der Ruf des Glaubens. **14** Wo die menschliche Kraft nichts mehr vermag, kann Gott seinem Volk immer noch den Sieg schenken. Deshalb schließt der Psalm in Siegesgewißheit. Gott wird für sein Volk den Sieg erstreiten; betont heißt es: *Er, er wird unsere Bedränger zertreten* (EÜ).

Psalm 61 Ein Gebet für einen entmutigten König

Im Leben Davids muß es oftmals Augenblicke gegeben haben, in denen er sich durch seinen Auftrag überfordert und am Ende seiner Kraft fühlte (VV. 2.3a), dringend neuer Gewißheit bedurfte (VV. 3b.4), sich danach sehnte, alles hinter sich lassen zu können (VV. 5.6). Die Erquickung wird im Gebet, Freude in der Gemeinschaft mit Gott gefunden (VV. 7.8).

2.3a In Angst ruft ein Mensch, der sich als von Gott entfernt empfindet, *vom Ende der Erde* zu ihm. **3b** Er sehnt sich nach Gewißheit und Geborgenheit, die ihm bei aller eigenen Anstrengung versagt bleiben muß. *Auf einen hohen Felsen:* wörtl. *Felsen ... der mir zu hoch ist* (EÜ), d.h. den ich aus eigener Kraft nicht erklimmen kann. **4** Dieser unerreichbare Fels ist Gott selbst. Der Beter möchte zu Gott selbst Zuflucht nehmen; vgl. 71,3.
5 Die Geborgenheit wird im Bild des Zeltes, in dem man etwa einem Durchreisenden Gastfreundschaft gewährt, dargestellt, und am Beispiel der Mutterliebe eines Vogels, der seine Flügel ausbreitet, um seine Jungen darunter zu bergen. Andere Ausleger verstehen das *Zelt* als altertümliches Bildwort für den Tempel; die *Fittiche* bezögen sich dann auf die ausgebreiteten Flügel der Cherubim im Tempel, die Gottes Schutz versinnbildlichen. S. Komm. zu Ps 15,1; 17,8; 27,4f. Zum Wunsch, *ewiglich* bei Gott *wohnen* zu dürfen vgl. 23,6; 84,5. Wie V. 4 die Bitte dadurch unterstrich, daß er sich auf Gottes Wesen berief, so erinnert **6** an die Taten Gottes in der Vergangenheit. Möglicherweise wird an den Krönungstag des Königs erinnert, an dem dieser Gott *Gelübde* machte und an dem er mit der Verwaltung des *Erbes* des Herrn betraut wurde (vgl. 1Sam 10,1; 2Sam 21,3; 1Kön 8,51). Der Herr, der ihm die Verantwortung übertragen hat, wird ihm sicher auch durch seine Gnade ermöglichen, sie zu tragen.
7 Da des Königs eigene Kräfte nicht mehr ausreichen (vgl. V. 3a), ist er darauf angewiesen, daß Gott selbst sein Königtum bestätigt. Das ist der Inhalt der Fürbitte in diesem Vers. **8** Aber Verlängerung seiner Aufgabe allein genügt nicht. Der Wunsch wird laut, daß der König von Gottes Gnade und Zuwendung umgeben, von seinen Gesandten (s. Komm. zu Ps 57,4), d.h. seiner *Güte* und *Treue* geleitet sei. **9** Wer betet, weiß, daß tägliche Hingabe zum Gebet gehört. Gelübde der Vergangenheit (V. 6) allein genügen nicht.

Psalm 62 Gott allein ist meine Zuflucht

Ein Lied des Glaubens, in dem der Beter kaum Worte finden kann, die stark und bedeutungsvoll genug wären, um die Geborgenheit und unveränderliche Kraft zu beschreiben, die er in Gottes Gegenwart erfährt (vgl. Ps 18,2.3). Die beiden Strophen handeln von Aktion und Reaktion im Verhältnis zwischen Gottlosen und Frommen. Beide Strophen werden ähnlich eingeleitet (vgl. VV. 2f und 6f).

2–5 Die beiden Kräfte in Davids Leben

2 Einerseits ist Gott für David die alleinige Basis und Krönung seines Lebens. In der Stille wartet er unbeirrt auf ihn. Gott ist nicht nur der, *der* ihm *hilft,* sondern **3** die Hilfe selbst! Das ist Grund- und Eckstein seines Lebens. Und wenn er auch als Mensch gelegentlich durch Druck von außen beunruhigt und in die Ecke gedrängt wird (vgl. 2Kor 4,8f), weiß er doch, daß ihn das nicht zu Fall bringen wird. **4** Andererseits tun Menschen alles in ihrer Macht Stehende, um sein Leben zu zerstören. Er beschreibt, wie sie mit Gewalt und List auf ihn eindringen in der Meinung, er würde zusammenstürzen wie eine baufällige *Mauer* oder eine *überhängende Mauer* (EÜ).
5 Ihr ganzes Denken geht dahin, wie sie ihn vom Thron *stürzen* können. Deshalb haben sie Gefallen an Lüge und Verleumdung, die sie zudem noch fromm verbrämen (vgl. 2Sam 15,2–6).

6–13 Die endgültige Lösung des Konflikts

Man muß einmal den Unterschied zwischen dem äußeren Blick und dem Blick des Glaubens beachten. Dem äußeren Blick erscheint David wie eine baufällige Wand, die fast schon einstürzt (s. V. 4). Für den Blick des Glaubens ist er sicher geborgen in einem festen Turm, gründet er sich auf einen Felsen (VV. 3.7). Dem, der sich ganz auf Gott verläßt, kann die Zeit nur die Bestätigung seines Glaubens bringen. **6.7** So wird in der zweiten Strophe des Psalms die grundlegende Ausrichtung von Davids Leben (VV. 2.3) nochmals bestätigt. In V. 3 heißt es: »ich werde *nicht viel* wanken« (so im hebr. Text, vgl. EÜ), in V. 7: »Ich werde *nicht* wanken« (EÜ) – eine Verstärkung und Bekräftigung. **8** Die Anschläge seiner Feinde (V. 4) dürfen ihn nicht beunruhigen, denn seine Rettung *(Heil)* und seine königliche *Ehre* liegen ausschließlich in Gottes Händen. **9** Außerdem ist David gewiß, daß das Volk auch bewahrt werden wird, wenn es die Zuversicht auf Gott setzt. **10** Dagegen sind Menschen, gleich welcher Herkunft, sofern sie keinen Glauben haben, auf sich gestellt, ohne Halt und Dauer (vgl. Ps 39,6; Jak 1,9–11; 4,14). **11** Aller Verlaß auf irdischen Besitz muß enttäuschen (vgl. Spr 11,28).

Bisher war der Psalm ganz auf die Zukunft ausgerichtet. Er fragte nach dem Ausgang des Lebens; er fragte, wer eine Zukunft hat: der Mann des Glaubens (VV. 2.3.6–8) oder der Mensch der Lüge (VV. 4.5.10.11). **12** Ein wiederholt gehörtes (und deshalb gewisses – vgl. 1Mo 41,32) Wort Gottes hat dem Psalmisten im Blick auf Gott drei Dinge gezeigt: Gott ist *mächtig,* **13** Gott ist *gnädig* und Gott ist ein gerechter Richter. Der Ausgang des Lebens ist deshalb in seiner Hand.

Psalm 63 Gott meine Freude

Der Überschrift zufolge geht dieser Psalm auf das Erleben Davids *in der Wüste Juda* zurück. Der eigentliche Wert des Gedichtes liegt darin, daß es die ununterbrochene Gemeinschaft mit Gott beschreibt, obwohl der Psalmist doch keine sichtbaren Zeichen der Gnade vor Augen hat und von Gefahren bedroht ist.

2 Einleitung

Davids Verlangen nach Gott wurde noch dadurch verstärkt, daß er sich der Trennung vom Heiligtum in Jerusalem, von der Bundeslade, dem Zeichen göttlicher Gegenwart, bewußt war (vgl. 2Sam 15,25f). Die Umstände verhindern seine Teilnahme am Gottesdienst, trotz seines dringenden Wunsches (vgl. Ps 42,3). Der Aufenthalt in der Wüste Juda mit allen Entbehrungen (vgl. 2Sam 17,29b) war ihm zur geistlichen Wüste, zur inneren Dürrezeit geworden. *Wie dürres ... Land* (ZÜ; vgl. EinhÜ): Diese Wiedergabe, die in der Wüste ein Bildwort, nicht den Aufenthaltsort des Beters sieht, entspricht nicht dem hebr. Text, sondern setzt eine zwar geringfügige aber nicht notwendige Textkorrektur voraus. In den alten Übers. findet sich diese Deutung nur in der Peschitta.

3–5 Ein unwandelbares Verhältnis

3 Verschiedene Ausleger verstehen den Vers so, als ob David in der Wüste eine Vision Gottes empfangen hätte, die nicht weniger klar und eindrücklich war als das, was er im Heiligtum vor Augen hatte. So wäre er mitten in der Verzweiflung und Verlassenheit in eine Verzückung geraten: »So habe ich dich in deinem Heiligtum gesehen, als ich deine Macht und Herrlichkeit vor Augen hatte!« Das wäre, so meint man, eine Erklärung des unerwarteten Wechsels von der Betrübnis zur Freude. Aber der Sinn ist doch eher der, daß sein Verlangen nach Gott so stark ist wie früher, als er Gottes Macht und Herrlichkeit tatsächlich im Heiligtum vor Augen haben konnte. Wo andere aufgrund der Umstände nach leiblicher Ruhe und Erfrischung schreien, sehnt David sich nach Gott. **4** David hatte Thron und Land verloren. Aber er war gewiß, daß die *Güte* Gottes nicht von ihm gewichen war, und das bedeutete ihm mehr als alles andere.

6–9 Eine stärkende Erfahrung

Menschlich gesprochen geht David durch Verzicht und Gefahr. Aber sein Erleben mit Gott gleicht das Negative bei weitem aus. **6.7** Gott ist sein Halt und **8.9** sein Schutz. Im Nachdenken über Gott (V. 7) und im Festhalten an ihm (V. 9) liegt die Quelle seines geistlichen Reichtums.

10–12 Ein völliger Kontrast

10.11 Wenn er seine Lage im Licht der Güte Gottes betrachtet, der er sicher ist, kommt David zu der Überzeugung, daß seine Feinde sicherlich vernichtet werden; ihre Seelen werden in die Totenwelt hinabfahren, ihre in der Schlacht gefallenen Leiber eine Beute der Schakale werden (vgl. 2Sam 18,7f).
12 Aber jeder, der im Namen Gottes *schwört,* d.h. ihn anerkennt und ihm gehorcht, wird sich der Fürsorge und Güte Gottes freuen (vgl. 5Mo 10,20).

Psalm 64 Anschlag und Vergeltung

In diesem Klagelied eines einzelnen geht es darum, daß die Anschläge skrupelloser Personen, die sich gegen den Gerechten und Unschuldigen wenden, nicht nur mißlingen sollen, sondern daß auch die Anstifter ihrem Gericht nicht entrinnen.

2–7 Gebet um Schutz vor Feinden

2 Eine Bitte um Bewahrung vor drohender Gefahr und vor dem Schrecken und der Angst, die diese mit sich bringt. **3–5** Weiter erfleht der Beter Gottes Schutz vor den geheimen Intrigen der Gottlosen, sowie vor ihren öffentlichen Angriffen. Die in der Schrift recht häufige Verurteilung der verleumderischen und lügnerischen Sprache wird durch

die Betonung der gefährlichen Macht einer bösen Zunge herausgestellt. **4** Vgl. 57,5. **5** Der Beter weiß sich im Blick auf die Anklagen gegen ihn unschuldig (s. EÜ; EinhÜ). **6** Hinter dieser bösen Zunge und durch sie bestätigt stehen die bösen Anschläge und **7** die verschlagenen Ränke im Herzen jener Leute, die andere mit ihren geheim gehaltenen Absichten betrügen wollen, aber letztlich sich selbst treffen, wenn sie sich unbeobachtet und unverletzlich fühlen (vgl. 2Tim 3,13).

8–11 Die Gewißheit göttlicher Vergeltung

Der Glaube des Psalmbeters überwindet nun seine Besorgnis. Was immer die Gottlosen gegen den Unschuldigen unternehmen, es wird sich zu ihrem eigenen Verderben auswirken. **8** Schießen sie mit Pfeilen auf ihn (V. 4f), dann wird Gott diese Pfeile umkehren, so daß sie selbst davon getroffen werden. **9** Versuchen sie ihn mit Worten zu treffen (V. 4), so kommen sie nun selbst durch ihre Worte *zu Fall*. **10** In diesem Gericht werden alle Gottes Tun erkennen und ihn dafür anbeten. **11** Darüber hinaus werden sich alle Gottesfürchtigen darüber freuen, daß Gott über die Gerechten wacht und sich ihrer annimmt. Darum werden sie um so mehr ihre Zuflucht bei ihm suchen.

Psalm 65 Ein Erntedanklied

Weiser bemerkt zu diesem Psalm: »Gott an einem Punkt haben, heißt ihn ganz haben« (ATD, S. 314). In diesem Fall ist die reiche Ernte nur ein kleiner Hinweis auf die sehr viel umfassendere Güte Gottes. Der Psalm führt hinein in die umfassende Freude an Gott, dem Erlöser, Schöpfer, Herrn und Erhalter.

2–5 Der vergebende Gott

2a *Dir (gilt) stiller Lobgesang* (EÜ): so MT. LXX liest »Dir gebührt Lobgesang« (hebr. *domija* statt *dumija*). **2b** Gelübde sind im AT nicht eine Technik, mit der man Gott unter Druck setzt oder ihm etwas abhandelt. Vielmehr deuten sie darauf hin, daß das Gebet um Gottes Segen eng verbunden ist mit der persönlichen Hingabe, und daß Dank sich nie in Worten erschöpft, sondern konkreten Ausdruck im Leben und in den Gaben sucht. Somit sind *Lob* und *Gelübde* die Antwort auf Gottes überfließende Fülle. **3.4a** Aber bevor man sich Gott zu echtem Lobpreis nahen kann, ist für *alles Fleisch*, d.h. alle Menschen Vergebung nötig. Der Psalmist sieht dabei in der Zukunft schon den Tag, wenn der ganzen Welt Vergebung angeboten werden wird. **4b** Er und sein Volk können sich jetzt schon der Vergebung gewiß sein (vgl. ZÜ; EÜ: *du wirst sie vergeben*). **5** Verbunden damit ist der Segen der Gottesgemeinschaft und die Antwort auf alles geistliche Verlangen. So wird der Beter zum Priester, der erwählt ist, um in Gottes Gegenwart zu treten (vgl. 4Mo 16,5), in seinen Vorhöfen zu verweilen und sein höchstes Sehnen im Hause Gottes zu stillen (vgl. 2Mo 19,6; 1Petr 2,9; Offb 1,6; vgl. auch Ps 84,2–5).

6–9 Der rettende und herrschende Gott

6 Von der persönlichen Erfahrung der Errettung (VV. 4.5) wendet sich der Blick des Psalmisten der Vergangenheit zu, wo Gott durch seine *gewaltigen Taten* (ZÜ) seinem Volk Errettung schenkte. Dabei denkt er wohl an die Heilsereignisse beim Auszug aus Ägypten. In Gottes Heilshandeln liegt für ihn auch der Ansatzpunkt seiner grenzenlosen *Zuversicht*. Nur der Gott, der Israel einst errettete, kann auch die Welt erretten. **7** Diese Überzeugung wird noch dadurch gefestigt, daß er – weiter ausholend – an die Schöpfermacht Gottes erinnert. **8** Gott wird sowohl mit den scheinbar ungebändigten Kräften der Natur als auch dem menschlichen Aufbegehren in der Geschichte der Völker fertig. **9** Dieser universale Gott ist es auch, der den Lauf der Natur und der Geschichte so ordnet, daß man sich auf der ganzen Erde darüber freuen, aber auch erschrecken kann.

10–14 Der erhaltende Gott

Der Gott, der sein Volk errettet und diese Welt regiert, hat die Natur in seiner Gnade so geordnet, daß es gar nicht anders sein kann, als daß schließlich sein Lob zum Durchbruch kommt. Man lobt ihn für die Schönheit und den Reichtum, die mit der Ernte der Felder und den Herden gegeben sind. Das Wachsen und Gedeihen in der Natur wird direkt auf die göttliche Gegenwart und auf das göttliche Wirken zurückgeführt (beachte das wiederholte Du und vgl. dazu Ps 104,10ff). **11** *Gottes Brünnlein* (V. 10b) schenkt den Frühregen, um die *Schollen* des Ackerbodens zu befeuchten, und den Spätregen, um die Frucht zum Gedeihen zu bringen. **12** Wo Gott selbst das Land segnet, bleibt eine Segenspur zurück. **13.14** Das ganze Land, das Grasland der Steppe, die Weiden der Hügel, das Fruchtland an den Hängen (Anger) und die Auen in den Tiefen der Täler, sind von seiner Segensfülle bedeckt. In einem plastischen Bild tritt das gleichsam als Person in Erscheinung: *die Weiden bekleiden sich mit Herden* (EÜ), *die Täler hüllen sich in Korn* (EinhÜ). *Sie jauchzen, ja sie singen* (EÜ): Die ganze Schöpfung und ihr Ertrag werde zu Lobsängern Gottes.

Psalm 66 Ein Lied der Befreiung

Allem Anschein nach wurde dieser Psalm anläßlich einer Errettung des Volkes für den Gebrauch im öffentlichen Gottesdienst geschaffen. Z.B. könnte es sich um die Errettung vor dem assyrischen Ansturm unter Sanherib gehandelt haben (vgl. 2Kön 18f; Jes 36).

1–12 Der gemeinsame Gottesdienst

Von Anfang an fällt der Horizont des Psalmes auf, der die ganze Welt umspannt. **1** Ein Aufruf, der wie hier an alle Lande ergeht, macht deutlich, daß die Errettung des Volkes von weltweiter Bedeutung ist (vgl. Ps 47,2.3). **2** Dabei geht es weniger um die Bewahrung des Volkes Gottes an sich, als um das Offenbarwerden von Gottes Wesen und Herrlichkeit – *die Ehre* (eigentlich Herrlichkeit) *seines Namens* – durch die geschichtlichen Ereignisse. Deshalb werden alle Völker aufgefordert, Gott zu preisen. **3** *(Deine Feinde) müssen sich beugen:* wörtl. »werden leugnen«, wahrscheinlich ist mit leichter Vokaländerung zu lesen »werden sich verleugnen« (EÜ Anm.). **4** Gottes Handeln ruft ein universales Lob hervor. **5** Damit es dazu kommt, werden alle Völker eingeladen herzuzutreten, um die *Werke Gottes* zu sehen. **6** Spricht man in Israel von Gottes Geschichtshandeln, dann ist an erster Stelle von der Befreiung aus Ägypten die Rede, als die Israeliten trockenen Fußes *das Meer* durchschritten (vgl. 2Mo 14; 15). Es ist beachtenswert, daß im ganzen Psalter kein anderes historisches Ereignis mit solcher Ehrfurcht und immer neuem Erstaunen betrachtet wird (vgl. Ps 68,8f; 74,13; 77,17–21; 78,13.52f; 89,10; 106,7–12; 136,10–15). **7** Der Psalm unterstreicht nun, daß Gott immer der gleiche bleibt; seine Herrschaft ist auch jetzt noch so umfassend und sein Auge so wachsam wie zu jener Zeit. Deshalb werden die *Abtrünnigen* keinen Erfolg haben, wenn sie sich erheben.

Die in V. 7 genannte Macht Gottes gibt Anlaß **8** zu einem Danklied für die Errettung des Volkes, in das die Völker einstimmen sollen. Es geht also um ein nationales Ereignis von internationaler Bedeutung. **9** Das Volk jubelt, weil es sich jetzt in Sicherheit befindet (vgl. Ps 121,3; Jud 24). **10** Neben dem Zeugnis von Gottes bewahrender Macht steht die Erkenntnis, daß Gott mit dem Gang der Geschichte Israels auch bestimmte sittliche Ziele verfolgt (s. 5Mo 8,2–4): Um sie zu prüfen und zu läutern wie das Silber (vgl. Sach 13,9; Mal 3,3) hat Gott **11** ihnen ihre Freiheit nehmen lassen; sie waren wie Fische gefangen im *Netz* (EÜ; LÜ gibt dasselbe Wort mit »Turm« wieder). Schmerzliche Lasten waren ihnen aufgebürdet und **12a** in der Schlacht wurden sie besiegt. **12b** Aber jetzt hat der gleiche Gott, der sie in äußerste Gefahr (*Feuer und Wasser*; vgl. Jes 43,2) geraten ließ, *ins Weite* (ZÜ, nach LXX), d.h. in die Freiheit geführt.

13–20 Die persönliche Anbetung

Der letzte Abschnitt könnte das Zeugnis des Königs sein, das er für das ganze Volk ablegt. Es gliedert sich in zwei Teile. **13–15** Zunächst wendet sich der Beter in eigener Sache als Repräsentant des Volkes an Gott. Während sie von äußerster Not bedroht gewesen waren, hatte er Gott Gelübde abgelegt, die jetzt, nach der Errettung einzulösen sind. Das geschieht nun nicht etwa grollend, sondern freigiebig und froh (vgl. Pred 5,3; Röm 12,1). **16–20** Dann wendet er sich im Namen Gottes an alle Gottesfürchtigen: Das Gebet *(ich rief)* und der Lobpreis aus reinem Herzen und gutem Gewissen wurden und werden immer von Gott gehört und beachtet. Daß das unbelastete Gewissen die Basis rechten Betens ist, wird in der Bibel immer wieder herausgestellt (vgl. Hiob 27,2–9; Jes 1,15–17; 59,1–3; Hes 14,2f; Jh 9,31; 1Jh 3,21f). **20** Aber jenseits aller menschlichen Voraussetzungen, die zum rechten Beten gehören, steht die *Güte* Gottes, sein unveränderliches Wohlwollen, ohne das jedes menschliche Wort und Werk wertlos wäre (Mal 3,6; Phil 2,13).

Psalm 67 Gottes Güte gilt der ganzen Welt

Das Laubhüttenfest bildet wohl den äußeren Rahmen für diesen Psalm, denn in diesem Fest verbinden sich wie in diesem Psalm Dank für Gottes Rettungswerk und Lobpreis für seine gnadenreiche Fürsorge für Israel (vgl. 5Mo 26,1–11) mit der universalen Hoffnung, daß Gott seine Gnadenherrschaft über alle Welt ausbreiten wird (vgl. Sach 14,16). Was Gott für Israel tat, ist Sinnbild für das, was er für die ganze Welt tun wird. Der Segen für das Volk Israel ist Typus des universalen Segenshandelns Gottes in der Zukunft. **2** Ein Echo auf den priesterlichen Segen von 4Mo 6,24–26. Vielleicht kann man davon ausgehen, daß der Hohepriester dem versammelten Volk dieses Segenswort zugesprochen hat, auf das die Gemeinde dann mit Worten dieses Psalms antwortete. **4.6** wären dann ein Kehrreim, den die Menge mit besonderer Betonung sang. Womöglich wurde auch nach V. 8 der Kehrreim nochmals wiederholt, und zwar dieses Mal vom Priester, der damit diesen umfangreichen Segen abschloß (vgl. den doppelten Segen 3Mo 9,22f). Der ganze Psalm bestünde dann aus drei kurzen Spruchreihen. **2.3** Israel ist Gottes Spiegel, in dem ihn alle Völker erkennen können. **5** Gemäß dem Wunsch in V.3 sollen alle Völker *sich freuen* (EÜ), weil Gott sie zu ihrem Heil (V.3) *richtet*; er regiert oder führt sie, wie er sein erwähltes Volk regierte und durch die Wüste zum Ziel führte. **7** Ein Danklied für eine reiche Ernte. In VV.7f könnte nach dem Hebr. das Wort »er segne« sinngemäß so wiedergegeben werden: »Er hat uns immer und immer wieder gesegnet.« Daß Israel seine Gunst fort und fort erfuhr, schafft die Zuversicht, daß man um seine weltweite Anerkennung und Anbetung bitten kann.

Psalm 68 Ein Wallfahrtslied

Das ist eines der großartigsten Siegeslieder im ganzen AT. Hier verbinden sich ein dramatischer Kommentar zu einem unvergeßlichen Ereignis, Erhabenheit der Sprache und Gedanken sowie der Geist eines unbezwingbaren Gottesglaubens mit einer weiten Zusammenschau der Vergangenheit und Zukunft.

Es ist gut denkbar, daß der Psalm aus Anlaß der Überführung der Bundeslade vom Haus des Obed-Edom in das neue, von David errichtete Heiligtum auf dem Berg Zion (vgl. 2Sam 6,2–18) geschrieben wurde. Eine andere Möglichkeit wäre noch, daß es sich um die jährlich wiederholte Gedenkfeier dieses Ereignisses handelt, bei der die Königsherrschaft Jahwes lebendig dargestellt und gepriesen wurde. Von diesem Geschehen aus lehrt der Psalm zweierlei: Einmal wird die Überführung der Bundeslade von ihrem vorübergehenden Lagerplatz zu ihrem endgültigen Ort in Jerusalem gewissermaßen als dramatische Erinnerung an den Zug des Volkes von Ägypten nach Kanaan empfunden. Zum andern wird das Gelingen jener auch für spätere Zeiten so wichtigen Überführung der Lade zum Anlaß genommen, um eine grundlegende Wahrheit über Gott darzulegen. Die ganze Handlung, sowohl in ihrem historischen als auch in ihrem symbolischen Teil, wird zu einem Spiegel, in dem die Vielfalt der göttlichen Namensoffenbarung, d.h. seines Handelns erscheint. Man vgl. die zahlreichen Bezeichnungen Gottes, z.B. Gott (*'elohim*, V.2); der Allmächtige (*schaddaj*, V.15); der Herr (*jahwe*, V.17); Jah Gott (*jah 'elohim*, V.19 EÜ); der Herr (*'adonaj*, V.20); des HERRN, des Herrn (*jahwe 'adonaj*, V.21 EÜ); mein Gott und König (*'eli malki*, V.25).

2–19 Die Prozession

2–4 Der Anfang. Die Bundeslade wird von ihrem Ruheort hochgehoben; sie ist Pfand und Zeichen der Gegenwart Gottes bei seinem Volk, daß sie sich in Bewegung setzt, Hinweis auf Gottes Eingreifen. Die Szene ist ein Echo der Wüstenerfahrung, wie sie 4Mo 10,35 und 2Mo 14,25 dargestellt ist. **3.4** vergegenwärtigen treffend den Auszug aus Ägypten. Die Feinde Gottes sind vor ihm so hilflos wie der *Rauch*, den der Wind verweht oder wie *Wachs*, wenn es in die Nähe des *Feuers* kommt (vgl. Mi 1,4). Alles hingegen, was dem Volk Gottes zu tun bleibt, ist sich über das zu freuen, was er getan hat (vgl. 2Mo 14,13f; 15,1–3).

5–11 Die Prozession beginnt. **5** Die Lade mit den sie begleitenden Priestern, dem König und den Sängern zieht den Weg entlang; während dem wird das Volk wiederholt zum Lob Gottes aufgerufen. *Machet Bahn dem, der durch die Wüste einherfährt:* Diese Wiedergabe, die inhaltlich Jes 40,3; 62,10 nahesteht, ist nach neueren sprachlichen Untersuchungen problematisch geworden. Wahrscheinlich ist zu übersetzen: »Erhebt den, der auf Wolken einherfährt«; vgl. dazu V.34 und Ps 104,3; Jes 19,1. Der Name des Herrschers, vor dem aller Widerstand weichen muß, ist *Jah* (vgl. 2Mo 15,2f). Die Wiederholung des schon in V.4 angeklungenen Gedankens: *Freuet euch vor ihm*, führt den Gedankengang einen Schritt weiter. Die Aufmerksamkeit wendet sich von der Prozession an sich hin zum persönlichen Wesen Gottes. **6** Obwohl er im Himmel thront, *in seiner heiligen Wohnung*, kennt er doch die Bedürfnisse der Menschen bis ins kleinste. Er ist *Vater der Waisen*, Anwalt der *Witwen*, Schutz der *Einsamen* und Verlassenen (vgl. 2Mo 22,22.23; Jh 14,18). **7** In besonderer Weise segnete er Israel, indem er es aus der Gefangenschaft in Ägypten erlöste und ihm einen relativen Wohlstand zuteil werden ließ. Vgl. ebenso Ps 146,7; Jes 61,1. Freilich muß auch gesagt werden, daß die Leiber der Widerspenstigen *im dürren Land* verfielen. Um ihres Unglaubens willen kamen sie nicht in das Land (vgl. Hebr 3,12.19). **8–11** Veranlaßt durch diesen kurzen Hinweis auf den Auszug aus Ägypten faßt der Psalmsänger nun die unvergeßliche Erinnerung zusammen, die jetzt im wahren Sinn des Wortes neu zum Leben erweckt wurde.

12–19 Näher an die Stadt. Die Art und Weise, wie die Philister die Bundeslade zurückgesandt hatten, war mit der Befreiung der Kinder Israel aus Ägypten vergleichbar. Usas Tod erinnerte in manchen Zügen an den Schrecken und an das Sterben am Berg Sinai (vgl. 2Mo 19,12; 2Sam 6,6f). Wie sich die Lade Jerusalem näherte, wurde im gewissen Sinn nochmals der Weg der Landnahme, der Eroberung Kanaans, abgeschritten. Dieser Teil des Gesangs besteht aus einigen unzusammenhängenden Sätzen, die die Rufe der Menge nachzuahmen scheinen. **12** Eine Schar Frauen verkündigt die frohe Botschaft (vgl. 2Mo 15,20); sie sind von den beamteten Sängern, die in V. 26 genannt werden, zu unterscheiden. Die einen riefen dieses, andere jenes – bald Fetzen alter Kriegsgesänge (VV. 13.18), bald Ausschnitte aus uns unbekannten Psalmen (V. 19), bald festliche Volksgesänge (V. 14b; s. EÜ), die möglicherweise an Zeiten besonderer Fruchtbarkeit erinnerten, bald wieder Sätze aus herkömmlichen Stammesgesängen, die im Wechsel und Wettstreit dargeboten wurden (V. 14a [ein Einschub, s. ZÜ, EÜ, EinhÜ; nicht LÜ] V. 15; vgl. Ri 5,16a). Das alles zusammengewoben ergibt mit seinen verschiedenen Formelementen und Inhalten ein vielfältiges Gepräge. **13f** Die Beute, auf die mit dem Hinweis auf die Schmucktaube angespielt wird, empfangen diejenigen, die nicht am Kampf teilnahmen. Denn die Schlacht ist des Herrn, während die Frucht seinem Volk zugute kommt. **15** Wenn Gott die feindlichen Könige zerstreute, auf die mit diesem kurzen Vers Bezug genommen wird, dann nahm sich ihre Flucht wie Schneeflocken aus, die der Wind gegen die dunklen *Salmon*berge trieb (vgl. Komm. zu Ri 9,46–48). **16** Das *Basangebirge* ist wahrscheinlich der hoch aufgerichtete, schneebedeckte Hermon. **17** Ehre erwächst freilich nicht aus physischer Majestät, sondern aus geistlicher Würde, und die hat der Herr allein dem Berg Zion zukommen lassen.

Die Prozession samt der sich anschließenden Menge ist eigentlich nur der Schatten einer viel größeren Schar, die um das Haus Gottes ist. **18** Die Heerscharen des Herrn sind nicht zu zählen, und die göttliche Herrlichkeit auf dem Zion ist nicht weniger real, wie jene furchterregende Gotteserscheinung am Sinai. **19** Während sich nun die Lade den Stadttoren nähert (vgl. Ps 24), erinnert man sich womöglich an die Eroberung dieser starken und rebellischen Stadt (2Sam 5,6–10). Gottes Absichten können von Menschen nicht aufgehalten werden. Alle bringen ihm ihre Gaben. Auch die, die am meisten widerstrebten, müssen eingestehen, daß er, *Jah 'elohim* hier seine Wohnung hat.

20–35 Die Ankunft

20–28 Das Ende der Prozession. **20** Die Lade, die als solche nicht beschrieben wurde, ist lediglich Zeichen und Unterpfand der Gegenwart Jahwes, des Gottes, der »unsere Rettung« ist (EÜ nach dem Hebr.; LÜ: »aber er hilft uns auch«). **21** Jetzt versteht man die stürmische Verehrung und Anbetung Gottes: er ist es, *der vom Tode errettet.* **22** Seine Macht über seine Feinde und Verächter ist unbegrenzt. Sie entkommen ihm nicht, ganz gleich wohin sie fliehen, **23** sei es auf die Höhe des Basan, sei es in die Tiefe des Meeres. **24** Es geht hier nicht um die grausamen Einzelzüge des Bildes, sondern um die feste Gewißheit, daß Gott ihnen ganz sicher den Sieg schenken wird. Vgl. 58,11.

25 Diese Überlegungen über den unsichtbaren und unwiderstehlichen Gott der Gerechtigkeit sind ein Präludium für den Einzug der Bundeslade *ins Heiligtum.* **26** Die Priester, Sänger, Leviten und die Mädchen mit den *Pauken* entschwinden nun dem Blick. Die ganze Prozession von Anfang bis Ende symbolisiert Gottes glorreiches und doch unerforschliches Handeln in und durch Israels Geschichte. In einem gewissen Sinn hat die Prozession Israel selbst dargestellt, während die Zuschauer die Völker der Erde waren. **27.28** stimmen den Lobgesang an, der von der ganzen Gemeinde mitgesungen wird. Zu dieser Menge gehören alle, die *von Israel herstammen.* Sie werden einzeln unter vier Namen erwähnt: Von den Südstämmen wird *Benjamin* genannt, der Stamm, aus dem Israels erster König kam (1Sam 9,1f); daneben das königliche *Juda,* Davids Stamm (1Sam 16,1; Hebr 7,14); vom Norden werden *Sebulon* und *Naphthali* angeführt, möglicherweise, weil sie sich mit besonderem Eifer für die Sache des Herrn einsetzten (Ri 5,18).

29–32 Das Loblied Israels. Das Lied ist orts- und geschichtsgebunden und handelt von Jerusalem und Ägypten. **29.30** Weil Gott bislang Kraftquelle und verbindendes Element des Volkes war, bittet ihn die versammelte Gemeinde, es doch auch weiterhin zu bleiben. **31** Dann aber fleht man zu Gott, daß er Ägypten zurückweist, *das Tier im Schilf,* und daß er die Rotte der Mächtigen (EÜ nach dem MT: »die Schar der Starken mit den Kälbern der Völker«), d.h. die Herrscher der umgebenden Völkerschaften, niederhält. Schließlich bittet man Gott, daß er alle drohenden Feinde zerstreut, die Tribut *(Silber)* von Israel erpressen und es deshalb gerne in einen Krieg hineinziehen wollen. **32** Als letztes geht es in diesem Gebet darum, daß Gottes Herrschaft immer weiter über die Erde ausgebreitet wird.

33–36 Das Loblied der ganzen Welt. **33** Im Finale weitet sich der Lobpreis aus, um alle Königreiche der Erde einzubeziehen, denn der Herr ist groß, stark und mächtig.

34 Er herrscht im Himmel, **35** und seine Macht offenbart sich *in den Wolken* (vgl. Ps 19,1–6) und *läßt seine Stimme* im Gewitter *erschallen* (vgl. Ps 29). **36** Sein Tun, das vom Heiligtum in Israel ausgeht, versetzt die ganze Welt in Staunen. Deshalb soll sich die ganze Menschheit vor seiner Macht beugen und ihn für seine Treue und Zuverlässigkeit loben.

Psalm 69 Verzweiflung wird zum Lobpreis

In diesem Psalm geht es wie in Ps 22 um das Leben des Gerechten aufgrund seiner Treue zu Gott. Vgl. auch Ps 35; 44; 109. Auch wird man an das Leiden Jeremias erinnert (vgl. Jer 38,6) und an ähnliche Passagen in den Klageliedern (vgl. z.B. V.3 mit Klgl 3,54; V.13 mit Klgl 3,14; V.22 mit Klgl 3,15). In V. 34–37 finden sich einige Wendungen, die als Hinweise auf die Gefangenschaft und das Verlangen nach Rückführung und Wiederherstellung Judas verstanden werden können.

Die Gedanken des Psalmisten kreisen um vier Themen: Die Leiden, die erbetene göttliche Hilfe; den Wunsch nach Vergeltung an den Feinden und den Ruf nach Errettung für ihn selbst und solche in ähnlicher Lage. Auffällig oft wird dieser Psalm im NT zitiert: z.B. V.5 in Jh 15,25; V.10 in Jh 2,17; Röm 15,3; VV.23f in Röm 11,9f; V.26 in Apg 1,20.

2–13 Seine verzweifelte Lage

Dieser Abschnitt gliedert sich in zwei Teile, der erste stellt Tatsachen dar (V.2–7), der zweite analysiert sie (V.8–13). **2** Am Anfang steht der Hilferuf eines Ertrinkenden, ein Bild für die Lage des Psalmisten (vgl. 40,3; 88,7f; Jona 2,4ff). **3** Das Bild wechselt. Der Psalmbeter kommt sich wie einer vor, der im Sumpf versinkt, ja, als ob er beim Durchschreiten einer Furt plötzlich von der Strömung erfaßt und hilflos weggespült in die Wirbel und Stromschnellen hineingezogen würde. **4** Für ihn gibt es keine menschliche Hilfe mehr. Denn niemand hört sein Schreien und jetzt lassen die Kräfte nach. **5** Der Grund dieser Bedrängnis sind die verräterischen, ungerechtfertigten Anfeindungen anderer. Sie haben sich ihre Machtstellung zunutze gemacht und dringen mit unberechtigten Ansprüchen auf ihn ein. Man hat ihm Dinge abgezwungen, von denen man zu Unrecht behauptete, er habe sie gestohlen. **6** Nicht als ob der Psalmist für sich vollkommene Sündlosigkeit beanspruchen würde! Gott kennt das Maß seiner Sünde. Vor ihm ist keine Sünde verborgen. **7** Dennoch kann er sagen, daß er aufrichtig vor Gott lebte. Bleibt sein Hilfeschrei ungehört, so als kümmerte sich Gott nicht um ihn, dann könnten auch andere Fromme entmutigt werden.

8–13 Nachdem er so seine Lage beschrieben hat und **9** dem lediglich noch die neue Tatsache einer ganz widernatürlichen Feindschaft seiner nächsten Familienangehörigen hinzufügt, skizziert der Beter die Umstände, die dieser unverständlichen Entwicklung vorausgingen. Vor allem ging es dabei um seine persönliche Gottesverbundenheit. Verachtung, Verstoßung, Mißverstandensein, Tränen, Trauer, Gemeinheiten und Spott trafen ihn **8** Gottes wegen, **10** weil er sich für die Ehre des Hauses Gottes einsetzte (vgl. Hag 1,2ff). Alle persönlichen Interessen wurden dem untergeordnet. Alles mußte dem Ansehen Gottes dienen. **9** Menschen aus allen Lebensbereichen, seine Brüder, **13** diejenigen, die im Tor Recht sprechen, aber auch alle Gottlosen verspotteten sowohl Gott als auch ihn (vgl. Hiob 30,9).

14–22 Von Gott abhängig

Dennoch – und das ist eigentlich das Außerordentliche des wahren Glaubens – bleibt das Gottvertrauen des Psalmisten unerschüttert. Die Verachtung kann ihn nicht erschüttern (vgl. Hebr 10,32ff; 12,2), würde sich in Nichts auflösen, wenn Gott nur antworten würde, indem er ihn errettet. **14** *Nach deiner großen Güte erhöre mich mit deiner treuen Hilfe:* nimmt die Bitte von V.2 nochmals auf. Dadurch wird die Parallelität zwischen diesem und dem vorausgehenden Teil des Psalms unterstrichen. **15** Knüpft an V.3 an. Was dort Situationsbeschreibung ist, wird hier zur Bitte um Gottes Eingreifen. Die Bilder des tiefen Wassers, des Sumpfes und des ihn in die Tiefe ziehenden Strudels (V.2–4) haben jetzt allerdings nicht mehr die Bedeutung des Endgültigen und Unabwendbaren, sondern sie umschreiben eine vorübergehende, veränderliche Situation. **16** Gott braucht nur einzugreifen, und alles was war, Verachtung, Erniedrigung, ja sogar *die Tiefe* werden nicht mehr sein. Alles wird neu. Erwägenswert ist der Gedanke, »ob es sich bei dem Schrei aus der tiefen, der sumpfigen Grube wirklich nur um ein Bild handelt. Es wäre denkbar, daß man einen Angeklagten (vgl. V.5b), in die Grube warf . . ., um ihn dort gefangenzuhalten« (H.J.Kraus, BK zu V.2–5). Vgl. Jer 38,6; auch 1Mo 37,24. **17** Ein Gegensatz zu V.5: Der unzählbar großen Zahl derer, die ihn ohne Grund hassen, steht die Größe deiner Erbarmungen gegenüber. **18** Der Gegensatz setzt sich fort im Bild des *Knechtes* vor dem *Angesicht* seines gerechten Herrn, und andererseits jener hemmungslosen Machtmenschen, die sein Leben auslöschen wollten

(V. 5b). Sie haben ihm unter falschen Behauptungen abgezwungen, was doch ihm gehörte (V. 5c), **19** aber nun fleht er Gott an, ihn zu erretten und zu *erlösen* (wörtl.: ihn freizukaufen); d.h. Gott soll doch das zurückfordern, was sein eigen ist, nämlich das Leben des Psalmisten, und so das Werk der Ungerechten zunichtemachen. **20** Die Begriffe *Schmach* und *Schande* von V. 8 tauchen hier wiederum auf. **21** akzentuiert nochmals die gegenwärtige Verzweiflung, aus der heraus er zu Gott schreit, dessen Antwort immer noch aussteht. Der Schmerz verstärkt sich. Die, von denen er aufgrund der engen Verbundenheit Trost und Mitgefühl erwartete, enttäuschen ihn und sind so mißtrauisch wie seine eigenen Angehörigen (V. 9, vgl. Mt 26,37ff).
22 Früher fastete er (V. 11), doch jetzt geben ihm seine Feinde *Galle zu essen* und *Essig zu trinken.* Vgl. Mt 27,34–38; Jh 19,29.

23–29 Das Gericht über die Feinde

Was sich in den vorausgehenden Versen an menschlicher Ungerechtigkeit, Grausamkeit und Schamlosigkeit zusammenballte, ruft nun einen Ausbruch an Entrüstung und Unwillen des Psalmisten hervor. Er bittet schließlich, Gott möge die Feinde die Folgen ihres verwerflichen Handelns selbst spüren lassen. Sie hatten ihm vergiftete Speisen angeboten (V. 22). **23** Nun soll ihnen auch ihre Mahlzeit zur Falle werden. Sie hatten ihn in die Dunkelheit hinausgestoßen und ihn aller Kraft beraubt (VV. 3.4). **24** Jetzt sollen sie selbst spüren, wie es ist, wenn die *Hüften wanken,* d.h. wenn man keinerlei Hoffnung und Kraft mehr hat. In ihrem Widerstand waren sie übereifrig (V. 5). **25** Nun sollen sie spüren, wie es ist, wenn man dem heißen Zorn anderer ausgesetzt ist. Sie hatten es fertig gebracht, daß ihn die eigene Familie ausstieß (V. 9). **26** So sollen sie selbst heimatlos werden. Sie sahen zu, wie Gott den Psalmbeter züchtigte (VV. 10.11), **27** und hatten ihn angegriffen und verfolgt; **28** jetzt sollen sie merken, was es heißt, nicht nur ein doppeltes Maß an Sünden zu haben, sondern auch die doppelte Strafe tragen zu müssen. **29** Sie sollen nicht in die Gottesgemeinschaft der Gerechten eingehen, deren Namen Gott festhält. Das Bild vom *Buch des Lebens* findet sich häufig in der Bibel (vgl. 2Mo 32,32; Jes 4,3; Phil 4,3; Offb 20,12.15; 21,27). Denn im biblischen Verständnis gleicht die Sünde einem Bumerang: sie kommt auf den zurück, von dem sie ausgeht. Der Grundsatz gleicher Vergeltung ist Teil der göttlichen Gerechtigkeit. Daher geht es hier nicht um persönliche Rachegefühle, sondern um die öffentliche Verteidigung eines der Gerechten Gottes.

30–37 Gebet der Hingabe an den Herrn

30a sollte eigentlich mit besonderer Betonung übersetzt werden: »Was mich angeht (so auch V. 14), so bin ich elend ...« Im Hebr. findet sich hier ein Wortspiel: *'ani 'ani.* Weil sich der Psalmist ganz auf Gott verläßt, kommt er vorausschauend zu der Überzeugung, daß Gott eingreifen und alles ändern wird. **31** Das bewegt ihn auch, jetzt schon den Lobpreis anzustimmen und sich Gott erneut zu weihen: *Ich will den Namen Gottes loben mit einem Lied.* **32** Solcher Gottesdienst ist vor Gott angenehmer als das Opfer eines *Stieres.*
33.34 Das Erstaunliche der Erfahrung liegt nicht darin, daß man Verzweiflung, Enttäuschungen, Konflikten, Mißverstehen, Strafen oder gar dem Tod ausgesetzt ist, sondern daß der Herr die Armen hört. **35** Das ist Grund genug, daß Himmel und Erde, das Meer und alles, was darinnen ist, den Herrn loben.
36.37 Diese frohe Gewißheit läßt auch getrost in die Zukunft schauen. *Zion* wird befreit, die zerstörten *Städte Judas* werden gebaut werden, die Nachkommen des Gerechten werden darin wohnen, und es wird ihnen wohlgehen. Hier wird deutlich, daß dieser Psalm weit mehr als nur die Erfahrung des damaligen Beters umfaßt. Dieser unschuldig (V. 5) leidende Knecht Gottes (V. 18), den Gott selbst geschlagen hat (V. 27; vgl. Jes 53,4.10), »steht exemplarisch und zeugnishaft für alle, die ... nach Jahwes Hilfe ausschauen. An ihm und in ihm stehen Vertrauen und Hoffnung anderer Menschen auf dem Spiel (V. 7). Seine Rettung wird zum Erweis der Heilswirklichkeit Gottes und wirkt Vertrauen und Erquikkung. Beachtet man diese eigenartigen Aussagen des Ps 69, die alle individuelle Bezogenheit weit übersteigen, so wird zugleich verstandlich, daß die Urgemeinde das Wirken und Leiden Jesu Christi in den alttestamentlichen Psalmen vorangekündigt sah« (H.J. Kraus, BK. Man vgl. dazu die oben angegebenen ntl. Bezugnahmen).

Psalm 70 Ein dringliches Gebet um Errettung

Diese wenigen Verse sind der Schluß von Ps 40 (V. 14–18), die hier zum Gebrauch im Tempelgottesdienst gesondert überliefert werden (s. Überschrift). An einigen Stellen wurde ein Wort ausgewechselt; die Gottesbezeichnung *Jahwe* wurde einige Male in *'elohim* abgeändert.

Daneben zeigt sich an einigen Stellen Übereinstimmung mit Ps 69. Am Anfang beider Klagelieder bzw. -gebete eines einzelnen steht jeweils ein Notschrei. In beiden Psalmen wird

Gottes Gericht auf die Feinde des Gerechten herabgerufen (70,3f; vgl. 69,24f). Und in beiden Fällen ist eine persönliche Notlage der Anlaß (vgl. 70,6a mit 69,30a). Auch das Wortspiel kehrt dabei wieder. Auffälligerweise hat auch Ps 40, zu dem dieser Abschnitt ursprünglich gehörte, manches mit Ps 69 gemeinsam. Beide beginnen mit einem Hinweis auf Sumpf, Dunkelheit und der Bitte um göttliche Rettung. Der Unterschied besteht lediglich darin, daß in Ps 40 die Errettung schon geschehen ist (40,4). Zur Auslegung s. Komm. zu Ps 40,14–18.

Psalm 71 Bewährter Glaube

Diesem Gebet eines alten Mannes (vgl. VV. 9.18) ist eine Milde und Friedfertigkeit eigen, wie sie charakteristisch sind für ein langes, im Vertrauen auf Gott verbrachtes Leben (vgl. VV. 5.17). Die VV. 1–9 und 10–18 zeigen manche parallelen Züge. Der Rest des Psalmes ist anders strukturiert, zerfällt aber nochmals in zwei Teile, die den vorausgehenden Abschnitten entsprechen.

1–9 Innige Gemeinschaft mit Gott

Ruhige Würde und Vertrauen sprechen deutlich aus diesen Versen. **2** Die Bitte um göttliche Hilfe beginnt in sanftem Ton **3** und ist verknüpft mit dem dankbaren Gedenken an Gottes beständigen Schutz. Das wichtigste Merkmal dieses Abschnittes ist der Geist der Anbetung: jeder der ersten acht Verse redet von Dankbarkeit und Vertrauen zu Gott.

1 *Herr, ich traue auf dich;* **2** *deine Gerechtigkeit;* **3** *du bist mein Fels;* **4** *mein Gott;* **5** *du bist meine Zuversicht, Herr, mein Gott;* **6** *auf dich habe ich mich verlassen;* **7** *du bist meine starke Zuversicht;* **8** *deines Preises . . . deines Ruhmes.* Der ganze Abschnitt ist Vorbereitung auf die Bitte von V. 9. **7** *Ich bin für viele wie ein Zeichen* (EÜ: »wie ein Wunder«). Die Bedeutung des *Zeichens* besteht darin, daß klar erkennbar wird, daß Gott hier wirkt. Während seines langen Lebens wurde der Beter ein Beispiel und Vorbild für Gottes Volk. Wie er sich in Schwierigkeiten verhält und wie Gott an ihm handelt, gilt deshalb als Offenbarung dessen, was Gott ist und tun kann.

10–18 Unbeirrbarkeit trotz des Leides

Diese Verse sind nur eine andere Version des vorausgegangenen Gebets. Aber der Blick ist jetzt weiter und reicht mehr nach vorne (vgl. z.B. den Unterschied zwischen V. 6 und 18).
10 Der Beter denkt an seine Feinde und **13** wünscht sich ihre Verurteilung. **14** Die Hoffnung wird ihm zur Kraftquelle. **15.16** Er weiß, daß er Gott loben wird, **18** sieht aber auch zugleich eine neue Aufgabe vor sich. **11** Seine Feinde meinen, Gott hätte ihn verlassen, und rüsten sich zum Angriff. **12** Deshalb wird das Gebet von VV. 2.3 in den Worten *Gott, sei nicht ferne von mir* wieder aufgenommen. **14** Das frühere Bekenntnis der Hoffnung wird wiederholt.
17 Die Erwartung des unaufhörlichen Lobpreises der Ehre Gottes (V. 8) wird nun noch verstärkt durch den Hinweis darauf, daß er sein ganzes Leben in der Schule Gottes zugebracht hat. **18** Schließlich wird der zweifelnde Schrei von V. 9 umgeformt: hatte er vorher Angst, daß seine Kraft nachlassen und schließlich versiegen könnte, so bittet er jetzt konkret darum, daß sie ihm erhalten bleiben möge, bis er sein Lebenswerk vollendet haben wird.

19–21 Hoffnung auf Gott

Die Stimmung dieser Verse erinnert wieder an V. 1–10. **19.20** Nicht nur begegnet uns hier wie dort ein starkes Bewußtsein der früheren Gnadentaten Gottes, auch die Gedankenführung ist ähnlich. Das Wissen um die Gerechtigkeit Gottes hatte dort (V. 2) zu dem Gebet geführt: *Neige dein Ohr . . .*; vgl. dazu: *Gott, deine Gerechtigkeit reicht bis zum Himmel.* Gottes Handeln zeigt sich ganz ähnlich: so wie ihn Gott aus dem Mutterleib ins Leben brachte (V. 6), ist auch hier die Hilfe, die ihn aus der *Tiefe* zurückholt, einer neuen Geburt ähnlich. Ganz wesentlich zeigen uns übrigens diese Verse, daß hohes Alter eine Aufgabe enthält. Er, der sich nur danach sehnte (V. 18b), daß ihm die Kraft erhalten bleibt, bis er alles getan hat, was Gott von ihm erwartet, erfährt nun, daß **21** es für ihn noch neue Glaubenserfahrungen gibt. Gott ist mit ihm noch nicht am Ende. Vgl. dazu den Wunsch Moses im hohen Alter (5Mo 3,23–25).

22–24 Lobpreis und Anbetung

In diesem letzten Abschnitt liegt wie schon in V. 14–18 der Ton auf der Zukunft. Sowohl in V. 22 als auch in V. 14 ist das Ich besonders betont. Aber im Umfeld ist nicht mehr von Feinden und Anschlägen, sondern von *Harfe* und *Saitenspiel* die Rede. Er ist gewiß, daß sein Gebet von V. 12 erhört ist. Deshalb preist er die *Treue* Gottes. Vorher freute er sich auf die Zeit, in der er *täglich* Gottes Rettungstaten (V. 15) *verkündigen* könnte. Jetzt ist er sich dieser Hilfe gewiß. Nun soll seine *Zunge* auch *täglich* davon *reden.* Letztlich erreicht die Anbetung ihren Höhepunkt in der Anrede: *du Heiliger Israels* (vgl. Ps 78,41; 89,19). Denn mehr als alles andere ist Gottes Heiligkeit Grund zum Lobpreis.

Psalm 72 Der Friedefürst und sein Reich

Die in diesem Gedicht beschriebene Königsherrschaft trägt sicherlich manche idealistischen Züge. Sie sind allen Königspsalmen eigen und damit Grund für ihre messianische Auslegung. Seit der Frühzeit der Herrschaft Davids rankten sich größte Hoffnungen um das Königshaus (2Sam 7); in den Psalmen begegnen sie uns detailliert. Im Zentrum dieses Psalms steht die Überzeugung, daß an die Rolle des Königs eine grundlegende Forderung geknüpft ist: vom Herrscher muß Gerechtigkeit ausgehen, die den Unglücklichen neues Leben bringt und jegliche Unterdrükkung beendet. In prophetischer Weise blickt der Psalm über den historischen davidischen König hinaus, zu dessen Ehre er zunächst geschrieben wurde. Er erinnert ihn an seine hohe Berufung und lenkt dabei den Blick auf Christus, in dem die Hilflosen ihren mächtigen Helfer finden. Indem er die vom König erwartete Gerechtigkeit erfüllt, bringt er der ganzen Schöpfung Gesundung und Heil, bis in Gottes Königsherrschaft vollkommener Friede sein wird (s. Jes 11,1–9).

1–7 Die Herrschaft des Königs im eigenen Land

1 Das erste Kennzeichen seiner Herrschaft ist *Gericht* und *Gerechtigkeit.* Dabei betont *Gerechtigkeit* mehr das innere Wesen, das Grundsätzliche, während *Gericht* sich vor allem auf die Ausführung mit Aufrichtung gerechter Verhältnisse bezieht. Drei Wahrheiten werden herausgestellt. Erstens: dieser König ist – anders als die orientalischen Gewaltherrscher – kein selbstherrlicher Mann. Er ordnet sich Gott unter, erhält von ihm seine Herrschaft und ist ihm verantwortlich. So zielt das Gebet darauf hin, daß er *deine,* d.h. Gottes Gerechtigkeit empfängt. Diese Gerechtigkeit gehört zu Gott, kommt von Gott und ist Gott wohlgefällig. **2.4** Zweitens: weil der König im rechten Gottesverhältnis steht, ist er im Umgang mit seinem Volk, in seinem Eintreten für die *Armen* und in seinem Widerstand gegen die Unterdrücker *(Bedränger)* Gott ähnlich. **3.6** Drittens: wie überall im Rahmen des alttestamentlichen Glaubens (vgl. 5Mo 28) wird die Fruchtbarkeit des Landes als Frucht der Gerechtigkeit betrachtet.
7 Dazu gehört das umfassende Wohlbefinden des einzelnen und der Gesellschaft, was rechtes Verhalten sowohl gegen Gott als auch gegen Menschen einschließt. Das alles nennt die Bibel *Frieden.* Der gerechte König ist ein zweiter Adam, der Gottes Eden regieren wird (vgl. Jes 11,5–9; Am 9,11–15).

8–14 Die Erhabenheit des Königs vor aller Welt

8 Ein dieserart gerechter Herrscher wird unvermeidlich über die Grenzen seines eigenen Landes hinaus anerkannt. Sein Machtbereich wird schließlich die ganze Erde umfassen. Die regulären Grenzen des verheißenen Landes waren der Strom, d.h. der Euphrat im Osten und das Mittelmeer im Westen. Diese Grenzen werden hier überschritten (vgl. Sach 9,10). **9** Die *Söhne der Wüste* sind die nomadischen Beduinen. **10.11** Ferne Länder wie Spanien *(Tarsis),* die Inseln des Mittelmeers, *Saba* (Arabien) und *Scheba* (Äthiopien) werden ihn mit ihren Geschenken ehren (vgl. 1Kön 10,25). Aber diese weiten Gebiete werden nicht etwa erobert aufgrund persönlichen Machtstrebens, aus Verlangen nach Weltruhm oder ähnlichen Gründen, sondern sie schließen sich ihm allein wegen seines einzigartig gerechten Regiments an.
12–14 nehmen die Gedanken von V.2–4 wieder auf (vgl. Hiob 29,12–16). Des Königs Mitempfinden gilt nicht nur den Hilflosen *(Armen)* und Verzweifelten *(Elenden)*; das Leben *(Blut)* eines jeden ist ihm kostbar und ist es wert, von der Macht des Bösen erlöst zu werden.

15–17 Die unerschöpfliche Güte und Herrlichkeit des Königs

Der erregende Gedanke, daß es so einen König geben könnte, läßt diesen Psalm in einer gesteigerten Folge von Bitten an Gott enden. **15** Sie kreisen um die Ehrerbietung, die ihm gebührt, **16** um den Wohlstand unter seiner Herrschaft und **17** die Dauer und Ausdehnung seines Reiches. **16** Hier wird um eine ganz außerordentliche Fruchtbarkeit gebeten: um ein Land, das bis auf die Höhen der Berge kultiviert und fruchtbar ist, und in dem die Getreidehalme so hoch und ertragreich sind wie die Zedern des Libanon. **17** Der bleibende *Name* deutet hin auf eine bleibende Dynastie, wie sie David verheißen wurde (2Sam 7,13–15). Doch läßt sich von da leicht der Bogen zum Messias schlagen, der für ewig leben und herrschen wird (vgl. Lk 1,32f) und von dem allein der umfassende Segen kommen kann, um den hier gebetet wird (vgl. Eph 1,3).

18–20 Die Doxologie

Näheres s. Kommentar zu Ps 41,14. Diese drei Verse sind von dem Sammler des Psalters als redaktioneller Hinweis darauf eingefügt worden, daß das zweite Buch zu Ende ist. Zugleich schließt sich diese Doxologie inhaltlich nahtlos an Ps 72 an.

DRITTES BUCH. PSALM 73–89

Psalm 73 Das Rätsel des Erfolgs der Gottlosen

Es geht hier um das gleiche Thema wie in Ps 37 (vgl. auch Ps 49; 94): nämlich den scheinbaren Widerspruch zwischen Sittlichkeit und Erfolg. In dieser Welt haben die Gottlosen oft besten Erfolg, während sich viele Gottesfürchtige in größter Not und Anfechtung befinden. Aber Wohlergehen und Wohlstand der Gottlosen sind nicht das Letzte. Unter Umständen bleibt es das ganze Leben lang dabei (s. V. 4 und dazu Hiob 21,7–13), doch am Ende steht das Gericht. Das Wesentliche für den Gerechten ist demgegenüber, daß es letzten Endes doch gut um ihn steht. Worauf es dabei ankommt, sind nicht Reichtümer und Macht dieser Welt, sondern die persönliche Beziehung zu Gott. Den Weg zu dieser Erkenntnis schildert der Psalmist hier im Rückblick.

1–3 Die Erinnerung an frühere Zweifel

1 *Gott ist dennoch Israels Trost:* genauer EÜ: *Fürwahr, Gott ist Israel gut.* Diese positive Aussage am Anfang spricht dafür, daß dem Psalmisten alle Zweifel genommen sind. **2** Dennoch gab es eine Zeit, in der er das Vertrauen auf Gott fast aufgekündigt hätte. Durch plötzlichen Unglauben wäre er beinahe zu Fall gekommen. **3** Der Vergleich mit denen, die er rückblickend die *Ruhmredigen* nennt, die in weltlichen Dingen sichtlich erfolgreicher waren als er, hatte ihn mit Neid erfüllt. Dabei hatte er ihr gottloses Wesen und Leben fast übersehen.

4–12 Die Fakten objektiv dargestellt

Die Gottlosen werden nun zunächst (V. 4–7) nach äußeren Kennzeichen, nach ihrem Verhalten und ihren Lebensumständen, und dann (VV. 8.9) nach inneren Kennzeichen, ihren Reden und ihren Beweggründen beschrieben. **4** Wörtl. heißt es: »Ihr Sterben hat keine Schrecken« (vgl. EÜ: »keine Qualen haben sie bei ihrem Tode«). Der Psalmist betrachtet nicht nur das vorübergehende Wohlergehen der Gottlosen (vgl. Ps 37,35f), sondern er sieht, wie ein Leben im Wohlstand noch dazu mit einem schmerzlosen Tod endet. Bei anderer Aufteilung der Silben (so LÜ, ZÜ) ergibt sich die Übersetzung »Sie leiden keine Qualen, *gesund* und ...« (ZÜ). Doch s. Komm. zu 18–20. **6** Ihre Unverschämtheit und Skrupellosigkeit stellen sie beständig zur Schau wie eine prächtige Garderobe. **7** Ihr ganzes Trachten ist auf Prestigegewinn ausgerichtet, und ihre Pläne sind eitel. Der V. ist schwer zu deuten. Wörtl. »Es tritt aus dem Fett heraus ihr Auge, sie fahren daher in den Einbildungen des Herzens« (EÜ). Viell. ist mit LXX statt »ihr Auge« zu lesen »ihre Schuld«. Gemeint ist jedenfalls, daß aus ihrem Inneren fortgesetzt nichtige Pläne hervortreten. Vgl. Mt 15,11. **8.9** An ihrem Verhalten zeigt sich ein übersteigertes Selbstbewußtsein. Ihr Reden verrät die Einstellung ihres Herzens. Nichts im *Himmel* und auf *Erden* ist vor ihrer Kritik sicher. **10–12** Menschen werden verführt und Lästerungen werden ausgesprochen. Nach V. 10 wird sogar »sein Volk« (so richtig EÜ), d.h. die, die einst dem gottlosen Leben entsagten und zu Gottes Eigentum geworden waren, jetzt dazu aufgestachelt, sich ebenfalls bösem und verderblichem Tun hinzugeben.

13–17 Das Problem im persönlichen Bereich

Dem Psalmisten waren selbst Zweifel gekommen, ob es denn notwendig sei, auf ein reines Herz und Gewissen zu achten. **13.14** Schien es nicht, soweit es sich in greifbaren Ergebnissen niederschlug, vergeblich, daß er sich immer noch an den anspruchsvollen Rahmen des Gesetzes hielt? Ja, sein ganzes Bemühen, ein gottesfürchtiges Leben zu führen, brachte ihm keinerlei Zeichen göttlichen Wohlgefallens. Statt dessen trafen ihn täglich Züchtigungen. **15** Hätte er seine Zweifel in der Öffentlichkeit ausgesprochen, wäre er zum Verräter an den Kindern Gottes geworden und hätte auch sie noch in Zweifel hineingezogen. Seine Zugehörigkeit zur Gemeinschaft der Kinder Gottes bildete einen Schutzraum, den er nicht leichtfertig aufs Spiel zu setzen bereit war. Dennoch: **16** Je mehr er über die Umkehrung der Werte nachdachte, desto schwerer wurde es ihm. **17** Zuletzt *ging* er *in das Heiligtum Gottes* und dachte über das letzte Ziel, die Bestimmung des Gottlosen nach. Hier vor dem Angesicht Gottes, wurde ihm eine neue Schau der Dinge zuteil. Er erkannte, daß ihn seine Eindrücke zum Narren gehalten hatten; er hatte sich selbst mit den anderen verglichen und nicht sich und die anderen im Lichte Gottes gesehen. Er hatte die Dinge des Lebens nicht von der letzten Wirklichkeit her gesehen, von Gott her.

18–25 Der Weg zu einer neuen Haltung

18–20 Der Psalmist erkennt klar, daß der Gottlose Gott nicht zum Narren halten und ihm entkommen kann. Es bleibt jedoch offen, wann seine Strafe kommt. Wiederholt hier der Psalmist lediglich die herkömmliche Ansicht, nach der es unausweichlich zur Vergeltung noch in dieser Welt kommt? Wäre das der Fall, dann hätte er die Problematik nicht so gründlich erfaßt, wie es dieser Psalm sonst nahelegt. Das wäre eine relativ flache Antwort. Die meisten, die in frecher Gottlosigkeit dahinleben, entgehen nämlich in diesem Leben der Strafe, vgl. V. 4 (MT). Der Psalmist war sich der Tragweite des Problems bewußt. Aber er sah auch die andere Seite: Bestand hat nur ein Leben, das vor Gott Bestand hat. Das Leben der Gottlosen gleicht einem Traumbild, das verfliegt, wenn Gott »sich erhebt«, d.h. der Menschen Leben richtet. Dann bleibt für die Gottlosen nur Ungeborgenheit, Ruin, Verderben, Schrecken.

21–25 Angesichts dieser Perspektive, wie denn ein Leben vor Gott Bestand haben kann, betrachtet der Psalmist noch einmal seinen eigenen Weg. **21.22** Er gesteht, daß ihm seine Verbitterung jegliche Einsicht in Gottes Realitäten raubte, daß er im Neid auf die Gottlosen seine Bestimmung, als Mensch vor Gott zu leben, gefährdete (wörtl.: »ich war ein Tier vor dir«). **23.24** Jetzt erkennt er den geistlichen Wert seines Stehens vor Gott: »Ich bin doch stets bei dir.« Dieser Satz entspringt der Gewißheit des Glaubens: denn du hältst mich bei meiner rechten Hand (vgl. Jes 41,10). Für sein Leben heißt das: Ich bin eingebettet in Gottes Plan *(du leitest mich nach deinem Rat),* für das Sterben: (du) *nimmst mich hernach in die Herrlichkeit* (ZÜ; vgl. Ps 49,16; Lk 23,43; Apg 7,55f). **25** Im *Himmel* und auf *Erden* ist die Gemeinschaft mit Gott der ausreichende und überwältigende Reichtum des Glaubenden.

26–28 Die Bedeutung dieser Überzeugung für die gegenwärtigen Umstände

26 Der Psalmist hat eine neue Wertskala gefunden. Alles, was ihn körperlich und seelisch belastet und ermüden läßt, auch die Schatten, die das hohe Alter und der Tod vorauswerfen, werden aus der neuen Perspektive betrachtet. Wenn ihm im Leben auch manches zu entgehen scheint, bleibt ihm doch Gott *Trost* und (Erb-)*Teil,* und zwar *auf ewig* (EÜ). Voll Vertrauen und Überzeugung faßt der Psalmist zusammen: **27** Wer von Gottes Wegen abweicht, wählt zwangsläufig das Verderben. **28** Für ihn selbst hingegen ist die Nähe Gottes Quelle und Grund aller Zuversicht. Aus dem allgemeinen Bekenntnis von V. 1 wird ein persönliches Bekenntnis und Zeugnis. Die Gefährdung des Angefochtenen, von Gott zu *weichen* (V. 27), ist gebannt; rückblickend stellt er fest: *Gott zu nahen* (s. V. 17!) *ist . . . gut* (EÜ) für mich.

Psalm 74 Eine Klage über die Zerstörung des Heiligtums

Dies ist eine der eindringlichen Klagen, die aus Anlaß der Zerstörung des Heiligtums in Jerusalem 587 v.Chr. während der babylonischen Gefangenschaft entstanden (vgl. Klgl und Ps 79). Die Tragödie bestand nicht nur darin, daß das Zentrum des religiösen Lebens, der Tempel, zerstört worden war. Was die letzte Hoffnung auslöschte und das Volk in Verzweiflung stürzte, war die sich aufdrängende Folgerung, daß Gott sich von ihnen abgewandt hätte. Wo zeigte sich Gottes Bundestreue? Als Jahr um Jahr verstrich und die Gefangenschaft sich immer länger hinzog (VV. 1.3.10.19.22f) wurde der Gedanke, daß Gott sie verworfen hätte, immer wahrscheinlicher. So entstand eine Bereitschaft zur Buße und zum Gebet.

1–11 Der Aufruf

In dem vom Psalmisten aufgenommenen Ruf des Volkes mischt sich Enttäuschung und Befremden: ein eindringliches ›Warum?‹ gegenüber Gott (VV. 1.11). Die dazwischen liegenden VV. 4–9 schildern die Greuel der Verwüstung.

1 In diesem Vers schlägt sich sehr stark das Bewußtsein der Souveränität Gottes nieder. Er ist der Handelnde. Sein Zorn manifestierte sich im Handeln der Feinde. **2** Das Ungewohnte besteht darin, daß sich Gottes Zorn gegen seine eigene Herde richtet (das Bild vom ›Hirten Israels‹ wird in den Asaphpsalmen gern benutzt), gegen seine Erlösten, gegen das Volk seines *Erbteils* (vgl. 2Mo 15,16f). Sein Zorn richtet sich sogar gegen den *Berg Zion,* seine Wohnung (vgl. Ps 68,17). Die Niederlage und Verwüstung des Volkes werden zu einem ausweglosen Dilemma, weil es so aussieht, als würde Gott sein eigenes Werk zerschlagen und sein Wort brechen. **3** Deshalb fleht man ihn an, daß er doch selbst herbeikommen soll, um der Entweihung des *Heiligtums* durch den *Feind* ein Ende zu bereiten.

Mit V. 4 beginnt eine detaillierte Beschreibung der entweihten Stätte. *Deine Widersacher* lärmen, wo eigentlich Stille herrschen soll. An den früheren Ort gottesdienstlicher Symbole hat man militärische Feldzeichen gestellt. **5.6** Die Schönheit und Gestalt des Gebäudes (vgl. 1Kön 6,29) hat man mutwillig zerstört, so daß es wie ein durchforsteter Wald aussieht, in dem zersplitterte und wertlose Stämme bald hier, bald da herumliegen. **7** Schließlich ist der Tempel angezündet worden (vgl. 2Kön 25,9f; Jes 64,10). Dahinter stand der Plan, das gesamte religiöse Leben des Volkes Israel zu unterbinden. **8** *Sie ver-*

brennen alle Gotteshäuser (hebr. *mo'ed-el) im Lande:* Das erste der beiden hebr. Wörter bedeutet soviel wie »Versammlungsstätte«, so in V.4 (vgl. EÜ). Ob damit bereits während des babylonischen Exils entstehende Synagogen gemeint sind, ist umstritten. Auch die Grundbedeutung »Versammlung« ist erwogen worden, ergibt aber im Zusammenhang mit »verbrennen« keinen Sinn. Vielleicht sagt der Satz etwas Allgemeines über das Vorgehen der Feinde, denn auch die folgende Übersetzung ist denkbar: *»Sie verbrennen alle Versammlungsstätten* (irgendeines) *Gottes auf Erden«* (ähnlich H.J.Kraus, BK, der mit der Peschitta und einer Handschrift der LXX dies als Bemerkung aus dem Munde der Feinde verstehen möchte: *Laßt uns verbrennen* ... **9** Keinerlei *Zeichen,* daß Gott bald einschreiten werde, sind zu sehen; *kein Prophet* und auch sonst *keiner* ist da, der wüßte, *»bis wann«* (so treffend EÜ; undeutlich LÜ). **10** Der abschließende Satz dieses beschreibenden Teils nimmt mit *wie lange* den Hilferuf von VV.1f nochmals auf. Es ist für den Psalmisten schlechterdings undenkbar, daß mit der fortgesetzten Entweihung des Heiligtums der *Name* des Herrn für immer der Verachtung preisgegeben sein soll. Daher dieser Appell. **11** Das Gericht muß die Feinde doch noch treffen, wenn auch für eine unerklärlich lange Zeit diese Züchtigung Gottes zurückgehalten wurde. Rechte: vgl. 2Mo 15,6.

12–23 Die Hoffnung

Dieses eindringliche Flehen zu Gott erweckte eine Hoffnung, die nicht etwa dem Wunschdenken entsprang, sondern auf festem Grund stand. Sie riefen doch zu dem Gott, dessen Wesen ihnen aus seinen Schöpfungs- und Heilstaten bekannt war. Seine Macht konnte man nicht bezweifeln. Sie wird in der Art eines Hymnus besungen. Zu beachten ist das jeweils betonte Du der VV.13–17. Die Fakten des Auszugs aus Ägypten werden aufgezählt in der Symbolsprache eines Textes über die Erschaffung der Welt, wie manche Ausleger meinen: **13** Die Teilung des Meeres (2Mo 14,21f), die Vernichtung des ägyptischen Heeres (symbolisch dargestellt durch die *Drachen,* V.13b; vgl. Hes 29,3), **14** die Bloßstellung der Macht Ägyptens (symbolisch dargestellt durch *Leviathan,* eine Art Krokodil, Zeichen größter Macht und Schreckens, vgl. Komm. zu Hiob 40,25), die Entehrung der Ägypter, als ihre toten Leiber an der Küste angeschwemmt werden, ein Opfer der Räuber, ein Fraß der wilden Tiere. **15** Das alles hat Gott getan. Aber er hat auch Wasser aus dem Felsen gegeben (2Mo 17,1–7) und den unaufhörlich dahinfließenden Jordan aufgehalten (Jos 3). **16** Auch Tag und Nacht, die *Leuchte,* d.i. der Mond (s. EÜ; vgl. 1Mo 1,14f), und die *Sonne* sind in seiner Hand. **17** Die natürlichen Gegebenheiten der Erde, die Grenze zwischen Land und Meer, der Wechsel der Jahreszeiten, alles geht doch auf ihn zurück. Nachdem so die Macht Gottes anhand seiner Heilstaten in Geschichte und Schöpfung in Erinnerung gerufen und daraus Hoffnung auf Gottes Treue geschöpft worden ist, wendet sich **18** wieder der derzeitigen Lage zu und nimmt V.10b auf: Gott möge daran denken, daß sein Name durch ein böses und törichtes Volk entehrt worden ist (vgl. 5Mo 32,21). **19** Sein Volk ist gejagt und schutzlos dahingegeben wie eine *Taube* unter wilden Raubvögeln (so MT; LXX und Peschitta haben hier statt *»die Seele deiner Taube«* gelesen »die Seele, die dich bekennt«). **20** Der *Bund,* mit dem er sich ihnen verpflichtet hat, scheint vergessen. Das Land ist in Finsternis getaucht, eine Stätte der *Gewalttat* (EÜ). **21** Gott möge die, die unter ihrer Last zu ihm schreien, nicht zuschanden werden lassen. Müßte nicht sein Lobpreis auf Erden ganz verstummen? **22.23** Wenn Gott doch um seiner eigenen Sache willen eingreifen würde, weil es um die Ehre seines Namens auf Erden geht.

Psalm 75 Gott ist Richter

Dieser Psalm freut sich der Allmacht und Gerechtigkeit Gottes. Den Hintergrund bildet offenbar ein Strafgericht Gottes (V.8). Der Psalm steht Ps 46–48 nahe. Möglicherweise entstammt er sogar der gleichen Zeit (s. Jes 36–37).

Die nachfolgend gebotene Auslegung geht davon aus, daß in der Volksversammlung ein Prophet mit einem Wort Gottes nach vorne trat (VV.3f, vgl. 2Chr 20,4–19).

2 Danksagung des Volkes

Der doppelt ausgesprochene Dank ist die Antwort darauf, daß der *Name* Gottes *nahe* gekommen ist, d.h. Gott selbst gehandelt hat, *Wunder* vollbracht hat, die er allein vollbringen kann.

3.4 Gottes richterliches Wort

Wenn wir uns die durch Assyrien hervorgerufene Krise vergegenwärtigen, werden wir auch ein Empfinden für die Bedeutung dieses Gotteswortes bekommen. Jerusalem war bis in den Staub gedemütigt. Kurz bevor es nach menschlicher Einschätzung der Lage zu spät war, hat Gott eingegriffen. **3** Gott aber greift nicht ein, wenn und weil die Lage absolut verzweifelt ist, sondern wenn seine Zeit gekommen ist. **4** Nach menschlichem Verständnis geht die Welt ihrem Untergang entgegen. Der Gang der Welt kann von Menschen weder aufgehalten noch erhalten werden. Diese Welt und ihre Bewohner werden nur von Gott gehalten.

5–9 Ernste Mahnung

5.6 Der Fall der Assyrer (vgl. Jes 37,23–25) ist eine Warnung an alle *Ruhmredigen. Pocht nicht auf Gewalt:* wörtl. *Erhebt nicht das Horn* (EÜ). Das Horn ist Zeichen der Kraft. Der Grund für die Warnung an die Stolzen wird nachfolgend genannt: **7.8** Wird jemand erhöht, dann nicht wegen eigener Leistung, sondern weil Gott es ihm gegeben hat – und zwar **9** aufgrund des sittlichen Verhaltens. *Von der Wüste* (d.h. in Palästina »vom Süden«) *der Berge:* so wörtl. MT; hier ist entweder ausgefallen »und nicht von (den Bergen)«, womit der Libanon, d.h. der Norden gemeint wäre, so LÜ. Oder es ist zu übersetzen: *»(kommt) Erhöhung«* (ZÜ; EÜ), d.h. aufrichtende Hilfe Gottes (vgl. V. 8b). Für das Bild vom *Becher* in Gottes Hand vgl. Ps 60,5; Jes 51,17; Jer 25,15f; Hes 23,32–34. (Im Kontrast dazu steht der Kelch des Heils und der Freude, vgl. Ps 116,13.)

10.11 Lobpreis

Ein einzelner stimmt einen Lobpreis an und gelobt dabei, es dem göttlichen Regiment nachzutun. So wie Gott die Gottlosen bestraft (V. 9), will auch er die Macht der Gottlosen brechen. Der Sprecher wäre demnach wohl der König. Nach Änderung eines Buchstabens im hebr. Text wäre hier vom Handeln Gottes statt von dem des Königs die Rede (so LÜ; ZÜ).

Psalm 76 Ein Erlösungslied

Der Hintergrund ist dem von Ps 75 ähnlich. Es wird ein Sieg gefeiert, bei dem Jahwe sich selbst zeichenhaft offenbarte.

2–4 Die Selbstoffenbarung Gottes: Tatsache und Ausgangspunkt

2 Der hebr. Text beginnt mit den Worten: *Bekannt . . . ist Gott* (vgl. EÜ), und führt damit direkt zum Thema hin. *Israel* bezeichnet hier nicht das Nordreich, sondern das Volk in seinem Erwähltsein von Gott. Im Rahmen dieses Volkes und besonders im Land *Juda* hat Gott sich offenbart. Deshalb kann das Volk mit neuer Freude bezeugen, daß Gottes *Name herrlich* ist. In seiner Offenbarung sehen sie die Herrlichkeit seines Wesens. **4** Die Selbstoffenbarung geschah im Rahmen eines großen Sieges. Während einige Ausleger der Meinung sind, es handele sich um eine historische Befreiung der Stadt, z.B. von der Bedrohung Sanheribs (2Kön 19,32–35; vgl. dazu Ps 46–48), sind andere der Ansicht, daß sich schon von jeher mit allem Nachdenken über die Heilige Stadt, den gesalbten König und den himmlischen König die Vorstellung vom Widerstand einer bösen Welt verbunden hatte, und daß diese Vorstellung im Tempelritual sichtbar dargeboten wurde: der Aufruhr der Weltmächte und ihre Unterwerfung. Diese beiden Deutungen müssen sich nicht ausschließen. Historische Befreiungen bestätigen den Glauben, der regelmäßig im Tempelritual zum Ausdruck kam: Der Herr verteidigt und erhält sein Volk. Sein Sieg geht von *dort,* d.h. von Zion aus; vgl. Ps 46, bes. V. 10. *Die Pfeile des Bogens:* wörtl. *des Bogens Brände* (EÜ), d.h. die Brandpfeile; vgl. Jes 50,11.

5–10 Die Selbstoffenbarung Gottes: Inhalt und Reaktion

Im Unterschied zu den Versen 2–4 und 12–13 haben wir es hier mit einer persönlichen Gottesanrede zu tun. Die Selbstoffenbarung Gottes führt zur persönlichen Gotteserkenntnis und zum persönlichen Glauben. Die Sätze sprechen abwechselnd von einer Wahrheit über Gott und von verschiedenen Aspekten seiner Überlegenheit: **5** seiner herrlichen Macht; **6** seiner Überlegenheit über alle menschliche Stärke, sei sie psychischer, sei sie physischer Art; **7a** sein vollmächtiges Machtwort; **7b** seiner Überlegenheit über menschliche Waffen; **8a** seiner Ehrfurcht gebietenden Größe; **8b** seiner Überlegenheit über jeden nur denkbaren Feind; **9a** seiner himmlischen Autorität als Richter; **9b.10** seiner Überlegenheit über die ganze Erde im Blick auf Gerechtigkeit und Gnade.

11–13 Die Selbstoffenbarung Gottes: Schlußfolgerungen

11 Zum einen hat der Sieg die Allmacht Gottes offenbart, durch die sogar die bösen Absichten der Menschen noch der Ehre Gottes dienen müssen. **12** Zum andern wird deutlich, daß man so einem Gott nur in Aufrichtigkeit, Hingabe und Ehrerbietung begegnen kann. **13** Drittens wird der zurückliegende Sieg als Ausschnitt von Gottes weltweitem souveränem Handeln betrachtet.

Psalm 77 Geschichtliche Grundlagen der Hoffnung

Während ältere Ausleger diesen Psalm für ein Volksklagelied halten, das sich der Sprache des persönlichen Gebets bedient, sehen neuere Kommentatoren darin die Fürbitte eines einzelnen für das bedrängte Israel. Die ausgesprochen persönliche Sprache des Psalms läßt sich aber wohl am ehesten durch die Annahme erklären, ein einzelner leidender Mensch suche in der Erinnerung an Gottes Erlösungstaten für Israel Hilfe. Der Psalm redet nicht von Gefahr, Verfolgung, Bedrängnis, Krankheit oder ähnlichen Nöten. Die eigentliche Ursache für die Niedergeschlagenheit des Psalmisten besteht darin, daß über längere Zeit Zeichen göttlichen Beistandes ausgeblieben sind (V.7–11).

2–10 Die Niedergeschlagenheit

3 Die Niedergeschlagenheit wird umschrieben mit dem Bild eines ruhelosen Kranken, der nachts vergebens nach jemandem ruft, der ihm beistehen könnte. **4** Sie kommt nicht zuletzt aus seinem Nachdenken über Gott. **5** Sein Schlaf bringt keine Erquickung, denn Gott läßt ihn nicht zur Ruhe kommen. **6** Und doch wird dies zu einer gnädigen Schlaflosigkeit, denn während er wach liegt, denkt er über *die alte Zeit, die vergangenen Jahre* nach. **7–10** Er faßt neuen Mut, indem er sich vergegenwärtigt, daß Zuwendung, Liebe, Verheißung und Gnade Gottes keinem Wechsel unterworfen sind. Er äußert das in sechs Fragen, auf die jeweils mit »Nein« zu antworten ist.

11–21 Die Erinnerung an Gottes Taten

11 läßt sich nur schwer übersetzen. *Darunter leide ich, daß die rechte Hand des Höchsten sich so ändern kann:* d.h., jetzt ist es anders als damals (vgl. ZÜ; EÜ). Dies wäre ein die Fragen in V.8–10 zusammenfassendes Wort der Verzweiflung. Der alte Luthertext hingegen sah in V.11b ein Wort der Zuversicht: »Die Hand des Höchsten kann (alles) ändern.« Das stünde im Zusammenhang mit den folgenden Versen, die die Treue und Macht Gottes betonen. Hierfür spricht die Abtrennung der vorherigen Verse durch das *Sela.* Doch bleibt dann V.11a schwierig. In jedem Fall zeigen die folgenden Verse, daß der Beter einen Trost gefunden hat. Zum einen hat er erkannt (V.12–16), daß keine geschichtliche Macht Gott widerstehen kann und daß er seine Macht einsetzt, um sein Volk zu erlösen. Zum andern (V.17–21) gibt es auch keine Naturkräfte, die Gott widerstehen könnten; auch sie benutzt er dazu, sein Volk zu schützen und es zu erhalten.

16 *Jakob und Joseph* werden als Urväter des Volkes erwähnt, das Gott aus Ägypten erlöst hat. Zugleich sind sie beispielhaft für Gottes fürsorglichen Plan. Jakob und seine Söhne wurden vor der Hungersnot bewahrt – und zwar durch Joseph, den Gott aus dem Gefängnis und dem Vergessensein erhöht hat zum Herrscher Ägyptens. Die Nachkommen Jakobs und Josephs wurden wunderbar vor den mörderischen Absichten Pharaos bewahrt. All das verdeutlicht, was »erlösen« heißt: Es ist allein Gottes Werk, dessen Macht und Erbarmen dadurch verherrlicht wird, daß er sich derer annimmt, die in sich keinerlei Macht haben, sich selbst zu helfen. Daß der Psalmist hier *Joseph* erwähnt, mag allerdings auch andeuten, daß die Erinnerung an das ganz persönliche Eingreifen Gottes in jenem Leben ihm selbst eine Hilfe war. **17** Dies erinnert an den Weg durch das Meer beim Auszug aus Ägypten. **18.19** Hier wird dichterisch beschrieben, wie Gott die Naturkräfte in seinen Dienst zwang, als er die Ägypter im Meer vernichtete. **20** *Doch niemand sah seine Spur:* Der heilige Gott (V.14) selbst wurde nicht gesehen. **21** So unterschiedlich führt Gott: einmal im Toben des Sturms (V.17–20) und dann wieder wie der Hirte seine Herde. So sorgt er für das Wohlergehen seines Volkes. Vgl. Jes 63,11–14 und Mi 6,4.

Psalm 78 Gottes Handeln in der Geschichte

Zusammen mit Ps 105; 106; 136 gehört dieser Psalm zu den großen Volkshymnen des Psalters. In allen ist das Zentralthema die Errettung Israels aus Ägypten. Es ist die Absicht dieser Psalmen, die Frühgeschichte des Volkes zu besingen, damit kommende Generationen nicht die alten Fehler wiederholen (vgl. V.1–11 und 1Kor 10,1–11). Der Verfasser schreibt in einer Zeit, in der betont werden muß, daß die Führung des Volkes von Gott dem Haus Davids vom Stamm Juda anvertraut wurde, nicht etwa dem Stamm *Ephraim* aus dem »Haus *Josephs*« (V.67f), der sich offenbar nur widerwillig von seiner Verbindung zum Hause Sauls (2Sam 2,9) löste und der Herrschaft Davids (2Sam 5,1ff) und dann Salomos (1Kön 4,8) einfügen ließ. Zur Datierung s. auch Komm. zu V.69. Der Psalmist nennt die Ursachen für das Versagen und die Mißerfolge in der Vergangenheit, vermeidet es jedoch, eine »Moral« anzufügen. Statt dessen schließt er ziemlich abrupt mit der Beschreibung der Thronbesteigung und weisen Herrschaft Davids ab und überläßt es den jetzt Regierenden, ihre eigenen Schlußfolgerungen zu ziehen.

1–11 Einführung

1 Der Psalmist bittet um Aufmerksamkeit und **2** verheißt einen *Spruch,* d.h. eine lehrhafte Darlegung – und damit mehr als eine bloße Erzählung. *Geschichten aus alter Zeit:* wörtl.

Rätsel der Vorzeit (EÜ). Er will also das Dunkel der Vergangenheit aufhellen und Antworten auf ungelöste Fragen geben. **3** Das Material ist der Volksüberlieferung entnommen. **4** Er will als treuer Bewahrer das Überlieferte an die nächste Generation weiterreichen. **5–8** erhellen den Hintergrund: Gott selbst will, daß die Überlieferung von einer Generation an die nächste weitergereicht wird (V. 5f), damit jede Generation neu aus der Vergangenheit lernt, auf Gott ihre Hoffnung zu setzen (V. 7) und nicht – das ist der Hauptgedanke des Psalms – der Gefahr des Vergessens erliegt (V. 7–11). **9** Dieser Vers unterbricht den Zusammenhang zwischen VV. 8 und 10 und demonstriert am Beispiel Ephraims (s. Einleitung zu diesem Ps und Komm. z. V. 67) die Folgen mangelnder Treue zu Gott. Manche Ausleger sehen hierin eine Anspielung auf die vernichtende Niederlage des gut ausgerüsteten Berufsheers Sauls bei Gilboa (1Sam 31), in deren Nachgeschichte Ephraim eine besondere Rolle spielte. Denn in Mahanaim auf ephraimitischem Gebiet wurde der Sohn Sauls zum König ausgerufen (2Sam 2,8f). Vielleicht stehen die »Söhne Ephraims« auch – wie bei den Propheten (z.B. Jes 7,5; der 31,9 u.a.) – für das Nordreich Israel, das vom erwählten davidischen Königtum Judas (V. 70) »abfiel« (1Kön 12). Hierfür spricht, daß Jerobeam I., der erste König des »zur Zeit des Streites« von Rehabeam abgefallenen Nordreiches Israel, Ephraimit war. Welcher geschichtliche Einzelfall auch immer gemeint ist, so ist doch deutlich, daß die jetzige Niederlage auf Ungehorsam gegenüber Gott (VV. 8.10) zurückzuführen ist. **10.11** Nur ein Wandel nach dem *Gesetz* und ein Nicht-Vergessen der *Taten* und *Wunder* Gottes läßt für die Gegenwart hoffen. Demgemäß setzt nun der Rückblick auf die Taten Gottes ein.

12–39 Eine erste Darstellung der Taten Gottes

In diesem Rückblick werden die Naturwunder besonders berücksichtigt. Dem steht die ständige Rebellion Israels gegenüber. Von Gott kam Erlösung (V. 12–14), Erhaltung (V. 15f), Gericht (V. 17–33) und Gnade (V. 34–39).
12 *Zoan* war eine alte ägyptische Hauptstadt und ist hier poetischer Ausdruck für ganz Ägypten; vgl. Jes 19,11.13.
13 Vgl. 2Mo 14,21f. **14** Vgl. 2Mo 13,21f. **15** Vgl. 2Mo 17,6; 4Mo 20,7–11.
18–20 Gott *versuchen* ist nicht gleichzusetzen mit »ein Zeichen verlangen« (z.B. Ri 6,36–40), sondern es heißt, ihn um etwas bitten, wovon man meint, er könnte es nicht tun. **22** Das ist typisch für das sündige Gott-Versuchen: *sie glaubten nicht an Gott.*
23–31 vgl. 2Mo 16; 4Mo 11. Calvin bemerkt zu dieser Stelle: »Was Gott in seiner Gnade versagte ..., gewährte er ihnen in seinem Zorn. Das ist ein merkenswertes Beispiel dafür, daß wir uns nicht beklagen sollten, wenn unsere über die uns gesteckten Grenzen hinausgehenden Wünsche von Gott nicht beachtet werden. Gott hat uns in Wirklichkeit erhört, wenn er – statt unserem törichten Trachten zu folgen – die Zeichen seiner Güte im Wissen von dem, was gut für uns ist, begrenzt. Denn indem er den Gottlosen mehr zukommen läßt, als ihnen gut tut, lädt er ihnen eine tödliche Last auf.« Die Nahrung wurde nicht im Geist des Glaubens gesucht, um berechtigte Bedürfnisse zu stillen, sondern im Geist des Zweifels mit dem Ziel, in unangemessenem Genuß zu schwelgen. Darauf antwortet Gott, indem er in seinem Zorn genau das gibt, worum man ihn gebeten hat; aber nun führt es zum Verderben. **32.33** Wohl ein Hinweis auf die Weigerung, das Land Kanaan in Besitz zu nehmen (4Mo 14,1–35 und 5Mo 1,26–45) und die daraus resultierende vierzigjährige Wanderung in der Wüste. **38** Trotz aller *Schuld,* die das Volk auf sich lud, blieb ihnen Gott doch *barmherzig* zugewandt.

40–64 Eine zweite Darstellung der Taten Gottes

Nochmals wird Gottes fürsorgliches Handeln von Ägypten bis Kanaan dargestellt (vgl. VV. 43.54). Der Schwerpunkt liegt (V. 40–55 und 65f) auf dem Handeln Gottes an den seinem Volk feindlich gesinnten Völkerschaften einerseits, auf der fortgesetzten Treulosigkeit Israels andererseits (V. 56–64). VV. 40–42 stellen die Verbindung zur vorausgehenden Darstellung her. Alles, was Gott getan hatte, wurde von Israel nur mit Ungehorsam und Rebellion belohnt. **40.41** Hinter allem Trotzen, Betrüben, Gott-Versuchen und -Kränken stand freilich das eine: **42** *Sie dachten nicht an die Taten seiner Hand.*

Daraus ergibt sich dann die zweite Aufzählung der Taten Gottes, die die gleiche Ordnung einhält: Erlösung (V. 43–54), Erhaltung (V. 54f), Gericht (V. 56–64) und Gnade (V. 65–72). **43–51** Vgl. 2Mo 7–12.
51 Ham war der Sohn Noahs, von dem die Ägypter abstammten (vgl. 1Mo 10,6).
60 *Silo* war das große Heiligtum, dem zuletzt Eli vorstand (1Sam 1–4). Die Zerstörung Silos wird nicht berichtet, es dürfte aber anzunehmen sein, daß es dem gleichen philistischen Angriff zum Opfer fiel wie die Bundeslade. Der Fall Silos hinterließ einen tiefen Eindruck und war so etwas wie ein beispielhaftes Gerichtshandeln Gottes (vgl. Jer 7,1–14). Es

zeigt, daß das Einhalten religiöser Vorschriften vor Gott nicht genügt. Wenn die innere Haltung dem religiösen Ritus nicht entspricht, ist er wertlos, und wenn das Herz durch ihn nicht so berührt wird, daß es zu einer Lebensänderung kommt, ist es Heuchelei. **64** Vgl. 1Sam 4,17–20.

65–72 Eine neue Tat Gottes

Zum Schluß wird der Blick auf die Erwählung des Zion und des Hauses David gelenkt. **65** Ein gewagter Vergleich, der aber eindrücklich zeigt, mit welchem Eifer Gott über sein Volk wacht. Dies ist die göttliche »Eifersucht« (vgl. Jes 42,13f). **67** *Joseph* und *Ephraim* stehen hier wohl für den vergeblichen Versuch, entgegen der Erwählung Gottes an einem anderen Herrscherhaus, etwa dem Haus Sauls (s. Einl. zu diesem Ps), festzuhalten. Solche Pläne hat Gott »verworfen«, indem er **68** den Stamm *Juda* erwählte, das Haus Davids (s. V.70) und den *Zion,* ein Ereignis, das für die nächsten 400 Jahre die Geschichte Israels bestimmen sollte (vgl. 2Sam 7). **69** *Er baute sein Heiligtum:* läßt sich am leichtesten erklären, wenn der Psalm in der nachsalomonischen Zeit entstanden ist. Da aber der Psalmist die Teilung des Reiches nicht erwähnt (vgl. 1Kön 12,1–20), sollte man vielleicht an die Zeit unmittelbar nach dem Abschluß des Tempelbaus denken, als schon während der Herrschaft Salomos die alten Fehler sich wieder bemerkbar machten und so Veranlassung bestand, das »Rätsel« der Geschichte (V.2) für die Gegenwart zu deuten.

Die besondere Verantwortung des davidischen Königs wird nun aufgezeigt. Gott hat nicht nur eingegriffen, um dem Volk gegen seine Feinde beizustehen, sei es gegen Pharao (V.42), sei es gegen die Philister (V.66), sondern er hat Juda innerhalb seines Volkes die Führung anvertraut, Zion zu seiner Wohnung erwählt und **70–72** David als seinen Knecht dazu bestimmt, damit er *sein Volk weide* (vgl. 2Sam 3,18; 5,2). Wenn aber Gottes Handeln, das Erlösung, Erhaltung, Gericht und Gnade bedeutet, nicht bedacht und ständig in Erinnerung gebracht wird, dann wird die Vergeßlichkeit aufs neue Rebellion gebären, und die Rebellion wird zum Niedergang führen. Das ist der Sinn des plötzlichen Abbrechens des Psalms, und das ist auch die Botschaft, die er dem heutigen Leser vermitteln will.

Psalm 79 Jerusalem, ein Trümmerhaufen

Zu diesem Psalm vgl. Ps 74. Er spiegelt die Niedergeschlagenheit (V.1–4), die Gebete (V.5–12) und die Verheißung (V.13) des Volkes Gottes wider in der Zeit größter Erniedrigung während des babylonischen Exils. Die Bitte um Wiederherstellung und Erneuerung durch Gott hat drei Gründe: einmal den Schmerz und die Schmach seiner *Heiligen* (V.2), zum andern das Erbarmen Gottes (V.8), drittens die Schande und Unehre, die andere Völker Gottes Namen zufügen, wenn er seine *Knechte,* die nach seinem Namen genannt sind, in diesem hilflosen Zustand läßt (V.10). Innerhalb des Ps sind diese drei Aspekte verwoben, andererseits in seinen drei Teilen hervorgehoben.

1–4 Ein Trümmerfeld und ein Massaker

1 Vgl. Ps 74,2.7. Beachte dazu die Erfüllung der Prophezeiung Michas (Mi 3,12), die in Jer 26,18 zitiert wird. **2.3** Das mit Leichnamen besäte Schlachtfeld um Jerusalem war so schrecklich und widerlich, daß es in die Symbolsprache als Bild des letzten Gerichts einging (vgl. Hes 39,1–20; Offb 11,8f; 19,17f).
4 Der Spott der Nachbarvölker (Edom, Moab und Philister) war für das geschlagene Gottesvolk ein dauerndes Ärgernis (z.B. Hes 25,2.12.15; Obd 12).

5–9 Zorn und Erbarmen

Die Ereignisse der Geschichte wurden als direktes Handeln Gottes entsprechend seiner Gerechtigkeit verstanden. Die Propheten hatten deutlich gesagt, daß Gott der gerechte Richter, der eigentlich Handelnde beim Fall Jerusalems sei (vgl. Hes 8). Aber soll der Zorn Gottes über sein Volk nie mehr zu stillen sein? An diese Frage schließt sich eine doppelte Bitte an: **6.7** Zunächst wird an den *Grimm* Gottes appelliert. Gott kann doch nicht untätig zusehen, wie die Heiden mit Gewalt sein Volk zugrunde richten! **8.9** Dann folgt eine Bitte um göttliche Vergebung. Angesichts des Fehlens jeglichen Anspruchs und Verdienstes auf menschlicher Seite wird Gottes Vergeben um seines *Namens (Ehre) willen* (V.9a.b) erhofft, d.h. als freier Erweis seiner Zuwendung. Man weiß, daß eine ererbte Schuld die Ursache der gegenwärtigen Not ist und daß sie Gott verunehrt.

10–13 Vergeltung und Majestät

Die abschließende Bitte des Psalmisten geht über jedes persönliche Verzweiflungs- und Rachegefühl hinaus. Das Eingreifen Gottes wird um seiner eigenen Ehre und Herrlichkeit willen erfleht. **10** Zunächst sollen die Heiden keinerlei Ursache haben, Gott wegen des Elends und der Verwüstung Israels zu verspotten. Mit ähnlichen Argumenten steht Mose vor Gott, als es so aussieht, als könne der Auszug aus Ägypten im Chaos enden (vgl.

2Mo 32,12; 4Mo 14,13–17). **12** Umgekehrt, wenn Gott nun seine Treue, Macht und Gerechtigkeit zeigt, dann sollen die spottenden Nachbarvölker (vgl. V.4) selbst Gottes Spott erfahren (vgl. Ps 2,4); denn indem sie Israel verachteten, haben sie Gott selbst verachtet. **13** Der Psalm schließt mit einem Weihegebet. Das ist kein Mittel, Gott etwas abzuhandeln. Vielmehr gehört zur echten Bitte immer auch die Hingabe. Solch ein Gelübde ist Dank an Gott und Zeugnis vor den Menschen.

Psalm 80 Ein Klagelied um Israel

In diesem Psalm geht es ausschließlich um das Nordreich, was sich an den Namen Joseph, Ephraim, Benjamin und Manasse zeigt. Die letzten drei sind gewöhnlich von der Marschordnung des Gottesvolkes her als »Lager Ephraim« oder nur »Ephraim« zusammengefaßt (vgl. 4Mo 2,17–24). Obwohl Benjamin seit der Reichsteilung mit Juda verbunden ist, ist es eigentlich einer der nördlichen Stämme (s. Komm. zu 1Kön 12,20). In der LXX trägt die Überschrift den Zusatz »Psalm wegen des Assyrers«. E. König (*Die Psalmen,* 1927) sah darin einen Hinweis, daß dieser Psalm sich auf den in 2Kön 15,19 beschriebenen Einmarsch Tiglath-Pilesers bezieht. Möglicherweise handelt es sich auch um das Gebet frommer Israeliten anläßlich des Falls Samarias (722 v.Chr.); oder es stellt das Gebet der ganzen in Gefangenschaft befindlichen Gemeinde nach 586 v.Chr. dar und wurde von jemandem gedichtet, der eine enge Beziehung zum alten Nordreich hatte. Wir haben ein Klagelied vor uns, bei dem ein Vorsänger die Klagen und Bitten vorträgt, die in einen Kehrvers der Gemeinde einmünden (VV. 4.8.22, wohl auch V. 15).

1–4 Die Bitte

2 Der Herr wird als Hirte Israels angeredet (vgl. 78,52). Der Hirte ist dabei niemand anders als der göttliche König selbst, der auf den Cherubim der Bundeslade thronte; vgl. 2Sam 6,2. Es scheint lange her zu sein, seit ein Strahl vom Angesicht Gottes das Volk erquickte. Darum wird in dem Kehrvers V. 4.8.20 gebetet: *Laß leuchten dein Antlitz, so genesen wir.* Ähnlich schauen auch Christen in großer Bedrängnis nach dem Licht der Wiederkunft Christi aus (Röm 13,12; 2Thess 1,7f; Tit 2,13). **4** Das Gebet stützt sich ganz auf das, was Gott tun kann. Nur er kann das Volk »wiederherstellen« (so wörtl. V. 4a, vgl. EÜ). Nur er kann sie dann mit »leuchtendem Angesicht«, d.h. gnädig wieder annehmen (vgl. 4Mo 6,25).

5–8 Der Grund des Gebets

Die Not darf vor Gott ausgebreitet werden. **6.7** Diese Verse erinnern an die Sorge und den Spott, in die Gott sie hat hineinkommen lassen. Es fällt auf, daß der Glaube an ihn trotz negativer Erfahrungen nicht aufgegeben worden ist. Was er getan hat, das hat er zu Recht getan. **5** Ihre größte Not ist jetzt aber die, daß selbst ihr Gebet um göttliche Antworten gegenwärtig nur seinen Zorn zu wecken scheint. Sie haben das bedrückende Gefühl der Entfremdung von Gott.

9–17 Das Gleichnis vom Weinstock

Hier fügt der Psalmist das Bild des Weinstocks ein, der in den verschiedensten Zusammenhängen als Zeichen für Israel benutzt wird (vgl. Jes 5,1–7; Hes 15,1–6; Hos 10,1; dazu Lk 20,9ff; Jh 15,1ff). Die Allegorie wird hier breit ausgemalt. **9.10** Die Verpflanzung einer Weinrebe von Ägypten (vgl. 1Mo 49,22) war nur möglich aufgrund des besonderen Eingreifens Gottes (vgl. Ps 44,4). **11.12** Nachdem der Weinstock erst einmal eingepflanzt war, breitete er sich unter der Herrschaft Davids und Salomos über die Berge Judas bis zu den Wäldern des Libanons, den Ufern des Euphrat und des Mittelmeeres hin aus (5Mo 11,24). **13.14** Jetzt ist der ganze Weinberg verwüstet. Der Gärtner hat ihn verlassen und so haben ihn die Heiden – dargestellt als wilde Tiere – überrannt und eingenommen. Die Drohung von Jes 5,5–7 ist wahr geworden. **15** Angesichts dieser Verwüstung fleht der Beter um Gottes erneute Zuwendung. **16.17** Diese Verse fassen den ganzen Widerspruch zwischen der sorgfältigen Pflanzung und der absoluten Verwerfung, der fürsorglichen Pflege des Weinstocks oder Weinbergs und dann der »Frucht«, nämlich Feuer statt Trauben, zusammen. **16b** wird von einigen Auslegern als Hinzufügung aus V. 18b angesehen, s. dort.

18–20 Bitte um göttliches Eingreifen

Bereits in den vorhergehenden Versen wurde Gott wiederholt daran erinnert, welch besonderen und bevorzugten Platz Israel in seinem Plan einnimmt. Es ist seine Herde (V. 2), sein Volk (V. 5) und sein Weinstock (V. 9). **18** *Mann deiner Rechten . . . Menschensohn* (EÜ): Manche Ausleger sehen hierin eine Anspielung auf Benjamin. Als Benjamin geboren wurde (1Mo 35,18) und dabei seine Mutter ihr Leben darangab, nannte sie ihn, von den Wehen übermannt, Ben-oni, d.h. »Sohn meines Unglückes«. Aber der Vater liebte das Kind besonders, denn es war ein Sohn seiner geliebten Frau Rahel. So war er mit diesem

Namen nicht einverstanden und nannte ihn statt dessen Benjamin, d.h. »Sohn (meiner) rechten Hand«. Das würde heißen, daß Israel für Gott das bedeutet, was Benjamin für Jakob bedeutete. Andere sehen in diesem V. eine Aussage über den König, der »zur Rechten Gottes« thront, d.h. seine Macht von ihm erhält; vgl. Ps 110,1. **19** Und wenn Gott seine Hand nur wieder Israel (und seinem König) zuwendet, dann wird es auch das »ideale Israel« werden, das sich allein Gott verpflichtet weiß. **20** Das Verlangen nach diesem Segen wird nun in dem Kehrvers ausgedrückt, dessen Anrede hier die vollste Form erreicht: *Gott* (V.4), *Gott Zebaoth* (V.8.15) und *Herr* (hebr. *Jahwe*), *Gott Zebaoth* (d.h. Gott der Heerscharen V.20). Mit dieser Anrufung beruft sich Israel auf die im Bund verheißene Gnade und auf Gottes übernatürliches Vermögen.

Psalm 81 Preislied und Predigt zur Erntezeit

Am besten läßt sich dieser Psalm mit dem Laubhüttenfest verbinden, obwohl einige Ausleger auch meinen, er gehörte zum Passafest, da V.6 auf Ägypten hinweist. Auf jeden Fall werden alle großen Feste Israels mit dem Auszug aus Ägypten in Verbindung gebracht. Das Laubhüttenfest paßt besonders gut zu diesem Psalm, weil dabei jedesmal das Gesetz dem Volk vorgelegt wurde (vgl. 5Mo 31,9ff mit V.9–11). Dazu war es das Fest zum Abschluß der Ernte (2Mo 23,16; 34,22. Vgl. dazu VV.11.17).

2–6 Der Aufruf

Das Laubhüttenfest begann in der Mitte des 7. Monats, beim Vollmond (V.4b). **5** Die Feier dieses Festes gehörte zur *Satzung* für *Israel*. **6** Es hatte eine Zeugnisfunktion, denn es wies hin auf die Güte Gottes, der *wider Ägyptenland auszog*, d.h. es unter seine Herrschaft beugte (vgl. 1Mo 41,41ff) und damit Joseph, d.i. Israel in Ägypten befreite. Einige Ausleger halten V.6c für einen Hinweis auf einen Ritus beim Laubhüttenfest, bei dem ein Prophet vor die Volksversammlung hintrat, um ihr Gottes Wort mitzuteilen (2Chr 20,14). Dabei habe er sich der Formeln bedient: *Eine Sprache höre ich*, um anzuzeigen, daß er eine Inspiration empfangen hatte. Dann würde »die Andersartigkeit, Fremdheit und Autorität des Jahwe-Wortes ... (mit dem Nachsatz: »die ich bisher nicht kannte«) nachdrücklich hervorgehoben« (H.J.Kraus, BK). Es liegt aber näher, hier einen Hinweis auf Israels Situation in Ägypten zu sehen, als Moses eine Botschaft vom Gott ihrer Väter brachte, die einen ganz neuen Klang hatte (vgl. 2Mo 6,2f).

7–17 Die Botschaft

7–11 Sein Erlösungswerk. **7** Die Last der Sklavenarbeit und die Bürde harter Mühe war plötzlich von ihren Schultern genommen. **8** Sie hatten zu Gott gerufen, und er war gekommen, sie zu erlösen (2Mo 6,5ff). Die Wetterwolke (vgl. 2Mo 14,20) weist auf Gottes unmittelbare Gegenwart hin. Die Erwähnung der Wasser von Meriba – Meriba heißt »Streit, Hader«, also *Haderwasser* (vgl. 2Mo 17,7) – könnte die Sitte andeuten, daß beim Laubhüttenfest von der Siloaquelle Wasser geschöpft wurde zur Erinnerung an die wunderbare Versorgung mit Wasser in der Wüste (vgl. Jh 7,37). Während es im Psalm heißt: *(ich) prüfte dich*, liest man in 2Mo 17,2, daß das Volk Gott versuchte. Mit anderen Worten: Schwierigkeiten des Lebens können bewußt von Gott geplante Prüfungen (5Mo 8,2–5) sein, denen wir uns entweder im Glauben und Vertrauen stellen und sie so bestehen, oder denen wir mit Zweifel begegnen, dabei Gott in Frage stellen und gegen ihn rebellieren (vgl. Ps 95,8f; 1Kor 10,9ff; Jak 1,2–4.12).

Dieses Handeln Gottes ließ sich nicht von seinen Geboten trennen, die er ihnen gegeben hatte. **10.11** Hier wird nur das erste Gebot angedeutet (2Mo 20,2f), denn damit war der wesentliche Inhalt der Gebote schon gegeben (vgl. 5Mo 6,4f; s. dazu Mk 12,28ff). In gleichem Maße, wie der Segen dem Ruf zum Gehorsam vorangeht (V.7f), ist er auch die verheißene Frucht des Gehorsams (V. 11b).

12–17 Ihr Widerstand. Die eigentliche Spitze des Tadels liegt darin, daß gerade sie Jahwe verworfen hatten, obwohl er ihnen doch mit mehr Freundlichkeit, Geduld und Tatkraft begegnet war als irgend einem andern Volk. **12** Aber ihre Starrköpfigkeit machte zeitweise seine Pläne zunichte. **13** So hat sie Gott der *Verstocktheit ihres Herzens* überlassen, so daß sie nach ihrem *eigenen Rat* statt auf seinen Wegen wandeln mußten.

14 Die Wiederholung der Aufforderung zum Gehorsam (vgl. V.9b) zeigt Gottes Willigkeit an, Israel dennoch zu segnen. **15–17** Sieg über die Feinde, immerwährende Fürsorge Gottes für Israel wird dem Gehorsam (V.14) verheißen. Dazu wird das Volk gerufen. Dabei wird ihnen noch größerer Segen verheißen, als ihre Väter ihn jemals kannten – nicht mit Manna, sondern *mit dem besten Weizen* will er sie speisen, nicht Wasser, sondern *Honig aus dem Felsen* soll sie sättigen; denn die Gnade Gottes ist weder ausgeschöpft noch zu Ende gekommen mit all dem Guten, das Gott in der Vergangenheit darreichte.

Psalm 82 Die ungerechten Richter vor Gottes Gericht

1 Vgl. Ps 58,2 und die dortigen Überlegungen zu der Bedeutung von *Göttern.* Die gleichen Überlegungen sind hier anzustellen. Gott ist der oberste Richter, der gegen die verdorbenen Gerichtsherrn der Erde vorgeht. **2–7** ist die Anklage und Verurteilung derer, die ihre richterliche Autorität mißbrauchten und dem Unrecht dienten, sei es, daß sie sich von der Person des Angeklagten beeinflussen ließen (s. 3Mo 19,15; Jak 2,1–9), sei es, daß sie die Bedürftigen unterdrückten. **5** Den Richtern fehlt es am rechten Unterscheidungsvermögen; ihnen fehlt das Licht der Erkenntnis von Gut und Böse; sie gefährden den Bestand der Erde, d.h. die Gesellschaft wird verunsichert, wenn keine geordnete Rechtsprechung mehr stattfindet. **6** Deshalb wird Gott (das *Ich* steht sehr betont), der diese Männer in ihr Amt kommen ließ, so daß sie *Söhne des Höchsten* genannt wurden, **7** sie aburteilen. Durch ihr Versagen werden sie dem Tod anheimfallen wie alle anderen Menschen, und sie werden verachtet werden wie viele Fürsten vor ihnen.

8 Im letzten Vers ruft der Psalmist Gott dazu auf, doch selbst die Herrschaft über alle Völker anzutreten und wahres Gericht und Gerechtigkeit zu bringen.

Psalm 83 Bitte um Gottes Eingreifen in kritischer Situation

Nirgends sonst im AT wird eine so umfassende Allianz benachbarter Staaten geschildert wie hier in V. 7–9. Fragt man nach einer möglichen historischen Situation, die dieser Beschreibung entspricht, stößt man am ehesten auf die gegen Josaphat gerichtete Koalition (s. 2Chr 20,1–12). Es könnte aber auch sein, daß der Dichter mit diesem dringlichen Gebet nur die in Ps 2 geschilderte geistliche Szene weiter ausmalt, nämlich die Opposition der Mächte dieser Welt gegen die Königsherrschaft Gottes.

2–5 Die Gefahr

2 Die Bedrohlichkeit der Lage wird durch die flehenden Worte *Gott, schweige doch nicht* ausgedrückt. **3** Die Beschreibung der Angreifer als *deine Feinde, die dich hassen,* verstärkt noch den Ernst der Bitte. **4** In geheimen Zusammenkünften wurden die Pläne *gegen dein Volk* geschmiedet. Die Verheißungen Gottes ermutigen weiter zum Gebet, denn sie gelten denen, *die bei dir sich bergen* und sich an den Schutz des Bundes erinnern (vgl. Ps 27,5; 31,22). **5** Wie nötig das Eingreifen Gottes ist, macht dieser Vers über alle Zweifel hinaus klar. Man hat beschlossen, Israel völlig auszulöschen und jedes Gedenken an dieses Volk von der Erde zu vertilgen.

6–9 Die Beschreibung der feindlichen Allianz

Die gegen Israel zusammengetretenen Heere hatten zwei Kennzeichen: **6** Einmal handelten sie in vollkommener Einmütigkeit; zum andern hatten sie sich gegen Gott selbst verbunden (vgl. V. 3). **7.8** Es ging größtenteils um die halbnomadischen Völkerschaften an der Ostseite des Jordantals, die *Edomiter, Moabiter, Ammoniter,* dazu die *Hagariter* und *Ismaeliter,* die weiter östlich wohnten (vgl. 1Chr 5,10), sowie das Volk *Gebal,* dessen Territorium südlich von Edom lag. Die Allianz wurde noch durch Völker der westlichen Küstenlandschaft, *Philister* und *Tyrer,* verstärkt.

9 Im Hintergrund stand die mächtige Armee *Assyriens,* die sich den Söhnen *Lots,* d.h. Moab und Ammon (vgl. 1Mo 19,36–38) bereits zur Hilfe angeboten hatte.

10–13 Ein geschichtlicher Rückblick

Schon in der früheren Geschichte hatte Israel oft bedrohliche Situationen erlebt. Aber auch wunderbare Errettungen in höchster Not fehlten nicht; sie gingen jeweils auf ein besonderes Eingreifen Gottes zurück. Am denkwürdigsten waren wohl der Angriff *Siseras* (Ri 4; 5) und die Invasion *Midians* (Ri 6–8). Zu den Namen in V. 12 s. Komm. zu Ri 7,25. In beiden Fällen war Israel nicht nur zahlenmäßig, sondern auch in der Waffentechnik unterlegen. Dennoch wurde Israel beide Male auf wunderbare Weise befreit, schnell und umfassend, mit sehr geringen Verlusten auf Israels Seite. Vgl. dazu Jesajas Kommentar zur Midianiterkrise, Jes 9,3; 10,26.

14–19 Ein Hilfeschrei

14–16 Die Erinnerung an frühere Rettungstaten Gottes verleiht dem Ruf nach Errettung neue Leidenschaft und Eindringlichkeit. Dabei werden drei Bilder benutzt, die die vollkommene Niederlage des Feindes ausmalen. **17–19** Oberstes Ziel dieses Gebets ist die Ehre Gottes. Der Psalmist bittet um eine unvergeßliche Demütigung der Gegner Gottes, damit sie und mit ihnen die ganze Menschheit anerkennen müssen, daß *du allein Herr heißt und der Höchste bist in aller Welt.*

Psalm 84 Freude im Heiligtum

Wie Ps 42 ein Korahpsalm und mit diesem verwandt. Während jener aber eine Klage über die Verbannung vom Haus Gottes war, ist dieser ein Freudengesang im Haus des »Herrn der Heerscharen«, dem Tempel auf dem Zion.

2–5 Die Freude im Haus des Herrn

Man kann sich fast den Pilger vorstellen, der eben angekommen ist und entzückt über die lang erwartete Schönheit des Hauses Gottes in einen Jubelruf ausbricht. V. 2f besingt die Liebe zum Heiligtum, V. 4f die Geborgenheit, die es vermittelt. **3** *Verlangt ... sehnt sich ... freuen sich:* Die hebr. Zeiten sind hier nicht genau wiedergegeben. Besser übersetzt man die ersten beiden Ausdrücke im Perfekt: »hat verlangt ... hat sich gesehnt«. Sie beschreiben die hochgesteckte Erwartung vor Antritt der Wallfahrt. *Freuen sich* steht in der Gegenwartsform: ein Ausbruch der Freude über die Erfüllung der lang gehegten Erwartung. *Seele* und *Leib* umschreiben den Menschen ganzheitlich. **4** Wenn sich sogar die Vögel hier so heimisch fühlen, wie geborgen darf dann erst der Mensch sein. Der Psalmist bringt dies in Verbindung mit den *Altären,* der Stelle, wo die Sünde durch Opfer gesühnt und Versöhnung und Gemeinschaft mit dem lebendigen Gott (V. 3) geschaffen wurden.
5 Im *Hause* Gottes *wohnen,* d.h. leben zu dürfen, ist deshalb ein besonders hervorgehobenes Glück *(»wohl denen«),* weil das Heiligtum der Ort des ständigen Gotteslobes ist.

6–9 Die Freude der Pilgerschaft

Von dem Segen, der ihm im Haus Gottes begegnet (V. 5), schaut er zurück auf die Freuden des Wegs. **6** Der Segen gilt denen, die ihre ganze Stärke von Gott empfangen und in jeder Hinsicht davon bestimmt sind, ihm nachzuwandeln. Dieses *nachwandeln* ist zunächst ganz konkret als Wanderung zum Tempel zu verstehen. **7** Gewiß geht es dabei auch durch dürre, einsame Gebiete, aber Gott macht ihnen die Beschwernisse leicht, als ob am dürrsten Ort noch Wasserquellen sprudeln würden. Auf solchen fröhlichen Glauben antwortet Gott mit seinem erfrischenden Regen. **8** Die Krönung der Pilgerschaft ist das Eintreffen am Haus Gottes, die Begegnung mit ihm, **9** die Gemeinschaft im Gebet.

10–13 Fürbitte und Freude über Gott

Das Gebet für den König überrascht an dieser Stelle, aber es wird in den folgenden Versen erklärt. Wenn sich der Psalmist der geistlichen Güter weiter erfreuen will, muß er auch für die Bewahrung des ganzen Volks beten.
10 Insofern hängt die Gemeinschaft des Beters mit Gott von der bleibenden Gnade Gottes für den königlichen Gesalbten ab. *Siehe an unsern Schild:* Schild ist hier mit ZÜ (EÜ) auf den König zu beziehen, vgl. Ps 47,10; 89,19 (anders LÜ), der ein *Schild* für das Volk ist.
11–13 Diese Schlußverse sind der Höhepunkt des Psalms. **11** Der Beter hat Zutritt zum Hause Gottes (vgl. Ps 15,24); und er weiß dies Vorrecht zu schätzen, wie die Gegenüberstellung zu den Gottlosen zeigt (vgl. 73,3.17). Dabei ist **12** nicht das Bauwerk Grund der Freude, sondern Gott selbst. Er ist ihm *Sonne und Schild.* Dabei wird für Gott selbst das Bildwort verwendet, das in V. 10 dem König galt – ist doch Gott im umfassenden Sinn der König (s. V. 4). Er überschüttet ihn mit der Fülle seiner Gaben (V. 12b) und zeigt ihm seinen Weg in der Einfalt des Glaubens (V. 13b).

Psalm 85 Gebet um Erweckung

Das Volk Gottes hatte einen Rückschlag erlitten. Dieses Gebet zeigt die drei Hauptanliegen derer, die wohl aus dem Exil den Wiederaufbau Israels ersehnen.

2–4 Die Erinnerung an Gottes Güte

Drei Taten Gottes werden erwähnt: Wiederherstellung des Landes, Vergebung für das Volk und Versöhnung mit Gott. Von dieser Grundlage her versteht sich auch der Geist der Hoffnung, der dieses Gebet prägt. Die in der Vergangenheit erfahrene Gnade und Barmherzigkeit Gottes stärkt das Volk in seiner gegenwärtigen Anfechtung und versichert ihm zukünftige Ehre.

5–8 Der gegenwärtige Tiefstand

Hier zeigt sich der Grund der Niedergeschlagenheit: Das Volk ist sich der Entfremdung von Gott bewußt. Die in der Vergangenheit erfahrene Barmherzigkeit Gottes fehlt in der Gegenwart. **5.6** So lautet die erste Bitte, daß Gott sich doch mit ihnen versöhnen und seinen *Zorn* wegnehmen möchte (vgl. V. 4).
7 Weiter bittet das Volk darum, neu belebt zu werden, damit es sich über Gott wieder *freuen* kann. **8** Schließlich bitten sie ihn, daß die Bundesverheißungen auch ihnen gegenüber zur Erfüllung kommen, damit sie durch seine Güte und Treue das *Heil* erlangen.

9–14 Die Verheißung

9 Im Hören auf Gott bricht hier Hoffnung durch. Der Beter ist sich Gottes gewiß (vgl. ZÜ; EÜ). Gott wird seinem Volk *Frieden* zusprechen. Vgl. Jes 57,19. Freilich handelt es sich eigentlich um eine bedingte Zusage, d.h. der Friede ist an die Bedingung geknüpft, daß

man Gott *»das Herz zuwendet«* (so ZÜ nach Textkorrektur). Oder: *»daß sie nicht zur Torheit zurückkehren«* (EÜ; vgl. LÜ).
10–14 schildern die Zuversicht, die der Beter aus Gottes Reden empfängt. **10** Da ist einmal der Segen seiner Errettung *(Hilfe)*, die denen zukommt, die ihn fürchten. Sie werden in ihrem Land die Wirklichkeit Gottes in all seiner Herrlichkeit erfahren (vgl. Jes 60,1); Gottes Ehre, d.h. Gott selbst wird ja bei ihnen wohnen (vgl. Sach 2,9.14f). **11** In diesem Heil drücken sich alle Züge des göttlichen Wesens aus: Während er den Sündern in Liebe und *Güte* begegnen wird, hält er sich doch selbst die *Treue*. Seine *Gerechtigkeit* steht nicht im Gegensatz zu dem *Frieden*, den er den Seinen mitteilen wird (1Jh 1,9; Röm 3,23–26). **12** Durch die Gabe des Heils werden Mensch und Gott miteinander versöhnt. Die Menschen werden in Treue in Gemeinschaft mit dem gerechten Gott leben.
13 Auch die Natur wird ihren Beitrag zur Wiederherstellung des Landes Israel leisten müssen. **14** Diese umfassende Hoffnung auf das Heil (V. 8) ist in der *Gerechtigkeit* Gottes begründet, d.h. er hat sich dafür verbürgt. Die *Gerechtigkeit* ist hier – wie schon die Begriffe in V. 11f – bildhaft personifiziert, als ein Herold, der vor Gott einhergeht, wenn er seinem Volk das Heil bringt.

Psalm 86 Wende dich zu mir!

Dieser Psalm mutet wie ein Mosaik aus Zitaten anderer Psalmen an. Hier betet ein gottesfürchtiger Mann um die Gewißheit der Gemeinschaft mit Gott und die Stärkung durch seine Gnade. Die Bitte um Beistand (V. 14) gegen seine Feinde bringt den Psalm nicht notwendigerweise mit einer bestimmten historischen Situation in Zusammenhang. Es fällt bei diesem Gebet auf, daß sich an fast jede Bitte eine Begründung anschließt, warum es erhört werden soll. Im hebr. Text steht das Wort *denn* in VV. 1.2.3.4.5.7.10 und 13 (s. EÜ).

1–7 Bitte

Erwartungsvoll und demütig ruft der Psalmist nach Gottes Gnade, die ihn neu beleben und mit Zuversicht im Blick auf die Zukunft ausrüsten soll. Er betet aufgrund eines festen Gottesverhältnisses, das näher erläutert wird.
1 Der Beter rechnet sich zu den *Armen* und *Elenden*. Diese Ausdrücke umschreiben oft eine absolute Abhängigkeit von Gott (s. V. 2: *der sich auf dich verläßt*). **2** Er gehört zu Gott *(ich bin dein)* und setzt als sein *Knecht* sein Vertrauen auf ihn. **5** Von Gott gilt indessen: er ist *gut und gnädig, von großer Güte allen, die ihn anrufen*. Diese Wendungen stammen möglicherweise aus Ps 70,6a; 72,2b; 25,20; Jes 26,3; 2Mo 34,6; Ps 55,2.

8–11 Anbetung

8–10 In dieser Anbetung schildert der Psalmist das, was das Fundament seines Gottesglaubens ist: Gottes Schöpfermacht und Plan, seine Güte, sein Wirken und seine Allmacht über alle Menschen. Seine Herrschaft ist universal. Der Psalm spricht demgemäß die Erwartung aus, daß einmal *alle Völker* Gott anbeten, d.h. in seinem Herrsein anerkennen werden. **11** Diese Schau Gottes führt zu dem Wunsch, seinerseits schon jetzt in die bleibende Lebensgemeinschaft mit ihm hineingenommen zu werden (vgl. Jer 32,40). Dies geschieht, wenn Gott ihn über den rechten *Weg* belehrt, d.h. sein Wort (vgl. Ps 119,9), so daß er sich in Gottes *Wahrheit*, der Treue zu Gott, die nur Gott zu geben vermag, bewährt. Zu den einzelnen Teilen vgl. 2Mo 15,11; 5Mo 3,24; Ps 22,28–30; 77,15; 83,19; 25,4; 27,11.

12.13 Danksagung

Die Anbetung erreicht ihren Höhepunkt im Lobpreis und im Dank, wobei sich der Beter eng mit Gott verbunden weiß. Solch ein völliges Ausgerichtetsein auf Gott ist Vorgeschmack der ewigen Herrlichkeit. Grundlegend dafür ist die vorausgehende Errettung aus Todesnot.

14–17 Bitte

14 Zuletzt werden einige unmittelbare Gefahren genannt. **15** Zugleich wird das Glaubensbekenntnis zu Gott wiederholt (vgl. V. 5). **16.17** Die Ernsthaftigkeit des Gebets wird in den leidenschaftlichen Worten zusammengefaßt: *Wende dich zu mir . . . tu ein Zeichen an mir.* Vgl. dazu Ps 25,16; 69,17. Der Ausdruck *Sohn deiner Magd* umschreibt ein Verhältnis, das dem eines im Haus geborenen Sklaven entspricht, der doppelten Anspruch auf den Schutz seines Herrn hatte. V. 17b ist mit Ps 35,4 zu vergleichen; die Worte *du . . . Herr* sind im Hebr. besonders betont.

Psalm 87 Zion als die Mutter der Völker

Dieser kurze Psalm ist im wesentlichen prophetisch (vgl. Jes 2,2f; 44,5; 66,23; Sach 2,14f). Die Vision Zions als Hauptstadt des weltweiten Gottesreiches enthält eine geistliche Perspektive (vgl. Hebr 11,10). Der vorherrschende Gedanke ist die universale, fröhliche Annahme der Gottesherrschaft. Da Gott König und Herr ist, werden alle Ursachen internationaler Konflikte beseitigt (vgl. Gal 3,8; 4,26; Hebr 12,22ff; Offb 7,9; 15,4).

1–3 Zion wird durch die Erwählung Gottes geehrt

1 Gott liebt die von ihm gegründete Stadt. 2 Die Stadt, dargestellt durch *die Tore,* steht über allen anderen Städten und Wohnplätzen. 3 Diese Tatsache wird durch die von Gott über Jerusalem gesagten herrlichen Dinge bestätigt (vgl. z.B. Jes 2,2–4; 4,2–6; 28,16).

4–6 Zion wird durch das Herzukommen der Völker geehrt

Der Ausdruck *die sind hier geboren* kommt in leichter Abwandlung dreimal vor, jeweils als Ausspruch Gottes. Er enthält den Hauptgedanken des ganzen Liedes. Als Völker erwähnt werden *Rahab* (EÜ), d.i. *Ägypten* (LÜ; vgl. Ps 89,11; Jes 51,9), *Babel,* vor dessen Macht die Kinder Israel errettet werden; *Philister und Tyrer,* die alten Erzfeinde Israels; *Kusch* (EÜ), d.i. *Äthiopien* (ZÜ), das die fernsten Nationen der Erde repräsentiert. Der Ausdruck *die sind hier geboren* bezeichnet nun die völlige Einheit dieser Völker mit Israel. Ihnen werden entsprechende Bürgerrechte zugesprochen (vgl. Eph 2,19). Manche Ausleger meinen demgegenüber, hier sei vom israelitischen Proselyten oder von Israeliten in der Diaspora die Rede. Geistlich gedeutet gilt jedoch: jeder, *Mann für Mann,* gleich welcher Herkunft, soll durch die Wiedergeburt in das neue Volk eingegliedert werden. Gott selbst wird das möglich machen. Wenn er die »Einwohnerliste« seiner Stadt verliest, wird sich auch nicht ein Fremder darin finden (vgl. Ps 47,10; Am 9,11f; Eph 3,6; Offb 7,9f).

7 Zion wird durch das Zeugnis der Erlösten geehrt

Die Neuformung der gesellschaftlichen Grundlage leitet eine große Freudenzeit ein. Volksgesänge und Volkstänze kennen nur ein Thema: *Alle meine Quellen sind in dir:* In diesem Satz wird der eine Gedanke zusammengefaßt, daß das neue Leben der Erlösten stets von daher Kraft und Antrieb erhält, daß sie in der Stadt Gottes selbst leben dürfen.

Psalm 88 Ein Schrei aus tiefer Not

Dieser Psalm steht im ganzen Psalter einzig da wegen der tiefen Dunkelheit und des ungelinderten Elends, das er beschreibt, ohne auch nur den geringsten Hoffnungsstrahl zu zeigen. Man braucht nur einmal den Abschluß von Ps 22 oder 31 neben die VV. 16–19 zu stellen, um den Unterschied zu empfinden. Es scheint sich um das Klagelied eines Menschen zu handeln, der wie Hiob hineingespannt war zwischen unaufgebbares Gottvertrauen – denn allein von Gott konnte er Heil und Rettung erwarten – und ein äußerst verwirrendes Erleben, das dem Vertrauen allen Grund zu entziehen schien. Die verschiedenen Psalmstrophen werden durch die wiederholten Hinweise auf sein geduldiges Beten gegliedert (VV. 2.10b.14).

2–10a Geduldiger Glaube angesichts tiefster Bedrängnis

Der Glaube des Beters zeigt sich daran, daß er auf jeder Stufe dieses schmerzerfüllten Psalms als ein Mann des Gebets erscheint. 2 Die Worte *Tag und Nacht* unterstreichen sein Vertrauen in die Fürbitte. **4–6** Die Situation, die zu diesem unermüdlichen Gebet Anlaß gibt, wird umrissen. In seiner Bedrängnis sieht er sich dem Tod ausgeliefert, einem Tod, dem auch der letzte Hoffnungsschimmer fehlt; denn scheinbar muß er ohne das geringste göttliche Gnadenzeichen sterben (vgl. Ps 6,5f; 30,10). **7–10a** Besonders klagt er über Gottes Zorn, die Entfremdung seiner Freunde (vgl. V. 19) und die bittere persönliche Not.

10b–13 Geduldiger Glaube angesichts einer Krise

10b Trotz aller Not hört er nicht auf zu beten. *Täglich* erhebt er Stimme und Hände zu Gott. **11–13** Die Endgültigkeit des Todes verleiht seinem Schreien die Dringlichkeit. Natürlich sieht das AT nicht jedes Sterben unter diesem Gesichtspunkt. Aber wie das NT weiß es um die schreckliche Möglichkeit, daß man unter Gottes Zorn sterben kann. Das hieße aber, daß man auf kein helfendes *Wunder* Gottes mehr hoffen könnte und vom Lobpreis Gottes für immer ausgeschlossen wäre. Auch Gottes »Bundestreue« und *Güte* nützt denen nichts mehr, die unter seinem Zorn verstorben sind. Sie sind in der Finsternis, dem absoluten Vergessen ausgeliefert. Wenn Gott eingreifen soll, dann muß es jetzt, sofort geschehen, denn bald wird es zu spät sein.

14–19 Geduldiger Glaube angesichts großer Ratlosigkeit

14 Obwohl die Bedrängnis ein kritisches Maß erreicht hat, beginnt er schon den frühen Tag mit Gebet – und das, obwohl er die Absicht Gottes in seinem Leben nicht mehr verstehen kann. **15.16** Göttlicher Zorn, den er nicht verstehen kann, war seit langem sein Los. **17.18** Jetzt aber wird aus diesem Zorn eine Flut, die ihn mitzureißen und zu vernichten droht. **19** Auch das Mitgefühl seiner Freunde hat er verloren; sie sind ihm entfremdet. *(Meine Verwandten) hältst du fern* *von mir:* wörtl. *sind Finsternis* (EÜ; vgl. ZÜ). D.h., auch da, wo er doch Licht und Erleichterung erwarten könnte, zeigt sich nichts als Finsternis und Hoffnungslosigkeit (vgl. Hiob 6,14–20). Das Wort *Finsternis* ist im Hebr. – schrecklich und angemessen zugleich – das letzte Wort des Psalms. Das Wunder des triumphierenden Glaubens liegt darin, daß jemand keinerlei Licht mehr sieht und dennoch weiter eindringlich, vertrauensvoll, unablässig betet (vgl. Jes 50,10).

Psalm 89 Gottes gewisser Bund und Israels Versagen

Der letzte Psalm im dritten Buch des Psalters ist ein rechtes Gegenüber zum Abschluß des ersten, Ps 73. Beide greifen Fragen auf, die den Gottesfürchtigen in seiner irdischen Existenz treffen. Auf der einen Seite ist die Frage nach dem Wohlergehen des Gottlosen (Ps 73), auf der andern steht die Frage nach Gottes Treue zu seinem Wort, wenn die Ereignisse zu beweisen scheinen, daß er sich davon abgewandt hat (Ps 89). Die Verheißung, die durch den Gang der Ereignisse besonders in Frage gestellt scheint, ist die Zusage Gottes an David und seine Dynastie. Der Psalm stammt aus dunklen Tagen, in denen den Königen des Hauses Davids kaum ein Lichtblick vergönnt war. Einige Ausleger halten den Psalm für einen Teil des jährlichen liturgischen Dramas, wobei die absolute Abhängigkeit des Königs von Jahwe dadurch dargestellt worden sei, daß er erst bis in den Staub gedemütigt wurde, um dann in letzter Stunde durch göttliches Eingreifen errettet zu werden. Aus der Dunkelheit einer solchen historischen oder (und) liturgischen Situation heraus ist dieser Psalm entstanden.

Mit diesem Psalm stellt sich die Frage, was zu tun ist, wenn die Tatsachen des Lebens oder der Geschichte den Verheißungen Gottes entgegenstehen. Die Antwort lautet: Mache Verheißungen zu Gebeten und bringe sie vor Gott!

2–5 Einleitung

2.3 Der Psalmist möchte ein Lied von der Gnade vortragen, d.h. der beständigen Liebe Gottes, die den Kindern Israel im allgemeinen und dem Haus Davids im besonderen gilt. Weiter geht es um seine *Treue,* d.h. sein unabdingbares Festhalten an seinen Verheißungen und Bundeszusagen. Beide Aspekte werden in V. 3 nochmals genannt und auch hier als unverbrüchlich und dauerhaft gekennzeichnet. Sie sind Ausgangspunkt für das weitere Gebet des Psalmisten (s. VV. 6.9.15.25.34.50). Diese Anfangserklärung ist eine Glaubensaussage, deren Bedeutung sich erst ermessen läßt, wenn man sich die Dunkelheit und Aussichtslosigkeit der Lage, die gegen Ende des Psalms gezeichnet wird, bewußt vor Augen hält. **4.5** Diese Glaubenshaltung gründet sich auf Gottes eigene Aussagen aus früherer Zeit (vgl. 2Sam 7,8–16), die als eigentlicher Quellort für den Glauben des Psalmisten angeführt werden.

6–38 Gottes Majestät und Bund

6–19 Die göttlichen Eigenschaften werden gepriesen. Zunächst werden die VV. 2f weiter ausgeführt. **6** Statt der Stimme des Psalmisten (V. 2) geht es nun um die himmlischen Heerscharen, die die zeitlosen Wunder der Wege Gottes mit den Menschen preisen. **7–9** Die Absicht dieser Verse ist es, die himmlische Einzigartigkeit Gottes darzustellen. Damit wird begründet, weshalb man an seine Verheißungen glauben kann. Keines der himmlischen Wesen, gleich ob sie aus seinem unmittelbaren Thronrat (vgl. 1Kön 22,29) oder aus dem allgemeinen Kreis der *Himmlischen* stammen, können sich mit ihm messen oder gar ihm widerstehen. Nichts ist größer als er. Seine Treue wird also von unumschränkter Allmacht getragen, und daher kann nichts seine Verheißungen umstoßen.

10 Von diesem Vers an liegt der Akzent auf Gottes Macht auf Erden und nicht mehr auf seinem Vermögen im Himmel. Er beherrscht die wütende See. **11** Er zerschlug die Macht Rahabs, des Seeungeheuers, das auch für Ägypten steht (vgl. Komm. zu Ps 87,4; Hiob 26,12; Jes 30,7). Er zerstreute auch alle anderen Feinde. **13** Ja, die ganze Erde gehört ihm von einem Ende bis zum andern *(Nord und Süd),* und die hervorstechendsten geographischen Punkte Palästinas, der Berg *Tabor* und der Berg *Hermon,* sind Zeugnisse und Denkmäler seiner Größe. **14** In den verschiedensten Ereignissen hat er gezeigt, wie stark sein *Arm* und wie mächtig seine *Hand* ist. **15** Dazu läßt sich weder im Himmel noch auf Erden seine göttliche Macht von seiner göttlichen Gerechtigkeit trennen. So stellt sich unausgesprochen erneut die Frage: Müssen dann seine Verheißungen nicht zuverlässig sein?

Infolgedessen muß doch das von diesem großen Gott erwählte Israel auch außerordentlich gesegnet sein. Sicher werden sie sich des Sieges freuen, und sie werden sehen, wie zentral für Gottes Absichten ihr König ist. **16** Das Jauchzen könnte der Festjubel am Laubhüttenfest sein, mit dem Jahwe als König anerkannt wurde. **18** *Unser Haupt:* wörtl. *unserm Horn* (EÜ); das Horn ist Zeichen der

Kraft; vgl. Ps 75,6 u.a. Das erhöhte Horn ist siegreiche Kraft. **19** Der *Schild* kennzeichnet den König in seiner Bundesverpflichtung als Schutzherrn seines Volkes; vgl. Komm. zu Ps 84,10.

20–38 Die Bedeutung des Davidsbundes. Die Aussage von V. 19 wird weiter ausgeführt. Es wird gezeigt, welche Stellung Gott David zugewiesen hat und welche Segnungen ihm zuteil wurden. Im Rahmen der bisherigen Gedankenführung des Psalms sind sie die Folgen seines Erwähltseins durch den allmächtigen und gnädigen Gott. Zugleich bereiten sie den scharfen Kontrast vor, den der nächste Abschnitt bringen wird. Zunächst wird David im Blick auf sich selbst (V. 20b), in seinem Verhältnis zu den andern (V. 20c) und in seinem Verhältnis zu Gott (V. 21) beschrieben. Dann wird sein Reichtum und sein Wohlstand geschildert (V. 22–38). Dabei wird durchgehend betont, daß der Herr Urheber des Erfolges Davids war. Der Herr erinnert an seinen Eid, die Feinde Davids zu unterwerfen (V.22–24), sein Reich auszudehnen (V.25f), seine Herrschaft groß zu machen (V.27f) und sein Königreich für immer zu erhalten (V.29–38).

20 *Damals* ist ein Hinweis auf 2Sam 7. **21** Vgl. 1Sam 16,1–13. **26** Das *Meer* ist das Mittelmeer; die *Ströme* könnte ein sogenannter »Majestätsplural« sein, um die Größe des Euphrats anzudeuten, könnte aber auch die Gesamtheit der Flüsse und damit die universale Ausdehnung des Davidreiches bezeichnen (vgl. Ps 2,8; Jes 9,6). **28** *Erstgeboren* weist hin auf die Adoption als »Sohn Gottes« (vgl. Ps 2,7). **31–37** Die Treulosigkeit der Menschen macht die Treue Gottes nicht zunichte. Der Bund mit David hatte zwar auch sittlichen Charakter, er enthielt bestimmte sittliche Anforderungen im Blick auf den Gehorsam Gott gegenüber (vgl. 2Sam 7,14). Aber der göttliche Eid bezog sich doch auf eine ewige Dynastie. In diesen zwei sich scheinbar ausschließenden Voraussetzungen liegt die Problematik des Psalms.

39–52 Der Psalmist beklagt sich, daß Gott den Bund außer Kraft gesetzt hat

Das betonte *Aber nun* leitet den starken Gegensatz der folgenden Verse ein. Der Protest hat zwei Aspekte, die die zwei Themen der vorhergehenden Verse reflektieren. Die Ehre und Macht Gottes, sowie seine Güte gegenüber Israel (V. 6–19) sind nirgends mehr zu spüren – vielmehr die von ihm gewirkte Zerstörung, die Umkehrung seiner Verheißungen und die Ungnade und Schande über Israel (V. 39–46). Zum andern ist auch der feierliche, unmißverständliche Bund mit David (V. 21–38) durchbrochen, denn Gott hat in seinem unverständlichen Handeln den König auf fast launenhaft erscheinende Art im Stich gelassen (V.47–52).

39–46 Eine wohlüberlegte Parallele. Die Formulierungen (»Du hast das und das getan«) sind hier absichtlich parallel gehalten zu ähnlichen Ausdrucksformen in V. 10–15. **39** Hier ist nicht mehr von dem ungestümen Meer, sondern vom Zorn Gottes die Rede. **40** Die Demütigung Rahabs wird noch übertroffen durch den Fall der Monarchie *(die Krone entweiht).* **41.42** Das Gegenstück zu der in V. 12 angesprochenen Erschaffung der Welt samt ihrer Grenzen und Berge ist die Zerschlagung des Königsreichs mit allen seinen Grenzbefestigungen und Zitadellen. **43** Gott hatte durch seine Macht Gerechtigkeit und Gericht durchgesetzt, so daß das Volk fröhlich war (V. 14–16). Jetzt ist *die Rechte seiner* (des Königs) *Widersacher* erhöht und die Feinde jubilieren. **44** Er, der bisher der *Ruhm ihrer Stärke* war (V. 18), kämpft jetzt ohne Erfolg, denn seine Waffen sind stumpf und richten nichts aus.
45.46 So ist der Thron mit Schande bedeckt.

47–52 Ein bewußter Gegensatz.
47–49 Der Gedanke an die Schwäche und Kürze des Lebens steht in Kontrast zu den VV. 23–30, die die Stärke Davids und die Dauer seiner Herrschaft beschreiben. Es hat den Anschein, als sei der Bund mit dem Hause Davids ohne Ziel geschaffen, so hinfällig wie ein Menschenleben. **50–52** Der zweite und letzte Gedanke: Wo ist Gottes Gnade und Treue?, bedarf keiner Wiederholung. Das, was hier beklagt wird, steht im Gegensatz zu Gottes bleibender Gegenwart und Leitung, von der die VV. 31–36 sprachen. Zum Schluß kehrt der Psalmist zu seinen Eingangsworten zurück: einmal zu dem Eid (vgl. V. 4) und zum andern zu dem Lobgesang, den er eigentlich singen wollte (V. 2). Die widerstrebenden Ereignisse der Geschichte sind nicht das Letzte. Das letzte Wort hat vielmehr Gott, dessen Treue zwar in Frage gestellt scheint, aber letztlich bestätigt werden wird.

53 Doxologie

S. Komm. zu Ps 41,14.

VIERTES BUCH. PSALM 90–106

Psalm 90 Versöhntsein mit Gott – die Grundlage des Lebens

Daß dieser Psalm von Mose stammen soll, wird von den meisten Auslegern entweder als unbeweisbar beiseitegeschoben oder als unmöglich abgelehnt. Unter den wenigen, die diese Überschrift ernstnehmen, sind Calvin und Delitzsch. Sie sehen hinter dem Kern des Psalms (V. 7–12) die Situation gegen Ende der 38jährigen Wüstenwanderung Israels, als die beim Auszug aus Ägypten bereits erwachsene Generation schnell wegstarb (vgl. 4Mo 14,21–23). Jedenfalls steht hier ein Mann mit der reifen Erfahrung des Alters in einer bedrückenden Notsituation seines Volkes (*»bis wann?«* EÜ, V. 13) und blickt zurück auf die Geschichte der Treue Gottes, V. 1: du warst unsere Zuflucht von Geschlecht zu Geschlecht (ZÜ).

1–6 Der ewige Schöpfer und unser vergängliches Leben

1 *Unsere Zuflucht:* wörtl. unsere Wohnung, hebr. *ma'on.* Seit Abrahams Tagen hatte das Volk Gottes keinen festen Wohnort. Der Herr selbst ist ihnen zu allen Zeiten eine zuverlässige Zuflucht und Bleibe gewesen (5Mo 33,27). Deshalb beginnt der Psalm mit einer Beschreibung der Verbindung mit Gott. Sie besteht nicht so sehr darin, daß er bei uns wohnt (als Gegenwart Gottes), als daß wir bei ihm »wohnen«. Das ist das Vorrecht eines versöhnten Volkes. Auf dem Hintergrund dieser wichtigen Feststellung betrachtet der Psalmist die schmerzliche Kürze des menschlichen Lebens und die schreckliche Wirklichkeit des göttlichen Zorns. Wie könnte man die bloße Vorstellung dieser Dinge aushalten, wenn die grundlegende Frage der Versöhnung nicht geklärt wäre?

Das Ewige wird nun dem Vergänglichen gegenübergestellt. 2 Gott überdauert selbst das Beständigste, das der Mensch sich vorstellen kann: die *Erde* selbst. 3 Der Mensch hingegen kehrt wegen des göttlichen Urteils über die gefallene Menschheit zum Staub zurück (vgl. 1Mo 3,19). 4 Gott überdauert auch die längsten Zeitvorstellungen, deren der Mensch fähig ist. Vor ihm werden sie winzig und unbedeutend. 5.6 Wie eine Flut, die den Menschen wegspült, ist das menschliche Leben, wie ein *Schlaf,* der, wenn man sich seiner bewußt wird, schon nicht mehr wirklich ist. Trotz allem, was der Mensch darstellt, vergeht er so schnell wie das *Gras.*

7–11 Menschliche Sünde und göttlicher Zorn

Von der Geborgenheit in V. 1 führt der Gedankengang des Psalms über den Hinweis auf Sünde und Fall (V. 3) nun zu der so ganz anderen Aussage von Gottes schrecklichem Zorn, dem Gegenstück zu Frieden und Versöhnung. 7 Der *Zorn* bringt den Tod, 8 der nicht nur ein physisches Geschehen, sondern Gericht über unseren geistlichen Zustand ist. 9.10 Dieser Zorn überschattet das Leben. Auch wenn es sich unbeschränkt ausdehnen ließe, wäre es kein ungetrübter Segen. 11 Dennoch ist sich der Mensch des Zorns Gottes weder voll bewußt, noch kann er seine Bedeutung im vollen Maße abschätzen: *Wer glaubt's aber, daß du so sehr zürnest*? Tatsache ist, daß die Menschen, obwohl Gottes Zorn in dieser Welt der Sünde eine alles entscheidende Antwort ist, ihn weder beachten, noch ihr Leben entsprechend gestalten.

12–17 Gebet um Frieden mit Gott

Das menschliche Leben spielt sich zwischen zwei Polen ab: auf der einen Seite der Zorn Gottes, durch den es der Vergänglichkeit anheimfällt; auf der anderen Seite der Friede mit Gott, der ihm Festigkeit und Dauer verleiht.

12 Am Anfang steht die Bitte um eine veränderte Einstellung. Für den Menschen: Gott möge ihm die Weisheit schenken, die Möglichkeiten seines kurzen Lebens zu erkennen. 13 Für Gott: er möge sich von seinem berechtigten Zorn abwenden und dem Menschen barmherzig zuwenden; denn Erlösung beruht letztlich immer auf Gottes Bereitschaft zu vergeben. 14.15 Als nächstes wird eine veränderte Erfahrung erbeten: bleibende Freude und ein Ende des Zorns. 16 Zuletzt wird um eine veränderte Zukunftshoffnung gebeten: der Weiterbestand des Volkes unter Gottes Gnade bis in kommende Generationen hinein. *Laß an deinen Knechten sichtbar werden dein Tun* (EÜ): Der Psalmist bittet darum, daß Gott seinen Gnadenwillen offenbart, dadurch daß er, über Gericht und Zorn hinaus, gnädig an seinem Volk handelt. 17 Dazu erfleht er für die Gegenwart schon die bewußte Erfahrung der Güte Gottes. Es ist beachtenswert, wie das Gebet die einzelnen Nöte aufgreift: den Mangel an Weisheit (V. 11) und das Gebet um sie (V. 12); die erdrückende Wirklichkeit des Zorns Gottes (V. 7–10) und das Gebet um Heil und Errettung (V. 13–15); das Bewußtsein der Vergänglichkeit (V. 2–6), und das Gebet um Beständigkeit und Dauer (V. 16f).

Liest man das alles im Licht von 5Mo 2,14f, dann erkennt man, wie gut der Psalm in die Situation des Mose paßt. Aber er geht darin nicht auf, sondern verlangt nach dem Wunder des Friedens mit Gott, der Errettung vom Zorn und der Erfahrung seiner Gnade, wie wir sie nun in Christus haben.

Psalm 91 Unter Gottes Schutz

Auf verschiedene Weisen spricht dieser Psalm von Bewahrung und Befreiung und wird so zur komprimiertesten Aussage des Psalters über die Gewißheit und die Geborgenheit des Glaubenden. Zwei Stimmen reden einen Ungenannten an, um ihn der Geborgenheit in Gott gewiß zu machen. Die erste Stimme redet ihn mit Du an (V. 1–13), die zweite ist die Stimme Gottes (V. 14–16). Es könnte natürlich sein, wie ein Ausleger meint, daß ein Tempelpriester zum König spricht (vgl. Ps 21,9–13) und damit abschließt, daß er ihm ein Wort des Herrn, ein Orakel, zuruft (V. 14–16). Aber das bleibt eine Vermutung. Wahrscheinlich wird hier einfach ein Gläubiger, der im Heiligtum Hilfe und Zuspruch sucht, angesprochen, und zwar mit einem so starken zuversichtlichen Gottvertrauen, daß dieser Psalm noch heute ganz unmittelbar zu uns spricht.

1–8 Der Grund der Geborgenheit

1 Unsere Geborgenheit ist vor allem in Gott selbst begründet. Er ist der *Höchste,* der alles regierende Gott (vgl. 1Mo 14,19). Er ist der *Allmächtige* (hebr. *schaddaj,* vgl. 1Mo 17,1; 28,3; 48,3; 49,25), der Gott, der mit seiner rettenden Macht eingreift, wenn menschliche Kraft am Ende ist. Er ist sowohl der *Schirm,* der Schutz bietet (vgl. Jes 32,2), als auch *Schatten,* der Erfrischung bereitet (vgl. Jes 4,6). Er bietet nicht nur einen vorübergehenden Unterschlupf an, sondern – wie aus dem Ausdruck *Wer . . . bleibt* hervorgeht – macht sich selbst zu unserm Gastgeber und uns zu seinen beschützten Gästen (vgl. 1Mo 19,2), die sicher sind, weil der Schutz der Gäste höchste Pflicht des Gastgebers ist.

2 In zweiter Linie gründet unsere Geborgenheit im persönlichen Glauben. Ob wir der EÜ mit *Ich sage* (so der MT) oder der LÜ mit *der spricht* (so die LXX) folgen, ist dabei gleichgültig. Der Vers ist ein starker Ausdruck des Vertrauens zu dem Gott, *auf den ich hoffe* (ZÜ; EÜ: *auf den ich vertraue*). Wer so zu Gott spricht, ihn »Zuflucht« (ZÜ, EÜ) und *Burg* nennt, der steht damit wirklich schon unter dem Schutz des Allmächtigen; denn Gott gibt denen, die ihm vertrauen, Geborgenheit und schützt sie vor allen drohenden Gefahren.

3.4 Die Geborgenheit gilt gegenüber den greifbaren *(Strick),* den nicht greifbaren *(Pest)* und den menschlichen Bedrohungen *(Jäger).* Wie die Vogelmutter ihre Jungen mit den ausgebreiteten Flügeln schützt und verteidigt, so beschützt Gott die, die ihm vertrauen, in allen Bedrohungen. Die Verdoppelung des Bildes *(Fittiche, Flügel)* unterstreicht die darin liegende Aussage: Gott läßt die Seinen nicht im Stich. Das Bild der Flügel ist auch ein Hinweis auf den über den Cherubienflügeln der Bundeslade gegenwärtigen treuen Gott Israels. Die Häufung der Begriffe *(Fittiche, Flügel, Schirm, Schild)* will den umfassenden und zuverlässigen Charakter des Schutzes betonen: dieser Schutz versagt nicht.

5–8 Viertens liegt unsere Geborgenheit in einem veränderten Wesen begründet – im Kontrast zum Schicksal des *Gottlosen* (V. 8) dürfte es hier ja um die Bewahrung des Gerechten gehen. **5.6** Diese Bewahrung gilt zu jeder Zeit *(Nacht . . . Tag),* in allen Umständen *(im Finstern . . . am Mittag),* gegenüber allen Gefahren (dem Pfeil des menschlichen Feindes, der unsichtbaren Bedrohung durch die Pest, sowie der Gefahr der Seuche – ein Wort, das vom Hebr. her evtl. auch eine dämonische Macht bezeichnen kann). **7** Die Bewahrung gilt auch gegenüber allen Katastrophen, selbst wenn sie so schwer sind, daß *tausend* oder gar *zehntausend* daran zugrunde gehen. Mit all dem soll natürlich nicht gesagt werden, daß Gläubige grundsätzlich von irdischen Nöten verschont bleiben. Man muß diese Aussagen im Licht von Ps 73 lesen, der klar macht, daß auch der angefochtene Gläubige einen Reichtum und eine Gewißheit zu seinem Gott hat, die die Welt nicht kennt.

9–16 Die Segnungen dieser Geborgenheit

9 Dieser zweite Teil des Psalms schildert, was der erlebt, der den Herrn zu seiner Zuflucht gemacht hat. Der V. 9 greift auf V. 1 zurück und stellt das, was dort allgemein gesagt wurde (»Wer . . . sitzt . . .«), jetzt konkret von dem Angeredeten fest: *den Höchsten hast du zu deiner Zuflucht gemacht* (ZÜ). **10–12** Zuerst wird der Segen der Führung Gottes genannt. Die Engel Gottes selbst ebnen die Pfade des Lebens (vgl. 1Mo 32,1f; 48,16; 2Mo 33,2; Apg 12,7–11). **13** Die zweite Segnung ist Sieg, und zwar Sieg über starke und bedrohliche Mächte. Der zweimal erwähnte Löwe verbildlicht die Kraft der gegnerischen Mächte, die ebenfalls zweimal genannte Schlange jegliche nur denkbare Verschlagenheit und Hinterhältigkeit (vgl. 1Mo 3,1).

14–16 Ganz besonders betont ist aber der an dritter Stelle erwähnte Segen: die Gemeinschaft mit Gott. Gott selbst redet hier, in Form einer Heilszusage, den Beter an. Diese Gemeinschaft mit Gott wird auf der menschlichen Seite umschrieben als »Liebe«, Kenntnis des *Namens* Gottes (d.h. Vertrautheit mit dem geoffenbarten Wesen Gottes und Freude daran) und Gebet. Auf göttlicher Seite zeigt sich die Verbundenheit daran, daß er immer wieder eingreift und Auswege aus der Not schafft (1Kor 10,13), daß er einen Schutz schenkt, der über jede Gefahr erhaben ist (vgl. Ps 27,5); daß er ständig bereit ist und jeden Hilferuf vernimmt und daß seine Gegenwart besonders dann spürbar wird, wenn die Not am größten scheint (Ps 23,4). Er greift ein, um die Seinen zu retten und aus der Not *herauszureißen,* bringt sie in seinen Augen *zu Ehren,* gewährt ein Leben voller Erfüllung und Zufriedenheit und läßt sie sein ewiges Heil schauen.

Psalm 92 Ein Sabbatlied

Daß man diesen Psalm mit dem Sabbat verbunden hat, liegt wahrscheinlich daran, daß er so stark vom freudigen und dankbaren Lobpreis bestimmt ist, vielleicht auch daran, daß er vorausschaut auf eine Welt, die von Sündern und Übeltätern gereinigt ist. In diesem Sinn könnte der Psalm die Erwartung der ewigen Sabbatruhe der Kinder Gottes aufgreifen, die in ihrer letzten Fülle noch aussteht (vgl. Hebr 4,9ff).

2–4 Einleitung

Lobpreis und Anbetung sind nicht nur Gott wohlgefällig, auch der Mensch wird durch sie zutiefst erquickt (vgl. Ps 147,1). **2** Die Danksagung richtet sich auf den *Namen,* d.h. das geoffenbarte Wesen Gottes, wobei sein Erlösungshandeln durch den Namen »Jahwe« (LÜ HERR) und seine Souveränität durch den Namen *du Höchster* betont werden. **3** Seine *Gnade* und seine *Wahrheit* (ZÜ; EÜ; *Treue)* werden gepriesen, weil sie jene Haltung ausdrücken, in der Gott dem Menschen beständig begegnet. Hier wie oft im Psalter wird die Gewohnheit morgendlicher und abendlicher Gebetszeiten erwähnt (vgl. Ps 5,4; 42,9; 55,18; 63,7).

5–10 Gottes Werke und sein Gericht an den Gottlosen

Gottes Tun wird sowohl in seinen Schöpfungswerken als auch in seiner Herrschaft über die Menschen sichtbar. Dabei geht es dem Psalmisten hier vor allem um das letztere, die Verwirklichung seiner Gerechtigkeit in seinem Volk. **5** *Ich singe fröhlich,* denn Gottes Ratschluß und seine Absicht werden fortwährend in der Geschichte geoffenbart und durchgesetzt (vgl. Ps 33,11; 40,6). **6** Wer versucht, seine *Gedanken* nachzudenken, muß feststellen, daß sie für ihn zu tief sind. Menschen können sie nicht fassen (vgl. Jes 55,8f; Röm 11,33).

7.8 *Törichte* (wörtl. tierähnliche, viehische) Menschen, die nur ihren Instinkten folgen, und *Narren,* die Gott ablehnen, sehen das nicht ein, aber ihr Triumph ist kurzsichtig und ihr kurzlebiges Wohlergehen eine Lehre für den Gläubigen (vgl. Ps 73,17ff). **9** So wird Gott auch in seinem Richten noch gepriesen (vgl. Ps 29,10). **10** Denn jeder Widerstand oder Aufruhr gegen ihn und sein Volk werden restlos gebrochen.

11–16 Sie Segnungen des Gottesfürchtigen

Die Anbetung Gottes entspringt oft aus der Erfahrung, daß wir Gottes Erbarmen und Gericht nicht nur als Zuschauer erleben, sondern daß wir selbst hineingenommen sind in sein Heilshandeln (vgl. 2Petr 1,3f; Eph 2,19ff). **11** Das Wissen um das Hineingenommensein in die Gottesgemeinschaft wird in den Psalmen oft durch das Bild des erhöhten *Horns* (so der hebr. Text und EÜ; LÜ: *du machst mich stark)* angedeutet, das immer eine besondere Ausrüstung mit Kraft darstellt (Ps 89,18.25; 132,17). Das umgekehrte Horn, also das Salbhorn, aus dem Öl fließt, ist Zeichen festlicher Freude (Ps 23,5; 45,8; 133,2). **12** Nur aus dem Bewußtsein dieser engen Gemeinschaft mit Gott, in der sich der Psalmist als Partner Gottes sieht, ist die Freude über den Niedergang seiner Feinde zu verstehen. Das ist keine Schadenfreude, sondern die Freude an der machtvollen Heilstat Gottes, die für die Gottlosen Gericht, für die Gläubigen aber Rettung bedeutet.

13 Der Gegensatz, der sich schon zwischen V.7 und 12 andeutete, erreicht jetzt seinen Höhepunkt. Das Bild der hoch aufgerichteten, immer grünen *Palme,* die dem kurzlebigen Gras (V.8) weit überlegen ist, macht den Kontrast unübersehbar. Die *Zedern* des Libanon waren wegen ihrer Größe und Schönheit bekannt (vgl. Jes 2,13). **14** Auch Ps 52,10 wendet dieses Bild von den Bäumen, die im Vorhof am Hause des Herrn wachsen, an. **15** Zunächst geht es hier um den Gedanken der Dauerhaftigkeit und des Wohlversorgtseins. **16** Dahinter steht aber die Überzeugung des Angenommenseins vom Herrn und der unumstößlichen Heilsgewißheit. Wer in diesem göttlichen Boden wurzelt, ist fruchtbar bis ins hohe Alter. Und mit diesem Gedanken der Fruchtbarkeit verbinden sich hier die Vorstellungen von der Kraft und der lebenspendenden Frische des göttlichen *Felsens* (vgl. 2Mo 17,5.6; 1Kor 10,4).

Psalm 93 Die ewige Souveränität Gottes

Wenn man annimmt, in Jerusalem habe es ein jährliches Fest gegeben, an dem Gott als Schöpfer und König gefeiert wurde (s. Einleitung), dann gehört dieser Psalm sicherlich zur Liturgie des Festes. Freilich ist die Tatsache, daß ein Psalm einem bestimmten Fest entsprechen würde, noch kein Beweis dafür, daß es dieses Fest auch tatsächlich gab. In jedem Fall ist der Psalm ein mächtiges Zeugnis von der im AT reich entfalteten Lehre von Gott, dem Schöpfer und Herrn der Welt. Zum Aufbau ist zu bemerken, daß VV. 1.3.4 den Tatbestand beschreiben, während VV. 2.5 die Antwort in Zeugnisform darstellen. Wo Gottes Volk über die grundlegenden Wahrheiten Gottes nachdenkt, wird es in die Anbetung hineingenommen.

1.2 Der Herr in seinem Verhältnis zur Welt

Drei Gedanken kommen zum Ausdruck: **1a** Zunächst begegnet Gott als der Herrscher majestätisch und mächtig. **1b** Dann wird der Blick hingelenkt auf die Festigkeit der geschaffenen Welt (*fest steht die Welt*; EÜ). Wenn es auch nicht ausdrücklich gesagt wird, so legt sich doch die Folgerung nahe, daß die Festigkeit des Geschaffenen von der *Kraft* des alles regierenden Gottes abhängt. **2** Drittens schreibt das Volk Gottes, das ihn persönlich kennt und mit Du anreden kann, dem die Macht und Festigkeit zu, dem sie tatsächlich gehört. Israel setzt auf die unsichtbare Allmacht Gottes, die man nur im Glauben erfassen kann, denn »durch den Glauben erkennen wir, daß die Welt durch Gottes Wort gemacht ist, so daß alles, was man sieht, aus nichts geworden ist« (Hebr 11,3).

3–5 Die Welt in ihrem Verhältnis zu Gott

Die Gedankenführung der ersten beiden Verse kehrt hier wieder, nur ist der zweite Gedanke vor den ersten gestellt worden: zunächst wird der Blick auf die Welt gerichtet, dann auf Gott, und schließlich vernehmen wir wieder das Zeugnis des Volkes Gottes.
3 Die Wasserströme versinnbildlichen den unaufhörlichen Widerspruch der Welt gegen ihren Herrn (vgl. Ps 46,4; Lk 21,25f), **4** aber sie können nichts gegen den Herrn ausrichten, dessen Macht eben noch *größer* ist und der souverän *in der Höhe* auch über diese Mächte gebietet. Manche Ausleger sehen in den Wasserfluten Anklänge an einen altorientalischen Schöpfungsmythos, in dem die Chaosfluten sich gegen den Schöpfergott empören. Ob hier eine solche Anspielung vorliegt oder nicht, jedenfalls hat sie für die Aussage dieses Psalms keine entscheidende Bedeutung. Für das AT ist Gott, der Schöpfer, sowohl Welterhalter, was im ersten Teil des Psalms dargestellt wurde (vgl. Ps 24,1; Jes 40,25f), als auch unangefochtener Weltherrscher, was hier gezeigt wird. **5** Wieder kann man die Reaktion des Volkes Gottes vernehmen. Es wendet sich direkt an Gott. Da ihr Gott über alles herrscht, stellen auch sie sich unter seine Herrschaft. Sein *Wort* (wörtl. »deine Bestimmungen«), d.h. was er von ihnen fordert und was er ihnen zusagt, ist *gewiß*. Man kann sich darauf verlassen, daß es seinen Willen zuverlässig wiedergibt. Die Grundvoraussetzung für alle, die in die Gemeinschaft mit ihm eintreten wollen, lautet dabei: *Heiligkeit!* Diese Anforderung wird niemals gemildert. Sie steht *für alle Zeit.*

Psalm 94 Hilferuf gegen die Unterdrükker des Volkes Gottes

Es geht in diesem Psalm um das alte Thema, wie sich die Ereignisse in der Welt mit der Güte und der Macht Gottes vereinbaren lassen. Der Psalm drückt dabei in erster Linie die unmittelbare Reaktion des natürlichen Menschen auf das Glaubensbekenntnis von Ps 93 aus. Dabei wird deutlich, in welche Anfechtung das gläubige Vertrauen auf Gott durch einen harten Realismus gerät, und zugleich, wie abnorm die Teufeleien des Menschen im Rahmen der von Gott gegebenen Ordnungen eigentlich sind. Abgesehen von den zwei Aufforderungen am Anfang gliedert sich der Psalm in drei Teile, von denen jeder mit einer protestartigen Anfrage beginnt.

1.2 Einleitung

Dem Hilferuf liegt alle Boshaftigkeit fern. Es ist ein Schrei nach Vergeltung (vgl. Jer 51,56c), damit endlich allem weltlichen Hochmut ein Ende gesetzt wird und jede widergöttliche Tat auf den Täter zurückfällt (vgl. Hiob 4,8; Hos 8,7a; Gal 6,7f). Damit wäre unvermeidlich die Offenbarwerdung der göttlichen Wahrheit verbunden. Deshalb die Aufforderung: *erscheine!*

3–15 Wie lange dürfen die Bösen triumphieren?

3 In der Frage geht es nur um die gegenwärtige Situation, nicht etwa um einen grundsätzlichen Verdacht göttlicher Ohnmacht. Die Frage wird auf dreifache Weise näher erläutert.

4–7 Tatsachen. **4** Ein Bild der Bösen wird gezeichnet. Sie führen arrogante, selbstgefällige Reden, deren Quelle ein übersteigertes Selbstbewußtsein ist. **5** Aber sie sind nicht nur großmäulig, sie *zerschlagen* den Rest der Frommen, die doch Gottes Volk und Erbe sind. Gottes Gerechtigkeit, an die schon der einleitende Vergeltungsschrei indirekt appellierte, wird nun dadurch noch besonders herausgefordert, daß die Unterdrücker sich in ihrem Mutwillen an denen vergreifen, die in ihrer Hilflosigkeit Gott besonders nahestehen (vgl. 5Mo 10,18; Ps 68,6; 146,9).
7 Sie handeln dabei, als ob es möglich wäre, sich vor Gottes Augen zu verbergen. Ihrem Verbrechen fügen sie damit auch noch Torheit bei.

8–11 Grundsätzliches. **8** Doch der Mangel an Durchblick liegt nicht bei Gott, sondern bei ihnen (vgl. Jh 9,39ff). Drei Grundsätze werden erläutert.

9 Erstens: Der Schöpfer muß größer sein als seine Geschöpfe. Er hat dem Menschen die Wahrnehmungsmöglichkeiten gegeben und wird von daher auch selbst in der Lage sein, wahrzunehmen, was im Menschen vorgeht. **10** Zweitens: Er, der die Geschichte lenkt, wird auch über jeden einzelnen seine heilige Autorität ausüben. Wenn schon die Völker, die nicht an Gott glauben, Recht und Unrecht unterscheiden (vgl. Röm 1,18ff) und für ihre Taten verantwortlich sind (vgl. Röm 1,32), wieviel mehr wird dann er, von dem alle Kenntnis der Gerechtigkeit stammt, in seinem Vorgehen gegen die Sünder gerecht bleiben.

11 Drittens: Gott kennt den Wert menschlicher Überlegungen (vgl. Ps 139,1–4; Jh 2,24f) und weiß, daß diese Überlegungen ebenso wie die, die sie ausdenken, so haltlos sind wie ein Hauch (vgl. Ps 39,6f; 62,10).

12–15 Glaubenshaltung. Auf den faktischen und grundsätzlichen Aspekt folgt der des Glaubens. Der Zentralgedanke des vorausgehenden Abschnitts (V. 10) wird hier weiter verfolgt. **12** Gesegnet ist der, den Gott unterweist, indem er ihn in Zucht nimmt (vgl. Ps 119,71; Hebr 12,5–9) und ihn im Gesetz des Herrn unterrichtet, d.h. ihn in die Bedeutung der göttlichen Selbstoffenbarung einführt. **13** Wem das widerfährt, der weiß sich auch in *bösen Tagen* behütet und kann warten, bis das endgültige Gericht einmal alle Gottlosen ereilen wird. **14** Jenes letzte Gericht ist unausweichlich. Ebenso gewiß ist aber die Treue Gottes zu seinem erwählten Volk. **15** Das Gericht Gottes wird endlich zur Gerechtigkeit zurückkehren, das Recht wird den Sieg behalten. Nicht um Vergeltung geht es dabei dem Psalmisten, sondern darum, daß Gottes Treue und Gerechtigkeit das letzte Wort behalten. Dieser Sieg der Gerechtigkeit Gottes ist das Ziel »der von Herzen Aufrichtigen« (LÜ: *alle frommen Herzen*).

16–19 Wer steht mir gegen das Böse bei?

Doch so stark die Gewißheit, daß die Gerechtigkeit schließlich siegen wird, auch sein mag, gegen unmittelbares, gegenwärtiges Unrecht hilft sie wenig. **16** Die Frage des leidenden Gerechten ist daher natürlich. Doch schwingt die Antwort im Grunde von vornherein mit: »Der Herr ist mein Beistand!« Die folgenden Verse bestätigen das dann im einzelnen; sie entsprechen den drei Aspekten, die zuvor aufgezeigt wurden. **17** Die lebensbedrohende physische Gefahr (vgl. V. 5f) wird allein durch das fürsorgliche Eingreifen Gottes abgewendet. **18** *Wenn ich denke: Jetzt wankt mein Fuß* (ZÜ): Die psychische Gefahr, wegen der anhaltenden Schwierigkeiten etwa vom einfachen Vertrauen auf Gott abzuweichen, wurde lediglich durch die Barmherzigkeit Gottes abgewendet, die ihn hielt (vgl. Ps 145,14; Jud 24). **19** Die geistliche Gefahr, in die Einsamkeit des Unglaubens abzugleiten, konnte ihn nicht zu Fall bringen, denn wenn er im Innersten *bekümmert* war, wurde ihm durch die *Tröstungen* des Herrn Friede zuteil (vgl. V. 14; Ps 27,5).

20–23 Können die Gottlosen Gott auch als ihren Beistand beanspruchen?

Das Zeugnis des Gerechten, daß Gott ihn in Zeiten der Bedrängnis und der Unterdrükkung erhält, verändert noch nicht die äußere Lage, aus der sich doch das gegenwärtige Problem ergibt. **20** *Sollte mit dir verbündet sein der Thron des Verderbens?* (EÜ): In welchem Verhältnis steht Gott zu den Gottlosen? Bejaht Gott denn die Tatsache, daß die Gottlosen die Machtpositionen einnehmen und rechtliche Mittel benutzen, um ihrem bösen Tun den Anschein des Rechts zu verleihen?

Darauf weiß der Psalmist letztlich keine Antwort. Er wiederholt einfach die drei Gedanken, die er schon zuvor darlegte. **21** Zunächst unterstreicht er nochmals die Tatsache des geschehenen Unrechts (vgl. V. 4–7). **22** Dann bezeugt er noch einmal des Herrn Überlegenheit und Zuverlässigkeit gegenüber allen Bedrohungen. Statt von abstrakten Grundsätzen (V. 8–11) spricht er jetzt aber von sich persönlich. **23** Schließlich bekräftigt er seinen Glauben an die Macht und Gerechtigkeit Gottes. Gott wird seiner Gerechtigkeit zum Sieg verhelfen. Weil das gewiß ist, darum kann der Psalmist die Bestrafung des Unrechts und die Beseitigung des Bösen Gott überlassen (vgl. V. 12–15). Seine Antwort ist praktisch, nicht theoretisch. In Zeiten der Not hat der Fromme Gott – und darum Hoffnung. Das genügt.

EINFÜHRUNG ZU PS 95–100

Diese sechs liturgischen Psalmen haben ein gemeinsames Thema – die freudige Anbetung Jahwes, der der oberste Regent über seine Schöpfung und der Bundesgott Israels ist. Obwohl unabhängig voneinander entstanden, sind sie jetzt als gewaltiger Chor miteinander verbunden durch die zentrale Aussage: »Der Herr ist König!« (Ps 95,3; 96,10; 97,1; 98,6; 99,1). Die Grundstruktur ist der im Hebr. bekannte Wechsel paralleler Aussagen. Wahrscheinlich wurden diese Psalmen ursprünglich als Wechselgesang gesungen.

Ähnliche Zusammenstellungen von Psalmen zum Lobpreis Gottes im Chor sind Ps 113–118 und 146–150.

In den Psalmen 95–100 begegnet uns mit Ps 96; 97; 98; 99 die stärkste Gruppe der sog. »Thronbesteigungspsalmen«, hinter denen manche Ausleger ein jährliches Fest der »Thronbesteigung Jahwes« sehen, dessen Liturgie in diesen Psalmen vermutet wird (s. Einleitung). Die Tatsache, daß diese Psalmen, insbesondere Ps 99, klare Anzeichen liturgischer Komposition und liturgischer Verwendung aufweisen, zeigt, daß die Königsherrschaft Jahwes im Jerusalemer Tempelkult eine Rolle spielte, und spricht daher für die Möglichkeit eines solchen jährlichen Thronbesteigungsfestes. Doch liegt der bleibende Wert dieser Gruppe von Hymnen darin, daß sie uns in den Reichtum der alttestamentlichen Offenbarung über Gott als König der Schöpfung einführt.

Psalm 95 Lobpreis der Macht und Langmut des Schöpfers

Dieser große, dreifache Aufruf (VV. 1.6.7b) macht deutlich, daß unsere Art, Gott anzubeten, von Gottes Art sich zu offenbaren, bestimmt ist.

1–5 Ein Gott königlicher Macht

1.2 Dank und Anbetung folgen aus der Tatsache, daß Gott uns erlöst hat. **3** Darin hat er sich als höchster Gott und Herrscher der Welt erwiesen. Es gibt nur einen *Gott,* aber die Menschen wenden sich noch anderen Dingen zu, um sie anzubeten. In diesem Sinne gibt es noch andere *Götter.* **4.5** Die großen Werke der Schöpfung offenbaren die Größe und Macht des Schöpfers. Zugleich bezeugen sie, daß er allein Gott ist, denn in der heidnischen Umwelt Israels wurden die *Tiefen* unter Molochs, die *Höhen* unter Baals und das *Meer* unter Tiamats Herrschaft gesehen. Mit solchen Vorstellungen räumt der Psalmist auf.

6.7a Ein Gott gnädiger Fürsorge

Die Prostration, bei der man sich ausgestreckt zu Boden wirft, ist der stärkste Ausdruck der Ehrerbietung und Anbetung. Sie hat hier ihren Grund darin, daß Gott sich seines Volkes einzigartig angenommen hat. Als Schöpfer hat er es ins Leben gerufen, als Hirte leitet er es durch die Geschichte und greift immer wieder rettend und bewahrend ein.

7b–11 Der Gott heiligen Zorns

7b Ihm kann man nur im Gehorsam begegnen; der Psalmist warnt vor dem Ungehorsam, an dem Gott sein Zorngericht doch so deutlich vollzogen hat. **8** Der zweifelnden und widerwilligen Einstellung des Herzens, aus der der Ungehorsam entspringt, müssen die Gläubigen wachsam gegenüberstehen. **9** Sie brachte nämlich die Wüstengeneration dazu, die Macht Gottes und seine Möglichkeiten anzuzweifeln (2Mo 17,1–7), seine früheren Werke zu vergessen (vgl. Jes 5,12.18.19) und **10.11** so das verheißene Land zu verlieren (4Mo 14,21–23; 5Mo 1,34–39).

Psalm 96 Der Schöpfer und Richter aller Welt

Dieser Psalm zeigt, wie weit ein missionarischer Universalismus das atl. Denken durchdrungen hatte. *Alle Welt* und die *Völker* (VV. 1.7) werden aufgerufen, sich der Gemeinde anzuschließen. **1–3** Der erste Gedankengang betont, daß diese universale Botschaft sich auf den *Namen* bzw. das Wesen Gottes konzentriert, so wie es Israel geoffenbart worden ist, und auf die heilbringenden *Wunder,* die Gott um Israels willen vollbracht hat.

4–6 Der zweite Gedankengang befaßt sich mit der Unwirklichkeit anderer Götter (vgl. Jes 2,8.18.20; 40,19ff; 41,21–24; 44,12ff). Im Gegenzug wird darauf hingewiesen, daß Jahwes Macht und Größe daran zu sehen sind, daß er den Himmel gemacht hat (vgl. Ps 19,1–7; 33,6; 104,1–3). In V. 6 werden Gottes Wesenszüge wie königliche Hoheitszeichen dargestellt (vgl. Ps 93,1; 104,1). Seine *Hoheit und Pracht,* seine *Macht und Herrlichkeit* werden durch die Bundeslade im *Heiligtum* symbolisiert, in der sittliche Reinheit (die Gebote) und vergebende Gnade (die mit Blut besprengte Deckplatte, der sog. Gnadenstuhl) sich vereinigten.

7–9 In einem dritten Gedankengang werden alle Völker aufgerufen, Opfergaben zu bringen und anzubeten. Mit dieser Einladung, Opfergaben in die Vorhöfe des Heiligtums zu bringen, wird den Völkern die Gemeinschaft mit dem Gottesvolk eröffnet.

10 Der vierte Gedankengang nimmt das Thema von Ps 93,1 auf. Die Völker sollen sich bewußt werden, daß Jahwe König ist. Die Ausrufung des Herrn als König ist verbunden mit den beiden Grundpfeilern seines Heilswerkes: Schöpfung *(er hat den Erdkreis gegründet)* und Gericht *(er richtet die Völker recht).* Aus dem Chaos heraus hat er die Welt geschaffen, und vor dem Chaos bewahrt sein Gericht die Menschheit.

11–13 Die Verbindung von Schöpfung und Gericht nehmen die drei letzten Verse auf. Das Kommen des richtenden Gottes läßt die Schöpfung jubeln (vgl. Jes 44,23ff; 55,12).

Richten heißt im AT nicht notwendigerweise verdammen, sondern herrschen und entscheiden. Wenn der Herr seine Herrschaft antritt, dann wird die Welt erstmals ein vollkommen gerechtes Regiment haben und durch die Erkenntnis der Wahrheit gesegnet sein.

Psalm 97 Freude am Königtum Gottes

Auf dem Hintergrund der in Ps 96 angesprochenen Gedanken bricht die Freude über die kommende Herrschaft Gottes aus. Geschildert wird diese in Form einer gewaltigen Gotteserscheinung (vgl. 2Mo 19,16–18). Sowohl die ganze *Erde* mit den weit hinausreichenden Küstengebieten (LÜ *Inseln*; V. 1), als auch der *Zion* (V. 8) sind aufgefordert, sich zu *freuen* und *fröhlich* zu sein. Diese Doppelung der Tätigkeitsworte »freuen/fröhlich sein« in V. 1 und V. 8 leitet die beiden Teile des Psalms ein.

1–7 Das Wesen der souveränen Gottesherrschaft

1–3 Gottes Kommen offenbart erstens seine Gerechtigkeit. Während vieles von seinem Wesen – etwa der Lichtglanz seiner Herrlichkeit – wie mit *Wolken und Dunkel* verhüllt verborgen bleibt, so hat er doch die Grundlage seiner Herrschaft, seine *Gerechtigkeit,* die Normen seines Handelns und Richtens, nicht verborgen. Gerechtigkeit ist Heiligkeit in Aktion (vgl. Jes 5,16b), und *Gericht* ist die auf einen Einzelfall angewandte Gerechtigkeit. Die sittlich-rechtliche Wesensart Gottes wird nicht als etwas Passives, sondern als ein Feuer der Heiligkeit beschrieben (vgl. 2Mo 19,1–6). **4–6** Das Kommen Gottes offenbart zweitens seine weltweite Herrschaft. Seine universale Macht zeigt sich in der Natur (vgl. Ps 19,1–6). **7** Drittens ist er als der alleinige Gott anzubeten, und sein Kommen ist eine Aufforderung an alle Heiden, sich beschämt von ihrem Götzendienst abzuwenden.

8–12 Die Antwort des Volkes Gottes

Diese Wesenszüge der Gottesherrschaft – Gerechtigkeit und universale Herrschaft des alleinigen Gottes –, die eines Tages aller Welt offenbar sein werden, sind zunächst nur dem erwählten Volk bekannt und bestimmen seine Antwort. **8.9** So kann von *Zion* und seinen Tochterstädten in *Juda* gesagt werden, daß sie sich über Gottes gerechte Herrschaft schon jetzt freuen. Während die Götzendiener beschämt werden, feiert die Zionsgemeinde den alleinigen Gott. **10.11** Die den Herrn lieben, werden aufgefordert, das Leben nach seinen gerechten Forderungen auszurichten **12** und ihn anzubeten, dem allein ihre Hingabe im Glauben gebührt.

Psalm 98 Jauchzt Gott dem König

Dieser Psalm scheint für das Laubhüttenfest bestimmt gewesen zu sein, bei dem die Königsherrschaft Jahwes besonders gefeiert wurde (vgl. Sach 14,16f). Geschichtlich wurzelte das Fest im Auszug aus Ägypten (3Mo 23,42ff); Israel konnte sich darin jährlich seine Errettung vergegenwärtigen, die vor den Augen aller Völker geschehen war. Im Licht der Verheißung an Abraham (1Mo 12,3) haben alle Heilstaten Gottes eine weltweite Bedeutung. Und das nun ist das Thema des Ps 98: In Gottes Heilshandeln für Israel sind auch die Völker eingeschlossen. Damit steht dieser Psalm dem Psalm 96 nahe, sowie Jes 40,5; 52,10; 66,18. So richtet sich der Aufruf zum Lobpreis einmal an Gottes Volk (V. 1–3), zum anderen an die ganze Welt, die zum Jubel über Jahwes universale Königsherrschaft aufgefordert wird (V. 4–6), und schließlich an die Natur (V. 7–9), ja sogar die traditionelle Gegnerin Gottes, die Flut des Meeres (vgl. Ps 93,3), soll ihn begrüßen, wenn er seine Herrschaft antritt. **1** Mit dem Ausdruck *Wunder* wird das übernatürliche Element seines Wirkens betont. Die *Rechte* und der *Arm* machen deutlich, daß es dabei dennoch um persönliches Handeln Gottes geht. **2** Seine *Gerechtigkeit* besteht darin, daß er sich selbst treu bleibt und daß er nicht von der einmal bekundeten Absicht läßt, seinem Volk Heil zu schaffen. **9** *Richten* bedeutet hier (wie in Ps 96,13) nicht in erster Linie »verurteilen«, sondern: herrschen, die Rechtsordnung wiederherstellen und bewahren. Damit wird die eschatologische Botschaft des Psalms deutlich: Wenn der Gott Israels die Königsherrschaft über die ganze Erde übernimmt, dann werden gestörte Ordnungen wiederhergestellt, und die Schöpfung kehrt unter die Macht und Gnade ihres Schöpfers zurück.

Psalm 99 Der dreimal heilige Gott

Der Psalm enthält die typischen Elemente der Hymnen über die Königsherrschaft Jahwes: sein Thronen und Herrschen (V. 1), sein weltweites Regieren vom Zion aus (V. 2), Liebe zur Gerechtigkeit als Kennzeichen seiner Herrschaft (V. 4), seine Selbstoffenbarung in der Geschichte (V. 7). Aber stärker als die anderen stellt dieser Psalm die Heiligkeit des Gottkönigs heraus (VV. 3.5.9). Das »Er-ist-heilig« unterteilt als Refrain den Psalm in drei Strophen.

1–3 Der heilige König der Welt

1 beginnt und **2** endet mit einem Hinweis auf *die Völker.* Obwohl die Königsherrschaft Jahwes vom Zion ausgeht, wo er im Heiligtum thront, und obwohl seine Größe und Majestät vor allem dort erkannt wird, müssen doch alle *Völker* erzittern und die Erde selbst »erbeben« (vgl. Jes 6,4) vor dem *heiligen* Gott. Er thront *über den Cherubim.* Diese sich über die Bundeslade beugenden goldenen Gestalten (vgl. 2Mo 25,18–22) dachte man sich als Sokkel des unsichtbaren Thrones Gottes. Vgl. dazu die Vision Jesajas, der Gott auf seinem Thron sah, wobei dessen Gewand den Tempel füllte (Jes 6,1ff).

4.5 Der heilige König Israels

4a Nur ein Volk wird hier erwähnt: *Jakob.* Es geht darum, wie der Herr sein Volk regiert. Der oft verbesserte hebr. Text von V. 4 (LÜ: *»und die Macht des Königs, der das Recht lieb hat«,* vgl. die alte LÜ: »Im Reiche dieses Königs hat man das Recht lieb«) braucht eigentlich keine Korrektur. Er lautet einfach: »Die Stärke des Königs liebt (das) Recht.« Der *König,* um den es geht, ist der Herr. Heißt es nun: »Seine Stärke liebt das Recht«, so wird damit ausgedrückt, daß er Freude daran hat, seine königliche Macht für die Gerechtigkeit einzusetzen. Das hat sein Volk auf dreifache Weise erlebt: **4b** Gott gab seinem Volk eine gerechte Gesellschaftsordnung (ZÜ: *feste Ordnung,* LÜ: *was richtig ist*), die auf dem von ihm gegebenen gerechten Gesetz basiert. **4c** Zudem achtete Gott fortwährend darauf, daß sein *Recht* und *Gerechtigkeit* schaffendes Gesetz auch durchgesetzt wurde. Das geschah sowohl dadurch, daß er die, die sich seiner Gerechtigkeit widersetzten, mit seinem Zorn und seiner Strafe traf (Ri 2,11–23), als auch dadurch, daß die Propheten immer wieder Unrecht ans Licht brachten und tadelten (1Kön 21,17–24). **5** Schließlich lädt er sie ein, in seiner Gegenwart *anzubeten.* Der *Schemel seiner Füße* ist nichts anderes als die Bundeslade. Der Herr thront in der Höhe. Seine Füße ruhen auf dem Deckel der Lade, dem »Gnadenstuhl«, auf den alljährlich das Blut des Versöhnungsopfers gesprengt wird (3Mo 16,15f), um das Volk von Sünde und Unrecht zu reinigen.

6–9 Der heilige König, derer, die ihn anrufen

In diesem Abschnitt erscheinen die Namen *Mose, Aaron* und *Samuel.* Manche Ausleger meinen, daß diese Männer vom Psalmisten als Mittler und Fürbitter genannt werden, die stellvertretend für das Volk eintraten (vgl. 2Mo 17,11f; 32,30ff; 1Sam 7,5.9). Der Text spricht aber mehr davon, wie Gott an diesen Männern gehandelt hat. Sie werden hier als Prototypen derer genannt, in deren Leben sich die Königsherrschaft Gottes verwirklicht hat. Dazu gehört einmal **6** das erhörte Gebet, zum andern **7** die Verpflichtung zum Gehorsam gegen Gottes Offenbarung und drittens **8** die Bereitschaft, sich der gnädigen Zucht Gottes zu stellen.

Psalm 100 Jauchzt dem Herrn, alle Welt

Mit diesem kurzen Psalm, der manche Gedanken von Ps 95 wiederholt, erreicht die kleine Gruppe der Psalmen 95–100 ihren Abschluß. Nun wird die ganze Welt eingeladen, Anteil zu nehmen an dem Segen, den Israel schon erlebt (VV. 3.5), indem es Gott gehört und diesen Gott sein eigen nennt (vgl. Eph 3,6).

1–3 Der Herr ist Gott

1.2 betonen die *Freude* der Anbetung und den Jubel darüber, daß man Zugang zu Gott hat. Nach **3** liegt der Grund der Freude in Gott selbst, so wie Israel ihn erfahren hat. Ein dreifacher Besitzanspruch Gottes gegenüber dem Volk wird angeführt. Er gründet zum einen in der Schöpfung: *er hat uns gemacht,* zum andern in der Erwählung: wir sind *sein Volk,* und zum dritten in seiner Fürsorge, denn wie ein Hirte leitet und führt er sie als *Schafe seiner Weide* (vgl. Ps 95,7).

4.5 Der Herr ist gut

4 Die Aufforderung zu Anbetung und *Dank* ergibt sich **5** aus der Besinnung über das Wesen des Herrn. Er ist gut. Seine Güte besteht vor allem in seiner unverbrüchlichen Gnade und in seiner verläßlichen *Treue* (ZÜ, EÜ; LÜ: *Wahrheit*) gegenüber seinem Volk. Sie ist weder befristet noch abhängig (etwa vom menschlichen Wohlverhalten), sondern gilt für alle Zeiten *(ewig)* und für alle kommenden Generationen *(für und für).*

Psalm 101 Die Ideale des Königtums

Der Psalm ist wahrscheinlich das Gelübde eines Königs, wie es entweder im Augenblick der Thronbesteigung oder bei einem jährlich stattfindenden Königsfest gesprochen wurde. Der davidische König verpflichtet sich hier auf die Ideale, die das Königtum Judas auszeichneten: ein einsichtiges (LÜ: umsichtig; vgl. 1Kön 3,9; 5,9) und lauteres (LÜ: redliches; vgl. 1Kön 9,4) Herz (V. 2), Belohnung der Treuen (V. 6), Bestrafung von Verleumdung (V. 5), Betrug (V. 7) und Gottlosigkeit (V. 8). Liest man den Psalm aus ntl. Sicht, findet man hier einen Hinweis auf die vollkommene Herrschaft des wahren Königs aus dem Haus David, auf Jesus Christus, den Herrn.

1–4 Maßstäbe für das persönliche Leben

Der König verpflichtet sich, die Züge der Königsherrschaft Jahwes (V. 1; vgl. Ps 99,4; 100,5) in seiner Herrschaft sichtbar werden zu lassen. Er will »auf schuldlosem Weg«, »in der Reinheit des Herzens« (V. 2 JB) wandeln. Diese umfassende Redlichkeit gilt für sein Privatleben (V. 2c), für sein Streben und Planen (V. 3a) und für sein Rechtsempfinden (V. 3b). Von daher nimmt er sich vor, sich von jedem Übel zu scheiden (V. 3c) und selbst allen bösen Gedanken abzusagen (V. 4; ZÜ: »Falschheit des Herzens bleibt mir fern, Böses will ich nicht kennen«). **1** *Gnade:* Das hebr. Wort *chesed* bedeutet »Freundlichkeit; Verbundenheit; Bereitschaft, für den anderen dazusein«. **2** *Redlich* bedeutet hier soviel wie »vollkommen, makellos« (das gleiche hebr. Wort wird 1Mo 17,1 mit »fromm« und 2Mo 12,5 mit »ohne Fehler« übersetzt). Gemeint ist damit die Ganzheit und Ungeteiltheit, die es nicht erlaubten, die Ausrichtung des Herzens auf das Gute durch andere Motive zu beeinträchtigen. **4** Das *falsche Herz* ist ein verdrehtes, pervertiertes Herz, bei dem das rechte Maß und die Orientierung verlorengegangen sind.

5–7 Maßstäbe für den Königshof

VV. 6 und 7 lassen erkennen, daß es hier tatsächlich um den königlichen Hof geht, um die Leute, die in Gemeinschaft mit dem König leben und ihm dienen. Auch hier sieht sich der König den Maßstäben Gottes verpflichtet. **5** Für Verleumder und Hochmütige ist an seinem Hof kein Platz. **6** Aber die Verläßlichen und Aufrichtigen sollen bei ihm einen Platz finden. **7** Wer hinterlistig ist und mit Lügen umgeht, wird vom Hof ausgeschlossen.

8 Maßstäbe für das öffentliche Wirken

An diesem Vers wird besonders deutlich, daß der ganze Psalm für den König geschrieben ist, denn hier ist von der Macht des königlichen Schwerts die Rede, das die Gesellschaft reinigt (vgl. Röm 13,1–7). Es ist tägliche Aufgabe des Königs, die Gesellschaft von Gottlosigkeit und Verbrechen zu säubern. *Jeden Morgen:* der Morgen ist die Zeit, in der Jahwe richtend eingreift (vgl. Ps 130,6; Jer 21,12). D.h. der König der Stadt Jahwes übernimmt und vollzieht hier das Richteramt Gottes, damit die Stadt wirklich *Stadt des Herrn* genannt werden kann. In vollkommener Weise erfüllt diese Aufgabe der wiederkommende königliche Herr, das Lamm Gottes (vgl. 2Thess 1,8–10; Offb 21,22–27).

Psalm 102 Gebet im Unglück

Ein unbekannter Leidender schüttet seinen Schmerz vor Gott aus. Der Trost besteht nicht darin, daß ihm die Last unmittelbar abgenommen würde. Vielmehr wird ihm das Nachdenken darüber zur Hilfe, wie Gott in seinem Handeln mit seinem Volk sich selbst unverändert treu bleibt (V. 1–23), sowie der Gedanke an den ewigen Gott, der die Seinen nicht im Stich läßt (V. 24–29).

2–12 Ein Schmerzens- und Verzweiflungsschrei

2.3 Im Anschluß an diese Anrufung Gottes werden die Ursachen der Leiden beschrieben: **4** das Leben schwindet dahin, und Fieber durchglüht den Körper (»meine Gebeine glühen« EÜ), **5.6** er hungert, magert ab und ist nur noch Haut und Knochen, **7.8** er ist einsam und schlaflos, **9** wird angefeindet und verhöhnt, **10** ist völlig deprimiert, **11** und sieht sich unter dem Zorn Gottes.

13–23 Der ewige und barmherzige Herr

Der Gegensatz zwischen menschlichem Wesen in seiner Vergänglichkeit und Gott in seiner Unvergänglichkeit wird durch ein betontes *Du aber* eingeleitet (V. 13). Dieser Teil des Psalms setzt sich aus drei Strophen zusammen; bei jeder steht Zion im Mittelpunkt.

13–15 Die Zeit zur Wiederherstellung Zions ist da. **13** Die Ewigkeit Gottes und sein unvergänglicher *Name* unterstreichen seine Unveränderlichkeit (vgl. 2Mo 3,15). **14** Deshalb wird er sich auch voll Erbarmen Zion wieder zuwenden. Die Zeit ist reif für einen Gnadenakt. **15** Obwohl Gott als der Unveränderliche handelt, verschließt er sich dem Verlangen seiner Knechte doch nicht. Ihr tiefes Mitleid bewegt ihn.

16–18 Die Wirkung der Wiederherstellung auf die Menschheit. **16.17** Alle Menschen werden die Herrlichkeit des Herrn anbeten, die sich in der Wiederherstellung Zions zeigen wird. **18** Und doch: der Grund für Gottes Eingreifen ist nicht einfach die Aufrichtung seiner Herrlichkeit, sondern sein Hören auf das Gebet der *Verlassenen.*

19–23 Die Erlösung als Gottes Werk. **19** Für alle Zeiten wird man es festhalten, nicht nur daß der Herr Zion erlöst hat, **20.21** sondern vor allem daß er das *Seufzen der Gefangenen* hörte. In allen drei Strophen also bezog sich die Unveränderlichkeit Gottes auf den einen Punkt: Gott hört und erhört das Gebet der Bedrängten. Der hymnische Teil in diesem Klagegebet ist also kein Fremdkörper, sondern das Nachdenken über Gottes Handeln mit Zion kann dem einzelnen Gläubigen in seinen Nöten zum Trost werden.

24–29 Des Menschen Schwäche und Gottes Stärke

Nun werden die beiden Themen zusammengebracht: des Menschen Vergänglichkeit (V. 2–12) und Gottes Ewigkeit (V. 13–23). Dabei wird sichtbar, daß die beiden nicht nur einen Gegensatz bilden. Das menschliche Leiden (VV. 24.25) wie das Veralten und Vergehen der natürlichen Welt (VV. 26.27) sind auf den aktiven Willen des unveränderlichen Gottes zurückzuführen. Liegt der Psalmist am Boden? – Gott hat seine Kraft zerbrochen (V. 24). Vergeht die Natur? – Gott läßt sie vergehen (V. 27). Aber dieser Gott ist kein blindes Faktum, sondern er ist der Barmherzige, der das Rufen der Seinen hört. Weil unser Leben so mit all seinen Wechselfällen von dem unveränderlichen und souveränen Erbarmen Gottes umfangen ist, kann der Psalmist sein Gebet mit ungebrochener Zuversicht abschließen (VV. 28.29). Gott wird seine Knechte und ihre Nachkommen, zu denen auch der Psalmist zählt, nicht vergessen. Sie werden bleiben und gedeihen (vgl. 5Mo 10,15). **25** Der Psalmist appelliert an das göttliche Erbarmen, indem er die jämmerliche Kürze des menschlichen Lebens neben die Ewigkeit Gottes stellt (vgl. Ps 89,48). Aber mehr noch: sein Gebet ist ein lebendiger Ausdruck des Glaubens an die göttliche Allmacht. Mit seiner Hinfälligkeit und Vergänglichkeit birgt er sich in Gott.

Psalm 103 Das Hohelied der Barmherzigkeit Gottes

Dieser Psalm ist eines der stärksten und reinsten Zeugnisse von Gottes Barmherzigkeit in der ganzen Bibel. In seiner ungekünstelten, natürlichen Sprache spricht er den heutigen Leser unmittelbar an, so daß er von uns ohne weiteres nachgebetet werden kann. Als Danklied des einzelnen entspringt er der persönlichen Erfahrung des Psalmisten (V. 1–5: *dir, dein, dich*). Doch dann tritt der Beter aus dem Bereich der persönlichen Erfahrungen heraus, und das Danklied wird zum Hymnus auf Gottes Barmherzigkeit und Macht allgemein.

1–5 Die persönliche Antwort

1 Im Lob Gottes verbindet sich die Ehrfurcht vor seinem *heiligen Namen* mit **2** der bewußten Erinnerung an all das von ihm empfangene *Gute.* Darauf konzentriert der Psalmist sein ganzes Wesen *(Seele).* Alle Kräfte seines Denkens und Wollens stellt er in diesen Dienst. **3–5** Es fällt auf, daß unter den aufgezählten Wohltaten (Vergebung der Sünde, Heilung der Krankheit, Errettung vom Tod) die Sündenvergebung an erster Stelle steht. Die Vergebung ist die erste und größte Tat der Barmherzigkeit Gottes, denn in der Gottesferne gibt es kein wirkliches Leben. Gott leitet die Heilung des Menschen ein, indem er *Sünde vergibt.* Aber er *heilt* auch seine *Gebrechen* und rettet ihn vom Tod (wörtl. »aus der Grube«, LÜ: *vom Verderben*). Krankheit und Tod werden hier im Gefolge der Sünde gesehen. Gott verwandelt den Lohn der Sünde ins Gegenteil, indem er uns statt unserer Krankheiten die Krone und statt Tod und Sterben ein auf immer erneuertes Leben zukommen läßt. **4** Das hebr. Wort für *erlösen* beschreibt das stellvertretende Eintreten für den nächsten Verwandten, der in Not geraten ist und dessen Verpflichtungen man freiwillig übernimmt (vgl. dazu das Beispiel von Boas, der sich der Ruth annimmt, s. Komm. zu Rut 4,1–17). So tritt Gott für uns ein.

6–19 Das Zeugnis der Erlösten

Der Anfangs- und der Schlußvers dieses Abschnittes unterstreichen, daß Gottes Güte (V. 6) und Herrschaft (V. 19) umfassend sind. Innerhalb dieses weltweit gespannten Psalmes geht es um Israels Erfahrungen, an denen sich Gottes zärtliche Fürsorge für die Bedrängten exemplarisch zeigt. **7** Israel wurde durch Mose die Wahrheit Gottes mitgeteilt. **8.9** Sie wird hier zunächst mit den Worten wiedergegeben, die Gott dem Mose in 2Mo 34,6 zuruft. Danach wird diese Wahrheit in Form eines großartigen, gemeinsam mit der Gemeinde gesprochenen (»uns«, »unsere«) Bekenntnisses vergegenwärtigt.
10 Gott hat mit uns gerade nicht auf der Basis dessen gehandelt, was wir verdient haben, **11** sondern er ließ uns seine *Gnade* erfahren, die allen unseren sonstigen Erfahrungen so überlegen ist wie der Himmel der Erde. **12** Seine Vergebung ist endgültig und restlos, **13** und seine stets neue Barmherzigkeit ist die eines Vaters, der sein Kind nie aufgeben wird. **15.16** Im Gegensatz zur Hinfälligkeit und Wechselhaftigkeit des Menschen wird **17.18** seine ewig sichere Geborgenheit in der Hand Gottes herausgestellt. Dabei wird das Volk Gottes stets umschrieben als solche, *die ihn fürchten* (VV. 11.13.17). Ihn fürchten heißt aber, **18** im Rahmen des *Bundes* ihm gehorchen.

10.12 In diesen Versen wird der gesamte atl. Wortschatz für »Sünde« aufgeboten. *Sünden* bezeichnet hier äußerliches Fehlverhalten, das Verfehlen des rechten Weges; *Misse-*

taten steht hier für die innere Verkehrtheit und die Verdrehung der Maßstäbe, wie sie aus der Verderbtheit unserer gefallenen Natur entspringt; *Übertretungen* bedeutet Auflehnung gegen den Willen Gottes, Bruch des Bundes, Treubruch. **13** *Erbarmt:* Das hier zugrundeliegende Stammwort heißt im Hebr. eigentlich »die Gebärmutter« und wird in 1Kön 3,26 übersetzt mit »mütterliches Herz« (LÜ) bzw. »Innerstes« (EÜ).

20–22 Der universale Aufruf

Alle geschaffenen Wesen und Dinge und schließlich noch einmal die eigene Seele werden aufgerufen zu einer weltweiten Anbetung dieses barmherzigen Gottes.

Psalm 104 Lobpreis des großen Schöpfergottes

Dieser Psalm bietet eine der schönsten Beschreibungen der Schöpfung in der ganzen Bibel. Er steht ebenbürtig neben Hiob 38 und 39 (vgl. auch Ps 8 und 29). Weiser nennt ihn »eine farbige Ausmalung« von 1Mo 1.

1–26 Eine Beschreibung

Nach einem einleitenden Ausdruck andächtigen Staunens über Gottes Herrlichkeit und Schönheit (V. 1) beschreibt der Psalmist fünf Bereiche der Schöpfung: den Himmel (V. 2–4), die Erde (V. 5–9), Tiere und Pflanzen (V. 10–18), Mond und Sonne (V. 19–23) und das Meer (V. 25f). Der Bogen wird von der Unermeßlichkeit und Vielgestaltigkeit der Schöpfung bis hin zu der ermüdenden Routine des täglichen Arbeitsablaufs (V. 1f und V. 23), von der Bändigung der Naturgewalten bei der Erschaffung der Welt bis hin zu dem mühelosen Gesang der Vögel in den Zweigen geschlagen (V. 5ff und V. 12). Neben dem Durst des Wildesels (V. 11, LÜ: Wild) wird der Hunger der jungen Löwen (V. 21) erwähnt. Und neben die Weite des Meeres (VV. 6.25) wird das erfrischende Grün der Wiesen, Olivenhaine und Weingärten gestellt (V. 14ff). Der scheue, flüchtige Steinbock der hohen Berge (V. 18) ist genau so bekannt wie die wilden Tiere des Waldes, die bei Einbruch der Dunkelheit auf Raub gehen (V. 20).

Die ganze Schöpfung untersteht dem Schöpfer (V. 1–9) und ist von ihm weise geordnet (V. 10–23). Dabei ist die Pflanzenwelt auf die Bedürfnisse der Tiere und des Menschen ausgerichtet (V. 10–18), Tiere und Menschen ihrerseits sind auf den Wechsel von Tages- und Jahreszeiten ausgerichtet (V. 19–23).

2 *Licht ist sein Kleid:* Wie das Licht einerseits erhellt, andererseits blendet, so offenbart und verbirgt sich Gott zur gleichen Zeit. **3** *Wolken ... Winde:* Alle Naturkräfte sind nur auf seinen Befehl hin tätig. **5–9** sind eine poetische Ausmalung von 1Mo 1,6–10. **7** Gottes *Schelten* ist sein verbindliches Befehlswort, und der *Donner* ist die Sprache dessen, der spricht und es geschieht (1Mo 1,3.6.9.11 usw.; Ps 33,6.9). **26** *Leviathan* (ZÜ, EÜ; LÜ: *große Fische*): ursprünglich ein mythisches Seeungeheuer, s. Komm. zu Hiob 3,8; 40,25–41,26, dient hier als Beispiel dafür, daß selbst die bedrohlichsten Mächte Jahwes Geschöpfe, ja sein »Spielzeug« sind.

24.27–30 Eine Meditation

Der Psalmbeter denkt nun über die Tatsache nach, daß die ganze Welt, so vielfältig und mächtig sie ist, doch jederzeit und völlig auf ihren Schöpfer angewiesen ist. **27.28** Die gesamte Kreatur wartet auf Gott, daß er wie ein guter Bauer jedem das Seine zur rechten Zeit zuteilt. **29.30** Auch Leben und Tod hängen von Gott ab. Das Leben ist nichts anderes als der Atem Gottes: Wo er ihn gibt, entsteht Leben; wo er ihn nimmt, endet das Leben (vgl. Hiob 12,9f; 34,14f).

31–35 Ein Gebet

Die Welt kann voll zufrieden sein, weil Gott durch seine Fürsorge alles so wunderbar geordnet hat. Die Frage bleibt aber, ob Gott mit dieser Welt umgekehrt ebenso zufrieden ist. **31** Es ist die Bitte des Psalmisten, daß das doch der Fall sein möge. **32** Zugleich erkennt er, daß Gott die Macht hat, alles nach seinem Willen zu ordnen und zu gestalten. **33.34** So gelobt er, diesen großen Gott anzubeten, und bittet um Gottes Wohlgefallen. **35** Für Menschen, die sich von Gott abwenden und nicht nach seinen guten Ordnungen leben, ist in dieser Schöpfung kein Platz. So taucht ganz zum Schluß dieses Psalms der Gedanke an die andere Möglichkeit auf, das Leben ohne Gott. Und der Psalmist bittet abschließend darum, daß Gott diese seine Schöpfung von Sünde und Gottlosigkeit befreien möge.

Psalm 105 Gottes Heilstaten in der Geschichte Israels

Dies ist der zweite der vier Psalmen, die die Geschichte Israels besingen (vgl. dazu Ps 78; 106; 136). Er handelt von Jahwes Bund mit Abraham und der Verheißung des Landes Kanaan und erzählt die Ereignisse, die zur Einnahme des Landes durch die Kinder Jakobs führten. Der Ton liegt dabei auf der Barmherzigkeit und Treue Gottes, wie sie sich in seinen *Wundern* (V. 2, vgl. V. 5) zeigten. Zu beachten ist das ständig wiederholte »Er« und »Sein«, das auf den Herrn als den Handelnden hinweist (insgesamt über vierzigmal).

Diese sehr ausführliche Darstellung dessen, was Gott an Israel getan hat, schließt dann mit einem kurzen und ganz allgemeinen Hinweis auf die Einnahme des verheißenen Landes. Der Psalm beschränkt sich also darauf, den Weg der Bundestreue Gottes darzustellen, von Abraham (V. 9) über den Auszug aus Ägypten (V. 26ff) bis zur Gabe des Landes (V. 44). Dieser großartige Bund ist ganz und gar Gottes Gnadengabe. Das will der Psalm zeigen. Der Mensch tritt gar nicht in Erscheinung, weder als Sünder noch als handelnder Bundespartner. Von daher muß man auch den letzten Vers mit seinem Gehorsamsgebot lesen (V. 45). Hier zeigt sich die einzig wahre Basis biblischer Ethik: Man hält Gottes Satzungen nicht aus Angst vor Strafe, sondern aus Dankbarkeit für seine große Güte. Wir lieben ihn, weil er uns zuerst geliebt hat (1Jh 4,19).

1–6 Aufruf zur Anbetung

In 1Chr 16,8ff stehen die Anfangsverse des Psalms im Zusammenhang mit der Überführung der Bundeslade nach Jerusalem unter David. Wahrscheinlich geht die vorliegende Form des Psalms auf seinen regelmäßigen Gebrauch bei den großen jährlichen Tempelfesten zurück. **1.2** Danksagung, Bezeugung von Gottes Taten, Freude, **4** Gemeinschaft mit Gott und **5** Erinnerung sind die besonderen Vorrechte des Volkes Gottes. Diese Dinge werden seinem Volk immer da neu lebendig, wo es seine Aufmerksamkeit Gott selbst zuwendet, den es mit *Namen* kennt (VV. 1.3), wo es über seine *Wunder*taten nachdenkt (VV. 2.5) und wo es auf die *Urteile seines Mundes*, sein richtendes und rettendes Wort (V. 5) achtet.

7–15 Gottes Bund mit den Erzvätern

7 Ist es wirklich unglaublich, daß Gott sich ein einziges Volk erwählt hat? Auf jeden Fall ist es wahr! Obwohl er Herr und Richter der ganzen *Welt* ist, ist er *unser Gott*, **8** und die Geschichte des Volkes Gottes zeigt, daß er gedenkt . . . an seinen Bund. **9** Mit *Abraham* fing er an (1Mo 15,8; 17,1–14). Mit *Isaak* wurde der Schwur erneuert (1Mo 26,2–5) **10** und schließlich mit *Jakob* fortgeführt (1Mo 28,13–15). **11.12** Diese Verheißung: *»Dir will ich das Land Kanaan geben«*, ausgesprochen in einer Zeit, als nur eine kleine Sippe bestand, mußte sinnlos scheinen, widersprach sie doch jeglicher natürlichen Erwartung, **13** und auch die Erfahrungen der Erzväter standen ihr entgegen. **14** Aber der Herr bewies, daß er zu der einmal getroffenen Erwählung stand, indem er immer wieder schützend und helfend eingriff (vgl. 1Mo 12,17; 20,6ff; 31,24.42; 48,15f). **15** So zeigte sich, daß sie seine Gesalbten waren, d.h. solche, denen die besondere Zuwendung Gottes galt (1Mo 26,27–29), und daß sie als seine *Propheten* das Vorrecht des persönlichen Zugangs zu ihm hatten (vgl. 1Mo 18,17.23–33; 20,7).

16–24 Joseph und die Übersiedlung nach Ägypten

Gottes Treue gilt auch für die dunklere Seite seiner Verheißungen (1Mo 15,13). Obwohl er selbst das Volk nach Ägypten hinabbrachte, bereitete er alles so vor, daß für ihr Wohlergehen gesorgt war. **16–19** Persönliche Nöte und Naturkatastrophen können aus der Hand Gottes angenommen werden, weil er auch die negativen Mächte in seinen Dienst stellt, um das zu vollbringen, was er zugesagt hat (V. 19). Zum Umgang mit ihm gehört eben auch, daß man seine Züchtigungen annimmt und sich den Prüfungen stellt, die er einem auferlegt. **20–22** Das Endziel ist freilich Herrlichkeit. Gott, in dessen Hand auch das Herz des Königs ist, brachte Joseph schließlich in einem triumphalen Zug vom Kerker zum Thron. **23.24** Damit waren die nötigen Vorbereitungen für Israels Zug nach Ägypten und sein anfängliches Wohlergehen getroffen.

25–38 Mose und die Befreiung aus Ägypten

Die Wege Gottes lassen sich nicht aus dem momentanen Erleben heraus, sondern nur im Rückblick, wie ihn auch dieser Psalm gibt verstehen. **25** Die Unergründlichkeit der göttlichen Pläne zeigt sich daran, daß es Gott war, der den Ägyptern das *Herz verwandelte* daß sie Israel verfolgten. Obwohl Ägypten nur ein Werkzeug in seiner Hand war, war e doch für sein Tun verantwortlich und wurde daran, wie es Israel unterdrückte, schuldig Denn der Haß der Ägypter war die Folge von Neid und Selbstsucht angesichts des erwählten Volkes (2Mo 1,9–14). **26** In Erwartung solcher Feindschaft hatte Gott seinen Plan schon bereit und seinen Diener schon erwählt. **27ff** Die Reihenfolge der Plagen ist hier eine andere als in 2Mo. In diesem großartigen Psalm, der die Taten Gottes plastisch machen will, geht es nicht in erster Linie um die chronologische Reihenfolge. **28** S wird zuerst die Plage genannt, angesichts de die Ägypter gezwungen waren, den Forderungen Jahwes zuzustimmen (2Mo 10,24). Di fünfte und sechste Plage bleiben unerwähn Die übrigen sechs Plagen werden um drei Ge danken herum angeordnet: **29.30** Die Ehr

Ägyptens wird zuschanden, indem der Nil verunreinigt wird und die königlichen Paläste beschmutzt werden; **31–35** Ägyptens Stolz, Kornkammer der Welt zu sein (vgl. 1Mo 41,57), wird gedemütigt, indem die Ernte zerstört wird; **36** Ägyptens Zukunftshoffnung wird durch den Tod der Erstgeburten verdunkelt. **37f** Von alledem war Israel ausgenommen (2Mo 9,4; 11,7). Seine Besonderheit zeigte sich auch darin, daß das Volk Ägypten reich beladen verließ, während Ägypten arm dastand, daß sie in voller Kraft auszogen, während Ägypten erschöpft war, und daß sie nun gefürchtet wurden, obwohl sie einst verachtete Sklaven waren.

39–41 Gottes Fürsorge in der Wüste

Vier typische Versorgungswunder werden ausgewählt, um zu illustrieren, daß Israel weiterhin das erwählte und abgesonderte Volk war. **39a** Die schützende Wolke steht im Gegensatz zu der zerstörerischen Bedeckung durch die Heuschrecken (V.34f; vgl. 2Mo 10,15); **39b** das leuchtende Feuer ist das Gegenstück zu der Finsternis, die Ägypten einhüllte (V.28); **40** die Darreichung von Nahrung steht im Gegensatz zur Zerstörung der Nahrungsgrundlage in Ägypten (V.33–35), und **41** die Bereitstellung von Wasser ist das Gegenstück zum Verderben des Nilwassers (V.29). So wird Ägypten geradezu zum Typus der Torheit, die sich nur auf das Diesseitige verläßt. Israel dagegen wird wunderbar erhalten durch die Gnade Gottes.

42–45 Der Grund für diese Wundertaten

42f Hinter Gottes Handeln mit Israel steht seine Treue zu seinen Verheißungen. Der Sippengedanke, der in dem Gottesbund mit Abraham implizit enthalten ist (1Mo 17,7.12), besagt, daß die Nachkommen des erwählten Abraham, die Israeliten, ebenfalls *seine Auserwählten* sind; und was das bedeutet, zu den Erwählten Gottes zu gehören, das verdeutlicht der Psalm im Licht einer jahrhundertelangen Geschichte göttlicher Bewahrung und Versorgung. **44** Aber das wichtigste Zeichen göttlicher Treue ist, obwohl hier nur kurz und scheinbar am Rande erwähnt, die Inbesitznahme des verheißenen Landes, als das Siegel auf allen Verheißungen Gottes. **45** Doch wie auf der einen Seite Gottes Handeln mit Israel zurückverfolgt wird bis hin zu der grundlosen Erwählung Abrahams, so weist es auf der andern Seite nach vorne und findet sein Ziel im antwortenden Gehorsam des Volkes, das er sich geschaffen hat. Die Segenszuwendungen der Vergangenheit sind eine unausweichliche Verpflichtung.

Psalm 106 Ein Lied von Sünde und Vergebung

Die gleiche Geschichte, die in Ps 105 mit dem Ziel betrachtet wurde, die Treue Gottes aufzuzeigen, wird hier erneut dargestellt, diesmal aber, um die Unwürdigkeit des erwählten Volkes zu zeigen. Zeigte der vorausgehende Psalm die Treue Gottes in der Erfüllung seiner Verheißungen, so wird hier seine Verläßlichkeit in seinem Strafen erkannt. Es dürfte wohl nur sehr wenige Nationalhymnen geben, die die Sünden eines Volkes besingen. Daß Lieder wie Ps 78 und 106 gedichtet und bewahrt wurden, läßt sich nur angesichts einer ununterdrückbaren Hoffnung und eines unerschütterlichen Glaubens gegenüber dem Bundesgott erklären. V.47 muß nicht unbedingt, obwohl das fast allgemein angenommen wird, auf die Exilszeit als Entstehungszeit des Psalms hinweisen. Seit der Einwanderung in das Land Kanaan gab es wohl kaum eine Zeit, in der nicht Israeliten in fremdländischer Gefangenschaft und Sklaverei gewesen wären, und in der das Volk sich nicht bewußt gewesen wäre, von Heiden umgeben zu sein. Die Psalmen 105 und 106 sind ein Hinweis auf den fortdauernden Bundesglauben und auf die Tatsache, daß dieser Glaube im Gottesdienst liturgischen Ausdruck fand.

1–6 Einleitung

Der Hauptteil des Psalms (V.7–46) enthält vier große Abschnitte. Sie haben alle einen historischen Bezug, sind aber in sich nicht streng chronologisch geordnet. Es geht dem Psalmisten vor allem darum, den Prozeß geistlicher Degeneration in einer privilegierten Gemeinschaft zu zeigen. Die Themen werden in folgender Reihenfolge angesprochen: Auszug aus Ägypten (V.7–12); Geschehnisse der Wüstenzeit (V.13–23); Versagen beim zweimaligen Anmarsch auf Kanaan (V.24–31); und Zersetzung durch die Sünde nach der Landnahme (V.32–46). Dieser Teil schließt auch einen Hinweis auf frühere Verstockungen (V.32f) und eine Andeutung späteren Versagens mit ein (V.43). Die einleitenden Verse mit dem Aufruf zu Lob und Dank, aus denen deutlich wird, was dem Psalmisten am Herzen liegt: die Freude im Herrn, das Erzählen seiner großen Taten, das Tun seines Willens und die Bitte um seinen Segen, stehen in auffallendem Gegensatz zu dem Schuldbekenntnis in V.6. Sie sind nur verständlich auf dem Hintergrund der Tatsache, daß Gottes Treue größer ist als menschliche Schuld. Der Psalmist blickt hier schon auf die Vergebung Gottes nach dem Bekenntnis voraus.

7–12 Der Auszug aus Ägypten

Kaum hatte sich Gottes rettende Gnade im Auszug aus Ägypten gezeigt, stellte sich schon der Widerwille ein, als die Feinde am Roten Meer die Flüchtenden einholten (vgl. 2Mo 14,11f). Gott aber ließ nicht von seiner rettenden Gnade ab. Er errettete sie aufs neue und lehrte sie, ihm zu vertrauen und ihn zu lobpreisen.

13–23 In der Wüste

13 Wie unbeständig war doch das Volk im Gegensatz zu der unveränderlichen Gnade Gottes. An drei Beispielen wird gezeigt, wie es ihnen immer um ihre eigene Befriedigung ging: einmal im Bereich persönlicher Gier (V. 14f), im leiblichen (V. 14f), im politischen (VV. 16–18) und im religiösen Bereich (V. 19–25). **14f** Das unwiderstehliche Verlangen nach Fleisch in Kibroth-Hattaawah (»Lustgräber«, 4Mo 11,34) während der Wüstenzeit war eine gefährliche Krise (4Mo 11,4–34). **16–18** Der Aufruhr gegen Mose und Aaron entsprang einem Anspruch auf Gleichberechtigung für jedermann in der Gemeinde (4Mo 16). **19f** Daß man sich ein goldenes Kalb als Gott machte, war eine besondere Beleidigung Gottes, denn es geschah am Horeb, Gottes heiligem Berg (5Mo 9,8). Und diesem Götzenbild schrieb Israel dann all die wunderbaren Errettungstaten zu, die zu seiner Erlösung führten (2Mo 32,4; vgl. 1Kön 12,28). **23** Betreffs der Fürbitte Moses s. 2Mo 32,11–14.31f; 5Mo 9,18f.

24–31 Fortgesetzter Aufruhr

Der dritte Abschnitt des Psalms berichtet die beiden Vergehen, die in Sichtweite des verheißenen Landes geschahen. **24** Bei der ersten Gelegenheit, in Kadesch-Barnea, *achteten sie das köstliche Land gering und glaubten seinem Worte nicht* (vgl. 4Mo 13,32; 5Mo 1,32). **28** Einige Jahre später, als sich das Volk im Jordantal bei Schittim lagerte (4Mo 25,1ff; Jos 2,1), *hängten sie sich an den Baal-Peor,* was zügellosen Götzendienst mit sich brachte.

32–46 Das Verderben im verheißenen Land

Diese Verse berichten, wie das Volk sich *mit den Heiden* einließ und *ihre Werke* lernte (V. 35). **36–39** Damit wurde Jahwes Bund übertreten und man stolperte unversehens in schreckliche heidnische Praktiken hinein (vgl. 3Mo 20,2–5; 1Kön 11,7; 2Kön 16,3; Hes 16,20ff). **40** Die Folge war: Es *entbrannte der Zorn des Herrn* und **41f** das Volk wurde von Feinden unterdrückt und gedemütigt. Die Verse **43–46** fassen noch einmal die sich ständig wiederholende Abfolge – Ungehorsam des Volkes, darauf Strafe Gottes, darauf rettendes Erbarmen Gottes – zusammen und deuten an, daß diese Abfolge sich auch nach der Frühzeit Israels weiter fortgesetzt hat. Die ganze Aufzählung klingt aus in einer abschließenden Beschreibung von Gottes Güte und Barmherzigkeit.

47 Abschließendes Gebet

Das Gebet wendet sich an »Jahwe, unsern Gott«, beruft sich also auf das Bundesverhältnis. Der Blick auf den Gott, der seinem Bund unwandelbar treu bleibt (V. 44–46), läßt die Gemeinde darauf vertrauen, daß Gott ihr auf ihr Schuldbekenntnis hin seine Vergebung und Hilfe nicht versagen wird.

48 Doxologie

S. Komm. zu Ps 41,14; vgl. auch Komm. zu 1Chr 16,36b.

FÜNFTES BUCH. PSALM 107–150

Psalm 107 Danklied der Erlösten

In diesem Psalm liegt uns die Liturgie eines Dankfestes im Tempel vor. In einem Wechselgesang zwischen Priester und Gemeinde, wie er noch deutlicher in Ps 118,2–4 und Ps 136 sichtbar wird, ruft der Priester immer wieder einzelne Gruppen zum Dankopfer auf (V. 22) und fordert sie auf, im Volk und in der Versammlung der Ältesten die Wunder Gottes zu erzählen (V. 32).

Manche Ausleger nehmen an, daß der Psalm in nachexilischer Zeit entstanden sein müsse, weil V. 2f auf die Sammlung der Gemeinde aus dem Exil hindeuteten und weil der hymnische Teil V. 33–43 Parallelen zu Jes 40–66 enthalte. Aber die Sammlung der Gemeinde aus den vier Himmelsrichtungen kann sich auch auf das Zusammenströmen zum Heiligtum beziehen (vgl. Weiser zur Stelle); und Jes 40–66 greift oft auf alte Überlieferungen zurück, so daß sich die Parallelen umgekehrt erklären lassen. Mindestens das eigentliche Danklied (V. 1–32) dürfte aus alter Zeit stammen. Denkbar ist, daß es eine Überarbeitung in nachexilischer Zeit erfahren hat, als man die alten Auszugstraditionen auf die Rückkehr aus dem Exil interpretierte.

Vieles erscheint in einem neuen Licht, wenn man den Psalm als Zusammenstellung typischer Erlösungserfahrungen (Wegweisung V. 4–9, Befreiung V. 10–16, Heilung V. 17–22, Bewahrung V. 23–32) versteht. Der Psalmist hat Überlieferungselemente aus der Geschichte Israels und Alltagserfahrungen bestimmter Personengruppen (Wüstenwanderer V. 4, Gefangene V. 10, Kranke V. 18, Seefahrer V. 23) aufgegriffen, von allem Nebensächlichen befreit und zu typischen Situationen der Erlösung aus Not und Gefahr verdichtet, so daß jeder Gottesdienstteilnehmer an der einen oder anderen Stelle in den Dank einstimmen konnte. Der Psalm wurde vermutlich an großen Festtagen, an denen die Festpilger aus allen Himmelsrichtungen nach Jerusalem strömten (V. 3), vorgetragen.

1–3 Die Güte des Erlösers

Das *Danket dem Herrn* erwächst aus der Erkenntnis, daß er freundlich ist. Diese Freundlichkeit zeigt sich in seiner Güte. Diese wiederum läßt sich an seinen Erlösungstaten erkennen, besonders an seinem Beistand in der Not (V. 2) und daran, daß er die Gemeinde aus allen Himmelsrichtungen sicher zusammengeführt hat (V. 3). 1 Es wäre besser, statt von *Güte* von »Verbundenheit« zu reden, denn das hebr. *chešed* beinhaltet sowohl den Gedanken unbedingter Treue als auch die Vorstellung warmer, persönlicher Zuneigung. Beides bildet die Grundlage für das Bundesverhältnis zwischen Gott und seinem Volk (vgl. 2Mo 2,24; 5Mo 7,7f; Jes 49,14–16). 2 Sowohl hinter dem Hauptwort »Erlösung« als auch hinter dem Tätigkeitswort »erlösen« steht das hebr. *ga'al.* Der »Erlöser« *(go'el)* ist der nächste Verwandte, dem es zusteht, zugunsten seines Sippenangehörigen einzutreten und seine Verpflichtungen stellvertretend zu übernehmen (vgl. 3Mo 25,25; Rut 3,9–13; 4,3–10 u. Komm. Das Eintreten des *go'el* geschah freiwillig und bestand meist in der Zahlung eines Preises oder Lösegeldes.

4–32 Vier typische Erfahrungen von Gottes Erlösung

Vier typische Bedrängnisse des Lebens werden hier beschrieben, aus denen Gott die Seinen immer wieder befreit hat. Der viermal wiederholte Kehrvers (VV. 8f. 15f. 21f. 31f) schließt den jeweiligen Abschnitt ab und fordert die Gemeinde zum Danken auf.

4–9 Heimkehr aus der Wüste. Reisen in alttestamentlicher Zeit, als es noch keine modernen Verkehrsmittel, keine ausgebauten Straßen, keine Karten und keinen Kompaß gab, war anstrengend und gefährlich, besonders im vorderen Orient mit seinen vielen Wüstengebieten. Wie leicht konnte man im Sandsturm den Weg verlieren, wie aussichtslos stand man da, wenn Wasser und Nahrung zur Neige gingen! Wenn die Umherirrenden dann in ihrer Orientierungslosigkeit und Erschöpfung zu Gott riefen und er sie auf den Weg zur nächsten menschlichen Siedlung führte, dann war das ein persönlich erfahrenes Wunder Gottes (V. 8).

Führung Gottes war für den Israeliten noch physische, anschauliche Erfahrung. Von daher wird die Gewißheit, daß Gott auch in den dunklen Situationen des Lebens den rechten Weg weiß und führt (Ps 23,3f), und die Bitte um seine Führung (Ps 143,10f) konkret und lebendig. Vermutlich hat der Psalmist auch an die Führungen gedacht, die das Volk Israel in seiner Geschichte erlebt hat (vgl. Ps 78,52f). Im Gedanken daran konnte die ganze Gemeinde in den Dank einstimmen.

10–16 Befreiung aus Gebundenheit. Gott befreit auch aus dem Gefängnis. In alttestamentlicher Zeit gab es zwar gelegentlich auch Gefängnisse (Ri 16,21.25 wörtl. »Haus der Gefangenen«); meist aber wurden Gefangene einfach in die tiefen Zisternen, wenn sie leer waren, hinuntergelassen, wo sie auf dem schlammigen Boden lagen oder saßen (1Mo 37,24; Jer 38,6; Sach 9,11). Bei den Gefangenen denkt der Psalmist nicht nur an unschuldig Inhaftierte, sondern durchaus auch an solche, die *den Geboten Gottes ungehorsam* gewesen sind (V. 11). Die Güte Gottes diesen Schuldiggewordenen gegenüber zeigt sich in doppelter Weise: einmal dadurch, daß die Strafe in seiner Hand zum Erziehungsmittel wird und er *ihr Herz beugt* (V. 12), so daß sie sich im Gebet an ihn wenden (V. 13), zum andern dadurch, daß er ihr Schicksal wendet und ihnen mit der Freiheit das Leben neu schenkt (VV. 14. 16). Diese Erfahrung hat Israel bei der Befreiung aus Ägypten und immer wieder im Lauf seiner Geschichte gemacht: Gott zerreißt Fesseln, zerbricht Ketten und Riegel und führt die, die in Finsternis und Dunkel sitzen, ans Licht (vgl. Lk 1,79).

17–22 Heilung von Krankheit. Zunächst sind hier sicher körperliche Krankheiten gemeint: die Nahrungsaufnahme hört auf, und der Kranke gerät »an die Pforten des Todes« (V. 18 wörtl. EÜ, LÜ: *todkrank wurden*). Doch hinter der Krankheit sieht der Psalmist die Sünde als tiefere Ursache (V. 17). *Geplagt* hat im Hebr. eine reflexive Form, die den Sinn haben könnte: »zogen sich selbst Plagen zu«. Die Menschen, von denen hier die Rede ist, siechten dahin unter der Last unvergebener Sünde und ihrer Folgen. Es fällt auf, daß hier das Wort Gottes die Heilung bringt (V. 20). So wie der Ungehorsam gegen das Wort Sünde und Leiden ins Leben brachte, so ist Gottes Wort Bote (vgl. Ps 147,15) und Instrument zur Heilung.

23–32 Bewahrung im Sturm. Aus pfeifendem Sturm und tosenden Wellen haben die, *die auf dem Meere fuhren,* zu Gott um Hilfe geschrien, und er stillte das Unwetter und erlöste sie (V. 28f). Gott selbst hat den Sturm herbeigerufen (V. 25). Warum? Vielleicht deshalb, damit der Mensch an seiner eigenen Macht und Fähigkeit verzweifelt und wieder lernt, zu Gott zu schreien. Das Gebet der Geängsteten wird von ihm erhört, und sie wurden *froh* (V. 30). Ihre Freude soll sich jetzt in Dank und Lobpreis vor der Gemeinde äußern (VV. 31f).

33–43 Die großen Taten Gottes

Die beiden verbleibenden Strophen des Psalms dienen dazu, aus all den Beispielen einen Grundsatz abzuleiten: nämlich daß die Treue und Liebe des Herrn seinen Erlösten gilt. Zwei Menschentypen begegnen hier: einmal die bösen Einwohner des Landes (V. 34) und die unterdrückerischen Fürsten (V. 39f); zum andern die *Armen* (V. 41), die unerklärlicherweise gesegnet werden, weil Gott sie versorgt und ihnen Gedeihen schenkt. Was bedeutet das anderes, als daß Gottes Liebe reine, grundlose Liebe ist. Die Strafe für die Tyrannen ist verdient, aber was die Armen angeht, so gibt es keinen andern Grund für die Güte Gottes, als daß Gott eben sie in seiner Liebe erwählt hat (vgl. 5Mo 7,7f; 1Sam 2,8; Lk 1,52f). Diese Verse scheinen einen Rückblick auf die Geschichte Israels zu bieten, in der Gott wiederholt Ströme ausgetrocknet (vgl. 2Mo 14,21f; Jos 3,14ff) und Wasser in der Wüste gegeben hat (2Mo 17,6f). Doch geht es dem Psalmisten nicht um die Erinnerung an konkrete Ereignisse, dazu ist die Darstellung viel zu allgemein gehalten. Deutliche Parallelen zu diesen Versen finden sich in Jes 50,2; 41,18; 43,19. Hier wie dort geht es wohl vor allem darum, daß der Gott, der in der Vergangenheit so große Wunder getan hat, auch weiterhin die Macht hat zu retten und zu erlösen. Sein Volk darf ihm auch weiterhin vertrauen.

Psalm 108 Ein Siegeslied

Dem Psalm liegen zwei ältere Fragmente zugrunde: Ps 57,8–12 und 60,7–14. Allem Anschein nach wurden sie für den liturgischen Gebrauch im Tempel so zusammengefügt. Warum gerade diese beiden Stücke gewählt wurden, läßt sich nicht mehr klären. Jedenfalls bieten sie jetzt ein gutes Beispiel dafür, was biblischer Glaube ist. Die menschliche Treue (V. 2) gründet immer in Gottes Treue (V. 5 – beachte das begründende »denn«). Die Treue Gottes findet ihren Ausdruck in den großen Verheißungen (V. 8–10), die für die Zukunft Siegesgewißheit verleihen (V. 11–14). Zur Auslegung im einzelnen s. Ps 57 und Ps 60.

Psalm 109 Gerechter Zorn

Das ist wohl der deutlichste Rachepsalm, den wir haben (vgl. Einleitung). Folgende drei Hauptteile zeichnen sich ab: der Schrei nach göttlicher Hilfe, denn der Psalmist fühlt sich fälschlich und zu Unrecht angegriffen (V. 1–5); dann ein umfassender Fluch gegen einen Feind (V. 6–20); und schließlich ein Gebet um göttliche Hilfe und um Gericht über die Feinde (V. 21–31). So erbitterte Verfluchungen wie in V. 6–20 kann man sich eigentlich nur schwer aus dem Munde eines Mannes vorstellen, der sein Vertrauen auf Gott setzte (V. 21–31) und der über allem Gottes Segen sucht (VV. 26.28). Wie läßt sich diese Schwierigkeit auflösen? Angesichts des deutlichen Unterschieds zwischen den Versen 6–19, die von dem Feind nur in der Einzahl reden (er, sein, ihm), und dem Rest des Psalms, in dem von den Feinden nur in der Mehrzahl die Rede ist (sie, ihr, ihnen), nehmen manche Ausleger (so Weiser ATD zur Stelle) an, daß der Abschnitt mit den Fluchworten (V. 6–19) ein Zitat ist, in dem der Beter, der unter der Anklage steht, einen Armen mit Fluch verfolgt zu haben und an seinem Tode schuld zu sein (V. 16f), die von seinen Gegnern gegen ihn selbst ausgesprochenen Anklagen und Verwünschungen zitiert. Man erwies ihm Böses für Gutes (V. 5). Dazu liegen keine Anzeichen dafür vor, daß er seine rechtschaffene Haltung plötzlich geändert hätte.

Dieser Auffassung, durch die der Psalm viel von seiner unversöhnlichen Härte verlieren würde, stellen sich freilich drei Einwände entgegen.

Einmal findet sich zwischen V. 5 und V. 6 nicht die Spur einer Andeutung dafür, daß der Beter im folgenden nicht mehr selbst spricht, sondern die Worte seiner Gegner zitieren will. Zweitens ist in einem so leidenschaftlichen Gebet ein Zitat, das seinerseits von Anfang bis Ende erbitterten Zorn atmet, in dieser Länge kaum vorstellbar. Und schließlich sind Fluch und Rache in den Psalmen nichts Ungewöhnliches (vgl. Ps 58,7ff, besonders V. 11; 69,23ff; 83,10ff). Es gibt einen gerechten Zorn auf das Böse, der nur den Zorn des richtenden Gottes reflektiert (vgl. 5Mo 28,15ff; Jer 46,10; Hes 9). Was Ps 109,6–20 aus dem Rahmen fallen läßt, sind die Einzelzüge, nicht der Vergeltungswille an sich.

1–5 Ein Gebet um Hilfe

Von Anfang bis zum Ende ist der Psalm als Gebet gefaßt. Es ist nicht die Absicht des Psalmisten, selbst zur Rache zu schreiten, sondern er legt alles in die Hand dessen, dem allein die Rache zusteht (vgl. 3Mo 19,18; 5Mo 32,35; Röm 12,19). Bevor man sich den Flüchen zuwendet, sollte man die Provokationen ansehen. Verleumdung, Lüge (LÜ: falsche Zunge), Anfeindung, Haß (V. 1–3) wurden dem Psalmisten zuteil – und das nicht nur ohne Ursache, sondern als Antwort auf seine Liebe und Güte (V. 4f). **1** Gott, mein Ruhm (oder: Gott, mein Lobgesang): die Anrede zeigt, daß das Gotteslob für den Beter etwas Normales ist. Es spricht für seine geistliche Haltung, daß selbst in seiner Notsituation das Lob Gottes über der Klage steht. **3** *Streiten:* wörtl. führen Krieg gegen mich, belagern mich. **4** *Feinden ... mich an:* die hebr. Wurzel ist *śatan* (= anklagen), wovon unser Wort »Satan« kommt. *Ich aber bete:* wörtl. »Ich (bin) Gebet«.

6–20 Ein Gebet um Gerechtigkeit

In **6–15** konzentriert sich alles auf das Unheil, das den Gegner des Psalmisten ereilen soll. Es bleibt sich gleich, ob man dabei an einen Anführer und Aufhetzer der Feinde, oder ob man die Bezeichnung »er« verallgemeinernd versteht, so daß letztlich »jeder« der Feinde gemeint ist. Der schreckliche Inhalt dieses Gebets läßt sich durch nichts abmindern. Da es aber auf dem Grundsatz gerechter Vergeltung beruht, der sich immer wieder im Alten Testament findet, und da es sich dazu an den Gott wendet, von dem dieser Grundsatz stammt, handelt es sich letztlich um nichts anderes, als daß hier im einzelnen ausbuchstabiert wird, was wir verdrängen oder unter gemäßigteren Formulierungen verbergen. Das Gebet zielt direkt auf den Mann (V. 6f), bindet seine Zukunft an die Sünde seiner Gegenwart (V. 8–13) und stellt ihn unter die Belastungen seiner Vergangenheit (V. 14f).

6.7 Drei Gegner sollen ihn umgeben: neben ihm ein *Verkläger* (hebr. *śatan*), der so boshaft ist wie er; vor ihm ein Richter, der ihn *schuldig* sprechen wird; und über ihm Gott, der erkennt, daß sein *Gebet* nichts anderes ist als in Worte gehüllte *Sünde* – denn für den Unbarmherzigen gibt es kein Erbarmen (Mt 18,35; Jak 2,13). **9** Vgl. den in 2Mo 20,5 dargestellten Grundsatz, der in Jos 7,24f und Am 7,17 seine Anwendung findet. Dem steht Hes 18,1f nicht entgegen, wo es darum geht, daß ein belastendes Erbe den bußfertigen, Gott suchenden Menschen nicht wie ein Verhängnis hindern kann. **14** Die *Schuld* der Väter ist keine Entschuldigung für sein Verhalten, wohl aber verschärft sie die eigene Schuld (vgl. Ps 51,5.7). Es handelt sich hier um das persönliche Gegenstück zu dem, was in Lk 11,50f im Blick auf das Volk gesagt wird.

16–19 zeigen auf, mit welcher Begründung so ein schreckliches Urteil über den Betreffenden ausgesprochen werden kann. Der völlige Mangel jeden guten Willens zeigte sich zunächst darin, daß er keinerlei Barmherzigkeit mit den Bedürftigen kannte (V. 16a), dann darin, daß er sie mit aktiver Feindseligkeit verfolgte (V. 16b); er folgte seiner Neigung zum Bösen (V. 17) und machte es schließlich zu seinem Lebensinhalt (V. 18).

16 Die Elenden und Armen sind die Hilflosen, denen alle natürlichen und gesellschaftlichen Mittel zu ihrer Verteidigung abgehen, die deshalb auch leicht zu Boden getreten werden – ein Sinn, der dem ersten Wort im Hebr. innewohnt. So werden sie leicht ein Opfer mächtigerer Interessen. **17** Sünde hat immer einen »Bumerangeffekt«. Das greift das Gebet auf (vgl. Ps 37,14f): das Böse, das er anderen antut, soll auf ihn selbst zurückfallen. **18** Da er es zu seinem Lebensinhalt gemacht hat (Kleidung steht hier symbolisch für Charakter und Fähigkeit, vgl. Jes 11,5; 59,17; 61,10), möge es in ihn eindringen wie Wasser, das er trinkt, und ihn einhüllen wie ein Gewand, so daß er innerlich und äußerlich zum Fluch wird.

21–31 Ein Gebet um Rettung

Der vorausgehende Fluch beschreibt, was den Bösen von Gott widerfahren müßte, wenn sie das ernteten, was sie gesät haben. Für sich selbst betet der Psalmist auf anderer Basis. **21** *Sei du mit mir um deines Namens willen* (nicht weil oder wie ich es verdient habe); *denn deine Gnade ist mein Trost: errette mich.* Er beruft sich also auf Gottes Gnade und auf sein Wesen der Treue und Barmherzigkeit. **22–25** In seiner Hilflosigkeit bleibt ihm ja gar nichts anderes übrig. **26** eröffnet das abschließende Gebet um göttlichen Beistand. Es zeichnet sich durch völliges Vertrauen aus (ähnlich wie Ps 22,22ff; 35,24ff; 69,30ff), denn dieser sein Herr erweist – im Unterschied zu dem Gegner – beständig seine *Gnade.* **27** Er bittet um ein unmißverständliches Eingreifen Gottes; es geht ihm also nicht nur um die Rettung an sich, sondern auch darum, daß die Gegner sehen, auf wessen Seite Gott steht und daß der Herr zwischen den Gerechten und den Gottlosen einen Unterschied macht. **28** *Mögen sie fluchen, du wirst segnen:* Hier findet die Gewißheit der Erhörung ihren stärksten Ausdruck. Gott wird segnen, und damit verliert der Haß der Gegner seine Bedeutung. Angst und Verzweiflung, Zorn und Empörung treten spürbar zurück. **29** Aber die Gegner sollen sichtbar beschämt werden; ihre Schande soll so offen zutage treten, wie ihre äußere Kleidung. **30f** Schließlich sieht der Beter schon den Tag kommen, an dem er Gott öffentlich loben wird, denn nun ist er (anders als in V. 1f) gewiß, daß der Herr ihm zur Rechten steht. Gott hat sich seiner Sache als Verteidiger angenommen und wird ihn von allen Feinden erretten.

Psalm 110 König und Priester auf ewig

Die davidische Autorschaft, die göttliche Eingebung und die messianische Deutung dieses Psalms werden im NT unmißverständlich vorausgesetzt (z.B. Mt 22,43–45; Mk 12,36; Lk 20,42) und der Psalm auf Christus hin ausgelegt (s. Apg 2,34f; 1Kor 15,25; Hebr 1,13; 5,6; 7,17.21; 10,12.13). Das »Sitzen zur Rechten Gottes« wird im Blick auf die Erhöhung Christi an verschiedenen Stellen aufgegriffen (z.B. Mt 26,64; Hebr 1,3; 8,1; 12,2; 1Petr 3,22). Damit ist natürlich nicht gesagt, daß der Psalm in seinem ursprünglichen Milieu keine Bedeutung gehabt hätte. Wie alle Königspsalmen findet er zwar seine eigentliche Erfüllung in Christus, aber wie ein Prüfstein stand er immer vor dem jeweils herrschenden davidischen König, um ihm das Bild vor Augen zu halten, das er verkörpern sollte. Manche Ausleger meinen, daß der Psalm das Krönungsritual des judäischen Königs am Tage seiner Thronbesteigung enthalte. Sie finden in dem Psalm die verschiedenen Schritte dieses Rituals wiedergegeben: 1. Gottesorakel, 2. Thronbesteigung, 3. Ergreifen des Zepters, 4. Darbringung der Gaben für den König, 5. Anlegen des heiligen Gewandes, 6. Hervortreten des Königs, 7. Wassertrunk. Dieser Rekonstruktionsversuch ist zwar interessant, doch versucht man hier wohl zu viel aus dem Psalm herauszulesen. Wahrscheinlich aber haben die beiden Gottessprüche V. 1 und V. 4 ihren Platz in der Krönungsfeier gehabt.

Der Aufbau des Psalms ist einfach. Die beiden Hauptteile werden jeweils durch einen Gottesspruch eingeführt (VV. 1.4). Inhaltlich laufen die beiden Abschnitte parallel. Das Thema ist das des königlichen Priesters, der dazu berufen ist, sowohl König (V. 1) als auch universaler Priester (V. 4) zu sein, und der aufgrund göttlicher Verordnung sowohl über sein eigenes Volk (V. 2), als auch über seine Feinde (V. 5) herrschen soll. Er erfreut sich des hingebungsvollen Gehorsams seines Volkes (V. 3a) und der weltweiten Ausdehnung seines Regiments (V. 6). Er bezieht seine Kraft aus himmlischen Quellen (V. 3b) und wird zur rechten Zeit erquickt (V. 7).

1–3 Die Autorität des priesterlichen Königs

1 *Der Herr sprach:* Im Hebr. steht hier ein besonders starker Ausdruck, wörtl.: *Orakel Jahwes.* Der feierliche Ton unterstreicht die Wichtigkeit, die der Einführung des Königs in die Stellung höchster Autorität zur Rechten Jahwes zukommt. 2 Vom Zentrum seiner Herrschaft, von Zion aus, soll sich durch Gottes Handeln seine Herrschaft weiter ausbreiten; doch ist sie jetzt noch *mitten unter deinen Feinden.* Damit zeigt sich für die Gegenwart ein Unterschied zu der in V. 5f beschriebenen sich ausbreitenden Herrschaft: Der König ist hier noch mit seinem eigenen Volk zusammen dargestellt, das sich freudig in den königlichen Dienst (V. 3a) nehmen läßt. 3 *In heiligem Schmuck:* (vgl. 1Chr 16,29) weist auf eine priesterliche Gemeinde hin, die sich für den heiligen Dienst geweiht und entsprechend bekleidet hat. Dem König mit den ihn begleitenden Priester (V. 1–3) steht in V. 4–7 der Priester mit den ihn umgebenden Streiterscharen gegenüber. Manche Ausleger (Weiser, ATD; Kraus, BK; dazu EÜ) ziehen allerdings »in heiligem Schmuck« zum folgenden. Der hebr. Text von V. 3b lautet wörtlich: »im Schmuck der Heiligkeit / aus dem Schoß der Morgenröte (kommt) dir der Tau deiner Jugend« (vgl. ZÜ). *Aus dem Schoß der Morgenröte:* Das kann einfach ein bildhafter Ausdruck sein, der besagt, wo der Tau herkommt. Es kann hier aber auch alte mythologische Sprache vorliegen, mit der hier die himmlische Herkunft des Königs angedeutet werden soll. *Deine Jugend:* könnte zweierlei meinen: entweder die »jungen Leute« aus dem Volk, die den König wie ein Tau erfrischen, oder seine eigene »jugendliche Kraft« – wobei dann der »Tau« Sinnbild für die frische Lebenskraft aus Gott ist, die den König dauernd erhält (vgl. Hebr 7,16b). Diese letztere Bedeutung würde gut zu dem Bild vom lebensspendenden »Schoß der Morgenröte« passen und auch dem Bildwert des Taus als Lebensspender entsprechen (Jes 26,19; Hos 14,6). Nach anderen spricht der Vers – gemäß der zuerst genannten Bedeutung – »von der Jungmannschaft des Heeres, die in heiligem kriegerischen Schmuck dem König sofort bereitsteht in frischer, schlagfertiger Jugendkraft und zahlreich wie der Tau am Morgen« (so Weiser, ATD).

4–7 Die Macht des königlichen Priesters

Die Standorte sind nun umgekehrt: Jahwe steht zur *Rechten* seines königlichen Priesters (V. 5) und läßt ihn an seiner Macht Anteil haben. Der von der Stellung her verliehenen Autorität (V. 1) steht hier die Macht zur Tat gegenüber (V. 5), die zur weltweiten Aufrichtung seiner Herrschaft eingesetzt wird (V. 6). Der den königlichen Priester dabei treibende Eifer ist so stark, daß ihm kaum Zeit bleibt, einen kurzen Erfrischungstrunk aus einem gerade vorbeifließenden Bach zu nehmen (V. 7). Dieser irdischen Erfrischungsquelle (V. 7) entspricht der himmlische Tau in V. 3b. 4 *Melchisedek* (1Mo 14,18) besaß ein Priesteramt unter heidnischen Völkern, das selbst Abram anerkannte. Es ist wahrscheinlich, daß in Jerusalem ein Priestertum nach der Art Melchisedeks fortbestand, bis es schließlich mit dem davidischen Königtum vereinigt wurde. Damit stand ein zweiter Typus des Priestertums neben dem aaronitischen; da er das königliche Element mit enthielt, wurde er zum Vorbild des messianischen Priestertums (vgl. Hebr 7). 6 Die Bildworte aus dem militärischen Bereich setzen sich fort. Dem Sinn nach geht es aber darum, daß der königliche Priester unwiderstehlich sein Reich aufrichtet (vgl. Ps 72,8–11). 7 *Das Haupt emporheben* ist Zeichen des Eroberers und seiner Herrschaft.

Psalm 111 Die Werke des Herrn

Die Psalmen 111 und 112 sind ein zusammengehöriges Paar: Jeder hat 10 Verse, und jedes Gedicht enthält 22 Zeilen, die als Akrostichon angeordnet sind, d.h. die Anfangsbuchstaben der einzelnen Zeilen folgen genau der Ordnung des hebr. Alphabets. Die meisten Verse bestehen aus jeweils nur drei hebr. Worten; und in beiden Psalmen bestehen die letzten beiden Verse aus je drei Zeilen, während die vorausgehenden Verse je zwei Zeilen haben. Die beiden Psalmen behandeln ein doppeltes Thema: Ps 111 ist ein Lobpreis Gottes; Ps 112 ist eine Seligpreisung des gottesfürchtigen Mannes.

Die Entstehungszeit von Ps 111 läßt sich nicht sicher bestimmen. Aufgrund der akrostichischen Form und der Aufnahme weisheitlicher Elemente nehmen viele Ausleger eine nachexilische Entstehung an. Andere lassen die Frage offen. Ähnliches gilt für Ps 112.

1 Am Anfang wird als Absicht klar die Danksagung herausgestellt. Der Dank vollzieht sich im (Gesprächs-)Kreis *(Rat)* der Gläubigen und in der versammelten *Gemeinde.* Obwohl das mit *Fromme* (EÜ: Aufrichtige) wiedergegebene hebr. Wort nicht zu der Wortfamilie »Gerechtigkeit« gehört, sondern zur Wortfamilie »Geradheit«, beinhaltet es doch den Gedanken, daß man mit Gott im rechten Verhältnis steht. 2 Im weiteren Verlauf wird klar, daß der Dank in dem gründet, was Gott getan hat, und den Heilserfahrungen, die sein Volk mit ihm gemacht hat. Erwähnt wird, daß diese Werke groß sind, daß sie denen eine Freude sind, die sie erforschen, 3 daß sie Gott verherrlichen 4 und daß er selbst will, daß die Erinnerung daran bewahrt wird. *Ein Gedächtnis gestiftet seiner Wunder:* weist auf ein Fest hin, in dem die Taten Gottes vergegenwärtigt werden (vgl. 2Mo 12,24–27; 3Mo 23,42f). Welches Fest hier gemeint ist, geht aus dem Text nicht hervor. Manche Ausleger nehmen an, daß der Psalm beim Passafest vorgetragen wurde, andere denken an das Laubhüttenfest. Der Inhalt dessen, woran erinnert werden soll, schließt sich an. Wie eine Klammer legt sich eine Beschreibung des Wesens Gottes darum (VV. 4b.9c, vgl. 2Mo 34,6). **5–8** Der Bund wird genannt und, damit verbunden, die Fürsorge Gottes für sein Volk (vgl. 2Mo 16,4.12), die Erlösung (V. 9a), die Gabe des Landes (V. 6b) und des Gesetzes (V. 7). Gott hat seinem Volk Lebensraum und Lebensordnung gegeben. 9 Das Wort *Erlösung* (hebr. *pedut* von *padah* = loskaufen) enthält einen Hinweis auf den Preis, der für eine Befreiung bezahlt werden mußte (vgl. 2Mo 13,13; 4Mo 3,46–48). 10 Gott offenbarte sich in Gnade (V. 4), im Gesetz (V. 7) und in Heiligkeit (V. 9). In umgekehrter Ordnung ist die Reaktion darauf Furcht (V. 10a), Gehorsam (V. 10b) und Lob (V. 10c).

Psalm 112 Lobpreis der Gottesfurcht

Das im letzten Vers von Ps 111 angeschlagene Thema wird weiter entfaltet und führt zu einer Beschreibung des Lebens in der Gottesfurcht. 1 Der Heilsruf (Heil dem Mann ...!) am Anfang beinhaltet die Feststellung, daß Gottesfurcht und Gehorsam Segen bringen. Was dieser Segen enthält, wird nun im einzelnen aufgeführt: **2.3** Zunächst Wohlstand, d.h. einflußreiche und aufrechte Nachkommen, irdischer Reichtum, persönliche Rechtschaffenheit. **4.5** Zweitens Freigebigkeit; dem in Not befindlichen Bruder erscheint er wie ein Licht, denn er ist gnädig, barmherzig und gerecht und ähnelt darin Gott (vgl. Ps 111,4). Er schenkt und leiht aus innerer Anteilnahme und tut das im Rahmen des Gottesrechts (hebr. *mischpat,* LÜ: wie es recht ist, EÜ, ZÜ: »nach dem Recht«), d.h. ohne Zinsforderung (vgl. 3Mo 25,35ff; 5Mo 15,7–11). **6–8** Drittens innere Festigkeit, die sich sowohl in widrigen Verhältnissen (V. 7a) als auch in seinem ganzen Wesen zeigt (V. 7bf). **9.10** Der Psalm schließt mit einem gegensätzlichen Bild, das die Gedanken nur noch einprägsamer macht: Der Fromme ist freigebig, beständig und geehrt; der Gottlose ist mißmutig, schwindet dahin und wird enttäuscht.

EINFÜHRUNG ZU PS 113–118

Bei diesen Psalmen handelt es sich um die sog. Hallel-Psalmen, die im jüdischen Gottesdienst unter anderem am Passa- und am Laubhüttenfest gesprochen bzw. gesungen wurden. Bei der Passafeier bilden die Ps 113 und 114 den »Lobgesang« zu Anfang des Mahls, die Ps 115–118 den nach dem Mahl (vgl. Mt 26,30; Mk 14,26). Gelegentlich werden diese Psalmen auch als »ägyptisches Hallel« bezeichnet, wohl wegen des Auszugsliedes Ps 114, und zur Unterscheidung von dem sog. »großen Hallel« (Ps 120–136).

Psalm 113 Der einzigartige Herr

Ps 113 und 114 ergänzen sich gut. Der erste beschreibt eine Wahrheit, die der zweite dann durch das bedeutendste geschichtliche Ereignis belegt. Man begreift Ps 113 am besten, wenn man davon ausgeht, daß er auf die Frage antworten will: Was ist das Besondere am Gott Israels? Der Psalm gibt eine dreifache Antwort, wobei die dritte als Höhepunkt erscheint.

1–3 Sein Name

1 Alle die dem Herrn dienen und ihn mit Namen kennen, ermutigen einander zum Lob.
2.3 Doch darüber hinaus steht ihm eigentlich an allen Orten und zu jeder Zeit der Lobpreis zu. Der Name des Herrn »sei gelobt« und »sei gepriesen« (so ZÜ, VV. 2.3). »Preisen« heißt: freudig anerkennen, wer Gott ist. Bei »loben« schwingt der Gedanke des Niederkniens zur Anbetung mit.

4–6 Seine Größe

Diese drei Verse sind vom Gedanken der Größe Gottes bestimmt. **4a** Weder die gesammelte Macht der Völker **4b** noch die Weite des ausgespannten Himmels übertreffen ihn. **6** Er muß sogar herniederschauen, um den Himmel zu sehen (JB: »der herniederschaut auf Himmel und Erde«).

7–9 Sein Erbarmen

Gottes Einzigartigkeit besteht aber nicht nur in der Herrlichkeit seines Namens noch in der bloßen Tatsache seiner Überweltlichkeit, sondern vor allem darin, **7** daß er sich herabneigt zu den Geringen und Bedürftigen, um sie zu erlösen, **8** daß er sie erhöht und **9** all ihr Verlangen stillt (vgl. 1Sam 2,1–8; Ps 105, 17–22; Jes 49,19–21).

Psalm 114 Das einzigartige Ereignis

Die in Ps 113 dargestellte Wahrheit wird jetzt durch das überragende Ereignis in der Geschichte Israels illustriert. Im Auszug aus Ägypten erwies Gott sich als der, der souverän über die Völker regiert (V. 1), der sich mit den Geringen identifiziert (V. 2), der uneingeschränkt über die Naturkräfte herrscht (VV. 3–7) und für die Bedürftigen sorgt (V. 8). Im Vergleich mit den vorangehenden und den folgenden Psalmen fällt auf, daß in diesem Psalm der Name Gottes, Jahwe, fehlt. Um so betonter erscheint deshalb das einmalige *vor dem Herrn ('adon)* und *dem Gott Jakobs in V. 7.*

1.2 Erlösung und Annahme

Das Erlösungswerk Jahwes war nicht nur ein Anfang, nicht nur eine Befreiungstat; es war ein umfassendes Erneuerungswerk, bei dem eine totale Transformation stattfand. In poetischer Sprache erklärt der Psalm, **1** daß der Herr den, den er erlöst, **2** auch zu seinem Eigentum macht. Man könnte ebensogut sagen: Er erlöst, weil er liebt. Es geht nicht um eine unpersönliche Fürsorge im Rahmen einer Art Entwicklungshilfe. Er will dieses Volk als sein Eigentum haben. Diesen Wunsch verwirklicht er, indem er in der Mitte dieses Volkes seine Wohnung aufschlägt. Von Israel her gesehen bedeutet Erlösung: Absonderung von der Welt (V. 1), Absonderung für Gott (V. 2). *Juda ... Israel:* das Volk Gottes wird hier mit den Namen der beiden großen Stammesverbände bezeichnet, in die es sich später aufteilte. Dahinter steht die Tatsache, daß das *Heiligtum* des Herrn, der Tempel, auf dem Zionsberg im Gebiet Judas war.

3.4 Schöpfung und Vollendung

Daß der Erlöser Israels der Schöpfer der Welt ist, zeigte sich an den Naturwundern, die den Auszug begleiteten: **3** die Teilung des Meeres (2Mo 14,21ff) und des Jordan (Jos 3,14–16); **4** die Wunder am Sinai (2Mo 19,16–18). Das Jordanwunder verdeutlicht zudem die Tatsache, daß der Herr das Volk, das er aus Ägypten erlöste, auch in das verheißene Land bringt. Was er anfängt, das bringt er auch zum Ziel. Die Garantie dafür, daß er dazu in der Lage ist, liegt in seiner unbegrenzten Schöpfermacht. Keine Macht kann ihm widerstehen, keine Schranke ihn hindern.

5–8 Erbarmen und Fürsorge

VV. 5.6 fragen nach den Gründen für die in VV. 3.4 genannten Wunder: Warum sind die großen Wunder geschehen? **7** Der *Herr,* der die Erde beben läßt, ist der *Gott Jakobs.* Hinter dem Erlösungshandeln des Herrn der Welt steht seine Liebe zu einem geringen Volk. **8** Seine Liebe führt nicht nur zur Erlösung, sie führt auch zu der Fürsorge, durch die das Volk auf dem weiteren Weg bewahrt wird (2Mo 17,1ff; Ps 107,35).

Psalm 115 Nicht uns, Herr

Dieser Psalm ist eine Gebetsliturgie, die mit wechselnden Stimmen im Tempelgottesdienst gesprochen oder gesungen wurde. In den Responsorien (Wechselgesängen) der VV. 9–11 kann man fast die Einzelstimme hören, die den ersten Halbvers vorsingt, und dann die Gemeinde, die mit dem zweiten Halbvers antwortet. VV. 14.15 scheinen sie sich dann gegenseitig zugerufen zu haben. V. 1f und V. 18 werden in jedem Fall von der Gemeinde gesprochen worden sein. Die Aufteilung der übrigen Verse auf die Gemeinde bzw. den Priester ist eine reizvolle Aufgabe, bleibt aber wohl Vermutung.

Daß der Psalm wegen der in V. 11 erwähnten »Gottesfürchtigen«, in denen viele Ausleger die Proselyten des Spätjudentums sehen, nachexilischen Ursprungs sein soll, ist nicht erwiesen; denn Jahwegläubige aus anderen Völkern gab es auch vor dem Exil (2Mo 18,9ff; 2Kön 5,17). Mit den »Gottesfürchtigen« kann aber auch die israelitische Gemeinde selbst gemeint sein. Die Frage nach der Entstehungszeit muß offen bleiben.

1–8 Gott gebührt die Ehre

Nicht uns, Herr, nicht uns: Mit dieser beschwörenden Bitte wird alles Spekulieren auf eigene Ehre ausgeschlossen. Israel gibt allein seinem Gott die Ehre.

1.2 Eifern und liebend. Darum geht es in diesem Psalm, daß vor allem andern das eine gehört wird: »Dein Name werde geheiligt«. Und Israel ist überzeugt, daß das auch Gottes Anliegen ist. Er eifert um seine eigene Ehre (vgl. 2Mo 20,5; 34,14; 5Mo 4,23f; Jes 42,8). Wenn es Gott aber ausschließlich um seine Ehre ginge, wie könnte Israel dann überleben? Deshalb beruft es sich auch auf seine *Gnade und Treue,* die ihm im Bund zugesprochen ist.

3–8 Lebendig und souverän. **3** Wenn Israel auf die höhnische Frage von V. 2 antworten sollte (vgl. Ps 42,4.11), könnte es nur darauf hinweisen, daß Gott im Himmel ist. D.h. aber, daß er vollkommen frei ist, seinen Willen zu tun. Dies ist eine Spitze gegen die Götzen, die doch tot sind (vgl. Jes 44,6–20): und zwar im Blick auf ihr Material (V. 4a), ihre Herkunft (V. 4b), ihre fehlenden Lebensäußerungen (V. 5–7) und ihre Wirkung (V. 8). Es ist für den atl. Gottesglauben charakteristisch, daß er die Götter der Völker immer in diesem Licht sieht. Natürlich hielt keines der angesprochenen Völker seine Götter für tote Materie.

9–18 Gott gebührt das Vertrauen

Wahre Verehrung Gottes wirkt sich vor allem in einem lebendigen Glauben aus.

9–11 Hoffnung ist das erste Element des Vertrauens. Gott kann die, die ihm vertrauen, sowohl unterstützen *(Hilfe)* als auch beschützen *(Schild).* Sich in allen Lagen schlicht auf Gott zu verlassen, soll Kennzeichen jedes einzelnen Glieds des Gottesvolkes sein: **9** einfache Volkszugehörigkeit reicht eben nicht aus. **10** Auch ein bestimmter beruflicher Status genügt nicht, **11** ebensowenig die Berufung auf Religion oder fromme Überzeugung. Jeder muß sich persönlich auf Gott verlassen.

12.13 Gewißheit ist das zweite Kennzeichen derer, die zum Volk Gottes gehören. Es ist die Gewißheit, daß er des einzelnen gedenkt und daß er ihm äußeren und inneren Frieden schenken will: *Der Herr denkt an uns und segnet uns.* Dabei wird niemand übersehen. Nicht nur werden die drei Klassen der Verse 9–11 wieder genannt, sondern ausdrücklich werden noch die Kleinen und die Großen hinzugefügt.

14.15 Gebet ist der natürliche Begleiter echten Vertrauens: die Gewißheit des Segens macht die Bitte um den Segen nicht überflüssig. Denn Vertrauen ist die Haltung, die ausschließlich Gott um Hilfe aufsucht und bei ihm mit voller Erfüllung für die Bedürfnisse der Gegenwart *(euch)* und der Zukunft *(Kinder)* rechnet. Das sich im Gebet äußernde Vertrauen stützt sich auf Gottes Allmacht, die er in der Schöpfung offenbart hat.

16–18 Hingabe ist der Schlußstein des Vertrauensgebäudes. Es ist die vertrauensvolle Selbstauslieferung in Gottes Hand. In den drei Versen läßt sich ein fortschreitender Gedankengang beobachten. **16** Gott, dem alles gehört, hat die Erde dem Menschen als Aufgabengebiet zugewiesen. **17** Die Zeit ist nicht unbegrenzt. Der Tod, der das menschliche Lob verstummen läßt, kommt nur allzu schnell. **18** Deshalb sollten Freude und Anbetung *von nun an bis in Ewigkeit* das Volk des Herrn kennzeichnen. Das hier am Schluß stehende *Halleluja,* das »Preiset-den-Herrn«, sollte somit die erste Frucht des sich Gott hingebenden Geistes sein. **17** Oft meint man, hier das grundlegende atl. Todesverständnis zu finden: der Tod als das absolute Ende auch für das Verhältnis zwischen Gott und Mensch. Damit kommt man jedoch in Konflikt mit Aussagen anderer Psalmen wie 16,9–11; 17,15; 49,16 und 73,23ff. Ps 6,6 und 88,5f müssen hier unberücksichtigt bleiben, weil es sich da speziell um die erschreckende Möglichkeit eines Sterbens unter Gottes Zorn handelt. Im vorliegenden Vers geht es schlicht um die Erfahrung, daß der Tod einem Menschen die Lippen schließt (»Grabesstille«). Im Tod wird die letzte irdische Gelegenheit zum Lobpreis Gottes für immer vergangen sein. Nur davon spricht V. 17.

Psalm 116 Ein Muster der Hingabe

Es handelt sich hier um das Danklied eines einzelnen. Inmitten einer Gruppe von Psalmen, die von der gottesdienstlichen Gemeinde gesungen wurden, bricht die Stimme eines einzelnen Beters auf. In Gegenwart der versammelten Gemeinde bezeugt er, wie er persönlich Gottes Rettung erfahren hat, und rüstet sein Dankopfer zu (V. 17).

1–9 Ich liebe

In jedem der drei Teile des Psalms fließen dankbare Erinnerung und persönliche Hingabe zusammen. Im ersten Teil wird daran erinnert, wie Gott in großer Not Gebet erhört hat. Deshalb liebt der Beter den Herrn (V. 1); deshalb will er nun immer zu ihm beten (V. 2) und für Gott leben (V. 9).

1.2 Hörte ... neigte. Das zweite dieser Worte macht deutlich, daß Gebet etwas ist, dem sich der Herr ganz bewußt zuwendet. **3** Ohne daß die Not konkret beschrieben wird, erkennt man doch den Ernst der Situation: es droht der Tod. Das *Totenreich,* die Scheol, ist die Bleibe der Toten. **4** Der *Name* steht für alles, was Gott von seinem Wesen geoffenbart hat. In seinem Namen hat Gott sich zugänglich gemacht. Darauf beruft sich der Beter in seinem Gebet.

5 *Gnädig ... barmherzig.* Vgl. 2Mo 34,6f. Es hat sich gezeigt, daß der Herr seinen Namen zu Recht trägt. **6** Die *Unmündigen* sind die im Leben noch Unerfahrenen; der Gedanke ist der, daß der Herr hier einen Menschen erhalten hat, der sich selbst nicht helfen konnte. **9** *Ich werde wandeln* kann auch im Sinne eines festen Vorsatzes verstanden werden: »Ich will wandeln«.

10–14 Ich will anrufen

Wahrscheinlich sollte man V. 10 besser in der Vergangenheitsform übersetzen: »Ich glaubte; dennoch sagte ich ... in der Bestürzung ...«; wenn man so übersetzt, geht es hier um die Ärmlichkeit des Glaubens, der im Ernst des Lebens versagte. Wenn man wie EÜ und viele Kommentare übersetzt: »Ich habe geglaubt, darum kann ich (jetzt) sagen ...«, ist der Sinn der, daß der Beter jetzt offen über seine damalige Not sprechen kann, weil er den Glauben behalten hat. Jedenfalls nimmt er nun das angebotene Heil freudig in Empfang (V. 13a), bleibt weiter im Gebet (V. 13b) und ist bereit, sich in der Öffentlichkeit zu Gott zu bekennen (V. 14).

11 Es kann wohl sein, daß er sich in der Zeit der Not nach Menschenhilfe umsah und nirgends welche fand. Obwohl er glaubte, überkam ihn panische Angst. **13** *Kelch:* vgl. Ps 16,5 (EÜ), wo der »Becher« das persönliche Los, den Anteil, bezeichnet. In Ps 75,9 ist der »Kelch« das, was einem Gott zukommen ließ. Hier ist dem Psalmisten übervolles Heil zuteil geworden, das er dankbar annimmt und Gott darüber preist.

15–19 Ich will opfern

Wie erreicht nun der Wunsch, Gott zu lieben (V. 1) und sein Heil zu erfahren (V. 13), sein Ziel? Mit dem Vorausgehenden hat dieser Teil zwei Züge gemein: den Willen zum Gebet (V. 17b, vgl. VV. 2.13) und das öffentliche Zeugnis der Hingabe (V. 18, vgl. VV. 9.14). Dazu kommt noch ein neues Element: Die Liebe (V. 1) und die Bereitschaft zur Heilsannahme (V. 13a) erfüllen sich in der Darbringung eines Dankopfers (V. 17). Das ist der Weg, auf dem die Gemeinschaft mit Gott und die Lebenshingabe feierlich sichtbar werden. Hinter diesem Höhepunkt liegt die dankbare Erinnerung und die Überzeugung, daß der Tod die, die Gottes Eigentum sind, nicht einfach zufällig trifft. Gott selbst hat acht auf sie, und ihr Tod *wiegt* auch in seinen Augen *schwer* (V. 15). Die Erinnerung des Beters daran, wie nahe er dem Tod kam (VV. 3.8), und das Bewußtsein, daß er doch bewahrt wurde, bestärkt die Gewißheit, unter der Herrschaft Gottes zu stehen (V. 16c). So kann es gar nicht anders sein, als daß er sich neu Gott weiht. Diese Weihe nimmt dann auch die vorgegebene Gestalt an: Gebet (V. 17b), öffentliches Bekenntnis (V. 18f) und Opfer (V. 17a).

17 Bei dem Dankopfer handelt es sich genau genommen um das sogenannte Friedensopfer (3Mo 7,11–15), zu dem auch das Gemeinschaftsmahl gehörte (3Mo 7,15), und das andeutet, daß hier jemand Frieden mit Gott und Menschen gefunden hat, Sühne für seine Sünden als Grund des Friedens (3Mo 3,2) und eine symbolische Ganzhingabe an Gott (3Mo 3,5).

Psalm 117 Alle Völker

Dieser kurze Lobpreis ähnelt in mancher Hinsicht Ps 100. Seine Weite steht im Kontrast zum individuellen Charakter von Ps 116.

1 *Alle Heiden ... alle Völker:* beide Ausdrücke beziehen sich auf die Heiden, Nicht-Israel. 2 Die an Israel erwiesenen Gnadentaten Gottes sind von weltweiter Bedeutung. Die Errettung des Volkes Israel verdeutlicht, was Gott auf weltweiter Ebene im Sinn hat. Die Errettung, die er für Israel bereitet, zielt auf das Heil der ganzen Welt.

Psalm 118 Seine Güte währt ewiglich

Martin Luther schreibt über diesen Psalm (in der Vorrede zur Auslegung des 118. Psalms von 1530): »Es ist mein Psalm, den ich lieb habe. Obwohl der ganze Psalter und die Heilige Schrift im ganzen, die mein einziger Lebenstrost ist, mir auch lieb sind, bin ich doch besonders an diesen Psalm geraten, daß er der meine heißen und sein muß. Denn er hat sich auch gar oft redlich um mich verdient gemacht und mir aus manchen großen Nöten geholfen, wo mir sonst kein Kaiser und keine Könige, Weisen, Klugen oder Heiligen hätten helfen können. Und er ist mir lieber als des Papstes, Türken, Kaisers und aller Welt Ehre, Gut und Macht; ich würde auch gar ungern diesen Psalm mit ihnen allen tauschen.« Luther hat diesen Psalm wohl deshalb so geliebt, weil hier in einer fast trotzigen Zuversicht des Glaubens vom Sieg Gottes über alle menschlichen Machenschaften gesprochen wird (besonders VV. 6.15–17).

Der Psalm ist eine Festliturgie, die an einem hohen Feiertag (V. 24) im Wechsel zwischen Priester und Gemeinde gesungen wurde. Um welches Fest es sich handelt, läßt sich nicht eindeutig bestimmen. Ältere Ausleger dachten an bestimmte Weihefeste, wie sie etwa in Esr 6,15f; Neh 8; 1Makk 4,52ff; 2Makk 10,1ff vorkommen. Aber die Hinweise für einen nachexilischen Ansatz sind nicht sehr überzeugend. Jüdische Quellen, die Targume und der Talmud, erklären, daß der Psalm im Wechselgesang in der Liturgie des Laubhüttenfestes gesungen wurde. In Fortsetzung dieser Gedanken wollen neuere Ausleger den Psalm mit dem (angenommenen) herbstlichen Thronbesteigungsfest in Verbindung bringen, bei dem der davidische König symbolisch von seinen Feinden bedroht und dann durch das Eingreifen Jahwes gerettet und in seiner Königsherrschaft bestätigt wurde.

Der Psalm wurde in einer großen Prozession gesungen, die außerhalb des Tempelbezirks beginnt und durch das Tor zum Altar führt: V. 1–18: Auf dem Weg zum Haus des Herrn; V. 19.20: Am Tor; V. 21–25: Die Prozession bewegt sich zum Altar; V. 26: Begrüßung durch die Priester; V. 27–29: Der Gottesdienst.

1–4 Aufruf zum Gottesdienst

Der Psalm beginnt und schließt mit einem Satz, der höchstwahrscheinlich eine liturgische Formel war; vgl. 1Chr 16,34; 2Chr 5,13; Esr 3,11; Ps 136. 2–4 Bezüglich des dreifachen Aufrufs zum Lobpreis vgl. Komm. zu Ps 115,9–11.

5–19 Auf dem Weg zum Haus des Herrn. Der König führt als Priester nach der Ordnung Melchisedeks (vgl. Ps 110,1) sein Volk zum freudigen Gottesdienst. Hinter ihm und ihnen liegt die Bedrohung durch feindliche Mächte dieser Welt (vgl. V. 10–12), die sich gelegentlich in einem bestimmten Feind wie etwa Sanherib konkretisierte (2Kön 19), die aber letztlich eine stete Gefahr war; vgl. den Komm. zu Ps 46–48, vor allem 48,5–9. Ob die Bedrohung nun symbolisch Teil des Herbstfestes oder schreckliche Wirklichkeit war – sie ist abgewehrt, und der Glaube an Jahwe ist bekräftigt. Wahrscheinlich läßt sich in V. 5–7 die Stimme des königlichen Anführers, in V. 8f die Antwort der Gemeinde und in V. 10–12 der Wechselgesang vernehmen, wobei das Volk jeweils die wiederholte Zeile sang. Möglicherweise antwortet die gleiche Stimme, nämlich die Gemeinde, dem König in VV. 14.15b.16b. Dagegen bezeugt der König seine Heilsgewißheit vor dem Tor des Tempels in V. 17–19. 5 2Kön 19,1–3.15–19 bietet ein gutes historisches Beispiel zu diesem Vers. Wenn die Ausleger recht haben, die aufgrund dieses und ähnlicher Psalmen auf ein jährliches Thronbesteigungsfest schließen, bei dem es zu einer symbolischen Gefährdung und Demütigung des Königs kam, dann wurde damit verdeutlicht, daß der Thron in Jerusalem nicht von Waffenmacht und irdischen Armeen garantiert wurde. Militärisch gesehen sind die Mächte dieser Welt doch immer die stärkeren gewesen. Den eigentlichen Sieg trägt das Gebet des Glaubens davon: der Thron Davids ruht in den göttlichen Verheißungen.

20–26 Vom Tor zum Altar

Möglicherweise kommen jetzt die Priester, die im Tempel dienen, der Prozession entgegen und erklären, daß nur die *Gerechten* den Tempelbereich betreten dürfen (V. 20, vgl. Ps 15,1ff; 24,3ff). Der König bekennt als Antwort, daß Gott ihn auf sein Gebet hin errettet hat (V. 21), und erklärt damit, daß er vor Gott gerecht ist. Die Antwort der Gemeinde ist getragen von der Freude darüber, daß Gott diesen König erwählt hat und nun solch einen Festtag schenkt (V. 22–24). Die Priester nehmen den Platz an der Spitze der Prozession ein und führen den Zug unter Gebet und Segenswünschen an (V. 25f).

20 *Gerecht* bedeutet »mit Gott im Rechten sein«, »im Raum der Gerechtigkeit Gottes leben«. **21** Durch die Errettung des Königs vor seinen Feinden wird deutlich, daß Gott ihn angenommen hat. **22** Mit ähnlichen Worten erinnert Jesaja an die dem David gegebene Verheißung. Der König Hiskia machte damals den Fehler, seine Sicherheit in militärischer Macht zu suchen, statt den göttlichen Verheißungen zu vertrauen. Indem Gott zu seiner Verheißung steht, erwählt er den Stein, den die Weltweisen verachtet haben (vgl. Dan 2,34f.44f; Sach 3,9; 4,7). *Stein* war wohl ein allgemein bekanntes Bildwort für die davidische Monarchie und ein messianischer Begriff. **25** Die hebr. Fassung des *O Herr hilf (hoschi'ah na')* ist als Hosianna in die deutsche Sprache eingegangen (vgl. Mt 21,9). Es ist Ausdruck messianischer Hoffnung.

27–29 Opfer und Lobpreis

Auf Befehl der Priester beginnt das Opfer, wohl ein Dankopfer (V.27). Erst stimmt der König (V. 28) und danach die ganze Gemeinde (V. 29) ein Dankbekenntnis an (vgl. Einl. zu Ps 116). So begleitet das Danklied die Darbringung des Opfers. **27** Licht und Erleuchtung sind stehende Begriffe der Königspsalmen. Aus dem Dunkel des Todes hat Jahwe seinen König ans Licht und in die Freiheit versetzt (vgl. Ps 18,29; 97,11). Bei der zweiten und dritten Zeile von V. 27 ist weder die Wortbedeutung noch die dahinter stehende Praxis ganz klar erkennbar. Statt *Schmückt mit Maien* (LÜ) kann man auch *Bindet mit Stricken* (EÜ) übersetzen. Binden kann u.a. aber auch »anschirren, gürten, beginnen« bedeuten. Auch ist nicht ganz klar, was hier mit *Fest* gemeint ist. Manche übersetzen es mit »Festopfer« (so EÜ), andere mit »Festreigen« (so ZÜ). Je nachdem müßte es heißen: »Bindet das Festopfer mit Stricken bis an die Hörner des Altars« oder: »Beginnt den Festreigen mit Seilen (und kommt) bis an die Hörner des Altars«. Manche Ausleger denken bei den Stricken bzw. Seilen an zusammengeflochtene Zweige, wie sie später beim Laubhüttenfest verwendet wurden. Der schwierige Text läßt eine eindeutige Entscheidung nicht zu.

Psalm 119 Die Liebe zum Herrn und seinem Wort

Dieser Psalm ist eine ebenso ausführliche wie kunstvoll gestaltete Betrachtung über das Gesetz des Herrn. »Gesetz« im AT sollte man nicht mit pharisäischer Gesetzlichkeit verwechseln. Das hebr. Wort heißt *tora* und bedeutet Weisung bzw. Unterweisung. Es bezeichnet den Willen Gottes, den er Israel offenbart hat, und ist die von Liebe getragene Weisung eines Vaters (vgl. Spr 4,1f).

Der Psalm hat die Form eines Akrostichons: Jeweils acht Verse beginnen mit dem gleichen Buchstaben, und die Reihenfolge dieser Buchstaben folgt dem hebr. Alphabet. Das Hauptmerkmal des Psalms ist aber die ständige Wiederholung von acht Worten, die allesamt den Willen Gottes näher bezeichnen: *Gesetz* bzw. »Weisung« *(tora)* bedeutet, daß Gott seinen Willen durch persönliche Übermittlung im Wort kundgetan hat, so wie es auch ein Lehrer oder Vater macht. Gleiches wird auch durch *Wort* (*dabar* oder *'imra*) ausgedrückt. Das Wort *Zeugnisse* bzw. *Mahnungen* (LÜ) (*'edot)* betont vor allem den Inhalt: Gott zeugt von sich selbst und von seinen Anforderungen. Diese begegnen den Menschen als *Satzungen* (*chuqqim*; die Wurzel ist *chaqaq* und bedeutet ursprünglich einkratzen, eingravieren). Es sind unveränderliche Verordnungen. Weiter werden die *Ordnungen (mischpatim)* genannt als von Gott getroffene Rechtsentscheidungen, denen die *Befehle (piqqudim)* zur Seite stehen, die von Gott verbindlich angeordnet sind. Die *Gebote (mizwot)* lassen keinen Widerspruch oder Ungehorsam zu. Alles zusammen ergibt einen *Weg (derek)*, eine innere Haltung und Lebensweise (vgl. Ps 19,7ff). In jedem Vers, mit Ausnahme von V. 122, kommt einer dieser Begriffe vor (gelegentlich auch zwei), ohne daß sich eine methodische Ordnung von Vers zu Vers oder von Strophe zu Strophe erkennen ließe.

Das Ganze ist ein höchst kunstvolles poetisches Gebilde, das dennoch nie in Gefahr gerät, zur bloßen Formspielerei zu werden. Immer wieder spürt man die echte, persönliche Glaubenserfahrung und die im ständigen Umgang mit dem Gesetz erworbene Weisheit.

1–8 Der Weg des Herrn ist gut

Wer Gottes Gesetz zu Herzen nimmt, erntet davon einen Segen nach dem andern: ein untadeliges Leben (V. 1), Bewahrung vor Abwegen (V. 3) und vor Schande (V. 6), sowie innere Aufrichtigkeit (V. 7).

Der Herr erwartet, daß man sich seinem Willen bewußt hingibt, daß man ihn von Herzen sucht (V. 2), ihm gehorcht (V. 4) und sein Gebot durchforscht (V. 6). **3** *Unrecht* ist das, was von seinem offenbarten Willen abweicht und ihn »verdreht« oder pervertiert.

9–16 Das Mittel gegen die Sünde

Verunreinigung, Haltlosigkeit und sündhafte Tat (V. 9–11) müssen unter dem Einfluß des reinen Wortes Gottes weichen. So ist es erforderlich, daß man sich an dieses Wort *hält* (V. 9), sich ihm hingibt (V. 10), sich das Wort einprägt (V. 11), von Gott das rechte Verstehen erbittet (V. 12), die erkannte Wahrheit auch andern mitteilt (V. 13), seine Emotionen von Gottes Wort her bestimmen läßt (VV. 14.16) und ihm ganze Aufmerksamkeit zuwendet (V. 15).

17–24 Ein Licht für dunkle Tage

Wenn das Leben gefährdet erscheint (V. 17), man sich auf Erden wie ein Heimatloser vorkommt (V. 19) und Vorgesetzte oder Behörden einen verurteilen oder verdächtigen (V. 22f), dann verleiht das Wort Gottes dem Leben einen Sinn (V. 17) und macht auch schwere Verhältnisse tragbar (V. 19). Aber ohne göttliche Hilfe kann man das Wort nicht verstehen (V. 18), und ohne Gehorsam gibt es keinen Segen (V. 21f). Deshalb sollten wir nach Gottes Wort verlangen (V. 20), uns daran freuen und uns von ihm den Weg zeigen lassen (V. 24).

19 Der *Gast* ist ein Fremdling, dem Aufenthaltsrecht gewährt wird. Zu Gottes Handeln im Blick auf sein Wort in VV. 18.19 vgl. Lk 24,32.45.

25–32 Ein treuer Gott – ein göttlicher Lehrer

Gott hält sein Wort treu (VV. 25.28), und diese Treue gilt auch denen, die sein Wort lieben (VV. 26.30.31). Sein Wort kann man freilich nur verstehen, wo er einen darin unterweist (VV. 26f.32). Das Wort *erquickt* (V. 25), *stärkt* (V. 28), weist den rechten Weg (V. 29), wenn man sich als Schüler des göttlichen Lehrers verständig (V. 27), willig (V. 30), beharrlich (V. 31) und entschlossen (V. 32) zeigt.

30 *Der Weg der Wahrheit* (besser: der Treue) ist die verläßliche Lebensanweisung Gottes, nämlich sein Gesetz.

33–40 Einlinigkeit

Das ganze Gesetz für das ganze Leben (V. 33), ein ungeteiltes Herz (V. 34), das sich daran freut (V. 35) und alle anderen Lebensmöglichkeiten verwirft (V. 36f) – das ist die Einlinigkeit, die aus der Gottesfurcht (V. 38) kommt, Gottes Mißfallen fürchtet (V. 39; vgl. V. 21) und sich nach seinem Segen sehnt (V. 40). **33** *Bis ans Ende:* Das bezieht sich entweder auf das Gesetz als ganzes oder auf das Ende des Lebens. **36** *Habsucht:* Das Wort beschreibt Bereicherung um jeden Preis und ausschließliche Wertschätzung materiellen Gewinns. Im Gegensatz dazu haben die *Mahnungen* bzw. Zeugnisse des Herrn bleibenden und wahren Wert für das Leben.

41–48 Vollkommen und wohl gerüstet

Vor uns steht ein Mensch, der vor Gott in Gnaden ist (V. 41), selber ein erfülltes Leben führt (V. 45) und Verantwortung für andere übernimmt (VV. 42.43.46): das ist der Mann Gottes, der seinen Stand beim Wort Gottes hat (2Tim 3,17.10–16).

44.45 Zur Beharrlichkeit, um die es hier geht, vgl. Spr 2,4. **48** *Ich hebe meine Hände auf:* ein Zeichen der Ehrerbietung Gottes Wort gegenüber (vgl. Ps 28,2).

49–56 Trost und Kraft

Trost in Anfechtung (V. 50a), die Kraft, sich Widerständen zu stellen (VV. 51.52), Emotionen, die in der Liebe zum Gesetz wurzeln (V. 53), Freude in Situationen, in denen sich sonst leicht Depression einstellt (V. 54f) – alles das ist ein Segen, den der Gehorsam gegenüber Gottes Geboten mit sich bringt (V. 56). **51** *Die Stolzen* (vgl. V. 21) fließen vor Wichtigtuerei über. Der Spötter (vgl. Ps 1,1) ist hochmütig, aufgeblasen und überzeugt, von der Gegenseite her lasse sich überhaupt nichts sagen. Verächtlich fegt er in Ps 1,1 jeden Gedanken an Gott auf die Seite. Hier geht er in gleicher Weise über den hinweg, der sich an Gott hält und durch Gottes Wort erhalten wird. **53** vgl. V. 136. **54** Fremdling: das gleiche Wort wie für Gast, V. 19.

57–64 Der Herr ist mein Teil

Man kann Gott nicht ohne sein Wort haben. Diese Einsicht ergibt sich aus dieser Strophe. Wer nach Gott verlangt (V. 57), sich von ganzem Herzen nach seiner Gnade und Gunst sehnt (V. 58), seine Gegenwart sucht (V. 62), sich mit denen zusammenfindet, die ihn auch anbeten (V. 63) und seine Liebe und Treue überall erfährt (V. 64), muß freilich auch Gottes Wort bewahren und pflegen. Man kann nicht in Gott bleiben, wenn sein Wort nicht in uns bleibt (Jh 15,7).

57 *Mein Erbe:* vgl. Jos 13,32f; 18,7. **58** *Gunst:* wörtl. Gesicht; vgl. 4Mo 6,24–26; 2Sam 14,24; 2Kor 4,6. **61** *Stricke* sind die Tricks und Druckmittel, die man anwendet, um den Gottesfürchtigen vom rechten Weg abzubringen.

65–72 Gottes gute Zurechtweisung

Gott tut Gutes (V. 65), lehrt Gutes (V. 66) und ist gut (V. 68). Gut ist seine Absicht (V. 71). Gelegentlich muß er uns freilich auch mit Not segnen. Aber sein Wort lehrt uns, das als Zeichen seiner liebevollen Erziehung zu sehen (V. 65; vgl. Hiob 2,9f; Ps 94,12; Spr 3,11f; Hebr 12,5ff). Die Absicht ist, uns mehr zu seinem Wort hinzuziehen (VV. 67.71). Bei der hier angesprochenen Anfechtung scheint es sich um Lügen und Verleumdung gehandelt zu haben (V. 69). Sie führte lediglich dazu, daß er sich noch mehr und inniger an Gottes Wort hielt (V. 69), einen klareren Blick empfing

(V.70) und Gottes Wort noch mehr schätzte (V.72).

66 *Einsicht:* Das Wort bedeutet eigentlich »Geschmack«, d.h. Empfinden, Einfühlungsvermögen.

73–80 Ein treuer Schöpfer

In diesem Abschnitt, der wohl ein biblischer Kommentar zu 1Petr 4,19 sein könnte, entsprechen jeweils zwei Verse einander: V.73 und V.80; V.74 und V.79; V.75 und V.78; V.76 und V.77. Vier Themen werden angesprochen: Zunächst der Weg des Lebens (VV.73.80). Wenn Gott der Schöpfer ist, dann ist es wichtig, daß die Geschöpfe seine Anweisungen verstehen (V.73), und zwar in ganzer Hingabe, denn nur so kann ihr Leben in den rechten Bahnen verlaufen und zum Ziel führen (V.80). Zweitens: das Geheimnis der Gemeinschaft. Der Schöpfer erwartet, daß die, die ihn fürchten, sich gegenseitig beistehen (VV.74.79). Ein in Gottes Wort gegründetes Leben schafft Freude (V.74) und Wegweisung (V.79). Drittens: Der Sinn des Leids (VV.75.78). Der Herr macht keine Fehler (V.75a), noch handelt er im Widerspruch zu seinem eigentlichen Wesen (V.75b), auch dann nicht, wenn er die Gottlosen *(Stolzen)* benutzt und es ihnen gestattet, seine Diener niederträchtig zu behandeln (V.78). Selbst da zeigt sich wahre Frömmigkeit noch daran, daß man sich an das Wort Gottes hält (V.78b). Viertens: Die Gewißheit des Trostes (VV.76.77). Man kann sich auf Gottes Erbarmen verlassen, denn es ist uns durch sein Wort verheißen (V.76); deshalb sucht die geängstete Seele Zuflucht in Gottes Wort (V.77).

81–88 Herr, wie lange?

Oft scheint es, als ob den Gottlosen alles gelingt (VV.85.87), und Gottes Schweigen macht da den Seinen zu schaffen. Wenn sie dann fragen, wie lange Gott die Erfüllung seiner Verheißungen noch hinauszögern will (VV.82.84), dann sind doch wieder gerade die Verheißungen ihr einziger Trost (VV.81.83.86.87). Denn sie sind wahr (V.86), weil sie aus seinem eigenen Munde ergangen sind (V.88).

83 *Weinschlauch im Rauch:* d.h. schwarz, zusammengeschrumpft, nicht mehr zu gebrauchen. **84** Hinter dem *Wie lange* steht der Blick auf die Kürze des Lebens und seine Begrenztheit; damit wird oft die Klage begründet, vgl. Ps 88,4; 89,47f).

89–96 Gottes Wort – unveränderlich und unerschöpflich

Der Psalmsänger faßt drei Bereiche ins Auge: den Himmel (V.89), die Geschichte (»von Geschlecht zu Geschlecht«; LÜ: *für und für,* V.90a) und die geschaffene Welt mit ihrer Ordnung (VV.90b.91). Diese drei Bereiche bezeugen, daß Gottes Wort unveränderlich ist. Sie müssen ihm alle *dienen,* d.h. sie gehorchen dem in seinem Wort zum Ausdruck gebrachten Willen. Dieses unveränderliche Wort muß folglich auch eine sichere Lebensgrundlage für alle Situationen sein (V.92–96).

96 Alles, auch das Vollkommenste, was der Mensch schaffen kann, hat seine Grenzen; lediglich Gottes Wort ist unerschöpflich und kennt kein Ende.

97–104 Hier ist Weisheit

Wer sich an Gottes Wort orientiert, ist weiser als alle seine Gegner (V.98), als alle, die sich als seine Lehrer aufspielen (V.99), weiser als die sprichwörtlich weisen Alten (V.100) und auch den Verlockungen der Sünde überlegen (V.101). Das läßt sich nur so erklären, daß in seinem Wort Gott selbst Lehrer ist (V.102). Er führt zur Liebe gegenüber seinem Wort (V.97), erweckt Verlangen nach immer mehr (V.103) und bildet ein gesundes ethisches Urteil heran (V.104).

101 Sittliche Disziplin gehört zum Gehorsam dem Wort gegenüber.

105–112 Ein pragmatisches Argument

Im vorausgehenden Abschnitt war der Grund für die Hochschätzung des Wortes seine göttliche Herkunft (VV.98.102). Jetzt wird die praktische Nützlichkeit unterstrichen. Als rechter Führer (V.105) führt es zu dem feierlichen Entschluß (VV.106.111.112), es immer einzuhalten, sei es in Nöten (V.107), in Freuden (V.108), in Gefahren (V.109) oder auch in Anfeindungen (V.110).

105 Fuß ... Weg – sowohl für den nächsten Schritt, als auch im Blick auf den weiteren Weg. **111** vgl. Kommentar zu V.57.

113–120 Die Liebe zum Gesetz Gottes

Nichts gibt einen tieferen Einblick in das atl. Gesetzesverständnis als das Wort »Liebe« (V.113, vgl. V.97). Für den Gläubigen des AT war Gottes Gesetz noch nicht die beschwerliche Bürde pharisäischer Gesetzlichkeit, die das NT schildert. Es befreit (V.45), erquickt (V.103), ist Freude (V.111). Diese Liebe zum Gesetz beansprucht den ganzen Menschen und schließt jede Zwiespältigkeit aus (V.113).

Aber wenn man in dieser Liebe festbleiben will, erfordert das Entschiedenheit: im Suchen der Nähe Gottes und im Meiden des Bösen (VV.114.115). Das erfordert göttliche Kraft (VV.116.117) und das Bewußtsein, daß Gott nicht segnen kann, wenn sein Wort verabscheut wird (V. 118). *Deshalb* gilt es, sich bewußt dem Wort Gottes zuzuwenden (V. 119). Letztlich wird die Liebe nicht gedämpft, sondern belebt, wenn man Gott und seinen Satzungen die ihm zustehende Ehrerbietung und heilige Furcht erweist (V. 120).

114 Gott genügt. Der *Schutz* (wörtl. Versteck) gibt Geborgenheit in Gefahr; der *Schild* hält die Waffen des Feindes ab. **118** *Lug und Trug* umschreiben die Autorität, der man sich unterstellt, wenn man Gottes Wort verwirft. Vgl. 2Tim 4,4. **120** In der Haltung gegenüber Gott und seinem Wort läßt sich kein Unterschied machen.

121–128 Begründung der Bitte

Der Psalmbeter bittet um Gottes Eingreifen. Zunächst beruft er sich dabei auf den geleisteten treuen Dienst (VV. 121.122). Seine jetzige Lage resultiert aus seinem treuen Gehorsam; deshalb wird ihm Gott gewiß beistehen (vgl. Jes 50,5–8). Zum andern hat Gott sein Wort gegeben (V. 123). Drittens beruft er sich auf Gottes *Gnade,* d.h. seine im Bund verankerte Liebe (V. 124); viertens auf seine Stellung als Knecht (vgl. Jes 41,9b.10) und fünftens auf die ernsten, ihn umgebenden Umstände (V. 126). Das sind Gründe, die jeder Gläubige im Gebet anführen kann. Die Gewißheit, mit der der Beter die Erhörung erwartet, zeigt sich an der Entschlossenheit, das zu tun, was Gott wohlgefällt (VV. 127.128).

129–136 Wie Gott sein Wort segnet

In V. 129–131 begegnen Aussagen über Gottes Wort und die Reaktion des Psalmisten darauf: Gottes Wort ist ein *Wunderwerk* (V. 129), d.h. es ist so wunderbar, daß es mit menschlichem Vermögen nicht nachzumachen wäre. Seine Wirkung besteht darin, daß es *klug macht* (V. 130). So führt es zum Gehorsam (V. 129b) und zum geistlichen Hunger (V. 131). Die VV. 132–135 sind Bitten: Gottes Wort ist nur insofern wirksam, als Gott es durch seinen Segen belebt. Wenn er das tut, zeigt er seine Gnade (V. 132). So wird dem Gehorsamen Sieg zuteil (V. 133). Das Verlangen, dem Wort zu gehorchen, berechtigt dazu, weitere Segenserweise Gottes zu erbitten (V. 134). Wer Gottes Satzungen lernt, wird sein Angesicht erblicken (V. 135). Angesichts all dieser Segnungen muß der Psalmist weinen darüber, daß es dennoch viele gibt, die diesem kostbaren und wirkmächtigen Wort nicht gehorchen (V. 136).

132 *Wie du pflegst:* wörtl. »Gemäß dem Urteil gegenüber denen, die . . .« oder: »gemäß dem Recht derer, die . . .«. »Recht« oder »Urteil« bezeichnet hier das Anrecht auf seine Gnade, das Gott der Richter denen, die ihn lieben, zuspricht.

137–144 Das Gesetz – der Spiegel Gottes

Die Größe von Gottes Wort erregt den Psalmisten immer wieder zu höchster Verehrung (VV. 139.140.143). Der Aspekt des Wortes Gottes, den diese Strophe besonders herausstellt, ist, daß es Gott widerspiegelt (VV. 137a.144a): Es reflektiert seine *Gerechtigkeit und Treue* (V. 138); es ist geläutert, d.h. von aller Unreinheit befreit (V. 140) und wahr (V. 142).

145–152 Zwei Kraftquellen

Die VV. 145–147 berichten von einer Zeit intensiven Gebets, das aus aufrichtigem Herzen kam (V. 145), allein auf Gott hinzielte (V. 146) und einen ganzen Einsatz kostete (V. 147). Man darf davon ausgehen, daß hier eine Krise durchkämpft wurde. VV. 149–152 zeichnen eine solche Krise: Ein Widersacher nähert sich (V. 150), aber der Psalmist schöpft Kraft aus dem Bewußtsein, daß Gott auch nahe ist (V. 151).

Zwischen diesen beiden Teilen steht ein bemerkenswerter Satz, der zeigt, wie intensiv der Psalmist über Gottes Wort nachdenkt (V. 148). Mit diesem Vers sind alle anderen Hinweise auf das Wort in dieser Strophe verkettet. Warum versenkt er sich so in das Wort? Weil ein auf Erhörung ausgerichtetes Gebet die Bereitschaft zum Gehorsam voraussetzt (VV. 145.146) und die Zusagen des Wortes ergreift (V. 147).

153–160 Gib mir Leben

Überall in Ps 119 stößt man auf Erfahrung, wie sie sich nur aus den Bedrängnissen des Lebens ergibt. Besonders gilt das für diese Strophe. Wie alle anderen Beter wendet auch der Psalmist sich an Gott, wenn Bedrängnis sich einstellt. Auflehnung liegt ihm fern. Dreimal heißt es *erquicke mich* (VV. 154.156.159). Es ist die Bitte um die Erhaltung bzw. Wiederherstellung des Lebens. Dabei beruft er sich auf Gottes Wort, seine Barmherzigkeit und seine Gnade. Da Gott im Einklang mit seinem Wort handelt, kann niemand seine Segenszuwendung erwarten, es sei denn, daß er Gottes Wort liebt und ihm gehorcht (VV. 153.155.157). Wer aber sein Wort ehrt, der kann auch gewiß sein, daß es ewig gültig bleibt (V. 160).

161–168 Ehre, wem Ehre gebührt

Auf vier Gebieten gebührt Gottes Wort der Vorrang: Im Bereich weltlicher Ehrerbietung (V. 161), gegenüber äußerem Erfolg (V. 162), gegenüber religiösen Irrungen (V. 163) und in der Zeiteinteilung (V. 164). Daraus resultiert eine vierfache Frucht: Friede des Gewissens (V. 165a), Beständigkeit der Lebensgestaltung (V. 165b), Gewißheit des Heils (V. 166) und Furchtlosigkeit gegenüber dem Gericht Gottes (VV. 167.168).

163 *Lüge* bezieht sich oft auf Götzendienst.

169–176 Das Paradox des Segens

Der Psalmdichter beendet diese großartige Meditation über Gottes Wort, indem er nochmals daran erinnert, daß wir im Blick auf geistlichen Segen völlig von Gott abhängig sind. Wir können – und müssen – uns diesem Segen aber öffnen, dadurch daß wir dem Wort Gottes gehorsam sind (VV. 173.176). D.h.: aus der Bibel erwachsendes Gebet und an der Bibel orientierter Gehorsam sind wesentliche Grundzüge des Gläubigen, die sich sowohl in seinem Denken (V. 169), als auch in seinem Reden (VV. 171.172), seinem Wollen (V. 173b), seinen Empfindungen (V. 174) und seinem Gewissen niederschlagen (V. 176).

EINFÜHRUNG ZU PS 120–134. DIE WALLFAHRTSPSALMEN

Diese 15 Psalmen tragen alle die Überschrift: »Ein Wallfahrtslied« bzw. »Ein Stufenlied« (EÜ). Die Bedeutung dieser Bezeichnung (hebr. *schir hamma'alot,* wörtl. »Lied der Hinaufzüge« oder »Lied der Stufen«) ist ungewiß. So sagt z.B. eine jüdische Überlieferung, daß es eine Liturgie mit 15 Psalmen für die 15 Stufen gab, die die beiden Vorhöfe des Tempels verbanden. Auf jeder Stufe wurde ein Psalm gesungen. Nach einer anderen Erklärung handelt es sich um eine Liedersammlung, die die Exulanten beim »Hinaufzug« (Esr 7,9 hebr. *hamma'alah*), d.h. bei der Rückkehr von Babylon nach Jerusalem sangen. Eine dritte Erklärung läuft darauf hinaus, daß der rätselhafte Begriff die literarische Form einiger dieser Psalmen umschreibt, so daß es sich um »stufenartig aufgebaute Lieder« handeln würde. In der Tat läßt sich bei einem Teil dieser Psalmen beobachten, daß ein neues Glied jeweils einen Teil des vorhergehenden wiederholt, so daß ein stufenartiger Gedankenfortschritt entsteht (in der deutschen Übersetzung am besten an Ps 123 erkennbar).

Die beste – wenn auch nicht völlig befriedigende – Erklärung ist, daß diese Psalmen von Gläubigen gesungen wurden, wenn sie auf dem Weg zu den drei großen Wallfahrtsfesten auf dem Zion waren. Obwohl nur einer, Ps 122, die Wallfahrtssituation ausdrücklich anspricht, lassen sich andere, z.B. Ps 121, leicht damit in Verbindung bringen.

Auch wenn sich die genaue Bedeutung der Überschrift nicht mehr eindeutig klarstellen läßt, so ist doch sicher, daß es sich um eine zusammengehörige Gruppe handelt, eine Art »Miniatur-Psalter«.

Psalm 120 Errette mich

Gleich der erste Psalm der Gruppe der Wallfahrtslieder trägt nun allerdings so andersartige Züge, daß man sich fragt, wie er in diese Gruppe hineingekommen ist. Vielleicht hat das wörtliche Verständnis der Ortsangaben von V. 5 dazu geführt, daß man in dem Psalmisten einen in die Fremde verschlagenen Israeliten sah, der als Festpilger nach Jerusalem gekommen war. Doch sind die Ortsangaben in V. 5 wahrscheinlich im übertragenen Sinne zu verstehen.

Hinter dem Psalm steht eine beklemmende Atmosphäre von Lüge und feindseliger Verleumdung. Der Psalmist leidet (oder litt) unter den Feindseligkeiten seiner Umgebung, die wahrscheinlich bis zur falschen Anklage gingen.

Es ist eine Frage, ob der Psalm ein Dank- oder ein Bittgebet ist. Normalerweise müßte V. 1 mit der Vergangenheitsform übersetzt werden: »Zum Herrn in meiner Not rief ich, und er erhörte mich« (vgl. EÜ, ZÜ). Dann würde der Psalmist in V. 2 seine frühere Bitte nur zitieren, ebenso beträfen die VV. 3–7 die Situation vor der Gebetserhörung. Manche Ausleger übersetzen V. 1 mit der Gegenwartsform: »Ich rufe zum Herrn in meiner Not, und er erhört mich« (vgl. LÜ). Der Vers enthielte dann eine Vorwegnahme der göttlichen Erhörung im vertrauenden Glauben; der Psalm als ganzer würde als Bittgebet aus einer noch bestehenden Not heraus zu verstehen sein. Obwohl die Frage nicht eindeutig beantwortet werden kann, soll im folgenden von der zweiten Möglichkeit ausgegangen werden.

2 *Falsche Zunge:* vgl. Ps 5,10; 10,7; 12,3–5; 52,4–6; 64,3–5. **3** Der Psalmist erwartet Gottes strafendes Eingreifen. Die zweite Vershälfte (EÜ: Was soll er »dir hinzufügen«) erinnert an die gängige Eidesformel: »Gott tue mir dies und das und füge hinzu . . .« (so 1Sam 3,17; 14,14; 20,13; u.ö.). Es könnte sein, daß der Psalmist in einen Rechtsstreit verwikkelt worden war, bei dem seine Feinde unter Eid falsch ausgesagt hatten. Darum erwartet er nun, daß Gott ihnen entsprechend ihrem Meineid »hinzufügt«. **4** Vgl. Ps 7,12–14; 64,3.4. Der *Starke* ist der Herr selbst. Auf die Pfeile böser Worte antworten nun die Pfeile des göttlichen Gerichtsworts. *Kohlen:* Das hebr. Wort bezeichnet Kohlen aus einer Hartholzart, die ein glühend heißes Feuer erzeugten. Feuer ist charakteristisches Symbol für Gottes Zorn gegen die Sünde (vgl. 1Mo 19,24; 3Mo 10,2; 4Mo 16,35). **5** *Meschech ... Kedar:* Da der erste Volksstamm in der Gegend zwischen dem Schwarzen und Kaspischen Meer, der zweite in Arabien siedelte, handelt es sich hier wahrscheinlich nicht um eine geographische Angabe über den Wohnort des Psalmisten, sondern um einen bildhaften Ausdruck für eine unfreundliche Umgebung. **6.7** Gottes Volk sehnt sich in einer feindlichen Welt nach Frieden.

Psalm 121 Gott mein Helfer

Der Psalm setzt eine Situation der Unsicherheit und des Fragens voraus. Das Fragen wird dann beantwortet durch ein von starkem Vertrauen getragenes Bekenntnis zu der mächtigen und wachsamen Fürsorge Gottes.

Die Kraft dieses Bekenntnisses ist sicher der wesentliche Grund dafür, warum der Psalm auf der Wallfahrt zum Zion gesungen und schließlich auch in die Sammlung der Wallfahrtslieder aufgenommen wurde (die Erwähnung der Berge in V. 1 mag dabei mitgespielt haben). Der Gesprächscharakter des Liedes (V. 1f »mein«, V. 3–8 »dein«) könnte darauf hinweisen, daß es ursprünglich kein Wallfahrtslied war. Andererseits kann die Frage in V. 1 von einem Vorsänger gestellt worden sein, dem dann die Schar der Wallfahrer antwortete.

1.2 Der Gott der Schöpfung

1 Der Psalmist *hebt seine Augen* vielleicht zum Berg Zion auf, dem Ziel seiner Wallfahrt und dem Berg Gottes (vgl. Ps 3,5; 20,3; 134,3). Von dem Zionsberg und dem Zionsgott erwartet er alle nötige Hilfe. Es könnte freilich auch sein, daß er die Gefahren einer Bergreise fürchtet und ängstlich an einen plötzlichen Anschlag auf einem einsamen Paß oder in einer Felsschlucht denkt (vgl. LÜ mit Anm.). In jedem Fall aber ist der Gott der Schöpfung, der Allmächtige, seine Hilfe.

3.4 Der Gott der Geschichte

Der Gott Israels ist kein schlafender Baal (1Kön 18,27), sondern ein Gott, der im Verlauf einer langen Geschichte sein Volk immer wieder bewahrt hat. **4** Die Verdoppelung *»schläft und schlummert nicht«* will eine starke Gewißheit zum Ausdruck bringen.

5.6 Der Gott des einzelnen

Der Hüter Israels (V. 4) *behütet dich.* Er schützt vor *Sonne* und *Mond,* d.h. er wendet alle Gefahren bei Nacht und bei Tag ab.

7.8 Der Gott der Ewigkeit

Nicht nur wehrt er allen Feinden, sondern *allem Übel* in allen Lebenslagen für alle Zeit.

Psalm 122 Freuden und Pflichten der Stadt Gottes

Zum Abschluß seines Aufenthalts in der Stadt Gottes überdenkt hier ein Pilger, was für ein Vorrecht dieser Besuch der heiligen Stadt für ihn war. Ihm wird noch einmal bewußt, welche Bedeutung diese Stadt hat, und er segnet sie.

1.2 Jerusalem, die Quelle der Freude

Das Erwartete (V. 1) hat sich verwirklicht (V. 2). Für den Pilger ist das ein freudiger und feierlicher Moment (vgl. 1Kor 2,9; Hebr 12,22–24; Offb 7,9–17).

3–5 Jerusalem, der Ort der Gemeinschaft

Schon der Anblick Jerusalems, einer kompakten, in sich geschlossenen Stadt, macht sichtbar, was sich da in der Volksgemeinschaft abspielt: Einheit, Gemeinschaft (V. 4). Für die *Stämme* ist es der sie alle verbindende Mittelpunkt. Dieses Erlebnis der Einheit Israels führt zur Dankbarkeit für Gottes Selbstoffenbarung. Das sichtbare Zentrum der Einheit ist der Thron und die Herrschaft Davids (V. 5).
5 Throne – möglicherweise der sogenannte »Majestätsplural«, d.h.: die hier gebrauchte Mehrzahl soll die Größe der Herrschaft Davids und seiner Dynastie unterstreichen.

6–9 Jerusalem, der Gegenstand des Gebets

Die Einheit des Volkes Gottes drückt sich im Gebet des Psalmisten aus. **6.7** beschreiben den Inhalt, **8.9** die Motive des Gebets: Liebe zu den Brüdern, und Liebe zu Gottes Haus.

Psalm 123 Die souveräne Gnade

Ein einzelner Beter fleht hier zu Gott, doch nicht für sich selbst, sondern für sein Volk, dessen Not ihm in der Seele brennt. Der kurze, aber ausdrucksstarke Psalm lebt von dem Bild in V. 2, in das der Beter seine ganze Liebe zu Gott, zugleich aber auch seine Ehrerbietung hineingelegt hat.

Die persönliche Erfahrung des souveränen Gottes (V. 1) äußert sich in der Erwartung des Glaubens (V. 2), wobei sich die Augen erwartungsvoll dem einen zuwenden, der helfen und versorgen kann. Ihm überlassen sie vertrauensvoll die Entscheidung (bis er uns gnädig werde). Die Not seines Volkes wird Gott bewegen. Sie dürfen ihm ihre ureigensten Nöte sagen (*denn ...*; V. 3).

Psalm 124 Der Retter in der Not

Der Psalm ist ein Danklied des Volkes. Israel wird hier aufgefordert (V. 1: »so soll Israel sagen«), seine Rettung aus großer Not und Gefahr dankbar zu bekennen. Ob der Psalmist auf ein bestimmtes geschichtliches Ereignis Bezug nimmt, ist nicht sicher. Zwar läßt es sich nicht ausschließen, andererseits weist nichts in diesem Psalm auf eine bestimmte historische Situation hin. Wahrscheinlich ist die grundsätzliche Bedrohung des Volkes Gottes durch den Haß und die Feindschaft der Welt gemeint. Die packenden Bilder, mit denen diese Bedrohung hier dargestellt wird, geben dem Psalm eine besondere Unmittelbarkeit. Die Gliederung ist einfach. VV. 1–5 fordern Israel auf, sich klar zu machen, was ohne Gottes rettendes Eingreifen aus ihm geworden wäre. VV. 6–8 sprechen den Dank und das Vertrauen ihm gegenüber aus.

Vier tödliche Gefahren werden aufgezählt, um sowohl den Ernst der Bedrohung als auch die Größe der Errettung zu verdeutlichen. **3** »Gefräßige« menschliche Mächte (vgl. Jer 51,34; Ps 79,7); **4.5** plötzliche Überschwemmung durch reißende Fluten, wie sie in den Tälern Palästinas nach starken Regenfällen auftreten; **6** Raubtiere und **7** Fallenstellerei. Das hebr. Wort bezeichnet das in Palästina gebräuchliche Klappnetz, das auf einen Holzrahmen gespannt war und bei Berührung eines Hölzchens auf den Vogel fiel. Wie vollkommen die Errettung ist, zeigt sich daran, daß nicht nur der Bedrohte der Gefahr entronnen, sondern auch das Netz zerrissen, d.h. die Gefahr selbst zerstört ist. **8** Während sie den souveränen Schöpfer als ihren Erretter anbeten, wissen sie, daß das Verhältnis, das sie mit ihm verbindet, ganz auf Gnade beruht. Es besteht *im Namen des Herrn,* Jahwes, des Erlösers Israels.

Psalm 125 Bleibende Geborgenheit

Von diesem Lied geht ein einfaches, ruhiges Bewußtsein von der unwandelbaren Macht und Treue Gottes aus. Der Psalm entstand offenbar in einer Zeit, in der die Einflüsse heidnischer Fremdherrschaft (»das Zepter der Gottlosigkeit«, V. 3 EÜ) auch für einige aus der Gemeinde, die »Gerechten«, eine Versuchung bildeten. Möglicherweise hatten manche die Spannung nicht ausgehalten, sich den Gottlosen zugewandt und redeten ihnen jetzt nach. Der Psalm hat zwei Teile: zunächst einen Ausdruck des Gottvertrauens (V. 1–3), dann ein Gebet und eine Warnung (VV. 4.5).

1 Wie der Berg Zion dasteht, unerschütterlich und ewig, so steht das Volk Gottes, denn das Vertrauen auf den Herrn gibt ihm Festigkeit, **2** dazu Geborgenheit, so wie die Berge rings um die Stadt Geborgenheit für Jerusalem bedeuten. **3** Diese Zuversicht äußert sich in der betonten Erklärung, daß das *Zepter* der *Gottlosen* nicht für immer über das verheißene Land herrschen wird; denn Gott kann es nicht zulassen, daß seine Gemeinde den Einflüssen und verkehrten Lebensordnungen der Gottlosen erliegt. Auch die Anfechtungen der Gläubigen werden von der Souveränität Gottes gesteuert; sie liegen nicht jenseits seiner Macht (vgl. 1Kor 10,13). Der Herr, dem sie vertrauen und in dem sie geborgen sind, ist der Herr der Geschichte.

4.5 Er ist aber auch der Herr der Gerechtigkeit. Niemand soll auch nur entfernt meinen, daß ihm seine Geborgenheit in Gott zu einem Freibrief werden darf, mit dem er sich ethischen Entscheidungen und dem Wandel nach Gottes Willen entziehen kann. Wie überall in der Schrift setzt auch hier die Souveränität Gottes den Menschen in die Stellung ethischer Verantwortlichkeit.

Psalm 126 Tränensaat und Freudenernte

Zu allen Zeiten hat dieser Psalm dem Volk Gottes Trost und Geduld im Leiden gegeben. Er spricht von einer von Gott bewirkten Schicksalswende, auf die sein Volk staunend blickt (V. 1), die es aber gleichzeitig noch erbittet (V. 4).

Sind die ersten drei Verse eine Vergangenheits- (so ZÜ, EÜ, H. J. Kraus) oder eine Zukunftsaussage (so LÜ, A. Weiser)? Die Frage wird von den Auslegern unterschiedlich beantwortet. Im hebr. Text steht in V. 1 und 3 das Perfekt, in V. 2 die Zeitform, die in der Regel futurisch oder präsentisch übersetzt werden muß. In diesem Fall allerdings, da das hebr. Wort für »dann« davorsteht, kann diese Zeitform auch die Vergangenheit bezeichnen (so versteht H. J. Kraus V. 2). Andererseits kann das hebr. Perfekt in prophetischer Sprache gelegentlich für zukünftige Ereignisse gebraucht werden, auf die Zukunft also als schon geschehen vorausblicken (sog. »prophetisches Perfekt«, so versteht A. Weiser V. 1). Beide Auslegungen sind möglich. Die nachexilische Situation, in der der Psalm vermutlich entstanden ist, würde eher für die Vergangenheitsform in den drei ersten Versen sprechen.

Angesichts des »Zurückbringens« in V. 1 und V. 4 ist es verständlich, daß die meisten Ausleger diesen Psalm mit der Rückkehr aus dem Exil in Verbindung bringen. Auf Gottes mächtige Befreiungstat folgte die Entmutigung und Enttäuschung, die sich so klar in Haggai (1,5–11) niederschlägt und Folge der Widerstände vor Ort in Jerusalem ist (Esr 4). Die aus dem Exil heimgekehrten Gruppen warten noch auf die volle Erfüllung der Verheißungen Gottes.

1–3 Lachen

Erlösung ist immer ganz Handeln Gottes.
1 Daß sich die Erlösten wie Träumende vorkommen, zeigt, wie erstaunt sie waren, zumal sie selbst zu ihrer Befreiung nichts beitragen konnten. **2** Sogar die Heiden müssen erkennen, daß nur Gott so etwas tun kann.
3 Das ist auch das einzige sachgerechte Zeugnis seines Volkes, das selbst nichts zur Rettung beitrug und alles gewann.

4–6 Tränen

4 Bald sieht sich Gottes Volk der Tatsache gegenüber, daß es so bedürftig und abhängig ist wie eh und je. Eine neue Situation trifft sie mit gleicher Not. So braucht es aufs neue ein Eingreifen Gottes. *Bringe zurück unsere Gefangenen:* das hebr. Wort *schebit* kann sowohl »Gefangenschaft« als auch »Geschick« bedeuten. Hier ist die zweite Bedeutung wahrscheinlicher, also: »Wende unser Geschick!« Nur ein Wunder göttlicher Kraft kann da etwas ausrichten. *Bäche im Südland:* Flüsse in der sonnengebleichten Dürre der Wüste Negev sind tatsächlich eine Unmöglichkeit. Aber bei Gott gibt es keine Unmöglichkeiten. **5.6** Sein Wort gibt seinem Volk neue Gewißheit. Die Parallelität der Aussage in beiden Versen legt nahe, daß es sich in V. 5 um einen Zuspruch und nicht um ein Gebet handelt. Auf die Tränensaat wird eine Freudenernte folgen, das ist die Zusage. Das Wie der Zwischenzeit bleibt hier außer Betracht. Menschliche Anstrengungen tragen zum Segen nicht mehr bei als alles Wollen des Bauern zum Wachsen der Saat. Aber die Zukunft wird erweisen, daß für Gottes Volk das Leiden nur ein Durchgangsstadium zur Freude war.

Psalm 127 Den Seinen gibt er es im Schlaf

Nirgends befürwortet die Bibel Faulheit oder Leichtsinn (vgl. Ps 128,2; Spr 24,30–34). So will auch dieser Psalm weder Trägheit verherrlichen noch Anstrengung gering achten. Aber er wendet sich gegen zermürbendes Sorgen. Insgesamt werden drei Gebiete angesprochen: Menschliches Planen und Schaffen: der Hausbau (V. 1a); kommunale und staatliche Sicherheit (V. 1b); und die Nachkommenschaft, das Zeugen von Kindern (V. 3). In jedem dieser drei Bereiche können sich Sorgen einstellen. Gegen solch nutzloses Sorgen und Grämen wendet sich der Psalmist – nicht etwa, um die Arbeit aus dem Leben zu verbannen, wohl aber fruchtlose Quälerei. Er wendet sich gegen den, dessen verzehrendes Erfolgsstreben ihn von morgens bis nachts nicht vom Schreibtisch wegkommen läßt (V. 2a) und dessen Mahlzeiten zu zusätzlichen Sitzungen umfunktioniert werden. Ihm möchte der Psalmist zwei Wahrheiten mit auf den Weg geben: Der Herr regiert, und der Herr schenkt. Was bei aller Arbeit und allem Planen schließlich herauskommt, liegt ganz in Gottes Hand (V. 1), aber es ist ihm eine Freude, die Bedürfnisse der Seinen zu erfüllen (V. 2). Sogar Kinder, deren Empfängnis und Geburt ganz dem Gesetz von Ursache und Wirkung unterworfen zu sein scheinen, sind Gabe des Schöpfers und nicht in der Fruchtbarkeit des Zeugers begründete Leistung (V. 3).

Die Ausleger, die meinen, der Psalm sei aus zwei ursprünglich unabhängigen Stücken zusammengesetzt (V. 1–2; 3–5), können wohl recht haben. Aber wer immer es war, der sie zusammenbrachte, er hatte ein tiefes Empfinden für ihre innere Zusammengehörigkeit. VV. 3–5 bringen nicht nur den dritten Bereich menschlichen Handelns ins Blickfeld, womit das Bild abgerundet wird, sondern unterstreichen durch dieses Beispiel ganz besonders den Grundsatz, um den es geht. Denn während es auf der einen Seite keine Kinder ohne die elterliche Geschlechtsgemeinschaft gibt, so sind doch Empfängnis und Geburt – samt all der Freude (V. 5a) und Hilfe (V. 5b), die Kinder bringen – nicht das berechenbare Produkt ehelicher Gemeinschaft, sondern im letzten Entscheidung Gottes.

Das Entscheidende des Psalms findet sich deshalb in V. 2c: *»Seinen Freunden gibt er es im Schlaf«* (oder: ». . . gibt er Schlaf«). Die Gabe, die Gott den Seinen gibt, ist die Ruhe und Gelassenheit, die nicht den Gegensatz zu Arbeit und Anstrengung, wohl aber zur Ruhelosigkeit bildet. In ihm können sie bei allem Planen, bei allen Pflichten, bei aller Anstrengung und bei aller Freude des Lebens ruhen.

2 *Schlaf:* die genaue Übersetzung des Verses hängt von der Bedeutung des hebr. Wortes *ken* ab, das die meisten Übersetzungen unübersetzt lassen und das entweder »soviel« oder »richtig« bedeuten kann. Je nachdem lautet V. 2c: »Soviel gibt er seinem Freund im Schlaf« oder: »Mit Recht gibt er seinem Freund Schlaf.« In beiden Fällen ist der Sinn: Gottes Wille für seine Kinder ist nicht die verzehrende Sorge, sondern die Ruhe (vgl. Mt 6,25–34; Lk 12,16–34). **3** Vgl. 1Mo 20,18; 30,1f; Rut 4,13; 1Sam 1,5; Lk 1,13ff.24.15.

5 *Tor:* Zentrum des Dorflebens, der Ort, an dem Streitigkeiten geschlichtet und Geschäfte abgeschlossen wurden (z.B. Rut 4,1). Im Altertum gab eine große Familie einem Mann eine starke Stellung in der Gemeinde.

Psalm 128 Haussegen

Als Gegenstück zu Ps 127 legt dieser Psalm die Voraussetzung (VV. 1.4) für fruchtbare Arbeit (V. 2a), für persönliches Wohlbefinden (V. 2b) und ein glückliches Familienleben (V. 3) dar. Der Psalm beginnt mit einer Seligpreisung des Gottesfürchtigen (V. 1) und schließt mit einem Segensspruch (V. 5f).

1 *Fürchtet . . . geht:* vgl. das Wort Jesu Mt 6,33. 2 *Nähren von deiner Hände Arbeit:* im Gegensatz dazu fruchtlose Arbeit, vgl. Hag 1,5.6.9; 2,16.17. Im AT gibt es eine enge Beziehung zwischen Gehorsam und Wohlstand; vgl. 5Mo 28,1–14 und als Gegensatz 5Mo 28,15ff. 3 *Fruchtbarer Weinstock:* ein glücklich gewähltes Bild für die geliebte Frau. Wie ein Weinstock bedarf sie der ständigen Unterstützung und des Halts und gibt doch ihrem Mann immer mehr an Freude und Glück als sie erhält. *Ölbäume:* Wein und Öl sind Zeichen des ungehindert fließenden Segens Gottes (vgl. 5Mo 8,8; Hos 2,22). Der Ölbaum ist zudem Bild der Lebenskraft und Beständigkeit (Ps 52,9.10). 4 Die Anknüpfung an V. 1 will betonen, daß der so ersehnte Segen Gottes nur als Frucht der Gottesfurcht zu erfahren ist. **5.6** Nicht irgendeine Religion bringt dem Menschen persönliche Erfüllung und Glück in Haus und Hof. Der in den vorangehenden Versen beschriebene und hier zugesprochene Segen geht ausdrücklich von dem Gott aus, der Zion zu seiner Wohnung erwählt hat. *Das Glück Jerusalems:* Der Blick bleibt nicht auf den privaten Lebensbereich beschränkt; das häusliche Glück ist eng verknüpft mit dem Glück von Gottes Volk und Gottes Stadt.

Psalm 129 Drangsal und Rettung

Der Psalm spricht von leidvollen Erfahrungen des Volkes Israel im Laufe seiner Geschichte, aber nicht, um zu klagen, sondern um das treue Eingreifen Gottes zu bezeugen.

1–4 Die Erfahrung der Geschichte

Jahrhundertelange Erfahrungen des Volkes sind in diesen wenigen Versen zusammengefaßt. 2 Seit frühesten Zeiten (. . . *von meiner Jugend auf*; vgl. Hos 11,1), beginnend mit der Zeit der Sklaverei in Ägypten, folgte eine Unterdrückung der andern. **3** *Die Pflüger haben auf meinem Rücken geackert:* ein doppeltes Bild: Das Zugtier muß nicht nur pflügen, es wird gepflügt; auf dem Rücken Israels haben die Unterdrücker untilgbare Furchen hinterlassen. Aber **V. 4** zeigt, daß die abschließende Erfahrung das rettende Eingreifen des Herrn war: Er hat den Strick (mit dem das Zugtier an den Pflug gebunden war) zerschnitten. Der Grund dafür ist seine Gerechtigkeit, d.h. seine Bundestreue.

5–8 Die Quellen des Glaubens

5 *Alle die Zion gram sind:* So wie Israel nach einer Befreiung schon wieder die nächste ersehnt (vgl. Ps 126,1.4), so folgt auf einen Unterdrücker der nächste. Aber die Kraftquelle des Glaubens bleibt dabei unverändert: Gebet zu dem gerechten Herrn, der die Seinen niemals im Stich läßt. Auf den Widerstand der Feinde gibt es nur eine Antwort: Gebet und nur Gebet. Im Gebet geht es darum, daß die Feinde in all ihren Erwartungen enttäuscht werden sollen *(zuschanden werden).* **6** Sie sollen nicht bleiben, **7** sollen fruchtlos sein und **8** ohne Freunde. Vielleicht überrascht die Heftigkeit dieser Bitten, aber der Psalmist zieht es vor, das auszusprechen, was wir so gerne verschleiern. Gerade darin zeigt sich doch, wie weit unsere Heiligung noch davon entfernt ist, ohne zu sündigen Unwillen ausdrücken zu können.

Psalm 130 Aus tiefer Not

Aus der Tiefe seiner Not ruft hier ein Beter zu Gott, bekennt seine Sünde, bittet – fast zaghaft – um Vergebung und wartet sehnsüchtig auf den Zuspruch des göttlichen Wortes. Dieses Bußgebet wird in VV. 7.8 durch Worte der Vergebungs- und Erlösungsgewißheit abgeschlossen.

Diesem Verständnis des Psalms als eines Bußpsalms – der von der alten Kirche in die sieben kirchlichen Bußpsalmen eingereiht wurde und den Luther in seinem Lied »Aus tiefer Not schrei ich zu dir« aufgriff – steht die Auffassung A. Weisers entgegen, der den Psalm als Danklied ansieht, VV. 1.5.6 mit der Vergangenheitsform übersetzt und V. 2–4 als das Bußgebet versteht, das der Beter, nachdem er erhört worden ist, vor der Gemeinde noch einmal zitiert habe. Weisers Argument, daß die Perfektformen von VV. 1.5.6 mit der Vergangenheit übersetzt werden müßten, ist jedoch nicht zwingend. Wir werden den Psalm daher weiterhin als einen Bußpsalm aufzufassen haben.

1–4 Höre!

In diesem Abschnitt wird Gott mit drei verschiedenen Bezeichnungen angeredet: Erstens *Jahwe* (V. 1a). Es ist der persönliche Name des Gottes Israels, der Name, in dem sich Barmherzigkeit und Gericht zusammenfinden – Barmherzigkeit dem geknechteten Israel, Gericht den verhärteten Ägyptern gegenüber (2Mo 20,1f). Zweitens begegnet die Kurzform *Jah* (V. 3a). Sie ist von gleicher Bedeutung wie Jahwe. Drittens erscheint die Anrede *'Adonaj* (VV. 2.3b). *'Adonaj* bezeichnet den Souverän, den Meister und Besitzer. Es unterstreicht vor allem die Erhabenheit Gottes. Das Bewußtsein dieser Größe und Erhabenheit Gottes läßt den Psalmisten erkennen, in welche Tiefen die Sünde den Menschen hinabreißt und was Vergebung bedeutet. Aber die Erkenntnis, daß der Herr Jahwe, der Erlöser ist, ermutigt ihn zu beten.

3 *Sünden:* Im Hebr. steht hier wohl das tiefste Wort für Sünde, das vor allem ihren inneren Charakter umschreibt: Sünde ist Verderbnis des Herzens. *Bestehen:* vgl. Ps 1,5; Ps 24,3. Die Folgen der Sünde schlagen sich nicht nur im Gewissen nieder (V. 1), sondern machen den Menschen für die Gegenwart Gottes untauglich. 4 *Vergebung* ist das erste, was Gott mit sich bringt. Das bestimmte *»die«* unterstreicht ihre Echtheit. *Fürchte:* Weiß man erst, wie groß die Sünde ist, wieviel größer muß dann erst Gott sein, der mit seiner Vergebung über sie den Sieg erringt. Vor dieser Größe muß man erschaudern. Von einer »billigen Gnade«, von Voltaires Ausspruch: »Vergeben, das ist sein Beruf«, ist der Psalmist weit entfernt.

5.6 Ich harre

Der Sünder ist in seiner Sünde kraft- und hilflos. Nur Gott kann vergeben, und auf diesen souveränen Akt Gottes kann der Mensch nur warten. 5 *Harren* ist aber nicht ein Warten in dumpfer Hoffnungslosigkeit oder Verzweiflung, sondern das hebr. Wort bezeichnet ein aktives, gespanntes Ausgestrecktsein. *Wort:* Der Beter wartet auf die Heilszusage, die der Priester übermittelt. 6 *Seele:* das Personzentrum. Wir drücken gleiches aus, wenn wir sagen: Vom Grunde meines Herzens.

7.8 Hoffe!

Es lohnt sich, auf den Herrn zu harren. Sind dies Worte, die der Gemeinde zugerufen worden sind und an die der Beter sich jetzt glaubend hält? Oder ist ihm die Vergebung inzwischen zuteil geworden? Jedenfalls möchte er eines bezeugen: 7 *Viel Erlösung:* mit »Erlösung« verbindet sich immer die Vorstellung, daß ein Preis bezahlt wurde (vgl. 2Mo 13,13; 4Mo 3,46f). Die Gnade Gottes greift nach dem Sünder und zahlt einen Preis für seine Sünde. Warum vergibt er? Wegen seiner *Gnade,* seiner Bundestreue. Wie vergibt er? Mittels des Preises der *Erlösung.* 8 Was vergibt er? *Alle Sünden.*

Psalm 131 Die Schule der Demut

Es sieht so aus, als ob Ps 131 bewußt hinter Ps 130 gesetzt wurde. Diese beiden Psalmen ergänzen sich: auf den Ruf aus der Tiefe folgt das Bekenntnis eines Mannes, der Frieden gefunden hat.

1 *Herz ... Augen:* Die Haltung des Herzens spiegelt sich in den Augen (vgl. Ps 101,4ff; Spr 30,13). *Gehe um mit:* Mein Leben wird von dem bestimmt, womit ich mich beschäftige. 2 *Still ... ruhig:* Bevor ein Kind entwöhnt ist, ist ihm die Mutter Nahrungsquelle, und es verlangt nach der Brust. Nach der Entwöhnung ist es schon zufrieden, wenn es nur bei der Mutter sein kann. Ihre Gegenwart genügt.

Psalm 132 Davids Eid und der Eid des Herrn

Es liegt nahe, diesen Psalm mit der Tempeleinweihung Salomos (1Kön 8; 2Chr 5; 6) bzw. mit einer jährlichen feierlichen Begehung dieses Ereignisses in Verbindung zu bringen. Der Vorsatz Davids, Gott ein Haus zu bauen, wird zitiert (V. 1–5; vgl. 1Kön 8,17), die Einholung der Lade berichtet bzw. vollzogen (V. 6–10; vgl. 1Kön 8,1–13), und dann spricht Gott die Erwählung Davids und seiner Nachkommen (V. 11f) und die Erwählung Jerusalems zum Heiligtum aus (V. 13–18; vgl. 1Kön 8,16). In dem Bericht über Salomos Tempeleinweihung in 2Chr werden in Kap. 6,41 die Worte des Gebets Salomos in fast wörtlicher Übereinstimmung zu Ps 132,8–10 wiedergegeben.

Der Aufriß des Psalms entspricht 2Sam 7, wo der Wunsch Davids, dem Herrn ein Haus zu bauen (2Sam 7,1–3; Ps 132,1–5), von Jahwe in eine Verheißung, dem David ein Haus zu bauen, abgewandelt wird (2Sam 7,11ff; Ps 132,11f). Wahrscheinlich gehörte der Psalm zur Liturgie eines jährlich gefeierten Tempeleinweihungs- oder Zionsfestes, bei dem die heilige Geschichte der Erbauung des Tempels und der Überführung der Lade nachvollzogen wurde, was mit einer feierlichen Erinnerung an den göttlichen Eid gegenüber dem Haus Davids und an die Erwählung Zions zum Heiligtum verbunden war. Die beiden Hälften des Psalms sind eng verbunden. Beachte wie das Gebet (V. 8–10) in der Antwort (V. 14–17) aufgenommen wird.

1–10 Davids Eid

Der Psalmist bittet Gott darum, der Gefahren und Mühen zu gedenken, die David mit der Überführung der Lade und dem Ausbau Jerusalems zum Zentrum des Zwölfstämmevolkes auf sich nahm, d.h. er bittet, die Dynastie zu segnen. Was mit den »Mühen« im einzelnen gemeint ist, geht aus dem Text nicht hervor; sicher gehörten Vorfälle wie der erste Versuch Davids, die Bundeslade nach Jerusalem zu holen (2Sam 6,2–10), dazu.

2 Der Mächtige Jakobs: Diese Bezeichnung findet sich nur noch 1Mo 49,24; Jes 49,26; 60,16. Der Kontext ist immer der einer helfenden Machterweisung Gottes. So paßt diese Formel sehr wohl zu David, denn gegen alle Wahrscheinlichkeit hat Gott ihn auf den Thron gebracht und seine Feinde überwunden (2Sam 7,1). **5** *Wohnung:* im Hebr. Mehrzahl, d.h. eine würdige Stätte.
6–8 Diese Verse erwähnen nacheinander die Überführung der Lade von Kirjath-Jearim (V. 6; vgl. 1Sam 7,1f; 2Sam 6,1–3), den Ruf zur allgemeinen Anbetung bei den sich anschließenden Feierlichkeiten (V. 7; vgl. 2Sam 6,17–19; 1Kön 8,1–3.62.63.65.66) und die Überführung der Lade an ihren neuen Ort (V. 8). **6** *Ephrata* ist wohl eine altertümliche Bezeichnung für Ephraim, womit der frühere Aufenthaltsort der Lade, Silo im Stammesgebiet Ephraims (1Sam 4,4), in Erinnerung gerufen wird. In 1Sam 1,1 steht im Hebr. für Ephraimiter (so LÜ) »Ephratiter«. Mit Ephrata könnte aber auch Bethlehem (Rut 4,11; Mi 5,1), der Heimatort Davids, gemeint sein, wo er vom Aufenthalt der Lade in Kirjath-Jearim (hier: *Gefilde von Jaar*) erfährt.
7 *Schemel seiner Füße* ist die Lade, über der Jahwe unsichtbar thronte (2Sam 6,2).
9 Deine Heiligen (hebr. *chasidim*): die Gefäße seiner *chesed* d.i. seiner Gnade bzw. Liebestreue. **10** Der Fortbestand des zentralen Tempels mit der Lade war abhängig vom Bestand des Thrones Davids. Das ist die Begründung des Gebets für den König (vgl. Ps 84,10).

11–18 Der Eid des Herrn

Gottes Antwort ging über Davids Erwartung hinaus. Statt eines steinernen Hauses, das die Gegenwart Jahwes beherbergen sollte, wird ein bleibendes Bauwerk aus lebendigen Menschen verheißen (VV. 11.12; vgl. 2Sam 7.5.11), das getragen ist von der Kraft Jahwes und seinem unveränderlichen Vorsatz (vgl. Ps 89,20–38). Diese Zusage wird von Jahwe mit einem Eid bekräftigt. Darüber hinaus spricht er die Erwählung Zions zu seinem Heiligtum für alle Zeiten aus (V. 13f). So verbinden sich die Herrschaft Gottes über sein Volk, die durch seinen gesalbten König ausgeübt wird, und der Dienst der Versöhnung, der durch die Priesterschaft und den Opferdienst geschieht (vgl. V. 9a).

11.12 Vgl. 2Sam 7,11–15. **15** Die Fürsorge für die Armen ist bleibendes Anliegen Jahwes und seines Königs (vgl. Ps 72,13–15). **16** *Kleiden:* die Kleidung symbolisiert Wesen und Auftrag. V. 9a hatte mittels dieser Ausdrucksweise die Gerechtigkeit der Priester beschrieben (vgl. Jes 11,5; Eph 6,14). V. 16 umschreibt so nun ihren Auftrag, durch Darbringen von Opfern *Heil* zu schaffen (vgl. Jes 59,15–17; 61,10; 63,1). **17** Das *Horn (so richtig ZÜ, EÜ; LÜ: Sproß)* ist das Zeichen der Kraft (vgl. Sach 2,2–4); die *Leuchte* ist Symbol der Dauerhaftigkeit (vgl. 1Kön 11,36).

Psalm 133 Der Segen brüderlicher Einigkeit

Hinter diesem Psalm steht ein alter israelitischer Brauch: die Regel, daß Brüder auch nach dem Tod des Vaters beieinander bleiben und das ungeteilte väterliche Erbe übernehmen (vgl. 5Mo 25,5; 1Sam 10,14). Diese Situation aus dem Alltagsleben wird anläßlich eines der Wallfahrtsfeste auf die Einigkeit der Familie Gottes übertragen.

Der Psalmist illustriert den Segen der Einigkeit in doppelter Weise. 2 Einmal ist er wie das erfrischende, mit köstlichen Duftstoffen versehene Salböl, das vom Kopf langsam in den Bart hinab läuft. Öl ist im allgemeinen das Bild für Freude (vgl. Ps 23,5; 104,15); es bringt Wohlgeruch (Hld 1,3) und hat heilende Wirkung (Jes 1,6). Das priesterliche Salböl hatte vor allem noch eine heiligende Wirkung (2Mo 30,22–33). Die Fülle des Salböls deutet an, daß Gott überströmend segnet.

3 Zum andern wird die Einigkeit mit dem Tau verglichen, der nachts auf *die Berge Zions* fällt und die von der glühenden Sonne ausgetrocknete Vegetation erfrischt und belebt. Der wesentliche Gedanke ist hier der der Erfrischung. Gottes Segen, den er durch die brüderliche Gemeinschaft schenkt, erfrischt, belebt und macht fruchtbar. Die Verbindung von *Hermon* (im Nordreich) und *Zion* könnte darauf hinweisen, daß Gottes *Segen* dann fließt, wenn sein Volk sich in Einheit befindet. Es bedarf eines Wunders, damit der *Tau vom Hermon* auf den Zion fällt, und so ist auch Gemeinschaft ein Wunder göttlicher Gnade, wobei der Segen, der dem einzelnen zuteil wird, der Allgemeinheit zugute kommt. Es gefällt Gott, solche Gemeinschaft (V. 3b) zu segnen.

Psalm 134 Nächtliches Lob

Ein Psalm für eine nächtliche Feier während eines Festes (vgl. 2Mo 12,6–8; Jes 30,29). Die beiden ersten Verse sind eine Einladung zum Gebet, die an alle ergeht, die die Nacht über im Tempel bleiben (vgl. 1Chr 9,33). Seine Knechte haben das Vorrecht, in seinem Haus und in seiner Gegenwart zu verweilen und »ihre Hände zu erheben«, d.h. zu beten.

Auf diese vom Vorsteher des Gottesdienstes gesprochene Einladung antwortet die Gemeinde (V. 3). So wird die Gemeinschaft für den nächtlichen Gottesdienst zusammengeschlossen. Der Zion ist der Ausgangspunkt alles Segens, weil hier der Herr, der Schöpfer des Himmels und der Erde, gegenwärtig ist.

Psalm 135 Die Gewißheit der Erwählung

Dieses großartige Loblied hat viel mit früheren Lobpsalmen gemeinsam. Es wurde für den gottesdienstlichen Gebrauch geschrieben und dabei offenbar bewußt so gestaltet, daß es Erinnerungen und Gedanken an andere Loblieder hervorrief.

Der Grund des Lobpreises ist die Erwählung Israels zu Gottes Volk (V. 4). Der Rest des Psalms ist eine Meditation zum Thema der Erwählung: über ihr Wesen, ihre Wirklichkeit und ihr Vorrecht.

1–4 Das Wesen der Erwählung

Die Einladung an die Knechte Gottes, ihn zu loben (VV. 1.2), beruht in erster Linie auf der Erkenntnis, daß Gott gut (LÜ: *freundlich*) ist (V. 3). Seine Güte zeigt sich in der Erwählung Israels (V. 4).

3 Gott ist in sich selbst gut. Seine Güte wird hier im wesentlichen als Gnade und Freundlichkeit Israel gegenüber verstanden: die Erwählung Israels (V. 4), die rettenden Machttaten für sein Volk (V. 8–11), die Gabe des Landes (V. 12), seine Gerechtigkeit und Barmherzigkeit im Blick auf Israel (V. 14). Mit seinem *Namen* hat Gott sich Israel geoffenbart; der Name ist die dem Menschen zugewandte und erkennbare Seite seines Wesens. Mit dem Namen Jahwes verbindet sich für Israel immer die Rettung aus Ägypten (vgl. 2Mo 20,2); daher ist der Name *lieblich.* **4** *Eigentum* bezeichnet einen Besitz, der einem besonders wertvoll ist und zu dem ein persönliches Verhältnis besteht (vgl. das gleiche hebr. Wort 2Mo 19,4–6; Mal 3,17). Und eben das will die Erwählung Israels als Gottes Volk ausdrücken (vgl. 1Petr 2,9.10).

5–14 Die Wirklichkeit der Erwählung

In diesem Hauptstück des Psalms werden vier Aspekte der Größe Gottes gepriesen, auf denen die Erwählung ruht. **5** Zunächst wird die Erhabenheit Gottes herausgehoben, um daran zu erinnern, daß nichts ihn dazu zwingen kann, seine Wahl zurückzunehmen. Vielleicht greift der Psalmist die alte Tradition vom »höchsten Gott« (vgl. 1Mo 14,18–20) auf. **6.7** Daneben steht die souveräne Freiheit des Schöpfers von Himmel und Erde. Er hat die Macht, überall zu tun, was ihm gefällt; alle sichtbaren und unsichtbaren Dinge stehen ihm zur Verfügung. Er, der alles frei tun kann, hat Israel erwählt. **8–12** Sein Eingreifen und Handeln in der Geschichte zugunsten seines Volkes Israel – beim Auszug aus Ägypten, bei der Landnahme und bei der Ausbreitung im Land – sind klare Beweise dafür, daß er dieses Volk zu seinem Eigentum gemacht hat. **13.14** Schließlich wird seine Unveränderlichkeit genannt. Jahwe ist ewig; er ändert sich weder selbst, noch ändert er seine Haltung seinem Volk gegenüber.

15–21 Der Vorzug der Erwählung

Das Elend aller andern Völker wird offenbar, wenn man ihre Götter ansieht – ihre Herkunft, ihre Leblosigkeit und ihre Unfähigkeit (V. 15–18). Der Glaube an den Gott Israels schließt jeden Glauben an andere Götter aus. Sicher gingen die Völker davon aus, daß die von ihnen verehrten Gottheiten auch lebten. Israel aber wußte, daß es nur einen lebendigen und wahren Gott gibt. Das »Alle Götter« von V. 5 muß im Licht des in V. 15–18 Gesagten verstanden werden.

19–21 Welch ein Vorrecht, Volk dieses einen Gottes zu sein.

Psalm 136 Gottes Gnade währt ewig

Dieser Psalm wurde offensichtlich für den Gottesdienst komponiert. Die gottesdienstliche Gemeinde antwortet nach jedem Halbvers mit dem Refrain: *»Denn seine Gnade währt ewig«* (LÜ: *Güte*). Inhaltlich weist Ps 136 auffallende Übereinstimmungen mit Ps 135 auf; die VV. 17–22 decken sich zum Teil wörtlich mit Ps 135,10–12. Der Gedanke an einen gemeinsamen Verfasser liegt nahe, ist aber nicht zwingend. Wahrscheinlicher ist, daß beide Psalmen hier auf dieselben Traditionen zurückgreifen.

Die ständig wiederholte Formel: »Denn seine Gnade währt ewig« könnte ermüdend wirken. Dennoch liegt in ihr die theologische Mitte des ganzen Psalms, von der aus alle die anderen Aussagen erst verständlich werden. Gottes Gnade, d.h. seine Liebe und Bundestreue, ist es, die sich in seinen Wundern durchsetzt (V. 4); sie liegt seinem Schöpferhandeln zugrunde (V. 5–9), und sie ist auch die treibende Kraft in seinem Geschichtshandeln (V. 10–22). Auf seiten der Begünstigten ist sie allerdings durch keinerlei Verdienst erworben worden (VV. 23.24). Trotzdem läßt sie sich so weit herab, daß sie auch noch die täglichen Lebensbedürfnisse bis hin zum täglichen Brot bedenkt (V. 25). Wir können den Gott des Himmels nach seinem ganzen Wesen erforschen, ihn, der ja keinerlei irdischen Beschränkungen unterworfen ist und dem die ganze Fülle des Himmels gehört – und wir würden nichts finden, was lobenswerter ist als seine Gnade, die ewig währt (V. 26).

2 Der Gott aller Götter – vgl. Kommentar zu Ps 135,15ff. Er ist hoch erhaben über alles, was die Menschen je verehren könnten. **3** Als Herr aller Herren überragt er alles, was den Menschen gefangen nehmen könnte (vgl. Kommentar zu Ps 130,2: Herr = *'adonaj*). **4** *Wunder:* vgl. Kommentar zu Ps 107,8. **5** Zur Schöpfung als Beweis der Weisheit Gottes vgl. Jes 40,12–14; Spr 8,22–31.

6 *Die Erde über den Wassern:* Das ist keine Lehraussage über ein bestimmtes Weltbild – etwa ein dreistöckiges Universum, sondern eine augenscheinliche, in poetische Sprache eingekleidete Beobachtung. Wie gut, daß die Erde über den Wassern ausgebreitet ist! **10–15** In zwei Gruppierungen (V. 10–12; 13–15) veranschaulichen diese Verse die Macht Gottes, die für Israel eingesetzt wurde. In jeder Gruppierung findet sich eine Beschreibung seiner Macht (VV. 12.13), seines Sieges (VV. 10.15) und der Erlösung (VV. 11.14). **12** *Hand ... Arm:* vgl. 2Mo 6,1.6; 13,3; 5Mo 4,34; Jes 51,9; 52,10; 53,1. Der »Arm des Herrn« ist der Herr selbst in seiner Rettermacht. **17–22** Vgl. 5Mo 2,26–3,13. **23.24** Ein treffendes Bild der Hilflosigkeit: keine Kraft und viele Feinde. **25** Wie doch gerade das Irdische und Menschliche die Freundlichkeit und Güte Gottes aufleuchten läßt.

Psalm 137 An den Wassern zu Babel

Die meisten Ausleger setzen diesen Psalm in der nachexilischen Zeit an und berufen sich dabei auf die Vergangenheitsform in V. 1–3, die den Eindruck erweckt, als schaue man auf die Gefangenschaft in Babylon als etwas Vergangenes zurück. Aber auch innerhalb der Exilszeit könnte man so auf ein bestimmtes Ereignis, wie es in V. 2 und 3 geschildert wird, zurückschauen. Ferner legt die von bitterer Melancholie gezeichnete Schönheit der Verse 1–6, die noch nichts von einer Rückkehr nach Jerusalem wissen, geschweige denn von einem Wiederaufbau, sowie der ungedämpfte Zorn der VV. 7–9 eine Entstehung im Exil nahe, als das Heimweh und der Schmerz der Versklavung noch frisch waren. H.J. Kraus (BK, XV S. 1083) setzt die Entstehung des Psalms vor der Zerstörung des babylonischen Großreiches (539 v.Chr.) an, vermutet aber, daß sich der Dichter im Augenblick der Abfassung des Liedes nicht dort aufhält (unter Hinweis auf *»dort«* in VV. 1.3).

Der Psalm beeindruckt noch heute durch den starken, unmittelbaren Ausdruck der Trauer. Offenbar haben sich die Juden im Exil an den kanalartigen Wasserläufen Babyloniens versammelt, um dort der Zerstörung Jerusalems zu gedenken und gemeinsam zu klagen. Dabei ist es nicht nur die Trennung von der Heimat, die sie belastet und stumm werden läßt (V. 4), sondern mehr noch die Trennung vom Heiligtum in Jerusalem (VV. 5.6).

Die VV. 7–9 gehören zu den uns am meisten erschreckenden Aussagen des AT. Hier begegnet das Problem der Rachepsalmen in besonders ausgeprägter Form. Aber man kann nicht einfach sagen, daß das neue Gesetz: »Du sollst deinen Feind lieben« damals eben das alte: »Du sollst deinen Nächsten lieben und deinen Feind hassen« (Mt 5,43f) noch nicht verdrängt hatte. Einmal findet sich das Haßgebot gar nicht im AT, sondern es gehört offenbar zu den jüdischen »Satzungen« zur Zeit Jesu. Wo findet sich denn im AT ein Gebot, das Feindeshaß zum Prinzip erhebt – auch wenn z.B. in 5Mo 23,4–7 in bestimmten Fällen aus bestimmten Gründen befohlen wird, bestimmte Menschen nicht zu lieben? Es fällt geradezu auf, daß in 5Mo 23,8.9 den Edomitern, den verhaßten Feinden von Ps 137,7, gegenüber Liebe geboten wird. Man kann aber auch nicht einfach die Racheaussagen der Schlußverse dem rohen, ungeschulten Gewissen eines alttestamentlichen Menschen zuschreiben, denn die Eingangsverse zeugen von tiefer Frömmigkeit. Auch die Erklärung A. Weisers (ATD 14/15, 550) schließlich, daß der Psalmist zum Schluß nicht mehr die Kraft gehabt habe, die mühsam zurückgehaltene Wut zu bändigen, und in V. 7–9 »in den Abgrund menschlicher Leidenschaft stürzt«, ist unbefriedigend; denn sie übersieht, daß der Geist der Vergeltung hier keineswegs alle Dämme gebrochen hat, sondern sich lediglich im Gebet Gott gegenüber Ausdruck verschafft. Nirgends liegt eine Andeutung vor, daß er sich in die Tat umgesetzt hätte.

Bei der Beurteilung der Bitte um Vergeltung in V. 7–9, so schrecklich sie ist, müssen zwei Gesichtspunkte beachtet werden: 1. Die Grausamkeit der Handlung in V. 9 ist kein besonderer Ausdruck des alten Judentums, sondern ein Hinweis auf die Grausamkeit der antiken Kriegshandlungen überhaupt. 2. Die Bitte um Vergeltung ist eine Bitte, die an die Gerechtigkeit Jahwes als des Herrn der Geschichte appelliert, ihm die Vollstreckung dann aber auch überläßt (vgl. H.J. Kraus, S. 1086).

1 *Wasser:* Die Gefangenen in Babylon werden oft in Verbindung mit Flüssen oder Wasserläufen erwähnt (vgl. Esr 8,15; Hes 1,1; Dan 8,2). Es könnte sein, daß die Gefangenen zu Sklavenarbeiten an Bewässerungsprojekten eingesetzt wurden. Aber im vorliegenden Zusammenhang geht es gar nicht um konkrete Leiden, sondern es drückt sich der Schmerz über die Trennung von der Heimat und vom Heiligtum aus. Der Vergleich mit der gegenwärtigen Situation führt zu Tränen. **2–4** Im poetischen Aufbau des Psalms gehört V. 4 mit V. 5f zusammen. Gedanklich bringt er hingegen den in V. 2f angefangenen Gedankengang zu Ende. Das Weglegen der Musikinstrumente war die Reaktion auf das Verlangen der Unterdrücker, sie mit hebräischer Musik zu amüsieren. Jahwes Lied im fremden Land – das ist ein Widerspruch in sich selbst. **3** *Lied von Zion:* Das ist typisch für atl. Denken: Zionslieder (Ps 48; 84; 87; 122) sind Ausdruck religiöser Freude und können nicht verweltlicht werden.

4 *In fremdem Land:* Man darf in den Text nicht den Gedanken hineinlesen, als sei Jahwe in seinem Wirken auf die Grenzen Kanaans beschränkt. Aber wenn sich sein Volk in fernem Land fand, dann wußte es, daß es von ihm verworfen war. Kann man dann noch so tun, als sei nichts geschehen? Der Psalmist weiß um den Ernst der Sünde, die von Gott trennt. **5.6** Die starken Worte der Selbstverfluchung in diesen Versen dürfen nicht übersehen werden. Gott soll im Denken und auch in der Freude des Gläubigen im Vordergrund stehen. Ist das nicht der Fall, so begibt er sich unter den Fluch, der seine Sinne und Kräfte trifft. Geht er sogar so weit, daß er Jerusalem vergißt, d.h. sich auf die Seite der Babylonier und Edomiter begibt, die die Feinde der heiligen Stadt sind, dann wird ihm das nicht erspart bleiben, was er ihnen in den abschließenden Versen wünschen wird. So zeigt sich an dieser Stelle, daß der Zorn hier eine zutiefst religiöse Gemütsbewegung ist, die sich gegen alle Gottlosigkeit wendet, gleich wo sie sich findet und gleich wie sie sich darstellt.

7 Die Edomiter waren von den Vätern, von Esau her Israel brüderlich verbunden. Israel war verpflichtet, diese Verbundenheit zu beachten (vgl. 5Mo 2,1–8). Aber das Verhältnis zwischen den beiden Brudervölkern war von endloser Bitterkeit gezeichnet, die ihren Höhepunkt erreichte, als die Edomiter über den Fall Jerusalems mitleidslos jubelten und sich freuten (vgl. Obd 8–14). **8.9** Diese Verse sind keine Aussage über das göttliche Prinzip exakter Wiedervergeltung. Dieser Grundsatz läßt sich menschlich nicht aufrechnen und ist nur in Gottes Hand ausgewogen und gesichert. Hier werden allenfalls menschliche Vergeltungsmethoden geschildert. Was hier begegnet, ist, wie ein Ausleger sagte, weniger ein Stück »atl. Grausamkeit«, als ein Beispiel aus der Realität menschlicher Kriegsführung.

Psalm 138 Ein einzigartiger Gott

Der Psalm ist ein Danklied und darüber hinaus ein Zeugnis des Gottvertrauens. Der Psalmist sieht sich drei anderen Mächten gegenüber und bekennt im Blick auf jede von ihnen die überlegene Macht Gottes. Das gilt im Blick auf andere Götter (V. 1–3): Hier ist Jahwe allein anzubeten und zu loben – eine Gewißheit, die das Ergebnis erhörten Gebets ist (V. 3). Das gilt auch in bezug auf weltliche Mächte (V. 4–6): Auch sie werden einst den Herrn anerkennen müssen, wenn sie erfahren, wie Gott mit dem Beter gehandelt hat (VV. 4b.6). Und das gilt schließlich in bezug auf die ihn persönlich bedrohenden Feinde (VV. 7.8): Der Beter ist sich seiner Geborgenheit im Schutz Gottes gewiß, weil der treue Herr seine Sache gut hinausführen wird (V. 8).

In welche Situation paßt ein Psalm wie dieser am besten hinein? Es erscheint zunächst kaum möglich, daß ein Privatmann annimmt, seine persönliche Erfahrung werde solch einen weitreichenden Einfluß auf die Könige der Erde haben. Wenn die Person, um die es hier geht, ein König wäre, dann wäre das schon eher denkbar. Von den Königen Judas bietet sich Hiskia an, dessen wunderbare Errettung von der Bedrohung durch Sanherib sehr wohl ein Anlaß gewesen sein könnte, sich über die heidnischen Götter auszulassen (2Kön 19,14f). Doch zweifellos hat es in der Geschichte Israels auch andere Könige gegeben, die durch Gottes Hilfe Siege errangen und so zu einer Erneuerung ihres Glaubens kamen.

Es könnte aber auch sein, daß ein Psalmschreiber zur Zeit des von Cyrus erlassenen Dekrets (Esr 1,1–4) sich zum Sprecher des Volkes macht (ähnlich wie der Psalmist in Ps 129,1–3) und den Sturz der babylonischen Götter feiert (vgl. Jes 46,1–7). Dabei stellt er sich schon vor, welche Reaktion die weltweite Veröffentlichung des Dekrets auslösen wird. Im Blick auf die Zukunft seines Volkes übermannt ihn der Jubel.

1–3 Der Gott, der hört

Der Herr hat an dem Psalmisten in einer Weise gehandelt, daß er ihm sein *ganzes Herz* abgewonnen hat. Eine Hinkehr zu andern *Göttern* kommt für ihn nicht mehr in Frage (V. 1). Dabei geht es weniger um das, was Gott getan hat, als darum, was Gott ist und wie er sich zu seinem Tun erweist. Die Anbetung zielt deshalb auf den *Tempel* hin, auf den Ort, an den Gott seine Gegenwart in seinem Volk gebunden hat, und auf seinen *Namen,* worin all das zusammengefaßt ist, was er seinem Volk über sich offenbart hat. Besonderer Dank und Anbetung kommt ihm um seiner beständigen Gnade und seiner Treue willen zu. Sie ist *über alles* hinausgegangen, was man bisher von ihm gekannt hat (V. 2). Gottes Eingreifen geschah als Antwort auf das Gebet des Psalmisten (V. 3).

1 *Vor den Göttern:* Das AT macht im Grunde zwei unterschiedliche Aussagen bezüglich anderer Gottheiten. Einerseits verneint es mit aller Entschiedenheit ihre wesenhafte Existenz (vgl. Ps 115,4–7). Andererseits anerkennt es ihre Realität als Gegenstand der gottesdienstlichen Verehrung bestimmter Menschen. Dazu ist es sich ihrer Gefahr als Verführungsmächte für Israel bewußt. Dem Psalmbeter geht es hier lediglich darum, die absolute Erhabenheit und Vorherrschaft Jahwes gegenüber allem herauszustellen, was den Menschen zur Anbetung und Verehrung verlocken will. **2** Gottes Antwort auf das Gebet des Psalmsängers übertrifft alles, was er bisher von Gott wußte.

4–6 Der Gott, der handelt

Das Wort (V. 4) nimmt *dein Wort* (V. 2) auf: Es geht um die Antwort Gottes (V. 3) und ihre Verwirklichung. Sein Handeln war so, daß sogar Könige überführt werden und in den Lobpreis der *Herrlichkeit des Herrn* einstimmen müssen, wenn sie davon erfahren. Diese Herrlichkeit zeigt sich in seinen *Wegen,* d.h. in dem für ihn charakteristischen Tun (V. 5). Und so handelt er: Er beugt sich hinab zu dem *Niedrigen,* der zutiefst am Boden liegt, um ihn aufzurichten, und distanziert sich von den *Stolzen* (V. 6).

4 *Daß* wird besser mit »wenn« übersetzt (so EÜ, ZÜ, JB): ». . . werden dich preisen, Herr, wenn sie . . . hören.« **6** *Hoch:* vgl. Jes 57,15. *Die Stolzen:* vgl. Jes 2,10–17.

7.8 Der Gott, der will

Die Liebe Gottes zu den Seinen äußert sich zweifach: einmal geht es um den Schutz, dann aber auch um den Sieg. Er schützt sie vor Angriffen. Aber er geht auch aktiv gegen die Angreifer vor und beseitigt die Bedrohung. Der Psalmist redet davon wie von einem gewohnheitsmäßigen göttlichen Tun (beachte die Gegenwartsform der Tätigkeitsworte in V. 7). Er ist sich nämlich gewiß, daß Gott in seinem Wollen unwandelbar ist, da sein Wollen aus seiner unveränderlichen Liebe erwächst. Dieses Vertrauen mündet schließlich in die Bitte, Gott möge das Werk seiner Hände nicht aufgeben.

8 Vgl. die Zuversicht von Phil 1,6 in Verbindung mit dem Gebet in Phil 1,9–11.

Psalm 139 Herr du erforschst mich

Die großen theologischen Erkenntnisse dieses Psalms werden nicht – und das ist typisch alttestamentlich – in abstrakter Gedankenführung systematisch – logisch entwickelt, sondern in der bildhaft-konkreten Sprache eigener Gotteserfahrung persönlich ausgesprochen. Der 139. Psalm ist ein klassisches Beispiel dafür, daß für das biblische Denken Glaube und Erkenntnis nur dann wirklich sind, wenn sie Leben und Handeln des Menschen erfassen und bestimmen. Man könnte sagen, der Psalm lehrt Gottes Allwissenheit (V. 1–6), seine Allgegenwart (V. 7–12), seine Allwirksamkeit (V. 13–16) und seine Heiligkeit (V. 17–24). Und doch läge der eigentlichen Absicht des Psalmisten nichts ferner als diese vier Abstraktionen. Für ihn bedeutet Gottes Allwissenheit: Gott kennt mich durch und durch. Allgegenwart bedeutet: Gott ist bei mir, gleich wo ich bin; Allwirksamkeit: er hat mich wunderbar gemacht; Heiligkeit: er, der die Gottlosen richten wird, ist auch mein Richter. Grundlegend für das ganze Lied ist die Ich-Du-Beziehung.

Wie ist diese Beziehung zu verstehen? Der Gedanke, daß der Sänger wegen seiner Sünde vor Gott fliehen möchte, ist zu verwerfen. Es kann dem Psalmbeter gar nicht darum gehen, sich dorthin zu flüchten, wo Gott nicht ist. Sein Gefühl ist staunender Dank (V. 14). Von daher kann er Gott sogar bitten, ihn zu prüfen und zu erforschen (VV. 23.24). Das ist also nicht das Gebet eines Mannes, der von Gott davonliefe, wenn er nur könnte, sondern hier betet einer, der weiß, daß das nicht möglich ist, und das nicht bedauert, sondern sich darüber freut.

Der Zentralgedanke des Psalms ist Geborgenheit in Gott. Daß Gott den Beter bis ins Innerste kennt (V. 1–6), bedeutet, daß er ihn stets hält und führt (V. 10), sein ganzes Leben überblickt und alle seine Tage schon eingeplant hat (V. 16). Man möchte sich fragen, was den Beter veranlaßte, über diese Geborgenheit nachzudenken.

Der Schlüssel für die Ursprungssituation

des Psalms ist das Gebet gegen die Feinde mit der Bitte des Beters, Gott möge ihn prüfen (V. 19–24). Der Psalmist wurde offenbar von Feinden verfolgt, die ihn mit schweren Vorwürfen bedrängt und auf seine Vernichtung hingearbeitet haben (V. 19b). Er wendet sich mit seiner Not an Gott, bittet um Vernichtung der gottlosen Feinde und stellt sich selbst, wie aus anderen Klagepsalmen bekannt (vgl. Ps 7,9; 26,2), dem Gerichtsurteil Gottes (V. 23f). Wie aus V. 1 hervorgeht, ist diese Prüfung durch Gott vollzogen worden; und VV. 1–18 sind nun ein Dank- und Vertrauenslied, in dem der Psalmist die Allwissenheit und Allwirksamkeit Gottes staunend anbetet. Die Frage, warum das Klagelied (V. 19–24), das ja zeitlich vor das Danklied (V. 1–18) gehört, nun am Schluß steht, kann nicht mit letzter Sicherheit beantwortet werden. Vielleicht nimmt der Beter, nachdem Gottes Urteil ihn freigesprochen hat, die Bitte um Bestrafung der Feinde, die ja auch Gottes Feinde sind, aus seinem Klagegebet noch einmal auf und bittet Gott um die Vollstrekkung seines Urteils auch ihnen gegenüber. Aber gleichzeitig stellt er sich selber, auch für die Zukunft, unter dieses Urteil.

Wie bei anderen sog. »Rachepsalmen« hat man auch im Blick auf die VV. 19–22 von »Niederungen menschlicher Gefühle« (Weiser ATD, S. 558) gesprochen. Bei der Beurteilung dieser Verse sollten wir aber zweierlei im Augen behalten: 1. Es geht dem Psalmisten – und das sollte man ihm abnehmen – um die Durchsetzung von Gottes Gerechtigkeit gegenüber denen, die Gott lästern und hassen (V. 20f). 2. Der Psalmbeter kann dem gerechten Gericht über die Gottlosen genau so wenig gleichgültig und unpersönlich gegenüberstehen, wie er der göttlichen Allgegenwart als philosophisch-abstrakter Erkenntnis gegenübertreten kann.

1–18 Geborgenheit

1–6 Der allwissende Gott. Gott hat den Beter erforscht (V. 1: das Perfekt des hebr. Textes sollte mit der Vergangenheitsform übersetzt werden, vgl. EÜ) (V. 1), sowohl in seinem äußeren Tun (V. 2a), als auch in seinem Denken (V. 2b). Er kennt ihn zu jeder Zeit, sei es, daß er sich auf seinen täglichen Wegen befindet, sei es, daß er sich des Nachts niederlegt und ruht (V. 3a). Er kennt ihn nach seinen Gewohnheiten und in seinem Reden (V. 3bf). Dieses intime, ins letzte Detail gehende Wissen Gottes ruft beim Beter ein Gefühl, von Gott völlig umschlossen zu sein, hervor (V. 5; LÜ übersetzt hier interpretierend, wenn auch im Zusammenhang richtig: *Von allen Seiten umgibst du mich und hältst deine Hand über mir*; vgl. die genauere Übersetzung: »Von hinten und von vorn hast du mich eingeengt und hast deine Hand auf mich gelegt«; EÜ Anm.). Zugleich gibt es ihm das Bewußtsein, daß er von einer Weisheit getragen wird, die die seine bei weitem übersteigt (V. 6).

2 Das *Du* ist hier im hebr. Text betont. Der Psalmist weiß sich in jeder Phase und Hinsicht seines Lebens erkannt (V. 1), aber der ihn Erkennende ist der Herr selbst. Das ist die Ich-Du-Beziehung – oder besser die Du-Ich-Beziehung –, in der der Psalm ruht. Bei den *Gedanken* geht es um die Absichten und Vorsätze. *Von ferne* ist zeitlich zu verstehen: Lange im voraus. Die *Gedanken* bzw. Pläne waren Gott schon bewußt, bevor sie im Herzen des Psalmisten Gestalt gewonnen hatten.
3 *Du siehst* (EÜ, ZÜ: ». . . bist du vertraut) bedeutet, daß das menschliche Handeln mit seinen Motiven und Konsequenzen Gott ständig gegenwärtig ist. 5 Diese genaue Kenntnis, die Gott von uns hat, könnte erschreckend sein. *Umgibst:* Das hebr. Wort bedeutet: »zusammenschnüren, einengen, einschließen« und wird oft für das Belagern von Städten gebraucht. Hier soll es ausdrücken, wie »hautnah« Gott uns jederzeit ist, sowohl mit seiner Allwissenheit als auch mit seiner schützenden Macht. *Deine Hand:* wörtl. »und hast deine Hand auf mich gelegt«. »Die Hand auf jemanden legen« kann Segen (1Mo 48,14), aber auch Gericht bedeuten (Ps 32,4); hier ist wieder die ständige Nähe Gottes gemeint, der sowohl segnet als richtet.

7–12 Der allgegenwärtige Gott. Durch seinen Geist ist Gott überall gegenwärtig (V. 7). Eine Anzahl von Beispielen verdeutlicht die Realität dieser Aussage. Sie gilt für Himmel und Totenreich (*sche'ol,* V. 8), die gegenwärtige Welt, auch für die denkbar weiteste Entfernung (V. 9). Die Allgegenwart ist Segenswirklichkeit, denn überall ist Gott da, um zu führen und zu halten (V. 10). Zudem ändert sich die göttliche Allgegenwart auch in den verschiedenen Lebensumständen nicht; ob Licht oder Finsternis (VV. 11.12), sie bleibt sich gleich.

7 *Dein Geist:* vgl. den Artikel »Theologie des Alten Testaments« (S. 27.28). *Geist* und *Angesicht* sind Umschreibungen der machtvollen und personhaften Gegenwart Gottes; wo sie sind, da ist Gott selber. Der Geist weist dabei stärker auf die Wirkkraft, das Angesicht stärker auf die Personhaftigkeit dieser Gegenwart Gottes hin. 8 Scheol (LÜ: *bei den Toten*) ist die Stätte der Toten, ihr Aufenthaltsort. 9 *Flügel:* ein Bild für das sich schnell ausbreitende Morgenlicht. Sogar ein Flug in Lichtgeschwindigkeit könnte uns nicht aus Gottes Gegenwart entführen. 10 Der

Schlüsselvers, von dem aus V. 7 zu verstehen ist, zeigt, daß es dem Psalmisten nicht darum geht, vor Gott zu entfliehen, sondern darum, zu zeigen, daß ein Entfliehen unmöglich wäre, auch wenn man alle denkbaren Möglichkeiten nutzte. 11 *Decken:* besser: »(nach mir) schnappen, überwältigen«. Hier wird mit dem Begriff *Finsternis* gespielt, der einerseits eine physische Wirklichkeit, andererseits dunkle Mächte, überhaupt die dunklen Seiten des Lebens bezeichnet. 12 *Finsternis ist wie das Licht . . . bei dir:* Für Gott ist hier kein Unterschied; weder das eine noch das andere kann seine Gegenwart hindern. In seiner hellen Gegenwart hat die Finsternis keinen Platz mehr.

13–16 Der allwirksame Gott. Gott ist der Schöpfer, aus dessen Hand Seele (Nieren V. 13a) und Leib (V. 13b) jedes Menschen herkommt. Die Folge seines Schöpferwirkens ist die intimste Kenntnis des von ihm Geschaffenen (V. 15f). Zum Schöpferwerk gehört aber nicht nur die Person selbst, sondern auch ihre gesamte Vorgeschichte (V. 16a) sowie die Summe ihrer zukünftigen Erfahrungen (V. 16b). Enthielt die Allwissenheit (V. 5) und die Allgegenwart (V. 10) Gottes neben dem rettenden auch immer noch einen fordernden Aspekt, so ruft die Erkenntnis der Allwirksamkeit Gottes nun reinen, strahlenden Dank hervor (V. 14). Der Plan des Schöpfers umspannt unser ganzes Leben; wir sind mit unserer Vergangenheit, Gegenwart und Zukunft in seiner Hand geborgen.

13 *Die Nieren:* Sitz der Empfindungen und Gefühle (vgl. Ps 73,21; Jer 12,2 LÜ »Herz«). Mit *Bilden* (wörtl. »weben«) ist Gottes direktes Einwirken auf das Werden des Ungeborenen umschrieben. Gott ist auch um das äußere Werden des Menschen besorgt. 15 . . . *unten in (auf) der Erde* könnte einfach bedeuten, daß die Erde weit unter dem Himmel liegt, wo Gott seinen Platz hat. Dennoch sind ihm die ganzen Umstände unserer Geburt bekannt. Es könnte aber auch so sein, wie Delitzsch in seinem Psalmenkommentar zur Stelle meint: Wie Adam aus Erde geformt wurde, so ist der Mutterleib, aus dem das Adamskind kommt, »Erde«. 16 *Alle Tage . . . die noch werden sollten:* Der Schöpfer stößt nicht das Lebensboot des Individuums hinaus in den Strom der Zeit, wo es dem Zufall und der Zeit ausgeliefert seinen Weg nehmen soll. Unsere Tage sind von ihm gemacht – soweit geht seine Fürsorge.

17.18 Folgerung: Das Staunen vor Gott. Der Beter hat versucht, mit seinen Gedanken den Umfang der Gedanken Gottes zu ermessen, sein Wissen, seine Gegenwart und sein schöpferisches Wirken zu erfassen, und er kann nur anbetend staunen. Wie weit er auch denkt, er kommt mit Gott nicht zu Ende.

19–24 Die Bitte um Gottes Gericht

In diesem Gebet bringt der Psalmist seine Not vor Gott: Feinde bedrängen ihn und planen vielleicht sogar seine Vernichtung (V. 19b: wörtl. »Männer des Blutes«); und der Beter bittet Gott nun, diese Feinde zu vernichten. Der Abscheu, den er ihnen gegenüber zeigt, ist allerdings nicht persönlich motiviert, sondern resultiert aus seinem Glauben an Gott. Denn diese Feinde sind Gottlose (V. 19), lästern Gott (V. 20), hassen und bekämpfen ihn (V. 21). Weil sie Gott hassen, darum kann auch der Beter ihnen gegenüber nur Haß und Widerwillen zeigen. Doch unter das Urteil Gottes, das er über seine Feinde herabbittet, stellt er sich selber: er bittet Gott, ihn zu prüfen – und ihn auf rechtem Wege zu führen.

Psalm 140 Gegen die Verleumder

Die Psalmen 140–143 gehören inhaltlich zusammen. Alle vier Psalmen gehören zur Gattung der »Klagegebete des einzelnen«; darüber hinaus haben sie manche Gedanken und Formulierungen gemeinsam (vgl. z.B. Ps 140,6 mit 141,9 und 142,4; 140,7 mit 143,10; 140,10 mit 141,10; 140,14 mit 142,8). Über ihre Entstehungszeit läßt sich nichts Sicheres sagen.

1–6 Gebet um Rettung

Aufbau: dieser Psalm besteht aus zwei Gebeten: V. 2–6 und V. 9–12, woran sich jeweils ein an Gott gerichteter Ausdruck des Vertrauens anschließt (VV. 7.8; 13.14). Das erste Gebet enthält zwei Bitten um Bewahrung (*errette . . . behüte* V. 2; *bewahre . . . behüte* V. 5). Im Anschluß daran folgt jeweils eine Schilderung der drohenden Gefahr. *Gewalttätige,* d.h. rücksichtslose und hinterhältige Feinde verfolgen den Psalmisten (VV. 2.5.). Ihre Waffe ist die *Zunge,* unter der sich Gift verbirgt (V. 4). Offenbar haben sie Verleumdungen gegen den Psalmisten vorgebracht (V. 12) und ihn vielleicht vor Gericht verklagt, um ihre Ziele zu erreichen. Jedenfalls ist er in großer Gefahr und bittet Gott, ihn zu retten (VV. 2.5).

7.8 Vertrauen zu Gottes Bewahrung

Der Psalmist bittet noch (V. 7b), aber dahinter steht jetzt das Vertrauen auf Gottes rettendes Eingreifen, das er Gott gegenüber ausspricht. Dabei bekennt er, daß Gott ihn in früherer Zeit bewahrt hat (V. 8, im Hebr. »du hast . . . beschirmt«).

8 *Herr:* im Hebr. *'adonaj,* das vor allem die Souveränität und Befehlsgewalt Gottes unter-

streicht. Meine starke Hilfe, wörtlich: »die Kraft meiner Errettung«, d.h. Gott ist der, dessen rettende Kraft für mich da ist.

9–12 Gebet um Bestrafung der Gottlosen

Zwei Sündenverständnisse stehen nebeneinander: Einmal ruft die Sünde das göttliche Gericht hervor (VV. 9.11); zum andern hat die Sünde die Wirkung eines Bumerangs, d.h. von ihr geht eine selbstzerstörerische Wirkung aus (VV. 10.12).

9 Gott benutzt gelegentlich die Gottlosen als Strafwerkzeuge für die Ungehorsamen (vgl. Jes 10,5–15; s. dazu Einleitung »Theologie des Alten Testaments«, S. 26f). Ein solches Handeln Gottes steht dem Psalmisten offenbar vor Augen, und er betet darum, daß das in seiner gegenwärtigen Lage nicht geschieht. **11** Die *Gruben* sind Wasserstellen; es geht in diesem Vers um Feuer und Wasser als charakteristische Elemente des göttlichen Gerichts. Der Beter erbittet ein Gottesgericht über seine Feinde. Somit wird der Gedanke wieder aufgenommen, daß Gott selbst der Widersacher der Gottlosen ist. Er muß der Sünde widerstehen und sie strafen. **12** *Verjagt:* die Feinde des Beters hatten so getan, als sei er ein gejagtes Wild und sie die Jäger (V. 5.6). Jetzt trifft sie ihre Bosheit selbst.

13–14 Vertrauen zu Gottes Gerechtigkeit

Der Gedanke von V. 12a wird weitergeführt. Es widerstrebt der Gerechtigkeit Gottes, daß die Gottlosen bleiben. Nach seiner Gerechtigkeit will er vielmehr die Gottesfürchtigen erhalten und für ihre Sache eintreten. Die Gegenwartsform in V. 13 *(ich weiß)* ist eigentlich ein Perfekt (»ich habe erkannt«) und drückt hier eine feste Gewißheit aus.

13 *Die Elenden:* Die Wurzel des zugrunde liegenden Wortes tendiert in Richtung auf »gebeugt«. Von daher ergab sich der Sinn von beugsam, nachgiebig, und zwar auch im negativen Sinn von manipulierbar, unterdrückbar. Es hat aber auch den positiven Sinn beibehalten: demütig, bereit in jeder Hinsicht, Gottes Willen zu tun. So wird der Elende zu einem Begriff, der oft beides zugleich umschreibt, den sozial Unterdrückten und den an Gott Hingegebenen. In den Psalmen kommt das Wort oft in der Verbindung »elend und arm« vor (Ps 37,14; 40,18; 70,6; 86,1; 109,22). **14** *Vor deinem Angesicht:* Die Hoffnung der Gottesfürchtigen ist nichts weniger als das Bleiben in der Gegenwart Gottes selbst.

Psalm 141 Provokation

Der Beter dieses Psalms ist in Gefahr und ruft zu Gott (VV. 1.8). Die Gefahr geht von den Gottlosen aus (V. 9). Sie besteht diesmal aber nicht primär in Verleumdung, falscher Anklage und Vernichtung der Existenz, sondern in der Verführung zum Bösen in Wort (V. 3) und Tat (V. 4). Das üppige Leben der Gottlosen wirkt verlockend (V. 4b), ihr Erfolg verführt dazu, sich ihre Ziele zu eigen zu machen (V. 4a), und ihre hinterlistigen Angriffe (V. 9) reizen dazu, Böses mit Bösem zu vergelten (V. 3f). Der Beter aber ist ein Zadik, ein Gerechter, einer, der sich unter Einsatz seines Lebens vom Bösen und der Gemeinschaft mit Bösen trennt. Schläge eines Gerechten sind ihm lieber als Wohltaten eines Gottlosen (V. 4f). Gott allein ist seine Zuflucht (V. 8); die Gottlosen aber wird das Gericht treffen (VV. 6f).

1–5 Bitte um Bewahrung vor dem Bösen

Die Dringlichkeit des Gebets fällt auf. **1** Er bittet Gott, zu *eilen*; Gottes Antwort soll gewissermaßen gleichzeitig zu der Bitte erfolgen (V. 1b wörtl.: »während meines Rufens«). **2** Er bittet Gott, sein Gebet anstelle eines Weihrauchopfers und eines abendlichen Speisopfers anzunehmen. Weshalb diese Dringlichkeit? Es geht nicht nur um die Rettung aus äußerer Gefahr, sondern um Bewahrung vor den mächtigen Einflüssen des Bösen. **3** Deshalb soll Gott über allem wachen, was der Psalmist sagt. Hinter den bösen Worten der Gottlosen verbirgt sich das böse Herz. **4a.b** Er wünscht sich ein Herz, das dem Bösen nicht zuneigt. Er weiß, welche starken Einflüsse von gemeinsamem Leben und Handeln ausgehen. **4c** Darum möchte er nicht einmal in solcher Gesellschaft gefunden werden, ganz gleich welche Delikatessen dort geboten werden. Das Verlangen nach göttlicher Bewahrung vor den Worten, Gedanken, Wegen und der Gemeinschaft der Gottlosen könnte nicht eindrücklicher betont werden. **5** *Der Gerechte schlage mich:* Der hebr. Text wirkt stakkatoartig: »Der Gerechte schlage mich – Güte (ist es)! Er weise mich zurecht – Öl fürs Haupt (ist es)! Mein Haupt wird sich nicht weigern.« Die Gemeinschaft der Gläubigen ist selbst da Segen, wo sie harte Zurechtweisung für den einzelnen beinhaltet.

6–7 Gericht über die Gottlosen

Der hebr. Text der VV. 6.7 ist offenbar durch Abschreibefehler stark entstellt. Wörtlich übersetzt gibt es kaum Sinn. Andererseits wird, wenn man den Text zu stark korrigiert und frei übersetzt, der Vermutung zuviel Spielraum eingeräumt. Die EÜ nimmt an, daß das Wort für Felsen versehentlich aus V. 7 in den Text von V. 6 geraten ist und übersetzt nach dieser kleinen Korrektur sehr wörtlich:

»Sind sie gefallen in die Hände ihrer Richter, so werden sie meine Worte hören, daß sie lieblich sind. Wie wenn ein Fels sich spaltet und die Erde aufreißt, so sind ihre Gebeine hingestreut für den Schlund des Totenreichs«. Der Beter sieht schon den Tag kommen, an dem ein hartes Gericht alle Gottlosen treffen und mit ihnen ein Ende machen wird. Er versichert, daß alle an jenem Tage von ihm nichts als »liebliche« Worte hören werden, d.h. wahrscheinlich »freundliche, gütige« Worte. Es könnte allerdings auch bedeuten, daß die Gottlosen dann merken werden, daß der Beter mit seinen Worten recht gehabt hat (so LÜ).

8–10 Zuflucht

Die Gottlosen sind noch nicht besiegt, auch wenn ihre schließliche Unterwerfung und Vernichtung gewiß ist (V.7). Deshalb muß weiter um Bewahrung gebetet werden (V.9). **V.8** ist ein Bekenntnis des Vertrauens zu Gott. Nach ihm und seiner Hilfe schaut der Beter ständig aus (vgl. Ps 25,15). **8b** *Ich traue auf dich:* wörtl. »bei dir berge ich mich«. **8c** *Gib mich nicht in den Tod dahin:* wörtl. »schütte meine Seele (mein Leben) nicht aus«. Das Bild des ausgeschütteten Lebens bedeutet vorzeitiges Sterben (vgl. 2Sam 14,14). **10** Zum Schluß bittet der Psalmist noch einmal darum, daß die gottlosen Gegner ihrer eigenen Tücke zum Opfer fallen mögen, während er bewahrt wird.

Psalm 142 Einsam und verlassen

Der Beter dieses Psalms befindet sich in einem Zustand körperlicher und seelischer Erschöpfung (VV.4.7). Wenn V.8 wörtlich zu verstehen ist, befindet er sich in einem Gefängnis, in das ihn seine Verfolger (V.7) offenbar hineingebracht haben (V.4). In jedem Fall ist er von allen Menschen verlassen und isoliert (V.5). Da ist Gott seine einzige Zuflucht (V.6).

2–5 Die Not

Erschöpfung und Bitterkeit über seine Situation sprechen aus den Worten **3** Klage und Not, sowie **4** aus der Aussage, daß sein Geist in ihm »verschmachtet« oder »ohnmächtig ist« (LÜ: *in Ängsten ist*). Bevor der Beter sich der Schilderung seiner Not zuwendet, gibt er seinem Vertrauen zu Gott Ausdruck: *So nimmst du dich meiner an* (V.4a; EÜ: Du »kanntest meinen Pfad«, vgl. dazu Ps 1,6: »Der Herr kennt...«). Darin liegt die Vorstellung einer innigen, persönlichen Anteilnahme. **4b** *Schlingen:* das Bild des Schlingenlegers (für den Vogelfang) steht hier für das heimtückische Vorgehen der Feinde, womit sie den Beter ins Unglück gebracht haben.

5 *Da will niemand mich kennen:* das hebr. Wort bedeutet: »kennen, anerkennen, sich für jemanden interessieren«. Das ist für den Beter das schwerste Leid, daß er bei seinen Mitmenschen offenbar abgeschrieben ist.

6–8 Die Bitte

In der Bitte V.6–8 werden die beiden Anliegen verbunden: einerseits die Erschöpfung und Entmutigung, die der Haß der Gegner und der Verlust aller menschlichen Zuwendung bewirkt haben, andererseits der Gedanke an die Treue Gottes, der in V.4a schon einmal angeklungen war. Der letzte Aufschrei des Beters zu Gott ist voll Gewißheit. Die menschliche Kraft mag zwar zu Ende sein, aber Gott kann Erlösung schaffen (V.7), einen Bewegungsfreiraum schenken (V.8a), dankbare Freude geben (V.8b) und die verlorene Gemeinschaft mit den Gerechten wiederherstellen (V.8c).

7 *Geplagt:* das hebr. Wort bedeutet zunächst »schwach«; diese Bedeutung ist hier anzunehmen, wenn der Beter konkret im Gefängnis lag. Das Wort kann daneben auch »klein, gering« bedeuten. **8** *Zu mir* ist durch die Wortstellung betont, als wollte der Psalmist sagen: »Gerade zu mir, den sie jetzt verlassen haben.«

Psalm 143 Gebet aus großer Not

Der Beter dieses Psalms ist durch persönliche Feinde (VV.3.9.12) in eine Situation gebracht worden, in der er dem Tode nahesteht (VV.3.7.11). Die Grenzen des Ertragbaren sind erreicht. Die Feinde haben ihn bildlich gesprochen schon begraben (V.3b). Der Tod scheint greifbar nahe (V.7b). Geist und Herz können nicht noch mehr erdulden (VV.4.7a). Gottes Erbarmen scheint ganz der Vergangenheit anzugehören (V.5). Die Gegenwart hat kein Gnadenzeichen zu bieten (V.6). Es scheint fast, als ob Gott auch für ihn zum Richter geworden wäre (V.2). Aber wenn alles andere versagt, das Gebet ist ihm nicht verwehrt. Je tiefer die Not, desto mehr sucht er Zuflucht bei Gott.

1.2 Der Ruf zu Gott

Der Beter ruft aus seiner Not zu Gott und bittet im Vertrauen auf Gottes Treue und Gerechtigkeit um Erhörung. Die Aussage in V.2, daß vor Gott »kein Lebendiger gerecht« ist, zeigt ein tiefes Verständnis von Sünde und Gerechtigkeit (vgl. dagegen Ps 7,9). Der Beter weiß, daß er den Maßstäben Gottes, Treue und Gerechtigkeit, an die er gerade noch appelliert hat, selber nie gerecht werden kann, und darum bittet er Gott, ihn nicht in die Strenge des Gerichts hineinzunehmen (V. 2).

1 *Flehen:* der Beter weiß von Anfang an, daß er keinerlei Verdienst vorweisen kann. Er kann sich nur auf die unverdiente Gnade Gottes stützen. *Treue ... Gerechtigkeit:* Gott weicht von dem, was er einmal zugesagt hat, nicht ab. Darin besteht seine Treue und seine Gerechtigkeit. 2 *Gericht:* Gerade weil Gott selber gerecht ist, hat er das Recht, sich den Richtermantel umzulegen, und der Psalmist bestreitet nicht, daß er das göttliche Gericht verdient. Wenn Gott aber auf dieser Ebene handelt, dann ist jede Hoffnung am Ende.

3.4 Erschöpfung zum Tode

Es ist das Vorrecht derer, die zu Gott gehören, daß sie sich nicht nur angesichts des göttlichen Richters auf die rettende Gnade berufen dürfen (VV. 1.2), sondern daß sie so eng mit Gott verbunden sind, daß sie ihm auch ihre persönlichen Nöte sagen dürfen. Der Psalmist sagt Gott, daß er sein Ende nahe sieht. *Ins Finstere:* das Wort könnte darauf hinweisen, daß der Beter im Gefängnis sitzt. Es könnte sich aber auch um ein Bild aus der Jagd handeln: das gefangene Tier wird zu Boden geschlagen (V. 3b), gefangen gehalten (V. 3c) bis zur Hoffnungslosigkeit (V. 4). *In Ängsten:* die Grundbedeutung ist: »kraftlos, ohnmächtig sein«, dann auch: »verschmachten«.

5.6 Verlangen nach Gott

Das Verlangen nach dem Gott, der sich des Dürstenden annimmt (V. 6; vgl. Ps 107,9), bestimmt das weitere Gebet und gibt den Grund an, auf dem es sich erhebt. Das Verlangen ist so stark, daß es dem Beter die Geschichte seines Volkes ins Gedächtnis ruft; er sinnt nach über Gottes große Taten und redet von seinem Schöpferhandeln (V. 5). Es sollte nicht übersehen werden, daß sich – charakteristisch für die Psalmen – auch in der Not das tiefste Verlangen auf Gott selbst und nicht nur auf die Befreiung aus der unmittelbaren Zwangslage richtet (vgl. Ps 43,3.4; 63,2–5).

5 *Ich denke an die früheren Zeiten:* vgl. Ps 42,5; 63,6–8; 77,6ff. Der Aufruf, Gottes früherer Heilstaten zu gedenken, durchzieht das ganze AT. Es geht darum, aus der Erinnerung an Gottes früheres Tun neues Vertrauen zu schöpfen (z.B. 5Mo 1,29–33; 7,18; Neh 4,14).

7.8 Eile, Herr!

Dringlichkeit kennzeichnet die Bitten: *Erhöre mich bald, ... in die Grube fahren:* Die Kräfte sind am Ende (V. 7a), das Grab droht (V. 7b). Er sehnt sich nach einem Wort von Gott (V. 8).

7 *Verbirg dein Antlitz nicht ... Grube:* Der Gedanke an den Tod verbindet sich mit der Angst, von Gottes Gnade ausgeschlossen zu sein. Auch hier (vgl. Komm. zu Ps 6,5.6; 30,10; 88,11.12; s. auch Einleitung zu den Psalmen) ist nicht das Sterben an sich hoffnungslos, wohl aber der Tod ohne einen Strahl der Gnade. 8 *Am Morgen:* der frühe Morgen ist die Zeit, zu der die Beter im Tempel die Antwort und die Hilfe Gottes erwarten (vgl. Ps 46,6; 90,14). Damit wird er zum Bild der Hoffnung für den Psalmisten. *Tu mir kund:* Wie in V. 5f richtet sich auch hier das Verlangen mehr auf Gott selbst als auf das Ende der Not. Der Psalmist bittet um Weisung für seinen weiteren Weg, damit die Gottesferne, die ihn bedrückt, ein Ende findet.

9.10 Lehre mich!

Wie in V. 7 setzt der Beter wieder ein mit der Bitte um Errettung aus seiner Not (V. 9a). Doch ebenso wie in V. 8 verwandelt sich diese Bitte nach einem kurzen Ausdruck des Vertrauens (V. 9b) in eine Bitte um Gottes Führung. Der Beter will in seinem Leben Gottes Willen tun, und er weiß, daß er das von sich aus nicht kann. Darum erbittet er Gottes Hilfe. Trotz der schweren Notsituation drängt sich dieser Wunsch gleich nach der Bitte um konkrete Rettung aus der Not (V. 9a) auch hier wieder in den Vordergrund; denn im letzten geht es dem Beter um Gott. Und seine begreifliche Angst vor dem Tod ist auch eine Angst davor, unter Gottes Mißfallen sterben zu müssen (VV. 7.8).

10 *Geist:* s. Artikel »Theologie des Alten Testaments«, S. 27f.

11.12 Göttliche Gerechtigkeit

Der Psalmist nimmt nochmals die Appelle an Gottes Wesen vom Anfang des Psalms (V. 1) auf. Um seiner geoffenbarten Zuwendung zum Menschen willen (*Name,* V. 11a), um seines unabänderlichen Heilswillens (*Gerechtigkeit,* V. 11b; vgl. Jes 45,21–23) und um seiner unveränderlichen Liebe willen zu denen, die mit ihm im Bund stehen (*Güte,* V. 12), wird Gott um Neubelebung (V. 11a; vgl. V. 7), die Beendigung der Not (V. 11b) und die umfassende Abwendung jeder Bedrohung (V. 12) gebeten.

12 *Vertilge meine Feinde:* hier bricht wieder die Frage der sog. »Rachepsalmen« auf. Sicher können wir ohne Einschränkung V. 11 mitbeten; aber wie verhält es sich mit V. 12? Da schrecken wir zurück. Hier versagt unser Realismus. Es gibt Umstände (z.B. die Lage Davids angesichts der unversöhnlichen Feindschaft Sauls), in denen Errettung ohne Vernichtung unmöglich ist; wer dabei um das

eine betet, bittet auch um das andere. Vgl. die Erklärung zu Ps 137 und Ps 139.

Psalm 144 Heil für König und Volk

Beginnend mit Psalm 144 hört der Lobpreis bis zum Ende des Psalters nicht mehr auf. Auch dieser Psalm beginnt mit einem hymnischen Lobpreis; der König preist Gott und dankt ihm für seine Hilfe (VV. 1.2). Damit wird das Bewußtsein der eigenen Unwürdigkeit verbunden (VV. 3.4) sowie die siegreiche Vergewisserung, daß Gott alle Nöte und Bedürfnisse stillen kann (V. 5–11). Zugleich wird die hoffnungsvolle Bitte um noch größere Segnungen in der Zukunft ausgesprochen (V. 12–15). Die klare Verbindung zu Ps 18 (vgl. V. 1b mit 18,35; V. 2 mit 18,3; V. 2c mit 18,48; V. 5 mit 18,10; V. 6 mit 18,15 usw.) braucht nicht zu bedeuten, daß Ps 144 von Ps 18 abhängig ist, sondern kann auf gemeinsame Benutzung überlieferter liturgischer Texte zurückgehen. Denn dieser Dankpsalm des Königs könnte ebenso wie Ps 18 einen festen Platz im Herbstfest am Jerusalemer Tempel gehabt haben.

1–4 Die Errettung in der Vergangenheit

Die Größe Gottes und seiner Taten (V. 1.2) wird im Gegensatz zu der Unbedeutsamkeit (V. 3) und Vergänglichkeit des Menschen (V. 4) gesehen. Der König hat endlich den Thron eingenommen. Das kann er allein der Ehre Gottes zuschreiben. Er kann sich nur darüber wundern, daß ihm diese Gnade zuteil geworden ist.

1 *Fels:* verbindet die Vorstellung von Stärke und Unwandelbarkeit (vgl. 5Mo 32,4; Jes 26,4). Dazu kommt der Gedanke der Zuflucht (Ps 31,3.4; 62,3.8) und der Versorgung (2Mo 17,6). 2 *Der Völker unter mich zwingt:* Das bedeutet, daß die Herrschaft des davidischen Königs über Israel hinausreicht. Allerdings ist dieser von vielen hebr. Handschriften und den alten Übersetzungen gebotene Text vom MT nicht übernommen worden, dieser liest vielmehr: »der mir mein Volk unterwarf«. **3.4** Der positiven Aussage, daß Gott allein der Heilschaffende ist, steht die negative gegenüber, daß der Mensch sein Heil weder verdienen noch zustande bringen kann.

5–11 Volles Genüge in der Gegenwart

Nachdem der König durch das wunderbare Eingreifen Gottes seine Herrschaft angetreten hat, bedarf er immer noch der göttlichen Hilfe. Was Gott in der Vergangenheit getan hat (vgl. Ps 18,10), das muß er auch weiterhin tun (V. 5), denn die Gefahren der Vergangenheit (Ps 18,17) sind zugleich auch die Gefahren der Gegenwart (V. 7). Angesichts der wunderbaren Errettung aber, die Gott dem David hat zuteil werden lassen (V. 10), kann sein Leben – selbst wenn es weiter von Feinden bedroht ist – nicht mehr das gleiche sein: Er singt jetzt ein neues Lied (V. 9).

5 *Neige:* vgl. Nah 1,3b. Gottes Sich-Herabneigen zum Kampf gegen die Feinde seines Volkes wird eingekleidet in das Bild von Gewitterwolken, die sich über die Erde legen. *Rühre an:* die Macht des Schöpfers über die von ihm geschaffene Welt (vgl. 2Mo 19,18) macht deutlich, welche Macht ihm zur Errettung seines Volks zur Verfügung steht (vgl. Jes 50,2f). 7 *Streck aus deine Hand:* das persönliche Eingreifen Gottes wird unterstrichen (vgl. 5Mo 5,15; Mt 14,31). *Große Wasser:* ein Bild überwältigender Gefahren (vgl. Ps 124,4.5). *Fremde:* möglicherweise ausländische Feinde, doch könnte das Wort auch allgemeiner für Leute gebraucht sein, die sich einfach in ihrer Feindseligkeit von ihm fern hielten. **8** *Rechte Hand:* benutzt zum Schwur (vgl. Ps 106,26). Diese Leute schworen Treue und wurden zu Verrätern.

12–15 Erwartungen für die Zukunft

Der Psalmbeter schaut aus auf die Herrlichkeit, die Gottes Volk erwartet. Der tragende Ton ist Gewißheit. Er erbittet den Segen für die Nachkommenschaft (V. 12), für die kommenden Ernteerträge (V. 13a), für das Gedeihen der Herden (V. 13b.14a) und für Frieden (V. 14b). Obwohl diese Gaben erst erbeten werden, ist ihm die Erfüllung schon so sicher, daß er das Volk, dessen Gott der Herr ist und das daher diese Gaben erwarten kann, glücklich preist (V. 15).

12 *Jugendkraft:* Es wird darum gebeten, daß die jungen Männer wie gesunde Pflanzen heranwachsen, die gut verwurzelt sind und ohne Deformierung oder Verkrüppelung aufwachsen. Die *Säulen* nehmen im Gebäude einerseits einen geschützten Platz ein, tragen aber andrerseits das Gebäude, das sie schützend umgibt. So soll die Position der Frau und Mutter sein. *Geschnitzt* ließe sich u.U. als »geschmückt« übersetzen. **13** Vgl. 5Mo 28,2–11. **14** *Tragen ohne Schaden und Verlust:* Das dürfte ein Hinweis auf Erkrankungen sein, die zu Fehlgeburten beim Vieh führten. *Klagegeschrei:* ein Hinweis auf kriegerische Auseinandersetzungen und die Totenklage über die Gefallenen.

Psalm 145 Aller Augen warten auf dich

Der Psalm ist ein sog. Akrostichon, d.h. die Verse beginnen der Reihe nach mit den einzelnen Buchstaben des hebr. Alphabets. Mit einer Ausnahme: der Vers, der mit dem Buchstaben Nun beginnen müßte, fehlt im hebr. Text, vermutlich ist er ausgefallen. In der LXX ist der entsprechende Vers vorhanden; die LÜ übersetzt ihn als V. 13b. Die Hinweise auf die Königsherrschaft Gottes (VV. 1.12.13) und eine reiche Ernte (VV. 15.16) haben A. Weiser veranlaßt, den Psalm mit dem Laubhüttenfest in Verbindung zu bringen (vgl. Sach 14,16f). Aber es gibt wohl kaum eine Freudenzeit, in der man dieses Loblied nicht singen könnte. Hier begegnet die ganze ungebrochene Freude alttestamentlichen Glaubens.

Am Anfang und am Ende wird jeweils der Entschluß ausgesprochen, den Namen des Herrn zu verkünden (VV. 1.2.21). In seinen drei Hauptteilen besingt der Psalm drei Züge göttlichen Wesens: Gottes Größe (V. 3), seine Gnade und Barmherzigkeit (V. 8) und sein Gericht und seine Gerechtigkeit (V. 17). Im hebr. Text werden die Abschnitte jeweils mit gleichförmigen Überschriften eingeleitet: Groß ist der Herr...; Gnädig und barmherzig ist der Herr...; Gerecht ist der Herr... Aber in den Abschnitten selbst sind die einzelnen Wesenszüge nicht streng getrennt. Gott ist eben Einer, und eine strenge Trennung seiner Eigenschaften wäre etwas Künstliches: seine Größe beinhaltet gerade seine Güte und Gerechtigkeit (V. 7), seine Gnade beinhaltet seine Größe (V. 11–13) und seine Gerechtigkeit beinhaltet seine Gnade (V. 17).

1.2 Einleitung: Ich will deinen Namen loben

Der Psalmist redet Gott, im Unterschied zu Ps 5,3; 84,4 in der Form an, wie man damals regierende Könige anzureden pflegte: »der König« (LÜ: *du König*). Wenn er über das Wesen dieses Gottes nachdenkt, wie er sich offenbart hat, dann muß er ihn anbeten. In Ewigkeit wird das Verlangen, diesen Gott zu loben und anzubeten, nicht gestillt werden können. Das bedeutet aber, daß jeden Tag im Gottesdienst das Lob Gottes laut werden muß (V. 2).

1 *Erheben:* d.h. höchsten Rang, höchste Ehre zuschreiben. 2 *Loben:* das hebr. Wort hat die Grundbedeutung »segnen, grüßen«. *Preisen:* das Wort hat im Hebr. den gleichen Stamm wie Halleluja und beschreibt den hörbaren, lauten Lobgesang.

3–7 Groß ist der Herr

Wer Gott kennt, muß ihn auch verkündigen. Obwohl seine Größe für uns unfaßbar ist, zeigt sie sich doch in seinen *Werken* (weshalb sie bezeugt werden kann, V. 4f.5) und *gewaltigen Taten* (VV. 4.6), mittels derer Gott ein verläßliches Zeugnis seiner *Güte* und *Gerechtigkeit* geschaffen hat (V. 7).

4–7 Es ist zu beachten, wie sowohl die individuelle als auch die gemeinschaftliche Verantwortung zum Bezeugen seines Namens herausgestellt wird: *Kindeskinder* ... (V. 4), *Ich* ... (V. 5, s. EÜ; anders LÜ: *sie*), *Ich* ... (V. 6 EÜ), *sie* ... (V. 7). **4–6** Gottes Werke sind *gewaltig* (V. 4), *wunderbar* (V. 5), *mächtig* (wörtl. »furchtbar«, V. 6): Das erste Wort betont die sich in ihnen zeigende Macht, das zweite den übernatürlichen Charakter und das dritte, daß sie den Menschen Schrecken einjagen. Gerade beim zweiten wird offenbar, daß sie von Gott gewirkt sind und den Erfahrungsbereich des Menschen übersteigen.

8–16 Gnädig ist der Herr

Der besonderen Bundesgnade Gottes (V. 8, vgl. 2Mo 34,6.7), die seinem Volk gilt, steht die allgemeine Güte Gottes zur Seite (V. 9); deshalb soll der Dank auch von überall her erschallen (V. 10a), doch besonders von seinem Volk (V. 10b deine Heiligen). Sein Volk hat auch den Auftrag, das Zeugnis von ihm weiterzugeben (V. 11). Es soll Gottes königliche Macht und Herrschaft (VV. 12.13), seine treuen Verheißungen (V. 13b) und seine sich in täglicher Versorgung neu zeigende Gnade verkündigen (V. 13c–16).

9 Gott *erbarmt* sich mit der zarten Liebe der Mutter (vgl. Kommentar zu Ps 103,13). 10 Die *Heiligen* (hebr. *chasidim*, vom gleichen Stamm wie »Gnade«, *chešed*). Sie sind die, die sich der Bundesgnade gestellt haben.

17–20 Gerecht ist der Herr

Die Aussage, daß der Herr gerecht ist, steht keineswegs in Konflikt mit der andern, daß er gnädig ist. Vielmehr gehören Gerechtigkeit und Gnade zusammen. Seine Gerechtigkeit ist in diesen Versen seine Zuwendung zu allen denen, die sich ihm nahen: er weiß, ob sie ihn in Wahrheit (V. 18: *ernstlich*), aus Gottesfurcht (V. 19) und Liebe (V. 20) *anrufen*, oder ob sie eigentlich zu den Gottlosen gehören, denen sein Zorn gilt. Und obwohl er sich nicht betrügen läßt, so ist seine Gerechtigkeit doch die Gerechtigkeit der Gnade, der Gnade nämlich, die sich *anrufen* läßt, die *tut* und *hört* und die *behütet* (VV. 18.19.20).

21 »Alles Fleisch lobe seinen heiligen Namen«

Der persönliche Entschluß zum Zeugnis ist die passende Antwort auf solch eine Gotteserkenntnis. Aber das ist noch nicht alles. Vielmehr soll durch solch ein Zeugnis *alles Fleisch*, d.h. alle Menschen zur Erkenntnis seines Namens kommen und so ihn anbeten.

Psalm 146 Persönlicher Lobpreis

Der Psalm ist – wie die vier noch folgenden – ausschließlich dem Lobpreis gewidmet. Er enthält auch nicht eine einzige Bitte oder den Anklang einer persönlichen Not oder eines Bedürfnisses. Historische Hinweise kommen kaum vor. Alles zielt auf Gott hin, der allein zu loben ist. Das Thema dieses strahlenden persönlichen Gotteslobs (VV. 1.2) ist die Erfahrung, daß man Gott vertrauen kann. In der Entfaltung dieser Aussage nennt der Psalmist zunächst einmal das, was kein Vertrauen verdient (VV. 3.4). Diese Verse dürfen nicht als zynische Aufforderung dazu verstanden werden, nie jemandem zu vertrauen. Es geht dem Psalmisten nicht um Vertrauen im täglichen Miteinander, sondern um die grundsätzliche Frage: worauf kann ich mein Leben dauerhaft gründen? Kein Mensch, und sei er gleich fürstlichen Geblüts (V. 3a), kann einer solchen Anforderung entsprechen, weil ihm einmal die Befähigung abgeht (V. 3b), weil ihm zum andern die Beständigkeit fehlt (V. 4a) und weil er folglich drittens unzuverlässig ist (V. 4b). Im Gegensatz dazu besitzt Gott die absolute Macht des Schöpfers (VV. 5.6a). Dazu kommt seine bleibende Zuverlässigkeit in Gestalt seiner Bundestreue (V. 6a). Und was noch mehr zählt, bei ihm verbindet sich unbeschränkte Macht mit Erbarmen (V. 7–9). Seine Macht bewährt sich im persönlichen (V. 8a.b), im gesellschaftlichen (V. 7) und im ethischen Bereich (VV. 8c.9). Der Schlußvers (V. 10) ist Zusammenfassung und Höhepunkt: Der Herr, der Gott aller Gnade, der in V. 7–9 beschrieben wurde, ist König, d.h. er wird für immer und ewiglich herrschen.

3 *Fürsten, sie sind Menschen:* Fürsten sind bei all ihrer scheinbar unangreifbaren Würde und Macht (weshalb man gern Vertrauen in sie setzt) nur Menschen. 5 *Der Gott Jakobs:* Vgl. dazu V. 10: »Dein Gott, Zion«. Diese einzigartige und vertrauenswürdige Wesensart, die in V. 7–9 beschrieben wird, eignet nur dem Gott, den man in Israel kennt, dem Gott der Väter und der Geschichte und des Heiligtums auf dem Zion. Das ist die Exklusivität des AT. Einem abstrakten Konzept von Göttlichkeit kann man nicht vertrauen. Es gibt nur einen Gott, der uneingeschränkt vertrauenswürdig ist: Ihn findet man in Jakob und auf dem Zion. 9 *Fremdlinge* sind Ausländer, denen Wohnrecht zugebilligt war; oft waren sie politisch Verfolgte, die ganz auf die Freundlichkeit und Barmherzigkeit des Gastlandes angewiesen waren. Sie werden deshalb mit den *Witwen* und *Waisen* zusammen genannt, also mit den Hilflosen in der Gemeinde, die häufig vernachlässigt, unterdrückt und getreten wurden. Aber wie es seiner Art entspricht, macht Gott sie besonders gern zum Gegenstand seines machtvollen Erbarmens (vgl. 5Mo 10,18; Ps 68,6).

Psalm 147 Lobpreis der Gemeinde

Dem Lob des einzelnen in Ps 146 folgt hier das Lob der Gemeinde. So liegt hier der Schwerpunkt auf der erwählten Stadt (VV. 2a.12) und dem erwählten Volk (VV. 2b.19). Der Einzigartigkeit Gottes im Himmel (Ps 146) steht hier die Einzigartigkeit Israels als des einzigen erwählten Volkes der Erde gegenüber (VV. 19.20).

Der Psalm besteht aus drei Teilen, die jeweils durch einen Aufruf zum Lob (VV. 1.7.12) eingeleitet werden. Innerhalb jedes Abschnittes wird an das Erbarmen und an die Gnadentaten Gottes erinnert (VV. 2.3.9.13.14), an seine unumschränkte Schöpfermacht (VV. 4.5.8.15.18) und an seine Gerechtigkeit (VV. 6.11.19.20). Der Aufruf zum Lobpreis gründet sich also auf seine Barmherzigkeit, seine Macht und seine Heiligkeit und betont die einzigartige Stellung Israels, das die Beweise der mächtigen Fürsorge seines Gottes immer wieder erfahren hat.

1–6 Gottes Barmherzigkeit

Gott sorgt in zarter Liebe für sein Volk. Der Psalmist zeigt, wie Gott sich für das Wohl Jerusalems, für die Zerstreuten unter seinem Volk und besonders für die eingesetzt hat, die seiner persönlichen Aufmerksamkeit bedürfen (V. 2.3). Der Gott Israels ist aber zugleich der Schöpfer der Welt. Seine Macht zeigt sich ebenso wie seine Fürsorge darin, wie er sich der einzelnen Sterne annimmt (V. 4).

2 *Baut auf:* Dieses Aufbauen ist hier wohl im allgemeinen Sinn gemeint, daß Gott der Stadt Sicherheit bietet und sich um ihr Wohlergehen kümmert. Manche Ausleger beziehen diese Aussage auf den Wiederaufbau der Mauern Jerusalems durch Nehemia (vgl. Neh 6,15). Die *Verstreuten Israels* wären dann die Judäer im Exil. Doch bleibt diese Deutung angesichts des Fehlens weiterer Hinweise unsicher. 4 Wenn in diesem Psalm die Schöpfermacht Gottes angesprochen ist, geht es immer darum, daß die Gemeinde Gottes universales Regiment nicht aus dem Auge verliert. Das Volk Gottes darf gewiß sein, daß hinter seiner besonderen Fürsorge für sie die Macht steht, mit der er alles regiert (vgl. Jes 40,27–31).

7–11 Gottes Wohlgefallen

In diesem Abschnitt fehlt der einleitende Hinweis auf Gottes Handeln an Israel, der sich in den anderen (s. VV. 2.3.13.14) findet. Das liegt wohl daran, daß dieser Abschnitt als Überleitung dient. Er soll zeigen, woran Gott Gefallen hat, und bereitet damit den letzten Abschnitt vor, der Gott dafür preist, daß er Israel als einziges von allen Völkern dahin gebracht hat, daß er Wohlgefallen daran haben kann. Der Psalmist zeigt, wie Gott für seine Schöpfung sorgt: Er lenkt die Kräfte der Natur (V. 8a.b) und verleiht damit der Erde die Fruchtbarkeit, die die Grundlage allen Lebens ist (V. 8c). Er sorgt auch für die Nahrung der Tiere (V. 9). Doch wenn ihm auch das Wohlergehen seiner Geschöpfe noch so sehr am Herzen liegt, vor allem geht es ihm um die, an denen er Gefallen haben kann, die ihn anbeten und die sich auf seine unwandelbare Gnade und Güte verlassen (VV. 10.11).

11 *Seine Güte* – man kann auch »Gnade« oder »Gunst« übersetzen – ist die dem Bund zugrunde liegende und dem Bundesvolk geltende Zuwendung Gottes.

12–20 Gottes Gunst

Der Herr hat Israel mit vielerlei materiellen Gütern gesegnet. Er schenkte Sicherheit nach außen (V. 13a), ließ das Volk zahlreich werden (V. 13b), gewährte Frieden (V. 14a), versorgte mit dem Lebensnotwendigen (V. 14b). Die größte Gabe aber ist sein Wort. Sein Schöpferwort (VV. 15.18) gestaltet und regiert die Natur, von der Israel umgeben ist. Sein Offenbarungswort und die Worte seines Gesetzes sind die Lebensmitte und Kraftquelle seines Volkes. Israels Vorzug vor den anderen Völkern ist die Tatsache, daß Gott es sich als Bundesvolk erwählt hat und ihm das Gesetz als Lebensordnung gegeben hat (VV. 19.20). Weil ihm der Vorzug der Erwählung zuteil wurde, deshalb soll auch von ihm das Lob ausgehen (V. 20c).

15 *Gebot:* Die Bedeutung des hebr. Wortes ist eigentlich »Ausspruch« oder »Wort«. Damit ist hier, ebenso wie mit *»Wort«* V. 15b.18, das Schöpferwort gemeint, durch das sich das Wirken Jahwes in der Natur vollzieht.
19 Was die Erwählten Gottes besonders auszeichnet ist, daß sie sein Wort haben. Als Wort des Herrn offenbart es Gott. Als Gebot und Recht ruft es zum Gehorsam. Gottes Volk ist gekennzeichnet durch Gotteserkenntnis und Gehorsam. 20 *Kennen sie nicht:* gemeint sind damit die anderen Völker, die den Vorzug der Erwählung und des Gesetzes nicht teilen.

Psalm 148 Lobpreis der ganzen Schöpfung

Neben dem Lobpreis des einzelnen (Ps 146) und dem des erwählten Volks (Ps 147) gebührt dem Schöpfer auch das Lob der ganzen Schöpfung. Darum geht es in diesem Psalm.

1–6 Himmlischer Lobpreis

Die Himmelwesen (V. 2), die Himmelskörper (V. 3) und selbst die Grundkräfte des Himmels (V. 4) werden zum Lobpreis aufgerufen, denn Jahwe ist ihr Schöpfer (V. 5b), ihr Erhalter (V. 6a) und der, der ihnen ihre Ordnung gibt (V. 6b).

2 *Heer* bezieht sich auf die unzählbare Schar der Wesen, die dem Befehl Gottes zur Verfügung stehen (vgl. Ps 103,20.21).
4 *Himmel aller Himmel:* die unabsehbare Ausdehnung, die wir heute »Weltraum« nennen. *Wasser über dem Himmel:* ein poetischer Ausdruck für die Regenwolken; vgl. einen ähnlichen Hinweis auf den Wind Ps 135,7.
5 Er gebot: vgl. »Theologie des Alten Testaments«, S. 24f.

7–14 Irdischer Lobpreis

Aber auch »von der Erde her« (LÜ: *auf der Erde*) soll der Lobpreis zu Gott aufsteigen (V. 7). Das schließt die Tiefen und die dort lebenden Tiere ein (V. 7b, vielleicht schwingt dabei eine Anspielung an die »Urflut« der Schöpfungsgeschichte mit), die Naturkräfte (V. 8), die physische Welt (V. 9a) einschließlich der Pflanzen- (V. 9b) und der Tierwelt (V. 10), sowie die ganze menschliche Bevölkerung (VV. 11.12). Die Aufforderung zum Lobpreis gründet sich einmal auf das Herrsein Gottes über Himmel und Erde (V. 13). Und sie gründet sich zweitens auf sein Erwählungshandeln auf der Erde: daß er sich hier nämlich ein Volk zum Eigentum geschaffen hat (V. 14a), das in besonderer Weise seine Liebe erfährt und ihm dient (V. 14b.c).

7 *Die Fische:* eigentlich Seeungeheuer; vgl. 1Mo 1,21. 8 *Die sein Wort ausrichten:* Grammatisch gehört dieser Satzteil zu *Sturmwinde.* Es wird deutlich, wie auch unbelebte Schöpfung den Herrn lobt: durch das, was sie ist, indem sie den ihr zugewiesenen Platz einnimmt und das ihr Aufgetragene ausrichtet. Vgl. V. 6, wo der Lobpreis der Himmelskörper nichts anderes ist, als daß sie sich an die vorgegebenen Ordnungen halten. 13 *Name:* Vorausgesetzt ist, daß eine besondere Offenbarung stattfand, durch die die Bedeutung des Namens mitgeteilt wurde (vgl. 2Mo 3,15; 6,2ff). Die Frage stellt sich, wie die Weltbevölkerung den *Namen* des Herrn rühmen kann, der ihr doch nicht offenbart wurde. Die Antwort deutet sich im nächsten Vers an.
14 *Er erhöht:* wörtl. »und er hat erhöht«, wobei das hebr. »und« auch begründende Bedeutung haben kann (»denn«). Es geht hier

also nicht um den Lobpreis Israels, sondern es wird ein weiterer Grund genannt, weshalb die Welt ihn rühmen soll: Er hat ein Volk zu seinem Eigentum gemacht und damit einen Ort gesetzt, von wo aus man ihn kennenlernen kann (vgl. Jes 2,2.3). *Macht:* wörtl. Horn (EÜ). Das Horn ist Symbol der Stärke und dient hier als Bild dafür, daß Gott seinem Volk seine Gegenwart geschenkt hat, die die Quelle alles Heils und aller Lebenskraft für es ist. *Seine Heiligen* will das Verhältnis dieser Menschen zu Gott näher beschreiben: Sie sind Empfänger seiner gnädigen Liebe geworden (vgl. Komm. zu Ps 145,10). Deshalb sind sie ihm »nahe« (wörtl. »das Volk seines Nahens«, LÜ: *». . . das ihm dient«*). D.h. Gottes Gnade begegnet ihnen nicht aus der Ferne, sondern sie nimmt sie hinein in eine innige, persönliche Gemeinschaft.

Psalm 149 Lobpreis und Gericht

Dieser Psalm, ein Loblied Israels, hat die Ausleger seit jeher vor ein schweres Problem gestellt: Wie sind die Verse 6–9 zu verstehen? Die »Gemeinde der Heiligen«, die »Kinder Zions« sollen den Herrn loben mit einem Schwert in der Hand, mit dem sie ein Strafgericht an den Völkern vollziehen. Es liegt mit an dieser Besonderheit des Psalms, wenn die Meinungen über seine Entstehungszeit weit auseinandergehen. H.J. Kraus nimmt alte Kulttraditionen Jerusalems als Ursprung an; andere (z.B. W. Stärk) sehen in ihm ein Siegeslied aus der Makkabäerzeit. Wir werden feststellen müssen, daß mehr als Vermutungen im Blick auf die Entstehungszeit nicht möglich sind.

1–4 Das Volk und sein Lied

Mit dem *neuen Lied* der Erlösten (vgl. Ps 144,9) preist Gottes geliebtes Volk (V. 1 die *Heiligen,* vgl. Komm. zu Ps 145,10) gemeinsam den Herrn, seinen *Schöpfer* und *König* (V. 2). Der Lobpreis wird mit Tanz, Gesang und Musik (V. 3) zum Ausdruck gebracht. Der Grund: Gott hat an ihm Wohlgefallen (vgl. Ps 147,11) und schenkt ihm Heil (V. 4).
2 *Schöpfer* hat hier einen doppelten Sinn: Er hat das Volk sowohl geschaffen, als auch erlöst (= neu geschaffen). Er hat es zu seinem eigenen Volk gemacht (vgl. Ps 95,6.7a). *Kinder Zions:* eigentlich »Söhne Zions«. Es ist ein Vorrecht, Bürger der Stadt Gottes zu sein (vgl. Komm. zu Ps 87). 3 Spielen: andernorts (z.B. Ps 147,1) wird das Wort mit »loben« übersetzt. Gemeint ist Gesang mit musikalischer Begleitung zum Lob Gottes. 4 Die *Elenden* sind die Unterdrückten, die, die am Boden liegen (vgl. Ps 147,6 und dazu den Kommentar). Das Volk Gottes ist gewöhnlich weltlichen Machthabern ausgeliefert. So ruht ihre Siegesmöglichkeit, ihr Heil bzw. ihre Hilfe ausschließlich bei Gott selbst. *Er hilft . . . herrlich:* wörtl. »er ziert die Elenden mit Hilfe« oder »mit Sieg« (das hebr. Wort *jeschuah* kann beides bedeuten).

5–9 Das Volk und sein Schwert

Die Worte und die Struktur von V. 5f deuten auf den Beginn eines neuen Abschnittes hin. Der Hinweis auf *die Heiligen* greift auf V. 1 zurück. V. 6 hat im hebr. Text kein Verbum; der Vers schließt sich also ganz eng an V. 5 an und zeigt damit, daß es dem Psalmisten hier nur um eine andere Dimension des Lobpreises der Gläubigen geht: Während sie mit dem Mund singen, führen sie mit der Hand das Schwert. Sie benutzen das Schwert, um Rache (V. 7) auszuüben und Gefangene zu machen (V. 8). So üben sie ein schon verhängtes Gericht aus. Das zu tun ist ihre Ehre (V. 9).
6 *Scharfe Schwerter:* wörtl. »ein zweischneidiges Schwert«. Die seltsame Verbindung von »Lager« (V. 5) und Schwert (V. 6) könnte nach Ansicht älterer Ausleger ein Anzeichen dafür sein, daß der Psalmist hier bildlich redet. Die vom NT her bekannte bildliche Bedeutung des Wortes (vgl. Eph 6,17; Offb 1,16) ist ja auch schon im AT zu finden (z.B. Ps 45,3–5; Jes 49,2). Was das Volk Gottes auszeichnet, ist der Besitz des Wortes Gottes; damit ziehen sie für Gott in den Krieg und unterwerfen ihm die Völker. So hat schon Luther den Psalm verstanden, und so kann man ihn sicher verstehen; doch bleibt es fraglich, ob der Psalmist mit dem »zweischneidigen Schwert« nur eine geistliche Waffe gemeint hat. 7 *Rache:* Bedenkt man, daß der Tag der Rache (vgl. Jes 61,1.2; 63,1–6) die dunkle Seite des Tags des Heils ist, dann ergibt sich die Möglichkeit, daß Ps 149 ein Loblied Israels im Vorausblick auf den Tag des Heils ist. Dafür spräche auch, daß das Gericht an allen Völkern vollzogen wird (bei einem Psalm aus der Makkabäerzeit würde man ein bestimmtes Volk erwarten) und daß der Psalm am Ende des Psalters steht, wohin er vom Sammler des Psalters als eschatologischer Ausblick bewußt gesetzt worden sein könnte. Die Verse 6–9 schildern dann das Gericht Gottes, das Israel für seinen Gott an den Völkern vollzieht. Neben dem Strafgericht an den Götzendienern steht dann die Annahme derer, die zum Herrn umkehren. Im NT findet sich eine vergleichbare Vorstellung in 2Thess 1,6–10. 9 *Gericht, wie geschrieben ist:* d.h. in Gottes für die Welt festgelegtem Plan ist auch dieses Gericht verzeichnet.

Psalm 150 Alles, was Odem hat, lobe den Herrn

In diesem letzten Psalm des Psalters stößt man im Prinzip auf das, was Jesaja vorhersah, als er sagte: »Mir soll sich jedes Knie beugen und jede Zunge schwören . . .« (Jes 45,23). Danach schaut auch die ntl. Gemeinde noch aus, wenn sie bekennt: »Jede Zunge soll bekennen, daß Jesus Christus Herr ist« (Phil 2,11).

1.2 Der Gott entsprechende Lobpreis

Wie wird hier zum Lobpreis ermutigt? Einmal ist Gott dafür zu preisen, daß er sich in seinem *Heiligtum,* dem Allerheiligsten des irdischen Tempels, offenbart hat: Er ist der Gott der unnahbaren Heiligkeit, der aber Opfer eingesetzt hat, durch die der Mensch vor ihm annehmbar wird (vgl. 3Mo 16,13–17; Hebr 9,11–28). Zweitens erheben sich die Augen zum Firmament (LÜ: *Feste*), dem »Firmament seiner Macht«. Gott ist als Schöpfer zu rühmen; die Ausdehnung des Himmels ist ein Zeichen für die unermeßliche Größe seiner Schöpfermacht. Zum dritten stehen vor dem Psalmbeter die großen *Taten* Gottes. Es handelt sich um die Machttaten seines Erbarmens und seines Gerichts, womit er die Feinde vernichtet und sein Volk errettet hat. Wenn der Ruf erschallt, ihn nach seiner *großen Herrlichkeit* zu loben, d.h. so, wie es seiner Größe angemessen ist, dann meint der Psalmist mit dieser *Herrlichkeit* seine Schöpfermacht und seine Erlösergnade.

1 *Heiligtum:* Einige Ausleger meinen, es sei an das himmlische Heiligtum gedacht: Gottes ewige, unsichtbare Wohnstätte. Doch spricht mehr dafür, daß der ganze Gedankengang mit dem irdischen Tempel beginnt und mit dem Betrachten der Größe Gottes, wie oben ausgeführt, endet. 2 *Für:* im Hebr. das gleiche Wort, das in V. 1 mit *»in«* übersetzt wurde. Man könnte also auch übersetzen: »Wie er sich offenbart hat in seinen Taten«.

3–6 Der seiner Schöpfung angemessene Lobpreis

In einem jubelnden Schlußakkord wird alles aufgerufen, was irgendwie einen Ton des Lobes von sich geben kann (V. 3–5), und jedes Geschöpf, das des Lobes fähig ist (V. 6), in den vielstimmigen Lobruf mit einzufallen. Das führt zu einem Jubel, der sicher einer der Höhepunkte der Freude im AT ist, und in dem sich die neue erlöste Welt ankündigt, »die wie ein einziger Tempel vom Lob Gottes erfüllt ist und die selbst keines Tempels mehr bedarf, weil Gott alles in allen (1Kor 15,28) geworden ist« (H. Lamparter).

Die Sprüche

Einleitung

Verfasser

Die Überschrift über das ganze Buch lautet: »Die Sprüche Salomos, des Sohnes Davids«. Für bestimmte Abschnitte werden in diesem Buch verschiedene Verfasser genannt, so Salomo (Spr 10,1) und die »Weisen« (Spr 22,17 und 24,23). In Spr 25,1 heißt es: »Auch dies sind Sprüche Salomos; die Männer Hiskias, des Königs von Juda, haben sie gesammelt.« Kap. 30 ist überschrieben: »Dies sind die Worte Agurs, des Sohnes des Jake, aus Massa.« Kap. 31 wird Lemuel, dem König von Massa, oder vielmehr seiner Mutter, zugeschrieben.

Die Rabbinen sagten: »Hiskia und seine Gefolgschaft schrieben Jesaja, Sprüche, Hohelied und Prediger« (*Baba Bathra* 15a). Damit ist gemeint, daß sie diese Bücher herausgaben oder veröffentlichten. In bezug auf die Sprüche beruht diese Überlieferung wohl lediglich auf 25,1.

Die im Text gemachten Angaben zu den Verfassern galten um die Jahrhundertwende weitgehend als unrichtig. Nachdem man die Sprüche aber im Rahmen der Spruchweisheit des Alten Orients zu betrachten begann, sind viele Argumente gegen einen salomonischen Einfluß hinfällig geworden.

Die alte Faustregel, daß kürzere Kompositionen im allgemeinen früheren Datums seien als längere, erwies sich als nicht zutreffend. Albright hat gezeigt, daß die besten außerbiblischen Parallelen sowohl sprachlich wie auch inhaltlich aus der Bronzezeit stammen (*Wisdom in Israel and in the Ancient Near East,* Festschrift für H. H. Rowley, 1955). Seitdem werden die Autorenangaben wieder ernster genommen.

1. Salomo

In den Sprüchen ist die Weisheit nicht einfach intellektueller Art, sondern umfaßt den ganzen Menschen – und Salomo, auf dem Gipfel seines Ruhmes, ist die Verkörperung dieser Weisheit. Er liebte den Herrn (1Kön 3,3); er betete um ein verständiges Herz, damit er Gut und Böse unterscheiden könne (1Kön 3,9.12); seine Weisheit war gottgegeben (1Kön 5,9) und begleitet von wahrer Demut (1Kön 3,7). Seine Weisheit hatte sich bewährt, z.B. in Rechtsprechung (1Kön 3,16–28) und Diplomatie (1Kön 5,26); sie war bedeutender als die Weisheit des Ostens (1Kön 5,10; 10,1–13). Salomo dichtete Sprüche und Lieder (1Kön 5,12) und beantwortete Rätsel (1Kön 10,1); er war ein kundiger Beobachter der Natur, die er beschrieb (1Kön 5,13).

Viele der Sprichworte in Spr 10,1–22,16; 25–29 enthalten Gedanken und Ausdrücke, die auch an anderen Stellen des AT und in der Weisheitsliteratur benachbarter Völker zu finden sind. Niemand wird behaupten wollen, Salomo müsse jeden Gedanken unbeeinflußt von anderen Autoren selbst entwickelt haben. Er muß vielmehr als ein weiser und gelehrter Mann gesehen werden, der eine Sammlung von Weisheitssprüchen zusammengestellt hat – seine eigenen *und* die anderer – und ihr seine eigene Prägung gegeben hat.

2. Die Weisen

Die Völker des alten Orients hatten ihre »weisen Männer«, deren Funktionen sich von Staatsangelegenheiten bis hin zur Bildung erstreckten. (Für Ägypten vgl. z.B. 1Mo 41,8; für Edom Obd 8). In Israel, wo man wußte, daß Gottesfurcht die Grundlage der Weisheit ist, erfüllten die Weisen noch wichtigere Aufgaben. Gemeinsam mit Priestern und Propheten galten sie z.B. zu Jeremias Zeiten als Verkünder des Willens Gottes (Jer 18,18). Aber so wie die wahren Propheten sich gegen falsche Propheten wenden mußten und einige Priester ihres Amtes nicht würdig waren, so nahmen auch einige der »Weisen« nicht ihre Aufgabe wahr, den »Rat Jahwes« (Jes 29,14; Jer 8,8f) mitzuteilen.

Spr 22,17–24,22 und 24,23–34 sind Sammlungen von »Worten der Weisen«. Vielleicht stammen Spr 1–9 aus einer ähnlichen Quelle (vgl. 1,6). Es ist praktisch unmöglich, diese Sammlungen zu datieren. Vermutlich stellen sie den Extrakt der Weisheit vieler Weiser aus verschiedenen Zeiten dar. Viele dieser Sprüche sind mit Sicherheit frühen Datums, und Albrights Datierung in die Bronzezeit dürfte für viele von ihnen zutreffen. Nicht alle Sprüche stammen von israelitischen Weisen. Die Zuschreibung des gesamten Buches an Salomo (Spr 1,1) deutet evtl. an, daß er diese Sammlungen in der oben beschriebenen

Weise zusammenstellte, nur daß er sich hierbei stärker auf die Weisheit anderer stützte.

3. Die Männer Hiskias

Aus 2Chr 29,25–30 wissen wir, daß Hiskia dafür Sorge trug, die davidische Ordnung im Tempel mit den von David eingeführten Instrumenten und den Psalmen Davids und Asaphs wiederherzustellen. Vielleicht war eine Wiederbelebung des Interesses an der klassischen Weisheit Salomos ein weiteres Resultat der Reform Hiskias. Dieses neue Interesse beruhte sicher nicht auf Liebe zum Altertümlichen, sondern auf dem Streben, die Weisheit des Größten der Weisen zu erforschen. Auf jeden Fall gaben Hiskias Männer die Sammlung salomonischer Sprüche in Spr 25–29 heraus.

4. Agur, der Sohn Jakes

Wir wissen nicht, wer Agur war. Spr 30,1 kann übersetzt werden »Die Worte Agurs, des Sohnes Jakes, der Ausspruch« (EÜ) oder »Die Worte Agurs, des Sohnes Jakes, von Massa« (LÜ, ZÜ). Massa war ein arabischer Stamm, dessen Abstammung sich über Ismael auf Abraham zurückführen läßt (1Mo 25,14), und die Stämme des Ostens waren berühmt für ihre Weisheit (1Kön 5,10).

5. König Lemuel

Des Königs Mutter wird als Quelle für Spr 31,1–9 angegeben, aber er selbst ist ebenso unbekannt wie sie, obwohl auch er wiederum zum Stamme Massa gehören mag (s.o. unter 4. und Komm. zu 31,1–9). Es ist nicht notwendig, Lemuel als den Verfasser des glänzenden Gedichts über die tüchtige Ehefrau anzusehen (Spr 31,10–31), da diese Verse einen Anhang zum Buch darstellen.

Datierung

Die Zusammenstellung der einzelnen Sammlungen zu *einem* Buch wird wohl nicht in einem einzigen Schritt geschehen sein; aber wie schon erwähnt, ist es sehr wahrscheinlich, daß weite Teile des Buches noch unter der Herrschaft Salomos geschrieben und herausgegeben wurden. Die endgültige Form war zur Zeit Hiskias noch nicht erreicht (Spr 25,1), aber der Text stand bereits zur Zeit des Jesus ben Sirach, also um 180 v.Chr. (Sir 47,17) fest. Vermutlich erhielt das Buch seine endgültige Form in der Zeit direkt nach der Rückkehr aus dem Exil.

Form und Inhalt

Das Wort, das wir mit »Spruch; Sprichwort« übersetzen *(maschal),* kommt von einer Wurzel, die soviel bedeuten könnte wie »repräsentieren« oder »sein wie«. Die grundlegende Bedeutung von »Sprüche« ist demnach die eines Vergleichs. Ursprünglich mag eine zwischen Erscheinungen der natürlichen und der geistigen Welt gezogene Analogie gemeint sein (vgl. 1Kön 5,13 und Spr 10,26). Das Wort wird in Hes 17,2 treffend mit »Gleichnis« übersetzt. Die Bedeutung von *maschal* wurde jedoch auch auf Redeweisen ausgeweitet, bei denen eine Analogie nicht sichtbar ist, und bezeichnete schließlich kurze, kraftvolle Sentenzen und Sprichworte. Die Sprüche in diesem Buch sind weniger volkstümliche Redensarten als vielmehr ein Extrakt der Weisheit von Lehrern, die das Gesetz Gottes kannten und seine Prinzipien auf das gesamte Leben übertrugen. Der Titel des Buches in der LXX, *Paroimiai,* der mit *Beiläufige Worte* wiedergegeben werden kann, gibt einen guten Hinweis auf den Inhalt. Es geht dabei um beiläufige Worte für den Lebenslauf von Menschen, die den Pfad der Heiligkeit laufen möchten.

In seiner Form ähnelt das Buch der Sprüche den Sammlungen von Anweisungen oder Lehren, wie wir sie aus Ägypten kennen. Die einleitenden Ermahnungen und die thematische Gruppierung von Sprüchen zeigen, daß man bei der Zusammenstellung einer auch in anderen Ländern gebräuchlichen literarischen Form folgte. Die Sprüche sind in poetischer Form abgefaßt, wie es z.B. ZÜ und andere Übers. wiedergeben. Das Versmaß entspricht an vielen Stellen dem der entsprechenden ugaritischen Literatur des 14./15. Jh. v.Chr.

Die Sprüche und die Weisheit anderer Völker

Viele Bibelstellen machen deutlich, daß die Israeliten von der Weisheit ihrer Nachbarn Kenntnis hatten (1Kön 5,10; Jer 49,7; Dan 1,4; Hes 28,3 usw.). Die internationalen Beziehungen Salomos (1Kön 5,14; 10,1–13.24) boten gute Gelegenheit zum Austausch. Umfangreiche Weisheitsliteratur ist uns aus Mesopotamien und Ägypten überliefert. Sie beschäftigt sich mit den gleichen Fragen, um die sich auch die biblischen Weisen bemühten. Es ist deshalb nicht überraschend, daß es zu vielen der behandelten Themen außerbiblische Parallelen gibt und auch die Erkenntnisse sich ähneln.

Einige – oberflächlich betrachtet – fast wörtliche Ähnlichkeiten verschwinden oft bei genauer Prüfung, aber sie bildeten die Grundlage für die Behauptung, daß große Teile der Sprüche aus nicht-israelitischen Quellen stammten. Die bekanntesten Beispiele dafür finden wir in Spr 22,17–23,11, wo, wie oft vertreten wird, die Ähnlichkeiten mit dem ägypt. Weisheitsbuch des Amenemope zu groß sind, um als zufällig gelten zu können. Baumgartner behauptet, die Theorie, daß Amenemope die Vorlage für Spr 22,17–23,11 bilde, sei heute allgemein anerkannt. (Vgl. W. Baumgartner, *Israelitische und altorientalische Weisheit,* 1933.) Aber es scheint angemessener zu sein, die Übereinstimmungen dadurch zu erklären, daß die Texte dem gleichen schriftstellerischen und kulturellen Milieu entsprungen sind. (Die umgekehrte Annahme, daß Amenemope Sprüche Salomos übernommen habe, läßt sich angesichts der Entdeckung von Hss. des ägypt. Textes weit vor der Zeit Salomos nicht mehr halten.)

Ungeachtet der starken Parallelität in der Ausdrucksweise liegen Welten zwischen den zugrundeliegenden Anschauungen. Die Texte aus Ägypten und Mesopotamien bestehen aus einer Mischung von Moral und Opportunismus, wie man sie in den Sprichworten der meisten Völker findet, und die Weisheit wird überwiegend als praktische Tugend gesehen. In den Sprüchen Salomos liegt die Betonung auf der Weisheit als einer Lebensweise, und es ist nicht das Ziel des Buches, zu materiellem Erfolg zu verhelfen, sondern zu einem gottesfürchtigen, gerechten und mäßigen Leben.

Der Anwendungsbereich des Buches

Die Weisheit des AT wendet die offenbarte Wahrheit im Lichte der Erfahrung auf das Leben des einzelnen an. Deswegen verlieren die Sprüche nie ihren Wert. Sie berühren jeden Lebensbereich und zeigen, daß Gott an allen Bereichen unseres Lebens interessiert ist. Weisheit ist nicht die Betrachtung abstrakter Prinzipien, die das Universum regieren, sondern sie ist eine Beziehung zu Gott, in der das Wissen in Handlungen übersetzt wird, die dieser Gottesbeziehung entsprechen. Der Mensch, der diese Weisheit zurückweist, ist ein *Tor* (1,7 u.ö.). Weisheit muß das gesamte Leben eines Menschen bestimmen: nicht nur seinen Gottesdienst, sondern auch sein Verhalten gegenüber seiner Frau, seinen Kindern und seiner Arbeit, aber auch seine Geschäftsmethoden und sogar seine Tischmanieren.

Es gibt eine Fülle von Hinweisen dafür, daß Jesus die Sprüche liebte. Verschiedentlich hören wir in den Worten Jesu das Echo des Buches der Sprüche: z.B. in seinen Worten über diejenigen, die nach den Ehrenplätzen streben (vgl. Spr 25,6.7 mit Lk 14,7–11), oder im Gleichnis vom Haus des Klugen und des Toren (Spr 14,11 mit Mt 7,24–27), oder in der Rede von dem reichen Narren (Spr 27,1 mit Lk 12,16–21). Dem Nikodemus enthüllt er die Antwort auf die Frage, die von Agur, dem Sohn des Jake, gestellt wird (vgl. Spr 30,4 mit Jh 3,13). Und er erinnert diejenigen, die ihn und seine Botschaft nicht verstehen – wie die unverständigen Toren in den Sprüchen –, daß »die Weisheit gerechtfertigt worden ist aus ihren Werken« (Mt 11,19).

In seinen Gleichnissen benutzt Jesus die gleiche Lehrmethode, die auch im Buch der Sprüche verwandt wird. Das hebräische Wort *maschal* wird im Griechischen treffend mit *parabolē,* Parabel, wiedergegeben; dasselbe griech. Wort wäre auch Übersetzung für das hebr. *chidah,* Rätsel. Deshalb heißt es auch in Mk 4,11, daß denen, die Gott nicht erkennen, »das Geheimnis des Reiches Gottes . . . durch Gleichnisse« gesagt wird, die sie wie Rätsel hören, die sie nicht verstehen.

Eine besondere Vorliebe für die Sprüche zeigen die Petrusbriefe, vgl. 1Petr 2,17 mit Spr 24,21; 1Petr 3,13 mit Spr 16,7; 1Petr 4,8 mit Spr 10,12; 1Petr 4,18 mit Spr 11,31; 2Petr 2,22 mit Spr 26,11. Auch Paulus zitiert die Sprüche und spielt auf Worte aus den Sprüchen an (vgl. z.B. Röm 12,20 mit Spr 25,21f). Wenn er von Christus als Gottes Kraft und Gottes Weisheit spricht (1Kor 1,24), so ist das auf dem Hintergrund von Spr 8 zu verstehen. Hebr 12,5f ermahnt uns, den Trost, als Kinder angeredet zu werden, nicht zu vergessen, und die Züchtigung des Herrn nicht gering zu achten. Dieses Zitat aus Spr 3,11f (vgl. Offb 3,19) zeigt uns zugleich die wahre Natur des Buches: eine Betrachtung der väterlichen Zucht Gottes.

Den Sprüchen muß man – wie den Gleichnissen Jesu – nachsinnen, wenn man sie voll erfassen will. Deswegen ist es geraten, langsam vorzugehen und immer nur einige Sprüche auf einmal zu lesen, ohne jedoch zu vergessen, daß jeder Vers ein Teil des gesamten Buches ist. Es kann unter Umständen irreführen, einen Spruch aus dem Gesamtzusammenhang zu reißen und zu versuchen, ihn auf irgendeine beliebige Situation anzuwenden.

Der Text

Der hebr. Text der Sprüche ist nicht der einfachste Text des AT. Das rechtfertigt jedoch nicht die harte Behandlung, die er von einigen Kommentatoren erhalten hat. Neuere Untersuchungen anderer semitischer Sprachen haben gezeigt, daß viele der vorgeschlagenen Verbesserungen unnötig sind. Die LXX bietet wenig Hilfe, den genauen hebr. Wortlaut festzustellen, da die LXX hier ein eigenes, abweichendes literarisches Gewand hat. J. Ruffle

Inhalt

Kommentar

1,1–7 Buchtitel, Zweck und Grundaussage

Dies ist der längste Buchtitel im AT. Daß hier Salomo genannt wird, bedeutet nicht, daß er das gesamte Buch verfaßt hat (vgl. 24,23; 30,1; 31,1), sondern stellt ihn nur als den bekanntesten Mitbeteiligten und die bedeutendste Figur der Weisheitstradition heraus.

1 VV. 1 und 6 bilden einen fortlaufenden Satz, der unterbrochen worden ist. **2** Der Leser wird eingeladen, aus dem Buch *Weisheit* (deren Wesen im Laufe des Buches erklärt wird) und *Zucht* zu lernen. Zucht meint den gesamten Bereich geistlicher Erziehung und Disziplin. (Vgl. 3,11 und die Wiedergabe »Züchtigung« in Hebr 12,5ff.) **3** *Die da klug macht:* besser: *zu empfangen einsichtsvolle Unterweisung* (EÜ). *Gerechtigkeit, Recht und Redlichkeit* sind Merkmale, die die Propheten ständig fordern, und sie sind Grundzüge der Herrschaft Gottes und seines Messias (s. z.B. Jes 9,6 und 11,4). **4** zeigt, daß selbst die Jüngsten und die Unerfahrensten diese Weisheit bekommen können (vgl. Jes 35,8), **5** daß die, die bereits tief aus dem Brunnen der Weisheit geschöpft haben, jetzt noch viel mehr finden werden. *Wird sich weisen Rat erwerben* (EÜ): LXX versucht mit »wird einen Steuermann erwerben« einen Gedanken wiederzugeben, der in der hebr. Wurzel enthalten ist. **6** Dieses Buch ist auch geschrieben, um einen Schlüssel für alle Sprüche weiser Männer bereitzustellen (vgl. Mk 4,13). *Gleichnisse:* Die genaue Bedeutung des Wortes (EÜ: *verschlungene Rede)* ist unsicher. Das einzige weitere Vorkommen in Hab 2,6 legt die Übers. *Satire* nahe. Auch *Anspielung* ist vorgeschlagen worden.

7 ist eine Art Motto für das Buch und beschreibt seinen Grundansatz. *Anfang* (hebr. *r'eschit)* umfaßt beides: Anfangspunkt und Wesen. Ohne Kenntnis und Furcht des Herrn, des einen wahren Gottes, kann die Weisheit, die Orientierung für das ganze Leben bietet, nicht angeeignet werden. Das Motto findet sich ähnlich in 9,10. Vgl. auch 15,33; Hiob 28,28; Ps 111,10.

Es lohnt sich, Jes 11,1–5 zu vergleichen, wo die meisten Gaben, die hier erwähnt werden, als Eigenschaften des Messias und als Ergebnis der Gegenwart des Geistes Gottes dargestellt werden.

1,8–9,18 Dreizehn Lektionen über Weisheit

Mit der Anrede »mein Sohn« beginnt jede Lektion außer der letzten, welche von der Weisheit selbst erteilt wird. Ein Meister wendet sich in den Lektionen an seinen Schüler.

1,8–33 Die erste Lektion

1,8–19 Meide schlechte Gefährten. Der Schüler wird angehalten, der Lehre, die er von seinen Eltern als Kind empfangen hat, zu folgen. **8.9** Das hebr. Wort für *hören* (EÜ, ZÜ) bedeutet hier, wie oft im AT, *gehorchen* (LÜ).

Gebot (der Mutter): hebr. *tora*; hier in seiner primären Bedeutung *Belehrung* (EÜ), *Weisung* (ZÜ), wie der vorangehende parallele Ausdruck zeigt (LÜ: *Zucht,* EÜ: *Unterweisung*; ZÜ: *Belehrung* (des Vaters). Der Inhalt dieser Belehrung findet sich in 5Mo. Vgl. bes. 5Mo 4,9; 6,7; 11,19; 32,46.

VV. 10–19 schildern die Gesellschaft in einem gesetzlosen Zustand. Organisierte Raubüberfälle scheinen in Palästina in der bibl. Zeit immer wieder vorgekommen zu sein (vgl. z.B. Ps 10,8ff; Hos 4,2; 6,8f). Sogar unter der strengen Römerherrschaft zur Zeit Jesu waren Raubüberfälle wohl häufig genug, um ihm als Grundlage eines Gleichnisses zu dienen (Lk 10,29ff). Es geht klar aus diesen VV. hervor, daß die Verbrecher nicht vor Mord zurückscheuen, um ihre Beute zu erlangen.
12 Augenscheinlich ist ein plötzlicher Raubmord gemeint. Sie werden sich auf ihr Opfer stürzen, so gierig, wie der Tod seines verschlingt. **13–15** Die Einladung zu einem gleichen Anteil an ihrer auf böse Weise erworbenen Beute (V. 14) soll konsequent abgelehnt werden (V. 15). **16** fehlt in LXX. Vgl. denselben Satz in Jes 59,7. **17** Die Bildrede ist schwer verständlich. Manche verstehen *Vogel* als Bild für den unterrichteten Schüler: Er ist gewarnt und geht nicht in die *vergeblich* aufgestellte Falle (s. EÜ, ZÜ), genauso wie kein Vogel in ein Netz geht, von dem er weiß. Man kann das Bild aber auch so verstehen, daß die Räuber und die unerfahrenen Jugendlichen, die ihnen folgen, wie Vögel sind, die nach auf dem Boden verstreuten Körnern jagen, die Falle aber nicht sehen (so LÜ).
18.19 sprechen von dem unvermeidlichen Schicksal derjenigen, die sich in dieser Weise bereichern. Wenn sie im Hinterhalt anderen auflauern, führen sie letztlich, ohne es zu wissen, ihr eigenes Ende herbei.

1,20–33 Der unbeachtete Aufruf der Weisheit. Dies ist der erste Abschnitt, in dem die Weisheit personifiziert wird. Sie, die ihren Ursprung in der Furcht des Herrn hat, lädt alle ein zu lernen. Aber die große Masse der Menschheit weigert sich zu hören, obwohl sie dadurch Verderben und Elend über sich selbst bringt. Wir werden an die Art und Weise erinnert, in der die Propheten Israel anflehten, den Herrn zu suchen, um zu leben (z.B. Am 5,4.6). Aber auch sie trafen auf halsstarrige Verständnislosigkeit. In diesem Abschnitt erinnert manches an Hosea, Jesaja und Jeremia.

VV. 20.21 beschreiben Art und Weise der Verkündigung durch die Weisheit.
20 *Weisheit:* entweder Plur., vielleicht um Intensität oder Fülle auszudrücken, oder eine ungewöhnliche Form des Sing. Die Weisheit wird dargestellt, wie sie ihre Botschaft auf den Straßen und öffentl. Plätzen ausruft. Die Propheten verkündeten ihre Botschaft ebenfalls dort, vgl. Jer 5,1; Jes 20,2ff. **21** *Im lautesten Getümmel:* wörtl. »Spitze der Lärmenden« (wohl zu ergänzen: Straßen; so JB). ZÜ: »Oben auf den Mauern« folgt, wohl unnötigerweise, der LXX. *Eingang der Tore:* der Platz, wo öffentl. und private Geschäfte abgewickelt wurden und Gericht gehalten wurde (vgl. Rut 4,1ff).

V. 22–23 enthalten den Aufruf der Weisheit. **22** Es werden drei Gruppen genannt, die ihm keine Beachtung schenken. *Einfältige* (ZÜ; EÜ): Das Wort (Sing.: *peti*) ist moralisch neutral (vgl. V. 4). Aber die Menschen, von denen die Rede ist, schlagen die angebotene Weisheit ab, und so bleiben sie »einfältig«. Von daher erhält das Wort (wie im Dt.) eine unschöne Nebenbedeutung. *Spötter* (hebr. *lezim*) sind eine Gruppe, die wir wiederholt antreffen werden. Sie sind die schlimmsten Feinde der Weisheit: arrogant, zynisch und herausfordernd. Die *Toren* werden als Menschen dargestellt, die das Wissen hassen, welches sie alleine vom Verderben retten kann. Es gibt drei Wörter in den Sprüchen, die mit »Tor« übersetzt werden: Der *nabal* (17,7.21; 30,22; vgl. 30,32) ist flegelhaft, mürrisch und träge. Der *'ewil* (19mal) ist leichtfertig, in eigensinniger Weise sorglos (10,8; 12,15), ohne Zurückhaltung (27,22). Der *kešil* (hier und an fast 50 anderen Stellen in den Spr gebraucht), ist einer, der – unempfindlich für moralische Wahrheit – lebt, ohne sie zu beachten.

23 kann verschieden verstanden werden. Entweder sollen die Toren sich der Weisheit zuwenden, die ihnen dann ihre Worte kundtun wird, die in den VV. 24–33 stehen. V. 24 beginnt dann: »Wenn . . . ihr euch weigert« (LÜ). Oder man deutet den V. 23 als letzte Warnung und übersetzt in V. 24 »Weil ihr . . . euch geweigert habt« (EÜ, JB, vgl. ZÜ, EinhÜ), *Kehret euch* (LÜ); *wendet euch um* (EÜ): ein Ausdruck, der oft in den Propheten gebraucht wird, meist übersetzt mit Buße tun, was hier sicherlich gemeint ist. *Meinen Geist:* Der Geist der Weisheit ist mit dem Messias verbunden (Jes 11,2), und er ist ein Vorrecht seines Volkes (Eph 1,17).

VV. 24–32 beschreiben die (in LÜ: mögliche) Reaktion der Masse auf den Ruf der Weisheit und die schrecklichen Konsequenzen. Denn Elend wird sicherlich auf solchen Ungehorsam folgen, und dann wird es zu spät sein, die Hilfe der Weisheit zu suchen. Die Weisheit, die sie abgelehnt hat, wird ihr ins Gesicht lachen, genauso wie sie lange über sie gelacht hat. Die Erinnerung an die verschmähte Erkenntnis wird für die, die umkommen, bitter sein. Die gleiche Warnung vor einem »zu spät« findet sich in vielen Gleichnissen Jesu. **29** Wieder sind *Erkenntnis* und *Furcht des Herrn* miteinander verbunden. **32** Die Einfältigen, die ermahnt wurden, umzukehren (V. 23), haben sich von Gott abgewandt, und diese ihre Abkehr wird Zerstörung über sie bringen. Zu dieser Art Sorglosigkeit bietet das Gleichnis vom reichen Kornbauern in Lk 12,16–20 einen genügenden Kommentar. Man kann die Tatsache nicht leugnen, daß der Narr vorübergehend Erfolg haben kann.

33 verspricht denen wahre Sicherheit, die der Stimme der Weisheit gehorchen.

2,1–22 Die zweite Lektion

2,1–9 Die Suche nach Weisheit und ihr Lohn. Dieser Abschnitt betont dreierlei: daß die Weisheit fleißiges Suchen erfordert (V. 1–5), daß sie trotzdem gottgegeben ist (V. 6) und nicht das Resultat bloßer menschlicher Anstrengung, und daß Gott über diejenigen wacht und sie in seinem Willen erhält, die sie aufnehmen (V. 7–9). Die Prinzipien, die hier enthalten sind, finden sich in Salomos Traum in Gibeon (1Kön 3,5–15) und werden von Paulus in Phil 2,12–13 ausgesprochen.

2.3 *Herz* hat im Hebr. eine breitere Bedeutung als im Dt. Es meint nicht nur die emotionalen, sondern auch die geistigen und moralischen Fähigkeiten des Menschen. Der Schüler wird ermahnt, all seine Kraft auf die Suche nach Verstehen zu richten, bis man von ihm sagen kann, daß er laut danach schreit.
4 Die Betonung liegt vielleicht weniger auf der Tatsache, daß nach Silber gegraben wird und daß der Schatz eine intensive Suche erfordert, als auf der, daß beide außerordentlich wertvoll sind. Jesus griff diesen Gedanken auf und wendete ihn auf die Suche nach dem Himmelreich an (Mt 13,44). **7** *Er spart . . . auf* (ZÜ): wörtl. *verbergen. Heil* (ZÜ; hebr. *tuschijja*) kann »dauernder Erfolg« bedeuten – als die Auswirkung wahrer Weisheit. Dabei ist die sittliche Qualität dieses Erfolges (s. V. 9ff) zu beachten. **8** *Bewahrt:* Gott »überwacht« den Pfad, den seine Leute gehen, um sie zu beschützen und um sie auf dem rechten Weg zu halten. *Fromme:* Die Jahwe treu lieben, wie es dem Bund zwischen ihm und seinem Volk entspricht. **9** Die genannten Tugenden sind Ausdruck des Willens Gottes; vgl. Komm. zu 1,3.

2,10–22 Vom Nutzen der Weisheit. Der Schutz, den der Besitz der Weisheit gewährt, wird weiter dargestellt. **11** Die Besonnenheit, die versprochen wird, enthält den Gedanken der Zielbewußtheit. V. 12–19) beschreiben die Menschen, denen diejenigen entkommen, welche Weisheit empfangen haben. **12** Die *Bösen:* Vergleiche die letzte Bitte im Vaterunser (Mt 6,13). Die *Leute, die Falsches reden:* wörtl. *Mann, der Verkehrtes redet* (EÜ), also Dinge auf den Kopf stellt, d.h. Lügner. **13–15** Solche Menschen sind verbrecherisch und verkommen. **16** *Die Frau eines anderen:* Vor ihr wird in Spr immer wieder gewarnt; vgl. 5,3. **17** warnt vor den Verlockungen der Frau, die ihre Ehe bricht, obwohl sie das Gesetz des wahren Gottes gekannt hat. Sie sündigt also nicht nur gegen ihren Mann (*Gefährten*; s. Jer 3,1–4), den sie in der Jugend heiratete, sondern auch gegen Gott, zu dem sie als Israelitin in einer Bundesbeziehung steht. Er hat den Ehebund verordnet und schützt durch seinen Bund den Bund der Ehe (s. 2Mo 20,14). **18** Ihr Haus ist nichts als ein steiler Abstieg hinunter bis zum *Tod,* und die ihr zum Opfer fallen, *erreichen* nicht die *Wege,* die zum *Leben* führen, das doch alle Menschen zu erreichen wünschen. Wenn die Weisheit für einen Menschen selbstverständliche Denk- und Lebensweise wird (V. 10), wird ihm das, was böse Menschen interessiert und worüber sie reden, fremd werden (V. 12–15), und die *Fremde* (V. 16) wird er als die erkennen, die sie wirklich ist: eine, die das Leben verspricht, aber den Tod bringt.

20 Nach diesem langen Einschub wird wieder der Gedanke von V. 11 aufgenommen. Die Gottesgabe der Weisheit wird nicht vor den beschriebenen bösen Wegen schützen, sie wird den Menschen befähigen, gut und aufrecht zu leben.

21.22 *Land:* in erster Linie das Land, »das dir der Herr, dein Gott, geben wird« (2Mo 20,12; Ps 37,9–11), d.i. für einen Israeliten das Land Kanaan; darüber hinaus ist die Seligpreisung Jesu Mt 5,5 zu vergleichen, die auf Ps 37,11 basiert.

3,1–10 Die dritte Lektion

Das Thema lautet »Vertrauen und Gehorsam«. **1.2** Das Befolgen der Worte des Lehrers wird als Quelle langen Lebens und Friedens bezeichnet. Damit ist in erster Linie langes Leben auf der Erde gemeint, das in atl. Zeit als ein hohes Gut galt. Das Einhalten der Grundgebote rechten Lebens soll den Menschen in die Lage versetzen, die schlimmsten Schlingen und Fallen des Lebens zu vermeiden. Doch »Gebote mit einer Verheißung« (vgl. Eph 6,2) erhalten, je weiter Gottes Offenbarung fortschreitet, um so tiefere Bedeutung. So wird Jesus später sagen, daß seine Worte Geist und Leben sind (Jh 6,63). *Weisung: tora* (vgl. Komm. zu 1,8).

Das Thema wird in den VV. 4–10 entfaltet,

und zwar wird die lebenspendende Weisung aus V. 1 inhaltlich beschrieben. **3** *Gnade und Treue* müssen bleiben. Diese Begriffe sagen mehr, als man auf den ersten Blick sieht. *Gnade* (hebr. *chesed*) ist nur verständlich im Zusammenhang mit dem Bund Gottes mit seinem Volk und bedeutet Bundesliebe. Die ganze Tiefe der Bundesliebe wird sichtbar im »größten Gebot« (5Mo 6,5; 3Mo 19,18; vgl. Mt 22,36–40). *Treue* (hebr. *'emet*) meint Festigkeit, Vertrauenswürdigkeit, Beständigkeit und schließlich – was die Treue erfordert – Wahrheit, Wahrhaftigkeit. *'emet* sagen die Zeugen vor Gericht, d.h. die betreffende Aussage entspricht der Wirklichkeit (s. z.B. Jes 43,9). Der Herr ist »treu und wahrhaftig« (Offb 19,11). *Gnade und Treue* sind göttliche Eigenschaften (vgl. Ps 25,10 JB. LÜ, EÜ: Güte und Treue) und treten im AT oft gemeinsam auf. Sie sind Ausdruck intakter Beziehungen zwischen Mensch und Mensch und zwischen Mensch und Gott. Die Anweisung, sich diese beiden Eigenschaften (LÜ bezieht die Aufforderung zurück auf die Gebote, s. V. 1) umzuhängen, entspricht dem Gebot in 5Mo 6,8: Gottes Bundesgebote sollen an Hand und Stirn gebunden werden, zur beständigen Erinnerung an seinen Willen. Doch bei Menschen reicht die Erinnerung meist nicht aus; darum sollen sie sich Gnade und Treue (LÜ: die Gebote) ins *Herz* schreiben, d.h. in ihr Bewußtsein (vgl. Jer 31,33). **4** Hier geht es um die Folgen. *Freundlichkeit und Klugheit:* EÜ: *Gunst und gute Einsicht.* Gemeint ist wohl, daß da, wo Gnade und Treue walten, nicht nur Gunst bei Gott und Menschen folgt, sondern auch das Vorhandensein von wahrer Einsicht durch Gott und Menschen bestätigt wird. Das beste Beispiel dafür bietet Lk 2,52.

An zweiter Stelle wird Glaube gefordert. Glaube meint: vertrauen auf Gott (V. 5), in allen Lebensbereichen um Gott wissen (V. 6) und Gott fürchten (V. 7). Das Gegenbild dazu ist Vertrauen auf die Klugheit (vgl. Jes 5,21) und der leichtfertige Umgang mit Bösem. **6** *Pfade ebnen* (ZÜ): Hindernisse aus dem Weg räumen. Dasselbe Wort wird in Jes 40,3 gebraucht. Der zuvor beschriebene Glaube ist auch in äußerlichen Dingen nicht ohne Wirkung. **9.10** Schließlich wird der Schüler darüber belehrt, daß die Ehrerbietung gegenüber Jahwe sich auch im Geben zeigt. Das Gut, mit dem er Jahwe ehrt, ist sein Reichtum oder sein Einkommen. Er braucht nicht zu fürchten, daß er selbst dadurch Verlust erleidet (vgl. Mal 3,10–12). *Erstlinge:* ein Begriff aus der Landwirtschaft. Hier wird 5Mo 26,1–11 aufgegriffen: In Erinnerung an die Befreiung Israels und Gottes andauernde Güte sollen die Erstlingsfrüchte Gott dargebracht werden; vgl. 2Mo 23,19. Die Priester waren zur Entgegennahme der Gaben berechtigt (4Mo 18,12f). Vgl. LZB Sp. 363f.

3,11–20 Die vierte Lektion

Das Thema dieses Teils sind die Freuden der Weisheit. Hier wird die dritte Lektion weitergeführt, daß die Befolgung der Lehre reichen Lohn bringt. **11.12** Doch es beginnt mit einer Warnung, daß Gottes Liebe seinen Kindern sowohl Zurechtweisung als auch Wohlergehen bringen kann. Die geläufige Ansicht, Wohlstand sei der Segen des Alten Testaments, Not hingegen der des Neuen (wobei Leid und Not den größeren Segen in sich berge und die klarere Offenbarung der Gunst Gottes sei), muß durch Stellen wie diese präzisiert werden. Das Zitat in Hebr 12,6: »Denn wen der Herr liebt, den züchtigt er; er schlägt aber jeden Sohn, den er aufnimmt« (EÜ) folgt der LXX, die das betreffende hebr. Wort mit anderen Vokalen gelesen hat. Zur Sache vgl. 2Sam 7,14.

13–18 Nach diesen Warnungen erhalten die Segnungen besonderes Gewicht, die der Lehrer jetzt nennt und die dem Besitz der Weisheit folgen. Jedermann ist damit beschäftigt, Reichtum und Ehre nachzujagen. Deshalb bemüht er sich zu zeigen, daß die Weisheit viel wertvoller ist als alle Dinge, nach denen die Menschen verlangen. Im Grunde ist sie der Schlüssel zu wirklichem Glück (V. 17). Alles andere ist sozusagen Zugabe zur Weisheit (V. 16). **15** Hier finden wir den Keim eines anderen Gleichnisses Jesu, des Gleichnisses von der kostbaren Perle (Mt 13,45f). **16** Die Segnungen der *rechten Hand* zählen mehr als die (trotzdem begehrenswerten) Gaben der *Linken.* Doch die Weisheit gewährt beides. **18** Als *ein Baum des Lebens* ist die Weisheit eine immer wachsende, den einzelnen erneuernde Kraftquelle des Lebens für diejenigen, die sie erlangen.

19.20 beschreiben den hohen Rang der Weisheit vor Gott. Sie war das Gott leitende Prinzip in der Schöpfung und ist es auch weiterhin bei seiner Herrschaft über das Universum. Als Beispiel dienen einmalige Flutkatastrophen (das Hervorbrechen der Wasser aus der Tiefe erinnert an 1Mo 7,11) und das regelmäßige Befeuchten der Erde, von dem das Leben abhängt. *Tau* kann auch Regen miteinschließen, vgl. Hiob 36,27f. S. auch Komm. zu 8,22–36.

3,21–35 Die fünfte Lektion

Ging es eben noch um einen kosmischen Vorgang, so richtet sich der Blick jetzt wieder auf die Erde. Dieselbe Weisheit, mit der Gott die

Welt erschuf und erhält, finden wir im täglichen Leben und in den Beziehungen der Menschen untereinander. Echte Weisheit und Zielbewußtsein (s. Komm. zu 2,7) bringen Leben. Wohlergehen und Frieden (V.21–26).

22 *Seele* (EÜ); *Herz* (LÜ): hebr. *nephesch,* ursprünglich »Kehle«, dann in seiner Bedeutung erweitert: »lebendes Wesen«, »Person«, »Selbst«, »Leben«. Daher ZÜ: »so werden sie Leben *für dich* sein«. Da hier ein Parallelismus vorliegt, könnte auch die ursprüngliche Bedeutung von *nephesch* noch durchschimmern und wie *Hals* als Teil für das Ganze stehen. **25** *Fürchte dich nicht (. . . vor dem Verderben, daß über die Frevler kommt;* EinhÜ): Dieser Ausruf erinnert an die zahlreichen Worte der Ermutigung bei den Propheten, mit denen sie bei der Ankündigung drohenden Gerichts auf die Hoffnung hinweisen (s. z.B. Jes 10,24ff), oder auch an das Wort Jesu Lk 21,28.

27–35 Kurze, voneinander unabhängige Sprüche. Sie alle illustrieren das Thema dieser Lektion. Jakobus lehrt uns, daß die himmlische Weisheit rein, friedfertig, freundlich, gelehrig, voll von Barmherzigkeit und guten Früchten, ohne Unsicherheit oder Unwahrhaftigkeit ist. Zu ihr gibt es ein teuflisches Gegenstück, das durch Neid und Zank geprägt ist (s. Jak 3,13–18). Eben dies versucht auch unser Lehrer hier zu sagen. **27** Der erste Spruch mahnt zum sofortigen Bezahlen von Schulden: *Enthalte kein Gutes dem vor, welchem es zukommt* (EÜ). Viell. hat aber die LXX recht, die dies auf die Armen und nicht auf Kreditgeber (Besitzer) bezieht, vgl. LÜ, ZÜ; JB: »Enthalte dem die Guttat nicht vor, der sie braucht«. **28** Der zweite Spruch befiehlt sofortige und herzliche Freigebigkeit (vgl. Jak 2,16). **29ff** Die folgenden warnen vor unbegründeten Angriffen und Gewaltanwendung. **31** Der *Gewalttätige* mag erfolgreich sein. (Die Propheten wußten, daß er es nur allzuoft war.) Doch niemand soll nach seinem ungerechten Reichtum trachten noch seine Methoden nachahmen.

32–35 Diese letzte Spruchgruppe setzt das Vorhergehende in Beziehung zu der Furcht Gottes. Das geschieht in vier Gegenüberstellungen. **32** Der eine Weg ist dem Herrn ein Greuel, der andere führt in die Gemeinschaft mit ihm. *Aber den Frommen ist er Freund:* betont die enge Gemeinschaft und den vertrauensvollen, geradezu familiären Umgang miteinander. Vgl. Ps 25,14. **33** Auf dem einen Weg lastet der Fluch des Herrn, auf dem anderen liegt sein Segen (vgl. 5Mo 11,26–28).
34 Gott belohnt die Demütigen, nicht die Spötter (vgl. das Zitat in Jak 4,6; vgl. 1Petr 5,5). **35** Es sind die Weisen, d.h. die Gerechten und Demütigen, die schließlich Ehre bekommen – und zwar wie eine Erbschaft, ohne ihr Verdienst. *Aber die Toren* (hebr. *kesilim,* s. Komm. zu 1,22) *werden Schande davontragen:* Diese Übersetzung (LÜ, ZÜ) gibt die schwierige Stelle – mit ihrem Hauch von Ironie – wohl zutreffend wieder. Andere übersetzen: *die Toren häufen Schande auf sich* (EinhÜ).

4,1–9 Die sechste Lektion

Dieser Abschnitt enthält eine Spur Autobiographie. Beseelt von dem Wunsch, seine Schüler moralisch und geistlich gesund zu sehen, berichtet der Lehrer von den weisen Ratschlägen seines Vaters, die sich in seinem eigenen Leben als wahr erwiesen haben. Er will sie so davon überzeugen, daß Weisheit das wichtigste Gut ist, wonach sie streben müssen.

1 Hier nimmt der Lehrer die Position des Vaters seiner Schüler ein. Daran schließt er die Bemerkung an, wie sehr seine eigenen Eltern um sein Wohlergehen bemüht waren.
3 *Denn als ich noch Kind in meines Vaters Hause war* (ähnlich der Parallelismus des folgenden Verses): weist darauf hin, daß der Vater des Lehrers selbst über die Erziehung seines Sohnes wachte. **4–9** Ob all diese VV. die Worte des Vaters wiedergeben oder ob es sich bei den letzten Sätzen um eine Anwendung durch den Lehrer handelt, bleibt offen. Wiederum wird das Erlangen von Weisheit als Grundlage gesehen für langes Leben (V.4), Bewahrung (V.6), Ehre (V.8) und Schmuck (V.9). **7** *Denn der Weisheit Anfang ist: Erwirb Weisheit:* Dieser, auf den ersten Blick als nicht sinnvoll erscheinende Satz wird klarer auf dem Hintergrund von 2,1–5: Die Weisheit will gesucht sein. Und 2,5 wird durch 1,7 interpretiert. 4,7 kann durchaus eine Zusammenfassung der Botschaft von 2,1–5 und 1,7 sein. *Mit allem, was du hast:* vgl. Mt 13,44–46.

4,10–19 Die siebente Lektion

Das Thema lautet: »Verabscheue das Böse«. Ein weiteres Mal beginnt der Lehrer mit der dringenden Aufforderung an seine Schüler, aufnahmebereit zu bleiben und das einmal Gelernte festzuhalten (V.10–13). **10** Der Besitz von Weisheit geht einher mit langem Leben. **11** Die Schüler haben schon gelernt, in welcher Richtung die Weisheit zu finden ist. Statt *auf rechter Bahn* (LÜ) ist besser »Bahn der Geradheit« zu übersetzen (so ZÜ und EÜ). Gemeint ist moralische Lebensführung.
12 Die Weisheit, die sich in solch einer Lebensführung zeigt, wird ein sicherer Führer in wahre Freiheit sein. *Sauer werden:* wörtl. *wird dein Schritt nicht beengt werden* (EÜ);

spielt auf die begrenzten Bewegungsmöglichkeiten derer an, die den »Weg der Weisheit« und »Pfad der Geradheit« verlassen. **13** Die Dringlichkeit, eine solche Disziplin zu wahren, wird durch die sich häufenden Aufforderungen deutlich.

14–19 enthalten die Warnung, die Seitenpfade, auf denen die Bösen gehen, zu meiden (VV. 14.15), sowie eine Beschreibung der Menschen, die ihnen trotzdem folgen (VV. 16.17) und eine lebendige Schilderung des rechten Weges (V. 18) und der Seitenwege (V. 19). **17** bezieht sich wahrscheinlich auf die Bösen, die durch Frevel und Gewalttat zu ihrem Lebensunterhalt kommen (vgl. 20,17). Doch ebenso ist im übertragenen Sinn gemeint, daß Speise, Trank und Freude der Bösen das Böse ist (zum Gegenteil vgl. Jh 4,34). **18** Wie die Sonne am Himmel hinaufsteigt und dabei heller und heller scheint, vom ersten Schimmer des Morgenrots bis zur andauernden Helle des Mittags, so ist der Pfad des Gerechten. Ihm geht gewissermaßen die Sonne nicht unter. Vgl. Jes 2,5.

4,20–27 Die achte Lektion

Das Thema lautet: »Bleibe auf dem Weg des Guten«. Es ergeht ein neuer Appell, die lebenspendenden Weisungen des Lehrers zu beachten (V. 20–22), darauf folgt die Aufforderung, Herz (V. 23), Mund (V. 24), Augen (V. 25) und Füße (VV. 26.27) auf das Leben hin auszurichten.

21 Der Lehrer weist darauf hin, daß es nicht genug ist, weise Belehrung zu hören. Sie muß angenommen, überdacht, im Innersten des Wesens aufbewahrt werden. Vgl. Ps 119,11 und Lk 2,19. **23** ist der Schlüssel zu dieser ganzen Folge von Belehrungen. Weisheit führt zum Leben; doch kommt sie im letzten nicht aus dem bloßen Befolgen einer Sammlung weiser Ratschläge, sondern muß im Herzen, dem Zentrum des Bewußtseins und des Willens und dem Quellort aller Handlungen entstehen. (Zum Bedeutungsumfang des hebr. Wortes für »Herz« s. Komm. zu 2,2). Was das abtrünnige Israel brauchte, war ein Herz, das den Herrn erkannte (vgl. Jer 24,7). Die Worte Jesu, die soviel Abwehr hervorriefen (Mt 15,10–20), führten nur die Lehre dieses V. weiter. *Mit allem Fleiß:* besser EÜ »Mehr als alles, was zu bewahren ist«. **26** Die Übers. des ersten Teiles ist schwierig. Das hebr. Zeitwort, das auch mit »abwägen« oder »achten auf« übersetzt werden kann, gibt EÜ (nach LXX) wieder mit »ebne die Bahn«. Diese Bedeutung, die von der Entfernung sittlicher Hindernisse spricht (vgl. Hebr 12,13), paßt hier gut (weniger gut dann in 5,6.21). Die Wege des Schülers sollen zudem gewiß sein. Die Wurzel des hebr. Wortes bedeutet »fest machen«. D.h. die Straße, die sorgfältig ausgewählt und von Hindernissen befreit ist, muß nun befestigt werden. **27** Nie wieder soll man von diesem Weg abweichen.

5,1–23 Die neunte Lektion

Diesmal geht es um die Beziehungen zwischen den Geschlechtern. Nach einer einleitenden Bitte um Aufmerksamkeit (VV. 1.2) geht der Lehrer zur Beschreibung der *fremden Frau* und ihrer Verführungskünste über (V. 3–6). Es folgen eine Aufforderung, sie zu meiden (VV. 7.8), eine Warnung vor den Folgen für ihre Opfer (V. 9–14), der Aufruf, nur eine heilige Liebe zu heben (V. 15–19), und die Erinnerung daran, daß Gott über alles wacht (V. 20–23).

3 Die *fremde Frau* ist eine Gestalt, die in diesem Buch oft vorkommt (vgl. 2,16; 6,24; 7,5; 23,27; 27,13 EÜ). Es gibt vier verschiedene Meinungen, was sie bedeutet. Entweder sind israelitische Huren oder Ehebrecherinnen gemeint, die als »fremd« bezeichnet werden, weil sie kein Recht auf die Beziehung haben, die sie eingehen. Oder aber »fremd« bedeutet wirklich ausländisch und bezeichnet hier kanaanäische oder phönizische Frauen. Zu den kanaanäischen Religionen gehörte Kultprostitution; s. Komm. zu 5Mo 23,18. So kann ein ausländischer Kult damit gemeint sein, etwa der der Astarte, der Göttin der Liebe, deren Kult viele sexuelle Elemente enthielt; die Israeliten kannten sie durch Handelsbeziehungen zu ihren Nachbarvölkern. Schließlich kann der Ausdruck auch allegorisch gemeint sein und sich auf die Verlokkungen durch die griechische Philosophie oder Religion beziehen. Von diesen Erklärungen ist die erste die einfachste und einleuchtendste; sie entspricht auch 2,17 und 7,19f am besten.

4 *Hernach:* weist auf die Konsequenzen der Verbindung mit ihr hin: Die Frau mag zuerst süß wie Honig scheinen, schließlich entpuppt sie sich doch als bitter wie *Wermut.* Wermut ist ein äußerst bitteres Kraut, das in der Heiligen Schrift Sinnbild des Unrechts und die von Gott verhängte Strafe ist (s. LZB, Sp. 1528; vgl. 5Mo 29,17; Jer 9,15). **6** Das zweimalige *du* kann auch mit »sie« übersetzt werden (s. ZÜ u. EÜ). *Merkst es nicht:* von einem anderen Zeitwort abgeleitet wäre zu übersetzen: »Hast (hat) keine Ruhe«.

9–14 beschreiben den weiteren Verlauf. **9.10** Hier scheinen wir ein Bild des Ehebrechers vor uns zu haben; seine Körperkraft ist vergeudet, seine irdischen Güter sind dahin, er selbst verbringt sein Leben als Sklave im Haus eines Fremden. **11–14** Schrecklicher noch sind die Gewissensbisse, die allerdings zu spät kommen. **14** *Ich wäre fast ganz ins Unglück gekommen:* »ich konnte gerade noch der schlimmsten Strafe für diese Sünde entkommen«, dem Tod (vgl. 3Mo 20,10) oder etwas anderem. Eine andere Wiedergabe: »Ich habe die schlimmsten Sünden begangen, obwohl ich doch zur Gemeinde Israels gehöre«. Bei dieser Interpretation bezieht sich »Vor allen Leuten und allem Volk« auf Israel als Gesamtbegriff für Volk Gottes. Die Tatsache, daß innerhalb dieses Volkes eine solche Sünde begangen wurde, macht die Sache nur noch schlimmer (vgl. Hebr 12,15). Der ganze Abschnitt ist eine Illustration zu 1,26ff, wo von der Weisheit gesagt wird, daß sie lachen wird, wenn ihre Verächter ihren Irrtum bemerken werden.

Nach diesen Warnungen vor den bösen Folgen der Sünde wendet sich der Lehrer positiven Anweisungen über die Freude und Heiligkeit eines reinen, ehelichen Lebens zu. Er gebraucht dabei ähnliche Wendungen, wie wir sie im Hohenlied finden. Für den Orientalen sind Liebeslieder heilig und an den dabei verwendeten bildreichen Ausdrücken ist für ihn nichts Unschickliches. **15** weist den Lernenden an seine eigene Frau, weg von der fremden Frau. **18** Die Quelle *(Born)* ist *gesegnet,* wenn sie unter Beachtung der Gebote Gottes genossen wird. Das *Weib deiner Jugend* ist die Frau, die man heiratet, wenn man jung ist. In atl. Zeit waren sehr frühe Heiraten die Regel.

21–23 bringen alles bisher Gelehrte in Zusammenhang mit dem lebendigen Gott des Bundes. **21** Er wacht über alles Leben, er wiegt und prüft es (s. Komm. zu 4,26). **22** Der Gottlose wird plötzlich Opfer seiner eigenen Sünden. **23** Der Grund dafür ist, daß er die göttliche Zucht nicht annahm (vgl. Hos 4,6). So sieht des Lehrers letzte Abschreckung von der Sünde aus. Vgl. zum Inhalt des Abschnitts Eph 4,17–19.

6,1–19 Die zehnte Lektion

Diese Lektion basiert auf dem in 5,22 ausgesprochenen Prinzip. Drei Beispiele dafür werden genannt und danach sieben schwere Sünden aufgezählt.

6,1–5 Die Bürgschaft. In früher Zeit war das kommerzielle Recht Israels einfach. Leihen wurde nur in schlimmen Notlagen nötig, und Zinsen von einem Mitisraeliten zu nehmen, war streng verboten (3Mo 25,36). Wenn ein Kleidungsstück als Sicherheit behalten wurde, mußte es bei Einbruch der Nacht zurückgegeben werden, damit sein Besitzer es als Decke verwenden konnte (2Mo 22,25–27). Mit dem Wachsen der Zivilisation und des Auslandshandels nahm auch die Praxis des Bürgens zu, so daß ein Mann jeweils Garantien für die Schulden eines anderen übernahm. In unserem Buch werden jedoch alle Praktiken dieser Art verurteilt. Damit sollte wohl vor allem leichtfertige Verschwendung und nicht etwa Großzügigkeit verhindert werden. Was ein Mann geben wollte, sollte er frei ermessen können: Die Höhe seiner Gabe sollte er selbst bestimmen können, sie sollte ihm nicht durch Vorgänge, die außerhalb seiner Kontrolle liegen, aufgezwungen werden. Bemerkenswert ist, daß es in den Sprüchen hauptsächlich um Bürgschaftsangelegenheiten geht, in die Fremde (ausländische Händler?) verwickelt sind; s. 6,1; 11,15; 20,16; 27,13.

1 *Hast du Handschlag gegeben:* bezieht sich auf den Akt der jeweiligen Abmachung. Der Bürge hat sich, wie der böse Mann in 5,22, durch seine eigene Torheit in die Falle begeben. In den folgenden Versen wird er aufgefordert, alles zu unternehmen, um sich wieder zu befreien. Notfalls soll er den, für den er bürgt, darum bitten, ihn aus dem Bürgschaftsverhältnis zu entlassen.

6,6–11 Der Faule. In der »Pilgerreise« von J. Bunyan wird »Faulenzer« zusammen mit »Einfältig« und »Vermessen« von »Christ« schlafend am Wegesrand gefunden. Indem sie sagen, alle sollten einfach annehmen, »daß es ihnen zuletzt wohlergehen werde«, verleiten »Faulenzer« und seine Genossen andere dazu, es ihnen nachzutun. Doch als später »Christin« des Weges kommt, sieht sie sie »in Ketten aufgehängt ein wenig seitwärts vom Wege«. Dieses Bild entspricht dem, das uns hier in den Sprüchen gezeigt wird. Ein aus der Natur genommenes Sprichwort ist hier, wie es Salomo gerne tat (1Kön 5,13), gebraucht, um den Faulenzer so zu beschämen, daß er zu arbeiten beginnt (V. 6–9) wenn nicht, wird sein Schlummer bald ein böses Ende nehmen (VV. 10.11). Er wird sich plötzlich der Armut und dem Elend ausgeliefert sehen – ein weiteres Beispiel für einen Toren, der sich durch seine eigenen Taten gefangen hat (vgl. 5,22).

6,12–19 Der heillose Mensch. Hier wird ein kurzes, aber lebensechtes Bild dessen gezeichnet, den man gemeinhin als einen Schuft oder Lumpen bezeichnet (V. 12–14). Er ist verderbt, hinterhältig, sittenlos, doch auch er wird schließlich stürzen infolge seiner Sünde (V. 15).

12 *Ein heilloser Mensch:* wörtl. »ein Mensch Belials« (s.a. EÜ), ein im AT häufiger verwendeter Ausdruck für ruchlose Männer (so LÜ in Ri 19,22; s. Komm. dort). Paulus nennt den Satan so (2Kor 6,15). **13** *Gibt Zeichen mit den Füßen:* wörtl. »spricht mit den Füßen« oder »scharrt. . .« Gemeint ist auf jeden Fall unaufrichtiges Verhalten.

16–19 Auch dieser Abschnitt über sieben schwere Sünden bezieht sich noch auf den Mann Belials. Er sündigt mit seinen Augen (VV. 13.17), mit seinen Händen (VV. 13.17), mit seinem Herzen (VV. 14.18) und mit seinen Füßen (VV. 13.18). Er richtet Trennungen an und stiftet Streit (VV. 14.19). Weitere solcher Zahlensprüche finden sich in Kap. 30. (Zum Zahlenspruch s. LZB, Art. »Zahl« 16). Vielleicht waren solche Sprüche ursprünglich für den Unterricht gedacht, als Antwort auf eine Frage »Welche sechs Dinge haßt Jahwe? . . .« o.ä.

6,20–35 Die elfte Lektion

Sie hat als Thema das siebte Gebot. Zu Beginn steht wieder der Hinweis, daß gute Lehre gute Führung gewährt (V. 20–23); darauf folgen ernste Warnungen vor der Sünde des Ehebruchs (V. 24–35).

20 *Gebot* und *Weisung* (*tora*; vgl. Komm. zu 1,8) meinen beide die Unterweisung durch die Eltern; in V. 23 scheinen sie sich jedoch auf das Bundesgesetz zu beziehen. Dieses Gesetz war ohnehin der Inhalt der Lehre im Hause eines jeden frommen Israeliten (vgl. 5Mo 6,6f). Das göttliche Gesetz, gelehrt und ausgelegt, enthält klare Führung für das Leben. **21** Es soll immer im Innern bewahrt und nach außen hin getan werden, **22** es soll alle Handlungen leiten und kontrollieren.

24 Es wird darauf hingewiesen, daß *Gebot, Weisung* und *Vermahnung* (vgl. 2Tim 3,16) Schutz gewähren vor der *Frau* des *Nächsten.* Diese Stelle könnte man allegorisch interpretieren. Die Ehebrecherin verkörpert im AT oft das sündige Israel (vgl. Hos 2), Jakobus nimmt sie als Bild für die weltlichen Christen (Jak 4,4). Daran wird deutlich, daß es an sich um mehr geht als nur um ein sexuelles Vergehen. Doch die Art, in der im folgenden Einzelheiten beschrieben werden, macht klar, daß der Lehrer hier ein wörtliches Verständnis beabsichtigt.

25 *Augenlider:* wahrscheinlich mit Lidschatten geschminkt (vgl. 2Kön 9,30). **26** Es ist nicht eindeutig, ob der Lehrer hier zwei Gruppen unmoralischer Frauen unterscheidet. Wenn dies der Fall ist, dann sagt der Vers: Durch eine Prostituierte kann ein Mann in Armut geraten, doch wenn er Ehebruch mit einer verheirateten Frau begeht, riskiert er sein Leben (im Zuge sozialer oder rechtlicher Folgen). Vermutlich geht es jedoch in diesem V. um ein und dieselbe Frau. **29** erinnert uns wieder an den lebendigen Gott. *Es bleibt keiner ungestraft:* wörtl. »es bleibt keiner unschuldig« (vgl. EÜ). In atl. Denken zog ein Nicht-Unschuldig-Sein unweigerlich Strafe nach sich. **30** Die einfachste Erklärung dieses schwierigen V. ist, daß der Dieb, obwohl er lange nicht so verachtenswürdig wie ein Ehebrecher ist, doch seine Schuld voll und ganz zurückzahlen muß (*siebenfach* in V. 31 will keine exakte Angabe sein). Um wieviel mehr muß dann erst der Ehebrecher seine Schuld zurückzahlen! **32ff** In seinem Fall ist das Vergehen zugleich Selbstzerstörung. Er wird hart gestraft und öffentlich geächtet werden (V. 33), der hintergangene Ehemann wird ihm nicht verzeihen (V. 34) und, anders als der Dieb, kann er keinen Ersatz leisten (V. 35).

7,1–27 Die zwölfte Lektion

Das Thema ist, wie in der vorhergehenden Lektion, die Gefahr des Ehebruchs. Wie immer steht am Anfang eine Ermahnung, die väterliche Lehre nie zu vergessen, die der Weg des Lebens ist und ein Schutz vor der fremden Frau (V. 1–5). Die in V. 4 genannten Beziehungen drücken die persönliche Bekanntschaft aus, die der Lehrer gerne zwischen seinen Schülern und der Weisheit sehen möchte: *Schwester* weist auf familiäre Nähe hin (vgl. Mt 12,50). Darauf folgt ein Abschnitt in Form eines Augenzeugenberichtes, in dem sehr lebendig beschrieben wird, wie ein junger Mann auf die fremde Frau hereinfällt (V. 6–23). Die VV. 24–27 ziehen die Moral aus dem Vorhergehenden.

7 Das Bild des jungen Mannes wird kunstvoll gezeichnet. Er ist ein *Unverständiger* (s. 1,22). Das bedeutet, daß jemand, der einfältig im negativen Sinn ist, d.h. Gut und Böse nicht zu unterscheiden gelernt hat, ständig in Gefahr schwebt, zu einem Toren und Verlorenen zu werden, wenn er nicht unterwiesen wird. **8.9** Wir hören, daß der Mann von der Dämmerung bis gegen Mitternacht durch die Straßen in der Nähe ihres Hauses streifte. **10–13** Die Frau ist lüstern, ruhelos und ohne Scham. **14** Die Frau täuscht ein religiöses Anliegen vor. Nach dem Gesetz für das Dankopfer (3Mo 7,11ff) muß das Fleisch des geopferten Tieres vom Opfernden am Tag des Opfers oder, im Falle eines Gelübdes, am darauffolgenden Tag gegessen werden. Die Frau, die gerade Jahwe ihre Gelübde abgelegt hat, lädt nun den jungen Mann ein, mit ihr das Opferfest zu feiern. **15** Sie behauptet, daß sie gerade nach ihm Ausschau gehalten habe, um ihn zu Tisch zu laden. **16–19** Sie malt die »Freuden der Sünde« in den schönsten Farben aus und bezeichnet es als ein besonderes Glück, daß ihr Mann gerade für längere Zeit verreist ist. Sie nennt ihn einfach *der Mann,* was unterschwellig abwertend klingen könnte. **21–23** Nach anfänglichem Zögern (das geht aus V. 21 hervor) gibt der junge Mann ihr nach. *Auf einmal* (EÜ): trifft das Hebr. besser als *alsbald* (LÜ). Die Textgestalt von V. 22 u. 23 ist problematisch (vgl. die verschiedenen Wiedergaben in LÜ, ZÜ und EÜ). Doch soviel ist klar: das böse Ende kommt für den jungen Mann plötzlich, und es ist schrecklich.

Nach diesem dramatischen Höhepunkt beendet der Lehrer die Lektion mit einigen ernsten Sätzen. **26** Die Zahl der Opfer, die die böse Frau auf dem Gewissen hat, ist unsagbar groß. Viele starke Männer sind durch sie zu Fall gekommen. Es mutet wie Ironie an, daß es ausgerechnet die »fremden Frauen« waren, durch die Salomo von seiner Weisheit abkam (1Kön 11,1–8).

8,1–36 Die dreizehnte Lektion

In dieser Lektion spricht, nach einer kurzen Einleitung des Lehrers (V. 1–3), die personifizierte Weisheit selbst: damit sind wir beim Höhepunkt der Lektionen angelangt. In deutlichem Kontrast zu der unredlich-zwielichtigen, verführerischen Art der Frau in der letzten Lektion diskutiert die Weisheit an öffentlichen Plätzen klar und würdevoll mit den Männern und versucht sie dazu zu bewegen, sie und ihre Schätze anzunehmen (V. 4–21). Danach geht es um den Anteil der Weisheit an der Schöpfung (V. 22–31), und schließlich ermahnt die Weisheit selbst, nicht von ihr zu lassen (V. 32–36).

Dieses Kap. mit der Personifizierung der Weisheit ist seit den ersten christl. Jh.en christologisch interpretiert worden. Paulus (vgl. 1Kor 8,6; Kol 1,15–18), der Verf. des Hebräerbriefes (vgl. Hebr 1,3) und Johannes (vgl. Offb 3,14) sahen seine letzte Erfüllung erst »in Christus als göttlicher Kraft und Weisheit« (vgl. 1Kor 1,24). Theophilus von Antiochien, der erste christliche Schriftsteller, der das Wort »Trinität« zur Bezeichnung der Gottheit gebrauchte, spricht von Gott dem Vater, dem Sohn, dem Heiligen Geist als von »Gott, seinem Wort und seiner Weisheit« (*Ad Autolycum* II,15. Wie andere Schriftsteller des 2. Jh. unterscheidet auch er nicht klar zwischen den Funktionen des Sohnes und des Geistes). Die Väter sahen also und mit gutem Grund in der personifizierten Weisheit einen Schatten der Offenbarung Gottes, wie sie dann im NT klar hervortritt. Im übrigen läßt Jesus selbst die personifizierte Weisheit reden (Lk 11,49ff), und zwar im Blick auf Propheten und Apostel, die Sprachrohr der Weisheit Gottes sind und trotzdem beständig von Gottes Volk abgelehnt wurden.

8,1–21 Die Weisheit unter den Menschen. **1–4** An übersichtlichen öffentlichen Plätzen redet die Weisheit zu den Menschen. **5** Wieder hören wir, daß den *Unverständigen* und sogar den verstockten *Toren* (s. Komm. zu 1,22) urteilsfähige Klugheit angeboten wird. **6–9** Die Worte der Weisheit sind wahr, geradeheraus und aufrichtig. **10.11** Die Weisheit bietet reichen Lohn, viel reicheren als alles, wonach die Menschen streben.

Dann erklärt die Weisheit, was sie selbst ist. **12** besagt, daß die Weisheit sich im Leben in klugem Unterscheidungsvermögen zeigt und darüber hinaus alle anderen Formen des Verstehens enthält, s. 1,4. **13** Die Weisheit identifiziert sich mit der *Furcht des Herrn* (vgl. 1,7). Gott und die Weisheit verabscheuen dieselben Dinge, die Weisheit steht, bei all ihrem praktischen, irdischen Bezug, nicht in Konkurrenz zur Gottesfurcht. **14** Ihre anderen Fähigkeiten sind unter anderem, *Rat* zu erteilen und *Macht* auszuüben. Beides sind königliche Attribute, die wir in ihrer Vollendung im messianischen König finden (Jes 9,6; 11,2). **15.16** Die Weisheit leitet die Herrschenden. Salomo selbst erbat sich Weisheit für die Ausübung seiner Herrschaft (1Kön 3,5–12). **17** Die Weisheit läßt sich finden, wenn man nach ihr sucht (vgl. Lk 11,9–13). **18–21** Die Weisheit hat für solche, die sie lieben, große Reichtümer bereit, die um so wertvoller sind, als sie rechtmäßig erworben wurden (VV. 18.20). Daß diese Segnungen der Weisheit noch über das Materielle hinausgehen, wird durch V. 19 deutlich. *Bleibendes* (LÜ, EÜ): Dieses Wort kommt im AT sonst nicht vor, daher schwanken die Wiedergaben: »stattlich« (ZÜ; JB), »angesehen« (EinhÜ).

8,22–36 Die Weisheit bei Gott. Jetzt redet die Weisheit von ihrem Anteil bei der Schöpfung. **22** Seit der Zeit des arianischen Streites im 4. Jh. ist dieser V. einer der umstrittensten im AT. Es geht dabei um die Bedeutung des Wortes *qana*, übersetzt mit *gehabt* oder »besaß« (Vulg., LÜ, EÜ) bzw. »schuf« (LXX, Targume; ZÜ, JB; vgl. EinhÜ). Die Arianer zogen die LXX (»Der Herr hat mich geschaffen«) als einen wichtigen Beweis für ihre These heran, daß Christus ein geschaffenes Wesen sei. Sie wurden zwar durch andere Gründe widerlegt, doch es ist auch umstritten, ob das Hebr. überhaupt diese Bedeutung hat. Die gewöhnliche Bedeutung des Wortes ist »bekommen«, »erwerben«, so u.a. auch in 1,5; 4,5. Es gibt auch Stellen, an denen es »erschaffen«, »machen« bedeuten könnte. (1Mo 14,13: »der Himmel und Erde geschaffen hat« oder ». . . besitzt«?; 2Mo 15,16: »das Volk, das Du gemacht hast« oder ». . . das Du erworben hast«?) Doch C. F. Burney hat schon vor langer Zeit darauf hingewiesen, daß es »erzeugen« bedeuten kann, und Parallelen in der ugaritischen Lit. herangezogen, wo »Schöpferin der Götter« eher auf Zeugung und Geburt als auf Schöpfung anspielt. Besitz und Elternschaft gehören auch sonst oftmals eng zusammen (s. 1Mo 4,1, wo auch *qana* steht). Doch ob es »besitzen« oder genauer »zeugen« heißt: die in den Sprüchen gemeinte Weisheit ist von Gott nicht zu trennen, sie war bei ihm von Ewigkeit her.

23 *Eingesetzt:* bezieht sich wohl auf die Bestimmung der Weisheit zu ihrer Aufgabe. Das Wort ist hier im Sinn von weihen gebraucht. Ursprünglich hieß es »ausgießen« und erhielt von daher die Bedeutung »salben« (mit Öl). **24** Die Weisheit war vor allen geschaffenen Dingen, auch vor der allem anderen vorhergehenden Urtiefe. Beachte hier und in V. 25 das Bild der Geburt. **30** Die Weisheit ist nicht nur bei der Schöpfung zugegen, sondern ist selbst Schöpfungsmittlerin; vgl. 3,19. Die Handwerkskünste der Menschen kommen von der Weisheit her (2Mo 35,31.35), ebenso die göttliche Kunst, die die Welt formte. *Liebling:* das betr. hebr. Wort ist sehr selten. In der früheren LÜ wurde es mit *Werkmeister* wiedergegeben, vgl. Anm. in EÜ und ZÜ. Diese Übersetzung ist durchaus wahrscheinlich, aber nicht sicher. Daß Jahwe selbst sonst immer als der Schöpfer dargestellt wird, muß nicht gegen diese Übersetzung sprechen. (Auch wir reden ja ohne weiteres vom Architekten, vom Besitzer und von den Bauarbeitern gleichzeitig als von denen, die ein Haus bauen.) **31** Die Weisheit freut sich über den Fortgang der Schöpfung, insbesondere als die Erde so weit ist, daß Menschen auf ihr leben können. Vgl. zum ganzen Abschnitt 3,19f.

32–36 In den abschließenden VV. spricht die Weisheit wie ein Lehrer und redet ihre Zuhörer als Söhne an. Sie erinnert daran, daß Liebe zu ihr Leben bringt (V. 35), Haß jedoch den Tod (V. 36). **36** *Wer aber mich verfehlt* (LÜ, ZÜ): besser als »Wer aber an mir sündigt« (EÜ), da hier die ursprüngliche Bedeutung des Wortes für »sündigen« am besten paßt: »(das Ziel) verfehlen«; vgl. den Gegensatz in V. 35: »Wer mich findet«. Die Weisheit verfehlen heißt sich selbst schaden; sie zu hassen bedeutet Selbstmord.

9,1–18 Zusammenfassung der dreizehn Lektionen

Einige der Hauptthemen der Kap. 1–8 werden hier in einem Bild zusammengefaßt: Weisheit und Torheit laden die Menschen zu einem Mahl.

9,1–12 Die sieben Säulen der Weisheit. **1** Die Weisheit tritt hier – wiederum personifiziert – als großzügige Gastgeberin auf. Über die *sieben Säulen* ist viel spekuliert worden. Man hat sie gedeutet als die sieben Schöpfungstage, die sieben Künste, als Sonne, Mond und fünf bekannte Planeten und sogar als die ersten sieben Kap. der Sprüche. Doch sie können auch einfach auf irgendein großes, schön gebautes Haus hinweisen: Sanheribs Haus für das Neujahrsfest, das vor kurzem gefunden wurde, hatte z.B. sieben Säulen.

2.3 In ihrem Haus hat die Weisheit ein glänzendes Fest vorbereitet und ihre Mägde ausgesandt, Gäste einzuladen. Auch sie selbst geht, um jeden, der mag, einzuladen (V. 3–6). **4** Insbesondere ist Platz für die Unverständigen und für die Toren. **6** Noch haben sie die Chance, Leben und Einsicht zu erlangen. Die enge Beziehung zwischen dem in Lk 14,16ff beschriebenem Mahl und diesem ist offenkundig.

Es folgen Anmerkungen der Weisheit selbst: unmöglich, daß solche Einladungen, wie sie an die Unverständigen ergehen, jemals die Spötter beeindrucken könnten. **7–9** Es wird nicht der Gegensatz zwischen Geladenen und nicht Geladenen beschrieben, sondern jeweils die Reaktion der Spötter und der lernwilligen Menschen auf die Lehre der Weisheit. Vgl. Mt 7,6 S.a. 1,4.5.22 und Komm. **10** Durch die Wiederholung des Mottos für das ganze Buch (1,7) wird der Grund für das unterschiedliche Verhalten deutlich: Die Weisheit beginnt mit der Gottesfurcht, deshalb kann der zynische Spötter sie nie erlangen.

9,13–18 Das Fest der Torheit. Auch die Torheit wird personifiziert: als Hure. Schamlos lädt sie die Unverständigen zu ihrem Fest. Ihre Einladung ist ebenso umfassend wie die der Weisheit (vgl. V. 14f mit V. 3f). Doch während die Weisheit wirklich zu einem Fest lädt, das sie selbst vorbereitet hat (V. 5), kann die Torheit nur ein jämmerliches Mahl bieten, gestohlen, unzulässig und geheim (V. 17); ihre Gäste gehen in den Tod (V. 18).

13 *Und weiß nichts von Scham:* nach LXX; MT wörtl. »und weiß nichts«.

Man beachte, daß sowohl die Einladung der Weisheit als auch die der Torheit sich an den Unverständigen und Toren richtet (V. 4.16). Der Weise, auch wenn er noch in der Weisheit wachsen kann (V. 8.9), und der Spötter (V. 7) brauchen keine Einladung.

10,1–22,16 Das erste Buch Salomos

Die langen zusammenhängenden Lektionen der vorigen Kapitel bilden eine Art Einleitung zu den nun folgenden großen Sammlungen kurzer Einzelsprüche. Die erste und mit ca. 374 Sprüchen umfangreichste davon wird Salomo zugeschrieben. Ob die Sammlung wirklich von Salomo selbst stammt, von einem Mitglied seines Hofes oder von einem späteren Sammler, können wir nicht mehr feststellen. Doch aus 1Kön 5,12 können wir schließen, daß solche Sprüchesammlungen zu Lebzeiten Salomos angefertigt wurden; diese könnte eine von ihnen sein.

Die meisten der Sprüche bestehen aus zwei Zeilen, deren zweite jeweils eine Antithese zur ersten enthält. Auch die Zusammenstellung der Sprüche ist nicht ganz so zufällig wie es auf den ersten Blick erscheint. Oft sind Sprüche mit demselben Thema zusammengeordnet oder solche, die denselben Grundsatz vertreten. Manchmal werden Sprüche verschiedenen Inhalts auch durch Stichwortverbindungen zusammengehalten. Doch oft gibt es keine Verbindung zwischen den Sprüchen, zumal sie zu verschiedenen Zeitpunkten formuliert wurden. Deshalb muß darauf hingewiesen werden: Die hier gebrauchten Überschriften bestimmen daher den Inhalt nur annähernd und dienen lediglich der Orientierung.

10,1–32 Der Lohn gerechten und gottlosen Lebens

1 So wie Einzellektionen gelegentlich mit einer Ermahnung beginnen, auf die Lehren der Eltern zu hören (z.B. 1,8; 6,20), fängt auch die vorliegende Sammlung mit einem Spruch aus diesem Themenkreis an. *Töricht* bedeutet dabei mehr als nur »dumm«: Der Sohn ist kein *kesil,* d.h. unempfänglich für moralische Wahrheit (s. Komm. zu 1,22). **2** handelt vom Lohn der Gerechtigkeit. *Gerechtigkeit* meint hier richtiges und gerechtes Leben. Die Propheten reden oft von Unterdrückung, Übervorteilung und Ausbeutung der Armen und Schwachen als von einer Mißachtung der Gerechtigkeit, die Gott von seinem Volk erwartet. **3** Das Stichwort *Gerechtigkeit* leitet über zum nächsten Spruch, bei dem es um Gottes Vorsorge für die äußeren Bedürfnisse seines Volkes geht (vgl. Mt 6,11.33) und darum, wie er den Bösen ihre üblen Wünsche versagt.

4.5 Damit der letzte Spruch nicht als Einladung zur Untätigkeit erscheint, handeln diese Verse von Faulheit und Fleiß – sowohl anderer als auch der eigenen. *Lässige Hand* (wörtl. »Handfläche«): untätig herabhängende Hand.

6 *Aber auf die Gottlosen wird ihr Frevel fallen* (LÜ): besser »aber der Gottlosen Mund birgt Gewalttat« (ZÜ). Aus dem Parallelismus könnte man schließen, daß es sich hier, wie bei den Segnungen (auf dem Haupt des Gerechten) um Gewalt handelt, die über den Gottlosen hereinbricht (so LÜ). Doch *chamas̆* (Gewalt) meint in der Regel ein Verhalten. Deshalb dürfte es auf die angriffigen, bösartigen Redensarten im Mund des Gottlosen zu beziehen sein. (Vielleicht ist der Text hier nicht genau überliefert, vgl. seine Wiederholung in V. 11b.)

7 Die Folgen von Gerechtigkeit und Gottlosigkeit überdauern den Tod. **9** Vgl. 2Tim 3,9. **10a** *Wer mit den Augen winkt:* d.h. ein listiges, hinterhältiges Verhalten, vgl. 6,13. **10b** Die von LXX ausgehende Übersetzung in ZÜ ist wahrscheinlich richtig: »wer aber freimütig rügt, schafft Heil«. *Wer ein Narrenmaul ...* (LÜ nach dem Hebr.) dürfte als Wiederholung von V. 8b ein Abschreibfehler sein. **11** Der Mund des Gerechten ist Quelle ständig neuer Inspiration, ein Wasser am Wegesrand, das Wanderer erfrischt. Aus dem Mund des Gottlosen hingegen kommt gewalttätige, verderbliche Rede (ZÜ, s. Komm. zu V. 6). Wie wir schon in 6,12f beobachtet haben, offenbaren sich Gerechtigkeit und Gottlosigkeit im Herzen (V. 8), im Mund (V. 6.8.10.11), in den Füßen (V. 9) und in den Augen (V. 10). **12** Durch das Stichwort *deckt zu* (s. ZÜ V. 10: »birgt«, im Hebr. handelt es sich dabei um dasselbe Wort) wird an V. 11 ein Spruch über Liebe und Haß (vgl. Jak 5,20; 1Petr 4,8) angeschlossen. *Deckt zu:* zur Bedeutung vgl. das Gegenteil davon in der ersten Zeile sowie 1Kor 13,7, wo »die Liebe trägt alles« auch mit »(sie) deckt alles zu« übersetzt werden könnte.

14 *Halten zurück:* natürlich nur bis zum geeigneten Anlaß. Es geht darum, daß Weise ihr Wissen für sich behalten, Toren (*ewil,* s. Komm. zu 1,22) jedoch alles ausplappern und dadurch sich und in der Folge auch andere gefährden. **15** *Verderben* ist hier das Stichwort. Gemeint ist drohendes Unglück. In der sozialen Revolution zur Zeit Salomos war das Los der Armen ständige Unsicherheit. Die Wiederholung der ersten Hälfte dieses Spruches in 18,11 zeigt allerdings, daß der Reichtum eines Menschen an sich keine ausreichende Sicherheit bietet und den Menschen unter Umständen eher gefährdet, vgl. den folgenden V. **16** Diese realistische Darstellung der Sicherheit, die ein gutes Einkommen gewährt, wird sofort durch die Erinnerung daran relativiert, daß das eigentlich Entscheidende ist, wie jemand mit seinem Einkommen umgeht. Rechter Gebrauch und Mißbrauch haben beide ernste und lang anhaltende Folgen.

18–21 Vier Sprüche über das Reden. Beides ist böse: Haß scheinheilig zu verbergen, als auch, ihm in Verleumdung Ausdruck zu verleihen. Am besten ist es, mit Worten zu sparen. Ihr Wert hängt von der Person ab, die sie spricht. 21 *Erquicken* ist die übliche Bezeichnung dessen, was ein Hirt für seine Herde tut. Die Gerechten werden durch die Wirkung ihrer Worte zu Hirten. Die Toren sterben aus Mangel an Weisheit, von der die Gerechten sogar noch an andere weitergeben können. 22 Jahwes Segen ist unverfälscht. 24.25 Wir kehren zurück zu dem Lohn, der den Gerechten und den Gottlosen erwartet. Das Leben des Gottlosen ist auf zeitliche und vergängliche Güter gegründet. Deshalb fürchtet er das plötzliche Unglück, das *Wetter,* das alles vernichtet, worauf er traut. Vgl. das Gleichnis in Mt 7,24ff.

26 Hier geht es wieder um den Faulen, der eine Plage ist für alle, die mit ihm zu tun haben. Vgl. das Urteil in Mt 25,26. Für das Gegenteil vgl. Spr 25,13. 27–30 Vier weitere Sprüche über das Schicksal des Gerechten und Gottlosen. Die ersten drei verheißen dem Gerechten Segnungen: Leben, Freude und Zuflucht. 30 Hier wird 2Mo 20,12 aufgenommen und weitergeführt; dieselbe Aussage nimmt Jesus auch in Mt 5,5 auf. 31 *Sprießt:* Nur die Weisheit treibt Blüten und bringt gute Früchte hervor.

11,1–31 Einige Aspekte der Gottlosigkeit

Hier geht es um unehrliche Geschäfte; Hochmut vor dem Fall; Falschheit verräterischer Menschen; Reichtümer, die man nicht mitnehmen kann; das Leben als Hindernisrennen; böse Wünsche und ihre Folgen; das plötzliche Ende der Sicherheit des Gottlosen; zerstörerische Rede; die sozialen Folgen von Gerechtigkeit und Gottlosigkeit; die Unweisheit, Verachtung zu zeigen; das Klatschmaul; Mangel an gutem Rat; das Übel der Bürgschaften; den Lohn guter Frauen und schlechter Menschen; die Ernte unseres Lebens; oberflächliche Schönheit; Wunsch und Erfüllung; das verborgene Elend des Geldscheffelns; falsch ausgerichtete Suche und mißgeleitetes Vertrauen; den Verlust der Beherrschung; Gesetzlosigkeit und Vergeltung.

1 Handel und Geschäft werden in direkte Beziehung zum Gesetz Gottes gestellt. 2 Es besteht eine unmittelbare Verbindung zwischen Weisheit und Demut. 3 *Die Verächter:* So wurden häufig diejenigen bezeichnet, die sich gegen Gottes Bund auflehnten oder ihn brachen. Sie sind voller *Falschheit* (wörtl. »Krümmung«, d.h. Unehrlichkeit). 4 *Am Tage des Zorns:* Mag es nun ein plötzliches Unglück, Tod oder »des Herrn Tag« sein, von dem die Propheten sprachen (vgl. Jes 10,3; Am 5,18), nur die *Gerechtigkeit* wird helfen, nicht die Reichtümer. Eine der vielen Stellen dieses Buches, die trotz der ursprünglich begrenzten Anwendung nach dem Kontext (vgl. 10,2) doch einen immer gültigen Grundsatz formulieren und für Christen tiefere Bedeutung haben. 5 Ein Kontrast zwischen dem guten Weg des *Frommen,* der dank der Gerechtigkeit mit den Hindernissen auf seinem Weg fertig wird, und dem Weg des Gottlosen, der sich selbst zu Fall bringt. 7 *Das Harren der Ungerechten:* andere Übers. »das Harren auf Stärke« oder ». . . der Kraftvollen« (EÜ, Anm.). Die gottlosen Reichen, die ihre Hoffnung nur auf menschliche Möglichkeiten setzen, werden angesichts des Todes enttäuscht, wie mächtig sie im Leben auch sein mögen (vgl. Lk 12,20). Sie können nicht einmal sicherstellen, daß ihre Kinder ihren Reichtum erben. Man beachte, wie überaus häufig sich das Buch der Sprüche mit den künftigen Dingen beschäftigt.

9 Der *Gottesverächter* handelt zerstörerisch durch Verführung, Zerrüttung oder Verleumdung. Der beste Schutz dagegen ist die *Erkenntnis* der Gerechten, die sie nicht irregehen läßt. 10.11 Sowohl die Gerechten als auch die Ungerechten haben ihre Wirkungen auf das öffentliche Leben. Die ganze Stadt freut sich über den Wohlstand eines guten und über den Untergang eines bösen Menschen. Eine Stadt wird geehrt durch die Gegenwart gottgesegneter Menschen, doch durch den Mund Gottloser, d.h. durch deren Rat oder Führung wird sie zerstört. (Ein Beispiel dafür sehen wir in 1Mo 18). *Stadt:* eine befestigte Ansiedlung (hebr. *qirja*). Der Charakter der Stadtoberhäupter kann entscheidend sein für das Schicksal der ganzen Gemeinschaft. Es ist darauf hingewiesen worden, daß diese Verse offenbar einer Zeit angehören, in der die israelitischen Städte noch von Israeliten regiert wurden, also vor dem Exil.

14 Die Notwendigkeit, im Blick auf Regierungsaufgaben weisen Rat einzuholen und ausführlich zu beratschlagen (vgl. 15,22; 24,6), war in der Zeit unmittelbar nach dem Tod Salomos besonders wichtig (vgl. 1Kön 12,1–15). 15 Vgl. 6,1ff. 16 Legt man MT zugrunde, so liegt an Stelle der sonst üblichen Antithesen ein Vergleich vor: Eine anmutige Frau gewinnt Ehre, ebenso wie ein Fleißiger Reichtum erlangt. LXX hat hingegen zwei vollständige Antithesen, s. LÜ, ZÜ, JB.
17 *Barmherziger Mann:* hebr. »ein Mann der *cheṡed«,* der Bundesliebe. Wohl eine Anspielung auf das Bundesgebot (3Mo 19,18), daß ein Mensch seinen Nächsten wie sich selbst lieben soll. Wenn er dies tut, nützt er sich damit auch selbst. Ein grausamer Mensch, der sich nicht um den Bund mit Gott kümmert, tut sich selbst Schaden an. 18 Der gegenwärtige Reichtum des Gottlosen ist trügerisch,

denn er bringt ihm nicht für immer Nutzen. Der Lohn des Gerechten jedoch ist sicher (vgl. Gal 6,7). **19** Der hebr. Text ist zwar sehr knapp gehalten, doch der Sinn ist deutlich. Das hebr. Wort *ken* kann sowohl »wie« (EÜ) als auch »feststehen« (ZÜ) bedeuten.

21 *Die Hand darauf:* offenbar eine betonte Zusicherung. *Der Gerechten Geschlecht:* alle Gerechten (vgl. Jh 8,39; Gal 3,7).
24–26 Nicht Geiz ist Bedingung für Wohlstand, sondern eher das Gegenteil. Die Praxis, Getreide zurückzuhalten, um den Preis in die Höhe zu treiben, ist zu verurteilen (vgl. Am 8,4–6). **27** Die nach Gutem trachten, können des Wohlgefallens Gottes gewiß sein; die aber das Böse suchen, werden davon mehr finden, als sie eigentlich wollten.

30 Die meisten deutschen Übers. richten sich in der zweiten Vershälfte nach der LXX, die eine Gegenüberstellung hat: *aber Gewalttat nimmt das Leben weg.* Im hebr. Text lautet der ganze V.: »Die Frucht der Gerechtigkeit ist ein Baum des Lebens, und der Weise gewinnt Seelen« (EÜ). Dies kann bedeuten, daß er durch sein Beispiel andere überzeugt und so durch seine Gerechtigkeit sich und anderen zu einem *Baum des Lebens* wird (vgl. auch Ps 1,3). **31** Sowohl den Gerechten als auch den Gottlosen wird auf Erden vergolten werden. Die LXX deutete das so, daß beide für ihre Sünden gestraft werden; wenn sogar der Gerechte bestraft wird, weil auch er gesündigt hat, um wieviel mehr dann der Sünder? Diese Übersetzung der LXX wird in 1Petr 4,18 aufgenommen.

12,1–28 Unterschiedliches Verhalten

Hier geht es um verschiedene Reaktionen auf Zurechtweisung, was einem Mensch Bestand verleiht; durch die Ehefrau verursachte Unterschiede; Gedanken, Worte und Schicksal der Gottlosen; unterschiedliches Ansehen, je nach Klugheit; Großspurigkeit; Verhalten gegenüber Tieren; Fleiß und Leichtfertigkeit; Gottlose und Gerechte; die unterschiedliche Wirkung von Worten; guten Rat; was man besser ignoriert; gute und schlechte Rede; das Planen; Selbstbetrug; die Folgen von Fleiß und Faulheit; Sorge und Mitgefühl; Hilfreiche und Hindernde; den Lohn des Fleißes; die zwei Wege.

2 *Verdammt er:* ein Rechtsbegriff; wörtl. »macht er böse«, d.h. Gott »spricht ihn schuldig« (EÜ). **4** *Eine tüchtige Frau:* meint sowohl edlen Charakter als auch häusliche Fähigkeiten. In 31,10–31 wird dies näher entfaltet. **5–7** Drei Gegensätze zwischen Gerechten und Gottlosen: in ihren Absichten (*Gedanken,* V.5); in ihren Worten (die Gerechten richten damit nicht nur keinen Schaden an, sondern retten sich selbst bzw. andere; die Verschwörer dagegen fangen sich selbst [V.6]) und in ihrem Schicksal (V.7; vgl. Mt 7,26). **9** *Geht seiner Arbeit nach:* so nach LXX; vgl. ZÜ »arbeitet für sich«. Bei der Schreibweise im MT »und hat einen Knecht« (EÜ) tritt der Gegensatz nicht deutlich hervor.

11 Der fleißige Landmann ist besser dran als der, der nichtigen Dingen nachjagt.
12 Dieser Vers ist schwierig. LÜ beruht auf einer Textänderung; dem vorliegenden hebr. Text am nächsten kommt ZÜ: »Unrechttun ist ein Netz für die Bösen, die Frommen aber wurzeln in festem Grund«. Die Bedeutung ist wohl, daß das, was schlechte Menschen begehren, täuschend oder gar selbstzerstörerisch ist. **14** Hier wir deutlich, daß Worte ebenso reale Folgen haben wie Taten. Vgl. dazu Mt 12,36 und 2Kor 5,10. **17–19** Drei das Reden betreffende Unterschiede: Der Zeuge, der die Wahrheit sagt, und der, der die Tatsachen verfälscht; die scharfe Zunge, deren Rede verwundet, und die hilfreiche, heilende Rede des Weisen (vgl. Ps 106,33); die Beständigkeit wahrer Worte und die Vergänglichkeit der Lüge. **20** Die Gottlosen sprechen nicht nur Lügen, auch ihr Herz ist unehrlich. Im Kontrast dazu steht die Freude derer, die *zum Frieden raten* (*schalom* bedeutet »Heil«, »allgemeines Wohlergehen«).
21 Ausnahmen von diesem Grundsatz dürfte der weise Mann ebenso gekannt haben wie moderne Fragesteller, sonst wäre er einer der leidigen Tröster Hiobs, was sicher nicht zutrifft. Dieser Spruch will vielmehr den Glauben an den gerechten und alles überwindenden Gott stärken; vgl. Paulus in Röm 8,28.36.37.

24 Wer hart arbeitet, wird zunehmend Verantwortung erlangen; der Faule jedoch findet sich im Frondienst wieder. Zur Situation in salomonischer Zeit vgl. 1Kön 9,15ff; 11,28. **26** Der Sinn dürfte sein, daß Gerechte eine Hilfe, Gottlose dagegen ein Hindernis auf dem Lebensweg anderer sind (s. etwa EÜ). Die erste Zeile ist im Hebr. schwierig; LÜ und ZÜ gehen von einer Textänderung aus. **27** *Nicht erjagt der Lässige sein Wild* (EÜ): Das Zeitwort kommt nur hier vor, die Übers. folgt der LXX; nach dem Aram. könnte es auch »brät« bedeuten (s. EÜ Anm.). Die zweite Hälfte des Verses heißt wörtl.: »Doch der Besitz eines kostbaren Mannes ist fleißig«; es ist wohl richtig, »kostbar« und »fleißig« hier zu vertauschen. **28** Die zweite Hälfte des Verses ist unsicher. Mögliche Übers. des MT: »und kein Tod auf dem Weg ihres Steiges« (EÜ). Andere geben die Vershälfte als Antithese wieder: »Aber (da ist) ein

Weg, (der ist) ein Pfad zum Tod«. LÜ und ZÜ beruhen auf LXX.

13,1–25 Leben und Zucht

Hier geht es um Weise und Spötter; reine Rede; wie man zufrieden wird; die Wahrheit sagen; Reichtum und Armut; das Licht, das verlöscht; Streit als Frucht der Überheblichkeit; »wie gewonnen, so zerronnen«; verzögerte Hoffnung; das Halten der Gebote; um den vernünftigen Mann; gute und schlechte Boten; Anwendung und Aufnahme von Kritik; die Erfüllung von Wünschen; um das Ansteckende von Weisheit und Torheit; angemessenen Lohn; Erziehung; Zufriedenheit und Mangel.

2 Die reine Rede des *Frommen* wird belohnt werden (vgl. 12,14), doch das Sinnen des *Verächters* (dessen, der sich gegen Gott auflehnt) geht auf Frevel. 3 Wörtl.: »wer seine Lippen aufreißt« (so ZÜ und EÜ); dies erinnert an häßliches Grinsen (s. Koehler, Lexikon, Art. *paśaq*). 5 *Handelt schimpflich und schändlich:* oder »verursacht üblen Geruch und Schmach«. Diejenigen, die alles in den Dreck ziehen, werden den Gerechten gegenübergestellt, die Falschheit verabscheuen. 7 Hier geht es um den Gegensatz zwischen Elend und extravagantem Pomp. In der alten LÜ lautete dieser Vers: »Mancher ist arm bei großem Gut, und mancher ist reich bei seiner Armut«. Auch diese Übersetzung ist möglich; vgl. zur Aussage Lk 12,21. Wir können diesen V. nicht von dem Gedanken an den trennen, der reich war, doch um unsretwillen arm wurde (2Kor 8,9); bei ihm erst findet der V. seine volle Bedeutung. 8 Sowohl der Reichtum als auch die Armut haben Vorzüge. Der Reiche kann seinen Besitz benutzen, um sich selbst aus schwierigen Situationen zu befreien. Der Arme wird kaum in solche Schwierigkeiten geraten, er hat nichts zu verlieren.

12 *Baum des Lebens:* vgl. 3,18; 11,30 und Komm. 13 Der lebt in Gefahr, der *das Wort* (Gottes) *verachtet.* Dies bezieht sich nicht unbedingt nur auf das Gesetz des Mose, aber schließt es sicher mit ein; vgl. Jes 30,12. 14 Die *Lehre* (*tora,* hier in ihrem ursprünglichen Sinn von »Weisung«) *des Weisen* ist erfrischend und gibt neues Leben. 15 *Verächter:* diejenigen, die den Bund mit Gott brechen. LÜ und ZÜ sind in ihrer Übersetzung *ihr Verderben* der LXX und anderen alten Übers. gefolgt. Der hebr. Text hat hier: »ist beständig«. (EÜ: »ist hart« läßt sich nicht belegen.) G. R. Driver meint, daß die Verneinung weggefallen sei, die Zeile müsse lauten: »der Verächter Weg ist nicht beständig«. 17 *Hilfe:* besser »Heilung« (ZÜ).

19 Es gibt nichts Schöneres, als einen hohen, guten Wunsch erfüllt zu bekommen, doch die Toren würden dafür nie ihren schlechten Weg verlassen. Das wäre ihnen *ein Greuel.* 20 *Der wird Unglück haben:* Im Hebr. doppeldeutig: der Geselle der Toren erleidet Böses oder wird böse. 21.22 Das Sprüchebuch beschreibt hier die Regel, in Hiob (z.B. Kap. 21) geht es wohl um die Ausnahme. 23 Der Arme besitzt zwar fruchtbaren Boden, doch kann er in ungerechter Weise um dessen Früchte gebracht werden.

14,1–35 Leben in der Furcht des Herrn

Es geht um Hausbau; Wandeln auf rechter Bahn; die Folgen guter und schlechter Rede; Ordnung ohne Risiko; wahres und falsches Zeugnis; die Suche nach Weisheit; Gesellschaft, die keinen Wert hat; scharfsinnigen Verstand; letzte Einsamkeit; eine bleibende Wohnung; den in die Irre weisenden Wegweiser; das Leid, das sich in all unsere Freude mischt; Vergeltung; Leichtgläubigkeit und Unterscheidungsgabe; Jähzorn; das Verderben des Unverständigen; letzte Rechtfertigung; Nächste; Gutes und Böses tun; Arbeit und Schwatzhaftigkeit; den Schmuck von Weisheit und Torheit; wahre und falsche Zeugen; die Furcht des Herrn; den König und das Volk; Gelassenheit des Herzens; Ausbeutung der Armen; die Ehre eines Volkes; gute und schlechte Diener.

1 *Die Weisheit der Frauen:* Das Familienleben verläuft je nach dem, ob die Frau und Mutter weise oder unverständig ist, gut oder schlecht. Vgl. die Häuser der Weisheit und der Torheit, beide als Frauen personifiziert, in 9,1ff. 2 Ob man *auf rechter Bahn* oder *auf Abwegen* geht, hängt von der Einstellung gegenüber Gott ab. 4 Während ZÜ den Text abändert, ergibt LÜ den klaren Sinn: Wo es keine Ochsen gibt, ist zwar die Krippe leer, d.h. sauber, und kein Stallputz ist nötig, aber es gibt auch keine Hilfe für Pflügen und Ernte! 6 Der *Spötter* wird die Weisheit nicht finden, auch wenn er sie sucht, denn seine Arroganz läßt keinen Raum für die Furcht des Herrn (vgl. 9,10). 9 Die Übersetzung der ersten Zeile ist problematisch. Der Text lautet: »Schuld(-opfer) spottet der Narren« (s. EÜ). Die Bedeutung kann sein, daß von Sündern dargebrachte Opfer diese durch ihre Unwirksamkeit verspotten (vgl. Jes 1,11ff); dann wäre es jedoch sehr umständlich ausgedrückt. »Die Toren spotten der Schuld« ist eine weitere mögliche Übers. (so ZÜ). Im zweiten Teil des V. geben EÜ (»unter den Aufrichtigen ist Wohlwollen«) und ähnlich ZÜ den Sinn gut wieder, wenn sie das *Wohlgefallen* auf die Einstellung der Menschen untereinander be-

ziehen. Beim Schuldopfer ging es ja sowohl um die Beziehung zu Gott als auch zum Nächsten (3Mo 5–20–26). Die Übersetzung des V. bleibt schwierig.

10 Dieser schöne und aussagekräftige Spruch zeigt, daß die Weisheitslehrer sich nicht nur um das äußerliche Verhalten kümmerten. Dabei bezieht sich *Herz* nicht nur auf das Gefühl, sondern auch auf den Verstand. **17** ZÜ folgt hier der LXX und übersetzt: »Der besonnene Mann bleibt ruhig«. Hier wird dem »Jähzornigen« der »Besonnene« als gutes Vorbild gegenübergestellt. Im hebr. Text steht aber *gehaßt* statt »ruhig«. Demnach ist der zweite Teil des V. eine Steigerung zum ersten. S. LÜ und EÜ. Der *Ränkeschmied* ist noch schlimmer als der Unbeherrschte. **18** Wenn man diesen V. im Sinn der ZÜ auffaßt (»Die Bösen müssen sich vor den Guten bücken ...«; ähnlich EÜ), findet er seine letzte Erfüllung in den in Phil 2,9–11 beschriebenen Geschehnissen. **25** Es steht in der Macht eines Zeugen, Leben und guten Ruf zu retten oder zu vernichten. Wer angesichts dessen *Lügen ausspricht,* übt Verrat.

30 Gelassenheit erhält, doch Eifersucht zerstört den Menschen. **31** Ausbeutung der Armen ist ein direkter Angriff gegen Gott. Vgl. Mt 25,32ff. **32** *In seinem Tode:* LÜ und EÜ nach dem hebr. Text. Der gottesfürchtige Mann vertraut sich im Tod Gott an. ZÜ übersetzt nach der LXX: »des Frommen Zuflucht ist seine Redlichkeit«. Obwohl sich die Lehrer der Weisheit normalerweise auf das Leben in dieser Welt beziehen, ist doch nicht von vornherein ein Blick darüber hinaus auszuschließen. Der überlieferte hebr. Text verdient Beachtung. **33** ZÜ übersetzt hier: »aber im Innern der Toren ist sie nicht zu finden« (nach LXX). Das »nicht« fehlt im hebr. Text, nach dem sich LÜ und EÜ richten. Die Bedeutung des Textes ist dann, daß sogar bei den Toren noch eine Spur Weisheit ist, deren wahre Wohnstätte das Herz des Verständigen ist. **34.35** Sprüche für den Hof Salomos. Die wahre Ehre eines Volkes liegt in seinem Gehorsam gegenüber Gott. Ein Ausleger hat gesagt: »Beim Studium der den König betreffenden Stellen wird der Blick auf Christus gelenkt. Die vorbildlichen Umstände reden von ihm, die tatsächlichen Mängel sind ein Schrei nach ihm« (R. F. Horton).

15,1–33 Mit freudigem Herzen auf dem Weg des Lebens

Die Themen: freundliche Antworten und verletzende Rede; verantwortungsvolles Reden; Gott wacht über das Leben; Annahme kluger Worte; Schätze sammeln; rechte Frömmigkeit; was Gott liebt und was er haßt; über die Zucht; vor Gott kann sich niemand verstekken; der Spötter ist weniger unerschrocken, als er erscheint; Freude und Trauer; wodurch der Verstand wächst; das Fest eines frohen Herzens; Bedürfnisse des Lebens; Jähzorn und Geduld; gerade Wege sind die besten; Vater und Sohn; sinnlose Freude; schlechte Pläne; das Wort zur rechten Zeit; der Weg aufwärts; Gott als Beschützer der Witwen; über Bestechung; Nähe und Ferne Gottes; die Erquickung durch gute Nachricht; Gelehrigkeit.

1 *Ein hartes Wort:* besser »kränkendes Wort« (EÜ). **2** Bei der *Zunge* voll guter *Erkenntnis* geht es um Quantität und Qualität der Rede. Ein Tor dagegen redet immer nur Torheit. **3** Vgl. 2Chr 16,9. **4** Freundliche Rede ist heilend, lebenspendend; lügenhafte Rede dagegen kann Menschen zerstören. *Herzeleid:* wörtl. »gebrochen im Geist«; vgl. dazu Jes 65,14. **8** Zu Gottes Weigerung, sich durch die Opfer unbußfertiger Menschen kaufen zu lassen, vgl. Jes 1,11ff. **11** *Unterwelt (sche'ol) und Abgrund ('abaddon,* wörtl. »Zerstörung«) treten auch in 27,20 und in Hiob 26,6 zusammen auf. Sie sind vielleicht synonym gebraucht, obwohl das letzte sich in erster Linie auf den Aufenthaltsort der Sünder bezieht. Beide liegen wie alle offen vor Gottes Augen. Zum Inhalt vgl. Ps 139, bes. V. 8.

19 Der Faule versucht es sich leicht zu machen; doch gewöhnlich führt gerade das zu einem schweren Weg. **25** Es liegt in der Natur der *Hoffärtigen,* sich am Gut der Witwen zu vergreifen (Lk 20,47), doch Gott ist immer auf der Seite der Unterdrückten. Dieses Thema kehrt in der Bibel immer wieder und mündet schließlich ein in den Triumphgesang des Magnifikat (Lk 1,46–55).

16,1–33 Der Herr wacht über das Leben der Menschen

Hier werden behandelt: die Herrschaft Gottes; Arroganz, Ehrlichkeit und Treue; die Auswirkungen eines Gott wohlgefälligen Verhaltens; wann wenig besser ist als viel; die Stellung des Königs; die Stellung des Händlers; die Macht des Königs; der Wert der Weisheit; auf dem rechten Weg gehen; Stolz und Demut; die Annehmlichkeiten der Weisheit; der Weg in den Tod; der Grundtrieb im Menschen; zerstörerische Taten; verehrungswürdige Menschen; Selbstbeherrschung; Gott bestimmt, was geschieht.

Dieses Kap. enthält mehrere thematisch zusammengehörende Spruchgruppen, z.B. über die göttliche Herrschaft (V. 1–4), über den König (V. 12–15) und über verschiedene Arten böswilliger Menschen (V. 27–30). Doch stehen Sprüche zu diesen Themen auch anderorts (vgl. VV. 10.33).

1 Der Mensch macht Pläne, doch deren Ausführung – die in der Sprache konkret wird (*was die Zunge reden wird*) – bestimmt Gott. Vgl. V. 9. 2 Ein Mensch kann zwar mit sich selbst zufrieden sein, doch letztlich beurteilt Gott sein Leben (vgl. 1Kor 4,4). 3 Wörtl.: »Wälze deine Werke auf den Herrn«. 4 In diesem Spruch ist nicht die Rede von willkürlicher Prädestination für den kommenden »bösen Tag«. Vielmehr geht es darum, daß letztlich nichts in Gottes Welt ohne Ziel ist: Alles wirkt sich irgendwie aus und wird seiner jeweiligen Bestimmung zugeführt. 6 *Güte* (d.h. »Bundesliebe«) *und Treue* (s. 3,3.4) sind Mittel, um Sünde zu sühnen (wörtl. »bedecken«). In 10,12 hat die Liebe diese Wirkung. Es geht dabei nicht um ein formales Sühnemittel; vielmehr wird hier eine grundlegende Bedingung Gottes im Bund mit Israel angesprochen (vgl. Mi 6,6–8; Hab 2,4), die eng verbunden ist mit dem Verlassen böser Wege aus Furcht vor Gott.

10 *Gottesspruch:* Wenn der König richtet, verkündet er wie ein Prophet ein ihm von Gott verliehenes Orakel, sein Mund redet nichts Unrechtes. Dies bereitet uns auf die Darstellung des messianischen Königs und sein göttliches Richten vor (vgl. Jes 9,6; 11,3f). 11 Die Standardgewichte und -maße sind gewissermaßen von Gott mit seinem Zeichen legitimiert und geschützt; unfaire Praktiken im Handel sind ihm zuwider. 12–15 Zum atl. Verständnis des Königtums s. 5Mo 17,18–20. Wie weit sich das tatsächliche Herrscherhaus von diesem Ideal entfernte, zeigt die Geschichte. Doch das Ideal blieb, wurde von den Propheten noch deutlicher gezeichnet und hat sich im Königtum Christi erfüllt. Dem rücksichtslosen orientalischen Königtum war diese Norm direkt entgegengesetzt. 33 Das *Los* ist aus seinem Behälter in den Schoß geschüttet worden, doch Gott war es, der bestimmt hat, wie es fallen sollte. Im Hintergrund steht sicher das heilige Los (vgl. Jos 7,14–18; 14,1f), doch reicht die Bedeutung weiter. Gott bestimmt; es gibt keinen Zufall.

17,1–28 Hauswesen, Freunde und Toren

Behandelt werden hier: das friedevolle Heim; der Verlust von Vorrechten; der prüfende Herr; Verleumdung und Herzlosigkeit; das Glück dreier Generationen; unpassende Rede; Bestechung; Versöhnung und Entfremdung; wirksame Kritik; Rebellion, Torheit, Streit, Ungerechtigkeit; der Freund in Not; Bürgschaft; das falsche Herz und die hinterhältige Zunge; das Reich, das aus der Torheit erwächst; Fröhlichkeit; die rechte Blickrichtung; Vergehen der Justiz; Wert des Schweigens.

1 *Ein Haus voll Geschlachtetem mit Streit* (wörtl. »Streitopfer«): ein ironischer Kommentar zu Dank-, wörtl. Friedensopfern, die im Streit gegessen werden. Zu solchen Opfern als Familienfest vgl. 5Mo 12,11f. 2 Schon kurz nach Salomos Tod teilte *ein kluger Knecht,* Jerobeam, das Erbe mit Rehabeam, dem *schandbaren Sohn,* und behielt doch selbst den Löwenanteil (1Kön 12). 3 Die harten Proben, denen Gott den menschlichen Charakter unterzieht, sollen nicht zerstören: Er reinigt Menschen, wie Silber und Gold geläutert werden; vgl. 1Petr 1,7. 8 *Zauberstein:* vielleicht ist dies eine etwas überzogene Übersetzung (vgl. EÜ: »Edelstein«). Doch es kann wirklich der blitzende Edelstein eines Amuletts oder Talismans gemeint sein, der den Bestechenden wie den Bestochenen blendet. Die Verurteilung der anscheinend erfolgreichen Bestechungspraxis finden wir in V. 23.

11 Ein *grausamer Bote* (ob Mensch oder Engel) wird der sein, der dem bösen Menschen Untergang bringt. Der Maßlose wird auch maßlos behandelt werden. 14 Ein Streit kann durch einen winzigen Riß beginnen, wie ein Rinnsal durch ein kleines Loch im Damm. Es ist klug zu fliehen, bevor das Loch größer wird und der Damm bricht. 16 Man hat aus diesem V. geschlossen, daß die Weisen Geld für ihre Ratschläge nahmen; doch das muß nicht so sein. Das Bild des Toren mit dem Schulgeld ist satirisch gemeint. Weisheit ist ein inneres Gut, das nicht durch Geld zu erlangen ist, sondern nur durch ein aufrichtiges Herz. 24 Weisheit ist für den Mann, der auf dem rechten Weg ist, leicht zu erlangen: sie liegt ihm vor Augen. Der Tor jedoch läßt seine Augen *hin und her* schweifen und sieht sie doch nicht.

18,1–24 Gefahren und Segnungen

Es geht hier um den egoistischen Einzelgänger; den Narren, der sich selbst lächerlich macht; unvermeidliche Folgen; die Quelle der Weisheit; Mißbrauch des Gesetzes; böse Rede; zerstörerische Faulheit; den starken Turm und die rissige Mauer; Stolz, Demut und Eile; Demoralisierung; habgieriges Verlangen; Geschenke machen; das Anhören beider Seiten; Auseinandersetzungen und ihre Lösung; die Zunge – Quelle von Befriedigung und tödliche Waffe; eine gute Frau; Reich und Arm; wahre Freundschaft.

1 ZÜ ist hier, wahrscheinlich mit Recht, der LXX gefolgt: »Nach einem Vorwand sucht wer sich absondert«. Derselbe hebr. Ausdruck wird in Ri 14,4 mit »suchte einen An

laß« (LÜ) übersetzt. **3** Es werden drei verschiedene Worte für Schande aufgezählt; sie sind unvermeidliche Folgen des Frevels. **4** *Tiefe Wasser:* d.h. verborgen. Doch die Weisheit kommt hervorgesprudelt wie eine Quelle, die nicht versiegt. **10.11** *Der Name des Herrn* (Jahwes) repräsentiert seine Macht und Herrlichkeit, die dem Gerechten Schutz bieten. Der Besitz eines Reichen kann auch Schutz sein, doch im Vergleich zur *festen Burg* des Gerechten ein sehr unsicherer. Sein Reichtum *dünkt* ihn nur *eine hohe Mauer* (vgl. ZÜ und EÜ). **12** Vgl. 15,33; 16,18.

16 Oft ist der Unterschied zwischen Geschenk und Bestechung sehr gering (vgl. Jakobs Geschenk an Esau, 1Mo 32,13ff). In den Sprüchen wird durchaus realistisch gesehen, was ein Geschenk vermag (vgl. 17,8), und doch werden die Bevorzugungen und die Ungerechtigkeiten, die es bringt, verurteilt (vgl. 17,23). **17** Dieser Spruch bezieht sich in erster Linie auf Gerichtsverhandlungen, kann jedoch auch übertragen verstanden werden. **18** Durch den Losentscheid, den man für ein göttliches Urteil hielt, ist Streit oft besser geschlichtet worden als durch endloses Disputieren, das manchmal nur Bitterkeit zur Folge hat. Christen, die in der Zeit des Heiligen Geistes leben, befehlen in strittigen Fällen die Sache im Gebet Gott an und gelangen so zu Einigungen (vgl. Apg 21,14 im dortigen Zusammenhang). **19** Der genaue Wortlaut ist unsicher, doch dürften die Übers. den Sinn treffen. **20** *Gesättigt* bzw. *vergolten* werden kann sowohl positiv als auch negativ gemeint sein. **24** Der erste Teil ist nicht eindeutig. Die Pointe des Spruches in der bekannten zweiten Zeile ist jedoch klar.

19,1–29 Charakterstudien

Themen sind hier: der gerechte Arme und der nichtswürdige Reiche; Besonnenheit und Hast; Aufbegehren gegen Gott; die Macht des Geldes; Strafe für falsche Zeugen; Eigennutz; Macht in den falschen Händen; die Weisheit des Großmuts; die Macht des Königs; Unglück und Segen in der Familie; Faulheit; vom Halten der Gebote; dem Armen geben heißt, dem Herrn leihen; Nachgiebigkeit; ungezügeltes Temperament; Sorge für die Zukunft; die Souveränität Gottes; Bundestreue; die Furcht des Herrn; harte Zucht; mangelnde natürliche Zuneigung; Ermahnung zur Wahrheit; Verderbtheit; die Strafe für die Toren.

1 Vgl. 28,6. **7** Der einzige dreizeilige Spruch im ersten Buch Salomos, s. EÜ. LÜ fügt nach der LXX eine vierte Zeile ein, ZÜ läßt eine Zeile ohne Begründung fort. **10** *Gute Tage haben:* W. Thomas geht von einer anderen hebr. Wortwurzel aus und übersetzt: »Den Toren steht es nicht an zu regieren ...« **12** Der Spruch kann Untergebene zu taktvollem Verhalten mahnen und Übergeordnete zu wohltuender Verhaltensweise. Doch richtet er sich vielleicht eher an die Höhergestellten, da sie es in ihrer Macht haben, Angst und Schrecken zu verbreiten oder erfrischend und motivierend zu wirken. Vgl. 20,2. **14** Haus und Reichtum erbt ein Mann von seinen Vorfahren, doch eine gute Frau ist eine unmittelbare Gabe Gottes. **16** Vgl. 13,13; Röm 6,23. **17** Es ist nicht genug, Unterdrückung der Armen zu vermeiden. Vielmehr gilt es, aktive Hilfe zu leisten. Und da Gott sich mit dem Hilflosen identifiziert, ist solch eine Gabe nur Leihgabe – und zwar an Gott. Vgl. Mt 25,34ff.

19 Ein schwieriger Vers. Der Sinn scheint zu sein, daß ein nicht zu zügelndes Temperament eine ständige Quelle des Ärgers für den Betreffenden selbst ist. **22** *Die Willigkeit* (eigentl.: das Wollen) *des Menschen* (macht) *seine Mildtätigkeit* (aus): So versucht EÜ die schwierige erste Vershälfte wiederzugeben, während LÜ eher eine fremde Vermutung darstellt. Einleuchtender ist, eine Verschreibung von *śachro* (sein Erwerb) in *chaśdo* (seine Güte) anzunehmen. Dann wäre zu übersetzen: »Das Wollen (Bestreben) des Menschen ist sein Erwerb« und folgerichtig fortzufahren »aber ein Armer ist besser als ein Betrüger« (vgl. EinhÜ). ZÜ: »ein Gewinn für den Menschen ist seine Güte« basiert auf der LXX, die eine andere Textvariante voraussetzt. **24** Humorvoll überspitzte Charakterisierung eines Faulen. **25** Die Bestrafung schlechter Menschen ist eine Warnung für moralisch Ungefestigte. **27** Es hilft nicht, Unterweisung zu hören, um sich dann doch nicht danach zu richten.

20,1–30 Schein und Wirklichkeit

Die Themen dieses Abschnitts sind: Trinken; der Zorn des Königs; Streit vermeiden; keine Arbeit – kein Essen; Einblick ins Herz; vorgetäuschte und wahre Treue; Segnungen, auch nach dem Tod; Attribute eines guten Herrschers; alle haben gesündigt; verabscheuenswerte Handelspraktiken; Taten, die den Menschen offenbaren; Funktionen des gottgeschaffenen Körpers; der Wert des Wissens; die Bürgschaft; der Nachgeschmack von unrecht Erworbenem; über das Annehmen von Rat; Klatsch; unnatürliches Verhalten; rächt euch nicht selbst; göttliche Souveränität; unüberlegte Gelübde; die Leuchte des Herrn; wodurch Herrschaft Bestand hat; Alter und Jugend; wirksame Strafe.

1 *Der Wein macht Spötter* ...: wörtl. »ein Spötter ist der Wein ...« (ZÜ; EÜ). Wein ist hier personifiziert als »Trunkenbold«, der zum Gotteslästerer und Krakeeler wird. 4 Dem Faulen ist es lästig, im *Herbst;* d.h. in der kalten Jahreszeit zu pflügen, deshalb sucht er im folgenden Jahr vergebens nach Frucht. 5 Klugheit zeigt sich u.a. am Einblick in den Charakter der Menschen. 8 *Sondert ... aus:* wörtl. »worfelt« (Getreide). Vgl. V. 5 und Salomos Bitte in 1Kön 3,9. 12 Nicht nur die Hör- und Sehorgane als solche sind Gottes Werk, sondern auch ihre Funktionen (vgl. 16,14). Entsprechend soll das, was das Ohr hört und das Auge sieht, recht und Gott wohlgefällig sein. 14 Der Käufer beklagt sich über die schlechte Qualität des Artikels, doch hat er ihn erstanden, prahlt er vor anderen mit dem guten Kauf, der ihm gelungen sei.

16 Zur Bürgschaft s. Komm. zu 6,1. Angesprochen ist der Bürge; er soll sich in kein Geschäft einlassen ohne Sicherheit (zum Rock als Sicherheit vgl. 2Mo 22,25f), da ein in Schulden geratener Mann nicht sehr verläßlich ist. 18 Vgl. Lk 14,31. 25 Es ist leicht möglich, im ersten Affekt oder durch Nachahmung mehr zu geloben als man halten kann. Vgl. Pred 5,4f. 27 Des Menschen Geist (hebr. *nischmat*) unterscheidet ihn von den Tieren. Ein Tier kann eine *nephesch* (»Seele«) haben, doch nur in die Nase des Menschen blies Gott die *ruach* (»Geist« oder »Atem«) des Lebens. Das bedeutet, daß auch noch im gefallenen Menschen Gottes Leuchte ist, mit der er das Innere durchforscht (vgl. 1Kor 2,11), das von Gott Zeugnis ablegt mit Hilfe des Gewissens, welches die dunklen Winkel des Herzens erhellt. 28 *Gütig und treu sein* sind Kennzeichen des idealen Königs. Nur auf die Bundestreue Gottes *(Güte)* ist sein Thron gegründet. Was dieses Prinzip »Halten und Gehalten werden« für Salomo selbst bedeutete, sehen wir an 2Sam 7,12ff.

21,1–31 Der handelnde Gott

Behandelt werden hier: der eine König der Könige; Gott prüft die Herzen; was dem Herrn gefällt; Überheblichkeit; Fleiß; unrechtes Gut; die Ausrottung der Bösen; krumme Wege; ein zänkisches Weib; Gottlosigkeit; Zurechtweisung; der Untergang der Gottlosen; das Ende der Gleichgültigen; die Macht eines Geschenkes; Gerechtigkeit macht nicht jeden zufrieden: Ausschweifung führt zu Armut; des Weisen Schatz und Fähigkeiten; Selbstkontrolle; Gier und Großzügigkeit; die verabscheuenswürdige Frömmigkeit der Gottlosen; Zeugenschaft; Angabe; Gottes Macht.

1 Das Herz des Königs, so mächtig es auch vor den Menschen scheinen mag, wird von Gott geleitet wie das Kanalwasser, das der Bewässerer nach Belieben lenkt. 2 Vgl. 16,2. 4 *Leuchte:* entweder die Grundsätze, nach denen die Gottlosen ihr Leben richten, oder Symbol ihres Wohlergehens (vgl. 13,9). 9 Vgl. 25,24. 12 Schwer übersetzbar. Falls der Text intakt ist, können wir übersetzen: *Der Gerechte* (wahrscheinlich Gott) *beobachtet das Haus des Frevlers.* Vgl. Hiob 34,17. 13 Vgl. Lk 16,19–31. 18 Vgl. Jes 43,3f, wo Ägypten als Lösegeld für Israel bezeichnet wird. Es geht dabei um eine Stellvertretung, bei der der Gerechte durch ein »Lösegeld« (den Gottlosen) frei wird. Auf diesem Hintergrund tritt das Bild vom Gerechten, der für die Ungerechten leidet (1Petr 3,18) besonders stark hervor.

21 Eine atl. Andeutung des Wortes: »Trachtet am ersten nach dem Reich Gottes« (Mt 6,33). *Gerechtigkeit und Güte (chešed,* Bundestreue) werden von Gottes Volk erwartet (vgl. Mi 6,6–8). Denjenigen, die danach trachten, wird »solches alles zufallen« *(Leben und Ehre).* 25.26 *Die Gier:* LÜ folgt hier der LXX. Im hebr. Text steht lediglich »er«, womit der Faule vom vorigen V. gemeint sein wird. Die beiden VV. müssen zusammengelesen werden: Der Faule will immer nur *haben,* der Gerechte aber *gibt.* 28 *Wer recht gehört hat:* Ein Mann, der bereit ist zu hören und zu verstehen, ist das rechte Gegenteil eines *lügenhaften Zeugen.* 30.31 Zwei zusammengehörige Sprüche: Nichts gelingt gegen Gott, nichts ohne ihn.

22,1–16 Ursache und Folge im geistlichen Bereich

Es geht hier um den guten Ruf; den gemeinsamen Ursprung aller Menschen; Klugheit; Gottes Belohnung; die Todesfalle; Erziehung; die Macht des Geldes; die Ernte der Ungerechtigkeit; Großzügigkeit; den Urheber von Zwietracht; Aufrichtigkeit und Charme; die Augen des Herrn; Entschuldigungen des Faulen; die Ehebrecherin; die Ökonomie der Unterdrückung.

2 Was die Menschen auf der Erde auch unterscheiden und trennen mag, sie haben einen gemeinsamen Ursprung und eine gemeinsame Verantwortung vor Gott. 4 Dieser V. mit seiner engen Verknüpfung von *Demut,* dem Wissen des Frommen, in allem von Gott abhängig zu sein, und *Furcht des Herrn* faßt viele der wichtigsten Lehren dieses Buches zusammen. 7 Wie der Reiche über den Armen herrscht, so ist der Schuldner in der Gewalt dessen, bei dem er geliehen hat. 8 *Die Rute seines Übermuts wird ein Ende haben:* Es wird eine Zeit kommen, in der dieser Mann seinem Zorn nicht mehr wird freien Lauf lassen können. 14 Komm. zu 5,1ff.

16 Ein schwer verständliches Wort. Es scheint eine doppelte Verurteilung vorzuliegen, eine über die Ausbeutung der Armen und eine über das Sich-Gutstellen mit den Reichen. Hilfreich ist der Vorschlag eines Auslegers, im Hintergrund stehe der Gedanke, »im Gegensatz zu menschlichem Unrecht wird Gottes Vorsehung nach beiden Seiten den verdienten Ausgleich herbeiführen« (V. Hamp).

22,17–24,22 Das Buch der Weisen

S. Einleitung, S. 664. Die Sprüche dieses Teils sind stärker miteinander verbunden als die des vorhergehenden. Unter ihnen finden sich viele Parallelen zum ägyptischen Weisen Amenemope. Dieser Teil läßt sich – wie Amenemopes Buch – in dreißig Abschnitte gliedern (s.u. Komm. zu 22,20); der ägyptische Text hat allerdings eine strengere Ordnung.

22,17–21 Die Anwendung und Absicht von Sprüchen

Der Lehrer lenkt die Aufmerksamkeit des Schülers auf die Sprüche, die er zu seiner Unterweisung aufgeschrieben hat (V. 17); er fordert ihn auf, sie ganz in sich aufzunehmen (V. 18), und zeigt, daß es ihr Ziel ist, zum Glauben an Jahwe zu führen (V. 19), und zum Nutzen anderer die eigene Erkenntnis der Wahrheit zu vergrößern (V. 21).

20 *Mannigfach:* Im hebr. Text stehen dort die Konsonanten *schlschwm,* was sowohl mit »vor drei Tagen« (vgl. ZÜ) als auch mit »Dinge in dreifacher Form« (so LXX und Vulg. – Origines begründete damit sein dreifaches Schriftverständnis!) übersetzt werden kann. Auch eine andere Ableitung des Wortes mit der Übersetzung »Vortreffliches« (EÜ) ist möglich. Bei Amenemope heißt es: »bedenke diese dreißig Kapitel. . .« Daher ist es am einfachsten, das Wort in unserem Text mit »dreißig« zu übersetzen, zumal das »Buch der Weisen« annähernd dreißig Abschnitte enthält.

22,22–23,11 Einige Dinge, die man vermeiden sollte

Zu den Grundelementen der Weisheitslehre gehören einige feststehende Verbote, darunter: Ausbeutung der Armen, die Gott selbst schützt (22,22.23); Beeinflussung durch ein übles Temperament (V. 24f); Bürgschaft (V. 26f – sie haben kein ägyptisches Gegenstück); gewaltsame Veränderung von Grenzen (V. 28; vgl. 5Mo 19,14). Es folgt noch eine Bemerkung zum Erfolg des Pflichtbewußten (V. 29). Amenemope, der ein Staatsbeamter war, ist in dieser Sache gleicher Ansicht.

Die Ratschläge des Weisen werden fortgeführt mit einem Abschnitt über Tischsitten (23,1–3) und weiteren Warnungen vor dem Reichwerden-wollen (V. 4f). Schließlich folgt noch eine lebendige Beschreibung des Mißgünstigen (V. 6–8). Zu Toren zu reden heißt in den Wind reden (V. 9). Dann folgt eine Warnung davor, die Rechte der (scheinbar) Hilflosen zu beschneiden, denn sie haben einen starken Befreier, der für sie eintritt (V. 10f).

22,22 *Unterdrücke den Geringen nicht im Gericht* (wörtl.: »im Tor« vgl. Komm. zu Rut 4,1): d.h. gehe gegen ihn nicht gerichtlich vor. **23** Während der vorhergehende Satz eine Parallele in den Sprüchen des Amenemope hat, ist dieser V. ohne ägyptische Parallele. **23,11** *Helfer:* hebr. *go'el.* Der *go'el* ist im AT das Familienmitglied, das das Recht und die Aufgabe der Blutrache übertragen bekommen hat (4Mo 35,19), Besitz in die Familie zurückbringen muß (Rut 4,4) und für die Familie seines toten Verwandten zu sorgen hat.

23,12–25 Wonach man streben soll

Der Appell, auf die Anweisungen zu hören, wird wiederholt (V. 12), da die Darlegung des Weisen jetzt in ein neues Stadium tritt. Zucht, und zwar von früher Kindheit an, ist notwendig, um ein Kind vor der (Selbst-)Zerstörung zu bewahren (V. 13f). Weisheit bei seinen Schülern zu finden, erfreut den Lehrer (V. 15f; vgl. 2Jh 4). Für den gottesfürchtigen Menschen gibt es an den Sündern nichts zu beneiden (V. 17): Seine Hoffnung setzt er auf die Zukunft (V. 18). Die festliche Runde der Zecher erweist sich am Ende als falsches Glück (V. 19–21). Weiter wird »das erste Gebot, das Verheißung hat« zitiert (V. 22): Es erfüllt sich am schönsten wiederum in einem guten und weisen Sohn (V. 23ff).

23,26–24,2 Fallen auf dem Wege

Eine ernste Aufforderung wird vorangestellt (V. 26), bevor der Lehrer vor Prostituierten und fremden Frauen warnt, die zwar verführerisch, aber verderbenbringend sind (V. 27f; vgl. 22,14; 7,10–14). Dann folgen Warnungen vor Trunksucht, die Faszination ausübt, jedoch schwächt, demoralisiert, unbrauchbar und süchtig macht (V. 29–35), sowie vor schlechter Gesellschaft, zu der zu gehören nicht erstrebenswert ist (24,1.2).

26 *Gib mir, mein Sohn, dein Herz:* d.h. höre gut auf meine Worte (vgl. die Bitte Salomos 1Kön 3,9). *Laß wohlgefallen:* So nach einigen alten Übersetzungen; anders ZÜ: ». . . und laß deine Augen achten auf meine Wege.« **27** *Tiefe Grube . . . enger Brunnen:* Plötzlich findet sich das Opfer in der Falle wieder, und das Entkommen ist schwer. 34 *Mastkorb:* Diese Wiedergabe des nur hier vorkommenden Wortes ist unsicher. Trotzdem kann das Bild des schwankenden Zechers kaum lebensechter sein.

24,3–22 Überlegungen zu Weisheit und Torheit

Das Erlangen von Weisheit und Wissen wird verglichen mit Bauen und Einrichten eines Hauses (V.3f). Jetzt geht es insbesondere um die Beziehung von Weisheit und Kraft (V.5–7; vgl. 11,14; 20,18). In bestimmten Situationen wird die Untauglichkeit des Toren offenbar: Er kann *im Rat* (wörtl. »im Tor«), dem Zentrum des Rechts- und Geschäftslebens, nicht sprechen (V.7). Der kalt berechnende Ränkeschmied und der Spötter, der absichtlich Torheit plant, werden von der Öffentlichkeit verstoßen (V.8f).

Eine wichtige Verantwortung, vor der man leicht kapitulieren möchte, liegt vor dem Weisen (V.10): das Eintreten für die, die vom Tode bedroht sind, sei es durch Ungerechtigkeit, Unterdrückung oder eine gesetzlose Gesellschaft, wie sie in 1,10ff beschrieben wird, verursacht. Gott, der Anwalt der Hilflosen, achtet darauf, ob diese Pflicht erfüllt wird oder nicht (VV.11,12).

Die Weisheit bringt Gutes, jetzt und am Ende (V.13f): Es lohnt sich nicht, den Gerechten zu bedrängen, denn, mag er auch sieben Mal fallen (in Unglück, nicht in Sünde), er steht immer wieder auf. Der Gottlose dagegen kann von einem einzigen Unglück vernichtet werden (V.15f). Doch soll man sich nicht über den Fall eines Feindes freuen. Es kann sein, daß sich in solch einem Fall Gottes Zorn gegen den wendet, der sich so ungerechtfertigt freut (V.17f; vgl. Jes 10,5–11).

Nach einer weiteren Versicherung, daß die Gottlosen nicht zu beneiden sind (V.19f), folgt eine Warnung davor, den Zorn Gottes zu provozieren oder den des Königs, seines Stellvertreters auf Erden (V.21f).

5 *Ein weiser Mann ist stark:* wörtl. »ist in Stärke«. Deutlicher ist die Aussage nach LXX: »Der Weise vermag mehr als der Starke« (ZÜ). 11 *Die zur Schlachtbank wanken:* wörtl. »die zur Tötung (Hinrichtung) wanken« oder (bei anderer Lesart) »die zur Hinrichtung Hingestreckten«. 21 Beachte die Wiederaufnahme dieses Verses in 1Petr 2,17 und den dortigen Zusammenhang. *Und menge dich nicht unter die Aufrührer:* Diese verbreitete Übersetzung ist problematisch. Das entsprechende hebr. Wort (oft wiedergegeben mit: »diejenigen, die wechseln«) kann kaum mit »Aufrührer« übersetzt werden; außerdem wird dadurch die Beziehung zu V.22 unklar, wo es heißt »Denn urplötzlich lassen sie das Verderben erstehen, unversehens verhängen sie beide das Unheil« (ZÜ; LÜ hat die Übersetzung in V.22 angepaßt). Es ist besser, mit LXX zu übersetzen »gegen beide überhebe dich nicht«. Vielleicht hat auch W.Thomas recht mit seiner Lesart »gegen solche gehobenen Standes«.

24,23–34 Sprüche der Weisen: Eine weitere Sammlung

Die Überschrift (V.23a) weist daraufhin, daß hier eine neue Sammlung von Sprüchen beginnt.

Begünstigung vor Gericht mit der dazu gehörenden Anerkennung bzw. Rechtfertigung von Schuld ist verdammungswert; das Böse beim Namen zu nennen wird belohnt (V.23b–26). Das Überschlagen der Kosten und praktische Vorbereitung sind notwendige Voraussetzungen zu jeder Unternehmung (V.27). Grundlose Anklagen und gehässiges Verhalten im Prozeß sind zu unterlassen (V.28f). Das Bild vom schlafenden Faulpelz, dessen Weinberg verwildert, wiederholt die Worte aus 6,6–11 mit einem neuen, unheilschwangeren Unterton.

26 *Die Lippen küßt* (EÜ): Diese Übersetzung scheint nicht recht in den Kontext zu passen. Obwohl das Wort im nachbiblischen Hebr. manchmal diese Bedeutung hat, lautet der V. wohl eher: »der, der seine Lippen ausrüstet (mit Weisheit), gibt eine richtige Antwort«. 27 Dieser Spruch darf nicht nur auf das Heiraten bezogen werden. Bei den Israeliten war es üblich, jung zu heiraten. Zum Inhalt vgl. 1Kön 6,7; Lk 14,28.

25,1–29,27 Das zweite Buch Salomos

Zum Titel s. Einl. S. 664.

25,2–28 Lehrreiche Vergleiche

Themen sind hier: Gott und der König; Streitigkeiten und persönliche Beziehungen; treffende Rede und taktvoller Redner; großzügig sein mit dem Mund allein; stilles, zudringliches Bitten; Süßes im Übermaß; Wurzeln-Schlagen im Haus des Nachbarn; das zerbrochene Rohr; anstößige Fröhlichkeit; den Feinden Gutes tun; Verleumdung; die zänkische Frau; gute Botschaft aus der Fremde; zu viel Kompromißbereitschaft; zu viel des Guten; Selbstbeherrschung.

2 Die Wege Gottes sind verborgen, darin spiegelt sich seine Herrlichkeit. Der König dagegen hat die Pflicht, den Dingen auf den Grund zu gehen – das ist seine Ehre.

6.7 Vgl. Lk 14,8–11. *Den deine Augen gesehen haben:* Diese letzte Zeile von V.7 gehört eher zu V.8: »Wenn deine Augen etwas gesehen haben, bringe es nicht alsbald vor Gericht« (ZÜ). **8–10** Vgl. Mt. 5,25.26. **11** *Äpfel... Schalen:* Es ist nicht klar, welche Frucht im hebr. Text gemeint ist; auch weiß man nicht, ob es sich um Schalen oder um andere Gefäße handelt. Auf jeden Fall läßt der V. an Schönheit, Wert und Kunstfertigkeit denken. **15** Vgl. Lk 18,1–8. **20** *Essig auf Lauge:* so nach MT. Zutreffender ist vermutlich »Wie Essig, auf eine Wunde gegossen« (ZÜ nach LXX). **21** Vgl. Mt 5,44; Röm 12,20. **27** Die Bedeutung dieses Verses ist dunkel. Mit einer nur leichten Veränderung am Text übersetzt W. Thomas in der zweiten Vershälfte: »der, der Ehre gering achtet, ist geehrt«.

26,1–12 Ein Buch über die Torheit

Es geht um folgende Themen: Ehre geziemt den Toren nicht; der unverdiente Fluch; wie mit Toren umzugehen ist; wie man Toren antwortet; die Gefahr, einen Toren anzustellen; der Tor als Pseudophilosoph; der Tor als Gewohnheitstäter; Selbstüberhebung als schlimmste Torheit.

2 Ein unverdienter Fluch kann niemandem schaden. Dies ist der einzige V. in diesem Abschnitt, der sich nicht ausdrücklich auf den Toren bezieht (zum »Toren«, *kesil,* s. Komm. zu 1,22). Es ist die Abweisung des Aberglaubens (vertreten von den »Toren«?), daß der Gerechte durch einen boshaften Fluch zu Schaden kommen könne. **4.5** Der scheinbare Widerspruch hier verursachte den jüdischen Gelehrten Schwierigkeiten, die ihn schließlich folgendermaßen interpretierten: »Das eine bezieht sich auf Dinge des Gesetzes, das andere auf weltliche Dinge« (vgl. *Traktat Schabbath* 30b). Doch wahrscheinlicher ist, daß hier einfach für verschiedene Situationen unterschieden wird zwischen einem nutzlosen Diskutieren mit dem Toren auf seiner eigenen Ebene (das V.4 ablehnt) und einer gelegentlichen weisen Antwort an ihn, die ihm den Dünkel nimmt, man könne ihm nicht antworten (V.5).

8 *Wie das Binden eines Steines in eine Schleuder* (EÜ): Einen Toren durch Ehrung an sich zu binden, ist ebenso töricht wie das Festbinden des Steins auf einer Schleuder (anders LÜ). Der Sinn ist jedenfalls: Einen Toren zu erhöhen und zu ehren ist vertane Mühe. **10** Der hebr. Text ist so verderbt, daß jede Übersetzung nur den Versuch einer Rekonstruktion darstellt. **11** Vgl. 2Petr 2,22. **12** Nach allem, was über den Toren gesagt ist, hat er doch mehr Hoffnung auf Erlösung als ein Mensch, der sich selbst erhöht (vgl. Röm 1,22).

26,13–16 Ein Buch über Faulpelze

Es geht hier um Entschuldigungen für Nichtstuerei; den schlafenden Faulpelz; den Gipfel der Faulheit; die Weisheit eines Faulen.

26,17–28 Ein Buch über Gauner

Die Themen sind: der Wichtigtuer; der üble Witzemacher; der Streithammel; der Heuchler; der Lügner und Schmeichler.

23 *Silberschaum:* Es ergibt auch einen guten Sinn, wenn wir eine kleine Textänderung vornehmen und (nach einer ugarit. Parallele) »Glasur« übersetzen. Der Heuchler erscheint sanft, glatt und freundlich, doch sein Inneres entspricht dem nicht. **26.27** Diese Verse beziehen sich eindeutig auf den zuvor geschilderten Heuchler.

27,1–27 Bemerkungen über zwischenmenschliche Beziehungen

Die Themen sind: sich des morgigen Tages rühmen; Selbstlob ist kein Lob; der Ärger über einen Toren; die Macht der Eifersucht; Offenheit; Besitz und Wunsch; der unglückliche Wanderer; über die Freundschaft; der Schüler als Zeugnis des Lehrers; Klugheit; Bürgschaft; unaufrichtige Freundlichkeit; das zänkische Weib; Charakter und Verstand erweisen sich in zwischenmenschlichen Beziehungen; Lohn; das Herz als Spiegel; unersättliche Begierde; das Lob als Prüfstein; ein Tor bleibt ein Tor; Hirtenleben.

1 Vgl. Jak 4,13–16. **5** *Liebe, die verborgen bleibt:* d.h. die den nötigen Tadel schuldig bleibt. **7** Eine allgemeine Aussage über Besitz. Besitz zu haben macht nicht glücklich, ihn nicht zu haben, läßt oft neidisch werden. **9** *Und süß ist der Freund, der wohlgemeinten Rat gibt:* Diese Übersetzung schließt gut an den ersten Teil des Verses an, obwohl der hebr. Text nicht eindeutig ist. ZÜ folgt LXX: »doch zerrissen wird die Seele von Leiden«. **18** Vgl. Mt 25,21. **19** Wie das Wasser das Gesicht spiegelt, so spiegelt sich das Innere eines Menschen im Herzen eines anderen Menschen. **20** *Unterwelt und Abgrund:* s. Komm. zu 15,11. **21** *Ruf:* wörtl. »Lob« (EÜ). Der Charakter eines Mannes zeigt sich entweder daran, wie er auf Lob reagiert, oder an dem, was er lobt. **23–27** Die Absicht dieses kurzen Abschnitts über das Leben der Hirten (oder Viehzüchter) ist ohne Zweifel, diesen Berufszweig zu fördern, der die Hauptstütze der israelitischen Wirtschaft darstellt, und vor anderen, zweifelhaften und scheinbar attraktiveren Arten des Broterwerbs zu warnen.

28,1–28 Wahrer Glaube

Die Themen lauten hier: das Gewissen macht Feiglinge oder tapfere Männer; nationale Stabilität; gemeine Unterdrückung; das Gesetz als Schutz der Menschen; nur die Gerechten verstehen das Recht; ehrbare Armut; Stolz und Schande eines Vaters; der Wucherer; verabscheuenswerte Frömmigkeit; das Schicksal des Verführers; die falsche Zuversicht des Reichen; Wechsel der Zeiten; Reue; das Glück des Gottesfürchtigen; nichtswürdige Herrscher; Blutschuld; die Sicherheit des Unbescholtenen; die Frucht des Fleißes; über schnelles Reich-Werden; der bestechliche Richter; Offenheit; der schlechte Sohn; Vertrauen ist besser als Habgier; vom Wandel in Weisheit; Geben und Behalten; ein Verhängnis für das Volk.

2 Dieses Wort paßt besonders gut in die Zeit der »Männer Hiskias«, denn damals war das Nordreich von Israel bereits durch eine Reihe von Aufständen und Regierungswechseln seinem Untergang entgegengegangen. **3** *Ein gottloser Mann:* so LÜ und ZÜ nach LXX, was hebr. *rascha*ᶜ (böse) voraussetzt statt *rasch* (arm; so MT). Möglicherweise ist auch *ro'sch* (vornehm) zu lesen. Doch »ein armer Mann« (EÜ) ergibt einen guten Sinn, da der Text die allgemein menschliche Anlage zur Unterdrückung Schwächerer voraussetzt: Der selbst hart bedrängte Gutsbesitzer oder Verwalter versucht in schlechten Zeiten sein eigenes Einkommen dadurch zu sichern, daß er die, die ärmer sind als er selbst, noch mehr auspreßt. Die Folge ist allgemeine Hungersnot. **8** Wucher bzw. Zinsnehmen war in Israel verboten, vgl. 3Mo 25,36f. Der Erpresser und Wucherer wird seinen Gewinn an einen gerechteren Mann verlieren. **13** Vgl. 1Joh 1,8f. **17** ist im Zusammenhang mit 24,11f zu lesen. **18** *In eine Grube:* Dies setzt eine geringfügige Textänderung voraus. EÜ versucht mit »auf einmal« das hebr. »in eins« wiederzugeben.

21 *Um ein Stück Brot:* Ein Mensch kann u.U. für ein nur geringes Bestechungsobjekt schon das Recht verdrehen. **24** Es geht hier ohne Zweifel um Versuche von Kindern, sich den Besitz der Eltern anzueignen. Obwohl so etwas dem Geist des mosaischen Gesetzes vollkommen fremd war, findet sich in ihm doch kein direktes Gebot dagegen; deshalb könnte einer sagen, *es sei nicht Sünde.* Vgl. Mk 7,10–13.

29,1–27 Gott und die Gesellschaft

Es geht hier um folgende Gegenstände: Halsstarrige nehmen ein plötzliches Ende; was ein Volk froh macht; ein verschwenderischer Sohn; Gerechtigkeit als Kennzeichen eines guten Herrschers; Schmeichelei; der mit Fallen übersäte Weg; das Recht der Armen; aufrührerische Spötter; die Aufbrausenden; die Frommen als das Ziel der Gewalttätigen; Selbstbeherrschung; Verrat; der gemeinsame Ursprung der Menschen; Gerechtigkeit für die Armen; Zurechtweisung; Gottlose an der Macht; Offenbarung als Führer des Volkes; Hast; Hoffart und Demut, Menschenfurcht und Gottvertrauen; Gunst in den Augen der Fürsten, Gerechtigkeit von Gott; was guten und was schlechten Menschen ein Greuel ist.

2 *Viel sind:* wörtl. »sich mehren« (EÜ). »Gelangen die Frommen zur Macht« (ZÜ) beruht auf einer Textänderung. **3** Vgl. Lk 15,13.30. **6** *Jubelt* (EÜ): LÜ übersetzt nach einem anderen Ms.: *geht seinen Weg* (wörtl.: »läuft«). **13** Vgl. 22,2 und zum Inhalt Ps 13,4; Mt 5,45. **15** Salomo mochte sich daran erinnern, daß Adonia solch ein Kind gewesen war (1Kön 1,5.6).

18 *Offenbarung:* das gebräuchliche Wort für die prophetische Schau (hebr. *chason*; vgl. Jes 1,1; Jer 14,14). *Wild und wüst:* Dasselbe hebr. Wort wird in 2Mo 32,25 gebraucht. Die Geschichte vom goldenen Kalb bildet den historischen Hintergrund zu diesem Vers. *Weisung: tora,* der offenbarte Wille Gottes (beachte, daß das Wort parallel zu Offenbarung steht). Gesetz, Propheten und Weisheitsliteratur kommen in diesem V. zusammen (vgl. die Zusammenstellung in Jer 18,18). Wenn der offenbarte Wille Gottes, wie er in seinem Wort Ausdruck gefunden hat, nicht ständig im Blick ist, dann bricht das Volk aus dem Bund mit Gott aus. Auch dieses Wort wird sich Hiskia zu Herzen genommen haben. **21** *Wird widerspenstig:* ». . . wird zum Sohn« (EÜ); »wird undankbar« (JB). Die genaue Bedeutung des Wortes ist unbekannt, deshalb bleibt der V. dunkel. **23** Vgl. Mt 5,3; Lk 14,11. **24** *Fluch:* die beschwörende Aufforderung des Richters, daß jeder, der Kenntnis von einem Verbrechen hat, dies kundtun soll.

30,1–33 Die Sprüche Agurs

30,1–4 Die Erkenntnis Gottes

Agur sucht nach Gotteserkenntnis und muß doch seine vollkommene Unwissenheit, die er mit allen Menschen teilt, eingestehen. Er hat die gewaltigen Naturkräfte betrachtet und staunend vor dem gestanden, der sie bewegt. Die Eingangsworte mögen etwas spöttisch klingen, doch das kann darin begründet sein, daß Agur sich gegen solche wandte, die vorgaben, alles über Gott und seine Taten zu wissen.

1 Wir wissen nicht, wer *Agur, Sohn des Jake,* war, noch wo er lebte. Wenn die Übersetzung: *aus Massa* stimmt, war er ein Ismaelit, doch auch die Wiedergabe »der Ausspruch« (EÜ) läßt sich vertreten. Wahrscheinlich wird Agur, wie Hiob und Bileam, ein gottesfürchtiger Nicht-Israelit gewesen sein. EÜ spricht weiter von »Ithiel und Ukal«, was sich – als Eigennamen verstanden – wohl auf Schüler Agurs beziehen müßte. Doch man kann diese Stelle auch (mit anderer Vokalisation im Hebr.) so übersetzen: »ich mühte mich ab um Gott und bin am Ende« (so ZÜ und ähnlich LÜ).

4 Henoch und Elia waren entrückt worden, doch nicht zurückgekehrt (vgl. Jh 3,13). *Sein Sohn:* nämlich der Sohn jener hypothetischen Person, die aufgestiegen ist und Gott und seine ganze Schöpfung erkannt hat. Wer ist er – und (falls er selbst vor längerer Zeit lebte) wo sind die Nachkommen dieses Menschen?

30,5.6 Das Wort Gottes

Gottes Offenbarung darf nicht mit menschlichen Spekulationen vermischt werden, diese können sich als unwahr erweisen. Vgl. Ps 18,31.

30,7–9 Ein Gebet

Der weise Mann bittet um Bewahrung sowohl vor den Versuchungen des Reichtums als auch der Armut.

30,10 Ein Einzelspruch

Vgl. Röm 14,4.

30,11–14 Vier Sprüche über Überheblichkeit

30,15.16 Unersättliche Dinge

15 *Blutegel:* Es ist nicht klar, ob diese Übersetzung zutrifft, doch sind wahrscheinlich blutsaugende Tiere gemeint, die sich durch ihre Unersättlichkeit auszeichnen. Allerdings greift die in Palästina auftretende Art dieser Tiere Menschen nicht an.

30,17 Ein ungehorsamer Sohn

Ein Einzelspruch. Vgl. 5Mo 21,18–21. Gemeint ist, daß der Leichnam eines solchen Menschen nicht begraben, sondern von den Vögeln gefressen werden wird.

30,18–20 Vier wundersame Dinge

Oft meint man, daß es bei Wundern wesentlich sei, daß sie keine Spur hinterlassen. Wäre dies wirklich so, würden die hier genannten Beispiele – bes. die Schlange – sonderbar ausgewählt sein. Doch eher besteht das Wunderbare in der leichten Meisterung solch schwer zu bewältigender Elemente wie Luft, Fels, Meer – und einer jungen Frau. 20 Der Weg der Ehebrecherin ist auch – allerdings ganz anders als eben ausgeführt – wundersam. Sie bedeckt ihre Sünden und sagt scheinheilig, daß sie nichts Böses getan habe.

30,21–23 Vier unerträgliche Dinge

Es werden für Mann und Frau je zwei Beispiele genannt. 22 *Wenn er zu satt ist:* d.h. reich und wohlhabend.

30, 24–28 Vier kleine und doch weise Dinge

25 Die Ameisen tun, was der Faule nicht tun will (vgl. 6,6). 27 Die Heuschrecken ziehen in geordneten Reihen aus, ohne einander zu stoßen (vgl. Joel 2,8).

30,29–31 Vier stattliche Dinge

31 Nicht alle Worte in dieser Liste sind sicher. *Der stolze Hahn:* nach LXX und anderen alten Übersetzungen, doch es gibt auch andere Vorschläge (s. EÜ). *König:* Der Begriff ist gesichert; *wenn er einhergeht vor seinem Heerbann:* textlich weniger gewiß.

30,32.33 Eine Schlußbemerkung

32 *Lege die Hand auf den Mund:* ein Zeichen stiller Hinnahme von Vorwürfen und des Verzichtens auf Widerrede.

31,1–9 Die Worte Lemuels

S. Einl. S. 665. 1 *Massa:* s. Komm. zu 30,1. Zuerst redet König Lemuel über die Pflichten eines Königs, wie er es von seiner Mutter gelernt hat. Kann es sein, daß Lemuel ein Ismaelit war, dessen Mutter aus Israel kam?

2 Lemuel ist seiner Mutter *erbetener Sohn* (vgl. 1Sam 1,11). Ihm ist mit Nachdruck gesagt worden, daß er Zerstreuung, sei es durch Frauen oder Wein (V.3f), meiden soll, da sie den Herrscher von seinen Pflichten ablenkt und so Unrecht hervorruft (V. 5). Wein ist Betäubung für die Hoffnungslosen – doch für die, die nicht in solch einer Lage sind, gibt es keine Entschuldigung fürs Trinken (V. 6f). Die Aufgabe des Königs ist es, die zu verteidigen, die es selbst nicht können (V. 8), und kompromißlos für Gerechtigkeit einzutreten (V. 9).

31,10–31 Anhang: Die tüchtige Ehefrau

Dies ist ein wunderschönes alphabetisches Gedicht, dessen erster V. mit dem ersten Buchstaben des hebr. Alphabets beginnt, worauf dann Vers für Vers die übrigen Buchstaben der Reihenfolge nach erscheinen. Es gibt keinen Grund, es Lemuel zuzuschreiben. Vielmehr haben wir einen anonymen Anhang zum ganzen Buch vor uns. Er betont – wie das Sprüchebuch öfters – die Ehre und Würde der Frau und die Wichtigkeit mütterlicher Lehre. Es wird ein erstaunliches Bild der Frau in der Gesellschaft Israels gezeichnet: Ihr Mann vertraut ihr, sie erwidert dieses Vertrauen; sie arbeitet hart und überlegt und hat große Entscheidungsfreiheit in vielen Bereichen (V. 16), ihre Entscheidungen fällt sie zum Wohl der Familie; dabei bleibt sie doch liebreich und freundlich (V. 20), ist eine weise und gütige Lehrerin (V. 26). Im Vergleich mit ihr verlieren die vergänglichen Reize der leichtfertigen Frauen all ihren Glanz. Unser Buch schließt mit einem klingenden Lob dieser guten Frau durch ihren Mann und ihre Kinder (V. 29), deren Nahrung, Wohlbefinden, Ruf (V. 23) und Wissen um Gott durch sie vermehrt worden ist (V. 26).

21 *Wollene Kleider:* eine sinngemäße freie Übersetzung. Die Konsonanten des hebr. Wortes können auch einfach »doppelt« (im Blick auf Festigkeit und Dicke) bedeuten. EÜ übersetzt mit »Karmesin«. **26** *Gütige Weisung:* wörtl. »Weisung der Bundestreue« (hebr. *torat-cheṡed*), das Thema der Unterweisung einer guten Mutter.

A. F. Walls

Prediger

Einleitung

Zum Stil

Das Buch Prediger ist in vieler Hinsicht rätselhaft. Es fehlt ihm der systematische Aufbau, sein Stil ist oft schwer zu erfassen, sein Wortschatz ist voller Eigenheiten. Im Prediger kommt eine Reihe von Wörtern vor, die sich nirgendwo sonst im AT finden und deren genaue Bedeutung schwer festzulegen ist. Wie kaum ein anderes Buch im AT ist sein Hebräisch von aramäischen Ausdrücken durchsetzt. Typisch ist auch die Bildung von abstrakten Begriffen wie Gewinn, Streben, Trachten, Torheit. Es finden sich Anspielungen auf Ereignisse, Gebräuche oder Sprichwörter, die der ursprüngliche Leser sicher sehr gut verstand, die uns heute aber völlig unverständlich sind. Das Buch enthält auch deutliche Widersprüche, bei denen es schwierig ist, die eigentliche Meinung des Schreibers festzustellen. Diese Gegensätze haben zu der Theorie geführt, daß das ursprüngliche Buch später mehrfach »bereinigt« worden sei. Die Art und Weise, in der der Schreiber sein Material zusammengestellt hat, deutet darauf hin, daß ein logischer Aufbau gar nicht beabsichtigt war. Die Abfolge der Textteile ist häufig stark von Assoziationen bestimmt. Das Buch mag eine Sammlung von Bruchstücken und Notizen sein, so wie Pascals *Pensées* (Gedanken), mit denen es oft verglichen worden ist. Einzelsprüche, die bestimmte Erfahrungsweisheiten zusammenfassen, stehen neben oder in etwas größeren Teilabschnitten. Als Beispiel kann 1,12–18 mit den Sprüchen V. 15 und V. 18 dienen.

Die Frage, ob es sich im Prediger um Prosa oder Poesie handelt, läßt sich also nicht eindeutig beantworten. Man findet metrische Poesie, die aber auch in Prosa übergehen kann.

Trotz all dieser Schwierigkeiten ist Prediger ein faszinierendes Buch. Der aufmerksame Leser merkt sofort, daß der Autor scharf beobachtet und seine Kritik der menschlichen Wirklichkeit oft sehr treffend ist. Die an einigen Stellen so augenfällige Treffsicherheit seiner Beobachtungen läßt es als lohnend erscheinen, auch seine schwerer verständlichen Einsichten auszuloten.

Zur Auslegung

Die Stellung des Predigers im Kanon der Heiligen Schrift ist das Grundproblem jeder Auslegung. Von Anfang an gab es Juden, die das Buch als nicht würdig ansahen, zur Heiligen Schrift gezählt zu werden, und viele Christen stört es, daß es Teil der Bibel ist. Wenn man Enttäuschung und Verzweiflung als die Grundbestimmung des Buches ansieht, gemildert nur durch eine verhaltene Diesseitsfreude, dann mag es in der Tat unverständlich erscheinen, warum das Buch unter die Bücher gerechnet werden konnte, die uns über den Weg Gottes mit seinem Volk bis hin zur Erlösung in Jesus Christus belehren.

Einige neuere Studien haben aber gezeigt, daß dieses Verständnis zu oberflächlich ist und haben es dadurch ermöglicht, den besonderen Standpunkt des Schreibers besser zu erfassen. Der hebr. Name Kohelet (*Qohelet*; Luther nach LXX: »Prediger«), den er sich wählte, mag darauf hindeuten. Das Wort Kohelet ist verwandt mit dem Wort *qahal* und bezeichnet die öffentliche Versammlung. Es deutet auf die Art von Weisheit hin, die in den »äußeren Vorhöfen« gelehrt wird, die sich damit von der »verborgenen Weisheit« unterscheidet, die nur die kennen, denen Gott sich offenbart hat (1Kor 2,7). Der Prediger schreibt von verborgenen Voraussetzungen her, und sein Buch ist in Wirklichkeit ein wichtiges Beispiel apologetischer Theologie. Die offensichtliche Weltlichkeit des Buches ist nötig, damit der Schreiber sein Ziel erreicht: Der Prediger wendet sich an die Allgemeinheit, deren geistlicher Horizont beschränkt ist. Er begibt sich auf deren eigenes Terrain. Dem entspricht auch die immer wiederkehrende Formulierung »unter der Sonne«, mit der er das beschreibt, was im NT »die Welt« genannt wird (griech. *kosmos*). Das Buch des Predigers ist eine Kritik des Säkularismus und der säkularisierten Religion. Säkularismus muß nicht unreligiös sein, er kann sich mit der Religion vermischen. Auch die jüdische Religion neigte hin und wieder dazu, auf unangemessene Weise weltlich zu sein und die Transzendenz Gottes zu vergessen (5,2). Deswegen hat das Buch eine bleibende Botschaft, nicht zuletzt für unsere Gegenwart, in der der Säkularismus zu einer allgemein bestimmenden Geisteshaltung geworden ist wie vielleicht nie zuvor, und in der auch die Theologie sich oft angepaßt hat und den Glauben darzustellen versucht als ein Mittel, das Leben »unter der Sonne« zu verbessern. Im Kanon der Heiligen Schrift hat der Prediger die bleibende Aufgabe aufzuzeigen, daß der Glaube nicht zu einem bloßen Werkzeug des Säkularismus werden darf.

Der Prediger setzt sich kritisch mit der toten Schulweisheit seiner Zeit auseinander. Sie stellt er durch illusionslose Betrachtung der Realität in Frage. So stellt er z.B. eindrücklich fest, daß die Lehre von der Vergeltung, d.h. daß dem Tun des Menschen sein Geschick entspricht, nicht stimmt. Seine Skepsis setzt hier ein. Er erkennt, daß sich die Erklärung dieser Welt und Gott selbst menschlichem Zugriff entziehen. Diese Welt und Gott selbst bleiben unbegreiflich und unberechenbar für menschliche Denkkategorien. Aber radikale Skepsis führt den Prediger durch die Anfechtung hindurch zu einem tieferen Glauben. Was der Skepsis nicht standhält, hat auch keinen Bestand. Aber er erfährt, daß er trotz allem in die Hände Gottes fällt, der ihm um so größer wird, der Mensch selbst aber um so nichtiger und kleiner (vgl. 7,15–18).

Es ist die fatale Schwäche aller säkularen Utopien, daß sie weder das Böse noch den Tod genügend ernst nehmen. Der Prediger sieht mit voller Klarheit die Vergänglichkeit, der die Schöpfung unterworfen ist (Röm 8,20ff). Das ganze Buch ist zutreffend als eine Auslegung des Fluches nach dem Sündenfall (1Mo 3,17–19) beschrieben worden. Der Prediger sieht klar, wie diese beiden Fakten das ganze Leben unter der Sonne umklammern und daß vor dieser Klammer ein negatives Vorzeichen steht. Er ist überzeugt, daß das Böse und der Tod alle Versuche, dem Leben in sich selbst Sinn oder Befriedigung abzugewinnen, zunichte machen.

Aber obwohl der Ton des Buches vorwiegend negativ und kritisch ist, wäre es falsch, den Prediger als einen Skeptiker oder Apostel der Verzweiflung abzustempeln. Der melancholische Refrain »alles ist eitel und ein Haschen nach Wind« ist kein Urteilsspruch über das Leben als solches, sondern nur über das irregeleitete Bemühen des Menschen, die geschaffene Welt als letzten Wert anzusehen. Er ist sich immer dessen bewußt, daß die Welt einen positiven Wert hat. Wie hätte er es ohne dieses Wissen wagen können, eine so zerstörende Kritik zu äußern? Dieses Geheimnis hält er im Hintergrund, nur gelegentlich gibt er einen kleinen Hinweis. Er tut das, weil es seine Absicht ist, alle falschen Hoffnungen zu zerstören, die Macht ausüben wollen über die Menschen und von denen sie gereinigt werden müssen, bevor sie zu der sicheren Hoffnung kommen, die »hineinreicht in das Innere hinter dem Vorhang« (Hebr 6,19).

Andererseits weiß er auch, daß die Welt Glück und Freude zu geben vermag. Davon legen seine häufigen Ermahnungen, dieses Glück zu suchen, Zeugnis ab (2,24; 3,12.22; 5,18; 9,7; 11,9). Er weiß, daß wir in dieser Welt eine Lebensaufgabe finden können, die wertvoll ist (3,12f; 9,10), sonst wären seine Ratschläge, die er für Leben und Bewährung in dieser Welt gibt, sinnlos.

Die Bedeutung dieser Welt liegt darin, daß in ihr sich Gottes Güte, Weisheit und Gerechtigkeit offenbaren können. Darin steht der Prediger ganz in der Tradition der Weisheitslehre, die Gottes Dasein weniger in dem geschichtlichen Handeln an seinem Volk als in seiner Schöpfung erkennt. Sie weist auf den Schöpfer hin. Nur wenn der Mensch die Welt als Selbstzweck ansieht und wenn es sein Hauptziel ist, die Welt zu gewinnen, ist er der Vergänglichkeit verfallen. Aber es gibt einen Weg, auf dem der Mensch das Leben unter der Sonne annehmen kann, das Leben mit seinen Gaben und Mängeln, mit seinen offensichtlichen Widersprüchen und seiner Ungerechtigkeit. Der Mensch kann das Leben annehmen »aus der Hand Gottes« (2,24; 5,17–19). Demgemäß kommt es dem Menschen zu, Gott in seinem Gott-sein anzuerkennen, ihn zu *fürchten* (s. 3,14). Das Buch Prediger ist ein »Hoheslied der Gottesfurcht« (Delitzsch).

Der Glaube hat immer schon behauptet, daß alle Dinge letztlich sinnlos sind, wenn ihre Bedeutung sich in ihrer Funktion und in ihrem Platz in dieser sichtbaren Welt erschöpft, wenn sie in ihrem Wesen nicht in eine ewige göttliche Welt hineinreichen, die jenseits davon liegt. Das materialistische Denken unserer Zeit führt zwangsläufig zur Sinnleere, die der moderne Mensch heute in seinem Leben beklagt. Zugespitzt kann hier das Wort Tertullians gelten: »Ich glaube, weil es absurd ist.«

Der Prediger ist nur insofern ein Skeptiker, als er den Anspruch der menschlichen Weisheit, das Tun Gottes zu ergründen, zurückweist (3,11; 8,17). Er weiß, daß wir im Glauben leben und nicht im Schauen. Wir erkennen beim Prediger die Demut und Bescheidenheit des Glaubens angesichts der transzendenten Weisheit Gottes, von dessen ewiger Vorsehung er fest überzeugt ist (3,14).

Die Vielschichtigkeit seiner Gedanken mit ihren scheinbaren Widersprüchen oder ihren »Kontrapunkten« (W. Fischer) zeigt sich deutlich bei dem, was er über den Tod sagt. Auf der einen Seite spricht er vom Tod als dem Beweis der endgültigen Nichtigkeit allen Lebens unter der Sonne (3,19f; 9,4–6; 11,8). Aber wenn man deswegen sagen wollte, der Prediger sähe den Tod als endgültige Vernichtung an, würde man einer anderen Linie in seinen Gedankengängen nicht gerecht. Der Prediger betont verschiedentlich die Gewißheit des göttlichen Gerichts (3,17; 11,9; 12,4), und er ist trotz all der Ungerechtigkeiten des Lebens unter der Sonne überzeugt, daß es »wohlgehen wird denen, die Gott fürchten« (8,12). Seine Haltung ähnelt der von Psalm 49. Wie der Psalmist wehrt sich auch der Prediger gegen jede trügerische Unsterblichkeit, die auf Voraussetzungen baut, die vom Leben unter der Sonne abgeleitet sind. Das Urteil des Psalmisten: »Ein Mensch in seiner Herrlichkeit kann nicht bleiben, sondern muß davon wie das Vieh« (Ps 49,13), klingt auch in Pred 3,19 an: »Ich dachte bei mir selbst: Der Menschenkinder wegen, sie zu prüfen, hat Gott es so gefügt, damit sie sehen, daß sie nicht mehr sind als das Tier« (ZÜ). Dagegen setzt der Psalmist sein großes »Aber Gott« (Ps 49,16), und im Licht dieses »Aber« modifiziert er seine erste Feststellung: »Der Mensch in Pracht, doch ohne Verstand, wird gleich dem Vieh, das abgetan wird« (Ps 49,21 ZÜ). Der Satz des Predigers »der Mensch hat nichts voraus dem Vieh« zeigt deutlich, daß er von diesem Verständnis wußte, das dem Menschen Vorrang gibt über die Tiere (3,19). Auf jeden Fall macht seine kategorische Verneinung aller menschlichen Möglichkeiten endlich den Weg frei für die neuen Möglichkeiten Gottes, und deswegen können wir vom Prediger sprechen als von einem »Schwellenwächter« des Alten Testaments.

Das Buch Prediger gehört zu den fünf *Megillot* (Festrollen). Es wird in der Synagoge zum Laubhüttenfest gelesen.

Inhalt

Wie in der Einleitung aufgezeigt, hat das Buch keinen logischen Aufbau; deswegen folgt hier auch keine Inhaltsübersicht. Die im Buch erkenntlichen Abschnitte werden aus den Hauptüberschriften deutlich.

Kommentar

1,1–11 Einführung

1,1 Die Überschrift. *Des Predigers:* Zur Bedeutung des Wortes s. Einleitung. *Des Sohnes Davids:* Damit wird wohl auf Salomo angespielt. Doch behauptet der Autor nicht, daß er Salomo sei. Er legt seine Worte dem Sohn Davids in den Mund. Das entspricht der im Altertum weit verbreiteten Sitte, Bücher berühmten historischen Persönlichkeiten zuzuschreiben. Damit zeigte man die Art des Werkes oder die literarische Gattung, zu der es gehörte, an. Es war nicht beabsichtigt, jemanden irrezuführen, und keiner der ursprünglichen Leser hätte sich dadurch irreführen lassen. Hier wird eine ägyptische Sitte nachgeahmt, Weisheitslehren als Königslehren auszugeben. Dem König wurden diese Lehren gleichsam als Testament in den Mund gelegt (vgl. 1,12). Salomo war dazu im Judentum wegen seiner Weisheit die geeignete Gestalt.

1,2 Das Thema. *Es ist alles ganz eitel:* Fünfmal steht im hebr. Text dieses Verses das Wort *hebel* (Vergänglichkeit; wörtl. *Windhauch* (EinhÜ); vgl. den Namen des ersten Getöteten, *Abel,* in 1Mo 4,2). *Alles:* bezieht sich auf alles »unter der Sonne«. Der Prediger weiß um einen Wert und einen sicheren Grund, an den sein Geist sich halten kann; s. 3,14. Sein Ziel ist es nicht, Verzweiflung zu predigen, sondern falsche Sicherheiten zu zerschlagen.

1,3–11 Das menschliche Leben als Teufelskreis. Der Prediger kommt direkt auf den Kern der Sache. Die Welt mißt den Wert des Lebens nach Gewinn und Verlust. Aber welchen Gewinn kann der Mensch machen, den er nicht am Ende wieder verlieren muß? »Du Narr! Diese Nacht wird man deine Seele von dir fordern; und was wird's sein, das du bereitet hast?« (Luk 12,20). Das Streben nach Reichtum wird durch den Tod in seinem Wert widerlegt, wie die Welt selbst sehr gut weiß; denn ihre eigenen Dichter und Philosophen haben es oft genug gesagt. Aber der Mensch versucht sich von dem eisigen Wind der Sterblichkeit durch den Gedanken an seine Nachkommen und den Fortbestand seines Geschlechts abzuschirmen. Der Mensch sucht eine Pseudo-Unsterblichkeit in seinen Werken, von denen er glaubt, sie blieben nach seinem Tod bestehen, oder darin, »daß er Menschen gebessert habe«, oder »daß er Spuren im Sand der Zeit« hinterlassen habe oder auch in der Idee des »Fortschrittes« der gesamten Menschheit. Aber im Kreislauf der Natur gibt es nichts, was solche Meinung unterstützen würde, wie der Prediger deutlich zeigt (V. 5–7), auch nicht im Verlauf der sich immer wiederholenden Geschichte (V. 9f). Fortschritt ist stets begleitet von Rückschritt. Nur die Schauspieler und die Szenerien wechseln. Das Bild der Geschichte bleibt gleich, es ist »wenig mehr als das Verzeichnis der Verbrechen, Dummheiten und Mißgeschicke der Menschheit«.

1,12–2,23 Der Fehlschlag aller Versuche, dem Leben einen Sinn zu geben

1,12–18 Durch Philosophie. Der Mensch kann sich in einem sinnlosen Leben nicht zufrieden geben. In ihm ist ein unwiderstehlicher Drang, Sinn und Zweck zu finden, denn er ist ein »denkendes Schilfrohr« (Pascal). Gott hat in den Menschen ein nicht unterdrückbares Verlangen nach Ordnung und Sinn eingepflanzt. Aber das macht das Leiden des Menschen nur um so heftiger. Denn er bekommt das Puzzle des Lebens nicht zusammen, einige Teile fehlen (V. 15). Der Versuch, ein geschlossenes philosophisches System zu errichten, kann nur Erfolg haben, wenn man gerade biegt, was »krumm« ist. Das letzte Wort menschlicher Weisheit, wie einige der größten Weisen erkannt haben, ist, zuzugeben, daß wir nichts wissen, daß wir den Schlüssel zum letzten Geheimnis nicht finden können.

Die Weisheit, die ein *Haschen nach Wind* (V. 17) ist, muß für den menschlichen Geist eine Qual sein, bis er die »Weisheit von oben« (Jak 3,17) findet, die »heimliche, verborgene Weisheit Gottes, welche Gott verordnet hat vor der Zeit der Welt zu unserer Herrlichkeit« (1Kor 2,7). Der Prediger bezeichnet sowohl das Tun des Menschen als auch die Reflexion darüber (d.h. die traditionelle Weisheitslehre seiner Zeit) als sinnlos. Er will sich nichts mehr vormachen lassen und zeigt, daß konsequentes Nachdenken ohne Einbeziehung Gottes nur zu einem führen kann: zum Nihilismus.

2,1f Durch Sinnesfreuden. Ein anderer Versuch: Warum sich den Kopf schwer machen mit den Fragen nach dem Sinn des Lebens? Genieß das Leben und die Freuden, die es bringt. Hör auf die Worte des Mephistopheles:

»Grau, treuer Freund, ist alle Theorie
Und grün des Lebens goldner Baum.«

Aber auch dieser zum Weg der Weisheit in völligem Gegensatz stehende Weg, nämlich der der Torheit (V. 3), ist für den radikalen Skeptiker keine Möglichkeit mehr. Es ist sinnlos, Worte auf den Irrsinn dieses Experiments zu verschwenden, denn es hält nicht, was es verspricht. Der Vergnügungssüchtige kann dem »Morgen danach« und der Übersättigung nicht entgehen. Auch der Weg der Freude fällt wie der des Tuns und der Weisheit unter das Nichtigkeitsurteil des Predigers.

2,3–23 Durch Kultur. Daß der Sinn des Lebens weder in der Suche nach Weisheit zu finden ist noch im Streben nach Vergnügen, legt den Gedanken nahe, einen Mittelweg zu gehen, der Extreme vermeidet und sich um ein reiches, vielseitiges und ausgeglichenes Leben bemüht, d.h. die Entfaltung aller menschlichen Kräfte. Das ist Kultur; der kultivierte Mensch nimmt alle Reichtümer des Lebens für sich in Anspruch, Vergnügen, Weisheit und die Möglichkeit, etwas zu unternehmen, und bemüht sich, aus all dem ein harmonisches Ganzes zu machen. Er findet Befriedigung nicht in der Sinnlichkeit, sondern in der Ausübung der Fähigkeiten seines Geistes und seines Willens (V. 10). Aber nachdem er des Tages Arbeit getan hat, kann auch er der ruhigen Stunde des Überlegens und Sich-selbst-in-Fragestellens nicht entgehen. Hat er das wahre Ziel des Lebens erreicht? Hat sich die Mühe gelohnt? Es ist sicher, daß Weisheit relativ wertvoller ist als Torheit, denn der Weise kommt besser mit dem Leben klar als der Dumme. Aber dieser relative Vorteil der Weisheit wird zunichte gemacht durch die Absolutheit des Todes, die den Wert der Weisheit sehr fraglich erscheinen läßt. Denn mit ihr ist ein Widerspruch verbunden: Weisheit will zwar die Zukunft in den Griff bekommen; diese entzieht sich ihr aber immer wieder. Während der Tor, wie ein Grashüpfer, hier im Augenblick lebt, plant der Weise, wie die Ameise, für die Zukunft. Er orientiert sich von ihr her und richtet sein Leben entsprechend ein (V. 14). Aber diese Weisheit ist äußerst unsicher. Denn es liegt nicht in unserer Macht, die Zukunft vorherzusehen und noch viel weniger, sie zu kontrollieren (Spr 27,1).

12b *Was wird der Mensch tun ...?* Dieser Satz sieht wie ein Sprichwort aus, dessen Bedeutung nur geraten werden kann. Er könnte durch ein Versehen an seine jetzige Stelle geraten sein. In V. 13f wird der relative Wert der Weisheit in Form eines bildhaften Sprichwortes festgehalten. Aber auch dieser fällt unter das Nichtigkeitsurteil, denn im Tod sind der Weise und der Tor gleich (V. 16).

18–23 Hier begründet der Prediger sein Urteil (V. 11) über das Streben und Mühen, Weisheit zu erlangen: Der Weise hat nach seinem Tod keinen Einfluß mehr auf das, was ein anderer, etwa ein Tor, mit dem, was er mühsam geschaffen hat, macht. Er selbst hat nach seinem Tod nichts mehr davon. Auch diese Überlegung führt also zu dem zu 1,2 angesprochenen Nihilismus.

2,24–3,15 Die Weisheit der Schöpfung

Gibt es einen Ausweg aus dem Dilemma, daß der Mensch sich zwischen Weisheit und Torheit befindet? Nur durch eine neue Weisheit, eine Weisheit, die einen anderen Standpunkt hat und anders ausgerichtet ist; die verborgene Weisheit Gottes (1Kor 2,7). Dazu gehört auch, daß wir Freude haben sollen an Gottes Schöpfung und ihrem Reichtum. Wahre Weisheit geht von der Tatsache unserer Kreatürlichkeit inmitten der Schöpfung aus. Es ist Überheblichkeit, dies aufgrund eines um den Menschen zentrierten Weltbildes zu verneinen. Die Welt ist voll von schönen Dingen, die wir genießen sollen. Das ist Gottes Auftrag und Gabe (2,26).

Aber es ist keine billige Weisheit, denn sie hat kein System. Eine systematische Weltanschauung könnte es für uns nur geben, wenn wir im Zentrum unserer Welt stünden und von dort einen vollständigen Überblick hätten und die wahren Perspektiven erkennen könnten. Aber das ist ja die Stellung des Schöpfers, nicht der Geschöpfe. Aus unserer Stellung als Geschöpfe »unter der Sonne« sehen wir, so könnte man sagen, die Rückseite eines Wandteppichs mit vielen unklaren Linien und losen Fäden. Wenn wir das Gewebe von unserem Standpunkt aus enträtseln wollten, würden wir uns in einem endlosen Labyrinth verlieren. Aber auch das ist »eitel« und Verdruß.

In Kap. 3 stößt der Prediger zu der für ihn typischen, jede menschliche Weisheit, jedes Berechnenwollen ausschließende göttliche Weisheit vor: Gott als der Geber von Weisheit, Freude und jedes menschlichen Geschickes ist völlig souverän. **3,14** Weisheit besteht darin, nicht selber weise sein zu wollen, sondern Gott zu fürchten (vgl. 5,6; 7,15–18; 12,1ff). Die Grundlage unserer Weisheit ist die Furcht des Herrn (vgl. Ps 111,30; Pr 1,7).

Zur Furcht des Herrn gehört, daß wir anerkennen, daß Gott Zeiten und Stunden bestimmt. Theoretisch ist alle Zeit gleich, aber nur, wenn man davon absieht, was sie füllt. Zeit an sich kennen wir aber nicht. Wir erleben jede Zeit mit ihrer Eigenart und den ihr eigenen Möglichkeiten, d.h. sie ist immer »qualifizierte Zeit«, und es ist die Weisheit des Lebens, die Zeiten zu verstehen (Luk 12,56), den *Kairos* (Röm 13,11), den entscheidenden Augenblick (Pred 8,5f), den Moment, auf den »der Akzent der Ewigkeit« fällt.

Daß die Geschichte nicht kalkulierbar ist und dem Verstand nicht einsichtig, verwirrt den Menschen. Denn der Mensch ist nicht nur ein Geschöpf der Zeit. In ihm ist etwas, was die Zeit transzendiert. »Der Mensch hat Ewigkeit« (s. 3,11). Er versucht, Abstand zu gewinnen vom Ablauf der Zeit und den Plan des Ganzen und sein Muster zu erkennen. Aber er ist zu tief in die Zeit getaucht, als daß ihm dies gelingen könnte. Das Ende und der Anfang entziehen sich ihm. Die Spannung zwischen Heute und Ewigkeit im Leben des Menschen ist letztlich nicht auflösbar. Aber doch kann der Mensch die Ewigkeit im Heute finden, indem er dankbar die Gaben Gottes annimmt und seine Gebote hält. Akzeptieren des eigenen Begrenztseins, der Bedingungen und Zeiten menschlichen Lebens – dies läßt den Menschen gemäß seiner Bestimmung, d.h. gemäß Gottes ewigem Ratschluß leben. Keine Resignation, aber weise Beschränkung auf das Annehmen des unabänderlichen und undurchschaubaren Planes Gottes ist hier gemeint (V. 15). Das macht frei zum Leben im Heute. Das ihm zufallende Schicksal, d.h. die jeweilige »qualifizierte Zeit«, kann der Mensch immer als Kairos verstehen, d.h. aus Gottes Hand nehmen. Ohne wie die traditionelle Weisheit nach den Hintergründen zu fragen, kann er beides, Gutes und Übles, von Gott hinnehmen (V. 4).

3,16–4,3 Die Gerechtigkeit Gottes

Die moralistische Interpretation des Lebens scheitert an der Tatsache der menschlichen Schlechtigkeit. Das Verlangen nach einer gerechten Ordnung ist tief im Herzen des Menschen verwurzelt, läßt ihn aber auch leicht in zwei Irrtümer verfallen. Der eine ist die heute so weit verbreitete Überzeugung, daß eine gerechte gesellschaftliche Ordnung durch Organisation herbeigeführt werden könne, daß sie also menschlich machbar sei. Aber die Schlechtigkeit, die die Organisation nötig macht, dringt auch in diese Organisation selbst ein. Der Egoismus, der jedem einzelnen Menschen anhaftet, ist Regierungen nicht weniger, sondern noch weit mehr eigen, denn Organisation erhöht die Macht (4,1), die dann in verstärktem Maße amoralisch mißbraucht werden kann. »Wer beschützt uns vor den Beschützern?«

Der andere Lösungsversuch ist die Annahme, daß es einen gerechten Regenten der Geschichte gibt: »Die Mühlen Gottes mahlen langsam . . .« Diese Überzeugung ist sehr ehrenwert und auch sehr verbreitet, aber doch beantwortet sie die Frage nach der Gerechtigkeit Gottes nicht. Denn selbst wenn dies stimmt, müßte man, um es als wahr beweisen zu können, einen viel größeren Zeitraum überblicken können als die kurze Zeit zwischen Geburt und Tod. Und was für ein Trost sind die »langsam mahlenden Mühlen Gottes« für die, deren Leben zwischen dem oberen und dem unteren Mühlstein zerrieben wird? Und wenig tröstlich ist der Gedanke, daß sowohl unsere Vorfahren als auch wir nichts anderes seien als das Fundament für ein zukünftiges Geschlecht.

Wer konsequent nach einer gerechten, sittlichen Weltordnung sucht, die dem menschlichen Gerechtigkeitsempfinden und der moralischen Forderung der menschlichen Vernunft (Kant) entspricht, der wird wie der Prediger in eine tiefe Krise menschlicher Weisheit geführt. Er entdeckt, daß es eine solche gerechte Ordnung weder im Leben des einzelnen noch in der Geschichte der Menschheit gibt. Zumindest ist sie für das menschliche Auge nicht erkennbar. Die einzige, sichere Regel, die sich sowohl für den Gerechten als auch für den Gottlosen aufstellen läßt, ist die, daß beiden ein Ende gesetzt ist. Diesem unausweichlichen Naturgesetz ist der Mensch ausgesetzt wie das Tier.

So bleibt der Mensch ganz und gar abhängig von Gottes Gegebenheiten, wie etwa von den physischen Grundlagen seiner Existenz: Geburt und der sicheren Tatsache seines Todes. Diese Gegebenheiten, an denen er weder durch gerechtes noch gottloses Tun etwas ändern kann, bewahren ihn vor Hybris. Er kann sein Schicksal im wesentlichen nicht selber gestalten, sondern muß es aus Gottes Hand nehmen. »Ein Mensch in seiner Herrlichkeit kann nicht bleiben, sondern muß davon wie das Vieh« (Ps 49,21).

4,4–16 Fragwürdiges im Arbeitsleben

4,4–6 Fleiß, Müßiggang und Zufriedenheit. Welches Motiv steckt hinter dem Fleiß und dem Unternehmungsgeist des Menschen? Der Wunsch, mehr zu schaffen als nur gerade zu überleben. Der Wunsch, besser zu sein als die anderen, an der Spitze zu sein im Konkurrenzkampf. Aber auch wenn man dieses Ziel erreicht, bringt das nicht die Befriedigung, die man sich davon versprochen hat. Denn dieser Erfolg ruft den Neid anderer hervor und bei dem, der an der Spitze steht, die Angst, daß ihn jemand überholen könnte. Ohne das Bestreben, besonderes zu leisten, wäre der Mensch nicht Mensch. Aber oft erlangen die, die am wenigsten danach streben, im Leben etwas zu leisten, nämlich die Toren (V. 5), die größte Zufriedenheit. Es muß einen glücklichen Mittelweg geben zwischen diesen beiden Extremen.

5 *Verzehrt sein eigenes Fleisch:* Meist wird hierin eine Anspielung auf die Folgen der Faulheit gesehen. Einige Ausleger meinen jedoch aus dem Zusammenhang schließen zu können, der Prediger finde auch im »Verhalten des Toren einen Kern des Richtigen« (Hertzberg, KAT). Daher die Wiedergabe *»hat doch sein Fleisch zum Essen«* (EinhÜ) – eben, obwohl er nicht das (oft bessere) begehrt, das der andere hat.

4,7–12 Einsamkeit und Gemeinschaft. Kann der Leistungstrieb des einzelnen mit dem Gemeinwohl ausgeglichen werden? Kann man behaupten, daß »uneingeschränkte Privatinitiative« dem Gemeinwohl förderlich ist? Es ist schwierig, diese Behauptung aufrechtzuerhalten, wenn man beobachtet, wie stark der Wunsch, Profit zu machen, bei denen ist, die für sich selbst leben und sich nicht im geringsten um andere kümmern. Dagegen beobachtet man bei denen, die ein starkes Gemeinschaftsbewußtsein haben, daß sie zufrieden sind, wenn auch auf andere Art.

4,13–16 Ansehen. Von all den verlockenden Angeboten des Lebens ist Ansehen bei den Mitmenschen sicher das Verlockenste. In die Jugend setzt man immer mehr Hoffnung als in das »verknöcherte Alter«. (Davon zeugt auch der Versuch in der heutigen Mode, krampfhaft und mühsam die Illusion ewiger Jugend aufrechtzuerhalten.) Aber auf die Jugend folgt das Alter, unvermeidlich, und dann wendet sich die launenhafte Neigung der Masse anderswohin.

Dieser Abschnitt ist äußerst dunkel, eine klare Auslegung ist nicht möglich. Vielleicht haben wir hier eine Anspielung auf ein historisches Ereignis, das die ursprünglichen Leser kannten: Etwa daß ein hinfälliger alter König durch einen brillianten jungen Mann ersetzt wurde, der unter allgemeinem Jubel vom Kerker auf den Thron des Königs kam, aber äußerst schnell die Gunst des Volkes verlor.

4,17–5,6 Fragwürdiges im religiösen Leben

5,1–6 Weisheit und Torheit beim Gottesdienst. Bei seiner Schilderung der Eitelkeit aller Dinge unter der Sonne richtet der Prediger sein kritisches Auge jetzt auf die Religion; denn der säkularisierte Mensch hat nichts gegen Religion, nur daß es sich um eine verweltlichte und vermenschlichte Religion handelt. Vor diesem großen Sündenfall der Religion warnt der Prediger. Denn der Mensch hat die hartnäckige Neigung, sich Gott zunutze zu machen, Gott sich selbst und seinen Bedürfnissen zu unterwerfen, ihn als Schmerzmittel, als Versicherungsagenten oder als Verbündeten zu benutzen. Kennzeichnend für diese auf den Menschen ausgerichtete Religiosität ist ihr Wortreichtum (V. 1). Sie ist ängstlich bemüht, ihr Wort zu sagen. Der Strom der Berichte, Erklärungen, Stellungnahmen, Dokumentationen usw. nimmt kein Ende, aber man hat das Ohr für das Wort Gottes verloren. Das Wort Gottes ist nicht das Echo unserer Worte. Es ist *sein* eigenes Wort, sein Wort des Gerichtes (V. 5b) und vor ihm müssen wir uns beugen und es in der Stille *hören* (4,17). In unserer Hinwendung zu Gott müssen wir uns immer seiner Andersartigkeit bewußt bleiben und den unendlichen grundsätzlichen Unterschied zwischen Gott und dem Menschen respektieren (Kierkegaard).

3 Vgl. 5Mo 23,22–24. 5 *Bote Gottes:* Priester oder Diener Gottes. 6 *Darum fürchte Gott:* Gottes Zorn richtet sich vor allem gegen die Untreue des Menschen.

5,7.8 Fragwürdiges im staatlichen Leben. Die Furcht Gottes ist (natürlicherweise) verbunden mit dem Respekt vor der Autorität des Staates (1Petr 2,17). Denn alle Obrigkeit ist von Gott verordnet. Nicht daß die Obrigkeit der Kritik entzogen ist, im Gegenteil, es gibt Korruption auf allen Stufen der Macht. Selbst der Höchste im Land ist nicht frei von Sünde. Deswegen darf man sich über Ungerechtigkeit und Unterdrückung nicht wundern; es gibt keine menschliche Autorität, die das verhindern könnte. Aber doch gibt es eine relativ beste Form der Regierung. Der Prediger gibt klar zum Ausdruck, daß er eine patriarchalische Monarchie, in der der König die Anliegen seiner (damals bäuerlichen) Untertanen kennt und sich zu eigen macht, für diese beste Form hält – ein Urteil, das im Blick auf die Gegebenheiten anderer Zeiten entsprechend zu modifizieren ist.

7 *Ein Hoher schützt den anderen . . .:* Dieser Abschnitt ist – vermutlich mit Absicht – nicht eindeutig. Wenn wir die Leiter der Macht hinaufsehen, mögen wir, je nachdem wie weit unser Blick reicht, nur die Mächte dieser Welt sehen; oder wir sehen zuletzt doch über ihnen den einen, »der den Waisen und Armen Recht schafft, daß der Mensch nicht mehr trotze auf Erden« (Ps 10,18). 8 *Ein König, der dafür sorgt, daß das Feld bebaut wird:* wörtl. wohl »ein König für das bebaute Land« (ZÜ). Einige deuten diesen Satz so: »Wenn das bebaute Feld einem König untersteht« (EinhÜ).

5,9–6,12 Die Fragwürdigkeit des Reichtums und das Schicksal des Menschen

5,9–6,9 Reichtum und Erwerbstrieb. Die scheinbare Zufriedenheit, die irdischer Besitz bietet, ist wie ein Phantom, das sich dauernd dem Zugriff entzieht. Der Materialismus täuscht dem Menschen vor, sein Leben bestünde in den Dingen, die er hat. Die Gier nach Wohlstand, wenn sie einmal entfesselt ist, wird unersättlich, und »der Appetit wächst mit dem Essen«. Der Kapitalismus lebt vom dauernden Wachstum, und der Kreislauf von Angebot und Nachfrage bleibt, ganz gleich wie stark man ihn ausweitet, immer ein Kreislauf. Außerdem hat das Streben nach Wohlstand Angst im Gefolge, denn Wohlstand ist unsicher (1Tim 6,17). Die Blase des Wohlstandes zerplatzt, und der Hochkonjunktur folgt die Rezession. Und am Ende stirbt der Reiche; was nützt ihm da all sein Besitz? Sollen wir deswegen das Gegenteil, absolute Askese, empfehlen? Keineswegs! Die guten Dinge dieser Welt sind Gottes Gaben, die wir mit Dankbarkeit und Zufriedenheit genießen sollen. Wir haben den Schlüssel zu ihrem Genuß, wenn wir die Jagd nach Besitz durch Dankbarkeit für Gottes Gaben ersetzen und mit Gottes Gaben verantwortungsvoll umgehen. »Denn alles, was Gott geschaffen hat, ist gut, und nichts ist verwerflich, was mit Danksagung empfangen wird« (1Tim 4,4). Erfahrung zeigt, daß die, die am wenigsten mit irdischen Gütern belastet sind, am ehesten zum echten Genuß und zur wahren Freude kommen, während dies denen, die mehr als ihr *Teil* (5,18), die alles haben, versagt bleiben mag.

5,19 *Er denkt nicht viel . . .:* Wer in Verbindung mit Gott lebt, wessen oberstes Ziel es ist, Gott zu verherrlichen und sich an ihm zu erfreuen, kann wirklich in der Gegenwart leben, ohne ängstlich ans Morgen denken zu müssen (vgl. Mt 6,33f). **6,3** *Und bliebe ohne Grab:* Es wird vermutet, daß diese Worte ursprünglich zu V. 4 gehörten. Mit Sicherheit beschreiben sie besser das Ende einer Fehlgeburt als das eines Menschen mit hundert Kindern.

6,10–12 Das Schicksal des Menschen. Wesen und Schicksal des Menschen werden durch jemand bestimmt, der mächtiger ist als er. Der Mensch kann mit dem, der ihn gemacht hat, nicht rechten. Sein Maß ist ihm in jeder Beziehung allein von Gott gesetzt, und er kann ihm nicht eine Elle hinzufügen (vgl. Mt 6,27). All seine Mühen, einen festen Grund zu finden in diesem vergänglichen Leben, sind nichtig und stellen ihn nur vor die letzte Frage.

7,1–14 Die Weisheit des Todes

Dieser Abschnitt enthält sieben Sprüche, von denen sechs im hebr. Text mit dem Wort *tob* (gut; besser) beginnen (7,1.3.5.8.11), während V. 13f die gemeinsame Fragestellung (was ist gut?) zusammenfaßt: *Am guten Tage sei guter Dinge* (V. 14). Bei seiner Interpretation des menschlichen Lebens nimmt der Prediger die negative Seite – Sorge, Not und Tod – ganz ernst. Wer weise leben will, muß an den Tod denken und ihn in seine Einstellung zum Leben aufnehmen. Wer das Leben in seiner Ganzheit sehen will, muß auch den Tod sehen und darf vor dem Schlimmsten seinen Blick nicht abwenden. Die heute so moderne Flucht vor dem Tode zeigt, daß man das Leben nicht ganz zu sehen wagt. Man will nicht ernsthaft an den Tod denken, in einer Unterhaltung darf man den Tod nicht erwähnen, so als ob er ein schlafender Hund wäre, an dem man auf Zehenspitzen vorbeischleichen kann. Wer diese Haltung einnimmt, für den kann der Tod nur ein sinnloser Eingriff sein, der rücksichtlos allem menschlichen Mühen und Unternehmen ein Ende setzt. Heute setzt der Mensch seine Hoffnung auf ein ständiges Hinausschieben des Todes und träumt davon, ihn am Ende sogar abzuschaffen. Wenn der Prediger dem Tod furchtlos ins Auge blicken kann, dann nur, weil er den Tod nicht einfach als Verneinung des Lebens sieht, sondern als einen Horizont. Er sieht den Tod als eine Linie, die die Schwelle zu jenseitigen Möglichkeiten ist, ein Hinweis auf eine verborgene Dimension des Lebens. Die Lektionen, die der Prediger uns von den unangenehmen Seiten des Lebens zu lernen empfiehlt, könnte man als eine Art Schachbrettweisheit bezeichnen: Statt sich bitter darüber zu beklagen, daß das ganze Brett schwarz ist oder sich nach jener »guten alten Zeit« zu sehnen, als es noch ganz weiß war, ist der Prediger damit zufrieden, die Realitäten des Lebens illusionslos zu sehen und sich mit ihnen abzufinden. Mehr können wir nicht wissen, aber es ist etwas, das über sich hinausweist. Es ist falsch anzunehmen, daß Fatalismus die einzig mögliche oder die einzig logische Antwort ist auf den Schachbrettcharakter des Lebens.

7,15–29 Vorzüge und Schwierigkeiten der Weisheit

7,15–22 »Kritik der praktischen Vernunft«. Der Versuch, das Rohmaterial des Lebens mit Hilfe moralischer Prinzipien in ein System zu bringen, scheitert an den Ungereimtheiten des Lebens. Wendet der Mensch moralische Prinzipien in starrer, absoluter und selbstgerechter Weise an, so wirkt sich dies verheerend auf das Leben aus, das sich nicht in dieses Prokrustesbett zwingen läßt. Demut und Zurückhaltung sind nötig sowohl in der Theorie als auch in der Praxis der Ethik. Wir dürfen nicht vergessen, daß jede Ethik der Endlichkeit des Menschen unterworfen und von Sünde befleckt ist. Wir müssen darauf achten, nicht überheblich zu werden. Wenn das Gelingen oder Mißlingen des Lebens nicht in der Hand des Menschen steht, sondern göttliches Geschick bleibt, so verbietet sich dem Menschen jede Selbstvermessenheit und jede Selbstrechtfertigung. Nicht das Vertrauen auf sein konsequentes Einhalten moralischer Prinzipien, d.h. nicht sein Gerechtsein, sondern die Furcht Gottes, der in seinem Handeln autark und unerforschlich bleibt, soll den Menschen bestimmen. Für sein Handeln empfiehlt sich ein weiser Mittelweg, der von Extremen und von Selbstüberschätzung frei ist (vgl. V. 17f). Hier wird schon etwas deutlich von der Rechtfertigung allein aus Glauben, d.h. von dem Kreuz Christi, das alles menschliche Gerechtseinwollen und jede Absolutsetzung des Menschen in Frage stellt.

7,23–28 »Kritik der reinen Vernunft«. Der Versuch, das Rohmaterial des Lebens mit Hilfe von philosophischen Theorien in ein System zu bringen, scheitert genauso. Die tiefste Erkenntnis kann nicht die endgültige Harmonie schaffen, in der die Disharmonien des Lebens aufgelöst sind. Jeder Versuch scheitert am Problem des Bösen, des »radikal Bösen« im Herzen des Menschen. Der Prediger findet das Böse in einer Frau verkörpert, die den ohnehin seltenen Weisen (V. 28) zu Fall bringt (V. 26; vgl. Spr 2,16–22). Für ihn zerbricht – um einen Vergleich zu gebrauchen – die Weisheit eines Sokrates an dem Problem seiner Frau Xanthippe.

7,29 Der Fall. Der höchste Grad menschlicher Erkenntnis ist mit der Feststellung erreicht, daß der Mensch aus dem Stand, in dem Gott ihn erschaffen hat, herausgefallen ist, und daß er durch seine eigenen *Künste* sich selbst ruiniert hat. Die unlösbaren Gegensätze des menschlichen Lebens haben ihre Ursache darin, daß der Mensch in sich selbst widersprüchlich ist, weil er sich von seiner ursprünglichen Bestimmung entfremdet hat. Diese Selbstentfremdung des Menschen nennt die Bibel Sünde. Matthias Claudius hat das Anliegen des Verses in seinem Abendlied »Der Mond ist aufgegangen« treffend zusammengefaßt:

Wir stolze Menschenkinder
Sind eitel arme Sünder
Und wissen gar nicht viel;
Wir spinnen Luftgespinste
Und suchen viele Künste
Und kommen weiter von dem Ziel.

Gott, laß dein Heil uns schauen,
Auf nichts Vergänglich's trauen,
Nicht Eitelkeit uns freu'n!
Laß uns einfältig werden

Und vor dir hier auf Erden
Wie Kinder froh und fröhlich sein!

8,1–9 Die Mächte dieser Welt

Anarchie wäre die logische Folgerung aus der Tatsache der Universalität der menschlichen Verdorbenheit. Aber Politik läßt sich nicht mit abstrakter Logik, sondern nur mit Psychologie, menschlichem Einfühlungsvermögen und pragmatisch machen. Entscheidend ist nicht, was logisch vernünftig und konsequent ist, sondern was im Augenblick geboten erscheint (V. 5). So mag eine Gesellschaftsordnung unvernünftig sein oder sogar böse (V. 9b), trotzdem ist kritische Loyalität, die um die Unberechenbarkeit von »Zeit und Gericht« weiß, besser als Auflehnung (vgl. Röm 13). Das ist heute kaum ein populärer Standpunkt, aber er zwingt alle, die Veränderung mit Fortschritt gleichsetzen, zum Nachdenken. Der Prediger versteht offenbar Kritik am Herrscher als Auflehnung. Da man die Ergebnisse einer Reform nicht voraussehen kann, liegt die Beweislast auf denen, die Veränderungen fordern oder sie einleiten. Denn es ist eine Tatsache, daß Reformen, die einen Mißstand beseitigen sollen, an seiner Stelle oft andere hervorbringen; und weil das Leben kurz ist, ist auch das Argument, daß manches erst späteren Generationen nützt, mit Vorsicht zu gebrauchen. Das wahre Problem des Lebens ist drängend und kann nicht aufgeschoben werden, denn die Zeit ist begrenzt: Wir wissen nicht, ob wir den morgigen Tag erleben werden.

Diese radikale Skepsis des Predigers auch gegenüber dem, was politisch möglich ist, kann einerseits den Weg frei machen zu der Erkenntnis: Der Mensch steht zu jeder Zeit als einzelner vor Gott und vor dessen Frage: Wie stehst du zu mir? Bei dieser punktuellen Sicht vom Verhältnis Gottes zum Menschen muß aber andererseits auf das geschichtliche Handeln Gottes an seinem Volk und durch sein Volk an der ganzen Welt hingewiesen werden, von dem die Propheten des AT reichlich Kunde geben.

9 *Zu seinem Unglück:* zum Unglück des Beherrschten, nicht des Herrschers.

8,10 Die Perversion menschlicher Urteile

Die genaue Bedeutung dieses Verses ist nicht mehr festzustellen. Mehr als ein Dutzend Übersetzungs- und Interpretationsversuche liegen vor. Dem Prediger mag dieser Vers dazu dienen, die Fragwürdigkeit des Urteils der öffentlichen Meinung aufzuzeigen. Dabei geht es aber wohl weniger um das Verhalten der Menschen. Auch an dieser Stelle wird wieder deutlich, daß dem Prediger viel mehr auf dem Spiele steht, nämlich die gerechte, sittliche Weltordnung. Die Regel, nach der dem Gottlosen ein böses und dem Gerechten ein gutes Geschick beschieden sein wird, stimmt in dieser Welt selbst nach ihrem Tod nicht mehr. Vgl. V. 14.

8,11–17 Die verborgene Gerechtigkeit Gottes

Gottes Mühlen mahlen langsam, so langsam, daß der Mensch meinen kann, sie mahlen gar nicht. Das Universum scheint moralischen Wertungen gleichgültig gegenüberzustehen, und der Prediger kennt die Schwierigkeiten nur zu gut, die in den Versuchen liegen, das Urteil Gottes aus dem Gang der Geschichte abzulesen (V. 14). Trotzdem weiß er, daß es ein Urteil gibt, selbst wenn es im Sichtbaren und im Vergänglichen nicht ablesbar ist. Weil er das weiß, kann er trotzdem fröhlich sein und braucht nicht am Leben zu verzweifeln (V. 15). Hier zeigt der Prediger deutlicher als an irgendeiner anderen Stelle in seinem Buche, daß seine Seele einen Anker im Verborgenen hat.

9,1–10 Mehr über die Weisheit des Todes

Das Leben ist wie ein Rennen, das alle gemeinsam laufen müssen. Alle müssen über die gleichen Hürden und an den gleichen Klippen vorbei, und alle kommen an das gleiche Ziel. Es gibt keine Vorwegnahme des Gerichts, keine Begünstigung derer, die den »Weg der Gebote Gottes laufen«. Der Mensch kann den Wettlauf offensichtlich ziemlich ungestraft in ein unfaires Gerangel verwandeln. Das Schicksal, wie es von Gott für den Menschen festgelegt ist (V. 1), entzieht sich der positiven wie negativen Beeinflussung durch den Menschen (V. 2). Trotzdem gibt es ein Gericht. Es gibt Menschen, die in Gottes Hand sind, deren Leben er angenommen hat und die sich deswegen mit ganzem Herzen den Aufgaben des Augenblicks widmen können, ohne ängstlich an morgen denken zu müssen. So lange, wie das Rennen noch dauert, ist Hoffnung für alle, selbst für die Hoffnungslosesten. Der Vorzug, den der Lebende vor dem Toten hat, ist allerdings in den Augen des Predigers einigermaßen bitter: er weiß, daß er sterben muß (V. 5). Dem Toten aber ist selbst dieses Wissen genommen. Das Wissen um den Tod kann den Lebenden weise machen. Aber für die, die die Grenze überschritten haben, gibt es keine Hoffnung mehr. Für sie ist der Tag der Gnade vergangen, die Tür ist zugeschlossen (Mt 25,10). Daß der Prediger dem Leben trotz seiner Vergänglichkeit vor dem Tod den Vorzug gibt, macht der Vergleich in V. 4 deutlich: Der *Hund* galt als das niedrigste (vgl. 1Sam 17,43), der *Löwe* als das höchste Lebewesen aus dem Tierreich (Spr 30,30).

9,11–18 Negative Beispiele

Die Dunkelheit und das Durcheinander des Lebens »unter der Sonne« läßt sich durch keine menschliche Weisheit entwirren. Der Prediger kommt zu dem Schluß, daß nicht der Schnelle das Rennen gewinnt noch der Starke den Kampf (V. 11). In der Tat, wir leben im Glauben und nicht im Schauen. »Der Glaube hat es mit unsichtbaren Dingen zu tun. Damit also dem Glauben Raum gegeben werde, ist es notwendig, daß alles was geglaubt wird, sich unsichtbar mache. Er kann sich aber nicht gründlicher unsichtbar machen als unter dem Gegensatz zur Empfindung und Erfahrung« (Luther, Vom unfreien Willen).

In den Augen der Welt zählen Reichtum, Macht und Selbstdarstellung. Echter, unauffälliger Dienst des weisen, aber armen Mannes, wird weder gesehen noch belohnt. Der Prediger beschreibt diese Lebensweise ironisch als die *Weisheit unter der Sonne* und fügt hinzu, daß sie ihm *groß* erschien (V. 13). *Ein einziger Bösewicht verdirbt viel Gutes* (V. 18). Dieser Satz leitet zum nächsten Abschnitt über.

10,1–7 Über Torheit und Weisheit

Weisheit ist eine ausgezeichnete Sache, aber gegenüber der Torheit ist sie im Nachteil, da diese unverhältnismäßig große Wirkungen hat. Ein wenig vom Sauerteig Torheit kann eine große Menge Weisheit verderben, und ein einziger Tor kann die Arbeit vieler weiser Männer zunichte machen. Außerdem ist die Torheit auffälliger, denn sie macht für sich selbst auf den Straßen Reklame. Wenn die Torheit Raum gewinnt im Palast des Königs, übt sich der Weise in Geduld und versucht, Versöhnung herbeizuführen. Je weniger geredet wird, desto rascher wird alles wieder gut. Man mag einwenden, daß der Prediger hier einer Politik der Beschwichtigung das Wort redet. Er würde darauf entgegnen, daß es eine Zeit gibt, zu schweigen und eine Zeit zu reden (3,7). Daß die Torheit selbst vor dem Herrschenden nicht Halt macht, erkennt man daran, daß Toren eine hohe Stellung im Staat erhalten und Weisen keine Beachtung geschenkt wird.

6 *Reiche:* Wahrscheinlich sind »Vornehme« (ZÜ) gemeint im Gegensatz zu den Neureichen.

10,8–11 Die Kosten überschlagen

Bei diesen Versen scheint es sich um damals allgemein bekannte Sprichwörter zu handeln. Sie sind hier aufgeführt, um zu zeigen, daß Veränderungen nicht ohne Risiko zu erreichen sind. Ganz besonders deutlich machen sie, daß jeder, der sich mit etablierten Institutionen einläßt, sich die Finger verbrennen kann. Bevor er etwas tut, soll er die Kosten überschlagen und sicherstellen, daß er die nötigen Fähigkeiten und Mittel hat, um sein Ziel zu erreichen (vgl. Lk 14,28ff).

10,12–20 Worte und Taten

10,12–15 Der Weise und der Tor. Der Prediger spielt hier auf die Geschwätzigkeit der Toren an und auf das Böse, das diese Geschwätzigkeit anrichten kann (Jak 3,5.6).

15 *Weiß, in die Stadt zu gehen:* scheint eine sprichwörtliche Redeweise zu sein für Lebensklugheit und Geschick. Der Tor kann viele Worte machen, aber er ist nicht fähig, das Richtige zu tun.

10,16–19 Müßiggang am Hofe. Wehe dem Land, dessen Herrscher der Genußsucht erliegt. 17 Wohl dem Land, dessen König ein Adeliger ist, der so lebt, wie es seiner Herkunft entspricht.

10,20 Ehrerbietung gegenüber dem König. Diese Warnung vor aufrührerischen Worten und »gefährlichen Gedanken« paßt gut zu der distanzierten Haltung des Predigers gegenüber der Politik; s. Komm. zu 8,1–9. Er rät damit nicht, vor Unrecht und Unterdrückung die Augen zu verschließen; er warnt aber davor, sich unnötig in Gefahr zu begeben. Wo weder der Wille da ist noch die Möglichkeiten vorhanden sind, Mißstände zu beseitigen, ist es sinnlos, zu nörgeln und unzufrieden zu sein.

11,1–6 Ratschläge zur Wohltätigkeit

Wenn mancher der politischen Ratschläge der letzten Kapitel einen etwas konservativen, quietistischen, mehr »lutherischen« Klang gehabt haben mögen, so macht das dialektische Denken des Predigers jetzt eine »calvinistische« Wendung ins Kühne und Unternehmerische. Die Erkenntnis, daß »alles seine Zeit hat«, d.h. daß der Mensch sein Geschick letztlich nur von Gott annehmen und nicht beeinflussen kann, führt den Prediger nicht zur Lethargie, zur Passivität. Er zieht die gegenteilige Konsequenz: Gerade weil der Mensch nicht weiß, ob und welche seiner Taten positive Wirkung haben, gerade deshalb muß er unermüdlich tätig sein zu jeder Zeit. Im Geschäftsleben muß man Risiken auf sich nehmen, und wer wartet, bis er des Erfolges absolut sicher ist, wartet sein Leben lang (V. 4). Man kann die Zukunft nicht voraussagen, selbst im bestorganisierten Geschäft gibt es Mißerfolge, und niemand weiß, durch welches »Tun Gottes« (V. 5) die klügsten Pläne zunichte gemacht werden können. Der Weise wird nicht alles auf eine Karte setzen, sondern das Risiko gleichmäßig verteilen (V.2).

1 *Laß dein Brot über das Wasser fahren:* Vermutlich bezieht sich dieser Satz auf den Getreidehandel über See (Delitzsch). Der Prediger benutzt dieses Beispiel, um das Verhalten der Weisen auch in anderen Lebensbereichen zu beschreiben, etwa die selbstlose Übung der Barmherzigkeit, auf die man dies Wort meist bezogen hat (vgl. Lk 16,9).

11,7.8 Bedenke das Ende

Wer sich der Unsicherheit der Zukunft bewußt ist, für den wird die Gegenwart um so wichtiger. Nur über die Gegenwart können wir verfügen; die Zukunft liegt in Gottes Händen, wir wissen nicht, was sie bringen wird. Auf dem Heute liegt »der Akzent der Ewigkeit« (Heim). Genauso wie Jesus mit seiner Anweisung, sich nicht ums Morgen zu sorgen, meint auch der Prediger nicht, daß uns die Zukunft gleichgültig sein soll. Im Gegenteil, wir müssen der Zukunft die richtige Aufmerksamkeit entgegenbringen, d.h. wir müssen davon ausgehen, daß sie in Gottes Händen liegt. Die epikureische Philosophie mit ihrem Satz *carpe diem* (nutze den Tag), »pflücke die Rosen, eh sie verblühn«, enthält ein Stück tiefer Wahrheit, und hierin ist sie gar nicht so weit entfernt von dem Ratschlag des Paulus, die Zeit auszukaufen (Kol 4,5). Die Frage nach den Zielen wird hier allerdings nicht angesprochen.

11,9–12,8 Ratschläge an einen jungen Mann

11,9.10 Freue dich. Der Ratschlag an die jungen Leute, die Jugendzeit zu genießen, so lange sie währt, paßt gut zur Betonung der Gegenwart in diesem Buch. Er empfiehlt, die Jugendzeit mit all ihren Segnungen und Möglichkeiten anzunehmen in der nüchternen Erkenntnis, daß sowohl Jugend als auch Alter aus Gottes Händen kommen und seinem Urteil unterworfen sind. *Freue dich ... tu, was dein Herz gelüstet:* Dieser Satz deutet mit keinem Wort an, daß der Prediger den jungen Leuten empfiehlt, sich auszutoben. Genausowenig unterstützt dieser Satz die zur Zeit übliche Vergötterung der Jugend mit ihren lächerlichen modischen »Verlängerungen«. *Aber wisse, daß ...:* »Das große Aber«, in dem die Weisheit der Bibel sich kristallisiert (Karl Barth). »Einen jeglichen dünken seine Wege rein; aber der Herr prüft die Geister« (Spr 16,2).

12,1–8 Denke an deinen Schöpfer. Der Mensch ist ein vergängliches Geschöpf. Nirgends wird seine Vergänglichkeit deutlicher als bei seinem Tode. Sicher ist es die Grundlage aller Weisheit, bei jedem Versuch, unserem Leben einen Sinn zu geben, diesen letzten »Horizont« (Heidegger) in Rechnung zu stellen. Der Prediger rät dem jungen Menschen, schon in der Zeit, in der es am wenigsten deutlich ist und wo der Lebensdurst unstillbar ist, seine Geschöpflichkeit und Vergänglichkeit anzuerkennen. Nur wenn man diese Perspektive hat, kann man die Jugendzeit recht verstehen und sie richtig genießen. Das »Problem der Jugend«, das eine so große Rolle in unserer Zeit spielt, ist zu einem großen Teil die Folge einer falschen Perspektive und eines verdunkelten Horizontes. Daß man Blinde-Kuh mit dem Tod spielt, ist eine der größten Torheiten unserer Zeit.

1 *Denke an deinen Schöpfer:* In diesem Satz zeigt der Prediger deutlich seine Handschrift: Im Angesicht von Alter und Tod sagt er nicht *memento mori* (denke an den Tod), sondern *memento Creatoris* (denke an den Schöpfer). Darin unterscheidet er sich deutlich von all den Skeptikern, Zynikern und Epikureern, mit denen er so oft verwechselt worden ist.

2–7 ist eine bildhafte (allegorische) Beschreibung des Alterns und des Todes; aber die Bilder sind in ihren Einzelheiten schwer zu interpretieren. 2 Statt *nach dem Regen* ist wohl besser *mit Regen* zu übersetzen. Wir haben dann das Bild eines aufkommenden Sturmes, das das Nahen des Todes im allgemeinen oder das Nachlassen der geistigen Fähigkeiten im besonderen andeutet.

3.4 Die Bilder dieser Verse sollen wahrscheinlich den Verfall der Organe des Körpers andeuten. Dann sind die *Hüter des Hauses* die Hände, die *Starken* die Beine, die *Müllerinnen* die Zähne, die *durch die Fenster Sehenden* die Augen und die *Türen* die Ohren.

Die folgenden Sätze in V.4 beziehen sich wahrscheinlich alle auf das Nachlassen der Fähigkeit, zu sprechen und zu singen. *Wie wenn ein Vogel singt:* Der hebr. Text ist dunkel und möglicherweise verdorben. Vielleicht sagte der Text ursprünglich, daß die Stimme eines alten Menschen leiser und dem Zirpen eines Vogels ähnlich wird.

5 Hier wird die Allegorie unterbrochen; der Prediger beschreibt das Altern ohne Gleichnis: Alten Leuten fällt es schwer, bergauf zu gehen, und manchmal möchten sie das Haus am liebsten gar nicht verlassen. Trotz der zahlreichen Erklärungsversuche für den *Mandelbaum,* die *Heuschrecke* und die *Kaper* scheint es am besten, mit Wetzstein und Hertzberg hier Dinge beschrieben zu sehen, die im Frühling und Sommer geschehen: Der Mandelbaum blüht, die Heuschrecke belädt sich (mit Nahrung) und die Kaper bricht auf – aber all diese schönen Anblicke bedeuten nichts für einen alten Menschen. Nach der

Auflösung seines irdischen Hauses (V. 3, vgl. 2Kor 5,1) geht er heim in »sein ewiges Haus« (vgl. EÜ), womit das Grab gemeint sein dürfte.

6 In diesem Vers wird die Allegorie weitergeführt. Die Bilder vom *silbernen Strick*, der zerreißt und von der *goldenen Schale*, die zerbricht, scheinen sich auf die Auflösung von Seele und Leib zu beziehen. Das Leben des Menschen wird zuerst mit einer goldenen *Schale* (gefüllt mit Öl für eine Lampe) verglichen, die an einem *silbernen Strick* aufgehängt ist; dann mit einem *Eimer*, mit dem man Wasser aus dem Brunnen schöpft. Im Altertum waren sowohl die Lampe als auch der Eimer häufig verwendete Symbole für das Leben. 7 *Der Geist wieder zu Gott, der ihn gegeben hat:* Es sieht so aus, als ginge der Prediger hier weiter als in 3,21; aber obwohl dieser Satz zu weiterreichender Interpretation einzuladen scheint, bietet er keine Grundlage für eine Unsterblichkeitshoffnung. Der Prediger sieht die Auflösung von Seele und Leib vom Standpunkt »unter der Sonne«, und er sagt nur, daß beide wieder dahin zurückgehen werden, woher sie kamen, der Körper zum Staub und der Geist zu Gott (1Mo 2,7). Es ist nicht die Absicht des Predigers, Aussagen zu machen über das endgültige Geschick der Seele nach ihrer Rückkehr zu Gott. **8** *Es ist alles ganz eitel . . . ganz eitel:* Der Autor hat die Größe und den Wert aller Dinge dieser Welt, besonders der Weisheit, kritisch untersucht und zieht Bilanz. So wie alle Dinge unter der Sonne (siehe 1,3–11), so hat auch seine Argumentation ihren Kreislauf vollendet. Der Prediger wiederholt die Behauptung, die er hatte beweisen wollen (1,2), mit solcher Sicherheit, als ob er sagen wollte: und das ist's, was zu beweisen war.

12,9–14 Epilog

Der Rest des Buches ist eine Nachschrift, so etwas wie ein persönliches Bekenntnis, das dem Leser eine Empfehlung mitgibt, und eine Zusammenfassung der wichtigsten Erkenntnisse. Hat der Prediger diese Nachschrift selbst verfaßt oder stammt sie von einer anderen Person? Diese Frage ist viel debattiert worden. Daß hier statt der ersten die dritte Person verwendet wird, läßt auf einen Autorenwechsel schließen. Aber da »Prediger« ohnehin ein Pseudonym ist, kann es gut sein, daß hier am Ende der Autor sozusagen vor den Vorhang tritt und kurz in seinem eigenen Namen spricht. Etwas ähnliches finden wir in Kierkegaards einleitenden Worten zu seinen anonymen Werken. Vokabular und Stil des Epilogs unterscheiden sich nicht vom Hauptteil des Buches, und ähnlich schwer erklärbare Bilder wie in 12,11 finden sich oft in den vorhergehenden Kapiteln. Manche Ausleger meinen, die V. 9 und 10 ließen die Hand eines Verehrers des Autors erkennen, da kein Schriftsteller so von sich selbst reden würde. Aber wer so denkt, schreibt die literarischen Gebräuche unserer Zeit einer Zeit zu, in der ganz andere galten. Im Altertum war die Person des Autors nicht wichtig. Sie war so unwichtig, daß wir von vielen wichtigen Werken der Antike die Autoren nicht mehr wissen. Man fragte nicht: »Wer schrieb das Buch?« sondern »Was sagt es?«, und so war es nicht nötig, daß der Autor seine Bescheidenheit zum Ausdruck brachte. Denn sein Werk wurde ja nicht als die Leistung eines einzelnen angesehen und deshalb geschätzt, sondern seines Inhaltes wegen.

Die wichtigste Frage ist, ob V. V. 13.14 nur eine Zusammenfassung der Lehren des Buches sind oder ob sie, wie manche behaupten, nach der kritischen Notiz in V. 12 eine tendenziöse Vereinfachung sind, die hier eingefügt ist, um das Buch orthodoxen Lesern annehmbar zu machen. Es ist sicher nicht einfach zu verstehen, wie von der Grundlage, daß alle Dinge unter der Sonne »eitel«, nichtig seien, eine so positive Formulierung der Pflicht des Menschen abgeleitet werden kann. Aber das ist nicht die Logik des Predigers. Für ihn sind die Forderungen an das Verhalten des Menschen nicht in irgendeiner Theorie begründet, und die ethischen Werte nicht nur eine »Idee« von Gott. So sehr er auch die Schwierigkeiten aufzeigt bei dem, was der Mensch über Gott glauben soll, so weiß er (8,12), daß diese Schwierigkeiten den Menschen nicht entbinden, Gott gegenüber seine Pflicht zu tun. So kann es sein, daß der Prediger, um voreiligen Schlüssen aus seinen theoretischen Überlegungen vorzubeugen, diesen Schlußsatz, der die praktischen Pflichten des Menschen betont, hinzugefügt hat. Die Weisheit mag das Rätsel des Lebens nicht lösen können, aber es wird im Tun gelöst.

11 *Die Worte der Weisen sind wie Stacheln:* Stacheln am Treibstock sind nötig, auch wenn sie nicht angenehm sind. *Wie eingeschlagene Nägel:* Dieser Vergleich ist schwer erklärbar. Unter den Nägeln versteht man meist Zeltpflöcke, mit denen die Lehren der Weisen verglichen werden. Der *eine Hirte* kann kaum jemand anderes als Gott sein, der die Quelle aller wahren Weisheit ist. Dann könnte dieser Vers bedeuten, daß die Lehren der Weisen, die von Gott, der Quelle aller Weisheit stammen, dem Leben Festigkeit und Kraft verleihen.

12 Hier wird eine letzte Warnung vor dem Intellektualismus gegeben. Sie mag zuerst gegen übertriebene Ansprüche der »Weisheit«

in der gleichnamigen Literatur gerichtet sein. Der Prediger verachtet den Intellekt nicht (9,17.18), aber er ist sich dessen Grenzen klar bewußt (8,17).

13.14 *Die Hauptsumme aller Lehre:* Gemeint ist nicht etwa die praktische Anwendung der Lehre von der Nichtigkeit aller Dinge. Aber der Prediger weiß, daß die Praxis nicht wartet, bis die Theorie klar ist, und auch das Leben nicht, bis man alles verstanden hat. Theorie und Praxis werden auseinanderklaffen, so lange wir »unter der Sonne« leben. Beide werden erst miteinander ausgesöhnt werden, wenn der Glaube dem Schauen Platz macht und wenn alles Verborgene offenbar werden wird. Deshalb können wir von den letzten Worten des Predigers sagen, daß sie die Auferstehung vorherahnen lassen.

G. S. Hendry

Das Hohelied

Einleitung

Zu Recht wird dieses Buch im Hebr. das »Lied der Lieder«, d.h. »das schönste Lied«, genannt, denn es ist schwierig, ein vergleichbares Liebeslied zu finden. Wir haben eine Dichtung von großer Kraft und Schönheit vor uns, reich an feinfühlig und treffend gewählten, poesievollen Bildern aus Feld und Garten und aus dem Leben der Tiere und Pflanzen (1,12–2,3; 4,12–5,1; 6,2.3 usw.). In den Traumszenen (3,1–5; 5,2–8) kommt das innerste Gefühl eines Menschen auf eine leidenschaftliche und doch zarte Weise zum Ausdruck. Besonders der Abschnitt von der versäumten Gelegenheit (5,2–8) bot Anlaß zu mancher Predigt über eben dieses Thema. Das Hohelied ist einzig in der Schrift, da es das einzige Buch ist, das sich ausschließlich mit der Liebe zwischen zwei Menschen beschäftigt, und es tut dies in unvergleichlicher Weise.

Verfasser

Die Fragen nach dem Autor, nach dem Zweck des Buches und nach der literarischen Gattung sind untrennbar miteinander verbunden. Die Überschrift (1,1) kann entweder bedeuten, daß das Lied von Salomo geschrieben wurde oder daß es sich mit ihm beschäftigt. Der hebr. Text läßt beide Bedeutungen zu. Wenn man von der »Hirtenhypothese« (siehe unten) ausgeht, kann Salomo nicht der Autor sein, denn er hätte bestimmt kein Buch geschrieben, das ihn ethisch in einem so schlechten Licht erscheinen läßt. Eine jüdische Überlieferung *(Baba Bathra* 15a) nennt Hiskia als Verfasser. Die Tatsache, daß sich im Hohenlied einige erst in späterer Zeit gebräuchliche Wörter finden, besagt entweder, daß es in dieser späteren Zeit abgefaßt worden ist oder, daß es zwar zu einer früheren Zeit entstanden ist, aber erst später seine endgültige Fassung erhalten hat. So interessant solche Überlegungen auch sein mögen, die Fragen nach Verfasser und Zeit der Abfassung beeinflussen den Wert und die Bedeutung des Buches, d.h. seines Inhaltes, für den Leser nicht.

Grundfragen der Auslegung

Hier geht es um drei eng zusammenhängende Fragen. Zu welcher literarischen Gattung gehört dieses Buch? Was ist seine Absicht? Wieviele Hauptpersonen kommen in dem Buch vor? Seit Jahrhunderten sind diese Fragen debattiert worden, und aufgrund der Eigenart des Buches kann niemand seine Antwort auf diese Fragen als mit Sicherheit richtig betrachten.

Um was für ein Buch handelt es sich nun? Wegen seiner augenscheinlichen Erotik wurde das Buch über Jahrhunderte als eine Allegorie für die Liebe Christi zur Gemeinde verstanden. Diese Deutung nimmt die seit dem 2. Jh. n.Chr. vorherrschende Auffassung der jüdischen Schriftausleger auf, daß hier Jahwes Beziehung zu seinem geliebten Volk Israel beschrieben sei. Aber es gibt im Text keinerlei Hinweis, daß es sich um eine Allegorie handelt; und die unterschiedlichen, oft sich widersprechenden und manchmal fantastischen Ergebnisse solcher allegorischen Exegese sprechen nicht für sie. Das Hohelied muß wörtlich genommen werden, d.h. als Lied, das die Liebe zwischen Mann und Frau in einer Reihe von dramatischen Dichtungen beschreibt, die alle unter diesem einen Thema stehen. Die Tatsache, daß das Hohelied wahrscheinlich seinen Platz im Kanon einer allegorischen Auslegung verdankt, gibt uns noch kein Recht, dieses Lied allegorisch auszulegen. Das schließt nicht aus, daß gewisse Abschnitte des Hohenliedes die Beziehung zwischen Christus und dem Gläubigen illustrieren können, und im Kommentar wird auch auf solche Stellen hingewiesen. Mit der allegorischen Auslegung ist auch noch die Gefahr verbunden, daß sie den Leser dazu verleiten kann, seine Beziehung zu Christus erotisch aufzufassen.

Was ist nun die Absicht dieses Buches? Wenn das Hohelied eine ausführliche dramatische Dichtung (oder Dichtungen) über die menschliche Liebe ausmacht, dann ist es seine Absicht, zu zeigen, wie gut und wertvoll die Liebe zwischen Mann und Frau in all ihren Aspekten ist. Nicht von ungefähr enthält der Kanon der Heiligen Schrift ein Buch über ein so wichtiges Thema, das in jeder Generation tragisch mißbraucht wird. Die Bibel sucht dem, was so schrecklich erniedrigt worden ist, seinen rechten Platz zurückzugeben. Auch da, wo der menschliche Körper bis ins einzelne beschrieben wird (4,1–7; 5,10–16; 6,4–10;

7,2–10), ist dies eine Widerspiegelung des Glaubens, daß alles, was Gott geschaffen hat, sehr gut ist.

Das wird noch deutlicher, wenn man der Auslegung die »Hirtenhypothese« zugrundelegt, die vor allem Ewald (1826) und Delitzsch (1851) mit Nachdruck vertraten. Dann ist das Hohelied ein Drama, in dem die beiden Hauptfiguren ein Hirte und die Sulamitin sind. Sie sind einander in echter und reiner Liebe zugetan. Aber Salomo bringt das Mädchen in seinen Harem und versucht, durch die kunstvollen, verführerischen Attraktionen seines Palastes, die er als Lockmittel gebraucht, ihr Herz für sich zu gewinnen, was ihm aber nicht gelingt. Die hier gebotene Auslegung geht von dieser Hypothese aus, allerdings nicht starr und dogmatisch. Für sie spricht unter anderem, daß Salomo mit seinen 700 Frauen und 300 Konkubinen wohl kaum das beste Beispiel für reine, treue und unbesiegbare Liebe war. Und die schlimmen Folgen, die seine vielen Liebesaffären für Israel hatten, sind nur zu bekannt (1Kön 11). Außerdem war Salomo kein Hirte (6,2). Für die Hirtenhypothese spricht auch der Hauptrefrain des Buches (2,7; 3,5; 8,4).

Von Gewicht ist in der Auslegungsgeschichte allerdings auch die Auffassung J.G. Herders (1778) geworden, daß es sich beim Hohenlied um eine Sammlung von Einzelgedichten und nicht um ein einheitliches Drama handele. Etwa dreißig Einzellieder seien aufgrund einfacher Stichwortverknüpfungen oder wegen inhaltlicher Verbindungen aneinandergereiht worden.

Das Buch Hohelied wendet sich gegen Wollust, Polygamie und Untreue. Für das Hohelied ist Liebe etwas, was ausschließlich zwei Menschen angeht und sie in ihrer ganzen Existenz berührt (4,12). Sie ist unauslöschbar und nicht mit Geld zu erwerben (8,6f). In einer solchen Beziehung hat dann auch die Sexualität ihren legitimen Platz. Wahre Liebe braucht keine künstlichen Stimulantien. Liebe darf nicht geweckt werden, »bis es ihr selbst gefällt« (s. Komm. 8,8–12). Wahre Liebe widerstrebt erfolgreich all den falschen sinnlichen Verlockungen dieser Welt.

Schon aus diesen Gründen verdient das Hohelied seinen Platz im Kanon, und es spricht für die Vollständigkeit und Vollkommenheit der Heiligen Schrift, daß das Hohelied zur Heiligen Schrift gehört. Denn Gott ist am ganzen Menschen interessiert. Das Hohelied ist das einzige Buch, das sich ausschließlich mit diesem einen Thema beschäftigt, und »so lange, wie es Unreinheit in dieser Welt gibt, brauchen wir das Lied der Lieder, und zwar dringend« (Young).

Wenn das Buch als Gleichnis und Illustration benutzt wird, kann es uns unter anderem an die Größe der Liebe Christi erinnern (8,7); an seine Freude, die Gebete der Gemeinde zu hören (8,13); an das Verlangen nach seiner Gegenwart (8,14); an die Einladung Christi, mit ihm Gemeinschaft zu haben (2,13); und an die Gefahr, ihm nicht sofort zu öffnen, wenn er anklopft (5,2–8, vgl. Offb 3,20). Das Hohelied kann uns auch unsere unzureichende Liebe zu Gott zeigen, der es oft an der Leidenschaft und Hingabebereitschaft fehlt, die hier beschrieben werden. Daß unser Verhältnis zu ihm oft lau und oberflächlich ist, wird so deutlich. Wenn es uns diese Erkenntnis zusätzlich zu einer klaren Ethik vermittelt, dann hat sich das Studium des Buches gelohnt.

Inhalt

1,1–2,7 Salomo trifft die Sulamitin in seinem Palast

2,8–3,5 Der Besuch des Geliebten und die nächtliche Suche der Sulamitin

3,6–5,1 Salomos Hochzeitszug und seine Lieder

5,2–6,3 Die versäumte Gelegenheit

6,4–8,14 Der König kann die Sulamitin nicht gewinnen. Wiedervereinigung der Liebenden

Kommentar

1,1–2,7 Salomo trifft die Sulamitin in seinem Palast

1,1 Die Überschrift

Zu Fragen der Verfasserschaft s. Einleitung. Die Überschrift zeigt an, daß die Dichtung eine Einheit ist und daß es sich um ein außergewöhnliches Lied handelt. Es ist wirklich das »Hohelied« der Liebe, denn es gibt kein Lied über wahre Liebe, das ihm gleich ist.

1,2–8 Die Töchter Jerusalems und die Sulamitin

1,2–4 Es sieht so aus, als ob in diesem Abschnitt mehrere Personen sprächen. Die Sulamitin, ein junges, unschuldiges Mädchen vom Lande, wurde in Salomos Harem gesteckt. Es ist klar, und ihre Worte machen dies deutlich, daß sie sich dort nicht zu Hause fühlt. Die sinnlichen Worte der Frauen tun ihren Ohren weh. Die Frauen sehen den König kommen und sehnen sich danach, daß seine Lippen die ihren berühren.

2 Die Frauen reden miteinander über den König. *Er küsse mich ... Denn deine Liebe ...:* Der Text wechselt zwischen der 3. und der 2. Person. Es wird so sein, daß der König jetzt dem Harem näher ist und eine der Frauen ihn anspricht. Statt *deine Liebe* ist wohl besser zu übersetzen: »deine Liebkosungen«. Im Hebr. steht hier der Plural, der auch besser in den Zusammenhang paßt. *Wein:* Eine passende Beschreibung der berauschenden Wirkung der Liebkosungen. 3 *Salbe:* Salben wurden im Orient gern gebraucht und waren bei der Hitze wegen des guten Geruchs sehr angenehm. *Dein Name ist eine ausgeschüttete Salbe:* Im Hebr. ein Wortspiel; Salbe heißt *schemen,* Name heißt *schem.* Während Parfüm die Geruchssinne erfreut, erfreut der Name das Herz. Schon allein den Namen des Geliebten auszusprechen bringt Freude. *Mädchen:* heranwachsende Frauen (vgl. Jes 7,14). Vielleicht meinen die Frauen des Harems damit sich selbst. 4 *Zieh mich dir nach ...:* Hier spricht jetzt die Sulamitin. Sie sehnt sich nach ihrem geliebten Hirten, und obwohl er nicht bei ihr ist, ruft sie voller Sehnsucht nach ihm und bittet ihn, sie hier wegzuholen. Denn sie ist nicht freiwillig gekommen; es ist der König, der sie in seine Gemächer brachte. Hier schon scheint wahre Liebe durch die Lust der höfischen Szene hindurch. *Wir wollen ....* Hier sprechen wieder die Haremsfrauen. Es ist der gleiche Ton wie in V. 2f. *Preisen:* im Hebr. von der Wurzel *s-k-r,* sich erinnern, also »preisend erwähnen«, »sich dauernd erinnern«. Die Liebe und die Liebkosungen des Königs sind ein ständiges Gesprächsthema im Harem. *Herzlich lieben sie dich:* besser *Mit Recht haben sie dich gern* (ZÜ).

1,5–7 Die Neue im Harem erhält von den anderen verachtungsvolle und vielleicht auch eifersüchtige Blicke und wird dabei zunehmend selbstbewußt. Sie erklärt ihr sonnenverbranntes Aussehen, macht aber deutlich, daß sie dafür nichts kann. Ihre Brüder haben sie Tag für Tag zur Arbeit in die Weinberge der Familie geschickt, ohne Rücksicht auf die Schönheit der Haut. Deswegen mußte sie den »Weinberg« ihres eigenen Aussehens vernachlässigen. Aber obwohl die Sonne sie verbrannt hat, ist sie nicht weniger schön als die anderen.

5 *Braun:* Meint hier nicht die natürliche Hautfarbe, sondern die von der Sonne gebräunte Haut. *Lieblich:* War es nicht ihre Schönheit, die sie in diese unangenehme Lage gebracht hatte? *Zelte Kedars:* Die *Kedarener* (ZÜ) sind Ismaeliten aus dem Norden Arabiens (1Mo 25,13). Die Sulamitin vergleicht ihre Haut mit deren schwarzen Zelten aus Ziegenhaar. *Die Teppiche Salomos:* Der Text ist hier schwierig zu übersetzen. Wenn es sich um *Teppiche* handelt (LÜ), dann bezieht sich der Parallelismus auf das Wort *lieblich,* denn Salomos Teppiche waren wunderbar geknüpft und von großer Schönheit. Vielleicht ist mit anderer Vokalisierung *Zeltdecken der Salmäer* (ZÜ) zu lesen. Dann liegt eine Parallelaussage zur vorhergehenden Zeile vor: Die Zelte der Kedarener und die Zeltbahnen der Salmäer (ein Beduinenstamm) sind gleich braun. 6 Die Sulamitin erklärt, warum ihre Haut so dunkel ist. Sie konnte sich nicht so um ihre Schönheit kümmern wie die verwöhnten Frauen des Palastes mit ihren vornehm bleichen Gesichtern. *Verbrannt:* wörtl. »auf mich herabgesehen«. In der dichterischen Sprache hat die Sonne Augen (2Sam 12,11 EÜ). *Hüterin der Weinberge:* Die Sulamitin lebte auf dem Lande. *Meiner Mutter Söhne:* ihre Brüder. *Meinen eigenen Weinberg:* Manche denken, damit sei ihr Geliebter gemeint, den sie verloren hat; aber einleuchtender ist, daß damit sie selbst gemeint ist, ihre Schönheit, die sie nicht hat pflegen können. 7 *Sage mir:* Die Sulamitin spricht jetzt nicht mehr zu den Frauen des Hofes, sondern führt ein Selbstgespräch und wendet sich an ihren abwesenden Geliebten. Könnten sie sich nicht zu einem Stelldichein am Mittag treffen? Wo könnte sie ihn finden? *Herumlaufen muß:* LÜ und ZÜ folgen hier dem der griechischen, sy-

rischen und lateinischen Übersetzung zugrundeliegenden Text. Die Sulamitin will nicht überall nach ihrem Geliebten suchen und dabei nur auf die Herden aller seiner Genossen stoßen, aber nicht auf die seine. *Wie eine Verschleierte* (EÜ): so nach dem überlieferten hebr. Text. Das könnte ihre Trauer wegen der Trennung von ihrem Geliebten andeuten.

1,8 Die Töchter Jerusalems, die ihr Selbstgespräch hörten, antworten ihr. *Du Schönste unter den Frauen* ist von ihnen sicher ironisch gemeint. Sie soll ihren Liebsten nur suchen gehen. »Geh zurück aufs Land« ist ihre Antwort auf die Naivität der Sulamitin. Daß sie die gerade erst gewonnenen königlichen Ehren aufgeben will, ist ihnen ein geradezu lächerlicher Gedanke.

1,9–2,7 Salomo spricht mit der Sulamitin

1,9–11 Zum ersten Mal in diesem Buch nimmt der König Notiz von dem Bauernmädchen, erhält aber keine Antwort.

9 Uns mag der Vergleich mit einer ägyptischen *Stute* etwas unpassend erscheinen. Aber für einen Pferdeliebhaber wie Salomo war es die höchste Schmeichelei (vgl. 1Kön 5,6; 10,26; 2Chr 9,28). Salomo liebte die Pferde aus Ägypten nicht nur um ihrer selbst willen, sondern auch wegen des beträchtlichen Gewinnes, den er aus dem Handel mit ihnen zog (1Kön 10,28f; 2Chr 1,16f; 9,25–28).

10 *Deine Wangen:* Der Vergleich mit der Stute wird hier wohl nicht weitergeführt. Es mag allerdings auch ein Vergleich vorliegen zwischen den Perlenketten, die im Haar befestigt waren, und den kunstvollen Zierbändern, die Paradepferde am Zaumzeug hatten. *Mit den Kettchen:* wörtl. in den Ketten (EÜ). Der Halsschmuck bestand wohl aus mehreren Perlenreihen. **11** Aber ihr Schmuck ist nichts gegen den, den Salomo seiner neuen Braut geben will. All ihren Halsschmuck, den sie von zu Hause mitbringt, wird er eintauschen gegen Gold und Silber.

1,12–14 Die Sulamitin antwortet Salomo. **12** Hier sind zwei Auslegungen möglich. Nach der ersten wird Salomo durch das starke Parfüm der Sulamitin angezogen und geht zu ihr. Nach der anderen Auslegung hatte sich Salomo von der Sulamitin entfernt und war entweder auf seinem Lager oder an seiner Tafel (ZÜ). Da konnte sie den Wohlgeruch ihrer Liebe auf ihren Geliebten ausgießen. *Tafel* (ZÜ): Grundlage dieses Wortes ist das Verb »rundherum gehen«. Damit ist wahrscheinlich ein halbrunder Diwan, möglicherweise auch die »Tafelrunde« (so EÜ Anm.) gemeint. *Narde:* Nardenöl, wie es auch von Maria in Bethanien benutzt wurde (Mk 14,3ff). Es ist ein schönes und treffendes Symbol für die Liebe, und so hat es auch Jesus gedeutet. Vgl. auch 2Kor 2,14–16. **13.14** Nach der zweiten Auslegung (s. zu V. 12) beschreiben diese Verse die Gefühle des Mädchens für ihren Geliebten, den Hirten. *Büschel* (LÜ), *Bündlein* (ZÜ): Hier ist ein kleines Beutelchen gemeint, gefüllt mit zerstampfter Myrrhe. *Myrrhe:* Die *Balsamodendron myrrha,* deren Saft einen starken Duft ausströmt. *Zypernblumen:* Blüte des Hennastrauches. Aus seinen Blättern wird eine rote Paste gewonnen, die im Orient bis heute von Frauen und Männern zum Rotfärben der Haare (und Nägel) benutzt wird. Sie riecht auch gut. Der Strauch wächst auch heute noch in *En-Gedi,* einer fruchtbaren Ebene, die die Süßwasserquellen auf der Westseite des Toten Meeres umgibt.

1,15 Der König setzt seine Schmeicheleien fort. Im Gegensatz zu V. 16 sind die Adjektive hier weiblich. *Du bist schön; schön bist du:* Die Wiederholung betont, daß sie überaus schön ist. *Deine Augen sind Tauben* (EÜ): deutet auf Zartheit, Reinheit, Sehnsucht. Einige meinen, daß die Taube Symbol der Liebesgöttin war.

1,16–2,1 Die Sulamitin aber denkt die ganze Zeit an ihren geliebten Hirten. **16.17** Die Pronomen und Adjektive hier sind weiblich. Die Sulamitin antwortet, indem sie den vom König gesprochenen Satz aufnimmt, aber *lieblich* hinzufügt. Ihre Gedanken wandern wieder in ihre Heimat zurück. Ihr Lager war kein königlicher Diwan, sondern das grüne Gras des Feldes. *Balken:* Die Bedeutung des Hebr. ist nicht klar. Die Grundbedeutung des Wortes ist »sich treffen, sich überschneiden«. Damit könnten die ineinandergreifenden Dachbalken gemeint sein. Das Bild bleibt aber insgesamt klar. Nicht Stadt und Palast gefallen der Sulamitin, sondern Wald und Feld. **2,1** Auch sich selbst beschreibt sie in einer ähnlichen Sprache. *Blume in Saron:* Es ist nicht klar, welche Blume hier gemeint ist; wahrscheinlich die *Tulipa scharonensis,* verwandt mit der syrischen Bergtulpe. *Lilie im Tal:* Eine andere Pflanze aus der Gruppe der Zwiebelgewächse, von denen es viele Arten gibt. Vielleicht eine Hyazinthe. Der Gebrauch von Blumennamen im Gespräch zwischen Liebenden ist nicht selten und wegen des anziehenden Geruchs und der Schönheit der Blumen naheliegend.

2,2 Salomo antwortet und nimmt dabei ihre Bildersprache auf. Sie ist wirklich eine *Lilie,* verglichen mit ihr sind die anderen Mädchen nichts als *Dornen* (oder *Disteln*; EinhÜ).

2,3–7 Die Sulamitin antwortet in ähnlicher Sprache. **2.3** Wenn die Sulamitin, verglichen mit anderen Frauen, wie eine Lilie unter

Dornen ist, so ist ihr Geliebter wie ein *Apfelbaum* unter den anderen Bäumen des Waldes. Der Vergleichspunkt liegt in der Süße der Frucht (deshalb scheidet die Übersetzung »Quitte« statt Apfelbaum aus) und in der Erfrischung, die sie bringt, und auch in der Geborgenheit, die der Schatten des Apfelbaumes bietet. **4** Das Mädchen erinnert sich (*hat mich geführt*; EÜ) an ein Treffen, das sie mit ihrem Liebsten hatte. *Weinkeller* (LÜ), besser: *Weinhaus* (ZÜ): Kann entweder wörtlich gemeint sein oder im übertragenen Sinn. Dann würde Wein Symbol für Liebe sein. Vgl. das *Zeichen,* ein Schild mit der Aufschrift »Liebe«.

5 Sowohl Weintrauben als auch Äpfel wurden in den kanaanäischen Fruchtbarkeitsriten gebraucht, aber an die Frucht der Zeugung ist weder hier noch sonstwo im Hohenlied gedacht. *Krank vor Liebe:* drückt die Tiefe und Gewalt der Liebe zwischen Mann und Frau aus. **6** Die liebende Sulamitin gibt weiter ihrer Sehnsucht nach Geborgenheit (die *Linke* [Hand] unter ihrem Kopf) und Zärtlichkeit (die herzende *Rechte*) Ausdruck. *Herzt:* Das hebr. Wort bedeutet »umfangen«, »liebkosen«. Gott bejaht solch körperliches Begehren, vorausgesetzt, es gehört wie hier zu einer legitimen, von tiefer Liebe getragenen Beziehung. **7** Dieser Vers ist so etwas wie ein Kehrreim des Buches; vgl. 3,5; 8,4. Er ist geradezu ein Schlüsselvers, wenn wir verstehen wollen, was wahre Liebe zwischen Mann und Frau ist. *Töchter Jerusalems:* Angesprochen sind die Haremsfrauen. *Ich beschwöre euch:* Dies ist das einzige Beispiel in der Heiligen Schrift, wo bei etwas anderem als bei Gott geschworen wird. *Gazellen* und *Hinden* werden wohl als besonders graziöse, aber auch scheue Tiere genannt. *Liebe:* Hier ist nicht gemeint, daß der Geliebte nicht geweckt werden soll, sondern daß die Liebe nicht wie eine billige Gefühlswallung aufgereizt werden soll. Künstliche Reizmittel gehören nach Gottes Willen so wenig zur Liebe wie wahre körperliche Liebe dazugehört. »Herzen hat seine Zeit, aufhören zu herzen hat seine Zeit« (Pred 3,5). Deswegen verlangt die Sulamitin hier wie in 3,5 und 8,4 dringend vom Harem, daß er nicht versuchen solle, Liebe durch äußere Reizmittel zu wecken.

2,8–3,5 Der Besuch des Geliebten und die nächtliche Suche der Sulamitin

2,8–17 Der Besuch des Geliebten

2,8.9 Die Szene hat gewechselt. Wir befinden uns nicht mehr im Palast in der Stadt, sondern im Haus auf dem Dorf. Die Sulamitin ist allein und denkt voller Sehnsucht an ihren Geliebten. Die folgenden Verse gehören zu den schönsten, nicht nur in diesem Buch, sondern in der Liebesdichtung aller Zeiten. Plötzlich hört sie eine Stimme. Wir können uns vorstellen, wie sie zum Fenster eilt. *Siehe, er kommt.* Die Macht seiner Liebe läßt ihn eilen. Er hüpft und springt. Er ist sicher und schnellfüßig wie die *Gazelle* oder ein junger *Hirsch.* In wenigen Augenblicken ist er da und schaut zuerst durchs eine, dann durchs andere Fenster, bis er den Raum findet, in dem seine Geliebte sich aufhält. Es fällt uns nicht schwer, die tiefen Gefühle bei dieser Wiedervereinigung nach solcher Trennung zu verstehen. So muß wahre Liebe sein, denn wer liebt, verlangt danach, bei dem Geliebten zu sein. In ähnlicher Weise sollte der Christ Sehnsucht haben, das Angesicht seines Herrn zu sehen s. 1Jh 3,2.

2,10–15 Es ist Frühling, die Zeit neuen Lebens, neuer Vitalität. Nach den Wintermonaten ohne frisches Leben und Wachsen folgt der Frühling mit seiner sich regenden Lebenskraft sehr bald auf den Frühregen. Die Erde ist in ganz kurzer Zeit mit frischem Grün bedeckt, dazwischen die Farben unzähliger Blumen. Die neubekleidete Steppe ist voller Gesang. Aber noch mehr bedeutet der Sulamitin die Einladung des Geliebten, zu ihm zu kommen (V. 10). (Wie Liebe und Frühling etwas miteinander zu tun haben als die Zeit der Jugend und der Hoffnung, der Freude und der Liebe, verlangt auch der Christ nach dem »Frühling« Gottes in seinem Leben und nach einem neuen Erwachen der Gemeinde, der Braut Christi.) Die Einladung ist dringend und zwingend. Zweimal drängt der Geliebte: »Steh auf, meine Freundin, meine Schöne, und komm her« (V. 10.13). Dem Christen, dessen Herz ganz auf Christus ausgerichtet ist, fällt es nicht schwer, dem »Hof Salomos« mit seinen Reizen zu widerstehen. Ähnlich sah sich Paulus von der Liebe Christi gedrängt (2Kor 5,14; Phil 3,13f).

12 Die *Turteltaube* ist ein Zugvogel, dessen Rückkehr das Kommen des Frühlings anzeigt. Dazu singt der ganze Chor der Vögel, eine angenehme Begleitmusik der neuen Jahreszeit. **15** *Füchse:* Es ist schwer festzustellen, wohin dieser Vers gehört und was er genau bedeutet. Wahrscheinlich handelt es sich hier um eine Antwort der Sulamitin, denn sie war die Hüterin des Weinberges (1,6), und dies ist ein Weinberglied. Sie verlangt, daß alles, was den Weinberg ihres Lebens in Unordnung bringen könnte, gefangen und vernichtet wird. Liebe soll rein sein und ungestört. Liebe hat keinen Platz für Wollust, Ehebruch, Unzucht, billige Sentimentalität oder irgend etwas anderes, das die wahre Liebe zwischen Mann und Frau stören könnte.

2,16.17 Sowohl LÜ als auch ZÜ verstehen diese Verse so, daß der Geliebte sich dem Mädchen zuwenden soll, *bis der Tag kühl wird.* Wahrscheinlicher ist aber, daß sie ihn bittet, sich bis zum Abend abzuwenden, d.h. sie allein zu lassen, vielleicht, weil sie irgendeine Gefahr ahnt. Am Abend, *»wenn* (s. EinhÜ) *der Tag kühl wird«* würden sie sicherer sein.

3,1–5 Die nächtliche Suche

Die Sulamitin beschreibt hier ein tatsächliches Erlebnis oder – eher – einen Traum. Vielleicht war ihr Geliebter nicht zurückgekehrt, so wie sie ihn gebeten hatte (s. Komm. zu 2,16f). Traurig geht sie zu Bett und träumt in seiner Abwesenheit. In ihrem Traum steht sie auf und wandert durch die Straßen der Stadt auf der Suche nach ihrem Geliebten. Bei ihrer Suche fragt sie die Wächter; nicht lange danach findet sie ihren Geliebten und drückt ihn an ihre Brust.

1 *Des Nachts:* wörtl. »in Nächten«, d.h. viell. »Nacht für Nacht«. Sie mag diesen Traum wiederholt geträumt haben. **4** *In meiner Mutter Haus:* Es ist alles in bester Ordnung, wenn sie bereit ist, ihn dorthin zu bringen. Eine Beziehung reiner Liebe braucht sich des Mittels der Täuschung und Sich-Versteckens nicht zu bedienen. **5** s. Komm. zu 2,7.

3,6–5,1 Salomos Hochzeitszug und seine Lieder

3,6–11 Salomo nähert sich

Das Ziel dieser prächtigen Prozession des Königs ist nicht klar. Es könnte entweder Jerusalem sein oder der Ort im Norden, wo die Sulamitin wohnt. Wenn es Jerusalem ist, wird die Sulamitin mit dem König nach Jerusalem gebracht. Wenn man der Hirtenhypothese folgt, zeigt der Zug den Wunsch Salomos, die Sulamitin mit seinem Reichtum und seiner Pracht zu beeindrucken und sie und ihre Liebe dadurch zu gewinnen. Salomos Bemühungen, mit der Sulamitin Hochzeit zu halten, stehen hier in einem großen Kontrast zu der einfachen Liebe des Hirten.

6 *Was steigt da herauf...:* ist eine durchaus mögliche Übersetzung des Hebr. Es handelt sich um die Frage, was es mit der Prozession auf sich hat. *Wüste:* vielleicht die Wildnis zwischen Jerusalem und Jericho. *Rauch:* aus Räuchergefäßen mit Weihrauch. **7** *Siehe:* Wie sich der Zug nähert, läßt sich erkennen, daß es die Prozession des Königs ist. Damit wird an dieser Stelle ein dramatischer Höhepunkt erreicht. Nun werden Einzelheiten erkennbar. *Sechzig Starke:* Salomos Leibwache (2Sam 23,8). **9** *Sänfte:* In LÜ steht *Sänfte* hier und in V.7 für zwei verschiedene hebr. Wörter. Vielleicht ist hier ein tragbares Bett gemeint. *Holz vom Libanon:* Zedern und Zypressen. **10** Hier wird die Pracht der Sänfte (des Tragbettes) Salomos beschrieben. Die Sänfte ist ein Abbild seines extravaganten Hoflebens. *(Ihr Inneres) mit Ebenholz (eingelegt):* Die Übers. ist schwierig; Delitzsch übersetzt nach MT: *»aus Liebe«.* Töchter Jerusalems: LÜ zieht es als Anrede zum nächsten Vers; andere verknüpfen es mit dem vorherigen Satz: »Liebevoll geschmückt von den Töchtern Jerusalems.« **11** Hier wird Heirat zum erstenmal erwähnt. Die Frauen des Hofes werden gerufen, um dem mit der Hochzeitskrone geschmückten König zu begegnen. Diese Krone muß ein häufig getragenes Schmuckstück gewesen sein, denn Salomo hatte 700 Frauen (vgl. 1Kön 11,3). *Seine Mutter:* Die Königinmutter spielte bei Krönungen und königlichen Hochzeiten eine wichtige Rolle. Zu Salomos Mutter Bathseba und Davids Verhältnis zu ihr vgl. 2Sam 11; 12,15–25.

4,1–5,1 Salomos Liebeslied

4,1–7 Dieses außergewöhnliche Liebeslied ist der Form nach ein »Beschreibungslied«, ein (arab.) *wasf,* wie es heute noch bei syrischen Hochzeitsfeiern benutzt wird. Eine solche Beschreibung des Körpers ist für westliche Ohren ungewohnt, zeigt aber doch, daß Gott den Menschen nicht nur erhaben und wunderbar, sondern auch schön geschaffen hat. Der Körper ist Gottes Schöpfung; sollte er nicht deswegen bewundert werden? Gott ist nicht nur ein Gott der Wahrheit, sondern auch der Schönheit, und diese seine Schönheit spiegelt sich in seiner Schöpfung wider. Auch spielt die in Worten ausgedrückte Bewunderung, so lange wie sie ehrlich ist und frei von Schmeichelei, eine wichtige Rolle im Liebeswerben. Ihre Aufnahme hier in die Schrift gibt ihr den Platz, der ihr zusteht, obwohl die Menschen mit ihren wollüstigen Begierden sie immer wieder mißbraucht haben.

1 Zuerst werden die *Augen* der Sulamitin beschrieben, obwohl sie durch den durchsichtigen Schleier teilweise verdeckt sind. Zur Bedeutung der *Taube* s. Komm. zu 2,14. *Schleier:* vgl. 1Mo 24,65. Dann wird ihr *Haar,* das vom Schleier nicht verdeckt ist, mit einer Herde schwarzer Bergziegen auf einem Hügel verglichen. **2** Die weißen *Zähne* werden mit gerade geschorenen Schafen verglichen. *Alle ... Zwillinge:* die jeweils gegenüberliegenden, vollständigen Zähne des Ober- und Un-

terkiefers. **3** Ihre *Lippen* sind leuchtend rot, der *Mund* fein und schmal. *Schläfen:* viell. auch »Wangen«, wegen ihrer zarten Farbe mit einer Scheibe vom Granatapfel verglichen.
4 Einzelheiten sind schwer zu interpretieren, da der hebr. Text nicht sicher ist. *Turm Davids:* Anspielung auf ein uns nicht mehr bekanntes Bauwerk, das mit Schilden geschmückt war. (Zu dieser Sitte vgl. Hes 27,11.) Damit wird hier der geschmückte Hals der Sulamitin verglichen. **5** Die *beiden Brüste* werden wegen ihrer Gleichheit und wegen ihrer jugendlichen Frische mit jungen Gazellenzwillingen verglichen. **6** ist ein Einschub; vgl. 2,17. **7** faßt zusammen: »Du bist ohne Makel«. Der ganze Abschnitt wurde oft als Illustration dafür benutzt, daß Christus seine Gemeinde in ihrer endgültigen Gestalt ohne Flecken, Runzeln oder Tadel sieht. Vgl. Eph 5,27.

4,8–5,1 ist entweder die Fortsetzung des Liebesliedes Salomos, oder, wenn man der Hirtenhypothese folgt, ein Lied des Hirten. Auf jeden Fall ist der Ton in diesem Abschnitt anders als in den vorhergehenden Versen.

8 Die Reihenfolge der hebr. Worte ist wichtig. *Mit mir . . . vom Libanon:* d.h. mit mir und keinem anderen. Das unterstützt die Hirtenhypothese. Der wahre Geliebte bittet die Braut, die Herrlichkeiten des nördlichen Palastes Salomos (im Libanon) zu verlassen.
9 *Du hast mir das Herz genommen:* Dieser Satz gibt ein einziges hebr. Wort wieder. Der Ausdruck selbst war in der Liebesdichtung geläufig. *Meine Schwester und Braut* (ZÜ): ein in Liebesliedern des Altertums, besonders in Ägypten, häufig gebrauchter Ausdruck für die Geliebte. Der doppelte Ausdruck zeigt eine besonders starke Zuneigung. **11** preist die liebevollen Worte der Braut.

12 *Ein verschlossener Garten:* Die Ausschließlichkeit der Beziehung, die in dieser Formulierung zum Ausdruck gebracht wird, hat uns in unserer heutigen Zeit, in der auf diesem Gebiet sehr viel Untreue herrscht, viel zu sagen. Die Ehe muß monogam sein, dem Gesetz wie dem Herzen nach. Das Tor ist verschlossen, kein Unbefugter hat Zutritt. Die nächsten beiden Bilder von der verschlossenen *Quelle* und dem versiegelten *Born* bringen die gleiche Ausschließlichkeit der Beziehung zum Ausdruck. Das Bild von der verschlossenen Quelle besagt nicht nur, daß kein anderer vom Zauber der Geliebten kosten darf, sondern bringt auch zum Ausdruck, daß ihre Liebe so vital und andauernd sein wird wie eine Quelle.

13–15 bilden eine Einheit. Hier geht es nicht mehr so sehr um die äußere Schönheit, sondern um die Persönlichkeit der Geliebten. Sie wird mit einem prächtigen und großartig angelegten Garten verglichen, voll von Fruchtbäumen, aromatischen Pflanzen und Büschen. Aber sie ist auch die frische, kristallklare Quelle in der Mitte des Gartens. Dieser Gedanke ist eine Weiterführung von V. 12b. Vgl. Jh 7,38. *Zypernblumen:* s. Komm. zu 1,14. **14** *Narde:* s. Komm. zu 1,12. *Safran:* Das hebr. Wort kommt im AT nur hier vor. Safran ist ein Gewürz, das aus einer dem Krokus ähnlichen Pflanze gewonnen wird. *Kalmus* ist ein Gewürzbaum aus Ceylon; *Aloe* ist ein bis zu 40 m hoher Baum. Sein Holz wird als Duftstoff verbrannt.

16 wird von dem Mädchen gesprochen und ist eine leidenschaftliche Einladung an ihren Geliebten, zu ihr zu kommen, den *Garten* in seinen Besitz zu nehmen und ganz sein eigen zu machen. Sie lädt den kühlen *Nordwind* und den warmen *Südwind* ein, den »Duft« ihrer Persönlichkeit zu dem entfernten Geliebten zu bringen. Das würde sie in eine noch engere Gemeinschaft bringen. **5,1** *Ich bin gekommen:* Der ganze Vers sprudelt geradezu über von Erregung. Der Geliebte nimmt die Einladung an und kommt zu ihr, bildlich gesprochen: er betritt den *Garten* und nimmt von seiner *Myrrhe,* seinen Gewürzen, von *Honig* und *Milch. Eßt, meine Freunde:* Dieser Satz ist entweder eine Aufforderung des Hirten an seine Freunde, sich an ihrer Liebe mitzufreuen, oder ein Aufruf derer, die die Liebe des jungen Paares miterleben und sich an ihr freuen.

Die Freude der Gemeinschaft der Gemeinde mit Christus wird mit dem Brot und dem Wein des Abendmahls gefeiert, das von einer Liebe spricht, die stärker ist als der Tod.

5,2–6,3 Die versäumte Gelegenheit

5,2–8 Der unerwartete Besuch des Geliebten

Bei diesem Abschnitt handelt es sich wie in 3,1–5 entweder um einen Traum oder um ein wirkliches Erlebnis. Die Verse sind voller Leben, Dichte und Dramatik. Der Bräutigam ist von der Weide zurückgekehrt, sein Haar ist naß vom Tau. Er klopft an die Tür, aber die Braut öffnet ihm seltsamerweise nicht, vielleicht aus dem zärtlichen »Sich-Zieren der Liebe« heraus. Oder nur aus Schläfrigkeit? Was sie antwortet, klingt wie eine Ausrede. Sie hat sich gerade für die Nacht fertig gemacht und will ihre Füße nicht mehr schmutzig machen, um die Tür zu öffnen. (Wenn man dieser Auslegung folgt, kann sie dazu dienen, die Gleichgültigkeit des Menschen gegenüber dem wiederholten Klopfen Christi zu illustrieren; s. Offb 3,20; Lk 9,57–62.) V. 4

spricht aber mehr für die erste Auslegung. Als der Geliebte nämlich versucht, die Tür zu öffnen, klopft ihr Herz vor Liebe und Erregung. Ihr Zögern hat tragische, aber verdiente Folgen. Man darf mit der Liebe nicht spielen. Als sie die Tür öffnet, ist ihr Geliebter gegangen. Wie schon einmal (3,1–5), rennt sie hinaus in die Nacht, suchend, rufend und fragend. Aber diesmal geht es nicht so gut aus, denn die Wächter schlagen sie wund und nehmen ihr den Mantel.

2 *Ich schlief, aber mein Herz war wach:* deutet darauf hin, daß es sich hier um einen Traum handelt. War dieser Traum der Ausdruck ihres Unterbewußtseins, das Angst hatte, die Liebe zu verlieren? *Tau:* vgl. Ri 6,38. Der Tau der Nacht ist in Palästina besonders stark. **3** *Kleid:* Unterkleid. **4** *Riegelloch:* ein Loch, durch das man die Hand steckte, um von innen den Riegel wegzuschieben. **6** *Meine Seele war außer sich:* wörtl. »... ging heraus«. **7** *Die schlugen mich wund:* Die Sulamitin muß den Wächtern verdächtig erschienen sein, notdürftig bekleidet, mit erschrecktem Gesicht, und das mitten in der Nacht. Vielleicht mußten sie Gewalt anwenden, um sie festzunehmen. Solche Erlebnisse sind häufig in Angstträumen, z.B. wenn man weglaufen möchte und nicht kann. **8** Zuletzt wendet sie sich in einem tiefen Aufschrei ihres Herzens an die *Töchter Jerusalems. Vor Liebe krank:* s. Komm. zu 2,5.

5,9–6,3 Die Sulamitin beantwortet die Fragen der Frauen

5,9–16 Die spottenden Fragen des Harems (V.9) nimmt die Sulamitin zum Anlaß, ihren Geliebten in der für dieses Buch charakteristischen detaillierten Weise zu beschreiben. Nach einer allgemeinen Einleitung (V.6) beschreibt sie ihn vom Kopf bis zu den Füßen (V.11–15) und schließt mit einer Zusammenfassung. In dieser Schilderung in Einzelheiten gehende Vergleiche mit Christus zu finden, tut dem Text Unrecht und führt zu einer erotischen Interpretation der Beziehung zu ihm. Wenn wir eine Beschreibung unseres Herrn suchen, müssen wir uns an Abschnitte wie Offb 1,12–16 halten.

10 *Weiß und rot:* d.h. von gesundem Aussehen, vgl. unsere Redensart »wie Milch und Blut«. **12** *Tauben:* der Vergleich liegt in der Bewegung seiner Augen, die denen der Taube ähneln, die Wasser aus einem Bach trinkt. Sie sehen aus, als wären sie in *Milch* gebadet worden, so rein sind sie und so schön. **13a** beschreibt den parfümierten Bart. Vgl. Ps 133,2. **13b** *Lilien:* leuchtend rote Blumen. *Myrrhe* bezieht sich auf den Duft seines Atems. **14** *Türkise:* hebr. *tarschisch,* ein Edelstein, vielleicht nach seiner Herkunft benannt (aus Tarsis in Spanien). Gemeint sind möglicherweise die Fingernägel. *Elfenbein:* Der Vergleich bezieht sich vielleicht nicht auf die Farbe, sondern auf die kunstvolle Elfenbeinschnitzerei: So schön ist sein Körper gebaut. *Saphire:* Diese gehören mit zum vorherigen Bild und brauchen keine eigene Bedeutung zu haben. U.U. wird aber auch auf die (saphir-)blauen Adern angespielt. **15** *Beine wie Marmorsäulen:* ein Hinweis auf Festigkeit und Stärke. *Goldene Sockel* (ZÜ): die sonnengebräunten Füße. Seine ganze Erscheinung ist wie das majestätische Gebirge des *Libanon,* oder wie die *Zeder,* die Königin unter den Bäumen. **16** *Mund:* wörtl. Gaumen, der als das Organ der Sprache verstanden wurde. Nach diesem Beschreibungslied lenkt V.16b auf die Frage V.9 zurück, die es beantwortete.

6,1–3 Die Frage in V.1 ist in einem ähnlichen Ton gestellt wie die in 5,9. Spottend bieten die Frauen ihre Hilfe an, den Geliebten zu suchen. Aber die Sulamitin braucht ihre Hilfe nicht; sie weiß, wohin er gegangen ist. Nur in ihrem Traum (5,2–8) hatte sie ihn verloren. Sie mögen räumlich getrennt sein, aber Liebe verbindet sie. Er mag in seinem weit entfernten Garten sein und seine Herde hüten (V.2), aber nichts kann das Band zwischen ihnen zerschneiden (V.3; vgl. 2,16). Ihre Liebe zueinander ist unveränderlich.

Der Bräutigam der Gemeinde mag »abwesend« sein (Jh 14,2f; 16,5), aber die geistliche Einheit zwischen ihm und der Braut kann dadurch nicht gestört werden (vgl. Röm 8,35).

2 *Lilien pflücken:* vielleicht für einen Strauß als Zeichen seiner Liebe, wird die Braut doch selbst mit einer Lilie verglichen (2,1f)

6,4–8,14 Der König kann die Sulamitin nicht gewinnen. Wiedervereinigung der Liebenden

6,4–8,4 Das Ende des Aufenthaltes der Sulamitin am Hofe

6,4–10 Hier tritt – die Hirtenhypothese vorausgesetzt – der werbende König wieder auf, aber seine Beschreibung des Mädchens nimmt einen etwas anderen Ton an. Die Reinheit und Beständigkeit der Sulamitin hat den König mit seinen künstlichen Schmeicheleien in Frage gestellt und zurechtgewiesen.

Das *gewaltig wie ein Herr* (V.V.4 und 10) ist der Schlüssel zum Verständnis dieses Abschnittes.

4 *Tirza* bedeutet Freundlichkeit, Heiterkeit, und beschreibt zutreffend die Schönheit dieser Stadt, die von der Zeit Jerobeams (s. 1Kön 14,17) bis zur Herrschaft Omris (s. 1Kön 16,23) die Hauptstadt des Nordreiches war. Die Erwähnung dieser Stadt sagt nichts über das Alter des Hohenliedes. *(Gewaltig wie) ein Heer:* wörtl. »wie Dinge mit Fahnen«. Wir stellen uns ein Heer vor, das mit wehenden Fahnen in die Schlacht zieht. Dieses Bild zeigt die eindrucksvolle Persönlichkeit der Sulamitin. Aber sie siegt nicht durch künstliche Schmeicheleien, sondern durch Beständigkeit und Treue. **5a** Kein Wunder, daß Salomo ihr nicht ins Gesicht sehen kann. **5b–7** sind im wesentlichen eine Wiederholung von 4,1–2.

8 *Sechzig Königinnen und achtzig Nebenfrauen:* Nach 1Kön 11,3 zählte der Harem Salomos 1000 Frauen; s. aber Komm. dort. Dazu steht die ausschließliche Liebe des Hirten in lebendigem Gegensatz (6,3). **9a** Trotzdem muß Salomo bekennen, daß er noch nie eine so außergewöhnliche Frau wie die Sulamitin getroffen hat. **9b.10** Auch die Frauen des Hofes singen ihr Lob. *Morgenröte . . . Mond . . . Sonne:* Diese »lichtvollen« Bilder sprechen von ihrer Ausstrahlung und ihrer Reinheit. Sie ist in der Tat »glücklich zu preisen«. (Das gleiche Wort wird in den Seligpreisungen verwendet; vgl. Ps 1; Mt 5,3–11.)

6,11–12 Die Sulamitin erinnert sich an ein vergangenes Ereignis. Deshalb wäre **11** statt »ich bin hinabgegangen« besser »ich war hinabgegangen« zu übersetzen. Doch der überlieferte Vers **12** gilt in seiner jetzigen Form wohl zu Recht als völlig unverständlich (ZÜ Anm.). MT lautet wörtl. *»ich wußte nicht, meine Seele setzte mich auf Wagen meines edlen Volkes«.* Zu vgl. ist der 6,11f ähnliche Vers 7,13.

7,1 Es ist nicht klar, wer hier spricht. Vierfach ist die Aufforderung, also sehr dringend. V. 1b ist die Antwort auf V. 1a. Ihre Antwort zeigt, daß sie sich ihrer Schönheit nicht bewußt ist. Was ist an ihr, daß man sie ansieht, so wie man einer Vorführung oder einem Tanze zusieht? *Beim Reigen im Lager:* wörtl. *Reigen von Mahanaim* (EÜ), von Rudolph (KAT) als »Doppelreihentanz« gedeutet.

7,2–6 Delitzsch und Harper sind der Ansicht, daß hier die Frauen des Harems die Sulamitin wegen der Schönheit ihrer Figur preisen. Schmeicheln sie ihr, damit sie dem Werben des Königs nachgibt (s. V. 5)? Die Beschreibung ihres Körpers geht von den Füßen zum Kopf, vgl. frühere Beschreibungen (4,1–7; 5,10–16; 6,4–10). Die Frauen beschreiben sie entweder, während sie sich entkleidet, oder während sie tanzt. In beiden Fällen liegt ein Bezug auf V. 1 vor. In 7,2–6 liegt wieder ein dem arabischen *wasf* entsprechendes »Beschreibungslied« vor. Es schildert die Sulamitin bei ihrem Solotanz wie er bei einer Bauernhochzeit in Palästina traditioneller Höhepunkt war. Geht man von dieser Annahme aus, so ergeht die Aufforderung zum Tanz in V. 1 von den Zuschauern, den Hochzeitsgästen, die dann als Chor das Beschreibungslied der Braut singen.

2 *Wie schön ist dein Gang:* vgl. Jes 52,7. *Fürstentochter:* beschreibt ihre königliche Haltung. Die *Rundung* ihrer *Hüften* wird mit einem Geschmeide verglichen. Beide sind das Werk eines *Meisters* und weisen auf ihn hin.

3 *Schoß* (oder *Nabel*; EÜ): hier mit einem runden Becher verglichen. Wenn der *Leib* mit einem *Weizenhaufen* verglichen wird, bezieht sich das entweder auf die Farbe oder auf die Fülle. Im Orient gilt das westliche Schlankheitsideal nicht. *Lilien* deuten die Schönheit an. **4** s. Komm. zu 4,5. **5** *Turm von Elfenbein:* d.h. stark und vornehm. *Teiche:* ihre Augen sind klar und sprühend wie Wasser. *Am Tor Bathrabbim:* nach einem uns unbekannten Ort benanntes Tor; anders EÜ: *»am Tore der volkreichen (Stadt)«. Deine Nase ist wie der Turm auf dem Libanon:* Der Dichter scheint hiermit zu sagen, daß eine hervorragende Nase ein Zeichen der Schönheit ist. Heutige Europäer würden mit ihm darin kaum übereinstimmen, aber Geschmack und Mode wechseln von einem Land zum andern und von einer Zeit zur andern. **6** Der *Karmel* war als schöner und majestätischer Berg bekannt. *Purpur:* Gedacht ist wohl an schwarzes Haar (4,1; 5,11) mit einem purpurnen Glanz. *Gefangen:* der Gedanke, daß die Locken einer Frau den Geliebten gefangennehmen, ist in der Liebesdichtung weit verbreitet. Doch unterbricht V. 6b die Beschreibung, der Text könnte ein Einschub sein.

7,7–10 Möglicherweise spricht hier wieder der König, der seinen letzten Versuch macht, die Sulamitin zu gewinnen, allerdings vergeblich.

7 *Du Liebe voller Wonne:* Das Hebräische läßt auch eine Übersetzung im Sinn von »du bist die größte aller Freuden und Wonnen meines Lebens« (Delitzsch) zu.

8 *Palmbaum:* d.h. groß, schlank und schön. *Weintrauben:* genauer Trauben von Datteln. Der Vergleich darf hier nicht überzogen werden. Entscheidend ist die Schönheit. **9** Hier wechselt der Vergleich von Datteltrauben zu *Weintrauben.*

7,11–14 Das Mädchen will auf das Werben des Königs absolut nicht eingehen. **11** So wie sie wird der Christ in der Versuchung antworten, wenn das Böse alles versucht, ihn von der ausschließlichen Liebe und ganzen Treue zu Christus wegzulocken. Es ist eine Beziehung der Gegenseitigkeit. Wir gehören ihm, und seine Liebe ist auf uns gerichtet. Hier werden wir an die Bundesformel erinnert. »Ich will euer Gott sein, und ihr sollt mein Volk sein« (3Mo 26,12). **12** Von diesem Vers an spricht das Mädchen zu ihrem wahren Geliebten und lädt ihn ein, dorthin mit ihr zu gehen, wo sie sich zuhause fühlen: in die Felder und Weinberge. Verglichen damit ist ihr der Hof des Königs wie ein fremdes Land. **13** *Sproßt ... aufgehen ... blühen:* Alle diese Worte drücken die Größe ihrer Liebe zueinander aus, die in ihren Herzen so stark und gewaltig aufbricht wie die neue Lebenskraft im Frühling. Man hat das Bild auch gern auf das geistliche, ewige Leben bezogen. Das Leben als Christ sollte wie ein ewiger Frühling sein, in dem man sich die erneuernde Kraft täglich von Christus schenken läßt. Vgl. Jh 7,38. **14** *Liebesäpfel:* wörtl. Liebespflanzen. Es handelt sich um eine stiellose immergrüne Pflanze aus der Familie der Nachtschattengewächse, die betäubende Eigenschaften hat. Hier geht es aber um den lieblichen Geruch der Pflanze. Im AT wird sie nur hier und 1Mo 30,14–16 erwähnt. Zusätzlich zu den frischen Früchten des Gartens ist von alten, getrockneten Früchten die Rede, ohne daß deutlich wird, worauf damit angespielt wird.

8,1–4 Hier spricht das Mädchen zu sich selbst. **1** *Bruder:* Bei den Beduinen hat nur der Bruder (Sohn derselben Mutter) und der Vetter väterlicherseits eines Mädchens das Recht, sie zu küssen. Die Sulamitin möchte ihrer Liebe Ausdruck geben und sie wünscht sich, daß sie öffentlich anerkannt wird. *Fände ich dich draußen:* Verliebte durften ihre Zuneigung zueinander in der Öffentlichkeit in keiner Weise zeigen, aber Bruder und Schwester durften es. Die Sulamitin sagt, daß sie ihren Geliebten vor aller Augen küssen könnte, wäre er ihr Bruder. **2** *Meiner Mutter Haus:* vgl. 3,4. *Die mich gebar:* Diese Lesart basiert auf LXX und der Peschitta und stellt eine einleuchtende Parallele zu *»in meiner Mutter Haus«* dar. MT lautet übersetzt: »sie (oder du) wird (wirst) mich lehren«, d.h. sie wird mich lehren, wie ich mich in solch einer Beziehung recht verhalten soll (vgl. so EÜ). **3** bringt die Sehnsucht nach der liebevollen Umarmung zum Ausdruck. S. Komm. zu 2,6. **4** wiederholt den Kehrreim von 2,7 und 3,5, s. dort.

8,5–14 Die Wiedervereinigung der Liebenden

8,5 Das Paar kommt nach Hause. Wie sie sich dem Dorfe nähern, spricht der Hirte davon, wie er ihre Liebe weckte in dem Obstgarten, der zu ihrem Dorf gehört.

8,6.7 In diesen Versen gibt die Sulamitin eine bewegende Beschreibung der Liebe. **6** *Siegel:* ein um den Hals getragenes Schmuckstück, so daß es dem Herzen am nächsten wäre, oder ein Armband. Es war ein äußeres Zeichen für etwas, was man im Herzen verborgen liebte. Sie will dem Geliebten ganz gehören, verborgen (das *Herz*) und öffentlich (der *Arm*). *Liebe ist stark wie der Tod:* d.h. sie ist unwiderstehlich wie der Tod. Wer kann der Macht wahrer Liebe widerstehen? Ihre Macht überwindet alles. (Das gilt im vollkommenen Sinn für die Liebe Christi: 2Kor 5,14; Eph 3,19). Sie ist *unwiderstehlich wie das Totenreich,* ZÜ: *hart wie die Unterwelt,* was ihre Totalität und Unausweichlichkeit unterstreicht. *Eine Flamme des Herrn:* eine göttliche Flamme mit übernatürlicher Macht; keine menschliche Macht kann sie zum Erlöschen bringen. **7** führt das Gleichnis fort und bietet die tiefste Beschreibung der Liebe im ganzen Buch. Kein Widerstand kann wahre Liebe zerstören. Und sie ist nicht käuflich. Das Hohelied der Liebe des NT aus 1Kor 13 klingt hier bereits an, obwohl das Wesen der Liebe erst an der Liebe Gottes in Christus Jesus ganz offenbar wird.

8,8–10 Diese Verse sind ungewöhnlich, aber sie sind äußerst wichtig für das ganze Buch; denn sie beschäftigen sich mit den zwei alternativen Möglichkeiten: Entweder dem Liebeswerben gegenüber schnell nachzugeben oder Angriffen auf Reinheit und Frausein zu widerstehen.

8 Die Sulamitin denkt an die Einstellung ihrer Brüder, als sie noch ihre *kleine Schwester* war und *keine Brüste* hatte. **9** Wenn sie in das heiratsfähige Alter kommt, in dem man um sie wirbt, kann sie entweder eine *Mauer* sein, die den Annäherungsversuchen unechter Liebe widersteht; oder sie ist wie eine *Tür,* wenn sie es einem Manne erlaubt, ihren Verteidigungsring zu leicht zu durchbrechen. Im ersten Falle werden ihre Brüder sie mit Schmuck belohnen. Sie werden ein *silbernes Bollwerk* auf die Mauer bauen, die das Mädchen gebaut hat. Im anderen Falle, wenn sie zu leicht dem Werben nachzugeben scheint, werden sie sie selbst schützen: *wollen wir sie sichern mit Zedernbohlen.* **10** Dieser Vers zeigt, was aus ihr geworden ist. Als ihre *Brüste wie Türme* waren, d.h. als sie erwachsen war, konnte sie alle Angriffe abwehren. Dieser Vers faßt ihr Wesen zusammen, so wie es im ganzen Buch beschrieben wurde. *Die Frieden findet:* Das bedeutet entweder, daß Salomo, weil er begriffen hat, daß er sie nicht gewinnen kann, den Kampf um sie aufgibt; oder daß sie Frieden findet in ihrer ausschließlichen Beziehung zu ihrem wahren Geliebten.

8,11.12 Hier wird der Gedanke, daß Liebe nicht käuflich ist, wieder aufgegriffen. Salomo wird als reicher Weinbergbesitzer dargestellt. *Baal-Hamon* bedeutet »Besitzer des Reichtums«. Er verpachtet seinen *Weinberg* gegen eine Zahlung von *tausend Silberstükken.* Der Weinberg der Sulamitin (s. 1,6), d.h. sie selbst und ihre Liebe, ist dagegen nicht auf dem Markt. *Er gab:* bedeutet wahrscheinlich »in Pacht geben«. Wenn es sich um verschenken handelt, wären die 1000 Silberstücke der Erlös, den die Empfänger des Weinberges für die Früchte erhielten. V. 12b läßt diese Interpretation als nicht wahrscheinlich erscheinen. *Zweihundert den Wächtern seiner Früchte:* Der Lohn für die Weingärtner.

8,13.14 Das Buch schließt mit einer Aufforderung des Bräutigams an die Braut zu sprechen, damit er und seine Freunde ihre Stimme hören möchten. (Diese schön formulierte Aufforderung spiegelt auch das immerwährende Begehren des himmlischen Bräutigams, die Gebete seines Volkes zu hören.) **14** ist die letzte Antwort der Braut. *Flieh:* besser »eile«, nämlich nicht von ihr weg, sondern hin zu ihr. Er soll zu ihr kommen mit der Schnelligkeit und Lebendigkeit der *Gazelle* oder des jungen *Hirsches.*

Die dringende Aufforderung, daß der Bräutigam bald kommen möchte, wird in anderer Tiefe von der Braut in der Offenbarung wiederholt: »Amen, ja komm, Herr Jesus!« (Offb 22,20).

J. A. Balchin

Jesaja

Einleitung

Der geschichtliche Zusammenhang

Jesaja lebte in einer entscheidenden Periode der Geschichte seines Volkes, der 2. Hälfte des 8. Jh. v. Chr., in der die Schriftpropheten auftraten (Amos, Hosea, Micha und Jesaja selbst) und mit dem Fall des Nordreichs der größte Teil Israels unterging.

Mit dem Tod des Königs Usia (6,1) im Jahre 740 v. Chr. geht eine lange, friedliche Periode zu Ende. Juda und das Nordreich Israel waren 50 Jahre lang von größeren Angriffen verschont geblieben. Sehr bald bleibt davon nur noch Erinnerung. Der Rest des Jahrhunderts wird von den eroberungswütigen Königen Assyriens beherrscht: Tiglath-Pileser III. (745–727), Sargon II. (722–705) und Sanherib (705–681). Sie wollten ein Großreich aufbauen. Um das zu erreichen, entwurzelten und verpflanzten sie ganze Völker. Jedes Anzeichen einer Rebellion bestraften sie schnell und grausam.

Im Jahre 735 bekam Jerusalem die ersten Auswirkungen der assyrischen Expansion zu fühlen, als die Armeen Israels und Syriens heranzogen, um König Ahas zu zwingen, sich ihrem anti-assyrischen Bündnis anzuschließen. Jesajas Konfrontation mit Ahas (Kap. 7) zeigt, worum es in dieser Lage wirklich ging: um die Wahl zwischen einem vertrauensvollen Glauben und dem verzweifelten Versuch, sich durch Bündnisse zu retten. Die Entscheidung des Königs, nicht auf Gott, sondern auf Assyrien zu setzen, führte den Propheten dazu, den König und seinesgleichen abzulehnen und die Prophetie vom vollkommenen König, Immanuel, auszusprechen, der aus dem abgeschlagenen Stamm des davidischen Herrscherhauses sprossen würde.

Israel bezahlte seine Auflehnung mit dem Verlust der nördlichen Regionen (Galiläa: 8,23) um das Jahr 734 und mit dem Verlust seiner Unabhängigkeit im Jahre 722. Juda grenzte jetzt nicht mehr an Israel, sondern an eine Provinz des assyrischen Großreiches (2Kön 17,24ff) und hatte wenig Grund zu einer nationalistischen Politik.

Aber Ahas' Nachfolger Hiskia war ein Hitzkopf, in dem teils Glaube teils Ungeduld die nationalistische Flamme immer wieder lodern ließen (zu seinen Lebensdaten s. 2Kön 18,1). Jesaja gab sich große Mühe, ihn aus Intrigen gegen Assyrien herauszuhalten (s. Komm. zu 14,28–32; 18,1–7; 20,1–6). Dieser Kampf erreichte seinen Höhepunkt in einer erbitterten Auseinandersetzung zwischen dem Propheten und einer pro-ägyptischen Partei am Hofe, die in den Kap. 28–31 vorausgesetzt wird. Die Folge war Hiskias Auflehnung gegen Assyrien (Kap. 36 u. 37), die König Sanherib mit einem Feldzug gegen Jerusalem beantwortete (701 v. Chr.). Trotz der wunderbaren Rettung blieb das kleine Königreich Juda schwach und hilflos.

Wenn Jesaja zu den Entscheidungen des Hiskia Stellung nimmt, dann nicht als Politiker; er sieht immer weiter als in die unmittelbare Zukunft. Sein letztes Zusammentreffen mit Hiskia macht den Unterschied zwischen diesen beiden Männern des Glaubens deutlich. In 39,5–7 schaut Jesaja weit voraus auf die babylonische Gefangenschaft, die die Folge des Ungehorsams des Königs ist. Des Königs Reaktion ist Erleichterung. »Es wird doch Friede und Sicherheit sein, solange ich lebe.« Es fällt auf, mit welcher Überlegenheit der Prophet in seinem Bericht auf den beschränkten Horizont des Königs herabblickt.

Im zweiten Teil des Buches, den Kapiteln 40–55, taucht der Name Cyrus auf (44,28; 45,1). Damit sind wir im 6. Jahrhundert. Cyrus, der König von Ansan in Südpersien, hatte um 550 v. Chr. das medische Großreich unterworfen und dann Lydien, das den größten Teil Kleinasiens umfaßte, im Jahre 547. Damit hatte er gegenüber dem Neubabylonischen Großreich (in dem die Juden schon vor dem Fall Jerusalems im Jahre 587 lebten) eine beherrschende Position. Das babylonische Reich war schwach und uneinig. Der König, Nabonid, war nicht in der Hauptstadt (wo ihn sein Sohn Belsazer vertrat) und war mit den Priestern zerstritten. 539 besiegte Cyrus die babylonische Armee in offener Feldschlacht. Die Stadt Babylon leistete keinen Widerstand mehr. So wie Gott es in Jes 44,28 vorhergesagt hatte, repatriierte er die Juden wie auch andere unterworfene Völker und wies sie an, ihren Tempel wieder aufzubauen (Esr 1,2–4; 6,2–5). Die von ihm selbst stammende Inschrift auf dem »Cyrus-Zylinder« (Abb. Welt der Bibel S. 55) zeigt, daß dies seinen politischen Grundsätzen entsprach. Es ging ihm darum, die Unterstützung der Götter zu gewinnen, die er zu ihren Heiligtümern zurückbrachte (s. Komm. zu 41,25).

Eine beträchtliche Anzahl von Juden kehrte zurück, aber sie gerieten bald mit dem »Landvolk« in Konflikt, weil sie deren Hilfe beim Wiederaufbau des Tempels ablehnten (Esr 4,3). Fast 20 Jahre ruhten die Arbeiten, bis Haggai und Sacharja im Jahre 520 das Volk dahin brachten, weiterzubauen. Der Wiederaufbau wurde im Jahre 516 abgeschlossen. Viele Ausleger verstehen diese Situation mit ihren Spannungen und ihrer intensiven Beschäftigung mit Jerusalem und dem Tempel als historischen Hintergrund für die Kapitel 56–66 des Buches Jesaja. Dieser Kommentar geht dagegen davon aus, daß der Faden, der die letzten Kapitel zusammenbindet, eher thematisch als historisch ist. Jedenfalls beschäftigen sich diese Kapitel nicht mehr mit Babylon, sondern mit dem Heimatland und der Heimatstadt, decken deren Unvollkommenheit auf und weisen über die unvollkommene Gegenwart hinaus auf den neuen Himmel und die neue Erde und auf das »obere Jerusalem«.

Verfasser

Die überlieferte Auffassung

Bis in die Neuzeit verstand man das Buch Jesaja als eine Einheit, geschrieben von einem Propheten des 8. Jahrhunderts mit dem Namen Jesaja. Das ganze Buch war auf einer einzigen Schriftrolle geschrieben, wie wir nicht nur aus den Qumran-Funden wissen, sondern auch aus Luk 4,17: die verlesene Stelle stammt aus einem der letzten Kapitel Jesajas. Schon Sir 48,22–25, 200 Jahre früher geschrieben, setzt ein einheitliches Jesajabuch voraus. Das NT ist der gleichen Ansicht, z.B. Jh 12,37–41; Röm 9,27–29; 10,20ff.

Die historisch-kritische Auffassung

Abgesehen von einer vorsichtigen Anfrage des mittelalterlichen jüdischen Exegeten Ibn Esra, der aber in anderen Bemerkungen die traditionelle Ansicht voraussetzt, ist der Gedanke, das Buch Jesaja sei von verschiedenen Autoren verfaßt worden, erst vor zweihundert Jahren durch Eichhorn (1783) und Döderlein (1789) aufgekommen.

Ihre relativ einfache und einleuchtende Hypothese schrieb Kap. 1–39 dem Propheten Jesaja zu und 40–66 einem anonymen Propheten, der im 6. Jh. unter den Exulanten in Babylon lebte. Dessen Buch, da es eine passende Weiterführung des Propheten Jesaja war, wurde in die gleiche Schriftrolle aufgenommen und verlor, da es anonym war, bald seine Eigenständigkeit.

Zwei Gründe sprechen für diese Theorie: Erstens die Tatsache, daß Propheten üblicherweise ihre Zeitgenossen ansprechen; und die Kap. 40ff wenden sich hauptsächlich an die Exulanten und nennen in 44,38; 45,1 den zeitgenössischen Perserkönig Cyrus (s.o.). Und zweitens: die Kap. 40ff haben einen eigenen Stil, ein eigenes Vokabular und besondere theologische Eigenarten. Diese sollen später behandelt werden.

Heute allerdings vertritt kein historisch-kritischer Exeget mehr die Theorie in der obengenannten Form. Sondern die Kap. 1–39 werden unterteilt in eine grundlegende Sammlung der Sprüche Jesajas und in Material seiner Schüler aus verschiedenen Perioden (z.B. werden dann die Kap. 13 u. 14 einem Jünger aus dem babylonischen Exil im 6. Jh. zugeschrieben und die Kap. 24–27 in das Ende der persischen Herrschaft im 4. Jh. datiert.) Diese eingefügten Teile,einschließlich vieler kürzererAbschnitte, mögen etwa 250 Verse (also ein Drittel) umfassen, und die längeren Stücke von ihnen werden auch wieder als Zusammenstellungen verstanden, von denen jede ihre eigene Wachstumsgeschichte hat.

Die Kap. 40–66 werden üblicherweise in zwei Teile geteilt: Deutero- (d.h. der zweite) Jesaja (40–55; aus der Zeit des Exils, etwa 545 v. Chr.) und Trito- (d.h. der dritte) Jesaja (56–66; nachexilisch, etwa 520 v. Chr.). Deuterojesaja wird allgemein als Einheit angesehen, aber Tritojesaja meist als ein Werk verschiedener Schüler Deuterojesajas, die verschiedenen Denkrichtungen angehören und die Botschaft Deuterojesajas jeweils für die nächste Generation interpretieren. Die Meinungen der Ausleger gehen aber sehr auseinander, wieviel verschiedene Schulen zu wieviel verschiedenen Zeiten an der Abfassung Tritojesajas beteiligt waren. Diese Schulen erhalten dann Namen wie: moralistisch, institutionalistisch, patriotisch, universalistisch. Wenn auch keine Übereinstimmung über die Zahl der Schulen besteht, so unterscheidet man doch in diesen 11 Kapiteln im allgemeinen wenigstens vier verschiedene Quellen. Allerdings haben die historisch-kritischen Exegeten in der letzten Zeit besonders die Einheit in dieser Verschiedenheit betont: Die Ergänzer werden als Schüler Jesajas verstanden, die durchdrungen von seinem Gedankengut in seinem Geist zu neuen Generationen prophetisch sprachen. Demnach hat Jesajas ursprüngliche Verkündigung noch Jahrhunderte nach seinem Tod neue Triebe hervorgebracht, die dann nicht von ungefähr unter Jesajas Namen zusammengefaßt wurden.

Beurteilung

Angesichts der starken Überlieferung, die das Buch als eine Einheit auffaßt, muß der, der das Buch aufteilen will, die Beweislast tragen. Die oben genannten Gründe für die Aufteilung des Buches sind aber nicht unanfechtbar. Dem Grundsatz, daß ein Prophet nicht nur vorwiegend, sondern immer in seiner Zeit steht und nur seine Zeitgenossen anspricht, widerspricht Jes 13,1–14,27, um nur ein Beispiel zu nennen. Dieser Abschnitt wird »Jesaja, dem Sohn des Amoz« zugeschrieben (13,1). In ihm wird Babylon nicht als die assyrische Provinz dargestellt, die es zu Jesajas Zeiten war, sondern als die Weltmacht, die es ein Jahrhundert später wurde, und Israel wird Trost zugesprochen wegen der langen Zeit der Gefangenschaft dort (14,1–4). Diese Prophetie ist gleichsam eine Miniaturausgabe von Jes 40–48, und die meisten Ausleger datieren beide Stücke gegen das Ende des Exils. Aber abgesehen vom ersten Vers gibt es noch mehr in diesem Abschnitt, das auf Jesaja als Autor hinweist. Der ganze Abschnitt ist, wie R. Margalioth (*The Invisible Isaiah*, 1964) gezeigt hat, voller Ausdrücke, die sich auch sonst in Jes 1–39 finden, aber in keinem anderen Propheten. Dieser Abschnitt, unterschrieben und sozusagen mit den Fingerabdrücken des Autors versehen, läßt den Grundsatz, nach dem scheinbare Anachronismen in Jes 1–39 und 40–66 automatisch einer späteren Zeit zugeschrieben werden, als sehr fraglich erscheinen.

Nur zu leicht werden die Unterschiede zwischen Kap. 1–39 und 40ff überbewertet. Nicht nur größere Abschnitte wie 13,1ff; 24,1–27,13; 34,1–35,10 beziehen sich auf Ereignisse in der Zukunft, sondern auch viele kleinere (z.B. 4,2ff; 11,1–12,6; 19,16–25; 21,1–10; 23,13–18). Die Mehrheit der Ausleger datiert sie deswegen auch in eine spätere Zeit, soweit sie nicht auf eine Situation des 8. Jh. bezogen werden können. Aber ist diese Art der Behandlung prophetischer Texte, bei der man für zukunftsbezogene Aussagen nach Möglichkeit eine spätere Entstehungszeit annimmt, noch sachgemäß?

Jedenfalls handelt es sich hier um eine Grundsatzfrage für die Auslegung prophetischer Aussprüche überhaupt, nicht nur um ein speziell bei Jesaja auftauchendes Problem. Selbst der deutlichste Anachronismus, die Nennung des Namens Cyrus 1 1/2 Jh. vor seiner Zeit, ist im AT nicht ohne Parallele (s. die Voraussage auf den König Josia bei doppeltem Zeitabstand in 1Kön 13,2 und Komm. dort). Außerdem ist darauf hinzuweisen, daß im Buche Jesaja gerade die Fähigkeit, das Kommende vorherzusagen, als Beweis dafür angeführt wird, daß Jahwe allein Gott ist (vgl. 41,21–23,26ff; 46,10f; 48,3–8). In 48,8 wird Israels Taubheit, nicht Gottes Schweigen, dafür verantwortlich gemacht, daß sie das Neue, das am Ende des Exils geschehen sollte, nicht wüßten.

Der unterschiedliche Stil der Kap. 40ff könnte nur dann ein Beleg dafür sein, daß Jesaja nicht ihr Autor ist, wenn sich diese Kapitel in einer vergleichbaren Situation an die gleichen Hörer wenden würden wie die Kap. 1–39. Aber wenn Jesaja der Autor dieser Kapitel ist, dann sind sie Werke seines Alters. Sie sind eine geschriebene und keine gepredigte Botschaft. Sie sollen nicht warnen, sondern trösten. Sie sind an eine zukünftige Generation gerichtet und blicken kaum auf die Gegenwart. Das sind erhebliche Unterschiede.

Wenn das ganze Buch von Jesaja geschrieben ist, darf man erwarten, daß sich in Kap. 1–39 gelegentlich Anklänge an den zweiten Teil des Buches finden. Das ist in der Tat so. Gottes Souveränität in der Geschichte, eines der wichtigsten Themen des zweiten Teiles, wird gegenüber Sanherib in 37,26 zum Ausdruck gebracht (701 v. Chr.), und zwar im gleichen Ton und mit den gleichen Ausdrücken wie in den späteren Kapiteln. »Hast du nicht gehört (vgl. 40,28), daß ich es lange zuvor bereitet (vgl. 41,4 MT) und von Anfang an (vgl. 45,21; 46,10) geplant habe (vgl. 46,11 MT)? Jetzt aber habe ich's kommen lassen« (vgl. 46,11; 48,3). Das gleiche Thema wird in 22,1 in ähnlicher Sprache beschrieben. Was den »neuen Exodus« angeht, so ist Kap. 35 mit den eindrucksvollen Abschnitten der Kap. 40ff zu vergleichen (zu denen es dann auch gerechnet wird, um die Theorie der verschiedenen Verfasser zu retten). Außerdem kommen in fast jedem Vers dieses Kapitels die für Jesaja 1–39 typischen Ausdrücke vor. Auch die Visionen des endzeitlichen Friedens in 11,6–9 und 65,25 kann man nicht auseinanderhalten. Es sind wenige Stellen, bei denen die Kontinuität so deutlich ist, wie hier.

Auch im *Wortschatz* finden sich sowohl Unterschiede als auch Verbindungen. Jesaja brauchte für seinen ursprünglichen Auftrag der Warnung Ausdrücke wie: Dornen, Geißel (Plage), Sturm, Überrest. Bei seinem späteren Auftrag zu trösten betonte er Gottes Handeln, der schafft, erwählt und erlöst, dessen Heilswille selbst den »fernsten Inseln«, den »Enden der Erde«, »allem Fleisch« gilt. Als Antwort darauf muß der Prophet einladen, zu jubeln, sich zu freuen und zu singen. Und der Ausdruck »Gerechtigkeit« bekommt jetzt immer mehr den Charakter der Erlösung (s.

Komm. zu 46,12f). Bis in sprachliche Kleinigkeiten hinein schlägt sich der Themenwechsel nieder, denn in den späteren Kapiteln häufen sich die Wörter, die einer Aussage Wärme und Gewicht verleihen, z.B. »sehr«, »nun aber«, »ja«, »siehe« und das betonte Wort für »nicht« (hebr. *bal*) – Wörter, die zumeist auch in Kap. 1–39 vorkommen, allerdings weitaus seltener.

Wenn man die Unterschiede sieht, muß man auch die erhebliche Zahl von Ausdrükken sehen, die in beiden Teilen Jesajas vorkommen, die man aber selten oder gar nicht in anderen Teilen das AT findet. »Der Heilige Israels« (12mal in Kap. 1–39; 13mal in Kap. 40–66) ist das beste Beispiel; aber mit den anderen Ausdrücken für Gott ist es ähnlich. Diese große Zahl von Ausdrücken, die in beiden Teilen Jesajas vorkommen, hat zu der Annahme geführt, daß in Kap. 40–66 ein Kreis von Schülern Jesajas seine Gedanken und seine Sprache durch die Jahrhunderte erhielt.

Was die *Theologie* der Kap. 1–39 und 40–66 angeht, so ist es klar, daß die beiden Teile in verschiedene Situationen hineingesprochen sind und sich deswegen inhaltlich erheblich voneinander unterscheiden. Aber das ist nicht alles: sie ergänzen sich auch. I.A. Motyer (*The »Servant Songs« in the Unity of Isaiah*, TSF Bulletin, Spring 1957, S. 3–7) hat gezeigt, daß innerhalb der Kap. 1–39 die Prophezeiungen eines großen Strafgerichtes in einer beträchtlichen Spannung zu anderen Aussagen und Verheißungen stehen. Kap. 40–66 sind mehr als ein Abschluß, sie sind die Lösung, ohne die die Kap. 1–39 in einer ungelösten Disharmonie enden würden. Und »wenn ein Prophet inspiriert Gottes Wahrheit für seine Zeit verkünden kann . . . dann ist es nicht zuviel verlangt, wenn man feststellt, daß er auch inspiriert sein kann, die Probleme zu lösen, die seine ursprüngliche Verkündigung aufgeworfen hat.«

Wir fassen zusammen: Die Theorie, daß das Buch von mehreren Verfassern stammt (denn das ist die Konsequenz der Zwei-Autorenthese), scheint eine Anzahl von Schwierigkeiten zu lösen, ruft dafür aber andere Schwierigkeiten hervor. Wenn man die gleichen Kriterien auf die anderen prophetischen Schriften anwendet, kann kaum ein Prophet als einziger Autor der unter seinem Namen überlieferten Schrift angesehen werden. Außerdem würde dann vorausgesetzt, daß über Jahrhunderte nicht nur eine Jesaja-»Schule« schöpferisch tätig war, sondern auch ähnliche Gruppen als Nachfolger anderer Propheten. Deren Freiheit, das Werk ihres Lehrers zu erweitern oder anzupassen, steht in ziemlichem Widerspruch zu der Sorgfalt, mit der man sich nicht lange danach bemühte, eben dieses Werk unverändert zu überliefern. Außerdem gibt es für die Existenz solcher »Schulen« keinerlei klare Belege. Wer die Theorie vertritt, daß Jesaja von mehreren Verfassern geschrieben worden sei, muß auch erklären können, wieso schon die frühesten Traditionen das Buch Jesaja nur als Werk eines Verfassers kennen, unter anderem das NT (auch wenn das NT nicht autoritativ zu dieser Frage Stellung nimmt, sondern einfach die zu der Zeit gültige Auffassung teilt).

Damit sollen die deutlichen inhaltlichen und theologischen Unterschiede zwischen den beiden großen Teilen des Buches, Kap. 1–39 und Kap. 40–66 keineswegs verwischt oder wegdiskutiert werden. Doch erscheint die traditionelle Auffassung einer einheitlichen Verfasserschaft insgesamt als die einfachere Lösung gegenüber den Alternativen, die umso komplizierter und unüberschaubarer werden, je konsequenter man die vorgeschlagenen Kriterien anwendet.

Inhalt

Kommentar

1,1–31 Eine kritische Lage

1,1 Der Prophet und seine Zeit

Jesaja bedeutet: »Jahwe (ist) Hilfe«, ein Name, der gut zum »Propheten der frohen Botschaft« paßt. Die Namen der Könige zeigen, daß er wenigstens 40 Jahre lang seine Botschaft verkündete, etwa von 740 v. Chr., dem letzten Jahre Usias (6,1), bis irgendwann nach der Belagerung Jerusalems im Jahre 701 in der Regierungszeit Hiskias, dessen Herrschaft 687/6 endete.

1,2–4 Die große Anklage

Die Anrufung des *Himmels und der Erde* erinnert an die Abschiedsermahnungen Moses in 5Mo 30,19. Das Wort *Kinder* gibt dem Vers einen besonderen persönlichen Klang. Der dritte Spruch Gottes in V. 2b.3 (Ich . . . mir . . . mein) mit dem erklärenden Prophetenwort in V. 4 deckt die eigentliche Ursache der Krise auf: Die Familie Gottes ist von ihm abgefallen. (V. 3 ist im Urtext ohne das *aber* noch eindringlicher und straffer. In V. 4a ist der Sinn wahrscheinlich »Kinder (Gottes), Übeltäter!« – der gleiche Gegensatz wie in V. 2b). Der Titel »der Heilige Israels« kommt fast nur in Jesaja vor, 12mal in Kap. 1–39 und 13mal in Kap. 40–66. Außerhalb Jesajas kommt dieser Titel nur zweimal vor (Jer 50,29; 51,5). Er ist wie ein Echo auf den Ruf der Seraphim (6,3), aber der Abstand, den das Wort »heilig« signalisiert, wird durch die Tatsache gemildert, daß Gott sich selbst Israel geoffenbart hat. Hos 11,9 ließ diesen Gedanken schon anklingen.

1,5–9 Die Verwüstung Judas

Dieser Abschnitt ist entweder ein späterer Spruch Jesajas, der hierher an den Anfang des Buches gestellt wurde, weil er das Hauptthema betrifft, oder er ist eine weite Vorausschau (VV. 7f lassen das als möglich erscheinen, denn der Prophet scheint Dinge zu beschreiben, die nur er sehen kann). In beiden Fällen wirft der Abschnitt ein Licht auf bestimmte Themen, die dem Propheten bei seiner Berufung gegeben wurden, z.B. die Verstocktheit (vgl. V. 5a mit 6,9ff), die Verwüstung (vgl. V. 7 mit 6,11ff), die Rettung der wenigen (vgl. V. 9 mit 6,13). Hier wird der »Rest« zum ersten Mal erwähnt, ein Motiv, das im Laufe der Entwicklung der Prophetie Jesajas eine bedeutende Rolle einnimmt (s. bes. 10,20–22).

5.6 Das ist nicht das Bild eines Kranken, sondern eines Menschen, am ganzen Körper zerschlagen, der noch mehr geschlagen werden will.

7.8 Hier wird die Gleichnisrede aufgegeben, der Prophet spricht im Klartext: Das Land Juda ist von feindlichen Horden zertreten, nur Jerusalem *(Zion)* ist übriggeblieben. Damit ist offensichtlich die Invasion Sanheribs gemeint, die in 2Kön 18,13 beschrieben wird, von deren Folgen Jes 37,30–32 spricht und deren Bilanz auf dem Tonprisma (HZB 280) erhalten ist, auf dem die Eroberung von nicht weniger als 46 ummauerten Städten und »unzähligen Dörfern« berichtet wird und die Zahl von 200 000 Gefangenen genannt wird. *Häuslein* ist ein Schutzdach oder eine kleine Hütte im Feld für die Arbeiter oder Wächter. Wenn das Feld abgeerntet ist, bleibt nur noch diese Hütte. **9** Der ruhmreiche Zion wäre beinahe ausgelöscht worden wie Sodom.

1,10–20 Fromme Verderbnis und Gottes Reinigung

10ff *Sodom* genannt zu werden war Anklage und Strafe zugleich. Als Stätte des Unglücks bedeutete Sodom für die Israeliten das, was Pompeji oder Hiroshima für uns bedeuten (s. auch V. 9). Als Stadt des Übels stand Sodom einzig da – bis Jesaja V. 10 sprach. Hesekiel war gleicher Meinung (Hes 16,48) und auch

Jesus (Mt 11,23), der die Schuld an den Gegebenheiten und Möglichkeiten maß. Von allen prophetischen Anklagen gegen entleerten Gottesdienst (1Sam 15,22; Jer 7,21–23; Hos 6,6; Am 5,21–24; Mi 6,6–8) ist diese die mächtigste, selbst Amos nimmt nicht so heftig gegen leeren Gottesdienst Stellung. Form und Inhalt tragen beide dazu bei. Erst werden die Opfer zurückgewiesen, dann die, die die Opfer darbringen (VV. 11.12); Gottes Ton wird schärfer, aus Abneigung wird Widerwillen; aber die eigentliche Anklage wird bis zum letzten Satz von V. 15 zurückgehalten. Dann folgen Schlag auf Schlag die Befehle, Buße zu tun (VV. 16.17). Sie bilden den Hintergrund für das große Angebot der Erlösung in V. 18–20. Damit ist der Höhepunkt des Textes erreicht.

Gott wendet sich hier nicht gegen seine eigenen Verordnungen, sondern gegen ihren Mißbrauch durch die Unbußfertigen und gegen die Meinung, daß Frömmigkeit und Treulosigkeit miteinander existieren können (V. 13c). Der Vorwurf: »Meine Kinder . . . sind von mir abgefallen« (V. 2ff) und die Anklage »Eure Hände sind voll Blut« (V. 15) hängen genauso eng zusammen wie die beiden großen Gebote (Mt 22,36–40); deswegen muß Buße zugleich ganz praktisch sein (V. 16f) und ganz persönlich (V. 18–20).

18 Es ist auffallend, daß die große Verheißung genauso wie die große Anklage von V. 2ff mit einem Begriff aus der Rechtssprache eingeführt wird: *laßt uns miteinander rechten* (vgl. Hiob 23,7). Gott verlangt die klare Auseinandersetzung. Ergebnis: Nur er kann verändern, was unveränderlich ist, und auslöschen, was unauslöschbar ist. Scharlach und karmesinrot waren nicht nur leuchtende, sondern auch festhaftende Farben. Andere übersetzen V. 18b als Frage, die die Unmöglichkeit unterstreicht (ZÜ). In jedem Fall ist der Aufruf »*Wascht euch!*« (V. 16) nichts als Spott. **19.20** erinnern wieder an 5Mo 30,15–20 (s. Komm. zu 1,2).

1,21–31 Gottes Klage und Entschluß

1,21–23 Die verlorene Reinheit. 21.22 Wie in einem Klagelied (»Wie sind die Helden gefallen im Streit«, 2Sam 1,25; vgl. das »Wie . . .!« von Jes 14,12; Klgl 1,1 usw.) ist das Thema der verlorene Ruhm. Die Bilder fallen vom Erhabenen zum Trivialen (treue (Stadt) – Hure; Recht – Mörder; Silber – Schlacke; Wein – Wasser). Belegt wird nur der moralische Verlust: nicht der Verlust des Reiches Davids oder Salomos, sondern nur ihrer Gerechtigkeit. **23** zeigt auch wieder, daß soziales Unrecht die Folge der Auflehnung gegen Gott ist, wie es auch schon VV. 2 und 17 zeigten.

1,24–26 Das reinigende Feuer. Das Bild aus V. 22 wird wieder aufgenommen, um die verzehrende Seite der Liebe zu zeigen und die barmherzige Seite des Gerichts.

1,27–31 Das zerstörende Feuer. Gottes Trennungsstrich zwischen Freund und Feind, zwischen »Erlösten« und »Vernichteten«, verläuft mitten durch Zion: nicht zwischen Juden und Heiden, sondern zwischen Bekehrten (»die zu ihr zurückkehren«) und Rebellen. Für die letzten ist das Feuer das Ende, nicht der Anfang. V. 31 ist der Schlüssel zu dem Gleichnis von der Eiche und den Gärten (V. 29f). Sie sind Symbole für menschliche Stärke und Organisation, auf die man sein Vertrauen setzt. *Der Starke . . . und sein Tun* sind eindrucksvoll, aber prekär; vgl. Am 2,9. Manche sehen hier einen Hinweis auf Götzen oder Fruchtbarkeitsriten. Die Gärten wären dann die »Gärten des Adonis«, in deren Welken der jedes Jahr wiederkehrende Tod des Gottes dargestellt wird. Vgl. 57,5; 65,3. Die Warnung in V. 13, daß des Menschen Stärke sein eigenes Ende sein kann, hat durchaus einen modernen Klang.

2,1–4,6 Das Jerusalem Gottes und der Menschen

2,1 Die neue Überschrift läßt vermuten, daß diese Sprüche als eigene Einheit im Umlauf waren, bevor sie ihren Platz im Buch Jesajas fanden. Sie unterscheiden scharf zwischen der endzeitlichen Herrlichkeit Jerusalems und seinem gegenwärtigen Zustand.

2,2–5 Die Stadt Gottes

Hier wie in dem fast gleichlautenden Abschnitt Mi 4,1–5 wird die Einzigartigkeit Zions darin gesehen, daß der Herr in ihr ist (vgl. Ps 68,15f, wo höhere Berge den Zion neidisch ansehen); und das ist auch der einzige Ruhm der Gemeinde. Zion zieht die Menschen an (VV. 2c.3a), zwingt sie nicht. Was er braucht, ist Gottes kompromißlose Wahrheit und Herrschaft (VV. 3b.4a; vgl. 42,4). Der idyllische Abschluß dieses Prophetenspruches (V. 4b.c) kann nicht von seinem Anfang gelöst werden, sonst bleibt nichts übrig als die bittere Karikatur dieses Bildes in Joel 4,9f. Sowohl hier in V. 5 als auch in Micha endet die Vision mit einem Aufruf, nicht von einer zukünftigen Welt zu träumen, sondern hier und heute mit dem Leben auf den Anspruch Gottes zu antworten.

Vielleicht hatte Jesus diesen Abschnitt im Kopf, als das Kommen der ersten Heiden ihn zu seiner Prophetie von der Erhöhung veranlaßte, daß er alle nach sich ziehen würde. (Jh 12,32. Es findet sich dort, nur mit einer reicheren Bedeutung, das gleiche Verb wie in Jes 2,26 LXX).

2,6–9 Die Stadt des Mammon

Juda ist voll von Aberglauben (V. 6); ein Bündnis nach dem anderen wird geschlossen (V. 6c); Wohlstand, Waffen (V. 7b) und Götzen (V. 8) gibt es mehr als genug. Damit ist Juda genau das Gegenteil zu dem Licht der Völker, als das es am Anfang dieses Kapitels dargestellt wurde. Die Beschreibung der Zustände paßt gut in die erste Zeit des Wirkens Jesajas, etwa unter Jotham oder Ahas, also zwischen der Zeit des Wohlstandes unter Usia und den Reformen Hiskias. Das Land hat alles – außer Gott (V. 6a). **6** Die Philister waren für Wahrsagerei bekannt, vgl. 1Sam 6,2ff; 2Kön 11,2ff. **7** Zum hier beschriebenen Materialismus s. 5Mo 17,16f. **8** Das Wort für *Götzen* (Hebr. *'elilim*) wird von Jesaja häufig benutzt, vielleicht weil es identisch ist mit dem Adjektiv »wertlos« (vgl. Hiob 13,4). **9** *Mensch* und *Mann* wird in Ps 49,3 mit »einfache Leute und Herren« übersetzt. Die Ausdrücke kommen in V. 11 und V. 17 wieder vor und bedeuten wohl schlicht »jedermann«.

2,10–22 Der Schrecken des Herrn

Die unheildrohenden Kehrverse (VV. 10b.19b.21b; 11 und 17) und die Gewalt der verwendeten Bilder machen diesen Abschnitt zu einem Gedicht von außergewöhnlicher Gewalt. Es führt das »hoch und erhaben« aus der Berufungsvision Jesajas (6,1) aus. Diese Verse liefern die stärksten Argumente gegen alles Sich-Verlassen auf irdische Macht, das eine immer wiederkehrende Thema der Prophetie Jesajas. Die Tatsache, daß der »Tag des Herrn Zebaoth kommen wird« (V. 12), gibt Jesaja den gleichen Blick nach vorne wie ihn Paulus hatte (Apg 17,31) – heute steht die Kirche in der Gefahr, diesen Blick zu verlieren. In diesem Abschnitt ist mit dem Tag des Herrn eindeutig der letzte Tag gemeint, nicht irgendeine dazwischenliegende Katastrophe. Die Apokalypse in Kap. 24–27 wird sich ausführlicher mit diesem Thema beschäftigen. In V. 13–18 führt Jesaja all die »hohen Dinge« an, auf die sich der Mensch verlassen könnte: im Bereich der Natur (VV. 13.14), der Verteidigungsanlagen (V. 15), Technik und Kultur (V. 16 s.u.) und vor allem beim Mensch selbst und der von ihm gemachten Religion (VV. 17.18). Der letzte Abschnitt ist noch eindrucksvoller: wie Offb 6,15ff eine Szene der Eile und der Flucht, die erst das rechte Licht wirft auf die Geduld Gottes, der uns in einem Augenblick dazu veranlassen könnte, in Schande zu flüchten und das wegzuwerfen, was er uns schon so lange abzulegen befohlen hatte (V. 20).

16 *Schiffe im Meer . . . kostbare Boote:* Mit den *Schiffen im Meer* sind die Handelsschiffe gemeint, die zur Erzstadt Tarsis fuhren (vgl. EÜ; auch Ps 48,8 und Komm. zu 1Kön 8,22; vgl. auch Jes 23,6). Mit *Tarsis* kann ein Schmelzwerk gemeint sein. *Kostbare Boote:* ein seltenes Wort; ZÜ übersetzt *köstliche Schaustücke*, vgl. EÜ. Doch ist wohl LÜ (vgl. EinhÜ) der Vorzug zu geben. **22** fehlt in der LXX, aber er erfüllt genauso wie V. 5 die wichtige Aufgabe, Vision in Handlung umzusetzen. Der Hinweis auf die Schwäche des Menschen bereitet auf das nächste Kapitel vor.

3,1–15 Gericht durch Verfall

In Kontrast zum vorigen Kapitel ist hier alles ärmlich. Die Armut drückt ein Volk, das keine Ideale mehr hat, und zerstört alles. Diese Armut hat zwei Seiten: Mangel an materiellen Dingen (Lebensmittel und Wasser V. 1; Kleidung V. 7) und an Führung (V. 2ff). Für Teile Judas wurde diese Prophetie schon Wahrheit, nachdem die Assyrer das Land geplündert und eine große Zahl Menschen in die Gefangenschaft geführt hatten (s. Komm. 1,5–9), aber ganz erfüllt wurde sie erst ein Jahrhundert später, als Nebukadnezar die gesamte Oberschicht nach Babel in die Gefangenschaft führte (2Kön 24,14) und ein absolut schwaches und verantwortungsloses Regime zurückließ.

2.3 Diese Verse vermitteln uns einen guten Einblick, wer die Führungsschicht der Gesellschaft zur Zeit Jesajas bildete und wie sie von Betrügern durchsetzt war *(Wahrsager, Zauberer, Beschwörer)*. **4ff** Aber so schlecht wie diese Leute auch über das Land herrschen, es wird noch schlimmer kommen: zuerst nackte Unfähigkeit und daraus folgende Anarchie (V. 4f), danach eine so verzweifelte Lage, daß Besserung nicht mehr möglich scheint (V. 6–8). *Knaben und Buben* (ZÜ) in V. 4 mögen im übertragenen Sinne gemeint sein, so wie die »Kinder« und »Frauen« in V. 12. *Trümmerhaufe* (V. 6) ist wohl wörtlich zu nehmen. Obwohl Jesaja die Versicherung gab, daß Sanherib Jerusalem nicht erobern würde (37,33ff), sah er genauso deutlich wie Micha, daß die endzeitliche Herrlichkeit Jerusalems (2,2ff) erst nach seiner Zerstörung eintreten würde (22,4f; 32,14; 39,6; vgl. Mi 3,12; 4,1ff). Jesaja hat nie gelehrt (obwohl das oft behauptet wird), daß Gott in jedem Fall seine Stadt schützen würde. Erstaunlicherweise wird der in V. 6 und 7 geschilderte absolute Niedergang auf die gegenwärtige Selbstsicherheit zurückgeführt. **8.9** Was als Freiheit des Denkens und als moralischer Wagemut beeindruckt, ist in Wirklichkeit nicht nur eine Beleidigung Gottes, der die einzige Quelle des Ruhmes ist (wie der Schlußsatz von V. 8 deutlich macht), sondern läßt dem Menschen am Ende nichts, woran er noch glauben könnte. Nachdem der Skeptiker sich ausgetobt hat, bleibt er gestrauchelt zurück in der Wüste, die er selbst mitgeschaffen hat. **13–15** geben das Urteil über die Zeitgenossen wieder, die den tödlichen Prozeß in Bewegung gesetzt haben. Kap. 5 wird dieses Thema ausführlicher behandeln; das Urteil ist das gleiche.

3,16–4,1 Sacktuch statt Seide

Trivialität wurde nie so erbarmungslos zur Schau gestellt oder so abrupt zur Tragödie. Selbst die ersten Verse sind erschütternd, wenn man sie auf dem in V. 15 beschriebenen Hintergrund sieht, was dieser Reichtum das Volk kostete. Man braucht nicht zu karikieren: Die 21 Luxusartikel (V. 18–23) sind schon ein kleines Königreich für sich. Sie können den Menschen voll beschlagnahmen, aber – wie überaus vergänglich sind sie. Die schreckliche Veränderung (3,24–4,1) hat sich oft abgespielt. In V. 25f wird das Schicksal Einzelner zum Symbol für das Schicksal ihrer Heimatstadt – ein Bild, das später sowohl von Babylon als auch von Jerusalem gebraucht wird (47,1ff; 52,2).

Obwohl der in diesem Abschnitt genannte Tand uns heute fremd erscheinen mag, hat jede Generation – und beide Geschlechter – ihre eigenen Absurditäten, die alles andere verdrängen können. Im Zusammenhang dieses Kapitels zeigen sie uns neu eine Seite der irdischen Herrlichkeit, nämlich ihre Leere. Sie muß vor der Herrlichkeit Gottes zuschanden werden, die im nächsten Abschnitt aufleuchtet.

4,2–6 Die kommende Herrlichkeit

Der Grundton dieses Abschnittes: die Erlösung ist die andere Seite des Gerichtes. Israels Herrlichkeit muß neu wachsen nach der Zerstörung, Heiligkeit muß aus der verzehrenden Reinigung kommen; sie muß die der »Schekina« Gottes sein, seiner sichtbaren Gegenwart, wie in den Tagen des Auszuges.

2 *Sprießen läßt . . . Frucht des Landes.* In beiden Bildern geht es um neues Wachstum, nachdem das Gericht all die gegenwärtige Herrlichkeit Israels weggefegt und nur noch wenige Überlebende übriggeblieben sind. Jesaja hat hier die erneuerte Gemeinschaft im Sinn; später wird deutlich werden, daß *ein* Mensch in ganz besonderem Maße dieser Sproß sein wird (Jer 23,5; Sach 3,8; 6,12; vgl. ähnliche Ausdrücke in Jes. 11,1).

3 Hier geht es um Einzelne. Zum neuen Israel wird nur gehören, wer selbst heilig und errettet ist. Zum letzten Teil des Verses vgl. 2Mo 32,32; Hes 9,4. Aber **5** zeigt eine Gemeinschaft, die sich in einem ganz anderen Geist versammelt, als in 1,13 beschrieben, und die unter der Herrlichkeit Gottes geborgen ist. Diese Herrlichkeit wird jetzt nicht nur, wie in der Wüste (s. Komm. zu 2Mo 13,21), über dem Heiligtum sein, sondern über allen, da ja jetzt alle heilig sind. **6** vgl. 25,4f.

5,1–30 Der unfruchtbare Weinberg

Dieses Kapitel ist ein in sich geschlossenes Stück, hat aber vieles gemeinsam mit den vorhergehenden Kapiteln. Das Bild vom Weinberg wird in 3,14 verwendet, die Erniedrigung der Hoffärtigkeit in 5,15 berührt sich mit 2,9, und es werden Sünden der Gesellschaft angeprangert, die in den vorherigen Kapiteln schon genannt wurden. Kapitel 5 bringt die lange Ouvertüre des Buches Jesaja zum Höhepunkt.

5,1–7 Das Gleichnis

Dieses Gleichnis ist ein Meisterstück. **1** Die Einführung des Gleichnisses als Liebeslied läßt den Hörer aufhorchen. Beim *Weinberg,* wie beim mit Mauern umgebenen Garten im Hohenlied, denkt man an eine Braut und ihre Schönheit, bewahrt für ihren Bräutigam. **3.4** Dann werden die Hörer wie von einem Kontrapunkt getroffen, wenn der Sänger an ihr Urteil appelliert – mit dem Ergebnis, daß sie wie David vor Nathan (2Sam 12,1–7) ihrer eigenen Verurteilung zugestimmt haben (s. auch Mt 21,40–43). **7** Der letzte Vers, straff wie ein Epigramm, faßt die Anklage noch einmal zusammen. Er ist im Hebr. ein doppeltes Wortspiel, das LÜ, ZÜ und EinhÜ in je verschiedener Weise wiederzugeben versuchen. Dieses Gleichnis zeigt wie kaum eine andere Stelle die Sinnlosigkeit und Unentschuldbarkeit der Sünde: Wir Menschen suchen nach irgendeiner Erklärung, warum »der Weinberg keine Frucht brachte«, – es gibt einfach keine. So unberechenbar sind die Menschen.

5,8–23 Die sechsfache Wehe

Die »wilden Trauben Judas« werden hier gezeigt, wie sie sind: Die Weherufe folgen immer schneller aufeinander, um den Eindruck wachsender Heftigkeit zu vermitteln. 1,12–17 klingt an. Was hier genannt wird, ist keine umfassende Beschreibung, nur eine Auswahl. Sie ist auf das bei Jesaja immer wiederkehrende Thema der Selbstherrlichkeit des Menschen und seines Falles ausgerichtet. Deswegen nennt er hier hauptsächlich die Sünden der Großen und Mächtigen.

Jesajas Attacke ist scharf. Die Mächtigen werden dargestellt wie in einem Porträt. Jeder kann sie sehen. Sie werden dargestellt als Ausbeuter (V. 8–10), Lebemänner (V. 11f; vgl. V. 22f) und Spötter, und die einzigen Werte, auf die man sich bei ihnen verlassen kann, sind die, die in Geld meßbar sind (V. 18–23).

5,8–10 Ausbeuter. Das Gesetz über den Grundbesitz, das Naboth mit seinem Leben verteidigte (3Mo 25,33; 1Kön 21,3), ist nur noch ein Stück Papier. Aber ihr Hunger nach noch freiem Land soll erfüllt werden: Nach der Katastrophe wird es genug davon geben! **10** *Eimer* hebr. *bath* (EÜ), ein Hohlmaß für Flüssigkeiten, das genau wie das *epha*, der Scheffel (für trockene Dinge) knapp 40 *l* faßt. Mit *Malter* (ZÜ) ist das hebr. *homer* (s. EinhÜ) übersetzt, das 10 *epha* (Scheffel) faßt (Hes 45,11). Die Ernte bringt also nur einen Bruchteil des Saatgutes.

5,11–17 Lebemänner. Die Ablehnung, nachzudenken und den Tatsachen Gottes ins Auge zu sehen, ist für die Propheten Grund für das Anathema (vgl. Hos 4,6; Am 6,1–7; Jer 8,7), ganz gleich, ob diese Ablehnung Gestalt gewinnt in Religion, die zu leerer Form geworden ist, in Sophisterei (5,20f), in Okkultismus (8,19f) oder im Säufermilieu, das hier beschrieben wird. Das Urteil über diese Sinnesmenschen ist das gleiche wie über die modebesessenen Frauen in 3,16ff. Sie werden das einzige, für das sie gelebt haben, verlieren (V. 13b) und verschlungen werden von etwas, das einen noch unersättlicheren Appetit hat als sie (V. 14). **14** *Totenreich*, s. Komm. zu 14,9; 38,10.18.

5,18–23 Spötter. Da das Hebräische oft für die Sache und ihre Folgen das gleiche Wort benutzt, kann V. 18 bedeuten: »die Strafe herbeiziehen (über sich selbst) . . ., die Vergeltung bringen (über sich selbst) . . .« (vgl. den hebr. Text von 1Mo 4,13; Sach 14,19). Der nächste Vers scheint dieses Verständnis zu bestätigen. Die andere Möglichkeit ist, daß es sich hier um eine bewußt eigenartig formulierte Metapher handelt, da der Spötter in seiner Perversität nicht irgendwie in die Sünde hineingezogen wird, sondern sie mit Begeisterung über sich zieht, um sie ja nicht zu versäumen. Solche »furchtlosen Denker« gibt es fast in jeder Generation ob sie gotteslästerlich sind (V. 19), verdorben (V. 20) oder sich nur für allwissend halten (V. 21). Sie machen eine genauso eindrucksvolle Figur wie die furchtlosen Trinker in V. 22 und die »Realisten« aus V. 23, die so gut den Wert des Geldes kennen.

5,24–30 Gottes Aasgeier

24.25 Das wiederholte *darum* zeigt, daß das Gericht doppelt unausweichlich ist, einmal als logische Folge des Unrechts (V. 24), zum anderen wegen des gerechten Zornes Gottes (V. 25). Und wenn Gott straft, ist immer beides wirksam. Die *ausgereckte Hand* kommt wieder vor in 9,12.17.21; 10,4. Daß sie hier vorkommt, könnte daran liegen, daß VV. 25–30 durch einen Irrtum eines Abschreibers hierher geraten sind (s. Anm. in LÜ), ist aber wohl eher zu verstehen als ein Schatten des nahenden Sturmes. Damit wird dieses Kapitel des Gerichts mit den folgenden verbunden.

26–30 Dieses Heer von schreckenerregender Präzision und Wildheit, Maschine und wildes Tier zugleich, ist die Armee Assyriens. Aber diese Macht, die größte ihrer Zeit, untersteht dem Wink und Ruf des Herrn (V. 26) – ein geringer Trost für den Rebellen, für den diese Kapitel ohne Hoffnungsschimmer enden.

6,1–13 Die Berufung des Propheten

Erst jetzt wird die Berufungsvision des Propheten beschrieben, so dringlich war der vorausgehende Ruf zur Buße. Und so notwendig waren die detaillierten Schilderungen des Zustandes Israels in diesen Kapiteln, um zu zeigen, was Jesaja zu seinem Bekenntnis brachte (V. 5), und um den Zusammenhang des Gebotes der Verstockung (V. 9f) zu zeigen: Gottes unausweichliche Heiligkeit und einzigartige Majestät; die Herrlichkeit, die er befohlen hat, und die deswegen nötige Beseitigung alles, was hindert; die Reinigung der Bußfertigen und das neu aufbrechende Leben, das trotzdem aus der Wurzel Israels hervorbrechen wird.

1 *König Usia* starb, wie 1,1 zeigt, nach der Berufung Jesajas, nicht vorher. Vielleicht hat der Tod Usias nicht nur die Bedeutung, die Berufungsvision zu datieren: er starb als Aussätziger, weil er Gottes Heiligkeit mißachtet hatte (2Chr. 26,16ff; vgl. Jes 2,17). Daß hier von Thron und Tempel und von Gott als dem »König« (V. 5) die Rede ist, läßt manchen Ausleger an ein »Thronbesteigungsfest Gottes« denken (s. Einleitung zu den Psalmen, S. 539–541), aber es gibt keine klaren Belege dafür. Die Wichtigkeit dieser Bilder liegt in jedem Fall darin, daß sie zeigen, wem sich jede menschliche Autorität beugen muß.

2 *Seraphim:* »die Feurigen«, eine treffende Bezeichnung für die Schlangen in 4Mo 21,6.8 und Jes 14,29b; 30,6. Hier sind diese geflügelten Geschöpfe menschenähnlich (Hand, V. 6). In der Beschreibung geht es darum, die Heiligkeit Gottes zu betonen, in dessen Gegenwart selbst die Reinen und Sündlosen nichts sind, weder tauglich, ihn zu sehen noch von ihm gesehen zu werden (V. 2b), aber flink, ihm zu dienen (Ende von Vers 2), und nie müde, ihn zu preisen (V. 3). **3** So kurz ihr Lied ist, es ist wie Donner (V. 4). In der ersten Zeile werden die Natur Gottes (heilig), sein Name (Jahwe) und seine Macht proklamiert (*Zebaoth*, hebr. *zeba'ot*, meint die Heere oder Kräfte, die ihm im Himmel wie auf der Erde zur Verfügung stehen) und in der zweiten Zeile die Weite und die Art seiner Herrschaft. *Ehre*, Herrlichkeit, ist die Ausstrahlung seines Wesens, also seiner Heiligkeit. *Alle Lande:* die ganze Erde, nicht nur Israel, wurde durch ihn und für ihn gemacht. Die ungeheuren Auswirkungen dieser Tatsache für Gericht und Erlösung sind in 4Mo 14,21ff; Jes 11,9; 40,5; Hab 2,14 beschrieben. *Voll:* vgl. zum Thema der Fülle auch VV. 1 und 4.

4.5 Das Beben, der Rauch und der Schrekken erinnern an die Gottesoffenbarung am Sinai (2Mo 19,16–18) und lassen an das Endgericht denken: vgl. dazu Hebr 12,18–29; bes. wichtig auch Mt 5,8. Grundlegend für Jesajas Botschaft ist sein Bewußtsein, daß er als einer spricht, der genauso schuldig ist wie die, denen er Leben und Tod anbieten wird, aber dem vergeben worden ist.

6.7 Charakteristisch für seine Botschaft ist auch, daß Gericht die Grundlage der Reinigung ist: der feurige Bote und die glühenden Kohlen lassen auf den ersten Blick an alles andere denken als an Errettung (vgl. 1,25; 4,4). Aber sie kommen doch von dort, wo die Opfer dargebracht werden, und sie sprechen die Sprache der Versöhnung (*gesühnt*, hebr. *kpr*). Die *glühende Kohle* steht für den Altar in seiner Gesamtheit, von dem sie genommen ist, die Strafe für die Sünde wurde durch einen Stellvertreter getragen. Mit der Kohle als dem Symbol der Vergebung werden die Lippen Jesajas berührt, er erhält damit dort, wo es am nötigsten ist, persönliche Vergebung.

8.9 Jesajas *Hier bin ich, sende mich!* ist doppelt bedeutungsvoll: Einmal im Gegenüber zu seiner vorhergehenden Verzweiflung (V. 5) und auch als Kontrast zur Schüchternheit etwa eines Mose oder Jeremia, zum anderen darin, daß Jesajas menschliches Wort im himmlischen Hof anerkannt wird (vgl. 1Kön 22,19ff, aber auch Offb 5,1ff). **10–13** Das Wort von der Verstockung, das im NT wenigstens sechsmal ganz oder teilweise zitiert wird (z.B. Mt 13,14f; Apg 28,26f) muß bis zum Schluß (V. 11–13) gelesen werden; in diesen Versen wird deutlich, daß das Gericht den Boden vorbereitet für neues Wachstum. Jesaja führte den Auftrag, blind und taub zu machen, durch Verkünden der Wahrheit aus, nicht durch ihr Verschweigen. Gott teilt hier dem Propheten mit, daß sein Auftrag auf eine Entscheidung hinführt: Das sündige Israel ist soweit gekommen, daß das Gericht unvermeidbar ist, wenn es jetzt noch einmal die Wahrheit ablehnt. Der Prophet steht in einem Dilemma: Er kann den Sünder nur retten durch die Wahrheit, deren Ablehnung ihn verdammen wird.

13 *Ein heiliger Same . . .:* Dieser letzte Satz, der Hoffnung bietet (vgl. Hiob 14,7–9; Jes 11,1), fehlt in LXX, findet sich aber in der Jesajarolle von Qumran (1QIs[a]), und es ist unvorstellbar, daß Jesajas Botschaft von dem göttlichen treuen Rest im Gegensatz zu dem Auftrag stehen sollte, den er bei seiner Berufung erhielt. Statt des »Samens der Übeltäter« von 1,4 (EÜ) wird ein *heiliger Same* übrigbleiben – eine gewaltige Verheißung sowohl im Licht von V. 3 im Blick auf die Heiligkeit als auch im Lichte der immer wiederkehrenden Verheißungen des siegreichen »Samens« (1Mo 3,15; 22,18 usw.; Gal 3,16).

7,1–12,6 Sturm und Sonne: Assur und Immanuel

Nach dem in 7,14; 8,8 verheißenen Kind nannte man diese Kapitel »Das Buch des Immanuel«. Seine Herkunft, seine Wesensart und seine Herrschaft werden in 9,1–7 und 11,1–10 dargestellt. Sie stehen in verheißungsvollem Gegensatz zu lokaler Bedrohung (7,1ff) und weltweiter Zerstreuung (11,1ff). Diese Weissagungen haben ihren Ursprung in einer Krise der damaligen Zeit. Sie reichen jedoch weit darüber hinaus bis in die letzten Tage (8,23) und umfassen die ganze Welt (11,9f; 12,4f).

7,1–17 Jesajas Aufruf an den König Ahas

7,1–9 Der Ruf zum Glauben. Im Jahr 735 v. Chr. versuchen Israel und Syrien verzweifelt, ihre Nachbarn zu einem Bündnis gegen das alles unterwerfende Assur zusammenzuschließen. Juda weigerte sich, beizutreten. Daraufhin griffen die beiden Staaten an (sog. syrisch-ephraimitischer Krieg), um den König Ahas von Juda abzusetzen und durch ihren eigenen Mann, ben Tabeal, zu ersetzen (V. 6).

3 Jesajas Einspruch inmitten der allgemeinen Angst und Aufregung ist eindrucksvoll und bedeutsam. Sein Sohn *Schear-Jaschub* (»ein Rest wird sich bekehren bzw. umkehren«) ist ein lebendiger Vorbote des Gerichts und der Errettung (s. Komm. zu 1,27; vgl. 8,18). Schon der Platz, an dem sich die beiden trafen, sollte eines Tages zeigen, wie gefährlich der Kurs war, den der König eingeschlagen hatte (vgl. 36,2). 4 Vor allem ist die Aufforderung: »Hüte dich und bleibe still; fürchte dich nicht und dein Herz sei unverzagt« der erste einer langen Reihe von Aufru-

fen, die wegführen wollen vom Intrigenspiel hin zum Vertrauen auf Gott (vgl. V. 9b; 8,12.13; 28,16; bes. 30,15). Der Appell war insgesamt gesehen keineswegs unvernünftig: Syrien und Israel, *die beiden Brandscheite, die nur noch rauchen*, würden sehr bald ausgelöscht sein. Syrien wurde schon 732 unterworfen. Israel verlor seine nördlichen Gebiete schon 734. 722 wurde der Staat Israel dann ganz ausgelöscht. Sogar seine völkische Identität ging verloren, denn im alten Staatsgebiet Israel wurden im Laufe der Zeit immer wieder fremde Volksgruppen angesiedelt. Diese Politik reichte bis in die Tage Asar-Haddons (vgl. Esr 4,2). Am Ende von dessen Regierungszeit (669) war Israel tatsächlich »nicht mehr ein Volk« (V. 8b).

7b–9a Der Eindruck entsteht, daß Juda unter dem Schutz des alleinigen Gottes steht, während seine Feinde unweigerlich Menschen untertan sind und zwar solchen, deren Namen nicht wert sind, überhaupt genannt zu werden. **9b** Dieser Aufruf zum Glauben ist der Höhepunkt der Predigt Jesajas. Jesaja benutzt ein Wortspiel: *'im lo' ta'aminu ki lo' te'amenu*, wörtl. »wenn ihr nicht glaubt, werdet ihr nicht sicher (fest, dauerhaft) sein«. LÜ, ZÜ, EinhÜ geben beides, Wortspiel und Inhalt, einigermaßen wieder.

7,10–17 Das Zeichen des Immanuel. 11.12 Ahas wird es freigestellt, zu entscheiden, welches Zeichen Gott schenken soll. Der Aufruf zum Glauben richtete (und richtet) sich zuerst an den Willen (vgl. Jh 7,17). Ahas lehnte dieses Angebot glatt ab und damit Gott selbst. Er hatte sich schon entschieden. Glaube, Vertrauen spielte in seiner Religion keine Rolle (vgl. 2Kön 16,3ff.10ff), auch nicht in seiner Politik. Mit seinen heuchlerisch-frommen Worten (vgl. V. 12 mit 5Mo 6,16) verbarg er nur seinen Plan, seine Feinde auszuschalten, indem er sich mit dem größten von ihnen verbündete (vgl. 2Kön 16,7ff). Was für ein Freund Assyrien sein würde, deutet Jesaja in V. 17 an, und in V. 18–25 zeichnet er das Bild noch klarer.

13ff. Gott hat sich freilich sein eigenes Zeichen gesetzt, das einer viel weiteren Hörerschaft (ihr) als nur Ahas gilt (es bezieht sich auf das ganze Haus Davids), und das über eine bloße Machtdemonstration weit hinausgeht. Denn es hat eine weitreichende, geschichtliche Bedeutung. Die im Zusammenhang damit genannten Einzelheiten sind z.T. Zuspruch (V. 16), z.T. Warnung (V. 17); *Butter und Honig* sind als Zeichen ein wenig rätselhaft, einerseits Symbole natürlicher Fülle, des Wohlergehens (vgl. V. 15 und 22 mit 2Mo 3,8), andrerseits Symbole des entvölkerten (V. 22b) und unbebauten (V. 23–25) Landes. Aber das eigentliche Zeichen ist Immanuel (d.h. *Gott mit uns*). Wer er ist, wird nicht gesagt. Es wird sich in 9,6f und 11,1ff zeigen. Es genügt zunächst, daß Gott nach der Geburt eines Kindes Ausschau hält, während der König ein Heer ins Land ruft.

Wie das Zeichen mit der Krise zusammenpaßt, hat zu mancherlei Erörterungen geführt. Als ausschließliche Weissagung auf Christus (vgl. Mt 1,22f) liegt es wohl zu fern, um Ahas direkt anzusprechen. Dennoch galt das Zeichen dem bedrohten Haus David (V. 6.13 – vgl. oben). Die Erwartung eines zukünftigen Prinzen – sie allein wirkte in dieser Situation schon beruhigend und hoffnungsvoll. Vgl. 37,30; 2Mo 3,12; Röm 4,11 für Zeichen, die den Glauben zwar unterstützen, ihn aber nicht erzwingen. S. auch Komm. zu 8,1–4. Gott könnte aber das Fernliegende durch das angedeutet haben, was sich in der unmittelbaren Nähe abspielt. Einige Ausleger sind der Meinung, daß das Zeichen eine Bedeutung für die besondere geschichtliche Situation damals hatte. (a) Es sollte die Zeit angeben, die es dauert, bis das Land verödet sein wird: V. 16. Sie ist so lang wie die Zeit, die ein Kind, das jetzt empfangen wird, braucht, um das Alter zu erreichen, in dem es selbst entscheiden kann. (b) Andere Ausleger sind der Ansicht, daß die eigentliche Bedeutung des Zeichens im Namen des Kindes liegt (»Gott mit uns«), den eine Mutter damals aufgrund der Ereignisse ihrem Sohn geben würde – im Gegensatz zu Ikabod (vgl. Komm. zu 1Sam 4,21). Für diese beiden Auslegungen ist die Herkunft des Kindes ohne Bedeutung. (c) Wieder andere sind der Überzeugung, daß die Stellung des Kindes den Ausschlag gibt. Eine königliche Geburt ist nun einmal ein Hoffnungszeichen. (Das Kind kann übrigens nicht Hiskia sein, der bereits einige Jahre vorher geboren wurde.)

Diese verschiedenen Möglichkeiten schließen sich nicht gegenseitig aus. Sie stehen auch nicht in Konflikt mit der fernen Voraussage der Geburt Christi. Das prophetische Wort kann mehrere Sinnebenen haben, da es sich in die jeweilige Zeit und Situation hineingibt und hier jeweils neu verstanden sein will.

14 *Jungfrau* ist »junger Frau« (vgl. ZÜ) vorzuziehen, denn es hat die Unterstützung der LXX und erscheint auch in Mt 1,23. Das dem Hebräischen am besten entsprechende deutsche Wort ist freilich »Mädchen«. In 1Mo 24,43 beschreibt das hebr. Wort eine mögliche Braut; in 2Mo 2,8 bezieht es sich auf die junge Miriam. Das Wort beschreibt zwar nicht direkt Jungfräulichkeit, setzt sie aber voraus. Eine verheiratete Frau ist dem, was das Wort meint, entwachsen. Vor seiner Erfüllung im

NT wäre freilich der wunderhafte Gehalt kaum bemerkt worden. Es läßt sich nicht eindeutig klären, ob präsentisch »ist schwanger« oder futurisch »wird schwanger werden« zu übersetzen ist. Die hebr. Partizipien lassen eine solche Unterscheidung nicht zu. **15** Das hebr. Wort für »bis« kann zeitlich (»bis«) oder final (»damit«) gemeint sein.

7,18–8,22 Das Ergebnis der Wahl

7,18–25 Die Invasion und die Folgen. Die beiden Bilder in V. 18–20 malen die beutegierigen Soldatenhorden nicht nur als grausames Zukunftsbild aus. Es bleibt kein Zweifel, daß es sich um eine göttliche Strafe handelt. Das Thema wird in 10,5ff weiter entfaltet.

20 Zum *gedungenen Schermesser* vgl. Hes 29,18–20. Die ganze Ironie liegt darin, daß Ahas meint, er selbst hätte das Schermesser erworben.

21–25 Der eigentliche Vergleichspunkt ist das traurige Schauspiel, daß das verheißene Land zur Wildnis wird, weil keine Israeliten zum Bebauen da sein werden. Seine Fülle an Naturalien (V. 22) läßt die dünne Besiedlung so recht deutlich werden. Der verwilderte und verkommene Zustand des Landes weist auf den allgemeinen Niedergang hin. Die Silberstücke (V. 23) sollen den früheren Wert der Weinstöcke deutlich machen. Auch eine zerfallene Kirche, die sich nur noch ererbter Herrlichkeit rühmt und ihren Verpflichtungen nicht mehr nachkommen kann, kann sich in diesem Bild wiederfinden.

8,1–4 Das Zeichen des Raubebald-Eilebeute. Obwohl das Immanuelzeichen (7,14ff) auf das Endzeitgeschehen hinwies, beinhaltete es auch eine Zusicherung für die unmittelbare, nächstliegende Zukunft. Gleich wann der Immanuel geboren wurde, die jetzige Bedrohung würde vorüber sein, bevor er ihrer auch nur ansichtig werden konnte. Aber der Zeitpunkt seiner Geburt war noch nicht bekannt gegeben worden. Damit war das neue Zeichen erforderlich. Es betrifft nur die zeitgenössische Szene, wobei es sich bes. mit den dunkleren Seiten befaßt. Dieses Kind würde durch seinen Namen ein bleibendes Zeugnis für Gottes Prophezeiungen sein. Der Name beschreibt das Schicksal der Feinde vor dem Tor (V. 4 vgl. 7,16). Er bezeichnet aber auch Assurs nächstes Opfer, das niemand anders als Juda selbst sein würde (7,17). Die sorgfältige Beglaubigung durch Zeugen (V. 2) erweckte einerseits Aufmerksamkeit. Andererseits wurde so sichergestellt, daß der Name dem Ereignis vorausging. Für ein ähnliches Vorgehen vgl. 30,77f.

8,5–8 Gottes still fließendes Wasser und der reißende Strom Assurs. Da *Siloah* (vgl. Jh 9,7) nur ein anderes Wort für Kanal ist (hier handelte es sich wohl um ein offenes Aquädukt und noch nicht um Hiskias Tunnel, der noch gar nicht gebaut war), hat wahrscheinlich die Begegnung mit dem König bei der Wasserleitung (7,3) das Bild von Gottes stiller Hilfe entstehen lassen. Indem Juda das Böse herbeirief, um Böses zu bekämpfen, begab es sich in das Bett eines Stromes, den es selbst entfesselt hatte. Das Land, das Juda damit gefährdete, war das Immanuels. In dem Ausdruck *bis an den Hals* (V. 8) steckt sowohl ein Hoffnungsfunke als auch eine Drohung. Um Immanuels willen ist eine Grenze gesetzt (vgl. 10,24ff).

8,9–15 Gott, unsere Zuflucht oder unser Ruin. 9.10 Diese glänzend trotzigen und herausfordernden Verse sind die Antwort des Propheten auf die Bedeutung des Namens Immanuel: Gott ist mit uns. Zugleich ist es seine Reaktion auf Gottes Druck *(als seine Hand über mich kam)*, der will, daß das Volk sein Denken und Reden ändert und die Angst verliert, indem es auf Gottes Wort hört und sich um ihn schart (V. 12). **12a** *Verschwörung* könnte sich einmal auf die Furcht einflößende Koalition beziehen, von der in 7,2 die Rede war. Andrerseits könnte es einfach Bündnis (Allianz) bedeuten und der Begriff sein, den Ahas selbst für sein Zusammengehen mit Assur benutzte. In diesem Fall sagt Jesaja damit: »Was ihr Bündnis nennt, ist nicht einmal den Namen wert«; d.h. ihr sollt weder Assur vertrauen noch Syrien fürchten. Vertraut und fürchtet Gott.

12b.13a werden in 1Petr 3,14f zitiert (wo auffälligerweise Jesus mit dem Herrn Zebaoth, dem Herrn der Heerscharen identifiziert wird). Zur Aufforderung einer veränderten Blickrichung vgl. Röm 12,2. Gott bleibt der Herr aller Herren. An ihn soll sich sein Volk halten, denn er entscheidet letztlich über sein Geschick (V. 14; vgl. Röm 9,33).

8,16–22 Das Licht wird weggenommen. Der allgemeine Eindruck ist bei diesem Abschnitt, daß Israel das Licht von sich stößt (V. 19ff) und so der Unterweisung und des Segens Gottes verlustig geht (V. 16f). Alles was sie noch haben, sind Zeichen (V. 18); was sie erwartet ist Dunkelheit (V. 20ff).

Zugleich aber enthalten **16–18** den Kern einer unermeßlichen Verheißung. Mit dem Ausdruck *meine Jünger* führt Gott einen neuen Namen für sein Volk ein und definiert auch dessen Verhältnis zu ihm neu (aufgenommen in 50,4; 54,13; vgl. Jh 6,45). Die so bezeichneten Personen sind die bereitwilligen Ausnahmen von 6,9ff. Als Jesaja mit der Zusicherung seines Vertrauens Gott antwortet

(V. 17), bringt er auch sie vor Gott (V. 18). Nach Hebr 2,13 ist diese Gruppe das Urbild für die Gemeinde, die sich um Christus sammelt, eine vorbildliche Gemeinde, denn sie ist bereit, sich unterweisen zu lassen; treu und erwartungsvoll hebt sie sich vom übrigen Volk ab. Zur Funktion der Kinder Jesajas als Zeichen und Weissagung s. Komm. zu 7,3; 8,1–4. Sprecher in den VV. 16ff ist wohl einmal der Herr (16), zum andern der Prophet (17ff). Die Imperative in V. 16 stehen im Singular, und es läßt sich keine Einzelperson denken, der diese Worte sonst gelten könnten. Als Empfänger der Botschaft Gottes käme auch Immanuel in Betracht (vgl. V. 8c; Hebr 2,13), doch ist in V. 18 auf jeden Fall an die Söhne Jesajas gedacht.

19–22 Der Gegensatz zu der oben skizzierten, Gott wohlgefälligen Gruppe ist mit Händen zu greifen. Sie benutzen okkulte Medien und Zauberformeln, statt sich vom Propheten leiten zu lassen. Die Toten werden als Führer der Lebenden angerufen. Wen wundert es da, daß es kein Morgenrot gibt. Zum Verbot solcher Praktiken s. z.B. 5Mo 18,9–12.

8,23–9,6 Das messianische Morgenrot

Die hebr. Bibel zählt 8,23 zum vorausgehenden, nach Mt 4,15f ist der Vers, die Einleitung zum folgenden Kapitel. *Sebulon und Naphthali* (8,23) sind hier Landschaftsbezeichnungen. Diese Gebiete fielen nur wenige Monate nach der Begegnung Jesajas mit Ahas an Assur (vgl. 7,1–9). Der Teil Israels, der zuerst zerschlagen wurde, sollte aber auch als erster das Licht erblicken (V. 1b). Diese Weissagung, die sich erfüllte, verhallte allerdings ungehört (vgl. Jh 1,46; 7,52). Die sich steigernde Erleichterung und Freude in V. 1–5 haben ihren Grund darin, daß die Kriegswerkzeuge vernichtet werden. Sie bereiten uns für die Begegnung mit dem Befreier vor. Aber anstatt eines Gideons der letzten Tage (vgl. V. 3b) erscheint das *Kind* (V. 5), das als Immanuel schon 7,14 und 8,8 angekündigt worden war.

9,3 *Am Tage Midians:* vgl. Ri 7,15–25; Ps 83,10. **5.6** Während sich 7,14 auf die Geburt des Immanuel und 11,1ff auf sein Königreich konzentriert, wird in 9,5f vor allem die Person dargestellt. Andere Schriftstellen bestätigen, daß die ersten drei Titel seine Göttlichkeit hervorheben: *Wunder* bezieht sich vor allem auf das übernatürliche (vgl. bes. Ri 13,18); der *Wunder-Rat* ist niemand anders als Jahwe selbst (vgl. 28,29). Man versuchte das *Gott-Held* auf einen zum Gott erhobenen Helden zu reduzieren (vgl. Hes 32,21, wo sich der Begriff freilich im Plural findet), aber Jes 10,21 gebraucht den gleichen Begriff parallel mit »der Herr, der Heilige in Israel«. Für *Ewig-Vater* findet sich keine direkte Parallele. Aber poetische Ausdrücke wie »die ewigen Berge« und die Gottesbezeichnung »der ewiglich wohnt« machen deutlich, wie paradox es ist, ein noch nicht geborenes Kind so zu nennen. Das *Vater* dient zur Kennzeichnung der väterlichen Güte des vollkommenen Herrschers, der sein Volk liebt wie seine Kinder. *Friede,* hebr. *schalom*, meint sowohl Wohlstand als auch Ruhe. V. 6 nimmt dann im Begriff *Herrschaft* einmal das hebräische Wort für Prinz auf; zum anderen wird nochmals der Friede angeführt. Hinzu kommt jetzt die ausdrückliche Zusage, daß dieser Fürst aus dem Hause David sein wird (vgl. 11,1). Zum Schluß von V. 6 vgl. Hes 36,22 und Sach 8,2.

9,7–10,4 Der Schatten über Samaria

Schon in 5,25 war Gottes zum Schlag erhobene Hand im Blick; vgl. den Kehrvers 9,12.17.21; 10,4. Während es grundsätzlich um das Nordreich geht (V. 9,21) könnte der letzte Abschnitt (10,1–4) auch Juda einschließen, wie es auch in 5,24f der Fall war.

9,7–11 Das Gericht über das herausfordernde Benehmen. Wer über unleugbare Tatsachen noch lacht (V. 9), mag vielleicht die Zustimmung seiner Hörer gewinnen. Aber damit weigert er sich, dem in die Augen zu sehen, was diese Zeichen warnend sagen wollen. Denn das Gericht kann durch nichts abgewendet werden. Mit *Rezins Bedränger* (V. 10 EÜ) dürfte Assur gemeint sein (vgl. Komm. z. 7,1–9; anders LÜ; auch EinhÜ setzt Textkorrektur voraus). Die in V. 11 angedeuteten Ereignisse könnten sich in die Zeit zwischen dem Fall Damaskus' (732) und dem Samarias (722) einordnen.

9,12–16 Das Gericht über die Nachlässigkeit. Das Gericht nimmt seinen Anfang bei den Führern des Volkes (vgl. Jak 3,1); damit sind die, die ihnen folgen, freilich nicht entschuldigt (V. 16). Unter den Erstgenannten verdienen vor allem die Propheten Gottes Verachtung und Mißfallen. Sie benahmen sich wie Hunde, die sich überall einschmeicheln wollen und mit dem Schwanz wedeln (Delitzsch).

9,17–20 Das Gericht über die Uneinigkeit. Die Sünde wirkt sich doppelt zerstörerisch aus. Zunächst macht sie die Gesellschaft zu einem Dschungel, und dann läßt sie das Feuer sich darin ausbreiten. Ähnliches können wir auch in unserer Zeit feststellen. Aber auch selbst herbeigeführtes Gericht ist Gottes Gericht: V. 18a.20b; vgl. Röm 1,23ff.

10.1–4 Das Gericht über die Ungerechtigkeit. Nicht die rohen, in den vorausgehenden Absätzen angeklagten Leidenschaften, sondern die legalisierten Ungerechtigkeiten der

Regierung (V. 1) führen die Reihe zu ihrem Höhepunkt. Die drängenden Fragen von V. 3 enthüllen, wie sich zuletzt ein ganzes Leben als hohl und wertlos erweist, obwohl doch alles noch im Rahmen des Gesetzes geschah.

10,5–34 Gottes Axt über Juda. Die wichtige Frage, wie Gott die Geschichte beherrscht, wird abgehandelt. Es geht dabei sowohl um die umfassende Weltgeschichte als auch um die seines erwählten Volks. V. 9–11 sprechen dafür, den Spruch nach dem Fall Samarias (722) anzusetzen; dabei darf aber nicht übersehen werden, daß Jesaja dies Ereignis bereits vorher vollständig angekündigt hat (vgl. 8,4).

10,5–19 Assur, Gottes Werkzeug. 5–15 Der Aggressor wird von Gott selbst geführt. Dies Wissen gibt der Frage danach, wie es sich mit dem Erfolg des Gottlosen verhält, den richtigen Zusammenhang. Es zeigt sich, daß auch sein Handeln Gottes gerechten Zielen dienen soll, auch wenn es ihnen zunächst zu widersprechen scheint (V. 6f). Was Gott an seinem Volk durch den Gottlosen geschehen läßt, dessen darf dieser Gottlose sich nicht rühmen. Er ist nur Werkzeug in der Hand Gottes. Es wird auch nicht gesagt, daß er seiner verdienten Strafe entgehen wird (V. 12.15). Die ganze Hohlheit zeigt sich in den Selbstbekenntnissen, die Beispiele für assyrisches Denken sind: die Selbstzufriedenheit (V. 10f), der Stolz (V. 13a), die Diebesgesinnung (V. 13bf). Die in V. 9 genannten starken Städte (vgl. 36,19) markieren den unerbittlichen Anmarsch des Feindes. Die Wortfolge im Hebräischen zeichnet den Weg von Karkemisch am Euphrat bis zum nahen Samaria recht genau nach. Der Ansturm auf Jerusalem, einem Wirbelwind gleich, wird dann in V. 27b–31 skizziert.

16–19 Zwei Bilder, das des Fiebers und das des Waldbrandes sind ineinander verschlungen. Dem ersten Bild eignet noch der besondere Stachel, daß Fieber u.U. das Mittel ist, das Gott tatsächlich benützen kann, um die assyrische Armee aufzureiben (s. Komm. zu 37,36). Das zweite Bild nimmt wieder das alles beherrschende Thema Jesajas auf, daß das Hohe erniedrigt werden muß (vgl. V. 33f; 2,12f).

10,20–23 Ein Rest kehrt um. Dies ist eine äußerst inhaltsschwere Stelle. Die beiden Bedeutungen der zwei Worte, die in dem Namen »Ein Rest kehrt um« (Schear-Jaschub; vgl. 7,3) zusammengefügt sind, werden in ihr ausgelegt. Einerseits werden nur wenige das kommende Gericht überstehen, bzw. von der Gefangenschaft zurückkommen (V. 22f; vgl. 11,11). Andererseits steckt in dem *sich bekehren . . . zu Gott, dem Starken* (V. 21; vgl. 9,6) die Tatsache der Umkehr zu Jahwe. Gott schaut nach denen aus, die sich ihm zukehren, deren Vertrauen anders als das des Ahas sich auf ihn und nicht auf Menschen richtet (V. 20f). Das ist das Kennzeichen des wahren Israel; es ist nicht die Summe der Nachkommen Abrahams (beachte den Anklang von V. 22a an 1Mo 22,17; vgl. Röm 4,16; Gal 3,7ff). Paulus zitiert nicht nur diese Stelle (Röm 9,27f), sondern er stellt auch sein ganzes Argument darauf ab, daß »die Übriggebliebenen nach der Wahl der Gnade« (Röm 11,5) dem Handeln Gottes an Israel und der Welt zum Ziel verhelfen sollen.

21 *Zu Gott, dem Starken:* s. Komm. zu 9,6. **22.23** Zweimal heißt es *Verderben ist beschlossen*. Gott handelt willentlich in diesem ganzen Kapitel. S. dazu die erhobene Hand von V. 4 (vgl. 9,12 usw.), die Unparteilichkeit (VV. 12,25), Gottes Verlangen nach einfacher Gerechtigkeit (VV. 2,22b) und das positive Ergebnis (V. 20f).

10,24–34 Der Angreifer wird vernichtet. Ein doppelter Aufruf zum Glauben. Zunächst wird an Gottes Rettungstaten der Vergangenheit erinnert (V. 24–27). Dann wird in einem Bild gezeigt, wie die Bedrohung durch Assur sich plötzlich in ein Nichts auflöst (V. 28–34). Dazu wird ein ziemlich genaues Bild des nördlichen Anmarschweges nach Jerusalem gezeichnet, in etwa die letzten 20 bis 30 km, eine Prophezeiung nicht zum Zweck der Information – das Heer Sanheribs schlug den Weg von Lachisch her ein (vgl. 36,2), das südwestlich von Jerusalem liegt – sondern um aufzurütteln. Deshalb wird zunächst das bewegte Bild eines sich von Norden her auf Jerusalem stürzenden Feindes gemalt. Dann verwandelt sich die Szene plötzlich: Immense Baumriesen stürzen übereinander (V. 33f). Dies ist eine Gerichtsmetapher, die für diese Prophetie kennzeichnend ist (vgl. 2,12f; 6,13; 10,18f). Damit wird Jesajas »Fürchtet euch nicht« drastisch verstärkt (V. 24). Dieses »Fürchtet euch nicht« ist die beständige Losung während der ganzen Krise (vgl. 7,4; 8,12f).

11,1–12,6 Das Reich des Messias

Das Immanuelthema klingt aufs neue an. Der Niedergang des Königshauses (V. 1) bringt zwar noch einmal die dunkle Seite des Ahas gegebenen Zeichens in Erinnerung (7,13ff). Aber der Rest des Kapitels liegt in hellem Hoffnungslicht.

11,1–5 Der vollkommene Herrscher. Der gefällte, aber nicht abgestorbene Baum steht in lebhaftem Kontrast zu dem Wald Assurs, der vollkommen vernichtet ist (10,33f). In 6,13 war Israel der Baumstumpf; es fand sein Weiterleben im Rest (s. auch Komm. zu 4,2). Hier ist der Baumstumpf das Haus David, dessen Leben sich in einem bestimmten Mann fortsetzt. Vgl. 53,2.

1–3a *Der Geist* (V. 2): Die königliche Geburt allein macht ihn noch nicht für sein Amt geeignet. Wie die Richter und die frühen Könige (vgl. Ri 3,10; 6,34, usw; 1Sam 10,10; 16,13) hat er die Ausrüstung mit dem Heiligen Geist. Im Gegensatz zu ihnen ist ihm der Geist nicht nur teilweise oder zeitweise gegeben, sondern in der ganzen Fülle und bleibend (V. 2), so daß er David, Gideon und Salomo in einem ist. Die damit verbundenen nun aufgezählten sechs Gaben sind im Grunde drei: *Weisheit und Verstand* für die Führung der Regierungsgeschäfte (vgl. 1Kön 3,9–12), *Rat und Stärke* für die Kriegsführung (vgl. 9,6; 28,6; 36,5), und *Erkenntnis und Furcht des Herrn* für die geistliche Leitung des Volks (vgl. 2Sam 23,2). Fromme Tradition hat anhand einer Doppelübersetzung von »Furcht des Herrn« in LXX und Vulg. hier »die sieben Gaben des Heiligen Geistes« gefunden.

3b–5 zeigen, wie diese Gaben abwechselnd so eingesetzt werden, daß er Führer, Beschützer und Vorbild seines Volkes ist. Schon in V. 4b läßt sich erkennen, daß ihm übernatürliche Gaben eigen sind. Die nachfolgenden Verse lassen dies dann so deutlich werden, daß jeglicher Zweifel ausgeschlossen ist.

11,6–9 Das erneuerte Paradies. In dieser idyllischen Szene wird der Titel »Friedefürst« ausführlich entfaltet (vgl. 9,5). Aber es fällt auf, mit welch schwerem Einsatz der Friede gewonnen werden muß: Er folgt dem Gericht (V. 4b) und wächst auf dem Boden der Gerechtigkeit (vgl. V. 5). Die gleiche Aussage findet sich in 32,17. Aber Herzstück des ganzen ist eine erneuerte Gottesbeziehung, die als *Erkenntnis des Herrn* umschrieben ist (V. 9, vgl. Jer 31,34). Das Bild atmet Versöhnung, Eintracht, Vertrauen und zugleich höchste Wirklichkeit. Schon jetzt kommt es unter der Christusherrschaft zu einer derartigen Umwandlung des menschlichen Charakters. Letztendlich wird aber die ganze Schöpfung verwandelt werden (vgl. Röm 8,19f). Ob es sich buchstäblich so erfüllt, wie es hier abgebildet ist, bleibt eine andere Frage. Es ist ratsamer, das alles als irdischen Ausdruck dessen anzusehen, was andernorts als »neuer Himmel und ... neue Erde« (62,17.25) bezeichnet wird. Und obwohl dann die Vielfalt der Schöpfung erhalten wird, ist doch keine Feindschaft mehr da; die Schwachen werden im friedlichen Miteinander mit den Starken leben und nicht mehr deren Opfer sein. Zu V. 9b vgl. Hab 2,14.

11,10–16 Die große Heimkehr. Mit V. 10, der in V. 12a nachklingt, werden die nationalen Grenzen durchbrochen. Zugleich wird betont, daß es unter dem Himmel nur in einem Namen Heil gibt. Dieser König ist sowohl die Wurzel als auch der Sproß (vgl. V. 1) des königlichen Hauses (s. Offb 22,13.16). Daß die Nationen freiwillig zu ihm kommen, ist zu beachten: V. 10.12a; vgl. 2,3; 42,4; 51,5 etc. Zugleich wird herausgestellt, daß nicht alle zu ihm strömen. Sowohl diese als auch andere Stellen machen deutlich, daß alle, die Feindschaft suchen, Feindschaft finden und damit natürlich auch das Verderben (V. 14 vgl. V. 4).

13.14 Wenn gesagt wird, daß der Neid aufhören wird, dann handelt es sich um das menschliche Gegenstück zu V. 6ff. Die im Volk Gottes vorhandene Vielfalt führt nicht mehr zu Zwietracht untereinander, sondern wird zum gemeinsamen Vorgehen gegen die Feinde genutzt (V. 14, vgl. Jak 4,1.7).

15.16 Spätere Kapitel behandeln das große Auszugsthema in großer Ausführlichkeit (z.B. 35,1ff; 48,20ff). Die *Straße von Assur* erhält in 19,23ff noch einen tieferen Sinn.

12,1–6 Das Lied der Erlösten. Nachdem schon zuvor die Anklänge an den Auszug nicht zu überhören waren (11,16), liest sich in manchen Passagen dieses Lied wie ein Echo des Liedes in 2Mo 15; vgl. V. 2b mit 2Mo 15,2a; V. 5a mit 2Mo 15,21a.

Der Zorn, der über Israel lagerte (vgl. 9,12.17 usw.) ist endlich abgewehrt. Das Lied feiert das Ende der Entfremdung (V. 1), der Furcht (V. 2) und des Mangels (V. 3). Es ist charakteristisch für Jesaja, daß das stille Vertrauen (V. 2) gleich zu Anfang anklingt, und daß Gottes Trost auf die Gefangenschaft folgt (s. V. 1; vgl. z.B. 40,1; 66,13). Aber die eigentliche Mitte des Psalms ist Gott selbst: Gott in seinem Verhältnis zu der lobsingenden Gemeinde (V. 1,2); Gott, der sich durch seine Taten zu erkennen gegeben hat (V. 4.5) und dessen Name Jahwe ist (V. 2). Das ist der persönliche Gottesname, der in 2Mo 3,14.15 ausgelegt wurde. Er wird hier besonders betont, indem er mit seiner Kurzform wiederholt wird. Dies ist ungewöhnlich. Aber auch der von Jesaja mit Vorliebe gebrauchte Name: Der *Heilige Israels* (V. 6) findet sich. Vor allem aber ist Gott mit seiner Macht gegenwärtig in der Mitte seiner Gemeinde (V. 6).

13,1–23,18 Botschaften an die Völker

Obwohl in diesen Kapiteln im einzelnen vieles dunkel bleibt, prägen sie eine zentrale Wahrheit tief ein: Jahwes Königreich ist die ganze Welt. Dies wird nicht allgemein gesagt; vielmehr wird in diesem Abschnitt deutlich: seine Herrschaft besteht nicht nur dem Namen nach, sondern wirkt sich in mächtigen

Taten aus. Diese Prophetenworte ergingen zu unterschiedlichen Zeiten (vgl. 14,28; 20,1); als Sammlung ergaben sie ein passendes Präludium zu der großen in Kap. 24–27 entfalteten Weltschau. Zugleich bilden sie ein Zwischenspiel zwischen der Ankündigung der assyrischen Krise in Kap. 1–12 und ihrem tatsächlichen Ausbruch in Kap. 28–39.

13,1–14,23 Babylon

Daß *Jesaja, der Sohn des Amoz* (13,1; vgl. 1,1), von *Babel* als dem großen Unterdrücker weissagte und damit etwas vorwegnahm, was erst hundert Jahre später eintraf, hat wesentliche Bedeutung für die Frage der Autorschaft von Kap. 40–66; vgl. dazu die Einleitung S. 716ff.

13,1–16 Der Tag des Herrn. 2 Das Gedicht beginnt unvermittelt mit einer Kampfszene. Signale und Schreie ertönen zum Angriff, der, wie sich herausstellt, das umfassende göttliche Gericht ist (V. 4f). 3 Gottes *Geheiligte* sind seine Kriegsleute (im Hintergrund steht die Vorstellung des Heiligen Krieges; vgl. z.B. Joel 3,9), wobei dahingestellt bleibt, ob sie ihm wissentlich oder unwissentlich dienen. Der Begriff sagt nichts über ihr moralisches Verhalten aus. V. 16 macht das bes. klar. Zwar steht *Babel* im Mittelpunkt des Kapitels, aber es geht im Grunde um viel mehr als um Babylon (V. 1.19). Das Wort *Erde* (V. 5.9), das auch einfach »Land« bedeuten kann, muß später dem universalen *Erdkreis* (V. 11) weichen. Ein kosmischer Umsturz wird dargestellt. Auf dieselbe Weise beschreibt auch das NT das letzte Gericht; vgl. V. 10.13 mit Mt 24,29. Babylon ist nicht nur die Hauptstadt eines Volkes, sondern vertritt die ganze Menschheit.

13,17–22 Der Sturz Babylons. 17 Die Meder waren der wesentlichste Volksteil im medisch-persischen Reich des Königs Cyrus, der 539 v. Chr. Babylon einnehmen sollte. Ihre militärische Macht (V. 17f), die das babylonische Weltreich aus den Angeln hob, wurde nicht zur Einnahme der Stadt selbst eingesetzt. Diese wurde kampflos genommen. Mit dem Fall der Stadt begann das Ende des babylonischen Reiches. 19–22 stellen in Zeitraffertempo einen Prozeß dar, der über zweihundert Jahre hin ablief und erst dann zu Ende kam, als Seleukus Nikator die Stadt im ausgehenden 4. Jh. v. Chr. verließ, um seine neue Hauptstadt Seleukia ca. 60 km entfernt zu erbauen. 21.22 Die in diesen Versen erwähnten Geschöpfe lassen sich nicht alle zweifelsfrei identifizieren (vgl. 14,23; 34,11ff; doch auch 35,7). Allem Anschein nach sind sie bes. widerlich und zählen zu den kultisch unreinen Tieren. Der Kontrast zwischen »das schönste unter den Königreichen« (V. 19) und den hüpfenden Feldgeistern und heulenden Hunden und Schakalen (V. 21.22a), die den totalen Zerfall andeuten, begegnet auch in Offb 17 und 18. Dort wird das Gericht über die sich von Gott losgesagte Welt dargestellt, der Welt, deren Herrlichkeit Satan Jesus anbot (Mt 4,8f).

14,1.2 Die völlig veränderte Situation. Hier liegt der Keim für Kap. 40ff, bes. Kap. 56–66, in denen das Hauptinteresse der dominierenden Stellung Israels gilt. Der Ausgangspunkt ist wie in Kap. 40 die Gnade Gottes, die in fast leidenschaftlichen Worten beschrieben wird. Man muß einmal Gottes gnädige Zuwendung (V. 1) mit Gottes strengem, vernichtendem Gericht in 13,18 vergleichen. Israels Erwählung wird erneut bestätigt. Auf gedrängtem Raum werden dann zwei Aspekte des zukünftigen Verhältnisses der Heidenvölker zu Israel dargestellt: Sie sind bekehrt und werden Israel dienen. Freilich werden die Völker, die hier noch als bürgerrechtslose Fremdlinge begegnen (V. 1), in Jes 56,3–8 als Vollbürger in die Gemeinde aufgenommen. Die Knechtschaft reicht von freundlicher Hilfe (V. 2a) bis zur Sklaverei (V. 2b). Sie taucht wieder in 66,18–21 und 60,12–14 auf. S. Komm. dort.

14,3–23 Ein Spottlied auf den König von Babel. **3.4a** Gott läßt das letzte Wort über die großen Welteroberer von ihren Opfern und nicht von ihren Bewunderern sprechen. Mit dem *König von Babel* ist sicher nicht der schwächliche und effektlose Nabonid gemeint, der letzte König, dessen Vertreter Belsazar war. Vielmehr ist in ihm die ganze Dynastie und das ganze babylonische Königtum personalisiert; s. Komm. zu V. 12ff. Die zwei Strophen des Spottliedes (V. 4b–11; 12–21), die von einem Prolog und einem Epilog (V. 3.4a; 22.23) eingerahmt werden, kündigen sofort mit dem charakteristischen Ausruf »Wie ...« (V. 4b; 12; s. Komm. zu 1,21) ihre Themen an. Vgl. Kap. 47.

4b–11 Das erste Thema ist der geschlagene Unterdrücker. Sein »Nachruf« besteht in der unaussprechlichen Erleichterung, die die Welt bei seinem Sterben empfindet (V. 7). Solche Unterdrücker werden nicht »Männer, die Geschichte machten« genannt, sondern »Böcke (so das hebr. Wort für »Gewaltige« – V. 9). Diese Bezeichnung ist so erniedrigend wie der bemitleidenswerte Zustand, in dem sich alle Gewaltigen der Welt einmal befinden werden. Das in V. 11 beschriebene königliche Bett ist das, was allen, die den Sinn ihres Lebens nur in Lust und Vergnügen gesehen haben, am Ende bleiben wird. 9 *Totenreich,* hebr. *sche'ol*, die allgemeine Bezeichnung für den Ort der Verstorbenen. Es ist nicht der Ort der Strafe anvisiert (für den das NT den Begriff *gehenna* benutzt). *Die Toten:* hebr. *re-*

pha'im, ein Wort, dessen Herkunft und genaue Übersetzung nicht gesichert ist. Vgl. dazu Ps 88,10; Jes 26,14. In poetischer Sprache wird hier die nahezu totale Aufhebung der Existenz umschrieben. Aber das AT sieht auch weiter und hat gelegentlich schon die Auferweckung des Leibes vor Augen (s. Komm. zu 26,19; 38,18).

12–21 Das zweite Thema ist der gefallene *Morgenstern*. Der Morgenstern versinnbildlicht die Herrschaftsgelüste des Tyrannen und nicht eine tatsächlich von ihm ausgehende Unterdrückung. In der Auslegung und im christlich-volkstümlichen Verständnis wollte man hier oft einen Hinweis auf die Revolte und den Sturz Satans sehen (zusammen mit Hes 28). Aber das ist ein äußerst gewagtes Unterfangen. Was hier von Hochmut und Fall gesagt wird, klingt nur entfernt an das an, was Lk 10,18 und 1Tim 3,6 von Satan feststellen.

Man hat verschiedentlich angenommen, daß sich hinter diesen Zeilen die Sage von einem Morgenstern verbirgt, der sich über alles erheben wollte und dabei zur Erde stürzte. Im Kanaanäischen gibt es wörtliche Parallelen zu einem personifizierten Morgenstern und Morgenglanz, zum Titel »Allerhöchster« und zum Berg der Versammlung im fernsten Norden (V. 13), wo der himmlische Hof residiert. Aber das sind nur Einzelelemente; eine zusammenhängende Sage ist noch nicht entdeckt worden. Aber die Vorstellung des himmelstürmenden Tyrannen knüpft sicherlich an die Turmbaugeschichte 1Mo 11 an, die ja auch mit Babel verbunden ist. Immer wieder meinen Menschen, man müsse sich selbst erhöhen, um dem Allerhöchsten gleich zu sein. Vgl. dagegen Phil 2,5ff. Der ganze Widersinn und die Kurzlebigkeit dieser falschen Herrlichkeit wird eindrücklich in V. 16–21 dargestellt!

14,24–27 Gegen Assyrien

Nochmals wird in Kürze, wie schon in 10,5–34, unterstrichen, welche bedrohliche Wolke sich über Juda zusammenzieht. **24** *Wie ich denke*, jetzt von Gott gesagt, nimmt die gleichen Worte auf, mit denen Assur (10,7a) seine Absichten umschrieben hatte. **25** Daß der Feind dann geschlagen wird, wenn er sich *in meinem Land* am Ziel und des Sieges gewiß wähnt, ist Teil göttlicher Strategie (vgl. Apg 4,27f). **26.27** *Die Hand, die ausgereckt ist* vgl. Komm. zu 9,12 usw.; 10,13.15.

14,28–32 Gegen die Philister

VV. 28 und 32a zeigen die historische Situation dieses Spruches. Ahas, der die proassyrische Politik gesteuert hat, ist tot. Assyrien selbst befindet sich in Schwierigkeiten (V. 29a). Jetzt stellt sich eine Delegation der Philister auf dem Zion ein, um eine Rebellion vorzuschlagen (V. 32a) – ein Ansinnen, das ganz im Sinne Hiskias ist. Sollte sich das im Jahr 727 zugetragen haben, dem Todesjahr Tiglath-Pilesers III., dann hätte V. 29a zusätzliches Gewicht. Aber aufgrund verschiedener anderer Daten liegt es näher, das Jahr 716/15 anzunehmen. Dem neuen König stellte sich eine Gehorsamsprobe, die der des Ahas in Jes 7 in nichts nachsteht. Die Philister waren zu der Zeit eine beachtliche Nation (vgl. 2Chr 28,18f), deren Abweisung ein Wagnis darstellte.

Gott hat eine dreifache Antwort: Einmal, von Assur ist noch Schlimmeres zu erwarten (V. 29); zum anderen, das Urteil über die Philister ist schon gesprochen (V. 30b.31); zum dritten, wahres Heil findet sich allein in Gott dem Herrn (V. 30a.32). Damit wird die fortwährende, eindringliche Botschaft Jesajas wieder aufgenommen: Vertrauen auf Gott, nicht Intrigen führen zum Ziel.

15,1–16,14 Gegen Moab

Dieser Spruch zeichnet sich aus durch eingehende Kenntnis der Lage und tiefstes Mitempfinden. Man spürt dahinter den Wunsch, das Gericht wenn irgend möglich zurückzuhalten, obwohl gerade das nicht mehr möglich ist. Dieses Gerichtswort wird zitiert und erweitert in Jer 48. Moab hatte zu Israel verwandtschaftliche Beziehungen (vgl. 1Mo 19,36f), insbesondere zu David und seinem Haus (vgl. Rut 4,17; 1Sam 22,3f). Aber jede Gemeinsamkeit mit Israels Glauben fehlt, und im AT geht von Moab immer ein verderblicher Einfluß aus (vgl. 4Mo 25); es ist Israels unversöhnlicher Feind (vgl. 2Kön 3,4ff).

15,1–9 Niederlage und Flucht. **1** Die Lage von *Ar* ist uns unbekannt. Geht man nur von der hebr. Konsonantenlesung aus, könnte es auch einfach »Stadt« heißen (so 4Mo 22,36). Damit wäre es ein Synonym für das Wort *Kir* V. 1b), d.h. Kir-Hareseth (vgl. 16,7.11), Moabs Hauptfestung (das moderne El-Kerak), südlich des Arnon. Mit dem Fall von Kir war alles verloren; es blieb nur noch die Flucht nach Süden, nach Zoar (V. 5) in Edom. Die Flucht in diese Richtung legt nahe, daß die Invasion vom Norden ausging. Die hier genannten nördlichen Städte (die meisten an der Königsstraße gelegen, vgl. 4Mo 21,21–30) hatten sich darauf verlassen, daß Kir den Ansturm bestehen könnte. **5** Der Schmerz dieses Verses setzt sich fort in 16,7.9.11. Das AT ist den Schrecken des Krieges gegenüber nicht gefühllos (vgl. Jer 4,19ff). Auch mit dem Feind hat es noch ein gewisses Mitempfinden (vgl. z.B. 2Mo 23,4f; Spr 25,21f). **7** Die an ihren letzten Besitztümern hängenden Flüchtlinge (vgl. Lk 12,21) sind anscheinend dabei, eine Grenze zu überqueren. Der Weidenbach könnte das Wadi el-Hesa südöstl. des Toten Meeres zwischen Moab und Edom sein. **9** Doch ist trotz Gottes Erbarmen das Gericht von ihm ausgegangen, und es wird noch ärger werden, vgl. Mt 23,27f.

16,1–5 Moab kann zum Zion hinschauen. **1.2** Moab war angewiesen worden, in den Felsen zu wohnen (vgl. 2Kön 14,7; – wohl ein Hinweis auf die heute als Petra bekannte edomitische Felsenfestung) »wie ein Vogel« (s. Jer 48,28). Aber Gott hat ihn jetzt aus dem Nest aufgeschreckt (V. 2), damit er sich als Vasall Zions eine bessere Zuflucht sucht. Normalerweise wurden von diesem Land, das von Schafzucht lebte, Tributzahlungen in Form von Lämmern entrichtet (vgl. 2Kön 3,4). Das Verb in V. 1 kann man entweder wie im Text als Imperativ »schickt!« oder auch als Imperfekt »ihr habt geschickt« übersetzen; doch scheint die erste Möglichkeit die bessere zu sein.

3–5 könnte eine Bitte Moabs an Juda sein (so LÜ). Aber der messianische Akzent macht es wahrscheinlicher, daß es sich hier um Gottes Aufruf an sein Volk angesichts der Abordnung aus Moab handelt, die entweder schon da ist oder erst vorausgesehen wird. Viele der Worte Jesajas haben sich wie dieses aus einer tatsächlichen historischen Situation heraus ergeben (vgl. 14,28ff; 18,1ff etc.). Dabei haben wir hier fast so etwas wie eine knappe, klassische Charakterisierung einer Kirche, die für den Nächsten dasein will. Sie wird aufgefordert, ihren Rat (d.h. ihre Verstandeskräfte), ihr Recht (d.h. ihre Gerechtigkeit) und ihre Kraft für das Wohl der Ausgestoßenen einzusetzen (s. V. 3b.4), für die Gott selbst ein Wort einzulegen scheint. Das stimmt wiederum mit dem besonderen Charakter der Messiasherrschaft überein, die Gnade und Gerechtigkeit walten lassen will. Sie klingt in dem Prophetenwort V. 4b.5 an, das oft nicht genügend beachtet wird.

16,6–14 Moabs Stolz und Fall. Moabs verderbliche Lässigkeit wird bes. in den Weinmetaphern Jer 48,11 erfaßt: »Moab ist . . . auf seinen Hefen still gelegen und ist nie aus einem Faß ins andere gegossen und ist nie in die Gefangenschaft gezogen worden.« Auch bei Jesaja steht das Bild vom Wein im Hintergrund. Für Moab ist er eine Hauptstütze seines Reichtums. Hier ist jedoch mehr von dem die Rede, was der Weinanbau mit sich bringt (V. 7), nämlich von dem Export (V. 8b) und der Festfreude (V. 10). Beides ist äußerst gefährdet.

12 *Erscheint . . . abmüht:* Im Hebräischen ein beißend-ironisches Wortspiel, das sich nur schwer wiedergeben läßt: sich *be*müht . . . sich *ab*müht. Im abschließenden Satz kommt die Vergeblichkeit und ganze Ratlosigkeit aller heidnischen Religion zum Ausdruck, so wie auch in Jesu Wort Mt 6,7. 14 *Eines Tagelöhners Jahre:* Die Zeit bis zum Fall Moabs wird eher kürzer als länger sein, so wie auch einem unzufriedenen Arbeiter die Zeit nie schnell genug vergeht.

17,1–14 Gegen Damaskus und das Nordreich Israel

Dieses Wort stammt wahrscheinlich aus der Frühzeit Jesajas, als Syrien und Israel noch eng befreundet waren (s. Kap. 7) und ihre Reiche noch stabil zu sein schienen. Damaskus wird mit wenigen Worten sein Schicksal angekündigt. Der Haupttadel trifft Israel, das dazu hier auch noch unter die Heidenvölker eingeordnet wird, eine Demütigung, die sich darin zeigt, daß das Israel betreffende Prophetenwort in einer Reihe mit dem der anderen Völker steht.

3b.4 Vielleicht eine Erinnerung an die Tage Elis, als die Herrlichkeit Gottes auch von Israel wich, und es seinen Feinden ausgeliefert wurde (vgl. 1Sam 4,21). Ein erschreckendes Bild vergangener Schönheit und systematischer Verwüstung. Gottes Plan, eine Handvoll Bekehrter zu retten, die bereit sind, ihren Schöpfer anzubeten (V. 7) und sich nicht an das zu hängen, was ihre Hand geschaffen hat, hat sich tatsächlich verwirklicht (s. 2Chr 30,10f.25). **10.11** Wenn dies Ziel nur in einem tragischen, äußerst verlustreichen Prozeß zu erreichen war, dann wird hier verdeutlicht, daß Israel selbst es so gewollt hat: In einem Doppelbild wird daran erinnert, daß Israel nicht nur den ihn tragenden Felsen vergaß (V. 10a), sondern daß es auch selbst die Ernte verdarb, indem es auf gutes Land Früchte anpflanzte, die nicht zum Boden paßten (10b). Nach einigen Auslegern werden in V. 10f »Praktiken verurteilt, die Fruchtbarkeit und Leben garantieren sollen« (EinhÜ). **12–14** Die schon in 7,8 und 8,4 genannten Vergewisserungen werden nochmals in allgemeinen Bildern wiederholt. Die wohl auffallendste Parallele findet sich in Ps. 46. Die dramatischste Illustration dazu (s. zu V. 10) sollte auch bald geliefert werden (vgl. 37,36).

18,1–7 Gegen Äthiopien

1 Das hier für Äthiopien verwandte Wort ist Kusch, das heutige Gebiet des Sudan. Aber Jesaja schließt es mit dem *Land jenseits der Ströme* zusammen, die wohl der Atbara und der blaue Nil sind. Dies Land entspricht etwa dem heutigen Äthiopien. *Schwirrend*, hebr.

zilzal: der Laut eines summenden Insekts wird imitiert (vgl. Tsetsefliege). **2** Alles in diesem Kapitel unterstreicht, daß die hier auftretenden Botschafter vom Ende der Erde kommen. Die damit an sich schon verbundene exotische Vorstellung wird durch den Hinweis auf ihre auffallende äußere Erscheinung noch unterstrichen. Aber ihnen geht auch ein respekteinflößender Ruf voran (V. 2b), denn Kusch hat Ägypten erobert. Aber wie alle bisherigen wird auch diese Abordnung mit dem »Geht hin« Gottes abgetan (s. zu 14,28ff). **3–6** Gott braucht keine Intrigen: Er handelt zu seiner Zeit; sein Werk geschieht so still, aber auch so unabdingbar wie der Wechsel der Jahreszeiten (V. 4). Der Feind darf bis auf die Berge Judas kommen (V. 3). Aber dann, wenn er den Sieg unmittelbar vor Augen wähnt, wird er wie die reife Ernte abgemäht (V. 5.6).

7 Der Schlußvers scheint über die unmittelbare assyrische Krise, die jene Boten nach Jerusalem kommen ließ, hinauszusehen. Jetzt sieht Jesaja die Reisenden in einem neuen Licht. Sind sie nicht die ersten derer, die eines Tages *Geschenke* zum Zion bringen werden, ja, sind sie nicht selbst die Geschenke? Schon in 2,3 und 11,10 leuchtete dieser Gedanke auf; er wird in Kap. 60–62 weiter entfaltet, in Ps 68,31ff und 87,4 mit frohen, jubelnden Worten gefeiert.

19,1–25 An Ägypten

Dieses Prophetenwort bringt eindringlich die Wahrheit zum Ausdruck, daß Gott schlägt, um zu heilen (s. V. 22). Der anfänglichen Niederlage folgt eine Erneuerung, die über alles hinausgeht, was sonst im AT einer heidnischen Nation verheißen wird. Vielleicht wird Ägypten hier unter doppeltem Aspekt dargestellt: Zunächst als die weltliche Macht, zu der Israel immer hinschielte (vgl. 20,5). Aber dann auch als Teil der Welt Gottes, für die er sorgt und der ein Platz in seinem Reich bereitet ist, in dem es keine Rassen- und Klassenunterschiede mehr geben wird.

19,1–15 Ägypten am Boden. 1–4 Die Metapher von Gottes *schneller Wolke* läßt erkennen (V. 1), daß in diesem Kapitel die bitteren Wahrheiten über Ägyptens Zusammenbruch mittels vor allem poetischer Bilder gesagt werden. Die Grundlagen ihrer Religion werden bezeichnenderweise zuerst nachgeben: Ihr Glaube an die Götter, die »Nichtse« (s. Komm. zu 2,8), und ihre Moral (V. 1b), dann Einheit (V. 2) und weltliche Weisheit (V. 3). Schließlich wird es seine Freiheit verlieren (V. 4). Der *grausame Herr* könnte einer der äthiopischen Unterdrücker sein, etwa Tirhaka zur Zeit Jesajas, oder aber auch einer der späteren Eroberer, Perser oder Griechen. Aber auch ein ägyptischer Tyrann ist nicht ausgeschlossen. Wichtig ist die Tendenz als solche: dem Niedergang folgt Tyrannei. **5ff** Danach rührt Gott die natürliche Lebensader Ägyptens an: den Nil. So sinkt ein Wirtschaftszweig nach dem andern dahin. Am Ende bleibt nur hilflose Anarchie (V. 11–15). Das ist besonders tödlich für eine Nation, deren Stolz für zweitausend Jahre die sorgfältige Ausbildung ihrer Beamten war. **12** Vgl. 1Kön 4,30. **13** *Zoan und Memphis* (hebr. Name: Noph; LÜ, EÜ) waren die alten Hauptstädte Ägyptens. Zoan ist wahrscheinlich mit dem Tanis der Deltaregion identisch; für Israel verband sich damit die Erinnerung an die Knechtschaft in Ägypten (vgl. Ps 78,43 und Komm. zu 4Mo 13,22). **15** Vgl. 9,14f.

19,16–25 Die Bekehrung Ägyptens. Das fünffache, refrainartige *zu der Zeit . . .*: ist ein Hinweis auf den Tag des Herrn (vgl. andernorts, z.B. 4,1.2). Jesaja sieht die Bekehrung der Völker voraus; an erster Stelle erscheint ihm das Bild des ältesten Unterdrückers und Verführers Israels (vgl. 30,2ff). Der ganze Vorgang wird verfolgt vom anfänglichen Erschrecken (V. 16.17) über Unterwerfung (V. 18), Zulassung zum Gottesdienst (V. 19ff: Altar und Opfer) bis zur vollen Gemeinschaft (V. 23) und Annahme (V. 24f).

18 Wenn es sich bei den fünf Städten um bestimmte Städte handeln sollte, sind sie für uns nicht mehr erkennbar. Wahrscheinlicher handelt es sich um eine Umschreibung für »wenige«. Vgl. Jos 10, wo die Eroberung fünf kanaanäischer Städte zum vollständigen Sieg führte. *Ir-Heres* bedeutet »Stadt der Zerstörung«. Das ist aber wohl nur ein Wortspiel, denn mit der Änderung eines Buchstabens im Hebräischen ergibt sich Ir-Schemesch, d.h. die Sonnenstadt (griech. Heliopolis), die alte Stadt On. Der Sinn des Ganzen: eine Festung des Heidentums wird eingenommen, und es vollzieht sich in ihr ein geistlicher Wandel. **19** Um 170 v. Chr. wurde bei Leontopolis in Ägypten von einem exkommunizierten Jerusalemer Hohenpriester, Onias IV, ein Tempel gebaut. Dabei berief er sich auf V. 19. Aber es geht doch um eine grundsätzliche Aussage: Was einst profan war, ist jetzt heiliger Boden. Bezüglich des *Steinmals* vergleiche die von Jakob in Bethel ausgerichtete Säule, mit der Gottes Anspruch auf dieses Land sichtbar gemacht wurde (1Mo 28,13.18).

23–25 Auch Assyrien wird in das Heil eingeschlossen sein, jenes Land, das auch sonst oft mit Ägypten zusammen auftaucht, wenn Israel auf Abwege kam (vgl. Hos 7,11; 9,3). Damit öffnet sich hier ein unübertroffener Blick für die volle Aufnahme der Heidenvölker in das Reich Gottes. Israel hat nur den gleichen Anteil daran wie sie; der *dritte* bedeutet nicht, daß es den dritten Platz einnimmt, sondern zu einem Drittel Anteil hat. Seine Ehrentitel muß es nun mit seinen ehemals schlimmsten Feinden teilen: *Mein Volk* (vgl. Hos 2,23; 1Petr 2,10); *meiner Hände Werk* (vgl. Jes. 29,23).

20,1–6 Die Krise um Asdod

Eine Inschrift Sargons II. füllt das Bild aus. Die Philisterstadt Asdod hatte sich gegen das Assyrerjoch aufgelehnt. Umgehend wurde der Stadtkönig abgesetzt. Aber ein neuer Aufrührer, Yamani, setzte den Kampf fort, erhielt von Ägypten und Äthiopien Unterstützung zugesagt und wandte sich auch an Juda um Beistand. Jesajas energischer Einspruch erwies sich als berechtigt. Als es darauf ankam, zu kämpfen, versagte Ägypten. Asdod wurde erneut unterworfen. Der nach Äthiopien geflohene Yamani wurde an Assyrien ausgeliefert und seinem Schicksal überlassen.
1–3 *Tartan* ist ein assyrischer militärischer Titel, am besten als Oberkommandierender zu übersetzen. Es handelt sich um das Jahr 711; die Revolte war schon 713 ausgebrochen. Schon damals hatte Jesaja begonnen, sich als Gefangener zu kleiden, *nackt* d.h. nur mangelhaft mit einem Lendenschurz bekleidet. Der *härene Schurz* (LÜ), den er »lösen« (EÜ), d.h. ablegen soll, ist der rauhfaserige Mantel, das *Bußgewand* des Propheten (vgl. 2Kön 1,8; Sach 13,4). V. 3 zeigt, daß die Zeichenhandlung zunächst unerklärt blieb. V. 2 ist wohl ein Einschub, der sinngemäß vor V. 1 gehört (s. EinhÜ).

Da Juda straflos ausging, darf man annehmen, daß die Warnung Jesajas auf fruchtbaren Boden fiel. G.A. Smith ist der Meinung, daß gerade die Zeichenhandlung (vgl. 8,18) der Botschaft nicht nur am Hof, sondern beim ganzen Volk Gehör verschaffte. Um der Sicherheit seines Volkes willen hatte Jesaja die Demütigung und die Unbequemlichkeiten auf sich genommen.

21,1–10 Babylon, »die Wüste am Meer«.

Diese sowie die nächste Offenbarung (s. V. 2) haben eine starke visionäre Kraft; besonders deutlich wird das in der Metapher vom Wächter. Auch die Überschrift ist in ein Bild gekleidet (vgl. 21,13; 22,1). Erst V. 9 wird klar, worum es geht: Um den Fall Babels. **1** Der Ausdruck *Wüste am Meer* (EinhÜ) scheint zwei Bilder einer ungezähmten, menschliches Leben beeinträchtigenden Natur miteinander zu verbinden. EÜ und JB weisen auf die wegen der häufigen Überschwemmungen des Euphrat entstandene assyrische Bezeichnung für Südbabylon hin: »Meerland«. (Zum Bild vom bedrohlichen Meer vgl. Jer 51,42f). Die hebr. Konsonanten können aber auch einfach »Wildnis« oder auch möglicherweise »Zerstörer« bedeuten.

2–7 Ein unzusammenhängendes und äußerst bewegtes Bild zielt auf den Angriff der Perser (Elam) und Meder hin (V. 2), der die Verteidiger Babels unvorbereitet treffen wird; ja, mitten aus einem Fest wird er sie aufschrecken (V. 5), wie es in Dan 5 berichtet wird. Am meisten fällt aber auf, wie Jesaja selbst in das ganze Erleben mit hineingenommen ist. Seine tiefe innere Erregung (V. 3.4) erinnert an Jeremia (vgl. Jer 4,19ff), obwohl doch nun *allem Seufzen* ein Ende bereitet werden soll. Die gegensätzliche Reaktion wirft zugleich klärendes Licht auf die Niederschrift der späteren Kapitel. Reflektieren sie nicht geradezu das Empfinden eines Mannes, dem – wie den Verbannten – diese Stadt Babylon sowohl Gefängnis als auch Heimat war? Wenn Jesaja hier tatsächlich einer späteren Generation so ins Herz und Gewissen reden sollte (40,1), als ob er selbst einer der ihren wäre, dann ist dieses tiefe Betroffensein und Mitempfinden eine unerläßliche Voraussetzung; hier begegnet der persönliche, subjektive Aspekt seiner Prophetie. Zugleich wird man sein doppeltes Bewußtsein beachten: In einem gewissen Sinn hat er sich von seinem *Wächter*dasein distanziert (V. 6), und doch darf er nur berichten, was er sieht und hört (vgl. Hab 2,1–3). Die Objektivität wird verschiedentlich unterstrichen (V. 6.7.10).

In **8a** sieht der Prophet, nachdem seine Wacht sich schon ins Unendliche zu dehnen schien, den verheißenen Reiterzug am Horizont erscheinen. Offb 18,2 nimmt den Ruf auf: *Sie ist gefallen, sie ist gefallen, Babylon.* Babylon wird als Typus der gottlosen Welt betrachtet. **10** Der letzte Satz: *mein zerdroschenes und zertretenes Volk* macht mit diesem Bild nicht nur die Qual Israels deutlich, sondern deutet auch den Zweck des über Israel ergangenen, langandauernden Gerichts an.

21,11.12 An Duma

Die Ortsnamen deuten auf Edom, aber die Bezeichnung *Duma* (vgl. 1 Mo 25,14) wurde wohl wegen ihrer ominösen Bedeutung »Schweigen« gewählt. Die eigentliche Frage lautet: »Wann kommt der Morgen?«. Dahinter verbirgt sich eine lange Leidenszeit. Die Antwort ist kein Allgemeinplatz, sondern eine Warnung: Jede Erleichterung kann nur kurz bemessen sein. Vgl. Spr 4,18f. Die mit »fragen« und »wiederkommen« übersetzten Verben kann man entweder von ihrem üblichen Sprachgebrauch her verstehen, oder man sieht tiefer und erkennt, daß ihnen der göttliche Ruf zugrunde liegt: »Sucht, bekehrt euch, kommt!« Edoms Antwort läßt sich aus 34,5ff und Obadja ersehen.

21,13–17 An Arabien

13 Die LXX hat statt des zweiten *Arabien* (EÜ/LÜ: *Steppe*) »Abend«, das im Hebräischen die gleichen Konsonanten aufweist. Es könnte freilich auch ein Doppelsinn beabsichtigt sein: Vgl. V. 11 und die symbolischen Bezeichnungen in 21,1; 22,1. Dieser Spruch wendet sich warnend an den freiesten und unzugänglichsten Stamm. Assyriens Arm kann auf Gottes Befehl hin sogar ihn noch erreichen. Die südlicher gelegenen Stämme Tema und Dedan müssen ihrem offener daliegenden Bruderstamm Kedar beistehen. Es wird hier vielleicht beschrieben, daß die Handelskarawanen in Kriegsgebiete hineingerieten und deshalb mit leeren Händen und hungernd zurückkehrten. Doch der Bericht von Sargons Invasion nach Arabien (715 v. Chr.) läßt es wahrscheinlicher erscheinen, daß die Flüchtlinge direkt in Kampfhandlungen hineingezogen wurden. **16f** Vgl. 16,14 und Komm. dort.

22,1–15 Jerusalem

22,1–14 »Das Schautal«. 1 Diese symbolische Überschrift (vgl. Komm. zu 21,1.11.13) betont, daß selbst der Standort des Propheten, von dem aus er die Völker beobachtete, nicht vom Gericht ausgenommen ist. *Tal* kann sich auf das von noch höheren Bergen umgebene Jerusalem beziehen; es ist von V. 5 übernommen (vgl. Ps 125,2). Es könnte aber auch eine bestimmte Lokalität in Jerusalem oder Umgebung gemeint sein (vgl. Joel 3,12.14).

2ff Zwischen der Ausgelassenheit der Stadt (V. 2a.13) und ihrer dunklen Zukunft tut sich ein unüberbrückbarer Gegensatz auf. Es ist nicht klar erkennbar, ob die Lustbarkeiten unmittelbar z.Z. Jesajas im Gange sind (vielleicht im Zusammenhang mit dem Rückzug Sanheribs, 37,37), oder ob man das Verb in der Vergangenheit übersetzen sollte in V. 2a: »Du warst voll . . .«, so wie in der Klage 1,21. In jedem Fall erkennt Jesaja als einziger, wo dieser Versuch des Vergessens enden wird. Vers 13b hält es für alle Zeiten fest (vgl. 1Kor 15,32).

Mit einem typischen Fernblick (vgl. 21,1–10) sagt er den noch über ein Jahrhundert in der Zukunft liegenden Fall Jerusalems voraus (587). Er sieht schon die Hungersnot (V. 2b; vgl. Klgl 4,9), die sich davonstehlenden Volksführer (V. 3; vgl. 2Kön 25,4f) und die Häuser, die eingerissen werden, um die Stadtmauern zu verstärken (V. 10; vgl. Jer 33,4). Welche Rolle dabei die Krieger von Elam und Kir spielten (V. 6) läßt sich den historischen Angaben nicht entnehmen. Aber Kir war dem assyrischen Weltreich einverleibt worden (vgl. 2Kön 16,9); Söldnerkontingente dieser Randgebiete des Reichs können zweifelsohne ein Teil der Erbschaft gewesen sein, die Nebukadnezar von Assur übernommen hat.

8–14 Das *Waldhaus* war ein Waffendepot (V. 8; vgl. 1Kön 10,17). Zur Wasserversorgungsanlage (V. 9.11), vgl. die von Ahas und Hiskia in den Tagen Jesajas getroffenen Vorbereitungen (7,3; 2Kön 20,20). *Die beiden Mauern* (V. 11) sind wahrscheinlich der Treffpunkt zweier den Südosthügel umgebenden Mauern, deren Verlängerungen zwei Teiche einschlossen.

Es ist beachtenswert, daß Jerusalem zwischen einem hektischen Aktivismus und dem Versuch, der Wirklichkeit zu entfliehen, hin- und herschwankte (vgl. V. 9–11 mit 12–14). Das erste war eine Verleugnung des Glaubens (V. 11b), das zweite eine Flucht vor der Buße. Die Worte von V. 11b (und von 37,26) sind eine überraschende Vorwegnahme dessen, was in Kap. 40–66 ausgeführt wird, wo Gott immer wieder der genannt wird, der alles *tut und schafft* (vgl. 44,2.24; 43,7; ein weiterer Hinweis auf *einen* Autor des Gesamtwerks; s. dazu Einleitung S. 716ff.

22,15–25 Schebna, der Hofmeister. Dieser hohe Beamte taucht zusammen mit Eljakim (vgl. V. 20) wieder in 36,3ff; 37,2ff auf. Möglich, daß er der Anführer der zu Ägypten hintendierenden Partei war (s. zu Kap. 30 und 31), die sich über die Verkündigung Jesajas lustig machte. Hier wird er allerdings nur wegen seiner Arroganz und seiner Prunksucht verurteilt. Jede Nuance dieser ihn von Gott her treffenden Botschaft ist mit Spott angefüllt, angefangen von *dem Verwalter da* (V. 15) bis zu *du Schmach für das Haus deines Herrn* (V. 18). So werden das menschliche Verlangen nach Anerkennung und Macht, die weltliche Vorliebe für Statussymbole (Wagen und Grabmal) und die Intrigen des Amts enthüllt; das alles ist doch nur äußere Schale und vergänglicher Glanz. Die 2,2 m breite Oberschwelle des Grabsteins eines wohl diesen Stand einnehmenden Beamten hat man im Dorf Silwan im Kidrontal gefunden; seine Stellung wird als »über dem Hause« (d.h. Verwalter bzw. Hofmeister) umschrieben (vgl. V. 15). Es könnte sich sogar um den Schebnas handeln. Leider wurde durch einen Kugeleinschlag der Name ausgelöscht.

20ff Eljakim ist geradezu das Gegenstück zu Schebna. In 36,3ff scheint Eljakim über Schebna zu stehen. Von Gott aus wird er *mein*

Knecht genannt (V. 20; vgl. dazu »der Verwalter da« V. 15); in menschlicher Sicht ist er der *Vater* der Stadt (V. 21). Aber gerade sein »Paternalismus«, durch den er zur beherrschenden Vaterfigur für alle werden sollte, den er aber schließlich für seine Familie ausnutzt, soll ihm zum Fall werden (V. 24f). Denn er ist unfähig, den vielen aus der Verwandtschaft, die sich an ihn hängen und von ihm protegiert sein wollen, ein Nein entgegenzuhalten. Gleich wie gut das gemeint war, es war ein Amtsmißbrauch, und auch die gewissesten Zusagen Gottes decken eine solche Praxis nicht. Vgl. den Zusammenhang von V. 23 und 25 mit 1Sam 2,30; Jer 22,24; Offb 2,1.5.

22 *Die Schlüssel . . . Davids* weisen hin auf die Verantwortlichkeit. Ein Schlüssel war zu der damaligen Zeit ein in seiner Größe nicht zu übersehender Gegenstand, der entweder im Gürtel oder über die Schulter geworfen getragen wurde. Die Anfangsworte V. 22, die 9,6 reflektieren, unterstreichen die von Gott aufgetragene Verantwortung, die mit der Schlüsselgewalt verbunden war: Sie war im Interesse des Königs einzusetzen. »Auftun« und »Zuschließen« umschreiben die Vollmacht, Entscheidungen zu treffen, die niemand außer dem König selbst aufheben konnte. Dieses atl. Bild steht hinter der Vollmacht, die Petrus (vgl. Mt 16,19) und der Kirche (Mt 18,18) übertragen werden. Diese schließt aber auch die oben ausgeführte Warnung ein. Die letzte Autorität wird freilich mit diesem Bild vom Schlüssel für Christus selbst beansprucht (vgl. Offb 3,7.8).

23,1–18 Tyrus

Tyrus, der Markt der Völker (V. 3) streckte seine Hand sogar noch weiter aus als Babylon: Seine Händler waren vom Indischen Ozean (vgl. 1Kön 10,22) bis zum Ärmelkanal bekannt. In Offb 17 und 18 werden die Prophetenworte des AT, die sich auf Tyrus und Babel beziehen, miteinander verbunden (vgl. Jes 27 und Jes 14). So ergibt sich das Bild des Weltverführers (vgl. V. 17) und Bedrückers, der sich gegen die Stadt Gottes wendet.

23,1–14 Gründe und Folgen seines Falles. Es wird so dargestellt, als ob die Nachricht von seinem Fall die von Tyrus ausgezogenen Schiffe in Sidon erreichen würde. Sidon war die am nächsten gelegene Kolonie (V. 1; zu *Tarsis* vgl. Komm. zu 2,16). Nun haben die Schiffe kein Zuhause mehr. Selbst das Meer – im Bild gesprochen – scheint seine Kinder verloren zu haben, wenn die Handelsschiffe von Tyrus ausbleiben. Das Unglück zieht seine Kreise bis nach Ägypten. Die Bewohner der phönizischen Küstenstädte werden bis nach dem fernen Tarsis und dem nahegelegenen *Kittim*, d.h. Zypern zerstreut (V. 6.12).

V. 8 weist darauf hin, daß Tyrus überall seine Handelskolonien gründete. Der nicht ganz klare V. 10 könnte bedeuten, daß mit dem Untergang der Mutterstadt in einer der Kolonien die Anarchie ausbricht, weil sie allein nicht zurecht kommt. In V. 11 liest man für Tyrus und Sidon im Hebräischen »Kanaan« (EÜ mit Anm. d.i. Phönizien; vgl. LÜ), eine Sammelbezeichnung schließlich für ganz Palästina. Das hebr. Wort für Händler (V. 8) ist identisch mit Kanaanäer. Es ist nicht ganz klar, was wem den Namen gegeben hat. Aber es wird hieran deutlich, wie sehr dieses Reich durch den Handel geprägt war.

Das den Fall herbeiführende Werkzeug ist nicht Assur, sondern es sind die Chaldäer; so wohl der kaum zu übersetzende V. 13. Geschichtlich gesehen haben beide Mächte Tyrus teilweise unterjocht. In späterer Zeit unterwarfen die Griechen, später auch die Sarazenen und schließlich gar die Kreuzfahrer die Stadt. Nach der eigentlichen Ursache wird in V. 8 gefragt: »Wer hat solches beschlossen«; die Antwort erfolgt in V. 9: »Der Herr Zebaoth . . .«. Gottes Gericht wendet sich gegen den Stolz, gleich wo er sich zeigt (vgl. 2,10–22). Jesaja widmet sich diesem Thema in bes. Maße.

23,15–18 Die Erneuerung des alten Glanzes. 15 Es ist eine geschichtliche Tatsache, daß Tyrus sich bis weit ins Mittelalter hinein nach jeder Niederlage wieder erholte und nach kurzer Zeit den Handel wieder aufnahm. Die *siebzig Jahre* scheinen als runde Zahl ein Lebensalter zu bedeuten, ähnlich wie die »siebzig Jahre« der jüdischen Gefangenschaft. Die Metapher der vergessenen Hure, die in einem Spottlied aufgefordert wird, sich in Erinnerung zu bringen, läßt die Erneuerung allerdings fragwürdig und unecht erscheinen: Der Besitz und der Reichtum behalten ihre verführerische Kraft (vgl. Hes 28,4.16). Der letzte Vers weist freilich darauf hin, wie der Besitz auch recht benutzt werden kann. Diese beiden Möglichkeiten werden in Offb 18,3 und 21,24 ebenfalls dargestellt.

24,1–27,13 Gottes endgültiger Sieg

Nach den einzelnen Nationen (Kap. 13–23) kommt jetzt die ganze Welt in den Blick. Diese vier Kapitel, die oft die Apokalypse Jesajas genannt werden, zeichnen den Untergang der irdischen und der überirdischen Feinde Gottes (24,21f; 27,1), ja selbst die Überwindung des Todes (25,8). Sie enthalten einen der zwei im AT vorhandenen klaren Hinweise auf die Auferstehung des Leibes (26,19). Insgesamt bleibt der Standort Jesajas erhalten. Er spricht von Jerusalem aus; Juda und Moab liegen in unmittelbarer Nähe (25,10ff) und die Großmächte Ägypten und Assyrien (27,12f) befinden sich in einer mittleren Entfernung. So bedrückend die Gerichte sind, der alles beherrschende Grundton ist die Freude. Sie bricht immer wieder durch die Lieder hindurch, die in das Prophetenwort eingeflochten sind.

24,1–23 Gericht über Erde und Himmel

24,1–13 Die Menschheit im Chaos. Das machtvolle Wortgemälde wird durch Wiederholungen, Reime und Wortspiele verstärkt. **1** *Macht die Erde leer und wüst* erinnert an 1Mo 1,2: Die Schöpfung ist in Auflösung. In der Hand des Schöpfers zerbricht sie. **5** Der Grund für das Gericht wird genannt. Beachte das zweimalige *Darum* (V. 6), das das *Denn* (V. 5) aufgreift. Für den Menschen scheint es kein Gesetz und keine Gebote mehr zu geben; er setzt sich darüber hinweg. Ob der *ewige Bund* mit dem Noahs und dem, der die ganze Schöpfung umfaßt, in eins zu setzen ist, läßt sich nicht mit Gewißheit sagen, vgl. 1Mo 9,9ff. Der Ausdruck könnte zunächst auch nur sagen, daß Gottes Gebote und sein Wille für alle Ewigkeit gültig bleiben. Aber der Hinweis auf die Flut (V. 18b) läßt doch den genannten biblischen Bezug wahrscheinlich werden **7ff** Die Freudlosigkeit erinnert an Hebr 11,25, wo auch von der Kurzlebigkeit des durch Sünde erworbenen Gewinns die Rede ist. Die *öde Stadt* (V. 10, EinhÜ; EÜ; *Stadt der Öde*, hebr. *tohu* wie 1Mo 1,2 *tohu wabohu)* zeugt davon, wie verhängnisvoll sich Sünde auswirken kann; durch sie wird die von Gott geschaffene Ordnung aufgelöst, und das Chaos kann sich ausbreiten. Der einzige Hoffnungsstrahl entstammt dem Hinweis auf die *Nachlese* (V. 13); einige *wenige* bleiben übrig (V. 6), wie es schon in 17,6 und den ausgeführten »Rest«-stellen anklang, z.B. 10,20ff.

24,14–16 Der zukünftige Lobgesang, der gegenwärtige Mangel. Der Lobgesang stammt wohl von dem zerstreuten Rest (s. zu V. 13). Aus neutestamentlicher Sicht finden sich in ihm Christen und Juden zusammen (vgl. Jh 11,52). Von Ost und West bis an die Enden der Erde ertönt der Lobgesang (14–16). Das ist Zukunftsmusik. In V. 16 sind wir wieder in der notvollen Gegenwart.

24,17–23 Das kosmische Gericht. 17 Die drei Worte: *Schrecken, Grube, Netz* hämmern einem sozusagen die Härte des Gerichts ein. **18a** Flucht hilft nicht (vgl. Am 5,19). **18b** Als Hintergrund s. V. 5. **21.22** Das *Heer der Höhe* kann in bestimmten Zusammenhängen einfach »Sterne« bedeuten (z.B. 40,26). Aber hier bilden sie den Kontrast zu den *Königen der Erde,* die zu *Gefängnis und Kerker* verurteilt werden (vgl. 2Petr 2,4). Es handelt sich um die »Mächtigen und Gewaltigen«, um die »bösen Geister«, die in den Himmelsräumen bzw. der Luft ihr Unwesen treiben (Eph 6,12). Der umfassendste atl. Hinweis auf derartige Wesen findet sich Dan 10,2–21; vgl. viell. Ps 82. Für das NT s. weiterhin z.B. Röm 8,38f; Kol 2,15; Offb 12,7ff. **23** Am Ende steht freilich uneingeschränkte Herrlichkeit. Wenn *Sonne und Mond* hier ihren Schein verlieren, dann nur, weil sie wiederum vom Licht überstrahlt werden. Dieses Licht ist der Herr, der in vollem Glanz herrschen wird. Letztlich handelt es sich um das gleiche Bild wie Offb 21,22ff.

25,1–12 Die große Befreiung

25,1–5 Das Ende der Tyrannei. Unangekündigt bricht dieser Hymnus los (anders V. 9; 26,1ff; 27,2ff). Dahinter verbirgt sich das bes. schwere Leiden der Schwachen (s. bes. V. 3–5), das nun aber in die Dankbarkeit für die Befreiung umgeschlagen ist. Es ist wie ein atl. Magnifikat (s. Marias Lobgesang Lk 1,46ff). **1** Gottes Wirken ist voller *Wunder,* sein *Rat* unerschütterlich. Beide Aspekte des Wirkens Gottes begegneten schon im Namen des verheißenen Königs (9,6). Sie werden nochmals in 28,29 aufgegriffen werden. Zur langen Reifezeit seiner Pläne *(von alters her),* ein bes. von Jesaja herausgearbeiteter Zug, s. Komm. zu 22,11. **2–5** Der Hymnus feiert nicht nur den kommenden Sieg (bei dem die Verteidigungsanlagen des Feindes zerschlagen, V. 2, die Beute in Besitz genommen und sein Übermut gedämpft sein wird, V. 5). Er freut sich bereits in der Gegenwart darüber, daß bei Gott schon jetzt vor dem Bösen, das sich austobt, Zuflucht zu finden ist. Das Wüten der Tyrannen wird in Bildern aus der Natur geschildert: das dahertobende Unwetter und die alles versengende Hitze.

25,6–8 Das Ende der Dunkelheit und des Todes. 6 Das Festmahl gibt dem Ganzen einen positiven Akzent, während sonst das Heil häufig als Überwindung des Negativen beschrieben wird. Das Mahl ist das Zeichen der Fülle (V. 6b), der gemeinsamen Freude über das Heil (beachte das viermalige *alle* in diesen Versen). Das Ziel ist erreicht. Zum Festmahl als Zeichen der Freude über das endzeitliche Heil vgl. Mt 26,29.

7 Die angesprochene *Hülle* (besser: Schleier) ist entweder das Zeichen der Trauer (V. 8b) oder der Blindheit des gefallenen Menschen (vgl. 2Kor 3,15); es sind jeweils erklärende Beifügungen. **8a** Das *Ewig* ist wohl die angemessenste Übersetzung. Es enthält auch das Element der Endgültigkeit und des Sieges (vgl. 28,28 und 1Kor 15,54). In diesem Sinn wird es in 1Sam 15,29 gebraucht, wo es als »Held« erscheint, und in 1Chr 29,11, wo es mit »Sieg« übersetzt wird. Diese Verheißung gehört zu den größten, die AT und NT aufzuweisen haben. Ein einziger Satz: der letzte Feind wird überwunden und die letzte Träne abgewischt (vgl. auch Offb 7,17).

25,9–12 Das Ende der Überheblichkeit. **9** gehört eigentlich noch zum vorhergehenden Absatz, leitet aber zugleich den hier besprochenen ein. Das *Denn* (V. 10) fungiert dabei als Klammer zwischen beiden. Die Atmosphäre ist voll gespannter Erwartung. Dies meint das *Hoffen*; es steht gerade nicht für bloße Passivität; vgl. 26,8; 33,2; 40,31; 49,23b. **10** Mit *Moab* wird überraschend ein lokaler Zug in diese universale Szene eingeführt (vgl. Edom in 34,5). Der Grund ist darin zu sehen, daß Moab die Verkörperung von Stolz und Überheblichkeit ist, vgl. V. 11b; 16,6, die aber seiner wirklichen Größe kaum angemessen sind. Die *Mistlache* (V. 10) ist ein Hinweis auf die mit dem Gericht verbundene Demütigung des Überheblichen. Sie weist aber auch darauf hin, daß das Gericht über den Stolzen vernichtend und endgültig ist; vgl. dazu die Abfolge in 14,14f.19.

26,1–27,1 Triumph nach dem Leid

26,1–6 Die feste Stadt. Schließlich wendet sich der Blick der eigenen Stadt zu und nicht mehr dem Rivalen, der *hohen Stadt* (V. 5). **1** Die eigene Stadt ist *fest*. Dies meint nicht die eigene, die gewaltsame Verteidigung; es bezieht sich vielmehr auf das Rettungshandeln des Gottes, der ein *Fels ist ewiglich* (V. 4). Ob man sich über diese Art von *Mauern und Wehr* freuen kann, hängt davon ab, ob man im Glauben auf Gott eingeht (V. 2) und sich auf ihn *verläßt* (V. 3.4). **3** Auf das *Herz* kommt es an, was man wohl besser mit »Wille« übersetzen würde, denn es muß sich auf Gott verlassen wollen. *Der Friede* ist der vollkommene Friede im Hebr. »Friedefriede«. Er meint ein neues, vollkommenes Sein, das nur Gott selbst schenken kann, und das mehr ist als nur die Abwesenheit von Kampf. Das »Verlassen« ist in V. 3 Passiv, in V. 4 Aktiv. Der Sinn entspricht etwa dem »Auf-Gott-geworfen-sein«. **5** Auffällig, daß es wieder um die Erniedrigung des *Hohen* geht, eines der durchgängigen Themen Jesajas, das von 2,12 bis zum Schluß durchgehalten wird.

26,7–18 Die lange Nacht des Wartens. Man *wartet* darauf, daß die Bosheit überwunden wird. Das geschieht entweder so, daß ihr eine Korrektur widerfährt (V. 9–11) oder so, daß der Böse zunichte gemacht wird (V. 11c.13ff). Grundsätzlich ist es aber ein Warten auf Gott selbst (beachte: »warte auf *dich*« V. 8; »verlangt nach *dir*«, V. 9; suche *dich*«, V. 9). **7** *Ist eben* und *Machst du gerade* (LÜ) trifft die Sache nicht ganz. Es geht nicht um einen leichten Weg, sondern darum, daß Gott auf den Weg des Gerechten achthat (s. Spr 5,6). **8** Das *Begehren des Herzens* geht dahin, daß der *Name* Gottes verkündigt wird; das geschieht im Gottesdienst der Gemeinde und kann eine bewegende Erfahrung sein (vgl. Ps 34,3; 68,4). Das klingt nochmals in V. 13 an, bes. in 13b. Zugleich werden die Tyrannen verspottet, die die Kronrechte des Gottes Israels mißachteten. **9** Vgl. Ps 63,7. **14** Hier wird deutlich, daß es sich um irdische Herrscher und nicht um Götzen handelt (zu *Schatten* vgl. Komm. zu 14,9). Die Ankündigung weiß sich ihrer Erfüllung so gewiß, daß sie schon in der Vergangenheit ergehen kann (das sog. prophetische Perfekt). **16–18** Dieses Bekenntnis vom Versagen und von der Mutlosigkeit kann sich auch eine christliche Kirche zu eigen machen. Das Eingeständnis der eigenen Hilflosigkeit unterstreicht nur das Verlangen nach Gottes Eingreifen zur Erneuerung der Schöpfung. Ein ähnlicher Seufzer begegnet im dritten Gottesknechtslied (49,4). Hier wie dort verändert Gottes Antwort die ganze Lage total; das ist der Gegenstand des nächsten Absatzes.

26,19–27,1 Auferstehung und Endgericht. Auf das Gebet (V. 7–18) folgt Gottes Antwort. **19** Obgleich Einzelfragen offen bleiben, wird hier klar die Auferstehung des Leibes verheißen. Die ergänzende Aussage Dan 12,2 fügt zwei weitere Gesichtspunkte hinzu: Die Auferstehung der Ungerechten und ewiges Leben bzw. ewige Schande. Lies im Einklang mit den hebr. Konsonanten: »meine Leichen« (EÜ). So wird betont: Die Diener Gottes gehören ihm auch im Tod; das gilt auch für ihren Leib. *Tau der Lichter* (gemeint ist die Frische und Verheißungskraft des Morgens, vgl. Ps 110,3b) könnte auch übersetzt werden »der Tau auf den Pflanzen«. Die letzte Zeile könnte man auch übersetzen: Du wirst das Land der Schatten besiegen. *Schatten:* vgl. Komm. zu 14,9.

20 zeigt Errettung im bzw. aus dem Gericht, wie es Noah in der Arche und Israel beim Auszug aus Ägypten widerfuhr, als ihm geboten wurde, sich in den Häusern zu verbergen, während der Todesengel umherging (2Mo 12,22). **21; 27,1** Das Gericht ist allumfassend wie 24,21. Dem *Leviathan* (27,1) entspricht dort das Heer des Himmels (vgl. dazu Offb 12,7ff: »Der Drache und seine Engel«). Die Adjektive *flüchtig, gewunden* entsprechen genau denen, die im alten kanaanäischen Baalsepos im Blick auf Leviathan (Lotan) verwandt werden. Auch dort geht es darum, daß der Drache und das Meer überwunden werden. *Flüchtig* will dabei den Eindruck erwecken, daß die Schlange sich immer wieder dem Zugriff entwindet. Altes kanaanäisches Material wird so umgeformt, daß es Träger göttlicher Wahrheit wird: die heidnischen Strukturen sollen zerstört werden. Sowohl hier wie auch in 51,9f macht der Zusammenhang deutlich, daß es sich um das Endgericht handelt und nicht wie im heidnisch-mythologischen Zusammenhang um einen Kampf mit den Urgewalten, der der Schaffung der geordneten Welt vorausging, als ob sich der Gott der Schöpfung erst der Opposition der heidnischen Götter der Unordnung und des Chaos' hätte entledigen müssen.

27,2–13 Ein Volk für Gott

27,2–6 Der fruchtbare Weinberg. Die liebende Fürsorge (V. 2ff) und die überreiche Fruchtbarkeit (V. 6) müssen beide auf dem Hintergrund von Kap. 5 gesehen werden, wo der Weinberg die Frucht versagte und zerstört werden mußte. Jetzt ist das Ziel erreicht, auf das Gott hinarbeitete. **4.5** Diese etwas dunklen Verse sind vielleicht so zu verstehen, daß sich Gottes Zorn nicht mehr gegen seinen Weinberg wendet, sondern nur noch gegen die ihn bedrohenden *Disteln* und *Dornen*, die wohl Bild für die Feinde des Volkes sind. Selbst diese würde er aber lieber versöhnen als zerstören. **6** Die *Früchte* sind von 5,7 her als Recht und Gerechtigkeit zu verstehen. Aber auch hier wie in 37,31 ist die rechte Verwurzelung die Voraussetzung für das Tragen der rechten Früchte.

27,7–11 Fruchtbares Leiden und fruchtlose Macht. In diesem Absatz wird der Gegensatz herausgearbeitet, der zwischen dem abgemessenen Leiden, das zur Wiederherstellung Israels führt (V. 7–9) und dem unbegrenzten Gericht, das zum Verderben des Tyrannen wird (V. 10.11), besteht.

8 *Wegschicktest:* Diese Übersetzung setzt eine andere Vokalisation als im MT voraus; dort steht *»mit Sea, Sea«*, d.h. *mit Maßen* (EÜ; Sea ist ein Getreidemaß). Das hieße: Mit großer Umsicht hat Gott Israel das Gericht zugemessen; nicht zuviel und nicht zu wenig. *Verscheucht . . . am Tage des Ostwinds* ist bildhafte Umschreibung für die Gefangenschaft in Babylon. **9** Die Zerstörung der Götzenbilder ist sowohl Voraussetzung als auch Folge der Versöhnung (vgl. Spr 16,6f). Wenn der Aufenthalt im Exil das bewirkt, dann ist es nicht vergeblich. **10.11** *Die feste Stadt* ist hier zweifelsohne die des Unterdrückers (vgl. 25,2). Das Kolorit ergibt ein Kontrastbild zu dem wohl gehüteten Weinberg (V. 2.3). Zu V. 11b vgl. 44,18f; 45,6f.

27,12.13 Das Einbringen der Ernte. Die hier im Bild angesprochene Ernte ist wohl die im Wein- und Obstgarten; denn das »Aufsammeln« *der Kinder Israel*, das eins ums andere erfolgt, geschieht zeitlich nach dem Abschlagen der Früchte, und deshalb kann die Ährenernte hier nicht gemeint sein. Statt *ausklopfen* sollte man deshalb abschlagen (der Frucht) lesen. Die Verse handeln von der Sammlung und Heimführung Israels durch Jahwe.

28,1–31,9 Die assyrische Krise: Gottes oder der Menschen Hilfe?

28,1–29 Die Herausforderung der Spötter. Kap. 28 ist eine Serie von Momentaufnahmen. Die Jerusalem regierenden Zauderer werden aufgefordert, sich den Realitäten der Geschichte, der Moral und des Handelns Gottes zu stellen. Ausschnitte aus einem heftigen Streit scheinen VV. 7–13 (oder noch darüber hinaus) eingefangen zu haben. Das Geschehen ist in die Zeit der ruhelosen Intrigen mit Ägypten einzuordnen, die Hiskia zum Aufstand gegen Assur verleiteten und Assurs Rachezug von 701 hervorriefen, der in Kap. 36 u. 37 skizziert ist. Aber die Prophetenworte reichen über diesen engen zeitlichen Rahmen hinaus.

28,1–6 Die Säufer von Ephraim. Hier handelt es sich auf jeden Fall um eine frühe Weissagung, die in die Zeit vor dem Fall Samarias (722 v. Chr.) zurückreicht. Ihre Funktion in diesem Kontext ergibt sich aus V. 7–13. **1–4** Die äußerliche Schönheit der auf einen Berg gelagerten wohlhabenden Stadt ist doch in Wahrheit nichts anderes als ein Blumenkranz auf einer Trinkerstirn, eine Pracht, die in sich widersprüchlich und im nächsten Auenblick schon vergangen ist (V. 4a). Der Zug der Vergänglichkeit wird noch durch das Bild des Hagelschauers unterstrichen (V. 2), möglicherweise ein Hinweis auf Assur. Das gleiche Bild begegnet nochmals in V. 17. Zur Verstärkung wird als drittes noch das Bild der reifen Feigen beigefügt (V. 4b). In einem einzigen Absatz faßt Jesaja die Warnungen zusammen, die schon Amos dieser vergnügungssüchtigen, dem Trunk ergebenen Stadt entgegenhielt (vgl. Am 2,12; 4,1; 6,6). **5.6** Es ist, als ob die Wolken auseinandergestoßen würden, so daß für einen kurzen Augenblick die Krone sichtbar wird, die das wahre Israel ziert. Das wahre Israel sind *die Übriggebliebenen*, eigentlich der Rest (hebr. *sche'ar*; vgl. Komm. zu 10,20–23). *Der Geist des Rechts* und die *Kraft*, von der die Rede ist, ist niemand anders als der in den Seinen gegenwärtige Herr selbst. Vgl. Komm. zu 11,2.

28,7–13 Die Säufer im Amt. 7.8 Das *Auch diese* stellt die Klammer zwischen dem Vorausgehenden und dem Folgenden dar. Ephraim war ein Opfer seiner Trunksucht geworden. Nun ist Juda an der Reihe, angefangen bei den geistlichen Führern. Die taumelnden und sich erbrechenden *Priester und Propheten* werden so lebendig dargestellt, daß man immer wieder angenommen hat, daß dieser Text eine wahre Begegnung zwischen Jesaja und einer Gruppe von ihnen an einem verborgenen Ort festhält.

9–13 V. 9f könnte dann ihr tatsächliches Spottlied wiedergeben, das sich natürlich auf niemand anders als Jesaja bezieht. V. 13 wäre seine unheilverkündende Antwort, die ihre Worte aufnimmt. V. 10 enthält ein hebr. Silbengestammel, vgl. unser Blabla, vielleicht aber nicht ganz so bedeutungslos. V. 11 ist die Antwort im Klartext: Treibt nur euren Spott mit Gottes Wort, macht aus Sinn Unsinn. Assur wird schon noch bald genug seinen Spott an euch haben. Und die Worte, die euch zum Heil sein sollten, werden euch zum Unheil werden (V. 12.13). Die in V. 12 abgelehnte Botschaft findet in 30,15 ihren klassischen Ausdruck (vgl. Komm. zu 7,9b). Wenn Paulus in 1Kor 14,21 V. 11 zitiert, dann will er in Übereinstimmung mit diesem atl. Wort daran erinnern, daß es nicht Gottes Art ist, eine an ihn glaubende Gemeinde in unverständlicher Sprache zu grüßen. Vielmehr ist das seine Art, die Ungläubigen zu tadeln.

28,14–22 Der sichere Grund und die Zuflucht aus Lügen. 15.16 Wie in 8,11–15 bilden *Bund* und *Eckstein* einen Gegensatz, hier freilich im Rahmen einer unbekümmerten Sicherheit. Der *Bund mit dem Tod* und dem *Totenreich* könnte sich vielleicht auf eine Anrufung der Götter der Unterwelt beziehen, z.B. in einer okkulten Zeremonie (vgl. 8,19). Oder es könnte auf einen Vertrag mit Ägypten angespielt sein. Auf jeden Fall merken sie gar nicht, wie die Sicherheit, der sie sich in V. 15 rühmen, nichts als Lug und Trug ist. Vor Gott gilt ihre Hoffnung nicht. Sicher hat man gesagt: Uns kann nichts geschehen. Unsere Bündnisse sind so fest geschmiedet. Doch Gott wußte, wer in Wahrheit ihr Feind ist und wer nur vorgab, ihre Freunde zu sein. Die Verheißung des Ecksteins wird zusammen mit 8,14 in Röm 9,33 und 1Petr 2,6 zitiert. Vgl. dazu Ps 118,22. In Jes 8,14 ist klar, daß der Herr der Eckstein ist. Aber hier legt der Herr den Stein selbst. Auf Christus treffen beide Aussagen zu, wie das NT deutlich macht. Röm 9,32f führt näher aus, was es mit dem Glauben auf sich hat (vgl. 7,9). Vielleicht gilt *Wer glaubt, ...* als Inschrift auf dem Stein. Das »Nicht zuschanden werden« in Röm 9,33 geht auf die LXX zurück. Vgl. dazu 49,23b und als Gegensatz 30,3.5. Flucht ist ein Zeichen für Angst und Verzweiflung.

Die Bilder überschlagen sich fast. Die *Flut* ist von V. 2 bekannt (dort für die Assyrer). **17** *Richtschnur* und *Waage* unterstreichen die Endgültigkeit des Gerichts, s. 30,13f und Am 7,7f. **20** Das »zu kurze *Bett*« und die »zu schmale *Decke*« reden eine klare Sprache bezüglich der Hilfsmittel, die nirgend mehr ausreichen. **21** Zu *Perazim* und *Gibeon* s. 1Chr 14,11.16. Der Gott, der die Feinde Davids hinwegfegte, wird jetzt Davids Reich hinwegfegen. Zu dieser unglaublichen Umkehr der Verhältnisse – *fremd ist sein Werk* (V. 21), muß im nächsten Absatz noch Näheres gesagt werden. Für Luther war es ein Trost, daß das Gericht Christi fremdes Werk ist, während sein eigentliches Amt das der Rettung ist.

28,23–29 Der Bauer bei der Arbeit – ein Gleichnis.

Daß der Bauer bald die eine Arbeit, dann die andere tut, daß er mit dem Acker einmal so, dann wieder anders verfährt, kann der unwissende Zuschauer zunächst als Launenhaftigkeit interpretieren. Aber der Fachmann weiß, daß jede Arbeit zu ihrer Zeit sinnvoll ist. Gottes Handeln ist noch viel komplizierter. Aber der Gott, der des Bauern Lehrherr ist (V. 26.29) weiß sehr wohl, was er tut. Auch sein seltsamstes Tun (V. 21) entspricht genau seinem Zweck, erfolgt zur rechten Zeit (V. 24), ist der erwarteten Frucht angemessen (V. 25) und geht mit jedem so um, wie es seiner Art entspricht (V. 27.28). **29** *Sein Rat ist wunderbar:* wieder stehen die zwei Begriffe beieinander, die schon im Namen des kommenden Königs begegneten (9,6; vgl. 25,1).

29,1–8 Letzte Gnadenfrist für »Ariel«

1–4 Aufgrund von V. 8 ist mit Ariel Zion gemeint. In Hes 43,15 wird damit der Opferherd bezeichnet. Ein Ausleger (Moffatt) sieht darin einen Hinweis auf die hohe Berufung Jerusalems und übersetzt: »Gottes eigener Herd und Altar«. Der Hinweis auf die (gottesdienstlichen) Feste in V. 1b unterstreicht das sogar. Aber V. 2b gewinnt dem Bild einen grauenvollen Sinn ab: Jerusalem soll zu einem Holocaust (griech. für Ganzopfer im Feuer) werden. Auch in V. 3 wird die positive Umlagerung Gottes zum Schutz Jerusalems (s. Ps 46) in das Gegenteil verkehrt: Gott wird zum Angreifer.

5–8 Die Verheißung einer wunderbaren Errettung erfüllt sich z.T. im Jahre 701 (s. 37,33–37). Aber die *Menge aller Völker* (V. 7f), die Belagerungswerke (V. 3 vgl. 37,33) und die spektakulären Zeichen (V. 6) weisen auf einen noch schwereren Kampf hin, vgl. Sach 14,1ff. Die Enttäuschung des Volkes schlägt sich eindrücklich in V. 7f nieder; bei unzähligen Gelegenheiten hat die Welt sich schon die Hände über die Niederlage der Kirche gerieben – und immer zu früh.

29,9–24 Die innere Verblendung Israels vertieft und verwandelt

29,9–12 Ein Volk ohne Durchblick. Der prägnante Ausdruck *eure Augen, die Propheten*, läßt sofort erkennen, daß hier Israel angeredet ist. Vgl. Spr 29,18; 1Sam 3,1ff. **11.12** So ist es, wenn Gottes Wille zu einem versiegelten Buch wird (vgl. Ps 74,9). Die Reflexivformen der Verben in V. 9 legen es nahe, daß die Verblendung ein Gericht ist: Der Eigenwille, der sich Gott nicht beugen will, hat selbst das Gericht herbeigeführt. Vgl. 30,10.

29,13.14 Unaufrichtiger Glaube. 13 Jesus sah in diesem Vers ein getreues Abbild pharisäischen Wesens (Mk 7,6f). **14** ist die angemessene Folge. Weisheit und Verstand ohne Einsicht in Gottes Wesen zerstören sich selbst und alles, das sie anrühren.

29,15.16 Verachtung des Schöpfers. 15 Diese Mischung aus Versteckspiel und Tollkühnheit (vgl. 30,1) drückt sich wahrscheinlich unbewußt darin aus, daß man unwillkommene Wahrheit einfach unterdrückt und ihr aus dem Weg geht. Jeremia (Jer 2,26; 23,23ff) und Hesekiel (Hes 8,12) begegneten in ihren Tagen der gleichen Gewissensvergewaltigung. **16** Im Bild des *Töpfers* wird das Verhältnis des Menschen zu Gott eindeutig festgestellt. Es begegnet wieder 45,9 und 64,7. Paulus greift es Röm 9,20f auf.

29,17–21 Die große Umkehr. Wenn Gottes Werk vollendet ist, wird deutlich werden, wie absurd es war, Pläne gegen Gott zu schmieden (V. 15). Dann sollen auch unsere höchsten Erwartungen noch übertroffen werden (V. 17) und die Leiden und Ungerechtigkeiten der Gegenwart werden überwunden sein (V. 18–21). **17** Die Verbformen deuten an, worum es geht: der jetzige *Libanon*, der wie eine unkultivierte Wildnis daliegt (vgl. 32,15), wird in Kulturland verwandelt werden, während man das gegenwärtige Ackerland im Vergleich zu dieser neu entstandenen Fruchtbarkeit wie einen Urwald empfinden wird.

29,22–24 Ein Volk zu Gottes Ehren. 22 In 22b ist von Jakob als Individuum die Rede. Er wird sich nicht länger beschämt abwenden, wenn er sieht, wie sich seine Nachkommen benehmen. **23** Daß Gottes Volk Gottes Namen wieder heiligt, indem es in Ehrfurcht »sein Handeln in ihrer Mitte« anerkennt, wird in Hes 36,23 weiter entfaltet; vgl. die Kernbitte des Vaterunsers Mt 6,9 und Eph 1,4.6.

30,1–31,9 Ein Blick auf Ägypten und Assur

30,1–5 Der Schatten Ägyptens. Die in 28,14–22 verurteilte illusorische Zuflucht wird zuletzt genannt. Schon zehn Jahre zuvor hatte Jesaja Juda davon abzubringen versucht, sich in das ägyptische Spiel gegen Assur einzulassen (s. Kap 20). Die Stimmung hatte sich verhärtet: die Boten Judas sind auf dem Weg nach Ägypten. **4** spricht anscheinend von den Botschaftern und Beamten des Pharao. *Hanes* scheint in der Nähe von *Zoan* zu liegen, der nächsten größeren Stadt in Ägypten.

30,6–8 Der daheim bleibende Verbündete. 6 Die Mühen und Gefahren der Reise sind für Jesaja nichts anderes als ein Bild für das ganze Abenteuer; die V. 6b genannten *Schätze* stehen für die menschlichen Bemühungen und materiellen Güter, die im Verlauf der versuchten Bündnispolitik sinnlos verschwendet werden. **7** *Rahab:* hebr. *rahab* (anders als der bekannte Name in Jos 2: *rachab*), wörtl. »wild; stürmisch«, hier symbolische Bezeichnung für Ägypten, die auch in Ps 87,4 (vgl. Ps 89,11) auftaucht; vielleicht eine Anspielung auf das Nilkrokodil, sonst Name für ein Seeungeheuer (s. Komm. zu Hiob 9,13). In 51,9 sind beide Bedeutungen verknüpft. Vgl. auch Hes 29,3; 32,2. **8** Vgl. 8,1.

30,9–14 Eine Gesellschaft vor dem Zerbruch. Wahrheit und Recht (V. 10) sind für eine Gesellschaft so wichtig, wie eine zuverlässige Statik und Genauigkeit in der Ausführung für ein Gebäude (V. 13). Nur selten wird die Logik von Gottes Gerichtshandeln so klar ausgedrückt; vgl. die ähnlichen Bilder: Hes 13,10ff für den Versuch, die Risse zu übertünchen, Am 7,7ff das Senkblei, Hab 2,9–11 das Knarren im Gebälk.

30,15–17 Der Preis des Unglaubens. 15 eine für Jesaja typische Aufforderung (s. Komm. zu 7,1–9). *Umkehrtet:* unterstreicht, daß Buße Hinkehr zu Gott ist (vgl. 10,21). *Stillesein und Hoffen* sind das gerade Gegenteil zu dem aufreibenden Aktivismus von V. 16 (vgl. 28,16). **17** Die Bedrohung durch den Feind verkehrt die Verheißungen von 3Mo 26,8 in ihr düsteres Gegenteil, vgl. 5Mo 32,30.

30,18–26 Die gute Absicht Gottes. Ägypten und Assur werden dahinschwinden, wenn die Herrlichkeit des Herrn erscheint. Zunächst wird das, was sie für Israel bewirkt, sehr persönlich dargestellt (V. 18–22). Dann wird aufgezeigt, was sie in der Natur bewirkt (V. 23–26). **18** Beachte das Verhältnis zwischen dem Warten Gottes und dem der Menschen (18a.d; vgl. 8,17; 64,4). Und was für eine Wohltat, wenn Gott als Richter hervortritt (18b.c; s. den Gegensatz 5,15f.). **20.21** Die in

V. 20f beschriebene Nähe und Verbundenheit gehört zum neuen Bund (vgl. Jer 31,33f). Es ist noch nicht die vollendete Herrlichkeit, denn immer noch scheint es möglich zu sein, daß man von Gottes Weg abirrt oder sich gar gegen ihn wendet, auch wenn diese Möglichkeit stark eingeschränkt ist (V. 21). *Lehrer* steht im Hebr. in der Mehrzahl, ist aber mit einem Verb der Einzahl verbunden. Damit soll wohl Gottes Fülle und Majestät zum Ausdruck gebracht werden, die gelegentlich durch den Plural betont wird. Das *Wort* ist die Weisung, die *tora*, die zeigt, wie man Gottes Willen gemäß lebt. Seine Stimme trifft uns nur dann von hinten, wenn wir vom rechten Weg abirren, nicht wenn wir ihm nachfolgen. **23–26** beschreiben anders als V. 20a in Bildern aus unserer bekannten Welt die neue Schöpfung, die doch diese alte Welt gänzlich übertreffen wird; vgl. 60,19ff; 65,17ff.

30,27–33 Das reinigende Feuer. Diese Verse überblicken in erster Linie die unmittelbare historische Situation, s. die namentliche Nennung Assyriens (V. 31). Aber sie reichen darüber hinaus bis in die Endzeit hinein. **28** Die gottlosen Mächte werden sich eines Tages selbst von einer steigenden Flut gefangen sehen (wie in 8,8 Juda). Gott wird ihnen den Zaum anlegen (wie in 37,29 Assyrien) und sie zum eigenen Verderben treiben. **29–32** Für Gottes Volk ist das eine heilige Befreiung (V. 29). Jeder Gerichtsschlag verdient ein musikalisches Echo (V. 32) wie zu Miriams Zeiten (vgl. 2 Mo 15,20). **33** Das Grab des Bedrükkers ist aber nicht mehr das Rote Meer, sondern die *Feuergrube*, ein Ort endgültiger Zerstörung, den das NT dann *gehenna* oder Hölle nennt. Jer 7,31f läßt erkennen, wie es zu dieser Deutung kam. Der *König*, auf den hier hingewiesen wird, ist wahrscheinlich Moloch, (vgl. Komm. zu 2Kön 23,10), ein Wort, das im Hebr. die gleichen Konsonanten hat wie König *(melek)*.

31,1–5 Einige verlassen sich auf Rosse ... **2.3** Für Jesaja sind *Fleisch* und *Geist* nicht vergleichbar. *Fleisch*, d.h. Menschen eignet nur sehr begrenzte Macht. Dieser Einschätzung wollten sich schon die Zeitgenossen Jesajas anschließen (30,15f). Wie recht Jesaja hatte, sollte sich dramatisch zeigen (vgl. den Spott von 36,8f mit dem Ergebnis 37,36ff). *Unheil* ist Verderben (V. 2). S. dazu 45,7; Am 3,6. **4.5** *Der brüllende Löwe* und die *Vögel ... mit ihren Flügeln* sind jeweils Bilder für Geschehnisse, die sich dem Zugriff des Menschen entziehen. Und zugleich werden sie ein Bild dafür, wie der Herr selbst einmal auf furchtbare, dann auf zarte Weise zum Schutz seiner Stadt wird (vgl. 5Mo 32,11).

31,6–9 Assyriens Fall. Von dem übernatürlichen Schlag, der Assur trifft, wird in 37,36 berichtet. **6** Aber Jesaja geht es mehr um Umkehr als um Befreiung Jerusalems. Man beachte die Beharrlichkeit seiner Einschätzung der Situation (vgl. 29,15; dazu Hos 9,9). **7** Vgl. 2,20; 30,22. **9** Assyrien ist weit davon entfernt, ein unbeweglicher *Fels* zu sein (vgl. 5Mo 32,31; Jes 26,4). Was das bedeutet, *der Herr, der zu Zion ein Feuer ... hat* s. 33,14.

32,1–35,10 Rettung und ihr dunkles Vorspiel

32,1–8 Ein Königreich von wahrhaftigen Männern

Diese vierte Ankündigung des kommenden Königs (vgl. 7,14; 9,6f; 11,1ff) stellt sein Erscheinen als Triumph dar, der alles bisher Dagewesene noch übertrifft. Das gilt sowohl für die ihm eigenen Wesenszüge (die ihm der Geist des Herrn verleiht, vgl. 11,2; 32,15) wie auch für seine Untergebenen, angefangen bei den Amtsträgern.

1.2 Nach dem Plural *Fürsten* wird durch die singularische Fortführung in V. 2 jeder einzelne von ihnen angesprochen. Hier üben Männer ihre Macht so segensreich aus, wie Gott selbst es tut: vgl. V. 2 mit 25,4f; 26,4. **3** Auch werden die Menschen dazu befähigt werden, die ihnen von Gott gegebenen Gaben recht zu gebrauchen (vgl. 30,10f; 42,20). **4** Dazu erlangen sie auch neue Fähigkeiten. **5** Die Wahrheit hat zudem all den falschen Schein vertrieben, hinter dem sich menschliche Schuld und menschliches Versagen verbarg. Neben V. 5 lese man Lk 22,25ff. Titel gelten vor Gott nichts. **6–8** sind keine Vorhersage; vielmehr werden die in V. 5 eingeführten Begriffe näher erläutert. Deshalb auch die Präsensform bei den Verben.

32,9–20 Es gibt keinen einfachen Weg zum Frieden

Die stolzen Frauen von V. 9ff (vgl. 3,16ff) sind nur ein extremes Beispiel einer Gesellschaft, die weitgehend die Augen vor der Wirklichkeit verschlossen hat (vgl. 22,13; 28,15). Dreimal wird in V. 9–11 auf die »Sicheren« verwiesen. **10** könnte aus der Zeit stammen, da Hiskia sich von Assyrien lossagte. Die Antwort darauf war die assyrische Invasion 701. Freilich kann *über Jahr und Tag* auch eine unbekannt lange Zeit umschreiben. Auf jeden Fall übertreffen das tiefe Unglück von V. 14 und die Herrlichkeit von V. 15ff alles, was sich zu Jesajas Zeiten je ereignete. Es wird auf die mit der Ausgießung des »Geistes aus der Höhe« (V. 15) einsetzende Heilszeit abgezielt sein, wo sich das Volk Gottes nicht länger an das irdische Jerusalem gebunden weiß (V. 14.19; vgl. Jh 4,23f; Apg 2). Die Grundaussage dieses Kapitels: Gott stülpt seinen Frieden nicht einfach einer korrupten Gesellschaft über. Zunächst muß der Grund erneuert und mit *Gerechtigkeit* besät werden. Deren Frucht ist dann der *Friede* (V. 16.17). Dazu ist aber der verheißene Geist unerläßlich (V. 15). Er ist die geheime Kraft, durch die die Gaben des Messias auf sein Volk übertragen werden (V. 1ff). Zu V. 15b s. Komm. zu 29,17. Diese Bilder eines gesicherten und wohl bewässerten Landes (z.B. V. 20) sind zwar dem menschlichen Erfahrungsbereich entnommen, dienen hier aber zur Beschreibung des völlig Neuen, das Gott schaffen will.

33,1–24 Das Verlangen nach Freiheit

Dieses Kapitel, das in seinem Stimmungs- und Sprecherwechsel psalmartige Züge trägt, scheint ursprünglich in nationalen Notständen als öffentlich gebetete Liturgie benutzt oder in der entsprechenden Form gestaltet worden zu sein. Man vergleiche einmal die antwortende Stimme Gottes (V. 10ff) mit Ps 60,6ff, und den Dialog V. 13ff mit Ps 15; 24,3ff.

33,1–9 Das Verlangen nach Wiedergutmachung. Verfluchung (V. 1), Bußgebet (V. 2–4), Lobpreis (V. 5.6) und Klage (V. 7–9) folgen in rascher Abfolge. **1** Der *Verwüster* bleibt ungenannt, denn anscheinend schreibt Jesaja hier nicht für seine eigene, sondern für spätere Zeiten. Die Friedensboten (V. 7) späterer Generationen werden genauso erfolglos heimkehren wie jetzt die wenigen Hiskias (vgl. 36,3.22). **1** *Ariel*: s. Komm. zu 29,1. **2** *Unser Arm:* so einige alte Übersetzungen; hebr. »ihr Arm« (ZÜ), bezieht sich vielleicht auf die Heere in der Schlacht. **8** *Die Zeugen:* so der Qumran-Text; MT: *die Städte* (EÜ).

33,10–16 Als Antwort eine Herausforderung. Gottes Eingreifen beschränkt sich nicht nur auf den Feind (V. 10–12); auch aus Zion soll das Böse herausgebrannt werden (V. 13–16). **14** Das *verzehrende Feuer* ist nicht nur Gottes Unduldsamkeit der Sünde gegenüber. Man kann es auch als Bild für die Selbstzerstörung des Sünders verstehen (V. 11f). Diese entspringt seinem nichtigen Streben (V. 11a), und seiner aggressiven Haltung (11b). Was die Selbstzerstörung angeht s. auch 1,31 und – unter Benutzung einer anderen Metapher – 30,13. Das zu Herzen gehende Gespräch V. 14ff erinnert an Ps 15; 24,3ff. Man war verschiedentlich der Meinung, es handele sich ursprünglich um Tempeleinlaßliturgien. Es ist aber auch möglich, daß das in Ps 24 aufgenommene Gespräch sich aus der 2Sam 6,9 gezeichneten Selbsterforschung Davids ergab, und daß die anderen Psalmstellen daran anknüpften. **15** mutet fast wie ethischer »Puritanismus« an. Gewohnheiten, Worten, Gedanken und Sinneseindrücken wohnt eine Kraft inne, die wiederum neue Taten hervorbringen. Die nur negative Formulierung dient als Vorbereitung auf das »Sehen«, nämlich mit reinem Herzen, in V. 17.

33,17–24 Die Freude der Erfüllung. 17a Die unvergeßliche Verheißung im Blick auf den messianischen König – die letzte Zeile von V. 15 ist wieder eine unerläßliche Voraussetzung – (vgl. Mt 5,8; als Kontrast dazu Jes 6,5), ist Brennpunkt des ganzen Abschnitts. Von da bieten sich weitere Ausblicke (das weite Land, V. 17b – ein erfreulicher Anblick nach der Durchbrechung der Belagerung; der ruhig daliegende *Zion*, der wieder zum Wallfahrtsort wird, V. 20). Die Erinnerung an den Tyrannen hingegen und die nun der Vergangenheit angehörigen Demütigungen dienen dazu, der Gegenwart des Heils noch vermehrten Glanz zu verleihen (V. 18f). Aber das Auge wendet sich wieder Gott zu. (VV. 21.22) Die Titel, die seine Autorität kennzeichnen: *Richter, Meister* (= Gesetzgeber) und *König*. **23a** Das Bild einer Stadt, die noch bessere Verteidigungsanlagen als Nil und Tigris hat (V. 21, vgl. Nah 3,7.8), – denn es werden Wasser sein, die keine feindliche Flotte je überqueren kann – wird Anlaß zu einer neuen Metapher für die Zerstreuung der Gottlosen, gleich ob es sich dabei um die »Sünder Zions« (vgl. V. 14) oder um Heiden handelt. **23b.24** Der Abschnitt endet damit, daß nochmals Gottes reichmachende (*Beute*), heilende (*Lahme, schwach*), die Schuld vergebende Gnade hervorgehoben wird.

34,1–17 Das universale Gericht

So wie den Völkersprüchen als Krönung in Kap. 24–27 der Ausblick auf das Endgericht und das ewige Heil folgte, so gehen auch Kap. 34 und 35 weit über den Bereich der assyrischen Krise hinaus. Eine weitere Ähnlichkeit besteht darin, daß inmitten der kosmischen Ereignisse, die in Offb 6,13 ihren Widerhall finden, Edom (wie Moab in 25,10ff) herausgegriffen und als Gegenstück zu Zion dargestellt wird, dessen Erlösung jetzt anbricht (vgl. V. 3b,8 mit 35,4). Für Moab hingegen kommt mit dem Gericht das rasche Ende. **5–7** Das sich zuvor (V. 2–4) ankündigende Gewitter bricht in V. 5 los. Es trifft direkt auf Edom, das in diesem Zusammenhang wie auch andernorts in der Schrift den Unreinen (vgl. Hebr. 12,26) und den Verfolger (vgl. Obd 10–14), den Gegner und Widersacher des Gottesvolkes darstellt. Die Metapher in V. 5–7 ist eine grauenvolle Variante des Bildes vom Völkermahl (25,6). Es stellt vor allem das mit einem Opfermahl verbundene grausame Schlachten dar und beschreibt damit, daß das ganze Volk von der Jugend bis zu den führenden Männern (V. 7a) dem Gericht verfallen ist. Vgl. 63,1–6.

8ff Das verödete Land weckt Erinnerungen an Sodom und an Babylon. Das *brennende Pech* (V. 9f) und die verlassenen Ruinen (V. 11ff) verstärken den Eindruck noch. Vgl. 13,19ff. **11** *Verwüstet* und *öde* sind wörtliche Anklänge an das »wüst und leer« von 1Mo 1,2. Hier wie in Jer 4,23 soll damit deutlich werden, daß die Schöpfung aufgelöst wird und das Chaos die Oberhand gewinnt. Die *Meßschnur* und das *Bleilot* verleihen dem Zerstörungswerk den beunruhigenden Charakter gezielter Präzision. Dem entspricht nur noch die Gewissenhaftigkeit (V. 16f), mit der die Ruinen mit wilden Tieren und Dämonen besiedelt werden (V. 16f). **14** *Feldgeist:* s. Komm. zu 13,21f. *Nachtgespenst:* hebr. *lilit*, entweder ein nicht identifizierbares Nachttier oder ein Dämon. Hier und andernorts wird das Gericht als etwas so Schreckliches beschrieben, daß es noch weit schlimmer ist, als wenn das Frühere einfach ausgelöscht würde. Der Endzustand ist eine schlimme Parodie des Früheren, dazu auf Dauer angelegt (V. 17b).

35,1–10 Die Wüste blüht

Dieses Kapitel enthält dadurch eine besondere Note, daß die darin beschriebene Herrlichkeit zwischen der Vision des verwüsteten Landes (Kap. 34) und der Geschichte von Krieg, Krankheit und Torheit (Kap. 36–39) ihren Platz erhält.

Das Thema ist der neue Auszug (Exodus), der den ersten aus Ägypten weit übertrifft. **1.2** *Lilie:* vielleicht Krokus oder Narzisse. Die Wüste erblüht wie eine Frühlingsblume, die *Herrlichkeit des Libanon*, d.h. große Bäume bedecken sie, weil hier der Herr durchziehen wird. **3–6** Der Grund seines Durchzugs wird in V. 4 erstmals angedeutet (vgl. V. 10): Er kommt, um sein Volk heimzuholen. Hebr 12,12 nimmt V. 3 als auch für die Christen bedeutsam auf. Die Heilungsgeschichten der Evangelien hingegen wollen deutlich machen, daß die in V. 5f angekündigte neue Zeit schon da ist. Die volle Erfüllung der Verheißung von V. 4b steht freilich noch aus (vgl. 61,2; Lk 4,19–21; 2Thess 1,7ff). Das Kommen Gottes war in den Anfangsversen indirekt mit dem Aufblühen der Wüste, den hoffnungsvollen Aufbrüchen und den Heilungen dargestellt worden (VV. 1–6a). Nun wird in einem zweiten Teil die Heimkehr des Volkes in einer ähnlich bildhaften Sprache gezeichnet (VV. 6b–10). Die Wüste bringt Bäche und Weiden hervor. Ein für jedermann sicherer Weg wird sichtbar. Schließlich erscheinen die singenden Pilgerscharen auf der Bildfläche und bewegen sich auf den Zion zu. **7** *Wo es zuvor trocken . . .:* das hebr. Wort wird nach einem arab. Wort mit Luftspiegelung (Fata Morgana) wiedergegeben, vgl. EÜ. Dies würde eindrücklich den Kontrast zwischen falsch und wahr verdeutlichen. Doch ist eher an »glühendes Land« (vgl. 49,10: glühende Luft, Hitze) zu denken.

Die Prophetie erreicht hier einen Höhepunkt, der Jesajas eigene Zeit weit hinter sich läßt. Stil und Gedanken stehen Kap. 40–66 schon recht nahe (vgl. wie V. 10 in 51,11 zitiert wird). Gerade Kap. 40–66 sind ja in weitgehend lyrischer Sprache eine Darstellung eines neuen Auszugs, verkündigen das Kommen Gottes, die Neubesiedlung des Zion und die nicht endende Freude der Erlösten.

36,1–39,8 Die äußerste Prüfung für Hiskia

In diesen vier Kapiteln erreicht die politische Situation, die sich ja während des ganzen Wirkens Jesajas weiterentwickelt, ihren Höhepunkt. Die Dramatik wird noch dadurch verstärkt, daß der Glaube und die Integrität Hiskias zwei aufreibenden Prüfungen unterzogen wird, die weitreichende Konsequenzen nach sich ziehen.

Abgesehen vom Psalm Hiskias, der nur hier (38,9–20) überliefert wird, stimmen diese Kapitel fast wörtlich mit 2Kön 18–20 überein. Dort ist auch die detaillierte Auslegung zu finden. S. auch LZB, Art. Hiskia.

36,1–37,38 Der Angriff der Assyrer

Für Einzelheiten s. Komm. zu 2 Kön 18,13–19,37. Hier ist 2Kön 18,14–16 ausgelassen, dazu ein Teil von V. 17a.

36,1–22 In den Reden (V. 4–10.13–20) fällt vor allem auf, wie geschickt hier der Versucher die Wahrheit mißbraucht. Einige Fakten werden beigemischt, auf die sich keine Antwort finden läßt, etwa der Hinweis auf den Verrat Ägyptens (V. 6), das Versagen der Götter (V. 19). Dazu kommen noch Spott (V. 8), Drohungen (V. 12b) und Verlockung (VV. 16f). Man schreckt auch nicht davor zurück, sich einer verfälschten Theologie zu bedienen, indem man Hiskias Reformen in ein falsches Licht stellt (V. 7), aus der Verkündigung Jesajas zitiert (V. 10; vgl. 10,6.12) und schließlich aufgrund heidnischer, religiöser Ansichten falsche Folgerungen zieht. Die Anweisung des Königs »Antwortet ihnen nichts« geht zu Recht davon aus, daß es den Rednern gar nicht um die Wahrheit, sondern nur um den Sieg über Jerusalem geht.

37,1–38 Kap. 37 (für Einzelheiten s. Komm. zu 2Kön 19) ist eine musterhafte Antwort auf einen Einschüchterungsversuch. Hiskias Festigkeit hat freilich mit blindem Optimismus nichts zu tun. Das belegt sein Trauerkleid (*Sack*; V. 1). Die Art, wie er Jesaja um Fürbitte angeht (V. 4), macht deutlich, wo sein Vertrauen verankert war. Das Bild des neugeborenen Kindes (V. 3) unterstreicht zudem noch, daß er ein Mann mit einem Blick in die Zukunft ist, dem es nicht um Bewahrung der alten, sondern um die Herstellung einer neuen Ordnung geht (vgl. den Hinweis auf mutige Reformen 36,7). Sein Hinweis auf den »Rest« (V. 4; LÜ »die Übriggebliebenen«) zeigt zudem, daß er auf die Predigt Jesajas achthatte (10,20ff). Nachdem Sanherib den Nervenkrieg wieder aufgenommen hatte (V. 9ff), war Hiskia weise genug, die Bedrohung weder zu übersehen, noch sich ihr zu beugen. Seine innere Gebetshaltung wird eindrucksvoll dadurch deutlich, daß er den Brief vor dem Herrn ausbreitet (V. 14). Die Offenheit und Aufrichtigkeit seiner Worte sind noch eine Verstärkung der Geste. Wie so oft in den Psalmen gewinnt auch hier der Beter durch das Gebet Klarheit über seine Situation (V. 19). Zugleich werden seine Beweggründe auf die höchste, d.h. göttliche Ebene emporgehoben, V. 20. Bedenkt man die Antworten Jesajas (37,5–7.21–35), so fällt auf, daß sich nirgends ein Überlegenheitsgefühl gegen die einschleicht, deren Politik nun den Bankrott erlebt hat (vgl. 28,14ff; 30,1ff; zu *Eljakim* und *Schebna* V.2 s. 22,15ff). Die Siegeshymne 37,22ff ist zugleich überfällige Antwort auf die Herausforderung Sanheribs. »Auf wen verläßt du dich?« spottete er 36,5. Nun heißt es: *»Wen hast du geschmäht und gelästert?«* (V. 23). Zudem muß ihm gesagt werden, daß er gar keine Ahnung hat, welchen Sinn sein eigener Aufstieg und Siegeszug eigentlich hat (V. 26 mit dem typisch jesajanischen Akzent: was Gott »lange zuvor geplant hat«; vgl. Komm. zu 22,11).

Die nun zum Abschluß gekommene Geschichte zeigt: Gerade der Erfolg, der (zu allen Zeiten) die menschliche Überheblichkeit nährt, kann im Grunde nur, wenn alles ans Licht kommt, die allem überlegene Souveränität Gottes verkündigen.

38,1–21 Die Krankheit Hiskias

Zur Einzelauslegung von 38,1–8.21f vgl. Komm. zu 2Kön 20,1–22.

38,9–20 Hiskias Klage kommt dem Aufschrei Hiobs (vgl. z.B. Hiob 7) und verschiedenen Klagepsalmen nahe (vgl. z.B. Ps 88), besonders denen, die am Ende in ein Lob einmünden. Die Schlußzeilen, besonders der Wechsel des Singulars in den Plural, lassen an einen öffentlichen Gebrauch des Psalms denken (vgl. z.B. Ps 25,22; 51,20f).

10 Das Totenreich (hebr. *sche'ol*; s. Komm. zu V. 18 und 14,9) wird hier dichterisch als Stadt oder Gefängnis umschrieben. Es ist sowohl (V. 18) ein Gemeinwesen als auch (5,14) ein alles verschlingendes Ungeheuer. **12** Hier geht es um die Endgültigkeit dieses einfachen Weberhandgriffs. Hiob 7,6 betont die Schnelligkeit des Weberschiffchens. Schnelligkeit könnte auch der Sinn des Ausdrucks *Tag und Nacht* sein, vgl. EÜ: *vom Tage bis zur Nacht.*

13–15a Die tiefe Bestürzung in diesen Versen erinnert an Hiob. Zunächst wendet sich Hiskia an Gott um *Hilfe*; doch dann schreckt ihn der Gedanke, daß seine Krankheit von Gott selbst kommen könnte: vgl. V. 13b mit Hiob 17,3. Wenn damit die Problematik zwar zunächst verschärft wird, dann bietet sich jedoch gerade auch von daher die Lösung an. Über allem steht schließlich nur Einer, der für ihn das Gute will. S. Komm. zu V. 17ff.

15b. 16 sind im Hebr. unklar, vgl. die verschiedenen Übersetzungsversuche.

17–20 Jetzt wird die Tatsache erkannt, daß auch hinter dieser Bedrängnis die Liebe Gottes steht. Das fängt an mit der Erkenntnis: »Siehe, zum Heil ward mir die Bitternis« (so ZÜ; vgl. EÜ; anders LÜ). Das setzt sich fort in der Einsicht: »Du hast meine Seele *bewahrt* vor der Grube der Vernichtung (ZÜ nach LXX; EÜ versucht mit der Wiedergabe »Du zogest liebevoll . . . heraus« dem MT gerecht zu werden). Der Höhepunkt: das Widerfahrnis der Sündenvergebung (V. 17b). *Die Toten* (V. 18): wörtl. *sche'ol*, d.h. Unterwelt; hier synonym mit *Grube* und *Tod* gebraucht. Hier wird alles, was das AT Negatives über den Tod aussagt, zusammengefaßt. Dazu gehört die Trennung von der Gott lobenden Gemeinde, der Verlust an Macht, Einfluß und Ansehen, das Dahinschwinden der Vergangenheit, die Rückkehr zum Staub. V. 17 läßt zudem erkennen, daß Hiskia angesichts des Todes keine Gewißheit der Sündenvergebung hatte. Von daher erscheint ihm das Leben nach dem Tod dunkel, freudelos, ohne Hoffnung. Damit trifft er das Richtige. Zugleich gibt das AT in verschiedenen Wendungen positive Aussagen zu diesem Fragenbereich, etwa »Gott nimmt weg; . . . nimmt auf, . . . nimmt an« (1Mo 5,24; 2Kön 2,9; Ps 49,15f; 73,24), »bei Gott sein« (z.B. vgl. Ps 139,18 und 17,15 – Näheres s. Komm. dort). Vgl. auch Jes. 26,19: »Leben . . . auferstehen . . . wachet . . . rühmet.«

Freilich darf man diese beiden Aussagereihen nicht einfach harmonisieren. Zu V. 20 s. einleitende Bemerkungen zu diesem Kapitel.

39,1–8 Die Gesandten Babels

Für Einzelheiten s. Komm. zu 2Kön 20,12–19.

Der Glaube Hiskias, der sich unter heftigsten Angriffen bewährt hatte, – vgl. seinen erfreuten Bericht V. 3.4. – schmilzt unter den Schmeichelklängen dahin. Soviel ist heute über Merodach-Baladan bekannt, daß man annehmen darf, daß dieser wagemutige Rebell gegen Assurs Vorherrschaft unter dem Vorwand eines Besuchs eine Konspiration aushecken wollte. Die Bibel berichtet darüber nichts. Hiskia wird verurteilt, weil er seinen Ruhm in weltlichem Reichtum und Begünstigung Einzelner suchte.

Der für diese Untreue zu zahlende Preis ist hoch (V. 5ff). Hiskia konnte sich dessen trösten, daß die Strafe zunächst zurückgestellt war (V. 8); doch für Jesaja ist das kein Trost. Allem Anschein nach nahm er diese Last mit sich nach Hause. Unter ihrem Gewicht lebte er weiter. Als Gott wieder mit ihm redete, geschah es so, als hätte er (im Geist) schon viele Jahre in Babylon gelebt (V. 6.7). So konnte er einer Generation von exilierten Gefangenen »ins Herz reden« (s. Komm. zu 40,2), die zu seiner Zeit noch gar nicht geboren war.

40,1–48,22 Die Nacht in Babel neigt sich ihrem Ende zu

Gleich wie man das Verhältnis von Kap. 40ff zu dem vorausgehenden großen Präludium versteht (Kap. 1–39. S. Einleitung, S. 715ff), mit 40,1 tritt man in eine andere Welt ein, die mit der Hiskias nichts gemein hat. Dessen Welt war so untergegangen, wie in 39,5–8 angedeutet, auch wenn er selbst dem Untergang entgehen konnte. Die dazwischenliegenden eineinhalb Jahrhunderte werden mit keinem Wort erwähnt. Man wacht sozusagen am anderen Ende des großen Zusammenbruchs auf und wartet ungeduldig auf das Ende der Gefangenschaft. In Kap. 40–48 liegt Befreiung in der Luft. Alles ist durchdrungen von der Verheißung eines neuen Auszugs, den Gott selbst anführen wird. Ein Eroberer naht, der schließlich sogar namentlich genannt wird: Cyrus, der Babel vernichten wird. Zugleich wird schrittweise ein weiteres Thema entfaltet. Der Ruhm dessen wird offenbart, der dazu berufen ist, den Völkern ein Knecht und ein Licht zu sein. Das alles ist in eine Sprache gekleidet, die mit überragender Schönheit alles Bisherige übertrifft. Nur gelegentlich war dieser Stil bisher angeklungen, z.B. 35,1–10; 37,26f. Jetzt aber hält diese Sprache an und bleibt für die restlichen Kapitel des Buches bestimmend.

40,1–11 Der lange erwartete Herr

40,1.2 Die sanfte Stimme. Trösten hat den altbekannten, zu Herzen gehenden Ton, vgl. das Trösten einer Mutter in 66,13. *Redet freundlich,* wörtl. »ins Herz reden« (vgl. EÜ). Dieser Ausdruck findet sich meistens dort, wo es darum geht, jemandem Zuversicht einzuflößen oder ihn zurückzugewinnen (1Mo 50,21; Ri 19,3; 2Sam 19,8; Hos 2,14). *Mein Volk* und *Jerusalem* sind Größen, die in diesen Kapiteln immer wieder auftauchen, getrennt, bis die »Mutterstadt« ihre Kinder zurückempfängt (vgl. 54,1ff).

Der Ausdruck *Zwiefältiges (Doppeltes) ... für alle ihre Sünden* (EÜ) kann entweder positiv als überreichliche Wiedergutmachung für (zu Recht) Erlittenes (so z.B. 61,7; Sach 9,12 – dort für *Doppeltes* ein anderes Wort) oder – mit den meisten Auslegern – im Sinn doppelter Strafe verstanden werden (so LÜ; vgl. dazu 3Mo 26,18.43; Offb 18,6). Die erstgenannte Deutung käme dem Grundverständnis dieser Kapitel nahe, denen es um die Gnade geht. Die zweite darf unter keinen Umständen dahingehend gepreßt werden, als würde durch die Strafe das Heil verdient. Es wird nur fest versichert: Das über Jerusalem ergangene Urteil ist mehr als vollzogen. Es ist zudem möglich, daß »Doppeltes« hier den Sinn von »Gegenstück« oder »Entsprechung« hat.

40,3–5 Der Heroldsruf. Die große Prozessionsstraße, an der die ganze Menschheit Spalier steht; V. 5, läßt alle Prozessionswege der Heiden winzig erscheinen. Die *Wüste* hat eine Doppelbedeutung: Einmal ist sie Bild all der Hindernisse,die der königlichen Wallfahrt weichen müssen (vgl. V. 4; s. Kap. 35). Zum anderen ist sie Erinnerung an den ersten Auszug. Hos 2,14 geht vor allem von der Härte und dem Mangel der Wüste aus und sieht in ihr den Ort der Umkehr und Erneuerung. Johannes der Täufer lebt zeichenhaft die Prophetie aus und geht zur Ausübung seines Auftrags buchstäblich in die Wüste (vgl. Mt 3,1ff). Aber in dem Kommen Gottes in Jesus Christus (vgl. Mt 3,13ff) und dessen Auszug aus dieser Welt durch den Tod am Kreuz (vgl. Lk 9,31) nimmt dieses Motiv völlig unerwartete Gestalt an.

40,6–8 Das Wort des Predigers. 6 Das kleine Zwiegespräch in V. 6a führt den Propheten ein und weist auf seine Verantwortung hin. *Ich sprach:* folgt den hebr. Konsonanten und ist wohl berechtigt (MT: *er sprach*; vgl. EÜ). Das *alles Fleisch* ist wie ein Echo von »alles Fleisch« V. 5, aber stellt dieses auch in die menschliche Macht und Hybris verzehrende Gegenwart Gottes hinein (vgl. V. 23f). Des Herrn Odem meint hier nicht das lebenschaffende, sondern das Gerichtshandeln Gottes. Ohne den großen Schlußakkord von V. 8b bliebe nur die Resignation von Hiob 14,1ff. Mit diesem Akkord setzt sich Jesajas unermüdliche Glaubensverkündigung durch, vgl. z.B. 7,9; 31,3. Die letzte Konsequenz dieses Wortes zeigt sich erst 1Petr 1,23–25, wo das *Wort* in seiner Endgestalt als Evangelium nicht nur den Gegensatz zu unserer Vergänglichkeit darstellt, sondern zu deren Heilung führt. Vgl. 1Jh 2,17.

40,9–11 Die Botschaft des Herold. 9 *Freudenbotin* ist auch im Hebr. *ein* Wort, dem im Griechischen »Evangelist« entspricht, womit jeder gemeint ist, der eine gute Nachricht überbringt. Die Femininform des Hebr. läßt darauf schließen, daß wohl Zion selbst die Freudenbotin ist (so LÜ). In 41,27 und 52,7 ist sie die Hörerin.

40,12–31 Der unvergleichliche Gott

Dieses exzellente Gedicht beschämt uns mit unseren kleinkarierten Vorstellungen von Gott und den wankelmütigen Glauben wie ja auch Gott Hiob in ähnlicher Weise zur Demut aufforderte. Gott wird als Schöpfer des Universums (VV. 12–20) gezeigt, der frei über alles verfügen kann (VV. 21–26) und vor dessen Allmacht das große Universum klein wird. Das Ziel des Hymnus tritt mit V. 31 in Sicht. Menschliche Vorstellungen und Zweifel (V. 18.27) müssen einer demütigen Erwartung weichen, die uns schon durch das ganze Buch hindurch eingeschärft wurde (vgl. 26,8 und s. Komm. zu 7,1–9).

40,12–20 Der Schöpfer. Materie (V. 12), Geist (V. 13.14) und alle Lebewesen (V. 15–17) werden von dem, der alles geschaffen hat, an den ihnen zukommenden Platz gewiesen. Sie werden damit nicht zur Bedeutungslosigkeit herabgewürdigt. Aber sie erhalten ihre Bedeutung allein von ihm (vgl. Spr 8,22ff; Röm 11,34). Solch ein Schöpfer bedarf kaum unseres ungeduldigen Rats, noch teilt er unsere Machtlosigkeit. Um wieviel absurder noch wird die Sicht des Menschen von Gott, sieht man den Menschen von Gott her (V. 18–20). Die krankhaft anmutenden Mühen der Götzenanbeter werden in 44,9–20; 46,1–7 eingehend dargestellt. Daß der Blindheit und Verfehlung die willentliche Abkehr vorausgeht, arbeitet Röm 1,18–23 heraus.

40,21–26 Der alles Beherrschende. Die gigantischen Bilder folgen eins auf das andere und zwar in dichterischer, nicht in wissenschaftlicher Form. Zu V. 22b, wo der *Schleier* die Durchsichtigkeit unterstreicht vgl. die Bilder in Ps 102,27; 104,2. **23f** Die Vergänglichkeit der irdischen Machthaber bringt die allgemeine Wahrheit von V. 6–8 einen Schritt näher an die konkrete Situation der Gefangenen heran. **26** zieht dann aus der beobachteten regelmäßigen Bahn der Gestirne die richtige Folgerung, daß Gott seine Schöpfung nicht sich selbst überläßt, sondern daß er alles präzise ordnet und in Gang hält. Dieser Gedanke wird dann im abschließenden Absatz weiter entwickelt.

40,27–31 Die Stärke der Unvermögenden. **27** Von Gottes Transzendenz läßt sich eine falsche Schlußfolgerung ziehen, daß er nämlich zu groß wäre, um zu helfen. **28** Vielmehr gilt: Gott ist zu groß, um zu versagen. Nichts ist für ihn zu schwierig oder zu kompliziert. Seine Klugheit läßt all unser Denken weit hinter sich (V. 28d). **29–31** vollziehen einen entscheidenden Schritt: Gott gibt Menschen Anteil an seiner Kraft. Dies wird im Glauben erfahren, der sich in dem Wörtlein *harren* (JB.: *hoffen*; EinhÜ: *vertrauen*) verbirgt (V. 31; vgl. Komm. zu 25,9). Der letzte Hinweis auf die menschliche Hinfälligkeit (V. 30) ist deshalb ein Blick nach vorne: der Weg, den der Glaube gehen kann, wird sichtbar, und die Grenzen natürlicher Möglichkeiten werden durchbrochen. *Kriegen neue Kraft* (V. 31): wörtl. »wechseln ihre Kraft«, wie man z.B. seine Kleider wechselt oder etwas Altes gegen etwas Neues austauscht.

41,1–29 Gott und die Geschichte

41,1–7 Gottes Herausforderung an die Völker. 1 Mit dem Befehl *»sollen ... schweigen«* wird der Leser in ein Gerichtsforum eingeführt, wo die Verhandlung damit beginnt, daß Gott die Völkerwelt mit einer Testfrage konfrontiert. Die Aufforderung an die Völker, *neue Kraft zu gewinnen*, erscheint wie eine zufällige Wiederholung von 40,31, (daher Textkorrektur in ZÜ; EinhÜ). Doch dürfte es sich um eine Warnung handeln: die Völker »mögen ihre Kräfte sammeln« (JB), da sich eine beträchtliche Auseinandersetzung anbahnt. **2** Anlaß der Auseinandersetzung ist der erstaunliche Vormarsch eines *von Osten her*, der in 44,28 als Cyrus identifiziert wird. Das allgemeine Entsetzen zeigt, daß die Völker und ihre Götter auf so etwas nicht vorbereitet waren. **4** Die herrschaftliche Ankündigung von V. 4 steht in beredtem Gegensatz zu den kopflosen Bemühungen der anderen (die in V. 7.8 und 40,19.20 genannten Einzelheiten lassen erkennen, daß es dabei nicht um Waffen, sondern um Götzenbilder geht). Gottes Stimme ist die einzig klare in dieser Krise. Das Ergebnis wird ihn rechtfertigen. Vgl.

44,28; Esr 1,2. Zugleich wird Gottes gegenwärtiges Handeln in seinen die Zeiten umfassenden Plan hineingestellt. Es handelt sich nicht um ein bloßes Manöver.

2 *Heil; Sieg* (ZÜ); wörtl. *Gerechtigkeit* (EÜ, EinhÜ): In diesen Kapiteln hat es vor allem den Sinn von »zurechtbringen«, »zum Recht verhelfen«, »Rettung«.

41,8–20 Die Erwählung des Knechtes Gottes wird bestätigt. 8ff Das betonte *Du aber* und die ausführliche Anrede mit verschiedenen Eigennamen und Umschreibungen geben dem Ganzen einen sehr persönlichen, warmen Ton. Die lange Verheißungskette – die Verben V. 10b–20 stehen im Futur – ist in Fakten der Gegenwart oder der Vergangenheit verankert: Einem fest zugesagten Treueverhältnis (V. 8.10a) und einer unwiderruflichen Wahl und Berufung (V. 9). Das Wort *Knecht* prägt die kommenden Kapitel, wobei der Ton der Selbsthingabe immer stärker hervortritt und dann in Kap. 53 seinen Höhepunkt erreicht. Hier hat das Knecht-sein zunächst einzig als Konsequenz den Schutz des Herrn, der sich in der vielseitigen Zusage vermehrter Kraft niederschlägt (V. 10), die Feinde zum Weichen bringt (V. 11–13), Hindernisse überwindet (V. 14–16; vgl. Mt 21,21) und unerschöpfliche Versorgungsgüter bereitstellt (V. 17–20). Wie ein Siegel wirken dabei die Gottesbezeichnungen: *Der Heilige Israels* (V. 14.16.20; s. Komm. zu 1,2–4), *dein Erlöser* (V. 14, eigentlich der aus der Schuldhaft auslösende Verwandte; vgl. 3Mo 25,25 und Komm. zu Rut 4,1ff) und *der König in Jakob* (V. 21).

Das steht alles auf einem sehr realistischen Hintergrund: Israel ist niedergedrückt (z.B. V. 10f) und verarmt (z.B. V. 14, wo man in Parallele zu *Wurm* vielleicht sogar »Laus« oder »winzige Made« (ZÜ; LÜ: armer Haufe) übersetzen sollte). Das ist der rechte Ausgangspunkt für Gottes Gnade. **15.16** *Der Dreschwagen* (Abb. LZB Art. Ackerbau) ist wohl das unzerbrechlichste und stabilste Werkzeug, das man sich denken kann. Er ist aus schweren Balken zusammengezimmert und mit Steinspitzen bewehrt. Man zog ihn über die reifen Kornähren hinweg, um die Körner herauszulösen; anschließend warf man Körner und Spreu in den Wind, damit die Spreu weggeweht und die Körner auf einen Haufen gesammelt würden (V. 16). Dieses gewaltige Bild schien die »Zeit der kleinen Dinge«, die auf die Rückkehr von Babel folgte, Lügen zu strafen. Dennoch wird damit die Bedeutung, die Gottes Volk auf der Welt hat, nicht überzeichnet. Das galt für Vergangenheit wie für Gegenwart.

41,21–29 Gottes Herausforderung wird erneuert. Die Szenerie von V. 1–7 wird wieder aufgenommen; doch werden jetzt die Götter angesprochen (vgl. V. 23). **22–24** Die Anklage von V. 22 besteht darin, daß sie nicht einmal das schon Angesagte, das »Zunächstkommende« (EÜ) deuten können. Wieviel weniger können sie die Zukunft vorhersagen (s. Komm. zu V. 26). Nimmt man dazu dann noch ihre Machtlosigkeit (V. 23b), so gibt es nur einen Schluß: daß sie gar nicht existieren (V. 24.29). Das Wort *Greuel* (V. 24) macht plötzlich klar, daß sich hinter dem Spott tödlicher Ernst verbirgt. Dieses Wort ist meist für heidnische Kulte oder Götzenbilder reserviert (vgl. z.B. 44,19). Wird es hier auf die Götzenanbeter übertragen (s. EÜ; anders LÜ), dann offenbart es, wie verderblich es ist, sich ganz und gar einer Lüge zu verschreiben. Röm 1,18–23 führt diesen Gedankengang zu Ende. V. 25ff versieht den Bericht von V. 2ff mit weiteren Einzelheiten. **25** *Norden* und *Osten* (EinhÜ; wörtl. *Anfang der Sonne* LÜ, ZÜ, vgl. EÜ) werden jetzt zusammen angeführt (vgl. V. 2). Damit wird der Eroberungszug des Cyrus noch genauer skizziert; denn er erfaßte das babylonische Weltreich vom Persischen Golf bis zum Kaspischen und Schwarzen Meer. *Der meinen Namen anruft* muß man gemeinsam mit 45,4 lesen, d.h. Cyrus konnte zwar den Namen Jahwes anrufen (vgl. Esr 1,2f), ohne jedoch damit zu ihm bekehrt zu sein. Das wird indirekt auch durch Inschriften gestützt, die äußerst diplomatisch seine Siege den Göttern der überrannten Völker zuschreibt, also etwa Marduk im Fall Babels, und Sin, dem Mondgott, im Falle Urs.

26f mit dem Hauptakzent auf Vorhersage berührt die Heiden an der wohl empfindlichsten Stelle, denn die Wahrsagerei und Zukunftsschau fanden schon immer großes Interesse (vgl. 47,13). Krösus von Lydien hat dann auch entsprechend dafür zahlen müssen, daß er sich auf die zweideutige Aussage des Orakels von Delphi einließ: Er werde, wenn er den Halys überschreite, ein großes Reich zerstören. Diese Weissagung erfüllte sich an ihm selbst; er wurde von Cyrus besiegt. Zur Frage der Zukunftsprophetie s. auch Einl. S. 717.

42,1–17 Das Licht der Völker

42,1–9 Das erste Gottesknechtslied. Man hat die plötzliche Stille, die sich nach den überwältigenden Themen von Kap. 40 und 41 einstellt, mit dem »stillen sanften Säuseln« am Horeb verglichen (1Kön 19,12). Vier oder fünf Mal taucht im Folgenden ein geschlossener Abschnitt auf, in dem einzig und allein der Knecht Gottes porträtiert wird. Er erscheint als »der Mensch für andere«, wobei eine zunehmende Betonung seines Leidens festzustellen ist (49,1–13; 50,4–9; 52,13–53,12), bis dann schließlich der Freudengesang 61,1–4 folgt, der die von ihm ausgeteilten Segnungen aufzählt.

Am Ende dieser Lieder ist er der eine, der den Platz der Vielen einnimmt. **1** Hier aber, wo er als *mein Knecht* und *mein Auserwählter* eingeführt wird, steht er Israel besonders nahe, vgl. 41,8ff. Daß er mit Gottes Geist ausgerüstet ist und Gerechtigkeit bzw. den wahren Glauben mit sich bringt – das rückt ihn in die Nähe des davidischen Königs von 11,1ff; 32,1ff (vgl. wie gerade Kap. 42,1 bei der Taufe Jesu mit Ps 2,7, dem Königspsalm, verschmolzen wird: Mt 3,17). So ist der Gottesknecht auch hier schon eine Gestalt, die aus dem Volk Israel herausragt. Der Abschluß des Kapitels (V. 18ff) wird diesen Eindruck nochmals kräftig unterstreichen.

2–7 Die Sanftmut des Gottesknechts, der sich nicht aufdrängt (V. 2) und den Schwachen und Ungenügenden fast zärtlich begegnet (V. 3), ist nicht Ausdruck seiner eigenen Schwäche. *Nicht verlöschen* und *nicht zerbrechen* (V. 4) sind im Hebr. den Adjektiven von V. 3 »glimmend« und »geknickt« nachgebildet. Diese Züge werden dann in Mt 12,15 auf Christus bezogen. Das *Warten der Inseln,* d.h. der fernsten Länder jenseits der Meere, klingt wie eine Bestätigung seiner Mission (V. 4c). *Licht der Heiden* (V. 6) wird zu einer der frühesten Bezeichnungen Jesu (Lk 2,32), die dann auf seine Gemeinde übertragen wird (vgl. Apg 13,47). Aber während die Kirche an der Heilung der *Blinden* und der Befreiung der *Gefangenen* mitbeteiligt ist (V. 7; vgl. damit den Gottesknecht, der in 2Tim 2,24–26 dargestellt wird), kann nur vom Haupt der Kirche, Christus, gesagt werden, daß er auch der *Bund* Gottes ist, der in seiner Person den *Herrn* und das *Volk* (V. 6: vgl. 49,8) vereinigt. (Vgl. dazu Mt 26,28).

8.9 verbinden das Motiv des Gottesknechts mit den Themen von Kap 40 und 41, denn Jahwes Eifern um seine *Ehre* drückt sich vor allem so aus, daß er sein Licht die ganze Welt durchdringen läßt. Das ist das *Neue*, das jetzt verkündigt wird, das aber in groben Zügen auch schon *früher* angesagt worden ist (41,26f; vgl. 1Mo 12,1–3).

42,10–12 Die Welt jubelt ihrem Herrn zu. Immer wieder brechen in diesen Kapiteln Gesänge hervor (vgl. 44,23; 49,12; 52,9 usw.). Das erinnert an Kap. 24–27. Sprache und Thematik sind in mancher Hinsicht ähnlich wie in Ps 93; 95–100. **10** vgl. V. 10a mit Ps 96,1; 98,1, und V. 10b mit Ps 93,3; 96,11; 98,7. Nicht nur die Natur, sondern auch die Völker stimmen in das Lied ein, das die erfahrene Erlösung zum Inhalt hat. **11** Israels Feinde, *Kedar* (vgl. Ps 120,54) und das edomitische *Sela* (EÜ; LÜ: »die in Felsen wohnen«), von denen zuletzt im Zusammenhang mit dem Gericht die Rede war (21,16f; 34,5ff) sind ein Zeichen dafür, wie weit seine Gnade jetzt ausgreift. Doch beachte dazu auch den nächsten Absatz.

42,13–17 Der Herr verkündigt seinen Eifer. Die kräftige Bildersprache (*wie ein Kriegsmann . . . wie eine Gebärende;* V. 13f) läßt gar nicht den Gedanken aufkommen, als bestünde die Gnade lediglich in einem Stimmungsumschwung Gottes. Vielmehr muß gesehen werden, daß sein *Eifer* (V. 13) gegen alles Böse und sein aufgestauter Zorn (V. 14, vgl. Lk 12,50), mit dem er dem Übel zuleibe rückt, ihn ebenso stark bewegen wie seine Sanftmut (V. 16a) und seine Treue (V. 16b) gegen alle vom Bösen Besiegten. Das Heil kann nur durch das Gericht kommen. Den Unbußfertigen gilt das Heil nicht (V. 17). Vgl. 63,1–6, das wie eine feurige Ergänzung zu Kap. 53 anmutet.

42,18–48,22 Der unbeständige Knecht und der unveränderliche Herr

Eine erregende Wechselwirkung zwischen der Gnade Gottes und der Eigensinnigkeit seines Volkes durchzieht diese Kapitel. Die selbstzerstörerische Absicht des Volkes wird nur noch überflügelt von der Beharrlichkeit, mit der Gott an ihm festhält und die ihren klassischen Ausdruck in 43,21 findet: »Das Volk, das ich mir bereitet habe, soll meinen Ruhm verkündigen.«

42,18–25 Blinde Blindenführer. Vor uns liegt ein bitteres Gegenstück zu dem Porträt des wahren Gottesknechts (V. 1–9), der wartenden Welt (V. 10–12) und des eifernden Befreiers (V. 13–17). Es erinnert daran, wie die Gemeinde fortgesetzt in ihrem Auftrag und ihrer Berufung versagt. In Jesajas Berufungsvision (vgl. 6,10f) war die Blindheit der Sehenden und die Taubheit der Hörenden ein Gefahrensignal. Jetzt aber ist der Knecht total verkrüppelt und zu seiner Aufgabe unfähig geworden (V. 18–20). Die Nutzlosigkeit des inkompetenten Boten ist nichts anderes als Israels eigene Unbrauchbarkeit, eine vorsätzliche zumal: Israel ist doch Erbe des Bundes (V. 19b; s. Komm. dort), ihm fehlte von Anfang an nicht die Fähigkeit (V. 20), ihm war alles gesagt, was zur Erkenntnis des Willens Gottes nötig war (V. 21). Immer noch ergeht an ihn die Aufforderung, zu hören und zu sehen (V. 23). Und selbst das Unheil, das Israel jetzt getroffen hat, ist nicht dazu bestimmt, es zu zerstören, sondern soll es aufs Neue unterweisen. Bis jetzt freilich konnte auch diese Lektion nichts ausrichten.

43,1–21 Überfließende Gnade. Das *Und nun* ist ein Leitmotiv dieser Kapitel, entsprechend der Liebe Gottes, die immer wieder abgewiesen wird und sich doch fortwährend Israel neu zukehrt. Der gleiche hebr. Ausdruck findet sich noch 44,1; 49,5; 52,5; 64,7.

1–7 geben Israel in beredter Sprache die Gewißheit, die Christus seiner Kirche zugesagt hat, daß nämlich die Pforten der Hölle sie nicht überwältigen sollen (Mt 16,18). Feuer und Wasser, Völker und lange Wegstrecken können diesem Volk nichts anhaben. Jeder (V. 7), den Gott sein eigen genannt hat (V. 1), wird sicher ans Ziel kommen (vgl. 40,26). Einige Stricke, mit denen sie an ihn gebunden sind, werden aufgezählt, etwa daß er sie *gemacht* hat (V. 1), daß er sie *gerufen* hat (V. 1), daß er sie *liebt* (V. 4), daß er sie angenommen hat als *Söhne und Töchter* (V. 6), daß sie zu seinem Volk gehören und zu seiner Verherrlichung und *Ehre* geschaffen sind (V. 7). Wie innig und einzigartig dieses Verhältnis ist, unterstreicht der Hinweis auf ein menschliches *Lösegeld* (V. 3.4 vgl. V. 14). Große Nationen fielen und werden weiterhin fallen, um für Israel den Weg freizumachen. Spr 21,18 redet in ähnlichen Worten. Andrerseits sollen die Völker von Israel aber weit mehr gewinnen, als sie verlieren (vgl. 42,1–9). Das eigentliche Lösegeld, das hingegeben wird, muß zudem ein ganz anderes Opfer sein (vgl. 53,8f).

8–13 nehmen wieder Israel in den Blick, wie es sich gegen das Licht versündigt (V. 8; vgl. 42,18ff). Dennoch bleibt ihm die Berufung als Knecht Gottes (V. 10), und ebenso sehr, wie seine Erwählung zu seiner eigenen Unterweisung (*daß ihr wißt, ... glaubt, ... erkennt ...*) notwendig war, so war sie auch für die der Welt nötig. Israels ganze Geschichte zeugt fortwährend von Jahwe (VV. 10–12). Eines Tages wird der Titel *meine Zeugen* seine volle Bedeutung haben (vgl. Apg 1,8). Hier freilich scheint Israel ganz im Zögern und in der Passivität versunken. Dabei geht es um das gleiche Anliegen wie 41,1ff.21ff: Es gibt keinen Gott außer Jahwe, weder in der Vergangenheit noch in der Gegenwart noch in der Zukunft (V. 10b.11.13).

14–21 nennen *Babel* zum ersten Mal seit 39,7. Wenn auch das Hebr. von V. 14 z.T. undurchsichtig bleibt (s. die verschiedenen Übersetzungsversuche) ist die wesentliche Absicht klar erkennbar: Ein Auszug wird verheißen, der den ersten weit in den Schatten stellt, und bei dem Gottes Wunder in der Wüste (V. 19f) selbst das, was am Roten Meer geschah, weit übertreffen werden (V. 16–18). Auch diese Verheißung ist im Bund verankert. Das bezeugen die Begriffe, die das Gottesverhältnis umschreiben (V. 14.15), und der Hinweis auf die Erwählung (V. 20c.21). Gott tut alles für sein Volk: man beachte das durchgängige »euer«: euer Erlöser ... um euretwillen ... euer Gefängnis ... euer Heiliger ... euer König ... Man muß bei dieser Verheißung über die recht bescheidene Heimkehr aus Babylon im 6. und 5. Jahrhundert hinaussehen – obwohl der Prophet selbst sicher in erster Linie daran dachte: Der Auszug und der Sieg, den der Sohn Gottes in Jerusalem vollbrachte (vgl. Lk 9,31 und 1Kor 10,4) bringt letztlich erst die Erfüllung. Allein von daher läßt sich die Sprache hier und an verwandten Stellen rechtfertigen. S. Komm. zu Kap. 35 und 40,3–5.

43,22–28 Die verschmähte Gnade. 22–26 Israels Antwort scheint nichts als ein gelangweiltes Gähnen zu sein. Gibt es noch eine schlimmere Ablehnung? Doch das wird zum Anlaß, einen tiefgründigen Vergleich anzustellen, wobei auf der einen Seite Religion als unnötige Last empfunden wird (V. 23b.24a), während sie auf der Gegenseite Dankesgabe (V. 23a) an den eigentlichen Lastträger ist (V. 24b.25; vgl. 46,3). Dieser »Lastträger« ist wiederum bereit, den von ihm dargelegten Fall in einer öffentlichen Gerichtsversammlung durchzustehen (V. 26; vgl. 41,1).

27 *Dein Ahnherr* ist in diesem Zusammenhang wohl Jakob (vgl. V. 28b; 41,8), denn die Israeliten werden erinnert, daß sie sich weder ihrer Abstammung noch ihrer *Wortführer* rühmen können. **28** *Ich habe die Fürsten des Heiligtums entheiligt:* LXX liest »deine Fürsten haben mein Heiligtum entweiht« (EinhÜ). Zuletzt ein tödlicher Stoß: Israel wird *dem Bann übergeben* (hebr. *cherem*), d.h. das im Heiligen Krieg vollzogene Gottesgericht wird an Israel selbst vollzogen. Dabei gibt es weder Kompromiß noch Mitleid. (Vgl. Komm. zu Jos 6,17–21; 1Sam 15,1ff). Es ist das stärkste Wort, das man hier verwenden konnte.

44,1–28 Der lebendige Gott und sein großer Plan. 1–5 eröffnen nochmals ein bereits scheinbar abgeschlossenes Thema mit dem charakteristischen »und nun« (s. EÜ; vgl. Komm. zu 43,1). Man kann nur staunen, wie die Erwählung des undankbaren Israels als Knecht aufs neue bestätigt wird (V. 1, wiederholt in V. 2), wobei es wie zur Verstärkung noch mit dem Ehrennamen Jeschurun »Rechtschaffener« (?), LXX: Geliebter, angesprochen wird (vgl. 5Mo 33,5; doch auch 32,15; s. Komm. zu Jes 42,19). Daran schließt sich eine noch größere Verheißung an. Die Ausgießung des Geistes ist zweifelsohne ein Hinweis auf den neuen Bund (V. 3), wie in Jer 31,31ff, Hes 36,26f. und Joel 2,28f. Die Treuebezeugung (V. 5) ist einer der seltenen Hinweise auf die Bekehrung der Völker, ähnlich wie in Ps 87,4–6 (wo freilich Gott selbst sie als die Seinen »aufschreibt«). Diese neuen *Kinder* Israels werden dem Lauf von Gottes lebendigem *Wasser* folgen, geradeso wie die Weiden den Bachlauf begleiten (V. 3.4). Die Apostelgeschichte verfolgt ein Stück weit den Lauf dieses Stroms durch das *Dürre*.

6–8 zeigen den eigentlichen Schwerpunkt dieser Kapitel: daß Gott selbst Israels *König* und *Erlöser* ist, der für sie eintritt (V. 6; vgl. 41,14), daß er allein Gott ist; (V. 6b.8b) er kündigt Zukünftiges (V. 7b) und gibt die beruhigende Zusicherung seiner Hilfe an ein verschüchtertes Israel (V. 8).

9–20 predigen das Gleiche von einer anderen Perspektive aus. Der ganze Götzendienst wird durchleuchtet und in seiner Lächerlichkeit bloßgestellt. Auch hier wieder ein Lieblingsthema dieser Kapitel: s. 40,18ff; 45,20; 46,1–7. Alle Anbetung dinglicher Gegenstände, die doch letztlich aus der Hand des Schöpfers kommen (V. 9; vgl. V. 14) und von Menschenhand nur noch gestaltet und geformt werden können, ist absurd und gotteslästerlich (vgl. Röm 1,25). Daß der Mensch schließlich zu verblendet ist, um dies einzusehen (was nicht nur vom Menschen der Vergangenheit, sondern auch vom sog. modernen Menschen gilt), ist nur die letzte Folge der vorausgehenden Weigerung des Menschen, der Wahrheit ins Gesicht zu sehen (V. 18ff; vgl. Röm 1,21).

21–28 wenden sich wieder der positiven, freudeschaffenden Offenbarung des wahren Gottes zu. **21** Das *Gedenke* am Anfang bezieht sich wohl auf das, was Israel schon bezeugen kann (vgl. V. 8), aber auch auf die Torheiten der Heiden, die eben beschrieben worden waren. Eine ähnliche Aufforderung findet sich 46,8. Der schon verschiedentlich ergangene Anspruch Gottes, die Geschichte vorauszusagen und zu lenken, wird nun durch spezifische Verheißungen dramatisch erneuert (s. V. 26–28). Die verschleierte Ankündigung eines Befreiers für Jerusalem und sein Volk (s. 41,2.25ff) wird plötzlich konkretisiert: *Cyrus* ist gemeint, und sein Edikt, das den Aufbau des Tempels freigab, steht im Hintergrund. Diese Weissagung ist dann auch tatsächlich eingetroffen (vgl. Esr 1,1ff). Eine ähnliche detaillierte Ankündigung findet sich nur noch in 1Kön 13,2, wo Josia 300 Jahre vor seiner Geburt schon namentlich genannt wird. (s. Komm. dort und Einl. S. 717) **27** *Tiefe . . .: Versiege:* eine weitere Bezugnahme auf den Auszug; sie soll vor allem daran erinnern, daß Gott tatsächlich in der Lage ist, neue Wunder zu tun. **28** *Mein Hirte* sagt nicht mehr, als daß Gott diesen Herrscher für seine eigenen Ziele gebrauchen will (s. Komm. zu 41,25 und 45,4b).

45,1–25 Der Gott der ganzen Welt. 1–8 stellen Gottes Machtausübung durch Cyrus als sein Werkzeug in den Zusammenhang seiner absoluten Herrschaft über die ganze Welt (V. 7), seiner weltweiten Selbstoffenbarung (V. 6) und seines Willens, sein Recht zu verteidigen (V. 8).

1–3 *Seinem Gesalbten:* im Hebr. steht hier für Cyrus das Wort »Messias«. Der Gebrauch dieses Begriffs im AT ist aber noch nicht so zugespitzt. Hauptsächlich wird er für den von Gott gesalbten König verwendet (vgl. z.B. Saul, 1Sam 24,6f; usw.). Hier wird mit dieser Bezeichnung lediglich ausgedrückt, daß Gott Cyrus zu einer bestimmten Aufgabe berufen, ihn bevollmächtigt und ausgerüstet hat. Dieser alles überragenden Aufgabe gehen seine Siege lediglich als ein Präludium voraus. Jede Zeile in V. 1–3 stellt die bisherigen, ihm letztlich von Gott *(ich will . . .)* verliehenen Erfolge ins helle Licht. *Heimliche Schätze:* wörtl. Schätze der Finsternis, d.h. die am verborgensten gehalten werden, weil sie die kostbarsten sind. (Als Besieger Krösus' und Babylons hat Cyrus tatsächlich unsagbare Reichtümer angehäuft.) **4** Was hier aber als Höhepunkt seiner Laufbahn dargestellt wird, die Befreiung Israels (vgl. V. 13), war für Cyrus selbst nur eine geringe Episode. So unzulänglich sind unsere menschlichen Maßstäbe, daß wir Gottes großen Plan nicht erkennen (vgl. 55,8). Seine Anerkennung Jahwes, neben der auch die anderer Gottheiten stand (vgl. Esr 1,2–4), scheint nur recht oberflächlich gewesen zu sein (s. Komm. zu 41,25). Es kann sich nur um eine Anerkenntnisnahme seiner Existenz, vielleicht noch seines Einflusses gehandelt haben (V. 3b), ohne daß es zu einer persönlichen Gottesbeziehung gekommen ware (s. V. 4b).

7 *Licht . . . Finsternis . . . Frieden . . . Unheil . . .* sind typische hebr. Gegensatzpaare, die das Umfassende, das Ganze umschreiben wollen (vgl. z.B. Ps 49,1f). *Unheil* ist eigentlich das Böse; doch ist das Wort zu allgemein gehalten, um daraus zu schließen, Jesaja wolle Gott auch zum Ursprung und Autor des Bösen machen; dazu s. Hiob 2,10; Am 3,6; Röm 11,36. Einige Ausleger wollten hier einen Angriff auf den Dualismus des Zoroastrismus finden. Dort gibt es zwei rivalisierende Gottheiten, die gute und die böse. Aber dieser Vers wendet sich zugleich gegen jede Form des Polytheismus. Zudem läßt sich gar nicht belegen, ob Cyrus wie einige seiner Nachfolger dem Zoroastrismus anhing.

9–13 wenden sich von Cyrus einem widerspenstigen und zugleich vermessenen Israel zu. (Der Wechsel deutet sich dadurch an, daß die Verben V. 11 ein Subjekt im Plural verlangen und daß auf Cyrus (V. 13) nur in der dritten Person hingewiesen wird.) Israels Verdacht, daß Gott sein eigenes Werk verderben könnte, wird zurückgewiesen (vgl. 29,16). In **11** handelt es sich um stark ironisch gefärbte Imperative, die genau den unwürdigen Fragen entsprechen. **12** Die Belehrung über den gestirnten Himmel ist ähnlich der in 40,26ff, wenn auch hier in sanfterem Ton.

14–25 sehen den großen Zustrom der Völker voraus und gehen damit weit über die Befreiung des Volkes Israel hinaus. Kap. 60–62 gehen diesem Thema dann weiter nach. Hier ist es zunächst in eine Anrede an Israel eingekleidet (V. 14–19), dann aber wird daraus ein Aufruf an die Menschheit, ihren Herrn anzuerkennen, ein Anspruch, dem sie sich doch eines Tages stellen muß. In der Anerkennung ihres Herrn wird die Menschheit gemeinsam mit dem Volk, das sie bisher verachteten, das Heil finden (V. 20–25).

14 Die Völkernamen wie *Ägypten* usw., der Hinweis auf *Fesseln* und Tributzahlungen schildern Gottes Sieg in Bildworten der damaligen Umwelt. Unbefangen wird das lebendige Kolorit menschlicher Siege in Dienst genommen. In der Erfüllung wird das weit übertroffen und auf eine andere Ebene transzendiert werden, wie sich aus V. 20–25 herauslesen läßt. Die hier genannten Heidenvölker waren auch in ein Großreich Israel nie einbezogen. Ihre Unterwerfung wird so total sein, wie es nur die eines Kriegsgefangenen sein kann. In Wirklichkeit aber sind sie zutiefst von der Wirklichkeit Gottes überzeugt worden (V. 14c–16) und werden nun auch am Ende sein Heil erfahren (V. 22.24).

15 Der Ausdruck *Fürwahr, du bist ein verborgener Gott* könnte vielleicht eine Fortführung des Bekenntnisses der Bekehrten sein, die so den unsichtbaren Gott statt ihrer Götzenbilder anerkennen; wahrscheinlicher ist aber, daß es sich um einen Ausruf Israels angesichts der unerforschlichen Wege Gottes handelt, die sich unserem Verstehen entziehen. **18.19** antworten darauf, daß Gottes Werk trotz allem einem großen Plan folgt, und daß er sich unmißverständlich offenbart hat. *Leer* ist wiederum das *tohu*, daß 1Mo 1,2 begegnet (»formlos«; EinhÜ: *Wüste*) V. 18b faßt das Ziel der Schöpfung ins Auge, »daß man auf ihr wohnen solle«. Aus der ursprünglich ungeordneten Schöpfung wird eine geordnete, bewohnbare Erde. So wird auch Israel ein herrliches Ende bereitet werden.

22–25 Diese abschließenden Verse fallen besonders ins Auge. Das liegt einmal an den kühnen Bildern einer weltumfassenden, die Herzen ergreifenden Bekehrung. Zum anderen aber an dem bekenntnishaften Gebrauch, den das NT von V. 23.24 macht, indem es sie in Phil 2,20.22 direkt auf Christus bezieht (indirekt auch in Röm 14,9.11. Vgl. auch, wie 8,12b.13a in 1Petr 3,14f verwendet werden.)

46,1–13 Die hilfosen Götter Babylons. Entsprechend der die Szene zuspitzenden direkten Nennung des Cyrus (44,28 und 45,1) und des Falles Babylons (47,1ff) werden jetzt auch Einzelgottheiten mit Namen genannt. **1** *Bel* ist zunächst ein Titel und heißt ähnlich wie Baal »Herr«. Ursprünglich haftete er an der alten Gottheit Enlil; in späterer Zeit wurde er auf Marduk, Babylons Schutzgottheit, übertragen. Marduks Sohn *Nebo* war der Gott der Gelehrsamkeit (auch Nabu). Die beiden Götternamen erscheinen in den Königsnamen Belsazar und Nebukadnezar. Normalerweise wurden die Standbilder dieser Götter in Prozessionen durch die Straßen getragen. Aber in dieser Szene sind sie monströse Flüchtlinge, die ihre Tragtiere fast zu Boden drücken. Der Gegensatz zwischen den Götzen als *Last* (V. 1b), die zudem noch ständig Geld und Muskelkraft fordern (V. 6f), einerseits, und dem das ganze Leben über sein Volk zu tragen bereiten Lastenträger Jahwe (V. 3.4.) andererseits liegt auf der Hand. Das Vorankündigen kommender Ereignisse, auch ein ständiges Thema dieser Kapitel (vgl. z.B. 41,23), erhält in V. 10a die klassische Zusammenfassung. Daneben steht als letztes in V. 11a die Karriere des Eroberers, vorhergesagt und ins Leben gerufen von Gott selbst (vgl. dazu 41,2.25; 44,28; 45,1ff).

12.13 *Gerechtigkeit* ist ein Wort mit verschiedenen Bedeutungsebenen. Grundsätzlich bedeutet es das, was recht ist; was so ist, wie es sein sollte; was in dem ihm angemessenen Zustand ist. Von daher kann es dann auch den Gedanken der Rechtschaffenheit, der Rechtsprechung und -schaffung und der Berichtigung enthalten. In diesen Kapiteln ist vor allem die letztgenannte Bedeutung vorherrschend, die sich zudem mit der des Sieges vermischt (vgl. Komm. zu 41,2). Dabei geht aber die ethische Dimension nicht verloren (vgl. z.B. 48,1; 53,11; 58,2). In V. 12 sollte dem sogar Vorrang eingeräumt werden, wobei als zweite Sinnebene die Befreiung auftaucht, die inhaltlich parallel zu *Heil* steht (V. 13).

47,1–15 Gericht über Babel. Stilistisch gesehen handelt es sich um einen Klagegesang, der hier zum Spott verwendet wird. Typisch ist der abgefallene Rhythmus dieser Lieder, der auch in der Übersetzung im Wechsel kürzerer und längerer Zeilen noch spürbar ist (vgl. V. 2a und b). Vgl. 1,21ff; 14,4ff.

Das ist das Babylon zustehende Geschick:

ein Gericht ohne Erbarmen, denn Babylon hat auch kein Erbarmen gekannt (V. 6; vgl. Jak 2,13). Dennoch, die Beschreibung ist nicht ohne Mitgefühl. Beides steht vor Augen: der Triumph der Gerechtigkeit und das tragische Ende der Sünder. Das mühsame *Mehl*mahlen; *Blöße* und *Schande, stumm sein* und *Finsternis* (V. 1–5) sind Symbole für das Gericht über Babylon. Die Bitterkeit wird noch vermehrt durch einen Blick auf die Arroganz und Selbstsicherheit, (V. 1: *du Zarte und Verwöhnte*; V. 8: *ich bin's und sonst keine*) die für immer gedämpft werden (V. 7–11). Man kann sich in die Enttäuschung hineinversetzen, wenn die alten Hilfsmittel auf einmal nicht mehr helfen: Beschwörungen, Zaubereien und Horoskope (V. 12–14), und wenn die alten Freunde sich zurückziehen, wie es nun einmal mit »Schönwetterfreunden« so ist (V. 15).

Die Archäologie bestätigt den Hinweis in VV. 9b.12f., daß es in Babylon eine Überfülle magischer Praktiken gab. Hesekiel 21,26 beschreibt in lebendigen Farben eine Auswahl, deren sich Nebukadnezar bedient hat.

48,1–22 Liebe für die Lieblosen. 1–8 Wenn die Aufmerksamkeit jetzt wieder auf Israel gelenkt wird, so geschieht dies nicht, um ihm im Gegensatz zu Babylon etwa zu schmeicheln. Ihre ständige Berufung auf den *Herrn* und die *heilige Stadt* (V. 1.2a) läßt sich schlecht in Einklang bringen mit dem beständigen Zug zum Götzendienst (V. 5). Israel steht letztlich als verhärteter Heuchler da (V. 1.4.8). Das ist ein noch dunkleres Bild als das der Glaubenslosigkeit von 40,27 und sogar noch schlimmer als das der Herzenskälte in 43,22, freilich nicht überraschend angesichts der Sünde gegen das Licht (42,18ff). Das prophetische Urteil, das sich bislang gegen die Heiden richtete (vgl. z.B. 41,21ff), muß nun gegen Gottes eigenes Volk gewandt werden, das aus hartgesottenen Skeptikern besteht, die auf Gottes Warnung nicht hören wollen. (V. 3–8). S. Einleitung S. 715ff.

9–22 Und doch dient das alles nur dazu, die Geduld Gottes zu offenbaren. Sie ist unverdient (V. 9), konstruktiv (V. 10) und fest (V. 11). Obwohl sein Wort an Deutlichkeit nichts zu wünschen übrig läßt, bestätigt er immer noch seine Berufung (V. 12) und seine Liebe (V. 14; vgl. 5Mo 7,7.8). Auch ertönt weiter sein Befreiungsruf: *Geht heraus* (V. 20). Wie ein Echo klingt er auch durch die noch folgenden Kapitel: vgl. 49,9; 52,11; 55,12; 62,10. Aber das sind nicht bloß Worte. Der hohe Preis des Eigensinns wird klar genannt: Verlust des *Friedens* (V. 18.22), d.h. Abschied von aller Gesundheit und allem Wohlergehen für den Einzelnen und die Gesellschaft, innerlich und äußerlich. Der tieftraurige Realismus von V. 22 kehrt in 57,21 wieder. Am Ende des Buches steht ein noch härterer Akzent: 66,24.

10 *Nicht wie Silber:* diese Übersetzung setzt eine geringfügige Textkorrektur voraus; MT: *Nicht Silber. Geprüft:* so nach der Jesaja-Handschrift aus Qumran; MT: *erwählt*. In der letzten Zeile von **16** wechselt unerwartet der Sprecher, der nun nicht mehr Jahwe ist, sondern der von ihm und dem Geist Gesandte. Das könnte der Prophet sein. Es ist aber sinnvoller, wenn man hier schon das Ich von 49,1; 50,4; 61,1 vorweggenommen sieht, d.h. es ist der Gottesknecht. In ihm hat sich Jesus dann wiedererkannt. Manche meinen, hier komme von ferne die Trinität in Blick.

49,1–55,13 Das Morgenrot der Erlösung

49,1–13 Das zweite Gottesknechtslied. Dieses Lied wird unterschiedlich abgegrenzt, meist schon nach V. 6. Doch jeder der VV. 5–8 beginnt mit einer Antwort Gottes auf die Sendung seines Knechts. Und V. 8, in dem 42,6 nachklingt, läßt sich von dem, was folgt, nicht ablösen.

Nach Kap. 42, in dem zwei unvereinbare Bilder von »meinem Knecht« gezeichnet wurden (42,1ff; 42,18ff), ist die Frage nach der Untauglichkeit Israels zunehmend akut geworden. Die vor uns liegenden Kapitel werden diese Spannung lösen, aber nicht etwa so, daß der Knecht entlassen würde, oder gar, daß er sich bessern würde, sondern so, daß ein wahrer Knecht auftaucht, dessen Mission in erster Linie Israel selbst gilt.

Im vorliegenden Abschnitt wird das sofort am reinen Gewissen des Knechts deutlich. In 49,1ff zeigt er keinerlei Reue über die in 48,1ff beklagten Sünden noch über die Blindheit von 42,18ff. Es ist nur das tiefe Bewußtsein dafur da, daß er für den von Gott vorerwählten Augenblick zugerüstet ist (V. 1–3; vgl. 48,16 d). Er hat die Trägheit Israels bekämpft, ohne einen Anteil daran zu haben (V. 4), und obwohl er als Israel angeredet wird (V. 3), ist Israel sein Missionsfeld (V. 5), bevor er sich der Welt zuwenden kann (V. 6).

Dieses Paradoxon, daß Israel zu Israel gesandt ist, läßt sich innerhalb des AT selbst nicht auflösen, denn kein König, Prophet oder Priester ist groß genug, um diesen Titel zu füllen. Es ist Teil der Gesamtbewegung des AT hin zum NT, in dem dann Jesus auftritt als der, der allein würdig ist, den Namen Israel zu tragen. Inzwischen sind sich die beiden gegensätzlichen Porträts von Kap. 42 insofern nahegekommen, daß der eine Träger des Namens Israel mit einer Bekehrungsmission am andern beauftragt wurde. Zugleich ist das

Thema Befreien durch Dienen, das zunächst in 42,1ff anklang, weitergeführt. Es bekommt nun den Akzent von Leid und Verwerfung (VV. 4.7), der an Schärfe und Bedeutsamkeit im dritten und vierten Lied weiter gewinnen wird.

8 Paulus zitiert V. 8a in 2Kor 6,2 als wollte er sagen, daß er nun erfüllt ist. Vgl. dazu wie Jesus selbst Jes 61,1.2a in Lk 4,18–21 zitiert. Zum Ausdruck *Bund für das Volk* s. Komm. zu 42,6. **9ff** Die heimkehrenden *Gefangenen* in V. 8–13 sind das durch die ganze Welt zerstreute Israel, also nicht nur das jetzt in Babylon exilierte (vgl. V. 12 mit V. 22). Aber der Anklang von V. 10 in Offb 7,17 zeigt darüberhinaus, daß man hier auch die Heiden mitsehen kann, wie sie ihre *Finsternis* verlassen (V. 9) und sich ihrer neuen Heimat zukehren (vgl. 44,5). **12** *Sinim* (MT): wahrscheinlich ist *Syene* (hebr. *seweneh*) zu lesen (ähnlich liest die Jesajarolle von Qumran, vgl. Hes 29,10; 30,6), d.h. Assuan in Oberägypten, wo seit dem 6. Jh. v. Chr. eine jüdische Kolonie eingerichtet war. *Sinim* wäre eine Bezugnahme auf China (im Griech. sind die Chinesen die *Sinai*) und würde voraussetzen, daß man in Israel zu so früher Zeit überhaupt schon diesen Namen und dieses Volk kannte.

49,14–23 Der Trost Jerusalems

14 Die verlassenen Ruinen Zions, personifiziert als Frau, die ihres Mannes und ihrer Kinder beraubt ist, sind ein charakteristisches Merkmal dieser Kapitel. **15.16** Gottes Antwort ist typisch. Einmal ist sie in Wahrheit nicht beraubt, denn Gott kann sie nicht vergessen. **19.20** Zum anderen hat sie ihre besten Tage noch vor sich, denn ihre neue Familie wird alle Grenzen sprengen. Das NT bezieht diese Worte dann nicht auf das gegenwärtige, irdische Jerusalem, sondern auf das »Jerusalem, das oben ist« (Gal 4,25–27; vgl. Jes 54,1), d.h. auf die universale Gemeinde im Himmel und auf Erden. Die Ruinen Jerusalems wurden tatsächlich im 6. und 5. Jh. wieder aufgebaut. Aber diese Weissagungen gehen über den recht bescheidenen Wiederaufbau weit hinaus. **22.23** Vgl. Komm. zu 45,14–25. *Die auf mich harren:* s. Komm. zu 25,9.

49,24–50,3 Trost für die Gefangenen

Doppeltes Mißtrauen, nämlich sowohl gegenüber Gottes Macht als auch gegenüber seinem Rettungswillen, stehen hier im Hintergrund. Auf das erstere wird durch den Hinweis auf Gottes beständige Kontrolle über die Geschichte (49,25f.) und die Schöpfung (50,2f.) geantwortet; auf das andere so, daß Gottes und Israels Wesen (50,1) miteinander verglichen werden: Ihm ist dessen Unbeständigkeit fremd, er unterliegt keinem Druck von außen (der Hinweis auf *Gläubiger*). Allein dessen Sünden (V. 1b) sind für den Bruch verantwortlich (vgl. 59,1). Der Herr selbst verharrt auch hier in der Hos 3,1–3 gezeichneten Haltung, wo auch die irrende Frau noch geliebt und nach Hause gebracht wird.

50,4–9 Das dritte Gottesknechtslied

Nachdem im ersten Lied (42,1ff) Geduld und Sanftmut überwogen, im zweiten die Bereitschaft zu schier vergeblicher Mühe und Arbeit (49,4.7), sieht sich der Knecht hier kränkender, verächtlicher Behandlung und der Wut des Bösen ausgesetzt. Jetzt ist es, so empfindet der Leser, nur noch ein Schritt bis zum Kreuz. Hier findet sich kein Hinweis auf eine vorübergehende Entmutigung wie in 49,4; der Knecht ist bereit zu lernen (V. 4) und sich hinzugeben (V. 6). Sein Geist und sein Leib sind geweiht. **4** Der Plural (die) »Belehrten« (EÜ; LÜ: *Jünger*) läßt erkennen, daß er sich in die Gehorsamsschule Gottes begibt, in die Gott alle Menschen ruft. (vgl. Hebr. 5,8). Das *alle Morgen* (wörtl. »den Morgen, am Morgen«) weist darauf hin, daß sich hier einer sein Leben lang müht, den Willen Gottes zu erkennen und zu tun (vgl. 1Kön 8,59). So bekommen seine Worte die Autorität und Treffsicherheit eines Propheten *par excellence.*

So ist sein Leiden, auch wenn es noch unerklärt dasteht, (bis Kap. 53) jetzt schon so furchtbar, wie Leiden nur sein kann. **5** Im Blick auf Gott wird es zu einer Opfergabe seines Gehorsams. **6** Den Menschen gegenüber aber ist dieses Leiden eine freiwillige kostbare Gabe. (Ich bot dar . . . ich verbarg nicht . . .). **7–9** Innerlich führt ihn die Verachtung und das Ausgestoßensein dahin, sein ganzes Vertrauen auf Gott zu richten. Röm 8,31ff singt Paulus dieses Lied nach christlicher Weise. Die Gerechtigkeit, die ein anderer erworben hat, bringt den Verkläger zum Schweigen, und Gottes Hilfe (VV. 7a.9a) wird ausdrücklich als Liebe bezeichnet (Röm 8,35.37.39).

50,10.11 Nachklang zum Lied

Die beiden Verse greifen das eben erklungene Wort vom Vertrauen auf und machen es für die Hörer zum Angelpunkt im Leben und im Sterben. **10** Hingabe an Gott meint immer auch Treue zu seinem Knecht, dessen Wort verpflichtend und dessen Glaube Vorbild für die Menschen sein soll (vgl. V. 7–9). Damit lüftet sich ein wenig das Geheimnis seiner Person. Er ist einer, der seinen Weg allein gehen muß. Aber er ist auch Lehrer in Gemeinschaft seiner Jünger. **11** beschreibt entweder die Verfolger (vgl. V. 6 und z.B. Ps 118,12) oder – wahrscheinlicher – im Gegensatz zu V. 10 die Selbstzufriedenen, die sich nicht auf Gott verlassen. Die letzte Zeile verallgemeinert dann: Die Sünde führt immer in Sorge und Leid. *In Schmerzen . . . liegen* kann aber auch ein Hinweis auf die Strafe nach dem Tod sein, wie sie das NT bezeugt.

51,1–8 Mehr Nahrung für den Glauben

Der Glaube »kommt aus der Predigt« (Röm 10,17; wörtlich »aus dem Hören«). Er nährt sich an den drei Botschaften, die mit *hört mir zu . . .* (V. 1), *merkt auf mich . . .* (V. 4) *und hört mir zu . . .* (V. 7) eingeführt werden. Sie vertiefen nochmals die in 50,10 ergangene Aufforderung zu uneingeschränktem Vertrauen auf Gott. Dazu geht der Blick zunächst zurück zu den bescheidenen Anfängen Israels, um zu zeigen, was Gott mit *einem einzelnen* vermag (V. 1f.). Dann geht der Blick in die Zukunft auf die verheißene Vollendung sowohl dieser (V. 4f.) als auch die Heraufführung der kommenden Welt (V. 6). Zuletzt wird auf diesem Hintergrund die gegenwärtige Erniedrigung ins Auge gefaßt (V. 7). Die Worte des Gottesknechts (50,9) klingen nach: die Sterblichkeit des Menschen wird vom Licht der Ewigkeit überstrahlt. **6** *Wie Mücken:* bei diesem seltenen hebr. Wort handelt es sich wohl um einen kollektiven Singular des Wortes, das schon in 2Mo 8,12f begegnet; »wie die Fliegen« (EinhÜ) lautet die entsprechende deutsche Wendung.

51,9–52,12 Gesteigerte Erwartung

Schnelle Wiederholungen verleihen dem ganzen Abschnitt etwas Dringliches, beginnend mit dem einleitenden *Wach auf, wach auf!* Diesem menschlichen Appell wird als Antwort eine erneute Zusicherung und Herausforderung gegeben, gekennzeichnet durch Gottes betontes *Ich, ich bin euer Tröster* (V. 12) und *Werde wach, werde wach* (V. 17), im *Wach auf, wach auf* (52,1), *Weicht, weicht* (52,11).

51,9–11 Die Überbietung des ersten Auszugs. 9.10 *Rahab, der Drachen* und *das Meer* würden für einen Nichtisraeliten die Chaosmächte symbolisieren, die sich den Göttern beim Werk der Schöpfung entgegenstellen (Vgl. Komm. zu 27,1). Wie aber V. 10 erkennen läßt, handelt es sich hier um Hinweise auf den Auszug aus Ägypten. Schon in 30,7 begegnete Rahab als Spottname für Ägypten (s. Komm. dort). Ein ähnliches Bild wird auch für das Endgericht gebraucht (s. Komm. zu 27,1). **11** Der Ruf nach einem neuen Auszug bringt eine schon ergangene Verheißung in Erinnerung: dieser Vers zitiert fast wörtlich 35,10.

51,12–16 Trost der Gefangenen. 12–14 Gott selbst ist der Grund des Trostes (*Ich, ich . . .*). Als Schöpfer steht er außerhalb der Vergänglichkeit der Geschöpfe. **15.16** Als Bundesgott (*dein Gott . . . mein Volk*) ist für ihn die Berufung Israels die Krönung seines Werkes: *Himmel, Erde . . . Zion:* Zion ist dabei nicht nur Name der Stadt, sondern bezeichnet auch das ganze Volk. V. 16a bringt dabei nochmals den Auftrag des Knechts in Erinnerung (49,2), denn auch Zion trägt Gottes Wort in die Welt hinaus. Gerade darin erfüllt Israel seine Berufung.

51,17–25 Gottes Eingreifen in der Not. Das »Du« ist in diesem ganzen Abschnitt fem. sing. und bezieht sich auf die personifizierte Mutter-Stadt Jerusalem; vgl. Komm. zu V. 16. Von den vorkommenden Bildern reflektiert das vom *Taumelkelch* (V. 17.22) noch am besten die eigentliche Absicht. VV. 18.23 lassen die Niederlage in ihrer ganzen Brutalität und mit ihrem Leid nochmals lebendig werden: Niedergetreten wurden sie von ihren Peinigern, die über ihre Rücken hinwegmarschierten. Der *Hirsch im Netz* zeigt die Ausweglosigkeit (V. 20). Und der Anblick der Sterbenden auf *allen Gassen* hat einen tiefen Eindruck in Klgl 2,11f. 19.21 usw. hinterlassen.

52,1–10 Die gute Botschaft des Friedens. 1.2 Gottes *Wach auf, wach auf* hält Israel nun sein eigenes Gebet (51,9) vor, die bestmögliche Erwiderung. **3–5** Es ist wichtig, den hier gewählten Vergleich für die Erlösung von jeglicher kommerziellen Vorstellung zu befreien, als würde hier ein Handel oder ein Geschäft gemacht. Wie schon 50,1 betont, haben die jetzigen Herren Israels keinen berechtigten Anspruch auf dieses Volk. Aber auch von Gott können sie nichts beanspruchen. Sie sind nur seine Werkzeuge und dennoch nicht unschuldig. Unter keinen Umständen sind sie Gottes Gläubiger. Während 1Petr 1,18 dem V. 3b einen neuen Akzent verleiht, geht es hier ausschließlich um Gottes souveränes Heilswirken, das um seines *Namens* willen geschieht (VV. 5.6; vgl. Hes 36,21; Röm 2,24).

7–10 In bewegenden Worten wird das Eintreffen der Heilsbotschaft dargestellt (vgl. 2Sam 18,19ff). Drei Faktoren treten besonders hervor: Einmal die *Freudenboten*, deren Ruhm in ihrer Botschaft besteht (die er, wie Paulus in Röm 10,15 klarlegt, lediglich auszurichten hat); zum anderen die *Wächter:* Sie halten Ausschau nach der Erlösung (vgl. Lk 2,38). Ist das nicht gegeben, fällt das Wort auf taube Ohren. Zum dritten das eigentliche Geschehen: Gott selbst hat sich zum Handeln aufgemacht (V. 8b–10). Das geschieht nicht irgendwo in der Ferne, sondern in unmittelbarer Gegenwart, die *Augen werden es sehen*

(V. 8b–10). Dabei verdienen die an die Psalmen erinnernden Freudenausbrüche besondere Beachtung (V. 9.10, vgl. Ps 98,3.4).

52,11.12 Ein klarer Bruch mit Babylon. Das Bild einer feierlichen priesterlichen Prozession herrscht vor, nicht das des ungeordneten Auszugs aus Ägypten (vgl. 2Mo 12,33). Nach Esr 1,5ff; 7,7ff kann die spätere Heimkehr etwa so verlaufen sein. Esra selbst hat jedenfalls die Zusage göttlichen Geleits ganz ernst genommen und wurde nicht enttäuscht (Esr 8,22). 12b spricht dagegen deutlich auf den ersten Exodus an; vgl. 2Mo 13,21. Hinter dem historischen Auszug aus Babylon sieht Offb 18,4 freilich noch eine größere Bewegung, nämlich den Auszug der Kirche aus der Umarmung und dem Gericht der Welt, »daß ihr nicht teilhaftig werdet ihrer Sünden, auf daß ihr nicht empfanget etwas von ihren Plagen!«

52,13–53,12 Das vierte Gottesknechtslied

Von der großen Heimkehr wendet sich nun der Blick der einsamen Gestalt zu, die mit ihrem Todesschmerz den Preis dafür gezahlt hat. Hier ist das Herzstück des ganzen Buches erreicht, die Mitte all dessen, was es über Sünde und Gerechtigkeit, Gnade und Gericht zu sagen hat.

Das ungewöhnlich symmetrische Gedicht ist aus fünf Abschnitten mit je drei Versen aufgebaut. Am Anfang und Schluß steht ein Lob des Knechtes (erster und fünfter Abschnitt). Dazwischen ist die Geschichte seiner Verwerfung eingefügt (Abschnitt zwei und vier), die wiederum das Mittelstück rahmen (V. 4–6), das die Versöhnungskraft seines Leidens auslegt. Gott und die versöhnten Menschen sind die Sprecher: Gott in den äußeren Abschnitten *(ich, mein)*; Menschen in 53,1–6 *(wir, unser)*.

52,13–15 Die auf ihn wartende Freude. Der Himmel selbst bestätigt nun die im Vertrauen auf Gott gesprochenen Worte von 50,7–9. Dabei wird das Lob des Knechts in Worte gefaßt, die sonst nur auf Gott selbst angewandt werden (zu »erhöht« und »sehr erhaben« V. 13, vgl. 6,1: »auf einen hohen und erhabenen Thron«; 57,15 »so spricht der Hohe und Erhabene«, und dazu die anderen Begriffe für »hoch« in 5,16; 55,9). Anstelle der *Vielen*, die sich jetzt *entsetzen*, treten später die *Vielen*, deren Sünden er trägt und denen er Gerechtigkeit schafft (V. 14f; vgl. 53,11f). **15** Die tragenden Verben zeigen einen bestimmten Fortschritt: *sich entsetzen, . . . den Mund vor ihm zuhalten, . . . sehen, . . . merken. Besprengen:* Diese Wiedergabe von hebr. *jassäh* ist in diesem Zusammenhang grammatisch nicht zu erwarten, aber auch nicht ganz unmöglich und hätte den Vorzug, mehr dem Versöhnungsthema zu entsprechen (vgl. 1Petr 1,2) und an den Bundesschluß zu erinnern (s. 2Mo 24,6.8). Einige lesen allerdings mit der LXX »in Staunen versetzen«.

53,1–3 Von Menschen verachtet. Zwischen dem, was von diesem Knecht vor Augen ist, und dem, was über seine Heilsbedeutung *verkündet* und *offenbart* wird (vgl. V. 1 mit Röm 10,16.21), besteht eine beträchtliche Kluft. Die Erscheinung des Gottesknechtes ist weder schön noch attraktiv noch beeindruckend (V. 2ff). Man muß damit den Eindruck vergleichen, den die Menschen von Jesus in seiner Erniedrigung und seinem Leiden hatten (Mt 27,39ff; 19,5ff) und den die Verkündigung des Gekreuzigten hervorruft (1Kor 1,23). *Schmerzen und Krankheit* lassen an einen Kranken denken oder an einen, der im Herzen leidet (vgl. Jer 15,18). Aber es kann hierbei auch an einen Arzt, einen Heiland gedacht sein, der sich freiwillig auf die Krankheit und die Schmerzen anderer einläßt in dem Sinn, daß er sich für den Kranken hingibt, um ihm Heilung zu verschaffen. In diesem Sinn wird Jes 53,4 in Mt 8,17 zitiert.

53,4–6 Welch ein Tausch! Dies ist in jeder Hinsicht der zentrale Abschnitt. Jetzt wird deutlich, weshalb der Knecht so unansehnlich war. V. 4a hat im Hebr. sogar eine ungewöhnliche Wortfolge, um auch so auf den Rollentausch hinzuweisen, *er* und *wir* (V. 4a.4b) sind dabei noch besonders betont: »Unsere Krankheiten trug *er*, unsere Schmerzen lud er auf sich; und doch dachten *wir* . . .«

4.5 Mit jeder Zeile wird deutlicher, was hier vorgeht: Die Schmerzen, die er trägt, sind die unseren (V. 4); das ist die Strafe für die Sünde (V. 5a); so zahlt er den Preis für unser Heil (V. 5b). Dennoch bleibt das alles paradox. Auch das ist einer der Wege Gottes, die höher sind als die unseren (vgl. 55,9): seine Wunden heilen uns (V. 5b; vgl. dazu 1,6: »Beulen und Striemen und frische Wunden«). Dabei sind *»seine Wunden«* die Ursache für *»unsere Heilung«*, die sie bewirken.

6 bietet vielleicht die tiefgehendste Beschreibung dessen, was Sünde und was Versöhnung bedeutet. Die ganze Ichsucht und Orientierungslosigkeit, die uns zur zweiten Natur geworden sind, werden aufgedeckt. Damit isolieren wir uns ja von Gott und Mitmensch. Daneben steht Gottes Initiative, die die Strafe auf einen Stellvertreter übertrug. Was dieses Bild, »er warf unser aller Sünde auf ihn« bedeutet, wird durch 1Mo 4,13 und 3Mo 5,1.17 (hier zahlt der Mensch selbst die Strafe) und auch 3Mo 10,17; 16,22 (hier deckt ein anderer die Schuld ab) erhellt. Beachte: *Wir, alle . . . unser aller*. Im Hebräischen beginnt und endet der Vers jeweils mit dem gleichen Ausdruck. Die Gnade ist eine völlige Antwort auf die Sünde.

53,7–9 Böswillige Hände und ein williges Opfer. Das Schweigen des Opfers (vgl. dazu den Aufschrei eines anderen »sanften Lammes«, Jer 11,19; 12,3), kommt aus der Liebe und dem Glauben, wie Jesus zeigen sollte (1Petr 2,23f). Dahinter verbirgt sich also nicht Schwäche oder Ohnmacht.

8 *Land der Lebendigen* bezeichnet in erster Linie die eigene Generation, die Zeitgenossen (vgl. dazu Spr 30,11). Es kann aber auch »Lebensspanne« vgl. 1Mo 15,16) bedeuten. Dem Sinn am nächsten kommt man vielleicht noch, wenn man an die Nachkommenschaft denkt. **9** *Als er gestorben war:* Im Qumrantext: *seine Gruft* (s. JB; EinhÜ). Der Sinn mußte unklar bleiben, bis die in Mt 27,57.60 gezeichneten Ereignisse den Schleier über diesem Rätsel lüfteten. *Bei einem Reichen* (EÜ): so wörtlich MT; LÜ unterlegt dem Wort einen negativen Sinn *(bei Übeltätern).*

53,10–12 Mit Ehre und Herrlichkeit gekrönt. Jetzt wird der Knecht völlig gerechtfertigt. Die Verfolger sind nicht mehr zu sehen. Der *Herr* tritt auf den Plan, was in V. 10 durch betonte Satzstellungen hervorgehoben wird (vgl. dazu Apg 4,28). Der Knecht aber wird als der erkenntlich, der eigentlich gehandelt hat: *... dafür, daß er sein Leben in den Tod gegeben hat* (V. 12). Jeder Vers redet unmißverständlich von der Auferstehung und vom Sieg des Gottesknechts. Dazu werden Aspekte seines Versöhnungswirkens sichtbar, die in V. 4–6 noch verborgen waren.

10 Mit dem *Schuldopfer* werden die Schulden des Menschen vor Gott getilgt, und es wird Frieden geschaffen. Nach dem Hebräischen kann entweder der *Herr* oder der Dargebrachte der sein, der das Opfer darbrachte. Doch läßt V. 12 keinen Zweifel daran, wer hier der Handelnde war. **11.12** Das Rettungwerk wird jetzt umschrieben als Rechtfertigung, Tragen der Sünde (s. zu V. 6), Identifikation mit den Sündern (»den Übeltätern gleichgerechnet«, s. Lk 22,37) und Fürbitte (»für die Übeltäter gebeten«). Der Gottesknecht wird hier folglich als Priester, Opfer, Patriarch, d.h. Stammvater (V. 10b – »Nachkommen«) und König dargestellt. Schließlich sind die *Vielen ... Vielen* (V. 11.12), für die der Knecht litt, die »Vielen« (52,14f.), die sich über ihn entsetzten.

54,1–17 Die überfüllte Mutterstadt

Überquellende Freude, Friede und Geborgenheit in diesem Kapitel erwachsen aus der Verlassenheit und dem Tod, die das vorige Kapitel beschrieb. Eigentlich war damit ja die Darstellung der großen Heimkehr in Kap. 52 unterbrochen worden. In christlicher Terminologie: Golgatha (Kap. 53) folgt die wachsende Kirche (Kap. 54) und die Verkündigung des Evangeliums (Kap. 55).

54,1–10 Frau und Mutter. Paulus verknüpfte diesen Abschnitt mit der Geschichte von Sara und Hagar (vgl. Gal 4,27). Hier sah er die wahre Kirche, deren Glieder von oben geboren sind (s. auch Komm. zu 49,14–23). Die Verheißung der weltweiten Ausdehnung (V. 3 vgl. 49,19) und der Hinweis darauf, daß die alten Gesellschaftsordnungen dieser Welt nicht mehr ausreichen (V. 2) sollten in der Zeit der Apostel wahr werden. Die Metapher der irrenden Ehefrau findet sich auch 50,1. Hier wird freilich mit großem Mitempfinden von ihr gesprochen. Nicht die damit verbundene Schuld, wohl aber der Schmerz über die Entfremdung (V. 6) wird herausgestellt. Dann freilich kommt die Freude und das Erbarmen über die Wiedervereinigung hinzu (V. 7.8). Diese Wiedervereinigung ist unverdient und dauerhaft. (V. 10; vgl. 1Mo 9,11). Im Lichte des NT ist auch auf Mt 16,18b hinzuweisen.

54,11–17 Die Perlenstadt. Sowohl das enge Zelt von V. 2 als auch das in Trümmern liegende Jerusalem werden überstrahlt von diesem Anblick großer Schönheit und Kraft. Es ist ein glühendes Bild der Kirche, das dann in Offb 21,10ff weiter ausgemalt wird. In Begriffen und nicht mehr in Bildern wird dann der Sinn in V. 13ff ausgelegt. Die »Gerechtigkeit« von V. 14 und die Unüberwindlichkeit von V. 15–17 beruhen auf der persönlichen und allumfassenden Jüngerschaft (V. 13; vgl. 8,16; Jer 31,34), einem Kennzeichen des neuen Bundes. Das ist aber auch die wahre Stärke der Stadt Gottes, der zwar keineswegs verheißen ist, daß sie nicht angegriffen wird, wohl aber, daß sie sich zu jeder Zeit gegenüber jedem Angriff mit der Waffe der Wahrheit wehren kann. (V. 17; vgl. Lk 21,15). Mit dieser Waffe ist sie allen Gegnern überlegen.

55,1–13 Überfließende Gnade

Diese Einladung an die Bedürftigen ist in der ganzen Bibel an Wärme und Herzlichkeit unübertroffen. Zweimal strebt dieses Kapitel auf einen Höhepunkt zu: zunächst in V. 1–5 und dann mit langsamerem Anstieg in V. 6–13.

55,1–5 Armut, Überfluß und Sendung. 1–3 Das vierfache *Kommt* reicht soweit wie die menschliche Not; deutlich wird das unerfüllte menschliche Verlangen herausgestellt (V. 2; vgl. z.B. Pred 1,3; Jh 4,13). Zugleich ist diese Einladung aber so persönlich, daß sich jeder Einzelne damit angesprochen wissen kann; beachten muß man den Wechsel von

Singular und Plural in V. 1: *Ihr Durstigen ... auch wer kein Geld hat, soll kommen* (EinhÜ). Am Ende der Bibel klingt diese Einladung wie ein Echo nach (vgl. Offb 22,17). Und Jesus selbst identifizierte sich mit der Einladung von V. 1: *»Kommt her, kauft und eßt«* (Jh 6,35), *»Wen da dürstet, der komme zu mir und trinke«* (Jh 7,37). Das widersprüchliche *kauft ohne Geld* ist ein Bild der Gnade, in der sich beides vereint, die totale Abhängigkeit und Armut einerseits und die Gewißheit des Beschenktseins andererseits. Vgl. dazu Hebr 4,16. Auch hier wird dazu aufgefordert, sich allein auf Gottes Gnade zu verlassen. Aber dieser Gnade kann man völlig gewiß und froh sein.

3–5 bringen die Einladung ganz auf die persönliche Ebene. Der Verstand und der Wille des Hörers werden angesprochen, damit er sich in den *Bund* hineinbegibt und am Missionsauftrag des Messias Anteil gewinnt. In den Kap. 40ff begegnet *David* nur an dieser einen Stelle, doch das genügt, um den königlichen Messias von 7,14ff mit dem Gottesknecht von 42,1ff, auf den die Völker warten, zu identifizieren. Die Annahme, daß die Davidsverheißung von 2Sam 7,12–16 hier auf das Volk übertragen wird, läßt sich mit V. 3f nicht vereinbaren, wo gerade die Fortdauer dieser Verheißung für einen Einzelnen betont wird. Vielmehr wird die Vision Davids von Ps 18,43–45.49 aufgegriffen und ausgeweitet. Aus den Völkern, die zum Zeugnis für den Herrn mit äußerer Gewalt unterworfen werden, sind solche geworden, die sich in innerer Buße zum Herrn hinkehren: vgl. V. 5 mit Sach 8,20–23; 9,9.10.

55,6–13 Sünde, Vergebung, Herrlichkeit. 6–9 Der sich nach Sättigung sehnende Hungrige (V. 1–5) ist der *Gottlose*, der des Heils bedarf. Gottes Einladen und Suchen (V. 1ff) muß sich mit dem Verlangen des Sünders treffen. V. 7 ist eine klassische Umschreibung dessen, was Umkehr ist. Gesinnung und Wille werden angesprochen (vgl. den ntl. Begriff für Bekehrung: *metanoia*). Gewohnheiten (hebr. Umschreibung: *Wege*) und die Sinn- und Zielsetzung seines Lebens (im hebr. »Gedanken« eingeschlossen) werden erneuert. Ein negativer, *(lassen)* und ein positiver Zug *(bekehren)* gehören dazu. Das ganze Erleben ist personenbezogen *(zum Herrn)* und hat seine Besonderheit darin, daß es allein auf Gnade gegründet ist *(Erbarmen und Vergebung)*. Der Hinweis auf die Kürze der Zeit (V. 6) und auf die Fülle der Verheißung (V. 7) verleiht dem Ganzen Dringlichkeit.

10.11 Die Aussage von V. 8.9 bezieht sich sowohl auf V. 7 als auch auf V. 10ff. Damit werden alle menschlichen Erwartungen beschämt. Gottes Gedanken reichen weiter, sind fruchtbarer und höher als unsere. Der Vergleich seines Wortes mit *Regen und Schnee* ist ein Hinweis auf langsames und stilles Wirken, das das Angesicht der Erde zur rechten Zeit umformen wird. Das Wort bezieht sich dabei mehr auf Gottes Ratschluß (vgl. z.B. 44,26; 45,23), als auf seine Einladung oder Unterweisung, der man sich verschließen kann (48,18f; vgl. zu V. 10 Hebr 6,4–8).

12.13 Die Freude über die Befreiung (V. 12a), über das Kommen des Herrn (vgl. zu V. 12a Jes 52,12; zu V. 12b Ps 96,12f) und über die Wiederherstellung des Zerstörten (vgl. V. 13a mit 7,23–25 und vielleicht 1Mo 3,18) verschmelzen miteinander zu einem großen Lobgesang. Gottes Ruhmes-*Zeichen* (V. 13) besteht im Gegensatz zu dem des Tyrannen aus ewig.

56,1–66,24 Die Herrlichkeit und die Schande Zions

Während Kap. 40–55 das babylonische Exil zum Inhalt haben und die Erlösung wesentlich in Gestalt der Heimkehr Israels zeichnen, lenkt der Rest des Buches die Aufmerksamkeit auf die Heimat selbst. Diese wird nun unter dem schon aus früheren Kapiteln allzu vertrauten Aspekt als ein Land voller Korruption (56,9–59,15a) und Verwüstung (63,7–64,12) dargestellt. Aber es wird auch deutlich gemacht, was sein wird, wenn Gott zu ihrer Rettung erscheinen wird: Er wird daraus eine Krone der Schönheit machen, das Zentrum und den Anziehungspunkt der ganzen Erde (Kap. 60–62). Die Abschlußkapitel (65;66) zeigen ebenso wie das Präludium (56,1–8), wie Gott die Außenstehenden und Heiden zu seinem Heiligen Berg und seiner ewigen Königsherrschaft einlädt, stellen aber auch die große Gefahr des ewigen Ausschlusses von dieser Herrlichkeit vor Augen. In ihrem Aufbau zeigen diese Kapitel also eine gewisse Symmetrie, die der des vierten Gottesknechtslieds ähnlich ist (s. Komm. zu 52,13ff). Auch hier ist das Mittelstück (Kap. 60–62, das verherrlichte Zion), von zwei Passagen über den Zorn und das Heil Gottes eingerahmt (59,15bff; 63,1–6), die wiederum von Szenen, die die Sünde und das Leid darstellen, flankiert werden (56,9–59,15a; 63,7–64,12). Den äußeren Rahmen bildet schließlich die Verheißung der Sammlung der aus Israel Ausgestoßenen und der Welt (56,1–8; 65,1–66,24).

56,1–8 Ein Willkommen für die Verstoßenen

1.2 Nach dem erregenden Höhepunkt am Schluß von Kap 40–55 bieten diese Verse eine nüchterne Verpflichtung zu Aufrichtigkeit (V. 1) und Abkehr von der Welt (V. 2), die den Grund des Heils bilden. In V. 1 zeigen sich zwei Züge der *Gerechtigkeit: Recht (mischpat)* und Gerechtigkeit *(zedaqah)*: das erste unterstreicht mehr das rechte Handeln, das zweite mehr das Ziel dieses Handelns, den Heilszustand. Gottes Gerechtigkeit zielt in erster Linie darauf, das Verkehrte zurechtzubringen und nicht zu verurteilen oder zu zerstören; vgl. dazu Röm 3,21–26; s. auch Komm. zu 46,12.13. Gottes Gerechtigkeit ist schon im AT positive und aktive Gerechtigkeit, die den Menschen gerecht machen will. (Von hieraus zieht sich eine Linie über Paulus bis hin zur reformatorischen Entdeckung Luthers).

3–8 übersetzen die Missionsvision von Kap. 40–55 in die Praxis, indem sie zeigen, wie der *Fremde* und der *Verschnittene*, die beide keinen Platz in Israel hatten, nun in Israel Aufnahme finden. Den Verschnittenen wird dabei gezeigt, daß das gegen sie gerichtete Gesetz (5Mo 23,1) aus Liebe gegeben war (damit ihre grausame Verstümmelung wenigstens in Israel – wenn schon nirgend sonstwo – Abscheu hervorrufen sollte). Diese Liebe gleicht nun ihren Schaden bei weitem aus (beachte das *besser*, V. 5). Nach dem früheren Ausschluß sind sie nun *im Hause* Gottes, und als solche, die keine Nachkommen haben, erhalten sie jetzt *einen ewigen Namen*. Auch die *Fremden* werden so behandelt, wie es ihrer inneren Haltung gegenüber dem Herrn entspricht und nicht gemäß ihrer Herkunft; daß dieser Grundsatz im Einklang mit Gottes Willen ist, hat sich trotz 5Mo 23,3 in der Aufnahme von Ruth gezeigt. Aber die Worte von V. 7b waren für die Tempelaufseher zu viel: vgl. Mt 21,13; Apg 21,28. Mit V. 8 vgl. Mk 11,17 und Jh 10,16. Die Wichtigkeit des Sabbats, der in diesem Abschnitt verschiedentlich erwähnt wird (V. 2.4.6), zeigt sich am deutlichsten in den beiden letzten Zeilen von V. 4. Dieser Tag ist nicht Selbstzweck, sondern ein Zeichen der Liebe Gottes, der Liebe zu Gott (vgl. 58,13) und der Bundestreue (vgl. 2Mo 31,13).

56,9–59,15a Die Schande Zions

56,9–12 Die schlafenden Wächter. Als Gegensatz dazu s. 52,8; 62,6. Bei uns gängige Ausdrücke wie »Schlafender Hund«, »gieriger Hund«, »bissiger Hund« entsprechen in ihrer Aussage den in V. 10f benutzten. Damit werden die geistlichen Führer des Volkes charakterisiert (zu *Wächter* vgl. Hes 3,17), wohingegen *Hirte* im AT ein Bild für den weltlichen Herrscher ist. Auffällig ist die Reihenfolge: Geistlich blind sein (V. 10a; vgl.: 1Sam 3,1) bedeutet, keine Zukunftsperspektive (V. 10a), keine Botschaft zu haben (V. 10b), die Augen vor der Wirklichkeit zu verschließen (V. 10c), selbstgefällig zu sein (V. 11a). Die staatliche Führung nutzt dann diese Situation aus, um sich zu bereichern, allen möglichen Exzessen anzuhängen und einem blinden Optimismus zu huldigen (V. 11b.12).

57,1–13 Offenkundiger Abfall. Die Wächter haben sich zur Ruhe (56,9–12) begeben, und umgehend macht sich das Böse breit. Es könnte sich wohl um die Zeit Manasses handeln; er war Hiskias Sohn und Nachfolger, der sich nicht nur vom Glauben abwandte, sondern auch noch Unschuldige verfolgte (2Kön 21,16), was mit V. 1 übereinstimmen würde. Seine Söhne ließ er verbrennen (2Kön 21,6), was wiederum an die Neubelebung des Molochdienstes erinnert (V. 5b.9).

2 Auf ihren *Lagern*: d.h. ihren Gräbern oder Totenbahren (vgl. 2Chr 16,14). Der in diesem V. ausgedrückte Gedanke ist mit Offb 14,13 verwandt. **5** Mit *Brunst* (oder Lust) wird auf die in der kanaanäischen Religion beheimateten Fruchtbarkeitskulte hingewiesen, die auch in den Tagen Jeremias weit um sich griffen (vgl. Jer 2,20ff). Zu V. 5b sei auf den vorausgehenden Abschnitt verwiesen. Von der eigentlichen Hurerei ist es nur ein kleiner Schritt zur Abgötterei, wobei bildlich gesprochen Israel die zur Prostituierten gewordene Frau ist. In VV. **6–13** (das »du« ist durchgängig feminin) sind bildhafte Ausdrücke wie *Lager, Denkzeichen* (das Aushängeschild der Prostituierten), *Öl und köstliche Salbe* verflochten mit tatsächlichen Gegebenheiten aus dem Bereich des Götzendienstes wie *Opfer und Götzen*, und aus dem politischen Bereich, etwa die in die Ferne *gesandten Boten*. Ob sich V. 9a auf den religiösen oder auf den politischen Bereich bezieht, läßt sich nicht klar entscheiden. *König* (hebr. *melek*): Es könnte ein fremder König gemeint sein oder aber (im Hebr. sind es die gleichen Konsonanten) der Moloch (vgl. z.B. 30,2–5; vgl. Komm. zu 3Mo 20,2). Und doch steht hinter der Beschreibung der ermüdenden Verbissenheit (V. 10), mit der Israel auf seinem verkehrten Weg fortschreitet, ein tiefes Mitempfinden. Die Zeit wird kommen, wo ihnen die Augen aufgehen (V. 11–13) und sich aller Götzendienst als abwegig und vergebens erweisen wird. Der ganze Abschnitt paßt gut mit Hos 1–3 und Lk 13,34f zusammen.

57,14–21 Überfließende Gnade. 14 Für Kap. 40–66 sind Wiederholungen (Verdoppelungen) typisch, z.B. *Friede, Friede,* (V. 19) oder *Machet Bahn, machet Bahn!* (V. 14; vgl. 40,1; 52,1; 62,10; 65,1). Ähnliches gilt inhaltlich vom Triumph der Gnade, der hier mit viel Farben und Formen beschrieben wird. Das die ganze zweite Hälfte des Buches bestimmende Auszugsthema bietet das Bild einer starken, unerschöpflichen und tragfähigen Gnade: **15** *Der Hohe ... die zerschlagenen und demütigen*: Diese Verbindung zeigt, daß die Gnade sich erniedrigen kann. **16** spricht in Anklang an 1Mo 6,3 vor allem von ihrer Langmut. **17f** legt sie als den klaren Entschluß aus, sich dem Unwürdigen und dem, von dem nichts zu erwarten ist, zuzuwenden, s. bes. V. 18a. **19** Der *Friede* ist schließlich die Frucht der Gnade; das taucht wieder in Eph 2,17 als der Keim auf, dem das paulinische Evangelium für die Heiden entsproß. **20.21** das Verderben der *Gottlosen* wird aber umso klarer erkannt, klarer als in 48,22; es besteht im Ausschluß vom Heil, das sie selbst ablehnten. Allein ihre eigene Wahl steht zwischen dem *Friede, Friede* von V. 19 und dem *kein Friede* von V. 21.

58,1–14 Scheinheiligkeit und Wirklichkeit. Gottes Posaunenstoß (V. 1) gegen äußerliche Frömmigkeit verhält sich zu der vorausgehenden Verurteilung (57,1–13) fast so wie Röm 2 zu Röm 1. Der Akzent ist ähnlich dem in entsprechenden Abschnitten der synoptischen Evangelien und des Jakobusbriefes. Negativ (V. 1–5) fällt auf, daß religiöse Pedanterie und Äußerlichkeit (V. 2.5) mit sozialer Rücksichtslosigkeit (V. 3b.4) Hand in Hand gehen. Diese Unbarmherzigkeit anderen gegenüber scheinen die Frommen jeder Generation an sich zu haben (vgl. Mt 23; Jak 4,1ff). In Gottes Augen ist sie unerträglich (vgl. 1,15). Positiv (V. 6–14) stellt man fest, wie Fasten als soziale Reform neu definiert wird (V. 6), als liebende Fürsorge (V. 7) und als Verzicht darauf, ständig mit den *Fingern* auf andere zu zeigen (V. 9) – ein Vorgeschmack darauf, wie konstruktiv Jesus selbst mit dem Gesetz umgeht.

9 Die Verheißung *Dann wirst du rufen ...* setzt das nicht erhörte Gebet (V. 3) voraus (vgl. Jak 4,3.8ff). Die umfängliche Darlegung in V. 9b–12 veranschaulicht den ntl. Grundsatz: »Mit welcherlei Maß ihr messet, wird euch gemessen werden« (Mt 7,2). **11** Das schöne Bild des *bewässerten Gartens* erscheint wieder in Jer 31,12. Aber auch all die andern Metaphern in V. 10–12 sind es wert, einzeln betrachtet zu werden. **13.14** Damit aber nicht der Eindruck entstehe, alles, was Gott erwarte, sei eine neue Menschenfreundlichkeit, beschreiben diese Verse die strikte Einhaltung des Sabbatgebotes, die Gott erwartet und die dem Menschen Freude und Erfüllung bringt. Wenn das Fasten die Gelegenheit bietet, dem Nächsten Liebe zu erweisen, dann ist der Sabbat dazu da, der Liebe zu Gott Ausdruck zu verleihen. Doch ist hier wie in der Praxis Jesu deutlich, daß auch der Nächste diese Liebe zu Gott spüren soll. Das bedeutet, daß man die eigenen Interessen zurückstellt (V. 13a) und daß man sich auf das Wesentliche konzentriert und einer Selbstdisziplin unterwirft, die sich über das Irdische und Nichtige erhebt (V. 13b). Menschen, in denen eine solche Gesinnung wohnt, kann Gott auch Großes anvertrauen (V. 14).

59,1–15a Gegenseitige Entfremdung. Dieser Abschnitt ist weithin ein dunkles Gegenstück zu Kap. 58. Auch hier geht es um das Problem nicht erhörten Gebets und weithin eine ähnliche Antwort (V. 1.2). Aber während Kap. 58 die wahre Gerechtigkeit und den daraus hervorgehenden Segen beschreibt, zeichnet Kap. 59 ein Bild der Sünde (V. 3–8), die alles von Wert zerstört und auslöscht (V. 9–15). Vgl. V. 10 der beiden Kapitel. Das Ende ist Chaos, in dem das Menschenleben nur noch Einsamkeit, Armut, Haß, Niedertracht und Kurzlebigkeit kennt.

2 erläutert in klassischer Kürze Gottes scheinbare Untätigkeit als Folge der Trennung des Menschen von Gott, nicht als Folge der Abkehr Gottes (wie in 1,15), sondern als direktes Produkt der Sünde. **3ff** Die sich ausbreitende Anarchie macht das ganz deutlich. Wenn Sünde sich zwischen Gott und Mensch schiebt, dann kann nicht einmal die Gesellschaft überleben, gar nicht zu reden von der Gemeinschaft des Menschen mit Gott. **5.6** *Natterneier* und *Spinnweben* sprechen überaus deutlich von dem alles vergiftenden Einfluß der Bösen, der sich gerade dadurch weiter verbreitet, daß man versucht, ihn zu unterdrücken (V. 5b). Daneben zeigt sich, wie wenig man sich auf deren Versprechen und Pläne verlassen kann (V. 6), die so fadenscheinig und ohne Gewicht sind wie feine Spinnweben.

7.8 Paulus greift in Röm 3,15–17 auf diese Verse zurück, um den Nachweis der allumfassenden Schuld voranzutreiben. **9** eröffnet mit dem betonten *darum* die Aufzählung der fortschreitenden Folgen, die sich aus der Entscheidung für das Böse ergeben. **10** Die Zeitgenossen Jesu haben dieses Urteil über sich heraufbeschworen; denn waren sie nicht wie die Blinden, die selbst angesichts des Lichtes noch herumtappten wie die, die keine Augen haben (s. Jh. 3,19; 12,35–40)? **14** Vier Tugenden werden personifiziert dargestellt. Das erste Opfer solcher Zeiten der Unordnung ist meist die Wahrheit. Die Bilder von Offb 11,7f. können von hier beeinflußt sein. **15** Am deutlichsten spricht vielleicht noch die Tatsache, daß man gerade über den herfällt, der sich von der Gottlosigkeit fern hält. Er ist eben der einzige, der nicht mit der

Masse geht und sich ihr nicht anpaßt. Der sittliche und gesellschaftliche Zusammenbruch ist hier schlimmer als Am 5,13; nicht nur die öffentliche Rechtsprechung, sondern auch die ganze öffentliche Meinung, die Moral, ist verkehrt und entstellt worden.

59,15b–21 Der einzige Retter (Vgl. dazu 63,1–6)

Nur ein göttliches Eingreifen kann die Kluft zwischen der gegenwärtigen Schande Zions und der kommenden Herrlichkeit überbrükken (s. Komm. zu 56,1–66,24, S. 758).

16.17 Gottes Betroffenheit geht viel tiefer, als unsere Übersetzungen andeuten. Hier wie 63,5 sollte man *verwundert* eher mit »verabscheut« wiedergeben; vgl. EinhÜ: *er war entsetzt*. Diese Ergriffenheit läßt sich am ehesten mit der Trauer und Ergriffenheit Jesu Lk 19,41.45 vergleichen. Bewaffnung und Kleidung (V. 17) unterstreichen nur noch das in V. 16b Gesagte. Im Kampf gegen das Böse hat Gott keine anderen Hilfsmittel (etwa von Seiten der Menschen) als allein seine eigene, absolute Gerechtigkeit, die er nun kraftvoll inmitten der Ungerechtigkeit durchsetzt, »Das hilft ihm« und (Helm des) *Heils* haben im Hebräischen die gleiche Wurzel s. EinhÜ: *(Helm der) Hilfe. Gerechtigkeit* scheint hier sowohl den dynamischen, aktivischen Sinn als auch die mehr zuständliche Bedeutung der moralischen Integrität einer Eigenschaft Gottes, zu besitzen (vgl. Komm. zu 46,12.13). Die Waffenrüstung Gottes hier beleuchtet den Sinn der in Eph 6,13ff genannten. Er stellt sie nicht nur bereit; er bedient sich ihrer selbst.

Der Eifer wird von einem konsequenten Gerechtigkeitsdenken regiert: **18** ist geradezu gespickt mit Worten der Vergeltungssprache: *vergelten ... Vergeltung ..., heimzahlen ...* (vgl. Röm 12,19). Aber zugleich wird der Weg für die Aufrichtung der Königsherrschaft der Erlösten geebnet. **19–21** Keinerlei Herkunft kann einen Menschen für die Gliedschaft in diesem Reich qualifizieren oder disqualifizieren (V. 19.20). Ausschlaggebend ist die Abwendung von der Sünde und die Hinkehr zu Gott (V. 19a.20b; vgl. Mt 8,10–12). Der hier erwähnte Bund ist leicht als der neue Bund erkennbar, dessen Glieder nicht nur »alle den Herrn kennen« (vgl. Jer 31,34), sondern die auch alle wie ein Volk von Propheten für ihn sprechen werden: vgl. 4Mo 11,29; Joel 2,28.

60,1–62.12 Die Herrlichkeit Zions

Diese Kapitel beschreiben überschwenglich eine Segenszeit, die die alte Ordnung bei weitem übersteigt und z.T. auch die christliche Heilszeit hinter sich läßt. Die Sprache ist allerdings noch ganz die des AT und des irdischen Jerusalem. Die Auslegung tut gut daran, sie auf das »Jerusalem oben« zu übersetzen (vgl. 54,1ff), wie es schon Paulus tat (Gal 4,26). Auch Offb 21 greift auf Kap. 60 zurück, wenn es ein Bild der strahlenden himmlischen Stadt entwirft. Die Interpretation jener Vision (wobei man sich nicht auf eine einzige Auslegung festlegen darf), wird wiederum zum Verständnis der vorliegenden Prophetie beitragen. Hier wird davon ausgegangen, daß die Rückkehr Israels aus der Zerstreuung nach Jerusalem zum Vorbild einer weit größeren Bewegung geworden ist, nämlich eines weltweiten Zustroms Bekehrter in die Kirche. Die Vision blickt darüber hinaus mehr als einmal auf das Ende aller Dinge und das Heraufziehen der ewigen Herrlichkeit hin.

60,1–9 Der Leitstern der Völker. Das *Du* und *Dein* dieses Kapitels ist wieder feminin sing.; d.h. hier wird die Mutterstadt Zion angeredet (s. Komm. zu 49,14–23; 51,17–25; 54,1–10), deren *Söhne* und *Töchter* (V. 4) nicht nur dem zerstreuten Israel, sondern allen nur denkbaren Völkern entstammen; vgl. Ps 87,3–6; Gal 4,26. Deshalb sind die Völker (V. 3 LÜ: *Heiden*) und die *Inseln* (V. 9) mehr als die Transporteure der heimkehrenden Schar. Sie selbst stellen einen Großteil derer, die den *Glanz* Zions suchen (V. 3) und erwartungsvoll auf den Herrn *harren*. (V. 9) Wie Tauben fliegen sie unbeirrbar dem Schlag zu (V. 8). Doch s. auch Komm. zu V. 10–16. *Silber und Gold* erinnern den Christen natürlich an die Vorboten dieses Menschenzuges in Mt 2, deren Huldigung vielleicht noch nicht ganz in diesem Licht geschah und deren Gaben auch die unheilschwangere Myrrhe enthielt (vgl. Mk 15,23; Jh 19,39), die auf den bevorstehenden Kampf hindeutete.

Zum Rahmen und zur Symbolik bes. von V. 6–9 s. die Einl. zu 60,1–62,12. Für das Gesamtverständnis dieses Kapitels ist V. 7 entscheidend. Die priesterliche Begrifflichkeit macht im Lichte des Neuen Testaments eine Auslegung dieser Prophetie, die am Buchstaben kleben bleibt, unmöglich, denn das NT betont, daß es keine Rückkehr zu einem Gottesdienst gibt, der auf *Opfer, Altar* und *Haus* (d.h. Tempel) basiert; das alles waren ja nur »Schatten des Kommenden« (Hebr 10,1; vgl. Hebr 13,10–16; Jh 4,21–26). Zu Tarsis (V. 9) s. Komm. zu 2,16.

60,10–16 Angenehme Eroberungen. Die Heiden dieses Abschnitts sind nicht zum Glauben bekehrte, sondern überwundene Untertanen. Die Schrift erwähnt sie des öfteren (vgl. z.B. Lk 19,27; Offb 20,7ff). Mit den Bildern des Sieges und seiner Früchte – fremde Arbeitskräfte (V. 10), Sicherheit vor weiteren Angriffen (V. 11a, vgl. Offb 21,25f), Tributleistungen (V. 11b) u.a. – wird der Sieg der

Gottesherrschaft und die endlose (V. 15) Seligkeit seines Volkes dargestellt. Der scheinbare Imperialismus dieser Stellen dient nur zum Ausdruck der nüchternen Wahrheit, daß die Verwerfung Gottes einem Selbstmord gleichkommt (V. 12) und daß die Sanftmütigen das Erdreich erben werden (Mt 5,5).

60,17–22 Das volle Offenbarwerden der Herrlichkeit. *Gold* statt des *Erzes* usw. ist ein typisch göttliches Tauschangebot (vgl. 61,3.7), das in deutlichem Gegensatz zu menschlichem Niedergang und Wertverfall steht (vgl. den Notbehelf 1Kön 14,26–28 und das Klagen Klgd 4,1ff). Dieser dichtgedrängte Abschnitt faßt kaum die Fülle der kommenden Herrlichkeit, so wird deutlich, daß er nur eine Abbildung der letzten Vollendung geben kann, wo in einem *Volk von lauter Gerechten* (V. 21) weder *Obrigkeit* noch *Vögte* benötigt werden, denn Gerechtigkeit wird jeden auf den rechten Weg leiten, *Frieden* und Schutz gewähren (V. 17b, vgl. dazu 59,17). Der Glaube, der zum Schauen gekommen ist, wird das *Lob* Gottes anstimmen (V. 18b). Der lebendige Mittelpunkt dieser Herrlichkeit erscheint in V. 19.20 als das Licht, das alles überstrahlt. Es ist Gott selbst in seiner unmittelbaren Gegenwart. Diese wird dann wieder in Offb 21,23; 22,5 geschaut. Diese Vision reicht nicht nur über das AT, sondern auch über die Zeit des NT und der christlichen Kirche hinaus. Mit irdischen Vorstellungen wird die neue Schöpfung umschrieben (vgl. z.B. V. 22), von der dann 65,17ff wieder die Rede sein wird.

61,1–4 Das Lied des Gesalbten des Herrn. Obgleich die Bezeichnung »Gottesknecht« in diesem Lied fehlt (wie schon in 50,4–9), besteht keine Veranlassung, in dem *mir* (V. 1) einen neuen Sprecher zu sehen. Jesus sah seinen Auftrag in diesem Lied so klar vorgegeben wie in den anderen sogenannten Gottesknechtsliedern (vgl. Lk 4,17–21; 7,22). In der Geistbegabung und der Salbung (vgl. 11,2; 42,1) treffen sich Vorstellungen, die einerseits dem Umkreis des messianischen Königs, andererseits dem des Gottesknechts zugehören.

Die hier angesprochene freudige Aufgabe ist eine unmittelbare Konsequenz, ja eine Frucht der Mühseligkeit der vorausgegangenen Lieder (s. Komm. zu 42,1). Das wurde ein klein wenig schon in 53,10ff deutlich. Jesus konnte diese Stelle zu Beginn seines öffentlichen Lebens zitieren, weil er sich schon in Taufe und Versuchung (Mt 3f) in die Rolle des leidenden Gottesknechts hineinbegeben und damit auch das Kreuz angenommen hatte. Hier zeigen sich die Früchte seines Leidens. Seine Wunder sprachen die gleiche Sprache.

Der Rahmen ist wieder die babylonische Gefangenschaft (V. 1b) und das zerstörte Jerusalem (V. 3). Für die ursprünglichen Hörer ist diese Verheißung so wortwörtlich und real in Erfüllung gegangen, wie die frühere Exilsandrohung (vgl. 39,6); aber in ihrer Erfüllung durch Jesus (vgl. Lk 4,21) führt sie nun die Segnungen ein, die in den Seligpreisungen und anderswo den Unterdrückten (die *Elenden* sind die Armen; Die LXX gebraucht das gleiche Wort wie Lk in 4,18; 6,20; 7,22) und besonders denen mit *zerbrochenen Herzen* gelten (vgl. vielleicht Am 6,6). Auch die *Freilassung der Gefangenen* sollte eine geistliche Bedeutung erlangen; das mußte Johannes der Täufer lernen (lösten die durch die programmatische Ankündigung Lk 4,18 geweckten Hoffnungen die Frage von Lk 7,19 aus?) Man beachte den langsamen Wachstumsprozeß, der sich hinter dem Bild der *aufgebauten* Städte und der heranwachsenden *Pflanzung* verbirgt.

Es fällt auf, daß Jesus in Lk 4,19 den *Tag der Vergeltung unseres Gottes* demonstrativ ausläßt. Damit wird fast unbemerkt auf eine jetzt noch nicht erreichte Offenbarungsstufe hingewiesen: vgl. Mt 25,3ff; Apg 17,31; 2Thess 1,7.8. In den verschiedenen Zusammenhängen erscheint die Verheißung zunächst als Knospe, dann als Blüte und schließlich zeigt sie ihre volle Frucht. S. weiter dazu Komm. zu 63,4.

61,5–9 Reichliche Wiedergutmachtung. Manche meinen, diese Stelle bleibe hinter dem weitherzigen Missionsgeist z.B. von 19,24; 45,22; 66,18–21 zurück. Werden hier nicht die Heiden zu bleibender Knechtschaft verurteilt? Damit nimmt man das Bild für die Wirklichkeit und mißversteht es. Unter dem Bild des priesterlichen Israels, dem Fremde dienen (V. 5.6) und das von seinen früheren Plünderern entschädigt wird, verbirgt sich die Wirklichkeit, daß Gottes Volk (das keinerlei nationalen Status hat, vgl. 1Petr 2,9; Offb 7,9) schließlich zu seinem Recht kommt und sich der Fülle seines Erbes als Könige und Priester (vgl. 1Petr 2,10; Offb 1,6) erfreut, während der Stolz der Menschheit gedemütigt und die Macht der Starken gezügelt wird. Zur Unterjochung der Völker s. Komm. zu 60,10–16; zur Bekehrung der Völker s. Komm. zu 19,16–24; 60,1–9. **7** Zu *doppelte Schmach . . . doppelten Anteil:* vgl. Komm. zu 40,2.

61,10.11 Das Lied der Gerechtgemachten. Vgl. mit diesem Freudenausbruch 12,1ff und die Lieder in Kap. 24–27. Zwei Bilder werden für die Gerechtigkeit (das Heil) gebraucht: zunächst das der Kleidung *(Kleider, Mantel),* – die den Menschen ganz umschließt – wozu sich die beste Auslegung in Lk 15,22 findet: »das beste Kleid«. *Kopfschmuck; Geschmei-*

de: alles Zeichen der Festfreude, die unverdient empfangen werden.

Dann wird die Gerechtigkeit als *Gewächs* und *Same* dargestellt, deren innewohnende Lebenskraft zu Wachstum und Gestaltwerdung führt. Das erste Bild zeichnet die Gerechtigkeit als etwas, was einem von außen her verliehen wird (vgl. Röm 3,22); das zweite als etwas, das im Menschen wirkt (vgl. Röm 8,10). Beide Male ist es Gabe Gottes. Die Bedeutungsvarianten werden weiter im Komm. zu 46,12.13 beleuchtet.

62,1–5 Die bräutliche Schönheit Zions. Ein weiteres Gedicht, das Zion als Frau darstellt, die sich nach Mann und Kindern sehnt (vgl. 49,14; 66,7ff u.ö.). Der Akzent liegt hier darauf, daß die Initiative zur Wiedervereinigung von Gott ausgeht: Die Energie seines Willens (V. 1a), die erhabene Größe und das Ausmaß (V. 1b.2) seines auf sie abzielenden Tuns werden unterstrichen. Dazu kommt der Stolz darauf, daß er sie zur Vollkommenheit führt (V. 3), seine Freude, wenn er die Verstoßene heimgeleiten kann (V. 4a), und das zentrale Geheimnis, daß das alles nicht Menschenfreundlichkeit, sondern echte Liebe ist (V. 4b.5b).

1.2 Zur *Gerechtigkeit* vgl. 61,10.11. Die Wechselbegriffe dazu, *Heil* und *Herrlichkeit*, zeigen, daß es um weit mehr geht als um juristische Rechtzusprechung. **4** Die vier Namen illustrieren in ihrer Zusammenordnung den Gegensatz zwischen biblischem Glauben und kanaanitischen Kulten. Der Gott als Ehemann darstellende Vergleich betont vor allem seine Treue (vgl. Komm. zu 50,1) und seine Freude an Israel. Wo Baal als Ehemann dargestellt wird, ist er kaum mehr als der Spender der Fruchtbarkeit; die Liebe ist reduziert auf Geschlechtlichkeit. **5** *So wird dich dein Erbauer freien*: Die Übersetzung setzt eine Korrektur voraus (vgl. Ps 147,2). MT wörtl.: *so werden deine Söhne sich mit dir vermählen* (vgl. EÜ). Das klingt anstößig für unsere Ohren. Im Grunde dient dies Bild einem tieferen Verständnis. Denn es soll deutlich werden, daß die Frommen mit der Mutterstadt untrennbar verbunden, d.h. vermählt sind, und doch sind sie gleichzeitig Frucht derselben. Die Wiederherstellung der Mutterstadt ist deshalb für sie genauso Grund zur Freude wie sie es für Gott ist.

62,6–12 Der große Tag wird herbeigesehnt. Wie in 61,1–4 wird die große Heimkehr sowohl vom Zentrum als auch von der Peripherie her miterlebt, vom wartenden Jerusalem aus (V. 6–9.11b12) und von den äußersten Enden der Erde (V.10.11a). Überall werden nun die menschlichen Vorbereitungen getroffen, die dem entscheidenden Handeln Gottes angemessen sind. **6–8** Gott erwählt zuerst Männer, denen er an seiner Sorge um Zion Anteil gibt (vgl. V. 6b7a mit 1a). Diese *Wächter* (vgl. 56,9ff) und Erinnerer (s. Komm. zu 63,7; vgl. 2Sam 8,16) ruft er selbst zu unablässigem Gebet auf (vgl. mit den kühnen Zügen von V. 6b.7a Lk 11,8; 18,7) und ermutigt sie darüber hinaus mit ausdrücklichen Verheißungen (V. 7.8). **10** Als nächstes fordert er die Gefangenen auf, ihre Freiheit, die er ihnen verschafft hat, in Anspruch zu nehmen und die fernen *Völker* anzuführen, aus denen die Bürger Zions heimkehren sollen. Vgl. dazu Komm. zu 60,1–9. **12** Letztlich ist es wichtig, den vierfachen Namen der versöhnten Gemeinde (vgl. damit den verheißenen neuen Namen V. 2) zu bedenken; damit ist ein triumphaler Höhepunkt dieser Kapitel erreicht.

63,1–6 Der einzige Rächer

Das ist das Begleitstück zu 59,15b–21 (vgl. V. 5 mit 59,16). Während beide das Gericht und die darauf folgende Errettung gemeinsam zum Inhalt haben, konzentriert sich dieses Gedicht mit seinem dramatischen Dialog (vgl. Ps 24,7–10) besonders auf den Tag der Rache (V. 4); dieses Thema war in 61,2 mit dem der Erneuerung verbunden gewesen. Diese beiden Themen sind ursächlich so miteinander verbunden wie der Sieg (bei dem sich auch Blutvergießen findet) mit der Befreiung (und der daraus folgenden Freude und dem Frieden); das NT nimmt diese Reihe von Bildern auf und entfaltet in Offb 19,11–16 das Gedicht weiter: Dort erscheint Jesus als Krieger und Sieger. Aber in beiden Testamenten hat Gott zunächst die Zuflucht vor diesem Gericht beschrieben (vgl. 53,5).

1.2 *Edom* und die Hauptstadt *Bozra* dienten schon 34,6 als Sinnbilder der unbußfertigen Welt. Hier verbindet sich mit dem Namen Edom (d.h. rot; *rötlich; rotfarben*) ein Wortspiel, ein weiteres liegt indirekt mit *Bozra* vor, das einem hebr. Wort ähnlich ist, das Winzer, Keltertreter *(bozer;* nicht in 2b) bedeutet. Wie in 45,23; 55,11 bezieht sich das *Reden in Gerechtigkeit* darauf, daß Gott unbedingt zu Ende führen wird, was er angekündigt hat. *Mächtig zu helfen* trägt dabei, auch in diesem Abschnitt, der vor allem dem Gericht gewidmet ist, den Hauptakzent. **3** Der Ausdruck *Ich trat die Kelter allein* kann den Christen an Golgatha erinnern; der eigentliche Sinn (vgl. Offb 19,15) ist aber der, daß allein Gott in der Lage ist und die nötige Kraft hat, das Werk des Gerichts durchzuführen. In dieser Sorge und Mühe um den Menschen steht er ganz allein – ohne ein Mitwirken von seiten des Menschen.

63,7–64,12 Die zum Himmel schreiende Not Zions

Die Herrlichkeit der Kap. 60–62 und die Vision des entscheidenden Eingreifens Gottes in 63,1–6 regen den Propheten zu einer Fürbitte an, die zu den tiefsten der Bibel zählt. Dabei blickt er sowohl auf die Güte Gottes in der Vergangenheit als auch auf das gegenwärtige Unglück seines Volkes.

63,7–14 Gottes frühere Gnadenerweise. 7 Jesaja übernimmt hier den Dienst dessen, der ins Gedächtnis zurückzurufen hat (vgl. 62,6): *Ich will gedenken*, d.h. wörtl.: »Ich will erinnern an«. **8** Mit dem Bild des Vaters, der sich Hoffnungen macht im Blick auf seine Kinder, greift er auf das Eingangsthema des Buches zurück (1,2.4). In **9** benutzt er wieder die Auszugstradition; vgl. dazu 2Mo 3,7; 33,14; 19,4. **9a** *In all ihrer Bedrängnis war er bedrängt und der Engel seines Angesichts hat sie gerettet* (EÜ): nach dem hebr. Text, wie ihn die Masoreten mit einer Veränderung des Buchstabenbestandes gelesen (nicht geschrieben) haben. LÜ und die übrigen Übersetzungen beruhen auf LXX, die dem hebr. Buchstabenbestand besser gerecht wird.

10–14 Erinnern in manchem an Ps 78, z.B. *widerspenstig* und *betrübten* (vgl. Ps 78,40f). Auch das Bild der zur Weide getriebenen Tiere (V. 13f) begegnet in Ps 78,52ff.72f. Der Heilige Geist erhält eine besondere Betonung. In ihm ist der Herr inmitten seines Volks gegenwärtig (V. 10.11.14). In V. 10.14 geht es um die häufigen Auflehnungen Israels gegen Gott in der Zeit des Wüstenzuges und danach. Gott hat es zwar dafür fortwährend gezüchtigt (V. 10), aber nie verworfen. Um seiner früheren Barmherzigkeit willen hat der Herr sie immer wieder weitergeführt; vgl. V. 13b.14 mit Ps 78,72, wo David das Werk Moses weiterführt.

63,15–64,11 Gottes verirrte Familie. Dreimal erschallt der Ausruf *Du, Herr, bist unser Vater* (63,16; 64,7). Das verleiht dem Gebet einen besonderen Ernst; hier liegt das Wissen um die Entfremdung von Gott im Kampf mit dem Verlangen nach Aufnahme bei ihm.

Die Symptome der Entfremdung sind z.T. äußerlich, wenn etwa das *heilige Volk vertrieben* (63,18), die heiligen Stätten *zur Wüste geworden* (64,9) und *das Haus unserer Heiligkeit ... verbrannt ist* (64,10). Gefährlicher sind die inneren Symptome: Die Verstockung des Herzens (63,17), die Verwüstung, die die Sünde anrichtete (64,4b.5) und die allgemeine Lustlosigkeit in göttlichen Dingen (64,6), die die Krankheit menschlich gesprochen unheilbar macht.

In dem allem sieht man Gottes Gericht, der nicht eingegriffen hat (63,15a), die Herzen verstockte (63,17; vgl. 6,10) und sie an ihre eigene Schuld auslieferte (64,6). Der letzte Satz macht zudem klar, daß man dieses geistliche Versagen nicht Gott anlasten kann. Es kommt daher, daß sie mit der Sünde spielten.

Aber auf der anderen Seite bleibt die Treue des Vaters bestehen, auf die man sich berufen kann. Die Vatertreue Gottes ist noch beständiger als jegliche menschliche Vaterliebe (vgl. 63,16 mit 49,15; Ps 27,10f). Sie bestand vor aller menschlichen Vatertreue (*von alters her*, 63,16b), bewährte sich oftmals im Beistand für die, *die auf ihn harren* (64,3b; vgl. 8,17; 30,18) – warum sollte das nicht alles von neuem möglich sein (63,19b–64,4a)? (Das NT zeigt dann, wie das alles in unvorstellbarer Weise noch übertroffen wurde; vgl. 1Kor 2,9). Vor allem aber beruft man sich auf den Vater als auf den, dessen Geschöpf man ist (64,7), der alles weiß und alles beherrscht. Vgl. im Gegensatz zu diesem Vertrauen 45,9f. Dieses Gebet, das so resolut mit einem Lobpreis begann (63,7), ist ein Vorbild für alle, die aus der Tiefe rufen müssen. Aber es schließt mit einer Frage. Gottes Antwort wird zeigen, wie viel oder wenig Nachhall die Reue des Propheten beim Volk gefunden hat.

65,1–66,24 Die große Scheidung

Weit entfernt von einem allgemeinen Happyend spitzen diese Kapitel den Gegensatz zwischen Licht und Finsternis nochmals zu. Die Berufung auf Privilegien wird für nichtig erklärt. Wie in der Offenbarung des Johannes führt auch hier der Abschluß des Buches jeden zur strengsten Selbstprüfung. Die Gerichtsgleichnisse ziehen bis zum Letzten die Linien aus, die in der Berufungsvision Jesajas (Kap. 6) angedeutet worden waren.

65,1–16 Die Verstoßenen und die Angenommenen. 1.2 Der Wortlaut im Hebräischen stimmt mit Röm 10,20.21 überein: V. 1 bezieht sich auf die Heiden (»Ich bin gesucht worden ... Nation, die nicht *mit* meinem Namen genannt war«, EÜ) und V. 2 auf die Juden. Diese Lesart wird auch von der Jesajarolle in Qumran bestätigt. Dieser Vers ist Gottes Antwort auf die Beschwerde von 63,19 und nicht nur ein Echo von 64,7. (Anders LÜ: »Ich ließ mich suchen ... Volk, das meinen Namen nicht *anrief*«; vgl. ZÜ, JB EinhÜ). Die Heiden sollen also angenommen und die abtrünnigen Juden verworfen werden (V. 1–7); aber V. 8–10 bestätigen die Verheißung auch einem »Rest« gottesfürchtiger Israeliten (s. Komm. zu 10,20–23). Die Trennungslinie Gottes verläuft offensichtlich nicht einfach zwischen Heiden und Juden als solchen, sondern zwischen denen, die nach Gott *fragen* und denen, die ihn *verlassen* (V. 10c.11a), wobei die einen gesegnet, die andern verdammt sind (s. V. 13–16).

3–7 Zu den verbotenen Riten vgl. 57,3–10; dort handelt es sich weitgehend um unzüchtige Ausschweifungen, hier aber sind es indirekte Provokationen: Man schiebt Gottes Altar auf die Seite (V. 3b.7b; vgl. 5Mo 12,2–7), versucht sich an okkulter Totenbefragung (V. 4a; vgl. 5Mo 18,11), ißt herausfordernd verbotenes Fleisch (V. 4b; vgl. 66,17; 5Mo 14,3.8) und beansprucht für sich dazu noch eine magische »Heiligkeit« aus diesen Perversionen, die so wirkungsvoll und mächtig wie eine Zauberformel sein soll (V. 5a). Ihr höchstes Ausmaß erreichen die Greuel und die Beleidigung Gottes in V. 11.

8 Das Bild der guten Beeren in einer schlechten Traube bringt das Thema des Restes mit dem des verdorbenen Weinbergs zusammen (Kap. 5); vielleicht wird auch hier der Anfang eines Weinleseliedes verwandt, um das besondere Anliegen zum Ausdruck zu bringen. Denn *»Verdirb (es) nicht«* erscheint in den Überschriften der Psalmen 57–59 als Melodieanweisung (LÜ dort: »Vertilge nicht«). **10** Zum *Tal Achor*, seiner leidvollen Vergangenheit und seiner hoffnungsvollen Zukunft vgl. Jos. 7,26; Hos 2,15.

11.12 *Gad* und *Meni:* in Syrien und andernorts verehrte Gottheiten; die Namen bedeuten »Glück« und »Schicksal«. *Übergeben:* im Hebr. ein Wortspiel mit »Schicksal«, dem man »übergeben« ist. *Tisch* und *Trankopfer* im Rahmen von Götzenfesten werden auch in 1Kor 10,21f. erwähnt. Dort fragt Paulus: »Oder wollen wir dem Herrn trotzen?« und deutet damit die Möglichkeit an, daß er dieses Kap. (s.o. V. 3) im Sinn hatte.

13–16 Der Eingangsrhythmus wechselt vom Klage- zum Spottlied (vgl. 14,13ff). Die extremen Gegensätze nehmen schon die antithetischen Gerichtsworte Jesu in den Evangelien voraus (vgl. z.B. Mt 25,31ff; Lk 6,20–26; Jh 3,36). Der *wahrhaftige Gott:* wörtl. »der Gott des Amen« (d.h. der Treue bzw. der *Wahrheit*, s. EÜ) steht in leichter Spannung zum »Gott Abrahams« (vgl. 63,16) und soll möglicherweise die Erfüllung unterstreichen.

Das hebr. Wort für Treue bezeichnet das Gewisse, das Verläßliche, das Wahre; vgl. Jesu Redeweise, »Wahrlich, wahrlich, . . .« wörtl. »Amen, Amen« und seinen davon abgeleiteten Namen Offb 3,14.

65,17–25 Neuer Himmel und neue Erde. Das Neue wird ganz in der Begrifflichkeit des Alten beschrieben; nur die alten Sorgen und Nöte bleiben unerwähnt. So nimmt auch der bekannte Rahmen nicht Wunder: Der Ort ist Jerusalem, und die relativ bescheidene Befriedigung besteht im großen und ganzen darin, daß man »seiner Hände Werk genießen kann« (V. 22). Der Verzicht auf Äußerlichkeit erlaubt es, den wirklich wichtigen Dingen tatsächlich auch den zentralen Platz zuzuweisen: dem Heilen der alten Übel (V. 17b), der Freude (V. 18.19), dem Leben (V. 20; s. weiter unten); der Geborgenheit (V. 21–23a), der Gemeinschaft mit Gott (V. 23b.24; vgl. *Geschlecht der Gesegneten* mit »den verderbten Kindern« 1,4), und dem Einvernehmen zwischen Mensch und Tier (V. 25).

Die *hundert Jahre* (V. 20) zeigen, wie beschämend kurz dieser Zeitraum gemessen an dem neuen, weiten Maßstab ist. Die alten Vorstellungen gelten nicht mehr.

Damit stellt sich wieder die Frage, ob diese Verheißungen wörtlich verstanden sein wollen, oder ob die Vollendung mit Hilfe irdischer Analogien dargestellt wird. Ist die Beschreibung dieser Verhältnisse wortwörtlich zu verstehen, dann wäre wohl bei ebenfalls wortwörtlichem Verständnis von Offb 20 an ein Tausendjähriges Reich zu denken, wo die auferstandenen Heiligen anscheinend vor dem letzten Gericht Seite an Seite mit den Menschen dieser alten vergehenden Welt stehen. Dem steht die Reihenfolge entgegen, wonach die Neuschöpfung (V. 17f) diesen Segnungen vorausgeht, ihnen aber in Offb 21,1 erst folgt. Aus diesem u.a. Gründen scheint es angebracht, diesen ganzen Abschnitt als Analogie zu verstehen. Der Hinweis auf *Fluch* (V. 20) und *Schlange* (V. 25) wären dann als Ankündigung des Gerichts und des Sieges zu verstehen. Die Bösen werden nicht mehr blühen und die Starken werden sich nicht mehr die Schwachen zur Beute nehmen können, noch wird der Versucher (vgl. V. 25 mit 1Mo 3,14.15) in der kommenden vollkommenen Welt seinem Urteil entgehen. Das alles wird in einzelnen, durchaus auch austauschbaren, begrenzten Bildern ausgedrückt, damit nicht die Neugier gezüchtet, sondern die Hoffnung genährt wird. Von 11,6–9 her ist daran zu erinnern, daß das alles nicht durch ein bloßes Schöpferwort geschieht, sondern daß es das Werk des Messiaskönigs ist, der den Frieden als Voraussetzung dafür geschaffen hat.

66,1–5 Willkommene und nicht willkommene Anbeter. Wir haben hier keinen Protest gegen den Tempelneubau vor uns, wie manche Ausleger meinen, denn Gott selbst hat dazu den Auftrag erteilt (Hag 1,2ff). Vielmehr wird eine bloße »Kirchlichkeit« getadelt – der Geist, der sich darin gefällt, um Gott herum Mauern zu bauen und meint, ihn mit Menschenwerk in den Griff bekommen zu können (VV. 1.2a, vgl. 2Sam 7,6f; Apg 7,48–50.54).

2b Gott erwartet Beugung und Demut vom Menschen, denn der Mensch ist nicht nur gering, sondern er ist sündig. Vgl. dazu aber 57,15.

Tote Kirchlichkeit, die nur noch die Formen sieht, bringt Wirklichkeitsfremdheit (V. 3) und Intoleranz (V. 5) hervor. Im Hebräischen reihen sich die Aussagen ungetrennt aneinander: »Stier schlachten, Mann erschlagen usw.« Der Sinn könnte sein – und so verstehen es die meisten Übersetzungen –, daß der nur noch äußerlich korrekte Ritus so sinnlos ist wie eine Schlachterei oder Götzendienst (vgl. 1,13; Jer 7,21 usw.), oder aber, daß er zu jener Zeit mit Brutalität und Schändung des Heiligen Hand in Hand ging. Die Intoleranz von V. 5 hat sich fast bis auf den Buchstaben erfüllt, s. Jh 9,24.34. Es ist einer der frühesten Hinweise auf »Glaubenskriege«, die nur religiös motiviert sind, auf Haß, der von theologischen Unterschieden herrührt.

66,6–17 Das letzte Eingreifen Gottes. Obgleich auch in diesem und dem nächsten Abschnitt die Begrifflichkeit rein atl. ist (Tempel (V. 6), Sänften (V. 20), Neumond und Sabbath (V. 23)), geht es hier doch klar um das Ende der Zeit. **7–9** betonen das absolut und überraschend Neue des Ereignisses, das die Prozesse der Geschichte lächerlich langsam erscheinen läßt. Das *an einem Tage geborene Land, das auf einmal zur Welt gekommene Volk* (V. 8) ist eine Entsprechung zu 1Kor 15,51.52: »Wir werden verwandelt werden, plötzlich, in einem Augenblick.« V. 9 ist dann die triumphale letztgültige Antwort auf die Botschaft, die Hiskia an Jesaja sandte (37,3).

10–14 Eine überschäumende Familienszene schließt die Gedichte, die Zion als verlassene Frau und Mutter zum Inhalt hatten (s. Komm. zu 49,14–23). Im Mittelpunkt stehen jetzt Zions Kinder (vgl. Gal 4,26). Die Mutterstadt ist beachtenswerterweise nicht die primäre, sondern die sekundäre Quelle von Wohlstand und Annehmlichkeit: Der Herr hält alles bereit, sogar den Trost und die Liebe, wie sie nur eine Mutter ihrem Kind geben kann. Aber Gott behält diese Gaben nicht für sich, sondern teilt sie in der Gemeinde der Erlösten aus. Die letzten Zeilen dieses Verses lassen erkennen, bei wem und wo diese Hilfe zu finden ist: *Ich will euch trösten . . . ihr sollt an Jerusalem getröstet werden*. In Jh 16,22 bezieht Jesus V. 14a auf sich und seine Jünger.

15.16 *Feuer* und *Schwert* symbolisieren die Härte göttlichen Eingreifens (vgl. Mt 10,34; Lk 11,49–51), aber hier geht es um das letzte Mal (vgl. V. 24; 2Thess 1,7–10). Während einerseits *alles Fleisch* angesprochen ist, sind die Abtrünnigen (V. 17, vgl. 3Mo 11,7.29; Jes 65,3–7) die das Licht kannten und verachteten, diesem Zorn besonders ausgesetzt. **17** Der *eine . . . in der Mitte* war vielleicht der Anführer eines magisch-religiösen Ritus; vgl. »Jaasanja . . . mitten unter ihnen«, Hes 8,11.

66,18–24 Die Nationen werden versammelt. Wer vom Tausendjährigen Reich ausgeht, für den folgt auf die Wiederkunft Christi eine Zeit umfangreicher Weltevangelisation, darauf die volle Heimkehr Israels und die Erhöhung Jerusalems zur Hauptstadt der Welt und zum Mittelpunkt vieler Wallfahrten. Als Alternative bietet sich an, diesen Abschlußteil als großes Nachwort zu verstehen, das den ganzen Zeitraum vom ersten bis zum zweiten Kommen Christi überspannt. V. 18 ist dann eine Zusammenfassung der Absicht Gottes mit dieser Welt. V. 19–21 nennen die Mittel, mit denen er diese Absicht verwirklichen wird: Das unter den Menschen aufgerichtete Zeichen (der gekreuzigte und auferstandene Christus, Mt 12,38–40?); die Erretteten (der gerettete Rest), die als Boten zu den Völkern ausgesandt werden (V. 19); die Versammlung der Seinen in seinem *Jerusalem* (V. 20); die Zulassung der Heiden zur vollen Gliedschaft im Volke Gottes neben den Juden (V. 21). Nach diesem Verständnis ist Jerusalem nicht die irdische Stadt in Palästina; vgl. wieder Gal 4,25.26. V. 22–24 würden dabei (noch in atl. Worten) den Zustand vollendeter Herrlichkeit und Verdammnis beschreiben.

Zu einigen Einzelheiten: In **19** repräsentieren die Namen die fernsten Vorposten der Israel bekannten Welt. *Tarsis* war wohl Tartessos in Spanien; *Put* und *Lud* werden zusammen mit Äthiopien in Jer 46,9; Hes 30,5 erwähnt. *Tubal* ist weit im Norden anzusiedeln (Hes 39,1f), *Jawan* in Griechenland.

20.21 Aus den fernsten Enden der Erde werden die Zerstreuten Israels dann von den Heiden wie *Weihgeschenke (minchah)* nach Jerusalem gebracht. *Minchah*, allg. mit Speiseopfer übersetzt, hat einen doppelten Sinn: es bezeichnet auch den Tribut eines Vasallen an seinen Großkönig. Auch die Heiden werden angenommen. Sie sind nicht nur *reine Gefäße*, zum Überführen der Israeliten geeignet, sondern sie sind zugleich *Priester und Leviten*. Grammatikalisch könnte sich V. 21 *aus ihnen* auch auf heimgekehrte Israeliten beziehen, aber das wäre so etwas wie ein zweiter Höhepunkt, der dem ganzen Duktus und der Intention dieses Schlußkapitels entgegenläuft. Paulus wendet eine treffende Variante dieser Symbolik in Röm 15,15.16 an.

22 Mit dem *neuen Himmel* usw., vgl. 65,17. **23** *Neumonde* und *Sabbate* binden Christen nicht mehr (vgl. Kol 2,16). Es ist nicht anzunehmen, daß diese »Schatten« etwa wieder ihre Gültigkeit erlangen sollen. Hier stehen

nommen haben, die wie Musik und Evan-
ium erklingt, weiter an ihren Götzen und
em Schweinefleisch festhalten und sich
ber den Gräbern um Hilfe zuwenden als so
em großen und offenbarten Gott und sei-
r tiefen Gnade« (G.A. Smith).

Darum gilt: *Suchet den Herrn, solange er ch zu finden ist* (55,6)

Derek Kidner

Jeremia

Einleitung

Geschichtlicher Hintergrund

Als Gott im Jahre 627 v.Chr. Jeremia berief, hatte Assyrien Juda zu einem tributpflichtigen Untertan gemacht. Assyriens Macht wurde jedoch bald geschwächt, als dem Tod Assurbanipals (ca. 627 v.Chr.) innenpolitische Fehden folgten. Das Reich zerfiel; die Hauptstadt Ninive wurde nach einer zweijährigen Belagerung im Jahre 612 v.Chr. durch die Babylonier und Meder zerstört. Assur-uballit hielt sich als letzter Monarch Assyriens noch zwei Jahre in Haran; aber ein hervorragender Feldherr hätte jederzeit die Herrschaft über das assyrische Gebiet an sich reißen können. Necho von Ägypten führte seine Truppen entlang der Mittelmeerküste und dann quer durchs Land heran, um die assyrische Restmacht zu stützen. Unterwegs stellte sich ihm bei Megiddo Josia von Juda entgegen, den er jedoch besiegte und tötete (609 v.Chr.; 2Kön 23,29f). Nach dem Tod Josias salbte das Volk Joahas, dessen Sohn, zum König, aber Necho setzte ihn zugunsten seines Bruders Jojakim ab, der dadurch an die ägyptischen Interessen gebunden war (2Kön 23,31ff). Necho fand seinen Meister schließlich in Nebukadnezar, dem Kronprinzen Babylons, der dessen Truppen in der bedeutenden Schlacht bei Karkemisch schlug und ihn hinter die eigenen Grenzen zurücktrieb. Dadurch bereitete er dem ägyptischen Ehrgeiz, den Osten zu beherrschen, ein vorläufiges Ende (vgl. 2Kön 24,7). So kam es, daß Juda, das bislang Assyrien unterstand, nun von Babylon beherrscht wurde. Nach Karkemisch und der Thronbesteigung in Babylon führte Nebukadnezar sein Heer durch Syrien und Palästina, unterwarf Askalon (gegen Jahresende 604 v.Chr.) und griff 601 v.Chr. Ägypten an, allerdings erfolglos. Jojakim hatte sich ihm 605/4 v.Chr. unterworfen, wandte sich aber wieder Ägypten zu, nachdem die babylonischen Heere sich im Jahre 601 v.Chr. zurückgezogen hatten. Neuerliche Unternehmungen Babylons 598 v.Chr. schüchterten Syrien und verschiedene Nomadenstämme ein und gipfelten dann darin, daß eine große Streitmacht das rebellische Juda angriff. Jerusalem fiel nach einer zweimonatigen Belagerung im März des Jahres 597 v.Chr. (2Kön 23,36 ff). Jojakim war kurz vorher gestorben; Jojachin, sein Sohn und Nachfolger, wurde mit einigen seiner Landsleute als Gefangener nach Babylon verschleppt (2Kön 24,8ff). Zedekia bestieg als Vasall Babylons den Thron Judas, obwohl sein Neffe Jojachin als König im Exil galt.

Ägypten war außerstande, der babylonischen Macht jenseits der eigenen Grenzen mit Gewalt zu begegnen. So bemühte es sich stattdessen, die Bande, die Syrien und Palästina durch Nebukadnezar auferlegt waren, durch allgemeines Aufbegehren zu lockern. Vermutlich war es Nechos Nachfolger in Ägypten, Psammetich II., der diese Länder zu überreden versuchte, in einen Bund mit Ägypten gegen Babylon einzutreten. Zedekia war einer der Umworbenen, und es scheint ziemlich sicher eine pro-ägyptische Partei an seinem Hofe gegeben zu haben. Dabei tat sich der Prophet Hananja besonders hervor. Aber Jeremia wandte sich entschieden gegen diesen Vorschlag (vgl. 2,18.36; 25,17–19; 28; 37,7), erklärte solche Propheten für falsch und versicherte, daß ihre pro-ägyptischen Vorstöße gegen Gottes Willen seien und sich als verhängnisvoll erweisen würden. Sie betrachteten sich unzweifelhaft als wahre Patrioten und haßten Jeremia als einen – wie sie meinten – sich selbst entlarvenden Verräter. Dagegen hielt Jeremia ihnen vor, daß Jahwe sie nicht gesandt habe, sondern sie von sich aus aufgetreten seien. Deshalb werde sich ihr Wort nicht bewahrheiten. Darin liege die Verkehrtheit: Sie sprächen in Jahwes Namen, obwohl er sie nicht beauftragt habe. Aus alledem geht hervor, daß gute Absichten allein nicht genügen: Nur göttliche Eingebung macht einen Mann zum Propheten (z.B. Jer 23,16.26.32).

Ob Nebukadnezar ein genauer Bericht der Untreue oder nur Gerüchte zugetragen wurden, ist nicht sicher, jedenfalls wurde Zedekia herbeizitiert, um über die Lage in seinem Land zu berichten. Daß er zurückkehren durfte, weist darauf hin, daß er Treue gelobt hat (vgl. 2Chr 36,13). Das Problem war nur, daß er anscheinend nicht die Zivilcourage und Festigkeit besaß, sich dem Einfluß von Angehörigen der pro-ägyptischen Gruppe wie Hananja und seinen Verbündeten zu widersetzen. Jeremia drängte ihn beharrlich, zu seinem Wort zu stehen (z.B. Jer 37,6ff; 38,17ff), aber als 589 v.Chr. Hophra als Nachfolger Psammetichs II. Pharao wurde, nahm der ägyptische Einfluß am Hof überhand, und Zedekia ließ sich schließlich dazu verleiten, Nebukadnezar die Treue zu brechen. Ägypten zögerte mit seiner Unterstützung, und so belagerte der Babylonier Jerusalem im Jahr 587 v.Chr. erneut. Endlich erschien das Heer der Ägypter, und die Babylonier gaben die Belagerung vorläufig auf (vgl. Jer 37,11–15).

Als die Belagerung wieder aufgenommen wurde, scheinen sich die Dinge zugespitzt zu haben. Jeremia war sich dessen gewiß, daß seine Eingebungen von Gott stammten und dieser ihm seine Absicht offenbart hatte, durch Babylon seinen Willen zu vollstrecken (vgl. Jer 27). Das Vertrauen auf Ägypten könne deshalb nur ins Unglück und Exil führen. Auf der anderen Seite benutzten seine Feinde Gottes Namen zur Begründung ihrer pro-ägyptischen Politik. Sie waren überzeugt, daß Jeremias Haltung nur den Kampfwillen des Volkes schwäche (vgl. Jer 38,4). Dieser Zwiespalt zeigt sich deutlich an der Person Zedekias. Er stand zwischen beiden Einflüssen und wurde einmal zu dieser, ein andermal zu jener Seite gezogen (vgl. Jer 38,5.10). Er war unfähig, sich zu entscheiden und sich den Folgen zu stellen; und es ist deutlich, daß Jeremia ihn nicht dazu bewegen konnte, an seinem Treueid gegenüber Nebukadnezar festzuhalten. Die falschen Propheten setzten sich schließlich durch, Zedekia stürzte sich in das waghalsige Unternehmen. Für seine Unentschlossenheit und verspätetes Handeln mußte er bitter büßen: Ägypten erwies sich als ein Halm im Wind, die wiederaufgenommene Belagerung hatte Erfolg, der Babylonier zeigte keine Gnade (2Kön 25), und zu seinem eigenen Kummer sah Jeremia die Erfüllung seiner Weissagungen.

Das Buch zeigt Einzelheiten aus Jeremias persönlicher Geschichte bis zu seiner Entführung nach Ägypten (Jer 43,1–7). Dann verliert sich alles in einem Dunkel; nur noch einige Gerüchte sind überliefert. Über sein Ende wissen wir nichts Genaues. Eine jüdische Überlieferung, die einige Kirchenväter weitergaben, besagt, daß er etwa fünf Jahre nach dem Fall Jerusalems bei Tachpanches (s. 43,7) von den Mitjuden gesteinigt wurde, die sich selbst da noch sträubten, seiner Sicht und seinem Glauben zu folgen.

Jeremias Botschaft und Lehre

Politisch betrachtet hat Jeremia also verloren. Aber geistlich betrachtet errang er einen großen Sieg. Er teilte den Glauben eines Amos und Hosea, daß Israel und Juda nicht endgültig von der Gnade Gottes verstoßen waren (vgl. Jer 5,18), obwohl Götzenverehrung und Untreue gegenüber Jahwe die Strafe herausfordern mußten, die beim Sinaibund festgesetzt worden war (z.B. 5Mo 28,15 ff). Ebenso teilte er mit jenen Propheten auch den Glauben, daß die Verbannung als eine Erziehungsmaßnahme heilsam und nicht durchweg unheilvoll sein würde. Die Lage als solche war verhängnisvoll, aber der Glaube an Jahwe und die Erwählung des Volkes durch Jahwe würden bleiben und den Schock überdauern. Darüberhinaus erkannte er, daß der alte Bund, der im Tempel und dem zeremoniellen Gottesdienst seinen Mittelpunkt hatte, wirkungslos war. So wurde er zu der Einsicht geführt, daß Jahwe einen neuen Bund dem »Rest« »ins Herz schreiben« (Jer 31,31–34) würde, wodurch ein lebendiger Glaube erhalten bleiben und sich über die Grenzen des Volkes hinaus als segensreich erweisen würde (vgl. Jer 33,6–9).

Als das Gesetzbuch, das Hilkia in den Trümmern des Tempels gefunden hatte (2Kön 22,8), unter Josia im Jahre 622 v.Chr. eine Erneuerung bewirkte, scheint Jeremia zunächst die Begeisterung des Königs geteilt und seinen eigenen Einfluß helfend eingesetzt zu haben (vgl. Jer 11,2). Es ist jedoch ebenso deutlich, daß er später mißtrauisch wurde, ob diese Wiederbelebung nicht zu leicht und oberflächlich gewesen war, um Gottes Erwartungen zu erfüllen (vgl. z.B. Jer 7,1–20). Eine Veränderung des Herzens tat not, aber die war nur möglich, wenn das Volk an Jahwe allein glaubte. Doch Jeremias Zeitgenossen waren nicht bereit, dem Glauben diese zentrale Stellung einzuräumen.

Viele Gelehrte behaupten, daß Jeremia und andere Propheten grundsätzlich gegen den Opferdienst gewesen seien und ihn als nicht von Gott geboten, ja sogar als etwas für ihn Abstoßendes betrachteten (vgl. Komm. zu Jer 7,21–23). Die Haltung Jeremias und anderer Propheten ist jedoch besser so zu verstehen, daß ein Opfer dann ungültig und gegen Jahwes Wunsch und Willen ist, wenn es nicht Ausdruck eines wahrhaft anbetenden und reuigen Herzens ist und die Verankerung in einem gehorsamen Leben fehlt.

Das Buch

Die Verfasserschaft ist viel diskutiert worden und kann im Rahmen einer kurzen Einführung nicht ausführlich behandelt werden. Wo verschiedene Abschnitte Jeremia abgesprochen werden, geschieht dies größtenteils mit unsicheren stilistischen Erwägungen, was die Sache ungewiß bleiben läßt.

Das Buch selbst berichtet immerhin, wie Baruch, der Schreiber, Jeremias Weissagungen niederschrieb (vgl. 36,32), und sagt, daß »noch viele ähnliche Worte hinzugetan« wurden. Baruch scheint so etwas wie Jeremias Sekretär gewesen zu sein; er zog auch mit ihm nach Ägypten (43,6).

Die Anordnung der Prophezeiungen ist nicht chronologisch und kann für die abendländische Denkweise mit ihrem streng geregelten Vorgehen in solchen Fällen ein wenig verwirrend sein. In der Tat ist schwer auszumachen, welchem Prinzip der Aufbau des Buches folgt. Einige Hinweise werden im Kommentar gegeben. Ein Raster möglicher Daten für die verschiedenen Abschnitte ist in der nachfolgenden Inhaltsübersicht enthalten. Ein weiteres Problem ist die Anzahl der Unterschiede zwischen dem hebräischen Text und dem der Septuaginta (LXX; griech. Übersetzung des AT) im Jeremiabuch. Diese Abweichungen betreffen nicht nur Wörter, sondern die Reihenfolge ganzer Abschnitte. Darüber hinaus weist der LXX-Text nur sieben Achtel der Länge des hebräischen Textes auf. Es ist unsicher, welchen Wert man dem LXX-Text beimessen kann. In Abschnitten, wo das Hebräische evtl. durch ihn erhellt wird, ist dies vermerkt.

Jeremia, der Prophet

Jeremia war wahrhaftig ein Mann Gottes – empfindsam für geistlichen Einfluß, tiefer Gefühle fähig, klarsichtig und geradeheraus im Urteil. Man konnte ihn weder bestechen noch schmeichelnd überreden. Er folgte seinem Gewissen, da er ständig vom Geist des Gebets beseelt war. Er war Mann Gottes in allen Dingen. Bis zuletzt ein Patriot war er doch nicht blind für die Sünde und Torheit seines Volkes, erkannte vielmehr mit tiefer Bitterkeit die eherne Verbindung von Sünde und Strafe und sah das Exil als unvermeidliches Strafgericht voraus, wenn es keine Veränderung der Herzen geben würde. Auf diese Veränderung arbeitete er ohne Vorbehalt hin.

Sein Beharren auf Sinnesänderung und seine Einsamkeit als Prophet, der sich gegen die oberflächliche Zuversicht und die politischen Nutzvorstellungen seiner Zeitgenossen wendete, bewirkten jene Betonung des persönlichen Glaubens, die ein besonderes Kennzeichen des Jeremiabuches ist. Das heißt nicht, daß das, was wir persönlichen Glauben nennen, erst mit ihm begann und daß die Menschen vor ihm nur eine Art gemeinschaftlichen religiösen Bewußtseins und Verantwortungsgefühls gekannt hätten. Man könnte vielmehr sagen, daß Umstände und Veranlagung Jeremia vor allen anderen zu dem Propheten machten, dessen innerer Weg mit Gott offen zutage liegt und der insofern ein Beispiel für individuelle Frömmigkeit ist. Das wird vor allem deutlich an der persönlichen Art, in der Gott zur Zeit seiner Berufung mit ihm umgeht (vgl. 1,9; dagegen Jes 6,6; Hes 2,8 ff) und auch in den Abschnitten geistlicher Selbstdarstellung und Selbstbekenntnissen (»Konfessionen Jeremias«), die in der Bibel einzig sind, z.B. Jer, 8,18–9,2; 11,18–12,3; 15,10f.15–21; 17,14–18; 18,18–23; 20,7–18.

Die Vorstellung von einem engen persönlichen Umgang mit Gott steht im Mittelpunkt der Auffassung Jeremias vom Prophetenamt. Sie entstammt den ausgesprochen persönlichen Begriffen, durch die Gott ihm seinen Ruf und Auftrag klarmachte (1,5); sie wurde ihm durch die Vereinsamung aufgedrängt, in die ihn seine unpopuläre und abgelehnte Botschaft brachte (z.B. 11,19ff.); sie wurde zur Bedingung für den wahren Empfang des Wortes Gottes (z.B. 15,19); vor allem wurde sie zur Grundbotschaft seines machtvollen Redens gegen die falschen Propheten. Jeremias eigenes Gefühl der persönlichen Unfähigkeit (1,6) machte ihn mehr als jeden anderen Propheten empfindsam für Menschen, die eine gegenteilige Botschaft brachten. Konnte er sicher sein, daß er und nicht sie von Gott inspiriert waren (vgl. 1Kön 22,24)? Konnte er sich nicht getäuscht haben (Jer 20,7)? Dieses Thema wird hauptsächlich in Jer 23,9–40 behandelt. Es ist typisch für sein Denken, seine Persönlichkeit und seine Gemütsart, daß Jeremia die wahre von der falschen Botschaft nicht anhand eines äußeren Merkmals unterscheiden konnte, etwa an der Art des Empfangs der angeblichen Botschaft. Für ihn beglaubigen drei Dinge eine Prophetie: das überzeugende Leben des Boten (23,13f), die Zielrichtung seiner Botschaft (23,17.22) – nämlich ob er die Sünde verharmlost oder verurteilt – und das Vorhandensein seines persönlichen Verhältnisses zu Gott (23,18.22; zu »Rat« siehe Am 3,7).

Jeremia war jedoch kein bloßer Individualist. Er sah vielmehr das Volk Gottes so eng mit Gott verbunden, daß nur die persönlichen Begriffe von Verlobung und Ehe ausreichten, um diese Bundesbeziehung zu beschreiben (z.B. 2,2; 31,22). Hieraus erwuchs die Botschaft der Hoffnung, die treffend als ein neuer Bund (31,31) beschrieben wird. In Gott sah er Verheißung, nicht Hoffnungslosigkeit (z.B. 29,11), und erwartete von seinem Volk wie auch von sich, fest auszuharren bei dem, »den er nicht sah, als sähe er ihn« (Hebr 11,27).

Inhalt

Eine Gliederung dieses umfassenden Buches ist weitgehend ein subjektives Unternehmen. Eine Teilung bietet sich aber nach Kap. 25 an, da insgesamt in der ersten Hälfte des Buches Prophetensprüche, in der zweiten Erzählstoff vorherrschen.

1,1–25,38	**Weissagungen, die Gottes auserwähltes Volk betreffen**
1,1–19	**Die Berufung des Propheten** (ca. 627 v.Chr.)
2,1–6,30	**Die Aufforderung an das Volk** (ca. 626–615 v.Chr.)
7,1–10,25	**Falsche Vorstellungen von der Sicherheit des Tempels** (ca. 608 v.Chr.)
11,1–12,17	**Jeremia und der Bund** (ca. 608 v.Chr.)
13,1–27	**Fünf Warnungen** (ca. 600–597 v.Chr.)
14,1–21,10	**Der Schatten des Gerichtes** (ca. 600–590 v.Chr.)
21,11–25,38	**Könige und Propheten Judas: Die Vision vom Ende** (ca. 605–595 v.Chr.)
26,1–52,34	**Historische Erzählungen**
26,1–24	**Die Regierungszeit Jojakims** (ca. 608 v.Chr.)
27,1–29,32	**Das gesunde Urteilsvermögen des Propheten** (ca. 597–595 v.Chr.)
30,1–34,22	**Die Zukunft enthält Hoffnung** (ca. 589–587 v.Chr.)
35,1–36,32	**Weissagungen und Ereignisse während der Regierungszeit Jojakims** (ca. 606–604 v.Chr.)
37,1–39,18	**Weissagungen und Ereignisse während der Regierungszeit Zedekias** (ca. 587–586 v.Chr.)
40,1–43,7	**Weissagungen und Ereignisse in Juda** (ca. 586–585 v.Chr.)
43,8–44,30	**Weissagungen und Ereignisse in Ägypten** (ca. 585 v.Chr.)
45,1–5	**Jeremias Botschaft an Baruch** (ca. 605 v.Chr.)
46,1–51,64	**Weissagungen gegen fremde Völker** (ca. 605–585 v.chr.)
52,1–34	**Geschichtlicher Anhang**

Kommentar

1.1–25,38 WEISSAGUNGEN ÜBER GOTTES AUSERWÄHLTES VOLK

1,1-19 Die Berufung des Propheten

1,1–3 Auskunft über den Propheten

Jeremias Berufung enthüllte den Plan Gottes, der ihn für das Amt des Propheten vorherbestimmt hatte. 1 *Anathoth:* etwa 5 Kilometer nördlich von Jerusalem, das heutige Anata. 2 *Im dreizehnten Jahr* Josias: d.h. 627 v.Chr. 3 *Bis Jerusalem weggeführt wurde:* d.h. bis Nebukadnezar die Stadt 586 v.Chr. zerstörte; Jeremias Aufgabe erstreckte sich also über etwas mehr als 40 Jahre.

1,4–10 Die Weihe des Propheten

Zwei Gedanken beherrschen diesen Abschnitt: 1. die Betonung des Grundzugs, daß die Einsetzung des Propheten vorherbestimmt war (V. 4f); 2. der Hinweis, daß das göttliche Wort ausreicht, ihn für jede künftige Lage zuzurüsten (VV. 6–10).

5 Das Handeln Gottes mit Jeremia ist kein verspäteter göttlicher Einfall aufgrund der Notwendigkeit, mit dem Volk in seiner gegenwärtigen Krise zu reden. Jeremia war vielmehr von langer Hand als ein Mann Got-

tes für genau diese Zeit vorgesehen. Vor seiner Empfängnis und Geburt führten göttliche Vorsehung *(ich kannte dich)* und göttliche Auswahl *(und sonderte dich aus)* hin zu seiner Berufung. **6–8** Seine Sendung war ebenso klar. Eine Spannung zeigt sich darin, daß er vor der Aufgabe zurückschreckt und doch zu ihr ermutigt wird. Er ist, soweit wir wissen, der Prophet, der sich am meisten selbst hinterfragt. Er wehrte sich: *ich bin zu jung* (V. 6), was soviel heißt wie: mir fehlt Schulung und Erfahrung. Aber sein Einwand wurde dadurch zunichte gemacht, daß die Autorität eines Propheten nicht in seiner Person begründet ist, sondern in der göttlichen Sendung (V. 7a), im göttlichen Wort (V. 7b) und der göttlichen Gegenwart (V.8).

9 Gott *rührte* seine Lippen an und garantierte dadurch, daß das Wort, das er von nun an sprechen würde, Gottes lebendiges Wort sein werde. **10** Das Wort wird zerstörend und aufbauend sein, und darin liegt der Schlüssel zu dem pessimistischen Zug in seinen Weissagungen. Er war überzeugt: Die unvermeidliche Folge von Untreue und Mangel an Glauben im Volk Gottes wird eine Katastrophe sein; aber auch im schlimmsten Fall würde das Strafgericht doch nur Gottes Vorspiel für etwas Besseres sein. So liegt eine Botschaft der Hoffnung in den Prophezeiungen Jeremias verborgen.

1,11–16 Die Erklärung an den Propheten

Die Berufung Jeremias war eng mit zwei Gesichten verbunden, die diese Berufung bestätigen und Jeremia ermutigen sollten. Durch diese Gesichte gab Gott dem Propheten und durch diesen dem Volk eine wichtige Erklärung. **11.12** Die Vision vom *Mandelzweig* (EinhÜ) führt den Leser in Jeremias liebevolle Naturbeobachtung als Offenbarungsmittel Gottes ein. Hier wird ein Wortspiel gebraucht: *Mandel* (hebr. *schaged*) und *wachen über* (hebr. *schoged*). Der Mandelbaum ist der erste, der im Frühling erwacht; so ist Jahwe immer wachsam in allen Dingen, und sein Wort geht seinem Handeln voraus. (LÜ versucht das Wortspiel wiederzugeben, indem sie statt vom »Mandelzweig« vom »erwachenden Zweig« spricht.) **13** *Einen siedenden* (wörtl. »angefachten«) *Kessel*: ein großes Gefäß zum Kochen und Waschen. *Überkochen von Norden her*: setzt die Vorstellung voraus, daß der Topf gekippt war und von Syrien her nach Palästina hinein ausfloß. **14–16** Jahwe würde ein Volk aus dem Norden zum Instrument seines Gerichtes machen (vgl. Komm. zu 3,18; 4,6), das wegen der Götzenverehrung, dem Hin- und Hergerissensein zwischen Jahwe und heidnischen Göttern, über Israel ergehen soll.

1,17–19 Der Auftrag des Propheten

Ebenso bestimmt, wie V. 5 die Tatsache der Vorherbestimmung nennt, betont nun V. 17 die Notwendigkeit des Gehorsams. Jeremia wird davor gewarnt, seine Zuhörer zu fürchten; der Prophet, der sich schämt, mit dem Wort aufzutreten, wird bald kein Wort mehr zu verkündigen haben (V. 17). Aber der Herr des Wortes wird seinen Diener unbezwingbar machen in allen Auseinandersetzungen mit dem treulosen Juda, denn er ist »mit ihm« (V. 18.19).

2,1–6,30 Die Aufforderung an das Volk

Am Anfang der Prophetie Jeremias stehen zwei Botschaften, die die verurteilende Seite seiner Sendung darlegen. Die erste (2,1–3,5) behandelt den unentschuldbaren Abfall Israels von Gott, die zweite (3,6–6,30) nennt als Ausblick für das Volk das unabwendbare Gericht.

2,1–3,5 Jeremias erste Botschaft: Die Sünde des Abfalls

2,1–3 Der frühere Zustand Israels. Es gab einmal eine Zeit, in der Israel standhaft war *(Treue)*, liebend *(Liebe)* und dem Herrn ergeben *(du . . . folgtest)*, und in der es deshalb Gottes besonderes Erbteil war *(heilig . . . Erstlingsfrucht;* vgl. 5Mo 26,2.10) und unter seiner wachsamen Obhut stand *(Unheil über den, der an Israel schuldig wurde)*.

2,4–13 Hader mit Israel. **5–7** Jahwe erinnert Israel nachdrücklich an seine gnädige Fürsorge, zum Beweis, daß nicht er das Treueverhältnis gebrochen habe. Sie waren es, die *mein Land unrein* machten; **8** ihre Propheten waren es, die *im Namen des Baal weissagten,* dieser volkstümlichen kanaanäischen Gottheit, die in Israel dank der phönizischen Verwandtschaft Ahabs offiziell anerkannt wurde (1Kön 16,31f). **10** Die *Inseln der Kittiter* (urspr. Zypern; dann wie hier allg. die seefahrenden Völker) vertreten den Westen, *Kedar* in Nordarabien den Osten. Gemeinsam stehen sie für die ganze heidnische Welt. **11.12** fassen das Entsetzen des Propheten angesichts der Abtrünnigkeit seines Volkes zusammen. Anders als sogar heidnische Völker, die ihren Göttern treu blieben, zog Israel fremde Götter, die *nicht helfen* können, dem eigenen Gott Jahwe vor. Die Himmel selbst waren angesichts dieses Frevels entsetzt. **13** Die Erwähnung der rissigen *Zisternen* stellt das verschmutzte und vergeudete Wasser dem der nicht versiegenden *(lebendigen)* Quelle gegenüber.

2,14–19 Die Demütigung Israels. Dieser Abschnitt zeigt, wie Sünde ein Volk überwältigt. Das freigeborene Israel ist zum Sklaven geworden. **14.15** *Unfrei geboren,* wörtl. *im Hause geboren* (ZÜ): Es gab zwei Arten von Sklaven: die käuflich erworbenen wurden Sklaven durch besondere Umstände, die im Hause geborenen waren Sklaven von Geburt an. Der Herr hatte das ehemals versklavte Israel erlöst (vgl. 2Mo 20,2). Woher dann diese neue Sklaverei, wie sie sich in der Zerrüttung des Volkes zeigt? **16** *Noph* (d.i. Memphis; ZÜ): die Hauptstadt Unterägyptens, nahe Kairo; *Tachpanches* lag im östlichen Delta (vgl. 44,1; 46,14). **17.18** Israel hat sein Unglück selbst verschuldet. Der Herr wollte es *leiten,* Israel wählte den Pfad der Abtrünnigkeit. Noch immer haben sie diese Lektion nicht gelernt; das Volk fährt fort, in Bündnissen mit *Ägypten* und *Assyrien* sein Heil zu suchen. **19** Die Verwüstung mit all ihrer Bitterkeit muß zum tragischen Lehrmeister werden, weil Israel seinen Gott *nicht fürchtet.*

2,20–28 Der Verfall Israels. **20** *Triebst du Hurerei:* bildet einen Gegensatz zu V. 2; Untreue in geschlechtlicher Hinsicht ist ein häufig wiederkehrendes prophetisches Bild für Götzendienst. *Auf allen hohen Hügeln:* kanaan. Heiligtümer (s. LZB Art.Höhen). *Unter ... grünen Bäumen:* vgl. Jes 57,5. **21** *Als einen edlen Weinstock:* vgl. Jes 5,1–7. Der Vergleichspunkt besteht darin, daß die Schuld für die folgenden Versagen nicht Gott trifft. **22–25** beschreiben, wie sehr ihre Schlechtigkeit und das willentliche Fortfahren in der Sünde schon zur zweiten Natur geworden sind. Jeremia vergleicht Israel mit einem läufigen Wüstentier, dessen Brunst so stark ist, daß jeder Artgenosse, der es begehrt, es mühelos finden kann. Es ist, als ob das Weibchen das Männchen verfolge. **23** *Tal:* Gegenstück zu den »hohen Hügeln« (V. 20); vgl. aber auch 7,31; 32,35. Das ganze Land beweist den Abfall Israels. **25** *Ich muß diese Fremden* (d.h. andere Götter) *lieben und ihnen nachlaufen:* Ihr Wunsch, sich an den götzenverehrenden Praktiken der heidnischen Völker zu beteiligen, war so groß, daß sie entschlossen waren, sich durch nichts daran hindern zu lassen. **26–28** *»Du bist mein Vater«:* zeigt die völlige Hingabe an den Götzen. *Wenn die Not über sie kommt:* Die Stunde der Prüfung würde die Kraftlosigkeit der Götter aufdecken, die sie sich selber gemacht hatten. Sie würden enttäuscht sein (vgl. V.36 EinhÜ) und sich schämen müssen wie ein ertappter *Dieb,* würden aber keine Hilfe von Gott erwarten können, dem sie die Treue gebrochen haben.

2,29–37 Die Selbstzufriedenheit Israels. Das Volk, das sagen konnte: »Ich bin nicht unrein« (V.23), während doch das ganze Land die Verunreinigung bezeugte (V.20.23), verteidigt sich nun: *Ich bin unschuldig* (V. 35), und offenbart dadurch seine unverschämte Abweisung des göttlichen Tadels (V. 29.30), Vergeßlichkeit gegenüber Gottes Liebe (V. 31.32) und Selbstgefälligkeit angesichts unleugbarer Beweise (V. 33–35). Ihr Teil kann nur noch das Gericht sein (V. 36.37).

3,1–5 Der Lohn der Abtrünnigkeit. Als Gegensatz zum Bild einer glücklichen Ehe (2, 1–3) schließt Jeremia mit dem Hinweis auf eine völlig zerbrochene, nicht mehr zu heilende Ehe (V.1). Schuldbeweise gibt es in Hülle und Fülle (V.2), aber keine Strafe führt zur Umkehr (V.3). All das straft die Beteuerungen der Treue (V.4) und Hoffnung (V. 5a) Lügen, die aus einem Leben kommen, das völlig dem Bösen hingegeben ist (V.5b). **3** Zur Wirkung der Sünde Judas vgl. die Ankündigung beim Bundesschluß 5Mo 28, 23f.

3,6–6,30 Jeremias zweite Botschaft: Der Ausblick auf das Strafgericht

In der ersten Rede gibt es keinen Hinweis auf Vergebung; hier aber wird deutlich Gewißheit der Vergebung angeboten, sofern die Reue echt ist und von Herzen kommt; doch ist der vorherrschende Ton, daß das Gericht gefährlich nah und unabwendbar ist.

3,6–10 Vergebliche Warnung. **6** Der Prophet erinnert daran, daß *Israel, die Abtrünnige* (wörtl.: »die Abtrünnigkeit Israel«, nämlich Israel gewissermaßen als »die Abtrünnigkeit in Person«) als Strafe für ihren Ehebruch in die Verbannung geschickt wurde. Dennoch fühlte sich Juda nicht gewarnt. Im Gegenteil, es heuchelte Treue, lieferte aber keine Anzeichen echter Bekehrung (V. 6–10). **10** *Mit Heuchelei:* die Reform unter Josia ging nicht tief. Juda kehrte zwar um, aber nur oberflächlich.

3,11–18 Ernste Mahnung. Israel, zerbrochen und verbannt, wird aufgefordert zu bereuen. **11** *Das treulose Juda:* Trotz der größeren Vorrechte – dazu gehören die Thronfolge der Könige innerhalb einer Familie, der Tempel, die Leviten, das warnende Beispiel Israels und besonders die bisherige Bewahrung – erwies sich Juda als treulos. **14** *Kehrt um, ihr abtrünnigen Kinder:* Der Grund der göttlichen Aufforderung ist die Gnadenbeziehung, in der Gott mit seinem Volk Nachsicht üben wollte. Diese Gnadenbeziehung wird durch das *ich bin euer Herr* (hebr. *ba'alti* »ich bin euer Gebieter« EinhÜ) begründet; mit dieser Formulierung wird auch klar, daß nicht ein kanaanäischer Baal, sondern Jahwe der Herrscher ist. Das Volk benahm sich wie trotzige Kinder, die sich vom Lehrmeister abwenden. (Die Übersetzung »Ich habe mich ja mit euch vermählt« (EÜ) ist möglich, aber in diesem Zusammenhang weniger angebracht; vgl. Komm. zu 31,32). Entsprechend einem Grundzug der biblischen Offenbarung wußte Jeremia, daß Gott gerne Gnade erweist. Wenn sie bußfertig zu ihm zurückkehrten, würde er einen Rest *(einen aus . . . zwei aus . . .)* zurückbringen, damit sie zuhause in *Zion* anbeten und so Israels großen Abfall beenden könnten (vgl. 1Kön 12,26–30). **16** *Die Bundeslade* war zum Glücksbringer geworden, ihre eigentliche Bedeutung wurde übersehen. Im wieder erneuerten Gottesdienst würden Bundeslade und Gesetzestafeln entbehrlich sein (vgl. 31,33). **17** *Zu jener Zeit:* Sobald Israel zu Gott zurückkehrte und aus der Verbannung käme, würde sich Gottes Herrlichkeit inmitten des Volkes für alle Völker offenbaren. **18** *Von Norden her:* die Gegend, aus der babylonische Heere heranmarschieren und die Verbannten wegführen und aus der diese zurückkehren würden. Der Prophet sah eine Zeit voraus, in der Jerusalem von aller Götzenverehrung gereinigt sein würde.

3,19–4,2 Die bedingungslose Rückkehr des Volkes zu Jahwe. Jeremia wendet sich weiterhin an Israel, das verbannte Nordreich, obwohl es seine Absicht ist, Juda aufzurütteln. Ebenso wie das Strafgericht Gottes Juda gewarnt haben sollte (V. 6–10) und seine Bereitschaft, Israel zu verzeihen, Judas verhärtetes Herz hätte bewegen sollen (V. 11–18), so bietet auch die Schilderung der möglichen gründlichen Reue Israels Juda eine nachahmenswerte Lektion (3,19–4,2). **21.22** Jeremia hörte eine Art tränenreichen Wechselgesang aus dem Norden, zwischen den weinenden, reuigen Kindern und dem vergebenden, heilenden Gott, der sie tröstet. *Die Höhen* sind hier wohl nicht die »Höhen« des heidnischen Kultes (vgl. V. 23), sondern die öden Berge des verwüsteten Landes. **24.25** *Der schändliche Baal:* wörtl.: *die Schande* (EÜ), eine Bezeichnung, die die Propheten für Baal und den Baalsdienst benutzten, später als Schimpfwort benutzt, um den Namen Baal zu vermeiden, vgl. 11,13; Hos 9,10; s. auch Komm. zu 1 Chr 8,33. Das tief bekümmerte Bekenntnis spricht dann von der Torheit (V. 24), Hoffnungslosigkeit (V. 25a), Undankbarkeit *(wider den Herrn,* V. 25b), der festen Verwurzelung (V. 25c) und dem Ungehorsam (V. 25d) der Sünde. **4,1** Der Herr verweist sein Volk auf den Weg der Reue, positiv: *Willst du dich, Israel, bekehren . . . so kehre dich zu mir,* dann negativ: *wenn du deine greulichen Götzen . . . wegtust,* d.h. alle falschen Götter und was mit ihrer Verehrung zusammenhängt. Umkehr schließt die sittliche Entschlossenheit ein, *nicht mehr umherzuschweifen,* für Gott zu leben, und **2** hat die Verheißung eines heilsamen Einflusses auf andere.

4,3–31 Der Anruf an Juda. Jeremia wendet nun seine Botschaft auf sein eigenes Volk an. Das Gericht, das über ihnen schwebt, kann durch Reue abgewendet werden (V. 3–18), nicht aber durch irgendwelche anderen Mittel (V. 19–31).

3.4 Das unbebaute Land und das unbeschnittene Herz sind Bilder für die zwei Seiten der wahren Reue: die äußere Veränderung eines Lebens, das vom »Unkraut« der Sünde befreit ist, und die innere Veränderung des neuen Herzens (vgl. 5Mo 10,16; 30,6). **5–18** Die bevorstehende Invasion bezieht sich wahrscheinlich auf einen babylonischen Angriff; einige sehen aber hier und in den folgenden Abschnitten Anspielungen auf einen (historisch unsicheren) Skythenüberfall gegen Ende des 7. Jh.s v.Chr. Jeremia warb um eine tiefgreifende Bekehrung angesichts der drohenden Katastrophe (V. 4b). Er verstärkt seine Aufforderungen, indem er die Bedrohung ausmalt. Die angekündigte Heimsuchung *von Norden* stand bereits vor der Tür. **7** *Der Löwe* war aus seinem Dickicht gekommen, um Beute zu suchen. Er war der grimmige Zerstörer von Völkern und Städten, aller Wahrscheinlichkeit nach eine Anspielung auf Nebukadnezar. **10** *Ich . . . sprach:* ZÜ liest mit dem Codex Alexandrinus der LXX *sie werden sprechen* (vgl. JB; EinhÜ), d.h. die falschen Propheten von V. 9 (vgl. 23,17). Doch mag sich Jeremia auf Worte früherer Propheten in verschiedenen Situationen beziehen, an die man sich noch erinnerte (z.B. Jes 37, 33–35). **11** *Ein heißer Wind:* ein weiteres Bild der Zerstörung. Es ist der Schirokko aus der Wüste, ein stürmischer und sengender Wind, nicht die erfrischende Brise, die abends von der Küste her weht und zum Getreideworfeln nützlich war. So wird Jahwes Handeln gegen das schuldige Land aussehen. **13** Von diesem schweren Gericht sprechen verschiedene Redefiguren: *Wolken . . . Wagen . . . Rosse . . . schneller als Adler.* **14.15** Eine gründliche Buße wird verlangt angesichts des vernichtenden Strafgerichts, das von *Dan,* der Nordgrenze des Landes her droht; und die warnende Stimme hallt wider vom *Gebirge Ephraim,* das keine 20 Kilometer von Jerusalem entfernt ist.

In **19–31** erschreckt das Ausmaß des kommenden Strafgerichtes den Propheten (V. 19–29), so daß er auf die völlige Nichtigkeit berechnender Hilfsmaßnahmen gegenüber der göttlichen Heimsuchung verweist (VV.

30.31). **19–22** Man beachte seine Herzensangst (VV. 19.20), seine inneren Fragen (V. 21) und die Antwort seines Gottes (V. 22). Er windet sich buchstäblich vor Schmerz: *Meine Brust! Meine Brust! Der Schmerz zerreißt mich* (JB). Aber Jeremia flüchtete in keine Illusion. Das Strafgericht war gerecht. Es war die bittere Frucht der Sünde für ein verworfenes Volk. **23–28** Die Bilder in den Versen 23–26 sind so stark, daß sie ein Schaudern durchbebt. Weltweites Chaos hat den Kosmos übermannt, die Berge taumeln, der Mensch verschwindet, die Vögel haben den Himmel verlassen und die fruchtbare Erde ist zur Wüste geworden. Das ist der Sturm Gottes, die Umkehrung der Schöpfung zu der gestaltlosen Bedeutungslosigkeit von 1Mo 1,2.

29–31 *Du Überwältigte:* Alle fliehen vor Gottes Racheboten (V. 29), außer einer, die sich selbst zur Schau stellt, in einem vergeblichen Versuch, seine Gunst zu erringen: so verhärtet war das Gewissen Jerusalems. Dieses letzte Ausreifen der Sünde betrifft die ganze Welt. Jeremia sah nichts als unheilbare Qual und Hoffnungslosigkeit. All diese grauenvollen Vorhersagen wurden in der endgültigen Unterwerfung Jerusalems im Jahre 586 v.Chr. erfüllt.

Einige Forscher meinen, daß diese zweite Botschaft Jeremias ab 3,6 aus verschiedenen Weissagungen zusammengestellt wurde, von denen einige in Anathoth, andere in Jerusalem geschrieben wurden. Wie dem auch sei, die Botschaft weist eine spürbare Einheit auf, die eine fortlaufende Behandlung rechtfertigt. Durchgängig wird nämlich die Verhärtung in der Sünde seitens des verderbten Volkes und das unausweichliche Gericht eines heiligen Gottes gezeigt, wie auch sein Warten darauf, gnädig sein zu können, wenn nur das Volk umkehrte.

5,1–9 Die Verdorbenheit Jerusalems. In 5, 1–31 wird die Stadt unerbittlich auf ihre Sittlichkeit geprüft. Der Prophet versucht, die Strenge Gottes zu rechtfertigen und damit die Gerechtigkeit Gottes aufzuzeigen. Er glaubt, wenn jemand Jerusalem durchsuchte, würde er keinen aufrechten Menschen finden, der das Gericht abwenden könnte (vgl. 1Mo 18,22–32): die Leute auf den Straßen (V.1) und die Oberschicht (V. 5) sind gleicherweise gottlos in Leben und Taten. **1** *Geht durch die Gassen Jerusalems:* Die Suche war vergeblich. **6** Daher war das Volk so wehrlos wie ein Städter in einem Wald mit wilden Tieren. Mehr noch, die Einwohner Jerusalems waren selbst auf die Stufe von Tieren gesunken. **7.8** Sie mißbrauchten Gottes Wohltätigkeit und wurden wie vollgefressene Hengste in ihrer Wollust.

5,10–19 Die Anrufung des Zerstörers. Die Zuversicht der Gedankenlosen wird in V. 10–18 geschildert. Gottes Diener sollen die Säuberung durchführen (V. 10f), doch die dem Untergang Geweihten (V. 12–17) meinen in blinder Hoffnung, daß Jahwe nichts unternehmen werde. **10** *Aber verwüstet sie nicht ganz!* Der Herr überwacht das Strafgericht, daß es nicht die Grenze seiner Verheißung überschreitet, daß er sein Volk erhalten wird. Sie verdienen Strafe, aber die Gnade bleibt schließlich Sieger. **12** *Sie verleugnen den Herrn und sprechen: Das tut er nicht:* d.h. er würde nichts in Richtung der Voraussagen Jeremias tun. Wenn diese Übersetzung zutrifft, konnten die Leute nicht glauben, daß Gott sie strafen würde. Die Schlußfolgerung in V. 12b ergibt aber auch nach der wörtl. Wiedergabe in V. 12a: *Er ist nicht* (EÜ, vgl. EinhÜ) ihren schrecklichen Sinn. **13** Man behandelte also Gottes Propheten als falsch und sagte, daß sie selbst bestraft werden müßten. **15** *Dessen Sprache du nicht verstehst:* Sprachunterschiede waren immer ein Grund für Furcht und Unbehagen in der alten Welt, denn Bitten um Gnade wären in einer fremden Sprache nutzlos. **16** *Seine Köcher ...:* ein bemerkenswerter Vergleich. Wie das Grab, so würden auch ihre Waffen niemals zufriedengestellt.

5,20–31 Die Widerspenstigkeit und Torheit des Volkes. Dieser Abschnitt behandelt einerseits Gott als den guten Herrscher und andererseits sein aufrührerisches Volk. Gottes Schöpfung kann sich seinem unwandelbaren, erhabenen Willen nicht entziehen (V. 22). Nur sein Volk hat diese Freiheit (V. 23 f.); ein einzigartiger Unterschied, der für immer Kennzeichen des Menschen bleibt. **22** Der Prophet gebraucht *das Meer* als Bild, um die Macht und Erhabenheit Gottes zu verdeutlichen: es kann die Grenzen nicht überschreiten, die Gott ihm gesetzt hat. Soll man mit einem solchen Gott sein Spiel treiben? Wenn schon das Meer zu fürchten ist – und wer fürchtet es nicht? – ist er nicht erst recht zu fürchten? **23** *Abtrünniges, ungehorsames Herz:* die Leute sind nicht nur abgefallen, sondern offen feindlich gesinnt. In **26–31** denkt der Prophet an drei Menschengruppen: an die Reichen, die die Armen unterdrücken; an die falschen Propheten, die in die Irre führen; und an die Priester, die ebenfalls nicht ihrer Aufgabe gerecht werden (V. 31; *herrschen auf eigene Faust,* wörtl. *an ihrer Seite,* ist unsicher). Das Volk steht dem göttlichen Willen achtlos gegenüber, mit der schlimmen Folge, daß weder Gerechtigkeit geübt noch der Wunsch laut wird, daß Prophet und Priester anders werden als sie sind, nämlich Lügner und Verführer. *Mein Volk hat's gern so:* Das Schlechte, wenn es lange genug praktiziert wird, wird von der Masse als unvermeidbar hingenommen.

6,1–5 Die Belagerung Jerusalems. Die Schlußfolgerung aus Jeremias zweiter Botschaft ist unvermeidlich das Gericht. Der von Gott eingesetzte Zerstörer stand bereit, um Jerusalem zu belagern. **1** Er lauerte *von Norden* her begierig, den völligen Untergang zu bringen. Das Warnzeichen sollte von Jerusalem (s.4,6) nach *Beth-Kerem* (heute Ramat Rahel, eine Anhöhe zwischen Jerusalem und Bethlehem) weitergegeben werden, von wo ein Feuersignal *(Fluchtzeichen)* bis nach *Thekoa* auf einem weiteren Berg, 20 Kilometer südlich der Hauptstadt, zu sehen sein würde. Die *Posaune* und das *Fluchtzeichen* würden die Leute in der Stadt alarmieren und sie anweisen, im unwegsamen Gelände des südlichen Landesteiles Zuflucht zu suchen, während der Feind von Norden herankäme. *Kinder Benjamin:* könnte die Männer von Juda bezeichnen (vgl. »Ephraim« für Israel in 7,15), bzw. die gesamte Einwohnerschaft Jerusalems, vielleicht auch (im Anschluß an 4,6) das Landvolk, das in die Stadt geflohen war, ohne dort zu wohnen oder zu arbeiten; oder aber der Prophet zeigt hier Anteilnahme für seinen eigenen Stamm.

3 Der Feind von Norden wird mit *Hirten* und ihren Herden verglichen, die alles abweiden: alles würde verschlungen, nichts übrig bleiben. **4.5** *Rüstet euch zum Krieg:* wörtlich »heiligt einen Krieg« (EÜ), d.h. opfert, um den Erfolg sicherzustellen. Die Mahnung fordert dazu auf, die Feindseligkeiten zu beginnen; es sind die Feinde außerhalb der Mauern, die sich auf diese Weise Mut machen. Ihre Beharrlichkeit war so groß, daß sie, wenn der Angriff am Tage fehlschlug, dann eben am Abend zu siegen suchten. Der Prophet sagte im Namen Gottes voraus, daß der Sieg umfassend und endgültig sein würde.

6,6,–15 Der bevorstehende Untergang. **6** *Fället Bäume:* um damit Belagerungsmittel herzustellen; zugleich ein Hinweis auf die Verwüstung, die der Feind bringen würde. **9** Wie in einem Weinberg die Sammler immer wieder herumgehen und die allerletzte Traube pflücken und den Weinberg abgeerntet zurücklassen, so soll Nebukadnezar (oder allgemeiner: der Führer des Belagerungsheeres) handeln. Für Israel hatte es keinen »Rest« gegeben, und Juda sah einer ähnlichen Ausrottung und Verbannung entgegen. Aber das Verhängnis dieser Stunde bestand darin, daß die religiösen Führer noch immer zuversichtlich waren, während sich das Unheil bereits zusammenzog. **12** *Häuser ... Äcker ... Frauen:* Die kommenden Schrecken ähneln denen in 5Mo 28,30. **14** *Heilen den Schaden ... obenhin:* Der Bruch zwischen dem heiligen Gott und dem sündigen Volk wurde leichtfertig und oberflächlich behandelt. Aber der Tag der Heimsuchung war nahe.

6,16–21 Jahwes Appell und Judas Ungehorsam. **16** Wieder erging durch den Propheten ein Angebot Gottes an das Volk, nach *den Wegen der Vorzeit* zu streben. Mit der Verheißung in diesem Vers vgl. Mt 11,29. Jeremia gründete alle seine Aufforderungen auf die Erfahrungen der Vergangenheit. Seine Volksgenossen wiesen sie zurück. Die Völker der Erde wurden deshalb als Zeugen gegen sie aufgerufen. **20** *Saba* lag im Südwesten Arabiens und belieferte den größten Teil der damaligen Welt mit *Weihrauch.* Die Erwähnung der kostbaren Opfergaben zeigt, daß jeder Versuch, Gott auf diese Weise beizukommen, abgelehnt wird (A.Weiser). Vgl. 7,21. **21** *Ich will ... Anstöße in den Weg stellen:* Für Jeremia gab es ebensowenig wie für seine Vorgänger ein neutrales Geschehen; alles wurde Gott zugeschrieben. Zu beachten ist, daß Gott, indem er Anstöße in den Weg stellt, ihnen lediglich ihren verdienten Lohn gibt (V.19). Es geht nicht um einen willkürlichen oder launischen Akt. Vgl. Jes 8,14; Hes 3,20; 7,19; 18,30.

6,22–30 Die Grausamkeit des Feindes und die Unbelehrbarkeit des Volkes. Noch einmal wurde der Feind in seiner Schrecklichkeit beschrieben, damit das Volk aus seiner tödlich optimistischen Teilnahmslosigkeit aufwache. **25** *Es ist Schrecken um und um:* vgl. 20,3.10; 46,5; 49,29; Hiob 18,11; Ps 31,14. Daher die Warnung, auf keinen Fall die Stadt zu verlassen. **26** *Trage Leid:* d.h. trauere um dich selbst. **27–30** enthalten die düstere Ahnung des Propheten. Seine Aufgabe wird als die eines *Prüfers* bezeichnet, die der eines Silberläuterers ähnlich sein würde. Nun wurde ihm gezeigt, daß sein »Feuer« nicht in der Lage sein würde, das Silber des Volkes von der Schlacke zu trennen. Anders als bei der Läuterung von Metall kann der menschliche Wille sich gegen das »Reinigungsfeuer« sträuben. Paulus beschreibt diesen willentlichen Widerstand in Röm 1, 18–32. **29** *Der Blasebalg schnaubte,* doch vergeblich, denn das Blei, das die Schlacke wegziehen würde, ist verzehrt, aber die Schlacke bleibt (vgl. 9,6). **30** *Verworfenes Silber:* d.h. unbrauchbares Silber. Sie sind schuldig und Jahwe *hat sie deshalb verworfen.* Mit diesem dunklen Schatten endet die zweite Botschaft Jeremias und der erste Abschnitt seiner Prophetie.

7,1–10,25 Falsche Vorstellungen von der Sicherheit des Tempels

Für Juda galt der Tempel als hochheilig und daher gegen jeden Angriff immun. Wenn es ganz schlimm käme, würde Jahwe ohne Zweifel intervenieren, um die Stadt zu retten, in der sein Name wohnt. Jeremia sagt genau das Gegenteil. Silo wurde ebenfalls für unantastbar gehalten, aber es wurde niedergemacht. Die »Tempelrede«, die hier überliefert ist, erwähnt den Schrecken und die Wut nicht, die sie verursachte. In Kap. 26 wird jedoch unter den geschichtlichen Zusammenfassungen des zweiten Teils des Buches davon berichtet, auch von der Bedrohung des Propheten aufgrund seines furchtlosen Zeugnisses. Wenn die »Tempelrede« in diesselbe Zeit wie Kap. 26 gehört, dann müßte es sich um das Jahr 608 v.Chr. handeln, den Beginn der Herrschaft Jojakims. Dieser Abschnitt enthält Jeremias dritte Botschaft und besteht aus zwei Teilen.

7,1–8,3 Die Tempelrede: Zeremonielle Pflichterfüllung oder sittliche Rechtschaffenheit

Dieses Wort des Herrn zielt auf zwei Lebensbereiche, die von Jeremias Zeitgenossen fälschlich getrennt worden waren: Bekennen des Glaubens und rechtes Verhalten. Der Prophet wiederholt den Hauptgedanken der Gebote, daß es unmöglich ist, Gott zu ehren und zugleich die Mitmenschen zu mißachten.

7,1–20 Eine Warnung. 2 Die Botschaft richtet sich an *alle . . ., die ihr zu diesen Toren eingeht, den Herrn anzubeten* (in LXX fehlt diese Wendung), nicht an achtlos Vorübergehende; sie gilt Menschen, die offenbar ihren Glauben korrekt praktizieren. Ein großes Fest, bei dem die Leute die Tempelhöfe füllten, mag der Anlaß der Rede gewesen sein. Sie kann aber auch einfach denen gehalten worden sein, die an einem gewöhnlichen Tag gerade dort waren. 3 *Euer Leben und euer Tun:* bezieht sich wohl auf eingefleischte Gewohnheiten und einzelne Taten, die zu solchen Gewohnheiten führen. *Bei euch wohnen:* nach anderer Überlieferung »euch wohnen lassen« (EÜ; ZÜ; EinhÜ), ebenso in V. 7. *An diesem Ort:* gemeint ist Jerusalem als ganzes (vgl. V. 7). 4 *Des Herrn Tempel:* Die Wiederholung soll entweder der Betonung dienen oder den Chor der Bürger vertreten, die sich in Gegenwart des Tempels in Sicherheit glaubten. **5–7** erweitern die VV. 3.4; es ist noch Gelegenheit zur Reue. **8–10** decken die Heuchelei der Frommen auf; vgl. Jak 2. **10** Dieses *Haus,* d.h. der Tempel, galt offiziell als heilig und war räumlich und durch entsprechende Zeremonien als die Wohnung Gottes abgesondert. Durch ihr sündhaftes Verhalten verunreinigen die Leute ihn und laden so die angemessene Strafe der Vertreibung und Verbannung auf sich. *Wir sind geborgen:* Offensichtlich waren die Tempelriten auf die Ebene magischer Vorstellungen heruntergezogen worden. Man meinte, so nach Belieben Unglück abwehren zu können.

11 *Räuberhöhle:* d.h. ein Ort, an den man sich zwischen den einzelnen Verbrechen und Gewalttaten zurückziehen kann; vgl. Mk 11,17; Lk 19,46. **12–14** *Silo,* heute Chirbet Selun, liegt an der Straße von Jerusalem nach Sichem, nördlich von Bethel. Zu Josuas Zeit wurde die Bundeslade dort aufbewahrt (Jos 18,1; vgl. 1Sam 1,3). Dieses Heiligtum wurde archäologischen Hinweisen zufolge – das AT schweigt hier – etwa 1050 v.Chr. durch die Philister zerstört. Ps 78,60 berichtet, daß Gott diesen Ort »dahingab«, vgl. Komm. dort.

16–20 Obwohl diese Verse als ein persönliches Wort des Herrn an Jeremia gerichtet sind, führen sie doch das Hauptthema der Tempelrede fort. Das Volk ist als eines geschildert worden, das sich im Blick auf sein Heil auf die gottesdienstlichen Bräuche verließ. Nun fordert Gott Jeremia auf, nicht vorschnell für das Volk fürbittend einzutreten, sich vielmehr die beim Volk sonst noch vertretenen Riten einmal näher anzusehen: sie sind heidnisch, Gott zuwider, verdienen und bewirken das strengste Gericht. **18** *Himmelskönigin:* wahrscheinlich die kanaanäische Astarte bzw. babylonische Ischtar, die Göttin der Fruchtbarkeit und des Krieges. Das hebr. Wort für »Königin« hier ist ungewöhnlich, vielleicht ein Fremdwort; LXX verstand es als »Heer des Himmels«.

7,21–28 Gehorsam und Opfer. Das Thema der Beziehung zwischen der rituellen und sittlichen Seite eines gottgefälligen Lebens wird derart gesteigert, daß man oft dachte, Jeremia wolle das Opfersystem ganz und gar verwerfen. Er will jedoch nur klarstellen, worauf es im Glaubensleben vorrangig ankommt, keinesfalls einen Bestandteil der Gottesoffenbarung durch Mose am Sinai für nichtig erklären. **21** *Brandopfer* stehen für völlige Hingabe an Gott (vgl. 1Mo 22,2.12f.). Sie wurden ganz Gott gegeben (3Mo 1,6–9 und Komm.) und wurden anders als z.B. das Dankopfer (vgl. 3Mo 7,15 und Komm.) von menschlichem Verzehr ausgeschlossen. Daß Gott das abergläubische Ritual der Leute verwirft, wird hier dadurch gezeigt, daß er sie auffordert, doch auch die Brandopfer zu essen. D.h., ihre peinlich genaue Beachtung der Bräuche ist ihm ein Greuel.

22 *Nichts . . . von Brandopfern und Schlachtopfern:* Alle Überlieferungen des is-

raelitischen Glaubens, die zur Zeit Jeremias verfügbar waren – welche Theorie von der Sammlung des AT man auch immer zugrundelegt –, betonen, daß der Herr wirklich zur Zeit des Auszuges Opfergesetze erlassen hatte. Ohne Zweifel war Jeremia nicht so unbesonnen, seine Lage dadurch zu gefährden, daß er die Gültigkeit der mosaischen Offenbarung in Frage stellte. Deshalb müssen wir ihn so verstehen, daß er nach dem fragt, was bei einem wahren Glauben an erster Stelle steht. War es dem Herrn am Sinai vor allem um Opfer gegangen? Suchte er nicht in erster Linie ein gehorsames Volk? Und waren nicht die Opfer eben von daher zu verstehen, daß sie geschaffen waren, um Gehorsam zu zeigen (Brandopfer), um die Gemeinschaft eines gehorsamen Volkes mit seinem Gott zu pflegen (Dankopfer) und um Abweichungen vom Gehorsam zu bereinigen (Sündopfer)? Der Akzent liegt jedenfalls darauf, daß man sich nicht durch Opfer vom Gehorsam gegenüber Gottes Wort freikaufen kann. (Wenn wir den Vers, wie es auch möglich ist, mit »Ich redete nicht . . . wegen« oder »um . . . willen« übersetzen, ist dieser Sinn sofort klar.) **24** *Aber sie wollten nicht hören:* Wenn es hier, verglichen mit 2,2, einen Unterschied gibt, so ist zu berücksichtigen, daß beide Stellen verallgemeinernd sprechen, wenn auch in entgegengesetzter Richtung. **27** ist ein weiteres Wort, das den »Propheten des Gerichts« in seinem Auftrag bestärken soll. Obwohl dem Propheten das Ergebnis seines Predigens im Voraus bekannt ist, muß er dem Volk doch das Wort in Gerechtigkeit verkündigen.

7,29–8,3 Volkstrauer. Das Volk wird zur Trauer aufgerufen, weil Jahwe dieses Geschlecht verworfen hat. **29** Es wird keine Person genannt, aber im Hebräischen sind die Tätigkeitsworte weiblich, und das weist daraufhin, daß Jerusalem oder die Nation gewissermaßen als »Person« angesprochen werden. Das Zeichen tiefer Trauer war das Abschneiden der Haare (wörtl. *deiner Weihe,* d.h. des ungeschorenen Haares); vgl. Hiob 1,20; Mi 1,16. Einige haben hier einen Bezug zum Gelübde der Gottgeweihten, der Nasiräer (4Mo 6,5), gesehen. Jerusalem hat seine Gelübde gebrochen und könnte sich so wie ein treuloser Nasiräer das Haar, das Symbol und Zeichen des Gelübdes, abschneiden. **30** *Sie haben ihre Greuelbilder gesetzt:* 2Kön 21,5 erzählt, daß Manasse den Tempel in der hier geschilderten Weise entweihte.

31 *Topheth* (LXX: hoher Platz) bedeutet wahrscheinlich Feuerstelle; vgl. Jes 30,33. Als Ausdruck des Abscheus gegenüber dem heidnischen Brauch ist hier im Hebräischen durch Verwendung entsprechender Vokale eine Anspielung auf das Wort »Schande« *(boschet)* hergestellt worden; ähnlich bei dem Wort für die heidnische Gottheit Moloch (vgl. Komm. zu 3,24 und zu 3Mo 20,2). Diesem kanaanäischen Götzen wurden Kinder geopfert, was nach 3Mo 20,2 aufs Schärfste verboten war; vgl. das erneute Verbot durch Josia (2Kön 23,10).

Das Tal Ben-Hinnom (hebr. *ge'hinnom*) liegt am Südrand der Stadt und scheint später die städtische Müllhalde geworden zu sein, auf der fortwährend Feuer brannte, das den Abfall vernichten sollte. So wurde sein Name gleichbedeutend für »Hölle« gebraucht (Gehenna; vgl. Mk 9,47.48 u.ö.). Jeremias Vision von diesem üblen, mit Leichen übersäten Platz zeigt das unerbittliche Vergeltungsgericht Gottes. Ihr »Heiligtum« sollte zu ihrem Friedhof werden und zum Schauplatz für den Tod des bundesbrüchigen Juda (vgl. Mt 27,5–10; Apg 1,18–20). Jeremia sagt in V. 31 daher zu Recht, daß dies alles niemals von Gott angeordnet worden sei. Diese Verse klingen in 19,3–9 wieder an.

8,1 Diese Barbarei war eine gezielte Schmähung der Besiegten durch den Feind (vgl. Am 2,1). Sie entstammt der heidnischen Vorstellung, daß die Zerstörung des Grabes den Geist des Toten verletze. Zugleich wurde bewirkt, daß der Tote völliger Vergessenheit anheimfiel. Alle hatten gesündigt, und alle sollten bestraft werden, auch die Toten. **2** *Wird sie hinstreuen:* Die Himmelskörper, die sie verehrt hatten, werden am Tag des Gerichts machtlos sein.

8,4–10,25 Das gerichtete Volk

Jeremia hat hier Auszüge aus seinen prophetischen Reden zusammengestellt, die zweifellos verschiedenen Zeiten und Gelegenheiten entstammen. Der Zweck dieser Zusammenstellung ist einerseits, die Unvermeidbarkeit des kommenden Strafgerichts hervorzuheben, andererseits, dem wahrhaft Gottesfürchtigen eine Zuflucht in der Not zu zeigen.

8,4–17 Zustand und Zukunft. **4–7** spiegeln das böse Denken, das hartnäckig die Reue verweigert, wider. Für das Volk Gottes ist es gerade so unnatürlich, die Buße abzulehnen, wie für einen Gestürzten, nicht aufzustehen (V. 4–6), oder für einen Vogel, sein angeborenes Wanderverhalten aufzugeben.

8–13 Hinter der sittlichen Verhärtung des Volkes stehen verführende Führer: *Weise,* denen aufgegeben war, Gottes Wort durch praktische Unterweisung auf das Leben anzuwenden, die aber alle Hoffnung auf Weisheit preisgaben, weil sie Gottes Wort ablehnten (V. 8f); *Propheten* und *Priester* (V. 10–12), die die sittliche Gleichgültigkeit ihrer Hörer bestätigten und Gott keine Frucht eintrugen (V. 13). **8** *Schreiber:* Dies ist die erste Erwähnung von »Schreibern« als einer Berufsgruppe, d.h. von Auslegern des Gesetzes, Schriftgelehrten. Sie waren offenbar zu Josias Zeiten aktiv (vgl. 2Chr 34,13) und mögen ihren Ursprung in der Zeit Hiskias gehabt haben (vgl. Spr 25,1). **13** Es gibt keine allgemein anerkannte Erklärung der letzten Zeile des Verses; möglicherweise deutet sie auf die Zerstörung hin, weil es an Frucht fehlt, vgl. Mk 11,12ff, usw.

14–17 Ein verspätetes Bewußtwerden der Sünde (V. 14f) kann das Gericht nicht abwenden (V. 16,17). Zeit für die Reue gibt es nicht immer (vgl. Mt 27,1–5; Hebr 12,17). Das vergiftete Wasser (V. 14) und die *Schlangen* (V. 17) erinnern an das Wasser von Mara (2Mo 15,23ff) und an die Schlangen von 4Mo 21,6ff, nur daß jetzt kein göttliches Heilmittel erreichbar ist.

8,18–9,21 Der Todeskampf. In diesem tiefbewegenden Abschnitt spiegelt sich im Herzen des Propheten der Schmerz Gottes wider, der den Kummer seines Volkes teilt (8,18–22), sich grämt wegen seiner Sünde (9,1–6) und es zur Wehklage auffordert angesichts des unvermeidbaren Gerichts (9,7–22).

18 ist schwierig. Eine mögliche Wiedergabe mit leichter Textverbesserung lautet »durch Mangel an Heilung türmt sich mein Kummer berghoch . . .«. Andere schlagen vor, den Anfang des Verses mit einer Korrektur zu V. 17 zu ziehen (»unheilbar«, JB; vgl. EinhÜ) und danach die Klage des Propheten beginnen zu lassen. **19** Die Stimmen wechseln. Ihre verzweifelten Fragen bezichtigen Gott sträflicher Tatenlosigkeit, aber seine Antwort verweist auf ihre Entfremdung von ihm durch Sünde. **20** Ihre Verwirrung nimmt zu, während die Zeit ohne ein Zeichen der Befreiung verstreicht. **22** *Gilead,* jenseits des Jordans, gehörte zu den Gebieten Israels, die dem Feind zuerst anheimfielen. Seine *Salbe* war schon 1Mo 37,25 (»Balsam«) bekannt. Das Versagen bzw. das Wegfallen aller menschlich-irdischen Mittel, die die Wunde des Volkes heilen könnten, wird deutlich.

8,23–9,5 Die Stimmung wechselt von überwältigendem Mitleid zu bitterem Gram über die Sünde. Das Volk ist ein Geschlecht von Verrätern. Jeremia (in dem sich hier die Abwendung Gottes spiegelt) gäbe den treulosen Haufen am liebsten auf. Ihre Sünde zeigt sich zwischenmenschlich in zerrütteten Beziehungen, wobei es vor allem um Wortsünden geht, und geistlich im Fehlen eines echten Vertrauensverhältnisses zu Gott. Der Wechsel von *mich aber kennen sie nicht* (ZÜ V. 3; LÜ V. 2) zu *sie wollen mich nicht kennen* (ZÜ V. 6; LÜ V. 5) zeigt die Neigung der Sünde, immer sündhafter zu werden. **3** *Ein Bruder überlistet den andern:* Das Hebräische enthält eine Anspielung auf Jakob (vgl. 1Mo 27,36), indem in einem Wortspiel zwei Ausdrücke gebraucht werden, die wie »Jakob« klingen. Gott hatte Jakob in »Israel« verwandelt, aber seine Nachkommen bestehen darauf, das Leben des alten, sündhaften Jakob zu führen.

6–21 Hier geht es um ein göttliches Prinzip. So sehr die traurige Lage seines Volkes Gott auch bewegt, so entschlossen ist er dennoch, es zu richten. Erklärende Abschnitte (VV. 6–8. 11–15) wechseln hier mit Aufrufen zur Klage (VV. 9.10.16–21), von denen der erste sich auf die Klage der Natur und der zweite auf die Klage von Frauen bezieht und so die Welle von Verzweiflung und Gram widerspiegelt, die das Land überflutet.

9,22–10,25 Der Gott der ganzen Erde. Die Eröffnungsverse zeigen schon den Grundton des Abschnittes an: Das Wichtigste im Leben ist, mit Gott eng verbunden zu sein (9,22f). Was das bedeutet, wird stufenweise erklärt: Es gibt ein drohendes, umfassendes Gericht (9,24f); nur der Herr ist fähig, es durchzuführen, da er allein Gott ist (10,1–13). Was für ein Vorrecht und Trost also, ganz ihm zu gehören (10,14–16); denn selbst zu Zeiten der notvollen Verbannung als dem Gericht Gottes (10,17f) kann der Gottesfürchtige dennoch alles aus der Hand Gottes nehmen und Vorwürfe dorthin richten, wohin sie gehören (10,19–21). Selbst im dunkelsten Augenblick (10,22) kann sich ein solcher Mensch der Gerechtigkeit Gottes überlassen (10,23f) und seinem Eifer um das Wohlergehen seines Volkes (10,25).

9,24.25 Die sittliche Strenge Jeremias zeigt sich: Juda fehlt die innere Hingabe, obwohl es die Beschneidung übt, und steht damit unter dem Gericht, wie ein Heide zu gelten, die ja auch teilweise äußerlich als Beschnittene gelten müssen. Dieser Abschnitt nimmt die Lehre des Paulus vorweg, die zwischen der Beschneidung des Fleisches und der des Herzens unterscheidet (vgl. Röm 2,25–29). Juda wird für seine Sünde bestraft wie die Völker um es herum. Sogar die vollkommene Einhaltung religiöser Riten schließt sittliche Verderbtheit nicht aus. *Die das Haar rundherum abscheren:* Ein Brauch verschiedener arabischer Stämme, der in 3Mo 19,27 wegen seiner Verbindung mit dem Heidentum verboten wurde. Herodot (III,8) berichtet von diesem Brauch, durch den die arabischen Hauptgottheiten verehrt werden sollten.

10,1–16 Dieser Abschnitt enthält eine scharfe Polemik gegen den Götzendienst, und zwar durch jemanden, der die Götzenverehrung aus eigener Anschauung kannte, der aber selbst mit den Besten seines Volkes in ehrfürchtigem Glauben an den einen Gott bewahrt wurde. Vgl. Jes 40,18–20; 44,6–20. Die Polemik selbst ist eindrucksvoll. Der Prophet sah die Götter als Holzklötze, kraftlos und taub, und er verhöhnte sie als Vogelscheuchen, die von Menschen zum Abschrekken der Vögel im Garten aufgestellt werden, ungeeignet das aufrührerische menschliche Herz in Ordnung zu bringen. Götzenverehrung fordert überall zu der gleichen bissigen Ironie heraus. **2** *Vor den Zeichen des Himmels:* d.h. himmlische Zeichen wie Kometen, Meteore usw., die die Heidenvölker sehr wichtig nahmen.

8 *Die Unterweisung der Nichtigkeiten ist Holz* (EÜ): Diese Aussage mutet fremd an. Die übliche Erklärung ist, daß Götzen nichts Besseres geben können als das, was ihrer eigenen Beschaffenheit entspricht. Eine geringfügige Veränderung könnte statt »die Unterweisung« im Hebräischen »das Fundament . . .« (*mośad* statt *muśar*) ergeben, ein Hinweis auf die vergängliche, flüchtige Basis dieser Weisheit im Gegensatz zu V. 10. **9** *Tarsis* galt als die äußerste Grenze der alten Welt; viele sehen darin Tartessos in Spanien. *Uphas* ist nur hier und in Dan 10,5 zu finden. Einige verbessern es nach der syrischen Übersetzung und dem Targum in Ophir, das wegen seines Goldes bekannt war. Es könnte aber auch ein Fachwort für »gereinigt« sein, vgl. 1Kön 10,18 EÜ. **11** Dieser Vers steht in Aramäisch und könnte eine Hinzufügung sein.

17 *Raffe dein Bündel auf:* d.h. mache dich bereit zur Flucht. **18** *Ich will . . . wegschleudern:* Ein starkes Bildwort für die Vertreibung ins Exil. **19–21** All das ist das schreckliche Ergebnis der schlechten Führung durch die Führer (wörtl. *Hirten*), die das Volk nicht sicher führen konnten, weil sie selbst die Verbindung zu Gott verloren hatten. **22** Die alte Heimat sollte zum Lager der *Schakale* werden. **23** Der Prophet erkennt seine Grenzen an. **24** Er bittet demütig: *Züchtige mich . . .* »Mich« meint nicht seine eigene Person, sondern das Volk, dessen Verurteilung sein Herz bricht. **25** Er wird zum Verteidiger. Wie Mose tritt Jeremia für sein Volk ein. Dieser Vers wird in Psalm 79,6.7 wiederholt. Der Prophet scheint über jenes Volk zu zürnen, das von Gott selbst zur Vergeltung gegen Juda bestimmt worden war. So paradox es scheint, ist dieser Zorn dennoch begründet und gerecht.

11,1–12,17 Jeremia und der Bund

Dieser Abschnitt enthält die vierte Botschaft Jeremias. Der Bund ist hier der vom Sinai, vielleicht so, wie er durch Josias Reform in Erinnerung gerufen wurde, jedoch nicht nur durch das Gesetzbuch (vgl. 2Kön 22,8), wenn man darin nur das 5. Buch Mose sieht. Einem vergeßlichen Volk sagt der Prophet, daß die alten Bundesbedingungen noch in Kraft sind, auch die Flüche über die Treulosen. Diese Botschaft ist wohl in die Regierungszeit Jojakims zu datieren. Offensichtlich wohnte Jeremia im heimischen Anathoth oder besuchte es häufig, denn er wird vor einer Verschwörung seiner Mitbürger gegen ihn gewarnt (11,18–21).

11,1–8 Der Bund

2 *Höret die Worte dieses Bundes* ist eine Mahnung an das Volk; *und sprich . . .* ist an den Propheten gerichtet. **3** *Dieses Bundes:* Jahwe schloß ihn mit dem Volk, und dieses versprach ihm Gehorsam (vgl. 2Mo 24,7; 5Mo 5,27–29). **4** Es ging damals um ihre Befreiung *aus dem glühenden Ofen,* wobei der Schmelzofen ein Symbol für äußerstes Leiden ist (vgl. 5Mo 4,20; 1Kön 8,51; Jes 48,10). **5** *Ein Land zu geben, darin Milch und Honig fließt:* Außerhalb des Pentateuch kommt dieser Ausdruck nur hier, in 32,22 und in Jos 5,6, Hes 20,6.15 vor. *Amen* (EÜ), d.h. (Herr,) *ja, so sei es* (LÜ) ist die gehorsame Antwort des Propheten. **6** *In den Städten Judas:* Daß Jeremia Wanderprophet werden soll, ist unwahrscheinlich; der Ausdruck wird im Sinn von »jedermann« gemeint sein; vgl. dazu 26,2.

11,9–17 Ein Aufstand und seine Folgen

Was immer die Leute vom Schicksal ihrer Väter wußten, sie vergaßen Gottes Gnade und Gerechtigkeit, so daß sie zu Schlimmerem als dem »Eisenofen« Ägyptens verurteilt wurden.

12 *Die werden ihnen nicht helfen:* Ein wiederkehrendes Thema. Was die verehrten Götzen nicht tun können, wird der vernachlässigte Gott Israels nun auch nicht tun (V. 14). Der Bund brachte denen Segen, die ihn beachteten, Fluch und Verbannung denen, die ihn brachen, und das Volk hatte ihn ohne Zögern so angenommen. **13** *Denn so viele Städte, so viele Götter hast du, Juda:* Eine Wiederholung von 2,28b, die zeigt, daß sich keine Herzensänderung zwischen den beiden Reden ereignet hatte. **14** *Du aber bitte nicht . . .:* ist teilweise ebenfalls eine Wiederholung von 7,16, und zwar aus demselben Grund. Die Verdorbenheit ist zu groß; nur Gericht kann das Volk läutern. **15.16** sind im Hebräischen unklar. *Mein Liebling* (ZÜ): d.h. Juda, das der Gegenstand der Liebe Jahwes bleibt, obwohl es wegen seiner Heuchelei Jahwes Haus verlassen muß. *Ölbaum:* Trotz der aufopferungsvollen

Pflege verdorrt dieser langsam wachsende Ölbaum, der so viel versprach, und er ist nur zum Verbrennen geeignet (vgl. Jh 15,2.6).

11,18–23 Der Zorn Anathoths

Die Schilderung von Anschlägen auf Jeremia durch die Bevölkerung seiner Heimatstadt beginnt plötzlich. Dieser kurze Abschnitt enthält drei Szenen. In der ersten spricht das Volk (V. 19), in der zweiten der Prophet (V. 20) und in der dritten Gott (V. 21–23). Anathoth war die Heimat des Priestergeschlechts Abjathars, eines engen Freundes Davids (vgl. 1Sam 22,20–23). Salomo hatte es zugunsten des jüngeren konkurrierenden Geschlechtes Zadoks abgesetzt (vgl. 1Kön 2,26.27.35), das von jener Zeit an die priesterliche Oberherrschaft in Jerusalem innehatte. Hierin lag im wesentlichen die allgemeine Bitterkeit begründet. Als Jeremia, ein Abkömmling der Priesterschaft Anathoths, als Prophet die Abschaffung aller Dorfheiligtümer unterstützte (wie er es eine Zeitlang mit ziemlicher Sicherheit tat, vgl. 2Kön 23,8), betrieb er folglich auch die Abschaffung des Altars zu Anathoth. Man war tödlich verletzt. Abjathar hatte doch längst vor der Geburt Zadoks priesterlichen Rang und priesterliches Vorrecht besessen! Wie bitter der Haß Jeremia entgegenschlug, kann man aus seiner Anrufung des Schiedsspruches durch Jahwe entnehmen. Er fordert, daß die Wünsche und Absichten seiner Feinde im Heimatdorf vor diesem Schiedsgericht für nichts geachtet und verurteilt würden. Seine Unschuld war die eines arglosen Lammes (V. 19), das von keiner Gefahr weiß.

19 *Daß seines Namens . . .:* vgl. Jes 53,8. Einige Nachklänge von Jes 53 kann man in 11,18–12,4 entdecken (das *Lamm,* V. 19, das verkürzte Leben hier und in 12,3). Vielleicht wendet der Prophet bewußt Motive dieses Abschnittes auf sein eigenes Leben an.

12,1–6 Das Problem des Glücks der Gottlosen

Jeremia schließt, indem er sich der alten Frage nach dem Erfolg der Bösen widmet. Der Prophet gehört zu den Kühnsten all jener, die sich in schwerem Leiden erhoben und den allmächtigen Gott fragten, wie es denn mit dem Erfolg und Wohlergehen der Gottlosen und Unfrommen stehe. Zur Frage in **1** vgl. Ps 73,3. Zorn (V. 3.4) lodert in ihm auf gegen diese erfolgreichen Bösen angesichts der Mordabsichten seiner Widersacher in Anathoth. Aber Gott ist den Fragen des Menschen nicht ausgeliefert, was immer auch die Ungereimtheiten des menschlichen Lebens sein mögen. Jeremia erhält keine unmittelbare Lösung seines Problems, sondern vielmehr den Auftrag, sich auf eine noch größere Probe seines Glaubens und Mutes vorzubereiten. Das frühere Leiden, das mit einem Wettlauf verglichen wird, ist nur eine Vorübung für einen viel härteren Kampf. Wenn dieser Wettstreit ihn schon überforderte, wie will er dann gegen Rennpferde bestehen (V. 5)? Und wenn er bekümmert war, als das Land in Frieden lag, wie wird er sich angesichts der bevorstehenden schwierigen Zeiten verhalten (auf die der Ausdruck *Dickicht des Jordan* hinweist).

2 *Du pflanzest sie ein:* Das Bild vom Baum wird in 2Sam 7,10 auf das ganze Volk angewendet, hier auf die Bösen. **4** *Er sieht unsere Pfade nicht* (ZÜ): d.h. der Prophet wird vor seinen Feinden oder durch ihre Hand sterben; oder – anders verstanden – seine Prophezeiungen vom Gericht werden sich nicht erfüllen: »Er wird unser Ende nicht sehen« (EÜ). **5** *Dickicht des Jordan:* schließt auch den ungehinderten, üppigen und wildreichen Bewuchs des heißen Sumpflandes neben dem Jordan mit ein (vgl. 49,19; 50,44; Sach 11,3).

12,7–17 Jahwes Klage

Dieser Abschnitt ist ein Anhang zu der vorangehenden Botschaft Jeremias. Wie Hosea, mit dem er nicht wenige Eigenschaften gemeinsam hat, war der Prophet überzeugt, daß seine Sorge eine Entsprechung bei Gott habe. Den geschichtlichen Rahmen zu dieser göttlichen Klage zeigt 2Kön 24,1.2 auf, wo auch Einzelheiten und Zeit angegeben werden (etwa 598 v.Chr.). **7** *Mein Haus:* umfassend im Sinn von »mein Haushalt« gemeint, nicht nur »Tempel«. **8** *Wie ein Löwe:* Juda »brüllte« gegen Gott wie ein Löwe, d.h. nahm eine feindselige Haltung ein. **9** *Der bunte Vogel:* Wie Vögel andere Vögel mit ungewöhnlichem Gefieder angreifen, so wurde Israel, das sich von anderen Völkern unterschied, von ihnen angegriffen. **10** *Meinen Weinberg:* Das Volk wird in diesem Abschnitt mit verschiedenen Bildern beschrieben: Haus, Erbe, Geliebter meiner Seele, Weinberg. Die *Hirten,* d.h. die Führer, hatten begonnen, den Weinberg zu zerstören, und der Feind von außen verwüstete ihn endgültig. **14–17** Den bösen Nachbarn wird vorausgesagt, daß sie das Schicksal der Verbannung mit Juda teilen werden. Diese syrischen, moabitischen und ammonitischen Angreifer werden gleichfalls durch die Hand des gemeinsamen Feindes, Babylon, bestraft werden, wenn sie nicht den lebendigen Gott verehren und *bei meinem Namen zu schwören* lernen. Auffallend ist wieder, daß eine gewisse Bedingung diese Prophetie kennzeichnet.

13,1–27 Fünf Warnungen

Die Datierung dieser Warnungen ist unklar.

VV. 18.19 beziehen sich vermutlich auf Jojachin und seine Mutter, Königin Nehuschta (2Kön 24,8–12; 597 v.Chr.). Der erste Teil, unheilschwanger, könnte die späteren Jahres seines Vaters Jojakim umfassen, also 600–597 v.Chr.

13,1–11 Die erste Warnung

Zeichenhandlungen wurden von den Propheten oft benutzt, um das Wort Gottes noch eindrücklicher in eine gegebene Situation hineinzutragen (vgl. 2Kön 13,14ff; Jes 20,1–6; Jer 19,1–15; Hes 4,1–3). Die Bedeutung der vorliegenden Handlung ist vielschichtig. Die Neuheit des Kleidungsstücks steht für den Stolz des Volkes, der es dazu bringt, bewußt gegen Gott zu handeln und sich andere Götter zu suchen. Dieser Stolz sollte durch die babylonische Verbannung gebrochen werden, so wie das Leinenstück vom Wasser des Euphrat (V. 9f) verdorben wurde. Die Kleidung selbst ist ein kurzer Rock (*leinener Gürtel;* LÜ u.a.), der den Körper umschlingt, und stellt die innige Nähe dar, in der Israel eigentlich zu Gott stehen sollte (V. 11), die durch Israels Sünde aber zerstört wurde.

1 *Laß ihn nicht naß werden:* Tu nichts, was dazu führen könnte, daß er nicht mehr nagelneu ist. **4** *An den Euphrat:* Diese Jeremia genannte Ortsbestimmung ist nicht eindeutig. Euphrat (hebr. *peratah*) könnte der Fluß dieses Namens, etwa 560 Kilometer von Jerusalem entfernt sein, aber es könnte auch der Parah, 5 Kilometer von Jeremias Heimatstadt Anathoth, sein (hebr. *paratah*). Die Reise an den Euphrat hätte angesichts der bevorstehenden babylonischen Gefangenschaft symbolischen Wert, aber Parah könnte dies durch ein Wortspiel ebenfalls heben.

13,12–14 Die zweite Warnung

12 enthält die Warnung in Form eines Gleichnisses, **13** erklärt das Gleichnis: Das Volk trachtet selbstgefällig nach Wohlstand und Freude; dies symbolisiert der volle Weinkrug. Aber dem Bild des Weinkruges wird eine andere Deutung gegeben; es warnt davor, daß Jahwes Strafgericht den Gang und die Gedanken des Menschen gerade so verwirren wird wie starkes Getränk. Die Leute von Juda werden wie Betrunkene gegeneinander taumeln und vernichtet werden. Die Einwohner Jerusalems werden weder Verstand noch Kraft haben, sich selbst zu verteidigen oder Freund von Feind zu unterscheiden (vgl. 25,15–28; Hes 23,31–34; Jes 51,17; Ps 60,5).

13,15–17 Die dritte Warnung

Hier warnt Jeremia sein Volk vor den Gefahren des Stolzes. **16** *An den dunklen Bergen:* spielt auf die Situation von Reisenden an, die von der Nacht überrascht werden, bevor sie ein gastliches Haus erreichen.

13,18.19 Die vierte Warnung

Weil das Volk selbstzufrieden war, reagierte es verächtlich auf Jeremias Botschaften; das aber hatte seinen Sturz zur Folge (V. 17). Nun soll sich der Prophet unmittelbar an das Königshaus wenden. **18** Mit *dem König und der Königinmutter* sind wahrscheinlich Jojachin und Nehuschta gemeint, vgl. 2Kön 24,8. *Setzt euch ganz nach unten:* Den untersten Platz, gegen den sie sich sträubten, mußten sie kurz darauf gezwungenermaßen einnehmen, im Fall des Königs für die folgenden 37 Jahre (vgl. 52,31). **19** *Im Südland:* d.h. im Süden Judas, dem *Negeb* (hebr.; vgl. EinhÜ). Die Städte dieses Gebietes sind die vom Einfall der Heere am weitesten entfernten, d.h. Juda ist vollständig gefangen; *ganz Juda muß in die Verbannung, in die Verbannung sie alle* (ZÜ).

13,20–27 Die fünfte Warnung

Die letzte Warnung vor dem Gericht macht überaus deutlich, daß auf dauernde Sünde unweigerlich der Untergang folgt. **21** *Freunde* sind Nahestehende, Vertraute (das hebr. Wort bezeichnet auch das Lamm von 11,19), hier diejenigen, die Juda erwählte, während es vorsätzlich den Freund seiner Jugendzeit (vgl. 3,4) verwarf. Es gab Zeiten, in denen die Babylonier Freunde und Verbündete Judas waren. Hiskia hatte begeistert die Freundschaft Merodach-Baladans angenommen, obwohl Jesaja davor gewarnt hatte (vgl. 2Kön 20,12–19). Dieser Vers könnte auf jenes Ereignis, aber auch auf ein späteres zurückweisen. **23** Die Sünde kann so sehr zur Gewohnheit werden, daß man schicksalhaft an sie gekettet ist. Die Verbindung von Sünde und Strafe ist unveränderlich und nicht zu durchbrechen. Besonders treffend bei dieser Strafe ist, daß sie gerade von denen herbeigeführt wird, mit denen Israel liebäugelte.

14,1–21,10 Der Schatten des Gerichtes

Dieser Abschnitt enthält die fünfte, sechste und siebte Botschaft Jeremias mit Anhängen. Ereignisse im Leben des Propheten werden ebenfalls eingefügt.

14,1–15,9 Jeremias fünfte Botschaft: Die Zurückweisung der Fürbitte

Diese Weissagung handelt von der Dürrekatastrophe und der selbstlosen Fürsprache des Propheten.

14,1–6 Die Dürre. Die Dürre ist ein Todfeind des Bauern im Nahen Osten und betrifft schließlich die ganze Bevölkerung, den Menschen (2 *das Volk,* (ZÜ), 3 *ihre Vornehmen* (ZÜ), *die Diener* (ZÜ), 4 *die Ackerleute*), Tiere (5 *die Hirschkühe,* 6 *die Wildesel*) und die umgebende Natur (4 *die Erde,* 5 *Gras,* 6 *Grünes*).

14,7–9 Gebet um Hilfe. Die Dürre wird als ein Ausdruck des Mißfallens Gottes angesehen. 7 Da ihr Alltagsleben betroffen ist, sind die Leute zur Reue bereit: *an dir haben wir gesündigt* (ZÜ). Da das Volk noch »Gottes Volk« ist, verlangt es, daß Gott handeln müsse, um seinen Ruf zu wahren: *hilf doch um deines Namens willen* (vgl. V. 9). **8.9** Ihnen scheint, daß Gott die Rolle eines vorübergehenden, unbetroffenen Besuchers annimmt, trotz des Tempels *in unserer Mitte* (ZÜ).

14,10–12 Die Antwort Gottes. 10 Die Vergangenheit ist noch lebendig. *Er denkt nun an ihre Missetat...:* vielleicht eine gängige prophetische Wendung; vgl. Hos 8,13; 9,9. **11** Noch einmal wird Jeremia befohlen, seine Fürbitte einzustellen (vgl. 7,16; 11,14), denn nichts konnte am Strafgericht über Juda etwas ändern. **12** *Schwert, Hunger und Pest:* David mußte eines von diesen dreien als Strafe für Sünde wählen (2Sam 24,13), Jeremia und Hesekiel erwähnen wiederholt alle drei im Blick auf die Strafen, die ihre Zeitgenossen verdienten (z.B. 16,4; 24,10; Hes 14,21).

14,13–18 Propheten und Priester haben das Volk verführt. Jeremia kann lediglich geltend machen, daß andere Propheten das Volk belogen haben. Solche Lügner waren nicht gesandte Botschafter Jahwes, sie prophezeiten eigenmächtig. Aber Gott akzeptiert dies nicht als Entschuldigung. Auch wenn die Leute irregeführt worden sind, geht ihre Bosheit doch auf ihr eigenes Konto und fällt auf sie zurück, so daß sie vernichtet werden. **17** Jeremias Tränen, die seinen und des Herrn Jammer über ein zerschlagenes Volk darstellen, sind Teil seiner Botschaft an das Volk und haben die Kraft einer »Zeichenhandlung«. Sie zeigen die Rückwirkung der Botschaft vom Gericht auf ihn, den Prediger, und keiner sollte Gericht predigen, der nicht um die Bedrohten weinen kann. **18** Die Verwüstung des Staates (V. 18a) wird auf eine geistliche Ursache zurückgeführt (V. 18b). Geistliche Verführer bewirken das schlimmste nationale Unglück.

14,19–22 Jeremias Gebet. Wie wir an Jeremias Tränen sehen können, daß er das göttliche Leid teilt, so zeigt seine Fürbitte, daß er sich der Sache des Volkes annimmt. Viele, die die Botschaft der falschen Propheten nie beachtet haben (vgl. 8,11), müssen dennoch um Frieden gebeten und sich über das Schweigen Gottes gewundert haben. Ihr Gebet ist beispielhaft für solche Zeiten: Die unumschränkte Gewalt Gottes über die Umstände seines Volkes wird anerkannt (V. 19); Sünde wird zugegeben (V. 20); man beruft sich auf den Namen Gottes, auf seinen Bund (V. 21) und auf seine Allmacht (V. 22).

20 *Unsrer Väter:* Ererbte Sündhaftigkeit wird im AT niemals als Entschuldigung angeführt, sondern immer nur für eine Verschärfung der Sünden gehalten, die die gegenwärtige Generation Gott gegenüber begeht (vgl. Ps 51,3–5). **21** *Thron:* d.h. der davidische Thron, mit dem sich der Herr besonders eng verbunden hatte (vgl. 1Chr 29,23).

15,1–9 Die Antwort Gottes. Gott berücksichtigte zwar auch die Vergangenheit, fand aber nichts, was sein Urteil hätte mildern können (V. 4). **1** Mose und Samuel taten mit Erfolg Fürbitte (vgl. 2Mo 32,11–14.30–32; 4Mo 14,13–24; 5Mo 9,18–20.25–29; 1Sam 7,8f; 12,19–25; auch Ps 99,6–8), aber jetzt ist Gott ebenso entschlossen, das Volk aus dem Land zu treiben, wie einst der Pharao nach der 10. Plage (2Mo 12,31). **2** Das Wort des Herrn ist endgültig. **7** *An den Toren des Landes* (ZÜ): d.h. als der feindliche Eindringling ins Land eingebrochen war (vgl. Jes 28,6). **9** *Die sieben Kinder hatte:* Sieben Söhne galten als Gipfel des Glücks (vgl. 1Sam 2,5; Hiob 1,2). Jerusalem, das alles hatte, was es begehren konnte, wird ausgeraubt sein.

15,10–21 Jeremias Klage. Jeremia spricht nun über sich selbst. Es bewegt ihn der Schmerz darüber, daß er ein Fluch für sein Volk geworden ist; aber Jahwe stärkt ihn und wird ihn noch rechtfertigen. **11** Das Hebräische macht Schwierigkeiten. Die meisten Übersetzungen stimmen aber darin überein, daß es sich um ein Verheißungswort Gottes – entweder für das Volk (LÜ) oder für Jeremia persönlich (ZÜ, EÜ) – handelt. Unter weitergehenden Textänderungen kommen JB und EinhÜ zu dem Sinn, daß hier Jeremia spricht und seinen selbstlosen Dienst beteuert. **12** *Eisen:* ein Bild für die Hartnäckigkeit des Volkes gegenüber dem Wort Gottes. **13.14** Vgl. 17,3.4, von woher nach der Meinung vieler diese Verse hier irrtümlich eingedrungen sind. Aber ihre Bedeutung in diesem Zusammenhang besteht darin, daß sie der Verhärtung des Volkes gegen Gott (V. 12) mit dem Hinweis auf die daraus folgende Härte des Wortes Gottes gegen das Volk begegnen. Auf diese Weise soll die Enthüllung der Einsamkeit Jeremias (V. 15–18) vorbereitet werden. **15** *Laß mich nicht hinweggerafft werden:* Die Verfolgung ist so massiv, daß Jeremia um sein Leben fürchtet. Die Todesfurcht, die aus diesen Worten klingt, ergibt sich aus der Entfremdung von Gott, die ein Teil seiner furchtbaren Lage ist (vgl. Komm. zu V. 18; Ps

88,8ff). **16.17** Jeremia geht seine jüngsten Erfahrungen durch: Erstens seine persönliche Freude daran, Gottes Wort in sich aufzunehmen (vgl. Hes 2,8–3,3) und sein Gefühl der Übereinstimmung mit Gott, indem Gott ihm seinen *Namen* gab; zweitens die schreckliche Entfremdung von den Menschen, weil er mehr und mehr zur Stimme des göttlichen *Grimms* wurde. **18** Gott gab keine lindernde Salbe für seinen Geist. Im Augenblick der Not wurde Gott (im Gegensatz zu 2,13) wie ein *Trugbach* (ZÜ), der unter der Sommersonne ebenso ausgedörrt ist wie der Wanderer, der nach ihm Ausschau hält, um sich zu erfrischen (vgl. Hiob 6,15–20). **19.20** Das Heilmittel für den einsamen Propheten ist dasselbe, das er anderen empfahl: zum Herrn zurückzukehren (ZÜ: *wenn du umkehrst,* d.h. von dem rebellischen Selbstmitleid) und sich selbst in völliger Treue seinem Wort zu ergeben. Auf dieser Grundlage wird er ein Orientierungspunkt für das Volk werden, und die früheren Verheißungen Gottes (1,18f) werden sich erfüllen.

16,1–21 Jahwes Verhaltensmaßregeln für seinen Diener

Der Prophet wird angewiesen, sich auffallend zu benehmen, um seine Botschaft zu verdeutlichen (vgl. Komm. zu 14,17; Jes 20; Hes 4ff). Ehelosigkeit war äußerst ungewöhnlich, die Ablehnung der Teilnahme an Begräbnisfeierlichkeiten unhöflich und unehrerbietig. Beide Handlungsweisen sollten dasselbe ausdrücken: Es gibt keine Zukunft. **7** *Das Trauerbrot brechen ... Trostbecher:* eine Anspielung auf Begräbnisfeiern, in manchen Fällen eine jährliche Gedächtnisfeier für den Verstorbenen. **14.15** (vgl. 23,7.8) lassen einen Ton der Hoffnung anklingen, so unvermittelt und unerwartet wie oft bei den Propheten (vgl. Jes 28,5f; 29,5–8). Jeremias sorgfältige Wiedergabe seiner Prophezeiungen zeigt ohne Zweifel, wie er sich selbst in Stunden von tiefstem Dunkel an die Verheißungen Gottes klammerte. Vgl. das Wachsen des gestärkten Glaubens in VV. 19f. **16** *Fischer, Jäger* treten an die Stelle der Hirten, die in die Irre führten (13,18ff) und die Herde verringerten, die ihren Herrn nicht anerkennen wollte. **18** *Zwiefach:* vielleicht ist »nach dem Maß« (ihrer Schuld und Sünde; EinhÜ) besser. *Mit ihren toten Götzen unrein gemacht:* Die Götzen waren nicht besser als Leichen und verunreinigten so Gottes Land.

17,1–18 Jeremias sechste Botschaft: Unveränderte, unveränderbare Wahrheit

Jeremia greift sprichwörtliche Wahrheiten auf, um die unvermeidbare Verkettung von Sünde und Strafe nachdrücklich herauszustellen. Er legt die Lage offen dar: ungetilgte Sünde, unausweichliche Verlorenheit (V. 1–4). Dann begründet er dies mit bekannten Wahrheiten: Gegensätzliche Glaubenspraxis trägt gegensätzliche Früchte (VV. 5–8); und: Der allwissende Gott erforscht den Wert des Herzens (VV. 9.10) und des Lebens (V. 11). Weil seine Herrschaft absolut ist (V. 12a), bietet er einerseits sichere Hoffnung für sein Volk (V. 12b.13a) und andererseits sicheren Untergang denen, die ihn mißachten (13b); Jeremia liegt dabei daran, zu der ersteren Gruppe zu zählen (VV. 14–18).

1 *Mit eisernen Griffel:* Der Eisengriffel wurde gebraucht, um Inschriften in eine harte Oberfläche wie Fels oder Gestein (vgl. Hiob 19,24) einzuritzen. Das Volk weist die gleiche Art von Härte auf. Sünde ist beständig in sein Herz und seine Altäre eingegraben, von wo kein Opfer sie beseitigen kann. Genauso dauerhaft und anhaltend werden aber auch die Straffeuer Jahwes sein (V. 4). Zu den *Ascherabildern* s. auch LZB Art. »Aschera«. **3.4** Der Text ist nicht ganz klar und wird meist unter Zuhilfenahme des ähnlichen Abschnitts 15,13.14 übersetzt. **9** *Verzagt* (ZÜ: *heillos;* JB: *voll Unheil*): In 15,18 und 30,12 wird das Wort mit »unheilbar« übersetzt. Es hat die selbe Wurzel wie »Jakob« und hat eine verwandte Bedeutung (vgl. Komm. zu 9,4). **11** *Rebhuhn* (ZÜ; EinhÜ): Der Vogel verteilt seine Eier auf zwei Gelege, eines davon für das Männchen; so scheint er mehr als eine Brutstätte zu haben. **13** *Auf die Erde geschrieben werden:* d.h. nicht von Dauer, wie eine Schrift im Sand. **16** *Wegen des Unheils* (ZÜ; ähnlich LÜ): So nach veränderter Lesung der Vokale; MT: *Hirte hinter dir her* (EÜ); *vom Hirten weg* (JB Anm.). Der Prophet konnte Gott nicht darum bitten, daß das Verderben über sein Volk käme, aber er drängt Gott, Vergeltung zu üben an denen, die ihn verspotten (V. 18).

17,19–27 Anhang zum Sabbat

Jeremia hatte sich mehrfach gegen die bloße Betonung gottesdienstlicher Formen gewandt. Doch geht es beim Einhalten des Sabbats um mehr, nämlich um die Einhaltung eines göttlichen Gebots, was eine gewisse Selbstverleugnung einschließt: gewöhnliche Beschäftigungen zu unterlassen und auf gewinnbringenden Warenaustausch (V. 21) zu verzichten. Das ist es, was der Prophet hier fordert. **19** Das *Tor des Volkes* ist sonst nicht weiter bekannt. Manche meinen, es gehe hier um das »Benjamintor« (vgl. 20,2; 37,13; 38,7).

18,1–17 Jeremias siebte Botschaft: Die Wege des erhabenen Gottes

1–10 Diese Rede ist mit dem göttlich angeordneten Besuch des Propheten in einer Töpferei verbunden; dort lernte er Gott verstehen als einen »Töpfer«, der seinen menschlichen »Ton« bearbeitet. Aufmerksamer als je beobachtete Jeremia, wie der Töpfer auf der Scheibe arbeitete (V. 3; wörtl. »auf den beiden Steinen«, oben und unten; vgl. LZB Abb. Sp. 552). Er beobachtete besonders – und das mag mehr als einmal vorgekommen sein – wie ein Gefäß mißriet. Solch ein Fehler konnte auf die Ungenauigkeit oder Ungeschicklichkeit des Töpfers, das grobe Gerät oder einen Fehler im Ton selber zurückgehen. Wie in den Gleichnissen Jesu ist nicht jede Einzelheit bedeutsam. Hier ist der entscheidende Punkt nicht das Mißlingen, sondern das Beharren des Töpfers, der den Ton zu einem andern Gefäß gestaltete. So ist auch der Herr Meister über den »Ton« und gestaltet ihn nach seinem Sinn, sei es zu gewöhnlichem Nutzen oder zu hoher Kunst. Das Gleichnis ist ein lebhaftes Bild für die allmächtige Hoheit Gottes. **6** *Kann ich nicht ebenso mit euch umgehen ... wie dieser Töpfer?* Die Frage verlangt keine Antwort, sondern erklärt die Tatsachen. Die folgenden Verse zeigen, wie die göttliche Macht handelt: sie kommt der Reue auf halbem Weg entgegen (V. 7f), und sie bestraft den Abfall vom Glauben (V. 9f).

11a Die Botschaft ist klar. Verbannung ist die Form, durch die das Volk neu gestaltet werden soll. **11b.12** *Bekehrt euch ... bessert:* Das erste Wort lenkt die Aufmerksamkeit auf den Anfang, das zweite mehr auf die Fortsetzung des Prozesses. Der formende Wille des Herrn ist nur Gnade.

13–17 Vom Herrn unterwiesen, warnt Jeremia die Männer Judas und die Einwohner Jerusalems vor dem Übel der Unbußfertigkeit. Die Sünde der Leute ist so unvernünftig wie verhängnisvoll. **14** Vertraute Naturerscheinungen sogar können ihnen zum Richter werden: *Der Schnee ... vom Libanon* und der dahineilende Strom sind dauerhafter als das Volk, das Jahwe allzu schnell vergißt und Götten, anbetet, die es gar nicht gibt. **15** *Götzen* (ZÜ): wörtl. »Nichtse«. Deshalb hat sich Jahwe im Unglück von ihnen abgewandt (vgl. 2,27).

18,18–23 Reaktionen

Am Schluß von Jeremias siebter Botschaft finden wir zwei Reaktionen: die der Zuhörerschaft und die des Sprechers.

18,18 Die feindlichen Hörer verschwören sich gegen den Propheten.

Das ist die zweite Verschwörung gegen Jeremia (vgl. 11,19ff). Jeremias Feinde waren überzeugt, daß sich seine schrecklichen Vorhersagen nicht erfüllen würden, daß die gegenwärtige Ordnung erhalten bliebe und so seine Worte als falsch und – weil er sie im Namen Gottes aussprach – als gotteslästerlich erwiesen würden. In der LXX steht »Laßt uns auf seine Worte achten« (um Beweise gegen ihn aus seinem eigenen Mund zu erhalten). »Laßt uns *nicht* achten ...« (MT) ist jedoch vorzuziehen: Die Feinde werden den Propheten beschuldigen oder verleumden und seine Erwiderungen nicht beachten.

18,19–23 Der Prophet bittet um Rechtfertigung. Der Vergeltungsschrei dieses Abschnitts ist so heftig, daß viele denken, dies passe nicht zu Jeremias Art. Aber die Ausnahme mag die Regel bestätigen. Offen liegt die Seele des Propheten zutage. Er verbirgt nichts. Die Herausforderung ist stärker, als er ertragen kann. Die oberflächliche Deutung, daß seine Verwünschungen nur egoistischen Motiven entspringen, kann außer acht gelassen werden. Hier ist ein Aufschrei, daß der göttliche Plan, den die Feinde mit so viel Spott übergingen, durch die Zerstörung ihrer eingebildeten Sicherheit und Macht sich bewahrheiten möge. Im ersten Teil des Gebetes geht es vor allem um Jeremia selbst, im zweiten Teil um seine Feinde.

19,1–15 Jeremias achte Botschaft: Die unabwendbare Vernichtung

19,1.2 Der Rahmen. Wie bei der vorigen Weissagung geht es auch hier um eine Gleichnishandlung. Der Ort ist bedeutsam: das *Tal Ben-Hinnom, das vor dem Scherbentor liegt,* d.h. der Schuttabladeplatz für zerbrochene Tonwaren. Der Prophet wählt Vertreter der Laienschaft und des Priestertums (*von den Ältesten des Volkes und von den Ältesten der Priester*) und nimmt einen Wasserkrug.

19,3–15 Die Weissagung. **3–9** scheinen eine Zusammenfassung der früheren Weissagungen zu sein. VV. 4–7 begegneten uns im wesentlichen schon in 7,31–33, was aber nicht bedeutet, daß VV. 3–9 hier als Zusatz anzusehen sind. Die symbolische Handlung stellte das Prophetenwort plastisch vor Augen: Die Flasche wurde unwiederherstellbar zerstrümmert und auf den Abfallhaufen geworfen. Die Tat und die begleitenden Worte hatten vermutlich das, was wir »magischen« Einfluß auf die Hörerschaft nennen. **6** *Topheth:* s. Komm. zu 7,31. **7** *Und ich werde ... ausleeren* (ZÜ): wörtlich »ausschütten«; ein Wortspiel mit dem verwandten Wort »Flasche«. **14.15** Der Prophet ging wieder an seinen gewöhnlichen Ort zurück und verkündete den Kern seiner Botschaft jedem und allen: Vor dem Gericht gibt es kein Entkommen.

20,1–6 Jeremia im Block

1.2 *Paschhur, . . . der Priester, der zum Vorsteher im Hause des Herrn berufen war,* schlägt Jeremia in unbeherrschter Reaktion und läßt ihn in den Block schließen. Für jenen Priesterkreis war der Prophet die Drohung in Person gegen ihre wiederholte Behauptung, bei einem Angriff Babylons würde Ägypten es zwingen, die Belagerung aufzugeben. **3ff** Männer wie Jeremia ändern aber ihre Botschaft nicht je nach der Lage! Indem er Paschhur in »Magor-Missabib« (EÜ; *Schrekken um und um*) umbenannte, wollte er sagen: Wenn der Sieg Babylons zeigen wird, wie falsch seine Sicherheits-Prophezeiung war, dann wird er verantwortlich sein für so ein unglaubliches Elend, und er wird als falscher Prophet dastehen, nicht nur in seinen eigenen Augen, sondern auch vor all seinen Freunden (V. 4).

20,7–18 Jeremias Klage

Dies ist in psychologischer Hinsicht ein einzigartiger Abschnitt unter den Prophetentexten des AT, ein Abschnitt, der erschütternde Gefühle und eine offengelegte Seele zeigt. Jahwe hat ihn dazu gebracht, Prophet zu sein. Wenn er das Wort vom Verderben zurückhielte, würde es wie eine Flamme in ihm brennen, zu einer unerträglichen Spannung werden. Seine Freunde verspotteten ihn mit »Schrekken um und um«. Was ihn immer wieder aufrichtet, ist, daß Gott stets »wie ein starker Held« bei ihm ist. Schließlich werden seine Feinde den Kampf verlieren. 7 *Du hast mich überredet:* Das Hebräische wird genauer mit »verführt« wiedergegeben (ebenso in V. 10). Die Bedeutung dieser kühnen Anschuldigung muß in 1,6–10 gesucht werden, wo Gott in Antwort auf Jeremias Ausrede, daß er keine persönliche Vollmacht für das Prophetenamt habe, gebieterisch Gehorsam verlangt und das vollmächtige Wort verspricht. Jeremia hat Grund zu glauben, daß bis dahin wenig zwingende Vollmacht in dem war, was er von Gott sagte. Die Leute sind belustigt, aber nicht überzeugt. Die großen Verheißungen erscheinen als trügerische Köder, die ihn in ein Amt locken sollten, das er nie begehrte. 10 *Meine Freunde:* d.h. die, denen er vertraute; vgl. Ps 41,10; Jh 13,18. 13 Ein Augenblick der Zuversicht in den gequälten Gedanken des Propheten (vgl. dazu 16,14f). War das zur Zeit seiner Freilassung (V. 3)? **14–18** geben den Wendepunkt an. Sie verweisen auf einen noch dunkleren Tag, an dem er mehr denn je von seinem Volk verstoßen sein würde und dennoch mitansehen müßte, wie die Vernichtung es trifft. Entscheidend ist, daß diese Verse uns einen Gottesmann zeigen, der gegen sein Schicksal hadert, aber dennoch gehorsam und treu bleibt. 14 *Verflucht sei der Tag:* vgl. Hiob 3–11; 10,18.

21,1–10 Jeremias neunte Botschaft: Der göttliche Feind und eine verzweifelte Wahl

Dieses Wort des Propheten ist eine weitere Warnung, daß Jerusalem fallen werde. In 37,3–10 gibt es einen ähnlichen Bericht, doch liegt hier keine Doppelung vor. Dort geht es darum, daß wegen der Ägypter die Belagerung vorübergehend aufgehoben wurde, allerdings nur um später um so stärker wieder aufgenommen zu werden. Hier haben wir die Belagerung in ihrem Anfangsstadium.

1.2 Zedekia sendet einen anderen Paschhur (nicht den Priester von 20,3), der Jeremia um Fürbitte ersuchen soll. 4 Die Antwort: Jahwe wird die Macht Judas völlig auflösen (V. 4a), den Waffen Babylons Glück geben (V. 4b) und, **5.6**, selbst der Feind seines Volkes werden. 7 Der König, sein Hofstaat und das Volk, alle, die den Schrecken der Belagerung, die Hungersnot und die Pest überleben, sollen Nebukadnezar in die Hände fallen. **8** Das Bild von den zwei Wegen stammt aus 5Mo 30,15.19. 9 *Sein Leben als Beute:* d.h. mit dem nackten Leben entkommen.

21,11–25,38 Könige und Propheten Judas: Die Vision vom Ende

21,11–23,8 Das Königshaus Juda

Dieser Abschnitt enthält eine Reihe von Weissagungen, die sich auf die damaligen jüdischen Könige beziehen. Ob Jeremia sie in dieser Reihenfolge verkündigte oder nicht, kann man nicht sagen.

21,11–14 Königliche Pflicht. Die Ausübung der Gerichtsbarkeit war eine Haupttätigkeit des Königs. Es ging um das »Recht«, das er im Wissen um die Verantwortung vor Gott sprechen sollte (vgl. 5Mo 17,18–20). **12** *Alle Morgen:* Wahrscheinlich geht es um Regelmäßigkeit und Vorrangigkeit, obwohl auch die gewöhnliche Zeit für eine Gerichtssitzung angegeben sein könnte. Vgl. Ps 101,8. 13 *Die du das Tal bewohnst* (ZÜ): könnte möglicherweise mit »über dem Tal leben« wiedergegeben werden, was Jerusalem beschreiben würde, und *Du Fels in der Ebene* (ZÜ) könnte als »ebener Fels« verstanden werden. LÜ hat die beiden Ausdrücke verschmolzen *(die du wohnst auf dem Felsen im Tal).* Vermutlich bezieht sich dieser Vers auf die überhebliche Einstellung der jüdischen Führer hinsichtlich ihrer Sicherheit. Selbstzufrieden verließen sie sich auf die Uneinnehmbarkeit ihrer Befestigungen.

22,1–9 Pflichten gegenüber der Gemein-

schaft. König und Volk sollten in gleicher Weise Recht und Barmherzigkeit ausüben, besonders gegenüber den Ärmsten der Armen. Sonst wird das Haus Davids zur Einöde werden. **5** Jahwe bekräftigt bei seiner Person mit dem heiligsten Schwur, daß Ungehorsam mit Verwüstung bestraft werden wird: *So habe ich bei mir selbst geschworen;* vgl. Hebr 6,13–18. **6** Das Haus Davids, dargestellt als ein Wald des Libanon, soll mit Feuer vernichtet werden. Wiederum ist Götzenverehrung ohne Reue der Grund. **7** *Deine auserwählten Zedern:* meint die Führer des Volkes.

22,10–12 Schallum. **10** *Weinet nicht über den Toten:* Josia, dessen Tod bei Megiddo (609 v. Chr.) ein großes Unglück für die Reformbewegung war, sollte nicht betrauert werden, sondern eher Schallum, d.h. Joahas, der in Ägypten im Exil starb, nachdem er nur drei Monate regiert hatte (2Kön 23,31–34). Gemeint ist, daß es besser sei, auf dem Schlachtfeld zu fallen, als nach langer Gefangenschaft zu sterben.

22,13–23 Jojakim. Der Vater dieses Königs war ein Reformer; er aber handelte böse in den Augen Gottes (2Kön 23,34–37). Josia war gerecht, sein Sohn ungerecht. Josia war ein Vater seines Volkes, sein ungläubiger Sohn höhlte dessen Grundrechte aus. Der eine liebte die Einfachheit, der andere war ein Prahler. **13** *Der sein Haus . . baut:* Ausgrabungen bei Ramat Rahel (s. Komm. zu 6,1) brachten Ruinen zutage, die von diesem Palast stammen könnten. **19** *Er soll wie ein Esel begraben werden:* Hiervon haben wir keinen Bericht (vgl. 2Kön 24,6); vgl. aber die angekündigte Handlungsweise der Siegermächte in 8,1. **20–23** dürften sich auf Jerusalem beziehen; die Formen der Tätigkeitsworte sind im Hebr. weiblich, wie immer, wenn von der Stadt die Rede ist. *Liebhaber:* d.h. Verbündete. *Libanon, Basan, Abarim* sind Berge, die Israel im Norden, Nordosten und Osten begrenzen; sie stehen für die Orte, von denen aus man ängstlich nach Angreifern Ausschau hält.

22,24–30 Jojachin. Die zwei Teile dieser Weissagung können als formelle Erklärung (VV. 24–27) und begründende Klage (VV. 28–30) aufgefaßt werden. Der junge König Konja (Kurzform von Jekonja, dem Rufnamen Jojachins) und seine Mutter werden verschleppt werden. Nebukadnezar nahm sie im Jahr 597 v.Chr. mit nach Babylon (2Kön 24,8–15), wo Jojachin 37 Jahre im Gefängnis blieb (2Kön 25,27). **24** *Siegelring:* der wichtigste Privatbesitz, der das Zeichen des Besitzers trug und seine Macht anzeigte. **30** *Als einen, der ohne Kinder ist . . . dem sein Leben lang nichts gelingt:* Die Geschichtsschreibung wird keinen von Jojachins Nachkommen in der Liste der Könige zu verzeichnen haben (er hatte sieben Söhne, vgl. 1Chr 3,17). Sein Name wird von den nachfolgenden Generationen nicht verehrt werden. Von seiner kurzen Herrschaft während dreier Monate war kein Erfolg zu melden, sondern nur, daß er Übles tat.

23,1–8 Die Herrschenden. Obgleich sich dieser Teil hinsichtlich der Adressaten eher allgemein hält, ist wohl doch Zedekia das Hauptziel dieser Weissagung. **1.2** Er und seine Prinzen kehren die Aufgabe des Hirten um: Wahre Hirten sammeln, führen und pflegen ihre Herde. Gott als Eigentümer der Herde wird die falschen Hirten entsprechend bestrafen. **3.4** Er wird *die Übriggebliebenen* seiner Herde wiederherstellen und gute Hirten einsetzen. **5.6** Genauer: Er wird dem David einen Nachkommen *erwecken,* dessen Name sein Wesen anzeigt: *Jahwe zidqenu,* d.h. *der Herr unsere Gerechtigkeit.* Wiederum wird die Umkehrung der gegenwärtigen Lage geschildert: Zedekia (»der Herr ist meine Gerechtigkeit«) hatte einen ähnlichen Namen wie der zukünftige König, aber er war von Nebukadnezar eingesetzt worden und war ein Schwächling, der keine der Eigenschaften besaß, die ein wahrer König hat. *Der Sproß* meint den Schößling, den frischen Bewuchs auf dem Stumpf eines gefällten Baumes. Diese Bezeichnung für die messianische Gestalt findet sich auch in 33,14–16; Sach 3,8; 6,12; vgl. Jes 4,2; 11,1. Der Titel »Sproß« soll sowohl die göttliche als auch menschliche Herkunft des Messias bezeichnen, und sein Wortgebrauch hat es zumeist mit den königlichen und priesterlichen Seiten der messianischen Aufgabe zu tun (vgl. die angegebenen Stellen). Der neue König wird das Volk hegen nach jenem neuen »Auszug«, der als eine noch viel größere Rettung empfunden werden wird als jener Auszug aus Ägypten. Man stelle nur Zedekia, unter dem viele in die Verbannung gehen mußten, dem »Auszug« gegenüber, auf den Lk 9,31 anspielt!

23,9–40 Die Propheten Judas

Nach den Staatsführern wendet Jeremia sich nun den Glaubensführern zu. Er prüft ihr Leben (V. 9–15), ihre Botschaft (V. 16–22) und ihr Schicksal (V. 23–40).

9 *Gebrochen . . . wegen des Herrn* (ZÜ): Jeremias Ansatzpunkt ist die Heiligkeit Gottes; und es ist die gerade entgegengesetzte sittliche Gesinnung dieser angeblichen Gottesdiener, die ihn im Grunde seines Herzens trifft. Eine Grundbeobachtung durchzieht seine große Abhandlung der falschen Prophetie: Der Bote sollte wie der sein, der ihn sendet.

Wo diese Ähnlichkeit fehlt, fehlt der Botschaft die Beglaubigung (vgl. 15,19). **10** *Ehebrecher,* leiblich und geistlich, die demzufolge einen *Fluch* über alle bringen (vgl. Mal 2,1.2). *Vertrocknet:* Die Erinnerung an die Dürre war noch lebendig (14,1ff) und kann durchaus den Zeitpunkt dieser Weissagung angeben. Die landesweite Katastrophe wird auf geistliche Gründe zurückgeführt, und die Hauptschuld trifft die geistlichen Verführer. **11** Dieser Vers zeigt, daß die vorangehende Klage nicht bloß auf allgemeine Unsittlichkeit abzielt, sondern besonders auf das unreine Leben der religiösen Führer. **14** Deren schlechtes Vorbild hat eine sittliche Laxheit im ganzen Volk zur Folge, bis die Stadt Gottes sich im gleichen Zustand wie *Sodom* und *Gomorra* befindet. **16.17** Nach dem Verhalten jener Männer wird uns nun ihre Botschaft mitgeteilt: Worte unbegründeter Zuversicht, rein Menschliches (d.h. es fehlt die Grundlage einer göttlichen Offenbarung), Ermutigungen für solche, die Offenbarung überhaupt verachten und auf ihrer eigenen Weisheit beharren (V. 17).

18–22 betonen die wesentlichen Kennzeichen einer wahren prophetischen Erfahrung: Das Erlebnis inniger Gemeinschaft mit Gott (V. 18) und eine Botschaft, die nicht der Wahrheit seines Zorns über die Sünde ausweicht (V. 19–22). **18** *Rat* schließt sowohl den Begriff der beratenden Versammlung ein, wie in 1Kön 22,19ff, als auch persönlicher Gemeinschaft (das Wort wird in Ps 55,5 mit »Gemeinschaft pflegen« (ZÜ) übersetzt). **20** *Zur letzten Zeit:* Jeremia vertraut darauf, daß diese wahre Botschaft vom Zorn durch die Erfüllung besiegelt werden wird (vgl. 5Mo 18,22). **21.22** Die Lage des falschen Propheten wird zusammengefaßt: Er ist ohne Auftrag (V. 21a), ohne Inspiration (V. 21b), ohne persönliche Gottesbeziehung (V. 22a) und ohne eine Botschaft gegen die Sünde (V. 22b).

23–32, die den Unterschied zwischen wahrem und vorgetäuschtem Gotteswort hervorheben (z.B. 28.29), bereiten **33–40** vor, wo dann die anmaßende Prahlerei der falschen Propheten verurteilt wird. Ihr einziger Erfolg ist, daß sie die ganze Vorstellung eines »Wortes von Gott« in Verruf gebracht haben. **23.24** Wir müssen nicht annehmen, daß sich irgendeiner der falschen Propheten im Grunde der göttlichen Überprüfung ganz enthoben glaubte. Aber jeder, der das als göttlich ausgab, wovon er doch genau wußte, daß es keinen Ursprung außerhalb seiner selbst hatte, handelte praktisch so, als ob Gott völlig abwesend und gleichgültig wäre. **25** *Mir hat geträumt:* Was hier über Träume gesagt wird, soll nicht dieses besondere Mittel der Offenbarung abwerten, das wahren Gottesmännern zur Zeit des AT oft widerfuhr (z.B. Dan 7,1). Vielmehr soll hier unterstrichen werden, daß es sich bei dem, was die falschen Propheten kennzeichnete, um Eigenprodukte handelt. **28.29** *Weizen . . . Hammer:* beschreiben die auferbauende Kraft und die Macht des wahren Wortes. **33** *Last:* oft als »Ausspruch« (ZÜ) übersetzt (vgl. Jes 21,1), ein gängiges Wort für eine Botschaft, die man durch Offenbarung von Gott empfangen hatte. Diese Verse sagen, daß Mißbrauch eben diesen Begriff in Verruf gebracht hat und daß es deshalb vermieden werden sollte, damit so nicht der wahre Prophet mit dem falschen in Verbindung gebracht werde.

24,1–10 Die beiden Feigenkörbe

Dieses kontrastreiche Bild von Gut und Böse stammt aus dem Jahre 597 v. Chr., als die Elite der Bevölkerung nach Babylon weggeführt wurde (2Kön 24,10–17). Diejenigen, die in Juda zurückgelassen worden waren oder in Ägypten Zuflucht suchten (vgl. 26,20–23), waren »sehr schlechte Feigen, daß man sie nicht essen konnte« (ZÜ), ein ekelhafter, faulender Haufen (V. 9). Die jetzt unglücklich Verschleppten waren wie gute Feigen, die neu gepflanzt werden könnten und so das Land wiederherstellen würden (V. 6). Zuerst aber müssen die Verbannten eine völlige Wiedergeburt des Herzens erfahren und Jahwes Volk werden (V. 7).

25,1–38 Die Vision vom Ende

Hier wird der Höhepunkt der ersten 23 Dienstjahre Jeremias erreicht (etwa 627–605 v. Chr.). In der entscheidenden Schlacht von Karkemisch (605 v. Chr.), einer der bedeutendsten Schlachten der Geschichte, setzten die Babylonier der Vorherrschaft des Pharao Necho über Palästina ein klares Ende (vgl. 2Kön 24,7). In diesem Ereignis sah der Prophet den Willen Gottes. Die Babylonier waren das »Unheil vom Norden«, von Gott dazu gebraucht, sein Urteil über Juda auszuführen (vgl. 4,5ff, usw.). LXX bringt die Kapitel 46,1–51,64 hinter V. 13; einige jener Abschnitte stammen aus dieser Zeit.

25,1–14 Eine Bestätigung. **3** *Habe ich unermüdlich immer wieder zu euch geredet* (JB): Eben diese Beharrlichkeit erklärt die Wiederholung vieler Weissagungen. **8.9** Judas Hartnäckigkeit widersetzte sich lange Gottes Geduld; nun fing das Ende an. Vgl. dazu Hebr 12,25. *Alle Völker des Nordens:* Vorher nicht genannt, werden sie hier als babylonische Heeresverbände ausgewiesen, die aus unterschiedlichster völkischer Herkunft stammen und von *meinem Knecht* (d.h. Beauftragten) Nebukadnezar geführt werden. **11** Die Dauer der Verbannung, siebzig Jahre, stellt sicher, daß alle ursprünglich Verbannten gestorben sein würden, bevor die Verbannung zu Ende ginge. Diese runde Zahl dürfte nahezu richtig sein. **12–14** Babylons Sturz erfolgte, als der Perser Cyrus die Stadt 539 v. Chr. eroberte. Obwohl sie Gottes Beauftragte zur Zeit Nebukadnezars gewesen war, stand sie dennoch wegen ihres gottlosen Stolzes unter seinem Gericht (vgl. Jes 10,12).

25,15–29 Eine Verurteilung. Der vorangehende Abschnitt wurde höchstwahrscheinlich verfaßt, sobald die Nachricht vom Sieg Babylons bei Karkemisch Jerusalem erreichte, und diese Verse folgten bald darauf. Nebukadnezar wurde durch den Tod seines Vaters und die folgenden Thronbesteigungsfeierlichkeiten in Babylon gehindert, seinen Sieg weiter auszubauen; aber er kehrte wenige Monate später nach Syrien zurück und begann den ersten einer Reihe von Feldzügen, mit dem Ziel, ganz Syrien und Palästina zu unterwerfen. Offensichtlich gingen die Warnungen des Propheten diesen Feldzügen voraus, vielleicht, um einer falschen Sicherheit in der Pause nach Karkemisch entgegenzuwirken. **15** Der *Becher mit dem Wein* ist das Zeichen für Jahwes unausweichlichen Zorn über Juda und andere Völker (vgl. Ps 75,9; Jes 51,17). Babylon ist sein Beauftragter. **20** *Die Übriggebliebenen sind in Asdod:* Die Stadt war von Psammetich von Ägypten vor mindestens einem Jahrzehnt erobert worden. **23** *Die das Haar rundherum abscheren:* s. Komm. zu 9,26. **29** Man beachte, daß der Zorn Gottes bei Jerusalem beginnt (vgl. V. 18) und dann auf andere Völker übergeht, die auch seine göttliche Züchtigung verdienen. *Scheschach:* Chiffrierung für Babel, s. Komm. zu 51,1; vgl. 51,40.

25,30–38 Der Vollzug des Gerichts. Jeremia erklärt furchtlos, daß Jahwe seine Sache gegen die Völker aufnehmen und sein gerechtes Urteil vollstrecken werde. **31** *Die Schuldigen wird er dem Schwert übergeben:* Wo es um hartnäckige Bosheit geht, ist kein Platz für die menschliche Vorstellung von einem nur immer liebenden Gott (vgl. Mt 13,37ff). Diese Verse sind ein weiterer Beweis für Gottes Wachen über das Treiben der Menschen.

26,1–52,34 HISTORISCHE ERZÄHLUNGEN

26,1–24 Die Regierungszeit Jojakims

Dieses Kapitel enthält die Geschichte zweier Propheten: Jeremia und Uria.

26,1–19 Jeremia in Gefahr

Diese Szene wurde zu Recht mit der genaueren Beschreibung der »Tempelrede« in 7,1ff verbunden. Vgl. die Einführung zu Kap. 7. Der Bericht vom tragischen Ende Urias (VV. 20–23) verdeutlicht den Mut Jeremias, so aufzutreten, wie er es tat. Auch wird klar, daß seine Bereitschaft, um des Wortes Gottes willen zu sterben (V. 12–15), keine bloß theoretische Hingabe bedeutete.

9 *Silo:* vgl. 7,12–14. **10** *Tor:* der traditionelle Platz zur Verhandlung von Rechtsstreitigkeiten. **12** *Der Herr hat mich gesandt:* s. auch V. 15. Jeremia verteidigt sich selbst nicht im üblichen Sinne. Er verlagert alles auf seine göttliche Sendung. Nun ist der Augenblick da, um die Versprechen Gottes zu testen (vgl. 1,8.18f; 15,20f) und die Wirklichkeit der gelobten Treue (vgl. 16,19; 17,7.12) zu erproben. **18** *Micha:* Es geht um Mi 3,12. Das für uns Bedeutsame aber liegt in der damals verbreiteten Kenntnis des früher gesprochenen Wortes Gottes und in der Art, in der es benutzt wurde, um Gottes Wort zu bestätigen. Micha hatte ein Jahrhundert früher als Prophet gewirkt.

26,20–24 Urias Tod

Die Auslieferung und Ermordung Urias verdeutlichen, wie nahe auch Jeremia dem Tod war. Die Wankelmütigkeit des Volkes und die Treue eines einflußreichen Freundes treten hervor (V. 24), ebenso auch der Gegensatz zwischen dem Vorgehen im Glauben (V. 12–15) und dem Vorgehen in Furcht (V. 21). Für eine Reihe von Jahren war Jojakim Untertan Ägyptens, und es bestand wahrscheinlich ein Auslieferungsabkommen, wodurch sich die Leichtigkeit erklärt, mit der der König Leute nach Ägypten schicken konnte (V. 22). So wurde Uria »erprobt« und als »getreu bis an den Tod« erfunden (V. 23). Uria wurde aus Ägyptens geholt, und Jeremia wurde später nach Ägypten gebracht. Beide starben wegen ihrer Treue und Hingabe an ihren Gott.

27,1–29,32 Das gesunde Urteilsvermögen des Propheten

Diese drei Kapitel, die sich auf die Herrschaft Zedekias beziehen, mögen ursprünglich unter den nach Babylon Verschleppten verbreitet worden sein, damit sie sich keine falsche Hoffnung auf eine schnelle Rückkehr aus der Gefangenschaft machten. Nirgendwo sonst tritt das gesunde Urteilsvermögen Jeremias so klar hervor wie hier. Der Hintergrund ist bereits bekannt. Die erste Wegführung ins Exil, 597 v. Chr., war eine vollendete Tatsache; Zedekia saß, von Babylon geduldet, auf dem Thron. Aber innerhalb und außerhalb des Landes verschworen sich viele gegen Nebukadnezar. In diesen Kapiteln wehrt Jeremia der Vorstellung, daß man die gegenwärtige Vormacht stürzen könne, und berichtigt sie. Der Prophet wendet sich mit diesem Thema an die Nachbarvölker (V. 1–11), an den König Zedekia (V. 12–15), an die Priester (V. 16–22) und Propheten (28,1–16) sowie die Verbannten selbst (29,1–32).

27,1–22 Das prophetische Wort

27,1–11 Eine Botschaft an die Nachbarkönige. In der Zeit Sanheribs hatte Hiskia einen Aufstand in Palästina angeführt. Nun schien Zedekia ein geeigneter Anführer für die benachbarten Gegner der babylonischen Vorherrschaft zu sein. Der Prophet benutzte die Gesandten, um das Wort Gottes zu deren heidnischen Herren zu bringen: Ihre Verschwörung war zwecklos, der Herr hatte gesprochen, nicht eine bloße Ortsgottheit, sondern der Schöpfer und Herrscher über die Welt (vgl. 10,11–13). Sein Prophet allein sprach die Wahrheit. **1** *Zedekia:* In der Textüberlieferung steht hier z.T. »Jojakim«, was durch V. 3 und V. 12 als irrig erwiesen wird. Das Auge des Schreibers mag zurück auf 26,1 gewandert sein. S. Komm. zu 28,2. **6** *Meines Knechtes:* vgl. 25,9.

27,12–15 Eine Botschaft an Zedekia. Diese besteht aus einer Mahnung an den widerspenstigen König, sich Nebukadnezar zu ergeben, und aus einer Erklärung bezüglich der falschen Propheten. Die Falschheit dieser Propheten liegt darin, daß sie aus eigenem Antrieb reden.

27,16–22 Eine Botschaft an die Priester. Auch diese Botschaft besteht aus einer Ermahnung und einer Erklärung. Der hebr. Text (MT) und die LXX sind nur in der allgemeinen Weissagung einig, daß die heiligen Geräte mit in die Gefangenschaft genommen werden. Doch kann man wohl kaum darauf bestehen, daß der kürzere Text der LXX notwendigerweise das Original sei. **16** *Die Geräte:* d.h. die Tempelausstattung, die 597 v. Chr. weggeschafft wurde. Jeremia begegnete der oberflächlichen Zuversicht der falschen Propheten mit dem Wort, daß auch sie die Gefangenschaft erleiden müssen. **18** Aufgrund der ihm geschenkten Gewißheit konnte der Prophet solche kühnen Worte sprechen und dabei wissen, daß man ihm nichts würde antworten können. **22** »Der Mensch denkt, Gott lenkt.«

28,1–17 Eine offene Herausforderung

Dieses Kapitel zeigt große Abweichungen zwischen dem hebr. Text (MT) und der LXX. Gewöhnlich werden die Unterschiede als Zusätze des Hebräischen gegenüber der straffen Form in der Septuaginta erklärt. Das Kapitel enthält vier Reden, zwei von Hananja und zwei von Jeremia.

28,1–4 Hananjas Weissagung. So wie hier ist immer die Frage entscheidend, ob ein Prophet wahr oder falsch ist. Hananja hatte Jeremia gehört, wie er dem aufrührerischen Volk Verbannung voraussagte. In scharfer Erwiderung sagte er, daß Jahwe ihm das Gegenteil geoffenbart habe, und er veranschaulichte diese Richtigstellung mit einem zerbrochenen Joch (V. 4). **1** *In demselben Jahr:* Hier liegt die gleiche Unsicherheit in der Textüberlieferung vor wie in 27,1 (s. dort). **2** *Ich habe . . . zerbrochen:* bezieht sich auf eine Tatsache, zu der sich der Herr entschlossen hat, und die daher so gewiß ist, daß man sagen kann, sie sei schon geschehen.

28,5–9 Jeremias Widerrede. Jeremia konnte aufrichtig *Amen* (d.h. »so sei es«) zu den Worten Hananjas sagen, denn sein ganzer Dienst zielte auf die Wiederherstellung eines glücklichen Juda; doch wußte er, daß das so nicht gehen konnte. Nur eine Gesinnungsänderung könnte das Unglück abwenden. Darüber hinaus stimmte Hananjas »Weissagung« nicht mit der Grundaussage früherer anerkannter Propheten überein (eine Probe, die noch gültig ist, wenn neue Lehren auftauchen; vgl. 26,18).

28,10–11 Hananjas Zeichenhandlung. Dramatisch veranschaulichte Hananja seine Aussage, indem er das Joch brach, das er Jeremia abgenommen hatte. Ebenso würde Nebukadnezars Macht innerhalb von zwei Jahren gebrochen werden. **11** *Jeremia ging seines Weges:* Warum antwortete Jeremia nicht sofort? Darüber ist viel geschrieben worden. Doch konnte der wahre Prophet seiner früheren Erklärung nichts hinzufügen: »Ob ihn der Herr wahrhaftig gesandt hat, wird man daran erkennen, daß sein Wort erfüllt wird« (V. 9). Die Menge muß von Hananjas Botschaft sehr beeindruckt gewesen sein, und eine weitere Widerrede von Jeremia hätte sein Leben gefährden können.

28,12–17 Die Bestätigung der Botschaft Jeremias. Wenn Jeremia irgendwelche Zweifel hatte, ob er die Wahrheit besäße, wurden sie durch diese Weissagung ausgeräumt. **13** *Du hast nun ein eisernes Joch an seine Stelle gesetzt:* so LÜ nach dem Hebr., d.h. Hananja hat mit seiner Zeichenhandlung zusätzliche Beschwernis bewirkt. ZÜ hat nach LXX »so werde ich . . .«. **17** Keine zwei Monate lagen zwischen Hananjas falscher Weissagung und der Erfüllung der Weissagung Jeremias (vgl. V. 1).

29,1–32 Anweisungen an die Verbannten

29,1–23 Der Brief Jeremias. Eine große

Menge von Gefangenen war im Jahre 597 v. Chr. nach Babylon geführt worden, unter ihnen König Jojachin, sein Hofstaat, eine Gruppe Priester und einige Propheten (2Kön 24,10–17). Da erhielt Jeremia Nachricht, daß gewisse falsche Propheten unter den Verbannten eine baldige Rückkehr in die Heimat voraussagten. Jeremia schrieb diesen Brief, damit die Verbannten sich nicht durch oberflächlichen, wirklichkeitsfremden Optimismus Hananjas und seiner Freunde hinreißen ließen. Von der Geduld, die Wiederherstellung durch Jahwe abzuwarten, hing alles ab. Dies sollte nicht durch voreiliges Handeln gefährdet werden. Glaube an Gottes Zukunft ist der entscheidende Grundsatz, um den es hier geht: erwartungsfrohe Geduld – nicht die Kraftlosigkeit der Verzweiflung noch der Selbstmord aus Dummheit. Die Botschaft des Propheten enthält eine Mahnung und eine Erklärung. In seiner Mahnung an das Volk (V. 4–9) fordert er es auf, das gewohnte Leben so weit wie möglich beizubehalten. Dabei verdient die Aufforderung zur Fürbitte für die *Stadt* Babylon besondere Beachtung. Die folgende Erklärung (V. 10–32) schließt vier Menschengruppen ein: diejenigen, die schon in der Verbannung sind (V. 10–14), diejenigen, die ihnen bald folgen werden (V. 15–19), die falschen Propheten in Babylon, von denen zwei, Ahab und Zedekia, genannt werden (V. 20–23) und Schemaja (V. 24–32).

7 Vgl. 1Mo 18,23–33; Mt 5,13–16. **8** *Die Träume, die sie träumen.* Der hebr. Text ist schwierig, vielleicht »die Träume, die ihr (sie) zu träumen ermutigt«, d.h. sie sprechen, was die Leute hören wollen (vgl. Jes 30,9–11). **10** Vgl. 25,11; 27,7. *Siebzig Jahre* der Herrschaft Babels, das ist der geschichtliche Horizont, vor dem die Verheißung aufleuchtet. **11** Jahwe wird ihnen *eine Zukunft* (wörtl. ein letztes Ende) *und eine Hoffnung geben* (ZÜ). Darüberhinaus können sie sogar in Babylon Zugang zu ihm haben (vgl. Hes 11,14–17). **16–20** fehlen in LXX und werden von vielen Auslegern als späterer Zusatz angesehen. Obwohl sie an 24,1–10 erinnern, sind sie doch keine bloße Wiederholung. Ihre Stellung hier kann als Widerspruch zu den optimistischen Aussagen der falschen Propheten gedeutet werden. **22** Wegen der Strafe siehe Dan 3. Ein Wortspiel könnte in *Fluchwort* (hebr. *gelala*), *rösten* (hebr. *qalam*) und dem Namen von Ahabs Vater *Koloja* gesehen werden.

29,24–32 Die Erwiderung auf den Brief. Das Wort des Herrn stieß sofort auf Widerstand, den der Prophet des Herrn allerdings verurteilte. So wie Hananja wegen Aufsässigkeit starb, so erging es auch Schemaja, und er sollte den Erweis seines Irrtums nicht mehr erleben.

30,1–34,22 Die Zukunft enthält Hoffnung

Schon die Verse 29,11–14.32c kündigen das Thema vom »Guten, das ich meinem Volk tun will« an. Die bisherigen Weissagungen Jeremias betonten besonders das Gericht, obwohl auch dort schon ab und zu ein Lichtstrahl auf den dunklen Pfad des Volkes Gottes fiel (z.B. 12,15; 16,14f; 23,1–8; 24,6f). Diese Kapitel nun bringen eine bemerkenswerte Veränderung. Die Atmosphäre ist noch mit Gericht geladen, aber ein klarer Himmel ist in Sicht, die Botschaft handelt von Hoffnung. Wenn wir annehmen, daß die Kap. 30 und 31 zur selben Zeit wie die Kap. 32 und 33 geschrieben oder zumindest in ihre gegenwärtige Form gebracht wurden, dann ist es wichtig, sich zu vergegenwärtigen, daß wir unmittelbar vor dem endgültigen Zusammenbruch Judas stehen, nämlich in Zedekias 10. Regierungsjahr. Was für eine außerordentliche Lage! Jeremia ist im Gefängnis; das babylonische Heer berennt die Stadtmauern Jerusalems; in der Stadt wüten Hunger und Pest. Juda war am Tiefpunkt angelangt, und das Volk brauchte Trost und Hoffnung. In dieser dunklen Stunde hat Gott eine Botschaft für sein Volk: Das Volk soll nicht umkommen; mehr noch: die Zeit soll kommen, in der auch Heidenvölker die Wahrheit Gottes anerkennen werden und ein rechtschaffener Sproß aus dem Hause David erscheinen wird, dessen Name »der Herr, unsere Gerechtigkeit« sein wird.

Der Abschnitt ist vielleicht eine Sammlung von Reden, von denen einige früher in anderen Situationen gehalten wurden (z.B. 31,2–6 18–22 über Ephraim), während andere nach Ansicht vieler hinzugefügt wurden, damit sie in die Lage der Verbannten paßten. Stilistische Ähnlichkeiten mit dem letzten Teil des Jesajabuches sind aufgezeigt worden, was die Annahme späterer Hinzufügungen bestärkt. Aber stilistische Gründe sind zu unbestimmt, als daß sie gültige Schlußfolgerungen erlaubten. Geist und Ausdrucksweise stimmen mit Jeremia überein.

30,1–24 Das Buch des Trostes

30,1–11 Die zugesicherte Wiederherstellung. Das Kapitel beginnt mit einer Erklärung zur Wiederherstellung (V. 1–3). Es muß eine Erziehungsmaßnahme erfolgen, aber kein endgültiges Unheil (V. 4–11). **2** *Schreib:* vgl. den früheren Befehl in 36,2; auch Jes 30,8. Daß die Botschaft schriftlich abgefaßt wird, bedeutet auch, daß sie vor Gott feststeht und ihre Erfüllung sicher ist. **8.9** Was Hananja symbolisch zu tun versuchte, aber ohne Recht und Kraft, es durchzuführen (28,10f), wird Jahwe in seiner großen Gnade vollbringen. In V. 8 paßt ZÜ die Form der persönlichen Fürwörter den übrigen Versen an *(ihren, ihre;* vgl. dagegen LÜ *deinem, deine,* entsprechend dem Hebr.*)*. Diese Änderung wird aber unnötig, wenn man sieht, daß VV. 8.9 ohnehin eine in Erzählform geschriebene Zusatzerklärung zum Thema »Tag des Herrn«, sind, von dem die übrigen Verse (VV. 7.10.11) – im Hebr. in poetischer Form – handeln. *Ihrem König David:* bedeutet nicht, daß David von den Toten auferweckt werden wird, sondern bezieht sich auf den verheißenen künftigen König aus dem Haus David (vgl. Hes 34,23; 37,24).

30,12–17 Verwundet und geheilt. Israels Wunden sind ihm von Jahwe durch die Hand eines gnadenlosen Feindes beigebracht worden. Sie sind die Folge seiner Schuld (V. 15) und sind unheilbar (V. 12.15). Israel ist von allen Verbündeten verlassen worden; daran wird deutlich, wie hoffnungslos seine Lage menschlich gesehen ist. Aber **16.17** sprechen aus – ein Paradox, wie häufig bei Jeremia –: Gott greift in die Angelegenheit aller ein, wobei er sich um sein auserwähltes Volk besonders kümmert. Diejenigen, die Israel beraubt haben, sollen selbst um ihres Hochmutes willen beraubt werden, und die Wunden des verachteten Israels sollen geheilt werden.

30,18–24 Die Wiederherstellung. Jenseits der Gefangenschaft gibt es ein »Wieder-Zuhause«. Eine Beschwingtheit durchzieht diesen Abschnitt, als ob der Frühling durch den strengen Winter hindurchbräche. Dies ist das Gegenstück zu Jes 35, nur in der Sprache und im Geist Jeremias. Man wird wieder fröhlichen Lärm hören; es werden wieder Kinder geboren werden (V. 19.20). Der Herrscher über Israel wird wieder aus ihrer eigenen Mitte stammen (V. 21), er wird sowohl König als auch Priester sein, einer, der Zugang zu Gott hat (V. 21b). So wird sich das große Bundesversprechen erfüllen (V. 22; vgl. 1Mo 17,7; 2Mo 6,7; 3Mo 26,11–13; 5Mo 7,6; 2Sam 7,24). Der Prophet sieht hier einer fünffachen Wiederherstellung entgegen: Gesundung (V. 17), Land (V. 18), Wachstum (V. 18–20), ein vorbildlicher König (V. 21) und Gemeinschaft mit Gott (V. 22). **23.24** Vgl. 23,19.20 *Zur letzten Zeit:* d.h. diese glühenden Versprechen werden noch nicht jetzt erfüllt, sondern erst in der nicht genau bezeichneten Zukunft.

31,1–40 Wiederherstellung und der neue Bund

Dieses ganze Kapitel beschäftigt sich mit der Wiederaufrichtung, dem Glück und Frieden Israels, und zwar beider Reiche. VV. 1–22 betreffen hauptsächlich das Nordreich, die VV. 23–26 das Südreich und VV. 27–40 beide. Es gibt keine dunkle Wolke am Horizont. Alles ist hell und prächtig.

31,1–6 Gnade inmitten der Wüste. Das nördliche Israel (Ephraim) soll wiederhergestellt werden – aufgebaut und bepflanzt werden, und das Ende der Kluft zwischen Nord- und Südreich wird vorausgesagt, dadurch daß sie gemeinsam Jahwe, den Herrn des ganzes Volkes, auf dem Zion in Jerusalem anbeten (V. 6).

2.3 Die allgemeine Bedeutung dieser Verse ist ziemlich klar: Der Herr befreite Israel von Pharaos *Schwert* (2Mo 14,6ff) und gewährte ihm *Gnade* in den Tagen *in der Wüste.* Das war bloß ein erstes Zeichen *ewiger Liebe* (ZÜ), die Gott in seiner *Huld* dann bis zu der Zeit *bewahrt* (JB) hat, in der diese Worte aufgeschrieben wurden. Die genaue Übersetzung der Verse ist jedoch schwierig (vgl. im einzelnen LÜ, ZÜ, JB). In V. 3a hat LÜ das Hebr. unverändert wiedergegeben: *mir* (LXX: *ihm*; vgl. ZÜ). Auch V. 3b ergibt nach dem Hebr. einen etwas anderen Sinn, als ihn LÜ und ZÜ unter dem Einfluß der LXX wiedergeben. Nach ihnen könnte es so aussehen, als ob alle Liebe Gottes auf die Vergangenheit beschränkt sei. Gott antwortet auf diesen möglichen Einwand Israels, daß das keineswegs der Fall sei: Ich habe »dir solange die Treue bewahrt« (EinhÜ: *Von ferne,* d.h. von seiner himmlischen Wohnung; vgl. 2Mo 3,8a).

31,7–14 Vorweggenommene Freude. Jeremia sieht die Heimkehr (V. 7–9) und die Freude des erlösten Volks (V. 10–14). **7** *Haupt:* d.h. in der Einschätzung durch Gott. **8** *Blinde . . . Lahme . . . Schwangere . . . junge Mütter:* Vier Menschengruppen, die persönlich unfähig sind, eine solche Reise anzutreten, werden genannt, damit klar wird, daß die Rettung nicht auf persönlicher Stärke, sondern ganz auf Gottes Tun beruht. **9** *Weinend . . . trösten:* LÜ liegt eine unnötige Änderung des hebr. Textes zugrunde; man lese *»mit Weinen kommen sie und unter Flehen«* (ZÜ). *Erstgeborener:* vgl. 2Mo 4,22; es geht hier nicht um die Sohnschaft durch irgendeinen Zeugungsprozeß, so wie sich die Heidenvölker für direkte Abkömmlinge ihrer Götter hielten, sondern durch eine geschichtliche Auserwählung und durch persönliche Erlösung (vgl. Jh 1,12; Eph 1,3–8).

31,15–17 Rahel wird getröstet. Ein bewegendes prophetisches Bild: Rahel in ihrem Grabe, die erneut über die Verbannung ihrer Söhne Joseph und Benjamin weint. Aber der Herr wischt ihre Tränen ab, indem er Wiederherstellung verspricht. **15** *Rama:* Vgl.

40,1; Rama war anscheinend ein Sammelpunkt für die Hauptleute. Es liegt der Überlieferung nach zwischen Jerusalem und Bethlehem (vgl. Mt 2,18), wird aber oft für das Rama bei Bethel gehalten (vgl. 1Sam 10,2).

31,18–22 Gewissen und Gebet. Mit derselben prophetischen Erkenntnis sieht Jeremia, wie Ephraim auf den Ruf des Gewissens hin erwacht und wie sich der Herr wie ein Vater nach ihm sehnt. 18 *Bekehre du mich:* Der erste Zug, der zur Umkehr führen soll, muß vom Herrn ausgehen. Nur das gewandelte Herz kann sich umwenden. Vgl. Klgl 5,2. 21 *Richte dir Wegzeichen auf:* Wegweiser oder Steine, die die Straße markieren, sind lebenswichtig in der Wüste, bedeuten hier aber auch eine Zusicherung für die aufbrechenden Verbannten, daß sie einen gesicherten Rückweg haben werden. 22 *Das Weib wird den Mann umgeben:* Viele Deutungen werden angeboten, keine ist ohne Schwierigkeiten. Manche schlagen vor: »Eine Frau behütet den Krieger«, was auf ein friedliches Paradies hindeutet. Vielleicht haben wir es hier mit einem Sprichwort zu tun, dessen Bedeutung verlorengegangen ist.

31,23–26 Das gesegnete Juda. Wenn diese besseren Tage kommen, wird Juda das gesegnete Land des Herrn sein. 26 Der Prophet scheint hier festzuhalten, wie angenehm ihm selbst der geschaute Traum war.

31,27–30 Gott, der Neuschöpfer. Wenn das Leiden einmal vorüber sein wird, wird der Herr wieder damit beginnen, sein Volk zu erneuern. Zerstörer ist er nur angesichts des Übels; grundsätzlich ist er der Schöpfer. An dem kommenden Tag, den der Prophet voraussieht, wird der vorsätzliche Sünder die gebührende Strafe für seine Taten erleiden (V. 29), und das alte »Schicksalswort«, das so, wie es volkstümlich verstanden wurde, nie dem alttestamentlichen Denken entsprach, wird sich als Lüge erweisen (vgl. Hes 18,1–3). Die »Solidarität« von Familie, Stamm und Volk (z.B. 4Mo 16,26–33; Jos 7,1–12) wurde durch das ganze AT hindurch genau beachtet, sollte aber nie heißen, daß der einzelne – oder sogar eine ganze Generation – so in die Sünden der Vergangenheit verstrickt war, daß Buße und ein sittlicher Neuanfang unmöglich gwesen wäre. Jeremia freut sich auf ein ganz neues Handeln Gottes an dem einzelnen (s. V. 31–34), und in diesem Licht sieht er voraus, daß jene vielgebräuchliche Ausrede für sittliche Nachlässigkeit verschwinden wird.

31,31–34 Der neue Bund. In einem Abschnitt von grundlegender Bedeutung spricht Jeremia etwas aus, was wie kaum etwas anderes die Einheit der Bibel begründet. Das NT befaßt sich mit dem Kommen und der Errichtung des neuen Bundes, aber der Gedanke jenes neuen Bundes gehört bereits ins AT. 31 *Bund:* In der hier gemeinten Bedeutung (vgl. 1Mo 6,18; 15,18; 2Mo 2,24; 6,4–6 usw.) bezeichnet er Gottes Versprechen, ein Volk zu bewahren und als sein Eigentum zu beschützen. Jeremia sieht, daß Gottes Rettungsabsichten zu einer neuen Erfüllung, ja sogar zu ihrer endgültigen Gestalt kommen (V. 34). *Israel . . . Juda:* Der neue Bund wird das Mittel zur Einheit für das Volk Gottes werden, so daß es die Trennungen und Feindschaften der Vergangenheit überwindet. 32 *Nicht wie . . .:* Worin liegt das Neue dieses Bundes, verglichen mit dem großen Bundesschluß am Sinai (vgl. 2Mo 24,3–8)? *Nicht gehalten:* Das ist der einzige Unterschied, den Jeremia nennt: Unter dem früheren Bund war der menschliche Teil nicht in der Lage, die Bedingungen des Bundes zu erfüllen, obwohl Gott *ihr Herr* (vgl. EÜ: *»mit ihnen vermählt«,* EinhÜ: *Gebieter)* war. Hier kehrt Jeremia zu seiner Lieblingssicht der Bündnisbeziehung, nämlich der Ehe, zurück (vgl. 2,2f); und indem er den Herrn als den Ehemann bezeichnet, will er festhalten, daß keine Untreue auf der göttlichen Seite vorlag. Der frühere Bund muß wegen menschlicher Schwachheit durch den neuen Bund ersetzt werden (vgl. 5Mo 5,28.29).

33 Was soll der Herr nun tun? Er muß entweder seine Forderungen herunterschrauben, bis sie im Bereich der menschlichen Möglichkeiten liegen, oder aber er muß das Herz der Menschen ändern. Und er spricht sich für das zweite aus. *Mein Gesetz:* Das Gesetz spiegelt die Natur Gottes wider und ist deshalb unwandelbar. Gott kann seine Maßstäbe nicht ändern, ohne sich selbst aufzugeben. Aber nun soll das ganze innere Wesen der Menschen, *ihr Herz,* von Gott umgestaltet werden, so daß sie den Anforderungen des Gesetzes genügen; und auf diese Weise soll das große Bundesversprechen, *»sie sollen mein Volk sein, und ich will ihr Gott sein«,* erfüllt werden. 34 Wie soll sich das vollziehen? Welche Tat Gottes wird es möglich machen? Jeremia betont zuerst die Bedeutung des einzelnen in dem neuen Bund. Jeder im Volk Gottes wird freien Zugang zu Gott und innigen Umgang mit ihm haben, so wie es das Wort *erkennen* im Zusammenhang mit dem Ehebund andeutet (vgl. 1Mo 4,1). Das wird durch eine volle und endgültige Abrechnung mit der Sünde möglich werden (man beachte das begründende *denn ich will . . . vergeben). Nimmermehr gedenken:* betont die Engültigkeit der Tat Gottes. Im Gegensatz zu den rituellen Forderungen des mosaischen Bundes, die die Menschen unaufhörlich an ihre Sünde erinnerten (vgl. Hebr 10,3), wird diese neue göttli-

che Tat die vergebenen Sünden sogar aus dem Gedächtnis Gottes tilgen, und zwar für immer (vgl. Mi 7,18–20; Hebr. 10,10–18).

31,35–37 Beständigkeit. Zwei Beispiele aus der Schöpfungsordnung dienen zur Veranschaulichung dafür, daß Israel bestehenbleiben wird. Der Bestand Israels beruht auf der Beständigkeit Gottes (vgl. Hebr. 13,8).

31,38–40 Wiederaufbau und Heiligung Jerusalems. Eine Prophezeiung, deren Verwirklichung in einem gewissen Sinn Nehemia erleben durfte und an der er Anteil hatte. Jerusalem würde wieder aufgebaut (VV. 38.39), das Tal Ben-Hinnom, das durch Baalverehrung und Unrat verunreinigt war, würde gereinigt werden, und die Stadt und ihre Umgebung würden für das Leben und die Anbetung geheiligt werden (V. 40). All das sollte ein Vorzeichen werden für den Glanz der ewigen Gottesstadt, auf den es noch zu warten gilt (vgl. Offb 21,9ff).

32,1–44 Ein Pfand für die versprochene Zukunft

Die nächsten beiden Kapitel stammen aus dem 10. Jahr Zedekias (588/7 v. Chr.), d.h. kurze Zeit vor dem endgültigen Fall Jerusalems (vgl. 2Kön 25,1–3). Aber trotz der dunklen Situation behielt der Prophet eine feste und beeindruckende Zuversicht, nicht in dem Glauben an eine bevorstehende Befreiung Jerusalems, sondern an die endgültigen Absichten Gottes. Thematisch gehört das Kapitel mit seiner Heilsankündigung für Juda an diese Stelle; zeitlich folgt es Kap. 37 und 38.

Das Kapitel kann grob in zwei Abschnitte geteilt werden. Im ersten steht der Prophet Gottes im Vordergrund, im zweiten der Gott des Propheten.

32,1–25 Der Prophet Gottes. Wir erfahren drei Dinge über ihn: seine Gefangenschaft, seine Zuversicht und seine Demut.

1–5 beschreiben die Gefangenschaft des Propheten. Dieser Absatz ist eine Einleitung zum nächsten. Der Feind belagerte die Stadt, und der Prophet wurde für zu babylonfreundlich gehalten, als daß man ihn in Freiheit lassen wollte. Für seine realistischen Gesichte hatten die Verantwortlichen weder in ihrem Denken noch in ihrem Herzen Raum. **5** *Bis ich ihn heimsuche:* Heimsuchung kann entweder Trost oder Bestrafung meinen. Hier sollte sich herausstellen, daß Heimsuchung in Zedekias Fall Bestrafung bedeutete (vgl. 2Kön 25,7).

6–15 handeln von der Zuversicht des Propheten. Jeremia hatte betont, daß es keine völlige Vernichtung geben würde, weil Jahwe beschlossen hatte, mit einem zurückkehrenden Rest seinen unveränderlichen Plan durchzuführen (z.B. 5,10.18; 29,11–14; 31,8–14). Daß er selbst davon überzeugt war – mit allen Konsequenzen –, sollte er unter Beweis stellen, als ihm sein Vetter Hanamel (auf der Basis des Eigentumsgesetzes von 3Mo 25,25) ein Feld bei Anathoth zum Kauf anbot, das nun im Besitz des Feindes lag. Jeremia sah, daß die Offenbarung, die an ihn ergangen war, auch dem Volk bekannt werden sollte, daher die Sorgfalt beim Entwerfen und bei der Sicherung der Übereignungsdokumente. Der Absatz gliedert sich in drei Teile: Gott ergreift die Initiative (V. 6f); Hanamel handelt (V. 8); Baruch schreibt alles auf (V. 9–15). **9** *Siebzehn Lot,* wörtl. *Schekel:* s. LZB, Sp. 895 f, und HZB, S. 104.108. Jeremia hatte offenbar ausreichende Rücklagen, sogar im Gefängnis; denn dies kann als ein Jahreslohn veranschlagt werden. **11** *Den versiegelten Kaufbrief und die offene Abschrift:* Das erste war eine genaue Aufzeichnung, die gefaltet und versiegelt wurde, um Fälschungen zu verhindern; das letztere war ein Auszug oder eine Zusammenfassung für den Hausgebrauch. Papyrus war das übliche Schreibmaterial. In der Geschichte des Altertums gibt es eine ähnliche Überlieferung. Als Hannibal von Karthago im Jahr 211 v.Chr. plötzlich knapp 5 Kilometer vor den Toren Roms auftauchte, wurde das Feld, auf dem sein Lager war, ohne Schwierigkeiten auf dem Marktplatz Roms verkauft (Livius XXVI 11).

16–25 enthalten das Gebet des Propheten. Er erinnert sich an das Wesen Gottes, wie es sich in der Geschichte zeigte (V. 17–20), sowie an das Wesen des Volkes Gottes (V. 21–23), und er kann kaum glauben, daß sein jüngster Erwerb wirklich einen Sinn haben soll. Wenn man die Verse 17b–23 wegließe, wie manche Ausleger es befürworten, würde der Zweifel von V. 25 ohne das Gegengewicht eines fest gegründeten Glaubens dastehen.

32,26–44 Der Gott des Propheten. Gott sah die verwirrten Gedanken seines Dieners und gab eine Erklärung in bezug auf Judas gegenwärtig dunkles aber doch letztendlich helles Schicksal.

26–35 Das Geschick, das Juda unmittelbar bevorstand, war schrecklich. Die Krankheit war soweit fortgeschritten, daß eine einschneidende Operation geboten war. Jeremia stellt als Stimme Gottes die Geschichte seines Volkes dar, die immer wieder von Götzenverehrung handelt. Daraus ergibt sich die Notwendigkeit, das Volk zu züchtigen, bis es rechtschaffen sein würde. **27** antwortet auf Jeremias Unsicherheit (V. 24f) über den eher riskanten Kauf, den er soeben vollzogen hatte, und ist zugleich Überschrift für die nächsten beiden Abschnitte, nämlich VV. 28–35, die das kommende Gericht darstellen, und VV. 36–44, die im Gegensatz dazu die letztendliche Herrlichkeit hervorheben. *Gott alles Fleisches:* drückt im allgemeinen die erhabene Herrschaft des Herrn als Schöpfer und speziell über die Menschen aus. Infolge dieser Allmacht ist für ihn nichts, weder Strafgericht noch Wiederherstellung, *unmöglich.* **33** *Stets* (LÜ): Diese Übersetzung ist farblos. Besser und genauer ist EÜ »früh mich aufmachend« oder ZÜ »früh und spät«.

36–44 Judas Endschicksal sollte strahlend und herrlich sein. Die Strafe mußte sein (V. 36), aber es sollte kein endgültiges Unglück geben. Das Volk würde wieder ins Land (V. 37) und zu seinem Gott (VV. 38–41) zurückfinden, und das Land sollte wieder blühen (V. 42–44). **38** Vgl. Komm. zu 30,22. **39** *Ich will . . . geben:* Das ganze Rettungswerk, hier im Blick auf den einzelnen so betrachtet, daß es *Sinn* und Lebensführung *(Wandel)* berührt, ist eine Gabe Gottes. *Einerlei Sinn:* d.h. die Zwiespältigkeit wird zu Ende sein (vgl. Jak 1,6f; Eph 4,3–6); stattdessen wird es äußerste Aufrichtigkeit und ganze Hingabe gegenüber Gott geben. Das erinnert an 31,33. *Einerlei Wandel:* d.h. eine Lebensführung, die in sich vollkommen stimmig ist. **40** *Ich will einen ewigen Bund mit ihnen schließen, daß ich nicht ablassen will:* Die Bewahrung des Volkes Gottes hängt auch ganz von Gott ab (vgl. V. 39).

33,1–26 Erneute Verheißung der Wiederherstellung

Dieses Kapitel befaßt sich erneut mit der Wiederherstellung Israels. Der Abschnitt VV. 24–26 findet sich nicht in LXX; viele betrachten ihn als einen Anhang unbekannter Herkunft. Das Thema des Kapitels ist eine dreifache Wiederherstellung: nämlich die des Volkes, um das Land zu bewohnen, die des Landes zu seiner vollen Blüte und die des davidischen Königtums.

33,1–8 Die Wiederherstellung des Volkes, um das Land zu bewohnen. Diese Verse werden von dem mittlerweile bekannten Thema der beiden Handlungen Gottes beherrscht: erstens, Jerusalem in einem Strafgericht zu vernichten; zweitens, das Volk wiederherzustellen und es wieder aufleben zu lassen. Gleichsam als Vorwort wird Jeremia die Zusage gegeben (V. 2f; vgl. 32,27), daß der Herr über allem stehe. **2** *Der die Erde schuf* (ZÜ): nimmt eine Lesart der LXX auf. Das Hebräische »der es macht« (vgl. LÜ) ist ein allgemeiner Hinweis auf den genannten zweiteiligen Plan Gottes (32,28–35.36–44). In jedem Fall – sei es nun durch Anspielung auf die Schöpfermacht Gottes oder auf sein Geschichtshandeln – geben die Worte eine Zusicherung dafür, daß Gott die Wege der Menschen lenkt. **3** Dieselbe Wahrheit wird betont, indem auf die Quelle allen Wissens im Herzen Gottes hingewiesen wird. Der Herr fordert Jeremia auf, demütig um weitere Offenbarungen zu bitten, und er deutet damit an, daß irdische Ereignisse ihren Ursprung im Willen Gottes haben, der sie vorherbestimmt. **8** *Und will sie reinigen:* Die Wahrheit von 31,34 lebt in Jeremia fort.

33,9–13 Die Wiederherstellung des Landes zu seiner vollen Blüte. Diese Verse bringen einen auffallenden Gegensatz zwischen dem, was war, und dem, was sein wird; zwischen dem, was das Land durch die Sünde des Menschen geworden war, und dem, was es durch die Gnade Gottes werden wird: anstelle der Trostlosigkeit Wohlstand, anstelle von Kummer Freude; die Leute sollen ein Zuhause haben, Wohlstand wird im Land sein, Freude im Herzen und Lob im Tempel. Nur eines fehlt noch in dieser Aufzählung: ein vorbildlicher König. Ihn stellt uns der nächste Abschnitt vor.

33,14–26 Die Wiederherstellung des davidischen Königtums. Die ganze Voraussage einer gesegneten Zukunft basiert auf grundlegenden Verheißungen des kommenden großen Nachfahren Davids, des messianischen Königs. Das Versprechen, das Gottes Volk gegeben wurde, soll gehalten werden (V. 14), aber in einer richtigen Folge der Ereignisse: erst der versprochene Retter (V.15), dann das gerettete und sichere Volk (V. 16). Diese Verheißungen werden dann in ihrer Ordnung bestätigt: die Verheißung des Königs verbunden mit dem levitischen Priesteramt (VV. 17–22) und die Verheißung, daß das Volk erhalten bleiben soll (VV. 23–26).

15 *Gerecht* ist ein häufig genanntes Attribut für den Messias, z.B. Jes 11,4.5; 53,11. *Sproß:* S. Komm. zu 23,5f. **16** *»Der Herr unsere Gerechtigkeit«:* in 23,6 der Titel des messanischen Königs, hier der Name der Stadt. Als Name für den König bedeutet er, daß er die Quelle der Gerechtigkeit für sein Volk ist (vgl. Jes 53,11; s. Komm. zu Ps 24,5); als Name für die Stadt kennzeichnet er das Volk Gottes als Empfänger seiner Gerechtigkeit (vgl. Jes 54,17; Phil 3,9). **17.18** Die Verbindung von Königtum und Priesteramt ist in den Verweisen auf den messianischen »Sproß« besonders charakteristisch, s. die Stellenangaben beim Komm. zu 23,5. Die Einheit der Ämter wurde in Christus erfüllt. **20** *Mein Bund mit Tag und Nacht* (vgl. V. 25): Das AT lehrt, daß ein Tag dem andern nicht in automatischer

Folge oder aus natürlicher Notwendigkeit folgt, sondern aufgrund des Willens und dank der Treue Gottes (vgl. 1Mo 8,22).

34,1–22 An König und Volk

34,1–7 Eine Botschaft an König Zedekia. In dieser Botschaft verkündet der Prophet zuerst, daß sowohl die Hauptstadt als auch der König in Nebukadnezars Hände fallen sollen. Nebukadnezar, König von Babylon, wird in Jerusalem als Sieger einziehen, und Zedekia, König von Juda, wird Babylon als der Besiegte betreten. **4.5** Der Erklärung fügt der Prophet einen Trost hinzu. Zedekia soll nicht umgebracht werden, er soll in der Gefangenschaft einmal sogar feierlich begraben werden. **7** Die sog. Lachisbriefe, Eilbotschaften, die gerade damals geschrieben wurden, erhellen gut diese Lage (s. dazu LZB neben Sp. 161; 823f; BHH Sp. 1039f).

34,8–22 Eine Botschaft an das Volk. Als die Gefahr für die Stadt während der Belagerung einen Höhepunkt erreichte, veranlaßte der König sein Volk durch feierlichen Eid dazu, seine hebräischen Sklaven freizulassen in der Hoffnung, daß solch ein Tun Gottes Segen herbeibrächte. Als die Belagerung wegen der ägyptischen Verbündeten vorübergehend abgebrochen wurde, brach man diese feierliche Übereinkunft, die Sklaven wurden gewaltsam wieder der Sklaverei unterworfen. Diese Umstände bildeten den Hintergrund für diese prophetische Botschaft. Die Tat des Volkes bedeutete einen Bruch des Gesetzes über die Freilassung (5Mo 15,12). Sie war ebenso eine Entweihung des Namens Gottes, weil sie ihr Tun in Gottes Namen gelobt hatten. Die Menschen hatten Gottes Gesetz gebrochen und waren meineidig geworden. Der Prophet erklärte, daß das Volk weggeführt werden wird (V. 17–21) und daß der Feind zurückkehren werde (V. 22). Er erkannte sofort, daß solch ein Treuebruch die Vergeltung Gottes herausforderte. Gott würde seinen Schutz von ihnen nehmen, so daß sie selbst Sklaven unter so gnadenlosen Herren wie Schwert, Pest und Hunger werden sollten, bis ihre Lage »zum Bild des Entsetzens für alle Königreiche auf Erden« werden würde (V. 17). **18** *Das Kalb:* Verträge wurden durch das Teilen eines Tieres als einem unausgesprochenen Fluch bekräftigt (vgl. 1Sam 11,6f), daß nämlich eine Strafe ähnlicher Art über den kommen sollte, der die Übereinkunft bräche (vgl. 1Mo 15,9–20).

35,1–36,32 Weissagungen und Ereignisse während der Regierungszeit Jojakims

In diesen zwei Kapiteln kehren wir wieder zur Herrschaft Jojakims zurück. Zeitlich folgen sie Kap. 26, aber andere Gründe führten zu der vorliegenden Stellung. Kap. 35 ist etwas später geschrieben als Kap. 36; vgl. 35,11.

35,1–19 Das Beispiel der Rechabiter

35,1–11 Der Prophet und die Rechabiter. Der Prophet wird von Gott angewiesen (V. 1f), zum Lager der Rechabiter zu gehen, um sie (oder wahrscheinlich ihre Führer) in einen der Räume des Tempels zu bringen und ihnen Wein zu trinken zu geben. Jonadab (V. 6) war der Vorfahr der Rechabiter. Um dem Baalskult entgegenzuwirken, der unter den seßhaften Bauern und Stadtbewohnern verbreitet war, hatte er seine Sippe dazu verpflichtet, auf Seßhaftigkeit und Weinanbau zu verzichten, ihnen auch den Weingenuß verboten (vgl. die Ereignisse seiner Zeit, 2Kön 10). Sie sollten den einfachen Lebensstil der Nomaden beibehalten. Dem Keniterstamm zugehörig, hatten sie sich Israel angeschlossen. Die Ankunft der Babylonier trieb sie nun in die Stadt.

Jeremia tut, wozu er angewiesen wird (VV. 3–5); die Reaktion der Rechabiter: alle lehnen es ab, Wein zu trinken (V. 6–11).

35,12–19 Prophet und Volk. Dieses Verhalten hatte der Prophet kommen sehen, und er benutzte es nun, um das gegensätzliche Treiben Judas aufzuzeigen. In V. 12–15 finden wir die Anklagerede des Propheten; dieser folgt eine Erklärung (V. 16f), die ihrerseits zur Verkündigung des Segens über Jonadabs Haus überleitet (V. 18f). **14** *Ich aber habe euch immer wieder predigen lassen:* Die Rechabiter gehorchten Jahrhunderte lang einem menschlichen Gebote; um wieviel mehr sollte Israel dem stets neu verkündeten Wort Gottes gehorchen.

36,1–32 Die Schriftrolle Baruchs

Dieses fesselnde Kapitel ist einer der wenigen Hinweise darauf, wie die Heilige Schrift ihre dauernde schriftliche Form erhielt. Es verdeutlicht uns den von Gott angeordneten Vorgang, der in ähnlicher Weise allen prophetischen Büchern zugrundeliegt. In der Erzählung treten drei Hauptwahrheiten hervor: 1. der wunderbare Zusammenhang der drei Fassungen: der vom Herrn eingegebenen, der von Jeremia gesprochenen und der von Baruch geschriebenen (V. 4); 2. die Genauigkeit in der Übertragung des Wortes vom Geist und Mund des Propheten zu seiner geschriebenen Form (V. 17); 3. die Beständigkeit, mit der der Herr zu seinem einmal gegebenen Wort steht: Es kann nicht beiseite geschoben werden, im Gegenteil, es wird verstärkt, erweitert und zur gegebenen Zeit erfüllt (VV. 23. 29–31.32).

36,1–26 Die erste Niederschrift. Im vierten

Jahr Jojakims (605/4 v. Chr.) befahl Gott dem Propheten, eine dauerhafte Niederschrift seiner öffentlichen Äußerungen (vgl. Jes 8,16; 30,8), in der Absicht, daß es zur Buße im Herzen des Volkes kommen sollte (VV. 1–3). Daraufhin sicherte sich Jeremia die Dienste seines Vertrauten Baruch, und der schrieb auf, was der Prophet diktierte (V. 4). Ob nun aus einem politischen oder aus einem geistlichen Grund, jedenfalls war es Jeremia *verwehrt, ... in des Herrn Haus* (zu) *gehen.* Deshalb bat er Baruch, als sein Vertreter zu handeln (V. 5). Seine Absicht war bei alledem, daß Juda von seinem üblen Weg umkehren sollte, bevor das Gericht auf es herabkäme (VV. 6–8).

An einem bestimmten Festtag einige Monate später (Dezember 604 v. Chr.) las Baruch die Rolle vor einer großen Volksmenge vor; und wir können uns wohl vorstellen, welche Bestürzung die Botschaft hervorrief (V. 9f). Michaja, der zugegen war und hörte, was Baruch sagte, gab die bedrohlichen Weissagungen Jeremias an die Oberen von Juda weiter (V. 11–13). Auf Anfrage erklärte Baruch, dem man befohlen hatte, mit der Rolle vor den Oberen zu erscheinen, daß er die Rolle nach Jeremias Diktat geschrieben habe (V. 14–19). Die ganze Sache wird vor den König gebracht (V. 20–26). So scheint es an einem Tag drei Lesungen der Rolle gegeben zu haben: vor dem Volk, vor den Oberen und vor dem König. Daraus wird gefolgert, daß die Rolle nicht sehr lang war oder daß Baruch Auszüge las. Als die Angelegenheit dem König berichtet wurde, mußte er gemerkt haben, daß es sich um eine Staatsangelegenheit handelte. Sobald ein paar Zeilen gelesen worden waren, wurde er sehr zornig und warf die Rolle trotz des Protestes einiger Oberen ins Feuer. Danach befahl er sofort, daß man den Propheten und den Schreiber gefangennähme, aber vergeblich, denn »der Herr hatte sie verborgen« (V. 26). Jeremia hatte darauf bestanden, daß man sich Babylon unterwerfe, und dazu wurde Jojakim bald gezwungen; doch wollte er das nicht als Willen Gottes erkennen und verlegte sich daher auf die gegenteilige Politik (vgl. 2Kön 24). Diese scharfe Reaktion des Königs bannte anscheinend die Furcht der Oberen, so aufgeregt sie durch das Lesen der Rolle auch waren. Keiner erkannte, daß »das Wort des Herrn ewig bleibt«.

36,27–32 Die Neuschrift der Rolle. Echte Prophetie hat sich selten der Drohung eines Königs gebeugt. Seit eh und je sahen es die Propheten in Israel als einen Teil ihrer Aufgabe an, den König und den Hof zu mahnen (vgl. 2Sam 12,1; Jes 7,1–17). So auch hier. Das Verbrennen der Rolle regte nun die Einsicht an, daß eine zweite vonnöten war, und zwar mit notwendigen Ergänzungen, zu denen der Hinweis auf das künftige Schicksal des gottlosen Königs gehörte. Gott wird das letzte Wort haben. Nirgendwo sonst finden wir ein so klares Zeugnis von dem Vorgang der Aufzeichnung der prophetischen Botschaft. Die Einzelheiten sind als historische Beweisstücke zu würdigen, das Ganze als eine Enthüllung der Absicht, die hinter der Weissagung steht. Die erste Rolle könnte aufgrund der gebündelten Kraft von 20 Jahren Weissagung vorübergehend aktuell Buße bewirkt haben (V. 3); die zweite war für die Zukunft bestimmt und nicht, um damals gelesen zu werden. Das geschriebene Wort hat über seine erstmalige Verkündigung hinaus Bedeutung, es hat bleibende Autorität, und sein Ursprung liegt bei Gott. **30** *Sein Leichnam:* vgl. 22,19.

37,1–39,18 Weissagungen und Ereignisse während der Regierungszeit Zedekias

In diesen drei Kapiteln liegt der Schwerpunkt zuerst auf dem Ergehen des Propheten, speziell seiner Gefangenschaft (Kap. 37–38), und dann auf dem König und dessen Gefangenschaft (Kap. 39).

37,1–38,28 Die Einkerkerung des Propheten und seine Rettung

37,1–10 Eine königliche Frage und eine prophetische Antwort. Zedekia war von Babylon auf den Thron gesetzt worden und hatte als Vasallenkönig einen neuen Namen erhalten. Seine eigene Unbeständigkeit, verbunden mit den Intrigen der ägyptischen Spione an seinem Hof, ließen ihn seinem Lehnsherrn gegenüber untreu werden. Auch im Glauben zeigte er keine Treue, klammerte sich an jede Hilfe, ohne ihr völlig zu vertrauen. Er war ein königlicher »Ruben«, unstet in allem Tun (1Mo 49,3f). **3** *Bittet ... für uns:* Zedekia hoffte auf eine Befreiung von den Herren Babylons, weil er nur die vordergründigen Ereignisse sah. **5** Der Heranmarsch ägyptischer Truppen löste die Belagerung zeitweise auf; **9.10** aber die Antwort auf die Bitte des Königs bestätigte nur Jeremias beständige Botschaft vom unausweichlichen Gericht.

37,11–21 Der Prophet in Haft. Während der Unterbrechung der Belagerung versuchte Jeremia, die Stadt zu verlassen, um sich um einen Familienbesitz zu kümmern. Das ging seinem Landerwerb von Hanamel voraus (vgl. 37,21; 32,2). Der aufmerksame Wachsoldat verhaftete ihn wegen Verdachts auf Landesflucht. Dafür hatte Jeremia ja selbst plädiert (vgl. 21,9; 38,2), und manche hatten danach gehandelt (vgl. 38,19). **16** *In das Brunnenhaus, in die Gewölbe* (ZÜ): Offenbar ein Behelfsquartier in den unterirdischen Kellern von Jonathans Haus (V. 15). Es muß wohl eine weitverbreitete Gegnerschaft der Regierung gegeben haben, wenn solche besonderen Gefangenenunterkünfte erforderlich waren. **17** Zedekia schätzte Jeremia noch immer, was auch immer seine Berater ihm sagten; aber er besaß nicht den Glauben, der eine hilfreichere Weissagung bewirkt hätte als nur das harte Wort: *Du wirst dem König von Babel in die Hände gegeben werden.* Die Ereignisse bestätigten Jeremias Worte; dennoch wurde er als Verräter behandelt. **21** Zedekia wußte die Wahrheit der Aussagen des Propheten wenigstens so weit zu schätzen, daß er ihm ein besseres Quartier und Nahrung geben ließ. Brot mag schon Wochen vor dem Ende der Belagerung ausgegangen sein (vgl. 52,6).

38,1–6 Jeremia wird zum Schweigen gebracht. Einige meinen, daß dieses Kapitel eine andere Fassung der früheren Ereignisse in 37,11–21 sei. Es hat dieselben Bestandteile: ähnliche Fragen und Antworten, die Einsperrung in eine Zisterne und eine ganz ähnliche Befreiung und anschließende Gefangenschaft im Wachthof. Dennoch sind die Unterschiede beträchtlich: Die Gründe für die Gefangennahme, die Forderung der Hinrichtung, die Bedingungen für – und in – Jeremias Antwort an den König sowie die geschichtlichen Umstände. Jeremia war den Ratgebern des Königs ein Dorn im Auge. Deshalb wäre es nicht verwunderlich, wenn er mehr als einmal gefangen gewesen wäre wegen seiner dauernden düsteren Bemerkungen.

1–3 Jeremia stellt das Ende der Stadt ohne Beschönigung dem Volk dar, das sich zweifellos in dem belebten Wachthof mit ihm unterhalten konnte. **4** Für die Oberen jedoch, die die Verantwortung für das Wohlergehen der Stadt und das Überleben bei Angriffen trugen, bedeutete Jeremias Rat, sich dem Feinde zu ergeben, eine Schwächung der Moral, die an Verrat grenzte. In unserer Zeit sind Menschen wegen ähnlichen Verhaltens oder ähnlicher Äußerungen hingerichtet worden. Es war nie leicht und wird wahrscheinlich nie leicht sein, auf politischem Feld Glaubensgrundsätzen und geistgewirkter Einsicht den Vorrang einzuräumen gegenüber staatsmännischer Taktik. Der Fehler der Oberen bestand in ihrer Unfähigkeit zu erkennen, das Jeremia mit einer Vollmacht sprach, die über die eigene Person und den eigenen Verstand hinausging. Mit dieser Vollmacht setzte er sich für das Glück seines Volkes ein, indem er für die göttliche Bestrafung ihrer Sünde auftrat, um zu einem wahrhafteren und besseren Leben zu führen. Die Verbannung war unvermeidlich und wichtig, um den Götzendienst auszurotten. Die Babylonier waren unbewußte Beauftragte des Willens Jahwes. Wie schwer ist es für Menschen, die nie eine solche Schau geteilt haben, eine Botschaft dieser Art anzunehmen! Die Menschheitsgeschichte bietet viel Anschauungsmaterial dafür, wie politische Erwägungen die prophetische Stimme zum Schweigen brachten. So verurteilten auch die Oberen, ausgehend von ihren politischen Überlegungen, Jeremia zum Schweigen, ja sie befahlen sogar seine Hinrichtung. Diese erreichten sie zwar nicht, aber sie übten genug Druck auf Zedekia aus, daß er sich nicht einmischte, als sie Jeremia in einer Zisterne mit einer tiefen Schlammschicht am Grund gefangensetzten. Dort konnte seine Stimme nicht gehört werden, und er hätte zu Tode hungern müssen. Das scheint Jeremias dritte Gefangenschaft gewesen zu sein.

38,7–13 Jeremia wird gerettet. Ebed-Melech, ein königlicher äthiopischer Eunuch und Sklave, besaß die Treue und den Mut, bei Zedekia dafür einzutreten, daß er den Propheten aus der Zisterne holen ließ und ihn wieder in den Wachthof schickte – die vierte Gefangenschaft, wenn man den Wechsel des Ortes mitzählt. Durch all diese Wechsel geht ein Grundton der Vorsehung (vgl. 36,26). Der Herr benutzt die Wankelmütigkeit Zedekias zum guten, hält einen Sklaven bereit (versklavt unter Umständen, die wir nicht kennen), der gerade damals in der Achtung des Königs gestiegen war (vgl. Est 4,14b), und am Tag, als Jeremia, der Benjaminit (1,1), in Not ist, findet er den König am »Benjamintor«, als ob er darauf wartete, seinen Fall zu hören. Ebed-Melech wurde die Bewahrung versprochen, wenn die Babylonier Jerusalem einnehmen würden (39,15–18).

38,14–26 Jeremia wird von Zedekia befragt. Der verzweifelte König ruft wieder den Propheten und schwört einen Eid, daß er seine Aufrichtigkeit nicht mit dem Tod bezahlen solle. Der Prophet stellt ihn vor eine schwere Wahl: entweder hinausgehen und sich den Babyloniern ergeben oder das Schlimmste erleiden, wenn die Stadt eingenommen und angesteckt wird. Zedekia sagt, daß er Spott fürchtet, wenn er sich ergeben würde – die unglücklichen Worte eines schwachen, unsteten Sinns. Das war das innere Verhängnis Zedekias: er konnte nicht ausführen, was er mit seinem Verstand als weise und vernünftig erkannte. **22** Daraufhin stimmt Jeremia einen Grabgesang an, der den König in die Lage versetzt, in der sich Jeremia erst kürzlich befand (vgl. V. 6). **23** weist eine besondere Betonung auf. Im Hebräischen heißt es zum Schluß: »Du sollst diese Stadt verbrennen.« Die meisten Übersetzungen folgen der LXX, Peschitta, Vulg. und Targum: »diese Stadt wird ... verbrannt werden«. Obwohl man diese passive Form vorziehen könnte, war es letztlich dennoch Zedekias Unentschlossenheit und sein Mangel an Mut, die zu diesem entsetzlichen Ergebnis führten. Oft ist es nicht die direkte Freveltat, die das größte Unglück bringt, sondern die Schwäche eines sonst guten Menschen. (Zu Zedekias Geschick vgl. 39,6f und 2Kön 25,7.)

38,27.28 Jeremia wird von den Oberen verhört. Zedekia verpflichtet Jeremia, über den Inhalt der Unterredung zu schweigen, und mit einer Halbwahrheit zerstreut Jeremia den Argwohn der Oberen. Die Wahrheit hätte den König verraten und wahrscheinlich Jeremias Laufbahn beendet. Wie ein Ausleger gesagt hat: »Sünde unter den Menschen schafft oft Gegebenheiten, in denen es keinen rechten Ausweg oder eine perfekte Lösung gibt«. A. Weiser merkt an: »Wir müssen es dabei bewenden lassen, daß wir Jeremia hier in einer Situation kennen lernen, die uns davor warnt, aus dem Propheten einen sündlosen Heiligen zu mache« (ATD).

39,1–18 Der Fall Jerusalems und die Gefangenschaft Judas

39,1–3 Der Fall Jerusalems. Das letzte Stündlein hatte geschlagen. Für etwa achtzehn Monate hatte die Stadt der Macht Babylons widerstanden, aber das unausweichliche Ende ließ sich nicht länger hinausschieben. Durch lange und gnadenlose Belagerung von außen in die Knie gezwungen und durch Hunger im Innern geschwächt, ergab sich Jerusalem. Die Auslegung dieser und der folgenden Verse bereitet einige Schwierigkeiten. **1.2** erscheinen wie eine Einfügung. **4** *Sie* (pl.) *sahen* (EÜ, ZÜ): ist ungewöhnlich, wenn es sich auf die Soldaten beziehen soll und könnte irrtümlicherweise für »das sahen« (vgl. LÜ) stehen, nämlich (V. 2), daß die »Bresche in die Stadtmauer gelegt« war (ZÜ). **3** *Nergal-Sarezer:* seine zweimalige Nennung macht deutlich, daß im Hebr. in V. 3 einige Verwirrung herrscht. Vgl. V. 13. Die meisten Gelehrten verbessern den Text von V. 3 zu: »Nergal-Sarezer, Fürst von Sim-Magir, der Obermagier (Rabmag); Nebuschasban, der Oberkämmerer (Rabsaris) mit dem ganzen Rest ...«

39,4–8 Die Gefangennahme des Königs. Obwohl Zedekia die Stadt aufgeben mußte, hatte er nicht die Hoffnung auf sein Leben aufgegeben. Mit den wenigen übriggebliebenen Verteidigern suchte er nach Jericho zu entkommen. Aber die Stunde des Gerichts war für ihn gekommen. Er wurde in der Nähe von Jericho eingeholt und dann nach Ribla zu Nebukadnezar geführt. Das Gericht wurde an ihm und an seiner Familie vollzogen. Sein Schicksal war grausam (V. 6f).

39,9.10 Die Gefangenschaft des Volkes. Das war die endgültige Gefangenschaft Judas. 597 v. Chr. waren König Jojachin und ein Teil Jerusalems weggeführt worden, nur elf Jahre später folgte der Rest der Stadt; allerdings nicht vollständig. **10** Ein kleiner Überrest, die arme Bevölkerung wurde zurückgelassen, damit sie das Land bewirtschaftete.

39,11–14 Die Befreiung des Propheten. Der König von Juda wurde verurteilt, der Rest Jerusalems geriet in Gefangenschaft, das Land wurde den Armen des Volkes zugeteilt, und der Prophet Jeremia wurde freigelassen. So behandelte Babylon Juda. Jeremia wurde der großzügigen Fürsorge Gedaljas, des Sohnes eines Freundes, anvertraut, der ihn nach Hause bringen sollte.

39,15–18 Die Botschaft an Ebed-Melech. Dies ist ein Nachtrag, in dem die gemeinsame Geschichte Jeremias und Zedekias zu Ende erzählt wird; die Verse selbst hängen mit 38,7–13 zusammen. So wie Ebed-Melech den Propheten vom Tod durch Verhungern und den Sumpf der Zisterne rettete, so sollte auch er vor seinen Feinden gerettet werden (den Oberen oder den Babyloniern, denen er als ein ägyptischer Agent hätte erscheinen können?). **18** *Beute:* vgl. Komm. zu 21,9.

40,1–43,7 Weissagungen und Ereignisse in Juda

Die Weissagungen an das Volk und die Ereignisse unter dem Rest des Volkes, den die Babylonier zurückließen, fallen deutlich in zwei Teile: solche, die sich in Juda zutragen (Kap. 40–42), und solche, die sich in Ägypten ereignen (Kap. 43; 44).

40,1–6 Die Freilassung des Propheten

Jeremia war in Jerusalem geblieben und mit anderen zusammengetrieben und gefesselt worden, um nach Babylon gebracht zu werden. Die aufmerksame Fürsorge Gottes für den hartbedrängten Propheten zeigt sich darin, daß die Eroberer rechtzeitig ihren Irrtum entdeckten, und Jeremia wurde bei der Ankunft in Rama auf Anordnung des babylonischen Befehlshabers freigelassen. Offensichtlich war dieser Offizier darüber unterrichtet worden, wer Jeremia war und was der König über ihn bestimmt hatte. Man läßt ihm die Wahl, ob er unter der Zusage der besonderen Gunst des Königs mit nach Babylon ziehen oder seine eigenen Wege gehen will. **5** läßt vermuten, daß letzteres für ihn bedeutete, bei Gedalja zu bleiben. Der erste Teil dieses Verses fehlt in LXX, aber eine überzeugende Verbesserung des Hebräischen bietet sich nicht an. Jedenfalls hat Jeremia freie Wahl, eine Freiheit, die keinem andern in Juda zugestanden wurde. **2–3** brauchen nicht einem jüdischen Schreiber zugewiesen zu werden; denn solche Auffassungen waren unter den Alten üblich. Das Volk als Ganzes ist gemeint, nicht der Prophet. Der Gegensatz besteht darin, daß Jeremias ganze Arbeit im Namen Jahwes geschah; auf der andern Seite tat er der babylonischen Sache einen guten Dienst, und die Freilassung war sein Lohn.

40,7–12 Die Rückkehr der Flüchtigen

Gedalja war nun Verwalter des Landes, und seine Aufgabe bestand darin, dafür zu sorgen, daß die Bauern und Landarbeiter sich friedlich niederließen, damit die Ernte gesichert wäre, von der das Tributgelt an die neuen Herren, die Babylonier, gezahlt werden sollte. Ein Teil der Aufgabe bestand außerdem darin, daß er mit den im ganzen Land verstreuten Soldaten, Garnisonen und Trupps von Deserteuren fertig wurde. Daß Gedalja ein Jude war, war für ihre Befriedung bedeutsam. Seine Antrittsrede (V. 9f) ließ erkennen, daß er Loyalität suchte. Die Vorgänge von V. 12 unterstreichen seine ausgeglichene und ehrliche Politik.

40,13–16 Die Warnung vor einem Anschlag

Gedalja war die Ehrbarkeit selbst, aber zu seinem Unglück war einer der entkommenen Anführer, Ismael, von Baalis, dem König der Ammoniter, gedungen worden, Gedaljas Politik zunichtezumachen und ihn ermorden zu lassen. Johanan, ein anderer Anführer, bemerkte die Verschwörung, aber Gedalja meinte, die Sache sei zu ruchlos, um wahr sein zu können. Anscheinend übersah er zwei Dinge: erstens, daß Ismael aus dem Königshaus David stammte und ihm daher an Stellung überlegen war. Wenn Ismael geringschätzig behandelt wurde, konnte also eine Eifersucht entstehen, die wiederum von Baalis ausgenutzt werden konnte. Das Zweite: in Ismaels Augen war Gedalja ein Verräter, weil er diesen Posten unter den Babyloniern annahm. Wie vielen anderen großherzigen Menschen in der Geschichte vor und nach seiner Zeit fehlte Gedalja die Fähigkeit, den Geist der Betrügerei von dem der Treue zu unterscheiden. Damit ebnete er dem Anschlag des Mörders den Weg.

41,1–9 Die Ausführung des Anschlags

1 *Im siebenten Monat,* und zwar im gleichen Jahr (»elftes Jahr Zedekias«, 39,2). Die hinterhältige Absicht Ismaels zeigt sich daran, daß er die sonst heilige Stunde orientalischer Gastfreundschaft nutzte, um den Mord auszuführen. Sowohl die Juden als auch die Chaldäer, die Gedaljas Leibwache bildeten, wurden von Ismaels Leuten umgebracht. Man wundert sich über Ismaels Mangel an Einsicht, denn Gedaljas Tod war ein großer Verlust für sein Volk; aber Eifersucht und Argwohn machen blind und brutal. Die brutale Tat (V. 4–9) soll verhindern, daß sich Nachrichten von der Erhebung verbreiten. Die Pilger brachten Speiseopfer an die Stelle Jerusalems, an der der Tempel vor seiner Zerstörung gestanden hatte. Ihre geschorenen Bärte, ihre zerrissenen Kleider und gemarterten Körper drückten ihren Kummer aus über die Entweihung und Zerstörung des Hauses Gottes.

6 Die Gesinnung, die den Mord hervorbringt, wird oft auch von Heuchelei begleitet (vgl. 2Kön 10,6–9), so wie hier, als Ismael *ging und weinte.* Auch Gewinnsucht zeichnet einen solchen Charakter aus. Zehn der Pilger retteten sich dadurch, daß sie ein verstecktes Lager wertvoller Speisevorräte verrieten. Es ist bemerkenswert, daß eine so kleine Schar von nur elf Männern in der Lage war, siebzig von achtzig niederzumachen. Wahrscheinlich ist das nur durch Überraschung zu erklären. **9** Das Hebräische gestattet die Übersetzung »die er wegen (LÜ: samt dem) Gedalja erschlagen hatte«; aber meistens folgt man LXX (so ZÜ). Der Verweis auf Asa erinnert daran, daß dieser die Zisterne anlegte, um seine Festung bei Mizpa mit Wasser zu versorgen (vgl. 1Kön 15,22).

41,10 Die Wegführung des Restes

Die Nutzlosigkeit des Mordes ergibt sich aus der Tatsache, daß Ismael zu den Ammonitern fliehen mußte, wobei er alle noch übriggebliebenen als Gefangene mit sich auf den Weg nahm, die der Obhut Gedaljas anbefohlen worden waren. Unter ihnen befanden sich vermutlich auch Jeremia und Baruch. *Die Königstöchter:* bezieht sich wahrscheinlich auf eine nahe oder entfernte Verwandtschaft mit dem Königshause.

41,11–18 Die Rettung des Restes

So schnell Johanan Gedalja vor ihnen gewarnt hatte, so schnell verfolgte er nun auch die Mörder. Obwohl es ihm nicht gelang, Ismael zu ergreifen, befreite er dennoch dessen Gefangene. **16** *Kriegsleute:* scheint im Widerspruch zu V. 3 zu stehen, Ismael hatte sie doch in Mizpa umgebracht. Wahrscheinlich sollte man »Männer (Frauen und Kinder)« lesen, wie auch in 43,6. Furcht verdrängt gesundes Urteilsvermögen, besonders wenn sie wie hier davon herrührt, daß ein so wichtiger Führer wie Gedalja ermordet wurde. **17** Bei der Karawanserei des Kimham (Geruth-Chimham; ZÜ) wurde wahrscheinlich die endgültige Absicht ausgehandelt, daß es sicherer sei, nach Ägypten zu ziehen, als zu bleiben und dann von den Babyloniern verhört zu werden.

42,1–6 Der Volksrest fragt Jeremia um Rat

1 Zwischen dem hebr. Text und LXX gibt es Unterschiede im Blick auf die Namen (ZÜ gleicht die Namen 43,2 an).

4 Jeremia muß diese Anfrage sehr zu schaffen gemacht haben, jedenfalls sind seine Worte *und will euch nichts vorenthalten* eindrücklich. Sein Zögern wurde jedoch durch das Versprechen überwunden, daß sie Jahwes Befehl befolgen wollten; denn sie merkten, daß ihr Wohlergehen auf diesem Gehorsam beruhte. **5** Nach diesem Vers riefen sie sogar Gottes Strafgericht für den Fall an, daß sie das Versprechen brächen: *Der Herr sei ein zuverlässiger und wahrhaftiger Zeuge wider uns.*

42,7–22 Jeremias Botschaft an den Rest

Zehn Tage lang schwieg Jeremia, aber als er schließlich redete, ließ er die Leute, die ihn um Rat gebeten hatten, nicht im Zweifel darüber, was Gottes Wille sei. Er begann mit einer Ermahnung und einer Zusicherung. Sie hätten nichts von den Babyloniern zu fürchten, und wenn sie im Lande blieben, würde Gott ihnen Gedeihen schenken (VV. 7–22). Der Mahnung, im Lande zu bleiben, folgt ein ernstes Wort der Warnung (VV. 13–18). Die Weigerung, der göttlichen Führung zu folgen, bringt zwangsläufig Gottes Mißfallen mit allen schrecklichen Folgen herbei. In Ägypten werde es keine Sicherheit geben. Ein ähnliches Unglück, wie es zuvor ihre Stadt ereilt hatte, würde ihnen in Ägypten zustoßen. Aber der Prophet wußte bereits, wonach den Leuten der Sinn stand; er hatte lange und harte Erfahrungen mit ihnen gemacht, und er wies die Männer zurecht, die ihn gebeten hatten, bei Gott anzufragen (VV. 19–21). Die Botschaft des Propheten endete mit einer ernsten Erklärung (V. 22).

43,1–7 Der Rest lehnt das Wort Gottes ab

Vermutlich hörten die Führer des Rests Jeremia schweigend an, bis er geendet hatte, und gaben dann ihre sorgfältig zurechtgelegte Antwort. Ihre Selbstsicherheit war so groß, daß sie die Worte des Propheten trotz ihrer früheren Zusage (42,5f) verwarfen. Für sie war der Prophet ein Propagandist der Babylonier. Ihr Gebet (42,3) erwies sich als denkbar unaufrichtig, sobald die Antwort nicht ihrem Willen entsprach. **2** So verdienen sie die Bezeichnung *die frechen und aufrührerischen Männer* (JB) – noch besser mit »anmaßend« wiedergegeben –, weil sie sich über Gottes Wort und Autorität stellten. **3** Baruch wandte sich offenbar gegen eine Flucht nach Ägypten, ehe Jeremia sprach. **5** *Zurückgekommen waren:* vgl. 40,11.12. Der Haufe folgte der Führung Johanans und nicht der Jeremias. **7** *Tachpanches,* griech. Daphne, das heutige *tell defne,* ist eine ägyptische Grenzstadt an der Straße nach Palästina (vgl. 2,16; Ez 30,18).

43,8–44,30 Weissagungen und Ereignisse in Ägypten

43,8–44,14 Jeremias Botschaft an den Rest

Dies ist Jeremias erste schriftlich erhaltene Botschaft an den Rest des Volkes Ägypten. Sie besteht aus vier Teilen:

43,8–13 Eine Ankündigung dessen, was Nebukadnezar in Ägypten tun wird. Nachdem Jeremia nach Ägypten gebracht worden war, sei es unter dem Druck seiner Landsleute oder freiwillig, setzte er dort sein Amt, zu warnen, fort. Wieder gestaltete er seine Botschaft sehr anschaulich. **9** *Des Hauses des Pharao:* Es handelte sich um ein Verwaltungsgebäude oder um eine Festung. Der *Boden am Eingang* könnte ein breiter Ziegelweg gewesen sein, wie ihn Archäologen an der Stätte entdeckt haben. Diese Männer von Juda waren vor Nebukadnezar geflohen, um sichere Zuflucht in Ägypten zu finden, wie sie dachten. **10** Aber alles war vergeblich, da Nebukadnezar das Land erobern und auf den dort verborgenen Steinen seinen Thron bauen würde. Die *Steine* standen also für Babylon und die Erde darüber für Ägypten. Ägypten schien derzeitig stark und verbarg Babylon zum jetzigen Zeitpunkt vor den Augen der Flüchtlinge. Aber bald würde die Erde verschwinden, und die harten Steine, das babylonische Reich, würde in Ägypten in Gegenwart genau der Leute aufgerichtet werden, die ihm entkommen wollten. (so LXX und Peschitta – im Unterschied zum Hebr. (»ich will aufrichten«) – die »er wird aufrichten« lesen). Vorher schwieg Jeremia zu ihren Worten, jetzt schweigen sie bei seinen. Es ist das Schweigen neuer Furcht angesichts der Ankündigung eines dunklen Schicksals. Eine bruchstückhafte Inschrift bestätigt die Tatsache, daß Nebukadnezar 568 v. Chr., als Amasis Pharao war, in Ägypten einmarschierte und seine Verteidiger überwand. **13** Das Hebräische nennt

Beth-Schemesch (d.h. Haus der Sonne; griech. Heliopolis = Sonnenstadt) und fügt hinzu »in Ägyptenland«, um es von Beth-Schemesch in Palästina zu unterscheiden. Die ägyptische Stadt wurde On genannt (1Mo 41,45 uö.) und war Mittelpunkt der Sonnenverehrung, zu der man große Steinsäulen errichtete. Die Stadt lag 15 km nordöstlich von Kairo.

44,1–6 Eine Erinnerung an das Handeln Gottes in Juda. Die Meinungen prallten heftig aufeinander. Jeremia hielt den Juden in Ägypten die Wahrheit vor, daß Sünde Strafe nach sich zieht. Sie hatten der Himmelskönigin (Astarte, der »großen Mutter« des Altertums) Weihrauch verbrannt, und deshalb hatte der Zorn Jahwes das Land Juda überrascht. 1 *Migdol ... Tachpanches ... Noph ... Pathros:* Die ersten drei liegen in Unterägypten, nördlich von Kairo; Pathros steht für Oberägypten von Kairo bis Assuan. Papyrustexte aus dem Jahrhundert danach geben uns ein Bild von einer jüdischen Kolonie bei Assuan. Die Botschaft galt ihnen allen.

44,7–10 Das Tun des Restes wird getadelt. Trotz aller Strafgerichte Gottes, trotz der vielen Warnsignale in ihrer Geschichte ging der Rest blind seinen Weg weiter und mißachtete die Warnungen der Vergangenheit.

44,11–14 Strafgericht über den Rest. Die Botschaften, die der Prophet während vieler Jahre dem ganzen Volk verkündet hatte, mußte er nun dem kleinen Rest in Ägypten bringen. Das Strafgericht sollte sie treffen, ebenso wie Jerusalem zuvor; davor gab es kein Entrinnen. 14 *Außer einigen Entronnenen:* Evtl. bezieht sich dieser Ausdruck auf einige Leute, die Ägypten zu einem früheren Zeitpunkt erreichten und die nicht unter dem Fluch von Johanans Gruppe standen. Als Parallele könnte die Zukunftsverheißung an die frühere Gruppe von Verbannten in Babylon dienen (vgl. Kap. 29).

44,15–19 Die Antwort des Rests

Nichts von dem, was der Prophet sagte, konnte ihre Verhärtung aufbrechen, denn sie glaubten, daß ihre Nöte von der Unterdrükkung der Götzenverehrung durch Josia herrührten. Vor dessen Zeit, unter Manasse, sei es ihnen gut gegangen, während sie die Himmelskönigin verehrten. Frauen werden hier besonders als Gegner Jeremias genannt, weil dieser Kult sie besonders ansprach; aber alle nahmen an ihm teil (vgl. 7,18). 15 *In Ägyptenland und in Pathros:* Es gibt keinen triftigen Grund, diesen Satz auszulassen, wie dies manche tun. Er beschreibt allgemein die Leute, die sich weiter südlich ausgebreitet hatten und die nun auch zu einem uns unbekannten Zweck mit zusammengekommen waren.

44,20–30 Jeremias Schlußbotschaft

Diese ist die letzte aufgezeichnete Botschaft des Propheten, und sie ist überaus wirklichkeitsnah und bedeutsam. Der Rest des Volkes war entschlossen, andere Gottheiten Jahwe gleichzustellen. Sie wollten ihn nicht verwerfen, aber ihn als einen unter vielen behandeln. Die Papyri aus Elephantine lassen das Ausmaß erkennen, das dieser Mischglaube vier Generationen später erreichte. Jeremia ging so weit, zu verkünden, Jahwes Antwort auf ein solches Leugnen seiner Gegenwart und seines Handelns würde so schrecklich sein, daß wegen dieses Götzendienstes sein Name aus dem Mund eines jeden Juden in Ägypten ausgetilgt werden würde (V. 26). Die gerechte Strafe für diese Götzenverehrung werde sein, daß am Ende nur ein Rest entkommen solle, um zu erfahren, wessen Worte sich bewahrheiten – Gottes Worte oder die des Volkes (V. 28). Als Zeichen dafür sollte auch der Pharao, dessen Schutz sie suchten, in die Hände seiner Feinde fallen. Herodot (II, 161) berichtet vom Sturz dieses Monarchen. Er wurde 568 v.Chr. getötet, zwei Jahre nach seiner Entthronung. Amasis war 568/7 v. Chr. Pharao, als Nebukadnezar Ägypten angriff.

Dieser ganze Abschnitt macht die Wirklichkeitsnähe Jeremias deutlich, die auf seiner Einsicht gründet. Demgegenüber stehen die oberflächlichen Aussagen von zweien seiner Landsleute. Sie wandten ein, daß sie in der Zeit vor der Reform Josias, als sie noch die Aschera verehrten, vom Glück begünstigt waren. Seit der Reform kam Unheil über das Land. Es war der Zorn der »großen Mutter«. Für Jeremia war es das strafende Handeln Gottes. Obwohl er den Tag nicht mehr erleben konnte, war Jeremia zuversichtlich, daß Gott die Macht über seine Schöpfung zeigen würde. Mit diesem Kapitel endet auch Baruchs Biographie des Jeremia. Die Geschichte hinterläßt keine Spuren von dem, was nach der Begegnung des Propheten mit jenem »Rest« geschah, wovon in dieser Szene berichtet wurde.

45,1–5 Jeremias Botschaft an Baruch

Das Datum stellt diese Weissagung in die Zeit von Baruchs erster Abschrift der Reden Jeremias (Kap. 36). Wie die Weissagung für Ebed-Melech (39,15–18) wird sie der Haupthandlung angefügt als eine Art Anhang zur Geschichte Jeremias und Judas. Baruch war von Kummer erfüllt, vielleicht wegen der Gerichtsworte, die ihm diktiert wurden, vielleicht wegen der Unbeliebtheit seines Meisters, die auch ihn traf, trotz seiner angestrengten treuen Arbeit. Er wurde daran erinnert, daß Jahwes Kummer noch viel größer war als seiner, denn Jahwe war gezwungen, sein eigenes Volk zu zerstören. Wie konnte also Baruch sein eigenes Wohlergehen suchen? Genug, daß er sich am Ende durch alles Elend, das die aufrührerischen und Ungläubigen ereilt, hindurchretten wird. Gottes Gabe des nackten Lebens ist genug. Das *du* von V. 5 ist betont.

46,1–51,64 Weissagungen gegen fremde Völker

In der LXX folgen diese Kapitel 25,13 und stehen in anderer Ordnung. Hier dagegen bewegen sie sich gewissermaßen von Westen nach Osten und behandeln Babylon, den letzten Feind am Schluß. Es ist nicht zu bestreiten, daß viele dieser Weissagungen zu 25,13 gehören, sowohl historisch als auch im Blick auf den formalen Vergleich mit der Anordnung bei Jesaja und Hesekiel. Jedoch haben die Ebed-Melech- und Baruchweissagungen (39,15–18; 45,1–5) schon gezeigt, daß bestimmte Teile nachgetragen werden, um eine Unterbrechung der Hauptthemen zu vermeiden. Das mag in gleicher Weise für diese Weissagungen gelten. Wieviel oder wenig von diesem Stoff Jeremias eigenen Botschaften hinzugefügt wurde, ist umstritten; umfangreichere Kommentare geben Einzelheiten an. Man kann daran festhalten, daß Jeremias Geist und Hand sich gerade hier zeigen, wo etwas von Jeremias schönster Dichtung zu finden ist. Dem Propheten ging es nicht nur um das Los seines eigenen Volkes in den Strömungen der Weltpolitik, sondern er verkündete auch, daß Gott jederzeit an allen Völkern arbeitet.

46,1–28 Gegen Ägypten

Die Zeit dieser Weissagungen ist das Jahr 605 v. Chr. Ägypten war Israels alter Feind und erwies sich nun als »zerbrochener Rohrstab« (2Kön 18,21).

46,1–12 Die Schlacht bei Karkemisch. Ägyptens Ehrgeiz wurde bei der Schlacht von Karkemisch in Grenzen gewiesen und gedemütigt. Diese Schlacht war eine der entscheidendsten in der Geschichte. Der Traum des Pharao Necho brach auf dem Schlachtfeld in sich zusammen (2Kön 24,7). Vielleicht unmittelbar vor dem Kampf gesprochen, wirken die Verse zunächst wie die Stimmung eines siegesgewissen Heeres, die dem Feind vor der Schlacht entgegenschlägt. Dann aber zeigen sie den Schrecken des geschlagenen Heeres, das in alle Himmelsrichtungen flieht. Diese Verse geben vielleicht wie keine anderen einen Einblick in Jeremias Ansichten in bezug auf die politischen Verflechtungen seiner Zeit. Er sieht im Kronprinzen Babylons, Nebukadnezar, den Willen und die Macht, die angriffslustigen Feinde Israels einschließlich Ägyptens zu stürzen. Also ist die Richtung des Willens Gottes klar: Man muß Frieden mit Nebukadnezar schließen, denn er ist Jahwes neue und ungewohnte Geißel für die Völker. Es ist ein Tag Jahwes, ein Tag seiner Rache. **9** Das Heer Ägyptens umfaßte viele fremde Truppen (vgl. V. 21). *Put:* der alte Name für Libyen. *Lud:* Lydien in der Westtürkei, von wo Ägypten Söldner bezog (vgl. Jes 66,19; Hes 30,5).

46,13–26 Es geht bergab. Mit klarem Blick erkannte Jeremia, daß die Niederlage bei Karkemisch Ägypten für eine spätere Besetzung offenließ. Hinter diesem ägyptischen Zusammenbruch auf fremden und heimischen Boden sah Jeremia den Willen und das Handeln Gottes. Diese Weissagung mag kurz nach der Schlacht von Karkemisch erfolgt sein, vielleicht auch ein bis zwei Jahre später oder sogar so spät wie die Kapitel 43 und 44.

14 Orte in Unterägypten, vgl. 44,1. **15** Die ZÜ folgt LXX und verbessert das *nischap* (MT) (LÜ: *zu Boden fallen*) zu *naś chap* (ZÜ: *ist der Apis geflohen*). Apis, der heilige Stier, war eine Verkörperung des Gottes Osiris. **17** *Nennet den Namen:* so ist wohl – mit einer kleinen Veränderung der Vokale im Hebr. – richtig zu lesen (Hebr.: »sie nannten«). **18** *Wie der Berg Tabor:* d.h. Nebukadnezar überragte alle. Der Pharao mußte sich ihm beugen, so wie andere Berge an Erhabenheit dem Tabor oder Karmel nachstehen müssen. **20** *Bremse* (ZÜ): ein treffendes Bild für den babylonischen Angriff, der einem plötzlichen Stich verglichen wird, auf den wilde Flucht folgt. *Fällt über sie her* (ZÜ): folgt LXX und Peschitta in leichter Abwandlung des MT. In der entscheidenden Stunde der Schlacht waren die Söldner Ägyptens nur wie Kälber in der Hand des Schlächters.

22–24 *Es* (d.h. Ägypten) *zischt wie die zischende Schlange* (ZÜ): Hier haben wir einen wirkungsvollen Gegensatz: der Ton einer unglaublichen Schwachheit, wo das Brüllen eines Löwen nötig wäre. Die Schlange, Ägyptens Sinnbild für das Königtum, kriecht in ihr Loch zurück. (LÜ will, kaum zu Recht, das Bild von der Schlange positiv auf Babylon anwenden.) Das feindselige Zischen ist aber wirkungslos, weil die Babylonier wie ein Heer von Holzfällern herankommen und Ägypten wie einen zum Schlagen bestimmten Wald fällen. **25.26** Eine Zusammenfassung der Weissagungen gegen Ägypten. Es würde den Babyloniern vollständig ausgeliefert werden, ebenso wie die, die sich auf Ägypten verlassen hatten. Dennoch sollte es bis zu einem gewissen Grade einen Wiederaufbau geben. **25** *Amon:* die Hauptgottheit Oberägyptens.

46,27.28 Eine Trostbotschaft. Diese Verse wiederholen 30,10f, stehen allerdings im Denken und Stil Jesaja näher als Jeremia. Man hat beide Stellen für Hinzufügungen gehalten, hauptsächlich weil sie die Gefangenschaft als schon vollzogen voraussetzen. Aber es entspricht Jeremias Denken durchaus, nach vorne zu sehen und die Zukunft als vollendete Tatsache zu schauen. So sicher war er ihrer Erfüllung, daß er von ihr als schon geschehen spricht.

47,1–7 Gegen die Philister

Die Philister waren natürlich Israels nächste Feinde. Ihre Macht war zur Zeit Davids erheblich gemindert worden, aber es war ihnen anscheinend gelungen, den Zusammenhalt des Volkes bis zur Zeit Babylons zu wahren. Der Tag ihrer Vernichtung ist also ein Teil des Tages Jahwes.

1 *Ehe der Pharao Gaza schlug:* Der Mangel an geschichtlichen Hinweisen schließt eine genaue Datierung aus, aber der Zusammenhang paßt gut für das Jahr 605/4 v. Chr. Nechos Marsch nach Norden im Jahr 609 (2Kön 23,29) zeigt, daß er damals das Gebiet beherrschte, doch könnte Gaza durchaus mehrfach die Herren gewechselt haben. 2 *Es kommen Wasser heran:* Wasser bezeichnen manchmal Unglück, manchmal Menschenmassen und Mengen von Völkern. Hier bedeuten sie beides. Die Babylonier würden *von Norden* wie eine große Flut kommen. Und das bedeutete für die Philister Unheil. 4 *Tyrus und Sidon:* Phönizien lehnte sich wie Juda an Ägypten an und war offenbar mit den Philistern verbunden. *Kaphtor* ist Kreta, von wo die Philister stammten (vgl. Am 9,7). 5 *Kahl scheren* (ZÜ): deutet als ein Zeichen tiefer Trauer ein umfassendes Unglück an; das gleiche ist auch mit *wund ritzen,* d.h. sich Schnittwunden beibringen, gemeint. *Enakiter:* folgt LXX, ist aber vielleicht nicht mehr als eine Vermutung der Übersetzer, obwohl die Enakiter mit den Philistern verbunden waren; vgl. Jos 11,22. Das Hebräische lautet *imeqam*, das – nach dem Gebrauch der Wurzel *'mq* in anderen Sprachen – ebensogut »ihre Stärke« bedeuten könnte. Die Übersetzung lautete dann »Askalon ist untergegangen, der Überrest seiner Stärke«. Dasselbe Wort kommt möglicherweise wieder in 49,4 vor. 7 *Wie kann es aufhören?* (LÜ; ZÜ: . . . *ruhen*): so ist mit LXX, Peschitta und Vulg. zu lesen. Hier liegt eine Wechselrede vor: eine Stimme (V. 6) ist der bittere Schrei der Philister unter dem Schlag Jahwes, die andere (V. 7) ist der Hinweis des Propheten, daß der Schlag Jahwes Gericht sei.

48,1–47 Gegen Moab

Der zeitliche Zusammenhang dieser Gruppe von Weissagungen sowie jener gegen Ammon und Edom wird nicht angedeutet. Anscheinend verschworen sich alle drei Staaten bald nach Zedekias Thronbesteigung mit Juda gegen Babylon und fielen vermutlich im Lauf des folgenden Jahrzehnts an Nebukadnezar.

Das Land Moab war die reiche Hochebene östlich vom Toten Meer. Nachdem die Israeliten dessen nördliche Gebiete eroberten (Jos 13,15–32), gab es häufig Kriege um deren Besitz, und viele Städte fielen wieder an Moab. Teile dieses Kapitels sind Bearbeitungen von Abschnitten aus Jes 15; 16.

48,1–10 Jahwes Strafgericht über Kemosch, den Gott Moabs.
Der Stolz Moabs gründete sich auf seinen Gott und auf seine materielle Stärke. Deshalb sollten die Städte fallen und der Gott und seine Priester in Gefangenschaft geführt werden (V. 7). 1 *Nebo* ist die Stadt, nicht der bekanntere gleichnamige Berg. 2 *In Hesbon sann man auf sein Verderben* (ZÜ): Das Hebräische enthält ein Wortspiel mit der Wurzel *chschb* »sinnen auf«. Hesbon (hebr. *Cheschbon*) war von Josua Ruben zugeteilt worden. *Madmen:* ein uns unbekannter Ort. Da der Name auf den drei Buchstaben *d-m-n* beruht, wird er manchmal mit Dimon aus Jes 15,9 gleichgesetzt, dieser wiederum mit Dibon, 48,18. *Vernichtet werden:* Diese Vernichtung wird durch ein Wortspiel anschaulich gemacht: das hebräische Wort *damam* (verstummen, vernichtet werden) klingt ähnlich wie der Ortsname. **3–6** hängen eng mit Jes 15,5 zusammen, das zum Verständnis einiger Unklarheiten hier beiträgt. 4 *Zoar* (ZÜ): vgl. Jes 15,5; so LXX, die den hebr. Text (»ihre Kleinen«; s. LÜ) mit anderen Selbstlauten liest. Zoar lag am Südostende des Toten Meeres, ein Grenzposten Moabs. 5 *Sie gehen mit Weinen:* vgl. Jes. 15,5.6. 6 *Gleich dem Wildesel* (ZÜ): folgt einer späteren griech. Übersetzung. Das hebr. »wie Aroer« (wörtl.) könnte auf einen Ortsnamen bzw. den Namen eines Wüstenstrauchs (vgl. LÜ) anspielen. 7 *Deine Bauwerke:* wörtl. »deine Werke«, d.h. deine Errungenschaften. ZÜ folgt der LXX: »deine Bergfesten«. **10** Ein Fluch wird über jeden ausgerufen, der den Zorn des Herrn über Moab ausführen könnte, aber zögert, es zu tun. Vgl. 5Mo 7,1–5; 9,1–5; Ri 5,23; Mt 5,29f.

48,11–17 Der Gegensatz, den das Gericht mit sich bringt. Eine neue Weissagung; diesmal ist *»Moab«* männlich, wogegen in VV.

1–9 die weibliche Form gebraucht wurde. **13** *Israel* hatte sich auf das Heiligtum zu Bethel verlassen, in dem Jahwe durch einen goldenen Stier dargestellt bzw. als auf diesem Stier thronend gedacht wurde – aber vergeblich. Moab war verschont geblieben von Strafgerichten wie Wein, der noch nie von einem Faß in ein anderes geschüttet wurde, um vor Verunreinigung durch den Bodensatz bewahrt zu bleiben. Nun im Strafgericht der Wegführung soll *Moab über dem Kemosch zuschanden werden,* über einem Gott, der in Notzeiten die Machtlosigkeit selbst war, verglichen mit der Macht Jahwes, des lebendigen Gottes. **15** Hier wird offensichtlich von einer Plünderung gesprochen. **17** *Die ihr um sie her wohnt:* seine Nachbarn, deren eigene Sicherheit mit der Moabs verbunden war. *Zepter ... Stab* sind Bilder für Stärke und Macht; beide werden am Tag des Gerichts verschwinden.

48,18–25 Das Verhängnis Moabs. Ein Bild der vollständigen Verwüstung, teilweise eine Ergänzung zu V. 3–9. **18** *Dibon* lag in der fruchtbaren Hügellandschaft etwa 20 Kilometer östlich vom Toten Meer. **21–24** Dadurch daß ein Name nach dem anderen aufgezählt wird, soll die Botschaft vom umfassenden Strafgericht eingehämmert werden. Nichts wird übersehen. Der Herr kennt alle und wird alle richten. **25** bietet ein Bild äußerster Demütigung. *Horn* ist ein Sinnbild für die Macht. Vgl. Sach 2,1f.

48,26–34 Moabs Gegenspieler. 26.27 Moab soll trunken gemacht werden, aber nicht durch eigenen Wein (vgl. Jes 16,10), sondern durch den Schrecken, den Jahwe, sein Gegner, verbreitet. Diejenigen, die Israel verachteten, sollen verächtlich gemacht werden (vgl. Offb 1,7; Mk 15,27–32). Nach Form und Inhalt heben sich diese Verse von VV. 28–34 ab, aber das lebendige Bild ist für Jeremia kennzeichnend. **29–33** Eine Parallele zu dem Abschnitt Jes 16,6–10, von dem aus einiges berichtigt werden kann. Jeremia konnte diese Verse ganz zwanglos wieder benutzen. **32** *Bis nach Jaser* (V.32b): MT »bis zum Meere von Jaser« (EÜ), was dadurch gestützt werden könnte, daß man den Ausdruck *mehr als über Jaser* am Anfang (V. 32a) auch mit »Brunnen von Jaser« übersetzen kann (hebr. *mbk* »Brunnen« in Entsprechung zum Ugaritischen). Die Stadt lag nordwestlich von Amman. **33** *Der Kelterer wird nicht mehr keltern:* So muß wohl mit Jes 16,10 verbessert werden. Im hebr. Text ist an dieser Stelle der Ausdruck » ... mit Jauchzen« wohl irrtümlich bereits aus der nächsten Zeile übernommen worden. **34** gehört formal zu V. 35–39, einem Stück, das im Hebr. nicht mehr in Gedichtform steht (wie V. 28–33) und auf Jes 15 und 16 beruht. Der Vers stammt aus Jes 15,4–6 und gehört inhaltlich zu V. 26–33. *Die Wasser Nimrims:* Die wasserspendenden Ströme sollten ausbleiben, da ihre Quellen von den Feinden verstopft würden (2Kön 3,25).

48,35–39 Die Klage Moabs. Jes 15 und 16 sind die Quellen für diesen Abschnitt, wie ein sorgfältiger Vergleich ergibt (V. 36 vgl. Jes 16,11; 15,7; VV. 37.38 vgl. Jes 15,2.3). Der Grund für Moabs Klage (V. 37f) ist Gott. Er würde den heidnischen Götzendienst beenden, das Land wie ein nutzloses Gefäß zerschmettern und Moab zum Gegenstand des Gelächters für seine Nachbarn machen. **36** *Klagt mein Herz:* Jeremia war nicht rachsüchtig, der Zusammenbruch Moabs berührte ihn, wie berechtigt er auch sein mochte.

48,40–47 Jahwe hat das letzte Wort. 40 *Wie ein Adler:* ein Bild für Nebukadnezar. **43.44** Vgl. Jes 24,17f. **45.46** Vgl. 4Mo 21,28; 24,17. Bileams Weissagung gegen Moab sollte sich nun erfüllen. **47** könnte gut Jeremias herzliches Mitleid wiedergeben, das seinerseits Jahwes Mitleid zum Ausdruck bringen sollte. Zorn ist immer Gottes »fremdes Werk«, Gnade liegt seinem Herzen stets näher. Moab soll unter strenge Zucht genommen, aber nicht zur Vernichtung verdammt werden.

49,1–6 Gegen Ammon

Dieser kurze Abschnitt enthält zwei verschiedene Gedanken: die Verurteilung und die Wiederherstellung Ammons. Die Verurteilung Ammons (V. 1–5) ist die Folge seiner Habsucht, mit der es zu einer ungenannten Zeit Gad um etwas Land berauben wollte, vielleicht nach dem Fall Israels. Das Territorium von Gad lag östlich des Jordan, das Land der Ammoniter grenzte im Osten daran an. **1** *Milkom* war der Name oder Titel für Ammons Nationalgott (vgl. 1Kön 11,5.33). **2** *Rabbath-Ammon* war die Hauptstadt Ammons, dessen Name im heutigen Amman fortlebt. *Wüsten Schutthügel:* hebr. *tell,* auch das arabische Wort für solche Hügel ist Tell; es kommt häufig in Ortsbezeichnungen vor. **3** *Hesbon* war moabitisch (vgl. 48,2), wechselte aber als Grenzstadt die Herren wahrscheinlich mehr als einmal. Ein Ort *Ai* im Ostjordanland ist unbekannt, und daher sind verschiedene Textverbesserungen vorgeschlagen worden, aber keine überzeugt. *Mit Ritzwunden:* s. Komm. zu 47,5; vgl. 48,37. MT hat »in den Einzäunungen«, wohl aufgrund eines geringfügigen Schreibfehlers. **4** *Deines Tales:* hebr. *'amaqin,* aus der Wurzel *'mq* (vgl. 47,5), das, wie verwandte Sprachen zeigen, »stark sein« bedeuten kann; möglicherweise ist zu lesen: »Warum rühmst du dich deiner Stärke? Deine Stärke verebbt.« **6** Die Weissagung endet mit dem Hinweis auf Wiederherstellung. Wiederum sollte auch dieses Strafgericht nicht völlig vernichten, sondern Jahwe wollte Ammon aus der Gefangenschaft zurückführen.

49,7–22 Gegen Edom

Edom, Israels Erbfeind, wohnte südlich von Moab. Viele der in Jeremias Prophetie gebrauchten Ausdrücke tauchen auch bei Obadja auf. Die gemeinsamen Abschnitte sind Beweis entweder für eine gemeinsame Quelle oder dafür, daß einer beim andern entlehnte. Ein Vergleich der Verse macht die Abhängigkeit Obadjas von Jeremia wahrscheinlicher (anders Weiser, ATD). Im Gegensatz zur Weissagung gegen Ammon gibt es für Edom keine Botschaft der Hoffnung und des Wiederaufbaus. Das Gericht soll endgültig und vollständig sein. **7** *Weisheit:* vgl. die Geschichte von Hiob, in der ein Mann von Teman, einer Landschaft in Edom, vorkommt (Hiob 4,1). **8** *In der Tiefe* (ZÜ): gemeint sind Schlupfwinkel in der Wüste und in den Bergen. *Dedan* lag südlich von Edom im Hejas. *Esau* steht für Edom, so wie Jakob Israel vertritt (vgl. 1Mo 25,30). **10** *Ich habe Esau entblößt:* d.h. alle Festungen Edoms werden bloßgelegt, und es gibt kein Versteck. Vor dem Gericht gibt es kein Entrinnen. **11.12** Dennoch ist Gott gerecht und gnädig und schont die Unschuldigen. *Den Kelch zu trinken:* gemeint ist der Kelch des Zornes Jahwes. Wenn Israel schon von ihm trinken mußte, hatte Edom sicherlich keine Hoffnung, ihm zu entgehen. Viele sehen in diesem Vers einen Hinweis auf eine Entstehungszeit nach 586 v. Chr. **13** *Bozra:* eine Stadt im Norden Edoms, ungefähr dreißig Kilometer südöstlich des Toten Meeres. Auf die Lage wird dichterisch in V. 16 Bezug genommen.

17–22 ähneln 50,40.44–46 sehr. Man beachte, daß dieser Abschnitt ein Gedicht ist, obwohl er in vielen Übersetzungen als Prosa gedruckt wird. **19** Wie der Löwe aus dem Dickicht des halbtropischen Pflanzenwuchses beiderseits des Jordan hervorstürzt, so würde der Feind sich auf Edom und seine Städte stürzen. Zum Bild vgl. 4,7; 50,44. **20** Und wie der Löwe eine Herde zerstreut, so würde der Feind die Einwohner Edoms zerstreuen. Die Wegführung *der geringsten ihrer Schafe* bildet einen Kontrast zu der versprochenen Hilfe Gottes für die hilflosen Kinder (V. 11). Wie und wann Edom verschwand, wissen wir nicht; es half den Babyloniern gegen Juda, vgl. z.B. Ps 137,7; Obd 10–14. Während des nächsten Jahrhunderts gewannen arabische Eindringlinge die Oberhand über das Gebiet, und viele Edomiter siedelten sich im südlichen Juda an und bildeten Idumäa.

49,23–27 Gegen Damaskus

Der Schauplatz des Gerichtes bewegt sich jetzt nach Norden, nach Damaskus, der alten Hauptstadt Syriens. Assyrien hatte das Gebiet unterworfen; nach Assyriens Untergang beherrschte Ägypten es für kurze Zeit, dann übernahm es Babylon. Die babylonische Chronik hielt fest, daß Nebukadnezar von diesem Gebiet Tribut erhielt, doch fehlt dort ein Hinweis auf den hier vorausgesetzten Aufstand. Unsere mangelnde Kenntnis geschichtlicher Einzelheiten läßt Zweifel an dieser Weissagung, wie viele sie hegen, als unklug erscheinen. Zeitlich könnte dieser Abschnitt an den Anfang der Laufbahn Jeremias passen (zu Kap. 4–6?). **23** *Hamath:* das heutige Hama nördlich von Damaskus. *Arpad:* wahrscheinlich etwas nördlich von Aleppo (vgl. Jes 10,9; 36,19; 37,13). Beide waren früher unabhängige Staaten. **27** *Benhadad:* der Name oder Titel mehrerer Könige, unter ihnen der größte syrische Gegner Israels (vgl. 1Kön 20; 2Kön 7;8).

49,28–33 Gegen Kedar

Sogar arabische Nomaden wurden Nebukadnezars Beute; ihnen blieb nur, sich im Inneren der Wüste zu zerstreuen. Die babylonische Chronik setzt den Feldzug der Babylonier für das Jahr 599 v. Chr. an. **28** *Hazor* wurde von LXX als *chazer* (»Umfriedung«) gelesen und bezieht sich eher auf ein Nomadenlager als auf die bedeutende Stadt nördlich von Galiläa (man beachte das Vorkommen ähnlicher Namen im Negev). **31** richtet sich an die Babylonier. **32** *Die das Haar rundherum abscheren:* vgl. Komm. zu 9,26.

49,34–39 Gegen Elam

Der Zeitpunkt dieser Weissagung (597/6 v. Chr.) hebt sie von den vorangehenden Worten ab, die früher geäußert wurden. Wahrscheinlich griff Nebukadnezar Elam, östlich von Babylon, im Jahr 596/5 v. Chr. (babylonische Chronik) an, aber Einzelheiten sind nicht überliefert. Diese Verse mögen eine Warnung an Zedekia gewesen sein (empfing er einen Geheimboten von Elam wie auch von näher liegenden Staaten? vgl. 27,3), daß ein Aufstand am andern Ende des Baylonischen Reiches niedergeschlagen werden sollte. **39** Die hohe Stellung von Susan (Susa), Elams alter Hauptstadt, im persischen Reich (vgl. Neh, Est) mag die Erfüllung dieses Verses zeigen.

50,1–51,64 Gegen Babylon

Diese zwei Kapitel enthalten eine lange und

leidenschaftliche Weissagung gegen Babylon, die viele Schwierigkeiten enthält. Die kritische Sicht hält diese Kapitel für eine Zusammenstellung von Bruchstücken, einige wenige darunter von Jeremia, die meisten jedoch von späteren Schreibern. Das Argument gegen die Verfasserschaft Jeremias für das Ganze kann wie folgt dargelegt werden. Erstens: Die geschichtliche Lage ist die nach dem 4. Jahr Zedekias, als die Worte des Propheten im Euphrat versenkt wurden (51,59–63; 593 v. Chr.), denn die Juden waren schon in Gefangenschaft (50,4.17; 51,34), der Tempel war verwüstet worden (51,28; 51,11) und das Ende Babylons schien nahe (50,8; 51,6.45). Zweitens: Der Blickwinkel ist nicht der Jeremias vom Jahr 593 v. Chr. Die Kapitel 27–29 zeigen, daß sich der Prophet zu jener Zeit gegen falsche Propheten wandte, die von Nebukadnezars schnellem Sturz redeten, und wie er die Verbannten ermahnte, sich auf einen langen Zeitraum einzurichten. Diese Kapitel setzen jedoch voraus, daß Babylons Fall nahe bevorsteht. Drittens wird gesagt, daß die Stimmung in diesen Versen nicht die Jeremias sei. Er war überzeugt, daß die Babylonier Gottes Werkzeug zur Bestrafung Judas waren – ein Werk, das im vierten Jahr Zedekias noch nicht vollendet war. Diese Kapitel vermitteln dagegen einen antibabylonischen Geist und eine tiefe Befriedigung angesichts seines nahen Geschicks. Daher wird vermutet, daß gegen Ende des babylonischen Reiches, etwa 540 v. Chr., Unbekannte diese Kapitel zusammenstellten und dabei auch einigen Stoff von Jeremia verwendeten. Ein späterer Herausgeber des Buches Jeremia habe sie vor 51,59–64 gestellt, also vor Jeremias ursprüngliche Weissagung gegen Babylon, die eine Voraussage von Babylons Sturz in allgemeinen Wendungen enthält.

Jedoch sind die Gründe dafür, die Weissagung als echte Prophetie Jeremias abzulehnen, nicht schlüssig. Wenn das Jahr 593 v. Chr. als Entstehungsjahr angenommen wird, könnte man trotzdem mit späteren Erweiterungen nach der Zerstörung des Tempels und nach den Verschleppungen rechnen, etwa aus der Zeit, als der Prophet in Ägypten war. Die Erwähnung der Meder schließt eine Entstehung nach 550 v. Chr. aus (vgl. Komm. zu 51,11), und die Vorstellung bevorstehender Zerstörung findet sich in vielen Weissagungsabschnitten. Der dritte Punkt verwechselt Jeremias Haltung gegenüber Babylon im allgemeinen mit seinen Worten und seinem Rat in einer besonderen Situation. Er war bereit, Nebukadnezar als Gottes Diener zur Bestrafung des irrenden Juda anzunehmen. Deswegen rief er zur Unterwerfung unter diesen Diener auf, da dies dem Willen Gottes entsprach. Aber der Diener ist nicht größer als sein Meister, und deshalb sollte die Überheblichkeit Babylons unweigerlich durch Gott beendet werden, so wie es auch Assyrien erging (vgl. Jes 10,5–15).

50,1–7 Babylons Zukunft und Israel. **2** Die Vorgänge sind in der Vergangenheitsform beschrieben, so, als wären sie schon geschehen; durch das Aussprechen des Wortes Gottes hat der Prophet sie in Bewegung gebracht. Man beachte, daß die VV. 2–17 im Hebr. Gedichtform haben. *Bel,* »Herr«, war der Titel Merodachs oder Marduks, des Hauptgottes von Babylon. **3** *Von Norden:* Der Feind wird hier nicht genannt (eine Parallele zu der Drohung an Juda in 1,13 usw.). **4–7** In der Verwirrung angesichts des Unglücks würde Israel, das nun zur Reue und Bundestreue bewegt war, Gelegenheit zur Flucht haben. **5** *Wir wollen uns dem Herrn zuwenden:* so LXX. Im Hebr. steht: »sie werden dem Herrn anhangen« (vgl. ZÜ). **7** *Wir tun nicht Unrecht:* vgl. demgegenüber 2,3.

50,8–13 Jahwe ruft die Verderber Babylons herbei. Diese Verse sprechen von den Verderbern Babylons, der Sünde Babylons und den Folgen für Babylon wegen seiner Sünden. »Gottes Mühlen mahlen langsam, mahlen aber trefflich fein.« **8** *Böcke vor der Herde:* Bild für stürmisches Hinausdrängen.

11 *Wie die Kälber im Gras:* so LXX. **12** *Eure Mutter:* Die Stadt ist Mutter ihrer Bürger (vgl. Hos 2,4, wo Israel »Mutter« ist).

50,14–16 Ermutigung der Angreifer. **16** *Wird sich jeder zu seinem Volk wenden:* Die vielen Verbannten und Geiseln entkommen beim Sturz ihres Bedrängers in die Heimat.

50,17–20 Das Ergebnis für Gottes Volk. Der Rest Israels soll nach dem Sturz Assyriens und Babylons ebenfalls sein Land zurückerhalten. **17** Vgl. Hes 37. **18** Beide Völker waren Diener, beide versuchten, Herren zu sein, und beide fielen, das erste an das zweite und das zweite an einen andern Diener: Cyrus. **17b.18** werden als spätere Einschübe in das Gedicht betrachtet.

50,21–28 Eine weitere Aufforderung zum Angriff. **21** *Merathajim* (ZÜ: *Doppeltrotz)* und *Pekod* (ZÜ: *Heimsuchung)* sind Wortspiele mit den Namen zweier mit den Chaldäern verwandter Stämme. **24** *Du hast den Herrn herausgefordert:* Eine direkte Herausforderung von seiten Babylons, aber Neutralität wäre ebenso schlimm gewesen (vgl. Mt 12,30; Mk 9,40). **25** *Die Waffen seines Zorns:* ein Bild für die Völker, die unbewußt Gottes Plan erfüllen. **27** *Stiere:* gemeint sind geschlagene Krieger. Vgl. Jes 34,7. **28** Diese Zerstörung ist nicht mutwillig. Gottes Volk wird Freiheit erhalten, den Herrn loben und von seiner Macht reden. Der Vers ist in Erzählform und mag eine Hinzufügung wie VV. 17b. 18 sein.

50,29–34 Babylons Fall – Israels Wiederaufbau. Ein weiterer Abschnitt in poetischer Form. Israel und Juda mögen versklavt werden, aber sie haben einen Erlöser, und der ist stark. Der Herr Zebaoth bedeutet Friede für sie, aber Furcht für ihre Unterdrücker.

50,35–40 Babylons Verwüstung. Hier werden das Strafgericht und die völlige Verwüstung Babylons beschrieben. Jeder und alles sollen das scharfe Schwert des Rächers zu spüren bekommen. **36** *Wahrsager:* Ohne günstige Vorzeichen waren die babylonischen Heere führerlos. **38** *Dürre* (so MT): hat im Hebr. dieselben Konsonanten wie das Wort für »Schwert« in V. 37, was (so schon die Peschitta; vgl. ZÜ) von vielen Auslegern vorgezogen wird.

50,41–46 Der Herr und sein Beauftragter. **41–43** sind eine Wiederholung von 6,22–24; **44–46** von 49, 19–21. Babylon, der Feind aus dem Norden für Juda (1,14; 6,1; 10,22 usw.), der »Löwe« gegenüber Edom (49,19), sollte einem ähnlichen Feinde gegenüberstehen.

51,1–19 Das Vorhaben des Herrn. Babylons Zerstörer würde sein wie einer, der die Spreu vom Weizen trennt, ein Bild für das Gericht wegen der Vergehen dieses Volkes gegen den Heiligen Israels. Israel und Juda hatten ihren Beschützer. Er ließ Israel entkommen, während er den Lohn der Schuld eintrieb. **1** *Chaldäa* (ZÜ): Im hebr. Text steht *Leb-qamai,* »das Herz derer, die sich gegen mich erheben«. Das ist eine Umschreibung nach dem Modell A-Z (d.h. der erste Buchstabe des Alphabets wird durch den letzten ersetzt, der zweite durch den vorletzten, usw.), wobei *Leb-qamai* das Wort *kaśdim* = Chaldäer ergibt. Das Wesen des Feindes wird so treffend ausgedrückt. Da »Babylon« daneben vorkommt, geht es hier nicht um einen geheimen Hinweis. Vgl. auch 25,26 und 51,41. **2** *Worfler:* so LXX. Targum und die Vulg. haben wie der hebr. Text »Fremde«; auch das könnte richtig sein. **5** *Jenes Land* (EÜ) ist offensichtlich Chaldäa (so LÜ). **7–10** sind ironisch gemeint. Es mag Salbe in Gilead geben (V. 8), aber keine kann Babylon helfen (vgl. 8,22; 46,11). Sein Strafmaß türmt sich bis vor die Gerichtsschranken Jahwes. 7 *Darum sind die Völker so toll geworden:* gemeint ist, sie verloren die Kontrolle über sich selbst.

11–14 Jahwes »fremdes Werk« wird in diesem nächsten Abschnitt dargestellt. Er beruft ein Volk, das ihn nicht kennt, um seinen Zorneswillen auszuführen. Es soll Babylon ein Ende bereiten, als ob es das Schicksal in Person sei. **11b** wird als Einfügung betrachtet. Wenn der Gedanke einer Überarbeitung seines Werkes durch den alternden Propheten in Ägypten zulässig ist, könnte dieser Satz durchaus aus der Zeit stammen, als die Meder die Hügel im Norden und Osten Babylons beherrschten. Babylon war gezwungen, ihre Macht anzuerkennen und nahm den Waffenstillstand zwischen Medien und Lydien im Jahre 585 v. Chr. hin, der ihre jeweiligen Grenzen festlegte (bevor Cyrus, der Perser, um 550 v. Chr. die Macht ergriff). **12** *Wächter* meint hier nicht die, die »Ausschau halten«, sondern die, die eine Blockade um die Stadt errichten.

15–19 ist eine von 10,12–16 übernommene Ergänzung. Sie wurde hinzugefügt, um die Unfähigkeit der Götter Babylons zu zeigen, die die Stadt nicht retten konnten.

51,20–23 Der Hammer Gottes. Hier liegt eine weitere Umkehrung der Rolle Babylons vor. Die Beschreibung paßte auf Babylon (vgl. 50,23) wie nun auf seinen Eroberer; beide sind Werkzeuge in der Hand Gottes.

51,24–33 Babylons Verwüstung. Babylon wird als ein Berg (Vulkan?) angesehen, der allen Zerstörung gebracht hat, auch als Teil eines Bergmassivs, von dem aus es herabgewälzt und verwüstet zurückgelassen würde (vgl. das Bild in Dan 2,31–45). **27** *Heiligt die Völker zum Kampf:* vgl. 6,4; *Ararat:* Urarta, das alte Königreich der Armenier; *Minni:* Mannai in Nordwestpersien. *Aschkenas:* die Skythen, die über das gleiche Gebiet verstreut waren. Alle waren den Medern untertan (vgl. V. 11b). **32** *Die Bollwerke:* besser »die Marschen«, Schilfsümpfe südlich von Babylon, ein Zufluchtsort für Flüchtlinge. **33** *Tenne:* Bevor das eigentliche Dreschen beginnt, wird die Erde festgetrampelt; so auch bei Babylon am Vorabend seines »Dreschtages«.

51,34–40 Das gerichtete Babylon. Die Handlung, die sich im ewigen Gerichtssaal abspielt, wird in V. 34–37 geschildert. Zion legt seine Rechtssache gegen den Angreifer dar: Ausbeutung, Mißhandlung, Täuschung, Verbannung, körperliches Leiden. Jahwe macht die Sache Judas zu seiner eigenen. Die Folge ist, daß Babylon, der vielgerühmte Garten des Ostens, zu einem Ort wird, an dem die Schakale hausen. **36** *Ich will ihr Meer austrocknen:* vielleicht ein Hinweis auf die Seen, die durch Nebukadnezars Befestigungen und Wasseranlagen entstanden waren. Babylons Wohlergehen hing vom staatlichen Kanalsystem ab. **39** *Betäubt werden* (ZÜ): Das »frohlocken« (EÜ) des hebr. Textes könnte ein beschönigendes Wort dafür sein.

51,41–44 Klage um Babylon. Das endgültige Ende der Stadt, ihrer Macht und ihres Stolzes zeichnet sich ab. **41** Der Name *Babylon* wird hier ebenso chiffriert wie in 25,26; vgl. Komm. zu 51,1. **42** *Ein Meer:* d.h. das Herr des Feindes. **44** Der Mittelpunkt der Sache: *Bel,* der nicht mehr länger »Herr« ist, wird wie Dagon vor dem Herrn zerbrochen werden (1Sam 5,1–5). *Mauern* ist wohl ein Symbol für »Stärke«.

51,45–53 Das Gericht und seine Wirkungen. **45.46** Gottes Volk sollte in der stolzen und gerichteten Stadt keinen Platz mehr haben. Unabhängig wie es war, konnte es nun Gerüchte und Unruhen, den Aufstieg und Fall von Nebukadnezars Nachfolgern mißachten. **47–49** Diese Zusicherung würde sie stärken. Babylon ging einem unerbittlichen Schicksal entgegen. **50.51** In einer solchen Lage gab es aber keinen Raum für Selbstgefälligkeit, der Tempel war noch entwürdigt, und der Name des Herrn noch nicht sichtbar wieder zu Ehren gebracht. **52.53** In einem weiteren Abschnitt wird gezeigt, daß Babylon seinem Feind machtlos gegenüber steht. Das ist das Ergebnis seiner Gotteslästerung (V. 51). **53** Eine Anspielung auf den Turmbau zu Babel (1Mo 11).

51,54–58 Der Fall. Den Höhepunkt der Aussagen über Babylon: Krachend bricht das Gericht, die gerechte Vergeltung durch Jahwe herein, auf dessen Willen jedes Verhängnis zurückzuführen ist. **58** Die Stadtmauern, bis zu acht Meter breit, zählten zu Nebukadnezars größten Bauwerken (vgl. Dan 4,27), und nördlich der Stadt verlief eine zweite große Mauer zwischen Tigris und Euphrat. Beide wurden schließlich zerstört, die erste durch Xerxes im Jahr 485 v.Chr.

51,59–64 Eine Veranschaulichung. In diesem Abschnitt werden die Umstände deutlich, die zu Jeremias erster Verkündigung dieser Worte gegen Babylon führten. Zeitlich gehört der Abschnitt zu Kapitel 29, aber vom Zusammenhang her ist sein Platz hier. Zedekia war aus heute unbekannten Gründen aufgefordert worden, vor seinem Lehnsherrn zu erscheinen. Zu seinem Gefolgte gehörte Seraja, offenbar Baruchs Bruder (vgl. 32,12), der für das königliche Wohlergehen verantwortlich war. Die Sendung Serajas, die den ersten Schritt in Gottes Plan gegen Babylon darstellt, dürfte nicht ungefährlich gewesen sein. Die hier erwähnte Buchrolle wird den größten Teil der Kapitel 50 und 51 enthalten haben. **64** MT liest: ». . . das Übel, das ich über sie bringen werde. Und sie mühen sich ab. So weit die Worte Jeremias«. (Vgl. LÜ, EÜ). Man glaubt im allgemeinen, das V. 64b.c vor V. 59 gehöre und falsch niedergeschrieben sei. Jedoch kann man diesen Versteil auch als Bemerkung eines Herausgebers ansehen, die besagen will, daß Jeremias Worte mit V. 58b: »und sie ermüden sich selbst« (bzw.: »und sie ermatten«, EÜ), enden. Er würde damit andeuten, daß VV. 59–64 und Kap. 52 Ergänzungen des Herausgebers sind, vielleicht nach dem Tod des Propheten.

52,1–34 Geschichtlicher Anhang

Dieses Schlußkapitel behandelt das Schicksal Zedekias, Jerusalems und Jojachins. Es stammt aus der gleichen Quelle wie der Abschnitt 2Kön 24; 25, von dem es etwas abweicht. Wahrscheinlich ist die Absicht einerseits, die Leser daran zu erinnern, daß Jeremias Worte teilweise bereits erfüllt worden waren, und andererseits, die niedergeschlagenen Gefangenen durch den letzten Abschnitt zu ermutigen.

52,1–30 Judas Fall

4–16 erscheinen abgekürzt in 39,1–10 und werden in 2Kön 25 wiederholt. **11b** ist in den anderen Abschnitten nicht zu finden. **15** *Das niedere Volk:* wird oft in der Annahme ausgelassen, daß es irrtümlich von V. 16 übernommen sei (vgl. 39,9; 2Kön 25,11), aber es ergänzt den Vers gut. **24–27** Vgl. 2Kön 25,18–21. Die Hinrichtung dieser Vertreter bedeutet soviel wie die Hinrichtung des ganzen Volks. Juda sollte ausgelöscht werden. **28–30** Dieses Stück findet sich nur hier. Die Abweichung im Datum gegenüber dem vorherigen Abschnitt (vgl. V. 12 und 2Kön 24;25) kann entweder als Fehler erklärt werden, oder so, daß hier das ägyptische Verfahren, das Jahr der Thronbesteigung eines Königs als das erste zu rechnen, angewandt ist. **28** bezieht sich auf die Verschleppung von 597 v. Chr. Die Zahl 3023 will die Anzahl der Männer angeben (vgl. 2Kön 24,14.16, wo die Familien eingeschlossen sind). **29** bezieht sich auf das Jahr 586 v. Chr. **30** bezieht sich auf das Jahr 582 v. Chr., als die Babylonier möglicherweise die Ermordung Gedaljas gerächt haben.

52,31–34 Ein hoffnungsvoller Schluß

Nebukadnezars Sohn (562–560 v. Chr.) erwies dem gefangenen König Gnade. Während er vorher wie ein Knecht versorgt wurde (wie Texte aus Babylon zeigen), wurde er nun wie ein König behandelt. Darin, daß der lange bestrafte, bundesbrüchige König wieder in die Gunst seines Lehnsherrn eingesetzt wurde, mag der Herausgeber einen Ausblick auf die zukünftige Wiederherstellung des bundesbrüchigen Juda gesehen haben.

F. Cawley
A.R. Millard

Klagelieder

Einleitung

Titel

Der vollere Titel »Die Klagelieder Jeremias« findet sich in der LXX. Der Talmud sowie rabb. Schreiber nennen das Buch lediglich »Klagelieder« (hebr. *qinot*) oder »Wie!« (*'eka*) nach dem ersten Wort des hebr. Textes.

Die Stellung im Kanon

In der LXX steht das Buch, dem längeren Titel entsprechend, unmittelbar nach Jeremia, so auch in den deutschen Übersetzungen. In der hebr. Bibel findet es sich aber nicht unter den prophetischen Büchern, sondern bei den sog. »Schriften«, die den dritten Teil des hebr. Kanons bilden, und zwar nimmt es die mittlere Position unter den fünf Festrollen (Megilloth) ein, die unmittelbar auf die drei poetischen Bücher Ps, Spr und Hiob folgen. Jede dieser Festrollen wurde an einem Jahresfest vorgelesen, die Klagelieder am neunten Tag im Monat Ab (ungefähr Mitte Juli), dem Jahrestag der Zerstörung des Tempels durch Nebukadnezar, den König von Babylon. Im Talmud sind die poetischen Bücher und die Festrollen umgestellt worden, so daß sich eine scheinbar chronologische Reihenfolge ergab, nämlich Rut, Ps, Hiob, Spr, Pred, Hhld, Klgl, Da, Est, usw.

Verfasser und Datum der Abfassung

Die traditionelle Meinung, Jeremia habe diese Gedichte verfaßt, geht auf die Stellung und den Titel des Buches in der LXX zurück, denn dort wird es eingeführt mit den Worten: »Nachdem Israel gefangengenommen und Jerusalem verwüstet worden war, trug es sich zu, daß Jeremia weinend dasaß und mit seinen Klageliedern über Jerusalem klagte, und sprach . . .« Auch im syr. Targum und im Talmud *(baba bathra)* wird gesagt: »Jeremia schrieb sein eigenes Buch, das Buch der Könige und die Klagelieder.« In 2Chr 35,25 werden Klagelieder dieses Propheten über den Tod des Königs Josia erwähnt mit der ausdrücklichen Bemerkung, sie seien niedergeschrieben und in Israel zum festen Brauch geworden; vgl. Klgl 2,6; 4,20. Aber das Buch »Klagelieder« befaßt sich weniger mit dem Tod eines Königs, als vielmehr mit der Zerstörung einer Stadt. Klgl 4,20 kann sich ebensogut auf Zedekia beziehen, trotz dessen Unwürdigkeit (vgl. 2Sam 1,14.21). Manches spricht zwar dafür, Jeremia, den weinenden Propheten (s. Jer 8,23; 14,17–22; 15,10–18 usw.), auch für den Autor der Klagelieder zu halten. Aber die Gegenargumente erscheinen stärker: Der Stil ist im Vergleich zu Jeremia wesentlich reichhaltiger und kunstvoller, in Kap. 2 und 4 ähnelt er z.B. sehr dem Stil Hesekiels, Kap. 3 erinnert an Ps 119 und Ps 143. Das in Klgl 4,17 vorausgesetzte Verhalten fremden Mächten gegenüber ist sicherlich nicht das des »Kollaborateurs« in Jer, außerdem spiegelt es nicht die eigene Erfahrung des Propheten wider.

Daher meinen viele Forscher, der Autor sei ein jüngerer Zeitgenosse Jeremias, der wie Jeremia Augenzeuge des Elends war, das die babylonischen Armeen in den Jahren 587–586 v. Chr. über Jerusalem brachten. Andere halten Kap. 2 und 4 für das Werk eines Augenzeugen, geschrieben um 580 v. Chr. (man beachte die Sorge des Schreibers um das Schicksal der Kinder in Klgl 2,11f. 19f; 4,4.10), dem – wahrscheinlich aus verschiedenen Quellen – die Volksklage in Kap. 1, die persönliche Klage in Kap. 3 sowie das Gebet in Kap. 5 hinzugefügt worden seien, Material, das aus den Jahren um 540 v. Chr. stammen könnte.

Einige Ausleger datieren die gesamte Sammlung viel später und sind der Meinung, die Klagelieder bezögen sich auf die Belagerung Jerusalems 170–168 v. Chr durch Antiochus Epiphanes oder sogar durch Pompejus im Jahre 63 v. Chr., was jedoch sehr unwahrscheinlich ist. Zugunsten der traditionellen Datierung auf die Zeit des Exils spricht der durchweg mutlose und verzagte Ton, der auf eine Zeit vor dem Aufstieg des Persers Cyrus hindeutet. Auch ist zu bedenken, daß gerade diese Periode der babylonischen Geschichte für ihre Grablieder oder Totengesänge auf gefallene Städte bekannt ist. Es gibt Keilschrifttexte, in denen *»die Tochter N.N.«* (folgt ein Ortsname) aufgefordert wird, ihr Schicksal zu beklagen (vgl. 2,1). Diese Form der Dichtung könnten die Juden im Exil gelernt haben.

Aufbau

Rabb. Kommentatoren sprechen von den »sieben Akrosticha«, weil die Kapitel 1; 2; 4;

5 je 22 Verse haben, die mit der Anzahl und (außer in Kap. 5) Reihenfolge der Buchstaben des hebr. Alphabets übereinstimmen, Kap. 3 hat die dreifache Anzahl, wobei jedem aufeinanderfolgenden Buchstaben nicht ein, sondern drei Verse zugeteilt sind. Diese alphabetische Anordnung soll womöglich zeigen, daß »Israel von *'aleph* bis *tau* (d.h. von A bis Z) gesündigt hat«, gerade so wie der ähnlich aufgebaute Ps 119 zeigen soll, daß das Gesetz alle Beachtung erhalten und alles Wünschen eines Menschen bestimmen soll. Kap. 5 ist allerdings nicht alphabetisch aufgebaut; einige Forscher meinen, die ursprüngliche Abfolge sei nur zerstört worden.

Die ersten vier Lieder sind im Versmaß der Totenklage geschrieben (hebr. *qina*), einem 3:2 Metrum, das auch bei Jer vorkommt (vgl. Einleitung: Poesie im AT, S. 47).

Botschaft

Die Hauptgedanken des Buches sind Verderben und Hoffnung. Die Klagelieder vermitteln einen tiefen Einblick in das innerste Leben der nach dem nationalen Untergang an Jahwe glaubenden Kreise (A. Weiser). Darüber hinaus stellt das Buch auch den heutigen Leser in die Spannung zwischen Schuld und Vergebung. Niedergedrückt durch Gottes Richten, darf er dennoch von seiner unergründlichen Barmherzigkeit überzeugt sein (s. bes. Klgl 3,19–25.52–58).

Inhalt

1,1–22 Erstes Klagelied
- 1,1–7 Das Elend Jerusalems
- 1,8–11 Sünde bringt Leid
- 1,12–22 Flehende Bitte um Erbarmen

2,1–22 Zweites Klagelied
- 2,1–9 Der Herr als Feind
- 2,10–13 Die Schrecken der Hungersnot
- 2,14–17 Trügerische und wahre Propheten
- 2,18–22 Aufruf zu demütigem Gebet

3,1–66 Drittes Klagelied
- 3,1–21 Die Klage des Leidenden
- 3,22–39 Die Gnade Gottes
- 3,40–41 Aufruf zur Bekehrung
- 3,42–54 Die Last der Sünde
- 3,55–66 Trost und Fluch

4,1–22 Viertes Klagelied
- 4,1–12 Damals und Heute
- 4,13–20 Die Folgen der Sünde
- 4,21.22 Edom wird nicht entkommen

5,1–22 Fünftes Klagelied
- 5,1–10 Eine Bitte um Barmherzigkeit
- 5,11–18 Die Schändlichkeit der Sünde
- 5,19–22 Gottes ewiger Thron

Kommentar

1,1–22 Erstes Klagelied

1,1–7 Das Elend Jerusalems

Die Anfangsworte dieses »politischen Grabliedes« (Gunkel) stellen Jerusalem als eine Frau dar, die ihres Mannes und ihrer Kinder beraubt ist und von der »aller Schmuck dahin« ist (V. 6). Entsprechend wird sie viele Jahre später auf einer römischen Münze als eine Frau gezeigt, die unter einer Palme sitzt und der Zerstörung eben dieser Stadt durch Titus im Jahre 70 n. Chr. gedenkt. Die Münze trägt die Inschrift »Judaea capta« (vgl. V. 3). Sie, die einst so großen geistlichen Reichtum ihr eigen nannte, ist nun »um ihrer großen Sünden willen« (V. 5) in tiefstes Elend gestürzt worden.

2ff *Alle ihre Freunde,* all jene benachbarten Völker, die sie um Hilfe bat, haben sie jämmerlich im Stich gelassen. Wüst und verlassen sind nun ihre Straßen und Plätze. Der Handel ruht *(ihre Tore sind öde),* die Gottesdienste finden nicht mehr statt (V. 4). **6** *Ihre Fürsten,* d.h. Zedekia und seine Hofleute (2Kö 25,4; Jer 39,4f) sind davongelaufen.

1,8–11 Sünde bringt Leid

Die Andeutung in V. 5 wird wieder aufgenommen und ausgeführt. Sie wird schließlich zu einem der Hauptthemen des Buches. **8** Jerusalem muß *sein wie ein unreines Weib,* denn sie hat *sich versündigt.* **9** *Sie hätte nicht gemeint, daß es ihr zuletzt so gehen würde:* d.h. sie war nicht in der Lage, die Konsequenzen ihrer Taten einzuschätzen, bis es dann schon zu spät war. Unzählige Warnungen waren unbeachtet geblieben, und nun erntet sie die Früchte ihres Verhaltens. Doch selbst hier, wo ihre Notlage so lebendig und anschaulich beschrieben wird, wird doch auch gezeigt, daß sie Gott anzurufen beginnt (VV. 9b. 11b).

1,12–22 Flehende Bitte um Erbarmen

Zions erste flehende Hilferufe sind schon im vorhergehenden Teil gehört worden. Nun werden nicht nur die zufällig Vorübergehenden (V. 12), sondern auch alle Völker (V. 18) und schließlich der Herr selbst (V. 20) aufgerufen, mitleidsvoll das bittere, zugegebenermaßen selbstverschuldete Elend zu erwägen.

12 Dieser Vers ist schon oft mit dem Leiden Jesu in Verbindung gebracht worden. Obwohl Christus es ablehnte, daß die Menschen ihm Mitgefühl entgegenbrachten (vgl. Lk 23,28), identifizierte er sich so sehr mit menschlicher Sünde und ihren Folgen (vgl. 2Kor 5,21), daß er den Tod auf sich nahm.

15 Die Sprache erinnert an die der großen Feste des jüd. Jahres. Aber nicht das auserwählte Volk Israel, sondern seine Feinde sind zu einem Fest aufgerufen. Sein Anlaß ist nicht der Lobpreis Gottes für eine gute Ernte oder eine reiche Weinlese, sondern vielmehr das Zermalmen der Juden selbst in der Weinpresse des Elends. Aber der Sänger lehnt sich nicht gegen Gottes Handeln auf und stellt auch nicht, wie im Buch Hiob, die Frage nach der Theodizee, der Zulassung Gottes. **18** *Der Herr ist gerecht,* und daher sucht man gerade bei ihm Trost, denn jegliche menschliche Hilfe erweist sich als unfruchtbar und wirkungslos (VV. 17.19.21). Er mag bestrafen, aber er wird all denen Trost spenden, die erkennen, warum diese Strafe sie traf. Er wird sogar die Werkzeuge des göttlichen Gerichts richten, denn »Gottes Wege sind vollkommen« (Ps 18,31). Hier zeigt sich anschaulich der Glaube an Gottes alleinige Macht, Weisheit und Gnade.

2,1–22 Zweites Klagelied

2,1–9 Der Herr als Feind

Mit grauenhaften Einzelheiten selbst miterlebter Szenen beschreibt der Dichter in dieser Elegie »den Tag des Zorns des Herrn« (V. 22). Gott selbst scheint ein Feind Judas geworden zu sein, denn all diese schrecklichen Geschehnisse sind nichts anderes als die Auswirkungen seines Zornes. Nicht irgendein menschlicher Widersacher, sondern er ganz allein ist für diese Geschehnisse verantwortlich.

1.2 Der Tempel *(die Herrlichkeit Israels)* und die Lade mit ihrem Gnadenstuhl *(sein Fußschemel;* vgl. 1Kor 28,2), ebenso die Burgen, Paläste und die Wohnhäuser sind zerstört. **6** *Sein eigenes Zelt,* der Ort, an dem man vertrauensvoll Gnade und Erbarmen erwarten konnte, war *zerwühlt* und *vernichtet* worden, als wäre es nur einfach eine Hütte in den Weinbergen, die während der Erntezeit zeitweilig aufgestellt und dann wieder abgerissen wird. Dies alles geschah, um die Nutzlosigkeit frommer Rituale zu zeigen, mit deren Hilfe man Gottes Gericht über ein schuldiges Volk abwenden wollte. **8** *Der Herr gedachte zu vernichten die Mauer der Tochter Zion:* ein bewegendes Zeugnis für Gottes allmächtiges Handeln. Nebukadnezar und seine babylonischen Armeen bleiben vollkommen unbeachtet. Die Einnahme Jerusalems war keine Niederlage Jahwes, sondern ein Sieg seiner Gerechtigkeit. Jes 42,24f zeigt ähnlich die absolute Souveränität Gottes. Der Zorn Gottes ist nicht irgendein leeres Wort, sondern eine furchtbare Wirklichkeit für all jene, die sich diesem Zorn aussetzen. Dadurch wird das Kreuz Christi noch wesentlich bedeutsamer (vgl. Röm 3,25f). **9** Das Gesetz kann nicht mehr befolgt werden, sei es, weil Israel in einem heidnischen, unreinen Land zerstreut ist, oder weil keine Priester mehr da sind, um das Volk rituell zu vertreten. Dadurch daß Gott sich gegen sein Volk gestellt hat, ist auch den *Propheten* die Quelle der Offenbarung versiegt.

2,10–13 Die Schrecken der Hungersnot

Die Notlage unschuldiger Kinder (V. 11f) ist

ein Thema, das in V. 19–21 und in 4,4.10 wiederkehrt. Der Schreiber konnte die herzzerreißenden Szenen offensichtlich nicht aus seinem Gedächtnis verbannen. Die Ältesten, die Familienoberhäupter, die in der Verwaltung der Stadt mitwirkten, waren völlig machtlos, irgendetwas zu tun. Die angesehenen Ältesten sind genauso wie die jungen Mädchen zu schmerzerfülltem Schweigen verurteilt (V. 10). Solches Leiden Unschuldiger bleibt immer ein tiefes Geheimnis; aber selbst ein Kind ist nicht isoliert von der Gemeinschaft, in der es lebt. Niemand kann Gott die Konsequenzen eines Verhaltens zur Last legen, das er verboten hat. Man vgl. das Wort Jesu in Lk 13,1–5. Der Schaden, der über Zion gekommen ist, ist so *groß wie das Meer,* d.h. unendlich groß.

2,14–17 Trügerische und wahre Propheten

14 *Deine Propheten:* Dies bezieht sich wahrscheinlich nicht auf Jeremia oder Hesekiel, die zu dieser Zeit wohl in Ägypten bzw. Babylon waren, sondern eher auf die in Juda zurückgebliebenen Propheten, die im Gegensatz zu den genannten keine Visionen hatten (vgl. V. 9). Diese Propheten fürchteten sich, den wahren Grund für das Elend Zions, nämlich seine *Schuld,* zu enthüllen. **15.16** Diese Propheten haben nicht zur Umkehr aufgerufen, vielmehr Judas Bedrängnisse als vorübergehendes Unglück gekennzeichnet, dem bald Sieg und Frieden folgen werde (vgl. Jer 23,9ff; 28,1ff). Ungemein lebensecht werden die Schadenfreude der unbeteiligten Nachbarn und der Triumph der Feinde Jerusalems geschildert. **17** Doch der Fall Jerusalems war nicht eigentlich ihre Tat, sondern ein Handeln des Herrn, der *sein* durch seine wahren Propheten *längst zuvor* verkundetes *Wort erfüllt* hat. Die oberflächlichen Optimisten mit ihren »trügerischen und törichten Gesichten« (V. 14) konnten die gegenwärtige Situation nicht erhellen.

In V. 16 und 17 ist die normale Reihenfolge der Anfangsbuchstaben umgekehrt: *Pe* steht vor *'Ajin*; das ist auch in Kap. 3 und 4 der Fall, nicht aber in Kap. 1 (was als Beweis für mehrere Verfasser gelten kann). Die etwas merkwürdige rabb. Erklärung für dieses Phänomen: »Mit dem Mund *(peh)* sagte Israel das, was das Auge *('ajin)* nicht gesehen hatte«, nämlich verbotene Dinge.

2,18–22 Aufruf zu demütigem Gebet

Die leidende Stadt wird aufgefordert, zum Herrn zu schreien (V. 19). Die Worte werden ihr dazu in den Mund gelegt (V. 20–22).

18 Der Text dieses Verses ist sehr unsicher. LÜ und andere Übersetzungen folgen einem korrigierten Text, der gut zum V. 19 paßt. Dann sind beide VV. ein Aufruf an die Bewohner Jerusalems, ihr Leid in Gebet zu verwandeln. Denn »die göttliche Traurigkeit wirkt eine Reue zur Seligkeit« (2Kor 7,10). In dieser Reue liegt die Hoffnung auf Rettung. EÜ folgt dem Hebr. *Ihr Herz:* bezieht sich nicht auf die in V. 17 genannten Feinde, sondern auf die Menschen in den *Mauern* Zions. Es kann aber auch sein, daß sogar die Steine der Mauer aufgerufen werden, das Leid des Volkes zu teilen.

22 Gott rief nicht die Gläubigen zu einem Feiertag zusammen, sondern ihre Feinde; vgl. 1,15. *Meine Feinde:* wörtl. »meine Schrecknisse« (EÜ, JB). Vgl. Jer 20,3. Mit den Schrekken trieb er sein Volk so in die Enge, daß niemand *entronnen und übriggeblieben ist.*

3,1–66 Drittes Klagelied

In diesem Kapitel (hier sind jedem Buchstaben des Alphabets drei Verse zugeteilt; s. JB) schildert der Schreiber sein persönliches Leid, wobei er aber sicherlich auch als der typische Vertreter seines Volkes spricht, vgl. das *wir* in V. 22. In seinem heftigen Schmerz werden aber auch Ergebenheit und Zuversicht spürbar, vor allem im zweiten Teil (V. 22–39). Dieses Klagelied ist ein literarisches Kunstwerk, auch wenn der gedankliche Aufbau an einigen Stellen nicht ganz klar ist, wohl weil sich der Schreiber an die alphabetische Anordnung halten mußte. Dieses Lied bringt uns dem Kern der Klagelieder näher. Ähnlich Jes 53 und Ps 22 deutet es auf das Leiden Christi hin.

3,1–21 Die Klage des Leidenden

In einer Serie von anschaulichen Beispielen werden die Leiden abermals direkt auf Gott zurückgeführt: **2** *Er hat mich geführt und gehen lassen in die Finsternis.* **12.13** Besonders eindrucksvoll wird Gott hier als Jäger dargestellt, der seine Pfeile (wörtl. *die Söhne seines Köchers;* EÜ) gegen das Opfer richtet. **16** Gott ließ die Zähne auf *Kiesel* beißen, denn statt Brot gab er seinem Volk Steine. **19–21** Diese Verse leiten über zur anderen Seite des Bildes, das hier von Gott gezeichnet wird.

3,22–39 Die Gnade Gottes

Daß wir in den Klageliedern und gerade in diesem Zusammenhang einen so wunderbaren Ausdruck der Zuversicht auf Gottes unfehlbare Güte und Barmherzigkeit finden, ist besonders bemerkenswert. Vgl. V. 57. **23** Die Güte des Herrn umschließt alle täglichen Bedürfnisse (vgl. 5Mo 33,25b–27). **25ff** Der Sprecher verallgemeinert seine eigene Erfahrung und betont ganz besonders die Notwendigkeit geduldiger Hoffnung und froher Ergebenheit. **28–33** *Er sitze einsam und schweige, wenn Gott es ihm auferlegt:* denn die Leiden werden ein Ende haben, da sie letztlich nicht Gottes Wille für den Menschen sind. **34–36** Wenn Gott so gerecht ist, daß er die schlechte Behandlung der Gefangenen, die Ungerechtigkeiten der Gerichtshöfe oder unsaubere Mittel der Händler nicht ertragen kann, dann kann jeder Leidende geduldig auf Gottes Gerechtigkeit hoffen (vgl. V. 26). **37.38** Sogar *Böses* (d.h. Qual und Leid, nicht aber Schlechtigkeit oder Bosheit) steht unter Gottes Kontrolle und hat keine unabhängige Existenz. Gott ist der Höchste, und mit Qual und Leid kann er letztlich Gutes bezwecken. **39** Niemand kann behaupten, sein Leid habe ihn absolut unverdient getroffen. Erträgt er es so, wie es hier gezeigt ist, dann wird das Leid zu einem Gnadenmittel (vgl. Ps 119,71).

3,40–41 Aufruf zur Bekehrung

»Weißt du nicht, daß dich Gottes Güte zur Umkehr treibt?« (Röm 2,4). In wahrhaft prophetischer Weise stellt sich der Sänger der Klagelieder zu seinen Landsleuten und fleht sie an, zu Gott zurückzukehren und sich mit ihm zu versöhnen. Sie sollen sich selbst erforschen und sich prüfen an seinen Geboten, die sie übertreten haben. Wenn sie ihre *Hände aufheben zu Gott im Himmel,* dann sollen sie auch ihr *Herz* aufheben zu Gott. Ihre Gebete um Vergebung sollen ehrlich und ernst gemeint sein.

3,42–54 Die Last der Sünde

Dem Aufruf in V. 40f gemäß folgt das Eingeständnis der Sünde, die *Ungehorsam* gegen Gott ist, und, weil sie festgehalten wurde, *nicht vergeben*, sondern bestraft wurde. Sodann wird das Gefühl des Verlassenseins beschrieben, das jeder wirklichen Bekehrung vorausgeht. Die Seele wird geläutert, denn allmählich begreift sie Gottes Zorn gegen die Sünde. Sie erkennt, daß die Sünde sie von Gott trennt (V. 44), was ihr Kummer und Schmerz bereitet. Aber Gott wird jetzt nicht mehr als unversöhnlicher Feind angesehen. Seine Gnade kommt ins Blickfeld, und der Sünder wartet auf sie (VV. 50.52–54). Diesen letzten sehr bewegenden Versen könnte ein Erlebnis des Schreibers zugrunde liegen, in der sein eigenes Leben bedroht war, wobei die Situation eine andere gewesen sein müßte als im Leben Jeremias (Jer 38). Die VV. 52–56 erinnern andererseits sehr stark an manche Klagelieder unschuldig Verfolgter in den Psalmen (z.B. Ps 7;17;26); dabei würde es sich in VV. 52ff um Bilder handeln, mit denen die Situation zu vergleichen ist (vgl. Ps 35, bes. V. 7; 43,3). **51** *All die Töchter meiner Stadt* ist wohl wie *die Tochter meines Volkes* (V. 48) eine Personifikation Jerusalems. Es könnten aber auch die Dörfer außerhalb der Stadt gemeint sein, die von dem schrecklichen Schicksal Jerusalems mitbetroffen waren.

3,55–66 Trost und Fluch

55–66 Das Gebet des zutiefst verzweifelten, reuevollen Sünders dringt zu Gott im Himmel. Als er den »Namen« (die Person) Jahwes anruft, ist er sich gewiß, daß Gott als Helfer und Erlöser tröstend auf seiner Seite steht. Zu diesem Abschnitt vgl. Ps 69.

Obwohl der Sünder zugibt, daß Gottes Gericht gültig und gerecht ist, kann er denjenigen nicht verzeihen, die die Werkzeuge des Gerichts gewesen sind. **61–66** Sie sollen ebenfalls bestraft werden:
Laß sie deinen Fluch fühlen! Anderen einen solchen Fluch zu wünschen, mag an dieser Stelle unpassend erscheinen. Doch wie Leiden unter der Vorsehung Gottes einen Menschen dazu bringen kann, seine Sünde zu erkennen, ist auch der Verursacher des Leidens nicht Gottes Absichten und Urteil entzogen. Man beachte, daß der Beter bei aller menschlichen Verärgerung das Richten nicht selbst in die Hand nehmen will, sondern Gott anempfiehlt.

4,1–22 Viertes Klagelied

4,1–12 Damals und Heute

Eine Aufzählung deutlicher Gegensätze zwischen der Glanzzeit Jerusalems und ihrer jetzigen Schande. Die Gedanken in V. 12 bilden die Schlußfolgerung aus zwei parallelen Abschnitten (VV. 1–5.6–11). Der ganze Abschnitt ist äußerst kunstvoll aufgebaut.

1 erinnert an die Verbrennung der Stadt durch Nebusaradan (2Kön 25,9). Die *heiligen Steine* (ZÜ; vgl. EÜ) sind die Steine des Tempels, nicht *Edelsteine* (LÜ). **2ff** In solch einer Zeit gingen die Frauen nicht einmal mehr ihren Mutterpflichten nach. Die Kinder wurden schlechter versorgt als die Jungen der *Schakale*, viel mehr vernachlässigt als die Jungen der sorglosen Strauße (vgl. Komm. zu Hiob 39,13–17). **6** In einem Augenblick richtete Gott *Sodom,* Zion muß eine lange und schwere Bestrafung über sich ergehen lassen, die es sich selbst zuzuschreiben hat. **7.8** In früheren Zeiten waren *Zions Fürsten* Personen von Rang und Namen, schon aufgrund ihres Aussehens ohne weiteres erkennbar gewesen – sie sind nicht mehr wiederzuerkennen und sind jetzt von den anderen Bewohnern der Stadt nicht mehr zu unterscheiden. Für *Fürsten* steht im Hebr. »die Geweihten«, wörtl. »Nasiräer« (vgl. EÜ Anm. und Komm. zu 4Mo 6). **12** zeigt die Überheblichkeit und die darauf folgende Enttäuschung.

4,13–20 Die Folgen der Sünde

13ff Über die Propheten und Priester, die nicht in der Lage waren, das wahre Wort Gottes zu verkündigen, kommt nun die furchtbare Vergeltung. Sie werden wie Aussätzige behandelt und aus der Stadt getrieben. Sogar die Heiden geben ihnen keine Unterkunft mehr (V. 15). Diese Propheten und Priester sind schuldige Männer. Wie oft hatte Jeremia gegen sie gesprochen! (Vgl. Jer 6,13; 8,10; 23,11; 14.) Sie hatten der *Gerechten Blut* vergossen (vgl. Jer 26,20–23). Das Volk beginnt nun zu erkennen, daß Vertrauen in weltliche Verbündete (z.B. Ägypten; Jer 37,7) nur Enttäuschung bringen kann (V. 17) und daß auch das davidische Königtum keine Garantie für göttlichen Segen und Schutz ist (V. 20). **20** *Der Gesalbte des Herrn* ist Zedekia, Judas letzter, tragischer König, dessen Schicksal 2Kön 25,4–7 beschreibt. Die religiösen Führer, die Politiker und selbst der König waren machtlos, das Gericht Gottes von dem schuldigen Volk, dessen Ende gekommen war (V. 18), abzuwenden.

4,21.22 Edom wird nicht entkommen

Zur Zeit der Eroberung Jerusalems hatte Edom versucht, sich auf Kosten seiner Blutsverwandten zu bereichern (vgl. Obd 10–16). Dies hatte man den Edomitern sehr übelgenommen (vgl. Hes 25,12–14; Ps 137,7–9). Die Juden, die ihre Strafe ja bereits empfangen hatten (vgl. Jes 40,2), konnten sich damit trösten, daß die Bestrafung Edoms noch kommen würde: *Denn der Kelch wird auch zu dir kommen.* Das würde ein Zeichen dafür sein, daß Gott Juda wieder gnädig ist. *Uz,* die Heimat Hiobs, ist hier vielleicht erwähnt, um den Umfang des Gebietes von Edom zu zeigen. *Deine Sünden aufdecken:* »aufdecken« als Gegenteil von »bedecken«, das normalerweise für »vergeben« verwendete Wort.

5,1–22 Fünftes Klagelied

5,1–10 Eine Bitte um Barmherzigkeit

Dieses Klagelied hat auch 22 Verse, ist aber nicht nach dem Alphabet geordnet. Es mag einige Zeit nach der Zerstörung Jerusalems gesprochen sein, ein leidenschaftliches Volksgebet um göttliche Gnade. Obwohl Gott für die schmerzliche Lage verantwortlich ist, erfleht das leidende Volk Hilfe von ihm. War er es denn nicht, der ihnen ihr *Erbe* gab (V. 2)? Die Bewohner Jerusalems befinden sich in einer so elenden und verzweifelten Lage, daß sie sogar die einfachsten Lebensmittel von denen kaufen müssen, die sie besiegten (V. 4). Beim Broterwerb sind sie der Gefahr der plündernden Beduinen ausgesetzt (V. 9). In dieser verzweifelten Lage richten sie die Bitte an Gott, er möge ihnen – um seines eigenen Namens willen – ihren rechtmäßigen Platz im Lande wiedergeben, damit sie nicht länger unter der Herrschaft von Knechten (d.h. babylonischen Beamten) zu leben brauchen (V. 8). Diese Beamten waren früher oft Sklaven am Hof des Königs gewesen. **7** Dieser Vers stimmt mit dem zweiten Gebot überein. Die verschiedenen Generationen der Menschheit existieren nicht getrennt voneinander, sondern die Kinder müssen oft die Folgen der Schuld der Eltern tragen (vgl. 2Mo 20,5; 5Mo 5,9f). Stellen wie Hes 18,1–4 und Jer 31,29 zeigen, daß trotzdem die persönliche Verantwortung nicht aufgehoben wird.

5,11–18 Die Schändlichkeit der Sünde

Hier blickt der Schreiber noch einmal auf die furchtbare Strafe, die das Volk Gottes durch ständiges Übertreten seiner Gebote über sich selbst gebracht hat. Aber nicht Groll und Unmut, sondern Wehklage und Kummer herrschen vor. Gedanken an persönliche Rache liegen fern, denn alle haben erkannt, daß die Strafe Gottes gerecht gewesen ist. Nun liegt alles allein in Gottes Händen. Der Sänger hat sich durchgerungen zu reuevoller Demut und zu geduldiger Unterwerfung. **13** *Jünglinge mußten Mühlsteine tragen:* Dies galt als entehrend, weil es Frauenarbeit war (vgl. Ri 16,21).

5,19–22 Gottes ewiger Thron

Der Schluß dieses Klageliedes handelt von Gottes Thron. Der Thron des davidischen Königshauses ist vernichtet, aber Gottes Thron steht fest. Die verzweifelten Menchen können nur auf Gott hoffen. V. 21 zeigt, wie sehr sich die Menschen nach Versöhnung und Erneuerung sehnen. Dieses Sehnen läßt das Gefühl der Verlassenheit noch stärker werden (V. 20). Das Leiden hat sein Werk getan, und das verlorene Volk ist zu sich gekommen und nun bereit, sich aufzumachen und zu seinem Vater zu gehen. Aber auch dazu ist letztlich ein Handeln Gottes nötig (V. 21: *Bringe uns, Herr, zu dir zurück*).

22 *Hast du uns denn ganz verworfen?* Davon kann nicht die Rede sein! Vgl. Röm 11,1.2

L.E.H.Stephens-Hodge

Hesekiel

Einleitung

Verfasser, Datierung und Situation

In dem Buch Hesekiel kommt der Name seines Verfassers nur zweimal vor (1,3; 24,24). LÜ hat in Anlehnung an die LXX die Schreibung Hesekiel, andere gebrauchen nach der Vulgata die Umschrift Ezechiel.

Das Buch Hesekiel scheint auf den ersten Blick seine Geschlossenheit ganz betont herauszustellen. Es stammt von einem Verfasser, eben Hesekiel, der an einem bestimmten Ort in Babylonien ansässig war (1,3). Es läßt zudem einen klaren Aufbau erkennen (siehe Inhaltsübersicht) und weist einen einheitlichen literarischen Stil auf – es ist durchweg in der ersten Person Singular geschrieben – sowie stimmige Daten, die sich vom fünften (d.h. 593 v. Chr.; 1,2) bis zum siebenundzwanzigsten Jahr (29,17; 40,1) der babylonischen Gefangenschaft erstrecken. Daß diese Datierung zutrifft, die Wirksamkeit Hesekiels also in die Exilszeit fällt, wird durch die historischen Anspielungen in Hesekiels Prophetie bestätigt. Beispielsweise erscheint Persien lediglich als Söldner von Tyrus (27,10). Zudem wird es noch (38,5) in einem Atemzug mit Äthiopien (Kusch) und Put (EÜ; vielleicht Punt am Roten Meer; LÜ: Libyen) genannt, was darauf schließen läßt, daß zur Entstehungszeit des Buches das spätere Großreich Persien als weit entfernt und als unbedeutend galt. Zwischen 570 und 550 v. Chr., als unter Cyrus Persien zu einer Großmacht wurde, wären derartige Anspielungen zunehmend unmöglich geworden.

Im Licht dieser Tatsachen konnte R.S. Driver (*Introduction to the Literature of the Old Testament,* 1981, S. 261, 278) vor der Jahrhundertwende als allgemeine Übereinstimmung der Forschung feststellen, daß sich »im Zusammenhang mit der Verfasserschaft des Buches keinerlei kritische Fragen stellen, trägt doch das Ganze von Anfang bis Ende unverkennbar das Gepräge eines einzigen Geistes«. Eine andere Auffassung wurde jedoch im Jahre 1900 von Kraetzschmar (*Das Buch Ezechiel,* 1900) vorgetragen und von Hermann (*Ezechiel,* 1924) sowie am detailliertesten von Hölscher (*Hesekiel. Der Dichter und das Buch,* 1924) vertreten. Hölscher zerstückelte das Buch derart, daß er Hesekiel nicht mehr als ein Siebtel zugestand und den Rest einem Redaktor des 5. Jahrhunderts zuschrieb. Diese extreme Ansicht hat die Mehrzahl der Forscher nicht zu überzeugen vermocht. Dennoch haben die dort vertretenen Gründe viele veranlaßt, eine »gemäßigte« Haltung in dieser Frage einzunehmen und es für wahrscheinlich zu halten, daß Hesekiel nicht ausschließlich in Babylonien, wie das Buch es nahelegt, sondern teilweise auch in Jerusalem wirkte. Dabei herrscht keine Einmütigkeit darüber, ob Hesekiel oder jemand anders die abschließende Redaktion der Weissagungen besorgte. V. Herntrich (*Ezechielprobleme,* 1932), einer der einflußreichsten frühen Befürworter der doppelten Lokalisierung des Hesekielbuches, nahm an, daß ein Schüler Hesekiels das Werk redigierte und etliches hinzufügte, wohingegen R. H. Pfeiffer (*Introduction to the Old Testament,* 1948) betont, die Erfindung eines Redaktors sei »unbegründet und müßig«.

Die Mehrzahl der heutigen Hesekielforscher ist jedoch inzwischen zu der traditionellen Auffassung von einem Verfasser, der an einem Ort wirkte, zurückgekehrt. Die Probleme, die das Buch fraglos aufwirft, erfordern kaum eine der dafür vorgeschlagenen radikalen Lösungen.

Seine Annahme einer Jerusalemer Wirkungszeit begründet Pfeiffer damit, daß der Befehl (3,4) »Geh hin zum Hause Israel« auf eine Reise nach Jerusalem weise, und der zusätzliche Befehl, zu »verkündigen«, die persönliche Anwesenheit des Propheten in der Stadt erfordere. Der Tod Pelatjas (11,13) sei ein weiterer Beweis dafür, daß Hesekiel in Jerusalem war. Zudem zeige der Prophet in Kap. 1–24 durchweg eine eingehende Kenntnis des Standes der Dinge in der Stadt, die auf Augenzeugenschaft schließen lasse. Andere fügen die Überlegung hinzu, die Vorstellung, Hesekiel habe von Babylon aus über die Wüste hinweg seine Ankündigungen und Drohungen gegen eine Stadt geschleudert, von der er durch Hunderte von Kilometern getrennt war, scheine einigermaßen absurd.

Die ersten beiden dieser Argumente scheinen zu schwach, um das Gewicht der These, Hesekiel habe in Jerusalem gewirkt, zu tragen. Im Textzusammenhang wird der Befehl »Geh hin zum Hause Israel« sogleich durch das Handeln des Geistes Gottes gedeutet, der Hesekiel nach Tel-Abib führt und ihn dort in einer exilierten Gemeinde seßhaft werden läßt

(3,12–15), und es kommt bei Hesekiel oft vor, daß die Bezeichnung »Haus Israel« die Exulanten meint (z.B. 11,15; 37,16). Was den Tod des Pelatja betrifft, so trägt die Vermutung, daß Hesekiel diesen armen Mann nicht im Zusammenhang einer Vision erblickte, sondern von Angesicht zu Angesicht sah, nicht im mindesten zur Entschleierung des Geheimnisses bei, das dieses Ereignis umgibt. Man kann sich genausogut vorstellen, daß Hesekiel im Rahmen einer Vision von Jerusalem wie Kap. 8–11 sein Gerichtswort über die Stadt eben diese symbolische Form annehmen sah: Den Tod eines Menschen, den er kannte.

Die beiden restlichen Argumente lassen sich nicht so leicht entkräften. Hesekiels Kenntnis der Lage in Jerusalem ist in Wahrheit nicht so umfassend und detailliert, wie bisweilen behauptet wird. Auch ist daran zu erinnern, daß zwischen Jerusalem und Babylon ständig Nachrichten ausgetauscht wurden (vgl. Jeremias Brief, Jer 29). Und so ist es auch ganz und gar nicht unwahrscheinlich, daß die hauptsächlichen Einzelheiten von Kap. 8–11, die Entweihung der Tempelhöfe betreffend, dem Priester Hesekiel auf dem normalen Weg bekannt wurden, ehe er sie in das Gefüge der Vision verwob. Es bleibt ein Rest von Mitteilungen, von denen er nur auf übernatürliche Weise Kenntnis erlangt haben kann. Zu dieser Kategorie gehört beispielsweise das Vorherwissen vom Tod seiner Frau (24,15ff). Offenbar wurden Hesekiel ebenso wie seinen Mitpropheten einzigartige Wundererfahrungen zuteil. Will man nicht alle diesbezüglichen alttestestamentlichen Befunde völlig umschreiben, so kommt man nicht um die Annahme herum, daß den Propheten auf übernatürliche Weise Dinge bekannt wurden, die entweder ihrer Art oder ihrem Ausmaß oder beidem nach alles überstiegen, was Menschen erfahrungsgemäß zuteil wird.

Im letzten Grund hängt jedoch alles an dem vierten Einwand: Selbst wenn Hesekiel imstande gewesen wäre, derart zu weissagen, hätte er es dann auch getan? Gehört das zu einer richtigen Wahrnehmung des Prophetenamtes, soviel Empörung über eine gar nicht anwesende Hörerschaft auszugießen? Die Antwort hierauf ist sehr viel einfacher, als die Frage auf den ersten Blick vermuten läßt. Hesekiel bedient sich eines Lehrverfahrens, auf das man zu bestimmten Zeiten bei den meisten Propheten stößt: nämlich einer anwesenden Hörerschaft eine Wahrheit dadurch einzuschärfen, daß man an eine abwesende Hörerschaft erinnert und sich an diese wendet. Wenn irgendeiner der Propheten, Hesekiel eingeschlossen, fremde Völker ansprach, soll das dann jemals heißen, daß diese Völker entweder anwesend waren oder daß die betreffenden Weissagungen ihnen mitgeteilt werden sollten? Waren diese nicht vielmehr fast ausschließlich für Israels Ohren bestimmt (entweder, um es zu rügen oder um es aufzurichten), wenn sie auch formell an andere gerichtet waren? So wendet Hesekiel sich in jener Phase seiner Wirksamkeit an Jerusalem, weil seine Mitexulanten die Stadt so sehen sollten, wie sie wirklich war, um zu ermessen, wie gerecht Gott in seinen bevorstehenden Handlungen sein würde. Sie sollten zu einer den Nöten des Exils angemessenen Theologie kommen, geeignet, einen Damm gegen das Fortdauern der Sünden der Vergangenheit zu errichten.

Wir können mithin an das Buch in der Gewißheit herangehen, daß es wirklich das ist, was es zu sein beansprucht: Hesekiels Bericht an seine Mitexulanten über seine 25-jährige Wirksamkeit in Babylonien.

Inhalt

Das Buch ist, wie die Inhaltsübersicht zeigt (s. S. 819), nach einem festumrissenen Plan abgefaßt, und der Verfasser bleibt im großen und ganzen bei dem Grundthema eines jeden Abschnitts. Nach dem einleitenden Gesicht von Kap. 1–3 konzentriert Hesekiel sich fast ausschließlich auf die Bloßlegung der Ungerechtigkeit seines Volkes. Unbarmherzig zieht er die Sünden seiner Volksgenossen ans Licht und kündet Gottes Gericht über sie an. In der Form symbolischer Handlungen, Gleichnisse, flammender Reden und logischer Erörterungen behandelt er immer wieder sein Thema, die Sündhaftigkeit des Volkes und dessen unvermeidlichen Untergang. Die Verdammungen und Untergangsdrohungen kehren so beständig wieder, daß der Leser von Schrecken gepackt wird, zumal im Unterschied zu anderen prophetischen Werken das Element der Verheißungen im ersten Teil des Buches Hesekiel (Kap. 1–24) so gut wie vollständig fehlt. Schimmert einmal ein Hoffnungsstrahl hindurch, dann gibt die angekündigte Wiederherstellung nicht zur Freude, sondern zur Schmach Anlaß (s. z.B. 16,53–58; 20,43f). Nicht nur in dieser Hinsicht zeigt Hesekiel Ähnlichkeit mit der Offenbarung Johannes, schildern doch beide Werke wie kein anderes in der Bibel die ungemilderte Wucht des Zornes Gottes.

Der zweite Teil (Kap. 25–32) beschränkt sich auf Drohreden über Israels Nachbarvölker, sowohl über die kleinen Staaten, die in der Stunde seiner Not über es herfielen, als auch über die größeren Völker jener Zeit. Hesekiels dichterische Begabung erreicht hier ihren Höhepunkt: Die Drohreden über den Fürsten von Tyrus und den Pharao von Ägypten gehören zu den lebensvollsten Partien des AT. Merkwürdigerweise schweigt Hesekiel sich über das Schicksal Babylons, des Hauptzerstörers von Jerusalem, aus. Einige Forscher meinen, daß Gog in Kap. 38 und 39 dies Volk versinnbildlichen müsse, da es undenkbar sei, daß es in Hesekiels Untergangsprophezeiungen nicht auftauche. Im Text deutet jedoch nichts darauf hin, vielmehr spricht alles gegen diese Gleichsetzung. Man kann nur annehmen, daß Hesekiel so wie Jeremia in Nebukadnezar einen Diener Jahwes erblickte und seine Handlungen daher als von Gott befohlen ansah; anders als Jeremia empfing Hesekiel jedoch in der Folge kein Wort mehr betreffend Babylon und überließ dessen weiteres Schicksal Gottes Ratschluß.

Der Wendepunkt in Hesekiels Wirksamkeit wird durch die Ankunft eines Boten aus Jerusalem herbeigeführt, der ihm mitteilt, daß die Stadt genommen sei (33,21). Angesichts der beharrlichen Skepsis des Volkes gegenüber seiner Predigt stellte dies Ereignis die göttliche Bestätigung seiner Wirksamkeit dar. In der Folge strömten die Leute herbei, um ihm zuzuhören (33,30). Er vermochte sich nunmehr der Aufgabe der Erneuerung des zerstreuten Volkes zu widmen; diese bildet das Thema der Kap. 33–37.

Man rätselt seit langem darüber, warum Hesekiel von einem weiteren Ansturm fremder Mächte gegen Israel nach der Wiederherstellung des Volkes in der messianischen Epoche spricht (38; 39). Für diese Lehre gibt es gleichwohl zwingende Gründe (s. die einführenden Bemerkungen zu diesen beiden Kapiteln im Komm.)

Der Schluß des Buches (Kap. 40–48) ist langem und liebevollem Nachdenken über Israels Kult in seiner kommenden Heilszeit entsprungen. Er führt uns eindringlich vor Augen, daß Hesekiel Priester und Prophet war. Er vereinigte in sich die beiden großen Ströme der Tradition Israels. Er stellt hier den vollkommenen Kult eines vollkommenen Volkes in einem vollkommenen Tempel in einem von aller Unreinheit gesäuberten Land dar.

Besonderheiten

Hesekiels Buch wirkte bahnbrechend für etliche Anschauungen, die für das spätere Judentum charakteristisch werden sollten. Als erster stellte er mit dogmatischer Klarheit die Verantwortlichkeit des einzelnen als entscheidende Wahrheit heraus. – Durch die Häufigkeit seiner Gesichte, den ekstatischen Charakter vieler seiner Äußerungen und besonders durch seine Gog und das künftige Reich betreffenden Weissagungen bildete er einen Typ von Prophetie aus, der im Laufe der Zeit zu der Erscheinung der sog. Apokalyptik hinführte; Hesekiel bildet gewissermaßen die Brücke zwischen Prophetie und Apokalyptik. – Aufgrund seiner priesterlichen Ausbildung war er naturgemäß mehr am kultischen Leben als an der Verkündigung interessiert; dem missionarischen Geist, der in den letzten Kapiteln des Buches Jesaja stark hervortritt, begegnet man infolgedessen bei ihm kaum. In allen drei Bereichen (Verantwortung des einzelnen, apokalyptische Prophetie und Übergehen der Heiden bei der Beschreibung des Reiches Gottes) ging das spätere Judentum viel weiter als Hesekiel (s. z.B. die Vorbemerkungen zu Kap. 18 im Komm.) Es wäre jedoch ebenso ungerecht, wollte man Hesekiel diese unglücklichen Entwicklungen zur Last legen, wie wenn man Daniel für die naiv ausschmükkenden Züge mancher apokalyptischen Schriften und Paulus für die Lehre von der Vorherbestimmung zur Verdammnis verantwortlich machen wollte. Dort, wo Hesekiel und Daniel schweigen oder sich höchstens zwischen den Zeilen in Andeutungen ergingen, gab sich das Judentum eindeutig und übertrieb, ebenso wie die überstrenge Logik manche Leute Folgerungen ziehen läßt, von denen sich Paulus nach der Auffassung der meisten Christen distanziert hätte. Es ist daher sehr bedauerlich, daß manche Bibelwissenschaftler dem Buch Hesekiel vorwerfen, es stelle lehrmäßig einen Rückschritt dar. Es bietet ganz im Gegenteil einen wichtigen Beitrag zu der Offenbarung Gottes, wie sie sich für uns in der Bibel entfaltet. Hesekiel sollte mit mehr Sympathie studiert werden, als ihm manche Zeitgenossen angedeihen lassen wollen.

Der Text des Hesekielbuches hat im Verlauf der Überlieferung stellenweise schwer gelitten. Auf die sich daraus ergebenden Schwierigkeiten kann in unserem Kommentar aus Platzgründen nicht näher eingegangen werden. Lediglich auf die schwerwiegenderen Korrekturen erfolgen Hinweise.

Inhalt

Kommentar

1,1–24,27 ISRAELS SÜNDE UND DAS BEVORSTEHENDE GERICHT

1,1–3,27 Hesekiels Berufung

1,1–28 Das Gesicht von der Herrlichkeit Gottes

1–3 Wir wissen nicht, von welchem Zeitpunkt an Hesekiel das *dreißigste Jahr* datiert, und ob von einem babylonischen oder israelitischen Ereignis an. Origenes hielt es für eine Altersangabe des Verfassers. *Das fünfte Jahr, nachdem der König Jojachin gefangen weggeführt war:* Diese Angabe ermöglicht uns die Datierung in das Jahr 593 v. Chr. In Nippur am Fluß *Kebar,* von den Babyloniern »Der Große Kanal« genannt, hat man Spuren jüdischer Siedlungen entdeckt. Daß *Gott* dem Hesekiel an solch einem Ort *Gesichte zeigte,* muß vielen seiner Volksgenossen als unwahrscheinlich erschienen sein, deren Gefühlen eher Äußerungen wie 11,14f Ausdruck gaben.

4–14 Gleich anderen vor ihm empfing Hesekiel seine Berufung zum Prophetenamt in einem Gesicht Gottes. Der Berufungsbericht in 1,4–3,15 will zeigen: Hesekiel erhält seine Botschaft von höchster Stelle. Das wird durch die Beschreibung der himmlischen Herrlichkeit Gottes unterstrichen. Die Berufung ist eine feierliche Zeremonie vor dem Thron Gottes, der seinen Propheten beauftragt wie ein König seinen Gesandten. Das Bildmaterial des Gesichts war, wie häufig bei prophetischen Ekstasen (vgl. Apg 10), durch die Umwelt seines Empfängers bedingt. Hier handelte es sich um das Aufziehen eines Orkans, durch den Gott sich dem Hesekiel offenbarte (V. 4). Die Schwärze der Wolke, der glutrote Himmel und die alles erhellenden Blitze bildeten den Rahmen für das Erscheinen des größeren Glanzes Gottes. Man vgl. folgenden Bericht über einen Sturm am Euphrat: »Dichte schwarze Wolkenmassen, von roten, gelben und orangefarbenen Streifen durchsetzt, zogen im Westsüdwesten auf und schossen nun mit ungeheurer Geschwindigkeit auf uns zu . . . Die Wolken ließen uns jetzt vor Grauen erschauern. Unterhalb der dunkelsten bewegte sich eine riesige dunkelrote Masse in furchterregendem Tempo auf uns zu . . . Alles wurde wieder ruhig und hell wie zuvor, und Anfang, Entwicklung und Ende dieses fürchterlichen Orkans hatten nicht mehr als fünfundzwanzig Minuten gedauert« (Chesney, *Narrative of the Euphrates Expedition*, 1868). Man beachte das mehrfache: *wie, gleich* (V. 5. 10 usw.): Hesekiel kann zur Beschreibung der Gestalten seines Gesichts nur ungefähre Vergleiche bieten. Die *Gestalten* (V. 5) mit ihren Rädern (V. 15f) bilden einen nicht irdischen Thronwagen für Gott. Der rabbinische Kommentar zu den Gesichtern der Gestalten (V. 10) hat vielfach Zustimmung gefunden: »Der Mensch ist unter den lebenden Wesen erhöht, der Adler unter den Vögeln, der Ochse unter den Haustieren, der Löwe unter den Wildtieren. Ihnen allen ist

Herrschaft und Größe verliehen worden, dennoch stehen sie unter dem Wagen des Heiligen« *(Midrasch R. Schemot* 23, zu 2Mo 15,1). Vgl. Offb 4,7.

15.16 Die *Räder* setzten den Wagen instand, überall hinzufahren, eine notwendige Mahnung an die Exulanten (s. Komm. zu V. 1f), daß Gott auch zu ihnen in die Ferne kommen und sie heimholen kann. Hesekiel beschreibt die Räder so, als wenn ein Rad sich innerhalb des andern drehe. **17** Man kann sich die Bewegung der Räder nicht vorstellen, wenn man dabei an gewöhnliche Fahrzeuge denkt: Dies ist ein übernatürlicher Wagen! In seinen Bewegungsmöglichkeiten ist er so unbeschränkt wie es Gott selbst in seiner Allmacht ist: Überall ist er präsent, bei den Zurückgebliebenen in Jerusalem wie bei den Exulanten. **18** *Ihre Felgen waren voller Augen:* Diese Augen weisen auf Verstand, denn **20** *es war der Geist der Gestalten in den Rädern.* **22** *Wie eine Himmelsfeste:* besser »Bühne«; *raqia* wird in 1Mo 1 zwar mit »Feste« übersetzt, doch ist hier an seine Grundbedeutung »etwas Fest- und Flachgestampftes« gedacht. Es dient als Fundament für Jahwes Thron (V. 26) und wird von den Gestalten getragen.

26–28 Der Prophet will nicht sagen, er habe Jahwe wirklich gesehen, sondern nur *einen, der aussah wie ein Mensch* (LÜ; ZÜ: die *Gestalt, in der die Herrlichkeit des Herrn erschien*). (Nach dem Talmud hat Gott ein »großes Gesicht« und ein »kleines Gesicht«, und der Mensch vermag nur das letztgenannte zu schauen; vgl. Joh 1,18). Dennoch war Hesekiel von dem, was er sah, völlig überwältigt; vgl. Jes 6,5; Dan 10,8f; Offb 1,17.

2,1–3,3 Berufung und Auftrag des Propheten

2,1 Die Anwendung der Bezeichnung *Menschenkind* (V. 1.3 usw.) auf Hesekiel ist ein Charakteristikum in diesem Buch; sie unterstreicht seine Stellung als bloßes Geschöpf gegenüber der Majestät des Schöpfers. Hesekiel bezeichnet sich nicht etwa selbst so; Gott benutzt den Ausdruck, wenn er den Propheten anredet, offenbar um zu zeigen, daß er lediglich als Sprachrohr des göttlichen Willens zu fungieren hat. **5** Das Gegenstück zu *sie sollen wissen, daß ein Prophet unter ihnen ist* ist die oft wiederholte Wendung »sie sollen wissen, daß ich Jahwe bin«. Beide Wahrheiten werden offenbar werden, indem Gott die Weissagungen des Propheten erfüllt; vgl. 33,32f; 5Mo 18,21f.

8 Der Prophet wird aufgefordert, es seinen widerspenstigen Volksgenossen nicht gleichzutun und ihnen die Botschaften, die Gott ihm mitteilen wird, nicht vorzuenthalten. **9** Daß Gott Jeremias Mund unmittelbar berührte (Jer 1,9), Hesekiel jedoch eine *Schriftrolle* gab, veranschaulicht den Unterschied zwischen den beiden Propheten; ersterer verkündigt Gottes Immanenz, letzterer seine Transzendenz. Dieser Unterschied läßt sich bis dahin verfolgen, daß Jeremia seine Gefühle sehr stark in seine Botschaft miteinfließen läßt, während Hesekiel Distanz zu seiner Botschaft wahrt. Er weiß um ihre himmlische Herkunft und will sie gerade in dieser Erhabenheit darstellen und wirken lassen. **10** Die Tatsache, daß das Buch im Gegensatz zu der üblichen Gepflogenheit *außen und innen* beschrieben war, weist auf die Fülle seines Inhalts. *Klage, Ach und Weh* ist eine zutreffende Beschreibung des größten Teils von Hesekiels Prophetie. Seine Botschaft änderte sich erst, als Gott, entsprechend der Verheißung von V. 5, seine Worte bei der Zerstörung Jerusalems wahrmachte (33,21f).

3,1 *Iß diese Schriftrolle:* Diese Art von Inspiration hat nichts Mechanisches an sich: wenn Hesekiel die Rolle zerkauen muß, so bedeutet dies, daß er sich ihren Inhalt aneignen soll. **3** Dem Propheten schmeckte die Botschaft unbeschadet ihrer Natur *so süß wie Honig,* ist es doch »süß, Gottes Willen zu tun und mit Aufgaben für ihn betraut zu werden« (McFadyen). Man beachte die etwas andersartige Erfahrungderntl. Apokalypse (Offb 10,10).

3,4–15 Nachdrückliche Unterstreichung des Auftrags

5 Der Prophet wird nicht zu einem fremden Volk geschickt, **6** noch etwa zur Heidenwelt ganz allgemein. Wäre das der Fall gewesen, so hätte man ihm zugehört. **7** Doch Israel will weder einem Propheten noch Gott selber zuhören. Auf Israels alteingewurzelte Verstocktheit weist Jesus Christus in Mt 11,21–24 und Lk 4,24–27 hin. **8.9** Vgl. Jes 50,7; Jer 1,17–19.

11 *Zu den Weggeführten deines Volks:* Hesekiels Wirksamkeit erstreckte sich zwar auf ganz Israel, doch heißt es jetzt, daß sie zunächst seinen Mitexulanten gelte. Das erzwangen seine Lebensumstände. Aber die Abfassung des Buches, ja schon die der einzelnen Teile, würde seine Botschaft darüber hinaus dem ganzen Volk zugänglich machen.

14 Auf die Abfahrt des Wagens der Herrlichkeit reagiert der Prophet mit *bitterem Grimm* seines *Geistes.* Er ist indes gezwungen, mit seiner prophetischen Wirksamkeit zu beginnen. **15** Er geht nach *Tel-Abib,* dem »Ährenhügel«, einem Hauptzentrum der Exulanten. Er braucht *sieben Tage,* um sich von den Eindrücken der Vision zu erholen.

3,16–21 Der Prophet als Wächter

17 *Ich habe dich zum Wächter gesetzt:* Ein Wächter hatte die Aufgabe, eine Stadt vor drohenden Gefahren zu warnen: so muß Hesekiel sein Volk vor der Katastrophe warnen, die es bald ereilen wird. Im Hintergrund geht es hier um die Katastrophe, die Jerusalem kurz darauf treffen sollte; doch dürfte der Prophet die Warnung ohne Frage ganz allgemein ausgesprochen haben. Durch sie soll zwischen Hesekiel und seinen Hörern ein bestimmtes Verhältnis hergestellt werden: er ist für jeden einzelnen von ihnen verantwortlich und muß wie ein treuer Hirt einen jeden warnen (VV. 18.20); jeder von ihnen ist für seine Handlungen und sein Geschick persönlich verantwortlich, denn Gott wird sie nicht als Einheit, sondern als Einzelpersonen behandeln (V. 19). Das ist eine umwälzende Vorstellung, die einen wichtigen Schritt innerhalb der Offenbarungsgeschichte Gottes mit seinem Volk bezeichnet. (Vgl. Komm. zu Kap. 18 und zu 33,1–20.) Daß schon hier vom Wächteramt des Propheten die Rede ist, zeigt: Dieser Auftrag ist wesentlicher und integraler Bestandteil des Berufungsgeschehens. Hesekiel soll nicht nur Zukünftiges ankündigen; er soll auch noch warnen und zur Umkehr rufen, seelsorgerlich sich um den einzelnen kümmern und ihn zu Gott zurückrufen. Damit wird dem Propheten eine Mittlerfunktion zwischen Gott und Mensch und eine große Verantwortung für alle Menschen auferlegt, die an den Gottesknecht in Jes 53 erinnert. Vgl. dazu Gerhard von Rad, *Theologie des Alten Testamentes,* Band II, 1968, S. 239ff.

3,22–27 Der Prophet soll verstummen

24.25 Hesekiel wird angewiesen, in seinem Haus zu bleiben, vielleicht weil man gedroht hat, ihm Gewalt anzutun. **26.27** Er soll nach dem Willen Gottes verstummen; nur wenn Jahwe ihm den Mund zu einer prophetischen Botschaft öffnet, darf und muß er reden. Wenn diese Episode zeitlich an diese Stelle gehört, dann ist Hesekiels Wirksamkeit bis zum Erhalt der Nachricht vom Fall Jerusalems (33,21f) privater Natur und dann haben nur diejenigen daran Anteil, die in sein Haus kommen (vgl. 8,1). Manche meinen, das passe schlecht zu der vorangegangenen Beauftragung, und vermuten, dieser Abschnitt sei an eine falsche Stelle geraten und gehöre zu einer späteren Periode von Hesekiels Wirkungszeit. In diesem Fall würde sich V. 27 auf einen bestimmten Anlaß beziehen, bei dem Gott die Stummheit des Propheten beendet (s. 33,21f). Die vorgeschlagene Umstellung ist nicht möglich, zumal der vorangehende Abschnitt in 33,1–20 ausführlicher durchgeführt ist. Andererseits ergibt die Passage an ihrer jetzigen Stelle einen guten Sinn und kann dort belassen werden: Die Exulanten werden seine Bewegungsfreiheit einschränken. Gott wird seine Äußerungen beschränken und ihn nur auf besondere Anweisung reden lassen.

4,1–5,17 Vier Zeichenhandlungen

4,1–3 Die Belagerung Jerusalems

1 Ein *Ziegelstein*, wie der von Hesekiel benutzte, bestand aus weichem Ton. Die Zeichnung wurde mittels eines Griffels darauf eingeritzt; wenn sie fertig war, wurde der Ton gebrannt. **2** Vermutlich sollten die beschriebenen Maßnahmen auf den Ziegelstein eingetragen werden. **3** *Die eiserne Platte* stellt vielleicht die gegen die Stadt aufgerichteten starken Belagerungsgeräte dar.

4,4–8 Das Exil

4 Der Prophet liegt während der Zeit des Exils auf der Seite: er trägt Israels *Schuld*. Die LXX liest, vermutlich zu Recht, in V. 5 und 9 statt 390 die Zahl 190. Aus VV. 5f und 9 entnehmen wir, daß Hesekiel 150 Tage lang auf der linken und 40 auf der rechten Seite liegen sollte. Die Zeit von der Wegführung unter Tiglath-Pileser I. im Jahre 734 v. Chr. (2Kön 15,29) bis zur Einnahme von Jerusalem im Jahre 586 betrug 148, also grob gesprochen 150 Jahre. Die 40 Jahre (allgemeine Bezeichnung für eine Generation) für Juda entsprechen in etwa der Periode 586–536, der Zeit, als Juda im babylonischen Exil war. Cooke (The Book of Ezekiel, 1937) meint, die Zahl 390 gehe auf einen Abschreiber zurück, der unter dem Ausdruck *die Schuld des Hauses Israel* die ganze Zeit, in der Israel von Gott abgefallen war, verstand. Nach der Chronologie des Königsbuches machte der Zeitraum von der Reichsteilung unter Rehabeam bis zum Jahre 586 insgesamt 394 1/2 Jahre aus.

4,9–17 Die Hungersnot

Zwei Gedanken, die bevorstehende Hungersnot betreffend, sind hier auseinanderzuhalten: die Knappheit an Lebensmitteln (VV. 9–11.16f) und die Unreinheit, die ihr Verzehr in einem fremden Land mit sich bringt (VV. 12–15). **9** Das sonderbare Gemisch aus verschiedenen Kornarten macht lediglich den Mangel deutlich und ist nicht mit 3Mo 19,19 zu vergleichen. **10** *Zwanzig Lot* sind 320 g. **11** Der *sechste Teil von einer Kanne* ist etwa ein Liter. **12** *Menschenkot* wurde beim Brotbacken als Brennmaterial verwandt. **14.15** Auf den zum Priester ausgebildeten Hesekiel wirkten menschliche Exkremente zu abstoßend; auf seine Gebete hin wurde ihm die Verwendung von *Kuhmist* gestattet, der noch heute von den Beduinen als Brennmaterial benutzt wird. **13** Vgl. Hos 9,3f; Am 7,17. Alle Länder außerhalb Kanaans waren unrein, desgleichen ihre Erzeugnisse, wurde Jahwe in ihnen doch nicht verehrt.

5,1–4 Das Gemetzel

1.2 Das Abscheren des Kopfes war ein Bild für Unheil, s. Jes 7,20; Jer 41,5. Hier steht es für das Schicksal der Einwohner von Jerusalem: sie sollten verbrannt, erschlagen und zerstreut werden (V. 2); *das Schwert*, das die aus der Stadt Fliehenden verfolgt (V. 2c), weist auf die Vollständigkeit der Vernichtung hin. **3.4** Von den wenigen, die wirklich entkommen (die in Hesekiels Mantelzipfel Gebundenen), sollen etliche dennoch umkommen, so daß der Rest außerordentlich klein ist. Obschon einige Forscher das Gegenteil behaupten, vertritt Hesekiel also eine Lehre vom »Rest« (s. auch 6,8–10; 9,8; 11,13); sie ist jedoch bis zum Fall von Jerusalem gänzlich seiner Gerichtsbotschaft untergeordnet, um dann sein Hauptthema zu werden.

5,5–17 Die Deutung der Zeichen

5.6 Jerusalem ist aufgrund seiner örtlichen Lage und wegen seiner Erwählung durch Gott der Mittelpunkt der Welt (vgl. 38,12). Um so schändlicher, daß es die Fremdvölker an Gottlosigkeit noch übertrifft (vgl. 16,47f; Jer 2,10–13). **7** Der Gedankengang besagt, daß die Völker um Israel her konsequenter ihren sittlichen Erkenntnissen und Normen gefolgt sind als Israel, das von seinen göttlichen Geboten abgewichen ist. **8** Gott will dementsprechend die Sünden seines Volkes *vor den Augen der Heiden* (ZÜ) vergelten, als Beispiel und zur Bekräftigung seiner Heiligkeit. **10** Vgl. 3Mo 26,29 und 5Mo 28,53, Weissagungen, die schließlich in Erfüllung gingen (Klgl 4,10). **17** *Pest und Blut* (EÜ) sind wohl als *eine* Plage zu rechnen, vgl. 14,19 (anders LÜ; ZÜ: Pest und Mord); wir haben also die vier Heimsuchungen von 3Mo 26 vor uns: *Hunger, wilde Tiere, Pest, das Schwert.* Sie tauchen in 14,21 nochmals auf und erscheinen wieder unter den Plagen der Johannesapokalypse (Offb 6,7f).

6,1–14 Prophetie wider die Berge Israels

2 Hesekiel wendet sich an das Land unter dem Bild der *Berge Israels*, bildete doch die zentrale Gebirgskette, die zum Mittelmeer und zum Jordan abfällt, sein Hauptmerkmal. **3** Zudem werden *Berge* und *Hügel* von den Propheten gewöhnlich mit Abgötterei in Verbindung gebracht (z.B. Jes 65,7; Jer 3,6; Hos 4,13). *Gründe* (ZÜ: *Schluchten)* und *Täler* wurden für unreine Riten und Verehrung des Moloch benutzt (s. Jer 7,31f). Auch gab es zahlreiche *Opferhöhen* (ZÜ: *Höhenheiligtümer*), wo scheinbar Jahwe verehrt wurde, der Kult sich indessen kaum von dem der Nachbarvölker Israels unterschied. Die Reformen Hiskias und Josias waren offenbar vergeblich gewesen (2Kön 18,4; 23,5). **4** *Rauchopfersäulen* (hebr. *chammanim*): waren entweder Terracotta-Weihrauchbecken, wie man sie in Megiddo und Bethsean gefunden hat, oder sie glichen dem Räucheraltar aus Kalkstein mit vier Hörnern, der in Palmyra (Syrien) freigelegt wurde und die Aufschrift *chamman* trug (s. Albright, *Die Religion Israels im Lichte der archäologischen Ausgrabungen*, München/Basel 1956, S. 146, 241f). **7** *Ihr sollt erfahren, daß ich der Herr bin:* Eine für Hesekiel charakteristische Wendung; sie kommt in VV. 10.13.14 vor und etwa sechzigmal an anderen Stellen. Das Motiv für Jahwes Handeln ist stets die Anerkennung seiner alleinigen Gottheit und Macht durch die Völker.

9 *Wenn ich ihr abgöttisches Herz . . . zerschlagen habe:* Gott bricht das Herz durch Kummer, um es bußfertig zu machen. **11** *Schlag . . . stampfe:* Hesekiels Handlungen scheinen eher freudige Erregung als Schrecken ausdrücken zu wollen (s. 21,17; 22,13; 25,6). *Weh*!: besser mit *Ha*! (ZÜ) zu übersetzen; vgl. LXX: *euge, euge*, d.h. »bravo!« Der Prophet frohlockt über das kommende Gericht. Ihm liegt weniger das Geschick der Sünder als die Verteidigung der Ehre Jahwes am Herzen. Vgl. Offb 19,1–4. **13** Die Vernichtung von Götzenanbetern *mitten unter ihren Götzen* wird deren Machtlosigkeit enthüllen und die Überlebenden davon überzeugen, daß allein Jahwe Gott ist. Vgl. 1Kön 18,39f.

14 *Von der Wüste an bis nach* (dem weit im Norden gelegenen) *Ribla* (im Land Hamath, 48,1): gleichbedeutend mit der bekannteren Wendung »von Dan bis nach Beerseba«; *Diblath* (EÜ nach MT), östlich des Toten Meeres gelegen, dürfte auf einen Abschreibfehler zurückgehen, *r* und *d* sehen im Hebr. fast gleich aus.

7,1–27 Israels naher Untergang

Dieses Kapitel weist vier kurze Weissagungen auf (VV. 2–4; 5–9; 10f; 12f), an die sich eine Darlegung des ihnen gemeinsamen Themas anschließt (VV. 14–27). **2** Da *das Ende* als unmittelbar bevorstehend bezeichnet wird, das in 1,1, erwähnte Datum aber bis zum Fall Jerusalems sieben Jahre läßt, ist es wahrscheinlich, daß dieses Kapitel später geschrieben wurde. Das Datum am Anfang eines Abschnitts umschließt nicht notwendigerweise alles, was bis zur nächsten Datumsangabe folgt.

Die Weissagung richtet sich an das *Land Israels*, doch ist anscheinend in VV. 5–7.10 und 12 an den Tag des Herrn mit seiner universalen Bedeutung gedacht. Man sollte daher die diesen Vers abschließende Wendung wie in Jes 11,12 mit »vier Enden der Erde« (nicht »des Landes«) übersetzen. Das Gericht über Israel wird vor den Hintergrund des Gerichts über die Völker gestellt. **6** Man beachte das Wortspiel: *Es kommt das Ende (haqqez), es ist erwacht (heqiz).* Vgl. Am 8,2. **7** *Die Zeit kommt, der Tag . . . ist nahe:* Daß damit auf den Tag des Herrn Bezug genommen wird, ergibt ein Vergleich mit 30,3; Dan 12,1; Joel 1,15 und Mal 3,19.

10.11. geben einen Weissagungsspruch wieder, der in rhythmischer, sich wiederholender Sprache gefaßt ist und den Kern der Prophetie enthält. Alles ist reif zum Gericht. *Rute:* wahrscheinlich eine Anspielung auf den König von Israel und seinen Hof. Vgl. den häufigen Gebrauch des Wortes für das Zepter Israels (z.B. 19,11).

12.13 Das Kaufen und Verkaufen bezieht sich anscheinend auf Grundbesitz, und der Verkäufer tut es entweder widerwillig (vgl. 1Kön 21,1–16) oder erhält keinen angemessenen Preis. Der Prophet sagt, daß die Käufer keinen Anlaß haben, sich zu freuen und die Verkäufer keinen Grund, traurig zu sein, denn beide würden binnen kurzem in eine Katastrophe hineingerissen werden. Manche meinen, V. 13 beziehe sich auf das Gesetz über das Erlaßjahr (3Mo 25,10f), was möglich ist. Andernfalls führt der Prophet den Gedanken von V. 12 weiter: an den Rückkauf von ererbtem Grundbesitz ist nicht zu denken, denn der Zusammenbruch des Volkes wird die Eigentumsfrage bedeutungslos machen.

19.20 Ein Vergleich des letzten Satzes von V. 19 mit V. 20 ergibt, daß die Unreinheit *(Unrat)* ihres *Silbers und Goldes* auf dessen Verwendung zum Schmuck von Götzenbildern zurückzuführen ist. Vgl. Jes 30,22. **21** Derlei Götzenbilder wird Jahwe den Eindringlingen übergeben. **26** Eine Dreiteilung im religiösen Bereich wird hier angedeutet: Der *Prophet* für das unmittelbar von Jahwe kommende Wort; der *Priester* für die Unterweisung im Gesetz, *die Ältesten* für Rat in zivilrechtlichen Angelegenheiten. Vgl. Jer 18,18. **27** weist auf eine soziale Dreiteilung: *Der König, die Fürsten* und *das Volk des Landes.*

8,1–11,25 Jerusalems Sündhaftigkeit und Bestrafung: Gott wendet sich von der Stadt ab

8,1–18 Die Götzendiener im Tempel

1 Das Datum ist vermutlich August-September 592 v. Chr., 14 Monate nach Hesekiels Berufungsvision (1,1). **2** *Wie ein Mann:* so nach LXX, was hebr. *'isch* voraussetzt; MT hat bereits hier wie in V. 2b *wie . . . Feuer* (hebr. *'esch*; s. EÜ). In einer Vision wird Hesekiel in den Tempel geführt, wo er Zeuge götzendienerischer Praktiken wird. Auch wenn dem Propheten sicherlich aus den Berichten anderer mancherlei Nachrichten zugeflossen waren, so handelt es sich bei dieser Vision nicht nur in Anbetracht der Entfernung um ein erstaunliches Geschehnis, das jedoch in der Bibel keineswegs einzig dasteht. Vgl. 2Kön 5,26; 6,8–12; Jes 21,6–10. **3** *Das Bild . . . zum Ärgernis für den Herrn* war möglicherweise ein Bildnis der kanaanäischen Göttin Aschera. Manasse (siehe LZB, Art. Manasse 4, Sp. 882f.) hatte ein solches Bild (*śemel*, das hier benutzte, ungewöhnliche Wort) im Tempel aufgestellt und es später wieder entfernt (2Chr 33,7.15). Albright (*Die Religion Israels im Lichte der archäologischen Ausgrabungen,* S. 183) versteht unter *śemel* einen Steinblock mit eingemeißelten kultischen Szenen, wie man sie an mehreren Ausgrabungsstätten des Vorderen Orients gefunden hat. **12** *Kammer seines Götzenbildes* (hebr. *maśkit*): bezieht sich auf die mit Fresken geschmückte *Kammer* oder Höhle, in der die Ältesten einen sonderbaren Tierkult praktizierten (V. 10). Möglicherweise soll das heißen, daß jeder in seinem Haus einen eigenen geheimen Raum hatte, in dem er sich von Gott unbeobachtet glaubte und andere Götter anbetete.

14 *Tammus:* eine babylonische Gottheit, der Vegetationsgott, dessen Tod man alljährlich zur Zeit der großen Hitze betrauerte, um im Frühling seine Wiederauferstehung zu feiern. Die herkömmliche Trauerzeit war der vierte Monat (dementsprechend »Tammus« genannt). Aus der Tatsache, daß diese Vision im sechsten Monat erfolgte, geht jedoch möglicherweise hervor, daß das Ritual bei den damaligen Juden eine Abänderung erfahren hatte. **16** *Beteten . . die Sonne an:* Die Kanaanäer hatten die Sonne angebetet und die einwandernden Juden einst mit diesem Kult konfrontiert. Von den Assyrern hatten die Juden diesen Kult nun von neuem übernommen (2Kön 23,5.11; Jer 8,2). *Zwischen der Vorhalle und dem Altar* war die Stelle, wo die Priester ihre Gebete sprachen (Joel 2,17), das Gesicht natürlich dem Tempel zugewandt; an dieser Stelle beteten etwa 25 Männer, *die ih-*

ren Rücken gegen den Tempel ... gewendet hatten, die Sonne an, eine Absage an Jahwe, wie sie vollständiger nicht gedacht werden konnte. Vgl. 2Chr 29,6.

17 *Sie halten sich die Weinrebe* (ZÜ; EinhÜ: Zweig) *an die Nase:* ein nicht mit Sicherheit zu identifizierender abgöttischer Brauch. Einige meinen, der Gebrauch des Wortes *Weinrebe* (*semora*; vgl. 15,2; Jes 17,10) weise auf einen Zusammenhang mit dem Tammus-Kult; andere sehen darin eine Obszönität und übersetzen das hebräische Wort mit »Gestank«, und wieder andere bemerken, daß eine ähnliche Handlung auf assyrischen Reliefdarstellungen offenbar Ehrfurcht bekunde.

9,1–11 Der Vollzug des Gerichts über Jerusalem

1 Möglicherweise werden die Vollzieher des Gerichts unmittelbar angesprochen: *Nahet euch ...* (EÜ; ZÜ). 2 *Sechs Männer* und der Mann, *der ein Schreibzeug an seiner Seite hatte,* bilden eine Siebenergruppe; es handelt sich zweifellos um Engelwesen. Vgl. die sieben vor Gott stehenden Engel in Offb 8,2.6, die ebenfalls als Vollstrecker des Zornes Gottes enthüllt werden. 4 *Zeichne mit einem Zeichen:* die Gerechten werden gekennzeichnet, und zwar mit einem *Kreuz* (ZÜ), genauer einem T (EÜ, Anm.; EinhÜ; hebr. *tau*) auf die Stirn, um sie von Götzenanbetern zu unterscheiden und ihnen Jahwes Schutz zu sichern. Vgl. 2Mo 12,23; Offb 7,3–8; 13,16–18; 14,1. 6 *Fangt aber an bei meinem Heiligtum:* vgl. 1Petr 4,17. 8 *Den ganzen Rest Israels,* d.h. die Einwohner von *Jerusalem.* Das Nordreich war im Jahre 722 v. Chr. in die Gefangenschaft weggeführt worden und Juda teilweise im Jahre 597. Im Gegensatz zu seinem Aufschrei in 6,11 und zu seiner gewöhnlichen Haltung, die in einer vollständigen Übereinstimmung mit Gottes Gerichten über Israel besteht, bittet Hesekiel hier um Erbarmen mit seinen irrenden Volksgenossen. Wieder kommt die seelsorgerliche Verantwortung, die Hesekiel mit seinem Wächteramt übernommen hat (s. 3,16–21) zum Ausdruck. **9.10** Die Antwort erfolgt: Die Schuld des Landes ist so groß, daß seine Bestrafung unabwendbar geworden ist. *Der Herr hat das Land verlassen:* Wie Israels ständige Nöte erweisen, hat Jahwe sich von seinem Volk abgewandt; dementsprechend meinte man, ihm gegenüber nicht mehr zur Treue verpflichtet zu sein. Daß ihre Not Jahwes gerechtes Gericht über ihre Sündhaftigkeit war, kam diesen Abtrünnigen, die so dachten, nicht in den Sinn.

10,1–22 Die Verbrennung Jerusalems

1 Der *Thron* steht leer (vgl. 9,3); die Cherubim warten darauf, daß Jahwe ihn wieder besteigt, und entfernen sich. 2 Der Zerstörer der Stadt ist der *Mann in dem Kleid von Leinwand,* der einst die Getreuen kennzeichnete, die bewahrt bleiben sollten; alle sieben Engel sind somit (wie in Offb 8,1–11,15) Racheengel. 7 Über die Zerstörung der Stadt wird uns nichts berichtet, außer daß der beauftragte Engel aus der Mitte der Cherubim Feuer nahm (vgl. Jes 6,6) *und hinausging.* Die Vision kündigte den Brand an, der Jerusalem im Jahre 587 v. Chr. zerstörte (2Kön 25,9); doch bedeutsamer als die Vorhersage ist die Enthüllung der Identität des Zerstörers, Gottes selber. **9–22** Der Umstand, daß die Schilderung der Herrlichkeit Gottes in Kap. 1 hier wiederholt wird, unterstreicht die überraschende Tatsache, daß der Gott, von dem die Menschen glaubten, er sei untrennbar mit seinem Heiligtum und seiner Stadt verbunden, beide zerstört und ihre Überreste ihrem Schicksal überläßt. Die Schilderung in V. 9–22 ist durch Abschreibfehler teilweise wirr und unverständlich. Beispielsweise ist in V. 11a von den Rädern die Rede, V. 11b hingegen meint die Cherubim; V. 13 paßt besser hinter V. 6; in V. 14 sollte das erste Angesicht nicht das eines *Cherubs,* sondern wie in 1,10 eines »Stiers« sein (es sei denn, wir folgen Rabbi Resch Lakisch: »Hesekiel bat den Barmherzigen seinetwegen [d.h. wegen des Stiergesichts], und er verwandelte es in einen Cherub!«); V. 15 unterbricht die Folge und nimmt V. 19f vorweg. **18.19** *Die Herrlichkeit des Herrn ging wieder hinaus:* Jahwe verläßt den Tempel durch das *östliche Tor;* 11,22f berichtet, wie er die Stadt gänzlich verläßt. Vgl. 43,1–5.

11,1–13 Gericht über die Verschwörer in Jerusalem

3 *Die Stadt ist der Topf:* Diese Aussage zeigt die Richtung an, in die das Denken dieser Männer tendiert. Die Stadtmauern würden sie schützen, so wie Fleisch durch einen Topf vor dem Feuer bewahrt wird; die Warnungen des Propheten brauchte man daher nicht zu beachten. *Es ist nicht an der Zeit, Häuser zu bauen* (EÜ; vgl. EinhÜ): der Sinn dieses Satzes ist nicht klar. Andere fassen ihn als Frage auf: »Ist es nicht Zeit, die Häuser wieder aufzubauen?« LXX liest: *Sind nicht vor kurzem die Häuser wieder aufgebaut worden?* Darin spiegelt sich vielleicht das Frohlocken der Fürsten wieder, daß sie die Auswirkungen des Einfalls vom Jahre 597 überwunden haben, man brauche sich jetzt keine Sorgen zu machen. 7 *Die ihr ... getötet habt, die sind das Fleisch:* Die von den Verschwörern Erschlagenen werden die einzigen sein, die sich in der Stadt

sicher fühlen können; jene selbst aber werden hinausgetrieben und an den Landesgrenzen hingerichtet werden (V. 10), s. die Erfüllung dieser Ankündigung in 2Kön 25,18–21. **13** ist ein wesentlicher Bestandteil des Gesichts, setzt aber voraus, daß das Ereignis eintrat, während Hesekiel »zuschaute«. Diese Erscheinung ist im Zusammenhang mit folgenden Visionen zu sehen, die alle ähnliche Züge aufweisen: Die Götzenanbeter im Tempel (Kap. 8), der Beginn der Belagerung Jerusalems (24,2), der Tod seiner Frau (24,16) und das Ende seines Stummseins (24,25f; vgl. 33,21f).

11,14–25 Verheißung der Wiederherstellung

15 *Deine Brüder:* Hesekiels Mitexulanten aus Juda; *das ganze Haus Israel:* die Nachkommen der im Jahre 722 v. Chr. aus Nordisrael Weggeführten (vgl. 20,40; 36,10). *Sie sind ferne vom Herrn:* Das Hohnlachen des in Jerusalem noch verbliebenen Restes spiegelt die alte Vorstellung, daß sich Jahwes Macht auf sein Land beschränke; fern von diesem zu leben hieß, von Jahwe verstoßen zu sein (vgl. 1Sam 26,19). **16** Gottes Verheißung verneint hier einen solchen Gedanken. Vgl. Jer 24,1–10; 29,4.11. *Nur wenig:* besser *beinahe* (EinhÜ), *doch ein wenig* (EÜ).

23 *Die Herrlichkeit des Herrn* entfernt sich gänzlich aus der Stadt (vgl. 10,18f). Viele Exegeten glauben, daß sich die beiden Visionen in 11,1–21 früher als der Rest von Kap. 8–11 ereigneten. Sie seien hier eingefügt, weil Hesekiel sie im Tempel empfangen hat und weil sie die Abtrünnigen von Jerusalem betreffen. In der Tat nimmt sich 11,1–13 nach der Schilderung der Vernichtung des Volkes in Kap. 9 und der Niederbrennung der Stadt in Kap. 10 sonderbar aus; die Wiederherstellungsbotschaft (11,14–21) würde sich gleichfalls besser zu der dem Untergang der Stadt vorangehenden Periode fügen. Doch ist jeglicher Dogmatismus in dieser Frage verfehlt.

12,1–24,27 Weissagungen gegen Jerusalem

12,1–20 Schilderung des unmittelbar bevorstehenden Exils

2 *Ein Haus des Widerspruchs:* Damit sind die Exulanten gemeint, unter denen der Prophet lebt; sie sind genauso stumpf wie die Juden in Jerusalem! Vgl. Jer 5,21. **5** veranschaulicht die Verzweiflung der Belagerten und die Vernichtung ihres Eigentums; s. 2Kön 25,4. **6** *Dein Angesicht sollst du verhüllen, damit du ... nicht siehst:* Eine Anspielung auf Hiskias Flucht und Schicksal. S. V. 12: *daß er nicht mit seinen ... Augen sehe.* LXX übersetzt passivisch: »daß er nicht von dem Auge gesehen werde«, d.h. die Verhüllung des Gesichts dient als Verkleidung. Der Vers prophezeit indes auch die Bestrafung des Königs durch die Babylonier: er wurde in Ribla geblendet und nach Babylon in die Gefangenschaft geführt (2Kön 25,5–7). **15** *Sie* (die aus Jerusalem Entkommenen) *sollen erfahren:* Wenn sie der Prophezeiung entsprechend diese Schrecken erleben werden, wird ihnen das Herrsein Jahwes zu Bewußtsein kommen. **16** Auch die Völker, zu denen sie kommen werden, werden es erkennen. Wenn Jahwe einige die Katastrophe überleben läßt, so einzig und allein um der Ehre seines Namens willen.

17–20 Der zeichenhafte Hinweis auf die Entbehrungen der Belagerungszeit steht 4,9–17 nahe (s. besonders 4,16f). Die sinnbildlichen Handlungen in jenem Abschnitt stellen jedoch die Knappheit an Lebensmitteln dar, die während der Belagerung herrschen wird; hier wird die Grausamkeit jener Zeit unterstrichen.

12,21–14,11 Propheten und Volk

Dieses Stück besteht aus einer Gruppe von fünf Weissagungen, die von wahrer und falscher Prophetie und von der Einstellung des Volkes zu ihr handeln.

12,21–28 Gegen die Skeptiker. Zwei Weissagungen (V. 21–25.26–28) nennen Gründe für den Unglauben des Volkes gegenüber Prophetien. **22** Der erste Einwand kommt in dem Sprichwort zum Ausdruck. *Es dauert so lange und es wird nichts aus der Weissagung,* mit anderen Worten: Die Zeit vergeht, doch die vielen Untergangsdrohungen bewahrheiten sich nie (vgl. 2Petr 3,4). Jeremias Wirksamkeit mußte sie darin noch bestärken: Seit 30 Jahren hatte er das kommende Gericht über Jerusalem angekündigt, doch die Ereignisse hatten ihm offenbar Unrecht gegeben. **23** Hesekiels Antwort von Gott lautet: *Die Zeit ist nahe, und alles kommt, was geweissagt ist.* **27** Der zweite Einwand kam von denen, die die Wahrheit der Prophetie nicht in Frage stellten, aber der Ansicht waren, daß sie sich auf *Zeiten, die noch ferne sind,* bezögen. **28** Ihnen wird die gleiche Antwort zuteil: *Was ich rede, soll sich nicht lange hinausziehen.*

13,1–23 Verurteilung falscher Propheten und Prophetinnen. 2.3 Falsche Propheten stellten wegen ihrer Ablehnung des wahren Wortes Gottes und wegen ihrer Verbreitung von Unwahrheiten eine Gefahr dar. Vgl. Jeremias Kämpfe gegen sie (Jer 5,30f; 14,13–18; 23,9–40; 29,8– 10.21–23). 5Mo 13,1–5; 18,20–22 nennen die Maßstäbe zur Prüfung eines Propheten.

4 *Deine Propheten sind wie die Füchse:* d.h. sie handelten böswillig und betrieben Zersetzung. **5** Man vergleiche als Kontrast dazu 1Sam 25,16. **6.7** *Wahrsagen:* Erlangung eines Orakels durch Vorzeichenlesen und Loseziehen; vgl. 21,26. **9** *Das Buch des Hauses Israel:* d.h. die Bürgerliste in der kommenden Heilszeit. Vgl. 2Mo 32,32f, wo dieser Gedanke bereits auftaucht, und seine Entwicklung zum Symbol in Lk 10,20; Offb 20,15.

10ff *Übertünchen* (hebr. *taphel*): Falsche Propheten übertünchen die wacklige Wand des Staates bloß, anstatt sie zu stützen. Wenn Gott die Wand zusammenstürzen läßt, werden sie von den Trümmern erschlagen werden.

18 Die falschen Prophetinnen nähten Binden für alle Handgelenke. Hier wird ein sog. Sympathiezauber beschrieben, eine magische Handlung, durch die Menschen auf andere Menschen seelischen Einfluß nehmen wollten. Entweder soll dem Ratsuchenden Macht verliehen werden oder aber der Zauberin, ihre Opfer an sich zu binden. Die Kopfbedekkungen *(Hüllen)* dienten einem ähnlichen Zweck, wenngleich die Herkunft des Ausdrucks (*mispachot* aus einer akkadischen Wurzel *sapahu*, lösen) auf die entgegengesetzte Fähigkeit, nämlich sich von dem Einfluß zu lösen, weist. *Seelen:* d.h. Menschen; an eine Unterscheidung zwischen Geist und Mensch ist hier nicht gedacht. Der letzte Satz von V. 18 ist – obwohl in Frageform gekleidet – als Feststellung aufzufassen: »Ihr jagt die Angehörigen meines Volkes, aber eure eigenen Leute erhaltet ihr am Leben.« **19** Man übersetze: »Ihr entheiligt mich (weil die Zauberinnen bei ihren Riten Jahwes Namen anriefen) *mit* einer Handvoll Gerste und *mit* einem Bissen Brot«; das Brot wurde nicht als Belohnung verteilt, sondern genauso wie die Leber eines Opfertiers zur Zukunftsdeutung benutzt. **20–23** schildern das Schicksal aller, die solche Wahrsagerei treiben. Falsche Prophetinnen werden ebenso zur Rechenschaft gezogen werden wie falsche Propheten.

14,1–11 Götzendienerische Frager. **1** *Und es kamen einige von den Ältesten:* Wahrscheinlich kamen häufig Exulanten zu Hesekiel in der Erwartung, daß Gott vielleicht durch ihn reden werde (vgl. 33,30). **3.4** Wie die Heiden glaubten diese Ältesten, sie könnten jeden beliebigen Gott neben ihrem eigenen verehren; sie hatten noch nicht die Bedeutung des Satzes »Ich, der Herr, dein Gott, bin ein eifernder Gott« (2Mo 20,5; s. auch Hes 16,38.42) begriffen. *Jedem . . . will ich, der Herr, antworten:* Um einem solchen Menschen zu antworten, wird Jahwe sich nicht eines Mittelsmannes bedienen. Seine Rede wird in Gerichtstaten erfolgen, wie in V. 12f. **7** *Von mir weicht:* d.h. wer sich von mir entfremdet und nicht mehr mir hinterher folgt; vgl. Hos 9,10. **9** Wie das Volk, so der Prophet; beide waren gleichermaßen moralisch verkommen. Nur ein *betörter* Prophet würde Götzendienern im Namen Jahwes antworten, und beide würde die gerechte Strafe treffen. Einige interpretieren die »Betörung« eines Propheten durch Jahwe als Beispiel dafür, wie das AT sekundäre Ursachen einfach übergehen kann und gleich zum Kern der Sache vorstößt. So sei die Betörtheit des Propheten zwar zunächst auf seine eigene Gewissensverwirrung zurückzuführen; da aber die Folgen der Sünde genauso wie das Sittengesetz einer göttlichen Ordnung unterliegen, könne die Betörung letztlich als durch Gott herbeigeführt gelten. Vgl. Hes 3,20; 1Kön 22,21f. Vgl. auch den Exkurs »Die Verstokkung Pharaos«, Komm. zu 2Mo 4 (S. 147).

14,12–23 Grundsätzliches über das Gericht

In V. 12–20 wird ein allgemeiner Grundsatz dargelegt: daß das Gericht über ein sündhaftes Volk nicht durch die Gerechtigkeit einiger weniger abgewendet wird; V. 21 wendet diesen Grundsatz auf Jerusalem an. Zur Veranschaulichung und Unterstreichung werden drei bekannte Beispiele für Gerechtigkeit angeführt: Noah, der seine Familie (1Mo 6,8), Daniel, der seine Gefährten (Dan 2,12–24) und Hiob, der seine Freunde (Hiob 42,7–10) rettete. Diese Männer dürfen nicht als Beispiel dafür angeführt werden, daß Gott gewöhnlich doch Nachsicht übe. Möglicherweise hatte Hesekiel gehört, daß die Männer von Jerusalem erwarteten, die Stadt werde im Sinne der Erzählung von Abrahams Fürbitte für Sodom (1Mo 18,23f) verschont bleiben; die Antwort des Propheten lautet: »Nein, dies ist der Grundsatz, nach dem Gott handelt. Wenn Jahwe den Richterspruch über ein schuldig gewordenes Land fällt, dann werden die Gerechten nur sich selber retten, und wenn er allgemein gilt, um wieviel mehr in Jerusalems Fall, das keinen Noah, Daniel oder Hiob aufzuweisen hat!« Vgl. die ähnliche Versicherung bei Jeremia, daß eine Fürbitte für Jerusalem, selbst durch Mose und Samuel, nutzlos sei (Jer 7,16; 15,1–4). Hier taucht ein wesentliches Element der Prophetie Hesekiels wieder auf: die Verantwortlichkeit des einzelnen; vgl. Kap. 18.

14 *Daniel* (auch in V. 20): Die Exegeten haben ausführlich die Frage erörtert, ob der Mann dieses Namens der Daniel des nach ihm benannten Buches sei, der vermutlich ein (allerdings noch sehr junger) Zeitgenosse des Hesekiel war, oder ob es sich um einen altehrwürdigen Patriarchen wie Noah und Hiob handele. Daß die Phönizier einen solchen Mann kannten, geht aus den Ras Schamra-Texten (ca. 1400 v. Chr.) hervor. Sein Name ist dort so wie im Buch Hesekiel *dn'l* und nicht wie im Danielbuch *dnjj'l* geschrieben. Daraus läßt sich entnehmen, daß hier möglicherweise jene Gestalt gemeint ist. Andererseits erwähnen die Verse 12–20 nacheinander Gottes Gerichtshandeln durch Naturkatastrophen, Schwert und Pest. Der biblische Noah, Daniel (vgl. Dan 1,1–4) und Hiob wurden jeweils vor ebenjenen gerettet.

22f Der entkommene Rest würde durch seinen gottlosen Lebenswandel zeigen, wie gerecht und *nicht ohne Grund* das Gericht über Jerusalem war, und derart die Gemüter der Exulanten beruhigen.

15,1–8 Ein zum Verbrennen bestimmtes Rebholz

Aus diesem Gleichnis geht hervor, daß manche Israeliten sich, wie Jesaja es in anderer Absicht getan hatte, mit dem Weinstock unter den Bäumen verglichen hatten. Sie wollten damit sagen, daß sie selber in Gottes Sicht das auserlesenste unter den Völkern seien. Hesekiel wendet sich gegen eine solche Vorstellung. Israel ist nur ein wilder Weinstock im Gehölz (kein kultivierter, wie anderwärts im AT); weit davon entfernt, besser als andere Bäume zu sein, taugt er lediglich als Brennmaterial. Wie das wilde Rebholz sozusagen von Natur zum Verbrennen bestimmt ist, so ist Jerusalem zur Vernichtung bestimmt (V. 6).

16,1–63 Eine treulose Frau

Dieser Abschnitt soll gleichnishaft zeigen, daß Israels Geschichte einer ununterbrochenen Abfolge von schändlicher Abtrünnigkeit gleichkommt. Er zerfällt in vier Teile: a) Möglicherweise eine Bearbeitung einer Volkserzählung von einem Findelkind, das später Königin wurde (V. 3–43); b) Jerusalems berüchtigte Schwestern Samaria und Sodom sind im Vergleich zu ihm als gerecht zu bezeichnen (V. 44–52); c) Jerusalem kann nur zusammen mit diesen ihren zuvor verachteten Schwestergemeinden wiederhergestellt werden (V. 53–58); d) das bußfertige Jerusalem wird von Gott einen neuen Bund erhalten (V. 59–63). Für den Vergleich Jerusalems mit einer treulosen Frau vgl. Jes 1,21; Jer 3,1f; Hos 2,4–25. Die Allegorie wird mit einer Offenheit durchgeführt, die im Abendland oft schockierend wirkt, im Orient indes keineswegs als anstößig empfunden wird.

3 *Amoriter... Hethiterin:* Die Abstammung ist nicht ethnisch, sondern moralisch gemeint, auch wenn Israels aramäische Vorfahren Verwandte der Amoriter (oder Kanaanäer) waren und sich mit Hethitern versippten. **4** Die übliche Pflege blieb diesem Kind versagt. »Von heidnischen Eltern abstammend, wurde ihm bei seiner Geburt eine heidnische Behandlung zuteil« (Cooke). **8** *Da breitete ich meinen Mantel über dich:* Für diese Sitte s. Rut 3,9 und Komm. dort. Sachlich kann man den Vergleichspunkt in dem Bund vom Sinai sehen, während sich V. 9–14 auf den zunehmenden Wohlstand des Volkes bis zur Zeit des Königs Salomo anwenden ließe. **10** *Leder* (nicht »Seehundsfell« wie ZÜ); vgl. 2Mo 25,5.

15 Der hier beschriebene Abfall zum Bösen begann, als Israel Palästinas kanaanäische Heiligtümer übernahm (vgl. 20,28; Jer 2,5–7). **18** Die beschriebenen Handlungen stellen die Art und Weise dar, die man bei festlichen Gelegenheiten Kultbildern angedeihen ließ. **20** *Deine Söhne und Töchter... opfertest sie ihnen:* Obwohl Josia diesen üblen Brauch ausgerottet hatte (2Kön 23,10), lebte er in der schlimmen Zeit der Belagerung vermutlich wieder auf. **26** ist eine Bezugnahme auf Israels beständige Neigung, auf die Hilfe Ägyptens zu vertrauen; vgl. Jes 30,1–5; 31,1–3. **28.29** Desgleichen nimmt V. 28 auf die Abhängigkeit von Assyrien Bezug (2Kön 16,7f; Hos 5,13; 8,9) und V. 29 auf die Anlehnung an die Chaldäer, d.h. Babylonien (2Kön 20,12f).

35–43 beschreiben die Bestrafung Jerusalems; sie wird der einer Dirne ähneln: Erniedrigung und Tod (s. V. 38).

44–52 Jerusalems Sündhaftigkeit ist nicht nur ebenso schlimm wie die seiner heidnischen Vorgänger (V. 44.45) und nicht nur von der gleichen Art wie die der gottlosen Städte Samaria und Sodom (V. 46), sondern sie ist noch viel schlimmer (V. 47–51). Zu seiner unaussprechlichen Schande wird es später gezwungen werden, sie einzugestehen (V. 52). Man braucht nicht anzunehmen, daß die Israeliten sich Schlimmeres hatten zuschulden kommen lassen als Samaria und Sodom. Sie genossen jedoch das einzigartige Vorrecht, das erwählte Volk Gottes zu sein. Daß sie ihm dennoch untreu wurden – dies ließ ihre Schuld zweifellos als besonders schändlich erscheinen.

53–58 Die Verheißung der Wiederherstellung erfolgt dergestalt, daß sie Jerusalem nur wenig Trost zu bieten vermag. Es kann nur zusammen mit Samaria und Sodom wiederhergestellt werden. So wird Jerusalem Scham über sein früheres hochmütiges Verhalten diesen Städten gegenüber empfinden, und diese werden aus der Anerkennung, die ihnen die einst so stolze und selbstgerechte Nachbarstadt zuteil werden läßt, Trost schöpfen.

60 *Ich will aber gedenken an meinen Bund:* Dies ist der einzige Lichtpunkt an diesem düsteren Himmel. Jahwe wird einen ewigen Bund mit Jerusalem schließen, der das zerbrochene Verhältnis völlig wiederherstellen und ihr ihre frühere Stellung wiedergeben wird. Dies ist der »neue Bund« von Jer 31,31f. S. auch Hes 37,26; Jes 59,21; 61,8.

17,1–25 Der Geier und der Weinstock

3 *Ein großer Adler:* hebr. *nescher.* Wie aus Hiob 39,27–30 und Mi 1,16 hervorgeht, handelt es sich um den weißköpfigen Geier; hier versinnbildlicht er Nebukadnezar. Der *Libanon* ist das Bergland von Juda; der *Wipfel einer Zeder* ist Jojachin, der König von Juda (2Kön 24,10–16). **4** Das *Krämerland* ist Babylonien. Zedekia, der Sohn des Josia, wurde von Nebukadnezar anstelle von Jojachin zum König eingesetzt (2Kön 24,17). **5** Das Land, *wo viel Wasser war,* ist Palästina; vgl. 5Mo 11,11. **6** *Ein ausgebreiteter Weinstock mit niedrigem Stamm:* Die Metapher wechselt jetzt. Nebukadnezar setzte Zedekia auf den Thron, damit er ihm als Vasall diene. **7** *Ein anderer großer Adler:* Dieser andere Geier ist der Pharao Hophra; s. Jer 44,30.

11–21 deuten diese Bilder. Zedekia wird verurteilt, weil er Ägypten um Hilfe gegen Babylon ersuchte (V. 15). Die Propheten sind einhellig dagegen, daß Israel Ägypten um Unterstützung bittet, obschon mit unterschiedlicher Begründung (s. z.B. Jes 30,1–5; 31,1–3; Jes 2,36). Was Hesekiels Zorn erregte, war nicht die politische Unzweckmäßigkeit des Aufstandes, sondern Zedekias Wortbrüchigkeit gegenüber Nebukadnezar (V. 15–18). Aus V. 19 geht hervor, daß Zedekia bei der Eidesleistung den Namen Jahwes anrief; eidbrüchig werden hieß, den heiligen Namen zu schänden (vgl. Jos 9,15–20). Ein weiterer Fall, in dem Zedekia eidbrüchig wurde, wird in Jer 34,8–22 beschrieben.

22–24 bilden in Wirklichkeit ein zusätzliches Gleichnis, in welchem die allegorischen Figuren von V. 3 und 4 anders angewandt werden. Das *zarte Reis,* das Gott *oben von ihren Zweigen brechen* will, ist der Messias aus dem Hause Davids (Jer 23,5f; 33,15), den Jahwe auf dem Berg Zion pflanzen wird und der das aus dem Exil zurückgekehrte Volk beschützen wird. Für das Bild eines Tieren und Vögeln Unterschlupf bietenden Baumes vgl. 31,6.12; Dan 4,17f.23; Mk 4,32.

18,1–32 Vergeltung und Verantwortung

Die in V. 20 zusammengefaßte Lehre dieses Kapitels muß im Zusammenhang des gesamten Buches gesehen werden, wenn man sie richtig erfassen will. Daß Gott gerecht an den Menschen handelt – das zu zeigen ist das Hauptanliegen. Dabei ist zunächst einmal an eine bestimmte Krise der damaligen Zeit gedacht. Die Zeitgenossen des Propheten behaupteten, sie würden für die Sünden der voraufgegangenen Generation bestraft, und damit handle Gott ungerecht. Hesekiel erklärte, daß Gott so nicht handelt, sondern jeden für seine Handlungen verantwortlich macht und sie ihm entsprechend vergelten wird. Dies ist eine Grundaussage der Botschaft des AT, daß sich Gott den Menschen als ihm verantwortliches Du in einer persönlichen Beziehung gegenüberstellt. Hesekiel stellte sie von neuem ausführlich und eindringlich heraus. Daß sie mißbraucht werden kann, trifft zweifellos zu, zumal wenn Menschen die Einzelperson von der Gesellschaft abtrennen. Der Prophet tut das indes nicht; er denkt gewöhnlich an das gesamte Volk, und es ist in der Tat schwierig, dieses Kapitel mit seinen Weissagungen der völligen Zerstörung Jerusalems in Einklang zu bringen (z.B. 5,12; 7,10–27; 11,7–12). Denn hieraus zeigt sich auf der anderen Seite, wie real für ihn die Einheit des Volkes ist. Hesekiels Lehre weist viele Aspekte auf; um sie richtig zu würdigen, muß man sie zusammensehen. Die Herauslösung der Aussage von V. 20 aus ihrem Zusammenhang hat zu der Behauptung Anlaß gegeben, daß der Zustand eines Menschen Gottes Urteil über ihn spiegele, so daß Not die Folge von Sünde, Wohlstand das Ergebnis von Rechtschaffenheit sei. Dies verkennt einmal, daß – wie gesagt – V. 20 in eine konkrete Situation hineingesprochen ist; zum anderen widerspricht dieses richtende Denken gerade der Intention Hesekiels, der jeden für sich vor Gott gestellt sieht, so daß V. 20 eigentlich kein allgemeines Prinzip, sondern persönliche Glaubenserfahrung des einzelnen mit Gott darstellt, die sich nur ihm selbst erschließt. V. 20 darf also nicht als ein dogmatischer Lehrsatz mißverstanden werden, der einen Zustand festschreiben will, sondern muß als Aufruf an den einzelnen zur Umkehr verstanden werden, vgl. V. 21. Gegen eine Überzeichnung der Lehre von der Verantwortlichkeit des einzelnen für seinen jeweiligen Stand richtet sich das Buch Hiob, was nicht heißt, daß es unmittelbar auf das Buch Hesekiel gemünzt war.

2 Das *Sprichwort* lief in Jerusalem um (Jer 31,29) und gelangte von dort zu den Exulanten in Babylonien. **4** Es wird kurz dargelegt, daß Gott jeden Menschen für sich allein zur Verantwortung zieht. Danach veranschaulicht Hesekiel anhand von drei Generationen, wie das aussehen kann: **5–9** Ein rechtschaffener Mann, der rechtschaffen bleibt; **10–13** sein Sohn, der Unrecht tut; **14–17** sein Enkel, der das Unrecht seines Vaters verwirft. **20** Der Grundsatz wird näher ausgeführt: Jedermann soll für sein Verhalten den gerechten Lohn empfangen. Hesekiel denkt in erster Linie an das kommende Gericht über Jerusalem und die darauffolgende Wiederherstellung, doch würde er das Prinzip für allgemein anwendbar halten. **21** *Wenn sich aber der Gottlose bekehrt ... so soll er ... nicht sterben:* Der Mensch ist nicht nur von den Sünden seines Vaters frei, er kann auch, wenn er will, von seiner eigenen Vergangenheit freiwerden. Er kann sofort bereuen.

23 Kraetzschmar sieht in diesem Vers »das kostbarste Wort des ganzen Hesekielbuches«. Vgl. 1Tim 2,4; 2Petr 3,9. **31** *Macht euch ein neues Herz:* vgl. 36,26: »Ich will euch ein neues Herz ... geben«. Hier wird ein und dieselbe Wahrheit von zwei Seiten aus gesehen. Einmal vom Menschen aus. Hier stellt sie sich als Imperativ dar. Zum andern von Gott her. Hier wird sie zum Indikativ. So auch in Phil 2,12.13.

19,1–14 Klage über das Schicksal des Königshauses

In diesem Kapitel sind zwei Klagelieder zusammengefügt; in dem ersten werden Judas Herrscher als Löwen dargestellt (V. 1–9), im zweiten als Ranken eines Weinstocks (V. 10–14). Wenn beide Gedichte gleichzeitig verfaßt wurden, so ist das zweite eine Weissagung (s. Komm. zu V . 14). Doch wenn V. 14 Ereignisse der Vergangenheit schildert, dann wurde das zweite später nach dem Muster des ersten verfaßt und mit diesem vereinigt.

19,1–9 Die Löwin und ihre Jungen. **2** *Deine Mutter:* das Volk Israel oder, genauer, Juda, wie in V. 10. **3.4** Der *junge Löwe* stellt Joahas dar, der nach einer Regierungszeit von nur drei Monaten vom Pharao Necho gefangengesetzt und im Jahre 608 v. Chr. nach *Ägyptenland* geschafft wurde (s. 2Kön 23,31–34). **5** *Ein anderes von ihren Jungen:* Jojakim, der Bruder des Joahas, folgte ihm als König nach, wird aber mit Schweigen übergangen, weil ihm ein friedliches Ende beschieden war. Hier ist von Jojachin, dem Sohn des Jojakim, die Rede. **9** Nach einer Regierungszeit von drei Monaten schaffte Nebukadnezar ihn im Jahre 597 v. Chr. nach *Babel* (s. 2Kön 24,8–16). VV. 8.9 enthalten möglicherweise eine doppelte Anspielung: nicht nur zum Zeitvertreib für die assyrischen Könige bestimmte Löwen wurde auf diese Weise gefangen, auch besiegte Fürsten sperrte man in Käfige und stellte sie öffentlich zur Schau.

19,10–14 Der Weinstock und seine Ranke. **11.12** *Seine Ranken ... seine starken Ranken:* Die LXX, Vulg. und die armen. Übersetzung haben hier den Singular gelesen (vgl. ZÜ: *ein mächtiger Ast*); wahrscheinlich ist nur von einem bestimmten Herrscher die Rede. Um wen es geht, ist allerdings nicht klar, ob, wie in V. 5–9, um Jojachin oder, wie in V. 14, um Zedekia; die erstere Deutung ist wohl vorzuziehen. **14** *Feuer ging aus von dem Aste* (ZÜ): das bezieht sich auf Zedekia, der für Jerusalems Zerstörung insofern verantwortlich gemacht wird, als die Stadt verschont geblieben wäre, wenn er sich den Babyloniern unterworfen hätte. Vgl. Jer 38,20–23.

20,1–44 Die Geschichte des abtrünnigen Israel

1 Die Lage ähnelt der von Kap. 14; Älteste kommen, um durch Hesekiel *den Herrn zu befragen.* Wie sie in 14,3 »mit ihrem Herzen an ihren Götzen hingen«, so erkennt auch hier der Prophet ihre Absicht, sich den heidnischen Praktiken der Umwelt anzupassen (V. 32). Jahwes Antwort besteht beide Male im Gericht über die Götzendiener (14,7f; 20,33–39).

Dieser Überblick über Israels Geschichte schildert, wie es Israel in Ägypten (V. 5–9), in der Wüste (V. 10–26), in Kanaan (V. 27–29), in der Gegenwart (V. 30–32), bei der Durchquerung einer anderen Wüste (V. 33–39) und nach der Wiederansiedlung in Palästina erging (V. 40–44). Die Zeit ist Juli-August 591 v. Chr., 11 Monate nach dem in 8,1 angegebenen Datum. **8** *Sie aber waren nur ungehorsam:* Von einem Akt der Empörung in Ägypten ist uns nichts bekannt, es sei denn, es ist hier an 2Mo 5,21 gedacht. Möglicherweise gab es zur Zeit Hesekiels noch andere Überlieferungen aus dieser Epoche der Geschichte Israels, auf die er zurückgreift. **9** *Ich unterließ es um meines Namens willen:* d.h. damit sein Ruf unter den Völkern nicht durch seine scheinbare Unfähigkeit, sein Wort zu halten, Schaden leide (vgl. 4Mo 14,16; 5Mo 9,28). Sie sollten sehen, daß Gott dennoch mit seinem Volk zum Ziel kommt.

16 *Sie folgten den Götzen ihres Herzens nach:* vgl. 2Mo 32,1–6; 4Mo 25,1–3. **25** *Gebote, die nicht gut waren ...*: Eine Umkehrung des ursprünglichen Sinnes der Gebote Jahwes; siehe V. 11. Statt Leben aus Gott und Leben der Menschen untereinander zu ermöglichen, haben die Gebote jetzt eine negative Wirkung. **26** Die Opferung von Kindern galt offensichtlich als Erfüllung des Gesetzes von 2Mo 13,12, eine Deutung, die der Prophet anscheinend darauf zurückführt, daß Gott sein Volk mit Blindheit straft und sie ihren Weg in die Irre gehen läßt (vgl. zu 14,9; Jes 6,10–12). **29** Im Hebr. ein Wortspiel: »Was *(mah)* ist das für eine Höhe *(bamah),* wo ihr die Ankommenden *(ba'im)* seid?« Zu den Höhen vgl. Komm. zu 6,3.

33–38 Das Gericht ist mit Gnade vermengt. Jahwe wird sein Volk aus dem Land des Exils herausführen, wie er es vor langer Zeit aus Ägypten herausführte (V. 34); die Schuldigen werden ebenso wie auf der früheren Wüstenwanderung umkommen (V. 35–38; vgl. Hos 2,16f). Das Bild der künftigen Erlösung als eines zweiten Auszugs aus Ägypten begegnet bei den Propheten häufig, s. z.B. Jes 41, 17–20; 43,16–21; Jer 23,7f; Mi 7,15–17.

40–44 Die überlebenden Gerechten Israels werden in ihr Land zurückkehren und Jahwe verehren. Durch diese Heilstat wird Jahwe sich sowohl der heidnischen Welt (V. 41) als auch Israel (V. 42) als alleiniger Gott zu erkennen geben. Wie in 16,61–63 wird die Verheißung durch die Erinnerung an Israels frühere Sündhaftigkeit abgeschwächt (V. 43f).

21,1–37 Das Schwert des Herrn

Vier Gleichnisse, in denen Hesekiel zukünftige Ereignisse weissagt, sind hier miteinander verbunden: die Zerstörung Jerusalems durch Feuer und Schwert (21,1–12); der Gesang der Schwerter (21,13–22); Nebukadnezar am Scheideweg (21,23–32); das Gericht über Ammon (21,33–37). Wenn V. 26f ein weiteres Beispiel dafür bietet, wie Hesekiel eine Jerusalemer Situation visionär erfaßt (vgl. Kap. 8), dann datiert das Kapitel aus dem Jahr 588 v. Chr., in dem Nebukadnezar gegen Jerusalem marschierte.

2 Der *Süden* ist Palästina; obwohl westlich von Babylonien gelegen, wird es *Südland* genannt, weil die Karawanenstraße den Euphrat überquerte und dann südwärts durch Syrien verlief. **5** *Redet der nicht immer in Rätseln?* Diese Redensart spiegelt nicht so sehr die Unfähigkeit des Volkes, Hesekiels Worte zu deuten, als vielmehr seine Skepsis ihm gegenüber. In 21,8ff benutzt der Prophet dann ein einfacheres Bild, damit alle die Bedeutung seines früheren Sprichworts verstehen. **11** *Und du . . . sollst seufzen:* Diese Symbolhandlung soll zeigen, auf welche Art und Weise man die Nachricht von der Katastrophe aufnehmen wird; vgl. 12,17–20.

13–22 »Eine leidenschaftliche Ode an das rächende Chaldäerschwert« (Toy). Die VV. 15b und 18b sind verderbt und infolgedessen kaum zu deuten. Vgl. ZÜ, EinhÜ. **17** *Darum schlag auf deine Lenden:* d.h. um Kummer zu bekunden (vgl. Jer 31,19).

24 *Mach dir zwei Wege:* Hesekiel soll zwei Straßen (in den Sand?) einzeichnen, die von einem gemeinsamen Punkt, d.h. Babylon, ausgehend, nach Jerusalem bzw. Rabba, der Hauptstadt der Ammoniter, führen. **26** Wir sehen Nebukadnezar am Scheideweg. Da er nicht weiß, welche Straße die richtige ist, läßt er sich wahrsagen. *Pfeile* wurden auf dieselbe Weise wie Lose benutzt; zwei mit der Aufschrift »Jerusalem« bzw. »Ammon« wurden in einem Köcher geschüttelt und einer dann herausgezogen. Die *Leber* galt wegen ihrer Verbindung mit dem Blut als Sitz des Lebens; die Farbe und die Zeichen auf der Leber eines als Opfer dargebrachten Schafes lieferten Vorzeichen, die entweder Glück oder Unglück andeuteten. *Götzen* (hebr. *Theraphim*; ZÜ) waren menschengestaltige Figürchen; vgl. 1Sam 19,13.16. **28** *Ihnen:* d.h. den Männern von Jerusalem, die glauben, daß die Weissagung falsch sei. **30** *Unheiliger Frevler:* Vgl. V. 19. **32** *Trümmer . . .:* Die Thronfolge und der Staat werden zerfallen, bis der Messias kommt. Der letzte Teil des Verses klingt an 1Mo 49,10, »bis daß der Held komme«, an.

33–37 Die Sprache erinnert an V. 14f; doch hier ist von Ammons Schwert die Rede, das zur Zeit, als Nebukadnezar Israel angreift, gegen Israel gezückt wird; Jahwe wird jede Erinnerung an Ammon tilgen (V. 37), im Gegensatz zum künftigen Geschick Israels (20,40–44), das Gott wieder in Gnaden annehmen will.

22,1–31 Anklage gegen Jerusalem

Drei Weissagungen sind zu unterscheiden: die Blutschuld der Stadt (V. 1–16); Israel wird zerschmolzen werden (V. 17–22); die Anklage gegen »die Klassen und die Massen« (McFadyen) (V. 23–31). **4** Durch seine Schuld hat Jerusalem es dahin gebracht, daß das Ende seiner *Tage* und *Jahre* herannaht. *Deine Tage* meint den Tag des Gerichts über die Stadt, nicht den Jüngsten Tag (vgl. Jesus in Joh 2,4 usw.: »meine Stunde«). **6** Die *Fürsten* mißbrauchten ihre Autorität dazu, Justizmorde zu begehen (vgl. 2Kön 24,3f). **9** *Verleumder:* Denunzianten, die sich ihrer Feinde durch falsche Anschuldigungen entledigten. **13** *Ich schlage meine Hände zusammen:* zum Zeichen der Verachtung (vgl. 21,19.22).

18 In der zweiten Weissagung ist Israel rohes Erz; Jahwe schmilzt es im Ofen, doch es kommen nur Schlacken zutage. *Kupfer, Zinn, Eisen und Blei* sind die Niederschläge beim erstmaligen Schmelzen des Erzes, von dem danach das Silber geschieden wird. Das Schmelzen des Erzes gleicht Israels Situation im Gericht. Im Unterschied zu anderen Propheten, die dieses Bild benutzen, schließt Hesekiel die Möglichkeit der Läuterung aus: seine Generation besteht nur aus Schlacke! (vgl. Ps 119,119; Mal 3,3).

25ff. *Dessen Fürsten:* so nach LXX für hebr.

naśi'; MT hat schon hier (vgl. V. 28) *Propheten*, hebr. *nabi'*, wahrscheinlich ein Schreibfehler. Hesekiel klagt sämtliche Schichten der Jerusalemer Gesellschaft an: die *Fürsten* (d.h. die Angehörigen des Königshauses), *Priester* (V. 26), den Adel (*die Oberen*, V. 27; hebr. *śarim*, d.h. Beamte und Häupter einflußreicher Familien), *Propheten* (V. 28) und das einfache Volk (V. 29). **30** *Ich suchte . . . aber ich fand keinen:* Keine der Führerpersönlichkeiten trat für Gerechtigkeit und Israels wahres Wohlergehen ein; vgl. Jes 59,16; 63,5.

23,1–49 Ohola und Oholiba

Das Kapitel besteht aus zwei Teilen. Der erste Teil (V. 1–35) enthält das Gleichnis von den beiden Schwestern Samaria und Jerusalem; ähnliche Bilder wie in Kap. 16 werden benutzt (s. Komm. dort). Doch während das frühere Stück den üblen Einfluß der kanaanäischen Religion aufdeckte, wird hier der Abschluß von Bündnissen mit Fremdvölkern verurteilt. Der zweite Fall (V. 36–49) ist ein Anhang, in dem das Gleichnis auf andere Weise entfaltet wird, wobei möglicherweise an eine andere Situation des Volkes Israel gedacht ist. Die beiden Schwestern werden hier zusammengestellt und der Verehrung des Moloch sowie der Entweihung des Heiligtums und der Sabbate beschuldigt (V. 37–39); die Bündnisse mit Fremdvölkern sind anscheinend solche, die Israel mit angrenzenden Ländern (V. 42) und nicht mit fernen Reichen abgeschlossen hat.

4 Die beiden weiblichen Eigennamen sind von *'ohel*, »Zelt«, abgeleitet. Dabei könnte an Zelte gedacht sein, die in Verbindung mit einem verkehrten, abartigen Kult gebraucht wurden (s. 16,16). Manche deuten *Ohola* als »ihr Zelt«, *Oholiba* als »mein (d.h. Gottes) Zelt«; das ergäbe Anspielungen auf den unrechtmäßigen Kult Samarias und den rechtmäßigen in Jerusalem (EinhÜ Anm.). **7** *Machte sie sich auch unrein mit ihren Götzen:* Politische Bündnisse hatten gewöhnlich die Annahme der Kulte der stärksten Macht zur Folge. Samaria hatte Bündnisse mit Assyrien (V. 5ff) und Ägypten (V. 8) abgeschlossen; Jerusalem ging noch weiter und wandte sich auch an die Babylonier (V. 14–18). Der assyrische Kult (V. 12) wurde von Manasse eingeführt und verbreitet und hielt sich in der Stadt bis zu ihrem Fall (s. 2Kön 21,1–9; Jer 44,15–19). **16** *Schickte Boten . . . nach Chaldäa:* Der Anlaß ist nicht bekannt, wenn es sich nicht um den 2Kön 24,1 berichteten handelt. **20** Hier ist an Judas Ersuchen um ägyptische Hilfe gegen die Babylonier gedacht, Jer 37,7f. **23** *Pekod, Schoa und Koa* waren östlich des Tigris siedelnde Stämme. **29** *Nackt und bloß:* Diese Ausraubung der Oholiba stellt die Verwüstung Jerusalems dar.

40 schildert eine an ein weit entferntes Volk gerichtete Bitte um Hilfe, vielleicht gegen die Babylonier. **42** *Trunkenbolde aus der Wüste:* Diese Übersetzung von Kautzsch ist besser als LÜ: *eine Menge von Menschen . . . aus Saba.* Es handelte sich zweifellos um Israels nächste Nachbarn: Araber, Edomiter, Moabiter usw. (vgl. Jer 27,3f). **45** *Gerechte Männer:* Damit sind kaum Babylonier gemeint (vgl. 7,21.24), sondern die wenigen Jerusalemer, die Jahwe treu bleiben und Israels Bündnispolitik verurteilen. **47** Ohola und Oholiba werden als Ehebrecherinnen vor Gericht gestellt werden (s. 5Mo 22,23f).

24,1–27 Der Anfang vom Ende

In diesem Kapitel werden drei miteinander verbundene Themen abgehandelt: Das Gleichnis vom rostigen Topf (V. 1–14); Hesekiels Verhalten beim Tod seiner Frau – ein Zeichen (V. 15–24); das Ende der Stummheit des Propheten (V. 25–27). **1** Rechnet man von Jojachins Gefangenschaft an, so ist das Datum Januar 588 v. Chr. Siehe 2Kön 25,1f.

2 Die Kenntnis der *Belagerung* veranschaulicht erneut Hesekiels übernatürlich visionäre Fähigkeiten. Die Aufzeichnung und Bekanntmachung dieses Datums stellte später, als die Nachricht durchsickerte, eine öffentliche Bestätigung seines Prophetenamtes dar. **3** *Setze einen Topf auf:* Vielleicht war Hesekiel gerade dabei, ein Mahl zuzubereiten, als das Wort Gottes an ihn erging, und nun erklärte er diesen Vorgang zur Zeichenhandlung für das Gericht über Jerusalem. Der Gebrauch dieses Gleichnisses ist dem in 11,3 völlig entgegengesetzt.

6 *Nimm ein Stück nach dem andern heraus:* Das Fleisch soll nicht verzehrt, sonder – sinnbildlich für die Zerstreuung des Volkes – weggeworfen werden. Der letzte Satz dieses Verses läßt darauf schließen, daß man im Jahre 597 v. Chr. loste, wer in die Gefangenschaft gehen sollte; dieses Mal aber gibt es keine Wahl. Die Stadt gleicht einem Topf, dessen *Rost* nicht abgeht: Die *Blutschuld* der Stadt läßt sich ebensowenig abwischen wie der Rost, der *nicht abgehen will.* Eine feste atl. Vorstellung steht dahinter: Die sündige Tat kehrt in ihrer Wirkung auf den Urheber selbst zurück und vernichtet ihn. **11** Es bleibt nur übrig, den Topf verkehrt herum auf das Feuer zu stellen und den Rost abzuschmelzen. **12–14** Jerusalem kann nur durch Zerstörung gereinigt werden.

16 Hesekiel erfährt, daß seine Frau in Kürze eines plötzlichen Todes sterben wird. **17** Er soll seinen Kummer verbergen und keine Totentrauer halten. **18** Am Tag nach dem Tod seiner Frau ging er seiner üblichen Beschäftigung nach. **19** Seine Mitexulanten fragten ihn daraufhin, was sein Verhalten zu bedeuten habe. **20–24** Es wird ihnen bedeutet, daß Jerusalem und sein Heiligtum ihnen zwar so teuer seien wie einem Ehemann seine Frau; sobald sie aber von deren Zerstörung und von dem Verlust ihrer Angehörigen in Kenntnis gesetzt würden, sollten sie sich gleichfalls schweigend unter Gottes gerechtes Urteil beugen.

25–27 Zwischen V. 25 und V. 26 liegt eine beträchtliche Zeitspanne, d.h. hier sind zwei verschiedene Tage gemeint. Vgl. Jer 52,5–7 mit Hes 33,21. Beim Eintreffen des Boten aus Jerusalem wird Gott die Hesekiel auferlegten Beschränkungen aufheben. S. Komm. zu 3,26.

25,1–32,32 DROHREDEN ÜBER FREMDVÖLKER

Die Verurteilungen Jerusalems sind abgeschlossen. Bevor die Voraussagen über Israels Wiederherstellung folgen (Kap. 33–48), schaltet der Prophet diese Gruppe von Weissagungen gegen Israels Feinde ein (obschon etliche davon einer späteren Zeit angehören). Er will so darauf hinweisen, daß erst die Macht aller Israel feindlichen Völker gebrochen werden muß, ehe es in seiner früheren Herrlichkeit wiederhergestellt werden kann.

25,1–17 Prophetien gegen Nachbarstämme

25,1–7 Ammon

Obwohl die Ammoniter bei dem Babyloniereinfall gemeinsam mit Edom, Moab und anderen Zedekia zum Aufstand zu überreden versuchten (Jer 27,1–11), bemächtigten sie sich beim Fall Jerusalems israelitischer Städte (Jer 49,1f) und betrieben die Ermordung des Gedalja (Jer 40,14). Hesekiel erwähnt diese Dinge nicht, sondern nur ihre Schadenfreude über Israels Not (V. 3.6). Man beachte, daß der Prophet in V. 3 vom Fall Jerusalems als einem Ereignis der Vergangenheit spricht.

25,8–11 Moab

Jeremia brandmarkt Moab wegen seiner Vermessenheit und Empörung gegen Jahwe und seiner Verspottung Israels (Jer 48,25f; Zeph 2,8). Hesekiel verurteilt es, weil es den Anspruch Israels verächtlich zurückweist (V. 8), in Anbetracht seines Verhältnisses zu Jahwe ein besonderes Volk zu sein.

25,12–14 Edom

Vgl. die Aussagen über Edoms Gehässigkeit gegen Israel beim Fall von Jerusalem mit Hes 35,10–15; Obd 10,16; Ps 137,7.

25,15–17 Die Philister

Diese Passage enthält die einzige uns überlieferte Nachricht über ihr Verhalten gegenüber Israel zu dieser Zeit. Krether hatten zeitweise einen Teil von Davids Leibwache gebildet (2Sam 8,18; 15,18; 20,7). S. Komm. zu Ri 3,3.

26,1–28,26 Prophetien gegen Tyrus

Aus den Gegebenheiten jener Zeit erklärt sich, warum Hesekiel Tyrus besonders herausstellt. Die Babylonier standen im Begriff, diese Stadt zu belagern. Welches würden die Folgen sein? Die jüdischen Exulanten hatten aus patriotischen und religiösen Gründen das Gefühl, daß die Sache auch sie anging. Hesekiel zweifelt nicht, daß Tyrus am Ende besiegt und ausgelöscht werden wird (Kap. 26); er kündigt in einem gewaltigen Klagelied den Untergang der Stadt an (Kap. 27) sowie ihrem König göttliches Gericht (Kap. 28). Vgl. Komm. zu Am 1,9.10.

26,1–21 Tyrus' Sturz

2 Tyrus frohlockt über Jerusalems Geschick, war es doch *die Pforte der Völker* gewesen: Der Nord-Süd-Karawanenverkehr wurde von den Juden besteuert. **3.4** *Wie das Meer seine Wellen heraufführt: Tyrus* lag auf einer Felseninsel *mitten im Meer* (27,4), eine Lage, die seinen Handelsverkehr begünstigte und es scheinbar unbezwinglich machte. **6** *Seine Tochterstädte auf dem Festland:* die von Tyrus abhängigen Städte. **7** *Nebukadnezar:* Der Monarch heißt bei Hesekiel immer *Nebukadrezar* (s. EÜ), was mehr dem babylonischen Original *Nabukuudduri-Usur entspricht.*

8–12 Diese Beschreibung des Feldzugs setzt den Bau eines Dammes vom Festland zur Insel voraus, der wahrscheinlich bereits von Nebukadnezar (vgl. Komm. zu 29,18) durchgeführt wurde, mit Sicherheit dann aber im Jahre 332 v. Chr. – höchst erfolgreich – von Alexander dem Großen. *Deine stolzen Steinmale* (V. 11): Diese Säulen müssen mit der Verehrung Melkarts, des Gottes von Tyrus, verbunden gewesen sein. **15** *Die Inseln:* Küstenländer und Inseln des Mittelmeers, mit denen Tyrus Handel trieb. **20** *Will dich hinunterstoßen zu denen, die in die Grube gefahren sind:* Tyrus wird in die Unterwelt hinuntergestoßen werden. *Keine Stätte mehr:* so nach LXX; vgl. EinhÜ: *dich nicht mehr erheben.* MT hat: *ich werde Herrlichkeit setzen.*

27,1–36 Klagelied über Tyrus

Die eigentliche Elegie (VV. 3–9a.25b–36) vergleicht Tyrus mit einem reich ausgestatteten, mit Waren voll beladenen Schiff, das einem Sturm zum Opfer gefallen ist und von seinen Besitzern beklagt wird. Der mittlere Abschnitt (V. 9b–25a), der Tyrus' Waren beschreibt, behält dieses Bild nicht bei. Jedoch ist das kein Grund, seine Authentizität in Frage zu stellen. Kapitel 27 bietet uns einen vorzüglichen Überblick über die wichtigsten Handelsorte und -güter jener Zeit. – Das ganze Kapitel hat einen tiefen Einfluß auf den Verfasser der Johannesapokalypse ausgeübt, der seine Symbolik auf das antichristliche Reich seiner eigenen Zeit anwendet (Offb 18).

5 *Senir* war der amoritische Name für den Berg Hermon (5Mo 3,8f). **6** *Gestade der Kittiter:* d.h. Cypern; hier allgemein für die Küstenregionen des östlichen Mittelmeerraums. **10** *Lyder* und *Libyer* (ZÜ: *Leute von . . . Lud und Put*) sind nicht zusammen genannt, weil sie Nachbarn wären, sondern weil ihre Namen ähnlich klingen. Die drei Namen genügen, um zu zeigen, daß Tyrus' Söldner aus allen Teilen der antiken Welt kamen. *Put*: vielleicht die Cyrenaica in Nordafrika. **11** *(die Söhne Arwads) und dein Heer* (hebr. *chelek*, EÜ): diese Übersetzung ist möglich, doch ist eine geographische Angabe wahrscheinlicher: *chelek* ist Kilikien (akk. *chilakku*). *Arwad* ist ein der phönizischen Küste vorgelagerter Handelsort auf der gleichnamigen Insel. **12** *Tarsis* ist Tartessus, eine Hafenstadt in Südspanien, oder möglicherweise (nach Albright) Nora auf Sardinien. **13** *Jawan:* Ionien in Kleinasien. *Tubal* und *Meschech:* im östlichen Kleinasien gelegen (s. Komm. zu 38,2). **14** *Togarma:* Armenien. **15** *Die Leute von Rhodos* waren Kaufleute, die mit nordafrikanischen Stämmen Elfenbein- und Ebenholzhandel trieben. **17** *Aus Minnith:* der Sinn ist unklar; manche lesen nach Korrektur »Oliven«. *Feigen:* ebenfalls unklar; EÜ: »süßes Backwerk«; ZÜ: »Gummi«; EinhÜ.: »Wachs«. **19** *Usal* ist wahrscheinlich Sana, die Hauptstadt des Jemen. **20** *Dedan* war eine edomitische Karawanenstadt. **22** *Saba,* dessen Königin Salomo in Jerusalem besuchte, und *Ragma* lagen in Südwestarabien (vgl. 1Kön 10). **23** Zu den hier genannten Städten im Zweistromland s. LZB.

25–27 Die Bildersprache des Gedichts wird wieder aufgenommen: das gute Schiff Tyrus geht mit Mann und Maus unter. **26** Für den *Ostwind* vgl. Ps 48,8, doch mag hier auf Babylon angespielt sein. **29–34** schildern die Wehklage der Seeleute über Tyrus' Untergang. Vgl. Offb 18,17–19. **35.36** *Alle, die auf den Inseln wohnen:* bezieht sich vielleicht besonders auf *die Kaufleute unter den Völkern;* vgl. V. 3. Die Wehklagen der Könige und Kaufleute vgl. mit Offb 18,9–17.

28,1–19 Klagelied über den König von Tyrus

2 *Der Fürst zu Tyrus,* Ithobal II., wird als Repräsentant der Stadt angesprochen. Daß er sich selber vergöttlicht hat, ist kennzeichnend für den Hochmut des Volkes. Tyrus' uneinnehmbare Stellung auf einem Felsen erinnert an den mythischen Gottesberg (V. 14.16); wie Gott dort unumschränkt herrscht, so sicher sitzt dieser Fürst von Tyrus auf seinem Thron *mitten im Meer.* **3** *Daniel:* s. Komm. zu 14,20. **8** Der *Tod eines Erschlagenen* ist der ohne Begräbnis. **10** Da die Phönizier die Beschneidung übten, galt der *Tod von Unbeschnittenen* für sie als schmachvoll, denn er brachte eine entehrende Stellung in der Unterwelt mit sich.

11–19 Hesekiel scheint für sein Klagelied eine vermutlich in Tyrus wie anderwärts verbreitete Volkserzählung übernommen zu haben, die von einem Urwesen berichtete, das in Herrlichkeit und Reinheit im Gottesgarten wohnte, aber später seines Hochmuts wegen daraus vertrieben wurde: ebenso wird sich binnen kurzem der Fall des Königs von Tyrus vollziehen. Der Prophet hat keinerlei Bedenken, die Erzählung, die teilweise wie eine stark mythologische Fassung von 1Mo 3 aussieht, zu benutzen, da sie allgemein bekannt war und ihm für seine Zwecke hervorragend geeignet erschien. **13** *Warst du . . . geschmückt:* Die babylonischen Götter waren häufig in edelsteingeschmückte Gewänder gekleidet. Neun Steine werden hier aufgezählt; LXX nennt zwölf, und diese sind mit denen auf dem Gewand des Hohenpriesters identisch (2Mo 28,17–20). Mag sein, daß die drei fehlenden Steine durch Zufall aus dem hebräischen Text verschwanden.

14 LXX liest: »einem Cherub . . . gesellte ich dich bei« (EinhÜ), und in V. 16 »der Cherub verjagte dich«. Obwohl es sich um weitgehende Änderungen handelt, werden sie von vielen Exegeten befürwortet. **17.18** Die Lehre aus der Erzählung wird zuerst für den König (V. 17) und dann für die Stadt (V. 18) gezogen. Beide werden der völligen Vernichtung anheimfallen.

28,20–26 Weissagung gegen Sidon und Israels Heil nach dem Gericht

Sidon wird das Schicksal seiner Nachbarstadt teilen. Auch anderwärts werden die beiden

Städte zusammen genannt (z.B. Jes 23; Joel 4,4f). **24–26** geben zunächst das Thema von Kap. 25–32 an. Dann aber geben sie bereits auch eine Zusammenfassung des Abschnittes, der von Israels Wiederherstellung handelt (Kap. 34ff). Die Vernichtung der Feinde Israels ist aus zwei Gründen notwendig: einmal wegen der gesicherten Stellung Israels im Reich Gottes; zum anderen ist sie eine Demonstration gegenüber allen Völkern, daß Jahwe allein Gott ist.

29,1–32,32 Prophetien gegen Ägypten

Diese Weissagungen stammen aus der Zeit unmittelbar nach der Belagerung und Eroberung Jerusalems (587–585 v. Chr.), ausgenommen die im Jahre 571 v. Chr. geschriebenen Verse 29,17–21.

29,1–16 Der Untergang Ägyptens

1 Das Datum ist Januar 587 v. Chr. **2** Der *Pharao* wird (wie der König von Tyrus in Kap. 18) als Repräsentant seines Volkes angesprochen. **3** Hesekiel läßt den Pharao wie das Chaosungeheuer und nicht wie ein bloßes Krokodil sprechen (nach Gunkel); **4.5** sein Schicksal ähnelt nämlich dem des Ungeheuers in der Erzählung vom Tiamat; s. weiter Komm. zu 32,2–8. **6.7** Vgl. Jes 36,6.

8–12 Anwendung der Allegorie: Ägypten wird ein ähnliches Schicksal wie Israel erleiden – Zerstörung und Zerstreuung unter die Völker für die Dauer von vierzig Jahren. **10** *Von Migdol bis nach Syene* (d.i. Assuan): diese Städte waren Ägyptens Nord- und Südgrenze.

13–16 Wie Israel wird auch Ägypten wiederhergestellt werden, aber keine herausragende Stellung mehr einnehmen: es wird *nur ein kleines Königreich sein.*

29,17–21 Nebukadnezars Lohn

17 Das Datum: April 571 v. Chr. Es ist das späteste Datum im Hesekielbuch, ein Zeichen dafür, daß diese Weissagung als Anhang hinzugefügt wurde. **18** Nebukadnezar strebte mit äußerster Energie die Einnahme von Tyrus an: durch die mühselige Errichtung eines Damms vom Festland zur Stadt *wurden* wegen des auf Kopf und Schultern getragenen Materials *alle Häupter kahl gerieben und alle Schultern wund. Und doch ist weder ihm noch seinem Heer all die Arbeit vor Tyrus belohnt worden:* Die Stadt ergab sich zwar, enthielt aber nur wenig Beute, hatten die Tyrer doch genügend Zeit gehabt, ihre Wertsachen in Sicherheit zu bringen. **19** Jahwe würde seinen »Knecht« (Jer 27,6) dagegen später mit dem Reichtum Ägyptens belohnen. Nebukadnezar drang um das Jahr 568 v. Chr. in Ägypten ein.

21 Israel wird seine frühere Machtstellung wiedererlangen. Die Erfüllung dieser Prophetien wird den Mund des Propheten zu Danksagung und erneuter prophetischer Wirksamkeit öffnen, und die Kritik seiner Hörer wegen der unvollständigen Erfüllung seiner Prophetie über Tyrus wird verstummen.

30,1–26 Ägyptens Sturz

Die VV. 1–19 schildern, wie der Tag des Herrn für Ägypten herannaht, VV. 20–26 den Zusammenbruch der Macht des Pharao durch den Angriff Nebukadnezars. **2** *Wehe, was für ein Tag!* S. Komm. zu 7,2 und vgl. Joel 2,1.2; Zeph 1,15. **5** führt die Provinzen und Bündnispartner Ägyptens auf, die mit in seinen Untergang hineingerissen werden. Mit dem *allerlei fremden Volk* (hebr. *ha'ereb*) sind ausländische Einwanderer oder Söldner gemeint; die Wendung wird mit Bezug auf Ägypten (Jer 25,20), Israel (2Mo 12,38) und Babylon (Jer 50,37) gebraucht. *Kub* ist ein unbekannter Name; LXX liest »Lub«, d.h. Libyen (ZÜ: *die Lubiter). Ihre Verbündeten:* wörtl. *die Söhne des Bundeslandes* (ZÜ; vgl. EÜ): ein mit Ägypten (oder mit Kub?) alliiertes, unbekanntes Volk; es ist unwahrscheinlich, daß damit, wie LXX unterstellt (vgl. EinhÜ), Israel gemeint ist.

13–19 Die Zerstörung Ägyptens wird im einzelnen geschildert, wobei die wichtigsten Städte besonders erwähnt werden. **13** LXX liest statt *Abgötter* (hebr. *'elilim)* »Großen« (hebr. *'elim*), eine von vielen Kommentatoren bevorzugte Lesart. **17** *On* (EÜ nach dem Hebr.: *Awen,* was zugleich »Nichts« bedeuten kann) war wegen seines Sonnentempels berühmt; daraus erklärt sich sein Name »Beth-Schemesch« (»Sonnenhaus«) in Jer 43,13 (s. Komm. dort) und der griechische Name Heliopolis (»Sonnenstadt«). In *Bubastis* wurde die katzenköpfige Göttin Bastet verehrt.

20–26 Die aus dem April 587 v. Chr. datierende (V. 20) Weissagung hat ihren Ursprung in Nebukadnezars Sieg über den Pharao Hophra. Dieser Sieg wird im Bild eines Armbruchs mit nachfolgender Schwächung (der Machtstellung) des Pharao beschrieben (V. 21). Der ägyptische Herrscher wird dann eine weitere Niederlage erleiden, die seine endgültige Vernichtung herbeiführen wird (V. 22f).

31,1–18 Die gestürzte Zeder Pharao

Die Allegorie gliedert sich in drei Teile: V. 2–9 schildern den Pharao, der Ägypten repräsentiert, im Bild eines Zedernbaumes von hohem Wuchs; V. 10–14 beschreiben die Vernichtung des großen Baumes und V. 15–18 die Reaktion der übrigen Völker auf dieses Ereignis. Sowohl dieses Kapitel wie auch das nächste weisen Parallelen zu Jes 14,4–20 auf. Die Erwähnung der *Flut der Tiefe* (V. 4), des *Garten Gottes* (V. 8) und *Edens* (V. 9.18) machen es wahrscheinlich, daß hier ein ähnlicher Hintergrund wie in Kap. 28 vorliegt (s. Komm. dort).

3 *Ein Zedernbaum:* hebr. *'aschschur 'eres*, daher EÜ *Assur war eine Zeder.* Doch ist das erste Wort wie in Jes 41,19; 60,13 und Hes 27,6 *te'aschur zu lesen,* d.h. *Scherbinzeder* (EÜ) *oder Esche* (EinhÜ) *oder Buschbaum* (ZÜ).

5.6 Die bildhafte Sprache wird oft dazu benutzt, die Größe eines Reichs zu beschreiben (vgl. 17,23; Dan 4,11f; Mk 4,32).

10 Pharaos Sünde ist der Hochmut, die Schwäche der meisten Tyrannen (vgl. 28,6; Jes 14,13f; Dan 11,12). Der Sturz des Pharao soll allen Völkern zur Warnung dienen, nicht in denselben Fehler zu verfallen (V. 14). **11.12** *Der Mächtigste unter den Völkern* ist Nebukadnezar, *die Gewalttätigsten unter den Völkern* seine Heere. **15.16** Die Bilder schildern die Auswirkungen, die der Sturz des Pharao auf die Völker hat, die auf der Erde übriggeblieben sind. Wenn wir mit der LXX in V. 16 statt *unter der Erde* »auf der Erde« lesen, so ist das Bild folgerichtig durchgeführt; Ägyptens Rivalen *trösteten sich,* waren sie doch von seiner Oberherrschaft befreit. **18** Der Pharao wird sich in der Unterwelt zu den *Unbeschnittenen* und den *mit dem Schwert Erschlagenen* gesellen. Da die Ägypter die Beschneidung übten und bei Begräbnissen noch größeren Aufwand trieben als der übrige Orient, bedeutete dies die denkbar tiefste Erniedrigung – die Zugehörigkeit zu den Untersten der Unterwelt.

32,1–32 Klagelieder über den Pharao und über Ägypten

Das erste Klagelied (V. 1–16) handelt hauptsächlich vom Pharao, das zweite (V. 17–32) von der Niederfahrt des Volkes in die Unterwelt, wenngleich in beiden Gedichten der Gedanke unmerklich vom Herrscher zum Volk überleitet. Das erste Gedicht gliedert sich in zwei Teile, von denen der erste (V. 2–10) das Schicksal des Wasserungeheuers (LÜ: *Drache*; gemeint ist der Pharao) und der zweite (V. 11–16) die Verheerung Ägyptens durch den Babylonierkönig schildert. **1** Das Datum: Ende Februar 585 v. Chr., acht Monate nach dem Fall Jerusalems.

2 *Du Löwe unter den Völkern:* vielleicht eine Anspielung darauf, daß in Ägypten die königliche Sphinx einen Löwenkörper hatte. *Und doch warst du wie ein Drache im Meer:* Nach Ansicht vieler Kommentatoren bezieht sich dies bloß auf das Krokodil, wie auch 29,3–5. Wahrscheinlicher ist es jedoch eine Bezugnahme auf den Mythos vom Chaosungeheuer: das Ungeheuer Tiamat, das den Salzwasserozean verkörpert, kämpfte gegen den Himmel und wurde von Marduk vernichtet; aus seinem Leichnam wurde die Materie geschaffen, doch ein Teil davon bleibt als Speise für den Menschen aufbewahrt (2Baruch 29,4; vgl. zu dieser Schrift Einleitung S. 56). Die Erzählung wird auf jedwede tyrannischen Völker angewandt (z.B. Jes 27,1; Dan 7), um deren bösen Charakter und unausweichliches Geschick aufzuzeigen, vor allem aber auf Ägypten (Jes 30,7; 51,9.10). Aus ihrer Verwendung erklärt sich die ungewöhnliche Sprache von V. 4–8.

11–15 Der Prophet leitet dann von dem Gericht über den König (V. 11.12a) zu dem über das Volk über (V. 12b–15). Die allegorische Sprache scheint in V. 13f beibehalten zu sein: die aufgewühlten Gewässer glätten sich und werden wieder klar; daß weder Mensch noch Tier sie weiter aufrühren, ist ein Zeichen der Verödung.

17 *Desselben Monats:* wörtl. *des Monats* (EÜ), also wie in V. 1 des zwölften; LXX hat jedoch *des ersten Monats* (ZÜ; EinhÜ). **18ff** In den folgenden Versen schildert der Prophet, wie Ägypten nach seiner Zerstörung ins Land der Abgeschiedenen hinabfährt. Dort wird es die Heere großer Völker der Vergangenheit, Assyriens, Elams, Meschechs und Tubals (V. 22–27), antreffen. Dazu kommen noch die Feindmächte der Gegenwart, Edom, der *Fürst des Nordens* (d.h. der an Phönizien angrenzenden Länder) und Sidon, die offensichtlich allesamt zerstört werden sollen (V. 29.30). Wenn Ägypten aufgrund des Gottesgerichts zugrundegeht, dann bleibt dem Pharao als schwacher Trost wenigstens die Gewißheit, daß sein Reich nicht als einziges ins Grab gesunken ist (V. 31)! S. LZB Sp. 42.

33,1–48,35 ISRAELS WIEDERHERSTELLUNG

33,1–20 Die Verantwortung des Propheten und des Volkes

Die Deutung dieses Abschnitts hängt an ihrem wahren Kontext. Falls V. 21f, wie viele meinen, das ganze Kapitel bestimmen sollte, dann nimmt dieses Stück Bezug auf Gottes Gericht, das vor der Wiederherstellung Israels in dem Reich der Herrlichkeit über die Sünder ergehen wird. »Sterben«, das heißt, vor der Wiederherstellung verscheiden, »Leben«, das heißt, die Vorrechte des Reichs genießen. In diesem Fall würde 20,33–42 eine ausgezeichnete Parallele bilden. Wenn VV. 2ff.10 und 20 jedoch auf die letzten ausweglosen Phasen der Belagerung Jerusalems und die darauffolgende Verzweiflung des Volkes abzielen, dann handelt es sich um ein abschließendes Mahnwort an das Volk. Vielleicht ist diese zweite Lösung doch vorzuziehen.

1–6 Das Gleichnis knüpft daran an, daß in Zeiten der Gefahr ein Wächter auf der Stadtmauer postiert wird, der das Herannahen des Feindes melden soll. Hier ist in erster Linie an die schwere Verantwortung des Wächteramtes gedacht. Das Wächteramt des Propheten unterscheidet sich allerdings in einem wesentlichen Punkt von dem eines Spähers auf der Stadtmauer: Jahwe ist sowohl der Feind Israels, der es bedroht, als auch der Warner, der es retten will. Diese Ambivalenz, die der Prophet in seiner Botschaft an das Volk weitergibt, ist für Hesekiel charakteristisch. Vgl. Gerhard von Rad, *Theologie des Alten Testaments,* Band 2, S. 240. **6** Vgl. 1Mo 9,5. **7–9** Mit dem gleichen Ernst soll Hesekiel seine Aufgabe in diesem kritischen Augenblick im Leben des Volkes auffassen. Diese Verse wiederholen 3,17–19, s. Komm. dort.

Wie es dem Wächter obliegt, Alarm zu schlagen, so hat das Volk die Pflicht, darauf zu reagieren. **10** bringt sowohl das Eingeständnis, daß die schweren Mißgeschicke das Volk zu Recht getroffen haben, als auch dessen Verzweiflung zum Ausdruck. **11ff** Hesekiel fordert es zur Erneuerung seines Glaubens und seiner Hoffnung auf, indem er dreierlei hervorhebt: Einmal weist er auf die Gnade Gottes hin (V. 11). Dann macht er klar, daß Gott keinen Menschen auf seine Vergangenheit festlegt, sondern ihn nach seinem gegenwärtigen Verhältnis zu ihm befragt (V. 12–19). Das ist drittens deshalb so, weil Gott den Menschen die Möglichkeit sofortiger Buße und Vergebung (V. 11.14–16.19) einräumt.

33,21–33 Der Wendepunkt in Hesekiels prophetischer Wirksamkeit

Der Tag, auf den Hesekiel sieben Jahre gewartet (vgl. die in 1,2 gegebene Datierung) und den er bereits drei Jahre vorher ausdrücklich geweissagt hatte (vgl. 24,1.25–27)! Von jetzt an kann er sich, anstatt niederzureißen, der Aufgabe des Aufbauens widmen und in diesem Sinne nun die Botschaft voll entfalten, auf die er zuvor bloß angespielt hat (z.B. 16,60ff; 17,22ff; 20,33ff). *Im elften Jahr:* so nach einigen hebr. Handschriften, LXX und Peschitta im Anschluß an 2Kön 25,2. MT hat »im zwölften Jahr« (EÜ), was auf ein anderes Datierungssystem zurückgehen könnte. **21** Näheres über Hesekiels Stummsein s. Komm. zu 3,26f. **23–29** enthalten eine Gerichtsbotschaft über die in der Heimat zurückgebliebenen Juden. Für eine ähnliche Lage vgl. 11,14ff.

30–33 vermitteln uns einen Eindruck von der Beliebtheit des Propheten; sie steigerte sich zweifellos, als sich seine Botschaft erfüllte. Aber die Begeisterung des Volkes ist oberflächlich; sie gehorchen seinem Wort nicht. **31** LXX liest anstatt *ihr Mund ist voll von Liebesweisen* »Lügen sind in ihrem Munde« (ZÜ; EinhÜ.). **33** *Wenn es aber kommt,* was Hesekiel sagt, dann werden sie erkennen, daß dieser Prophet und seine Botschaft ihnen von Gott gesandt waren und er die Wahrheit verkündete. Hierbei ist nicht etwa im drohenden Sinne an das Gericht, sondern an die Erlösung gedacht und daran, welche Freuden sie mit sich bringt. Dieses Thema beherrscht von nun an seine Verkündigung.

34,1–37,28 Israels Rückkehr in sein eigenes Land

34,1–31 Hilflose Schafe und treulose Hirten

Die Allegorie, offensichtlich eine Weiterentwicklung von Jer 23,1–4, weist zwei Abschnitte auf: die raubgierigen Herrscher Israels, die die Verantwortung für die üble Lage des Volkes tragen (V. 1–16); Gottes Handlungsweise gegenüber dem Volk Israel (V. 17–31).

2 *Die Hirten* sind, wie aus dem Schluß von V. 4 hervorgeht, Israels Herrscher. Hier ist besonders an diejenigen gedacht, die erst kürzlich über das Volk geherrscht hatten. Mit dem Bild vgl. Ps 78,70ff; Jes 44,28; 63,11; Jer 2,8; Sach 11; 13,7. **6–8** *Sie irren umher... meine Schafe sind zum Raub geworden:* Eine symbolische Schilderung der Unterdrückung Israels (durch Mächte wie Assyrien, Ägypten, Babylonien) und der Zerstreuung nach dem Fall Jerusalems. **5** Vgl. 1Kön 22,17; Mt 9,36. **13** *Ich will sie ...herausführen und ... sammeln:* Die Exulanten sollen aus allen Ländern, in die sie gegangen sind (d.h. Ägypten, Phönizien, Arabien und auch Babylonien), zurückgeholt werden und sich unter Jahwes Herrschaft niederlassen. **14–16** Diese Schilderung der wohltätigen Herrschaft Gottes als Hirt seines Volkes macht Hesekiels Güte offenbar, die in seinen Weissagungen sonst weitgehend verborgen bleibt. Vgl. Lk 15,3–7; Jh 10; Hebr 13,20; 1Petr 2,25; Offb 7,17.

17 Das Bild wechselt. Der Prophet wendet sich von den Königen untergeordneteren Beamten zu, die nichtsdestoweniger ihre Volksgenossen tyrannisieren. Dieser Vers hat möglicherweise Jesus zu seinem Gleichnis von den Schafen und den Böcken angeregt (Mt 25,31ff). Der ganze Abschnitt erinnert an 20,37f; Wiederherstellung und Gericht vermischen sich. **23** *Ich will... erwecken:* vgl. 2Sam 7,12; Am 9,11. *Ein einziger Hirte* setzt eine einzige Herde voraus (nicht zwei, d.h. Juda und Israel, wie bisher); s. 37,24 und vgl. 10,16. **24** Er wird ein zweiter *David* sein, durch den Gott herrscht; vgl. 37,25; 46,1–18. Man beachte, daß dessen Erscheinen im Anschluß an die von Gott herbeigeführte Erlösung stattfindet. Daß die endgültige Erlösung durch den Messias kommt, ist eine spezifisch ntl. Lehre, die sich aber hier und besonders im zweiten und dritten Teil des Jesajabuches andeutet. **25** Der *Bund des Friedens* zwischen Gott und seinem Volk (vgl. 37,26) ist mit der Ausrottung der *bösen Tiere* verknüpft, die sich in der Zeit des Exils stark vermehrten; vgl. 3Mo 26,4–6; Hos 2,20; Jes 35,9; 54,10; Sach 6,13. Erst dann würde man sicher *in den Wäldern schlafen* können.

29 *Eine Pflanzung... zum Ruhm:* »einen Garten des Heils« (ZÜ); das Wort ist ein Kollektivum, das (wegen ihrer Fruchtbarkeit berühmte) Pflanzungen bezeichnet. **31** *Ihr seid Menschen* (EÜ): dieses eingeschoben wirkende einzelne Wort im MT fehlt in LXX und anderen alten Übersetzungen; so auch in LÜ, ZÜ, EinhÜ. Vgl. Offb 21,3.

35,1–15 Die Ausrottung Edoms

Die Einfügung dieser Untergangsweissagung, während es doch im Kontext um die Wiederherstellung Israels geht, erklärt sich aus Edoms Versuch, Israel und Juda zu besetzen (V. 10). Da Israels Wiederherstellung von seiner Rückkehr in das Land abhangt, gilt es zunächst Edom zu überwältigen: die Grausamkeit (V. 5f) und Gotteslästerung (V. 10–13) dieses altbösen Feindes Israels erfordern ein solches Gericht. Vgl. Jes 63,1–6 und Komm. zu Am 9,11f.

2 *Das Gebirge Seïr* ist eigentlich die Gebirgskette südlich des Toten Meeres, doch bezeichnet der Name auch das Land der Edomiter, vgl. 4Mo 24,18. **5** Edoms *ewige Feindschaft* gegen Israel geht auf die Ursprünge der beiden Völker zurück (1Mo 27,41). Die Edomiter hatten offensichtlich den Babyloniern bei dem Massaker des Jahres 586 v. Chr., das als die Zeit bezeichnet wird, *als es ihnen übel ging und ihre Schuld zum Ende führte* (vgl. 21,25.29), Hilfe geleistet. **10** Edom erhob Ansprüche auf das Gebiet von Juda und Israel. Da dies als Jahwes Besitz galt (»das Land des Herrn«, Hos 9,3), der von ihm nicht für immer verlassen war, sondern erneut von ihm aufgenommen werden würde (48,35), kam Edoms Anspruch in den Augen des Propheten einer Gotteslästerung gleich (V. 12); vgl. V. 12 mit V. 13; Obd 12.

36,1–38 Wiederherstellung und Neuwerdung

Israels äußere Wiederherstellung wird in V. 1–15, seine innere Erneuerung in V. 16–38 behandelt. **1** Wie in 6,1–7 stehen die *Berge* für das Land selber, sind sie doch sein hervorstechendster Zug. Doch während in Kap. 6 die »Berge« gebrandmarkt wurden, werden sie hier mit Heilsverheißungen getröstet. **2** Der *höhnende Feind* bezeichnet die an Israel angrenzenden Kleinstaaten (s. Kap. 25), doch besonders Edom, von dessen Haß Kap. 35 gehandelt hat. **5** Jahwes *Eifer* wird durch die Inbesitznahme seines Landes seitens der Fremdvölker und deren Verachtung seinem Volk gegenüber hervorgerufen. Derselbe Eifer, der Israel Vergeltung eintrug (23,25), führt nun das Gericht über die Heiden herauf und bewirkt Israels glanzvolle und wunderbare Wiederherstellung (39,25). **8** Das Ende des Exils wird *bald* kommen. Die Erwartung, daß das Heil der Endzeit unmittelbar bevorsteht, ist in der Prophetie des AT und des NT ein wesentliches Element, das die Dringlichkeit der Weissagung unterstreicht und in der Anfechtung leidvoller Gegenwart die Hoffnung auf Gottes Zukunft wachhält (vgl. Hab 2,3; Röm 13,12; 1Petr 4,7; Offb 1,3; 22,10). **10** *Das ganze Haus Israel* wird in den Genuß der Wiederherstellung kommen, nicht bloß ein Stamm (vgl. 37,15f). **12** *Du sollst... ihnen die Kinder nicht mehr nehmen:* Möglicherweise erinnert Hesekiel an 4Mo 13,32. Von einem Land, das außerstande war, sein Volk zu ernähren (vgl. V. 30), konnte man sagen, daß es ihm die Kinder nahm. Derselbe Ausdruck beschreibt auch die Tatsache, daß Israel durch Kriege (vgl. 1Sam 31,3) oder andere Gottesgeißeln (vgl. 14,21) Verluste erlitten hatte.

Israels Geschick war mit dem Namen Jahwes verbunden (V. 21f); sein Zustand setzte die Ehre seines Gottes herab. Die Völker meinten, Israels Not habe ihren Ursprung in Jahwes Ohnmacht (V. 20); Israels Wiederherstellung in seinem eigenen Land würde allen vor Augen führen, daß Jahwes Regiment durch Heiligkeit, nicht durch Schwäche gekennzeichnet war, und folglich würden alle seinen Namen ehren (V. 23). Diese Vorstellung bildet einen wesentlichen Bestandteil in Hesekiels Denken und hat in hohem Grade mit Moral zu tun. Die Reinigung von der Sünde, wenngleich sie in der Sprache des kultischen Zeremoniells geschildert wird (V. 25), zielt auf die sittliche Erneuerung des Menschen durch Gott; vgl. Sach 13,1. **26** Das *neue Herz* und der *neue Geist* sind so gut wie gleichbedeutend. Sie haben ihre Ursache in der Begabung mit dem Geist Gottes und dürfen nicht rein rational als gewandelte Geisteshaltung erklärt werden, sind vielmehr eine übernatürliche göttliche Gnadengabe. Die Begabung mit dem heiligen Geist wird von den Propheten oft mit dem Anbruch der neuen Zeit in Verbindung gebracht (vgl. 39,29; Jes 44,3; 59,21; Joel 3,1f; Apg 2,16f). Die Stelle ist Hesekiels Gegenstück zu Jeremias »neuem Bund« (Jer 31,31f). Auch hier wird wieder deutlich, wie sehr Hesekiel priesterlicher Seelsorger und Verkünder der Verantwortung des einzelnen vor Gott ist: Die Erneuerung des Volkes Israel geschieht durch das Erfülltwerden des menschlichen Herzens mit einem neuen Geist. Dies ist aber allein Gottes Tat, der damit den alten Bund zwischen sich und seinem Volk bewahrt, bekräftigt und erneuert (V. 28). **30** *Ich will die Früchte ... mehren:* Übernatürliche Fruchtbarkeit der Erde ist ein Kennzeichen für das Reich Gottes; vgl. V. 35; siehe auch 47,1–12; Jes 35,1f; 55,13; Sach 8,12. **38** Die Bevölkerung wird gleichfalls zunehmen, so daß in den Städten Menschenmengen sich drängen werden, vergleichbar dem Gewimmel der Opfertiere in den Straßen von Jerusalem bei den großen Festen.

37,1–28 Auferweckung und Wiedervereinigung Israels

Hesekiel sagt die politische Erneuerung seines Volkes (V. 1–14) und die Wiedervereinigung der getrennten Reiche (V. 15–28) voraus.

1 Ob der Prophet das *Feld* (ZÜ »die Ebene«) in einer Vision schaut oder ob ihn der Geist nötigt, dorthin zu gehen, um eine Vision zu empfangen (wie in 3,22), wird nicht deutlich. **2** Die verdorrten Totengebeine weisen auf ein in der Schlacht gefallenes Heer. Den Verzagten in Israel schien es, als befinde sich das Volk in einem ähnlichen Zustand. **3** Sowohl die Frage als auch die Antwort spiegeln die Hoffnungslosigkeit der Situation (vgl. V. 11; 33,10); eine Wiederherstellung konnte allein durch göttliches Eingreifen zustande kommen. **9** Das hebräische Wort *ruach* bedeutet sowohl *Wind* als auch *Odem* als auch »Geist«. Die Wendung *die vier Winde* ist ein akkadischer Ausdruck für die vier Weltgegenden. Gottes Odem kommt nicht von den Winden in dem Sinne, als seien sie selbst dieser Odem, sondern von den Enden der Welt, d.h. er ist menschlichem Zugriff weit entrückt: allein Gott kann ihm gebieten; man übersetze daher: »Weissage zum Odem ... Odem, komm herzu von den vier Weltgegenden und blase diese Getöteten an.« Vgl. das griechische Wort *pneuma* und den sich daraus in Jh 3,8 ergebenden Doppelsinn.

12 Die Deutung der Vision wechselt das Bild: Die Israeliten liegen jetzt in Gräbern, nicht verstreut über dem Erdboden. Inhaltlich geht es hier um eine Vorhersage der Erneuerung des politischen Lebens Israels, nicht um eine buchstäbliche Auferstehung der Toten. Einige Erklärer weisen nachdrücklich darauf hin, daß die Lehre von der Auferstehung im damaligen Israel unbekannt war. Es ist jedoch die Frage zu stellen: Hat die Lehre von der Auferstehung, wie viele annehmen, ihren Ursprung in dieser Stelle, oder handelt es sich hier nicht eher um eine Anwendung des Auferstehungsgedankens, der dem Hesekiel schon vertraut war? Angesichts der späteren Auferstehungslehre kann man sich eigentlich nicht denken, daß ein Prophet dieses Bild ohne jegliche Kenntnis der Lehre geprägt haben soll. Die Wahrscheinlichkeit spricht dafür, daß es sich um den bildlichen Gebrauch einer in seinen Kreisen bereits gängigen Vorstellung handelt. Wir beobachten an einigen Stellen im AT, etwa in Jes 26,19 und Hiob 19,25–27 und schließlich explizit in der Apokalyptik Dan 12,2f, wie aus der Tatsache, daß Gott Herr über alles ist, die Konsequenz gezogen wird: also auch Herr über den Tod. Zu einer festeren Vorstellung und Lehre bezüglich der Auferstehung kam es dann seit der Exilzeit sicherlich auch dadurch, daß man sich mit den Auferstehungsvorstellungen anderer Völker auseinandersetzen mußte. S. auch LZB, Sp. 138f.

15–28 Hesekiel gestaltet ein Symbol. Zwei Hölzer, die das Süd- und Nordreich darstellen (ihre Hauptstämme sind Juda bzw. Joseph) werden zu einem Holz zusammengefügt, das die Einheit des Volkes bei seiner Rückkehr in die Heimat versinnbildlicht. In jener Zeit soll das Haus Davids für immer über das vereinte Volk herrschen (VV. 22.24.25; s. Komm. zu 33,23.24). Zuweilen wird darauf hingewiesen, daß sich dies in Israels nachexilischer Geschichte niemals ereignete, doch wartet der Prophet auf nichts Geringeres als den Anbruch des messianischen Reiches: dann wird die Hütte Gottes bei seinem Volk sein (V. 27; s. Offb 21,3). In jener Zeit werden die Völker Jahwes Macht daran erkennen, daß er sein Volk erlöst (V. 28).

38,1–39,29 Weissagung gegen Gog

Diese beiden Kapitel stehen in der atl. Prophetie insofern einzig da, als sie einen Aufstand fremder Mächte gegen das Volk Gottes nach dem Beginn des messianischen Reiches schildern. Der Prophet hat Israels künftiges Heil bereits vorhergesagt (33–37); in dieser Beschreibung hier ist das Volk seit langem in seinem Land ansässig und hat sich in ein blühendes Gemeinwesen verwandelt (38,8.11f.14), ein Zustand, der, wie er früher gelehrt hatte, aus seiner voraufgegangenen Buße, Wiedergeburt und politischen Erneuerung erwächst (33–37). Während er gesagt hatte, Israels Wiederherstellung werde »bald« erfolgen (36,8), weissagt er, Gog werde »nach langer Zeit . . . am Ende der Zeiten« (38,8) aufgeboten werden. Damit soll gezeigt werden: Die früheren Weissagungen, die Zerstörung heidnischer Feindmächte betreffend (38,17; 39,8), erfüllen sich, und die Völker der Welt erkennen die Macht, Heiligkeit und einzige Göttlichkeit Jahwes (s. Komm. zu 39,7). Der Verfasser der Johannesapokalypse hat diese Kapitel zweifach benutzt: Einmal dienten sie ihm zur Verlebendigung seiner Schilderung des großen Krieges, der dem tausendjährigen Friedensreich auf Erden vorangeht (Offb 19,17f). Dann hat er auch ihren Hauptgedanken in der Weise verwertet, daß er einen letzten Ansturm der Gottlosen der Menschheit schildert, der sich am Ende des tausendjährigen Reiches vor der neuen Schöpfung ereignen wird (20,7–9). Beim Vergleich der beiden Schriften sollte man sich dessen erinnern, daß Hesekiel weder von einer neuen Schöpfung wußte noch von einem neuen Israel, das das Reich erben sollte; wenn Johannes diese Prophetie übernehmen wollte, so mußte er notwendigerweise ihre Form verändern. Im Einklang mit seiner sonstigen Benutzung der atl. Prophetie hat er das auch hier getan.

38,2 *Gog:* vielleicht von »Gagaia«, einem in den El-Armarna-Briefen erwähnten Barbarenland. Es ist der Name des Anführers. *Magog* ist sowohl ein Land (so hier) als auch dessen Volk (39,6). In Offb 20,8 symbolisieren Gog und Magog die gottlosen Völker der ganzen Welt. *Meschech* und *Tubal* werden sowohl im biblischen (s. z.B. 1Mo 10,2; Hes 27,13; 32,26) wie im außerbiblischen Schrifttum (akkadische Quellen; Herodot III 94; VII 78) stets zusammengestellt; die Wiedergabe »Großfürst von Meschech und Tubal« (vgl. EinhÜ) ist daher der von LÜ, EÜ, ZÜ »Fürst von Rosch, Meschech und Tubal« vorzuziehen. Meschech und Tubal sind wohl im Osten von Kleinasien zu suchen und meinen die Völkerschaften der Moscher und Tibarener (Phrygien und Kappadozien? – Ihre Gleichsetzung mit Moskau und Tobolsk und die von Rosch mit Rußland ist Spekulation). **5** *Put* (ZÜ) ist Ostafrika (LÜ: *Libyer*). **6** *Gomer* wird in 1Mo 10,2 mit Magog in Zusammenhang gebracht. Die Assyrer nannten sie Gimirrai und die Griechen Kimmerier. Ursprünglich im Norden des Schwarzen Meeres ansässig, hatten sie sich zu Hesekiels Zeit in Kleinasien seßhaft gemacht. Ihr Name lebt in Gamir fort, dem armenischen Namen für Kappadozien. *Togarma,* im Nordosten von Kleinasien gelegen, ist Armenien. Von Hesekiels Blickpunkt aus scheint es im *äußersten Norden* (ZÜ) zu liegen, genauso wie für den Verfasser der Psalmen Salomos Rom »am Ende der Erde« lag (PsSal 8,15).

8 *Nach langer Zeit:* Der Einfall wird noch lange Zeit auf sich warten lassen. Vgl. Jes 24,22. *Das Ende der Zeiten* bezeichnet die Zeit des Königreichs (vgl. Jes 2,2). **11** Seit langem in Frieden in seinem eigenen Land ansässig, befürchtet Israel keinerlei Angriff und wohnt somit in *einem Land . . ., das offen daliegt . . . ohne Mauern . . . und hat weder Riegel noch Tore* (vgl. Sach 2,8). **13** Überall in der Welt interessieren sich die Kaufleute und Sklavenhändler für den kommenden Feldzug.

17–23 Gogs Zerstörung wird erfolgen durch ein Erdbeben (V. 19f), innere Kämpfe (V. 21) und Plagen gleich denen, die Ägypten beim Auszug der Israeliten heimsuchten (V. 22f); es wird vorausgesetzt, daß Israel wie damals sicher durch diese Notzeit hindurchgeleitet werden wird. Bei der Bezugnahme auf die früheren Propheten in V. 17 sind sicherlich Stellen wie Zeph 3,8 und Jer 3,6 gemeint. Da die Propheten *vorzeiten* weissagten, sind es vielleicht auch Weissagungen, die Hesekiel zwar bekannt waren, seitdem aber verschollen sind.

39,1–20 wiederholen 38,2–4.14–23 (s. besonders den Anfang der beiden Kapitel). Die Wiederholung soll das Wunderbare der Befreiung hervorheben; die Zahl der Waffen, die von den Israeliten verbrannt werden, und die lange Zeit, die die Bestattung der Gefallenen in Anspruch nimmt, weisen auf die ungeheure Stärke der Heere Gogs. Das Fest für Vögel und Getier unterstreicht die Vollständigkeit des Sieges, dessen Beute nicht nur für die Menschen, sondern auch noch für die Tiere zur Sättigung reicht. Sowohl Israel als auch die Völker werden durch dies Gericht mit Jahwes Größe konfrontiert (V. 7). Es ist dies ein ständig wiederkehrendes Thema der Prophetie (vgl. 38,16.23; 39,6.13.21–23.25–29).

11–16 Das Begräbnis Gogs und seiner Heere findet in einem Tal im Osten des Toten Meeres statt, außerhalb der Grenzen Israels, wie es sie im Reich Gottes hat (47,18), aber immer noch genügend nahe, um als Ehrenmal für das siegreiche Volk zu dienen. Die vollständige Reinigung des Landes erfordert die

Beseitigung sämtlicher Menschengebeine (vgl. 4Mo 35,33f; 3Mo 5,2).

17–20 Die Schilderung dient zur Unterstreichung der fürchterlichen Zerstörung Gogs und seiner Heerscharen. Sie bringt einen Wechsel des Bildes mit sich (die Leichname werden verzehrt, nicht begraben). Doch ist der Kontrast gering und verschwindet auf jeden Fall im Lichte von V. 14f; daher erscheint die Annahme, das Bild stamme von fremder Hand und beziehe sich auf die Zeit der Perser oder Griechen, kaum gerechtfertigt. **21.22** Israels Gefangenschaft und Gogs Zerstörung machen zweierlei gleichermaßen deutlich: Einmal wird in diesen Geschehnissen Gottes Heiligkeit und Gerechtigkeit offenbar. Dann aber darf Israel auch erfahren, daß Gott sich ihm in seiner unerschöpflichen Gnade wieder zuwendet.

25–29 geben eine abschließende Zusammenfassung der Weissagungen Hesekiels über die Wiederherstellung Israels: Gott wird ganz gewiß sein Wort an Israel wahrmachen und auf der ganzen Erde seinen heiligen Namen mit Ruhm krönen.

40,1–48,35 Tempel und Volk im Reich Gottes

Die Schlußkapitel des Hesekielbuches stehen auf den ersten Blick in einem merkwürdigen Kontrast zu der ungestümen Rhetorik der vorangegangenen Prophetien. In Wirklichkeit stellen sie die notwendige Ergänzung zu dem Gerichtshandeln dar, das Hesekiel verkündigt hatte. Hesekiel war sowohl Priester als auch Prophet. Dies wird jetzt besonders deutlich. Er hatte die Aufgabe, seinen Weissagungen von der Zerstörung des Tempels, der Abkehr Jahwes von seinem Volk und der Zerstreuung des Volkes eine andere, frohmachende Botschaft gegenüberzustellen. Ausführlich sollte er den Wiederaufbau des Tempels, die Rückkehr Jahwes zu seinem Volk und die Erneuerung des nationalen Lebens vorhersagen. Die Erklärung, das Volk werde zurückkehren und einen neuen Tempel errichten, reichte nicht aus; man mußte ihm zeigen, wie er gebaut werden sollte. Um die Heiligkeit des Tempels, des Volkes und Gottesdienstes gleichermaßen sicherzustellen, gibt der Prophet ausführliche Anweisungen. Diese sind sowohl das Ergebnis einer langdauernden Vision als auch eines intensiven Nachdenkens. Wenn wir ihrer Lektüre wenig Geschmack abzugewinnen vermögen, so sollten wir uns vor Augen halten, daß man in jüdischer Sicht niemals zu viel Mühe und Nachdenken auf den Ort verwenden konnte, dessen Name »hier ist der Herr« (48,35) lautet. In diesem Geist wurden diese Kapitel verfaßt. Man kann sich ohne weiteres vorstellen, daß sie unter Hesekiels Mitexilierten zweifellos nicht weniger Interesse und Debatten auslösten als alles, was er bisher verkündigt hatte.

Hinsichtlich der Deutung dieser Kapitel ist noch folgendes zu bemerken: Hesekiel geht ohne Frage davon aus, daß die von ihm hier vorgelegten Pläne bis ins einzelne verwirklicht werden würden. In ihnen eine wohlerwogene, symbolische Schilderung des Gottesdienstes der christlichen Kirche zu sehen, wäre völlig abwegig. Desgleichen lag ihm, wie Kap. 47 zeigt, die Annahme gänzlich fern, daß sich die Vision unter normalen Umständen als ein natürliches, innerweltliches Geschehen erfüllen würde; es handelte sich vielmehr um einen Plan für die Zeit, da Gott sein Reich aufrichtet. Einige Erklärer erwarten demgemäß den Wiederaufbau des Tempels bei der Wiederkunft Christi und eine genaue Erfüllung aller Vorhersagen Hesekiels im Reiche Christi. Dieser Auffassung stehen theologisch einige fundamentale Grundsätze des NT entgegen: a) Christi Sühnopfer hat sämtliche Opfergaben für immer null und nichtig gemacht (Hebr 10,18). b) Erbe des Reichs ist nicht mehr die jüdische Nation, sondern die Kirche, das neue Israel aus Juden und Heiden, in dem das alte Israel seine wahre Stätte finden soll (Mt 21,43; 1Petr 2,9f; Röm 11,26). c) In der Offenbarung legt Johannes diese Kapitel unter Ausscheidung aller jüdischen Elemente seiner Beschreibung der Kirche im Reich Gottes zugrunde (Offb 21,9–22,5). Es widerspräche der Einheit Gottes und seinem Willen zur Einswerdung der Seinen (vgl. Jh 17,11), würde man von einer »doppelten Erfüllung« all dieser Dinge zur gleichen Zeit sprechen. Es gäbe dann zwei herrschende Israels im Reich, zwei neue Jerusalems, deren jedes einen Strom des Lebens und Bäume des Lebens usw., zwei Herrscher vom Geschlechte Davids, einen irdischen und einen himmlischen, und anderes mehr besitzt. Der Schluß der Prophetie Hesekiels ist daher als Vorhersage des Reiches Gottes anzusehen, die zwar zunächst hier in den ihm vertrauten Formen, nämlich in denen seiner eigenen (jüdischen) Verkündigung, erfolgt. Ihre grundlegende Wahrheit aber wird in dem neuen Äon in Formen Gestalt gewinnen, die der neuen Verkündigung des durch Jesus Christus aufgerichteten Reiches entsprechen werden. Wie dies geschehen soll, wird uns in Offb 21,1–22,5 dargelegt.

40,1–42,20 Der Plan des neuen Tempels

Für eine vollständige Erklärung der Beschreibung, die Hesekiel von dem künftigen Tempel gibt, ist hier nicht der Raum. Beim Studium seiner Pläne empfiehlt es sich, jeweils die beigefügten Grundrisse heranzuziehen.

Hesekiel wird in einer Vision auf den Berg Zion geführt, wo ihn der zu seinem Führer bestimmte Engel begrüßt (40,1–4). Als erstes erblickt er die den Tempelbereich umgebende *Mauer* (V. 5; s. Grundriß 2). Nach dem Durchschreiten eines wuchtigen, an der Ostseite aufragenden *Tores,* das in einem ähnlichen Stil erbaut ist, wie er ihn von vielen babylonischen Tempeln her kennt (V. 6–16; s. Grundriß 1), gelangt er (s. Grundriß 2) in den *äußeren Vorhof,* der ringsum ein *Pflaster* aufwies und an dessen Rändern sich dreißig Kammern befanden, die bei Festen als Unterkünfte dienten (V. 17–19). An der Nord- und Südseite befinden sich Tore ähnlich dem, durch das er eingetreten war (V. 20–26). In den vier Ecken befinden sich (mit K bezeichnete) Küchen für das Volk, die aber erst in 46, 21–24 beschrieben werden. Durch ein weiteres großes Tor gelangt er in den inneren Vorhof, der etwas höher liegt (man beachte die Erwähnung von *Stufen* in VV.31,34 und 37), und sieht den Tisch für die Opfer sowie etliche Kammern für die Priester (V. 28–47). Hier befinden sich ebenfalls im Süden (V. 28–31) wie im Norden (V. 35–37) Vorhallen.

1 DAS TOR AN DER OSTSEITE

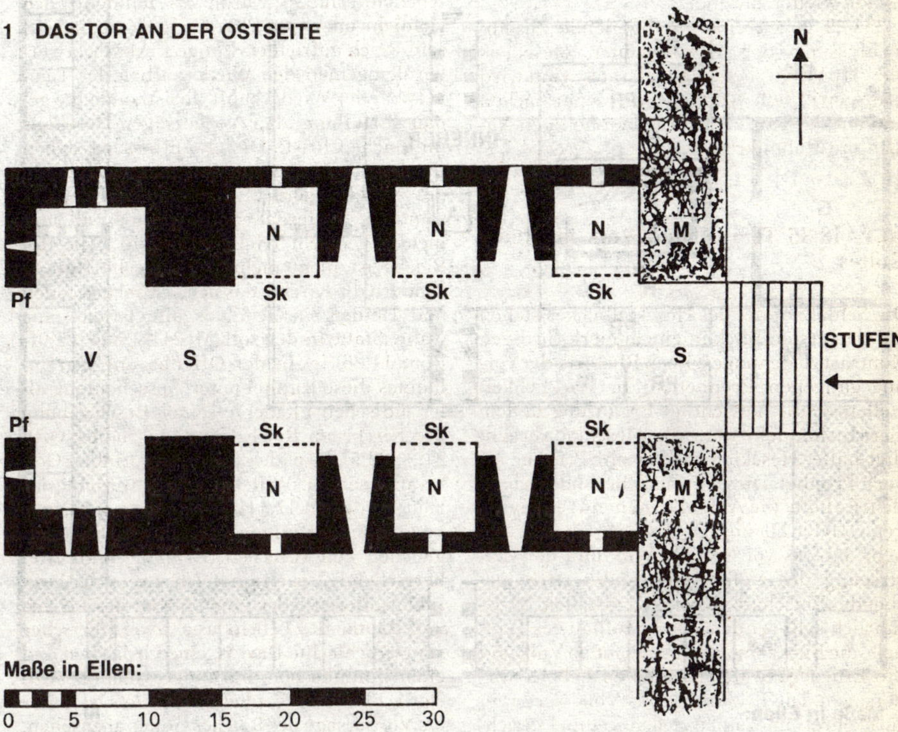

M: Mauer (um den Tempelbereich)

N: Nischen

Pf: Pfeiler (Pfosten der Vorhalle)

S: Schwelle

Sk: Schranke (wahrscheinlich niedrige Mauer)

V: Vorhalle

Es folgt nunmehr die Beschreibung des eigentlichen Tempelgebäudes, zuerst die der Vorhalle (V. 48.49), dann die der *Tempelhalle,* des »Heiligtums« (41,1f), und darauf die des *Allerheiligsten* (V. 3.4). S. Grundriß 2 und 3. An der Nord-, West- und Südseite des Tempels befinden sich in drei Stockwerken je dreißig Seitenräume, in denen vermutlich die für den Tempeldienst benötigten Gerätschaften, Vorräte usw. gelagert wurden (V. 5–11;

2 DER TEMPELBEREICH

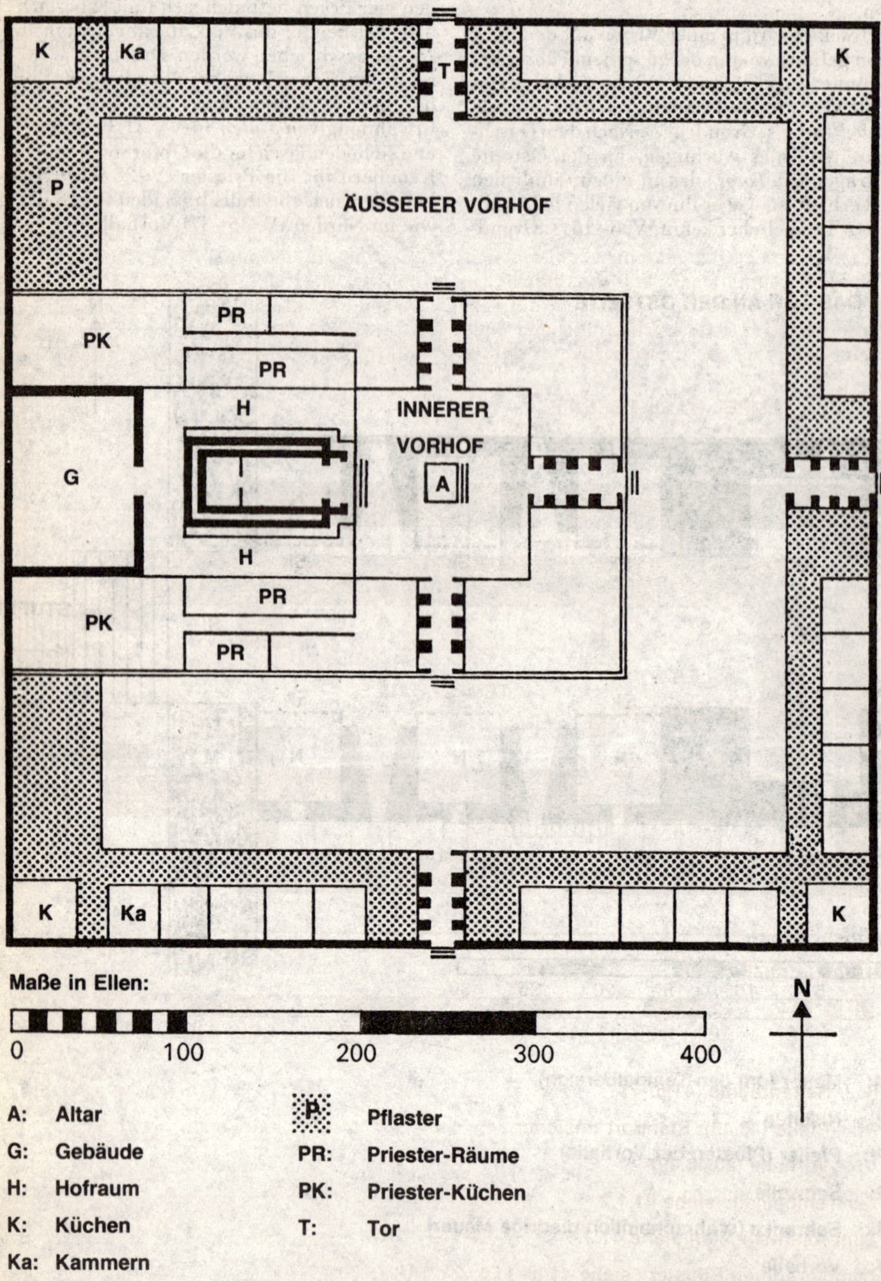

im Grundriß 3 mit **S** bezeichnet. Westlich des Tempelgebäudes befindet sich ein separates Gebäude (im Grundriß 2 mit **G** bezeichnet), dessen Zweck unerwähnt bleibt, das jedoch möglicherweise als Speicher diente (V. 12). In V. 13–17 werden sämtliche Maße des Tempelgebäudes und seiner unmittelbaren Umgebung angegeben. Dann folgt in V. 18–26 eine Schilderung des Tempelinneren. Für die *frei gelassene Fläche* (V. 11) s. Grundriß 3 (»erhöhtes Pflaster«), für den *Hofraum* (V. 12–14) s. Grundriß 2 (**H**).

Nördlich des Tempels befinden sich im inneren Vorhof zwei aus dreigeschossigen Gebäuden bestehende Blocks, von denen einer die doppelte Länge des anderen aufweist. In dem größeren sollen die Priester die Opfer verzehren, (42,13), der kleinere soll ihnen als Umkleideraum dienen (V. 14). Ähnliche Gebäude befinden sich an der Südseite des Tempels (42,1–14; s. Grundriß 2, **PR**) und daneben Küchen für die Priester (**PK**), die erst in 46,19f beschrieben werden. Der gesamte Tempelbezirk mißt 500 Ruten, das sind 3000 Ellen nach dem neuen Maß Hesekiels (V. 15–20). Eine Elle bei Hesekiel ist um eine Handbreit länger als die gewöhnliche, also 52,5 cm (vgl. z.B. Hes 40,5). Sechs dieser Ellen ergeben eine Rute (3,3m), die nur bei Hesekiel zur Beschreibung des Tempels und des Landes vorkommt (LZB, Sp. 893). Der Sinn der Einführung neuer Maße: Das neue Heilshandeln Gottes und der neue Tempel ist ein so großes Geschehen, daß es neue, größere Maße und Dimensionen erforderlich macht.

43,1–12 Jahwes Rückkehr in den Tempel

Zum Abschluß seiner Besichtigung und Vermessung des Tempels sieht Hesekiel, wie Jahwes Herrlichkeit durch das Tor, durch welches er zuvor den Tempel verlassen hatte (10,18ff; 11,23), in ihn zurückkehrt, um ihn künftig nie wieder zu verlassen (V. 7a). Dem

3 DER TEMPEL NACH HESEKIEL

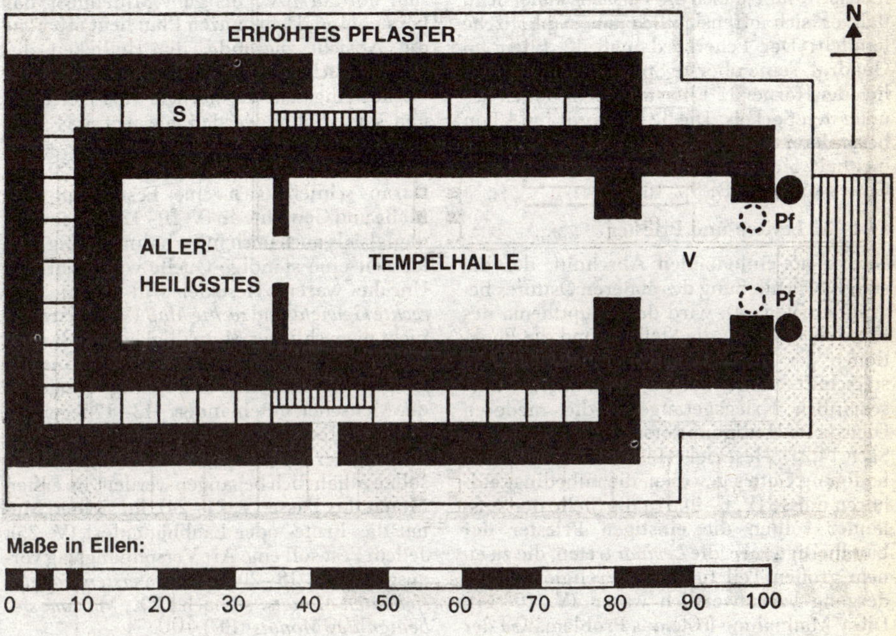

S: Seitenräume (41,5–7)

Pf: Pfeiler(40,49); Standort unsicher

V: Vorhalle (40,48.49)

Zur Tempelhalle siehe 41,1.2

Zum Allerheiligsten siehe 41,3.4

Zum »erhöhten Pflaster« siehe 41,8–11

Propheten wird bedeutet, daß künftig die schändliche Gepflogenheit, israelitische Könige neben dem Allerheiligsten zu bestatten, aufhören müsse (V. 7b). Während früher der Palast an den Tempel anstieß und nur durch eine Wand von ihm getrennt war (V. 8), soll nunmehr der gesamte Berg Zion »hochheilig« sein (V. 12).

43,13–27 Der Brandopferaltar

Der Brandopferaltar wird in V. 13–17 beschrieben, die Altarweihe in V. 18–27. Er besteht aus einem unteren Sockel, der 8,20 m im Quadrat mißt, eine Höhe von 45 cm hat und einen 23 cm breiten Sims besitzt; darüber liegt der mittlere Sockel, der 2,30 mal 7,30 m mißt und 90 cm hoch ist. Der oberste Sockel mißt 6,40 mal 6,40 m bei 1,80 m Höhe; über ihm liegt der Feuerherd, 5,50 m im Quadrat, 1,80 m hoch. Auf ihn wurde das Opfer gelegt. An den vier Enden befinden sich die 45 cm hohen Hörner, ursprünglich vielleicht Vorsprünge zum Anbinden der Opfer (nach Toy). Diese Umrechnung der hebräischen Maße in metrische läßt jedoch die Tatsache außer acht, daß es sich offensichtlich um symbolische handelt: Der Feuerherd maß 12 Ellen im Quadrat, seine oberste Spitze lag einschließlich der Hörner 12 Ellen über dem Boden des untersten Sockels. Die 12 aber gilt im AT in besonderer Weise als Symbol der Vollkommenheit. Sie beschreibt z.B. die Vollzahl des Gottesvolkes (LZB; Sp. 1556).

44,1–31 Leviten und Priester

Nach dem einleitenden Abschnitt, der die ständige Schließung des äußeren Osttores begründet (V. 1–4), wird das Hauptthema des Kapitels erörtert: die Stellung und die Funktionen der beiden Hauptgruppen der Priesterschaft. Einst hatten Ausländer, wahrscheinlich Kriegsgefangene, die niederen Dienste im Heiligtum versehen (vgl. Esr 8,20; Sach 14,21). Hesekiel erklärt, das sei eine Beleidigung Gottes gewesen, die unbedingt aufhören müsse (V. 6–9). An die Stelle der Ausländer sollten die einstigen Priester der Landheiligtümer, die *Leviten* treten, die zu einem großen Teil für Israels religiösen Niedergang verantwortlich waren (V. 10–14). Diese Maßnahme löste das Problem, wie der Einsatz fremdländischer Arbeitskräfte zu umgehen sei, und zog darüber hinaus die Leviten für ihr Verhalten zur Rechenschaft, denn sie blieben von da an von den höheren priesterlichen Obliegenheiten ausgeschlossen.

15 *Die levitischen Priester* entstammten dem Geschlecht Zadoks, der von König Salomo zum Oberpriester gemacht wurde, als Abjathar und seine Familie das Priesteramt verloren (1Kön 2,26f.35). Sie hatten seit jener Zeit im Jerusalemer Tempel amtiert und standen trotz ihrer Verirrungen (Kap. 8) in dem Ruf, die Verehrung Jahwes in reiner Form fortgeführt und bewahrt zu haben. Ihre Pflichten und Obliegenheiten sind in V. 15–27 aufgeführt, ihre Rechte in V. 28–31.

Die Probleme, die die Frage der Beziehungen zwischen Hesekiel, dem Deuteronomium und der »Priesterschrift« aufwirft, müssen hier unberücksichtigt bleiben (s. die umfangreicheren Kommentare).

45,1–46,24 Weihegaben und Opfer

45,1ff. *Eine Abgabe vom Land,* ein etwa 13 km² umfassender Bezirk, soll für Jahwe abgesondert werden. Von diesem Land war ein Streifen, der zwei Fünftel seiner Länge ausmachte und in dessen Mitte sich der Tempel befand, für die Priester (V. 1–4), ein weiterer, gleich großer Streifen im Norden für die Leviten (V. 5) und das restliche Fünftel im Süden für die Stadt bestimmt (V. 6). **7.8** Östlich und westlich dieses Gevierts erstreckte sich bis zum Jordan bzw. bis zum Mittelmeer das Fürstenland. Dem ganzen Plan liegt offenbar die Absicht zugrunde, die Heiligkeit des Tempels sicherzustellen und ihn wirklich zum »Allerheiligsten« zu machen. **9ff** Der Fürst und seine Söhne werden gewarnt, das Volk nicht zu knechten, wie ihre Vorfahren es getan hatten (V. 9; vgl. 1Sam 26,19; 1Kön 21,19). Daran schließt sich eine Festsetzung der Maße und Gewichte an (V. 10–12), die sowohl damals als auch noch in verhältnismäßig später Zeit eine ständige Quelle von Streit und Unruhe waren. Hesekiel will sagen: Das *rechte Gewicht* und *rechte Maß* (V. 10) ist eben nicht menschlicher Mutwilligkeit überlassen, sondern die Gerechtigkeit Gottes hat Auswirkungen auf das rechte und richtige Umgehen der Menschen miteinander. **13–17** legen die Abgaben fest, die dem Fürsten für die Veranstaltung der Opfer zu zahlen sind. Zwei Feste sollen alljährlich begangen werden: im ersten Monat das Passa (V. 21–24), im siebten Monat das Ernte- oder Laubhüttenfest (V. 25). Jedem Fest soll eine Art Versöhnungstag vorausgehen (V. 18–20). **20** Am *ersten Tag des siebenten Monats:* so nach LXX; MT: *am siebenten des Monats* (EÜ).

46,1–18 enthalten Bestimmungen für die Opfer, die am Sabbat, zum Neumond und täglich zu bringen sind. Sie führen gleichzeitig die Vorrechte und Pflichten des Fürsten auf. **1.2** Der Fürst durfte zwar ebenso wie die übrige Bevölkerung den inneren Vorhof nicht betreten, aber auf der *Schwelle* des inneren Osttors (d.h. des nach dem inneren Vorhof zu gelegenen Westendes des Tores) Aufstellung nehmen, damit er die Opfer besser beobachten konnte. **4–7** Er soll an jedem *Sabbattag* und an jedem *Neumond* bestimmte Opfer darbringen. **8** Es wird nochmals betont, daß ihm das Betreten des inneren Vorhofs verboten ist. **9** An den Festen, an denen der Tempel überfüllt ist, sollen die Gläubigen von Tor zu Tor durch die Tempelhöfe ziehen und nicht wieder durch das Tor hinausgehen, durch das sie hereingekommen sind. **10** Dies gilt auch für den Fürsten.

16–18 Gott erläßt eine Verfügung über das Erbland des Fürsten. Sie scheint eine Einschränkung seiner persönlichen Befugnisse zu enthalten, und zwar nicht nur um sicherzustellen, daß sein Territorium der königlichen Familie erhalten bleibt, sondern auch um zu verhindern, daß er sich das Land von Gemeinen, d.h. einfachen Bürgern aus dem Volk aneignet (vgl. zu 45,9). Hier wie an vielen Stellen des AT wird deutlich, daß Gottes Heilshandeln die soziale Gerechtigkeit und besonders den Schutz der Schwachen miteinschließt. **17** *Das Jahr der Freilassung* ist wahrscheinlich das fünfzigste Jahr, das Erlaßjahr (3Mo 25,13–15), und nicht das siebte, das Sabbatjahr (2Mo 23,10f; vgl. 2Mo 21,2).

19ff. Es folgt nunmehr die Beschreibung der Küchen für die Priester (V. 19.20) und für das Volk (V. 21–24). Die ersteren befinden sich im Nordwesten und Südwesten des inneren Vorhofs (in Grundriß 2, S. 842, mit **PK** bezeichnet), wo sie an die parallel zum Tempel errichteten dreigeschossigen Gebäude angrenzen (42,1–14). Die letzteren liegen in den vier Ecken des äußeren Vorhofs (in Grundriß 2, S. 842, mit **K** bezeichnet). Zur Bezeichnung dieser Küchen für das Volk wird noch einmal der Ausdruck *Vorhöfe* gewählt (V. 22f); sie bestanden aus einer niedrigen Mauer, die jede dieser vier Ecken umgab; auf dem Boden unterhalb der Mauern und in diesen selbst waren Nischen für die *Herde* eingelassen, auf denen die Mahlzeiten gekocht wurden. Dieser gesamt Abschnitt gehört zu 42,20 und ist dort möglicherweise herausgefallen.

47,1–12 Der Lebensstrom

1ff Der Prophet sieht einen nach Osten fließenden Fluß, der unter dem Tempeleingang hervorquillt und den Tempelbezirk genau unterhalb des nach Osten gerichteten äußeren Tores verläßt. (Um dorthin zu gelangen, muß Hesekiel einen Umweg machen; s. 44,1f.) An den Ufern entlanggehend verfolgt er seinen Lauf, der sich von einem bloßen Rinnsal (V. 3) zu einem tiefen Strom ausweitet (V. 5). In diesem einstigen Wüstenland wuchsen zu beiden Seiten des Flusses Bäume in großer Zahl (V. 7), die in einem ewigen Kreislauf ständig neue Früchte und heilende Blätter hervorbrachten (V. 12). Das Wasser ist frisch und lebensspendend: es macht sogar das Wasser des Toten Meeres »gesund«, d.h. süß. Wo es fließt, läßt es die Fische sich stark vermehren (V. 8–10). Damit wird zweifellos auf die Tatsache Bezug genommen, daß die Fische, die der Jordan zum Toten Meer hinuntertreibt, tot an die Ufer geschwemmt werden.

Diese Schilderung ist zunächst wörtlich zu nehmen; doch sollte sie möglicherweise auch zeigen, daß die Quelle der Segnungen, die dem Volk in dem neuen Zeitalter zuteil werden, niemand anders als Jahwe in seinem Heiligtum sein wird. Der Verfasser der Johannesapokalypse hat diese Bilder bezeichnenderweise zur Beschreibung der geistlichen Segnungen der Kirche in der neuen Welt Gottes, d.h. in der Ewigkeit verwandt (Offb 22,2). Und es ist auch an das Wasser zu denken, von dem Jesus in Jh 4,14 sagt, daß es in dem Menschen, dem er es gibt, »ein Brunnen des Wassers« wird, »das in das ewige Leben quillt«.

47,13–48,35 Grenzen und Verteilung des Landes

47,15–17 Die Nordgrenze verläuft vom Mittelmeer unmittelbar nördlich von Tyrus zu einem unweit von Damaskus gelegenen Punkt; **18** Die Ostgrenze wird durch den Jordan und das Tote Meer gebildet; **19** die Südgrenze verläuft von einem Punkt, der etwas südlich des Toten Meeres gelegen ist, bis zur Mündung des *Baches Ägyptens* (das *Wadi el-ʿArisch,* nicht der Nil; s. aber Komm. zu 4Mo 34,5); **20** die Westgrenze wird durch das Mittelmeer gebildet. Kein Gebiet östlich des Jordan ist miteingeschlossen. Auch das alte Ideal, wonach Israels Grenzen sich vom Nil zum Euphrat erstrecken (z.B. 1Mo 15,18; 2Mo 23,31), ist nicht mehr im Blick. Vielleicht erklärt sich dies daraus, daß Hesekiel »eher auf Konzentration als auf Ausdehnung« (Cooke) abzielte; das heilige Land sollte durch keinerlei heidnische Einflüsse verunreinigt werden (vgl. 44,9). **22.23** Andererseits ist die volle Beteiligung am Erbe, die den *Fremdlingen, die bei euch wohnen,* zugestanden wird, großzügiger als alles, was die einschlägigen atl. Gesetze sonst vorsehen (aber vgl. 3Mo 19,34; 24,22; 4Mo 9,14).

48,1–35 Die Landverteilung an die Stämme wird durch die Lage des Tempels und des Priesterlandes bestimmt: sieben Stämme sitzen jetzt im Norden dieses Gebietes, das als Abgabe an den Herrn bezeichnet wird (V. 1–7), fünf im Süden (V. 23–29). Zusammen mit der Unterbringung der ostjordanischen Stämme im Westen hat dies gegenüber der früheren Zeit eine Änderung in der Landverteilung herbeigeführt (vgl. Jos 13–17). Besonders bemerkenswert ist die Verlegung Judas von Süden nach Norden. Man hat hervorgehoben, daß die von Lea und Rahel abstammenden Stämme ihren Anteil näher dem Kernland erhielten als die von den Mägden Bilha und Silpa abstammenden (1Mo 35,23–26). Man schloß daraus, daß für die privilegiertere Lage die vollgültigere Abstammung maßgebend gewesen ist.

8–22 Die Abgabe des Landes für das Heiligtum wurde bereits in 45,1–8 beschrieben. Es wird angedeutet, daß sich die Bevölkerung Jerusalems aus Angehörigen sämtlicher Stämme Israels zusammensetzen soll (V. 19). Hesekiel weist besonders darauf hin, daß die Abgabe, der Stadtbesitz und die Stadt selber 25 000 Ellen im *Geviert* ausmachen sollen (V. 20). Diese Tatsache beeindruckte auch den Verfasser der Offb., der jedoch hinzufügte, daß auch die Höhe der Länge und Breite der Stadt entspreche. Auf diese Weise stellte er sie als einen vollkommenen himmlischen Raum, als ein gewaltiges »Allerheiligstes« dar (Offb 21,16). Die Tore finden sich ebenfalls in seiner Stadt (vgl. V. 30–34 mit Offb 21,12.13), doch weist ihre Mauer außerdem zwölf Grundsteine mit den Namen der Apostel auf (Offb 21,14), was sie als eine christliche Größe ausweist.

35 Einen angemessenen Abschluß erhält die gesamte Schilderung des Landes und des Volkes im Reiche Gottes durch die Nennung des Namens, den die Gottesstadt erhalten soll: *Jahwe Schamma, hier ist der Herr.* Der Verfasser der Offb wird nicht müde, dieses Thema zu entfalten, und erwähnt immer wieder Gottes Gegenwart als die größte Freude der himmlischen Stadt (Offb 21,1–22,5; vgl. besonders 21,3f. 7.22f; 22,3–5).

G.R. Beasley-Murray

Daniel

Einleitung

Stellung im Kanon

In der hebräischen Bibel findet man das Buch Daniel nicht in der zweiten Abteilung unter den Prophetenbüchern, sondern in der dritten unter den »Schriften«. Der Grund dafür ist wohl kaum der, daß das Danielbuch später als diese Prophetenbücher verfaßt wurde, sondern er liegt vielmehr im Auftrag und Beruf des Verfassers, der kein Prophet im engeren Sinne war.

Die Verfasser der Prophetenbücher waren in der Regel Männer, die die Stellung eines Propheten bekleideten, d.h. sie waren von Gott eigens als Mittler zwischen ihm und dem Volk auserwählt und berufen worden, damit sie dem Volk die Worte mitteilten, die er ihnen geoffenbart hatte. Daniel war jedoch kein Prophet in diesem engeren, technischen Sinne. Er war vielmehr ein Staatsmann am Hof heidnischer Monarchen. Als Staatsmann besaß er die *Gabe,* zu weissagen, obwohl er nicht das *Amt* eines Propheten bekleidete, und offenbar spricht das NT (Mt 24,15) in diesem Sinne von ihm als von einem Propheten.

Anliegen

Am Berg Sinai richtete Gott seine Liebe in besonderer Weise auf Israel und trat in ein Bundesverhältnis zu ihm. Seine Absicht war die, daß Israel ein »Priesterreich« unter seiner eigenen Herrschaft sein sollte. So wurde die Theokratie (Gottesherrschaft) begründet. Israel sollte ein heiliges Volk sein, ein Licht, dazu bestimmt, die Heiden zu erleuchten und allen Völkern die erlösende Erkenntnis des wahren Gottes zu bringen.

Dieser hohen Bestimmung wurde Israel jedoch nicht gerecht. Im gelobten Land bekundete es nach einiger Zeit seine Unzufriedenheit mit der Theokratie, indem es einen menschlichen König forderte, damit es sich den Völkern ringsum angleichen könnte. Es bekam zuerst einen untreuen König und dann einen Mann nach Gottes Herzen, David. David war jedoch ein Kriegsmann, und so kam es erst in der Friedensperiode unter König Salomo zum Bau des Tempels, der das äußere Sinnbild des Reiches Gottes darstellte. Nach Salomos Tod empörten sich die nördlichen Stämme und trennten sich vom davidischen Königshaus. Sowohl das Volk im Nordreich wie das im Südreich fiel immer tiefer in Sünde; und deshalb kündigte Gott das Gericht an (vgl. Hos 1,6; Am 2,13–16; Jes 6,11.12 usw.). Die Werkzeuge, deren sich Gott zur Ausführung des Gerichts bediente, waren die Assyrer und die Babylonier. Unter der Gewalt dieser Völker wurde Israel in die Gefangenschaft weggeführt, und es kam die Zeit des Exils und der »Ungnade« (Jes 10,25; Dan 8,19).

Das Exil wurde später von einer Periode der Erwartung und Vorbereitung auf das Kommen des Messias abgelöst. In der Botschaft Daniels nun setzt Gott für die Vollendung des Werkes des Messias die siebzig Siebenheiten fest (Dan 9,24–27). Das im Exil entstandene Buch Daniel zeigt, daß das Exil kein Dauerzustand sein sollte. Vielmehr wird eben das Volk, von dem Israel unterjocht worden war, selber vom Schauplatz der Geschichte verschwinden und drei weiteren menschlichen Reichen weichen. Irgendwann in der Zeit dieser drei Reiche wird jedoch der Gott des Himmels ein Reich errichten, das, anders als die menschlichen Reiche, sowohl universal als auch von ewiger Dauer sein wird. Das Buch Daniel will mithin die Wahrheit verkünden, daß, obschon das Volk Gottes von einem heidnischen Volk geknechtet wird, Gott selber der oberste und letzte Lenker der Geschicke der einzelnen wie der Völker ist.

Diese Wahrheit wird vermittels vieler Bilder und Symbole verkündigt, da Daniel die Offenbarungen in Form von Gesichten empfing. Man kann sein Buch als apokalyptisches Werk bezeichnen, doch erhebt es sich weit über die nachkanonischen Apokalypsen. Das einzige Werk, das man ihm mit Recht an die Seite stellen kann, ist die Johannesapokalypse im Neuen Testament. Das Buch Daniel zeigt die Eigenschaften eines echt prophetischen Buches; seine Bilder dienen einem lehrhaften Zweck.

Verfasser

Das Buch Daniel entstammt der Zeit des babylonischen Exils und wurde von Daniel selber aufgezeichnet. Daniel spricht in der ersten Person und erwähnt, daß er Offenbarungen empfing (Dan 7,2.4ff; 8,1ff.15ff; 9,2ff usw.). Obwohl ein großer Teil des Textes in aramäischer Sprache geschrieben ist (Kap

2,4b–7,28), bildet das Buch doch offensichtlich eine Einheit. Z.B. bereitet Kap. 2 auf Kap. 7 und 8 vor, die seinen Inhalt breiter entwickeln und es offenbar voraussetzen.

Das Judentum und die christliche Kirche waren seit jeher der Ansicht, daß das Danielbuch von dem historischen Daniel verfaßt worden ist. Diese Auffassung wurde zum erstenmal angezweifelt von Porphyrius von Tyrus (gest. um 304 n. Chr.), einem entschiedenen Gegner des Christentums. Er behauptete, das Buch sei von einem zur Makkabäerzeit lebenden Juden geschrieben worden. Im 18. und v.a. im 19. Jh. dann fand diese These des Porphyrius breiten Eingang in die wissenschaftliche Theologie Deutschlands und Europas. Man sagte, das Danielbuch sei von einem anonymen Verfasser aus der Zeit des Antiochus IV. Epiphanes geschrieben worden, der sich hinter dem Pseudonym Daniel verberge. Zur Begründung verwies man auf die Exaktheit, mit der die Ereignisse dieser Zeit im Danielbuch geschildert werden, während die Ereignisse der Exilszeit dem Verfasser, wie man meinte, weniger gut bekannt gewesen seien. Dazu kam das Argument, das Aramäisch des Buches sei spät und weise persische und griechische Lehnwörter auf. Schließlich wurde gesagt, prophetische Voraussagen von solcher Genauigkeit seien nicht möglich; hier könne es sich nur um fingierte Prophetien handeln, die in Wirklichkeit erst nach den Ereignissen im Rückblick geschrieben worden seien. Seit dem Anfang des 20. Jh. hat sich jedoch, großenteils wohl als Ergebnis der Arbeit von G. Hölscher (Die Entstehung des Buches Daniel, in: Theologische Studien und Kritiken 92, 1919, S. 113–138) die Neigung verstärkt, einen guten Teil des Grundlagenmaterials im Danielbuch als alt anzusehen. Man hält zwar weiter daran fest, daß das Buch in seiner jetzigen Form aus dem 2. Jh. v. Chr. stammt, setzt aber für einen großen Teil des Quellenmaterials, v.a. im ersten Teil, eine wesentlich frühere Entstehungszeit an.

Einige der historischen Einwände gegen das Buch Daniel sollen hier kurz erörtert werden:

Es wird eingewandt, der Gebrauch des Wortes »Chaldäer« weise auf eine spätere Zeit als das 6. Jahrhundert v. Chr. Im Danielbuch wird dieses Wort sowohl als ethnischer Terminus zur Bezeichnung einer Völkerschaft verwandt wie auch in einem engeren Sinn zur Kennzeichnung eines besonderen Standes, nämlich der Weisen oder Sternkundigen. Diese letztere Bedeutung soll nun angeblich erst lange Zeit nach Daniel aufgekommen sein. Dazu ist zu sagen, daß Herodot (um 440 v. Chr.) von den Chaldäern als von einem Stand spricht, und zwar so, daß daraus hervorgeht, daß sie schon viele Jahre vor seiner Zeit diesen besonderen Stand gebildet haben müssen. Da wir über nur wenige außerbiblische Hinweise verfügen, wissen wir gar nicht genug, um behaupten zu können, daß die Darstellung im Danielbuch falsch ist.

Man hat ferner eingewandt, daß Daniel niemals in die babylonische Priesterschaft aufgenommen, geschweige denn zu ihrem Oberhaupt hätte ernannt werden können. Eine genaue Lektüre des Textes zeigt jedoch, daß Daniel lediglich politische Autorität ausübte (2,48.49). Nichts deutet darauf hin, daß er in irgendeine religiöse Kaste aufgenommen oder eingeführt wurde. Und wenn das Danielbuch wirklich aus später Zeit stammen sollte, wie wäre es dann denkbar, daß ein später jüdischer Verfasser Daniel einer heidnischen Priesterkaste beitreten ließ?

Es ist gelegentlich behauptet worden, der Bericht von Nebukadnezars Wahnsinn könne nicht historisch sein, da keinerlei außerbiblische Anspielungen darauf existierten. Der Geschichtsschreiber Euseb zitiert jedoch aus Abydenus eine Schilderung der letzten Tage des Nebukadnezar, aus der implizit hervorgeht, daß dem König gegen Ende seines Lebens etwas Seltsames widerfuhr. Der Bericht weist gewisse Ähnlichkeiten mit den Aussagen des Danielbuches auf. Von der Geisteskrankheit des Königs ist auch bei Berossus die Rede (nach Josephus, *Contra Apionem,* 1,20). In Qumran, Höhle 4, ist ein bruchstückhaftes *Gebet des Nabonid* entdeckt worden. Nabonid berichtet darin, er habe 7 Jahre lang an einer bösartigen Krankheit gelitten. Dieser Bericht (der im Kommentar zu Kap. 4 ausführlicher behandelt wird) wirft ebenfalls Licht auf den Bericht über Nebukadnezars Wahnsinn in Dan. 4.

Weiter wird gesagt, das Aramäisch, in dem ein Teil des Buches (Kap. 2,4a–7,28) abgefaßt ist, gehöre einer späteren Zeit an. Der Umstand, daß sich das Danielbuch teilweise des Aramäischen bedient, kann, für sich genommen, Daniels Verfasserschaft nicht ausschließen. Sehr wahrscheinlich jedoch handelt es sich im Buch Daniel um sogenanntes »Reichsaramäisch«, das so bezeichnet wird, weil es von Darius I. im Perserreich eingeführt wurde. Heißt das aber nun, daß Daniel unmöglich der Verfasser gewesen sein kann? Nein, denn es ist durchaus möglich, daß das Aramäisch, in dem das Danielbuch geschrieben ist, einfach eine Überarbeitung oder Modernisierung des Aramäischen ist, in dem das Buch ursprünglich abgefaßt war. Die Frage der Verfasserschaft des Buches muß auf Grund anderer Kriterien als dem der Sprache, in der seine vorliegende Form abgefaßt ist, entschieden werden.

Literatur
Von den kritischen Kommentaren sei hier genannt: Otto Plöger, *Das Buch Daniel,* KAT, 1965. Die Echtheit des Buches Daniel vertritt: Gerhard Maier, *Das Buch Daniel,* WStB, 1982.

Inhalt

Kommentar

1,1–21 Daniel gewinnt Macht und Einfluß

1,1–2 Nebukadnezars Feldzug

1 *Im dritten Jahr der Herrschaft Jojakims:* Nach Jeremia (25,1; 46,2) fand der Zug des Nebukadnezar (bessere Form: Nebukadrezar) gegen Jerusalem im vierten Jahr Jojakims statt. Daniel bedient sich jedoch augenscheinlich des babylonischen Zählsystems, bei dem das auf die Thronbesteigung des Königs folgende Jahr als das erste gilt. Das erste Jahr wäre folglich mit dem zweiten Jahr des palästinischen Zählsystems gleichzusetzen, und das dritte (babylonische) und das vierte (palästinische) Jahr wären identisch. Die Angabe widerspricht also nicht der des Jeremia. **2** *Jojakim, der König von Juda:* Er wurde vom König von Ägypten auf den Thron gesetzt und war ein gottloser und ungerechter König. Im vierten Jahr seiner Regierung wurde er Untertan des Nebukadnezar, gegen den er sich schon drei Jahre später empörte. Er regierte elf Jahre lang; auf ihn folgte sein Sohn Jojachin. Siehe 2Kön 23,36–24,9; Jer 22,18.19; 26,20–23; 36,30.

Es wird nicht gesagt, daß Nebukadnezar Jerusalem zu einer Zeit angriff, als er bereits König war; sondern er wird hier vorgreifend *König von Babylon* genannt. Es ist auch zu bemerken, daß Daniel hier nicht sagt, Nebukadnezar habe Jerusalem eingenommen, wie etliche Erklärer behauptet haben. Möglicherweise erhielt er, wie Berossus (Josephus, *Contra Apionem* 1,19; *Jüdische Altertümer* X, 11,1) berichtet, die Nachricht vom Tode seines Vaters und kehrte daraufhin nach Babylon zurück, um die Herrschaft über das Reich anzutreten.

1,3–16 Die jüdischen Jünglinge am Königshof zu Babylon

3 Die Herkunft des Namens *Aschpenas* ist ungewiß. Aschpenas war Oberster der *šarišim* (wörtl. Eunuchen), d.h. Leiter der für den internen Hofdienst zuständigen Beamten. **4** Von den *Kindern Israel* wünschte der König diejenigen in Dienst zu stellen, die über einen gesunden Geist in einem gesunden Körper verfügten und ihm deshalb für den Dienst am Hofe besonders geeignet erschienen.

5 Im Rahmen der geplanten Erziehungsmaßnahmen ließ der König ihnen auch die königliche Verpflegung zukommen: *seine Speise* und *den Wein, den er selbst trank.* **6.7** Die hebräischen Jünglinge werden eingeführt, und wir erfahren, daß man ihnen andere Namen gab. Von den neuen Namen enthält der erste den Namen des Gottes Bel; der letzte könnte eine Anspielung auf den Gott Nebo enthalten. **8** Daniel *nahm sich in seinem Herzen vor, daß er sich* mit dem täglichen Unterhalt *nicht unrein machen wollte;* der Grund dafür war der, daß diese Speisen und Getränke sehr wahrscheinlich im Rahmen eines heidnischen Rituals geweiht worden waren und daß er sich seiner Meinung nach durch ihren Genuß des Götzendienstes schuldig gemacht hätte. **9** Daniel wandte sich daher an den obersten Kämmerer, und Gott ließ diesen Beamten ihm wohlwollend gesinnt sein. **11–15** Der *Aufseher* (offensichtlich ein dem obersten Kämmerer unterstellter Beamter) erfüllte Daniels Bitte um vegetarische Verpflegung, und am Ende der festgesetzten Zeit sahen die Jünglinge besser und wohlgenährter aus als diejenigen, die von der königlichen Tafel zu essen bekommen hatten. So begann der Triumph der Macht und Gnade Gottes in Babylon.

1,17–21 Der erste Triumph der göttlichen Gnade in Babylon

17 Über dem Leben der vier Jünglinge hielt Gott seine Hand. Er gab ihnen *Einsicht,* damit sie bei ihrer Ausbildung, die das Gebiet der *Schrift* (d.h. Literatur) *und Weisheit* (was für sie wohl auch Diplomatie und Staatsverwaltung einschloß) umfaßte, zwischen Falschem und Wahrem zu unterscheiden vermöchten. Daniel erlangte auch Kenntnisse und Übung im Deuten von Träumen und Gesichten. Diese Erwähnung von *Gesichten und Träumen* unterstreicht den babylonischen Hintergrund des Buches.

21 Dies heißt nicht, daß Daniel nur *bis ins erste Jahr des Königs Cyrus* am königlichen Hof blieb. Da das erste Jahr des Cyrus das Jahr war, das das Ende des Exils brachte (Esr 1,1), wird es vielmehr erwähnt, um hervorzuheben, daß Daniel auch bis zu dieser Zeit dort blieb. Der Wortlaut besagt nicht, daß er nicht über diese Zeit hinaus blieb.

2,1–49 Daniel deutet den Traum des Königs

2,1–16 Nebukadnezars Traum

1 *Im zweiten Jahr:* Manche Ausleger meinen, daß diese Angabe der im Kap. 1 erwähnten dreijährigen Ausbildungszeit widerspricht. Die Angabe »drei Jahre« (1,5) braucht sich jedoch nur auf Teile von Jahren (vgl. z.B. 2Kön 18,9.10; Jer 34,14; Mk 8,31) zu beziehen, so daß das erste Ausbildungsjahr möglicherweise einen Teil des Jahres enthielt, in dem Nebukadnezar auf den Thron kam, und das dritte Jahr einen Teil des zweiten Jahres seiner Regierung (nach dem babylonischen Zählsystem). Der Traum verstörte den König derart, daß *ihn der Schlaf floh* (ZÜ). **2–4** Er ließ daher sofort diejenigen kommen , von denen er glaubte, daß sie ihm den Sinn seines Traumes mitzuteilen imstande seien. Diese Männer baten darum, den Inhalt des Traumes zu erfahren, damit sie ihn deuten könnten. *Auf aramäisch* könnte ein Zusatz sein, der auf den Umstand aufmerksam machen soll, daß die Sprache des Buches von hier an bis zum Ende von Kap. 7 Aramäisch ist. Es ist jedoch auch möglich, daß damit auf die Sprache hingewiesen wird, deren sich die Chaldäer gegenüber dem König bedienten. Einige Ausleger haben gemeint, solch eine Angabe könne unmöglich historisch sein, doch läßt sich dieser Einwand im Licht des im Jahre 1942 entdeckten aramäischen *Briefs des Adon* nicht länger aufrechterhalten. (F.F. Bruce, More Light on Daniel's First Verse, Bible League Quarterly, 1950, 6–8. Vgl. zu V. 47).

Was das im Danielbuch verwendete Aramäisch betrifft, so ist zu sagen, daß es nichts aufweist, was für sich genommen den Gebrauch durch Daniel ausschließen könnte. Sollte sich jedoch erweisen, daß dies Aramäisch späteren Datums ist, so wäre das für die Frage der Verfasserschaft unerheblich und würde lediglich bedeuten, daß Daniels ursprüngliches Aramäisch von einem späteren Schreiber modernisiert wurde. Es ist schwer zu sagen, warum das Danielbuch zwei Sprachen verwendet. Vielleicht war es Absicht, daß das Aramäische, die Weltsprache, für diejenigen Abschnitte des Buches verwendet wird, die sich hauptsächlich mit der Geschichte der Weltreiche befassen, und das Hebräische für diejenigen Abschnitte, die die Zukunft des Volkes Gottes und seiner Herrschaft darlegen.

5 Der König weigert sich, den Weisen seinen Traum mitzuteilen, weil er sie auf die Probe stellen will. *Ihr sollt in Stücke gehauen werden:* Die Grausamkeit, die in dieser Drohung liegt, war im Altertum weit verbreitet und war auch für die babylonischen Könige typisch. **10.11** Die Chaldäer erklären sich für außerstande, den Traum zu erzählen und zu deuten, und behaupten, solches Wissen besäßen nur die Götter, *die nicht bei den Menschen wohnen.* Mit diesem Bekenntnis verweisen die Chaldäer auf Gott, hat sich doch selbst unter den Heiden die Überzeugung erhalten, daß Gott existiert (vgl. Röm 1,21). **12.13** Der König gerät jedoch in Zorn und gibt Befehl, die Weisen zu töten. **14.16** Daniel legt sich klug ins Mittel und bittet um eine Frist.

2,17–23 Daniels Gebet

18 Die Deutung wird als *Geheimnis* bezeichnet, da sie dem menschlichen Verstand allein nicht zugänglich ist. **20** Nachdem ihm die Offenbarung zuteil geworden ist, lobt Daniel Gott im Gebet. Gott gehört die *Weisheit* – er ist allwissend und allweise – und die *Stärke,* denn er herrscht über alles. **21** Der Lauf der Geschichte liegt in Gottes Hand; er verändert die Zeiten und die Fristen (das Wort bedeutet feste Zeiten, Termine) und bestimmt auch die Geschicke der Herrscher. Trifft man bei Menschen auf echte Weisheit, so ist sie eine Gabe Gottes, und auch die wahre Einsicht wird von ihm verliehen. **22** Er offenbart, *was tief und verborgen ist,* nämlich Gottes Wunderwerke zur Erlösung der Menschheit. Dieser allmächtige Gott ist es, dem Daniels Danksagung gilt.

2,24–49 Die Deutung des Traumes

28 Als Daniel zum zweitenmal vor den König hintritt, versucht er ihm klarzumachen, daß er nicht auf Grund eigenen Vermögens zur Deutung des Traumes gelangt ist, sondern gibt Gott den Ruhm. Der Traum hat eschatologische Bedeutung, d.h. er handelt von den *künftigen Zeiten* oder, anders ausgedrückt, von dem messianischen Zeitalter (vgl. Apg 2,16.17; 1Tim 4,1; Hebr. 1,1). **31ff** Daniel berichtet den Inhalt des Traums, indem er die Kolossalstatue beschreibt, die der König sah; ihre einzelnen Teile waren aus verschiedenen Metallen. Das Haupt von Gold wird auf Nebukadnezar selbst gedeutet, d.h. daß damit das babylonische Reich, repräsentiert durch seinen großen König, gemeint ist. Andere Teile des Bildes sollen für andere Reiche stehen.

Man hat diese Bilder verschieden ausgedeutet. Die meisten Ausleger, die die Authentizität Daniels verneinen, glauben, daß es sich bei den durch die Kolossalstatue repräsentierten vier Reichen um Babylonien, Medien, Persien und Griechenland handelt. Einige der Vertreter dieser Auslegung meinen, dem Buch Daniel einen Irrtum nachweisen zu können, da Medien nach dem Fall Babylons kein unabhängiges Reich gewesen sei. Doch kann man diese Gleichsetzung mit gutem Grund ablehnen. Auf Einwände gegen sie wird im weiteren Verlauf unserer Erläuterungen hingewiesen werden. Andere, meist konservativere Ausleger haben die Reiche mit Babylon, Medien-Persien, dem Reich Alexanders des Großen und dem sog. Diadochenreiche (der Nachfolger Alexanders) gleichgesetzt. Die klassische christliche Auslegung jedoch hat die Reiche in der Regel mit Babylonien, Medien-Persien, Griechenland und Rom identifiziert. Nur diese Auslegung wird dem Vers 44 wirklich gerecht, einem Vers, der eindeutig feststellt, daß das Reich des Messias in den Tagen der genannten Reiche aufgerichtet werden wird. Die Vertreter der ersten beiden Auffassungen müssen zu dem Schluß kommen, daß das Reich des Messias *nach* den vier Menschenreichen aufgerichtet werden wird, was der Aussage von V. 44 zweifellos widerspricht.

Für die »heilsökonomische« Schriftauslegung, den sog. Dispensationalismus, stellen die zehn Zehen des Bildes eine Zeit dar, in der das Römerreich erneuert und in zehn Reiche eingeteilt werden wird. Es ist jedoch zu bemerken, daß die Zahl der Zehen im Text nicht erwähnt wird.

34 Der Stein, der *ohne Zutun von Menschenhänden herunterkam,* repräsentiert den Messias und sein Reich, das nach V. 44 ewig und göttlichen Ursprung ist und somit einen Kontrast zu den menschlichen und vergänglichen Reichen der Kolossalstatue bildet.

47 *Gott ist ein Gott über alle Götter . . .* Nebukadnezars Bekenntnis erhebt sich in Wirklichkeit nicht über das Niveau des Polytheismus. Er anerkennt die Überlegenheit von Daniels Gott, betet ihn aber noch nicht als den wahren Gott an. Im *Brief des Adon* (s.zu V. 1–4) erscheint die aramäische Wendung »Herr der Könige«, die Nebukadnezar auf Gott anwendet. Diese Tatsache stützt die Ansicht, daß Daniels Aramäisch aus dem 6. Jahrhundert stammen könnte. Sie zeigt ferner, daß ähnlich wie Adon in dem ägyptischen Pharao einen größeren König sah, als er selber war, Nebukadnezar in Daniels Gott einen König sieht, dem er Ehrerbietung schuldet.

48 Man braucht nicht anzunehmen, daß Daniels Aufstieg ihn notwendigerweise den in Babylon herrschenden religiösen Vorstellungen annähern mußte. Wir können sicher sein, daß ein Mann, der seinem Gott so treu ergeben war wie er, sich von solcher Beflekkung freizuhalten wußte.

3,1–30 Die drei Männer im Feuerofen

1 *Ein Bild:* Es war bei den assyrischen Königen üblich, Standbilder von sich selbst aufzustellen. Hier wird jedoch nicht ausdrücklich erwähnt, daß dies eine Statue von Nebukadnezar selbst war. Es mag sein, daß Daniels Identifizierung des goldenen Hauptes mit Nebukadnezar (2,38) und die Befriedigung des Königs über die Zahl seiner Eroberungen (unter denen jetzt vermutlich auch Jerusalem war) diesen derart mit Stolz erfüllten, daß er zur Ehrung seines Gottes wie auch seiner selbst ein Standbild aufzustellen beschloß. *Golden:* Die Statue bestand wohl nicht aus massivem Gold, sondern war nur mit Gold plattiert. Es ist ferner möglich, daß sie auf einem Sockel stand und die Form eines Obelisken mit einer 2,70 Meter großen Basis hatte. Für die Echtheit des Berichtes spricht die Benutzung des babylonischen Sexagesimalsystems. Die *Ebene Dura* konnte bisher noch nicht lokalisiert werden, obschon das Wort *duru* (Einfriedungsmauer) im Babylonischen ziemlich häufig ist.

5 Wegen des Vorkommens einiger aus dem Griechischen stammender Wörter in V. 5 hat man die Authentizität des Buches Daniel in Zweifel gezogen. Die Namen von dreien der Musikinstrumente (nämlich der mit *Zithern, Hackbretter, Doppelflöten* [ZÜ] übersetzten) sind vermutlich aus der griechischen Sprache entlehnt worden. Wenn es sich hier nun um griechische Wörter handelt – so lautet das Argument –, dann konnte Daniel sie noch nicht kennen, lebte er doch lange Zeit vor dem Aufstieg der griechischen Kultur. Das Argument ist jedoch nicht zwingend, denn die Ausbreitung der griechischen Kultur hatte schon sehr frühzeitig eingesetzt, und griechische Soldaten dienten in Nebukadnezars Heer. Auch die Einfügung der Wörter bei einer späteren Überarbeitung des Buches wäre denkbar.

12 Man beachte die Raffinesse der Anklage gegen Daniels Gefährten: *diese Männer achten nicht auf dich* (EÜ). Sie werden als Juden bezeichnet, womit auf die Tatsache hingewiesen wird, daß es sich um Ausländer handelt, und möglicherweise angedeutet wird, daß sie als solche nicht als loyal gelten können. Man beachte ferner die Feststellung, daß der König diese Juden ausgezeichnet hat, worin der Vorwurf enthalten ist, daß sie es an Dankbarkeit fehlen ließen. Man hat die Frage aufgeworfen, warum Daniel in diesem Kapitel nicht erwähnt wird. Eine befriedigende Erklärung ist bis jetzt nicht gefunden worden.

13–15 Zornerfüllt befiehlt der König, ihm die drei Männer vorzuführen, und gibt ihnen damit Gelegenheit, die Anschuldigungen zurückzuweisen. 16 Die drei lassen die Anschuldigung stehen; anstatt sich zu verteidigen, wollen sie ihr Schicksal lieber in Gottes Hand legen. 17 *Ob unser Gott uns zu retten vermag* (EÜ): Hier wird nicht Gottes Fähigkeit zu retten in Zweifel gezogen, sondern vielmehr seine »ethische« Fähigkeit hervorgehoben; d.h. wenn es Gott gefällt, zu befreien, so wird er es tun.

19 Nebukadnezar befiehlt daraufhin, den Ofen siebenmal stärker zu heizen, als man ihn in der Regel zu heizen pflegte, und die drei werden in die Flammen geworfen. 25 berichtet von dem Erstaunen, das den König ergreift, als er außer den drei Juden in dem Ofen noch einen Mann erblickt, der aussieht, als wäre er *ein Sohn der Götter.* Durch die Öffnung am Fuß des Feuerofens sieht der König eine vierte Person; und obwohl er in den abergläubischen Vorstellungen der Babylonier befangen ist, erkennt er doch die Gegenwart eines übernatürlichen, göttlichen Wesens, das Gott zur Rettung seiner drei treuen Diener gesandt hatte.

In der Befreiung der drei Männer wirkte Gott ein gewaltiges Wunder. Ein Wunder ist ein in der äußeren Welt durch Gottes supernaturale Macht entgegen dem gewöhnlichen Naturgeschehen (wenn auch nicht notwendigerweise auf naturwidrige Weise) bewirkter Vorgang, der ein Zeichen setzen oder als Zeugnis dienen soll. In einem Wunder haben wir daher nicht lediglich ein gewaltiges Werk zu sehen, sondern ein gewaltiges Werk, das Gottes Heilsabsichten bezeugen soll. Die wunderbare Befreiung aus dem Feuerofen sollte die Oberhoheit des wahren Gottes über das Volk erweisen, das Israel in die Gefangenschaft geführt hatte. 29 Nebukadnezar anerkennt die Überlegenheit des Gottes Israels, *denn es gibt keinen anderen Gott als den, der so erretten kann.* Obwohl er über das, was er in 2,47 sagte, hinausgegangen ist, kommen seine Worte noch nicht aus einem wahrhaft gläubigen Herzen.

3,31–4,34 Daniel deutet noch einmal einen Traum

3,31–4,15 Nebukadnezars Traum

3,31–33 Die Formulierung der Doxologie in V. 33 bietet gewisse Schwierigkeiten, da ihre Sprache Vertrautheit mit dem biblischen Denken bezeugt, was bei einem heidnischen Monarchen, so wird argumentiert, überraschen muß. Doch ist daran zu erinnern, daß Daniel Einfluß auf den König ausgeübt hatte, und so könnte die theokratische Sprache des Erlasses auf Daniels Einwirkung zurückgehen. **4,1ff** Nebukadnezar sagt, er habe einen Traum gehabt, den ihm die Chaldäer nicht deuten konnten, doch Daniel, *der den Geist der heiligen Götter hat,* habe ihn gedeutet. Diese Wendung kann auch so wiedergegeben werden: »das, was der wahren Gottheit eignet, ist in Daniel«. Der Grund, weshalb der König den Daniel nicht sogleich kommen ließ, war vielleicht nicht der, daß er ihn vergessen hatte, sondern er hatte möglicherweise erkannt, daß der Traum mit einer Demütigung zu tun hatte, die ihm Daniels Gott zufügen würde. Er will mit Daniels Gott nichts zu tun haben, solange nicht äußerste Not ihn zu ihm treibt.

Der Inhalt des Traumes wird in V. 7–15 berichtet. **7** *In der Mitte der Erde:* d.h. der Baum nahm eine zentrale Stellung auf der Erde ein, so daß er die Aufmerksamkeit auf sich lenkte. Der Baum als Bild für große Herrscher wurde im Alten Orient häufiger gebraucht. Wahrscheinlich erkannte sich der König in dieser symbolischen Darstellung selber. Das würde sein Erschrecken erklären. Die Sprache ist die des Heidentums. Vermutlich bezieht sich der König bei der Erwähnung des Wächters auf Engel, die ihm aus der babylonischen Religion bekannt waren. **13** Der Baumstumpf ist hier personifiziert. Sein Menschenherz soll ihm genommen werden. *Sieben Zeiten* (oder Zeitperioden), deren Dauer nicht angegeben wird, *sollen über ihn hingehen.* Da über die Länge der Zeiten nichts ausgesagt ist, sind wir nicht berechtigt, die Dauer in Jahren anzugeben. **14** Nach der Schilderung des Königs wurde der Beschluß von den *Wächtern* gefaßt, doch weist Daniel diese heidnische Auslegung zurück und bedeutet dem König, daß es ein Beschluß des Höchsten war, der über ihn ergangen ist (V. 21).

4,16–34 Deutung und Erfüllung des Traums

Nebukadnezars Traum verstörte Daniel; denn er schätzte den König, war sich aber darüber klar, daß der Traum die Ankündigung eines Gerichts über den König durch Gott enthielt. **16ff** *Eine Zeitlang:* »für einen Augenblick«. Daniel deutet sodann den Traum und gibt dem König Ratschläge, was zur Verlängerung der Ruheperiode vor dem Gericht zu tun sei (V. 24). Viele Ausleger verstehen V. 24 so, daß, falls Nebukadnezar bereute, die angedrohte Katastrophe abgewendet werden würde. Der Text erwähnt jedoch die Möglichkeit einer Abwendung des vorhergesagten Gerichts nicht. Der Gedanke scheint der zu sein, daß das angedrohte Gericht kommen wird, um Nebukadnezar die Kenntnis des wahren Gottes zu vermitteln (V. 22). Wenn er jedoch seine Sünden bereut, so wird ihm eine längere Ruheperiode gewährt werden.

24 Hieronymus und viele nach ihm haben diesen Vers so interpretiert, als besage er: »Mach deine Sünden durch Almosengeben und deine Missetaten durch Barmherzigkeit gegen die Armen wieder gut.« Der dahinterstehende Gedanke einer Erlösung des Menschen durch verdienstliche Werke ist aber unserem Text fremd. Daniels Worte meinen nicht: »Mache deine Sünden durch Almosengeben wieder gut«, sondern sind zu übersetzen: »Brich mit deinen Sünden (d.h. »hör damit auf«) durch Gerechtigkeit und mit deiner Schuld durch Barmherzigkeit Elenden gegenüber.« Mit anderen Worten: Es handelt sich hier um eine Aufforderung umzukehren, sich vom Bösen abzuwenden und Gutes zu tun.

27 ist beachtenswert, weil er Nebukadnezars Haltung so zutreffend widerspiegelt. Der war in erster Linie ein großer Baumeister, weniger ein Feldherr, und seine eigenen, in den Keilinschriften bewahrten Aussprüche erweisen seinen Stolz auf die von ihm wiederaufgebaute Stadt und auf den Palast. **28–30** Das Gericht wurde, wie angekündigt, an Nebukadnezar vollzogen. Da er sich wie ein Tier aufführte, wurde er aus der Gesellschaft der Menschen ausgestoßen. Anscheinend litt er an einer Wahnkrankheit, die unter dem Namen Lykanthropie oder Zooanthropie bekannt ist. **31–34** Nach Ablauf der geweissagten Zeit erlangte der König seinen Verstand wieder, und er pries den wahren Gott aus gläubigem Herzen.

Unter den in Qumran, Höhle 4, im Jahre 1955 gefundenen Fragmenten befand sich ein aramäisches Bruchstück, das die Bezeichnung *Das Gebet des Nabonid* erhielt. Es stammt vermutlich aus der zweiten Hälfte des 1. Jahrhunderts v. Chr. In diesem Bruchstück bezeichnet sich der Sprecher als Nbni (wahrscheinlich Nabonid), König von Assyrien und Babylonien, und behauptet, er habe sieben Jahre lang an einer schlimmen Entzündung gelitten. Als er seine Sünde bekannte, habe ihm ein exilierter Jude alles erklärt. Anscheinend hat der Verfasser dieses Bruchstücks Nebukadnezars Krankheit irrtümlicherweise dem Nabonid zugeschrieben. Seine mangelhafte Geschichtskenntnis zeigt sich auch darin, daß er Nabonid als König sowohl von Assyrien wie von Babylonien bezeichnet, obwohl Nabonid nur König von Babylonien war.

5,1–30 Belsazers Gastmahl und die geheimnisvolle Schrift

Die Angaben im fünften Kapitel des Danielbuches sind oft zu Unrecht als ungenau be-

zeichnet worden. Sie sind aber im Gegenteil von bemerkenswerter Genauigkeit.
Der Name Belsazer bereitete den Exegeten früher viel Kopfzerbrechen, da kein anderes Schriftdenkmal ihn verzeichnete. Während manche Ausleger ihn damals auf verschiedene Art und Weise zu identifizieren versuchten, bestritten andere die Existenz eines Königs mit diesem Namen. Nachdem man jedoch den Namen auf Keilschrifttafeln entdeckt hat, steht seine Geschichtlichkeit außer Frage.

1 *König Belsazer:* Diese Bezeichnung ist auf Kritik gestoßen, da Belsazer niemals als alleiniger König regierte und in den Keilschrifttexten nirgendwo als König *(scharru)* bezeichnet wird. Darüber hinaus wird behauptet, es sei nicht nachzuweisen, daß Belsazer jemals als Untergebener seines Vaters Nabonid Herrschergewalt besaß. Darauf ist zunächst zu sagen, daß das aramäische Wort *malka* (»König«) nicht die Bedeutung »Monarch« oder alleiniger König zu haben braucht. Zudem wird in einem der Keilschrifttexte ausdrücklich festgestellt, daß Nabonid dem Belsazer die Königsherrschaft anvertraute. Wenn einem Mann die Königsherrschaft anvertraut worden ist und er Herrschaftsfunktionen ausübt, so folgt daraus, daß er als König amtiert. Ebendies tat Belsazer. Obwohl er in den Keilschrifttexten stets als »Sohn des Königs« bezeichnet wird, heißt es von ihm dort aber auch, daß er dem König vorbehaltene Amtshandlungen vornahm. Aller Wahrscheinlichkeit nach war Belsazer Mitregent des Nabonid. Da er jedoch, obwohl als solcher Nabonid untergeordnet, der Mann auf dem Thron war, mit dem Israel es zu tun hatte, wird er im Danielbuch als König bezeichnet. Und gegen diese Bezeichnung läßt sich kein triftiger Einwand vorbringen.

Herrliches Mahl: Glänzende Feste waren für die antike Welt kennzeichnend. Das Wort *tausend* ist offensichtlich als runde Zahl aufzufassen und weist auf das Ausmaß des Festessens hin. **2** Nebukadnezar wird als Belsazers *Vater* bezeichnet., und da er das offenbar nicht war, haben einige Kommentatoren dem Text eine falsche Angabe zur Last gelegt. Da das Wort »Vater« in den semitischen Sprachen jedoch eine weitere Bedeutung hat, braucht hier kein Irrtum vorzuliegen. Vermutlich ist es hier im Sinne von »Vorfahr« gebraucht.

5 *Die getünchte Wand:* Ausgrabungen haben gezeigt, daß die Palastwand einen dünnen Gipsbewurf aufwies. Dieser Bewurf war weiß, so daß sich jeder schwarze Gegenstand, der sich darauf bewegte, deutlich abhob. **6.7** Der Anblick der Hand riß den betrunkenen König aus seinem Rausch, und er versprach, er werde denjenigen, der die Schrift lesen könne, zum *Dritten* (oder »Triumvir«) *in meinem Königreich* ernennen. Das mit *Dritter* übersetzte Wort bedeutet »einer von dreien«, und das würden, nach der Rangfolge, Nabonid, Belsazer und der Deuter der Schrift, also Daniel, sein. Der Gebrauch des Wortes besagt, daß Belsazer selber nur der zweite im Königreich war. Eine derart genaue Angabe wäre nahezu unvorstellbar, wenn das Buch im 2. Jahrhundert v. Chr. entstanden wäre. **10** *Die Königinmutter . . . sprach:* Die Tatsache, daß sich die Königinmutter in dieser Situation an den König wandte, bezeugt gleichfalls die bemerkenswerte Genauigkeit des Berichts. Am Königshof zu Babylon nahm die Königinmutter den höchsten Rang ein. **13** Auf ihre Veranlassung hin wird Daniel herbeigerufen. **17–23** Daniel weist die Belohnungen des Königs zurück und hält ihm sein frevelhaftes Tun vor. **24–28** Darauf deutet er die seltsame Schrift. Jedes Wort wird übersetzt und ausgelegt: *Mene,* »gezählt«: d.h. Gott hat die Tage des Reichs gezählt (aram. *mena'*); *Tekel,* ein »Schekel«, der sowohl als Münze wie als Gewicht benutzt wurde, besagte, daß Belsazer (auf der Waage) gewogen und zu leicht befunden worden war; *Peres,* »Teilung«: dein Reich ist zerteilt *(peres)* und den Medern und Persern *(paras)* gegeben. Das Wort *paras* scheint darauf hinzuweisen, daß die Perser die dominierende Macht waren, die die Babylonier unterjochen würde. Als Daniel die Schrift las, las er *u-* (=»und«) *parsin* (V. 25), doch bei der Deutung benutzte er die Form *Peres* (V. 28). *Parsin* ist Pluralform, *peres* dagegen Singular. Wir haben mithin ein Wortspiel vor uns, in dem der Grundgedanke der Teilung mit dem Namen der Eroberer verknüpft ist.

6,1–29 Daniel in der Löwengrube

1 Die Erwähnung des *Darius aus Medien* stellt ein Problem dar, denn die Profangeschichte kennt ihn nicht. Man hat versucht, ihn mit dem Perserkönig Kambyses (530–522), mit Astyages, dem König von Medien (584–550), mit Kyaxares II., dem Onkel des Cyrus, und mit Gobryas, dem General des Cyrus, zu identifizieren, doch keiner dieser Versuche ist wirklich überzeugend. Die Zeit von Babylons Niedergang ist in ziemliches Dunkel gehüllt, und es ist durchaus möglich, daß Darius irgendeine bisher unbekannte Gestalt war, der Cyrus vielleicht die Herrschaft anvertraute. Zwei neuere Identifizierungsversuche sind beachtenswert: J.C. Whitcomb (*Darius the Mede,* 1959) unterscheidet einen Gubaru von dem Gobryas der Behistuninschrift und meint, daß er und Darius identisch sind. D.J. Wiseman (in: *Notes on Some Problems in the Book of Daniel,* 1965) setzt Darius mit Cyrus d. Gr. gleich. Jedenfalls kann man heute nicht mehr sagen, daß die Identifizierung des Darius unmöglich sei oder daß der Autor des Danielbuches, wie man ihm vorgeworfen hat, von der Sonderexistenz eines Mederreiches nach dem Fall Babylons ausging. Darius wird nur deshalb als Meder bezeichnet, weil seine Vorfahren aus Medien stammten; es heißt nicht, daß er König der Meder war. In Kap. 5,28 werden die Meder und die Perser zusammengestellt, und in 6,9 wird das »Gesetz der Meder und Perser« (nicht bloß der Meder) erwähnt. Alle Zeugnisse im Danielbuch befinden sich in Übereinstimmung mit der Tatsache, daß das Königreich, das auf Babylonien folgte, Medo-Persien und nicht das der Meder allein war.

2 Darius ernannte 120 Satrapen (»Reichsbeschützer«), die das neueroberte Land verwalten sollten. Die Anzahl der Satrapien deckt sich ungefähr mit den Angaben in Est 1,1 und 3 Esr 3,2, während Herodot nur 20 und Josephus 360 Satrapien nennt. **3** Über die Satrapen setzte der König drei »Minister«. **4** Da sich Daniel in seiner Stellung hervortat, erregte er den Neid der anderen, und sie suchten nach Mitteln und Wegen, ihn zu vernichten. **8** *Etwas bitten wird:* d.h. ein religiöses Anliegen vorbringt, da der König als einziger Repräsentant der Gottheit galt. Viele Kommentatoren halten diesen Bericht mit der Begründung für unhistorisch, etwas derartiges sei unter der Herrschaft der Perserkönige unmöglich gewesen. Nun ist sicher zuzugeben, daß ein derartiger religiöser Zentralismus der Politik der persischen Könige nicht entspricht. Andererseits könnte gerade die Sorge um die religiöse Einheit des Reiches ein Argument gewesen sein, das die Gegner Daniels dankbar benutzten, um dem wachsenden Einfluß eines gehaßten Nichtpersers ein Ende zu machen, und das gerade wegen der Gefahren, die in der toleranten Religionspolitik der Perserkönige lagen, seinen Eindruck auf den leichtgläubigen König nicht verfehlte (vgl. O. Plöger, Daniel, 1975, 97). Jedenfalls geht er auf den Vorschlag ein. Diese törichte Entscheidung des Königs veranlaßt Daniel jedoch nicht, Gott untreu zu werden. **11** Wenn Daniel fortfährt zu beten, so tut er das nicht ostentativ; denn er verhält sich dabei offensichtlich so, daß ihn nur diejenigen sehen können, die ihm absichtlich nachspionieren.

17ff Kritiker haben eingewandt, daß diese *Löwengrube* eigenartig konstruiert gewesen sein muß. Soweit wir sehen können, wies sie eine obere Öffnung auf, durch die Daniel hinuntergelassen worden war und durch die der König später mit ihm sprach, sowie eine seitliche zur Fütterung der Löwen. Vermutlich war es solch eine seitliche Öffnung, die mit dem Stein und dem Siegel verschlossen wurde; der obere Eingang lag offenbar so hoch, daß niemand durch ihn entkommen konnte.

25 Die Ankläger trifft die Strafe, die sie Daniel zugedacht hatten. Die Genauigkeit des Berichts ist hier erneut hervorzuheben, denn es entsprach durchaus persischem Brauch, die Verwandten eines Mannes für sein Verbrechen mitbüßen zu lassen. **26–28** Wieder wie in Kap. 3,28 mündet die Geschichte in ein preisendes Bekenntnis des Königs zum Gott Daniels aus, der rettende und befreiende Wunder tut. **29** Das Kapitel schließt mit der Feststellung, daß Daniel *unter der Regierung des Darius und unter der Regierung des Persers Cyrus* (vgl. EÜ) große Macht hatte. Die Kennzeichnung des Cyrus zeigt, daß er von anderer völkischer Herkunft als der Meder Darius war. Das Königreich, über das beide herrschten, war jedoch dasselbe; es gab nicht erst ein medisches und danach ein persisches Reich, sondern *ein* Reich, das zuerst von einem Meder und danach von einem Perser regiert wurde.

7,1–28 Daniels Gesicht von den vier Tieren

7,1–14 Schilderung des Gesichts

Mit diesem Kapitel beginnen die Gesichte Daniels. Während die Geschichten der Kapitel 1–6 von Daniel in der dritten Person berichten, sind die nun folgenden Gesichte im Ich-Stil verfaßt. Man kann also das Danielbuch in zwei Teile gliedern: Kap. 1–6 Erzählungen, 7–12 Gesichte im Ich Stil. Andererseits nimmt das 7. Kapitel insofern eine Sonderstellung ein, als es noch zu dem aramäisch geschriebenen Teil des Buches gehört, während die übrigen Gesichte ab Kap. 8 hebräisch geschrieben sind. Thematisch weist es starke Verwandtschaft zu Kap. 2 auf. Porteous bezeichnet es als »Herzstück« des Danielbuches. **1** Der *Traum,* den Daniel hatte, und seine *Gesichte* entsprangen nicht seinem Inneren, sondern waren, wie der Inhalt im folgenden voraussetzt, Mitteilungen über die Zukunft, die Gott dem Daniel in Gestalt eines Traumes gesandt hatte. Wir haben es also mit göttlichen Offenbarungen zu tun.

2 In dem Traum *wühlten die vier Winde des Himmels das große Meer auf.* Das Meer stellt die Menschheit dar (vgl. V. 17); gemeint ist hier nicht das Mittelmeer oder irgendein bestimmtes Meer, sondern bloß der weite, grenzenlose Ozean. Die vier Hauptwinde versinnbildlichen himmlische Mächte, und diese himmlischen Mächte setzen die Völker der Welt in Bewegung.

4 Das erste Tier, das aus dem Meer heraufsteigt, entspricht dem goldenen Haupt des Standbildes (vgl. 2,32). Der *Löwe* und die *Flügel wie ein Adler* versinnbildlichen, wie aus Jer 4,7; 49,19; Hab 1,8; Hes 17,3 ersichtlich, Babylon. Das Bild des geflügelten Löwen ist uns von babylonischen Abbildungen bekannt. Man kann sich nur schwer vorstellen, wie diese Bilder zur Kenntnis eines lange nach der Zerstörung des babylonischen Reiches lebenden Autors hätten kommen können. Babylon wird durch die königlichsten Lebewesen repräsentiert. Die Veränderung, die mit dem Tier vor sich ging, bezieht sich vielleicht auf Nebukadnezars Geisteskrankheit und seine spätere Wiederherstellung. Sowohl äußerlich wie innerlich findet eine Vermenschlichung statt.

5 Das zweite Tier, das aus dem Meer heraufsteigt, hat einen zweiseitigen Aspekt: auf der einen Seite hat es sich aufgerichtet, vielleicht zum Zweck der Fortbewegung, auf der anderen Seite nicht. Das Tier wird aufgefordert, das bereits in seinem Maul befindliche Fleisch zu verzehren. Man hat sich bemüht, *die drei Rippen* zu identifizieren, doch dürfte es das beste sein, solche Versuche auf sich beruhen zu lassen und die Drei einfach als runde Zahl anzusehen.

6 Das dritte Tier, das aus dem Meer heraufsteigt, ist ein *Panther*, eine für ihre Gewandtheit und Schnelligkeit bekannte Raubkatze. *Auf seinem Rücken:* diese Wendung kann auch mit »an den Seiten« wiedergegeben werden, und es mag sein, daß das Tier wie die Darstellungen geflügelter Tiere aus Babylon an den Seiten Flügel hatte. Die Flügel bezeichnen vermutlich Schnelligkeit. *Vier Köpfe:* Diese stehen wohl weder für die in Dan 11,2 erwähnten vier Perserkönige noch für die vier Feldherren Alexanders des Großen, die sich nach dessen Tod in sein Reich teilten, sondern eher für die vier Enden der Erde, um den universalen Charakter des Reiches anzudeuten. In Dan 2,39 hieß es, daß dies Königreich »über alle Länder herrschen wird«.

7 Das vierte Tier wird mit besonderer Feierlichkeit vorgestellt. Es ist schwer zu beschreiben, im Tierreich fand sich offenbar kein passendes Beispiel für sein Aussehen. Die Schilderung hebt den zerstörerischen und alles niedertretenden Charakter dieses Tieres ganz besonders hervor. *Ganz anders:* Im Aramäischen ist ein Partizip benutzt, das man auch mit »verhielt sich ganz anders« übersetzen kann. Die Beschreibung dieses viertes Tieres vollzieht sich in drei Schritten: Erstens: das Tier selbst wird erwähnt; zweitens: die zehn Hörner auf seinem Kopf; drittens: das kleine Horn. Es sieht so aus, als ob wir es bei dieser schrittweisen Beschreibung mit der Entwicklung einer Geschichte zu tun haben. **8** Nachdem er das Tier angeschaut hatte, lenkte Daniel seinen Blick auf die Hörner und erblickte nun *ein anderes kleines Horn.* Das Horn wird als »klein« geschildert, doch es tat ständig so, als wäre es groß. Hier wird ein Gegensatz sichtbar. Im Unterschied zu dem in Kap. 8 erwähnten Horn wird dieses Horn nicht größer. Es wird als klein beschrieben, um die Aufmerksamkeit auf die Augen und auf den Mund zu lenken, aus dem blasphemische und anmaßende Äußerungen gegen Gott kommen.

9 leitet eine himmlische Gerichtsszene ein. *Aufgestellt wurden:* der Gedanke ist der, daß die Throne zur Vorbereitung der Gerichtsverhandlung aufgestellt wurden. *Einer, der uralt war,* ein »Urewiger«, wörtl.: »ein Alter an Tagen«. Die Gestalt auf dem Thron war die einer älteren, ehrwürdigen Persönlichkeit. Mit diesen Bildern soll angedeutet werden, daß Gott selbst auf dem Thron sitzt und im Begriff steht, den Urteilsspruch zu fällen. **10.11** Das Gericht wird vor einer majestätischen Szenerie gehalten, und die Spannung, mit der man die Verkündung des Urteilsspruchs erwartet, wird durch die Tatsache noch gesteigert, daß Daniel während der Vorbereitung der Szene aus dem Munde des kleines Horns ständig anmaßende Worte vernimmt. In der Vision wird zuerst über das vierte Tier das Urteil gesprochen, ein Urteil, das es völlig vernichtet. Mit der Vernichtung des kleinen Horns wird dem vierten Königreich alle Macht genommen. **11** Die ersten drei Tiere, die in der Vision geschaut wurden, hatten ihre Macht schon eingebüßt (hier ist vermutlich Plusquamperfekt zu übersetzen: ihre Herrschaft war weggenommen worden). Sie dürfen aber gleichwohl weiterleben, bis die Zeit herbeikommt, die Gott bestimmt hat.

13 fügt der Szene einen neuen Aspekt hinzu, denn die Vernichtung der Tiere bildet nicht den Abschluß des Gerichts, sondern dieses Gericht umfaßt auch noch die Aufrichtung der Herrschaft *eines Menschensohns. Mit den Wolken:* d.h. in Begleitung der Wolken. Diese Beschreibung soll die Göttlichkeit dessen, der mit den Wolken kommt, andeuten, handelt es sich doch um ein Bild für das nahende Gericht Gottes (vgl. Jes 19,1; Ps 104,3; 18,10–18; Mt 24,30; Mk 13,26; Offb 1,7). Einer wie *eines Menschen Sohn:* das ist im Unterschied zu den Tieren, die die vier Menschenreiche repräsentierten, eine menschliche Gestalt. Es wird nicht ausdrücklich gesagt, daß die Gestalt ein

Mensch war, sondern nur, daß sie einem Menschen glich. Somit handelt es sich um eine menschenähnliche Person, die sich grundsätzlich von den Tieren, die aus dem Meer heraufstiegen, unterscheidet. Die himmlische Gestalt wird feierlich vor den Urewigen geführt, **14** und ihr wird ein ewiges und universales Reich gegeben.

Wir haben nun die Frage der Deutung der Vision zu behandeln. Drei Auffassungen seien erwähnt:

a) Die Ausleger, die nicht Daniel für den Verfasser des Buches halten, sondern einen Zeitgenossen Antiochus' IV aus dem 2. Jh., vertreten im allgemeinen die Ansicht, daß die vier Tiere, die aus dem Meer heraufsteigen, für folgende vier Reiche stehen: Babylonien, Medien, Persien und Griechenland, und daß mit dem kleinen Horn der König Antiochus IV. Epiphanes gemeint ist. Da die Geschichte eine solche Abfolge von Reichen aber nicht kennt, müsse man dem Danielbuch hier einen historischen Irrtum zur Last legen. Die Vertreter dieser Auslegung machen unter anderem geltend, daß für den Fall, daß anstelle von Griechenland Rom mit dem vierten Tier gemeint sei, die Prophetie nicht mit der Geschichte übereinstimme. Beim Ende des Römischen Reiches im Jahre 476 seien nicht zehn Königreiche an seine Stelle getreten. Das vierte Tier könne folglich nicht Rom bedeuten. Dagegen kann jedoch eingewandt werden, daß man die Zahl zehn nicht pressen darf; es handelt sich hier offenbar um eine runde Zahl, und das Bild der zehn Hörner bezieht sich bloß auf eine zweite Phase in der Geschichte des Tieres. Außerdem fällt es denjenigen, die in dem vierten Tier Griechenland bzw. das Weltreich Alexanders d. Gr. und seiner Nachfolger erkennen wollen, ebenfalls sehr schwer, zehn passende Könige oder Reiche zusammenzubekommen. Dabei versucht man meist, zehn aufeinanderfolgende Könige nach dem Tod Alexanders des Großen ausfindig zu machen. Im Text dagegen ist gar nicht von Aufeinanderfolge die Rede, sondern eher von Gleichzeitigkeit. Die zehn Hörner existieren alle zusammen während einer zweiten Phase in der Geschichte des Tieres.

Es wird manchmal behauptet, das kleine Horn von Kap. 7 sei mit dem kleinen Horn von Kap. 8,9 identisch. Nun wird dieses letztgenannte Horn ausdrücklich als ein König identifiziert (8,21–23), der aus Griechenland erstehen soll, und man schließt daher, daß das kleine Horn von Kap. 7 ebenfalls aus Griechenland erstehen und daß folglich das vierte Tier Griechenland und nicht Rom darstellen müsse. Doch die beiden Gesichte in Kap 7. und Kap. 8 weisen so viele inhaltliche Unterschiede auf, und das vierte Tier (Kap. 7,7) ist so verschieden von dem Ziegenbock (Kap. 8,5.8), daß eine Gleichsetzung der beiden kleinen Hörner sehr gewagt wäre.

Häufig wird auch behauptet, Darius werde als Meder geschildert, der nach Belsazer und vor Cyrus regierte. Eine solche Behauptung kann sich jedoch nicht auf den Text stützen; denn nirgendwo im Danielbuch steht zu lesen, Darius habe vor Cyrus regiert. Weiter hat man gesagt, Darius werde als Meder und Cyrus als Perser bezeichnet und damit werde ausdrücklich auf einen Unterschied in der Volkszugehörigkeit zwischen den beiden hingewiesen. Dieser Unterschied in der Volkszugehörigkeit besteht in der Tat, aber er betrifft die Männer selber und nicht das Königreich, über das sie herrschten, welches im Danielbuch das der Chaldäer ist. Schließlich hat man behauptet, nach Dan 5,28 solle das Reich zwischen den Medern und Persern aufgeteilt werden.

Zu diesen Argumenten ist zu sagen, daß aus der Tatsache, daß Darius als Meder bezeichnet wird, keineswegs folgt, daß das Reich, über das er herrschte, Medien war. Wenn ferner gesagt wird, das Reich werde zerteilt werden (5,28), so heißt das, daß es seine gegenwärtige Form, die Form, die es hatte, als Belsazer König war, verlieren und dem Feind, nämlich den Medern und Persern, anheimfallen werde. Der Vers besagt nicht, das Reich werde teils an die Meder und teils an die Perser fallen.

Angesichts all dieser Überlegungen erscheint es recht unwahrscheinlich, daß mit dem vierten Tier in diesem Kapitel ein griechisches Reich gemeint sein soll.

Die Vertreter der oben skizzierten Auffassung identifizieren oft die himmlische Gestalt »wie eines Menschen Sohn« mit dem Volk Israel, den »Heiligen des Höchsten« und verweisen auf 7,18.27, wo es heißt, daß die Heiligen das Reich empfangen werden. Die Heiligen empfangen es jedoch vom Menschensohn als ein ihnen auf ewig anvertrautes Gut. Der Menschensohn wird als eine übernatürliche Gestalt dargestellt und darf daher nicht mit den Heiligen gleichgesetzt werden. Vielmehr herrschen diese als Könige in seinem Reich.

b) Die zweite Interpretation ist die von der »heilsökonomischen« Schriftauslegung, dem sog. Dispensationalismus, vertretene. Sie stimmt mit der traditionellen Auffassung überein, die in den Königreichen Babylon, Medien-Persien, Griechenland und Rom sieht. Allerdings rechnet sie noch mit einer Wiederherstellung des römischen Weltreiches, das in zehn Königreiche aufgeteilt werden wird. Die zehn Hörner des Tieres werden dementsprechend mit den zehn Zehen des

Bildes in Kap 2 verglichen. Diese Zeit der zehn Königreiche soll nach der Wiederkunft Christi zu seinem Volk anbrechen. Das kleine Horn meint einen Fürsten des neuerstandenen römischen Reiches, der vom Satan besessen sein wird. Eine ausführliche Erörterung dieser Interpretation kann jedoch erst im Rahmen der Auslegung von 9,24–27 erfolgen.

c) Uns erscheint folgende Interpretation als die einleuchtendste: Da die vier Tiere aus dem Meer (der Menschheit) heraufsteigen, stellen sie Königreiche dar, die menschlichen Ursprungs sind, daher zeitlich begrenzt und auch nicht weltumspannend. Das erste Tier steht für Babylonien. Das zweite steht, wie sein doppelseitiger Charakter zeigt, für Medien-Persien und nicht allein für Medien. Das dritte repräsentiert das griechische Reich Alexanders d.Gr. und seiner Nachfolger. Das vierte Tier versinnbildlicht das römische Weltreich.

Die zehn Hörner stehen für Reiche, die während eines zweiten Abschnitts der Geschichte Roms entstehen sollen. Aus dem Text folgt nicht notwendigerweise, daß diese Reiche *unmittelbar* nach dem Untergang Roms entstehen müssen, sondern nur, daß sie ihren Ursprung auf Rom zurückzuführen vermögen. Sie sind gleichzeitig nur in dem Sinne, daß sie während dieses bestimmten Zeitabschnitts existieren; ihre Dauer braucht sich nicht zeitlich zu decken.

Wenn dieser zweite Zeitabschnitt zu Ende geht, wird ein dritter durch das Erscheinen des kleinen Horns eröffnet. Aus dem Bild ergibt sich nicht eindeutig, ob dieses kleine Horn einen Mann, eine Regierung, eine Koalition von Regierungen oder eine Ideologie darstellt. Es wird die Heiligen bekämpfen, bis Gottes Gericht seine vollständige Vernichtung bringt.

Das dem Menschensohn gegebene Königreich ist nicht menschlichen, sondern göttlichen Ursprungs und ist weltumspannend und ewig. Die himmlische Gestalt repräsentiert nicht das Volk Israel bzw. die Heiligen, sondern ist, wie das Bild zeigt, eine göttliche Persönlichkeit. Diese Vision war es, an die unser Herr dachte, als er von sich selbst als dem kommenden Menschensohn sprach (z.B. Mk 14,62).

7,15–28 Die Deutung der Vision

15 *Ich, Daniel, war entsetzt:* In der Schilderung seines Gesichts führt Daniel sich selbst ein, um zu zeigen, wie ihn das, was er sah, traf. 18 *Die Heiligen des Höchsten:* nicht einfach die Juden im Unterschied zu den Heiden, sondern die Erlösten, d.h. die wahren Gläubigen, die ein Königreich von Priestern und ein heiliges Volk werden sollen (vgl. 2Mo 19,6). Sie gründen das Reich nicht selber, sondern empfangen es als anvertrautes Gut vom Menschensohn, dem das Reich gegeben wurde. 22 *Recht schaffte:* andere Übersetzungsmöglichkeit: *das Gericht gab* (EÜ). Dieser Vers nennt das Endergebnis des Krieges, den das kleine Horn zunächst mit Erfolg gegen das Volk Gottes führt. Gott läßt seinem Volk Gerechtigkeit zuteilwerden (vielleicht auch die Vollmacht, Recht zu sprechen), so daß ihm das Reich auf ewig als sicherer Besitz zu eigen bleibt. 25 *Eine Zeit und zwei Zeiten und eine halbe Zeit.* Diese Worte sollen wohl die Wirksamkeit der von dem kleinen Horn ins Werk gesetzten Verfolgung andeuten. Über die Länge der durch das Wort *Zeit* angezeigten Frist wird nichts gesagt, so daß wir nicht berechtigt sind, sie als ein Jahr anzusehen. Doch wenn der Ausdruck auch zeitlich unbestimmt bleibt, seine Bedeutung ist klar. Die Macht des kleinen Horns wird für *eine Zeit* wirksam werden und dann für *zwei Zeiten.* Damit soll eine Verdoppelung der Wirksamkeit des kleinen Horns zum Ausdruck gebracht werden. Man sollte meinen, daß diese Macht weiter wachsen und daß dies durch den Ausdruck »vier Zeiten« angezeigt würde, was die den vollständigen Triumph des Verfolgers versinnbildlichende Gesamtzahl sieben ergäbe. Statt dessen ist von einer *halben Zeit* die Rede, und damit erfahren wir von dem plötzlichen Ende der Macht des kleinen Horns, einem Ende, das, wie wir glauben, durch das göttliche Gericht und die Rückkehr des Herrn aus dem Himmel herbeigeführt wird.

8,1–27 Daniels Gesicht vom Widder und vom Ziegenbock

8,1–14 Schilderung des Gesichts

2 *In der Festung Susa:* Susa, die alte Hauptstadt von Elam und das Verwaltungszentrum des Persischen Reiches, wird im AT häufig als die »Festung« bezeichnet. Man darf nicht meinen, Daniel sei wirklich in Persien gewesen und habe dort das Gericht geschaut; sondern in der Vision sieht er sich in Susa. 3 *Ein Widder:* Der Widder mit den zwei Hörnern stellt Medien-Persien dar (s. V. 20). 4 Das Stoßen des Widders versinnbildlicht die in rascher Folge errungenen Siege der Perserkönige. 5 *Ein Ziegenbock:* dieser steht für das griechisch-makedonische Reich (s. V. 21), und das *ansehnliche Horn* stellt den ersten König, d.h. Alexander, dar (s. V. 21). 7 Daß der Bock den Widder niederstößt und zertritt, deutet auf die Eroberung des medo-persi-

schen Reiches durch die Griechen. **8** *Zerbrach das große Horn:* sinnbildlich für den Tod Alexanders. Die vier Hörner, die an seiner Stelle wuchsen, stellen die vier Reiche dar, in die Alexanders Reich nach 323 zerfiel, nämlich Makedonien, Thrakien, Syrien und Ägypten. **9** Das Horn, das aus einem von ihnen hervorgeht, wird nicht als klein bezeichnet, sondern wörtlich heißt es, es sei »von Kleinheit ausgegangen«, d.h. wohl: vom Zustand des Kleinseins. Aus kleinen Anfängen gelangte das Horn dann zu großer Macht. Das *herrliche Land* ist eine Bezeichnung Kanaans, des gelobten Landes (vgl. Jer 3,19). **10** *Heer des Himmels:* d.h. die Sterne (vgl. Jer 33,22). Das Horn versucht seine Macht sogar auf die himmlischen Regionen, d.h. auf das religiöse Gebiet, auszudehnen. **11** *Bis zum Fürsten:* d.h. Gott selber. Die Überheblichkeit *(wuchs)* gegen Gott bestand in der Beseitigung der Tempelopfer. **14** Die Dauer der Verwüstung, die das Horn verursacht, wird mit *zweitausenddreihundert Abenden und Morgen* angegeben. Damit sind nicht 1150, sondern 2300 Tage gemeint. Der (wahrscheinlich auf 1Mo 1 fußende) Ausdruck Abend-Morgen bezeichnet einen Tag. Die Greuel des Antiochus IV. Epiphanes, von dessen religionspolitischen Eingriffen in den Jerusalemer Tempelkult hier die Rede ist, werden von etwa 171 bis 165 v. Chr. andauern, und dann wird das Heiligtum wiederhergestellt werden.

8,15–27 Die Deutung des Gesichts

15 Als Daniel sich um das Verständnis des Gesichtes mühte, stand ein Engel in Menschengestalt vor ihm. **19** *Die Zeit des Endes:* bezieht sich hier nicht auf das Ende aller Dinge oder auf das Jüngste Gericht, sondern auf das Ende der Zeit, in der Israel von schweren Mißgeschicken heimgesucht werden wird. Die *letzte Zeit des Zorns:* d.h. das Ende der Zeit, in der der Zorn Gottes auf seinem Volk liegt. Es ist die Zeit des Antiochus IV. Epiphanes. **23** *Ein frecher und verschlagener König:* wörtlich: ein König mit hartem Angesicht und kundig in Ränken; d.h. ein unnachgiebiger König und ein Meister der Verstellung – Antiochus IV. **25** *Ohne Zutun von Menschenhand:* Gott ist es, der der Macht des Tyrannen ein Ende setzen wird.

9,1–23 Daniels Gebet

2 *Bücher:* Dieser Ausdruck bezieht sich offensichtlich auf die Heiligen Schriften. Beim Studium des Buches Jeremia erfährt Daniel, daß das Exil 70 Jahre währen wird (Jer 25,11). Er wendet sich daher wegen der Sünden seines Volkes mit einem Bußgebet an den Herrn. **4–14** Daniel bekennt Israels Schuld und schließt sich selber in dies Bekenntnis ein. **15–19** enthalten eine bewegende Bitte um Gottes Gnade und Vergebung. **20–23** Während Daniel noch betet, kommt der Engel Gabriel von Gott, um Daniel zum rechten Verständnis zu verhelfen.

9,24–27 Die Weissagung der siebzig Siebenheiten

In diesem vielinterpretierten Abschnitt wird erklärt, daß Gott für die Wiederherstellung seines Volkes nach der Knechtschaft einen genauen Zeitpunkt festgelegt hat. Das Thema, nämlich die Festsetzung eines Zeitraums von siebzig Siebenheiten und die Befreiung danach, wird in V. 24 genannt; die Einzelheiten werden in den drei folgenden Versen ausgeführt. Wir werden die Bedeutung fast jedes Wortes in diesem Abschnitt zu erörtern haben.

24 *Siebzig (Jahr-)Wochen:* Das gewöhnlich mit *Wochen* übersetzte Wort bedeutet eigentlich »Siebenen« oder »Siebenheiten«. Es meint einen in mehrere Siebenheiten unterteilten Zeitraum, dessen genaue Länge nicht angegeben wird. Das Wort steht im Hebräischen an erster Stelle, und wir können die Wendung folgendermaßen umschreiben: »ein Zeitraum von Siebenheiten, und zwar von siebzig (Siebenheiten)«. *Sind bestimmt* (EÜ, ZÜ): d.h. die Siebenheiten wurden von Gott als der Zeitraum festgelegt, in dem die Erlösung durch den Messias stattfinden soll. *Über:* d.h. im Blick auf Israel, Daniels Volk, und Jerusalem, die heilige Stadt. Die Offenbarung dieses festgesetzten Zeitraums bezieht sich also unmittelbar auf Daniels Gebet (vgl. V. 16–19). Die Zeit des Exils ist nahezu vorbei – was steht dem Volk Gottes dann bevor? In diesen Versen wird enthüllt, was Gott vorhat, nämlich daß im Blick auf dieses Volk ein Zeitraum festgelegt worden ist, in dem seine Erlösung vollzogen werden soll.

Die Festlegung der siebzig Siebenheiten ist zu dem ausdrücklichen Zweck erfolgt, sechs Tatsachen zu schaffen, drei negative und drei positive. *Dann wird dem Frevel ein Ende gemacht:* Das hebr. Wort für »Frevel«, *pescha'*, bedeutet ursprünglich »Treubruch, Verbrechen«. Statt »ein Ende gemacht« kann auch übersetzt werden: »vollendet« (andere lesen »eingeschlossen« oder »abgeschlossen«). Die Sünde des Abfalls von Gott erreicht ihren Höhepunkt und gleichzeitig ihr Ende. *Die Sünde abgetan:* Ob hier mit der Schreibform des hebr. Textes »versiegelt« gelesen werden muß oder mit der Leseform »vollzählig gemacht«, läßt sich nicht sicher entscheiden. Das in der

Leseform stehende hebr. Wort *hattem* läßt sich sogar mit »unsträflich gemacht« übersetzen. *Die Schuld gesühnt:* Das hier gebrauchte hebr. Wort *kapper* ist ein Fachausdruck der Priestersprache. Die ursprüngliche Wortbedeutung ist entweder »decken« oder »bezahlen«. Meist wird es vom kultischen Handeln des Priesters gebraucht und bedeutet dann: »Sühnung schaffen« oder »reinigen«. Wo es für das Handeln Gottes steht, ist die Bedeutung »lossprechen« bzw. »vergeben«. Die beiden Aussagen von der Beendigung der Sünde und von der Sühnung der Schuld weisen also darauf hin, daß ein notwendiges Opfer dargebracht werden wird, aufgrund dessen die Vergebung der Schuld erfolgen wird. Die drei negativen Tatsachen, die geschaffen werden sollen, zielen somit alle auf die Beseitigung des Fluchs, der den Menschen von Gott scheidet. Das Wesen dieses Fluches wird im Gebrauch der Wörter Frevel, Sünde und Schuld offenbar.

Es folgt die Beschreibung der drei positiven Resultate. *Es wird ewige Gerechtigkeit gebracht:* Diese Gerechtigkeit soll von außen »hereingebracht» werden, d.h. von Gott durch den Messias. Der Ausdruck korrespondiert mit dem ersten; der Frevel wird entfernt, und an seiner Stelle wird die ewige Gerechtigkeit Gottes eingeführt. *Gesicht und Weissagung werden erfüllt* (wörtl. »versiegelt«, d.h. entweder bestätigt oder als nicht mehr notwendig abgeschafft). Dies bezieht sich auf die atl. Verkündigung, bei der der Prophet vor dem Volk der Vertreter Gottes war, und das Gesicht war eins der Mittel, durch die Gott seine Offenbarung den Propheten kundtat. Der Prophet war ein Israelit, der von Gott als autorisierter Sprecher eingesetzt wurde, um dem Volk die Worte Gottes mitzuteilen (vgl. 4Mo 12,1–8). Das gesamte Prophetentum Israels kann als ein Typus für den kommenden großen Propheten gesehen werden; es hatte, seitdem es unter Mose ins Dasein trat, an dem vorbereitenden Charakter des atl. Zeitalters teil. Als die prophetische Offenbarung aufhörte, war die atl. Verkündigung selber abgeschlossen, und dies ist gemeint, wenn hier von der Versiegelung von Gesicht und Weissagung die Rede ist. *Ein Allerheiligstes wird gesalbt werden:* Dieser Ausdruck, der wörtlich mit »eine Heiligkeit von Heiligkeiten« zu übersetzen ist, bezieht sich meist auf das Allerheiligste im Tempel, kann aber auch für Personen gebraucht werden (so für Aaron 1Chr 23,13). Hier ist wahrscheinlich die Begabung (Salbung) des Messias mit dem Geist des Herrn gemeint (vgl. V. 25 und 26). Damit wäre deutlich, daß die sechs zu erreichenden Ziele sämtlich messianische sind: Beendigung der Auflehnung gegen Gott, Versiegelung der Sünde, Sühnung der Schuld, Einführung einer ewigen Gerechtigkeit, Erfüllung und Abschluß der prophetischen Gesichte und Weissagungen sowie Salbung des Messias.

In V. 25–27 werden nun die Einzelheiten der siebzig Siebenheiten dargelegt. **25** legt den Beginn des Zeitraums und die Zeitspanne bis zum Erscheinen des Messias fest. Daniel wird befohlen, zu *wissen* und auf die Botschaft *achtzugeben. Von der Zeit an, als das Wort erging:* Der Text bezieht sich auf »das Ergehen eines Wortes« von Gott, nicht auf den Erlaß eines Edikts seitens eines persischen Monarchen. Doch die Auswirkungen des Ergehens dieses Wortes wurden gleichzeitig in der menschlichen Geschichte offenbar, und zwar im ersten Regierungsjahr des Cyrus, als er den Juden die Rückkehr in ihr Land gestattete. Als *terminus a quo* der siebzig Siebenheiten ist daher das Jahr 538/537 v. Chr. anzusehen. Dies Wort, das von Gott kam, hatte die Wiederherstellung Jerusalems und seines Tempels zum Inhalt (vgl. Esr 1,1–4). *Bis ein Gesalbter, ein Fürst, kommt:* d.h. einer, der sowohl gesalbt als auch Fürst ist oder, anders ausgedrückt, einer, der Priester und Fürst ist. Es gibt nur einen, auf den sich diese Worte beziehen können, nämlich Jesus, aus dem davidischen Königshaus, der der Christus (d.h. der Gesalbte) ist. »Sieben Siebenheiten und zweihundsechzig Siebenheiten« sollen vom *terminus a quo* der Prophetie bis zum Erscheinen eines Gesalbten vergehen (EÜ, JB). Es ist möglich, daß die sieben Siebenheiten für den Zeitraum von der ersten Rückkehr aus dem Exil unter Serubabel bis zur Vollendung des Werkes Esras und Nehemias stehen und die zweiundsechzig Siebenheiten für den Zeitraum von dieser Vollendung bis zur Ankunft Jesu Christi. Die Siebenheiten sind als symbolische Zahlen anzusehen.

26 handelt von dem, was sich nach dem Ablauf der zweiundsechzig Siebenheiten ereignen wird. Zwei Ereignisse werden angekündigt, aber wir erfahren nicht, ob sie während der siebzigsten Siebenheit stattfinden werden oder nicht, auch nicht, wie lange nach Ablauf der zweiundsechzig Siebenheiten. Erstens wird gesagt, daß *ein Gesalbter ausgerottet werden* wird. Dieser Gesalbte ist mit dem Gesalbten von V. 25 gleichzusetzen. Es handelt sich hier also um einen Hinweis auf den Tod des Messias Jesus, der durch Kreuzigung »ausgerottet« wurde. *Und wird nichts mehr haben* (so nach dem hebr. Text; die LXX liest: »und wird nicht mehr sein«; manche Ausleger meinen, daß hier ein ausgefallenes Wort ergänzt werden müsse, und übersetzen: und zwar ohne Gerichtsbeschluß): vielleicht soll diese Aussage die völlige Verlassenheit und Verlorenheit des Messias unterstreichen.

Zweitens kündigt dieser Vers das Geschick der *Stadt und des Heiligtums* (d.h. Jerusalems und des Tempels) an, die vom *Volk eines Fürsten* zerstört werden. Dies scheint eine Prophezeiung der Zerstörung Jerusalems 70 n. Chr. durch Titus zu sein. *Sein Ende wird in der Überflutung sein:* Jerusalem und ganz Judäa gingen damals in der »Überflutung« durch die römischen Heere unter. *Und bis zum Ende wird es Krieg geben, beschlossen sind Verwüstungen:* Die Geschichte läuft nach der Zerstörung Jerusalems weiter, aber diese Geschichte wird von Haß, Leid und Zerstörung geprägt sein.

27 *Er wird einen festen Bund mit den Vielen schließen* (EÜ, JB) oder: »er wird den Bund siegen lassen für die Vielen«. Der hebr. Ausdruck ist ungewöhnlich. Bisweilen wird er interpretiert: »er wird vielen den Bund schwermachen«; aber das ist vom sonstigen Wortgebrauch her kaum zu rechtfertigen. Die hebr. Wörter können entweder heißen: »einen Bund stark machen« oder» dafür sorgen, daß ein Bund überlegen ist«. Der Sinn ist der, daß der Bund bereits besteht und daß seine Bestimmungen nun wirksam werden sollen. Wer ist derjenige, der dafür sorgt, daß der Bund obsiegt? Viele sehen ihn in dem »Fürsten« von V. 26 und identifizieren diesen entweder mit Antiochus oder mit dem römischen Herrscher eines zukünftigen, erneuerten römischen Weltreichs. Das Wort Fürst nimmt jedoch in V. 26 eine untergeordnete Stellung ein, und es ist sehr unwahrscheinlich, daß es das Subjekt von V. 27 bildet. Es ist besser, das Subjekt in dem »Gesalbten« von V. 25 und 26 zu sehen, da er die herausragendste Person in diesem Abschnitt ist. Der Bund, der siegen wird, ist der Gnadenbund, in dem der Messias durch sein Leben und durch seinen Tod das Heil für sein Volk erlangt. Die siebzigste Siebenheit (eine symbolische Zahl) bezieht sich also auf die Zeit des Erdenlebens unseres Herrn Jesus Christus. *In der Mitte* dieser Siebenheit bewirkt der Messias durch seinen Tod das Aufhören der jüdischen Opfer (vgl. Hebr. 8,13).

Und zwar auf den Flügeln der Greuel des Verwüsters (so wörtl.): Die Schwierigkeit dieses Textes spiegelt sich in der Fülle von verschiedenen Übersetzungsversuchen. Mit der hier gebotenen Übersetzung bleiben wir bewußt ganz dicht am hebräischen Text. In V. 24 ist der Messias das »Allerheiligste« genannt worden. *Verwüster* ist also der, der den Messias tötet; das sind in diesem Fall die Römer, die nach V. 26 auch die Stadt und das Heiligtum zerstören werden. Mit den *Flügeln* sind vermutlich die römischen Legionsadler gemeint, die sichtbaren Symbole der militärischen Macht. *Greuel* waren diese Adler, weil sie von den Juden als Verstoß gegen das Bilderverbot angesehen wurden (vgl. 2Mo 20,4). Der Messias wird durch seinen Tod den Gnadenbund aufrichten und damit die kultischen Opfer abschaffen, und zwar unter der militärischen Macht derer, die ihn töten.

Diese Prophetie der siebzig Siebenheiten ist eine der am schwersten zu deutenden Stellen im ganzen AT; und da die Zahl der Deutungen fast Legion ist, wollen wir uns auf die Erörterung von drei Interpretationen beschränken, die als besonders typisch angesehen werden können.

a) Die meisten Ausleger der Gegenwart vertreten die sog. historische Interpretation, nach der ein anonymer Jude zur Zeit des Antiochus IV. Epiphanes im 2.Jh. v. Chr. das Danielbuch unter Benutzung verschiedener Quellen geschrieben hat. Danach bezieht sich der Abschnitt Kap. 9,24–27 auf die Eingriffe Antiochus' in den Jerusalemer Kultus im Jahre 167 v. Chr. Der »Gesalbte« von V. 25 ist für diese Ausleger in der Regel der Hohepriester Onias III., und der »Greuel des Verwüsters« von V. 27 ist der Zeusaltar, den Antiochus im Tempel aufstellen ließ. Der Abschnitt hat danach keine messianische Bedeutung. Eine wesentliche Schwäche der historischen Interpretation ist, daß sie die siebzig Siebenheiten als Zeitraum von 490 Jahren versteht, diese 490 Jahre aber zwischen 587 und 164 v. Chr. nicht unterbringen kann.

b) Die »heilsökonomische« Auslegung, der sog. Dispensationalismus, sieht als Beginn der siebzig Siebenheiten gewöhnlich das zwanzigste Jahr des Artaxerxes an, d.h. das Jahr 454 v. Chr. (s. Neh 2). Die Zeit der sieben Siebenheiten ist die der Wiederherstellung nach dem Exil und des Wiederaufbaus Jerusalems, und der Zeitraum von zweiundsechzig Sieben bringt uns zum triumphalen Einzug Christi in Jerusalem. Dabei werden die Siebenheiten als »Wochen« verstanden, wobei jede »Woche« aus sieben Jahren besteht und das Ganze 490 Jahre umfaßt.

Die in V. 24 gemachten Verheißungen haben sich nach dieser Auslegung jedoch nicht in der Zeit Jesu erfüllt, und die siebzigste Siebenheit folgt nicht unmittelbar auf die neunundsechzigste. Vielmehr liegt eine lange Pause, das sogenannte »Zeitalter der Kirche« dazwischen, eine den atl. Propheten nicht enthüllte Zeit. Nach Ablauf dieser Zwischenperiode wird Jesus Christus zu seinem Volk zurückkehren und die siebzigste (sieben Jahre währende) Siebenheit ihren Anfang nehmen.

Die siebzigste Siebenheit (d.h. Jahrwoche) wird also bei der Wiederkunft Christi ihren Lauf beginnen. Sein Volk wird ihm entgegengerückt werden, während die Ereignisse der siebzigsten Siebenheit bekannt werden. Der Fürst von V. 26 wird mit vielen Juden für eine Siebenheit einen Bund schließen. Als Gegenleistung für ihre Ergebenheit wird er ihnen den Bau ihres Tempels und die Durchführung ihrer Opfer gestatten. In der Mitte der Siebenheit (d.h. nach 3 1/2 Jahren) wird er den Bund brechen, und es wird zu einer heftigen Verfolgung kommen, die während der übrigen 3 1/2 Jahre der Siebenheit andauert. Dann wird Christus mit seinen Heiligen wiederkommen, um 1000 Jahre lang zu herrschen.

c) Die traditionelle messianische Deutung wirft weniger Schwierigkeiten auf als die anderen. Nach dieser Auffassung dienen die siebzig Siebenheiten als symbolische Zahl für die Zeit, die für die Vollbringung des messianischen Heilswerkes festgelegt worden ist (V. 24). In V. 25 erfahren wir, daß von dem Ergehen eines Wortes Gottes, Jerusalem wieder aufzubauen, bis zum Erscheinen Christi zwei Zeitabschnitte vergehen. Nach Ablauf dieser beiden Zeitabschnitte wird der Messias getötet werden, und Jerusalem und der Tempel werden von den römischen Heeren des Kaisers Titus zerstört werden. Durch seinen Tod wird der Messias jedoch das Ende des jüdischen Opferkults bewirken, und zwar in der Mitte der siebzigsten Siebenheit. Der Tempel wird dann zerstört werden und bis zum Eintreten des von Gott bestimmten Endes zerstört bleiben. Das genaue Ende des Zeitraums der siebzig Siebenheit wird nicht offenbart. Im Vordergrund stehen nicht so sehr Beginn und Ende des Zeitraumes als vielmehr die großen Ereignisse des Heilshandelns Gottes, die sich in ihm vollziehen.

10,1–11,1 Die Erscheinung Gottes

1 Die in diesem Kapitel berichtete Offenbarung wurde Daniel *im dritten Jahr des Königs Cyrus* zuteil, woraus hervorgeht, daß er noch über die in 1,21 erwähnte Zeit hinaus in Babylon blieb. Warum er nicht mit Serubabel nach Palästina zurückkehrte, wird nicht gesagt. Es fällt auf, daß Daniels babylonischer Name, *Beltschazar,* erwähnt wird, obwohl das babylonische Reich untergegangen ist. Vermutlich soll hier bewußt an Kap. 1,21 angeknüpft und die Identität Daniels auch unter veränderten Zeitumständen sichergestellt werden.

Das Wort ist Wahrheit und bedeutet große Mühsal (ZÜ): Das hier mit »Mühsal« übersetzte Wort *zaba'* (EinhÜ: Not) ist in den Mari-Texten im Sinne von »Zeit« entdeckt worden. Danach wäre hier zu übersetzen: ». . . und betrifft eine lange Zeit«. Als Daniel die Offenbarung empfing, war sein Herz von tiefer Trauer erfüllt, die wohl durch die Besinnung auf die Sünden seines Volkes hervorgerufen war. **5** *Siehe, da stand ein Mann:* Ist hier von einer Erscheinung des Gottessohnes vor seiner Menschwerdung die Rede, wie manche Ausleger angenommen haben? Doch von diesem könnte wohl kaum gesagt werden, daß er noch mit dem Engelfürsten von Persien kämpfen muß. Die Beschreibung erinnert an die von Hes 1 (vgl. auch Offb 1,13–15). Unter dem Eindruck der Erscheinung schwinden Daniel die Kräfte (V. 8).

11 *Daniel, du von Gott Geliebter:* Vgl. 9,23. Die Versicherung, daß Gott ihn liebt, ermutigt Daniel, und er ist bereit, die Botschaft zu hören, die, wie er erfährt, vom *Ende der Tage* handelt (V. 14), d.h. von der messianischen Zeit. **20** Zunächst wird berichtet, daß der Sprecher *mit dem Engelfürsten von Persien* kämpfen wird (d.h. mit der geistlichen Macht, die hinter den Göttern Persiens steht), und wenn der Sprecher diesen besiegt hat, wird als sein nächster Gegner der Engelfürst von Griechenland erscheinen. **10,21; 11,1** Nur Michael, der Engelfürst Israels, hält sich bereit, ihm im Kampf gegen die anderen Engelfürsten beizustehen, ebenso wie seinerseits der Sprecher ihm im ersten Jahre des Meders Darius geholfen hatte (vgl. V. 13). Das deutet darauf hin, daß dem Volk Gottes noch harte Kämpfe und Prüfungen bevorstehen.

11,2–20 Die Enthüllung der Zukunft

2 meint, daß nach Cyrus drei Könige aufstehen werden und daß der nach ihnen kommende vierte alles gegen das Reich der Griechen aufbieten wird. Die Könige sind demnach: Cyrus, drei, die noch kommen werden – Kambyses, Smerdis und Darius Hystaspes –, und der vierte, Xerxes. **3.4** *Ein mächtiger König:* d.h. Alexander der Große. Nachdem Alexander zur Macht gelangt ist, wird sein Reich zerfallen. Als er in Babylon starb, war er erst 32 Jahre alt. Nach seinem Tode teilten seine zwölf Feldherren seine Eroberungen unter sich auf. Eine Zeitlang herrschte Arrhidäus, Vormund eines der Kinder Alexanders des Großen, doch das Reich zerfiel bald in vier Hauptteile.

5 *Der König des Südens:* d.h. der König von Ägypten (vgl. V. 8). Nach dem Zerfall des Alexanderreiches herrschte in Ägypten die Dynastie der Ptolemäer und in Syrien die der Seleukiden. Der König des Südens ist Ptolemäus I. Soter (322–305 v. Chr.), und der erwähnte Fürst Seleukos. **6** *Die Tochter des Königs:* d.h. Berenice, die Tochter des Ptolemäus, die Antiochus II heiratete, sich aber gegen ihre Rivalin Laodice, die von Antiochus zunächst entlassen worden war, auf die Dauer nicht zu behaupten vermochte. Antiochus schickte ihr schließlich den Scheidebrief; und nach dem Tod des Antiochus rächte sich Laodice, indem sie ihre Söhne veranlaßte, Berenice zu ermorden. **7** *Einer aus ihrem Stamm:* Berenices Bruder (d.h. ein Angehöriger ihres Geschlechts) wird gegen das Nordheer ins Feld ziehen und Laodice aus dem Weg räumen. Im folgenden werden dann die verschiedenen Kämpfe und Kriege zwischen den Ptolemäern und Seleukiden bis zum Erscheinen des Antiochus IV. Epiphanes geschildert.

11,21–12,3 Die Zeit des Antiochus IV. und des Antichrist

21 *Ein verächtlicher Mensch:* Mit diesen Worten wird Antiochus IV. Epiphanes eingeführt, der die Königswürde an sich gerissen hatte, obwohl sie seinem Neffen Demetrius zustand. Durch Schmeichelei zog er die Könige von Pergamon auf seine Seite, und die Syrer räumten vor ihm das Feld. Er war derart listig und hinterhältig, daß seine Zeitgenossen ihm statt des Titels Epiphanes (»der Berühmte«), den er sich selber beigelegt hatte, den Spottnamen Epimanes (»der Verrückte«) gaben. **22** *Der Fürst des Bundes:* Wir wissen nicht, um welchen Fürsten es sich handelt, doch war es offenbar einer, der in einem Bundesverhältnis zu Antiochus stand. **23** *Wird er ... Macht gewinnen:* eine allgemeine Aussage über Antiochus' Aufstieg zur Macht. **24** *Unerwartet:* Wenn die Menschen sich in Sicherheit wiegen, wird er sich einschleichen. Er wird sich der *besten Städte des Landes* und der Festungen Ägyptens bemächtigen.

25–28 schildern Antiochus' ersten Feldzug gegen Ägypten, als ihm der Ägypter Ptolemäus wegen des Verrats derer, die ihn hätten unterstützen müssen, nicht standzuhalten vermochte. Antiochus (V. 27) übt zwar Gastfreundschaft gegen seinen Feind, verletzt aber in Wahrheit durch Lügen und hinterhältiges Verhalten die Regeln orientalischer Gastfreundschaft. Bei seiner Rückkehr von Ägypten nach Syrien richtet Antiochus seinen Sinn *gegen den heiligen Bund,* d.h. das Land Palästina.

29 schildert einen weiteren Feldzug gegen Ägypten, der der dritte war. Offenbar hatte dazwischen noch ein anderer Feldzug stattgefunden, den das Danielbuch nicht erwähnt. Es ist zu bemerken, daß dieser gesamte Bericht im Futurum steht. Nach dem Verfasser haben sich diese Vorgänge noch nicht ereignet, sondern sollen noch in der Zukunft stattfinden. Der Bericht gibt sich daher den Anschein echter Prophetie.

30 *So daß er verzagen wird und umkehren muß. Dann wird er gegen den heiligen Bund ergrimmen und danach handeln:* Die Anwesenheit der Römer veranlaßte Antiochus zum Verlassen Ägyptens, woraufhin er sich zornentbrannt gegen Palästina wandte. Am Sabbattag erstürmte er Jerusalem und ließ auf dem Brandopferaltar einen heidnischen Altar errichten. **32** Einige abtrünnige Juden ließen sich für seine massiven religionspolitischen Eingriffe einspannen; doch viele der Juden, die wahren Auserwählten, wollten lieber den Tod erleiden als ihren Glauben verraten (vgl. 1Makk 1,62). **33** In dieser Zeit waren die wahrhaften Gläubigen in der Lage, die anderen zu unterweisen, obschon sie deswegen schwer leiden mußten.

34 Die *kleine Hilfe,* die den Gläubigen zuteil wird, bezieht sich offensichtlich auf Judas Makkabäus. Einige von den Weisen, die ihm folgen, werden der unbarmherzigen Verfolgung zum Opfer fallen. Doch hatte die Erhebung des Judas Erfolg, und am 25. Dezember 165 v. Chr. wurde der Altar des Tempels neu geweiht.

V. 36–45 sind umstritten. Viele Ausleger glauben, daß sie die Schilderung der Taten des Antiochus fortsetzen. Ihrer Auffassung steht jedoch die Tatsache entgegen, daß die Umstände von Antiochus' Tod ganz andere waren, als sie hier beschrieben werden. Die traditionelle Auffassung der Kirche sieht in diesen Versen einen Hinweis auf das Wirken des kommenden Antichrist. Antiochus, der die Kirche kurz vor dem ersten Kommen Jesu Christi verfolgte, könnte jedoch als Typus des Antichrist, der die Kirche vor dem zweiten Kommen Christi verfolgen wird, gelten.

In **36** heißt es, der König werde *großtun gegen jeden Gott* (ZÜ), was sich kaum auf Antiochus beziehen kann. **37** Ebenso muß man sich fragen, inwiefern Antiochus die Götter seiner Väter mißachtet haben soll. **40–45** Am Ende des gegenwärtigen Zeitalters wird der Antichrist einen schweren Kampf entfesseln. Er wird schließlich *zwischen dem Meer und dem herrlichen, heiligen Berg* (d.h. dem Zion) Aufstellung nehmen, wo *es mit ihm ein Ende nehmen* wird.

12,1 Wenn diese Ereignisse eintreten, werden *alle, die im Buch geschrieben stehen,* befreit werden. Damit sind die Auserwählten, die zum ewigen Leben Bestimmten, gemeint. Die Verfolgung durch den Antichrist wird viele zu Fall bringen. Diejenigen jedoch, die im Buch geschrieben stehen, werden befreit werden. 2 Dies gilt auch von denen, die *schlafen liegen.* Viele von ihnen (gemeint sind diejenigen, die während der Zeit der Bedrängnis gestorben sind – nicht sämtliche Toten) werden aufwachen, die einen zum ewigen Leben und die anderen zu ewiger Schmach. Damit ist wohl noch nicht die allgemeine Auferstehung gemeint, vielmehr die Tatsache, daß nicht nur diejenigen gerettet werden, die noch am Leben sind, sondern auch solche, die während der Verfolgung umkamen.

12,4–13 Schluß der Prophetie

Daniel wird angewiesen, die ihm soeben offenbarten Worte bis zur Endzeit zu bewahren. In der Schrift ist das Wissen von Gottes Absichten mit der Welt niedergelegt. *Viele werden hin und her irren* (JB), weil sie an der einen Stelle, wo die Wahrheit zu finden wäre, nicht suchen. 7 handelt aufs neue von der Dauer der Macht des Antichrist und von seinem Ende (s. zu 7,25). Die Zahlen von V. 11 und 12 sind symbolisch zu verstehen: die 1 290 Tage stehen für die Zeit der Verfolgung durch Antiochus und die 1335 Tage offensichtlich für die gesamte Verfolgungszeit bis zum Ende. Wer diese ganze Zeit hindurch ausharrt, den wird Gottes Hand segnen. 13 Daniel selbst darf seines Heils gewiß sein: er wird am Ende seiner Tage sein Erbe empfangen. Möge dies auch allen denen beschieden sein, die diese Worte lesen!

Edward J. Young

Hosea

Einleitung

Der Geburtsort Hoseas, Sohn des Beeri, ist nicht bekannt. Aufgrund seiner Vertrautheit mit den Lebensbedingungen in Nordisrael, gewisser Aramäismen in seiner Sprache und der Wendung »unser König« in 7,5 hat man angenommen, daß er aus dem Nordreich stammte; doch ist das nur eine Vermutung.

Seine Wirkungszeit wird in der Überschrift (1,1) genannt, es ergibt sich eine mehr als dreißigjährige Tätigkeit. Hinweise auf Anarchie und Blutvergießen lassen darauf schließen, daß Hosea in der Zeit der Wirren nach dem Tode Jerobeams II. weissagte. Jedoch deutet nichts darauf hin, daß seine Tätigkeit bis nach dem Fall Samarias im Jahre 722 andauerte. Einige halten die Erwähnung der Könige von Juda in 1,1 für eine spätere Hinzufügung (siehe unten). Da indes Hiskias Mitregentschaft im Jahre 729 begann, besteht die Möglichkeit, daß Hosea unter allen diesen Regierungen predigte. Den historischen Hintergrund findet man in 2Kön 14,23–20,21 (Asarja = Usia).

Hoseas Botschaft weist charakteristische Züge auf. Sein Stil ist pointiert, kraftvoll und prägnant. Der Prophet spricht lakonisch und knapp, dabei bleibt der Sinn der Rede oftmals dunkel. Gedrängte Sätze sind, ohne ihre Eigenständigkeit und Kraft einzubüßen, zu längeren Passagen zusammengefaßt. Die ausführliche Lebensbeschreibung (Kap. 1 und 3) steht offensichtlich in Beziehung zu seiner ganzen Prophetie, wobei das Erlebte den Ausdruck formt. Die Metaphern aus dem Bereich der Ehe und der Kindererziehung spiegeln das Familienleben wider.

Der Bund zwischen Gott und Israel erscheint unter verschiedenen Aspekten. Das treulose Verhalten gegenüber dem Bund der Väter (2,1) und die Auflehnung gegen den Sinaibund (6,7; 8,1) haben Auswirkungen auf die menschlichen Beziehungen (10,4; 12,2). Der Höhepunkt der Versöhnung wird als ein Ehebund dargestellt (2,18–24). Die Bundesliebe (*chešed*) steht im Vordergrund, doch auch zwei andere Wörter für Liebe kommen häufig vor: *'ahabah:* Zuneigung zu Menschen, Dingen und Handlungen (einschließlich der Anziehungskraft auf das andere Geschlecht), und *rachamim:* Mitleid mit den Hilflosen, wie das Verhältnis eines Vaters oder einer Mutter zu einem Kind. Der mit »stetige Liebe«, »Güte« oder »Barmherzigkeit« zu übersetzende Begriff *chešed* umschließt außerdem Stärke, Zartheit, Eifer und Beständigkeit bei der Erfüllung der aus einem Vertragsverhältnis erwachsenden Pflichten. Im Anfang seiner Ehe lernte Hosea *'ahabah* und *rachamim* kennen, später, als er seine Frau wiedergewann, auch *chešed.*

Für Hosea ist es von großer Bedeutung, Gott als Person zu kennen, um Gott zu »wissen«. In dieser Hinsicht (auch was sein Verständnis der »Liebe« anbelangt) wird er treffend der »Johannes des AT« genannt. Er beklagt die Unwissenheit des Volkes (4,1–6) und sagt, daß Gott mehr nach der Gemeinschaft mit den Menschen verlangt als nach irgendeinem bloßen Opfer ihrerseits (6,6). Dies ist das entscheidende Problemfeld seiner Prophetie. Das Opferwesen, das das Volk an seine Pflichten gegenüber Gott wie auch gegenüber den Mitmenschen erinnern sollte, war schändlich mißbraucht worden. Ein falsches Vertrauen auf die Riten als Gegenmittel gegen gottlosen Lebenswandel oder zur Abstützung falscher Reue veranlaßte Hosea herauszustellen, daß das Opfer lediglich ein Mittel, jedoch nicht Sinn und Zweck der Religion darstellte. (Weitere Ausführungen hierzu s. Komm.)

Zur Botschaft Hoseas gehört entgegen den Behauptungen einiger Exegeten auch die Hoffnung. Wenn behauptet worden ist, »kein Angehöriger des Nordreiches hätte der Wiedervereinigung des geteilten Volkes erwartungsvoll entgegensehen können« (Snaith), so ist zu fragen, wer es denn überhaupt konnte?

Durch göttliche Offenbarung (1,2) verkündigte der Prophet die paradoxen Lehren von der Rechtfertigung durch den Glauben.

Oft ruft Hosea seinen Hörern frühere Ereignisse der nationalen Geschichte zur Ermutigung (z.B. 12,10; 13,4) oder als Mahnung (z.B. 2,17; 10,9) ins Gedächtnis zurück. Hosea wandte sich gegen Priester, Angehörige der Führungsschicht und diejenigen unter seinen Volksgenossen, die Jahwe nicht als Gott und König anerkannten.

Das Hoseabuch enthält vierzehn Bezugnahmen auf Juda, davon fallen zehn ungünstig für Juda aus. Daher vermuten einige, die Prophetien seien von zwei Redaktoren »judaisiert« worden: Von dem ersten, der Juda günstig gesinnt war, nach Sanheribs Rückzug von

Jerusalem im Jahre 701 v. Chr., und von dem anderen, ungünstig Gesinnten nach der Eroberung Jerusalems duch Nebukadnezar im Jahre 586. Dagegen spricht jedoch, daß sich kein Prophet des 8. Jahrhunderts in seiner Botschaft auf eines der beiden Königreiche beschränkte. Jeder Prophet warf hin und wieder einen gedankenvollen Blick auf das Bruderreich; es würde auffallen, wenn dem nicht so wäre (vgl. 2Kön 17,19f). Überdies schloß die eschatologische Gestalt der »Braut« (Kap. 2) notwendigerweise Juda ein. Es ist undenkbar, daß Gott seine Liebe nur einem Teil seines Volkes verkündete.

Kap. 1–3 und das Problem Gomer, der Frau Hoseas, haben die Exegeten immer wieder beschäftigt. Das »Hurenweib« (1,2) hat viele Deutungen erfahren: eine Dirne; eine Tempelprostituierte; eine örtliche »Heilige«; eine wie eine Dirne angezogene Frau; die Angehörige eines abgefallenen oder sittenlosen Volkes; eine Frau, die an Fruchtbarkeitsriten teilnahm; eine Nordisraelitin; eine unehelich geborene Frau; eine zur Hurerei neigende Frau. Die erste Bedeutung scheint die überzeugendste zu sein (vgl. 3,3). Einige wenden ein, Gott könne Hosea niemals die Heirat mit einer Dirne (oder mit einer Frau, von der Gott wußte, daß sie eine werden würde) befohlen haben. Ohne einen besonderen Befehl des Herrn hätte Hosea eine solche Frau jedoch niemals geehelicht. Der Befehl: »zeuge Hurenkinder« (1,2) setzt voraus, daß die Mutter von Anfang an eine Dirne war. Nach der Heirat war Gomer wahrscheinlich treu, solange die drei Kinder noch klein waren, um dann später Ehebruch zu treiben (3,1) und vermutlich in Sklaverei zu geraten (3,2).

Das legt die Vermutung nahe, daß Kap. 1 und 3 keine parallelen Berichte über dasselbe Geschehnis sind – die Erzählform (Er- bzw. Ich-Bericht) weist auf verschiedene Quellen –, sondern daß Kap. 3, da die Kinder nicht mehr erwähnt werden, eine Fortsetzung bildet, die ein wesentlich späteres Ereignis schildert. Kap. 3 behandelt in erster Linie das Thema der Ehebrecherin, der treulosen Ehefrau (3,1). Es ist naheliegend, dieses Kapitel so aufzufassen, daß Hosea versucht, seine Frau wiederzugewinnen, die nach der Trennung durch ihre mißliche materielle Situation in Sklaverei geraten ist. Von den drei Kindern wird nur das erste, Jesreel, ausdrücklich als Hoseas Sohn bezeichnet (1,3), was aber keineswegs besagt, daß die Tochter und der jüngste Sohn nicht auch seine Kinder waren – jedenfalls war Jesreel aber sein Erbe. Auch scheint der eine Befehl in 1,2 alle drei Kinder einzuschließen. Fest steht, daß Hosea allen drei Kindern einen Namen gab (1,4.6.9).

Kap. 1–3 sind verschieden gedeutet worden, vor allem: 1. als unhistorische Allegorie, möglicherweise sogar als prophetischer Traum. Für eine solche Auffassung lassen sich keinerlei Belege beibringen, außerdem würde sie der Integrität des Propheten ein schlechtes Zeugnis ausstellen. Auch hat der Name Gomer keinen eindeutigen Sinn, der einer Allegorie zugute käme. 2. Andere halten das Geschehen zwar für geschichtlich, jedoch mit symbolischer Bedeutung, d.h. Hosea und Gomer führten gewissermaßen ein lehrhaftes Stück auf; es handele sich also um eine prophetische Zeichenhandlung. Diese Auffassung läßt jedoch die historischen Details, insbesondere in 1,2 außer acht. Alles spricht für 3. Es handelt sich um einen einfachen historischen Bericht über den Gehorsam gegen Gott, der zum einen eine zerbrochene Ehe wiederherstellt, zum anderen aber auch eine Weissagung enthält, die die Wahrheit verkündet, die in der Liebe liegt.

Versuche, die Anordnung von Kap. 1–3 zu ändern, bieten keinerlei Vorteile. Am überzeugendsten scheint noch der Vorschlag, das gesamte Kap. 3 zwischen 1,9 und 10 zu stellen.

Der Text ist oft schwierig zu deuten. Doch wenn die Einzelheiten auch oftmals im dunkeln bleiben, ist die Botschaft als Ganzes doch eindeutig.

Inhalt

1,1	**Überschrift**	
1,2–3,5	**Hosea sinnt über seine Berufung und seinen Dienst nach**	
	1,2–2,3	Seine Berufung
	2,4–25	Die grundlegende Botschaft
	3,1–5	Wiederherstellung seiner Ehe durch wahre Liebe
4,1–10,15	**Das Kommen des Gerichts**	
	4,1–14	Die Strafrede des Herrn
	4,15–6,6	Die Unmöglichkeit wahrer Reue

Kommentar

1,1 Überschrift

1,1 bildet die Überschrift des ganzen Buches. Sie nennt den Verfasser, datiert seine Wirkungszeit und drückt vor allem seiner Berufung ein göttliches Siegel auf. Hosea äußerte nicht seine eigenen Gedanken und suchte nicht einmal bewußt nach den Gedanken Gottes. *Das Wort des Herrn* »geschah« zu ihm durch göttliche Autorität und Initiative, d.h. die Botschaft des Propheten war vorher im Geiste Gottes vorhanden (vgl. Joel 1,1 u.a.; Lk 3,2; Gal 1,11f). *Hosea:* eine Variante des Namens Josua (s. 4Mo 13,16), bedeutet »Jahwe rettet« (vgl. Mt 1,21). Hosea war ausgerechnet auch der Name des letzten unrechtmäßigen Königs von Israel (2Kön 17,1ff). *Sohn Beeris:* Über die Familie Hoseas wissen wir außer dem Namen des Vaters (»mein Brunnen«) nichts.

Warum datierte Hosea, dessen Prophetie sich in der Hauptsache an Israel wendet, sein Buch zuerst nach den Königen von Juda? Hoseas Botschaft gilt sowohl Juda als auch Israel und handelt vom Gericht und von der Gnade (s. Einleitung). Israels Ende ist näher, doch Juda wird ebenfalls an die Reihe kommen. Judas Dynastie ist das Haus Davids, dem Gottes Verheißungen gelten. Hosea erkennt die Oberhoheit des Thrones zu Jerusalem an und prophezeit einen davidischen König als Herrscher über das schließlich wiedervereinigte Volk (2,2; 3,5). Juda war das Reich der Theokratie.

Warum erscheint von den sieben Königen von Israel, die während dieser Zeit regierten, nur der erste von ihnen, Jerobeam II.? (Vgl. Tabelle S. 388) Er – ein schlechter Herrscher – war doch Gottes Werkzeug, das zu Israels System diente (2Kön 14,25–27); er stand für Gottes letzte Heilstat an Israel. Jahre zuvor hatte Gott dem König Jehu versprochen, seine Nachkommen sollten bis zur vierten Generation auf Israels Thron sitzen (2Kön 10,30). Sein Urenkel Jerobeam II. war der letzte König von Israel, der seinem Sohn den Thron hinterlassen konnte. In Sacharja, den Schallum erschlug, erfüllte sich Gottes Verheißung an Jehu (2Kön 15,12); die Dynastie Jehu war beendet. Die sechs Könige nach Jerobeam hatten oder wurden sämtlich Nachfolger durch Mordtat. Obwohl noch 30 Jahre bis zur Gefangenschaft des Volkes vergehen sollten, war das Geschick mit dem Ende der Regierungszeit Jerobeams II. besiegelt, wie der Herr gesagt hatte. Vgl. 8,4: »Sie machen Könige ohne mich« – daher sind sie nicht der Erwähnung wert.

1,2–3,5 Hosea sinnt über seine Berufung und seinen Dienst nach

Eine klare Analyse der Beziehung zwischen Hoseas Privatleben und seiner Wirksamkeit als Prophet erweist sich als unmöglich. Beides besteht nebeneinander: zeitweise tritt das Bild seines häuslichen Lebens deutlich und das des Volkes nur verschwommen in Erscheinung, und dann ist es wieder umgekehrt. Es ist nicht immer eindeutig, ob die Erfahrungen, die der Prophet mit Gomer macht, ihm das Verhältnis zwischen Gott und seinem Volk erkennen helfen oder ob sein Verständnis der Lage Israels ihm Einsichten über seine Frau vermittelt. Beides verläuft parallel zueinander und erklärt sich gewissermaßen wechselseitig.

1,2–2,3 Seine Berufung

Da dieser Abschnitt in der dritten Person abgefaßt ist, halten ihn manche für eine Zusammenstellung von Schülern Hoseas nach seinem Tod. Ein autobiographischer Gebrauch der dritten Person ist jedoch nichts Ungewöhnliches.

1,2.3 Die Bedeutung seiner Ehe. 2 *Als der Herr anfing zu reden ....:* bezeichnet den Anfang der Wirksamkeit Hoseas, die Berufung vor seiner Ehe. Diese Wendung steht dem Versuch einiger Exegeten entgegen, Kap. 3 vor Kap. 1 zu setzen. *Durch Hosea:* zwei verschiedene Interpretationen sind möglich: »durch Hosea« als Kurzform für »durch den Mund des Hosea« bezeichnet den Propheten als den Vermittler; oder »in Hosea«, was bedeuten würde, daß Gottes Botschaft zuerst von dem Propheten aufgenommen wurde: Gott erleuchtete erst ihn und dann andere durch ihn. Die Wiedergabe »mit Hosea« (EÜ) ist auch möglich. *Geh hin und nimm ...:* d.h. »heirate« (vgl. 1Mo 6,2; 24,67 u.ö.). *Ein Hurenweib und Hurenkinder:* s. Einleitung. *Denn das Land läuft vom Herrn weg der Hurerei nach:* Die Deutung der merkwürdigen Ehe Hoseas. *Land* meint das Volk, die Bevölkerung des Landes. Möglicherweise schwingt in diesem Satz etwas vom Baalskult mit, bei dem Teilnehmer die geschlechtliche Vereinigung als heilige Handlung vollzogen, um den Gott an sein Amt als göttlicher Spender der Fruchtbarkeit zu erinnern. Die Hurerei beginnt damit, daß man *vom Herrn wegläuft.* Auf die Abwendung vom Guten folgt alsbald die Hinwendung zum Bösen.

3 *Gebar ihm einen Sohn:* Der Herr gibt Fruchtbarkeit, jedoch anders, als bei den Fruchtbarkeitsriten des Baalskults, bei denen eine Ehe zwischen dem Gott und der Erde angenommen und die Fruchtbarkeit von Tier, Pflanze und Mensch durch sakrale Promiskuität sichergestellt wird.

1,4–9 Die Bedeutung der Namen seiner Kinder. 4 *Jesreel:* d.h. »Gott sät«; zugleich der erinnerungsträchtige Name eines durch Bluttaten und Massaker geschändeten fruchtbaren Tales. *Nur noch eine kurze Zeit:* Samaria fiel im Jahre 722 v. Chr., dreißig Jahre nach Jerobeams II. Tod. *Die Blutschuld:* bezieht sich auf das dort von Jehu angerichtete Blutbad, dem auch König Ahasja von Juda zum Opfer fiel (2Kön 9,14–10,14). Wenn Jehu Elias Prophetie über das Haus Ahabs erfüllte (1Kön 21,21f; 2Kön 10,17.30), warum sollte sein *Haus* dann bestraft werden? Mag sein, daß er in irregeleitetem Eifer mehr tat als nur seine Pflicht (2Kön 10,16ff), indem er einen König von Juda tötete oder, was wahrscheinlicher ist, daß er sein Herz nicht Gott zugewandt hatte (2Kön 10,29.31).

5 *Den Bogen ... zerbrechen:* d.h. völlig vernichten (vgl. Ps 46,10; Jer 49,35). Eine Entscheidungsschlacht *in der Ebene Jesreel* wird nicht ausdrücklich erwähnt. Das Assyrerheer gelangte südwärts bis nach Jesreel (2Kön 15,29) und bei der Belagerung von Samaria sogar noch weiter (2Kön 17,5). 6 *Lo-Ruhama:* d.h. »Nicht-erbarmt«; »Unbegnadigt«. Während der Name des ersten Kindes an die Schuld des Volkes erinnert, enthält der Name des zweiten Kindes den Hinweis, daß das Gericht nun bestimmt folgen werde. *So daß ich ihnen vergäbe* (ZÜ): wörtl.: »daß ich, was sie betrifft, aufhöbe«, eine verkürzte Redeweise, die sich auf das Vergeben von Schuld bezieht (vgl. 4Mo 14,19b). Das Verb ist durch Verdoppelung verstärkt. 7 *Ich will mich erbarmen:* Die Wurzel das hebr. Verbs ist verwandt mit dem Wort für »Mutterleib« und signalisiert Geborgenheit. Die Aussage dieses Verses knüpft damit an den Namen Lo-Ruhama (V. 6) an; vgl. dann 2,3. Im Falle Judas endete das babylonische Exil mit der Befreiung *durch den Herrn, ihren Gott,* war es doch Gottes Wille, daß es in seine Heimat zurückkehren sollte. Zu diesem Bezug auf Juda s. Einleitung.

8 *Entwöhnt:* nur hier erwähnt; bezeichnet einen Akt der Liebe, nicht der Entziehung. 9 *Lo-Ammi, ... nicht mein Volk ... nicht der Eure:* eine Umkehrung der Worte, die das Bundesverhältnis zwischen Gott und Israel begründeten: »Ich ... will euer Gott sein, und ihr sollt mein Volk sein« (3Mo 26,9.12; Jer 11,1–5; Hes 37,23–27); sie werden in sehr persönlicher Form im Blick auf König David und seinen Nachfolgern wiederholt (2Sam 7,14 »sein Vater ... mein Sohn«) und von Paulus in beiden Formen zitiert (2Kor 6,16–18). Die Folgen, die der Bruch des Bundes nach sich zieht, sind in 3Mo 26,14–39 ausführlich dargelegt.

2,1–3 Ein Gott, ein Volk. So ist die Verheißung zu umschreiben, auf die sich Hoseas Wirken gründen sollte. 1 Das verdiente Gericht wird von unverdienter Gnade aufgehoben werden, deren Segnungen nicht nur an die Stelle des Gerichts treten, sondern es an Wirkung übertreffen. Eine ungezählte Schar *wie der Sand* wurde ursprünglich in dem Bund mit Abraham und erneut dem Jakob verheißen (1Mo 22,15–18; 28,13–15; vgl. Offb 7,9). Der Absage »Nicht mein Volk« steht die Zusage »Kinder des lebendigen Gottes« gegenüber. Jahrhunderte später verhieß Gottes Sohn allen, die an ihn glaubten, die Gotteskindschaft (Jh 1,12f; 3,3). 2 *Zusammenkommen:* das Volk hat die von Gott geschaffene Einheit angenommen; *und werden sich ein gemeinsames Haupt erwählen:* so soll die Einheit demonstriert und wohl auch gesichert werden. Entscheidend dabei ist, ob es sich um eine Königswahl »mit Gott« handelt (s. 8,4).

3 Die Familie ist vollständig wiederhergestellt. Es liegt nahe, eine Verbindung mit Kap. 1 zu sehen, wobei sich dann *Brüder, Schwestern* (in MT plur.) auf das Volk beziehen, das seinen Bruderkrieg beenden soll. Einige Ausleger meinen, daß hier zunächst und vordergründig Hoseas leibliche Kinder angeredet werden (vgl. LXX: *Bruder, Schwester* im Sing.), womöglich speziell Jesreel, wobei der Name – das letzte Wort in V. 2 – zu V. 3 zu ziehen wäre; sie weisen mit der Verwendung der positiven Namen ihre Mutter zurecht, in deren Verhalten die Fluchnamen (1,6.9) begründet sind; vgl. die Fortsetzung in 2,4ff.

2,4–25 Die grundlegende Botschaft

Der Abschnitt geht von Hoseas eigener häuslicher Situation aus (V. 4), um sich aber bald zu einer Darstellung des Volkes im Bild seiner verfehlten Ehe zu wandeln (V. 5–15). Die Versöhnung beginnt auf Initiative des Mannes und endigt mit einer großen Erneuerung der Ehe, bei der das gesamte Universum als Zeuge zugegen ist (V. 16–25).

2,4–7 Das treulose Volk. **4** Gomer hat vermutlich mittlerweile das Haus verlassen, und die Kinder sind erwachsen. *Fordert:* die Grundbedeutung des hebr. Wortes ist »schelten« (4,1.4). Es ist hier mehr als ein leidenschaftlicher und vielleicht gefühlsbetonter Appell gemeint, vielmehr wird auf die Einleitung eines Gerichtsverfahrens angespielt (EÜ 2,2: *Rechtet*). *Wegtue ...:* Vielleicht ist hier der Schmuck gemeint, den sie als Anreiz trägt oder den sie von Liebhabern empfangen hat, den sie aber jetzt ablegen soll. **5** Das familiäre Bild tritt zurück, das Volk kommt in den Blick. Das gelobte Land war sehr fruchtbar (5Mo 11,11f). Durch die Treulosigkeit gegen Gott war das jedoch anders geworden. Die Kanaanäer glaubten, ihr Gott Baal könne dem Boden Fruchtbarkeit verleihen, und die Israeliten hatten die entsprechenden Praktiken nicht nur nicht abgelehnt, sondern sich sogar daran beteiligt (vgl. V. 7). Nun erweist Gott seine Allmacht in Form einer verheerenden Dürre. *Damit ... nicht:* die endgültige Erniedrigung kann nur durch wahre Reue abgewendet werden (vgl. 1Kor 11,31f).

6 Ihre *Kinder* werden weder den Schutz des Bundes genießen noch in den Genuß seiner Bestimmungen kommen (vgl. 1Mo 17,7f). **7** *Meinen Liebhabern:* den Baalen, d.h. Lokalgöttern (z.B. Baal-Peor), deren Anbetung gewöhnlich mit Höhenheiligtümern und Steinmalen verknüpft war (vgl. 2Kön 18,4). Die Israeliten hatten es versäumt, in dem von ihnen eroberten Land den Baalskult auszurotten, und später synkretistische Praktiken angenommen, indem sie Jahwe verehrten, als ob er ein Baal wäre.

2,8–15 Demütigung und Bestrafung. **8** Stachlige *Dornen* werden Israel zu schaffen machen, und eine unübersteigbare *Mauer* wird es in Schrecken versetzen. Wie in einem Labyrinth wird es verstört umherwandern. **9** Doch selbst wenn es dem Labyrinth entkäme, wird es seine falschen Götter, auch auf offener Straße, niemals einholen. Müde geworden wird das Land schließlich zur Vernunft kommen (vgl. Lk 15,17). *Damals ... besser als jetzt:* das Israel, über welches nun das Gericht hereinbricht, wird an seine Blütezeit zurückdenken (1Kön 4,20; 5,5; 8,65f; Sach 3,10; Offb 2,4). **10** *Sie ... ich:* beide Pronomen im Hebr. betont. Von Natur weiß der Mensch nichts von der göttlichen Fürsorge. Manche Dinge gebraucht er richtig, andere jedoch falsch. *Erkennen:* meint nicht nur intellektuelles Begreifen, sondern schließt gegenseitige Hingabe und Liebe ein. *Silber und Gold:* für die Anfertigung von Götzenbildern oder das Prägen von Münzen für die Unterhaltung des Baal-Kults. **11** Der Herr stand im Begriff, etwas zu tun, was ein Baal niemals vermochte: eine Ernte zu gewähren und sie dann wieder zu nehmen, vielleicht durch Dürre, Pest oder Tributzahlungen an Fremde (vgl. 1Kön 17,1). Die Getreideernte wurde im Frühjahr und die Weinernte im Sommer eingebracht. *Entreißen:* eine plötzliche, demütigende Bloßstellung (als Gegensatz dazu vgl. 1Mo 3,21).

12 *Dann:* »folglich«. *Scham aufdecken:* anstößige Entblößung der Geschlechtsteile. Das Volk wird gerade im Moment des Ehebruchs ertappt werden, im Angesicht seiner Liebhaber in Kanaan, bei der Anbetung des Baal. *Hand:* bildlich für »Gewalt«. **13** Das Leben des Volkes wurde durch regelmäßig wiederkehrende heilige Zeiten, Tage großer Freude unterbrochen (z.B. 5Mo 16,14); an *Festen* wurden häufig Wallfahrten unternommen (5Mo 16,16); weitere Feste waren *Neumonde* (4Mo 28,11–15); *Sabbate,* sowohl Sabbat-Tage (2Mo 20,8–11) wie auch Sabbat-Jahre (3Mo 25,1–7); *Feiertage* (ein in 1Mo 1,14 mit »Zeiten« übersetztes Wort) ebenfalls kalendermäßige Ereignisse. *Ein Ende machen:* Im Hebr. findet sich hier ein Wortspiel mit dem Begriff »Sabbat«.

14 *Mein Lohn:* das Entgelt einer Dirne. Die Weingärten werden veröden und verlassen daliegen, niemand wird das Gestrüpp beseitigen und die Tiere vertreiben. **15** *Stirnreifen* *und Halsbänder:* typischer Schmuck sowohl für Dirnen wie für Heiden. *Mich aber vergißt:* Israel hatte sich völlig den Baalen hingegeben und versuchte jetzt nicht einmal mehr, Jahwe mit Baals-Riten zu verehren (vgl. 2Sam 5,20). *Spricht der Herr:* wörtl. »Spruch Jahwes«, bei Hosea selten, doch bei den anderen Propheten häufig verwendete Wendung.

2,16–25 Züchtigung und Wiederherstellung. 16 Hier setzt die dauerhafte Aussöhnung ein. *Darum ...:* dies ist nur aus der beständigen Liebe (*chešed*) des Herrn zu erklären. Alles Vorhergehende weist nur auf wohlverdienten Zorn. *Ich will sie locken:* Das »Ich« ist betont. Die Erlösung setzt ein, wenn Gott sich den Seinen in Liebe zuwendet (Jh 3,16; 15,16). *In die Wüste:* Zuerst muß sich die Überzeugung von der eigenen Sündhaftigkeit und von der Notwendigkeit der Erlösung einstellen (vgl. Jh 16,8f), vielleicht sogar mittels einer Züchtigung (Hebr 12,7–11). *Freundlich mit ihr reden:* wörtl. »ihr zum Herzen reden« (EÜ). **17** Der Herr wird über Baal triumphieren, indem er sogar die Wüste fruchtbar macht (vgl. Jes 35,1f); er gibt keinen Dirnenlohn, sondern die Hochzeitsgeschenke eines Ehemannes. *Das Tal Achor* gemahnte an Achans Sünde und Israels Bestrafung (Jos 7,24–26). Nun wird es *Tor der Hoffnung* werden.

18 *Alsdann:* ein messianischer Ausdruck. *Mein Mann ... Mein Baal ...:* wörtl. »mein Mann ... mein (Ehe-) Herr«, damals übliche Anredeform der Ehefrau an ihren Mann (vgl. 1Petr 3,6). **19** Israel soll auf keinerlei Weise mehr mit dem Baalskult verknüpft sein, nicht einmal mehr die Namen der Baale sollen erwähnt werden (vgl. 1Chr 9,39f; 2Sam 5,20). **20** *Bund:* Die Ehe mit Gott wird harmonische Verhältnisse in Natur und Gesellschaft herbeiführen; der Prüfstein für wahren Frieden und Sicherheit ist ungestörter Schlaf (*sicher wohnen;* vgl. Ps 4,9; Spr 16,7).

21.22 Der neue Bund weist sieben Kennzeichen auf: a) Dauer (*für alle Ewigkeit*); b) *Gerechtigkeit:* d.h. bundesgemäßes Verhältnis; das schließt Wohlwollen ein; vgl. im Deutschen »jemanden gerecht werden« (vgl. 5Mo 24,13); c) *Recht:* rechtes Urteil in zu entscheidenden Fällen. Gott ist – auch wenn er Gnade gewährt – immer noch absolut gerecht (vgl. Röm 3,26; 1Jh 1,9); d) *Gnade:* (ZÜ: *Güte;* hebr. *chesed;* s. Einleitung, S. 865); beide Ehepartner sind durch die Pflichten ihres Bundes gebunden; e) *Barmherzigkeit* (*rachamim*; ZÜ: »Erbarmen«; s. Einleitung); die Zuwendung eines Gottes, der dessen eingedenk ist, daß wir nur Staub sind (Ps 103,14); f) *Treue:* niemals mehr wird Israel seinen Gatten verlassen noch dieser sein Land; g) Gemeinschaft (*den Herrn erkennen;* hebr. *jada'*); hier treffen wir abermals auf eins der Kernstücke von Hoseas Prophetie: Gotterkenntnis ist keine Theorie, sondern ein Erleben, umfassend wie alles, was eine Ehe ausmacht. Dabei umschließt das hebr. Wort erkennen, um jemanden wissen, sich um ihn kümmern, sich ihm hingeben, erwählen.

23–25 Bei der Hochzeit überreichen die Zeugen der Braut nacheinander ihre Geschenke. Der Himmel schenkt der Erde Regen, die Erde den Pflanzen Wachstum, die Pflanzen den Menschen ihren Fruchtreichtum. Alle Geschöpfe jauchzen, wenn Gott und der Mensch sich vereinigen (vgl. Röm 8,19–21). *Jesreel ... ich will ihn mir ... einsäen:* Hier liegt ein Wortspiel vor: der Name Jesreel und das hebr. Wort für säen haben die gleiche Wurzel. Wie in 2,3 wird auch hier der Fluch getilgt und die gesamte Familie wiederhergestellt, eine Verheißung, die in der christlichen Kirche eine Erfüllung gefunden hat (1Petr 2,9f).

3,1–5 Wiederherstellung seiner Ehe durch wahre Liebe

Weder bloße Zuneigung (*'ahabah*) noch elterliche Liebe (*rachamim*) bringt eine gute Ehe zustande; dazu ist eine stärkere, innigere Bindung, Bundesliebe (*chešed*) erforderlich. Sie ist es, die Hoseas Frau zurückgewinnt und Gottes mannigfaltige Liebe zeigt.

3,1–3 Hosea gewinnt seine Frau zurück. 1 *Geh noch einmal hin:* Hosea suchte Gomer nicht auf, weil er sie liebte, sondern weil Gott ihn sandte. *Geh abermals hin, liebe ein Weib* (ZÜ): Sachgemäßer scheint die Wiedergabe: »Geh hin und liebe abermals.« Hosea sollte gewissermaßen die viele Jahre zurückliegende Werbung erneut vorbringen und auf diese Weise Gottes unaufhörliche Liebe zu Israel nachahmen. *Eine Ehebrecherin* (ZÜ): meint den Bruch des Ehebundes entweder durch Hurerei oder durch ein illegitimes Verhältnis (V. 3) mit einem andern (vgl. Jer 3,20). *Traubenkuchen:* Erzeugnisse der Weinernte, bei der Feste zu Ehren der Baale gefeiert wurden.

2 *Kaufte sie mir:* bedeutet zweifellos, daß sie Sklavin geworden war. Nach der Trennung bekam sie von ihrem Mann keinen Unterhalt mehr. Der Preis ist verschiedentlich berechnet worden. Aufgrund von 2Kön 7,1.16 ergibt sich ein Gesamtwert von 30 Schekel als Preis für einen Sklaven. Doch warum bezahlte Hosea einen Teil in Naturalien? Manche sehen darin den halben Preis und eine Tagesration (für einen Sklaven). Jemanden zu kaufen, der ihm sowieso gehörte, ihm dazu noch viel schuldete und so tief gesunken war, setzte *che-šed* voraus.

3 Die auf Abwege geratene Frau wird, bevor sie in ihre früheren Rechte wieder eingesetzt wird, erst diszipliniert (vgl. Lk 3,8). *Lange Zeit* weist auf eine geraume, wenngleich begrenzte Zeit voraus (V. 4). *Auch ich will nicht zu dir eingehen,* d.h. Hosea will sich seine ehelichen Rechte fürs erste versagen.

3,4.5 Gottes Wiedervereinigung mit Israel. Für Israel bedeutete es eine harte Prüfung, seiner Führer und seiner religiösen Symbole beraubt zu sein. Einige dieser Symbole werden rundheraus verurteilt (*Steinmal,* vgl. 2Mo 23,24; *Hausgott,* vgl. Sach 10,2), und die übrigen waren Gott auch nicht wohlgefällig. *Ephod:* ein auch Ri 17f. mit *Hausgott* (hebr. *teraphim)* gemeinsam genannter Kultgegenstand, wahrscheinlich ein nach seinem Überzug benanntes Götterbild; vgl. den Ephod (alte LÜ: Leibrock) der Priester, 1Sam 2,28 u.ö. *Lange Zeit* bedeutet nicht, daß sie diese später zurückerhalten würden, sondern daß das, was Israel ans Herz gewachsen war, ihm weggenommen werden würde. **5** kündigt die Wiedervereinigung von Israel und Juda unter einem von Gott eingesetzten König aus dem Geschlecht Davids an. *In der letzten Zeit: am Ende der Tage* (EinhÜ); im Lichte von Phil 2,10f dann, wenn sich jedes Knie vor dem erhöhten Christus beugen und jede Zunge bekennen wird, daß er der Herr ist.

4,1–10,15 Das Kommen des Gerichts

Der Herr zeigt die Mißstände in Israel auf (4,1–14) und warum das Volk nicht zu bereuen vermag (4,15–6,6). Er offenbart seine Geduld (6,7–7,16), warnt das Volk und seine Führer aber vor dem ihnen bevorstehenden Gericht (8,1–10,15).

4,1–14 Die Strafrede des Herrn

4,1–3 Die Strafrede an das ganze Volk. 1 *Ursache zu schelten:* besser: *erhebt Klage* (EinhÜ), dasselbe Wort wie in 2,4; vgl. auch 4,4. Gegen Israel wird ein Gerichtsverfahren eingeleitet. An drei Tugenden mangelt es: *keine Treue* im Alltagsleben; *keine Liebe (chešed)* im Zusammenleben der Menschen untereinander; *keine Erkenntnis Gottes,* d.h. geistliche Unwissenheit und Mangel an Kenntnis des Willens Gottes (eins von Hoseas Hauptthemen; vgl. 2,10 und 2,22f und Komm. dort; 5,4; 6,3.6; 7,10; 11,3; 13,4–6; 14,10). Gottlosigkeit ruft als Folge vielerlei Übel hervor. **2** *Verfluchen:* Fluchen (vgl. Ri 17,2) oder falscher Eid (vgl. 1Kön 8,31), hier ist vermutlich beides gemeint. Das verbindende *sondern* fehlt im Hebräischen, und sämtliche Anklagen werden völlig abrupt vorgebracht. *Eine Blutschuld kommt nach der andern:* im Hebr. ein verstärkter Plural mit der Bedeutung »viel Blutvergießen«.

3 Wegen der Sündhaftigkeit der Menschen muß auch die Natur leiden. *Dahinwelken* kann sich auf Unfruchtbarkeit unter den Menschen beziehen (vgl. 1Sam 2,5; Jer 15,9), doch auch auf ein desillusioniertes und enttäuschtes Volk, das keine Lebensziele mehr hat und mutlos geworden ist.

4,4–8 Strafrede mit den Priestern. 4 Dem *Priester* war die Unterweisung des Volkes anvertraut, sie sollten Erkenntnis des Willens Gottes vermitteln (vgl. V. 6; Jer 2,8; 6,13; Zeph 3,4; Mal 1,6–2,9; Jak 3,1). Gott selbst ist Kläger und Richter. **5** *Bei Tage:* d.h. in Zeiten des Wohlstands. *Des Nachts:* d.h. in Notzeiten. Mit *Prophet* ist der falsche Prophet gemeint, mit *deine Mutter* der Priesterstamm Levi. Eine geringfügige Änderung des hebr. Textes ergäbe statt *deine Mutter will ich dahingeben* »ich will dein Volk vernichten« (vgl. JB: »du vernichtest dein Volk«). **6** *Ist dahin:* Im Hebr. prophetisches Perfekt (vollendete Zukunft). Diese Zeitform steht im allgemeinen oft mit dem Imperfekt zusammen, da aus der Sicht des Propheten der Brennpunkt rasch zwischen Vordergrund und Hintergrund wechselt. Zur sittlichen Verantwortung des Priesters vgl. 5Mo 17,12f. *Deine Kinder vergessen:* eine Gefährdung der gesamten Zukunft der Priesterschaft.

7 *Will ich ... zuschanden machen:* Targum und Peschitta lesen: »ihre Ehre vertauschten sie gegen Schande« (ZÜ), d.h. sie wurden Götzendiener (vgl. Ps 106,20; Jer 2,11; Röm 1,23). Der Sturz der Priesterschaft wird in erster Linie vom Herrn selber herbeigeführt, ganz gleich welcher Werkzeuge er sich dabei bedient. *Ihre Ehre:* das Vorrecht der Leviten (3Mo 3,5–13). **8** *Sündopfer:* Dieses Opfer zu essen, stand allein den Priestern zu (3Mo 6,17–23), darum waren sie *begierig nach seiner Schuld* (wörtl. »sie richten ihre Seele nach seiner Schuld«, d.h. sie lecken sich gewissermaßen die Finger mit Blick auf die künftige Schuld des Volkes). Vgl. 1Sam 2,12–17.

4,9–14 Strafrede an das Volk speziell. 9 *Dem Priester ... wie dem Volk:* Es bleibt sprachlich offen, ob in V. 9b vom Volk oder vom Priester (so EinhÜ) die Rede ist. In der Sache gab es zwischen Priester und Volk keinen Unterschied; wie den Priester das Gericht ereilt hat, so wird es jetzt das Volk ereilen. **10** Sie werden den Segen des Schöpfers nicht erhalten (vgl. Hag 1,6.9).

12 *Mein Volk:* ist betont, vielleicht ein Ausruf. Möglicherweise gehört das Wort auch zu V. 11 (vgl. EinhÜ). Die erschreckende geistliche Finsternis des Gottesvolkes läßt das Volk in Aberglauben gefangen sein; es betet zu »seinem *Holz«*. Entweder sind damit die bei den Baalsheiligtümern aufgestellten Kultpfähle der Aschera (2Mo 34,13 u.ö.) gemeint oder aber aus Holz gefertigte Götterbilder (Jes 44,12ff; Jer 10,3), vielleicht auch ein Orakelbaum. *Sein Stab:* entweder kleine Ascherabilder oder Stäbe, die man bei der Wahrsagerei warf, also als eine Art Wünschelrute verwandt wurden (vgl. »Pfeile«, Hes 21,26). *Der Geist der Hurerei:* vgl. 5,4; ein tiefsitzendes Verlangen nach Götzendienst. **13** Die willkürliche Vermehrung der Zahl der Altäre war in Israel verboten (5Mo 12,11–27; 14,23–26). Die kanaanäischen Heiligtümer befanden sich auf den Höhen oder in der Nähe heiliger Bäume (2Kön 17,10) und sollten abgerissen werden (5Mo 7,5). *Töchter . . . Bräute . . .* (oder: *Schwiegertöchter):* man achtete weder die Reinheit der Frau noch die Ehe, indem man sich sexuellen Brautriten hingab, die Fruchtbarkeit garantieren sollten. **14** *Ihr selbst:* manche übersetzen »alle anderen«, oder »die Führer selbst«. *Tempeldirnen:* wörtl. »heilige Frauen«, d.h. für unsittliche religiöse Riten ausgesonderte Frauen; eine häufige Erscheinung, in Israel indes verboten (5Mo 23,18f).

Das törichte Volk: Torheit (d.h. Mangel an Urteilsvermögen) ist das langsam wirkende Gift eines zur Auflösung verdammten Volkes (vgl. 14,10).

4,15–6,6 Die Unmöglichkeit wahrer Reue

Nachdem Gott seine Anklage gegen das Volk Israel vorgebracht hat (Kap. 4), fordert er die Angeklagten auf, sich zu verteidigen; aber der Urteilsspruch fällt doch gegen sie aus (Kap. 5). In seiner Verzweiflung bittet Israel um Gnade, doch dieser Appell wird zurückgewiesen, da er auf keiner wirklichen Umkehr gründet (6,1–6). Hosea legt dar, warum Israels Reue eine falsche ist.

4,15–19 Schlechte Gesellschaft verdirbt gute Sitten. **15** Juda wird davor gewarnt, Israels schlechtem Beispiel zu folgen, und aufgefordert, sich von den Städten des Götzendienstes fernzuhalten (vgl. Am 5,5). An *Gilgal* hätten sich eigentlich gute Erinnerungen knüpfen sollen: es war das erste Lager (Jos 4,19–24) und die Stätte des ersten Passa im gelobten Land (Jos 5,9–12; vgl. Mi 6,5). Doch es war auch der Ort, an dem Saul entthront wurde (1Sam 15,21–31) und später ein Mittelpunkt des Götzendienstes (Hos 9,15; 12,12; Am 4,4). *Beth-Awen* (»Haus des Frevels«): unweit von Bethel gelegen (Jos 7,2). Möglicherweise handelt es sich im Zusammenhang mit Gilgal um eine ironische Anspielung auf Bethel (»Haus Gottes«); doch kann auch ein unbehelligt gebliebenes heidnisches Heiligtum in Beth-Awen selbst gemeint sein. *So wahr der Herr lebt:* häufige Eidesformel (1Kön 1,17; Jer 16,14f), auch für einen falschen Eid belegt (Ri 8,19). *Tolle Kuh:* besser *störrische Kuh* (ZÜ, EinhÜ). **16** LÜ faßt diesen Vers als Frage auf, eine Vermutung, die sich aus dem Zusammenhang ergibt. Das *freie Feld* weist auf Wohlstand (s. Jes 30,23).

17 *Ephraim:* steht für Israel im Sinne der zehn Stämme des Nordreiches. Ephraim hatte immer eine führende Stellung unter ihnen eingenommen (Ri 8,2), doch es hätte dabei seiner bescheidenen Anfänge gedenken sollen (1Mo 48,14.19). *Zu den Götzen gesellt:* mit ihnen verbunden, geradezu mit den Götzen verheiratet. Vgl. Mal 2,14; 1Kor 10,20; 15,33f. Juda wird gemahnt, sich davon fernzuhalten. **18** *Eine Rotte von Zechern* (ZÜ): Trunkenheit (vgl. Am 2,12; 4,1; 6,6) und geschlechtliche Verirrungen waren weitverbreitet. *Den, der ihr Ruhm sein sollte* (ZÜ): so nach Textkorrektur. MT ist unverständlich (»lieben die Schmach ihrer Schilde« bzw. [EÜ]: ». . . Fürsten«). Andere übersetzen: »Schande ist ihr Schild«. **19** Wie durch einen plötzlichen Windstoß wird das Gewissen seines Schutzes beraubt, und nackte Scham tritt an seine Stelle. *Sie (fassen):* fem. sing., möglicherweise der weibliche Teil des illegitimen Verhältnisses: die Götzenbilder oder die Dirnen.

5,1–4 Sünden und Sündhaftigkeit. Ein Taumel hat das ganze Volk erfaßt; es hat keine Ahnung, welches Geschick ihm droht. **1** Hosea warnt (*höret . . . merke auf . . . nimm zu Ohren;* vgl. V. 8). *Euch ist das Recht anvertraut:* wörtl. »euer ist das Recht«; entweder wird auf das vernachlässigte Amt der Priester und des Königs angespielt, »Hüter des Rechts« (EinhÜ) zu sein, oder es ist zu übersetzen *Euch gilt das Gericht* (EÜ; ZÜ). Die drei Gruppen (Priester, Haus Israel, Haus des Königs) entsprechen den drei genannten Orten. In *Mizpa* war der erste König ausgerufen worden (1Sam 10,17–19). Die Könige von Israel hatten das Volk zum Götzendienst verführt, besonders Jerobeam I., dessen Sündhaftigkeit sprichwörtlich war (1Kön 14,16–2Kön 17,23 an verschiedenen Stellen). *Tabor:* Teil des Stammesgebietes von Isaschar (Jos 19,22f), wohl den Priestern zugewiesen (1Chr 6,62); vielleicht soll der Berg Tabor auch als Ort eines kanaanäischen Heiligtums an die kultischen Verfehlungen erinnern. **2** *Schittim:* das letzte Lager vor der Überquerung des Jordan (Jos 2,1; 3,1; vgl. Mi 6,5). Ihr dortiger Götzendienst wurde als Hurerei geschildert (4Mo 25,1–3). *Seid . . . geworden . . . eine tiefe Grube zu Schittim:* MT ist unverständlich. Wellhausen vermutet: »die Fallgrube von Schittim (haben sie tief gemacht)«, analog zu »Schlinge« und »Netz« in V. 1.

3 Wenn das Volk den Herrn auch nicht kennt, so kennt dieser doch sein Volk: *Ich* ist im hebr. Text betont; *nun:* als Folge, nicht zeitlich zu verstehen. *Ephraim . . . Israel* sind Synonyme. **4** Eingewurzelte üble Gewohnheiten verhindern wahre Reue (vgl. Jes 59,2; Jh 8,34; Röm 6,16; Hebr 12,17). Doch sie wollen darüber hinaus gar nicht Reue üben, wegen des *Geistes der Hurerei in ihrem Herzen* (vgl. Komm. zu 4,12). Und selbst wenn sie Reue üben wollten: *den Herrn kennen sie nicht* (vgl. Komm. zu 2,21f; auch Jh 3,19; Röm 1,28–32; 1Kor 2,14). Ihre Sünden wären ihnen vielleicht vergeben worden, hätte ihre Sündhaftigkeit sie nicht von Gott getrennt.

5,5–7 Die unverzeihliche Sünde. Hosea warnt nicht, sondern er sieht auch den endgültigen Untergang Judas voraus. **5** *Seine Hoffart:* vielleicht ein Wortspiel mit einem Gottestitel (»seine Hoheit«; 2Mo 15,7; Jes 24,14; Am 8,7) oder (eher) eine Bezugnahme auf Israels Stolz (vgl. Am 6,8). **6** Die Reihenfolge der genannten Tiere hebt die Handhabung der Opfer hervor und weist auf eine flüchtige, nicht ernst gemeinte Reue (s. 14,3). Derartige Halbherzigkeit wird Gott immer vergeblich zu finden suchen (vgl. Jes 55,6f; Jak 4,8) und keine Vergebung erlangen (Lk 12,8–10). **7** *Untreu:* d.h. ehebrecherisch (Jer 3,20). Israel hatte die Bande des Bundes mit seinem »Gatten« gelöst und *fremde Kinder* geboren, ein Geschlecht, das Gott nicht kannte. Vgl. Mal 2,13–16. *Der Neumond:* der nächste Monat, möglicherweise auch das heidnische Neumondfest. LXX liest: »die Heuschrecke«.

5,8–12 Unvermutete Verderbtheit. **8** *Die Posaune:* das Widderhorn (EinhÜ), Israels nationales Instrument, zumeist zum Signal bei Angriff oder Verteidigung verwandt (Jos 6,4ff; Hes 33,3). *Die Trompete:* ein Instrument für sakrale Zwecke, mit dem das Volk zusammengerufen wurde (4Mo 10,1–10). Beide sollten jetzt das Volk in einen Zustand furchtsamer Erwartung versetzen – möglicherweise ein Bezug auf den syrisch-ephraimitischen Krieg zwischen der syrisch-nordisraelischen Koalition und Juda vom Jahre 735 v. Chr. (vgl. Komm. zu 2Kön 16,5f). *Gibea, Rama* und *Beth-Awen* lagen unweit der Grenze der beiden Königreiche zwischen Ephraim und Benjamin und gehören zu Hoseas Zeit wohl zum Nordreich. Die Wendung *Man ist hinter dir her, Benjamin* war möglicherweise der alte Schlachtruf des Stammes (vgl. Ri 5,14). Eine geringfügige Änderung des hebr. Textes ergäbe *zittere, Benjamin* (vgl. LXX: »Benjamin ist verwirrt«, vgl. EinhÜ.). **9** *Ephraim:* im Hebr. betont. *Habe ich . . . treulich gewarnt:* genauer: *Zuverlässiges verkünde ich* (ZÜ).

10 Die Aufmerksamkeit wendet sich Juda zu (s. Einleitung). V. 10–14 beziehen sich sowohl auf Israel als auch auf Juda. *Die Grenze verrücken:* eine Einmischung in persönliche Streitigkeiten oder vielleicht Bezugnahme auf die Eingliederung israelitischen Gebiets unter König Asa (1Kön 15,20–22; vgl. 2Kön 14,25–28). **11** einige lesen: »Ephraim übt Gewalttat, zerbricht das Recht« (ZÜ); MT aber lautet: ». . . *ist unterdrückt*« (EinhÜ; vgl. EÜ). *Dem Nichtigen:* So nach LXX, was im Hebr. die Lesart *schaw* voraussetzt; andere lesen *zawah,* d.h. Satzung (EÜ). Kittel schlägt vor, *zaro(w)* zu lesen, d.h. »seinen Gegner«, womit der König von Assyrien (2Kön 17,3–6) gemeint sein würde. MT aber hat *zaw,* ein Wort, das nur noch in Jes 28,10 begegnet, wo es ein kindliches Geplapper umschreibt (s. Komm. dort). EinhÜ umschreibt dies mit »Unflat«, als abwertenden Ausdruck für Baal und seinen Kult; vgl. in der Kindersprache das abwertende »ba«. Auf jeden Fall tadelt Hosea das Volk, das statt Gott zu lieben hinter etwas anderem herläuft. **12** *Ich:* im Hebr. betont. Gottes Gerichtshandeln stellt sich bisweilen als ein allmählicher Zusammenbruch dar.

5,13–15 Das Versagen der menschlichen Instinkte. **13** Die Symptome waren wohl erkannt worden, aber die Medizin war falsch. Kein Volk, wie mächtig es auch war, vermochte Israels und Judas geistliche und sittliche Krankheit zu heilen noch sie vor Gottes Gericht zu bewahren. Indem sie sich Assyrien unterordneten und um Hilfe angingen (2Kön 15,19; 16,7–9; vgl. Jes 7,1ff), spielten sie Gott in die Hände. *König Jareb:* eine Identifizierung ist schwierig; »Großkönig« (ZÜ, EinhÜ) beruht auf einer geringfügigen Textänderung (andere Vokale). **14** Man beachte das viermalige *Ich.* Jahwe wird seine Beute zerreißen und in sein Lager wegschleppen. Bis zur Ankunft des Sohnes Davids (Mt 15,22ff) wird kein neuer David als Retter zur Verfügung stehen (Vgl. 1Sam 17,35). **15** deutet an, daß Gottes »Rückzug« von seinem Volk eine Chance enthält. Er wird warten, bis sein Volk sich seiner Sündhaftigkeit bewußt wird und sich ihm zuwendet.

6,1–6 Die Unfähigkeit, die Wahrheit zu fassen. Hosea faßt das oberflächliche Bekenntnis des Volkes in Worte, er stellt zusammen, was er gehört hat und weiß (V. 1–3). Von einem Erkennen oder Eingeständnis der Schuld kann keine Rede sein (5,15), vieles deutet im Gegenteil auf die Selbstbezogenheit des Volkes und eine Wiederaufnahme des Baalkultes hin. Die Antwort des Herrn besteht darin, daß er solche Worte zurückweist und erneut seine eigenen Bedingungen für eine Versöhnung nennt (V. 4–6).

1 *Kommt, wir wollen wieder zum Herrn:* Es wird der Eindruck lebhafter Rede erweckt, die nicht gerade eine der Situation entsprechenden Scheu Gott gegenüber verrät. **2** Hier ist vielleicht an die Auferstehungsriten der Fruchtbarkeitsgötter gedacht. *Nach zwei Tagen ... am dritten Tage:* meint wahrscheinlich nicht den exakten Zeitraum von zwei oder drei Tagen (vgl. Am 4,8; 2Kön 9,32). *Vor ihm:* unter seinem Schutz. Sie erhofften für sich selbstzufrieden das Beste. **3** Sie waren sich bewußt, daß es ihnen an Gotteserkenntnis fehlte, suchten diese indes, ohne selbst Bedingungen erfüllen zu wollen. *Danach trachten, den Herrn zu erkennen:* nimmt die Forderung Hoseas auf, ohne daß von Gehorsam die Rede wäre. *Regen:* der »Frühregen« fällt im Dezember. Er weicht den Boden auf, so daß er gepflügt werden kann, der »Spätregen« fällt im Frühling und ermöglicht das Wachstum. Das Land hing gänzlich vom Regen ab. Man dachte ganz in Kategorien einer Naturreligion (vgl. Jh 6,26).

4 Gott sieht ihre oberflächliche Reue und erkennt, daß ihre Liebe zu ihm sich bald verflüchtigen wird (vgl. Mt 13,21). Selbstgerechtigkeit versperrt den Weg zwischen Gott und Mensch (vgl. Lk 18,11f; Röm 10,3). *Liebe (chešed):* s. Einleitung. **5** Die Verbformen *schlage, töte, hervorkomme* könnten hier auch als prophetisches Perfekt übersetzt werden, also: »ich werde dreinschlagen«, »werde töten«, »mein Recht wird wie das Licht hervorkommen«. Beide Möglichkeiten passen in den Textzusammenhang. Die Prophetenworte haben die Schärfe göttlicher Autorität *(meines Mundes;* vgl. Hebr 4,12). Statt »Propheten« lesen manche mit einer geringfügigen Änderung des hebr. Textes »Steine« und sehen darin eine mögliche Anspielung auf die Gesetzgebung durch Mose. Doch ist diese Änderung unnötig. *Recht wie das Licht:* vgl. Jh 3,19–21.

6 Die Herrlichkeit des Neuen Bundes beginnt hier aufzuleuchten. Es scheint zunächst, daß Gott, nachdem er durch Mose die Darbringung von Opfern geboten hatte, anderen Sinnes geworden ist. *Und nicht ... und nicht:* Einige Kritiker haben in dieser Stelle (und in den fünf anderen, ähnlichen Stellen Jes 1,11–15; 43,22–24; Jer 7,21–23; Am 5, 21–25; Mi 6,6–8) einen Konflikt zwischen den Propheten und dem Opferkult gesehen. Die Propheten streiten jedoch nirgendwo die Gültigkeit eines im richtigen Geist dargebrachten Opfers ab. Sie verurteilen dagegen in jedem Fall die Sünden der Unsittlichkeit, Götzendienerei und Selbstgerechtigkeit, die einen Bruch des Bundes darstellen und die alle Opfer wertlos machen. Die Reue könnte allzu leicht erscheinen durch die Überzeugung, daß die bloße Darbringung von Opfern Vergebung bewirke. 3Mo 26,40–45 vertritt den gleichen Grundsatz: Bekenntnis und Demut gegenüber Gott bewirken Versöhnung. Die Aussage von V. 6 soll nicht so sehr irgendeine Ausschließlichkeit oder Bevorzugung andeuten, sondern die nötigen Prioritäten angeben. Die Tugenden der *Liebe* und *der Erkenntnis Gottes* (s. Einleitung), beides wesentliche Bestandteile des Bundesverhältnisses (Jer 31,3.34), sind es, die dem Kult den wesentlichen Sinn verleihen und ihn mit in den neuen Bund hineinnehmen. *Opfer:* ein allgemeiner Ausdruck. *Brandopfer* (wörtl. »das, was aufsteigt«): das Weiheopfer, bei der das ganze Tier verbrannt wurde (3Mo 1; 6,8–13; vgl. Eph 5,2; Phil 4,18); doch auch dies ist in seinem Wert abhängig von der Beziehung zu Gott, die sich in Erkenntnis (Jer 9,23) und Gehorsam (1Sam 15,22) ausdrückt. *Ich habe Lust* (ZÜ: »ich habe Wohlgefallen«): offenbart, daß Gott nicht nach der Sühne von Schuld verlangt, sondern nach der Liebe, die solche Sühne unnötig machen würde. Ebenso zieht Gott eine wahre Hingabe allen anderen Zeichen und Treuebeweisen vor. Jesus zitiert zweimal Hos 6,6 (Mt 9,13; 12,7), wobei er jedesmal die Pharisäer, die ihre Traditionen über ihr Verhältnis zu ihm und den Mitmenschen stellten, wegen ihrer Selbstgerechtigkeit rügt. Der Schriftgelehrte in Mk 12,32–34 beweist, daß er das Prinzip von Hos 6,6 erfaßt hat.

6,7–7,16 Gottes Langmut

Nach der ersten Strenge eines Richters weist Gott auf seine Langmut hin (Kap. 7). Allerdings ist hier die Rede davon, daß die Dinge sich hätten anders gestalten können, wenn Israel seiner geduldigen Einladung gefolgt wäre; statt dessen erweist es sich als widersetzlich und nachlässig (7,1.7.10.13.15).

6,7–7,2 Das treulose Gottesvolk. **7** Das Unheil begann, indem Israel den Bund brach. *Adam:* hier wohl der Name einer Stadt (vgl. die folgenden Ortsnamen, und Jos 3,16); im Hebr. ist dann aber *be'adam* statt *ke'adam* zu lesen. *Übertreten:* das hebr. Wort wird auch für das Überschreiten eines Flusses gebraucht (vgl. Jos 3,16). Worauf hier und in V. 8 angespielt wird, wissen wir nicht. Möglicherweise ist an Achans Sünde gedacht (Jos 6,18f; 7,1.11; vgl. Hos 2,17). Auch folgende Wiedergaben wurden vorgeschlagen: »in Adam« (dem Menschen) oder (so MT wörtl.) »gleichwie Adam« (obwohl von einem Bund zwischen Gott und ihm nicht die Rede ist), oder ganz allgemein »wie die Menschen«. Es ist durchaus möglich, daß hier ein Doppelsinn beabsichtigt ist. Hosea nimmt dann den Ortsnamen Adam aus der Erzählung von Josua, um zu zeigen, daß gerade zur Zeit der Erneuerung des Bundes (Jos 3,16; 5,1–12) Israels ungewandeltes Herz durch Achans Sünde offenbar wurde. Gleichzeitig gibt er einen versteckten Hinweis auf Adam als den Vater aller selbstsüchtigen Sünde. **8** *Gilead* (vgl. 12,12) war als Stätte des Lasters bekannt. **9** An *Sichem* knüpften sich bedeutsame Erinnerungen, speziell in Verbindung mit dem Bund: dort lagerte Abram zum ersten Male (1Mo 12,6f), und Josua versammelte dort das Volk (Jos 8,30–35; 24, bes. V. 25). Später war dort allerdings der Baalkult eingedrungen (vgl. Ri 9,4 – Baal-Berith, »Herr des Bundes«). Sichem war außerdem eine der Freistädte (Jos 20,7). Diese Tatsachen lassen erkennen, daß die Verbrechen auf dem Boden begangen wurden, der durch Gottes Heilstaten an seinem Volk geheiligt war; doch niederträchtigen Sündern ist nichts heilig.

10 Das *Haus Israel:* entweder das Volk selbst (vgl. 1,4.6; 5,1) oder – falls Bethel zu lesen ist, wie das Wort *da* (LÜ) nahelegt – das dortige Heiligtum. *Ephraim* und *Israel* sind synonyme Namen. **11** wird von Einigen als spätere redaktionelle Einfügung angesehen (s. Einleitung). **7,1** Der Herr ist bereit, sein Volk zu segnen, sieht sich aber durch dessen Zustand und Missetaten daran gehindert. *Samaria:* die Hauptstadt des israelitischen Nordreiches und Stätte eines Götzenheiligtums (1Kön 16,32). Wie alle Hauptstädte, kann es das ganze Land repräsentieren. Betrügereien, Einbrüche und Straßenraub sind für die allgemeine Sittenverderbnis kennzeichnend. **2** Das größte Hindernis für eine Wiederherstellung ist die Weltlichkeit, die Gott völlig aus dem Blick verloren hat (vgl. Hebr 12,16f).

7,3–7 Keine Achtung vor gottlosen Machthabern. Die Zeit war durch zahlreiche Attentate und durch Staatsstreiche gekennzeichnet. Und die Könige selbst waren gottlos. **3** *Erfreuen:* Durch kriecherische Dienstwilligkeit und listige Schmeicheleien halten sie den Hof bei Laune und sorgen dafür, daß keinerlei Verdacht auf sie fällt. **4** *Allesamt Ehebrecher:* dadurch, daß sie den Bund mit Gott brechen. Das »Aufhören mit Schüren« (EÜ; ZÜ; EinhÜ; anders LÜ) und der parallele Vorgang des Knetens usw. läßt sich auf zweierlei Weise deuten: a) wenn das Feuer nicht geschürt wird, reifen neue Anschläge, oder b) das Feuer wird unter Kontrolle gehalten, um ein »Überkochen« der Pläne zu vermeiden. **5** *Unseres Königs Fest:* vermutlich ein persönlicher oder offizieller Gedenktag. *Zieht die Spötter zu sich,* wörtl. *streckt seine Hand aus mit den Spöttern* (EÜ): der Text ist unklar. EinhÜ versucht den Sinn wiederzugeben: (Wein) »dessen Kraft die Wortführer umwirft«. *Spötter:* vielleicht »Betrüger«. Erwägenswert ist auch folgende Deutung der »ausgestreckten Hand«: »Er selbst stößt unwissend mit seinen Verrätern an« (so *Die Bibel in heutigem Deutsch).* **7** deutet das gewaltsame Ende mehrerer *Richter,* d.h. *Regenten* (EinhÜ) an. Man beachte die fatalen Folgen eines Lebens ohne Gebet: statt Gott zu vertrauen, nehmen die Revolutionäre die Sache selbst in die Hand.

7,8–10 Niedergang des Volkes. 8 Anstatt sich von anderen Völkern zu unterscheiden, ist Ephraim bloß eines unter vielen im Völkergemisch der Region, so wertlos wie ein halb verbrannter Kuchen. **9** *Doch er* (im Hebr. betont) *will es nicht merken:* obwohl sein Kräfteverfall offenkundig ist, lebt er, als wäre nichts geschehen. Seine sogenannten Beschützer Assur und Ägypten brachten das Land mit ihren Tributforderungen an den Rand des Ruins, und der Baalskult zerstörte die geistliche und sittliche Substanz des Volkes: *Seine Haare sind schon grau geworden.* **10** *Israels Hoffart:* s. Komm. zu 5,5. So groß ist der moralische Niedergang, daß niemand mehr erstrebt, die Zustände zu bessern.

7,11–13 Schaukelpolitik. 11 Ein Unentschlossener ist »unbeständig in allen seinen Wegen« (Jak 1,6–8). Ephraim umwarb Ägypten und lief Assur hinterher (2Kön 17,3f). Seine Außenpolitik drehte sich nach dem Wind und war doch immer verfehlt, denn sie entbehrte einer festen moralischen Grundlage. Diese überängstliche Abhängigkeit von ausländischen Mächten wurde auch von anderen Propheten jener Zeit kritisiert (vgl. Jes 30,1–7). **12** *Wie es ihrer Gemeinde verkündet ist:* so MT; eine geringfügige Textänderung ergibt: *wegen ihrer Bosheit* (ZÜ). Beide Möglichkeiten lassen sich ohne Probleme im Zusammenhang des Textes erklären: entweder »wie die Propheten vorausgesagt haben« oder: »wegen ihrer Missetaten« wird Gott sie bestrafen. **13** Die Möglichkeit des »Loskaufs« *(erlösen)* aus ihrer sklavischen Abhängigkeit von fremder Hilfe wird durch ihre *Lügen* zunichte gemacht, die vielleicht darin besteht, daß sie Segnungen dem Baal zuschreiben.

7,14–16 Große Undankbarkeit und Unaufrichtigkeit. Ungeachtet all dessen, was der Herr für sie getan hat, zeigen sie ihm durch ihre unaufrichtige Verehrung oder eindeutige Götzendienerei ihre Geringschätzung. **14** Sie *machen ein Geheul auf ihren Lagern:* vielleicht eine Anspielung auf den Baalskult (vgl. Hes 23,17), wie es die nächste Wendung ist: *Sie ritzen sich wund um Korn und Wein:* Man nahm an, daß Baal der Erde Fruchtbarkeit verlieh; Einschnitte in den Körper waren eine rituelle Handlung, um Baal zum Handeln zu bewegen (vgl. 1Kön 18,28; Jer 16,6). Die Menschenwürde wurde dabei gering geachtet. **15** *Ich:* im Hebr. betont. **16** *Aber nicht recht:* Das hebr. *l'o'al,* ist unübersetzbar, allenfalls »nicht nach oben«. LXX liest umgekehrt: *'al l'o,* »zu nichts«, d.h. »zu nutzlosen Götzen« (vgl. EinhÜ). Weitere Vermutungen verändern den Text noch stärker, z.B. *labbelija'al,* »zum Verderben« oder *labba'al,* »dem Baal zu« (vgl. LÜ). Die Unaufrichtigkeit wird mit einem *trügerischen Bogen* (ZÜ) verglichen, der in eine andere Richtung als die erwartete schießt. Die Parallelisierung von *Schwert* und *Zunge* ist treffend (vgl. Offb 1,16).

8,1–14 Das Gericht droht

Die wiederholte Weigerung zu bereuen (Kap. 7), macht die Reue immer schwieriger und schließlich unmöglich (8,3.12.14). Das drohende Gericht wird jetzt rasch erfolgen (8,3.7.8.10.14).

8,1–6 Gebrochener Bund – zerbrochener Götze. Israel schenkte dem Herrn keine Beachtung, weder in seiner Politik noch in seinen Gottesdiensten. **1** Der lautlos und regungslos verharrende *Adler* erscheint nur als ein kleiner Fleck am Himmel, aber er ist jederzeit bereit, sich auf die Beute herabzustürzen (vgl. Jer 49,22). *Stoße laut in die Posaune . . .:* LXX liest »streue Staub auf deine Brust . . .«, ein Zeichen des Schmerzes. Doch ist der überlieferte Text gut verständlich, wörtl. *Die Posaune an deinen Mund* (EÜ), d.h. »gib Alarm«. Gott nennt die tiefste Ursache seines Gerichts: das Lösen der persönlichen Beziehung durch den Bruch des Bundes und die Erregung seines Mißfallens durch die Nichteinhaltung seines Gesetzes. **2** Sie hingen an einer Gnadenerfahrung, die der Vergangenheit angehörte. *Du bist mein Gott* oder als Ausruf: *Mein Gott* (EinhÜ), *wir, Israel, kennen dich:* ein oberflächliches Bekenntnis (vgl. Mt 7,22f). **3** Das Volk hatte alle Chancen zum Guten gehabt.

4 *Sie machen Könige . . . Obere:* bezieht sich weder auf die Reichsteilung, die die Erfüllung der Drohung Gottes gegen Salomo war (1Kön 11,9–13; vgl. 12,24), noch auf die ursprüngliche Bitte um einen König (1Sam 8,19–22), sondern auf die häufigen Thronbesetzungen durch nichtdavidische Usurpatoren. **5** Wie Israel das Gute verwarf, so verwirft Gott das Böse. *Kalb:* das Kultsymbol, das vermutlich in Bethel stand (10,5). **6a** *Ein Goldschmied . . . hat gemacht:* Was von Menschenhand geschaffen ist, vermag Gott weder zu fassen noch zu repräsentieren (vgl. 1Kön 8,27; Apg 17,24f.29). **6b** *Zerpulvert:* d.h. »in tausend Stücke geschlagen« (vgl. 2Mo 32,20).

8,7–10 Gott läßt sich nicht spotten. **7** Israel hat, bildlich gesprochen, mit seinem Götzendienst in seinen inneren und äußeren Angelegenheiten *Wind* gesät; jetzt steht die große Ernte bevor. Vgl. Spr 22,8; Gal 6,7. *Sturm:* d.h. die Vernichtung; vgl. LXX *katastrophe.* Auf den Feldern sieht es trostlos aus; Gott führt Israel die Nutzlosigkeit des Baal vor Augen. Man beachte die Stufen des Bildes: Wer zunächst noch Erfolg zu haben scheint, wird doch bald scheitern. **8** Israel hat seine Identität als Gottesvolk eingebüßt. *Gefäß:* bildlich für Diener (vgl. Jer 22,28; 48,38; 2Tim 2,20f). **9** *Laufen . . . einsam wie ein Wildesel:* der Wildesel gilt als Herdentier, daher vielleicht besser: »machen sich allein (d.h. eigensinnig) auf den Weg«. **10** *Müde werden, Könige und Obere zu salben:* so nach LXX; meint: sie werden keine eigenen Könige mehr haben (»ein wenig« [ZÜ] deutet auf eine mögliche spätere Wiederaufnahme des Königtums hin), oder: sie werden von der Last eines Hofes befreit werden, der mehr Verpflichtungen mit sich bringt als Nutzen. Doch nach MT ist eher mit einer kleinen Änderung zu lesen: sie sollen »sich krümmen unter der Last des Königs der Fürsten« (EinhÜ), d.h. dem Assyrerkönig tributpflichtig werden; vgl. EÜ.

8,11–14 Noch einmal Ägypten. **11** Was eigentlich auf die Sündenvergebung weisen sollte (vgl. 3Mo 17,11), ist Anstoß zur Sünde geworden (vgl. Röm 7,10). Zu jeder Zeit sollte nur ein Altar für das ganze Volk an der von Gott bestimmten Stelle aufgestellt werden (vgl. 5Mo 12,26f; 14,24; 27,4–8; 2Kön 21,4f). **12** *Aufschreibe:* legt die Vermutung nahe, daß Hosea bereits mit einem geschriebenen Gesetz vertraut war (vgl. 5Mo 31,24; 2Kön 22,8). Die Anweisungen in Hos 4,2 und 13,2.4 spielen möglicherweise auf die Zehn Gebote an, obwohl das nicht sicher ist. *Auch noch so viele:* Sie hatten sich Gott so sehr entfremdet, daß sie sich auf die Einzelheiten seiner Gebote nicht mehr zu besinnen vermochten. **13** *Wenn sie auch viel opfern:* MT ist kaum zu übersetzen; nach kleiner Änderung ergibt sich: *Schlachtopfer lieben sie* (ZÜ, EinhÜ). Das Volk aß nur das Lob- und Dankopfer (3Mo 7,15–19), den Priestern stand ein Anteil an diesen Opfern zu (3Mo 7,31–36). Aber weil ihre Herzen böse waren, waren ihre Opfer unwirksam. Gott hatte ihnen zugesagt, daß sie niemals nach Ägypten zurückkehren sollten (5Mo 17,16); Hosea kündigt nun die Rückkehr zu Erniedrigung und Unterdrückung an, unter der sie in Ägypten gelitten hatten (vgl. 9,3). **14** Dieser Vers erinnert an Amos (2,5). *Paläste:* große Gebäude, auch Tempel; aber menschliche Leistungen gereichen nicht immer zum Ruhme Gottes (vgl. 1Mo 11,1–9). So greift Gott nun um seiner eigenen Sache willen ein.

9,1–17 Der Anfang vom Ende

Der Urteilsspruch ist gefällt; nunmehr wird die Art der Vollstreckung dargelegt. Das Volk soll nicht im Land bleiben, sondern nach Assyrien verbannt werden (V. 3–6) und schließlich als Strafe für die Sündhaftigkeit, der es seit vielen Generationen verfallen ist, heimatlos werden (V. 15–17).

9,1–6 Eine harte Lektion. Hosea predigte möglicherweise an einem der großen Erntefeste. **1** Die *Völker:* hier sind die heidnischen Völker gemeint. *Hurenlohn:* Man nahm an, daß die Baale Verehrung mit reicher Kornernte belohnten. **2** Obwohl die Ernte üppig ist, wird sie doch nicht ausreichen. Die Genußsucht wie auch die Hinwendung zu Naturreligionen anstelle der Erkenntnis Gottes muß notwendigerweise Enttäuschungen mit sich bringen. **3** Jahwe zeigt, wem das Land gehört. *Nach Ägypten:* s. Komm. zu 8,13; die Erwähnung Assyriens macht deutlich, daß Ägypten als Metapher aufzufassen ist. **4** *Wein* wurde insbesondere bei den Erntefeiern und am Versöhnungstag ausgeschenkt (3Mo 23). Der Herr bekundet sein Mißfallen dadurch, daß er *ihr Brot* (MT: *Trauerspeise;* EÜ) als unrein und verunreinigend ansieht (4Mo 19,14) und sich weigert, ihre Getreideopfer anzunehmen. **6** In *Memphis* befand sich einer der größten Begräbnisplätze Ägyptens. *Nesseln . . . Dornen:* sie stehen fur ein verlassenes und verödetes Land. Im lebenslangen Exil werden sie dem guten Leben in der Heimat nachsinnen.

9,7–10 Die Sünden der Väter werden an den Kindern heimgesucht. **7** *ist gekommen:* im Hebr. prophetisches Perfekt. *»Ein Narr ist der Prophet«:* entweder ist von einem falschen Propheten die Rede oder (eher) wird die Volksmeinung über einen wahren Propheten wiedergegeben (so LÜ); denn der parallele Ausdruck *Mann des Geistes* wird nie mit Bezug auf einen falschen Propheten gebraucht. **8** Der wahre Prophet wird, obwohl es ihm um das Wohlergehen seines Volkes zu tun ist, verachtet und verworfen (vgl. Jes 53,3; Jer 38,4). *Spähte wohl aus:* vgl. Hes 33,1–9. **9** *Gibea* war Schauplatz mannigfacher Grausamkeiten (Ri 19f). Israel hatte sich seither nicht gewandelt, auch konnte man seine Sündhaftigkeit nicht der Umwelt zur Last legen. **10** Israels Frühzeit schien vielversprechend, doch der Kontakt mit Baal deckte bald die wahre Gesinnung auf; es war kein zeitweiliger Abfall, sondern *sie . . . gelobten sich dem . . . Abgott. Wurden so zum Greuel:* Die Menschen werden in ihrer Art genauso wie der Gott, dem sie dienen. Vgl. Ps 115,8; Röm 8,29.

9,11–17 Von Gott verlassen. **11** Das Volk hat keine Zukunft mehr, keine Hoffnung auf Nachkommen, ja nicht einmal mehr die Möglichkeit, Kinder zu bekommen: Welche Ironie angesichts des Fruchtbarkeitskultes und eines Landes, dessen Name übersetzt »fruchtbar« lautet (1Mo 41,52)! **13** *Herrlich gepflanzt wie Tyrus:* MT ist schwer verständlich. *Tyrus* war die Heimat Isebels und ihres Gottes Melkart. Die meisten übersetzen nach LXX: (Ephraim macht) *seine Kinder zur Beute der Jäger* (EinhÜ). Vielleicht bezieht sich dieser Vers auf die Gottlosigkeit von Menschenopfern (2Kön 17,16–18) oder auf nicht näher bezeichnete Bluttaten im Exil. **14** Moses stellt fest, daß keine Kinder besser sind als Kinder, die auf grausame Weise umgebracht werden.

15 *Gilgal* war trotz seiner Verbindung mit Israels erstem König (1Sam 11,15) ein Brennpunkt der derzeitigen Abtrünnigkeit. Die Reinigung *meines Hauses* spiegelt möglicherweise Hoseas Verhaltensweise gegenüber seiner Frau Gomer wider. Vgl. auch Mk 11,15–18. *Ihre Oberen sind abtrünnig:* enthält ein Wortspiel *(śarehem śorerim). Liebe (ᶜahabah):* Sie haben ihren Anspruch auf Gottes Zuneigung verwirkt, er mag sie nicht mehr.

16 *Seine Wurzel:* vgl. Mt 3,10; Mk 11,20. **17** Dieser Vers ist analog zu 2Kön 17,23. Der Grund für Gottes Handeln ist der beständige Ungehorsam. Da sie von ihm gewichen sind (7,13), müssen sie jetzt ohne ihn umherirren. *Mein Gott:* Hoseas Herz wird zwischen seinem Gott und seinem Volk hin- und hergerissen.

10,1–15 Das Ausrotten der Wurzeln des Übels

Das Volk ist angeschlagen wie ein kranker Baum (9,16; 10,1). Doch Gott hat beschlossen, daß es nicht wieder heranwachsen soll, um verdorbene Früchte zu tragen: der Baalskult und das abtrünnige Königtum sollen ausgerottet werden (10,2.8.15). Gott gibt sich nicht mit dem Fällen der Bäume zufrieden, sondern ist entschlossen, auch die Wurzeln auszureißen, damit sie nicht erneut austreiben.

10,1–6 Keine Götzenbilder mehr. **1** Der Weinstock versinnbildlicht Wohlstand (1Kön 5,5; vgl. Jh 15,1). Je mehr Gott Israel segnete, desto mehr benutzte es seine Gaben zur Baalsverehrung. *Altäre:* s.Komm. zu 8,11.

Steinmale waren verboten (5Mo 16,21f). **2** *Falsch:* wörtl.: »ist geteilt«, d.h. sie haben zwei Gesichter. Der Herr wird sich nun so verhalten, wie sie sich dem Baal gegenüber hätten verhalten sollen (vgl. 5Mo 7,5). **3** Das Volk ist völig entmutigt. *Keinen König:* Niemand ist würdig, König zu heißen; keiner ist davidischer Abstammung. Sie sehen ihre Torheit ein (*wir fürchteten den Herrn nicht*), zeigen sie sich aber sogleich als noch törichter, indem sie sich ausmalen, wie ein irdischer Herrscher handeln würde. **4** Keiner verdient Vertrauen; hier ist möglicherweise an die schwankende Haltung des Königs Hosea gedacht (2Kön 17,3f). *Giftiges Kraut:* unerwünscht, doch es wächst unvermeidlich dort, wo keine Feldfürchte angebaut werden. **5** Israels letzte Hoffnung, das Standbild in Bethel, soll vernichtet werden. *Kalb:* MT *Kälber,* vielleicht eine verächtliche Übertreibung. *Beth-Awen:* s. Komm. zu 4,15. *Götzenpfaffen:* hebr. *Komer,* ein nur im üblen Sinn verwendetes Wort für Priester (auch 2Kön 23,5; Zeph 1,14). *Zittern:* wörtl. *beben;* daher übersetzen einige »mögen auch die Priester jubeln« (EinhÜ). **6** Hosea zeigt, wie verachtenswert dies *Kalb* ist; man wird es triumphal verspotten. *Klugheit:* MT wörtl. »Ratschluß«; vgl. ZÜ. Angesprochen sind die Bündnisse mit Ägypten und insbesondere mit Assyrien.

10,7–15 Keine weiteren Könige. **8** Seit Jerobeam I. hatten die Könige Israel zur Sünde verführt (2Kön 17,21f), und viele von ihnen hatten die Baalsheiligtümer nicht nur fortbestehen lassen, sondern sogar erweitert. *Disteln und Dornen* werden die Altäre überwuchern und niemand wird etwas dagegen unternehmen können. *Sie:* die Israeliten, vielleicht aber auch ihre Altäre. *Bedecket . . . fallet über uns* (vgl. Lk 23,30): dieser Ausruf drückt großes Schamgefühl aus. **9** Vgl. Komm. zu 9,9. **10** Wie sich die Stämme einst wegen der Schandtat in Gibea gegen Benjamin erhoben, so werden die Völker gegen Israel aufstehen. *Zwiefache Sünde:* zum einen ihre götzendienerischen Praktiken, zum anderen ihr Vertrauen auf fremde Hilfe. *Strafen wegen:* wörtl. (mit anderen Vokalzeichen) *binden an* (EÜ).

11 In seiner Jugendzeit erfüllte Ephraim Gottes Willen und empfing für seinen gehorsamen Dienst den verdienten Lohn (vgl. 5Mo 25,4). Die Pflicht, einst ein Vergnügen, ist jetzt zur Plackerei geworden. **12** Hosea appelliert an das Volk: Der Gott des Heils wird seine Gnade wie einen erfrischenden Regenschauer auf die Menschen geben, die ihn suchen. *Säet:* vgl. 2,24f. Sie erwarteten unverzüglich die Ernte, doch zunächst mußten sie ihr Glaubensleben erneuern. *Pflüget:* wegen des harten Bodens wurde häufig nur oberflächlich gepflügt, und so fiel die Saat oft zwischen die Dornen. Sie müssen jetzt hart arbeiten, doch die *Liebe (chešed)* wird die Ernte sicherstellen.

13 Sie haben gesät, aber schlechte Früchte geerntet und gegessen. Dieses Bild drückt die Abhängigkeit von Verteidigungsbündnissen und Truppen aus. **14** *Beth-Arbeel:* eine offensichtlich zerstörte, uns unbekannte Ortschaft; nach einigen Arbela (1Makk 9,2). *Schalman:* vermutlich ist nicht Salmanassar V. von Assyrien gemeint, sondern König Salamanu von Moab, ein Vasall des Tiglat-Pileser. Das Ereignis ist nicht näher bekannt. **15** Israel wird es schließlich genauso ergehen wie Beth-Arbeel. Gottes Gerichtshandeln ist nicht willkürlich: er wird ohne Ansehen der Person nach eines jeden Werk richten (1Petr 1,17).

11,1–14,1 Die Tragik des Gerichts

Als Gott das Gericht an Israel vollzog, strafte er es nicht bloß wegen seiner Sünden, sondern verwarf das Volk, das er zu seinem Erbe erwählt hatte. Darin liegt die ganze Tragik.

11,1–11 Kummer und Liebe des Herrn

Die Ähnlichkeit mit dem Gleichnis vom verlorenen Sohn (Lk 15,11–24) ist augenfällig. Beide Texte offenbaren das große liebende Vaterherz Gottes.

11,1.2 Ein eigensinniger Knabe. **1** Als Israel ein noch *junges* Volk war, hörte Gott seinen Notschrei und befreite es aus der Knechtschaft (2Mo 3,9f). Der ntl. Gebrauch dieses Verses (Mt 2,15) weist darauf hin, daß die Prophetie sich an einem anderen erfüllt hat (vgl. Röm 11,28). **2** Die hochgespannten Hoffnungen des ungebundenen Willens zerschellen bald am Eigensinn. *Opfern:* eine eingewurzelte Gepflogenheit (vgl. 1Kor 10,1–12).

11,3.4 Väterliche Fürsorge. **3** Von der nimmermüden, aufopfernden Fürsorge eines Vaters für seine kleinen Kinder wissen sie nichts. Ephraim verdankte Fähigkeiten, Kraft und Wohlergehen dem Herrn. **4** *Ich . . . Liebe:* Anstatt sie mit Peitschen anzutreiben, lenkte der Herr sie mit Liebe und Verständnis. Der rücksichtsvolle Hirt hilft ihnen *das Joch auf ihrem Nacken tragen,* um ihnen beim Weiden Erleichterung zu schaffen.

11,5–7 Starrköpfig und herzlos. **5** *Daß sie nicht wieder nach Ägyptenland zurückkehren sollten:* ungeachtet all dessen, was Israel seiner Sündhaftigkeit wegen verdient hatte, wollte der Herr seine große Heilstat der Befreiung aus Ägypten nicht rückgängig machen. Doch nun wird Israel zwar nicht in die Knechtschaft nach Ägypten zurückkehren, aber dem assyrischen Eroberer erliegen. Dies geschah im Jahre 722 v. Chr. Der Widerspruch zu 8,13 und 9,3 ist nur ein scheinbarer.

Viele verstehen Ägypten nicht bildlich und übersetzen »Sie müssen zurück ins Land Ägypten« (ZÜ; EinhÜ); die Verneinung in V. 5 *(lo')* sei ein Abschreibfehler und gehöre zur letzten Wortform V. 4 (. . . *lo* = ihm). Doch ist diese Annahme unnötig, s. Komm. zu 9,3. **6** *Das Schwert* wird als gieriges Ungeheuer geschildert.

11,8.9 Die Spannung von Gerechtigkeit und Liebe. **8** Hier tun wir in einem menschlichen Bild einen Blick in das Herz Gottes. Sein Herz ist *andern Sinnes* (ZÜ: »kehrt sich um«), seine Gefühle sind in Aufruhr, seine *Barmherzigkeit* ist entbrannt. Der bloße Gedanke an die Preisgabe Ephraims und Israels ist ihm eine Qual. *Adma, Zeboïm:* zwei mit Sodom und Gomorra zerstörte Städte in der Ebene (5Mo 29,21f; vgl. 1Mo 10,19; 14,2; 19,24). **9** Sein sich nicht wandelndes und unwandelbares Wesen ist es, das das entscheidende Wort spricht. Um sich selber treu zu bleiben, muß er auf Mittel und Wege sinnen, seinem Volk Gerechtigkeit widerfahren zu lassen. Der *Heilige* ist *in deiner Mitte* (EÜ), um die verlorenen Schafe des Hauses Israel zu suchen (Mt 15,24), und ist gekommen, um sein Leben hinzugeben als Lösegeld für viele (Mt 20,28).

11,10.11 Stürmische Heimkehr. **10** Der Löwe von Juda (Offb 5,5) wird brüllen, und seine Jungen werden zitternd herbeieilen und seine Junglöwen in großen Sprüngen die Wüste durchqueren. *Von Westen her:* wörtl. *vom Meere* (EÜ), d.h. von den Küstenländern; möglicherweise handelt es sich jedoch um eine prophetische Bezugnahme auf die ganze Welt am Jüngsten Tage. **11** Die heimwärts strebenden Vögel werden den Rückweg vom Zug in die Ferne zu ihrem heimatlichen Ruheplatz rasch finden. Zur Rückkehr in das verheißene Land vgl. Hes 36,24ff; Joel 4,6f.

12,1–15 Wohlergehen setzt Glauben voraus

Die Hoffnung auf Wiederherstellung dämmert allmählich im Volk auf (11,8–11). Doch Hosea tadelt es wegen der Handelsverträge, die es mit fremden Völkern abgeschlossen hat (12,1–2), indem er auf die Erzväter verweist (12,4f.10–14). Durch göttliche Fügung wurden Jakob in Kanaan und seine Nachfolger in der Wüste behütet, da sie an das Wort Gottes, wie es ihnen durch die Engel und die Propheten zuteil wurde, glaubten (12,5.11.14). Trotz dieser Lehren verharrt Ephraim bei seiner starren Haltung (12,9.12.15).

12,1–2 Handeln ist kein Ersatz für Wahrheit. **1** Zeugen, die Israels Unredlichkeit bekunden, drängen sich um den Richter. **2** *Wind:* oft Vergänglichkeit (vgl. Pred 1,6.14); eine planlose, blinde Jagd. *Ostwind:* ein sengender Wüstenwind. Um ihre Wirtschaftslage zu verbessern, schließen sie Handelsabkommen mit gottlosen Völkern ab.

12,3–7 Jakob wurde Israel. **3** *Rechten:* vgl. 4,1. **4** *Im Mutterleibe:* s. 1Mo 25,22.23. *Betrogen* spielt an auf »Jakob«, *gekämpft* auf »Israel«. Jakob hatte sich den Erstgeburtssegen erlistet (1Mo 27,18–29). **5** Der Segen war es, der sein Wesen wandelte (1Mo 32,24–28). *Bethel:* eben jener Ort, an dem Israel Götzendienerei trieb. (In der Genesis kommt das Ereignis von Bethel [1Mo 28,19] vor dem von Pniel [1Mo 32,21] vgl. aber 1Mo 35,7.) **6** Hoseas Absicht ist es, »Israel« mit »Jakob« zu verknüpfen und das Gesicht von Bethel mit Jahwes Namen und Titel. *Name:* wörtl. »Erinnerungszeichen«. **7** Hosea fordert Israel auf, sich seines großen Namens würdig zu erweisen. Doch ohne die Hilfe des Herrn vermag sich niemand an Gott zu wenden.

12,8–10 Israel ist Kanaan geworden. **8** *Kanaans Händler:* Die Betrügereien der Kanaaniter waren sprichwörtlich. *Falsche Waage:* ein schlimmerer Betrug als der des Stammvaters Jakob, mehr noch: Israel gefällt sich in der Rolle des Schwindlers. **9** Gott warnte Israel vor diesem Stolz auf seine Leistungen, mit dem es sich zugrunde richten würde (5Mo 8,17–19). Doch selbst wenn Ephraim reich wäre, verfügt es doch nicht über diejenige Währung, mit der es seine Schuld vor Gott abzutragen vermöchte (vgl. Mi 6,7). **10** Gott erinnert sie an seine Erlösung, die das Ziel ihrer *Feste* war (4Mo 10,10), an seine Fürsorge, als sie während des Laubhüttenfestes *in Zelten* wohnten (3Mo 23,39–44; 5Mo 16,13–15).

12,11–15 Der Glaube kommt aus der Predigt. Gott benutzte jede Gelegenheit, um ihre Aufmerksamkeit zu erregen (vgl. Jer 7,13.25). **11** Und er benutzte sämtliche Mittel: gewöhnliche Rede, Visionen und Gleichnisse. **12** *Gilgal . . . Steinhaufen (gallim):* ein Wortspiel. Während man in ebenem Gelände Steine auf den Feldern zu Haufen aufschichtete, benutzte man sie im Bergland zur Terrassierung der Hänge zu Feldern. Die Altäre würden Schutthaufen gleichen. **13** Manche Kommentatoren meinen, dieser Vers müsse auf V. 5 folgen, doch paßt er hier sehr wohl hin: das Metrum ähnelt dem von V. 14, und beide Verse enden mit demselben Verb »hüten« *(schamar).* **14** *Durch einen Propheten:* d.h. Mose vgl. 5Mo 18,18. Es wird an die erlösende und bewahrende Kraft des Wortes Gottes erinnert. Wie Jakob aus Liebe zu der ersehnten Frau Schafe hütete (1Mo 29,20), so behütete der Herr Israel aus Liebe (5Mo 7,7). **15** *bitter erzürnt:* vielleicht Anspielung auf die Ereignisse in Mara (2Mo 15,22–25).

13,1–14,1 Ephraims Untergang

Das Ende naht: ein vergessener Heiland ist ein furchtbarer Feind (13,4–9). Der letzte mögliche Schimmer von Reue verblaßt: der Wille des Volkes schwindet dahin, es verscheidet im Schoß der Verzweiflung (13,13).

13,1–3 Der Tod ist der Sünde Sold. **1** Möglicherweise ist Ephraim, der führende Stamm, gegen den sich die anderen nicht aufzulehnen wagen, das Subjekt aller Verben. Dieser Gebrauch ist im Hoseabuch ungewöhnlich. Sellin hält dafür, daß das Betonte *er (war erhoben)* einen Wechsel des Subjekts erfordert, und zwar wie folgt: »Er redete .. und lud Schuld auf sich, Moses nahm sie auf sich ... und starb«. Auf jeden Fall wird der Zusammenhang zwischen Sünde und Tod offenbar (Röm 6,23). **2** Von Menschen gemachte Götter bedeuten eine Mehrung Sünde, bei ihrer Erfindung sowohl wie bei ihrer Verehrung. *Küssen:* zum Zeichen der Huldigung (vgl. Ps 2,11). **3** Vier Bilder der Vergänglichkeit: *Wolke, Tau* (vgl. 6,4), *Spreu* (vgl. Ps 1,4; Mt 3,12), *Rauch* (Jes 51,6).

13,4–11 Der Befreier wird zum Zerstörer. **4** Vgl. 12,10. Ein Gott, der nicht zu retten vermag, ist keiner. Kein anderer Gott ist erkennbar. **5** Keiner »kennt« sein Volk (s. EÜ), d.h. liebt und führt es (s. Komm. zu 2,21f). *Im Lande der Gluten* (EÜ): die Wüste war ein Prüfstein für Israel wie für den Herrn. **6** Die Befriedigung ihrer Naturtriebe führte zu geistlichem Hochmut (vgl. 5Mo 8,11–17): man beachte das *darum* (vgl. Jh 6,26). **7** *Am Wege lauern:* Die alten Übersetzungen (LXX, Peschitta und Vulgata) haben *'aschur* (ich lauere) mit kurzem *a* gelesen, d.h. »am Wege (nach) Assyrien« (*'aschschur*) (um Unterstützung zu erlangen), entsprechend »dort« in V. 8. Vielleicht ist der Gleichklang beabsichtigt. **10** Jahwe fordert die Könige und Fürsten Israels auf, die Verteidigung zu übernehmen, fungierten sie doch als Richter (vgl. 7,7; 1Kön 3,9; Jer 38,7). Im Stadttor wurde das Recht gesprochen. **11** Die Könige üben ihr Amt nur mit Gottes Zustimmung aus. Die Form der Verben weist auf eine allgemeine Gepflogenheit hin; der Vers zeigt indes, daß das Königtum für Gott nur das Zweitbeste und seinem Willen unterworfen ist.

13,12.13 Eine kleine Überlebenschance. **12** Dem Neugeborenen wird ein die ganzen Jahre hindurch zusammengetragenes Sündenvermächtnis hinterlassen. Nichts wird dem Vergessen anheimfallen (vgl. Mt 12,36). **13** Wehen sind Zeichen des Gerichtes oder aber einer Wiedergeburt des Volkes (vgl. Mi 4,9f; Jes 13,8; Mt 24,8; Jh 3,1ff). Doch anstatt sich der Wirklichkeit zu stellen, will das Volk lieber sterben. Eine geringe Überlebenschance besteht, falls das Volk bereit ist, sich wie ein Kind zu demütigen.

13,14 Der Henker wird gerufen. **14** *Erlösen* bezieht sich auf die geleistete Zahlung, *erretten* (EÜ: befreien) auf das neue Verhältnis. ZÜ übersetzt im Anschluß an Calvin »Sollte ich sie ... loskaufen ... erlösen? Her mit deinen Seuchen, Tod!« Das hieße: Gott verschließt sich vor ihnen, während der Tod herbeikommt. Die andere Übersetzung als Heilswort verheißt die Befreiung und Wiedererstehung des Volkes. Paulus (1Kor 15,55) zeigt, daß Gott, indem er Tod und Hölle zuließ, nicht unterlag, sondern diese Feinde in seinem Sohn überwunden hat.

13,15–14,1 Schuldige und Unschuldige leiden gemeinsam. **15** *Ephraim* (bringt) *Frucht:* Der hebr. Text ist offenbar unvollständig; verschiedene Ergänzungen sind vorgeschlagen worden; LÜ (vgl. EinhÜ) setzt eine Korrektur voraus, die inhaltlich gut an 1Mo 41,52 anschließt. *Ostwind:* Assyrien, das vom Herrn beauftragt wurde, das Land auszuplündern. **16** *Samaria:* entweder die Hauptstadt und das Heiligtum oder das ganze Volk. Sünder leiden in dieser Welt niemals allein.

14,2–9 Das Evangelium der Gnade

Das neue Ephraim, ein herrlicher, duftender, fruchtbarer Baum, wird vom Herrn gepflanzt (V. 6–9). Endlich bekennen sie ihre Schuld, empfangen Vergebung (V. 2–5), und Gott nimmt sie in seiner großen Güte als seine Kinder an (V. 4b).

14,2–4 Wahre Reue

2 Wie sanft ist bei aller Festigkeit die Aufforderung zur Umkehr. Sie sollen ihre *Schuld* offen bekennen. **3** Jahwe fordert das Opfer eines zerschlagenen Herzens, das um die Notwendigkeit der Vergebung weiß (Ps 51,19). *Nehmt diese Worte:* vgl. 2Mo 23,15. *Vergib ...:* ist nicht Befehlsform, sondern Imperfekt des Wunsches: »Bitte, vergib ...«. *Nimm an, was gut ist* (EÜ): neben dem Schuldbekenntnis steht das Versprechen zu opfern. LÜ setzt Textkorrektur voraus. *Frucht unserer Lippen:* so vereinfachend mit LXX (für hebr. *peri miśpatenu*); MT hat: *Stiere* (EÜ: *Farren*) *unserer Lippen (p(h)arim śepatenu)*. A. Weiser bemerkt: »Der Prophet ... zeigt, daß er einen Kultus Jahwes kennt und bejaht ... bei dem das Wort (Gottes Wort und Gebet) im Mittelpunkt steht.« Dies ist Rechtfertigung durch den Glauben (vgl. Röm 3,24). **4** Wahre Reue schließt die Abkehr von bekannten Sünden ein. Hier wird die doppelte Schuld des Vertrauens auf Völker (Assyrien und Ägypten = *Rosse*) und Götzendienerei bekannt. *Finden Gnade:* hebr. *jerucham* (s. Einleitung); Gottes Vaterliebe für die von ihm an Kindes Statt Angenommenen (vgl. Röm 8,15.17).

14,5–9 Versöhnt und wiedergeboren

5 *Abtrünnigkeit:* Die Sünde ist eine tiefeingewurzelte Krankheit. Wie gnädig wandelt Gott unsere Wünsche, indem er in uns das Wollen sowohl als auch das Vollbringen seines Willens wirkt (Ps 37,4; Phil 2,13). *Gerne:* d.h. willig (EÜ), aus freien Stücken. Möglich ist dies, weil sich sein *Zorn* von ihnen gewendet hat. 6 *Tau:* hier nicht Bild für etwas schnell Vergehendes, sondern für die ersehnte Erfrischung (vgl. Ps 133,3). Das neue Israel wird schön sein wie eine *Lilie* (vgl. Mt 6, 28f), stark und standfest wie *der Libanon* (so MT; die Änderung »Linde« hier und in V. 7 ist unnötig). 7 Der fruchtbringende *Ölbaum* war als Schattenspender bekannt und der *Libanon* (EÜ; ZÜ; EinhÜ; s. Komm. zu V. 6) für den Duft seiner Nadelwälder. 8 *Korn:* Israel wird sich des Schutzes und der Lebenskraft Gottes erfreuen. All die Segnungen, für die es gekämpft, betrogen und getötet hat, werden angesichts der größeren Segnungen seiner Gnade der Vergessenheit anheimfallen. 9 *Ich:* betont. *Dich führen:* ein Wortspiel mit »Assyrien«, vgl. Komm. zu 13,7. Der Herr wird für die Seinen sorgen, indem er sie fruchtbar macht (»Ephraim«), ihnen an sich Anteil gibt (vgl. Jh 15,1–5). *Erhören:* vgl. 2,23f.

14,10 Eine nötige Schlußfolgerung

Vgl. Pred 12,13f; Ps 107,43. Möglicherweise ein späteres Nachwort. *Richtig:* beständig wie der Herr. *Weise:* Weisheit ist mehr als bloßes Wissen und seltener. Das Wissen weist den rechten Weg, die Weisheit geht ihn unbeirrbar.

J.B.Hindley

Joel

Einleitung

Verfasser

Von dem Verfasser des Buches Joel wissen wir außer seinem Namen (der möglicherweise symbolische Bedeutung hat, s. Komm. zu 1,1) und dem Namen seines Vaters nichts. Nach einer sehr späten Überlieferung gehörte er dem Stamm Ruben an, doch scheint das Buch selber darauf hinzudeuten, daß er in Juda bzw. in Jerusalem beheimatet war.

Möglicherweise war er wie Jeremia und Hesekiel Priester. Fest steht, daß ihm ähnlich wie Haggai und Sacharja der Gottesdienst am Heiligtum besonders am Herzen lag. Doch war er zweifellos ein Prophet; deshalb bezeichnen ihn viele moderne Forscher und Kommentatoren als »Tempel-« oder »Kultpropheten«, d.h. als jemanden, der eine anerkannte Stellung innerhalb der offiziellen Religion Israels einnahm und dessen Wirkungsbereich der Tempel war. Er verfügte über eingehende Kenntnisse aus der Landwirtschaft, speziell über Naturereignisse, von denen das Landvolk heimgesucht wurde. Das war im agrarischen Israel indes eher die Regel als die Ausnahme und beweist nicht notwendigerweise, daß er in demselben Sinne wie Amos (vgl. Am 7,14) ein Bauer war.

Abfassungszeit

Die Abfassungszeit des Joelbuches wird von den meisten neueren Forschern aus mannigfachen Gründen etwa in das Jahr 400 v. Chr. gesetzt. Israel erscheint nicht als das alte Nordreich. Das nationale Leben weist einen kleineren Zuschnitt auf; Jerusalem steht im Mittelpunkt, jedoch wird kein König erwähnt. Zentrum des gesamten Gemeinschaftslebens ist der Tempelgottesdienst – wie in der Zeit nach der Rückkehr aus dem Exil. Außerdem ist die Sprache des Joelbuches mit Aramäismen durchsetzt. Auf der anderen Seite ist es nicht wahrscheinlich, daß es aus sehr später Zeit stammt. Während weder Assyrien noch Babylon erwähnt werden, sind doch auch die Griechen noch keine Weltmacht. Die Zerstörung Sidons durch die Perser (345 v. Chr.) hat noch nicht stattgefunden, so daß man die Abfassungszeit des Buches einige Zeit vor diesem Datum, aber bereits nach dem Wiederaufbau der Jerusalemer Stadtmauer durch Nehemia im Jahre 444 v. Chr. ansetzen könnte (Joel 2,7 könnte dies voraussetzen).

Die ältere Forschung datierte Joel in die Regierungszeit des im Kindesalter zum König ausgerufenen Joas (9. Jh. v. Chr.), übersah dabei jedoch die Erwähnungen der babylonischen Gefangenschaft und die literarische Abhängigkeit von anderen Propheten. – Die Stellung Joels im Kanon dürfte für die Datierung ohne Bedeutung sein: Wir wissen nicht, nach welchem Prinzip die Anordnung der »Zwölf Kleinen Propheten« vorgenommen wurde, doch erfolgte sie sicherlich nicht chronologisch. Auch die Erwähnung des »Tals Josaphat« hilft nicht, das Buch zu datieren; s. Komm. zu Joel 4,2.

A.S. Kapelrud schlägt die Zeit Jeremias, unmittelbar vor dem Fall Jerusalems vor und begründet dies in der Hauptsache mit stilistischen Ähnlichkeiten. Diese Auffassung steht jedoch den oben dargelegten Einwänden entgegen, und man muß, um sie aufrechtzuerhalten, einen Teil des Buches späteren Redaktoren zuschreiben.

Anlaß

Der Anlaß des Buches war eine außergewöhnlich schwere Heuschreckenplage, die wahrscheinlich von Dürre begleitet war und der eine Feuersbrunst folgte. Gleich allen wahren Propheten der frühen wie auch der späteren Zeit sucht Joel dieses historische Ereignis zu deuten, und die Zusammenschau des Geschehens und seiner Deutung wird zu Gottes Offenbarung. Im Einklang mit der atl. Denkweise deutet er die Plage als Ausdruck des Zornes Gottes und damit als ein Ereignis, das zur Buße führen soll. Sein Buch wird so zu einem großen Aufruf an Israel, seine Beziehungen zu Gott zu regeln. Israel erhält ähnlich wie in Hag 2,19 das Versprechen, daß es nach seiner Wiederherstellung erneut reiche Ernten einbringen werde.

Von dieser aktuellen Situation ausgehend, stößt das Buch allmählich in einen weiteren Bereich vor. Die Heuschrecken werden zunächst zum Symbol eines (vielleicht persischen oder griechischen) Invasionsheeres, das von Norden her eindringt, und dann zu einem Bild für die großen Geschehnisse – »die letzten Dinge« –, die die Anerkennung der Herrschaft Gottes auf einer gereinigten Erde heraufführen. Diese Weissagungen betreffen jedoch die ferne Zukunft; der unmittelbare Anlaß ist die Heuschreckenplage und die geistlichen und praktischen Probleme, vor die sie Juda stellt.

Charakter des Buches

Das Buch ist ursprünglich vermutlich ganz in Versform geschrieben worden. Im Unterschied zu Jesaja, Jeremia und Hesekiel enthält es keinerlei Bezugnahme auf eine unmittelbare schriftliche Niederlegung der in ihm enthaltenen Prophetien. Es wurde daher wahrscheinlich dem Volk von Jerusalem ursprünglich als mündliche Botschaft übermittelt, in ganz ähnlicher Weise wie auch die Prophetie des Haggai. Es ist anzunehmen, daß Joel seine Weissagungen den im Tempel Versammelten mitteilte, wie einst Jeremia (vgl. Jer 7,1–4) und Amos in ihrer (vgl. Am 7,13) sowie Petrus in ntl. Zeit. Mag sein, daß das Buch gar als »Predigt« bei einem der großen Ackerbaufeste Israels vorgetragen wurde, zu denen die Menschen massenweise in die Stadt zusammenzuströmen pflegten. Dabei wurde ein etwaiger Mangel an Speis- und Trankopfern besonders auffällig (1,9) und führte dazu, daß das Fest vielleicht sogar abgebrochen wurde. Es scheint jedoch zu weit hergeholt, wollte man mit Kapelrud in dem Buch einen »liturgischen Text« sehen, der jedes Jahr bei einem der Ackerbaufeste im Tempel oder beim Eintreten einer Heuschreckenplage Verwendung fand.

Einheitlichkeit

Das Buch schöpft zwar in starkem Maße aus älteren prophetischen Quellen im AT, zeigt jedoch durchweg einen einheitlichen Stil, und es besteht kein Grund, die einheitliche Verfasserschaft aus stilistischen Gründen anzuzweifeln. Auch deutet nichts auf spätere redaktionelle Überarbeitung, so daß anzunehmen ist, daß das Buch in der uns vorliegenden Form weitgehend von Joel verfaßt wurde. Die Frage nach der Verfasserschaft stellt sich einzig und allein wegen des thematischen Bruchs in der Mitte des Buches. Kurz gesagt: In 1,1–2,27 wird ein aktuelles Problem der Entstehungszeit des Buches, nämlich die Heuschreckenplage, behandelt; im Gegensatz dazu haben wir es in 3,1–4,21 mit apokalyptischen Geschehnissen in einer fernen Zukunft zu tun. Die Frage lautet, ob derselbe Mann beide Abschnitte geschrieben haben kann. Kapelrud z.B. sieht im zweiten Teil eine redaktionelle Erweiterung von Joels vorangehender Botschaft durch spätere Tempelpropheten. Nimmt man jedoch ein späteres Abfassungsdatum als 600 v. Chr. an, so stellt sich dieses Problem gar nicht. Andere vertreten den Standpunkt der älteren Bibelkritik, wenn sie die zweite Hälfte verschiedenen unbekannten Verfassern zuschreiben. Demgegenüber ist zu Recht darauf hingewiesen worden, daß die Verbindung von geschichtlicher Gegenwart mit apokalyptischer Zukunft für viele Propheten typisch ist und hier keinesfalls gegen die Einheitlichkeit des Buches spricht.

Der hebräische Text ist gut erhalten und hat im Laufe seiner Überlieferung offensichtlich kaum gelitten.

Theologie

Das Buch Joel enthält keine aufwühlende Botschaft im Stil Jeremias, weist aber mehrere eindrückliche Bußrufe (z.B. 1,13f) auf, verbunden mit einer Würdigung des barmherzigen Wesens Gottes (2,12–14). Ungeachtet seiner Anteilnahme am priesterlichen Tempelkult weiß Joel, daß die Buße innerlich und nicht bloß äußerlich sein muß. Bemerkenswert ist der Vers: »Zerreißt eure Herzen und nicht eure Kleider« (2,13). Obwohl häufig geltend gemacht wird, daß er eine partikularistische Haltung eingenommen habe, die an Esra und die Zeit unmittelbar nach der Rückkehr aus der babylonischen Gefangenschaft erinnere und im Gegensatz zum weiten Horizont einiger anderer Propheten stehe, glaubt Joel jedenfalls nicht, daß ganz Israel automatisch gerettet werde. Davor bewahrt ihn seine entschiedene Lehre vom »Rest« in Israel (3,5). Partikularismus ist möglicherweise ein Stadium in Gottes Vorbereitung auf die universale Weite des Evangeliums in ntl. Zeit. Man beachte auch, daß die Erlösung bei Joel durch die Anrufung des Namens des Herrn geschieht, also Erlösung durch Glauben an Gottes Gnade ist.

Darüber hinaus sollte man nicht den Höhepunkt des ganzen Buches vergessen. Es ist dies die große Verheißung der allgemeinen Ausgießung des Geistes Gottes (3,1f). Daß sich der Glaube des Propheten angesichts der deprimierenden Lage der aus dem Exil zurückgekehrten Gemeinde zu solcher Kraft entfaltete, ist ein bemerkenswertes Zeugnis und ein überragender Beweis dafür, daß dies Buch seine Entstehung dem Handeln eben jenes Geistes Gottes verdankt, von dem es berichtet.

Inhalt

Kommentar

1,1–2,27 Prophetische Geschichtsdeutung

1,1 Überschrift

Das Wort des Herrn, das geschehen ist: vgl. die Einleitungsverse der Bücher Hosea, Micha und Zephanja. *Wort* (hebr. *dabar*): meint nicht notwendigerweise ein gesprochenes Wort, sondern kann auch »Gegenstand«, »Inhalt« im allgemeinen Sinne bedeuten. Hier wird unterstrichen, daß Gott selber die Quelle dieser Offenbarung ist; allein dieser Umstand verleiht Joel seine Autorität (vgl. im NT Mt 7,29 und Jh 7,17 mit 1Thess 2,13). Eine ähnliche Wendung ist in 2,12 *ne'um jhwh* (wörtl.: Spruch Jahwes), die LÜ mit »spricht der Herr« übersetzt. Oft verwenden die Propheten auch den festen Ausdruck *koh'amar jhwh*, »so spricht der Herr« (1Sam 2,27 u.ö.). Alle diese Wendungen unterstreichen ein- und dieselbe Wahrheit: Der Überbringer der Botschaft war sich ausdrücklich bewußt, daß ihre Quelle außerhalb seiner selbst lag.

Joel, der Sohn Pethuëls: Im AT finden sich mindestens ein Dutzend Textstellen, in denen Männer mit dem Namen *Joel* erwähnt werden (vgl. 1Sam 8,2; 1Chr 4,35; 5,4.12; 6,13.21; 7,3; 11,38; 15,7; 27,20; 2Chr 29,12; Esr 10,43; Neh 11,9). Diese gehörten verschiedenen Stämmen an und lebten zu sehr verschiedenen Zeiten. Die Tatsache, daß die meisten im Chronikbuch verzeichnet sind, erklärt sich daraus, daß darin mehr Genealogien enthalten sind als in irgendeinem anderen Buch. Wenn, was wahrscheinlich ist, der Name »Jahwe ist Gott« bedeutet (vgl. Namen wie Elia, »mein Gott ist Jahwe«, und Elihu, »er ist mein Gott«), dann ist die Häufigkeit dieses Namens ein bedeutsamer Beweis für die weite Verbreitung der Verehrung Jahwes innerhalb Israels. Obschon ein Name wie Joel zu dem Überbringer einer Gottesbotschaft sicherlich sehr gut paßt, braucht man darin nicht unbedingt ein bloßes »Pseudonym« sehen, das die Anonymität des Verfassers abdecken sollte. (Ein ähnlicher Vorschlag ist hinsichtlich des Namens Maleachi gemacht worden, der »mein Bote« bedeutet.)

Der Name *Pethuël* taucht im Hebräischen sonst nirgendwo auf. Vielleicht ist dies der Grund dafür, daß LXX und Peschitta ihn durch den Namen »Bethuël« ersetzen (vgl. 1Mo 22,22). Das hilft indessen auch nicht weiter, um die Zeit der Abfassung des Buches zu bestimmen, zumal in Israels späterer Zeit viele Namen aus der Frühzeit wieder aufgenommen wurden.

1,2–20 Schilderung der Heuschreckenplage

Die meisten heutigen Kommentatoren sind der Ansicht, daß Joel hier eine wirkliche Heuschreckenplage beschreibt. Die Fülle der Einzelheiten kann nur von einem Augenzeugen und Landmann herrühren. Bis vor wenigen Jahren wurde der Vordere Orient von derartigen Plagen stets aufs neue heimgesucht. Wie bei allen Propheten wird das historische Geschehen, sobald es gedeutet wird, zur göttlichen Offenbarung; und Joel erklärt diese Heuschreckenplage im folgenden als Gottes Gericht über sein sündhaftes Volk, das nur durch Buße und Rückkehr zu Gott abgewendet werden kann. Für einen atl. Schriftsteller wie ihn liegt es nahe, dieses weltliche Gericht als Bild des künftigen »Tages des Herrn« zu begreifen (vgl. 2,1–11), an dem Gott alles Leben unter dem Himmel richten wird, und von hier aus leitet Joel mühelos zur Eschatologie des letzten Teils seines Buches über (3,1–4,21). Viele Kommentatoren haben zu Recht hervorgehoben, daß ein solcher Übergang charakteristisch ist für das AT, so daß die Annahme zweier Verfasser sich erübrigt.

2.3 sind typisch hebräisch in ihrer Aufforderung, zu »hören«. Wenn der Prophet selber Gottes Wort gehört hat, muß er es anderen verkünden. Gottes Offenbarung ist niemals nur zur eigenen Freude bestimmt: sie ruft zur Verantwortung für andere auf. Vielleicht ist dies der Grund dafür, daß im NT soviel Gewicht auf das mündliche Bekenntnis gelegt wird (vgl. Röm 10,9). **2** Durch ihren Appell an die *Ältesten* weisen diese Verse auf die ganze Schwere der Heuschreckenplage hin; weder die jetzt Lebenden noch ihre Vorfahren hatten jemals etwas derartiges erlebt (vgl. 2Mo 10,4ff, bes. V. 6). Mag sein, daß hier auch auf die »Ältesten« (V. 14) Bezug genommen wird, die Juda in nachexilischer Zeit regierten (vgl. Esr 8,1), obschon das Ältestenamt natürlich eine uralte Einrichtung war (vgl. z.B. 1Sam 30,26). Die *Bewohner des Landes* stellen dann die übrige Bevölkerung dar. Die Heuschreckenplage ist kein alltägliches Ereignis; sie ist, wie bereits die Zauberer des Pharao widerstrebend einräumten, »Gottes Finger« (2Mo 8,15), der deutlich sichtbare Beweis der wirkenden Macht Gottes. Für den Juden wirkt Gott beständig in dem von ihm geschaffenen Universum; nirgendwo wird dies klarer erkannt als in einigen der großen »Naturpsalmen«, z.B. Ps 104. Das, was wir »Wunder« nennen, sind nur Beispiele für Gottes Handeln, die für unsere kurzsichtigen Augen klarer und deutlicher wahrnehmbar sind. Die berühmten »ägyptischen Plagen« bilden Beispiele dafür, und Joels Hörerschaft erinnerte sich mit Sicherheit an die in 2Mo 10 berichtete Heuschreckenplage. Doch jetzt erfuhr das Volk die gleiche Behandlung wie Gottes Feinde: darin liegt der besondere Stachel. Israel ist für Gott den Ägyptern gleich geworden (vgl. Am 9,7). Eine Heuschreckenplage wie die beschriebene sah Amos voraus und betete dagegen (vgl. Am 7,1–3). Vielleicht resultiert Joels großes Vertrauen auf Gottes vergebende Gnade aus seinem Wissen, daß Gott Israel zu Amos' Zeit auf dessen inbrünstiges Gebet hin verschonte.

3 rundet den Abschnitt ab. Joel hat Gottes Wort vernommen, also muß er sprechen (vgl. Am 3,8). Israel hat jetzt Joels Worte gehört und muß es seinen Kindern *sagen*, und diese müssen es dann wiederum den kommenden Generationen verkünden. Der Glaube, das Vertrauen auf Gott, beginnt mit dem Hören auf die Botschaft, die von Gottes Wesen spricht (Röm 10,14–17). Man kann sagen, der Glaube wird sowohl erzeugt wie auch genährt durch das Erzählen der mächtigen Taten Gottes. Das ist der Grund, weshalb die jüdische wie die christliche Religion so großen Nachdruck auf »Lesungen« legt, auf das Wiedererzählen der Geschichte von der erlösenden Gnade Gottes. Die Heuschreckenplage ist für Joel jeder beliebigen anderen Wundertat Gottes in der Geschichte Israels vergleichbar.

4–7 enthalten eine dramatische und dichterische Schilderung der Heuschreckenplage. **4** Vier verschiedene Worte für *Heuschrecke* tauchen im Hebr. auf: *gasam, 'arbeh, jeleg, chašil* (vgl. 2,25). Man braucht jedoch nicht vier gesonderte Plagen anzunehmen. Im Hebräischen gibt es mindestens neun mögliche Wörter für »Heuschrecke«; die hier erscheinenden vier sind wohl aus poetischen Gründen (der Abwechslung wegen) gewählt, vielleicht auch, weil sie verschiedene Entwicklungsstadien der Heuschrecke und somit Phasen im Verlauf der Plage bezeichnen. Das Arabische weist ähnlich viele Wörter für »Heuschrecke« auf, ebenso wie für »Löwe«, »Schwert« und »Kamel«, um ein paar weitere Beispiele zu nennen. Die ältere Auffassung, wonach wir es hier mit einem verhüllten Bild der vier fremden Reiche zu tun haben, die Israel unterjochen sollten (Assur, Babylon, Griechenland und Rom; vgl. Daniels Gesichte in Dan 2), wird nur noch von wenigen Exegeten geteilt, denn dies scheint doch eine übertrieben »apokalyptische« Deutung eines historischen Ereignisses zu sein. Um die Totalität eines Geschehnisses zu unterstreichen, häuft das Hebräische oft Wort auf Wort (z.B. Jes 3,1–3) und meint hier eine »Plage par excellence«. Die Heuschreckenplage repräsentiert das allumfassende Gottesgericht, dem absolut nichts zu entgehen vermag.

5 Es ist nicht ersichtlich, warum die *Trunkenen* besonders genannt werden; natürlich fielen Heuschreckenschwärme über alle Grünpflanzen, also auch über die Weinstöcke her: *süßen Wein,* d.h. »jungen Wein«, gab es in jenem Jahr also nicht. Möglicherweise fiel der Heuschreckenschwarm kurz vor der Weinernte ein; in diesem Fall wäre der Bezug deutlicher. Vielleicht verkörpern die *Trunkenen* auch die eigensüchtigen Glieder einer Wohlstandsgesellschaft; als solche werden sie in Amos (Am 2,8) und Hosea (Hos 4,11.18) häufig angegriffen. Den *Trunkenen* sind in diesem Vers die *Weinsäufer* an die Seite gestellt, ein Synonym für Menschen, die ein üppiges Wohlleben führen. Es mag aber auch sein, daß die Betonung auf dem *Wacht auf* liegt. Eine Schläfrigkeit und Wirklichkeitsferne gleich der eines Trunkenen hat das ganze Volk erfaßt, und Gott ruft es durch Joel auf, sich der Wirklichkeit zu stellen (vgl. Eph 5,14; 1Thess 5,7f). Eine andere Erklärung könnte in dem jüdischen Sprichwort »Ohne Wein keine Freude« liegen: jegliche Freude und Fröhlichkeit wird von Israel genommen werden (vgl. Joel 1,12c). Außerdem mag ein Bezug auf die großen Feste vorliegen, die in Israel normalerweise Freudentage waren, aber in diesem Katastrophenjahr nicht gefeiert werden konnten.

6.7 enthalten eine anschauliche Schilderung der von den Heuschrecken angerichteten Verheerung: nachdem sie die Blätter abgefressen haben, stürzen sie sich auf die Rinde. Wein und Feigen sind neben Olivenöl und Korn (V. 10) die wichtigsten Agrarprodukte Palästinas. Wegen ihrer Zahl und Organisationsform werden die Heuschrecken ebenso wie die Ameisen in Spr 30,25 als *ein Volk (goj ʿam)* bezeichnet. In Joel 2,25 werden sie ein »Heer« *(chajil)* Gottes genannt. Dieser Ausdruck scheint recht passend zu sein, falls nicht nur Heuschrecken im wörtlichen Sinne gemeint sind, sondern ein bevorstehender Einfall eines heidnischen Feindes *(goj)* aus dem Norden (vgl. 2,20). *Zähne wie die Löwen:* angesichts der Verheerungen, die die Heuschrecke anrichtet, ein naheliegendes Symbol. (Ein arabisches Sprichwort schreibt der Heuschrecke eine »Löwenbrust« zu, vermutlich im Blick auf ihr Äußeres, vielleicht aber auch angesichts ihrer zerstörenden Gewalt.) Viele Augenzeugenberichte bestätigen das gespenstische Weiß der abgeschälten Bäume nach dem Durchzug eines Heuschreckenschwarms und das nackte, verbrannte Aussehen, das der wie von einer Dürreperiode ausgedörrte Boden zeigt.

8–20 streuen in die Schilderung der Heuschreckenplage Bußrufe an Israel ein. **8** *Eine Jungfrau, die Trauer anlegt:* das Sinnbild des Kummers schlechthin – das Mädchen, deren Bräutigam vor dem Hochzeitstag gestorben war. Um ähnlichem Kummer vorzubeugen, bestimmte das mosaische Gesetz, daß verlobte Männer bis ein Jahr nach ihrer Verheiratung vom Militärdienst zu befreien waren (5Mo 24,5). Die herkömmlichen Zeichen der Trauer waren Sackgewand, Asche und zeremonielles Wehklagen.

9 zeigt uns die kleine Welt der Juden des 5. Jahrhunderts v. Chr. nach ihrer Heimkehr aus Babylon. Infolge der anhaltenden Dürre hatte man die täglichen Opfer im Tempel einstellen müssen. Gemeint sind nicht die Tieropfer, sondern die *Speis-* und *Trankopfer* (vgl. 2Mo 29,38–42). Joel kann sich kein größeres Unglück vorstellen; der Blick der winzigen Gemeinde, die aus dem Exil heimgekehrt war (vielleicht 40000 Menschen) und in Jerusalem oder in der unmittelbaren Umgebung der Stadt lebte, war auf den Tempel konzentriert. Das Wohlergehen und die Sicherheit des Volkes war aufs engste mit der gewissenhaften Einhaltung des Opferkults (vgl. Hag 1,7–11; 2,15–19) zur Aufrechterhaltung des Bundes und des rechten Verhältnisses zu Gott verknüpft. Die Wirksamkeit Haggais, Sacharjas und Maleachis gehört genauso zu diesem »Tag des geringen Anfangs« (Sach 4,10), wie die Tätigkeit Esras. Doch Gott ist in unbedeutenden Zeiten und unbedeutenden Männern ebenso am Werk wie in den großen Tagen des Mose; und Joels Sorge, daß Gott die ihm schuldige Verehrung erhält, entspricht einem tiefen und geistlichen Prinzip (vgl. Mal 1,8). Die korrekte Durchführung solcher Opfer geschieht zum Zweck der Aufrechterhaltung und Bekundung des Bundes Gottes; so gelangt Joel sogleich vom Gebiet des Rituellen in das des Sittlichen und wahrhaft Religiösen.

Die Wendung *des Herrn Diener* als Parallele zu *Priester* ist spätthebräisch und damit ein weiterer Hinweis auf die Entstehungszeit des Buches. Wegen des von Joel bekundeten Interesses an den Priestern und dem Tempel haben einige die Vermutung geäußert, er sei selber Priester gewesen. Andere meinten dagegen, daß er sich hier und in V. 13 ganz eindeutig von der Priesterschaft absetze. Man darf jedoch die Erwähnung der Priester nicht in der einen oder anderen Richtung überdeuten, denn, wie schon gesagt, ähnelte die winzige Siedlung um die Stadt Jerusalem herum einem heutigen orthodoxen Kibbuz: alle ihre Glieder nahmen an religiösen Fragen lebhaften Anteil. Wenn Joel ein »Tempelprophet« war (s. Einleitung), dann ist seine Anteilnahme erklärlich. Manche gehen so weit, dieses Buch ganz oder zumindest teilweise als eine Liturgie oder ein beim öffentlichen Gottesdienst im Tempel aufgeführtes religiöses Drama anzusehen.

Man verweist zur Begründung auf den Wechsel von der ersten zur zweiten oder dritten Person hin; doch scheint der ganze Gedanke etwas weit hergeholt. Joel spielte sicherlich eine Rolle im religiösen Leben Israels und war möglicherweise als Prophet Jahwes anerkannt. Man kann sich gut vorstellen, daß er wie Amos in Bethel oder Jeremia in Jerusalem einige oder alle seine Worte im Tempel vortrug, doch wird sein Buch dadurch nicht zwangsläufig zu einem Bestandteil eines hypothetischen Neujahrsfestrituals in Israel.

10–12 gebrauchen wie viele andere Stellen im Joelbuch Klangähnlichkeiten, um im Hebräischen Wortspiele und Reime zu erzeugen. Dies verleiht der Prophetie einen besonders vollen, kräftigen Klang, was sich im Deutschen indes kaum wiedergeben läßt. In der aus dem Exil zurückgekehrten Gemeinde boten in erster Linie die Landwirtschaft und der Tempel Beschäftigung, denn Handel oder anderes Gewerbe gab es kaum. *Ackerleute* und *Weingärtner* stellen faktisch die gesamte nichtpriesterliche Bevölkerung dar. V. 12 mit seiner Aufzählung der Folgen der Plage steht in auffallendem Gegensatz zu der Lebensfreude von Hab 3,17f, einer Textstelle, die sicherlich eine gewisse literarische Verwandtschaft mit diesem Abschnitt aufweist: Trotz des wohl noch schlimmeren Unglücks wird Habakuk nicht müde, sich des Herrn zu freuen. Für Joel ist der Entzug der Fruchtbarkeit indes keine Glaubensprüfung, sondern eine Strafe für die Sündhaftigkeit. Daraus erklärt sich die gänzlich verschiedene Haltung der beiden Propheten angesichts der gleichen Heimsuchung. Der Nachdruck, mit dem Wörter wie *ist verdorrt* hervorgehoben werden, deutet an, daß die Heuschreckenplage wie so oft während einer Dürre kam. Doch mögen sich diese Redewendungen auch auf das triste Aussehen des Landes nach dem Durchzug des Heuschreckenschwarms beziehen, der nichts als nackte Erde und weiße, abgenagte Äste zurückläßt.

13.14 gehen noch weiter als V. 9. Die Priester rufen das Volk jetzt zu feierlichem Fasten und zu Gebeten in den Tempel, wie es in Zeiten nationalen Unglücks üblich war. Solch ein Tag war beispielsweise das alljährliche Gedenken an die Zerstörung des salomonischen Tempels (vgl. Sach 7,5). 3Mo 16,29 zeigt die Verknüpfung von Fasten und Sündenvergebung im Zusammenhang mit dem Versöhnungstag.

15 ist hochbedeutsam. Mit einem weiteren Wortspiel leitet Joel von der gegenwärtigen Katastrophe zu einer Warnung vor dem *Tag des Herrn* über. Wenn die alte Auffassung stimmt, nach der Joel unter dem minderjährigen König Joas im 9. Jahrhundert wirkte, dann wäre hier zum ersten Mal im AT von dem *Tag des Herrn* die Rede. Falls Joel, was wohl wahrscheinlicher ist, sein Buch im 5. Jahrhundert verfaßt hat, dann bildet er das Endglied einer langen Kette, die mit Amos (vgl. Am 5,18) beginnt. Kurz gesagt, bezeichnet der Ausdruck »Tag des Herrn« Gottes eindeutige Rechtfertigung und Offenbarung seiner selbst in der irdischen Geschichte. In der frühen Volkseschatologie meinte »der Tag des Herrn« die Verherrlichung Israels und die Bestrafung seiner Feinde; es war die Aufgabe von Männern wie Amos, Israel klarzumachen, daß das Gericht zuallererst das Haus Gottes selbst treffen (vgl. Am 5,18–20; 1Petr 1,17) und daß niemand davon ausgenommen sein wird. Wie stets in der Bibel ist jedes Gotteshandeln gleichzeitig Gericht und Erlösung: selbst mitten im Gericht zeichnet sich für ein demütiges und bußfertiges Volk immer noch ein Hoffnungsschimmer ab. Für uns als Angehörige des Neuen Bundes ist der »Tag des Herrn« zur allsonntäglichen freudigen Erinnerung an seine erlösende Gnade geworden. Joel sieht in dieser Heuschreckenplage den Tag als *nahe* (vgl. Mk 1,15: »Das Reich Gottes ist herbeigekommen«). Man könnte sagen, das Gottesgericht hat schon begonnen: diese Katastrophe weist nicht nur auf das Gericht voraus – sie ist ein Teil davon. Die älteren Exegeten haben wohl unrecht mit ihrer Ansicht, daß solche Katastrophen nur einleitende Vorboten des »Tages« waren.

17–20 setzen die lebendige Schilderung fort. Wer in Gebieten gelebt hat, die oft von langanhaltenden Dürreperioden heimgesucht werden, wird Joels Bilder als besondesrs eindringlich empfinden. Das ziellos umherirrende, brüllende Vieh ist ebenso charakteristisch für die Dürre wie die leeren Vorratsschuppen. Wie für Paulus in Röm 8,19–22 werden selbst die nichtmenschlichen Lebewesen von den Folgen der menschlichen Sündhaftigkeit mitbetroffen. (Vielleicht können wir das heutzutage besser verstehen: radioaktive Niederschläge lassen die Tiere ebenso wie die Menschen an Leukämie sterben.) Im Psalter finden sich Parallelstellen zu der eindrücklichen Schilderung durstiger Wildtiere in V. 20 (vgl. Ps 104,11). Gott ist der Herr sowohl der Wildnis wie des Ackerlandes, er ist der Gott des Waldes wie auch der Gott der Stadt.

19 Es ist nicht ganz eindeutig, ob Joel hier ein Buschfeuer (wie es im trockenen Palästina ständig drohte) oder die Auswirkungen der Dürre bzw. die Öde nach dem Abzug der Heuschreckenschwärme beschreibt. Während einer langanhaltenden Dürre oder nach einer Heuschreckenplage konnte ein Buschfeuer indes besonders schlimme Verheerungen anrichten, so daß vielleicht ein doppeltes Unglück gemeint ist. (Ältere Kommentatoren wollten hier eine Anspielung auf die roten Flügel und Beine einiger Heuschreckenarten erkennen.) Wegen der Sünden seines Volkes hat Gott ein fruchtbares Land in eine Wüste verwandelt (vgl. Ps 107,34); Joel leitet nun unschwer zu Kap. 2 mit seiner Vorhersage eines noch schlimmeren, am Tage des Herrn ergehenden Gerichts über.

2,1–11 Der Tag des Herrn

Joel kehrt nun zu dem Gedanken von 1,15 zurück – die Nähe des Tages des Herrn. Seine Aussage ist so drängend, als sei der Gerichtstag tatsächlich herbeigekommen. 1 *Blast die Posaune:* Die Eingangsverse weisen auf ein militärisches Warnsignal, das auf den Mauern von Jerusalem erklang. Erst wenige Jahre zuvor hatten Nehemias Leute diese Mauern errichtet, wobei die Trompeter neben ihnen standen (vgl. Neh 4,12). Vielleicht denkt Joel aber auch an 1,14, wo die Priester aufgefordert wurden, »ein heiliges Fasten anzusagen«. Solche Fastenzeiten wurden gewöhnlich mit dem *schophar* (Widderhorn; LÜ: Posaune; vgl. 3Mo 23,24; LZB Tafel 80 neben Sp. 1249) angekündigt, der auch zum Blasen militärischer Signale diente (vgl. Ri 7,18). Die eschatologische Redewendung »die letzte Posaune« gehört in diese Tradition (vgl. 1Kor 15,52). 2 Wenn Joel sagt, der Tag des Herrn sei *ein finsterer Tag,* dann gebraucht er zweifellos das gleiche Bild wie Amos (Am 5,18): Licht ist Freude und Erlösung, Finsternis dagegen Verzweiflung und Gericht. Es ist möglich, daß Joel sich an 2Mo 10 erinnert, wo auf die Heuschreckenplage eine Finsternis folgte. Die sich auf den Hügeln um Jerusalem niederlassenden dunklen Heuschreckenwolken sind aber vielleicht auch wörtlich zu verstehen. Die Heuschrecken werden jetzt als überlebensgroß dargestellt, und viele Kommentatoren haben sie daher als Hinweis auf ein von Norden heranstürmendes Herr aufgefaßt. Wenn das Joelbuch in der Frühzeit verfaßt wurde, könnten die Assyrer gemeint sein, in späterer Zeit die Perser oder Griechen.

3 wirft dieselbe Frage wie 1,19f auf, ob das *Feuer* wörtlich gemeint ist oder nicht. Gewöhnlich pflegte jedes Heer das Land, in das es einfiel, zu brandschatzen und zu verwüsten. Die Bezugnahme auf den *Garten Eden* ist interessant. Jes 51,3 und Hes 36,35 begegnet dasselbe Bild umgekehrt: dort macht Gott »ihre Wüste wie Eden«. In der frühen Geschichte Israels war das Volk von dem Gedanken an den Auszug aus Ägypten und die Landnahme beherrscht (vgl. Ri 6,8). Während und nach der babylonischen Gefangenschaft war es der Gedanke an Gott den Schöpfer, der den Exulanten Kraft gab, denn nur ein solcher Gott vermochte sein geschlagenes Volk wieder aufzurichten. Es überrascht daher nicht, daß es sich ständig mit den Inhalten der ersten Kapitel von 1Mo, mit der Schöpfung wie auch mit der Geschichte von Abrahams Berufung, beschäftigte (Jes 51,2 verknüpft z.B. beide Gedanken miteinander). 4 Viele Völker verglichen die Heuschrecken mit Pferden, entweder aufgrund ihrer Kopfform oder der Art und Weise, wie sie die Beine bewegen. (Vgl. unseren Ausdruck *Heupferd* und die italienische Verkleinerungsform *cavaletta*. Vgl. Abb. HZB S. 159.) Eine arabische Volksweisheit lautet: »Die Heuschrecke, so klein sie ist, vereinigt in sich die Natur von zehn Großtieren – das Gesicht des Pferdes . . .« usw. Da Israels Feinde im Norden gewöhnlich beritten waren oder mit Streitwagen kamen, paßt der Vergleich auf ein Invasionsheer angewandt umso besser.

5 *Rasseln* und *prasselt*: der Lärm, den die Heuschrecken mit ihren Flügeln machen. Die *Höhen der Berge* sind vermutlich Bergketten in der unmittelbaren Umgebung von Jerusalem. Heuschrecken, aber auch eindringende Heere mußten vor dem Angriff auf die Stadt selbst erst diese Bergrücken überwinden. **6–9** Die folgenden Verse schildern den unaufhaltsamen Vormarsch der Heuschrecken, die die Mauern von Jerusalem hinaufkriechen, wie sie es bei der berüchtigten Heuschreckenplage des Jahres 1915 taten, und durch sämtliche Ritzen in die Häuser eindringen. Vgl. HZB Abb. S. 443. Die Schilderung paßt recht gut auf den Vormarsch eines disziplinierten Heeres, dessen Stoßtruppen sich Jerusalem nähern.

10 scheint den Rahmen einer bloßen Beschreibung zu sprengen. Wie in Offb 9 sind die Heuschrecken zu endzeitlichen Sinnbildern geworden, wenngleich sie im Joelbuch vermutlich immer noch für bloße menschliche Eindringlinge stehen, nicht aber für übernatürliche Wesen. Das Erdbeben und die Mond- und Sonnenfinsternis sind hier nicht wörtlich zu verstehen, obwohl derartige Erscheinungen durchaus mit Gott und seinem Geschichtshandeln verknüpft sind; s. 2Mo 19,16–18. Man faßt diese Ereignisse besser als Schilderungen der Furchtbarkeit des letzten Tages auf, entsprechend der Dunkelheit, die ein Heuschreckenschwarm verursacht (vgl. Offb 9,2f). Solche Ausdrücke tauchen im AT immer wieder auf, so daß die Bestimmung literarischer Abhängigkeit bisweilen schwierig ist. Vielleicht gab es gemeinsame Vorstellungen, eschatologische Bilder, die von allen benutzt wurden. Dieselben Ausdrücke begegnen auch im NT, sei es in der »kleinen Apokalypse« von Mk 13 (z.B. V. 24f), sei es in dem größeren Rahmen der Johannesapokalypse (z.B. Offb 6,2; 8,12).

11 Die Heuschrecken sind schon in 2,5 mit einem Heer *(chajil)* verglichen worden (ein häufig verwandter semitischer Vergleich, der in seiner Umkehrung in der ugaritischen Literatur begegnet). Hier werden sie als Gottes *Heer* und *seine Kriegsschar* (ZÜ; *machaneh)* bezeichnet. Auf diese Weise bekräftigt Joel erneut, daß die gesamte Natur in der Hand des Schöpfers liegt. In 4,11 meint »deine Starken« (hebr. *gibbor,* ZÜ: *Helden)* jedoch wohl nicht mehr die Heuschrecken, sondern

Menschen oder Krieger aus dem Heer der Engel.

2,12–17 Bußruf

Gottes Ladung zum Gericht kündet in der Bibel nicht unbedingt den unwiderruflichen Untergang an, sondern sie ist auch eine Gelegenheit zur Buße. Alle zeitlichen Gottesgerichte sind somit auch Zeichen seiner Gnade, dazu bestimmt, uns zur Umkehr zu veranlassen (vgl. Röm 2,1–4). Israel wird ständig aufgefordert, »zurückzukehren«, sich zu Gott zu »bekehren«, da es das besondere Verhältnis zu Gott als sein Volk nunmehr eingebüßt hat. Hierin liegt der Grund, daß z.B. das ntl. Gleichnis vom verlorenen Sohn (Lk 15,11–32) für jüdische Zuhörer so bedeutsam war.

12 Wenn die Bibel von *Herzen* redet, meint sie nicht das Empfindungsvermögen, sondern die Verstandes- und Willenskräfte des Menschen. Die Bekehrung zu Gott ist somit eine bewußte Willensanstrengung und eine Geisteshaltung. Hier wie auch in 5Mo 11,13 soll durch die Wendung *von ganzem Herzen* weniger der Ort der menschlichen Entscheidung als vielmehr deren umfassender Charakter angesprochen werden. **13** Der erste Teil dieses Verses zeigt, daß Joel trotz seines vorherrschenden Interesses am Tempel und an den Angelegenheiten der Priesterschaft fest in der Tradition des Prophetentums verwurzelt war: *Zerreißet eure Herzen und nicht eure Kleider.* Die Form dieser Wendung ist semitisch; Joel verbietet das äußerliche Zeichen nicht und verurteilt es auch nicht, aber er rückt es in die richtige Perspektive. Alle Propheten werten die äußere Form nur als Zeichen für das Vorhandensein eines inneren Sachverhalts, der nicht fehlen darf. Die Bezeichnung Gottes als *gnädig* und *barmherzig* geht auf Gottes Selbstoffenbarung an Mose in 2Mo 34,6 zurück und wird in Jona 4,2 wiederholt. *Große Güte* (hebr. chesed) ist die Liebe, die den Bund mit Israel schuf und aufrechterhielt. Von Israel erwartete Gott weniger die kultische Verehrung als gerade diese Art von Liebe zueinander (vgl. Hos 6,6).

14 bringt (viell. auf der Grundlage von Am 7,3) die in V. 18ff erfüllte Hoffnung der Gnadenzusage Gottes zur Sprache. *Gereut* (vgl. V. 13c) bedeutet, auf Gott angewandt, daß er von der Durchführung eines angedrohten Strafgerichts absieht, entweder auf ein fürbittendes Gebet hin (vgl. Am 7,5) oder, wie hier, wegen der Herzensumkehr bei dem betreffenden Menschen. Da gerade dies Gottes Wille ist, kann weder von einem Widerstreit noch von einer Begrenzung oder einem inneren Widerspruch bei Gott die Rede sein. Für den Blickwinkel Joels wie auch für seine Aufrichtigkeit und Selbstlosigkeit ist es wiederum kennzeichnend, daß er bei *Segen* zuerst an die Möglichkeit der Wiederaufnahme der unterbrochenen täglichen Opfer im Tempel als Ausdruck eines ungetrübten Verhältnisses zu Gott denkt. Dan 8,11 zeigt, für wie schwerwiegend die nachexilischen Juden die Einstellung der täglichen Opfer im Tempel ansahen. **15** ruft zu einem Fasten in Zion auf und wiederholt den Gedanken und einen großen Teil des Wortlauts von 1,14 und 2,1. **16** Zu dieser Aufzählung der verschiedenen Mitglieder der Gemeinde – Älteste, Kinder, Säuglinge, Neuvermählte – die der Bezeichnung der gesamten Gruppe dient, gibt es ugaritische Parallelen. In Ugarit wies dies auf eine Kriegssituation hin, während es hier um Buße geht. 5Mo 24,5 zufolge waren jungverheiratete Männer normalerweise vom Militärdienst befreit; doch Not kennt kein Gebot, und die dringende Notwendigkeit der Buße wird auf diese Weise erkennbar. Für den Hebräer war das Fasten von Hochzeitsleuten ein Widerspruch in sich selbst (s. Mk 2,19).

17 Diejenigen, die wie Kapelrud eine liturgische Deutung des Joelbuches vertreten, fassen die Worte *zwischen Vorhalle und Altar* als eine Art Anweisung auf, wo die Liturgie stattfinden soll. Das ist jedoch wenig wahrscheinlich, denn sie sind in demselben Versrhythmus gehalten wie die ihnen folgende Botschaft. Man sollte den Text wörtlich nehmen: selbst im Priestervorhof (vgl. 2Chr 4,9) soll getrauert werden. Die Fürbitte der Priester für Israel ist eine der bewegendsten Passagen im Buch Joel. Sie folgt der Tradition der großen Fürbittegebete der Bibel, die mit denen des Abraham (1Mo 18,22–33) und Mose (5Mo 9,26–29) beginnen. Die Grundlage eines solchen Gebets bildet der Name, d.h. das geoffenbarte Wesen Gottes, sowie der Bund, den er aus freien Stücken mit seinem Volk geschlossen hat. Die letzte Wendung *Wo ist nun ihr Gott?* ist ein Widerhall von Mi 7,10 und Ps 79,10. Sie findet ihren erschütterndsten Ausdruck in dem Aufschrei Christi am Kreuz: »Mein Gott, mein Gott, warum hast du mich verlassen?« (Mt 27,46). »Er hat Gott vertraut; der erlöse ihn nun«, bemerkt der Hohepriester, als man Jesus verhöhnte und verspottete (Mt 27,43). Wie man über Israel gespottet hatte, so tat man es auch über Israels Messias, den man nicht erkannte und der in scheinbarer Schande und Schwäche den Kreuzestod starb.

2,18–27 Gottes Gnadenzusage

18 *Eifern* und *verschonen* (EÜ: »hat Mitleid«) stehen parallel und bezeichnen beide die gleiche Reaktion Gottes. Der Gedanke eines eifernden Gottes ist so alt wie die Erklärung der Zehn Gebote in 2Mo 20,5. Das bedeutet, daß Gott weder kalt noch abstrakt oder unpersönlich ist; er ist die Liebe und er ist der lebendige Gott. Im biblischen Denken bezeichnet *qanna'*, »eifern«, ein lebendiges persönliches Verhältnis, das ausschließlich ist, weil es weder Abweichung noch Rivalen duldet. Weil Gott ein »eifernder Gott« ist, muß er von Zeit zu Zeit sein Volk bestrafen. Aber aus eben diesem Grunde wird er auch seinem Zorn entsagen und herabsteigen, um sein unwürdiges Volk zu erretten. Beide Aspekte, den der Zornesglut und den der Barmherzigkeit, hebt der erwähnte Abschnitt in 2Mo hervor. **19** Wie oft im AT, besonders bei den ganz frühen wie bei den sehr späten Propheten, kommt Gottes Segen in materiellen Dingen zum Ausdruck, die dadurch beinahe als ein Zeichen seiner Gegenwart verstanden werden. *Getreide, Wein* und *Öl* machen den Reichtum eines bäuerlichen Gemeinwesens aus und sind mithin Gottes Geschenk (vgl. Am 9,11–15).

Vers **20** mit seiner Bezugnahme auf den *Feind aus Norden* enthält einen prophetischen Doppelsinn. Kapelrud sieht in dem Vers ein eschatologisches Symbol und deutet ihn daher im Licht der letzten Tage. Andere weisen demgegenüber darauf hin, daß in früheren Zeiten häufig Heuschreckenplagen vom Norden aus auf das Land übergriffen, so daß dieser Vers durchaus in diesem Sinne gemeint sein könnte. Es ist auch eine Tatsache, daß Israels Hauptfeinde (Aram, Assyrien, Babylon, Persien, Griechenland, Rom) sämtlich von Norden her angriffen. Sieht man von Ägypten ab, so drohte dem Land aus anderen Richtungen kaum eine Gefahr. Der Feind aus Norden, ein Heer oder König des Nordens (Jer 1,13; Dan 11,6), könnte daher durchaus Umschreibung für irgendeinen Eindringling sein. Man braucht hier, was die Himmelsrichtung betrifft, keine besondere Symbolik zu vermuten, ein Blick auf die Karte zeigt, daß wir es hier mit den geographischen Gegebenheiten Israels zu tun haben. Nimmt man die Verse in dem Sinn, daß der Feind eine Heuschreckenplage ist, so wird Gott die Heuschrecken von Jerusalem aus in den Negev vertreiben (*ein dürres und wüstes Land*), wahrscheinlich durch einen Nord- und Nordwestwind; vgl. 2Mo 10,13.19. In diesem Fall wird sich die Heuschreckenplage von der philistäischen Küste *(das westliche Meer)* bis zum Toten Meer *(das östliche Meer)* erstrecken. Dabei werden zweifellos viele umkommen; die toten Heuschrecken werden *verfaulen* und *stinken.* Natürlich könnte hier auch der Geruch vieler unbestatteter Leichname auf einem Schlachtfeld angesprochen sein; vgl. Jes 66,24. Heutzutage empfinden wir die Offenheit der Bibel als recht erstaunlich: ein übler Geruch wird auch in der Heiligen Schrift beim Namen genannt.

21ff enthält die Schilderung der raschen Wiederherstellung einer ausgedörrten und verheerten Landschaft durch plötzlich einsetzende Regenfälle. **22** Wer in einem von häufigen Dürreperioden heimgesuchten Land gelebt hat, erinnert sich, wie schnell dann *die Auen in der Steppe . . . grünen.* Die Landschaft aus braunem Staub und aufgesprungenem Erdreich ergrünt von neuem, und die verbrannten Äste treiben neue Blätter. Tiere und Menschen erhalten die Gaben Gottes gleichermaßen, wie sie vorher gemeinsam unter der Dürre litten.

23 *Kinder Zions:* Joel benutzt gern den alten Namen *Zion,* nicht bloß für Jerusalem (vgl. 2,15), sondern für ganz Juda, vermutlich wegen der unterschwelligen Erinnerung an David. Dies ist keineswegs eine bedeutungslose Altertümelei oder Flucht in die Vergangenheit, sondern bereits ein zuversichtlicher Blick in die messianische Zukunft. In Israel hängt die Fruchtbarkeit des Bodens von der winterlichen Niederschlagsmenge ab. Der *Frühregen* fiel im Oktober und November während der Aussaat und der noch kostbarere *Spätregen* im März und April, wenn das Korn zu schwellen begann kurz vor Beginn der sengenden Sommerhitze. **24.25** Ganz gleich, wie die genaue Interpretation von V. 24 lautet, die Grundaussage ist klar: das Land hat Überfluß – nicht an Milch und Honig (das ist das Ideal des nomadischen Viehzüchters), sondern an *Korn, . . . Wein und Öl,* die das Ideal des Ackerbauern sind. Die Jahre der Heuschreckenplage sind vorüber: jetzt herrscht Überfluß. Für Joels Volksgenossen liegt diese Zeit noch in der Zukunft, doch wenn sie bereuen, dann wird sie ganz gewiß kommen. Zu der harten Zeit, die die Bauern nach der Rückkehr aus dem babylonischen Exil durchzustehen hatten, s. Hag 2,16.

26.27 Der Prophet legt in Worten, die stark an 5Mo 26,1–11 erinnern, dar, worin Gottes Ziel bei dem ganzen Geschehen liegt: Das Volk Gottes soll die Liebe und Macht des Herrn erkennen und wissen, daß er sein Gott ist, der mitten unter ihm wohnt. V. 27 ist eine ebenso deutliche Darlegung des Monotheismus wie an zahlreichen Stellen in der zweiten Hälfte des Jesajabuches oder auch sonst im AT.

3,1–4,21 Die letzten Dinge (Eschatologie)

3,1.2 Ausgießung des Geistes Gottes

Aus der Wendung *nach diesem* wird deutlich, daß die Ausgießung des Geistes Gottes aus

Joels Blickwinkel in der fernen Zukunft erfolgen wird, während das Geschenk der Fruchtbarkeit in der unmittelbaren Zukunft liegt. Es war daher eine zutreffende Einsicht des Petrus in Apg 2,16ff, diese Verheißung der Ausgießung des Geistes Gottes an Pfingsten festzumachen, einem Fest, das seinem Ursprung nach die Ernte feierte und eine Danksagung an Gott für die Früchte des Bodens war. »In den letzten Tagen« ist eine weitere Wendung, mit der im AT häufig Schilderungen der letzten Dinge beginnen.

Vereinfachend kann man sagen, daß Gott in atl. Zeit seinen Geist über besondere Menschen bei besonderen Gelegenheiten für besondere Aufgaben ausgoß. Es gab gewissermaßen eine »Aristokratie der Geisterfüllten«, denn im Vergleich zur breiten Masse des Volkes war die Zahl solcher Führerpersönlichkeiten gering. Das Volk war nicht in der Lage, selber besondere Anleitung zu empfangen, sondern konnte Gottes Stimme nur durch solche vom Geist erfüllten Führerpersönlichkeiten erkennen und ihr so gehorchen – so wie ein Christ in der Stimme Christi die Stimme Gottes erkennt (vgl. Jh 7,16f). Die Begabung mit dem Geist wird nun das allgemeine Kennzeichen der Kinder Gottes sein, wenngleich es verschiedene Erscheinungsformen des Geistes geben wird. Die Metapher der »Ausgießung« des Geistes (Jes 32,15) ist zweifellos von dem Gedanken an den sintflutartigen Winterregen in Palästina abgeleitet. Zahlreiche andere Propheten haben auf ihre eigene Weise von dem neuen Plan Gottes geredet (z.B. Hesekiel mit Bezug auf den Geist, Hes 37,1–14, und Jeremia mit Bezug auf den neuen Bund, Jer 31,31–34), doch niemand klarer als Joel. Auch er wiederholt letztlich nur Moses erhabenen, auf Josuas Protest hin geäußerten Wunsch in 4Mo 11,29, daß alle im Volke des Herrn Propheten sein sollten.

Die Geistbegabung weist im AT (vgl. 2Mo 31,3; 35,31) wie im NT (vgl. 1Kor 12,4–11) zahlreiche Erscheinungs- und Ausdrucksformen auf. Hier zeigen die Begriffe *weissagen, Träume* und *Gesichte,* daß für Joel der Geist zu einer Zeit, da die Prophetie nahezu abgestorben ist (vgl. Sach 13,4), in erster Linie Gottes Willen offenbart. Zur Zeit des Mose, wenngleich offenbar nicht zu der des Joel, war die Prophetie durch Ekstase gekennzeichnet, von ungewöhnlichen körperlichen Erscheinungen begleitet. Es war daher nur natürlich, daß sich Petrus angesichts des Pfingstwunders (Apg 2,1–4) dieser Ankündigung im Joelbuch erinnerte.

3,3–5 Zeichen der letzten Tage

Heute neigen wir dazu, diese Verse von den unmittelbar vorhergehenden, die von der Geistausgießung handeln, zu trennen; es ist indes bemerkenswert, daß Petrus in Apg 2,16–21 sein Joel-Zitat bis zum Ende von V. 5 fortführt. Er setzt die Geistbegabung mit dem Anbruch des messianischen Zeitalters gleich, das das Endgericht einleiten solle. Theologisch ist das richtig: Wir erkennen faktisch, daß das Endgericht in gewissem Sinne ständig stattfindet, in einem anderen Sinne sein endgültiger Vollzug aber noch bevorsteht. Petrus und die erste Generation der Christen erwarteten zweifellos, daß dieser zu ihrer eigenen Zeit stattfinden werde, und so sollte die Haltung des Gottesvolkes auch heute sein.

3.4 Die verschiedenen Wunderzeichen tauchen sowohl in der atl. als auch in der ntl. Lehre von den letzten Dingen auf: *Blut, Feuer, Rauchdampf* und *Finsternis.* Es sind natürliche Symbole, aus den lebhaften Erinnerungen an eindringende Heere geschöpft. Es ist ungewiß, ob V. 4 als wirkliche Sonnenfinsternis (die oft als Sinnbild einer Katastrophe galt) oder bildlich als der Zusammenbruch der Weltmächte aufzufassen ist. Die letztere Deutung erscheint als die wahrscheinlichere in der »kleinen Apokalypse« von Mk 13,24 sowie in Offb 6,12, wo dasselbe Bild der Sonnenverfinsterung erscheint. **5** In Apg 2,21 verwendet Petrus ebenso wie Paulus in Röm 10,13 die Redewendung *wer des Herrn Namen anrufen wird.*

V. 5 ist im Joelbuch das eindeutigste Beispiel eines Zitats von einem anderen Propheten. Die Worte *auf dem Berge Zion . . . wird Errettung sein* sind unmittelbar aus Obd 17 entlehnt, und das Zitat wird von Joel durch den Zusatz von *wie der Herr verheißen hat* bestätigt. Es ist jedoch möglich, daß sowohl Obadja als auch Joel einen noch früheren anonymen Prophetenspruch zitieren. Vgl. auch die Wendung in 1Mo 22,14: »auf dem Berge, da der Herr sieht«. Eine genaue Prüfung zeigt, daß das AT ein Geflecht von Zitaten und natürlichen Abhängigkeiten und Querverbindungen ist, vielfältiger und oft verflochtener als solch eine offenkundige Abhängigkeit späterer Propheten von ihren Vorgängern wie im vorliegenden Fall. Die direkte Bezugnahme auf Jeremia in Dan 9,2 veranschaulicht dies ebenso wie die allgemeine auf »die früheren Propheten« in Sach 1,4. Jeremia wurde nur deshalb nicht getötet, weil man sich erinnerte, daß Micha h… rt Jahre zuvor die gleiche Botschaf… hatte und unbehelligt gebli… 26,18f). Es gibt über zwan… Buch, an denen Joel di… wendet. In allen Fälle… hängigkeit nachweis…

den anderen Propheten Anleihen gemacht hat und nicht umgekehrt. Dies besagt nichts weiter, als daß Joel voll und ganz in der Prophetentradition verwurzelt ist, an deren Ende er steht. Um Paulus zu zitieren: Die Weissagungen sollten einst aufhören (s. 1Kor 13,8); darüber war man sich bereits zur Zeit des AT (Sach 13,4) und der Apokryphen (1Makk 4,46) durchaus im klaren. Dies war auch der Grund, weshalb das Erscheinen Johannes des Täufers, das offenbar das Wiederaufleben des Prophetentums ankündigte, die Menschen in höchste Erregung versetzte (vgl. Mal 3,23).

Man hat gesagt, das Joel-Buch sei trotz seines geringen Umfangs ein wahres Kompendium der atl. Eschatologie. Es enthält fünf Bezugnahmen auf den »Tag des Herrn«. »Tag des Herrn« ist dabei so etwas wie eine abgekürzte Redeweise für das entscheidende Eingreifen Gottes (vgl. unser »Tag X«). Fast sämtliche wichtigen eschatologischen Themen, ausgenommen die des Messias, der Auferstehung und der Aufnahme der Heiden, kommen vor. Hesekiel, Jesaja und Zephanja finden in diesem Buch einen starken Widerhall.

4,1–15 Gericht über die Völker

1 Wie in Jer 33,15 weist *in jenen Tagen und zur selben Zeit* abermals auf die ferne und vage Zukunft. *Da ich das Geschick Judas und Jerusalems wenden werde:* Eine andere Möglichkeit der Übersetzung ist: »wenn ich die Gefangenschaft Judas und Jerusalems wenden werde« (EÜ 3,1). Dies muß nicht unbedingt heißen, daß Joel ein Prophet aus der Zeit des Exils ist. Die große Mehrheit der Exulanten kam auch in der Zeit Esras und Nehemias nicht zurück, sondern blieb in Babylon.

2 Im folgenden finden wir das Bild einer großen Versammlung aller Heiden vor Gott dem Richter (vgl. Zeph 3,8). Dieses Bild mag entstanden sein aus der Tatsache, daß in der wechselvollen Geschichte Jerusalems oftmals große feindliche Armeen fremder Völker vor der Stadt lagerten. Die Bezeichnung *Tal Josaphat* ist möglicherweise wegen der Bedeutung des Namens (»Jahwe hat Gericht gehalten«) gewählt. Die Fortsetzung *ich will mit ihnen rechten* in der zweiten Vershälfte legt diese Erklärung ebenso nahe wie das Synonym »Tal der Entscheidung« in V. 14. Doch ist auch zu bemerken, daß man seit der Zeit des Eusebius das Kidrontal mit diesem Namen gleichsetzt. Man könnte damit vielleicht die Bezeichnung »Königstal« von 1Mo 14,17 vergleichen. Dieses Tal lag ebenfalls unweit von Jerusalem. [illegible]in Angreifer mußte offensichtlich nach der [illegible]zung des Ölbergs erst dieses Tal ein[illegible]e er die Mauern von Jerusalem be[illegible] Die Bezeichnung Josaphat hat bisweilen als Beweisgrund für die Datierung des Joel-Buches ins 9. Jahrhundert gedient. Wenn es sich aber nur um einen Ortsnamen handelt, so läßt sich daran kaum eine genaue Entstehungszeit festmachen. Der gleichnamige König lebte so viel früher, daß sich hieraus kein Hinweis auf die Entstehungszeit des Joel-Buches ableiten läßt.

4–8 Die Aufzählung der Sünden der *gojim,* der nicht jüdischen Völker, erinnert an die Aufzeichnungen in Am 1,1–2,3. Sie sind unbarmherzig gegen die Wehrlosen, die Kriegsgefangenen und die Flüchtlinge vorgegangen. Dieses Mal sind es die reichen phönizischen und philistäischen Sklavenhändler, die an den Pranger gestellt werden. Philistäische Sklavenhändler waren bereits zur Zeit des Amos (Am 1,6) tätig gewesen, doch jetzt verkauften sie die jüdischen Sklaven sogar an die *Griechen* (V. 6). Die Tatsache, daß die Griechen zwar ein Handelsvolk von Bedeutung, aber noch keine Weltherrscher sind, hilft bei der Datierung des Buches ebenso wie das Fehlen jeder Bezugnahme auf Assyrien und Babylon. Die Tatsache, daß Persien nicht erwähnt wird, könnte sich daraus erklären, daß das Buch in der Frühzeit des Perserreiches entstand, als seine Unterdrückungsmaßnahmen noch nicht zum Zuge gekommen waren. Erst im späten 4. Jahrhundert wurde Persien zum Tyrannen. 345 v. Chr. wurde Sidon nach einem Aufstand überfallen und versklavt, und 332 v. Chr. verfuhr Alexander der Große mit Gaza ebenso. Hier erfüllte sich die Prophetie auf grausame Weise, denn zweifellos verkauften jüdische Zwischenhändler, die am persischen Hof in hohem Ansehen standen, wie Nehemias Laufbahn zeigt, und die sich der Gunst Alexanders des Großen erfreuten (es gab in Alexandria eine jüdische Kolonie), die Sklaven auf den Märkten Südarabiens. *Denen in Saba (V. 8): den Sabäern* (ZÜ 4,8); vgl. LZB Art. Saba, Sp. 1165f. Diesem Volk kam bis in die Römerzeit Bedeutung zu.

Es mag sein, daß die phönizischen und philistäischen Grausamkeiten sehr viel früher, etwa in die Zeit der Zerstörung Jerusalems durch Nebukadnezar im Jahre 586 v. Chr., zu datieren sind. Von Esra und Nehemia erfahren wir jedoch, daß die Versklavung von Schuldnern auch in der kleinen Gemeinde, die aus dem Exil zurückkehrte, keineswegs unbekannt war (vgl. Neh 5,5). Wir wissen ferner von phönizischen Händlern, die in jener Zeit Jerusalems Märkte aufsuchten (vgl. Neh 13,16). Der Bezug auf die Ausraubung des Tempels (V. 5) würde allerdings besser zu einer früheren Zeit passen. Auch ist in V. 4 ein grimmiger Humor spürbar. Die Phönizier beabsichtigten durch ihre Handlungsweise zweifellos, sich zu rächen (vielleicht für die Massaker, denen sie unter Jehus Regierung zum Opfer gefallen waren?), doch jetzt wird sie des Herrn Rache ereilen. Zu einer Zeit, in der die Lehre von der Auferstehung noch nicht deutlich hervorgetreten war, war es notwendig, daß Gott seine Macht im irdischen Leben unter Beweis stellte, damit die Menschen nicht an seiner Gerechtigkeit zweifelten.

9–15 Im Hebräischen stehen diese Verse wie die Eingangsverse des Kapitels in Versform. Möglicherweise zeigt die Wortwahl in V. 9f traditionelle Elemente im Bezug auf die Beschreibung eines Kriegsbeginns, denn es finden sich in ugaritischen Texten, die das gleiche Thema behandeln, verschiedene Ähnlichkeiten. **10** hat man als Parodie von Jes 2,4 und Mi 4,3 bezeichnet, da hier genau die gegenteilige Aufforderung ergeht: sie sollen nicht »ihre Schwerter zu Pflugscharen machen«, sondern *aus . . . Pflugscharen Schwerter.* Doch vielleicht war Joels Ruf der ursprüngliche Sammelruf an Israel. In diesem Fall hätten also Jesaja und Micha, nicht Joel, den Wortlaut abgeändert.

11 Die genaue Bedeutung von *führe du hinab, Herr, deine Starken* ist unklar. Vielleicht finden wir darin eine Bezugnahme auf Gottes Engelheere. Wenn das zutrifft, so könnte man Dan 10,20 und Christi Worte an seine Jünger im Garten Gethsemane zum Vergleich heranziehen (Mt 26,53). Vielleicht bedeutet es aber auch nur, daß Gott die heidnischen Horden in einen Hinterhalt führt. **13** Der Befehl *Greift zur Sichel* würde die erstgenannte Auffassung stützen. Die endzeitlichen Ernteleute sind bis in die ntl. Zeit gewöhnlich die Engel; s. Mt 13,39; Offb 14,14–19. Ernte und Weinlese, die in Palästina zeitlich nahe beieinander liegen, sind in einem Agrarland natürliche Sinnbilder für das Ende eines Zeitabschnitts. Dazu sind sie passende Sinnbilder für das Gericht, weil gerade dann der wirkliche Stand der Frucht offenbar wird. Zum Gericht vgl. besonders die mit Füßen getretene volle *Kelter.*

Es ist bemerkenswert, daß die Christen beim Abendmahl Brot und Wein verwenden als eng miteinander verbundene Symbole von Ernte und Weinlese, Erlösung und Gericht.

4,16–21 Erlösung des Gottesvolkes

Jetzt rückt anstelle der Feinde Gottes das Volk Gottes in den Mittelpunkt des Bildes. Viele Züge erinnern so stark an Amos, daß die Vermutung naheliegt, Joel habe bewußt einige der Gedanken des älteren Propheten wiedergegeben. In Am 1,2 wird der Herr mit einem brüllenden Löwen verglichen, und in Am 9,13 begegnet uns das Bild von den von süßem Wein triefenden Bergen, Bilder, die Joel in V. 16 und V. 18 wiedergibt. Vielleicht ist es bedeutsam, daß Amos seine Weissagungen unter Hinweis auf ein Erdbeben datiert (Am 1,1); seit Moses Zeit war ein Erdbeben ein äußeres Sinnbild der Theophanie, und ebenso erbeben bei Joel Himmel und Erde, wenn Gott spricht (V. 16). Dem Handeln Gottes liegt hier nicht nur die Absicht zugrunde, daß sein Volk ihn als den erkennen soll, der er ist, sondern auch die, daß Jerusalem heilig und von Feinden rein bleiben soll. Man vgl. die Vision Dan 8,13, wonach der Tempel ständig durch die Tritte fremder Füße entweiht werden wird.

18 Neben den herkömmlichen Bildern von der Fruchtbarkeit des Bodens steht ein Bild, das für Israel besonders charakteristisch ist: *alle Bäche in Juda werden voll Wasser sein.* Es sind dies die trockenen Wadis, die in Ps 126,4 erwähnten Gewässer des Negev. Anhaltende Regenfälle verwandeln sie in reißende Ströme, und solange sie Wasser führen, gibt es selbst in der Wüste Weidegründe. Es *wird eine Quelle ausgehen vom Hause des Herrn:* ist sicherlich nicht wörtlich aufzufassen, sondern in engem Zusammenhang mit dem sinnbildlichen Fluß, der vom Tempel ausgehen soll (vgl. Hes 47,1–12; Sach 14,8), zu sehen. Das Vorhandensein heiliger Quellen wie der Gihon-Quelle in dem Tal unterhalb des Tempels legt diese Analogie zumindest nahe. Sollte dem so sein, so könnte das *Tal Schittim* (»Akazientał«) der untere Teil des Kidrontals sein, der noch heute (spärlich) mit Akazien bewachsen ist. Doch in Anbetracht dessen, daß auch Jesus dieses Symbol in Jh 4,14 benutzt und es außerdem in Offb 22,1f auftaucht, braucht man vermutlich nicht nach einem irdischen Ort zu suchen. Vielleicht hat Joel auch an die Ströme des Paradieses (1Mo 2,10–14) gedacht; vgl. Ps 46,5. Wenn Israels Geschichte vom »verlorenen Paradies« handelte, dann spricht das messianische Zeitalter vom »wiedergewonnenen Paradies«. Seit Jesajas Zeit sind »die Wasser von Siloah, die still dahinfließen« (Jes 8,6) ein messianisches Symbol, im Gegensatz zu der Sintflut, die das Gericht bezeichnet.

19–21 In den Schlußversen wendet sich Joel für einen Augenblick von Gottes Erlösung ab und seinem Gericht über die Feinde zu. Hier stehen zwei Bilder nebeneinander. Juda ist keine Wüste mehr, sondern ist ein fruchtbares Land geworden, aber die einst fruchtbaren Länder *Ägypten* und *Edom* sind in eine Wüste verwandelt worden. Dies ist der doppelte Aspekt von Gottes Wirken, den auch Ps 107,33–36 hervorhebt. Zu dem angedrohten Fall Ägyptens vgl. Hes 29,1–12. Die Bitterkeit der Juden gegen die Edomiter war sehr groß, hauptsächlich wegen deren Parteinahme für Babylon beim Sturm auf Jerusalem (vgl. Ps 137,7). Der Haß gegen Ägypten mag sich daraus erklären, daß dies Land sich in den Notzeiten der Vergangenheit so oft als »zerbrochener Rohrstab« erwiesen hatte (vgl. 2Kön 18,21). Ägypten hatte während der späten Perserherrschaft zweifellos ebenfalls unter der allgemeinen Not und den Massakern zu leiden und hieß Alexander als Befreier willkommen. Die Edomiter, die durch die Besetzung des jüdischen Hebron und des Negev den Haß der Juden auf sich gezogen hatten, mußten ein noch härteres Schicksal erdulden. Sie verloren damals ihr gesamtes Stammland (einschließlich der Hauptstadt Sela, des späteren Petra) an die aus Nordarabien heranstürmenden Nabatäer. So bald schon erfüllte sich an diesen Ländern das »Wort des Herrn«, doch Juda und Jerusalem blieben als immerwährendes Zeugnis für Gottes Treue bestehen. Mit der triumphierenden Feststellung: *Und der Herr wird wohnen zu Zion* schließt das Joel-Buch.

R.A. Cole

Amos

Einleitung

Die Zeit des Amos

Das genaue Datum, das uns das Amosbuch an die Hand gibt (1,1), »zwei Jahre vor dem Erdbeben«, läßt sich leider nicht mehr bestimmen. Die Regierungszeit Usias von Juda ist auf 767–740 v. Chr. zu datieren, die seines Zeitgenossen Jerobeam II. von Israel auf 782–753 v. Chr. (s. Chronologie S. 388f). Es bleibt die Frage, in welchen Zeitabschnitt innerhalb dieser langen Regierungszeiten sich der Inhalt des Buches am ehesten einfügt. Eine Datierung um 760 v. Chr. paßt zu den berichteten Tatsachen und ist von der Forschung weitgehend akzeptiert worden.

Unter Jerobeam durchlebte Israel eine ausgesprochene Blütezeit: Die Umstände begünstigten seine Ausdehnung, und der tatkräftige Jerobeam ließ sich diese Gelegenheit nicht entgehen. Im Jahre 805 v. Chr. unterwarf Adad-nirari III. von Assyrien Damaskus und befreite damit die übrigen palästinischen Staaten von der syrischen Gefahr. In der Folge erlahmte Assur jedoch und unternahm bis zum Herrschaftsantritt von Tiglat-Pileser III. im Jahre 745 v. Chr. keinen ernsthaften Versuch, seinen Machtbereich auf die Küstenländer am Mittelmeer auszuweiten.

Jerobeam dehnte die Grenzen seines Reiches aus, bis sie sich mit denen der Zeit Salomos deckten, und sehr wahrscheinlich spiegelt Am 6,13 (s. Komm. dort) den Stolz des Volkes auf seine Kriegstaten wider. Infolge der Gebietserweiterung kontrollierte es jetzt weitgehend die Handelswege, und der daraus resultierende gewaltige wirtschaftliche Aufschwung rief eine reiche, im Luxus lebende Oberschicht ins Dasein (s. 2,12.15; 5,11; 6,6).

Obwohl das Land auch Notzeiten durchgemacht hatte (s. 4,6–11), vermochten sich die weltlich gesinnten Politiker nur eine Fortdauer des Überflusses vorzustellen. Ernsthafte Schwierigkeiten sahen sie erst in ferner Zukunft (5,18a; 6,3a). All das paßt gut zu einer Abfassungszeit etwa um die Mitte der Regierungszeit Jerobeams.

Seine Botschaft

Gott

Der Nachdruck, den Amos auf Israels einzigartiges Vorrecht legt (2,9–11; 3,2), steht in auffallendem Gegensatz zu der Tatsache, daß er vom Herrn niemals als vom »Gott Israels« spricht. Ebenso sieht er zwar in Israel eindeutig das Bundesvolk, verwendet indes niemals das Wort »Bund«. Mit anderen Worten: er läßt bei seiner Darstellung Gottes alles aus, was die Israeliten in ihrer Selbstgefälligkeit bestärken könnte, nennt ihn vorzugsweise »der Herr Jahwe« (*'adonaj jhwh*, 1,8; 3,7.8.13; 4,2.5; 5,3; 6,8; 7,1.2.4.5.6; 8,1.3.9.11; 9,8), »Jahwe, der Gott Zebaoth« (d.h. der Allmächtige, 4,13; 5,14.15.16.27; 6,8.14), oder einfach »der Herr« (*'adonaj*; 7,7.8; 9,1), und gebraucht bisweilen umfangreiche zusammengesetzte Bezeichnungen (s. 5,16). Wir werden später noch von der Bedeutung der Tatsache zu reden haben, daß er ausgesprochen oft den Bundesnamen Gottes, »Jahwe« (LÜ u.a. »HERR«), benutzt und zum Abschluß seines Buches die trostreiche Bezeichnung »Jahwe, dein Gott« wählt. Doch steht unbezweifelbar fest, daß Amos bei der Darstellung seines Gottes diejenigen Züge seines Charakters hervorhebt, die seine allumfassende Herrschaft und Regierung unterstreichen.

Wie das übrige AT gründet Amos seinen Monotheismus auf die Tatsache, daß der Herr der Schöpfer ist (4,13; 5,8; 9,5f), daß er die Geschichte lenkt (3,6; 4,6–11; 9,7) und daß er allein der Richter über alle Völker ist (1,3–2,16). Doch zugleich besteht die Gefahr, daß Israel sich anderen »Göttern« zuwendet (5,26f), denn obschon nur ein Gott existiert, gibt es doch andere Gegenstände der Anbetung und Verehrung (vgl. 1Kor 8,5f), was ebensowenig wie bei Paulus den Monotheismus in Frage stellt.

Gericht

Die offenkundigste Folgerung aus diesem Monotheismus ist die Überzeugung, daß der einzige Gott auch der Richter der Welt ist. Amos macht dreierlei deutlich: 1. Verbrechen gegen die Menschlichkeit (s. Komm. zu 1,3–2,3), wo, aus welchem Grunde und auf welche Weise auch immer sie begangen werden, sind Gott zuwider und werden von ihm geahndet. 2. Aus dem Vorrecht, das Volk Gottes zu sein, folgt notwendig ein schwereres und gewisseres Gericht (3,2), weil Israel durch Gottes Offenbarung eine ganz andere Einsicht in seinen Willen hat. 3. Es gibt keinen Unterschied zwischen Verbrechen und Sünden, also zwischen Unrecht gegen die Mitmenschen und vorsätzlichen Verstößen gegen Gottes Gesetz (s. Komm. zu 3,9ff).

Hoffnung

Verkündigt Amos nur das kommende Gericht unter Ausschluß jeglicher Hoffnung? Einige halten dies sogar für den Grund dafür, daß die Prophetien des Amos die ersten waren, die schriftlich fixiert wurden, weil er als erster Prophet das Ende von Gottes Bund mit Israel verkündigte (vgl. R.E.Clements, *Prophecy and Covenant,* 1965). In unserem Kommentar wird demgegenüber die Auffassung vertreten, daß seine Botschaft ganz und gar nicht ohne Hoffnung ist. Dafür sprechen einmal die beiden ersten Visionen (7,1–6): Amos betet um die Abwendung des totalen Gerichtes, weil es total ist und sein Gebet wird erhört. Das allein zeigt bereits, wie falsch es ist, die Hoffnung aus seiner Botschaft auszuschließen. Ausgeschlossen ist vielmehr, daß Gott beabsichtigte, das Ende seines Volkes herbeizuführen. Unser Kommentar versucht nun zu zeigen, daß Kap. 7–9 demgemäß ein zusammenhängendes und überzeugendes Ganzes bilden und klar herausstellen, wie die Gerechtigkeit des Herrn, die unvermeidlich straft, mit seiner Gnade verknüpft ist.

Zum zweiten ist zu beachten, daß Amos vor allem ein Prophet Jahwes ist. Er benutzt den Namen Gottes über 80mal. Als Höhepunkt seiner Mahnungen verkündigt er Israel eine schreckliche Begegnung mit »deinem Gott« (4,12), und er endet mit einer Verheißung durch »Jahwe deinen Gott« (9,15). D.h. auch während des Gerichts bleibt die Beziehung zwischen Gott und Israel bestehen. Und das entspricht genau der Offenbarung Jahwes, wie sie das AT auch sonst schildert. Er offenbarte seinen Namen als »der Herr dein Gott, der ich dich aus Ägyptenland geführt«, in einer bestimmten einzelnen Handlung (dem Passa), die einerseits seine Feinde richtete, andererseits aber auch sein Volk errettete. Amos könnte nicht im Namen dieses Gottes weissagen, wenn er keine Heilsbotschaft zu verkünden hätte.

Prophetie

Amos wußte, was einen Propheten klassischerweise kennzeichnet (s. Komm. zu 2,11; 3,8), und wir besitzen auch ein persönliches Zeugnis von ihm über seine eigene Stellung. In 7,14f haben seine Worte »Ich kein Prophet« (im Hebr. ohne Verb) vielerlei Deutungen hervorgerufen. Die gängige Übersetzung »Ich bin kein Prophet und kein Prophetenjünger« (LÜ, ZÜ, EinhÜ) entspringt der Auffassung, Amos weise damit die Zugehörigkeit zu einem Berufsstand und zu einer sogenannten Prophetenschule (vgl. 1Kön 20,35) zurück. Dagegen fährt Amos dann fort, er sei auf Gottes Geheiß ausgesandt worden, um zu »weissagen«, wörtlich »um als Prophet zu wirken«. Also doch ein Prophet? John Bright meint, er habe damit sagen wollen »ich bin vielmehr im wahren Sinne ein Prophet«; doch damit liest man wohl zuviel in diese Stelle hinein. Man könnte die Worte als Frage verstehen, etwa: »Bin ich etwa nicht ein Prophet und eines Propheten Sohn, weil ich ein Hirt bin . . .? Und der Herr nahm mich . . .« Doch das würde voraussetzen, daß Amazja Amos' Prophetentum in Frage gestellt hätte, weil Amos auch einer weltlichen Tätigkeit nachging. Im ganzen scheint es das beste, eine Vergangenheitsform anzunehmen (s. Komm. zu 7,14): »Ich *war* kein Prophet« (vgl. EÜ; JB). Amos blickt in die Zeit zurück, als er weder Prophet war noch Aussicht hatte, einer zu werden, bis er dann durch das entscheidende Erlebnis der göttlichen Berufung zum Propheten wurde.

Religion

Nach außen hin erschien Israel zu Amos' Zeit als ein tief religiöses Volk, doch seine Religion war von Gottes Gesetz weit entfernt (s. Komm. zu 2,7b.8), sie war geistlich verdorrt (s. Komm. zu 4,4f), unfähig, ihren Anhängern Schutz zu gewähren (s. Komm. zu 3,14; 5,5f), und brachte keine sittliche und soziale Gerechtigkeit mit sich (s. Komm. zu 5,21–25). Vor allem der letztgenannte Gesichtspunkt veranlaßte Amos, seine berühmte Frage zu stellen: »Habt ihr mir in der Wüste die vierzig Jahre lang Schlachtopfer und Speisopfer geopfert?« (5,25). Manche vertreten die Auffassung, daß Amos mit dieser Frage eine durch ethisch einwandfreies Verhalten charakterisierte Religion ohne gemeinschaftliche kultische Ausprägung durch Darbringung von Opfern forderte; doch ist eher anzunehmen, daß Amos sich gegen den Mißbrauch des Kultus wandte, ohne seine grundsätzliche Anordnung durch Gott in Frage zu stellen.

Das Amosbuch

Das Buch Amos bietet sich uns als ein sehr sorgfältig bearbeitetes Literaturwerk dar, und es besteht kein Grund, daran zu zweifeln, daß Amos es selber herausgeben konnte und herausgab. Ob er aus dem Nordreich fliehen mußte (s. 7,10–17) oder einfach nach Abschluß seiner Wirkungszeit als Prophet in sein Heimatdorf Tekoa zurückkehrte, beides erklärt neben seiner Herkunft aus dem Süden zur Genüge die über das ganze Buch verstreuten judäischen Elemente, angefangen bei der Datierung in 1,1.

Es stellt sich die Frage, ob das Buch Partien aufweist, die man anderen Verfassern als Amos zuschreiben muß. Einige Kommentatoren haben diese Frage hauptsächlich aufgrund folgender Abschnitte bejaht: Amos' Verfasserschaft der Prophetie gegen Juda (2,4f) wird bezweifelt, weil Amos ein Prophet für das Nordreich (Israel) war, sie den für Amos kennzeichnenden Eifer vermissen lasse und ihr Wortlaut (z.B. *nachfolgen* = Götzen verehren; *des Herrn Gesetz verachten*) den Einfluß von 5Mo verrate. Dazu ist zu sagen, daß Amos' Hauptaufgabe gegenüber Israel eine Weissagung gegen Juda ebensowenig ausschließt wie die Weissagungen gegen die anderen in Kap. 1 aufgeführten Völker, daß, wenn die Weissagung gegen Juda nicht weniger scharf sein sollte (was reine Ansichtssache ist), dies bei einem aus Juda stammenden Propheten nicht überraschen würde, und daß, selbst wenn Verbindungen zu 5Mo bestünden (die diesbezüglichen Hinweise sind recht spärlich), es sinnvoller ist, darin einen Beleg für eine frühe Entstehungszeit von 5Mo zu erblicken, als sich gemüßigt zu fühlen, Amos' Prophetie zu zerstückeln.

Die drei einander ähnlichen Stellen 4,13; 5,8f und 9,5f hat man in Zweifel gezogen mit der exegetischen Begründung, sie paßten nicht in den Zusammenhang. Im einzelnen s. dazu Komm. Jede der angezweifelten Stellen erfüllt insofern eine bedeutsame Funktion, als sie zeigt, daß der Herr imstande ist, genau jene Form von Gericht zu vollziehen, die die vorhergehenden Verse angedroht haben. Weiterhin wird behauptet, diese Verse spiegelten eine spätere (Schopfungs-) Theologie. Doch derartige Argumente über eine Entwicklungsgeschichte der Lehre im AT sind mit Vorsicht zu gebrauchen. Und diese Theologie steht keineswegs mit Amos' Denkweise in Widerspruch; daher gibt es keinen überzeugenden Grund dafür, sie ihm zu bestreiten.

Der Hauptangriff auf die Einheitlichkeit des Amosbuches hat sich von jeher auf 9,8b–15 konzentriert. Vermutlich hat die Ausscheidung dieser Verse ihren Ursprung in der Annahme, daß eine Lehre der Hoffnung nicht zu Amos passe. Wir haben bereits gezeigt, daß dem keineswegs so ist. Das Argument wird jedoch durch die Behauptung abgestützt, der Abschnitt könne unmöglich echt sein, weil er allzu unvermittelt auf das Vorangegangene folge. Der Leser muß nach Lektüre des nachfolgenden Kommentars selber urteilen, wieviel Gewicht dem beizumessen ist. Zwei weitere Argumente gegen die Echtheit: die Sprache des Schlußabschnitts zeige Anklänge an Schriften der exilisch und nachexilischen Zeit. Bei näherer Betrachtung stellt sich heraus, daß es sich bloß um eine Wortwahl der Frage handelt. »Die benutzten Wendungen weisen lingustisch nicht auf eine späte Zeit. Wenn man einräumt, daß Amos (gleich anderen Propheten) nicht nur das Exil seines Volkes, sondern auch seine Wiederherstellung ins Auge gefaßt haben könnte, dann stellt sich die Frage, ob dieser Gedanke nicht einfach in einer Form zum Ausdruck kommt, die sich ihm auf ganz natürliche Weise darbot« (S.R. Driver).

Der zweite Angriffspunkt betrifft das Wesen der Prophetie. Die Verse setzen den Fall Judas voraus, und es erhebt sich die Frage, ob es sinnvoll ist, die Wiederherstellung des Hauses Davids nach dem Fall in Aussicht zu stellen, während es doch noch besteht. G.E. Wright (*Isaiah,* 1964, S. 8) hat das dieser Sicht zugrundeliegende Prinzip wie folgt dargelegt: »Eine Prophetie geht dem Geweissagten voraus, ist aber gleichzeitig oder später im Blick auf Tatsachen, die sie dabei voraussetzt.« Wenn dem so ist, dann scheint die vorliegende Textstelle den Fall Jerusalems vorauszusetzen und muß daher entweder mit diesem Ereignis gleichzeitig oder später erfolgt sein. Die Frage läßt sich jedoch nicht so leicht entscheiden. Kann ein Prophet niemals das voraussetzen, was er selber früher geweissagt hat? Konnte Amos, der den Fall Jerusalems prophezeite (2,4f), ihn voraussetzend nicht darüber hinausblicken? Wenn sich die Textstelle, in der vom Zerfall der »Hütte Davids« die Rede ist, zurückbezieht auf die Spaltung des Reiches, wird dadurch der Angriff gegen die vorliegende Stelle erst recht unnötig (s. Komm. zu 9,11).

Übersicht über das Buch Amos

Jeder Abschnitt des Buches Amos enthält eine eindeutige Botschaft; seine drei Abschnitte bilden eine Entwicklungsreihe, in der Antworten auf Fragen gegeben werden, die das Vorangegangene aufgeworfen hat. Das Buch erweist sich als vollständig und wohlgeordnet.

Der erste Abschnitt, **Das Gebrüll des Löwen: Das umfassende Gericht und seine Ursache** (1,2–3,8), verkündet das unmittelbare Bevorstehen des Gottesgerichts (1,2) über die heidnischen Nachbarvölker (1,3–2,3), über Juda (2,4f) und Israel (2,6–16). Amos beendet diese Schreckensbotschaft mit der Versicherung, daß das, was er sagt, das Wort des Herrn ist (3,1–8), und der Abschnitt endet, wie er beginnt (1,2): mit dem Gebrüll des Löwen (3,8).

Der zweite Abschnitt, **Ein Feind im Land** (3,9–6,14), enthüllt, wie der Herr dies Gericht vollziehen wird, und stößt zu den Ursachen seines Zorns vor. Soziale Verbrechen des Volkes (3,9–11) sind Sünden gegen Gott (3,12–15) und stellen eine Herausforderung an seine Heiligkeit dar (4,1–3). Religiöser Formalismus (4,4f), der jegliche geistliche Hinwendung zu Gott vermissen läßt (4,6–11), gibt keinerlei Sicherheit und macht einen Zusammenstoß mit Gott unausweichlich (4,12f). Der Prophet stimmt ein Klagelied über das gefallene Volk (5,1–3) an, das den Aufrufen zur geistlichen (5,4–13), sittlichen (5,14–20) und religiösen (5,21–27) Erneuerung kein Gehör geschenkt hat. Seine Selbstgefälligkeit und Selbstgewißheit (6,1–7) wird sich beim Ansturm des Feindes in nichts auflösen (6,8–14).

Der dritte Abschnitt, **Jahwes souveräne Herrschaft in Gericht und Gnade** (7,1–9,15), stellt sich der entscheidenden Frage, ob dies Gericht das Ende der Absichten Gottes mit Israel bezeichnet. Hat er sein Volk endgültig verstoßen? Amos berichtet von zwei Visionen einer völligen Vernichtung (7,1–6), die er mit seinen Gebeten verhindert. Die dritte Vision (7,7–9) eines aussondernden Gerichts veranlaßt ihn nicht zu einem weiteren Gebet. Er erkennt: Gott wird sein Volk gründlichst prüfen. Diese Schreckensbotschaft veranlaßt Amos erneut, seine Berufung zum Propheten darzulegen (7,10–17). Das Gericht steht zwar unmittelbar bevor (8,1–14), ist unausweichlich (9,1–6), führt zu einer Scheidung in Israel (9,7–10); aber ihm folgt die glanzvolle Zukunft eines blühenden Volkes, dem keinerlei Deportation mehr droht (9,11–15).

Kommentar

1,1 Überschrift

Das uns vorliegende Buch besteht aus den *Worten des Amos* (EÜ; ZÜ). An anderen Stellen der neun Kapitel finden wir jedoch die weitergehendere Aussage: »So spricht der Herr« (1,3.6.9.11; usw.). Wir stehen hier vor dem Wunder der Inspiration (vgl. Hes 2,8–3,4): Ein Mensch äußert, ohne seine Individualität zu verlieren oder seine Persönlichkeit zu opfern, Worte, die ihren Ursprung nicht in ihm selber, sondern in Gott haben.

Thekoa lag etwa 19 Kilometer südlich von Jerusalem. *Schafzüchter:* Dieser Ausdruck taucht sonst nur noch in 2Kön 3,4 auf, dort im Sinn von »Herdenbesitzer« (vgl. EÜ). Einige Forscher haben ihn als terminus technicus aufgefaßt und vermutet, Amos sei Tempelbeamter gewesen, doch gibt es für einen solchen Gebrauch des Wortes nicht den geringsten Anhaltspunkt. Gott machte jemanden, der offenbar keines der typischen Kennzeichen eines Boten Gottes aufwies, zum Träger seiner Botschaft. Amos hat diese Botschaft *gesehen*. »Sehen« ist hier im Sinn von »verstehen«, »geistig erfassen« gebraucht. Offenbarung und Inspiration verschmelzen, denn »sehen« umfaßt sowohl das Erkennen eines Gegenstandes oder einer geoffenbarten Wahrheit als auch die Fähigkeit, dessen Bedeutung zu erfassen.

Zu den geschichtlichen Hintergründen s. Einleitung.

1,2–3,8 Das Gebrüll des Löwen: Das umfassende Gericht und seine Ursache

Die erste Gruppe der Prophetien des Amos steht zwischen den beiden Rahmenversen 1,2 und 3,8: »Jahwe wird aus Zion brüllen . . .« – »Der Löwe brüllt«. Die Botschaft dieser Kapitel wird damit als ein von Gott kommendes Gerichtswort bezeichnet.

Die ersten drei Völker (mittels ihrer Hauptstädte benannt), die unter ein Gerichtswort gestellt werden, waren heidnisch und mit Israel nicht verwandt, die nächsten drei gewissermaßen »Vettern« (vgl. 1Mo 25,30; 19,36–38), das siebte schließlich war das Brudervolk Juda im Süden. Auf diese Weise kommt das Gericht immer näher, bis es Israel schließlich selber trifft. Möglicherweise haben wir es mit einem rhetorischen Kunstgriff zu tun, dessen sich der unter freiem Himmel predigende Amos bediente, um die Aufmerksamkeit der vorbeiziehenden Menschenmassen zu erregen und sie dahin zu bringen, sich das Verdammungsurteil des Herrn anzuhören. Möglicherweise haben wir auch das Ergebnis seiner Überlegungen vor uns, indem er über die verwerflichen sozialen Gepflogenheiten der Nachbarvölker nachdachte und schließlich folgerichtig zu der Frage gelangte: Wie verhalten wir uns? Kann uns nicht gleichfalls das Gerichtsurteil Gottes treffen?

Das Gericht gründet sich auf zwei verschiedenartige Ursachen. Den heidnischen Völkern werden Verbrechen gegen die Menschenwürde zur Last gelegt: Brutale Kriegsführung (V. 3), Sklavenhandel (V. 6), Unbarmherzigkeit (V. 11) u.a. Dabei wird vorausgesetzt, daß es sittliche Verhaltensweisen gibt, die keiner besonderen Offenbarung bedürfen, sondern in der Natur des Menschen wurzeln (vgl. Röm 2,14). Juda und Israel sind dem Gericht jedoch wegen ihres Ungehorsams gegen die Offenbarung Gottes verfallen. Sie haben »des Herrn Gesetz verachtet« (2,4) und seine Propheten zum Schweigen gebracht (2,12). Amos traf auf Menschen, die den Schutz eines göttlichen Vorrechts genossen (vgl. Komm. zu 5,18), und mußte ihnen den wahren Sinn dieses Vorrechts verkünden: kein Freibrief, Unrecht zu tun, sondern Verantwortung, das Rechte zu tun. Die, denen viel gegeben ist, wird das Gericht um so härter treffen (vgl. Lk 12,48).

Hinter dieser allgemeinen Verdammung der Heiden und der Israeliten steht der entschlossene Monotheismus des Amos (s. Einleitung). Jahwe ist es, dessen Zorn alle gleichermaßen trifft, einen anderen Gott gibt es nicht.

1,2 Warnung

Die Warnung handelt zunächst vom Eingreifen Gottes. Der Name Gottes, »Jahwe« (LÜ: HERR), wird nachdrücklich hervorgehoben, und die doppelte Nennung seines Wohnsitzes *Zion . . . Jerusalem* unterstreicht, wer hier eingreift: Gott in seiner offenbarten Eigenschaft als Gott Israels. Sodann wird angekündigt, daß sein Eingreifen unmittelbar bevorsteht. *Gebrüll* (vgl. Ri 14,5) weist darauf hin, daß der Löwe zum Sprung ansetzt. *Stimme:* Das Bild wechselt – Gottes Zorn ist wie ein Gewitter. Man könnte die Verben auch so wiedergeben: »Immer wieder wird er brüllen . . . seine Stimme hören lassen,« nämlich in den darauffolgenden Verdammungsurteilen; ein Gerichts-Donnerschlag folgt dem andern. So werden wir auf Amos' dritte Aussage vorbereitet: die Vollständigkeit des Gerichts. Von den *Augen der Hirten* in den saftigen Wiesentälern bis zu den kahlen Gipfeln des *Karmel* bleibt nichts ausgespart. Alles fällt unter das Verdammungsurteil.

1,3–2,16 Anwendung

Nun erfahren wir, gegen wen sich der Zorn des Herrn unmittelbar richtet.

1,3–5 Damaskus. Syrien wird wegen der expansionistischen Militärpolitik Hasaëls (842–806 v. Chr.) verdammt, der die Grenzen seines Reiches über den Jordan bis in das Gebiet Israels vortrieb und dabei furchtbare Grausamkeiten beging (vgl. 2Kön 8,12). Damaskus fiel im Jahre 732 v. Chr. an die Assyrer.

3 Die formelhafte Wendung *um drei, . . . um vier . . . willen,* die in diesen Weissagungen mehrmals auftaucht (vgl. auch Ps 62,12; Spr 30,15.18.21.29), soll wohl unterstreichen, daß das Maß der Schuld übervoll ist (gewissermaßen »drei wären genug fürs Gericht gewesen, vier machen es unausweichlich«). Sie zeigt indirekt auch Gottes Geduld, der weder hastig noch ohne Grund handelt, ja über den Punkt hinaus zögert, wo sein Eingreifen sehr wohl gerechtfertigt gewesen wäre (vgl. 1Mo 15,16; 18,20; 2Petr 3,8f). Doch wenn er sich zum Handeln entschließt, dann ist sein Gericht unwiderruflich: *werde ich nicht rückgängig machen* (EÜ; vgl. den Gebrauch desselben Verses in 4Mo 23,20; Jes 14,27, »wenden«). Das Verbrechen war barbarisches Vorgehen im Krieg: *Sie haben mit eisernen Dreschschlitten gedroschen,* d.h. mit schweren, unterwärts mit Spitzen und Kanten versehenen Schlitten ihre Opfer zu Tode geschunden. Einige Ausleger verstehen diesen Satz aber als Bild für eine Verwüstung des Landes.

4 *Benhadad* (vgl. 2Kön 8,7–15; 13,3) bezeichnet Hasaëls Dynastie.

5 *Die Riegel von Damaskus* symbolisieren die Verteidigungwerke der Stadt. Die Ortsangaben *Bikath-Awen* und *Beth-eden* (nach assyrischen Quellen das nordöstlich von Damaskus gelegene Bit-Adini) kennzeichnen den Umfang der Verheerungen, von denen das Land betroffen wurde, als der Herr selber es richtete – unabhängig davon, welches Werkzeugs er sich dabei bediente. Er ist ein erklärter Gegner jeglicher Barbarei und Unmenschlichkeit. Aus *Kir* stammten die Syrer (vgl. 9,7), und zu diesem unbekannten Ort kehren sie, nachdem sie die Geschichte mit ihren Brutalitäten befleckt haben, zurück. Tiglat-Pileser von Assyrien fungiert in all diesen Ereignissen als Gottes Werkzeug (vgl. 2Kön 16,9).

1,6–8 Gaza. *Gaza,* die Stadt, die stellvertretend im Blick auf Gottes Gericht über die Philister genannt wird, fiel im Jahre 734 v. Chr. an Tiglat-Pileser von Assyrien, *Asdod* im Jahre 711 an Sargon und *Askalon* und *Ekron* im Jahre 701 v. Chr. an Sanherib. Das Verbrechen dieser Städte bestand darin, daß sie sich in großem Maßstab am Sklavenhandel beteiligten, wobei – entweder als Käufer oder als Zwischenhändler – *Edom* in Erscheinung trat. Gaza war dermaßen auf seinen Vorteil versessen, daß nichts sonst zählte: die Einwohnerschaften eroberter Orte wurden teilweise ganz in die Sklaverei verkauft. Solche Unmenschlichkeit erregt Gottes Zorn im denkbar stärksten Maße, Amos fügt bezeichnenderweise nochmals hinzu: *Spricht Gott der Herr.* Nichts ruft Gottes Allmacht mehr auf den Plan, als wenn sich der eine des andern lediglich zu seinem eigenen Vorteil bedient.

1,9.10 Tyrus. Die Einwohner von Tyrus waren als Händler bekannt (vgl. Hes 27,12–25). Amos beschreibt, daß sie sich lediglich für die geschäftliche Seite des Sklavenhandels interessierten. Der *Bruderbund* ist vielleicht eine Anspielung auf die Beziehungen zwischen Israel und Tyrus zur Zeit Davids und Salomos (vgl. 1Kön 5,15.26; 9,13), möglicherweise ist die Bedeutung aber vielleicht allgemeiner. »Bruderbund« wäre sachlich heute mit »Menschenrechte« zu umschreiben, entsprechend der umfassenden Sicht dieser Weissagungen.

Tyrus wurde Assyrien tributpflichtig, ergab sich nach dreizehnjähriger Belagerung (585–573 v. Chr.) dem Nebukadnezar und wurde schließlich im Jahre 332 v. Chr. durch Alexander den Großen zerstört.

1,11.12 Edom. *Teman* ist Edom (vgl. Obd 9; Hab 3,3), *Bozra* war seine Hauptstadt. Von den hier erwähnten Kriegshandlungen der Edomiter gegen Israel oder Juda vor ihrer Beteiligung am Fall Jerusalems (vgl. Obd 10–15; Hes 25,12–14) ist nichts bekannt. Das hat etliche Ausleger zu der Annahme veranlaßt, daß diese Weissagung nach diesem Ereignis hinzugefügt wurde, während andere die Schwierigkeit dadurch zu lösen suchten, daß sie »Edom« in »Aram« abänderten und die Textstelle auf Syrien bezogen. Unsere Kenntnis ist jedoch lückenhaft. Die Nachbarvölker hatten reichlich Gelegenheit, ihrer gegenseitigen alten Abneigung Luft zu machen. Dem Herrn sind auch die Geschehnisse bekannt, die nicht aufgezeichnet worden sind. Edom kannte in seinen Aktionen gegen das Brudervolk keine Gnade und war von unaufhörlicher, erbarmungsloser Feindseligkeit beseelt (V. 11b). Der Herr läßt ankündigen, daß er mit *Feuer* auf ihre Taten antworten werde.

1,13–15 Ammon. Vom Krieg der Ammoniter gegen Gilead ist sonst nichts bekannt, doch auch hier gilt wieder, daß dem Herrn nichts verborgen bleibt. Ihr Beweggrund war die Vergrößerung ihres Territoriums. Ihr Sinn war dermaßen auf materiellen Zuwachs gerichtet, daß sie nicht einmal davor zurückschreckten, Schwangere und noch Ungeborene zu töten. Vgl. 2Kön 8,12; 15,16. Das Prasseln des Feuers wird von dem triumphierenden *Kriegsgeschrei* des Angreifers begleitet, und alles spielt sich vor dem Hintergrund eines heftigen Sturms ab. Der *Wirbelsturm* oder das *Ungewitter* (EÜ) bezeichnet häufig eine totale Zerstörung (vgl. z.B. Jes 40,24), das Eingreifen der Naturkräfte dient als Metapher für den Herrn selber (vgl. Jos 10,11; Ri 5,20f; Ps 18,12–14). Er, der bei verwaisten Kindern die Vaterstelle vertritt und für die Witwen einsteht (vgl. z.B. Ps 68,6), wird nicht untätig mit ansehen, wie man die Mütter und ungeborenen Kinder von Gilead schändet.

2,1–3 Moab. Wie verschieden sind die Menschen und Situtationen, deretwegen der Gott Israels einschreitet: Die Unterdrückten (1,3), der weggeführte Gefangene und Sklave (1,6), das Versagen menschlicher Brüderlichkeit (1,9), der erbarmungslose Zorn (1,11), die mißhandelten Frauen und ungeborenen Kinder (1,13) – und nun, außerhalb des auserwählten Volkes, die Schändung des Leichnams des Königs von Edom. Wo immer Verbrechen gegen die Menschenwürde geschehen, gleichgültig an wem, von wem und aus welchen Gründen, Gott ist ihr unversöhnlicher Feind und Richter. 2Kön 3,26 weist auf die besondere Feindschaft zwischen Moab und Edom hin (876 v. Chr.); wir können annehmen, daß das hier angesprochene Verbrechen in dem gleichen nationalen Haß seinen Ursprung hatte.

2,4.5 Juda. In Amos' Prophetie vollzieht sich nunmehr die bedeutsamste Wendung: das Licht fällt jetzt auf das auserwählte Volk, und zwar zuerst auf *Juda.* Die Wiederholung der formelhaften Wendung *um drei, ja um vier Frevel willen* zeigt, daß es nicht minder schuldig geworden ist als die heidnischen Völker, von denen zuvor die Rede gewesen war. Die Anklage, daß *sie des Herrn Gesetz verachten,* zeigt sogar, daß ihre Schuld um etliches größer ist. Die Schuld hat vier Aspekte: 1. *Gesetz* meint »Unterweisung«, wie sie einem Schüler von einem persönlichen Lehrer zuteil wird. Das Volk hat Gottes persönliche Unterweisung zurückgewiesen. 2. Es hat das Unveränderbare geändert: *Seine Ordnungen* sind die für immer auf die steinernen Tafeln geschriebenen Vorschriften (vgl. 2Mo 31,18). 3. Das Volk hat *Lügen* an die Stelle der Gebote gesetzt (vgl. 2Tim 4,4). 4. Seine Sünde ist als Erbe *ihrer Väter* tief eingewurzelt, eine Wahrheit, mit der das AT keinesfalls den Sünder entschuldigt, sondern ihm das Anwachsen seiner Schuld vor Augen führt (vgl. Ps 51,3–5; Mt 23,31–36).

Über die Erfüllung der Drohung in V. 5 berichtet 2Kön 24; 25 (586 v. Chr.).

2,6–16 Israel. Amos zählt zunächst die Sünden Israels auf (V. 6–8), die er als Sünden gegen die Gesellschaft spezifiziert (VV. 6.7a): Gesetzlosigkeit gegen *die Unschuldigen,* Gefühllosigkeit gegen *die Armen* und Habgier gegenüber den *Elenden.*

6 *Die Unschuldigen* sind hier die von einer gerichtlichen Anklage dem Gesetz nach Freizusprechenden. Die Richter erweisen sich als bestechlich, günstige Urteile werden an den Meistbietenden verkauft. *Die Armen:* weist auf jene, denen nichts anderes übrig bleibt, als sich zu fügen, die Hilflosen, Wehrlosen. In den Psalmen meint das Wort oft diejenigen, die sich willig dem Herrn unterordnen. Hier sind jedoch die sozial Schwachen gemeint, die nicht über die Mittel verfügen, um sich selbst helfen zu können. Oft genügt eine so kleine Bestechungssumme, wie sie *ein Paar Schuhe* repräsentiert, um die Richter zu bestechen, oder – anders gedeutet – eine so kleine Schuld wie ein Paar Schuhe reicht aus, um jemanden zum Sklaven zu machen.

7a Die Unterdrückung der *Armen* oder »Schwachen« weist auf diejenigen, die nach dem Grundbesitz, dem letzten Besitz, der Geringen gieren, die vielleicht nicht einmal vor Mordtaten zurückschrecken (vgl. 1Kön 21). Die *Elenden* sind jene, die von den Begüterten ständig herumgestoßen werden.

7b Es folgen nunmehr Sünden gegen die Offenbarung des Herrn. Gottes *heiliger Name* war Israel offenbart worden. Der Herr hatte das Volk in das Geheimnis seines Wesens als der Heilige eingeweiht. Doch jetzt wird sein allgemeines Verbot des Ehebruchs (vgl. 2Mo 20,14) und insbesondere der religiösen Unzucht (vgl. 5Mo 23,18f) schamlos mißachtet. Die kanaanäische Religion war der Ansicht, der Vollzug der geschlechtlichen Vereinigung könne dazu dienen, die Gottheit zu erinnern, daß sie die Erde fruchtbar machen möge. Diese Praxis bemerkt Amos in Israel und verdammt sie: Der heilige Jahwe wird als ein kanaanäischer Baal verehrt. *Demselben Mädchen,* wörtl.: »das Mädchen«. Hier wird nicht in erster Linie eine schwerwiegende unsittliche Handlung verdammt, die darin bestünde, daß Vater und Sohn zu derselben Dirne gehen, sondern die Tatsache, daß sämtliche Männer *(Sohn und Vater)* in gleicher Weise darin verwickelt sind.

8 Drittens verurteilt Amos Sünden gegen Gottes Gnade. *Die Altäre,* eigentlich der Ort der Sühne für die Sünde (vgl. 3Mo 17,11), werden zu einem Ort, wo Sünde begangen wird. *Im Hause ihres Gottes,* dem Ort der heiligen Gemeinschaft mit Gott, finden unheilige Gelage statt. *Gepfändete Kleider,* die bei einem Darlehen als Sicherheit dienten, mußten stets vor Dunkelwerden zurückgegeben werden (vgl. 2Mo 22,25f). Ihr Mißbrauch wie auch der Genuß von *Wein vom Gelde der Bestraften* (Wein, der mit bei einem Gerichtverfahren auferlegten Geldbußen bezahlt worden ist) zeigen, wie sich hinter ihrer Genußsucht ihre schamlosen Ungesetzlichkeiten verbergen.

Die gleichen Themen werden nunmehr auf eine andersartige Weise abgehandelt, um die Verwerflichkeit von Israels Sünden vor Augen zu führen (V. 9–12). In allen Bereichen, in denen Israel sündigte, hat es früher besondere Zusicherungen der Gnade und Güte Gottes erhalten. Die korrupte Gesellschaft (V. 6.7a) lebte in einem ihnen durch Gottes besondere Gnade verliehenen *Land* (V. 9). Den heiligen Namen Gottes, den es derart besudelte, kannte das Volk nur, weil Gott es aus Ägypten geführt hatte (V. 10). Das Gesetz für sein Leben und seinen Kultus, das es ständig übertrat, hatte es nur, weil es von Gott besondere Möglichkeiten zum Empfang von Offenbarungen erhalten hatte (V. 11f). Die Anordnung der Geschehnisse in V. 9–12 ist daher nicht chronologisch, sondern dient als Hintergrund der Schilderung des sündhaften Volkes durch Amos.

9 *Die Amoriter:* allgemeiner Name für die vor den Israeliten in Kanaan ansässige Bevölkerung. *Frucht ... Wurzel:* meint die völlige Vernichtung, vgl. unser »mit Stumpf und Stiel«. **10** Der Auszug aus Ägypten war das grundlegende Heilsereignis, das zur Charakterisierung des Namens Gottes diente: »Ich bin der Herr, dein Gott, der ich dich aus Ägyptenland, aus der Knechtschaft geführt habe« (2Mo 20,2). Dadurch erfuhr das Volk den heiligen Namen, den es entweihte (V. 7b). **10** Die *Propheten* führten in Israel die durch Mose gegebene Offenbarung weiter; die *Gottgeweihten* (vgl. 4Mo 6,1ff) verkörperten jene Hingabe an Gott, die die Frucht des geoffenbarten Wissens von ihm sein sollte. **12** Doch das auserwählte Volk wollte weder das Beispiel sehen noch die Wahrheit hören (vgl. Jes 30,9–11).

Zum Abschluß spricht Amos von dem kommenden Gericht (VV. 13–16): ein Eingreifen Gottes (V. 13), gegen das weder besondere Fähigkeiten (V. 14), Kriegsgerät (V. 15) noch außergewöhnlicher Mut (V. 16) etwas ausrichten werden.

13 Israel meinte, gleichsam in einer glänzenden Erntezeit zu leben. Unter Jerobeam hatte das Volk einen Aufstieg erlebt, wie es ihn seit Salomos Zeit nicht mehr gekannt hatte (vgl. 2Kön 14,25–28). Doch eine gute Ernte weist noch andere Aspekte auf. Wir können uns den vom Felde kommenden übervollen Erntewagen vorstellen, unter dessen Gewicht der Erdboden nachgibt. Ähnlich häuft Israel eine schwere Last göttlichen Zornes auf sich, unter der das Volk hilflos der Vernichtung preisgegeben sein wird. Möglicherweise ist der Vers jedoch wie folgt zu übersetzen: »Wie der (Dresch-)Wagen die mit Garben gefüllte (Tenne) quetscht« (Kautzsch). Der Vers beschreibt das Einschreiten des heiligen Gottes gegen ein dem Gericht verfallenes Volk.

3,1–8 Legitimation

Im Bewußtsein des Ernstes seiner Verkündigung des Gottesgerichts über das Volk Gottes fühlte Amos, daß er sich ausweisen müsse, und zwar im Blick auf die Echtheit seiner Botschaft, so wie in 7,10ff hinsichtlich seiner Stellung als Prophet. Er legt dar, daß ihn nichts Geringeres als göttlicher Zwang so predigen läßt.

1.2 Zuerst legt Amos noch einmal den Inhalt seiner Botschaft dar. Sie kommt von dem Herrn (V. 1a) und wendet sich (V. 1b) an *Israel*, genauer: an *alle Geschlechter, die ich aus Ägyptenland geführt habe.* Das schließt Juda ein, umfaßt also die ganze Gemeinde des erlösten Gottesvolkes. V. 1 preist das Vorrecht des Gottesvolkes als der Erlösten. V. 2 führt das Thema weiter aus: Die Israeliten sind nicht nur die Erlösten, sondern die einzigen Erlösten: *habe ich allein euch erkannt* (vgl. 2Mo 33,12f.17). Für Gott waren sie das Volk ohnegleichen, sein »Eigentum vor allen Völkern« (2Mo 19,5). Doch nun kommt der Augenblick der Wahrheit: *Darum will ich auch an euch heimsuchen all eure Sünde.* Dieses »Darum« gehört zur Struktur des Bundes, den Gott mit seinem Volk geschlossen hat.

Aber diese Botschaft muß Amos gegenüber einem Volk, das sein Vorrecht mit der Erlaubnis zu sündigen verwechelte, rechtfertigen. VV. 3–8 verweisen auf das Gesetz von Ursache und Wirkung, einmal, um den Beweis für die Behauptung von V. 6 zu liefern, daß kein Unglück in einer Stadt geschieht, das der Herr nicht gesandt hat, und zum anderen, um darzulegen, daß kein wahrer Prophet weissagt, es sei denn, der Herr habe ihm seinen Ratschluß offenbart (V. 7.8).

3 Man sieht zwei Menschen gewöhnlich nur dann zusammen, wenn sie einig sind, denn sobald sie nicht mehr übereinstimmen, hört ihre Gemeinschaft auf. Jahwe und Israel sind durch einen Bund miteinander verbunden, durch eine wohlüberlegte, vertragliche Übereinkunft. Wie kann der Bund bestehen bleiben, wenn Israel Jahwes Weg verläßt? Das Gesetz von Ursache und Wirkung führt ihre Trennung herbei.

4 Zwei Beispiele aus dem Bereich der Raubtiere: der *Löwe* stürzt sich nicht mit Gebrüll auf seine Beute (vgl. Ri 14,5), bevor er tatsächlich einen *Raub* erspäht hat, und auch der *junge Löwe* knurrt (LÜ: *schreit)* erst dann zufrieden, wenn er etwas erbeutet hat. **5** Zwei Beispiele aus dem Blickwinkel der Beute: Ein Vogel fliegt nur dann ins Fangnetz, wenn ein Köder ausgelegt ist, und eine Falle schnappt nur zu, wenn der Köder aufgenommen worden ist. **6** Die beiden Beispielreihen sollen besagen: Das Opfer vernimmt die Warnung, daß sich das Raubtier nähert und *entsetzt* sich; ähnlich einem Raubtier steht Gott hinter jeder schreckenerregenden Heimsuchung. Das Wort *Unglück* wird oft im Sinne einer historischen Katastrophe benutzt. In der Geschichte Israels hatten sich viele Katastrophen ereignet (vgl. 4,6ff), und Amos' Argumentation enthält indirekt die Frage, ob das Volk weiß, weshalb es zu diesen Katastrophen kommt, daß nämlich der Herr der in der Geschichte Handelnde ist? (vgl. Jes 45,5–7).

7.8 Der Höhepunkt, auf den die Reihe von Fragen hinführt. *Er offenbarte denn seinen Ratschluß:* Dies meint erstens, er muß den Propheten in seine Gemeinschaft aufnehmen (vgl. Jer 23,18), und zweitens, er muß ihm seine Pläne darlegen. Der Herr warnte sie im voraus, was er zu tun beabsichtigte (vgl. Elisas Erstaunen, als er es nicht tut; 2Kön 4,27). Propheten sind also nach der Auffassung des Amos solche, die eine göttliche Vorhersage machen und machen müssen.

3,9–6,14 Ein Feind im Land: Israels moralischer und geistlicher Zusammenbruch und seine Folgen

Das Thema wird aus den Rahmenversen der vorliegenden Folge von Prophetien ersichtlich: *ich will gegen euch . . . ein Volk aufstehen lassen* (6,14); *man wird dies Land ringsumher bedrängen* (3,11). In Weiterführung der ersten Gruppe von Prophetien erfahren wir, daß das Heranstürmen des Feindes eine Ursache hat: Jahwes »Darum« (3,11) auf Israels tyrannisches und gesetzwidriges Verhalten (3,9f).

3,9–4,13 Analyse

3,9f (Schlüsselwörter: *Unrecht, Frevel, Raub)* und 4,4f (Schlüsselwörter: *Schlachtopfer, Zehnte, freiwillige Opfer)* zeigen, daß Amos zuerst die soziale und dann die religiöse Lage des Volkes erforscht.

3,9–4,3 Eine Gesellschaft ohne Gerechtigkeit. Amos' Analyse weist drei Brennpunkte auf: erstens den nachdrücklichen Hinweis auf die Verbrechen, die das Volk begangen hat (V. 9–11), seine sozialen Verfehlungen; zweitens zeigt ein bezeichnender Wandel der Ausdrucksweise die Bedeutung der Vergehen (s. Komm. zu V. 14): Es gibt kein Verbrechen gegen Menschen, das nicht auch Sünde gegen Gott ist (V. 12–15); drittens erklärt Gottes Heiligkeit, warum alle Verbrechen und Sünden bedenklich sind: für sie ist in seiner heiligen Gegenwart kein Raum (4,1–3). Wegen dieser drei Punkte wird das Urteil gesprochen werden.

3,9 Israels Sünden sind so offenkundig, daß sie selbst den Heiden bemerkenswert erscheinen würden. *Asdod:* LXX liest »Assyrien« (vgl. ZÜ). Amos erwähnt Assyrien jedoch nirgendwo sonst namentlich. Auch reizt der Gedanke viel mehr, daß die Philister (Asdod) und die Ägypter, die beiden verhaßten Erbfeinde, Israel moralisch überlegen waren, so daß sie als Zeugen aufgerufen werden. **10** Die Hingabe an die Sünde stumpft das sittliche Empfinden ab, so daß sie *kein Recht achten* (vgl. Jes 5,11–13). Die Menschen sind dabei, Schätze von *Frevel* und *Raub* zu sammeln. Die Anhäufung unrechtmäßig erworbener Güter führt zu einer geradezu explosiven Situation. Das Gericht ist unausweichlich. Menschen werden es vollziehen, aber dahinter steht Gott, der dieses Ereignis ankündigen läßt.

12 Vgl. 2Mo 22,11–14. Ein Hirte wehrte sich dadurch gegen den Vorwurf der Nachlässigkeit, daß er ein paar Glieder eines geraubten Schafes mit heimbrachte: Er hatte versucht, das Schaf zu retten, doch war es ihm nicht gelungen. Die geretteten Teile waren zugleich der Beweis für den Verlust des Tieres. Ebenso wird es mit Samaria, d.h. dem Nordreich sein: was übrig bleibt, wird nur auf die Vollständigkeit der Vernichtung weisen. Der *Löwe* (vgl. 1,2; 3,8) wird den Sieg davongetragen haben. *(Lager von) Damast:* Die Bedeutung des nur hier vorkommenden Hebr. Wortes *demescheq* ist unsicher. Manche lesen mit der Vulgata *dammeseq = (aus) Damaskus* (EinhÜ).

14 Das »Unrecht« und der »Frevel« (V. 9.10) der Gesellschaft werden jetzt bezeichnenderweise *Sünden* genannt, d.h. vorsätzliche Empörung gegen Gott. Die Heimsuchung der *Altäre in Bethel* deutet darauf hin, daß falsche Frömmigkeit die Wurzel des sozialen Niedergangs bildet. Sie läßt ihre Anhänger überdies schutzlos, wenn die Not kommt. Üblicherweise sollten die Hörner des Altars einen Schutz gewähren (vgl. auch 1Kön 1,51; 2,28), doch wenn sich die Opfer jetzt zum Altar flüchten, stellen sie fest, daß die Hörner verschwunden sind! **15** Der Hauptschlag wird die Vertreter der Wohlstandsgesellschaft treffen – die Leute mit *Winter-* und *Sommer*häusern, mit protzigen *elfenbeingeschmückten* Palästen. Amos wendet sich nicht gegen Besitztümer als solche, er attakkiert unrechtmäßig erworbenen Reichtum, Beutelschneiderei und Unterdrückung. Falsche Frömmigkeit und falscher Reichtum fordern schließlich das göttliche Gericht heraus und sind ihm wehrlos ausgeliefert.

4,1 Was ist ein Leben wert, das die Hingabe an Gott nicht kennt? Die großen Damen von *Samaria,* die ihre Untergebenen schikanieren und gängeln, ihre Ehemänner drangsalieren, nach sinnlichen Genüssen gieren – sie sind nichts anderes als *Basankühe* (ZÜ; vgl. ZÜ 5Mo 32,14; Ps 22,13), führen sie doch ein Leben wie das des Viehs! **2** Warum ist die Sünde sündhaft? Hier spitzt sich der Gedankengang, der soziale Verbrechen mit geistlichen Sünden gleichsetzte, zu (vgl. 3,14). Die tyrannische und selbstherrliche Gesellschaft (V. 1) steht vor dem Gott der *Heiligkeit.* Verbrechen ist Verbrechen und Sünde ist Sünde, weil Gott Gott ist. Sein heiliges Wesen bricht in Zorn gegen alles aus, was ihn beleidigt. *Angeln . . . Fischhaken:* Gefangene wurden mit Seilen weggeführt, die durch an ihren Lippen befestigte Ringe gezogen waren (s. Abb. LZB Sp. 120). **3** *Harmon* (EÜ): ein unbekanntes Wort, das zu den ungelösten Problemen des Amosbuches gehört; *zum Hermon hin* (JB; vgl. LÜ) im Sinne von »in Richtung Assyrien« (JB Anm.) setzt eine veränderte Vokalisation voraus.

4,4–14 Religion ohne Spiritualität. Hinter den sozialen Verfehlungen verbarg sich als deren Ursache falsche Frömmigkeit (s. Komm. zu 3,14). Amos folgt hier den Ausführungen seiner Gesellschaftsanalyse: Entsprechend der Anprangerung der äußeren Verbrechen (3,9–11) legt er auch den äußeren Zustand der falschen Frömmigkeit, ihren Formalismus (4,4f) bloß; entsprechend ihren Sünden (3,12–15) trifft er auf eine Religion, die keine Umkehr zu Gott kennt (4,6–11); schließlich kündet er die Begegnung der Menschen mit Gott im Gericht an (4,12f), die dem Zusammenprall der menschlichen Sunden und der Heiligkeit Gottes (4,1–3) entspricht. **4** *Bethel* (vgl. 1Kön 12,29) war Sitz eines Heiligtums; ebenso Gilgal (viele Orte trugen diesen Namen; vgl. Jos 4,19; 15,7 uö). Die Vermehrung der Zahl der Heiligtümer war eines der Zeichen des Formalismus. Ihr ganzer religiöser Eifer läuft nur darauf hinaus, *noch viel mehr zu sündigen.* Religion als solche verstärkt häufig nur unsere Untauglichkeit für die Gegenwart Gottes. Die Anzeichen des Formalismus häufen sich hier: Es war üblich, daß die Haupt*opfer* einmal im Jahr und die *Zehnten* alle drei Jahre einmal dargeboten wurden (1Sam 1,3; 5Mo 14,28). Amos übertreibt, um den weitverbreiteten Irrtum herauszustellen, daß die religiöse Handlung das Ganze der Religion umschließe und daher die Devise gelte: »Je mehr, desto besser!« **5** Der Formalismus hat zwei Dinge im Gefolge:

Selbstgefälligkeit und Eigenlob. Entgegen dem göttlichen Gebot (vgl. 2Mo 23,18; 3Mo 2,11) mischten sie Sauerteig in ihre Opfergaben und machten aus privaten religiösen Handlungen wie den *freiwilligen Opfern* (3Mo 22,18) ein öffentliches Schauspiel, ganz nach Laune – *denn so habt ihr's gern.*

6–11 Der Gegenstand, der hier angesprochen wird, ist neu – Gottes Fügungen in der jüngsten Vergangenheit; doch das Ziel ist weiter die Anprangerung der ganzen Hohlheit des religiösen Formalismus. Gott sandte seinem Volk sieben Heimsuchungen als Warnung – Hungersnot (V. 6), Dürre (V. 7f), Getreidebrand (V. 9a), Raupen (V. 9b), Seuche (V. 10a), Krieg (V. 10b), Erdbeben (V. 11) –, ehe er die große Drohung einer unmittelbaren Konfrontation aussprach (V. 12f). Sie alle hatten ein Ziel: sein Volk zur Umkehr zu veranlassen (VV. 6.8.9.10.11). Ohne Umkehr zu Gott gibt es keine wahre Frömmigkeit. Diese große Studie über die göttliche Vorsehung beginnt in V. 6. betont mit (wörtl.) «obwohl ich (es war, der) ich . . . gegeben habe.« Während sein Volk in formaler Frömmigkeit verharrte, handelte er, um sie zur Umkehr zu bewegen.

12 Auf lange Sicht läßt Gott sich nicht durch Zurschaustellung der Frömmigkeit abspeisen, noch wird er endlos seine Warnungen wiederholen. Der Augenblick der Gegenüberstellung wird kommen. Es wird jedoch keine Drohung ausgesprochen, sondern der Schrecken dieses Verses liegt in seiner Unbestimmtheit: Die Vergangenheit mit ihren vorläufigen Gottesgerichten ist im Vergleich zu der künftigen »Begegnung« mit Gott geradezu harmlos zu nennen. **13** Nichts und niemand vermag Gott zu entrinnen, denn ihm untersteht das gesamte Universum. Er ist Schöpfer und Herrscher über alles Sichtbare – die *Berge* –, alles Unsichtbare, – den *Wind* –, und über den *Menschen*, dem er verkündigen läßt, was er vorhat; er übt die unmittelbare vollziehende Gewalt in der Welt aus, was sich darin zeigt, daß er die *Morgenröte und die Finsternis* macht, d.h. die Abfolge von Tag und Nacht zustande bringt. Kein Ort ist seinem Zugriff entzogen, selbst die *Höhen der Erde* liegen unter seinen Füßen. Er ist der *Herr, Gott Zebaoth,* das bedeutet, er verfügt in sich selber über jede vorstellbare Macht, das zu tun, was er will: Jahwe ist Gott der Allmächtige.

5,1–27 Das Heilmittel ist da, wird aber zurückgewiesen

Dieser Abschnitt besteht größtenteils aus Bußrufen, die mit Weissagungen des kommenden Gerichts verknüpft sind. In V. 3 ist von einem militärischen Zusammenbruch die Rede, doch V. 4, der mit dem erklärenden »Denn« beginnt, ist ein Bußruf. Wie kann aber ein Bußruf ein Strafgericht erklären? Ebenso scheint das eine Gerichtsdrohung einleitende »Darum« von V. 16 den Bußruf in V. 14 und 15 erklären zu wollen. Sodann folgt ein drittes Mal auf die Aufforderung zur Reform des religiösen Lebens in V. 24.25 sogleich die Vorhersage der Deportation (V. 27).

Die Erklärung lautet, daß Amos hier an die früheren Gelegenheiten zur Buße erinnert, die das Volk mißachtet hat. Daher hat es unweigerlich das Gericht zu erwarten. Das Kap. 5 ist praktisch ein Gegenstück zu Kap. 4. Dort wurden die göttlichen Aufrufe an das Volk, zu Gott zurückzukehren, von Ereignissen, wie Hungersnot, Dürre, Mehltau, Kriegsnot u.a. überbracht, also nicht durch sprachliche Mittel, sondern durch das Geschehen an sich. Gott läßt sein Volk aber nicht im Zweifel über das, was er ihm zu sagen hat, und so spricht er nun mit lebendiger Stimme zu den Menschen: »Suchet mich, so werdet ihr leben« (V. 4) . . . »Suchet den Herrn, so werdet ihr leben« (V. 6) . . . »Suchet das Gute und nicht das Böse, auf daß ihr leben könnt« (V. 14). Die Botschaft der Ereignisse wird ihnen nun in allgemeiner Sprache gedeutet. Amos gebraucht dazu auf dramatische Weise die Form einer Leichenrede, in der das Volk aufgefordert wird, seiner eigenen Leichenfeier beizuwohnen und zu hören, wie der Prediger nicht bloß den Toten beklagt, sondern auch erklärt, wie er zu Tode kam.

5,1–3 Totenklage und Deutung. Das Volk ist bereits *gefallen,* ist tot (V. 2) und zweifach ohne Hoffnung, da es ihm an der inneren Kraft zum *Aufstehen* gebricht und auch von außerhalb niemand zur Hilfe herbeieilt, der ihm *aufhelfe.* Das Deutungswort schließt sich an (V. 3): Wie verhält es sich mit dem vollständigen und nicht wiedergutzumachenden Zusammenbruch? Es handelt sich um eine militärische Niederlage, bei der das Volk 90 Prozent seiner Streitkräfte einbüßt. So findet sich hier erneut das Thema des Feindes, der in das Land eingedrungen ist.

5,4–27 Drei Aufrufe zur Umkehr. Der hingestreckt am Boden liegende Leichnam von V. 2 bildet einen krassen Gegensatz zu dem Aufruf zum Leben in VV. 4,6 und 14. Die Ablehnung des göttlichen Angebotes der Heilung durch Buße hat den Patienten ins Grab gebracht.

Der erste Aufruf fordert zu einer geistlichen Reform auf (V. 4–13), durch die der Herr selber zu Israels Lebensmittelpunkt gemacht werden soll: *Suchet mich* (V. 4) . . . *Suchet den Herrn* (V. 6). Das bedingt allerdings die Abkehr von der falschen Frömmigkeit (V. 4f) und von den moralischen Verfehlungen (V. 6f).

Der Aufruf, zu ihm zurückzukehren, schließt die Drohung an die Unbußfertigen ein, die von Wegführung der Gefangenen (V. 5) und von Zerstörung durch Feuer (V. 6) redet. Diese Drohung wird durch eine Beschreibung Gottes untermauert (V. 8f), die seine Fähigkeit, ein umwälzendes Gericht herbeizuführen, hervorhebt. Der Prediger, der sie öffentlich *(im Tor)* zurechtweist, muß jedoch berichten, daß der Aufruf keinerlei Beachtung fand und das Volk fortfuhr, das Sittengesetz zu mißachten. Ihr Trotz war zum einen innerlich (V. 10: *sind gram ... verabscheuen*), zum anderen war er aber auch gegen ihre Mitmenschen (V. 11) und gegen Gott (V. 12 *Freveltaten ... Sünden*) gerichtet. Sie bestimmten die Meinung ihrer Volksgenossen in einem solchen Ausmaß, daß, wer sich ihnen widersetzte, in große Gefahr geriet (V. 13).

5.6 Die erwähnten Orte waren Mittelpunkte des falschen Frömmigkeitskultes Israels. Wir werden vor der Brüchigkeit jedweder falschen Religiosität gewarnt (V. 5b) und vor der Realität des Gotteszorns gegenüber dem Ungehorsam (V. 6b). Es ist ein Kennzeichen der falschen Frömmigkeit, daß sie am Tag des Gotteszorns, den *niemand löschen kann zu Bethel*, eben keinen Schutz zu bieten vermag. **7** Wie die Menschen im religiösen Leben sämtlichen Bestimmungen Gottes zuwider gehandelt hatten (vgl. 4,4–13), so hatten sie sich auch auf dem Gebiet der Sittlichkeit über Gottes Gesetz hinweggesetzt. *Das Recht* war zu einer Quelle der Bitterkeit geworden, zu *Wermut* (vgl. 6,12; Jer 9,14; Klgl 3,15) für die, die Unrecht erdulden mußten; *die Gerechtigkeit,* das rechtschaffene Verhalten, war *zu Boden* gestoßen.

8 Der plötzliche Bruch im Textzusammenhang durch V. 8f wird auch in den Übersetzungen sehr deutlich. Mit großem rhetorischen Geschick leitet Amos von den Menschen, die auf Erden alles in Bitterkeit verwandelt haben (V. 7), zu dem großen Umwandler selber über (V. 8f). Er tut dies nicht so sehr um eines Vergleichs willen, als um den Schluß nahe zu legen, daß menschliche Verirrung sich gegen Gott nicht durchzusetzen vermag und daß er die Zerstörer in dem ihnen angekündigten (V. 6) Gerichtsfeuer ihrem Verderben preisgeben wird (V. 9). In drei Bildern schildert Amos das Wirken Gottes, der alles umwandeln kann. Das erste Bild ist der Wechsel der Jahreszeiten: Das *Siebengestirn* zeigte durch seinen Auf- und Untergang den Beginn, bzw. das Ende der für die Seefahrt geeigneten Zeit an und wurde auch von Nomaden zur Zeitrechnung genutzt. Der *Orion* hat vermutlich eine ähnliche Bedeutung. Zweitens wird der Wechsel von Tag zu Nacht (und umgekehrt) angeführt. Dieses Phänomen ist mehr als jedes andere ein Beispiel für die Totalität des von Gott herbeigeführten Wandels. Das Verb *macht* (V. 8) ist im hebr. dasselbe, das Luther in V. 7 mit »verkehren« übersetzt. Wenn schon die Menschen ein Ding in ein anderes verkehren können, dann tut es auch der Herr, jedoch in einem ganz anderen Maße. Selbst die Finsternis muß sich seinem Willen, es Licht werden zu lassen, fügen. Das dritte Bild *(Wasser)* bezieht sich auf Überschwemmungen, die alle Bemühungen des Menschen, auf der Erde zu leben, wie er will, zunichte machen. Der Herr, dessen Macht umzuwandeln gewöhnlich im »normalen« Wechsel der Tage und Jahreszeiten offenbar wird, ist nicht daran gebunden. Keine Lage ist so unantastbar, so sicher, daß Gott sie nicht verändern könnte; denn er ist der Herr. **9** Amos geht dazu über, seine Worte selber auszulegen. Die Herrscher seiner Zeit haben einen großen Wandel herbeigeführt (V. 7), und niemand vermag sie scheinbar zurechtzuweisen oder aufzuhalten (V. 13). Doch es gibt den Einen, dessen blitzartig hereinbrechende zerstörerische Gewalt weder der *Starke* noch die starke Festung *(feste Stadt)* im mindesten zu widerstehen vermögen. Was für Aussichten für den Glauben bieten sich hier in einer Zeit, in der die Gottlosigkeit grassiert und der Fromme sich in erster Linie seines eigenen ohnmächtigen Schweigens bewußt ist (V. 13).

Die VV. 10–13 sind sorgfältig aufgebaut: die erste Anklage (V. 10) richtet sich gegen den Haß auf die Menschen, die für das Recht eintreten; die zweite (V. 11a) gegen ungesetzliche Unterdrückung. Es folgt die Androhung eines Gerichts durch Enteignung (V. 11b). Zwei weitere Anklagen folgen, nämlich als dritte (zur zweiten gehörig) die nochmalige Anklage wegen ungesetzlicher Unterdrükkungsmaßnahmen (V. 12) und die vierte (in Erweiterung der ersten), daß rechtschaffene Opponenten mundtot gemacht werden (V. 13). **10** Der gerechte Richter, *der zurechtweist,* und der ehrliche Zeuge, der *die Wahrheit sagt,* sind gleichermaßen verhaßt. **11** *Abgaben* meint eigentlich »Geschenke« oder »erzwungene Geschenke«. »Weil ihr von den armen Bauern Pacht nehmt und ihnen außerdem noch ›Geschenke‹ abfordert ...« – der Grundeigentümer erfüllte zwar dem Buchstaben nach das Gesetz über die Beschränkung des Pachtzinses, fand indessen andere Mittel und Wege, um seine Einkünfte zu vermehren! Doch der Genuß der Früchte des ungerechten Umgangs mit dem Grundbesitz währt nicht lange. Vgl. Jes 5,8–10; Jes 17,11. **12** Soziale Ungerechtigkeiten werden abermals als *Fre-*

veltaten und *Sünden* vor das himmlische Gericht gebracht (vgl. 3,9–15). Eine bloße sittliche Erneuerung genügt nicht: das Volk muß zu Gott zurückkehren. Die in Rede stehenden Sünden sind der Einsatz von Reichtum zur Rechtsbeugung und die ungleiche Behandlung von Arm und Reich vor Gericht. **13** Das Schreckensregiment beseitigt die Redefreiheit, und die Menschen lassen sich eher von kluger Berechnung als von der Wahrheit leiten. Menschen ohne Einfluß und entsprechende Mittel, wissend, daß sie vor Gericht (V. 12b) kein Recht bekommen werden, sind angesichts der ungeahndeten Missetaten anderer genötigt, zu *schweigen*.

Der zweite Aufruf fordert die sittliche Erneuerung (V. 14–20). Der Bußruf (V. 14f) hat die Vorhersage des Gerichts zur Folge (»Darum«, V. 16–20). Wir ersehen daraus, daß er nicht befolgt wurde. Das hier vorausgesagte Gericht leitet eine neue Phase ein. V. 11 enthielt die Drohung der Enteignung. An ihre Stelle tritt nunmehr die Drohung mit dem »Tag des Herrn« (V. 20). Amos ist nicht der Erfinder der Redeweise vom »Tag des Herrn« (vgl. 2,16; 9,11). Der Textzusammenhang weist darauf hin, daß er ein Element in der Erwartung des Volkes bildete und Teil eines allgemeinen religiösen Optimismus war. Das Volk war sich der Gegenwart Gottes (V. 14) und seiner Gnade (V. 15) sicher und sehnte den Tag infolgedessen voller Zuversicht herbei (V. 18).

Amos' Antwort weist vier Elemente auf. Erstens bedient er sich der Sprache der Hoffnung, um eine Katastrophenbotschaft zu predigen. In V. 17 ist die Wendung »durch euch hinschreite« (ZÜ) Passa-Terminologie (vgl. 2Mo 12,12), doch wird die Sprache der Erlösung in Amos' Mund die des Gerichts. Er erinnert das Volk auf diese Weise an eine in Vergessenheit geratene Dimension im Handeln Gottes: Als er durch Ägypten schritt, tat er es, um zu richten und zu vernichten, und was er über sich selber beim Auszug Israels aus Ägypten offenbarte, ist auf ewig wahr (2Mo 3,15). Zweitens besteht Amos darauf, daß Sittlichkeit die Voraussetzung für geistlichen Segen ist (V. 14f). Gottes Gegenwart ist für diejenigen eine Realität, deren Ziele (»suchet«) und deren Zustand des Herzens (»hasset«, »liebet«) den Anliegen Gottes entsprechen, und die diese Grundsätze auf ihr Gemeinschaftsleben anwenden, indem sie »das Recht im Tor« aufrichten. Drittens wendet Amos sich gegen jegliche Selbstsicherheit vor Gott. Er sagt: »Vielleicht« (V. 15). Wenn wir alles getan haben, so sollten wir, statt unser eigenes Loblied zu singen, unsere Nutzlosigkeit bekennen (vgl. Lk 17,10). Der Gott, der als »Jahwe, der Gott Zebaoth, der Herr« (V. 16) bezeichnet wird, läßt sich nicht ausnutzen! Schließlich betont Amos, daß der Tag des Herrn für Israel in seiner jetzigen Verfassung unvermeidlich ein Tag des unentrinnbaren Gerichts und des ungemilderten Kummers sein werde (V. 16–20).

15 Der Name *Joseph* (vgl. V. 6 und 6,6) wird als Bezeichnung für die Stämme des Nordreichs Israel benutzt, da ihre hervorragendsten Vertreter Ephraim und Manasse dessen Söhne waren (vgl. 1Mo 48). **19** ist eine Veranschaulichung des unentrinnbaren Gerichts: Der Fluchtweg wird dem Menschen abgeschnitten, doch wähnt er sich in dem Haus, in das er sich durch göttliche Fügung zu retten vermochte, sicher; als er sich indes mit der Hand an die Wand lehnt, um Atem zu schöpfen, beißt ihn die Schlange!

Der dritte Aufruf fordert zur Erneuerung des geistlichen Lebens auf (V. 21–27). Das neue Thema beginnt unvermittelt, ein Indiz dafür, daß Amos Material aus verschiedenen Zeiten zusammengetragen hat, dem er jedoch eine eindrucksvolle redaktionelle Einheit gab: VV. 4–13, die das Volk zur Umkehr aufforderten, zeigten, daß seine geistliche Schwäche im religiösen (V. 4f) und moralischen (V. 7) Verfall begründet ist. VV. 14–20 behandelt dann das sittliche Verhalten des Volkes, und die VV. 21–27 decken nunmehr seine falsche Frömmigkeit auf und legen dar, was zur Wiederherstellung des religiösen Lebens erforderlich ist. Die Gerichtsdrohung erreicht nunmehr ihren Höhepunkt: Die von Amos angesagte Enteignung (V. 11) und die vage Androhung des »Tages des Herrn« (V. 18.20) münden jetzt in die ausdrückliche Vorhersage des Exils (V. 27) ein.

Der Abschnitt beginnt damit, daß Gott Israels derzeitige religiöse Gepflogenheiten verwirft (V. 21f). VV. 23 und 24 scheinen dazu aufzurufen, das äußerliche religiöse Ritual als für Gott unannehmbar aufzugeben und sich ganz dem ethischen Gehorsam zu widmen. V. 25 stellt jedoch das alte Gleichgewicht wieder her (s. Einleitung): Die Wüstenreligion umschloß nicht nur Trank- und Speisopfer, sondern auch Gehorsam und sittliche Heiligkeit. Das ist genau die Forderung, die, wie wir das ganze vorliegende Kapitel hindurch gesehen haben, das zum Untergang verurteilte Volk beständig zurückgewiesen hat. Zum letzten Male wird hier eine Weigerung erwartet, und der Aufforderung folgt sogleich die Ankündigung des Untergangs (V. 26f). Immer noch auf das schmückende Beiwerk der Religion bedacht (V. 26), werden sie in die Verbannung geführt werden (V. 27). **24** *Recht* und *Gerechtigkeit* repräsentieren, auf diese

Weise miteinander verbunden, das sittliche Verhalten bzw. die sittliche Grundlage des Volkes.

25 Schwebt Amos ein rein ethischer Stand der Religion vor, ohne Tempel, Altar, Priesterschaft, Opfer und Versammlungen? Die Betonung im Hebräischen legt folgende Übersetzung nahe: »habt ihr mir (etwa nur) Schlachtopfer und Speisopfer geopfert . . .?« Die Religion, die in dem auf dem Berge Sinai geoffenbarten Gesetz ihren Ursprung hatte, war gekennzeichnet durch den sittlichen Gehorsam gegen einen Gott, der sein Volk aus der Knechtschaft befreit hatte. Das mosaische Opferwesen sicherte Israel die Segnungen des Passa auch weiterhin, und die sittliche Verantwortlichkeit des Volks, aber auch des einzelnen Menschen nahm in den Zehn Geboten feste Gestalt an. Diese wohlbekannte Wahrheit ist es, an die Amos' Frage gemahnt. S. weiter in der Einleitung: Religion, S. 896.

26 Hier wird auf eine religiöse Prozession Bezug genommen, bei der die Symbole der Götter mitgeführt werden. Amos skizziert treffend Israels Freude an religiöser Prachtentfaltung, hebt aber das fürchterliche Ergebnis jeder falschen Fömmigkeit hervor: ihr Ende heißt Untergang. Die »Prozession« führt *bis jenseits von Damaskus* (V. 27) und in die *Verbannung* (ZÜ). Der hebräische Text von V. 26 weist einige Schwierigkeiten auf. Manche deuten ihn im Zusammenhang mit V. 27 als Strafandrohung: »Ihr werdet (im Exil) den Sikkuth . . . tragen«. *Sikkuth* war der assyrische Kriegsgott, bisweilen Adrammelech genannt (vgl. 2Kön 17,31). Er wurde mit dem Planeten Saturn identifiziert, der auch den Namen *Kiun* trug. Amos verläßt das Thema nicht, ohne den Kern der falschen Frömmigkeit zu entlarven: sie ist gotteslästerlich, weil sie an die Stelle des wahren Königs und Gottes Ersatzgötter setzt; sie ist anthropozentrisch, da sie Götter verehrt, die *ihr euch selbst gemacht habt* (vgl. Jes 2,8). **27** Prozessionen kehren gewöhnlich stets zu ihrem Ausgangspunkt zurück. So ist das Ziel der heidnischen assyrischen Religion Assyrien, das Amos seiner Gewohnheit entsprechend (s. Komm. zu 3,9) nicht direkt nennt, sondern hinter dem unbestimmten *bis jenseits von Damaskus* verbirgt. Der Herr gibt die Lenkung der Geschichte niemals aus der Hand, und er, Gott der Allmächtige, ist es, der sein Volk wegen seiner Torheit und Verstocktheit strafen wird.

6,1–14 Abschluß: Die Folgen der Selbstüberhebung

In seiner Beurteilung des Volkes (3,9–4,13) wies Amos nachdrücklich auf den sozialen Mißstand der Unterdrückung der Armen durch die Reichen und im religiösen Bereich auf das völlige Fehlen der Hinwendung zu Gott hin. Diese beiden Übelstände werden jetzt auf einen gemeinsamen Nenner gebracht: es ist der herrische Stolz, der an der eigenen Person nichts auszusetzen findet.

6,1–7 Israels Selbsteinschätzung. Das Stichwort in diesen Versen ist »Erste(r)« (hebr. *r'osch, r'eschit*). Die Israeliten waren Angehörige des »Erstlings unter den Völkern« (V. 1), sie benutzten zum Salben nur das »beste (wörtl.: erste) Öl« (V. 6), und ebenso wie sie in jeder Hinsicht die »ersten« waren, werden sie auch weggeführt werden an der Spitze (*ber'osch*) der Weggeführten (V. 7). Amos führt uns den Hochmut in seiner Selbstgefälligkeit (V. 1–3), Üppigkeit (V. 4–6a), sittlichen Gleichgültigkeit (V. 6b) und in seinem Fall (V. 7) vor Augen.

1 Die Nennung *Zions* ist unerwartet und wird von denen ausgelassen, die es für unmöglich halten, daß sich ein im Norden wirkender Prophet an die im Süden gelegene Hauptstadt wandte. Andere Kommentatoren geben zu Recht zu bedenken, daß hier in Parallele zu *Samaria* ein Ortsname zu erwarten ist, und erinnern daran, daß die Propheten Jesaja (28,1–4) und Micha (1,5; 6,16), die beide im Süden wirkten, sich umgekehrt auch an das Nordreich wandten und es zurechtwiesen. Amos gewann zweifellos an Überzeugungskraft, indem er darlegte, daß der Hochmut überall die gleichen Folgen nach sich zieht, denen selbst Zion nicht zu entgehen vermag, und daß Gott keine Parteilichkeit kennt. Die Wurzel der von ihm entlarvten falschen Sicherheit ist der Stolz – Stolz auf ihre eigene Person, Stolz auf ihre Verbindungen und auf ihre Stellung. Die Menschen genießen es, *Vornehme* zu sein, dem *Erstling unter den Völkern* anzugehören und diejenigen zu sein, zu denen alle anderen ehrerbietig zur Klärung von Streitigkeiten kommen. **2** Die Frage am Schluß dieses Verses lautet nach MT: »Sind sie besser als diese Reiche, oder ist ihr Gebiet größer als diese Reiche?« (vgl. EÜ), wobei mit *diese Reiche* Israel und Juda gemeint sein müssen. Damit soll möglicherweise zu einem Vergleich aufgefordert werden, der deutlich macht, wie reich Israel tatsächlich ist. Daraus ließe sich natürlich folgern, was für ein Strafgericht über das Land ergehen wird, wenn es Gott die ihm für einen solchen Reichtum gebührende Dankbarkeit nicht bezeigt. Doch wenn Israel sich seiner Überlegenheit so gewiß ist, welchen Sinn hat dann die Aufforderung, eine sowieso unbestrittene Sache zu beweisen? Die Wiedergabe in LÜ, ZÜ, EinhÜ setzt eine Textkorrektur voraus. In diesem Fall ist auf die rhetorische Frage ein »Nein!«

zu erwarten. Eine weitere Auslegung faßt *Gath* und die anderen Städte als Beispiele wirtschaftlichen Niedergangs auf, die Israel warnen sollten, nicht auf ungewissen Reichtum zu bauen. Es ist jedoch zweifelhaft, ob diese Städte tatsächlich zu Amos' Zeit verfallen waren. Wer den ganzen V. 2 für einen späteren Zusatz hält, muß erklären, warum sich ein Redaktor über die zeitliche Abfolge von Ereignissen der jüngsten Vergangenheit hinweggesetzt haben soll und an wen er sich wandte. Amos ahmt eher ironisch die Propaganda-»Handreichung« der Machthaber nach, die die Moral ihres Volkes dadurch zu heben versuchen, daß sie vorteilhafte Vergleiche mit ziemlich weit entfernten und weniger bedeutenden Orten ziehen (vgl. die allerdings freie Wiedergabe in GN). Diese Deutung bietet eine gute Überleitung zu V. 3, denn durch solche irreführende und trügerische Argumentation vermochten die Machthaber die dem Volk drohenden wirklichen Gefahren zu vertuschen und diejenigen zu beruhigen, die es wagten, ihre Bedenken gegen die schlimmen Zustände in Samaria geltend zu machen. **3** Durch ihre eigene Gesetzlosigkeit beschleunigten sie die Heraufkunft eines *Frevelregiments,* von Tagen, in denen die Gesetzlosigkeit regieren wird. So muß es in den letzten Jahren des Königreiches Israel zugegangen sein, als nach Jerobeam nur ein einziger König den Thron auf seinen Sohn vererbte und die übrigen sämtlich durch Mörderhand starben.

5 Möglicherweise versuchten die Machthaber, ihre lässige und leichtsinnige Lebensweise durch einen trügerischen Vergleich mit David zu entschuldigen – schließlich musizierte auch er, genau wie sie. Unbedeutende Männer rechtfertigen ihre Fehler, indem sie sie mit den Schwächen der Großen vergleichen! **6** *Schalen* (vgl. 2Mo 38,3; 4Mo 7,13): riesige Gefäße, d.h. sie trinken den Wein literweise. *Bekümmert euch nicht:* ein Seitenblick auf die bei den Gelagen stattfindenden Exzesse (vgl. Jes 28,7f), aber auch eine eindeutige Verurteilung ihres Versagens auf sozialem und sittlichem Gebiet.

6,8–14 Die Einschätzung Israels durch den Herrn. Von neuem werden uns der Hochmut (V. 8), die Gleichgültigkeit in moralischen Dingen (V. 12) und die Selbstüberhebung des Volkes (V. 13) vor Augen geführt; doch hören wir jetzt, wie Gott darauf reagiert. Aus V. 1–7 haben wir erfahren, daß Hochmut vor dem Fall kommt, aus V. 8–14 erkennen wir, warum dem so ist. Gott reagiert mit Haß (V. 8), Entfremdung (V. 9f) und Feindseligkeit (V. 11–14).

8 Die göttliche Zornesglut hat gewaltige Dimensionen; Gottes gesamtes Wesen ist darin einbezogen: Er hat geschworen *bei sich,* d.h. bei allem, das er in sich ist; sämtliche göttliche Attribute sind in diesen Eid des allmächtigen Gottes einbezogen. Das passende *Mich verdrießt* setzt eine geringfügige Korrektur im MT voraus, der hier wörtl. »ich wünsche« lautet, was jedoch wenig Sinn ergibt. **9.10** Die Stadt wird belagert, und Hunger und Pest fordern ihre Opfer. Wenn jemand – im Innern eines Hauses verborgen – gefunden wird und man ihn fragt, ob wohl sonst jemand überlebt habe, so erstirbt die verneinende Antwort auf seinen Lippen, bevor er klagend oder auch bitter Gott ins Spiel bringt – zu groß ist das Gefühl der Entfremdung von Gott. Tage, an denen man seinen Namen leichthin, aber auch ernsthaft gebrauchen konnte, sind lange vergangen. Gott hat sein Volk verlassen. **11** Wie ist es zu diesem trostlosen Zustand gekommen? Auf Geheiß des Herrn. Wir erfahren nun nacheinander, was der Herr gebietet (V. 11), warum er es gebietet (V. 12f) und wie er sein Gebot vollstreckt (V. 14). *Großen . . . kleinen:* hebräische Ausdrucksweise, die durch die Heraushebung zweier gegensätzlicher Erscheinungsformen alles zu der betreffenden Kategorie Gehörige umschließt. Der Herr hat völlige Zerstörung geboten.

12 Das erste Beispiel, *Rosse,* die eine Felswand *(Felsen)* hinaufrennen, bezeichnet eine Handlung, die der Natur der Dinge widerstreitet; ebenso sinnlos ist es, *auf Felsen . . .* zu *pflügen* (so ist der MT wohl zu verstehen, s. LÜ, EÜ). Das zweite Beispiel wird noch verstärkt, wenn man mit ZÜ, JB, EinhÜ u.a. liest: »pflügt man mit Rindern das Meer?« Das Volk hat ohne Sinn und Verstand der gesamten moralischen Weltordnung zuwider gehandelt, indem es *Recht in Gift* gewandelt hat, statt es zur Bewahrung der Gesellschaft einzusetzen, und es hat die Grundsätze der Moral schlichtweg verhöhnt (vgl. 5,7).

13 Zudem hat man viel Zeit mit nutzlosem Tun vergeudet und zeigt seinen Mangel an Urteilsvermögen, indem man sich noch damit brüstet. *Lo-Dabar* und *Karnajim* waren Orte im Ostjordanland (vgl. 1Mo 14,5; 2Sam 9,4), wo man offenbar unter Jerobeam II. bei der Wiederherstellung der Grenzen Israels Siege erfocht (vgl. 14,25). Die Bedeutung von Lo-Dabar ist »ein Nichts«, von Karnajim »Hörner«, Sinnbild der Stärke. Der Vers könnte damit einen Doppelsinn haben, etwa: »Eure starken Leistungen sind ein großes Nichts!« Das Volk pervertiert die sittlichen Werte und verherrlicht militärische Erfolge. **14** Doch sie rühmen sich vergänglicher Dinge. Vor dem heranstürmenden Feind wird alles dahinschwinden, *von da an, wo man nach Ha-*

math geht, d.h. von der Nordgrenze, *bis an den Bach in der Wüste,* d.h. wohl bis zur Grenze zwischen Moab und Edom (so EÜ Anm), buchstäblich alles, Jerobeams ganzer Stolz. Denn ihre Prahlerei fordert Gottes Widerstand heraus. Jahwe hält schon *ein* feindliches *Volk* als Werkzeug seines Zorns bereit.

7,1–9,15 Jahwes souveräne Herrschaft in Gericht und Gnade

Anfang und Ende dieser dritten Gruppe von Weissagungen behandeln die gleiche Grundaussage. Der Abschnitt beginnt mit der Andeutung, daß der Herr kein Gericht beabsichtigt, das jede Überlebenshoffnung ausschließt (7,1–6), und endet mit der eindeutigen Voraussage, daß das Gerichtshandeln Gottes aussondernden Charakter haben wird (9,9f): Es soll einer herrlichen Zukunft voller messianischer Hoffnung den Weg ebnen (9,11–15). Der ganze Abschnitt gibt daher einen leuchtenden Ausblick auf die souveräne Herrschaft Gottes, die nicht nur Gerichtshandeln, sondern auch Gnade kennt, unter der jedoch immer Gottes Absichten gewahrt bleiben und sichergestellt sind. Die Bezeichnung der »Herr HERR« (wörtl. »Herr Jahwe«) wird in Kap. 1–6 acht-, in Kap. 7–9 hingegen zehnmal verwandt. Auf diesen großen Grundton ist der Schluß des Amosbuches gestimmt.

7,1–17 Das Gericht sondert aus

Zwei Visionen weisen auf Gottesgerichte hin, von denen Gott auf die Fürbitte des Amos Abstand nahm (V. 1–6); eine dritte Vision berichtet von der von Gott endültig gewählten Gerichtsform (V. 7–9). Abschließend berichtet Amos von seiner Berufung zum Propheten (V. 10–17).

7,1–6 Gottes Treue gegenüber seinem verurteilten Volk. Fürbitten waren von jeher eine feste Aufgabe der Propheten (vgl. 1Mo 20,7; Jer 7,16; 11,14; 14,11). Amos trat sonst niemals im Gebet gegen die Tatsache an, daß dem Volk ein Gottesgericht drohte; hier betet er um Abwendung zweier Formen eines solchen Gerichts, die den Untergang des Volkes bedeutet hätten. Es handelt sich einmal um eine Heuschreckenplage von solchem Umfang, daß das Volk sie fraglos nicht überlebt hätte (V. 1–3), und zum zweiten um ein alles verschlingendes Feuer, das sogar das Ackerland »fressen« würde (V. 4–6). Amos' Gebet wird erhört. Die völlige Zerstörung des Volkes ist damit abgewendet. Also wünschten weder Amos noch gar der Herr das Ende des Volkes. Die abschließende Gruppe der Prophetien des Amos beginnt so mit einer zumindest teilweisen Antwort auf die nach der vorangehenden Gruppe offene Frage, ob das absolute Ende« drohe. Nein, suchte Amos es doch zweimal (vgl. 1Mo 41,32) durch seine Gebete abzuwenden und wurde darin vom Herrn erhört.

1 *Mahd des Königs* (ZÜ, LÜ »nachdem der König hatte mähen lassen«): vermutlich eine (sonst nirgends erwähnte) Abgabe, die die Bauern dem König zu entrichten hatten. Nach dieser Abgabe erfolgte offenbar eine weitere Aussaat (*Sommergras*, ZÜ; LÜ: *Grummet*), von der das Überleben der Bauern abhing. Diese war jetzt von Heuschrecken bedroht. **3** Die gnädige Absicht Gottes, sein sündiges Volk nicht gänzlich zu vernichten, wird in diesem Vers ganz deutlich. Doch wie kann man von Gott sagen, daß etwas ihn *reute?* Besonders aufschlußreich ist zu dieser Frage 1Sam 15,29–35. Dort bringt der erste Vers die »absolute« Wahrheit über Gott zum Ausdruck – seinen unbeugsamen Willen. Doch der letzte Vers zeigt, daß dieser unabänderliche Wille die Schwankungen und die Veränderlichkeit menschlichen Erlebens und Reagierens in Rechnung gestellt hat. So entsteht – menschlich gesprochen – der Eindruck, daß Gott seinen Kurs ändere. Wenn die Bibel davon spricht, daß Gott etwas »reut«, meint sie damit, daß Gottes Wille, obwohl unbeugsam, dennoch nicht gefühllos ist. Gott berücksichtigt in seiner vollkommenen, unumschränkten Weltordnung menschliche Schwachheit und Torheit. **6** Amos ist genau wie sein Gott außerstande, das gänzliche Ende des auserwählten Volkes in Erwägung zu ziehen. Die völlige Vernichtung hat in Gottes Plan keinen Platz. Vgl. auch Komm. zu 1Mo 6,5–8; 1Sam 15,11.

7,7–9 Die unausweichliche Prüfung des Volkes Gottes. Eine dritte Vision folgt, gegen die Amos diesmal kein Gebet spricht. Jahwe unterstreicht die Bedeutung der Symbolik in einer deutenden Weissagung.

7 Der Herr erscheint in der Rolle des Baumeisters, der die von seinen Handwerkern geleistete Arbeit inspiziert. Er handelt mit Überlegung; er (so wörtl.) »stellte sich«. Wie ein kluger Baumeister hatte er alles zum Bau einer guten, senkrechten Mauer Notwendige zur Verfügung gestellt. Sie war *mit einem Bleilot gerichtet;* nun prüft sie Gott mit demselben Maßstab, den die Bauleute hatten verwenden sollen. **8** Das *Bleilot* ist das exakte Maß der göttlichen Gebote. Mit ihnen sollte Gottes Volk ein rechtschaffenes Leben und eine rechtschaffende Gesellschaft aufbauen, an ihnen wird es nun gemessen.

Das Wort *übersehen,* das uns in 8,2 erneut begegnet, erscheint in Mi 7,18 in der Bedeutung »vergeben«. Wörtl. heißt es »vorübergehen« (ZÜ). Es gemahnt an das Passa (2Mo 12,23). Beim Passa bedeutete das »Vorübergehen« des Herrn, daß zwischen Jahwe und dem Volk, das unter dem Blut des Lammes Schutz suchte, alles gut war (2Mo 12,13.23). Doch Jahwe vermag Israel nicht mehr mit Wohlgefallen anzuschauen. Aber wenn er Gericht hält, wird er ebenso umsichtig richten wie in der Nacht des Passa (vgl. 2Mo 11,7; 12,27).

9 Der Herr nennt nun im einzelnen, was sein Mißfallen erregt. Die *Höhen* waren die von Menschen geschaffenen Zentren der falschen Religion, die dem Baal-Kult gewidmet waren oder auf denen Jahwe wie ein Baal verehrt wurde. *Isaak* wird hier als Synonym für Israel benutzt, er war mit Beerseba (1Mo 26,33; 28,10), einem bekannten Kultort zur Zeit des Amos, verbunden (5,5; 8,14). Es ist denkbar, daß man die Rechtmäßigkeit eines solchen Heiligtums und der mit ihm verbundenen Opferhandlungen durch den Hinweis herauszustellen suchte, es sei schließlich mit dem verehrungswürdigen Namen eines Erzvaters verknüpft. *Jerobeam:* s. 2Kön 14,23–29.

7,10–17 Die Bestätigung des Wortes Gottes. Amos legitimiert sich zum zweiten Mal (vgl. 3,1–8) und wieder aus demselben Grunde: Zum einen, um seine Botschaft von dem kommenden Gericht über das auserwählte Volk zu unterstreichen, zum andern aber auch, um sich für sein Recht auf Verkündigung einer solchen Botschaft zu legitimieren.

10 Die scharfe Kritik des Propheten an der Religion seiner Zeit, in der auch Bethel in einem alles andere als günstigem Licht dargestellt war (vgl. 4,4; 5,5), sowie die gegen das Königshaus gerichtete Weissagung (7,9) hatten Amazja, *der Priester in Bethel* war, verständlicherweise aufgebracht. **12** *Du Seher:* ist kein Sarkasmus, das Wort ist durchaus ehrenvoll (vgl. Jes 29,10); doch der Rat *flieh ins Land Juda und iß dort dein Brot* gibt zu verstehen, daß Amazja der Meinung ist, daß es sich bei Amos um einen Berufspropheten handelt, der sich durch Weissagungen seinen Lebensunterhalt verdient. Er unterstellt, Amos werde im Südreich mehr Interesse für seine Orakel gegen Israel finden, und das müsse ihn doch veranlassen, das Nordreich zu verlassen und nicht noch mehr Unruhe zu stiften.

14 Zu Amos' würdevoller und höflicher Entgegnung s. Einleitung, S. 896. LÜ und ZÜ lassen Amos, indem sie das Präsens *bin* benutzen, in V. 14 zunächst ableugnen, was er in V. 15 versichert, nämlich, daß er durch Gottes Handeln geworden ist, was er einst nicht war: ein echter Prophet. Die Vergangenheitsform »Ich war . . . war« (vgl. LXX) ist aber die einfachste und verständlichste Wiedergabe. Amos umreißt das Wesen des Prophetenamtes, indem er dreimal negativ darlegt, was es nicht ist, es dann dreimal positiv definiert. Erstens: Es gründet sich nicht auf menschlichem Vermögen: *Ich (war von Haus aus) kein Prophet.* Zweitens: Es ist kein Amt, für das man sich entscheiden oder geradezu ausbilden lassen konnte: *noch ein Prophetenjünger.* Die »Schulen der Prophetenjünger« versammelten sich um einen großen Propheten, um sich von ihm unterweisen und zur Mitarbeit heranziehen zu lassen (vgl. 2Kön 2,3.5; 6,17; 9,1–3). Amos gehörte nicht zu ihnen. Er hatte den weltlichen Beruf eines *Hirten* und Obstbauern ausgeübt, eines, der *Maulbeerfeigen* (ZÜ) *züchtet.* Drittens: Das Prophetenamt basierte folglich auf keiner wie immer auch gearteten Vorbereitung durch Menschen. **15** Es folgen nun die positiven Argumente. Sein Amt beruht auf göttlicher Berufung: *der Herr nahm mich.* Fünftens: das wichtigste Vorrecht des Propheten bestand in der engen Gemeinschaft mit Gott: *der Herr . . . sprach zu mir,* und sechstens darin, an dem ihm zugewiesenen Platz zu wirken, der für Amos *mein Volk Israel* war. Die letztgenannten drei Züge erscheinen bei allen Propheten, die uns Zeugnisse ihrer Berufung hinterlassen haben: Gottes Initiative (Jes 6,1; Jer 1,5; Hes 1), die Gemeinschaft mit Gott (Jes 6,6–8; Jer 1,6–16; Hes 2,1f), die Platzanweisung durch Gott (Jes 6,9; Jer 1,5b. 10.17–19; Hes 2,3ff).

17 Persönliche und nationale Aspekte des Exils werden angeführt. Amazjas Familie wird von Erniedrigung *(Hure)*, Todesfällen *(durchs Schwert fallen)* und Verunreinigung *(unreines Land)* getroffen werden. Fromm sein genügt wahrhaftig nicht!

8,1–14 Rechtfertigung des bevorstehenden Gerichts

Das Kapitel beginnt mit der Vision samt ihrer Erklärung, daß das Ende des Volkes gekommen ist und das Gericht bevorsteht (V. 1–3); es folgt die Rechtfertigung des als unmittelbar bevorstehend angekündigten göttlichen Gerichtshandelns durch die Darlegung von Verbrechen und Strafe (V. 4–14).

8,1–3 Vision und Erklärung. Die Ernte-Metapher ist besonders treffend: Die Frucht wird genau dann geerntet, wenn sie den Höhepunkt ihrer Reife erreicht hat. Ebenso erfolgt Gottes Gericht zu der Zeit, wenn das Volk dafür »reif« ist. Die Metapher paßt auch zu dem weiteren Kontext von Kap. 7–9, denn die Ernte ist eine Zeit der Aussonderung (9,9f; vgl. Mt 13,24–30; Offb 14,14–16).

8,4–14 Verbrechen und Strafe. Das Verbrechen (V. 4–6) wird charakteristischerweise in der Drangsalierung der Mittellosen zusammengefaßt (V. 4). Man kann Amos nicht bloße Opposition gegen den Reichtum und die Begüterten vorwerfen. Seine Gegnerschaft richtet sich nur gegen die ungerechte, raubgierige und skrupellose Bereicherung. Er prangert eine Gesellschaft an, in der alles dem Gelderwerb und der Habsucht untergeordnet wird (V. 5f). Religion wird als hinderlich betrachtet, wenn sie dem Handel im Wege steht (V. 5a); Ehrlichkeit wird dem Gewinnmotiv geopfert (V. 5b); Geschäftemacherei degradiert Menschen zu Schachfiguren (V. 6a), und Normen werden mißachtet, wenn nur der Handel floriert (V. 6b). Der eigene Vorteil und die Habgier sind Kennzeichen der zum Gericht reifen Gesellschaft.

5 Mit weniger Ware für einen immer höheren Preis, ja sogar falschen Gewichten übervorteilte man die Leute, um Profit zu machen, dem ausdrücklichen Verbot in 3Mo 19,35f entgegen. **6** Das *Geld* ist hier wahrscheinlich ein Darlehen an einen Armen, das *Paar Schuhe* möglicherweise ein Kauf, den er auf Kredit hatte tätigen dürfen. Beide Male verfolgt der Kreditgeber jedoch das Ziel, den Armen selber zu versklaven, falls er seinen Zahlungsverpflichtungen nicht nachkommt (vgl. 2Kön 4,1).

In V. 7–14 folgen Einzelheiten der Bestrafung. Handelten die VV. 4–6 von dem »Wir« menschlicher Betrügereien, so steht dem nun das »Ich« des göttlichen Richters gegenüber. Ein Erdbeben versinnbildlicht den umfassenden Charakter des Gerichts, das das ganze Volk ereilen wird (V. 7f). Ein weiteres Bild (V. 9) aus dem Bereich der Natur spielt auf die erste Wirkung des »Tages des Herrn« an, die Umkehrung weltlicher Vergnügungen in Trauer (V. 10). Das Ende der Festtage weist bereits auf den nächsten Aspekt hin, die Herausstellung der wahren Bedürfnisse in Gestalt des ungestillten Hungers und Durstes nach dem Worte Gottes (V. 11f). Der dritte Aspekt des »Tages des Herrn« wird durch das Bild des Durstes mit dem zweiten verknüpft: Die falsche Religion wird sich als unfähig zur Befriedigung menschlicher Bedürfnisse erweisen (V. 13f).

7 *Der Ruhm Jakobs* ist ironisch gemeint. Jeder Schwur erfordert irgendeinen unveränderlichen Gegenstand, bei dem die Eidesleistung erfolgt. Nichts scheint hier unverrückbarer zu sein als der Stolz des Volkes auf sich selber! **8** Das Erdbeben, das an einen Umsturz, der das ganze Land in Mitleidenschaft zieht, erinnert, wird mit dem jährlichen An- und Abschwellen des *Nils* verglichen. Der Bezugnahme auf den Nil mag auch die Absicht zugrunde gelegen haben, Israel an Gottes Gerichtshandeln gegen ganz Ägypten in Gestalt der zehn Plagen zu erinnern. Derselbe Gott muß nunmehr das Volk bestrafen, das er einstmals erlöste (vgl. Jes 28,21). **9** Die natürliche Weltordnung ist von dem Verhältnis zwischen Gott und seinem Volk mitbetroffen, sei es im Guten oder im Bösen, eine im AT immer wieder begegnende Tatsache. Selbst das Land trauert wegen der Sünde seiner Bewohner (vgl. Hos 4,3), ist durch ihre Freveltaten geschändet (Jes 3,9) und »speit sie« angeekelt aus (3Mo 18,28; 20,22). Die naturgesetzwidrige und übernatürliche Finsternis versinnbildlicht das bewußte Auslöschen allen Lichtes, das Freude in das menschliche Leben bringt. Die Forschung hat diese Finsternis mit der Sonnenfinsternis in Zusammenhang gebracht, die im Juni 763 v. Chr. während eines Erdbebens eintrat. **10** Zu einem früheren Zeitpunkt herrschte in Ägypten große Trauer (vgl. 2Mo 12,30). Jetzt ist Israel an der Reihe. Wie leicht vergessen die Erlösten die Heiligkeit ihres Gottes und entziehen sich seinen Forderungen! Es gibt so etwas wie die »Rache« des Bundes (3Mo 26,25).

11 Am Tag des Unheils wird offenbar, wie es um die inneren Kräfte und Reserven bestellt ist. Ein Leben, das sich einzig und allein den Freuden dieser Welt zuwendet, hat bald jeglichen Wert verloren. Dann stellt sich der Hunger nach einem maßgeblichen geistlichen Wort ein. **12** Die Menschen schreiten den ganzen Kompaß ab: vom Toten *Meer* im Süden zum Mittel*meer* im Westen, dann nach *Norden* und *Osten*, womit sich der Kreis schließt. Keine Reise ist ihnen zu weit, keine Entfernung zu groß, wenn sie nur ihr Bedürfnis befriedigen könnten, von Gott ein erlösendes Wort zu vernehmen. Doch sie werden es so *doch nicht finden*. Dies nicht wegen der mangelnden Bereitschaft Gottes, ihnen das Wort zukommen zu lassen, sondern weil sie auf die falsche Art und Weise und an den falschen Stellen danach suchen. Das Wort war ihnen nahe gewesen (vgl. 5Mo 30,11–14), sie hatten das Wort durch Mose und die Propheten, durch Hosea und Amos ja bereits gehabt. Zuweilen bleibt der während eines ganzes Lebens gehegte Hochmut bestehen (s. V. 7) und verhindert, daß selbst jemand, der sich seines Hungers bewußt ist, die Buße und Selbstdemütigung auf sich nimmt, die zur Erlangung des von ihm so lange und so hochmütig Abgelehnten erforderlich ist.

13.14 Welches ist die Ursache dieses Durstes? *Die schönen Jungfrauen und die Jünglinge (werden) verschmachten vor Durst, die jetzt schwören ...:* Am Tag des Herrn wird sich die Unzulänglichkeit der falschen Religion erweisen. Die Zukunftshoffnungen scheinen bereits an die Sünden der Vergangenheit verloren, denn auch die Jugend des Volkes verdirbt in den Fängen falscher Kulte!

14 *Bei dem Abgott Samarias:* möglicherweise ist hier besser zu lesen: »bei der Schuld Samarias« (EÜ). Das mit Schuld wiedergegebene Wort klingt an den Götternamen Aschima an (vgl. 2Kön 17,30). Vielleicht liegt ein Wortspiel vor: Die Menschen, die bei der Götting Aschima (*'aschima'*) schwören, laden durch dieses Tun Schuld (*'aschema*) auf sich.

(So wahr) dein Gott (lebt, Beerseba!): wörtl. »der Weg« (s. EÜ). Die Bedeutung ist nicht ganz eindeutig. Manche vermuten, daß eine ähnliche Gewohnheit vorliegt wie bei den Arabern, die bei der heiligen Straße nach Mekka schwören. Andere lesen nach Korrektur: »So wahr dein Liebling lebt . . .« (JB; vgl. EinhÜ).

9,1–6 Gott vollstreckt das unabwendbare Gericht

Die fünfte von Amos' Visionen enthüllt, wie der Herr selber die Zerstörung des Heiligtums überwacht. Es wird die völlige Zerstörung angeordnet, alle Menschen sind von diesem Gericht betroffen, es gibt keinerlei Entrinnen: weder die Unterwelt noch der Himmel bieten eine Zuflucht, ebensowenig der Gipfel des Karmel, die Tiefen des Meeres und die Weltenden. Diese fürchterliche Vernichtungsvision wird abschließend durch den Hinweis auf die umfassende Macht Gottes begründet, der groß genug ist, um seine Drohungen wahrzumachen (V. 5f).

3 Die *Schlange* war ein mythisches Ungeheuer des Heidentums dieser Zeit, das in der Tiefe des Meeres hauste, welches durch seine Stürme als Widerpart zum Schöpfergott galt. Amos gebraucht das Bild der Schlange dichterisch. So wie er um des Beispiels willen die Möglichkeit eines Aufstiegs zum Himmel voraussetzt (V. 2), setzt er auch voraus, daß solch ein Ungeheuer ein Entkommen auf den Grund des Meeres zu verhindern vermag. Bedeutsamer ist jedoch, daß er die Bezugnahme auf die Schlange theologisch nutzt. Was in der heidnischen Religion der unversöhnliche und oft auch erfolgreiche Feind des Schöpfers war, ist Jahwe voll und ganz unterworfen und muß seinen Absichten dienen.

5.6 Zur Diskussion über diese Verse und die ähnlichen Abschnitte 4,13 und 5,8f s. Einleitung, S. 897. Wir sehen Gottes umfassende und unumschränkte Macht gewissermaßen (V. 5) horizontal: die gesamte Erde ist ihm unterworfen; sie kann ihm nicht widerstehen, sondern *bebt,* wenn er sie nur anrührt; alle Bewohner sind betroffen, wenn sie durch Gottes Fügung ihre Festigkeit verliert, indem sie an- und abschwillt wie der Nil mit seinem Hochwasser (vgl. 8,8). Kein Wunder also, daß man sich weder auf dem Berge Karmel noch in der Gefangenschaft vor solch einem Gott zu verstecken vermag. Im weiteren wird Gottes Macht gleichsam in der Vertikalen offenbar (V. 6): der Himmel ist trotz seiner Unzugänglichkeit weiter nichts als sein *Obergemach* (EÜ; LÜ: *Saal*); aus einem anderen Blickwinkel ist der Himmel das *Gewölbe* (ZÜ; LÜ: *Palast),* das die Erde umschließt und zusammenhält – das Wort heißt in seiner Grundbedeutung »Band«, »Joch« (vgl. z.B. Jes 58,6). Vgl. Jes 40,22. Auch *das Wasser im Meer* untersteht seinem Befehl. Kein Wunder also, daß weder Himmel noch Meer einen Fluchtweg bieten. Im Hebräischen wirken diese Verse geschlossener als sie in der LÜ erscheinen: In V. 1 entfaltete Amos seine Vision: »ich sah den Herrn« (*'adonaj)*; in V. 5 vollendet er sie: »Und der Herr (*'adonaj)* ist Jahwe Zebaoth . . .«.

9,7–15 Läuterung und endliche Erlösung

Der Kreis der dritten Gruppe von Amos' Prophetien, der mit 7,1 begann, schließt sich nunmehr. Die Spannung zwischen dem »Es soll nicht geschehen« in 7,3.6 und den Visionen der eskalierenden Zerstörung in 8,1–9,6 löst der vorliegende Abschnitt. Zu der Annahme, daß die echten Amosworte mit 9,8a enden, s. Einleitung.

Die beiden Schlußabschnitte sind in einer Gegenüberstellung sorgfältig gestaltet: Israels Gleichstellung mit den Fremdvölkern (V. 7) steht in V. 11f Israels endgültige Inbesitznahme aller Nationen gegenüber; V. 8 mit der Beschreibung der Ausmaße des göttlichen Gerichts steht V. 13, der die Ausnahme der messianischen Segnungen darlegt, gegenüber; VV. 9 und 10 – Gott siebt Israel – bilden das Gegenstück zu VV. 14 und 15: Gott pflanzt Israel ein.

9,7–10 Die Unzulänglichkeit des Vorrechts Israels. Alle Völker unterliegen in gleichem Maße Gottes Herrschaft. Jede Völkerwanderung hat er ins Werk gesetzt: nicht nur die Israels, sondern auch die der Syrer (Israels damaliger Widersacher), der Philister (der Erbfeinde Israels), ja sogar der *Mohren* (Äthiopier, wörtl. Kuschiter, also Bewohner des Landes, das zu Amos' Zeit als das Ende der Welt galt). Daraus ist jedoch nicht zu schließen, daß in Amos' Augen vor Gott alle Völker gleich seien. In Kap. 1 und 2 wurde über Israel und die anderen Völker gleichermaßen Gericht gehalten, jedoch stand das Gericht über Israel unter dem besonderen Aspekt der geschehenen Offenbarung (2,11) und Erwählung (3,2). Amos will nun nicht sagen, daß Israels »Besonderheit« nicht mehr existiere. Er lehrt vielmehr folgendes: Israel beruft sich für sein Vorrecht, das Volk Gottes zu sein, auf die geschichtliche Vergangenheit. Es ist das Volk, das Gott aus Ägypten heraufführte (3,2). Doch das allein macht nicht die Besonderheit des Volkes aus, weil seine Antwort auf Gottes Heilstaten in seinem täglichen heiligmäßigen Handeln zum Ausdruck kommen muß. Nicht einstige Erfahrungen sind es, auf die der Herr blickt, sondern die gegenwärtige Sündhaftigkeit (V. 8a). Wenn Gott in Israel anstelle von Heiligkeit auf Sünde stößt, so zieht das Volk sich mit seinem Anspruch auf ein Vorrecht nur eine besonders starke Verurteilung zu, weil Israel allein unter allen Menschen es hätte besser wissen und einen besseren Lebenswandel hätte führen müssen.

Nichtsdestoweniger (V. 8b–10) wird der Herr nicht blindwütig gegen sein Volk vorgehen. In Kap. 7 folgte auf den Verzicht auf die völlige Zerstörung (7,1–6) die Vision eines aussondernden Gerichts (7,7–9). Amos sagt in Kap. 9 jetzt nicht, daß alle, die gesündigt haben, zugrunde gehen müssen, oder daß nur die Sündlosen verschont werden. Für ihn ist in erster Linie die geistliche Selbstgefälligkeit der Menschen das Problem, d.h.: der Untergang ist den Sündern gewiß, die unbekümmert in den Tag hineinleben und voraussetzen, daß Gott ihre Sündhaftigkeit hinnehme, indem sie sagen: »Es wird das Unglück nicht so nahe sein noch uns begegnen« (V. 10). Das Volk Gottes besteht insgesamt aus Sündern, doch das Kennzeichen seiner wahren Angehörigen im Unterschied zu denen, die es bloß dem Namen nach sind, ist, daß sie ihre Sünden bereuen (vgl. Hes 9,4–6; s. für das Gegenteil Ps 50,16–21).

8 *Wiewohl:* vgl. Jer 4,27; 5,10.18; 30,11. **9** *Stein:* Das hier gebrauchte hebr. Wort taucht sonst nur noch in 2Sam 17,13 auf. Die meisten vermuten, daß mit diesem Bild das Sieben von Getreide gemeint ist. Manche halten dafür, »Stein« meine festes, gutes Korn, und V. 9 unterstreiche als Gegensatz zu der Zerstörung des Schlechten in V. 10 die Bewahrung des Guten. Abgesehen davon, daß es keinerlei Belege für diese Bedeutung von »Stein« gibt, würde dies dem gewöhnlichen Gebrauch eines Siebes widerstreiten, das ja den Abfall sammelt und das Gute durchläßt. Einige Kommentatoren meinen nun, daß dem Getreide zum besseren Durchsieben Kieselsteine hinzugefügt wurden. In diesem Fall bilden die Steine zweifellos den Ausschuß und so handeln VV. 9.10 von der Entfernung der Unbrauchbaren aus dem Volk. Doch das Wort »Stein« läßt eher an das Sieben von Erde oder Kieseln denken. Das Sieb als Metapher weist jedenfalls auf das Ausscheiden von Unreinheiten. Dies paßt gut zu dem Grundgedanken des Abschnitts, daß (V. 8), die Augen des Herrn »auf das sündige Königreich« sehen und (V. 10) »alle Sünder in meinem Volk sterben sollen«. Wir stellen daher noch einmal fest, daß das Gottesgericht aussondert: nicht um ein totales Ende, sondern eine wohlüberlegte Reinigung geht es.

9,11–15 Die Gewißheit der Hoffnung. Nun wird die andere Seite des aussondernden Gottesgerichts enthüllt. An erster Stelle steht die Wiederherstellung der davidischen Herrschaft (V. 11f).

11 *Zerfallene Hütte:* Möglicherweise ein Hinweis auf die Abspaltung der zehn Nordstämme, die das Werk Davids zunichte machte (1Kön 12). Andererseits machte sich Amos über Judas Zukunft keinerlei Illusionen (vgl. 2,4f; s. auch Komm. zu 3,2), und es ist möglich, daß er bereits im Geiste auf die Eroberung Jerusalems durch die Babylonier blickt, als hätte sie bereits stattgefunden, und daß ihm die endgültige Wiederherstellung des Reichs nach jenem vernichtenden Schlag vor Augen steht. Man könnte das Verb aber auch mit »die in Kürze zerfallen wird« übersetzen. Dann würde Amos dem Fall Jerusalems und darüber hinaus der Wiederherstellung durch den Messias entgegensehen.

12 *Edom:* Die Eroberung von ganz Edom gelang nur David (2Sam 8,14). Es empörte sich gegen Salomo (1Kön 11,14); unter Josaphat wurde eine Art edomitische Monarchie anerkannt (1Kön 22,48; 2Kön 3,8ff), und unter Joram wurde Edom wieder völlig souverän (2Kön 8,20). Die erbitterte Feindseligkeit, mit der die Edomiter Israel von Anfang an (4Mo 20,14ff) entgegentraten, trug wahrscheinlich dazu bei, daß Edom als der »typische« Feind des Gottesvolkes dargestellt wurde, besonders im Zusammenhang eschatologischer Aussagen (Jes 63,1ff; Hes 35). Es wird zuletzt Davids größerem Nachfolger, dem Messias selbst erliegen. Die Inbesitznahme Edoms ist hier eines der Zeichen für die Gegenwart des messianischen Reiches. *Und alle Heiden:* Im Zuge der großen Gebietserweiterung unter König David hatte Israel im Namen Jahwes viele heidnische Völker vereinnahmt. Die weltumspannende Herrschaft des Messias aus dem Geschlecht Davids ist ein ständig wiederkehrender Zug der atl. Prophetie (z.B. Jes 9,5f; 11,1–16) und ein Hauptgedanke der Königspsalmen (z.B. Ps 2,7–9; 72,8–11; 110,5–7). Im Licht von Apg 15,12–19 dürfen wir unseren Text im Sinne der Königsherrschaft des Herrn Jesus Christus und der Mission und Ausbreitung der Kirche verstehen.

13–15 Amos beschließt seine Prophetie mit dem Hinweis auf den Genuß eines ungefährdeten Wohlstands (V. 13–15). Die Blütezeit (V. 13) wird eine derartige Fülle bringen, daß der Pflüger, der sich anschickt, den Boden für die Aussaat des nächsten Jahres zu bereiten, den Schnitter noch antrifft, der die Ernte des vergangenen Jahres einbringt. Ebenso wird die Weinlese über die dafür bestimmte Zeit hinaus bis zur Pflanzzeit fortdauern. Der Boden selber wird vor Ergiebigkeit fast bersten. Das Volk des Landes wird sich ewig über sein Gedeihen (V. 14) freuen, und das Land wird sein immerwährender Besitz sein (V. 15).

Die durch diese Bilder zum Ausdruck gebrachte Wahrheit zeigt die völlige Umkehrung der Auswirkungen der Sünde. Infolge von Sünde war den Menschen ihr Landbesitz nicht sicher und lebten sie unter der Drohung von Vertreibung und Verbannung (5,26f); infolge der Sünde wurden auch die Erwartungen der Menschen auf den Genuß der Ernte enttäuscht (5,11); die Sünde war es, die die Natur von der ihr eigenen Fülle und ihrer Wohltat an die Menschen abbrachte. Mit dem Erscheinen der Sünde versiegte der Überfluß des Garten Edens; alles mußte mühevoll erarbeitet werden (1Mo 3,17–19). Wenn jedoch der rechtmäßige König in den Garten Eden zurückkehrt (vgl. Jes 11,6–9), dann wird auch die befreite Natur ihren Tribut dem darbringen, dem allein die Herrschergewalt zukommt (vgl. Röm 8,20–22).

15 *Spricht der Herr, dein Gott:* Diese allerletzten Worte, die uns von Amos überliefert sind, bilden gleichsam ein Siegel, das die Erfüllung der Vision bekräftigt. Es ist das Wort Jahwes, des Gottes, der Israel aus Ägypten herausführte, des Gottes, dessen Wesen auf ewig (2Mo 3,15) darin besteht, seine Feinde zu richten und sein Volk zu retten; es ist das Wort *deines Gottes.* Er ist unser Gott, nicht weil wir ihn, sondern weil er uns erwählt hat (vgl. 5Mo 7,7f; Hes 20,5–7; Jh 15,16; Eph 1,4.11). Sein Wort ist das denkbar verläßlichste Wort, denn es enthält alle messianischen Verheißungen und Segnungen und bekräftigt sie mit dem Satz: »So spricht der Herr, der solches tut« (V. 12).

J. A. Motyer

Obadja

Einleitung

Verfasser und Datierung

Diese kleine Prophetenschrift – sie ist das kürzeste Buch des AT – ist überschrieben: »Gesicht Obadjas« (EÜ; ZÜ).

Wir wissen nicht, wer Obadja war. Obadja bedeutet: Knecht Jahwes. Der Name kommt mehrfach im AT vor, aber es gibt keinen Hinweis darauf, daß der Prophet mit einem anderen Träger dieses Namens identisch wäre. »Gesicht« beschreibt den Inhalt der Botschaft und deutet an, wie der Prophet sie erhalten hat. Man vgl. die Einleitungsverse anderer Prophetenschriften (Jesaja, Hesekiel, Amos, Micha, Nahum, Habakuk; s. EÜ; ZÜ). Vgl. auch 4Mo 12,6.

Die Prophetie betrifft Edom. Edom wird wegen seines Stolzes angeklagt, speziell wegen seines Mangels an brüderlicher Liebe gegenüber Juda. Zusammen mit allen anderen Nationen wird über Edom das Gericht am Tage Jahwes angekündigt.

Die Prophetie Obadjas ist wohl einige Zeit nach der Zerstörung Jerusalems durch Nebukadnezar im Jahre 587 v.Chr. zu datieren. VV. 11–14 spielen doch wohl deutlich darauf an. Einige Ausleger datieren die Prophetie aber in die Zeit vor der Zerstörung Jerusalems und nehmen an, daß in 2Chr 21,16f oder 2Chr 28,17 der historische Hintergrund für den erwähnten Angriff auf Jerusalem zu suchen sei.

Obd 1–8 zeigt deutliche Verwandtschaft mit Jer 49,7–22, einem eindeutig vorexilischen Abschnitt. Uneinigkeit besteht allerdings über die Art der Verwandtschaft. Einige Exegeten nehmen eine direkte Abhängigkeit an. Es ist zwar kaum zu bezweifeln, daß Jer 49 älter ist als das Buch Obadja, und es besteht auch der Eindruck, daß Obadja auf eine ältere Vorlage zurückgeht. Trotzdem erscheint Obadja in manchem ursprünglicher zu sein. Deswegen vermuten andere, daß sowohl Obadja als auch Jer 49 auf eine ältere Prophetie zurückgehen. Das ist nicht undenkbar, weil die Eigenart Edoms und sein Untergang ein bei den Propheten Israels ständig wiederkehrendes Thema war.

Edom und Juda

Die Edomiter haben ihren Namen von ihrem Stammvater Esau (s. 1Mo 36,1.8f). Dessen Verhältnis zu seinem Zwillingsbruder Jakob wird in 1Mo 25–36 beschrieben. Als die beiden Kinder im Mutterleib miteinander stritten, sagte der Herr zu Rebekka: »Zwei Völker sind in deinem Leibe . . . und der Ältere wird dem Jüngeren dienen« (1Mo 25,22ff). Später wird Esau als derjenige dargestellt, der sein Erstgeburtsrecht für eine einzige Mahlzeit verkaufte. Dadurch wurde er zum Typus des Gottlosen (Hebr 12,16), der unempfänglich ist für geistliche Dinge. Er wurde als Kind des Bundes geboren, aber er mißachtete dieses Vorrecht, und so ging ihm auch der damit verbundene Segen verloren. Gottes Einstellung zu Jakob und Esau wird am deutlichsten in dem Wort: »doch habe ich Jakob lieb und hasse Esau« (Mal 1,2f; vgl. Röm 9,13).

Die Vertreter der Dynastie des Herodes in ntl. Zeit waren Edomiter (Idumäer); alle Angehörigen dieses Königshauses entsprachen dem Bild, das hier von Edom gezeichnet wird. Sie waren gefühllos für geistliche Dinge und lehnten auch die Wahrheit ab, die in Jesus Christus, dem vollkommenen Repräsentanten Jakobs und Judas verkörpert war (s. bes. Mt 2; Lk 13,31ff; 23,8ff; Apg 12,21ff).

In 1Mo 36,8 lesen wir, daß »Esau auf dem Gebirge Seïr« wohnte. Der Name dieses größten Gebirges des Landes wird oft als Synonym für Edom benutzt. In Edom wohnten die Nachkommen Esaus. Mit Edom wird das Gebiet südlich des Toten Meeres bezeichnet, besonders das Bergland östlich der Araba (der Senke zwischen dem Toten Meer und dem Golf von Akaba). Teman ist der südliche Teil Edoms, und auch Teman wird im AT manchmal als Synonym für Edom verwendet (z.B. Hab 3,3). Die wichtigsten Städte waren Bozra und Sela. Sela (= Klippe, Felsen) ist das heutige Umm el-Biyara, der Felsenberg, der das Tal beherrscht, in dem später (4. Jh. v.Chr.) die Nabatäer die berühmte Stadt Petra (= Fels) errichteten.

Von Ezjon-Geber am Golf von Akaba führte die »Königsstraße« durch Edom nach Norden. Entlang dieser Straße wollte Mose das Volk Israel führen, aber die Edomiter verweigerten die Durchzugserlaubnis (4Mo 20,14–21; vgl. 5Mo 21,1–18). Die Spannung blieb nach der Besiedlung Kanaans bestehen (s. z.B. 2Sam 8,14; 2Kön 14,7; 2Chr 28,17).

Auch die Propheten wandten sich immer wieder gegen Edom. Die wichtigsten gegen Edom gerichteten Prophetien sind: Jes 34,5; Jer 49,7–22; Klgl 4,21f; Hes 25,12; 35; Joel 4,19; Am 1,11f. Ein eindrucksvolles Bild des Gerichts wird in Jes 63,1–6 geboten. In diesem Abschnitt steht Edom als typisch für die Feindschaft der Welt gegen Gottes Volk und Gottes Absichten; mit Edoms Niederlage ist eine Vorstellung der weltweiten messianischen Eroberung verbunden (vgl. Jes 34,8ff; Hes 35). Mal 1,2–5 schaut rückblickend auf den Untergang Edoms.

In späteren Jahrhunderten lebte Edom einige Male wieder auf, aber heute sind die eindrucksvollen Ruinen von Petra das Einzige, was von Edoms vergangener Größe übriggeblieben ist.

Zu Edoms Anteil an der Zerstörung Jerusalems s. besonders Hes 35,5.12.15 und Ps 137,7. Die Teilnahme Edoms an der Zerstörung Jerusalems wird in den historischen Büchern nicht erwähnt, paßt aber gut in das Bild, das sie zeichnen, z.B. in 2Kön 24,2.

Esau und Edom spielen eine wichtige Rolle in der Offenbarung der göttlichen Wahrheit, und diese Rolle wird in Obadja deutlich beleuchtet. Im Hintergrund steht Jakob, im Vordergrund Esau. Jakob und seine Nachkommen werden als die dargestellt, die durch Leid, das der Reinigung dient, zur Vollendung gelangen. Esau ist stolz, rebellisch und trotzig und geht dem Untergang entgegen. Wir dürfen uns freuen, daß am Tage des Herrn die »Königsherrschaft des Herrn sein wird« (V.21); aber wir sollten uns durch Edoms Beispiel warnen lassen: »Ist nicht Esau Jakobs Bruder?« (Mal 1,2). Im NT ermahnt uns der Schreiber des Hebräerbriefes: »Sehet darauf, daß nicht jemand Gottes Gnade versäume, daß nicht etwa eine bittere Wurzel aufwachse und Unfrieden anrichte und die Gemeinde dadurch befleckt werde; daß nicht jemand sei ein ... Gottloser wie Esau ... Ihr wisset ja, daß er hernach, da er den Segen ererben wollte, verworfen ward; denn er fand keinen Raum zur Buße, wiewohl er sie mit Tränen suchte« (Hebr 12,15ff).

Inhalt

1–9 Der bevorstehende Untergang Edoms

10–14 Edoms Verhalten gegenüber Juda

15–21 Gericht über Edom und alle Völker am Tag des Herrn: Judas Wiederherstellung

Kommentar

1–9 Der bevorstehende Untergang Edoms

1.2 Der Beschreibung des schrecklichen Unglücks, das über Edom kommen soll, gehen die Worte voraus: *So spricht Gott der Herr über Edom.* Der eigentliche Jahwespruch beginnt jedoch erst in V.2. Die Form des folgenden Einschubs »Wir haben vom Herrn eine Botschaft gehört ...« läßt vermuten, daß Obadja hier eine ältere Prophetie zitiert, deren Erfüllung er nahe glaubt. Deshalb ist es interessant festzustellen, daß der größte Teil dieses Abschnittes fast Wort für Wort, wenn auch nicht in derselben Reihenfolge, in Jer 49,7ff zu finden ist. Vielleicht zitiert Obadja Jeremia, den er in Jerusalem gehört haben mag. Es kann aber auch sein, daß beide Propheten eine frühere Prophetie verwenden. Jeremia und Obadja waren mit Sicherheit nicht die ersten, die so von Edom sprachen (s. Einleitung).

Der unmittelbare Anlaß für Obadjas Prophetie ist wohl aus V.7 zu erschließen. Dieser Vers, der in Jeremia keine Parallele hat, läßt trotz des schwierigen hebräischen Textes erkennen, daß sich die Nachbarn und Bundesgenossen gegen Edom wandten. »Die Männer deines Bundes« und »die Männer deines Friedens« (so die wörtliche Übersetzung) übten entweder Verrat oder waren nicht bereit, die erwartete Hilfe zu leisten. In dieser Lage erkannte Obadja, wie passend die frühere Prophetie war: »... ein Bote ist unter die Heiden gesandt: Wohlauf, laßt uns wider Edom streiten!«

3 Der Hauptgrund für Edoms stolzes

Selbstbewußtsein ist die Uneinnehmbarkeit der Festungen. Aber weder die günstige strategische Lage noch die Klugheit (Edom war im Altertum auch für seine Weisheit berühmt) würden Edom jetzt retten. Auch wenn Edom wie das unzugängliche Nest des Adlers wäre und selbst wenn es zwischen den Sternen wohnte – Gott würde es *von dort herunterstürzen* (V.4). *Felsenklüfte:* Anspielung auf die Hauptstadt Sela (s. Einleitung).

5 Ein Bild der bevorstehenden völligen Zerstörung Edoms. Würde es sich nur um einen gewöhnlichen Raubzug handeln, so würde noch manches übrigbleiben. Nächtliche *Räuber,* angewiesen auf Schnelligkeit und auf den Überraschungseffekt, können nur eine begrenzte Menge Beute mitnehmen. Sie stehlen nur, *so viel sie bedürfen* (ZÜ). Und selbst Weinleser würden noch Trauben für die Nachlese übriglassen. Aber von Edom wird nichts übrigbleiben, und diese absolute Zerstörung veranlaßt den Propheten zu dem Ausruf: »Wie bist du vernichtet« (ZÜ).

6ff Die völlige Zerstörung wird noch in einem anderen Bild beschrieben: Alle *Schätze,* die in den unzugänglichen und geheimnisvollen Bergfesten lagern, werden offengelegt werden. Alles wird *durchsucht* und aufgespürt werden. Da das Gericht über Edom hier im Zusammenhang mit dem letzten Gericht am *Tage des Herrn* (V.15) gesehen wird, ist es wert, sich damit ausführlicher zu beschäftigen. Zum Gericht Gottes gehört es immer, »ans Licht (zu) bringen, auch was im Finstern verborgen ist« (1Kor 4,5). Edom rühmte sich seiner Weisheit, seiner Macht und seines Reichtums (vgl. hingegen Jer 9,23ff). Aber seine »verborgenen Schätze« (V.6 ZÜ) werden *aufgestöbert* werden, seine *Weisen* zunichte gemacht werden (V.8) und seine *Starken* werden verzagen (V.9).

10–14 Edoms Verhalten gegenüber Juda

10 Warum muß Edom diese Vernichtung treffen? Der Grund wird in V.10f genannt: *Um des Frevels willen, an deinem Bruder Jakob begangen.* Hier wird Juda bewußt mit dem Namen Jakob bezeichnet, um an die Beziehung der beiden Völker zueinander zu erinnern. In 5Mo 23,8 wird Israel aufgerufen, Edom als Bruder zu behandeln. Aber Edom hat kein brüderliches Verhalten gezeigt. Dieser jahrhundertealte Gegensatz reichte zurück bis in die Zeit der Wüstenwanderung, als Edom dem Volk Israel die Erlaubnis, durch sein Land zu ziehen, verweigerte (4Mo 20,20ff). Er erreichte, wie V.11 zeigt, seinen Höhepunkt bei der Zerstörung Jerusalems durch Nebukadnezar 587 v.Chr. Im Exil an den Wassern von Babylon rief Israel aus: »Herr, vergiß den Söhnen Edoms nicht, was sie sagten am Tage Jerusalems: ›Reißt nieder, reißt nieder bis auf den Grund!‹« (Ps 137,7).

11 schaut eindeutig zurück auf die Zerstörung Jerusalems. Edom schaute zu, statt seinem *Bruder*(volk) gegen den Angriff der Feinde zu helfen. *Dabeistandest:* besser »gegenüber standest« (EÜ). Man wird an das unbrüderliche Verhalten des Priesters und des Leviten in Lk 10,31ff erinnert.

12–14 *Du sollst nicht mehr:* Diese Übersetzung entspricht der grammatischen Konstruktion, aber es handelt sich hier um ein rhetorisches Mittel, mit dem die Vergangenheit angesprochen wird: »Du hättest nicht herabsehen sollen auf deinen Bruder.« Das gilt für V.12–14. So verstanden beschreiben V.12–14 das Verhalten der Edomiter beim Fall Jerusalems.

Erst weideten sie sich *schadenfroh* (EinhÜ) am Fall Jerusalems (V.12). Dann zogen sie durchs *Tor,* um mit den anderen zu plündern (V.13). Dann gingen sie in Stellung, um flüchtende Juden einzufangen, und endlich lieferten sie die aus, die entronnen waren (V.14).

In V.12–14 wird häufig die Formulierung *zur Zeit,* wörtl.: »am Tage« (EÜ, ZÜ, EinhÜ) verwendet. Vgl. Ps 137,7 (am Tage Jerusalems). »Tag« wird oft gebraucht, um Glück oder Unglück in bezug auf eine Person oder einen Ort zu beschreiben. Der *Tag des Herrn,* von dem Obadja im nächsten Abschnitt spricht (V.15), ist der Tag, an dem Jahwe letztgültig und ungehindert klarstellen wird, daß er im Recht ist.

15–21 Gericht über Edom und alle Völker am Tag des Herrn: Judas Wiederherstellung

15 *Der Tag des Herrn* ist eines der großen Themen des AT. Der Akzent liegt darauf, *wie* der Tag sein wird, nicht auf dem genauen Zeitpunkt, obwohl dieser Tag das letzte Ziel der Geschichte ist und oft als nahe bevorstehend bezeichnet wird. Weil »der Herr allein hoch sein wird an jenem Tage« (Jes 2,11), wird es ein Tag gerechter Vergeltung sein für alle Völker, die Gott vergessen haben (vgl. Ps 9,17). Als einem von diesen Völkern wird für Edom gelten: *Wie du getan hast, soll dir wieder geschehen.*

16 klingt ironisch. Der Prophet ruft ins Gedächtnis zurück, wie die Edomiter in Jerusalem nach der Plünderung der Stadt tranken und zechten. Er verkündet, daß die heidnischen Völker in der Tat trinken werden, aber daß es ein Trinken und Schlürfen des göttlichen Zornesbechers sein wird – mit dem Ergebnis, daß sie *sein sollen, als wären sie nie gewesen. Ausschlürfen:* andere übersetzen »taumeln« (ZÜ; EinhÜ).

17 In Jahwes Gericht über die Völker wird es allerdings einen sicheren Ort geben, den *Berg Zion.* Hier werden die *Geretteten* Judas sich versammeln. *Er soll heilig sein:* Gemeint ist nicht die moralische Qualität, sondern der sichere Schutz vor Verunreinigung und damit auch vor heidnischen Angriffen (so auch Joel 4,17). Darüber hinaus wird der gerettete Überrest des Hauses Jakob wieder das Gebiet besitzen, das Gott ihm einmal gegeben hatte.

18 Es ist interessant, daß hier neben dem *Haus Jakob* auch das *Haus Joseph* erwähnt wird. Das bedeutet, daß es nicht nur eine Wiederherstellung des Reiches Juda, sondern auch des Nordreiches Israel geben wird. Historisch geschah sie nur durch den treuen Überrest des einen Stammes, Judas – im heilsgeschichtlichen Sinne aber nur durch den einen treuen Israeliten, durch Jesus Christus, den Löwen vom Geschlecht Juda (Offb 5,5), der Gottes Heilsabsicht zum Ziel führte. Durch seinen Tod sollte dann aber der Christus Gottes »die Kinder Gottes, die zerstreut waren, zusammenbringen« (Jh 11,52), und nach Gottes Plan wird am Ende das »Israel Gottes« (Gal 6,16) mit all seinen Stämmen vollständig sein. Dieses voll wiederhergestellte Volk Israel wird wie ein Feuer das ganze Haus Esau verzehren (vgl. 5Mo 7,22; 1Kor 6,2).

19 Die VV. 19 und 20 beschreiben die ganze Größe des Erbes Israels. Nicht jede Einzelheit ist klar, auch ist der hebräische Text offenbar nicht unversehrt überliefert; aber wenn man eine Landkarte benutzt und einen Vers wie Jer 33,13 hinzunimmt, wird deutlich, was gemeint ist. *Südland:* der Negev, das Gebiet südlich von Hebron bis zur Wüste Paran. *Hügelland:* die Schephela, das Gebiet westlich Hebrons bis zur Küstenebene. (Die Küstenebene selbst war in der Hand der Philister.) Das Bergland, die dritte geographische Region Judas, wird hier nicht genannt. Manche vermuten (und sehen sich durch LXX unterstützt), daß »Bergland Judas« im Text verlorengegangen ist und daß es ursprünglich hieß: »Die vom Bergland werden das Gefilde Ephraims und das Gefilde Samarias besitzen.«

20 Der Text ist noch schlechter überliefert. Aber der Vers ist am besten als ein Hinweis auf die beiden Hauptgruppen der Israeliten bei der Wegführung zu verstehen. *Die Weggeführten der Kinder Israel:* die von Sargon nach dem Fall Samarias (722 v.Chr.) deportierten Bewohner des Nordreiches. Die andere Gruppe sind die von Nebukadnezar 587 v.Chr. *Weggeführten von Jerusalem.* Die Weggeführten aus dem Nordreich werden in Phönizien wohnen, da ihr ursprüngliches Wohngebiet jetzt von Juden aus dem Südreich bewohnt wird. Die Exulanten aus Jerusalem werden die Städte des Negev erhalten, deren Bewohner Edom besiedelt haben (V. 19). *Sepharad:* Dieser Ort wurde unterschiedlich lokalisiert; der Targum (zu Jona) deutet an: in Spanien. Hieronymus las hebr. *bis-spharad* als »am Bosporus«. Eher ist die Provinz Sardes in Kleinasien gemeint. Am wahrscheinlichsten ist Saparda (wohl das persische Sparda), das in assyrischen Annalen als Nachbarland im Südwesten Mediens erwähnt wird. Bei den Weggeführten in Sepharad handelt es sich in jedem Fall um eine Gruppe von Deportierten, an der Obadja und seine Hörer besonderes Interesse hatten.

21 nimmt noch einmal die beiden Hauptthemen auf. Zuerst wird von Rettern (EÜ, ZÜ) gesprochen, die nach (so MT) oder aus (so LXX) Jerusalem kommen werden. Sie sind Retter und Verteidiger für die Juden (vgl. Ri 2,16 und Jes 19,20), Richter für die Edomiter.

Die Königsherrschaft wird des Herrn sein: Das Volk Gottes zweifelte nie daran, daß Jahwe als König regierte, auch wenn die Erde noch so unruhig war, aber es erwartete den vollen Durchbruch seiner Herrschaft und die volle Anerkennung seiner Souveränität. Vgl. Dan 2,44; 7,27 und besonders Offb 11,15. Dort freut sich das Volk Gottes: »Es sind die Reiche der Welt unseres Herrn und seines Christus geworden, und er wird regieren von Ewigkeit zu Ewigkeit.«

D. W. B. Robinson

Jona

Einleitung

Das Buch Jona befaßt sich ausschließlich mit den Verhältnissen zwischen Jahwe und seinem Knecht Jona, dem Sohn Amittais. Diese Beziehungen entstehen an einem prophetischen Auftrag an Jona und seinem Versuch, sich diesem zu entziehen. Jona findet, daß Gottes Gedanken nicht seine Gedanken sind, und seine eigenen Wege nicht Gottes Wege. Aber Gott überläßt Jona nicht sich selbst. In der ersten Hälfte der Erzählung wird berichtet, daß Gott Jona so weit seine eigenen Wege gehen läßt, bis er beinahe sein Leben verliert. In der zweiten Hälfte der Erzählung lernt Jona durch Phasen geistiger und geistlicher Niedergeschlagenheit hindurch, die Richtigkeit der gnädigen Absichten Gottes anzunehmen.

Die Botschaft und ihre Form

Das Buch hat die Form einer biographischen Erzählung; es ähnelt (in Stil, Sprache, Atmosphäre und Gehalt an Wundern) verschiedenen Ereignissen in 1. und 2. Könige, die Elia und Elisa betreffen. Diese sind Jonas unmittelbare Vorgänger als Propheten im Nordreich Israels; wie er hatten sie einen Teil ihres Dienstes an heidnischen Völkern auszurichten: Elia an Sidon (1Kön 17,8ff), Elisa an Syrien (2Kön 5,1ff), Jona an Ninive.

Wenn wir nach literarischen Parallelen Ausschau halten, um das literarische Genre zu bestimmen, zu welchem das Buch Jona gehört, so ergeben sich bezeichnende Ähnlichkeiten zwischen Jona und Elias Auseinandersetzung mit dem Baals-Kult in 1Kön 17–19: Gottes unmittelbarer Schutz seines Propheten; eine Serie wunderbarer Vorkommnisse; der großen Stunde des Propheten folgt Einsamkeit und Niedergeschlagenheit; aber Gott sorgt für ihn und begegnet ihm erneut; die abschließende Aussage Gottes, die die Engherzigkeit des Propheten tadelt und die göttliche Souveränität bestätigt (1Kön 19,18 = Jona 4,11). Wenn das Buch Jona nicht zu dem gleichen Zyklus von Erzählungen gehört wie jene von Elia und Elisa, so könnte es ihnen gut nachgestaltet sein. Diese Möglichkeit ließe sich mit der Auffassung vereinbaren, daß es sich bei der Erzählung um eine Erfindung handele – welche Absicht der Autor dabei immer im Blick gehabt haben würde. Die Tatsache, daß uns das Buch Jona als Teil des prophetischen Kanons überliefert ist, bedeutet jedoch, daß es von den Juden als Erfahrungsbericht eines tatsächlich existierenden Propheten Jona anerkannt wurde; diese Meinung wurde offensichtlich von Jesus geteilt (s. unten). Gibt es ausreichende Gründe, um diese Ansicht abzulehnen? Die allgemeine modernere Auffassung sieht in dem Buch Jona eine phantasievolle Geschichte, geschrieben entweder als Allegorie für Exil und Auftrag Israels (vgl. Jer 51,34), oder um die Wahrheit von der universalen Liebe Gottes mit Hilfe einer Parabel darzustellen. Die Schwierigkeit, diese Ansicht zu akzeptieren und der traditionellen Auffassung vorzuziehen, besteht darin, daß sie sich im Gegensatz zu dieser stärker auf subjektive Eindrücke als auf vergleichende literarische Untersuchungen stützt: Kein anderes biblisches Buch kann entweder als Parabel oder als Allegorie eingestuft werden, und wo diese literarischen Formen innerhalb größerer Bücher vorkommen, finden sich immer interne oder aus dem Textzusammenhang hervorgehende Hinweise, daß wir es mit einer Parabel oder einer Allegorie zu tun haben. Aber es gibt keinen eindeutigen Beweis dafür, weder innerhalb noch außerhalb des Buches, daß das Buch Jona sinnbildliche Darstellung oder Gleichnis ist.

Die Ansicht, es handele sich um eine Allegorie, wird nicht von vielen vertreten; das hängt mit der Schwierigkeit zusammen, eine in sich schlüssige allegorische Interpretation zu finden, die auch die Details befriedigend erklärt. Die Auffassung, es handele sich um eine Parabel, wird bevorzugt; zum Teil zweifellos deshalb, weil sie den Leser von der Notwendigkeit zu befreien scheint, die übernatürlichen Ereignisse der Erzählung als Fakten anerkennen zu müssen. Dies vermehrt jedoch die Schwierigkeit, das literarische Genre des Buches zu bestimmen; denn bei den meisten biblischen Gleichnissen ist die Überzeugungskraft der Parabel von der Wahrscheinlichkeit abhängig, mit der sie menschliche Situationen nachzeichnet. Das bedeutet: Wenn das Wunderbare nicht mit erfahrbarer Realität übereinstimmt, dann wird es auch dem Gleichnis keine Überzeugungskraft verleihen. Bleibt noch die Möglichkeit, daß es sich bei Jona um eine bewußte Nachahmung jener Prophetengeschichten handelt, die – vor allem bei Elia und Elisa – die Aufgabe hatten, eine bestimmte Wahrheit herauszustellen. Geht man jedoch davon aus, so wird einem der Boden für die Annahme, Jona (d.h. besonders die Wunderelemente) sei eine literarische Erfindung, weitgehend entzogen, wenn man nicht den gesamten prophetischen Zyklus als ähnliche didaktische Erfindung einstufen will. Wir können doch nicht zu der Schlußfolgerung kommen, daß es keine Auseinandersetzung zwischen Elia und den Baalspriestern auf dem Karmel und keine Begegnung zwischen Elia und Gott auf dem Horeb gegeben hat, nur weil die Geschichte wunderbare Eingriffe enthält, die Sonderstellung Elias aufzeigt und eine Lehre vom Überrest vertritt (1Kön 19,18).

Die besondere Offenbarung, um die es in dem Buch Jona geht, läßt sich mit den Worten ausdrücken, die den Bericht von der Begegnung des Petrus mit den Heiden von Cäsarea abschließen: »Also auch den Heiden hat Gott die Buße zum Leben verliehen« (Apg 11,18; ZÜ).

Diese Offenbarung betont auf der einen Seite Gottes alles übertreffende Gnade und Gerechtigkeit, indem er Ninive »Buße zum Leben« gewährt; sie zeigt andererseits das sündhafte Verhalten von Gottes Diener Jona, der sich der Durchführung des göttlichen Willens widersetzt. Da eine solche Wahrheit sich auch im Rahmen der von Gott eingegebenen Schrift in einer ganzen Reihe von literarischen Formen darstellen läßt, muß man nicht notwendigerweise annehmen, daß sie nicht auch durch das Mittel der historischen Erzählung ausgedrückt werden kann. Göttliche Offenbarung wird durch den Bericht von Ereignissen und durch die prophetische Interpretation dieser Ereignisse formgerecht vermittelt. Apg 10–11,18, in gewisser Hinsicht das neutestamentliche Gegenstück zu Jona, hat z.B. ein ähnliches didaktisches Motiv. Aber daraus können wir nicht schließen, daß Lukas gedacht habe, er schriebe ein Gleichnis oder ein Predigtbeispiel. Ähnlich ist das Vorkommen eines Wunders in einer Geschichte kein Beweis dafür, daß sie nicht als Bericht verstanden werden sollte.

Jede Festlegung des literarischen Charakters des Jona-Buches muß folgende Fakten berücksichtigen:

1. Jona selbst war eine historische Gestalt, ein Prophet Jahwes in Israel (2Kön 14,25). 2. Das Werk ist augenscheinlich ein Bericht ohne klaren Hinweis darauf, daß er anders interpretiert werden will. 3. Sieht man von den jüngsten Entwicklungen ab, so haben weder Juden noch Christen das Buch Jona je anders als Bericht von den Erfahrungen des Propheten verstanden, auch wenn sie seine Aussage unterschiedlich bewerten. 4. Jesus Christus betrachtete die Buße der Männer von Ninive als ein reales Geschehen; es liegt nahe, für seinen Hinweis auf Jonas »drei Tage und drei Nächte im Bauch des Meerungetüms« (Mt 12,40f; ZÜ) das gleiche anzunehmen. Außerdem erfordert die mit so großer Kraft geführte Selbstrechtfertigung Jahwes gegenüber Jona einen tatsächlichen Auftrag an eine heidnische Stadt mit wirklich erfolgter Buße und daraus resultierender »Verschonung«. Es fällt nicht leicht zu glauben, daß der im Auftrag Gottes schreibende Autor dem Volk Israel die Herausforderung »Und mich sollte nicht jammern Ninive, eine so große Stadt?« lediglich als eine hypothetische Erwägung entgegenhält.

Datierung und Verfasser

Die Datierung des Buches ist ungewiß. Man hat darauf hingewiesen, daß die gesamte Erzählung nach der Zerstörung Ninives (612 v.Chr.) keinen Sinn mehr ergebe. Dieses Argument ist stichhaltig. ». . . Und mich sollte nicht jammern Ninive . . .?« wäre dann nämlich nicht nur eine hypothetische, sondern eine ausgesprochen schlecht gewählte Erwägung (vgl. Komm. zu Jona 3,3). Das Buch ist von verschiedenen bekannten Wissenschaftlern praktisch jedem Jahrhundert zwischen dem 2. und 8. v.Chr. zugeschrieben worden. Für viele besteht der Hauptgrund, das Buch als nachexilisch anzusehen, allerdings darin, daß »der allgemeine Gedanke und Tenor des Buches . . . die Lehre der großen Propheten voraussetzt«, einschließlich diejenige Jeremias (S. R. Driver). Wir sehen keinen zwingenden Grund, uns diesem subjektiven Urteil anzuschließen.

»Das Vorkommen von Aramäismen in dem Buch kann nicht zum Kriterium für die Datierung gemacht werden, da aramäische Ausdrücke in alttestamentlichen Büchern früherer als auch späterer Perioden vorkommen« (E. J. Young, *Introduction to the Old Testament,* 1953, S. 255). »›Aramäische‹ Wörter sind aus der mittelbabylonischen und aus der mittelassyrischen Periode bekannt, etwa um 1400 v.Chr. . . . der Nachweis früherer Aramäismen ist reichlich gegeben« (L. Morris, *Ruth,* 1968, S. 233). Zu den sprachlichen Belegen muß ebenfalls gerechnet werden, daß »es in ihnen (Jona, Joel etc.) kein einziges persisches und kein einziges griechisches Wort gibt« – und »auch kein babylonisches Wort, das nicht bereits in früherer Literatur gefunden würde« (R. D. Wilson, *The Authenticity of Israel,* PTR, Bd. XVI, S. 280–298.430–456). Dieses Beweismaterial spricht nicht für die Theorie, daß Jona in die nachexilische Periode gehört. S. R. Driver, der selbst an der nachexilischen Datierung festhielt, gab zu, daß »einige sprachliche Merkmale mit einem vorexilischen Ursprung im nördlichen Israel übereinstimmen könnten« (*Introduction to the Literature of the Old Testament,* 1909, S. 322).

Jona übte seinen Dienst während der Regierungszeit Jerobeams II. aus (793–755 v.Chr.), und die Annahme liegt nahe, daß die Geschichte erstmals vor dem Fall des Nordreiches 722 v.Chr. niedergeschrieben wurde. In der Zeit zwischen 772 und 612 v.Chr., als Israel von Ninive beherrscht wurde, können dann leicht Umstände eingetreten sein, die zu einer weiteren Verbreitung des Buches geführt haben.

Im Buch Jona ist über dessen Autor nichts gesagt. Und obwohl Jona selbst offensichtlich als Hauptinformationsquelle für die Erzählung gedient haben muß, gibt es keinen Grund dafür, daß er selbst der Verfasser gewesen sein sollte. Zweifellos wurde die Geschichte bald in ganz Israel bekannt, und wir dürfen annehmen, daß sie vor allem auch von den Seeleuten weitererzählt wurde. Im 9. Jahrhundert gab es Prophetenschulen in Israel (2Kön 1,3.7.15; 6,1 u.ö.) und im 8. Jahrhundert in Juda (Jes 8,16ff); unter ihnen mögen solche Prophetengeschichten zuerst ausgetauscht worden sein.

Jona und Jesus

In Verbindung mit dem Buch Jona sollte eine Reihe wichtiger Schriftstellen beachtet werden. Im AT z.B. Jes 1,4–10 (im Blick auf die Auswirkung der Buße auf Gottes Verkündigung); Ps 16,8–11; 139 (im Blick auf die Erfahrung des Propheten). Im NT illustrieren Apg 10,1–11,18 und Röm 9–11 die missionarische Botschaft Jonas und umgekehrt. Besonders sind jedoch die Abschnitte der Evangelien heranzuziehen, die auf Jona Bezug nehmen (Mt 12,38–41; Lk 11,29–32). Einige Aspekte werden im Kommentar behandelt. Jona ist der einzige atl. Prophet, mit dem Jesus sich unmittelbar vergleicht. Offensichtlich maß Jesus der Erfahrung und dem Auftrag Jonas große Bedeutung bei. Um so interessanter ist deshalb, daß sowohl Jesus wie auch Jona »Propheten aus Galiläa« waren. Die Stadt Jonas, Gath-hepher, lag nur wenige Kilometer nördlich von Nazareth, der Heimatstadt Jesu. Sie war von dort zu Fuß in weniger als einer Stunde zu erreichen. Vielleicht wurde sogar schon damals dort das Grab Jonas gezeigt, wie später zur Zeit des Hieronymus († 420). Könnte es sein, daß Jesus hier, im Verborgenen, über die Bedeutung Jonas in Verbindung mit seinem eigenen Auftrag nachzudenken begann? Nach dem herkömmlichen Text von Jh 7,52 verhöhnten die Pharisäer Nikodemus mit der Behauptung: »Aus Galiläa steht kein Prophet auf.« Ein vor einigen Jahren entdecktes Manuskript (Bodmer II, p 66) führt zu der Übersetzung: »*Der* Prophet ersteht in Galiläa« (vgl. Jh 6,14; 7,41; 5Mo 18,18). Sie erkannten nicht, daß hier mehr ist als Jona (vgl. Mt 12,41).

Inhalt

1,1–3 **Jona erhält einen Auftrag und entzieht sich ihm**

1,4–2,1 **Jonas Flucht und Gottes Verfolgung**

2,2–11 **Jonas Gebet aus dem Bauch des Fisches**

3,1–9 **Der prophetische Auftrag wird erneuert und ausgeführt**

3,10–4,11 **Zwei Reaktionen auf die Buße Ninives:**

Der Herr fordert Jona heraus

Kommentar

1,1–3 Jona erhält einen Auftrag und entzieht sich ihm

1 Jona ist ein Mann, zu dem *das Wort des Herrn geschah,* d.h. er ist ein Prophet. (Zur Person Jonas vgl. 2Kön 14,25.) **2** Seine Aufgabe war ungewöhnlich und unangenehm; denn *Ninive* war die mächtige und berühmte Hauptstadt des heidnischen assyrischen Reiches, eines ständigen Feindes Israels. Der Ausdruck *ist vor mich gekommen* weist Jahwe als »aller Welt Richter« aus (1Mo 18,25; vgl. 1Mo 6,13; 18,20f).

3 Jona verweigert sofort und bewußt den Gehorsam gegenüber dem prophetischen Auftrag. Die betonte Bemerkung, er wollte *vor dem Herrn* (wörtl. *von dem Angesicht Jahwes weg*; vgl. EÜ) fliehen (s. auch V. 10), beruht nicht auf dem Glauben, die Gegenwart Jahwes sei auf das Israel gehörende Land beschränkt, wie wir ihn bei Naeman in 2Kön 5,17 finden. VV. 2b und 9 beweisen das Gegenteil. Vielmehr will sich der Prophet aus seiner innigen Verbindung mit Jahwe zurückziehen. Er kann nicht länger sagen: ». . . der Gott, vor dem ich stehe« (1Kön 17,1). Jona tat, wovor Mose sich fürchtete (vgl. 2Mo 33,14f), und er verlor auch alles andere, was mit der Gegenwart Gottes verbunden ist. Als Zeichen seiner Unabhängigkeit wählt der Diener Jahwes sein eigenes Reiseziel. Bei Tarsis mag es sich um den spanischen Erzhafen Tartessus handeln, der weit weg am Westende des Mittelmeeres lag. (Vgl. aber auch 1Kön 22,49 und Komm. zu 1Kön 10,22.) Jona vertraute nun auf seine eigenen Mittel, *er bezahlte den Fahrpreis* (ZÜ) und schiffte sich ein. *Joppe,* heute Jaffa, ist der einzige bedeutende Hafen an der palästinischen Küste. Interessanterweise spielt die Stadt auch im NT bei der Begegnung mit den Heiden in Cäsarea eine Rolle (Apg 10,1–11,18).

1,4–2,1 Jonas Flucht und Gottes Verfolgung

Jonas verzweifelter Versuch, Gott selbst um den Preis des Ertrinkens zu entrinnen, und seine erneute Inanspruchnahme durch Gott nehmen den breitesten Raum in der Erzählung ein. Der ungehorsame Prophet kann Jahwe nicht entfliehen. Warum sich Jona entschloß, dem Befehl Jahwes nicht zu gehorchen, wird erst später an geeigneter Stelle mitgeteilt.

Wir begegnen hier einem Grundsatz göttlicher Erwählung: »Gottes Gaben und Berufung können ihn nicht gereuen« (Röm 11,29). Für alle seine Propheten gilt, was Jesus zu seinen Jüngern sagte: »Nicht ihr habt mich erwählt, sondern ich habe euch erwählt« (Jh 15,16).

4 Jahwe unternahm zwei Schritte, um Jona zu retten. Zunächst *ließ (er) einen großen Wind aufs Meer kommen.* Das läßt die Seeleute erschrecken und entlarvt Jona, der daraufhin über Bord geworfen wird. Zum anderen »ließ« der Herr »einen großen Fisch kommen, Jona zu verschlingen« (2,1; s. dort). Er soll ihn vor dem Tod bewahren und veranlassen, sich der Gnade Gottes auszuliefern. Gottes Mittel sind hier *ein großer Wind* und »ein großer Fisch«. Vgl. andere Gelegenheiten, wo Gott seine Schöpfung zum Dienst an seinem Volk einsetzte, z.B. beim Auszug aus Ägypten (s. 2Mo 14,21; 4Mo 11,31).

Es ist aufschlußreich, die Erfahrung Jonas im Licht von Psalm 139 zu betrachten. Die Gedanken des Schreibers, seine Worte und jede seiner Bewegungen sind Jahwe bekannt. »Wohin soll ich fliehen vor deinem Angesicht?« fragt er. »Schlüge ich mein Lager in der Unterwelt auf – auch da bist du! . . . Ließe (ich) mich nieder zuäußerst am Meer, so würde auch dort deine Hand mich greifen und deine Rechte mich fassen« (Ps 139,7–10; ZÜ). So hat Jona es erfahren.

5–16 Die Situation des in Seenot geratenen Schiffes wird plastisch und realistisch geschildert: Der heftige Sturm; die Seeleute, die vielen Völkern und Religionen angehören; ihre Panik; das erregte Verhör Jonas; ihr Zögern, den von ihm vorgeschlagenen Verzweiflungsschritt zu tun; ihr verzweifeltes Rudern. Die LXX fügt hinzu, daß der Schiffshauptmann zuerst durch das Schnarchen Jonas, der hinunter in das Schiff gestiegen war und schlief, auf den verdächtigen Reisenden aufmerksam wurde.

Das Verhalten Jonas unterscheidet sich von dem der heidnischen Seeleute. Sie haben ein ausgeprägtes Gefühl für religiöse Verpflichtungen und sind erstaunt über die Kühnheit eines Mannes, der es wagt, vor seinem Gott zu fliehen (V. 10). Sie haben Skrupel, als die Opferung Jonas unvermeidbar wird. Und als die See sich endlich beruhigt, erweisen sie Jahwe ihren Respekt (V. 16). Der Zwischenfall zeigt aber auch, daß Jona kein Feigling ist. Er verhält sich vergleichsweise ruhig und beherrscht. Er bekennt sich bewußt zu seinem Glauben und zu seiner Schuld, und genauso überlegt wählt er lieber den Tod, als andere um seinetwillen verderben zu lassen. Ohne

Zweifel betrachtet er den bevorstehenden Tod als Strafe Gottes. Vgl. das Verhalten Jonas mit Menschen in ähnlicher Situation (Apg 27; Mk 4,35–41 und Parallelstellen).

Jona bezeugt den einen Gott, der allein über die ganze Erde herrscht (V. 9). Für ihn ist Jahwe der jenseitige *Gott des Himmels,* der Schöpfer und Herrscher über *das Meer und das Trockene.* Aber Jona zwängt in seinen Glauben und seinen Gottesdienst diese wunderbare Lehre von Gott in die engen Grenzen einer eifersüchtigen Exklusivität. Ziel des Buches ist es deshalb auch, vor einem Leben und Verhalten zu warnen, das hinter unserer Erkenntnis der Wahrheit zurückbleibt.

2,1 Spekulationen über die Art des »großen Fisches« sind müßig. Jesus bezieht sich in Mt 12,40 auf das gleiche Ereignis und übernimmt auch die Bezeichnung Fisch ohne weitere Erläuterung; es geht um das Begrabensein im Bauch des Fisches, nicht um den Fisch als solchen. Die LXX verwendet den Ausdruck *ketos* = »ein großes Seeungeheuer«, was von manchen Übersetzungen als »Wal« wiedergegeben wird. G. Maier (WStB *Jona* S. 51) denkt an den Schwertwal, Pottwal oder auch einen Hai, jedenfalls ein Seetier, das seine Beute unzerkleinert verschlingt. Das sumerische und akkadische Schriftzeichen für die Stadt Ninive, *nina,* wird mit einem Zeichen, das sich aus einem Fisch in einer großen Wohnung oder Gruft zusammensetzt, gebildet. *Drei Tage und drei Nächte:* Vermutlich handelt es sich um einen gebräuchlichen Ausdruck für einen kurzen Zeitabschnitt (vgl. 3,3 und Jos 2,16). Die Hinzufügung der *drei Nächte* ist nicht notwendigerweise als präzise Zeitangabe zu werten. (Vgl. im Deutschen das formelhafte »in acht Tagen« für »in einer Woche«, hingegen »in vierzehn Tagen« für »in zwei Wochen«.) Wir wissen, daß an anderer Stelle »nach drei Tagen« auch »am dritten Tag« bedeuten kann. (Vgl. die Angaben zur Dauer des Aufenthalts Jesu im Grab etwa in 1Kor 15,4.) Mt 12,40 zeigt, daß die Bezeichnung »drei Tage und drei Nächte« damals ohne weiteres verwendet werden konnte, um einen Zeitabschnitt von nicht mehr als sechsunddreißig Stunden zu bezeichnen.

2,2–11 Jonas Gebet aus dem Bauch des Fisches

Bemerkenswert ist der Wandel im Verhalten Jonas: Er, der sich auf dem Schiff offensichtlich geweigert hat, aufzustehen und seinen Gott anzurufen (1,6), sieht sich nun gedrängt, »zu dem Herrn, seinem Gott, im Leibe des Fisches« zu beten (2,2). Jonas Gebet, am hebräischen Versmaß als Klagepsalm zu erkennen, ist oft als fremde Einfügung bezeichnet worden. Es paßt jedoch in den Textzusammenhang, und es ist auch nicht zu bezweifeln, daß die Empfindungen, die es ausdrückt, der Situation angemessen sind, der es zugeschrieben wird; das gilt auch dann, wenn seine poetische Form erst in einer Zeit des Nachdenkens über die Errettung aus dem Tod *(sche'ol)* entstanden ist und es sich nicht um eine Bitte um Errettung aus dem Fisch handelt.

Die Gedankenfolge in V. 2–7 läßt vermuten, daß Jona nach seinem verzweifelten Gebet vom Wasser und dem in der Tiefe herrschenden Druck besinnungslos wurde und daß das nächste, was er wahrnahm, die Tatsache war, daß er noch lebte. So würde er eine weitere Erfahrung gemacht haben, die in Ps 139 beschrieben wird (V. 18): »Wenn ich aufwache, ist mein Sinn noch bei dir.« Jahwe hatte Jonas Gebet erhört und sein Leben »aus dem Verderben« (V. 7; d.h. der *sche'ol,* V. 2) zurückgebracht. Jona verspricht ein Dankopfer »dem Herrn, der mir geholfen hat« (V. 10).

Obwohl Jona nun zweifellos bereit ist, dem Befehl Gottes nachzukommen, finden wir bei ihm kein Anzeichen des Mitgefühls für die Bewohner von Ninive. Die Erfahrung der Gnade Gottes hat ihn lediglich in seinem Glauben bestätigt: »Die sich halten an das Nichtige, verlassen ihre Gnade« (d.h. sie trennen sich selbst von Jahwe, ihrer einzigen wahren Hilfe; V. 9). Daß Jona selbst da, wo er von Jahwes Barmherzigkeit umgeben ist, ausschließlich an sich denkt, ist ein weiterer Grund für Jahwes Ermahnung in Kap. 4. Aber diese Haltung finden wir nicht nur bei Jona, vgl. z.B. in Psalm 139 den Übergang von V. 18 zu V. 19ff.

Der Psalm Jonas gewinnt durch die Bemerkung Jesu in Mt 12,40 besondere Bedeutung, denn die Ähnlichkeit zwischen Jonas Erfahrung und der Erfahrung Christi wird hier besonders deutlich. Jesus, der treue Knecht und Prophet Jahwes, der größer ist als Jona, erniedrigte sich bis an die äußerste Grenze menschlichen Leidens (um des Ungehorsams anderer willen). Was Jona »zeichenhaft« erduldete (Ausdruck nach Hebr 11,19, wo auf eine ähnliche Todessituation angespielt wird), erlitt Jesus wirklich. In seiner »Qual« stieg er hinab in den »Schoß der Unterwelt«; alle Wogen und Wellen Gottes gingen über ihn hin (vgl. Jes 53). Wie Jona schrie: »Ich dachte, ich wäre vor deinen Augen verstoßen«, so rief auch Christus aus: »Mein Gott, mein Gott, warum hast du mich verlassen?« (Mt 27,46 nach Ps 22,2).

Und doch zeigt der Aufenthalt Jesu im Grab nicht nur das Höchstmaß seiner Leiden an (das Glaubensbekenntnis sagt: »niedergefahren zur Hölle«, griech. »Hades« für das atl. *sche'ol*); er unterstreicht auch nachdrücklich seine Errettung vom Tod zum Leben. Vgl. die Pfingstpredigt des Petrus in Apg 2, besonders V.24ff: »Den hat Gott auferweckt, und aufgelöst die Schmerzen des Todes, wie es denn unmöglich war, daß er sollte von ihm gehalten werden.« Jonas Bekenntnis: »Aber du zogst mein Leben empor aus der Grube« (V.7; ZÜ) hat eine auffallende Parallele in Ps 16,10, die von Petrus in Apg 2,27 aufgenommen wird: »Denn du wirst meine Seele nicht bei den Toten lassen, auch nicht zugeben, daß dein Heiliger die Verwesung sehe.«

2.3 Zunächst beschreibt Jona, wie sein Widerstand gegen Jahwe in der äußersten Not zusammenbrach und wie er, die Furchtbarkeit seines Schicksals vor Augen, in seiner Verzweiflung zu Gott schrie. (vgl. den spontanen Aufschrei des Petrus in Mt 14,30.) Der *Schoß der Unterwelt* (ZÜ; EÜ: ... *des Scheol,* LÜ: *Rachen des Todes*) ist der Aufenthaltsort der Toten; wer gestorben war, wie es beinahe Jonas Schicksal geworden wäre, fern von Gott und ohne Vergebung, der wurde als von Gottes Hand abgeschnitten und aus seinem Gedächtnis getilgt betrachtet. (Vgl. Ps 88,5. Wer den ganzen Psalm liest, begreift Jonas Entsetzen.)

5 *Deinen heiligen Tempel:* versinnbildlicht hier und in V.8 den Ort der Gegenwart Jahwes, aus der Jona geflohen war. Er bildet den äußersten Gegensatz zu dem »Schoß der Unterwelt«. An welchem Altar in Israel Jona auch gewöhnlich angebetet haben mag, vermutlich versteht er, der den Gott des Himmels anbetet, hier unter *deinen heiligen Tempel* den Himmel als »den Ort, wo du wohnst« (1Kön 8,39).

3, 1–9 Der prophetische Auftrag wird erneuert und ausgeführt

1 Nachdem Jona auf Jahwes Geheiß (2,11) an Land zurückgebracht worden ist, wird er ein zweites Mal beauftragt. Geläutert durch seine Erfahrungen gehorcht er, nimmt aber Ninive gegenüber keine freundlichere Haltung ein als früher. 2 *Und predige ihr, was ich dir sage:* stellt klar, daß ein Prediger nicht aus sich selbst redet, sondern »Gottes Aussprüche« verkündigt (1Petr 4,11). Was für Christus, das ewige Wort, gilt, muß auch für alle seine Diener verbindlich sein: »Denn welchen Gott gesandt hat, der redet Gottes Worte« (Jh 3,34). Vgl. Mose (2Mo 4,10–16), Jeremia (Jer 1,6–9) und die Jünger Jesu (Mt 10,19f). Jona wußte von Anfang an, daß er zu predigen hatte, was Gott ihm auftrug; er war ein ungehorsamer, kein falscher Prophet.

3 Eine Anmerkung macht auf die räumliche Ausdehnung Ninives und damit auf die Größe von Jonas Aufgabe aufmerksam. *Eine große Stadt vor Gott:* eine damals gebräuchliche Form des Superlativs (ZÜ: *über alle Maßen groß*). Einigen Wissenschaftlern hat dies jedoch in doppelter Hinsicht Schwierigkeiten bereitet. Einmal steht das Hilfsverb *war* im Hebräischen im Perfekt, und man hat daraus geschlossen, daß Ninive lange vorher zerstört worden sein müsse (was für eine späte Datierung des Buches spräche). Zweitens bestätigt die moderne archäologische Forschung die große Ausdehnung Ninives nicht ohne Einschränkung. Der erste Einwand ist nicht schlüssig; da die ganze Erzählung in der Vergangenheit steht, braucht die Aussage, *Ninive aber war eine große Stadt vor Gott,* nicht mehr zu besagen, als daß dies zutraf, als Jona hinkam. Vgl. »Die Hungersnot aber war groß in Samaria« in der Elia-Erzählung in 1Kön 18,2, auf die die Einleitung Bezug nimmt (*Die Botschaft und ihre Form,* S. 919f). Andernfalls müßte die Anmerkung später von einem Schreiber eingefügt worden sein, um den folgenden Vers zu erklären. Das zweite Problem läßt jedoch ebenfalls eine Lösung zu. Die Stadt Ninive selbst war, nach den von Sanherib angegebenen Ausmaßen und nach dem heutigen Lageplan ihrer Ruinen (ca. 19 km), beträchtlich kleiner, als das Jona-Buch sie in V.3 andeutet. 1Mo 10,12 gebraucht jedoch den Ausdruck »die große Stadt« für vier Städte in diesem Gebiet, von denen Ninive zu Recht als erste genannt wird und die bedeutendste war. Neuere archäologische Funde weisen nach, daß eine dieser Städte, Calah, ca. 70000 Einwohner zählte; und da man anhand der Stadtmauer weiß, daß diese Stadt ungefähr halb so groß war wie Ninive, könnte die oft bezweifelte Zahl von »einhundertzwanzigtausend Menschen« (4,11) auf das Ergebnis einer Volkszählung zurückzuführen sein. In späterer Zeit wurde der Umfang Ninives (von Ktesias und Diodorus) auf etwa 480 Stadien (ca. 96 km) geschätzt; das scheint der Überlieferung von einem sehr großen Stadtgebiet zu entsprechen (obwohl es nie von einer einzigen Stadtmauer umschlossen wurde, wie Diodorus offensichtlich annahm). Der Gesamtumfang der vier »Zentren« des Ninive-Bezirks beträgt in der Tat knapp hundert km oder *drei Tagesreisen.* Nun wird Ninive außer in 3,3 bei drei voneinander unabhängigen Gelegenheiten als »die große Stadt« (1,2; 3,2; 4,11) bezeichnet; die Hinzufügung dieses Ausdruckes kann anzeigen, daß hier bewußt das größere Gebiet oder der »Bezirk« gemeint ist. Man

könnte dies mit modernen Bezeichnungen wie »Groß-Berlin« oder »Groß-London« vergleichen.

Bezeichnend ist vielleicht, daß dieser Ausdruck in 4,5 nicht hinzugefügt ist; »die Stadt« ist hier zweifellos das eigentliche Ninive, die Stadt, die »eine Tagereise« mißt und die Jona zuerst betrat (3,4). Hier erreichte die Predigt Jonas den König von Ninive, durch dessen Aufruf das Fasten zur Buße auf alle Einwohner Ninives ausgedehnt wurde.

4–9 Wir wissen nicht, welche anderen Umstände die Bereitschaft zur Reue in Ninive begünstigt haben mögen; aber Jonas Predigt von dem unmittelbar bevorstehenden Untergang – die einzige tatsächliche »Prophezeiung« in diesem prophetischen Buch – führte zu sofortiger, die ganze Stadt umfassender Buße. Der König selbst befahl ein allgemeines Fasten. Eigenartigerweise sind die Tiere in dieses Fasten einbezogen (V.7), wie in Judith 4,9ff, und anläßlich der Hungersnot in Joel 1,19f. Selbst die Tiere des Feldes (die zum Herrn rufen) sind, den letzten Worten des Jona-Buches zufolge, Gegenstand seiner Liebe (4,11).

»Das Zeichen des Jona« (Mt 16,4) schließt nicht nur seinen »Tod« und seine »Auferstehung« ein, sondern auch seine Predigt an das heidnische Ninive durch die Kraft dieser »Auferstehung«. Beachten wir die große Bedeutung dieses Zeichens für die Zeitgenossen Jesu (vgl. Lk 21,29ff; Mt 12,38ff) und für uns selbst.

3,10–4,11 Zwei Reaktionen auf Ninives Buße: Der Herr fordert Jona heraus

3,10; 4,1 *Da reute ihn das Übel . . . Das aber verdroß Jona sehr:* Gottes »Reue« und die daraus folgende Abwendung des Gerichts sind natürlich nicht willkürlich. Es ist eine Grundvoraussetzung des Buches Jona, daß Gott das Übel gereut (vgl. Joel 2,13f u. bes. Jer 18,6–10). Aber wir sind jetzt an die Wurzel von Jonas Problem vorgestoßen. Jona bekennt nun ausdrücklich, was bisher unerklärt geblieben ist: warum er zunächst versucht hat, sich dem Befehl Jahwes zu entziehen. Die Frage, die den Höhepunkt des Buches darstellt, kommt unmittelbar in den Blick: »Sollte Jahwe sich Ninives erbarmen?«

2,3 Jona floh nach Tarsis in dem Wissen, daß Gott Ninive verschonen würde, falls die Stadt Buße tat. Er meinte, Gott würde ihn damit bloßstellen, wenn er das Gericht verkündigen würde, das möglicherweise nicht einträfe. Nun, da Ninive Buße getan hat, weiß Jona, daß das Gericht ausbleiben wird, und das kann er nicht ertragen. Er kann sich nicht in etwas fügen, von dem er doch weiß, daß es zur unwandelbaren Wesensart Gottes gehört, daß er *gnädig, barmherzig, langmütig und von großer Güte* ist. Wieder möchte er lieber sterben als Gottes Angesicht sehen und leben. So *nimm nun, Herr, meine Seele von mir; denn ich möchte lieber tot sein als leben.* Vgl. Elias Gebet in 1Kön 19,4.

4 Aber Jahwe fordert Jona unmittelbar heraus. Seine Frage läßt sich übersetzen mit: »Zürnst du zu recht?« oder »Bist du sehr ärgerlich?« Beide Bedeutungen liegen nahe beieinander. Die erste Formulierung stellt die Berechtigung von Jonas Verhalten in Frage. Die zweite ähnelt fast einem Ausruf der Überraschung darüber, daß Jona so anders denkt als Gott.

5–11 Im Schlußabschnitt des Buches fordert Gott Jona mit dem Gleichnis von der *Staude* (ZÜ: Rizinus) in dramatischer Form heraus. Mit Hilfe dieses Gleichnisses entlockt Gott Jona ein Bekenntnis hinsichtlich der Staude, das ihn zugleich im Blick auf sein ungerechtfertigtes Verhalten gegenüber Ninive verurteilt.

Jona, der ohne Hoffnung den Ablauf der von ihm vorhergesagten »vierzig Tage« abwartet (3,4), ist wieder Gegenstand göttlicher »Vorbereitungen«. Diesmal werden *eine Staude, ein Wurm,* und *ein heißer Ostwind* eingesetzt. Was Jonas Unmut anbetrifft, verfährt Gott mit ihm so: Zunächst verschafft er Jona Erleichterung in seinem Schmerz, indem er durch das dichte Blattwerk der tropischen Pflanze für zusätzlichen Schatten sorgt. Am nächsten Tag wendet er die Situation ins Gegenteil: er läßt zu, daß Jona infolge der Zerstörung der Pflanze körperliche Qual leidet. Jona ärgert sich, weil die Staude eingeht. Obwohl sie in keiner Weise »seine« Pflanze und von Natur aus kurzlebig war, lag Jona viel an ihr, weil sie ihm Erleichterung brachte.

11 *Und mich sollte der großen Stadt Ninive nicht jammern?* (ZÜ), fragt Jahwe. Kann Jona keinen Grund zum Erbarmen im Blick auf 120000 unwissende Menschen und die unverständigen Tiere erkennen, die in der Stadt leben? *Die nicht wissen, was rechts oder links ist:* könnte sich auf ihre Unkenntnis des Gesetzes Gottes im Vergleich zu den Israeliten beziehen. Die Unkenntnis der Menschen und die Hilflosigkeit des Viehs sind selbstverständlich nicht der einzige Grund dafür, daß Jahwe Gnade übt, aber sie werden erwähnt, um deutlich zu machen, wie sehr es Jona in seiner religiösen Selbstbezogenheit an echter Anteilnahme fehlt. Selbstsucht, Blindheit, Ungerechtigkeit: sie werden durch das

Gleichnis zunehmend als Jonas Sünden offenbar.

Das letzte Wort hat Gott, der »gnädig, barmherzig, langmütig und von großer Güte« ist (4,2). Das Buch Jona aber ist ein weiterer
8 Hinweis auf das volle Offenbarwerden des göttlichen Heils, das nach seiner Gnade und Barmherzigkeit »ein Licht zur Erleuchtung der Heiden« (Lk 2,32; ZÜ) sein soll. Die christliche Botschaft des Buches läßt sich mit den Worten des Paulus ausdrücken: »Was sollen wir nun sagen? Ist etwa Ungerechtigkeit bei Gott? Das sei ferne! Denn zu Mose sagt er: ›Ich werde mich erbarmen, wessen ich mich erbarme, und werde barmherzig sein, gegen wen ich barmherzig bin‹« (Röm 9,14f; ZÜ).

D. W. Robinson

Micha

Einleitung

Der Prophet Micha stammte offenbar aus einer nicht sehr bekannten Familie, denn der Name seines Vaters wird nicht genannt. Er kam aus einer abgelegenen Provinzstadt, aus Morescheth nahe der Grenze des Philistergebietes von Gath. Sein Interesse konzentriert sich stärker als das seines Zeitgenossen Jesaja (der offensichtlich Jerusalemer Bürger war) auf die Lage der unterdrückten unteren Klassen.

Er begann seine prophetische Laufbahn unter der Regierung Jothams, vielleicht zu der Zeit, als Ahas schon Mitregent seines Vaters geworden war (seit 743 v.Chr.), doch auf jeden Fall vor Jothams Tod im Jahr 736 v.Chr. Ahas regierte bis 728, ihm folgte sein Sohn Hiskia auf den Thron, und Micha wirkte bis in dessen Regierungszeit hinein. (Eine exakte Datierung ist schwierig. In der Einleitung zu den Königsbüchern wird eine etwas andere Datierung vertreten; vgl. S. 388.) Über das Ende der Wirksamkeit Michas ist nichts bekannt.

Umstritten ist die Echtheit von Kap. 4, das Offenbarungen über die babylonische Gefangenschaft und die darauffolgende Erlösung enthält, wobei Mi 4,1–5 sich weitgehend mit Jes 2,2–5 deckt. Viele Exegeten halten diese Stücke daher für spätere Ergänzungen.

Andere Ausleger gehen noch weiter und sehen in dem ganzen Buch nur eine Reihe unverbundener, verschiedenartiger Sprüche. Doch, wie der folgende Überblick zeigen wird, läßt sich durchaus ein Gedankengang erkennen, so daß die Annahme einer mehr oder weniger willkürlichen Sammlung verschiedener Sprüche unwahrscheinlich ist.

Der Text des Michabuches ist teilweise sehr schlecht überliefert worden, so daß sich erhebliche Übersetzungsprobleme ergeben.

Inhalt

1,1–16 **Gottes Gericht über die beiden Götzendienst treibenden Königreiche**

2,1–3,12 **Die Mächtigen sind der Unterdrückung schuldig**
- 2,1–11 Ausbeutung der Armen und Hilflosen durch die Reichen
- 2,12–13 Die künftige Zusammenführung der im Exil zerstreuten Judäer
- 3,1–4 Die Regierenden fressen ihr Volk, anstatt es zu schützen
- 3,5–8 Die korrupte Staatsreligion und das Wort des wahren Propheten
- 3,9–12 Vernichtung droht allen dreien: Regierenden, Priestern und Propheten

4,1–5,14 **Der Triumph der Gnade Gottes gegenüber Israel**
- 4,1–8 Jerusalem, das Zentrum der Gottesherrschaft über alle Völker
- 4,9–13 Vorher aber gibt es Leiden, Exil, Wiederaufbau und das Gericht über Israels Feinde
- 4,14–5,5 Der Messias, der seine Herde verteidigen und über die Welt herrschen wird
- 5,6–14 Der Triumph Israels, nachdem es vom Götzendienst gereinigt ist

6,1–16 **Gottes Rechtsstreit mit dem undankbaren Israel**
- 6,1–5 Israel wird an Gottes Güte beim Exodus erinnert
- 6,6–16 Die Antwort an das reuige Israel: echter Gottesdienst steht in Verbindung mit einem Gott gehorsamen Leben

7,1–20 **Die Bundesverheißungen werden an dem gläubigen Rest in Erfüllung gehen**
- 7,1–6 Das wahre Israel beklagt die Sünden der Selbstsucht und der Korruption
- 7,7–10 Das wahre Israel wird weiterhin auf Gottes Gnade vertrauen
- 7,11–20 Der Triumph Gottes über die Mächte der Welt

Kommentar

1,1–16 Gottes Gericht über die beiden Götzendienst treibenden Königreiche

1 Micha trat unter den Königen *Jotham* (751–736 v.Chr.), *Ahas* (743–728 v.Chr.) und *Hiskia* (728–696 v.Chr.) auf. Offensichtlich ist auch die Botschaft von Kap. 6 früher als 722 gesprochen worden, da andernfalls die Anrede an das Nordreich Israel sinnlos gewesen wäre; denn dieses wurde 722 erobert. **2** *Höret, alle Völker:* Gottes Handeln an Israel und sein Reden ist auch für alle umliegenden Völker von Wichtigkeit: sie alle sind mitbetroffen. Seine Botschaft kommt *aus seinem heiligen Tempel* (vgl. Am 1,2) als der einzigen Begegnungsstätte zwischen Gott und Mensch (an der der Altar für die stellvertretende Sühnung steht). Der Vers ist ein Hinweis auf die universale Gültigkeit der atl. Offenbarung. **3.4** Zerstörung (durch die assyrischen und chaldäischen Invasoren) erwartet die dem Götzendienst geweihten *Höhen,* sowohl in Samaria als auch in Juda. Eine katastrophale Verwüstung wird über sie hereinbrechen, vergleichbar vulkanischen Eruptionen, Erdbeben oder Wasserfluten. **5** Diese Katastrophe ist die Folge des Abfalles von Gott in Israel, da beide Hauptstädte, Samaria und Jerusalem, zu Zentren des Götzendienstes geworden sind. Der Name der Stadt steht hier jeweils für das, was im ganzen Land geschieht.

6.7 Die Zerstörung Jerusalems liegt noch in weiter Ferne, 150 Jahre sollen bis dahin noch vergehen, doch die Vernichtung Samarias steht unmittelbar bevor (722 v.Chr.) und wird so gründlich sein, daß von der Stadt nur noch ein verwüsteter Ruinenhügel übrigbleiben wird, dessen noch stehende Mauerreste schließlich durch Erosion und Vernachlässigung einstürzen. Die assyrischen Truppen Sargons werden die Götzenbilder zerschlagen und die kostbaren Gegenstände (*Hurenlohn,* da die Einkünfte der Tempeldirnen in die Ausstattung des Tempels flossen) zerstören. Alle materiellen Gewinne und Vorteile (wie das politische Bündnis mit Phönizien, das durch die Heirat Ahabs mit Isebel zustande gekommen war) werden zunichte gemacht bzw. als Beute davongetragen werden.

Nun folgt in V.8–16 eine schmerzliche Klage des Propheten über den unerbittlichen Einmarsch der Feinde. Wer sind diese Feinde? Der Blick des Propheten ist hier sicher auch auf die assyrischen Heere gerichtet, deren Invasion 722 unter Salmanasser V. zum Untergang des Nordreiches führte. Aber der Blick geht weiter nach Juda: die in V.10–15 genannten Städte liegen alle im judäischen Gebiet und wurden anderthalb Jahrhunderte später von den Babyloniern unter Nebukadnezar erobert. Es fällt auf, daß hier lauter Städte genannt werden, deren Namen auf ein böses Schicksal hindeuten.

8 *Schakale* lassen nachts einen typischen Schrei hören. Er beginnt hochgezogen und langanhaltend und ihm folgt ein noch höherer Schrei, der mit lautem Kläffen endet. *Strauße* haben einen schaurigen, leidvollen Schrei. **9** *Denn unheilbar ist die Plage* (oder: *Wunde*; EinhÜ): Das mit »unheilbar« übersetzte hebr. Wort wird Jer 17,9 vom menschlichen Herzen gebraucht: *heillos* (ZÜ). Die Wunde, die Israel von den Assyrern geschlagen wird, frißt weiter und macht auch vor Juda und Jerusalem nicht halt.

10 *Gath* war die Juda am nächsten liegende Philisterstadt, und dort hätte die Nachricht vom Unglück der Hebräer, ihrer Erbfeinde, sicher große Freude ausgelöst. Deshalb sollen die Juden nicht weinen, wenn das Unglück sie trifft, sondern sich so lange wie möglich still verhalten. *Beth-Leaphra* (vielleicht der Ort Ophra in Benjamin, in der Nähe Bethels) bedeutet »Haus zum Staub« und deutet so auf den Staub hin, in dem sich seine Bewohner vor Trauer wälzen werden. **11** *Schaphir* (vielleicht Sawafir südöstlich von Asdod) bedeutet »schön«, wodurch die Blöße und Leere der Stadt, nachdem die Feinde ihre Bewohner ins Exil geführt haben werden, besonders betont wird. *Zaanan* (vielleicht Zenan in der Schefela; vgl. Jos 15,37) erinnert an das Verb *jaza'* = »herausgehen«, etwas, was ihre unglücklichen Bewohner während der Belagerung nicht mehr können werden. *Beth-Haëzel* (»Haus der Nähe«; vielleicht Azel aus Sach 14,5 [ZÜ, EÜ] östlich von Jerusalem) mahnt daran, wie nahe die Invasoren der Hauptstadt schon sind.

12 *Maroth* war sicher eine weitere Vorstadt Jerusalems; ihr Name bedeutet »Bitterkeit«. **13** *Lachisch,* im Südwesten Judas, war offensichtlich eine der ersten Städte, in denen die nordisraelitischen Kulte eingerichtet wurden. Nun müssen die Bewohner von Lachisch *(lakisch)* die Pferde anspannen *(larekesch)* und mit ihrem Besitz vor den herannahenden Feinden fliehen. **14** Lachisch wird sich *scheiden müssen* oder ein »Abschiedsgeschenk« geben müssen, da Morescheth-Gath, Michas Heimatstadt, an den Feind fallen wird. Hier wird wahrscheinlich auf die Ähnlichkeit zwischen dem Namen *moreschet* und dem Wort *me'oreset* »verlobte Tochter« (die ein Abschiedsgeschenk bekam) angespielt. *Die Häuser von Achsib,* einer Stadt südwestlich von Adullam, werden den judäischen Streitkräften zum *'aksab,* zu einem »Trugbach« (der im Sommer austrocknet, vgl. Jer 15,18), da sie die trügerische Hoffnung wekken, sie könnten den Vormarsch des Feindes noch bremsen.

15 Der Eroberer (*joresch* bedeutet »Eroberer« und »Erbe«) wird *Marescha* in Besitz nehmen, eine Stadt nordöstlich von Lachisch und die *Herrlichkeit Israels* (d.h. die Obersten des Heeres und den Adel) nach *Adullam* zurückdrängen. In Adullam war die berühmte Höhle, in der David sich vor Saul versteckte (1Sam 22,1); es lag östlich von Achsib. **16** Das Ausraufen der Haare oder das Kahlscheren war üblich bei Müttern, die Nachricht vom Tod ihrer Kinder erhalten hatten. Mit dem Exil, das hier vorausgesagt wird, ist eher das babylonische Exil gemeint (vgl. Mi 4,10) als das assyrische, das nur die Provinzen betraf und nicht Jerusalem selbst. Manche Ausleger meinen allerdings, daß es sich um die Invasion der Assyrer unter Sanherib 701 v.Chr. handele. Vielleicht wird hier sogar auf beide Invasionen angespielt (701 v.Chr. und 587 v.Chr.).

2,1–3,12 Die Mächtigen sind der Unterdrückung schuldig

2,1–11 Ausbeutung der Armen und Hilflosen durch die Reichen

1 Die habgierigen Landbesitzer und Geldverleiher sind so besessen von dem Verlangen nach größerem Reichtum, daß sie sogar nachts wach liegen und sich neue Wege zur Ausbeutung der Armen überlegen. *Weil sie die Macht haben:* kann auch so übersetzt werden: »Ihre Hand ist wie ein Gott (für sie)«, d.h. ihre eigene Macht ist der einzige Maßstab, nach dem sie sich richten. (Es ist sogar ungewöhnlich, das hebr. Wort *'el* statt mit »Gott« mit »Macht« zu übersetzen.) **2** *Sie reißen* – (das hebr. *chamad* »gieren« ist dasselbe Verb wie im zehnten Gebot, das hier absichtlich und böswillig übertreten wird) den Besitz anderer an sich, wie Ahab den Weinberg des Naboth an sich riß (1Kön 21). Das heißt, sie berauben die israelitischen Familien ihres Erbes, das der Herr selbst denen in den Tagen Josuas gegeben hatte.

3 Als Strafe für die Mißachtung der brüderlichen Verpflichtungen unter Gottes Bund mit Israel wird Gott Böses gegen die ersinnen, die die menschliche Macht ungerecht verwalten. Er wird Unglück über sie bringen, das wie ein Joch ihren Nacken niederdrücken wird. Mit *Geschlecht* sind hier die reichen Unterdrücker gemeint (obwohl Keil es auf das ganze Volk Israel bezieht. Vgl. Am 3,1). **4** *Zur selben Zeit* (d.h. am Tag von Gottes Eingreifen zu Strafe oder Befreiung) wird man *einen Spruch machen,* im Sinne eines Sprichworts (hebr. *maschal*). Bei den Sprechern handelt es sich um die Israeliten selbst *(wir sind vernichtet)* und nicht um ihre triumphierenden Feinde. Sie werden beklagen, daß Gott ihr Teil am Land der Verheißung von ihnen nimmt, wenn sie von ihren Feinden daraus vertrieben werden. Der letzte Satz des Verses sollte übersetzt werden: »An Abtrünnige verteilt man unsere Felder« (vgl. EÜ, EinhÜ). Mit den Abtrünnigen sind hier wohl die feindlichen Eroberer gemeint, die nicht in den Gottesbund eingeschlossen sind. **5** Die Unterdrücker, deren Lebenszweck es war, Grundbesitz zu erraffen, werden mit leeren Händen dastehen. Bei der regelmäßig vorzunehmenden Neuverteilung des Grundbesitzes im Rahmen der göttlichen Vorschriften (vgl. 3Mo 25) werden sie niemanden haben, der ihnen Grundbesitz zumißt. Zur Übersetzung vgl. EÜ, ZÜ, EinhÜ.

6 Michas Warnung wird von seinen Hörern höhnisch zurückgewiesen: *Geifert nicht! so geifern sie. So etwas soll man nicht geifern!* Das hebr. Wort, das hier dreimal gebraucht wird, bedeutet »fließen lassen, hervorsprudeln lassen«, dann auch, wohl wegen des erregten Sprechens »prophetisch reden«. Hier ist das Wort wahrscheinlich spöttisch gemeint. *Diese Schmähungen wollen nicht enden,* d.h. die Hörer fassen Michas Worte als Beleidigung auf und nehmen sie nicht ernst. LÜ und JB ändern *jissag* in *jassig* und übersetzen: »Die Schande wird uns nicht erreichen«, was ebenfalls ein Nichternstnehmen der Worte Michas bedeutet. **7** *Ist denn das Haus Jakob verflucht?* Der vorliegende hebr. Text ist schwer zu übersetzen. Entweder: »Kann man so etwas im Haus Jakob sagen?« oder: »Du, der du Haus Jakob genannt wirst«. LÜ und andere ändern daher *he'amur* in *ha'arur* = verflucht. *Meinst du, der Herr sei schnell zum Zorn?* Das hebr. *qazar* bedeutet wörtlich: »ist kurz«; EÜ gibt das durch »ist ungeduldig« wieder. Die Frage erwartet eine negative Antwort: Gott ist nicht schnell zum Zorn. Auch die Frage, ob die Strafen wirklich in seinem Sinne sind: *Sollte er solches tun wollen?* soll Micha ins Unrecht setzen: das paßt doch gar nicht zu Gottes barmherzigem und gnädigem Wesen! In der Tat – und nun spricht Gott selbst –, *meine Reden sind freundlich den Rechtschaffenen.* ZÜ, JB und EinhÜ nehmen einen Abschreibfehler an und übersetzen den korrigierten Text: »Sind seine Worte nicht gütig gegenüber den Rechtschaffenen?«, womit die Erwiderung der Hörer noch eine zynische Zuspitzung erfährt.

8 *Aber ihr steht wider mein Volk wie ein Feind:* LÜ liest das hebr. *'etmul* »gestern« als *'et-mul* und übersetzt es mit »wider«. EÜ und EinhÜ halten sich an den überlieferten hebr. Text und übersetzen: »Aber längst schon lehnte sich mein Volk als Feind auf« bzw. »Gestern noch war es mein Volk, jetzt steht es da als mein Feind«. Das Vergehen dieser Feinde ist: *Vom Rock reißt ihr den Mantel herunter denen, die arglos vorüberziehen, dem Krieg abgeneigt.* So übersetzen ZÜ und EÜ; LÜ übersetzt den schwierigen Text so: *denn wie Leute, die aus dem Kriege kommen, raubt ihr Rock und Mantel denen, die sicher dahergehen.* Offensichtlich wird hier auf 2Mo 22,20 angespielt, wonach durchziehende Fremdlinge nicht unterdrückt werden sollen. **9** Die skrupellosen Gläubiger vertreiben Witwen und Waisen aus ihren Häusern und nehmen schon den kleinen Kindern *meinen Schmuck,* d.h. das von Gott dem Volk gegebene Land, indem sie sie ihrer Heimat berauben, vielleicht auch, indem sie sie in lebenslange Sklaverei an heidnische Ausländer verkaufen. Dadurch sichern sie selbst sich die Rückzahlung der Schulden. **10** *Macht euch auf, ihr müßt davon!* Mit den gleichen Worten, mit denen diese unbarmherzigen Gläubiger ihre Opfer vertrieben, werden nun sie selber aus dem Land gewiesen. Der zweite Teil des Verses ist nur durch Eingriffe in den Text zu übersetzen. **11** *Wenn ich ein Irrgeist wäre* (wörtl.: »ein Mann, der nach dem Wind wandelt«) *und ein Lügenprediger und predigte, wie sie saufen und schwelgen sollen – das wäre ein Prediger für dies Volk!* Solche falschen Propheten standen bereit, eine angenehme Botschaft von irdischem Segen und materiellem Wohlergehen zu verkünden, ohne die schweren Mißstände und Sünden beim Namen zu nennen, die einem dauerhaften Wohlstand und einem inneren Frieden des Volkes im Wege standen. Mit beißender Ironie zeichnet Micha hier ein Bild dieser falschen Heilspropheten, die nur das sagten, was das Volk hören wollte.

2,12–13 Die künftige Zusammenführung der im Exil zerstreuten Judäer

Im Gegensatz zu dieser unwahren Botschaft von äußerer Sicherheit hat der Herr ein wahres Wort der Ermutigung für den Rest derer, die noch treu auf seine Offenbarung hören.

12 Israels Hoffnung liegt nicht im kurzfristigen politischen Erfolg oder in einer religiösen Reform. Seine Abtrünnigkeit unter König Ahas ist zu weit gegangen; daher konnten auch die Reformversuche unter Hiskia und Josia nicht mehr als einen vorübergehenden Aufschub erwirken. Die Zukunft Israels ist vielmehr der kleine Rest von treuen Gläubigen, die Gott auch durch die kommenden militärischen Katastrophen und durch die Gefangenschaft hindurch treu bleiben werden. *Sammeln will ich ganz Jakob, zusammenbringen den Rest Israels; ich will sie vereinigen wie Schafe im Pferch:* Im hebr. Text steht hier: »wie die Schafe von Bozra«. Bozra war ein Ort in Edom, der bekannt war für seine Schafzucht. *Daß es von Menschen dröhnen soll* (LÜ nach Textkorrektur): d.h. der nach Palästina zurückkehrende Rest wird unter dem göttlichen Hirten zu einer großen Menge werden. **13** *Durchbrecher* (von hebr. *parez* »einreißen, eine Mauer durchbrechen«): Diese Bezeichnung bezieht sich auf Gott als den Befreier seines Volkes aus dem Kerker der Gefangenschaft. *Ihr König:* bezieht sich entweder auch auf Jahwe (vgl. Obd 21) oder auf seinen Messias (vgl. Hos 3,5; Jer 30,9). Das Wort ist also ein Mut machender Ausblick auf die Erlösung nach dem Strafgericht, wohl kaum eine leere Heilsweissagung aus dem Mund der falschen Propheten, wie ältere Exegeten (Ewald, Procksch) angenommen haben.

3,1–4 Die Regierenden fressen ihr Volk anstatt es zu schützen

Es scheint, daß der Prophet sich hier an eine neue Adresse wendet. Doch das Kapitel beginnt mit dem hebr. Wort *we,* das »und« oder »aber« bedeutet. **1** *Und ich sprach: Höret doch, ihr Häupter im Hause Jakob:* leitet eine Rede an die Mächtigen Judas in Politik und Gesellschaft unter der Herrschaft des Ahas ein. **2.3** Sie, die beauftragt waren mit der gewissenhaften Verwaltung des Rechts und der Durchführung von Gottes Gesetz, haben ihre Macht zu Ungerechtigkeit und herzloser Ausbeutung ihrer Untertanen mißbraucht. Sie sind wie Kannibalen, die ihre Brüder als Beute betrachten, als Objekte und nicht als Menschen. Wie gefräßige Tiere verschlingen sie alles, was an ihnen brauchbar ist, und überlassen den Rest der Nacktheit, dem Hunger und dem Tod. *Aber ihr hasset das Gute und liebet das Arge:* Es ist nicht nur mangelndes Rechtsempfinden, was Micha hier den Führern seines Volkes vorwirft, nicht nur, daß sie ihre Position zum eigenen Vorteil ausnutzen, sondern ihre verkehrte Grundeinstellung. Es ist dahin gekommen, daß ihnen das, was Gottes Willen entspricht, die Gerechtigkeit, zuwider ist und daß sie an der Verdrehung der göttlichen Ordnungen Gefallen haben.

4 Wenn nun das kommende Gericht über

das Volk hereinbricht und die Invasoren Besitz und Leben bedrohen, werden diese Führer Israels Jahwe vergeblich um Rettung bitten. Weil sie dem Gesetz Gottes den Rücken gekehrt haben, wird Gott auch ihrem Hilferuf den Rücken kehren (wie es 587 v.Chr. tatsächlich geschah).

3,5–8 Die korrupte Staatsreligion und das Wort des wahren Propheten

5 Die skrupellosen Herrscher und Richter haben von dem bestechlichen Klerus Unterstützung erhalten, von den auf Popularität bedachten Propheten, die, wenn sie gut bezahlt werden, falschen Frieden und Optimismus predigen. Gegen Gruppen aber, die ihnen weder Geld noch Einfluß zugute kommen lassen können, ziehen sie mit heiligem Eifer zu Felde (wörtlich: »heiligen sie einen Krieg«). Statt als Gottesmänner gegen die Sünden des Volkes aufzutreten, sind diese treulosen Propheten zu professionellen Karrieremenschen geworden, für die nur noch materielle Werte zählen. **6.7** Hier, wie in Am 5,18 und Zeph 1,15, bedeutet die Verdunkelung des Himmels schreckliches Gericht und Verzweiflung. Die *Seher (chosim)* und die *Wahrsager* (*qosemim*, die laut 5Mo 18,14 in Israel streng verboten waren) werden sich in der kommenden nationalen Notlage als vollkommen unfähig erweisen, da sie nicht in der Lage sein werden, den Menschen das Kommende anzusagen. Gott wird ihnen keine Offenbarung zuteil werden lassen, trotz ihrer dringenden Bitten. *Sie müssen alle ihren Bart verhüllen,* indem sie ihr Gesicht bis zur Nase mit einem Tuch bedekken. Dies war im Alten Israel ein Zeichen für Trauer und Verzweiflung (vgl. 3Mo 13,45; Hes 24,17).

8 Im Gegensatz zu diesen falschen Propheten mit ihren selbsterdachten Botschaften hat Micha, bei all seiner unpopulären und scheinbar altmodischen Betonung von Gerechtigkeit und Recht, eine Fähigkeit, die allen anderen fehlt: Er ist *voll Kraft* durch den Geist des Herrn. Denn was er sagt, ist die Wahrheit Gottes, nicht die Spekulation von Menschen. Mit der Autorität eines königlichen Boten ruft er Gottes Gericht über das schuldig gewordene Israel aus. Er hat keine Zeit für Diskussionen über andere theologische Auffassungen; doch in seinen Worten steckt Kraft, weil das Vorausgesagte wirklich eintrifft. Statt sich der modernen Moral anzupassen, schleudert er seinen Landsleuten die Forderungen der unveränderten und unveränderlichen Zehn Gebote entgegen, spricht sein Volk schuldig, weil es diese Gebote kaltblütig umgeht, und bringt es zum Zittern.

3,9–12 Vernichtung droht allen dreien: Regierenden, Priestern und Propheten

9.10 Die ganze Perversion der Führer Israels wird hier deutlich, die von Bekämpfern des Verbrechens selbst zu Verbrechern geworden sind und die glauben, daß sie Sicherheit für sich und ihren Staat auf einem Fundament von Blutvergießen und Unrecht aufbauen können. **11** Die Richter hatten die heilige Verantwortung, unparteiische Entscheidungen zu fällen, die nicht durch persönliche Motive beeinflußt waren; doch diese Richter waren bereit, ihr Urteil zugunsten des Meistbietenden ausfallen zu lassen. Von den Priestern wurde erwartet, daß sie ihre Weisungen gemäß dem Gesetz Gottes gaben (3Mo 10,11; 5Mo 17,11; 33,10); doch diese Priester verlangten Lohn, und das hieß, daß ihre Dienste den Armen nicht zur Verfügung standen. Trotzdem sind sie so unverschämt, Gottes Schutz und Fürsorge zu beanspruchen, mit der Begründung, daß sein Tempel ja in ihrer Mitte sei. Daraus schließen sie, daß Gott verpflichtet ist, sie vor Bösem zu bewahren, ganz gleich, wie schlecht ihr eigenes Leben ist.

12 Doch Gott wird ihnen im Gegenteil wegen ihrer schamlosen Gottlosigkeit nicht nur seinen Schutz vor den heidnischen Feinden entziehen, sondern dafür sorgen, daß gerade der heilige Tempel (aufgrund dessen sie sich des Schutzes Gottes so sicher sind) zu einem Schutthaufen und der heilige Bezirk zu einem Acker oder zu einem verlassenen, mit Gestrüpp überwucherten Hügel wird. (Vgl. Jer 26,18f; wo dieser Vers wörtl. zitiert wird. Dort wird er durch die Information ergänzt, daß Hiskia, der Sohn des Ahas, bei diesen Worten in Furcht geriet und wegen des drohenden Gerichts über Jerusalem zum Herrn flehte.) Es ist interessant, daß später, nach Rückkehr aus dem Exil, der Berg Zion, die alte Davidsstadt, außerhalb der Stadtmauern blieb und heute noch ist. Im 2. Jh. v.Chr. wurden seine Mauerreste abgetragen; sein Name »Zion« wurde später auf den Südwestteil der Stadt übertragen.

4,1–5,14 Der Triumph der Gnade Gottes gegenüber Israel

4,1–8 Jerusalem, das Zentrum der Gottesherrschaft über alle Völker

Ein stärkerer Gegensatz als der zwischen dem Jerusalem von Mi 3,12, einem unkrautüberwachsenen Trümmerberg, und dem Jerusalem von 4,1–3, dem großen Wallfahrtsziel der Völker, ist kaum denkbar. Noch abrupter als in 2,12 folgt hier die Heilsankündigung auf das Gerichtswort. So ernst und unerbittlich das Gericht auch ist, es ist nicht Gottes letztes Wort. Der Ausblick auf das künftige Heil läßt das angesagte Strafgericht zwar in seinem ganzen Ernst stehen, enthüllt aber dessen letzten Sinn im Rahmen der göttlichen Heilsgeschichte. – Die drei ersten Verse dieses Kapitels sind nahezu identisch mit Jes 2,2–4. Manche Ausleger (Wildberger, Rudolph) nehmen an, daß diese Verse ursprünglich von Jesaja stammen und von einem späteren Bearbeiter des Michabuches hierher gesetzt worden sind. Andere halten Micha für den ursprünglichen Verfasser und sehen die Verse in Jesaja 2 als nachträgliche Bearbeitung an. Die dritte Gruppe sieht in beiden Stellen spätere Einfügungen. Alle Hypothesen bleiben fraglich. Wenn man nicht davon ausgehen will, daß beide Propheten die gleiche Offenbarung erhalten haben, wird man irgendeine Form der gegenseitigen Textbeeinflussung annehmen müssen.

1a *In den letzten Tagen:* wörtl. »am Ende der Tage«. Diese Wendung benutzen die Propheten oft zur Bezeichnung der Endzeit bzw. der Zeit des Messias (vgl. Jer 23,20; Hes 38,16; Hos 3,5). Wenn es sich hier um eine Vision handelt, hat Micha wahrscheinlich den Berg Moria über alle Berge der Erde erhoben gesehen. Doch die Bedeutung der Vision ist zweifellos die Errichtung des Reiches Gottes über allen Königreichen der Erde. *Höher als alle Berge:* genauer ist die Übersetzung der ZÜ »an der Spitze der Berge«. **1b.2** *Und die Völker* (hebr. *ʿammim*) *werden herzulaufen, und viele Heiden* (hebr. *gojim*) *werden hingehen und sagen: Kommt . . .:* Hier ist kein Weltreich auf der Basis politischer oder militärischer Macht gemeint, sondern Gottes Herrschaft über die Herzen derer, die einst seine Feinde waren. Auf eigenen Glaubensentschluß hin werden sie zum Zion kommen, dem Ort, den Gott für seine Selbstoffenbarung erwählt hat. *Herzulaufen:* die wörtl. Übersetzung des hebr. Wortes, das hier steht, ist »fließen« (das Wort hat dieselbe Wurzel wie *nahar* = »Fluß«). Die Völker werden kommen, nicht nur als einzelne Proselyten, sondern wie ein großer Strom, um von Jahwe in seiner Wahrheit unterwiesen zu werden, damit sie ein Leben nach seinem Willen führen können. *Denn von Zion wird Weisung ausgehen und des Herrn Wort von Jerusalem:* Die bekehrten Heiden werden Gottes Offenbarung dort am Altar und an der Bundeslade als die einzig verbindliche erkennen. Sie werden das Evangelium und das um ihretwillen gebrachte Opfer Christi annehmen, und seine Erlösungstat wird in der ganzen heidnischen Welt bekannt werden.

3 *Er wird unter großen Völkern richten:* d.h. er wird der alleinige Richter in allen ethischen Fragen bei allen Völkern der Erde sein. Dies wird durch den nächsten Halbsatz so verstärkt *(und viele Heiden zurechtweisen in fernen Landen),* daß hier die endzeitliche Herrschaft Christi auf Erden gemeint sein muß, die über alles hinausgeht, was es in der Geschichte Israels und in der der christlichen Kirche je gegeben hat und gibt. Wenn er seine Herrschaft unter den Völkern der Erde aufrichtet, wird eine gewaltlose Gesellschaft entstehen: *Sie werden ihre Schwerter zu Pflugscharen . . . machen.* Unter seiner Herrschaft werden die Menschen ihre Fähigkeiten nicht mehr zur Herstellung von Waffen, sondern zur Herstellung von friedlichen Werkzeugen verwenden, und die Völker *werden hinfort nicht mehr lernen, Krieg zu führen.* Ohne Zweifel weist das über unsere Zeit hinaus in eine Zukunft, in der Christus der Herrscher der Welt sein wird. Dann wird sich der Friede seines Reiches über die Erde breiten. **4** Zu diesem weltweiten Frieden gehören auch Sicherheit und allgemeiner Wohlstand: *Ein jeder wird unter seinem Weinstock und Feigenbaum wohnen, und niemand wird sie schrekken.* Vgl. 1Kön 5,5, wo berichtet wird, daß derartige Verhältnisse in der Tat schon einmal bestanden, zumindest unter der segensreichen Regierung Salomos.

5 Getröstet und ermutigt durch diese Zusicherung, daß schließlich doch Gottes Gnade und Wahrheit siegen werden, drücken Micha und seine Mitglaubenden aufs neue ihr Vertrauen und ihre Zugehörigkeit zu Jahwe aus: *Ein jedes Volk wandelt im Namen seines Gottes, aber wir wandeln im Namen des Herrn, unseres Gottes, immer und ewiglich!* Im Namen eines Gottes wandeln bedeutet, nach seinem Willen zu leben und ihm zu dienen. Der *Name* Gottes umfaßt alle seine Selbstoffenbarungen gegenüber den Gläubigen, alles das, wodurch er sein Wort und seinen Willen mitgeteilt hat. Der Blick auf die Völker, die im Namen anderer Götter wandeln, enthält das nüchterne Eingeständnis, daß die in V. 1–4 beschriebenen Zustände noch keineswegs Wirklichkeit sind. Umso entschlossener halten darum die Gläubigen an Gott und seinen Verheißungen fest. **6** *Zur selben Zeit:* weist noch einmal auf die messianische Zeit hin. In der zukünftigen Wiederherstellung des Gottesvolkes werden *die Lahmen* und *die Verstoßenen* und *die ich geplagt habe,* zu Gott zurückkehren; d.h. Jahwe tritt hier als der gute Hirte auf, der »das Lahmende« und »das Versprengte« aus seiner Herde liebevoll zurückbringt. Er wird das Volk, das er gezüchtigt hat und das die Leiden des Exils hinter sich hat, wieder sammeln und heimführen. **7** Und dann werden gerade die, die sich als geistlich verkrüppelt und kraftlos bekennen, den treuen, gläubigen Rest des Volkes Israel bilden.

8 Die *Feste* (hebr. *ʿophel*) von Zion war das Südende des Tempelberges, wo die Burg Salomos lag. Dort stand ein Turm, der wahrscheinlich zur Zeit Jothams, des Großvaters von Hiskia, errichtet worden war (vgl. Komm. zu 2Chr 27,3). Er wird hier als *Turm der Herde* bezeichnet, also als einer der Wachttürme, von denen aus die Hirten ihre Herden bewachten. Denn vom Ophel aus wachte die davidische Dynastie über die Herde Israel. Vgl. 7,14, wo Israel als Herde des Erbteils Jahwes bezeichnet wird.

4,9–13 Vorher aber gibt es Leiden, Exil, Wiederaufbau und das Gericht über Israels Feinde

9.10 Der Prophet wendet sich wieder der Gegenwart zu. Wegen Judas Untreue und Abfall von Gott wird das Reich der fähigen Führer aus dem Geschlecht Davids beraubt werden. Ohne einen von Gott gesegneten König, ohne einen Führer, der Gottes Willen und Plan kannte (wie David) und ein weiser *Ratgeber* sein konnte, kommt das Reich von einer schmerzhaften Erfahrung in die andere (wie eine Frau in den Wehen). Unerbittlich kommt das Strafgericht Gottes über das Land. Seine Städte werden zerstört, das Land verwüstet, und die Überlebenden werden in ein fremdes Land deportiert. Der Prophet nennt das Land der Gefangenschaft; erstaunlicherweise ist es nicht Assyrien, das zu Michas Zeit den mittleren Osten beherrschte, sondern *Babel,* das damals nur eine Provinz Assyriens war. Michas Ankündigung der babylonischen Gefangenschaft und auch der späteren Befreiung aus dem Exil hat sich mehr als hundert Jahre später erfüllt. Ältere Exegeten haben V. 10 meist für eine spätere Einfügung gehalten. Neuere Ausleger dagegen (Ridderbos, Rudolph) halten ihn für ein echtes Michawort. *Stöhne:* das hebr. Wort *gochi* kann sowohl »brülle« als auch »treib hervor« (d.i. das Herauspressen des Kindes aus dem Mutterleib) bedeuten.

11 *Nun aber werden sich viele Völker gegen dich zusammenrotten:* Die in den Ausrufen von V. 9 ausgedrückte Not wird hier nun konkret angekündigt. *Wir wollen auf Zion herabsehen:* das ist zwar die wörtliche Übersetzung, doch das Verb *chasah* »blicken« bedeutet, wenn ihm die Präposition *be* folgt meist: »mit Schadenfreude auf etwas blicken«. ZÜ und EÜ übersetzen hier also treffender: »und unser Auge sehe seine Lust an Zion« (ZÜ). Die Feinde wollen sich am Untergang Jerusalems weiden. **12** Mit V. 12 nimmt die Weissagung eine überraschende Wendung. Von der weiteren Beschreibung des Strafgerichts wendet sich der Prophet den Gedanken Gottes zu. Gott hat, was die Feinde nicht wissen, sie alle nur zusammengebracht, wie man Getreidegarben auf der Tenne zusammenträgt, damit man sie besser dreschen kann. **13** *Darum mache dich auf und drisch, du Tochter Zion:* Wie der Ochse auf dem Dreschplatz mit seinen Hufen das Getreide ausdrischt, so soll die Tochter Zion die Völker *zermalmen,* d.h. besiegen und vernichten. *Eherne Klauen* stehen für die unwiderstehliche Härte ihrer Vernichtungsmacht, *eiserne Hörner* für die aggressive Kraft des Heeres. Der Reichtum der Völker aber wird Gott gehören. Im hebr. Text ist Jahwe selbst derjenige, der die Beute weiht: »und ich werde ihren Raub dem Herrn bannen« (EÜ). (LXX, Vulgata und die syrische Übersetzung haben wie LÜ und ZÜ *hachoramti* zu *hecheramt* geändert = »sollst du dem Herrn weihen«). Wie auch sonst an mehreren Stellen im AT redet Gott hier von sich selbst in der dritten Person. Mit anderen Worten: Das siegreiche Israel wird die Beute von seinen heidnischen Feinden nicht zum eigenen Nutzen verwenden, sondern all ihre Habe unter den Bann stellen, wie Josua es bei der Eroberung Jerichos tat (vgl. Jos 6,17–19). – Es stellt sich die Frage, wie die überraschende Wendung des Gedankengangs in V. 12 zu erklären ist. Normalerweise würde man erwarten, daß die in V. 11 wieder einsetzende Ansage des Strafgerichtes an Israel fortgesetzt würde. Doch in V. 12 wird nun erklärt, daß Gott die Feinde nur deshalb versammelt hat, damit die Tochter Zion sie besser vernichten kann. Und in V. 13 wird nicht der Sieg der Völker über Israel beschrieben, sondern gerade umgekehrt der Sieg Israels über die Völker. Eine Erklärung für diese überraschende Wendung ist die, daß die VV. 11–13 Worte der falschen Heilspropheten sind, die Micha hier nur zitiert und denen er in V. 14 dann wieder seine eigene Botschaft entgegensetzt (Rudolph). Eine andere Erklärung besagt, daß der Text hier die Belagerung Jerusalems durch Sanherib (701 v.Chr.) und die Rettung der Stadt durch den Abzug seines Heeres im Blick hat. Doch hier wird übersehen, daß der Abzug der Assyrer 701 keineswegs durch einen militärischen Sieg Israels veranlaßt war. Eine dritte Erklärung ist die, daß der Prophet in V. 11 zwar ausgeht von dem angekündigten Strafgericht, daß dieses ihm aber zunehmend zum Symbol wird für den Angriff der Weltmächte, die in den letzten Tagen gegen Jerusalem heranziehen werden (vgl. Joel 4,12; Jes 29,1ff; 31,4f; Sach 12,3; 14,2) und die nicht ahnen, daß ihr Untergang bei Gott bereits beschlossen ist. V. 12 fordert Zion auf, das letzte, große Gottesgericht an seinen Feinden zu vollziehen.

4,14–5,5 Der Messias, der seine Herde verteidigen und über die Welt herrschen wird

14 *Jetzt ritze dich* (vgl. EÜ): Das Einritzen der Haut gehörte zu den Trauerbräuchen (1Kön 18,28; Jer 41,5; 47,5). *Tochter der Kriegsschar:* hier Ausdruck für eine belagerte Stadt. Das belagerte Jerusalem steht in der beginnenden großen Krise. Der *Richter Israels* (d.h. der König) wird auf die Backe geschlagen; das muß nicht wörtlich gemeint sein, sondern kann bedeuten, daß der König besiegt und unterworfen wird, so wie es 586 geschah (2Kön 24). **5.1** Wieder (wie schon in 2,12 und 4,1) folgt auf die Ankündigung des Gerichts der Ausblick auf das künftige Heil. Anstelle des besiegten Königs von Israel (4,14) wird ein neuer *Herr* über Gottes Volk aufstehen. Und dieser *Herr* wird aus einer Stadt kommen, in der nicht einmal 1000 Familien wohnen (der Text kann übersetzt werden: »zu klein, um unter den Tausendschaften Judas zu sein«), aus dem judäischen *Bethlehem* (um die Sprache noch feierlicher zu machen, wird es mit dem alten Sippennamen genannt, *Ephrata*, vgl. Rut 4,11). Gott wählt eine der kleinsten Städte Judas als Geburtsort für seinen Messias aus, um gegen alle menschliche Erwartung sein rettendes Werk zu tun (vgl. 1Sam 16,11; 1Kor 1,27). Um die Person und die Geburt dieses Messias liegt etwas Geheimnisvolles: sein Ursprung (wörtlich: »seine Ursprünge«) ist *von Anfang und von Ewigkeit her.* Das hier mit »Anfang« übersetzte hebr. *qedem* bezeichnet die Urzeit der Erde (Spr 8,23) oder der Geschichte (Jes 19,11). Der Ausdruck *jeme ʿolam* bedeutet »Tage der Vorzeit« und wird für die Anfänge der Menschheitsgeschichte (5Mo 32,7f), für die Zeit Moses und Josuas (Jes 63,9) oder auch für die Zeit Davids (Am 9,11) gebraucht. Ohne *jeme* kann *ʿolam* »Ewigkeit« bedeuten (vgl. Ps 90,2). In unserem Kontext drückt es aus, daß die Vorfahren des Messias zu den Gründern Israels gehörten, daß die Hinweise auf ihn in die Anfangszeit zurückreichen und daß er selbst seiner tatsächlichen Erscheinung präexistent ist.

2 Bis zu der Zeit, in der dieser Herrscher Gottes Volk befreien wird, bereitet Gott es durch Gericht auf sein Kommen vor. Anknüpfend an die Not der Gegenwart deutet der Prophet an, daß Gott das Volk seinen Feinden preisgibt bis zur Geburt des Messias. Dann wird auch *der Rest seiner Brüder* zum Volk Israel stoßen. Damit ist zunächst sicher die Wiedervereinigung des gespaltenen Volkes gemeint. Darüber hinaus aber gewinnt diese Aussage im Licht der Erfüllung in Jesus noch eine weitere Dimension (vgl. Jh 10,16). **3.4a** Die Herrschaft des Messias wird eine Herrschaft des Friedens und der Geborgenheit sein *(sie werden sicher wohnen). Er wird . . . weiden:* Der Messias wird hier wieder als Hirte beschrieben (vgl. 2,12f; 4,6f), der sein Volk *in der Kraft des Herrn* sammelt und führt. Er wird herrschen, *soweit die Welt ist;* und sein Reich wird ein Friedensreich sein. Er selbst *wird der Friede sein* (vgl. Eph 2,14). **4b.5** Der Messias wird für das Wohlergehen seines Volkes eintreten, wenn es von Feinden angegriffen wird. Diese Feinde werden hier – und das ist aufgrund der Situation zur Zeit Michas naheliegend – von den Assyrern repräsentiert. *Sieben Hirten und acht Fürsten:* erinnert an die Zahlensprüche in Spr 30,18ff und Am 1,3. Die Zahl *sieben* steht für ein vollendetes Werk Gottes und wäre schon für sich genug, doch es wird noch eine Zahl hinzugefügt *(acht)*, um deutlich zu machen, daß mehr als genug Kraft da sein wird, mit der die offenbar vom Messias berufenen Führer gegen alle Feinde des Gottesvolkes ausgerüstet werden. *Das Land Nimrods:* eine andere Bezeichnung für Assyrien (vgl. 1Mo 10,8–11).

5,6–14 Der Triumph Israels, nachdem es vom Götzendienst gereinigt ist

6 *Die Übriggebliebenen* (sche'erit = Rest) von den Gläubigen Israels werden *inmitten vieler Völker sein wie ein Tau vom Herrn, wie Regenschauer auf das Kraut* (EÜ). Der dem Herrn treugebliebene Rest Israels, zerstreut unter vielen Völkern wohnend, wird eben diesen Völkern zum Segen werden, weil Gott ihn zum Träger seines Heilswillens macht. **7** *Wie ein Löwe unter den Tieren im Walde:* Die Rolle, die Gott dem gläubigen Rest Israels zuteil werden läßt, ist eine zweifache: es ist unter den Völkern sowohl der Vollstrecker des Heils als auch des Gerichts Gottes. **8** *Deine Hand sei erhoben über deine Gegner; und alle deine Feinde sollen ausgerottet werden* (EÜ) ist die bessere Übersetzung, da sie die Jussivform des Verbs berücksichtigt, was die meisten Übersetzungen nicht tun. Dieser Wunsch, daß der Herr selber eingreifen und die Feinde seines Volkes, die ja auch seine Feinde sind, ausrotten möge, ist ein Wort der Ermutigung für Gottes siegreiches Volk in den Tagen des letzten Kampfes. **9.10** Dieser Sieg des Gottesvolkes wird jedoch nicht durch menschliche Gewalt oder militärische Mittel errungen werden. Gott wird ihnen alle menschlichen Machtmittel *(Pferde und Streitwagen)* und alle äußeren Sicherungen *(Festung)* nehmen. Alles, was der Herrschaft Gottes im Wege steht, alle Hilfe, auf die sie ihr Vertrauen setzen, werden ihnen aus der Hand geschlagen.

11–13 Gottes Volk wird vor dem Tag des großen Sieges auch von allem Götzendienst und von allem Aberglauben gereinigt werden. Gemeint sind alle Götzen, genannt werden die beiden typischsten Gegenstände des Götzendienstes im 8. Jh. v.Chr.: *Steinmale* waren aufrecht stehende Steinsäulen an den heidnischen Höhen, die männliche Gottheiten verkörperten; *Ascherabilder* waren hölzerne Säulen, die weibliche Gottheiten darstellten. Der Grund dafür ist der gleiche wie bei der Zerstörung der militärischen Machtmittel in V. 9f: Alle Dinge, bei denen Israel an seinem Gott vorbei Zuflucht sucht, werden ihm von Gott genommen. **14** In diesen letzten Tagen des Gerichts wird sich der Zorn Gottes mit solch einer zerstörerischen Kraft über die Welt ergießen, wie es in der Geschichte noch nie vorgekommen ist (vgl. Offb 16).

6,1–16 Gottes Rechtsstreit mit dem undankbaren Israel

Diese Verse führen in die Situation eines Rechtsstreits, den Jahwe mit seinem Volk Israel führen will. Als Zeugen werden die Berge und Hügel gerufen. Manche Ausleger lassen den Rechtsstreit mit V. 8 enden. Dann würde Gott hier nicht als Richter auftreten, sondern nur als Prozeßgegner, der sich mit Israel argumentierend auf eine Stufe stellt. Am Schluß erginge kein Urteil. Dafür wäre der folgende Abschnitt 9–16 ein reines Gerichtswort. Doch diese Aufteilung, die die Eröffnung des Rechtsstreits und das Urteil auseinanderreißt, erscheint künstlich.

6,1–5 Israel wird an Gottes Güte beim Exodus erinnert

1.2 Die *Berge* und *Grundfesten* sind Zeugen der großen Güte Gottes mit Israel seit der Zeit des Exodus und der Landnahme. Deshalb werden sie hier als Zeugen aufgerufen (vgl. Jes 1,2), als Gott sich bei seinem Bundesvolk über dessen Undankbarkeit und Treulosigkeit beklagt.

3.4 *Was habe ich dir getan, mein Volk, und womit habe ich dich beschwert?* Die Israeliten haben den Herrn behandelt, als wären nicht sie an ihm, sondern er an ihnen schuldig geworden. Doch auf seine Frage können sie nicht eine Ungerechtigkeit nennen, die er an ihnen getan hätte, außer vielleicht der, daß er sie mit unverdienten Wohltaten überschüttet und von allen Gefahren und Feinden befreit hat, und das seit der Zeit Moses, den er geschickt hatte, sie aus der Knechtschaft in Ägypten ins Verheißene Land zu führen (*hele'etika* = womit »habe ich dich ermüdet« V. 3; *he'elitika* = ja, »ich habe dich heraufgeführt« V. 4; das ironische Wortspiel läßt sich im Deutschen nicht wiedergeben). Im Anschluß an V. 4 erwartet man eigentlich eine Antwort des Volkes. Doch da dieses offenbar schweigt, fährt Gott in V. 5 fort. **5** Sie sollten sich einmal daran erinnern, wie er den Bösen Plan des Königs Balak von Moab zu ihren Gunsten wendete, als der Prophet Bileam, der von Balak bestellt worden war, um das Volk zu verfluchen, es segnen und ihm Sieg über alle seine Feinde ansagen mußte (4Mo 22–24). *Alles Gute:* diese Wiedergabe ist zu ungenau. Besser: »damit du die gerechten Taten des Herrn erkennst« (EÜ).

6,6–16 Die Antwort an das reuige Israel: echter Gottesdienst steht in Verbindung mit einem Gott gehorsamen Leben

6.7 Der Prophet stellt sich einen durch seine Worte zu Furcht und Reue bewegten Israliten vor (einige waren es wohl auch wirklich; vgl. Jer 26,18f) und läßt ihn stellvertretend für das Volk antworten. Dabei zeigt sich, daß der Betreffende völlig im kultischen Denken befangen ist. Er fragt, ob eine Qualitätssteigerung der Opfer Gott befriedigen würde: *mit einjährigen Kälbern* (normalerweise durfte man schon 7 Tage alte Tiere opfern, 2Mo 22,20; 3Mo 23,27). Oder ist eine Erhöhung der Quantität erforderlich: *an Tausenden von Widdern, an Zehntausenden von Ölbächen* (vgl. EÜ)? *Oder soll ich meinen Erstgeborenen für meine Übertretung geben?* Obwohl das Kinderopfer im Gesetz klar verboten war (3Mo 18,21; 5Mo 18,10), wurde es in Notzeiten nicht nur in Israel (2Kön 17,17), sondern auch von Ahas und Manasse in Juda (2Kön 16,3; 21,6) geübt. Auch hinter der hier gestellten Frage steht offenbar die Bereitschaft, notfalls auch dieses verbotene Opfer zu bringen.

8 Diese Antwort des Propheten an die, die versuchen, durch verschwenderische Opfer die Änderung ihres Lebens zu umgehen, ist eine ernste, doch freundliche Erinnerung daran, daß rechtes Opfer und wahrer Gottesdienst den Menschen selbst mit seinem Denken, Fühlen und Wollen erfordern. »Seid heilig, denn ich, euer Gott, bin heilig.« Es wäre eine verhängnisvolle Fehlinterpretation dieses Verses, ein gewaltsames Herauslösen aus seinem Kontext, wollte man ihn darauf reduzieren, daß es vor Gott nur auf ein moralisch einwandfreies Leben ankomme, ohne daß es einer Versöhnung oder des Glaubens an sein Wort bedürfe. Im Gegenteil, dieser Vers will daran erinnern, daß von denen, die im Bund mit Gott leben, echter und lebendiger Glaube erwartet wird, der sich in Gehorsam und

Liebe zeigt. *Es ist dir gesagt, Mensch:* die Anrede »Mensch« ist hier nicht universalistisch gemeint, so daß dadurch auch alle Heiden eingeschlossen wären, denn Micha redet ja nur zu Judäern, also zu Angehörigen des Gottesvolkes. »Mensch« ('adam) korrespondiert hier vielmehr dem »Gott der Höhe« in V. 6. Wer ihm gegenübertritt muß das in dem Bewußtsein tun, daß er Mensch, d.h. abhängiges Geschöpf ist. Der wahre und lebendige Glaube wird sich zeigen: a) im Halten des Wortes Gottes (wörtl. Recht üben), d.h. in einem Leben nach der Schrift, in der Gottes Wille offenbart ist; b) darin, daß der Mensch »Güte liebt« (vgl. EÜ, mit *chešed* ist die Bundesliebe und Bundestreue gemeint), wie sie u.a. verkörpert wird durch die Treue und Liebe zwischen Mann und Frau, Eltern und Kind, Volk und König und, im besonderen, zwischen dem Glaubenden und seinem Gott; c) im *Demütigsein vor deinem Gott,* d.h. in dem Bewußtsein, daß der Mensch bei einem Leben mit Gott ganz von seiner Hilfe abhängig ist, und in der Erkenntnis des Mangels eigener Fähigkeiten und Verdienste, die Anlaß zu Stolz oder Selbstrechtfertigung geben könnten. Vgl. 5Mo 10,12.

9–11 LÜ und ZÜ setzen viele Änderungen des hebr. Textes voraus; es ist hier besser, der EÜ zu folgen: »Hört auf die Zuchtrute und auf den, der sie bestellt!« D.h. hört auf die Zurechtweisung und den Gott, der sie gebraucht, um sein Volk zu strafen und damit auf den rechten Weg zu bringen. In V. 11 ist zu lesen: »Sollte ich rein sein bei der Waage der Gesetzlosigkeit und bei einem Beutel mit betrügerischen Gewichtssteinen?« (EÜ), statt: »Oder sollte ich . . . billigen?« (LÜ). Diese Verse besagen, daß Gott der treue Bewahrer seines Gesetzes ist und daß Menschen, die ihre Sünde nicht ernstnehmen und meinen, sie brauchten ihre Schuld nicht zu bereinigen, nicht auf seine Vergebung hoffen können. **12.13** Weil die Landsleute des Micha sich von den Geboten Gottes abgewandt haben und Lüge und Betrug üben, hat Gott Unglück und Not über sie gebracht, um sie zur Umkehr zu bewegen.

14.15 Der Herr sagt ihnen schlechte Zeiten für ihren Ackerbau an, gefolgt von Hungersnot und später sogar von feindlichen Invasionen und Tod durch das Schwert. Die Übersetzung: *und dein Hunger bleibt in deinem Inneren* (ZÜ) ist unsicher, da das hebr. Wort *jeschach* sonst nirgendwo im AT steht (LÜ läßt die Worte einfach aus). **16** Der imperfektischen Formulierung: *du hieltest dich* (so LÜ und ZÜ) ist die präsentische Übersetzung der EÜ (»und ihr haltet die Ordnungen Omris«) vorzuziehen. Die *Weisungen Omris* beinhalten ungezügelte Schlechtigkeit und Baalsdienst (vgl. 1Kön 16,25). Die *Werke des Hauses Ahab* sind Verbrechen wie der Mord an den Jahwepropheten und an dem Bürger Naboth, die der Habgier des Königs im Weg standen (1Kön 16,29ff).

7,1–20 Die Bundesverheißungen werden dem gläubigen Rest in Erfüllung gehen

7,1–6 Das wahre Israel beklagt die Sünden der Selbstsucht und der Korruption

Hier redet der Prophet nicht in seinem Namen, sondern im Namen des geistlichen Israel, das seine Auflehnung gegen Gott bekennt und beweint.

1 Untreu gewordene und ungehorsame Gläubige beklagen ihre Fruchtlosigkeit. Sie stehen vor ihrem Leben wie vor einem Feld, das vollständig abgeerntet ist, oder wie vor einem seiner Trauben beraubten Weinstock. **2** Die israelitische Gesellschaft ist moralisch degeneriert, und die alten Tugenden Aufrichtigkeit und Ehrlichkeit sind verschwunden. Statt dessen herrschen Verbrechen und Raub in den Städten. *Sie jagen jeder seinen Bruder mit dem Netz:* Das Netz (so EÜ und ZÜ; LÜ übersetzt hier nicht wörtlich) diente zum Fangen von Vögeln und wilden Tieren. Hier steht es für die böse Absicht, den Nachbarn zu übervorteilen und zu betrügen. **3** Alle sind eifrig dabei, ihren Lebensunterhalt durch Unrecht zu verdienen. *Fürst* und *Richter* lassen sich durch Bestechungsgelder zum Schweigen bringen, so daß die reichen Kriminellen sich sogar noch ihren Schutz erkaufen können. **4** Die *Späher* sind Gottes Propheten, die ihre abtrünnigen Landsleute umsonst ermahnt und gewarnt haben; jetzt steht die angedrohte Katastrophe vor der Tür. Nun wissen die Menschen nicht, *wo aus noch ein* (»dann wird ihre Verwirrung da sein«; EÜ), weil sie die Wette, daß das Gericht Gottes sie nicht erreichen würde, verloren haben und es nun, nachdem sie ihn ihr ganzes Leben lang mißachtet haben, zu spät ist, sich zu Gott zu bekehren. **5** Die allgemeine Schlechtigkeit geht so weit, daß niemand dem anderen trauen kann, nicht einmal den Mitgliedern der eigenen Familie: hier sehen wir das Auseinanderbrechen der Hausgemeinschaft.

7,7–10 Das wahre Israel wird weiterhin auf Gottes Gnade vertrauen

7 Der Rest Israels, der seine Schuld bereut, wendet sich mit Grauen von dem Morast der Sünde ab, in den sein Volk gefallen ist. Er verläßt sich ganz auf Gott, dessen Verheißungen nie trügen. Sie *harren* darauf, daß er sie auf irgendeine Weise vor dem furchtbaren Gericht, das über ihr Volk kommt, rettet. **8** Israels Feinde freuen sich zu früh, weil sie nicht mit Gott rechnen, der den gläubigen Rest vor dem Untergang bewahrt, auch nach dem Ende der staatlichen Existenz und in der babylonischen Gefangenschaft. Er hat noch eine Zukunft für sein Bundesvolk, die er zu seiner Zeit offenbaren wird. **9** Weil dieser gläubige Rest durch Jahwes Gericht hindurch auf seine Treue und Beständigkeit vertraut, kann er sich darauf verlassen, daß Gott seine Feinde und Unterdrücker besiegen wird; wann und wie, liegt in seiner Hand. **10** Der Zynismus der Weltklugen, die die Offenbarung Gottes leugnen, den biblischen Glauben verachten und die verlachen, die so einfältig sind, sich damit abzugeben, wird sich als tragischer Irrtum erweisen. Wie Assyrien und Babylon unter den Schlägen ihrer Angreifer fielen und *wie Dreck auf der Gasse zertreten* wurden, so wird es jeder Weltmacht, jedem religiösen oder philosophischen System ergehen, das sich selbst über Gott und die Schrift erhebt. Nicht so sehr aus Schadenfreude als vielmehr aus Freude darüber, daß Gott seine Gerechtigkeit und Treue erwiesen hat, frohlockt der Rest über den Untergang der gottlosen Heiden.

7,11–20 Der Triumph Gottes über die Mächte der Welt

11 Die *Mauern* des Reiches Gottes werden gebaut werden, und seine *Grenze (choq)* wird *weit werden,* d.h. sein Herrschaftsbereich wird über das kleine Gebiet Palästinas hinaus ausgedehnt werden. Sonst hat *choq* meistens die Bedeutung »Gebot, Satzung, Ordnung«. Daher verstehen manche den Satz so, daß das Gesetz Moses durch die Verkündigung des Evangeliums unter den Heiden aufgehoben werden wird. **12** Aus allen Teilen der Welt werden die zum wahren Glauben Bekehrten zum Herrn kommen und sich unter das gläubige Israel mischen. **13** *Und das Land wird zur Öde werden* (EÜ): Nach der Sammlung der Gläubigen wird die Erde (*'erez* bezeichnet hier entweder die Erde oder das Land Israel, sicher nicht nur die Länder der Heiden) von einer Verwüstung betroffen werden, die als Strafgericht über die Menschheit ergeht.

Dem Prophetenwort V. 11–13 folgt in V. 14 die Antwort der Gemeinde. **14** Sie bittet Gott, nach der Vernichtung der gottlosen Mächte selbst über sein Volk zu wachen. Dann wird sein Volk in Frieden und Glück in dem Land wohnen, das Gott Abraham und seinen Nachkommen verheißen hatte. Es erstreckt sich vom Karmel im Westen (LÜ: *im fruchtbaren Lande,* ähnlich ZÜ u.a.; das hebr. Wort dafür ist »Karmel«) bis nach Basan und Gilead im Osten, jenseits des Jordan; so war es *vor alters,* d.h. in den Tagen Davids und Salomos. **15** *Wie in den Tagen, als du aus dem Land Ägypten zogst, werde ich es Wunder sehen lassen:* So muß der hebr. Text übersetzt werden; die meisten Übersetzungen ändern den Text, um ihn als Fortsetzung von V. 14 verstehen zu können. Gott will die Bitte erfüllen; er wird für sein Volk eintreten und Wunder tun wie zur Zeit des Exodus. **16** Vor diesen Machttaten Gottes wird alle Macht der Heiden zu einem Nichts zusammenschrumpfen. Sie werden *die Hand auf ihren Mund legen,* d.h. verstummen, und *ihre Ohren werden taub sein,* weil das Erschrecken ihnen alle Sinne raubt. **17** Bedingungslos werden sie sich dem Herrn unterwerfen, und sein Reich wird die ganze Welt umfassen.

18–20 Angesichts dieses Sieges der Gnade Gottes bricht die Gemeinde in ein Loblied aus, in dem sie Gott für seine vergebende Gnade und seine Treue preist. Die Sprache erinnert an 2Mo 34,6f. Jahwes Vergebung ist die völlige Beseitigung der Sünde und Schuld, ihrer wird nicht mehr gedacht werden. So wird er alle seine Verheißungen, die er Abraham und den Vätern Israels gab, erfüllen.

Gleason L. Archer

Nahum

Einleitung

Datierung

Die Prophetie Nahums sagt den Untergang Ninives voraus. Der Prophet redet mit einer Klarheit und Bestimmtheit von diesem Ereignis, die darauf schließen läßt, daß es nahe bevorstand. Seine Weissagungen wären demnach kurz vor dem Untergang Ninives im Jahre 612 v.Chr. anzusetzen. Der Prophet erwähnt auch die Verwüstung No-Amons (3,8) als ein Ereignis der Vergangenheit. Diese Stadt hatte König Assurbanipal von Assyrien 663 v.Chr. geplündert. Die Zeit der Wirksamkeit Nahums muß also zwischen diesen beiden Ereignissen liegen. Ein weiterer kleiner Hinweis ermöglicht es, die Entstehungszeit des Buches noch weiter einzugrenzen, und zwar auf die Zeit unmittelbar nach den Reformen Josias von 621 v.Chr. Denn Nah 2,1 läßt vermuten, daß den Menschen im damaligen Juda die Wichtigkeit der Einhaltung kultischer Vorschriften noch verhältnismäßig frisch im Gedächtnis war. Wir können die Prophetie deshalb etwa in die Zeit zwischen 621 und 612 v.Chr. datieren. Der Prophet ist damit ein Zeitgenosse Zephanjas, Habakuks und Jeremias.

Der Prophet

Der Verfasser des Buches wird als »Nahum aus Elkosch« bezeichnet. Der Name Nahum bedeutet »Trost«. Seine Botschaft ist die Ansage des herannahenden Untergangs Ninives und als Folge davon die Befreiung des unterdrückten Juda. Das erklärt den Namen Nahums. Für sein eigenes Volk hat er kein Gerichtswort, nur Trostworte: »Ich habe dich gedemütigt, aber ich will dich nicht wiederum demütigen. Jetzt will ich sein Joch, das du trägst, zerbrechen und deine Bande zerreißen« (1,12f).

Für den Ort Elkosch gibt es vier verschiedene Lokalisierungen: das kleine Dorf Elkasch in Galiläa, Kapernaum (Kafar-Nahum) in Galiläa, Alkusch in der Nähe von Mossul in Assyrien und das bei den Kirchenvätern erwähnte Dorf Elcesei in Juda. Die letzte Lokalisierung ist die wahrscheinlichste, denn Nahum wirkte in Juda (2,1) und hat in Jerusalem, vielleicht im Tempel, prophezeit.

Seine Botschaft

Das Motto der Botschaft Nahums ist: »Die Rache ist mein, ich will vergelten, spricht der Herr.« »Der Herr ist ein eifernder und vergeltender Gott« (1,2). Das Wort »eifernd« bezeichnet hier die leidenschaftliche Haltung Gottes gegenüber seinen Feinden. Nahum hat die eine Wahrheit begriffen, und mit Beharrlichkeit verkündigt er, daß der Zorn Gottes durch Schlechtigkeit provoziert wird. Gott hat zwar viel Geduld mit den Menschen, doch irgendwann erhebt sich sein Zorn und er straft die, die ihn herausgefordert haben. Der Zorn Gottes ist schrecklich und niemand kann ihm entrinnen. Er, der den sturmumwölkten Himmel mit seinen Blitzen teilt und die Felsen spaltet, ist ein schrecklicher Widersacher, und der kleine Mensch ist nichts vor ihm, wie stark er sich auch vorkommen mag. Gott wird mit allen seinen Gegnern abrechnen und ihnen den Todesstoß versetzen.

Nahum nennt zur Warnung besonders zwei Sünden. Die erste Sünde ist der rücksichtslose Gebrauch militärischer Macht, bei dem Ströme von Blut fließen, Völker ausgerottet werden und Krieg mit aller denkbaren Grausamkeit geführt wird (2,12f). Der Weg, den der assyrische Eroberer, Assurbanipal, nahm, war gezeichnet von Pfählungen, Pyramiden menschlicher Köpfe und anderen Grausamkeiten, die zu furchtbar sind, als daß man sie beschreiben könnte. Denen, die das menschliche Leben derart brutal mißachten, wird gesagt: »Siehe, ich will an dich, spricht der Herr Zebaoth.«

Die andere Sünde, die Nahum nennt, ist skrupelloser Handel. Die umliegenden Völker werden genötigt, den Eroberern Luxus und Laster zu ermöglichen. Kaufleute, getrieben von der Gier nach Gold, verkaufen ihre Waren in der Stadt, die gierig nach schönen Dingen ist. Moral und Ehre verschwinden, wo sie dem Wachsen des Reichtums und des Vergnügens im Wege stehen (3,1–4).

Seinem eigenen Volk kündigt Nahum an, daß der Bote mit der guten Nachricht schon unterwegs ist. Als Ausdruck der Dankbarkeit für die Vernichtung seines Unterdrückers soll das Volk von Juda die Feste wieder nach den göttlichen Geboten feiern und die Gelübde, die man für den Fall der Erlösung geleistet hatte, erfüllen (2,1).

Nahums Bedeutung als Prophet

Wie der römische Senator Cato, der jede Rede schloß mit *Carthago delenda est* (Karthago muß zerstört werden), so ist Nahums Botschaft von der Idee beherrscht: *Ninive delenda est.* Sein Blick ist fast ausschließlich auf Ninive und dessen Sünden fixiert. Sein Herz und seine Prophetie sind voller Triumph über das Verderben, das über die Stadt kommen wird. Über Wesen und Inhalt des Glaubens hat er wenig zu sagen. Er ruft nicht dazu auf, Gerechtigkeit zu üben, anstatt Opfervorschriften einzuhalten, wie etwa Amos (Am 4,4f). Er versucht auch nicht, sein Volk durch Zartheit zu gewinnen, wie Micha (Mi 6,3). Er warnt Juda nicht davor, daß es ebenfalls gerichtet werden wird, wie es Zephanja tut (Zeph 1,4). Er verkündet nicht Gnade für alle Menschen, einschließlich Ninive, wie Jona. Er sieht nur die Schlechtigkeit Ninives und seinen drohenden Untergang und glaubt, daß dieser Untergang die Befreiung für Juda bedeutet. Er hält nicht inne, um von seinem eigenen Volk die moralischen Werte zu verlangen, die er so dringlich von anderen erwartet. Aus diesem Grund haben manche Wissenschaftler Nahum für den Typus des »falschen« Propheten gehalten und dies mit seiner dürftigen Ethik begründet. Man hat gesagt, daß er einen engen und nationalistischen Horizont habe, weil er Ninive Gericht ansagt, doch sein eigenes Volk in dem Glauben läßt, wenn es nur Jahwe verehre, sei alles in Ordnung. Nahum ist sogar mit Hananja, dem Gegenspieler Jeremias verglichen worden, der seinem Volk Frieden ansagte, als es keinen Frieden für sie gab (Jer 28).

Doch mit derartigen Vermutungen würden wir Nahum Unrecht tun. Es gibt Gründe für die offensichtliche Begrenztheit seiner Botschaft. Die Zeit, in der er prophezeite, bietet eine gewisse Erklärung dafür, daß er so wenig über die Sünden seines eigenen Volkes sagt, die moralischen und geistlichen Mißstände übergeht und anscheinend so unbarmherzig mit Ninive ist. Wenn die Prophetie wirklich nicht lange vor 612 (Untergang Ninives) entstand, ist sie auch nicht viel jünger als die Reformen Josias (621 v.Chr.). Es stimmt, Jeremia erkannte, daß die Reformen nicht ausreichend waren; es kann jedoch sehr wohl sein, daß zur Zeit Nahums noch vieles darauf hinwies, daß sich das Volk wieder auf dem rechten Weg befand. Die Desillusionierung, die auf den frühen Tod Josias im Jahre 609 v.Chr. folgte, hatte noch nicht stattgefunden und die Erleichterungen, die sich durch das Schwächerwerden Ninives einstellten, waren für Nahum bestimmend. Außerdem sollte nicht übersehen werden, daß die Verse 1,1–8, obwohl sie der Auftakt zu einem Gerichtswort über Ninive sind, allgemein von den Feinden des Herrn sprechen und sich nicht direkt auf Vergehen der Assyrer beziehen. Ihr Anklang an Stellen wie 2Mo 34,6f und 5Mo 4,24 weist darauf hin, daß auch das Bundesvolk selbst sich dem Anspruch ihrer Worte nicht entziehen kann und soll.

Die Prophetie Nahums ist zu Recht als »der Schrei eines verletzten Rechtsempfindens« bezeichnet worden. Sie ist die leidenschaftliche Versicherung, daß die Gerechtigkeit in strenger Vergeltung siegen wird. Dies ist die Wahrheit Nahums, die er mit Beharrlichkeit verkündet und von deren Rechtmäßigkeit und Notwendigkeit er überzeugt ist. In dem Chor der von den zwölf Propheten ausgesprochenen Wahrheit ist dies der Anteil Nahums. Und wenn die Prophetie des Nahum die Prophetie eines einzigen Gedankens ist, so trägt er diese Idee jedenfalls vollmächtig und nachdrücklich vor.

Inhalt

1,1–2,1 Ein alphabetisches Akrostichon
- 1,1 Die Überschrift
- 1,2–8 Das Gedicht: Die Vergeltung unseres Gottes
- 1,9–2,1 Die Bestrafung der Feinde

2,2–14 Ein dreifaches Bild
- 2,2–7 Die Belagerung
- 2,8–11 Die Plünderung
- 2,12–14 Die Vernichtung

3,1–19 Ein Kriegslied
3,1–7 Die Bosheit Ninives
3,8–15 Vergleich mit Ägypten
3,16–19 Die unabänderliche Vernichtung

Kommentar

1,1–2,1 Ein alphabetisches Akrostichon

1,1 Die Überschrift

Dies ist die Last für Ninive: »Last« ist hier ein *terminus technicus* der prophetischen Sprache und bedeutet »Ausspruch«. *Das Buch der Weissagung Nahums aus Elkosch:* das Wort *Buch* muß nicht darauf hinweisen, daß der Prophet seine Botschaft schriftlich durch »Flugblätter« verbreitet und nicht mündlich verkündet hat, doch es legt die Vermutung nahe, daß die Prophetie schon früh schriftlich fixiert wurde. *Weissagung Nahums:* besser »Schauung« (JB) oder »Gesicht« (ZÜ). Die Offenbarungen sind dem Propheten als Visionen zuteil geworden (vgl. Jes 1,1).

1,2–8 Das Gedicht: Die Vergeltung unseres Gottes

Es gibt mehrere Gedichte in der Bibel, in denen die Verse oder auch die Verszeilen mit aufeinanderfolgenden Buchstaben des Alphabets beginnen. Ps 111 und 112 sowie Ps 119 sind so aufgebaut. Die Zeilenanfänge nach dem Alphabet hatten vielleicht auch die Funktion einer Gedächtnishilfe fürs Auswendiglernen. In einigen Fällen, wie auch hier, wird nicht das ganze Alphabet benutzt.

Die Besonderheit des Gedichtes, die in der Aufeinanderfolge der Anfangsbuchstaben liegt, geht natürlich bei der Übersetzung verloren. Doch um wenigstens einen Eindruck davon zu vermitteln, hier das Schema: *Alef:* »Der Herr ist ein eifernder und vergeltender Gott« (V. 2); *Bet:* »Sein Weg ist in Wetter und Sturm« (V. 3b); *Gimel:* »Er schilt das Meer und macht es trocken« (V. 4); der Buchstabe *Dalet* ist nicht auszumachen; *He:* »Die Berge erzittern vor ihm« (V. 5a): *Waw:* »das Erdreich bebt vor ihm« (V. 5b); *Sajin:* »Wer kann vor seinem Zorn bestehen« (V. 6a); *Chet:* »Sein Zorn brennt wie Feuer« (V. 6b); *Tet:* »Der Herr ist gütig« (V. 7a); *Jod:* »und er kennt die, die auf ihn trauen« (V. 7b); *Kaf:* »Er macht ein Ende mit seinen Widersachern« (V. 8b).

Einige Exegeten zählen auch V. 9 zu diesem liturgischen Hymnus. Wenn das der Fall ist, müssen die beiden Versteile umgestellt werden, da in der vorliegenden Form der erste Teil mit *Mem* und der zweite mit *Lamed* beginnt. Umgestellt lautet der Vers: *Lamed:* »Es wird das Unglück nicht zweimal kommen« (9b); *Mem:* »Was wollt ihr ersinnen gegen den Herrn? Er führt doch das Ende herbei« (9a).

2 Das Thema dieses Hymnus ist die Gewißheit, daß Gott an den Heiden Vergeltung üben wird, und diese Aussage steht gleich am Anfang: *Der Herr ist ein eifernder und vergeltender Gott.* Die unmittelbar folgende, leicht abgewandelte Wiederholung unterstreicht die Gültigkeit des Gesagten. Und die zweite Vershälfte bringt eine Zuspitzung, die kaum noch zu überbieten ist: *der Herr übt Rache an seinen Gegnern und trägt seinen Feinden nach* (EÜ). 3 *Der Herr ist geduldig:* hier ist offenbar keine nachsichtige Geduld gemeint, sondern die Tatsache, daß Gott mit der Strafe lange warten kann. *Doch läßt der Herr gewiß keinen ungestraft* (EinhÜ), sondern macht ihn für seine Taten verantwortlich und wird ihn richten. Eine billige Vergebung ohne Umkehr gibt es nicht.

4.5 Um seine Zuhörer davon zu überzeugen, wie erschreckend das Auftreten des Herrn ist, schildert Nahum Naturereignisse und beschreibt sehr lebendig Sturm, Wirbelwind, Dürrezeit, Erdbeben und Zerstörung. All diese Ereignisse offenbaren die Macht Gottes, und vor ihnen wird sich sogar der mutigste Mann seiner Nichtigkeit bewußt. **6** *Wer kann vor seinem Zorn bestehen?* fragt Nahum. Wer hält stand in der Glut seines Zorns? *Sein Zorn brennt wie Feuer, und die Felsen zerspringen vor ihm.*

7f Weil Gott so mächtig ist, ist er auch eine sichere Zuflucht. Er kennt die, die auf ihn trauen und schützt sie. Andererseits hat er aber auch Macht, die niederzuwerfen, die sich gegen ihn auflehnen. Er kennt auch sie, und die Vergeltung wird sie treffen, ihr Untergang ist sicher.

8 *Er schirmt sie, wenn die Flut überläuft:* Das *er schirmt sie* steht nicht im hebr. Text, sondern ist eine Ergänzung. Besser ist es jedoch, mit EÜ zu lesen: *und mit einer überschwemmenden Flut wird er ihre Stätte gänz-*

lich zerstören (gemeint sind seine Widersacher).

1,9–2,1 Die Bestrafung der Feinde

9–11 V. 9 gehört offenbar nicht mehr zu dem Hymnus, obwohl, s.o., einige Exegeten ihn dazu rechnen. Ausgehend von der Annahme, daß das alphabetische Akrostichon nicht von Nahum stamme, sondern seiner Prophetie später angefügt worden sei, halten diese Ausleger V. 10 und 11 für die ersten echten Nahumworte. Einige wollen die Verse 10 und 11 sogar hinter 2,2 stellen und sie damit in das Kriegslied einreihen, das den Angriff auf Ninive beschreibt. Doch dazu besteht eine zu enge Verbindung zwischen diesen Versen und den vorhergehenden. Es geht um dasselbe Thema: Jahwes Macht ist allen feindlichen Mächten gewachsen.

Obwohl die Vergeltung Gottes sie bedroht, sind seine Feinde noch nicht demütig in ihrem Herzen. Sie weigern sich immer noch, daran zu glauben, daß er sie niederwerfen wird. Doch er ist im Begriff zu handeln, seine Strafe wird endgültig sein, er wird *nicht zweimal* kommen müssen (V. 9). Um dieses Gericht zu beschreiben, gebraucht Nahum ein Bild, eine Metapher, die die Propheten gern benutzt haben (vgl. Jes 5,24; Joel 2,5; Obd 18), weil sie der Vorstellungswelt eines ackerbauenden Volkes entsprach: Gottes Widersacher werden wie Unkraut zusammengeharkt und verbrannt werden, oder wie Stroh im Herbst nach der Ernte (V. 10; vgl. Mt 13,30).

11 *Denn von dir ist gekommen, der Arges ersann, der Böses wider den Herrn plante:* Nahum scheint das Böse des assyrischen Volkes in der Person eines seiner Führer verkörpert zu sehen. Dieser ist so verachtenswert, daß ihn besondere Schande treffen wird (V. 14). Sein Geschlecht wird ausgerottet werden, seine Götter werden fallen, und er selbst wird zu Tode kommen. **12.13** Die Folge der Vernichtung der Feinde des Herrn wird die Befreiung seines unterdrückten Volkes sein. **2.1** Die Ankunft dieser guten Botschaft wird in einem schönen, anschaulichen Bild geschildert: *Siehe auf den Bergen die Füße eines guten Boten, der da Frieden verkündigt!* Die Friedensbotschaft kommt über die Berge, weil man Jerusalem nur über Straßen, die durchs Gebirge führten, erreichen konnte (vgl. Jes 52,7). Aus Dankbarkeit für die Befreiung soll Juda in der Verehrung Jahwes, die sich in den Festen am Heiligtum und in der Erfüllung von Opfergelübden vollzog, treu bleiben.

Bis hierhin verhandelt Nahum sein Thema, die Zerstörung Ninives, in allgemeiner und einführender Form. Mit den Hinweisen auf die Gerechtigkeit Gottes und auf die Unterdrückung des Volkes Juda hat er den Rahmen für seine Prophetie gespannt. In den verbleibenden zwei Kapiteln wendet er sich seinem Thema im Detail zu und führt es weiter aus bis hin zu Schlachtschilderungen, die in der hebr. Literatur wohl einmalig sind.

2,2–14 Ein dreifaches Bild

2,2–7 Die Belagerung

2 Der Feind ist herangezogen gegen Ninive. Diese Verse sind zeitlich wahrscheinlich kurz nach dem Tod des großen assyrischen Herrschers Assurbanipal 627 oder 626 v.Chr. anzusetzen. Ninive war von vielen Feinden umgeben; unter diesen waren die Skythen, umherziehende, nach Beute suchende Reitertrupps, die Chaldäer vom Persischen Golf, deren König Nabopolassar Babylon in Besitz genommen hatte, und die Meder aus dem Gebiet um das Kaspische Meer, geführt von ihrem König Kyaxares. Im Jahr 616 v.Chr. stehen die Verbündeten vor den Toren Ninives. Nahum gibt den Niniviten spöttisch den Tip, sich auf ihre Verteidigung vorzubereiten. **4** *Purpur* war die Farbe der medischen Soldaten. Ihre Schilde und Mäntel waren rot. Die ganze Szene wird von Fackeln erleuchtet, die in der Dunkelheit des frühen Morgens vor dem Angriff an den Kampfwagen brennen. **5** Die Streitwagen rollen über die breiten Straßen, die noch außerhalb der Befestigungen Ninives liegen. **6** Die *Gewaltigen,* d.h. Offiziere, führen einen ersten Angriff. Dabei errichten sie ein *Schutzdach,* unter dem das Heer sich zum endgültigen Angriff bereit macht. **7** Schließlich, nachdem sie die Schleusen und Dämme besetzt haben, die den Lauf des Flusses, der durch die Stadt fließt, regeln, öffnen sie diese *Tore an den Wassern.* Das frei werdende Wasser fließt in die Stadt und verursacht eine Panik.

2,8–11 Die Plünderung

8 *Die Königin wird gefangen weggeführt:* der hebr. Text ist an dieser Stelle schwierig. Es ist nicht klar, was das Wort *huzab,* das Luther mit *Königin* übersetzt, bedeutet. Vielleicht ist eine weibliche Gottheit gemeint, vielleicht auch das Gefährt, in dem ein Götterbild oder eine Person transportiert wurden. Die Deutungen der Ausleger sind zahlreich. Die Übersetzung *Königin* ist noch die annehmbarste, da sie sowohl die Herrscherin Ninives als auch die Repräsentantin einer weiblichen Gottheit bezeichnen kann. Ihr weibliches Gefolge geht mit ihr in Gefangenschaft. **9** Ninive war ein Zentrum für Handel und Wohlstand, zu dem aus allen Gebieten des assyrischen Reiches

Waren und Gold geströmt waren. *Wie ein voller Teich* war es, angefüllt mit den Reichtümern der tributpflichtigen Völker. Seine Bevölkerung war ein Völkergemisch, aus allen Himmelsrichtungen zusammengewürfelt, und wurde nur durch die Aussicht, in Ninive Reichtum zu erlangen, zusammengehalten. Als durch die Eroberung Ninives diese Aussicht zunichte wird, gibt es nichts mehr, was diese Menschen dort hält. So eilen sie in alle Richtungen auseinander, wie Wasser auseinanderfließt, wenn ein Damm bricht. Einige versuchen, das zu verhindern, indem sie rufen: *Stehet, stehet!,* doch die Fliehenden wenden sich nicht einmal um.

10 Nun beginnt die Plünderung der Häuser. *Silber, Gold,* alle Schätze, die in Jahrhunderten angehäuft worden sind, werden fortgeschleppt. **11** Die geplünderte Stadt liegt zerstört da. Die wenigen verängstigten Überlebenden blicken voll Trauer auf die Ruinen.

2,12–14 Die Vernichtung

Nahum schließt das Lied mit dem Bild eines Rudels Löwen, das ausgerottet worden ist. *Wo ist nun die Wohnung der Löwen?* Anschaulich beschreibt er ihre Furchtlosigkeit, Kraft und Raubgier. Doch jetzt ist die Höhle zerstört und die Gefahr vergangen. Ebenso hat es der Herr mit Ninive gemacht. Auch Ninive war grausam und blutrünstig, doch seine Brut ist ausgeräuchert und mit dem Schwert erschlagen worden. Es wird nie wieder seine Nachbarvölker bedrohen.

So endet das erste der zwei gewaltigen Lieder auf den Untergang Ninives. In den letzten Versen scheint der Ton besonders auf der Aggressivität und Brutalität Ninives zu liegen. Von allen Großreichen des Altertums war Ninive am meisten auf rücksichtslose Gewalt und Grausamkeit gegründet worden. Nahum lehrt, daß Gewalt auch durch Gewalt vernichtet werden wird: »Denn wer das Schwert nimmt, der soll durchs Schwert umkommen« (Mt 26,52).

3,1–19 Ein Kriegslied

3,1–7 Die Bosheit Ninives

1 Hier werden andere Aspekte der Schlechtigkeit Ninives genannt, besonders seine Skrupellosigkeit im Geschäftsleben. **2.3** Seine Sünden werden in einer »Straßenschlacht« bestraft werden. Diese Verse sind ein eindrucksvolles Beispiel für Nahums Darstellungskunst und eine der lebendigsten Schlachtszenen der hebr. Literatur. Die Verwirrung und der Lärm, den Streitwagen und Reiter beim Angriff hervorrufen, das Blitzen der Sonne auf Rüstung und Waffen, die Unzahl von Leichen, die die Straßen so anfüllen, daß die heranziehenden Truppen über sie stolpern – ein schreckliches Bild!

4–7 Im folgenden redet Nahum von Ninive im Bild einer *Hure.* Diese Metapher wird in den biblischen Schriften oft für sündhafte Völker und Städte gebraucht. Götzendienst wird mehrfach als Hurerei bezeichnet, und das Volk Israel wird mit einer Ehebrecherin verglichen, weil es anderen Göttern dient (vgl. 3Mo 17,7 EÜ, EinhÜ; Hes 23,30). Hier werden die Ausdrücke »Hure« und »Hurerei« gebraucht als Bezeichnung für die Handelsbeziehungen der Heiden untereinander. Durch die Eroberungen der Assyrer war Ninive zu einem Zentrum des Welthandels geworden, und die Stadt füllte sich mit Reichtum und Luxus. Sie bot ihre Waren anderen Völkern an, verführte sie durch ihre Lügen, machte sie durch ihren Luxus kraftlos und bestach sie durch ihre Unmoral wie eine Hure. Für all diese Sünden wird sie bestraft werden. Statt ein angenehmes Leben zu haben, soll sie geschändet und erniedrigt werden.

3,8–15 Vergleich mit Ägypten

8 Um Ninive von der Sicherheit seines Untergangs zu überzeugen, erinnert Nahum es an das Schicksal von No-Amon, griech. Theben, das trotz seiner Stärke unterging. Diese Stadt, die Homer die hunderttorige nennt (Ilias IX 383), war die älteste und angesehenste Stadt in Oberägypten. Sie lag zu beiden Seiten des Nils, dessen Wasser in Kanälen durch ihre Tempel floß, und muß eine großzügig angelegte, schöne, von Tempeln, Obelisken und Sphinxen geschmückte Stadt gewesen sein. Nahum spielt auf ihre vielen Kanäle an, wenn er sie die Stadt nennt, *die da lag am Nil und vom Wasser umgeben war.* **9** Zu ihrer natürlichen Stärke kam hinzu, daß sie im Zentrum eines starken politischen Bündnisses lag. Ägypten und Äthiopien (Kusch) wurden zu der Zeit von ein und derselben Herrscherfamilie regiert. Kusch war zwar ein armes und rückständiges Land, lieferte aber kräftige sudanesische Soldaten. Von seinen assyrischen Feinden im Norden war No-Amon weit entfernt, fast ganz Ägypten lag dazwischen. No-Amon wurde außerdem von *Put und Libyen* unterstützt. Put ist wahrscheinlich identisch mit dem Punt aus ägyptischen Inschriften (das heutige Somalia am Roten Meer).

10 Doch trotz der Macht Ägyptens und seiner Verbündeten eroberte der grausame Assyrer Assurbanipal im Jahre 663 v.Chr. No-Amon. **11** Solch ein Schicksal soll auch Ninive ereilen, unter ihrem Unglück wird die Stadt wanken. Ihre Herrlichkeit wird schwinden und sie selbst *Zuflucht suchen vor dem Feinde;* das könnte bedeuten, daß sie versuchen wird, Bündnisse abzuschließen, wie No-Amon es getan hat, oder daß sie Fasten- und Gebetszeiten ausrufen lassen wird, wie es der letzte assyrische König in der Tat gemacht hat. Aber nichts soll sie retten. **12** Die äußeren Befestigungen sind schon so gut wie gefallen. So wie man einen Obstbaum schüttelt und die überreifen Früchte, die leicht herabfallen, einsammelt, so werden die Feinde die Befestigungen Ninives einnehmen. Ihre Bewohner sind nicht mehr in der Lage, Widerstand zu leisten, die Befestigungen auf dem Weg nach Ninive haben nicht standhalten können. **13** So, wie es sonst die Assyrer machten, haben jetzt ihre Angreifer die vorgeschobenen Garnisonsstädte niedergebrannt. Die Stadt Kalah war verbrannt, noch bevor Ninive zerstört war.

14 Erneut fordert Nahum, wie in 2,2, die Niniviten ironisch auf, die Stadt auf den Kampf vorzubereiten. Sie sollen Wasservorräte anlegen für eine lange Belagerung. Sie sollen ihre Bollwerke verstärken und die Türme wieder instand setzen. Sie sollen aus Ton und Stroh Ziegel brennen und die Mauern reparieren. **15** Solche Maßnahmen, obwohl notwendig, kommen eigentlich etwas zu spät, wenn der Feind schon vor den Toren steht. Die großen Bauten Ninives werden ein Raub der Flammen werden, der Adel wird durchs Schwert umkommen und die Stadt entvölkert werden.

3,16–19 Die unabänderliche Vernichtung

16.17 Der Prophet greift das Bild von den Heuschrecken (LÜ »Käfer«) aus V. 15 wieder auf, um das ganze »Geschmeiß« der Händler sowie der Überwachungs- und Verwaltungsbeamten (LÜ »Wachleute« und »Werber«, der hebr. Text hat hier assyrische Beamtentitel), die mit den erobernden assyrischen Truppen in die unterworfenen Länder gekommen waren und sich dort niedergelassen hatten, zu beschreiben. Wie die Heuschrecken sich in kalten Nächten an Wänden oder Zäunen sammeln, so haben sie sich festgesetzt. Doch so, wie die Heuschrecken bei den ersten wärmenden Sonnenstrahlen davonfliegen, so packen diese Händler und Beamten beim Eintreffen der Hiobsbotschaft aus Ninive ihre Sachen und sind verschwunden.

18 *Deine Hirten werden schlafen . . . dein Volk wird auf den Bergen zerstreut sein und niemand wird es sammeln:* Dies ist das Bild eines hilflosen Volkes, das seiner Führer beraubt ist. **19** *Niemand wird deinen Schaden lindern:* Für Assyrien gibt es keine Hoffnung des Überlebens. Mit ihm ist es zu Ende. Alle Völker, die vom Untergang Assyriens hören, werden in die Hände klatschen vor Freude und Erleichterung, denn es gibt niemanden, der nicht die Bosheit Assyriens zu spüren bekommen hätte.

Nahums Weissagung hat sich erfüllt; Ninive ist von der Erdoberfläche verschwunden. Der Ruinenhügel mit den Ausgrabungen ist ein sichtbarer Beweis für die bleibende Wahrheit der Botschaft Nahums. Sie ist nicht einfach ein Stück altorientalischer Prophetenliteratur, sondern ein Wort von Gott, dessen Wahrheit er selbst bestätigt hat. Gewiß, Gott gibt die Möglichkeit zur Umkehr (Jona 3). Doch wenn sich im Laufe der Jahre herausstellt, daß die Zusage der Umkehr nicht ernst gemeint war und Unrecht und Grausamkeit fortgesetzt werden, als habe Gott nie gesprochen, dann geht die Zeit der Buße zu Ende, und es kommt die Zeit des Gerichts. Die Herrschaft über diese Erde liegt letztlich nicht bei sündigen Menschen, sondern beim gerechten Gott.

Alexander Fraser

Habakuk

Einleitung

Der Verfasser

Wir wissen nichts über Habakuk außer dem, was wir aus seinem Buch erfahren, und auch darin wird nichts über seine Herkunft und die Zeit, in der er prophezeite, gesagt. Sein Name ist verwandt mit einem assyrischen Wort, das eine Pflanze oder ein Gemüse bezeichnet. In der LXX erscheint er als *Ambakum*. Hieronymus leitete den Namen von einer hebräischen Wurzel mit der Bedeutung »umarmen« ab und sagte: »Er wird entweder wegen seiner Liebe zum Herrn oder weil er mit Gott ringt ›Umarmung‹ genannt.« Luther und viele moderne Kommentatoren schließen sich dieser Ableitung an. Sie ist sicherlich nicht unpassend, weil wir in diesem kurzen Buch einen Mann sehen, der in großem Ernst mit dem schwierigen Problem der Theodizee – der Gerechtigkeit Gottes – in einer heillosen Welt kämpft. Um dasselbe Problem geht es auch in dem längeren Buch Hiob.

Habakuk ist der erste Prophet, der nicht Israel, sondern Gott anklagt. Das Buch enthält ein Gespräch zwischen ihm und dem Allmächtigen. Der Prophet ist enttäuscht von der offensichtlichen Diskrepanz zwischen Offenbarung und Erfahrung und verlangt eine Erklärung dafür. Es wird ihm keine direkte Antwort gegeben; er erhält aber die Versicherung, daß geduldiger Glaube zum Ziel führen wird (2,4). Diesen Glauben drückt er sehr lebendig in 3,17–19 aus.

Weil Kapitel 3 offensichtlich als Gesang gedacht war, haben viele Habakuk für einen Leviten gehalten. Möglicherweise gehörte er zur Gruppe der Berufspropheten, die am Tempel wirkten (1Chr 25,1). Er ist der einzige der Schriftpropheten, der ausdrücklich im Eingangsvers seines Buches als Prophet bezeichnet wird (1,1). Dies könnte auf einen Berufsstand hinweisen. (Anders ist es bei Amos; Am 7,14f.) Auf jeden Fall vermittelt uns Habakuk einen Einblick in das Amt des Propheten. In 2,1ff sehen wir, wie er sich auf den Empfang einer Vision vorbereitet, und in 3,16 erfahren wir etwas über die physischen und geistlichen Symptome, die einen solchen Vorgang begleiteten. Vgl. Jes 21,1–10.

Habakuk kommt auch in der apokryphen Geschichte von Bel und dem Drachen vor, in der er Daniel, der sich zum zweiten Mal in der Löwengrube befindet, rettet. Das ist jedoch nur eine Legende.

Zeit und Anlaß seines Auftretens

In 1,6 erfahren wir, daß Gott die Chaldäer (Babylonier) zum Werkzeug seines Gerichts bestimmt hat. Damit ist ohne Zweifel das erneuerte Königreich Babylon gemeint, das am Ende des 7. Jh.s v.Chr. das schwach gewordene assyrische Reich eroberte. Ninive wurde 612 v.Chr. zerstört, und 605 besiegte König Nebukadnezar von Babylon Pharao Necho von Ägypten bei Karkemisch.

Drei Jahre vor dieser Schlacht hatte Pharao Necho König Josia von Juda in Megiddo getötet (2Kön 23,29f; 2Chr 35,20ff) und Marionettenkönige auf den Thron von Juda gesetzt, doch weder er noch diese Könige waren ein Hindernis für die wachsende Macht Babylons. So war Juda für die nächsten zwanzig Jahre auf die Gnade der Chaldäer angewiesen und wurde schließlich 586 v.Chr. ins Exil verschleppt.

Die Prophetie Habakuks bezieht sich eindeutig auf diese Zeit und ist entweder vor oder nach der Schlacht bei Karkemisch verkündet worden. In beiden Fällen wäre Habakuk ein Zeitgenosse Jeremias (626–587 v.Chr.).

Für eine Abfassung vor der Schlacht spricht, daß die Erweckung der Chaldäer in 1,5f noch Zukunft ist und ihr Aufstieg unglaublich klingt. Auf einen Zeitpunkt nach 605 weist jedoch die detaillierte Beschreibung der Kriegsführung der Chaldäer als etwas, das schon zur Genüge bekannt ist, hin (1,7–11).

Die Regierung des bösen Königs Manasse war eine Zeit der Versuchung für die Frommen gewesen. Die Reformen unter König Josia (639–609) hatten sich als unwirksam erwiesen, und deshalb mußten Bosheit und Frevel (1,3) des abtrünnigen Juda bestraft werden. Dazu erweckte Gott die Chaldäer.

Dies ist die Ansicht der meisten Ausleger. Einige jedoch beziehen 1,2–4 nicht auf Juda, sondern auf einen heidnischen Unterdrücker, der Chaldäa selbst sein könnte. Wenn das der

Fall ist, muß der Text entweder so umgestellt werden, daß die VV. 5–11 vor V. 2–4 kommen (Giesebrecht) oder die VV. 5–11 müssen gestrichen werden (Wellhausen). Der Unterdrücker könnte auch Assyrien sein – so Budde, der V. 6–11 nach 2,2–4 plaziert und die Prophetie unmittelbar in die Zeit nach 625 v.Chr. datiert, als Nabopolassar, der Chaldäer, seine Unabhängigkeit von Assyrien erlangte. Doch warum ist dann Assyrien nicht erwähnt? Für eine dritte Möglichkeit, nämlich Ägypten, tritt G. Adam Smith ein, der 1,2–4 mit 2Kön 23,33–35 vergleicht.

Doch Habakuk beklagt in 1,12–2,1 nicht, daß Gott ein heidnisches Volk durch ein anderes heidnisches Volk straft, sondern daß er *Juda* durch ein heidnisches Volk straft. Trotz der Wiederentdeckung des Gesetzes im Tempel 621 v.Chr. (2Kön 22,8; vgl. Hab 1,4) leben die Menschen Judas in Gewalt und Ungerechtigkeit. Die Änderung eines Textes mit dem Ziel, ihn einer bestimmten Theorie anzupassen, ist immer ein fragwürdiges Unterfangen. Besser ist es, den Text unverändert zu lassen und 1,2–4 auf Juda zu beziehen.

Andere lassen, immerhin mit einer gewissen Unterstützung durch einige griechische Hss., das Wort »Chaldäer« in 1,6 aus. Duhm ersetzt es durch »Kittim« (zypriotische Griechen), und verlegt das Buch so in die Zeit Alexanders des Großen, ca. 333 v.Chr. Solche Lösungsversuche verlangen erhebliche Eingriffe in den Text und sind nicht überzeugend. Interessant ist, daß sich in dem in Qumran am Toten Meer gefundenen Habakuk-Kommentar, wenn auch die erste Hälfte von 1,6 dort nicht erhalten ist, diese Anmerkung findet: »Verstehe (dieses) im Hinblick auf die Kitti'im, vor denen sich alle Völker fürchten.« Dies wird jedoch die Anwendung auf eine spätere Situation sein. Wie Eißfeldt (*Einleitung in das AT,* S. 566) bemerkt, setzt gerade die qumranische Identifikation von Chaldäer und Kitti'im das Wort Chaldäer im ursprünglichen Text voraus und ist eher ein Argument gegen Duhms Meinung als für sie. Auf keinen Fall darf das Wort Chaldäer aus dem Text herausgenommen oder wegerklärt werden.

Es ist daher am besten, das Buch Habakuk um 600 v.Chr. oder etwas früher zu datieren.

Der schon erwähnte Kommentar zu Habakuk, der 1947 in Qumran gefunden wurde, behandelt nur Kapitel 1 und 2. In den Text, der einige Abweichungen vom MT aufweist, sind Erklärungen eingeschoben, die die Worte Habakuks zu Ereignissen aus der Zeit des Kommentators (1. Jh. v.Chr.) in Beziehung setzen. Einige von ihnen werden hier genannt. Wer immer die Leute vom Toten Meer auch waren, für sie waren die biblischen Texte, die sie benutzten, kanonische Schriften, maßgeblich in allen Fragen des Glaubens und der Lehre.

Text und Komposition

Die Bedeutung des hebräischen Textes ist nicht immer sicher, und LXX hat einige interessante Abweichungen. So wird die große Zusicherung in 2,4b in einer Hs. der LXX durch und durch messianisch gedeutet. S. Komm. dort. Die Unsicherheit darüber, auf wen sich manche Stellen beziehen, hat viele Exegeten dazu bewogen, den Text umzustellen. Manche nehmen auch mehrere Verfasser an. Einige halten Habakuk für den Autor, der Kapitel 3 verfaßt und Kapitel 1 und 2 zusammengestellt hat. Andere meinen, daß Kapitel 1 und der größte Teil von Kapitel 2 von Habakuk stammen, Kap. 3 jedoch ein jüngeres Gedicht aus der persischen oder makkabäischen Zeit sei. Viele sehen das Buch jedoch als ein bewußt so gestaltetes Ganzes an. Stil und Aufbau von Kapitel 3 sind den vorhergehenden Kapiteln so ähnlich, daß es unnötig ist, es einem anderen Autor zuzuschreiben. Als Kultprophet war Habakuk sehr wohl in der Lage, die liturgischen und musikalischen Anweisungen, wie sie in Kapitel 3 stehen, zu geben.

Der Kommentar aus Qumran verstärkt den Eindruck, daß der ursprüngliche Text dieses Buches mit erstaunlicher Zuverlässigkeit von den frühesten Zeiten an überliefert worden ist.

Die Botschaft

Wie Nahum will Habakuk nicht sein eigenes Volk tadeln (außer in 1,2–4, wenn man dies auf die Gottlosen im Volk bezieht). Doch bei ihm gibt es keine Selbstgefälligkeit. »Es ist keineswegs einfach patriotische Empörung über die vom Feind erlittene Unbill, der Habakuk Ausdruck verleiht, sondern seelische Qual über das Unrecht, das die Weltherrschaft einer ungerechten und unsittlichen Macht bedeutet, . . . und es ist kein Zufall, wenn . . . Paulus zum Ausdruck seiner neuen und tieferen religiösen Erfahrung gerade ein Wort des Habakuk wählte (Röm 1,17)« (Eißfeldt S. 570f). Wie der Verfasser von Ps 73 hat Habakuk in seiner Gemeinschaft mit Gott erkannt, daß im Vergleich mit dieser Gemeinschaft alles andere keine Rolle mehr spielt.

Inhalt

Kommentar

1,1 Einleitung

Die Sache, um die es geht, ist mehr als der Mann selbst; deshalb werden Name und Stand des Propheten nur knapp erwähnt. *Ausspruch* (ZÜ, EÜ): gemeint ist die prophetische Rede. Das Wort ist praktisch synonym mit »Offenbarung«: denn Habakuk hat das folgende (als Seher) *geschaut.* Vgl. 2Kön 9,25.

1,2–4 Die erste Klage

2 *Herr, wie lange soll ich schreien ...?* Der Prophet redet hier als Gewissen des Volkes. Er ist besorgt über die Bosheit in Gottes Volk, die seiner Religiosität spottet. 4 *Darum ist das Gesetz* (die Tora) *ohnmächtig:* d.h. es kann nichts ausrichten. Warum greift Gott nicht ein? Diese Frage konnte nur in Israel auftauchen. Nur für Menschen, die an einen Gott glauben, der heilig und gut und gleichzeitig der allmächtige Schöpfer und Bewahrer des Universums ist, kann es das Theodizeeproblem geben. Die Frage »Wenn es Gott gibt, warum gibt es dann das Böse?« stellt sich nicht für jene, die an einen Götterhimmel voller kriegführender Gottheiten, deren Moral sich kaum von der der Menschen unterscheidet, glauben. Doch wenn es einen einzigen, gerechten und mächtigen Gott gibt, dann entsteht die Forderung nach einer Erklärung für die widersprüchlichen Erfahrungen des Lebens. Es gibt Zeiten im Leben der Menschen, in denen diese Spannung besonders deutlich spürbar ist, wie hier. *Denn der Gottlose übervorteilt den Gerechten:* in der Absicht, ihn zu ruinieren.

1,5–11 Gottes Antwort

Die Chaldäer, die bereits Unglück und Vernichtung über Nachbarvölker bringen, sollen sich gegen Juda wenden und in Gottes Händen ein Werkzeug der Strafe werden. Dies ist es, was das Volk von Juda *nicht glauben* kann, wenn ihnen davon berichtet wird (V. 5), denn es scheint unvorstellbar, daß Gott gegen sein Volk handelt, und das mit solch einem Mittel. Denn die Chaldäer gebieten und zwingen, wie sie wollen (V. 7b), spotten aller Autorität (V. 10) und »machen ihre Kraft zu ihrem Gott« (V. 11); bei ihnen hat der das Recht, der die Macht hat.

5 Statt *unter die Heiden* (hebr. *baggojim*) hat LXX »ihr, die ihr verächtlich macht«, was wahrscheinlich das hebr. *bogedim,* »ihr Verräter«, widerspiegelt, eine Lesart, die auch der Qumran-Kommentar hat. Qumran fügt erläuternd hinzu: »Die Interpretation dieser Worte bezieht sich auf die Verräter und den Mann der Unwahrheit, weil sie die Worte des Lehrers der Gerechtigkeit nicht geglaubt haben«. Mit »Mann der Unwahrheit« ist der Jerusalemer Hohepriester gemeint, dessen korruptes Verhalten die Qumranleute verabscheuten; der »Lehrer der Gerechtigkeit« ist vermutlich der Leiter der Gemeinschaft in Qumran. Dies ist eine interessante, wenn auch vom Text her nicht zwingende Anwendung des Textes, was nicht gegen die wohl vorzuziehende Lesart »ihr Verräter«, bezogen auf die treulosen Juden zu Habakuks Zeit, spricht.

9–11 Diese Verse sind schwierig. **9** *Wo sie hinwollen, stürmen sie vorwärts:* Diese Übersetzung bleibt unsicher. Duhm greift korrigierend in den Text ein und übersetzt: »Aus Gomer (d.h. aus Kappadozien) marschieren sie nach Osten« und bezieht das Ganze auf den Feldzug Alexanders des Großen; das Aufschütten der Erde (V. 10) bringt er mit der Belagerung von Tyrus in Verbindung. Doch ein so großer Eingriff in den Text ist unnötig; die ZÜ erreicht auch mit einer kleinen Änderung einen sinnvollen Text: »Ihr Angesicht richtend wider den Osten«.

1,12–2,1 Die zweite Klage

1,12–17 Wenn die Chaldäer ihre eigene Kraft zu ihrem Gott machen, wie können sie dann von einem Gott als Werkzeug gebraucht werden, dessen Augen zu rein sind, als daß sie Böses ansehen könnten (V. 13)? Wenn er sie aber benutzt, dann muß er doch selbst sein wie sie, d.h. er läßt es den Menschen ergehen *wie den Fischen im Meer* (V. 14), die nach Belieben gefangen und getötet werden (V. 15). Das offenbare Wesen Gottes und die offenkundige Gottlosigkeit der Chaldäer scheinen vergessen angesichts der Tatsache, daß Gott durch die Chaldäer handeln kann. Der Prophet sieht keinen Ausweg; trotzdem unternimmt er – von seinem Glauben her (vgl. Jer 12,1) – einen Versuch, das Dilemma zu lösen. Da Gott unwandelbar ist, ist es auch sicher, daß sein Volk leben wird (V. 12). Doch wie kann dieser Gott, der doch unwandelbar und ewig ist, durch ein so sündiges Volk handeln (V. 13)? Die Frage wird noch unterstrichen durch die Beschreibung der Gottlosigkeit der Chaldäer (V. 13b), ihrer Unmenschlichkeit (V. 14) bei der Behandlung anderer nach ihrem Gutdünken, ihrer Freude an der Eroberung (V. 15) und der Verherrlichung ihrer eigenen Mittel und Fähigkeiten (V. 16). V. 16 meint nicht, daß die Chaldäer wirklich ihre Netze und ihr Garn anbeteten. Es handelt sich um eine Metapher: sie »vergöttern« ihre mitleidlose Macht. Will Israels Gott in Schweigen verharren, während sein Volk so behandelt wird, als habe es keinen Herrn (vgl. V. 14b), und während die Chaldäer ihre Herrschaft anscheinend ohne Ende ausdehnen können (V. 17)?

2,1 Habakuk ist sich der Notwendigkeit einer Gottesantwort bewußt und sagt: . . . *und schaue und sehe zu, was er mir sagen und antworten werde* . . . Er erwartet eine ernsthafte Reaktion auf seine Klage.

2,2–4 Gottes Antwort

Chaldäa, Gottes Werkzeug für die Strafe an Juda, steht selbst unter Gottes Gericht und wird der Strafe für seine bösen Taten nicht entgehen. Die, die geduldig ausharren, werden sehen, daß Halsstarrigkeit und Treulosigkeit ihren Lohn empfangen.

Auf den ersten Blick scheint diese Zusage nicht besonders erhellend zu sein. Manche haben sogar bezweifelt, ob es sich hier überhaupt um eine »Offenbarung« handelt. Einige, so Budde und Eißfeldt, betrachten 1,5–11 als Teil der Offenbarung und stellen diese Verse hinter Kap. 2,3. Weiser meint, daß die Erwähnung von »Tafeln« (ZÜ nach MT) eine längere Weissagung verlangt, als sie sich in V. 4 findet, und nimmt an, daß Kap. 3 Gottes Antwort enthält. Kap. 3 sei ursprünglich unmittelbar auf 2,1–3 gefolgt, aus liturgischen Gründen sei es aber später an das Ende des Buches gestellt worden. 2,4 würde somit zu den Weherufen gehören (s.u.). Doch in diesem Vers ist mehr, als auf den ersten Blick sichtbar ist; und sein Gebrauch im NT zeigt, daß er in der Tat wichtig ist. Es ist ein Spruch, dessen ganze Tiefe erst Paulus ergründet hat.

Doch was immer auch dafür spricht, daß V. 4b zur Verdeutlichung erst später angefügt wurde, so ist doch sofort klar, daß der Prophet selbst wußte, daß in einer wankenden, bösen Welt nur eins von Dauer ist – Festigkeit. Tyrannei, Maßlosigkeit und Stolz sprechen sich selbst ihr Urteil; nur die Rechtschaffenheit hat Bestand.

2 *Grabe sie ein auf Tafeln, daß man sie geläufig lesen kann* (ZÜ): In Babylonien benutzte man Tontafeln (vgl. Jes 8,1), doch wir hören auch von Tafeln aus Holz oder Elfenbein. *Daß es lesen könne, wer vorüberläuft:* Diese Wiedergabe ist wohl nicht richtig; *geläufig lesen* (EÜ; ZÜ; EinhÜ: *mühelos lesen*) trifft Wortlaut und Sache besser. **4** *Der Gerechte aber wird durch seinen Glauben leben:* Dieses große Thema wird später von Paulus in Röm 1,17; Gal 3,11 und vom Verfasser des Hebräer-Briefes in Hebr 10,38 aufgenommen und ausgeführt. Den ersten Halbvers überliefert die LXX anders: »Wenn sie« – d.h. die verheißene Befreiung, die *gewiß kommen* wird; V. 3 – »sich zurückzieht, hat meine Seele keinen Gefallen an ihr«. Diese Fassung wird in Hebr 10,38 verwendet, dort jedoch mit anderen Bezügen. Die LXX fährt dann fort: »doch der Gerechte wird aus *meinem* Glauben leben«. Das *meinem* ist in den Handschriften von Hebr 10,38 entweder ausgelassen oder zu »Gerechter« gezogen. Der hebr. Text von Hab 2,4 hat »durch *seinen* Glauben«. Dies bezieht sich nicht auf den Messias, sondern auf den glaubenden Menschen, an dessen Glauben sich erweisen muß, ob er leben wird (vgl. Röm 1,17; Gal 3,11, beidemale ohne das »seinen«). *Leben* meint hier: Gottes Zuwendung genießen, egal ob mit oder ohne zeitliches Wohlergehen.

Mit *Glauben* ist sowohl »Glauben« als auch »Treue« gemeint. Der Begriff ist damit weiter gefaßt als bei Paulus oder im Hebräerbrief. Doch diese Treue muß aus Glauben kommen; insofern ist die Interpretation des Paulus richtig. Das hebr. Wort *'emunah* (Treue, Festigkeit, Glauben) wird gebraucht, um die Festigkeit der Arme des Mose in 2Mo 17,12 zu bezeichnen; in Jer 5,3 meint es Wahrhaftigkeit, Treue im Gegensatz zu Falschheit. In Jes 11,5 steht es parallel zu Gerechtigkeit. Seine allgemeine Bedeutung ist also moralische Festigkeit. Der aufrichtige Mensch wird überleben, er wird überwinden, wenn er seine Beständigkeit behält. Doch wie kann er das? Habakuk eröffnet seine Klage mit einer Zusicherung der Wahrheit Gottes (s. 1,12). Der *Glauben,* von dem er jetzt spricht, ist nicht nur moralische Standhaftigkeit bis zum Ende (Mk 13,13), sondern auch der feste Glaube, daß Gott sich selbst treu bleibt. Glaube in diesem engeren Sinn ist ein wesentliches Element des weiter gefaßten Begriffs der Treue, was Paulus und Luther auch klar sahen.

2,5–20 Die fünf Weherufe

Diese Verse enthalten fünfmal die Vorhersage des Untergangs, den der Mensch erleiden wird, der »halsstarrig ist« (V.4). Vgl. die sechs Weherufe in Jes 5,8ff. Zu beachten ist die zweifach auftauchende Wendung *um des Menschenblutes willen und um des Frevels willen* (V.8 und 17), die ursprünglich vielleicht der Refrain war, mit dem jeder der fünf Weherufe schloß.

5.6a sind Einleitung. Die Übersetzung des ersten Teiles von V.5 ist problematisch. Im hebr. Text steht dort, wo Luther »Tyrann« übersetzt »Wein« (s. EÜ), der Qumran-Komm. hat an dieser Stelle »Reichtum« (s. EinhÜ). Da alles keinen rechten Sinn zu ergeben scheint, haben manche das hebr. Wort in »Wehe« korrigiert und so V.5 und 6a als einen sechsten Weheruf angenommen. Duhm liest hier »Ionier« (d.h. Grieche) und bezieht damit den Vers auf Alexander den Großen, der zu sich alle Völker versammelt hat. Andere vermuten, daß Habakuk den Vers absichtlich verschlüsselt habe. Er soll dazu eine sprichwortartige Wendung mit dem Wort »Wein« benutzt haben. Gemeint seien die treulosen und unersättlichen Assyrer.

2,6b–8 Der Weheruf gegen die Angriffslust

Einige wollen diese Verse auf König Jojakim beziehen (609–597 v.Chr.; s. 2Kön 23,36ff), doch mit dem, der viele Völker beraubt hat (V.8), werden eher die Assyrer gemeint sein, und das gilt für alle Weherufe. Doch wenn es stimmt, daß V.5 verschlüsselt ist, dann kann es sein, daß Habakuk hier nicht nur einen ehemaligen Kriegsführer der Assyrer meint, sondern alle Völker, die sich so wie die Assyrer verhalten. Er gebraucht das Bild eines rücksichtslosen Pfandleihers, dessen Schuldner schreien: *wie lange wird's währen?;* sie haben die Hoffnung auf Befreiung fast aufgegeben, denn der Pfandleiher bereichert sich immer weiter an ihrem Gut und macht sie ärmer und ärmer (V.6b). Doch ihm wird schließlich mit gleicher Münze heimgezahlt werden (V.7).

2,9–11 Der Weheruf gegen das Geltungsbedürfnis

9 *Daß er sein Nest in der Höhe baue:* Wie Vögel ihre Nester in hohen Bäumen bauen, wird er versuchen, dem Unheil zu entrinnen. Hier könnte Jojakim, der ein großer Bauherr war, gemeint sein (vgl. Jer 22,13); doch wahrscheinlicher ist es, daß es sich wieder um die Assyrer handelt (vgl. Jes 36,18ff), die ihren unrecht erworbenen Reichtum zu ihrem eigenen Nutzen zu verwenden suchen. **10f** Doch das Haus ist mit *Schande* gebaut, und zuletzt werden sogar die Steine, aus denen es gebaut ist, als Ankläger auftreten; vgl. Am 3,10.

2,12–14 Der Weheruf gegen die Gewalt

12 Vgl. Mi 3,10. Möglicherweise zitiert Habakuk hier aus Micha. **13** Da nur Gott selbst eine Stadt beschützen kann (Ps 127,1), sind alle menschlichen Versuche, dies zu tun, zum Scheitern verurteilt, wie gewaltsam sie auch sein mögen. Die Werke der Menschen werden im Feuer verbrennen und zunichte werden. **14** zitiert Jes 11,9. Die Zukunft steht bei Gott und hängt nicht von menschlichen Errungenschaften ab. Vgl. auch Jes 2,17.

2,15–17 Der Weheruf gegen die Grausamkeit

15 Assyrien hat den Völkern den Becher des göttlichen Zornes bringen sollen (vgl. Obd 16; Jes 51,17; Ps 75,9), doch es hat die Gelegenheit zu seinem eigenen Vorteil mißbraucht (vgl. Jes 10,5–15). **16** wiederholt den Grundsatz, daß die Strafe dem Vergehen gleich sein soll und vom Herrn kommt. **17** Hier ist es die Strafe für die Gewalt, die die einmarschierenden Heere der Natur *(Libanon),* den Tieren und Menschen angetan haben.

2,18–20 Der Weheruf gegen den Götzendienst

18f In V.18 erwartet man einen weiteren Weheruf. Deswegen wollen manche V.19 vor V.18 stellen. Andere bezeichnen V.18 als

Kommentar eines Schreibers. Doch trifft die folgende Deutung eher zu: »Der schwere Urteilsspruch des ›Wehe‹ wird zurückgehalten, die Spannung gesteigert, während zwei rhetorische Fragen auf ihn hinführen« (Eaton). Die Fragen beziehen sich auf den Götzendienst der Assyrer und rühren an deren größtes Vergehen, die Weigerung, sich vor Gott zu neigen. Vgl. zu V. 18 Jes 44,6–20; zu V. 19 1Kön 18,26; Ps 115,4–8. **20** Als Kontrast zur Hilflosigkeit der von Menschen geschaffenen Götter steht als Abschluß der Weherufe, gleichsam zur Vorbereitung auf die Theophanie in Kap. 3, der Satz, daß der Herr *in seinem heiligen Tempel* ist. Mit *Tempel* ist der Himmel gemeint, der Ort der Macht und Autorität. Wie in V. 3 werden wir ermutigt, auf den Herrn zu warten. Ihm gegenüber ist keine andere Haltung möglich als *stille* zu sein, entweder in unterwürfigem, geduldigem Glauben oder in sprachlosem Schrecken.

3,1–19 Eine Gerichtsvision

Was die Erhabenheit der poetischen Konzeption und den Glanz der Sprache betrifft, gehört dieses Kapitel zum Besten, was die hebräische Poesie hervorgebracht hat. Es enthält Teile des babylonischen Schöpfungsmythos (V. 10), doch die mythologischen Elemente sind dem liturgischen Gebrauch angepaßt worden. Der Prophet erinnert auch an einige große Ereignisse der Geschichte Israels, insbesondere an den Exodus und an den Sieg über die Kanaanäer am Bach Kison (Ri 4f).

Man hat die Verfasserschaft des Habakuk für dieses Kapitel in Frage gestellt. Es finden sich in ihm keine Hinweise auf die Assyrer oder Chaldäer, bei den Katastrophen in V. 7ff handelt es sich eher um Naturereignisse als um Bedrängungen durch Feinde. Doch solche Details werden leicht überstrapaziert; es ist besser, dies Kapitel als ein Beispiel für den »Glauben« zu nehmen, durch den der Gerechte durch die Enttäuschungen der Gegenwart hindurch auf die ewige Gerechtigkeit blicken kann, die ohne Unterlaß in der Welt am Werk ist. Ohne Frage weist dieses Kapitel einige Entsprechungen zu jenen Psalmen auf, die mit historischen Ereignissen in Beziehung gesetzt sind: Sie wollen keine Detailbeschreibungen liefern, sondern Grundsätzliches formulieren. So gesehen stört es nicht, daß Kap. 3 kaum zu dem paßt, was ihm vorausgeht. Daß Kap. 3 im Qumran-Kommentar nicht vorkommt, muß nicht heißen, daß es ursprünglich nicht zum Buch Habakuk gehörte. Wahrscheinlicher ist, daß es Absicht und Stil des Kommentators nicht entsprach.

1 Dieser Vers endet im hebr. Text mit dem Wort *schigonot*; die Bedeutung dieses Wortes ist unklar. ZÜ läßt es unübersetzt; LÜ: *nach Art eines Klageliedes.* Wahrscheinlich ist es ein Hinweis für den musikalischen Vortrag. Die hebr. Wurzel deutet vielleicht darauf hin, daß es einen unregelmäßigen Rhythmus bezeichnet. Dieses Wort taucht auch in Ps 7,1 auf, ein Indiz, daß die so gekennzeichnete Hymne im Tempelgottesdienst gesungen wurde (s. Die Psalmen: Einleitung S. 539). **2** Gottes früheres Handeln, von dem Habakuk die *Kunde* vernommen hat, ist Ausgangspunkt für seine Bitte um ein Eingreifen Gottes in der Gegenwart. Doch wenn einige der Strafe entgehen, wird es nur deshalb sein, weil Gott *im Zorne* an seine Barmherzigkeit denkt. Dies ist die wahrscheinliche Bedeutung; doch Habakuk kann auch gemeint haben: »Im Zorn, den wir erleiden, komme du in Barmherzigkeit und hilf uns«.

3 *Gott kam von Teman:* Teman war ein Gebiet in Edom. Und hier, in poetischer Rede, bezeichnet der Teil das Ganze (vgl. Am 1,12; Obd 9). *Paran* war das Hügelland zwischen Edom und dem Sinai längs des Golfes von Akaba; es wurde als Wiege der Religion Israels bezeichnet (vgl. 5Mo 33,2). Das Gebet enthält also die Bitte, daß Gott sich doch jetzt ganz offenbaren möge, wie er sich einst am Sinai Israel gezeigt hatte. S. auch Ps 68,7–8. *Sela* (s. auch V. 9 und 13) ist eine Anweisung für den liturgischen Gebrauch des Liedes; die Bedeutung ist nicht bekannt. (S. auch Die Psalmen: Einleitung S. 539.) **4.5** Das Kommen des Herrn wird als Sturm geschildert. Die *Strahlen* spielen auf Blitze an, denn die Theophanie wird hier wie auch bei anderen Gelegenheiten als heraufziehendes Unwetter beschrieben. Gottes Kommen kann sich niemand entziehen. Die, die der *Pest* entkommen, sollen von der folgenden *Seuche* erfaßt werden. **6** Gott steht und schaut, er sucht sich sozusagen sein Ziel aus, bevor er die Völker vor seinem Donner *erzittern* läßt.

7 *Kuschan:* ein midianitischer oder arabischer Stamm (vgl. 4Mo 12,1). Wo Luther übersetzt *in Not* und *betrübt,* stehen im hebr. Text viel härtere Worte. ZÜ kommt diesen näher: »Dem Unheil verfallen« und »es erbeben die Zeltdecken Midians«. **8** stellt die Frage: Wozu war dies alles? Die Antwort darauf wird in V. 13 gegeben. **9** Die erste Hälfte des Verses ist schwer zu übersetzen. Schon Delitzsch mußte feststellen, daß fast hundert Übersetzungen dieses Verses vorliegen. **10** Gegenüber solch einem Gott ist alle Kreatur hilflos. Die *Tiefe* (hebr. *tehom*) entspricht der Tiamat der babylonischen Mythologie, dem Urchaos, das sich den Zielen des Schöpfers mit Gewalt entgegenstellt. Doch die Aufnahme dieser mythologischen Sprache bedeutet nicht die Annahme der dahinterstehenden Idee; sie wird gebraucht, um die Tatsache der unüberwindlichen Macht des Schöpfers darzulegen. *Ihren Aufgang vergaß die Sonne* **11** *und der Mond stand still:* entweder von den Sturmwolken verdeckt oder von der Herrlichkeit Gottes in den Schatten gestellt (vgl. Apg 26,13), oder aber es gerieten, wie in Jos 10,12f, sogar die Naturabläufe in Unordnung, wurden außer Kraft gesetzt zur Verherrlichung des Herrn. **12–14** Das Bild des Streiter-Gottes, der das Land zertritt, wird fortgesetzt; nichts ist außerhalb seiner Reichweite oder seiner Macht. Doch jetzt, wie der Prophet es erbeten hat, gedenkt er im Zorn an seine Barmherzigkeit: denn *Du zogest aus, deinem Volk zu helfen, zu helfen deinem Gesalbten* (vgl. Ps 105,15). **15** Der Prophet kehrt zurück zur Metapher: das *Meer* ist oft Bild für eine ruhelose Gegenmacht zu Gott, vgl. Ps 93,3f.

16 Hier beginnt sich der Kreis in Habakuks Hymnus zu schließen. Er, der bekennt, schon vor dem Bericht über Gottes Handeln in Furcht geraten zu sein (V. 2), zittert nun vor Angst, als er das Herannahen dieses Gottes hört. Das Ende des Verses scheint paradox zu sein: Wie kann er beben und zittern und gleichzeitig ruhig auf das harren, was kommen wird? **17f** Seine Sicherheit kommt aus dem lebendigen Glauben, den diese Verse so schön schildern. Obwohl alles auf Untergang hindeutet, kann er doch *fröhlich sein in Gott.* Persönlicher Glaube ist die praktische Antwort auf die Schwierigkeiten des Lebens. Die Erinnerung an die Geschichte Gottes mit seinem Volk und daran, daß alle Taten Gottes zur Rettung seines Volkes dienen (vgl. V. 13), führt den Propheten dazu, sich des Herrn, seines Heils, zu freuen. **19** Habakuk hat also die Antwort auf seine Frage erhalten, seine tiefe Zufriedenheit mit dieser Antwort bezeugt er in dem Satz: *er wird meine Füße machen wie Hirschfüße.* Er fühlt sich wie auf Wolken, so leicht ist sein Herz und so sicher sind seine Füße. Nicht einmal die schwierigsten *Höhen* (vgl. 5Mo 32,13), über die der Weg führen mag, können einen gläubigen Menschen anfechten.

Die abschließenden Worte in V. 19 sind weitere liturgische Anweisungen. Der Hymnus soll von Sängern vorgetragen und von Tempelmusikern begleitet werden.

L. E. H. Stephens-Hodge

Zephanja

Einleitung

Verfasser und Datum der Abfassung

Typisch für das Buch Zephanja sind die bekannten proph. Themen Gericht, Erneuerung und Verheißung. Besonders wichtig ist das Buch insofern, als es ein zwei Generationen anhaltendes Schweigen der Prophetie beendet. Ferner hat die Prophetie hier zum ersten Mal eine apokalyptische Färbung. Zephanja, augenscheinlich ein offener, sachlicher und zurückhaltender Mann, besaß eine eindrucksvolle Vorstellungskraft und verwendete anschauliche und realistische Bilder. Man kann mit großer Sicherheit sagen, daß er sein Prophetenamt bereits als junger Mann antrat. Er war ein Zeitgenosse des etwas später wirkenden Propheten Jeremia (s.u.) und des Königs Josia (639–609 v.Chr.). Manche Forscher sind der Meinung, auch Nahum hätte in der Zeit Zephanjas gelebt oder noch vor dieser Zeit. Nahums Prophezeiungen beziehen sich aber ausschließlich auf die Stadt Ninive, und da Ninive erst im Jahre 612 v.Chr. zerstört wurde, hat Nahum wahrscheinlich in der Zeit vor 612 prophezeit und nicht in der Zeit zwischen 640 und 621 v.Chr., in der Zephanja aufgetreten sein muß.

Seit den Prophezeiungen Jesajas und Michas, der Propheten aus der Zeit des assyr. Aufstiegs, waren rund 70 Jahre vergangen. An dem Schicksal von Samaria (722 v.Chr.) hatte sich deutlich Gottes Macht, Erhabenheit und Gerechtigkeit gezeigt. Die 50 Jahre vor der Regierungszeit Josias waren in Juda durch erneuten tiefen Verfall auf kulturellem und religiösem Gebiet gekennzeichnet. In diese Situation wurde Zephanja berufen; seine jugendliche Vitalität und sein Eifer waren Eigenschaften, die jetzt besonders nötig waren und die auch in seinem Buch deutlich erkennbar sind. Die schonungslose Offenheit und Ehrlichkeit, mit der er das Gericht Gottes verkündet, sind typisch für einen jungen Mann, der feste Überzeugungen hat und ein ungewöhnliches Maß an moralischer Sensibilität und Aufrichtigkeit zeigt. Die aufrichtige Verkündigung des neuen jungen Propheten und die Reformbestrebungen des jungen Königs Josia passen ausgezeichnet zueinander. Beide waren die richtigen Männer für diese schwierige Zeit. Sie waren von den vergangenen Jahren geprägt, und ihre Jugend befähigte sie, eine entscheidende Rolle in der neuen Ära zu spielen.

Zephanjas Name, der mit »Jahwe hat beschützt« oder »Jahwe hat versteckt« übersetzt werden kann, könnte andeuten, daß Zephanja während der Schreckensherrschaft Manasses geboren wurde. Auf jeden Fall ist aber sicher, daß Zephanja, als er als Bote Gottes in Juda auftrat, den Anfang einer neuen Reihe von Propheten bildete, zu der auch Jeremia, Habakuk, Obadja, Hesekiel und Nahum (wenn man das spätere Datum für diesen Propheten akzeptiert) gehören. Sie alle bemühten sich, Juda vor dem Schicksal zu bewahren, das bereits über das Nordreich gekommen war. Deshalb steht mit Sicherheit der größte Teil des Buches mit den Reformen des Josia (621 v.Chr.) in Zusammenhang. Es ist durchaus anzunehmen, daß Zephanjas Predigten diese Reformen mitverursacht haben. Daraus folgt, daß der Prophet wahrscheinlich um 627 v.Chr. wirkte.

Jeremia hat sein Wirken wahrscheinlich kurz nach Zephanja begonnen. Es gibt allerdings keinen Beweis für die Vermutung, beide seien etwa gleichaltrig gewesen oder daß eine enge Beziehung zwischen ihnen bestanden habe. Tatsächlich scheint Jeremia an bestimmten Punkten Schwächen und Gefahren in Zephanjas stürmischer Erweckungspredigt aufzudecken. Zweifellos freute sich Jeremia über die Reformen, die Josia im Sinne der Botschaft Zephanjas durchführte, aber er schien weiter und tiefer zu schauen – vielleicht weil er länger lebte. Einige Reformen sah er lediglich als Äußerlichkeiten und als religiöse Modeerscheinungen an. Eine ernstgemeinte religiöse Reinigung von bleibendem Wert konnte er darin nicht erkennen.

Geschichtlicher Hintergrund

Die Situation, in die Zephanja berufen wurde, war zugleich gefährlich und vielversprechend. Während der langen Regierungszeit Manasses (696–642 v.Chr.), dem bösen Sohn des guten Königs Hiskia, war Juda auf moralischem und religiösem Gebiet immer stärker verwahrlost (2Kön 23,11f; 2Chr 33,1–11). Obwohl Juda eine gewisse Unabhängigkeit besaß, war es doch kaum mehr als ein Vasall des assyrischen Reiches. Manasse war nicht in der Lage – aber auch nicht gewillt –, sich den kultischen und ethischen Einflüssen, die von Ninive ausgingen, zu widersetzen. Während seiner langen Regierungszeit stemmte sich Manasse gegen das Wiederaufleben der Jahweverehrung, die die Regierungszeit seines Vaters gekennzeichnet hatte. Die Götzenaltäre, die sein Vater niedergerissen hatte, baute er wieder auf und führte den Fruchtbarkeitskult Baals wieder ein. Aberglaube, Anbetung der Sterne und sogar Menschenopfer gehörten zu dieser Religion, die aus äußeren Formen bestand und ohne innere Wirklichkeit und ethische Überzeugungen war. Möglicherweise läßt sich all das als eine gezielte Rückkehr zu der Religion seines Großvaters Ahas deuten, der im Tempel einen heidnischen Altar aufstellte (2Kön 16). Auf jeden Fall haben wir es mit einem Synkretismus zu tun, der gegenüber den assyrischen Oberherren viel zu nachgiebig war. In den Augen der Propheten war das Tun Manasses nichts anderes als blinde Gottlosigkeit. Jene, die versuchten, allein Jahwe zu dienen und die Reinheit der Jahweverehrung zu bewahren, wurden für ihre Mühen mit Verfolgung oder sogar mit dem Tod belohnt, denn »Manasse vergoß sehr viel unschuldiges Blut, bis Jerusalem ganz voll davon war« (2Kön 21,16).

Es stimmt allerdings, daß Manasse kurz vor seinem Tod 642 v.Chr. sein Verhalten bereute und sich »demütigte vor dem Gott seiner Väter« (2Chr 33,12). Sein Sohn Amon, der nach ihm König wurde, ging aber in keiner Weise gegen den Götzendienst aus der Regierungszeit seines Vaters vor. Er wurde ein Opfer von Intrigen und Verrat seitens seiner Hofbeamten (2Kön 21,19–24).

Es ist klar, daß nicht das ganze Volk die religiöse Einstellung dieser beiden Herrscher billigte; auch diesmal hatte sich ein Rest nicht gebeugt. Es gab manche, die sich bessere Zeiten wünschten und auch dafür wirkten. Dies alles machte die Zeit sowohl vielversprechend als auch gefährlich. Als Josia 640 v.Chr. den Thron bestieg, gab es viele, die sich nach einer reineren Religion sehnten. Daher waren sie bereit, Zephanjas Predigt zu hören und auch dem König in seinen Reformbestrebungen Folge zu leisten.

Zu erwähnen sind auch die Invasionen der Skythen im Jahre 630 v.Chr. und danach. Dieser nomadische Reiterstamm war von dem mächtigen assyrischen Reich stets in Schach gehalten worden. Es war ein Zeichen der schwindenden Macht der Assyrer, daß die Skythen begannen, zerstörerisch in den Fruchtbaren Halbmond einzudringen. Trotzdem halfen sie den Assyrern gegen die Meder. Schließlich drangen die Skythen sogar bis an die Grenze Ägyptens vor. Dort konnte Pharao Psammetich I. sie nur durch große Tributzahlungen davon abhalten, in sein Land einzudringen. Auf ihrem Zug nach Ägypten haben die Skythen wohl Askalon und Asdod zerstört, was Zephanjas Bewußtsein dafür geschärft haben dürfte, daß Gott die Macht hat, universales Gericht zu verhängen.

Der Bericht über diese Invasion, den Herodot im 4. Buch seiner *Historien* gibt, verdeutlicht die nachlassende Macht der Assyrer. Als dann Assurbanipal 627 v.Chr. starb, konnten die Assyrer Josia nicht mehr daran hindern, nun energisch seine Reformen durchzusetzen. Einige Forscher bezweifeln allerdings die Genauigkeit von Herodots Bericht, da er nachweislich einige Irrtümer enthält. Außerdem ist er die einzige Quelle für die Vermutung, daß die Skythen so weit nach Süden und Westen, sogar bis zur ägyptischen Grenze vordrangen. Hinzu kommt, daß Zephanja in der geschichtliche Ereignisse nur vage andeutenden Sprache der Eschatologie spricht. Deswegen ist es möglich, daß sich das hier verkündete Gericht nicht auf die Invasion der Skythen bezieht; aber man sollte daran festhalten, daß Zephanja, der mit Sicherheit davon wußte, daran erkannt hatte, was passieren könnte, wenn Juda weiterhin gegen Gott aufbegehren würde. In der Tat scheint Juda von der Invasion der Skythen gar nicht betroffen gewesen zu sein. Das Werkzeug göttlichen Gerichts für Juda war Babylon.

Zephanjas Botschaft

Zephanja wohnte in Jerusalem. Das zeigt sich daran, daß er konkret von ganz bestimmten Teilen der Stadt spricht, was nur jemand kann, der mit einer Stadt gut vertraut ist (vgl. 1,4.10.11.12). In der Stadt sieht er viele Menschen, die von Gewalt und Betrug leben, Abgötterei treiben und skeptisch gegen Gott sind. Zephanjas frühe Prophetien sind daher düster und schwermütig. Das in 1,1–3,8 gegebene Bild zeigt deutlich die dunkle Seite des Gerichtshandelns Gottes. Ab 3,9 kommt ein neuer Gesichtspunkt in Zephanjas Botschaft: die Hoffnung auf universales Heil und völlige Erneuerung Judas. 3,9–20 unterscheidet sich so sehr von den vorhergehenden Kapiteln, daß einige Ausleger diesen Abschnitt Zephanja absprechen. Dafür gibt es aber keinen stichhaltigen Grund. Es stimmt zwar, daß der größte Teil der Prophetien Zephanjas von Gottes bevorstehendem schrecklichen Gericht über Juda und die Nachbarvölker handelt. Aber gerade die, die Gottes bevorstehendes Gericht am deutlichsten sehen, erkennen oft auch am ehesten seine Liebe und Güte am Horizont. Als Zephanja das Gericht über Juda vorhersagte, sah er schon voraus, daß das Volk allein dafür gereinigt und geläutert würde, um dann, von Gott gesegnet, sein Diener für die ganze Welt zu werden.

Die Einheit des Buches

Neuere Studien über den Propheten Zephanja haben die konservative Auffassung über die Einheitlichkeit des Buches bestätigt. Vorher hatten eine Anzahl Ausleger die Authentizität vieler Verse in Frage gestellt. Gründe dafür waren z.B. der Bruch des elegischen Versmaßes nach Kap. 1 oder die Verwendung bestimmter Wörter, die sonst nur in nachexilischen Schriften häufiger gebraucht werden. Ein weiterer Grund lag darin, daß sich nach Meinung dieser Forscher die Botschaft des universalen Gerichts und der Zerstörung zu sehr von der Botschaft der Hoffnung in 2,7b.9b; 3,8–20 unterscheidet. Diese Fragen sind inzwischen geklärt worden. Tatsächlich kommt ab und zu ein Wort vor, das erst später häufiger gebraucht wurde. Das muß aber nicht bedeuten, daß dieses Werk nicht von Zephanja stammt. *Demütig* und *demütigen* z.B. sind Wörter, die oft in den späteren Psalmen und Propheten vorkommen, man findet sie aber auch in 2Mo 10,3; 4Mo 12,3; Jes 2,9 und Mi 6,8.

Fraglich war auch, ob die Prophezeiungen historisch korrekt waren. Es wurde darauf hingewiesen, daß z.B. die skythische Invasion Moab und Ammon nicht betraf, und die Skythen diese auch nicht berührten, oder daß in 2,8.10 eine Zerstörung Jerusalems vorausgesetzt werde. Es wurde auch betont, daß Kap. 1 und 2,9.10 eine unterschiedliche Einstellung zu Juda erkennen lassen. Die ersten beiden Probleme sind jedoch rein hypothetisch. Die Invasion, die Gottes Strafe für Moab und Ammon war, braucht nicht die der Skythen gewesen zu sein (s. oben). Weiterhin setzen 2,8.10 nicht unbedingt die Zerstörung Jerusalems voraus. Die Hoffnung auf einen Rest des Volkes Gottes, der von der großen Zerstörung verschont bleibt, findet sich überall in den prophetischen Schriften. Das Versprechen auf Errettung richtete sich nicht auf das gesamte Volk, sondern galt nur den Demütigen und Bußfertigen im Volk.

Inhalt

1,1 Überschrift: Zephanja wird vorgestellt

1,2–2,3 Der Tag des Herrn wird angekündigt
- 1,2.3 Der Tag des Herrn trifft alle
- 1,4–13 Der Tag des Herrn trifft Jerusalem besonders
- 1,14–18 Der Tag des Herrn kommt bald
- 2,1–3 Ein Hoffnungsschimmer

2,4–3,8 Der Tag des Herrn bricht an
- 2,4–15 Drohung gegen die Völker
- 3,1–8 Drohung gegen Jerusalem

3,9–20 Der Sieg des Herrn
- 3,9–13 Das neue Jerusalem
- 3,14–20 Das neue Israel

Kommentar

1,1 Überschrift: Zephanja wird vorgestellt

Eine derartige biographische Einleitung ist nicht ungewöhnlich (vgl. z.B. Hos 1,1; Am 1,1; Sach 1,1). Sie informiert über den Propheten selbst, über seine Herkunft und über die Zeit, in der er gewirkt hat. Bemerkenswert ist nur die ungewöhnliche Länge dieser Einleitung über den Vaternamen hinaus. Ausführliche Überschriften dieser Art deuten meist auf irgendeinen bedeutenden Vorfahren hin. Hier soll wahrscheinlich darauf aufmerksam gemacht werden, daß Zephanja aus königlicher Familie stammte und daß ihn nur vier Generationen von König Hiskia trennten. Wenn das stimmt, war Zephanja nicht viel älter als 20 Jahre alt, als Josia den Thron bestieg. Seine königliche Abstammung wirft ein besonderes Licht auf die Tatsache, daß er das Königshaus verurteilte, weil man dort ausländische Sitten nachahmte und weil die Hofleute überheblich und grausam waren.

Das Wort des Herrn: vgl. Komm. zu Am 1,1. *Kuschi:* Der Name von Zephanjas Vater bedeutet »Äthiopier«. Dies könnte auf afrikanisches Blut in seinen Adern hinweisen, aber vielleicht war Gedalja proägyptisch eingestellt und gab daher seinem Sohn diesen Namen. (Vgl. Jer 38,7–13; 39,15–18 zur Anwesenheit eines Äthiopiers am Hof kurz nach Zephanjas Zeit.) Da laut 5Mo 23,9 weder ein Ägypter noch ein Äthiopier in die israelische Gemeinde aufgenommen werden konnten, wenn er nicht einen rein israelischen Vorfahren über mindestens drei Generationen nachweisen konnte, kann es sein, daß Zephanjas Herkunft so ausführlich beschrieben wird, um Kritik in dieser Beziehung als unbegründet erscheinen zu lassen. *Hiskia:* Obwohl hier nicht »König von Juda« hinzugefügt ist, nimmt man allgemein an, daß der gute König Hiskia (715–687 v.Chr., 2Kön 18; 2Chr 29) gemeint ist. Hiskia war ein so bemerkenswerter König, daß er keinen zusätzlichen Beinamen benötigte. Einige Ausleger sind allerdings der Meinung, es sei nicht der König Hiskia gemeint. *Zur Zeit Josias:* Das kann jeder Zeitpunkt zwischen 639 und 609 v.Chr. sein; die ganze Botschaft des Buches deutet aber darauf hin, daß die Prophezeiungen vor Josias großer Reform (621 v.Chr.; 2Kön 22–23) gesprochen wurden. Genau die Untugenden, die in diesem Buch verdammt werden, rottete Josia dann aus. Daher sind Zephanjas Prophetien in die Zeit zwischen 630 und 621 v.Chr. datiert worden.

1,2–2,3 Der Tag des Herrn wird angekündigt

Wie von Gott selbst gesprochen, wird hier das universale Gericht angekündigt (1,2f): *Ich will alles vom Erdboden wegraffen.* Dann konzentriert sich Zephanja jedoch auf das Gericht über Juda und besonders über die Bewohner Jerusalems (V.4–13). Indem Zephanja nochmals auf sein Anfangswort zurückgreift, beschreibt er die Bedeutsamkeit dieses Gerichts für die ganze Welt (V. 14–18). Mit harten und lebendigen Worten versucht der Prophet, das sündige Volk und die sündige Welt auf die drohende Krise und mögliche Katastrophe hinzuweisen. Inmitten all dieser Verurteilung und Drohung bietet der Prophet dennoch in Gottes Namen Gnade und Barmherzigkeit an und verspricht Errettung vor dem Tag des Zorns Gottes (2,1–3).

1,2.3 Der Tag des Herrn trifft alle

2 Hier wird Gottes souveränes Recht und seine Macht, den ganzen *Erdboden* zu richten, geltend gemacht und die allumfassende Bedeutung des »Tages des Herrn« (V.7) gleich zu Anfang unterstrichen. **3** Das Aufzählen der verschiedenartigen Lebewesen betont, daß Gottes Gericht alle betrifft. Daß abschließend die *Gottlosen* erwähnt werden, richtet die Aufmerksamkeit auf den Kernpunkt des Ganzen: Die Sünde und ihre unvermeidliche Vergeltung.

1,4–13 Der Tag des Herrn trifft Jerusalem besonders

4 Den Urprung des Bösen und des Götzendienstes sieht Zephanja in *Jerusalem.* Das Gericht muß im Hause Gottes beginnen, und daher muß Gott, der die ganze Welt erlösen will, zuerst Jerusalem, der Keimzelle alles Bösen, die Erlösung bringen. Der Baal-Kult, der unter Manasse und Amon (2Kön 21,1–9.16.19–21) aufgeblüht war, muß vollständig ausgerottet werden. Ebenso müssen die *Namen der Götzenpfaffen und Priester* verschwinden. Es ist erstaunlich, wie fest die kanaanitische Religion im Leben des Volkes Gottes verankert war. **5** Man betete auf den Dächern das Himmelsheer, die Sonne, den Mond und die Sterne an. Dies ist keine spezielle Anspielung auf das Nordreich, sondern die Anbetung von Sonne, Mond und Sternen stand unter assyrischer Oberherrschaft in Jerusalem in Blüte (2Kön 21,3.5.21; Jer 7,18; 44,17–19). Aus dieser Zeit stammte auch der Versuch, die Anbetung Gottes und die Anbetung Milkoms, »des greulichen Götzen der Ammoniter« (1Kön 11,5), miteinander zu verbinden. Dieses verabscheute Gott natürlich, denn niemand kann zur gleichen Zeit zwei Herren dienen. Der Versuch, zwei Göttern die Treue zu halten, hatte verheerende Folgen. Der Prophet sagt die Ausrottung des Götzendienstes voraus, und Josia bemühte sich dann mit seinen Reformen, ihn ganz zu zerstören (2Kön 23,13f). **6** Hinzu kam, daß viele Einwohner Jerusalems vorsätzlich oder aus Desinteresse die Anbetung Gottes vernachlässigten. Das war ihre schlimmste Sünde, die nicht unbestraft bleiben sollte. **7** Folglich verkündet der Prophet feierlich, daß Gott nun bereit ist, sein Gericht durchzuführen. Gott hat seine Gäste zum *Schlachtopfer*, das schon zubereitet ist, eingeladen.

8.9 Nun spricht der Prophet nicht mehr vom Gottesdienst, sondern vom Leben am königlichen Hof. Der König, der hier nicht ausdrücklich erwähnt wird, seine *Oberen* und seine *Söhne* hatten die Lebensweise, die Sitten und die Gewänder eines fremden Glaubens nachgeahmt, was in den Augen des Propheten Untreue gegenüber Gott war. Betrug und Grausamkeit waren am Hof offensichtlich weit verbreitet, und die Hofleute waren dadurch übermäßig wohlhabend geworden. **10–13** Händler und Geldwechsler in der Stadt waren auch nicht besser. Zephanja kannte die Stadt sehr gut. Er wußte, daß die Menschen habsüchtig und unredlich waren. Die meisten Händler hatten sich an der Armut des Volkes bereichert. Sie waren faul geworden, und Gott und die Menschen waren ihnen gleichgültig. Da sie so manche Krise überlebt hatten, glaubten sie nun sogar, sie könnten Gott hinters Licht führen, weil ihm gleichgültig sei, ob sie Gutes oder Böses taten. Zephanja aber verkündigte, daß ihre versteckten Besitztümer doch entdeckt würden und ihre großartigen Häuser zusammenfallen würden. Ihre grandiosen Pläne würden sich als nutzlos erweisen und ihnen nichts als Bitterkeit und Ruin bringen.

4 *Was vom Baal noch übrig ist:* Dieser Satz scheint manchen Forschern zu beweisen, daß Zephanja seine Prophezeiungen nicht vor der Reform Josias, sondern erst danach ausgesprochen hat. Diese Schlußfolgerung ist aber nicht unbedingt richtig – der Großteil des Buches spricht dagegen. Zephanja betont hier, daß auch der letzte Rest des Baal-Kultes verschwinden muß. *Götzenpfaffen:* Priester, die nicht Jahwe dienten. Diese Bezeichnung war sehr geringschätzig und galt besonders denen, die auf den Höhen richtigen und falschen Gottesdienst miteinander zu verbinden versuchten. **5** *Milkom:* der Gott der Ammoniter (1Kön 11,5.33; 2Kön 23,13). Die Verehrung Milkoms wurde dadurch gefördert, daß Salomo als Zugeständnis an seine ausländischen Frauen Höhenheiligtümer für ihn bauen ließ (1Kön 11,7f).

7 *Seid stille vor Gott dem Herrn:* Gottes Gericht wird hier als ein Schlachtopfer dargestellt. Dieser Satz aus der Tempelliturgie – er verlangt atemlose Stille, wenn der entscheidende Moment naht – ist sicher sehr anschaulich. Einige meinen, daß Gedanken, Aufbau und Ausdrucksweise des Buches von der Absicht beeinflußt seien, es während des Tempelgottesdienstes vorzutragen. **9** *Über die Schwelle springen:* Manche Ausleger sind der Ansicht, dieser Ausdruck weise direkt auf einen fremdländischen Aberglauben hin (vgl. 1Sam 5,5). Im Hinblick auf den folgenden Satz ist es aber wohl besser, die Wendung als einen schon sprichwörtlichen Ausdruck für jemanden anzusehen, der darauf aus ist, zu rauben und zu betrügen. Die Schwelle wurde als der Bereich der Hausgötter angesehen, die die Bewohner des Hauses vor Eindringlingen schützten. »Über die Schwelle springen« wäre somit eine Redewendung, die beschreibt, wie ein Eindringling den Versuch macht, die Götter zu umgehen, um sich zu bereichern. **10.11** Die hier gegebene Ortsbeschreibung könnte den Weg der Händler in die Stadt wiedergeben. Das *Fischtor* (auch Neh 12,39 erwähnt) an der nördlichen Stadtmauer war der Eingang in den als *Neustadt* (2Kön 22,14: der zweite Bezirk der Stadt) bekannten Stadtteil. Der *Mörser* (LÜ; ZÜ: Mulde) – wohl so genannt, weil es ein tieferliegendes Geländestück war – war wahrscheinlich der Teil des Tyropoion-Tals (»Tal der Käsemacher«), in dem sich ausländische Händler versammelten. Die *Hügel* dürften ein anderer Stadtteil oder ein Treffpunkt der Händler innerhalb der Stadt gewesen sein.

12 *Die auf ihren Hefen erstarrt sind* (ZÜ; LÜ: *die sich durch nichts aus der Ruhe bringen lassen*): Hier wird auf den Prozeß der Weinherstellung angespielt. Der Wein darf sich nicht setzen, denn sonst dickt er mit dem Bodensatz an. Um richtig zu reifen, muß der Wein von einem Gefäß in ein anderes geschüttet werden. Übertragen bedeutet dies, daß der Mensch einen schlechten Charakter bekommt, wenn er nicht mehr erzogen wird. Wenn jemand alles hat, was er braucht und von Gott unabhängig zu sein meint, stellt sich rasch moralischer Verfall ein und die Gesellschaft verkommt. *Lampe:* Gott wird hier als Wächter dargestellt. Niemand kann sich vor ihm verstecken, keine Sünde kann verborgen bleiben. Diese bildhafte Sprache inspirierte mittelalterliche Künstler, Zephanja als den

Mann mit der Lampe zu malen. In mancher Hinsicht war dies das richtige Bild Zephanjas, seines Charakters und seines Auftrags.

1,14–18 Der Tag des Herrn kommt bald

14ff Zephanja wendet sich nun wieder dem Gericht am Tag des Herrn zu. Davon hatte er bereits in 1,2f gesprochen. Jetzt betont er, daß dieser Tag nahe bevorsteht – er *eilt sehr.*

Bei Gott gibt es keine Günstlingswirtschaft – er wird mit allen Menschen abrechnen. Dieser Abschnitt erinnert an den berühmten Hymnus »Dies irae, dies illa« aus dem 12. Jh. In der Sprache der Apokalyptik verfaßt, spürt man in jedem Satz, wie nahe die Not ist. Das gilt für Menschen aller Zeiten, wenn sie sich Gott widersetzen oder ihn vergessen. Gott wird die Festungen zerstören, die der Mensch baut, um sich vor Gott sicher zu fühlen. In **16** mag Zephanja, indem er das warnende Beispiel der Skythen vor Augen hat, eine tatsächliche Belagerung Jerusalems meinen. Diese Weissagung erfüllte sich 597 v.Chr., als die Babylonier in das Land eindrangen und im Jahre 587 v.Chr. Jerusalem eroberten. Die vorhergesagte Belagerung ist ganz offensichtlich der Tag des Herrn, dessen Zorn sich am Götzendienst und an der Unredlichkeit Jerusalems und des Volkes entfachte. **17** Bei Einbruch der Dämmerung entdecken die Menschen, die meinen, von Gott unabhängig sein zu können, daß sie hilflos wie Blinde sind, wenn sie von Gott wegkommen wollen. Ihr Leben wird vollkommen wertlos sein. Die Nichtigkeit und Sinnlosigkeit einer gottlosen Existenz wird durch den Gebrauch der Worte *Staub* und *Kot* ausgedrückt. **18** Weder Reichtum noch Privilegien können den Menschen vor dem Feuer des göttlichen Zornes retten. Es wird gerechterweise über alle hereinbrechen.

14ff *Des Herrn großer Tag:* Nach Gerhard von Rad (Theologie des Alten Testaments, Bd. II, 1960, S. 129) gibt es im AT 16 Abschnitte, die sich ausdrücklich mit diesem wichtigen Gedanken beschäftigen. Zeph 1,14ff ist eine der wichtigsten dieser Stellen. Die Not ihrer Zeit erkannten Propheten wie Jesaja, Amos, Hesekiel, Joel und Zephanja als Situationen, die ein richtendes Eingreifen Gottes erforderlich machten. Sie lasen die Geschichte Israels und glaubten, daß sich Gottes allerletztes Eingreifen nicht sehr von seinem früheren Tun unterscheiden würde. So erwarteten sie, daß der Tag Gottes Krieg mit sich bringen würde. Notlagen, die von lokaler oder nationaler Bedeutung waren, sahen sie als Phänomene von universaler Wichtigkeit an. Wie auch immer der Tag des eifernden Zornes Gottes kommen wird, heraufbeschworen würde er durch Gottes Abscheu vor der Verehrung fremder Götter werden, und sein Strafgericht würde Jahwe mit unauslöschlichem Eifer durchführen (vgl. Am 5,18).

18 *Durch das Feuer seines Eifers* (EÜ): Die Eifersucht Gottes ist ein bekannter atl. Gedanke. Gott will ausschließlich angebetet werden, und mit allem Eifer eines zurückgestoßenen Liebenden widersetzt er sich der Treulosigkeit seines sündigen Volkes. Dennoch dürfen wir seine Eifersucht nicht mit unserem menschlichen Gefühl gleichsetzen, das so oft mit Zorn und Sünde einhergeht. Gott könnte kein eifersüchtiger Gott sein, wenn er nicht ein Gott der Liebe wäre. Gottes Eifersucht ist der Maßstab seiner Liebe. Deswegen will er sein Volk für sich ganz allein besitzen. Im *Lande:* Zutreffender ist die Übersetzung *Erde* (ZÜ). Dies wird von einigen Auslegern abgelehnt, die der Meinung sind, Zephanja spreche nur von Juda und Jerusalem. Manche sind auch der Meinung, V. 18b könne, wegen der universellen Zerstörung, die dort vorausgesagt wird, kein Wort Zephanjas sein. Aber wie wir schon gesehen haben, vermischt sich oft das Nahe mit dem Fernen, wenn der Prophet den Horizont der Ereignisse überblickt. Ereignisse, die historisch voneinander getrennt sind, werden von Propheten oft zeitlos ineinander geschaut.

2,1–3 Ein Hoffnungsschimmer

1 Zephanja drängt nun die Menschen, innezuhalten und alles noch einmal zu überdenken. Es könnte tatsächlich noch eine Chance bestehen. Oftmals sehen diejenigen als erste einen Hoffnungsschimmer, die die menschliche Natur in ihrer ganzen Schlechtigkeit erkannt haben. Das Gericht wird kommen und Gottes Zorn wird nicht gemildert, aber ein Rest könnte doch noch gerettet werden. **2.3** Wenn überhaupt, dann können nur die Demütigen dem Gericht Gottes entrinnen, denn sie sind nicht wie die Stolzen, die den eifersüchtigen Zorn Gottes heraufbeschworen haben. Gottes Gnade wird hier nicht erwähnt. Zephanja befiehlt den Menschen, rechtschaffen und demütig zu sein. Das erscheint uns moralistisch, aber auch Zephanja geht davon aus, daß all unsere Hoffnung auf Erlösung allein in der Gnade Gottes begründet ist.

1 *Sammelt euch und kommt her:* Der hebr. Text ist hier schwierig und wird daher verschieden übersetzt. Trotzdem wird der Sinn deutlich: es ist ein Aufruf zu Demut und Reue. Das Volk soll daran erinnert werden, daß es genauso wenig in der Lage ist, sich Gott zu widersetzen, wie die Spreu dem Sturm widerstehen kann. **3** Das Wort *Demut* (hebr. *ʿanawah*) wird sehr oft verwendet, um den frommen Israeliten zu beschreiben. Es beschreibt ein bestimmtes Verhältnis zu Gott, nicht zu den Menschen. Der demütige Mensch ist nicht schwächlich, sondern ein Mensch, der sich vor Gott demütigt – im Gegensatz zu dem stolzen und bösen Menschen. *Die ihr seine Rechte haltet* (LÜ; ZÜ: *die ihr nach seinem Gebote tut*): Demut zeigt sich im Gehorsam gegen alles, was Gottes Wille ist.

2,4–3,8 Der Tag des Herrn bricht an

2,4–15 Drohung gegen die Völker

In diesem Abschnitt finden wir eine Reihe von Prophezeiungen über die Nachbarvölker. Nacheinander spricht der Prophet von den Völkern an der Westgrenze (V.4–7), der Ostgrenze (V.8–11), der Südgrenze (V.12) und der Nordgrenze Judas (V.13–15). Der Prophet geht hierbei sehr formal vor, was auf eine didaktische Absicht schließen läßt. Die genannten Völker waren Feinde des Volkes Gottes, aber Zephanja nennt sie hier als typische Beispiele aller Feinde, die sich Gottes Willen widersetzen und seiner Herrschaft trotzen. Die Stolzen werden gedemütigt, und es macht keinen Unterschied, ob sie in Juda leben oder ob sie Judas heidnische Nachbarn sind. Vgl. auch Lk 1,52.

2,4–7 Die Philister. Zuerst erwähnt Zephanja (V.4) die Feinde im Westen Judas. Von Westen her waren schon seit 1200 v.Chr. laufend Invasoren aus Europa gekommen. Auf diesem Weg kam auch der Handel in das Land, wodurch die Küstenstädte groß und wohlhabend wurden. Das Gebiet der Philister war in fünf Städte gegliedert (Jos 13,3), vier dieser Städte werden hier genannt: *Gaza, Askalon, Asdod* und *Ekron.* Von der Zerstörung der fünften Stadt *(Gath)* berichtet 2Chr 26,6. Zephanja sagt voraus, daß dieses Gebiet durch einen schnellen Überraschungsangriff entvölkert *(verlassen)* wird. Dies soll *am Mittag* geschehen, d.h. entweder dann, wenn man es am wenigsten erwartet, oder daß nach einem halben Tag alles vorüber sein wird.

Die Küstenebene wird nicht mehr wiederzuerkennen sein (V.5f). Sie soll Weideland werden – ein Sinnbild der Entvölkerung (vgl. Jes 5,14–17), denn ein Schäfer weidet seine Schafe nur in wenig besiedelten Gebieten. Diese Stelle kann aber auch so verstanden werden, daß die materialistische Zivilisation der Philister nur reformiert werden kann, wenn die Menschen zu einfacheren und weniger anspruchsvollen Lebensformen zurückkehren. Dieses Land soll den *Übriggebliebenen vom Hause Juda* zuteilwerden. Gott rettet immer einige Menschen aus der Katastrophe, um mit ihnen seine Pläne weiterzuführen. Es geht nicht einfach nur um eine nationale Erneuerung des judäischen Volkes, sondern im Laufe der Jahrhunderte wird Gottes auserwähltes Volk, das neue Israel, entstehen. Dieser Gedanke des »Restes« erweitert die Grenzen des Volkes Gottes immer mehr, bis zum Schluß »die volle Zahl der Heiden zum Heil gelangt ist. Dann wird ganz Israel gerettet werden« (Röm 11,25f).

4 Der Feldzug der Skythen nach Ägypten ging mit Sicherheit auch durch die Küstenebene (Herodot I 103–106). 604 v.Chr. eroberte und zerstörte Nebukadnezar Askalon. 5 Die *Krether,* die an der Küste wohnten, waren ein Stamm der Philister. Vermutlich kamen sie aus Kaftor (Jer 47,4; Am 9,7), das allgemein mit Kreta gleichgesetzt wird. *Du, Kanaan, der Philister Land:* Dies ist die einzige Stelle im AT, in der der Name »Kanaan« gleichbedeutend mit »Philisterland« verwendet wird. In ägyptischen Inschriften wird der Name »Kanaan« allerdings unterschiedlich gebraucht. Als die Assyrer zu einem früheren Zeitpunkt das ganze Land westlich des Jordan mit Ausnahme von Juda besetzt hielten, war Kanaan praktisch mit Philistäa gleichzusetzen. »Kanaaniter« war daneben auch ein Ausdruck für Händler. Es ist durchaus möglich, daß der gutgehende Handel dieses Landes in den Händen von alteingesessenen Familien lag, die das Leben und den Handel von Neuankömmlingen kontrollierten.

7 Manche Forscher halten Teile dieses V. für eine nachexilische redaktionelle Erweiterung, da hier von der kommenden Glanzzeit der Übriggebliebenen vom Hause Juda gesprochen wird, deren Schicksal eine Wende erfahren soll. Die Meinung dieser Forscher ist darin begründet, daß sie die Propheten als Männer einschätzen, die zwar das kommende göttliche Gericht über das Volk Gottes voraussehen konnten, dann aber nicht versuchten, das daraus resultierende Spannungsverhältnis zwischen Gottes Gerichtshandeln und seinen früher gegebenen Bundesverheißungen zu erklären. Im Zusammenhang dieser Verse hat der Sieg des Volkes Gottes über die Philister einen tiefen symbolischen Wert: Er ist ein Sieg der Demütigen über die stolze Gottlosigkeit. Das wird schon in dem Sieg Davids über Goliath angedeutet. Ebenso wird Davids Volk Herr über alle anderen Völker sein. Aber Zephanja ist kein Nationalist. Im weiteren Verlauf seiner Botschaft macht er deutlich, daß die Völker eine solche Wendung erfahren, daß sie alle des Herrn Namen anrufen (3,9).

2,8–11 Moab und Ammon. Diese beiden Völker liegen im Osten Judas, sind beide semitisch und stammen beide von Lot ab (1Mo 19,36–38). Sie hatten das Volk Gottes bitter geschmäht und verachtet, und so bitter sollte auch ihr Elend werden (vgl. Jes 16,6; Jer 48,25–27; Hes 25,3.6.8). **9.10** Wie schwer ihr Vergehen war, spiegelt sich in der feierlichen Ausdrucksweise wider, mit der der Spruch in V.9f eingeleitet wird: *Wohlan, so wahr ich lebe! spricht der Herr Zebaoth, der Gott Israels.* Der von den Völkern beleidigte Gott ist lebendig, und seine Vergeltung wird mit Sicherheit kommen.

9 *Sodom* und *Gomorra* werden oft als herausstechende Beispiele totaler Vernichtung angeführt (vgl. 5Mo 29,22; Jes 13,19; Jer 49,18). In diesem Zusammenhang ist der Verweis im Blick auf die Beziehung Lots zu diesen feindlichen Völkern (vgl. 1Mo 19) besonders treffend. Die Tatsache, daß Lot so gnädig vor der Vernichtung bewahrt wurde, dient dazu, die Ankündigung des totalen Untergangs seiner Nachkommen noch stärker zu betonen. *Unkrautfeld* (LÜ; ZÜ: *Nesseln*; hebr. *charul*; vgl. Hiob 30,7; Spr 24,31): gemeint ist die Wicke, eine den Erbsen verwandte Pflanze. Moab und Ammon werden als verwüstetes Land dargestellt, in einem bei den Propheten häufig verwendeten Bild für Entvölkerung (vgl. Jes 7,23–25).

10.11 Zephanja nennt vier Gründe des Zorns Gottes gegen Moab und Ammon: Erstens ist er der gerechte und verdiente Lohn für ihre *Hoffart* (10a). Das Handeln Gottes richtet sich immer gegen die Sünde und auf den schuldigen Sünder. Der zweite Grund ist die Verteidigung seines auserwählten Volkes (V.10b). Das tut Gott nicht nur aus Gnade, sondern auch, um so die Sünde Moabs zu strafen. Die Moabiter hatten Gott durch ihre Taten erzürnt. Trotzdem ist es tröstlich zu wissen, daß der Herr zugunsten seines Volkes eingreift. Drittens (V.11a) greift der Herr ein, weil er sich im Konflikt mit den *Göttern auf Erden* befindet, denen er nicht erlauben kann, zu besitzen, was rechtmäßig ihm gehört. Viertens plant Gott, indem er so handelt, *alle Inseln* (ZÜ: Gestade) *der Heiden* zu sich zu bringen (V.11b).

2,12 Äthiopier. Nun spricht der Prophet von den Völkern, die im Süden leben. Möglicherweise spielt Zephanja hier sarkastisch auf Ägypten an, das von 715–663 v.Chr. von einem äthiopischen Königshaus regiert wurde. Da Zephanjas Wirken aber erst um 640 v.Chr. begann, ist es wahrscheinlicher, daß er »Äthiopien« (hebr. *kusch*; vgl. LÜ) als Sammelbegriff für die entferntesten Teile der Erde verwendet. Damit knüpft er an V.11 an, der die Weltherrschaft Gottes verkündet. Falls sich Zephanja hier doch auf Ägypten bezieht, könnte sich diese Vorhersage durch Nebukadnezars Strafexpedition (568 v.Chr.) nach Ägypten erfüllt haben. Dazu würde die Drohung *auch ihr... sollt durch mein Schwert erschlagen werden* passen.

2,13–15 Assur. Assyrien war zweifellos Judas ärgster und grausamster Feind. Schon 200 Jahre bevor Juda erstmals unter der Herrschaft der Assyrer zu leiden hatte, sah man in ihnen den Ursprung und die stärkste Ausprägung des Heidentums. Hundert Jahre früher zogen Assurs Heere durch das Land. Über 50 Jahre lang akzeptierte Juda Assurs Vorherrschaft und hatte teuer dafür zu bezahlen. So wie Assyrien andere Völker bedroht hatte, wird es nun selbst bedroht werden. Dies war das Ende einer Epoche. Was Zephanja prophezeite, erschien sehr unwahrscheinlich; dennoch trat es ein. Das Volk, das die Welt beherrschte, zerfiel und wurde *dürr wie eine Wüste, daß Herden sich darin lagern,* ein Schlupfwinkel für Tiere und Vögel. Die Assyrer prahlten mit ihrer Stärke und ihrem Selbstvertrauen: *Ich bin's, und sonst keine mehr!* (V.15b; vgl. dagegen *Ich bin der Herr und sonst keiner mehr, kein Gott ist außer mir,* Jes 45,5.6.18.21).

Die Stadt Ninive, früher voll Stolz und Herrlichkeit, wird zu »ein paar Erdhügeln und Ruinen in der Wildnis«. Wer vorüberzieht, *pfeift über sie und klatscht in die Hände.* So ungewiß ist weltliche Herrlichkeit, so unsicher ihr Lohn – aber gerecht und wahr ist die Rache des Herrn.

13 *Ninive* war die Hauptstadt Assyriens. Ihr Name steht stellvertretend für all das, was Juda unter der assyrischen Herrschaft zu erleiden hatte. Welche Gefühle das Volk Gottes Ninive gegenüber empfand, wird besonders aus Nahum Kap. 3 deutlich. **15** *Pfeift... und klatscht in die Hände:* Ausdruck von Verachtung und Hohn. Vgl. Hes 27,36.

3,1–8 Drohung gegen Jerusalem

Der Name der Stadt wird nicht genannt, aber es ist offensichtlich, daß Jerusalem gemeint ist. Bis zu dieser Stelle ist Zephanja nicht auf die Sünde eingegangen, die die Bewohner Jerusalems gemeinschaftlich begangen haben. Hier zeigt er, daß sie aber ganz und gar nicht vergessen worden ist. Er scheint sie vorher absichtlich nicht erwähnt zu haben, um sie jetzt besonders stark hervorzuheben.

1 Der gerechte Zorn Gottes richtet sich gegen das Böse, das in seinem eigenen Volk allzu deutlich sichtbar ist. Zephanja klagt die Stadt an wegen bewußter Treulosigkeit gegenüber Gott (*widerspenstig*). Die Stadt hat durch ihr Handeln Unschuld und Heiligkeit verloren und ist nun *befleckt.* Mehr noch – die Stadt ist moralisch so sehr verfallen, daß die Ungerechtigkeit zum Normalfall geworden ist. Die *tyrannische Stadt* (LÜ; ZÜ: gewalttätige Stadt) ist für ihre Ungerechtigkeit berühmt geworden. **2** Ihr Verhalten übertrug sich auch auf den religiösen Bereich: Die Menschen waren hochmütig und stolz, sie gehorchten nicht dem Wort derer, die sie zurechtweisen wollen. Sie handelten eigenmächtig, denn Gottes Gebote waren ihnen gleichgültig; sie erkannten Gottes Forderungen nicht an und baten ihn nicht um Gnade, denn sie nahmen die Gelegenheit, sich zu ihm zu halten, nicht wahr. **3.4** Hier werden vier verschiedene Gruppen genannt, die das Volk anführen. Sie halten der Überprüfung des göttlichen Gerichts nicht stand. Zunächst die habgierigen *Oberen* (LÜ; ZÜ: Fürsten) als Führer des Volkes. Dann die *Richter,* die sich benehmen wie Wölfe, die hinter ihrer Beute her sind und nichts für später übriglassen wollen. Es folgen die *Propheten,* die ihre Botschaft der Zeit anpassen, um sich beliebt zu machen, und schließlich die *Priester,* die ihrer heiligen Aufgabe, das *Gesetz* zu lehren (Mal 2,5–7) untreu geworden sind, indem sie es eigenmächtig auslegen. *Leichtfertig:* das hebr. Wort ist verwandt mit einem Verb »hervorquellen; überfließen (wie Wasser)« (vgl. 1Mo 49,4 »aufwallst«; Ri 9,4 »verwegen«). Unzuverlässigkeit und Geschwätzigkeit sind miteinander verbunden. Die Propheten werden als zwielichtige Gestalten charakterisiert.

5–7 In starkem Gegensatz zu all dem steht die unwandelbare Gerechtigkeit des Herrn. Täglich zeigt er, was recht und gut ist, aber die Gottlosen lassen sich nicht belehren. Die Bestrafung der anderen Völker sollte eine Warnung für Juda sein, aber Juda wurde nur noch eifriger, Böses zu tun. **7** *... eifrig dabei, alles Böse zu tun:* vgl. Jer 7,13.25f; 11,7f; 26,5. **8** Schließlich fleht Zephanja Jerusalem an, zu Gott zurückzukehren, denn Gott wird mit Sicherheit alles zerstören, was sich gegen ihn erhebt. Dieser V. ist auf verschiedene Weise interpretiert worden. Manche deuten ihn als einen ironisch gemeinten Aufruf an Juda, auf das verkündete weltweite Gericht zu warten; dabei wird statt *zur Beute (le'ad) auftrete* (EÜ nach MT) gelesen: *als Zeuge (le'ed)* im Sinne der Anklage. Andere interpretieren den Satz als eine Ermunterung, tapfer standzuhalten, bis Gott sich entschließt zu handeln. Es ist kaum zweifelhaft, daß sich hier schon Spuren der Apokalyptik zeigen. Zephanja blickt über die nahen Ereignisse, über die Niederträchtigkeit Judas und der Nachbarvölker und sogar über Ereignisse der nahen Zukunft hinweg auf die Zeit des letzten Gerichts (so LÜ). Die augenblicklichen Geschehnisse sind noch nicht das Ende, sondern erst die Vorboten des letzten Gerichts.

3,9–20 Der Sieg des Herrn

An dieser Stelle klingt etwas ganz Neues an – der Sieg des Herrn. Dieser Ton ist so neu in Zephanjas bisheriger Botschaft, daß einige Kommentatoren vermuten, das sei in der Zeit nach dem Exil hinzugefügt worden, als ein gewisser Optimismus eher zu Äußerungen des Triumphes Anlaß gegeben haben mag. Der Wahrheitsgehalt dieser VV. bleibt gewiß erhalten, wenn sie sich als eine spätere Hinzufügung erweisen sollten. Aber wir sind keineswegs genötigt, hier eine andere Stimme als die Zephanjas zu hören, obwohl er jetzt nicht mehr vom Lärm des Untergangs und von der Asche des Gerichts spricht, sondern von einem neuen Anfang.

Eaton hebt mit Recht hervor, daß die dramatischen Tempelrituale, wie wir sie aus den Psalmen erschließen können, die beiden gegensätzlichen Themen des scheinbar endgültigen Gerichts und des plötzlichen Aufbrechens von Gnade und Hoffnung miteinander verknüpften (vgl. Einleitung zu den Psalmen, S. 541f). Zum Tag des Herrn gehören sowohl Strafe als auch Frieden. Der Sieg Gottes über die, die ihm widerstreben, führt zur Vollkommenheit seines Reiches.

3,9–13 Das neue Jerusalem

So wie in 1,2–6 das Gericht verkündet wurde, wird nun auf ähnliche Weise Hoffnung offenbart. Es beginnt mit einer weltweiten Vision über die erlösten Völker (V. 9f). **11–13** Diese Vision verdichtet sich dann (V. 11–12) auf das neue Jerusalem, in dem ein geläuterter, demütiger Rest von Übriggebliebenen nicht länger von den Stolzen und Hochmütigen gequält werden wird, die der Stadt Ärger und Schande gebracht hatten.

9 *Dann aber will ich den Völkern reine Lippen geben:* Dies bedeutet, daß sie Gott nun mit einem reinen Herzen anbeten werden. Vgl. Jes 19,18: »Zu der Zeit werden fünf Städte in Ägyptenland die Sprache Kanaans sprechen und bei dem Herrn Zebaoth schwören.« Der Fluch über Babel, der die Menschen zerstreute (1Mo 11,9), wird aufgehoben sein. **10** *Kusch* (LÜ; ZÜ: *Äthiopien*) wird hier erwähnt, um auch die fernsten Völker miteinzubeziehen, denn Äthiopien war das weitest entfernte Land, das man sich damals vorstellen konnte (vgl. Komm. zu 2,12). *Meine Anbeter, mein zerstreutes Volk:* Eine kleine textliche Schwierigkeit verdeckt nicht die wesentliche Bedeutung dieses Satzteiles, obwohl die Vermutung, er bezöge sich auf die Rückkehr der Judäer aus der Zerstreuung, einige Forscher zu der Annahme geführt hat, daß dieser Satzteil nicht von Zephanja stammen könne, sondern eine spätere Hinzufügung sei. Das ist aber nicht zwingend. *Mein zerstreutes Volk,* wörtl. »die Tochter meiner Zerstreuten«, könnte sich auf diejenigen beziehen, die Gott aus allen Völkern zu sich führen will. Vgl. Jh 10,16: »andere Schafe«, und Jh 11,52: »die zerstreuten Kinder Gottes«. Nochmals blickt Zephanja auf die anfängliche Zerstreuung in 1Mo 11,9 zurück.

12 *Demütig* (ZÜ; hebr. *ʿani*; LÜ: arm) kennzeichnet jemanden, der infolge eines schweren Schicksals demütig ist; im Gegensatz dazu beschreibt das hebr. Wort *ʿanawah* (vgl. das Wort Demut in 2,3) jemanden, der vom Wesen her demütig ist. Das Volk *wird beim Namen des Herrn Schutz suchen* (ZÜ), ganz im Gegensatz zu seinen früheren Bündnissen mit heidnischen Völkern, die sich immer als nachteilig erwiesen hatten. **13** Hier werden zwei weitere kennzeichnende Eigenschaften des Volkes des neuen Jerusalems gegeben. Weil die Menschen nun demütig sind (V. 12), wird ihnen eine neue Sprache *(Zunge)* gegeben – dies ist Hauptmerkmal eines erneuerten Volkes (vgl. Jak 3,2f). Und die Menschen, die beim Namen des Herrn Schutz suchen, werden bei ihm ungebrochene Sicherheit und Frieden finden.

3,14–20 Das neue Israel

14 In diesem V. beginnt Zephanja, den Herrn in seiner Beziehung zu seinem Volk in drei charakteristischen Bildern darzustellen. Dem folgen dann drei Aussagen über die gnadenvolle Erneuerung des Volkes. **15** Der Herr ist *der König Israels,* der hier für einen König kennzeichnende Handlungen ausführt: er befreit das Volk von seiner Strafe (V. 15a), vertreibt seine Feinde (V. 15b) und garantiert seine Sicherheit (V. 15d). **16.17a** Im Anschluß an die in V. 15d erwähnte Sicherheit des Volkes sehen wir den Herrn nun als *Held* (ZÜ; LÜ: *Heiland*), der den Kampfgeist seines Volkes ermutigt (V. 16) und ihm den Sieg bringt (V. 17a). **17b.18a** Nun folgt das dritte Bild. Viele Kommentatoren sehen hier die Notwendigkeit, vom MT (*er schweigt in seiner Liebe*; EÜ) abzuweichen und der LXX zu folgen. ZÜ übersetzt daher: »Er erneuert dich in seiner Liebe.« Doch gibt der MT ein durchaus verständliches Bild, Gott als Bräutigam dargestellt, der seine Braut (Zion) über alles liebt. Einmal ruft er seine Freude laut heraus, ein anderes Mal drückt er seine Liebe in tiefem Schweigen aus. **18b** Diesen drei Bildern des Herrn entsprechen drei Aussagen über das erneuerte Volk. Übereinstimmend mit dem Werk des Königs (V. 14f) wird es ein Volk sein, das von Schande und *Unheil* befreit ist. (Allerdings ist der Text hier äußerst schwierig.)

19 Dem göttlichen *Helden* (ZÜ; LÜ: Heiland), der der Mutlosigkeit ein Ende macht (V. 16b), entspricht ein Volk, das nun nicht mehr hilflos ist wie *Hinkende* und *Zerstreute,* sondern zu *Lob und Ehren* gebracht worden ist. **20** Schließlich bringt der Bräutigam seine Braut heim, und sie sieht endlich mit ihren eigenen *Augen* all das, was ihr Geliebter und Herr für sie getan hat. Wie auch in ntl. Sicht das Warten der »Braut Christi« (Offb 21f) auf ihre Heimholung keinen Zweifel an Gottes Verheißung hervorruft, beendet Zephanja seine Prophetie mit den Worten, die die göttliche Versicherung der Wahrheit dieser Worte sind: das *spricht der Herr.*

John T. Carson

Haggai

Einleitung

Verfasser

Haggai, der erste nachexilische Prophet nach der Wiederherstellung Judas, wird sonst nur noch im Buch Esra erwähnt. Danach war er ein Zeitgenosse Sacharjas und wirkte in Juda und Jerusalem. Infolge des gemeinsamen Dienstes beider Propheten wurden die Wiederaufbauarbeiten am Tempel aufgenommen und zu Ende geführt (Esr 5,1f; 6,14). Über das persönliche Leben Haggais wird nichts berichtet. Man nimmt allgemein an, daß er zu der Hauptgruppe der Verbannten gehörte, die aus Babylon zurückkehrte, nachdem Cyrus 538/7 v.Chr. durch sein Edikt den Wiederaufbau des Tempels gestattet hatte. Wenn das zutrifft, dürfte er den ersten Anlauf zu diesem Werk sowie das folgende Nachlassen der Anstrengungen aufgrund von Behinderungen miterlebt haben. Da er sich einer priesterlich-kultischen Argumentation bedient (Hag 2,11–14), vermuten manche, daß er irgendwie mit dem Tempeldienst in Verbindung stand. Allerdings dürfte eine so allgemeine Interpretation des Gesetzes sowie die Anspielung auf die Bundesverheißung aus der Zeit des Exodus (Hag 2,5) jedem frommen Juden vertraut gewesen sein. Sein Name »Haggai« (»mein Fest«) könnte andeuten, daß er an einem Festtag geboren oder geweiht wurde. Dieser Name ähnelt dem mehrerer Leviten (1Mo 46,16; 4Mo 26,15) oder könnte eine Variante von »Haggia« (1Chr 6,15) sein. Nach der Überlieferung (Epiphanius) war er bei der Rückkehr aus Babylon ein junger Mann, und es gibt keinerlei Beweis dafür, daß er schon sehr alt war und noch den Salomonischen Tempel vor seiner Zerstörung im Jahre 587 v.Chr. gesehen hatte (wie manche aus Hag 2,3 schließen), oder daß er erst kurz vor seinen im Buch Hag niedergeschriebenen Prophetensprüchen mit einer besonderen Gruppe unter Serubabel in der Stadt eintraf. LXX schreibt Haggai und Sacharja Psalm 137; 144–148 zu.

Datierung

Die Prophetensprüche werden durch Datierungsformeln eingeleitet, und dabei präzise genannten Tagen im sechsten (1,1.15), siebten (2,1) und neunten (2,10.20) Monat des zweiten Regierungsjahres von Darius I. (Hystaspes) von Persien zugeordnet. Er regierte 522–486 v.Chr., und die Sprüche sind demnach auf den 29. August – 19. November 520 v.Chr. zu datieren. Sprache und Stil entsprechen dieser Zeit.

In dieser Zeit bekamen die fernen Provinzen des Persischen Reiches, die von Statthaltern verwaltet wurden (1,1), keine direkte Hilfe von der Zentralregierung. Die aufgeklärte Politik, örtliche Autonomie in säkularen und religiösen Angelegenheiten zu fördern, war von Cyrus begonnen worden (aufgrund seines Erlasses hatte 536 v.Chr. die erste Rückwanderung der Juden eingesetzt), endete aber schon etwa sechs Jahre später bei seinem Tod. Sein Sohn Kambyses (530–522) zeigte weniger Interesse an seinen Vasallenstaaten, und dies trug zweifellos dazu bei, daß die Juden den Wiederaufbau des Tempels in Jerusalem nicht vorantrieben. Die Arbeit war bald nach der Ankunft der ersten Rückkehrer unter dem von den Persern ernannten judäischen Statthalter Scheschbazar zum Stillstand gekommen. Diese Unterbrechung wurde noch verlängert durch den Widerstand der Samaritaner und örtlicher Landeigner, die sogar ein Verbot weiterer Aufbauarbeiten erwirkten. Kambyses setzte seine Macht nicht ein, um die ursprünglich von seinem Vater erteilte Baugenehmigung aufrechtzuerhalten (Esr 4). Nach Kambyses' Tod kam es zu Aufständen, in deren Verlauf Bardiya die Herrschaft an sich riß. Er wurde jedoch schon drei Monate später von Darius getötet. In Babylon gelangte aufgrund einer örtlichen Revolte Nidintu-Bel (Nebukadnezar III.) auf den Thron (3. Okt. – 18. Dez. 522). Darius schlug ihn und hatte das Gebiet fast ein Jahr lang fest in der Hand. Dann zettelte Araka (Nebukadnezar IV.) einen weiteren Aufstand an, und erst Ende 521 v.Chr. konnte Darius die Ordnung wiederherstellen. Die Auswirkungen dieser Unruhen auf die Wirtschaft und den Austausch mit dem Westen wurden durch eine Reihe von Dürreperioden noch verschlimmert. Auf die schwierige damalige Lage in Juda liegen direkte Hinweise nur von Haggai vor (vgl. jedoch Sach 1,11), aber archäologische Funde stützen seine Aussagen über die vorherrschende Armut (1,9–11; 2,16). Es herrschte eine gedrückte Stimmung, und jeder kümmerte sich nur um die Verbesserung seiner eigenen Lebensumstände. Es schien nicht die rechte Zeit, Mühe und Geld in Gottes Haus zu investieren (1,2).

Die Botschaft

Haggai wird als Prophet bezeichnet (1,1 u.ö.; Esr 5,1; 6,14), durch den das Wort des Herrn geschah (1,1.3.5.7.9; 2,1.10). Er beanspruchte, vom Herrn gesandt (1,12f) und bevollmächtigt (Esr 5,1) zu sein. Er verfolgte nur ein einziges Ziel: das Volk zu ermutigen, eine unvollendete Aufgabe, den Bau des Tempels, zu Ende zu führen. Obwohl er, soweit berichtet, nur etwa drei Monate öffentlich wirkte, war er einer der wenigen Propheten, die die Erfüllung ihrer Worte erlebten. Das Werk wurde nämlich im sechsten Regierungsjahr des Darius (6. Okt. 516; Esr 6,15) vollendet. Ausdrücklich wird berichtet, daß Haggais Worte die Arbeit neu belebten (Esr 5,1f).

Er lenkt die Gedanken auf den Tempel des Herrn als den Ort der Gegenwart und Herrlichkeit Gottes (1,8; 2,3; beachte auch das mehrfach gebrauchte »Ich bin mit euch«, »unter euch« – 1,13; 2,5 u.ö.). Damit will er aber keinesfalls dazu ermutigen, sich auf den Tempel als Bauwerk zu verlassen; darin war er sich mit Jeremia (Jer 7,4) einig. Haggai stellte fest, daß das Haus Gottes aufgrund der schlimmen wirtschaftlichen Lage noch nicht vollendet war. Das Gesetz aber lehrte, daß eine solche Lage die Folge nationaler Sünde war (1,11; 5Mo 11,17; Am 4,7). Damit schloß sich Haggai sowohl direkt als auch – in der Bezugnahme auf die kultische Unreinheit (2,11–14) – indirekt den früheren Propheten in der Diagnose der Ursache des geistlichen und wirtschaftlichen Elends des Volkes an. Anders als Amos, der aufgrund des gegenwärtigen Elends zur Buße ruft (Am 4,6–11), betont Haggai es als Aufruf zu Werken, die der Buße entsprechen. Es war seinem Zeitgenossen Sacharja vorbehalten, direkt zur Buße zu rufen (Sach 1,3f). Obwohl Haggais Botschaft sich in der Art der Präsentation von der Sacharjas unterscheidet, verfolgt sie doch dasselbe Ziel und hat denselben allgemeinen Aufbau und dieselbe Datierung. Das Buch Haggai erinnert daran, daß Gottes Wille und Werk stets an erster Stelle stehen müssen. »Trachtet am ersten nach dem Reich Gottes und nach seiner Gerechtigkeit, so wird euch solches alles zufallen« (Mt 6,33).

Man hat behauptet, bei Haggai werde der Übergang vom Propheten zum Lehrer deutlich. Diese Rollen sind aber in der atl. Prophetie immer miteinander verknüpft. Seine häufige Verwendung von kurzen, mit »So spricht der Herr« eingeleiteten Zitaten oder von Fragen (1,5.9; 2,3.12.15.18f) sollen nach Meinung mancher Forscher den späteren rabbinischen Lehrstil vorwegnehmen; aber beides ist ebenso bei den früheren Propheten zu finden. Der Stil und die Kürze der Prophetensprüche lassen sich auch so erklären, daß es sich bei ihnen wohl nur um eine Auswahl aus den gesamten Aussprüchen des Propheten handelt, eine Auswahl der Worte, die sich ausdrücklich auf den Tempelbau beziehen. Sein Stil ist knapp, direkt und eindringlich und paßt damit hervorragend zu seinem Anliegen. Er ruft mit seiner Verkündigung zur Entscheidung und zur Antwort auf Gottes Forderungen auf (1,12) und appelliert immer wieder an Verstand und Gefühle. Er bedient sich einer rhythmischen Prosa und nicht der gewöhnlichen poetischen Form, die oft bei den Propheten anzutreffen ist (vgl. aber 2,4.5.14). Die meisten Forscher halten Buch und Botschaft für unversehrt; allerdings bezeichnen einige die Eingangsformeln als künstlich und einige Stellen als am falschen Ort stehend (z.B. 1,15a, wenn 15b nicht an 15a angeschlossen, sondern 2,1 vorgeschaltet wird – ZÜ; JB); doch um dies zu korrigieren, geht es nicht ohne Eingriffe in den Text ab, die sich weder vom Text her noch durch äußere Indizien rechtfertigen lassen. Die Botschaft ist in sich schlüssig und einheitlich.

Parallel zu den durch die äußere politische Lage verstärkten nationalistischen Gefühlen blickt Haggai nach vorn, auf die Herrlichkeit des vollendeten Tempels. Wie schon Jesaja vor ihm, hält er ihn für einen Ort von internationaler Bedeutung (2,6–9; vgl. Jes 2,2–4). Gleichzeitig weist er auf die messianischen Hoffnungen voraus, die wiederbelebt wurden in dem neuen »Sproß« der davidischen Linie, der aus dem dürren Erdreich hervorbrechen sollte (2,20–23; vgl. Jer 23,5). Serubabel wird in Zion die verheißene königliche Linie fortsetzen; er soll der Herrscher (»Siegelring«) des neuen, vom vollendeten Tempel gekennzeichneten Zeitalters sein. Von Menschen verursachtes wirtschaftliches Elend wird dem von Gott geschenkten Wohlstand weichen.

Inhalt

Kommentar

1,1–2 Botschaft an die Führer

Das Hauptthema der ganzen Sammlung – der Bau des Tempels – wird eingeleitet, indem das Problem genannt wird, das die Arbeit behindert. Dem politischen und dem religiösen Führer wird von den Zweifeln des Volkes berichtet, ob jetzt die rechte Zeit zum Handeln da sei.

1 Die Angabe eines präzisen Datums als Einleitung zu einem konkreten Prophetenspruch findet sich häufig in nachexilischen Schriften (z.B. Sach 2,2.7; Dan 7,1; 8,1; Hes 8,1). *Serubabel,* d.h. »Nachkomme von Babel«, war also im Exil geboren. Er war der *Sohn Sealthiëls* und damit der Enkel Jojachins, des letzten rechtmäßigen Königs von Juda (vgl. Esr 3,2; Mt 1,12). Nach 1Chr 3,19 war er der Sohn Pedajas, vielleicht aufgrund einer Leviratsehe (LXX stimmt allerdings in 1Chr 3,19 mit Hag 1,1 überein). Der Fachausdruck *Statthalter (pechah)* erinnert an die Fremdherrschaft. Er entspricht Esras Ausdruck »Statthalter der Juden« (Esr 6,7). Die politischen und religiösen Führer sind beide Gott verantwortlich. **2** *Dies Volk:* deutet an, daß Haggai sich als sein Sprecher betrachtete. *Die Zeit ist noch nicht da* (vgl. V.4): Die grammatische Zeitform weist auf die niedergedrückte Stimmung hin, denn sie deutet an, daß man auch in der Zukunft keine passende Zeit erwartete. Man konnte sich nicht damit entschuldigen, man sei mit der Ernte beschäftigt, denn die war vorüber (erster und fünfter Monat), auch nicht mit dem Widerstand der Samaritaner und der persischen Regierung, denn der lag schon 16 Jahre zurück (vgl. Esr 4,1–5). Es muß auffallen, daß keiner dieser Faktoren die Arbeit beeinträchtigte, nachdem erst einmal der Wille da war, das Werk in Angriff zu nehmen.

1,3–11 Aufruf an das Volk

Dem Volk wird die gleiche Frage vorgelegt wie seinen Führern, da es gleichermaßen verantwortlich ist und Schuld daran trägt, daß Gottes Haus vernachlässigt worden ist. Als tiefste Ursache des Versagens und der erbärmlichen Lage wird die Selbstsucht genannt. Diese Sünde wird ans Licht gebracht, indem Gott seinen Segen zurückhält.

4 *Aber eure Zeit ist da ...!* Was LÜ als ironische Aussage wiedergibt, ist in ZÜ, JB und EÜ als rhetorische Frage übersetzt, die nachdrücklich zu verneinen ist. Haggai kommt gleich zur Sache. Was sind die Prioritäten? Durfen Menschen in *getäfelten Häusern* wohnen, während für Gottes Haus *(dies Haus)* Holz fehlt? Der Fachausdruck *getäfelt (šapan)* bezeichnet dekorative Paneele (1Kön 7,7), aber auch Dachbalken (1Kön 6,9), und vielleicht liegt hier ein bewußtes Wortspiel mit dem gleich geschriebenen aram./babyl. Verb *šapanu* vor, das einebnen (zermalmen) bedeutet und ein Schlaglicht auf den grundlegend anderen Zustand des Hauses des Herrn wirft. **5** *Achtet doch darauf, wie es euch geht:* Die Übers. der EÜ »Richtet euer Herz auf eure Wege« (vgl. V.7; 2,15.18) ist vorzuziehen, denn der Aufruf zielt darauf ab, die zukünftigen Wege (Plur.) – im Sinne von »Lebensweise« – recht zu gestalten. **6** Vgl. V.9–11. Schilderung der Unfruchtbarkeit des Lebens und Fruchtlosigkeit der Arbeit als Hinweis auf die geistliche Not. **8** *Holt Holz:* könnte einfach bedeuten, daß Holz der wichtigste fehlende Baustoff war, da Steine zur Verfügung gestanden haben dürften. Dem Bauplan lag vielleicht, wie beim Salomonischen Tempel, der syrische Stil zugrunde, d.h. die Mauern wurden schichtweise aus Steinen und Holzbalken gebaut. Da von »Trümmern« die Rede ist (V.4: »wüst«), ist die Deutung wohl nicht richtig, man habe nur noch aus dem Gebirge Holz (d.h. dicke Balken) für die Dachkonstruktion benötigt. Welcher der beiden Erklärungen man sich auch anschließt, eines bleibt: Das, was noch fehlte, konnte nur unter großen Opfern und Mühen herbeigeschafft werden. Gottes *Herrlichkeit* sollte stets sichtbaren Ausdruck finden (vgl. 2Mo 16,7), besonders in seinem Haus (vgl. 2Chr 7,1–3) und im Leben seiner Kinder, deren Leib Gottes »Tempel« ist (vgl. 1Kor 3,16; 6,19). Alle materiellen Güter sollen zu seiner Ehre gebraucht werden und nicht für selbstsüchtige Zwecke. **9** *Wenn ihr's schon heimbringt:* nämlich in euer eigenes Haus statt in Gottes. **10** Wenn der Himmel seinen *Tau* zurückhielt, war dies ein direktes Zeichen für Gottes Zorn über die Sünde (vgl. 5Mo 11,10–12; 28,23f; Am 4,7), und ein solches Zeichen sollte zur Buße rufen.

1,12–15 Antwort des Volkes

Gehorsam gegenüber Gottes Wort, das sein Bote weitergegeben hat, bringt Ausrichtung auf das gemeinsame Ziel, ein weiteres Wort des Herrn, Ermutigung und Anstoß zu rechtem Handeln.

12 *Alle übrigen vom Volk* (vgl. V.14; 2,2f): Diese Übersetzung ist irreführend. Gemeint sind nicht alle »Sonstigen«, sondern die »Übriggebliebenen« (ZÜ; vgl. EÜ; JB), also diejenigen, »die vom Volk noch übrig waren« (EinhÜ); inhaltlich sind mit diesem Ausdruck – wie in Jesajas Eschatologie (vgl. Jes 10,20f) diejenigen gemeint, die am wahren Glauben und der Gerechtigkeit festhalten (vgl. Sach 8,6–8.12), also ein qualifizierter Rest. Die *Stimme des Herrn* und die *Worte des Propheten Haggai* sind, so wird gezeigt, identisch. Das ist wahre Prophetie. Indem das Volk gehorcht, erkennt es an, daß Gott der Urheber der Worte Haggais ist und daß diesen Worten deshalb Autorität über die Menschen zukommt. Gehorsam aber führt stets zur Furcht des Herrn, d.h. einer Haltung des Herzens und Verstandes, die zu Anbetung, Weisheit und Abkehr vom Bösen leitet (vgl. Spr 1,7; 8,13). **13** Haggai ist *der Bote des Herrn,* weil er ja vom Herrn »gesandt« (V.12) ist. Der Begriff kommt in Jes vor (Jes 42,19; 44,26) und im Namen »Maleachi« (Mal 1,1; 3,1; »mein Bote«). Er war Bote, weil er »im Auftrag des Herrn« handelte (so EinhÜ; besser als: *beauftragt ... mit der Botschaft des Herrn*). Das Wort kann auch einen »Engel« bezeichnen (so in 1Mo 19,1) oder irgendeinen Boten (deshalb an dieser Stelle die qualifizierenden Worte). Das abgeleitete Substantiv wird gewöhnlich im Sinne von »Beschäftigung, Arbeit« gebraucht. *Ich bin mit euch:* eine unveränderliche Verheißung eines unwandelbaren Gottes. Diese Worte haben immer wieder Menschen zum Glauben und Handeln motiviert, so Mose (2Mo 3,12), Gideon (Ri 6,16) und die Jünger Christi (Mt 28,20).

14 Gehorsam gegenüber den Geboten Gottes führt stets dazu (und wird dadurch bestätigt), daß Gottes Geist im Geist des Menschen wirkt (vgl. 2,5) **15** Das hier unerwartete Datum läßt sich am besten erklären als Hinweis auf die Zeit (23 Tage), die seit dem Aufruf von V. 1 vergangen war. Bevor die Arbeit beginnen konnte, brauchte man soviel Zeit, um Material und Personal zu beschaffen. Die Vermutung, daß es sich um einen an die falsche Stelle geratenen Vorspann zu 2,15–19 handelt, würde eine Textkorrektur in »neunten Monats« voraussetzen (das Datum der Neugründung; 2,18) und es würde bedeuten, daß die Sprüche nicht in chronologischer Reihenfolge angeordnet sind. Eine beträchtliche Umordnung des ganzen Textes wäre nötig, damit ein logischer Sinn entsteht, und dies ist unangebracht.

2,1–9 Wort der Ermutigung

Nach einmonatiger harter Arbeit schickt Gott gnädig ein weiteres Wort der Ermutigung an die ganze Mannschaft, die bei der Arbeit ist. Diesmal wird alle Verzagtheit zerstreut durch eine Erinnerung an das frühere Wort (V.4 »Ich bin mit euch«), einen Aufruf zu erneuter Anstrengung (V.4 »sei getrost«, »arbeitet«) und die Verheißung unfehlbarer Macht (V.6 »ich werde ... erschüttern«), Versorgung (V.8) und schließlich Herrlichkeit und Ruhe (V.9).

1 Der *einundzwanzigste Tag des siebenten Monats* war der letzte Tag des Laubhüttenfestes und ging dem Tag der heiligen Versammlung voraus (3Mo 23,34–36). **3** Trotz des freudigen Anlasses waren manche niedergeschlagen, weil ihr kümmerliches Werk sich so sehr von Salomos großartigem Bauwerk unterschied (vgl. Esr 3,12). **4** *Sei getrost:* Das Wort bedeutet fest sein oder werden. *Volk im Lande:* Volk des Landes (EÜ, ZÜ, JB) ist hier kein Fachausdruck für Bauern oder eine bestimmte Bevölkerungsschicht, sondern meint alle Bürger. Gottes Gegenwart ist die Quelle und Triebfeder jeglichen treuen Werkes (vgl. Jos 1,6.9). **5** Das *Wort, das ich euch zusagte:* es war durch die Überlieferung allen frommen Juden bekannt und wurde von ihnen ständig repetiert (vgl. 2Mo 29,45; Neh 9,20; Sach 4,6). **6** *Eine kleine Weile:* dieser Hinweis soll die standhafte Hoffnung stärken (vgl. Jh 16,16). *Ich werde Himmel und Erde ... erschüttern:* wird zitiert in Hebr 12,26f (das »noch einmal« in Hebr und in Hag 2,6 EÜ weist auf die Ereignisse am Sinai zurück; vgl. 2Mo 19,18). **7** *Alle Heiden:* weist in die Zukunft, wenn beim Kommen des Herrn alle Völker seinem Volk Tribut zollen werden (vgl. Jes 60,9–11). Die damaligen Unruhen in den zu Persien gehörenden Ländern könnten durchaus diesen Gedanken angestoßen haben. *Kostbarkeiten:* Diese Übersetzung im kollektiven Sinn ist der Übers. »das Ersehnte« (EÜ) vorzuziehen, da das zugehörige Verb im Plur. steht (vgl. auch EÜ Anm.). Hier findet sich also kein Hinweis auf den Messias, wie die Vulg. andeutete, sondern auf die Gaben, die die Herrscher der Völker zum Schmuck des Tempels bringen sollten. Eine erste Erfüllung sollte es schon bald geben (V. 9; vgl. Esr 6,8f), doch die endgültige Erfüllung soll erst mit dem Anbruch der Herrschaft Christi kommen (vgl. Eph 2,17–22). Sacharja betonte den Eifer, mit dem andere versuchen würden, sich Gottes Volk in Jerusalem anzuschließen.

8 Der Glanz des Tempels mag zwar in gewisser Hinsicht auf den Reichtum und die Anstrengungen des Menschen zurückzuführen sein, aber er ist dennoch von Gott geschenkt. Dies ist die biblische Antwort auf den menschlichen Besitzanspruch. **9** *Ich will Frieden geben:* Hier steht das hebr. Wort *schalom,* dessen Bedeutung über das dt. Wort Frieden weit hinausgeht (ZÜ: Heil; EinhÜ: Fülle des Friedens). *Schalom* meint totales geistliches, geistiges und physisches Wohlergehen. Es ist das Gegenteil der Zustände, wie sie die mit dem Tempelbau Beschäftigten damals erlebten. *Der* HERR *(Jahwe) Zebaoth:* »Herr der Heerscharen«, ein Titel Gottes, der seine universale Herrschaft und Hoheit über die Mächte des Himmels und der Erde betont, hier besonders passend. Beachte seinen häufigen Gebrauch (15mal) in diesem kurzen Buch! Sein Vorkommen im ganzen Buch Jes (49mal) und Jer (76mal) zeigt, daß er nicht zur Datierung bestimmter Textabschnitte geeignet ist (vgl. 1Sam 1,3.11).

2,10–19 Segensverheißung

Zwischen dieser und der vorausgegangenen Botschaft hatte Sacharja zur Umkehr gerufen (Sach 1,3–6). Haggai unterstreicht nun diese Forderung durch eine öffentliche Frage an die Priester (VV. 12–15). Sie zielt mit Hilfe eines Vergleiches mit dem rituellen Gesetz darauf hin, das Volk daran zu erinnern, daß es noch nicht dadurch heilig wird, daß es an heiliger Stätte arbeitet. Die Sünde, die Gott veranlaßt hatte, sein Volk zu richten und die Zerstörung eben des Ortes zuzulassen, den man gerade wiederaufbaute, bestand ja fort. Kontakt mit heiligen Menschen, Stätten oder Gegenständen macht niemanden heilig (vgl. 2Tim 2,22). Durch Anerkennen der wahren Lage werden die Menschen bereit sein, den ersten Schritt zu tun und die Echtheit ihrer Buße durch ihr Werk beweisen. Darauf würde sogleich der Segen folgen (VV. 16–19).

2,10–15 Wirklichkeit der Sünde und ihre Erkenntnis

Die Unfähigkeit, sich von toten Werken frei zu machen, hatte ins Unglück geführt, so wie der Kontakt mit einem Leichnam den, der ihn berührte, unrein machte (4Mo 19,13). Sünde wirkt in der Menschheit ansteckend und kann sogar dann, wenn ein heiliges Leben begonnen hat, weiterhin infizieren.

11 *Frage die Priester:* Sie hatten während der Bauarbeiten den Opferdienst weitergeführt. Diese Frage reicht nicht aus, um Haggai als Ritualisten zu klassifizieren; sie stellt ihn vielmehr in eine Reihe mit den früheren Propheten, die das überlieferte Gesetz aufrecht erhielten. **13** Als *unrein* dürften die kürzlich zurückgekehrten Verbannten sehr wahrscheinlich die feindlichen Samaritaner betrachtet haben, aber auch die judäische Restbevölkerung, die an dem in den Trümmern (einem toten Gebäude, vgl. Esr 4–5) errichteten Altar einen Opferdienst weitergeführt hatte, der den Exulanten unvollkommen erscheinen mußte. Haggai stellt klar, daß diese Kennzeichnung auf alle zutrifft, auf das ganze Volk und sein Werk (V. 14). **15** *Ein Stein auf den andern gelegt:* bezieht sich entweder auf den gegenwärtigen Wiederaufbau oder auf die früheren, 16 Jahre zuvor begonnenen Arbeiten. Wenn die zweite Deutung zutrifft, klingt in den folgenden Versen (V. 15f) erneut die schon in 1,9–11 beschriebene schlimme wirtschaftliche Not an.

2,16–19 Notwendigkeit der Buße und Arbeit

17 *Dürre* und *Getreidebrand* waren Zeichen dafür, daß das Gesetz gebrochen worden war (vgl. 5Mo 28,22; Am 4,9). *Dennoch bekehrtet ihr euch nicht zu mir:* diese Übersetzung des schwierigen Textes lehnt sich an Am 4,9 an. MT hat »und nicht euch zu mir«. Rudolph übersetzt im Anschluß an Sellin nach anderer Korrektur »ich war nicht mit euch« (KAT). **18** *Vom vierundzwanzigsten Tage:* greift V. 10 auf, um das *von diesem Tage an* zu unterstreichen (vgl. V. 15.19), einen Ausdruck, der oft in antiken Verträgen auftaucht, bei denen es um neue Verpflichtungen geht. *Von dem Tag an, da der Tempel des Herrn gegründet ist:* dürfte sich wahrscheinlich auf den rituellen Akt beziehen, der einen Neuanfang kennzeichnete (wie Esr 3,10). Wenn man dies und das in diesem Vers angegebene Datum akzeptiert, ergibt sich kein Widerspruch zum Esra-Bericht. Beim Bau von Tempeln fanden gewöhnlich mehrere Gründungsrituale statt. Wahrscheinlich markierte das erste die unterirdische Grundsteinlegung und das zweite den Baubeginn zu ebener Erde, so wie es im alten Mesopotamien üblich war. Der Ausdruck könnte sich aber auch einfach auf die Fortsetzung der Arbeit auf dem von Scheschbazar gelegten Fundament (vgl. Esr 5,16) beziehen.

2,20–23 Weissagung an den Fürsten

Eine besondere Botschaft wird an Serubabel gerichtet, den Erben des Thrones Davids und ein Glied in der Ahnenreihe Jesu Christi (vgl. Mt 1,13). Sie spricht von der Herrschaft des Herrn der Heerscharen (V.23), von der schon im zweiten Spruch die Rede war (V.6f), und von der Erwählung des judäischen Fürsten zur Übernahme der Königsherrschaft (»Siegelring«).

Manche haben Einwände gegen diesen Teil vorgebracht, da er dasselbe Datum wie der vorherige Spruch aufweist, 2,6f wiederholt und nicht mit Sach 6,11 übereinzustimmen scheint, wo die Krönung des Hohenpriesters Josua zum »Messias« beschrieben wird. Doch dem liegen die unwahrscheinlichen Annahmen zugrunde, daß an einem einzigen Tag nur eine einzige prophetische Botschaft übermittelt und ein bestimmter Ausdruck nur von einem einzigen Propheten benutzt werden könne (Jes 13,13; Joel 4,16; vgl. Hebr 12,26). Die Krönung Josuas ist ein Ereignis für sich, das die priesterliche Rolle des Messias betont, die in Christus mit der königlichen Macht vereinigt werden sollte, mit der hier Serubabel ausgestattet wird. Dessen Herrschaft war Tatsache, wenn auch wenig darüber bekannt ist (was übrigens auch auf andere in der messianischen Linie zutrifft). Er war eng mit Josua verbunden (Hag 1,1.12; 2,4). Beide waren Vorschattungen (griech. *typoi*) Christi, »Zeichen« (so Sach 3,8). Es gibt also keinen Grund zu behaupten, bei der Bezeichnung Serubabels als Messias handele es sich um einen Fall von unerfüllter Prophetie.

20 *Zum zweitenmal* an einem Tag muß Haggai reden, diesmal zu einem einzelnen. *Zu Haggai:* Vergleicht man dies (auch 2,10) mit dem früheren »durch Haggai« (1,1.12; 2,4), ist dies vielleicht ein schwacher Hinweis auf einen »Rollenwechsel« vom Propheten zum Lehrer. Doch ist der Unterschied sachlich gering. **21** Noch einmal wird Gott in die menschliche Geschichte eingreifen (*Himmel und Erde erschüttern*; wie in V.6). Wie die frühere Verheißung desselben Handelns (V.6) zur universalen Anerkennung des Tempels führte, so werden nun alle im Sturz der Feinde Judas Serubabels Autorität erkennen, der die davidische Linie als neuer, unabhängiger und kraftvoller Führer fortsetzen wird. **23** Serubabel wird öffentlich anerkannt werden. Der *Siegelring* war das offizielle Kennzeichen höchster Autorität sowie der Treue und Gunst des Herrn seinem Volk gegenüber (vgl. Hld 8,6). Das Bild des Ringes war schon in Zusammenhang mit Serubabels Großvater verwandt worden (Jer 22,24). Während Haggai das gewaltsame Ende des Perserreiches vorausgesehen haben mag, hat man vermutet, das Schweigen über das Schicksal Serubabels könne andeuten, daß er wegen seiner Unabhängigkeitsbestrebungen später von den Persern abgesetzt worden sei. Dagegen war Haggai noch aktiv, als der Tempel fertig war (vgl. Esr 6,14).

Die kurzen Prophetensprüche schließen mit einer geistlichen Note. Alles menschliche Handeln, das aufbauend und nicht zerstörend sein soll, muß die Folge göttlichen Handelns sein: »Ich will . . . nehmen, . . . halten; denn ich habe . . . erwählt.« Oder, in den Worten von Haggais Zeitgenossen Sacharja: »Das ist das Wort des Herrn an Serubabel: Es soll nicht durch Heer oder Kraft, sondern durch meinen Geist geschehen, spricht der Herr Zebaoth« (Sach 4,6).

D. J. Wiseman

Sacharja

Einleitung

Das Buch

Luther hat das Buch Sacharja als die »Quintessenz« der Propheten bezeichnet. Selbst wenn Luther das Buch Sacharja darin etwas überschätzt haben sollte, bleibt doch festzuhalten, daß das Buch viele Querverbindungen zur früheren Prophetie aufweist. So spiegeln die vier Hörner in 2,1 Stellen wie Dan 7,7 wider; die Meßschnur in 2,5 erinnert an Jer 31,39 und Hes 40,3; das aus dem Feuer gerissene Brandscheit in 3,2 an Am 4,11; die sieben Augen in 4,10 an 2Chr 16,9; der Ruf zu rechtem Handeln in 7,9f an die Sprache von 2Mo (z.B. 2Mo 22,21–24); die Strafe der Zerstreuung in 7,14 an 3Mo 26,33 und 5Mo 4,27f; 28,36f; der Ausblick auf Jerusalem in 8,3–13 an Jes 2,2–4; 54,1–17; Jer 3,17f; 50,4f; und die Sprüche gegen die Nachbarvölker in 9,1ff an Am 1,2–2,3. Die Verheißung der Wiederherstellung in 1,17 und 2,14 erinnert an Jes 40,1; Hos 2,23; Mi 7,14; und die lebendigen Wasser, die aus Jerusalem fließen (14,8) erinnern an das neue Jerusalem der Theokratie bei Hesekiel (Hes 40–48; bes. 47,1ff). Wie Sacharja selbst in 1,1–7 und 7,1ff behauptet, steht er in einer ununterbrochenen prophetischen Linie, und sein reines Hebräisch nimmt die Sprache seiner Vorgänger in dem heiligen Amt auf. Sacharjas umfangreiche Kenntnis aller Teile des AT ist auf seine priesterliche Aufgabe als Ausleger der heiligen Schriften zurückzuführen.

Der zweite und dritte Teil des Buches (Kap. 9–11 und 12–14), die aus einer Reihe von Weissagungen bestehen, müssen im Lichte des NT als direkt oder indirekt messianisch verstanden werden. Die ntl. Offenbarung ist von Bildern aus diesem Buch durchsetzt.

Der Prophet

Über Sacharjas Leben wissen wir kaum etwas. Sein Vorfahr Iddo (Esr 5,1; 6,14), Haupt einer zurückgekehrten priesterlichen Familie (Neh 12,4), gehörte zu den Verbannten, die unter Serubabel und Josua heimkehrten (vgl. Neh 12,16). Daraus läßt sich schließen, daß Sacharja sowohl Priester als auch Prophet war.

Offenbar verlor Sacharja in jungen Jahren seinen Vater, so daß er vom Haupt der Sippe aufgezogen und als Kind nach Jerusalem mitgenommen wurde. Oft wird behauptet, die Erwähnung seines Vaters Berechja in 1,1 bilde eine spätere Textergänzung aufgrund von Jes 8,2 (Jeberechja), doch diese Annahme ist unnötig. Die Verbindung von Sacharja (= Zacharias) und Berechja findet sich auch in Mt 23,35 (vgl. Lk 11,51), was zumindest darauf hinweist, daß die Kombination beider Namen bekannt war. Doch handelt es sich in Mt 23,35 um einen anderen Sacharja, möglicherweise den von 2Chr 24,20–22. (S. aber Komm. zu Mt 23,35.)

Der Name des Propheten bedeutet »Jahwe gedenkt« und kommt achtundzwanzigmal im AT vor. Sacharja kehrte wahrscheinlich mit seinen Großeltern 537 v.Chr. aus dem Exil zurück, wuchs in der Stadt, die noch ohne Mauern war, auf und erlebte, wie das Fundament des Tempels gelegt wurde und wie dann später die Bauarbeiten zum Erliegen kamen. 520 v.Chr. versuchte er gemeinsam mit seinem Mitpropheten Haggai, den treuen Überrest der zurückgekehrten Verbannten zur Wiederaufnahme der Arbeit aufzurufen (s. Esr 5,1; 6,14). Der »Mann mit der Meßschnur in der Hand« in 2,5ff mag sein eigenes, in die nächtliche Vision hineinprojiziertes Bild darstellen.

Die eigenartigen Züge der nächtlichen Visionen in Kap. 1–8 kennzeichnen ein Übergangsstadium vom älteren Typ der Weissagung mit Feststellung nationaler Gegebenheiten zur sog. Apokalyptik mit ihrer grellen Schilderung der Zukunft in Katastrophenbildern. Man hat Ähnlichkeiten mit den akkadischen Orakelträumen des Assurbanipal gesucht, aber eine Verwandtschaft läßt sich kaum nachweisen. Der Prophet bleibt nämlich stets bei klarem Bewußtsein und hat die Geistesgegenwart, den Engel, der die Gesichte übermittelt, nach der Bedeutung der gezeigten Ereignisse zu fragen.

Geschichtlicher Hintergrund

Die den Kap. 1–8 zugrundeliegende Zeit entspricht der von Esr 5 und 6. Im ersten Regierungsjahr Cyrus' des Großen von Persien war den Juden durch einen Erlaß die Heimkehr aus der Verbannung in Babylon gestattet worden, und sie hatten die Erlaubnis, den Tempel des Herrn in Jerusalem wiederaufzubauen; vgl. 2Chr 36,22f; Esr 1,1f; Jes 44,28. Serubabel, der Sohn Sealthiëls und rechtmäßige Erbe des Thrones Davids, leitete die Rückkehr; vgl. Esr 3,8; 5,16 (wo er Scheschbazar genannt wird – s. aber auch Komm. zu Esr 1,8); Hag 1,1.12; Mt 1,12; Lk 3,27. In 1Chr 3,19 wird er als Sohn Pedajas (des Sohnes Jeschonjas, des Sohnes Jojakims) bezeichnet. Wahrscheinlich starb Sealthiël ohne männlichen Nachkommen, und sein Bruder Pedaja heiratete (entsprechend 5Mo 25,5–10) wohl die Frau seines verstorbenen Bruders.

Mangelnde Einsatzbereitschaft hatte die Wiederaufbauarbeiten gestört, hinderlich hatte sich auch der Widerstand der Nachbarn ausgewirkt. Die beiden Propheten spornten das Volk zu neuer Aktivität an, und der Tempelbau wurde vollendet. Anders als Salomos Tempel und vorher die Stiftshütte wurde das neue Gebäude jedoch nicht von der Gottes Herrlichkeit andeutenden Wolke erfüllt (vgl. 2Mo 40,34; 1Kön 8,10f; 2Chr 5,13f; Hag 2,7–9). Der Hinweis in Sach auf die Herrlichkeit (z.B. 2,5.8.10 EÜ = 2,9.12.14 EinhÜ) mag auf dieses Fehlen zurückzuführen sein. Der Begriff erhält hier eine messianische Bedeutung (vgl. Hag 2,7f).

Text und Kanon

Im Buch Jesus Sirach, geschrieben um 180 v.Chr., findet sich ein Hinweis auf die Zwölf Propheten (49,10), so daß man annehmen kann, daß der Kanon der Prophetenbücher schon zu dieser Zeit feststand. Die Reihenfolge der zwölf Bücher ist weder in allen Hss. noch in den frühesten Ausgaben der gedruckten Hebr.-Bibel gleich. Angesichts dessen, was im folgenden Abschnitt diskutiert werden wird, ist jedoch darauf hinzuweisen, daß in ihnen allen die Kapitel 9–14 als eindeutig zu Sacharja gehörig erscheinen, gänzlich getrennt vom Maleachi-Text. Die Hss. liefern keinen Hinweis darauf, daß diese Kapitel jemals als Zusatz unbekannter Herkunft betrachtet wurden. Auch die Rabbinen zweifelten nie die Echtheit der letzten sechs Kapitel an.

Die Sprache ist gutes klassisches Hebräisch ohne aramäische Wendungen, die man bei einem heimgekehrten Verbannten erwarten könnte. Sie sind aber vielleicht bewußt vermieden worden, um die geistliche Einheit mit den früheren Propheten zu zeigen. Der Text ist an manchen Stellen schwer verständlich, und er mag einige unwesentliche Umstellungen aufweisen (z.B. 13,7–9). Auch könnte hier und da eine Glosse in den Text geraten sein. Ein unverständlicher Text muß jedoch nicht unbedingt verderbt sein. Bei der Rekonstruktion des ursprünglichen Textes ist die schwierigere Lesart oft vorzuziehen, weil die Abschreiber dazu neigen, Textunebenheiten zu glätten.

Die Zusammenstellung

In der Forschung herrscht die Tendenz vor, Sach 1–8 von 9–11 und 12–14 zu trennen und den Anfang des zweiten und dritten Teils als selbständigen Titel aufzufassen (9,1; 12,1 in JB, ZÜ, EÜ; vgl. Mal 1,1). Die sog. Nachtgesichte und ihre beiden Anhänge (2,10–17; 3,6–10) werden auf diese Weise von den folgenden Wortoffenbarungen abgeschnitten. Der erste Forscher, der die Echtheit von Kap. 9–14 in Frage stellte, war Joseph Mede († 1638). Er begründete seinen Zweifel damit, daß Mt 27,9 die Stelle Sach 11,12f Jeremia zuschreibe. Auch vorexilische Anspielungen in Kap. 9–11 veranlaßten ihn, hier nicht mehr denselben Verfasser am Werk zu sehen. Eine vorexilische Abfassungszeit wird allerdings heute von keinem einzigen Forscher mehr vertreten. Im übrigen herrscht in der Fachwelt keine Einigkeit. Angesichts der Fülle von unterschiedlichen Daten, die man für die verschiedenen Stränge innerhalb des Teiles Kap. 9–14 postuliert hat, erscheint keine einzige der vorgeschlagenen Lösungen überzeugend. Diese Epoche der jüdischen Geschichte weist nur wenige genau datierbare Ereignisse auf, und wir wissen ziemlich wenig davon. Deshalb sollten wir uns vor allzu starren Behauptungen hüten.

Gegen eine einheitliche Verfasserschaft werden hauptsächlich drei Argumente angeführt. Erstens wird gesagt, die Atmosphäre der Kap. 1–8 unterscheide sich von der in 9–11 und 12–14. Im ersten Teil geht es um den Wiederaufbau des Tempels und die Wiederherstellung der Nation. Der zweite und dritte Teil sprechen in eine ganz andere Lage hinein. Themen sind hier die Nachbarvölker, ein falsches Prophetentum und Spannungen zwischen Juda und Jerusalem. Zweitens wird in 9,13 von Griechenland (JB nach MT: »Jawan«) als der beherrschenden Macht im Mittleren Osten gesprochen, während zur Zeit Sacharjas Persien dominierte. Drittens deutet die veränderte Form der Prophetie auf eine spätere Epoche hin.

Die Verteidiger der Verfasserschaft Sacharjas behaupten dagegen, die Unterschiede in Stil, Sprache und Form ließen sich ganz gut aufgrund von zwei Tatsachen erklären. a) Als die Kap. 9–14 geschrieben wurden, war die Lage grundlegend anders als 520 v.Chr. Auch war Sacharja älter. Seine Botschaft war also einfach einer neuen Zeit angepaßt. b) Visionen müssen naturgemäß eine andere Struktur haben als verbale Weissagungen. Das Thema bestimmt die Art der zu benutzenden Medien (von Hoonacker 1908). L. G. Rignell meint, Sacharja habe zu drei verschiedenen Zeiten als Prophet gewirkt und auch sein Buch selbst herausgegeben (*Die Nachtgesichte des Sacharja*, 1950). Derselbe Geist kann formal sehr unterschiedliche Literatur hervorbringen, wie das ja auch in der Musik zu beobachten ist. In ein und derselben Komposition können Abweichungen von der Grundform bewußt als Mittel der Übermittlung bestimmter Inhalte gewählt werden, allerdings werden sich daneben verborgene Bindeglieder finden, die das Ganze zusammenhalten.

Die fehlen auch nicht in Sach. Beispiele: a) In beiden Teilen des Buches findet sich ein Ausdruck, der sonst nur noch in Hes 35,7 auftaucht: (wörtl.) »hinziehen und wiederkehren«, 7,14; 9,8. b) Die Formel »so spricht der Herr« (wörtl. Spruch Jahwes) kommt im ganzen Buch vor; nicht nur im ersten Teil, sondern auch in 10,12; 12,1.4; 13,2.7.8. c) »Die Augen des Herrn« kommt in 4,10 (vgl. 3,9); 9,8 und 12,4 vor. d) »Herr Zebaoth« als Titel Gottes erscheint in 1,6.12; 2,13; 9,15; 10,3; 13,2 u.ö. e) Das aktive Verb *jaschab* (sitzen, wohnen) wird passivisch verwandt in 2,8; 7,7; 12,6; 14,10, was sonst nur ganz selten vorkommt. f) Vgl. 2,14 mit 9,9 und beachte die Ähnlichkeit von Sprache und Ideen. In beiden Teilen von Sach finden sich sehr wortreiche Passagen, wenn der Verfasser bei einem Wort, einem Ausdruck oder einer Idee verweilt – z.B. 6,13; 9,5; 12,4. g) Fünfteilige Strophen sind im Hebräischen selten, finden sich aber sowohl in 6,13 als auch in 9,5.7. h) In beiden Teilen wird kein irdischer Herrscher außer dem Messias erwähnt.

Eine Eigenart, die sich wie ein roter Faden durch das ganze Buch zieht, ist die häufige Zitierung anderer Bücher des AT. Plastische Bilder, beherrschende Ideen, bestimmte Wörter – all das läßt auf einen einzigen Verfasser schließen. Die Einheit ist also tiefer verwurzelt, als es auf den ersten Blick scheint. Dies sind zwar keine eigentlichen Beweise; aber sie deuten darauf hin, daß es Gründe gibt, eine einheitliche Verfasserschaft zu akzeptieren, wie es dem Befund der Hss. entspricht. Die fehlende Übereinstimmung innerhalb des kritischen Lagers zeigt auch die Schwierigkeit, eine befriedigende Alternative zu liefern.

Das stärkste Argument für eine Abfassung nach dem Exil ist die Erwähnung der »Söhne Griechenlands« in 9,13. Von etwa 520 v.Chr. an waren die Griechen in Kleinasien für Darius ein ständiger Unruheherd, und 500 v.Chr. ereignete sich ein großer ionischer Aufstand. 499 v.Chr. äscherten die Athener die persische Festung Sardis ein, und 490 v.Chr. sowie 480 v.Chr. wurden die Perser beim Einmarsch nach Griechenland bei Marathon und Salamis geschlagen. Der Prophet könnte in Griechenland eine Bedrohung für das Persische Reich gesehen haben, und folglich paßt der Text ebenso gut in die Zeit Sacharjas wie in jede spätere Zeit. Aber auch die Niederlage Griechenlands ist, wie das Schicksal anderer Völker, in Gottes Vorsehung eingeschlossen.

Das Wesen Gottes

Die Botschaften des Propheten an das Volk waren, wie jede Predigt, von konkreten Situationen her beeinflußt. Diese können wir heute nur noch indirekt erschließen. Diejenigen, die den Kanon zusammenstellten, bewahrten die Äußerungen der Propheten als authentische Worte Gottes, weil sie das Gefühl hatten, daß solche Botschaften ohne weiteres auf andere Zuhörer und auf andere Zwecke der gläubigen Gemeinschaft anzuwenden waren. Jede Wahrheit dieses Buches hat ihre bestimmende Mitte im Wesen Gottes, das dem Propheten geoffenbart wird und das er in seinen Verlautbarungen seinen Zuhörern vor Augen malt.

Der Herr verfolgte ein großartiges Ziel, als er Jerusalem zum Mittelpunkt der Welt und zur Stadt seiner Gegenwart machte (Sach 1,1–6; 8,7). Aber dieses Ziel ließ sich nicht erreichen, wenn sich sein Volk nicht auf diese Seligkeit vorbereiten ließ. Deshalb mußte der Prophet die Menschen vor der Strafbarkeit der Sünde warnen und den Bußfertigen Erlösung verheißen (vgl. 3,2.9; 5,3.4.8). Gottes Herrschaft erstreckt sich über alle Völker und die gesamte Schöpfung (vgl. 8,23; 12,1). Schließlich werden alle Nationen ihn als König anerkennen (vgl. 2,17; 6,1–8; 14,16–21).

Sein Wille wird auf verschiedene Weise dargestellt. Sein Wort wird durch Engelboten, durch Visionen und durch das Ansprechen eines empfänglichen Geistes verkündet. Gottes Geist ist Kontrollinstanz und Triebfeder zugleich (vgl. 4,6). Gottes Wesen ist gerecht, und ein bloßes Befolgen von Ritualen kann seiner Gerechtigkeit nicht genügen (vgl. 7,5–14); allerdings erwartet er auch die ihm geziemende Anbetung (vgl. 2,17; 14,16–21). Daß der Herr der Heerscharen den Menschen annimmt, ist abhängig von der Buße sowie dem läuternden Feuer von Gericht und Gnade und der göttlichen Segensverheißung (vgl. 3,2; 12,10; 13,1–9).

Im Brennpunkt des Planes Gottes steht der Messias. Im ersten Teil wird er als Diener vorgestellt (vgl. 3,8; »mein Knecht«), der ein Nachkomme Davids ist (vgl. 6,12; »Sproß« – s.a. Jes 4,2; Jer 23,5; vgl. Jes 11,1). Im zweiten Teil ist er, Davids Vorbild entsprechend, Hirt (vgl. 11,4.7; 13,7) und König (vgl. 9,9; 14,9).

Die frühen Christen sahen die Erfüllung einiger dieser Weissagungen im Leben und Leiden Jesu (vgl. 11,13 mit Mt 27,9). Sein Wirken vollzog sich in dem von diesen Voraussagen abgesteckten Rahmen (vgl. 13,7 mit Mt 26,31). Er selbst gab ihnen auch den Schlüssel zur Lösung seines Messiasgeheimnisses und zum Verständnis der Schriften als Anspielungen auf seine Person (vgl. Lk 24,44f). Es lassen sich noch weitere Verbindungen zwischen dem Buch Sacharja und dem NT aufzeigen. Ein breites Spektrum apokalyptischer Bilder ist aus diesem Buch ins NT eingegangen (vgl. Mt 24,30 mit Sach 12,12; Mt 24,36 und Mk 13,32 mit Sach 14,7; Mt 26,15 mit Sach 11,12). Außerdem muß Apg 1,11 mit Sach 14,4 verbunden werden und 1Thess 3,13 mit Sach 14,5; vgl. Jud 14.

Die Offenbarung des Johannes schöpft ebenfalls aus dieser Quelle (vgl. Sach 1,8 mit Offb 6,4f; Sach 2,1.2.4 mit Offb 17,3.16; Sach 3,4 mit Offb 7,14; Sach 3,9 mit Offb 5,6; Sach 4,2 mit Offb 1,12; 11,4; beachte den Ausdruck »Herr, du weißt es« in Offb 7,14 als Echo von Sach 4,13; vgl. Sach 6,2f mit Offb 6,2; Sach 6,11 und 9,16 mit Offb 6,2; Sach 12,10 mit Offb 1,7; Sach 14,7 mit Offb 21,23.25; Sach 14,8 mit Offb 22,1; Sach 14,11 mit Offb 22,3). Die letzte Erfüllung vieler dieser Wirklichkeiten liegt in unbekannter Zukunft, aber es ist ein Tag, »der dem Herrn bekannt ist« (vgl. 14,7).

Inhalt

Sacharja gehörte in die prophetische Linie hinein (1,1). Im Prolog (1,2–6) werden Lehren aus der Geschichte gezogen, und sie werden zu Gottes Wort an die zurückgekehrten Verbannten.

Es folgen acht Visionen (1,7–6,15), in denen Gottes Eifer für den Wiederaufbau Zions dargestellt wird. Der Herr hat in die Ereignisse der Zeit eingegriffen, um sein Volk von den Unterdrückern zu befreien und es wieder im eigenen Land anzusiedeln (1,7–2,4). Zion wird wiederaufgebaut werden (2,5–17), der Tempel soll wiederhergestellt werden und einen geweihten Hohenpriester erhalten. Dieser wird eine Vorschattung *(typos)* des Messias sein, der mit dem Namen »der Sproß« bezeichnet wird, um sowohl seine schlichte menschliche Herkunft als auch sein übernatürliches Wachstum anzudeuten (3,6–10). Israel wird dem goldenen Leuchter im Tempel vergleichbar sein – eine Lampe, von der das göttliche Licht in die Dunkelheit der Welt scheinen kann (4,1–14). Um diese Stellung zu erlangen, muß das Volk von seiner Schuld gereinigt werden, indem es sie anerkennt und wegschaffen läßt (5,1–11). Die beiden Visionen von der fliegenden Schriftrolle und der Frau in der Tonne sind mit derjenigen von den Wagen des Herrn (6,1–8) durch den Schlüsselbegriff »hervorkommen« verbunden. Der himmlische Stoßtrupp repräsentiert die göttliche Herrschaft über alle Völker. Der Teil schließt mit einer symbolischen Krönung Josuas und einem weiteren Spruch über den »Sproß« (6,9–15).

Im zweiten Teil (7,1–8,23) werden dieselben Themen auf andere Art behandelt. Die Lehren, die aus der früheren Geschichte Israels gezogen werden können, sind der Stoff für das prophetische Ermahnungswort, dem eine zehnfache Verheißung der Wiederherstellung folgt, die bemerkenswerte Parallelen mit den vorhergehenden Kapiteln aufweist.

Im dritten Teil (9,1–14,21) wird das messianische Thema weiter entwickelt. Wieder einmal geraten die Nachbarstaaten unter das göttliche Urteil (9,1–8), das mit einem lyrischen Gedicht über die Ankunft des Königs von Zion abgeschlossen wird (9,9–17). Die zerstreuten Israeliten werden in ihr eigenes Land zurückgerufen (10,1–12), und ein Spottlied gegen ihre Feinde erklingt (11,1–3). Es folgt eine Allegorie gegen die unwürdigen Herrscher (11,4–17). Eine Weissagung für Juda und Jerusalem umreißt die Art der Erlösung, die nach einer Zeit der Rückschläge kommen wird (12,1–9), gefolgt von der Reinigung der Stadt und des Landes, um beide für Gottes Anwesenheit zu heiligen (12,10–13,6). Schließlich wird eine geheimnisvolle Weissagung ausgesprochen bezüglich des erschlagenen Hirten, den die Evangelien mit Jesus Christus und seinem Leiden in Verbindung bringen (13,7–9). Wie bei den meisten prophetischen Berichten beschäftigt sich das letzte Kap. mit der entscheidenden Niederlage von Zions Feinden und mit der Ankunft des Königs von Zion, der inmitten seines hingebungsvollen Volkes verweilen wird (14,1–21).

Bei der Benutzung verschiedener Bibelübersetzungen ist darauf zu achten, daß EÜ und ZÜ in Kap. 1–2 die Zählung nach der LXX haben. 2,1–17 LÜ entspricht 1,18–2,13 EÜ, ZÜ.

1,1–6 Die Einleitung

1,7–6,15 Die acht Visionen (und ihre zwei Anhänge)
- 1,7–17 Die erste Vision: Der Mann auf dem roten Pferd
- 2,1–4 Die zweite Vision: Die vier Hörner und vier Schmiede
- 2,5–17 Die dritte Vision: Der Mann mit der Meßschnur
- 3,1–10 Die vierte Vision: Der priesterliche Mittler
- 4,1–14 Die fünfte Vision: Der goldene Leuchter und die zwei Ölbäume
- 5,1–11 Die sechste und siebte Vision: Die fliegende Schriftrolle und die Frau in der Tonne
- 6,1–8 Die achte Vision: Die vier Wagen
- 6,9–15 Die symbolische Krönung: Die einträchtige Herrschaft des Priesters und des Königs

7,1–8,23 Die Gesandtschaft aus Bethel
- 7,1–3 Fragen über das Fasten
- 7,4–14 Die ablehnende Antwort: Strenges Urteil
- 8,1–23 Die positive Antwort: Verheißungen

9,1–13,9 Die weltweite Herrschaft des Königs von Zion
- 9,1–8 Läuterung der heidnischen Nachbarn Judas
- 9,9–17 Der König von Zion kommt
- 10,1–12 Die zerstreute Herde wird zurückgerufen
- 11,1–3 Die Wehklagen der Hirten
- 11,4–17 Eine Allegorie: Der gute Hirte und der nichtsnutzige Hirte
- 12,1–9 Die Erlösung Jerusalems und Judas
- 12,10–14 Die Läuterung Jerusalems
- 13,1–6 Das geläuterte Land und die Ausrottung des Götzendienstes
- 13,7–9 Das geläuterte Land: Aussonderung der Unwürdigen

14,1–21 Der Tag des Herrn
- 14,1–15 Der Untergang der Feinde Jerusalems
- 14,16–21 Die Herrlichkeit der Wohnung des Herrn

Kommentar

1,1–6 Die Einleitung

Die Botschaft am Anfang ist ein Aufruf zum Gehorsam gegen Gott. Das Volk Gottes findet Sicherheit, wenn es Gott an die erste Stelle setzt. Der erlahmende Eifer der zurückgekehrten Verbannten war ein deutliches Symptom für den Verfall ihrer geistlichen Verfassung (vgl. Hag 1). Sacharjas Ermahnung warnte sie, daß das große Werk ihre Treue forderte. Es blieb keine Zeit für einen Aufschub, sonst würden sie die gleiche Torheit begehen wie ihre Vorfahren.

1 Dieser Vers gehört möglicherweise zu dem vom Herausgeber geschaffenen Rahmen des Buches. Das Datum wird betont: Oktober-November 520 v.Chr., 18 Jahre nach der Rückkehr des ersten Kontingents Verbannter aus Babylon (vgl. 2Chr 36,22; Esr 1,1; Jes 44,28). *Darius* ist Darius I. (522–486 v.Chr.). *Im achten Monat,* d.h. zwischen Hag 2,1–9 (siebter Monat) und Hag 2,10–23 (neunter Monat). **4** *Die früheren Propheten:* d.h. es gibt so etwas wie eine Sukzession der Zeugen. »Gott begräbt seine Werkzeuge, aber setzt sein Werk fort.« Das Wort Gottes hat eine bleibende Qualität und seine Erfüllung in jedem Zeitalter bestätigt seine Wahrheit.

1,7–6,15 Die acht Visionen (und ihre zwei Anhänge)

Bevor wir uns mit den zugegebenermaßen komplizierten Einzelheiten dieser Visionen beschäftigen, ist es nützlich zu versuchen, ihren gesamten Verlauf zu skizzieren. Sie teilen sich in zwei Gruppen: 1.–3. Vision (1,7–2,17) und 4.–8. Vision (3,1–6,8). Die erste Gruppe konzentriert sich auf Zion und die zukünftige Herrlichkeit, die der Herr bringen wird. Die zweite Gruppe konzentriert sich auf den Messias als Priester und König und auf die verschiedenen Wege, wie der Herr die verheißene Herrlichkeit zustande bringen wird. Die Reihenfolge ist dabei: Der Herr wird in Gnaden nach Zion zurückkehren (1,7–17), Judas Gegner werden vernichtet (2,1–4), und die Stadt, vom Herrn selbst bewohnt und behütet, wird ihre Grenzen ohne Grenzbefestigungen erweitern (2,5–17). Aber wenn dies geschehen und der Herr wirklich bei seinem Volk wohnen soll, dann muß die Sünde bekämpft werden. Dazu wird ein vollkommener priesterlicher Mittler gebraucht: der messianische Zweig (3,1–10) ist das vollkommene Werkzeug der Gnade für das Volk, da er sowohl König als auch Priester ist (4,1–14). Sein Werk ist ebenfalls vollständig: Sünder werden des Landes verwiesen (5,1–4), die Gottlosigkeit selbst wird entfernt (5,5–11), und in einer letzten Gegenüberstellung zwischen Gott und dem Weltensystem, in dem die Gottlosigkeit einen Ruheplatz gefunden hat, wird das Böse besiegt und Gottes Zorn besänftigt (6,1–8). Die symbolische Krönung des Priesterkönigs (6,9–15) weist erwartungsvoll auf die Vollendung des Königreiches hin.

1,7–17 Die erste Vision: Der Mann auf dem roten Pferd

Dem Aufruf zur Reue folgt eine Serie sog. Nachtgesichte, nächtliche Visionen, die Sacharja anscheinend alle in einer Nacht Anfang 519 v.Chr. gesehen hat. Sie kommen nicht unmittelbar vom Herrn, sondern ein Engel vermittelt und deutet sie dem Propheten. Das Thema der ersten Vision ist der Eifer des Herrn, Jerusalem wieder aufzubauen. Die Erde ruhte, nachdem das Volk und sein Land einen zwangsmäßigen Sabbat von 70 Jahren erlebt hatten.

8 *Ein Mann saß auf einem roten Pferde:* wahrscheinlich der Engel Gottes (vgl. V. 11; s. Einleitung zu 2Mo, S. 136f). In dieser Szene, die in einer Talsohle stattfindet, ist er der Beschützer des Volkes Gottes. Aspekte der göttlichen Vorsehung werden in den Farben der himmlischen Kundschafter verkörpert. *Rot* stellt Kampf und Blutvergießen dar (vgl. Offb 6,4), *weiß* steht für Sieg und Frieden (vgl. Offb 6,2), *rotbraun* (ZÜ) ist die Nachwirkung der Verwirrung in der unruhigen Zeit nach dem Ende der Feindschaft (vgl. Offb 6,5–8, dort schwarz). **9ff** Der Prophet ist von der Vision verwirrt. Die Auslegung paßt zu der damaligen Situation: Das Reich des Darius wurde gerade von Aufständen erschüttert, und zu jener Zeit war nur ein vorläufiger Frieden erreicht worden. **12** *Siebzig Jahre* kann eine runde Zahl sein oder die Zeit, die mit der Rückkehr der Verbannten endete (s. 2Chr 36,21).

16 *Darum spricht der Herr:* Vier Jahre später, als der Tempel wieder aufgebaut war, erfüllte sich V. 16a. Der Wiederaufbau der Stadt durch Nehemia i.J. 445 v.Chr. brachte die Erfüllung des V. 16b. **17a** Diese Blütezeit ließ auf sich warten bis zu der siegreichen Herrschaft der Makkabäer-Prinzen i.J. 165 v.Chr., während **17b** messianisch ist und der Verwirklichung noch entgegensieht. Kap. 9–14 greifen folglich vor.

2,1–4 Die zweite Vision: Die vier Hörner und vier Schmiede

Das Ende der heidnischen Vorherrschaft wird vorhergesagt. Vier Hörner, vielleicht auf den Köpfen von vier Tieren, stellen die Macht der Völker, die Israel und Juda zerstreut haben, sinnbildlich dar. Sie werden vertrieben durch vier Handwerker *(Schmiede)*, die möglicherweise die Arbeiter des Tempels darstellen. Diese Vision war eine zusätzliche Zusicherung, daß Gottes Absicht erfüllt würde. Die Erfahrung der Zerstreuung war abgeschlossen, und jetzt konnte nichts das Volk Gottes bei seinem Werk der Wiederherstellung stören.

1 *Vier:* Es sind viele Versuche gemacht worden, die Identität der vier Widersacher historisch festzustellen, z.B. Assyrien, Babylon, Medo-Persien und Griechenland, aber möglicherweise ist das Zahlwort eher Symbol für Gefahr »von allen Seiten«, genau wie wir von den vier Himmelsrichtungen sprechen. Das Volk Gottes ist immer von einer drohenden Welt umgeben. *Hörner* symbolisieren Macht. **3** *Vier Schmiede* oder »Werkleute« (EÜ) zeigen an, daß der Sieg des Volkes Gottes durch friedliche Mittel erreicht wird, da sie dem Rufe folgten, sich an der Arbeit der Handwerker beim Tempelbau zu beteiligen (vgl. Hag 1,8.13; 2,4–9,15–19). Da die Gefahr »vierfach« gewesen war, ist die Abhilfe ebenfalls »vierfach«. Die göttliche Strategie reicht aus, um der Gefahr aus jeder Richtung entgegenzutreten.

2,5–17 Die dritte Vision: Der Mann mit der Meßschnur

5–9 Diese Vision folgt sofort auf die ersten zwei Visionen. Die Vorahnung der Stadt, die entstehen soll, wird im Wiederaufbau und in der Wiederherstellung Jerusalems bestätigt. Josephus betrachtete die Bauarbeiten des Herodes Agrippa als ihre wörtliche Erfüllung. Aber die Schlußkapitel des Buches fassen eine noch glorreichere Zukunft ins Auge mit Zion als Hauptstadt der Welt. Im ersten Teil der Vision hindert der Engel den jungen Mann daran, die alten Grenzlinien der Stadt auszumessen, weil die neuen Grenzen über die alten Grenzsteine hinausgehen werden. Innerhalb der allumfassenden göttlichen Allmacht werden ihre Einwohner sicher verweilen. Die Herrlichkeit Gottes (Schechina; s. Komm. zu 4Mo 9,16), die mit der Verbannung des Volkes i.J. 586 v.Chr. verschwunden war, war jetzt zu einem gewissen Grade in die Stadt zurückgekommen, um dort zu bleiben und um aus ihr wieder einen heiligen Wohnort zu machen (vgl. Hes 11,22–23; 43,1–9; 48,35).

10–17 Der zweite Teil der Vision ist ein lyrisches Triumphgedicht. An die Juden, die noch in Babylon sind, geht die Aufforderung, in ihr eigenes Land zurückzukehren. Sie werden zur Eile angetrieben, damit sie nicht mit Babylon untergehen, aber auch, damit sie Anteil haben können an dem verheißenen Wohlstand Jerusalems.

12 *Nach der Herrlichkeit hat er mich zu den Nationen gesandt* (EÜ): Die Übers. ist schwierig. Dies könnte der Schlachtruf (vgl. Ri 5,14) des Herrn für seine Heerscharen sein. Der Sprecher ist der Messias, der zu den Juden geschickt wird, auf die sich die *Herrlichkeit* (EÜ) bezieht (vgl. Röm 9,4). Er soll ihr Beschützer sein und ihre Errettung vollenden. Die *Herrlichkeit* (EÜ) in Sacharjas Zeit war die Wiederherstellung Jerusalems (in V. 5 erwähnt), eine Vorahnung der Herrlichkeit, die in der Person des Messias kommen sollte. *Nach* (EÜ) bedeutet entweder »auf der Suche nach« oder: »mit Herrlichkeit« (so EinhÜ). Die Redewendung *hat mich gesandt* wird in V. 13 wiederholt, um die Wichtigkeit des Auftrages nachdrücklich zu betonen. *Meinen Augapfel:* vgl. Ps 17,8. Von allen Seiten wird er sicher gegen Angriffe geschützt. Dies symbolisiert Gottes Schutz für sein Eigentum vor allen feindlichen Mächten, die diesen kostbaren Besitz bedrohen.

13 *Denn siehe:* Die Bestrafung der Unterdrücker, die Werkzeuge seiner (Gottes) Züchtigung sind, ist der Beweis für den Auftrag des Propheten. *Ich will meine Hand über sie schwingen:* eine drohende Gebärde (vgl. Jes 10,32). **14** *Tochter Zion:* Vgl. in 9,9 eine ähnliche Formulierung, zugleich Beleg für die stilistische Verbindung zwischen den verschiedenen Teilen des Buches. **15** *Zu der Zeit ... viele Völker:* nimmt Aussagen aus den späteren Kap. des Buches bereits voraus (z.B. 8,22; 14,16). **16** *In dem heiligen Lande:* Dieser Ausdruck wird nur hier in der Bibel benutzt, obwohl man die Sache als solche auch anderswo finden kann (vgl. Ps 78,54; Jes 11,9; 27,13 und im Gegenüber Ausland als »unreines Land« Am 7,14; Hos 9,3f). **17** *Sei stille:* vgl. Hab 2,20; eine eindrucksvolle Ankündigung der Ankunft des Herrn, die mehr umfaßt als das gewöhnliche göttliche Handeln in der Geschichte. Er hat sich ausgerüstet, um an einem heiligen Krieg zugunsten seines Volkes teilzuhaben (vgl. 14,4ff). *Von seiner heiligen Stätte:* Damit ist der Himmel selber und nicht der Tempel in Jerusalem gemeint.

3,1–10 Die vierte Vision: Der priesterliche Mittler

Von den Verheißungen einer ruhmvollen Zukunft für die Stadt und das Volk Gottes wendet sich Sacharja den Mitteln zu, mit denen sie erreicht werden soll. Gott wird einen vollkommenen priesterlichen Mittler emporheben, von dem Josua und seine Priestergefährten eine Vorschattung sind (vgl. 3,8). Es folgt eine Vision des goldenen Leuchters (4,1–14), der die Verleihung der Kraft des Geistes Gottes an sein Volk versinnbildlicht und der das Licht des Evangeliums über die ganze Erde leuchten läßt. Das Volk muß zuerst von allen Sünden gereinigt werden (5,1–11), bevor die allumfassende Herrschaft des Herrn anerkannt werden kann (6,1–8). Die Errichtung des messianischen Königreiches wird durch die Krönung Josuas symbolisch dargestellt (6,9–15).

In der vierten Vision wird Josua bestätigt und die Verheißung des messianischen Zweiges ausgesprochen. Der Hohepriester stellt wahrscheinlich den auserwählten Repräsentanten des Volkes dar, dessen Mißgeschick sowohl auf einen übermenschlichen Widersacher als auch auf die eigene rituelle Verunreinigung zurückzuführen ist. Diese Unreinheit ist vielleicht auch auf das Versagen des Volkes, den Tempel wieder aufzubauen (vgl. Hag 2,14), oder auf die mangelhafte Ausübung des Priesteramtes (vgl. Mal 3,1–4) zurückzuführen. Der Targum begründet die Unreinheit mit der Sünde, ausländische Frauen zu heiraten, eine Gewohnheit, die die folgenden 60 Jahre kennzeichnete (vgl. Esr 10,18; Mal 2,11). Josua wird wie ein Verbrecher vor dem Engel Gottes verklagt. In Anwesenheit übernatürlicher Zeugen beschuldigt der Widersacher ihn. Josua war sowohl mit persönlichem Laster (V.4) als auch mit der Schuld des Landes (vgl. 5f) beladen. Seine Begnadigung mußte deshalb sowohl persönlich als auch stellvertretend sein.

2 *Der Satan:* Einige sehen in dieser Person lediglich einen Ankläger, der auf Befehl des Richters im heiligen Gerichtshof auftritt. Die Verwendung des Artikels zeigt, daß »Satan« kein Eigenname ist. Dadurch, daß der Herr den Satan scharf tadeln läßt, wird deutlich, daß die Pläne des Satans den göttlichen Absichten ganz und gar widersprechen. *Brandscheit:* Dies könnte ein sprichwörtlicher Ausdruck sein. Israel als ganzes Volk ist aus der Feuerprobe der Prüfung in Babylon errettet worden (vgl. Am 4,11). Es soll wie eine Fakkel sein, um die anderen Völker zu belehren und zu erleuchten. Mit dem Bild des Leuchters, das in der nächsten Vision gegeben wird, wird dieser Gedanke noch vertieft. 4 *Feierkleider:* steht für das weiße Kleid der Reinheit; der Plural deutet auf die verschiedenen Bestandteile der Staatsroben hin. 5 Der *reine Kopfbund* ist für den Hohenpriester das, was der Schlußstein für den Tempel darstellt – krönende Pracht und Herrlichkeit sowie der Beweis für die Erneuerung. Gott hat die Buße und Sühne seines Volkes angenommen (vgl. 2Mo 28,36ff; Jes 62,3; Sach 14,20).

6.7 *Bezeugte* (LÜ); *gab . . . die Versicherung* (ZÜ): Der Engel des Herrn gibt Josua einen feierlichen Auftrag. Dabei geht es um seine eigene Heiligkeit und um die treue Erfüllung seines geheiligten Amtes. Da Josua gehorsam ist, wird ihm das höchste Amt im wiedererrichteten Tempel versprochen. Außerdem sichert ihm der Engel Zutritt zum Kreis der Himmlischen zu. Neben den Engeln wird auch Josua an der Erfüllung der göttlichen Pläne für Zion und Israel mitarbeiten. Frieden und Sicherheit werden zu gesicherten Lebensbedingungen und Wohlstand führen. Vermutlich wird hier auch auf eine sich verjüngende Welt angespielt (s. 8,12; 9,17; 14,6). 8 *Ein Zeichen,* wörtl. *Männer der Vorbedeutung* (vgl. ZÜ, EÜ): Das Wunder der Erneuerung wird für Josua und seine Priestergefährten gewirkt, die als Untergeordnete *vor* ihm *sitzen.* Sie werden also ein Zeichen für die kommende Herrschaft des Messias sein, in der vollkommene Fürsprache und Versöhnung durch einen Priester herrschen werden. *Meinen Knecht, »den Sproß«:* Dies ist ein terminus technicus, den die Propheten verwenden, um damit den kommenden davidischen Fürsten zu umschreiben (vgl. Jes 4,2–6; Jer 23,3–5; 33,14–26; Sach 6,9–15; Jes 11,1 benutzt das Wort »Reis«, was aber dasselbe meint). Dieser Fürst, der aus der Verborgenheit kommen wird, um den Tempel zu errichten, wird das Amt des Königs und das des Priesters in sich vereinigen. Josua wußte, daß er selbst nicht dieser Sproß sein konnte, da er nicht davidischer Abstammung war. Serubabel, der Statthalter, war nicht anwesend, außerdem war er kein Priester. Also war auch er für dieses Amt nicht geeignet.

9 *Auf dem Stein . . . sind sieben Augen:* eine weitere Umschreibung für den Messias. Während der *Sproß* der königlich-priesterliche Messias ist (hauptsächlich in bezug auf seine menschliche Abstammung von David), spielt der Stein mit seinen eingravierten (vgl. 2Mo 28,11f) sieben Augen auf seine göttliche Allwissenheit an (vgl. das Auge als das Organ des Wissens und Erkennens 2Chr 16,9; Ps 94,9). Er bringt als vollkommener Priester, der an der göttlichen Allwissenheit teilhat (vgl. Jes 53,11), vollständige Reinigung von den Sünden (V.9b). *Sieben Augen* sind auf dem Stein eingeritzt, und ein solcher Stein wurde tatsächlich in Geser gefunden. Die gleiche Versinnbildlichung taucht auch in Offb 5,6 auf. Die heilige Zahl *sieben,* die für Vollkommenheit und Vollständigkeit steht (vgl. Offb 1,4; 3,1), beschreibt Gottes Allwissenheit und seine alles umfassende Herrschaft, während die *Augen* (vgl. Offb 1,14; 4,6b) andeuten sollen, daß Gott den Tempel, seine Anbeter und auch die Ereignisse, die noch kommen werden, sorgsam bewacht. An einem einzigen Tag soll alle Sünde vollständig gesühnt werden (vgl. Hebr 10,12). Über seine Wohltaten und über die Erneuerung aller Dinge soll überall große Freude herrschen (vgl. Sach 14,7).

4,1–14 Die fünfte Vision: Der goldene Leuchter und die zwei Ölbäume

Wie bedeutsam diese Vision ist, zeigt sich schon daran, wie der Prophet ihrer gewahr wird: Die Frage des Engels *Was siehst Du?* weckt ihn aus seinem Schlaf. Was seine Aufmerksamkeit erregt, ist ein goldener Leuchter.

Der Leuchter ähnelte in der Form vielleicht dem in der Stiftshütte (vgl. 2Mo 25,31–40), aber er unterscheidet sich doch in einigen Punkten von ihm. Die Gemeinsamkeiten bleiben hier unerwähnt, lediglich die Unterschiede werden aufgezeigt. Im Tempel Salomos wurden zehn Leuchter (vgl. 1Kön 7,49) vom Typ dessen in der Stiftshütte aufbewahrt. Später wurden sie höchstwahrscheinlich mit in die Gefangenschaft genommen (vgl. Jer 52,19). In dem zweiten Tempel wurde nur ein solcher Leuchter benutzt (vgl. 1Makk 1,21; 4,49f; Josephus *Ant.* 14,4,4). In der Form glichen beide dem mosaischen Muster, falls man sich auf die Darstellung des Titusbogens betreffs genauer Details verlassen kann. Eine Identität lag jedoch nicht vor. (So auch Komm. zu V. 2.)

Zwischen der Arbeit an dem Neubau des Tempels und dem geistlichen Amt der Gemeinde des Herrn als ein Licht in der Welt besteht eine Verbindung. Dies kennzeichnete auch die ntl. Gemeinde (vgl. Mt 5,14–16; Mk 4,21f; Lk 12,35; Jh 8,12; Phil 2,15; Offb 1,20; 2,5). Die Gemeinde des alten und des neuen Bundes, die gereinigt sind durch die göttliche Gnade, sollen Gottes Herrlichkeit zu allen Zeiten unter allen Völkern zeigen.

Die besonderen Einzelheiten in dieser Vision weisen über das »irdische Heiligtum« (Hebr 9,1) hinweg auf die Wirklichkeit, die damit angekündigt wurde. Von keinem Priester wurde verlangt, sich um die Dochte der Kerzen zu kümmern oder für Öl zu sorgen, das hier direkt aus den beiden fruchttragenden Bäumen fließt, die an der rechten und linken Seite des goldenen Leuchters stehen.

Mit der Bildersprache dieser Vision wird mehr als Gottes Vorsehung ausgedrückt. Der Gedanke des alles sehenden Gottes (vgl. die Verknüpfung der sieben Lampen mit den sieben Augen des Herrn in V. 2,10b) wird mit der messianischen Botschaft verknüpft (V. 12ff).

Die Antwort des Mittlerengels bleibt absichtlich verschleiert, da Josua und Serubabel die zwei geheimnisvollen Vermittler sind, die als geisterfüllte Männer dem Volk Gottes den göttlichen Segen übermitteln. Sie sind Vorschattungen des Messias als Priester und König. Diese beiden Gesalbten besetzen somit die geistlichen Ämter des Heiligtums als ein Zeichen für das kommende geistliche Amt des Messias. Er ist das Licht der Welt, das durch kleinere Lichter mitten in der Dunkelheit, die alle Völker bedeckt, scheinen wird.

2 *Sieben Schnauzen* (LÜ), *sieben Röhren* (ZÜ) *an jeder Lampe:* Dies ist eine seltsame, fast fantastisch erscheinende Einzelheit, die schwer auszulegen ist. Vgl. aber den Rekonstruktionsversuch Gallings BHH, Sp. 1046. Die Zahl Sieben steht in Verbindung mit den sieben Augen des Herrn (V. 10). **6** *Nicht durch Heer oder Kraft:* Wahrscheinlich hatte man sich über einen Aufstand gegen Darius unterhalten. Andererseits könnte es sich aber auch auf den Widerstand beziehen, auf den örtliche Gruppen einer anderen Volkszugehörigkeit gestoßen waren (vgl. Hes 5). **7** *Glück zu! Glück zu!* könnte ein Ausruf der Massen sein, die die Fertigstellung des Tempels (Einfügung des Schlußsteins durch Serubabel) bewundern. Der Ausruf zeigt, daß göttliches Wohlwollen es ihnen ermöglicht hat, diese Aufgabe zu vollbringen. **10** *Wer immer den Tag des geringen Anfangs verachtet:* eine Warnung vor einem bestimmten menschlichen Fehlverhalten. In der Frage ist schon die Antwort mitgegeben: Keiner soll den Tag des geringen Anfangs verachten, denn auch Gott verachtet geringe Anfänge nicht. Alle Arbeit vollzieht sich unter dem wachsamen Auge des Herrn. Für die Fertigstellung des Tempels, die eine sehr schwierige Aufgabe darstellt, werden Josua und Serubabel übermenschliche Kräfte versprochen.

14 Diese Vision wirft die Schwierigkeit auf, festzustellen, wo die Quelle des Öls ist und wohin das Öl fließt. Es erscheint natürlich, die beiden Bäume als Quelle anzusehen. Sie würden dann den für alles sorgenden Herrn versinnbildlichen. Die beiden *Gesalbten* (die »beiden Zweige« in V. 12) ständen dann für den königlichen und den priesterlichen Herrscher, die dem Volk – den sieben Lampen, die in die Welt scheinen – den Geist Gottes durch den Hauptbrunnen vermitteln. Trotzdem ist schwer vorstellbar, warum Bäume, die doch in der Erde wurzeln, die göttliche Quelle symbolisieren können. An anderen Stellen steht der gepflanzte Baum entweder für einen gottesfürchtigen Menschen (vgl. Ps 1) oder für ein errichtetes Königreich (vgl. Ps 80,8ff). Möglicherweise versinnbildlicht der Hauptbrunnen den ewigen Gott, den sich selbst wiederauffüllenden Quell des Lebens. Die Bäume stellen dann das Volk Gottes dar, das einen sicheren Platz in der Welt gefunden hat, und die sieben Lampen stehen für dessen Funktion als Zeuge. Es wird hier von zwei Bäumen gesprochen, um die beiden verschiedenen messianischen Ämter wiederzugeben: das priesterliche Amt des Reinigens und das königliche Amt des Herrschens. Damit kündigen die beiden Beauftragten Josua und Serubabel den einen messianisch-königlichen Priester an, der noch kommen soll.

5,1–11 Die sechste und siebte Vision: Die fliegende Schriftrolle und die Frau in der Tonne

Diese beiden Visionen knüpfen an 3,9b an und folgen auf die Reinigung des Hohenpriesters als dem Vertreter des Volkes (3,4). Wahrscheinlich stellt die fliegende Schriftrolle die moralischen wie auch die religiösen Hauptvorschriften des Gesetzes dar und symbolisiert den göttlichen Standard der Heiligkeit. Ihr Flug am Himmel zeigt, von wo das Gericht kommt und mit welcher Geschwindigkeit es ausgeführt wird. Zwei bestimmte Sünden werden verdammt, je eine auf den beiden Seiten der Schriftrolle (so wohl nach dem Hebr.; anders Rudolph, der »von hier« zeitlich versteht). Der Fluch richtet sich auf jeden Dieb und jeden Meineidigen (vgl. 7,9f; 8,17). Die Strafe ist so hart und unerbittlich, daß sogar das Haus des Sünders betroffen ist, so daß es hinterher aussieht, als sei es vom Aussatz befallen (vgl. 3Mo 14,45).

In der großen Tonne mit dem Deckel aus Blei sitzt eine Frau, die das Böse und die Niederträchtigkeit verkörpert. Als sie zu entkommen versucht, stößt sie der Engel in die Tonne zurück. Zwei Frauen mit Flügeln, die der Wind treibt, tragen die Tonne mit ihrem Inhalt in das Land Sinear, d.h. Babylon, wo die Menschen sich zum ersten Male Gott widersetzt hatten (vgl. 1Mo 11,2ff). Die lebendige Macht des Bösen muß erst noch von Israel genommen werden, und dies ist allein durch die Kraft Gottes möglich.

In der sechsten Vision wird das Land von sozialen Sünden gereinigt, in der siebten Vision von Abtrünnigkeit. Die Sünde findet nicht nur ein natürliches Zuhause in Babylon, sondern man betet sie auch noch an.

6 *Tonne:* wörtl. *Epha* (EÜ). *Sünde:* So nach LXX; MT hat *ihr Auge* bzw. »ihr Aussehen« (EÜ). Wegen des Parallelsatzes in V.8 ist die Version der LXX vorzuziehen. *Sünde:* Zwei Interpretationen bieten sich an: Zunächst der Hang zur Niederträchtigkeit, wofür diese Frau als Symbol steht. Andere ziehen es vor, das Maß (Epha) und das Blei (*Bleigewicht,* EÜ) als typisch für den manchmal mißbrauchten (vgl. Am 8,5) Hang zum Handeln anzusehen, der sich während der Zeit der Gefangenschaft verstärkt hatte und seit dem Exil die Menschen beherrschte. *Epha* ist ein Hohlmaß von vermutlich 22*l* (s. LZB, Sp. 894). Es könnte sich hier um ein Wortspiel handeln (hebr. *ʿophah* = »fliegend« und *ʾephah*). **9** *Storchenflügel:* Ein Storch ist ein Zugvogel mit sehr kräftigen Flügeln, der sehr weite Entfernungen zurücklegen kann. Hier könnte es sich wiederum um ein Wortspiel handeln: *fromm* (hebr. *chasid*) und *Storch* (hebr. *chasidah*). **11** *... und sie dort aufgestellt werde:* wenn das *Haus* (ZÜ), der *Tempel* (LÜ) für die gottlosen Anbeter fertiggebaut ist.

6,1–8 Die achte Vision: Die vier Wagen

Diese letzte Vision gleicht der ersten und weist außerdem auf Kap. 14 hin. Vier Wagen, die von Rossen verschiedener Farben gezogen werden, stellen die Diener des Herrn dar, die das Amt innehaben, alle Völker zu unterwerfen. Noch werden sie im Zaum gehalten, bevor sie dann auf die Weltmächte losgelassen werden, um den göttlichen Plan der universalen Herrschaft zu erfüllen.

1 *Zwischen den zwei Bergen:* Der bestimmte Artikel läßt darauf schließen, daß man diese Berge gut kannte. Wir haben also wohl eine bestimmte, damals übliche Vorstellungsweise über die letzten Tage vor uns; vgl. viell. auch *das Tal an der Flanke des Berges* in 14,5.

2–8 Die Aussage dieser Verse ist ziemlich eindeutig zu erkennen, obwohl manche Einzelheiten schwierig zu erklären sind. Die Wagen stehen für die Ausübung der göttlichen Herrschaft über die ganze Erde; der Verlauf der Visionen läßt schon die letzte Ordnung aller Dinge in Übereinstimmung mit dem Willen Gottes erahnen (s. Einleitung zu 1,7). Da das Land Sinear (5,11) die letzte Hochburg der Niederträchtigkeit und Gottlosigkeit war, ist nun folglich der Bericht darüber, daß der Geist Gottes *im Lande des Nordens,* d.h. in Sinear (Babylon) ruht (6,8), das Zeichen für die Vollendung des umfassenden göttlichen Sieges. Somit ist alles vorbereitet für die Krönung des Messias als den universalen König (6,9ff).

2 *Rote:* Möglicherweise werden die hier genannten vier Farben lediglich erwähnt, um die vier Rosse so voneinander zu unterscheiden, daß sie zu den *vier Winden* (V. 5) passen, d.h. zu den vier Himmelsrichtungen. Dies erklärt allerdings nicht, warum in V. 6 die roten Rosse nicht wieder erwähnt werden. Eine recht willkürliche und nicht zufriedenstellende Annahme ist, daß diese Rosse ihre Arbeit bereits getan hätten und als Beispiel für eine historische Tatsache stünden (z.B. daß das chaldäische Reich bereits den Persern zugefallen war). Man muß im Blick haben, daß wir es hier mit Symbolen der göttlichen Herrschaft zu tun haben. Daher dienen die roten Rosse in V. 2 wohl nur dazu, die Symbolik der weltweiten Herrschaft zu vervollkommnen, denn in der Tat hat noch niemals ein Feind das Volk Gottes vom Osten her angegriffen. Die Feinde kamen immer vom Süden (Ägypter), Westen (Philister) und besonders vom Norden (Assyrer, Babylonier, Griechen) ins Land. Natürlich schenkt der Prophet gerade diesen Feinden seine besondere Aufmerksamkeit.

3 *Scheckige Rosse:* Diese Übersetzung ist allerdings nicht sicher, was in diesem Zusammenhang aber nicht von Bedeutung ist. **5** *Vier:* vgl. Komm. zu 2,1. **8** *Lassen meinen Geist ruhen:* d.h. die Rosse, die nach Norden ziehen, bringen den Geist Gottes dorthin (vgl. EinhÜ) oder: *lassen meinen Geist Ruhe finden* im Sinne von »stillen meinen Zorn« (EÜ m. Anm.; vgl. Jes 63,10; Eph 4,30). *Land des Nordens:* Babylonien lag geographisch gesehen östlich von Juda, aber da die angreifenden Armeen der verschiedenen Ostreiche niemals Frontalangriffe durch die Wüste hindurch wagten, sondern immer um den »Fruchtbaren Halbmond« herum marschierten und dann vom Norden her angriffen, werden sie im allgemeinen Sprachgebrauch *Völker des Königsreiches des Nordens* (vgl. Jer 1,15) genannt.

6,9–15 Die symbolische Krönung: Die einträchtige Herrschaft des Priesters und des Königs

Der Herr befiehlt Sacharja, von einer Abordnung aus dem Exil zurückgekehrter Männer Geschenke aus Silber und Gold zu nehmen und daraus eine aus mehreren Reifen bestehende Krone (wörtl. »Kronen«) für Josua zu machen. Die Krönung des Hohenpriesters findet im Hause des Josia statt. Drei Männer sind Zeugen dieser symbolischen Handlung (vgl. 3,8). Der davidische Fürst Serubabel wird hier nicht erwähnt. Die meisten modernen Kommentatoren (seit Ewald) setzen seinen Namen hier ein und nehmen an, daß die Krone ein königliches Diadem sein solle. Eine andere Theorie besagt, daß in dem Text Lükken für die Namen der Oberhäupter gelassen worden sind, aber aus Angst, wegen Verrats angeklagt zu werden, seien diese niemals ausgefüllt worden, bis die priesterlichen Herrscher der makkabäischen Zeit den Namen Josuas hier einsetzten. Allerdings liefert kein Ms. einen Beweis für diese zwar recht originelle, aber unbeweisbare Theorie, die durch die sorgfältige Wortwahl dieses Abschnittes widerlegt wird. Falsche Hoffnungen auf den Wiederaufbau des weltlichen Königreiches hätten einen Aufruhr begünstigt. Das Orakel weist über Josua und Serubabel hinaus auf einen anderen, der die Erfüllung sein wird. **12** *Siehe, es ist ein Mann, der heißt »Sproß«:* unterscheidet deutlich die augenblicklichen Oberhäupter von dem Einen, der noch kommen wird. Diesen Gegensatz verdeutlichen auch die hier nachdrücklich betonten Pronomen. Das Amt des Priesters und das des Königs werden in der einen Person des Messias vereint sein.

»Sproß«: wird hier verwendet, als sei dieser Titel Bestandteil der Terminologie messianischer Erwartung. Dies ist auch, vergleicht man den Gebrauch dieses Wortes bei Jes und Jer (vgl. dazu Komm. zu 3,8), zu erwarten. Wenn der »Sproß« Repräsentant der Stammwurzel ist, der er entspringt, drängt sich die Frage nach der Abstammung des Messias auf. Wir haben hier einen der atl. Beweise für die Erwartung eines göttlich-menschlichen Messias vorliegen. Die Anspielung auf das Wachstum des Sprosses erinnert an Jes 53,2. Dort wird das Menschsein des Einen, der noch kommen wird, besonders betont.

13.14 *Herrlich geschmückt sein:* wörtl. *Herrlichkeit tragen* (EÜ). In diesen beiden Versen ist wiederholt vom Tempel die Rede, eine Vorausschau auf einen größeren Tempel als den, den die Exulanten bauten. *Zwischen den beiden:* Falls hier zwei Oberhäupter gemeint sind, dann wird zwischen dem weltlichen und dem religiösen Oberhaupt des Volkes Eintracht herrschen, zwischen beiden wird keine Eifersucht aufkommen, obwohl jeder die Herrschaft mit dem anderen teilen muß. Dabei wird die vollkommene Eintracht betont, die zwischen Jahwe und dem »Sproß« besteht. Wurde die Krone im Tempel aufgestellt, um ihr geistliche Bedeutung beizumessen und um die Stifter davor zu schützen, des Verrats angeklagt zu werden?

15 *Bauen werden:* Erst als der Tempel fertiggebaut worden war, stellte man dort die Kronen auf; sie galten als ein Andenken an die Männer der Gesandtschaft. Danach wurde die Zusicherung gegeben, daß all die weit entfernt Wohnenden kommen würden, um die aus dem Exil Zurückgekehrten hilfreich zu unterstützen (vgl. Hag 2,6–9). *Wenn ihr gehorchen werdet:* Obwohl dieser Satz ziemlich abrupt endet, ist er nicht unvollständig. Der Vers, der ein Versprechen enthält, das allein vom Gehorsam abhängig ist, könnte sogar absichtlich so aufgebaut sein.

7,1–8,23 Die Gesandtschaft aus Bethel

7,1–3 Fragen über das Fasten

Zwischen den Nachtgesichten und den Ereignissen, von denen Kap. 7 und 8 berichten, liegt ein Zeitraum von zwei Jahren. Nach der Gesandtschaft aus Babylon kam im Dezember/Januar 518 v.Chr. eine weitere Gesandtschaft aus Bethel. Diese Gesandtschaft suchte eine Antwort auf die Frage, ob die Fastentage, die zum Gedenken an vergangene Notsituationen angesetzt worden waren, auch weiterhin eingehalten werden sollten, obwohl sich die Lage nun wesentlich verbessert hatte. Sollte die Zerstörung des Tempels vom Jahre 586 v.Chr. (die Fastenzeit des 6. Monats, V.3; vgl. Jer 52,12ff) und die Ermordung des Statthalters Gedalja (die Fastenzeit des 7. Monats, V.5; vgl. 2Kön 25,8–25) jetzt noch, in einer Zeit des Friedens und des Wohlstands, einer Erinnerung wert sein?

7,4–14 Die ablehnende Antwort: Strenges Urteil

Viermal wird eine Antwort auf die Fragen der Gesandtschaft gegeben (7,4.8; 8,1.18). Die ablehnende Antwort ist in Kap. 7, die positive Antwort in Kap. 8 enthalten, und das Ergebnis ist die Umwandlung der Fastentage in Feiertage. Die ablehnende Antwort ist voller Strenge.

4–7 Die Worte des Herrn lassen erkennen, daß sich die Menschen das Fasten selbst auferlegt hatten. Sie fasteten, ohne wirklich religiös motiviert zu sein, daher konnte Gott ihr Fasten nicht anerkennen. Die Fastentage waren angesetzt worden, um an bestimmte Notlagen und unglückliche Situationen zu erinnern, in die die Menschen allein deswegen geraten waren, weil sie die alten Propheten mißachtet hatten. Diese hatten den Menschen Gottes Urteil über solches Fasten vermittelt (vgl. Jes 58,1–10; Joel 2,12f). **8–10** Im folgenden werden die Lehren dieser Propheten zusammengefaßt. Damit soll angedeutet werden, daß in der Zeit vor dem Exil zwar rituelle Bräuche praktiziert wurden (vgl. Jes 1,11ff), es aber dennoch am moralischen Gehorsam dem Herrn gegenüber mangelte. Dies wirkte sich darin aus, daß hilfsbedürftige Menschen sorglos vernachlässigt wurden. Im Blick auf die Forderung des Herrn nach sittlichem Gehorsam (vgl. Jer 7,21ff; Am 5,25) ist demnach das Fasten als solches religiös gesehen völlig belanglos. **11** Die Menschen haben sich wie ein Tier, das gegen sein Joch ankämpft, gegen die Forderungen des Gesetzes aufgelehnt. **12–14** Die Bestrafung der Menschen entspricht ganz ihrem Vergehen. Gott hatte sie durch sein Gesetz gerufen, aber sie hatten sich ihm widersetzt. Als dann Unglück und Not über sie hereinbrachen, hatten sie ihrerseits Gott angerufen, aber nun verweigerte er ihnen jegliche Hilfe. Im Kap. 7 wird demnach 6,15 weiter ausgeführt, denn durch die harten Lektionen der Vergangenheit soll den Menschen eingeschärft werden, daß sie dem Worte Gottes unbedingten Gehorsam leisten müssen. **12** *Hart:* Kehren sich die Menschen vom Willen Gottes ab, werden sie immer ablehnender und unempfänglicher für die Wahrheit Gottes. Die Folge des Ungehorsams ist, daß die Herzen der Menschen *hart wie Diamant* werden. **14** *Sie haben . . . zur Wüste gemacht:* Wie im Hebr. wird hier absichtlich das Aktiv und nicht das Passiv verwendet, womit die Schuld der Menschen ausgedrückt werden soll.

8,1–23 Die positive Antwort: Verheißungen

Nun werden zehn Verheißungen genannt, die alle mit der Formel »So spricht der Herr« eingeleitet werden, die die Propheten verwandten, um die Glaubwürdigkeit ihrer Botschaft zu unterstreichen (8,2.3.4.6.7.9.14.19.20.23). Sie sprachen eben nicht in ihrem eigenen, sondern in Gottes Auftrag (vgl. 2Mo 4,16; 7,1f). Die meisten der vorliegenden Verheißungen beziehen sich auf das zukünftige Heil Jerusalems, wobei zwischen der augenblicklichen Zeit des Propheten und der Zeit, die noch kommen wird, streng unterschieden wird. Dieses Kap. handelt weniger von der nahen Zukunft als vielmehr von der segensreichen Zeit der messianischen Herrschaft. Damit bildet es die Einleitung zu Kap. 9–14. Auch werden schon einige Themen der genannten Kap. angedeutet, z.B., daß der Herr in Jerusalem wohnen wird (V.3; vgl. 9,9; 14,9.16), und daß Familien nicht mehr durch Kriege auseinandergerissen werden (V.4f; vgl. 10,6f; 12,5–8); weiterhin die Rückkehr der ins Exil geführten Menschen (V.7f; vgl. 9,11–17; 10,6.8–10), die Freude über den Ertrag der Arbeit, den kein Feind mehr verderben wird (V.9–12; vgl. 9,16f), und letztlich die Eingliederung der Nationen in das Volk Gottes (V.20–23; vgl. 9,10b; 14,9.16).

3 *Ich kehre wieder . . . zurück* (vgl. Hes 11,22ff mit 48,35): Diese Verheißung bezieht sich nicht nur auf die Rückführung der Exulanten nach Jerusalem. Es ist von dem unsichtbaren Glanz der Anwesenheit des Herrn in einer Stadt, die ihm treu ergeben ist, die Rede. Ihr neuer Name ist *Stadt der Treue* (LÜ), *Stadt der Wahrheit* (EÜ) als der Sitz des Gottes der Wahrheit. *Der heilige Berg* (ZÜ) wird der Wohnort des Einen Heiligen in Israel sein (vgl. 14,20f). **6** *Sollte es darum auch unmöglich erscheinen in meinen Augen?* Alles, was sein wird, erscheint so wunderbar und glanzvoll, daß die Übriggebliebenen sich all das gar nicht bildlich vorstellen können. Diese Frage, die Gott an die Menschen richtet, muß verneint werden, denn bei Gott ist nichts unmöglich (vgl. Lk 1,37; 1Mo 18,14). Gott wiederholte sein Versprechen, um sein früheres Wohlgefallen an den Menschen zu erneuern. **9** *Stärket eure Hände:* vgl. V. 13. Dies soll die Menschen, die den Tempel bauen, ermutigen. Nachdem gemäß der Verheißung der Grundstein des Tempels gelegt worden war, wird nun auch die Fertigstellung des Tempels durch eine Verheißung zugesichert; aber auch dies ist abhängig von dem Glauben an Gottes Macht, die allein dies ermöglichen kann. Die Fertigstellung des Tempels konnte nur erreicht werden, wenn die Gemeinde treu und redlich war. Unredlichkeit und Eigennutz konnten die Einheit und Entschlossenheit der Gemeinde zerstören. **12** *Sie sollen in Frieden säen:* wörtl. »eine Saat des Friedens« (die immer wieder aufblüht). **18.19** *Fasten . . . Festzeiten:* Hier wird die Anfrage der Gesandtschaft aus Bethel genauer beantwortet (s. 7,2). *Fasten des vierten . . . Monats:* vgl. Jer 39,2. *Fasten des . . . zehnten Monats:* vgl. 2Kön 25,1. Das Volk hatte den Fehler begangen, Wahrheit und Frieden zu verachten; deshalb war damals Leid und Elend über es gekommen. **21** *Laßt uns gehen:* ist die eifrige Antwort der Bürger, als sie aufgefordert werden, in Zion anzubeten (vgl. Mi 4,2f; Jes 2,2–4). **23** *Zehn Männer:* Sie sollen eine große Anzahl von Menschen darstellen (vgl. 1Mo 31,7; 3Mo 26,26). *Einen jüdischen Mann:* Ein einzelner an den wahren Gott glaubender Mensch wird der Masse der nach Gott fragenden suchenden Heiden gegenübergestellt. *Daß Gott mit euch ist:* das Bekenntnis der zur wahren Anbetung des Herrn bereiten Heiden. Verwendet wird hier die allgemeine Bezeichnung für Gott (hebr. *'elohim*). Die Stelle erinnert an die Prophezeiung über *Immanuel* = Gott ist mit uns (vgl. Jes 7,14; 45,14f). *Beim Zipfel seines Gewandes ergreifen:* bedeutet, ein Anhänger ihrer Religion zu werden und die jüdische Lebensweise anzunehmen. Solche Männer wurden Proselyten oder Gottesfürchtige genannt.

9,1–13,9 Die weltweite Herrschaft des Königs von Zion

9,1–8 Läuterung der heidnischen Nachbarn Judas

Angesichts dieses schwierigen Abschnitts sollte man die folgende Mahnung nicht außer acht lassen: Wir sind nicht berechtigt anzunehmen, daß ein unverständlicher oder unklarer Text gleich ein unechter oder verfälschter Text ist (H. Nurnburg).

Israel als ganzes Volk sehnt sich danach, von Gott vor mächtigen Feinden bewahrt zu werden. Hier werden die Syrer, Phönizier und Philister genannt – ein Hinweis also auf die Zeit vor dem Exil. Aber in erster Linie bezieht sich dieser Abschnitt auf den Sieg Alexander des Großen im Jahre 332 v.Chr., sowie auf ähnliche Feldzüge, die seine Nachfolger unternahmen.

1 *Ausspruch* (ZÜ): wird von manchen als Überschrift verstanden, während LÜ (gemäß den hebr. Akzenten) das Wort zum folgenden zieht (LÜ: *Last* nach Vulg.). Vgl. Komm. zu Mal 1,1. Das göttliche Wort wird sehr lebhaft dargestellt. Schwer wie eine Last des Zorns ruht es auf dem Lande Hadrach. Dies ist die einzige Stelle im AT, die *Hadrach* erwähnt, aber auch assyr. Inschriften kennen dieses Gebiet, das wahrscheinlich in der Nähe von Damaskus lag. Die Rabbinen interpretierten es messianisch; indem sie das Wort Hadrach in zwei Teile teilten (hebr. *chad* = scharf, *rach* = sanft), deuteten sie es so: »Der Messias ist hart gegen die Völker der Welt und sanft zu Israel.« *Hat ein Auge auf die Menschen* (EÜ): ... *die Städte Arams* (ZÜ) setzt eine Textkorrektur voraus, die aber nicht nötig ist. Der Schlußsatz von V. 1 soll andeuten, daß Gott sowohl Juden als auch Heiden durch sein Gericht zu sich bringen wird (vgl. Jes 17,7). Diese noch in der Zukunft liegende Erkenntnis der Alleinherrschaft des Herrn ist bereits das Thema von 8,23 gewesen. **2** *Tyrus* war das Bollwerk der Philister. Die Zerstörung von Tyrus bedeutete, daß die fünf Städte der Philister nun ungeschützt angegriffen werden konnten. **6** *Mischlinge:* Hierfür bieten sich zwei Interpretationen an. Einerseits könnte es sich auf die Besetzung Asdods durch eine jüdische Gemeinde beziehen, andererseits auf das Ende der Unabhängigkeit der Philister, da sie jüdische Proselyten wurden. Nach dem Sieg Alexanders verschwanden die Philister als ein selbständiges Volk. **7** *Greuel:* Niemand wird mehr unreine Lebensmittel, die oft fremden Göttern als Opfergaben angeboten wurden, essen. Wie damals die Jebusiter, so werden auch die Philister in das heilige Volk eingereiht werden (vgl. Ps 87,4). Laut Josephus hat eine solche Eingliederung der Philister unter die Juden tatsächlich stattgefunden (*Ant.* 11,8,3). **8** *Als Wache:* Als Alexander nach Ägypten unterwegs war, zog er mit seinem Heer an Juda vorbei, und nachdem er Alexandria gegründet hatte, zog er auf diesem Weg wieder zurück. *Kein Bedränger soll mehr über sie kommen* (ZÜ): Alexander verschonte Jerusalem und gewährte den Juden besondere Vergünstigungen. Seinen Nachfolgern, den Seleukiden, gelang es nicht, sie zu versklaven. *Mit meinen Augen:* vgl. 4,10; 2Mo 3,7; dies ist sowohl ein Versprechen der raschen Erfüllung dieser Weissagung, als auch eine Zusicherung dafür, daß Gott den Tempel und seine Stadt sorgfältig bewachen wird.

9,9–17 Der König von Zion kommt

Hier wird das in V. 8 Gesagte weiter ausgeführt. Der jüdische Schriftausleger Ibn Ezra († 1167) sah in diesem Abschnitt, der einem Königspsalm ähnelt (vgl. Ps 2; 72), die Person des Judas Makkabäus. Rashi, ein anderer jüd. Kommentator aus dem Mittelalter, meinte hier den messianischen König zu erkennen. Wenn wir davon ausgehen, daß das Buch eine zusammenhängende Einheit bildet (s. Einl.), dann läßt sich dieser Abschnitt als eine Fortführung von 6,13 interpretieren. Er bezieht sich auf die Theophanie Gottes, des Herrn (s. 9,14–16). Dieser Abschnitt ist eine Widerspiegelung der um 630 v.Chr. ausgesprochenen Prophezeiung Zephanjas (vgl. Zeph 3,14–20). Israel wird keine irdischen Waffen verwenden, um das messianische Königreich zu errichten (vgl. Sach 4,6).

9 Der Herr ist der Sprecher und der Prophet ist sein Sprachrohr. Das ideale Israel bildet den Hörerkreis. *Freue dich sehr:* vgl. 2,14; Jes 62,11; Mt 21,5; Jh 12,15. *Dein König:* Der lang ersehnte und verheißene rechtmäßige Erbe Davids, der eigentliche König. *Ein Gerechter* (LÜ), *gerecht* (ZÜ): ein Kennzeichen des leidenden Knechts des Herrn (Jes 53,11; vgl. 32,1; Jer 23,5f). *Ein Helfer* (LÜ nach LXX »Heiland« vgl. EÜ); *siegreich* (ZÜ): wörtl. »Der Empfänger des Heils.« Nachdem ihn die Menschen verworfen haben, hat Gott ihn gerechtfertigt und ihm seine rechtmäßige Ehre wiedergegeben. Dies ist ein weiteres Kennzeichen des leidenden Knechts (vgl. Jes 53,10–12). *Arm* (LÜ); *demütig* (ZÜ): im Sinne von niedergedrückt, gedemütigt und erniedrigt. Dieser Gedanke wird noch durch die Beschreibung seiner Ankunft auf einem Esel, genauer: dem Füllen einer Eselin, vertieft. Hier wird also ganz deutlich auf 1Mo 49,10f angespielt. Juda wird einen geheimnisvollen Herrscher hervorbringen, der jedoch kein weltlicher Eroberer ist, sondern der sein Recht auf friedfertige Art und Weise verfechten wird. Der Gegensatz zwischen dem Esel und den Kriegspferden (V. 10) – Kennzeichen des Friedens und Wahrzeichen des Krieges – wird ganz deutlich herausgestellt. In der Zeit des Messias wird es keine Kriegswaffen mehr geben (vgl. Jes 2,2–4; Mi 5,10; Sach 8,2–23).

10 *Herrschaft:* Hier zeigen sich sprachliche Ähnlichkeiten mit Ps 72 (bes. V. 7–11). Inhaltlich erinnert der Vers an die Herrschaft Salomos, des Sohnes Davids. Während aber Salomo innerhalb festumrissener geographischer Grenzen herrschte, bezieht sich der Begriff hier auf eine universale Alleinherrschaft. **11** *Um des Blutes deines Bundes willen:* vgl. 2Mo 24,8. Adressat ist Zion. Die ins Exil geführten Menschen werden mit Nachdruck zurückgerufen *(so kehrt heim)* und daran erinnert, daß sie aufgrund des Bundes erlöst werden. Der Bund, der dem Volk als Glaubensgrundlage diente, inspirierte auch andere Propheten (vgl. Jes 42,5–7; 51,14–18; Jer 31,31; vgl. auch Hebr 10,29; 13,20). **12** *Zweifach erstatten:* Laut Jes 40,2 mußten die Sünden des Volkes mit dem doppelten Anteil *(doppelte Strafe)* bezahlt werden. Nun soll das Volk entschädigt und ihm sein Erbteil vermacht werden (vgl. Jes 61,7).

13 *Griechenland:* Diese Vorhersage wurde größtenteils erfüllt, als die Makkabäer i.J. 165 v.Chr. um die Unabhängigkeit von der syr. Oberherrschaft kämpften. Die Syrer versuchten, den Juden in Palästina hellenistische Bräuche aufzuerlegen. Diese Prophezeiung gibt auch einen Einblick in die Kriegsfehde zwischen den himmlischen Heerscharen und den Feinden Gottes. Mit anschaulicher und lebendiger Sprache wird beschrieben, wie Gott seine Feinde angreift und dazu sein Volk als Angriffswaffen nimmt. *Griechenland* (hebr. *jawan*): vielleicht nur eine poetische archaische Beschreibung, um heidnische oder weit entfernte Völker zu umschreiben. Ein Jahrhundert später erhielt dieser Vers eine konkrete Erfüllung, als die Griechen in den Schlachten bei Sardis (499 v.Chr.) und Marathon (490 v.Chr.) mit den Persern um die Weltherrschaft kämpften. Dieser Vers ist jedoch dadurch nicht zwangsläufig ein Beweis für eine späte Verfasserschaft – es sei denn, man verweist Weissagungen dieser Art in den Bereich des Unmöglichen.

14 *Der Herr wird über ihnen erscheinen:* und zwar als Kämpfer; der Donner als seine Kriegsposaune, die Blitze als seine Pfeile und die Wirbelstürme der Wüste als sein Gefährt zeigen die Stärke seiner Macht. Vgl. Ri 5,4; Hab 3,3. **15** *Schleudersteine:* zu dieser Waffe vgl. 1Sam 17,40.49f. MT: »sie werden die Schleudersteine verzehren und niedertreten« (EÜ) ist schwer verständlich. Sind die Feinde gemeint, die weggeschleudert werden (so EÜ Anm.)? LÜ u.a. übersetzen nach Textkorrektur: *die Schleudersteine werden fressen.* Dieser Vers spielt auf die vergangenen Kämpfe Israels an. Ebenso erinnert er an das Freudenmahl in Hes 39,17–20 und Jes 25,6. *Blut trinken:* Diese Übersetzung aufgrund einer Textverbesserung läßt den Eindruck ungeheuerlicher Grausamkeit und Wildheit entstehen. Aber der Gedanke, Blut zu trinken, ist für einen Juden äußerst abstoßend, da dies im Gesetz verboten ist. Daher muß diese Übersetzung als unpassend abgelehnt werden. MT hat: »sie werden trinken, lärmen wie vom Weine« (EÜ). Die Siegesfeier wird nicht nur Ausdruck der Freude, sondern auch der Heiligkeit sein. Da Gott einen heiligen Krieg ausficht, werden die Werkzeuge, die er gebrauchen wird, geheiligt sein.

16 *Edle Steine:* Das Volk Gottes wird wie eine Herde auf den Hügeln Judas schimmern. Auch die Steine in dem messianischen Diadem stellen das Volk dar, das dem göttlichen Willen ergeben ist. **17** *Ja, wie schön und wie lieblich ist es!* (ZÜ), seufzt der Prophet voller Verwunderung im Nachdenken über das, was sich nicht mit Worten ausdrücken läßt. Wunderbar ist des Herrn Erlösung und lieblich ist seine Schönheit (vgl. Ps 45,3; Jes 28,5; 33,17). *Sprossen:* Da der Boden fruchtbar ist, wird auch die Zahl der Menschen anwachsen. Dies ist unter den Propheten ein beliebter Gedanke (vgl. Hes 36,29f; Joel 2,19; Sach 3,10; 8,4–6).

10,1–12 Die zerstreute Herde wird zurückgerufen

VV. 1.2 stellen die Verknüpfung mit dem vorigen Kap. her. Die Fruchtbarkeit des Bodens ist in Palästina vom Regen abhängig. Wenn die Menschen den Herrn, von dem alles abhängig ist, und nicht die Wahrsager oder Götzen um Regen bitten, dann ist ihnen der Segen Gottes gewiß. Es wird nicht mehr nötig sein, daß sie zum Aberglauben der heidnischen Völker, die sie umgeben, Zuflucht nehmen.

Götzen (LÜ): hebr. *Teraphim* (ZÜ), wörtl. die Faulenden, verächtlicher Ausdruck für Götzenbilder, wahrscheinlich Hausgötter, die mit der Verehrung der Vorfahren zu tun hatten und benutzt wurden, um ein Orakel zu erlangen. Das Urteil über sie ist eindeutig (V.2a). Auch das Bild in V.2b ist sehr treffend. Da das Volk keinen wirklichen Anführer hatte, lebte es ziellos vor sich hin und geriet dadurch in viele Notlagen. Es gab keinen Hirten, der die Menschen anführen konnte, d.h. keinen davidischen König, der die Macht hatte, mit Gerechtigkeit zu regieren (vgl. Hes 34,5–8). Der wahre Hirte Israels hatte aufgehört, das Volk anzuführen und zu beschützen. *Verschmachtet:* Die Wahrsager und Träumer antworteten zwar auf die verzweifelten Bitten des Volkes um Hilfe, aber dadurch verschlimmerte sich die Notlage nur noch.

3–12 Israel und Juda sollen gewissermaßen durch einen Exodus wiedervereint und in das Verheißene Land zurückgebracht werden. **3** *Böcke:* vgl. Hes 34,17; damit sind die ersten Männer des Volkes gemeint. Es besteht keine Veranlassung, sie als die Ptolemäer oder als irgendwelche fremden Herrscher anzusehen, sondern sie repräsentieren die unzureichende Herrschaft, unter der das Volk leben muß. In der äußersten Not aber wird der Herr selbst der Hirte der Herde werden. Dann ändert sich unvermittelt die Metapher: Juda soll das stolze Kampfroß des Herrn für die Schlacht werden und ihm den Sieg bringen.

4 *Von ihm* (EÜ): wird in diesem Vers viermal wiederholt. Gemeint ist Juda. Der *Eckstein* (im hebr. Text Einzahl!) steht für Sicherheit und Frieden (vgl. Ri 20,2; 1Sam 14,38; Jes 19,13; in Jes 28,16 stellt er ein Sinnbild für den davidischen König dar); der *Zeltpflock* (ZÜ) gibt dem Zelt Halt, ein Sinnbild für Verläßlichkeit (vgl. Jes 22,23). Der *Kriegsbogen* steht für die kraftvolle Führungsmacht (vgl. Hos 1,5). *Alle Mächtigen* (LÜ); *alle Machthaber* (ZÜ): gewöhnlich wird hiermit etwas Schlechtes oder Negatives ausgedrückt, hier aber wird dieser Ausdruck im positiven Sinn verwendet. Der Anführer wird die Menschen nicht mit ungerechten Steuern unterdrücken; er wird ihnen keine schweren Lasten auferlegen, so daß die Armen daran zugrunde gehen, sondern er wird von den bezwungenen Feinden Tribute fordern. Oesterley schrieb die obengenannten Bezeichnungen *(Eckstein, Pflock, Kriegsbogen, alle Mächtigen)* den Männern Simon, Judas und Jonathan Makkabäus zu, aber alle vier Bezeichnungen sind zweifellos messianisch gemeint. Dieser Vers bezieht sich letztlich auf den Löwen aus dem Stamm Juda (vgl. 1Mo 49,9; 4Mo 23,24), mit dessen Hilfe das Volk Gottes jeden Feind besiegen wird.

5 Historisch gesehen wurde die ungeheure Heeresmacht der Syrer von den Makkabäern in die Flucht geschlagen. Der Erfolg Judas ist der Gegenwart des Herrn zu verdanken. **6** *Als ich sie nicht verstoßen hatte:* Hier wird ein beliebtes Thema der Propheten angeschnitten. Das Nordreich soll dem davidischen König zurückgegeben werden (vgl. Jer 3,18; Hes 37,21; Hos 2,1f). *Ich . . . will sie erhören:* steht ganz im Gegensatz zu V.2. In dieser Zusage des Herrn liegt der Grund für das Vertrauen des Propheten. **7** *Ihre Söhne:* Die Nachkommenschaft wird die Erfüllung dieser Verheißung miterleben. Ephraim wird dieselbe Erhöhung wie Juda erfahren, und beide werden die gleichen Begünstigungen erhalten.

8 *Locken und sie sammeln:* wie ein Schäfer seine Herde oder wie ein Bienenzüchter seinen Schwarm lockt und sammelt (vgl. Jes 5,26; 7,18). *Wie sie sich vormals gemehrt haben:* eine Anspielung auf die rasche Vermehrung des Volkes zu der Zeit der Bedrückung in Ägypten (vgl. 2Mo 1,12). Vgl. Jer 23,3; Hes 36,11. **9** *Ich säte sie unter die Völker* (LÜ): *Ich habe sie . . . zerstreut* (ZÜ) basiert auf einer leichten Textverbesserung des Hebr.; dennoch hat der Unterschied zwischen zerstreuen und säen keinerlei Einfluß auf die Bedeutung dieses Verses. Beiden Ausdrucksweisen liegt der Gedanke zugrunde, daß Israel auch in der Zerstreuung Nachkommen haben wird. **10** *Ägyptenland, Assyrien, Gilead, Libanon:* Länder, in denen die zehn Stämme ihr Exil verbrachten. Gilead wird hier erwähnt, da es als erstes Land von Assyrien eingenommen wurde (vgl. 2Kön 15,29). Libanon war das Symbol für Stolz und Erhabenheit und sollte am Tag des Herrn erniedrigt werden (vgl. Jes 2,13). Mit der Bezeichnung Libanon könnten aber auch die östlichen und nördlichen Grenzen gemeint sein (vgl. 5Mo 11,24).

11 *Wenn sie in Angst durchs Meer gehen:* Die Angst in jener Zeit wird alle Betroffenen überkommen. Der Vorgang ist vergleichbar mit dem Durchzug durch *das* (Schilf-)*Meer* in der Generation des Exodus: ein scheinbar unlösbares Problem, das aber dann plötzlich durch das machtvolle Eingreifen des Herrn verschwand (vgl. Jes 43,2). Das wichtige an dieser Weissagung ist die neue Erlösungstat, die wie ein zweiter Auszug sein wird. Die furchtbaren Wellen werden geteilt, um den Menschen einen sicheren Weg zu bereiten (vgl. Jes 11,15f). Assyrien und Ägypten sind Symbole für Weltmacht und vielleicht Decknamen für die derzeitigen Unterdrücker. 12 *Wandeln sollen:* Die aus dem Exil zurückgekehrten Menschen werden einen Lebenswandel führen, der ganz den Vorschriften des Herrn entspricht. Man beachte die Variante in LXX »sich rühmen« (ZÜ), die sachlich sinnvoll ist, aber nicht ursprünglich sein muß. Die Aussage endet mit dem feierlichen *»spricht der Herr«.* In diesem ganzen Abschnitt werden die Worte und Taten des Herrn besonders betont. Mit dieser charakteristischen Formulierung endet die gesamte Botschaft.

11,1–3 Die Wehklagen der Hirten

Zwischen den Visionen (Kap. 1–8) und den Wortprophezeiungen (Kap. 9–14) ist eine interessante Parallele beobachtet worden. Kap. 11 verhält sich zu Kap. 9–14 wie Kap. 5 zu Kap. 1–8. Nachdem fünf Visionen das Versprechen auf Erneuerung gegeben haben, folgt die umgekehrte Seite der Botschaft in den Visionen der fliegenden Schriftrolle und der Frau in der Tonne, mit denen Abtrünnigkeit und Gericht beschrieben werden. In Kap. 6 aber hebt sich das Volk über die Sünde hinweg, und Israels Messias wird als Herrscher und Priester auf seinem Thron gekrönt; Juden und Heiden werden in seinem Tempel aufgenommen. In den Wortprophezeiungen kann man den gleichen Aufbau feststellen. Nachdem Erneuerung und Wiederaufbau versprochen wurden, wird das Volk in Kap. 11 vor den Abgrund seiner Abtrünnigkeit und des darauffolgenden Gerichtes gestellt.

Diese Anordnung ist sicher nicht zufällig. Sünde und Abtrünnigkeit werden so deutlich hervorgehoben, um zu verhindern, daß die gottlose Mehrheit des Volkes das Versprechen auf Errettung selbstgefällig mißbraucht. Die nächsten drei Kap. beschreiben, wie das Land und das Volk aus dem tiefen Abgrund wieder emporkommen und die ruhmreiche Vollendung der Herrschaft des Messias über die ganze Welt sehen.

In den ersten drei Versen von Kap. 11 wird das Gericht mit bestimmten charakteristischen Ausdrücken umschrieben: Feuer (vgl. Am 5,6), der feste Wald (vgl. Jes 10,33f) und das Heulen der Hirten (vgl. Am 5,16f). Sieht man diese Verse in Zusammenhang mit dem restlichen Kap., so erkennt man, daß der Schwerpunkt auf dem Heulen der Hirten liegt, denn all ihre Herrlichkeit wurde vernichtet (V.3). Der Akzent von Kap. 11 liegt also darin, daß unehrenhafte Herrscher das Volk Gottes für ihre eigenen Vorteile und Zwecke ausgenützt haben, die Stunde des Gerichts und der Verurteilung nahe bevorsteht. Vgl. Hes 34.

1 *Libanon, ... deine Zedern:* Als die erhabensten Bäume des Waldes sind die Zedern von Libanon treffliche Symbole für weltlichen Stolz (vgl. Jes 2,13; 10,33f; Hes 31,1ff). *Feuer* ist das Sinnbild göttlichen Gerichts. 2 *Zypressen:* Wenn bereits die Zedern schon gefallen sind, besteht erst recht Gefahr für die kleineren Bäume. Sogar die starken Eichen haben Grund, sich zu fürchten, wenn der feste Wald umgehauen wird. Damit zeigt der Prophet symbolisch, daß es am Tag des göttlichen Eingreifens weder einen sicheren Platz auf der Erde noch weltliche Stärke und Macht geben wird, die Bestand hätten. 3 *Hirten:* die Anführer des Volkes. Auch danach spricht der Prophet wieder in Symbolen: sogar die Löwen können sich dem Angriff nicht widersetzen, er raubt ihnen mit der Vernichtung des *festen Waldes* (V.2), der *Pracht des Jordan,* ihrer Schlupfwinkel, allen Schutz und alle Sicherheit. Vgl. Jer 12,5; 14,19. Mit Bildern zeichnet Sacharja die Vision einer totalen, unvermeidlichen Katastrophe.

11,4–17 Eine Allegorie: Der gute Hirte und der nichtsnutzige Hirte

Viele Einzelheiten dieses Abschnittes sind unklar. Vielleicht beschreibt Sacharja hier den Inhalt einer Vision, oder – wahrscheinlicher – eine Reihe von Orakeln, die er nach göttlichem Befehl aussprach. Zuerst gibt ihm der Herr die Rolle des guten Hirten (V.4), obwohl (V.5–6) der Herr ihn warnt, daß das, was er als Hirte unternehmen wird, das Volk nicht vor dem schicksalhaften Verhängnis, das über ihm liegt, bewahren wird. Nichtsdestoweniger nimmt er die Zeichen seines Amtes an (die zwei Stäbe) und begibt sich an die Arbeit. Er geht sogar gegen die nichtsnutzigen Hirten vor und *vertilgt* sie (V.7.8a). Als er schließlich jedoch bemerkt, daß ihm seine Arbeit als Hirte nichts als Haß einbringt (V.8b), legt er seine Arbeit nieder. Als Zeichen für die Beendigung seiner Arbeit zerbricht er einen der Stäbe (V.9–11). Dann bittet er um seinen Lohn, den er in das Haus des Herrn wirft (V.12.13). Indem er auch seinen zweiten Stab zerbricht (V.14), findet die symbolische Beendigung seines Amtes als guter Hirte ihren Abschluß. In dem dritten Orakel, das er ausführt (V.15–17), verkleidet er sich als nichtsnutziger Hirte, um damit die Hirten zu versinnbildlichen, die der Herr als ein Zeichen seines Gerichts über das Volk kommen lassen wird (V.16) und die das Volk berauben werden. Zum Schluß greift das Kap. wieder seinen Ausgangspunkt auf: Es wird ein Fluch über die nichtsnutzigen Hirten ausgerufen (V.17; vgl. V.3a).

Diese Schilderung zeigt zwar sehr klar, wie manche oder vielleicht sogar alle Propheten, die der Herr seinem Volk sandte, abgelehnt und verworfen wurden; ihre deutlichste Erfüllung findet sie in dem Herrn Jesus Christus, seinem Kommen als wahrem Hirten und seiner Entlarvung der falschen Hirten. Weiterhin erfüllt sie sich in der Verwerfung Christi und der schändlichen Bezahlung mit 30 Silberstücken, der Auslieferung des Volkes in die Hände von Männern, die das Volk in Konflikt mit Rom brachten, schließlich in den Schrecken des Untergangs Jerusalems i.J. 70 n.Chr.

4 Der Herr sieht das Ende von Anfang an. Die einzige Rettung des Volkes wird darin bestehen, daß der Herr ihm den wahren, guten Hirten schickt; aber die Menschen werden diesen Hirten verwerfen. Das wiederum veranlaßt den Herrn, sie unwiderruflich zu verdammen. **5** Vgl. Hes 34,2f mit dieser Darstellung selbstsüchtiger Herrscher, die ihre Machtposition zur persönlichen Bereicherung mißbrauchen. **6** Indem das Volk den wahren, guten Hirten verwirft, entscheidet es sich damit für die schlechten, nichtsnutzigen Hirten und wird so selbst zum Anstifter seines eigenen Untergangs.

7 *Händler:* wörtl. »Kanaaniter«. So ist nach Zusammenziehung zweier Wörter im MT wohl mit LXX zu lesen. Vgl. 14,21; Jes 23,8; Hos 12,8 und Komm. zu 1Mo 37,28 (»Ismaeliter« für »Kaufleute«); MT hat »mithin die Elenden« (EÜ). Schon Johanan Aharoni meinte, daß »Kanaaniter« ganz früher einmal die Bedeutung von »Händler« (vgl. LÜ) hatte und diese Bedeutung hier vorliege (vgl. Hos 12,8). *Zwei Stäbe:* Damit könnte die Ausrüstung eines Hirten gemeint sein; vgl. Ps 23,4. *Huld . . . Eintracht:* Erstere bezeichnet die durch den Bund gestiftete Beziehung der Huld zwischen Gott und seinem Volk, und die zweite (vgl. V. 14) die daraus folgende Eintracht, die unter dem Volk Gottes herrscht. Damit sieht sich Sacharja in die Rolle des großen Hirtenkönigs David versetzt, unter dem das Volk Gottes brüderlich vereint war. In dieser Rolle kündigt Sacharja schon indirekt vorsichtig den kommenden großen David an (vgl. Hes 34,23f).

8 *Die drei Hirten in einem Monat:* Hier haben die Kommentatoren große Schwierigkeiten, den symbolischen Wert des Wortes *Monat* zu bestimmen und herauszufinden, wer die drei Hirten sind. Vielleicht soll das Wort »Monat« lediglich aussagen, daß die Tätigkeit des guten Hirten nur von kurzer Dauer war. Er fand unter seinen Leuten keine Anerkennung. Was die drei Hirten betrifft, die er vertilgte, spricht das AT oft von einer Dreiteilung der Autorität im Volk: Könige, Priester und Propheten (z.B. Jer 13,13).

10 *Meinen Bund . . ., den ich . . . geschlossen hatte:* Hier wird deutlich, daß dies im Grunde die Rolle des Herrn selbst war, denn kein anderer außer ihm konnte den göttlichen Bund aufheben, wie dies hier symbolisch getan wird. *Mit allen Völkern:* kommt ziemlich unerwartet. Wird damit das Nord- und Südreich, also Israel als Ganzes angesprochen? **11** *Die Händler der Schafe, die auf mich achteten:* Die wörtl. Übersetzung des MT würde lauten: »Die Elenden der Herde, die auf mich achteten« (EÜ). Die Abweichung vom MT in LÜ usw. geht auf die LXX zurück (vgl. Komm. zu V. 7). **12** *Dreißig Silberstücke:* eine geringfügige Summe, der Schadenersatz für einen verletzten Sklaven (vgl. 2Mo 21,32)! **13** *Dem Schmelzer:* wörtl. »dem Töpfer« (EÜ). Bis jetzt ist noch keine stichhaltige Erklärung gefunden worden, worauf hier angespielt wird. Es könnte sein, daß es sich um eine sprichwörtliche Wendung handelt, vielleicht um einen unbekannten Ausdruck höchster Verachtung. Dafür, daß der Lohn ins Haus des Herrn geworfen wird, hat man verschiedene Erklärungen gefunden, z.B. daß der Hirte, der ja im Auftrag des Herrn handelte, dem Herrn Beweise für seine Verwerfung bringen mußte; oder, da in Wirklichkeit der Herr selbst verworfen wurde, dies auf diese Weise dargestellt werden sollte. **14** Frieden unter den Menschen ist eine Nebenerscheinung des Friedens mit Gott, und wenn der Frieden mit Gott zerstört ist (vgl. V. 10), herrscht er zwangsläufig auch nicht mehr unter den Menschen. (Als Jerusalem von den Armeen des Titus besetzt gehalten wurde, kämpften z.B. i.J. 70 n.Chr. innerhalb der Stadt vier verschiedene jüdische Gruppen um die Macht über die Stadt.)

15.16 *Nichtsnutziger Hirte:* Er hat einen schlechten, wertlosen Charakter, was sich vor allem in seinem fünffachen Treuebruch zeigt (V. 16). Wer der Hirte ist, wird nicht bekanntgegeben. Er ist geradezu das Gegenbild des Messias. Da sein Verhalten typisch ist für sehr viele Hirten, steht er vielleicht für alle nichtsnutzigen Hirten. Sie vernachlässigen die Gesunden, zeigen den Schwachen gegenüber keine Nachsicht, fressen gierig das Fleisch der fetten Schafe und versorgen die Herde nicht mit dem, was sie braucht. **17** *Weh über meinen nichtsnutzigen Hirten:* »Die Körperteile, die versagen, werden bestraft: Der starke Arm wird vollkommen geschwächt, und das rechte Auge, das keinen Scharfblick hatte, wird durch Blindheit gänzlich erlöschen« (Cashdan). Der Grundsatz, daß Privilegien auch Verantwortung mit sich bringen, wird hier deutlich herausgestellt (vgl. Am 3,2). Daß von diesem Herrscher als *meinem* Hirten gesprochen wird, ist sehr bedeutsam und zeigt die Souveränität der göttlichen Herrschaft über die Geschichte. Dieser Herrscher, der von Gott »erweckt«, d.h. eingesetzt wird (V. 16), ist aufgrund der furchtbaren Taten, die ihn sein sündhaftes Herz begehen läßt, das schreckliche Gericht Gottes über ein Volk, das den wahren Hirten verworfen hat. Vgl. dazu Einleitung »Theologie des AT«, S. 26f.

12,1–9 Die Erlösung Jerusalems und Judas

Das vorige Kapitel hat uns die schwere Prüfung gezeigt, die das Volk bestehen mußte: Das Kommen des wahren Hirten und als Konsequenz seiner Verwerfung das göttliche Gericht über den gewählten falschen Hirten und die Herde. Darüber, wie dieses Gericht ausgeführt werden wird, werden wir nicht unterrichtet.

Das Hauptthema dieser Verse ist der Untergang der Völker, die gegen Jerusalem kämpfen. Der historische Hintergrund des Gedankens, Jerusalem sei der Schauplatz der allerletzten Schlacht, findet sich in verschiedenen Ereignissen, so z.B. in der göttlichen Vernichtung Sanheribs (2Kön 19). Manche meinen, daß die beständige Feindschaft der Könige auf Erden gegen das Volk Gottes und die Befreiung der Stadt aus ihrer Gewalt einen Teil eines jährlich wiederholten Kultdramas in der Zeit vor dem Exil bildeten, und daß daher Sacharjas wohlbekanntes Gedankengut aufnehme.

Überraschenderweise sprechen diese Verse aber auch von offensichtlichen Streitigkeiten zwischen Jerusalem und Juda (VV. 2.7; vgl. 14,14). Es gibt keine historische Begebenheit, die dies erklären könnte, und auch in den apokalyptischen Schriften findet sich kein Hinweis auf die Bedeutung dieser Verse.

Der Abschnitt beginnt mit einem kurzen Lobpreis des Schöpfers (V. 1; vgl. Am 4,13; 5,8; 9,5f), womit der nachfolgenden Vision des Sieges über die Welt Glaubwürdigkeit verliehen werden soll. Der Gott, von dem Sacharja spricht, hat allein die Vollmacht und Gewalt, dies geschehen zu lassen. Jerusalem wird infolge dieser universalen Macht nicht untergehen, sondern wird selbst die anderen Völker zerstören (V. 2). Der Herr wird diese Völker vollkommen entkräften (V. 4a); Juda aber wird er geistige Erleuchtung (V. 4b.5) und Sieg bringen (V. 6f), Jerusalem wird er beschützen und den Bewohnern Ruhm und Ehre verschaffen (V. 8), die heidnischen Völker sollen vertilgt werden.

1 Die Zusicherung, daß diese Botschaft von Gott kommt, ist sehr gewichtig. Zur Überschrift vgl. Komm. zu 9,1. *Himmel . . . Erde . . . Menschen:* Die souveräne göttliche Macht ist so groß, daß sie alles umfaßt. **2** *Taumelbecher:* vgl. Jes 51,22f; Jer 25,17f. Diese Metapher soll verdeutlichen, daß allein der Herr über das Schicksal der Menschen und Völker bestimmt (vgl. Ps 75,9). *Auch Juda wird's gelten:* Dies läßt darauf schließen, daß Juda mit den Feinden Jerusalems verbündet war und mit ihnen den Taumelbecher erhielt. Eine alternative Übersetzung ist: »Auch Juda wird von der Belagerung Jerusalems betroffen sein.« Dies würde die Erkenntnis, daß zwischen beiden keine Einheit mehr herrscht, hinausschieben und den Weg dafür bereiten, daß sich der erste göttliche Erlösungsakt auf Juda richtet (V. 4–7). **3** *Laststein:* Der Metapher des Taumelbechers, der die vollkommene geistige Verwirrung der Angreifer beschreibt, entspricht die Metapher des Laststeins, der ihre körperliche Tüchtigkeit weit überragt. Demnach ist Jerusalem in jeder Hinsicht unangreifbar.

4 *Rosse . . . Reiter:* Die unzureichenden geistigen und körperlichen Fähigkeiten der Feinde werden nun noch dadurch verschlimmert, daß ihre Heeresmacht außer Kraft gesetzt wird. *Will ich meine Augen offen halten:* drückt Wohlgefallen und Schutz aus. Vgl. das erhobene Angesicht beim Segen 4Mo 6,26. *Augen . . . Blindheit:* ein betonter Gegensatz zwischen den verwirrten Augen der von panischem Schrecken gepackten Angreifer und den beschützenden Augen des Herrn, die über die Angegriffenen wachen. **5** Mit diesem Vers wird angedeutet, daß zwischen dem Land und der Stadt eine Abneigung besteht, aber der Tag der Erlösung ist auch ein Tag der Erleuchtung, an dem die Menschen Judas, die sich abgewandt haben, erkennen werden, daß Jerusalem und seine Einwohner wirklich einen Zugang zur göttlichen Macht haben. Sie stehen in einem besonderen Verhältnis zu Gott, so daß der Herr ganz charakterisierend *ihr Gott* genannt werden kann. Dahinter steht die Tatsache, daß die Verheißungen Davids sich auch auf Jerusalem bezogen. **6** Angesichts dieser neuen Erkenntnis kämpft Juda nun gegen die angreifenden Feinde. **7** Hier zeigt sich ein anderer Gesichtspunkt der angedeuteten Feindschaft zwischen Juda und Jerusalem: Es scheint so, als ob ein gewisser religiöser Stolz seitens der Bewohner Jerusalems Anstoß in Juda erregt hatte. Aber dies wäre dadurch ausgeglichen, daß der Herr zuerst Juda mit dem Sieg belohnt. **8** Trotzdem wird der Herr Jerusalem nicht im Stich lassen. Stattdessen sollen die Verheißungen über David und Jerusalem aufs neue bestätigt werden und das königliche Haus und die Stadt werden neuen Glanz und sogar göttliche Würde erhalten. *Wie Gott, wie der Engel des Herrn*: vgl. die Anrede Davids in 2Sam 14,17.20 und Einl. »Theologie des AT« S. 28 und S. 136f.

12,10–14 Die Läuterung Jerusalems

So wie der Sieg ist auch die Reue ein Geschenk des Herrn. Der Prophet wendet sich nun diesem geistlichen Gesichtspunkt in den Taten des Herrn für sein Volk zu.

10 *Geist der Gnade und des Gebets:* Da Gott für sein Volk Mitleid empfindet, gießt er den Geist aus, der in den Menschen ein neues Gefühl für das Gebet zu Gott um das, was sie brauchen, erweckt. Mit *Gnade* – als eine Gabe Gottes – ist hier die besondere Gnade des Gebets gemeint. *Gebet* steht im Hebr. im Plural und ist damit besonders betont: es bezeichnet intensives und wirksames *Flehen* (ZÜ). *Und sie werden mich ansehen:* Alle alten Bibelübersetzungen verwenden mit den besten hebr. Mss. für das Pronomen die 1. Person Singular. Daß die ZÜ, EinhÜ hier *»ihn«* (3. Person) übersetzen, ist darin begründet, daß der folgende Satz *und sie werden um ihn klagen* zur 3. Person überwechselt. Die Textkorrektur harmonisiert also. In der Tat ist es schwer, sich vorzustellen, daß Gott selbst durchbohrt und beklagt werden sollte. So hat man versucht festzustellen, wer diese Person, die durchbohrt wird, eigentlich war. Dabei stieß man auf verschiedene historische Persönlichkeiten, so z.B. Onias III., der Bruder Johanans (um 170 v.Chr.), oder Simon Makkabäus (um 134 v.Chr.), oder den Lehrer der Gerechtigkeit, der in den Schriftrollen vom Toten Meer erwähnt wird, und sogar Serubabel sowie einige andere. Dennoch bleibt die traditionellen Ansicht, daß es sich um den leidenden Messias handelt, immer noch am einleuchtendsten. Wie in 11,10, wo der Prophet in der Rolle des guten Hirten als der Herr selbst handelt, so ist auch hier der Herr identisch mit dem Messias, den er gesandt hat (vgl. Mal 3,1; Mk 9,37; Lk 10,16). Dieser Vers ist praktisch eine andere Form der Prophezeiung über den Knecht Gottes (Jes 52,13–53,12): Durch ihn handelt Gott. Gott selbst kommt in ihm, um zu retten, und er wird dennoch von Gott für die Missetaten des Volkes gemartert. Erwägenswert ist aber auch eine andere Auslegung: »durchbohrt« könnte sich auf die Kriegsopfer beziehen. Im Nachdenken über die Toten wird den Überlebenden bewußt, wie wertvoll und kostbar die Erlösung ist. Von hier aus ist dann wieder der Bezug auf Jes 53,2 zu erkennen.

11 *Hadad-Rimmon:* Was dieses Wort zu bedeuten hat, gibt uns Rätsel auf. Hadad war ein Gott der Kanaaniter; Rimmon (vgl. 2Kön 5,18) gehörte dem assyr.-babyl. Tempel an. Viele sind der Ansicht, daß Sacharja hiermit auf einen heidnischen Klageritus anspielt, wie z.B. auf das Beweinen des Tammuz (vgl. Hes 8,14). *Megiddo* könnte andererseits an den Tod Josias (vgl. 2Chr 35,22–25) erinnern und an die Klagelieder, die seinem Tod folgten. In einem Abschnitt, der vom Tod des wahren Herrschers und einzigen Erlösers handelt, wäre der Hinweis auf das Klagen über den Tod eines guten und geliebten Königs einleuchtend. Die Klage um Josia war nie verstummt (s. 2Chr 35,24f). Daher ist die alte Deutung des Hieronymus wahrscheinlicher, daß *Hadad-Rimmon* ein Ort in der Ebene ist, bei dem die Schlacht stattfand (so Rudolph KAT; auch BHH 621f). 12 *David . . . Nathan . . . Levi . . . Simëi:* Hier bieten sich zwei verschiedene Auslegungen an. Entweder stehen diese vier Namen für die Führungsgruppen im Volke, nämlich König, Propheten, Priester und Schriftgelehrte, wobei diese Gruppen vom höchsten bis zum niedrigsten Rang voneinander getrennt sind; oder David stellt den obersten Herrscher und Nathan den ihm untergeordneten Herrscher dar (vgl. 2Sam 5,14), während Levi für den obersten Priester und Simëi für den ihm untergeordneten Priester (vgl. 4Mo 3,18–21) oder aber für den verbündeten Stamm der Benjaminiter (vgl. 2Sam 19,17) stehen könnte. *Und die Frauen besonders:* Dies braucht nicht unbedingt ein Zeichen für ein späteres Abfassungsdatum zu sein. Hiermit soll wahrscheinlich der Unterschied aufgezeigt werden, der zwischen ganz persönlichem Leid und der Trauer, wie sie sich in der Öffentlichkeit äußert, besteht. Aus dem Gesamtzusammenhang wird die tiefe Trauer des Landes, der Familie und des einzelnen deutlich.

13,1–6 Das geläuterte Land und die Ausrottung des Götzendienstes

Moralische Besserung ist die naturgemäße Folge der Bußfertigkeit des Volkes. Das Klagen über die Sünde ist die Vorbereitung für die Reinigung von den Sünden. Für eine solche Reinigung soll dem Volk ein ständig »offener Quell« gegeben werden (V. 1), der wie einer der »Ströme des Paradieses« sein wird, die von der Stadt Gottes her fließen (vgl. Ps 46,5; Hes 36,25). Die Hauptursache für die Verunreinigung des Landes war der Götzendienst. Aber ohne die falschen Propheten hätte der Götzendienst nicht so in Blüte gestanden. So muß mit dem Reinigungsritual auch die Ausrottung der falschen Propheten erfolgen, gottlose Inspiration mußte beseitigt werden (V. 2). Würde jemand versuchen, die Prophetenschulen wiederaufleben zu lassen, dann sollten sich dessen Eltern den ausdrücklichen Befehl des mosaischen Gesetzes (5Mo 13,1–11) ins Gedächtnis rufen und ihren Sohn für die Torheit seines Handelns und für die Irrtümer, in die er sein Volk zu führen drohte, züchtigen und strafen (V.3). Durch eine solche Zurechtweisung seitens der Eltern sollte die Hauptursache für die Verfälschung wahrer Gottesanbetung schon im Keim erstickt werden. Der falsche Prophet sollte von seiner eigenen Familie so sehr in Verruf gebracht werden, daß er sich schämen würde, weiterhin die Zeichen des Prophetentums zu tragen (V.4). Nicht nur sein Mantel, sondern auch seine Visionen und Gesichte sollten unglaubwürdig erscheinen (vgl. 1Kön 19,19; 2Kön 2,2–13). Um nicht als falscher Prophet verdächtigt zu werden, würde der Betrüger versuchen, sich als Ackermann auf dem Felde auszugeben, und würde behaupten, sich schon von Jugend auf mit den bescheidenen Aufgaben des Ackerbaus zu beschäftigen (V.5; vgl. Am 7,14).

5 Vgl. hiermit die an Amos gerichtete Aufforderung und die Erwiderung des Amos, Am 7,10ff. *Vom Acker habe ich meinen Erwerb:* diese Wiedergabe beruht auf einer leichten Textkorrektur (*'adamah* für *'adam*). Doch der hebr. Text *Ein Mensch hat mich gekauft* (EÜ) ist gut verständlich, d.h. »Ich bin ein Sklave«. Die Entlarvung und Demütigung der falschen Propheten wird so aussehen, daß sie jegliche Verbindung mit Jahwe leugnen und sich selbst lieber Sklaven der Menschheit nennen werden (Iones). **6** *Wunden auf deiner Brust:* wörtl. »zwischen deinen Händen«, gemeint ist irgendeine Stelle auf Händen, Armen oder auf der Brust. Der springende Punkt hierbei ist, daß Wunden, die sich jemand selbst zugefügt hatte, eines der verräterischen Merkmale eines falsches Propheten gewesen sein könnten (vgl. 1Kön 18,28) und daß man aufgrund dieser Wunden nachgeprüft haben könnte, ob die betreffende Person zu einer der Prophetenvereinigungen gehörte. *Im Hause derer, die mich lieben* (LÜ); *im Hause meiner Buhlen* (ZÜ): ist wohl doppeldeutig gemeint. Der heuchlerische, falsche Prophet bezeichnet mit seinen Lieben nämlich die falschen Götter, die er anbetete, wohingegen es sich für den Frager so anhörte, als wolle er damit sagen, daß diese Wunden von der Züchtigung durch seine Eltern oder »von einer Schlägerei im Hause meiner Kameraden« (Rudolph, KAT) herrührten.

13,7–9 Das geläuterte Land: Aussonderung der Unwürdigen

Durch Gedankenassoziation und dadurch, daß einige Andeutungen des Propheten hier näher erklärt werden, hängt dieser Abschnitt mit den unmittelbar vorhergegangenen Versen zusammen. In der Art und Weise, wie der Hirte des Herrn geschlagen wird, erkennen wir, wie sehr sich dies doch von der Behandlung unterscheidet, die der falsche Prophet als die seinige betrachtet hatte (V.6). Vollkommen unerwartet und ohne es verdient zu haben, wird der wahre Hirte geschlagen. Weiterhin erfahren wir hier, was das in 12,10 erwähnte Durchbohren des einen Göttlichen zu bedeuten hat. Ein Schwert macht sich auf über den Hirten des Herrn; das Ergebnis ist eine Aussonderung unter den Menschen, und zum Schluß bleibt nur noch ein geläuterter Rest, der in Gemeinschaft mit dem Herrn lebt.

7 *Meinen Hirten:* wurde durch Jesus in Mk 14,27 messianische Bedeutung zugeschrieben; dies entspricht auch am ehesten dem Gesamtzusammenhang. *Den Mann, der mir der nächste ist:* Diese beigefügte Beschreibung soll *meinen Hirten* in diesem Abschnitt von der Person unterscheiden, die in einem anderen Sinnzusammenhang der Hirte des Herrn in 11,16 war (s.o.). *Ich will meine Hand wenden:* So wie der Herr handelt, indem er die Herde sichtet, so sehen wir ihn auch hier als den Handelnden, der das Schwert schwingt, mit dem der Hirte geschlagen wird. Vgl. Jes 53,6.10; Apg 2,23. **9** *Läutern:* versinnbildlicht, wovon auch in Hes 22,17–22 und in Sach 11,13 die Rede ist, nämlich die Ausrottung alles Unwürdigen und Aufsässigen dort, wo es noch immer besteht. *Anrufen ... erhören:* macht das Verhalten des demütigen Bittstellers bzw. das des Herrn deutlich und beschreibt eine Beziehung gegenseitiger Eintracht und Herzlichkeit zwischen dem geläuterten Rest und seinem Gott. *Herr, mein Gott:* Jahwe, mein Gott – eine ganz persönliche Beteuerung, die bekennt, daß auf jeglichen Götzendienst verzichtet wird. Die Anrede *(mein Volk – mein Gott)* bildet den Kern des Bundes, bringt das Leben in Gemeinschaft mit dem Herrn auf den kürzesten Nenner (vgl. 2Mo 6,7; 3Mo 26,12).

14,1–21 Der Tag des Herrn

14,1–15 Der Untergang der Feinde Jerusalems

In diesem Kapitel wird das Thema des vorigen Teils aufgegriffen und weiter ausgeführt. Am Anfang steht eine charakteristische Formel, die aber, da sie von den gebräuchlichen etwas abweicht, besonders aussagekräftig ist: *Siehe, es kommt für den Herrn die Zeit* (LÜ); *Siehe, es kommt ein Tag des Herrn* (ZÜ), d.h. die Zeit seiner Herrlichkeit. Dennoch ist hier seltsamerweise von der letzten Belagerung der heiligen Stadt die Rede (vgl. 14,2–4.12–14). Dieses Ereignis, das schon in den vergangenen Kap. recht detailliert behandelt worden war, wird nun mit düsteren Bildern und Worten beschrieben. Mit dem Gesagten ist Jerusalem angesprochen. Kurz und knapp werden die Gefangennahme und Eroberung dieser Stadt sowie all das Schreckliche, das ein solches Geschehen mit sich bringt, lebhaft umrissen. Die Ausplünderung Jerusalems wird so weit gehen, daß sich die verbündeten Völker mitten in der Stadt niederlassen werden, um sich die verlockende Siegesbeute zu teilen.

Schließlich wird sich das Gericht Gottes gegen die richten, die Werkzeuge seines Zorns waren. So wie die Gefangenen aus der Stadt ausziehen und unsagbarem Elend begegnen, so zieht der Herr aus in die Schlacht (V.3). Gott wird weder zu früh noch zu spät eingreifen, um sein Volk zu erlösen. In diesem Krieg geht es nicht um Sieg oder Eroberung, sondern um eine heilige Verpflichtung (vgl. 5Mo 7,17–26; 9,1–5); die hier verwendete Bildersprache erinnert an die Errettung am Schilfmeer (vgl. 2Mo 14,14). Nun aber werden sich die Berge in der Mitte spalten, damit Israel von den heidnischen Feinden errettet werden kann.

Der Herr wird seine Macht demonstrieren, indem er diesen Berg zerspaltet. Damit wird er nochmals seinen Anspruch deutlich machen, daß er allein Herr aller natürlichen Kräfte ist. Eine Hälfte des Berges wird nach Süden, die andere Hälfte nach Norden weichen, und damit wird ein sicheres Tal geschaffen. Das alte Tal, das zwischen dem Ölberg und Jerusalem liegt, wird versperrt werden (V.5), das neue Tal wird »Tal meiner Berge« (wörtl. s. EÜ) genannt werden.

5 Die etwas seltsamen Ausdrücke in diesem Vers sind verschiedenartig ausgelegt worden. LÜ setzt einen zusätzlichen Buchstaben voraus: *'ezelo* = bis neben ihn *(an die Flanke des Berges),* während MT das Wort als Ortsnamen übernimmt: *... bis nach Azel* (EÜ, ZÜ, vgl. EinhÜ). Der Ort *Azel* ist nicht bekannt, aber laut Cyrill von Jerusalem (ca. 315–386 v.Chr.) war er ein kleines Dorf auf der Spitze des Berges und wurde von den Römern zerstört, als diese i.J. 70 v.Chr. Jerusalem belagerten. In den weiteren Ausführungen finden sich evtl. Hinweise auf das Erdbeben zur Zeit Usias. Wie in Am 1,1 wurde dieses schwerwiegende Unglück bisweilen als Ausgangsdatum für die Berechnung anderer Ereignisse in der Geschichte Israels genommen. Nicht nur der zerspaltene Berg, sondern noch zwei andere Merkmale beschreiben die Erscheinung Gottes: *Seine Füße werden stehen* (V.4) – als ein Symbol der Überlegenheit über alle Feinde – und (V.5) *Da wird dann kommen der Herr... und alle Heiligen* mit ihm. MT hat im letzten Satz die Form »mein Gott« und »mit dir« (so auch EÜ). LÜ, ZÜ, EinhÜ haben korrigiert in »mit ihm«. Wer sind die Begleiter? Es könnte sich um Heilige, Engel oder himmlische Wesen (vgl. ZÜ) handeln (vgl. 5Mo 33,2f; Ps 89,6–8). Könnte es sich aber nicht auch um die Rückkehr des fliehenden Heeres in die Stadt handeln, wobei der Engel des Herrn die Vorhut bildet?

Zwischen den VV.5 und 6 weist der hebr. Text einen Bruch auf. In V.6 folgt eine Beschreibung des außergewöhnlichen Tages. Vor den Augen des Propheten werden die Ereignisse entfaltet, als geschähen sie wirklich vor seinen Augen.

6f MT ist schwer wiederzugeben, und man hat mit Hilfe der griechischen, syrischen, lateinischen und aramäischen Übers. eine sinnvolle dt. Übersetzung versucht. Nur EÜ (s. bes. Anm.) hält sich eng an MT. Drei verschiedene Interpretationen sind vorgeschlagen worden. Die erste sieht einen Kontrast zu dem Gericht in den Tagen Noahs und dem Noahbund (vgl. 1Mo 8,22). Danach wäre (V.6) zu lesen: »Es soll keine Hitze und keinen Frost geben, sondern es soll ständig Tag sein« (ähnlich ZÜ). Andere weisen nachdrücklich darauf hin, daß hier das Bild eines nach dem blendenden Licht der Gotteserscheinung in Finsternis gehüllten Universums gemalt wird. Die Himmelskörper werden ihren Glanz zusammenziehen (vgl. EÜ, Anm. e) und verblassen (vgl. Jes 13,10). Es wird wie am ersten Tag der Schöpfungsgeschichte sein. Das Hebr. (V.7) kann übersetzt werden: »Es ist der erste Tag« (wie 1Mo 1,15). Eine dritte Möglichkeit ist der Vergleich mit dem langen Tag von Jos 10,12–14. Allen drei Deutungen ist gemeinsam, daß sie eine Verwandlung der Natur nach dem Sieg über die heidnische Verschwörung gegen die Heere Gottes voraussetzen; die Welt wird sich ewigen Frühlings erfreuen (vgl. Offb 21,25).

7 *Er ist dem Herrn bekannt:* eine Zwischenbemerkung, entweder der sehnsüchtige Seufzer des Propheten (oder seines Schreibers) oder eine Warnung wie in Mt 24,15. Eine klarere inhaltliche Parallele bildet Mt 24,36. **8** *Lebendige Wasser:* stellen Gottes Strom im wiedergewonnenen Paradies dar (vgl. 1Mo 2,10 mit Hes 47,8 und Offb 22,1). Das Bild verheißt mehr als nur die Lösung des größten Problemes des Landes, nämlich der Wasserversorgung; es deutet die volle Genüge und Erhaltung der Gottesstadt für alle Zeiten an. **9** *Wird König sein:* Wenn wir die Einheit des

Buches akzeptieren, stellen wir eine fortlaufende Entwicklung der Vorstellungen von der Königsherrschaft fest. Sie beginnt mit dem gesalbten Repräsentanten des Herrn, einem Priester oder König (6,12), und gipfelt schließlich in der Majestät des Ewigen als dem Herrscher über seine gesamte erneuerte Schöpfung. *Sein Name der einzige:* Jüdische Exegeten sagten, der unaussprechliche Name Jahwes werde dann geschrieben werden, wie er auszusprechen ist, und er werde in aller Munde sein. Das wird weltumspannenden Monotheismus bedeuten. Der eine Tag und der eine Name sprechen von der wiederhergestellten Harmonie – im Gegensatz zum Wirrwarr und Chaos der alten, gefallenen Schöpfung. Vgl. auch Phil 2,9–11.

10 *Geba:* ist der bergige Bezirk 10 km nördlich von Jerusalem, und *Rimmon* liegt etwa 50 km südwestlich der Stadt. Die neue *Ebene* wird auf die Höhe der Araba-Ebene erniedrigt werden, so daß sich Jerusalem über das gesamte Gebiet erheben wird (vgl. Jes 2,2). 11 *Keinen Bann mehr:* Der »Bann« bedeutet die völlige Zerstörung in einem heiligen Krieg (vgl. 5Mo 7; Jos 6; Mal 3,24). Alles wird zum Zustand seiner ursprünglichen Vollkommenheit zurückkehren. Ein Idealbild wird gezeichnet.

14 *Auch Juda wird gegen Jerusalem kämpfen:* Verwirrend ist, daß bei dem Verb »kämpfen« ein und dieselbe Präposition *be* zwei unterschiedliche Bedeutungen haben kann, »gegen einen Feind kämpfen« und »an einem Ort kämpfen« (vgl. 2Mo 1,10 mit 17,8). Es scheint einen besseren Sinn zu geben, wenn hier der Ort des Kampfes genannt wird, also (mit LXX) »in Jerusalem« übersetzt wird. Andererseits bemerkt der Targum: »Die Völker werden Juda zum Kampf gegen Jerusalem nötigen«. Vgl. auch Komm. zu 12,2.

14,16–21 Die Herrlichkeit der Wohnung des Herrn

16 *Laubhüttenfest:* Das Passa war das wichtigste jüdische Fest, weil es an den Auszug aus Ägypten erinnerte. Beim Wochenfest wurde (neben der Weizenernte) auch die Gabe des Gesetzes gefeiert. Das Laubhüttenfest beschloß das landwirtschaftliche Jahr mit der Dankesfeier für die Herbsternte. Dieses Fest ist also die passende Gelegenheit, die »Ernte« der Völker und die Erneuerung der Natur zu einem harmonischen Ganzen zu feiern. Menschen, die lange in der Wüste der Unwissenheit und des Götzendienstes gelebt haben, werden dann ihre Rückkehr zu dem wahren Gott bezeugen. Von den drei großen Festen scheint das Laubhüttenfest am besten für die Einbeziehung der Heiden geeignet zu sein.

17 . . . *das nicht heraufziehen wird:* erkennt die Möglichkeit an, daß es in dem geretteten Überrest eine Gruppe von Widerspenstigen geben kann. Vgl. Offb 21,8. 18 *Geschlecht der Ägypter:* gesondert erwähnt, weil für die Wirtschaft Ägyptens nicht der Regen der entscheidende Faktor war. Sein Wohlstand hing von der Nilüberflutung ab, die Jahr für Jahr die für die Landwirtschaft nötige Bewässerung besorgte. Deshalb wird eine Strafe genannt, die dem Ausfall des für Palästina lebenswichtigen Regens entspricht. Statt von der Dürre wird Ägypten von der gefürchteten *Plage* geschlagen werden (vgl. 2Mo 15,26; 5Mo 28,27).

20 *Rosse:* Die alte Unterscheidung zwischen Profanem und Heiligem wird es nicht mehr geben. Alles wird geheiligt sein, weil es einem heiligen Zweck geweiht ist. Die Werkzeuge des Krieges, die die Propheten so mißbilligt haben, werden umgewandelt und einem besseren Zweck dienen (vgl. Mi 4,3f). Sie werden dieselbe Inschrift *»Heilig dem Herrn«* tragen wie der Kopfschmuck des Hohenpriesters (vgl. 2Mo 28,38). *Töpfe* werden als die gewöhnlichsten Gefäße erwähnt, und sie werden wie alles andere verwandelt sein, weil sie dem Herrn geweiht sind. Dies erinnert an Hes 40–48. 21 *Händler:* wörtl. »Kanaaniter« (EÜ); s. Komm. zu 11,7.11; jemand, der die Pilger ausbeutet, die Herrlichkeit der Weihe verdunkelt und des Goldenen Zeitalters unwürdig ist. Vgl. die Zeichenhandlung Jesu in Mt 21,12. Hier liegt ein Wortspiel vor. Die alten Einwohner Kanaans waren ein korruptes Volk gewesen. Ihr Name war zum Inbegriff alles Profanen und Unheiligen geworden (vgl. Hes 16,3). *Opfern:* Christen verstehen den Hinweis auf die Tieropfer im Gottesdienst im Lichte des NT (vgl. Hebr 10,1–4.10). In diesem Bild geht es allerdings nicht so sehr um Tieropfer. In der ganzen Weissagung wurden bestehende Einrichtungen benutzt, um das Wunder des künftigen Zeitalters zu illustrieren. Der springende Punkt ist hier der Ausschluß aller unwürdigen Elemente von der heiligen Anbetung des universalen Königs.

Die Vision entzieht sich allen Versuchen einer historischen Identifizierung. Sie muß als Ideal betrachtet werden. Immer wieder stößt man auf übertragene Bedeutungen und auf Messianisches. Der beschriebene einzigartige Tag, der durch uns bekannte Begebenheiten allenfalls schattenhaft abgebildet werden kann, ist nur dem Herrn bekannt (V.7). Die Vision versichert, daß er Wirklichkeit werden wird, wenn Gott »alles in allem« sein wird (vgl. 1Kor 15,28; Offb 11,15).

R. E. Higginson

Maleachi

Einleitung

Datierung

Es ist nicht möglich, die Abfassungszeit des Buches Maleachi genau festzulegen. Wegen der Bezugnahme auf den Tempel und die Priester ist erkenntlich, daß Maleachi nach dem Wiederaufbau des Tempels (516 v.Chr.) wirkte. Der Hinweis in 1,3 auf einen Feldzug gegen Edom führt nicht weit, da es solche Feldzüge im 5. und 4. Jh. mehrfach gab, und der Fürst (ZÜ: Statthalter) in 1,8 braucht kein persischer Statthalter zu sein. Es ist aber deutlich, daß die Zustände, die den Hintergrund dieses Buches bilden, denen ähnlich sind, die vor den Reformen Esras und Nehemias geherrscht haben müssen, und man ist allgemein der Meinung, daß das Buch kurz bevor sie nach Jerusalem kamen, geschrieben wurde, also etwa 460 v.Chr.

Der geschichtliche Hintergrund

Das Persische Großreich trat 539 v.Chr. die Nachfolge des Babylonischen Großreiches an und war bis zum Auftreten Alexanders des Großen die dominierende Macht. Über das Ergehen der Juden in der Zeit von 515 bis 450 v.Chr. wissen wir wenig. Das Reich der Perser wurde von Satrapen regiert, denen Gouverneure unterstanden. Juda hatte offensichtlich keinen eigenen Gouverneur und wurde von Samaria aus verwaltet. Zu Beginn dieser Periode war der Tempel wieder aufgebaut worden, und möglicherweise waren die Hohenpriester zugleich für die örtliche Verwaltung zuständig. Zwischen den Juden und den sie regierenden Samaritanern herrschte beträchtliche Spannnung, und als die Juden in der Regierungszeit Artaxerxes I. (464–423 v. Chr.) begannen, die Mauern ihrer Stadt wieder aufzubauen, wurden sie von den Samaritanern des Abfalls beschuldigt. Der König fürchtete Rebellion und den Verlust der Tributzahlungen und verbot deswegen den Mauerbau (s. Esr 4,6–23).

Auch die Beziehungen der Juden zu den anderen Nachbarvölkern wie den Edomitern und Arabern waren gespannt. Die Edomiter hatten die Niederlage der Juden im Jahre 587 ausgenutzt und einen Teil Judas in Besitz genommen. Starke arabische Stämme drückten auf die Südgrenze Judäas (s. Komm. zu 1,3).

Die Stimmung des Volkes

Die Juden waren mit großen Hoffnungen aus dem Exil zurückgekehrt. Durch Haggai und Sacharja inspiriert, hatten sie den Tempel wieder aufgebaut. Dieser Tempel hatte nicht die Herrlichkeit des salomonischen Tempels, den die Babylonier zerstört hatten, aber er erfüllte seinen Zweck. Im Verlauf der Jahre machte sich unter den Juden Enttäuschung breit. Der versprochene Wohlstand kehrte nicht ein, das Leben blieb hart. Die Juden waren von Feinden umgeben, die jede Gelegenheit ausnutzten, ihnen zu schaden. Sie litten unter Trockenheit, schlechten Ernten und Hunger (3,11), sie zweifelten an der Liebe Gottes (1,2) und stellten seine Gerechtigkeit in Frage (2,17). Sie sagten, wer Böses tut, gefällt dem Herrn, und argumentierten, daß es keinen Nutzen hätte, seinen Geboten zu gehorchen und bußfertig vor ihm zu wandeln, da es ja doch den Bösen und Gottlosen am besten ginge (3,14f).

Die Botschaft des Propheten

Auf diese Argumente antwortet der Prophet und zeigt ihnen, daß ihr Skeptizismus heuchlerisch ist. Wenn es ihnen schlecht ging, dann nicht *trotz* ihrer Frömmigkeit, sondern *wegen* ihrer Sündhaftigkeit. Die zeigte sich z.B. in dem verdorbenen Gottesdienst der Priester (1,6f). Sie taten ihren Dienst im Tempel äußerst oberflächlich und ohne Ehrerbietung. Sie gaben den Menschen, die fehlerhafte Opfer brachten (1,13f), ein schlechtes Vorbild. Selbst die Heiden brachten bessere Opfer (1,11). Außerdem übertraten die Leute die Gebote Gottes, die Männer entließen die »Frauen ihrer Jugend« und schlossen Ehen mit Ausländerinnen (2,14f). Alle Arten von Sünden gab es: Zauberei, Ehebruch, Unehrlichkeit, Unterdrückung der Schwachen und ganz allgemein Gottlosigkeit (3,5). Wie konnten die Juden auf Wohlergehen hoffen, wenn das Land von solchen Dingen verdorben war?

Maleachi, ganz in der Tradition der Propheten, verdammt diese Sünden und ruft die Menschen zur Buße auf (3,7). Wenn sie ihren Gottesdienst reinigen, dem Gesetz gehorchen und ihren Zehnten voll zahlen würden, dann würde Gott sie segnen (3,10). Wenn Maleachi so zur Buße ruft, wird deutlich, daß er eine sehr hohe Vorstellung von Gott hat. Er ist der machtvolle Herr der Heerscharen (1,4 u.ö.), seinen Befehlen und Entscheidungen kann niemand widerstehen (1,5), seine Liebe ist heilig und unwandelbar (3,6).

Aber Maleachi erwartet die endgültige Rettung für sein Volk nicht von dessen Buße, sondern durch die Tat des Herrn. Der große Tag des Herrn wird anbrechen. Er wird die Gottesfürchtigen reinigen und rechtfertigen und die Bösen vernichten (3,2.19). Vor diesem Tag wird der Prophet Elia erscheinen (3,23).

Die Person Maleachis

Alles, was wir über den Propheten wissen wollen, müssen wir seinen Äußerungen entnehmen. Er war ein echter Prophet und sprach mit ganzer Autorität: »So spricht der Herr der Heerscharen.« Er liebte Israel und die Gottesdienste im Tempel zutiefst und hatte eine hohe Meinung von den Überlieferungen der Priester und ihrem Dienst. Man hat oft gesagt, daß ihm mehr an Gottesdienst und Riten lag, während die anderen Propheten Ethik und Herzensfrömmigkeit betonten. Das ist nicht falsch, aber man darf nicht übersehen, daß Maleachi Israels ethische Verpflichtungen durchaus nicht vergessen hat (das zeigt die eindrucksvolle Liste in 3,5) und daß für ihn die Riten nicht Selbstzweck sind, sondern Ausdruck des Glaubens an den Herrn. Einige Ausleger weisen auf die Begrenztheit der Botschaft Maleachis hin, aber er war alles andere als ein trockener Ausleger der traditionellen Gesetze. Als echter Prophet war er stark genug, den üblichen Anschauungen zu widerstehen, und in einigen seiner Anschauungen war er seiner Zeit weit voraus, zum Beispiel in seiner Einschätzung heidnischen Gottesdienstes (1,11) und in seiner mutigen Verurteilung der Ehescheidung (2,16). Sein Verständnis der allumfassenden Vaterschaft Gottes wird in 2,10 besonders deutlich.

Maleachis Stil ist einfach und direkt; typisch für ihn ist die häufige Wiederkehr der Formel: »Ihr aber sprecht.« Das ist vielleicht mehr als ein literarisches Stilmittel. Die Wendung mag ihren Ursprung haben in den Zwischenrufen derer, die seine ursprünglichen Verkündigungen auf der Straße hörten.

Zitate im NT

Im NT werden drei Stellen aus Maleachi erwähnt, nämlich 1,2b–3a; 3,1; 3,23f.

Das erste dieser Zitate: »Jakob habe ich geliebt, aber Esau habe ich gehaßt«, enthält einen Gedanken, der sich mit modernem Geschmack schlecht vereinbaren läßt. Aber angesichts der vielen biblischen Hinweise und der Erfahrungen des Lebens ist es schwer, ohne irgendeine Lehre von der Erwählung auszukommen. In der Tat wird oft der eine angenommen und der andere nicht. Und wie Abraham, so wurde auch Israel erwählt, daß es allen Geschlechtern der Erde Segen brächte. Um die Lehre von der Erwählung des wahren Israel zu belegen, zitiert Paulus diesen Vers in Röm 9,13.

Mal 3,1 handelt von dem Boten, der den Weg des Herrn vorbereitet; 3,23f identifiziert diesen Boten mit Elia und beschreibt seine Aufgabe, Versöhnung zwischen Vätern und Söhnen zu bewirken. Die Vorstellung eines Vorläufers bringt einen neuen Ton in die jüdische Endzeiterwartung, und vieles spricht dafür, daß diese Vorstellung einen festen Platz im Nachdenken über den Tag des Herrn gewann (s. Komm. zu 3,23f). In Mt 17,10 erwähnen die Jünger die Ansicht der Schriftgelehrten, daß Elia erst kommen müsse, und in Mt 11,10.14 wendet Jesus die Worte des Propheten auf Johannes den Täufer an: Johannes ist der Wegbereiter, der Elia, der kommen soll. Das bedeutet nicht, daß Johannes ein wieder auf die Erde gekommener Elia sei. Es geht hier nicht um Reinkarnation, sondern darum, daß Johannes seinen Dienst im Geist und in der Macht Elias tat (s. Lk 1,17). Johannes trug den Mantel des wahren Propheten genauso zu Recht wie Elias erster Nachfolger Elisa, und in ihm lebte vor dem Kommen des Herrn die wahre Prophetie wieder auf.

Das Ende der Prophetie

Mit Maleachi fiel der Vorhang für die Prophetie, bis Johannes der Täufer kam. Die lebendigen und mächtigen Worte der Propheten waren nicht mehr zu hören. Die Schriftgelehrten und die Priester wurden die zentralen Figuren im religiösen Leben der Juden. Das Zeitalter der schöpferischen Inspiration wurde abgelöst vom Zeitalter der Gelehrsamkeit. Die Juden hatten jetzt eine umfassende religiöse Literatur, und ihre Ausleger wurden der neue Kanal, durch den Gottes Weisung floß. Die zukünftige Entwicklung vom Glauben zur Gesetzlichkeit deutet sich im Buch Maleachi bereits an.

Die Einheit des Gedankenganges

Gott der Herr liebt Israel sehr (1,2–5), aber das Volk hat nicht entsprechend darauf geantwortet. Im Gegenteil, sie haben ihn beleidigt durch unreinen Gottesdienst, gebrochene Eide und schuldhafte Parteilichkeit. Daran waren Priester und Volk beteiligt (1,6–2,9). Die Treulosigkeit gegen Gott zeigt sich auch in der Häufigkeit der Scheidungen und der Ehe mit Ausländerinnen (2,10–16).

Solche Sünden müssen das Gericht eines heiligen Gottes hervorrufen, aber weil es das Gericht eines treuen und liebenden Gottes ist, wird es zwar zu einer tiefgreifenden Reinigung, aber nicht zu völliger Zerstörung führen (2,17–3,6). Es ist noch Zeit zur Buße, die ihren Ausdruck finden soll in der Gabe des Zehnten. Diese Buße wird den drohenden Fluch in Segen verwandeln (3,7–12).

Obwohl Israel als Ganzes treulos war, gibt es unter ihnen solche, die treu den Herrn verehrten, und am Tage des Gerichts werden sie es sein, die neues Leben erhalten (3,13–18). Für sie wird Rettung sein am Tag des Herrn, und sie sollen sich auf diesen Tag vorbereiten, indem sie das Gesetz Moses halten und auf das Kommen Elias warten (3,19–24).

Inhalt

Kommentar

1,1 Überschrift

Ausspruch. Wort des Herrn (an Israel): Dieselbe Wendung (EinhÜ, vgl. ZÜ, EÜ) findet sich in Sach 9,1; 12,1. Rudolph (KAT) übersetzt der Akzente im MT wegen »Ausspruch des Wortes Jahwes«. Luthers Wiedergabe *Last, die der Herr ankündigt* stammt aus der Vulgata und wird heute allgemein für nicht zutreffend angesehen. *Maleachi* ist zu übersetzen als »mein Bote« oder »mein Engel«. Es ist nicht klar, ob Maleachi Substantiv ist oder Eigenname. Calvin faßte Maleachi als Titel auf. Maleachi kommt als Eigenname nirgendwo sonst vor. Die LXX hat: »durch die Hand seines Boten« und der Targum hat: »Durch die Hand meines Boten, dessen Name Esra, der Schriftgelehrte, ist.« Diese Tradition übernimmt der Kirchenvater Hieronymus. Manche vermuten, daß die prophetischen Sprüche ursprünglich anonym waren und daß ein Bearbeiter *male'achi,* »mein Bote«, aus 3,1 nahm und zu einem Eigennamen erhob, so wie die anderen prophetischen Bücher auch eine Angabe des Autors haben. Ist es ein echter Eigenname, müßte es die Kurzform von Malachijah sein. Die naheliegendste Übersetzung dieses Namens wäre »Jahwe ist mein Engel« oder ». . . mein Bote«, so wie Abi die Kurzform von Abijah (»Jahwe ist mein Vater«) und Uri die von Urijah

(»Jahwe ist mein Licht«) ist. Doch wahrscheinlich ist zu übersetzen: Bote Jahwes, d.h. von Jahwe gesandt, vgl. Obadja = Knecht Jahwes (Rudolph, KAT).

1,2–5 Des Herrn Liebe zu Israel

Diese Liebe wird sichtbar in der Erwählung Israels, Gottes Fürsorge für sein Volk und in der Zerstörung Edoms.

2 *Ihr aber sprecht:* Diese lebendige Methode von Frage und Antwort verwendet der Prophet achtmal (1,2.6.7; 2,14.17; 3,7.8.13). Die Menschen fragen nach einem Beweis der Liebe des Herrn. Diese Liebe zeigt sich in der Erwählung *Jakobs* (d.h. Israels) und in der Zerstörung Edoms, des Volkes, das von *Esau,* dem Zwillingsbruder Jakobs, abstammte, in den letzten Jahrzehnten aber in bitterer Feindschaft mit Israel lebte. **3** Über Edom ist schwere und endgültige Verwüstung gekommen, und Edoms öde Städte werden in Zukunft Zeugnis ablegen von der Verderbtheit Edoms und vom Zorn des Herrn. Dieser Vers bezieht sich auf ein Unglück, das nicht lange vorher über Edom gekommen sein muß.

Die Edomiter machten sich den Fall Jerusalems zunutze und nahmen das südliche Judäa in Besitz. Die, die in ihrer Heimat auf dem Gebirge Seïr blieben, mußten bald dem Druck der Araber weichen. So nahmen die Edomiter den größten Teil von Süd-Judäa bis zu einem Punkt nördlich von Hebron in Besitz. Dieses Gebiet wurde später Idumäa genannt. (Vgl. auch Einl. zu Obadja. S. 915). Bis zum 5. Jh. hatten arabische Stämme Edom völlig überrannt und sogar begonnen, sich mit den Edomitern in Südpalästina zu vermischen. Während der gesamten persischen Zeit blieb Edom ohne seßhafte Bevölkerung. Die Forschungen Gluecks haben gezeigt, daß, als Edom wieder besiedelt wurde, sich dort nicht Edomiter, sondern Nabatäer niederließen.

4 *Herr Zebaoth:* Jahwe Zebaoth, Herr der Heerscharen – dieser Titel kommt im Buch Maleachi 24mal vor. Die Heerscharen sind himmlische Mächte, und dieser Titel spielt auf die universelle und souveräne Herrschaft Gottes an. *Land des Frevels:* Angehörige kommender Generationen werden, wenn sie die Öde Edoms sehen, daraus schließen, daß Edom außergewöhnlich böse gewesen sein muß, sonst hätte es nicht solch eine Strafe verdient. Für Israel dagegen wird es ein unwiderleglicher Beweis für Gottes souveräne Fürsorge sein. **5** *Ihr werdet sagen:* »ihr« wird im hebr. Text besonders betont. *Über die Grenzen Israels hinaus:* Man kann auch übersetzen: »Über dem Gebiet Israels«. Die erste Übersetzung würde Gottes Souveränität über alle Völker betonen, die zweite seine besondere Fürsorge für Israel. Da es in diesem Abschnitt nur um das Verhältnis zwischen Edom und Israel geht, ist die zweite Übersetzung vorzuziehen (Rudolph, KAT).

1,6–2,9 Wie Israel den Herrn verachtet

Folgende Situation wird beschrieben: Die Opfergaben sind nicht ohne Fehl, und der Gottesdienst ist oberflächlich. Bei der Erfüllung von Gelübden betrügt man Gott, und Recht wird nach Ansehen der Person gesprochen. Die Priester sind ihrer Berufung nicht würdig, und das Volk hat Anteil an ihrer Schuld.

1,6 *Ein Sohn ehrt seinen Vater* (ZÜ): Das stand in Israel außer Zweifel. Wenn man Gott als Vater versteht, muß das zur Folge haben, daß man ihn ehrt und seine Majestät akzeptiert. *Wo fürchtet man mich?:* Gott fordert Achtung, wie sie ein Herr von seinem Knecht erwartet. **7** *Ihr opfert . . . unreine Speise:* Dieser Satz ist (entgegen LÜ) nicht die Antwort auf die vorausgehende Frage, sondern eine weitere Beschreibung der Priester, die in V.8 genauer erklärt wird: Sie verachten Gottes Namen, weil sie meinen, der Tisch des Herrn sei gering zu achten, und sie verunreinigen ihn mit fehlerhaften Opfern. **8** *Blindes . . . lahmes . . . krankes:* Jedes Opfertier mußte ohne Fehl sein (5Mo 15,21). *Fürsten:* besser *Statthalter* (ZÜ), hebr. *pechah.* Dieses Wort wird für den Statthalter Serubabel in Hag 1,1, für Nehemia in Neh 5,14 benutzt. Die Statthalter, auf die sich Nehemia in Neh 5,15 bezieht, die hohe Abgaben vom Volk verlangten und deren Diener die Juden schlecht behandelten, können gut die Statthalter zur Zeit Maleachis gewesen sein. Auch in älteren Texten kommt das Wort *pechah* vor, z.B. 2Kön 18,24; Jer 51,23. V.8 bezieht sich möglicherweise auf den Statthalter in Samaria. Jedenfalls will Maleachi mit diesem Vers sagen, daß die Priester die Kühnheit hatten, auf dem Altar Gottes Tiere zu opfern, die sie dem weltlichen Herrscher nicht zu bringen wagen würden. Mit solchen Gaben bemühen sie sich umsonst um Gottes Zuwendung. *Dich gnädig ansehen werde:* wörtl. »dein Gesicht aufheben« als Zeichen der Annahme des Opfers. **10** Es wäre besser, die Türe des Tempels zu schließen und keine Opfer mehr zu bringen, als solch einen sinnlosen Gottesdienst zu veranstalten. **11** In der Zeit Maleachis brachten die Heiden Gott aufrichtigere Opfer, als man es in Jerusalem tat. Diese Einschätzung heidnischen Gottesdienstes könnte auf Maleachis Einschätzung der persischen Religion zurückgehen, die reiner gewesen zu sein scheint als die meisten heidnischen Religionen. Ein ähnlicher Gedanke findet sich in Apg 10,34f. Einige meinen, daß diese Stelle sich auf den Gottesdienst der Juden bezieht, die in anderen Ländern lebten, also auf die Diaspora. Diese Ansicht wird durch den Gebrauch der Formel *mein Name,* der ja im Zusammenhang mit der Offenbarung Gottes an Israel geläufig ist, gestützt. Aber dann müßte man den Begriff »opfern« im übertragenen Sinne verstehen. Hinzu kommt noch, daß die Juden zur Zeit Maleachis nicht »vom Aufgang der Sonne bis zum Niedergang« zerstreut waren. Andere meinen, daß der Vers sich auf die Zukunft bezieht und daß damit die Annahme des Glaubens Israels durch andere Völker gemeint ist oder die weltweite Verbreitung des Evangeliums oder das Mahl des Herrn. Aber der Satz »mein Name ist herrlich« enthält im Hebr. kein Verb. Deswegen ist es nur natürlich, ihn im Präsens zu übersetzen, so wie auch in V. 14 »mein Name ist gefürchtet«. Es leuchtet auch nicht ein, daß Maleachi eine Tatsache der Zukunft benutzen sollte, um die religiösen Zustände der Gegenwart in Jerusalem zu kritisieren. Um das zu erreichen, müssen die Zustände in Jerusalem mit der Wirklichkeit anderswo verglichen werden. »Es geht . . . um konkrete Erfahrungen, auf die der Prophet hinweisen kann, ohne daß wir sie im einzelnen kennen« (Rudolph, KAT, der zusätzlich auf Jon 1,16 und 3,5ff verweist). **12** *Daß ihr sagt:* s. V. 7; der Prophet meint damit ihre geringschätzige Haltung und ihre abwiegelnden Äußerungen (*. . . ist nicht so wichtig*; EinhÜ). **13** Die Priester finden die Gottesdienste im Tempel langweilig, und das Volk folgt ihrem Beispiel, ist geizig und betrügerisch. **14** *Verflucht sei der Betrüger:* Dieser Satz erinnert an die Geschichte von Ananias und Saphira in Apg 5. M. Dods zitiert zu diesem Vers *Pirqe Aboth* 1,16: »Sage wenig und tu viel. Sei wie Abraham, der nur einen Brocken Brot versprach, aber ein zartes und gutes Kalb brachte«. *Und es gelobt:* bezieht sich nicht auf eines der regelmäßigen Opfer, sondern auf ein freiwilliges Opfer, wie es z.B. jemand gelobt, wenn er in Not ist (vgl. 3Mo 22,18–20). – Gott ist *ein großer König,* der nicht mit sich spielen läßt.

2,1 *Dies Wort gilt euch:* gemeint ist die Botschaft der nächsten Verse; *euch* ist im hebr. Text betont. **2** *Ehre:* s. 1,6. *Den Fluch:* hier wird der bestimmte Artikel benutzt. Dieser Vers mag sich auf eine Stelle wie 5Mo 28,20 beziehen. In der Schrift ist der Fluch mehr als ein Ausdruck des Mißfallens. Er ist ein machtvolles Instrument des göttlichen Gerichts und trifft den Übeltäter wie ein wohlgezieltes Geschoß. *Euren Segen:* Damit ist wahrscheinlich der priesterliche Segen gemeint, einer der feierlichsten Teile des Gottesdienstes (4Mo 6,22–27). Einige verstehen unter Segen das persönliche Einkommen, das die Priester von ihrem Dienst hatten. **3** *Ich will euch den Arm zerbrechen:* MT hat »Ich bedrohe euch die Saat« (vgl. EÜ). LÜ u.a. schließen sich LXX an: »Ich entferne euren Arm«, d.h. ich mache es euch unmöglich, zu segnen. In jedem Fall sollen die Priester öffentlich entehrt und unglaubhaft werden, es sei denn, sie lernen es, rechte Repräsentanten des »Bundes mit Levi zu sein« (V. 4). S. 4Mo 25,12f; 5Mo 33,9. *Unrat:* Inhalt der Eingeweide der Opfertiere (3Mo 4,11). **5–7** Hier wird das Wesen des wahren Priesterdienstes beschrieben. Diese Verse zeichnen ein bemerkenswertes Bild des Priesters, seine Qualifikationen, Pflichten und Würde. Dies darf nicht übersehen werden, da Maleachi oft als Formalist und Ritualist verstanden wird. Der wahre Priester ist unter den Menschen der Bote Gottes. Er ist nicht einfach ein Experte in den Einzelheiten der verschiedenen Riten, sondern auch ein Lehrer, der fähig ist, Menschen in der Kenntnis Gottes zu unterweisen und sie zu lehren, seinen Willen zu tun. Er ist ein Mann der Hingabe und der Rechtschaffenheit. Der Friede Gottes wohnt in ihm, und er beeinflußt die Menschen zum Guten. Es ist unangebracht, Priester und Propheten des AT gegeneinander auszuspielen, so daß dieser Vergleich zu Ungunsten der Priester ausfällt. In Maleachi finden wir eine Vorschattung der zukünftigen vollen Einheit von Prophet und Priester im Sohn Gottes. *Frieden:* Damit ist hier ganz allgemein Wohlergehen gemeint. Gott hatte beim Bundesschluß versprochen, daß echte Verehrung Gottes Wohlergehen bringen würde. *Weisung (Tora):* meint den durch Offenbarung mitgeteilten Willen Gottes. Zu den Aufgaben des Priesters gehörte es, Gottes Willen für sein Volk konkret auszulegen. *Er ist ein Bote:* Der Priester ist wie der Prophet Bote Gottes, beide haben die Aufgabe, *Weisung* zu geben, und so den Herrn und seine Gebote dem Volk bekanntzumachen. **8** *Ihr aber:* »ihr« ist betont. *Den Bund mit Levi verdorben:* d.h. sie haben ihn gebrochen, und zwar dadurch, daß sie die Wohlhabenden und die Einflußreichen vorzogen und insgesamt genau das Gegenteil von dem taten, was Gott von ihnen erwartete. Es ist nicht verwunderlich, daß das Volk sie verachtete.

2,10–16 Gegen Scheidungen und Mischehen

Die Heiligkeit des Volkes Gottes ist durch Ehen mit heidnischen Frauen entweiht worden, und Gott ist erzürnt über die Praxis der Scheidungen.

10 *Haben wir nicht alle einen Vater?* Die Tatsache, daß ganz Israel in Gott einen gemeinsamen Vater und Schöpfer hat, sollte alle Israeliten eng zusammenschließen und sie alles verachten lassen, was diese Einheit gefährdet. *Den Bund mit unseren Vätern:* Dieser Bund enthält ein Verbot der Ehe mit Nicht-Israeliten (2Mo 34,15f; 5Mo 7,3). **11** *Juda ist treulos geworden:* es hat das Heiligtum Gottes durch Mischehen entweiht. *Was dem Vater heilig ist:* Damit ist entweder der Tempel gemeint (so ZÜ) oder das dem Herrn heilige Volk (vgl. Jer 2,3). *Eines fremden Gottes Tochter* ist eine heidnische Frau. Solche Mischehe birgt in sich die sehr reale und immer gegenwärtige Gefahr des Abfalls. **12** *Mit seinem ganzen Geschlecht:* Die Übersetzung des hebr. Textes ist unsicher. Wörtlich lautet MT: »der, der wacht und antwortet« (vgl. EÜ); d.h. wohl »der ihn beschützt und mit (für?) ihm (ihn) spricht« (vgl. Rudolph, KAT).

13 kann auf zweierlei Weise verstanden werden. Die *Tränen* mögen die Tränen der geschiedenen Frauen sein, und wegen dieser Tränen ist der Gottesdienst des Volkes dem Herrn nicht mehr wohlgefällig. Andererseits könnten die Tränen ein Zeichen neuer Bemühungen des eifrigen, aber weiterhin unbußfertigen Volkes sein, des Herrn Zuwendung zu gewinnen, nachdem er ihre Opfer zurückgewiesen hat. **14** *Gefährtin ... mit der du einen Bund geschlossen hast:* d.h. die Frau, der du Treue gelobt hast. Vorausgesetzt ist, daß der Ehebund geschlossen wurde, als die Männer jung waren. Dieser Vers setzt die Einehe als die selbstverständliche und richtige Form der Ehe voraus. **15** Die Bedeutung der ersten Hälfte dieses Verses ist unklar (ZÜ läßt sie daher ganz aus). EÜ versucht eine wörtliche Wiedergabe: »Und hat nicht einer (sie) gemacht? Und sein war der Überrest des Geistes«.

Die Schlüsselworte scheinen »einer (hebr. *'echad*) und »Geist« (hebr. *ruach*) zu sein. »Einer« klingt möglicherweise an den »einen Gott« in V. 10 an, und der Geist Gottes wird hier wohl als die Quelle des Lebens im Menschen verstanden. Dieser Vers erinnert an Stellen wie 1Mo 2,24; Jes 42,5; Mt 19,4–6. Rudolph (KAT) versucht den Text so zu rekonstruieren: »Nicht einen Einzelnen hat er geschaffen, sondern ‹auch die Frau aus seinem Fleisch als› Ergänzung (hebr. *rewach* statt *ruach*, Geist) für ihn. Was sollte der Eine (also Adam) erstreben? Samen ‹nach dem Willen› Gottes.« Damit wäre die Anspielung auf 1Mo 2,23f konsequent durchgeführt. Aber es handelt sich um eine unsichere Vermutung. Der ganze Abschnitt ist sehr verschieden ausgelegt worden. Der Grundgedanke scheint zu sein, daß die Tatsache, daß alle *einen* Vater haben, Loyalität bei allen Gliedern der Familie verlangt. Wenn Israeliten sich von ihren Frauen scheiden, bricht das diese Loyalität. Daß sie die Traditionen ihres Glaubens verlassen haben, zeigt sich besonders darin, daß sie nicht-israelitische Frauen heiraten, denn was den Glauben angeht, folgen die Kinder doch häufiger der Mutter als dem Vater. Das rechte Verhältnis zu Gott wird deswegen nur durch eine Ehe innerhalb des Bundesvolkes sichergestellt, nicht durch eine Mischehe. Zur Sache vgl. 2Kor 6,14. **16** *Wer ihr aber gram ist und sie verstößt:* besser »denn ich hasse die Scheidung« (ZÜ; ähnlich EÜ).

Gottes Ablehnung der Ehescheidung findet sich nirgendwo sonst im AT. Maleachi läßt bei seinen Hörern nicht den geringsten Zweifel daran, wie Gott zu diesen Scheidungen steht. *Bedeckt mit Frevel sein Kleid:* Wenn ein Mann eine Frau zu seiner Ehefrau machen wollte, warf er sein Gewand über sie (vgl. Rut 3,9). In diesem Vers ist Kleid also im Sinne von ehelicher Beziehung zu verstehen, der Vers bezieht sich also auf die brutale Behandlung, die eine Frau durch die Scheidung erleidet.

2,17–3,6 Das kommende Gericht

Gottes Gerechtigkeit wird in dem kommenden Gericht gerechtfertigt werden. Zur Vorbereitung für dieses Gericht wird er seinen Boten senden. Das Gericht wird eine gründliche Reinigung bringen; aber des Herrn Treue wird die völlige Zerstörung Israels verhindern.

2,17 Das Volk hat den Herrn *unwillig* gemacht, dadurch, daß es faktisch behauptet, der Herr habe Wohlgefallen am Übeltäter, und indem es an der Gerechtigkeit seiner Herrschaft zweifelte. Die Haltung, gegen die sich dieser Vers wendet, muß man auf dem Hintergrund der Mühsal der Jahre nach dem Exil sehen. Der Prophet kündigt einen Tag des Gerichts an, an dem Israel lernen wird, daß der Herr in der Tat heilig ist und daß er gerecht handelt.

3,1 *Mein Bote:* »Siehe Komm. zu 1,1 und zu 3,23. Der Bote wird Hindernisse aus dem Weg räumen, und so wie ein Herold das Kommen des irdischen Herrschers ankündigt, so wird er die Menschen vorbereiten, den Herrn zu empfangen. *Den ihr sucht:* bezieht sich auf die letzte Frage in 2,17. *Engel des Bundes:* Engel ist hier eine andere mögliche Übersetzung des Wortes, das Luther vorher mit Bote übersetzte. Manche nehmen an, mit *Engel des Bundes* sei die gleiche Person gemeint, die am Anfang des Verses als »mein Bote« bezeichnet wird. Aber es ist besser, den *Engel des Bundes, den ihr begehrt* als eine Beifügung zu dem *Herrn, den ihr sucht,* zu sehen. Der Bote Jahwes oder der Engel des Bundes trägt nicht nur den göttlichen Namen, sondern hat göttliche Würde und Macht, vermittelt göttliche Befreiung und nimmt Verehrung und Anbetung an, die nur Gott selbst zusteht (s. LZB, Sp. 341). Im Blick auf diese Stellen ist an die Tempelreinigung Jesu zu erinnern. *Bund:* Dieses Wort kommt hier zum sechsten Mal vor (s. auch 2,4.5.8.10.14). Die Vorstellung vom Bund spielt eine wesentliche Rolle in der Schrift und weist auf die Beziehung hin, die Gott zu seinem Volk aufnimmt, eine Beziehung der souveränen erlösenden Gnade, der göttlichen Treue und des ewigen Segens, eine Beziehung aber auch, die vom Volk Heiligkeit und Gehorsam fordert. S. auch Einl. Theologie des AT, S. 30f. Alle Bundesschlüsse des AT finden ihre Erfüllung im Neuen Bund in Christus.

2 Der *Tag* des Herrn ist ein Tag der Dunkelheit und nicht des Lichts (vgl. Am 5,20), aber er kommt nicht der Zerstörung, sondern der Reinigung wegen. Vgl. 3,19. *Lauge der Wäscher:* Das Bild meint das Handwerk des Wäschebleichens. **3** *Er wird sitzen und schmelzen:* Der Silberschmelzer sitzt über seinem Schmelztiegel, bis alle Unreinheiten weggebrannt sind und die Oberfläche des Silbers wie ein Spiegel glänzt. *Die Söhne Levi:* Das Gericht wird im Hause des Herrn beginnen, also bei den Priestern. Sie werden gereinigt werden, so daß sie wieder für ihren hohen Dienst geeignet sind (V. 4).

5 zeigt, daß es dem Propheten genauso um die soziale Gerechtigkeit geht wie um den rechten Gottesdienst. Der kommende Richter wird Übeltäter aller Art bloßstellen und verurteilen. *Schneller Zeuge:* Wenn die Zeit kommt, wird er nicht zögern zu handeln. *Zauberer:* Sie gebrauchen Verfluchungen, Zaubersprüche und -mittel, um ihren bösen Einfluß auf Menschen und Ereignisse auszunützen, s. 2Mo 22,17. *Meineidige:* Sie geben unter Eid ein feierliches Versprechen, aber in Wirklichkeit lügen sie. Im zweiten Teil der Liste werden Vergehen gegen die sozial Schwachen aufgeführt, z.B. gegen die *Fremdlinge.* Da der Fremde meist wenig Freunde hatte, die ihn schützen konnten und dafür Sorge trugen, daß ihm Gerechtigkeit geschah, gewährt das Gesetz dem Ausländer besonderen Schutz (3Mo 19,10.33). **6** *Ich, der Herr, wandle mich nicht:* Die Liebe des Herrn zu Israel ist unwandelbar, und deswegen wird Israel nicht untergehen (Klgl 3,22). V. 6 kann entweder als Schluß dieses Abschnittes oder als Anfang des nächsten Abschnittes verstanden werden.

3,7–12 Buße, die sich im Geben des Zehnten zeigt, wird Segen bringen

Der Ungehorsam Israels zeigte sich darin, daß sie den Zehnten nicht abgaben. Buße und volle Zahlung des Zehnten werden zu Reichtum und Überfluß führen.

7 *Von eurer Väter Zeit an:* Ihr Abfall hat tiefe Wurzeln, und der Prophet ruft sie auf, zum Herrn zurückzukehren und seinen Ordnungen zu folgen. **8** *Betrügt:* Das hier gebrauchte Wort *(qaba')* ist sehr selten und kommt nur noch in Spr 22,23 vor. Es ist vielleicht besser mit berauben zu übersetzen. Sie werden zu Recht als *Jakobs Söhne* bezeichnet (V. 6): So wie Jakob seinen Bruder und seinen Vater betrog, so berauben auch sie Gott. *Zehnten:* s. 3Mo 27,30; 4Mo 18,21. Sie haben Gott beraubt, weil sie für sich behielten, was ihm zustand. Darum lastet ein Fluch auf ihnen. **9** *Mich:* im hebr. Text betont. *Allesamt:* das ganze Volk (ZÜ). Das hier für Volk gebrauchte Wort (hebr. *goj)* wird sonst im AT nur für die *Heiden* verwandt. Es weist hier darauf hin, daß das Verhalten Israels des Bundesvolkes unwürdig ist.

10 *In voller Höhe:* Man hatte Gott nicht alles gegeben, was ihm zustand. Die Zeiten waren in der Tat schlecht, aber Maleachi ruft sie auf, Gott zu prüfen, indem sie in sein Haus bringen, was ihm nach dem Gesetz zusteht. Dann würden *des Himmels Fenster* geöffnet werden und es würde genug von allem geben. Dieser Satz läßt vermuten, daß Zeiten der Trockenheit und schlechte Ernten vorausgegangen waren. *Vorratshaus:* s. Neh 13,5. **11** Der *Fresser:* die Heuschrecke, s. Joel 1. *Unfruchtbar:* durch Mehltau und Brand. **12** Wenn die Nachbarvölker sehen, daß Großzügigkeit gegen Gott Wohlergehen bringt, werden auch sie erkennen, daß Gott an seinem Volk handelt. *Euch* und *Ihr:* im hebr. Text wieder betont. *Ein herrliches Land:* vgl. Jes 62,4.

3,13–21 Die kommende Rechtfertigung der Gottesfürchtigen

Auch in einer Zeit des Zynismus gab es solche, die den Herrn wirklich fürchteten. Sie werden gerettet werden und sich am Tag des Gerichts freuen.

13 *Hart:* Das Volk begegnete Gott in einer Haltung der Verachtung. *Sprecht:* Hier wird im Hebr. eine Form verwendet, die eine Gegenseitigkeit ausdrückt. In ihren Gesprächen stellen sie in Frage, ob es sich lohnt, Gott treu zu dienen, da sie sehen, daß es den Übeltätern gut geht. Vgl. Ps 73,13f. **14** *In Buße:* für Vergehen gegen die Gebote des Herrn. **15** *Wir:* betont. **16** Einige lesen mit LXX: »Das sprechen die, die den Herrn fürchten, zueinander.« Aber es ist wohl besser, dem hebr. Text zu folgen. V. 14 enthält die Klage der Skeptiker. Die Gottesfürchtigen lassen sich von diesen Argumenten nicht bewegen und bemühen sich, ihre Gemeinschaft untereinander zu vertiefen und sich der Gerechtigkeit Gottes zu versichern. Ihre Namen und Taten sind in dem *Gedenkbuch* des Herrn aufgeschrieben (s. 2Mo 32,32 u.ö.). Maleachi scheint der erste zu sein, der dieses Buch in Zusammenhang mit der Eschatologie bringt. **17** *Mein Eigentum:* vgl. 2Mo 19,5; 5Mo 7,6 u.ö. Als Gottes besonderer Schatz werden die Gerechten vor dem Gericht, das die Gottlosen treffen wird, verschont bleiben. **18** *Unterschied:* Die moralische Ordnung, die vor dem Exil herrschte, wird wiederhergestellt werden. **19f:** Die Bösen werden bestraft werden, so wie *Stroh* verbrennt. Den Gottesfürchtigen dagegen wird Gerechtigkeit und Heilung zuteil werden. *Sonne der Gerechtigkeit:* Dieses Bild vom Handeln Gottes zum *Heil* derer, die seinen Namen fürchten, ist schon seit der Alten Kirche auf den Messias gedeutet worden. So wurde der Tag der Wintersonnenwende (25. Dezember) zum Feiertag des Aufgehens der Sonne der Gerechtigkeit, der Geburt Christi. *Springen wie die Mastkälber:* Damit wird ein frohes, kraftvolles und sorgloses Leben beschrieben. **21** beschreibt den Triumph der Gerechten, vgl. Am 9,12; Mi 4,13; 7,17; Jos 10,24.

3,22–24 Schluß

Israel wird ermahnt, das Gesetz Moses zu halten, und das Kommen des Propheten Elia vor dem Tag des Herrn wird versprochen.

22 steht in der LXX hinter V. 24. *Horeb:* Mit diesem Namen wird in 5Mo der Berg Sinai bezeichnet. Überhaupt sind an verschiedenen Stellen des Buches Einflüsse von 5Mo festzustellen. Die Ermahnung, das Gesetz Moses zu halten, klingt an den Schluß des Buches Prediger an: »Die Summe des Ganzen höre: Fürchte Gott und halte seine Gebote« (Pred 12,13). **23** *Elia:* S. Komm. zu 1,1 und . zu 3,1. Dieser Vers wird in Sir 48,9f (ca. 180 v.Chr.) zitiert. Dort ist von Elia, dem einzigartigen Propheten, die Rede, der in einem feurigen Wagen in den Himmel aufgenommen wurde, »zu seiner Zeit zu stillen den Zorn, ehe der Grimm kommt, das Herz der Kinder zu den Vätern (zu) kehren und die Stämme Jakobs wieder(zu)bringen.« Das Kommen Elias ist ein häufiges Thema in der jüdischen Mischna. Dem jüdischen Geschichtsschreiber Josephus zufolge glaubten einige der Juden des 1. Jh.s, Elia werde von Gott bis zur Zeit seiner Rückkehr verborgen gehalten. Das Kommen dieses Propheten werde Väter und Kinder versöhnen und den drohenden Fluch abwenden. **24** Die Vision scheint zum Teil durch die Zustände zur Zeit des Propheten geprägt zu sein. Die Generationen hatten sich einander entfremdet, und diese Entfremdung mag durch die laxe Auffassung von der Ehe und die daraus resultierende Schwächung der Familienbande verursacht worden sein.

Die Abschlußverse zeigen, daß sowohl das Gesetz als auch die Propheten ihre Rolle zu spielen haben bei der Vorbereitung des Kommens des Herrn (Mk 9,4; Lk 24,44).

James T. H. Adamson

C Neues Testament

Das Evangelium nach Matthäus

Einleitung

Die Bedeutung des Evangeliums

Das Evangelium nach Matthäus hat das christliche Denken wahrscheinlich stärker beeinflußt als irgendeines der anderen drei kanonischen Evangelien. Lange Zeit meinte man, es sei als erstes verfaßt worden, und seine Stellung am Anfang des Kanons trug dazu bei, daß man ihm besondere Bedeutung beimaß. Wir stellen fest, daß es das seit dem 2. Jahrhundert meistzitierte und in der Liturgie am häufigsten verwendete Evangelium ist. Insbesondere haben sich seine planvolle Anordnung und die großen Redekompositionen, wie beispielsweise die Bergpredigt, für Generationen von Christen in der ganzen Welt als überaus einflußreich erwiesen.

Die Quellen des Matthäusevangeliums

Die Frage nach dem Verhältnis der synoptischen Evangelien zueinander ist in dem Artikel »Das vierfache Evangelium«, Band I, S. 70ff, behandelt. Der vorliegende Kommentar sieht in Markus die Hauptquelle des Matthäusevangeliums, das fast wie eine revidierte Fassung von Markus betrachtet werden kann. Zwar läßt Matthäus in seinem Evangelium insgesamt nur fünfundfünfzig Markusverse aus, doch strafft er den Inhalt vieler Erzählungen, indem er sie sprachlich glättet, Stil und Wortschatz überarbeitet und darauf achtet, daß einige ungeschliffene Wendungen bei Markus nicht mißverstanden werden.

Neben dem aus dem Markusevangelium Übernommenen, finden wir bei Matthäus auch manches, was ebenfalls im Lukasevangelium vorliegt. Man geht davon aus, daß diese Gemeinsamkeiten auf eine von beiden Evangelisten benutzte Quelle zurückzuführen sind. Inhalt und Eigenart dieser in der Forschung als »Q« bekannten Quelle sind jedoch keineswegs gesichert; ja selbst die Existenz von Q ist nicht einmal gesichert, weil bisher keine Funde sie bestätigen, noch sind die um sie aufgebauten Hypothesen ganz schlüssig. Geht man von einer Quelle Q aus, muß man annehmen, daß sich Matthäus, dem es vor allem um die Sammlung der Lehre Jesu zu tun war, über die Anordnung dieser zu einem großen Teil aus Sprüchen bestehenden Quelle häufiger hinweggesetzt hat als über die Anordnung des in der Hauptsache erzählenden Markusberichts.

Zu den aus den beiden Hauptquellen übernommenen Versen (500 Verse aus Markus, 250 aus Q) kommen bei Matthäus noch etwas mehr als 300 weitere Verse hinzu, die als Sondergut »M« bezeichnet werden. Die Besonderheiten des vorliegenden Evangeliums leiten sich zu einem großen Teil aus dem Inhalt dieser Verse ab. Möglicherweise gehen sie auf eine Zusammenstellung mündlicher Überlieferungen zurück, die Matthäus vorlagen. Die formelhaften »Erfüllungszitate« (s.u., S. 2) aus dem AT weisen vielleicht auf eine gesonderte Quelle hin, für die uns allerdings gesicherte Belege fehlen, so daß eine solche Spruchsammlung derzeit nicht postuliert werden kann.

Struktur und Inhalt des Matthäusevangeliums

Offensichtlich hat Matthäus der Anordnung seines Stoffes beträchtliche Sorgfalt gewidmet. Dennoch gehen die Ansichten der Forscher über die planvolle Anlage seines Evangeliums weit auseinander. Deutlich erkennbar aber ist, daß das Evangelium fünf Lehrreden enthält (5,1-7,27: »Die Bergpredigt«; 10,1-42: Die Aussendung der zwölf Apostel; 13,1-52: Die Reich-Gottes-Gleichnisse; 18,1-35: »Jünger- und Gemeinderede«; 24,1-25,46: Das zweite Kommen Jesu). Jeder von ihnen folgt die Anmerkung, Jesus habe nach ihrer Beendigung weitere Taten vollbracht. Möglicherweise sind die Erzählungs- und Lehrabschnitte dem *Kerygma* (der Verkündigung) und der *Didache* (der Lehre) der apostolischen Kirche verwandt.

Die Lehrinhalte sind zweifelsohne thematisch geordnet. Dabei trägt die erste Rede im wesentlichen ethische, die zweite missionarische, die dritte kerygmatische, die vierte gemeindliche und die fünfte eschatologische (endzeitliche) Züge. Wahrscheinlich ist Kap. 23 (die Verurteilung der geistlichen Führer) mit zu der letzten Rede zu rechnen.

Was das Gesamtkonzept des Evangeliums betrifft, so wurden verschiedene Lösungsvorschläge gemacht, von denen der von J. C. Fenton (*Saint Matthew,* 1936) am schlüssigsten erscheint. Er faßt die Anordnung chiastisch (kreuzartig) auf (a b: b a), wobei er eine Ähnlichkeit hinsichtlich der Länge und, bis zu einem gewissen Grade, auch hinsichtlich des Inhalts zwischen der ersten Rede (Kap. 5-7) und der letzten (Kap. 23-25) und zwischen der zweiten (Kap. 10) und der vierten (Kap. 18) feststellt. Den Mittelpunkt bilden als dritte Redeeinheit die Reich-Gottes-Gleichnisse (Kap. 13). Eine besondere Parallele zwischen dem dritten (Kap. 11-12) und vierten (Kap. 14-17) bzw. zwischen dem zweiten (Kap. 8 und 9) und fünften (Kap. 19-22) erzählenden Abschnitt scheint zwar nicht zu bestehen, doch entspricht der Anfang dem Ende des Evangeliums. Ob eine Parallele zwischen Jesu Taufe (Kap. 3) und Tod (Kap. 27) beabsichtigt ist, muß offen bleiben (vgl. indessen Mk 10,38f; Lk 12,50). Auffällig aber ist, wie auf Jesu Geburt das erste Zitat aus dem AT, »Gott mit uns« (1,23), und wie auf seine »Neugeburt« von den Toten sein letztes Wort, »Ich bin bei euch alle Tage« (28,20), folgt.

Der vorliegende Kommentar geht davon aus, daß Matthäus einem festen Grundkonzept nachging und daß das Evangelium eine Anzahl kleinerer Texteinheiten in sich aufnahm, um eine möglichst systematische Darstellung des Heilsgeschehens zu erstellen.

Die Eigenart des Evangeliums

Auf die Frage, durch welche besonderen Merkmale sich das Matthäusevangelium von den anderen synoptischen Evangelien unterscheidet, kann man sowohl auf stilistische als auch auf theologische Eigenarten verweisen. Wie oben ausgeführt, hat der Evangelist große Sorgfalt auf die Anordnung seiner Stoffe verwandt und infolgedessen ein sehr viel systematischeres Werk als Markus geschaffen. Hinzu kommt seine Neigung, die Markuserzählungen zu straffen und sie dort zu überarbeiten, wo er sie für mißverständlich hält oder ihm ihr Griechisch verbesserungsbedürftig erscheint. Bemerkenswert ist außerdem, daß Matthäus anstelle des in den anderen Evangelien sonst üblichen Ausdrucks »Reich Gottes« den ehrfurchtsvollen jüdischen Ausdruck »Himmelreich« verwendet.

Gewichtiger sind jedoch die von Matthäus verfolgten theologischen Interessen. Besonders auffällig ist wohl sein Interesse an der Erfüllung des AT, das er mit dem wiederholten Gebrauch sogenannter »Erfüllungszitate« unterstreicht (1,22f; 2,15.17f.23; 4,14-16; 8,17; 12,17-21; 13,35; 21,4f; 27,9f). Ein sorgsames Studium der Textzusammenhänge ergibt, daß diese Zitate sehr viel weniger willkürlich gewählt sind, als bisweilen behauptet wird. Sie unterstreichen die Erfüllung des Gesetzes (keinesfalls dessen Auflösung) durch Christus (5,17-20) und helfen, eine neue Ethik zu begründen, die weit über die zeitgenössische Auslegung des AT hinausgeht (5,21-24.27-30.33-37). Jesus wird klar als der Messias, der Sohn Davids (diese Wendung kommt achtmal vor) und, sowohl in seiner Leidenszeit (26,53) als auch vornehmlich nach seiner Auferstehung (28,18), als Träger königlicher Vollmacht dargestellt. Gleichzeitig läßt Matthäus aber auch deutlich werden, daß Jesus als Gottesknecht den Menschen mit Sanftmut begegnete (12,17-21) und ihr Gebrechen auf sich nahm (8,17).

Wer sich mit dem Verhältnis von altem und neuem Bund befaßt, wird Israels Vorrangstellung in Gottes Heilsplan anerkennen müssen. Jesu Stammbaum wird bis auf Abraham zurückgeführt (1,1f). Einzig Matthäus berichtet, daß Jesus nur zu den verlorenen Schafen des Hauses Israel gesandt worden sei (15,24); ebenso lautete der Auftrag an die Zwölf (10,5f). Dieses Volk Gottes jedoch und insbesondere seine religiösen Führer werden aufs schärfste verurteilt: einmal, weil sie das Wesen des Gesetzes verkennen und es in eigenwilliger Weise zur Gesetzlichkeit pervertieren, zum anderen weil sie die Propheten und selbst den Messias feindselig verwerfen (23,1-39). Diesen Mördern droht die Vernichtung, und ihre Stadt soll angezündet werden (22,7). Der Gottesknecht sollte aber auch den Heiden das Recht verkündigen, und sie sollten auf seinen Namen hoffen (12,17-21). Der letzte Auftrag Jesu, von dem das Matthäusevangelium berichtet, greift diese Sendung an die Heiden auf und gebietet, hinzugehen und alle Völker zu Jüngern zu machen (28,19f). Wenn auch nicht endgültig (Röm 11,25-32), so hat doch das alte Volk Gottes sein Erbe vorübergehend an ein neues verloren (21,43). Daher spielt bei Matthäus die Gemeinde eine bedeutende Rolle. Einzig bei ihm kommt das Wort *ekklesia* (Gemeinde) vor, und ihm liegen zweifellos die Autorität in der christlichen Gemeinde und ihre Ordnung (16,17-19; 18,15-18) sehr am Herzen.

Besonders betont werden im Matthäusevangelium die Wunderberichte. So weiß Matthäus als einziger von der Auffindung des Vierdrachmenstückes im Maul des Fisches zu erzählen (17,24-27). Am stärksten macht sich dieses Interesse jedoch in den letzten zwei Kapiteln bemerkbar, in denen er die Auferweckung der Heiligen (27,51-53) und die Engel am Grab (28,2-24) beschreibt. Das Matthäusevangelium enthält ferner etliche Lehrstücke über die Parusie, das zweite Kommen Christi. Der Begriff *parousia* findet sich in keinem anderen Evangelium außer Matthäus (24,3.27.37.39). Mitunter fügt der Evangelist auch apokalyptische Sprüche in den Markusstoff ein (z.B. 24,30f). Außerdem behandeln einige Gleichnisse aus dem Sondergut des Matthäus dies Thema (13,24-30.36-43.47-50; 25,1-46). Obwohl er sich genauso wie die anderen Evangelisten mit dem in der Person Jesu gegenwärtigen Reich Gottes befaßt, gilt sein besonderes Interesse offenbar der künftigen Vollendung dieses Reiches.

Abfassungszeit und -ort

Das erste gesicherte Matthäuszitat findet sich bei Ignatius von Antiochien (um 115 n.Chr.), ist aber, wie allgemein angenommen wird, etliche Jahre älter. Wie früh das Evangelium zu datieren ist, hängt in erster Linie von seinem Verhältnis zum Markusevangelium ab. Wenn ihm in seiner vorliegenden Form das Markusevangelium zugrunde liegt, was wahrscheinlich ist, und Mk nach dem Tod des Petrus veröffentlicht wurde, dann ist das Matthäusevangelium zweifellos nach 65 n.Chr. anzusetzen.

Große Bedeutung für die Datierung des Matthäusevangeliums hat der Fall Jerusalems 70 n.Chr. So hat man besonders in der letzten Zeit das Evangelium vor 70 n.Chr. angesetzt (Reicke, J. A. T. Robinson), weil es sehr merkwürdig sei, daß Matthäus eine erfolgte Zerstörung Jerusalems nicht ausdrücklich erwähnt haben soll, obwohl doch damit eindeutig das vorläufige Ende des alten Bundes gekennzeichnet worden wäre. Dem könnte man zwar entgegenhalten, daß selbst der Hebräerbrief dieses Ereignis nicht erwähnt, obwohl ihm sicher daran gelegen gewesen wäre, aber die Datierung des Hebr nach 70 n.Chr. ist keineswegs unumstritten. Andere Neutestamentler dagegen wollen bei Mt Anspielungen auf die Zerstörung Jerusalems finden und verlangen eine Datierung nach 70 n.Chr. Dieses Argument verliert aber dann seine Bedeutung, wenn man die Grundvoraussetzung, Jesus hätte zukünftige Ereignisse nicht voraussagen können, ablehnt. Selbst Hinweise wie in Mt 22,7 (das Anzünden der Stadt) müssen keine nachträglichen Einfügungen darstellen.

Zugunsten einer Datierung nach 70 n.Chr. wird allgemein auch auf inhaltliche Momente hingewiesen, etwa auf die angenommene Entwicklung der Gemeindeordnung (16,19; 18,17f), die Erwähnung kommender Verfolgungen (10,22; 24,9ff), die nachdrückliche Betonung der Gewißheit der Parusie trotz ihrer Verzögerung (24,37-51; 25,1-12) und die allgemeine »theologische Atmosphäre« (was immer das sein mag). Gelegentlich wird auch auf die Wendung »ihre Synagogen« (4,23; 9,35; 10,17; 12,9; 13,54) zugunsten einer Datierung nach 70 n.Chr. gewertet, da die Christen um 85 n.Chr. aus der Synagoge ausgeschlossen worden seien. Alle aufgeführten Belege erweisen sich bei genauer Betrachtung aber nicht als zwingend. Jeder Versuch einer exakten Datierung des Evangeliums bleibt dennoch letztlich anfechtbar, solange sich nicht der Nachweis führen läßt, daß seine Veröffentlichung eng mit irgendeinem bekannten historischen Ereignis verknüpft ist. Vorsichtig wird man aber Mt vor 70 n.Chr. ansetzen können. Seine jüdische Beheimatung und die zahlreichen Parallelen zu den Schriftrollen vom Toten Meer deuten eher auf diesen Zeitraum hin.

Nicht ganz geklärt ist auch der Abfassungsort des Evangeliums. Seine jüdische Beheimatung ist unumstritten. In diese Richtung weisen beispielsweise die Erwähnung der Tempelsteuer (17,24ff) und die Besprechung der Schwurformeln (23,16ff); das Versäumen, jüdische Bräuche zu erklären (vgl. 15,2; 23,27), läßt auf eine Gegend schließen, in der Judenchristen beheimatet waren. Irenäus, Bischof von Lyon, berichtet, daß das Evangelium in Judäa entstand. Trotz dieser übereinstimmenden Zeugnisse der frühen Kirche, gehen viele Ausleger nicht von einer Abfassung in Palästina aus. Voraussetzung für diese Auffassung wäre allerdings, daß Matthäus ursprünglich nicht Aramäisch, sondern Griechisch geschrieben hat (vgl. »Verfasserschaft«) und daß er von Markus abhängig war. Als vermutlichen Abfassungsort nennen sie Antiochien in Syrien. Dort lebten griechischsprachige Christen, größtenteils jüdischer Herkunft. In diesem kulturellen Sammelbecken begegneten sich Juden, Judenchristen und Heidenchristen, und so wurde Antiochien ein Zentrum der Heidenmission. Dennoch soll damit keinesfalls behauptet werden, das ganze im Matthäusevangelium verarbeitete Material sei notwendigerweise in Antiochien gesammelt worden. Der eigentliche Entstehungsort des Evangeliums mag - auch nach dieser Hypothese - gleichwohl in Palästina gelegen haben.

Verfasserschaft

Zur einstimmigen Tradition der Frühkirche gehört, daß das Evangelium vom Apostel Matthäus in hebr. oder aram. Sprache verfaßt wurde und den anderen Evangelien zeitlich vorgeordnet sei. Diese an sich eindeutige Überlieferung wird heute jedoch weitgehend in Frage gestellt, da gemäß der Zwei-Quellen-Theorie (Matthäus soll das Markusevangelium und die Quelle »Q« als Vorlagen benutzt haben) der Apostel Matthäus, also ein Augenzeuge der Geschehnisse, ausgiebig von Markus, der kein Apostel war, Gebrauch gemacht haben soll, was sehr unwahrscheinlich wäre. Falls jedoch das Markusevangelium die petrinische Überlieferung bewahrt, wäre es zweifellos auch von anderen Aposteln als autoritativ angesehen worden, und Matthäus könnte die markinische Version dieser Überlieferung mit Änderungen, die auf seinen eigenen Erlebnissen beruhten, versehen haben. Ferner wird behauptet, einige

Erzählungen aus dem Sondergut - in der Hauptsache Wundererzählungen - sowie etliche Lehrstücke, insbesondere solche mit stark eschatologischer Ausrichtung, könnten unmöglich von einem Apostel stammen. Abgesehen davon, daß sich solche Berichte zum Teil auch bei Markus finden, bleibt es sehr problematisch, den Inhalt eines einzigen Evangeliums, nämlich des Markusevangeliums, zur Norm für den Umfang der Verkündigung Jesu zu erheben. Erst die besonderen Anliegen der anderen Evangelisten vermitteln uns ein umfassendes Bild von dem, was Jesus tatsächlich sagte und tat. Besondere Bedeutung kommt einem Papias-Zitat zu: »Matthäus hat in hebräischer Sprache die Logia [Aussprüche Jesu; Spruchsammlung] zusammengestellt; ein jeder aber übersetzte dieselben, so gut er konnte.« Damit wird ein ursprünglich aram. Matthäusevangelium vorausgesetzt, das - wenn man die Zwei-Quellen-Theorie ablehnt - Markus als Vorlage gedient haben müßte oder - wenn man von der Richtigkeit der Theorie ausgeht - umgekehrt unter häufiger Heranziehung des Markusevangeliums übersetzt worden wäre. Letzteres scheint nicht sehr wahrscheinlich. Viele Theologen gehen deshalb davon aus, daß sich Papias hinsichtlich der Sprache zwar irrte, jedoch Matthäus mit Recht als den eigentlichen Verfasser erkannte. Vielleicht aber nahm er auch auf ein ganz anderes Werk Bezug. In diesem Fall wäre die Identität der »Logia« zu klären. Zwei Lösungsvorschläge sind zu nennen: Entweder nimmt Papias auf eine Sammlung atl. Belegstellen Bezug (für eine solche Sammlung in Buchform spricht allerdings wenig), oder er bezieht sich auf eine Sprüchesammlung, die man mit der Logienquelle Q zu identifizieren versucht sein könnte. Allerdings wissen wir nicht, ob die Existenz von Q völlig gesichert ist und ob Q schriftlich vorlag und, wenn ja, ob in Form einer einzigen oder mehrerer Urkunden, oder ob Q lediglich eine mündliche Überlieferung darstellt. Auf alle Fälle aber kann der Ausdruck »Logia« wirklich auch mehr bedeuten als nur eine Sammlung von Sprüchen und wird anderswo im frühchristlichen Schrifttum, deshalb möglicherweise von Papias selber, im Sinne von »Evangelium« gebraucht.

Daß zwischen dem Apostel Matthäus und dem Evangelium, das seinen Namen zwar nicht im Text, aber doch in der Überschrift trägt, eine enge Beziehung besteht, ist unbestritten. Diese wahrscheinlich zu Beginn des 2. Jhs. dem Evangelium angefügte Überschrift belegt die damals herrschende Überzeugung, daß es sich bei dem Verfasser wirklich um Matthäus handelt, hätte man sich doch sonst eines prominenteren Namens bedient, wäre es lediglich darum gegangen, einer anonymen Schrift Autorität zu verleihen. Die erste Gemeinde hätte gewiß kein so bedeutendes Evangelium anerkannt, wenn es nicht von einem Apostel und Augenzeugen her diese Autorität erhalten hätte. Vielleicht läßt auch die planmäßige Gestaltung, durch die sich das Evangelium auszeichnet, an den Steuerbeamten Matthäus denken. Jedenfalls mag der Verfasser an seine eigene Aufgabe gedacht haben, als er Jesu Ausspruch festhielt: »Ein jeglicher Schriftgelehrter, der ein Jünger im Himmelreich geworden ist, gleicht einem Hausvater, der aus seinem Schatz Neues und Altes hervorholt« (13,52).

Die Zielsetzung des Evangeliums

Johannes gibt eine gute Zusammenfassung der allgemeinen Zielsetzung der Evangelien (Joh 20,31): Aus der Fülle der Taten und Worte Jesu wurde eine Auswahl getroffen, um durch sie Glauben an Christus zu wecken. Der Inhalt der Evangelien deckt sich damit im Grunde mit dem der apostolischen Verkündigung, das »von der Taufe des Johannes an bis zu dem Tag, an dem er von uns weggenommen wurde« das ganze Leben Jesu umfaßt (Apg 1,22). Matthäus' besondere Zielsetzung läßt sich an den besonderen Kennzeichen seines Evangeliums aufzeigen.

Die jüdische Beheimatung des Evangeliums mit seiner Hervorhebung der Erfüllung des AT läßt eine als Apologie gegen ungläubige Juden verfaßte Schrift vermuten. Sechs der Erfüllungszitate handeln entweder von Jesu Geburt und Kindheit oder von seinem Tod: Diese bildeten wegen der Gerüchte über seine vermeintliche uneheliche Geburt und wegen des Ärgernisses eines gekreuzigten Messias für die meisten Juden Hindernisse für den Glauben an Christus. Entgegen jüdischen Versuchen, Jesu Auferstehung wegzuerklären, wird nachdrücklich auf ihre Realität hingewiesen (27,62-66; 28,11-15). Gleichwohl gewinnt man den Eindruck, es sei nicht unmittelbar an Außenstehende gerichtet, sondern an Christen, die damit ihr Verständnis der Person Christi vertiefen und ihren Glauben verteidigen lernen sollten.

Das Matthäusevangelium ist wegen seiner planmäßigen Anordnung schon immer gerne für die Unterweisung herangezogen worden. Mit seiner Betonung einer kasuistisch (am Einzelfall) orientierten Ethik zeigt es Grundlinien einer »Gemeinschaftsregel« für die Ortsgemeinde auf. Außerdem wurde es in der Liturgie der Kirche häufiger verwandt als irgendeines der anderen Evangelien.

Aus alledem folgt, daß das Matthäusevangelium wahrscheinlich am Anfang der zweiten

Hälfte des 1. Jhs. n.Chr. von einem Judenchristen für Judenchristen, die in enger Fühlung mit ungläubigen Juden lebten, verfaßt wurde. Es sollte sorgfältig darüber unterrichten, wie Jesus die atl. Weissagungen erfüllt und den Grund der christlichen Gemeinde gelegt hatte, die eine auf geistlicher Grundlage konstituierte, allen Menschen offenstehende Neuschöpfung war, obwohl sie aus dem Volk Gottes im alten Bund erwuchs. Diese Unterweisung sollte befähigen, die Angriffe der nichtchristlichen Juden zurückzuweisen und auch ihnen Jesus als ihren wahren König darzustellen.

Inhalt

Kommentar

1,1-2,23 Christi Geburt und Kindheit

Die Taufe Jesu durch Johannes bildet den Ausgangspunkt der öffentlichen Wirksamkeit Jesu. Diesem Ereignis ordnen aber Matthäus und Lukas in ihren Evangelien je zwei einleitende Kapitel vor, in denen die Person Jesu erklärt und dann gezeigt wird, wie sich bereits in seiner Geburt und Kindheit atl. Weissagungen erfüllten. Die hier zusammengetragenen Berichte sind ausnahmslos Sondergut des Matthäus. Während Lukas offenbar die Erzählung der Maria wiedergibt, schildert Matthäus die Ereignisse aus dem Blickwinkel Josefs.

1,1-17 Jesu Stammbaum

Der systematische Aufbau des Stammbaums gibt sogleich Aufschluß darüber, wie planvoll Matthäus die Geschehnisse in seinem Evangelium geordnet hat.

1.2 *Das Buch von der Geschichte* heißt wörtl. »das Buch der Genesis«. Es ist nicht wahrscheinlich, daß Matthäus ein Gegenstück zum ersten Buch des AT, der sog. Genesis, schaffen wollte. Vermutlich ist die Wendung jedoch durch das »Geschlechtsregister« von 1Mo 5,1 beeinflußt. *Jesus* war ein verbreiteter Name. Mit ihm wurde der Herr während seines Erdenlebens zumeist benannt. Seine Bedeutung wird in V.21 erläutert. *Christus,* wörtl. »gesalbt«, war der Titel des königlichen Messias Israels. *David* war der größte der Könige Israels. Mit ihm schloß Gott einen ewigen Bund, demzufolge sein Nachkomme seinen Thron besteigen sollte (2Sam 7,12-16; Ps 89,29.36.37; 132,11). Diese Verheißung hat messianischen Charakter. Als *Sohn Davids* wird Jesus auch in 9,27; 12,23; 15,22; 20,30f; 21,9.15; 22,42.45 bezeichnet. Dies weist auf die große Bedeutung hin, die das Evangelium dem Königtum und der Königsherrschaft Gottes durch den Messias beimißt. *Abraham* war der Stammvater des Volkes Israel, mit dem Gott ebenfalls einen Bund des Segens bis hin zu seinen Nachkommen schloß (1Mo 12,1-3; 17,1-8). Seine wahre Erfüllung erfolgte gleichfalls durch Christus.

Lukas geht bis auf Adam zurück (Lk 3,38) und bekundet damit den weltweiten Anspruch des Evangeliums an alle Menschen. Matthäus beginnt mit Abraham und stellt so Gottes Wirken durch das auserwählte Volk in den Vordergrund.

3 *Thamar* gehört zu den vier Frauen, denen ein Makel anhaftet. Sie werden erwähnt, um zu zeigen, daß auch bei den königlichen Vorfahren Jesu das Böse nicht fehlt. Einige Ausleger meinen, Matthäus wehre sich hier auch gegen eine böswillige Verleumdung Marias. Jesus stammt aus einem sündigen Geschlecht, aber nicht etwa wegen Verfehlungen Marias, sondern schon wegen der Stammütter (Schniewind, *Matthäus,* NTD). Thamar war eine Ehebrecherin (1Mo 38). 5 *Rahab* war Dirne und eine Nichtjüdin (Jos 2). *Ruth* war eine Moabiterin (Rut 1-4). 6 Die *Frau des Uria* hieß *Bathseba,* mit der David Ehebruch beging (2Sam 11). 11 *Die Zeit der babylonischen Gefangenschaft* ist von Bedeutung, weil sie das Ende des davidischen Herrscherhauses kennzeichnete und auf das Kommen eines größeren Königs hinwies. 16 *Josef, den Mann der Maria:* Scheinbar hat Matthäus die rechtliche Herkunft Jesu in der Linie Josefs nachgewiesen, während Lukas möglicherweise die natürliche Herkunft über Maria darlegt. Die Verzeichnisse weichen nach David voneinander ab, decken sich mit Sealtiël und Serubabel und gehen dann bis zu Josef abermals auseinander. Nichts in V. 16 deutet auf eine natürliche Abstammung Jesu von Josef. Die Erwähnung Marias und die darauffolgende Erzählung machen das ganz deutlich. 17 *Vierzehn Glieder* ist eine Stilisierung, denn in der ersten Gruppe sind drei Namen ausgelassen und die dritte enthält nur dreizehn Generationen.

Entweder sollte in dieser dritten Gruppe Maria mit eingeschlossen sein, oder der König Jojakim ist versehentlich in der Liste ausgefallen. Die Zahl 14 ist wohl deshalb bedeutend, weil sie zweimal die heilige Zahl 7 ergibt. Außerdem beläuft sich der Zahlenwert des hebr. Wortes David auf 14, was auf das davidische Königtum Jesu anspielen könnte.

1,18-25 Jesu Geburt

Obschon Mt und Lk in der Grundaussage der übernatürlichen Geburt Jesu übereinstimmen, unterscheiden sich beide in der Darstellung der Ereignisse in einzelnen Punkten. Es ist verständlich, daß Josef und Maria in der Berichterstattung der Einzelheiten Zurückhaltung übten und daß diese nicht Teil der ursprünglichen christlichen Verkündigung waren. Der Bericht des Matthäus über Jesu Geburt und Kindheit unterstreicht die in Träumen erfolgte göttliche Leitung und die Erfüllung der atl. Prophetie.

18 *Vertraut* kennzeichnet ein auf einem bindenden Jawort beruhendes Verhältnis, das auf Ehe abzielte. Untreue in der Verlobungszeit galt schon als Ehebruch. Jesu Empfängnis ist das Werk des *heiligen Geistes* (vgl. Lk 1,35). Im AT wurden gelegentlich durch göttliches Eingreifen Gottesmänner geboren (1Mo 18,11-14; 1Sam 1,4-20), und das gleiche geschah bei Johannes dem Täufer (Lk 1,5-25). In keinem Fall jedoch findet sich nur die geringste Andeutung, daß nicht beide Eltern am Zeugungsvorgang beteiligt waren. Hier dagegen, ebenso wie in V. 25, wird ein geschlechtlicher Verkehr Josefs mit Maria vor der Geburt Jesu ausdrücklich verneint. 19 Als *Mann* konnte man auch einen Verlobten bezeichnen. Da die Verlobung bindend war, mußte hier eine Scheidung erfolgen, für die Josef, dem Gesetz entsprechend, zwei Möglichkeiten offen standen. Statt ein Gerichtsverfahren anzustrengen, wollte er lieber in Gegenwart von zwei Zeugen einen Scheidebrief überreichen, um die Gerechtigkeit durch Barmherzigkeit zu mildern. 20 Ein *Traum* war auch in 2,12.13.19.22 das Mittel der Unterweisung. *Sohn Davids* soll auf die gesetzlich messianische Herkunft Jesu über Josef hinweisen. 21 *Jesus* ist die griech. Form des hebr. Josua, »der Herr hilft«. Möglicherweise sind Josua und Mose Vorbilder (Typen) auf einige der Handlungen und Aussprüche Jesu im Evangelium, was aber nirgends ausdrücklich behauptet wird. Man erwartete zwar unter der messianischen Herkunft auch die Überwindung der Sünde, doch gingen die eigenen Vorstellungen an der Art des Rettungswerkes durch den »Jesus«, den Retter, vorbei.

22 ist das erste Erfüllungszitat aus dem AT (s. Einl.). 23 *Eine Jungfrau:* (hebr. *'alma*) bedeutet normalerweise nicht mehr als eine »junge Frau«, meistens aber eine unverheiratete und kinderlose junge Frau. Aus dem Textzusammenhang des Jesajazitates (Jes 7,10-17) wird deutlich, daß der König Ahas das Angebot eines trostreichen Zeichens durch Gott mit scheinheilig demütiger Frömmigkeit ablehnte. Als Antwort darauf verhieß Gott das Zeichen der Geburt eines Sohnes durch eine junge Frau, der als Davidssohn die zukünftige Herrschaft übernehmen sollte. Weil die Geburt eines Sohnes für Ahas gewiß kein »Wunderzeichen« gewesen wäre, hat die LXX *'alma* als »Jungfrau« verstanden und mit dem griech. *parthenos* wiedergegeben. Dennoch hat das Judentum eine Jungfrauengeburt des Messias weiter nie erwogen. Nach der wunderbaren Geburt Christi erkannte Matthäus die jungfräuliche Geburt in Jes vorgezeichnet. Sie ist ein echtes Wunderzeichen Gottes und bringt den Davidssohn hervor, in dem Gott gegenwärtig ist (vgl. 12,6) und

der die Verheißungen in Erfüllung bringt, die David gegeben waren (2Sam 7,4-17). Neben dem Hinweis auf die übernatürliche Zeugung Jesu liegt das eigentliche Gewicht von V. 23 auf dem Namen *Immanuel*, den Jesus zwar nicht als Eigennamen, dafür aber als Programm und Verheißung trug.

24.25 setzt voraus, daß Josef und Maria nach Jesu Geburt normale eheliche Beziehungen unterhielten, so daß die in 13,55f genannten Kinder leibliche Geschwister Jesu waren.

2,1-12 Die Weisen aus dem Morgenland

Wegen Parallelen zu außerbiblischen Schriften und wegen ihres ungewöhnlichen Inhaltes wurde diese Erzählung häufig als legendenhaft abgetan. Offensichtlich wollte Matthäus aber einen Tatsachenbericht geben. Wenn man zudem bedenkt, daß Jesus fleischgewordener Gott war, so können bemerkenswerte Begleiterscheinungen seiner Kindheit, seiner Geburt und auch seiner späteren Wirksamkeit nicht überraschen.

1 *Bethlehem* war der Geburtsort Davids (1Sam 16,1). Die vom römischen Kaiser weltweit befohlene Registrierung zur Besteuerung hatte Josef und Maria ihrer Abstammung von David wegen dorthin geführt (Lk 2,1-6). *Judäa* war der römische Provinzname, der hier wahrscheinlich deshalb erwähnt wird, um an Jesu Herkunft aus dem judäischen Königshaus zu erinnern. *Herodes* war ein Idumäer (früher: Edomiter). Er erhielt den Beinamen »der Große«. Er war eine Marionette der Römer, die ihm im Jahre 40 v.Chr. den Titel »König der Juden« verliehen. Sein Tod im Jahre 4 v.Chr. ist der einzige Hinweis in Mt, der auf das Geburtsjahr Jesu schließen läßt. *Weise* (griech.: *magoi*) waren Sterndeuter, die vermutlich aus Persien oder einem benachbarten Land stammten und wegen ihrer Kunst meist auch wichtige politische Ämter innehatten. Es besteht kein Grund zu der Annahme, daß man sie für Frevler hielt, die schwarze Magie betrieben.

2 *König der Juden:* Das Thema des Königtums Jesu zieht sich durch das ganze Evangelium bis hin zur Kreuzigung (27,11.29.37). Es wird im Gegensatz zu Herodes' Königtum über die Juden gestellt. (Lukas stellt dem Caesar Augustus, der Anspruch auf die Titel »Retter« und »Herr« erhob, den »Heiland, das ist Christus der Herr« (Lk 2,1-11) gegenüber). Herodes, der sich durch das messianische Königtum Jesu bedroht fühlt, mißversteht den Titel politisch ebenso wie Pilatus (27,11-14). *Seinen Stern:* Da der Stern nach Meinung der Weisen auf die Geburt eines großen jüdischen Königs wies, hielten sie sich zunächst an den Hof und rechneten nicht damit, den Gesuchten in einem dunklen Notquartier zu finden. Das astronomische Phänomen läßt sich nicht mehr genau bestimmen, doch handelte es sich möglicherweise um die bekannte Konjunktion von Jupiter und Saturn im Jahre 7 v.Chr.

3 Während Heiden kamen, um Jesus anzubeten (vgl. 12,18-21), erschraken die in Jerusalem Regierenden. **4** Herodes erkennt klar, daß eine für die Weisen derart bedeutsame Persönlichkeit wahrscheinlich der Christus, der Messias, ist. **5** Zur Vorstellung, daß der Messias in Bethlehem zur Welt kommen würde, vgl. auch Joh 7,42. **6** Dieses Schriftzitat (Mi 5,1) deckt sich weder genau mit dem MT noch mit der LXX. Wahrscheinlich handelt es sich nicht um Worte der Hohenpriester und Schriftgelehrten, sondern um den Kommentar des Evangelisten. Nach dem MT in Mi 5,1 ist Bethlehem nicht die kleinste Stadt Judas überhaupt, sondern zu klein, um zu den Tausendschaften zu gehören, d.h., es hatte weniger als 1000 Einwohner. Mt fügt »keineswegs« ein, weil die Stadt durch den Messias noch erhoben wurde. *Der... weiden soll:* dieser Gedanke begegnet in Mi 5,2f, doch zitiert 6d tatsächlich 2Sam 5,2, wo die Stämme Israels nach Hebron kamen, um David zum König einzusetzen.

10 Interessanterweise verknüpft Matthäus den *Stern* nicht mit der Weissagung des Sterns aus Jakob (4Mo 24,17), die im Judentum und in der Urgemeinde als messianisch galt. Diese Prophetie hat die Erzählung daher nicht mitbeeinflußt. **11** Die Bezeichnung *das Kind* läßt vermuten, daß die Ereignisse vielleicht eine beträchtliche Anzahl von Monaten nach der Geburt Jesu geschahen. Auch zwischen der Benachrichtigung des Herodes durch die Weisen und dem von ihm veranlaßten Kindermord (V. 16) muß eine größere Zeitspanne liegen, weil Herodes alle Kinder bis zu zwei Jahren töten ließ. Sie *beteten an*, obschon die Weisen zu jenem Zeitpunkt noch keine volle Erkenntnis des Immanuel (1,23) haben konnten. Auf dem Hintergrund von Ps 72,10; Jes 49,7; 60,10 wird die große Bedeutung, die man später den Geschenken beimaß, klar, und außerdem erklären diese Stellen, warum man in den Weisen später Könige sah. Die Dreizahl der Könige erklärt sich aus den erwähnten drei Geschenken. Bei alledem handelt es sich aber um reine Spekulationen. Entscheidend ist für Mt, daß die universale Bedeutung Jesu und die später zum Tode Jesu führende Feindschaft der Juden gegen ihren wahren König als von Anfang an bestehend deutlich werden.

2,13-23 Die Flucht nach Ägypten und die Rückkehr

Auch dieser Abschnitt wurde als Legende bezeichnet und sollte angeblich mittels typologischer und prophetischer Deutung belegen, daß die Schrift erfüllt wurde. Unserer Ansicht nach berichtet Matthäus von wirklichen Geschehnissen, die durch die Herrschaft Gottes über die Geschichte verbürgt sind.

13 Die Tatsache, daß *Ägypten*, der Ort der Knechtschaft (2Mo 20,2), nunmehr Geborgenheit garantiert, entbehrt nicht der Ironie. Dorthin und aus dem verheißenen Land heraus muß Jesus vor dem Zorn des Königs (vgl. Hebr 11,27) in Sicherheit gebracht werden. **15** Bei Hosea (11,1) wird das Volk Israel als Gottes *Sohn* bezeichnet (vgl. 2Mo 4,22). Matthäus zeigt mit der Verwendung dieses Zitats, daß Jesus nicht nur auf eine einzigartige Art und Weise Gottes Sohn ist, sondern daß sich in ihm auch das Volk Gottes verkörpert. Er wird bald - wie einst das Volk beim Auszug aus Ägypten - das Wasser durchschreiten und durch die Wüste ziehen (Mt 3,13-4,11). **16** Diese Maßnahme des Herodes paßt ganz in das Bild, das uns über ihn überliefert ist. Da in dem Gebiet möglicherweise nur an die zwanzig Jungen dieser Altersgruppe lebten, sahen Profanhistoriker keinen Anlaß, den Kindermord unter seinen berüchtigten Missetaten mit aufzuführen. Seine Maßnahme ähnelt der des Pharao (2Mo 1,15-22). Obwohl der Vergleich Jesu mit Mose (wie auch mit Israel als ganzem) naheliegt, sind doch die Unterschiede zu groß, um von einem Versuch des Matthäus zu sprechen, Jesu Erleben im einzelnen dem des Mose anzugleichen.

18 Da der atl. Kontext dieses Zitats (Jer 31,15) mit den Ereignissen nicht unmittelbar zusammenhängt, wird erneut deutlich, daß Matthäus Begebenheiten oft im nachhinein im Licht des AT zu kommentieren versucht. *Rahel* ist Israels Muttergestalt, und ihr Grab zu *Rama*, etwa 8 km nördlich von Jerusalem, lag unweit des Weges, auf dem die Israeliten ins Exil nach Babylon zogen. Sie soll »an dem Wege nach Ephrata, das nun Bethlehem heißt« (1Mo 35,19; vgl. 48,7) gestorben sein. Nach dem Kontext von Jer 31 war die Wegführung der »Kinder« Israels in die Gefangenschaft zwar höchst kummervoll und traurig, für das Volk Gottes aber leitete es tatsächlich den Beginn einer neuen Epoche ein, in der »deine Nachkommen viel Gutes zu erwarten haben, spricht der Herr« (Jer 31,17). Die Tränen der Mütter Israels gehen hier also einem Heilswerk des Messias voraus. **20** Vgl. 2Mo 4,19. **22** *Archelaus* trat als Nachfolger des Herodes die Herrschaft über Judäa, Samaria und Idumäa an. Herodes Antipas wurde Tetrarch von Galiläa und Peräa und Philippus Landesfürst im Norden und Osten Galiläas. Archelaus war eine größere Bedrohung für das Leben des Christuskindes als Antipas. **23** Kein Schriftzitat ist so schwer nachzuweisen wie dieses. Die *Propheten* (Plural) legt die Vermutung nahe, daß an mehrere Schriftstellen gedacht ist. Üblicherweise setzt man es zu dem *neser* (»Zweig«) von Jes 11,1 in Beziehung, der aus dem Stamm Isais hervorgeht (vgl. Jer 23,5; 33,15; Sach 3,8; 6,12). Dieses *neser* klingt auch im Namen »Nazareth« an, so daß Matthäus offensichtlich von der Herkunft und Person Jesu auf seinen zukünftigen Wohnort schließt. Es gibt keinen zwingenden Grund, irgendeinen Zusammenhang mit dem »Nasiräer«, dem Gottgeweihten, zu sehen. Zur Verachtung Nazareths vgl. Joh 1,46. Matthäus erklärt die Tatsache, daß Jesus zwar in Galiläa lebte, aber dennoch in Bethlehem zur Welt kam (vgl. Joh 7,41f).

3,1-4,25 Taufe und Versuchung Jesu

Matthäus hat die königliche, messianische und göttliche Herkunft Jesu aufgezeigt und dargelegt, wie sich die Schrift in seiner Geburt und Kindheit erfüllte. Es folgt dann eine beträchtliche Auslassung, so daß die Erzählung erst etwa 30 Jahre später wieder aufgenommen wird (vgl. Lk 3,23). Die Heilsgeschehnisse sind so eng mit Jesu Wirksamkeit, Tod und Auferstehung verknüpft, daß sie den Hauptinhalt der Verkündigung ausmachen. Wie Johannes der Täufer am Anfang der apostolischen Predigt stand (Apg 1,22; 10,37; 13,24f), so eröffnet er auch den Hauptteil der Evangelien (vgl. Mk 1,2ff; Lk 3,1ff; Joh 1,6ff). Als letzter Prophet des alten Bundes (Mt 11,13) wurde er der Vorläufer des Messias (11,11; Mk 1,2) und auf ganz ähnliche Weise Zeuge der Fleischwerdung (Joh 1,7f), wie die Apostel Zeugen der Auferstehung waren. Er ist in bestimmten Zügen vergleichbar mit Elia (11,14), aber auch mit Mose, der sein Volk bis an die Grenzen des verheißenen Landes führte, obwohl er es selber nicht betreten durfte (11,11). Hier gelangen wir von der Stimme der zitierten atl. Propheten (Kap. 1 u. 2) zur Stimme des lebendigen, zeitgenössischen Propheten, der uns die Wahrheit über Jesus lehrt.

Jesu Taufe, in der er die Bevollmächtigung für seinen messianischen Dienst empfing, führt weiter zu seiner Versuchung, in der seine Berufung auf die Probe gestellt wird. Danach und nach dem Tode des Täufers (4,12) beginnt Jesus seine eigene öffentliche Wirksamkeit.

3,1-12 Die Bußpredigt Johannes des Täufers

Mit Ausnahme von V.7-10.12 (vgl. Lk 3,2-9.16f) folgt dieser Abschnitt zum Teil Mk 1,2-8. Er schildert die Wirksamkeit Johannes des Täufers vor der Berufung zu seiner höchsten Aufgabe, der Taufe Christi.

1.2 *Zu der Zeit* ist vielleicht eine etwas allgemein gehaltene Zeitangabe (außer Lukas gibt keiner der Evangelisten Daten an), kann aber auch bedeuten »zu dieser bedeutungsvollen Zeit«. *Johannes der Täufer* war jedem Leser des Evangeliums bekannt und bedurfte keiner näheren Einführung. *Die Wüste von Judäa* umfaßte ein weites Gebiet, das zwar nicht kultivierbar, aber größtenteils als Weideland geeignet war. Die Wüste steht seit alter Zeit für die Einfachheit des Lebens mit Gott im Unterschied zu der Verderbtheit des Stadtlebens, weshalb etliche Propheten und asketische Gruppen in ihr wirkten oder sie als Ausgangspunkt benutzten. Die vielfach behauptete Verbindung Johannes des Täufers mit der jüdischen Sekte der Essener ist rein spekulativ, da er ganz andere Ziele als diese verfolgte. Es ging ihm nicht um Herauslösung des Menschen aus der Masse der jüdischen Bevölkerung, sondern um die Schaffung eines geistlichen Rests innerhalb derselben. Den Inhalt der *Predigt* des Johannes faßt Matthäus mit denselben Worten zusammen wie die Jesu (4,17). *Tut Buße* zielt auf eine Änderung der Einstellung zum eigenen Ich und zu Gott. Der Ruf ergeht wegen des nahe bevorstehenden messianischen Reiches. Matthäus gebraucht den ehrfurchtsvollen Ausdruck *Himmelreich*, die anderen Evangelisten sprechen dagegen sämtlich vom »Reich Gottes«.

3 Im MT-Wortlaut von Jes 40,3 sollte vermutlich nach »Stimme eines Predigers« der Doppelpunkt stehen und nicht nach »in der Wüste«. Die Evangelisten haben das Zitat aber in der vorliegenden Form übernommen. In *dem Herrn* sehen sie eine Bezugnahme auf Christus. Diese Prophetie forderte ursprünglich zur Vorbereitung auf Gottes Befreiung des Volkes aus dem Exil auf, findet aber ihre tiefste Erfüllung in diesem neuen, bevorstehenden Akt der Befreiung durch Christus. **4** Hinsichtlich der Kleidung ist zweifellos Elia Vorbild (vgl. 2Kö 1,8). **5** Johannes erregte großes Aufsehen und erreichte alle Bevölkerungsschichten des ganzen Landes. **6** Die Einzelheiten des Taufvorgangs sind unbekannt. Die Qumran-Gesellschaft erhob die Buße zu einer Vorbedingung für den Empfang ihrer Taufe.

7 Seine Anhängerschaft war erstaunlich vielschichtig. Von den *Pharisäern* und den *Sadduzäern* hätte man erwartet, daß sie sich auf ihre Gesetzestreue beriefen und eine Bußtaufe ablehnten. Doch die unverblümte Anprangerung der Sünde und die vollmächtige Ankündigung des nahen Gerichtes zog sie in den Bann. **9** Die Gefahr des selbstgefälligen Vertrauens auf einen makellosen Stammbaum, das echten Glauben ersetzt, ist stets vorhanden (vgl. Joh 8,39f). Mt berichtet nicht, ob sie tatsächlich die Taufe empfingen; die Mehrzahl vermutlich nicht (vgl. 21,25f). **11** Die Johannestaufe hat nicht nur Hinweischarakter auf den kommenden Messias, sondern auch auf seine Tätigkeit. Johannes erklärt sich für zu unwürdig, dem Messias als Sklave zu dienen, so daß auch dessen Taufe größer als die Johannestaufe sein würde. Der *Heilige Geist* ist hier wahrscheinlich nicht in dem ganz persönlichen Sinn zu verstehen, in dem die dritte Person der Dreieinigkeit an Pfingsten offenbart wurde. Gott sollte innerlich in ihren Herzen wirken. **12** Der Wind des Geistes und das Feuer waren gleichermaßen Werkzeuge des Gerichts.

3,13-17 Jesu Taufe

Diese Verse halten sich eng an Mk 1,9-11 (vgl. Lk 3,21f), doch sind V.14.15 Sondergut des Matthäus. Die meisten Kommentatoren sehen in Jesu Taufe nicht nur die Beauftragung zu seinem öffentlichen Dienst (vgl. 21,23-27), sondern auch eine symbolische Wiederholung des Auszugs aus Ägypten, die Jesus als das neue Israel und als Bringer des neuen Exodus ins Heil (vgl. 1Kor 10,1-4) vollzieht. Allein Matthäus berichtet vom Zögern des Johannes, Jesus zu taufen (V.14f). Man hat diese Verse als spätere Einfügung der Gemeinde angesehen, die die Tendenz verfolgte, Jesus auf keinen Fall dem Täufer unterlegen erscheinen zu lassen. Aber aus diesem Grund muß es sich nicht um einen späteren Zusatz handeln, zumal der Gemeinde die Überlegenheit Jesu und sein sündloser Zustand beim Empfang der Taufe keine Frage waren. Der Sinn der Taufe ist, »alle Gerechtigkeit erfüllen«, indem Jesus sich seinem Volk gleichstellte und für es eintrat. Daß Johannes Jesus schon vor der Taufe kannte, ist unwahrscheinlich (vgl. Joh 1,31). An dem Verhalten Jesu vor und während der Taufe und an seiner Persönlichkeit wurde Johannes die Messianität Jesu offenbar (vgl. Joh 1,31-34). Obwohl der erwartete Messias nun gekommen war, setzt Johannes seine Tätigkeit weiter fort, da Jesus vor der Öffentlichkeit noch verhüllt und der Auftrag der Vorbereitung damit noch nicht abgeschlossen ist.

15 *Alle Gerechtigkeit zu erfüllen* ist der Auftrag des königlichen Messias, der sich zu seinem Volk hält und als Knecht Gottes für die Sünder eintritt. **16** *Stieg er:* Dasselbe Wort wird in der LXX für den Auszug aus Ägypten (vgl. 2Mo 13,18) und für den Eintritt in das verheißene Land (z.B. 5Mo 1,21) verwandt und könnte im vorliegenden Zusammenhang vielleicht wieder auf die Verknüpfung von Exodus (Auszug) und neuem, geistlichem Exodus hinweisen. Das Sichauftun des Himmels spielt möglicherweise auf Jes 59,19 an und versinnbildlicht Gottes Ankunft in der Welt in Christus (vgl. Joh 1,51). Die Wahrnehmung des Herabschwebens des Geistes *wie eine Taube* wird allein Jesus zugeschrieben. **17** Die *Stimme vom Himmel* war die Stimme Gottes. Die Worte gelten allgemein als Verknüpfung von Jes 42,1 und Ps 2,7. Das bedeutet, daß die Messianität Jesu im Licht der Weissagungen über den Gottesknecht zu sehen ist. *Dies ist . . .* bedeutet nicht, daß Jesus in diesem Augenblick Gottes Sohn wurde, sondern daß er als Gottes Sohn bestätigt und zu seinem Werk bevollmächtigt wurde (vgl. 17,5). Die Wendung *mein lieber Sohn* weist auf ein einzigartiges Verhältnis zu Gott (vgl. Joh 1,18). Jesus wird auch Eph 1,6 als der »geliebte Sohn« bezeichnet. *An dem ich Wohlgefallen habe:* Nicht nur im Blick auf den bisher von ihm bewiesenen Gehorsam, sondern auch im Blick auf den zu verwirklichenden Heilsplan hat Gott Wohlgefallen an seinem Sohn.

4,1-11 Jesu Versuchung

In Mk 1,12f wird nur kurz auf sie hingewiesen. Für diesen Bericht vgl. Lk 4,1-13. Der einzige größere Unterschied zu Lukas ist die Abweichung der Reihenfolge der zweiten und dritten Versuchung. Der Bericht des Matthäus ist auf einen psychologischen Höhepunkt hin angelegt, während Lukas sich scheinbar mehr von geographischen Gesichtspunkten leiten läßt. Die Versuchung Jesu wird nur in den synoptischen Evangelien und im Hebräerbrief erwähnt (vgl. Hebr 2,18; 4,15). Die Antworten schöpft Jesus aus 5Mo (Deuteronomium) und zeigt damit, daß er seine Versuchungen in Beziehung zu denen Israels in der Wüstenwanderung setzt. Die Versuchungen sind im Grunde dieselben, die auch das Volk Gottes erlitt (vgl. 1Kor 10,1-13), und stellen sowohl Jesu Person als auch seine Sendung auf die Probe. Eine weitere Parallele läßt sich zu den Versuchungen Adams und Evas ziehen (1Mo 3), die als »körperliche Begierde, Begehrlichkeit der Augen und Überheblichkeit« geschildert werden (1Joh 2,16) und somit Grundmuster aller Versuchungen generell darstellen.

1 Die Führung in die Wüste war ein Werk des *Geistes,* weil es notwendig war, daß Jesus der Versuchung standhielt. **2-4** Die *vierzig Tage* in der Wüste nach seiner Taufe sind ein verkleinertes Abbild der vierzig Wüstenjahre des Volkes Israel nach seiner »Taufe« beim Auszug aus Ägypten, als es zum »Sohn« berufen wurde (Hos 11,1). *Bist du Gottes Sohn:* Vgl. V.6; 27,40.43. Gottes Erklärung anläßlich der Taufe Jesu (3,17) wird auf die Probe gestellt (vgl. 1Mo 3,1). Die Verwandlung von Steinen in Brot wäre eigenmächtige Selbsthilfe, die an der Treue Gottes zweifeln und sich deshalb von ihm unabhängig machen würde. *Es steht geschrieben . . .:* Die zitierte Schriftstelle stammt aus 5Mo 8,3, wo auf Israels Murren über das Manna hingewiesen wird (4Mo 11,4-9). Es handelt sich also um eine Versuchung des Leibes (»die körperliche Begierde«; vgl. 1Mo 3,6: »gut zu essen«), die zur Unzufriedenheit mit Gottes Gaben und zur eigenmächtigen Durchsetzung eigener Bedürfnisse verleiten soll. **5-7** Die *Zinne* war wahrscheinlich ein vorspringendes Türmchen oder irgendein anderer Vorsprung. Satans Zitat aus der Heiligen Schrift ist geschickt gewählt, aber aus dem Zusammenhang gerissen. Mit dem Zitat aus 5Mo 6,13 verbietet Jesus nicht dem Teufel, ihn zu versuchen, sondern er warnt davor, Gott den Vater auf die Probe zu stellen. 5Mo 6,13 bezieht sich auf die Ereignisse in Massa, wo das Volk Zeichen für Gottes Gegenwart forderte (2Mo 17,1-7). Es ist daher eine Versuchung des Geistes (»die Begehrlichkeit der Augen«; vgl. 1Mo 3,6: »eine Lust für die Augen«), mit Gottes Handeln unzufrieden zu sein und zur Durchsetzung seiner Pläne eine Reihe von aufsehenerregenden Wundern ins Werk zu setzen. **8-10** *Ein sehr hoher Berg* ist entweder symbolisch gemeint, da es keinen so hohen Berg gibt, daß man alle Länder der Welt sehen kann, oder das Schauen der Reiche ist ein geistiges Sehen. Die angeführte Schriftstelle ist 5Mo 6,13 und weist zurück auf die Abgötterei mit dem goldenen Kalb (2Mo 32,1-6). Die dritte Versuchung stellt den Höhepunkt dar: Es ist die an die Seele gerichtete Versuchung (»aus Überheblichkeit«; vgl. 1Mo 3,5: »ihr werdet sein wie Gott«), mit Gott selber unzufrieden zu sein und sich zur Erreichung seiner Ziele über Gott und gegen Gott hinwegzusetzen. **11** behauptet nicht, daß Jesus nie wieder versucht wurde (vgl. Lk 4,12: »eine Zeitlang«).

4,12-25 Der Beginn der Wirksamkeit Jesu

V.12.17-22 gehen mit Mk 1,14-20 parallel (vgl. Lk 4,14). V.13-16 und 24f sind Sondergut des Matthäus. Matthäus übergeht die Ereignisse in der Synagoge von Kapernaum (Mk 1,21-28) und verlegt die Heilung der Schwiegermutter des Petrus und der Kranken (Mk 1,29-34) in Kap. 8,14-16. Auch das Weggehen Jesu erwähnt er nicht (Mk 1,35-38) und berichtet in V.23 abermals parallel zu Mk 1,39. Nach der Beauftragung zum Dienst beginnt Jesus nun in Galiläa mit seiner Tätigkeit und beruft sich Jünger, die ihm dabei zur Seite stehen sollen. Mt gibt eine allgemeine Zusammenfassung seiner Wirksamkeit in Galiläa.

12 Die Gefangennahme des Johannes ist das Zeichen für den Beginn der offiziellen Wirksamkeit Jesu. **13** *Nazareth* lag im Unterschied zu *Kapernaum* nicht *im Gebiet von Sebulon und Naphthali.* Kapernaum wird »seine Stadt« (9,1), was als Erfüllung der Weissagung des Propheten Jesaja aufgefaßt wird. **15.16** zitieren Jes 8,23f, wo die Finsternis der von den Assyrern unterworfenen nördlichen Gebiete mit dem Licht der Befreiung kontrastiert wird, das sie sehen würden. Der messianische König beginnt seine Wirksamkeit somit unerkannt in den verachteten Provinzen. **17** Ist die inhaltliche Zusammenfassung der Botschaft Jesu während der ersten Hälfte seiner Wirksamkeit (vgl. 16,21 für seine Botschaft während der zweiten Hälfte). Die Botschaft ist im Umriß dieselbe wie die des Johannes (vgl. 3,2).

5,1-7,29 Die Bergpredigt

Gerade in der Bergpredigt wird deutlich, wie sehr Matthäus die Lehre Jesu systematisch zusammenfaßt. Der größte Teil der Predigt ist Sondergut des Evangelisten, wenn sich auch manches, dann aber meist in einem anderen Kontext, bei Lukas findet. Obwohl die meisten der in der Bergpredigt gesammelten Sprüche sicher auch zusammenhängend von Jesus dargeboten wurden, könnte Matthäus dennoch auch einige andere wichtige Lehraussagen Jesu aus inhaltlichen Gründen mit in diesen Redeabschnitt aufgenommen haben. Jedenfalls ist die gesamte Bergpredigt in der frühen Wirkungszeit Jesu anzusetzen, worauf nicht nur der nähere Kontext (Kap. 4), sondern auch das Fehlen von Aussagen über seinen Tod, die Auferstehung und seine Wiederkunft hindeuten. Wegen des durchgehenden Lehrcharakters dieser Predigt liegt es nahe, in Jesus den neuen Mose zu sehen (5Mo 18,18), der die neue Thora (Gesetz) für den Neuen Bund mit Vollmacht verkündet (5,21f.27f.31-34.38f.43f). Dennoch geht es Jesus nicht um eine neue Gesetzlichkeit, sondern um die Erfüllung des Gesetzes und die Darstellung seiner eigentlichen Botschaft (s. hierzu die Auslegung zu 5,17-20). Dadurch »radikalisiert« er das Gesetz und zeigt, wie sehr die rabbinische Auslegung desselben nun erst recht hinter dem hohen Anspruch Gottes zurückbleibt (vgl. 5,20). Auslebbar wird diese neue *didache* (Lehre, Belehrung) nur durch den Eintritt in das Gottesreich, wie es sich durch Buße und Hingabe an Gottes Willen vollzieht. Damit wäre auch die Frage nach den Adressaten der Bergpredigt und ihrer Intention gestellt. Sie ist keine Norm politischen Handelns (vgl. 5,21f.43f mit Röm 13,4) und soll auch nicht nur von einer kleinen geistlichen Elite - etwa Mönchen - eingehalten werden. Sie entlarvt zwar, wie das atl. Gesetz, jede Selbstgerechtigkeit des frommen Menschen, will ihn aber dennoch nicht in erster Linie zum Scheitern bringen. Es besteht kaum ein Zweifel, daß Jesus von seinen Jüngern wirklich erwartet hat, die Inhalte der Bergpredigt in ihr Leben umzusetzen. Die Bergpredigt muß deshalb streng christologisch als Jüngerordnung verstanden werden, die ein dem neuen Leben in Christus angemessenes Verhalten fordert und dazu den Glaubenden auch durch das neue Leben in Christus befähigt. Die in 5,48 geforderte Vollkommenheit führt deshalb nicht in eine doppelte und heuchlerische Moral, sondern treibt zu *dem* Vollkommenen, der den Glaubenden ergriffen hat und durch seine Kraft und Gnade zum Ziel hin in Bewegung setzt (vgl. Phil 3,12-16).

5,1-16 Die Seligpreisungen. Salz und Licht

In der vorliegenden Gestalt ist dieser Abschnitt Sondergut des Matthäus, zeigt aber in den V. 3.5.6.11.12 Parallelen zu Lk 6,20-26 auf. Matthäus hat die Weherufe von Lk 6,24-26 nicht mit aufgenommen. Diese »programmatische« Predigt (wie die Predigt in Nazareth, Lk 4,16-30) ist kennzeichnend für Jesu Lehrtätigkeit. Der Hauptakzent liegt auf der vom Messias geschenkten Seligkeit der Armen und Unterdrückten. Für V. 13-16 vgl. Mk 9,50; 4,11-23; Lk 14,34f; 8,16-18; 11,33.

1 Der *Berg* konnte noch nicht bestimmt werden; das Wort bezeichnet keinen Gipfel, sondern einen abgelegenen Ort. Aus 7,28 wird deutlich, daß das Volk Jesu Rede mithörte. Ein Vergleich mit Mose, der Israel vom Berge das Gesetz und Recht gab, wird nicht gezogen. Er *setzte sich*, wie es die Lehrer in den Synagogen zu tun pflegten (vgl. Lk 4,20). **3** *Selig:* Der Sinn ist »Wohl dem, der ...« (vgl. Ps 1,1). Viele der Seligpreisungen weisen enge atl. Parallelen auf. Einige alte Lesarten stellen V. 5 vor V. 4. Ist das die richtige Anordnung, dann zerfallen die Seligpreisungen in vier Paare, wobei V. 11 eine Erweiterung der achten Preisung aus V. 10 darstellen würde. Die geistlich *Armen* sind die Frommen, die um ihrer Sünde willen zerbrochenen Herzens sind (Jes 61,1; 57,15; Ps 34,19). **4** *Leid tragen:* Vgl. Jes 61,2, wo sich das Leid an der göttlichen Strafandrohung entzündet. Die Tröstung als Vergebung und Erneuerung bringt der Messias. **5** Diese Aussage weist große Ähnlichkeit mit Ps 37,11 auf. Die Elenden aus Ps 37,11 sind die Sanftmütigen, weil sie sich nicht wehren, sondern auf den Herrn warten (Ps 37,7). Vielleicht bedeutet *das Erdreich* bloß das »Land« und läßt dabei an das verheißene Land denken. **6** Vgl. Jes 55,1f. *Gerechtigkeit* meint nicht nur ein moralisch einwandfreies Verhalten, sondern Rechtfertigung durch Gott (vgl. Ps 119,123). **7** Zu dieser Seligpreisung gibt es offenbar keine eindeutige atl. Parallele (vgl. aber 3Mo 19,18). **8** *Gott schauen:* Vgl. Ps 24,3f. **9** *Die Friedfertigen* (Täter des Friedens) kommen nur hier vor. In Jes 27,5 begegnet der Gedanke des Friedensschlusses mit Gott. Vielleicht warnt Jesus auch militante jüdische Kreise davor, das Reich Gottes mit Waffengewalt herbeizuführen.

10 Die Seligpreisungen schließen mit der nochmaligen Verheißung des Himmelreichs. *Gerechtigkeit* muß hier »rechtschaffener Lebenswandel« bedeuten, ohne den auch die Verfolgten nicht als selig angesprochen werden können. Jesus bereitet seine Jünger auf die kommenden Leiden vor und stellt seine so wichtige Aussage mit einer Erweiterung an den Schluß der Preisungen. **11** Matthäus hält als wesentlich fest, daß die üble Nachrede tatsächlich auf Lüge beruht (vgl. Lk 6,22). **12** *Seid fröhlich* trotz der Verfolgungen. Der angebotene Lohn dient nicht zum bloßen selbstsüchtigen Genuß, sondern ist eine gesteigerte Fähigkeit, sich Gottes zu freuen und ihm zu dienen. Verfolgung ist das Kennzeichen der Nachfolge (vgl. 23,37). **13** *Salz* dient als Konservierungsmittel. Für die Rabbiner bezeichnete es Weisheit (vgl. Kol 4,6). Der vorbildliche Lebenswandel und die von Weisheit geprägte Rede des Jüngers werden ihre Wirkung auf die Gesellschaft nicht verfehlen. Dazu muß er allerdings in ständiger Fühlung mit ihr bleiben. **14** *Das Licht der Welt* war den Rabbinern zufolge Gott, Adam, Israel, das Gesetz, der Tempel oder Jerusalem. Sowohl die Juden, zumindest in ihrer eigenen Selbsteinschätzung, als auch die Christen werden von Paulus als Licht der Welt angesprochen (Röm 2,19; Phil 2,15). Doch im NT ist vor allen anderen Jesus das Licht der Welt (Joh 8,12). **16** Sofern es aus dem Motiv geschieht, Gott zu verherrlichen, ist das öffentliche Tun des Rechten sozusagen als missionarisches Handeln durchaus anerkennenswert (doch vgl. 6,1). *Euer Vater* ist ein wichtiger Begriff in Jesu Lehre. Jesus setzt das Verhältnis der Jünger zu Gott niemals mit seiner eigenen Gottesbeziehung gleich (vgl. Joh 20,17):

5,17-48 Das alte und das neue Gesetz

Dieser Abschnitt ist zum großen Teil Sondergut des Matthäus, findet aber in Lk 6,27-38 einige Parallelen zu V. 38-48 und in Lk 16,17f zu V. 18.32. Für V. 25f vgl. Lk 12,57-59. Nachdem Jesus zunächst seine Einstellung zum Gesetz und zu den Propheten dargelegt hat (V. 17-20), gibt er anschließend Beispiele für die Anwendung seiner Grundsätze auf verschiedene atl. Vorschriften und für ihre übliche Ausdeutung durch die Rabbiner.

5,17-20 Die Geltung des Gesetzes. Diese Verse bieten die Schwierigkeit, daß Jesus scheinbar die vollständige Annahme des atl. Gesetzes fordert, dies aber weder von der Urgemeinde praktiziert noch offensichtlich im weiteren Verlauf der Bergpredigt von Jesus befürwortet wurde. Gerade diese Schwierigkeit mahnt zur Vorsicht, den Abschnitt als Zutat des Matthäus zu verwerfen, wie manche Ausleger das tun. Die Verse üben Kritik an der Haltung der Pharisäer und zeigen Bedeutung und Ziel des Gesetzes auf.

17 *Ihr sollt nicht meinen:* Aufgrund einiger seiner frühen Handlungen hätten sie wohl falsche Schlüsse ziehen können (vgl. Mk 2,23-28). *Aufzulösen:* Jesu Sendung und Dienst übergeht nicht das AT oder setzt es außer Kraft, sondern er führt es zum Ziel und erfüllt es. Das *Erfüllen* (griech.: *pleroo*) des Gesetzes geschieht durch Jesus. Als einziger hat er das Gesetz durch vollkommenen Gehorsam ausgelebt und erfüllt. Auch die Opfergesetze, die prophetischen Charakter haben, wurden von Christus erfüllt. **18** Und schließlich bringt er das Gesetz dadurch zur Erfüllung, daß er ihm die volle Bedeutung gibt und seine eigentliche Intention offenlegt (vgl. 5,22.28.34.39, wo Jesus sich nicht in Gegensatz zum AT stellt, sondern vollmächtig als Gottessohn den ursprünglichen Willen Gottes herausstellt). *Der kleinste Buchstabe* ist das hebr. *jod*, das leicht übersehen werden kann. *Tüpfelchen* bezieht sich wahrscheinlich auf die kleinen Striche über einigen hebräischen Buchstaben, die ebenfalls leicht zu überlesen waren. *Bis Himmel und Erde vergehen* beschreibt das gegenwärtige Zeitalter und hebt dessen relative Dauer hervor. *Alles geschieht:* Das griech. Wort *ginomai* wird bei Matthäus häufig für die Erfüllung einer Prophetie gebraucht (vgl. 1,22; 21,4; 24,6; 26,54.56). 24,34f bilden eine enge Parallele zu diesem Vers. Der Sinn ist wohl der, daß in diesem Zeitalter nichts vom AT vergehen wird, bis alles, was es über den Messias voraussagt, geschehen ist und somit seine volle Bedeutung und sein Ziel erreicht hat.

19 zeigt die Konsequenzen der Tatsache auf, daß Jesus die Erfüllung des Gesetzes ist, für die Haltung der Jünger zum Gesetz. *Auflösen* - das taten nach Meinung der Qumran-Gemeinschaft und anderer die Pharisäer. Mit ihren spitzfindigen Auslegungen schwächten sie die Forderungen des Gesetzes ab und machten sie damit leichter erfüllbar. Auch die Urgemeinde sah sich nicht auf die Erfüllung des Gesetzes verpflichtet, weil sie ganz aus der Erfüllung des Gesetzes durch Christus lebte (vgl. Apg 10,15) und durch Christus, die Apostel und den Geist, die Kraft des neuen Lebens, zu höherer (nicht niedrigerer) Sittlichkeit verpflichtet war. Sie verwarf das Gesetz nicht, lebte aber aus dessen Erfüllung durch Christus (vgl. Gal 4,1-7). Gewöhnlich sieht man in *diesen Geboten* eine Bezugnahme auf das atl. Gesetz, doch weist *diese* möglicherweise auf das folgende hin: Christi tiefere Deutung des Gesetzes, die den Weg zu seiner wahren Erfüllung weist. **20** Die Schriftgelehrten traten als Gesetzeslehrer auf, und die Pharisäer behaupteten, es zu erfüllen. Das Eingehen in das Reich hängt von einem neuen Verhältnis zu Gott ab (*Gerechtigkeit* und »Rechtfertigung« sind verwandte Wörter). Durch die Nachfolge gelangt es in Leben und Lehre zu einer neuen Tiefe und Kraft.

5,21-26 Vom Töten und vom Zorn. Eines der Zehn Gebote wird herausgegriffen und von Jesus verschärft. Hier wird das Töten auf den Zorn ausgedehnt. Eine ähnliche Struktur weisen auch die nachfolgenden fünf Abschnitte auf. Das wiederholte *Ich aber sage euch* setzt Jesus nicht in Gegensatz zum AT, sondern unterstreicht seine Vollmacht, die eigentliche Intention der Gebote definitiv festzulegen (vgl. 19,7f) und umwälzendere sittliche Grundsätze als die der rabbinischen *Halacha* zu verkünden (vgl. 7,28f).

22 Eine Steigerung in der Beschimpfung des Bruders ist nicht leicht zu erkennen, obwohl das *Gericht* zunächst das Ortsgericht, dann der *Hohe Rat*, der oberste Gerichtshof, und schließlich das *höllische Feuer*, die Strafe nach göttlichem Gericht, ist. Falls zwischen *Du Nichtsnutz!* (griech. *raka:* Narr, Tor; EinhÜ: »Dummkopf«) und *Narr* (griech. *more*) kein wesentlicher Unterschied besteht, stellt Jesus vielleicht dem zweimaligen irdischen Gericht ein ewiges, göttliches gegenüber. Wenn *more* aber eine griech. Transkription (Umschrift) des hebr. *moren* (»Abtrünniger«, vgl. Jer 5,23; Ps 78,8) ist, bedeutet es »Abtrünniger« oder »gottloser Narr«, und dann kann auch im Vergehen eine dreifache Steigerung gesehen werden. War in V. 22 vom Zorn auf andere die Rede, so in **23.24** vom Zorn anderer auf die Jünger. *Wenn du deine Gabe auf dem Altar opferst* spricht eher eine jüdische als eine gemeindliche Situation an. Die Vergebung am Versöhnungstag galt nicht für Vergehen gegen den Nächsten, es sei denn, es hatte vorher eine Aussöhnung stattgefunden. **25.26** standen wahrscheinlich ursprünglich in einem eschatologischen Kontext, wie in Lk 12,57-59. Das Bildwort mahnt zu einer schnellen und freiwilligen Versöhnung, weil es ein Zuspät geben kann. V. 26 behauptet nicht, daß Schuld vor Gott abzahlbar ist, sondern zeigt die Konsequenz der Unbußfertigkeit.

5,27-32 Vom Ehebrechen und von der sinnlichen Begierde. Wie im vorigen Abschnitt wird auch hier das Gebot verschärft; zusätzlich folgt eine Aussage über die Ehescheidung.

27.28 *Ehebrechen* ist in erster Linie Besitznahme der Frau eines anderen und galt als ebenso verbrecherisch wie Raub oder Mord. Ehebruch ist aber auch auf alle außerehelichen Beziehungen mit mindestens einem verheirateten Partner auszudehnen. Das Verlangen und die Handlung sind wesensgleich, weil sie beide die Integrität der Ehe angreifen. **29.30** begegnen auch in 18,8f, vgl. Mk 9,43-48. Bildlich gesprochen ist das *Auge* das Organ, das den falschen Gedanken hervorruft, und die *Hand* das Glied, durch das er in die Tat umgesetzt wird. Das radikale Vorgehen gegen die Quellen der Sünde muß geschehen, wenn der ganze Körper, der hier die gesamte Persönlichkeit versinnbildlicht, nicht ins Verderben geraten soll. **31** Diese Bestimmung (5Mo 24,1-4) schob der uneingeschränkten Ehescheidung ohne angemessene Sicherungen für die Frau einen Riegel vor. Jesus tritt für die strengere Schule des zeitgenössischen Rabbiners Schammai ein. **32** *Außer wegen Ehebruch:* Parallele dazu ist 19,1-9; vgl. Mk 10,2-12; Lk 16,18. Matthäus führt als einziger der Evangelisten diese Ausnahme an, spricht aber möglicherweise nur aus, was in den anderen Evangelien stillschweigend vorausgesetzt ist. *Ehebruch* (griech. *porneia*) meinte ursprünglich voreheliche geschlechtliche Beziehungen, umschloß aber später alle geschlechtlichen Verirrungen. *Bewirkt, daß ein anderer die Ehe mit ihr bricht:* vermutlich, weil sie sich wiederverheiraten wird und dadurch gezwungen ist, mit einem anderen Mann die alte, vor Gott noch bestehende Ehe zu brechen. War sie wegen Unzucht geschieden worden, so hatte sie bereits Ehebruch begangen. Dies ist die absolute Ethik des Gottesreiches, die, wie alles andere an dieser Bergpredigt, weit über das atl. Gesetz hinausgeht.

5,33-37 Vom Schwören. Dieser Abschnitt befaßt sich mit dem neunten Gebot. Das Verbot von Meineiden wird von Jesus zur Verpflichtung der vollkommenen Wahrhaftigkeit erweitert, die ganz auf Eide verzichten kann (vgl. auch Jak 5,12). **33** *Schwören:* nicht notwendigerweise bei Gott. Was jemand seinem Nächsten im Namen Gottes schwört, soll er *dem Herrn halten.* **34.35** Alle zur Bekräftigung des Eides herbeigezogenen Dinge gehören nicht unter die Verfügungsgewalt des Menschen. Außerdem wurde das Schwören durch Spitzfindigkeiten eher Mittel des Betruges als der Bekräftigung der Wahrheit (vgl. 23,16-22!). **36** Selbst wenn der Mensch scheinbar über sich selbst verfügen kann, ist er dennoch auch hier ohnmächtig. **37** Auf das Wort eines Nachfolgers Jesu muß man auch ohne ein verbales Ritual, das ihm erst Gültigkeit verleihen soll, bauen können. *Vom Übel:* wahrscheinlich im Sinne der bösen Gesinnung, kann aber auch »von dem Bösen« bedeuten.

5,38-48 Vom Vergelten und von der Feindesliebe. Vgl. Lk 6,27-36. Das strenge aber absolut gerechte Prinzip des »Wie du mir, so ich dir«, das eine allgemeine Grundlage für die Gesellschaft bilden muß, weicht im Reich Gottes ebenfalls dem Grundsatz der Gnade.

38 Die in 2Mo 21,23f niedergelegte *lex talionis* (Vergeltungsprinzip) setzte der uneingeschränkten Rache Grenzen (vgl. 1Mo 4,23f). Jesus weitet den Grundsatz aus. **39** *Nicht widerstreben:* (EÜ: »Leistet keinen Widerstand«) Nach dem Textzusammenhang spricht Jesus nicht von einem Verbot, andere zu verteidigen, sondern vom Verzicht auf Rache, wenn einem selber Unrecht zugefügt wurde. Der Schlag mit dem Handrücken auf die rechte (!) Backe war Zeichen der Beleidigung. Anstatt für sich Genugtuung zu fordern, fordert Christus seine Jünger zu noch größerer Leidensbereitschaft auf. **40** *Rock* ist das Untergewand, das einem verurteilten Straftäter oder einem Schuldner als Pfand abgefordert werden konnte. Der *Mantel* mußte dem Armen für die kalten Nächte als Schutz zurückgegeben werden (2Mo 22,25f; 5Mo 24,12f). **41** Die Römer konnten jeden Nichtrömer zwingen, eine Meile weit den Weg zu zeigen oder Gerätschaften zu tragen (vgl. 27,32). **42** Die Verpflichtung zu *geben* ist dem Jünger ohne Beschränkung auferlegt, wobei eine echte Bedürftigkeit des Bittenden vorausgesetzt ist. **43** Das Gesetz gebot nur, den *Nächsten* zu *lieben* (3Mo 19,18). Etliche Sekten leiteten daraus die Verpflichtung ab, alle, die nicht zu den Gerechten zählten, zu hassen. **44** Tatsächlich gebot schon das atl. Gesetz die Freundlichkeit gegenüber dem Feind ansatzweise (2Mo 23,4f). Am schwersten fällt es, seine Verfolger zu lieben. Gebete sind ein wesentlicher Schritt auf dem Weg zur Feindesliebe. **45** In dieser Haltung wird die persönliche Kindbeziehung zu Gott sichtbar (vgl. 5,9). Er läßt seine allgemeinen unverdienten Segnungen allen Menschen ohne Unterschied zuteil werden. **46.47** Der Sinn von *was . . . für Lohn . . .?* ist wahrscheinlich »Was habt ihr denn getan, wofür euch ein Lohn zustünde?« und geht parallel mit dem Ausdruck in V.47 *was tut ihr Besonderes?* Der Jünger tut mehr als er soll, weil er sich von Gott weit über sein Verdienst hinaus beschenkt weiß. Vgl. Lk 6,32-34, wo griech. *poia charis* wahrscheinlich »was für eine Güte tut ihr ihnen da?« bedeutet. Der Aufruf zur Vollkommenheit bezieht sich vielleicht auf das ganze bisher Gesagte (5,21-47). **48** Auf alle Fälle entspringt die geforderte Vollkommenheit dem persönlichen Verhältnis zu Gott, das alle Lebenseinstellungen von Grund auf umgestaltet. Diese Vollkommenheit ist in diesem Leben praktisch unerreichbar und muß daher ständig angestrebt werden (vgl. Phil 3,12ff).

6,1-18 Religiöse Handlungen

Ging es im letzten Abschnitt (5,21-48) hauptsächlich um die Lehre der Schriftgelehrten, so befaßt sich dieser mit den Praktiken der Pharisäer. Mit Ausnahme des Vaterunsers (V. 9-13; vgl. Lk 11,2-4) ist er Sondergut des Matthäus. V. 1 stellt mit dem Gedanken der Belohnung den Zusammenhang zum vorangegangenen Abschnitt her. Jesus wendet sich gegen religiöse Heuchelei und erhebt die Motivation zum entscheidenden Moment. V. 2-4 handeln vom Almosengeben - der Pflicht gegen den Menschen, V. 5-15 vom Gebet - der Pflicht gegen Gott und V. 16-18 vom Fasten - der Pflicht gegen sich selbst.

2 Mit *Almosen* ließen sich nach Auffassung vieler Juden Sünden abbüßen. *Heuchler* meint wörtl. »Schauspieler«. Wenn sie auch nicht notwendigerweise unaufrichtig waren, entsprach aber dennoch, wegen ihrer falschen Vorstellung von Frömmigkeit, ihr äußerlich korrektes Verhalten nicht der inneren geistlichen Realität. Solche Menschen *haben ihren Lohn:* Sie haben das erreicht, was sie wollten: Lob von seiten ihrer Mitmenschen. Damit sind sie ausgezahlt worden, und weiterer Lohn steht ihnen nicht zu. **4** Das den Menschen verborgene Almosengeben wird von Gott wahrgenommen, und er allein vergilt mit reichem Lohn. **5.6** Die gleichen Grundsätze gelten für zur Schau getragenes Beten. Öffentliches Gebet war weit verbreitet. Der verwerfliche Mißbrauch erniedrigte das Gespräch mit Gott zum Schaustück. Das *Kämmerlein* war meist ein einzelner Raum auf dem flachen Dach des Hauses und damit einziger ruhiger Ort. **7.8** *Plappern* ist der heidnische Versuch, Gott durch viele Worte zu überreden und zum Handeln zu zwingen (vgl. 1Kö 18,26 29). Hinter dieser Vorstellung steht das falsche Gottesbild, daß Gott nicht gerne gibt und die Not nicht sieht. Gebet entspringt aber einem persönlichen Verhältnis zum Vater. Sein Vorherwissen macht persönliche Bitten deshalb nicht sinnlos, weil sie das Gefühl der Abhängigkeit und Dankbarkeit vertiefen.

9-13 Da sich das Vaterunser auch bei Lk findet (Lk 11,2-4), könnte Jesus es zu zwei verschiedenen Anlässen in etwas abweichender Form mitgeteilt haben. Faßt man es als ein und dieselbe Aussage auf, dann hat Matthäus in seiner Fassung etliche Erweiterungen, die den Sinn verständlicher machen sollen. Die Doxologie (Lobpreisungsformel, V. 13) gehört nicht zum ursprünglichen Text des Gebets, sondern wurde aus dem Gottesdienst der Urgemeinde übernommen. Wie zu vielen anderen Teilen der Lehre Jesu lassen sich auch zum Vaterunser Parallelen in jüdischen Quellen aufweisen.

Die Besonderheit des Vaterunser liegt in seiner Knappheit, der Betonung der Vaterschaft Gottes und der Hervorhebung des kommenden Reiches. Im ersten Teil handelt es von Gottes Willen und Herrlichkeit, und im zweiten geht es um die Bedürfnisse des Menschen.

9 *So:* Jesus gab mit dem Vaterunser ein Grundmuster für ein nicht hergeplappertes Gebet. *Unser Vater...:* Lukas schreibt nur »Vater«. Die Wendung »himmlischer Vater« findet sich bei Matthäus oft (vgl. 5,48; 6,14.26.32; 15,13; 18,35; 23,9). Der Gebrauch des aram. *Abba* (Röm 8,15; Gal 4,6) zeugt von der tiefen persönlichen Beziehung, die in diesem Gebet zum Ausdruck kommt (vgl. auch Mk 14,36). Die Bitte *Dein Name werde geheiligt* steht im Passiv, das in jüdischen Gebeten zum Ausdruck der Ehrfurcht verwandt wurde. Sie zielt auf die Offenbarung und Anerkennung der Heiligkeit Gottes. **10** Das Kommen des *Reiches* meint die Aufrichtung der ewigen Herrschaft Gottes unter und in den Menschen. Mit dem Beginn der Wirksamkeit Jesu (4,17) war es »nahe herbeigekommen« und jedes bedeutsame Ereignis während der Wirksamkeit Jesu bis hin zur Vollendung der Heilsgeschichte ist ein weiterer Schritt zu ihm hin. *Dein Wille geschehe* ist Sondergut des Matthäus und soll anscheinend die vorausgehende Aussage erklären. Gottes Wille soll zwar hier und jetzt schon im sittlichen Handeln geschehen, aber erst bei der eschatologischen (endzeitlichen) Aufrichtung des Reiches herrscht er uneingeschränkt. **11** *Heute:* Bei Lukas steht »Tag für Tag«. *Tägliches* (griech. *epiousion*) ist ein sehr seltenes Wort und bedeutet vielleicht »nötig« (»unser nötiges Brot . . .«), wahrscheinlicher aber »für morgen« (»unser Brot für morgen ...«). Letztere Möglichkeit spielt vielleicht auf 2Mo 16,22f an. Dieses Gebet begründet die Haltung, sich nicht um den morgigen Tag zu sorgen (vgl. V. 34). Viele Ausleger sehen in dieser Bitte auch etwas von dem messianischen Festmahl mitschwingen, das im Abendmahlsbrot ein Zeichen der zukünftigen Erfüllung findet.

12 *Schuld* (bei Lk steht »Sünden«) ist das, was man aufgrund der Sünde jemandem schuldig ist. **13** meint offenbar »Gib, daß wir nicht auf die äußerste Probe gestellt werden« (vgl. 24,22), und *erlöse uns von dem Bösen* (fehlt bei Lk) ist die Erklärung dieser Bitte. Mit *dem Bösen* ist vielleicht der Teufel gemeint. Besonders in der letzten Trübsal sind die Menschen der Versuchung, abtrünnig zu werden, ausgesetzt (vgl. 24,9-13).

14.15 führen das Thema der Vergebung näher aus und damit seine besondere Bedeutung für die Gemeinde (vgl. 18,23-35). Menschliches Vergeben ist zwar nicht Grundlage der göttlichen Sündenvergebung, legt aber Zeugnis von einem nach dem Grundsatz der göttlichen Gnade gelebten Leben ab (vgl. 5,44f).

16 Auch beim Fasten geht es Jesus um eine geistliche Motivation, die allein Lohn erwarten kann. Häufig versuchte der Fastende durch Vernachlässigung seines Äußeren den Anschein einer besonders demütigen Haltung zu erwecken. **17.18** Sich mit Öl einsalben und das Gesicht waschen sind Zeichen der Lebensfreude, die hier vor anderen verdecken sollen, daß jemand um seines Glaubens willen freiwilligen Verzicht übt. Jesus redet nicht der Abschaffung des Fastens das Wort (vgl. 9,15), sondern wendet sich gegen Heuchelei und Formalismus. Ein Autor des 2. Jhs. verkannte dies völlig, als er sagte: »Fastet nicht mit den Heuchlern, die da montags und donnerstags fasten, sondern fastet mittwochs und freitags« (*Didache* 8,1).

6,19-34 Vom Schätzesammeln und Sorgen

Dieser Abschnitt steht parallel zu Lk 11,34-36; 12,22-34; 16,13. An die Stelle von Sorge um die Befriedigung der materiellen Bedürfnisse setzt Jesus die Notwendigkeit rechtschaffener Motive (V. 19-24) und tiefen Vertrauens (V. 25-34). **19** Die Pharisäer sahen im Reichtum eine Belohnung für Gesetzestreue und gute Werke. **20** *Die Schätze im Himmel* sind nicht zuerst einzelne Verdienste, sondern Anteil am Reich Gottes, der aller Vergänglichkeit enthoben ist (vgl. 13,44; 19,21). **21** enthält eine tiefe Wahrheit. **22** *Lauter* (griech. *haplous*) bedeutet einfältig, d.h. ohne böse Hintergedanken. Das Auge als Fenster des Herzens beeinflußt durch seine lautere Haltung den ganzen inneren Menschen. **23** Ein *böses* Auge (griech. *poneros:* »mißgünstig, böse«) sucht neiderfüllt nur den eigenen Vorteil und verfinstert das innere Wesen eines Menschen. Da sich auch der Selbstsüchtige für lauter hält, täuscht er sich über seine wirkliche Verdorbenheit tragischerweise hinweg. **24** *Mammon* meint Reichtum in jeglicher Gestalt. Der Anspruch Jesu reicht bis zum Bankkonto und fordert die ganze Hingabe und Liebe zu Gott.

25 *Darum:* Jesus zieht die Schlußfolgerung aus V. 24. Wer Gott dient, muß sich um sein Auskommen nicht sorgen. *Leben* (griech. *psyche,* oft auch »Seele« übersetzt) und *Leib* brauchen mehr als *Nahrung* und *Kleidung.* Wer nur auf das Äußere schaut, verliert schnell den Menschen selbst aus den Augen. **26** Da Gott schon für den Unterhalt der niederen Kreatur sorgt, ohne daß diese sich darum kümmert, wird er um so mehr für die Menschen Sorge tragen. **27** Daß Sorgen das Leben nicht verlängert, sondern eher verkürzt, ist selbst eine Erkenntnis der Medizin. Die Lebenslänge steht allein in Gottes Hand. **28-30** Gott versieht auch die einfachen Geschöpfe mit Kleidung, wieviel mehr dann den Menschen! **31** Verantwortungsvolle Haushalterschaft und Vorsorge werden nicht verurteilt (vgl. Joh 19,26f), sondern der ängstliche Versuch, sein Leben ohne Gott abzusichern (Lk 12,16-21). **32** *Die Heiden* kennen keinen persönlichen, liebenden und fürsorglichen Gott, weshalb sie dem Raffen nach materiellen Gütern verfallen (vgl. V.7f). **33** Materielle Erwägungen sind nicht unwichtig, die einzige Sorge des Jüngers aber ist die Erfüllung des Willens Gottes (vgl. V.10f). In **34** sind möglicherweise zwei Sprichwörter zusammengestellt. Der Spruch, der Sondergut des Matthäus ist und einen ironischen Beiklang hat, ermutigt, die Last von morgen nicht schon heute auf sich zu laden.

7,1-12 Einstellung zu den Menschen und zu Gott

Dieser Abschnitt findet seine Entsprechung in Lk 6,31.37-42; 11,9-13. Er handelt zuerst von der richtigen Beurteilung anderer Menschen (V.1-6), dann von der richtigen Beurteilung Gottes (V.7-11) und schließt mit einer goldenen Regel ab (V.12).

1 Eine kritiksüchtige und aburteilende Haltung zu anderen Menschen zieht einen göttlichen Urteilsspruch nach sich (vgl. 6,15). **2** Da die Menschen ihre an andere gesetzten Maßstäbe meist selber nicht erfüllen, muß Gott zur Schuldsprechung nicht einmal seine eigenen Normen anwenden. **3** Der Gegensatz zwischen dem *Splitter* und dem *Balken* soll bewußt lächerlich wirken. **4.5** Die Notwendigkeit, anderen auch bei der Berichtigung eines Fehlers zu helfen, wird nicht in Abrede gestellt (vgl. Gal 6,1f). Doch Selbsterkenntnis und Besserung des eigenen Lebenswandels sind Voraussetzung zu einfühlsamer Seelsorge und verhindern unbarmherziges Besserwissertum. **6** ist Sondergut des Mt. Jesus fordert zu einsichtigem und gerechtem Urteilen in geistlichen Dingen auf. *Hunde* und *Säue* wurden ursprünglich Nichtjuden genannt und steht für Unreinheit und Gottlosigkeit. *Das Heilige* bezieht sich wohl auf den Opferanteil der Priester im AT (vgl. 2Mo 29,33; 3Mo 22,10ff). Wenn auch die Deutung des Wortes schwierig ist, so scheint Jesus doch davor zu warnen, das Evangelium denen aufzudrängen, die entschieden gottlos bleiben wollen. Die *Didache* (9,5) wandte den Vers auf das Herrenmahl an. **7.8** sind feste Zusagen, daß Gott die Bitten seines Volkes erhören wird, wenn er das auch nicht notwendigerweise in der von ihm erbetenen Form tut (vgl. 5,42). **9.10** Auf alle Fälle aber geht Gott ernsthaft auf eine ernste Bitte ein und treibt keinen Mutwillen mit seinen Kindern. **11** *Die ihr doch böse seid* verweist auf die sündige und mißgünstige Natur des Menschen, der trotzdem für seine Kinder sorgt. Erst recht wird der gnädige und allmächtige Gott seinen Kindern *Gutes geben.* Vgl. Lk 11,13, wo auf das höchste »Gut«, den Heiligen Geist, Bezug genommen wird. **12** Die Goldene Regel war dem Judentum nur in ihrer negativen Fassung geläufig: »Was dir unlieb ist, tue keinem anderen« (Strack-Billerbeck, *Kommentar zum NT).* Die positive Fassung reicht sehr viel weiter. Jesus bezeichnet sie als die Summe des AT.

7,13-29 Die Forderungen des Reiches

Dieser Abschnitt gehört bis auf die Parallele in Lk 6,43-49 zum Sondergut. Er fordert zum Eintritt in das Reich Gottes auf (V.13f), warnt vor falschen Propheten (V.15-23) und mahnt, ein Täter der Worte Christi zu sein (V.24-27). Mit einem Hinweis auf den starken Eindruck, den Jesu Lehre bei den Hörern hinterließ, schließt die Bergpredigt ab (V.28f).

13.14 und Lk 13,23f wurden wahrscheinlich zu verschiedenen Anlässen geäußert. Das Bildwort von den zwei Wegen begegnet auch in Jer 21,8; Ps 1,6; Spr 14,12. Es gibt zwei Pforten und zwei Wege: Die weite Pforte führt auf einen *breiten Weg* und ist daher allgemein beliebt, während die enge Pforte auf einen *schmalen Weg* führt, für den sich nur eine Minderheit entscheidet. Die Entscheidung zwischen *Leben* und *Verdammnis* wird als Antwort auf den Ruf des Evangeliums getroffen. **15** *Falsche Propheten,* die stets eine Gefahr waren (vgl. 24,11.24) wirken besonders durch ihre schönen, aber verführerischen Reden (vgl. Jer 6,13f). **16** Deshalb sind die falschen Propheten an ihren Wirkungen und geistlichen Früchten zu erkennen (vgl. Jer 28,9; 23,22). **17** Für das Bild vom *Baum* und den *Früchten* im Zusammenhang mit Gericht vgl. 3,10; 12,33-35; 15,13. **21** belegt abermals, daß Worte kein Ersatz für Taten sind. **22.23** Am *Tage* des Gerichts wird auch die Behauptung, im Namen Gottes, d.h. in seinem Auftrag und seiner Vollmacht, außergewöhnliche, scheinbar geistgewirkte Früchte hervorgebracht zu haben, einer Prüfung unterzogen. Ausschlaggebend ist, ob Christus diese Wundertäter als die Seinen erkennt. *Nie gekannt* heißt nicht, daß sie Jesus unbekannt waren, sondern daß sie keine Gemeinschaft mit ihm hatten (vgl. 1Mo 4,1). In dieser Gemeinschaft haben sie entweder nie oder am Schluß nicht mehr gestanden. Die Rolle Christi beim Gericht wird hier eindrucksvoll offenbar. **24-27** Wurden soeben Worte, denen keine Taten folgen, verurteilt, so jetzt auch das Hören ohne begleitende Taten. Die beiden Verhaltensweisen des Klugen und Törichten sowie das Gericht und seine Folgen sind anschaulich geschildert. Damit legt Jesus seinen Hörern am Schluß der Bergpredigt den Weg des Lebens und des Todes vor und führt sie zu einer Entscheidung (vgl. 3Mo 26; 5Mo 28). **28** Alle fünf Lehrreden des Mt schließen im wesentlichen mit der gleichen Wendung (s. Einleitung). **29** Jesu *Vollmacht* entsprang seiner Persönlichkeit und seiner geistgewirkten und den ursprünglichen Willen Gottes treffenden Auslegung des AT.

8,1-9,34 Die Taten des Christus

Nach der ersten größeren Sammlung von Lehraussagen Jesu faßt Matthäus nunmehr eine Reihe von Taten des Herrn zusammen. Von den dreizehn Erzählstücken dieses Abschnittes finden sich, mit Ausnahme von drei (8,5-13.18-22 und 9,32-34 vgl. aber Lk!), alle auch bei Markus. So unabhängig Matthäus und Markus in der Sammlung der Reden Jesu auch sind, so deutlich wird auf der anderen Seite ihre Nähe in der Berichterstattung der Taten Jesu. Die Begebenheiten sind bei Mk in anderer Reihenfolge als bei Mt und weiter zerstreut überliefert. Neun Machttaten, in drei Gruppen zu je drei Perikopen (Erzählungen) geordnet, werden berichtet; in den dazwischenliegenden Abschnitten werden keine Wunder behandelt. Auf die erste Dreiergruppe (8,1-17) folgt das Versprechen eines Schriftgelehrten, Jesus nachzufolgen. Die zweite (8,23-9,8) schließt mit der Berufung des Matthäus und einer Unterweisung über das Fasten. Und die dritte (9,18-34) kündigt zum Abschluß in V. 34 die spätere Beelzebul-Kontroverse (12,22-30) an. Die Einbeziehung eines zweiten Besessenen in 8,28 und eines zweiten Blinden in 9,27 gegenüber dem Markusbericht, der nur je eine Person nennt (vgl. Mk 5,2; 10,46), hat Probleme aufgeworfen. Falls in beiden Fällen dasselbe Ereignis berichtet ist, was man wohl annehmen muß, erklärt Matthäus vielleicht mehr Einzelheiten, während Markus alles Augenmerk auf eine Person lenkt. Möglich wäre auch, daß er (ebenso wie er es mit den Reden Jesu tat) seinen Bericht strafft und zwei Heilungen in eines verwebt. Er will daher möglicherweise darauf hinweisen, daß Jesus diese Heilungen mehr als einmal durchführte (vielleicht unter Bezugnahme auf die Erzählungen Mk 1,21-28 und 8,22-26, die er nicht mit aufnimmt). Im Fall der Blinden ist das aber weniger wahrscheinlich, da in 20,29-34 ebenfalls zwei Männer geheilt werden. Möglicherweise kommt auch dem Gedanken eine Rolle zu, daß ein Geschehen durch zwei Zeugen bestätigt werden mußte (vgl. 5Mo 19,15).

8,1-17 Krankenheilungen

Dieser Abschnitt enthüllt die ersten drei Wunder - die Heilung des Aussätzigen (V. 1-4; Mk 1,40-44; vgl. Lk 5,12-14), des Dieners des Hauptmanns von Kapernaum (V. 5-13; vgl. Lk 7,1-10; vgl. Joh 4,46-53) und der Schwiegermutter des Petrus (V. 14f; Mk 1,29-31; vgl. Lk 4,38f). Er schließt mit einem zusammenfassenden Vers über allgemeine Krankenheilungen (V. 16; Mk 1,32-34; vgl. Lk 4,40f) und einem Jesaja-Zitat (V. 17).

1 ist Verbindungsglied zur Bergpredigt, besagt aber nicht, daß die nachfolgend berichteten Heilungen in genau dieser chronologischen Reihenfolge abliefen. **2** Die Heilung des *Aussätzigen* steht vielleicht deshalb an erster Stelle, weil sie Jesu Einstellung zum atl. Ritualgesetz verdeutlicht. **3** »Er hatte Erbarmen mit ihm« steht nur bei Markus. Auf die Bekundung persönlicher Not und echten Glaubens hin brachte Jesu vollmächtiges Wort sofortige Heilung. **4** Jesus hält sich an die atl. Ordnung, die eine wichtige Hygienemaßnahme darstellte und an die Notwendigkeit mahnte, Gott zu danken (3Mo 14,2-32). Das Gesetz konnte die Heilung naturgemäß nicht herbeiführen. *Ihnen:* den Priestern als Zeugen seiner Heilung.

5-7 Matthäus und Lukas stimmen in der Wiedergabe des Gesprächs überein, schildern den Rahmen der Erzählung jedoch jeweils mit eigenen Worten und Schwerpunkten. **8.9** Die Demut und der Glaube, Jesus könne auch eine Fernheilung bewirken, sind bemerkenswerte Haltungen, zu denen der Hauptmann durch Vergleich mit seiner eigenen Stellung im Heer gelangte. **10** Er als Heide findet früher als die Juden zu einem tiefen Vertrauen auf Christus. **11.12** Parallele hierzu in Lk 13,28f. *Zu Tisch sitzen:* (EÜ: »zu Tische liegen«) beim messianischen Festmahl (Offb 19,6ff). *Abraham, Isaak und Jakob* sind selbstverständlich die jüdischen Erzväter. *Die Kinder des Reichs* sind die Juden als erwähltes Volk, die sich zwar auf ihre natürliche Abstammung verlassen, aber nicht glauben. Der ganze Begriff muß daher ntl. neu gefaßt werden. **14.15** Am Beispiel des Petrus zeigt sich, daß die Jünger wohl gelegentlich auch bei ihren Familien waren. Die Heilung der Schwiegermutter des Petrus veranschaulicht Jesu Fürsorge an den Familien seiner Jünger.

16 Matthäus betont, daß sie *viele* zu Jesus brachten und daß er *alle* gesund machte (vgl. Mk 1,32.34, der »viele« und »alle« umstellt). **17** Etliche Rabbiner faßten Jes 53,4 zwar wörtlich auf, doch die meisten deuteten es im übertragenen Sinne. Das NT bezieht die Stellen vom leidenden Gottesknecht auf Christi Opfertod. Matthäus, der dem hebr. Text folgt, stellt die Heilungen nicht nur als Werke der Barmherzigkeit heraus, sondern sieht in ihnen die messianische Stellvertretung, die auf die Überwindung allen Übels in Gottes Welt abzielt (vgl. 12,29). *Er hat unsere Schwachheit auf sich genommen, und unsre Krankheit hat er getragen:* Durch das Auf-sich-nehmen und Tragen hat er die »Krankheit zum Tode«, die Sünde, überwunden. Aber auch die Beseitigung der Sündenfolgen wie körperliche Schwachheit und Krankheit hat Jesus in den Heilungen zeichenhaft vorweggenommen. Ihre endgültige Überwindung ist aber erst für die kommende neue Welt angesagt (Offb 21,4).

8,18-27 Vom Ernst der Nachfolge. Die Stillung des Sturms

Im ersten Abschnitt (V. 19-22; vgl. Lk 9,57-60) zeigt Jesus zur Nachfolge bereiten Nichtjüngern die Konsequenzen der Nachfolge, und im zweiten (V. 18.23-27; Mk 4,36-41) fordert er seine Jünger zu uneingeschränktem Vertrauen auf.

18 Jesus entzog sich der *Menge* oft, weil sie seine Mission mißverstand. **20** Jesus weist auf die ungesicherte Existenz eines unablässig umherziehenden Jüngers hin. Ob sich der Mann der Herausforderung stellte, wird nicht berichtet. *Menschensohn:* Den Ausdruck gebrauchte Jesus als Selbstbezeichnung am häufigsten. Er nimmt Bezug auf Ps 8 und Dan 7 und mit diesen vermutlich auch auf 1Mo 1. Gelegentlich tritt er an die Stelle des Personalpronomens »ich« (z.B. 16,13), weist darüber hinaus aber auch auf seine Leidenszeit (z.B. 17,12) und seine Herrlichkeit hin (z.B. 16,27). **21** Der Vater war wohl noch nicht gestorben, sondern der Sohn wollte seinen Tod abwarten, um sein Erbe in Empfang zu nehmen. **22** Die Ansprüche des Reichs aber gelten ohne jede Einschränkung und unverzüglich. Die geistlich Lebenden durchschauen die Hintergründe, während die geistlich Toten für Gottes Realität blind sind (vgl. 10,37f). Wir wissen wiederum nicht, wie der Mann sich entschied. **24** Mit *See* ist der See Genezareth gemeint. **26** Dieser Vers, der in einigen Einzelheiten von Markus abweicht, demonstriert die Herrschaft Jesu über die Natur (vgl. Ps 89,10; 107,23-32) und deckt den Kleinglauben der Jünger auf. **27** Zwar erkennen die Leute in Jesus noch nicht den Messias, aber sie bleiben nicht beim Wunder stehen, sondern versuchen, das Geheimnis dieser Person zu verstehen.

8,28-9,8 Weitere Heilungstaten

Mit der Heilung von zwei Besessenen (8,28-34; vgl. Mk 5,1-20) und eines Gelähmten (9,1-8; vgl. Mk 2,1-12) dokumentiert Jesus seine Vollmacht über Dämonen und über die Sünde, und zeigt somit, daß er weit mehr als nur Herr über Krankheiten und Naturgewalten ist.

28 *Gergesener* dürfte wahrscheinlich die richtige Lesart sein, obwohl andere Hss. auch »Gadarener« oder »Gerasener« schreiben. Gergesa lag direkt am See, und das dortige Gelände paßt gut zur Beschreibung von Matthäus und Markus. *Sehr gefährlich...:* Im Unterschied zu Markus, der sehr viel mehr Einzelheiten mitteilt, gibt Matthäus einen summarischen Bericht. **29** *Du Sohn Gottes:* Die Dämonen erkannten die übernatürliche Macht und Person Jesu und seinen Angriff auf das Reich Satans (12,22-29) viel früher als die meisten Menschen (vgl. Mk 3,11). *Ehe es Zeit ist:* Nach jüdischer Apokalyptik (Endzeitauffassung) würde die Vernichtung der Dämonen beim Endgericht stattfinden. In Jesus bricht das Reich aber jetzt an (vgl. 12,28). **30** Aus der Erwähnung von *Säuen* ist ersichtlich, daß es sich um eine Gegend mit vorwiegend heidnischer Bevölkerung handelte. **31** Unser Wissen über dämonische Besessenheit ist zu unvollständig, um diesen Vers sicher deuten zu können. Allem Anschein nach war den Dämonen daran gelegen, sich wieder zu verkörpern. **32** Dem Besessenen wurde damit augenscheinlich, daß er von seinem Leiden befreit war, und die Heilung verdeutlicht ferner, daß ein Menschenleben mehr wert ist als eine ganze Tierherde. **34** Der Verlust der Schweineherde zählte höher als ein gerettetes Menschenleben (vgl. Apg 19,23-27). Die »Einmischung« des Gottessohnes in ihre Angelegenheiten war ihnen ebenso unerwünscht wie den bösen Geistern (V. 29).

9,1 *Seine Stadt* ist Kapernaum (vgl. 4,13). **2** In dieser Erzählung geht die geistliche Heilung der leiblichen voraus. *Ihren Glauben* schließt möglicherweise den des Kranken mit ein. Gemeinschaftlichem Glauben eignet eine große Kraft (vgl. 18,19). **3** *Lästert,* weil die Sündenvergebung Gott vorbehalten war (vgl. Mk 2,7). **4** *Sah* braucht nicht übersinnliches Wissen vorauszusetzen, sondern nur ausgeprägte geistliche Urteilskraft. **6** Weil keine Möglichkeit der Nachprüfung bestand, konnte jeder leicht Vergebung zusprechen. Da aber die wirkliche Vergebung eine noch größere Vollmacht als die Heilung eines Gelähmten erforderte, demonstrierte Jesus durch das »kleinere« Wunder seine göttliche Vollmacht der Sündenvergebung. Nichts deutet darauf hin, daß das Leiden des Mannes eine unmittelbare Folge seiner Sünde gewesen war (vgl. Joh 9,2f). **8** *Es... pries Gott* (vgl. 5,16) steht im Gegensatz zur Reaktion der Gergesener (8,34). *Den Menschen:* Das Volk sah in Jesus einen Menschen, jedoch einen, der als der wahre Menschensohn in Gottes Vollmacht handeln konnte (V. 6; vgl. Ps 8,5f).

9,9-17 Die Berufung des Matthäus. Vom Fasten

Zu diesen beiden Erzählungen vgl. Mk 2,13-22; Lk 5,27-39. Auch in Mk folgen sie auf die Heilung des Gichtbrüchigen.

9 Der Name *Matthäus* kommt in der Berufungsgeschichte nur in diesem Evangelium vor. Markus und Lukas schreiben »Levi«. Zwar führen alle Matthäus in ihrem Apostelverzeichnis auf, doch allein Mt kennzeichnet ihn als »Zöllner« (10,3). Da eine doppelte Namensführung ungewöhnlich gewesen wäre, war *Matthäus* vielleicht sein späterer »christlicher« Name, der wahrscheinlich »Gabe des Herrn« bedeutet. Da Matthäus der Evangelist war, lag es nahe, seinen neuen Namen hier mit aufzuführen. **10** *Im Hause* ist mit Sicherheit das Haus des Matthäus. *Zöllner* waren in der Regel jüdische Angestellte von Staatspächtern (vgl. Lk 19,2: »Oberzöllner«), die gegen eine Pachtsumme das Zollrecht von der römischen Verwaltung zugesprochen bekamen. Weil alles, was über die Pacht hinaus erwirtschaftet wurde, in ihre eigene Tasche floß, waren Korruption und Erpressung Tür und Tor geöffnet und die Zöllner selbst äußerst verhaßt. *Sünder* umschloß Ausgestoßene aller Arten, von sittlich Verkommenen bis zu solchen, die rituelle Gebote (z.B. Reinheitsgesetze) nicht gar zu genau befolgten. Während große Teile des Pharisäertums zwischen ihnen keine Unterschiede zu machen wußten, behandelte Jesus die Menschen als Einzelpersönlichkeiten. **12** Die Antwort ist sowohl Ausdruck des gesunden Menschenverstandes als auch ermutigendes Zeichen der Gnade Gottes. Die Pharisäer allerdings waren nicht gesund, sondern hielten sich nur dafür. **13** Das Zitat aus Hos 6,6 wird in Mt 12,7 erneut angeführt. *Barmherzigkeit* (hebr. *hesed)* meint »Bundesliebe«, ein wechselseitiges Verhältnis zwischen Gott und seinem Volk, das in der zweiten - nicht zitierten - Vershälfte von Hos als die »Erkenntnis Gottes« definiert wird und auch zur Liebe zum Sünder führen muß. Dem steht ein veräußerlichter Gottesdienst gegenüber (»Opfer«), der sich nur um Korrektheit bemüht, aber keine Liebe mehr kennt. Deshalb können die Pharisäer nur ironisch *die Gerechten* heißen.

14 *Die Jünger des Johannes* waren möglicherweise eine beträchliche Schar (vgl. Apg 19,1-7). Nur Matthäus berichtet von ihrer Frage an Jesus. **15** Der *Bräutigam* ist ein Bild für den Messias (vgl. 22,2; 25,1; Joh 3,29; Offb 19,7.9). *Genommen wird:* wahrscheinlich eher durch die Himmelfahrt als durch die Kreuzigung. Die Johannesjünger scheinen wie die Pharisäer regelmäßig gefastet zu haben. Die Urgemeinde folgte offenbar Jesu Gewohnheit, zu besonderen Anlässen zu fasten (vgl. 4,2; 6,16-18; Apg 9,9; 13,2f; 14,23). Die Gefahr des Zurschautragens (Mt 6,16) oder der Selbstgerechtigkeit hat sie nicht zur generellen Ablehnung des Fastens verleitet. **16.17** Jesu Botschaft eignet etwas umwälzend Neues, das damit auch neuer Ausdrucksformen bedarf. Es geht um eine totale Erneuerung im neuen Bund, der den alten zur Erfüllung bringt. Aber Alt und Neu vermischen verdirbt alles! *Neuen Wein:* Vgl. Joh 2,1-11.

9,18-34 Weitere Heilungen

Es folgen drei weitere Heilungsberichte: die Auferweckung der Tochter des Jairus (V.18-26; vgl. Mk 5,21-43; Lk 8,40-56) und die dort eingefügte Heilung der blutflüssigen Frau, die Heilung der beiden Blinden (V.27-31), die in einer Matthäus eigentümlichen Form berichtet wird, und die eines stummen Besessenen (V.32-34; vgl. Lk 11,14-16). 20,29-34 und 12,22-24 ähneln den beiden letzten Erzählungen.

18 Vgl. Mk 5,23 und Lk 8,41f, wo die Tochter scheinbar noch lebt. Aber Matthäus setzt seinen Bericht erst nach Mk 5,35; Lk 8,49 an. **20** Die Frau hatte offenbar ein gynäkologisches Leiden und war deshalb unrein geworden (3Mo 15,25-32). Wahrscheinlich erklärt sich daraus der Umstand, daß sie *von hinten* an Jesus herantrat. Der *Saum* war vermutlich eine der vier Quasten des Gewandes (4Mo 15,37ff). **21** Daß das Berühren des Saumes nicht aus Aberglauben, sondern aus Glauben geschah, belegt V.22. **22** *Hat dir geholfen:* (griech. *sesoken*) ist das übliche Wort für »gerettet«. Wenn die körperliche Heilung auch durch die Berührung des Gewandes erfolgte (vgl. Mk 5,29), so liegt die eigentliche Ursache doch in ihrem Glauben. **23** *Pfeifer* wurden bei Sterbefällen nebst anderen bezahlten Leichenträgern (z.B. Klageweibern) in Dienst genommen. **24** *Geht hinaus!* An Leuten, die für Bezahlung Trauer vorspielten, war kein Bedarf. *Schläft* ist ein Euphemismus (beschönigende Redeweise); vgl. den Bericht des Arztes Lukas in Lk 8,53.55. **25** Matthäus berichtet nur die Tat Jesu, nicht dagegen seine Worte. **26** Nur Matthäus weist auf die Verbreitung der Nachricht hin. **27** *Zwei Blinde:* Blindheit war im Orient meist Verurteilung zum Betteldienst. Blindheit ist in der Bibel aber auch oft geistliches Blindsein (15,14; 23,17). *Sohn Davids:* Man hoffte, der Messias werde den körperlich Blinden (Jes 35,5) und den geistlich Blinden (Jes 42,6f) das Augenlicht wiedergeben. **28** *Ja, Herr* ist schlichtes Bekenntnis ihres Glaubens an die Macht Jesu. **30** *Drohte ihnen:* Er suchte keinerlei falsche Publizität durch Wunderheilungen, weil darin seine viel wichtigere Predigt untergegangen wäre. **31** Wie die Menschennatur nun einmal ist, war das Geschehene nicht geheimzuhalten. Jesus aber befahl keine »gezielte Werbung« (vgl. Jes 42,2). **32** Messianische Prophezeiungen des AT schreiben dem Messias die Fähigkeit zu, Stumme redend zu machen (Jes 35,5) und Gebundene zu befreien (Jes 61,1). Beides erfüllt sich in Christus. **33** Die Reaktion der Volksmenge wird erneut herausgestellt. *In Israel:* Selbst unter dem Volk Gottes hat sich solches noch nicht ereignet. **34** ist ein Vorgeschmack der bevorstehenden Auseinandersetzungen (vgl. 12,22ff).

9,35-10,42 Die Aussendung der zwölf Apostel

Nach einer Einleitung, die Jesu Beweggründe und die Berufung seiner Jünger schildert, behandelt diese zweite der fünf großen Lehrreden des Evangeliums in der Hauptsache den Missionsauftrag.

9,35-10,4 Die Bitte um Mitarbeiter für die Ernte. Die Berufung der zwölf Jünger

Diese Verse finden sich bei den anderen Synoptikern an mehreren, unterschiedlichen Stellen (vgl. Mk 3,14-19; 6,6b.7; Lk 9,1; 10,2; 13,22).

35 *Lehren, predigen* und *heilen* sind die drei Kennzeichen der Wirksamkeit Jesu (vgl. 4,23); **36** das Motiv ist herzliches Erbarmen über das Volk Israel, das keinen von Gott gesandten Führer hat (vgl. 4Mo 27,15-17; 1Kö 22,17). Jesu Mission zielte darauf ab, ihn als den guten Hirten (vgl. Joh 10,1-18) zu erkennen. **37-38** Die Metapher (Bildwort) von der *Ernte* meint den Ertrag Gottes, der aus dem Ruf zum Reich erwächst. Die Zahl der *Arbeiter* ist wohl wegen der nötigen Mühe und Opferbereitschaft so gering (vgl. 8,18-22).

10,1 ist die erste Erwähnung *seiner zwölf Jünger.* Die Berufung schließt die Bevollmächtigung immer mit ein. Vermittler dieser göttlichen Vollmacht ist Jesus. *Alle Krankheiten und alle Gebrechen:* Ihre Heilstätigkeit ist so umfassend wie der Dienst Jesu (vgl. 9,35). **2** *Apostel:* Erst nachdem sie Jünger und Schüler gewesen waren, konnten sie »Apostel«, d.h. von Jesus bevollmächtigte Boten werden. Der Ausdruck »Apostel« bleibt im engeren Sinn den Zwölfen vorbehalten (vgl. Eph 2,20; Offb 21,14), wird aber im NT auch auf die ausgedehnt, die in der jungen Gemeinde im Dienste der Mission unterwegs sind (Apg 14,14; Röm 1,1; Phil 2,25: »Bote« ist »Apostel«). Die Zwölf werden hier genannt, um den Zusammenhang zu ihrer Aussendung aufzuzeigen (V. 5). Als Vertreter der zwölf Stämme Israels sind es gerade *zwölf* (19,28; vgl. die Qumran-Handschrift 1QS 8). Nur Matthäus führt sie paarweise auf, vielleicht als Merkhilfe. *Zuerst Simon* deutet die Führerschaft des Petrus an, an dem Matthäus auch sonst reges Interesse zeigt (vgl. 16,17-19). **3** *Der Zöllner:* Matthäus gibt als einziger diesen Zusatz, um zu zeigen, was Jesus aus ihm, dem einstmals Ausgestoßenen, gemacht hat. *Thaddäus:* wie bei Markus. Lukas setzt »Judas . . . des Jakobus«. **4** *Kananäus:* wie bei Markus. Lukas nennt ihn »den Zeloten«. Das Wort hat nichts mit Kanaan oder Kana zu tun, sondern ist die griech. Form des hebr. Wortes für »Eiferer«. Simon gehörte also zu der militanten nationalistischen Partei der Zeloten (d.h. »Eiferer«). *Iskariot* wird gewöhnlich als »der Mann aus Karijat« gedeutet und leitet sich wahrscheinlich nicht vom aram. *ʾisqaryāʾ* (»der Falsche«) ab. *Der ihn verriet:* Hier spiegelt sich noch die ganze Erschütterung über diese Person, so daß Matthäus nicht ohne diese Bemerkung weitergehen kann. Wird er deshalb an letzter Stelle genannt, weil er der Verräter war? Dennoch ist er wahrscheinlich der einzige Judäer und damit Träger des Namens des königlichen Stammes. Möglicherweise war er auch Zelot und mit Simon verbunden.

10,5-42 Der Missionsauftrag

Matthäus scheint hier den Stoff abermals aus mehreren verschiedenen Stellen zusammengeordnet zu haben. Etliches, das Jesus wahrscheinlich bei anderen Gelegenheiten sagte, wurde in diese Aussendungsrede mit aufgenommen, weil es sich hier harmonisch einfügte. Für V. 9-16 vgl. Mk 6,8-11; Lk 9,1-5; 10,1-12. Zu V. 17-25 finden sich Parallelen in den eschatologisch (endzeitlich) ausgerichteten Kap. Mk 13 und Lk 21. V. 26-29 ähneln Lk 12,2-9.51-53; 14,26f; 17,33. V. 5-8 und 40-42 sind Sondergut des Matthäus

5 Selbst im Zeitalter der apostolischen Weltmission sollten die Juden vor den Heiden mit dem Evangelium konfrontiert werden (Röm 1,16). Im Falle Jesu galt dies noch mehr, denn ihm war aufgetragen, das Volk Gottes zur Buße zu rufen und ihm seine Berufung durch den Messias zu erklären, allen Menschen das Evangelium zu verkünden (28,18-20; vgl. Apg 1,8). **6** Die *verlorenen Schafe* sind wahrscheinlich *ʿam hāʾāre* (das einfache Volk), das von den Pharisäern als »unwissend« verachtet wurde. **7** Ihre Predigt lautete genauso wie die von Johannes (3,2) und Jesus (4,17). **8** Die Verkündigung des Evangeliums schloß auch Krankenheilungen ein, die hier mit der Verkündigung Hand in Hand gehen. Für den dritten Tätigkeitsbereich Jesu, die Lehre, verfügten die Jünger zu dieser Zeit noch kaum über genügend Kenntnisse. *Weckt Tote auf* findet sich zwar in einigen guten Hss. nicht, dürfte aber trotzdem die richtige Lesart sein. Die Vollmacht der Apostel, das gleiche zu tun, was der Herr tat, soll keinerlei Einschränkung unterliegen (vgl. Joh 14,12). *Umsonst habt ihr's empfangen, umsonst gebt es auch (weiter):* Der Jünger ist nur »Mittelsmann« Gottes und darf um der Wunder willen, die er aus göttlicher Kraft ausübt, keinen finanziellen (und geistlichen) Verdienst ableiten, um die Reinheit der Motive nicht zu gefährden.

9.10 Sie sollten kein Geld und kein Gepäck mitnehmen, weil zum einen Eile not tat und zum anderen die Leute ihre Verpflichtung erkennen sollten, für den Unterhalt der Jünger zu sorgen; denn *ein Arbeiter ist seiner Speise wert.* Das Evangelium ist umsonst und allen zugänglich und auf keinen Fall ein Geschäft. Die ortsansässigen Gläubigen sollen ihrer Dankespflicht nachkommen und den Evangelisten auf ihren Wanderungen Gastfreundschaft gewähren (vgl. 1Kor 9,14; 1Tim 5,18). *Keine Schuhe, auch keinen Stecken:* Nach Mk 6,8f sind Schuhe und ein Stock ausdrücklich gestattet. Lukas geht mit Matthäus überein. Es ist möglich, daß hier ein aus einem anderen Zusammenhang stammender Spruch aus der Spruchüberlieferung (Q) verwandt wurde. Auf jeden Fall ist von den Jüngern eine demütige, zum Verzicht bereite Haltung und ein unbedingtes Vertrauen auf Gott erwartet. **11** *Der es wert ist:* Es ist nicht an ein Verdienst gedacht, sondern an Bereitwilligkeit, das Evangelium aufzunehmen und Gastfreundschaft zu gewähren. **12** Der Gruß beinhaltet wahrscheinlich den Friedenswunsch (vgl. V.13), wie es noch heute in Israel üblich ist (*Schalom*-Friede). **13** Auf diejenigen, die sich der Predigt aufschließen, kommt der Friede Gottes. Jesus ist so eng mit den Jüngern verbunden, daß ihre Ablehnung auch Entzug des Friedens bedeutet. **14** *Schüttelt den Staub von euren Füßen* ist Zeichen der völligen Trennung. Nicht einmal der Staub an den Füßen ist ihnen gemein. Diese Scheidung führt aber ins Gericht. **15** *Sodom und Gomorra* mit ihrer Weigerung, auf Gottes Boten zu hören, sind Inbegriff der Verdorbenheit und Sünde (1Mo 19,4-11; Hes 16,48-51; Mt 11,23f). Der *Tag des Gerichts* meint vermutlich den letzten Tag, doch mag darin zumindest ein versteckter Hinweis auf das kommende irdische Gericht in Gestalt der Schrecken des Jüdischen Krieges der Jahre 66-70 n.Chr. liegen. Daß das Gericht über Sodom und Gomorra weniger hart ausfällt, liegt am Erkenntnisstand. »Welchem viel gegeben ist, von dem wird man viel fordern« (Lk 12,48).

16 Die Wehrlosigkeit von *Schafen mitten unter den Wölfen* erfordert einerseits Klugheit im Vorgehen (die List der Schlange - vgl. 1Mo 3,1), darf aber andererseits nicht in unaufrichtige Raffinesse und Diplomatie verfallen (»ohne Falsch wie die Tauben«). **17** *Menschen* meint die von Gott gelöste und sich gegen ihn auflehnende Menschheit. *Geißeln:* In den Synagogen, wo die örtlichen Gerichte tagten, wurde auch die Geißelstrafe (üblicherweise 39 Hiebe) vollstreckt (2Kor 11,24). **18** Die Mission zieht automatisch Kreise über das Judentum hinaus. Die Zeugen werden vor die römischen Provinzgouverneure (Fürsten) und Könige wie den römischen Kaiser oder kleine Könige wie Herodes Agrippa II. als Angeklagte geführt (vgl. Apg 23,11; 25,11). **19** *Sorgt nicht:* Vgl. 6,25-34. Gottes Fürsorge nimmt die Angst vor materieller Not und gerade auch vor der Verteidigung und dem Zeugnis durch Worte. **21** Das Evangelium wird sogar Familien spalten (vgl. V.34-36). **22** Der allgemeine Haß, den diejenigen auf sich ziehen, die der Welt eine Botschaft der Liebe verkündigen, ist besonders schwer zu ertragen. Weil hier aber zwei Welten aufeinanderprallen, muß der Haß so groß sein. *Um meines Namens willen:* d.h., weil ihr mir gehört und Christen heißt (vgl. 1Petr 4,14), nicht aus anderen Gründen. *Bis ans Ende* ist doppeldeutig und meint das durch Verfolgung herbeigeführte Ende des persönlichen Lebens sowie das Ende der Zeit (vgl. 24,9.13.14).

23 ist ein äußerst schwieriger Vers. Albert Schweitzer gründete seine »konsequente Eschatologie« zu einem großen Teil darauf und meinte, Jesus erwarte seine Verklärung und sein Kommen mit den Wolken noch während seine Jünger jetzt unterwegs sind. Darin sei er dann gescheitert. Aber zum einen wußte Jesus, daß er den Sühnetod sterben sollte, zum anderen redet Jesus selbst davon, daß seine Wiederkunft durchaus in fernerer Zukunft liegen könnte (vgl. 13,24ff; 24,6.8.36ff; 25,1ff.14). Möglicherweise werden die Jünger deshalb nicht mit den Städten Israels zu Ende kommen, weil sich Israel verstockt. Erst mit der Wiederkunft Jesu gibt es neue Hoffnung auf die Bekehrung Israels. Inzwischen wenden sich die Boten an die Heiden. Diese Auslegung stimmt sowohl mit der Geschichte als auch mit der Schau des Apostels Paulus in Röm 11 überein. **24.25** erklären den Haß gegen die Apostel (vgl. Joh 15,18-21). Zu *Beelzebul* s. 12,22-32.

26 *Fürchtet euch nicht vor ihnen* bezieht sich wahrscheinlich nicht auf V.25, sondern ermutigt zur furchtlosen Predigt, wie sie in V.27 gefordert ist. **27** Was die Jünger im stillen Gespräch mit dem Meister hören, muß in die Öffentlichkeit hinaus. Das Fluchtdach der orientalischen Häuser eignet sich besonders gut als »Kanzel«. **28** *Derjenige, der Leib und Seele verderben kann in der Hölle* ist Gott, nicht der Teufel. Gottesfurcht hemmt den Missionssinn nicht, sondern fördert ihn. *Seele* steht hier für die menschliche Existenz, die auch nach dem Tode nicht endet. *Verderben* von Leib und Seele in der Hölle bedeutet nicht die Vernichtung der Existenz (vgl. Mk 9,44.46.48). Zu *Hölle* (Gehenna) s. 5,29. **29** Gott, der strenge Richter aller Menschen, ist auch ein liebender Vater für diejenigen, die ihm vertrauen (vgl. 6,26). *Groschen* (griech. *assarion*), ist der 24. Teil eines Denars. Ein Denar entspricht einem Tagelohn. **30** sagt nicht aus, daß den Aposteln »kein Haar gekrümmt« wird. Sie werden leiden, aber das ganze Leben ist von Gott bestimmt und geführt (vgl. 2Sam 14,11; Lk 21,18). **31** Vgl. 6,30. **32.33** Markus und Lukas reden in den Parallelstellen beide vom Menschensohn (Mk 8,38; Lk 9,26). Matthäus setzt für »Menschensohn« das Pronomen und zeigt damit, daß Jesus selber die Person ist, an der sich Heil und Verwerfung entscheiden. Das offene Bekenntnis ist ein wesentliches Kennzeichen der Jüngerschaft (vgl. Röm 10,9-11). *Meinem Vater* steht in Parallele zu »euer Vater« (V. 29), und dennoch hat das Verhältnis Jesu zu seinem Vater eine andere Qualität als das der Jünger zu Gott. »Unser Vater« (6,9) gilt für die Jünger, aber nicht ebenso für Jesus (»Darum sollt *ihr* also beten«, Mt 6,9).

34 Jesus trat als der Friedefürst auf, und *Frieden* auf Erden ist sein Endziel (vgl. Lk 2,14). Doch infolge der verschiedenartigen Reaktionen der Menschen auf das Evangelium ist das unmittelbare Ergebnis *das Schwert*, das Lukas zutreffend als »Zwietracht« deutet. Jesus ruft seine Jünger hier auf keinen Fall zu den Waffen. **35.36f** fußen auf Mi 7,5f, die die Entzweiung bis in die engen Familienverhältnisse beschreiben. Ursache ist nicht böse Absicht der Jünger, sondern Ablehnung Jesu durch die anderen. Die Abwendung von den Jüngern kann sich bis zu Feindschaft und Haß steigern. **37.38** ähneln Lk 14,25-27, wo der Komparativ »mehr liebt« sogar durch »hassen« ersetzt wird. *Meiner ... wert:* Nur die völlige Treue ist dem unermeßlichen Geschenk, Jesus anzugehören und sein Jünger zu heißen, angemessen. *Sein Kreuz auf sich nimmt:* Auch wenn es nicht von jedem abverlangt wird, gehört zur Nachfolge die Bereitschaft der Drangabe der ganzen Person bis zur letzten Konsequenz. **39** *Sein Leben* (griech. *psyche*) meint hier sein wahres Selbst. In paradoxer Redeweise zeigt Jesus, daß »Selbstfindung« nur durch Selbstaufgabe um Jesu willen zu finden ist. Überleben und ewiges Leben können so zu letzten Gegensätzen werden. V. 38.39 werden in 16,24f wiederholt.

40 zeigt die Würde ihrer Beauftragung als Apostel Jesu. Der Bote steht ganz für den, der ihn gesandt hat. **41** *Einen Propheten aufnimmt:* vgl. 1Kön 17,9-24; 2Kön 4,8-37. *Aufnehmen* wird äußere gastfreundschaftliche Aufnahme und Annahme der Botschaft meinen. *Gerechter* ist jemand, der in erster Linie durch sein Leben Zeugnis ablegt. Der *Prophet* wirkt vornehmlich durch das Wort. Zu Propheten und Gerechte s. 13,17. **42** *Geringen* bezieht sich wahrscheinlich nicht auf Gläubige niedrigen Standes, sondern ist allgemeine Bezeichnung der Jünger (vgl. Mk 9,41: »euch« statt »Geringer«). Die kleinste Freundlichkeit ist bedeutsam (vgl. 25,40).

11,1-12,50 Der Anspruch Christi

Auf den Missionsauftrag, der als Lehrrede in erzählendem Stil dargeboten wurde, läßt Matthäus zwei Kap. folgen, die Erzählung mit lehrmäßigem Inhalt verbinden. Die hier gesammelten Berichte sollen das Wesen der Messianität Jesu und den Unglauben Israels aufzeigen. Das Reich Gottes wurde Israel durch Johannes den Täufer (Kap. 3) und die Worte (Kap. 5-7) und Taten (Kap. 8 u. 9) Jesu und der Apostel (Kap. 10) verkündet. Matthäus zeigt, daß sich Israel besonders in Gestalt der Pharisäer dem Messias verweigert und daß somit der erste Schritt auf dem Weg zur Verkündigung des Evangeliums an die Heiden getan wird (12,18-21).

11,1-19 Jesus und Johannes

Nach einer Überleitung durch V. 1 folgt die Erzählung des Besuches der Johannesjünger bei Jesus und von Jesu Zeugnis über den Täufer. Dieser Abschnitt geht parallel mit Lk 7,18-35, ausgenommen V. 12.13, die Lk 16,16 ähneln.

1 Dieser Vers ist deutlicher mit dem vorangegangenen Kap. 10 als mit dem folgenden Abschnitt 11,2ff verknüpft (vgl. 7,28f). **2** Johannes war von Herodes Antipas gefangengesetzt (4,12) und laut Josephus in der am Ostufer des Toten Meeres gelegenen Festung Machaerus eingekerkert worden. Er wurde später auf Befehl des Herodes enthauptet (vgl. hierzu die Auslegung zu 14,1-12). Die *Werke Christi* ist die Ausdrucksweise des Evangelisten. Ob Jesus der Christus, der Gesalbte, war, stand für Johannes ja gerade in Frage. **3** *Der da kommen soll* war allgemeiner messianischer Ausdruck, der Ps 118,26 entnommen ist (vgl. 21,9). Johannes selber hatte von dem nach ihm Kommenden gesprochen (3,11). Er zweifelte nicht daran, daß der Messias kommen werde, sondern war sich lediglich über seine Identität nicht im klaren. Vielleicht erwartete Johannes, Jesus werde das Gericht bereits herbeiführen (vgl. 3,12) und ihn auch aus dem Gefängnis befreien. **4** Lukas berichtet von Heilungen, die »zu derselben Stunde« vollzogen wurden, als die Johannesjünger Jesus fragten. Doch Jesu Worte und Werke als Ganzes sind der Beweis.

5 Die genannten Taten sind spezifische Werke des erwarteten Messias, wie sie in Jes 29,18f; 35,5f; 61,1 u.a. geweissagt wurden. Durch sie soll Johannes Jesus als Gesalbten erkennen und daran erinnert werden, daß die Wirksamkeit des Messias wesentlich durch Erbarmen gekennzeichnet ist. **6** *Wer sich nicht an mir ärgert:* An Jesus konnte man zu Fall kommen, weil er nicht den Vorstellungen entsprach, die sich die Menschen vom Messias machten (vgl. 13,21.57; 15,12).

In **7-19** klärt Jesus sein Verhältnis zu Johannes und zeigt dessen Stellung in der Heilsgeschichte.

7.8 Johannes gehörte weder zu denen, die sich der Volksmeinung beugten, noch zu denen, die ein bequemes Leben suchten. **9.10** Er war *Prophet,* ein Mann, der sich mit Gerichtsworten und asketischem Lebenswandel in der Wüste gegen seine leichtlebigen Zeitgenossen stellte. Er war jedoch *mehr als ein Prophet,* weil er den Messias, von dem die anderen Propheten lediglich geredet hatten, sehen und erkennen durfte. Er war der Bote und Vorläufer, von dem Maleachi und Jesaja gesprochen hatten (Mal 3,1; Jes 40,3; vgl. 2Mo 23,20). **11** *Keiner ... der größer ist:* Wegen seiner ihm von Gott übertragenen Aufgabe ist er sogar über Mose und Elia gestellt. Dennoch gehört er zum alten Bund, und daher ist selbst *der Kleinste ... im Himmelreich ... größer als er.* Der Wiedergeborene des neuen Bundes ist Teil des Leibes Christi, was so im AT noch nicht galt (vgl. 13,16f). **12** ist einer der schwierigsten Verse des Evangeliums. Lk 16,16 lautet ähnlich, mag aber doch in einem anderen Zusammenhang gesprochen sein. *Leidet ... Gewalt* (ZÜ: »wird mit Gewalt erstrebt«) ist die Übersetzung des griech. *biazetai,* das die LÜ somit als passivische Form auffaßt. *Biazetai* als mediale Form aufzufassen und es mit »bricht sich Bahn mit Gewalt« zu übersetzen, paßt nicht zum negativen Klang des Nachsatzes »und die Gewalt tun, reißen es weg« (ZÜ: »... die gewaltsam Ringenden reißen es an sich«). Wahrscheinlich spielt Jesus auf die Zeloten an, die eine gewaltsame Herbeiführung des Gottesreiches erstrebten und wegen ihrer terroristischen Umtriebe oft Räuber genannt wurden. Der Beginn ihres Auftretens fällt etwa in die Tage der Geburt des Täufers. Einige ihrer Führer wie Theudas (Apg 5,36f) und ein sog. »Ägypter« (Apg 21,38) gaben sich selber als Messias aus. Demnach wendet sich Jesus gegen die gewaltsame Herbeiführung des Gottesreiches durch Unberufene, die es egoistisch an sich reißen. **13** begründet V.12. Die Zeit der Weissagung ist tatsächlich beendet, mit Johannes und Jesus bricht die Erfüllung an (3,2; 4,17). **14.15** finden sich nur bei Matthäus. Johannes war nicht etwa der reinkarnierte (wiedergeborene) Elia (vgl. 16,14; Joh 1,21), sondern er übte die von Maleachi (Mal 3,23) um 450 v.Chr. beschriebene Funktion eines Bußpredigers aus.

16 *Dies Geschlecht* sind die bevorrechteten Zeugen des Heilsgeschehens im neuen Bund. Aber anstatt im Glauben auf Johannes und Jesus einzugehen, verhalten sie sich wie bockige Kinder, denen nicht nach ihrem Willen geschehen ist. In anschaulichen Bildern aus dem Spiel der Kinder zeigt Jesus, wie falsche Erwartungen sowohl zur Ablehnung des Täufers als auch seiner selbst führten. **17** Mißgestimmt und unwillig wollte man weder mit Jesus »Hochzeit« noch mit Johannes »Beerdigung« »spielen«. **18.19** Zum Problem des Fastens vgl. 9,14-17, zu Jesu Umgang mit Sündern vgl. 9,10-13. *Und doch ist die Weisheit gerechtfertigt worden aus ihren Werken:* Lukas schreibt statt »Werke« »Kinder« (Lk 7,35), was inhaltlich keinen großen Unterschied ergibt. Sowohl die »Werke« als auch die »Kinder«, an denen sie sichtbar werden, sind Beweise für die guten Früchte, die aus der Predigt des Täufers und Jesu erwachsen. *Gerechtfertigt* bedeutet »als wahr erwiesen«, wenngleich dies erst auf lange Sicht geschehen mag. Die *Weisheit* ist Gottes Weisheit (vgl. Lk 11,49). (Weitere Ausführungen über Johannes s. Mt 3,1-17; 14,1-12; 21,23-32.)

11,20-30 Verweigerung und Angebot des Evangeliums

Dieser Abschnitt enthält einen Weheruf über die Städte Galiläas, die sich der guten Botschaft vom Reich verweigerten (V.20-24; vgl. Lk 10,13-15), ein Dankgebet an Gott für die Offenbarung der Wahrheit an Unmündige (V.25-27; vgl. Lk 10,21f) und abschließend ein Angebot der Gnade an alle Beladenen, sich Christus zu öffnen (V.28-30); letzteres ist Sondergut des Matthäus.

20 Jesus hat wohl *die meisten seiner Taten* in einem kleinen Gebiet am Nordende des Sees Genezareth vollbracht (vgl. 4,18; 5,1; 8,1.5.14; 9,1.9.18.27). **21** *Chorazin* lag rund 5 km nördlich von Kapernaum und *Betsaida* westlich der Jordanmündung. *Tyrus und Sidon* waren phönizische Städte, die dem AT als Inbegriff der Habsucht und des geistlichen Hochmuts galten (Jes 23; Hes 26-28). **22** *Tag des Gerichts* bezieht sich, wie in 10,15, sowohl auf ein zeitliches als auch auf das endzeitliche Gericht. **23** Jesus spielt auf Jes 14,12-15 an, wo der Fall Babels beschrieben wird und der evtl. auch den Fall Luzifers andeutet (s.a. die ähnliche Bezugnahme auf Tyrus in Hes 28,2-8). Das durch eigenes Verschulden heraufbeschworene Schicksal von Kapernaum, Jesu eigener Stadt (4,13; 9,1) wird schlimmer sein als das der

Feinde des Gottesvolkes Israel. *Sodom* war ebenfalls für seine Verderbtheit und seine Auflehnung gegen Gott bekannt (1Mo 19,1-29; Mt 10,15).

25-27 Der Stil dieses Spruchs ähnelt stark dem des Johannesevangeliums (vgl. Joh 3,35; 17,2). Man hat ihn »einen Findling aus johanneischem Gestein« genannt. Zwar neigen viele Ausleger dazu, ihn wegen dieser Ähnlichkeit für sekundär zu erklären und damit spät zu datieren, doch könnte man ebensogut behaupten, daß er einen wichtigen Beleg dafür liefert, daß Jesus in dem im Johannesevangelium benutzten Stil gelehrt haben könnte und daß damit der Zusammenhalt aller vier Synoptiker wesentlich größer als angenommen wäre. Die Ausdrücke »Vater« und »Sohn« werden auch in 24,36 absolut gebraucht und beschreiben das einzigartige Verhältnis zwischen Gott und Jesus. Der *Vater* hat absolute Vollmacht im *Himmel* und auf der *Erde* und teilt diese mit dem *Sohn* (vgl. 28,18). In seiner Souveränität hat er beschlossen, *das* (den Sinn der Worte und Taten Christi) *den Weisen und Klugen* (das sind diejenigen, die nach menschlichen Maßstäben dazu zählen) zu verbergen. Er offenbart es hingegen den *Unmündigen* (griech. »Kindern«), also denjenigen, die in geistlicher Hinsicht genügend abhängig und demütig sind, um es in sich aufzunehmen (vgl. 5,3; 18,3). **27** *Alles* schließt die Vollmacht Jesu im eschatologischen Geschehen sowie die gegenwärtige Gabe der Gotteserkenntnis ein, die nur durch Christus vermittelt wird. *Kennen* (ZÜ: »erkennen«) geht über den Bereich des intellektuellen Erfassens hinaus und beschreibt ein gegenseitiges Verhältnis, das von Einheit und Liebe gekennzeichnet ist (vgl. Joh 17,3). Die Souveränität des Vaters und des Sohnes wird durch das Wort *(offenbaren) will* ausgedrückt. Zur Offenbarung des Sohnes durch den Vater s. 16,16f.

28-30 Der Ruf Jesu ähnelt der Einladung der Weisheit, wie sie beispielsweise in Spr 1,20ff; 8,1ff und auch in der jüdischen Weisheitsliteratur (Sir 51,23ff) ergeht. *Kommt her zu mir* ist nach Jes 55,1-3 das Angebot Gottes. *Alle:* Die Einladung des Herrn gilt ohne Einschränkung. *Mühselig und beladen* sind nach Mt 5,6 die nach Gerechtigkeit Hungernden und nicht alle, die sich abmühen. Die verheißene *Ruhe* (vgl. 2Mo 33,14; Ps 23; Hebr 4,9ff) ist nicht bloße Untätigkeit, sondern bedeutet Unterstellung unter die Gottesherrschaft, das neue *Joch.* Das Joch des Gesetzes (und der selbstgewählten Frömmigkeit), wie die Rabbiner es nannten (vgl. *Pirqe Aboth* 3,5), erwies sich wegen seiner harten und strengen Forderungen als schwer und lästig (vgl. 23,4). Die Annahme des Joches Christi (seiner *halaka,* der sittlichen Lehre) ist wegen des Charakters seiner Persönlichkeit etwas ganz anderes. Wie der leidende Gottesknecht ist er *sanftmütig und von Herzen demütig* (vgl. Jes 42,2f; 53,6f). Trotz der radikalen Ansprüche an das Leben seiner Jünger (vgl. 10,39), ist sein Weg paradoxerweise der leichte. Das ist das Wunder des göttlichen Angebots.

12,1-14 Jesus und der Sabbat

Zu diesem Abschnitt vgl. Mk 2,23-3,6; Lk 6,1-11. Die Sabbatvorschriften waren ein Bereich, in dem das Joch des Gesetzes in der strengen Auslegung der Pharisäer besonders schwer drückte. In den beiden nachfolgenden Berichten begegnet Jesus menschlicher Not durch Speisung von Hungernden und durch Krankenheilung. Das ganze Kapitel ist gekennzeichnet von der Auseinandersetzung Jesu mit den Pharisäern. Da sie die führende Schicht bildeten, entschied sich praktisch an ihrer Stellung zu Jesus der Fortgang seiner Mission an Israel.

1.2 Im Kornfeld eines anderen *Ähren auszuraufen,* war im AT grundsätzlich erlaubt (5Mo 23,26), doch hatten es die Rabbiner für den Sabbat verboten, weil es gegen das Verbot der Ernte und der Essenszubereitung verstieß *(Mischna Schabbat 7).* **3.4** Der Bericht darüber, wie David die den Nachkommen Aarons vorbehaltenen *Schaubrote* aß, findet sich in 1Sam 21,1-6. Jesus begründet damit, daß man in der Not auch Schaubrote essen und somit auch am Sabbat Ähren raufen darf. Jesus übertrat keinesfalls ein Gesetz des AT! **5** *Die Priester* mußten auch am Sabbat etliche Opfer darbringen (4Mo 28,9f), ohne daß sie sich dabei versündigten. Der Gottesdienst durch Opfer geht dem Sabbatgebot vor. **6** *Größeres* ist das Reich Gottes in der Person Jesu. Wenn David als Abbild Jesu in einer Notlage Schaubrote aß und wenn der Tempeldienst Vorschattung auf Christus ist, hat er dann nicht die Vollmacht, auch am Sabbat um der Menschen willen zu handeln? **7** Das Zitat aus Hos 6,6 (vgl. 9,13) zeigt, daß Barmherzigkeit höher steht als formale Einhaltung von Gesetzen, besonders von selbst aufgestellten. *Unschuldigen:* Sie sind es nach dem Gesetz des AT, wenn auch nicht nach Auffassung der Rabbiner. **8** Der Zusatz in Mk »Der Sabbat ist um des Menschen willen geschaffen . . .« ist bei Matthäus und Lukas ausgelassen. *Der Menschensohn* ist der in Dan 7,13ff beschriebene endzeitliche Erlöser. Damit verfügt er auch souverän über den Sabbat. V. 8 setzt somit die Aussage von V. 6 fort. **9** Trotz der Anfeindung durch die Pharisäer geht er in ihre Synagoge. **10** Der *Mensch* war für die Pharisäer uninteressant. Er diente dazu, Jesus zu einem Gesetzesbruch zu provozieren. *Verdorrte Hand* (ZÜ: »erstorbene«, d.h. lahme Hand): Es galt nach Gesetzesauslegung der

Pharisäer als *erlaubt, am Sabbat zu heilen,* wenn Lebensgefahr bestand. Doch in diesem Fall hätte man ohne Schaden den nächsten Tag abwarten können. **11.12** Nur Matthäus bringt diese Argumentation, doch vgl. Lk 13,15; 14,5. Die Pharisäer gestatteten die Rettung eines Tieres, während in der Sekte von Qumran die Regel galt: »Niemand soll Vieh, ... wenn es in einen Brunnen fällt oder in eine Grube, ... am Sabbat wieder herausholen.« Jesus erweist nun mit einem Argument a fortiori (Schluß vom Niedrigen auf das Größere), daß es richtig ist, *am Sabbat Gutes zu tun,* obwohl es sich nicht um einen Notfall handelt. **14** Markus berichtet, daß die Pharisäer *einen Rat* mit den Herodianern *hielten.* Die führenden Repräsentanten dieser beiden sehr unterschiedlichen Parteien waren sich in der Absicht einig, den Heilsbringer und Lebensspender *umzubringen.* Daß die Pharisäer auf Jesu Argumentation nichts entgegnen konnten, zeigt, daß Jesus fest auf das AT gegründet ist.

12,15-37 Weitere Heilungen und Auseinandersetzungen mit den Pharisäern

Die in V. 15.16 berichteten Ereignisse sind sehr viel kürzer als in der Parallelstelle in Mk 3,7-12 (vgl. Lk 6,17-19) gehalten. V. 17-21 sind Schriftzitat, das nur Matthäus überliefert. Zu V. 22-32 vgl. Mk 3,22-30; Lk 11,14-23; 12,10; zu V. 33-37 vgl. 7,16-20; Lk 6,43-45. Das von den Pharisäern geschmiedete Komplott führt Jesus nur zu weiteren Heilungen und zur weiteren Begründung seines Tuns anhand des AT. Die Behauptung, Jesu Heilungen seien vom Teufel inspiriert, führt zu einem heftigen Zusammenstoß mit den Pharisäern und schließt mit einer ernsten Warnung vor der Sünde wider den Geist.

15 Die Kenntnis des gegen ihn gerichteten Komplotts veranlaßte Jesus, weiterzuziehen. Vgl. die Begründung in Joh 7,30; 8,20. Wiederum folgt ihm eine große Volksmenge, und wiederum übt er seine Heiltätigkeit ohne Einschränkung aus (vgl. 8,16). Auch das Bestreben Jesu, kein unnötiges Aufsehen zu erregen, ist nicht neu (vgl. 8,4; 9,30). **17** kündigt ein Erfüllungszitat an, das in **18-21** als Jes 42,1-4 (hauptsächlich in Anlehnung an den hebr. Text) aufgeführt ist. Wahrscheinlich spielt Jesus sowohl bei seiner Taufe (3,17) als auch bei seiner Verklärung (17,5) darauf an. Mit diesem wichtigen Zitat begründet Jesus seine göttliche Erwählung *(den ich erwählt habe),* seine Vollmacht *(meinen Geist auf ihn legen)* und seine Sendung an die Ausgestoßenen und Notleidenden (V. 20), die bis zu den Nationen *(Heiden)* reicht. *Mein Knecht* kann im AT Israel als Ganzes, den gläubigen Rest und besonders dann den Messias meinen, wie es in den vier Knechtgottesliedern bei Jesaja der Fall ist. Jedenfalls schließt der Ausdruck »Knecht« jede Eigenwilligkeit Jesu gegenüber dem Vater aus. Er handelt im Auftrag. *Er wird nicht streiten noch schreien* erklärt, daß Jesus nicht auf Streit aus war und auch keine marktschreierischen Methoden gebrauchte, um die Masse und hier besonders die Pharisäer von seiner Messianität zu überzeugen. *Das Recht hinausführt zum Sieg:* Trotz aller Todespläne der Feinde, ja gerade auch mit ihnen, kommt Christi Sendung zum Ziel. Durch seinen Tod am Kreuz wirkt er die Rechtfertigung, und durch sein Wort in der Mission der Jünger läßt er sie bis ans Ende der Welt ausrufen. Seine Wiederkunft vollendet den Sieg.

22 Allein Matthäus berichtet, daß der *Stumme* auch *blind* war. **23** Daß sich die Volksmenge fragte, ob Jesus *Davids Sohn* (vgl. 9,27) sei, zeigt die große Anerkennung, die Jesus unter dem einfachen Volk genoß. **24** Böswilligkeit findet für jedes Gute eine verdrehte Erklärung. *Beelzebul* kommt wahrscheinlich von *ba'al zebul* und bedeutet »Herr des Hauses« oder »erhabener Herr«. In 2Kön 1,2 heißt die Gottheit Ekrons »Baal-Sebub« oder »Herr der Fliegen«, wobei der Name vermutlich die Geringschätzung durch die Hebräer zum Ausdruck bringen will. Auch eine Verbindung von (Beel-)*zebub* mit dem hebr. *zebel* (Dung) ist vorgeschlagen worden. Jedenfalls bezeichnet der Name im jüdischen Sprachgebrauch keine Gottheit, sondern den *Obersten* der *bösen Geister.* **25.26** Jesus führt ihre Gedanken durch eine einfache aber klare Überlegung ad absurdum.

27 Eine weitere beweiskräftige Widerlegung ihrer Anschuldigung ist die Tatsache, daß die *Söhne* (die Schüler oder Jünger) der Pharisäer ebenfalls böse Geister austrieben, wenn auch möglicherweise mit sehr viel weniger Erfolg als Jesus (vgl. Apg 19,13-16), und sie nicht als im Pakt mit dem Bösen bezichtigt werden. Die Praxis der Schüler richtet die Pharisäer. **28** Der *Geist Gottes* (Lk 11,20: Finger Gottes) liegt auf dem Messias (Jes 11,2; 42,1; Sach 4,6; 12,10) und gibt ihm die Vollmacht über böse Geister. Die Wunder Jesu sind hoffnungsvolle Zeichen der großen Erlösungstat des neuen Bundes. *Ist zu euch gekommen:* Das griech. Wort *(ephthasen)* drückt aus, daß das Reich schon gekommen ist. Es ist zwar soeben gekommen, aber noch nicht in seiner Fülle. Zur ganzen Offenbarung seiner Macht bedarf es noch des Kreuzes und der Auferstehung. **29** Durch seine Wirksamkeit, seinen Tod und Auferstehung bindet Jesus Satan geistlich, bis er ihn am Ende der Zeit gänzlich besiegt (Offb 20,10). Dem »Herrn des Hauses« (Beelzebul) wird er den *Hausrat rauben,* d.h., daß Christus Gebundene aus der Herrschaft Satans befreit. **30** Der Kampf gegen Satan erfordert völlige Hingabe an die Sache Christi. Jesus warnt die Pharisäer davor, nicht zu denen zu gehören, die *nicht mit mir* sind. Die umgekehrte Aussage in Mk 9,40 und Lk 9,50 warnt die Jünger in anderem Zusammenhang vor Eifersucht und Engherzigkeit.

31 *Die Lästerung gegen den Geist* ist das vorsätzliche und dauernde Widerstreben gegen das Reden des Heiligen Geistes (vgl. Mk 3,30). Die Pharisäer erkannten die Wahrheit, verweigerten ihr bewußt den Gehorsam und verdrehten sie zu ihrer Rechtfertigung. Daß sie die unvergebbare Sünde bereits begangen haben, wird nicht gesagt. Jesus warnt davor. Sie *wird nicht vergeben*, weil sich diejenigen, die darin beharren, in eine innere Verhärtung begeben, in der sie das Reden des Geistes und damit das Angebot der Gnade nicht mehr vernehmen (vgl. Joh 3,19f). **32** Der *Menschensohn* kann in seiner Göttlichkeit verkannt werden, doch wer gezielt und beharrlich das Reden des Geistes im Gewissen unterdrückt, nimmt sich jede Chance zur Umkehr. **33** Die Natur des *Baumes* bestimmt *seine Frucht*. Mit diesem Bildwort bereitet Jesus V. 34 vor. **34** Die bösen Worte der Pharisäer sind das unvermeidliche Ergebnis ihres bösen Charakters. Weil das, was das Herz erfüllt, nach außen drängt, geben sich die Pharisäer selber zu erkennen. Als *Schlangenbrut* werden sie auch in 3,7 und 23,33 bezeichnet. **36.37** Oft entlarvt das *nichtsnutzige Wort* den wahren Charakter eines Menschen. Diese hohlen und leeren Worte der Pharisäer über Jesus werden im Gericht darüber entscheiden, ob sie *gerechtfertigt* oder *verdammt* werden müssen.

12,38-50 Gegen die Zeichenforderung der Pharisäer. Jesu wahre Verwandte

Vgl. in diesem Abschnitt V. 38-42 mit Lk 11,16.29-32; V. 43-45 mit Lk 11,24-26; V. 46-50 mit Mk 3,31-35 u. Lk 8,19-21. In V. 38-42 verweigert Jesus ein Wunder zum Erweis seiner Messianität, da den Pharisäern ohnehin die Bereitschaft zur Buße fehlte. Die sich unter Johannes abzeichnende Hinwendung zu Gott verkehrt sich durch die Ablehnung Jesu in um so größere Verderbtheit (V. 43-45). Die Verwerfung Jesu durch die jüdische Volksgemeinschaft führt zu einer neuen Gemeinschaft der Glaubenden und Gehorchenden, womit Jesus auf die Heidenmission und die ntl. Gemeinde anspielt (V. 46-50).

38.39 Das *Zeichen*, das die Pharisäer fordern, sollte ein unzweideutiger Beweis für die göttliche Sendung Jesu sein. Jesus weigerte sich (vgl. 4,5-7; Joh 4,48; 1Kor 1,22), weil er bereits viele solcher Wunder (bei Joh: »Zeichen«) getan hatte und die mangelnde Bereitschaft zum Glauben auch durch außergewöhnlichste Taten nicht zu überwinden ist (Lk 16,30f). Wegen dieser Gott abgewandten Haltung nennt Jesus sie das *abtrünnige Geschlecht*. *Das Zeichen des Propheten Jona* ist das letzte barmherzige Reden Jesu und deutet auf die zentralen Heilsereignisse der Passion. **40** Die Zeit *im Bauch des Fisches* deutet Jesus auf seinen Tod. Die zeitliche Begrenzung (drei Tage und Nächte) deutet die Auferstehung Jesu an. Gerade seine Auferstehung ist das große Zeichen seiner Messianität (vgl. Apg 2,24ff; 1Kor 15,4ff). *Drei Tage und drei Nächte* ist eine semitische Redewendung, die eine ungefähre Zeitangabe macht (vgl. im Deutschen: ein paar Tage) und nicht genau 72 Stunden meint. Deshalb besteht kein Widerspruch zur Auferstehung Jesu *am dritten Tage* (16,21; 27,63). **41** *Die Leute von Ninive* waren Heiden und Feinde Israels, aber sie reagierten auf die einfache Predigt Jonas. *Mehr* umfaßt Person und Werk Jesu (vgl. 11,9; 12,6). **42** *Die Königin vom Süden* trieb die Sehnsucht nach Wahrheit zu der langen Reise von Saba in Arabien nach Jerusalem (1Kön 10,1-10). Die Menschen *dieses Geschlechts* verweigerten sich dagegen einer viel größeren Offenbarung der Wahrheit, die zudem noch mitten unter ihnen geschah.

43-45 Dem Kontext und der Erklärung in V. 45 nach, bezieht Jesus diesen Vergleich auf das Volk als Ganzes, wenn die darin enthaltene Wahrheit natürlich auch für den einzelnen gilt. Die durch Johannes hervorgerufene Reformbewegung brachte zwar eine gewisse Offenheit für die Person Jesu, blieb aber in der Oberflächlichkeit stecken. Diese Reue ohne Erfülltsein vom Geist Gottes führt zu einem Rückfall in einen sehr viel schlimmeren geistlichen Zustand als zuvor. Die *dürren Stätten* der Wüste galten als die Wohnorte von Dämonen. **46-50** Nachdem das in 12,1-45 beschriebene Ringen Jesu mit den Pharisäern und dem Volk mit der Verwerfung seiner Person endet (V. 45 Schluß), weist Jesus auf den Kreis von Menschen, die innerlich mit ihm verbunden sind. Die »Gemeinde« des Messias besteht nicht aus natürlich mit ihm Verwandten, sondern aus Glaubenden. *Seine Brüder* sind leibliche Geschwister Jesu, also Kinder von Josef und Maria. *Wer ist meine Mutter* entwürdigt nicht Maria, sondern weist auf eine tiefergehende Verwandschaft. *Wer den Willen tut des Vaters im Himmel*, gehört zur geistlichen Familie Jesu (vgl. 5,44f; 6,9f; Lk 11,28), die damit den Rahmen der leiblichen Verwandtschaft und der Zugehörigkeit zum Judentum sprengen kann und unwillkürlich in die ntl. Gemeinde aus Juden und Heiden einmündet.

13,1-52 Die Reich Gottes-Gleichnisse

In dem vorausgegangenen Kap. 12 beschrieb Matthäus die Verwerfung Jesu als Messias durch die Pharisäer und auch durch das Volk (vgl. 13,15) und scheint mit Kap. 13 in seinem Evangelium eine innere Wende andeuten zu wollen, die mit und durch die Botschaft von sieben Reich Gottes-Gleichnissen eingeleitet wird. Der mutmachende Aufruf zur Buße um des nahe herbeigekommenen Reiches willen wurde nicht gehört. Deshalb wendet sich Jesus in Gleichnissen an seine Jünger und beschreibt ihnen das Wesen des Reiches Gottes und die Bedingungen, unter denen Anteil daran zu gewinnen ist. Charakteristisch für diese neue Blickrichtung nach der Verwerfung Jesu ist die erstmalige Verwendung von Gleichnissen, während in den vorangegangenen Kapiteln fast ausschließlich nur kurze Bildworte gebraucht wurden (Vgl. 7,24ff; 11,16ff). In 13,10-17 erklärt Jesus aber die Doppeldeutigkeit seiner Gleichnisse, die nicht nur erhellen, sondern auch verdunkeln sollen, somit Offenbarung und Verhüllung zugleich sind (s. dazu unter 13,10-17). Nach 13,11 offenbaren sie »das Gleichnis des Himmelreiches«, das darin besteht, daß zwischen der gerade geschehenen Verwerfung Jesu und der endzeitlichen Anerkennung durch sein Volk, das Reich dennoch, und zwar in der in Kap. 13 beschriebenen Weise, besteht und wirksam wird.

Auch Markus und Lukas fassen eine Reihe von Gleichnissen in einem Abschnitt zusammen (Mk 4; Lk 15). Ebenso wird Mt 13 eine Sammlung von wahrscheinlich nacheinander und zu verschiedenen Gelegenheiten gesprochenen Gleichnissen sein, die aber wohl in demselben Zeitraum anzusetzen sind. Zum Verständnis eines Gleichnisses gehört das Herausarbeiten der Kernaussage (der »springende Punkt«), da nicht - wie in einer Allegorie - alle Details mit einer geistlichen Bedeutung belegt sind.

Das Gleichnis vom Sämann, seine Erklärung sowie die Ausführungen Jesu über den Zweck von Gleichnissen generell, finden ihre Parallele bei Markus (Mk 4,1-20; vgl. Lk 8,4-15; zu V. 16f vgl. indes Lk 10,23f). Das Gleichnis vom Unkraut im Acker (V. 24-30) und seine Erklärung (V. 36-43) sind Sondergut von Matthäus. Das »Senfkorn« (V. 31f) findet sich bei Markus und Lukas (Mk 4,30-32; Lk 13,18f), der »Sauerteig« (V. 33) bei Lukas (Lk 13,20f) und die Erklärung Jesu über den Zweck von Gleichnissen führt auch Markus - um ein Zitat erweitert - auf (V. 34f; vgl. Mk 4,33f). Die Gleichnisse vom Schatz im Acker (V. 44), der Perle (V. 45f) und dem Netz (V. 47-50) sowie die Schlußverse (V. 51f) sind Sondergut.

1-9 Auf den ersten Blick könnte man den Sämann, der auf so unterschiedlichen Grund sät, für ungeschickt halten. Aber in Palästina wurde zuerst mit der Hand gesät und danach untergepflügt. So kann der Same auf einen ausgetretenen Pfad, der über den Acker geht oder in Dornen hingeworfen werden. Der Same wurde dann ja untergepflügt. Das Felsige konnte vom Sämann wegen der dünnen Erdschicht nicht erkannt werden. Zur Auslegung des Gleichnisses s. V. 18-23. **10-15** *Warum redest du zu ihnen in Gleichnissen?* Den Jüngern ist die neue Art der Verkündigung also aufgefallen. *Gegeben* erläutert, daß das Verstehen eine göttliche Gabe ist und dem Menschen allgemein nicht einfach zugänglich. Die umgekehrte Schlußfolgerung *»diesen aber ist's nicht gegeben«* zieht nur Matthäus. V. 12 findet sich in anderem Zusammenhang in Mk 4,25 (vgl. auch Mt 25,29; Lk 19,26; 8,18). In Gottes Handeln liegt nicht etwa eine Ungerechtigkeit, da das Haben und Nicht-Haben die selbstverantwortliche Anerkennung oder Ablehnung des Messias voraussetzt. Wer Gottes Angebot ausschlägt, ist »arm dran«. *Denn mit sehenden Augen sehen sie nicht:* Markus und Lukas setzen statt »denn« ein »damit«, was beide Male auf dasselbe Wort der aram. Fassung zurückgehen könnte. Der Sinn ist der gleiche und zeigt den enthüllenden und verhüllenden Charakter der Gleichnisrede auf. Nur Matthäus zitiert Jes 6,9f. Nicht das Gleichnis an sich führt zum Unverständnis, sondern nach V. 15 das verstockte Herz, das zwar hinhört, aber selbstverschuldet zum Verstehen unfähig ist. **16.17** sind eine Seligpreisung der Jünger, die gegenüber den Heiligen des alten Bundes bevorrechtet sind (vgl. Hebr 11,39f) und die Erfüllung der atl. Weissagungen erleben dürfen. **18-23** geben Jesu Erklärung des Gleichnisses vom Sämann wieder. Der Sämann und die Saat, Jesus und sein göttliches Wort, sind in allen Fällen gleich. Die unterschiedlichen Menschentypen und deren Reaktion auf das Wort führen zu den verschiedenen Ergebnissen. Die Nachlässigen, Oberflächlichen und weltlich Gesinnten erlangen die Gottesherrschaft nicht. Der *Böse* ist nicht untätig (vgl. 6,13) und benutzt *Bedrängnis* und *Verfolgung* (vgl. 24,9-13) sowie *Sorgen* und Freude (vgl. 19,23f) zur Vernichtung der Frucht. Der Sämann, ob zuerst Jesus oder später seine Jünger, kann sicher sein, daß viel von seinem Samen ohne Frucht bleiben wird; er erlebt aber ebenso reiche Ernte bei den Menschen, die aufgeschlossenen Herzens sind.

24-30 *Das Himmelreich gleicht einem Menschen:* Nicht der Mann, sondern die Situation, in der er sich befindet, ist der Vergleichspunkt. Dem Sämann und seiner Ernte steht *sein Feind* entgegen, der das Tageslicht scheut und Unkraut sät. *Unkraut* ist der giftige Taumellolch, der erst in einer späten Reifephase als solcher erkannt werden kann, weil er dem Weizen täuschend ähnlich sieht. *Das hat ein Feind getan* (V. 28) erklärt, daß das Böse auf keinen Fall vom Hausherrn kommt. *Willst du denn, daß wir ... es ausjäten?* Dieser Vorgang hätte wegen der Vermischung von Frucht und Scheinfrucht die Vernichtung eines großen Teiles des Weizens bedeutet. Die ganze Ernte soll eingebracht werden. *Bis zur Ernte* zeigt, daß die Zeit für eine Scheidung erst reif werden muß. Zur Auslegung des Gleichnisses s. V. 36-43. **31.32** Das Gleichnis vom Senfkorn zeigt das erstaunliche Wachstum des Reiches Gottes an. Das *Senfkorn* ist nur stecknadelskopfgroß, wächst aber bis zu einem 3 Meter hohen Baum heran. Es ist Bild für etwas winzig Kleines (vgl. 17,20). Die *Vögel* sind nicht etwa Symbol für das Böse, das das Reich stören will, sondern weisen auf Völker, die an den Segnungen des Reiches Anteil haben werden (vgl. Dan 4,9.11; Hes 17,23; 31,6). Somit weist das Gleichnis prophetisch auf das weltweite Wachstum der Gemeinde, die Menschen aus allen Völkern zum Ort der Bergung und der Segnung werden wird. **33** Obwohl an vielen Stellen der Schrift Sauerteig in einem negativen Sinn gebraucht wird (2Mo 12,15; Mt 16,6; Gal 5,9), gibt Jesus ihm hier eine positive Bedeutung; andernfalls müßte man das Reich Gottes zu einer Mischung von Gut und Böse erklären. Zum Reich gehören aber nur wiedergeborene Menschen. Ging es im Gleichnis vom Senfkorn um das Wachstum des Reiches, so redet der Sauerteig von der Wirkkraft, die im Wort vom Reich steckt. Wie Sauerteig das Mehl, so durchdringt das Evangelium unaufhaltsam diese Welt. *Ein halber Zentner* (hebr. seah) entspricht etwa 40 l.

34.35 erklären erneut den Gebrauch von Gleichnissen mit einer atl. Weissagung (vgl. 13,14ff). Für Matthäus gilt Asaph, von dem das Zitat stammt (Ps 78,2), als Prophet (vgl. 1Chr 25,2), wie überhaupt das NT die Psalmen wesentlich als Prophetie auf Christus versteht. *Vom Anfang der Welt:* »der Welt« findet sich nicht in den ältesten Hss., deutet aber die Aussage des Psalmes richtig. Jesus offenbart in Gleichnissen den Willen des ewigen Gottes. **36-43** erklären das Gleichnis vom Unkraut im Acker. Zunächst rechnet Jesus realistisch mit dem Angriff des Bösen. Der *Acker* beschreibt diese Welt, nicht etwa die Gemeinde, die sonst zu einem unentwirrbaren Gemisch von Gut und Böse würde. Diese gesamte Welt geht in einer Art Reifungsprozeß auf ihre Ernte, das Gericht, zu. *Kinder des Reichs* und *Kinder des Bösen* stehen im Gegensatz, eine dritte Möglichkeit ist ausgeschlossen. Das *Ende der Welt* ist das Ende des gegenwärtigen Zeitalters, das die jetzige Epoche der Heilsgeschichte darstellt. Dann wird die Scheidung von Weizen und Unkraut geschehen. *Seine Engel senden, und sie werden sammeln:* Engel werden als starke Helden bei der Durchführung des Gerichtes beteiligt sein (vgl. Offb 14,14ff). Für die einen bedeutet es Qual und Pein (vgl. 8,12; 22,13; 35,30), weil sie Christus verwarfen, für die anderen Verklärung, die als *Leuchten wie die Sonne* beschrieben wird.

44-46 Die beiden Gleichnisse beschreiben nicht die Erniedrigung Jesu, in der er alles um der Erlösung willen drangab, sondern sie stellen den alles überragenden Wert des Gottesreiches heraus, für das kein Preis zu hoch ist (vgl. 16,24-27). Der *Schatz im Acker* ist konkret die Nachfolge Jesu, die erst gefunden und dann entschlossen ergriffen werden muß. Das Motiv ist *Freude.* Mit ihr läßt sich aller bisherige Besitz hingeben. Das Gleichnis von der Perle drückt die gleiche Wahrheit aus. Wenn sich die beiden Gleichnisse überhaupt voneinander unterscheiden, dann vielleicht daran, daß der Schatz im Acker zufällig gefunden wurde, während der Kaufmann gezielt nach der Perle suchte. **47-50** Nach 13,1 hält Jesus seine Rede am See Genezareth. Daher ist das Bild vom Fischnetz besonders eindrücklich. *Netz* ist das Schleppnetz, das von einem Schiff ausgelegt und dann von Land aus an das Ufer gezogen wird. Der Fang ist natürlich bunt gemischt. Der Sinn des Gleichnisses ähnelt dem vom Unkraut unter dem Weizen. Das Gemisch von Gut und Böse wird *am Ende der Welt* entflochten. Zu *Engel* und *Feuerofen* s. 13,41-42. **51.52** Jesus liegt daran, daß die Jünger verstehen und nicht einfach auswendig lernen, was er ihnen vorsagt. Jesus vergleicht seine Jünger mit *Schriftgelehrten,* die durch ihre Hingabe an ihn im positiven Sinn Gelehrte der Schriften wurden. Dieser gewonnene *Schatz* der Erkenntnis weiß um die Unterschiede zwischen altem und neuem Bund und kennt auch ihren tiefen inneren Zusammenhang. Die Jünger werden später als *Hausväter,* d.h., als Verantwortliche in Gemeinde und Mission, diese Zusammenhänge von AT und NT weitervermitteln können.

13,53-17,27 Die Verwerfung des Christus

Nach diesen Gleichnissen, in denen es um Glauben und Unglauben geht, schildert Matthäus die Verschärfung des Konfliktes mit den jüdischen Führern, der mit der endgültigen Verwerfung Jesu und seinem Tod endet. Bis auf die Einfügungen 14,28-31 (der sinkende Petrus auf dem See); 15,12-14 (Urteil über die Pharisäer); 16,17-19 (die Verheißung an Petrus) und 17,24-27 (die Tempelsteuer) verläßt

Matthäus die Markuserzählung nicht. Bemerkenswert ist, daß in drei dieser vier Passagen Petrus eine herausragende Rolle spielt. Dieser Abschnitt des Evangeliums zeigt auf der einen Seite eine aufsteigende Linie von den Wundern Jesu über das Christusbekenntnis zum Höhepunkt seiner Verklärung und auf der anderen Seite eine abfallende Linie, die durch seine Verwerfung zu Hause, den Tod des Täufers, Streitgespräche mit den Pharisäern, Treulosigkeit der Jünger und die Ankündigungen seiner Leidenszeit und seines Todes gekennzeichnet ist.

13,53-14,12 Die Verwerfung Jesu in Nazareth und das Ende Johannes des Täufers

Zu diesem Abschnitt vgl. Mk 6,1-6a.14-19; Lk 9,7-9. Matthäus lehnt sich bei der Verwerfung Jesu in Nazareth eng an Markus an, berichtet jedoch über die Enthauptung Johannes des Täufers kürzer. Lukas übergeht die Verwerfung Jesu und spielt nur beiläufig auf die Enthauptung des Täufers an (Lk 9,7-9).

53 leitet von der Lehrrede Jesu zu einer Erzählung über (vgl. 11,1). **54** *Seine Vaterstadt* ist Nazareth, wo er aufgewachsen war (2,23). Jeder mündige Jude konnte aufgefordert werden, in der *Synagoge* zu lehren. Die *Weisheit* wird an seiner Lehre offenbar, doch wird nicht deutlich, ob er in der Synagoge selbst *Taten* vollbrachte. **55** *Der Sohn des Zimmermanns:* Markus schreibt »der Zimmermann«, was ja ebenfalls zutrifft. Das griech. Wort *(tekton)* beschreibt einen Bauhandwerker. Daß Josefs Name unerwähnt bleibt, läßt vermuten, daß er inzwischen vielleicht verstorben war. Die in V.55.56 genannten Brüder und Schwestern sind zweifelsfrei Jesu leibliche Geschwister. **56** *Woher kommt ihm denn das alles?* Seine bescheidene Herkunft aus ihrem Ort machte in den Augen der Nazarener eine göttliche Sendung unmöglich (vgl. 12,24). **57** Daher *ärgerten sie sich an ihm,* d.h., sie stießen Jesus, seine Botschaft und seinen Anspruch an sie von sich. *Ein Prophet:* obwohl Jesus wahrscheinlich ein altes Sprichwort zitiert, nahm er den Titel Prophet dennoch für sich in Anspruch. Die Wahrheit des Spruches ist im AT dutzendfach belegt. *In seinem Hause:* zum Unglauben seiner leiblichen Brüder vgl. Joh 7,5. **58** Markus berichtet kontrastreicher, daß »er dort nicht eine einzige Tat tun konnte«, schränkt dies aber durch den Hinweis auf etliche Krankenheilungen ein. *Wegen ihres Unglaubens:* Da die Nazarener schon eine Vorentscheidung gegen Jesus getroffen hatten, wären Wunder als Zeichen sinnlos gewesen.

14,1 Auch wenn er in seiner Vaterstadt abgelehnt wurde, erreichte *die Kunde von Jesus* dennoch *den Landesfürsten Herodes.* Herodes Antipas (mit vollem Namen) war ein Sohn von Herodes dem Großen und übernahm in Erbfolge die Regentschaft über einen Teil des Reiches, nämlich die Provinzen Galiläa und Peräa. Deshalb trug er auch nicht den Königstitel wie sein Vater, sondern den eines Tetrarchen (LÜ: Vierfürst). Wegen seiner Verschlagenheit nannte Jesus ihn einmal »Fuchs« (Lk 13,22). **2** setzt den Tod des Täufers (vgl. 3-12) voraus. Eine Totenauferstehung war in den Augen des Herodes durchaus möglich. Auch andere hielten Jesus für den auferstandenen Täufer (17,14). Aus der Vermutung des Herodes spricht auch sein schlechtes Gewissen wegen des feigen Mordes an Johannes. *Solche Taten* bezieht sich auf die Wundertaten Jesu. Johannes tat keine Zeichen (vgl. Joh 10,41). **3** Nach Josephus (*Jüdische Altertümer* XVIII, 5,2) wurde Johannes deshalb verhaftet, weil man ihn aufrührerischer Umtriebe verdächtigte. Vielleicht beschreibt Josephus den Vorwand, unter dem Herodes den Täufer festnahm, während der eigentliche Grund persönlicher Natur war, wie hier erläutert wird. *Philippus,* gelegentlich auch Herodes genannt, ist nicht mit dem Landesfürsten Philippus aus Lk 3,1 identisch. Herodias ließ sich von Philippus scheiden und heiratete Herodes, der seine erste Frau verstieß. Beides galt als unrechtmäßig. **4** Zum jüdischen Gesetz siehe 3Mo 18,16; 20,21. **5** *Er hätte ihn gern getötet:* Markus präzisiert dahingehend, daß auch Herodias den Täufer töten wollte, während Herodes ihm auch gerne zuhörte. Zwiespältige Gefühle sind in einer schulderfüllten Situation keineswegs ungewöhnlich. Die Hohenpriester und Ältesten hegten wegen des großen Ansehens, das Johannes genoß, ähnliche Befürchtungen wie Herodes (21,26). **6** Die Festgesellschaft ließ sich, von Wein angeheitert, gewöhnlich durch berufsmäßige Tänzerinnen aufreizen. Daß ein Mitglied der königlichen Familie auftrat, war ungewöhnlich und weist auf abgesprochenes Spiel. Die einzige uns bekannte *Tochter der Herodias* ist Salome, die später ihren Onkel, den Tetrarchen Philippus, heiratete. **7** Herodes war vermutlich berauscht, als er diesen angeberischen und übereilten Eid schwor. **8** Herodias hatte offensichtlich auf eine solche Gelegenheit gewartet. Ihr gekränkter Stolz läßt sie über Leichen gehen. **10** Nach Josephus wurde Johannes in dem östlich des Toten Meeres gelegenen Ort Machaerus gefangengehalten; das Gefängnis war vermutlich ein Teil der dortigen Festung. **12** Eine kühne Tat der Johannesjünger (vgl. 27,57f). Einzig Matthäus berichtet, daß sie *kamen* und *das Jesus verkündeten.* Viele von ihnen sahen in ihm jetzt schon ihren Herrn, obwohl Gruppen von Johannesjüngern noch lange fortbestanden (vgl. Apg 18,24-19,7).

14,13-36 Die Speisung der Fünftausend. Jesus und der sinkende Petrus auf dem See

Zu diesem Abschnitt vgl. Mk 6,31-56; Lk 9,10b-17 (Lukas führt nur die Speisung auf). Diese Wunder werden auch in Joh 6,1-21 berichtet, so daß sich hier die stärkste Annäherung der synoptischen und der johanneischen Überlieferung vor der Leidensgeschichte findet.

13 knüpft zeitlich wieder an V. 2 an. V. 3-12 erklären, warum Herodes über das Auftreten Jesu besorgt war. Jesus selber war zu diesem Zeitpunkt nicht gewillt, Herodes gegenüberzutreten (vgl. Lk 13,31-33). Erst in der Passion Jesu kommt es zu einer Begegnung der beiden Männer (Lk 23,6ff). *Folgte ihm … aus den Städten:* Der Versuch, alleine zu sein, mißlang. Die Städte sind die Orte am See Genezareth. **14** Als Grund für sein Erbarmen gibt Markus an, daß das Volk »wie die Schafe waren, die keinen Hirten haben« (vgl. auch Mt 9,36).

Aus **15-18** geht hervor, wie schwierig es war, in den Jüngern Glauben zu erwecken. Ihre Argumente waren vernünftig und verkannten dennoch die Person Jesu. *Gebt ihr ihnen zu essen* führt die Jünger zum Eingeständnis ihrer Unfähigkeit, ohne Jesus zu helfen. Die *fünf Brote* waren wahrscheinlich aus Gerste, der üblichen Nahrung der Armen. Die beiden Fische waren wahrscheinlich geräuchert oder gesalzen. **19** Die dreifache Handlung des Nehmens, Dankens und Brechens war normale jüdische Gepflogenheit bei Mahlzeiten, erinnert aber zugleich an das letzte Abendmahl (vgl. 26,26).

20 *Zwölf Körbe* blieben übrig und zeigen den gottgewirkten Überfluß an (vgl. 2Kön 4,42-44). Einige Ausleger nehmen an, daß die Zahl zwölf auf die zwölf Stämme Israels anspielt. Das Wunder der Speisung erweist die Schöpfermacht Jesu, durch die er alle Hungernden sättigt, faßt aber darüber hinaus Jesus als Brot des Lebens ins Auge, wie Johannes durch die angefügte Rede Jesu über das irdische und himmlische Manna zu erkennen gibt (Joh 6,26-59). Ebenso steht das Wunder in großer Nähe zum Passahfest (nach Joh 6,4 war es nahe vor Ostern) und damit zum messianischen Mahl am Ende der Zeit (Offb 19,9). Daß das Volk Jesus zum »Brotkönig« erheben wollte, läßt nur Johannes anklingen. Matthäus gibt keinen derartigen Hinweis.

22.23 Vgl. V. 13. Die Aussage: … *trieb seine Jünger* könnte so zu verstehen sein, daß Jesus befürchtete, in der entstandenen Hochstimmung zum König ausgerufen zu werden (vgl. Joh 6,15). Jesus mußte sich Abgeschiedenheit und Gelegenheit zum Gebet immer erst erkämpfen. *Hinüberzufahren:* Es ist nicht ganz gewiß, welchen Teil des Sees sie überquerten. **25** Die *vierte Nachtwache* dauerte von 3 bis 6 Uhr morgens. *Ging auf dem See:* Da das Schiff schon mitten auf dem Meer war, ging Jesus einige Kilometer auf dem See und nicht nur wenige Meter. Er demonstriert den Jüngern damit seine Macht über die Naturgewalten höchst anschaulich. **26** *Gespenst* meint eine Erscheinung, die entweder eine Halluzination oder ein Geistwesen sein kann. **27** *Ich bin's* (griech. *ego eimi*): erinnert an die Ich-bin-Worte des Johannesevangeliums, wo sie auf den Gottesnamen Jahwe (»Ich bin, der ich bin«, 2Mo 3,14 oder auf Jes 41,4: »Ich bin's, der Herr«) anspielen. Johannes gebraucht diese Wendung oft, um den göttlichen Anspruch Jesu herauszustellen.

28 Zwar ist die Bitte des Petrus charakteristisch für seine Impulsivität, doch zeugt sie ebenfalls von einem ebenso großen Glaubensmut. **30.31** Wie auch bei anderen Gelegenheiten war sich Petrus seiner Grenzen nicht bewußt (vgl. 26,33-35). Ein *Kleingläubiger* war Petrus, weil er die widrigen Mächte höher einstufte als die Zusage Jesu. Zu Kleingläubiger vgl. 6,30; 8,26; 16,8; 17,20 u. 28,17). **32** Vgl. 8,26.33. *Du bist wahrhaftig Gottes Sohn* fehlt bei Markus. Auf der Suche nach einem Titel für jemanden, der solche Wunder zu wirken vermag, greifen die Jünger auf Ps 2,7 zurück. Auch die Dämonen hatten Jesus so genannt (8,29). In 16,16 wird Petrus diesen Titel in einem feierlichen Bekenntnis aussprechen. **34-36** gibt einen summarischen Bericht über Krankenheilungen. *Genezareth* lag unmittelbar südwestlich von Kapernaum. *Den Saum seines Gewandes berühren:* wahrscheinlich die Quaste (vgl. 9,20). Grundlage der Heilung war nicht das Berühren, sondern die innere Haltung des Glaubens.

15,1-20 Die Satzungen der Ältesten

Der parallele Abschnitt steht in Mk 7,1-23. Die dortigen Verse 2-4, die die Waschungen erklären, fehlen bei Matthäus, weil er den Juden schreibt, die der Sache kundig waren. Zu V. 12-14, die Markus nicht überliefert, s. Lk 6,39. Der Streit um die Bedeutung der Überlieferung unterstreicht ein wesentliches Konfliktfeld in der Konfrontation Jesu mit den Pharisäern.

1 *Aus Jerusalem:* Jesu Wirksamkeit in Galiläa scheint auch in der Hauptstadt Aufsehen erregt zu haben. Daß man aufrichtig an der Lehrmeinung Jesu interessiert war, ist kaum anzunehmen. Die harte Reaktion Jesu und der Mordbeschluß aus 12,14 lassen eher an das Sammeln von Prozeßmaterial gegen Jesus denken. **2** *Die Satzungen der Ältesten* war die von den großen Rabbinern tradierte mündliche Überlieferung *(Halucha),* die das atl. Gesetz schützen und häufig auch ausdeuten sollte. Vieles davon wurde schriftlich niedergelegt und später in die Mischna aufgenommen. Man hat ihr den gleichen Rang beigemessen wie dem atl. Gesetz.

Waschen ihre Hände: Die Priester waren gesetzlich verpflichtet, sich nach einer Verunreinigung zu waschen (2Mo 30,17ff). Die Pharisäer übertrugen diese Waschvorschrift vor den Mahlzeiten auf alle Juden, um evtl. herauszustellen, daß das ganze Leben, auch das Essen, ein Gottesdienst sein sollte. Nur, durch den äußeren Vollzug der Handlung erwächst noch keine positive Einstellung. V. 20 greift abschließend auf das Grundprinzip in V. 11 zurück und unterstreicht es. **3** Diese Gegenfrage Jesu traf mitten ins Herz des Pharisäertums und machte seine innere Widersprüchlichkeit offenbar. **4** Jesus zitiert das vierte Gebot (2Mo 20,12) und ergänzt es durch den Verstoß aus 2Mo 21,17.

5 Matthäus übergeht das bei Markus genannte Fachwort »Korban« und ebenso die Erläuterung jüdischer Gebräuche. Da nach rabbinischer Auffassung die Pflicht gegenüber Gott höher stand als die gegen die Eltern, konnte man durch ein Gelübde (»Ich opfere« ist aram. *korban* und gilt als Schwur), das zur Versorgung der Eltern Nötige dem Herrn »opfern«. Die Verpflichtung gegen die Eltern war damit umgangen. Gegen Ende des 1. Jhs. schlossen sich die Rabbiner Jesu Haltung an. **6** *Aufgehoben:* zumindest faktisch. Menschliche Satzungen pervertierten Gottes Gebot unter dem Deckmantel der Frömmigkeit ins Gegenteil. Damit stellt Jesus den faktisch destruktiven und heuchlerischen Charakter der gesamten Überlieferung heraus. **7-9** Das Zitat beruht auf dem Wortlaut der LXX zu Jes 29,13. *Heuchler* sind die, die Menschengebot als Gotteswort ausgeben und unter diesem Gebot ihr selbstisches Leben führen. **10** Die Handlung wie die Worte Jesu unterstreichen die Bedeutung des im folgenden verkündeten Prinzips. **11** Jesus löst mit diesem Satz das atl. Gesetz nicht auf, sondern offenbart seine viel tiefere Bedeutung (vgl. Komm. zu 5,17-20!). Jesus verlangt von seiner Gemeinde die Erfüllung der Reinheitsgebote deshalb nicht (Apg 10,15; Kol 2,16ff; 1Tim 4,4), weil er mehr erwartet, nämlich die Reinheit des Herzens (vgl. 5,8). **13** *Alle Pflanzen* nimmt eher auf die Pharisäer selber als auf ihre Lehre Bezug. Weil sie nicht von Gott geprägt sind, stehen sie unter dem Gericht (vgl. 13,30). **14** Der Anspruch der Pharisäer, Licht der Blinden zu sein, wird durch ihre Praxis, das Licht des Gesetzes zu verdunkeln, ins Lächerliche geführt (vgl. Röm 2,17-24). Sie und ihre Jünger steuerten der Katastrophe zu. **15** *Dies Gleichnis* bezieht sich auf die Vergleiche in V. 13 und 14, was zu erkennen gibt, daß die Jünger die Konsequenzen von V. 11 noch nicht überschauten. **16** zum Unverständnis der Jünger vgl. 16,8ff. **18** Der *Mund* steht hier nicht für das Instrument der Nahrungsaufnahme, sondern als Mittel, mit dem das menschliche *Herz* seine Gedanken, Einstellungen und Phantasien zum Ausdruck bringt. **19** Markus führt dreizehn Laster auf, Matthäus nur sieben. Alle sind Verstöße gegen das atl. Gesetz.

15,21-39 Weitere Heilungen und die Speisung der Viertausend

Zu diesem Abschnitt vgl. Mk 7,24-8,10, wo sich aber eine Anzahl von Abweichungen findet. Bei Lukas findet sich keine Parallele. Matthäus berichtet zuerst von der Heilung eines nichtjüdischen Kindes, gibt dann eine summarische Schilderung von Heilungen und schließt mit einem weiteren Speisungswunder ab.

21 Von der unliebsamen Auseinandersetzung mit den scheinheiligen Pharisäern *ging* Jesus *weg* in heidnisches Gebiet, wo er jetzt aufrichtigen Glauben bei Heiden findet. Zu *Tyrus und Sidon* s. 11,2. **22** *Kanaanäisch* heißt die Frau, weil sie von der vor der Landnahme Israels in Palästina ansässigen Bevölkerung abstammt, die einen verderblichen Einfluß auf die Israeliten ausübte (Esr 9,1). Die Frau kannte Jesus vom Hörensagen und wagt, ihn als *Sohn Davids* anzurufen. **23** Jesu Schweigen war eine Prüfung des Glaubens, bereitet aber auch auf V. 24 vor. Jesu Sendung ging zunächst ausschließlich an Israel (vgl. 10,5f). **25** Das indirekt ausgesprochene Nein an die Frau treibt sie zu neuer Entschlossenheit. **26** *Es ist nicht recht* (ZÜ) ist eine unwiderlegbare Absage, die auf der göttlichen Erwählung Israels basiert. Für viele Juden waren die Heiden *Hunde* (vgl. 7,6). **27** Ihre Antwort gibt Jesus recht und zeugt gleichzeitig von ihrem Glauben und ihrer Demut. **28** Wie die erste Heilung eines Heiden in 8,13 erfolgt auch diese aus der Ferne. **29-31** Markus berichtet nur von der Heilung eines Taubstummen. Zu anderen allgemeinen Krankenheilungen siehe 4,23; 9,35; 19,2. Die Wendung *Gott Israels* legt die Annahme nahe, daß diese Heilungen in einem Gebiet stattfanden, in dem zahlreiche Heiden ansässig waren. **32-39** Viele Theologen halten diese Erzählung für eine »Dublette« (Zweitfassung) der Speisung der Fünftausend. Neben der Tatsache, daß sich viele Unterschiede aufzeigen lassen, wiegt besonders der Umstand, daß Markus beide Perikopen in sein verhältnismäßig kurzes Evangelium aufgenommen hat, was darauf schließen läßt, daß er von zwei verschiedenen Begebenheiten ausging. Daß die Jünger erneut fragen, woher sie so viele Brote hernehmen sollen, obwohl sie es doch hätten wissen müssen, offenbart nur ihre Begriffsstutzigkeit (vgl. 16,9f). *Das Gebiet von Magadan* ist unbekannt, es sei denn, es läge ein Abschreibfehler vor und Magdala am Westufer des Sees Genezareth wäre gemeint, wie einige Hss. vorschlagen.

16,1-12 Pharisäer und Sadduzäer

Dieser Abschnitt steht parallel zu Mk 8,11-21, fügt aber einen Spruch über Wunderzeichen (vgl. Lk 12,54-56) und eine erläuternde Schlußbemerkung hinzu.

1 Eine ähnliche Aufforderung war schon einmal an Jesus ergangen (12,38f). Zum erstenmal sind auch die *Sadduzäer* dabei, was darauf deutet, daß der gesamte Hohe Rat nun gegen Jesus vorgehen will. Deshalb *versuchten* sie ihn. **2b-3** finden sich in wichtigen Textzeugen nicht. Lukas nennt andere Wetterbeobachtungen als Matthäus, doch der Sinn ist der gleiche: Das Wetter können die Pharisäer deuten, aber einen Blick für die von Gott gesetzten Zeitabläufe und -ereignisse haben sie nicht (vgl. 8,29; 13,30; 26,18; 1Thes 5,1). Zu *Zeichen des Jona* s. 12,39ff. **5** Jesus weicht erneut aus. **6** *Sauerteig* hat im NT gewöhnlich einen negativen Beiklang (vgl. 1Kor 5,8). Er war bei Speiseopfern verboten und symbolisiert deshalb meist gottwidriges Denken und Handeln. **7** Die Jünger meinten, Jesus habe wegen der Pharisäer kein Brot mitgenommen. **8-10** Nachdem sie zwei Speisungswunder erlebt hatten, hätten sie sich um Brot im wörtlichen Sinne nicht sorgen müssen. Daß sie es dennoch taten, zeigt ihren Kleinglauben. **11.12** öffnet den Jüngern den Blick für die geistlichen Wahrheiten. *Lehre* mit ihren Verdrehungen, Spitzfindigkeiten und ihrer Herzenskälte hat oft genug einen ungünstigen Einfluß auf das Denken und Leben der Gemeinde ausgeübt.

16,13-28 Das Bekenntnis des Petrus. Von der Nachfolge

Vgl. hierzu Mk 8,27-9,1 und Lk 9,18-27. Die Verheißung an Petrus (V. 17-19) ist Sondergut des Matthäus, während er den Spruch über das Schämen über Jesus (Mk 8,38; Lk 9,26) ausläßt (vgl. aber 10,32f). Das Christusbekenntnis des Petrus stellt in gewisser Weise einen Wendepunkt innerhalb der synoptischen Evangelien dar, da von nun an die Wirksamkeit Jesu vom Kreuz überschattet wird.

13 *Cäsarea Philippi* hieß einst nach dem griech. Gott Pan *Paneas.* Der Tetrarch Philippus baute die Stadt wieder auf und benannte sie zu Ehren des Kaisers Augustus Cäsarea. Die Beifügung »Philippi« diente zur Unterscheidung von anderen dem Kaiser zu Ehren benannten Städten. Die Frage Jesu steht schon im Zeichen der Passion (vgl. V. 21ff) und soll bei den Jüngern eine geistgewirkte Klarheit über seine Person bewirken. *Menschensohn* ist hier gleichbedeutend mit »ich« (vgl. aber auch zu 8,20). **14** Zur Verwechslung mit Johannes dem Täufer vgl. 14,2. Mal 3,23 rechnete man allgemein damit, daß Elia wiederkommen werde. Nur Matthäus erwähnt Jeremia (vgl. seine Zitate aus Jeremia in 2,17; 27,9). *Einer der Propheten* könnte auf Mose Bezug nehmen (5Mo 18,15; Apg 3,22f). Viele hielten Jesus für einen Propheten, aber das Entscheidende, seine Messianität, erfaßten sie nicht. **15** Wichtiger als die Meinungen anderer ist Jesus die Erkenntnis seiner Jünger. **16** *Du bist Christus:* Trotz einiger Vorschattungen (bes. 14,33) ist diese Aussage das erste durchdachte Bekenntnis zur Messianität und Gottessohnschaft Jesu. Die Wendung *des lebendigen Gottes Sohn* findet sich nur bei Matthäus, während Lukas »der Christus Gottes« (Lk 9,20) und Johannes »der Heilige Gottes« (Joh 6,69) als Messiastitel verwenden. *Christus* (der Gesalbte) ist die griech.-sprachige Entsprechung zum jüd. *Messias,* der als von Gott geweihter Erretter und Erlöser erwartet wurde. *Sohn* wurde abgeleitet von Ps 2,7; Jes 7,14; 9,5. *Der lebendige Gott* steht im Gegensatz zu den toten Götzen des AT. *Simon Petrus* übernahm zwar wie so oft die Führung, war aber nur Sprecher der anderen Jünger, die Jesu Messianität zweifellos oft untereinander erörtert hatten.

17-19 Nach Ansicht mancher Theologen sind diese Verse keine authentischen Jesusworte, sondern Einfügungen aus frühchristlicher Sicht. Man bezieht sich darauf, daß nur hier - und in 18,17 - der Begriff »Gemeinde« gebraucht wird, der den Evanglien sonst fremd ist. Auch auf die Vorrangstellung des Petrus wird dabei verwiesen (vgl. bes. V. 18). Aber die Einheitlichkeit der Hss. läßt eine solche Vermutung nicht zu, zumal es verwunderlich wäre, wenn Christus die Gemeinde nicht schon im Auge gehabt haben sollte. Eine sorgfältige Exegese der Verheißung an Petrus erweist außerdem, daß sie nicht im Widerspruch zu anderen ntl. Aussagen über Stellung und Auftrag des Petrus steht. Es besteht somit kein Grund für einen Zweifel an der Echtheit dieser Worte.

17 *Selig:* s. zu 5,3ff. *Simon, Jonas Sohn* ist feierliche Anrede. Jona ist vermutlich die Abkürzung von Johannes. *Fleisch und Blut* weisen auf die menschliche Natur, aus der niemals Christuserkenntnis kommen kann; sie ist Geschenk (vgl. die Offenbarung an Paulus, Gal 1,16f). **18** Der Name *Petrus* (griech. *Petros*) ist in einem Wortspiel aus dem griech. *petra, Fels,* hergeleitet. Im Aram. läßt sich das Wortspiel noch besser erkennen, weil dort den beiden Worten

Petros und *petra* nur das eine *»kepha«* entspricht. (Zum Gebrauch von Kephas als Eigenname vgl. Joh 1,42; 1Kor 1,12; 3,22; 9,5; 15,1; Gal 2,9.) Simon braucht den Namen hier nicht notwendigerweise zum erstenmal empfangen zu haben (vgl. Joh 1,42; Mk 3,16), aber jetzt erst wird er mit neuer Bedeutung gefüllt. Manche wollen diesen Spruch in die Zeit nach der Auferstehung verlegen; es wäre jedoch unwahrscheinlich, daß Jesus dem Simon diesen Namen in der Zeit seiner Wirksamkeit gegeben, aber niemals den Grund dafür genannt hätte. Zwar wird auch Jesus »Eckstein« (Jes 28,16; vgl. 1Petr 2,7; Eph 2,20), »verworfener Stein« (Ps 118,22; Mt 21,42; 1Petr 2,7) »Stein des Anstoßes« (Jes 8,14f; Röm 9,32f; 1Petr 2,8) »Grund« (1Kor 3,11) genannt, doch ist die Behauptung einiger Ausleger, daß Jesus sich hier selbst als den Felsen gesehen habe, exegetisch und vom Kontext her unmöglich haltbar. Auch der Glaube oder das Bekenntnis des Petrus sind nicht gemeint. Der Felsen soll ohne Zweifel Petrus selber sein, aber der bekennende, gläubige und gehorsame Petrus. Nicht das geringste deutet darauf hin, daß die Verheißung auf irgendwelche Amtsnachfolger übertragbar sei, zumal aus ntl. Sicht an eine Sukzession des »Grundsteinlegenden Apostolats« (vgl. Eph 2,20) ohnehin nicht gedacht ist. Daß die Vollmacht des Petrus keine irgendwie geartete Herrschaft über die anderen Apostel einschließt, erhellt aus 18,18, wo alle Jünger bevollmächtigt werden, und ergibt sich aus der Stellung des Petrus in der jungen Gemeinde, in der er nie eine papstähnliche Stellung innehatte (s. auch Gal 2,11ff). Dennoch hatte er eine führende Rolle, wie in der Apg beschrieben wird (Apg 1-12). *Meine Gemeinde:* Dieser Begriff erscheint hier zum erstenmal bei Matthäus und zeigt, daß Jesus bewußt eine weltweite Gemeinschaft der Glaubenden vor Augen hatte. Ab diesem Kap. 16 rückt Jesus sie auch stärker ins Blickfeld (vgl. 18,1-35). *Die Pforten der Hölle* vgl. Jes 38,10. Diese Wendung legt das Bild einer Festung oder eines Gefängnisses nahe, das die Toten einschließt und deren Befreier aussperrt. Dies würde bedeuten, daß die Gemeinde durch die Mission die Offensive ergriffen hat und ihr Herr das Reich des Satans ausrauben wird (vgl. 12,29; 1Petr 3,18-20). Andere Ausleger sehen eher das Totenreich im Angriff auf die Gemeinde, die dann aber die Verheißung hätte, nicht ausgelöscht zu werden. Beide Auslegungen sind vertretbar.

19 *Die Schlüssel des Himmelreichs:* Schlüssel sind ein altes Bild für die Fähigkeit, einen Zugang zu schaffen oder zu verschließen. So ist Petrus die Vollmacht gegeben, für die Gemeinde die Schlüssel zu tragen. Nach 23,13 hätten die Pharisäer die Schlüssel zum Himmelreich haben sollen, aber sie entstellen die ihnen anvertraute Gotteserkenntnis und verschließen den Menschen den Weg (Lk 11,52). Jesus Christus dagegen hat die Macht, Zugang zum Reich zu gewähren und ihn auch zu verschließen (Offb 1,18; 3,7f; 21,25; Mt 25,10). An dieser Vollmacht gibt Christus Petrus - nach 18,18 aber auch den anderen Jüngern - Anteil. Sie zeigt sich besonders im *Binden* und *Lösen.* Beide Begriffe stammen aus rabbinischem Sprachgebrauch und deuten auf »verbieten und erlauben«, was durch die Wegweisung der Predigt geschieht. Petrus wird somit von Jesus auf die vollmächtige Verkündigung der Botschaft vom Reich gewiesen. Wo sie gepredigt wird, kann gelöst werden. Wo man sich ihr verweigert, verschließt sich das Himmelreich (vgl. 10,13.14!). Was *auf Erden* geschieht, hat somit Gültigkeit im *Himmel.* Die Verkündigung schließt auch ein Lösen und Binden im Sinne des Freisprechens oder nicht Freisprechens von Sünde mit ein (vgl. Joh 20,23). Eine besondere Schlüsselstellung innerhalb der Verkündigung kommt dem Petrus nun in dem Sinne tatsächlich auch zu. Er spricht bei der Geistausgießung zu Pfingsten (Apg 2,14ff), führt den Durchbruch bei der jüdisch-heidnischen Mischbevölkerung der Samariter herbei (Apg 8,14ff) und verkündigt als erster Apostel vor Heiden (Apg 10,1ff). In diesem Sinne ist Petrus Wegbereiter der weltweiten Gemeinde und ihr Fels, muß es dadurch aber auch im geschichtlich einmaligen Sinne bleiben. Seine Stellung ist unwiederholbar und war immer die des Helfers und nie des Herrschers. **20** Die Wahrung des Messiasgeheimnisses geschieht deshalb, weil Jesus vor der weltweiten Verkündigung seine Sendung durch Tod und Auferstehung erst noch vollenden muß (vgl. V. 21ff).

21 *Seit der Zeit* markiert einen Wendepunkt. Nachdem die Jünger erkannt hatten, wer Jesus war, widmete er viel Zeit der Vertiefung der Lehre und bereitete sie systematisch auf seine Leidenszeit vor. *Wie er ... gehen und leiden müsse:* Über Jesu Sendung steht ein göttliches »Muß«, das sich in atl. Weissagung widerspiegelt (vgl. zu *Jerusalem:* Jes 2,3; zu *leiden:* Sach 12,10; zu *auferstehen:* 12,40). Dennoch ist die Verwirrung der Jünger durch Kreuzigung und Auferstehung, auch wenn sie ihnen vorher angekündigt worden war, kaum verwunderlich. **22** *Nahm ihn beiseite und fing an, ihm Vorwürfe zu machen* (ZÜ): Ob Sorge oder Empörung, Petrus hatte die eigentliche Sendung Jesu noch nicht verstanden. **23** Ungewollt wird Petrus dennoch für einen Moment zum Versucher, der, wie der Teufel in 4,10, Jesu Weg ins Leiden auf alle Fälle hindern möchte. Das Umgehen von Leiden ist *menschlich.* Petrus ist nicht besessen, aber Jesus erkennt hinter ihm das Reden *Satans* und reagiert entsprechend. Trotz der Offenbarung, die nicht menschlich, sondern göttlich war (V. 17), kam es bei Petrus so schnell zu einer rein menschlichen Einstellung.

24 Der Weg des Herrn muß auch der des Jüngers sein. *Verleugne sich selbst* meint die konsequente Absage an den Eigenwillen. *Nehme sein Kreuz auf sich* weist auf die Kreuzigung (vgl. 27,32) und fordert die Bereitschaft zur Hingabe des Letzten. 25 *Leben* (griech. *psyche*) bedeutet auch »Seele« (vgl. 10,39). Der Mensch kann sein wahres Ich nur dann finden, wenn er um Christi willen seinem Geltungsbedürfnis und seiner Eigensucht entsagt. 26 Das, was einer ist, entscheidet und nicht das, was er hat (vgl. 6,25). Ist die Seele verloren, ist alles verloren. 27 *Und dann wird er einem jeden vergelten nach seinem Tun:* Diese Ps 62,13; Spr 24,12 entnommenen Worte setzt nur Matthäus. Die Taten lassen auf die Einstellung schließen (vgl. 7,21). Zu *Menschen Sohn* und *Engeln* vgl. 13,41ff. 28 *Den Menschensohn kommen sehen in seinem Reich:* Markus schreibt »das Reich Gottes kommen sehen mit Kraft«. Viele Ausleger sehen darin einen Hinweis auf die Parusie (Wiederkunft) und meinen, Jesus habe sich hinsichtlich ihres Zeitpunkts geirrt. Aber die Weigerung Jesu, den genauen Zeitpunkt vorherzusagen, und zahlreiche Hinweise auf einen längeren Zwischenabschnitt (13,32f; 19,28; 21,43; 24,6ff; 25,14) machen eine derartige Behauptung unhaltbar. Will man einen Hinweis auf die Verklärung sehen, wird die Bezugnahme auf den Tod schwer erklärbar, da dieser schon wenige Tage nach dieser Aussage erfolgte. Sehr viel wahrscheinlicher handelt es sich um ein bedeutsames Ereignis nach dem Tode Jesu, das sowohl seine Macht als auch sein Kommen in sich vereinigt. Vielleicht ist auf die Auferstehung und Pfingsten Bezug genommen, weil Christus dort seine Herrschaft antritt (Röm 1,4; Eph 1,20; Offb 1,13ff) und im Geist kam (Joh 14,18f). Die Vollendung der Zusage für die Zukunft steht noch aus.

17,1-27 Jesu Verklärung und ihre Folgen

Zu diesem Abschnitt vgl. Mk 9,2-32; Lk 9,28-44; 17,5f), wobei Matthäus gegenüber Markus in einigen geringfügigen Hinzufügungen und einer Anzahl beträchtlicher Kürzungen abweicht. V. 24-27 sind Sondergut von Matthäus. Die Verklärung folgt in allen synoptischen Evangelien auf das Christusbekenntnis des Petrus und ist ein Vorgeschmack auf die Herrlichkeit des Messias. Einzelne Verse weisen auf die Taufe zurück, und andere führen zu Auferstehung, Erhöhung und Parusie Christi hin. An die Verklärungsgeschichte schließt sich ein Spruch über Elia (V. 10-13), eine Heilung (V. 14-21), eine weitere Leidensankündigung (V. 22-23) und die Frage nach der Tempelsteuer (V. 24-27) an.

1 *Nach sechs Tagen:* vgl. 2Mo 24,9-18, wo die Wolke den Berg sechs Tage bedeckt und Gott am siebten spricht. *Petrus und Jakobus und Johannes, dessen Bruder* bildeten den inneren Kreis der Jüngerschaft (vgl. 26,37; Mk 5,37; 13,3). Der *Berg* war vielleicht der Tabor oder der Hermon, was aber reine Vermutung bleiben muß. 2 *Verklärt* (griech. *metemorphothe*), auch »verwandelt« (vgl. Röm 12,2; 2Kor 3,18). Etwas von Jesu wahrer *morphe* (oder »Gestalt«) als Gott (Phil 2,6f) wurde geoffenbart. *Sein Angesicht leuchtete wie die Sonne:* Er war die Quelle des Lichts, während Moses Angesicht glänzte, weil es das göttliche Licht widerspiegelte (2Mo 34,29-35). *Seine Kleider wurden weiß:* vielleicht als Gewänder des messianischen Hohenpriesters (Offb 19,13). Der tiefe Eindruck der Verklärung klingt in 2Petr 1,16f an. 3 *Mose und Elia* repräsentierten das Gesetz und die Propheten. Das Grab des Mose ist unbekannt (5Mo 34,6, Elia wurde entrückt 2Kön 2,11). Beide hatten mit Gott auf einem hohen Berg geredet (2Mo 31,18; 1Kön 19,8-18). Der Inhalt des Gespräches ist nicht genannt. Vermutlich ging es um die Stärkung Jesu vor der Passion.

4 Petrus scheint das Erlebnis zeitlich ausdehnen zu wollen. Markus setzt den Akzent anders: »Er wußte aber nicht, was er sagen sollte; denn sie waren ganz verstört«. Die *drei Hütten* konnten aus Ästen und Laub gebaut werden und erinnern an das Laubhüttenfest. 5 *Die lichte Wolke* ist Symbol der Gegenwart Gottes (2Mo 13,21f; Hes 1,4). *Dies ist mein lieber Sohn* erinnert an die Stimme bei Jesu Taufe (3,17). *An dem ich Wohlgefallen habe* fügt nur Matthäus an und knüpft damit auch beim leidenden Gottesknecht in Jes 42,1 an. *Den sollt ihr hören* wird allgemein als Anklang der Verheißung aus 5Mo 18,15 aufgefaßt, die einen Propheten wie Mose ankündigte. 6.7 sind Sondergut des Matthäus, doch erwähnt auch Markus die ehrfürchtige Scheu, die diese Offenbarung der Herrlichkeit Jesu den Jüngern einflößte. Wie Daniel (Dan 8,18) und Johannes (Offb 1,17) werden die Jünger wieder aufgerichtet.

9 Die *Erscheinung* meint hier nicht ein bloß subjektives Erleben, sondern das tatsächlich Geschaute. Das Schweigegebot vor der Passion sollte spektakuläre Propaganda verhindern, weil Jesu Weg zunächst ins Leiden ging. **10-13** Die Frage der Jünger zeigt ihre Schwierigkeit, die Passion Jesu in das rechte Verhältnis zum Wegbereiter *Elia* (Mal 3,1.23f) zu setzen. Wenn Jesu Sendung schon bald erfüllt ist,

weshalb war Elia noch nicht in der Öffentlichkeit erschienen, sondern nur auf dem Berg? *Elia ist schon gekommen:* Daß die Jünger Johannes den Täufer nicht gleich als Elia erkannten, liegt an seiner Verwerfung durch das Volk. Sowohl der Wegbereiter als auch der Messias selber müssen durch das Leiden.

14 Der Kontrast zwischen Verklärung und tiefstem menschlichen Elend sticht ins Auge. *Fiel ihm zu Füßen* verdeutlicht den festen Glauben des Mannes. Das beschriebene »Krankheitsbild« ist keine Folge natürlicher Umstände, sondern dämonischer Besessenheit (V.17). **16** Der Grund des Unvermögens lag im Kleinglauben (V.19ff). **17** *Ungläubiges und verkehrtes Geschlecht* spiegelt das Urteil des Mose über die Generation des Auszugs aus Ägypten wider (5Mo 32,5). Jesus ist enttäuscht, daß die Jünger nicht ohne ihn auskommen können, weil er sie ja bald verlassen muß und sie dann nur im Glauben mit ihm verbunden sein werden. Vielleicht schließt Jesus auch das ganze dabeistehende Volk mit ein. **18** *Bedrohte ihn:* Ein einziges Machtwort, und der böse Geist weicht. **19.20** Matthäus, dessen Bericht kürzer ist, stellt den mangelnden Glauben der Jünger schärfer heraus als Markus. Die Frage der Jünger wird auf dem Hintergrund von 10,1 verständlich. *Senfkorn* ist Bild für etwas winzig Kleines (13,31f). Eine »kleine Menge« aufrichtigen Glaubens bewirkt mehr als viele Worte (vgl. 6,7f). *Berg* ist Bild für ein scheinbar unbewegliches Hindernis (vgl. 21,21f). **21** befindet sich zwar nicht in den besten Handschriften, paßt aber inhaltlich gut. *Diese Art* ist keine besondere Gruppe von Dämonen, sondern Dämonen schlechthin.

22.23 Jesus mußte ständig auf seine bevorstehende Leidenszeit hinweisen, um die Jünger auf diese schweren Geschehnisse vorzubereiten (vgl. 16,21; 20,18f). *Menschensohn ... in die Hände der Menschen* ist ein eindrückliches Wortspiel, das die ganze Ungeheuerlichkeit der Passion herausstellt. **24-27** Diese Geschichte unterstreicht nachdrücklich die Freiheit der Söhne (LÜ: Kinder), die Jesus gegenüber dem Sabbat, dem Gesetz und auch dem Tempel hat (vgl. 5,17ff; 12,1-14) und an der er seinen Jüngern Anteil gibt. Zur Tempelsteuer s. 2Mo 30,11-16. **25-26** Der Vergleich mit der römischen Regierung, die Fremde schwer besteuerte, ging zweifellos jedermann sogleich ein. Die Kernaussage ist: Nur *Fremde* zahlen, *Kinder sind frei:* vgl. Gal 4,21-31. **27** *Damit wir ihnen aber keinen Anstoß geben:* Aus seelsorgerlichen, nicht aus theologischen Gründen hält Jesus das Gebot ein, obwohl er selber größer war als der Tempel (vgl. 12,6). Man hätte ihn nicht verstanden oder des Liberalismus bezichtigt (vgl. dazu 1Kor 8,9-13). *Ein Zweigroschenstück* (Stater): Die Tempelsteuer betrug eine Doppeldrachme; da solche Münzen aber nicht im allgemeinen Umlauf waren, bezahlten zwei Mann mit einem Stater (Vierdrachmenstück). Die Begebenheit mit dem Fisch ist anscheinend ein Wunder. Der Erlös des Fisches kann auf keinen Fall gemeint sein, da ein Stater vier Tagelöhnen entspricht.

18,1-35 Das Leben in der messianischen Gemeinde

Kap. 18 beinhaltet die vierte große Lehrrede des Matthäusevangeliums. Sie behandelt die Beziehungen innerhalb der christlichen Bruderschaft, wobei Demut und Vergebung als die beiden wesentlichen Merkmale besonders herausgestellt werden. V.1-5 gehen parallel mit Mk 9,33-37; vgl. Lk 9,46-48. Zu V.6-9 vgl. Mk 9,42-48 und Lk 17,1f. V.10-14 haben in Lk 15,1-10 und V.15-22 in Lk 17,3f eine Parallele. Das Gleichnis V.23-35 ist Sondergut des Matthäus.

1 *Zu derselben Stunde* ist offenbar nicht nur ein formales Bindeglied, da die zeitliche Anordnung dieselbe ist wie bei Markus und die Frage nach Rang und Größe durch die Steuerfrage (17,24ff) provoziert worden sein könnte. Rangfragen in der Gemeinde offenbaren die Verderbtheit der menschlichen Natur, die danach strebt, sein zu wollen wie Gott. Matthäus zeigte bereits: Wer die kleinsten Gebote tut und lehrt, dem wird im Himmelreich Größe zuerkannt (5,19; vgl. auch 11,11). **3** *Umkehrt:* eine völlig neue Ausrichtung des Lebens auf Gott hin. *Werdet wie die Kinder,* bezieht sich auf die Abhängigkeit vom Vater und auf Demut. Jesus denkt weder an eine sog. »Unschuld« der Kinder, noch an »kindisch« oder »kindlich im Verstehen« (1Kor 14,20). *Nicht ins Himmelreich kommen:* Die Haltung eines Kindes ist erforderlich. Das gilt sowohl für die »Größe« als auch für den Eingang ins Himmelreich (vgl. Joh 3,3.5). **4** Jesus stellt alle menschlichen Vorstellungen von Größe auf den Kopf (vgl. 5,3-12; 20,25-28). **5** Der Jünger soll nicht nur wie ein Kind werden, das ins Himmelreich eingeht, sondern auch imstande sein, *ein solches Kind* um des Namens Jesu willen aufzunehmen. Vermutlich denkt Jesus nicht an ein normales Kind, sondern an ein Kind im geistlichen Sinn, das die geforderte Demut auslebt und deshalb von den Mitjüngern in höchster Ehre gehalten werden soll.

6 *Zum Abfall verführt* (ZÜ) ist die negative Entsprechung zu »aufnehmen« und »in Ehre halten«. Gottes ganze Autorität wendet sich gegen den, der die an ihn Glaubenden abtrünnig machen will. Die geistliche Verantwortung ist so groß, daß selbst die schlimmste körperliche

Züchtigung vorzuziehen wäre. **7** spricht die Verführung durch die Welt an, die zwar notwendig aus ihrer Feindschaft gegen Gott kommen muß, deswegen aber nicht minder verantwortlich bleibt. **8.9** Matthäus hat eine Gruppe von Sprüchen, die mit griech. *skandalon* (»Ärgernis«) in Beziehung stehen, zusammengestellt. Nicht nur aus der Welt, sondern auch aus dem Jünger selbst kommt die Versuchung, der nur mit entschlossenem Handeln zu begegnen ist. Vgl. die Auslegung zu 5,29f.

10 findet sich nur bei Matthäus. Die *Kleinen* sind wiederum die Jünger, die nichts Großes aus sich machen und deshalb vielfältig niedergehalten werden. *Engel* sind Realitäten. Nach Hebr 1,14 ist der Dienst an den Glaubenden eine ihrer wesentlichen Aufgaben. Die Zuordnung eines bestimmten Engels ist auch in Ps 91,11 und Apg 12,15 angedeutet. **12.13** Der Nachdruck liegt auf dem Wert eines jeden Verlorenen, der sich an der besonderen Fürsorge und der Freude über die Bußfertigkeit ablesen läßt. **14** unterstreicht den väterlichen Willen Gottes, jedes Glied der messianischen Gemeinde an das Ziel zu bringen. Der göttlichen Fürsorge entspricht die brüderliche Seelsorge, die Sünde nicht duldet, sondern dem Sünder in Liebe zurechthilft.

15 *Dein Bruder* ist der Glaubensbruder, also der, der Gott gleichfalls als seinen Vater anerkennt. Die Liebe gebietet, zuerst einmal unter vier Augen zu reden (vgl. 3Mo 19,17f). *Deinen Bruder gewonnen:* in dem Sinne, daß er weder dem Vater (V. 14) noch der Gemeinde verloren geht. **16** Die Weigerung, auf ein unter vier Augen gesprochenes Wort hinzuhören, bedeutet, daß die Angelegenheit nunmehr die Gemeinde beschäftigen muß, da ja auch ihre Glaubwürdigkeit und Reinheit auf dem Spiel steht. Demgemäß müssen zunächst *zwei oder drei Zeugen* herbeigerufen werden, um den Sachverhalt zu klären und eine Versöhnung herbeizuführen. Mißlingt dieser Versuch, sollen sie die Verfehlung öffentlich vor der Gemeinde bezeugen (vgl. 5Mo 19,15). **17** Die Weigerung, auf *die Gemeinde* zu hören, hat den Ausschluß zur Folge (vgl. 1Kor 5,4f; 1Tim 1,20). *Heide und Zöllner* stellen hier den Typus der wegen ihrer Sünde aus dem Volk Gottes Ausgestoßenen dar. Der Entzug der Gemeinschaft soll nicht nur die Ausweitung der Sünde innerhalb der Gemeinde verhindern, sondern auch zur Besinnung führen. Gemeindezucht ist Seelsorge. **18** Siehe zu 16,19. Dem Bußfertigen wird im Namen Gottes Vergebung zugesprochen und Wiederannahme in der Gemeinde, dem Unbußfertigen beides verweigert. **19.20** Die zur Durchführung der Gemeindezucht notwendige Einheit beruht auf dem Einssein im Gebet. Dort hat die Gemeinde unbegrenzte Macht, wenn ihr auch sonst äußere richterliche Mittel fehlen. Nicht die Größe der Versammlung, sondern ihre Bindung an Christus *(im Namen Christi)* verleiht ihr die Vollmacht.

21.22 Die Frage des Petrus ist durch V. 15ff angeregt und rechnet mit einer Grenze menschlicher Vergebungsbereitschaft. *Siebzigmal siebenmal* ist vielleicht, wie in ZÜ, »bis 77mal«, meint aber auf alle Fälle eine grenzenlose Vergebung. Das Gesetz verfügte eine gleichwertige Vergeltung (2Mo 21,24; vgl. Mt 5,38). »Kain soll siebenmal gerächt werden, aber Lamech siebenundsiebzigmal« (1Mo 4,24). Jesus stellt für seine Gemeinde die Dinge auf den Kopf. **23-25** Dieses Gleichnis veranschaulicht eindringlich das Ausmaß der Vergebungsbereitschaft. Der unfaßlichen Gnade des Königs steht das undankbare und unbarmherzige Verfahren des törichten Knechtes gegenüber. **24** *Zehntausend Zentner:* eigentlich 100 Millionen Denare - eine unglaublich hohe Schuld, die in dieser Erzählung fast unrealistisch wirkt, aber das wahre Ausmaß der menschlichen Sünde vor Gott beschreibt. **25** Der Erlös aus dem Verkauf in die Sklaverei hätte nie die veruntreute Summe gedeckt. **27** Erbarmen ist der einzige Grund für den Freispruch. **28** *Hundert Silbergroschen* (100 Denare) stehen in keinem Verhältnis zu den 100 Millionen Denaren! **32.33** Der Schalksknecht fordert Recht, statt Gnade zu gewähren. Ebenso handelt sein Herr nun mit ihm. **35** Das Ausmaß der göttlichen Vergebung verpflichtet zur Vergebung gegenüber dem Bruder. Die Verweigerung der Vergebung beantwortet Gott mit dem Entzug seiner Gnade (vgl. 6,12-15!).

19,1-22,46 Jesu Weg nach Jerusalem und sein Wirken in der Stadt

Nach Abschluß der vierten großen Lehrrede Jesu (Kap. 18) bricht er von Galiläa nach Jerusalem auf, wo sich Jesu Sendung in der Passion vollendet. Kap. 19 u. 20 beschreiben Ereignisse auf dem Weg in die Stadt. Ab 21,1 ist Jerusalem selbst Ort des Geschehens. Matthäus folgt in 19,1-22,46 dem Bericht des Markus (Mk 10,1-12,37), nimmt aber als Sondergut auf: 19,10-12 (Ehelosigkeit), 20,1-16 (Arbeiter im Weinberg), 21,14-17 (Lob der Unmündigen), 21,28-32 (die ungleichen Söhne) und 22,1-14 (die königliche Hochzeit). Durch den ganzen Abschnitt zieht sich eine große Spannung, da Jesus die Menschen durch Wort und Tat vor eine Entscheidung stellt und alles auf seine Passion hindrängt.

19,1-15 Über Ehe und Ehescheidung. Die Segnung der Kinder

Dieser Abschnitt entspricht, von dem Zusatz über die Ehelosigkeit (V. 10-12) abgesehen, Mk 10,1-16. Der Spruch über die Kinder findet sich auch in Lk 18,15-17. Jesus hatte schon in der Bergpredigt über die Ehescheidung gesprochen (5,31f). Hier werden ähnliche Fragen in einem Streitgespräch aufgeworfen.

1 *Als Jesus diese Reden vollendet hatte:* Vgl. 7,28; 11,1; 13,53; 26,1. Das *Gebiet jenseits des Jordan* ist Peräa, das östlich des Jordan lag und Herodes Antipas unterstand. **2** Die *große Menge* war vielleicht auch auf dem Weg zum Passahfest. **3** Die Frage der Pharisäer war eine Fangfrage *(versuchte ihn). Aus irgendeinem Grund:* Die beiden tonangebenden Rabbinerschulen legten den Hinweis auf »etwas Schändliches« 5Mo 24,1 verschieden aus. Während Hillel darunter alles verstand, was irgendwie dem Ehemann mißfiel, beschränkte Schammai es auf Unkeuschheit der Frau. **4** Jesus führt beide hinter das Gesetz (vgl. Gal 3,17; Mt 5,31f) zur Schöpfungsordnung zurück, in der die ursprüngliche Absicht Gottes mit den beiden zum Ausdruck kommt (1Mo 1,27). **5** *Ein Fleisch* beschreibt die eheliche Einheit in der Totalität des Menschseins nach Geist, Seele und Leib, so daß »*ein* Mensch« entsteht. In der geschlechtlichen Vereinigung, die als einander »erkennen« (vgl. 1Mo 4,1 usw.) beschrieben wird, vollzieht sie sich am sinnfälligsten. Der geschlechtliche Vollzug allein konstituiert aber noch keine Ehe! **6** Die von *Gott* vorgesehene Einheit von Mann und Frau darf der *Mensch* nicht auflösen. Die einzige Ausnahme ist Hurerei (5,32; V. 9).

7 Da Jesu Aussage die Scheidung generell ausschloß, schien er die Autorität des Gesetzes anzugreifen (5Mo 24,1-4), das einen *Scheidebrief* zuließ. Dieser Brief war eine rechtliche Absicherung für die Frau, die eine legale Scheidung beurkundete und damit eine Wiederverheiratung ermöglichte. **8** *Eures Herzens Härte wegen:* Das mosaische Gesetz konnte Sünde nur eindämmen, aber kein neues Herz schaffen. *Mose hat... erlaubt* (dagegen die Auffassung der Pharisäer V. 7: »gebot«) ihnen, ihre Frauen aus der Ehe zu entlassen und schützte damit die Frauen trotzdem vor der unbegrenzten Willkür des Mannes in der Ehe. **9** Jesus vertritt faktisch die Auslegung des Schammai. Obwohl sich bei Markus die Einschränkung »außer wegen Unzucht« (ZÜ; vgl. 5,32) nicht findet, könnte sie dennoch mitgedacht sein. *Bricht die Ehe* schließt eine Wiederverheiratung nach einer Scheidung sowohl für den Mann als auch die Frau (Mk 10,12) aus. Die Einschränkung »um der Hurerei willen« erlaubt zwar die Scheidung, erlaubt aber nicht notwendig deshalb die Wiederverheiratung. **10** zeigt, wie herausfordernd der Maßstab Jesu empfunden wurde. **11.12** Jesus weist den Gedanken der Ehelosigkeit, den die Jünger aus dem Erschrockensein äußern, nicht grundsätzlich ab. Aber es muß einem *gegeben* sein. Für die meisten Juden war die Ehe eine Pflicht. Nur einige essenische Gruppen hielten die Ehelosigkeit ein. Geburtliche Unfähigkeit zur Ehe und zur Ehe untauglich Gemachte gab es nicht sehr häufig. Das Motiv, unter dem Jesus eine Ehelosigkeit zuläßt, ist *um des Himmelreichs willen.* Paulus geht in 1Kor 7,1-9 ausführlich darauf ein und erklärt, daß es dazu - wie auch zur Ehe selbst - einer besonderen Gnadengabe bedarf. Das Verbot der Ehe lehnt Paulus als Irrlehre ab (1Tim 4,3).

13-15 Vielleicht erhofften sich die Eltern von einem großen Rabbi einen besonderen Segen für ihre Kinder. Das Auflegen der Hände ist Geste der Segnung (1Mo 48,14ff; Apg 6,6). *Die Jünger . . . fuhren sie* wohl deshalb *an,* weil sie meinten, Jesus sei zu sehr überlastet. V. 14 könnte aber auch andeuten, daß sie kleine Kinder noch für zu unmündig hielten. *Denn solchen gehört das Himmelreich:* Kindern gehört nicht automatisch das Gottesreich, sondern denen, die einen kindlichen Glauben haben (vgl. 18,3f). Dennoch legt er ihnen die Hände auf und zeigt, daß auch Kindern die ganze Zuwendung Gottes gilt. *Wehret ihnen nicht* betont, daß keiner ein Recht hat, Kinder von Gott fernzuhalten (vgl. auch Apg 8,36; 11,17). Die Praxis der Kindertaufe läßt sich von hier allerdings nicht rechtfertigen.

19,16-20,16 Reichtum und Lohn

Zu 19,16-30 vgl. Mk 10,17-31 und Lk 18,18-30. Der Spruch über das Gericht der Jünger an Israel (V. 28) ähnelt Lk 22,28-30. 20,1-16, das Gleichnis von den Arbeitern im Weinberg, ist Sondergut des Matthäus. Die Gefahren materiellen Reichtums und die Realität geistlichen Lohns, der alle Erwartungen übersteigt, werden nachdrücklich hervorgehoben.

16-26 Matthäus leitet die Erzählung mit einer Frage und einer Antwort ein, die vom Text des Markus und Lukas abweichen. Mk schreibt »guter Meister« und »Was nennst du mich gut?« Bei Mt liegt die Betonung nicht auf der Güte Jesu, sondern auf seiner Vollmacht als Lehrer der Güte. Die Frage setzt voraus, daß man das Gute tun kann, um die Ungewißheit zu überwinden, was Jesus durch *»Gut ist nur Einer«* in Abrede stellt. Das Gesetz hat bereits geoffenbart, *was gut ist* (vgl. Mi 6,8). *Halte die Gebote:* Theoretisch, aber nicht in der Praxis kann man durch sie *zum Leben eingehen* (Röm 2,3). Jesus lenkt das ganze Gespräch zielbewußt zur

Kernfrage in V. 21. **18.19** *Welche?* legt den Gedanken nahe, daß einige Gebote wichtiger seien als andere (vgl. 22,36). Jesus nennt fünf Gebote aus der zweiten Gesetzestafel und fügt (nur bei Mt) das Gebot *du sollst deinen Nächsten lieben wie dich selbst* hinzu (3Mo 19,18), das die anderen zusammenfaßt (vgl. 22,37-39; Röm 13,9). **20** *Was fehlt mir noch?* drückt keine Selbstzufriedenheit aus, sondern ist das Empfinden einer tiefen Bedürftigkeit. **21** *Vollkommen* fordert keinen ethischen Perfektionismus, obwohl alle Jünger die ganze Erfüllung des Gotteswillens anzustreben verpflichtet sind (5,48). Aber Vollkommenheit beginnt mit der Einhaltung des ersten Gebotes. Die Reaktion auf die Aufforderung »Verkaufe, was du hast!« macht offenbar, welche Gottesvorstellung den Mann bestimmt. Der irdische Schatz scheint ihm bedeutsamer als der *Schatz im Himmel*. Nicht der Verzicht auf materielle Güter ist Bedingung der Nachfolge, sondern das ungeteilte Herz. In einzelnen Fällen kann hierzu tatsächlich die Drangabe des Besitzes nötig sein.

23 Viele Juden meinten, Reichtum sei ein Lohn für Rechtschaffenheit (Sir 44,6). Vor allem aber ist er eine stete Versuchung. **24** Man versuchte, diesen Spruch abzumildern und hat statt *Kamel* (griech. *kamelos*) »Seil« (griech. *kamilos*) gelesen oder das »Nadelöhr« mit einem engen Stadttor Jerusalems identifiziert, durch das ein Kamel nur gebückt habe passieren können. Beides ist reine Spekulation. Aber Jesus meint das Öhr einer Nadel (ein ähnlich grotesker Vergleich steht in 7,4f). Warnung vor der Verführung des Reichtums gibt das NT an vielen Stellen (1Tim 6,17ff; Jak 2,1ff). **25** Das Entsetzen der Jünger zeigt, daß sie die unerhörten Konsequenzen der Aussage Jesu verstanden hatten. **26** ist die Bankrotterklärung allen menschlichen Bemühens. Rettung ist ein Wunder und eine Gabe Gottes, und nur der kann sie empfangen, der bereit ist, sie rein als Geschenk zu empfangen.

27 Die Frage des Petrus erscheint ziemlich selbstgerecht, aber aus dem Unterschied zum reichen Jüngling sehr verständlich (vgl. 4,18-22). **28** Jesus läßt die Frage nach dem Lohn zu. *Wiedergeburt* bezieht sich auf Erneuerung des Bundes mit Israel zu Beginn des Tausendjährigen Reiches (vgl. Jes 65,17; 66,22; Röm 8,18-22; Offb 21,1-5). *Der Menschensohn* wird dann den *Thron seiner Herrlichkeit* innehaben (Dan 7,9ff; Offb 3,21). Die *zwölf Stämme Israels* werden ebenfalls wieder geeint sein (Jes 49,6; Jer 30,3), und die zwölf Jünger werden als Repräsentanten des neuen Israel mit ihm zusammen herrschen. *Richten* kann »herrschen« bedeuten (vgl. Ps 2,10). 1Kor 6,1ff weitet diese Aufgabe auf alle Gläubigen aus. **29** Geschieht die Drangabe all dessen *um meines Namens willen*, so gibt es im kommenden Reich Christi eine alle Vorstellungen übersteigende Belohnung. *Das ewige Leben* ist selbst kein Lohn, sondern ein Geschenk, doch können diejenigen, die solche Opfer gebracht haben, es in seiner ganzen Fülle genießen. Das Verlangen nach solchem Lohn hat nichts »Ungeistliches« an sich (vgl. 6,4). **30** will keineswegs in Angst und Unsicherheit stürzen, sondern vor Überheblichkeit warnen (vgl. Phil 3,12ff).

20,1-16 Das Gleichnis von den Arbeitern im Weinberg knüpft an die Frage nach dem Lohn der Nachfolge (19,27-30) an und beschreibt die Großzügigkeit Gottes, aber auch seine Souveränität im Handeln. Der Gleichnischarakter der Erzählung läßt eine theologische Andeutung der vielen Einzelheiten nicht zu. Die *Arbeiter* (V. 1) sind Tagelöhner, die auf dem Markt solange warteten, bis sie angeworben wurden. Dabei wurde der Lohn je nach Zeit des Arbeitsbeginns festgelegt (*ward eins*, V. 2). Ein Denar (LÜ: *Silbergroschen*) war der übliche Tageslohn. **3** Es konnte vorkommen, daß ein Arbeiter den ganzen Tag *müßig stehen* mußte, weil er keine Arbeit bekam. *Hausherr* ist ein Bild für Gott (13,27). Der *Weinberg* stellt wohl Israel dar (Jes 5,1ff; Jer 2,21), meint darüber hinaus aber auch jegliche Aufgabe im Himmelreich. Aber wie Jesus selber wirkten auch die Jünger zunächst in Israel. Trotz unterschiedlichem Arbeitsbeginn (die erste Stunde wurde von 6-7 Uhr morgens gerechnet) zahlt der Hausvater den gleichen Lohn. **12-16** Das Murren derer, die den ganzen Tag hart arbeiteten ist verständlich, aber unbegründet (V. 13). So ist Gott gegenüber Männern wie Petrus, die von Anfang an dabei waren, nicht ungerecht, aber seine unverdiente Gnade beschenkt auch die »später Gekommenen«. Wer dem Bruder Gottes Gnade mißgönnt und stolz auf seine »Verdienste« blickt, klagt Gott an, weil er *so gütig* ist (V. 15) und könnte vom Ersten zum Letzten werden (vgl. 19,30). Der Nachsatz *Denn viele sind berufen ...* ist wohl eine spätere Hinzufügung aus 22,16, was die ältesten Hss. belegen.

20,17-34 Leiden und Liebe des Messias

Dieser Abschnitt hält sich eng an Mk 10,32-52 (vgl. Lk 18,31-43); lediglich bei der Heilung der Blinden sind einige Unterschiede festzustellen.

17-19 *Jesus ... nahm die zwölf Jünger beiseite:* Diese dritte Ankündigung seines Leidens und seiner Auferstehung (vgl. 16,21; 17,22f) gibt er nur im engsten Kreis derjenigen, die seine Messianität anerkannt hatten. Zum erstenmal ist von der Auslieferung an die Heiden (d.h. die Römer) und von der Kreuzigung die Rede.

20 beschreibt erneut Rangstreitigkeiten unter den Jüngern. *Die Mutter der Söhne des Zebedäus* wird bei Markus, der nur Jakobus und Johannes selber erwähnt, nicht genannt. Die beiden Söhne von der Verantwortung freisprechen zu wollen, gelingt deshalb nicht, weil sich die anderen über sie - nicht über die Mutter - empören (V. 24). **21** Sie glauben, Erhöhung sei ohne Leiden zu erlangen und Jesus selbst vermöge die Ehrenplätze im Reich anzuweisen. Hinter dem Anliegen steht immer noch die Erwartung eines irdisch-politischen Reiches. **22** Teilhabe an der Herrlichkeit setzt Teilhabe am Leiden voraus. *Der Kelch* ist ein Leidenskelch (26,39). Markus erwähnt auch die Leidenstaufe Jesu. Die Antwort der beiden zeigt, daß ihr *nicht wißt, was ihr bittet.* Jakobus starb den Märtyrertod (Apg 12,2); Johannes erreicht wahrscheinlich ein hohes Alter. Keiner von beiden war jedenfalls während der Passion Jesu zum Martyrium bereit. **23** Vom Vater werden die Plätze im Reich vergeben; der Sohn unterstellt sich seinem Willen. Jesus sagt nicht, ob er die Rangfolge kennt. **24** Der Ärger der anderen bekundet denselben ehrsüchtigen Geist wie Jakobus und Johannes. **25** Machtwille beherrscht die Großen dieser Welt. **26** *So soll es nicht sein unter euch:* Im Reich weist Dienstbereitschaft wahre Größe aus. Im NT wurde das griech. Wort für Diener *(diakonos)* die wichtigste Bezeichnung für den geistlichen Dienst der Christen. Leitung ist nicht Herrschaft, sondern »Diene-Mut« (Demut). **28** Grundlage und Maßstab einer solchen Haltung ist das Beispiel und der Sühnetod des *Menschensohns.* Daß Gott den Menschen »dient«, ist im AT nicht ausgesprochen. Mit Jesus beginnt etwas Neues. Wahrscheinlich steht hier Jes 53,10-12 im Hintergrund. *Lösegeld* (griech. *lytron*) ist der Preis zur Auslösung aus der Schuld vor Gott (Röm 8,3ff; Gal 2,20 u.a.). Wenn an einen Empfänger des Preises gedacht ist, kann es nur der Vater sein, auf keinen Fall Satan! *Viele* sagt Jesus, weil er nicht die umfassende Absicht seines stellvertretenden Todes, sondern den tatsächlichen Ertrag der Erlösung herausstellen will. Nicht alle, aber viele werden die Erlösung aus Glauben für sich geltend machen und in die Nachfolge eintreten.

29-34 Vgl. 9,27-31. Matthäus berichtet knapper als Markus, der nur einen der zwei Blinden erwähnt und dessen Namen mit Bartimäus angibt. *Eine große Menge* war auf dem Weg zum Passahfest in Jerusalem. Die Blinden saßen *am Weg,* weil sie von den Festpilgern viele Almosen erwarteten. *Der Sohn Davids* bringt das endzeitliche Reich und herrscht gnädig darin (vgl. 9,27; 15,22). Das Volk sah in den Blinden nur bedeutungslose Störenfriede. *Und es jammerte ihn, und er berührte ihre Augen* findet sich nur bei Matthäus. Jesu Liebe übersieht keinen. Daß Markus den Namen Bartimäus nennt, läßt vermuten, daß er in der Gemeinde bekannt war und Jesus wirklich nachfolgte.

21,1-17 Jesu Einzug in Jerusalem. Die Tempelreinigung

In diesem Abschnitt hält sich Matthäus weiterhin eng an die Markusfassung, doch berichtet er die Verfluchung des Feigenbaums einige Verse später und erwähnt zusätzlich die Rufe der Kinder im Tempel (vgl. Mk 11,1-11.15-17; Lk 19,28-40.45f). Der Einzug des Messias in die Hauptstadt Jerusalem entfachte bei der Volksmenge einen Sturm der Begeisterung. Der friedliche und dennoch ernsthafte Charakter seiner messianischen Sendung wurde dadurch offenbar, daß er auf einem Esel anstatt auf einem Paradepferd ritt und gleichzeitig die Ausbeuter aus dem Tempel verjagte.

1 *Der Ölberg* war der Ort, wo die Juden die Erscheinung des Messias erwarteten (Sach 14,4). *Bethphage* lag wahrscheinlich an der der Stadt abgekehrten Ostseite des Berges. **2** *Das Dorf, das vor euch liegt* war wohl entweder Bethphage oder Bethanien. *Werdet ihr ... finden* kennzeichnet eine Offenbarung durch den Geist Gottes, wie Mk 11,5f belegt. **3** Die Bereitwilligkeit, die Eselin zu überlassen, fällt auf. *Der Herr:* Hatte Jesus dort Anhänger? Ist Gott gemeint oder bloß der Eigentümer des Esels? **5** Erfüllungszitat (vgl. zu 1,22) ist Jes 62,11 und Sach 9,9 entnommen (vgl. auch 1Mo 49,11). Das Zitat redet - wie Markus - nur von einem Tier, beschreibt es aber gemäß eines dichterischen Parallelismus zweimal. Viele Kommentatoren meinen, Matthäus habe dies mißverstanden und deshalb einen zweiten Esel in seinen Bericht eingeführt (V. 2.7). Wegen der guten Kenntnisse der hebr. Sprache und der LXX, über die der Evangelist verfügt, erscheint dies indessen höchst unwahrscheinlich. Es ist anzunehmen, daß Matthäus das Muttertier deshalb erwähnt, weil man es in der Volksmenge zur Beruhigung des Füllens gebrauchen würde. *Dein König:* Matthäus erkennt in Jesus den endzeitlichen König Israels. *Sanftmütig* ist Jesus, weil er nicht als machtvoller Regent hoch zu Rosse kommt, sondern auf einem Esel einreitet (vgl. 11,29).

7 *Er setzte sich darauf:* auf die Kleider, nicht auf zwei Esel zur gleichen Zeit! **8** *Breitete ihre Kleider* ist Zeichen der Huldigung (vgl. 2Kön 9,13). *Zweige* werden sonst nur zum Laubhüttenfest gebrochen. Aber der an diesem Fest erwartete König war jetzt gekommen. *Hosianna* bedeutet ursprünglich »hilf doch« (Ps 118,25), war aber zu einem Willkommensgruß geworden. *Gelobt sei, der da kommt in dem Namen des Herrn!* ist ein Zitat aus Ps 118,26, der zu den

Hallel-Psalmen (Ps 113-118) gehört, die am Laubhüttenfest, zur Tempelweihe und auch am Passah gesungen wurden. Die Segnung des Psalms galt ursprünglich allen Pilgern, die zum Fest nach Jerusalem gekommen waren, ist aber dem *Sohn Davids,* der als der höchste Pilger erschien, um in sein Reich einzugehen, besonders angemessen (vgl. 5Mo 18,15; Mal 3,1). **10.11** *Erregte sich die ganze Stadt:* Diese Aussage, sowie die Frage und die Antwort der Volksmenge sind Sondergut von Matthäus. *Wer ist der?* Diese Frage setzt nicht voraus, daß Jesus in Jerusalem unbekannt war, aber zum Fest kamen Gäste aus aller Welt, die Jesus tatsächlich nicht kannten. Obwohl die Volksmenge Jesus als den Propheten aus Galiläa willkommen heißt, kennzeichnet ihn doch die ganze Symbolik des Ereignisses als den Messias, der gemäß des Kontextes des Sacharjazitats seine weltumspannende Friedensherrschaft aufrichten wird.

12 Jesu erster Weg in Jerusalem führt ihn in den Tempel, wo er durch die Tempelreinigung Reinheit und Hingabe an Gott herstellen will. *Tempel* bezeichnet zwar den gesamten Tempelbereich, aber die beschriebenen Ereignisse spielten sich im Vorhof der Heiden, dem äußeren Tempelbezirk, ab. Dort war Handel erlaubt. Die *Geldwechsler* tauschten ausländische Münzen in die Währung, in der die Tempelsteuer zu entrichten war. Vermutlich erzielten sie dabei hohe Gewinne. Die *Taubenhändler* belieferten die Armen, die ein Opfer darbringen wollten (vgl. 3Mo 5,7; Lk 2,24). Übervorteilung war dabei an der Tagesordnung. **13** Dies ist keine politische, sondern eine prophetische Handlung, die das Kommen des Messias im Gericht versinnbildlicht (Mal 3,1-5). Das Zitat Jesu verbindet Jes 56,7 und Jer 7,11. Matthäus läßt im Jesajazitat die Worte »für alle Völker« aus, weil seine jüdischen Leser zweifellos wußten, daß der Vorhof der Heiden für die Anbetung eben dieser Völker gedacht war. Der Kontext des zweiten Zitats handelt vom Gericht des räuberischen Volkes Israel und der Zerstörung des Tempels. Reinigt sich das Volk nicht und bleibt die Hingabe (siehe: *Bethaus*) aus, wendet sich Gott ab (vgl. V.43). **14-16** Die *Blinden* und *Lahmen* hielten sich oft im Vorhof auf. Sie kommen, während der Klerus Jesus haßt. Die Kinder sprachen die Worte der Menge, ohne ihren Sinn ganz zu begreifen, unentwegt nach. Die Huldigung der Unmündigen ersetzt den fehlenden Dank der scheinbar Weisen (vgl. Ps 8,3). Durch sein Vorgehen im Tempel und die Annahme der Huldigung durch die Volksmenge und die Kinder hatte Jesus die gesamte bestehende Ordnung unmittelbar herausgefordert. **17** Da Jerusalem etwa 20000 Einwohner, zur Festzeit aber etwa 80000 Besucher hatte, fand Jesus, wie viele andere, in Jerusalem keine Unterkunft und *ging* deshalb *zur Stadt hinaus.*

21,18-22,14 Gericht über die jüdischen Führer und das jüdische Volk

Dieser Abschnitt geht bei der Verfluchung des Feigenbaums (21,18-22, wenngleich seine Anordnung von der des Markus abweicht) und der Frage nach Jesu Vollmacht (V.23-27) parallel mit Mk 11,12-14.20-33 (vgl. Lk 20,1-8). Das Gleichnis von den ungleichen Söhnen und die Bezugnahme auf den Täufer (V.28-32) sind Sondergut von Matthäus. Beim Gleichnis von den bösen Weingärtnern (V.33-46; vgl. Lk 20,9-19) folgt er Mk 12,1-12; doch das Gleichnis von der königlichen Hochzeit (22,1-14) ist wieder Sondergut, wenn es auch in manchem Lk 14,15-24 ähnelt. Das Thema des Gerichts über das Gottesvolk wird zuerst mittels einer symbolischen Handlung entwickelt und darauf den Hohenpriestern und Pharisäern in drei Gleichnissen eindringlich vor Augen geführt. Seit der Tempelreinigung ändert sich Jesu Verhalten gegenüber Israel. Wir hören von keinen Wundern und keinem Werben um sein Volk mehr. Statt dessen greift er seine Gegner offen an.

18.19 Vom *Feigenbaum* waren zu dieser Jahreszeit natürlich noch keine reifen Früchte zu erwarten, aber etliche kleine Früchte entwickelten sich auch über die Winterzeit. Der Feigenbaum symbolisiert Israel gemäß Hos 9,10, wo die fehlenden Früchte im Leben Israels auf seine Sünde und das Gericht wegen Bruch des Bundes hinweisen. Matthäus betont, daß der Baum *sogleich* verdorrte, was nur im Fall eines Wunders eintreten konnte (vgl. 8,3; 20,34). Diese Handlung, so ungewöhnlich sie auch war, versinnbildlichte das kommende Gericht über das treulose Israel (vgl. Lk 13,6-9). **20-22** heben die dem Glauben zu Gebote stehende unbegrenzte Macht Gottes hervor (vgl. 17,19f). Im Glauben beten ist immer auch im Willen Gottes bitten. Nur so kann *alles* empfangen werden. **23** *Das* bezieht sich wahrscheinlich in der Hauptsache auf die Reinigung des Tempels und auf die damit verbundenen Ereignisse, könnte aber auch Jesu Lehre mit einschließen. Seine Taten und Worte hatten ihn als Propheten ausgewiesen. Die Frage nach seiner Vollmacht wäre von ihnen auch an jeden anderen Rabbi oder Propheten gestellt worden. **25** Die Gegenfrage Jesu nach der *Taufe des Johannes* ist kein unsicheres Ausweichen, sondern zwingt seine Gegner, ihre Unaufrichtigkeit einzugestehen. Zur Skepsis und zum Unglauben der Pharisäer gegenüber Johannes siehe Joh 1,19ff; Mt 3,7ff. Wer unaufrichtig zwischen Unglaube (V.25) und Menschenfurcht

(V. 26) steht, kann von Jesus keine offene Antwort über seine Vollmacht erwarten (V. 27).

28-32 Die Begriffe *Sohn* und *Weinberg* zeigen, daß Jesus zu Israel spricht. Nicht das fromme Reden, sondern das Tun des göttlichen Willens entscheidet. *Zöllner und Huren* stehen für die Gesetzlosen, die nicht wegen ihres Verachtetseins ins Reich eingehen, sondern weil sie glaubten und Buße taten. *Eher* (V. 31): Natürlich kehrten nicht alle um! Wiederum sind die Letzten die Ersten und die Ersten die Letzten (20,16). **33-46** Dieses Gleichnis trägt allegorische Züge, und beschreibt Gottes Geschichte mit Israel, das in Jes 5,1-7 (vgl. Ps 80,9-12) als Weinberg bezeichnet wird. **33-36** Die *Weingärtner* sind die Führer der Juden, repräsentieren aber auch das Volk; die *Knechte* sind die Propheten, die Gottes Anspruch nach einem heiligen Leben geltend machten, aber getötet wurden (vgl. Jer 7,25). **37** *Zuletzt* weist auf den letztmöglichen friedlichen Appell an sie durch *seinen Sohn* (vgl. Hebr 1,2). *Sie werden sich ... scheuen:* Gott wußte natürlich, daß Jesus nicht verschont würde; aber der Ausdruck zeigt die Ungeheuerlichkeit des Geschehens. **38** Als *Erbgut* wurde im AT das Volk Israel (Ps 33,12) oder das verheißene Land (Ps 105,11) bezeichnet. Zu Jesus als Erben s. Hebr 1,2; Röm 8,17. **41** Daß Jesu Zuhörer seine Frage beantworteten, berichtet nur Matthäus. Sie richten sich damit selbst. *Andere Weingärtner* waren in den Augen der Schriftgelehrten wohl nur neue aus Israel. Jesus denkt hier wohl an die Heiden (V. 43). **42** Das Zitat stammt aus Ps 118,22f, der zu den Hallel-Psalmen gehört (vgl. V. 9) und in Apg 4,11; Röm 9,33; Eph 2,20; 1Petr 2,7 nachklingt, wo Jesus als Eckstein gesehen wird. Der Verwerfung durch die Bauleute entspricht der Mord der Weingärtner. **43** *Das Reich Gottes* wird der Nation Israel entzogen und dem geistlichen Volk, der Gemeinde aus Heiden und Juden, gegeben, um *seine Früchte* hervorzubringen (vgl. Röm 11,11ff). **44** fußt auf Ps 118,22f und Dan 2,34ff und beschreibt das Gericht. **45.46** Die *Hohenpriester und Pharisäer* wußten zwar nunmehr, woran sie mit Jesus waren, zögerten aber aus Angst, etwas gegen ihn zu unternehmen (vgl. V. 26).

22,1-14 Das Gleichnis hat große Ähnlichkeit mit dem von den bösen Weingärtnern, ist aber wohl nicht mit Lk 14,16-24 identisch. **1ff** *Die Hochzeit* ist Metapher für das messianische Festmahl (vgl. 9,15; Offb 19,7-9). Die Einladungen ergehen zu wiederholten Malen. Doch die Eingeladenen, das Volk Israel, gehen lieber ihren Alltagsbeschäftigungen nach. **6.7** Einige Kommentatoren meinen, diese Verse fügten sich inhaltlich nicht in den Rahmen des Gleichnisses ein und vermuten darin eine Randglosse, die 21,35.36 nachgebildet und nach dem Fall Jerusalems in den Text eingedrungen sei. Aber natürlich könnte Jesus selber das Gleichnis in der vorliegenden Form gestaltet haben. Die *Knechte* sind Bild für die Propheten (vgl. 21,35); *seine Heere* spielen auf die römischen Truppen an, die 70 n.Chr. Jerusalem zerstörten (vgl. Jer 25,8ff; Jes 45,1ff). **9** Die Einladung ergeht jetzt an alle: Sünder, Zöllner, Ausgestoßene, aber auch an die Heiden. **10** *Böse* und *Gute;* vgl. 13,47f. **11** Das *hochzeitliche Gewand* stellt die Gerechtigkeit dar, die Gott in Christus schenkt (Jes 61,10; Offb 3,5; 19,8). Der *Mensch* ohne dieses Kleid ist ein Namenschrist. **12** *Er verstummte* macht deutlich, daß er selbstverschuldet ohne Gewand ist. **13** Die Diener sind hier nicht die Propheten (V. 6), sondern die Engel Gottes (vgl. 13,49f). **14** *Denn viele sind berufen, aber wenige sind auserwählt:* »Viele« kann im jüdischen Sprachgebrauch umfassend »alle« meinen. Die Predigt ruft alle, aber nicht alle glauben und gehören zur Gemeinde. Nicht eine Vorherbestimmung, sondern ihr Unglaube macht sie zu Nichterwählten.

22,15-46 Streitgespräche mit den Pharisäern und Sadduzäern

Dieser Abschnitt hält sich eng an die Vorlage des Markusevangeliums (Mk 12,13-37; vgl. Lk 20,20-44); lediglich den Bericht über die Frage des Schriftgelehrten (Mt 22,34ff; Mk 12,28ff) hat Matthäus gekürzt. In den letzten Streitgesprächen mit den jüdischen Führern muß Jesus auf Fragen nach der Steuer (V. 15-22), nach der Auferstehung (V. 23-33) und nach dem wichtigsten Gebot (V. 34-40) antworten, womit er sich als vollmächtiger Ausleger der Schrift bewies. Seinerseits stellte er ihnen die Frage nach dem Messiasgeheimnis und deckt ihre Unwissenheit auf (V. 41-46). Die jüdische Geistlichkeit kann Jesus nicht als Irrlehrer ans Kreuz bringen.

15-22 Die *Anhänger des Herodes* waren von Haus aus keine Freunde der Pharisäer und hatten sich zweifellos nur deshalb eingefunden, um Jesus aus jeder Bemerkung, die irgendwie nach Verrat zu klingen schien, einen Strick zu drehen. *Meister . . .* ist blanke Heuchelei. **17** *Ist's recht...?* Die Frage nach der Steuer, die an die römischen Unterdrücker zu entrichten war, wurde unter den Juden heftig diskutiert. Ein Ja hätte die Feindschaft der Juden, ein Nein die der Römer bedeutet. **19** Die *Steuermünze* war der silberne Denar. **20** *Bild und Aufschrift* waren den Juden wegen ihrer Tendenz zur Vergöttlichung des Kaisers verhaßt. **21** *So gebt dem Kaiser, was des Kaisers ist, und Gott, was Gottes ist:* Diese glänzende Antwort legte den Kern der Frage bloß. Der

Kaiser repräsentierte die legale Regierung und war insofern der Eigentümer des Geldes; er hatte daher ein Recht auf Steuern (vgl. Röm 13,1ff). Der Mensch aber ist nach dem Bilde Gottes geschaffen (1Mo 1,26), so daß Gott ein noch viel größeres Anrecht auf die Hingabe des ganzen Lebens eines Menschen hat. Jesus ruft dabei zu Buße und Umkehr auf.

23-33 Die *Sadduzäer* gründeten ihren Glauben fast ausschließlich auf die fünf Bücher Mose, verwarfen die Schriftauslegung der Pharisäer und lehnten unter anderem auch die Existenz von Engeln (Apg 23,8) und die Auferstehung ab. Ihre Frage setzt bei der Gesetzgebung für die Leviratsehe (Schwagerehe; lat. *levir* = Schwager) ein, die den Zweck hatte, einem kinderlos verstorbenen Mann einen Sohn als Erben zu geben (5Mo 25,5f). **28** Ziel der konstruierten Geschichte ist es, die Auferstehung ad absurdum zu führen. **29ff** Dies scheitert, weil sie erstens die *Schrift* und zweitens die *Kraft Gottes,* die bei der Neuschöpfung in der Auferstehung ganz andere Lebensverhältnisse schafft, nicht kannten. Die verstorbenen Glaubenden werden keine *Engel* (sie sind mehr: Lk 20,36; 1Kor 6,3), sondern nur in bezug auf die Geschlechtlichkeit *wie* Engel sein. Eine körperliche Fortpflanzung gibt es nicht, wohl aber eine neue Leiblichkeit (vgl. 1Kor 15,35-49). Weil die Sadduzäer nur die Bücher Mose anerkannten, zitiert er aus 2Mo 3,6, wo Gott sich selber als gegenwärtiger Gott der Erzväter bezeichnet, obwohl sie schon lange verstorben waren. Jesus folgert, daß es eine Auferstehung geben muß. Nach 8,11 werden Abraham, Isaak und Jakob im Gottesreich sein.

34-40 Die Frage nach dem wichtigsten der 613 Gebote des AT wurde heftig debattiert, doch fragt der *Schriftgelehrte* mit dem Ziel, Jesus auf die Probe zu stellen und ihm eine Irrlehre nachweisen zu können. Die Zusammenstellung von 5Mo 6,5 und 3Mo 19,18 war im Judentum nicht unbekannt (vgl. Testament des Isaschar 5,2). Jesus zeigt, daß der Kern des AT die Liebe ist (vgl. Röm 13,9f; Gal 5,14). **41-45** Nachdem Jesus in allen drei Angriffen der Herausforderer die Schrift vollmächtig ausgelegt und sich damit indirekt als Messias zu erkennen gegeben hatte (Jes 11,2ff; 42,1), fordert er die Erklärung des Messiasgeheimnisses. Matthäus hat Jesus als den *Sohn Davids* herausgestellt (1,1). Aber gleichzeitig ist er nach Ps 110,1 *Herr.* Jesus bestätigt die Autorschaft des David und erkennt im Psalm - wie die Rabbiner auch - eine messianische Weissagung (vgl. Hebr 1,13; 2,8; 10,13), die *im Geist* gegeben wurde. Das Messiasgeheimnis besteht darin, daß der Sohn Davids als Gottessohn gleichzeitig auch der Herr Davids ist. **46** Die Zeit des Fragens ist zu Ende. Wenn die Gegner Jesu das nächste Mal in Erscheinung treten, werden sie Gewalt anwenden (26,47).

23,1-25,46 Christi Gerichtsankündigung gegen die Pharisäer und Schriftgelehrten

Dieser fünfte große Redeabschnitt Jesu im Matthäusevangelium handelt vom Gericht. Kap. 23 enthält eine ausführliche Kritik an den Schriftgelehrten und Pharisäern und eine Warnung vor dem Gericht, das über das ganze Geschlecht kommen werde. Da sich das Evangelium an Judenchristen richtet, findet sich gerade in diesem Kap. viel Sondergut. Kap. 24 ähnelt der Endzeitrede bei Markus; zu einigen Hinzufügungen finden sich größtenteils Parallelen bei Lukas. Es handelt vom kommenden Gericht über die Juden und vom Endgericht. Kap. 25 besteht aus drei Gleichnissen über das Endgericht, die Sondergut von Matthäus sind. Liegt der Nachdruck in diesem Kapitel auch auf dem künftigen Kommen Christi, so herrscht doch im Evangelium als ganzem Ausgewogenheit zwischen jenem zukünftigen und dem gegenwärtigen Kommen des Reichs in der Wirksamkeit Christi. Matthäus ist in der Auswahl der eschatologischen Sprüche Jesu keineswegs einseitig, obschon sie jeder der Evangelisten zugestandenermaßen von einem besonderen Blickpunkt aus vornimmt. Besondere »Ausschmückungen« als unecht auszusondern, wäre willkürlich.

23,1-39 Weherufe gegen die Schriftgelehrten und Pharisäer

Dieser Abschnitt ist eine Sammlung von Sprüchen, die an die Stelle der summarischen Warnung vor den Schriftgelehrten in Mk 12,38-40 tritt. Zu vielen von ihnen finden sich in Lk 11,37-52 Parallelen; die letzten drei Verse stimmen, von geringfügigen Abweichungen abgesehen, mit Lk 13,34f überein. Jesus warnt vor den Praktiken der Schriftgelehrten und Pharisäer (V. 1-12); sieben Weherufe gegen sie (V. 13-36) und die Klage über Jerusalem (V. 37-39) schließen sich an.

1 *Da redete Jesus:* Wahrscheinlich setzt dieses Kapitel mit einer neuen Rede ein und führt das Streitgespräch des vorangehenden Kapitels nicht einfach fort. **2** Der *Stuhl des Mose* war der Lehrstuhl der Synagogen. **3** *Was sie euch sagen, das tut und haltet:* Damit erkennt Jesus ihr Hirtenamt und ihre Lehrämter grundsätzlich an, wenn er ihre Gesetzesauslegung auch in einzelnen Punkten angreift (vgl. 12,1ff; 15,1-20). *Denn sie sagen es und tun es nicht* (ZÜ): Die Diskrepanz zwischen Anspruch und Wirklichkeit, zwischen Wort und Tat, macht das eigentliche Elend des Pharisäertums aus.

4 Die *Bürden* sind ihre Gebote (vgl. Apg 15,10.28); *schwer* sind sie, weil sie zum größten Teil das atl. Gesetz verschärften. Siehe dagegen das Joch und die Last Christi (11,28-30). 5 *Damit sie von den Leuten gesehen werden:* vgl. 6,1.5.16. Alles zielt auf Ehre und nicht auf Gott ab. *Gebetsriemen* waren Riemen mit kleinen Kapseln, die Stellen aus dem Pentateuch enthielten (vgl. 2Mo 13,16; 5Mo 6,8; 11,18). Man trug sie normalerweise nur beim Gebet. *Quasten* waren Troddeln, die am Saum des Obergewandes befestigt wurden (vgl. 9,20). Jesus wendet sich nicht gegen Gebetsriemen und Quasten, sondern die Prunksucht der Pharisäer. **6.7** Alle diese Dinge sollten den Gesetzeskundigen zwar kennzeichnen, aber die Demut gehörte als Grundhaltung dazu. **8-10** Jesus lenkt den Blick weg von Menschen zurück auf Gott und stellt die brüderliche Gleichheit heraus. *Rabbi* bedeutete »mein Großer«. *Vater* wurden große Rabbiner der Vergangenheit genannt. Keiner dieser Ausdrücke bezeichnet etwas Endgültiges, da die wahre geistliche Autorität Gott und Christus eignet. Bis auf den Begriff »Lehrer«, der aber kein Ehrentitel, sondern eine Gabe und Aufgabe kennzeichnet, wird keiner dieser Ausdrücke in der atl. Gemeinde verwendet. **11.12** Die Umkehrung der menschlichen Werte und die Bedeutung der Demut werden abermals unterstrichen (vgl. 20,25-28).

13 *Wehe euch ... ihr Heuchler:* Der siebenfache Weheruf stellt wichtige Jesusworte zusammen. Das Wehe aus Lk 20,47 und das aus Lk 11,43 sind nicht aufgenommen. Die »Weherufe« dieses Kapitels haben ihre positive Entsprechung in den Seligpreisungen (5,1-12). Nicht ins Reich einzugehen, war schlimm genug. Weitaus schlimmer aber war es, andere am Eintritt zu hindern, was die Pharisäer besonders durch die Feindschaft gegen Jesus taten. **14** Gehört wahrscheinlich nicht zum ursprünglichen Text, ist aber ein echtes Jesuswort (Mk 12,40; Lk 20,47). **15** Der Missionseifer der Pharisäer war groß. *Judengenosse* (Proselyt) war ein durch Taufe und Beschneidung vollwertig ins Judentum eingegliederter Heide. »Gottesfürchtige« (vgl. Apg 10,1f; 17,4.17) standen dem jüdischen Glauben nahe, ohne beschnitten zu sein. Der Proselyt wurde nicht nur in der Hoffnung betrogen, das Heil zu empfangen (V.13), sondern stand in der Gefahr, auch zum Heuchler zu werden. **16-22** An der guten Absicht der Rabbiner war kein Zweifel - sie wollten das voreilige Schwören bei heiligen Dingen einschränken. Die Volkssitte zwang sie jedoch, Richtlinien zu erlassen, die gewisse Eide zuließen. Dies führte zu spitzfindigen Unterscheidungen, durch die ein Schwur eher zur Verdunkelung der Wahrheit als zu ihrer Bekräftigung diente. Jesus deckt diese Heuchelei auf und zeigt, daß die Schwüre letztlich über Gott verfügen und seinen Namen zu eigenen Zwecken mißbrauchen. In 5,33-37 verbietet Jesus den Schwur ganz. **23.24** Durch die Verzehntung sogar der Küchenkräuter erfüllten sie 5Mo 14,22f bis zur äußersten Konsequenz, aber das *Wichtigste* im Gesetz erfüllten sie nicht. Zu Barmherzigkeit vgl. Mi 6,8. Ihr mangelnder Sinn für Proportion in geistlichen Dingen wirkt lächerlich wie das »Aussieben von Mücken« (zur Vermeidung von Verunreinigung 3Mo 11,20) und das gleichzeitige »Verschlucken von Kamelen« (vgl. 19,24).

25.26 Die Pharisäer hielten die Reinheitsvorschriften für Geräte genauestens ein, die eigene Lebensführung (Bild und Wirklichkeit fließen hier zusammen) erweckte aber nur nach außen hin einen guten Eindruck. Reinheit kommt von innen (vgl. 15,10f). **27.28** kontrastieren Schein und Sein. Die *Gräber* wurden *übertüncht*, um zu verhindern, daß die Menschen gegen sie stießen und sich verunreinigten. *Unrat* meint Unreinheit. Während sie scheinbar das Gesetz peinlich genau erfüllten, sind sie im Inneren voll Gesetzlosigkeit (LÜ: *Übertretung*).

29-33 Zur Tötung der Boten Gottes vgl. 21,33-43; Hebr 11,35-38. Es ist immer leichter, einen toten Propheten zu ehren, als auf einen lebenden zu hören. Indirekt gestehen sie ein, daß sie die leiblichen Söhne der Mörder vieler Propheten sind. Daß sie auch geistig deren Söhne sind, wird ihnen nicht bewußt. **32** *Maß... voll:* durch die Ermordung Jesu, der der Prophet schlechthin ist. **33** Vgl. 3,7. Gegen das Urteil, das über sie gefällt werden wird, gibt es keinerlei Berufung.

34-36 Die *Propheten und Weisen und Schriftgelehrten* sind Gesandte Christi aus der ntl. Gemeinde (vgl. 1Kor 12,28f). Ihr Schicksal kündigte Jesus seinen Jüngern bereits an (Mt 10,17.23). Zur Erfüllung dieser Aussage Jesu vgl. Apg 4,3.21; 7,56ff u.a. Der hier erwähnte *Zacharias* wird allgemein mit dem Zacharias aus 2Chr 24,20-22 gleichgesetzt, obwohl dessen Vater Jojada hieß. Zacharias, *der Sohn Barachias*, war der Prophet (Sach 1,1). Es ist nicht überliefert, daß er ermordet wurde. Vielleicht wurden die beiden irgendwann miteinander verwechselt. Es gab ferner einen Zacharias, Sohn des Bariscäus, der unmittelbar vor der Belagerung Jerusalems mitten im Tempel getötet wurde (Josephus, *Jüdischer Krieg* IV, 5,4), der aber auf keinen Fall gemeint sein kann. Da 2Chr das letzte Buch im hebr. Kanon ist, war Abel (1Mo 4,8) der erste und Zacharias der letzte Märtyrer des AT. *Dieses Geschlecht* (vgl. 11,16) trieb mit der Ermordung des Messias den Unglauben auf die Spitze. Die Blutschuld von Jahrhunderten wurde in gewissem Sinne in den Schrecken des Jüdischen Krieges gestraft.

37-39 beschreiben in einem prophetischen Spruch den Zusammenhang von Schuld und Gericht und das vergebliche Werben Jesu (vgl. Lk 13,33f). *Jerusalem* steht für ganz Israel. *Wie oft* setzt frühere Besuche Jesu, wie sie Johannes berichtet, voraus. *Ihr habt nicht gewollt* legt die ganze Schuld auf Israel. Gott wollte wohl. *Euer Haus* bezieht sich auf das Land und auch auf den Tempel. Für die Verwüstung des Tempels vgl. 1Kön 9,7f; Jer 12,7; 22,5. Den einzigen, der ihnen Rettung hätte bringen können, wird man erst am Ende wiedersehen, wenn *Gelobt sei, der da kommt im Namen des Herrn* eine völlig neue Bedeutung haben wird (vgl. 21,9). Damit deutet Jesus Tod, Auferstehung, Wiederkunft und die künftige Bekehrung Israels an.

24,1-42 Die Zerstörung Jerusalems und das Kommen des Menschensohns

Dieser Abschnitt hält sich eng an Mk 13,1-32 (vgl. Lk 21,5-33). Abweichungen finden sich in V. 10-13. Die hinzugefügten Verse 26-28.37-42 gehen parallel zu Lk 17,23-27. Nach der Einleitung (V. 1-3) spricht Jesus von großen Unruhen (V. 4-8), von Verfolgung und der Verkündigung des Evangeliums (V. 9-14) sowie von der großen Trübsal (V. 15-28). Es geht dabei in der Hauptsache um Gottes Geschichte mit Israel und die Zerstörung des Tempels als zeitliches Gericht. Darauf folgt das Kommen des Menschensohns zum Endgericht (V. 29-31), und V. 32-36 verbindet diese beiden Phasen des Gerichts. Eine Reihe von Warnungen, die Beispiele plötzlichen Unheils enthalten, schließen sich an.

1.2 Vom Weg zum Ölberg aus konnte man den *Tempelbezirk* gut überblicken. Obwohl er erst 64 n.Chr. vollendet wurde, galt er schon damals als Weltwunder. Die Jünger *zeigten* auf den Tempel, weil sie aus 23,37-39 gut verstanden, daß Gericht über Jerusalem auch Zerstörung des Tempels bedeuten mußte. Die Prophetie auf die völlige Zerstörung ist Antwort auf die unausgesprochene Frage. **3** zeigt, daß es in dem Kapitel um zwei Dinge geht: um (die Zerstörung des Tempels und Jerusalems *das ...*; vgl. V. 2) und um *das Zeichen für dein Kommen und für das Ende der Welt*. Die Jünger fragten damit nach dem Ende dieser Zeit und dem Beginn einer neuen, messianischen Heilszeit. Sowohl die Parusie (das *Kommen*; vgl. V. 27.37.39) als auch *das Ende der Welt* (vgl. 13,39.49; 28,20) kommen nur im Matthäusevanglium vor. Beide Fragen zeigen, daß es im folgenden um die Zukunft Israels geht und nur in zweiter Linie um die ntl. Gemeinde. **4** Jesus gibt die erfragten Zeichen (V. 3) an. **5** Im 1. Jh. traten etliche Messiasprätendenten auf (vgl. 7,15, Apg 4,36f; 21,38). **6** *Kriege* sind nicht nur der Jüdische Krieg der Jahre 66-70 n.Chr. *Muß so geschehen* weist auf den göttlichen Plan in den mancherlei Ereignissen. *Das Ende* wird nicht durch diese Kriege gesetzt. **8** *Wehen* sind die Umwälzungen, die das neue Zeitalter einleiten (vgl. Jes 26,16-19; Mi 4,9f).

9 faßt Mk 13,9-13 (vgl. 10,17-21) zusammen. *Dann* zeigt wohl einen neuen Zeitabschnitt an (vgl. Dan 9,27). **10-12** sind Sondergut von Matthäus und führen die Katastrophen auf, die Israel kurz vor dem Ende treffen werden - Abtrünnigkeit, Verrat, gegenseitiger Haß, Ketzerei, Lieblosigkeit. Zu diesen Leiden vgl. Offb 12,1-6. **13** Dennoch werden diejenigen, die treu ausharren, gerettet werden. Die Rettung ist hier im Sinne von Röm 11,26 zu verstehen. **14** Die Verkündigung des Evangeliums in der ganzen Welt geht auf die Botschaft vom anbrechenden Gottesreich (Jes 52,7) zurück und ist ein unerläßliches Vorstadium des Endes. **15** Das *Greuelbild der Verwüstung* aus Dan 9,27; 11,31 meint nicht nur die römischen Standarten, die oftmals kultisch verehrt wurden und bei der Belagerung Jerusalems im Jahre 68 n.Chr. den Tempel entweihten, sondern in erster Linie das Bild des antichristlichen Tieres, das sich an Gottes Stelle im Tempel verehren läßt. *Wer das liest, der merke auf!*: Damit fordert Jesus zum Erforschen der Schrift, hier bes. des Buches Daniel auf. **16** Aufgrund dieses Spruches flohen im Jahre 68 n.Chr. zahlreiche Christen nach Pella. **16-20** unterstreichen den Zeitdruck, unter dem die Menschen dann stehen werden, und die ihnen bevorstehenden Leiden. Die Erwähnung von *Judäa* und des *Sabbats* machen wieder deutlich, daß die Ereignisse in erster Linie Israel betreffen. **21** greift V. 9 nochmals auf und beschreibt das Ausmaß der Trübsal, das apokalyptische Dimensionen erreicht (vgl. Dan 12,1; Joel 2,2).

22 Weil Gott die Schwachheit der Glaubenden kennt, werden die Tage, die das Böse sonst gewirkt hätte, *um der Auserwählten willen ... verkürzt*. **23-25** Verheerender als alle äußere Not wirkt die Verführung durch falsche Befreier, die mit großen Wundern aufwarten können (vgl. Offb 13,13ff). **26.27** *Das Kommen des Menschensohns* ist weder »lokalisierbar« (»hier ist er und da«) noch verborgen (*Wüste*, *Kammer*), sondern geschieht plötzlich und für jedermann sichtbar. **28** ist ein Sprichwort: So unzweideutig wie man von Geiern auf vorhandenes Aas schließen kann, so eindeutig wird für alle Jesu Wiederkunft sein. **29-31** Mit *sogleich* (besser: »sofort«) ist auf die Aufrichtung des Tausendjährigen Reiches (Offb 20,3) hingewiesen, das mit der Wiederkunft Jesu einsetzt, die große Trübsal beendet und von kosmischen Zeichen begleitet wird (Jes 13,9f; Joel 2,10ff; 3,3ff). Das Kommen des *Menschensohnes* (vgl. Dan 7,13f) stürzt diejenigen in Trauer und Verzweiflung, die sich den Kreuzigern des Messias zugesellten (Sach 12,10-14), und die *Auserwählten* werden sich beim Schall der Posaune (Jes 27,13) von überallher versammeln (5Mo 30,4). V. 31 beschreibt nicht die Entrückung der Gemeinde (1Thes 4,16), sondern die Sammlung Israels zu einer geschlossenen Nation zu Beginn des Tausendjährigen Reiches.

32.33 Jesus schließt die Ausführungen über die Zeichen ab und kommt nochmals auf die Frage der Jünger nach dem Zeitpunkt der Geschehnisse zu sprechen (V. 3). Es ist unwahrscheinlich, daß der *Feigenbaum* als Symbol Israels aufzufassen ist. Das Bildwort sagt nur, daß man an bestimmten Zeichen die Nähe des Bevorstehenden erkennen kann. **34** *Dieses Geschlecht* ist entweder das jüdische Volk allgemein (griech. *genea* kann »Generation« oder »Stamm« bedeuten), das trotz Feindschaft der Völker nicht untergehen wird, oder das Geschlecht, das die Zeichen der Endzeit (*das alles*; V. 4-28) geschehen sieht. Aber auch die mit der Zerstörung Jerusalems verknüpften Ereignisse, die fast genau vierzig Jahre nach den Worten Jesu eintraten, geschah noch innerhalb einer Generation - nämlich der, die Jesus ansprach. **35** unterstreicht die Zuverlässigkeit der Verheißung Jesu aus V. 34 (vgl. 5,18).

36 Der *Tag* bezieht sich auf die Wiederkunft Jesu. *Auch der Sohn nicht* wurde von vielen Hss. gestrichen, weil diese Unkenntnis nicht zu Jesus zu passen schien; aber gerade diese Tatsache spricht für die Echtheit des Jesuswortes (vgl. Apg 1,7; Sach 14,7).

Die Unwissenheit, die er bei dieser Gelegenheit bekannte, ist zu unterscheiden von der Möglichkeit eines Irrtums in seiner Lehre, was unmöglich ist. **37-39** V. 37 schließt mit *denn* an und veranschaulicht das überraschende Hereinbrechen des Kommens Jesu an der Geschichte *Noahs* (1Mo 6,9), die hier deshalb nicht typologisch verwendet wird (vgl. 1Petr 3,19-21). **40.41** Die Parusie Jesu wird eine scharfe Trennungslinie ziehen zwischen Menschen, die äußerlich gemeinsam ihre Arbeit verrichten, aber sich innerlich in ihrer Stellung zu Christus unterscheiden. **42** All dies macht es notwendig, *wachsam* zu sein.

24,43-25,46 Fünf Gleichnisse vom Gericht

Das erste Gleichnis dieses Abschnitts, das vom Hausvater und vom Dieb (V. 43f), geht parallel mit Lk 12,39f und das vom treuen und vom bösen Knecht (V. 45-51) mit Lk 12,42-46. Die gleichen Gedanken begegnen in Mk 13,33-37. Die Gleichnisse von den zehn klugen und törichten Brautjungfern (25,1-13), von den anvertrauten Zentnern (V. 14-30) und von den Schafen und den Böcken (V. 31-46) sind sämtlich Sondergut von Matthäus, obwohl das Gleichnis von den anvertrauten Zentnern eine gewisse Ähnlichkeit mit Lk 19,12-27 aufweist. Jedes unterstreicht die Notwendigkeit der Treue oder der Wachsamkeit angesichts des kommenden Gerichts.

24,43.44 Beide, der *Dieb* und der *Menschensohn* kommen unvermutet (vgl. 1Thes 5,2-6; Offb 3,3). **45-51** Da Jesus in V. 44 speziell die Jünger ansprach (»seid auch *ihr* bereit«), zeigen V. 45-51, daß zum Wachen auch die Treue gegenüber dem Herrn und der verantwortungsbewußte Dienst für andere gehört. *Mitknechte* zeigt ihre Gleichheit in der Abhängigkeit vom Herrn. Der Strafe *(ihn in Stücke hauen lassen)* steht die Seligpreisung des bereiten Knechts (V. 46) gegenüber. Wiederum kommt der Herr, da *er's nicht erwartet.*

25,1-13 Dies Gleichnis weist vielleicht einige allegorische Züge auf. Der *Bräutigam* stellt den Messias dar, und die *Jungfrauen*, die ihm entgegengehen sollten, um ihn bei der feierlichen Heimholung der Braut in sein elterliches Haus zu geleiten, stellen Israel und eventuell glaubende Christen dar. Die Braut ist im Gleichnis nicht genannt, weil es im Gleichnis nicht um die Hochzeit als solche, sondern um das Wachen geht. *Lampen* (griech. *lampadas*) sind höchstwahrscheinlich Fackeln (vgl. Offb 4,5; 8,10), die mit Öl getränkt wurden, und keine kleinen Tonleuchten. *Wurden sie alle schläfrig und schliefen ein* (V. 5): Der Unterschied lag nicht in der langen Wartezeit - da wurden alle schläfrig - sondern in der Vorbereitung auf das Kommen des Bräutigams. Die einen waren darauf eingestellt, die anderen lebten wie die Menschen zur Zeit Noahs (24,38f) arglos und unbesorgt dahin, was ihre tatsächliche Wertschätzung des Bräutigams kennzeichnet. Daß die klugen Jungfrauen kein Öl weitergeben (*Öl* ist hier die gesamte Glaubenshaltung) und daß es für den Einkauf von Öl zu spät ist, will nur zeigen, daß geistliche Bereitschaft nicht übertragbar ist und es ein Zuspät gibt. *Ich kenne euch nicht* klingt hart, ist aber Konsequenz der oben beschriebenen Haltung der fünf törichten Jungfrauen (vgl. 7,21-23). **13** zeigt, worauf es Jesus im Gleichnis ankam.

14-30 erweisen die Notwendigkeit, während der Zeit, in der Jesus nicht anwesend ist (V. 14), nicht nur zu wachen (vgl. 1-13), sondern auch verantwortungsbewußt mit den von Gott anvertrauten Gaben umzugehen. Die ersten beiden Knechte waren *tüchtig und treu* (V. 21.23) und nahmen alle Chancen, die sich ihnen boten, im Interesse ihres Herrn wahr.

Der dritte gibt scheinbar anständig seinen Zentner zurück, scheute aber Risiko und Arbeit und schiebt die Schuld noch auf seinen Herrn: »Du bist *ein harter Mann*« (V.24). Er wird als ein *böser* (griech. *poneros* bedeutet wahrscheinlich »schlechtgesinnt«; vgl. 20,15) *und fauler Knecht* (das Gegenteil der *tüchtigen und treuen* Knechte) verdammt (V.26). *Wußtest du...* (V.26). Er hätte anders handeln müssen und wenigstens das Geringste tun müssen (V.27), auch wenn man unterstellt, daß er mit der Charakterisierung seines Herrn recht hatte. Das Gleichnis läßt erkennen, daß den einzelnen verschiedene geistliche Möglichkeiten gegeben sind, aber die Treue ausschlaggebend ist. Treue wird belohnt, Untreue gewinnt das, was sie wert ist - nichts (vgl. 13,12). *Finsternis* ist der Ort der Gottesferne und des Gerichts (vgl. 22,13).

31-46 Dies ist streng genommen kein Gleichnis, sondern eine bildhafte Schilderung des Endgerichts über die heidnischen Völker. Das Gericht über Israel und die Glaubenden wurde in 25,1-30 beschrieben. *Alle Völker* werden vor Gott erscheinen müssen (V.32). Die Trennung in *Schafe* und *Böcke* scheidet nicht Völker, sondern einzelne Menschen aus den Völkern (vgl. Hes 34,17). Die den geringsten von Christi *Brüdern* (damit sind Israel und die Glaubenden in der Trübsalszeit gemeint, die die beschriebenen Leiden durchzustehen haben) erwiesenen Freundlichkeiten werden ihm erwiesen und umgekehrt (V.40.45; vgl. 10,40-43). Die Gerechten haben diese kleinen Dinge nicht als verdienstvoll angesehen (diese »Werke« sind Früchte eines lebendigen Glaubens und keine Grundlage für die Errettung), und die anderen haben sie zu tun unterlassen. Die Scheidung zwischen den Erben des *Reichs, das euch bereitet ist von Anbeginn der Welt* (V.34) und denen, die *in das ewige Feuer* eingehen, *das bereitet ist dem Teufel und seinen Engeln*, ist absolut und endgültig. Dieses Gericht über die bei der Wiederkunft Jesu lebenden Nationen wird also auch über den Eingang in das Tausendjährige Reich entscheiden.

26,1-27,66 Leiden und Sterben Christi

Alle Evangelien legen auf das Sterben und die Auferstehung Christi, den Kernpunkt der Verkündigung, besonderen Nachdruck. Daß diese Ereignisse während des Passahfests geschahen, zeigt ihre besondere Bedeutung als Erfüllung dessen, was durch den Auszug aus Ägypten im AT vorgeschattet worden war. In der Passion Jesu wird die Frage der Schuld und auch die seiner Macht grundsätzlich gelöst (Kol 2,14f), so daß eine Erneuerung des Lebens geschehen kann, die Vollendung und die volle Verwirklichung seines Reiches stehen aber noch bis zu seiner Wiederkunft aus. Das Paradox des Evangeliums erreicht in Kap. 26-27 seinen Höhepunkt, da doch durch den Tod des Messias, der auf Betreiben seines eigenen Volkes und durch die Hände der Römer bewirkt wurde, der Welt Leben und das Heil gegeben wird. Matthäus hält sich ziemlich genau an den Erzählungsfaden des Markusevangeliums (die Lukasfassung zeigt mehr Eigenständigkeit) und fügt nur eine Reihe kleiner Abschnitte ein, von denen die wichtigsten der Spruch über das Schwert und die Engel (26,52-54), der Tod des Judas (27,3-10), etliche Hinweise auf Pilatus (27,19.24f), die Auferstehung der Heiligen (27,51b-53) und die Bewachung des Grabes (27,62-66) sind.

26,1-16 Die Salbung in Bethanien. Der Verrat des Judas

Dieser Abschnitt hält sich eng an Mk 14,1-11 (vgl. Lk 22,1-6; Lukas bringt die Geschichte von der Salbung deshalb nicht, weil er in Lk 7,36-50 von einer anderen Salbung berichtet hatte).

1 Vgl. mit diesem überleitenden Vers 7,28; 11,1; 13,53; 19,1. **2** Matthäus lenkt an dieser Stelle als einziger die Aufmerksamkeit darauf, daß Jesus von dem Zusammenhang zwischen dem Passah (LÜ: *Ostern*) und seinem Tod ausdrücklich wußte. Das Passah war das höchste jüdische Fest, das an die Befreiung des Volkes Israel aus Ägypten und alles damit Zusammenhängende erinnerte (2Mo 12). *In zwei Tagen* besagt, daß Jesus diese Leidensankündigung am Mittwoch gab. **3** *Kaiphas* (vgl. Joh 18,13) war Hoherpriester von etwa 18-36 n.Chr. **4.5** *Ja nicht bei dem Fest:* Der angegebene Grund ist eher politischer als religiöser Art. In Anbetracht der großen Zahl galiläischer Pilger beim Passahfest drohte die Gefahr eines Volksaufstandes, der von den Römern blutig niedergeschlagen worden wäre. Deshalb mußte man *mit List* vorgehen.

6-13 Jesus übernachtete in Bethanien (vgl. 21,17). *Simon* war natürlich vom Aussatz geheilt. Die Frau salbte Jesus *mit kostbarer Salbe* (ZÜ) zum Zeichen ihrer Ergebenheit, möglicherweise aber auch, um auf diese Weise ihre Anerkennung seines Königtums zu bekunden (vgl. 1Sam 10,1; 1Kön 1,38f; 2Kön 9,4-10). Jesus deutet die Salbung als Vorbereitung auf sein *Begräbnis* (V.12), das ihm als dem Messias unmittelbar bevorsteht. Die Reaktion der Jünger, *wozu diese Vergeudung*?, ist durchaus verständlich, zeigt aber das Unverständnis der Jünger für die einmalige geschichtliche Situation. *Arme* haben sie allezeit, und zu ihnen werden sie auch in der Mission gesandt. Der Messias aber bereitet sich auf sein stellvertretendes Leiden und Sterben vor.

14-16 *Einer von den Zwölfen:* Diese erschütternde Wendung stellt die Tragödie des Verrats heraus. In den synoptischen Evangelien wird keinerlei Motiv für den Verrat des Judas genannt (s. indes Joh 12,4-6). Matthäus berichtet als einziger seine Frage *Was wollt ihr mir geben?* und den Preis von *dreißig Silberlingen*, dem Monatsgehalt eines Tagelöhners (vgl. Sach 11,12; für andere Zitate aus Sacharja oder ihm entnommene Anspielungen siehe die Erklärungen zu 21,5; 24,30f; 26,31; 27,9).

26,17-29 Das Abendmahl

Dieser Abschnitt geht parallel mit Mk 14,12-26 (vgl. Lk 22,7-30). Durch das Passahmahl deutet Jesus seinen nahen Tod, und Judas wird als der Verräter gekennzeichnet.

17-19 Der *erste Tag der ungesäuerten Brote* war der Passahtag, an den sich weitere sieben Festtage der ungesäuerten Brote anschlossen. Nach den synoptischen Evangelien besteht kein Zweifel, daß Jesus ein Passahmahl aß und dann am nächsten Tag hingerichtet wurde. Johannes dagegen redet vom Rüsttag (Joh 18,28; 19,14.31.42), der gewöhnlich den Tag vor dem Fest bezeichnet. Als Lösung könnte man entweder annehmen, daß zwei verschiedene Kalender im Gebrauch waren, oder im Vergleich von Mk 14,2 mit Mk 15,42 den Rüsttag auch mit dem Passahtag identifizieren. Auf alle Fälle wäre es sehr unwahrscheinlich, daß einer der Evangelisten nicht über eine genaue Datierung der letzten Tage Jesu verfügte oder sich für berechtigt hielt, sie aus vermeintlich »theologischen« Gründen abzuändern. Das Passahmahl mußte in der *Stadt* gegessen werden. Der Ausdruck *der Meister* läßt vermuten, daß der ungenannte Mann ein Jünger Jesu war. *Meine Zeit ist nahe* macht deutlich, daß Jesus sich des ihm bevorstehenden Geschicks voll bewußt war. **20** *Die Zwölf* waren dort anscheinend mit Jesus allein. **22** *Sie wurden sehr betrübt:* einerseits weil Jesus verraten werden würde, andererseits weil einer von ihnen der Verräter sei. *Herr, bin ich's?* ist eine unsichere Frage, die die Möglichkeit offenläßt, daß man es tatsächlich sein könnte. **24** Zu diesem Ineinander von Vorherbestimmung und sittlicher Verantwortlichkeit vgl. auch 18,7. Gottes Pläne schließen die menschliche Verantwortlichkeit nicht aus. **25** *Rabbi:* Die anderen nennen ihn »Herr«. *Du sagst es* legt möglicherweise den Nachdruck darauf, daß Judas es selber ausspricht, oder meint vielleicht bloß »Ja«. Das Weggehen des Judas wird nicht erwähnt.

26 Jesus leitete als Gastgeber und Haushaltsvorstand das Passahmahl nach dem üblichen Ritus. *Als sie aber aßen* zeigt, daß das Essen schon im Gange war. Er *dankte* Gott für die Gabe des Brotes. Die Einsetzungsworte sind bei Matthäus und Markus sehr kurz, und die Aufforderung zum Essen findet sich in der Markusfassung nicht. Jesus gibt dem Brot einen völlig neuen Sinn: *Das ist mein Leib* weist im Zusammenhang des Brechens und Essens des Brotes auf seinen nahen Tod und auf die gläubige Annahme seines Opfers und seiner selbst durch die Jünger (vgl. Joh 6,53-58). Das Brot kann nicht substantiell mit seinem Leib identisch sein; im Glauben empfangen, ist es jedoch ein wirksames Zeichen desselben. **27** Der *Kelch* ist der dritte Weinbecher der jüdischen Passahliturgie, der auch »Becher des Segens« hieß (vgl. 1Kor 10,16). **28** *Das ist mein Blut des Bundes* erinnert an 2Mo 24,8, wo der alte Bund mit Blut geschlossen wurde, so wie auch jetzt wiederum der neue. *Viele* ist hier im umfassenden Sinn gemeint (vgl. zu 20,28; Jes 53,11). *Zur Vergebung der Sünden* steht nur bei Matthäus, während er als einziger diese Wendung bei der Bedeutung der Johannestaufe in 3,2 ausläßt. Er wollte anscheinend betonen, daß nur der Opfertod Christi die wahre Grundlage der Vergebung bildet. Die Verzichterklärung Jesu bringt das Warten auf die Vollendung des messianischen Reiches zum Ausdruck. **29** Das Abendmahl weist somit auf das messianische Festmahl voraus (vgl. Offb 19,19; auch Mt 14,13-21) und auch auf die große Erlösungstat zurück. Dem Passahlamm gibt Jesus hier keine symbolische Bedeutung, nur Brot und Wein füllt er mit neuen Inhalten.

26,30-56 Gethsemane

Zu diesem Abschnitt vgl. Mk 14,26-52 und Lk 22,31-53. An die Vorhersage der Zerstreuung und Verleugnung der Jünger (V. 30-35) schließen sich das Ringen Jesu und sein Einfügen in den Willen des Vaters (V. 36-46) und seine Gefangennahme (V. 47-56) an.

30 Der *Lobgesang* umfaßt den zweiten Teil des Passah-Hallels (Ps 115-118) und schließt das Mahl ab. **31** *Ich werde ... schlagen:* Das Zitat stammt aus Sach 13,7 und ist dort als Befehl gefaßt. Aber in der von Jesus wiedergegebenen Form erklärt es, daß Gott die Gewalt über alle kommenden Ereignisse ausübt. Das Kreuz Christi wird *alle* Jünger aus dem Gleichgewicht bringen. **32** Zu *Galiläa* vgl. 28,7.10. **33-35** *Petrus* geht mit seiner maßlosen Selbstüberschätzung voran wie seinerzeit beim Christusbekenntnis (16,13-19). Der Petrus, der Christus als erster bekannte, wird ihn auch als erster verleugnen. **36** *Gethsemane* bedeutet »Ölpresse« und war ein unmittelbar östlich des Kidrontals gelegener Olivenhain. Die entscheidende Stunde auf Golgatha bereitet Jesus im Gebet vor. **37** *Petrus und die zwei Söhne des Zebedäus* waren Zeugen seiner Herrlichkeit (17,1ff) und werden jetzt zu Zeugen seines Gebetskampfes. **37-38** Seine Angst und Traurigkeit wurden teils durch die Verwerfung durch sein eigenes Volk und teils durch die Schrecken des ihm bevorstehenden Sühnetodes hervorgerufen. Damit bewies sich Jesus ganz als Mensch (vgl. Hebr 2,14ff; 4,15; 5,7ff). *Mit mir* findet sich - hier und in V. 40 - nur bei Matthäus. In der Stunde seiner Prüfung suchte Jesus auch die Nähe seiner Jünger. **39** Der *Kelch* stellt Leiden, Tod und Gericht dar (vgl. 20,22; Jes 51,22). Die Bitte Jesu zeigt die überwältigende Last, die Jesus am Kreuz auf sich nehmen sollte und die unbedingte Unterordnung unter den Vater. **41.42** Manche Züge erinnern hier an das Vaterunser: *Mein Vater; so geschehe dein Wille; nicht in Anfechtung fallt* (vgl. 6,9-13). In seiner Fleischwerdung sah sich Jesus selber vor die gleichen Probleme gestellt, vor denen auch seine Jünger standen. Dem Ringen Jesu steht in erschreckender Weise der Schlaf der Jünger gegenüber. Jesus ist in den schwersten Stunden allein gelassen. *Der Geist* könnte sich auch auf den Heiligen Geist beziehen. *Das Fleisch ist schwach:* für sein eigenes Erleben der Schwachheit des Fleisches s. Hebr 5,7-10. **45** *Wollt ihr weiter schlafen?* Von LÜ höchstwahrscheinlich mit Recht als Frage formuliert.

47 *Einer von den Zwölfen* erklärt, woher man wußte, wo Jesus zu finden war, und stellt die Ungeheuerlichkeit seines Verrats heraus (vgl. V. 14). Das Verhaftungskommando gehörte der jüdischen Tempelpolizei an. **48** Das *Zeichen* war wohl wegen der Dunkelheit notwendig, um den Richtigen sofort verhaften zu können, ohne es zu einem Kampf kommen lassen zu müssen. **49** So pflegte ein Schüler seinen Rabbi zu begrüßen. **50** *Mein Freund, dazu bist du gekommen?* appelliert an das Gewissen des Judas. V. 50b erfüllt die Weissagung aus 17,22. **51** Nach Joh 18,10 *zog* Petrus *sein Schwert.* Lukas und Johannes berichten, daß Jesus den Knecht heilte. **52-54** sind Sondergut von Matthäus. *Denn wer das Schwert nimmt, der soll durchs Schwert umkommen* will nicht dem Staat die Macht absprechen (vgl. Röm 13,1ff), sondern zeigt, daß Gewalt stets Gegengewalt hervorruft (vgl. 1Mo 9,6; 2Mo 20,13) und im Gottesreich Gewalt erlitten wird, statt zu ihr zu greifen (vgl. 5,39ff; Röm 12,19). **53** Wenn die Engel Kinder beschützten (18,10), dann konnten sie erst recht in großer Zahl herbeieilen, um dem Sohn Gottes zur Seite zu treten (vgl. 4,11). Eine *Legion* hatte etwa 10000 Mann. **54** Mit *die Schrift* sind das ganze AT und besonders die in der Passionsgeschichte häufig zitierten Stellen wie Ps 22 und Jes 53 gemeint. **55** Ein *Mörder* (ZÜ: Räuber) war wahrscheinlich ein zelotischer Aufrührer. Der öffentlichen Wirksamkeit Jesu steht das hinterhältige Vorgehen der Juden gegenüber. **56** Die Jünger verließen Jesus, wie in V. 31 vorausgesagt. Jesus muß seine schwerste Stunde allein bestehen.

26,57-75 Jesus vor dem Hohen Rat

Dieser Abschnitt geht mit Mk 14,53-72 parallel (vgl. Lk 22,54-71) und ist nur an einigen Stellen gekürzt. Der von den religiösen Führern verworfene Messias tritt jetzt seinen Widersachern gegenüber. Er bekennt seine Messianität und wird daraufhin vom Gericht zum Tode verurteilt. Sein führender Jünger verleugnet ihn anschließend.

57 Der Bericht über diese Sitzung des Hohen Rates (Synedrium) verursacht einige Schwierigkeiten, da der Rat weder befugt war, ein Todesurteil zu fällen, noch am Vorabend eines Sabbats oder eines Festtages zusammentreten durfte. Dennoch deutet keiner der Evangelisten an, daß das Urteil illegal gefällt wurde. Es handelt sich daher wahrscheinlich um eine außerordentliche Sitzung, die überhastet einberufen wurde, um den gerade eben Gefangengenommenen noch mitten in der Nacht zu verhören und gleich am nächsten Morgen als einen gefährlichen Messiasprätendenten dem Pilatus zu übergeben. **58** Trotz der späteren Verleugnung beweist Petrus Mut. **59-61** Eine Anklage mußte durch zwei Zeugen erhärtet werden (5Mo 19,15). Während sich die ersten Zeugen gegenseitig widersprachen (Mk 14,56), war die Aussage der letzten beiden nicht unbedingt falsch. Jesus hatte vom Abbruch und der Wiederaufrichtung des Tempels gesprochen, aber an seinen Tod und seine Auferstehung als dem wahren Tempel Gottes gedacht (Joh 2,19). Das wurde ihm hier falsch ausgelegt (vgl. Apg 6,13f). **63** Zu Jesu majestätischem Schweigen vgl. Jes 53,7. Die Frage, die Jesus sodann unter Eid beantworten soll, ob er nämlich *der Christus ..., der Sohn Gottes* (vgl. 16,16) sei, trifft den Kern der Sache. Der Messiasanspruch Jesu ist das eigentliche Ärgernis! **64.65** *Du sagst es* meint dasselbe wie das direktere *Ich bin's* im Markusevangelium. Seine weitere Aussage ist eine Zusammenstellung von Ps 110,1 und Dan 7,14. Der ganze Satz bezieht sich weniger auf Jesu Erhöhung und Rechtfertigung in der Auferstehung und der Himmelfahrt (Apg 1,9ff), sondern auf seine Wiederkunft in Herrlichkeit (vgl. 23,39; 24,30). Die Angesprochenen *(ihr)* sind die Repräsentanten ganz Israels und müssen diese Ereignisse nicht notwendig selber miterleben. Die *Gotteslästerung* lag auch in dem Anspruch, *zur Rechten der Kraft,* einer ehrfurchtsvollen Umschreibung für »Gott«, zu sitzen. **65** Das Zerreißen der Kleider ist Ausdruck der Empörung. Die Aussage Jesu befreite vom verzweifelten Unterfangen, falsche

Zeugen aufstellen zu müssen. **66-68** Das Synedrium fällt ein rechtskräftiges Urteil, das allerdings vom römischen Statthalter bestätigt und dann vollstreckt werden mußte. Zur Mißhandlung Jesu vgl. Jes 50,6; 53,4.

69-75 Es scheint kaum zweifelhaft, daß diese Erzählung auf Petrus selber zurückgeht. Sein heldenmütiges Versprechen hatte sich als Geschwätz erwiesen und die Vorhersage Jesu bewahrheitet (V. 33-35). Petrus war wohl als ständiger Begleiter Jesu bekannt, er verriet sich aber durch seinen galiläischen Dialekt. Das Leugnen steigerte sich zum Schwören (V. 74). Das Krähen des Hahnes erinnerte Petrus an die Weissagung Jesu (V. 33-35). Kein Wunder, daß er »hinausging und bitterlich weinte«.

27,1-31 Jesus vor Pilatus. Das Ende des Judas

Dieser Abschnitt stimmt mit Mk 15,1-20 überein (vgl. Lk 23,2-5.6-25). Hinzugefügt sind der Tod des Judas (V. 3-10) und Hinweise auf Pilatus in V. 19 und 24f. Während die Hohenpriester und Ältesten Jesu Kreuzigung vorantreiben und die letzten dazu erforderlichen Schritte einleiten, begeht der, der ihn übergab, von Gewissensbissen gepeinigt, Selbstmord. Pilatus ist über das Schweigen des angeblichen Messiasanwärters höchst erstaunt. Er möchte ihn im Zuge einer alljährlichen Sonderamnestie in Freiheit setzen, beugt sich aber schließlich dem Druck der Juden, die behaupten, Jesus habe den Anspruch erhoben, ihr König zu sein.

1 Da man nachts kein rechtsgültiges Urteil sprechen konnte, wurde das nun baldmöglichst nachgeholt. **2** *Pilatus* war von 26 bis 36 n.Chr. *Statthalter* von Judäa und Samaria. Sein Amtssitz war Cäsarea, doch hatte er Anweisung, sich in Jerusalem aufzuhalten, wenn dort mit Unruhen zu rechnen war, und das Passahfest gab zu solchen Befürchtungen immer Anlaß. **3-10** Für weitere Einzelheiten über den Tod des Judas vgl. Apg 1,16-20. Das hier mit *es reute* übersetzte Wort drückt keine aufrichtige Buße und Hinwendung zu Gott aus, sondern es meint eher Gewissensbisse. **4** Das Schuldbekenntnis des Judas wird von den Hohenpriestern höhnisch übergangen, was ihre innere Haltung aufdeckt. **5** Das Wegwerfen des »Blutlohnes« befreit noch nicht von der Schuld. Der Selbstmord muß nicht direkt anschließend erfolgt sein, sondern vielleicht erst nach der Kreuzigung Jesu. **6-8** Nach 5Mo 23,19 durfte kein unsittlich erworbenes Geld in den Tempelschatz. Der Friedhof war nicht für Pilger, sondern auch für heidnische *Fremde*, die auf der Reise unerwartet in Jerusalem starben. **9.10** Dieses Zitat ist zusammengesetzt aus Jeremia und Sacharja. In der Hauptstelle Sach 11,12f wird der Lohn von dreißig Silberstücken »dem Schmelzer« hingeworfen. Nicht ganz einig ist man sich, auf welche Verse bei *Jeremia* Bezug genommen wird. Die meisten Kommentatoren verweisen auf Jer 32,6-15, wo der Kauf eines Ackers ein Zeichen dafür ist, daß das Volk Gottes aus dem Exil in sein eigenes Land zurückkehren wird. Der Kontext beider Stellen weist auf den neuen Bund (Jer 31-34; Sach 11,10). Es mag aber auch eine Anspielung auf Jer 19,1-13 vorliegen, wo der Prophet im Tal Ben-Hinnom zum Zeichen des Gerichts über Juda, das »die Stätte voll unschuldigen Blutes gemacht hat«, einen Krug zerbricht.

11-14 *König der Juden* war ein Titel, in dem unleugbar ein Unterton von Aufruhr mitschwang (vgl. Lk 23,2). Zu erklären, welche wahre Bedeutung dieser Titel hat, erscheint Jesus zu diesem Zeitpunkt nicht sinnvoll. Das Schweigen Jesu (vgl. 26,63) hat Pilatus klarwerden lassen, daß Jesus kein »Politischer«, sondern unschuldig war. Das zeigen V. 15ff. **15** Pilatus nutzt eine Chance zur Rettung Jesu und schiebt die Verantwortung gleichzeitig auf das Volk. **16** Anders als Markus und Lukas erwähnt Matthäus die terroristischen Handlungen des *Barabbas* nicht. Barabbas heißt »Sohn des Vaters« und steht hier in kaum erträglicher Spannung zum wahren Sohn Gottes, der ans Kreuz geschlagen werden soll. **19** Die Römer waren zum Teil sehr abergläubisch und gaben viel auf Träume. Kam dieser Traum von Gott (vgl. 1,20; 2,12.13.19), dann könnte er eine letzte Warnung an Pilatus sein. **20** Wir wissen nicht, mit welchen Argumenten die Hohenpriester und Ältesten die Volksmenge bearbeiteten, doch redeten sie ihr wahrscheinlich ein, Jesus sei gegen den Tempel und das Gesetz (vgl. 26,61; Apg 6,13f). **21-23** Die Menge handelt wie befohlen und läßt sich auf keine guten Worte ein.

24.25 Diese Verse finden sich nur bei Matthäus. Das Händewaschen war ein jüdischer Brauch, um die Schuldlosigkeit auszudrücken (5Mo 21,6; Ps 73,13). Ob der hartgesottene Pilatus überhaupt eine Schuld empfand, die Juden verspotten wollte oder damit einen letzten Rettungsversuch Jesu unternimmt, ist schwer zu entscheiden. *Sein Blut komme über uns ...* hat sich in der Geschichte fürchterlich bewahrheitet. Wenig später schon trat der Schrecken des Jüdischen Krieges ein (23,34-36). Man hat später mit dem Spruch, allerdings zu Unrecht, die Verfolgung der Juden gerechtfertigt. **26** Wahrscheinlich gab Pilatus schließlich nach, weil er fürchtete, er werde sonst das Mißfallen des Kaisers erregen (Joh 19,12). **27-31** *Die ganze Abteilung* (ist eine Kohorte mit etwa 600 Mann) beteiligte sich an dem bei den Römern üblichen Verspotten und Quälen des Todeskandidaten. Sie wenden dabei körperliche und seelische Grausamkeit an. Der *Purpurmantel* war wahrscheinlich ein Soldatenmantel. Die *Dornenkrone* sollte weniger verletzen als ihn als »gescheiterten König« verspotten; *das Rohr* ist eine Parodie auf sein königliches Zepter. Im *Juden-König* entlädt sich der Judenhaß der Römer.

27,32-56 Kreuzigung und Tod

Dieser Abschnitt geht genau parallel mit Mk 15,20-41 (vgl. Lk 23,26-49); lediglich die Verse über die Auferstehung der Heiligen (V. 52f) ist von Matthäus hinzugefügt. Die Verspottung, das Leiden und die Verwerfung Jesu erreichen in seiner Kreuzigung als Verbrecher und seinem Verlassensein vom Vater ihren Höhepunkt. Doch selbst dieses tragische Geschehen ist nicht ohne Zeichen von Leben und Glauben, Hoffnung und Liebe.

32 Die Nennung des Namens *(Simon)* legt die Vermutung nahe, daß er Christ wurde. Markus bezeichnet ihn als den »Vater des Alexander und des Rufus«, die in der Gemeinde, an die er schrieb, wahrscheinlich wohlbekannt waren (Mk 15,21). Das Tragen von Lasten war Frondienst für die Römer (vgl. zu 5,41). Der Verurteilte mußte wahrscheinlich den Querbalken des Kreuzes tragen. **33** Der Name *Schädelstätte* führt sich auf die Form des Hügels zurück. **34** Zur Linderung ihrer Schmerzen wurde den zum Kreuzestod Verurteilten mit einem Betäubungsmittel vermischter *Wein* gereicht. Matthäus bezeichnet die Droge wegen ihres bitteren Geschmackes als *Galle,* um die Erfüllung von Ps 69,22 darzutun. Jesus zog es vor, bei vollem Bewußtsein zu bleiben und so den Kelch des Leidens bis zur Neige zu leeren (26,39). **35** Während die Kreuzigung nun in einem Nebensatz erwähnt wird, zeigt Matthäus, wie sich Ps 22,19 erfüllte. Die Kleider der Gefangenen fielen üblicherweise den Soldaten zu. **37.38** Die Schuldangabe wurde auf einer Tafel an der Spitze des Kreuzes vermerkt. Jesu »Schuld« war, »König der Juden« zu sein. Die beiden *Räuber* waren wahrscheinlich zelotische Terroristen (vgl. Mk 15,7), mit denen die Römer Jesus möglicherweise gleichsetzten. **40** Zur Anklage, den Tempel betreffend, vgl. 26,61; Joh 2,19. *Wenn du Gottes Sohn bist:* Noch am Kreuz wirkt der Versucher (vgl. 4,3.6). **42** Nur dadurch, daß er sich selber nicht rettete, konnte er anderen das Heil bringen (vgl. 20,28). *Dann wollen wir... glauben* ist vielleicht ernst gemeint; aber vgl. Lk 16,31. **43** *Er hat Gott vertraut...* beruht auf Ps 22,9. **44** Zuerst spotteten beide Zeloten; Lk berichtet, daß einer von ihnen wenig später Buße tat.

45 Das *ganze Land* meint vermutlich das verheißene Land (vgl. die Finsternis als Gericht über Ägypten beim Auszug der Kinder Israel, 2Mo 10,21f). Die Finsternis dauerte von Mittag bis 3 Uhr nachmittags. Da zur Passahzeit Vollmond war, scheidet eine Sonnenfinsternis als Ursache aus. **46** *Eli, Eli, lama asabtani?* verbindet die hebr. und die aram. Fassung des Psalmworts (Ps 22,2). Das zweimalige *Eli* ist wohl eine Transkription des hebr. Wortlauts. Die besten Textzeugen lesen *lema sabachtani,* was aram. wäre. Jesus redet Gott, entgegen seiner Gewohnheit, nicht mit Vater an. Indem er die Sünden der Welt auf sich nimmt, durchlebt er bis ins letzte das Verlassensein von Gott und die Qual und Not, die der Psalmist zum Ausdruck bringt. Der Psalm 22 spricht später dann auch von Rechtfertigung. **47** Um diesem Mißverständnis vorzubeugen, hat Matthäus den Ausruf Jesu in V. 46 übersetzt. **48** Der *Essig* war vielleicht ein Soldatentrank, wird Jesus aber auch in Erfüllung von Ps 69,22 gereicht. **50** Der Inhalt des Schreies ist nicht ganz klar (vgl. Lk 23,46; Joh 19,30). Es muß nicht notwendig ein Triumph gewesen sein.

51-53 Während auch Markus das Zerreißen des Vorhangs im Tempel berichtet, das den Zugang zur Gegenwart durch den Kreuzestod Jesu bedeutet (vgl. Hebr 10,19f), nimmt allein Matthäus auf die Auferstehung der Heiligen Bezug. Die nächstliegende Übersetzung des griech. Textes ist, daß sich die Gräber anläßlich des Erdbebens (vgl. 2Mo 19,18) auftaten, aber die Auferstehung und das Hervortreten aus den Gräbern erst *nach* Jesu *Auferstehung* geschah. Die *Heiligen* sind wahrscheinlich die Gerechten und die Propheten des alten Bundes (vgl. 23,29). Christus ist »der Erstgeborene von den Toten« (Kol 1,18; 1Kor 15,20). Eine Vorwegnahme seiner Auferstehung böte daher ernste Schwierigkeiten, es sei denn, man wollte sie mit der Auferweckung des Lazarus vergleichen, was aber kaum möglich ist. Die Behauptung, daß sie *vielen erschienen,* läßt mit Sicherheit darauf schließen, daß Matthäus diese Verse wörtlich aufgefaßt wissen will und daß sie auf die allgemeine Auferstehung am Jüngsten Tag hindeuten sollen (Jes 26,19; Dan 12,2). **54** *Der Hauptmann* legt, obwohl Heide, aufgrund der Geschehnisse ein Bekenntnis zu Jesus ab. Er gebraucht ehrfurchtsvoll dieselben Worte, die die jüdischen Führer nur höhnisch dahergesagt hatten (V. 40.43). Zu diesem Paradox vgl. 11,25. **55.56** Daß Matthäus Frauen, die nicht als vollwertige Zeugen galten, aufführt, zeigt die Wertschätzung der Frau in der ntl. Gemeinde. *Die Mutter der Söhne des Zebedäus* ist vermutlich mit Markus' *Salome* gleichzusetzen (s. auch 20,20). Zu Maria Magdalena s. Lk 8,2.

27,57-66 Jesu Grablegung und die Bewachung des Grabes

Matthäus bringt diesen Abschnitt kürzer als Markus (15,42-47; vgl. Lk 23,50-56) erwähnt aber ausdrücklich die Bewachung des Grabes. Der Nachdruck liegt hier auf der Tatsächlichkeit des Todes Jesu, womit der Evangelist der Leugnung der Auferstehung durch das Judentum entgegentritt.

57 *Josef* wird hier und in Joh 19,38 eindeutig als *Jünger* bezeichnet. Es hat den Anschein, als habe ihm die Kreuzigung den notwendigen Mut verliehen, zu Pilatus zu gehen. Wegen der Gefahr der Verunreinigung des Landes war es verboten, Leichname über Nacht an Kreuzen hängen zu lassen (5Mo 21,22f); vgl. aber auch 2Mo 34,25). **60** *Neues Grab:* Viele Reiche pflegten sich ihre Gräber zu Lebzeiten bauen zu lassen. Nach Joh 19,41 lag es in unmittelbarer Nähe von Golgatha. Der *große Stein* wurde vor den Eingang gewälzt, um eine mögliche Ausraubung des Grabes zu verhindern. **61** Der Mut und die Hingabe dieser beiden Frauen steht in krassem Widerspruch zum Verhalten der Jünger, die im ganzen Geschehen nicht einmal erwähnt werden. **62-66** Matthäus vermeidet anscheinend absichtlich die Bezeichnung »Sabbat«. Es fällt auf, wie selbst der tote Christus die *Hohenpriester mit den Pharisäern* noch umtreibt. *Ich will nach drei Tagen auferstehen* (vgl. 12,38ff). *Da habt ihr die Wache:* In den Worten des Pilatus schwingt Spott und Verachtung nach. Mit Wachen und Siegel soll der Sohn Gottes im Grab gehalten werden. Wie lächerlich ist dieser Versuch.

28,1-20 Christi Auferstehung

Die zweite Hälfte des Evangeliums hatte zum Kreuz und zu all den durch den schändlichen Tod des Messias zerbrochenen Hoffnungen hingeführt. Doch Jesus sprach nicht nur von seinem Tod. Er hatte auch seine Auferstehung verheißen (16,21; 17,9.23; 20,19). In einem kurzen Schlußkapitel zeigt Matthäus nunmehr, wie sich die Tragödie durch das leere Grab, die Erscheinungen vor den Jüngern und die weltumspannende Mission der Gemeinde in einen Triumph verwandelt.

28,1-10 Die Auferstehung

Die Erzählung hat einige Ähnlichkeiten mit Mk 16,1-8, beweist in vielen Dingen aber auch ihre Eigenständigkeit (vgl. Lk 24,1-11). Matthäus stellt den wunderbaren Charakter des Ereignisses heraus.

1 Der anbrechende *erste Tag der Woche* ist unser heutiger Sonntag. Matthäus hebt erneut hervor, daß die Frauen wie auch die Wächter das Grab weiterhin bewachen (vgl. 27,61.66). **2-4** Die Einzelheiten der Wegwälzung des Steins werden nur von Matthäus beschrieben. Nicht das Erdbeben, sondern *ein Engel des Herrn* wälzt den Stein weg. Das Erscheinungsbild des Engels weist auf die Herrlichkeit und Sündlosigkeit, die in Gottes Nähe herrschen (vgl. 17,2). **5** *Der Engel* ist identisch mit dem »Jüngling« aus Mk 16,5, »der ein langes, weißes Gewand anhatte«. *Fürchtet euch nicht:* Anders als die ungläubigen Wächter wurden die gläubigen Frauen durch die eindrucksvolle Kundgebung der Majestät und Macht Gottes nicht in Furcht versetzt.

6 *Wie er gesagt hat:* vgl. 12,40; 16,21; 17,9.23; 20,19. **7** Die Nachricht soll schnellstmöglich verbreitet werden. *Er wird vor euch hingehen nach Galiläa:* Erscheinungen in Jerusalem sind damit keineswegs ausgeschlossen (vgl. 26,32). **8** Vergleiche damit das anfängliche (!) Schweigen der von Zittern und Entsetzen Ergriffenen, von dem Markus (16,8) berichtet. **9** *Ihnen* sind die Frauen, nicht die Jünger. Sie *umfaßten:* wörtl. umklammerten. Ihre Reaktion war eine Anerkennung seiner göttlichen Macht und Ausdruck der Liebe. **10** *Meinen Brüdern:* Nach seinem stellvertretenden Tod nennt Jesus seine Jünger Brüder. 12,49; 25,40 bereiteten das vor. *Dort werden sie mich sehen:* Diese Erscheinung Jesu sollte die wichtigste werden, da er bei ihr seinen Jüngern den Missionsbefehl gab.

28,11-15 Die Bestechung der Wache

Diese Verse sind Sondergut, das dem Versuch, die Auferstehung Jesu zu bestreiten, entgegentreten sollte.

11 *Alles, was geschehen war:* All die Erscheinungen, die sie gesehen hatten (V. 2-4). Der Bericht stellte die Hohenpriester vor die von Jesus angekündigte Tatsache seiner Auferstehung. Wider besseres Wissen verleugneten sie dieses letzte Zeichen Jesu (vgl. 12,38ff). **13** Bestechung und eine handfeste Lüge waren die einzige Möglichkeit, das leere Grab vor der Öffentlichkeit zu erklären. **14** Pilatus hatte die Verantwortung für die römischen Soldaten möglicherweise dem Hohen Rat übertragen und konnte daher vielleicht dazu überredet werden, ihr »Wachvergehen« nicht zu bestrafen. **15** Ein Anhaltspunkt für die Datierung des Evangeliums läßt sich hieraus nicht mit letzter Sicherheit gewinnen.

28,16-20 Der Missionsbefehl

Dieser Abschnitt ist Sondergut von Matthäus. Die verschiedenen anderen Befehle zur Mission (Mk 16,15ff; Lk 24,47f; Joh 20,22f; Apg 1,8) wurden an anderen Stellen gegeben, da Jesus 40 Tage bis zu seiner Himmelfahrt unter den

Jüngern war. Die Vielzahl der Missionsbefehle zeigt ihre herausragende Bedeutung.

16 Es ist nicht gewiß, welcher *Berg* gemeint ist. Vielleicht ist es derselbe, von dem aus Jesus die Bergpredigt hielt (5,1), oder der Berg seiner Verklärung (17,1). **17.18** Selbst die Jünger scheinen sich in Gläubige und Zweifelnde zu teilen; vielleicht blieben sie aber auch nur im ungewissen, bis *Jesus herzutrat.* Jesus hat nunmehr *alle Gewalt* (oder: Vollmacht) im Himmel und auf Erden (vgl. Kol 2,15ff). Obwohl die Herrschaft Christi dem Bösen bis zur Vollendung noch Spielraum läßt (vgl. 13,24ff) wirkt sie nun vollmächtig in der Mission der Jünger und begründet diese. **19** *Machet zu Jüngern alle Völker:* Die weltumspannende Macht des Herrn führt zu dem weltumspannenden Auftrag der Gemeinde. Er schließt die Vollmacht zur christlichen Taufe ein. Hätte Jesus sie nicht geboten, wäre sie wahrscheinlich nicht schon so bald nach Pfingsten geübt worden (siehe Apg 2,38-41). Nach Apg 2,38; 8,16 wurde sie gelegentlich auch nur »auf den Namen Jesu« vollzogen. Jedenfalls symbolisiert sie Reinigung, Zugehörigkeit zu Gott und den Beginn eines neuen Lebens (vgl. Röm 6,2ff). **20** Als neuer Mose (vgl. 5Mo 18,18) unterstreicht Jesus die Bedeutung des Gehorsams gegen seine Gebote. Sie umfassen das ganze Evangelium. Genauso wie Jesus selber zu lehren gesandt war, beauftragt er nun seine Jünger. Erst die Lehre ermöglicht ein gesundes Wachstum im Glauben und ergänzt so die Evangelisation. Der erniedrigte Immanuel, »Gott mit uns« (1,23), wird nun verherrlicht und ist *bis an der Welt Ende* bei seinen Jüngern (vgl. 13,39.40.49; 24,3). Das Werk Jesu in seiner Fleischwerdung ist vollendet. Er schenkt uns seine Gegenwart, damit auch wir das uns aufgetragene Werk vollenden können.

R. E. Nixon

Das Evangelium nach Markus

Einleitung

Verfasserschaft

Das Evangelium erwähnt seinen Verfasser nicht. Dennoch hat man die Verfasserschaft des Markus, des Gefährten des Petrus, zu keiner Zeit ernsthaft in Frage gestellt. Obwohl Markus (Marcus) einer der häufigsten lateinischen Namen war, besteht kaum ein Zweifel, daß dieser Markus mit dem achtmal im NT erwähnten »Johannes, der den Beinamen Markus hat«, identisch ist. Er war ein Verwandter des Barnabas (Kol 4,10), und aus dem Gruß 1Petr 5,13 geht vielleicht hervor, daß er durch Petrus zum Glauben fand.

Die Schriften der Kirchenväter der ersten vier Jahrhunderte bezeugen einheitlich und in einer Fülle von Belegen die Verfasserschaft des Markus. Papias, Justin der Märtyrer, Irenäus, Klemens von Alexandria, Tertullian, Origenes, Eusebius und Hieronymus nehmen allesamt darauf Bezug.

Entstehungszeit und -ort

Über die Abfassungszeit des zweiten Evangeliums gehen die Ansichten weit auseinander, wobei das Jahr 40 den frühesten (terminus a quo) und 75 den spätesten Zeitpunkt (terminus ad quem) darstellt. Nahezu allgemeine Übereinstimmung herrscht heute jedoch darüber, daß das Markusevangelium das älteste der vier Evangelien ist. Auf der einen Seite würde die Angabe des Irenäus, nach der Markus sein Evangelium »nach dem Weggang *(exodus)* des Petrus und Paulus« verfaßte - unter der Voraussetzung, daß »Weggang« hier »Tod« bedeutet, was nicht sicher feststeht - auf ein nicht vor 64 n.Chr. liegendes Datum weisen. Die Rede von Mk 13 allerdings, die die Lage vor der Belagerung von Jerusalem widerspiegelt, schließt dann die Ansetzung der Entstehungszeit nach 70 n.Chr., dem Jahr der Zerstörung Jerusalems, anscheinend aus. Deshalb treten einige Theologen für 65-70 n.Chr. ein. Auf der anderen Seite spricht das Verhältnis des Markusevangeliums zu den anderen Synoptikern, insbesondere zum Lukasevangelium, das der Apostelgeschichte vorausgeht (vgl. Apg 1,1), für eine Abfassungszeit in den fünfziger Jahren. Eine Entstehungszeit irgendwann zwischen den Jahren 55 und 60 n.Chr. würde eine mittlere Position zwischen den genannten Extremen darstellen.

Die meisten Gelehrten treten unter Hinweis auf die antiken Zeugnisse für Rom als Entstehungsort ein. Dafür spricht auch der Gruß des Petrus, 1Petr 5,13, falls »Babylon« tatsächlich eine verschleierte Ausdrucksweise für Rom ist, wie etliche Kommentatoren behaupten. Außer Rom wurden u.a. Alexandria, Cäsarea und Antiochia am Orontes vorgeschlagen.

Das Evangelium wurde wahrscheinlich ganz allgemein für heidnische, insbesondere aber für römische Leser geschrieben. Atl. Zitate und Anspielungen sind verhältnismäßig selten, aram. Ausdrücke sind übersetzt (z.B. 5,41), jüdische Gebräuche werden erklärt (z.B. 7,3.11), und es finden sich etliche lat. Wörter im Text. Der allgemeine Charakter des Evangeliums, das die rastlose Tätigkeit des Herrn und seine Macht über Dämonen, Krankheit und Tod schildert, sprach besonders die römischen Leser, die mehr an Taten als an Worten interessiert waren, an. Der Verfasser wollte zweifellos dem Bedürfnis der Gemeinde in Rom entsprechen und mit seinem Evangelium ihren Glauben angesichts der bevorstehenden Verfolgungen stärken und Verkündern Material an die Hand geben.

Markus und Petrus

Eine auf Papias (70-130 n.Chr.) zurückgehende Überlieferung besagt, hinter dem Bericht des Markusevangeliums stehe die Predigt und Autorität des Apostels Petrus. Papias' Angabe zufolge hat Markus »die Worte und Taten des Herrn, an die er sich als Dolmetscher des Petrus erinnerte, genau, allerdings nicht der Reihe nach, aufgeschrieben« (Eusebius, KG III 39,15). Diese Überlieferung wurde zwar von einigen Forschern angezweifelt, wird jedoch von anderen frühkirchlichen Autoren bestätigt und ist so zuverlässig, daß wir selbst ohne das Papiaszitat zu einer ganz ähnlichen Auffassung gelangen würden. Das heißt natürlich nicht, daß Markus kaum mehr als ein Abschreiber oder Schreibgehilfe war oder daß er nicht aus anderen Quellen stammendes Material, seine eigenen Erinnerungen eingeschlossen, benutzte. Obwohl der Verfasser kein Apostel war, hat er zweifellos den von ihm erzählten Ereignissen sehr nahegestanden, so daß sein Bericht durchweg als originär anzusehen ist. Seine Anordnung des Stoffes wird in der Papias-Überlieferung offensichtlich kritisch beurteilt. Aus dem Evangelium selbst wird deutlich, daß sie stellenweise eher nach homiletischen als nach chronologischen Gesichtspunkten erfolgt ist. Dennoch haben wir Grund zu der Annahme, daß die markinische Anordnung im großen und ganzen eine echte Abfolge von Begebenheiten darstellt, innerhalb welcher sich eine Bewegung und Entwicklung nachweisen läßt.

Die inneren Beweise für den Einfluß des Petrus sind nicht minder eindeutig: Das Evangelium beginnt an der Stelle, wo Petrus Jesu Jünger wurde, und gibt keinerlei Bericht von der Geburt Jesu. Die Wirksamkeit Jesu in Galiläa, besonders im Gebiet um Kapernaum, wo Petrus beheimatet war, steht im Vordergrund. Die Lebendigkeit der Erzählung weist zudem auf die unmittelbare Kenntnis eines Augenzeugen. Einzelheiten wie die Verheißung an Petrus in Cäsarea Philippi und der sinkende Petrus auf dem See, die den Apostel in einem günstigen Licht erscheinen lassen könnten, hat der Evangelist übergangen, während er andere, weniger günstige wie die Verleugnung mit außergewöhnlicher Ausführlichkeit berichtet.

Quellen

In Anbetracht der kaum bestrittenen zeitlichen Priorität des Markusevangeliums ist die Erforschung der ihm zugrunde liegenden Quellen nicht annähernd so erfolgreich gewesen wie im Fall von Lukas und Matthäus. So hat die formgeschichtliche Methode, zu deren Begründern u.a. Martin Dibelius gehört, postuliert, daß allen geschriebenen Evangelien verhältnismäßig kleine, in der Mehrzahl mündliche Überlieferungszyklen zugrunde lägen, von denen allerdings einige möglicherweise aufgeschrieben wurden und den in Lukas' Vorwort erwähnten gleichen. Die namentliche Bezeichnung dieser Zyklen ist sehr unterschiedlich. Einige unterteilen den Stoff in Spruchgruppen, Gleichnisse, Dialoge, Wundererzählungen und Leidensgeschichten, andere unterscheiden Verkündigungserzählungen, Wundererzählungen und Erzählungen über Jesus. Gerade die Mannigfaltigkeit dieser Analysen weist auf die in ihnen liegende Gefahr, daß nämlich die Herauslösung dieser Gruppen rein subjektiv bleiben muß, da wir hier über keinen Prüfstein verfügen wie etwa in der Textkritik. Wenn man die Urkunden zu hinterfragen beginnt, dann läßt sich jede beliebige plausibel erscheinende Hypothese aufstellen. Auf der anderen Seite ist der Behauptung der formgeschichtlichen Methode Gewicht beizumessen, daß das Evangelium, ehe es zu einem schriftlichen Bericht wurde, »Predigt« war. Ein Teil des Stoffes könnte im Laufe der Zeit aus mnemotechnischen und katechetischen Gründen festumrissene Formen angenommen haben. Es ist möglich, daß Markus' Anordnung nach thematischen Gesichtspunkten Spuren davon zeigt.

Diese mündliche Überlieferung ist in ihrer Darstellungsweise und Atmosphäre großenteils semitisch. Das Vorhandensein eines recht beträchtlichen aram. Elements im Griech. des Markus weist ebenfalls in diese Richtung, obschon es zur Rechtfertigung der These, das Evangelium sei eine Übersetzung eines aram. Urtextes, wohl nicht ausreichen dürfte. Wichtig ist, daß dieser Umstand den historischen Wert des Berichts zweifellos erhöht, weist er doch nach, daß Markus, obwohl auf der Seite des Heidenchristentums stehend, dennoch der ursprünglichen judenchristlichen Tradition sehr nahestand.

Was die schriftlichen Zeugnisse betrifft, so lautet die Hauptfrage, ob Markus die schwer faßbare Spruchüberlieferung (die Logienquelle Q) kannte und benutzte. Wenn auch einige meinen, Spuren von ihr bei Markus entdeckt zu haben, bleibt das alles jedoch äußerst vage. Zur Erklärung von Phänomenen wie »Dubletten«, »Auszüge« aus einer Spruchquelle und der vermutlichen Benutzung des Markusevangeliums durch Lukas hat man versucht, das Vorhandensein eines »Ur-Markus«, einer früheren Ausgabe oder eines Entwurfs unseres Evangeliums, nachzuweisen. Solche Bemühungen sind jedoch bestenfalls als Hypothesen anzusehen und im höchsten Grade subjektiv.

Zusammenfassend läßt sich sagen, daß als Hauptquelle des Markusevangeliums die Predigt und Lehre des Apostels Petrus anzusehen ist, dessen Rede zu Cäsarea (Apg 10,34-43) faktisch ein Resümee seiner Botschaft darstellt. Andere mündliche Überlieferungen allgemeiner Art, Markus' eigene Erinnerungen sowie vielleicht einiges urkundliche Material kamen ergänzend hinzu.

Historizität

Die ntl. Forschung hat in letzter Zeit insofern eine Schwerpunktverlagerung vorgenommen, als sie sich weniger mit urkundlichen und historischen Fragen beschäftigt und ihre Aufmerksamkeit statt dessen mehr auf theologische und religiöse Probleme gerichtet hat. Man warnt davor, die Evangelien als Lebensbeschreibungen zu behandeln, und weist darauf hin, daß die Absicht des Evangelisten nicht eine biographische, sondern eine theologische sei. Entsprechend sei der von Markus verarbeitete Stoff lediglich gemeindliches Überlieferungsgut und gehe daher weder unmittelbar auf Petrus noch auf irgendwelche anderen Augenzeugen zurück. Auch das Christusverständnis des Markus stelle zum größten Teil bloß das der Gemeinde dar, der er angehörte, und er sei sich bewußt gewesen, nicht mehr zu tun, als ihr »Evangelium« aufzuzeichnen. Damit wird natürlich sogleich die gesamte Papiasüberlieferung in Frage gestellt. Die extremste Form dieses Skeptizismus wird von Rudolf Bultmann vertreten, nach dessen Dafürhalten die Evangelienberichte auch die von solchen historischen Ereignissen wie der Fleischwerdung, der Auferstehung und der Himmelfahrt ein für das moderne Bewußtsein unannehmbares mythologisches Element enthalten und daher »entmythologisiert« werden müssen.

Nun ist es aber für den christlichen Glauben von entscheidender Bedeutung, daß nicht irgendein zeitloser Mythos, irgendeine Philosophie oder Lehre, wie erhaben sie auch immer sein mag, den Grund darstellen, sondern Gottes Machttaten in der Geschichte. Ihre Infragestellung ist, ob sie dem modernen Menschen nun zusagt oder nicht, ein Beispiel für *heteron euaggelion ho ouk estin allo* (ein anderes Evangelium, obwohl es doch kein anderes gibt: Gal 1,6.7). Es ist nicht nur wichtig, zu wissen, welche Bedeutung Jesus in den letzten Jahrzehnten des ersten Jahrhunderts für den christlichen Glauben erlangt hatte, sondern auch zu erfahren, wer er historisch eigentlich war und was er sagte und tat. Die Evangelien sind freilich keine Lebensbeschreibung und sollten nicht als solche gelesen werden; gäben sie vor, Biographien zu sein, so müßte man sie als bruchstückhaft und wenig ausgewogen bezeichnen. Das besagt indessen nicht, daß sie von einem heutigen Leser, der ohne ausreichende Kenntnis ihrer Ursprünge und ihrer daraus entspringenden Eigenart an sie herantritt, höchstwahrscheinlich mißverstanden würden. Wäre das so, dann wären bereits viele Generationen von Gläubigen, die unglücklicherweise zu früh geboren wurden, furchtbar irregeleitet worden. Das Verständnis der Heiligen Schrift wird letztlich nicht durch die Hypothesen theologischer Sachverständiger eröffnet, sondern die Klarheit der Schrift (Luther: *claritas scripturae*) ermöglicht jedem den Zugang zum offensichtlich beabsichtigten Sinn der Evangelien.

Die Evangelien sind eine Offenbarung der Person, der Lehre und des Werkes Christi, soweit diese Dinge unser Leben und unsere Frömmigkeit berühren. In Markus haben wir eine erstrangige Autorität für unsere Kenntnis der Geschichte Jesu. Sein Evangelium rückt die Persönlichkeit Jesu selbst und sein Erlösungswerk für die Menschen in den Mittelpunkt.

Theologie

Die Person Christi

Man hat oft gesagt, Markus stelle die Person Christi als Gottesknecht dar (vgl. Jes 52,13-53,12), Matthäus dagegen als König, Lukas als Menschen und Johannes als Sohn Gottes. Mehrere Einzelzüge legen dies nahe, so beispielsweise das Fehlen eines Stammbaums und das Übergewicht des Tuns über die Lehre. Der Titel »Menschensohn«, der vierzehnmal vorkommt, ist in den meisten Fällen (z.B. 8,31; 9,9.12.31; 10,33.45; 14,21.41) im Sinne dieser Vorstellung des leidenden Gottesknechtes gebraucht. Trotzdem ist dieser demütige Knecht auch ohne jeden Zweifel der Sohn Gottes, was durch seine Machttaten verbürgt wurde. Die göttliche Beglaubigung seiner Gottessohnschaft bei der Taufe wie auch bei der Verklärung (1,11; 9,7) ist unzweideutig. Die Christologie des Markus ist demnach voll entwickelt und so hoch wie jede andere im NT, wie überhaupt mit einer sehr frühen Ausformung des Christusverständnisses zu rechnen ist (vgl. M. Hengel, Christologie und ntl. Chronologie).

Die Messianität Jesu hat in Markus' Evangelium den Charakter eines sorgfältig gehüteten Geheimnisses, zumindest bis zum Christusbekenntnis des Petrus (8,30). Das ist zweifellos darin begründet, daß es der Gefahr der nationalen und materialistischen Vorstellungen, mit denen die Hoffnungen der Juden den Titel umgaben, zu steuern und ihm einen sittlichen sowie apokalyptischen Gehalt zu sichern galt. Der Ausdruck »Christus« kommt nur siebenmal vor, und in keinem Fall wendet Jesus ihn auf sich selber an.

Christi Werk

Die beiden Metaphern von 10,45 und 14,24 bezeichnen die beiden Hauptrichtungen der Lehre. Das als Opfer dargebrachte Leben unseres Herrn ist ein »Lösegeld für viele« und das »Blut des Bundes«. Während das erstere Befreiung von der Sünde und vom Gericht bewirkt, schafft letzteres ein Bundesverhältnis sowie Gemeinschaft zwischen Gott und den Menschen. Das soll nicht heißen, daß diese Vorstellungen im Markusevangelium auch nur annähernd zu einer abgerundeten Lehre gestaltet sind. Noch weniger ist die Annahme gerechtfertigt, der Lösegeldspruch weise auf paulinischen Einfluß. Wenn wir bei Paulus einen ähnlichen Gedanken finden, wird man nicht den Evangelisten »paulinisieren«; im Gegenteil: der Apostel Paulus mag von den Evangelisten als abhängig bezeichnet werden ... Alle Synoptiker erwähnen die drei Anlässe, bei denen Jesus bewußt versuchte, seine Jünger in seine bevorstehende Leidenszeit einzuweihen, aber besonders Markus berichtet von dem Unverständnis der Jünger (8,31f; 9,31f; 10,32).

Eschatologie

Die Eschatologie des Markusevangeliums ist in der Hauptsache in den beiden Passagen 8,38-9,1 und 13,1-37 enthalten, wo Jesus anscheinend zwei voneinander getrennte Ereignisse, nämlich die Zerstörung Jerusalems im Jahre 70 n.Chr. und seine persönliche Wiederkunft in Herrlichkeit im Auge hat. Aber auch Markus' gesamte Anschauung vom Reich Gottes ist vornehmlich eschatologisch geprägt. Die diese Vorstellung kennzeichnenden Hauptgedanken sind erstens der Gedanke der Königsherrschaft (oder Souveränität Gottes) und dann der eines Reiches (oder einer Gemeinschaft), in das man eintreten kann (9,47; 10,23). Während Sprüchen der letztgenannten Art wohl ebenfalls einen Zukunftsaspekt haben, ist in anderen (z.B. 14,25 und 15,43) der Hinweis auf eine Vollendung in der Zukunft offensichtlich.

Ähnlichkeiten mit der paulinischen Lehre

Wir erwähnten oben die These, daß Markus unter paulinischem Einfluß gestanden habe. Sie ist viele Jahre lang eingehend erörtert worden. Eine Prüfung der Wörter und Ideen des Markusevangeliums fördert viele Gemeinsamkeiten zwischen Markus und Paulus zutage. Man könnte jedoch mit der gleichen Berechtigung sagen, daß ein solcher gemeinsamer Boden in Wirklichkeit zum Urchristentum als Ganzem gehört. Es bleibt auch unleugbar, daß viele der spezifisch paulinischen Wörter und Lehrbegriffe wie Gerechtigkeit, Rechtfertigung durch den Glauben, Vereinigung mit Christus, Leben im Geist u.a. bei Markus nirgendwo begegnen. Wir sind allerhöchstens berechtigt zu sagen, daß Markus in einem römischen und paulinischen Umfeld lebte und schrieb und vielleicht einige der frühen Briefe kannte. Doch hat er die historische Überlieferung weder neu gefaßt noch verdunkelt. Sein Jesus ist der Jesus von Galiläa.

Inhalt

1,1-13	**Die Vorgeschichte**	
	1,1-8	Johannes der Täufer und sein Christuszeugnis
	1,9-11	Jesu Taufe
	1,12.13	Jesu Versuchung
1,14-9,50	**Jesu Wirksamkeit in Galiläa**	
	1,14-20	Die Berufung der ersten Jünger
	1,21-45	Der erste Sabbat in Kapernaum
	2,1-3,6	Erster Widerstand gegen Jesus
	3,7 19	Die Einsetzung der zwölf Jünger
	3,20-35	Abweisung bei Verwandten und Schriftgelehrten
	4,1-34	Lehre in Gleichnissen
	4,35-5,43	Machttaten Jesu
	6,1-13	Die Verwerfung Jesu in Nazareth und die Aussendung der zwölf Jünger
	6,14-29	Herodes und Johannes der Täufer
	6,30-8,26	Wundertaten und Lehrtätigkeit in Galiläa und anderwärts
	8,27-9,29	Messianität und Leiden
	9,30-50	Belehrungen und Ermahnungen
10,1-52	**Der Weg nach Jerusalem**	
	10,2-12	Über Ehe und Ehescheidung
	10,13-16	Über die Kinder
	10,17-31	Über den Reichtum
	10,32-34	Die dritte Leidensankündigung
	10,35-45	Die Bitte der Zebedäussöhne
	10,46-52	Die Heilung des Blinden von Jericho
11,1-15,47	**Die Passion Jesu**	
	11,1-26	Jesu Einzug in Jerusalem; erste Ereignisse
	11,27-12,44	Lehrtätigkeit in Jerusalem

	13,1-37	Jesu Rede über die Endzeit
	14,1-15,47	Leiden und Sterben Jesu
16,1-20	**Die Vollendung**	
	16,1-8	Jesu Auferstehung
	16,9-20	Erscheinungen des Auferstandenen und Himmelfahrt

Kommentar

1,1-13 Die Vorgeschichte

1,1-8 Johannes der Täufer und sein Christuszeugnis

1 Der Eingangsvers ist von Markus vermutlich als Überschrift über das ganze Buch gedacht. Das *Evangelium* ist jedoch nicht das Buch selber, sondern sein Inhalt, »die gute Botschaft von Jesus Christus«. Man könnte V. 2.3 auch als Einschaltung (Parenthese) von V. 1 und 4 abheben und V. 1 u. 4 wie folgt miteinander verknüpfen: »Der Anfang der Freudenbotschaft von Jesus Christus ... war Johannes, der in der Wüste taufte ...« Eine solche Verbindung wäre verlockend und ließe erkennen, daß die Frohbotschaft vom Kommen des Messias innerhalb einer religiösen Erneuerung begann und nicht, wie allgemein erwartet wurde, im Gefolge einer politischen Umwälzung. Da sie indessen die Bedeutung der beiden atl. Zitate mindern würde, ist die Anordnung der LÜ, die an das Ende von V. 1 einen Punkt setzt und ihn als Überschrift beläßt, auf alle Fälle als die angemessenere vorzuziehen.

2.3 *Im Propheten Jesaja:* Es handelt sich in Wirklichkeit um ein zusammengesetztes Zitat: V. 2b besteht aus der LXX-Übersetzung von 2Mo 23,20 und dem MT von Mal 3,1, V. 3 im wesentlichen aus Jes 40,3. Die Wendung, auf die es ankommt, ist *in der Wüste* (besser: Steppe; V. 3); sie wird in V. 4 aufgenommen. Markus erkannte Jesaja als ihren Urheber und nahm gleichzeitig das vorhergehende Zitat wegen seiner offensichtlichen Eignung mit auf, weil es den Wegbereiter des Messias als den erwarteten Elia kennzeichnete (vgl. Mal 3,23). Jesaja ist in besonderer Weise der Prophet der guten Botschaft (s. Jes 40,9; 52,7; 61,1). Beide Weissagungen werden zitiert, um auf das Wesen der Mission Johannes des Täufers als einer Vorbereitung auf das Kommen des Messias hinzuweisen. In ihrem ursprünglichen Rahmen sprechen beide vom Kommen Gottes zu seinem Volk, doch hier werden sie bezeichnenderweise auf Jesus Christus angewandt. **4** Eigenart und Wirkung des vorbereitenden Dienstes des Johannes werden nun näher bestimmt. Seine Predigt bereitete die Herzen der Menschen vor und ist gekennzeichnet durch ihre sittliche Kraft: *die Taufe der Buße zur Vergebung der Sünden.* Das griech. Wort für Buße *(metanoia)* meinte ursprünglich eine Sinnesänderung; doch im NT nimmt es die tiefere atl. Bedeutung der »Umkehr zu Gott« an, die dann eine Änderung des »Sinnes« und auch des Verhaltens zur Folge hat. Dieser Aspekt des Wirkens des Johannes wird Lk 3,1-20 ausführlicher beschrieben (s. Komm. hierzu). Die Vergebung der Sünden ist die große Hoffnung der Propheten und ist Gottes Antwort auf die Umkehr (vgl. Jes 32,24; 53,5f; Jer 31,34; Hes 36,25-27 u.a.). **5** Die gesamte Provinz Judäa war betroffen; Jesus selber stammte aus Galiläa (V. 9). Die Tatsache, daß Judäa so tief aufgewühlt war, zeugt für den gewaltigen Einfluß, den Johannes ausübte. Das Sündenbekenntnis erfolgte wahrscheinlich mündlich; vermutlich war es ein offenes Eingeständnis, nach welchem an dem Bekennenden die symbolische Handlung des Untertauchens *(baptizo,* Intensivum von *bapto)* in dem Fluß vollzogen wurde. Dieser Taufakt knüpft wahrscheinlich an der Proselytentaufe an, die eine Reinigung vom alten heidnischen Leben darstellt. **6** Johannes' Kleidung und Nahrung wiesen auf Genügsamkeit und Weltabgewandtheit. Sein Gewand war für die Propheten kennzeichnend, besonders aber für Elia (2Kön 1,8), dem Johannes auch in anderer Beziehung ähnelte (s. zu Mk 9,11ff). Heuschrecken dienten nur den Ärmsten der Armen als Nahrung; es heißt jedoch, daß die Beduinen sie noch heute geröstet oder gesalzen zu verzehren pflegen. **7** Da die Johannestaufe nur zur »Entsündigung« führte, aber kein erneuertes Leben hervorbrachte, konzentrierte sich das Zeugnis des Johannes auf den, *der ist stärker als ich,* der bereitstand und **8** nicht mit Wasser, sondern mit dem Heiligen Geist taufte. Daß dies das Kennzeichen der messianischen Zeit sein würde, steht ganz in Übereinstimmung mit dem AT (Jes 44,3; Hes 36,26f; Joel 3,1f).

1,9-11 Jesu Taufe

9 Jesus erschien am Jordan als einer unter vielen, die sich von Johannes taufen ließen. Matthäus schildert das Erstaunen des Johannes und die Unwürdigkeit, die er empfand (Mt 3,14.15); doch als Jesus hartnäckig blieb, nahm er ihn, den Heiligen, und tauchte ihn unter. Bemerkenswerterweise legte Jesus kein Sündenbekenntnis ab, und obwohl er von Johannes die Taufe empfing, hielt die Urgemeinde unerschütterlich an seiner absoluten Sündlosigkeit fest. Für Jesus bedeutet die Taufe erstens die Erfüllung aller Gerechtigkeit (vgl. Mt 3,15), zweitens einen Akt der Gleichsetzung, durch den er »den Übeltätern gleichgerechnet« wurde (vgl. Jes 53,12), und drittens eine Weihung für seinen nun beginnenden Dienst. Im Bericht über diese einleitenden Geschehnisse werden uns wesentliche Aufschlüsse zum Verständnis des Folgenden an die Hand gegeben. Markus beschreibt hier Jesu Unterwerfung unter die Taufe der Buße, seine messianische Geistbegabung und die göttliche Proklamation seiner Gottessohnschaft. Er befähigt den Leser damit, in das Geheimnis seiner Person als des Knechts, des Messias und des Gottessohnes einzudringen.

10 Sogleich *(alsbald):* Markus' Lieblingsbeiwort, das er insgesamt 41mal verwendet, erscheint hier zum erstenmal. Ein dreifaches Erleben unterschied Jesus bei seiner Taufe grundlegend von allen anderen und kennzeichnete ihn als jemanden, dem eine einzigartige Beziehung zu Gott eignete: Er sah erstens, *daß sich der Himmel auftat,* d.h. zerrissen wurde (griech.: *schizomenous,* Partizip Präsens), was bedeutet, daß er die himmlischen Dinge schaute (vgl. Joh 3,12.13; Jes 63,19f). Zweitens sah er, daß der *Geist wie eine Taube herabkam auf ihn.* Daß die Taube etwas Sichtbares und mehr als ein dichterisches Gleichnis für die Sanftmut war, wird aus Lukas' Zusatz »in leiblicher Gestalt« (Lk 3,22) deutlich. Ein interessanter Vorschlag verknüpft dies mit 1Mo 1,2, wo der Geist gleich einem Vogel aus dem Urwasser schwebt. **11** Drittens erscholl die *Stimme* des Vaters vom Himmel, der Zeugnis von seinem Sohn gab; so auch in Mk 9,7 und Joh 12,28. Die Worte erinnern an Ps 2,7 und Jes 42,1. Wir haben es hier also mit einer eindeutigen Offenbarung der Dreifaltigkeit zu tun. Im Brennpunkt steht hier aber der Sohn, denn wenn Gott auch eine Trinität ist, so muß doch die erste Begegnung des Menschen mit ihm in Christus stattfinden.

1,12.13 Jesu Versuchung

Die Mitteilung über dieses Ereignis muß von Jesus selber stammen. Der Bericht des Markus ist außergewöhnlich kurz, was in Anbetracht seines offenkundigen Interesses am Sieg des Gottessohnes über die Mächte der Finsternis besonders bemerkenswert ist. **12** Alle Synoptiker heben die unmittelbare Nähe der Taufe Jesu und seiner Versuchung hervor. In der Taufe erfüllte er alle Gerechtigkeit, und in der Versuchung wurde seine Gerechtigkeit auf die Probe gestellt. Ehe er seine Wirksamkeit begann, deren Ziel darin bestand, Satans Macht über andere herauszufordern und schließlich zu brechen, mußte er auf diesen Feind treffen und ihn auf dem Schlachtfeld seines eigenen Lebens besiegen (vgl. Hebr 2,18; 4,15). Daß Jesus vom Geist geleitet wurde, erklärt auch Lk 4,14. **13** Die Einsamkeit, die ihn bei diesem Kampf umgab, kommt in den Worten *er war bei den wilden Tieren* zum Ausdruck (eine nur von Markus vermerkte Einzelheit), und die Heftigkeit desselben in der Tatsache, daß *die Engel ihm dienten* (vgl. Lk 22,43). Eine bloß psychologische Erklärung genügt hier nicht. Das Treffen fand wirklich statt; Satan ist eine Realität. Er versuchte, seinen Widersacher von der Bahn des gehorsamen Dieners auf einen weniger mühevollen Weg abzudrängen. Auch die Engel sind Realitäten. In einem gewissen Grade muß jeder berufene Jünger mit einem ähnlichen Kampf rechnen; er kann aber auch einen ähnlichen Sieg erringen. Markus hält es für unnötig zu sagen, wer Sieger blieb.

1,14-9,50 Jesu Wirksamkeit in Galiläa

1,14-20 Die Berufung der ersten Jünger

1,14.15 Jesu öffentliches Wirken. Nach Markus begann es, *nachdem ... Johannes gefangen gesetzt war* (vgl. 6,17ff), was eine Zwischenzeit zwischen Jesu Taufe und seiner Wirksamkeit in *Galiläa* einschließt. Was Jesus während dieser Zeit tat, erfahren wir von Markus indessen nicht. Das Johannesevangelium ergänzt in diesen wie in anderen Punkten den Bericht der drei Synoptiker (s. Joh 1,19-4,42).

14 *Gefangen gesetzt:* Mit diesem Wort, das ursprünglich »übergeben« bedeutet, will Markus anscheinend andeuten, daß sich in dem, was geschieht, Gottes Absicht erfüllt (vgl. 9,31; 14,18; desgl. Röm 8,32). **15** Jesus begann, Gottes frohe Botschaft zu verkündigen, daß nämlich die Zeit des Wartens vorüber und das langersehnte Gottesreich herbeigekommen sei (vgl. Gal 4,4; auch Eph 1,10). Angesichts seines Kommens sollten die Menschen überall *Buße tun und glauben.* Dies sind, was die Reaktion der Menschen betrifft, die beiden Schlüsselworte des Evangeliums. *Das Reich Gottes* ist die Herrschaft Gottes sowohl in den Herzen der Menschen als auch in der Gesellschaft. Es ist zweifellos eng verknüpft mit der Person und Gegenwart Jesu; er ist selber das Reich. Wir können deshalb sagen, daß es sowohl herbeigekommen ist als auch noch kommen wird, denn Jesus ist schon gekommen und wird gleichwohl wiederkommen.

1,16-20 Die Berufung des Petrus, Andreas, Jakobus und Johannes. Die Erwählung und Ausbildung der Zwölf, die gemeinsam mit ihm die frohe Botschaft verkündigen und nach seiner Himmelfahrt damit fortfahren sollten, war für Jesu Wirksamkeit von weittragender Bedeutung. Die beiden Brüderpaare Petrus und Andreas und Jakobus und Johannes waren Jesus schon zuvor begegnet (s. Joh 1,35-42) und hatten in ihm den Messias erkannt. Nunmehr fordert er von ihnen den nächsten Schritt: die Aufgabe ihrer beruflichen Tätigkeit als Fischer und die völlige Nachfolge. Ihre Arbeit hatte sie die geduldige Beharrlichkeit, deren sie für ihre künftige Aufgabe, Menschen für Christus zu gewinnen, bedurften, bereits gelehrt. Dennoch braucht es dazu noch mehr; und wenn sie ihm jetzt folgen wollen, so verheißt er ihnen: *Ich will euch zu Menschenfischern machen!* Christus beruft Menschen nicht so sehr aufgrund dessen, was sie sind, als vielmehr aufgrund derjenigen Fähigkeiten, die er in ihnen zu wecken vermag, wenn sie bereit sind, ihm zu gehorchen. Wenn Markus das, was in den Jüngern vorging, nicht beschreibt, will er das ganze Gewicht seiner Erzählung auf das vollmächtige Berufungswort Jesu und den Gehorsam der Gerufenen legen.

1,21-45 Der erste Sabbat in Kapernaum

Petrus übermittelte diesen gedrängten Bericht über den Tag, an dem Jesus zum erstenmal in seiner Heimatstadt auftrat (vgl. Mt 9,1) und in seinem Hause wirkte, zweifellos mit besonderer innerer Anteilnahme an Markus. Es ist offensichtlich, daß wir es hier mit den persönlichen Erinnerungen eines Augenzeugen zu tun haben. Lukas (4,31-44) gibt einen analogen Bericht.

1,21-28 Die Heilung eines Besessenen in der Synagoge. Markus berichtet zwar nur wenig von dem, was Jesus wirklich lehrte, streicht jedoch seine Lehrtätigkeit stark heraus (s. 2,13; 4,1; 6,2.6.34). **21** *Synagoge* ist ein griech. Wort, das eigentlich »Zusammenführung«, »Versammlung« bedeutet, allerdings oft, wie auch hier, für das Gebäude, in dem sich die Gemeinde versammelte, steht. Der Ursprung der Synagoge liegt im dunkeln. Die Synagogen waren auch Ort der Gerichtsbarkeit (vgl. Lk 12,11; 21,12), in denen Strafen vollstreckt werden konnten (vgl. Mt 10,17). Der synagogale Gottesdienst bestand größtenteils aus Unterweisung. Der Synagogenvorsteher (griech.: *archissynagogos)* pflegte an jedem Sabbat jemand zu bestimmen, der die Schrift zu verlesen und auszulegen hatte. Jesus boten sich in dieser Phase seiner Wirksamkeit auf diese Weise vielfältige Gelegenheiten zur Verkündigung, da er überall, wohin er kam, aufgefordert wurde zu lehren. **22** Der vollmächtige Ton der Lehre Jesu, der ganz von der göttlichen Macht getragen war, stand in scharfem Gegensatz zu den Äußerungen jüdischer Lehrer, die die Schrift vornehmlich zur genauen Festlegung des Lebenswandels gebrauchten und sich ständig auf die Tradition und die Aussprüche berühmter Rabbiner beriefen. **23.24** Während Jesus sprach, provozierten entweder seine bloße Gegenwart oder seine Lehre oder beides einen Besessenen zu einem heftigen Ausbruch. Dämonische Besessenheit ist ein Thema, das dem modernen Menschen beträchtliche Schwierigkeiten bereitet und das er zumeist als längst überwundenen Aberglauben abtut. Sie ist jedoch eine mit Christi Wirksamkeit auf Erden in ganz besonderer Weise verknüpfte Erscheinung. Im AT begegnet sie nur zweimal und im NT zweimal außerhalb der Evangelien, und sie wird deutlich von Geistesstörungen unterschieden. »Die Frage, ob die weitverbreitete Überzeugtheit von der Nichtexistenz der Dämonen nicht ihren größten Triumph darstellt, hat im 20. Jh. angesichts solcher Phänomene wie Auschwitz in unerhörtem Ausmaß an tragischer Aktualität gewonnen« (Crainfield). Dämonen sind eine Realität. Sie wußten von Jesu messianischem Amt lange bevor es den Jüngern zu Bewußtsein kam, obschon sie diese Tatsache niemals verkünden durften (s. V. 34 und Jak 2,19). Da Jesus kurz zuvor der Versuchung des Fürsten dieser Welt widerstanden hatte (V. 12f), mußten sich die dämonischen Mächte darüber klar sein, daß Jesus gekommen war, ihre Herrschaft zu zerbrechen. *Der Heilige Gottes* ist der von Gott Geheiligte, in dem die Fülle des Heiligen Geistes wohnt. **25.26** Die Vollmacht der Worte des Erlösers wird jetzt nicht nur in seiner Lehre, sondern auch in seiner Befehlsgewalt offenbar, denn auf sein Wort hin *fuhr* der unreine Geist, nachdem er den Besessenen hin- und hergerissen hatte, *aus von ihm,* wobei er ihm, wie Lukas, der Arzt, berichtet (Lk 4,35), »keinen Schaden antat«. Niemals berührte Jesus einen Besessenen, um ihn zu befreien. Sein Wort genügte. **27** Die Menschen wurden von einer ehrfurchtsvollen Scheu ergriffen und versuchten im Gespräch, ihre Eindrücke zu verarbeiten. **28** Jesus war mit einem Schlage in der ganzen Gegend bekannt.

1,29-31 Die Heilung der Schwiegermutter des Petrus. *Das Haus des Simon und Andreas* wurde von nun an für Jesus, wenn er in Galiläa war, fast zu seinem Zuhause (s. 2,1; 3,20; 9,33; 10,10). Joh 1,44 erfahren wir, daß diese beiden Brüder aus Bethsaida stammten. Möglicherweise waren sie inzwischen nach Kapernaum umgezogen. Einige meinen freilich, daß dieses Bethsaida das Fischerviertel von Kapernaum war. 1Kor 9,5 bestätigt, daß Petrus verheiratet war und daß ihn seine Frau möglicherweise später bei seiner Tätigkeit begleitete. Für ihn war diese Begebenheit in seiner eigenen Wohnung unvergeßlich. Wie schnell die Heilung vor sich ging und wie vollständig sie war, wird daraus sichtbar, daß die wiederhergestellte Frau ihnen nach dem Synagogengottesdienst beim Sabbatmahl ohne Zeichen von Erschöpfung und Schwäche, die in der Regel Folgen eines solchen Fiebers sind, *diente*.

1,32-34 Heilungen nach Sonnenuntergang. Der Sabbat endete bei Sonnenuntergang; man konnte dann die Kranken transportieren, ohne das Gesetz zu übertreten. Die an einer körperlichen Krankheit Leidenden werden von den Besessenen unterschieden. Die Menschen begannen herbeizuströmen, und die Haustür war bald von einer dichten Menge umlagert. Jesus versagte sich ihnen nicht, denn auf das Eingeständnis der Not und Vertrauen antwortete Gott stets mit seinem Erbarmen. Daß sich die bösen Geister über die Person Christi durchaus im klaren waren, veranschaulicht die in Jak 2,19 ausgesprochene Wahrheit: »Die Teufel glauben's auch und zittern.« Das Reich des Bösen kennt keine Atheisten! Alle Machttaten, die Jesus hier vollbrachte, lassen in ihm den Messias und den Anbruch der Heilszeit erkennen (vgl. Mt 12,28; Lk 7,18ff; Jes 35,5f; 29,18f; 61,1 u.a.).

1,35-39 Aufbruch in die Einsamkeit und eine Wanderung durch Galiläa. **35** Niemand hatte damit gerechnet, daß Jesus im Anschluß an solche Begebenheiten schon *vor Tage* aufstehen und, während die anderen noch schliefen, aus der Stadt gehen würde. Der Bericht ist aus dem Blickwinkel der im Haus Zurückgebliebenen verfaßt, die plötzlich bemerkten, daß Jesus sie verlassen hatte, und das sogleich beklagten. Sie vermuteten, daß er nicht wußte, wie begehrt er in Kapernaum war, und konnten nicht verstehen, wie man so viele günstige Gelegenheiten ausschlagen konnte. **36** Simon Petrus übernahm sogleich die Führung und *eilte ihm* mit seinen Freunden *nach* (wörtl.: »nachjagen«, »verfolgen« - ein starkes Wort, das nur an dieser Stelle im NT, aber häufig in der Septuaginta, z.B. Ps 23,6, begegnet). **38** Die Beweggründe, die Jesus veranlaßten, sich zurückzuziehen, waren das Verlangen nach Gemeinschaft mit seinem Vater und das Bedürfnis, anderwärts zu predigen. Er konnte sich nicht allein auf Kapernaum beschränken; seine Sendung galt ganz Israel.

1,40-45 Die Heilung eines Aussätzigen. Offenbar versetzten insbesondere die wunderbaren Krankenheilungen die Menschen in Erregung. Es bestand daher die Gefahr, daß das eigentliche, geistliche Anliegen des Evangeliums in den Hintergrund gedrängt wurde. V. 39 ist daher von Heilungen nicht die Rede. Dieser Fall eines Aussätzigen rief jedoch Jesu besonderes Mitleid hervor. Die beschriebene Krankheit schließt jede Erklärung der Heilung durch »Suggestion« oder »Gesundbeten« aus. Das Wort »Aussatz« beschreibt in der Bibel nicht nur die Lepra, sondern kann auch einige andere Hautkrankheiten meinen. Hier liegt wohl Lepra vor.

40 Mit dem *Willst du* des Aussätzigen ist sein Vertrauen und sein Zutrauen zu Jesus umschrieben (vgl. 9,22). Da der Aussätzige als unrein galt (vgl. 3Mo 13), mußte er nicht »geheilt«, sondern entsprechend »gereinigt« werden. **41** *Und es jammerte ihn, und er streckte die Hand aus:* Eine andere Lesart, die mit vielen Handschriften eine gute Bezeugung findet, lautet »von Zorn entbrannt«. Dieser Zorn richtet sich nicht auf den Mann, sondern auf die Mächte der Krankheit und des Todes, die durch die Sünde hineingebrochen sind (vgl. Joh 11,33.38). **44** Nachdem der Aussätzige Christi Macht erfahren hat, hält ihn Jesus zur Einhaltung der Reinheitsgesetze an (3Mo 14,2-20). Auch die Priester, die als oberste Gesundheitsbehörde über eine Gesundung zu befinden hatten, hörten somit das *Zeugnis* der Vollmacht Jesu. Durch das Schweigegebot (vgl. 3,12; 5,43; 7,36; 8,26) wollte Jesus das Messiasgeheimnis um seine Person wahren und nicht als »Wunderdoktor« mißverstanden werden. **45** Der Ungehorsam des Aussätzigen nötigte Jesus, sein Wirkungsfeld zeitweilig von der Stadt aufs Land zu verlegen.

2,1-3,6 Erster Widerstand gegen Jesus

2,1-12 Die Heilung eines Gelähmten. Diese Heilung ist die erste von fünf Begebenheiten in diesem Abschnitt, die die allmählich wachsende Feindschaft der Schriftgelehrten und Pharisäer gegen Jesus beschreiben. **1** In Kapernaum verbreitete sich das Gerücht, Jesus sei zurückgekehrt und wieder *im Hause*. Es war dies gewiß das zuvor (1,29) erwähnte Haus des Petrus und Andreas. Wie viele palästinische Häuser hatte es eine Außentreppe, die auf ein Flachdach führte. **2** Während Jesus darin weilte und der Menge, die zusammengeströmt war, *das Wort* (beinahe ein »Fachausdruck« für »die frohe Botschaft«; vgl. 4,14.33; Apg 8,4; 11,19 usw.) sagte, **3** trafen *vier* Männer ein, die ihren gelähmten Freund trugen, **4** stiegen voll Eifer und mit dem festen Entschluß, alle Hindernisse aus dem Wege zu räumen, auf das Dach und schickten sich an, es abzudecken. Lukas erwähnt die »Ziegel« (Lk 5,19). Sodann ließen sie den Gelähmten auf seiner Schlafmatte zu Jesus herunter.

5 *Da nun Jesus ihren Glauben sah,* d.h. den Glauben aller fünf Männer, reagierte er sofort, jedoch ganz anders, als sie erwartet hatten. Er lehrte keineswegs, daß jedes Leid die direkte Folge von Sünde sei (vgl. Joh 9,2; Lk 13,1-5), wohl aber stehen Sünde und Leid in einem inneren Zusammenhang (vgl. Röm 6,23). Die Frohbotschaft vom Reich Gottes umfaßte mit den Heilungen und dem verkündigten Wort den ganzen Menschen. Das Kernproblem aber ist die Heilung des inneren Menschen; hier setzte Jesus beim Gelähmten an. Sein Ausspruch *deine Sünden sind dir vergeben* war keine bloße Erklärung, daß Gott ihm seine Sünden vergeben habe, sondern eine vollmächtige Handlung. Jesus selber vergab dem Gelähmten - in Ausübung eines Gott eignenden Vorrechts - die Sünden. Daß die Schriftgelehrten es so verstanden, ergibt sich aus dem Folgenden. Jesu Vollmacht zur Sündenvergebung ist also der Kernpunkt der Erzählung. **6.7** Die Schriftgelehrten hatten recht, wenn sie fragten: *Wer kann denn Sünden vergeben als Gott allein?* (vgl. Jes 43,25; 44,22), stellten jedoch damit die vorausgesetzte Göttlichkeit Christi in Frage. **8** Jesus antwortete ihnen, indem er zuerst auf ihre unausgesprochenen Gedanken einging; wer den Menschen ins Herz zu sehen vermag (vgl. Joh 2,25), kann auch ihre Sünden vergeben. **9.10** Zweitens gab er ihnen einen Beweis seiner göttlichen Vollmacht. Eine Sündenvergebung ließ sich durch keinerlei sichtbares Geschehen nachweisen, eine Heilung allerdings war sofort offenkundig. Wenn er daher zu bewirken vermag, daß der Gelähmte wieder gehen kann, so sollen sie wissen, *daß der Menschensohn Vollmacht hat, Sünden zu vergeben auf Erden. Menschensohn* ist ein Titel, den der Herr ausschließlich auf sich selber anwendet und der seinen Ursprung vermutlich Dan 7,13f hat, wo er den himmlischen Menschensohn beschreibt, der als König und Weltenrichter herrscht. Über die genaue Bedeutung dieses Titels gehen die Meinungen weit auseinander, wenngleich die meisten Ausleger die Ansicht vertreten, daß er messianisch zu verstehen ist. Er scheint zumindest den Gedanken der wesensmäßigen und repräsentativen Menschheit Christi auszudrücken. Die Tatsache, daß der Menschensohn *auf Erden* Vollmacht zur Sündenvergebung hat, besagt jedoch, daß er seine göttlichen Vorrechte durch die Fleischwerdung nicht eingebüßt hatte. Und daß Vergebung nicht erst eine zukünftige Gabe ist, sondern hier und jetzt schon geschehen kann. **11.12** Nachdem ihm seine Sünden vergeben worden waren, wurde der Gelähmte nun geheilt. Die Begeisterung der Menge entzündete sich an diesem Wunder; den eigentlichen inneren Sinn des Geschehens erfaßte sie indessen wohl nicht.

2,13-17 Die Berufung des Levi. Die Identität des Levi mit dem Zöllner Matthäus (Mt 9,9), dem Verfasser des ersten Evangeliums, steht faktisch außer Frage, obschon keine der vier Apostel-listen den Namen Levi aufführt. Der Verzicht auf seinen einträglichen Beruf war, da endgültig, schwerwiegender, als der der Fischer, die ihre Tätigkeit gelegentlich wieder aufnehmen konnten. Seine Berufung veranschaulicht die Gnade des Herrn, der einen verachteten Steuereinnehmer als Apostel erwählte, und auch seine Weisheit, da Levi vermutlich Aramäisch und gleichzeitig Griechisch beherrschte, mit Feder und Tinte umzugehen wußte und somit aufs beste für seine spätere Abfassung seines Evangeliums geeignet war.

13 Wenn Jesus *wieder hinausging, an den See,* beruft er sich unter ähnlichen Umständen wie 1,16 noch einen weiteren Jünger zu der Schar seiner Apostel. **14** *Levi* war Beamter im Dienst des Tetrarchen von Galiläa, Herodes Antipas. Auch er (vgl. Komm. zu 1,16ff) wird schon zuvor hier von Jesus gehört haben. **15** Seine erste Handlung als berufener Jünger bestand darin, Jesus in seinem Haus zu bewirten und seine Amtskollegen und Bekannten einzuladen, ihn dort kennenzulernen. Lk 5,29 bestätigt, daß das Haus in der Tat dem Levi gehörte, und läßt erkennen, daß es im Vergleich mit dem anspruchsloseren Haus des Petrus geräumig war. Die Tischgemeinschaft bezeichnet im Orient die denkbar größte Vertrautheit, weist in diesem Fall aber darüber hinaus auf die Tischgemeinschaft des Messias (vgl. Offb 3,20; 19,9). **16** Die Pharisäer nehmen an diesem Verhalten Jesu Anstoß, weil sie erwarteten, daß Jesus, falls er wirklich der Messias sein sollte, sie, den »heiligen Rest«, sammeln müsse, anstatt sich mit Sündern abzugeben. Diesmal machen sie ihrem Unmut gegenüber den Jüngern Luft. **17** Jesu Antwort macht den unüberbrückbaren Gegensatz zwischen ihm und ihnen offenbar und beschleunigt den Konflikt, der schließlich mit seinem Tod endete. Christi Botschaft ist eine Heilsbotschaft für die Unwissenden und Sündigen und Verlorenen (vgl. Lk 15,1ff). Er ist der Arzt für die sündenkranken Seelen. Wenn Jesus die Pharisäer indirekt *die Gerechten* nennt, meint er das nicht ironisch. Ihren religiösen Eifer nimmt er durchaus ernst und verwischt die Grenze zu dem Leben der Sünder nicht; dennoch ist diese Frömmigkeit in vieler Beziehung fehlgeleitet.

2,18-22 Vom Fasten. Das Gesetz schrieb nur einen Fasttag, den großen Versöhnungstag, vor (3Mo 23,27-29; Apg 27,9). Im Laufe der Zeit waren jedoch durch rabbinische Bestimmungen ständig weitere hinzugekommen, so daß das Fasten z.Z. Jesu zu einem Charakteristikum des religiösen Lebens geworden war (vgl. Lk 18,12). **18** Während die Johannesjünger gemeinsam mit den Pharisäern ein solches Fasten einhielten, begegnete Jesus dem vorgebrachten Einwand mit dem Hinweis auf die Widersinnigkeit des trauervollen Verzichtes für seine Jünger. **19** Seine Gemeinschaft mit ihnen ist freudenvoll wie ein Hochzeitsfest. *Hochzeitsgäste* oder Brautführer. **20** *Von ihnen genommen wird:* d.h. gewaltsam entrissen (griech.: *aparthe*). Dies Wort begegnet nur hier und in den ntl. Parallelstellen, aber das Simplex kommt bezeichnenderweise zweimal in der LXX-Übersetzung von Jes 53,8 vor. Daß hier auf einen gewaltsamen Tod Bezug genommen wird, dürfte kaum zweifelhaft sein; dies ist somit der erste Hinweis auf die Passion aus dem Munde Christi selber. Vom Tod Jesu werden die Jünger demnach ins Fasten geführt, bevor die Freude der Auferstehung die Trauer wieder verschlang (vgl. Joh 16,22). **21.22** Angesichts dieses Neuen, das die Gegenwart Jesu und sein Evangelium mit sich bringen, auf den Vorschriften des pharisäischen Judentums zu bestehen, wäre ebenso widersinnig, wie wenn man ein altes Kleid mit einem Lappen aus neuem Tuch flicken oder ungegorenen Wein in hart gewordene, unelastische Schläuche füllen wollte. Beides ist nicht miteinander zu verbinden, und beides würde zugrunde gehen. Ebendies war der Fehler des Judentums, gegen das sich Paulus' Polemik im Galaterbrief (z.B. Gal 4,9.10) richtet. Bezüglich des Fastens muß man bemerken, daß Jesus es zwar gutheißt, aber nicht zur Pflicht macht (vgl. Mt 6,16-18). Sein Kern ist Selbstdisziplin, und zwar nicht die formalistische Selbstzucht des Asketen oder Mönchs, sondern die freiwillige Unterwerfung des Leibes unter den Geist (vgl. 1Kor 9,24-27). Die urchristliche Gemeinde kannte das regelmäßige Fasten nicht; es kam erst in nachapostolischer Zeit wieder auf.

2,23-3,6 Die Frage der Sabbatheiligung. Zwei Begebenheiten veranschaulichen den nächsten Einwand der Pharisäer, einen Einwand, der in den Evangelien häufig gegen Jesus erhoben wird (vgl. Lk 13,10-17; 14,1-6; Joh 5,1-18; 9,1-41): seine Einstellung zum Sabbat. Die ein Kornfeld durchquerenden Jünger taten etwas, was an jedem anderen Tag durchaus zulässig war (5Mo 23,26); doch erklärten die Pharisäer das Ährenraufen eigenwillig als Ernten und stellten es damit unter das Arbeitsverbot am Sabbat (2Mo 34,21). In seiner Antwort zitierte Jesus keinen geringeren als David, der in einer Notsituation die den Priestern vorbehaltenen Schaubrote (3Mo 24,5-9) - nach Ansicht vieler jüdischer Theologen am Sabbat - aß. Die Beweiskraft dieses Argumentes liegt im Selbstbewußtsein Jesu: Wenn David ungestraft die Brote essen darf, kann nicht vielmehr er, als der Gottessohn, der der Herr Davids ist (vgl. 12,35-37), eigenwillige Menschensatzungen übergehen?

26 *Zur Zeit Abjathars, des Hohenpriesters* wird von den meisten Kommentatoren für inhaltlich falsch und eine mögliche spätere Hinzufügung angesehen, da der in Rede stehende Hohepriester in Wirklichkeit Ahimelech, der Vater des Abjathar, war (1Sam 21,2ff). Die Textzeugnisse schließen die Lesart »Abjathar« indessen keineswegs aus. Der atl. Kontext führt zu der Annahme, daß Abjathar zu der beträchtlichen Anzahl jener gehörte, die, als Ahimelech Hoherpriester war, in Nob priesterliche Funktionen ausübten. Die meisten von ihnen wurden kurz nach dem hier erwähnten Vorfall auf Befehl Sauls erschlagen. **27** *Und er sprach zu ihnen* zeigt wohl den Schluß der Begebenheit im Kornfeld an und weist darauf hin, daß Markus hier Jesu Ausspruch als allgemein gültigen hinzugefügt hat. Der Sabbat ist dem Menschen zu seinem Wohl gegeben. Die pharisäische Frömmigkeit kehrt diese eigentliche Intention des atl. Sabbatgebotes in ihr Gegenteil und macht den Menschen zum Sklaven einer verbiesterten Gesetzlichkeit, die selbst für die Stillung der elementarsten Not keinen Raum mehr läßt.

3,1-6 Die zweite Begebenheit schildert ebenfalls eine Heilung am Sabbat, auf die die Pharisäer förmlich *lauerten*, um Jesus einen Strick daraus zu drehen. Der Kranke litt wahrscheinlich unter Muskelschwund. Mit der Heilung zeigte Jesus, daß der Sabbat für Werke der Liebe und Barmherzigkeit durchaus offen ist (vgl. Joh 5,16.17). **4** *Leben erhalten oder töten* hat eine doppelte Bedeutung. Die Rabbiner räumten selber ein, daß man im Falle von Lebensgefahr einem Kranken Hilfe leisten dürfe, und legten den Begriff Lebensgefahr ziemlich großzügig aus. Andererseits benutzten sie den Sabbat, um Mordpläne gegen Jesus zu schmieden. Was war dem Feiertag angemessener, Jesu Heilungen oder ihre Mordpläne? Im vorliegenden Fall bestand aber keinerlei Lebensgefahr. Hätte der Kranke daher nicht bis zum nächsten Tage warten können? Aber Jesus stellte schon den Haß dem Töten gleich (Mt 5,21ff), so ist auch jedes Tun des Guten eine Art Lebenserhaltung; die Unterlassung des Guten käme dann dem Töten gleich (vgl. Jak 4,17). Damit ist die kasuistische Fragestellung, welche Art von Hilfe erlaubt sei, hinfällig. Die Heilung dieses Kranken hatte den endgültigen Bruch zwischen Jesus und den religiösen Instanzen zur Folge; hier trennten sich ihre Wege. **6** Jesus erregte bei den *Pharisäern* derart heftigen Anstoß, daß sie sich, ihrem glühenden Nationalismus zum Trotz, sogar mit ihren Todfeinden, den mit den Römern kollaborierenden *Anhängern des Herodes*, verbündeten, um Jesus aus dem Wege zu räumen.

3,7-19 Die Einsetzung der zwölf Jünger

7 Wohl wegen der ihm drohenden Gefahr zog sich Jesus mit den Jüngern an den See Genezareth zurück. Er begab sich zu keiner Zeit unnötig in Gefahr, und im Interesse seiner Wirksamkeit war solche Vorsicht durchaus richtig und angebracht. **8** Es folgt eine anschauliche Schilderung der Menschenmassen, die von seinen Krankenheilungen erfahren hatten. Anscheinend kamen zwei Volksmengen herbeigeströmt, eine aus Galiläa und die andere aus weiter entfernten Gegenden. In der letztgenannten ist mit der Ausnahme von Samaria fast ganz Palästina vertreten; man ersieht daraus, wie weit die Kunde von Jesu Ruhm und sein Einfluß zu dieser Zeit bereits gedrungen waren. **9** Das Schiff sollte vermutlich nur dem Zweck dienen, etwas Abstand von der Menge zu bekommen. Als Kanzel benutzte er es bei dieser Gelegenheit offenbar nicht; vgl. indes 4,1. **10** Die Menschenmenge war derart begierig, ihn zu berühren (vgl. Komm. zu 5,25ff), daß sie sich fast auf ihn warf (griech.: *epiptein*), zumal *alle, die geplagt waren* (griech.: *mastigas*, wörtl.: »geißeln«, ZÜ: *gequält waren*). Das Wort, das auch 5,29.34; Lk 7,21; Hebr 11,36 vorkommt, weist auf schwere, als göttliche Züchtigung auferlegte körperliche Leiden. Es ist heilsam, wenn derartige Heimsuchungen die Menschen zu Christus treiben. **11.12** Abermals werden Dämonenaustreibungen erwähnt. Wir erfahren dabei zum drittenmal, daß Jesus den unreinen Geistern, die ihn erkannten, streng gebot, ihn auf keinen Fall zu offenbaren (vgl. 1,24f.34). Große Ereignisse ziehen große Menschenmengen an, und wo menschliche Nöte wirkliche Linderung finden, dort ist an suchenden Seelen kein Mangel.

13 Vom See ging Jesus nun in das nahe Bergland, wo er, wie Lukas berichtet (Lk 6,12), die ganze Nacht im Gebet verbrachte, um sich auf die gewaltige Aufgabe der Einsetzung der Zwölf vorzubereiten. Dies war der erste Schritt auf dem Weg zur Gründung der Gemeinde. Jesus maß der Unterweisung und Ausbildung dieser Männer von nun an überragende Bedeutung bei. Ihre Erwählung erfolgte in absoluter Souveränität: Jesus *rief zu sich, welche er wollte*, d.h., er handelte nach seinem, nicht nach ihrem Belieben. Doch ihre innere Bereitwilligkeit war vorhandeln, und sie *gingen hin zu ihm*. **14** »Die Zwölf« wurde sogleich eine offizielle Bezeichnung, die zuweilen sogar benutzt wurde, wenn gar nicht alle anwesend waren (1Kor 15,5). Diese Zahl spielt gewiß auf die zwölf Stämme Israels an, da Jesus mit den Aposteln die Basis eines neuen Gottesvolkes, der Gemeinde, legte. Einige gewichtige Textzeugen fügen die Worte »die er Apostel nannte« hinzu, doch mag es sich um eine Einfügung aus Lk 6,13 handeln. Ihre Einsetzung beinhaltete Gemeinschaft mit Jesus *(daß sie bei ihm sein sollten)*, Aussendung *(daß er sie aussendete, zu predigen)*, **15** und Bevollmächtigung *(daß sie Vollmacht hätten, die bösen Geister auszutreiben)*. **16-19** Die Liste erscheint viermal im NT (vgl. Mt 10,2-4; Lk 6,14-16; Apg 1,13) mit geringfügigen Abweichungen in der Reihenfolge. Drei Gruppen von je vier Jüngern heben sich jedoch heraus, die in jeder Aufzählung von Petrus, Philippus und Jakobus, dem Sohn des Alphäus, angeführt werden. Judas Iskariot wird stets als letzter genannt. Fünf von den Zwölfen (Petrus, Andreas, Jakobus, Johannes, Matthäus) sind vorher schon einmal erwähnt worden (1,16.19; 2,14). **17** Der Ursprung des Namens *Boanerges* liegt im dunkeln; die meisten Ausleger erklären die erläuternde Wendung *Donnersöhne* (ZÜ) mit einem Hinweis auf ihr leidenschaftliches Temperament, was von Lk 9,54 gerechtfertigt scheint. **18** *Philippus'* erste Fühlungnahme mit Jesus ist Joh 1,43ff berichtet. *Bartholomäus* ist ein Vatername (d.h. Sohn des Talmai, ein in Jos 15,14 vorkommender Name). Die Urgemeinde identifizierte ihn mit Nathanael (Joh 1,45), da Johannes den Bartholomäus und die Synoptiker Nathanael nicht erwähnen. Diese Gleichsetzung ist zwar sehr wahrscheinlich, aber nicht völlig gesichert. Alles was wir von *Thomas* wissen, stammt aus dem vierten Evangelium. *Jakobus, der Sohn des Alphäus*, wird zwecks Unterscheidung von Jakobus, dem Sohn des Zebedäus, so genannt; er ist möglicherweise mit »Jakobus dem Kleinen« (vgl. 15,40) identisch. Von *Thaddäus* wissen wir nichts; Lukas nennt statt seiner einen weiteren Judas (Lk 6,16; Apg 1,13); auch diese beiden sind wahrscheinlich wieder identisch. *Simon Kananäus* ist wahrscheinlich von hebr. *qanna*, »eifrig«, abgeleitet und wird in Lk 6,15 zutreffend als »der Zelot« (vgl. LZB) gedeutet. **19** Die auf Judas angewandte Bezeichnung *Iskariot* (wörtl.: »der Mann aus Karijat«, einem Dorf nördlich von Silo) weist darauf hin, daß er der einzige Apostel war, der nicht aus Galiläa stammte.

Mit diesen Zwölf hatte sich Jesus völlig verschiedene und keineswegs besonders vollkommene Männer erwählt, die dennoch - mit einer Ausnahme - alle in seiner Gemeinschaft ihren Platz fanden.

3,20-35 Abweisung bei Verwandten und Schriftgelehrten

20 Jesus und seine Jünger verlassen den See und den Berg und kommen *in ein Haus*, womit abermals das Haus von Simon und Andreas in

Kapernaum gemeint ist. Hier regt sich Widerspruch gegen Jesus von seiten zweier ganz verschiedenartiger Gruppen: von seiten seiner Familie (V.21.31-35) und von seiten der Schriftgelehrten (V.22-30). **21** Es besteht kein Zweifel, daß die *Seinen* mit den V.31 erwähnten Verwandten identisch sind. V.22-30 stellt ein Zwischenspiel dar, das im Haus stattfand, während seine Familie von draußen Fühlung mit ihm suchte (vgl. V.31). Der Widerspruch von seiten seiner Familie erfolgte in Form von wohlmeinenden, aber verfehlten Ermahnungen. *Er ist von Sinnen* meint nicht, daß er den Verstand verloren hat, sondern daß er, modern gesprochen, an religiösem Wahnsinn leidet und sich deshalb wunderlich benimmt. Eine ähnliche Beschuldigung wurde auch des öfteren gegen Paulus erhoben (Apg 26,24; 2Kor 5,13) und ist manchem ernsthaften Christen gleichfalls nicht unbekannt.

22 Der Widerstand, auf den er bei den Schriftgelehrten stieß, war ernster und erwuchs aus bitterem Haß und aus Mißgunst. Das Werk des Heiligen Geistes schrieben sie Satan zu. *Beelzebul:* Schreibweise und Herkunft des Namens sind ungewiß; möglicherweise hat er seinen Ursprung in 2Kön 1,2.16, wo Baal-Sebub »der Fliegenherr« bedeutet. Ebenso ungewiß ist, ob der Name eine andere Bedeutung für Satan ist oder eine untergeordnete böse Macht darstellt. Der Vorwurf wurde anscheinend hinter dem Rücken Jesu gegen ihn erhoben, denn **23** *er rief sie zusammen,* um ihnen darauf zu antworten. Zunächst legte er ihnen die Absurdität einer solchen Anschuldigung dar, um sie dann vor den schlimmen Folgen zu warnen, die die Lästerung des Heiligen Geistes nach sich ziehen würde. Nichts ist unlogischer als der Unglaube. **24-27** Würde Jesus aus satanischer Vollmacht Sünde vergeben, Heilen und Dämonen austreiben, würde der Satan gegen sich selber agieren. So hat aber Jesu Vollmacht den Starken überwunden und erweist sich damit gerade als Gegner des Bösen. Die Abstufung Reich, Haus, Satan ist bemerkenswert. Je kleiner die Gemeinschaft, um so verhängnisvoller ihre Zerklüftung. Bei einem einzelnen Menschen ist die Spaltung ein Widerspruch in sich selbst. **28-30** Jesu Ausspruch über die Lästerung des Heiligen Geistes ist eine seiner schwierigsten Äußerungen. Eine falsche Auslegung dieses Wortes hat unsagbares Elend verursacht. Auf der anderen Seite darf man es auch nicht wegdiskutieren. Die unverzeihliche Sünde ist nicht eine einzelne Handlung oder Äußerung, sondern eine Haltung, die das Licht trotzig und wider besseres Wissen bewußt verwirft und die Finsternis dem Licht vorzieht (vgl. Joh 3,19). Jesus sagt nicht, daß die Schriftgelehrten sie begangen hätten, sondern nur, daß sie ihr gefährlich nahe kämen; *ewiger Sünde schuldig* sollte man vielleicht besser mit darin »verstrickt« oder »gefangen« (griech.: *enochos*) übersetzen. Eine solche Haltung verstockten Unglaubens konnte sich leicht zu einem Zustand verfestigen, in dem Buße und mithin Vergebung unmöglich wurden. Ansonsten gab es wohl niemanden, der die Möglichkeiten der Vergebung und Besserung und die unbegrenzte göttliche Gnade mehr herausgestellt hätte als Jesus. Allein schon die Tatsache, daß jemand von der Furcht gepackt wird, er habe vielleicht die Sünde wider den Heiligen Geist begangen, ist gewiß ein eindeutiger Beweis dafür, daß der Geist noch an ihm arbeitet und er noch nicht in die völlige Verstockung geraten ist.

31 Über das Thema der *Brüder* Jesu existiert ein umfangreiches Schrifttum, aus dem sich drei Hauptansichten herausschälen: Sie waren entweder Jesu leibliche Brüder oder Halbbrüder, Söhne des Josef aus einer früheren Ehe, oder aber Vettern, Söhne der Maria, der Frau des Kleopas und Schwester der Jungfrau Maria (vgl. Joh 19,25). Die zweite und dritte Möglichkeit wird vornehmlich von römisch-katholischen Autoren im Interesse des Dogmas der immerwährenden Jungfräulichkeit der Maria vertreten. Diese Auslegung wirkt aber derart gezwungen, daß man unter Berücksichtigung von Stellen wie Mt 1,25 und Lk 2,7 als naheliegendste Folgerung schließen muß, daß Jesus leibliche Brüder hatte. Diese Auffassung unterstreicht zudem die Realität und Vollständigkeit der Menschwerdung Jesu. Die Mutter des Herrn, Maria, erscheint bei Markus einzig an dieser Stelle, und das Fehlen jeder Bezugnahme auf Josef läßt vermuten, daß er nicht mehr lebte. **33-35** Mit der Antwort, die Jesus gibt, als die Botschaft von draußen schließlich zu ihm gelangt, will er keineswegs die Heiligkeit der Familienbande in Frage stellen, sondern bekunden, daß die Bande, die die Angehörigen der geistlichen Gottesfamilie verknüpfen, noch tiefer und enger sind. Er gibt mit diesen Aussagen ebenfalls zu erkennen, wie nahe er den Seinen gekommen ist, daß er sogar ihr Bruder geworden ist (vgl. Mt 28,10; Hebr 2,11). Diese innere Verwandtschaft zu Christus beruht nicht einfach auf der Zugehörigkeit zum Volk Israel, sondern auf dem vertrauensvollen Gehorsam. Dies ist sozusagen die Grundwahrheit, aus der die Urgemeinde erwuchs.

4,1-34 Lehre in Gleichnissen

Nach der Ablehnung Jesu durch die Pharisäer beginnt er, seine Lehrtätigkeit stark mit Gleichnissen zu durchsetzen. Die mit der Gleichnisrede verbundene Absicht beschreibt er V.10ff. Bezeichnenderweise erfolgt dieser

Wechsel gleichzeitig mit einer Verlagerung seiner Hauptlehrtätigkeit von der Volksmenge zu den Zwölfen, die er von nun an besonders intensiv unterweist. Er behält natürlich das Volk nach wie vor im Auge; aber es hatte sich bisher von seinen Werken weit mehr beeindrucken lassen als von seinen Worten; um die Heilung von körperlichen Leiden war es ihm zu tun; auf die Lehre Jesu hatte es noch nicht reagiert.

1 *Am See* mußte Jesus erneut vor der drängenden Menge ausweichen. Er trat dann in ein Boot (möglicherweise dasselbe wie 3,9), das er zugleich als Kanzel benutzte, von der aus er sich an die am Seeufer versammelten Leute wandte. **2** Das mit »Gleichnis« übersetzte griech. Wort *parabole* meint wörtlich das Nebeneinanderstellen von zwei Dingen zum Zweck des Vergleichs und bezeichnet damit die Veranschaulichung einer geistlichen Wahrheit durch eine Erzählung aus dem Bereich des Natur- und Menschenlebens. Das war (nach Aristoteles) seine Bedeutung im klassischen Griech., die ihm vorwiegend auch im NT eignet. Es gibt indessen Stellen, wo es eher dem hebr. Wort *mašal* zu entsprechen scheint, für das es in der LXX in der Tat oftmals steht. Ein solches »Gleichnis« war dann häufig kaum mehr als ein Wahrspruch oder Aphorismus. Vgl. Lk 4,23, wo »Sprichwort« für dasselbe Wort steht, und Mk 7,14-17. **3** Ein Gleichnis sollte jedoch nicht nur veranschaulichen und erläutern. Das Wort *Hört zu* (das nur Markus bewahrt), an das sich die wiederholten Aufforderungen zum Hören anschließen (V. 9.23.24), weist darauf hin, daß Gleichnisse zu ernsthaftem Nachdenken führen wollten. Sie waren auch moralische Waffen, die Überraschung bewirkten und das Gewissen wachriefen. Das Gleichnis, das Nathan dem David erzählt (2Sam 12,1-14), mag als atl. Beispiel dafür dienen.

Das von allen drei Synoptikern berichtete Gleichnis vom Sämann spiegelt die Situation, die Jesus bei seiner Predigttätigkeit vorfand, wider und stellt gleichzeitig Grundsätze auf, die im Blick auf die Verkündigung des Wortes für alle Zeiten Gültigkeit haben. **5** *Felsiger Boden* ist kein steiniger Boden, sondern einer, der Felsgestein nahe der Oberfläche aufweist, so daß er *nicht viel Erde* hat. Solcher Boden wird in Galiläa häufig angetroffen. **8** Die Erzählung hebt die überreiche Ernte hervor, die eingebracht wurde (vgl. Joh 4,35; Mt 9,37). Man könnte natürlich versucht sein, dem Sämann Ungeschicklichkeit anzulasten, wenn so viel Saatgut an ungeeigneten Stellen ausgestreut wird. Aber vielleicht will Jesus gerade aussagen, daß der Same des Wortes zwar an alle »ausgestreut« wird, es aber in den meisten Fällen »verdirbt«. Schniewind *(Das Evangelium nach Markus)* formuliert: »Der normale Erfolg des Wortes Gottes ist der Mißerfolg.« Bei denen, die es aufnehmen, ist die »Ernte« dafür um so reicher.

10 Bevor Jesus den Zwölf und einem engeren Kreis von Jüngern das Gleichnis erläutert, beantwortet er ihre Frage nach dem Sinn und Zweck der Lehre in Gleichnissen. **11.12** Diese Verse nehmen auf die atl. Stelle Jes 6,9.10 Bezug. Auf den ersten Blick scheint sie zu besagen, daß Gleichnisse eine doppelte Absicht verfolgen, nämlich erstens, den Jüngern die Wahrheit zu offenbaren, und zweitens, die Wahrheit vor *denen draußen* als Antwort auf ihre selbstverschuldete Blindheit (vgl. V. 24.25) zu verbergen. Diese Deutung wird durch die Bezugnahme auf *das Geheimnis des Reiches Gottes* gestützt (griech.: *mysterion,* ein Wort, das in den paulinischen Briefen ein durch Offenbarung bekannt gemachtes, aber zuvor verborgenes »offenes Geheimnis« meint; vgl. Eph 3,3.4; Kol 1,27). Diese Interpretation erscheint allerdings einigen Auslegern derart unannehmbar, daß sie die Verse einfach als unecht verwerfen und sie als sekundäre, spätere christliche Überlieferung einstufen. Nach anderem Deutungsversuch soll es sich bei diesem Urteilsspruch über verstockte Hörer in Wirklichkeit um einen Gnadenerweis handeln, der sie von der Schuld, die sie durch die Verwerfung der lauteren Wahrheit auf sich geladen haben, befreit. Diese Auslegung wirkt genauso gezwungen wie der Versuch, Markus einen gedrängten Schreibstil zu unterschieben, wonach das Wort »auf daß« *(damit)* in etwa besage, »damit die Schrift erfüllt wird, wonach . . .« (vgl. Mt 13,14). Die Grundannahme, von der offenbar alle Ausleger ausgehen, ist sicherlich richtig: daß ein Gleichnis im letzten Grund der Erkenntnis der Wahrheit den Weg ebnen und nicht sie behindern soll. Doch darüber hinaus kann man sagen, daß es im Wesen der Offenbarung liegt, daß die Fähigkeit, sie zu erfassen, von der vorherigen Bereitschaft zum Gehorsam abhängt. »Kommt, und ihr werdet sehen« (Joh 1,39) ist die Reihenfolge christlicher Glaubenserfahrung; dem geistigen Verstehen muß der Wille zu einer Lebensänderung vorausgehen (vgl. Joh 7,17). Die Jünger hatten sich mit dieser Haltung Jesu Herrschergewalt unterworfen und waren daher zur Erkenntnis der Wahrheit befähigt. Die Pharisäer und die Volksmassen waren aber zur Hingabe an das Erkannte gerade nicht bereit, wie aus Jesu Warnung vor der Sünde wider den Heiligen Geist (3,22ff) und aus seiner späteren Abweisung der Zeichenforderung (8,10ff) deutlich wird. Bewußte Verstockung ist eine ernste Sache.

13 Die Deutung des Gleichnisses ist alles andere als ein Probestück urgemeindlicher Auslegungspraxis, sondern ist im Gegenteil ein von Jesus gegebenes Beispiel, mit dem er grundsätzliche Auslegungsrichtlinien für alle Gleichnisse vermittelt. Den ersten Teil dieses Verses sollte man wahrscheinlich als Feststellung auffassen, und den Unterschied zwischen den beiden Wörtern *versteht* und *verstehen* bewahren, die im Grundtext verschieden sind. »Ihr versteht dies Gleichnis nicht *(ouk oidate)*; wie wollt ihr die Gleichnisse insgesamt erkennen *(gnosesthe)?*« **14** Das Reich soll durch das Säen des Wortes verkündet werden. Diese Vorstellung liegt jeglicher Evangeliumsverkündigung zugrunde; der Evangelist hat nicht nur die Aufgabe, andere durch zwingende Beweisführung oder flammende Beredsamkeit zu einer bestimmten Denkart hinzuführen, sondern lebendigen Samen des Wortes Gottes in den Boden menschlicher Herzen zu säen. Im Wort liegt der Keim des neuen Lebens (vgl. Joh 6,63.68), und ohne seine Einpflanzung ist noch nie jemand ein Christ geworden (1Petr 1,23). **15-20** Bestimmte Dinge behindern die Entfaltung des Wortes: Gefühllosigkeit und Gleichgültigkeit (V. 15), Mangel an geistlichem Tiefgang (V. 16f), ausschließliche Anteilnahme an den Angelegenheiten und den Reichtümern der Welt (V. 18f). Doch dort, wo das Wort gehört, verstanden und geglaubt wird, wirkt es reiche Frucht (V. 20). **15** Der Hinweis auf *Satan* ist ein beweiskräftiges Zeugnis dafür, daß Jesus die Existenz einer persönlichen bösen Macht lehrte; ansonsten hätte er die Vögel V. 4 leicht als unpersönliche Versuchungen erklären können (vgl. 1Thes 3,5).

21-25 Zwei Spruchgruppen, deren jede durch die formelhafte Wendung *Und er sprach zu ihnen* eingeleitet wird, setzen die Erklärung des Gleichnisverfahrens mit besonderem Bezug auf die sittliche Verantwortlichkeit der Hörer fort. Die Aussage über das *Licht*, das für das Wort steht, bestätigt die oben vertretene Interpretation von V. 12, daß der letzte Zweck eines Gleichnisses der ist, zu erleuchten und offenbar zu machen, auch wenn es vorübergehend verhüllt. Indirekt ruft Jesus seine Jünger damit auch zum unerschrockenen und eifrigen Verkündigen des Wortes auf. Die zweite Gruppe (V. 24f) lehrt, daß Aufgeschlossenheit für die Wahrheit die Voraussetzung für den Empfang weiterer Wahrheiten ist. Wo es an solcher Aufgeschlossenheit fehlt, dort schwindet auch - gleich wie beim Muskelschwund an einem menschlichen Körperteil infolge mangelnden Gebrauchs - die Kraft zum Eingehen auf Gottes Ruf. *Messen* bezeichnet hier das beurteilende Hören des Wortes; *man* ist eine verhüllende Ausdrucksweise für Gott.

26-29 Das Gleichnis von der Saat, die ohne Zutun wächst, ist das einzige, das Sondergut von Markus ist. Es stellt vor allem heraus, daß das Gotteswort in den Herzen der Menschen auf genau die gleiche Weise wirken wird, wie die Erde: *sie bringt von selbst* (griech.: *automate*) *Frucht* (vgl. Jes 55,10f; 1Kor 3,6f). Man muß ihm nur unter den richtigen Voraussetzungen die Gelegenheit dazu geben. Die Mitwirkung von außen her beschränkt sich auf zwei Dinge: zuerst auf das Säen und schließlich auf das Ernten (Joh 4,35.38). Das Gleichnis will nicht etwa sagen, daß Gott das »Wachstum der Frucht« nicht interessiert; der »springende Punkt« ist vielmehr die Kraft, die im Worte steckt und die darum resultierende Erwartung, daß das Reich Gottes auf alle Fälle wächst. Auch wenn das Wort in vielen Fällen auf schlechten Boden fällt, es wird dennoch ganz gewiß auch guten Boden finden.

30-32 Der zur Einführung des Gleichnisses vom Senfkorn, des dritten Gleichnisses vom Reich Gottes, verwandte Ausdruck, ist ungewöhnlich: *Durch welches Gleichnis wollen wir es abbilden?*, wörtl.: »In welches Gleichnis sollen wir es legen?«, als wäre das Gleichnis eine Art Hülle zur Aufbewahrung der Wahrheit. Stellte das vorige Gleichnis das unbedingte Wachstum des Reiches heraus, so redet dieses nun von der Ausdehnung und den Ausmaßen desselben. Das Senfkorn ist eines der kleinsten Samenkörner; der aus ihm hervorgehende Strauch kann bis zur Größe eines Feigenbaumes emporwachsen. Ebenso wird das Wort dieses von den Weltherrschern unbemerkten »Wanderpredigers aus Palästina« den ganzen Erdkreis erregen. Nach Hes 17,22f; 31,6; Dan 4,9.18 stellen die Vögel die heidnischen Nationen dar, die hier am Gottesreich Anteil haben und zusammen mit den Juden die weltweite Gemeinde Jesu bilden. Einige Ausleger wollen dieses Gleichnis negativ deuten und sehen das Wachstum zu solcher Größe als abnorm an. Die Vögel werden dann zu »Geistern der Sündhaftigkeit« oder gar zu Scheinchristen, die dem Glauben Fremdes in das Gottesreich hineintragen. In diesem Zusammenhang wird gerne auf die reichsrechtliche Anerkennung des Christentums durch den römischen Kaiser Konstantin verwiesen (312 n.Chr.), die sich tatsächlich nicht nur positiv auf das geistliche Leben der Kirche ausgewirkt hat. Abgesehen davon, daß diese Auslegung sehr gesucht wirkt, ist die herkömmliche Auffassung die einfachere und fügt sich besser zu der allgemeinen Atmosphäre des Kapitels, das Optimismus und Vertrauen auf das letztendliche Gedeihen des Gotteswortes ausstrahlt.

33.34 Der Evangelist faßt abschließend den Zweck und das Prinzip der Gleichniserzählungen zusammen. Das Reich Gottes unterscheidet sich von den Vorstellungen, die darüber im

Umlauf waren, ganz erheblich. Gleichnisse waren im Unterschied zu offenen Darlegungen daher vorzüglich geeignet, diese volkstümlichen Anschauungen zu korrigieren. Mit ihnen wurde der Volksmenge das Wesen des Reichs weniger durch theoretische Erwägungen als vielmehr mittels Vergleichen nahegebracht. Seine vertrauten Jünger allerdings unterwies er im kleinen Kreis (griech.: *kat' idian de tois idiois mathetais*) auch ausführlich über die Grundprinzipien, die in seinen Gleichnissen enthalten waren.

4,35-5,43 Machttaten Jesu

Auf die vier Gleichnisse folgen etliche Wunder, die dartun, daß Jesu Worte durch seine Werke gerechtfertigt sind. Sein Tun bekräftigt das, was er sagt. Eine ähnliche Anordnung findet sich auch bei Matthäus, der auf die Bergpredigt (Mt 5-7) einen längeren Abschnitt mit Wunderberichten folgen läßt.

4,35-41 Die Stillung des Sturms. **35** Jesus beschloß, vom westlichen an das östliche Seeufer hinüberzufahren. Vielleicht wollte er, daß die Menge sich zerstreute, oder er war auf der Suche nach einem neuen Wirkungsbereich, oder es leiteten ihn beide Gründe gleichermaßen. **36** *Wie er im Boot war* weist auf V. 1 zurück. Nach mehrstündiger Unterweisung der Menge und der Jünger war er so erschöpft, daß er außerstande war, die Menschenmassen noch zu entlassen, und nur noch Schlaf suchte. **37** Der plötzlich einsetzende Sturm ist für das Gebiet um den See Genezareth charakteristisch. Unter bestimmten Luftdruckverhältnissen jagen Fallwinde mit ungeheurer Heftigkeit durch die engen Schluchten der umliegenden Berge auf den See herab. **38** Markus bewahrt als einziger die lebensnahe Einzelheit *Er war hinten im Boot und schlief auf dem Kissen.* Das Kissen war vermutlich ein hölzerner oder lederner Rudersitz, den Jesus als Kopfstütze benutzte. Die Frage der Jünger hatte einen unwilligen, vorwurfsvollen Unterton. **39** Jesus stand daher auf und gebot dem Meer: *Schweig und verstumme!* (der letzte dieser beiden Imperative ist identisch mit dem in 1,25).

Die Geschichte veranschaulicht zunächst Jesu göttliche Vollmacht über die Naturgewalten; er vermag sogar einem Sturm zu gebieten, der erfahrene Fischer in panische Angst versetzte (vgl. Ps 65,8; 89,10). Sie zeigt ferner seine wahre und wirkliche Menschlichkeit, da auch er Müdigkeit und Erschöpfung kannte und den Schlaf ebenso nötig hatte wie die Nahrung. Der Nachdruck der Geschichte liegt aber auf V. 40, wo Jesus den mangelnden Glauben der Jünger beklagt. *Furchtsam* meint von der Bedeutung des griech. Wortes her fast »feige« (vgl. Joh 14,27; 2Tim 1,7). Der Glaube, den Jesus sucht, ist das Vertrauen, das ihm alles zutraut und das deshalb alle Sorgen überwindet (vgl. Mt 6,30.33). Diesen Glauben haben die Jünger indes noch nicht (vgl. 8,17.21; 9,19; Joh 14,9a), obwohl sie Jesus jetzt eigentlich gut genug hätten kennen müssen, um ihm zu vertrauen, daß der Messias weder in einem Sturm umkommen konnte, noch zulassen würde, daß sie zugrunde gingen.

5,1-20 Die Heilung des Besessenen von Gergesa. **1** Es wird nicht deutlich, zu welchem Teil des gegenüberliegenden Ufers Jesus hinüberfuhr. Obwohl viele wichtige Handschriften »Gerasa« lesen, ist die weniger gut bezeugte Lesart »Gergesa« wahrscheinlich die richtige, weil nur dieser Ort direkt am See lag und über eine Steilküste verfügt, von deren *Abhang* (V. 13) sich die Schweineherde herabstürzen konnte. In Gergesa, dem heutigen El-nursi finden sich zudem Reste eines byzantinischen Klosters, was wohl in Verbindung mit dieser Erzählung hier gerade dort errichtet wurde.

Die Fülle der Einzelheiten in diesem Bericht veranschaulicht Markus' besonderes Interesse an Dämonenaustreibungen, die die Kraft und Vollmacht des Herrn Jesus Christus auch über das Geisterreich erweisen. Die Erzählung entfaltet sich in vier Abschnitten. Zuerst stellt sie den Besessenen in den Mittelpunkt (V. 1-10), dann die Schweineherde (V. 11-13), danach die Einheimischen (V. 14-17) und schließlich abermals den Besessenen (V. 18-20). **2-4** Der Besessene, der einen *unreinen Geist* (einen Dämon) hatte, hielt sich in als unrein geltenden Grabhöhlen auf. Er stand damit außerhalb des normalen Lebens. Markus schildert zudem seine enormen Körperkräfte. Man hatte zwar versucht, ihn zu zähmen, wie man ein Tier zähmt, aber die äußerlichen Mittel des Zwangs und der Freiheitsbeschränkung hatten versagt. **5** Sein Elend wurde dadurch vergrößert, daß er weder Ruhe noch Schlaf fand, sondern nur unablässig schrie und sich selber quälte. **6** Daß er Jesus erkannte und seine Vollmacht anerkannte, scheint in allen diesen Fällen ein gemeinsamer Zug zu sein (vgl. 1,24; 31,11) und zeigt, daß eine bloß psychologische Erklärung hier nicht ausreicht. Dieser Mann war weit mehr als ein Fall für den Psychiater.

7 Der Ausdruck *Gott der Allerhöchste* wird in der Heiligen Schrift wiederholt von Heiden gebraucht (1Mo 14,18; Jes 14,14; Dan 3,26; Apg 16,17) und legt die Vermutung nahe, daß der Mann kein Jude war. Wahrscheinlich lebte am Ostufer des Sees eine Mischbevölkerung, denn Juden hätten keine Schweine gehalten. Interessanterweise gebrauchte der unreine Geist, als er Jesus bestürmte, ihn nicht sogleich zu bestrafen, dieselbe Wendung, die bei Dämonenaustreibungen verwandt wurde: *Ich beschwöre* *dich bei Gott.* **9** Die Frage *Wie heißt du?* hat man auf zweierlei Weise erklärt: erstens mit der uralten Vorstellung, daß die Kenntnis seines Namens Macht über einen Widersacher verleihe, und zweitens mit der - wahrscheinlicheren - Absicht, dem Mann zu Bewußtsein zu bringen, daß er unabhängig von dem Dämon auch noch eine eigene Persönlichkeit habe. *Legion* war ein lateinisches Wort aus der Militärsprache, das in Menschen, die unter römischer Herrschaft lebten, die Vorstellung von einer großen Anzahl, von Stärke und von Unterdrükkung wachrufen mußte. Der Besessene empfand sich selber als eine Zusammenballung Tausender von Dämonen. Die darauf folgende Persönlichkeitsspaltung kommt darin zum Ausdruck, daß er von sich selber abwechselnd als »ich« und »wir« spricht. **10** Lk 8,31 steht anstelle des Ausdrucks *aus der Gegend:* »in den Abgrund«, was darauf hindeutet, daß die Geister Angst vor der völligen Entkörperlichung hatten. **11-13** Der ethische Aspekt der Handlung Jesu im Hinblick auf die Schweine ist viel erörtert worden. War es nicht eine leichtfertige Vernichtung von fremdem Eigentum, die für die Besitzer einen schweren Verlust mit sich brachte, und sah Jesus ihn voraus oder nicht? Die Vertreter einer psychologischen Erklärung der dämonischen Besessenheit müssen die Panik der Schweine damit begründen, daß der Mann durch den Krampf, den seine Befreiung bei ihm auslöste (von einem solchen wird aber nichts berichtet!), die Herde in Schrecken versetzte und damit bewirkte, daß sie sich den Abhang hinunterstürzte. Doch gesetzt den Fall, wir hätten mit unserer Ansicht recht, daß an der ntl. Auffassung von Dämonen mehr daran ist, als man in neuerer Zeit gemeinhin anzunehmen bereit ist, so müssen wir die Möglichkeit, daß Jesus wirkliche Dämonen in die Schweineherde fahren ließ, ernst nehmen. Es drängt sich dann allerdings die Frage nach dem Warum auf. Die einleuchtendste Erklärung ist die, daß der Herr die Vernichtung der Schweine als sichtbaren Beweis für den Besessenen, daß die Dämonen tatsächlich von ihm ausgefahren waren, und als Bekräftigung seines Glaubens zuließ. Die Opferung von Tieren und Eigentum ist dann zu rechtfertigen, wenn die geistige Gesundheit und das Leben von Menschen auf dem Spiel stehen. Ein Mensch ist wertvoller als viele Schweine.

15 Drei Wendungen beschreiben die Vollständigkeit der in dem Mann durch Christi Gnade und Macht bewirkten Verwandlung: Er war nicht mehr erregt, sondern *saß da,* er war *bekleidet* und nicht mehr nackt, und er war *vernünftig,* nüchtern und nicht mehr tobsüchtig. **17** Die Stadtbewohner jedoch wurden durch die Gegenwart des Übersinnlichen in Angst und Schrecken versetzt. Zusätzlich fürchteten sie vermutlich, daß Jesus bei ihnen bleiben und ihnen noch größeren materiellen Schaden zufügen könnte. *Sie fingen* daher *an und baten* Jesus, *aus ihrem Gebiet fortzugehen.* Diesem Wunsch kam er nach, weil er sich nie aufdrängte, wo er unerwünscht war. **18** Die Bitte des Geheilten hebt sich von der Ablehnung der Bevölkerung deutlich ab. Jesus erfüllte sie nicht, sondern machte ihn zum »Missionaren« in seiner Umgebung. Jesu Antwort stand im Gegensatz zu seiner üblichen Gewohnheit, in solchen Fällen Stillschweigen zu gebieten (vgl. 3,12). Anders als in Judäa sah er vermutlich im Ostjordanland nicht so sehr die Gefahr, daß das Wunder für politische Zwecke mißbraucht werden würde. **20** Die Dekapolis war ein Bund von zehn hellenistischen Städten, die mit einer Ausnahme allesamt östlich des Sees lagen.

5,21-43 Die Auferweckung der Tochter des Jairus und die Heilung der blutflüssigen Frau. Diese beiden ineinandergefügten Wundererzählungen veranschaulichen Jesu Vollmacht über Krankheit und Tod. Wenden wir uns zuerst der Geschichte von der blutflüssigen Frau zu (V. 25-34). Aufgrund ihrer Krankheit galt sie als rituell unrein; wer sie anrührte, wurde ebenfalls unrein (3Mo 15,25ff). **27** Vermutlich aus diesem Grunde trat sie von hinten an Jesus heran und hoffte so, unerkannt zu bleiben. **28** Seit alters glaubte man, daß selbst den Schweiß- und Lendentüchern, die ein Heilender getragen hatte, Heilkraft eigne (vgl. Apg 19,12), desgleichen seinem Schatten (vgl. Apg 5,15). **29** Die Berührung des Gewandes des Herrn bewirkte bei der Frau eine sofortige Heilung, **30** aber Jesus wollte sie nicht entlassen, ohne ihr ein tieferes Verständnis dessen, was da geschehen war, vermittelt zu haben. Seiner Frage *Wer hat meine Kleider berührt?* lag daher offenbar eine doppelte Absicht zugrunde. Obwohl er sich darüber klar war, daß die von ihm ausströmende Kraft eine bewußte Reaktion auf die gläubige Berührung der Kranken gewesen war, ist nicht notwendigerweise zu folgern, daß Jesus sie auf natürliche Weise kannte. Deshalb wollte er erstens wissen, wer ihn angerührt hatte. Zweitens wollte er der Frau ein offenes Bekenntnis entlocken (vgl. Röm 10,9.10). Die folgenden Verse schildern nun aufschlußreich das Wesen des wahren Glaubens.

31 Die Einwendung der verständnislosen Jünger übersieht, daß es einen fundamentalen Unterschied zwischen dem begeisterten Umdrängen der Person Jesu durch die Massen und der aus dem Glauben und der tiefen Überzeugung von seiner rettenden Kraft heraus gewachsenen Berührung der Frau gibt. Die Menge drängt sich zwar an ihn heran, aber nur wenige berühren ihn im Glauben. **34** Calvin hat darauf hingewiesen, daß diese Worte dem Glauben an die Wirksamkeit von Reliquien entgegenstehen. Weitergehend kann man sogar sagen, daß ohne den Glauben an den lebendigen Christus auch keinerlei äußeres »Sakrament« wirksam ist. Dem Gewand wohnte keinerlei magische Kraft inne. Der Glaube, dem Jesus die Heilung der Frau zuschrieb, ist nach ntl. Auffassung aber kein rein subjektives innerliches Erleben, sondern er zieht seine Kraft aus dem Gegenstand, in welchem er ruht: aus Christus. Man kann nie einfach nur glauben, sondern man glaubt immer an . . .; und dieses »an« ist entscheidend. Der griech. Text dieses Verses ist, vielleicht absichtlich, doppeldeutig; man könnte ebensogut übersetzen: »Dein Glaube hat dich gerettet.« Der ganze Bericht ist ein Gleichnis für die Rettung durch Glauben.

35 Die durch die Heilung der Frau verursachte Verzögerung muß den Glauben des Synagogenvorstehers, der am See an Jesus herangetreten und ihm in seiner Not ungeachtet seiner hohen Stellung zu Füßen gefallen war (V. 22), auf eine harte Probe gestellt haben. Und nun erhielt er auch noch die Mitteilung, daß es bereits zu spät sei: *Deine Tochter ist gestorben!* **36** Es wird nicht recht deutlich, ob Jesus diese Nachricht mit anhörte oder überhörte. LÜ 1984 vertritt die letztere Auffassung (s. dagegen LÜ 1956). Das Wort *überhörte* (griech.: *parakousas*) bedeutet in der Septuaginta und Mt 18,17 »nicht hören wollen«. Vielleicht sind hier beide Bedeutungen eingeschlossen. Jesus hörte die Nachricht mit an, setzte sich aber bewußt darüber hinweg und sprach Jairus gut zu. *Glaube nur:* Imperativ Präsens zur Bezeichnung einer andauernden Handlung. Jairus wurde nicht zu einem einmaligen Glaubensakt, sondern zu einem fortgesetzten Vertrauen als Haltung aufgerufen. **37** Zum erstenmal nahm Jesus *Petrus und Jakobus und Johannes* mit sich, die später auch bei der Verklärung (9,2) und in Gethsemane (14,33) bei ihm waren. Dies geschah nicht, weil er sie vor den anderen bevorzugte, sondern weil er sie in seiner Vollmacht für besondere Dienste ausgewählt hatte und sie sich wohl als der tragende Kern unter den Aposteln herausschälten. **39** Die zentrale Frage in der Erzählung ist der Sinn der Worte *Das Kind ist nicht gestorben, sondern es schläft.* Einige Exegeten sind der Ansicht, daß die markinische Überlieferung im Unterschied zu Matthäus (9,18) und besonders Lukas (8,53-55), die offensichtlich den Tod des Kindes voraussetzen, zweideutig ist und besagen könnte, daß es nur im Koma lag oder sich in einem schlafähnlichen Dämmerzustand befand. Damit würde man das Wunder allerdings auf eine scharfsinnige Diagnose Jesu reduzieren, die das Mädchen vor dem Lebendigbegrabenwerden bewahrte. Der höhnische Spott der Umstehenden aber weist auf das Gegenteil, desgleichen auch die oben angeführten klaren Aussagen der anderen Synoptiker. Der Begriff »schlafen« ist einerseits eine beschönigende Ausdrucksweise (Euphemismus) für den Tod und spiegelt andererseits die christliche Auferstehungshoffnung wider. Aus Gottes Sicht ist der Tod ein Schlaf, aus dem es ein Erwachen gibt (1Thes 4,13.14). Dennoch lehrt die Bibel keinen »Seelenschlaf« zwischen Tod und Auferstehung. Aus menschlicher Perspektive machen sich Tod und Auferstehung wie Schlaf und Erwachen aus. Die Auferweckung des Mädchens veranschaulicht, daß Jesu Vollmacht über das Grab hinausreicht. Der Apostel Petrus, der hier zugegen war, handelte an der verstorbenen Tabea (Apg 9,36-43) in ähnlicher Weise (vgl. Joh 14,12). **42.43** Die Realität der Totenerweckung zeigt sich darin, daß das Kind sofort aufsteht und gehen kann und es auch Nahrung zu sich nehmen soll. Das strenge Schweigegebot soll wieder Jesu Messiasgeheimnis wahren, da Jesus zudem keine enthusiastisch Begeisterten, sondern von Herzen Glaubende suchte.

6,1-13 Die Verwerfung Jesu in Nazareth und die Aussendung der zwölf Jünger

1 Dieser Besuch *in seiner Vaterstadt* ist von dem Lk 4,16-30 beschriebenen zu unterscheiden, der wohl ein Jahr vorher stattfand. Jesus hatte Nazareth als Privatperson verlassen; nunmehr kehrte er als landesweit bekannter Rabbi mit seinen Schülern zurück, vermutlich um den Seinen noch einmal die frohe Botschaft vom anbrechenden Gottesreich zu verkündigen. Doch das Ergebnis war das gleiche wie zuvor; ihr Argwohn war nun einmal geweckt. Es war für sie unvorstellbar, daß einer ihrer Mitbürger einen Auftrag vom Himmel empfangen haben sollte. Als Grund für diese ihre Haltung wird ihr *Unglauben* angegeben (V. 6). **2** Jesu Weisheit und Macht waren unbestreitbar; die Nazarener bezweifelten jedoch ihren göttlichen Ursprung, wobei sie vielleicht davon ausgingen, daß das offenkundig Übernatürliche, wenn es nicht von Gott stammte, vom Teufel sein mußte (vgl. 3,22ff). Damit ist das Wesen des Unglaubens beschrieben: die beharrliche Weigerung, das klare Zeugnis anzunehmen, und die Leugnung der Gegenwart und Macht Gottes; durch nichts wird Gottes Wirken stärker gehemmt. Daß *er dort nicht eine einzige Tat tun konnte* (V. 5) ist eine der erschütterndsten Aussagen in den Evangelien; sie belegt indessen ganz klar, daß Jesu Wundertaten nichts mit

Magie zu tun hatten, sondern in entscheidendem Maße von der sittlichen Grundhaltung und dem Glauben der Menschen abhängig waren. Obschon Gott allmächtig ist, zwingt er in seiner Souveränität Menschen, die sich gegen ihn auflehnen, seine Segnungen nicht auf.

3 Von der hier erwähnten Familie Jesu (vgl. Komm. zu 3,31) wurde *Jakobus* später das Haupt der Jerusalemer Urgemeinde (vgl. Apg 15,13; Gal 2,9.12) und Verfasser des Jakobusbriefes, *Judas* der Verfasser des Judasbriefes. Von den anderen Geschwistern Jesu wissen wir nur wenig. **5** Bei Mt (13,58) steht anstelle von Markus' *konnte dort nicht eine einzige Tat tun* »tat dort nicht«. Markus' Aussage besagt indessen nicht, daß Jesus in irgendeinem Sinne machtlos war, sondern daß er nicht seiner Absicht gemäß zu handeln vermochte, wenn er auf Unglauben stieß.

7-13 Nach Matthäus (9,35-38) entsprang diese Aussendung der Zwölf dem Mitgefühl des Herrn für das »verschmachtete« Volk, so daß er sich nun veranlaßt sah, diejenigen als »Mitarbeiter« einzusetzen, die er dazu auserwählt hatte und ausbildete. Zugleich war diese erste Predigtreise auch Schulung für ihre späteren Aufgaben. Sie sollten dabei lernen, daß sich Christi Vollmacht über seine Gegenwart hinaus sogar auf sie, die er beauftragt hatte, erstreckte, daß Gott für ihre leiblichen Bedürfnisse Sorge trug und daß ihre Beauftragung ihnen Würde und Autorität verlieh. Um des Zeugnisses (vgl. 5Mo 19,15; 2Kor 13,1) und der Gemeinschaft willen sollten sie je zu zweit hinausziehen. **8.9** Ihre Ausrüstung war sehr einfach, für einen durchschnittlichen Reisenden eher ärmlich. Sie entsprach aber ganz der Armut und Einfachheit Jesu selber, sollte den Jüngern helfen, Gott zu vertrauen, und deutet die Verpflichtung der Zuhörer an, die Freudenboten mit dem Nötigen zu versorgen (vgl. Mt 10,10b). Die Ausnahme des *Stabes* wie auch die der *Schuhe* ist Sondergut des Markus. Beides ist Mt 10,10 ausdrücklich untersagt, und die Schuhe Lk 10,4. Die neueren Exegeten neigen zu der Annahme, daß Markus die Anweisung im Blick auf die abendländischen Verkehrs- und Missionsarbeitsverhältnisse abgeändert hat. Vielleicht wollte er auch einer falsch verstandenen Askese vorbeugen. Der Sachverhalt wird sich indessen nicht ganz klären lassen. Die *Tasche* war vielleicht ein Bettelranzen; sie sollten nicht betteln. Der *Stab* diente auch der Verteidigung. **10.11** Gastfreundschaft sollten die Jünger nicht ausschlagen, aber auch nicht von einem Haus in das andere ziehen. Wo sie ihnen verweigert wurde, sollten sie *den Staub von* ihren *Füßen* schütteln *zum Zeugnis gegen sie.* Diese Handlungsweise bringt nicht persönlichen Groll zum Ausdruck, sondern ist Zeichen dafür, daß das betreffende Haus als heidnisch anzusehen war; sie zielte darauf ab, nachdenklich zu machen und zur Buße zu führen. **12.13** Die Wirksamkeit der Zwölf bestand in dreierlei: Bußpredigt, Dämonenaustreibungen und Krankenheilungen. Die Salbung mit Öl wird nur hier, in Lk 10,34 (ein medizinischer Fall) und Jak 5,14 erwähnt. Öl - oft mit Wein vermischt - diente als universelles Heilmittel. Neben seiner medizinischen Wirkung erinnert es auch an die atl. Salbungen und die Salbung mit dem Heiligen Geist (vgl. Lk 4,16ff; Apg 10,38). Vermutlich ist die Salbung hier als ein symbolisches »Hilfsmittel« für Wunderheilungen und als Ansporn zum Glauben aufzufassen.

6,14-29 Herodes und Johannes der Täufer

14 Herodes Antipas war der Sohn Herodes des Großen (vgl. Mt 2,1ff) und der Malthake. Seine Bezeichnung als *König* ist bestenfalls ein ortsüblicher Höflichkeitstitel. In Wirklichkeit war er »Tetrarch« und herrschte über Galiläa und Peräa, aber unter römischer Oberhoheit. Als solcher wird er von Lukas stets bezeichnet. Gewissensbisse veranlaßten Herodes vermutlich, sich der ersten der verschiedenartigen Vorstellungen des Volkes über Jesus anzuschließen: *Johannes der Täufer ist von den Toten auferstanden.* Dies schien die übernatürlichen Kräfte, die in ihm wirksam waren, zu begründen. **17ff** Sämtliche vorgetragenen Vermutungen über die Person Jesu lassen die regen apokalyptischen Erwartungen in Israel hervortreten. Sie verdeutlichen auch den tiefen Eindruck, den Jesus hinterließ. Der wiederkommende *Elia* wurde seit Mal 3,23f als Wegbereiter des Messias angesehen; nach Mt 17,10ff war es jedoch Johannes selbst. Markus gibt nunmehr rückschauend und mit einiger Ausführlichkeit eine Schilderung der Umstände, die zur Ermordung Johannes des Täufers führten. Sie beleuchtet nicht nur den Charakter des Herodes, sondern bildet offenbar eine Art Zwischenspiel vor dem Bericht über Jesu weitere Wirksamkeit in Galiläa, im Jurisdiktionsgebiet des Herodes, und darüber hinaus in heidnisches Gebiet hinein. Laut Josephus war Johannes in Machaerus eingekerkert, einer nordöstlich des Toten Meeres gelegenen Festung, die auch einen Palast und ein Gefängnis besaß. Als Tochter des Aristobulus, des Halbbruders des Antipas, war *Herodias* in Wirklichkeit die Nichte des Letztgenannten; sie hatte zunächst einen anderen Halbbruder von ihm geheiratet, den Josephus Herodes nennt, der aber möglicherweise auch den Namen Philippus trug. Herodes hatte diesem Halbbruder Herodias abspenstig gemacht und sie nach der Scheidung zur Frau genommen. **18** Johannes hatte

Antipas wegen dieser Verbindung unter Hinweis auf 3Mo 18,16; 20,21 wiederholt getadelt; **19** Herodias grollte ihm deswegen und konnte nur durch Herodes selber, dessen Gewissen offensichtlich noch nicht völlig abgestumpft war, an der Ausführung ihres Mordplans gehindert werden. **20** führt uns einen unschlüssigen Schwächling vor Augen, der zwischen seinem Respekt vor Johannes und seiner Leidenschaft für Herodias hin- und hergerissen wird. Es besteht kein Grund zu der Annahme, daß Herodes Antipas Beispiel ist für einen Menschen, der die unvergebbare Sünde begangen hat (vgl. 3,29). Er hatte mit der Wahrheit, wie Johannes sie ihm darlegte, beständig und vorsätzlich gespielt, und als später Jesus selbst zum ersten und einzigen Mal vor ihm erschien (Lk 23,7-11), hatte der Herr ihm nichts zu sagen. Dieses Schweigen ist höchst bezeichnend; hätte er sich nämlich irgendwie ernstlich aufgeschlossen gezeigt, so hätte Jesus sicherlich mit ihm geredet.

22 Wir wissen nicht, welche *Tochter der Herodias* dies war. Es liegen drei verschiedene Lesarten vor: *a)* Die am besten bezeugte liest »als seine Tochter Herodias eintrat«. Sie wird jedoch von den meisten Kommentatoren verworfen, weil danach Herodes eine eigene Tochter dieses Namens gehabt haben müßte und »Mutter« in V. 24 nicht wörtlich zu verstehen wäre. *b)* Die zweite Lesart, die von der Mehrzahl der Ausleger angenommen wird, lautet: »als die Tochter der Herodias eintrat«. Damit wäre vermutlich Salome, die Tochter der Herodias und ihres ersten Mannes, Herodes Philippus, gemeint. Man könnte auch übersetzen »als ihre Tochter Herodias . . .«, doch müßte man dann davon ausgehen, daß die Tochter denselben Namen wie ihre Mutter hatte. *c)* Die von der LÜ angenommene Lesart läßt das besitzanzeigende Fürwort ganz aus. Der Rest der schaurigen Erzählung ist anschaulich und bedarf kaum der Erklärung. Wenn auch verschiedentlich bezweifelt wurde, daß eine herodianische Prinzessin derart vor dem Hof des Antipas tanzte, wird die Echtheit der Erzählung bei der Lasterhaftigkeit des Hofes kaum ernsthaft in Frage gestellt sein.

6,30-8,26 Wundertaten und Lehrtätigkeit in Galiläa und anderwärts

6,30-34 Die Rückkehr der Jünger. **30** Die Zwölf werden an dieser Stelle des Markusevangeliums - und nur hier - Apostel genannt. »Nachdem sie ihr Predigtamt auf Zeit erfüllt hatten, kehrten sie wieder in seine Schule zurück, um noch mehr zu lernen (Calvin). **31** Jesus schickt seine erschöpften Jünger in die Stille, damit sie sich erholen können (vgl. Mt 11,28.29). Sie sollen gleichzeitig aber auch innerlich zur Ruhe kommen (vgl. Lk 9,10; 10,20). **32** Die *einsame Stätte* lag nach Ansicht der meisten Kommentatoren an der Nordostseite des Sees. Der Dienst für Christus kennt Zeiten der Ruhe als auch Zeiten der Arbeit. **33.34** Doch wie so oft dringt menschliche Bedürftigkeit mit ihren mancherlei Ansprüchen in das Refugium des Herrn und seiner Jünger ein. Daß Jesus trotz der Ruhebedürftigkeit anfängt, *eine lange Predigt* zu halten, entspringt seinem tiefen Erbarmen für das Volk. Dieses Erbarmen spiegelt das Herz des himmlischen Vaters selber in einem Bild von unvergleichlicher Zartheit wider (vgl. Jer 23,1-4; Hes 34, wo das Bild von Hirte und Herde für die Beziehung Gottes zu seinem Volk gebraucht ist).

6,35-44 Die Speisung der Fünftausend. Dieses Wunder zeichnet sich dadurch aus, daß es als einziges von allen vier Evangelisten berichtet wird. S. Mt 14,13-21; Lk 9,10-17; Joh 6,1-15. **36** Der Vorschlag, den die Jünger machten, lag vielleicht nicht ganz im Interesse der Volksmenge. Sie waren enttäuscht, daß man sie nicht eine Weile mit Jesus allein gelassen hatte, und möglicherweise waren sie selber hungrig (V. 31). **37** Jesu Antwort muß ihnen daher als eine scheinbar unmögliche Herausforderung erschienen sein. Das Wort *ihr* ist im griech. Text besonders stark betont: »Sie sollen nicht weggehen; *ihr* sollt sie verpflegen.« Solche Worte stellen eine ständige Anfrage an die weltweite Gemeinde dar, die angesichts einer vom inneren und äußeren Hungerstod bedrohten Welt mit Bestürzung der Armseligkeit ihrer Hilfe inne wird. Sie vermag aber zweifellos dann der Not zu begegnen, wenn sie den Herrn über sich und ihre Mittel bestimmen läßt. Ein *Silbergroschen* war der Tagelohn eines Arbeiters. Die Jünger wollen Jesus vor Augen führen, daß selbst eine sehr viel größere Summe als die, die sie besaßen, bei weitem nicht ausreichen würde. Die Jünger sind am Ende ihrer Möglichkeiten; nun kann Jesus wirken und aus dem Wenigen viel machen. Markus' Schilderung der darauffolgenden Speisung ist ungemein lebendig. **39** Die Volksmenge wurde angewiesen, sich nach Tischgemeinschaften (griech.: *symposia;* wörtl.: ›Trinkgesellschaften«) zu ordnen und *auf das grüne Gras* zu lagern, **40** *in Gruppen zu hundert* (griech.: *prasiai;* wörtl.: »Gartenbeete«). Vor dem grünen Hintergrund nahmen sie sich mit ihren buntfarbigen Kleidern wie Blumenbeete aus. Dem lag indes die eher praktische Absicht zugrunde, die Versammlung in leicht überschaubare Gruppen einzuteilen, um ein Durcheinander zu vermeiden und sicherzustellen, daß alle »ehrbar und ordentlich« (1Kor 14,40) verpflegt wurden. **41** Man hat auf die

Ähnlichkeit dieses Verses mit 14,22 aufmerksam gemacht und wollte damit andeuten, daß das Mahl in der Einöde in gewissem Sinne eine Vorwegnahme des letzten Abendmahls gewesen sei. Das mag zutreffen; doch dürfte mehr für die Ansicht sprechen, daß die beschriebene Verhaltensweise gewöhnlich bei jeder Mahlzeit vom Gastgeber vollzogen wurde und daß der Herr ihr später in der Gemeinschaft mit seinen Jüngern einen neuen und tieferen Sinn verlieh. Die Handlungsweise Jesu erinnert zusätzlich an die Tischgemeinschaft mit dem erhöhten Herrn (vgl. Lk 24,30f; Joh 21,13), die ihre Fortsetzung und Vollendung im endzeitlichen Abendmahl findet (vgl. Offb 3,20; 19,9). **42** Einzig die Art und Weise, wie sich das Wunder vollzog - ob die Vermehrung in den Händen des Herrn oder seiner Jünger erfolgte - wird nicht offenbar. Rationalistische Ausleger haben das Element des Wunderbaren wegzuerklären versucht, indem sie die Vermutung äußerten, die Zahl der Teilnehmer sei in Wirklichkeit sehr viel geringer gewesen oder man habe die Menge veranlaßt, ihre mitgebrachten Vorräte miteinander zu teilen. Wenn dem so wäre, würden viele Züge des Berichts unverständlich, und es wäre auch verwunderlich, weshalb eine so alltägliche Begebenheit in einem vierfachen Bericht der Evangelisten bewahrt worden ist. Alles hängt an unserem Verständnis der Person Christi. Wenn er tatsächlich menschgewordener Gott war, dann fällt es nicht schwer zu glauben, daß er bei dieser Gelegenheit eine schöpferische Tat vollbrachte, wie die Berichterstatter zweifellos annahmen. Im Licht der Erzählung des Johannes, die unmittelbar zu der großen Rede über das Brot des Lebens hinführt, ist der Sinn der Erzählung völlig eindeutig. Jesus ist nicht nur der Spender des Lebens, sondern auch dessen Erhalter; für das Leben des Christen ist er ebenso unerläßlich wie das tägliche Brot für den Leib. Er ist die vollkommene Speise der gläubigen Seele, die sich täglich, ja stündlich durch den Glauben im Herzen von ihm nährt. **43** Die *Körbe* (griech.: *kophinoi)* waren Vorratskörbe, die umherziehende Juden mit sich führten, um keine heidnischen Lebensmittel verzehren zu müssen (vgl. 8,8.19.20). Die *Brocken* waren keine Krümel, sondern überzählige Portionen.

6,45-52 Jesus wandelt auf dem See. Im Vergleich zu der früheren Erzählung von der Stillung des Sturms (4,35-41) liegt das Hauptmerkmal dieser Geschichte in der Tatsache, daß Jesus auf dem See wandelte. Im ersten Bericht saß er mit den Jüngern im Boot; **45** hier waren sie allein, nachdem er sie genötigt hatte, *in das Boot zu steigen und... hinüberzufahren . . ., bis er das Volk gehen ließe.* Der Grund für diese Anweisung wird aus Johannes' Bemerkung ersichtlich (Joh 6,15), »daß sie kommen würden, um ihn mit Gewalt zum König zu machen«. Die Jünger hätten das mit Freuden getan, denn eben darauf hatten sie schon immer gehofft. **46** Doch Jesus erkannte die ungeheure Gefahr, die in seinen Augen die sofortige Abfahrt der Jünger erforderlich machte und es ihm nahelegte, sich zum Gebet in die Einsamkeit zurückzuziehen. Jesus wurde anscheinend ähnlich versucht wie Lk 4,5-8. »Bethsaida« (vgl. V. 53 und Joh 6,17) bietet eine geographische Schwierigkeit, die einige ältere Ausleger veranlaßt hat, ein von Bethsaida Julias im Nordosten verschiedenes westliches Bethsaida als eine Art Fischervorort von Kapernaum anzunehmen. Die einfachste Lösung scheint indes die zu sein, daß die Jünger bei der Überquerung der Bucht im widrigen Wind von ihrem Kurs abkamen und schließlich in Richtung auf das am Westufer gelegene Genezareth ruderten. **48** Es ist zu bemerken, daß Jesus nicht sogleich eingriff. Die Jünger mühten sich etliche Stunden ab bis zur *vierten Nachtwache,* die nach der von Markus benutzten römischen Tageseinteilung von 3-6 Uhr morgens dauerte. Auch dann *wollte* Jesus *an ihnen vorübergehen.* Dies entspricht ganz seinem Verhalten bei anderen Gelegenheiten (vgl. Lk 24,28; Joh 11,6). Wir können daraus wohl den Schluß ziehen, daß er ihren Glauben auf die Probe stellen wollte. **49.50** Markus berichtet ausdrücklich, daß *sie ihn alle sahen.* Seine Erscheinung war damit keine Einbildung oder Halluzination, sondern er war für die gesamte Schar objektiv sichtbar. **51.52** So groß war jedoch die Verhärtung ihres Herzens (vgl. 3,5), daß sie selbst durch das Speisungswunder keinerlei tieferes Verständnis für die Person Jesu gefunden hatten (vgl. 8,17ff). Aus dieser Bemerkung wird deutlich, daß den Evangelisten an nichts weniger als an einer Heroisierung der Jünger gelegen ist.

Auch hier hat man Einwendungen gegen das Element des Wunderbaren vorgebracht, und zwar erstens mit der Begründung, Jesu Eingreifen erfolge nicht in einer verzweifelten Notlage, denn die Jünger hätten nicht in Lebensgefahr geschwebt, und zweitens deswegen, weil die Erzählung angeblich eine doketische Auffassung der Person Christi begünstigt, der zufolge er einen himmlischen und nicht wirklich menschlichen Leib gehabt haben soll. Doch wenn Jesus bloß durch die Brandung watete, lag weder ein Grund vor zu erschrecken, noch hätte er mit seinen Jüngern sprechen können, und auch für die Worte *mitten auf dem See* (V. 47) gibt es dann keine zureichende Erklärung. Der dogmatische Einwand des Doketismus läßt sich angesichts des gesamten Jesusbildes, das Markus vermittelt, keinesfalls rechtfertigen, zumal es problematisch sein dürfte, einer so einzigartigen Persönlichkeit wie der seinigen vorzuschreiben, was ihr möglich oder unmöglich ist.

Wenn Markus die Geschichte vom sinkenden Petrus (Mt 14,28-31) übergeht, weist das auf den Einfluß des Apostels auf Markus' Berichterstattung hin. Wie wir sahen (Einleitung, S. 54), vermeidet er sorgfältig die Erwähnung von Begebenheiten, die Petrus vielleicht verherrlichen könnten. In Rom und anderwärts hatten viele Christen wahrscheinlich das Empfinden, angesichts der Verfolgungen kaum noch bestehen zu können (vgl. 1Petr 4,12ff). Der Bericht dieser Begebenheit hätte ihnen neue Gewißheit über die Gegenwart und Macht ihres Herrn verschafft und sie unsagbar getröstet.

6,53-56 Jesu Wirksamkeit in Genezareth. 53 Genezareth war eine fruchtbare und dichtbesiedelte Ebene im Süden von Kapernaum. Die hier so anschaulich geschilderte Szene bezeichnet vielleicht den Höhepunkt der Wirksamkeit Jesu in Galiläa. 54.55 Die Menschen folgten Jesus auf seinem Zug durch die Umgegend; ihre Kranken trugen sie dabei auf Matten (LÜ: Betten). Wenn sie zu spät kamen und ihn verpaßten, schafften sie die Kranken so lange von einem Ort zum andern, bis sie ihn eingeholt hatten. 56 Ihre Wünsche galten offenbar nur der Heilung des Leibes, und da von weiterer Lehrtätigkeit hier keine Rede ist, ging Jesus anscheinend gerne auf diese Bedürfnisse ein. Wie bei der Heilung der blutflüssigen Frau (5,25-34) ist auch hier - wenn auch nur indirekt angesprochen - der Glaube die Grundlage für die Genesung (vgl. Komm. zu 5,25-34, s. besonders V.34). Der *Saum seines Gewandes* waren die vier Quasten, die jeder fromme Jude gemäß 4Mo 15,37ff und 5Mo 22,12 trug.

7,1-23 Von wahrer Reinheit und Unreinheit. **1-4** Die ersten vier Verse liefern einen weiteren Beweis dafür, daß dieses Evangelium für heidnische Leser verfaßt wurde, da die bei den Juden üblichen rituellen Waschungen eingehend erläutert werden. 2 *Unrein* war ein Fachausdruck für das, was den Juden als rituell unrein galt. 3 *Alle Juden* ist von einigen Kommentatoren als Übertreibung bezeichnet worden, da die früheste einschlägige jüdische Quelle, der Talmud (rd. 450 n.Chr.), diese Waschungen zur Zeit Jesu nur den Priestern auferlegt. Dagegen ist aber erstens einzuwenden, daß die synoptischen Evangelien als dem Talmud zumindest gleichwertige Quellen für die in den ersten sieben Jahrzehnten nach Christus herrschenden Gebräuche gelten müssen, daß die am Toten Meer gefundenen Schriftrollen, besonders die Sektenregel, die Vermutung nahelegen, daß diese Vorschriften tatsächlich weithin beobachtet wurden. Sie dienten jedoch nicht der Reinigung im Sinne der Hygiene, sondern der Beseitigung ritueller Unreinheit.

Drei Gruppen sind in diesem Abschnitt angesprochen: eine Jesus feindliche Schar von Kritikern (V. 1), die Volksmenge (V. 14) und die Jünger (V. 17). 5 Die Pharisäer stellten die Frage nach den *Satzungen der Ältesten* zur Diskussion. **6-8** Jesus geht nicht direkt auf die gestellte Frage ein, sondern greift die Pharisäer als *Heuchler* an. Diese war keine bewußte Unehrlichkeit, vielmehr ein objektiver Selbstwiderspruch, der sich in einem gespaltenen Leben äußert. Auf der einen Seite wollen sie Gott ehren, auf der anderen Seite überlagern, ja, setzen sie Gottes Gebot durch ihre menschlichen Gebote und Überlieferungen sogar faktisch außer Kraft. Dieser Gegensatz von Menschenwort und Gotteswort wird von Jesaja (Jes 29,13) treffend beschrieben und auf den Gegensatz von Lippen(bekenntnis) und Herz zurückgeführt. In dieser Verirrung bleibt sich die Menschennatur doch in jeder Generation im Grunde immer gleich. **9-13** Jesus führte sodann ein treffendes Beispiel für diese Heuchelei an, das nicht notwendigerweise hypothetisch ist; manche sehen darin eine Anspielung auf irgendeinen aufsehenerregenden Fall, der damals in aller Munde war. Jesus stellt dabei den Widerspruch der Korban-Gesetzgebung zum atl. Gebot der Ehrung der Eltern (vgl. 2Mo 20,12; 21,17) heraus. Das Wort *Korban* ist die Transkription eines hebr. Wortes und bedeutet eine Opfergabe. So konnte ein Sohn beispielsweise den Tempel zum alleinigen Erben seines Geldes einsetzen, oder er weihte den Teil seines Vermögens, an dem die Eltern dann Nießbrauch hatten. Das konnte auch geschehen, ohne daß irgendwelche Zahlungen geleistet wurden, oder die Zahlung konnte bis zu seinem Ableben aufgeschoben werden. Auf diese sophistische Art und Weise konnte man unter frommem Deckmantel das Gebot Gottes und seine Pflichten gegen die Eltern umgehen und ihnen, wenn sie in Not gerieten, sagen, daß man außerstande sei, ihnen zu helfen, da das Geld *Korban*, d.h. dem Tempel geweiht sei. Entschlossen, ihre eigene Art von Gerechtigkeit aufzurichten, mußten die Juden notgedrungen versuchen, das Gesetz durch Zuordnung eigener Gebote dahingehend abzuändern, daß sie ihrer Selbstgerechtigkeit und Selbstgefälligkeit leben konnten, ohne dabei in ihren Augen schuldig zu werden. Die Verfahrensweise ist typisch für alle, die ihre Gerechtigkeit im Gesetz zu finden bestrebt sind.

14.15 Nachdem er die Frage der Pharisäer nach den Waschungen beantwortet hatte, wandte Jesus sich nun an die Volksmenge und sprach über die Verunreinigung bezüglich der Speisen, wegen denen die Waschungen ja durchgeführt wurden. Mit seinem Hinweis, daß der Mensch nicht durch Äußerliches verunreinigt wird, sondern die wahre Unreinheit in Wirklichkeit dem Inneren entspringt, führt er die atl. Gesetze auf ihr eigentliches Ziel zurück. Sie sollten das Volk zum Bewußtsein der Reinheit vor Gott erziehen. Deshalb genügt äußere Einhaltung gerade nicht! Wo aber das Herz rein geworden ist, ist das Gesetz zum Ziel gekommen. Die ntl. Gemeinde wußte sich daher im Einklang mit Jesu Wort nicht mehr an die Reinheitsgesetze gebunden (vgl. Apg 10,15; Kol 2,16ff; 1Tim 4,4 u.a.). Jesus hat damit das AT nicht einfach abgeschafft, sondern zur Erfüllung gebracht (vgl. Mt 5,17). **17** Die Jünger verstanden das Gleichnis (zu *Gleichnis* vgl. Komm. zu 3,10ff) damals nicht und befragten den Herrn deshalb privatim darüber. **18-23** sind eine Erweiterung der beiden Teile des Spruches V. 15. Der beiläufige Ausspruch *So erklärte er alle Speisen für rein* (V. 19b) ist möglicherweise eine Bemerkung, in der sich das Erleben des Petrus in Joppe (Apg 10,9-16) widerspiegelt. Jesus hatte auch die alte Unterscheidung zwischen reinem und unreinem Fleisch aufgehoben. **21.22** Bei der folgenden Aufzählung von Lastern beginnt Markus dort, wo alle Sünden anfangen, nämlich im Reich der Gedanken. Gal 5,19-21 kann zum Vergleich herangezogen werden. Es ist dies eine durch und durch jüdische Aufzählung, die weniger paulinischen Einfluß als vielmehr einen atl. Einschlag erkennen läßt. *Unvernunft* ist jene sittliche Dummheit, die die Sünde als Scherz betrachtet und sich über jeden lustig macht, der sie ernst nimmt.

Dieser ganze Abschnitt mit seiner Botschaft der Befreiung von jüdischer Gesetzlichkeit und Separatismus bildet eine passende Hinführung zu dem darauffolgenden Bericht über Jesu Wirksamkeit in heidnischem Gebiet.

7,24-30 Die Frau aus Syrophönizien. Die Bedeutung dieses und der beiden darauffolgenden Wunder liegt darin, daß sie sich nicht auf jüdischem, sondern auf heidnischem Boden ereigneten, wohin Jesus gegangen war, um nicht nur einen vorzeitigen Zusammenstoß mit den ihm feindlich gesinnten Pharisäern zu vermeiden, sondern vor allem auch, um mit seinen Jüngern allein sein zu können. Daß er für kurze Zeit auf heidnischem Gebiet wirkte, weist zudem auf die Universalität des Evangeliums hin. **26** Die Frau wird ihrer Religion wegen als *eine Griechin*, d.h. eine »nichtjüdische«, also »heidnische« Person, eingeführt; vielleicht sprach sie auch einfach nur Griechisch. Ihrer Volkszugehörigkeit nach war sie eine Phönizierin aus Syrien. (Ihr Heimatland hieß *Syrophönizien*, um es von Libyen und dem punischen Karthago zu unterscheiden.) Diese Phönizier stammten von den Kanaanäern ab, weshalb Matthäus (Mt 15,22) sie als eine kanaanäische Frau bezeichnet. Vielleicht war sie die erste Heidin, die sich zum Christentum bekehrte. **27** Die scheinbar unwirsche Entgegnung des Herrn auf ihre Bitte, er möge ihre dämonisch besessene Tochter heilen, erklärt sich aus der Tatsache, daß sie dem atl. Bund nicht angehörte. Zwar wirkte sich die Sendung des Messias auch auf die Heiden aus, aber zuerst kam er zu seinem Volk (vgl. Jes 2,2ff; 42,1; 60,3). In diese prophetische Linie fügt sich das Leben Jesu ein, auch wenn es auf den ersten Blick wie ein göttliches Günstlingswesen erscheinen mag. Die Erwählung Israels ist jedoch eine Maßnahme des göttlichen Heilswillens, der alle Menschen einschließt (vgl. 1Tim 2,4f), und ein Stadium der heilsgeschichtlichen Entfaltung, die auf die Einheit von Juden und Heiden in der ntl. Gemeinde abzielt (vgl. Eph 2,11-18). Die universale Bedeutung der Sendung Jesu tritt zwar erst nach seinem Tod und seiner Auferstehung offen zutage (vgl. 16,15), zeichnet sich aber in der Art und Weise, wie Christus die Frau behandelt, bereits ab. **28** Ihre Antwort, die ihren Glauben und ihre Ernsthaftigkeit klar erkennen ließ, griff zwei Dinge auf. Erstens hat der Ausdruck *Hunde* (griech. Verkleinerungsform: *kynaria*, »Hündchen«; Hausgenossen, keine Straßenköter) nicht den schmähenden Beiklang, den wir damit verbinden. Sie stimmte Jesu Beurteilung grundsätzlich zu, verwies aber darauf, daß selbst für die Hunde gelegentlich etwas abfiel. Zweitens veranlaßte sie sein Wort *laßt zuvor die Kinder satt werden* zu der Annahme, daß sie dann schließlich selber auch an die Reihe kommen werde. **29.30** Diese Haltung der Frau zeugte von ihrem großen Glauben, den Jesus als Grundlage für seine Hilfe erwartete (vgl. Mt 15,28). Wie bei der Geschichte des heidnischen Hauptmannes (Mt 8,5-13) heilte er auch hier aus der Ferne. Die Macht Christi ist an keine Entfernung gebunden. Dieser Bericht ist das einzige Beispiel einer Fernheilung im Markusevangelium.

7,31-37 Die Heilung eines Taubstummen. **31** Die geographischen Angaben bieten eine ernste Schwierigkeit, wie ein Blick auf die Karte zeigt. Sie weisen auf einen weiten Umweg, zuerst in nördlicher und dann in östlicher und südlicher Richtung. Die meisten Versuche, diese lange Wanderung zu erklären, sind spekulativ und unbefriedigend. Wir können bloß vermuten, daß Jesus vielleicht versuchte, die für die Unterweisung der Zwölf notwendige Abgeschiedenheit zu finden, was ihm zuvor bereits zweimal mißlungen war (vgl. 6,31-34; 7,24). Zum *Gebiet der Zehn Städte* siehe die Erklärung zu 5,20. Jesus befand sich abermals in der Nähe von Gergesa, wo der geheilte Besessene inzwischen Zeugnis für ihn abgelegt (vgl. 5,19) und damit als Bahnbrecher gewirkt hatte. **32** Die in der Umgegend Ansässigen brachten demgemäß einen hilflosen Mann zu Jesus, der *taub und stumm* war (griech.: *kophon kai mogilalon;* letzteres Wort kommt nur hier und in der LXX-Fassung von Jes 35,6 vor. Es könnte auch »mit Mühe redend« bedeuten, was durch *er redete recht,* V.35, nahegelegt wird; vgl. ZÜ, EÜ). Der Bericht enthält eine Fülle lebendiger und interessanter Einzelheiten über Jesu Vorgehen bei dieser Heilung: **33** erstens die Absonderung von der Volksmenge, vielleicht zur Vermeidung von Ablenkung und unnötigem Aufsehen (vgl. V.36); zweitens die verschiedenen Anrührungen Jesu, einschließlich des Gebrauchs von Speichel, der für heilkräftig galt, im vorliegenden Fall aber dazu dienen sollte, in dem Mann auf Glauben gegründete Bereitschaft zur Mitarbeit zu wecken (vgl. 8,23; Joh 9,6); **34** drittens der Blick zum Himmel und das Seufzen oder Stöhnen, das das tiefe Mitempfinden und Erbarmen des Herrn anzeigt und ein Beispiel jener menschlichen Gefühle in ihm ist, über die Markus so besonders gern berichtet (vgl. 8,12); viertens das von ihm benutzte aram. Wort *Hephatha,* das ein Tauber leicht von den Lippen ablesen konnte. **35.36** Stummheit resultiert gewöhnlich aus Taubheit. Wenn wir unsere Ohren offen halten, um das Wort des Herrn zu hören, dann werden sich zweifellos auch unsere Zungen zu Lobpreis, Gebet und Zeugnis lösen. Das aus Erregung über das Geschehene übertretene Schweigegebot sollte gewiß wieder zur Wahrung des Messiasgeheimnisses dienen.

8,1-10 Die Speisung der Viertausend. Die Hauptfrage, die sich hier stellt, ist, ob diese Erzählung eine Dublette zu der Speisung der Fünftausend ist (6,35-44). Beide Berichte stimmen zugegebenermaßen weitgehend überein, sogar im Wortlaut. Man hat gemeint, die Jünger müßten unglaublich dumm gewesen sein, daß sie im Licht ihres früheren Erlebnisses eine solche Frage wie die in V.4 gestellt hätten. Andererseits sind Unterschiede vorhanden, die man nicht bagatellisieren sollte. **2** Die Zeit von *drei Tagen* ist sehr viel länger als im Falle der 5000, die kaum einen Tag zusammen waren. **3** In der früheren Erzählung drängen die Jünger darauf, die Volksmenge fortzuschikken; hier zieht Jesus aus eigener Initiative eine solche Maßnahme nicht in Betracht. Auch die Zahlenangaben über die vorhandenen Lebensmittel und die Anzahl der Personen weichen voneinander ab. **8** Auffallend ist auch der Unterschied in dem für den Begriff *Körbe* verwandten Wort. Hier steht *spyris,* d.i. ein aus Zweigen oder Binsen geflochtener Behälter, wie ihn die heidnischen Kaufleute zu tragen pflegten und der groß genug war, um einem Menschen Platz zu bieten (vgl. Apg 9,25). Der bei der früheren Speisung verwandte Korb war der jüdische Vorratskorb (griech.: *kophinos;* s. zu 6,43). In V.19.20 unterscheidet Jesus sorgfältig zwischen diesen beiden Behältnissen. Es dürfte daher kaum zulässig sein, diese Unterschiede einfach als Modifikationen der Überlieferung abzutun, da sich Markus zugestandenermaßen eng an die Überlieferung hält und kein hinreichender Grund zu erkennen ist, warum er das hier nicht getan haben sollte. Außerdem stehen V.19.20 dem entgegen, da Jesus deutlich die zwei verschiedenen Ereignisse unterscheidet. Die besondere Bedeutung dieser Begebenheit scheint darin zu liegen, daß Jesus noch unter den Heiden weilte, denen das Brot des Lebens ebenso angeboten werden soll wie den Juden. **10** Der Name des uns unbekannten Ortes *Dalmanutha* findet sich sonst nirgendwo. Mt 15,39 steht »Magadan« oder »Magdala« (ZÜ), was eine erneute Überfahrt zum Westufer des Sees nahelegt.

8,11-21 Die Zeichenforderung der Pharisäer. 11-13 vergleiche man mit Mt 16,1-4, wo Jesus den Pharisäern vorwirft, die Zeichen der Zeit nicht zu erkennen. Ihre Forderung war nicht aufrichtig gemeint (sie versuchten ihn), denn sie waren weitaus mehr daran interessiert, Beweismaterial gegen Jesu Messianität zu sammeln, als sich davon überzeugen zu lassen, daß er tatsächlich der Messias war. Vgl. auch Mt 12,38-42; Lk 11,29-32. An sichtbaren Zeichen hatte es nicht gemangelt; auch Jesu Ausspruch gegenüber den Jüngern (V.17-21) gibt zu erkennen, daß beide Speisungswunder als solche zu gelten hatten. Gefordert wird indessen *ein Zeichen vom Himmel,* d.h. ein Zeichen, das unmittelbar und unzweideutig von Gott kommt. Himmel ist hier eine verhüllte Redeweise von Gott (vgl. Lk 15,18). Wenn Jesus jegliches Zeichen verweigert, geschieht das aus der Einsicht, daß diejenigen, die nicht sehen wollen, auch nichts sehen brauchen. Diesem bewußt festgehaltenen Unglauben, der an diesen Pharisäern offenbar wird (vgl. 3,22-29), hat Jesus nichts weiter zu sagen. **13** Die Worte *Und er ließ sie (stehen)* bringen eine tragische Gottverlassenheit zum Ausdruck.

14ff Jesus benutzt die Gelegenheit, um die Jünger vor jenen verderblichen Einflüssen zu warnen, die mehr als alles andere Herzensblindheit zur Folge haben. Vgl. Mt 16,5-12. **15** Aus Lk 12,1 erfahren wir, daß der *Sauerteig der Pharisäer* die Heuchelei war; der *Sauerteig des Herodes* (Matthäus nennt die weltoffenen Sadduzäer) war wahrscheinlich weltliche Gesinnung und Sinnlichkeit. Somit scheint Jesus vor der Gesinnung zu warnen, die Frömmigkeit und Weltgenuß heuchlerisch miteinander verband. Die Kunst, »heilig und gottlos zugleich zu sein« (Schlatter), durchdrang wie Sauerteig das ganze Leben. Doch selbst den Jüngern entging der tiefere geistliche Sinn der Lehre ihres Meisters völlig. Sie nahmen an, er spreche von irgendeiner besonderen Art von Sauerteig, mit der es die Pharisäer besonders genau nähmen, und sahen Jesu Äußerung durch ihr Versäumnis, genügend Brote mitgenommen zu haben, veranlaßt. Dieses bestürzend unzureichende Verständnis der geistlichen Zusammenhänge, über das die Apostel selber zu jener Zeit noch verfügten, führt Jesus auf ihr *verhärtetes Herz* zurück und bekümmert ihn offensichtlich sehr. Wenn die Jünger allerdings das Bildwort vom Sauerteig nicht verstanden, hätten sie aber aus den unlängst erlebten Speisungswundern lernen müssen, daß Jesus unmöglich ein Problem im Mangel an Brot gesehen hätte. Dieser Zustand des Unverständnisses der Jünger war jedoch nicht mit dem der Pharisäer zu vergleichen, die Jesus einfach stehen ließ (vgl. V. 13); es war vielmehr ihre geistliche Stumpfheit, der der Herr mit so unendlicher Geduld begegnete. Darin liegt ein Trost.

8,22-26 Die Heilung eines Blinden in Bethsaida. Zwischen dieser wunderbaren Heilung und der des Taubstummen (7,31-37) bestehen bemerkenswerte Ähnlichkeiten. Sie sind die einzigen Wunder, die Sondergut des Markus sind. In beiden Fällen wurde der Kranke von der Volksmenge isoliert, um kein übermäßiges Aufsehen zu erregen, und die Heilung erfolgt unter Verwendung von Speichel (s. Komm. zu 7,33) und Handauflegung. In einer Hinsicht war dieses Wunder jedoch einzigartig: Die Heilung erfolgt schrittweise. **24** Der Mann blickte auf und sagte: *Ich sehe die Menschen umhergehen als sähe ich Bäume.* Der Mann mußte früher einmal gesehen haben, sonst wüßte er nicht, wie Bäume aussehen. Zur vollständigen Wiederherstellung seines Sehvermögens bedurfte es einer nochmaligen Berührung. Diese höchst charakteristische Einzelheit bestätigt in besonderem Maße die Geschichtlichkeit der Heilung. Nach Jes 35,5 war die Heilung von Blinden ein Kennzeichen des Messias. Die Schlußfolgerung drängt sich auf, daß Markus diese Erzählung hier absichtsvoll eingeführt hat. Die unverständigen Jünger (vgl. V. 21) ähnelten damals dem Manne im ersten Stadium seiner Wiederherstellung. Ihre Lage ist indes nicht hoffnungslos, weil Jesus das, was er angefangen hat, auch zu Ende führt. Nach der »zweiten Berührung« durch seinen Geist an Pfingsten werden sie alsbald alle Dinge in voller Klarheit sehen.

8,27-9,29 Messianität und Leiden

Von hier an wird die Erzählung von dem Gedanken an die nahe Leidenszeit beherrscht, die dreimal unzweideutig angekündigt wird (8,31; 9,31; 10,33f).

8,27-33 Das Bekenntnis des Petrus und die erste Ankündigung von Leiden und Auferstehung Jesu. **27** *Cäsarea Philippi* war die nördlichste Stadt, in die Jesus gelangte; sie ist nicht mit dem an der Westküste gelegenen Cäsarea Palaestinae (Stratonsturm) zu verwechseln, dem häufig in der Apostelgeschichte erwähnten Sitz des römischen Prokurators. Jesus stellte den Jüngern dort zwei Fragen. Die erste ist allgemein gehalten und zielt auf die Meinung der Öffentlichkeit ab. Dort wird Jesus - wenn auch recht unterschiedlich - für eine bedeutende religiöse Persönlichkeit gehalten (vgl. Komm. zu 6,14f), aber nicht mehr. **29** Die zweite Frage forderte die Jünger persönlich heraus. Als ihrer aller Sprecher gab Petrus die ungeheure Erklärung ab, daß er *der Christus* sei, der seit alter Zeit verheißene und angekündigte Messias. »Christus« ist die griech. Form des hebr. *maschiach* und bedeutet »Gesalbter«. Es ist der allgemeinste jüdische Titel für den erwarteten Erlöser und Vollender. Die Segnung, die Petrus daraufhin vom Herrn empfing, hat Markus bezeichnenderweise übergangen. In seiner Bescheidenheit hatte Petrus zweifellos Schweigen darüber bewahrt. Die Parallelstelle Mt 16,13-23 sollte indessen unbedingt zum Vergleich herangezogen werden. Nach der Blindheit der Pharisäer und der Stumpfheit der Jünger freute Jesus sich, daß das Licht der Offenbarung allmählich heraufdämmerte. Das erneute Schweigegebot Jesu erklärt sich wohl am besten dadurch, daß die Menschen nicht an seinem Titel, sondern an seiner Person und seinem Handeln zur Überzeugung seines Messiastums gelangen sollen. Außerdem steht die Vollendung seiner messianischen Aufgabe noch aus; erst danach wird er von seiner Gemeinde in aller Öffentlichkeit als der Messias verkündet (vgl. Apg 2,36).

Dieses Bekenntnis bildet den Wendepunkt in der Lehrtätigkeit Jesu und die Wasserscheide, die den Evangelienbericht in zwei Teile teilt. Jesus selbst war sich seiner messianischen Mission seit dem Beginn seiner öffentlichen Wirksamkeit und wahrscheinlich schon früher (vgl. Lk 2,49) bewußt, desgleichen auch der ihm bevorstehenden Leidenszeit und der Notwendigkeit des Kreuzes, die seinen Weg von Anbeginn überschattet hatte (Joh 2,19; 3,14). Aber erst an diesem entscheidenden Punkt begann er, offen davon zu sprechen. Von hier an zielt Markus' Erzählung wesentlich auf die Begründung der Tatsache ab, daß Jesus nicht vom Gang der Ereignisse überrascht wurde, sondern vorher darum wußte und sie Teil dessen waren, was Gottes Ratschluß im voraus bestimmt hatte (vgl. Apg 4,28).

Die Jünger hatten recht, wenn sie in Jesus den verheißenen Christus erkannten, aber ihr Messiasbild war gleichwohl von den zeitgenössischen jüdischen Mißverständnissen geprägt. Die atl. Propheten hatten beides, den Triumph (vgl. Jes 11) und das Leiden (vgl. Jes 53) dargestellt (vgl. Lk 24,26; 1Petr 1,10.22). Die zeitgenössische Deutung hatte aber aus politischem Interesse vorwiegend die messianische Herrschaft herausgestellt; wenn das Leiden überhaupt angesprochen wurde, so war es völlig undenkbar, es als Folge einer Verwerfung durch Israel selbst und die Pharisäer zu beschreiben. Zu diesem Zeitpunkt teilten auch die Jünger diese allgemein verbreitete Ansicht. **31** Jesus fing daher *an, sie zu lehren: Des Menschen Sohn muß* (griech.: *dei*, das »Muß« des göttlichen Ratschlusses) *viel leiden.* Die Jünger waren durch diese Offenbarung offensichtlich völlig verstört, so daß **32** Petrus den Herrn, wahrscheinlich nach einigem Nachdenken, beiseite nahm und anfing, *ihm zu wehren.* **33** In seinen Worten erkannte Jesus eine Stimme, die er schon einmal vernommen hatte (vgl. Lk 4,5-8). Es ist zwar ein schwerwiegender Gedanke, aber selbst ein wohlmeinender, aber ungeistlicher Jünger kann zum Werkzeug des Satans werden, wenn er Jesu heilsnotwendigen Leidensweg hemmen will, statt sich in den göttlichen Willen zu fügen. Jesus redet hier natürlich nicht von einer satanischen Besessenheit des Petrus. *Du meinst nicht, was göttlich, sondern was menschlich ist* (griech.: *phroneis ta tou theou*): Paulus benutzt Kol 3,2 einen ähnlichen Ausdruck, um den Gläubigen die richtige Blickrichtung zu geben. Da nach Mt 1,24 der Jünger nicht über dem Meister ist, zeigt Jesus ihnen im folgenden, daß auch sie in der Nachfolge zur Drangabe ihres Lebens bereit sein müssen.

8,34-9,1 Von der Nachfolge. 34 Markus erwähnt hier zum erstenmal das *Kreuz.* Da unter römischer Herrschaft jedermann genau wußte, was dies Wort bedeutete, muß es auf die Apostel ungleich furchterregender gewirkt haben als auf uns heute. Es bedeutete für den Jünger Jesu dasselbe, wie für seinen Herrn: nicht lediglich Unbequemlichkeit oder Unannehmlichkeiten, sondern den Tod. Der Jünger wird auf eine in die Verfolgung mündende absolute Feindseligkeit stoßen, die in dem letzten Gegensatz zwischen Gott und gottfeindlicher Welt begründet ist (Joh 15,19; Gal 6,14). Er wird die letzten Folgen des Gehorsams nicht passiv, sondern aktiv und bewußt auf sich nehmen und der alleräußersten Gefahr ins Auge sehen. Gegenüber seinem eigenen Ich wird er Selbstverleugnung üben, was die vollständige Entthronung dieses Ich beinhaltet, um das Leben ganz auf Christus ausrichten zu können. Die Erfüllung solch hoher Erwartungen sind gewiß nicht ohne die Kraft des Heiligen Geistes möglich (vgl. 14,66ff mit Apg 4,8ff). **35.36** Paradoxerweise führt eine solche gehorsame Hingabe nicht zum Verlust, sondern zum sichersten und dauerhaftesten Gewinn, wogegen die dem modernen Menschen so teure Selbstverwirklichung und Selbstfindung, was immer genau man darunter verstehen mag, den Verlust der eigenen Seele mit sich bringen. **37** Dieser Verlust ist so gravierend, daß der Mensch ihn durch nichts wiedergutmachen kann. *Zum Tausch* (griech.: *antallagma*) ist ein Fachwort aus dem Wirtschaftsleben. Der Verlust ist unwiderruflich. **38** unterstreicht nochmals die Ernsthaftigkeit der Nachfolge.

Doch um seine Zuhörer mit diesen harten Worten nicht gänzlich zu entmutigen, sprach Jesus nun auch von seinem Kommen (8,38) und von seinem Reich (9,1). Obwohl dem Menschensohn eine Leidenszeit bevorstand, sollte das andere Element der messianischen Weissagungen, das von seinem Sieg und seiner Herrschaft sprach, doch nicht unerfüllt bleiben. **9,1** Es läßt sich nicht völlig erhellen, auf welches Ereignis *das Kommen des Reiches Gottes mit Kraft* anspielt. Vier Deutungen sind vorgeschlagen worden: *a)* die Verklärung, *b)* Auferstehung und Himmelfahrt, *c)* die Zerstörung Jerusalems im Jahre 70 und *d)* Pfingsten und der Beginn der Mission. Bezieht man 9,1 auf die Verklärung, wird die Aussage des Verses wenig sinnvoll, da sie nach 9,2 schon sechs Tage später stattfand. Von den verbleibenden drei Möglichkeiten sind Auferstehung und Himmelfahrt als Lösung denkbar, weil dort Jesus Macht und Herrschaft empfangen hat (vgl. Apg 10,42; Röm 1,4; 1Kor 8,6 u.a.) oder Pfingsten mit dem Beginn der Mission, weil dort die kraftvolle Ausbreitung des Gottesreiches begonnen hat. Bezöge sich Jesus hier auf seine Wiederkunft, hätte er sich offensichtlich geirrt; aber daß bis zu seiner Wiederkunft noch eine längere Zeitspanne verstreichen könnte, hat er selber angedeutet (vgl. Mt 13,24ff; 21,43; 23,39; 24,48ff; 25,1ff.14; Mk 4,32; 13,6ff).

9,2-8 Die Verklärung Jesu. 2 Dies ist das zweitemal, daß der Herr die drei Jünger allein mit sich nahm (vgl. 5,37). Der *hohe Berg* ist nirgendwo namentlich erwähnt, doch wird gemeinhin angenommen, daß es sich um den etwa 20 Kilometer nordöstlich von Cäsarea Philippi gelegenen Hermon (2800 m) handelt. Das Geschehen ereignete sich wahrscheinlich nachts (vgl. Lk 9,32), doch weist Lukas ausdrücklich darauf hin, daß die Jünger hellwach waren, als die Verklärung geschah. **3.4** Zur Erklärung der beschriebenen Phänomene sind sehr verschiedenartige Hypothesen aufgestellt worden: Während die einen der Erzählung lediglich eine legendenhafte oder symbolische Bedeutung beimessen oder sie als eine in Jesu Erdenleben projizierte Auferstehungsgeschichte deuten, vertreten Spiritisten die entgegengesetzte Auffassung und sehen darin eine Séance. Den Letztgenannten sei entgegnet, daß von einer Mitteilung des Mose und Elia an die Jünger keine Rede ist und der Gegenstand der Erörterung Passion und Kreuz Christi war (vgl. Lk 9,31), was sicherlich in der Regel kein Thema spiritistischer Sitzungen bildet! Die wunderbare Verwandlung Jesu muß letztlich ohne Erklärung bleiben, stellt aber vor allem die göttliche Herrlichkeit Jesu heraus, in der später der Auferstandene erscheint (vgl. Offb 1,14; 19,12). **5-7** Daß die Verklärung wesentlich als Stärkung Jesu vor seiner Passion gedacht ist, legt das leibhaftige Erscheinen Moses und Elias nahe, die als Repräsentanten des Gesetzes und der Propheten gelten, und ebenso die Wolke, die die verhüllte Gegenwart Gottes darstellt (vgl. 2Mo 13,21f; 24,15ff; 1Kö 8,10; Dan 7,13; Apg 1,9 u.a.). Die Stimme Gottes bestätigt Jesus nochmals als Gottessohn und Gottesknecht (vgl. 1,11). Daß die bestürzten Jünger bei so viel Herrlichkeit am liebsten für länger geblieben wären, ist verständlich. Der nachhaltige Eindruck des Geschehens spiegelt sich 2Petr 1,16-18 wider. Die Verklärung war jedoch nicht nur eine Stärkung für Jesus selbst, sondern auch für die Jünger, für die sie eine wichtige Rolle in ihrer geistlichen Erziehung spielte. Sie zeigte, daß die Vorstellung eines leidenden Messias, mit der sie soviel Mühe hatten (vgl. 8,31.34), tatsächlich der atl. Offenbarung nicht widerstritt, sondern mit dem Zeugnis des Gesetzes und der Propheten, für die Mose und Elia standen, durchaus im Einklang stand. Herrlichkeit und Leiden sind keine unvereinbaren Gegensätze; der Weg zur Herrlichkeit geht durch das Leiden (vgl. Phil 2,5-11). **8** Nach diesem Blick in die Herrlichkeit Gottes sehen sie nur noch *Jesus allein;* auf ihn hatte schon die Stimme Gottes alle Aufmerksamkeit gelenkt: *den sollt ihr hören* (V.7)!

9,9-13 Der Abstieg vom Berg. **9.10** Zum letztenmal begegnen wir dem Schweigegebot, diesmal befristet bis zur Auferstehung Jesu. Die Geheimhaltung der Messianität des Herrn hatte sich als notwendig erwiesen, weil man ihn allzugern politisch mißverstanden oder ihn gar als Wundermann propagiert hätte. Doch nach seinem Tod und seiner Wiederauferstehung drohte nicht mehr die Gefahr, in ihm einen Messias dieser Welt zu sehen. Den Jüngern fehlte offenbar zu diesem Zeitpunkt noch ein klares Auferstehungsverständnis, so daß sie den Hinweis Jesu nicht voll erfassen konnten. Die Verklärung selber, die in einem gewissen Sinn ein »Vorspiel« der Auferstehung war, gab ihnen später eine bessere Grundlage zu diesem Verständnis.

11 Die Frage ergab sich aufgrund der Anwesenheit Elias bei der Verklärung. **12** In seiner Antwort machte der Herr zwei Dinge deutlich. Erstens, daß »Elia« bereits in der Person Johannes des Täufers erschienen, verworfen und getötet worden war (vgl. Mt 17,13), und zweitens, daß der Menschensohn dasselbe Schicksal erleiden würde wie seine Vorläufer (vgl. Jes 53; 50,6f; Ps 22). **13** *Wie von ihm geschrieben steht* muß sich auf die Verfolgungen beziehen, die Elia erduldete (1Kö 19,1-3). Johannes hatte in Herodes und Herodias seinen Ahab und seine Isebel gefunden.

9,14-29 Die Heilung des fallsüchtigen Kindes. Der Kontrast zwischen der Herrlichkeit des Berges und dem Bild menschlicher Not und Schwachheit im Tal ist oft bemerkt worden und ist wahrscheinlich beabsichtigt. Die Schar im Tal stellt die Welt im Kleinen dar: Jugend in der Gewalt des Bösen; die Qual der Eltern; neun Jünger, denen die nötige Macht verliehen worden war (vgl. 6,7), so daß sie eigentlich nicht hätten versagen dürfen und dennoch - aus bestimmten Gründen, die sie später erfahren sollten - der Herausforderung, hier helfend einzugreifen, nicht gewachsen waren; und schließlich *Schriftgelehrte, die sich mit ihnen stritten,* eine Schar kritischer und feindseliger religiöser Eiferer, die zwar andere kritisierten, aber selber nichts zu tun vermochten. **15** Im Blick auf V.9 liegt der Schluß nahe, daß die Menschen deshalb so entsetzlich erstaunt über die unerwartete Ankunft Jesu waren, weil sie genau im richtigen Moment geschah, und nicht, weil eventuell noch Spuren der himmlischen Herrlichkeit an ihm vorhanden waren. **17.18** Die moderne Medizin würde hier wahrscheinlich einen Fall von Epilepsie diagnostizieren, ohne dabei voraussichtlich die Ursache der Krankheit auf eine dämonische Besessenheit zurückzuführen, wie es Jesus in diesem Falle tut. Von Markus' besonderem Interesse an solchen Austreibungswundern wie diesem war bereits die Rede (s. zu 1,21-28 und 5,1-20). Dieser Bericht hier zeichnet sich durch eine Fülle von lebendig geschilderten Einzelheiten aus. **19** Angesichts einer so trostlosen Lage bringt der Herr zuerst seinen Kummer zum Ausdruck und nennt die ganze Schar, nicht nur die Jünger, ein ungläubiges Geschlecht (vgl. Hebr 12,3). Dennoch zeigt er unendliche Geduld. *(Wie lange soll ich bei euch sein)* und unendliches Erbarmen *(Bringt ihn her* *zu mir).* **20-22** Es ist bemerkenswert, daß Jesus den Jungen zunächst seiner Qual überließ und sich mit dem Vater unterhielt. Offensichtlich wollte er in ihm zuerst den Glauben wekken. **23** Jesus nimmt seine zweifelnden Worte *Kannst du aber was...* auf, kehrt sie auf ihn zurück und zeigt ihm die unbegrenzten Möglichkeiten des wahren Glaubens (vgl. 11,22ff). **24** Er stellt sich der Herausforderung - *Ich glaube* -, klammert sich aber gerade im Bewußtsein seiner Kleingläubigkeit um so mehr an Jesus. **25** Das in diesem Vers erwähnte Volk ist wahrscheinlich die Menge von V.14, von der sich Christus und der Vater anscheinend während ihres Gesprächs zurückgezogen hatten, oder aber es wurden noch weitere Leute vom Geschehen angelockt.

28 Da die Jünger versagt haben, fragen sie Jesus nach den ihnen unverständlichen Ursachen, tun dies aber natürlich nicht vor allen Leuten, sondern im vertraulichen Gespräch mit dem Herrn. **29** Zieht man Matthäus' Bericht (Mt 17,19-21) hier zum Vergleich heran, so stellt man fest, daß der Herr drei Gründe für ihr Versagen anführt: Mangel an Glauben - ihr Unglaube hielt sie davon ab, von der ihnen verliehenen Kraft Gebrauch zu machen; Mangel an Gebet - vielleicht hatte sie die Kreuzesankündigung derart verstört, daß sie zu beten vergessen und so die Fühlung mit Gott verloren hatten; Mangel an Selbstdisziplin (Fasten als Gebetsunterstützung; vgl. Komm. zu Mt 6,16ff). Die Wörter »und Fasten« (LÜ 1956) fehlten sowohl im Codex Sinaiticus als auch im Codex Vaticanus. Manche Forscher sind daher der Ansicht, sie seien von frühen Vertretern der asketischen Strömungen hinzugefügt worden. Die gegen ihre Echtheit sprechenden Zeugnisse sind indes nicht beweiskräftig. *Diese Art* meint wohl nicht eine besondere Art von Dämonen - wie wollte man die auch erkennen? -, sondern redet von den unsauberen Geistern allgemein.

9,30-50 Belehrungen und Ermahnungen

9,30-37 Die zweite Leidensankündigung. *Wider den Ehrgeiz:* An dieser Stelle beginnt die letzte Wanderung südwärts nach Jerusalem und die Leidenszeit. **30** Für die Geheimhaltung waren wahrscheinlich zwei Gründe maßgebend: einmal die Tatsache, daß Jesu Wirksamkeit in Galiläa nunmehr beendet war, und zum zweiten der Wunsch nach Stille zur Unterweisung der Jünger. **31** *Denn er lehrte seine Jünger:* D.h., seine bevorstehende Leidenszeit war unterwegs beständiges Thema. Es folgt nun die zweite Ankündigung seines Leidens und Sterbens (vgl. 8,29-31). *Überantwortet* bezieht sich wohl eher auf das Handeln Gottes als auf den Verrat des Judas. Es entspricht dem »dahingegeben«, das Paulus Röm 8,32 ausspricht. *Menschensohn* und *Menschen Hände* sind bewußt als Gegensatz formuliert. **32** Wiederum begriffen ihn die Jünger nicht und *fürchteten sich, ihn zu fragen.* Der Grund war vielleicht ihre Sorge, erneut getadelt zu werden (vgl. 8,21.32f; 9,19), wahrscheinlich aber empfanden sie die unauflösbare Spannung zwischen Jesu Leidensankündigung und ihrem ehrgeizigen Streben nach Vorrangstellungen. **33** Auf dieses ihr Gesprächsthema spricht Jesus sie im folgenden an. **34** Ihr Streit mag sich an dem Vorrecht entzündet haben, das den drei zu Zeugen der Verklärung erwählten Jüngern eingeräumt worden war, entspricht aber sonst ganz der menschlichen Natur, die selbst im Bereich der Frömmigkeit darauf ausgerichtet ist, größer zu sein als der andere. **35** Wahre Größe im Reich Gottes wird aber an aufrichtiger Demut und Bereitschaft zum Dienen (vgl. Joh 13,1ff) erkannt. Die Wendung *So jemand will* darf auf keinen Fall als berechnend mißverstanden werden, sie soll nur den fehlgeleiteten Willen der Jünger auf den rechten Weg bringen. Wahre Demut ist sich ihrer selbst nicht bewußt. **36.37** Was Demut und Bereitschaft zum Dienen sind, veranschaulicht Jesus an einem Kind. Kinder zählten in der jüdischen Gesellschaft nicht allzuviel, so daß sich gerade an der Bereitschaft, eines in die Hausgemeinschaft aufzunehmen, zeigt, ob einer Demut gelernt hat oder nur auf Taten bedacht ist, die von allen als groß bewertet werden. Wer so dem Geringsten dient, dient letztlich Christus, ja Gott selber, der möchte, daß allen geholfen wird.

9,38-50 Von der Jüngerschaft. Diese Verse enthalten eine Reihe verschiedenster Sprüche Jesu, die sich in anderer Gestalt und in anderem Kontext auch in den übrigen Evangelien finden. Das legt die Vermutung nahe, daß sie hier von Markus gesammelt und nicht notwendigerweise bei ein und derselben Gelegenheit gesprochen wurden. Sucht man nach einem gemeinsamen Thema, das sie miteinander verbindet, so heben sich zwei Gruppen heraus, deren erste (V.38-42) von der Verpflichtung zu wechselseitiger Nachsicht und Duldsamkeit handelt, während die zweite (V.43-50) vornehmlich die Notwendigkeit persönlicher Zucht betont. Die erste behandelt die Einstellung des Jüngers zu anderen, die zweite sein Verhalten zu sich selbst. Gegen andere soll er nachsichtig, gegen sich selbst streng sein.

38 Anders als die Geisterbeschwörer von Apg 19,13-16 war der Mann, den Johannes hier beschreibt, zumindest aufrichtigen Herzens. Wenn er auch nicht zu den Jüngern Jesu gehörte, handelte er dennoch bewußt im Namen Jesu und zeigte damit seine Wertschätzung ihm gegenüber. Mit welchem Erfolg er

Geister austrieb, ist nicht berichtet. **39** Aus diesem Grund wehrt Jesus dem falschen Ehrgeiz der Jünger. Wenn Menschen gesegnet und von der Macht des Bösen befreit werden, so sollte man solcher Tätigkeit keine Hindernisse in den Weg legen (vgl. 4Mo 11,27ff). Dies ist die denkbar schärfste Rüge kirchlicher Unduldsamkeit. **40** Vgl. Mt 12,30. Die beiden Sprüche widerstreiten einander nicht, sondern ergänzen sich. Während der Grundsatz von Mk 9,40 die *Einstellung* der Gemeinde zu den ihr Fernstehenden bestimmen sollte, muß der Grundsatz von Mt 12,30 die *Predigt* der Gemeinde an diese Fernstehenden prägen. Eine neutrale Haltung gegenüber Christus kommt einer Entscheidung gegen ihn gleich. **41** Solchen Menschen, die zwar keine direkten Nachfolger Jesu sind, aber doch innerlich ihm nahestehen, werden die Jünger in der Verfolgungszeit kennenlernen, wenn sie ihnen mit einer kleinen Wohltat Freundlichkeit erweisen. Das bleibt nicht unbelohnt (vgl. Mt 25,31ff). Das gegenteilige Verhalten wäre es, einen Menschen von seinem Glauben an Christus abzubringen (*Ärgernis geben* heißt, Anstoß werden, von Gott abzufallen). Wer *dieser Kleine* ist, ist nicht eindeutig zu bestimmen: Jünger Jesu (V. 41), Unmündige (V. 36f) oder gar der V. 38 angesprochene Mann? *Ein Mühlstein* (griech.: *mylos onikos*) ist so groß, daß man einen Esel braucht, um ihn anzutreiben.

43 Die Sprache dieser zweiten Spruchgruppe ist offensichtlich bildlich und stellt keinen Aufruf zur Selbstverstümmelung dar. Jesus zeigt den ungeheuren Wert der menschlichen Seele, für deren Erhaltung die radikale Trennung von der Sünde vollzogen werden muß. Diese Sünde wirkt in den eigenen Gliedern (vgl. Röm 6,13), deshalb geht es um ein Lossein von deren eigenwilligem und gottlosem Tun und Sein. Die *Hölle* (auch in V. 45.47) ist die griech. *geenna;* letzteres Wort ist eine lose Transkription des hebr. *ge-hinnom,* »Hinnomtal«, einer unweit Jerusalems gelegenen Schlucht, in der in alter Zeit Menschenopfer dargebracht wurden (vgl. Jer 7,31), wohin aber später Josia (2Kö 23,10) die Abfälle der Stadt Jerusalem bringen ließ. Es war eine naheliegende Metapher für den Ort des künftigen Strafgerichts. **49** Es existieren mindestens vierzehn oder fünfzehn mögliche Erklärungsversuche dieses dunklen Verses, dessen zweite Hälfte textlich nur schlecht bezeugt und wohl eine nachträgliche Erklärung von V. 49a anhand von 3Mo 2,13 ist. Dennoch könnte der Hinweis auf das Salzen des Opferfleisches, das das Opfer erst angenehm macht, und das Feuer, das es anschließend verzehrt, den Sinn der Aussage Jesu treffen und damit aussagen: »Nur völliges Verzehrtwerden macht vor Gott annehmbar« (Schniewind). Damit wäre der Gedanke der ganzen Hingabe aus V. 43ff aufgenommen und die Bedeutung des Leidens angesprochen, in dem sich der Glaube bewährt. Sollte dem so sein, so hat das Feuer von V. 49 nichts mit dem von V. 48 gemein (das weniger ein reinigendes als vielmehr ein zerstörendes ist) und bezieht sich *ein jeglicher* auf die Jünger. **50** Die Verknüpfung ist offenbar rein verbal und künstlich, denn *Salz* wird hier in seiner uns vertrauten Bedeutung von »freundliche Wesensart« gebraucht (vgl. Mt 5,14ff).

10,1-52 Der Weg nach Jerusalem

1 Die geographischen Angaben dieses Verses bleiben infolge der nicht eindeutigen Textgestalt etwas unklar. *Die Gegend von Judäa und jenseits des Jordan,* wahrscheinlich die beste Lesart, meint vielleicht das Gebiet von Südpalästina zu beiden Seiten des Jordan. Jedenfalls hat man sich vorzustellen, daß die hier beschriebenen Lehrreden und Begebenheiten im Laufe der letzten Wanderung Jesu nach Jerusalem stattfanden.

10,2-12 Über Ehe und Ehescheidung.

2 Die Frage der Pharisäer wurde abermals in böser Absicht gestellt: *... und versuchten ihn damit.* Die Ehescheidung war damals ein großer Streitpunkt, über dem sich zwei Denkrichtungen herausgebildet hatten. **4** Nach dem Gesetz des Mose (5Mo 24,1-4) durfte ein Ehemann seiner Frau einen Scheidebrief geben, wenn er etwas Schändliches an ihr gefunden hatte. Die entscheidende Frage war nur, was als schändlich anzusehen sei. Die Schule des Schammai vertrat die strenge Auslegung, nach der die Ehe unauflösbar war, ausgenommen im Fall der Untreue der Frau. Die Schule des Hillel vertrat demgegenüber die liberale Auffassung und ließ die Scheidung aus nahezu jedem beliebigen Grunde zu. **5** In seiner Antwort wies Jesus zuerst darauf hin, daß das Mosegesetz eine Konzession an die menschliche Schwachheit und deshalb mit Recht zur Regelung der Ehescheidung in einer unzulänglichen Gesellschaft eingeführt worden sei. Diese Aussage ist für die gesamte Einschätzung des atl. Gesetzes von ungeheurer Bedeutung, weil sie dessen Vorläufigkeitscharakter herausstellt, der auf ein viel höheres Ziel hinweist, das aber erst mit der Überwindung der Herzenshärtigkeit, d.h. mit dem durch Christus erworbenen und vermittelten neuen Leben beginnen kann (vgl. hierzu den Komm. zu Mt 5,17ff!). **6-9** Jesus lenkt zunächst den Blick zurück auf den ursprünglichen Schöpferwillen Gottes, der die eheliche Einheit als so eng und total gewollt hat, daß sie schlechthin unauflöslich ist (1Mo 1,27; 2,24). *Ein Fleisch* steht deshalb für *eine* Person. Wenn

Jesus nun die Ehescheidung grundsätzlich untersagt, führt er das atl. Gesetz seiner eigentlichen Intention zu und erklärt indirekt, daß er die Sünde, die letzte Ursache aller ehelichen Entzweiung ist, überwunden hat und völlig neue Bedingungen setzt. **10-12** Die Antwort Jesu auf die später privatim gestellte Frage der Jünger setzt die Ausnahmeklausel der zulässigen Ehescheidung bei Hurerei (ist außereheliche Beziehungen) voraus (Mt 5,32; 19,9). Gleichzeitig betont sie die Gleichberechtigung zwischen den Geschlechtern in der Frage der Scheidung, da das jüdische Gesetz einer Frau nicht gestattete, sich von ihrem Mann scheiden zu lassen. **12** ist daher eine Neuerung. Trotzdem besagen sie die grundsätzliche Unauflösbarkeit der Ehe trotz Scheidung. Eine Wiederverheiratung scheint nach diesen Worten dem Ehebruch gleichzukommen, da in Gottes Augen die Ehe gleichwohl gültig ist. Dieser Gedanke scheint hart, begründet allerdings vielmehr die hohe Würde der ehelichen Gemeinschaft, die Gottes Gebot unbedingt vor der Auflösung und Entleerung schützt.

10,13-16 Über die Kinder

Da soeben von der Ehe die Rede war, liegt es nahe, nun auch einen Spruch über die Kinder anzufügen. Daß es sich dabei um Kinder aus dem Haus, in dem Jesus wohnt, oder aus der Nachbarschaft (vgl. V.10) handelt, die vor dem Zubettgehen seinen Segen empfangen sollten, wie einige Ausleger behaupten, scheint nicht sehr nahe zu liegen. Wenn die Jünger die Kinder von Jesus fernhalten, entspringt das der Haltung, daß Unmündige von Jesus nicht erwünscht seien. Aber gerade wegen dieser Fehleinschätzung **14** *wurde er unwillig.* Dies ist das einzige Mal, daß dieses Wort (griech.: *aganaktein,* »ärgerlich, erzürnt sein«) auf Jesus angewandt wird. *Wehret ihnen nicht.* Einige Exegeten sehen in dieser Wendung eine Anspielung auf den Taufritus der Urgemeinde, in der vor dem Vollzug der Taufe gefragt wurde: »Was hindert noch?« Vgl. Apg 8,36. Aber abgesehen von einem völlig anderen Zusammenhang, fragt Jesus nicht, was in den Kindern noch hinderlich sein könnte, sondern er stellt sich gegen die Jünger, die die Kinder fernhalten wollen. Ein Zusammenhang zur Taufpraxis besteht hier keinesfalls.

Die Jünger schätzten sowohl den Wert eines Kindes als auch das Wesen des Reichs falsch ein. Was das erste betrifft, so muß ein Kind nicht erst erwachsen geworden sein, ehe es am Reich Gottes teilnehmen kann. (Auch hier ist wieder weder der vermeintlichen Unschuld der Kinder noch der Praxis der Kindertaufe das Wort gesprochen.) Im Gegenteil muß der Erwachsene zunächst wie ein solches Kind werden, um in die Gottesherrschaft eintreten zu können (vgl. Mt 18,3). **15** Was das letztere anlangt, so ist das Reich nicht durch Leistung oder Verdienst zu erlangen; es muß wie ein Geschenk empfangen werden. In diesem Punkt ist das Kind, das ganz auf das Empfangen angewiesen ist, im Vorteil. Jesu Wort zielt also nicht darauf ab, daß das Kind unschuldig oder demütig ist - was mit der Realität auch gar nicht zu vereinbaren ist -, sondern daß es sich aufgeschlossen und bereitwillig in die Abhängigkeit anderer begibt. **16** Wie um das Gesagte zu bestätigen *herzte* Jesus die Kinder und segnete sie unter Handauflegung. Das nur an dieser Stelle des NT vorkommende griech. Wort *kateulogein* vermittelt ein ansprechendes Bild: »Immer wieder segnete er sie mit großer Inbrunst.«

10,17-31 Über den Reichtum

17 Lukas (18,18) berichtet, daß der Mann »Vorsteher« (ZÜ; LÜ 1956: »Oberster«; LÜ 1975: »Synagogenvorsteher«) war. Sein jugendliches Alter (vgl. Mt 19,20.22) spricht eher dagegen, daß er Synagogenvorsteher war; wahrscheinlich gehörte er zu dem führenden Kreis der politischen Führung. Manches deutet darauf hin, daß er ein sehr sympathisches Wesen besaß und er einen tadellosen Lebenswandel führte (vgl. Phil 3,6). Markus fügt die beiden Einzelheiten hinzu, daß er *herbeilief* und *niederkniete,* was sowohl auf seinen Eifer als auch auf seine Hochachtung vor Jesus weist. Die Anrede *Guter Meister* war höchst ungewöhnlich, bei den Juden gegenüber einem Rabbi unbekannt und vielleicht als übertriebenes Kompliment gemeint. Bei Markus kommt der Ausdruck *das ewige Leben,* der in den Schriften des Johannes so häufig begegnet, nur hier und V.30 vor. Ob er an dieser Stelle den vollen johanneischen Sinn eines gegenwärtigen Besitzes (vgl. Joh 3,36; 5,24; 1Joh 5,11f u.a.) hat, ist zumindest zweifelhaft. In der Vorstellung des jungen Mannes geht es ihm dabei wahrscheinlich eher um das zukünftige Leben nach seinem Tode, das er auf alle Fälle ererben möchte. V.30 bestätigt dies. Allen seinen Versuchen zum Trotz konnte er sich eines solchen Lebens nicht gewiß werden. **18** In seiner Antwort griff Jesus zunächst die Anrede des Mannes auf und wies sie zurück. Der theologische Gehalt dieser Antwort ist verschieden aufgefaßt worden. Viele Kirchenväter und einige neuere Exegeten meinten, Jesus habe dem Mann erklären wollen, daß er mehr als ein guter Meister, nämlich göttlich sei, und deuten seine Worte wie folgt: »Nur Gott ist wahrhaft gut, und da du nicht glaubst, daß ich Gott bin, sondern mich nur für einen Lehrer hältst, kann ich dieses Beiwort nicht von dir annehmen.« Es ist jedoch sehr zweifelhaft, ob der Mann diesen komplizierten Gedankengang überhaupt begriffen hätte. Wahrscheinlicher hat Jesus hier nicht seine Sündlosigkeit in Frage gestellt (vgl. Joh 8,46), sondern, da er sich selber ganz dem Vater unterstellt hatte und bewußt im Gehorsam gegen ihn blieb (vgl. Hebr 5,8), gab er in aller Demut dem Vater allein die Ehre. Die Abweisung der gutgemeinten Anrede gilt jedoch aus seelsorgerlichen Gründen in erster Linie dem Manne selber, der, ungeachtet seiner Ungewißheit **20** gleichwohl durch die Einhaltung der Gesetzestafeln ein gewisses Maß an Gutheit erreicht zu haben glaubte. Was er nunmehr erwartete, war die Aufforderung, etwas besonders Schwieriges und außergewöhnlich Verdienstvolles zu vollbringen, um irgendeinen möglichen Mangel auszugleichen. Dieser Gedanke der auf Verdienst gegründeten Gerechtigkeit - es gibt wohl keine heimtückischere Sünde als diese - versucht Jesus nun zu zerschlagen und dem »reichen Jüngling« zu helfen, die Unzulänglichkeit seiner eigenen menschlichen Leistungen einsichtig zu machen (vgl. Röm 7,18). Dabei ließ er die nicht einmal überheblich gemeinte Selbsteinschätzung des Mannes (V.20) stehen. Man konnte sehr wohl durch den vollkommenen Gehorsam gegenüber dem Gesetz das ewige Leben erlangen; aber dazu ist keiner fähig (vgl. Jak 2,10.11) - auch dieser Oberste nicht. In Wahrheit übertrat er nämlich das erste und wichtigste Gebot, denn sein Gott war sein Besitz. **21** Deshalb verabreichte ihm Jesus aus aufrichtiger Liebe *(und liebte ihn)* eine »Überdosis Gesetz«, um ihn zur Selbsterkenntnis und zur Einsicht zu führen, daß er nicht durch Werke, sondern nur durch Glauben gerecht würde (vgl. Gal 3,24). Die Aufforderung, seinen Besitz zu verkaufen, gilt demgemäß nicht allgemein; sie betraf speziell diesen Mann. Auch verhieß Jesus ihm nicht das ewige Leben als Gegenleistung zu seinem aufgeopferten Reichtum, sondern lediglich einen sicheren Schatz für einen unsicheren. Zur Gewißheit des ewigen Lebens gelangt man nur, wenn man sich aller hinderlichen Dinge entledigt und Jesus dann beständig *nachfolgt* (griech.: *akolouthei* - Imperativ Präsens). Es ist durchaus möglich, seinen Besitz für eine gute Sache dranzugeben, ohne deshalb schon in der Nachfolge Jesu zu stehen (1Kor 13,3). Abkehr und Hinkehr zusammen erst bilden die Umkehr. **22** Wir wissen nicht, ob sich dieser Mann je eines Besseren besann und zurückkam. Zum Ernst der Nachfolge vgl. auch Lk 9,57-62.

23.24 Die Jünger waren tief erschrocken, als Jesus ihnen klarmachte, wie schwer es für einen Reichen sei, ins Reich Gottes zu gelangen, da im Judentum die Ansicht herrschte, daß Reichtum ein Zeichen göttlicher Gunst sei (vgl. Hiob). Jesus wiederholte seine Feststellung in sanftem Ton *(liebe Kinder...)*, verallgemeinerte aber und erklärte, daß es für jedermann, ob reich oder arm, schwer sei, in das Reich einzugehen. Die Worte »für die, so ihr Vertrauen auf Reichtum setzen« (LÜ 1956) sind textlich schlecht bezeugt und stellen eine nachträgliche Einfügung dar. **25** Das Bild vom Kamel und dem Nadelöhr (Jesus denkt an ein tatsächliches Öhr einer Nadel und nicht an ein eventuell so benanntes Stadttor Jerusalems) erschreckt die Jünger noch mehr (V.26). **27** Doch schließlich beruht das Evangelium auf der Tatsache, daß die Rettung bei den Menschen unmöglich ist; sie ist ausschließlich Gabe Gottes und daher nicht für Geld zu haben. Sowohl für die Reichen als auch für die Armen ist sie ein Wunder göttlicher Gnade (vgl. Eph 2,8). Der restliche Text kehrt die Reihenfolge von V.24 und 25 um und bewirkt dadurch einen glatten und logischen Fortgang der Gedankenführung bis zu der Zuspitzung der Aussage V.27.

28 Da Petrus zusammen mit den anderen Jüngern alles drangegeben hatte, ist die Frage nach der Belohnung, die hinter der Aussage des Petrus steht, naheliegend. Jesus weist diese Erwartung auch nicht als ungehörig ab! **29.30** In seiner Antwort macht er in bildhafter Sprache deutlich, daß schon in dieser Zeit aller Verlust durch andere Segnungen ersetzt wird (zur Familie vgl. 3,31ff; zu verlorenen Gütern vgl. die angesprochene Hilfe 6,7ff; 9,41), aber daß auch in der zukünftigen Welt Gott niemandes Schuldner sein wird, sondern überreich vergilt. **31** Um bei den Jüngern nun kein berechnendes Lohndenken zu fördern, warnt Jesus sie davor, sich selbstsicher zu verrechnen (vgl. Lk 17,7ff; Matthäus fügt an dieses Wort ein hilfreiches Gleichnis an: Mt 20,1-16).

10,32-34 Die dritte Leidensankündigung

Der Weg Jesu nach Jerusalem nähert sich seinem Ende. In zunehmend feierlichem Ton schildert Markus die Reisenden, bei deren fast »prozessionsartigem« Zug Jesus nach Art eines morgenländischen Hirten (vgl. Joh 10,4) an der Spitze geht, gefolgt von anscheinend zwei gesonderten Gruppen: die von Angst vor dem Kommenden erfüllten Zwölf und weiter hinten eine Schar wohl eher zufällig Hinzugekommener, die das unbestimmte Gefühl haben, daß irgend etwas bevorsteht. Wie um ihnen nochmals deutlich seine unabänderliche Leidensabsicht, aber auch die Auferstehungsfreude vor Augen zu halten, nimmt Jesus seine Jünger erneut zur Seite und kündigt ihnen das Bevorstehende an (vgl. 8,31ff; 9,30ff). Zum erstenmal wird ihnen klar gemacht, daß sowohl die Juden als auch Heiden an seinem Tod beteiligt sein werden: die Juden als Verurteilende und die

Heiden als Vollstrecker. Der Hinweis auf die Heiden hätte den Jüngern, wenn sie es begriffen hätten, schon bedeuten können, daß man ihn ans Kreuz schlagen werde, da die Römer an Nicht-Römern in der Regel diese Art der Todesstrafe vollstreckten. Matthäus (Mt 20,19) berichtet es so.

10,35-45 Die Bitte der Zebedäussöhne

In krassem Kontrast zur soeben erfolgten Ankündigung der leidensmäßigen Selbsthingabe Jesu und unter dem immer noch bestehenden Mißverständnis, Jesus würde vielleicht doch in Kürze ein politisches Reich errichten, steht die selbstsüchtige Bitte der beiden Jünger Jakobus und Johannes. Matthäus (20,20.21) zeigt die Mitbeteiligung der Mutter, die sich um die Zukunft ihrer Söhne sorgt. Sie hieß Salome und war anscheinend die Schwester der Mutter Christi (vgl. 15,40; Joh 19,25; Mt 27,56). Jakobus und Johannes waren somit Vettern Jesu. Die, wie man zutreffend bemerkt hat, »erste Intrige um hohe Kirchenämter« begann deshalb wohl als Versuch der Familie, Petrus, der zusammen mit den beiden den engsten Jüngerkreis bildete, den Rang abzulaufen. Die Plätze zur Rechten und zur Linken Jesu waren Ehrenplätze. Jesus weist die Bitte nicht schroff ab, sondern macht auf die Bedingungen aufmerksam und zeigt ihnen ihre völlig unzureichende Einsicht in die Zusammenhänge. Wie Bengel treffend bemerkt, waren es zunächst zwei Verbrecher, die die Plätze zu beiden Seiten Jesu einnahmen - nicht in der Herrlichkeit, sondern am Kreuz. **38** Jesus weist die Jünger allerdings nicht darauf hin, sondern beschreibt sein Leiden und Hinabtauchen in schwersten Kummer mit den aus dem AT (vgl. Ps 11,6 ZÜ; Jes 51,17; Ps 42,8; 69,2; 124,4.5) vertrauten poetischen Ausdrücken *Kelch* und *Taufe*. Die Taufe spielt aber gewiß auch auf die Johannestaufe an. Damit versuchte er, ihnen einsichtig zu machen, was alles zwischen ihm und seiner Herrlichkeit und folglich zwischen ihnen und der Verwirklichung ihres Verlangens lag. **39** Ihre kühne Behauptung *Ja, das können wir* zeugt von ebensolchem Unwissen in ihrer Bitte; doch Jesus nahm sie beim Wort, wie sie beide später noch erkennen sollten (vgl. Apg 12,2; Offb 1,9). **40** Den Platz zu verleihen, nachdem ihr Ehrgeiz trachtete, stand jedoch allein in der Befugnis des Vaters, und der tat das ohne Günstlingswirtschaft und allein aufgrund seiner Erwählung und der Treue dieser Erwählten. Auch an dieser Stelle wird wieder deutlich, wie sehr sich der Sohn dem Vater in völligem Gehorsam unterstellt hat.

41 *Da das die Zehn hörten,* erwiesen sie sich durch ihre Reaktion nicht viel besser als die beiden Ehrgeizigen. Ihre Unwilligkeit gibt zu erkennen, daß sie keineswegs mit den letzten Plätzen einverstanden waren, sondern auch ganz vorne sein wollten. **42ff** Jesus nahm sie daher allesamt erneut beiseite, wiederholte seine in 9,33ff gegebene Belehrung und führte ihnen so unmißverständlich wie nur möglich den wesentlichen Unterschied zwischen weltlicher und geistlicher Größe vor Augen. In der Welt - und seine Worte spiegeln die gesellschaftliche Wirklichkeit unserer Tage genauso getreu wider wie die eines jeden Zeitalters - streben die Menschen danach, ihre Mitmenschen *niederzuhalten,* um selber groß dazustehen und ihren Vorteil daraus zu ziehen. Wahre Größe im Reich Gottes zeigt sich darin, daß man den anderen hochhält und demütig zum freiwilligen Dienst an ihm bereit ist.

45 Das Einzigartige an Jesus ist jedoch, daß sich bei ihm Anspruch und Wirklichkeit ausnahmslos decken; er ist die Verkörperung seiner eigenen Ethik. Wir finden diese Grundsätze daher nunmehr in einer Selbstaussage Jesu zusammengefaßt, die einer der bedeutungsvollsten Sprüche in den Evangelien ist und sicherlich den Schlüssel zum Markusevangelium bildet. (Zum Einwand, daß dieser Spruch unhistorisch und ein Erzeugnis paulinischen Einflusses sei, s. Einleitung, S. 55f.) Dieses Selbstzeugnis ist eine der frühesten deutlichen Aussagen über den Zweck des Kommens Christi und gliedert seine Wirksamkeit in zwei Teile, in *dienen* und in *geben*. Beiläufig sei bemerkt, daß damit auch eine einfache Aufteilung des Markusevangeliums vorgenommen wird, dessen erster Teil bis 10,31 von dem Dienst oder der öffentlichen Wirksamkeit des Sohnes handelt, während der Rest seinen Sühne- oder Erlösungstod zum Thema hat. Unser Hauptinteresse richtet sich jedoch auf die bemerkenswerte Wendung *als Lösegeld für viele* (ZÜ; griech.: *lytron anti pollon*). Nach Ps 49,8 kann kein Mensch ein Leben aus der Verschuldung auslösen. Jes 53 (besonders 53,10ff) redet dennoch von einem leidenden Gottesknecht, der sein Leben zum Schuldopfer für andere gibt und sie von der Macht des Bösen erlöst. Auf diese Weissagung spielt Jesus hier ohne Zweifel an. Das Bild des *Lösegeldes* meint Befreiung durch die Zahlung eines Preises (vgl. den Sklavenloskauf, 3Mo 25,24.48ff) und ist im Lichte anderer Aussprüche Jesu zu verstehen, die besagen, daß der Mensch seine Seele verlieren oder verwirken kann. Somit ist Jesu Sterben der Preis, der gezahlt werden mußte, um die Menschen aus der Versklavung Satans zu befreien (vgl. Apg 10,38; Röm 5,21; 6,16ff; 1Petr 1,18f u.a.). Mit der »Auslösung« geht aber auch eine »Einlösung« einher, nämlich die Rückgabe an den eigentlichen Besitzer. Gott als der Herr der Menschen bekommt sein Eigentum zurück.

Das Wort *Lösegeld* (griech.: *lytron*) kommt sonst nur als Kompositum vor, z.B. 1Tim 2,6 *(antilytron hyper panton)*, wo ihm auch eine andere weniger intensive Präposition *(hyper)* folgt. Der Gebrauch der griech. Präposition *anti* weist in diesem Falle eindeutig auf den stellvertretenden Charakter der Wirksamkeit Christi hin. Die Bedeutung, die beiden Präpositionen zusammen eignet, läßt sich an einem Unterzeichner veranschaulichen, der für einen des Schreibens Unkundigen eintritt. Er tut, was der andere tun muß, aber nicht kann (*hyper*, im Namen von) und deshalb nun selber nicht mehr zu tun braucht (*anti*, anstelle). Das Wort *viele* (griech.: *pollōn*) ist wahrscheinlich eine Anspielung auf Jes 53,11.12 und soll besagen, daß der Umfang von Christi Sühneopfer keinerlei Einschränkung unterliegt. »Viele« steht hier für das aram. *rabbim*, das die Gesamtheit, die viele einzelne umfaßt, bezeichnet (J. Jeremias, *Die Abendmahlsworte Jesu*). Es wäre deshalb ein Mißverständnis, wollte man den Segen des Opfers Jesu nicht für alle, sondern nur für einzelne gültig sehen (vgl. einen ähnlichen Gebrauch des Begriffes in Röm 5,19; 12,5; 1Kor 10,17a; 2Kor 1,11 u.a.). Die Kirchenväter preßten die Analogie dieses Lösegeldspruchs allzusehr, indem sie Spekulationen darüber anstellten, wer wohl den Preis empfing, Gott oder der Böse. Eine Metapher aber zielt nur auf die Verdeutlichung eines einzigen Punktes hin. Der Gedanke des Empfängers des Lösegeldes ist überhaupt nicht mitgedacht. Außerdem ist es nach dem biblischen Gottesbild unmöglich, daß Gott als »*gleichwertiger* Handelspartner« mit Satan »ins Geschäft kommt«!

10,46-52 Die Heilung des Blinden von Jericho

Vgl. Mt 20,29-34; Lk 18,35-43. Die drei Berichte über diese Begebenheit weisen in einigen Einzelheiten Abweichungen auf. So spricht Matthäus von zwei Blinden (Mt 20,30), was aber leicht dadurch zu erklären sein dürfte, daß wohl der eine als Wortführer besonders herausgetreten sein mag. Bei Lukas ereignete sich der Vorfall, als Jesus sich Jericho näherte (Lk 18,35), und nicht, als er die Stadt verließ (zum ersten Erklärungsversuch vgl. Komm. zur Lukasstelle). Diese Unterschiede betreffen indes nur Nebensächlichkeiten und sind Abweichungen, die sich aus den verschiedenen Blickwinkeln der Augenzeugen erklären lassen. Wären sämtliche Fakten bekannt, würde die Harmonisierung der Berichte sicherlich keinerlei Schwierigkeiten bereiten.

Die Heilung des blinden Bartimäus zeigt nicht nur den befreienden und heilsamen Charakter des Evangeliums, sondern ist zugleich eine Tat von messianischer Bedeutung (vgl. Jes 35,5), die hier den Einzug des Messias in Jerusalem schon innerlich vorbereitet. Betteln war in der Antike die einzige Möglichkeit des Broterwerbes für einen Blinden. **47.48** Bartimäus redete Jesus mit einem messianischen Titel, *Sohn Davids*, an; er ist in diesem Evangelium der erste, der dies tut. Der Sohn Davids ist der vom AT her verheißene messianische König, der das endzeitliche Reich aufrichten wird und als König über seinem Volk regiert (vgl. Jes 11,1ff; Joh 7,42; Apg 1,6; Röm 1.3; Offb 5,5; 22,16). Ungeachtet des Planes Gottes, der Jesus nun schnell nach Jerusalem führte, ließ er sich durch diesen leidenschaftlichen Notschrei zum Innehalten bewegen. Jesus hat sich nie einem solchen Ruf, der wie im vorliegenden Falle durch Entschlossenheit (V. 48), Bestimmtheit (V. 51) und Glauben (V. 52) gekennzeichnet ist, verschlossen. **50** Das hier mit ein paar raschen Strichen entworfene lebensnahe Bild ist Sondergut des Markus. **51** Jesu Frage *Was willst du, daß ich dir tun soll* klingt gegenüber einem Blinden zunächst überflüssig; Jesus beabsichtigte jedoch, den Glauben des Bartimäus herauszufordern, um zu sehen, ob er vor der ganzen Menge bereit war, Jesus das scheinbar Unmögliche zuzutrauen. Er hatte dieselbe Frage zuvor dem Jakobus und Johannes gestellt (10,36), seinerzeit aber eine ganz andere als vom Glauben geprägte Antwort bekommen. *Rabbuni* ist stärker als Rabbi und meint »mein Herr«, »mein Meister«. Der Ausdruck begegnet nur hier und im Munde der Maria von Magdala in Joh 20,16. **52** Der *Glaube* ist nicht nur Voraussetzung für das äußere Heilwerden (vgl. 2,5; 5,34; 6,5f), sondern auch für das innere (vgl. Lk 7,50; Apg 16,31; Röm 1,16). Es ist dabei keinesfalls Suggestion, vielmehr ist es Vertrauen auf Gott.

11,1-15,47 Die Passion Jesu

11,1-26 Jesu Einzug in Jerusalem; erste Ereignisse

Mit Ausnahme der letzten Verse, die von Jesu Himmelfahrt handeln, befaßt sich der gesamte Rest des Evangeliums von dieser Stelle an mit Ereignissen, die sich allesamt innerhalb eines Zeitraumes von acht Tagen abspielten. Vergleichsweise sei erwähnt, daß die bisherigen Kapitel einen Zeitraum von über drei Jahren abdeckten. Ein ähnliches Verhältnis findet sich auch bei den anderen Evangelisten und verdeutlicht, worauf die urgemeindliche Verkündigung das Hauptgewicht legte. Nicht Bethlehem, sondern die Schädelstätte bildet den Schwerpunkt der apostolischen Predigt, wenn auch Bethlehem unabdingbare Voraussetzung des letzteren ist (vgl. 1Kor 1,23).

11,1-11 Der triumphale Einzug in Jerusalem. Die messianische Bedeutung dieses Ereignisses wird in allen Evangelienberichten offenbar. Es stellte erstens eine Erfüllung von Sach 9,9 dar und zweitens eine offene und bewußte Geltendmachung der Messianität. Da die Stunde seiner Verwerfung nahte und Jesus als der Messiaskönig sterben mußte, wollte er nunmehr zu erkennen geben, daß er wirklich der Verheißene und Erwartete war. Da er diese Erklärung bewußt nicht mit Worten abgab, sondern durch sein Verhalten und die Erfüllung von Sach 9,9, suchte Jesus auch hier die geistliche Einsicht. Es scheint jedoch zweifelhaft, ob die Jünger oder die Volksmenge über diese damals verfügten. Der Markusbericht hält sich hier im Vergleich zu den anderen Evangelien merkwürdig zurück. Einige halten sogar dafür, daß der Evangelist das Geheimnis der Messianität des Herrn selbst hier noch aufrechterhalten wollte. Ferner berichtet Johannes (12,16), die Jünger hätten Jesus zunächst nicht verstanden und die Bedeutung dieser Ereignisse erst nach der Auferstehung erkannt. Man könnte den Einzug Jesu deshalb fast als eine »verhüllte Offenbarung« seiner Messianität verstehen. Die Art und Weise seines Einzugs brachte auch den Charakter seiner Messianität zum Ausdruck. Hier kam tatsächlich weder ein Eroberer auf seinem Streitroß noch ein politischer Revolutionär von der Art, wie ihn die Juden erwarteten. Nicht der Sturz der Römerherrschaft war sein Ziel, sondern die Brechung der Macht der Sünde. Deshalb begab er sich, kaum in der Stadt angekommen, auch sogleich in den Tempel, den er sich genauestens besah. Damit demonstrierte er, daß sein Wirken nicht der Politik, sondern dem Glauben galt. Am Ende des Tages zog er sich dann nach Bethanien zurück, um dort die Nacht zu verbringen. So verfuhr er an jedem Abend der Passionswoche.

1 Das Dorf *Bethphage* (»Feigenbaum«) wird von allen Synoptikern in diesem Zusammenhang genannt; der Name findet sich indes an keiner anderen Stelle des AT und NT, obschon er häufig im rabbinischen Schrifttum vorkommt. Seine genaue Lage ist nicht nachweisbar, doch legen es einige Ausleger an den südöstlichen Hang des Ölberges. **2** Bei dem *Dorf, das vor euch liegt,* handelt es sich dann wahrscheinlich um Bethphage. Man braucht aus der Art und Weise, wie die Jünger zu dem Esel kommen sollten, nicht notwendigerweise auf ein übernatürliches Wissen Jesu und ein Wunder schließen. Es könnte vielleicht auch sein, daß er eine Abrede mit dem Eigentümer getroffen hatte, der vielleicht wie »der Hausherr« (vgl. 14,14) ein ungenannter Jünger war. Auf diese Weise würde auch erklärlich, warum die Besitzer auf das bloße Wort der Jünger hin »Der Herr bedarf sein ...« das Tier hergaben. *Auf welchem noch nie ein Mensch gesessen hat* kennzeichnet ein Tier, das ganz für Gott geweiht war (vgl. 4Mo 19,2; 1Sam 6,7). Auch die Jungfrauengeburt und das Begräbnis in einem neuen Grab stellen analoge Vorgänge dar. **3** Einige Exegeten beziehen *der Herr* (griech.: *ho kyrios*) auf den Eigentümer des Tieres und begründen dies damit, daß der Titel erst nach der Auferstehung auf Jesus angewandt wurde, und dann auch nur von Lukas und Johannes. Es wäre aber sehr befremdlich, wenn die Jünger irgendeinem Mann einen Esel brächten, zumal wenn auch Jesus selber zu arm war, um auf einem eigenen Tier zu reiten. Der Empfang, den ihm das begeisterte Volk bereitete, war um so triumphaler. Das Ausbreiten der *Kleider* war Zeichen der Königshuldigung (vgl. 2Kö 9,13); die grünen *Zweige* wurden schon für das Laubhüttenfest geschlagen, hier aber ebenfalls zur Huldigung Jesu gebraucht. **9** Der Willkommensgruß *Hosianna* ist eine Transkription des hebr. Wortes *hosi'ah na'* aus Ps 118,25 »hilf doch!« und ist mit dem Namen »Jesus« (Retter) verwandt. Es ist bemerkenswert, daß Markus ihn nicht übersetzt, doch war er wahrscheinlich auch in den heidenchristlichen Gemeinden schon derart bekannt, daß sich eine Übersetzung erübrigte (vgl. das Wort »Rabbi«, das ebenfalls fest in die Umgangssprache eingegangen war). *Gelobt sei, der da kommt...* bezieht sich auf Ps 118,26 und wurde z.Z. Jesu auf den kommenden Messias gedeutet, der im Namen und Auftrag Jahwes kommen sollte. **10** verknüpft Ps 118 mit dem Reich, das auf der Verheißung an David (2Sam 7,11ff) aufbaut und vom Messias aufgerichtet wird. **11** Wenn Jesus sich den Tempel genau besah, bereitet das die Tempelreinigung in V. 15ff vor.

11,12-14.20-26 Der verdorrte Feigenbaum. Vgl. Mt 21,18-22. Bei Markus ist diese Erzählung durch die Geschichte von der Tempelreinigung in zwei Abschnitte aufgeteilt. **12-14** Die neuere Forschung hat gegen dies Wunder zweierlei Einwände vorgebracht: erstens die Widersinnigkeit, schon zur Passahzeit nach Feigen Ausschau zu halten, und zweitens die Unwahrscheinlichkeit, daß Jesus, um seines Hungers willen, eine ihm so unwürdige Verfluchung aussprechen würde. Andere Erklärungen wollen in diesem Bericht eine als wirkliches Geschehen umformulierte Fassung eines Gleichnisses vom Feigenbaum sehen (vgl. Lk 13,6-9); tatsächlich spricht aber kein hinreichender Grund für diese Hypothese. Was den ersten der beiden Einwände betrifft, so dürfte die Erklärung lauten, daß der Feigenbaum in Palästina noch vor dem Sprießen der neuen Blätter unreife, grünen Auswüchsen ähnelnde Früchte, sogenannte Frühfeigen hervorbringt (vgl. Jes 28,4; Jer 24,2; Hos 9,10). Sie werden *taksch* genannt und sind die Nahrung der Fellachen (Bauern). Ihr Nichtvorhandensein war ein eindeutiger Beweis für die Unfruchtbarkeit des Baumes. Zum zweiten Einwand ist zu sagen, daß Jesus dieses »Strafwunder« keinesfalls aus Verärgerung verübt, ja eigentlich nicht einmal den Baum straft, sondern ihn hier lediglich als ein Gleichnis benutzt, das gerade aus Barmherzigkeit gegenüber den Zuschauern geschah, um ihnen eine wichtige geistliche Wahrheit zu vermitteln. Der Feigenbaum war ein Sinnbild des jüdischen Volkes, das zwar mit den Blättern des religiösen Bekenntnisses reichlich versehen war, dem es jedoch an den Früchten der Gerechtigkeit mangelte (vgl. Hos 9,16f). Seine Verfluchung kündigte das Schicksal des jüdischen Volkes an, das jetzt im Begriff stand, seinen Messias zu verwerfen. Da Gott sein Volk am Ende der Zeit nach vollzogener Buße wieder aufnimmt (vgl. Röm 11,25ff; Hos 3,4f), wird der Begriff »ewiglich« an dieser Stelle auf eine begrenzte Epoche, ein Zeitalter, deuten, was das Wortfeld des Ausdruckes in manchen Fällen durchaus zuläßt.

20-26 Am folgenden Tag war Petrus über die Schnelligkeit erstaunt, mit der das Wort des Herrn wirksam geworden war. Jesus nahm den Vorfall deshalb zum Anlaß, seinen Jüngern die Wirksamkeit des Gebets vor Augen zu führen. Diese hängt an zwei Bedingungen, von denen die eine unser Verhältnis zu Gott und die andere das zu unseren Mitmenschen bestimmt. **22** Die erste ist Glaube. *Habt Glauben an Gott* (griech.: *echete pistin theou*) meint: »Habt einen Glauben, der sich auf Gott gründet«. **23** Damit werden die Jünger imstande sein, Berge von Hindernissen, die sich Gottes Absichten entgegenstellen, zu überwinden und aus dem Weg zu räumen. Vgl. Sach 4,7. Daß der Glaube immer auf Gott und seinen Willen gerichtet ist und auf keinen Fall selbstsüchtig oder aberwitzig motiviert ist, wird an anderen Stellen durch die Hinzufügung »in meinem Namen« verdeutlicht (vgl. Joh 14,13; 15,16; 16,23.24.26). **25** Die zweite ist Vergebung. Die Worte beziehen sich natürlich auf den Geist und die Haltung des Gläubigen beim Gebet. Erst da, wo das Leben des Glaubenden in Übereinstimmung mit Gottes Maßstab steht, kann und wird Gott handeln. Mangelnde Vergebungsbereitschaft (vgl. Komm. zu Mt 6,14f) verschließt den Weg zum vollmächtigen Gebet. Vielleicht wollte Jesus seine Jünger auch zurückhalten, im Gebet ein Mittel der Verfluchung zu sehen (vgl. V. 14; Lk 9,54ff). **26** ist eine spätere Hinzufügung einer Handschrift aufgrund von Mt 6,15.

11,15-19 Die Tempelreinigung. Manche neueren Forscher neigen dazu, diese Begebenheit, die von allen Synoptikern an den Beginn der Passionswoche gelegt wird, mit der von Johannes an den Anfang der Wirksamkeit Jesu gestellten gleichzusetzen (Joh 2,13-17), wenn auch die Meinungen darüber, ob Johannes oder Markus ihr den richtigen Platz zugewiesen hat, scharf auseinandergehen. Die weitaus befriedigendste Lösung scheint zu sein, daß Jesus den Tempel zweimal reinigte, was keinesfalls unwahrscheinlich wäre. In der Tat ist ein Wiederaufleben des Mißstandes nach der ersten Reinigung anzunehmen. Diese Auffassung würde auch mit Johannes' allgemeiner Absicht, die Synoptiker zu ergänzen, übereinstimmen, und die Erklärung für wichtige Unterschiede in den Einzelheiten seiner Erzählung (z.B. die Geißelung) bieten.

Zu seinem Vorgehen muß Jesus der Anblick, der sich ihm am Abend geboten hatte, veranlaßt haben (vgl. V. 11). Die Reinigung des priesterlichen Dienstes war aber auch noch eine weitere Aufgabe des Messias (s. Mal 2,1-4). **15** Der Schauplatz ist der Vorhof der Heiden, der an sich als Anbetungsort für Nichtjuden gedacht war, sich aber mehr und mehr in einen Markt verwandelt hatte, an dem Festpilgern Opfertiere verkauft wurden und Wechsler tyrische Tetradrachmen bereithielten, in denen die Tempelsteuer zu entrichten war. Für die Priesterhierarchie, die als Marktherr auftrat, waren diese augenscheinlich zweckdienlichen Einrichtungen ein einträgliches Geschäft, wobei die Pilger, die anbeten wollten, natürlich das Nachsehen hatten. **16** Offensichtlich gab es auch Leute, die den Vorhof als Abkürzungsweg zwischen der Stadt und dem Ölberg benutzten, eine nur von Markus erwähnte Einzelheit. Man kann sich gut die Verwirrung vorstellen, die Jesu Vorgehen hervorrief. Dabei wendet er sich keinesfalls gegen den Tempeldienst als solchen, noch darf seine Handlungsweise »sozialrevolutionär« mißverstanden werden. In einer prophetischen, ja, messianischen Tat geht es ihm um das Zentrale, nämlich die Gemeinschaft des Menschen mit Gott, und darum muß der Tempel mit allem Ernst wieder Bethaus werden. **17** Nach der Säuberung des Marktes begann Jesus zu lehren, wobei er sich auf zwei Stellen aus dem AT, Jes 56,7 und Jer 7,11, stützte, deren erste bezeichnenderweise besonders auf die Bereitstellung eines Bethauses für die Heiden Bezug nimmt. **18** Die Beliebtheit Jesu bei der Volksmenge ließ den Behörden aber trotz alledem nach wie vor ein sofortiges Einschreiten unratsam erscheinen. **19** Außerdem ging er während dieser letzten Woche, in der er »steckbrieflich« gesucht wurde, jeden Tag bei Anbruch der Dunkelheit aus der Stadt (vgl. V. 11).

11,27-12,44 Lehrtätigkeit in Jerusalem

11,27-33 Die Frage nach Jesu Vollmacht. **27** *Sie kamen wieder nach Jerusalem:*

wahrscheinlich wenig später an demselben Tage wie V. 20. Es war der Dienstag; im Blick auf all das folgende hat man ihn gelegentlich den »Tag der Fragen« genannt. **28** Ein derart massives Eingreifen wie die Reinigung des Tempels mußte die jüdischen Führer zwangsläufig veranlassen, Jesus nach seiner *Vollmacht* zu fragen. Wenn er der Messias zu sein beanspruchte, so hätte er sich nach ihrer Auffassung zuerst gegen die Römer und nicht gegen die Juden wenden müssen. *Solches* bezieht sich aber nicht nur auf die Ereignisse des Vortages, sondern zugleich auf Jesu gesamte Wirksamkeit, die in ihren Augen ein einziger unablässiger Kampf gegen die rechtmäßige Obrigkeit gewesen war. Ihrer Frage lag jedoch nicht das Motiv zugrunde, die Öffentlichkeit vor einem Schwindler zu schützen, sondern Jesus eine tödliche Falle zu stellen. Beanspruchte er göttliche Vollmacht, so kam das nach ihrer Meinung einer Gotteslästerung gleich; beanspruchte er Vollmacht als Sohn Davids, des jüdischen Königs, so beging er Verrat an Rom; stellte er jegliche Vollmacht in Abrede, so entlarvte er sich selbst als Betrüger. **29.30** Seine Antwort war alles andere als eine Ausflucht oder bloße schlagfertige Erwiderung. Da Johannes der Wegbereiter Jesu war (vgl. Joh 1,29ff), mußte sich an der Stellung zum Täufer auch die Einschätzung der Person Jesu entscheiden. **31.32** Diesen Zusammenhang erkannten die religiösen Führer sofort - und schwiegen. Anerkannten sie nämlich den Täufer als Propheten mit göttlicher Vollmacht, so ergab sich die Antwort auf ihre Frage von selbst: Sie mußten eingestehen, daß sich Jesu Vollmacht aus derselben Quelle herleitete. Leugneten sie aber die göttliche Vollmacht des Johannes, mußten sie um die Sympathien des Volkes fürchten, das ihn als Propheten hoch achtete. **33** Als sie daher Unkenntnis in einer derart wichtigen Frage vorschützten, legten sie faktisch ihr Amt als Lehrer des jüdischen Volkes nieder und entzogen sich das Recht, Jesu Vollmacht weiterhin in Frage zu stellen. Deshalb beantwortete der Herr auch ihre Frage nicht. In dem folgenden Gleichnis aber gibt er ein niederschmetterndes Urteil über sie ab.

12,1-12 Das Gleichnis von den bösen Weingärtnern. Da das Gleichnis aus der Herausforderung durch die Hohenpriester erwächst, ist die Kapiteleinteilung hier verfehlt. Mit seinem bemerkenswerten inhaltlichen Umfang umschließt es die Jahrhunderte der bisherigen Geschichte Israels, schildert die derzeitige Konfliktlage und weist auf die künftigen Geschehnisse voraus. **1** Der *Weinberg* war den Israeliten aus dem AT (z.B. Jes 5,1-7) als nationales Symbol vertraut und wurde fraglos sogleich als Bild für Israel verstanden. Der zum Schutz gegen wilde Tiere errichtete *Zaun* (griech.: *phragmos*), die *Kelter* (griech.: *hypolenion*) und der *Turm* (griech.: *pyrgos*), ein auf einer hohen Plattform errichteter hölzerner Verschlag für einen Wächter (alle Begriffe sind der LXX-Version von Jes 5 entnommen), sind notwendige Elemente der Erzählung, die in ihrer Gesamtheit die vom Eigentümer aufgewandte Mühe und Sorgfalt bekunden, aber als einzelne keine weitere Bedeutung haben (dieses Gleichnis ist keine Allegorie). **2-5** Die Verse erklären, daß Gott zu seinem Volk durch die Jahrhunderte in Gestalt der atl. Propheten eine Reihe von Knechten gesandt hat, gipfelnd in Johannes dem Täufer, die allesamt nach den Früchten der Buße und Rechtschaffenheit Ausschau gehalten haben (vgl. Lk 3,8), aber abgelehnt und teilweise sogar getötet wurden. **6** Daß der Weinbergbesitzer so viele Sklaven und schließlich sogar einen Sohn schickt, ist ein Zeichen seiner Geduld und Gnade. Dieser Sohn ist der einzig geliebte, mit der ganzen Vollmacht seines Vaters ausgestattete Sohn und Erbe. **7ff** In V. 7 wird das Gleichnis prophetisch, indem es erstens das Kreuz und die Verwerfung *(warfen ihn hinaus vor den Weinberg)* des Messias durch sein eigenes Volk ankündigt, zweitens das Gericht, das später bei der Zerstörung Jerusalems im Jahre 70 n.Chr. über das Volk kam, und drittens den letztendlichen Triumph und die Erhöhung des Sohnes (V. 10.11). Die Überlegung, den Sohn zu töten, um das Erbe zu erlangen, beruht vielleicht auf einem abgeschlossenen Erbpachtvertrag, durch den der Pächter, im Falle, daß kein Erbe vorhanden war, zum Eigentümer wurde. **9** Die Worte *Er wird ... den Weinberg andern geben* nehmen auf die ntl. Gemeinde Bezug, die auch Heiden in sich einschließt und an den Verheißungen Israels Anteil hat (vgl. Mt 8,11.12; 21,43; Röm 11,11ff). **10.11** Der Wechsel des Bildes vom Weinberg zum Eckstein ermöglicht die Anspielung auf die Auferstehung; denn obschon der erschlagene Sohn des Gleichnisses nicht wiederbelebt werden konnte, kann der verworfene Herr doch erhöht werden. Das *Schriftwort* ist Ps 118, dem »Hosianna«-Psalm, entnommen, von dem ein Teil bei Jesu triumphalem Einzug in Jerusalem erklungen war (11,9.10). Das Bild klingt im NT häufig an (vgl. Röm 9,33; Eph 2,20; 1Petr 2,6) und macht deutlich, daß Jesus die zentrale Stellung inne hat (vgl. Apg 4,12). *Bauleute* sind Fachleute, die so etwas eigentlich nicht hätten tun dürfen. Man hat gegen das Gleichnis eingewandt, das Verhalten der Weingärtner widerstreite aller Wahrscheinlichkeit. Ist es aber unnatürlicher oder unvernünftiger als der Unglaube, den es veranschaulichen soll?

12,13-17 Die Frage nach der Steuer (»Der Zinsgroschen«). **13** Zum zweitenmal kommen die Pharisäer als Verbündete der Herodianer, ihrer politischen Widersacher, vor (s. zu 3,6). Ihre gemeinsame Absicht war, *ihn mit Worten zu fangen* (griech.: *agreusosin*, eine Metapher aus dem Jagdwesen). **14** Ihre mit schmeichlerischen Worten vorgetragene Frage betraf die den Juden als Zeichen ihrer Unterjochung so verhaßten römischen Steuern. Ihren hinterhältigen Charakter erhielt sie dadurch, daß eine bejahende Antwort das Volk gegen ihn aufbringen und ihn als Feind der Gottesherrschaft entlarven mußte und eine negative ihm die Römer auf den Hals schickte. Damit ist die Frage letztlich eine messianische. **15-17** Jesu Antwort ist eine von mehreren an diesem »Fragetag«, die seine unangreifbare und vollkommene Weisheit offenbar machen; sie hat einen tiefgreifenden Einfluß auf die Stellung der Christen zum Staat ausgeübt. Die jüdischen Nationalisten, die Zeloten, lehnten die Entrichtung der Steuern an die Römer grundsätzlich ab; die Pharisäer paßten sich an. Deshalb entlarvt schon die Bitte Jesu an die Pharisäer, ihm eine Steuermünze zu geben, ihre Heuchelei. Dadurch, daß sie das Geld des Kaisers benutzen, räumten sie ihre Schuld ihm gegenüber bereits ein. Sein Name stand auf der Münze, ihm gehörte sie, und damit war die Antwort eigentlich schon gegeben. *So gebet dem Kaiser, was des Kaisers ist...* Damit sprach sich Jesus eindeutig gegen den Zelotismus aus. Er anerkannte gleichzeitig die staatliche Herrschaft (vgl. Röm 13,1; 1Petr 2,13). Die Pflicht gegen Gott und die Pflicht gegen den Staat kollidieren nicht notwendigerweise; wir stehen in beider Schuld (vgl. aber Apg. 4,19!). Darüber hinaus erklärt Jesus die Unabhängigkeit des Gottesreiches von der staatlichen Macht. Glaube und Vaterland, Heil und Revolution sind immer noch zweierlei. So ruft Jesus seine Gegner direkt zur Buße auf: *Gebt Gott, was Gottes ist!* Diese Antwort mußte die römischen Leser des Markus besonders interessieren, da sie das Christentum von dem Vorwurf der mangelnden Staatstreue freispricht.

12,18-27 Die Frage nach der Auferstehung. **18** Dies ist die einzige Stelle, in der Markus auf die *Sadduzäer* Bezug nimmt, so daß er sie mit einem erklärenden Wort einführt. Sie waren eine Priesteraristokratie, weniger zahlreich als die Pharisäer und auch weniger beliebt. In religiöser Hinsicht waren sie die Rationalisten jener Zeit, wenngleich sie in ihrer Haltung zur Heiligen Schrift insofern einen konservativen Standpunkt einnahmen, als sie die Gültigkeit der von den Pharisäern für verbindlich erklärten mündlichen Überlieferung leugneten und sich fast ausschließlich auf die fünf Bücher Mose, den Pentateuch, stützten. Den Pharisäern waren sie daher aus religiösen Gründen ebenso verhaßt wie die Herodianer aus politischen Erwägungen (vgl. Apg 23,6-8). Um Jesus aus dem Weg zu räumen, waren die Pharisäer indes bereit, mit den einen wie den anderen zusammenzuarbeiten. Vielleicht wollten die Sadduzäer sich aber auch selbstbewußt durchsetzen, wo ihre pharisäischen Widersacher versagt hatten und ihre Frömmigkeit genauso der Lächerlichkeit preisgeben wie die Person Jesu. **19-23** Ihre Frage griff die Auferstehungshoffnung an, die tatsächlich im Pentateuch noch nicht so deutlich hervortritt wie in späteren biblischen Büchern. Ihre phantastische Geschichte sollte die vermeintliche Widersinnigkeit einer Totenauferstehung beweisen. Sie fußte auf dem Gesetz über die Schwagerehe (Leviratsehe) in 5Mo 25,5-11, durch das verhindert werden sollte, daß ein Mann ohne Nachkommenschaft starb - für einen Israeliten ein furchtbares Unglück. **24-27** In seiner Antwort behandelt der Herr zuerst das Wesen der Auferstehung und beschreibt die Andersartigkeit des Auferstehungslebens, das keinen Tod mehr kennt und deshalb auch eine Fortpflanzung, und das war der springende Punkt an der Schwagerehe, nicht mehr notwendig macht. In dieser Beziehung sind die Menschen *wie die Engel;* Jesus erklärt aber nicht, daß die Menschen nach ihrer Auferstehung Engel werden! Wenn auch das konkrete Beispiel, das die Sadduzäer anführen, heute ohne große Belange ist, zweifeln dennoch viele Zeitgenossen an der Glaubhaftigkeit der Auferstehung und der sie begleitenden Umstände. Die Antwort auf alle solche Einwände lautet ganz einfach: *Ihr kennt weder die Schrift noch die Kraft Gottes.* **26.27** In einer zweiten Argumentation nimmt Jesus geschickt auf den von den Sadduzäern so geschätzten Pentateuch Bezug. In der Begegnung am Dornbusch (2Mo 3,6) gibt sich Gott Mose als der Schöpfer und Lebensspender, als der Lebendige zu erkennen. Lange nach dem Tod der Erzväter bekundete er, daß er noch immer ihr Gott *ist* und damit auch jetzt eine lebendige Beziehung zu ihnen hat. Diese ermutigende Stelle zeigt, daß die Hoffnung eines ewigen Lebens nicht auf der platonischen Idee der Unsterblichkeit der Seele, was immer das auch sein mag, beruht, sondern auf der lebendigen Gemeinschaft mit dem lebendigen und lebenschaffenden Gott.

12,28-34 Die Frage nach dem wichtigsten Gebot. Lukas berichtet an anderer Stelle (Lk 10,25-28) eine ähnliche Geschichte, die wohl weder als Parallele noch als Dublette anzusehen ist, sondern Eigenständigkeit besitzt. Die Frage des Schriftgelehrten gehört offensichtlich in die Reihe der letzten Gespräche Jesu mit den Theologen seiner Zeit und ist nicht etwa aus Gründen des Sinnzusammenhanges eingefügt worden. Der Schriftgelehrte besaß Eigenschaften, die andere Fragesteller vermissen ließen. Er war aufrichtig und verständig. Zu seiner Aufnahme ins Reich reichte das indes nicht aus (V. 34: *nicht fern*). **28** Seine Frage – wörtl.: »Was für ein Gebot (griech.: *poia entole*) kommt zuallererst?« – setzt voraus, daß einigen Geboten geringere Bedeutung zukommt als anderen. Die Rabbiner unterteilten die Gesetzesvorschriften in »gewichtige« und »leichte« und versuchten immer wieder, aus der Fülle der Einzelgebote, 613 an der Zahl, das wichtigste und größte herauszuheben. Dabei traten natürlich auch heftige Meinungsverschiedenheiten hervor. Auch das von Jesus angesprochene Doppelgebot der Gottes- und Nächstenliebe war schon bekannt. In Lk 10,25-28 kommt es aus dem Mund des Schriftgelehrten selber. **29-31** Jesu Antwort beschreibt nun die Pflicht des Menschen mit zwei an sich weit voneinander getrennten Schriftstellen. Die erste, 5Mo 6,4.5, war das *Sch^{e}ma* (»Höre, Israel ...«), das Bekenntnis der Juden zu ihrem einen Gott, das der Fragesteller selber normalerweise zweimal täglich zu sprechen pflegte. Man trug es in kleinen Kästchen auf der Hand und der Stirn und brachte es in wörtlicher Befolgung von 5Mo 6,8.9 über den Türen an. Die zweite stammt aus 3Mo 19,18 und wird hier in der Übersetzung der LXX angeführt. Die beiden Gebote lassen sich in dem einen Wort »Liebe« zusammenfassen, zuerst zu Gott, dann zu den Menschen, wobei »Liebe« nicht als Gefühlsregung, sondern als eine aktive, die gesamte Persönlichkeit erfassende Grundhaltung vorgestellt ist. Auf die Menschenliebe, die humane Gesinnung, wird heutzutage sicherlich großes Gewicht gelegt; das Erfordernis der Liebe zu Gott vergessen die Menschen unserer Zeit dagegen leicht. Jesus verknüpft beide miteinander und gibt der letzteren den Vorrang. Humanität ist kein Ersatz für Glaube, sondern sollte aus ihm entspringen. **32.33** Daß die Liebe zu Gott und den Menschen höher einzuschätzen ist, als ein herzlos vollzogener Gottesdienst, ist nicht nur die Auffassung des hier fragenden Schriftgelehrten, sondern schon im AT häufig angesprochen (vgl. 1Sam 15,22; Ps 50,8f). **34** Die Nähe zu Gottes Reich ergibt sich nicht daraus, daß Jesus dem Schriftgelehrten etwas grundsätzlich Neues gesagt hätte, sie scheint vielmehr darin zu liegen, daß er bereit war, ganz auf die Gottes- und Nächstenliebe einzugehen, anstatt über sie zu theologisieren.

12,35-37a Die Frage nach dem Davidssohn. Nunmehr ist die Reihe an Jesus, eine Frage zu stellen. Er tut dies nicht, um, wie einige gemeint haben, seine Geburt zu Bethlehem, der Stadt Davids (vgl. Lk 2,4) und damit seine Herkunft aus dem Geschlecht Davids abzuleugnen, sondern um zu zeigen, daß er in Wahrheit viel mehr ist als nur »Davids Sohn«: Er ist sein Herr! Zu diesem Zweck zitiert er aus Ps 110,1, dessen davidische Verfasserschaft zwar von der liberalen Theologie (oft mit spitzfindigen Argumenten) geleugnet wird, die aber trotzdem gesichert scheint und im gesamten NT unmißverständlich vorausgesetzt ist (vgl. Apg 2,34). Wenn David *durch den Heiligen Geist* spricht, redet er als Prophet. *Der Herr* ist Gott. *Mein Herr* bezieht sich auf den Messias. Wenn der Messias der Herr Davids ist, wie kann er gleichzeitig der Sohn Davids sein? Das kann nur da möglich sein, wo der Messias göttlicher Gestalt ist und damit Herr und gleichzeitig menschlicher Natur ist und somit Sohn. In dieser Doppelheit (wahrer Gott und wahrer Mensch) liegt das Geheimnis der Person Jesu, das die Pharisäer und Schriftgelehrten aus ihren Vorurteilen und ihrem Unglauben heraus nicht verstanden. Daher schließt Jesus eine Warnung vor ihnen an.

12,37b-40 Warnung vor den Schriftgelehrten. Die Feststellung *alles Volk hörte ihn gerne* gehört wahrscheinlich eher zum Folgenden als zum Voranstehenden. Seine Lehrtätigkeit und die in ihr zutage tretende Weisheit zogen noch immer eine große Volksmenge an. Sie warnt er vor der heuchlerischen Frömmigkeit der Schriftgelehrten, die großen Wert auf Ansehen legten. Sie liebten es, sich in ihren Talaren zu zeigen, gegrüßt zu werden und Ehrenplätze einnehmen zu dürfen. Innerlich waren sie aber auf Habsucht ausgerichtet und nutzten ihre Vertrauensstellung als Amtsträger gegenüber Witwen aus, um sich zu bereichern. Ohne den Widerspruch zu empfinden, verrichten sie gleichzeitig lange und öffentliche Gebete (vgl. Mt 6,5-7). Vor solcher Religiosität mußte Jesus warnen und das göttliche Gericht ankündigen.

12,41-44 Das »Scherflein« der Witwe. In krassem Gegensatz zur heuchlerischen Frömmigkeit der geistlichen Würdenträger und ihrer Habgier (vgl. V. 40) steht diese einfache und arme Witwe, die in ihrer demütigen Liebe (vgl. V. 28ff) Gott alles gab, was sie besaß. **41** Längs des Säulengangs, der den Frauenvorhof umgab, standen dreizehn Kästen mit trompetenförmiger Öffnung (hebr.: *soparot*), die für Opfergaben bestimmt waren. Jesus hatte sich, wahrscheinlich ermüdet von den anhaltenden Streitgesprächen dieses Tages, an einem Platz, von wo aus er diesen Teil des Tempels überblikken konnte, hingesetzt.

Die ganze Erzählung lehrt, daß der Herr in erster Linie nicht darauf sieht, was die Menschen geben. Geld an sich ist im Reich Gottes ohne Wert; deshalb interessierte sich Jesus nicht so sehr für die Höhe der Spendenbeträge, sondern für die Beweggründe der Spender (vgl. 2Kor 8,12). **42** Als er daher die einsame Gestalt einer armen Witwe bemerkte, die *zwei Heller einlegte* (griech.: *lepta*, die kleinste gängige Kupfermünze), deren Gegenwert in römischer Währung Markus für seine römischen Leser auf einen *Heller* veranschlagt (griech.: *kodrantes;* Transkription von lat. *quadrans*), **43.44** machte er die Jünger auf sie aufmerksam. Ob Jesus die Höhe der Spende durch übernatürliches Wissen oder auf irgendeine gewöhnliche Art und Weise erfuhr, wird nicht ausgeführt und bleibt für den Kern der Erzählung auch ohne Bedeutung. Wesentlich ist, daß es Gott nicht auf die Gabe als solche, sondern auf das Herz des Gebers ankommt. An dieser Stelle hatte die Witwe das Zentrale besser verstanden als alle gebildeten Schriftgelehrten zusammen.

13,1-37 Jesu Rede über die Endzeit

Eine ausführliche Erörterung der Kritik, die an diesem großen Kapitel fälschlich als »kleine Apokalypse« bezeichnet, angebracht wurde, würde den Rahmen unseres Kommentars sprengen. Eine Zeitlang war die Annahme weitverbreitet, eine kleine jüdische oder judenchristliche apokalyptische Schrift bilde den Kern des Kapitels. Dieser These stehen indes zwei Überlegungen entgegen. Erstens fehlen charakteristische Merkmale einer echten Apokalypse. Die in hohem Maße figürliche Sprache des Danielbuches oder der Offenbarung des Johannes mit ihren Tieren und Visionen sucht man hier vergeblich; auch ist die Apokalyptik prophetisch und enthält sehr wenige sittliche Ermahnungen, die aber hier durchweg stark ausgeprägt sind. Zweitens unterschieden sich, wie Edersheim und andere nachgewiesen haben, die zeitgenössischen jüdischen Endzeitvorstellungen erheblich von dem, was Jesus hier zur Sprache bringt. Zudem ist es bezeichnend, daß diese Rede des Herrn auf dem Ölberg von allen Synoptikern und mit beträchtlicher Ausführlichkeit bei weitgehender Übereinstimmung in den hauptsächlichen Details berichtet wird; zudem weisen sie sie alle demselben Zeitpunkt in der Wirksamkeit des Herrn zu (s. Mt 24,1-51; Lk 21,5-37). Daraus ist zu folgern, daß die Urgemeinde sie als Teil der ursprünglichen Evangelientradition anerkannte und annahm.

13,1-4 Die Frage der vier Jünger. **1** Als sich der Tag neigte, verließ Jesus nach seiner Gewohnheit den Tempel und ging aus der Stadt. Unterwegs lenkte ein ungenannter Jünger seine Aufmerksamkeit auf die Pracht der Tempelbauten. Man kann sich vorstellen, daß der Tempel, der größer war als der Wiener Stephansdom und dessen Fassade vergoldet war, vom Ölberg her einen außerordentlich eindrucksvollen Anblick bot. Einige seiner Steine maßen 9 Meter in der Länge. Den Juden erschien nichts so dauerhaft wie dieses Gebäude, das Sinnbild der Gegenwart Gottes inmitten seines Volks. **2** Kein Wunder, daß die Jünger höchst erstaunt waren, als sie erfuhren, der große Bau werde der völligen Zerstörung anheimfallen. Damit kündigt Jesus ganz in der Linie der atl. Prophetie das Gericht an (vgl. Jer 7,14; Hes 24,21; Mi 3,12). **3** Vier von ihnen, die beiden Brüderpaare, die als erste zu Jüngern berufen worden waren (1,16ff), **4** fragten Jesus daher, als sie mit ihm allein waren, nach dem Zeitpunkt und den Zeichen dieser furchtbaren Katastrophe. *Das alles* bezieht sich wohl auf die Zerstörung des Tempels. Matthäus (Mt 24,3) erweitert zudem die zweifache Frage um die dritte nach dem Ende der Zeit. Jedenfalls entspringt dieser Frage die folgende Rede, in der anscheinend durchweg zwei Hauptgeschehnisse im Blickfeld stehen: erstens das unmittelbar bevorstehende Ereignis des Falles Jerusalems im Jahre 70 n.Chr. und zweitens das allerletzte Geschehnis: die Wiederkunft Christi in Herrlichkeit. Zur Veranschaulichung dieses doppelten Bezugspunktes hat man häufig auf die besondere prophetische Perspektive hingewiesen, die die einzelnen geschichtlichen Ereignisse gleichsam als hintereinander liegende Gebirgsketten darstellt, die zwar optisch wie ein zusammenhängendes Gebirge aussehen, tatsächlich aber weit voneinander getrennt sein können. Dies Kapitel mit seinem Blick auf zwei große Krisenzeiten, zwischen denen nunmehr bereits über 1900 Jahre liegen, ist ein Beispiel für dieses Prinzip, das bei seiner Auslegung unbedingt zu berücksichtigen ist.

13,5-13 Der Anfang der Wehen und Verfolgungen der Jünger. Einige Ausleger sind der Ansicht, dieser Abschnitt sei einer Spruchgruppe entnommen, die eher auf Christi »Kommen« oder *Parusie* (ein in den Evangelien einzig in Mt 24 erscheinendes Wort) als auf das Jahr 70 n.Chr. Bezug nehme, und gehöre daher nicht zu der ursprünglichen Antwort auf die Frage in V. 4. Es liegt jedoch auf der Hand, daß Markus ihn gerade als Antwort aufgefaßt wissen will. Wie so oft, sprach Jesus diese Worte zuerst für die dort anwesenden Jünger und hatte dabei gleichzeitig schon die künftigen Bedürfnisse der Gemeinde vor Augen. Er benutzt gewissermaßen die mit dem unmittelbar bevorstehenden Wendepunkt verknüpften Ereignisse, um auf die mit der allerletzten Krise verbundenen vorauszuweisen. Daraus erklärt sich die enge Verflechtung.

5 Jesus fing an, ihnen zu sagen: *Sehet zu ...*

Diese Worte enthalten nicht nur den Hauptgedanken des Kapitels (vgl. V.9.23.33), sondern unterstreichen auch den wahren Zweck aller biblischen Prophetie. Sie will nicht die Neugierde spekulativer Geister befriedigen, die gerne die Zukunft voraussagen wollen, sondern die Gegenwart deuten und ganz praktisch von der Verwirrung befreien und unsere Wachsamkeit fördern. **6-8** Die Jünger sollen sich nicht täuschen lassen. Im religiösen Bereich werden Heilsbringer auftreten, die den Namen Jesu mißbrauchen und sich selbst zum Messias erheben. In den Jahren vor 70 n.Chr. sind viele mit solchem Anspruch aufgetreten; aber das geschieht bis heute. Im Bereich der Politik und der zwischenstaatlichen Beziehungen kommt es zu ungeheuren Erschütterungen (vgl. Jes 19,2; Offb 6,3ff), die mit Erdbeben (vgl. Hag 2,6; Sach 14,4f) und Hungerkatastrophen (vgl. Jes 14,30; Offb 18,8) verbunden sind. Diese Zeichen markieren aber noch nicht das Ende, wohl aber zeigen sie das Nahen des Endes an, wie der *Beginn der Wehen* die baldige Geburt ankündigt. **9-13** In einem zweiten Abschnitt kündigt Jesus bevorstehende Verfolgungen der Jünger an und mahnt sie zur Treue *bis ans Ende.* Auf lebendige Weise führte er eine Wahrheit vor Augen, die in heutiger Zeit oft in Vergessenheit gerät, daß nämlich der christlichen Gemeinde in dieser letzten Epoche zweifellos eine Leidensrolle zugedacht ist. Auch in der bisherigen Geschichte stand die Gemeinde geistlich kaum jemals besser da, als zu den Zeiten, da sie eine in den Untergrund abgedrängte illegale Gemeinschaft war. Üppiges Gedeihen und die Gunst der Welt, wie in den Tagen des röm. Kaisers Konstantin, haben sie noch stets geschwächt. **9** Einer der ersten, der die Weissagung dieses Verses erfüllte, war Saulus von Tarsus, zuerst als christenverfolgender Jude und dann als verfolgter Christ (vgl. Apg 9,1.2; 24,10; 25,6.23; 26,24ff; 2Kor 11,24). **10.11** stellen das Predigen des Evangeliums bezeichnenderweise in diesen Leidenskontext, einen Kontext, den es in der Apostelgeschichte ohne Zweifel häufig aufweist, spielte sich doch die Predigttätigkeit der Apostel dort zu einem großen Teil nicht vor achtbaren, eigens dazu versammelten Gemeinden ab, sondern vor Gerichtshöfen. **11** besagt nicht, daß der Prediger auf Vorbereitung verzichten kann; er ist eine Verheißung an alle, die angesichts von Verfolgungen plötzlich zur Verteidigung ihres Glaubens aufgefordert werden, fest auf die Leitung des Heiligen Geistes zu bauen und sich nicht über die geeigneten Worte zu sorgen. **12** greift das Stichwort *überantworten* aus V.11 auf und zeigt, daß die Verfolgung sogar aus der eigenen Familie kommen kann (vgl. Mt 10,17-21). **13** *Bis ans Ende beharren* meint wahrscheinlich nicht bis ans Ende der Zeit, wie V.7, sondern bis zum Alleräußersten (vgl. Joh 13,1), bis zur Vollendung. Ausdauer und Treue sind daher Hauptziele christlichen Lebens und christlichen Zeugnisses in unserer Zeit. Emsigkeit und Geschäftigkeit an den Tag zu legen, ist sehr oft einfacher als geduldiges Ausharren (vgl. Hebr 10,32-39; 12,3.4; Offb 1,9). Der Ausdruck *wird selig werden* (besser: gerettet werden) ist hier natürlich in eschatologischem Sinne gebraucht (vgl. Hebr 9,28) und verheißt nicht notwendigerweise körperliche Unversehrtheit.

13,14-27 Die große Drangsal und das Kommen des Menschensohns. Hier scheint ein neuer Abschnitt der Prophetie zu beginnen. Nachdem Jesus die Fragen von V.4 unter Hinweis auf gewisse Erscheinungen, die Vorzeichen des Endes sind, aber noch nicht das Ende selbst, beantwortet hat, spricht er nunmehr von der letzten großen Trübsalszeit, die dem Kommen Jesu unmittelbar vorausgeht, und zeigt den Jüngern, wie sie sich verhalten sollen, wenn es eintritt.

14 Der Ausdruck *Greuel der Verwüstung* (griech.: *to bdelygma tes eremoseos*) stammt aus Dan 9,27; 11,31; 12,11 und meint dort die Entweihung des heiligen Tempels durch einen götzendienerischen Menschen oder ein Götzenbild, was einem Juden Ekel und Abscheu einflößte. Vgl. 1Kö 21,26; 2Kö 16,3, wo in der LXX dasselbe griech. Wort begegnet. Die Tatsache, daß Markus hier bewußt, wenn auch grammatisch fehlerhaft, ein männliches Partizip, *stehen* (griech.: *hestekota*), mit diesem sächlichen Substantiv (*bdelygma,* Greuel) verknüpft, weist darauf hin, daß eine Person gemeint ist. Wir schließen daraus, daß in diesem Vers zuerst auf die Schändung des Tempels durch die Römer im Jahre 70 n.Chr. Bezug genommen ist. Dies wird durch Lk 21,20 bestätigt und paßt gut zu V.15-20. Gleichwohl erschöpft sich der Sinn der Worte hierin nicht, sondern nimmt zudem Bezug auf die künftige Gemeinde und das Erscheinen des Antichristen (vgl. 2Thes 2,3-5; Offb 13,4ff). Diese Auslegung kann sich auf den Kontext und besonders V.20ff stützen, die sicherlich eschatologisch zu verstehen sind und viel zu emphatisch wären, um nur die Umstände der Belagerung Jerusalems, so furchtbar sie auch sein würden, im Auge zu haben. *Wo es nicht soll* (Matthäus schreibt: »an heiliger Stätte«) ist eine bewußt vage Wendung, da genauere Benennungen für Markus' Leser möglicherweise politisch riskant gewesen wären. *Wer es liest, der merke auf!:* entweder auf Jesu Worte, die auf die Danielstelle aufmerksam machen, oder auf die des Markus, mit denen der Evangelist auf diesen Spruch Jesu aufmerksam macht. **15-18** geben eine Reihe lebensnaher Beispiele für die Notwendigkeit einer sofortigen Flucht. Das Gebet geht um günstige Umstände, die die Flucht erleichtern. Das *Gebirge* (V. 14) ist das jüdische Bergland. Der *Winter* kann dort sehr streng werden und sogar Schnee bringen. Unmittelbar vor Beginn der Belagerung Jerusalems im Jahre 68 n.Chr. flüchteten die Jerusalemer Christen tatsächlich auf diese Weise aus der Stadt. Der Kirchenhistoriker Eusebius berichtet, daß sie in Pella in Peräa (Ostjordanland) Zuflucht fanden. **19.20** In diesen Versen schon weitet sich die Perspektive in die letzte Zeit, weil hier eine Verfolgung beschrieben wird, *die . . . nicht wieder werden wird* (vgl. Dan 12,1; Offb 7,14; 13,15ff; 17,6; 18,24). Dennoch wird diese Trübsal nur so lange währen, wie Gott es um seiner Erwählten willen zuläßt. **21-23** Diese Verse werden von manchen für eine Dublette von V. 5.6 angesehen, die einer anderen Quelle entnommen sei und eine ähnliche Lage in der Urgemeinde widerspiegele, wie sie 2Thes 2,9 beschrieben sei. Aber um der ungeheuren Wichtigkeit der Aussage willen hat Jesus diesen Passus mit kleinen Erweiterungen wiederholt. Ein *falscher Christus* ist ein falscher Messias und Heilsbringer. Jesus billigt ihnen sogar die Macht zu, Wunder zu wirken - aber aus anderer als göttlicher Vollmacht (vgl. Offb 13,2.13ff). Wunder an sich sind somit noch keine Zeichen göttlicher Sendung (vgl. 2Mo 7,8ff). **24-27** Dieser Abschnitt redet nun vom Höhepunkt und Endpunkt des ganzen endzeitlichen Geschehens, der Wiederkunft des Menschensohnes in Herrlichkeit. Man gewinnt den Eindruck, daß sie bald auf die Bedrängnis von V. 14-23 folgen wird, was abermals den Gedanken nahelegt, daß der Trübsal wesentlich eschatologische Bedeutung zukommt und sie sich keineswegs auf die Geschehnisse des Jahres 70 n.Chr. beschränkte. **24.25** Die beschriebenen kosmischen Zeichen wurden von vielen Kommentatoren als Bilder politischer und internationaler Katastrophen verstanden. Aber abgesehen davon, daß im heutigen Atomzeitalter die Apokalypse »machbar« geworden zu sein scheint, wollen die Aussagen Jesu, der ja auch nicht bildlich, sondern in Raum und Zeit kommt, im Einklang mit atl. Prophetenworten doch von wirklichen kosmischen Geschehnissen sprechen (vgl. Jes 13,10; 34,4; Hes 32,7f; Joel 2,10f; 3,4). Eine Vernichtung der Erde (vgl. 2Petr 3,10) geschieht nicht hier, sondern erst am Ende des tausendjährigen Friedensreiches (vgl. Offb 10,1-3). **26** *Des Menschen Sohn in den Wolken kommen sehen* ist ein eindeutiger Hinweis auf Dan 7,13. Gleich zu Anfang seiner Wirksamkeit begann Jesus, den Titel »Menschensohn« auf sich selber anzuwenden (s. zu 2,10), doch hier wird zum erstenmal seine Verbindung mit der Weissagung im Danielbuch offenbar. Die *Wolken*, die das Erscheinen des Menschensohnes begleiten, stehen vielleicht für die Gegenwart Gottes und den Einbruch des Jenseitigen in diese Welt (vgl. 2Mo 16,10; 40,34; 5Mo 5,22; Apg 1,9). Trotz mancher Schwierigkeiten im Verständnis dieses Kapitels ist eines jedoch felsenfest: Der Herr kommt *in Kraft und Herrlichkeit* (vgl. 1Kor 15,21ff; 2Thes 2,8; Offb 19,11ff). Der leidende Messias wird schließlich in seine Herrlichkeit eingehen und von dort wiederkommen. Der Gebrauch der dritten Person *dann werden sie . . . sehen* deutet darauf, daß diejenigen, an die er sich hier wendet, dies nicht mehr erleben werden. **27** Die Sammlung der *Auserwählten* durch die Engel (vgl. Hebr 1,14) deutet darauf hin, daß die Absicht Gottes (V. 10) inzwischen verwirklicht sein wird. Zur Vereinigung mit dem Herrn kommen die Glaubenden aus allen *vier Winden* (Himmelsrichtungen). Das *Ende der Erde* und das *Ende des Himmels* bedeutet wohl, daß sowohl die lebenden als auch die bereits verstorbenen Gläubigen gesammelt werden (vgl. 1Thes 4,16f).

13,28-37 Die Nähe und Unberechenbarkeit der Wiederkunft Christi. Dies ist die praktische Anwendung alles Vorhergegangenen. Sie vermitteln die Gewißheit, daß alles Beschriebene auf alle Fälle und vielleicht schon bald eintreffen wird (V. 28-33), ruft aber gleichzeitig zur Wachsamkeit und Treue auf, weil eben der genaue Zeitpunkt der Wiederkunft Jesu nicht bestimmbar ist (V. 33-37).

28.29 Das Gleichnis vom Feigenbaum - er ist an dieser Stelle nicht notwendigerweise Bild für Israel - ermahnt die Jünger, die vorher beschriebenen Hinweise auf das Kommen der Ereignisse zu erkennen, wie man am Blühen des Feigenbaumes den nahenden Sommer erkennt. Ein genaues Datum wird auch hier nicht gegeben: Es ist *nahe* vor der Tür. **30** Dieser von allen drei Synoptikern bewahrte Spruch bietet eine ernste Schwierigkeit. Zwei Auslegungen erscheinen möglich: entweder daß das jüdische Volk bis zum Ende der Zeit fortleben wird oder daß Jerusalem zu Lebzeiten des damals lebenden Gechlechts zerstört werden würde. Falls der Feigenbaum sich doch auf Israel beziehen sollte (vgl. 1Kö 5,5; Hos 9,10; Mi 4,4; Sach 3,10), würde es nahe liegen, das Wort *Geschlecht* (griech.: *genea*) auf das Volk als solches zu deuten. Wahrscheinlich ist dieser weite Begriff aber deshalb gewählt, um dem im ganzen Abschnitt vorliegenden Doppelaspekt der Zerstörung des Tempels *und* der Wiederkunft Jesu gerecht zu werden, so daß auch die vor Jesus stehende Generation eine Erfüllung der Prophetie Jesu noch erlebt. Von einer gescheiterten Naherwartung zu reden, scheint unangemessen zu sein und wird auch V. 33ff nicht gerecht, die - neben anderen Hinweisen - die Möglichkeit einer längeren Zwischenzeit gerade offen lassen. **31** läßt an der Gewißheit der persönlichen Wiederkunft Christi keinen Zweifel (vgl. Mt 5,18). **32** Allein die Zeit ist ungewiß, bleibt sie doch im Ratschluß des Vaters verschlossen, so daß selbst der Sohn, der mit seiner Fleischwerdung auf die selbständige Ausübung seiner göttlichen Eigenschaften (so der Allwissenheit) verzichtet und sich im Gehorsam ganz dem Vater unterstellt hat, keinen Anteil an dem Geheimnis hat. Der absolute Gebrauch von *der Sohn* ist besonders bezeichnend und stellt ein wichtiges Zeugnis dafür dar, daß Jesus sich selber als Gottes einzigen Sohn angesehen hat. **33** Die Notwendigkeit der Wachsamkeit und des Gebets wird wegen der Unkenntnis des Zeitpunktes abermals hervorgehoben. **34.35** Das Gleichnis vom *Herrn des Hauses* dient zur näheren Bestimmung der Wachsamkeit: Sie ist treue Pflichterfüllung in der Erwartung, daß der Herr jederzeit und unerwartet kommen könnte und eines Tages unsere Arbeit prüfen wird (1Kor 3,13-15; 2Kor 5,10). Uns ist die Pflicht auferlegt, die uns verbleibende Zeit dem Werk der Gewinnung anderer für Christus zu widmen, und nicht zu schlafen. **37** gibt nochmals das zentrale Anliegen des ganzen Kapitels wieder: Wachet!

14,1-15,47 Leiden und Sterben Jesu

14,1-11 Der Plan der Feinde. Salbung in Bethanien. Wir behandeln diesen Abschnitt als ein Ganzes, weil V. 10.11 unmittelbar mit V. 1.2 verbunden sind und die dazwischenliegende Geschichte der Salbung hier von Markus offensichtlich in der doppelten Absicht eingefügt worden ist, die Niedertracht und Habgier des Judas anzuprangern und zu zeigen, daß der Vorfall zumindest einer der Faktoren war, die ihn zum Verräter machten. Er hörte Jesus ganz offen von seinem Begräbnis sprechen und erkannte vielleicht endlich, daß seine Hoffnungen auf materielle Vorteile und Fortkommen zum Scheitern verurteilt waren.

1.2.10.11 Die Chronologie der Ereignisse am Donnerstag und Freitag der Passionswoche stellt eins der schwierigsten Probleme der Evangelien dar. Gewiß ist, daß diese Ereignisse nach Gottes Plan und nicht gemäß menschlicher Vorhaben abliefen. Die Priester, die einen Aufstand befürchteten (zum Passah waren bis zu 100 000 Festpilger in der Stadt), hatten offensichtlich vor, Jesus nach dem Passahfest zu verhaften. Das unerwartete Anerbieten des Judas Iskariot machte für sie jedoch alles beträchtlich einfacher, so daß sie unverzüglich ans Werk gehen konnten. Mit Judas hatten sie einen sachkundigen Beauftragten in Dienst genommen, der jetzt an ihrer Stelle damit betraut war, eine günstige Gelegenheit zu Jesu Verhaftung auszukundschaften. So kam es zur Ausführung des göttlichen Plans; Jesus, »das Lamm Gottes«, gab an dem großen Festtag sein Leben hin. In Judas begegnen wir somit einer erstaunlichen Verschmelzung der göttlichen Souveränität mit dem menschlichen freien Willen. Der letztere darf nicht geleugnet werden, um seine Schuld zu verkleinern. Jesus mußte zwar seine Passion durchleiden, aber Judas hätte nicht Verrat zu begehen brauchen; er öffnete sich dem Satan (Joh 13,27) und ist ein gutes Beispiel für das in Hebr 6,4-8 verkündete Prinzip, wonach sich derjenige, der geistliche Vorrechte genießt und sich ihnen verschließt, in schwerste Gefahr begibt. Die letzten Motive für den Verrat lassen sich schwer erkennen. War es nur Geldgier (vgl. Joh 12,6), waren es enttäuschte politische Hoffnungen oder wirkte beides zusammen?

3-9 Die anmutige Erzählung der Salbung Jesu wird von Johannes (12,1) »sechs Tage vor dem Passahfest« angesetzt. Es ist nicht anzunehmen, daß ihm bei dieser genauen Datierung ein Irrtum unterlaufen ist, so daß Markus, dem sich Matthäus anschließt (Mt 26,6-13), die zeitliche Reihenfolge wohl aus homiletischen Erwägungen unbeachtet ließ. Es ist gleichfalls Johannes, der die Frau mit Maria von Bethanien identifiziert, deren Bruder Lazarus und Schwester Martha dort ebenfalls genannt sind (vgl. Joh 12,1f). Joh 12,2 besagt nicht, daß sich das Geschehen im Haus des Lazarus abspielte; er war nur einer, der »mit ihm zu Tische lag«. *Simon der Aussätzige* war vermutlich ein Geheilter und vielleicht mit Lazarus und seinen Schwestern verwandt, woraus sich deren Anwesenheit erklären ließe. Die Namensgleichheit hat schon zu Origenes' Zeit zu Verwechslungen mit der Erzählung in Lk 7,36-50 geführt, wo Jesus im Haus des Pharisäers Simon gesalbt wurde. Doch lassen sich problemlos zwei solcher Salbungen annehmen. Maria von Bethanien kann unmöglich mit der Frau, die eine Sünderin war, identisch sein. Während die Gäste auf ihren Polstern zu Tische lagen, trat Maria mit *köstlichem Nardenöl* an Jesus heran. Narde war ein wertvolles Öl aus Indien, dessen Wert hier von Judas auf *dreihundert Silbergroschen* (Denare) geschätzt wurde. Das entsprach etwa dem knappen Jahreseinkommen eines Tagelöhners, da ein Tagelohn einen Denar ausmachte. Zu festlichen Anlässen salbte ein Gastgeber häufig das Haupt seiner geschätzten Gäste (vgl. Ps 23,5; Lk 7,46). Ob Maria Jesus einfach ihre Liebe bekunden wollte, ob sie ihn salbte, weil sie ihn für den Messias hielt, der bald sein Reich aufrichten sollte, oder ob sie gar den Tod Jesu erahnte - was eher unwahrscheinlich ist - bleibt offen. Der Einwand, man hätte den Erlös aus dem Verkauf des Öles an die Armen verschenken können, anstatt es zu vergeuden, klingt zwar sehr fromm, geht aber völlig an der Tragweite des Geschehens vorbei. Jesus geht in den Tod, und dazu wird er, der Sohn Gottes, gesalbt. Er sieht in der Salbung ein Zeichen der Liebe und eine prophetische Handlung. Soweit wir wissen, wurde Jesu Leichnam vor der Grablegung nicht noch einmal gesalbt; vgl. 16,1. Maria, die von Jesus in einer einzigartigen Weise gepriesen wird, stehen die unverständigen Jünger gegenüber. Sie meinen, sie hätten Jesus für alle Zeit, und sehen die Einzigartigkeit der Stunde nicht. *Vergeudung* nennen sie das, was dem Herrn als »letzte Ehre« erwiesen wurde. Wie werden ihnen später beschämt die Augen aufgegangen sein!

14,12-25 Das Abendmahl. **12** Der *erste Tag der Ungesäuerten Brote, als man das Passahlamm opferte,* war der Tag, den wir Karfreitag nennen, der 14. Nisan. Nach jüdischer Zeitrechnung begann dieser Tag jedoch am vorhergehenden Abend mit dem Sonnenuntergang. Die Ereignisse dieses Abschnitts fanden daher wohl am Abend des Donnerstag statt. Die Frage, ob das Abendmahl wirklich ein Passahmahl war, ist trotz langanhaltender Erörterungen nach wie vor ungeklärt. Die synoptische Überlieferung deutet, wie hier, unstreitig darauf hin, daß Jesus mit seinen Jüngern ein Passahmahl hielt. Nach den genauen und stimmigen Angaben des Johannes (Joh 18,28b; 19,31) fand es dagegen am Freitag nach der Kreuzigung statt. Es dürfte kaum eine bessere Lösung geben als die, daß Jesus im Wissen, daß er das Passah nicht zur festgesetzten Zeit werde feiern können, es einen Tag früher feierte. Christus, unser Passahlamm (1Kor 5,7), wäre demnach zu eben der Stunde, in der die Passahlämmer im Tempel geschlachtet wurden, für uns geopfert worden. **13** Zur Vorbereitung des Festes *sandte* Jesus *zwei seiner Jünger,* laut Lukas, Petrus und Johannes (Lk 22,8), in die Stadt, um nach jemandem (LÜ: »einem Menschen«) Ausschau zu halten, *der einen Krug mit Wasser trägt.* Dies war ungewöhnlich, da normalerweise nur Frauen solche Krüge trugen (Joh 4,7). Der Mann war offensichtlich ein Diener, der sie zu dem Eigentümer führen sollte, mit dem Jesus anscheinend zuvor eine Abmachung über die Benutzung des Raumes getroffen hatte. Hier wie in 11,1ff ist nicht notwendigerweise ein Wunder zu sehen, wenn auch - zugegebenermaßen - von einer Verabredung direkt nicht gesprochen wird. **14** Dies impliziert wohl die Frage *Der Meister läßt dir sagen: Wo ist das Gemach...?* Aus Sicherheitsgründen war es vielleicht erforderlich, sowohl die Identität dieses anonymen Jüngers als auch die Lage des Raums geheimzuhalten. **15** In dem *großen Saal* befanden sich ein Tisch, Liegepolster, ein Becken, Wasser und ein Schurz (Joh 13,4f). **16** Die Jünger trafen die restlichen Vorbereitungen für das Mahl. Die bedeutsamste Einzelheit ist vielleicht die, daß nicht von der Bereitstellung oder dem Verzehr eines Lamms die Rede ist. Falls das Mahl tatsächlich am Vortage des Festes stattfand, wäre es auch höchst unwahrscheinlich, daß eines vorhanden war. Zudem war auch keins erforderlich, war doch Jesus, das Lamm Gottes, anwesend, das schon am nächsten Tag geopfert werden sollte.

Ursprünglich aß man das Passahlamm stehend (vgl. 2Mo 12,11), doch war diese Gepflogenheit längst außer Gebrauch gekommen; zum Zeichen, daß das Volk nicht mehr versklavt, sondern frei war und die Sicherheit des verheißenen Landes genoß, wurde das Fest jetzt im Liegen gefeiert. **18** Die Enthüllung des Verrats erfolgt mit verblüffender Offenheit; der Name des Verräters fällt nach Markus' Bericht jedoch nicht. Wir erfahren allein von Johannes (vgl. Joh 13,23-26), daß er dem Lieblingsjünger heimlich mitgeteilt wurde. Die Ungeheuerlichkeit des Verbrechens wird an der Tatsache deutlich, daß die Mahlgemeinschaft dem Morgenland besonders heilig war und feindseliges Verhalten gegen jemanden, mit dem zusammen man das Brot aß, als völlig ausgeschlossen galt (vgl. Ps 41,10). **20** Im vorliegenden Fall aß Judas nicht nur mit Jesus, sondern tauchte darüber hinaus sogar seinen Bissen mit ihm in die Schüssel. Die *Schüssel* (griech.: *tryblion*) war wahrscheinlich die Soßenschüssel, in die man Stücke ungesäuerten Brotes tauchte, vorausgesetzt, daß es sich beim Mahl tatsächlich um das Passah handelte. **21** legt eindeutig die Souveränität Gottes wie auch die menschliche Verantwortlichkeit dar, von der wir bereits sprachen (s. zu V. 1.2.10.11). Die göttliche Notwendigkeit der Passion Jesu bot deshalb keine Entschuldigung für Judas, der sie aus freien Stücken ins Werk setzte. Der Nachsatz *Es wäre ... besser ...* kündigt das Gericht Gottes für den an, der »seinen einzigen Sohn« (Joh 3,16) verriet und zu Tode brachte.

22-25 Markus' Bericht von der Einsetzung des Abendmahls ist derart gedrängt, daß er fast unverständlich wird, macht aber mit der zentralen Lehraussage, daß Jesus sein Leben als Lösegeld und vor allem als Grundlage eines neuen Bundes gibt, vertraut (s. Einleitung, S. 56, und die Erklärung zu 10,45). Die folgenden Punkte liegen klar auf der Hand. Erstens weist *nehmet* darauf hin, daß sein Tod mit den daraus folgenden Heilswirkungen eine Gabe war, und daß sich die Jünger diese Gabe so innig zu eigen machen sollten, wie man Nahrung aufnimmt und an ihrer Nährkraft Anteil hat (vgl. Joh 6,35.51ff). Zweitens ist sein Tod der Beginn des Gnaden*bundes* (LÜ 1956: Testamentes), den Jeremia geweissagt hatte (Jer 31,31-34). Mose hatte im Zusammenhang mit dem alten Bund, den Gott mit Israel am Sinai schloß, vom »Blut des Bundes« (vgl. 2Mo 24,8) gesprochen. Jahrhunderte später enthüllte Jeremia die Bedingungen des neuen Bundes, nämlich göttliche Vergebung und Innewohnung; von seiner Bestätigung durch Blut war indes bei ihm nicht die Rede. Hebräern erschien dies zweifellos ungewöhnlich, bestand im Morgenland doch die Gepflogenheit, jede Art von Bund oder Abkommen zwischen zwei Personen irgendwie durch Blut zu besiegeln. Es scheint, als vervollständige Jesus jetzt das von Jeremia entworfene Bild: Der neue Bund wird durch sein Blut besiegelt werden. *Für viele vergossen* (vgl. wiederum 10,45) ist abermals ein Nachklang von Jes 53,11.12. Jesus faßte seinen Tod als ein stellvertretendes Opfer für die Menschen auf. *Das ist mein Leib . . . Das ist mein Blut:* Da Jesu Leib noch gegenwärtig und sein Blut noch nicht vergossen war, als er diese Worte sprach, sind alle Vorstellungen, die mit Brot und Wein die tatsächliche Leiblichkeit des Herrn verbinden, ausgeschlossen. Jesu Gegenwart in den Elementen des Abendmahls ist eine Wirklichkeit des Glaubens und keine materielle. **25** Drittens sah Jesus über seinen Tod hinaus seinem Leben als auferstandener Christus sowie der vollkommenen Gemeinschaft des vollendeten Reichs entgegen. Das Abendmahl weist deshalb gleichzeitig voraus auf die Vollendung wie auch zurück auf das Kreuz. Das Vokabular und die Gedanken dieses Verses tragen ein stark semitisches Gepräge. Einige Ausleger verknüpften die Weigerung, von nun an nicht mehr *von dem Gewächs des Weinstocks zu trinken,* mit dem Nasiräergelübde (4Mo 6,1-21), durch dessen Ablegung sich jemand ganz Gott weiht und bewußt auf Freuden verzichtet. Dann würde Jesus hier auf seinen Leidensweg und die Trauer der Trennung von seinen Jüngern hinweisen. Wahrscheinlicher ist diese »Verzichterklärung« als freudige Verheißung zu sehen: Das Gottesreich des Friedens und der Fülle (der Weinstock war Symbol des Wohlstandes) kommt ganz gewiß. Der eschatologische Aspekt leuchtet auch in Paulus' Bericht auf (1Kor 11,26), und der Gedanke eines messianischen Festmahls im Reich Gottes gehört sowohl dem AT wie dem NT an (vgl. Jes 25,6; Mt 8,11; Lk 14,15; Offb 19,9).

14,26-31 Die Ankündigung der Verleugnung des Petrus. **26** *Und da sie den Lobgesang gesprochen hatten:* Wahrscheinlich ist der zweite Teil des Passahhallels gemeint (Ps 115-118). **27** Wie Jesus den Verrat vorhergesagt hatte, so kündigt er jetzt, auf dem Weg vom Saal zum Ölberg, die Verleugnung des Petrus an. Die Worte von Sach 13,7 werden sich für die Person Jesu selbst wie auch für seine Jünger erfüllen. Der Tod des Herrn wird die Jünger in eine schwere Glaubenskrise stürzen, die sie alle auseinandertreibt (vgl. V.50). **28** Dennoch sammelt Jesus seine Jünger nach der Stunde der Finsternis erneut und trifft mit ihnen in Galiläa zusammen (vgl. Mt 28,10). Fast nie nahm Jesus auf seinen Tod Bezug, ohne über ihn hinauszublicken und gleichzeitig seine Auferstehung anzukündigen. **29** Petrus verwahrte sich in seinem Selbstvertrauen gegen diese »Unterstellung« (vgl. 8,32f). **30** Jesus aber antwortet ihm so feierlich wie nur möglich: *Wahrlich, ich sage dir. Heute, in dieser Nacht* kündigt die Verleugnung schon für die nächsten Stunden an. *Dreimal* zeigt, daß es nicht einfach ein einmaliger »Ausrutscher« war. **31** Es ist zu bemerken, daß sich sämtliche Jünger Petrus' heftiger Verwahrung anschlossen.

14,32-42 Jesus in Gethsemane. Die drei vertrautesten Jünger (vgl. 5,3f; 9,2) werden abermals beiseite genommen; es bestehen gewiß Ähnlichkeiten zwischen dieser Szene und der Verklärung (vgl. V.37-40 mit 9,5f; Lk 9,32). Gethsemane war ein Gartenstück am Fuß des Ölberges (vgl. Joh 18,1). **32** *Setzt euch hierher* wird zu den acht Jüngern gesagt, die am Eingang zurückbleiben. **33** Während die Drei noch bei ihm waren, fing er an *zu zittern und zu zagen* (griech.: *ekthambeisthai kai ademonein*). Diese Worte sind sehr schwer zu übersetzen. Sie bringen ein Höchstmaß an Entsetzen und Leiden zum Ausdruck. **34** Über die Seele des Herrn Jesus ist in der Heiligen Schrift wenig ausgesagt, doch wenn er sagt *Meine Seele ist betrübt bis an den Tod,* dann wird die tiefe Seelenqual seines Menschseins offenbar. Jesus ging nicht in stoischer Gelassenheit mit göttlicher Überlegenheit ins Leiden, sondern als anfechtbarer Mensch. **35** Deshalb entfernte er sich etwas von ihnen - nach Lukas »etwa einen Steinwurf weit« (Lk 22,41), so daß sie ihn noch sehen und hören konnten -, um das Antlitz seines Vaters zu suchen und ihn um Verschonung vor dem Leiden zu bitten. Weil man diese Bitte als anstößig empfunden hat, wurde sie immer wieder umgedeutet. Aber sie zeigt, wie sehr Jesus tatsächlich Mensch wurde. **36** *Abba* ist das aram. Wort für »Vater«. Die Hinzufügung des griech. *pater* ist wahrscheinlich keine Übersetzung von Markus. Einige meinen, die beiden Wörter bildeten zusammen eine sehr frühe liturgische Gebetsformel. Es ist jedoch wahrscheinlicher, daß sie eine natürliche Gebetsgewohnheit Jesu widerspiegeln, die einige seiner Jünger aufnahmen und überlieferten (vgl. Röm 8,15; Gal 4,6). Auf jeden Fall erinnern sie uns daran, daß unser Glaube seinen Ursprung in einem zweisprachigen Volk hat.

Dieser Kelch, vor dem Jesus mit solchem Entsetzen zurückwich, ist der Leidenskelch, von dem er schon 10,38f sprach (vgl. Ps 60,5; Jes 51,17; Jer 25,15ff; Offb 14,10). Sicherlich bedeutete er mehr als körperliches Leid, sonst hätte mancher Märtyrer seither mehr Mut bewiesen als er. Es war die Qual, die seine sündlose Seele darüber empfand, »zur Sünde gemacht« zu werden (2Kor 5,21), dem göttlichen Urteilsspruch zu verfallen und den Tod, der »der Sünde Sold« ist (Röm 6,23), in all seiner Bitterkeit schmecken zu müssen, damit die, die auf den Herrn vertrauen, ihn niemals zu schmecken brauchen (vgl. Hebr 2,9). Dies übersteigt alle menschliche Erfahrung, weil er allein sündlos war. Die Worte *doch nicht, was ich will, sondern was du willst!* sind das Zentrum des Geschehens in Gethsemane. Unter dogmatischem Gesichtspunkt veranschaulichen sie die wichtige Wahrheit, daß Jesus einen echten, menschlichen Willen hatte, verschieden vom Willen seines Vaters, aber ihm stets gehorsam (vgl. Joh 4,34; 6,38; 17,4.21). Unter historischem Gesichtspunkt kennzeichnen sie den Punkt seines Triumphes, so daß der Sieg des Kreuzes in Wirklichkeit schon vorher im Gebet im Garten Gethsemane erfochten wurde und Jesus bereits als Sieger zur Schädelstätte schritt. Der Erzfeind des Menschen wirkte Sünde und Tod, indem er Gott trotzte (vgl. Jes 14,13.14); Jesus wirkte die Rettung, indem er sich Gott unterwarf. Sich in Gottes Willen fügen, bedeutet immer Sieg, während der Eigenwille die Niederlage unausweichlich macht. **37** Das Bild der schlafenden Jünger steht in scharfem Gegensatz zu dem des betenden Jesus. Er wendet sich an Petrus, der beteuert hatte, mit Jesus sterben zu wollen: jetzt hatte er nicht einmal die Kraft, eine Stunde lang zu wachen. Zweifellos hatte Jesus sich im Garten auch der Gewalt des Satans zu erwehren. Die zu Beginn seiner Wirksamkeit erfolgten Versuchungen (1,12f) wurden hier in einem letzten titanischen Bemühen erneuert, dessen ganze Gewalt auf ihn einwirkte. **38** Da er wohl wußte, daß der Sieg über den Versucher nur um den Preis der Wachsamkeit und des Betens zu erlangen war, richtete er eine eindringliche Warnung an die schlafenden Jünger (vgl. Apg 20,31; 1Kor 16,13; Eph 6,18; Kol 4,2; 1Thes 5,6). Der *Geist* ist wahrscheinlich der Heilige Geist, der dem Glaubenden beistehen will, wenn er sich im Gebet an Gott wendet; das *Fleisch* ist der natürliche Mensch, der der Versuchung nicht widerstehen kann. **41** Es ist möglich, daß zwischen der Frage, die Jesus hier an die Jünger richtet, und dem Folgenden eine Zeitspanne zu denken ist, während welcher er selber über sie wachte.

14,43-52 Jesu Verhaftung. Daß die Gefangennahme mit so großem Aufwand betrieben wurde, paßt zur ängstlichen Sorge, es könnte vielleicht zu Tumulten kommen (vgl. V. 2). **44** Das *Zeichen* war wohl deshalb nötig, um in der Dunkelheit auf keinen Fall einen Falschen zu verhaften. Daß Judas gerade einen Kuß als Zeichen gebraucht, zeigt seine tiefe Verdorbenheit. **45** Markus verwendet eine emphatische Form des Verbums *(katephilesen),* als wolle er übermäßige Inbrunst und Zuneigung andeuten. **47** *Einer aber von denen, die dabeistanden.* Dieser namenlos Bleibende wird von Johannes (18,10) als Petrus bezeichnet, der bezeichnenderweise in seiner Impulsivität gleich dreinschlägt, und der Name des Knechts mit Malchus angegeben. Die Heilung des Ohrs wird nur von Lukas berichtet (22,51). Zur Bewaffnung der Jünger vgl. 22,36ff. **49** *Täglich* deutet auf eine längere Wirksamkeit in Jerusalem hin, die Markus weniger deutlich berichtet hat, und stützt in dieser Hinsicht die johanneische Überlieferung. Wenn sich dadurch die *Schrift erfüllt,* denkt Jesus nicht an eine besondere Stelle des AT, sondern an die gesamten atl. Prophezeiungen auf seine Person. **50** *Alle* ist im griech. Text betont. Die Jünger ließen Jesus ausnahmslos im Stich, und er stand völlig verlassen da. **51** *Ein Jüngling:* Warum wird dieser merkwürdige Vorfall erwähnt? Viele Kommentatoren neigen zu der Ansicht, der junge Mann sei Markus selber gewesen, der uns auf diese Weise gewissermaßen »am Rande seines Werkes ein kleines Selbstporträt hinterläßt« (v. Zahn). Wenn er, wie einige vermuten, zugleich der Sohn des »Hausherrn« von V. 14 war (vgl. Apg 12,12), so ist sein Erscheinen in diesem Augenblick noch begreiflicher: Als er den Lärm und die Lichter in dem Garten bemerkte, nahm er das erste beste Kleidungsstück, das er fand, und lief hinaus, um zu sehen, was da vor sich ging. Der Grund dafür, daß Markus diesen Vorfall berichtet, kann nur darin liegen, daß er auf persönlicher Erinnerung beruht.

14,53-65 Jesus vor dem Hohen Rat. Aus den Berichten der drei Synoptiker geht hervor, daß der Prozeß Jesu in zwei Teile zerfiel, einen mit religiösem Charakter vor den jüdischen Behörden, über den hier berichtet wird, und einen zivilen vor dem römischen Statthalter, den das folgende Kapitel schildert. Der erste Prozeß zerfiel anscheinend wiederum in zwei Teile, deren erster um Mitternacht anberaumt wurde und einen formlosen und vorläufigen Charakter trug, während der zweite frühmorgens (15,1) in einer offiziellen Vollversammlung des Hohen Rats stattfand. Der Lukasbericht (Lk 22,54-71) ist in dieser Hinsicht klarer als der des Markus. Der ganze Vorgang verstieß in mehreren Punkten gegen die jüdischen Rechtsvorschriften. Der Zusammentritt des Hohen Rats bei Nacht beispielsweise war an sich widerrechtlich, desgleichen natürlich auch die Bestechung der Zeugen. **53** Der *Hohepriester* war Kajaphas (vgl. Mt 26,57), der von 18-36 n.Chr. amtierte. Hannas (vgl. Joh 18,13) wird von Markus nicht erwähnt. **54** Die Zuneigung des Petrus für seinen Herrn machte sich offensichtlich bis zu einem gewissen Grade wieder geltend, doch ihm *von ferne* folgen, hieß auf jeden Fall, das Unglück herauszufordern. Einlaß in den Palast erhielt er durch Johannes (vgl. Joh 18,15f). **55ff** Von diesem Vers an besteht die Erzählung fast ausschließlich aus Sprüchen, Fragen und Antworten und scheint der üblichen Einzelheiten zu ermangeln, die einen Augenzeugenbericht kennzeichnen. Dies wird sich daraus erklären, daß kein Jünger dem Prozeß beiwohnte, obwohl Joh 18,15f die Vermutung nahelegt, daß sich der Lieblingsjünger und Petrus in der Nähe befanden. Die Bemühungen des Hohen Rates führten zunächst zu nichts. **56-59** Die Aussagen der Zeugen stimmten nicht überein und ein wörtliches Verständnis des Spruches über den Tempel (Joh 2,19f) klang zu absurd, um ein Todesurteil zu begründen. **61** Jesus bewahrte indes Stillschweigen, weil er keine aufrichtigen Fragen vor sich hatte. Der Hohepriester suchte daher, eine Entscheidung zu erzwingen und fragte Jesus geradeheraus, ob er den Anspruch erhebe, der Messias zu sein. **62** Auf diese Weise herausgefordert, bekannte sich Jesus mit Worten aus Ps 110,1 und Dan 7,13 zum erstenmal im Markusevangelium in aller Öffentlichkeit zu seiner Messianität. *Hochgelobter* und *Kraft* sind verhüllte Redeweisen von Gott. Derjenige, der zu seiner Rechten saß, ist der kommende Weltenrichter.

63 *Zerriß seine Kleider:* Dies war dem Hohenpriester ausdrücklich verboten (3Mo 21,10), doch erhob er in seiner Amtswürde auf diese Weise Protest gegen jegliche als gotteslästerlich anzusehende Äußerung. Der Talmud schreibt sogar genau vor, wie das Zerreißen der Kleider zu geschehen hat. Hinter der Entrüstung des Kajaphas als Amtsträger verbarg sich allerdings die Befriedigung des Verschwörers. **64** *Sie aber sprachen alle das Urteil über ihn, daß er des Todes schuldig wäre* (griech.: *enochon,* des Todes »würdig«), waren aber nicht befugt, über ihn die Todesstrafe zu verhängen: Das konnte einzig und allein Pilatus tun. **65** Die Mißhandlungen, deren sich die Mitglieder des höchsten Gerichts hier schuldig machten, offenbaren den tiefen Haß, der sich in ihnen angestaut hatte.

14,66-72 Die Verleugnung des Petrus. Beim Lesen dieses Berichts sollte man sich vor Augen halten, daß er zweifellos auf die Erinnerungen des Petrus selber zurückgeht und sich demgemäß durch ungewöhnliche Lebendigkeit und Vollständigkeit auszeichnet. **70** Petrus wurde an seinem Dialekt als Galiläer erkannt. **71** Daß er anfing, *sich zu verfluchen und zu schwören* (griech.: *anathematizein kai omnynai)* heißt jedoch nicht, daß er Gott lästerte, sondern vielmehr, daß er eine Erklärung unter Eid abgab. Er wollte Gottes »Anathema« (Fluch) über sich aussprechen, falls er die Unwahrheit sagte. **72** *Und er fing an zu weinen* (griech.: *kai epibalōn eklaien*): Die genaue Bedeutung der griech. Worte bietet eine ernste Schwierigkeit. »Und weinte verzweifelt« (Übers. J. Zink) ist hier vielleicht der beste Deutungsversuch. Auf alle Fälle aber hat sich Jesu Vorhersage (V. 27ff) erfüllt.

15,1-15 Jesus vor Pilatus. **1** *Alsbald in der Frühe,* d.h. sobald ihre Abhaltung rechtlich zulässig war, wurde eine kurze, förmliche Sitzung des Hohen Rats anberaumt, die die Ergebnisse der gesetzwidrigen nächtlichen Sitzung bestätigen und dafür Sorge tragen sollte, daß sich der römische Statthalter vor dem Schlachten der Passahlämmer am Nachmittag mit der Angelegenheit befaßte und Jesus noch hinrichten ließ. Jesu Übergabe an Pilatus leitete den Zivilprozeß ein. Pontius Pilatus war von 26-36 n.Chr. Prokurator von Judäa und unterstand als solcher dem Legaten von Syrien. Er residierte normalerweise in Cäsarea, begab sich aber zur Passahzeit, in der sich die Gemüter oft erhitzten, im Interesse der öffentlichen Sicherheit nach Jerusalem. Die Profangeschichte stellt ihn als korrupt und grausam dar, doch die Evangelien scheinen ein günstigeres Bild von ihm zu zeichnen. Markus' Bericht verheimlicht zwar nicht seine beklagenswerte Schwäche, scheint ihn aber zugleich soweit wie möglich entlasten zu wollen und die letzte Verantwortung für die Kreuzigung den Juden zur Last zu legen. Römischen Lesern mußte es als besonders bedeutsam erscheinen, daß Jesus in den Augen eines kaiserlichen Beamten unschuldig war und nicht als politischer Aufrührer verurteilt werden konnte.

2 *König der Juden:* Die jüdische Priesterhierarchie hatte der Anklage offensichtlich diesen politischen Anstrich gegeben, weil der Anspruch auf Messianität Pilatus bedeutungslos erschienen wäre. *Du sagst es* ist eine zustimmende Antwort, die natürlich nicht notwendigerweise besagt, daß Jesus sein Königtum hier politisch versteht, wie Pilatus selbstverständlich annimmt. Der allgemeine Verlauf des Verfahrens wird verständlicher, wenn man den ausführlicheren Bericht des Johannes (Joh 18,28-19,16) zum Vergleich heranzieht. Dort steht, daß Jesus dem Pilatus unter vier Augen erklärte, sein Reich sei nicht von dieser Welt (Joh 18,36). **3** Die Priester hatten das Gefühl, ihr Prozeß komme nicht recht voran, und verstärkten daher ihre Anklagen. Das Schweigen Jesu, das Pilatus sehr verwundert, weil er es so von einem Angeklagten nicht gewohnt war, ist das Verhalten des Gottesknechtes, der willig litt und seinen Mund nicht auftat (vgl. Jes 53,7). **6** Über diese Gepflogenheit wissen wir nicht mehr als das, was das NT davon berichtet. **7** *Barabbas* bedeutet »Sohn eines Vaters«, und der Name fordert zum Vergleich mit dem »Sohn des Vaters« heraus. Einige Textvarianten der Parallelstelle im Matthäusevangelium (27,16) nennen ihn sogar »Jesus Barabbas«, so daß er den gleichen Namen wie der Herr gehabt hätte. Wirklich sicher ist das allerdings nicht. Barabbas verkörperte jenen Typus eines politischen Aufrührers, einer, der auch nicht vor Gewalt zurückschreckte, was Jesus abgelehnt hatte. **8-10** Hier kommt die Volksmenge in den Blick. Pilatus erkannte allmählich, daß Jesus wirkliches »Verbrechen« nicht in romfeindlicher Gesinnung lag, gegen die die Juden normalerweise nichts einzuwenden gehabt hätten, sondern darin bestand, daß er allzu populär geworden war und die Priester ihm seine Beliebtheit beim Volk neideten. Er hoffte daher, das Volk werde seinen Vorschlag, Jesus aus Anlaß des Festes freizulassen, freudig aufnehmen. **11** Der erstaunliche Wankelmut der von den Hohenpriestern aufgehetzten Volksmenge wird von manchen für nahezu unglaublich gehalten. Der Anblick des vermeintlichen Messias, der jetzt als hilfloser Gefangener vor dem heidnischen Statthalter stand, löste bei der Masse jedoch zweifellos einen lähmenden Schock aus und führte zu einem plötzlichen und heftigen Umschlag der Gefühle. Das aufgebrachte Volk war sogleich bereit, die Bestrafung des vermeintlichen Schwindlers zu fordern. **15** *Darauf ließ Pilatus, um die Volksmenge zufriedenzustellen* ... (EinhÜ: Um Unruhe aus dem Wege zu gehen) und aus politischem Druck, den man auf ihn ausübte (vgl. Joh 19,12), handelte er wider seine eigenen Prinzipien und beging Justizmord an einem Unschuldigen. Nicht umsonst ist er in das Glaubensbekenntnis aufgenommen worden: »Gelitten unter Pontius Pilatus ...«. Der Kreuzigung ging gewöhnlich die Geißelung voraus, eine grausame Prozedur, die mit ledernen, mit Metall- oder Knochenstückchen versehenen Peitschen ausgeführt wurde. Sie kostete den Verurteilten oft das Leben. Johannes scheint anzudeuten, daß Pilatus sie in der Hoffnung anordnete, die Juden würden sich damit zufriedengeben (Joh 19,1-5). Im Falle eines noch nicht Verurteilten stellte sie immerhin eine flagrante Verletzung der römischen Rechtsordnung dar.

15,16-41 Kreuzigung und Tod. Die Kreuzigung wird in allen Evangelien in der denkbar einfachsten Form und mit auffälliger Zurückhaltung geschildert. Die körperlichen Leiden des Herrn werden nicht breit ausgemalt, zumal ihn die geistige Verlassenheit, die er wegen der Sünde empfand, weit stärker peinigte als seine körperlichen Schmerzen.

16 Jesus wurde den Soldaten übergeben, die ihren Spott mit ihm trieben. Das *Richthaus* (Prätorium, hier auch mit *Burg* übersetzt) bildete wahrscheinlich einen Teil der Residenz des Statthalters, der sich nach Meinung einiger Forscher im Palast des Herodes zu Jerusalem befand. **17** Der *Purpur* war ein roter Soldatenmantel, mit dem sie Jesus als einen gescheiterten Soldatenkönig und Aufrührer verspotteten. Sicherlich galt ihr Hohn nicht nur Jesus, sondern dem ganzen jüdischen Volk, dessen König zu sein er behauptete. **20** Es wird nicht gesagt, daß sie ihm schließlich neben dem Purpurmantel auch die Dornenkrone abnahmen, doch ist dies wahrscheinlich. Als der Gang zum Richtplatz begann, gebot der Hauptmann der Verspottung zweifellos Einhalt. Bildliche Darstellungen des Gekreuzigten, auf denen der Heiland eine Dornenkrone trägt, sind deshalb wohl irreführend. Der vorherrschende Eindruck, den dieser Bericht über Jesu Verspottung hinterläßt, ist wohl der, daß ihn eine unendliche Einsamkeit umgab und die Soldaten erschütternd unwissend darüber waren, was sie eigentlich taten (vgl. Lk 23,34).

21 *Kyrene* lag in Nordafrika im östlichen Lybien und besaß eine große jüdische Kolonie. Simon, da er *vom Felde kam*, war wohl kein Festpilger, sondern gehörte vermutlich zu einer Gruppe von Juden, die unter Verfolgung vertrieben worden waren und sich neu in Palästina angesiedelt hatten (vgl. Apg 6,9; 11,19f). Aus der Erwähnung seiner Söhne geht hervor, daß sie später zur Gemeinde gehörten. Von *Alexander* wissen wir nichts weiter, doch *Rufus* ist vielleicht mit dem Rufus von Röm 16,13, einem Mitglied der Gemeinde zu Rom identisch. **22** Der Name *Schädelstätte* hat seinen Ursprung wahrscheinlich in der schädelförmigen Gestalt des Hügels. **23** *Wein mit Myrrhe* war ein Beruhigungs- oder Betäubungsmittel. Jesus wollte jedoch nicht mit getrübtem Bewußtsein in den Tod gehen. Hätte er den Trank genommen, so hätten wir seine Worte vom Kreuz vielleicht nicht. Vgl. Ps 69,22. **24** Die Kleider des Verurteilten teilten sich üblicherweise die Soldaten. Da das Gewand Jesu ein besonders gutes Stück war, wollten sie es nicht zerschneiden und spielten deshalb darum. Sie erfüllten damit Ps 22,19. **25** *Die dritte Stunde* war neun Uhr morgens. Den scheinbaren Widerspruch zu Joh 19,14 hat man auf verschiedene Weise zu erklären versucht. Johannes rechnet aber wahrscheinlich von Mitternacht an und stellt damit lediglich fest, daß Jesus noch um sechs Uhr morgens vor Pilatus stand. **26** Der Verurteilungsgrund wurde nach römischem Brauch oben am Kreuz befestigt; alle vier Evangelisten berichten von diesem *titulus*, doch keine zwei stimmen hinsichtlich seines Wortlauts überein. Markus' Version liegt indessen allen zugrunde und bewahrt die Worte, die den Juden so besonders anstößig erschienen (vgl. Joh 19,21). **27** Die *Räuber* nahmen die Plätze ein, um die Jakobus und Johannes gebeten hatten (vgl. 10,37). Beide sind wohl Zeloten, also Widerstandskämpfer gewesen. Vielleicht nahm Jesus in ihrer Mitte die Stelle ein, die für ihren Anführer Barabbas bestimmt war. Markus sieht in diesem Geschehen die Erfüllung von Jes 53,12. **29-31** Die beschriebene Verspottung durch die Schaulustigen und die höhnischen Bemerkungen der Hohenpriester bekommen ihre tiefe Tragik gerade darin, daß Jesus tatsächlich im Begriff war, den Tempel Gottes, seinen Leib, zu zerbrechen und in der Auferstehung zu bauen (vgl. Joh 2,19-22; Mk 14,58), und daß er ohne weiteres vom Kreuz hätte herabsteigen können, wenn er gewollt hätte. Daß er dort ausharrte war unsere Rettung, und diese Rettung kostet uns nichts, weil sie ihn alles kostete.

33 Alle Synoptiker verzeichnen die von Mittag bis 15 Uhr währende Dunkelheit. Selbst wenn sie auf natürliche Weise zustande kam, deutet doch der Zeitpunkt, zu dem sie eintrat, auf das übernatürliche Eingreifen Gottes hin. Um eine Sonnenfinsternis kann es sich allerdings nicht gehandelt haben, da, wie Origenes hervorhob, z.Z. des Passahfestes, Vollmond war. **34** Der Ruf *Mein Gott, mein Gott, warum hast du mich verlassen?* ist das einzige Wort vom Kreuz, das Markus und Matthäus berichten. Es ist auf aramäisch bewahrt, doch ist es keineswegs unwahrscheinlich, daß Jesus die Worte aus Ps 22,2 hebräisch zitierte. Markus übersetzt sie für seine Leser ins Griechische. Es ist unmöglich, die Tiefe dieses Spruches auszuloten, führt er uns doch mitten in den Kern des Sühnetodes. Die Worte Jesu sind jedoch nicht bloß als Ausdruck seines Empfindens und seiner subjektiven Einschätzung zu verstehen, als wäre er in Wirklichkeit nie vom Vater verlassen gewesen, wie einige neuere Forscher meinen. Die Ansicht der älteren Theologen, daß Gott, der die Sünde nicht ansehen kann (vgl. Hab 1,13), sein Antlitz verhüllte, als unsere Sünde auf seinen sündlosen Sohn gelegt wurde, verdient indes den Vorzug. Jesus, der Sünder Stellvertreter und Sündenträger, wurde in der Tat verlassen, auf daß wir niemals verlassen würden (vgl. Hebr 13,5). Das eben war dieser äußerste und beispiellose Schmerz, vor dem er in Gethsemane zurückschreckte (vgl. 14,36). Zu behaupten, eine solche Auffassung vertrage sich nicht mit der Liebe Gottes, heißt, Gottes Liebe auf Kosten seiner Heiligkeit überbetonen und die tiefe Widergöttlichkeit der Sünde verkennen. Unter theologischem Gesichtspunkt ist es natürlich wichtig, an dem Paradox festzuhalten, daß diese Gottverlassenheit zwar durchaus real war, die Einheit der heiligen Dreifaltigkeit aber auch damals fortbestand. **35.36** Einige Schaulustige deuteten das *Eli* (mein Gott) auf Elia und meinten, Jesus rufe ihn, den Wegbereiter des Messias (vgl. Mal 3,23; Mk 6,15; 8,28), um Hilfe an. Deshalb wollte man ihn mit Essig wieder etwas beleben und voller Spott auf das Eingreifen des Elia warten. **37** Keiner der Evangelisten sagt: Jesus starb. Markus drückt es am einfachsten aus: *Er verschied* (griech.: *exepneusen*). Daß er *laut schrie*, deutet vielleicht an, daß Jesu Tod möglicherweise nicht durch zunehmende Erschöpfung eintrat, sondern daß er sein Leben selber und ganz bewußt in die Hand Gottes legte und somit seinen Geist aufgab, so daß sich Pilatus wunderte, daß er schon tot war (V. 44; vgl. Joh 10,17f). **38** Dies wird wiederum von allen Synoptikern überliefert. Zweifellos beobachteten und berichteten es die Priester, von denen später viele gläubig wurden (vgl. Apg 6,7). Nach Jahrhunderten des Stiftshütten- und Tempelkults, bei dem das Allerheiligste allen, ausgenommen dem Hohenpriester am großen Versöhnungstag, verschlossen geblieben war, muß ein solches ungeheures Ereignis einen gewaltigen Eindruck gemacht haben. Seine Bedeutung für uns ist in Hebr 10,19ff mit aller Klarheit dargelegt. **39** *Der Hauptmann*, der nach alter Tradition Longinus hieß und unmittelbar gegenüber dem Kreuz postiert war, von wo aus er das ganze Geschehen verfolgen konnte, war von der Person Jesu und den begleitenden Erscheinungen tief beeindruckt. Wenn er auch die Bezeichnung *Gottes Sohn* vielleicht nicht im vollen ntl. Sinn erfaßt haben mag, so steht er doch am Schluß des Evangelienberichts als der erste unter den Heiden da, der durch die Kraft des Todes Christi zum Glauben an ihn geführt wurde. **40.41** Die zuschauenden Frauen übertrafen die Jünger an Hingabe; möglicherweise gehen sogar einige der Mitteilungen des Evangelisten über die Kreuzigung auf sie zurück. Zu *Maria Magdalena* vgl. Lk 8,2; Mk 16,9. Die *Mutter Jakobus des Kleinen und Joses* (Mt 27,56: Josef) ist, wie ihre Söhne (vgl. aber zu 3,18), unbekannt. *Salome* war die Mutter des Jakobus und Johannes (vgl. Mt 27,56). Die Mutter des Herrn erwähnt Markus nicht.

15,42-47 Jesu Grablegung. Jesu Grablegung nahm in den Glaubensbekenntnissen der

Urgemeinde und der Frühkirche einen wichtigen Platz ein, da sie bewies, daß er wirklich gestorben war (s. 1Kor 15,3f).

42 *Rüsttag* ist, wie Markus seinen heidnischen Lesern erläutert, der Fachausdruck für den Freitag vor dem jüdischen Sabbat. Eile war bei der Bestattung des Leichnams Jesu auch deswegen geboten, weil ein Getöteter nach dem Gesetz (5Mo 21,22f) am Tage der Hinrichtung und noch vor Einbruch der Nacht begraben werden mußte. 43 *Josef* »von« (griech.: *apo*) Arimathäa wohnte dort wahrscheinlich nicht mehr, sondern war nach Jerusalem gezogen. Arimathäa lag etwa 40 km nordwestlich von Jerusalem. Ihm gehörten das Grab (Mt 27,60) und möglicherweise auch der Garten, in dem es lag. Wie Hanna und Simeon (vgl. Lk 2,25ff) wartete auch er auf das *Reich*. Er gehörte zu den heimlichen Jüngern Jesu und hatte als Mitglied des Hohen Rates gegen die Verurteilung Jesu gestimmt (Lk 23,51). Deshalb kam es nun zu einem öffentlichen Bekenntnis und bedurfte eines beträchtlichen Mutes, nun von Pilatus die Freigabe des Leichnams zu erbitten. 44.45 Da sich das Sterben eines Gekreuzigten bis zu zwei Tagen hinstrecken konnte, ist die Frage des Pilatus verständlich. 46 Wegen der gebotenen Eile konnte Josef den Leichnam Jesu nur notdürftig in Leinwand wickeln. Die Salbung sollte nach dem Sabbat erfolgen (vgl. 16,1). 47 bereitet 16,1ff vor.

16,1-20 Die Vollendung

16,1-8 Jesu Auferstehung

Die Beweise für die Auferstehung Jesu sind unanfechtbar. Das Grab war leer, und niemand konnte den Leichnam herbeischaffen. Seine Bekannten konnten ihn unmöglich gestohlen haben, und seine Feinde hätten es auf keinen Fall getan. Wer weitere Beweise fordert, findet sie im Vorhandensein und Fortleben der christlichen Kirche. Vergleichsweise sei an Paulus' Aufzählung der Folgen erinnert, die sich aus der düsteren Annahme ergeben »Ist aber Christus nicht auferstanden . . .« (1Kor 15,14-19). Die Auferstehung Jesu ist der Kernpunkt der christlichen Glaubenshoffnung. Ohne sie wird das Christentum zu einer leeren Hülse, zu einem blutleeren Appell für Moral und Mitmenschlichkeit. Deshalb schließen alle Evangelien mit dem Triumph der Auferstehung Jesu.

1 *Und als der Sabbat vergangen war:* Tiefes Schweigen liegt in den Evangelien über diesem Sabbat, sieht man von der kurzen Bemerkung in Lk 23,56 ab, daß die Jünger sich an diesem Tage still verhielten. Die Auferstehungsberichte weichen, wie alle echten Augenzeugenberichte, in Einzelheiten voneinander ab, doch in ihren wichtigsten Grundzügen sind die Ereignisse des Tages klar erkennbar. 2 Den ersten Besuch statteten Frauen dem Grab ab, die *sehr früh* kamen. *Als die Sonne aufging* scheint angesichts von Joh 20,1, »als es noch dunkel war«, eine Schwierigkeit zu bieten. Aber manches liegt am Blickwinkel des Berichterstatters: Es war zwar noch dunkel, aber die Sonne war bereits am Himmel aufgegangen. Die Auferstehung selber wurde von keinem menschlichen Auge wahrgenommen, und 4 ihr erstes Anzeichen war, daß der Stein weggewälzt war. Ein solcher runder Verschlußstein einer Grabhöhle konnte mehrere Zentner wiegen, so daß die Sorge der Frauen durchaus berechtigt war. 5 Ehe Jesus selbst gesehen wurde, erschienen Engel. Markus legt durch das weiße Kleid und seine Botschaft den Schluß nahe, daß der *Jüngling* ein Engel war. 7 Die Worte *und Petrus* sind Sondergut von Markus und gehören zu den Belegen für die Verbindung zwischen seinem Evangelium und dem Apostel. Petrus wußte es wohl zu schätzen, daß sein auferstandener Herr sich trotz seines schlimmen Versagens seiner besonders erinnerte. 8 Das Schweigen der Frauen soll wohl nur ihr *Entsetzen* beschreiben: Es verschlug ihnen die Sprache. Natürlich haben sie dann von ihrem Erlebnis berichtet (vgl. Mt 28,8; Lk 24,9).

16,9-20 Erscheinungen des Auferstandenen und Himmelfahrt

Diese letzten 12 Verse, die die LÜ in Klammern setzt, bilden eines der schwierigsten Textprobleme des NT. Die wichtigsten Fakten sind folgende: Der Codex Sinaiticus und der Codex Vaticanus lassen den ganzen Abschnitt aus, obwohl die Abschreiber ihn möglicherweise kannten. Vier andere, weniger gewichtige Textzeugen weisen einen anderen, sehr viel kürzeren Schluß auf, drei von ihnen fügen eine erklärende Anmerkung hinzu. Die meisten anderen Unzial- und Kursivhandschriften, desgleichen die alten Übersetzungen und die der lateinischen Väter stützen die Einbeziehung von 16,9-20. Der Übergang von V. 8 zu V. 9 erfolgt unvermittelt, und das Thema wechselt. Maria von Magdala wird ungeachtet ihres Auftretens in V. 1 als eine Fremde eingeführt. Die für Markus so kennzeichnenden lebensnahen Einzelheiten fehlen, und wir finden statt dessen eher eine Art Überblick oder eine Zusammenfassung der Auferstehungserscheinungen.

In der Forschung hat sich allgemein die Auffassung durchgesetzt, daß entweder zu einem sehr frühen Zeitpunkt die letzte Seite des Evangeliums verstümmelt wurde oder daß Markus vielleicht wegen der zunehmenden Verfolgungen außerstande war, es abzuschließen. Vielleicht hat er dann in späterer Zeit den Schluß angefügt, woraus sich der etwas »holprige« Übergang erklären ließe und die Tatsache, daß viele Abschriften den Schluß nicht haben, da sie möglicherweise eine unfertige Vorlage kopierten. Es besteht jedoch auch die Möglichkeit, daß das unvermittelte Ende mit V. 8 von Markus gewollt ist.

Eine interessante Theorie, die ebenfalls zu den Tatsachen passen würde, besagt, daß die Evangelien des Matthäus und Lukas bei ihrem Erscheinen wegen ihrer größeren Ausführlichkeit mehr Anklang fanden als das Markusevangelium, das infolgedessen eine Zeitlang im Dunkeln versunken sei. Als sich die römische Gemeinde bald darauf für die Bewahrung ihrer Schriftdenkmäler zu interessieren begonnen habe, sei der Schluß des einzigen auffindbaren Markusexemplars bereits verstümmelt gewesen. Dieses sei dann zur Vorlage künftiger Abschriften geworden, wobei der uns vorliegende Abschluß zur Abrundung hinzugefügt worden sei. Mehr als eine interessante Theorie kann allerdings auch dieser Erklärungsversuch nicht sein (ausführlicher zu dieser Frage vgl. Rienecker, *Markus*, WStB). Obwohl die Frage nach der Echtheit des Markusschlusses nicht zu klären ist, steht doch außer Frage, daß er inhaltlich in voller Übereinstimmung mit den anderen Evangelien und dem ganzen NT steht. Deshalb wurde seine Kanonizität auch nie ernsthaft angezweifelt. Die Passage enthält vier Abschnitte: die Erscheinung vor Maria von Magdala (V. 9-11); die Erscheinung vor zwei Jüngern, die aufs Land gingen (V. 12.13; vgl. Lk 24,13-35); die Erscheinung vor den Elfen (V. 14-18); die Himmelfahrt und das Sitzen zur Rechten Gottes (V. 19.20). Den ersten drei Abschnitten ist gemein, daß der Herr zwar erschien, seine Boten allerdings immer auf Unglauben stoßen, bzw. die Jünger wegen ihres Unglaubens gescholten werden. **9-11** Der erste Tag der Woche ist unser heutiger Sonntag. Zur Begegnung Maria Magdalenas mit dem Auferstandenen vgl. Joh 20,11-18.

12 *In anderer Gestalt:* Dem auferstandenen Leib Jesu eigenen Kräfte, die er vor der Passion nicht besaß (vgl. Lk 24,31.36; Joh 20,19; 1Kor 15,35ff). Lukas beschreibt die Begebenheit ausführlich (Lk 24,13-35). **14** Der Ausdruck *die Elf* wird als Sammelname zur Bezeichnung der Apostelschar, unabhängig von ihrer jeweiligen Anzahl, verwandt. Obschon sie wegen ihres Unglaubens gescholten werden, **15** werden sie mit dem großen Missionsauftrag betraut. Das *Evangelium* ist die Freudenbotschaft; sie ist universal und gilt *aller Kreatur*. **16** Es ist bemerkenswert, daß die Taufe im negativen Glied des Satzpaares unerwähnt bleibt. Nicht die Nichtbeachtung irgendwelcher rituellen Vorschriften, sondern der Unglaube führt zur Verdammung. Deshalb ist das Entscheidende an der Taufe der Glaube, und ohne Glaube gibt es keine Taufe. **17.18** Mit Ausnahme des Trinkens von Gift findet man im NT für alle diese Zeichen Beispiele. S. z.B. Apg 8,7; 2,4; 28,3-5; 28,8. **19.20** Zum einen ist die Wirksamkeit des Herrn auf Erden, von der dies Evangelium berichtet, beendet: Er *setzte sich zur rechten Hand Gottes* (vgl. Ps 110,1; Hebr 10,11-14); zum anderen wird sie aber durch die Gemeinde, die sein Leib ist (vgl. Kol 1,18), fortgesetzt: *Sie aber gingen aus . . . Und der Herr wirkte mit ihnen.* Und so schließt das Evangelium, das vor allem die Macht und das Wirken des Sohnes Gottes auf Erden darlegt, mit der Offenbarung des weltumspannenden Auftrags der Gemeinde auf Erden. Diese Aufgabe harrt noch immer ihrer Vollendung, doch derselbe Herr wirkt nach wie vor mit denjenigen, die seinem Gebot gehorsam sind, und bekräftigt die Botschaft durch die Zeichen, die sie begleiten.

C. E. Graham Swift

Das Evangelium nach Lukas

Einleitung

Die Theologie des Lukas

Das Evangelium nach Lukas unterscheidet sich dadurch von den anderen drei Evangelien, daß es zusammen mit der Apostelgeschichte, die ebenfalls von Lukas stammt, Teil eines zweibändigen Werkes ist, das die Anfänge des Christentums beschreibt. In seinem Prolog (1,1-4), der wie bei einem Profanhistoriker abgefaßt ist, bringt Lukas seine Absicht zum Ausdruck, allen denen, die schon einige Kenntnis vom christlichen Glauben haben, einen wohlgeordneten Bericht an die Hand zu geben. Für Lukas, der sich in weit größerem Maße als die anderen Evangelisten bewußt als Geschichtsschreiber gibt, ist er ein Stück Historie. Er glaubte, der christliche Glaube gründe sich auf historische Ereignisse, die als Taten Gottes anzusehen seien, und bemühte sich, den Glauben seiner Leser auf eine feste historische Grundlage zu stellen. Mit seinem eigenen Glaubensverständnis ergänzt er die Berichte der anderen Evangelisten. Durch seine Textauswahl und seine Hervorhebungen hat er die Aufmerksamkeit auf diejenigen Aspekte des Lebens Jesu gelenkt, die er für besonders bedeutsam hielt. Seine bedeutenden schriftstellerischen Fähigkeiten hat er bei der Niederschrift seines Berichts voll entfaltet.

1. Lukas beschreibt die Geschichte von Jesus als *ein Stück Historie*. Unter den vier Evangelienberichten kommt der seinige einer Lebensbeschreibung Jesu am nächsten, obwohl er mehr die für den Glauben entscheidenden Tatsachen ins Blickfeld rückt und nicht so sehr die einen heutigen Biographen interessierenden allgemeinen Einzelheiten über Jesu Aussehen, Charakter, seelische Entwicklung usw. Er stellt die Wirksamkeit Jesu und die Entstehung der Urgemeinde als ein zusammenhängendes Ganzes dar, so daß die Geschichte von Jesus bei ihm zu einem Teil der Kirchengeschichte wird. Natürlich hebt Lukas die zentrale Bedeutung des Lebens Jesu damit nicht auf. Eher stellt es den Mittelpunkt der Gnadenhandlungen Gottes an den Menschen dar, dem die Geschichte Israels vorausgeht und der das Zeitalter der Gemeinde einleitet; die Wiederkunft »dieses Jesus«, dessen Erdenleben den wichtigsten Teil des Erlösungsgeschehens bildet, wird das Ende der Geschichte herbeiführen.

2. Der tragende Grund der Wirksamkeit Jesu ist das *Evangelium von der Errettung.* Zwei der Lieblingsworte von Lukas sind »das Evangelium verkünden« und »Errettung«. Ersteres kennzeichnet das Wesen der Wirksamkeit Jesu: seine Lehrtätigkeit, seine Krankenheilungen und seine barmherzigen Werke. Sie waren allesamt Teil der Verkündigung der frohen Botschaft, daß nämlich Gott sein Volk besuchte. Das Wort »Errettung« faßt den Inhalt der Botschaft Jesu zusammen; sie ist in knappster Form in 19,10 umschrieben: »Der Menschensohn ist gekommen, zu suchen und zu retten, was verloren ist.« Nach dem Markusevangelium lautete die Botschaft Jesu, daß das Reich Gottes herbeigekommen sei (Mk 1,14f). Lukas stellt demnach deutlicher heraus, daß den Menschen das mit dem Reich Gottes verbundene Heil durch Jesus tatsächlich zuteil wurde. Ja, es ist Gott selber, der in Jesus zu den Menschen gekommen ist. Diese Tatsache bringt Lukas durch den häufigen Gebrauch des Titels »Herr« (der Bezeichnung für Gott in der LXX) für Jesus zum Ausdruck.

3. Wenn die Rettung den Verlorenen verheißen wird, so wird sie *allen Menschen* verheißen, denn alle sind verloren. Lukas hebt besonders hervor, daß Jesus den Benachteiligten in Judäa - den Armen, Frauen, Kindern und notorischen Sündern - Rettung brachte, daß das Evangelium aber auch, obwohl Jesus seine Tätigkeit größtenteils auf die Juden beschränkte, den Heiden und insbesondere den verachteten Samaritanern gelte.

4. Es gehört zu den Eigenarten des Lukasevangeliums, daß es kaum die *Bedeutung des Kreuzes* als Ort der Errettung hervorhebt. Obwohl Lukas Leiden und Tod als den von Gott bestimmten Weg aufzeigt, den Jesus vor dem Eingang in seine himmlische Herrlichkeit zu gehen hat, spricht er nur in Lk 22,19f und Apg 20,28 aus, daß Jesu Tod seinem Wesen nach ein Opfer war.

5. Kein Autor hat die unendliche Barmherzigkeit Gottes stärker herausgestellt als Lukas, so wird auch in keinem anderen Evangelium der *Anspruch Jesu* nachdrücklicher hervorgehoben. Den Jüngern, die sich Jesus berief, hielt er deutlich vor Augen, was es bedeutete, ihm nachzufolgen und sich selbst zu verleugnen. Gottes Gnade ist keine »billige Gnade«. Der

Sünder muß zur Buße und zum Verzicht auf die weitere Ausübung der Sünde bereit sein.

6. Lukas hat zwar die Geschichte der Gemeinde seinem zweiten Band, der Apostelgeschichte, vorbehalten, doch weist er bereits in seinem Evangelium auf die Kennzeichen jener Zeit hin. Es ist die Zeit, während der Jesus nach seiner Himmelfahrt zur Rechten Gottes sitzt. Seine Diener müssen sein Werk, das Evangelium der Erlösung allen Völkern zu predigen, weiterführen; sie sind dazu durch die Kraft desselben *Heiligen Geistes* befähigt, der auch Jesus für seine Wirksamkeit ausrüstete, und durch das *Gebet* zu Gott, wie es auch Jesus pflegte. Erst wenn diese Aufgabe vollendet ist, wird Jesus plötzlich und als Richter der Menschheit wiederkommen und sein himmlisches Reich aufrichten.

Die Quellen des Lukasevangeliums

Lukas selbst gibt im Prolog seines Evangeliums (1,1-4) zu erkennen, daß er von seinen Vorgängern, die über Jesu Leben geschrieben hatten, wie auch von den frühen Augenzeugen und christlichen Verkündigern Kenntnisse vom Geschehen hat. Jeglicher Versuch, diese Quellen genau zu identifizieren, muß notwendigerweise spekulativ bleiben. Nach der gängigsten Theorie über die Ursprünge der Evangelien hatten Lukas und Matthäus Zugang zu dem bereits vorliegenden Markusevangelium sowie zu einer Sammlung von Aussprüchen Jesu (gemeinhin als »Q« bezeichnet), die verlorengegangen sein soll. Außer dieser ihm mit Matthäus gemeinsamen Quelle verfügte Lukas noch über eine beträchtliche Menge an eigenen Informationen, die man gewöhnlich mit dem Buchstaben »L« kennzeichnet.

Über seine Arbeitsweise gibt es zwei Theorien. Nach der älteren Anschauung gründete er sein Werk auf Markus und fügte an geeigneten Stellen umfangreiche zusätzliche Stoffkomplexe aus »Q« und »L« ein. Eine neuere Theorie behauptet, Lukas habe zuerst die Q-L-Stoffe zu einer Schrift verbunden und diesen »Protolukas« später mit Markus verknüpft; die erste Phase dieses Vorgangs könnte man dann in der Zeit ansetzen, als Lukas in Palästina und Paulus dort im Gefängnis war, und die zweite Phase in die Zeit seiner und des Paulus' Ankunft in Rom, wo Markus sehr wahrscheinlich sein Evangelium schrieb. Die für und gegen diese Theorie ins Feld geführten Argumente sind zu diffizil, um hier erörtert werden zu können. Schließlich aber muß jede Theorie über die Komposition des Evangeliums beim derzeitigen Wissensstand als hypothetisch bezeichnet werden.

Bedeutsamer ist die Frage, ob die von Lukas benutzten Quellen zuverlässig waren und ob er sie getreulich wiedergab. Die erste Frage läßt sich zwar nur im Rahmen einer allgemeinen Untersuchung des Ursprungs der Evangelien beantworten, doch darf man wohl sagen, daß die von Lukas herangezogenen Quellen als in hohem Maße verläßlich gelten können. Besonders die L-Stoffe, die von hohem Wert sind, erweisen durch ihre Berührungspunkte mit den unabhängig von ihnen im Johannesevangelium bewahrten Überlieferungen ihre Authentizität.

Was die zweite Frage betrifft, wie getreu der Verfasser seine Quellen zitiert hat, so gehen hier die Ansichten der Forscher derzeit weit auseinander. Die extreme Auffassung, die zunehmend Anhänger gewinnt, hebt die schöpferischen Fähigkeiten des Lukas hervor und glaubt, er habe die Quellen im Interesse seiner eigenen Theologie manipuliert. Wenn Lukas beispielsweise eine Begebenheit erzählt, die mit ganz anderen Worten auch von Markus berichtet wird, oder einen ähnlichen, aber augenscheinlich verschiedenen Vorfall schildert, so neigen solche Forscher dazu, die Unterschiede eher der freien Überarbeitung seiner Quellen zuzuschreiben als der Tatsache, daß Lukas über zusätzliche authentische Informationen verfügte. Nun hat Lukas zugestandenermaßen seine Quellen stilistisch gründlich überarbeitet und in seinem Bericht viele Änderungen geringfügiger Art vorgenommen. Dem steht aber seine ausdrückliche Absicht gegenüber, die Geschehnisse getreulich und genau wiederzugeben. Ebenso fällt die große Genauigkeit auf, mit der er den geographischen und politischen Hintergrund der Ereignisse schildert, sowie seine große Zurückhaltung, bei der Wiedergabe der Worte Jesu irgendwelche Änderungen vorzunehmen. Zu behaupten, wie es etliche Forscher getan haben, Lukas habe es nicht an historischer Genauigkeit gelegen, heißt, sich in offenen Widerspruch zu seiner ausdrücklich bekundeten Absicht zu stellen. Behält man dies alles vor Augen, so spricht sehr viel für die Überlieferungstreue des Lukas. Wenngleich sein Evangelium eher mit einem künstlerischen Porträt als mit einer Fotografie zu vergleichen ist (und selbst Fotografien werden von einem besonderen Blickwinkel aus aufgenommen und enthalten ein deutendes Element), beschreibt es dennoch wahrheitsgetreu die historische Persönlichkeit Jesu.

Verfasserschaft und Entstehung des Evangeliums

Wenn das Evangelium auf einer zuverlässigen Überlieferung basiert und diese treu wiedergibt, wäre die Frage nach dem Namen seines Verfassers von untergeordneter Bedeutung.

Das eindeutige und übereinstimmende Zeugnis des altkirchlichen Schrifttums seit der zweiten Hälfte des 2. Jahrhunderts gibt aber Lukas, »den geliebten Arzt« und Gefährten des Paulus als Verfasser an. Diese Überlieferung wird zuweilen als eine nachträgliche und irrige Schlußfolgerung aus dem Zeugnis des NT abgewiesen. Aber so einfach liegen die Dinge nicht. Die Überlieferung sondert ganz unzweideutig Lukas aus mehreren möglichen Gefährten des Paulus aus; wir können sie bis zu einem ziemlich frühen Zeitpunkt zurückverfolgen (möglicherweise sogar bis zum Jahr 120 n.Chr.), und es deutet nichts auf irgendeine andere altkirchliche Tradition. Man hat versucht, die lukanische Verfasserschaft durch den Gebrauch medizinischer Ausdrücke im Lukasevangelium und in der Apostelgeschichte, wie es für einen Arzt nahegelegen hätte, nachzuweisen, doch sind derlei Belege zu schwach, um mehr als bloß die Bestätigung einer bereits mit anderen Argumenten vertretenen Auffassung zu liefern.

Zwei Argumente werden gewöhnlich gegen die traditionelle Auffassung einer Verfasserschaft des Lukas ins Feld geführt. Das erste behauptet, das Bild des Paulus in der Apostelgeschichte sei von der geschichtlichen Wirklichkeit allzu weit entfernt, um das Werk eines Zeitgenossen und Gefährten des Apostels zu sein: siehe die Erörterung dieser These in der Einleitung zum Kommentar über die Apostelgeschichte. Dem zweiten zufolge atme das Evangelium den Geist der nachapostolischen Zeit. Es erwecke den Eindruck, zu einer Zeit verfaßt worden zu sein, als sich die Urgemeinde mit der bis dahin noch nicht stattgefundenen Wiederkunft Jesu abzufinden gehabt habe und der Übergang von der Urgemeinde zum »Frühkatholizismus« erfolgt sei.

Keiner der beiden zuletzt genannten Einwände vermag zu überzeugen. Das erste geht davon aus, daß die Urgemeinde die Parusie (Wiederkunft) zunächst nahezu stündlich erwartete und daß ihr Ausbleiben sie erst später veranlaßte, sie in die ferne Zukunft zu verlegen und sie dadurch ihrer Bedeutung für das Leben der Christen zu berauben. Der Quellenbefund jedoch spricht entschieden gegen die Ansicht, daß die Urgemeinde in der Erwartung der unmittelbar bevorstehenden Parusie lebte und daß die Parusie im Lukasevangelium jegliche Bedeutung eingebüßt hat: siehe 12,35-40; 17,20-37; 18,8; 21,5-36. Was den zweiten Einwand betrifft, die Gemeinde habe sich im Lukasevangelium zu einer heilspendenden Institution entwickelt, so braucht man nur die Schriften des Lukas mit denen der Apostolischen Väter zu vergleichen, bei denen diese Art von Theologie Gestalt gewinnt, um die Unhaltbarkeit dieser These aufzuzeigen. Kurzum, die Beweislast tragen nach wie vor diejenigen, die die lukanische Verfasserschaft des Evangeliums bestreiten.

Die Abfassungszeit ist ungewiß und unabhängig von der des Markusevangeliums und der Apostelgeschichte. Zwei Möglichkeiten kommen in Frage: die frühen sechziger Jahre oder die späteren Jahrzehnte des ersten Jahrhunderts. Die meisten Forscher treten für die letztgenannte ein und nennen das Jahr 80 n.Chr. als ungefähres Abfassungsdatum. Diese Datierung geht davon aus, daß Lukas sich nicht auf die Schriften des Josephus (um 93 n.Chr.) stützte, aber sein Evangelium nach dem Fall Jerusalems (70 n.Chr.) verfaßte. Letzteres ist jedoch ungewiß, so daß ein Abfassungsdatum vor 70 n.Chr. keineswegs ausgeschlossen werden kann.

Der Abfassungsort steht ebenfalls nicht sicher fest. Nach einer frühen Überlieferung schrieb Lukas sein Evangelium in Achaia (Griechenland), doch weist dessen Beziehung zu Markus auf eine Verbindung mit Rom. Es ist möglich, daß Lukas es in Rom niederschrieb, aber für Achaia bestimmte; wüßten wir, wer Theophilus war, so hätten wir des Rätsels Lösung, doch seine Identität bleibt im Dunkeln.

Inhaltsübersicht

Der Aufbau des Lukasevangeliums zeigt große Ähnlichkeit mit dem des Markus- und des Matthäusevangeliums, in denen die Wirksamkeit Jesu, etwas verallgemeinert, in eine galiläische und eine judäische Periode unterteilt ist. Lukas weicht insofern von Markus ab, als er der Wirksamkeit Jesu eine Schilderung seiner Geburt voranstellt und den Bericht über den letzten Gang Jesu nach Jerusalem besonders ausführlich gestaltet.

1,1-4	**Prolog**	
1,5-2,52	**Geburt und Kindheit Jesu**	
	1,5-25	Die Ankündigung der Geburt Johannes des Täufers
	1,26-38	Die Ankündigung der Geburt Jesu
	1,39-56	Marias Besuch bei Elisabeth
	1,57-80	Die Geburt Johannes des Täufers
	2,1-20	Jesu Geburt
	2,21-40	Jesu Darstellung im Tempel
	2,41-52	Der zwölfjährige Jesus im Tempel
3,1-4,13	**Johannes der Täufer und Jesus**	
	3,1-20	Das Wirken Johannes des Täufers
	3,21.22	Jesu Taufe
	3,23-38	Jesu Stammbaum
	4,1-13	Jesu Versuchung
4,14-9,50	**Jesu Wirksamkeit in Galiläa**	
	4,14-5,11	Die gute Botschaft vom Reich
	5,12-6,11	Der Beginn der Auseinandersetzungen mit den Pharisäern
	6,12-49	Jesu Lehre an seine Jünger
	7,1-50	Das Erbarmen des Messias
	8,1-21	Jesus lehrt in Gleichnissen
	8,22-56	Vier Machttaten Jesu
	9,1-50	Jesus und die Zwölf
9,51-19,10	**Jesus auf dem Weg nach Jerusalem**	
	9,51-10,24	Pflichten und Rechte der Jünger
	10,25-11,13	Kennzeichen der Jüngerschaft
	11,14-54	Widerstand gegen Jesus
	12,1-13,9	Vorbereitung der Jünger auf die kommende Krisenzeit
	13,10-35	Die Heilswirkungen der Gottesherrschaft
	14,1-24	Das Gastmahl im Hause des Pharisäers
	14,25-35	Die Kosten der Nachfolge
	15,1-32	Das Evangelium für die Verlorenen und Ausgestoßenen
	16,1-31	Warnungen an die Reichen
	17,1-19	Lehrstücke für die Jünger
	17,20-18,8	Das Kommen des Menschensohnes
	18,9-19,10	Der Bereich des Heils
19,11-21,38	**Jesu Wirken in Jerusalem**	
	19,11-27	Das Gleichnis von den anvertrauten Pfunden
	19,28-40	Jesu Einzug in Jerusalem
	19,41-48	Jesu Weissagungen über Jerusalem. Die Tempelreinigung
	20,1-21,4	Der wachsende Widerstand gegen Jesus
	21,5-38	Die Zerstörung des Tempels und die letzten Dinge
22,1-24,53	**Leiden, Sterben und Auferstehung Jesu**	
	22,1-38	Das letzte Abendmahl
	22,39-53	Jesus in Gethsemane. Seine Gefangennahme
	22,54-71	Jesus vor dem Hohen Rat
	23,1-25	Jesus vor dem römischen Prokurator
	23,26-49	Jesu Kreuzigung und Tod
	23,50-56	Jesu Grablegung
	24,1-53	Jesu Auferstehung

Kommentar

1,1-4 Prolog

Im Unterschied zu den anderen Evangelisten schickt Lukas seinem Evangelium ein in ausgezeichnetem Griechisch verfaßtes kurzes Vorwort voraus, wie man es sonst in den Werken profaner Autoren finden kann. Die griech. Historiker wollten die großen Taten ihrer Vorfahren lebendig erhalten; Lukas berichtet vom größten Ereignis der Weltgeschichte, dem Heilsgeschehen in Christus, und seinen Auswirkungen. Sein Vorhaben rechtfertigt er durch den Hinweis auf frühere Evangelien, auf die Zuverlässigkeit seiner Quellen und auf seine eigene Befähigung zur Abfassung eines auf sorgfältigen Forschungen aufgebauten, wohlgeordneten Berichts. Diese fundierte Geschichtsdarstellung sollte eine solide Grundlage für den christlichen Glauben bieten.

1 *Viele* sollte man nicht als Hinweis auf eine allzu große Anzahl sehen. Die *Geschichten ..., die unter uns geschehen sind,* umfassen alles im Lukasevangelium wie in der Apostelgeschichte Berichtete. **2** Die Apostel und ihr engster Kreis, die die Geschehnisse in der Verkündigung weitergaben, waren die ursprünglichen Vermittler einer autoritativen Überlieferung. Ihr Zeugnis basierte auf persönlichem Erleben (vgl. 1Jo 1,1-3). **3** *Theophilus* ist sonst nicht bekannt. *Hochgeehrter* ist entweder lediglich eine Höflichkeitsfloskel oder weist auf eine Amtsstellung hin (vgl. Apg 23,26; 26,25). **4** Ob Theophilus bereits Christ war, hängt davon ab, ob man *unterrichtet* als Lehrunterweisung innerhalb der Gemeinde oder als bloßes Informiertsein deutet. Darüber hinaus war Theophilus bestimmt nicht als einziger Leser gedacht.

1,5-2,52 Geburt und Kindheit Jesu

Als Prolog zur Wirksamkeit Jesu berichtet Lukas die Geschichte seiner Geburt und zeigt, wie Jesus als Gottes Sohn zur Welt kam (1,35). Mit dieser Geschichte eng verknüpft ist die Parallelerzählung von der Geburt seines Vorläufers Johannes, der die Menschen auf das Kommen des Herrn vorbereitete (1,16f, 76f). Der Bericht ist durch häufige Anspielungen auf atl. Parallelen und Weissagungen gekennzeichnet, die Kontinuität zwischen Gottes neuem Heilshandeln und seinem Wirken im AT nachweisen, sowie durch verschiedene übernatürliche Elemente, die die beiden Kinder Johannes und Jesus als Gottes Knecht bzw. Sohn charakterisieren. Die Ursprünge der Erzählung müssen in Überlieferungen liegen, die auf die Eltern der beiden zurückgehen. Lukas hat jedoch bei der Verarbeitung der Quellen seinen eigenen Stil zur Geltung gebracht.

1,5-25 Die Ankündigung der Geburt Johannes des Täufers

Die Geschichte Jesu beginnt mit der Ankündigung der Geburt seines Wegbereiters. Diese geschieht mit ähnlich majestätischen Worten wie die Ankündigung der Geburt Jesu, da Johannes nach 7,28 als die bedeutendste Persönlichkeit der Geschichte gilt. Seine Eltern waren rechtschaffene Glieder des alten Bundes (vgl. 1Mo 17,1; 1Kö 9,4), und sein Vater übte gerade seine priesterlichen Pflichten aus, als ihm ein Engel erschien, der ihm die Erhörung seines Gebetes um einen Sohn zusagte. Dieser Sohn sollte Johannes (»Gott ist gnädig«, V. 13) heißen und das endzeitliche Kommen Gottes zu seinem Volk vorbereiten, das die große Hoffnung des Judentums war. Er würde wie ein Nasiräer (ein »Gottgeweihter« nach 4Mo 6; vgl. LZB) für den Dienst Gottes ausgesondert und vom Geist für seine Aufgabe bevollmächtigt werden (V. 15). Er würde dem Volk große Freude bringen, weil ihm seine Sendung als der neue Elia (vgl. Mal 3,23) die Gewißheit geben würde, daß der Tag Gottes nahe herbeigekommen sei. Wie vor ihm Abraham (1Mo 15,8) vermochte Zacharias das Wort Gottes nicht zu glauben und bat um eine Bestätigung. Der Engel nannte ihm daraufhin seinen Namen (Gabriel heißt »Gott hat sich stark erzeigt« und stellt seine göttliche Autorität heraus) und seinen Auftrag von Gott und fügte hinzu, Zacharias werde bis zur Geburt des Kindes stumm (und taub, 1,62) bleiben. Als der Priester aus dem Tempel kam, führte das Volk seine Sprachlosigkeit auf einen Schock zurück, den er vermutlich wegen einer Erscheinung erlitten haben mußte. Zur festgesetzten Zeit machte Gott seine Verheißung wahr, und das Kind wurde empfangen.

5 Herodes der »Große« regierte bis zum Jahre 4 v.Chr.; vgl. 2,1. **6.7** beschreiben die makellose Herkunft des Täufers. Kinderlosigkeit bedeutete für eine jüdische Frau eine große Schmach (1,25; 1Mo 30,23) und wurde mitunter als Strafe für Sünde angesehen. Aus V. 6 geht jedoch hervor, daß das hier nicht der Fall war. Die Kinderlosigkeit Elisabeths steht vielmehr in enger Verbindung mit ähnlichen Ereignissen im AT, wo die Niederkunft einer vorher unfruchtbaren Frau sich zum großen Segen für das Volk auswirkte (z.B. durch Isaak, Simson, Gideon und Samuel). **8-12** Der große

Priesterstamm Levi war in 24 *Ordnungen* unterteilt; die Ordnung Abia (V.5) war die achte (1Chr 24,10). Jede Ordnung versah jedes Jahr während zwei Wochen den Tempeldienst. Die übrige Zeit gingen viele Priester an ihren Wohnorten meist außerhalb von Jerusalem (V.23.39) ihrem weltlichen Beruf nach. Das *Räucheropfer* wurde zweimal täglich dargebracht (2Mo 30,7f). Der Priester, der die Darbringung im Heiligtum zu vollziehen hatte, wurde durch das Los bestimmt, wobei jedoch keinem diese höchste Ehre mehr als einmal und vielen sogar niemals zuteil wurde. Der Priester war während der Darbringung des Opfers allein; die *Menge des Volkes* betete draußen, bis er wieder erschien und ihr seinen Segen erteilte. **13** Die Namengebung war ureigentliches Recht des Vaters (vgl. 1,62). Bestimmte Gott den Namen, so war das ein Zeichen, daß er das Kind in besonderer Weise für sich in Anspruch nahm. **24** Elisabeth *hielt sich verborgen* während der Zeit, in der ihre Schwangerschaft noch nicht offenkundig war und sie weiterhin damit rechnen mußte, wegen ihrer Kinderlosigkeit verachtet zu werden. Die Nachricht wurde zuerst der Maria mitgeteilt, während die breite Öffentlichkeit von dem Wunder vorerst nichts erfuhr.

1,26-38 Die Ankündigung der Geburt Jesu

Der Bericht über die Ankündigung der Geburt Jesu weist große Ähnlichkeit mit der vorangegangenen Erzählung auf, lenkt jedoch diesmal das Interesse auf die Mutter des Kindes. Maria war mit Josef verlobt, aber die Hochzeit hatte noch nicht stattgefunden. Wie zuvor den Zacharias, so versetzte die Erscheinung des Engels auch sie in Furcht, besonders aber erschrak sie über die Anrede *Begnadete*. Die Antwort des Engels verweist auf die Gnade Gottes, vor der Maria keine Furcht haben muß. Der besondere Gnadenerweis besteht darin, daß sie einen Sohn gebären wird, der zum Messias bestimmt ist (Jes 7,14). Marias Frage an den Engel (V.34) bietet eine Schwierigkeit. Wenn sie mit einem Nachkommen Davids verlobt war, warum beteuerte sie dann, sie wisse um keinen Mann? Die Ansicht römisch-katholischer Theologen, sie hätte ein Keuschheitsgelübde abgelegt, ist sicher falsch. Maria nahm wahrscheinlich an, der Engel meine eine baldige Empfängnis und konnte sich nicht vorstellen, wie diese vor ihrer Hochzeit möglich sein sollte. Gewöhnlich fand die Hochzeit ein Jahr nach der Verlobung statt. Aus der Erwiderung des Engels geht klar hervor, daß ihr Sohn kein irdischer, lediglich von Gott als Sohn adoptierter Messias sein würde (vgl. 2Sam 7,12-14), sondern wahrhaft und wirklich Gottes Sohn. Seine Geburt werde der Kraft des Heiligen Geistes, der über sie kommen sollte, zuzuschreiben sein, so daß ihr Kind »heilig«, d.h. göttlich sein würde. Der Engel bekräftigte seine Ankündigung, indem er Maria mit dem Wunder, das Elisabeth bereits erlebt hatte, ein Zeichen gab. In ihrer Antwort spiegeln sich ihre Demut und ihr Glaube wider.

26 *Sechsten:* Vgl. V.36. **27** Der Nachdruck liegt weniger auf der moralischen Integrität der Jungfrau Maria als auf der Tatsache, daß ihr Kind Gottes Sohn war. *Vom Hause David* bezieht sich auf Josef; als ein Adoptivsohn war Jesus rechtlich ein Nachkomme Davids. **28** *Begnadete* meint lediglich, daß Gott in seiner Gnade Maria zur Mutter Jesu erwählte, und nicht, daß sie »voller Gnaden« war. **31** *Jesus* (hebr.: *Josua*) bedeutet »Erlöser«. **32.33** Die Beschreibung gründet sich auf Worte aus dem AT und schildert Jesu Bedeutung als Messias oder gesalbter König aus Davids Stamm, der über ein Reich von ewiger Dauer herrschen wird (Jes 9,6; Dan 7,14; Ps 2,7ff). **35** Die Schilderung der Empfängnis Jesu erinnert an das Ruhen der Herrlichkeit Gottes auf der Stiftshütte (2Mo 40,35). Sie erklärt und bewahrt das Geheimnis gleichermaßen. *Überschatten* ist keine verhüllende Ausdrucksform für »zeugen«. Die Grundbedeutung von *heilig* ist »für Gott ausgesondert« und weniger »sittlich rein«; es kann daher »göttlich« bedeuten (vgl. Ps 89,6.8).

Exkurs: Die Geschichtlichkeit der Jungfrauengeburt

Die Erzählung von der Jungfrauengeburt handelt von einem wunderbaren und übernatürlichen Ereignis. Einwände, die auf grundsätzlichen Zweifeln an übernatürlichen Geschehnissen beruhen, sind Teil einer allgemeinen Geisteshaltung, die in diesem Zusammenhang nicht erörtert werden kann. Gewichtiger sind hier andere Argumente: *a) Das Schweigen der Mehrzahl der ntl. Autoren:* Der Umstand, daß die Jungfrauengeburt im NT kaum erklärt wird, bildet keinen gewichtigen Einwand gegen ihre Historizität. Wenn der Bericht wahr ist, so kann er nur von der Familie Jesu herrühren und war sicherlich nicht zur öffentlichen Verkündigung bestimmt. Jüdische Verleumdungen, die die Illegitimität der Geburt Jesu behaupten wollten, deuten darauf hin, daß man allerdings um ihre Außergewöhnlichkeit wußte. *b) Parallelen mit dem Heidentum:* Kritiker haben heidnische Geschichten von heroischen Göttersöhnen sowie Erzählungen von geschlechtlichen Vereinigungen von Göttern mit sterblichen Frauen angeführt und behauptet, die Geschichte der Jungfrauengeburt sei eine Übernahme jüdischer oder hellenistischer Mythen in den christlichen Glauben und ein

Versuch, den göttlichen Ursprung Jesu durch poetische und mythologische Ausschmückungen plausibel zu machen. Zwischen der Atmosphäre heidnischer Mythologien und dem Bericht von Lk 1-2 liegen jedoch Welten. Eine genaue Parallelität zu der christlichen Erzählung ist ohnehin nur mittels einer künstlichen und äußerst spekulativen Zusammenstellung der Quellen zu gewinnen. Wenn auch die Stärke dieses Arguments nicht unterschätzt werden darf, kann es letztendlich jedoch nicht überzeugen. *c) Einzelheiten in der Erzählung:* Historische Schwierigkeiten, beispielsweise die Angaben über die Eintragung für die Steuer, werden weiter unten behandelt. Sie berühren jedoch die Kernaussage der Jungfrauengeburt nicht. *d) Dogmatische Einwände:* Es wird eingewendet, daß Jesus nicht wahrhaftiger Mensch gewesen wäre und uns völlig geglichen hätte, wenn er nicht auch auf die normale menschliche Weise geboren worden wäre. Doch dieses Argument muß im Kontext der gesamten biblischen Theologie beantwortet werden, was hier nicht geleistet werden kann.

1,39-56 Marias Besuch bei Elisabeth

Marias erste Reaktion auf die Botschaft des Engels bestand darin, der unausgesprochenen Aufforderung nachzukommen (1,36), Elisabeth aufzusuchen; sie blieb bis zu deren Niederkunft bei ihr. Elisabeth gab eine weitere Bestätigung für die Verheißung des Engels, als sie Maria in prophetischer Art und Weise segnete. Sie erkannte, daß Maria den Messias zur Welt bringen würde, war deshalb überglücklich über ihren Besuch und pries sie dafür, daß sie das Wort des Engels glaubend angenommen hatte. Sogar das Hüpfen des Kindes in ihrem Leib ist eine Reaktion auf Marias Kommen.

Marias als Poesie verfaßte Antwort ist als »Magnifikat« bekannt. Atl. Lobgesänge klingen darin an, insbesondere der der Hanna (1Sam 2,1-10). Der beste Kommentar zum Magnifikat (wie zu dem ganzen ersten Kapitel) sind wohl die Parallelstellenangaben in LÜ 1956 und ZÜ. Sein Wortlaut ist, wie der der anderen Hymnen dieses Kapitels, allgemein gehalten und notwendigerweise eher vom AT als vom NT geprägt. Wahrscheinlich benutzte Maria Worte, die ihr aus jüdischen Lobgesängen vertraut waren. Ob sie den Hymnus aus dem Stegreif dichtete oder ihn erst später zum Magnifikat ausgestaltete, muß offen bleiben. Ihr Hymnus pries Gott dafür, daß er sie, die niedrige Magd, persönlich gesegnet hatte, was durchaus der Barmherzigkeit entspricht, mit der er sich der Niedrigen annimmt, während er die Hochmütigen zu Fall bringt.

41 Johannes war später anscheinend nicht sehr nahe mit Jesus bekannt (Joh 1,31; Lk 7,19). Das steht in Einklang mit dieser Stelle, in der nichts von einer anschließenden Beziehung zwischen den beiden berichtet wird. **46** Einige Textzeugen lesen statt *Maria* »Elisabeth«, woraus man gefolgert hat, sie habe in Wirklichkeit das Magnifikat gesprochen. Die Belege sind jedoch äußerst dürftig, und der Hymnus paßt besser zu Maria, die an die Worte Elisabeths (V. 42-45) anknüpfend ihre eigenen Empfindungen zum Ausdruck bringt. **48** Die *Niedrigkeit* wurzelt in Marias Empfinden, der großen Ehre, die ihr zuteil geworden ist, nicht würdig zu sein. In aller Demut ist sie sich gleichzeitig ihrer hohen Berufung bewußt: *... mich selig preisen.* **49** Dadurch, daß er sein Volk errettet und machtvolle Taten für es vollbringt, zeigt Gott, daß er *heilig* ist (Ps 111,9). **51-55** Das in diesen Versen beschriebene Handeln Gottes entspricht seinem Wesen und seiner Verheißung. Obwohl mit Christus die Ereignisse bereits angebrochen sind, ist der Hymnus durchaus eschatologisch.

1,57-80 Die Geburt Johannes des Täufers

Elisabeths Nachbarn freuten sich, daß Gott sich dieser bisher unfruchtbaren Frau erbarmt hatte. Sie nahmen an, das Kind werde den Namen seines Vaters, Zacharias, erhalten, doch bestand seine Mutter darauf, es Johannes zu nennen, was der stumme Vater bestätigte. Wahrscheinlich hatte Zacharias seiner Frau von der Engelerscheinung berichtet, so daß man keine gesonderte Offenbarung des Namens an Elisabeth annehmen muß. Nachdem Zacharias die Sprache wiedererlangt hatte, stimmte er mit seinen ersten Worten einen Lobgesang an, der sich in V. 67-79 anschließt. Das ganze Geschehen machte auf die Nachbarn einen gewaltigen Eindruck; sie sahen für ein Kind, dessen Geburt von derartigen Zeichen begleitet war, eine ungewöhnliche Zukunft voraus.

Der Lobgesang des Zacharias (»Benediktus« genannt) ist ein prophetischer Hymnus und ähnelt in seinen Empfindungen dem der Maria und fügt sich ebenso gut in diesen jüdischen Gesamtkontext. Er preist zuerst Gott dafür, daß er gemäß den alten Weissagungen und dem von ihm geschlossenen Bund seinem Volk durch einen Sproß Davids Erlösung bringt (V. 68-73). Der zweite Teil (V. 76-79) handelt von der künftigen Mission des Johannes, der als Prophet dem Herrn den Weg bereiten würde, indem er dem Volk die Nähe des Retters ankündigte und ihm die Vergebung der Sünden zusprach.

Der Bericht über die Erfüllung dieser Prophetie wird durch Kap. 2 unterbrochen, wo die ganze Aufmerksamkeit auf Jesus gelenkt wird.

Eine kurze Notiz schildert, wie Johannes heranwuchs (1,80).

59 Die Beschneidung mußte am *achten Tag* vorgenommen werden (3Mo 12,3). Daß dabei die Namengebung erfolgt, ist ungewöhnlich (vgl. aber auch 2,21), da sie im AT bei der Geburt stattfand (1Mo 21,3). **63** *Er heißt Johannes:* nicht »soll heißen«, denn der Engel hatte den Namen bereits bestimmt. **65** *Furcht* ist in der Bibel die normale menschliche Reaktion auf das Übernatürliche (vgl. V.12). **66** Das Volk beschloß, achtzugeben, ob das, was hier geschehen war, durch die späteren Ereignisse bestätigt werden würde. *Denn die Hand . . .* ist Lukas' Anmerkung, nicht die des Volkes.

67-79 Wie V.76-79 zeigen, ist der Hymnus eine Weissagung. Die V.68-75 sind allgemeiner gehalten und unterscheiden sich im Ton von der üblichen Sprache der Prophetie, was jedoch der Einheit des Hymnus nicht abträglich ist. **68** *Besuchen* heißt kommen, um zu erlösen (1,78; 7,16; vgl. jedoch auch 19,44). **69** Gleich seiner Frau wußte Zacharias, daß das Kind der Maria der davidische Messias sein würde. **70** Die Weissagungen umfassen 2Sam 7,12ff; Jes 9,5ff; vgl. Apg 3,21. **71** Zacharias' Hymnus atmet wie das Magnifikat der Maria die jüdische Messiashoffnung, die zunächst eine politische Befreiung erwartete. Man beachte jedoch, daß nirgendwo von Rache an den Feinden die Rede ist. **72.73** Der *Bund* und der *Eid* aus 1Mo 17,7; 22,16-18; 26,3; Ps 105,9-11 wird dahin verstanden, daß Gott sein Volk durch Befreiung von den Feinden in den Stand setzt, ihm in Heiligkeit und Gerechtigkeit zu dienen. **76** Johannes wird die Stellung eines *Propheten* zuerkannt (vgl. Jes 40,3; Mal 3,1). Mit dem *Herrn* ist Jesus gemeint (vgl. 1,43), durch den allerdings Gott handelt. **77-79** Die Predigt der Vergebung war das Zeichen, daß Gott an seinem sündigen Volk wieder zu handeln begonnen hatte. Die nicht politisch, sondern geistlich gefüllte Wendung »das Heil erkennen« (V.77) wird durch *durch die herzliche Barmherzigkeit unseres Gottes* (V.78) näher bestimmt. Das aufgehende Licht *aus der Höhe* (griech.: *anatole*) ist entweder eine Übersetzung des hebr. Wortes für »Sproß«, das Sach 3,8; 6,12 als Messiastitel verwandt wird, oder bezieht sich (wahrscheinlicher) auf die aufgehende Sonne als Befreiung von der Finsternis (V.79; vgl. 3,20; 4Mo 24,17). In beiden Fällen ist Jesus und nicht Johannes gemeint.

Die Mission des Johannes wird in diesem Abschnitt in erhabenen Ausdrücken beschrieben. Dies steht ein wenig im Gegensatz zu der untergeordneten Stellung, die er im Lukasevangelium einnimmt, und zeigt, daß Lukas den Hymnus nicht erfunden hat. Andererseits übersehen diejenigen Kritiker, nach deren Dafürhalten der Hymnus von einer Gruppe von Johannesanhängern, die in ihm den Messias sahen, bewahrt und überliefert wurde, daß Johannes darin eindeutig vom Messias unterschieden wird.

80 *In der Wüste* könnte darauf hinweisen, daß Johannes unweit von Qumran, am Toten Meer, lebte, wo eine jüdische Gemeinschaft, die eine streng asketische Grundhaltung vertrat und rituelle Waschungen durchführte, erwartungsvoll der kommenden Heilszeit Gottes entgegensah. Johannes selber gehörte dieser Sekte nicht an und unterschied sich wesentlich von ihr (s. Goppelt, *Theologie des NT,* Bd. 1).

2,1-20 Jesu Geburt

(Vgl. Mt 1,18-25.) Unter der Regierung des Kaisers Augustus (31 v.Chr. - 14 n.Chr.) organisierten die Römer in mehreren Teilen ihres Reiches die Verwaltung neu und führten zum Zweck der Steuerveranlagung eine Personen- und Besitzstandsregistrierung durch. Im Zuge der Ausführung eines solchen kaiserlichen Dekrets in Syrien, wozu Judäa gehörte, gelangten Josef und Maria nach Bethlehem, das schon vor langer Zeit in Weissagungen als Geburtsort des Messias bezeichnet worden war (Mi 5,1). Daß Josef zusammen mit Maria dorthin zog, könnte andeuten, daß sie nunmehr verheiratet waren. Ihre Bezeichnung als *Braut* (V.5) des Josef (falls dies die richtige Lesart ist - einige Textzeugen, denen sich LÜ 56 anschließt, lesen »seinem vertrauten Weibe«) deutet dann an, daß sie die Ehe noch nicht vollzogen hatten (vgl. Mt 1,25). Eine Überlieferung aus dem 2. Jh. verlegt die Geburt in eine Höhle, doch meint Lukas anscheinend ein Nebengebäude der Herberge. Die Geburt des Kindes wurde wider alle Erwartung ausgerechnet Hirten verkündigt, die wegen ihrer wirtschaftlichen Abhängigkeit ein verachteter Stand waren und als unehrlich galten. Die Bedeutung dieser Geburt erklärt der Engel: der Erlöser war erschienen. Seine Botschaft wurde durch den Gesang eines Engelchores bestätigt: »Ehre sei Gott in der Höhe und Friede auf Erden bei den Menschen seines Wohlgefallens.« Die katholische, auf der Vulg. beruhende Übersetzung, »den Menschen, die guten Willens sind«, spiegelt ein theologisches Mißverständnis wider. Der Friede Gottes wird den Menschen nicht um ihrer Verdienste willen zuteil, sondern er wird gerade den Unwürdigen gegeben, die allein auf Gottes freie Gnade angewiesen sind.

2 *Diese Schätzung* für die Steuer, die Augustus angeordnet hatte, wirft viele Probleme auf. Als bewiesen kann jedoch gelten, daß solch ein Zensus möglich war, daß er innerhalb des

Herrschaftsbereichs eines römischen Vasallenkönigs hätte durchgeführt werden können und daß er sich nach dem Ort richtete, in dem der einzelne wohnte oder Besitz hatte. Das eigentliche Problem ist das Datum. Cyrenius (oder *Quirinius*) war seit 6 n.Chr. Statthalter von Syrien. Während dieser Zeit brach wegen der Anordnung des Zensus ein Aufstand auf (vgl. Apg 5,37 und Josephus: *Altertümer* XVII 13,5). Jesus wurde indessen vor dem Tod des Herodes (4 n.Chr.) geboren. Folgende Lösungen des Problems erscheinen möglich: *a)* Es liegt eine Verwechslung mit »Saturninus« vor, der von 9-6 v.Chr. Statthalter war. *b)* Quirinius war möglicherweise schon früher Inhaber eines Staatsamts im Osten und leitete damals den Zensus ein. Das konnte jedoch unmöglich die Statthalterschaft von Syrien sein. Nach E. Stauffer war er »Orientchef« und »Vizekaiser« mit örtlich unbeschränkter Zuständigkeit. *c)* Da dies der erste Zensus in Judäa war, müssen sich die Eintragungen und die anschließende Besteuerung über mehrere Jahre hingezogen haben. Lukas erwähnt den Namen des Quirinius, weil unter seiner Statthalterschaft der Vorgang nach dem Tod des Herodes seinen Abschluß fand. Der Apg 5,37 erwähnte Aufruhr fand dann anläßlich der erstmaligen Erhebung der neuen Steuer statt.

8 Herden wurden von April bis November *auf dem Felde . . . des Nachts* gehütet, doch war dies offenbar auch im Winter möglich. Es liegen allerdings keinerlei Beweise dafür vor, daß Jesus im Dezember geboren wurde. **10** Mit *allem Volk* ist Israel gemeint; die weltumspannende Bedeutung Jesu wird erst V.32 geoffenbart. **11** *Christus, der Herr:* Einige meinen, dies sei ein Schreibfehler für »der Christus des Herrn« (vgl. V.26), doch entspricht der Wortlaut wahrscheinlich genau der Absicht des Lukas. **12** Das *Zeichen* bestätigt durch den ungewöhnlichen Ort, wo das Kind zu finden war, des Kindes außerordentliche Bedeutung als Erlöser. Die früher oft vertretenen Thesen, die Auffindung eines auf übernatürliche Weise zur Welt gekommenen Kindes in einer Krippe durch Hirten sei ein aus heidnischen Mythen entlehntes Motiv, wurde durch die neuere Forschung widerlegt. Sie beruht auf einer sehr willkürlichen Auslegung unzureichender Quellen. **19** nennt wahrscheinlich die Quelle dieser Erzählung.

2,21-40 Jesu Darstellung im Tempel

V.21 berichtet kurz von Jesu Beschneidung und Namengebung, wobei der Nachdruck auf dem bedeutungsvollen Namen liegt, den er bereits vor seiner Empfängnis erhielt. Während über die Zukunft des Johannes anläßlich seiner Beschneidung Weissagungen ergingen, geschah das im Falle Jesu erst später im Tempel. Der Hintergrund der Weissagungen weist auf drei verschiedene Elemente: *a)* Nach der Geburt eines männlichen Kindes galt die Mutter sieben Tage lang als kultisch unrein; sie blieb dann weitere dreiundreißig Tage lang zu Hause, nach deren Ablauf sie am vierzigsten Tage ein Reinigungsopfer darbringen mußte (3Mo 12,1-8). Dieses wird V.24 beschrieben. *b)* Ein erstgeborenes Kind mußte »losgekauft« bzw. »ausgelöst« werden. Alle Erstgeborenen galten als heilig oder gottgeweiht. Die Erstgeburt des Viehs wurde als Opfer dargebracht, doch die Erstgeburt des Menschen wurde, wenn sie einen Monat alt war, durch Zahlung von fünf Schekel ausgelöst (2Mo 13,15; 4Mo 18,15.16). Das Gesetz forderte nicht die Anwesenheit des Kindes bei der Zahlung im Tempel, doch diesmal fanden beide Zeremonien (Reinigung und Auslösung) gleichzeitig statt. *c)* Eine dritte Überlegung spielte ebenfalls eine Rolle: Es scheint, als habe Maria ihr Kind Gott geweiht, genauso wie früher Hanna den Samuel in Silo (1Sam 1,11.21-28).

Das Hauptthema des Abschnitts ist jedoch die messianische Huldigung, die Jesus durch Simeon und Hanna zuteil wurde. Simeon war ein frommer Israelit, der der Rettung seines Volkes entgegensah und von Gott die Verheißung empfangen hatte, nicht eher zu sterben, als bis er den Messias gesehen habe. Als er, vom Geist getrieben, in den Tempel kam und das Kind auf seine Arme nahm, brauchte er keine weitere Bestätigung, daß dies der Messias sei. Er brachte Gott seinen Dank zum Ausdruck und seine Bereitschaft, nun, da die Verheißung erfüllt war, zu sterben. Simeon hatte in Jesus den Retter für die ganze Menschheit, nicht bloß für die Juden, geschaut. Hier klingt die allgemeine Erlösung an, die im AT verheißen wird (s. Ps 98; Jes 49,6). Nach der Segnung Marias und Josefs kündigte er prophetisch an, daß das Kommen des Kindes nicht nur Heil, sondern zugleich auch Gericht bringen würde, weil das Innerste der Menschen offenbar würde; Maria selber solle durch den Widerstand, den man ihrem Sohn entgegenbringen würde, schwere Pein erleiden. Simeons Worte wurden durch das Hinzutreten der Hanna bestätigt, die Gott für das Kommen des Messias dankte und das Heil, das Gott durch ihn seinem Volk bringen würde, sogleich anderen verkündigte. Danach kehrte die Familie nach Nazareth zurück, wo Jesus als ein von Gott offenkundig Gesegneter heranwuchs. Die Flucht nach Ägypten (Mt 2,13-23) übergeht Lukas in seiner Berichterstattung.

22 *Ihrer Reinigung:* Nur Maria mußte sich der Reinigung unterziehen; Jesus mußte als erstgeborenes Kind losgekauft werden.

24 *Turteltauben* waren das Opfer für die ärmeren Leute (3Mo 12,8). Reichere brachten ein Schaf. 25 *Trost:* Vgl. Jes 40,1f; 49,13; 61,2. 27 Josef und Maria werden hier und andernorts als Jesu *Eltern* bezeichnet. Dieser Sprachgebrauch widerstreitet in keiner Weise der Tatsache der Jungfrauengeburt. 33 Einige Ausleger haben gemeint, Marias und Josefs Erstaunen über Simeons Worte sei, falls sie die Botschaften der Engel bereits vernommen hatten, unverständlich. Die beiden Erzählungen widersprächen daher einander und gehörten nicht zusammen. Die Verwunderung der Eltern ist psychologisch aber durchaus verständlich, da ihnen die Bedeutung ihres Sohnes erneut bestätigt wurde. Darüber hinaus betont V.32 zum erstenmal, daß Jesu Wirkungsbereich auch die Heiden umfaßte (vgl. dagegen 1,32f; 1,54f; 2,10ff, wo direkt nur Israel angesprochen wurde). 36 *Asser* ist einer von den sogenannten zehn verlorenen Stämmen des Nordreichs. 37 Hanna war *vierundachtzig* Jahre alt; man könnte aber auch übersetzen »seit vierundachtzig Jahren Witwe«. Das hohe Alter betont ihre Würde. *Die wich nicht vom Tempel* ist rhetorische Wendung und nicht wörtlich aufzufassen (vgl. 24,53). 38 *Jerusalem* steht in diesem Zusammenhang für Israel (vgl. V.25). Es ist der Ort, von dem die Erlösung ihren Ausgang nahm (Apg 1,8). 39 Hier ist der Aufenthalt in Ägypten (Mt 2,13-23) einzuschalten. 40 Die *Weisheit* Jesu wird schon im folgenden Abschnitt offenbar.

2,41-52 Der zwölfjährige Jesus im Tempel

Von den drei großen Festen, Passah, Pfingsten, Laubhütten, die jeder männliche Jude in Jerusalem begehen sollte (3Mo 23,14ff), wurde nur das Passah strikt eingehalten. Ganze Familien machten sich dann zu der Stadt auf, die in dieser Zeit zusätzlich zu ihren rund 25000 Einwohnern noch an die 60000-100000 Festgäste beherbergte. Die Reisenden schlossen sich aus Sicherheitsgründen (vgl. 10,30ff) und um der Gesellschaft willen zu großen Pilgerzügen zusammen. Deshalb überrascht es nicht, daß Maria und Josef sich am ersten Rückreisetag nicht sonderlich um Jesus sorgten. Sie gingen dann nach Jerusalem zurück, wo sie ihn am dritten Tag im Tempel fanden. Das Gespräch Jesu mit den Lehrern ist kein Streitgespräch und erhebt Jesus auch nicht zu einem Wunderkind. Es veranschaulicht sein Wachstum in der Weisheit (V.40) und gibt einen Vorgeschmack seiner späteren Lehrtätigkeit. Die Rabbiner waren stark beeindruckt und sahen in ihm einen außerordentlich vielversprechenden Schüler. Die Antwort Jesu an seine Eltern lautete faktisch: »Ihr hättet meinen Aufenthaltsort doch kennen müssen: das Haus meines Vaters.« Jesus war sich demnach seit seiner Kindheit seiner Gottessohnschaft bewußt, wie auch seine spätere Lehre deutlich machte (10,21.22). Sein Verhältnis zu Gott geht über das normale religiöse Bewußtsein eines frommen Juden weit hinaus. Daß Jesu Handlungsweise kein Verstoß gegen das vierte Gebot und seine Antwort keine Kritik war, zeigt V.51, wo Jesu Gehorsam gegen seine Eltern besonders betont wird. Der Schlußvers macht offenbar, wie sich seine Entwicklung in der Vollkommenheit vom Kindes- (V.40) zum Jünglingsalter fortsetzte (vgl. 1Sam 2,26), und schließt die ganze Vorgeschichte (Kap. 1-2) ab.

42 Im Alter von dreizehn Jahren war ein jüdischer Knabe voll gesetzespflichtig und in die religiöse Gemeinschaft der Erwachsenen integriert. Fromme Eltern bereiteten ihre Söhne jedoch rechtzeitig auf die religiösen Pflichten vor (Strack-Billerbeck). Diese Reise war nicht notwendigerweise Jesu erster Aufenthalt in Jerusalem. 46 Die Unterweisung fand wohl in der zum Tempel gehörigen Synagoge statt (vgl. Apg 5,25). 49 Die Übersetzung *in dem, was meines Vaters ist* (LÜ, JB) ist nicht ganz glücklich gewählt.

3,1-4,13 Johannes der Täufer und Jesus

3,1-20 Das Wirken Johannes des Täufers

(Vgl. Mt 3,1-12; Mk 1,1-8; Joh 1,19-28.) In Übereinstimmung mit der urchristlichen Verkündigung sah Lukas im Auftreten Johannes des Täufers den eigentlichen Beginn des Evangeliums (vgl. Apg 10,37). Durch die Datumsangabe und eine kurze Schilderung der politischen Lage in Palästina stellt er dieses bedeutsame Ereignis in seinen geschichtlichen Zusammenhang. Die Wirksamkeit des Johannes markiert das Ende der alten Zeit (vgl. 16,16) und den Anfang einer neuen. Er erfüllte nicht nur die auf ihn bezogenen atl. Weissagungen, sondern war selber ein Prophet (vgl. 3,1f mit Jer 1,1f), nach 7,26ff sogar der größte. In seinem Kommen erfüllte sich Jes 40,3-5, ein Text, den auch die Qumran-Gemeinschaft durch ihre Tätigkeit als erfüllt ansah. Seine Verkündigung zielte auf Buße und Umkehr und verhieß Sündenvergebung, wofür die empfangene Taufe als Zeichen galt.

Diese Verkündigung wird in drei kurzen Abschnitten entfaltet. Im ersten (V.7-9) warnt Johannes die Volksmenge, daß eine Taufe ohne das praktische Leben nachhaltig verändernde Buße sinnlos sei. Die bloße Berufung auf die leibliche Abstammung von Abraham schütze nicht vor dem bevorstehenden Gericht (vgl. Joh 8,39f). Den unfurchtbaren Bäumen sei bereits die Axt an die Wurzel gelegt. Zwar sei noch Zeit zur Buße, bald aber werde es zu spät sein. Ein zweiter Abschnitt (V.10-14), der zum Sondergut des Lukas gehört und als sog. »Standenpredigt« bekannt ist, enthält besondere Anweisungen an das Volk, die die »guten Früchte« der Buße beschreiben. Die Menge fordert Johannes auf, praktische Nächstenliebe und damit Werke der Barmherzigkeit zu üben, wie es der Gehorsam gegen das göttliche Gebot verlangt (vgl. 19,25f). Die Zöllner (Steuereinnehmer), die unter dem Makel der Unaufrichtigkeit standen, und Soldaten sollten bei ihrer beruflichen Tätigkeit ehrlich bleiben und Gerechtigkeit walten lassen. Zu einem revolutionären Umsturz der bestehenden Ordnung ruft Johannes nicht auf. Die Umkehr zu den göttlichen Maßstäben und sittlichen Grundsätzen führt zu einer Umwandlung der Gesellschaft von innen her und erreicht deshalb mehr als eine gewaltsame Umwälzung. Der dritte Abschnitt (V.15-17; vgl. Joh 1,19-34) arbeitet den Kernpunkt heraus. Sein Auftreten und sein Anspruch (3,3.7ff) legten bei vielen die Frage nahe, ob Johannes der Messias sei. Was immer seine Anhänger von ihm denken mochten, war er sich seiner untergeordneten Stellung bewußt. Ein Stärkerer würde nach ihm kommen (vgl. Jes 9,5; 11,2). Erst durch ihn wird die Reinigung, die Johannes in der Wassertaufe symbolisierte, vollkommen sein, weil sie durch das Feuer des Heiligen Geistes geschieht (Apg 2,1ff; 19,1ff; Joel 3,1ff). Der Christus, d.h. der Messias, wird auch die große endzeitliche Scheidung unter den Menschen vollziehen und Spreu und Weizen voneinander trennen (vgl. Mal 4,1; Mt 13,24ff.40ff). Die Menschen sollen daher unverzüglich Buße tun. Diese Botschaft wird als »das Heil« bezeichnet (V.18). Mit V.19-20 rundet Lukas den Bericht über Johannes ab, um die unerschrockene Erfüllung seines Auftrages anzudeuten. Die Predigt des Täufers machte auch vor dem Ehebruch des Herodes Antipas nicht halt. (Näheres hierzu unter Mk 6,17-29 und Mt 14,1-12). Der Tod des Johannes ist nach 9,7ff als bekannt vorausgesetzt. Nun tritt Jesus in den Mittelpunkt des Geschehens.

1 Das *fünfzehnte Jahr* der Regierung des Kaisers Tiberius (14-37 n.Chr.) war entweder 28-29 oder (nach syrischer Zählung) 27-28 n.Chr. *Pilatus* herrschte von 26-36 n.Chr. als Statthalter von Judäa. Aus einer kürzlich gefundenen Inschrift geht hervor, daß sein eigentlicher Titel nicht Prokurator, sondern Präfekt war. *Abilene* lag im Nordosten von Palästina; *Lysanias* ist in Inschriften erwähnt. **2** Es amtierte jeweils nur ein Hoherpriester. Kaiphas bekleidete das Amt von 18-37 n.Chr., doch verfügte sein Schwiegervater Hannas, der von 6-15 n.Chr. amtierte und den Titel »Hoherpriester« behalten hatte, noch über großen Einfluß. **7** *Schlangenbrut:* Schlangen galten als böse und verderbenbringend. Nach Matthäus wurden die Pharisäer und Sadduzäer als solche bezeichnet (Mt 3,7). *Wer hat denn euch gewiß gemacht?* D.h.: »Hat euch irgend jemand gesagt, ihr könntet dem Gericht einfach dadurch entrinnen, daß ihr euch taufen laßt (nämlich ohne Buße zu tun)?« **8** *Steine* und *Kinder* ergeben im Aramäischen ein Wortspiel. **11** Das Tragen von *zwei Hemden* (Untergewändern) war zum Schutz vor Unterkühlungen bei Übernachtungen im Freien üblich. **14** Die Soldaten waren vielleicht Söldnertruppen des Herodes Antipas. **16** Die Frage, ob *Feuer* ein Sinnbild des Endgerichts oder der gegenwärtigen Reinigung durch den Geist ist, muß offen bleiben. Die Metapher V.17 stützt die erste Auffassung, Apg 1,5 dagegen macht die zweite wesentlich wahrscheinlicher.

3,21.22 Jesu Taufe

(S. Mt 3,13-17; Mk 1,9-11; vgl. Joh 1,32.33.) Lukas erwähnt die eigentliche Taufe fast beiläufig und legt den ganzen Nachdruck auf die sie begleitende Offenbarung. Die Worte *in leiblicher Gestalt* heben die Realität des Kommens des Geistes hervor, der Jesus zu seiner Wirksamkeit bevollmächtigt (vgl. 4,18). Die Taube ist nur ein Vergleich (*wie* eine Taube). Die *Stimme* aus dem Himmel, deren Worte Ps 2,7 mit Jes 42,1 verbinden, kündigt nicht die Adoption Jesu als Gottes Sohn an, sondern anerkennt und bestätigt seine Gottessohnschaft. Durch die Taufe begibt sich Jesus außerdem in die Gemeinschaft der Sünder, für die er dann sein Leben ließ, ohne selber der Sünde nachzugeben.

3,23-38 Jesu Stammbaum

(S. Mt 1,1-17.) Es mag seltsam erscheinen, daß sich Jesu Stammbaum nicht im ersten oder zweiten Kapitel findet, sondern hier eingeführt ist, wo er den Erzählfluß unterbricht. Die antiken Schriftsteller ordneten jedoch ergänzendes Material noch nicht in einen Anmerkungsteil, wie es heute üblich ist.

Mit dem Stammbaum soll der Nachweis geführt werden, daß Jesus rechtlich ein Nachkomme Davids war (vgl. 1,27.32.69). Die Behauptung, der ganze Stammbaum sei auf V.38 angelegt und solle den Beweis für die Gottessohnschaft Jesu liefern, ist unsinnig. Auch ist die Tatsache, daß er die Ahnenreihe Josefs aufführt, kein Argument gegen die Geschichtlichkeit der Jungfrauengeburt. Das Verzeichnis enthält 77 Namen (21 = 3 × 7 von Adam bis Abraham, 14 = 2 × 7 von Isaak bis David, von Nathan bis Sealthiel 21 = 3 × 7 und von Serubbabel bis Jesus 21 = 3 × 7). Ob diese Siebenperioden für Lukas allerdings eine besondere Bedeutung hatten, ist ungeklärt.

Der Stammbaum unterscheidet sich in etlichen Punkten von dem des Matthäusevangeliums. Abgesehen davon, daß er umgekehrt angeordnet ist und die Ahnenreihe über Abraham hinaus bis zu Adam zurückverfolgt, enthält er zwischen David und Jesus eine ganz andere und längere Namenreihe (einzig Serubabel und Sealthiel kommen in beiden Stammbäumen vor). Beide Listen belegen Jesu Abstammung durch seinen Adoptivvater Josef (»man hielt ihn für einen Sohn Josefs«, V.23). Für die Theorie, daß einer der beiden Stammbäume in Wirklichkeit der der Maria sei, spricht wenig. Am wenigsten Schwierigkeiten bereitet die Erklärung, daß Matthäus die rechtmäßigen Anwärter bzw. Inhaber der Davidskrone verzeichnet und somit Jesu Anspruch auf den Thron Davids nachweist, während Lukas die erblichen Vorfahren Josefs aufführt (so Bornhäuser). Man muß jedoch zugeben, daß die uns überlieferten spärlichen Fakten die Lösung der vielfältigen Probleme, die die beiden Stammbäume aufwerfen, nicht gestatten.

23 *Ein Sohn* setzt ebensowenig wie das »zeugte« bei Matthäus eine Vaterschaft im wörtlichen Sinne voraus und läßt die Möglichkeit von Lücken in der Ahnenreihe Jesu durchaus offen. Bei Matthäus steht statt *Eli* »Jakob«. **24** Ob *Matthat* mit Matthan (Mt 1,15) identisch ist, ist ungewiß. **27** *Serubabel* war der Führer der jüdischen Gemeinde nach dem babylonischen Exil; zu *Sealthiel* s. Hag 1,1, doch in 1Chr 3,19 (im MT, nicht in der LXX) ist Serubabels Vater Pedaja. Nach 1Chr 3,17 und Mt 1,12 war Sealthiel der Sohn des Jechonja (Jojachin) und nicht des *Neri*; möglicherweise erfolgte eine Adoption. **31** *Nathan:* nicht der Prophet; vgl. 2Sam 5,14. Von V.32 an stimmen die Namen, abgesehen von kleineren orthographischen Abweichungen, mit der LXX überein. Sie sind 1Mo 5,1-32; 11,10-26; Rut 4,18-22; 1Chr 1,1-34; 2,1-15; 3,5-19 entnommen. **33** *Admin* und *Arni* kommen im AT nicht vor; 1Chr 2,10 steht Ram. **36** *Kenan* steht in der LXX, aber nicht im MT.

4,1-13 Jesu Versuchung

(S. Mt 4,1-11; Mk 1,12.13.) Das letzte Ereignis in der Vorbereitung Jesu auf seine Wirksamkeit war seine Zeit der Versuchung durch den Teufel. Die *Wüste* (besser: Einöde) galt als Ort der Versuchung. Ein *vierzig Tage* langes Fasten war auch in damaliger Zeit eine Ausnahme. Jesus stand die ganze Zeit über unter der Leitung des Heiligen Geistes und widerstand allen Versuchungen mit der Kraft dieses Geistes. **3.4** Bei der ersten Versuchung drängte der Teufel Jesus, seine soeben bestätigte Stellung als Gottes Sohn (3,22) durch eine Machttat zur Stillung seines Hungers zu nutzen. Die Versuchung richtete sich gegen Jesu Gehorsam gegenüber Gott und täuschte vor, daß die Befriedigung der leiblichen Bedürfnisse wichtiger sei als die Bewährung des Glaubens (vgl. Röm 5,3f). Jesus widerstand ihr, indem er mit 5Mo 8,3 darauf verweist, daß das wahre Leben des Menschen aus Gott stammt und durch sein Wort getragen ist (einige Textzeugen fügen zu 5Mo 8,3 »sondern von jedem Wort Gottes« hinzu).

5-8 Dann wurde Jesus hoch *hinauf* geführt, und der Teufel zeigte ihm die ganze Welt. Wie das geschah, interessiert Lukas nicht. Wichtig ist die Entscheidung Jesu. Der Fürst dieser Welt (Joh 12,31) hätte durch eine Huldigung Jesu eine indirekte Anerkennung seiner Weltherrschaft erfahren. Doch im letzten Grund gehört die Welt ihm nicht. Die Unterordnung unter seinen Willen ließ sich weder mit der Anbetung Gottes (5Mo 6,13) noch mit der universalen Herrschaft des Gottesreiches vereinbaren.

9-12 Schließlich versuchte der durch die Schrift besiegte Teufel, sie in seinen eigenen Dienst zu stellen, und ermutigte Jesus, im Vertrauen auf Ps 91,11f von der höchsten Spitze des Tempeldaches hinunterzuspringen. Wäre Jesus darauf eingegangen, hätte er gerade nicht sein Vertrauen zu seinem Vater bekundet, sondern den Zweifel an der Wirklichkeit seiner Sohnschaft und seiner Beziehung zum Vater. Die Treue Gottes nämlich stellt man nur dann auf die Probe (5Mo 6,16), wenn man zweifelt und ihm nicht mehr vertraut. Jesu Gottessohnschaft und sein Verhältnis zum Vater standen damit auf dem Spiel.

Alle drei Versuchungen waren sämtlich gegen Jesu Gottessohnschaft gerichtet. Sie ermunterten ihn, seine göttlichen Kräfte zu mißbrauchen, seine Pläne mit der Welt statt durch Gehorsam gegenüber seinem Vater im Pakt mit dem Teufel durchzusetzen, und die Wirklichkeit der Liebe und Fürsorge seines Vaters anzuzweifeln. Die Versuchungen richteten sich daher weniger gegen Jesu messianisches Amt, indem er etwa das Volk durch aufsehenerregende Wunder für sich gewonnen und das Kreuz umgangen hätte, sondern vielmehr gegen seine Gottessohnschaft, auf die seine Messianität gegründet war. Obwohl sich einige Parallelen mit den Erlebnissen Israels in der Wüste (5Mo 6-8) aufzeigen lassen, sollte man sie dennoch nicht allzusehr bemühen.

13 Der Teufel erscheint erst 22,3 wieder, aber man darf nicht annehmen, er sei in der Zwischenzeit untätig gewesen (vgl. z.B. 13,16; 22,28).

4,14-9,50 Jesu Wirksamkeit in Galiläa

4,14-5,11 Die gute Botschaft vom Reich

4,14.15 Einleitender Sammelbericht. (S. Mt 4,12-17; Mk 1,14.15.) Lukas beginnt seinen Bericht über Jesu Wirken in Galiläa mit einer kurzen Zusammenfassung, die besonders seine Lehrtätigkeit hervorhebt und auf den großen Eindruck hinweist, den er bei seinen Zuhörern wie auch im weiteren Umkreis hinterließ.

4,16-30 Jesu Predigt in Nazareth. (Vgl. Mt 13,53-58; Mk 6,1-6.) Lukas hat diese Begebenheit zeitlich vorgelegt (V. 23), weil sie eine prägnante Zusammenfassung der Botschaft Jesu bildet und gleichzeitig seine Verwerfung, die später zur Kreuzigung führte, schildert. Jesus las in der Synagoge seiner Vaterstadt die »zweite Lektion« aus Jes 61,1.2 und erklärte anschließend, daß diese Prophetie in der Gegenwart erfüllt werde (V. 21). Sodann spricht er von einer persönlichen Erfüllung, weil der mit dem Geist Gesalbte Jesus selbst war; und schließlich von einer gnädigen Erfüllung, da Gottes Heilszeit nun angebrochen war. Bezeichnenderweise läßt Jesus den Hinweis auf den »Tag der Vergeltung unseres Gottes« (Jes 61,2b) aus.

Die Menschen waren über Jesu Worte zunächst offensichtlich höchst erstaunt. Sie nahmen jedoch schon bald eine feindselige Haltung gegen ihn ein, weil er ihnen als einer der Ihren zu anmaßend erschien. Jesus bewertet ihre Haltung als Unglauben. Deshalb verweigert er die geforderten Wunderheilungen als Beweis für seine Ansprüche. Wunder können den Glauben bestätigen, aber sie können ihn nicht begründen oder bewußt festgehaltene Vorurteile überwinden (vgl. Joh 12,37ff). Wegen ihres Unglaubens zeigten sich die Nazarener somit außerstande, in Jesus einen Propheten zu erkennen. Sein Hinweis auf die Propheten Israels, die angesichts eines ähnlichen Unglaubens ihre Wunder unter den Heiden und nicht an Israel vollbrachten (1Kö 17,8-16; 2Kö 5,1-14), verdeutlicht, daß die göttliche Erwählung keinen Vorwand für Unglauben bietet. Später erging dann in der Tat das Gerichtswort an Israel selber - das Evangelium wurde schließlich den Heiden verkündet. In ihrem Zorn hätten Jesu Volksgenossen ihn am liebsten wegen Gotteslästerung gesteinigt (vgl. Joh 10,31ff). Der Todeskandidat wurde dazu erst von einem hohen Abhang gestürzt und dann mit Steinen beworfen.

16.17 Der synagogale Gottesdienst bestand aus Gebeten, Lesungen aus dem Gesetz und den Propheten sowie aus einer Predigt. Der Vorbeter stand zu Gebet und Lesung auf, lehrte aber im Sitzen. Jeder erwachsene männliche Teilnehmer konnte aufgefordert werden, sich daran zu beteiligen (vgl. Apg 13,15). Die Lesungen aus dem Gesetz waren wahrscheinlich vorgeschrieben, doch konnte Jesus sich vermutlich aus den Prophetenbüchern eine eigene Lesung auswählen. **18-19** Der Text schließt eine Wendung aus Jes 58,6 mit ein, die Lukas zur Kennzeichnung der Wirksamkeit Jesu besonders geeignet erschien. Die beschriebenen Taten des Messias sind sowohl wörtlich (vgl. die vielen Heilungen Jesu) als auch geistlich (vgl. Mt 5,3ff; 11,28f) zu verstehen. Das *Gnadenjahr* ist der von Gott als seine Heilszeit für die Menschen erwählte Zeitraum. **22** Der rasche Übergang vom Lob zum Unglauben erscheint merkwürdig. Aber die Wendung *gaben alle Zeugnis von ihm* könnte auch als Zeugnis *gegen* ihn verstanden werden; und *wunderten sich* deutet eher auf Staunen als auf gläubige Annahme. *Worte der Gnade* sind von Gottes Gnade handelnde Worte. Jesus war in seiner Vaterstadt als *Josefs Sohn* bekannt (s. jedoch Mk 6,3, wo vielleicht der Tod Josefs vorausgesetzt ist). **25** *Drei Jahre und sechs Monate:* Vgl. Jak 5,17. **30** In göttlicher Autorität schreitet Jesus mitten durch die Menge (vgl. Joh 7,30; 8,20).

4,31-44 Jesus in Kapernaum. (S. Mt 8,14-17; Mk 1,21-39.) Vom Bergland ging Jesus zu der am See Genezareth gelegenen Stadt Kapernaum hinunter, die sein neuer Wohnort wurde (vgl. Mt 4,12f). Seine Haupttätigkeit bestand im Lehren anläßlich des Gottesdienstes in der Synagoge am Sabbat. Der Besessene, der Jesu Predigt unterbrach, besaß ein übernatürliches Verständnis der Person Jesu und seiner Ziele: Er war von Gott gesandt, um die Dämonen zu entmachten. Daß der Besessene Jesus durch die Nennung seines Namens beschwören und damit überwältigen wollte - dies war ein in der antiken Welt gängiger Aberglaube -, ist sehr unwahrscheinlich. Jesus jedenfalls befahl dem unreinen Geist gebieterisch, zu schweigen und von dem Mann auszufahren (vgl. 4,41). Die Heilung bestärkte die Menschen in dem bereits durch Jesu Lehrtätigkeit hervorgerufenen Eindruck, daß er eine gewaltige Autorität besaß, so daß die rasche Ausbreitung der Neuigkeit nicht verwundert.

Auch über Krankheiten hatte er offenkundig Macht. Nach dem Verlassen der Synagoge heilte Jesus die Schwiegermutter des Simon und noch viele andere. Den ehemals Besessenen befahl er zu schweigen, weil die Menschen durch Glauben selbständig zur Christuserkenntnis finden sollten. Am darauffolgenden Morgen konnte er sich der Menge zwar nur mit Mühe entziehen; da aber sein göttlicher Auftrag in der breit angelegten Verkündigung des Evangeliums vom Gottesreich bestand, konnte er unmöglich an einem einzigen Ort bleiben, um dort zum Idol einer ihn bewundernden Menge zu werden.

33 Ein von einem *unreinen Geist* Besessener würde heute zweifellos als geistesgestört bezeichnet werden. Diese Interpretation wird allerdings den in den Evangelien beschriebenen Phänomenen nicht gerecht, weil die Besessenen dort beispielsweise auch übernatürliche Kenntnis besitzen. Die Realität übernatürlicher böser Mächte läßt sich genauso wenig wegdiskutieren wie die Tatsache, daß sie Gewalt über Menschen erlangen können. **34** Der *Heilige Geist* bedeutet dasselbe wie »der Sohn Gottes« oder »Christus« (V. 41) und unterstreicht, daß Jesus als Träger des *Heiligen Geistes* ganz im Gegensatz zum Bösen steht. **38.39** *Hohes Fieber* ist möglicherweise ein medizinischer Fachausdruck. Jesus *gebot* ihm, beinahe als wäre es eine Person. *Simon,* später Petrus genannt (5,5; 6,14), wird hier zum erstenmal erwähnt.

40 Die Sabbatbeschränkungen galten nicht mehr, sobald bei Sonnenuntergang der neue jüdische Tag anbrach, und die Kranken konnten dann zu Jesus gebracht werden. Die Handauflegung bei Kranken verdeutlicht, daß Jesus seine göttliche Macht auf sie legte und an ihnen wirken ließ. **42** Lukas deutet hier nur an, daß Jesus sich zum Gebet zurückzog (Mk 1,35), doch s. 5,16. **43** *Reich Gottes:* S. Mk 1,15. **44** *Judäa* meint hier ganz Palästina einschließlich Galiläa als Wohngebiet der Judenschaft. Jesu öffentliche Wirksamkeit im eigentlichen Judäa setzte erst später ein.

5,1-11 Der Fischzug des Petrus. (Vgl. Mt 4,18-22; Mk 1,16-20.) Der kürzere Berufungsbericht des Markus stellt vor allem heraus, daß die angemessene Antwort auf die Botschaft vom Reich Gottes in sofortigem Gehorsam gegenüber der Berufung zur Jüngerschaft besteht. Lukas dagegen betont in seinem längeren Bericht (vgl. auch 4,38f), daß die Berufung erst dann erfolgte, als Jesus Simon zum Freund gewonnen und ihm seine himmlische Macht geoffenbart hatte. Obwohl Simon als erfahrener Fischer wußte, daß kaum Aussicht auf einen Fang bestand, hatte Jesus doch schon einen derartigen Eindruck auf ihn gemacht, daß er sich seinem Befehl nicht zu widersetzen wagte. Als ihm Jesu ganze göttliche Vollmacht und Autorität offenbar wurde, überkam ihn eine grenzenlose Furcht und ein tiefes Gefühl der Unwürdigkeit. Jesus ermutigte ihn jedoch, sich nicht zu fürchten (vgl. 1,13.30; 2,10) und berief ihn zur Jüngerschaft und zum Menschenfischer (eine Ausdrucksweise, die Simon von seinem Beruf her sofort verständlich war). Die Aufmerksamkeit konzentrierte sich ganz auf Simon als dem späteren Führer der Zwölf; die Anwesenheit des Andreas können wir nur aus V. 6 erschließen.

1 *Genezareth* (»Kinnereth« im AT) ist ein anderer Name für Galiläa und bezeichnet insbesondere den Bezirk unmittelbar südlich von Kapernaum (vgl. Mk 6,53). **3** Vgl. Mk 2,13; 4,1f. **4.5** Die besten Fänge wurden nachts im tiefen Wasser gemacht; tagsüber wurde nur im seichten Gewässer gefischt. **8** *Simon Petrus* wird bei Lukas nur hier mit seinem vollen Namen genannt (vgl. 6,14), den er vielleicht anläßlich dieser Berufung schon erhielt (dagegen spricht nicht Mt 16,18; vgl. die Auslegung dort). Er war nicht notwendigerweise *sündiger* als andere, doch empfand er seine Sündhaftigkeit angesichts der Heiligkeit Jesu als unerträglich (vgl. Jer 6,5; Offb 1,17). **10** Bibelkritiker, die meinen, Jesus könne die Metapher *Menschen fangen* nicht im guten Sinne gebraucht haben, da sie im AT nur im schlechten Sinne vorkomme, verkennen den Charakter der Gottesherrschaft, zu der man durch die frohe Botschaft eingeladen wird. **11** Gleichermaßen spekulativ sind Theorien, wonach der große Fischfang zur Versorgung der Angehörigen der Jünger während der Zeit ihrer Wanderschaft mit Jesus dienen sollte. Unangemessen ist auch der Versuch, in diesem Berufungsbericht eine Allegorie des Menschenfischfangs zu sehen (vgl. Joh 21,1-14).

5,12-6,11 Der Beginn der Auseinandersetzungen mit den Pharisäern

In diesem Abschnitt berichtet Lukas insgesamt fünf Begebenheiten, bei denen (abgesehen von der ersten) verschiedene Taten Jesu und seiner Jünger die Kritik der Pharisäer erregten. Dabei wird das Wesen der neuen Glaubenshaltung im angebrochenen Gottesreich im Gegensatz zu der alten Gesetzlichkeit herausgestellt.

5,12-16 Die Heilung eines Aussätzigen. (S. Mt 8,1-4; Mk 1,40-45.) Die erste Erzählung veranschaulicht, wie Jesus grundsätzlich am atl. Gesetz festhielt. Der Aussätzige war durch das Gesetz aus dem Volk ausgeschlossen (3Mo 13,45f; 4Mo 5,2f). Hielt sich jemand, der für aussätzig erklärt worden war, für geheilt, so durfte er sich erst dann wieder frei bewegen, wenn ihm die Priester, die hier als Gesundheitsbehörde auftraten, die Erlaubnis dazu erteilt hatten (3Mo 14,1-32). Während Jesus diesen Mann zur Einhaltung der Gesetze drängte, scheute er sich nicht vor Verunreinigung, berührte den Kranken und heilte ihn. Als Messias hat er Macht über Krankheit und Tod. Die Erzählung macht ferner deutlich, daß Jesus für seine Heilungen Glauben voraussetzte (obschon das Wort selber nicht auftaucht). Das Schweigegebot (V. 14) soll einen Vorgriff auf die endgültige priesterliche Entscheidung verhindern und führt den Glauben des Geheilten in eine erste Bewährungsprobe.

12 Das Wort *Aussatz* kann eine Reihe von

Hautkrankheiten umfassen, darunter auch nichtansteckende.

5,17-26 Die Heilung eines Gelähmten. (S. Mt 9,1-8; Mk 2,1-12.) Anders als Matthäus und Markus weist Lukas gleich zu Anfang auf die Anwesenheit der Pharisäer und Schriftgelehrten hin und bereitet damit seine Leser auf ihre Feindseligkeit gegen Jesus vor. Als Jesus den Gelähmten nicht sogleich heilte, sondern ihm die Vergebung seiner Sünden zusprach, kam das für die Zuschauer einer Gotteslästerung gleich. Allein Gott konnte Sünden vergeben, und Jesus schien nicht bevollmächtigt, in seinem Namen zu sprechen. Die Heilung des Gelähmten aber war ein indirekter Beweis seiner Göttlichkeit und damit Legitimation der zugesprochenen Vergebung. Nach menschlichem Verständnis ist es tatsächlich leichter, eine nicht nachweisbare Sündenvergebung zuzusprechen, als vor aller Augen einen Kranken zu heilen. Christus ist zu beidem bevollmächtigt. Die Einwände der Pharisäer gingen in den Lobeshymnen des Geheilten wie auch der Umstehenden unter.

17 *Die Pharisäer* waren eine religiöse Partei, die der peinlich genauen Befolgung des Gesetzes und der Überlieferung großes Gewicht beimaß (s. LZB). Die *Schriftgelehrten* waren meist, aber nicht ausschließlich, Anwälte und Lehrer und gehörten den Pharisäern an (vgl. LZB). Bei Markus besteht das Dach (Flachdach), wie in Palästina üblich, aus Lehm und Flechtwerk; Lukas versetzt Jesus in die hellenistische Umwelt seiner Leser, denen *Ziegel*dächer vertrauter waren. **20** Daß Jesus gerade diesem Mann erklärte, seine Sünden seien ihm vergeben, besagt vielleicht, daß er eine besonders schwere Sünde begangen hatte; gewiß bedeutet es nicht, daß Unglück immer die Folge von Sünde ist (vgl. Joh 9,2f; Lk 13,1-5). **21** Zwar konnte ein Priester durch die Darbringung des Schuldopfers eines Sünders bei der Vergebung vermittelnd wirken, die eigentliche Vergebung konnte aber nur Gott selber gewähren. Jesus erhob deshalb hier keinen Anspruch auf eine priesterliche, sondern auf göttliche Vollmacht, wie sie gerade auch in der Ausübung des Endgerichts sichtbar wird (vgl. Dan 7,9-22; Lk 9,26; 12,8f).

5,27-32 Die Berufung des Levi. (S. Mt 9,9-13; Mk 2,13-17.) Anders als die Erzählung 5,1-11 geht dieser Bericht von der Berufung des Levi nur beiläufig auf die Bedeutung der Jüngerschaft ein. Er will in erster Linie zeigen, welche Art von Menschen Jesus berief, und seine Verhaltensweise begründen. Jesus liebte zwar nicht die Sünde, dafür aber die Sünder. Deshalb freut er sich, Levi und seinen ehemaligen Gefährten das Evangelium bringen zu können. Wie ein Arzt sich mit den Kranken abmüht, so kümmert sich Jesus um die Verlorenen. Seine Pflicht war es, ihnen zu helfen und sie zur Buße aufzurufen; denen, die sich selber für gerecht hielten, war nicht zu helfen.

27 *Zöllner* galten als kultisch unrein und waren verhaßt, weil sie für die Römer arbeiteten, ihre jüdischen Volks- und Glaubensgenossen mit beachtlichem Erfolg schröpften und ihre eigenen Taschen füllten. **29** Die Tischgemeinschaft war die engste Form der Gemeinschaft im Orient. **30** Die *Pharisäer* (wörtl.: die Abgesonderten) achteten streng auf alle Reinheitsvorschriften (Mt 23,24ff). *Sünder* schlossen Dirnen und ihren Anhang, Verbrecher und Taugenichtse mit ein; für die Pharisäer waren diese alle verachtungswürdige Personen. **32** Vgl. 19,10.

5,33-39 Vom Fasten. (S. Mt 9,14-17; Mk 2,18-22.) **33-35** Das AT forderte nur ein einmaliges Fasten, das jeweils am großen Versöhnungstag gehalten wurde. Das wöchentlich zweimalige Fasten wurde von den Pharisäern eingeführt (vgl. 18,12) und von Johannes übernommen, was zum Bußruf des Täufers paßte. Da mit Jesus eine neue Heilszeit angebrochen war und die frohe Botschaft verkündigt wurde, hatte das Fasten hier so wenig Raum wie bei einer Hochzeit. Damit wendet sich Jesus nicht grundsätzlich gegen die Fastenübung (vgl. Mt 6,16-18); in den trauervollen Tagen zwischen seinem Tod und seiner Auferstehung werden auch seine Jünger daran teilnehmen. **36-39** In diesem Gleichnispaar lehnt Jesus die Vermengung von Neuem mit alten Formen ab. Das neue Leben der Jünger paßt so wenig zur pharisäischen Gesetzlichkeit wie ein neues Stück Stoff auf ein altes Kleid. Das Neue wird verdorben, und zum Alten paßt es auch nicht. Das Neue sprengt die alten Formen, wie gärender Most alte, unelastisch gewordene Schläuche zerreißt. **39** fordert die Zuhörer, die den *neuen Wein* des Evangeliums ablehnten und bequem beim Hergebrachten bleiben wollten, zu einer bewußten Abkehr vom Alten auf.

6,1-11 Jesus und der Sabbat. (S. Mt 12,1-14; Mk 2,23-3,6.) Die erste dieser beiden Erzählungen handelt von dem starren Festhalten an den weit über das jüdische Gesetz hinausgehenden Sabbatvorschriften der Pharisäer, die bis ins Detail festlegten, was man an diesem Tag nicht tun durfte. (Es war sogar verboten, Ähren mit den Händen zu zerreiben.) Als die Pharisäer Jesus wegen seines Verstoßes gegen ihre selbstgemachten Sabbatgesetze tadelten, wies er sie auf das Beispiel Davids hin, der in einer Notlage die priesterliche Erlaubnis erhielt, seinen Männern die normalerweise nur den Priestern für ihren Unterhalt vorbehaltenen Schaubrote auszuhändigen (1Sam 21,2-7). David hatte dabei das atl. Gesetz *nicht* gebrochen, was auch für die Handlungsweise Jesu gilt! Jesus wollte vielmehr zeigen, daß das AT selber keineswegs jene strenge Gesetzlichkeit fordert, welche die Pharisäer als menschliche Überlieferungen entwickelt hatten. Der Sabbat war für die Menschen gemacht, und folglich ist der Menschensohn sein Herr. Da der Sabbat der Tag des Herrn ist, erhebt dieses Jesuswort einen verschleierten Anspruch auf Gleichheit mit Gott.

Die zweite Begebenheit setzt voraus, daß Jesus schon öfter Kranke am Sabbat geheilt hatte. Die Schriftgelehrten und Pharisäer nahmen die Anwesenheit des Kranken jedenfalls sofort zum Anlaß, Jesus zu beargwöhnen. Jesus ging auf die unausgesprochene Herausforderung ein und wandte sich gegen die zum Selbstzweck gewordene Sabbatheiligung an das Gewissen seiner Zuhörer: Müßte nicht der Sabbat als Tag des Herrn besonders im Dienst der Nächstenliebe stehen? Die anschließend vollzogene Heilung zeigt, daß bei Jesus Gottes- und Nächstenliebe eins geworden sind (vgl. 10,25ff) und er vollmächtig den Willen Gottes erkennt und ausübt (vgl. Mt 5,17).

1 Nach 5Mo 23,26 war es erlaubt, auf dem Weg durch ein Ährenfeld für den sofortigen Gebrauch Getreide auszuraufen. **2** Die Mischna führt 39 am Sabbat verbotene Tätigkeiten auf, darunter auch das dreschen. **9** *Böses* zu tun und *Leben . . . zu vernichten* spielt wahrscheinlich auf die innere Haltung der Pharisäer an, die Jesus am liebsten gleich umgebracht hätten (vgl. Mk 3,6).

6,12-49 Jesu Lehre an seine Jünger

Nachdem Lukas den allgemeinen Charakter der Wirksamkeit Jesu umrissen und sein Verhältnis zu den religiösen Führern Israels geschildert hat, beschreibt er nunmehr Jesu Beziehung zu seinen Jüngern. Auf die Berufung der zwölf Jünger folgt die Darstellung der Lehre, die Jesus all denen vermittelte, die ihm nachfolgen wollten.

6,12-16 Die Berufung der zwölf Apostel. (S. Mt 10,1-4; Mk 3,13-19.) Lukas lenkt als einziger die Aufmerksamkeit auf das intensive nächtliche Gebet vor der so folgenschweren Wahl der zwölf Jünger (V. 12). Aus der größeren Anzahl derer, die ihm nachfolgten, wählte er seine Apostel aus. Der Gebrauch dieses Titels ist nicht proleptisch (hier: der Zeit nach der Auferstehung vorgreifend), sondern paßt durchaus in den Sprachgebrauch Jesu und zu der beschriebenen Sendung der Jünger (Apostel ist »Gesandter« vom griech. *apostello*, senden; vgl. 10,3). **14** Lukas berichtet nicht, wann *Simon* seinen neuen Namen Petrus (wörtl.: Fels) erhielt (vgl. Mt 16,18; Joh 1,42). Bartholomäus ist wahrscheinlich mit Nathanael identisch (Joh 1,45-51). **15** Matthäus und Levi (5,27) sind ein und dieselbe Person. Zwei Namen zu haben, war bei den Juden nichts Ungewöhnliches. Ein *Zelot* gehörte zu den radikalen jüdischen Nationalisten, die schließlich einen bewaffneten Aufstand gegen Rom begannen. **16** *Judas* (vgl. Joh 14,22) erscheint im Verzeichnis des Markus als Thaddäus. *Iskarioth* bedeutet wahrscheinlich »der aus Kerijoth«, könnte sich aber vielleicht auch vom lat. *sicarius* (Meuchelmörder) herleiten.

6,17-19 Jesus heilt alle Kranken, die zu ihm kommen. (S. Mt 4,23-25; Mk 3,7-12.) Vom Bergland kehrte Jesus in ebenes Gelände zurück, wo er für die aus der ganzen Umgebung Galiläas herbeiströmenden Menschen leichter erreichbar war. Obwohl sie vor allem wegen seiner Gabe der Heilung kamen, ließ sich Jesus jedoch die Gelegenheit zu lehren nicht entgehen.

17 Bei Markus wird dieselbe Szene vor die Berufung der Zwölf gestellt. Es war den Evangelisten offensichtlich nicht um eine chronologisch genau geordnete Darstellung zu tun. Die Anordnung des Lukas erklärt, daß bei der darauffolgenden Predigt eine große Volksmenge anwesend war (vgl. 7,1) und daß sie nicht allein vor den Zwölf gehalten wurde. **19** Vgl. 8,46. Der Glaube des Kranken ist wohl vorausgesetzt.

6,20-26 Seligpreisungen und Weherufe. (S. Mt 5,1-12.) Die sog. »Feldpredigt« ähnelt in vielen Punkten der »Bergpredigt« des Matthäus (Mt 5-7). Aufgrund der unterschiedlichen Stoffauswahl und -anordnung sollte man jedoch nicht von einer kürzeren Fassung der Bergpredigt reden, sondern die Eigenständigkeit des Lukas zugestehen (vgl. 1,1-4).

Die Predigt beginnt hier mit der Gegenüberstellung zweier Gruppen von Menschen in je vier Seligpreisungen, bzw. Weherufen. Zur ersten zählen Arme, Hungernde, Weinende und Verhaßte, also solche, mit denen man allem Anschein nach Mitleid empfinden muß. Nach Jesu Beurteilung jedoch sind sie der ihnen gemachten Verheißungen wegen *selig* oder glücklich zu nennen. Ihr Zustand kann sich kaum allein auf ihre äußere Lage beziehen. Materielle Armut und Hunger sind für sich alleine genommen keine »Eintrittskarte« in das Himmelreich. Wie auch Matthäus betont (vgl. die Auslegung zu Mt 5,3-12) und die Parallelen zum AT nahelegen (vgl. ebenfalls zu Mt 5,3-12), sind vorwiegend geistliche Nöte gemeint und das Sehnen nach Gott, seinem Reich und allem, was er ihnen zu geben vermag. Diesen Suchenden wird Erhörung und Erfüllung ihrer Sehnsüchte in dem kommenden Reich, das das Thema von Jesu Botschaft bildete, zugesagt. Obwohl man sie wegen ihres Vertrauens auf den von Gott gesandten Messias, den Menschensohn, *hassen* und *ausstoßen* wird, werden sie doch wie die Propheten ihren Lohn von Gott empfangen (vgl. 18,29). Gerade diese vierte »Seligpreisung« zeigt, daß die Menschen, an die Jesus denkt, seine Jünger sind, und daß er von den Vorrechten und der Bedeutung der Jüngerschaft spricht. Die andere Gruppe (V. 24-26) bilden diejenigen, die alles haben, was dieses Leben zu bieten vermag - Befriedigung ihres Verlangens nach materiellen Gütern, Glück und einen guten Ruf. Dabei sind nicht diese Dinge als solche verwerflich, sondern die oft mit ihnen verbundene Haltung, nichts weiter - also auch nicht Gott - zu benötigen. Dieser satten Selbstzufriedenheit gilt das Wehe Jesu und das göttliche Gericht, das die Verhältnisse umkehren wird.

6,27-38 Liebe und Barmherzigkeit. (S. Mt 5,39-48; 7,1f.12.) Ging es im ersten Teil der »Feldpredigt« um das Verhältnis der Jünger zu Gott, so ist im zweiten Teil nun von ihrem Umgang mit anderen Menschen die Rede. Er ist in dem Gedanken der Feindesliebe zusammengefaßt. Das allgemeine Prinzip wird V. 27f dargelegt, wo die *Feinde* deutlich als die Verfolger der Jünger gekennzeichnet werden. Zwei kurze Beispiele solcher Feindesliebe werden gegeben: Verzicht auf Vergeltung, wenn man beleidigt wird (der Schlag mit dem Handrücken der rechten Hand auf die rechte Wange galt als Beschimpfung; vgl. Mt 5,39), und Bereitschaft, einem Wegelagerer, der einen beraubt, mehr zu geben als er verlangt (vgl. Mt 5,40 und seine Auslegung). In beiden Fällen sollen die Jünger ihr Verhalten nicht von der Bosheit der anderen bestimmen lassen. Die »goldene Regel« V. 31 faßt die neue Grundhaltung zusammen.

V. 32ff erweitern den Gedanken der Nächsten- und Feindesliebe um den Aspekt der Selbstlosigkeit. Die meisten Menschen helfen denen gerne, die ihnen geholfen haben oder von denen sie eine Gegenleistung erwarten. Selbst die Sünder, die im Gegensatz zu den Jüngern noch außerhalb des Gottesreiches stehen, üben diese Art von »Nächstenliebe«. Von Jüngern allerdings wird erwartet, daß sie den Grundsatz der Gegenseitigkeit fallenlassen. Ihre Liebe soll keine Gegenleistung sein oder eine solche erwarten. Wenn auch irdischer *Dank* oder Lohn ausbleiben kann, so wird ihnen doch ein himmlischer Lohn zuteil werden, und sie werden zu *Kindern des Allerhöchsten* erklärt, der seine Liebe und sein Erbarmen ebenfalls den Unwürdigen zuwendet.

Inhalt und Umfang des Lohns werden V. 37f beschrieben. Die gottgewirkte Barmherzigkeit urteilt Menschen nicht lieblos ab (vgl. den Kommentar zu Mt 7,1-5) und übt Großzügigkeit im Geben. Gottes Lohn entspricht dem Verhalten des Menschen und ist in seiner Großzügigkeit (das Gefäß ist zum Überlaufen voll) Ausdruck des göttlichen Wesens.

Alle diese Worte sind an die Jünger gerichtet. Jesus behauptet nicht, daß der Mensch durch gute Werke und Nächstenliebe in das Himmelreich eingehen könne. Das ist nur durch Glauben und eine Wiedergeburt möglich (vgl. Joh 3,3).

29.30 Jesus befürwortet natürlich nicht die Art von kritikloser Großzügigkeit, die Faulheit und Schmarotzertum Auftrieb geben könnte. **34** Die *Sünder* hofften wahrscheinlich durch hohe Zinsen mehr wiederzubekommen, als sie gegeben hatten.

6,39-49 Bilder der Jüngerschaft. (S. Mt 15,14; 10,24f; 7,3-5.16.21.24-27; 12,33-35; vgl. Joh 13,16; 15,20.) Der Schlußteil der Predigt beinhaltet eine Reihe von Gleichnissprüchen, die die Grundeinstellung und besonders die gehorsame Erfüllung des göttlichen Willens herausstellen.

39-42 In der ersten Gruppe ist vom geistlichen Sehvermögen die Rede. Bevor er als Lehrer anderer »die Augen öffnen« kann, muß der Jünger selber erst lernen. Damit kommt er nie zu einem Ende, weil er sonst ja höher als sein Lehrmeister, Christus, wäre. Außerdem hat er kein Recht, andere zurechtzuweisen und zu belehren, wenn nicht zuvor sein eigenes Leben geordnet ist (V. 41f). Jesus belebt seine Unterweisung durch anschauliche »Übertreibungen«.

43-45 Eine zweite Spruchgruppe verdeutlicht, daß weniger die Taten als das innere Sein vor Gott (der *gute Schatz seines Herzens*) über einen »fruchtbaren« Lebenswandel entscheiden. Wer von einem Bösewicht gute Taten erwartet, ist genauso töricht wie jemand, der sich wohlschmeckende Früchte von einem schlechten Baum erhofft. Deshalb setzt der Dienst in der Jüngerschaft Jesu ein erneuertes Innneres voraus.

46-49 Der letzte Abschnitt betont, daß das Hören zum Gehorsam führen muß. Wer Jesus nur zuhört, ihm aber den Gehorsam verweigert, ist so töricht wie einer, der ein Haus baut, ohne die Fundamente auf ihre Festigkeit zu prüfen. Wer Jesus allerdings Gehorsam leistet, hat sein Leben auf ein festes Fundament gestellt und wird am Tage des Gerichts bestehen können (vgl. Jes 7,9; Joh 8,31f).

7,1-50 Das Erbarmen des Messias

7,1-10 Der Hauptmann von Kapernaum. (S. Mt 8,5-13; Joh 4,46-53.) Die Hauptgestalt dieser Erzählung ist ein Heide, der möglicherweise im Dienst des Herodes Antipas stand und dessen Garnison in Kapernaum befehligte (vgl. 3,14). Er verfügte über genügend Geld, um zur Errichtung der Synagoge in Kapernaum beizutragen und gab sich damit als

Gottesfürchtiger (einer, der das jüdische Gesetz hielt, ohne selbst durch Beschneidung übergetreten zu sein) zu erkennen. Durch seine Fürsorge für seinen Sklaven, seine Einstellung zu den Juden sowie durch sein Unwürdigkeitsbewußtsein in der Gegenwart Jesu wird er uns als ein Mensch von denkbar edlem Charakter dargestellt. Besonders sein großes Vertrauen wird herausgestellt. Als Offizier, dem Befehlsgewalt übertragen worden war, mit der er seine Untergebenen zum Gehorsam zwingen konnte, erkannte er in Jesus einen von Gott zu Heilungen bevollmächtigten Mann. Sein Vertrauen zu Jesus war so groß, daß er ihn zur Heilung seines Sklaven durch ein einfaches Befehlswort für fähig hielt. Der heidnische Hauptmann bewies damit einen Glauben, den Jesus bei den mißtrauischen und argwöhnischen Juden (4,16ff; 5,17.21; 6,7) bisher nicht gefunden hatte.

Der Bericht des Lukas weicht insofern von der Version des Matthäus ab, als der Hauptmann hier, anstatt Jesus persönlich aufzusuchen, zwei Gruppen von Boten zu ihm schickt. Möglicherweise erklärt sich diese abweichende Schilderung aus einer von Matthäus vorgenommenen Verkürzung (vgl. Mt 9,18-26 mit Mk 5,22-43). Bei Johannes findet sich eine ähnliche Geschichte von einem Beamten, dessen Sohn in Kapernaum krank daniederlag. Die Ähnlichkeit wird noch größer, wenn man das (Lk 7,7 und bei Matthäus) benutzte griech. Wort *pais* mit »Junge« (= Sohn) anstatt mit »Sklave« übersetzt und annimmt, Lukas habe *doulos* (= Sklave) irrtümlicherweise verwendet. Doch weist bei Matthäus und Lukas nichts darauf hin, daß ein Sohn gemeint ist, zumal Johannes viele Einzelheiten ganz anders schildert.

3 Die *Ältesten* hatten in einer kleinen Gemeinde eine leitende Funktion und waren eng mit der Synagoge verbunden. **6-8** Die Boten richteten die Botschaft des Hauptmanns offenbar wortwörtlich aus.

7,11-17 Die Totenerweckung in Nain. Auf die Heilung eines Todkranken folgt nun der Bericht einer Totenauferweckung. Der Fall erregte besonders deshalb Jesu Mitleid, weil die Frau Witwe und damit auf ihren einzigen Sohn angewiesen war. Der Leichenzug mit dem Toten, der in der Regel noch am Todestag beigesetzt wurde, näherte sich bereits dem außerhalb der Stadt gelegenen Friedhof. Unter Mißachtung der Gefahr einer kultischen Verunreinigung durch die Leiche hielt Jesus den Sarg an und gebot dem jungen Mann in göttlicher Autorität aufzustehen. Sein bloßes Wort genügte, um das Wunder zu bewirken (vgl. 1Mo 1,3). Die Menschen wurden durch dieses Wunder zugleich von Freude und Entsetzen gepackt und erinnerten sich an Elia und Elisa, die ähnliche Wunder vollbracht hatten (1Kö 17,17-24; 2Kö 4,18-37). Die Nachricht breitete sich natürlich wie ein Lauffeuer aus.

11.12 *Nain* war ein Dorf südlich von Nazareth. **13.14** Nach zeitgenössischer Auffassung brachte der Messias die Beseitigung des Todes (vgl. 1,79; 7,22), so daß sich Jesus mit dieser Auferweckung als der Erwartete zu erkennen gab. Lukas drückt den Messiasanspruch Jesu deshalb auch im Hoheitstitel *Herr* (vgl. 2,11) aus, den er als einziger Evangelist häufig verwendet. **16** Die Zeugen des Geschehens erkannten in Jesus sogleich den großen Propheten in der Weissagung aus 5Mo 18,15.18, der allgemein als Messias erwartet wurde (Apg 3,33ff). Zu *besucht* vgl. 1,68.78.

7,18-35 Jesus und Johannes der Täufer. (S. Mt 11,2-19.) Die spärlichen Nachrichten über Jesus, die dem im Gefängnis eingekerkerten Johannes von seinen Anhängern zugetragen wurden, brachten den Täufer in Verwirrung: Jesus trat trotz aller Wunder anscheinend doch nicht in der erwarteten Machtfülle des Messias auf. Auch die Reinigung und Sammlung des Volkes sowie die Aufrichtung der Gottesherrschaft standen noch aus. Deshalb sandte er Boten zu ihm, die ihn rundheraus fragen sollten, ob er überhaupt der von Gott verheißene Messias sei oder nicht. Jesu Antwort verwies auf die Werke der Barmherzigkeit, die er vollbrachte. Die Boten sandte er mit Worten aus Jes 26,19; 29,18f; 35,5f; 61,1 zu Johannes zurück. Der sollte daraus ersehen, daß sich die Zeichen der messianischen Heilszeit verwirklichten und er deshalb nicht an Jesus irre werden sollte. Obwohl wir nicht direkt erfahren, ob die Botschaft Johannes in seinem Glauben bestärkte, könnte doch das Lob Jesu auf den Täufer ein versteckter Hinweis dafür sein. Die Fragen, die Jesus stellte (V. 24-26), sind eine Anklage an das Volk, das schaulustig zu Johannes zog, im Innersten aber auf seinen Bußruf nicht einging. Johannes ist keine kuriose Täufergestalt, sondern der größte aller Propheten und der größte Mensch, der je geboren wurde, weil er der Vorläufer des Messias war. Nach diesem uneingeschränkten Lob überrascht es um so mehr, wenn Jesus den kleinsten im Reich Gottes weit über Johannes stellt. Aber Johannes lebte noch im alten Bund, während die angebrochene neue Heilszeit auch neue Maßstäbe setzt (vgl. die Auslegung zu Mt 11,11f). V. 29f berichten als Einschub, wie gerade die geistlichen Führer des Volkes im Gegensatz zu den »Sündern« (vgl. 5,8.31f) an Johannes und seiner Botschaft schuldig wurden.

Ab V. 31 klagt Jesus aber auch das gesamte Volk an, das Johannes böswillig verleumdet und dem der Täufer es deshalb nie recht machen kann. Sie gleichen spielenden Kindern. Wenn die eine Gruppe »Hochzeit« spielen will und zum Tanz aufspielt, weigern sich die andern mitzutanzen, und wenn die erste Gruppe vorschlägt, statt dessen Beerdigung zu spielen und einen Klagegesang anstimmt, wollen sich die andern als unverbesserliche Spielverderber auch daran nicht beteiligen. Die Askese des Johannes war nicht nach dem Geschmack der Juden, und Jesu Umgang mit leichtfertigen Menschen und Sündern und seine Gegenwart bei ihren lärmenden Festen wurde ihm ebenfalls böswillig ausgelegt. Die Bilder, die das Volk von Johannes und Jesus entwarfen, waren natürlich stark überzeichnet und übertrieben. Auch wenn das Volk die Sache Gottes ablehnt, beweist doch eine kleine Zahl von Glaubenden (Kinder) die Weisheit Gottes und seiner Wege (vgl. 1Kor 1,17ff).

19 *Der da kommen soll* war vielleicht ein Titel (vgl. Ps 118,26). Damit ist der Messias gemeint (vgl. Hebr 10,37) und nicht irgendein Prophet, wie man aus Joh 6,14 und 11,27 fälschlich folgern könnte. 22 Da diese Zeichen das gekommene Heil beschreiben, war Jesus nicht bloß Prophet der neuen Zeit, sondern ihr Bringer. 23 *Ärgert* bedeutet »zu Fall kommen«, »an jemandem irre werden«. Jesus tadelt Johannes nicht, sondern richtet ihn auf (vgl. Jes 42,3!). 24.25 *Das Rohr* ist das Schilfrohr und stellt einen leichtfertigen Menschen dar. 27 Vgl. Mk 1,2. Das Zitat beruht auf 2Mo 23,20 und Mal 3,1, wo Gott seinem Volk verheißt, ihm seinen Boten zu senden. 34 Der Titel *der Menschensohn* stellt Jesu Menschsein heraus, ist aber gleichzeitig messianischer Titel nach dem Buche Daniel (vgl. Dan 7,13). Diese aram. Wendung als Umschreibung des Personalpronomen »ich« anzusehen, greift gewiß zu kurz. Es ist außerdem äußerst unwahrscheinlich, daß jemand diesen Titel erfand und ihn dann Jesus zuschrieb. 35 Matthäus schreibt statt *Kinder* »Werke«, was den Sinn aber nicht verändert. *Weisheit* ist eine Umschreibung für den Namen Gottes.

7,36-50 Jesu Salbung durch die Sünderin. Dieser Bericht gehört zum lukanischen Sondergut und veranschaulicht den V. 34 erhobenen Vorwurf und zeigt, daß die Sünder die Gnade Gottes empfangen, während die Stolzen ausgeschlossen bleiben. Jesus war von einem Pharisäer vermutlich zum Essen im Anschluß an einen Syngagogengottesdienst in dessen Haus eingeladen worden. Daß sich zu einem Gastmahl auch uneingeladene Personen einfanden, war nichts Ungewöhnliches, und so mag die Frau, die als käufliche Dirne bekannt war, unbemerkt in das Haus eingedrungen sein. Sie trat von hinten an Jesus heran, um ihn mit - vermutlich von ihrem Dirnenlohn gekauften - Salböl zu ehren. Durch einen Tränenausbruch wurde sie zunächst an der Ausführung ihrer Absicht gehindert. Daß Jesus diese eher peinliche Ehrung von seiten einer stadtbekannten Hure über sich ergehen ließ, verwirrte den Pharisäer und stand offensichtlich im Widerspruch zu einer göttlichen Sendung Jesu, der als Prophet hätte wissen müssen, was für eine Frau das war. Doch Jesus wußte genau, was er tat. Anhand eines eingängigen Gleichnisses verdeutlichte er dem Pharisäer, daß Liebe der Beweis für empfangene Sündenvergebung sei und daß diese Liebe sich als um so stärker erweise, je mehr jemandem vergeben worden sei. Man braucht in Simons Entgegnung (V. 43) keineswegs verächtliche Gleichgültigkeit hineinzulesen und muß auch nicht annehmen, daß er sich Jesus gegenüber unhöflich verhalten hatte. Er war seinen Gastgeberpflichten nachgekommen, ohne Jesus indes besonders herzlich willkommen zu heißen. Das allerdings beweist, wie wenig er Gottes und Jesu - den er ja immerhin für einen Propheten hielt - zu bedürfen glaubte. Im Gegensatz dazu hatte die Sünderin Jesus aufopferungsvoll gedient und ihre Abhängigkeit von Gott bekundet. Dies war der Beweis dafür, daß ihr viele Sünden vergeben worden waren.

Jesus bekräftigte sodann mit eindeutigen Worten, daß ihr ihre Sünden vergeben seien (vgl. 5,20), und stellte fest, daß ihr Glaube ihr geholfen habe (vgl. 8,48; 17,19; 18,42). Viele Ausleger, zumal die älteren römisch-katholischen Kommentatoren, haben die Ansicht vertreten, die Liebe der Frau sei nicht das Ergebnis der empfangenen Sündenvergebung, sondern deren Ursache. Ihre Interpretation von V. 47 lautet deshalb gewöhnlich: »Der Grund, weshalb ihr ihre Sünden vergeben werden, ist der, daß sie viel Liebe erwiesen hat.« In V. 48 sahen sie folglich die erste Ankündigung der Vergebung. Diese Interpretation ist ohne jeden Zweifel falsch. Sie nimmt dem Gleichnis (V. 41f) jeden Sinn, weil es doch gerade zeigen will, daß die Liebe auf die Sündenvergebung folgt, und übersieht die nachdrückliche Hervorhebung des Glaubens als einziger Ursache der Vergebung in V. 50. Zudem kann das hebr. Wort »lieben« auch mit »Dankbarkeit erweisen« wiedergegeben werden. Es ist vielmehr anzunehmen, daß die Frau das Evangelium bereits vernommen und von Jesus Vergebung empfangen hatte.

Die Geschichte ist nicht mit einer ähnlichen in den anderen Evangelien identisch (Mt 26,6-13; Mk 14,3-9; Joh 12,1-8).

37 Die Frau konnte ohne Schwierigkeit an Jesus herantreten, da er, wie im Orient üblich, zu Tische lag. 38 Die Frau tat zwar etwas Ungehöriges, aber sie war dermaßen erregt,

daß es ihr völlig einerlei war, was man von ihr dachte. **41** Ein *Silbergroschen* entsprach etwa dem Tagelohn eines Landarbeiters. **46** Oliven-*Öl* war ungleich billiger als *Salbe* (Salböl).

8,1-21 Jesus lehrt in Gleichnissen

8,1-3 Nachfolgerinnen Jesu. Dieser kurze Abschnitt vermerkt, wie Jesus nach der Zeit einer mehr ortsgebundenen Wirksamkeit im Land umherzuziehen begann. Etliche Frauen begleiteten die Missionare und kümmerten sich um ihren Lebensunterhalt, da Jesus keinerlei feste Einkünfte hatte (vgl. Mk 15,40f). Daß Maria Magdalena (V.2) mit der »Sünderin« 7,36ff identisch ist, wie gelegentlich behauptet wird, deutet Lukas nicht einmal an, obwohl sich beide Berichte im Thema »Dankbarkeit« ähneln. Durch sein Verhalten hat Jesus der Frau, die im Judentum oft herabgewürdigt wurde, eine neue Würde gegeben.

1 Vgl. 4,44; Mt 9,35. **2** Magdala war ein Dorf in der Nähe von Kapernaum. *Sieben* veranschaulicht den denkbar schlimmsten Zustand dieser Frau; vgl. 11,26. **3** *Johanna:* Vgl. zu 9,9; 24,10.

8,4-8 Das Gleichnis vom Sämann. (S. Mt 13,1-9; Mk 4,1-9.) Nach einem langen Abschnitt mit Berichten, die sich bei Markus nicht finden (6,20-8,3), folgt Lukas nun bis 9,50 wieder dessen Erzählfaden, wobei er viele dort verzeichnete Einzelheiten übergeht. So läßt er beispielsweise die Szene am See unerwähnt, die bei Mk den Hintergrund der Gleichnisse Jesu bildet. Das erste Gleichnis ist die einfache Beschreibung eines Sävorganges, bei dem die Samenkörner breitwürfig auf einem Feld mit verschiedenartiger Bodenbeschaffenheit ausgesät werden (gepflügt wurde *nach* der Aussaat) und ein unterschiedliches Geschick erfahren. Über den Sinn des Gleichnisses wird nichts ausgesagt. Die Menschen sollten sich selber fragen, was dies alles zu bedeuten habe.

4 Das Wort *Gleichnis* wird im AT zur Bezeichnung einer Vielzahl von Aussprüchen mit Vergleichscharakter verwendet, worunter Orakelsprüche, Bilder, Fabeln, Erzählungen sowie Rätsel zu zählen sind. Jüdische Lehrer gebrauchten zwar ähnliche Geschichten, doch waren ihre Gleichnisse weniger gehaltvoll als die, die Jesus erzählte. Jesu »Gleichnisse« umfaßten Metaphern und Bilder (z.B. 5,36-39), Sprichwörter (z.B. 4,23), alltägliche Begebenheiten (wie hier) und besonders Ereignisse (z.B. 10,30-37), die das Wesen der Taten Gottes (z.B. 13,18-21) und das daraus erwartete menschliche Verhalten (z.B. 16,1-9) anschaulich machten.

8,9-15 Der Sinn des Gleichnisses. (S. Mt 13,10-23; Mk 4,10-20.) Als die Jünger Jesus später nach dem Sinn des Gleichnisses fragten, legte er ihnen zunächst ganz generell die Bedeutung von Gleichnissen dar (vgl. dazu den Komm. zu Mt 13,10-17!). Denen, die zum Glauben bereit sind, gibt Gott Kenntnis von seinen Absichten. *Geheimnisse* sind Gottes Pläne für die Errichtung seines Reiches, die er zwar lange vor den Menschen verborgen gehalten hatte, jetzt aber den von ihm Auserwählten mitteilt. Weil sich viele weigerten, Jesu Botschaft anzunehmen, kleidet er sie in die verhüllende Form des Gleichnisses, so daß sie trotz Bemühen nicht verstehen und so die Prophetie Jes 6,9f erfüllen. Demnach hat das Gleichnis die Doppelaufgabe, dem Glaubenden zu offenbaren und dem Verstockten das Verständnis zu verschließen.

Die Erläuterung des Gleichnisses vom Sämann ist anders formuliert als bei Markus. Lukas hat zweifellos bestimmte, für seine Leser bedeutsame Elemente besonders hervorgehoben. Er unterstreicht, daß das Kommen des Wortes Gottes bei seinen Zuhörern auf Glauben und Beharrlichkeit treffen muß, wenn sie ein Boden sein wollen, der reiche Frucht trägt. In den Herzen mancher Menschen kommt der Same vielleicht niemals zum Keimen, und bei anderen wird sein Wachstum gehemmt, weil ihnen die nötige Ausdauer fehlt. Gutes oder schlechtes Land zu sein, ist damit kein Schicksal, sondern eine Frage der inneren Haltung und Aufnahmebereitschaft.

8,16-18 Das Gleichnis vom Licht und vom rechten Hören. (S. Mk 4,21-25.) Jesus wendet sich hier vermutlich abermals an die breite Öffentlichkeit. Die Bedeutung des Gleichnisses vom Licht ist unklar. Möglicherweise bezieht es sich auf die Pflicht der Jünger, das ihnen zuteil gewordene Licht (vgl. V.10) an sich wirken zu lassen und anderen zu verkündigen, oder aber es zeigt, daß Jesu Lehre, die jetzt in dunklen Gleichnissen verkündigt wird, eines Tages von jedermann voll erkannt wird. **18** unterstreicht die Aussage V.10: Nur der aufnahmebereite Hörer gelangt zu tieferem Verstehen. Wer sich jedoch mit dem begnügt, was er hat, und sich dem Gehörten verweigert, wird bald gar keine Gelegenheit mehr zum Hören haben.

8,19-21 Jesu wahre Verwandte. (S. Mt 12,46-50; Mk 3,31-35.) Lukas hat die Begebenheit an diese Stelle gesetzt (bei Markus geht sie den Gleichnissen voraus), um anschaulich zu machen, wie die Menschen auf Jesu Lehre reagieren sollten. Nur wo dem Hören ein Tun folgt, gibt es Gemeinschaft mit Jesus. Jesus setzt seine Verwandten damit nicht herab, sondern zeigt, daß er sich mit seinen Jüngern enger verbunden weiß als mit seinen Blutsverwandten.

19 Die *Brüder* sind die später geborenen Kinder von Maria und Josef (vgl. 2,7; Mt 1,25), und damit Jesu leibliche Geschwister. Nach Mk 3,21 glaubten sie nicht an seine messianische Sendung, sondern wurden nach alter Überlieferung erst durch die Ostereeignisse überzeugt (vgl. 1Kor 15,7).

8,22-56 Vier Machttaten Jesu

8,22-25 Die Stillung des Sturms. (S. Mt 8,23-27; Mk 4,35-41.) Der See Genezareth ist von hoch aufragenden Bergen mit engen Tälern umgeben, durch die bis heute gelegentlich heftige Fallwinde hindurchjagen. Als Jesus unbekümmert schlief, während das Boot zu kentern drohte, weckten ihn seine Jünger in der Hoffnung, er werde etwas zu ihrer Rettung unternehmen. In seiner Antwort werden sie des mangelnden Glaubens bezichtigt, da sie Jesus, obwohl er schlief, auf alle Fälle hatten vertrauen können und müssen. Die Stillung des Sturms beschämte deshalb die Jünger und machte ihnen zugleich Mut zum Glauben. Die Jünger fragten zu Recht *Wer ist dieser...?* Die Antwort müßte lauten: Gott hat als Herrscher Vollmacht über die Naturgewalten, und Jesus als Gottes Sohn hat Anteil daran (Ps 89,9f; 93,3f; 106,8f; 107,23ff; Jes 51,10f). Dies kam ihnen jedoch noch nicht voll zu Bewußtsein.

8,26-39 Die Heilung des besessenen Geraseners. (S. Mt 8,28-34; Mk 5,1-20.) Bei der Ankunft am jenseitigen Ufer traf Jesus auf einen Mann, der infolge dämonischer Besessenheit an manisch-depressivem Irresein litt und aufgrund okkulter Einflüsse ein außergewöhnliches Verständnis der Person Jesu hatte (vgl. 4,33f). Nach Auffassung der damaligen Zeit gab es für Geistes- und Gemütskranke dieser Art keine bessere Behandlung als strengste Isolation, der sich dieser Mann allerdings mit übermenschlichen Kräften zu entziehen wußte. Die Vielzahl der Mächte, die ihn hin- und herrissen, wird im Namen *Legion* ausgedrückt (eine Legion umfaßt 5000 Mann). Jesus hatte Mitleid mit ihm und befreite ihn von den Dämonen, die daraufhin in eine Schweineherde fuhren. Kritikern, die das Ersaufen der Schweine beklagen, ist entgegenzuhalten, daß es hier um ein Menschenleben ging. Andere haben eine verstandesmäßige Erklärung des Vorfalls gesucht und gemeint, das Toben des Besessenen habe die Schweineherde derart in Schrekken versetzt, daß sie in panischer Angst davongejagt sei. Erkennt man die Tatsache dämonischer Besessenheit jedoch an (vgl. zu 4,33), ist es unbegründet, die Erklärung der Evangelisten zu übergehen, zumal sich alle anderen Theorien ja doch nicht belegen lassen.

Die Einheimischen wurden durch das ganze Geschehen so sehr in Furcht und Schrecken versetzt, daß sie Jesus baten, das Land zu verlassen. Der Einbruch des Übernatürlichen in ihr alltägliches Leben hatte sie dermaßen verängstigt, daß sie außerstande waren, Gottes Gnade und Barmherzigkeit bei alledem zu erkennen. Aus diesem Grund gebot Jesus dem Geheilten, der sich bei ihm geborgen wußte, in seine Dorfgemeinschaft zurückzukehren. Wenn die Menschen auch vor ihm selber Angst empfanden, würden sie doch einem Manne, den sie kannten, zuhören und sich von ihm über Gottes in Jesus geoffenbarte Güte belehren lassen.

26 Der Ortsname wird in den Handschriften verschieden angegeben. Nach neuesten Ausgrabungen dürfte es sich allerdings um das unmittelbar am See gelegene Gergesa, das heutige El-nursi, handeln, wozu auch das beschriebene Gelände ausgezeichnet paßt. **27** Grabhöhlen galten als unreine Orte, die jeder Vernünftige mied (vgl. Mt 23,27f). **31** Der *Abgrund* ist die Heimstatt von Dämonen (Offb 9,1-11; 20,1ff). Hier dient er zur Vollstreckung von Strafen und zur Gefangenhaltung. **32** In einem größtenteils von Heiden bewohnten Gebiet war *Säue*haltung nichts Ungewöhnliches.

8,40-56 Die Auferweckung der Tochter des Jairus und die Heilung der blutflüssigen Frau. (S. Mt 9,18-26; Mk 5,21-43.) Als Jesus wieder an der jüdischen Seite des Sees angelangt war, trat ein Synagogenvorsteher namens Jairus mit der Bitte an ihn heran, seiner kranken Tochter zu helfen. Auf dem Weg zu dessen Haus wurde Jesus durch einen Vorfall aufgehalten, der Jairus eigentlich in seinem aufkeimenden Glauben hätte bestärken müssen, ihn aber vielleicht andererseits durch die Verzögerung und den dadurch mittlerweile eingetretenen Tod seiner Tochter auf eine große Vertrauensprobe stellte. Die Frau, die plötzlich erschien, litt an einer Blutung, die trotz Ausschöpfung aller medizinischen Mittel nicht zu stillen war. Da sie aufgrund ihrer Krankheit als unrein galt (3Mo 15,25ff), wagte sie nicht, offen an Jesus heranzutreten. Sie hatte allerdings soviel Vertrauen zu ihm, daß sie durch die bloße Berührung Jesu von ihrem Leiden befreit zu werden hoffte. Der Glaube der Frau wurde von Jesus nicht als Aberglauben abgetan. Seine Heilkraft (V.46) ging nicht etwa automatisch durch Berührung von ihm aus, sondern war eine bewußte Reaktion auf den Glauben, den er bei der Kranken spürte. Dieser Glaube bewies sich dann auch in dem öffentlichen Eingeständnis, durch das sie sich völlig in die Hand Jesu gab. Dadurch gelangte sie auch zu einer persönlichen Beziehung zu ihm und wurde durch seinen Hinweis auf ihren Glauben vom Verdacht des Aberglaubens befreit.

Die Verzögerung schien die Hoffnungen des Jairus indessen zunichte zu machen, und die soeben eingetroffene Nachricht vom Tod der Tochter machte Jesu Kommen überflüssig. Jesus ermutigte Jairus aber zu anhaltendem Glauben und gab ihm neue Hoffnung. Als er zu dem Haus kam, ging er ohne Hast und nur mit seinen drei engsten Jüngern (vgl. 9,28ff) zu dem toten Mädchen hinein. Durch ein einziges Wort rief er es ins Leben zurück. Obwohl sich die Auferweckung kaum geheimhalten ließ, wünschte Jesus jedoch, daß möglichst wenig Aufhebens davon gemacht wurde. Zu schnell wurde er als »Wunderdoktor« angesehen, anstatt in ihm wegen der Offenbarung der göttlichen Liebe den Sohn Gottes und den Heiland der Welt zu erkennen.

41 Der *Vorsteher der Synagoge* war für den geregelten Ablauf der Gottesdienste und die anderen Angelegenheiten der Synagoge verantwortlich. Seine Anordnungen wurden vom Synagogendiener ausgeführt (vgl. 4,20). 42 Wer behauptet, das Mädchen sei in Wirklichkeit nicht gestorben, setzt sich in Widerspruch zu der ganzen Grundstimmung der Erzählung. 52 Bestattungen erfolgten im Orient in der Regel noch am Todestag (vgl. Apg 5,5-7), so daß die Totenklage schon gleich nach dem Hinscheiden des Mädchens eingesetzt hatte. 55 Der Befehl, dem Mädchen zu essen zu geben, sollte vielleicht beweisen, daß es wirklich lebe; näher liegt freilich die Vermutung, daß darin Jesu menschliche Fürsorge zum Ausdruck kommt.

9,1-50 Jesus und die Zwölf

9,1-9 Die Aussendung der zwölf Jünger. (S. Mt 10,5-15; 14,1-12; Mk 6,7-29.) Die Ausdehnung seiner Wirksamkeit (8,1) gab Jesus Gelegenheit, seine Jünger an der Verkündigung des Reiches Gottes Anteil zu geben und sie damit für ihre spätere apostolische Sendung zu schulen. Mit seiner Vollmacht ausgestattet, sollten sie in Wort und Tat den Anbruch der Gottesherrschaft proklamieren. Ihr Auftreten entsprach ganz dem ihres Herrn und sollte zudem dem Vorwurf, sie zögen aus ihrer Missionstätigkeit Gewinn, begegnen und der Verwechslung mit anderen, weniger achtbaren Wanderpredigern vorbeugen. Während des Aufenthalts in einem Ort sollten sie nicht von Haus zu Haus ziehen und um gastliche Aufnahme bitten, sondern von einem bestimmten Haus aus ihre Arbeit treiben (vgl. Apg 9,43; 18,3f). Nahm eine Stadt sie nicht auf, so sollten sie sich so verhalten wie Juden beim Verlassen einer heidnischen Stadt, und durch das Abschütteln des Staubes den Einwohnern sinnfällig vor Augen führen, daß sie sich vom wahren Israel ausschlossen.

Zwischen Auszug und Rückkehr der Missionare vermerkt Lukas die Ansichten, die die Leute jetzt über Jesus äußerten, und bereitet den Leser damit auf die Frage V. 18 vor. Nach Mk 6,14 neigte Herodes Antipas aufgrund seines schlechten Gewissens zu der Ansicht, daß vielleicht Johannes der Täufer, den er hatte hinrichten lassen (Mt 14,1-12), von den Toten auferstanden sei. Lukas hat mit V. 9 wohl die andere Seite des schwankenden Empfindens des Herodes herausgestellt. Sein Verlangen, Jesus zu sehen, war wohl kaum von edlen Absichten motiviert (vgl. 23,8).

1 Lukas übergeht die Geschichte Mk 6,1-6; s. aber 4,16-30. 3 Mk 6,8 gestattet den Gebrauch eines *Stabes,* was man vielleicht als eine Anpassung an die rauheren Lebensbedingungen außerhalb Galiläas ansehen kann. 8 Zum Kommen des Elia s. 1,17. 9 Lukas scheint mehr Einzelheiten über Herodes in Erfahrung gebracht zu haben, möglicherweise von Johanna (vgl. 8,3).

9,10-17 Die Speisung der Fünftausend. (S. Mt 14,13-21; Mk 6,30-44; Joh 6,1-14.) Jesus hatte gehofft, er werde den Zwölf nach ihrer Rückkehr eine Ruhepause gönnen können; doch als die Volksmenge dieses Vorhaben vereitelte, nahm er die Gelegenheit wahr zu lehren und zu heilen. Mit Anbruch des Abends gerieten die Jünger in Sorge. Sie hatten selber nur wenige Lebensmittel bei sich und verfügten ganz gewiß nicht über die erforderlichen Geldmittel, für 5000 Männer (Frauen und Kinder wurden häufig nicht mitgezählt und kamen noch hinzu) Lebensmittel zu kaufen. Jesus nahm jedoch das, was vorhanden war, dankte auf die im Judentum übliche Weise, brach die Speise und verteilte sie. Die Geschichte wird ganz einfach als Zeugnis der Macht Jesu berichtet. Markus und Johannes stellen deutlicher heraus, daß Jesus sowohl für die menschlichen Lebensbedürfnisse Sorge trägt als auch der Bringer des himmlischen Brotes ist.

10 Das am äußersten Ende des Sees gelegene Bethsaida war der Zielort der Jünger nach der Speisung (Mk 6,45); die Speisung muß in seiner unmittelbaren Nähe stattgefunden haben. 12 Lukas erwähnt als einziger der Evangelisten die Notwendigkeit, eine *Herberge* zu finden; die Volksmenge wird wohl im Freien oder in nahegelegenen Weilern übernachtet haben. 16 In seiner Versuchung durch den Teufel verweigerte Jesus die Schaffung von Brot (4,3f); hier handelt er in Übereinstimmung mit dem Vater; vgl. auch 22,15ff.

9,18-27 Das Bekenntnis des Petrus. Leidensankündigung und rechte Nachfolge. (S. Mt 16,13-28; Mk 8,27-9,1.) Lukas übergeht die Erzählungen, die bei Matthäus und Markus zwischen der Speisung der Fünftausend und dem Messiasbekenntnis des Petrus stehen. Vermutlich meinte er, diese Berichte fügten dem bisher von Jesus vermittelten Bild keinerlei neue Züge hinzu, und der Leser habe genügend über Jesus erfahren, um das außergewöhnliche Bekenntnis des Petrus verstehen zu können. Petrus, der als Sprecher der Jünger auftrat, sah in Jesus nicht nur einen bloßen Propheten wie Elia oder Johannes, auch nicht einen von den Toten auferweckten Propheten, sondern erkannte in ihm den Christus (den Gesalbten), d.h. den Messias (vgl. 2,26). Daß Jesus Petrus nicht korrigierte und seinen Jüngern die Bekanntgabe seiner Messianität verbot, zeigt, daß er Petrus' Messiasbekenntnis annahm. Der Grund für das Geheimhaltungsgebot lag einerseits in seinem Bestreben, nicht als politischer Messias mißverstanden zu werden, und andererseits sollten Jesu Lehre und seine Wunder die Bevölkerung zu einem selbständigen Urteil führen.

Dieser letzte Gedanke leitet zur ersten Leidensankündigung hin, da sein Leiden und Sterben, schließlich aber auch seine Auferstehung, Folge der Ablehnung seines Messiasanspruches darstellen. Im zeitgenössischen jüdischen Denken war für einen leidenden Messias kein Platz, obwohl Stellen wie Jes 53 seine Passion durchaus ankündigten. Selbst die Jünger begriffen erst nach der Auferstehung die Bedeutung der Worte Jesu, daß er die Weissagung vom leidenden Gottesknecht voll und ganz erfüllen müsse. Ebenso mußte Jesus seinen Jüngern jetzt auch den Blick dafür öffnen, daß sie als seine Nachfolger die Bereitschaft zu einem ähnlichen Leiden haben mußten. Nachfolge bedeutet Selbstverleugnung. Wenn sie versuchen, ihr (irdisches) Leben zu retten, so verlieren sie das Leben, auf das es in Wahrheit ankommt; doch wenn sie bereit sind, ihr Leben für Jesus hinzugeben, werden sie das wahre Leben finden. Wer sich Christi schämt und ihn verleugnet, weil ihm sein irdisches Leben zu teuer war, wird am Tag des Gerichts verworfen werden.

22 Jesus bezeichnete sich selbst vorzugsweise als *Menschensohn* (5,24; 6,5.22; 7,34). Der Messias des Judentums war eine menschliche, der Menschensohn (vgl. Dan 7,9-22) aber ist eine himmlische Gestalt und beschreibt Jesu Wesen und Auftrag treffender. Da sich die volkstümliche Messiasvorstellung grundlegend von Jesu wahrer Sendung unterschied, vermied er im allgemeinen, den Gebrauch des so oft mißverstandenen Messiastitels. Desgleichen weitete er den Aufgabenbereich des Menschensohnes aus, wenn er nicht nur von seiner Tätigkeit im Endgericht (V.26), sondern auch von seiner Leidenszeit sprach (vgl. Jes 52,13-53,12). **27** Es steht nicht sicher fest, worauf sich dieser Spruch bezieht. Er kann schwerlich bedeuten, daß Jesus das Weltende zu Lebzeiten seiner Zuhörer erwartete. Vielleicht bezieht er sich auf das Kommen des Gottesreiches während seiner eigenen Wirksamkeit. Doch legt der Zusammenhang mit seiner Passion nahe, an die Auferstehung und Himmelfahrt Jesu sowie an die Geistausgießung an Pfingsten zu denken.

9,28-36 Die Verklärung Jesu. (S. Mt 17,1-8; Mk 9,2-8.) Die sehr genaue Zeitangabe setzt die Verklärung in engen Zusammenhang mit dem vorangehenden Abschnitt. Als Jesus auf einem Berg betete (auf welchem, wissen wir nicht), nahm sein Aussehen einen himmlischen Glanz an, der ihn als den göttlichen Menschensohn offenbarte (vgl. Offb 1,13ff). Die zwei Männer, die zu ihm stießen, waren Mose und Elia, die mit ihm über sein Sterben und seine Auferstehung sprachen und damit die Weissagung von V.22 indirekt bestätigten. Petrus, der wieder als Sprecher der andern auftritt, wollte durch die drei »Hütten« die himmlischen Gäste vielleicht ehren oder damit ihren Aufenthalt verlängern. Lukas berichtet ausdrücklich, daß Petrus die Situation verkannt hatte. Die wahre Bedeutung dieses Geschehens kommt mit der Stimme vom Himmel zum Ausdruck. Sie versicherte den Jüngern, daß Jesus, den sie als den Messias bekannten, tatsächlich der Sohn Gottes sei, und das nicht trotz, sondern gerade wegen seiner bevorstehenden Passion; ihm sollten sie gehorchen - ihm allein.

29 Lukas berichtet als einziger Evangelist, daß Jesus *betete* und somit in enger Fühlung mit der himmlischen Welt war. **30** Die jüdische Überlieferung erwartete, daß am Ende der Zeiten *Mose* und *Elia* wiederkommen würden. Sie repräsentierten das Gesetz und die Propheten und zeigen damit, daß Jesu Passion die Vollendung von beidem ist. **34** Die *Wolke* versinnbildlicht in der Regel die Gegenwart Gottes (2Mo 16,10; 5Mo 5,22; Apg 1,9). **35** Die *Stimme* verwendet die gleichen Worte wie bei der Taufe Jesu, wendet sich jedoch diesmal an die Jünger. **36** Sowohl die Unterhaltung beim Abstieg vom Berg als auch alle näheren geographischen Angaben fehlen im Lukasbericht.

9,37-50 Erlebnisse im Tal. (S. Mt 17,14-23; 18,1-5; Mk 9,14-41.) In diesem abschließenden Abschnitt über Jesu Wirken in Galiläa wird an verschiedenen Begebenheiten deutlich, wie sehr es den Jüngern noch an Glaubenskraft und Einsicht mangelte. **37-43** In der ersten Erzählung hatte man einen epileptischen und von Dämonen besessenen Jungen zu den Jüngern, die Jesus nicht mit auf den Berg begleitet hatten, gebracht. Sie erwiesen sich aber als unfähig, in diesem Fall zu helfen (vgl. 9,1). Als der Junge nun zu Jesus gebracht wurde, tadelte er den Unglauben und die Verstocktheit seiner

Jünger, die Ursache des Versagens waren und sie deshalb mit dem ganzen Volk gleichstellten (vgl. 7,31; 11,29ff). Mit Worten aus 5Mo 32,5.20 drückt Jesus die schmerzliche Erkenntnis aus, daß seine Jünger ihn noch so sehr brauchen, obwohl er sich doch jetzt schon auf seine Passion vorbereitet. Die Heilungstat mit ihrer Offenbarung der Größe und der Macht Gottes setzte die Menschen in höchstes Erstaunen.

43b-45 Jesu Worte, die den Jüngern erneut vor Augen hielten, daß der Menschensohn nicht im Triumph seinen Weg durch die Welt ziehen werde, sondern leiden müsse, bildeten mit der vorausgegangenen Machttat einen scharfen Kontrast. Wie Markus hebt auch Lukas die Stumpfheit der Jünger hervor, die die Ankündigung Jesu nicht fassen konnten (vgl. 18,34). Daß er ihnen verborgen war (V.45), weist aber auch auf eine göttliche Absicht, ihre Erkenntnis kontinuierlich wachsen zu lassen.

46-50 Zwei weitere Begebenheiten unterstreichen das mangelnde geistliche Verständnis der Jünger. Die erste zeigt, wie sie sich über die Rangordnung in ihrem Kreis stritten. Auch Jesu Jünger, die an ihrem Her , nie etwas anderes als Demut und Dienstb. eitschaft gesehen hatten, konnten solchen Ehrgeiz entwikkeln. Jesus durchschaute die elementaren Beweggründe, die in ihren Herzen um den Vorrang stritten. Indem er ein Kind - in den Augen der Israeliten das denkbar bedeutungsloseste Mitglied ihrer Gesellschaft - herbeiholte, belehrte er sie, daß derjenige, der demütig genug sei, ein Kind aufzunehmen, ihn selber und seinen Vater aufnehmen würde. Wer zu einer solchen Einstellung gelangt ist, streitet sich nicht mehr um Rangfragen. Er dient, statt auf Verdienst zu schauen.

In diesem Zusammenhang erinnerte Johannes sich, wie sie mit einem Mann verfahren waren, der mit der Kraft des Namens Jesu Dämonen austrieb, obwohl er nicht zu den Zwölfen gehörte (V.49f). Dieser Mann lehnte also nicht Jesus ab, sondern hielt sich nicht zu dem Jüngerkreis. Johannes sieht durch ihn seine vermeintlichen »Sonderrechte« gefährdet und zeigt damit, daß es ihm letztlich um die Ehre geht. Jesus weist solche »Sonderrechte« ab und erklärt ihnen, sie sollten den Mann nicht verachten, denn wer nicht gegen Jesus sei, der sei für ihn. Der Spruch 11,23 zeigt, daß diese Wahrheit noch eine andere Seite hat.

9,51-19,10 Jesus auf dem Weg nach Jerusalem

Lukas übergeht die Mk 9,42-10,12 berichteten Begebenheiten und wendet sich erst 18,15 wieder dem Erzählungszusammenhang des Markusevangeliums zu. Statt dessen überliefert er viel Stoff, der sich bei Markus nicht findet, in weiten Teilen mit Matthäus parallel geht oder zu seinem Sondergut gehört, das diesem sogenannten »Reisebericht« oder »Samariterabschnitt« sein besonderes Gepräge gibt. Lukas erweckt den Eindruck, die folgenden Ereignisse hätten sich alle auf dem letzten Weg Jesu nach Jerusalem ereignet. Es ist aber durchaus möglich, daß der eine oder andere Bericht aus thematischen Gründen eingefügt wurde, obwohl er zu einer anderen Periode der Wirksamkeit Jesu zu rechnen wäre. (Vgl. das Verfahren des Matthäus in seinen großen Redekompositionen.) Auch wissen wir von Johannes, daß Jesus Jerusalem mehrere Male besuchte, so daß sich vielleicht einzelne Erlebnisse von verschiedenen Wanderungen nach Jerusalem in diesem Abschnitt widerspiegeln. Das allgemeine Thema jedenfalls ist die Jüngerschaft.

9,51-10,24 Pflichten und Rechte der Jünger

9,51-56 Die Ablehnung Jesu in einem samaritanischen Dorf. Die Juden und die Samaritaner begegneten einander mit abgrundtiefem Haß, doch Jesus wollte den Widerstand, den man ihm entgegenbrachte, nicht mit Gericht beantworten (vgl. 2Kö 1,9ff). Obwohl V.55b und 56a nicht zum ursprünglichen Text des Lukasevangeliums gehören, entsprechen sie Jesu Denkweise doch genau. Jesus wollte die beiden »Donnersöhne« (vgl. Mk 3,17) nicht nur von falschen Motiven, sondern auch von einem falschen Verständnis seiner Person befreien. Er nahm Widerstand hin, ohne Vergeltung zu üben, weil er gekommen war, Menschen zu retten und nicht zu verderben (vgl. 19,10; Joh 3,17).

51 *Daß er hinweggenommen werden sollte* meint das gesamte Geschehen von Leidenszeit, Tod und Auferstehung Jesu. **52** Sollten die Boten eine evangelistische Versammlung vorbereiten? **53** Die Samariter hatten auf dem Berg Garizim ihren eigenen Tempel gebaut (vgl. Joh 4,20). Da Jesus nach Jerusalem zog, mußte das ihren Haß erregen.

9,57-62 Bereitschaft zur Nachfolge. (S. Mt 8,19-22.) Viele wollen Jesus folgen, bis sie die Konsequenzen erkennen. In seiner Antwort an den ersten »Möchtegern-Jünger« stellt Jesus die Armut und Heimatlosigkeit des Menschensohns und seiner Jünger heraus. Einem zweiten bedeutete Jesus, er solle ihm unverzüglich nachfolgen und sich dieser Aufforderung nicht unter einem Vorwand entziehen. Dem dritten mußte er sagen, daß ein sehnsüchtiges Zurückblicken auf die Vergangenheit zum Dienst im Reich Gottes untauglich macht. Alle drei Sprüche stellen die konsequente und vorbehaltlose Hingabe an Jesus heraus.

59 Der Vater lebte wohl noch, so daß sich

der Antritt der Nachfolge noch lange hätte hinausziehen können. Auf alle Fälle war es höchste Sohnespflicht, dem Vater die letzte Ehre zu erweisen.

60 meint: »Laß diese Pflicht für sich selber Sorge tragen« oder: »Überlaß diese Aufgabe den geistlich Toten«. **61** ist rigoroser als 1Kö 19,19-21.

10,1-16 Die Aussendung der siebzig Jünger. (Vgl. Mt 9,37f; 10,7-16; 11,21-23.) Daß Jesus zusätzlich zu den Zwölfen noch eine weitere Schar zur Missionsarbeit aussandte, wird nur von Lukas berichtet. Jesus bereitete sie mit ähnlichen Worten auf ihren Dienst vor wie die Zwölf (vgl. 9,1-6). Zuerst sprach er von der reichen Ernte, die es einzubringen galt, um dann allerdings in einem anderen Bild darauf hinzuweisen, daß sie sich gleichzeitig der Feindschaft dieser Welt aussetzen und wie Lämmer unter ein raubgieriges Rudel Wölfe geraten würden. Gleich den Zwölf sollten sie nichts mitnehmen (vgl. zu 9,3) und keine Zeit mit umständlichen orientalischen Begrüßungsformalitäten vertun. Die ihnen gewährte Gastfreundschaft sollten sie als »Lohn« in Bescheidenheit entgegennehmen, aber nicht auf der Suche nach besserer Unterkunft von einem Haus zum andern ziehen. Ihre Botschaft lautete, daß das Reich Gottes nahe herbeigekommen sei und wurde durch zeichenhafte Krankenheilungen bestätigt. Verwarf man ihre Botschaft, so sollten sie das göttliche Gericht ankündigen und darauf hinweisen, wie nahe ihnen das Heil gewesen war. Gleichsam beiläufig spielte Jesus sodann auf die Städte an, die sich seiner Predigt verschlossen hatten, und stellte Betrachtungen über ihr Schicksal am Tag des Gerichts an. Alte heidnische Städte würden das Evangelium herzlicher aufgenommen haben als diese jüdischen Städte. Deshalb sollten sie alle, besonders aber die Stadt Jesu, Kapernaum (vgl. 9,1), gerichtet werden (vgl. Jes 14,11ff). Dann betonte er abschließend, daß das Verhalten den Jüngern gegenüber, die seine persönlichen Repräsentanten und folglich die Repräsentanten Gottes waren, über das Urteil beim Gericht entscheide.

1 Einige Handschriften lesen hier, V.17 und auch an anderen Stellen »siebzig«, andere hingegen »zweiundsiebzig«. Die Zahl ist möglicherweise eine Anspielung auf die Zahl der Völker 1Mo 10 und verdeutlicht Jesu Anspruch auf die ganze Menschheit. Vielleicht steht sie auch in bezug zu den siebzig Ältesten 2Mo 24,1. **6** Ein *Kind des Friedens* ist ein Mensch, der für die messianische Gabe des Friedens offen ist. Man beachte, daß einem Segenswort wirkliche Macht innewohnt. **7** S. 1Kor 9,14. Jesus lehrte, daß diejenigen, die das Evangelium empfangen, für den Lebensunterhalt des Evangelisten aufzukommen hätten. Die Urgemeinde verwirklichte diesen Grundsatz, indem sie für den Lebensunterhalt ihrer Apostel und Evangelisten sorgte, um sie nicht in Abhängigkeit von denjenigen, denen sie das Evangelium verkündeten, geraten zu lassen und um diese Boten von dem Verdacht zu befreien, die frohe Botschaft von der freien Gnade gegen Geld zu verkaufen (vgl. 3Jo 7f). Paulus war bestrebt, seinen Gemeinden diesbezüglich keinerlei Lasten aufzubürden, obschon er dazu durchaus berechtigt gewesen wäre (vgl. 2Kor 9,14), und zitierte diesen Text im Zusammenhang mit den Rechten der Ältesten (vgl. 1Tim 5,18). **9** *Ist nahe ... gekommen* (griech.: *engiken*): Wenn das Evangelium verkündet wird, dann sind die Segnungen der Gottesherrschaft allen denen zugänglich, die sie im Glauben annehmen wollen (vgl. Mk 1,15). **11** Die Missionare lehnen jede weitere Verantwortung ab, nachdem sie die Botschaft klar und deutlich verkündigt haben. **13** *Chorazin*, eine Stadt nördlich von Kapernaum, wird sonst nirgendwo in den Evangelien erwähnt. **16** Vgl. 9,48; Joh 15,23.

10,17-24 Die Rückkehr der Siebzig. Jesu Jubelruf. (S. Mt 11,25-27; 13,16f.) Als die Missionare voll Freude zurückkamen und berichteten, daß sie in der Vollmacht Christi sogar böse Geister auszutreiben vermochten, war das für Jesus ein Zeichen, daß Satans Thron stürzte. Trotzdem soll nicht das der tiefste Grund für die Freude der Jünger sein, sondern die Gnade Gottes, die sie in die Gemeinschaft mit Gott hineingenommen hat. Nicht die Überwindung des Bösen, sondern die Errichtung des vollendeten Gottesreiches bestimmt die Blickrichtung.

Dann dankte Jesus dem Vater dafür, daß er seine Offenbarung gerade den ungelehrten und einfachen Menschen, den Unmündigen (Ps 19,8), zuteil werden ließ. Den »Weisen«, die die Schrift kennen, sie aber im Unglauben verdrehen, wird sie von Gott bewußt verschlossen. Nicht Verstand und Bildung, sondern Glaube ist zum Eintritt in die Gottesherrschaft notwendig (vgl. 1Kor 1,26ff). Jesu Gebet gipfelt in der großen Aussage, daß ihm alle solche Erkenntnis von seinem Vater gegeben worden ist. Ein einzigartiges gegenseitiges Band der persönlichen Erkenntnis besteht zwischen dem Vater und dem Sohn, so daß allein der Sohn den Menschen die Kenntnis des Vaters vermitteln kann. Die Jünger haben an und durch Jesus das gesehen und erkannt, wonach die Menschen früherer Zeiten sich inständig sehnten.

18 Vgl. Offb 12,7-10. Jesu Anspruch ist bildlich zu verstehen. Er hat eine Vision der geistlichen Niederlage Satans, die durch seinen Kreuzestod erfolgte (vgl. Kol 2,14f). Die Austreibung böser Geister kündigt an, daß der Sieg über ihren Meister unmittelbar bevorsteht. **19** *Schlangen* und *Skorpione* versinnbildlichen wohl gottfeindliche Mächte: 5Mo 8,15; Ps 91,13 (vgl. aber auch Mk 16,18, Apg 28,3ff). **20** Vgl. Phil 4,3. **22** Die geringfügige Abweichung vom Wortlaut von Mt 11,27 hat keinerlei Einfluß auf den Sinn. Die Echtheit dieses Spruches wurde zwar oft angezweifelt, doch erkennt man zunehmend, daß er nicht hellenistisch, sondern durch und durch jüdisch geprägt ist. *Alles* meint wahrscheinlich eher »alle Offenbarung« als »alle Macht«. Das Wort *weiß* drückt im Hebr. persönliche Erkenntnis (z.B. 1Mo 4,1 vom Eheband) oder Erwählung (Am 3,2) aus; hier bringt es die sich in seinem Gebet widerspiegelnde persönliche Gemeinschaft Jesu mit seinem Vater zum Ausdruck, durch die Jesus allein befähigt ist, den Menschen den Vater zu offenbaren. Der Spruch steht voll und ganz mit der Lehre Jesu im Johannesevangelium im Einklang (z.B. Joh 10,15).

10,25-11,13 Kennzeichen der Jüngerschaft

10,25-37 Der barmherzige Samariter. Die Erzählung ist nicht mit Mt 22,34-40 und Mk 12,28-31 identisch. Auf die herausfordernd gestellte Frage (»versuchte ihn«, V. 25), was man tun müsse, um das ewige Leben zu erben (vgl. 18,18), antwortet Jesus, indem er den Fragesteller nach jüdischer Weise auf das Gesetz verweist. Dieser faßt daraufhin Wesen und Zweck des Gesetzes zusammen. Daß der Schriftgelehrte dieselbe Antwort gibt wie Jesus Mk 12,29-31, überrascht deshalb nicht, weil im Judentum 5Mo 6,5 und 3Mo 19,18 schon vor der Zeit Jesu als Summe des Gesetzes zusammengefaßt wurden. Mit Blick auf Gal 3,12 mag Jesu Antwort daher übermäßig gesetzesstreng klingen, doch vom Gesamtinhalt seiner Lehre her betrachtet ist sie das keineswegs.

Für den Schriftgelehrten war diese durchaus gesetzestreue Antwort eher peinlich, so daß er die Initiative wieder zu gewinnen versuchte und er Jesus um eine genaue Bestimmung des Begriffs »mein Nächster« bat. Das Gleichnis, mit dem ihm Jesus antwortet, entwickelt keine Lehre über die Nächstenliebe, sondern zeigt an einem praktischen Beispiel, was sie beinhaltet. Dabei beschreibt er nicht, wie man erwarten sollte, einen Juden, der jedem Menschen, auch einem Samaritaner, Liebe erweist, sondern erklärt, daß selbst ein Samariter dem Reich Gottes näher sein kann als ein gesetzesstrenger, aber unbarmherziger Jude. Obwohl der Schriftgelehrte Jesus fragte: »*Wer ist* denn mein Nächster?«, bedeutet Jesus ihm, daß die wirkliche Frage vielmehr lauten muß: »Verhalte ich mich wie ein Nächster?« Die Nichteinhaltung des Gebots entspringt nicht der Unkenntnis, sondern der fehlenden Liebe. Deshalb braucht der Schriftgelehrte auch keine Belehrung, sondern ein neues Herz - mit anderen Worten: Er soll sich bekehren.

30 Eine 27 Kilometer lange, steil abfallende Straße führte von Jerusalem nach dem 1000 Meter tiefer gelegenen Jericho, einer ländlichen Priesterstadt (vgl. 1,23). Der Weg galt wegen zelotischer Räuber und Wegelagerer als sehr gefahrvoll. Es ist durchaus möglich, daß sich eine ähnliche Begebenheit tatsächlich ereignet hat. **31.32** Der Priester und der Levit befürchteten vielleicht, sich durch die Berührung einer Leiche zu verunreinigen. Aber nicht die Ursache, sondern die Tatsache ihrer mangelnden Nächstenliebe - trotz hohen geistlichen Anspruches - ist entscheidend. **33** Die Zuhörer vermuteten zweifellos, der Dritte werde ein jüdischer Laie sein. Zu *Samariter* vgl. LZB (vgl. auch 9,53). **34** Öl und Wein galten als Arzneimittel. **35** *Zwei Silbergroschen* (ein Denar) entspricht einem Tagelohn (vgl. Mt 20,2). **37** Das Wort »Samariter« brachte der Schriftgelehrte nicht über die Lippen!

10,38-42 Maria und Martha. Während Martha alle Hände voll mit dem Abendbrot zu tun hatte, saß Maria bei Jesus und hörte seinen Worten zu. Die Beschwerde Marthas ergeht weniger, weil sie sich bei der Vorbereitungsarbeit zur Mahlzeit alleine gelassen fühlt, sondern weil Maria Jesus durch ihre Untätigkeit anscheinend nicht ehrte. In seiner Antwort stellt Jesus nicht etwa einen aktivistischen und einen verinnerlichten Glaubensstil gegenüber; er zeigt vielmehr, daß die wirklichen Bedürfnisse nicht in äußeren Dingen liegen, sondern in den inneren (vgl. Joh 6,27), und daß Maria ihn deshalb durch ihr Zuhören ehrt. Jesus kam ja nicht, um sich dienen zu lassen, sondern gerade um anderen zu dienen (Mt 20,28). Das hatte Maria verstanden.

38 Da mit dem *Dorf* das am Stadtrand von Jerusalem gelegene Bethanien gemeint ist (Joh 11,1), fand die Begebenheit vor dem letzten Besuch Jesu in Jerusalem statt. **41** Der Text ist nicht gesichert, aber der Sinn ist klar.

11,1-13 Das Vaterunser. Der bittende Freund. (S. Mt 6,9-13; 7,7-11.) Das christliche Gebet geht auf das Beispiel und die Vorschrift des Herrn Jesus Christus selbst zurück. Die Jünger nahmen Jesu eigenes Gebet zum Anlaß, um ihn zu fragen, wie man beten solle. Er antwortete ihnen mit dem Vaterunser, das hier in einer Gestalt erscheint, die von der uns aus dem Matthäusevangelium vertrauten Form abweicht. Wahrscheinlich hat Jesus seinen Jüngern zwei Versionen des Vaterunsers mitgeteilt, was bei der Bedeutung, die er auf das Gebet legte, nicht verwunderlich erscheint. Die lukanische Fassung ist die kürzere; sie enthält eine Anrede und zwei Gruppen von Bitten. 2 *Vater* ist die Übersetzung des von Jesus benutzten aram. Wortes *Abba* (vgl. 10,21; Mk 14,36); er stellt hier daher für seine Jünger das gleiche innige Verhältnis zum Vater her, in dem er selbst zu Gott steht (vgl. Röm 8,15f). *Dein Name werde geheiligt* ist die erste von zwei Bitten, die Gott selber betreffen. Sein Name, der seine Person repräsentiert, soll in der Welt der Menschen geehrt und anerkannt werden (vgl. Jes 29,17ff; Hes 36,16ff). Eine solche Heiligung bildet die Grundlage der zweiten Bitte: *Dein Reich komme.* Die endzeitliche Herrschaft Gottes in Frieden und Gerechtigkeit soll bald anbrechen und das Kommen des Tages des Herrn beschleunigt werden. Dann wird auch der *Wille* Gottes uneingeschränkt geschehen. Erst nach diesen Bitten werden die Bedürfnisse des Bittenden angesprochen. 3 Zuerst wird um die Bereitstellung des *täglichen Brotes ... Tag für Tag* gebetet. Obwohl in erster Linie an die tägliche Nahrung gedacht ist, könnte man auch an das Brot des Lebens denken, die Gabe Gottes, ohne die der Mensch nicht leben kann. Die Bedeutung von *täglich* (griech.: *epiousios*) ist ungewiß. Mögliche Übersetzungen sind »für den folgenden Tag bestimmt« oder »notwendig«. 4 Zweitens wird um die tägliche Vergebung gebetet, die nur denen gewährt wird, die anderen vergeben (vgl. Mt 18,21ff). Zum Schluß bittet der Betende um Bewahrung vor Trübsal und Prüfungen, die seinen Glauben schwächen und ihn aus Gottes Reich ausschließen könnten. Da nach Jak 1,13 Gott niemanden mit dem Ziel versucht, ihn zu Fall zu bringen (wohl aber um ihn reifen zu lassen; vgl. 1Mo 22,1ff), steht hier *führen* im Sinne von »zulassen«.

An das Gebet schließen sich Gleichnisse an, die darauf abzielen, die Menschen zum Beten zu veranlassen. **5ff** Obwohl der Freund, der *Brot* (vgl. V. 3!) im Hause hat, schläft und keine Lust hat, aufzustehen, weil zudem die Kinder wach würden, wird er das Brot wegen der eisernen Beharrlichkeit des Bittstellers dennoch aushändigen. Dieses Gleichnis wirkt durch seinen Kontrast: Wenn schon ein befreundeter Mensch die Gewährung einer beharrlich vorgetragenen Bitte nicht verweigert, wird dann nicht Gott ohne unverschämtes Drängen um so bereitwilliger antworten (vgl. 18,1-8)? 7 Es ist hier an ein einräumiges Haus gedacht. **11ff** Genauso wie irdische Väter ihre Kinder nicht betrügen, wenn sie ihnen etwas geben, wird Gott allen, die ihn darum bitten, seine gute Gabe des Geistes (V. 13) zukommen lassen. Die Gabe des Geistes als höchster Zuwendung der Vatergüte beinhaltet alle anderen Segnungen Gottes. Angesichts solcher Zusicherungen kann ein zuversichtliches Gebet etwas höchst Reales sein. *Fische* und *Schlangen, Eier* und *Skorpione* ähneln einander im Aussehen.

11,14-54 Widerstand gegen Jesus

11,14-28 Die Beelzebub-Rede. (S. Mt 12,22-30.43-45; Mk 3,22-27.) **14-23** Wundertaten bewirken nicht automatisch Glauben. Die Pharisäer meinten, die von Jesus als Zeichen seiner Messianität durchgeführten Dämonenaustreibungen wegerklären zu können, indem sie sie dem Teufel zuschrieben, und forderten an ihrer Stelle irgendein anderes beweiskräftigeres Zeichen von ihm. Jesus erwiderte ihnen, ein mit sich selbst uneiniges Reich müsse bald zerfallen. Es sei daher absurd, zu behaupten, Satan (Beelzebub) betreibe einen Bürgerkrieg mit seinem eigenen Reich. Überdies könnte man das Argument der Widersacher Jesu gegen sie selber kehren, führten ihre eigenen »Söhne« (das sind ihre Schüler), doch ebenfalls Dämonenaustreibungen durch. In Wirklichkeit war das Austreiben böser Geister aber ein Akt göttlicher Macht und ein sicheres Zeichen, daß Gottes Heilszeit angebrochen war. Einer, der stärker war als Satan, war dabei, ihm die Rüstung wegzunehmen und seine Gefangenen zu befreien. In dieser Lage Jesus die Unterstützung zu verweigern, hieß nicht, eine neutrale Stellung zu beziehen, sondern sich seinen Widersachern zuzugesellen.

14 Vgl. Mt 9,32-34. **15** Beelzebub (LÜ 1956: »Beelzebub« geht auf den Einfluß von 2Kö 1,2f zurück) war ein Name für den Teufel. **20** Vgl. 2Mo 8,15; Ps 8,4.

24-26 Das folgende Gleichnis vom leeren Haus ist wegen seines Inhalts hier hinzugefügt. Trockene, *dürre Stätten* galten als der normale Aufenthaltsort böser Geister. Da sie jedoch ihre zerstörerische Herrschaft ausüben wollen, suchen sie nach menschlichen Behausungen. Die Erzählung will aber weniger interessante Tatsachen über die Umwelt der Dämonen vermitteln, als vor der ernsten Gefahr einer Buße warnen, auf die keine Erneuerung und Hingabe an Gott erfolgt. Nur derjenige von einem bösen Geist Befreite ist in Zukunft vor einem Rückfall sicher, wenn er von Gottes Geist regiert und geleitet ist. Auch die Gaben, die Israel durch Jesus empfangen hat, werden nur dann zum Segen, wenn ihnen eine Hingabe an ihn folgt. Für *sieben* s. zu 8,2.

27.28 Bei Markus steht an dieser Stelle eine andere Geschichte (Mk 3,31-35), die Lukas bereits erzählt hat (8,19-21) und die dieselbe Lehre wie die nunmehr berichtete kurze Begebenheit enthält. Mit ihrer Seligpreisung der Mutter Jesu wollte die Frau zum Ausdruck bringen, daß sie auch gerne einen solchen Sohn hätte. Jesu Antwort erklärt, daß etwas anderes ungleich wichtiger sei: nämlich die Botschaft zu vernehmen, die er verkündige, und ihr gehorsam zu sein (vgl. 6,46-49). Das hätte auch die Haltung der Pharisäer sein müssen.

11,29-32 Ablehnung der Zeichenforderung. (S. Mt 12,38-42.) Jesus hat auf den Vorwurf, der ihm V.15 gemacht wurde, nunmehr geantwortet; jetzt entgegnet er der Aufforderung in V.16. **29** Die Leute forderten, Jesus solle seine Botschaft durch irgendein Wunderzeichen beglaubigen. Dazu war er indes nicht bereit, da er sich durch die bereits geschehenen Wunder hinreichend als Messias legitimiert hatte und der bewußt festgehaltene Unglaube durch kein Zeichen irgendwelcher Art überwunden werden kann. Das einzige, das er in Aussicht stellte, war das *Zeichen des Jona.* **30** Nur so wie Jona für Ninive ein Zeichen war, würde er mit seiner Person eines für die Juden sein. **31** Die Bedeutung dieses Zeichens wird durch das Wort über die *Königin vom Süden* erklärt (vgl. 1Kö 10,1-10, wo sie aus Saba in Südwestarabien kam). Sie unternahm große Anstrengungen, um Salomo zu hören, aber die Juden ließen sich durch die Weisheit eines, der größer war als Salomo, nämlich Jesus, nicht beeindrucken. Deshalb wird sie als Zeuge gegen die Juden der Zeit Jesu auftreten. Ebenso zeigten sich die Niniviten für Jonas Predigt aufgeschlossen, während sich die Juden Jesu Predigt gegenüber gleichgültig verhielten. Das »Jonazeichen« ist somit die Predigt Jesu. Der Gebrauch des Futurs V.30 und die Art und Weise, wie Mt 12,39f Jesu Tod und Auferstehung zu der Rettung des Jona in Parallele setzt, lassen aber noch einen tieferen Sinn vermuten und führen zu der Annahme, daß das Zeichen die Predigt vom auferstandenen Jesus (Apg 2,22ff) und möglicherweise die Wiederkunft Christi zum Endgericht ist.

11,33-36 Bildworte vom Licht. (S. Mt 5,15; 6,22f.) Diese kleine Spruchgruppe ist schwer verständlich. Stellt man sie aber streng in den näheren Kontext, wird sie zu einer Warnung vor geistlicher Blindheit und Hartherzigkeit. V.33 erklärt, daß Jesus als das Licht der Welt in aller Öffentlichkeit gewirkt hat und es somit nicht seine Schuld ist, daß es um das Volk dunkel bleibt (vgl. Jes 9,1). Es liegt vielmehr an den Hörern, deren *Auge böse ist* und die sich damit bewußt und boshaft vor der Botschaft Jesu verschließen. Sie werden innerlich im Dunkeln bleiben (V.34). Neben die Warnung vor diesem Zustand (V.35) stellt Jesus nun aber auch die Verheißung, daß derjenige, der sich der Botschaft öffnet, das neue Leben ausstrahlt (vgl. Mt 5,15) und es in ihm ganz licht wird. Sowohl in den Versen vor als auch nach diesem Abschnitt hat es Jesus aber mit Menschen zu tun, die sich ihm bewußt verweigern.

11,37-54 Weherufe wider die Pharisäer und Schriftgelehrten. (S. Mt 23,4-7.13.23-36; vgl. Lk 20,46.) Bei Lukas kehrt Jesus des öfteren in den Häusern von Pharisäern und Schriftgelehrten ein (vgl. 7,36; 14,1), hier zu einer der beiden täglichen Mahlzeiten. Daß er sich nicht vor dem Essen wusch, erregte bei seinen Gastgebern Aufsehen. Die Waschungen waren nicht in erster Linie hygienischer Natur, sondern sollten sündhafte Verunreinigungen durch die Berührung mit Heiden und anderen Sündern beseitigen (Mk 7,1-5). Jesus rechtfertigte sein Verhalten in einer Rede, die die Pharisäer und ihre Haltung scharf kritisierte. Mit ihrer Wertschätzung der äußeren Reinhaltung ihrer Leiber (V.39) ähneln sie einem Mann, der nur die Außenseite eines schmutzgefüllten Gefäßes säubert. Wenn Gott sowohl das Innere als auch das Äußere des Menschen schuf, dann bedurften doch wohl beide der Reinigung. Anstatt Raubgier und Sündhaftigkeit an den Tag zu legen, sollten die Pharisäer lieber Almosen geben; dann würden sie wahrhaft reinen Herzens sein.

In drei Weherufen (V.42-44) deckt Jesus die heuchlerische Frömmigkeit der Pharisäer auf. Mit peinlicher Genauigkeit achten sie auf die Einhaltung der kleinsten Einzelheiten des Gesetzes und verlieren darüber den Blick für Recht und Unrecht und für das große Gebot der Nächstenliebe. Sich in der Achtung, die man ihrer Religiosität zollte, sonnend, waren sie zu Heuchlern geworden, die arglose Menschen in die Irre führten. Sie glichen versteckten Gräbern, die man nichts ahnend betrat und sich an ihnen verunreinigte.

Die Schriftgelehrten (s. zu 5,17), die Jesus bereits scharf gerügt hatte, mußten sich noch mehr vorhalten lassen (V.45-51). Durch ihre spitzfindige Schriftauslegung schufen sie schikanöse Gesetzesvorschriften, die den Leuten Gottesdienst als eine schwere Last erscheinen ließen. Dabei wollten sie selber die Gebote nicht auf sich nehmen. Obwohl sie den Propheten prächtige Grabmäler bauten, verhielten sie sich in Wirklichkeit nicht anders als ihre Vorfahren, die sie umgebracht hatten. Sie sorgten dafür, daß sie mit ihrer Botschaft tot blieben! Gott hatte in seiner Weisheit vorausgesehen, was sie tun würden; ihre Einstellung zu den Propheten und Aposteln der Gemeinde ist nur der Gipfel der permanenten Verfolgung seiner Boten von frühester Zeit an. Das Gericht bleibt deshalb nicht aus. Endlich wurden die Schriftgelehrten verdammt, weil sie Gottes Offenbarung unverständlich machten und den Menschen sein Reich verschlossen (V.52). Es kann nicht überraschen, daß sie Jesus nach dieser öffentlichen Verdammung nach dem Leben trachteten.

41 *Gebt... als Almosen:* Nicht Äußeres, sondern das Herz soll Gott als Opfer gegeben werden (vgl. Ps 51,19; Hos 6,6). Darin zeigt sich wahre Reinheit. **42** Die Pharisäer gingen bei den Bestimmungen über den Zehnten noch weit über die Forderungen des Gesetzes hinaus. **43** Dieser Spruch bezieht sich auf Pharisäer, die gleichzeitig Schriftgelehrte waren (vgl. 20,46). **48** Pharisäer haben zwar nicht den Mord an den Propheten gebilligt, töten sie aber dennoch, indem sie sich ihrem Bußruf verweigern. **51** Zu *Secharja* s. 2Chr 24,20f und den Kommentar zu Mt 23,35.

12,1-13,9 Vorbereitung der Jünger auf die kommende Krisenzeit

In diesem wie in späteren Abschnitten (17,20-18,8; 21,5-38) hat Lukas Worte Jesu überliefert, die von den zukünftigen Dingen handeln. Sowohl für seine Jünger, die von der Welt angefochten auf sein Kommen warten, als auch vielmehr für diejenigen, die sich dem Evangelium verweigerten, stehen schwere Zeiten bevor. Jesus warnte die Juden vor den furchtbaren Folgen, die seine Verwerfung nach sich ziehen würde: politischer Zusammenbruch und Verwerfung durch Gott am Gerichtstag. Zugleich ermahnte er seine Jünger, in der Zeit der Prüfungen fest zu bleiben und für das Kommen ihres Herrn bereit zu sein. Judäa wurde dann im Krieg gegen Rom (66-70 n.Chr.) zerstört; die Wiederkunft des Herrn ist noch nicht erfolgt.

12,1-12 Mahnung zu furchtlosem Bekennen. (S. Mt 10,26-33; 12,31f; 10,19f; vgl. Mk 3,28f.) Der Einleitungsvers knüpft an den vorangehenden Abschnitt über die Pharisäer an; ihre Lehre drang überall gleichsam wie Sauerteig in die Gesellschaft ein und übte wegen ihrer Heuchelei einen verderblichen Einfluß aus. Daß diese Schauspielerei einer Scheinfrömmigkeit keinen Sinn hat, zeigt der Hinweis, daß eines Tages alle verborgenen Gedanken der Menschen offenbar werden.

Die Jünger konnten sich jedoch zu einer anderen Art von Verstellung versucht fühlen, nämlich der, ihre Treue zu Jesus aus Furcht zu verleugnen. Die einzige Furcht, die der Jünger haben soll, ist die Gottesfurcht. Menschen können höchstenfalls den Leib töten, Gottes Urteil aber vermag in die höllische Tiefe zu werfen. Damit droht Jesus seinen Freunden (V.4) nicht, er ermutigt sie. Es liegt tatsächlich kein Grund vor, die Menschen zu fürchten, denn nicht einmal das Schlimmste, was sich ein Verfolger auszudenken vermag, kann ohne Gottes Wissen und Fürsorge, die selbst den einfachen Spatzen einschließt, geschehen.

Die Jünger können daher wählen, ob sie sich zu Jesus bekennen oder ihn verleugnen wollen. Von ihrer Entscheidung hängt es ab, ob sich der Menschensohn beim himmlischen Gericht, bei dem auch die Engel zugegen sein werden (Mt 13,39ff.49f) zu ihnen stellen kann. V.10 heißt es jedoch, die Verleugnung des Menschensohnes sei ein vergebbares Vergehen. Es scheint, daß sich V.9 an die Jünger wendet, die Unkenntnis der Bedeutung Jesu nicht geltend machen können, V.10 dagegen an die Volksmenge, für die der Ausdruck Menschensohn nicht notwendigerweise Jesu wahres Wesen enthüllte und für die die Niedrigkeit Jesu zum unüberwindlichen Anstoß wurde. Weigerte sich das Volk jedoch bewußt und wider besseres Wissen, das eindeutige Zeugnis für die Wirksamkeit des Heiligen Geistes Gottes in Jesus anzunehmen (indem es beispielsweise seine Macht dem Satan zuschrieb; vgl. 11,14ff), so sündigte es gegen das Licht und war dem Gericht verfallen (vgl. die Auslegung zu Mt 12,31f). Doch wer sich zu Jesus bekennt, den wird der Heilige Geist stärken, wenn er von Menschen, vor denen er sonst Furcht empfinden würde, vor Gericht gestellt wird (vgl. Mt 10,10f).

1 *Zuerst:* Die Sprüche richten sich besonders an Jünger. **2** Vgl. 8,17. **6** Mt 10,29 steht »zwei Sperlinge für einen Groschen«; der Gedanke ist der gleiche. **8.9** Wenn Jesus vom Menschensohn in der dritten Person spricht, meint er nicht jemand anderen als sich selber, sondern folgt das seinem Bestreben, die Abgabe öffentlicher Erklärungen über die Göttlichkeit seiner Person zu vermeiden. **10** Ein Wechsel der Hörerschaft an dieser Stelle (s.o.) ist zwar nicht ausdrücklich erwähnt, scheint aber die natürlichste Erklärung zu sein und entspricht zudem der Art und Weise, wie die Evangelisten Jesu Lehre nach thematischen Gesichtspunkten zusammenstellten.

12,13-34 Die rechte Einstellung zu materiellen Gütern. (S. Mt 6,25-33; 19-21.) Da man Jesus allgemein für einen Rabbi hielt, ist es nicht verwunderlich, daß man seine Meinung zu einer Rechtsangelegenheit, einem Eigentumsvergehen, einholte; wahrscheinlich wurde der Mann als jüngerer Bruder um seinen Anteil an einer Erbschaft betrogen (vgl. 15,12). Jesus weigerte sich, die Angelegenheit zu entscheiden, weil er kein ordinierter Rabbi war und vor allem weil er ihm durch eine Warnung vor der Habgier aus seinem eigentlichen Problem helfen wollte. Habgier beruht nicht notwendigerweise auf Neid, führt aber oft zu Zwistigkeiten und ist Ausdruck einer von Grund auf falschen Lebenshaltung, die ganz auf materielle Güter ausgerichtet ist. Durch sie hofft man, sein Leben absichern zu können, erklärt also den Besitz zu seinem Gott (vgl. Mt 6,24). Der lebendige Gott braucht aber nur dem Leben eines Menschen, der da meint, sich nach einer Rekordernte zur Ruhe setzen und künftig herrlich und in Freuden leben zu können, ein Ende zu setzen, und schon wird offenbar, wie nutzlos irdische Güter sein können. Man kann mit Geld keineswegs alles kaufen. Jesus verwirft nicht geschicktes und fleißiges Wirtschaften (vgl. 19,11ff). Der Reiche aber hatte sich in Sicherheit gewiegt und versäumt, den wahren Reichtum, nämlich ein richtiges Verhältnis zu Gott, zu erwerben (ein Schritt auf dem Weg hierzu würde zweifellos im Almosengeben bestehen, V. 33!); deshalb war er ein Narr, ein gottloser und daher dummer Mensch.

Welches war denn nun die rechte Einstellung zum Besitz (V. 22-34)? Die Jünger sollten sich nicht um Nahrung und Kleidung - die beiden Hauptbedürfnisse des Leibes - sorgen, als käme ihnen in der Welt die größte Bedeutung zu. Das Leben ist mehr, weil der Mensch als Bild Gottes geschaffen ist. Wenn Gott nun sogar die sorglos lebenden Vögel ernährt und die Blumen kleidet, so wird er ganz gewiß seinen Kindern alles zum Leben Notwendige geben. Sorge wird zudem dadurch sinnlos, daß der Mensch über sein Leben letztlich selber gar nicht verfügen kann (V. 25). Während alle in fieberhafter Betriebsamkeit nach einem hohen Lebensstandard streben, sollen die Jünger zuallererst erkennen, was Gott von ihnen will, und nach seinem Heil streben; sie werden dann bald feststellen, daß Gott für alle ihre leiblichen Bedürfnisse sorgt. Statt sich innerlich an den Besitz zu binden, sollen sie ihn verkaufen und den Erlös den Bedürftigen zukommen lassen. Damit gewinnen sie einen himmlischen Schatz, der unvergänglich ist und zeigen, daß sie nur an Gott gebunden sind und nicht an ihre Habe.

Scheinbar begünstigt solch eine Lehre das Nichtstun und ruft zur Gleichgültigkeit in weltlichen Dingen auf: »Gott wird auch ohne mein Dazutun schon für mich sorgen.« Jesus wendet sich aber gerade nicht an die Faulen, sondern an die von Zukunftsangst Geplagten, die Kleingläubigen (V. 28) und an diejenigen, die sich, ohne auf Gott zu sehen, ihre Zukunft durch materielle Werte sichern wollen und sich dabei in den Besitz verlieben. An sie ergeht die Aufforderung, Gott zu vertrauen und sich darüber klar zu werden, was in ihrem Leben Vorrang haben muß. Eine verantwortungsbewußte Vor- und Fürsorge hat Jesus damit nicht abgelehnt (vgl. noch Jesus am Kreuz: Joh 19,26f).

13 Die Schriftgelehrten oder Rabbiner befaßten sich nicht nur mit religiösen, sondern auch mit zivilrechtlichen Angelegenheiten. 24 Raben galten als unreine Tiere (3Mo 11,15). 27 *Salomo* galt als Inbegriff für Weisheit, Schönheit und Luxus (vgl. 1Kö 10,1ff).

31 Nach dem *Reich* Gottes *trachten*, heißt, sein Lebensziel auf Gott selber und auf die Verwirklichung seiner Absichten auszurichten (vgl. Mt 5,3-12).

12,35-48 Vom Warten auf das Kommen Christi. (S. Mt 24,43-51.) Von der rechten Einstellung zu den materiellen Gütern wendet sich Jesus nun der Haltung der Jünger gegenüber der Zukunft zu. Das große Ereignis, dem sie erwartungsvoll entgegensehen sollen und das sowohl das Gericht (V. 8f) als auch das Reich heraufführen wird, ist das Kommen des Menschensohns (V. 40), das zu einem unerwarteten und unbekannten Zeitpunkt erfolgen wird (vgl. Apg 1,7). Die Jünger müssen sich auf dies Ereignis vorbereiten, indem sie zu jeder Zeit ihren Herrn erwarten und ihm zu dienen bereit sind. Tun sie das, so wird er sie belohnen und ihnen selbst dienen (vgl. Joh 13,1; Mt 26,26ff; Lk 22,27). In einem zweiten, äußerst kurzen Gleichnis ist von einem Hausherrn die Rede, der von einem Einbrecher überrascht wird. Es schildert die andere Seite der Erwartung und veranschaulicht die Verantwortung der Jünger. Sie dürfen sich nicht in falscher Sicherheit wiegen, sondern müssen sich allezeit für das Kommen des Menschensohns bereithalten.

Doch für wen ist diese Lehre bestimmt (V. 41-48)? Wenn Jesus von den Knechten des Hausherrn spricht, nimmt er dann auf alle seine Zuhörer Bezug oder nur auf seine engsten Mitarbeiter? Anscheinend meint er in der Hauptsache die Letztgenannten. Sie sind Haushalter Gottes (vgl. 1Kor 4,1f; Tit 1,7; 1Petr 4,10) und werden wegen der treuen Pflichterfüllung wie der erste Knecht reich belohnt und mit einer Erweiterung ihres Wirkungskreises (vgl. auch 1Kor 6,2f) bedacht werden. Doch macht sich der verantwortliche Knecht die Abwesenheit seines Herrn zunutze, um selber den Herren zu spielen, wird er furchtbar erschrecken, wenn der Herr unerwartet zurückkehrt, und das gleiche Geschick wie die Ungläubigen erleiden. In diesem Wort liegt gewiß auch eine antipharisäische Spitze. Am Beispiel eines dritten Knechts (V. 47f) verdeutlicht Jesus, daß die Bestrafung nach dem Maß seiner Erkenntnis und seiner daraus resultierenden Verantwortlichkeit erfolgt (vgl. Jak 4,17; 2Petr 2,21). Der himmlische Urteilsspruch stellt also nicht bloß Schuld oder Unschuld fest, sondern stuft die Strafen und Belohnungen ab.

35 Mit *umgürten* war das Hochschürzen des bauschigen orientalischen Gewandes zwecks größerer Bewegungsfreiheit gemeint. »Krempelt die Ärmel hoch« wäre die moderne Entsprechung. 36 *Hochzeit* sollte hier nicht mit dem messianischen Freudenmahl verwechselt werden (Offb 19,9; Mt 22,1ff), da der Hausherr offensichtlich nur Gast war. 42 Das Futu-

rum *setzen wird*(LÜ 1984 »setzt«) läßt vermuten, daß hier auf verantwortliche Stellungen in der Gemeinde Bezug genommen ist. Sämtliche Gleichnisse dieses Abschnitts verweisen auf die Zeit nach der Auferstehung und vor der Wiederkunft Christi. Die Auffassung, es liege hier eine urchristliche Umdeutung von Gleichnissen vor, die den Juden die kommende Gerichtszeit zum Bewußtsein bringen sollten, erscheint keineswegs zwingend. Es ist durchaus wahrscheinlich, daß Jesus seine Jünger tatsächlich vor der Gefahr der Abtrünnigkeit warnte.

12,49-59 Zwietracht um Jesu willen. Zeichen der Zeit. (Vgl. Mt 10,34-36; 16,2f; 2,25f.) Zum Abschluß spricht Jesus abermals von dem Wendepunkt, den seine Wirksamkeit nunmehr für die Menschen herbeigeführt hat; es ist die Zeit, in der sie sich entscheiden müssen, ob sie ihn als ihren Herrn bekennen wollen oder nicht. Wenn Jesus deshalb wünscht, das Feuer des Evangeliums und des Geistes solle baldmöglichst die Welt erfassen, weiß er, daß dies zu Trennungen und Leiden führt. Zunächst bringt es für ihn selber eine Leidenszeit mit sich, von der er sehnlich hofft, daß sie bald vollendet sein möge. Aber auch seine Jünger werden erfahren, daß Jesus nicht Frieden und Behaglichkeit bringt, sondern daß an der Stellung zu seiner Person sogar die engste menschliche Gemeinschaft in der Familie zerbrechen kann.

Die Tragweite der Worte Jesu und die herausragende Bedeutung der mit ihm angebrochenen Zeit erfassen die Leute also tragischerweise nicht. Sie können zwar an der Richtung des Windes eine Wetteränderung ablesen, aber sie sind außerstande, die Zeichen der Zeit zu erkennen und entsprechend zu handeln. Diese Unfähigkeit ist kein Schicksal, sondern selbstverschuldet. Deshalb gleicht das Volk einem Mann, der von seinem Ankläger vor Gericht geschleppt wird. Ist er klug, wird er der Gefahr, verurteilt und dann ins Gefängnis geworfen zu werden, dadurch vorbeugen, daß er vorher noch einen Vergleich herbeiführt. Jesus ermahnt seine Zuhörer damit zur Umkehr, solange es noch möglich ist. Wer diese Entscheidungsstunde verpaßt, kommt unausweichlich ins göttliche Gericht.

49 Das *Feuer* versinnbildlicht die Ausbreitung der Botschaft oder der Kraft des Geistes (vgl. 3,16ff), von der Jesus sehnlichst wünscht, sie möge sich schneller ausbreiten. **50** Im AT ist das Versinken im Wasser ein Bildwort für Kummer und Leid (vgl. Ps 69,1-3). Deshalb ist *Taufe* hier eine Metapher für die Leidenszeit Jesu (vgl. Mk 10,38f). **56** *Heuchler* hat hier nicht die dem Wort im Griech. eignende Bedeutung von »vortäuschen«, sondern meint »Gottlose«, wie im Hebräerbrief. **58** Lukas hat die Szene präzisiert; Matthäus schildert sie in der Sprache des jüdischen Gesetzes. **59** Eine Lehre vom Fegefeuer läßt sich aus diesem Vers nur dann herauslesen, wenn man sie zuvor hineinliest.

13,1-9 Die Notwendigkeit der Buße. Zwei kurze Lehrstücke unterstreichen abschließend abermals die Notwendigkeit, sich der durch Jesu Kommen heraufgeführten Entscheidungszeit zu stellen. Etliche Festpilger aus Galiläa waren bei der Schlachtung ihrer Opfertiere im Tempel von römischen Soldaten niedergemetzelt worden. Die Angelegenheit wurde Jesus vorgetragen, weil man sehen wollte, wie er wohl darauf reagieren würde. In seiner Antwort widersprach er dem pharisäischen Dogma, daß man an der Größe eines Unglücks ermessen könne, was für außergewöhnlich schlimme Sünder die Betroffenen gewesen seien (vgl. Hiob 4,7f; Joh 9,2f). Weder der Tod der Galiläer noch der der vom einstürzenden Turm Erschlagenen war eine Strafe für persönliche Verschuldung, sondern beide warnen Israel und rufen es zur Umkehr. Für Gott ist das jüdische Volk in seiner Gesamtheit sündig, und seine Angehörigen werden, falls sie nicht bereuen, sämtlich das Schicksal von Sündern erleiden.

Die Folge fortgesetzter Unbußfertigkeit beschreibt Jesus auch durch ein kurzes Gleichnis. Die Lage des Volkes ähnelte der eines Baumes, der zwar Zeit genug zum Wachstum bekommen hatte, aber dennoch nicht die zu erwartenden Früchte brachte. Doch ebenso wie der Eigentümer nochmals vom Fällen des Baumes absehen, ihn düngen und ihm eine neue Chance geben wollte, war Gott bereit, Israel eine weitere Frist zur Buße zu setzen. Ging es nicht darauf ein, so würde es sich sein Schicksal selber zuzuschreiben haben. Der Weingärtner stellt Jesus als Anwalt des sündigen Israel vor Gott dar. Nur seine Anwesenheit und Arbeit am Volk bewahrt es vor dem Untergang.

1 Die Erzählung fügt sich voll und ganz in unser Bild von Pilatus, auch wenn diese Mordtat einem Historiker wie Josephus offensichtlich zu geringfügig erschien, als daß er sie für erwähnenswert gehalten hätte. Da Galiläa die Heimat der zelotischen Bewegung (vgl. LZB) war, könnte es sich bei den Getöteten um solche gehandelt haben. **4** Das Unglück mit dem Turm von Siloah in Jerusalem könnte vielleicht mit dem Bau der Wasserleitung unter Pilatus in Beziehung stehen. **6** In Weinbergen wurden Bäume aller Art angepflanzt. Zum bildlichen Gebrauch des *Feigenbaums* s. Hos 9,10. **7** Da man während der ersten drei Jahre von einem Baum keine Früchte abernten durfte (3Mo 19,23), war der Baum vermutlich sechs Jahre alt; die *drei Jahre* haben keinerlei allegorische Bedeutung.

13,10-35 Die Heilswirkungen der Gottesherrschaft

13,10-17 Die Heilung der verkrümmten Frau am Sabbat. Wenn im vorausgehenden Abschnitt Jesu Wirksamkeit die Menschen in die Krise stellte, steht nunmehr wieder sein Wirken als Heiland im Vordergrund. Die Erzählung handelt von einer Frau, die wohl an Rückgratverkrümmung litt und von Jesus an einem Sabbat in der Synagoge davon »gelöst« (V. 12) wurde. Auf den Einwand des Synagogenvorstehers, daß es in einem solchen Fall, bei dem keine Lebensgefahr bestand, mit der Heilung sehr wohl noch bis zu einem Wochentag Zeit gehabt hätte, verwies Jesus auf die ganze Widersprüchlichkeit der pharisäischen Frömmigkeit. Wenn am Sabbat Rinder losgebunden und zur Tränke geführt werden durften, dann dürfte man doch erst recht eine Frau von der Fessel ihrer Krankheit und dämonischen Bindung lösen. Jesus schreibt damit das Leiden der Frau einem »Geist der Krankheit« (V. 11), einer Gebundenheit durch den Satan (V. 16), zu. Damit erklärt er aber nicht, daß alle menschliche Krankheit auf direktem dämonischen Einfluß beruht. Die abschließende Bemerkung schildert, wie sich die Menschen über die in Jesus geoffenbarte Rettung freuten, während sich seine Gegner schämten.

15 Die Rabbiner diskutierten sogar darüber, welche Art von Knoten am Sabbat geknüpft und gelöst werden dürften. **16** Mit der Bezeichnung *Abrahams Tochter* stellt er einerseits die Würde der Frau heraus und greift andererseits das verzerrte Erwählungsverständnis der Juden an (vgl. 3,8).

13,18-21 Gleichnisse vom Senfkorn und vom Sauerteig. (S. Mt 13,31-33; Mk 4,30-32.) Was auch immer ihr ursprünglicher Zusammenhang gewesen sein mag, diese Gleichnisse sind hier mit dem Kommen der Heilsherrschaft Gottes in Jesus verknüpft. Sie enthalten die Verheißung, daß sich Gottes Werk auf unvorstellbare Weise weit ausdehnen werde, wie unscheinbar sich seine Anfänge auch ausnähmen. Genauso wie aus einem Senfkorn, das als eines der kleinsten Samenkörner galt, ein Baum wird und ein wenig Sauerteig eine ganze Teigmasse durchdringt, wird das, was scheinbar unbedeutend begann, wachsen und sich weithin verbreiten. Versuche, den beiden Gleichnissen einen entgegengesetzten Sinn zu unterlegen und den Sauerteig als Bild des Bösen zu verstehen, sind zweifellos falsch. Der Baum (vgl. Hes 17,23; 31,6; Dan 4,7ff) zeigt die äußere Ausdehnung, der Sauerteig die innere Kraft. Die *Vögel des Himmels* stehen wohl für die Heiden, die Anteil am Reich Gottes erhalten (vgl. V. 29).

13,22-30 Von der engen Pforte und der verschlossenen Tür. (Vgl. Mt 7,13ff; 22f; 8,11f.) Die Erwähnung Jerusalems, wo Jesus später gekreuzigt wurde, erinnert unvermittelt an den Gesamtkontext des Evangeliums. Je näher Jesus dieser Stadt kam, desto größer wurden die Hoffnungen seiner Nachfolger. Von daher erklärt sich auch die Frage, ob viele Menschen selig werden, d.h. in Gottes himmlisches Reich eingehen? Die orthodoxe Antwort auf diese Frage lautete, daß alle Juden - ausgenommen natürlich besonders schlimme Sünder und Ketzer - aufgenommen werden würden. Jesus verweigert aber die Antwort auf diese spekulative Frage und führt zum eigentlichen Kern der Sache hin: Es ist weit wichtiger, Gewißheit der eigenen Errettung zu haben, als die Anzahl der Erretteten zu kennen. Das Reich gleicht einem Haus mit einer *engen Tür* (ZÜ; LÜ: »Pforte« beruht auf weniger gewichtigen Textzeugen), durch die nicht alle hindurchkommen, weil sie sich in falscher Weise bemühen (vgl. Joh 10,9). Außerdem gibt es auch eine verschlossene Tür (vgl. Mt 25,10), wenn das Fest (vgl. 29b) begonnen hat, und dann wird es für Eintrittswillige zu spät sein. Wer sich Jesu Botschaft nicht aufgeschlossen hat und ihn bekennt, dem wird die Berufung auf eine Bekanntschaft mit ihm nichts nützen. Damit greift Jesus wiederum das selbstbewußte Erwählungsverständnis seiner Zeitgenossen an und unterscheidet sozusagen ein geistliches (vgl. Gal 3,7.29) und ein fleischliches (vgl. Röm 9,6ff) Israel. Etliche Juden werden ausgeschlossen werden, und an ihrer Stelle wird man neben den Heiligen des AT Nichtjuden aus der ganzen Welt antreffen. Wer selbstsicher meint, zu den Ersten zu gehören, wird sich schnell unter den Letzten wiederfinden. Damit wird die Notwendigkeit der Buße (Kap. 12 u. 13) abermals nachdrücklich unterstrichen.

13,31-35 Jesu Ende in Jerusalem. Seine Klage über die Stadt. (S. Mt 23,37-39.) Der Angelpunkt dieses Abschnitts liegt in V. 34f. Die vorangehenden Verse berichten, wie etliche Pharisäer Jesus den Rat gaben, aus dem Herrschaftsgebiet des Herodes Antipas zu fliehen. Dabei wird nicht deutlich, ob es sich um eine freundliche Geste handelte, mit der sie Jesus vor der ihm drohenden Gefahr warnen wollten, oder ob sie heuchlerisch gemeinsame Sache mit Herodes machten und ihn aus seinem Gebiet vertreiben wollten. Jedenfalls ließ sich Jesus von dem Mörder Johannes des Täufers in keinster Weise einschüchtern. Er fürchtete den listigen *(Fuchs)* Herodes nicht, weil ihn der von Gott vorgezeichnete Weg nach Jerusalem führte und er dort zu dem von Gott festgesetzten

Zeitpunkt seine Passion beginnen würde. Bis dahin setzt er sein Werk ungehindert fort und vollendet dann seinen Lauf als Prophet notwendigerweise gerade in Jerusalem (vgl. 2Chr 24,20ff; Jer 26,20ff). Bei dem Gedanken, daß Jerusalem ihn zu Tode bringen würde, gab er seinem schweren Kummer über diese Stadt Ausdruck, weil sie sich den Boten Gottes so beharrlich verweigert hatte und deshalb schließlich vom Reich ausgeschlossen werden würde. Jerusalem blieb auch angesichts der Liebe und des Erbarmens Jesu unnachgiebig. Daher entzieht Gott seine im Tempel verbürgte Gegenwart sichtbar durch die Zerstörung des Heiligtums (vgl. Jer 22,5; Ps 69,26). Das Volk wird Jesus und damit Gott nicht eher sehen, als bis es bereit sein wird, ihn als den Messias willkommen zu heißen.

31 Das Herrschaftsgebiet des Herodes umfaßte Galiläa und Peräa. Da Jesus nach 9,51 Galiläa verlassen hatte, hielt er sich wohl in Peräa auf. **32** Der *Fuchs* versinnbildlicht wahrscheinlich Schlauheit oder möglicherweise Verächtlichkeit. *Heute und morgen* ist im Sinne von Hos 6,2 zu verstehen, wo »zwei Tage« eine kurze Zeitspanne vor einem Wendepunkt (»am dritten Tage«) bezeichnet. Jesus ist entschlossen, sein Wirken solange fortzusetzen, bis es abgeschlossen ist und die Zeit seines Martyriums naht (vgl. 2Tim 4,7). **33** Die Peschitta übersetzt: »Ich muß heute und morgen tätig sein und am folgenden Tage weiterziehen (d.h. sterben)«, was eine Parallele zu V.32 ergibt. Der Text hat jedoch auch ohne diese Verbesserung einen guten Sinn. **34** *Wie oft* setzt voraus, daß Jesus vor seiner Leidenszeit mehr als einmal nach Jerusalem kam. **35** *Gelobt...* ist der Jubelruf für den kommenden Messias (vgl. Ps 118,26) und klingt auch in 19,38 an; hier nimmt er jedoch auf die Wiederkunft Bezug.

14,1-24 Das Gastmahl im Hause des Pharisäers

14,1-6 Die Heilung eines Wassersüchtigen am Sabbat. Den Hintergrund dieses Abschnitts bildet die Einladung zu einem Gastmahl, die Jesus im Anschluß an den Synagogengottesdienst am Sabbat von einem Pharisäer erhielt. Das Mahl gab Jesus Gelegenheit zu einer Lehrrede, in der er dreimal (V.7ff; 12ff; 16ff) das Bild eines Festessens gebrauchte. Dem voraus geht aber ein Heilungswunder, das den Zorn der argwöhnischen und feindseligen Zuhörer erregte, weil es am Sabbat stattfand. Jesus rechtfertigte sein Verhalten mit dem Hinweis, daß sich die Heilung im Prinzip nicht von der Rettung eines in den Brunnen gefallenen Rindes unterscheide. Die Erzählung ist also auf eine ähnliche Pointe zugeschnitten wie die 13,11-17. Wie man möglicherweise aus V.13 und V.21 schließen könnte, wollte Jesus seinen Gastgeber vielleicht zusätzlich auch auf die Barmherzigkeit gegenüber Armen und Kranken hinweisen.

1 *Eines Oberen der Pharisäer...:* Vielleicht »ein führender Pharisäer«, der sogar im Synedrium war. **2** *Wassersucht* ist eine Schwellung von Körperteilen infolge einer krankhaften Ansammlung wäßriger Flüssigkeit im Gewebe. **5** Was nach der selbstsüchtigen pharisäischen Sabbatpraxis als erlaubt angesehen wurde, war in den strengen Vorschriften der Qumran-Gemeinschaft verboten: »Niemand soll Vieh beim Werfen helfen am Sabbattag. Und wenn es in einen Brunnen fällt oder in eine Grube, so soll er es nicht am Sabbat wieder herausholen« (CD XI, 13f).

14,7-11 Mahnung zur Demut. Was Jesus hier lehrt, sind nicht bloß gute Ratschläge für Gäste ähnlich denen Spr 25,6f. Es wird als *Gleichnis* bezeichnet, was besagt, daß ihm eine geistliche Bedeutung zukommt. Das Gleichnis fußt auf der Gepflogenheit, Gäste an der Tafel entsprechend ihrem Rang und ihrer Bedeutung zu plazieren. Die höhergestellten Gäste trafen in der Regel als letzte ein (wie noch heute oft!). Wer deshalb mit der Absicht, einen ehrenvollen Platz einzunehmen, zu früh gekommen war, dem konnte es passieren, daß er seinen Platz wieder räumen und sich mit einem minderen begnügen mußte. Echte, keine geheuchelte, Demut dagegen wird geehrt. Mit diesem Gleichnis tadelt Jesus den Versuch der Pharisäer, sich vor Gott in Ansehen und Ehre zu setzen. Beides kann man sich nicht selber nehmen, sondern wird dem geschenkt, der sich ganz von Gott abhängig weiß und sich demütig von ihm beschenken läßt.

8 *Hochzeit* ist ein Bild für das Reich Gottes und die mit ihm verbundene Seligkeit. **11** Die passivische Form der Verben *soll erniedrigt werden* und *soll erhöht werden* ist eine verhüllende Umschreibung für Gott, der als Subjekt handelt. Die geforderte Selbsterniedrigung ist keine raffinierte Methode, um »groß herauszukommen«, sondern Ausdruck aufrichtiger Demut.

14,12-14 Die Warnung vor Eigennutz. Auch dieser Abschnitt enthält nicht einfach eine allgemeine Lebensregel, sondern greift das berechnende Gerechtigkeitsdenken der Pharisäer an, die für eine Leistung eine Gegenleistung erwarten und dadurch nicht mehr zum vorbehaltlosen Schenken aus aufrichtiger Güte fähig sind. Diese Fehlhaltung beherrscht auch ihr Verhältnis zu Gott. Jesus verurteilt damit jedoch nicht das gesellige Beisammensein im Familien- oder Freundeskreis; das hätte seiner eigenen Gepflogenheit widersprochen (vgl. Joh 2,1-11). Auch die Einladung derer, die keine Gegenleistung zu erbringen vermögen, geschieht natürlich nicht, um sich einen himmlischen Lohn zu sichern, sondern aus aufrichtiger Güte. Die ganze Frage der Entlohnung bleibt ganz Gott überlassen.

14 Wenn Jesus von der *Auferstehung der Gerechten* spricht, schließt er damit eine Auferstehung der Ungerechten zum Gericht (vgl. Joh 5,29; Apg 24,15) nicht aus. Der Sinn ist der, daß die Auferstehung nur für die Gerechten einen positiven Charakter hat.

14,15-24 Das große Gastmahl. (Vgl. Mt 22,1-10.) Die Erwähnung der Auferstehung veranlaßte einen der Gäste, einen erwartungsvollen Blick auf das zukünftige messianische Gastmahl (vgl. Jes 25,6; Ps 22,27ff; Offb 19,9) zu werfen. Die Art, in der er das tat, zeigt, daß er nicht im mindesten daran zweifelte, selber an diesem himmlischen Gastmahl teilzunehmen. Mit dem folgenden Gleichnis zerstörte Jesus die pharisäische Selbstsicherheit und erklärte, daß der vom Gastmahl ausgeschlossen sei, der die Güte Gottes nicht zu würdigen wisse. Die zweifache Einladung (V. 16.17) war eine feste jüdische Sitte. Auf die allgemeine Einladung folgte die konkrete Aufforderung zum Kommen. Daß sich die geladenen Gäste der Reihe nach entschuldigen ließen, heißt nicht, daß sie unwahrhaftig waren, sondern zeigt ihre Geringschätzung, die sie dem Gastgeber gegenüber aufbringen, und deshalb wirken sie beleidigend. Wenn der ausgesandte Knecht (V. 17) mit Jesu identisch sein sollte, dann sind die Geladenen das Volk Israel. Daß der Hausherr das Fest nicht einfach absagt, sondern auf alle Fälle Gäste haben will, zeigt den allegorischen Charakter des Gleichnisses. Gott kommt mit seinem Reich unbedingt zum Ziel, selbst wenn sich sein erwähltes Volk ausschließt. Die Armen, Blinden, Krüppel und Lahmen sind ein anschauliches Bild für die Heiden in all ihren religiösen und sittlichen Verirrungen. Sie sind die neuen und endgültigen Gäste (vgl. aber auch Mt 5,3ff; 11,28ff; 9,13). Nach V. 24 kommt eine nachträgliche Reue zu spät. Es kommt deshalb nicht auf fromme Empfindungen an (V. 15); entscheidend ist, ob man die himmlische Einladung angenommen hat. Die Erzählung weist schon auf 15,1-32 voraus, wo Jesus erklärt, warum er gerade die Verlorenen sucht.

Ein ganz ähnliches Gleichnis findet sich bei Matthäus (22,1-10). Ob es sich dabei um zwei unterschiedliche, inhaltlich aber ähnliche Gleichnisse handelt oder um zwei verschiedene Überlieferungsformen ein- und derselben Erzählung, ist eine alte Streitfrage. Vieles spricht für die erste Annahme.

14,25-35 Die Kosten der Nachfolge

(Vgl. Mt 10,37f; 5,13; Mk 9,50.) Ehe Jesus das V. 21-24 vorgebildete Thema des »Evangeliums für die Verlorenen und Ausgestoßenen« aufnimmt, weist er auf den Ausschließlichkeitsanspruch hin, der in seiner Einladung an die Menschen zu Gottes großem Abendmahl miteingeschlossen ist. Er erklärt der ihm zuströmenden Volksmenge, daß die Bindung an ihn in der Jüngerschaft so unbedingt ist, daß sie im Notfall selbst zu den schmerzlichsten Opfern bereit sein muß. Die Hingabe an ihn ist so vollständig, daß man dagegen die engsten Familienbande als »hassen« bezeichnen muß. Um Jesu willen muß der Jünger sogar bereit sein, zu leiden und in den Tod zu gehen. Deshalb ist es notwendig, sich über den Preis dieser totalen Selbstverleugnung klarzuwerden, ehe man sich auf etwas einläßt, dem man dann doch nicht gewachsen ist. Die beiden folgenden Bildworte sollen die Zuhörer Jesu vor falschen Vorstellungen und Enttäuschungen bewahren. Wann die Mittel zum Bau vorhanden sind und zum Sieg gerüstet ist, beschreibt V. 33: dann, wenn der Jünger freigeworden ist von allen eigenen Ansprüchen und sich von allem freigemacht hat, um in die Nachfolge einzutreten. Den gleichen Gedanken drückt auch das Bild vom Salz aus: Wer nicht konsequent nachfolgt, ist wie kraftloses Salz und steht damit unter göttlichem Gericht.

26 »Hassen« bedeutet auch »weniger lieben« (vgl. Mt 10,37). **27** Vgl. 9,23. Kreuzigungen kamen in Palästina häufig vor. Jesus dachte jedoch gewiß auch an sein eigenes nahes Sterben. **34** Das aus Meerwasser gewonnene *Salz* enthielt viele Verunreinigungen, wegen denen es bei unsachgemäßer Lagerung in kurzer Zeit ungenießbar wurde. Damit spricht Jesus die »Reinheit« und Echtheit der Nachfolge an.

15,1-32 Das Evangelium für die Verlorenen und Ausgestoßenen

15,1-10 Das verlorene Schaf und der verlorene Groschen (Vgl. Mt 18,12-14.) In den hier erzählten drei Gleichnissen wird ein Thema des Gleichnisses vom großen Abendmahl (14,15-24) aufgegriffen und eingehender behandelt. Die Einladung in das Reich ergeht gerade wesentlich an die Verlorenen, denen die Liebe Gottes ganz besonders gilt. Daß Jesus sich mit Zöllnern und denjenigen Gruppen der Gesellschaft, die von den Pharisäern gewöhnlich als sündig und unbußfertig abgetan und mit tiefster Verachtung bedacht wurden, abgab, brachte ihm deren ständige Kritik ein (vgl. 5,29f). Der Messias kam ihrer Meinung nach, um die Sünder zu richten, nicht um Gemeinschaft mit ihnen zu haben. Sie selber hielten sich an den rabbinischen Spruch »Geselle sich niemand zu dem Frevler, auch nicht, um ihn vor Gericht zu bringen«, der die pharisäische Selbstgerechtigkeit treffend beschreibt. Jesus hatte seine Haltung bereits durch den Hinweis auf die Not dieser Menschen gerechtfertigt (vgl. 5,29f). Im Gleichnis vom großen Abendmahl hatte er erklärt, daß die verachteten Sünder eher bereit seien, die Einladung Gottes anzunehmen als die religiös gesonnenen »ehrbaren Bürger«. Nunmehr nennt er den wichtigsten Grund: Gottes Liebe, die über die Wiedergewinnung eines verlorenen Sünders tiefe Freude empfindet. Wenn es Gottes Wesen entspricht, die Verlorenen zu suchen und zu retten, muß sich das in Jesu Reden und Taten notwendigerweise widerspiegeln (vgl. 19,10). Während die Pharisäer meinten, durch ihre religiösen Leistungen dieser Liebe Gottes würdig zu sein, zeigt Jesus, daß Gott nicht nach Verdiensten geht, sondern einzig seine Liebe den Menschen wertvoll macht. Um dieser Liebe willen - und aus keinem anderen Grund - geht er jedem einzelnen, und sei er noch so verdorben, nach! Diese Haltung Gottes veranschaulicht Jesus am Bild eines Hirten, der um eines einzigen in der Steppe verirrten Schafes willen die anderen im sicheren Pferch zurückläßt, um das verlorene zu suchen. Die Freude über das Wiederfinden des einen Schafes ist dann größer als die über neunundneunzig im bergenden Schafstall. Genauso groß ist die Freude einer Hausfrau, die von zehn Silbergroschen einen verloren und nun wiedergefunden hat. Sie ruft ihre Nachbarinnen herbei, damit sie sich mit ihr freuen können. Diese jubelnde Freude steht in krassem Gegensatz zu der Haltung der Pharisäer. Daß sie sich nicht mitfreuen können, zeigt, daß ihnen an der Rettung der Sünder nichts liegt; sie fürchten nur, daß ihre eigenen Leistungen und ihre selbstgeschaffene »Gerechtigkeit« nicht mehr gebührend herausgestellt werden könnten.

Das Gleichnis vom verlorenen Schaf findet sich auch bei Matthäus (18,12-14), wo es allerdings die Gemeinde ermahnt, sich um die schwächeren Glieder der Herde zu kümmern. **7.10** *Freude im Himmel* und *vor den Engeln Gottes* sind beides Umschreibungen dafür, daß Gott selber sich freut. Sie besagen zugleich, daß Gottes Volk an seiner Freude teilhat. **8** Die *zehn Silbergroschen* (Drachmen) bildeten möglicherweise den Kopfschmuck der Frau. Ihr wirklicher Wert war nicht sehr groß, die Frau war wohl verhältnismäßig arm. Sie mußte *ein Licht anzünden,* weil sie in einem der üblichen fensterlosen kleinen Häuser mit nur einem Raum und niedriger Tür wohnte.

15,11-32 Das Gleichnis vom verlorenen Sohn. Das dritte Gleichnis spricht in dieselbe Situation wie die beiden ersten; es ist nur ausführlicher gestaltet und greift mit dem Bericht vom älteren Sohn (V. 25ff) konkret das Fehlverhalten der Pharisäer an. Die Forderung des jüngeren Sohnes, seinen voraussichtlichen Anteil am väterlichen Erbe (etwa ein Drittel) sofort und unter Einräumung des vollen Verfügungsrechtes ausgezahlt zu bekommen, kam praktisch der Aufkündigung des Sohnesverhältnisses gleich. Während der ältere Sohn zu Hause blieb und der Vater das Nutzrecht seines Anteils am Besitz behielt, machte der jüngere Sohn sein Erbteil zu Geld und verließ die Heimat, um den Erlös fern von der elterlichen Aufsicht zu verprassen. Als ihn sein verschwenderischer und ausschweifender Lebensstil schließlich an den Bettelstab gebracht hatte, sah er sich, von seinen einstigen Freunden verlassen, schließlich zum Schweinehüten gezwungen. Weil das Schwein als Inbegriff der Unreinheit galt (vgl. 3Mo 11,7; Mt 7,6), mußte das für ihn die tiefste Erniedrigung bedeutet haben. Nur zu gern hätte er seinen kargen Lohn, der nicht zum Sattwerden reichte, durch die Schoten des Johannisbrotbaumes aufgebessert, die die Schweine fraßen. In seiner fast ausweglosen Lage wuchs langsam die innere Umkehr. Die Echtheit der Buße zeigt sich an seinem Eingeständnis der Schuld und der demütigenden Erkenntnis, daß er nicht mehr wert war, seines Vaters Sohn zu heißen. Um die Nähe seines Vaters wieder zu erfahren, war er bereit, sogar als einfacher Tagelöhner zu arbeiten. Er war jedoch noch nicht zu Hause angekommen, als sein Vater bereits nach ihm Ausschau hielt. Ehe er noch sein Bekenntnis abzuschließen vermochte, hatte ihn sein Vater wieder mit allen Ehren in den Familienkreis aufgenommen und Anweisungen für ein Freudenfest aus Anlaß der Rückkehr des schon Totgeglaubten erteilt.

Der ältere Bruder aber weigerte sich, an der Festlichkeit teilzunehmen, und entrüstete sich über die Üppigkeit, die man an einem Taugenichts verschwende. Er warf seinem Vater vor, daß er ihm noch nie ein so großzügig arrangiertes Freudenfest ausgerichtet habe. Er vertritt damit die typische lieblose und egozentrische Haltung der Pharisäer, die viel von ihrer Gerechtigkeit hielten aber keine herzliche Liebe zu den Verlorenen hatten. Der Vater rang nun ebenfalls aus Liebe auch um diesen zweiten Sohn und hielt ihm entgegen, daß ihm doch sämtliche Vorräte des Hauses zur Verfügung stünden. Wie die beiden vorangegangenen Gleichnisse, endet auch dieses mit einem Aufruf zur Freude über die Wiederfindung des Verlorenen. Jesus läßt offen, ob der Ältere seinen jüngeren Bruder schließlich ebenfalls willkommen hieß und sich doch noch an der Feier beteiligte. Die Auslassung geschieht absichtlich, weil der ältere Bruder für die Pharisäer und ihre Geistesverwandten steht, und das Gleichnis sie wie ein Appell ermahnen soll, die Ausgestoßenen aufzunehmen. Jesus wartete auf ihre Entscheidung.

Obwohl das Gleichnis in erster Linie mit der Beschreibung des zweiten Sohnes auf die Pharisäer abzielt, sollen sie doch auch durch das Beispiel der verzeihenden Liebe Gottes gegenüber dem ersten Sohn beschämt und zur Umkehr gerufen werden. Auch wenn in diesem Gleichnis (anders als 15,3-10) die Suche des Vaters nach dem Verlorenen und die Sühne der Schuld nicht erwähnt werden, weil es keine ins Detail gehende Allegorie ist, werden diese Beweise der Liebe Gottes an anderen Stellen der Lehre Jesu hinreichend deutlich.

12 Die Rechtslage wird zutreffend beschrieben. Vermögen konnte entweder testamentarisch oder auf dem Wege einer Schenkung zu Lebzeiten übereignet werden. **18** *Himmel* ist abermals eine verhüllte Redeweise für »Gott«. **22** Sämtliche Geschenke zeigen Ehre und Autorität an. Der *Ring* (Siegelring) wurde zur Beglaubigung von Geschäftspapieren verwendet. *Schuhe* standen Sklaven nicht zu, sondern waren das Vorrecht der Freien. **29.30** Der ältere Bruder bringt seine Beschwerden stark übertrieben vor. Er brachte es nicht über sich, »mein Bruder« zu sagen, sondern sprach verächtlich von *dieser dein Sohn.*

16,1-31 Warnungen an die Reichen

Nachdem Jesus in drei Gleichnissen seinen Umgang mit den Zöllnern und Sündern erklärt hat, warnt er nunmehr vor Geiz und Reichtum (V. 14.19), die schnell für das Evangelium blind machen und damit in den Untergang führen können. Lukas hat hier verschiedene Sprüche über dieses Thema zusammengestellt, so daß das Kapitel neben einem Hinweis auf die Ehescheidung wesentlich die Einstellung der Jünger zum Reichtum erörtert.

16,1-9 Das Gleichnis vom unehrlichen Verwalter. Ein mit der Rechnungsführung und Aufsicht über den Besitz seines Herrn betrauter Verwalter war mit Recht in den Verdacht, wenn auch nicht gerade der Unredlichkeit, so doch der Mißwirtschaft geraten. Als ihm bewußt wurde, daß ihm die Entlassung drohte, rief er die Schuldner seines Herrn zusammen und gestattete einem jeden, auf seinem Schuldschein eine niedrigere Summe einzutragen. Die Schuldner waren ihm nunmehr zu Dank verpflichtet und würden ihm, falls er seine Stellung verlor, sicherlich beistehen. Mit großem Scharfsinn hatte er sich durch das Geld Freunde gemacht und damit vor dem Ruin bewahrt. Daß sein Herr (es ist wohl kaum Jesus damit gemeint) ihn dafür noch lobt, zeigt, daß es im Gleichnis nicht um eine Verherrlichung des Betruges geht, sondern um die Klugheit des Mannes, die selbst der Geschädigte anerkennen mußte.

Die Deutung des Gleichnisses ist nicht leicht. Auf keinen Fall wird die Handlungsweise als solche von Jesus bejaht. Der Mann wird eindeutig als ungerecht beschrieben (V. 8.9). Jesus hebt dagegen hervor, daß die Klugheit des Mannes beispielhaft ist (V. 8) und daß er sich Freunde mit dem Mammon schuf. Damit werden die Jünger, die als Haushalter Gottes angesehen (vgl. 1Kor 4,1f; Tit 1,7; Lk 9,1ff.17) und als »Kinder des Lichts« (vgl. Joh 12,36; Eph 5,8; 1Thes 5,5) bezeichnet werden, dazu gemahnt, ihren Besitz noch weit überlegter einzusetzen als die Kinder dieser Zeit (LÜ 1956: »dieser Welt«), die ja nur in dieser irdischen Lebenszeit etwas besitzen, aber sonst doch bitterarm sind. Die Jünger sollen sich mit dem Besitz, der wegen seiner Eigenschaft, Menschen schnell zu verführen, ungerechter Mammon genannt wird, »Freunde erwerben, Liebe pflanzen, Menschen wohltun und dadurch zu herzlicher Gemeinschaft uns verbinden« (Schlatter). Diese Haltung ist nötig, um in die »ewigen Hütten«, d.h. das Reich Gottes aufgenommen zu werden. »Sie« V. 9 auf die Freunde zu beziehen, scheint unmöglich, weil Jesus und dem ganzen NT der Gedanke einer Fürsprache durch Menschen vor dem göttlichen Gericht völlig fremd ist (vgl. auch Mt 6,3f!) und ja auf keinen Fall gemeint sein kann, daß ein Sünder nach dem Tod von der Zuwendung seiner Freunde leben wird. Es bezieht sich entweder auf Gott selber oder vielleicht auf die Engel (vgl. Mt 13,30.39f.49f).

16,10-13 Von der Treue im Kleinsten. (S. Mt 6,24.) Jesus läßt verschiedene grundlegende Prinzipien über Haushalterschaft folgen. Erstens läßt sich aus der Art und Weise, wie jemand mit geringfügigen Beträgen umgeht, erkennen, ob man ihm viel anvertrauen kann (V. 10). Mangelt es deshalb jedoch schon an der Gewissenhaftigkeit bei vergänglichen Werten, wie soll man ihm da geistliche Reichtümer anvertrauen (V. 11)? Und wenn jemand mit anvertrautem Gut, über das man Rechenschaft von ihm fordern kann, nicht sorgfältig umzugehen weiß, wird man ihm auch keinen eigenen Besitz, mit dem er selbstverantwortlich umgehen muß, übereignen (V. 12). Zweitens ist es unmöglich, zwei Herren, Gott und dem Besitz, zu dienen (V. 13). Ein Sklave gehört so ausschließlich einem einzigen Herrn, daß er zwei Herren niemals gerechtwerden könnte. Da Gott einen ganzen Anspruch an seine Kinder erhebt (5Mo 6,4f; Lk 10,27), verliert man Gott, wenn man sich an den Mammon verliert.

16,14-18 Gegen die Selbstgerechtigkeit. Jesu Stellung zum Gesetz. (Vgl. Mt 11,12f; 5,18.32.) Jesu Lehre erregte bei den Pharisäern, die das Streben nach Reichtum mit der Frömmigkeit verbinden wollten, Widerspruch und Spott. Jesus erklärt ihnen aber, daß ihr ganzes Auftreten vom Motiv der habsüchtigen Selbstgerechtigkeit bestimmt ist. Sie vergessen, daß Gott das Herz ansieht (vgl. 11,39f; 18,9), und dort findet er hinter schöner Fassade greuliche Dinge.

V. 16-18 unterbrechen den Gedankengang von V. 15 zu V. 19 eigentlich nicht, sondern zeigen, daß die pharisäische Frömmigkeit nicht zum Ziel führt. Mit Johannes dem Täufer ist die Zeit des Gesetzes vorbei (vgl. Gal 4,1ff), so daß der ganze heuchlerische Stolz der Pharisäer auf genaueste Gesetzerfüllung vergeblich ist. Das Evangelium dagegen erwartet Umkehr und Glauben (vgl. 15,11ff), zu dem alle, auch die von den Pharisäern Verachteten fähig sind (vgl. 18,9ff). Deshalb drängen viele hinein, was hier durchaus positiv bewertet wird. Daß Jesus mit diesem Verständnis das Gesetz nicht einfach auflöst, erklären V. 17 und 18. Nach Mt 5,17 bringt er es gerade zur Erfüllung. So ist die eigentliche Intention Gottes die Unauflöslichkeit der Ehe, es sei denn, es läge Ehebruch vor (vgl. Mt 5,31). Die pharisäische Frömmigkeit hielt sich zwar formal an die gesetzlichen Bestimmungen über erlaubte Ehescheidungen (vgl. 5Mo 24,1ff und Mt 19,8!), es fehlte ihr aber am Willen, die Ehe heilig zu halten. Auch darin offenbart sich also die selbstsüchtige, scheinheilige und damit von Gott gelöste Haltung der Pharisäer. (Zur Stellung zum Gesetz s. ausführlicher zu Mt 5,17ff.)

16 Die Lukasfassung *(das Evangelium ... gepredigt)* ist wahrscheinlich eine treffende Deutung der schwierigen Matthäusfassung »leidet das Himmelreich Gewalt« (Mt 11,12; ZÜ: »wird das Reich der Himmel mit Gewalt erstrebt«). *Jedermann drängt sich ... hinein* wird von anderen Auslegern negativ gefaßt und mit den Zeloten in Verbindung gebracht, die die Verkündigung Jesu gerne politisch umgedeutet hätten, um ihre revolutionären nationalen Interessen damit zu rechtfertigen.

16,19-31 Das Gleichnis vom reichen Mann und dem armen Lazarus. Dieses Gleichnis knüpft direkt an V. 15 an und schildert die in Ewigkeit unabänderlichen Konsequenzen einer von Gott gelösten Lebensweise und deren Gegenseite. Das Gleichnis deutet an, daß der Reiche so gut wie nichts tat, um die Not des Bettlers zu lindern, ohne dabei den Reichtum als solchen verwerflich erscheinen zu lassen. Die als unrein betrachteten Hunde (vgl. Mt 7,6) veranschaulichen das Elend des Lazarus. Nach seinem Tod erhielt er einen Ehrenplatz neben Abraham, dem Vater des jüdischen Volkes und Freund Gottes. Der Reiche endete in der Hölle (griech.: *hades*) mit ihren Qualen und ihrer Pein, die sich noch dazu steigert, daß er die Seligkeit direkt vor Augen hat. Er flehte Abraham als seinen »Vater« (vgl. Joh 8,39) um Erbarmen an. Seine Bitte um eine (dann noch vorübergehende) Linderung seiner Qual läßt erkennen, daß er sich der Rechtmäßigkeit seiner Pein durchaus bewußt ist und eine Aufnahme in den Himmel nicht erwartet. Abraham schließt aber die Erfüllung selbst dieser kleinen Bitte aus. Danach wagt er eine Bitte für seine - vermutlich gleichfalls reichen und sorglosen - Brüder, um sie durch ein Wunderzeichen (vgl. 11,16) zu warnen, bevor sie in die Hölle eingingen. Die abschlägige Antwort macht deutlich, daß der Unglaube sich nicht durch übernatürliche Zeichen überwinden läßt (vgl. 10,13ff; 11,29). Nicht einmal die wunderbare Rückkehr eines Menschen aus dem Totenreich wird da irgendeine Wirkung auf diejenigen ausüben, die sich der Stimme Gottes in den Propheten und in der Heiligen Schrift verschließen. Wer deshalb dem Wort des Evangeliums keinen Glauben schenkt und seinen Besitz vergöttert anstatt ihn in den Dienst göttlicher Liebe und Barmherzigkeit zu stellen, endet unwiderruflich in der Gottesferne.

Es ist strittig, ob diese Erzählung eine Allegorie ist, die bis ins Detail genau die zukünftige Welt beschreibt, oder ob es sich um ein Gleichnis handelt, das nur in wenigen Grundgedanken zu deuten ist. Wenn die Sprache (z.B. *Abrahams Schoß*) auch sicherlich bildhaft ist, so geht es dennoch um das wirkliche Geschick von Menschen.

20 *Lazarus* (»Gotthilf«) war ohne Zweifel ein frommer Mann. **25** vertritt keine »ausgleichende Gerechtigkeit«. **26** Die Bildsprache bringt mit aller Deutlichkeit die Unwiderruflichkeit des göttlichen Urteilsspruches über die Menschen zum Ausdruck.

17,1-19 Lehrstücke für die Jünger

17,1-4 Warnung vor Verführung. Brüderliche Zurechtweisung. (Vgl. Mt 18,6f.15.21f; Mk 9,42.) Verschiedene für Jünger bestimmte Lehrstücke hat Lukas hier zusammengestellt. Jesus wußte sehr wohl, daß die Welt, die bis in den Jüngerkreis einbrechen konnte, voller Anlaß zur Sünde (LÜ 1956: »Ärgernisse«) ist. Deshalb warnt er seine Jünger eindringlich vor der Gefahr, selber die Ursache für die Sünde eines andern zu werden. Weil es dabei immer um das ewige Schicksal eines lebendigen Menschen geht, wäre es für einen Versucher besser, er würde mit einem schweren Mühlstein um den Hals ertränkt, als daß er das für Versucher bestimmte Gericht zu erleiden hätte. Ein jeder muß daher diesbezüglich auf sich selber achten. (Jesus fordert mit diesem Wort natürlich nicht zur Einführung der Todesstrafe für Verführer auf!) Anstatt dem Bruder zum Fallstrick zu werden, sollen die Jünger dem, der an ihnen sündigt, durch Zurechtweisung und unbegrenzte Vergebungsbereitschaft (die Zahl sieben steht für das Vollkommene) wieder aufhelfen. Zu diesem Abschnitt vgl. besonders Mt 18,6ff.

17,5.6 Von der Kraft des Glaubens. (Vgl. Mt 17,20; Mk 11,22f.) Die Bitte der Jünger um einen großen Glauben geht von der richtigen Erkenntnis aus, daß es nur durch ihn möglich ist, dem Bruder nicht zum Anstoß zu werden und ihm stets neu zu vergeben. Jesus muß ihnen allerdings zeigen, daß es nicht auf die Größe des Glaubens ankommt, sondern daß es an der Bereitschaft zum Glauben überhaupt liegt. Schon das kleinste Maß von ihm kann die unwahrscheinlichsten Wunder wirken.

5 *Stärke uns den Glauben* meint »schenk uns einen größeren Glauben«. **6** Der Vergleich mit dem *Maulbeerbaum* soll uns natürlich nicht ermuntern, Sinnloses und Absurdes zu bitten und zu glauben.

17,7-10 Das Gleichnis vom Knechtslohn. Der Knecht, der seine Pflicht getan hat, hat auf nicht mehr als seinen üblichen Lohn Anspruch und bleibt »unwürdig«, d.h., er hat nichts, dessen er sich rühmen kann. Jesus setzt damit keineswegs den Wert der Arbeit seiner Jünger herab, sondern ermahnt sie zur demütigen Hingabe an Gott. Auf diesem Hintergrund verstanden sich auch die Apostel und »Sklaven Jesu Christi« (vgl. 1Kor 3,5ff). Ebensowenig lehrt Jesus hier, daß die Beziehung des Jüngers zu Gott rein auf Gesetz und Pflicht aufgebaut ist, die Gnade und Glauben zur Seite setzen. Jesus wendet sich statt dessen gegen die Versuchung, sich seines »Werkes im Glauben« für Gott (1Thes 1,3) voll Stolz zu rühmen.

7 Wenn Jesus hier ein Beispiel aus der Sklaverei benutzt, besagt dies ebensowenig, daß er sie als Institution gutheißt, wie dies 16,8 von der Unehrlichkeit gilt.

17,11-19 Die zehn Aussätzigen. Als einige Aussätzige Jesus von ferne (vgl. 3Mo 13,46) baten, sie zu heilen, gebot er ihnen lediglich, sich vorschriftsgemäß (vgl. 3Mo 14,2) einem Priester zu zeigen. An ihrem Gehorsam offenbarte sich ihr Glaube. Obwohl alle rein wurden, lobte nur einer Gott und dankte Jesus für seine Heilung - und das war zudem noch ein von den Juden verhaßter Samariter. Die Undankbarkeit der anderen neun erläutert die Haltung der Judenschaft gegenüber Jesus: Sie glauben, ein Anrecht auf die göttlichen Segnungen zu haben. Wer aber auf sein Recht pocht, braucht nicht danken. Jesus wertet das als Raub an der Ehre Gottes (vgl. Röm 1,21) und damit als Unglaube. Da Jesus das Heil an den Glauben bindet und nicht an die Volkszugehörigkeit (V. 19), deutet das Gleichnis verhüllt die ntl. Gemeinde aus Juden und Heiden an.

11 Die Grenzlage erklärt die Mischung der Gruppe von Männern, die durch gleiche Not verbunden waren. Die geographischen Gegebenheiten bleiben unklar; vielleicht schließt *Galiläa* hier (das ebenfalls von Herodes beherrschte) Peräa ein oder man übersetzt »mitten durch Samaria und Galiläa«. **14** Die Erzählung ähnelt der in 5,12-16, doch liegt kein Grund vor, sie als Variante zu 5,12ff aufzufassen.

17,20-18,8 Das Kommen des Menschensohnes

17,20-37 Vom Kommen des Gottesreiches. (Vgl. Mt 24,23-28.37-41.) Da Jesus in vorangegangenen Abschnitten vom Kommen des Reiches und vom Menschensohn gesprochen hatte, lag die Frage nach dem Zeitpunkt dieser Ereignisse nahe. Die Pharisäer erwarten damit die Benennung von klaren Vorzeichen, mit denen sie sich - typisch pharisäisch - auf das Reich Gottes einstellen und damit absichern konnten. Jesu Antwort, daß der Anbruch des Reiches nicht von erkennbaren Zeichen begleitet sei, zerstört die Möglichkeit einer Absicherung und mahnt damit indirekt zu einer stetigen Bereitschaft (vgl. Mt 24,42). Schwierig ist indessen der zweite Teil der Aussage Jesu (V. 21b). Obwohl die mit *mitten unter euch* wiedergegebenen Wörter »inwendig in euch« (LÜ 1956, Anm.) bedeuten können, ist diese letztere Übersetzung deshalb zu verwerfen, weil das Reich wohl kaum inwendig in den Pharisäern war (vgl. 11,39) und Jesus an keiner anderen Stelle das Reich als eine innere, geistige Größe versteht. In der Person des Messias Jesus ist das Reich schon gegenwärtig (vgl. 11,20). Aber weil diese Gegenwart ganz an die Person Jesu gebunden und er gleichzeitig auch der kommende Menschensohn ist, wird es mit seiner Wiederkunft auch zukünftig sein und dann auch äußerlich vollendet werden. Das Entscheidende am Reich ist also Jesus selber; wo er ist und worin und wohin er kommt, ist Reich Gottes.

In den folgenden Versen belehrt Jesus seine Jünger über sein zukünftiges Kommen und erklärt, daß es plötzlich und ohne Vorwarnung geschehen wird. Daß sich seine Jünger nach diesem Tag sehnen, ist durch die Bedrängnis und das Leiden verursacht, durch die sie hindurch müssen. Gerade in dieser Zeit dürfen sie sich deshalb von verführerischen Reden falscher Propheten, die Zeitpunkte angeben und von wiederkommenden »Christussen« (vgl. Mt

24,5) reden, nicht irre machen lassen. Der Menschensohn kommt so plötzlich wie ein Blitz und so für alle öffentlich, daß es keines Hinweises durch Menschen mehr bedarf. Die Machtfülle, mit der er auftritt, steht in augenfälligem Gegensatz zu den Leiden und der Erniedrigung anläßlich seines ersten Kommens, die er als Heiland der Welt zuvor noch durchzustehen hat. Die gottlose Welt wird von der Wiederkunft Jesu völlig überrascht sein. Sie lebt so arglos vor sich hin wie die Menschen zur Zeit Noahs und Lots, die alle Warnungen ungeachtet ließen und dann plötzlich durch das Gericht der Sintflut und des Feuers (vgl. 2Petr 2,5-8) vernichtet wurden. Die Mahnung V. 31f, sofort zu fliehen und nicht durch den Versuch, seinen geliebten Besitz zu retten, das gleiche Schicksal der Frau Lots zu erleiden, bezieht sich gewiß auf die Flucht aus dem bedrängten Jerusalem. Die Stadt wurde 70 n.Chr. durch die Römer zerstört. Die folgenden Verse weisen aber über dieses Ereignis hinaus, und diese Haltung ist Kriterium für die große Scheidung, die Christus vornehmen wird (vgl. Mt 13,48f). Sie geht durch die engste menschliche Bindung, die Ehe, und durch die Arbeitsgemeinschaft hindurch. Auf die Frage nach dem Ort des Geschehens weigert sich Jesus, ihnen eine Karte und einen Zeitplan an die Hand zu geben. Wie die Lage eines Leichnams in der Wüste an den darüber kreisenden Geiern erkennbar ist, so wird man auch sogleich erkennen können, wo sich der Menschensohn befindet.

20 Jesu Mahnung, nicht nach Zeichen Ausschau zu halten, scheint auf den ersten Blick seinen eigenen Worten 21,5-36 zu widersprechen. Einige Forscher haben deswegen etwas voreilig die Echtheit des einen oder anderen Textes in Frage gestellt. Da man in der jüdischen Apokalyptik regelrechte Lehrsysteme über die Vorzeichen des anbrechenden Gottesreiches ausgearbeitet hatte, mußte Jesus dringend die Nichtigkeit all dieser Berechnungen herausstreichen. Gleichzeitig mußte er seine Jünger aber auch auf die ihnen bevorstehenden schweren Zeiten vorbereiten, damit sie nicht kleingläubig wurden (vgl. 18,8). **22** *Tage des Menschensohns* meint offenbar die Zeit unmittelbar vor dem Kommen des Menschensohns; die Deutung dieser nur hier vorkommenden Wendung ist allerdings umstritten. **34** *Zwei ... werden ... mahlen:* Die Handmühlen wurden in der Regel von zwei Frauen bedient. Häufig mahlte man schon vor Sonnenaufgang (V. 34 »in derselben Nacht«).

18,1-8 Das Gleichnis von der bittenden Witwe. Obwohl man das Gleichnis häufig als Aufforderung zum beständigen Gebet versteht, muß es doch ganz in den Zusammenhang mit dem vorausgehenden Text (V. 20-27) gestellt werden. Das Gebet der Jünger geht um das Kommen des Reiches und um die Bewahrung in der Bedrängnis (vgl. zu V. 22). Wie das Gleichnis vom ungerechten Verwalter (16,1ff) scheint auch dieses hier auf den ersten Blick anstößig. Aber nach V. 7 soll Gott ja nicht mit einem bösartigen Richter verglichen werden. Im Gegenteil: Wenn selbst ein Richter, der weder die Gesetze Gottes noch die der Menschen achtet, durch die unablässigen Bitten einer Witwe zum Handeln veranlaßt wird, wird dann nicht erst recht Gott als der liebende Vater handeln, um den von ihm Erwählten, die ihn von ganzem Herzen anrufen, zu helfen?! Der letzte Satzteil von V. 7 ist nicht leicht wiederzugeben. ZÜ schreibt: »und sollte bei ihnen Langmut (gegen ihre Gegner) üben?« Eine andere Übersetzungsmöglichkeit wäre »auch wenn es sich mit seiner Hilfe lange hinzieht« (J. Zink). Der Sinn jedenfalls ist der, daß Gott, auch wenn er wie der ungerechte Richter scheinbar nicht reagiert, doch ganz gewiß Gebete erhören wird, ohne daß man beständig in ihn dringen muß (vgl. Mt 6,7). Er wird seinen Auserwählten ihr Recht *in Kürze* verschaffen, oder vielleicht »plötzlich und unerwartet« (wie sein Kommen). Die entscheidende Frage lautet deshalb nicht, ob Gott auf stürmische Bitten eingehen wird, sondern ob es, wenn der Menschensohn kommt, gläubige Menschen gibt, die *Tag und Nacht* (d.h. unablässig) gebetet haben. Lukas hat das Gleichnis zutreffend als eine Ermutigung gekennzeichnet, anhaltend zu beten, bevor das Ende kommt, und nicht den Mut sinken zu lassen. Eine interessante Parallele dazu findet sich Sir 35,14-19.

4 Der Richter erwartete vermutlich eine Bestechungssumme, die die Frau wegen ihrer Armut jedoch nicht aufbringen konnte; Beharrlichkeit war ihre einzige Waffe. **7** Die *Auserwählten* sind diejenigen, die Gottes Ruf vernommen und darauf reagiert haben. Hier sind sie Verfolgungen ausgesetzt und sehnen sich nach Rechtfertigung; sie beten: »Dein Reich komme ... und führe uns nicht in Versuchung, sondern erlöse uns von dem Bösen« (11,2.4).

18,9-19,10 Der Bereich des Heils

18,9-14 Das Gleichnis vom Pharisäer und Zöllner. Wie das vorausgehende Gleichnis handelt auch dieses vom Beten und zeigt, daß nicht jedes Gebet vor Gott wohlgefällig ist. Die hier berichteten Gebete spiegeln zwei gegensätzliche Glaubenshaltungen wider. Der Pharisäer war ein frommer Mann von rechtschaffener und geradliniger Lebensführung. Er war sich keiner Schuld bewußt (vgl. Phil 3,4-6). Er tat sogar mehr als das Gesetz forderte, indem er regelmäßig montags und donnerstags fastete (vgl. 5,33) - obwohl es das Gesetz nur für den

großen Versöhnungstag gebot - und seine sämtlichen Einkünfte verzehntete (s. zu 11,42). Seine Sünde bestand darin, daß er sich seiner Frömmigkeit rühmte, sie öffentlich zur Schau trug, seine Mitmenschen verachtete und mit seiner eigenen Gerechtigkeit Ansprüche vor Gott geltend machte. Im Gegensatz zu ihm stand der Zöllner weit vom Heiligtum entfernt und wagte nicht, seine Augen und noch weniger seine Hände zum Gebet aufzuheben. Mit seinem aufrichtigen Bekenntnis erkannte er seine Schuld vor Gott voll an und bat flehentlich um Erbarmen. Das Urteil Jesu, daß der Zöllner im Gegensatz zum Pharisäer gerechtfertigt und von Gott angenommen nach Hause gegangen sei, verdeutlicht, daß nur die von Gott geschenkte und niemals die Selbstgerechtigkeit zu erretten vermag. Das Gleichnis begründet erneut das »Evangelium für die Ausgestoßenen«, die Gott stets bereit ist aufzunehmen, wenn sie ihn anrufen, während er seine Ohren denen gegenüber verschließt, die stolz und überheblich auf ihre Frömmigkeit pochen.
11 Der beschriebene Pharisäer war ein keineswegs untypischer Vertreter seiner Partei, wenn diese auch zweifellos viele hervorragende Männer hervorgebracht hatte. In rabbinischen Quellen sind ganz ähnliche Gebete überliefert.

18,15-17 Die Segnung der Kinder. (S. Mt 19,13-15; Mk 10,13-16.) Nach einem langen Abschnitt (9,51-18,14) ohne Parallelen im Markusevangelium kommen wir nunmehr zu einer Reihe von Begebenheiten, bei denen sich Lukas wieder an die Darstellung des älteren Evangeliums hält. Die erste berichtet, wie Jesus die »jungen Kindlein« (Mt und Mk: »Kinder«) und an ihnen die Grundhaltung für den Eingang in das Gottesreich erläutert. Wahrscheinlich hatten Eltern ihre Kinder von Jesus segnen lassen wollen (»anrühren« bedeutet soviel wie »segnen«), was die Jünger aber zu verhindern suchten, weil sie die Kleinen als zu unwürdig ansahen und ihr Herr durch sie nicht belästigt werden sollte. Jesus hingegen wendet sich nicht nur den Kindern zu, sondern erklärt, daß das Reich Gottes nur für solche, die wie diese Kinder werden, offen sei: Sie pochen auf keine besondere Würde wie der Pharisäer im vorhergehenden Abschnitt (V. 9ff), öffnen sich unvoreingenommen und nehmen unbefangen und ohne Verdienstgedanken, was ihnen gegeben wird. Diese Grundhaltung ist unerläßlich, um in Gottes Herrschaft eingehen zu können.

18,18-34 Die Gefahr des Reichtums. (S. Mt 19,16-30; 20,17-19; Mk 10,17-34.) Lukas setzt das Thema der rechten Grundhaltung vor Gott fort. Ein Oberster, vielleicht ein Synagogenvorsteher, redete Jesus freundlich als »guter Meister« an und fragte ihn, was er tun müsse, um das ewige Leben zu ererben (d.h. in das Reich Gottes kommen - V. 24 - oder gerettet werden - V. 26). Wenn Jesus die Bezeichnung »gut« abweist, will er damit nicht etwa seine Sündlosigkeit verleugnen, sondern darauf vorbereiten, daß der gute Gott auch seinen Willen betreffs der Erlangung des ewigen Lebens in seinem guten, heiligen und vollkommenen Gesetz dargelegt hat. Jesus geht nicht davon aus, daß durch Einhaltung des Gesetzes der Weg zu Gott frei wird. Deshalb will seine Antwort, die nach orthodoxer jüdischer Weise die Gebote anführte, speziell die der »zweiten Tafel« des Gesetzes, deren Einhaltung leicht überprüft werden konnte, auch weniger Wegweisung ins Himmelreich als Hineinführung in die »Krisis« sein. Als der Mann behauptete, die Gebote gehalten zu haben, drang Jesus nun zum eigentlichen Problem vor. Der Vorsteher sollte seinen nicht unbeträchtlichen Besitz verkaufen, den Erlös an die Armen verteilen und sein Jünger werden. Daß der Mann darauf nicht einging, zeigte, daß er seinen Nächsten in Wahrheit nicht so liebte wie sich selbst und Gott nicht mit ganzem Herzen diente (vgl. 5Mo 6,5; Lk 10,27), sondern vielmehr sich selber und seinen Wohlstand anbetete. Die äußerliche Einhaltung der Gesetze verdeckte sein sündiges Herz. Die Erklärung Jesu, daß es einem Reichen - eigentlich einem jeden, der sein Herz an Reichtümer hängt - äußerst schwerfällt, in das Reich Gottes einzugehen, ist weniger Anklage als Klage. Einem Reichen ist es so schwer, gerettet zu werden, wie einem Kamel, durch ein Nadelöhr zu kommen. Die Frage der Zuhörer zeigt, wie sehr alle Menschen Besitz und Reichtum verfallen sind und wie keiner in selbstloser Gottes- und Nächstenliebe leben kann. Deshalb ist die Errettung eines Menschen auch nie sein eigenes Werk, sondern immer Gabe Gottes.

Die offene Frage des Petrus, der zusammen mit den anderen Jüngern tatsächlich alles um Jesu willen aufgegeben hatte, wird von Jesus nicht als verwerflich zurückgewiesen. Jesus verheißt ihnen in dieser Zeit schon reichliche Segnungen, während das Größte jedoch noch für die kommende Welt ansteht. Dieser Lohn entzieht sich aber allen Berechnungen und eigenwilligen Vorstellungen. Es ist Verheißung und kein Anrecht.

Mk 10,30 werden den Jüngern auch Verfolgungen angekündigt. Sie sind zwar hier nicht direkt angesprochen, aber sicherlich im Schicksal des Menschensohnes, der von den Heiden eine schändliche Behandlung erdulden muß, mit eingeschlossen. Seine Auferweckung steht in innerer Verbindung mit der Belohnung der Jünger V. 28ff (vgl. Phil 2,8ff). Daß die Zwölf aber nicht begriffen, macht Markus besonders deutlich, wenn er auf die Leidensankündigung Jesu den häßlichen Kampf um die Vorrangstellung der Jünger folgen läßt (s. 9,45 für ihre frühere gleichartige Reaktion).

20 Diese Anordnung der Gebote findet sich auch in der LXX. Das Gebot gegen die Begehrlichkeit ist vielleicht deshalb ausgelassen, weil sie nicht notwendigerweise nach außen hin sichtbar werden muß. **25** In einem ähnlichen jüdischen Sprichwort ist von einem Elefanten die Rede. Das Bildwort sollte durch keine gezwungenen Auslegungen in seiner Schärfe abgemildert werden. **31** S. Jes 49,7; 50,5f; 52,13-53,12 und auch Ps 22,69.

18,35-43 Der Blinde von Jericho. (S. Mt 20,29-34; Mk 10,46-52.) Jesus wurde scheinbar von einem ganzen Pilgerzug auf dem Weg nach Jerusalem begleitet. Ein Blinder, der in der damaligen Zeit nur vom Betteln leben konnte, hatte natürlich schon von Jesus gehört. Als er erfuhr, Jesus sei in seiner Nähe, bat er ihn als den Sohn Davids, ihm zu helfen. Ohne sich durch Leute, die ihn, den bedeutungslosen Bettler, zum Schweigen bringen wollten, abhalten zu lassen, rief er unbeirrt Jesus zum Erbarmen an. Diesem anhaltenden Bitten (vgl. 18,1ff) verschloß sich Jesus nicht. Die Frage nach dem Anliegen des Blinden scheint überflüssig, fordert aber dessen klares Bekenntnis seines Zutrauens zu Jesus heraus. Er bekam sein Sehvermögen wieder und folgte Jesus nach. Gemeinsam mit dem Volk pries er daraufhin Gott, der seine Macht in seinem Messias geoffenbart hatte.

35 Bei Markus fand die Heilung des Blinden statt (der dort als Bartimäus eingeführt wird), als Jesus Jericho verließ, hier hingegen bei seinem Einzug in die Stadt. Als Lösungsversuch hat man vorgeschlagen, die Begebenheit habe sich zwischen Alt- und Neu-Jericho, die nahe beieinanderlagen, zugetragen, so daß jeder Evangelist je von seinem Standpunkt richtig beschrieben habe. Es ist aber auch möglich, daß Lukas die (bei Mk nicht berichtete) Geschichte von Zachäus bewußt zuletzt erzählt, um einen Höhepunkt zu gewinnen, und zu diesem Zweck die geschichtliche Abfolge geringfügig abgeändert hat. **38** *Sohn Davids* war ein messianischer Titel: s. Jes 11,1-10; Jer 23,5f; Hes 34,23f; Lk 20,41-44. **43** Die Heilung von Blinden galt nach Jes 35,5 als Kennzeichen des Messias.

19,1-10 Der Zöllner Zachäus. Nicht alle Reichen schieden traurig von Jesus (vgl. 18,23). Zachäus ist ein Beispiel dafür, was »bei Gott möglich« (18,27) ist. Die Römer pflegten die Steuereintreibung in einem bestimmten Gebiet an den Meistbietenden zu verpachten. Dieser empfing für seine Tätigkeit keinerlei Gehalt, sondern trieb so viel Geld ein, wie er nur konnte, so daß ihm nach Abzug der festgesetzten Summe an die römische Behörde noch ein ansehnlicher Gewinn blieb. Solch ein Steuerpächter (LÜ: Oberster der Zöllner) war Zachäus. Sein Bemühen, Jesus zu sehen, der als Freund der Zöllner (vgl. 7,34) bekannt war, weist auf sein großes Interesse an ihm hin. Wahrscheinlich hatte er nicht erwartet, auf dem Maulbeerfeigenbaum entdeckt zu werden; jedenfalls aber zitierte Jesus ihn herbei und bat ihn, er möge ihm Unterkunft gewähren. Was er auch sofort tut. Diese Begegnung brachte Zachäus eine radikale Lebenswende, die durch seine Reue und seine Freude beschrieben wird. Draußen äußerte die Menge der »hochanständigen« Leute unverhohlen ihren Unwillen darüber, daß der Herr sich mit solch einem Betrüger und Kollaborateur der Römer abgab. Jesu Worte V. 9f sind Entgegnung der Vorwürfe und Höhepunkt des Abschnittes zugleich. Das Heil war zum Haus des Zachäus gekommen, zu einem Sohn Abrahams, der ebenso berechtigt war, das Evangelium zu hören, wie jeder andere Jude auch. Weil Gott alle meint, geht Jesus, wie ein Hirte dem verlorenen Schaf (vgl. 15,3-7; Hes 34,16), gerade den Verlorenen nach und sucht und rettet sie.

8 Zachäus' Entschluß entspricht ganz der 18,13 vom Zöllner des Gleichnisses bekundeten Zerknirschung. **9** Der Spruch sagt nicht aus, daß die Heiden Jesus nicht ebenfalls am Herzen liegen, sondern unterstreicht, daß der eine Jude vor Gott nicht mehr und nicht weniger wertvoll ist als der andere.

19,11-21,38 Jesu Wirken in Jerusalem

19,11-27 Das Gleichnis von den anvertrauten Pfunden

In dem Maße, wie sich Jesu Wirksamkeit ihrem Höhepunkt näherte und Jerusalem in Sicht kam, hofften die Zwölf unausgesetzt, Jesus werde nun bald seine Kräfte einsetzen und das Reich Gottes als religiöse, aber auch politische Größe aufrichten. Wie Markus berichtet (Mk 10,35-45), stritten sie sich schon um die Plätze, die sie innerhalb der neuen Ordnung einnehmen wollten. Das vorliegende Gleichnis zielte auf die Korrektur ihrer Einstellung ab. Jesus wies seine Jünger warnend darauf hin, daß der Messias von den Menschen verworfen werde und eine Zeit anbräche, in der sie während der Abwesenheit ihres Herrn bis zu seiner Rückkehr in königlicher Herrlichkeit treu ausharren müßten. Zwei Gedankenstränge sind demnach in diesem Gleichnis miteinander verwoben.

Der äußere Rahmen der Erzählung spielt wahrscheinlich auf ein zeitgeschichtliches Ereignis an. Archelaus, der Sohn Herodes des

Großen, begab sich im Jahre 4 v.Chr. nach Rom, um die von seinem Vater getroffenen testamentarischen Verfügungen über seine Nachfolge in der königlichen Herrschaft für gültig erklären zu lassen. Eine jüdische Gesandtschaft hing sich indes dicht an seine Fersen, um bei Augustus Protest einzulegen: »Wir wollen nicht, daß dieser Mann über uns herrscht.« Der Kaiser verlieh Archelaus zwar nur die Würde eines Ethnarchen, gestand ihm aber dennoch königliche Machtbefugnisse zu. Zehn Jahre später erreichten die Juden dann die endgültige Verbannung des Archelaus. Wahrscheinlich benutzte Jesus diesen Vorfall als Grundlage für sein Gleichnis. Auch er wird von seinem Volk nicht als messianischer König anerkannt, sondern verworfen und deshalb zeitweilig von seinen Jüngern getrennt. Allerdings kehrt er in göttlicher Machtfülle als Richter zurück (V. 27).

Im Mittelpunkt des Interesses stehen indes nicht so sehr die aufrührerischen Bürger, sondern die zehn Knechte (eine runde Zahl), die nicht sehnsüchtig auf das warten wollen, was ihnen ihr Herr vielleicht mitbringt (vgl. 22,24ff), sondern die mit dem Pfund, das jeder erhalten hat, gewinnbringend Handel treiben sollten. Der erste Knecht wurde, nachdem er sich als treuer und tüchtiger Haushalter erwiesen hatte, mit einem hohen Amt betraut. Der zweite Knecht war weniger erfolgreich gewesen und erhielt dementsprechend ein geringeres Amt. Entscheidender als die Höhe des Gewinnes ist dagegen die Treue. Der dritte hatte diesbezüglich seine Pflicht nicht erfüllt, ja nicht einmal einen Zinsgewinn bei einer Bank gemacht, der ohne Arbeit und Risiko zu erzielen gewesen wäre. Statt dessen tadelte er seinen Herrn wegen seiner vermeintlichen Härte und dafür, daß er sich angeblich die Früchte der Arbeit anderer angeeignet habe. Hinter diesen Anschuldigungen versteckte er seine eigene Schuld. Vielleicht hatte er sich auch gefürchtet, Handel zu treiben, weil er damit rechnete, das Geld zu verlieren und dann bestraft zu werden. In beiden Fällen aber verkannte er seinen Herrn, und in beiden Fällen ist seine Faulheit das eigentlich Entscheidende. Deshalb wird er getadelt, und sein Geld wird eingezogen. Das Gleichnis betont auf diese Weise die Notwendigkeit des treuen Dienstes und ermutigt die Jünger durch die Aussicht auf den reichen Lohn.

Das Gleichnis ähnelt dem von den anvertrauten Zentnern (Mt 25,14-30). Es weist ferner einige merkwürdige Züge auf. V. 20 steht *der dritte*, als ob ursprünglich, wie bei Matthäus, nur von dreien die Rede gewesen wäre. Merkwürdig ist auch, daß jemand, der soeben zehn *Städte* bekommen hat, dazu noch ein *Pfund* erhält und daß dagegen protestiert wird (V. 25). Schließlich scheint V. 27 nicht gerade in den Ablauf der Erzählung zu passen. Dennoch reichen diese Punkte nicht, um die häufig vertretene Auffassung zu rechtfertigen, Lukas habe sein Gleichnis aus zwei verschiedenen Stücken, dem Gleichnis von den anvertrauten Pfunden aus Mt und einer Allegorie vom Scheiden und Wiederkommen Jesu, zusammengesetzt. Die oben angesprochenen Auffälligkeiten lassen sich auch gut aus dem Text selber verstehen.

13 Ein *Pfund* (griech.: *mna*) entspricht etwa 80 Goldmark, besaß aber zweifellos sehr viel mehr Kaufkraft. Wenn dem Pfund eine Stadt als Belohnung gegenübersteht, sollen damit die Größe der göttlichen Belohnung und die Güte Gottes unterstrichen werden. **21f** Wenn der Herr als *hart* beschrieben wird, handelt es sich V. 21 um eine Fehleinschätzung und V. 22 um eine konjunktivische Aussage: »Selbst wenn es so wäre, warum hast du dann nicht ...« Der ungeheure Ernst des göttlichen Gerichts ist damit allerdings nicht aufgehoben.

19,28-40 Jesu Einzug in Jerusalem

(S. Mt 21,1-9; Mk 11,1-10; Joh 12,12-29.) Nachdem Jesus seine Jünger vor falschen Hoffnungen auf das, was in Jerusalem geschehen würde, gewarnt hatte, bereitete er nun seinen Einzug in die Stadt vor. In Erfüllung von Sach 9,9 ritt er auf einem Eselsfüllen ein, auf dem noch nie jemand gesessen hatte. Die Besorgung dieses Tieres geschieht auf wunderbare Weise (vgl. 22,7ff). Seine Gefährten breiteten zum Zeichen ihres Jubels ihre Obergewänder auf den Weg und erwiesen Jesus damit königliche Ehre (vgl. 2Kö 9,13). Die ganze Menge, die mit ihm aus Galiläa gekommen war, lobpries die messianischen Machttaten, die sie gesehen hatten, und war zweifellos in der Erwartung, daß in Jerusalem weitere folgen würden. Der Huldigungsruf, der Jesus als den Kommenden willkommen heißt, schließt sich an den auf den Messias gedeuteten König aus Ps 118,26 an. Der ganze Einzug bekommt damit den Charakter des triumphalen Empfangs des Königs der Juden (vgl. 23,38) in seine Hauptstadt. Lukas berichtet als einziger, daß die Pharisäer Jesus aufforderten, er möge seine begeisterten Anhänger zum Schweigen bringen. Wenn Jesus dieses Ansinnen ablehnte, bekannte er sich indirekt zu der Huldigung der Menge: Der Messias war in der Tat gekommen. Ein Schweigen war deshalb nicht möglich. Wenn es seine Nachfolger nicht taten, würden es die Steine übernehmen. Mit Schlatter könnte man das Bildwort auch als Weissagung auffassen: Würden Jesu Jünger ums Schweigen gebracht, bräche das Gericht über Jerusalem herein, so daß die Trümmer der Stadt bezeugten, daß Jesu Anspruch berechtigt sei. Diese Deutung paßt gut zu den folgenden Versen (vgl. auch 13,34).

29 *Bethphage* und *Bethanien* waren Dörfer im Osten des Ölbergs, der selber östlich von Jerusalem lag. **31** Die Nennung des Titels *der Herr* genügte, damit der Esel den Jüngern überlassen wurde. Vielleicht waren die Besitzer (V. 33) Anhänger Jesu. **38** Der Wortlaut weicht von dem Mk 11,9f ab, wo das Reich und nicht der König bewillkommnet wird, doch ist der Unterschied unerheblich. In beiden Fällen scheint sich die Menge allen gelegentlichen Äußerungen Jesu zum Trotz eine Art Staatsstreich von ihm erhofft zu haben. *Friede sei im Himmel* (vgl. 2,14) ist wahrscheinlich Lukas' Umschreibung von »Hosanna ...« (vgl. Mt 21,9) für seine nichtjüdischen Leser. Der Ausdruck zeigt, daß Jesus als Friedenskönig (vgl. Jes 9,5) aus dem himmlischen Frieden kommt. Es könnte auch andeuten, daß es auf Erden für Jerusalem keinen Frieden mehr geben kann (V. 42).

19,41-48 Jesu Weissagungen über Jerusalem. Die Tempelreinigung

(S. Mt 21,12f; Mk 11,15-18.) Der Ton wandelt sich plötzlich, als Jesus den Blick auf die vor ihm liegende Stadt lenkt und eine trauervolle Weissagung über ihr Geschick ausspricht. Diese Klage steht in krassem Gegensatz zu dem Jubel, der die Stadt jetzt erfüllt und zeigt die Ahnungslosigkeit der Leute. Jesus wünscht sehr, Jerusalem möchte noch zu diesem späten Zeitpunkt bereuen und nach dem trachten, was zu ihrem Besten dient. Aber sie lehnt den Friedensfürsten ab; und deshalb wird die »Stadt des Friedens« (das bedeutet »Jerusalem«; vgl. Hebr 7,28; Ps 122,6) mit Krieg überzogen. Ihre Feinde werden einen Wall um die Stadt aufwerfen und sie belagern und einnehmen, was natürlich den Tod vieler Einwohner zur Folge hat. All das geschah, weil Jerusalem nicht hatte erkennen wollen, daß Gott sie besucht hatte und sie gerne gerettet hätte.

Lukas schließt an dieser Stelle die Tempelreinigung an, berichtet aber nur in gedrungener Form (vgl. deshalb ausführlicher den Komm. zu Mt 21,12ff). Jesus wendet sich zentral gegen die Verquickung von Glaube und Geschäft. Im Vorhof der Heiden hatte man den Handel mit Opfertieren und das Wechseln fremder Währungen gestattet, um den Bedürfnissen der Festpilger nachzukommen. Nebenbei erzielte man einen beachtlichen Gewinn. Somit wurde das Haus der Anbetung Gottes zu einem Geschäftshaus herabgewürdigt. Wenn Jesus die Händler vertreibt, tut er nichts Ungesetzliches und wendet sich auch nicht gegen den Opferdienst. Sein Zitat aus Jes 56,7 zeigt, daß er den Tempel seiner eigentlichen Bestimmung wieder zuführen wollte.

Damit begann ein kurzer Zeitabschnitt, während dessen Jesus täglich im Tempel lehrte. Die große Sympathie der Menge schützte ihn zwar zur Zeit noch vor dem Zugriff der religiösen und politischen Führer des Volkes, aber ihr kompromißlos auf den Tod Jesu abgestelltes Verhalten sollte bald zum Ziel führen.

42 Diese Worte legen die Annahme nahe, daß Jesus, wie wir von Johannes wissen, Jerusalem nicht zum erstenmal besuchte, sondern schon früher dort gewirkt hatte. S. zu 13,34. Die beschriebene Zerstörung geschah 70 n. Chr. durch den römischen Kaiser Titus. **44** »Heimgesucht zu werden« bedeutet hier im guten Sinne, von Gott »besucht« sein und seine Gnadenankündigung zu hören.

20,1-21,4 Der wachsende Widerstand gegen Jesus

20,1-8 Die Frage nach Jesu Vollmacht. (S. Mt 21,23-27; Mk 11,27-33.) Wie Mt und Mk berichtet auch Lk eine Reihe von Gesprächen, die Jesus nach der Tempelreinigung mit den religiösen Führern des Volkes führte und in denen sich die Gegensätze nochmals deutlich herausschälten. Alle Fragen, die Jesus dabei gestellt werden, zielen darauf ab, eine klare Handhabe gegen ihn zu finden. Bei der ersten dieser Begebenheiten wurde Jesu Verkündigung der frohen Botschaft durch eine Abordnung des Synedriums unterbrochen, die wissen wollte, aus welcher Vollmacht er sich als Lehrer betätigte. Dabei stand natürlich auch die Frage nach seiner Legitimierung seines königlichen Einzugs und seiner Tempelreinigung im Raum. Die Antwort Jesu sollte über sein Schicksal entscheiden. Jesus antwortete ihnen aber mit einer Gegenfrage. Sie sollten ihm erst einmal sagen, ob Johannes der Täufer seine Vollmacht vom Himmel, d.h. von Gott (vgl. 15,7), oder von Menschen empfangen hatte. Die Antwort »vom Himmel« hätte die peinliche Frage aufgeworfen, warum sie sich dann seiner Botschaft versagten (vgl. Mt 21,32); zugleich hätten sie auch Jesus unausgesprochen göttliche Vollmacht zugebilligt. Leugneten sie dagegen die göttliche Vollmacht des Johannes, liefen sie Gefahr, sich dem Unwillen des Volkes auszusetzen, das in Johannes zweifellos einen Propheten sah. Auf ihr erbärmliches »Wir wissen es nicht« verweigert auch Jesus ihnen eine Antwort. Es wäre falsch, in dieser Erzählung nur ein Beispiel für Jesu Schlagfertigkeit zu sehen. Sie legt vielmehr den Charakter der Fragesteller bloß, die in ihrer Voreingenommenheit und ihrem Unglauben nicht bereit waren, auf Gottes Reden, sowohl in Johannes als auch in Jesus, einzugehen.

1 Die Vertreter der drei hier erwähnten Gruppen jüdischer Führer bildeten das Synedrium, das aus 71 Mitglieder bestehende jüdische »Parlament«, in dem der Hohepriester den Vorsitz führte. Die *Hohenpriester* waren entweder die Angehörigen der Hohenpriesterfamilien oder die Inhaber verschiedener besonderer Priesterämter (z.B. der Tempelvorsteher, die Anführer der Tages- und Wochenabteilungen, die Hauptleute und die Schatzmeister). Die *Ältesten* waren die führenden Laien.

20,9-19 Das Gleichnis von den bösen Weingärtnern. (S. Mt 21,33-46; Mk 12,1-12.) Auf die Frage der religiösen Führer hin ging Jesus mit einem Gleichnis selber zum Angriff über. Der Sinn der Erzählung ist nicht schwer zu erfassen. Jeder schriftkundige Jude mußte sogleich an Jes 5,1-7 denken, wo der Weinberg ausdrücklich Israel darstellt (vgl. auch Jer 12,10). In Abwesenheit des Eigentümers beschlossen die Weingärtner, ihm zunächst die Früchte vorzuenthalten und dann dafür zu sorgen, daß sein Weinberg in ihren Besitz überging. Sie töten zunächst die Knechte, dann sogar den Erben und setzen sich schließlich auf dem Besitztum fest. Das Bild gibt eine Beschreibung der Geschichte Israels. Die Führer des Volkes lehnten sich immerzu gegen Gott auf und töteten dessen Propheten (vgl. 13,34). Der »liebe Sohn«, den der Vater zuletzt (vgl. Hebr 1,1f) sandte, stellt natürlich Jesus dar (vgl. 3,22; Ps 2,7; Jes 42,1). Wahrscheinlich haben die Zuhörer die volle Bedeutung dieser Bezeichnung noch nicht voll erfaßt. Sie sahen in ihm wohl eine messianische Bezeichnung oder wußten, daß Jesus auf ein einzigartiges Sohnesverhältnis zu Gott Anspruch erhob. Die Ausstoßung des Sohnes (vgl. dazu auch Hebr 13,12) und seine Ermordung sind eine weitere Leidensankündigung Jesu und zeigen, daß die Würfel schon längst gefallen waren. Wahrscheinlich hatten die Pächter einen Erbpachtvertrag abgeschlossen, so daß sie nach der Beseitigung des erbberechtigten Sohnes hofften, in den Besitz des Weinberges zu gelangen. Um darauf zu kommen, wie der Eigentümer mit den Pächtern verfahren würde, bedurfte es keines großen Scharfsinns. Die Zuhörer verstanden, daß Jesus Gericht und die Hinwendung an andere »Pächter«, die Heiden, ansprach (vgl. 13,27ff). Deshalb erhob sich auch sofort der Widerspruch: »Das sei ferne«, d.h., »das darf auf keinen Fall passieren«! Sie entsetzen sich über den Gedanken, die Heiden könnten Land und Verheißung in Besitz nehmen. Doch Jesus berief sich auf die Schrift (Ps 118,22). Gott schuf einen neuen »Bau« (vgl. 1Petr 2,4ff; Eph 2,19ff), seine Gemeinde, die auf dem verworfenen Eckstein (oder Grundstein), dem Messias Jesus, aufgebaut ist. Ihn hat sein Volk nicht anerkennen wollen (vgl. 20,1-7), aber er ist der von Gott Erwählte. Wer ihn verwirft, verfällt dem Gericht (s. Jes 8,14f; Dan 2,34.35).

20,20-26 Die Frage nach der Steuer (»Der Zinsgroschen«). (S. Mt 22,15-22; Mk 12,13-17.) Die beiden folgenden Berichte beschreiben Jesu Trennung von den beiden religiösen Gruppierungen der Pharisäer und der Sadduzäer (vgl. LZB). Die Botschaft des Gleichnisses von den bösen Weingärtnern war so unzweideutig, daß die Schriftgelehrten und Hohenpriester Jesus am liebsten auf der Stelle verhaftet hätten. In Anbetracht der Situation (vgl. V.6) begnügten sie sich indessen damit, weiteres Material gegen ihn zu sammeln, und versuchten, ihn mittels einer Falle in eine Lage zu drängen, die ihm die Gunst der Menge kosten oder den Argwohn der römischen Behörden wecken mußte. Mit einschmeichelnden Worten fragten sie ihn daher anhand der Steuerfrage nach dem Verhältnis der Juden zu ihrer römischen Regierung. Die Einführung der Kopfsteuer (s. zu 2,2) hatte seinerzeit zu antirömischen Unruhen geführt (vgl. Apg 5,37), und diese Abgabe war immer noch äußerst verhaßt. Sie wurde sogar zur Glaubensfrage erhoben: Konnte man als Jude einen anderen Herrn anerkennen als allein Gott? Die Pharisäer verneinten diese Frage zwar, entrichteten aber aus pragmatischen Erwägungen ihre Steuer doch. Jesus nun forderte die Fragesteller auf, ihm eine Münze zu zeigen. Dies geschah nicht notwendigerweise, weil er selber keine besaß, sondern um ihnen zu zeigen, daß sie selber das Geld des Kaisers benutzten. Der Gebrauch seiner Münzen verpflichtete sie, ihm sein Eigentum zurückzugeben. Entscheidend aber ist, daß er, über ihre ursprüngliche Frage hinausgehend, auf eine entsprechende Schuldigkeit gegenüber Gott hinwies. Die Menschen, da sie Gottes Antlitz tragen, sind seine »Münzen« und dürfen sich ihm daher - nicht wie die Pharisäer - verweigern. Die jeweiligen Bereiche des Kaisers und Gottes werden hier nicht näher bestimmt. In der Forderung der Steuern sah Jesus allerdings keinen Anlaß, sich gegen den Staat aufzulehnen. Er begründet mit seinen Worten allerdings auch keine prinzipienlose Unterwürfigkeit. Der Gehorsam kennt sehr wohl Grenzen (vgl. Apg 5,29). Die Antwort Jesu hat ihren Eindruck auf seine Zuhörer nicht verfehlt.

24 Der *Silbergroschen* (Denar) trug auf der Vorderseite das Bild des Kaisers und auf der Rückseite das der Friedensgöttin; seine Aufschrift lautete: »Tiberius Caesar Augustus, Sohn des göttlichen Augustus, Hoherpriester«.

20,27-40 Die Frage nach der Auferstehung. (S. Mt 22,23-33; Mk 12,18-27.) Nach den Pharisäern versuchten nun die Sadduzäer, Jesus auf die Probe zu stellen und ihn als Schwärmer lächerlich zu machen. Die Angehörigen dieser Partei entstammten hauptsächlich der Priesterschaft und dem wohlhabenden Adel; sie waren mit den bestehenden Zuständen durchaus zufrieden und bereit, sich mit den Römern zu verbrüdern. Theologisch vertraten sie eine konservative, allein auf den fünf Büchern Mose fundierte Haltung, die durchaus als formalistisch bezeichnet werden kann. Entgegen den Pharisäern leugneten sie aus vermeintlichen Vernunftsgründen die Auferstehung sowie die Existenz von Engeln und Geistern (vgl. Apg 23,8). Sie brachten ihre Frage in Form einer widersinnigen, auf der Sitte der Leviratsehe (von lat. *levir*, Schwager; s. 1Mo 38,8; 5Mo 25,5f) basierenden Geschichte vor: Wie konnte eine Frau bei der Auferstehung sieben Männer haben? Jesu Antwort enthält zwei Teile. Erstens erklärt er ihnen, daß mit der Auferstehung bezüglich der Ehe völlig andere Bedingungen herrschen werden als jetzt auf Erden. Da es keinen Tod mehr gibt, entfällt auch die Notwendigkeit, das Menschengeschlecht durch Fortpflanzung stets zu ergänzen. Da Jesus diesen Gedanken nicht weiter ausführt, sollte man sich vor Spekulationen hüten, die ein Fortbestehen der Ehe auf einer höheren Ebene postulieren. Auch ein Paulus äußert in seinem wichtigen »Auferstehungskapitel« 1Kor 15 solche Vermutungen nicht.

Zweitens führt Jesus ihnen ein Argument für die Tatsache der Auferstehung an, das sich auf das von ihnen anerkannte Gesetz des Mose gründete. Bei der Erscheinung Gottes am Dornbusch hatte er zu Mose gesagt: »Ich - der Gott Abrahams« (2Mo 3,6). Wie in solch einem hebr. Satz üblich, fehlt das Verbum. Jesus geht davon aus, daß die Präsensform »bin« zu ergänzen ist (wie in der LXX geschehen). Daraus geht klar hervor, daß Gott folglich noch Jahrhunderte nach Abrahams Tod unverändert sein Gott ist und daß Abraham daher noch am Leben sein muß. Der lebendige Gott ist der Schöpfer, und sein Ziel ist das Leben seiner Geschöpfe. Deshalb überwindet er den Tod und gibt Anteil an der Auferstehung. Die Schriftgelehrten, die an die Auferstehung glaubten, freuten sich über die Niederlage ihrer Rivalen.

35 besagt nicht, daß nur die Glaubenden auferstehen werden (vgl. Joh 5,28f).

20,41-47 Die Frage nach dem Davidssohn. (S. Mt 22,41-46; 23,6; Mk 12,35-40.) In der abschließenden Episode dieser »Streitgespräche« mit den jüdischen Theologen geht Jesus selber zum Angriff über und deckt mit einer Frage das unzulängliche Messiasbild seiner Zeit auf. Die Juden sahen erwartungsvoll dem Kommen eines irdischen Befreiers und Königs, eines Nachfahren Davids (vgl. Jes 11,1-10; Jer 25,5f; Hes 34,23f; Lk 18,38), entgegen. In Ps 110 aber, der z.Z. Jesu messianisch verstanden wurde, nannte David den Messias aber »meinen Herrn« (Ps 110,1): Wie konnte er so von seinem Sohn sprechen? Die Vorstellung eines rein irdischen Messias war damit völlig unzulänglich. Durch den Hinweis auf die Erhöhung deutet Jesus zusätzlich an, daß der Messias zwar jetzt noch in Niedrigkeit zu sehen sei, woran die Juden ja Anstoß nahmen, daß aber die Einsetzung in die Machtfülle bevorsteht. Das Schweigen der Schriftgelehrten beweist ihre Unkenntnis. Sie haben deshalb kein Recht, über Jesu messianischem Anspruch zu befinden.

Jesus läßt die von ihm gestellte Frage unbeantwortet. Statt dessen geht er dazu über, die Unzulänglichkeit der von den Schriftgelehrten vertretenen Frömmigkeit anzuprangern. Die Schriftgelehrten waren stolz auf ihre langen Gewänder und sonnten sich in der Achtung, die ihnen das Volk entgegenbrachte. Zu dieser Ehrsucht gesellte sich noch die Habsucht, mit der sie sich an schutzlosen Witwen bereicherten und gleichzeitig scheinheilig beteten. Sie, die wie niemand sonst Gottes Willen hätten kennen müssen, trifft deshalb ein um so härteres Urteil. Es ist jedoch zu bemerken, daß es auch einzelne Ausnahmen gab (vgl. Mk 12,28-34).

21,1-4 Das Opfer der Witwe. (S. Mk 12,41-44.) Im denkbar schärfsten Gegensatz zu der falschen Frömmigkeit der Schriftgelehrten steht das Verhalten einer armen Witwe, die zwei von den kleinsten umlaufenden Münzen (ein *Lepten* entspricht etwa einem halben Pfennig) als ihr Opfer neben die üppigen Gaben der Reichen legte. Für Jesus war ihre Gabe dennoch die größte von allen, weil Gott nicht so sehr den Umfang der Gabe ansieht als das Herz. Die Witwe hatte ein wirkliches Opfer gegeben, die anderen aus dem Überfluß. Die Haltung der Witwe entspricht damit ganz der 12,22ff geforderten Einstellung.

21,5-38 Die Zerstörung des Tempels und die letzten Dinge

21,5-7 Das Schicksal des Tempels. (S. Mt 24,1-3; Mk 13,1-4.) Wie viele andere Juden waren auch die Jünger von der Pracht des prunkvollen, neuen Herodianischen Tempels, der Hauptschauplatz der Wirksamkeit Jesu in Jerusalem war, stark beeindruckt. Mit diesem Heiligtum verbanden sich Stolz und Sicherheit wegen der vermeintlich garantierten Gegenwart Gottes. Jesus teilte ihre Begeisterung jedoch keineswegs, sondern benutzte die Gelegenheit zu der Prophezeiung, daß der Tempel dem Erdboden gleichgemacht werden würde (vgl. 19,43f). Die Jünger fragten ihn daraufhin nach dem Zeitpunkt des Geschehens und nach hinweisenden Zeichen. Mit ihrer Frage verknüpften sie offenbar die Zerstörung des Tempels mit dem Ende der Zeit.

Der Wortlaut dieser Rede weicht beträchtlich von dem in Mk 13 ab. Hat man früher die Unterschiede der großzügigen Bearbeitung der Markusfassung durch Lukas zugeschrieben, geht man heute davon aus, daß Lukas neben Markus noch andere Überlieferungen zur Verfügung standen. Wie die Bergpredigt enthält wohl auch diese Rede Worte Jesu, die wahrscheinlich bei verschiedenen Gelegenheiten gesprochen wurden. **5** *Einige:* d.h. die Jünger.

21,8-11 Die Vorzeichen der Endzeit. (S. Mt 24,4-7; Mk 13,5-8.) Jesu Antwort will die Jünger vor der Fehleinschätzung bewahren, das Ende unmittelbar bevorstehend zu erwarten und es genau bestimmen zu wollen. Sie sollen sich nicht durch falsche Messiasse irreführen lassen, die das Ende als herbeigekommen ausrufen. Auch sollen sie der Versuchung widerstehen, sich durch die schrecklichen Ereignisse, die dem Ende vorausgehen, zur Verzweiflung treiben zu lassen. Vor dem Ende wird es sowohl zu Kämpfen zwischen den Menschen wie auch zu Naturkatastrophen (vgl. Offb 8,12) kommen. **8** Die falschen Propheten gaben sich für den Messias oder für Jesus aus und kündigten das Ende mit Worten an, die an Jesu eigene Predigt erinnerten (vgl. Mk 1,15).

21,12-19 Die Verfolgung der Gemeinde. (Vgl. Mt 10,17-22; 24,9-14; Mk 13,9-13.) Der Ablauf der Ereignisse muß nicht in zeitlicher Reihenfolge gegeben sein, so daß der Versuch, einen »apokalyptischen Zeitplan« herauszuarbeiten, sehr schwierig sein dürfte. Vor alledem (s. V. 12; d.h. vor den eben erwähnten kosmischen Zeichen) werden die Jünger selber in Bedrängnis geraten und von seiten der Juden (Synagoge) wie auch der Römer (Könige und Fürsten) Verfolgungen erleiden. Diese scheinbare Katastrophe wird eine Gelegenheit sein für das Evangelium Zeugnis abzulegen (vgl. Apg 5,17ff; Phil 1,12ff). Sie brauchen sich vorher keine Sorgen zu machen, wie sie sich verteidigen sollen, denn im entscheidenden Augenblick wird Jesus selber seine Worte in ihren Mund legen, so daß sie sogar als ungelehrte Leute ihre Widersacher zum Schweigen bringen werden. Selbst von ihren Familien und Bekannten droht den Jüngern Verfolgung: Ihr Martyrium ist dabei Ausdruck des Hasses wider Jesus Christus. Doch bei alledem wird die Hand Gottes auf ihnen ruhen. Was auch immer ihnen geschieht; wer getreu bis zum Ende aushält, wird das ewige Leben gewinnen.

14.15 Dieser Spruch gilt eindeutig für Christen, die plötzlich verhaftet und vor Gericht gestellt werden, nicht für Prediger, die friedlich auf ihre Kanzeln steigen! *Ich will euch ... geben ...:* Nach 12,11 wird der Heilige Geist die Jünger unterweisen; Joh 16,7 zeigt, daß er von Jesus gesandt wird. **18.19** In Anbetracht der vorausgegangenen Lehrworte können diese Verse kaum meinen, daß den Jüngern physische Bedrängnis und das Martyrium erspart bleiben werden; sie enthalten die Verheißung der göttlichen Lenkung ihres Schicksals, die Zusage, daß ihnen nur das widerfährt, was zu ihrem Heil dient (vgl. Röm 8,28-39), sowie eine Aufforderung zur Standhaftigkeit.

21,20-24 Das Ende Jerusalems. (Vgl. Mt 24,15-22; Mk 13,14-20.) Zwei verschiedene Phasen des kommenden Endes werden nunmehr beschrieben. Die erste ist die Einschließung Jerusalems durch feindliche Heere. Wem sein Leben lieb ist, der wird aus dem ganzen Gebiet Judäa fliehen, bevor es zu spät ist, denn das wird die Zeit des göttlichen Gerichts über die Stadt sein. Beim Gedanken an die unvermeidlichen Leiden, zumal der schwangeren und stillenden Frauen, wird Jesus abermals von Kummer übermannt. Dieses Gericht, das die Stadt entvölkert und vernichtet, wird von Heiden vollzogen, die allerdings nur für eine bestimmte Zeit über Jerusalem herrschen dürfen.

20 Obwohl hier in sehr viel eindeutigerer Weise als in dem entsprechenden Markusabschnitt eine Belagerung geschildert wird, besagt das nicht, daß Lukas nach dem Fall Jerusalems schrieb. Die Worte sind uns von den atl. Propheten, zumal von den Stellen, die den Fall Jerusalems im Jahre 587 v.Chr. voraussagen (vgl. Jer 4,16ff; 6,1; Hos 9,7 u.a.) vertraut. **24** Die *Zeiten der Heiden* ist die Zeit der heidnischen Herrschaft über Jerusalem. Sie mit einigen Auslegern auf die Zeit der Bekehrung der Heiden (vgl. Röm 11,25) und die Zeit der Gemeinde zu deuten, scheint dem vorliegenden Zusammenhang nicht angemessen, wenn dieser Gedanke natürlich an anderer Stelle auch gerechtfertigt ist. Jesus erwähnt hier nicht, ob Jerusalem am Ende der Zeit wiederhergestellt werden wird.

21,25-28 Das Kommen des Menschensohns. (S. Mt 24,29-31; Mk 13,24-27.) Das zweite Stadium des nahenden Endes stellen die im AT geweissagten kosmischen Wirrnisse dar (vgl. 21,11; Joel 3,3f; Offb 6,12f). Diese Schilderung als Metapher für den Sturz der heidnischen Mächte aufzufassen, greift zu kurz. Nach diesem abschließenden Vorspiel wird das Kommen des Menschensohns in Worten angekündigt, die sich auf Dan 7,13f gründen, wo dies Kommen mit dem Gerichtstag (vgl. Offb 14,14ff) und der endgültigen, sichtbaren Errichtung der Herrschaft Gottes verknüpft ist. Da die bevorstehenden Katastrophen die göttliche Befreiungstat einleiten, sollen die Jünger im Unterschied zu der übrigen Menschheit, die vor Furcht vergehen wird, voller Hoffnung sein; ihre Befreiung aus der Bedrängnis steht bevor.

21,29-33 Die Gewißheit des Endes. (S. Mt 24,32-35; Mk 13,28-31.) **29** In Palästina treibt der *Feigenbaum* als erster neue Blätter und ist der Frühlungsbote; *alle Bäume* kündigen mit ihm zusammen das Nahen des Sommers an. Die von Jesus geweissagten schrecklichen Ereignisse sind somit in Wirklichkeit ein Zeichen der Hoffnung, daß das Kommen des Reiches bevorsteht. Jesus nimmt seinen Jüngern mit diesem Bildwort ihre Ungeduld, aber auch ihre Unsicherheit.

32.33 Diese Verse sind oft so verstanden worden, als habe Jesus noch zu Lebzeiten der Generation, die vor ihm steht, seine Wiederkunft und alle in den vorausgehenden Versen angesprochenen Zeichen geschehen lassen wollen. Die Zeichen, die mit der Zerstörung Jerusalems im Jahre 70 n.Chr. teilweise eintraten, sollten allerdings nur die Nähe seiner Wiederkunft anzeigen. So läßt Jesus an vielen Stellen erkennen, daß noch eine längere Zeitspanne bis zu seiner Wiederkunft verstreichen kann (vgl. Mt 24,48ff; 25,5.14.19). Deshalb bezieht sich *dieses Geschlecht* nicht auf die z.Z. Jesu lebende Generation, sondern auf das jüdische Volk als solches. V. 32 ist demnach nicht als eine Drohung, sondern vielmehr als die Zusage zu verstehen, daß Israel trotz seiner Sünde und des bevorstehenden Gerichts nicht untergehen wird, weil Gottes Gnadenwille es umgibt (vgl. Röm 11,25ff). Diese Zusage ist so gewiß, daß eher Himmel und Erde vergehen werden.

21,34-38 Vorbereitung auf das Ende. Da Jesus an keiner Stelle einen genauen Zeitpunkt seiner Wiederkunft angibt, sollen seine Jünger allezeit und in aller Nüchternheit für das Ende bereit sein. Wer sich aber an diese Welt verliert und sich um vergänglicher Dinge mit Sorge belädt (vgl. 12,22ff), wird vom plötzlich hereinbrechenden Gerichtstag überrascht; die Jünger müssen daher um die Kraft beten, bis zum Ende auszuharren und treu auf ihren Herrn zu warten.

Zum Abschluß wird angemerkt, daß Jesus außerhalb von Jerusalem wohnte, wie es viele Pilger zur Passahzeit, wenn die Stadt überfüllt war, taten. Tagsüber dagegen lehrte er im Tempel (vgl. 19,47f).

22,1-24,53 Leiden, Sterben und Auferstehung Jesu

22,1-38 Das letzte Abendmahl

22,1-6 Der Verrat des Judas. (S. Mt 26,1-5.14-16; Mk 14,1f.10f; vgl. Joh 11,45-53.) Nachdem die jüdischen Führer beschlossen hatten, Jesus aus dem Wege zu räumen, lag das Hauptproblem für sie darin, eine Erhebung seiner Anhänger zu vermeiden. Kap. 19-20 zeigten, daß das einfache Volk Jesus große Sympathie entgegenbrachte und zu einem großen Teil bereit gewesen wäre, für ihn zu den Waffen zu greifen. Das Anerbieten des Judas war deshalb eine günstige Gelegenheit, Jesus unauffällig zu verhaften. Da sich zur Passahzeit oft an die 100 000 Menschen in und um Jerusalem aufhielten, waren die Aussichten, jemand ausfindig zu machen, der unerkannt bleiben wollte, gering.

1 Die ursprünglich gesonderten Feste der *ungesäuerten Brote* und des *Passah* flossen praktisch in eines zusammen. Das Passah wurde am 14. und 15. des Monats Nisan gefeiert. Am Nachmittag des 14. wurden die Passahlämmer im Tempel geschlachtet, und am Abend desselben Tages (nach unserer Zeiteinteilung) fand das Fest statt. Da der jüdische Tag jedoch bei Sonnenuntergang begann, wurde das Passah in Wirklichkeit in den ersten Stunden des 15. Nisan gefeiert. Das Fest der ungesäuerten Brote währte dann vom 15. bis zum 21. Nisan. In 22,7 wird der 14. als der erste Tag der ungesäuerten Brote bezeichnet. Dies geschieht möglicherweise, weil die beiden Feste eng miteinander verknüpft waren und Lukas für Leser schrieb, für die ebenso wie für uns der Tag um Mitternacht begann. Man beachte, daß die lukanische Chronologie des letzten Abendmahls und der Kreuzigung mit der markinischen übereinstimmt. Dies ist deswegen bedeutsam, weil man aufgrund des Johannesevangeliums irrigerweise geschlossen hat, Jesus habe sein Abendmahl einen Tag vor dem offiziellen Passah gehalten (vgl. hierzu den Komm. zu Mt 26,17 und Joh 13,1). **2** Lukas gibt zu erkennen, daß die jüdischen Führer Jesus unter anderem wegen der politischen Gefahr, die scheinbar von ihm ausging, hinrichten lassen wollten. **3** Dies ist die erste Erwähnung des *Satan* seit 4,13. Die genauen Motive des Judas gibt Lukas nicht an. War er über Jesus enttäuscht oder lockte ihn das Geld (vgl. Joh 12,6)? **4** Die *Hauptleute* waren die Anführer der Tempelpolizei.

22,7-13 Vorbereitung des Passahmahles. (S. Mt 26,17-19; Mk 14,12-16.) An dem »Tag der ungesäuerten Brote« erteilte Jesus zwei seiner vertrautesten Jüngern den Auftrag, das Passahmahl vorzubereiten. Sie sollten einen möblierten Raum innerhalb der Stadt Jerusalem belegen und die Nahrungsmittel besorgen: ein Lamm, Brot, Bitterkräuter und Wein. Die begleitenden Umstände dieses Geschehens tragen wunderhaften Charakter (vgl. 19,29ff). Es ist natürlich nicht ausgeschlossen, daß der Hausherr ein Anhänger Jesu war. Der Raum war vielleicht der Apg 1,13 erwähnte; möglicherweise befand er sich im Haus der Maria (vgl. Apg 12,12). Ein Mann, der einen Wasserkrug trug, bot damals einen ungewöhnlichen Anblick.

22,14-23 Die Einsetzung des Abendmahls. (S. Mt 26,20.26-29,23f; Mk 14,17.22-25,20f; vgl. Joh 13,21-30.) Nach jüdischer Überlieferung verlief das Passahmahl wie folgt: *a)* Eröffnung durch Segen und Gebet, gefolgt von dem ersten von vier Weinkelchen und einem aus Kräutern und Sauce bestehenden Gericht. *b)* Im Anschluß an die Lesung der Einsetzungsgeschichte des Passahs wurde Ps 113 gesungen und der zweite Kelch getrunken. *c)* Nach einem Tischgebet wurde die Hauptmahlzeit, gebratenes Lamm mit ungesäuertem Brot und Bitterkräutern, verzehrt und nach einem weiteren Gebet der dritte Weinkelch getrunken. *d)* Abschließend wurden Ps 114-118 gesungen und der vierte Kelch getrunken.

Jesus bringt seinen zwölf Jüngern (Apostel) gegenüber zunächst zum Ausdruck, daß er um die ihm bevorstehende Leidenszeit weiß und von Herzen wünscht, dieses letzte Mahl ungestört mit ihnen zusammen einzunehmen. Es wird sein letztes Abendmahl sein, denn er wird es nicht mehr feiern, bis es seine Vollendung im Reiche Gottes finden wird (vgl. Offb 19,9; 3,20). Da das Passah (vgl. 2Mo 12) Erinnerung an die Befreiung aus der Knechtschaft ist, sind Jesu Worte von der völligen Gewißheit seiner Befreiungstat durch sein Leiden und sein herrliches Wiederkommen getragen. Darauf nahm Jesus einen Kelch mit Wein (den ersten oder zweiten der vier) und versicherte abermals, daß er vor dem Kommen des Reiches nicht davon trinken wird. Das Kommen des Reiches und das damit verbundene messianische Freudenmahl hat demnach das Leiden Jesu zur Voraussetzung und ist ganz an ihn gebunden. In den eigentlichen »Einsetzungsworten« dankte er zunächst für das Brot, das mit dem Hauptgang verzehrt wurde, und teilte es mit den Worten *Das ist mein Leib* an die Jünger aus. Nach V. 19b-20 erklärt er ihnen, daß die Hingabe seines Lebens ein stellvertretender Opfertod für seine Jünger ist. Durch die Wiederholung des Mahles wird die Heilstat Gottes feierlich vor der Welt ausgerufen und die Frucht des Todes Jesu dankbar entgegengenommen. Desgleichen deutete er den dritten Kelch als das Opfer seines Blutes, durch das der neue Bund gestiftet wird (2Mo 24,8; Jer 31,31-34). All dieses beschriebene Heil ist Gabe; diese kann aber auch abgelehnt werden. Deshalb schließt Jesus die Ankündigung seines Verrates an, die von Lukas nur ganz knapp ausgeführt wird und Judas selber überhaupt nicht mehr erscheinen läßt. Jesus erklärt, daß der Verrat keineswegs die Pläne Gottes durcheinander bringt, sondern er im Gegenteil in sie einbezogen ist. Damit ist aber die persönliche Verantwortlichkeit des Verräters nicht aufgehoben.

15-18 Lukas hat die Verratsweissagung, die Markus dem Mahl voranstellt, an das Ende des Mahls gesetzt und auch das »Enthaltungsgelübde« Jesu vorgezogen. Dies und manches andere zeigen, daß Lukas neben dem Markusbericht noch andere Überlieferungen der Leidensgeschichte vorlagen. Seinen Ausführungen könnte man entnehmen, daß Jesus selber nicht am Mahl teilnahm, sondern seinen Jüngern gegenüber ganz als der Gebende auftrat.

22,24-38 Gespräche mit den Jüngern. (Vgl. Mt 26,31-35; Mk 14,27-31; Joh 13,36-38.) Vier Gruppen von Aussprüchen Jesu schließen die Erzählung ab. **24-27** Ein Streit unter den Jüngern, wer von ihnen als der größte gelten könne, zeigt zunächst, daß sie noch immer mit der baldigen sichtbaren Aufrichtung des Gottesreiches rechneten. Jesus geht allerdings nicht auf dieses Mißverständnis ein, sondern erklärt, daß im Reich Gottes Größe an der Demut und der Bereitschaft zum Dienst gemessen wird. Die Menschen sehen in dem, der bedient wird, den Größten, aber das Beispiel Jesu, der seine Jünger bediente, zeigt, daß solche Maßstäbe bei ihm nicht gelten. Die Geschichte erinnert an die Erzählung der Fußwaschung Joh 13 und an die Mk 10,35-45 berichtete Auseinandersetzung der Zebedäussöhne mit den übrigen Jüngern.

28-30 Jesu zweiter Ausspruch ergänzt den ersten und weist auf den Lohn des demütigen Dienstes hin. Die Jünger standen Jesus bei seinen Anfechtungen während seiner ganzen Wirksamkeit treu zur Seite und werden deshalb am messianischen Mahl teilnehmen und auch in Jesu Reich zu Herrschern über die Stämme Israel (vgl. Mt 19,28) eingesetzt werden. Jesus gibt ihnen damit Anteil an der regierenden Gewalt, die er selbst als der Menschensohn von Gott empfangen hat (vgl. Dan 7,13ff). Nach biblischer Erwartung werden die zwölf Stämme am Ende wieder gesammelt werden (vgl. Jes 49,6; Sach 9,1; Offb 21,21ff). Ein ähnliches endzeitliches Herrschen wird auch für die ntl. Christen erwartet (vgl. 1Kor 6,1ff; 2Tim 2,12).

31-34 Im dritten Abschnitt knüpft Jesus wohl an V. 28 an und erklärt, der Satan habe sie wie Weizen in einem Sieb durchrütteln und bloßlegen, d.h. zur Abtrünnigkeit verführen wollen (vgl. Hiob 1-2; Dan 10,13). Jesus hatte sie zwar nicht vor der Versuchung, aber in ihr bewahrt und für Petrus gebeten, daß sein Glaube nicht aufhöre. Noch aber ist Petrus mit seiner selbstsicheren Haltung (V. 33) mitten in diesem Ringen. Nach seiner Verleugnung und dem entscheidenden Gespräch mit dem Auferstandenen (Joh 21,15ff) wird er durch die vollzogene Umkehr seine Glaubensbrüder stärken können.

35-38 Abschließend sprach Jesus von den bevorstehenden schweren Zeiten für die Jünger. Als er sie einst ausgesandt hatte (10,4ff), konnten sie ohne Geldbeutel und Tasche losziehen und es hatte ihnen nichts gefehlt, weil man sie freundlich aufnahm. Jetzt würde sich das alles ändern, sie würden sogar eher ein Schwert brauchen als ihr Obergewand. Da Jesus die Anwendung von Waffengewalt zum Bau des Reiches ablehnte (vgl. V.49ff), kann das Schwert nur bildlich und als Bildwort für die Schwere der Not verstanden werden. Die Ursache für diesen Wandel ist in der bevorstehenden Verurteilung Jesu als *Übeltäter* (Zitat aus Jes 53,12) zu sehen, was sofort auf die Jünger zurückwirken wird. Mit einem »Es ist genug!« bricht Jesus das Gespräch ab, weil er an dem Vorzeigen zweier Schwerter das Unverständnis der Jünger erkennt.

22,39-53 Jesus in Gethsemane. Seine Gefangennahme

(S. Mt 26,36-56; Mk 14,32-50; Joh 18,1-11.) Nach dem Mahl ging Jesus in den Garten Gethsemane am Fuß des Ölbergs hinaus. Im Bewußtsein der Versuchungen, die sie alle bedrohten, forderte er seine Jünger fürsorglich auf zu beten (vgl. 11,4; 22,32). Er selber zog sich dann ebenfalls zum Gebet zurück und bat, daß der ihm bevorstehende Kelch des Leidens und Zorns (vgl. Jes 51,22; Mk 10,38), wenn möglich, von ihm genommen werde. In dieser Bitte zeigt sich die ganze Schwere des Leidens Jesu und sein ungebrochenes Menschsein. Als gehorsamer Sohn unterwarf er sich dennoch voll und ganz dem Willen seines Vaters (vgl. Joh 4,34; 5,30; 6,38). Die Stärkung durch einen Engel bestätigt Gottes Zeugnis über ihn (vgl. 3,22). Nach schwerem Gebetskampf stand er auf und ermutigte seine Jünger, die er schlafend fand, deswegen aber nicht tadelte, erneut zum Gebet. Die sich anschließende Verhaftung Jesu erfolgte plötzlich und noch mitten im Gespräch mit den Jüngern. Der Verräter - verächtlich »der mit dem Namen Judas« genannt (V. 47) - hatte im Schutz der Nacht Truppen herangeführt und verriet Jesus nun - um eine Verwechslung der Personen im Dunkeln zu vermeiden - heuchlerisch mit einem Kuß. An den Jüngern Jesu hatte man scheinbar wenig Interesse. Sie blieben unbehelligt, obwohl sie gemäß ihres Mißverständnisses von V.38 zum Schwert griffen. Jesus erweist sich ganz als Herr der Lage: Er gebietet seinen Jüngern Einhalt, heilt als Heiland und das ganze Verfahren der Gegner ins Unrecht setzend den Verletzten und stellt sich voller Würde seinen Häschern, die ihn wie einen Schwerverbrecher (vgl. V.37) abführen. Das ist zwar die »Stunde . . . der Finsternis«, aber alles geschieht doch nur unter göttlicher Zulassung.

40 Da Jesus regelmäßig zu diesem Ort ging (vgl. V.39), erklärt dies, weshalb Judas ihn sofort zu finden wußte. **43.44** Diese Verse finden sich in einigen der besten Hss. nicht; ihre Sprache ist indes lukanisch, so daß sie aller Wahrscheinlichkeit nach echt sind. Es wird nicht deutlich, ob sein *Schweiß* in großen Tropfen gleich Blutstropfen fiel oder ob er tatsächlich blutete (vgl. die Redewendung »Blut und Wasser schwitzen«). **52** Die erwähnten Personen gehörten zu den Ordnungsorganen der Tempelpolizei.

22,54-71 Jesus vor dem Hohen Rat

(S. Mt 26,57-75; Mk 14,53-72; Joh 18,12-27.) Jesus wurde zuerst zum Amtssitz des Hohenpriesters gebracht. Es handelt sich dabei um das Vorverhör vor Hannas (vgl. Joh 18,12). Dorthin folgte Petrus dem Zug und setzte sich zu den Dienern ans Feuer. Dieser scheinbare Mut zerrinnt jedoch schon schnell, als man in ihm einen Jünger Jesu zu erkennen beginnt. Der Umstand, daß er aus Galiläa stammte - seine Sprache verriet ihn (vgl. Mt 26,73) -, galt als untrüglicher Beweis. Ohne überhaupt in ernsthafte Bedrängnis geraten zu sein, verleugnet er seinen Herrn vor Todesangst dreimal. Erst unter dem Blick Jesu, in dem gewiß keine Drohung, sondern göttliches Erbarmen lag, bricht er dann völlig zerknirscht zusammen.

Jesu eigenes Schicksal wurde unterdessen immer schwerer. Die Wachmannschaft verspottete und schlug ihn und veranstaltete ein grausiges Blindekuhspiel, in dem sie Jesu prophetischen Anspruch lächerlich zu machen suchte.

Da nach jüdischem Recht Prozesse über Leben und Tod nur am Tage geführt werden durften, führte man Jesus gleich bei Tagesanbruch dem Synedrium, dem obersten jüdischen Gerichtshof, vor. Lukas übergeht die widersprüchlichen Zeugenaussagen (vgl. Mk 14,55ff) und kommt sogleich zur Sache: Die entscheidende Frage war, ob Jesus den Anspruch erhob, der Messias zu sein. Seine Antwort enthält zunächst kein klares Ja, da seine Zuhörer ihm doch nicht geglaubt hätten und sie auch ihm eine Antwort auf seine Frage nach ihrem Verständnis schuldig geblieben wären. Trotzdem erklärte er seinen Messiasanspruch indirekt, indem er verkündete, daß von nun an der Menschensohn zur Rechten Gottes sitzen werde. Hieß das, daß er Gottes Sohn zu sein behauptete? »Ihr sagt es«, erwiderte Jesus. Das genügte:

Er hatte sich in den Augen seiner Ankläger der Gotteslästerung schuldig gemacht.

Markus berichtet von einem ausgedehnten nächtlichen Verhör im Haus des Hohenpriesters, bei der im wesentlichen die gleiche Wechselrede geführt wurde, die Lukas berichtet. Daran schloß sich eine kurze morgendliche Versammlung des Hohen Rats. Lukas erwähnt dieses nächtliche Verhör nicht, sondern beschränkt sich auf die morgendliche Verhandlung. Zweifellos fielen die Würfel schon in der Nacht im Haus des Hohenpriesters anläßlich der inoffiziellen Untersuchung (die Lukas mit Stillschweigen übergeht), so daß die sich am folgenden Morgen anschließende offizielle Sitzung des Hohen Rats (über die Markus eilig hinweggeht), die früher getroffenen Entscheidungen nur bestätigt. Dies erklärt, warum die Berichte über die Verleugnung des Petrus und die Verspottung durch die Diener bei Lukas *vor* dem (morgendlichen) Verhör, hingegen bei Markus *nach* dem (nächtlichen) Verhör stehen.

55 Das Haus hatte einen offenen Innen*hof*, auf den die verschiedenen Räume hinauszeigten. **60** Wahrscheinlich ist ein wirklicher *Hahn*enschrei gemeint und nicht das römische Trompetensignal um 3 Uhr morgens *(gallicinium)*. **66** S. zu 20,1. **69.70** Die Worte Jesu weichen von den bei Markus berichteten ab. Während bei Markus eine einzige Frage an Jesus gerichtet wird, auf die nur eine Antwort folgt, berichtet Lukas von zwei Fragen und trennt die Hoheitstitel »Menschensohn« und »Gottes Sohn«. Bedeutsamer ist der Umstand, daß Jesus bei Markus sagt, seine Ankläger würden zu einem zukünftigen Zeitpunkt den Menschensohn zur Rechten Gottes sitzen und als den Richter kommen sehen, während er bei Lukas von der augenblicklichen Inthronisierung des Menschensohnes spricht. Die beiden Berichte widersprechen einander jedoch nicht, sondern ergänzen sich. Das Sitzen des Menschensohns zur Rechten Gottes als Richter setzt ja seine vorherige Erhöhung zu dieser Stellung voraus, was in der Lukasfassung stärker hervorgehoben wird. Es ist zu bemerken, daß Jesus abermals den auf ihn angewandten Christustitel durch den Ausdruck Menschensohn ersetzt (vgl. 9,20-22). V.69 verbindet zudem Dan 7,13 mit Ps 110,1. **71** Die Anklage gegen Jesus lautete folglich, Jesus erhebe den Anspruch, der Messias oder Gottes Sohn zu sein. Obwohl »Gottes Sohn« kein gebräuchlicher messianischer Titel war, schloß der Hohepriester, daß jemand, der zur Rechten Gottes saß, nur in einem Sohnesverhältnis zu Gott stehen konnte. Wer aber diesen Anspruch erhob, konnte nur der Gotteslästerung schuldig sein (vgl. Mk 14,64).

23,1-25 Jesus vor dem römischen Prokurator

23,1-5 Jesus vor Pilatus. (S. Mt 27,1f.11-14; Mk 15,1-5; vgl. Joh 18,28-38.) Da die Juden im allgemeinen nicht befugt waren, ein Todesurteil zu vollstrecken (Joh 18,31), mußten sie den Fall den römischen Behörden unterbreiten. Da sich die römischen Statthalter aus innerjüdischen religiösen Streitigkeiten herauszuhalten versuchten (vgl. Apg 18,14f), mußte das Synedrium die Anklage Jesu politisch motivieren. Deshalb beschuldigte man ihn aufrührerischer Agitation, des Steuerstreiks (vgl. 20,22ff) und der Selbsterhebung zum politischen Antikönig gegen die römische Oberherrschaft. Entsprachen die beiden ersten Anschuldigungen nicht der Wahrheit, so traf die dritte zu, wenn auch nicht in dem Sinne, den ihr die Juden unterlegten (vgl. Joh 18,36f). Als Jesus daher die Frage des Pilatus, ob er den Anspruch erhebe, ein König zu sein, bejaht, wird er von ihm bemerkenswerterweise nicht für schuldig erklärt. Pilatus dürfte Jesus erst eingehend befragt haben, ehe er verkündete, daß ihm der Fall keinen Anlaß zu einer politischen Anklageerhebung gebe.

1 Die Residenz des Pilatus befand sich in Cäsarea (vgl. Apg 23,33; nicht zu verwechseln mit Cäsarea Philippi), dem Sitz der römischen Verwaltung, doch begab sich der Statthalter (gleichwie Herodes) zur Passahzeit nach Jerusalem. **2** *Ein König* ist die Umschreibung des Titels »Christus« für römische Ohren.

23,6-12 Jesus vor Herodes. Die Erwähnung Galiläas (V.5) als Ausgangspunkt der Wirksamkeit Jesu ließ Pilatus aufhorchen. Falls Jesus tatsächlich aus Galiläa stammte, unterstand er letztlich der Gerichtsbarkeit des Herodes Antipas. Weil sich dieser wegen des Passahfestes gerade in Jerusalem aufhielt, schickte er Jesus umgehend zu ihm, um die Sache prüfen zu lassen. Nach 9,9 hatte Herodes Jesus schon lange sehen wollen. Aber sein Interesse beruhte nur auf Neugierde und Sensationslust. Diesen Unglauben beantwortete Jesus jedoch mit Schweigen. Die anschließende Verspottung Jesu zeigt, wie wenig der Tetrarch von Galiläa seine Herrschaft durch ihn gefährdet sah. Das weiße Gewand sollte wahrscheinlich das jüdische Königsornat darstellen. Eines Urteils enthielt sich Herodes allerdings geschickt, um nicht weiter in den heiklen Fall verwickelt zu werden. Da Pilatus ihn durch die Übersendung Jesu indirekt als Herrscher anerkannt hatte, legten beide ihre uralte Feindschaft nieder, in der einer den anderen um seine Macht beneidet hatte.

6.7 Vielleicht versuchte Pilatus auch nicht, den Fall loszuwerden, sondern es war ihm nur um ein weiteres Gutachten zu tun. Es besteht kein Grund zu der Annahme, daß der Vorfall aufgrund von Apg 4,25f, wo Ps 2,1f zitiert wird, erfunden ist. **10** Etliche Respräsentanten des Synedriums begaben sich in die Residenz des Herodes, um ihren Rechtsfall voranzutreiben. **11** Die Verspottung weist starke Ähnlichkeit mit der Verhöhnung durch die Soldaten des Pilatus (22,63ff) auf.

23,13-25 Jesu Verurteilung. (S. Mt 27,15-26; Mk 15,6-15; Joh 18,38-19,16.) Pilatus hoffte vielleicht, das Volk (V. 13) werde auf seine Seite treten und sich, wenn er seinen Urteilsspruch bekanntgab, gemeinsam mit ihm den jüdischen Führern widersetzen. Die Unschuld Jesu stand für ihn jedenfalls fest und wurde auch durch Herodes bestätigt, der im anderen Fall Jesus gewiß festgehalten und seinen Untertanen abgeurteilt hätte. Statt aus dieser Erkenntnis die klare Konsequenz zu ziehen, kam Pilatus seinen Gegnern durch eine Auspeitschung Jesu entgegen und verzichtete schon damit auf eine gerechte Entscheidung. Die Volksmenge stand jedoch unter dem Einfluß der Priester (vgl. Mt 27,20) und forderte von ihm, er solle anstelle von Jesus den Barabbas, einen weithin bekannten zelotischen Aufrührer freigeben. Pilatus zeigte naturgemäß wenig Neigung, auf einen Vorschlag einzugehen, der nicht nur den Tod eines Unschuldigen zur Folge gehabt hätte, sondern auch die Freilassung eines gefährlichen Verbrechers bedeutete. Da er aber weiterhin massiv unter Druck gesetzt wurde (vgl. Joh 12,12f), hielt er es für das klügste, dem tumultartig aufgebrachten Volk nachzugeben. Agrippa I. nannte Pilatus einen »unbeugsamen, unbarmherzigen und starrsinnigen Mann«. Dieses Urteil wird durch diese Szene nicht in Frage gestellt. Die weitverbreitete Ansicht, er erweise sich hier als wankelmütiger Schwächling, ist gewiß eine Übertreibung. Sicher ist, daß Pilatus letztlich keinerlei Erbarmen zeigte.

16 Die Geißelung war sowohl eine Strafe für sich als auch ein übliches Vorspiel der Kreuzigung (vgl. Mk 15,15). **18** Lukas erklärt nicht, was die Menge veranlaßte, Barabbas zu fordern (V. 18). V. 17 ist, wie aus dem Vergleich mit den besten Hss. hervorgeht, eine nachträgliche erklärende Hinzufügung, die sachlich allerdings völlig richtig ist.

23,26-49 Jesu Kreuzigung und Tod

(S. Mt 27,32-56; Mk 15,21-41; Joh 19,17-30.) Es war üblich, daß ein Verurteilter das Kreuz selber zum Richtplatz schleppte (vgl. Joh 19,17); doch in diesem Fall wurde auf dem Weg ein Vorübergehender aufgefordert, es zu tragen. »Nachtragen« (V. 26) ist vielleicht ein bewußter Anklang an 9,23; 14,27. An der Richtstätte fand sich stets eine von Mitleid und Neugier angelockte Volksmenge ein. Die anwesenden Frauen stimmten eine Totenklage um Jesus an, die er allerdings zum Anlaß nahm, eine letzte Prophetie über das gerichtsreife Jerusalem zu sprechen. Sie sollten nicht um ihn klagen, sondern um sich selbst, weil sie es am kommenden Gerichtstag bereuen würden, Kindern das Leben geschenkt zu haben, die derart Schreckliches erleiden müßten. Die Strafe Gottes für den Mord an seinem geliebten Sohn ist dann so groß, daß sie sich nach einem schnellen Tod durch eine Naturkatastrophe sehnen, wenn nur ihrem Leiden damit ein Ende gesetzt wäre (vgl. Hos 10,8; Offb 6,16). Wenn schon der gerechte Jesus, das grüne Holz, ins Leiden hinein muß, dann wird das schuldig gewordene Jerusalem zwangsläufig ein noch viel schlimmeres Schicksal erleiden. Diese Worte Jesu sind eher Worte des Mitleids als der Verdammung und enthalten sogar kurz vor seinem Tod noch einen indirekten Aufruf zur Buße.

Die ersten Worte, die Lukas von Jesus nach seiner Kreuzigung zwischen zwei Verbrechern (vgl. Jes 53,9.12) überliefert, sind ein Gebet um Vergebung für die, die ihn hingerichtet haben. Es war Brauch, daß die Henkersknechte die Kleider des Toten unter sich aufteilten (vgl. Ps 22,19). Die Herrschenden machten sich unterdessen mit unverhohlener Ironie über Jesus lustig; der christliche Leser allerdings weiß, daß gerade der Kreuzestod und nicht eine selbstsüchtige Befreiungstat Jesus als den Christus und Erlöser erwies. Die Soldaten beteiligten sich ebenfalls an der Verspottung und mißbrauchten dazu die ans Kreuz genagelte Urteilsbegründung *(titulus):* »König der Juden«. Diese Kreuzesüberschrift drückt den ganzen Spott der Römer über die jüdische Messiaserwartung aus. Selbst einer der Verbrecher wiederholte diese ihre Schmähung. Lukas berichtet als einziger, der andere Verbrecher sei, vielleicht nachdem er Jesus anfänglich ebenfalls verspottet hatte (vgl. Mk 15,32b), anderen Sinnes gewesen und habe seine eigene Sündhaftigkeit und Jesu Unschuld bekannt. Er wandte sich zu Jesus und bat ihn, er möge seiner gedenken, wenn er mit seiner Königsherrschaft komme. Sein Glaube wurde auch noch zu diesem späten Zeitpunkt angenommen, und es wurde ihm der Zugang in das Paradies noch für diesen Tag verheißen.

Von Mittag an (nach römischer Zeiteinteilung der »sechsten« Stunde; V. 44) herrschte drei Stunden lang Dunkelheit. Die Art der Darstellung läßt offen, ob Lukas an eine Sonnenfinsternis gedacht hat (zur Passahzeit war allerdings Vollmond) oder an eine andere Ursache wie beispielsweise eine atmosphärische Störung. Sowohl die Finsternis als auch der zerrissene Vorhang des Tempels, der das Heilige vom Allerheiligsten trennte (2Mo 26,31ff), sind

Gottes Antwort auf die Tötung Jesu. Sie sind nicht nur Zeichen des Zornes Gottes, sondern gerade der zerrissene Vorhang bedeutet, daß der Tod Jesu den Zugang zu Gott erwirkt hat (vgl. Hebr 9,8-14; 10,19f). Der kultische Dienst im Tempel hat damit seinen Sinn verloren.

In der neunten Stunde (vgl. Mt 27,46) kam dann das Ende; mit den Worten von Ps 31,6 legte Jesus sein Leben in Gottes Hand zurück. Die Art und Weise seines Todes veranlaßte den diensthabenden Hauptmann, Gott mit den Worten *Fürwahr, dieser ist ein frommer Mensch gewesen!* zu preisen. Er erklärt damit Jesus für unschuldig und spielt vielleicht darauf an, daß er das so häufige Geschick der Gerechten teilt (vgl. Weish 2,12-20). Mit dieser Erkenntnis und diesem Bekenntnis zur Unschuld Jesu gab er Gott die Ehre und *pries* ihn auf diese Weise. Die Trauer der Menge wird von manchen Auslegern als unwirklich abgetan, indessen wird vielen durch die Geschehnisse der tiefe Ernst des Todes Jesu bewußt geworden sein. Die Schlußbemerkung unterstreicht, daß Jesu Bekannte ihn sterben sahen - allerdings *von ferne.*

33 Der Kreuzigungsort, hier *die Schädelstätte* genannt (aram.: *Golgotha*), ist heute unbekannt, befand sich wahrscheinlich aber unweit der Grabeskirche im Norden der Stadt. Seine Identifizierung mit dem Kalvarienberg genannten schädelförmigen Hügel wird heute weitgehend abgelehnt. **34a** fehlt in sehr vielen frühen Textzeugen, ist wohl aber trotzdem als echter Bestandteil des Lukasevangeliums angesehen worden (vgl. Apg 7,60). Wahrscheinlich wurde er von Abschreibern ausgelassen, die das Gefühl hatten, er sei unpassend und unverständlich. **36** Dies ist offenbar nicht dieselbe Handlung wie die Mk 15,36 berichtete. *Essig* war der billige Wein, den die Soldaten tranken. **39ff** Man braucht nicht anzunehmen, daß der ganze Vorfall legendenhaft ist. Lukas hatte hier wie anderwärts Zugang zu anderen als den von Markus berichteten Überlieferungen. **43** Das *Paradies* ist der Ruheplatz der Erlösten vor dem Endgericht und steht denen, die auf Jesus bauen, offen. Der Vers scheint in Spannung zu stehen mit dem Hadesaufenthalt vor seiner Auferstehung (Mt 12,40; Apg 2,27.31; 1Petr 3,19f). Die Schwierigkeit ergibt sich möglicherweise aus unserem Unvermögen, uns das Leben nach dem Tod in anderen als räumlichen Kategorien vorzustellen. Vielleicht ist das Paradies ein »Teilbereich« des Hades, der dann den Aufenthaltsort aller, gerechter und ungerechter, Menschen vor der Auferstehung darstellt. In diesem Falle böte das *heute* keine Verstehensschwierigkeit. **47** Bei Markus steht anstelle von *frommer Mensch* »Gottes Sohn«. Lukas hat möglicherweise nicht den Eindruck erwecken wollen, der Hauptmann habe in heidnischer Weise in Jesus einen Halbgott gesehen. Jedenfalls steht er in starkem Kontrast zu den jüdischen Schriftgelehrten. **49** Zu *die Frauen* vgl. 8,2f.

23,50-56 Jesu Grablegung

(S. Mt 27,57-61; Mk 15,42-47; Joh 19,38-42.) Die Römer ließen die Leichname gekreuzigter Verbrecher gewöhnlich zunächst hängen, um sie später in ein Gemeinschaftsgrab zu legen. Ein Bekannter und Jünger (vgl. Mt 27,57) Jesu ersparte ihm diese Schmach. Josef, ein Mitglied des Hohen Rats, der mit dessen Urteilsspruch über Jesus nicht einverstanden gewesen war, erwirkte von Pilatus die Erlaubnis, den Leichnam zu bestatten (vgl. 5Mo 21,22f). Er wickelte ihn nach jüdischem Brauch in ein Leintuch und legte ihn in ein neues, in den Felsen gehauenes Grab, das sich nur Reiche leisten konnten (vgl. Jes 53,9). Diese Gräber lagen an Bergabhängen, waren etwa mannshoch und wurden durch einen verschiebbaren Stein verschlossen. Da Josef den Leichnam jedoch aus Zeitgründen *(der Sabbat brach an),* nicht einbalsamiert hatte, beschlossen die Frauen aus Galiläa (vgl. 8,2f; 23,49), dies nach dem Sabbat, den sie auf die übliche Weise einhielten, baldmöglichst nachzuholen.

50.51 *Arimathäa* lag etwa 32 Kilometer nordwestlich von Jerusalem an der Grenze zwischen Judäa und Samaria. Josef gehört mit seiner Erwartung des Reiches Gottes zu Menschen wie Simeon und Hanna (vgl. 2,25.38). **52** Der Kreuzigungstod zog sich normalerweise über viele Stunden hin; Lukas läßt Pilatus' Erstaunen über Jesu raschen Tod unerwähnt. **54** Der Sabbat-*Rüsttag* dauerte von Sonnenuntergang am Donnerstag bis zum Sonnenuntergang am Freitag. *Der Sabbat brach an* (griech.: *epiphosko*) mit dem Aufleuchten des ersten Sternes, so daß für alles höchste Eile geboten war.

24,1-53 Jesu Auferstehung

24,1-12 Das leere Grab. (Vgl. Mt 28,1-10; Mk 16,1-8; Joh 20,1-10.) In der ersten Frühe des Sonntags kamen die Frauen aus Galiläa - ihre Zahl wird nicht angegeben - zum Grabe Jesu, sahen, daß es offenstand, gingen hinein und stellten fest, daß es leer war. Zwei »Männer«, die an ihren leuchtenden Gewändern als himmlische Wesen erkannt wurden (vgl. 9,29), erschienen und sprachen sie an. In ihren Worten schwang verhaltene Kritik daran mit, daß sie jemanden im Grab zu finden hofften, der seine Auferstehung von den Toten geweissagt hatte (vgl. 9,22; 18,33). Sie verließen das Grab daher wieder und berichteten den anderen Jüngern Jesu, die sich nach den Schrecken der vergangenen Tage wieder zusammengefunden hatten, was sie erlebt hatten. Die Nennung einiger der Frauen (V. 10) soll vielleicht darauf hinweisen, daß sie als glaubwürdige Zeugen hätten angesehen werden müssen; die Apostel jedoch waren zunächst nicht bereit, ihnen Glauben zu schenken. Petrus allerdings lief zum Grab und bestätigte, daß es leer war (V. 12).

Die Geschichtlichkeit dieser Erzählung ist häufig angezweifelt worden. Man hat beispielsweise gemeint, die Frauen seien zu einem anderen Grab gegangen: Es erscheint jedoch völlig unglaubhaft, daß sowohl sie als auch die späteren Besucher der Stätte sich in solch einem Punkt irrten. Die These, welche zwar die Erscheinungen Jesu für möglich erklärt, die Geschichte vom leeren Grab hingegen für spät und mythisch hält, steht zu den beiden Grundtatsachen im Widerspruch, daß die Überlieferung des leeren Grabes in Wirklichkeit aus früher Zeit stammt (sie wird 1Kor 15,3-7 vorausgesetzt) und daß das NT unter Auferstehung eine leibliche Auferstehung versteht. Zu meinen, Jesu Gebeine befänden sich noch irgendwo in Palästina, heißt, die ntl. Auferstehungslehre in Zweifel ziehen und gleichzeitig einen historisch sehr anfechtbaren Standpunkt vertreten. Die klar auf Historizität angelegte Berichterstattung sowie das Fehlen einer mythologischen Redeweise machen es ebenso unmöglich, Jesu Auferstehung als eine »Auferstehung in den Glauben der Gemeinde« zuzulassen. Wenn auch an den Grundtatsachen kein Zweifel bestehen kann, so muß man doch die Schwierigkeit erwähnen, die Osterberichte der einzelnen Evangelisten voll und ganz miteinander in Übereinstimmung zu bringen. Allerdings dürfte es auch für ein umwälzendes Ereignis der Gegenwart unmöglich sein, aufgrund von Zeugenaussagen einen zusammenhängenden Bericht zu bekommen. Spricht dies die Zeugen auch von jedem möglichen Vorwurf der vorherigen Absprache frei, so widerstreben dennoch manche Details dem Versuch der Harmonisierung.

1 *Sie* steht im Gegensatz zu dem Besuch, den Maria von Magdala Joh 20,1-10 dem Grab allein abstattete; es ist möglich, daß Lukas zwei oder mehrere gesonderte Besuche in einem Bericht zusammenfaßt. **4** Markus erwähnt nur einen jungen Mann am Grab, und seine Worte lauten etwas anders. Insbesondere überliefert Lukas nicht das Gebot, nach Galiläa zu gehen (Mk 16,7; vgl. 14,28). Dies geschieht sehr wahrscheinlich, weil er selbst keinerlei Erscheinungen Jesu in Galiläa geschildert hat. **9** Die Aussage Mk 16,8, die Frauen hätten aus Furcht niemandem etwas gesagt, widerstreitet diesem Vers nicht, da nicht gewiß ist, ob das Markusevangelium wirklich mit V. 8 endete, und Markus gewiß meinte, daß sie niemandem, außer den Elf, etwas sagten. **10** Zu *Johanna* s. 8,3. **12** ist eine Zusammenfassung der Erzählung Joh 20,1-10.

24,13-35 Die Emmausjünger. (Vgl. Mk 16,12f.) An demselben Sonntagnachmittag gingen zwei Männer aus dem weiteren Jüngerkreis (vgl. V. 33) nach Emmaus, wo sie vermutlich wohnten, und sprachen dabei über die Ereignisse der letzten Tage. Als der auferstandene Jesus unterwegs zu ihnen stieß, erkannten sie ihn nicht. Dies lag weniger an der neuen Leiblichkeit Jesu (obschon dies möglicherweise Mk 16,12 eingeschlossen ist; vgl. auch Joh 20,14.20), als vielmehr an einem übernatürlichen Unvermögen, seine Persönlichkeit wahrzunehmen (»ihre Augen wurden gehalten«). Er stellte sich unwissend und erfuhr auf diese Weise, was sie bedrückte, und daß das Gerücht umging, sein Grab sei leer. Sie erinnerten sich zwar an eine Weissagung seiner Auferstehung am dritten Tage, hatten aber nicht gehört, daß ihn irgend jemand gesehen habe. Sie hatten gehofft, Jesus werde der Retter Israels sein (über eine politische Schau des Messias kamen auch sie kaum hinaus), und konnten nicht begreifen, daß ihn die Herrschenden verworfen hatten. Da die Zweifel der Jünger vornehmlich auf falschen Vorstellungen beruhten, die aus ihren unverständigen Herzen kamen, öffnete Jesus ihnen die Schrift. Er erklärte, daß der Messias vor seinem Eingang in seine königliche Herrlichkeit eine Leidenszeit durchmachen mußte, und erläuterte ihnen die Schriftstellen, die dies weissagten (s. zu 18,31). Als sie an ihren Bestimmungsort gelangten, baten sie ihn, für die kommende Nacht ihr Gast zu sein. Sie bereiteten ein Nachtmahl; doch bei Tisch trat er in eigentümlicher Vollmacht als ihr Gastgeber auf, nahm das Brot, dankte Gott, brach's und gab's ihnen. Dieses Geschehen erinnert an Jesu Verhalten bei den Speisungswundern und beim letzten Abendmahl (vgl. 9,16; 22,19; Mk 8,6). Doch gleichgültig, ob sich die Jünger an diese Handlungen erinnerten oder nicht (wir haben keinerlei Anhaltspunkte dafür, daß sie bei einer dieser Begebenheiten anwesend waren): Es fiel ihnen sogleich wie Schuppen von den Augen, und sie erkannten Jesus, der sofort aus ihrem Gesichtskreis entschwand. Jetzt wurde ihnen auch klar, warum sie von den Worten des unbekannten Reisegefährten so merkwürdig gefesselt worden waren. Es bezeugt die Echtheit ihres Glaubens, daß sie den anderen ihr Erlebnis unbedingt sofort mitteilen mußten und sich zu diesem Zweck noch nach Einbruch der Dunkelheit nach Jerusalem aufmachten. Ehe sie jedoch ihre Geschichte erzählen konnten, empfing man sie mit der aufregenden Nachricht, daß Jesus dem Simon erschienen sei. Er war tatsächlich auferstanden!

13 *Emmaus* wird gewöhnlich mit der etwa 11 Kilometer nordwestlich von Jerusalem gelegenen Ortschaft *El-qube* identifiziert. Eine andere Möglichkeit wäre das in derselben Gegend gelegene Môsâ. **18** *Kleopas* ist möglicherweise der Kleopas von Joh 19,25. **19** Mehr vermag Jesus denen, die nicht an die Auferstehung glauben, nicht zu sein. **21** Die Jünger wußten, daß Jesus davon gesprochen hatte, am dritten Tage werde er auferstehen, und daß es hieß, sein Grab sei leer. Das war indes kein ausreichender Beweis für seine Auferstehung; ein solcher erforderte das Erscheinen des Herrn selbst. **27** Die jüdische Heilige Schrift bestand aus drei Teilen: aus dem Gesetz des Mose (1-5Mo), den Propheten (Jos, Ri, 1 und 2Sam, 1 und 2Kö und die Propheten mit Ausnahme von Dan) und den Schriften (die übrigen Bücher unseres AT). Die ersten beiden Gruppen lagen zu Jesu Zeit vollständig und abgeschlossen vor. Die dritte (zuweilen nach ihrem Hauptbestandteil »die Psalmen« genannt; V. 44) war faktisch abgeschlossen, doch war die Stellung von zwei oder drei Büchern noch umstritten. Wenn Jesus die dritte Gruppe ausläßt, geschieht das, weil er die atl. Schriften hier unter dem Blickwinkel ihres prophetischen Gehalts betrachtet. **34** Für die Erscheinung vor Simon s. 1Kor 15,5. Die kurze Zusammenfassung Mk 16,12f, in der es heißt, daß die Jünger ihnen nicht glaubten, bezieht sich auf die Skepsis und den Unglauben weiter unten Lk 24,37 und 41.

24,36-53 Jesu abermalige Erscheinung vor den Aposteln. (Vgl. Mt 28,16-20; Mk 16,14-20; Joh 20,19-23; Apg 1,6-11.) Der aufgeregte Bericht der beiden Wanderer wurde durch die plötzliche Erscheinung Jesu im Zimmer und seinen Gruß »Friede sei mit euch« unterbrochen. Dieses übernatürliche Ereignis versetzte die Jünger naturgemäß in panikartige Furcht und ließ sie eine Geisterscheinung vermuten. Doch beruhigte Jesus sie sogleich und zeigte ihnen seinen physischen Leib, das Fleisch und die Knochen, seine Hände und Füße mit den Nägelmalen. Um ihnen einen weiteren Beweis seiner leiblichen Gegenwart zu liefern, nahm er in ihrem Beisein etwas Nahrung zu sich.

Das Folgende braucht sich nicht notwendigerweise bei derselben Gelegenheit oder an demselben Tag ereignet zu haben, man würde sonst annehmen müssen, daß sich Auferstehung und Himmelfahrt Jesu beide am Ostersonntag ereigneten. Lukas' eigener Bericht Apg 1 zeigt, daß das nicht der Fall war; folglich muß sich das, was er hier in gedrängter Form schildert, über eine längere Zeit erstreckt haben. Die Erklärungen an die beiden Jünger auf dem Wege nach Emmaus wurden von Jesus wiederholt, um alle Jünger zu befähigen, die atl. Weissagungen seines Kommens zu verstehen. Dabei kennzeichnet er sich jetzt eindeutig als der Messias *(Christus)* und redet nicht mehr in verhüllender Weise von sich als dem Menschensohn. Zwei neue Faktoren werden eingebracht. Das Gebot, allen Völkern Buße und Glauben zu predigen, wurde erlassen (vgl. den ausführlichen »Missionsbefehl« Mt 28,16ff, der in Galiläa erging), und den Zeugen seiner Auferstehungserscheinungen (eine sehr viel größere Gruppe als die Elf) wurde die *Kraft aus der Höhe* verheißen, die sie befähigen würde, für ihn Zeugnis abzulegen (über diese Ereignisse berichtet Lukas dann in seiner Apostelgeschichte). Zum Schluß führte er sie aus der Stadt nach Bethanien, wo er ihnen seinen Abschiedssegen erteilte und dann von ihnen in den Himmel entschwand. Sie kehrten nach Jerusalem zurück, wo sie in freudiger Erwartung der Erfüllung seiner Verheißung entgegensahen.

Die Geschichte ähnelt nicht nur der Joh 20,19-23, sondern auch der Mt 28,16-20 berichteten, wo Jesus auf einem Berg in Galiläa den Elfen den Missionsbefehl erteilt. Daß Jesus sowohl in Jerusalem (so in Lk, Apg und in Joh 20) als auch in Galiläa (so in Mt und in Joh 21) seinen Jüngern erschien, braucht nicht bezweifelt zu werden. Daß der Missionsbefehl bei Lukas mit dem bei Matthäus schwer in Einklang zu bringen ist, erklärt sich daraus, daß er zu verschiedenen Anlässen erteilt wurde. Er entsprach so sehr dem Anliegen Jesu, daß er ihn mehrere Male wiederholte.

39-43 Manche Gelehrte haben an der Beschreibung des Leibes des auferstandenen Jesus Anstoß genommen, doch ist nicht einzusehen, warum er nicht in dieser Gestalt erschienen sein sollte. Die Erwähnung von »Honigseim« neben dem gebratenen Fisch V. 42 findet sich in den besten Textzeugen nicht. **47** Zur Weissagung der künftigen Heidenmission vgl. Jes 2,3; 42,6; 49,6; 51,4f; Röm 15,9-12. **50** *Bethanien* lag am Fuß des Ölbergs (vgl. Apg 1,12). Einzelne Unklarheiten V. 51f sind vielleicht auf Änderungen zurückzuführen, die im Text des Lk und der Apg vorgenommen wurden, nachdem diese beiden Bücher, die ursprünglich als eines gelesen werden sollten, durch die Zwischenschaltung des Johannesevangeliums getrennt worden waren. Einige Textzeugen versuchten vielleicht, einen vermeintlichen Widerspruch zu dem Zeitraum von vierzig Tagen in Apg 1 zu vermeiden. **53** *Allezeit* (vgl. 2,37) darf man, wie aus Apg 1,13f hervorgeht, nicht so verstehen, daß sie sich ohne Unterlaß im Tempel zum Gebet zusammenfanden.

I. H. Marshall

Das Evangelium nach Johannes

Einleitung

Verfasser

Die Diskussion über die Frage, wer das Johannesevangelium verfaßt hat, läßt sich hier nur in groben Zügen skizzieren.

a. Eine alte Tradition, die sich auf Äußerungen früher Kirchenväter stützt, besagt, daß der Apostel Johannes der Verfasser ist. Im Text des Evangeliums selbst jedoch fehlen ausdrückliche Angaben darüber, wer der Verfasser ist. Wir müssen daher die textexternen Hinweise sorgfältig auf ihre Zuverlässigkeit hin prüfen. Schon Irenäus - und auch er war wohl nicht der erste - hielt den Apostel für den Verfasser, und seine Aussagen gewinnen dadurch an Gewicht, daß er möglicherweise über Polykarp Zugang zu Überlieferungen aus erster Hand hatte. Polykarp bezieht sich in seinem Brief an die Philipper zwar nicht auf das Johannesevangelium; aber das muß nicht unbedingt heißen, daß er es nicht kannte. Nicht als Verfasser des Evangeliums anerkannt wurde der Apostel Johannes damals lediglich von den Alogoi, einer Splittergruppe in Rom. Hippolytus wandte sich in einer Verteidigung des Johannesevangeliums gegen sie. Die Geschichte des Evangeliums vor Irenäus ist schwer zu ermitteln, aber da es unbestritten als Teil des vierfachen Evangeliums auf eine Ebene mit den anderen drei Evangelien gestellt wurde, muß es schon geraume Zeit als echt und verbindlich betrachtet worden sein.

b. Die johanneische Überlieferung wird durch einige Hinweise im Text selbst erhärtet, wenn auch nicht bewiesen; vgl. z.B. Kap. 1,14; 19,35; 21,24. Obwohl diese Stellen von der Forschung auch schon anders gedeutet worden sind, liegt es doch nahe, in ihnen den Anspruch des Verfassers zu sehen, ein Augenzeuge gewesen zu sein. Dazu wird in diesem Evangelium niemals der Name »Johannes, der Sohn des Zebedäus« erwähnt, während Johannes der Täufer einfach als »Johannes« (ohne weitere Zusätze) bezeichnet wird - eine Besonderheit, die dadurch erklärbar wird, daß man den Apostel Johannes als Autor annimmt. Schließlich können auch die anonymen Erwähnungen des »Jüngers, den Jesus liebhatte« durchaus ein Hinweis auf den Apostel sein. Einige Forscher bestreiten zwar, daß Johannes sich selbst so beschrieben hätte, und sie betrachten die Textstellen als Indiz dafür, daß Johannes *nicht* der Autor ist. Andere sehen in dem geliebten Jünger Lazarus oder einen anderen Anhänger Jesu. Volle Gewißheit können wir nicht haben, doch die Tatsache, daß dieser Jünger in sehr enger Beziehung zu Petrus und Jesus auftritt, spricht dafür, daß er der Apostel Johannes ist.

c. Der Verfasser hat offenbar genaue Kenntnisse über die palästinischen und jüdischen Bräuche. Von daher erscheint es durchaus plausibel, daß er ein Jude aus Palästina war, obwohl dieser Schluß nicht zwingend ist. Er könnte seine Kenntnisse auch aus fremden Quellen haben.

d. Zudem legen viele Detailangaben im Evangelium den Schluß nahe, daß es auf einem Augenzeugenbericht beruht, etwa die Angabe der Zahl der Wasserkrüge bei der Hochzeit zu Kana oder die Angabe der Zahl der Fische, die die Jünger fingen, als Jesus ihnen nach seiner Auferstehung am See Genezareth erschien. Derartige Einzelangaben sind nicht unbedingt notwendig, tragen aber zu einer gewissen Anschaulichkeit des Berichtes bei.

e. Dessen ungeachtet hört man gelegentlich, daß die hellenistischen Züge des Johannesevangeliums gegen eine Verfasserschaft des Johannes sprächen, da dieser doch kein hellenistischer Jude gewesen sei. Als Indiz für die hellenistischen Züge werden dabei Parallelen zu den als *Hermetica* bekannten, nichtchristlichen philosophischen Traktaten herangezogen. Gewiß gibt es zwischen dem Johannesevangelium einerseits und Philo von Alexandrien und Hermes andererseits begriffliche Parallelen, aber diese beweisen nicht, daß der Verfasser ein Hellenist ist. Ähnliche gedankliche Parallelen gibt es übrigens auch zu der jüdischen Qumran-Literatur.

f. Ein anderer Grund dafür, daß manche die Verfasserschaft des Apostels ablehnen, ist die Vertrautheit des Autors mit der rabbinischen Argumentationsweise, war doch Johannes dagegen ein einfacher Fischer aus Galiläa. Man muß hier jedoch berücksichtigen, daß die rabbinischen Argumente in den Reden Jesu vorkommen und nicht in den Kommentaren des Verfassers.

g. Der Evangelist nimmt zudem eine offenbar polemische Haltung gegenüber den Juden ein, gerade so, als wären sie ihm eine fremde

Rasse - eine Haltung, die, wie manche meinen, schwer verständlich wäre, wenn der Apostel der Autor ist. Aber diese Haltung kann auch ein Ausdruck der tiefen Bewegtheit eines Judenchristen angesichts der bitteren Feindschaft seines eigenen Volkes gegen Jesus sein.

h. Jene Theorien, die nicht den Apostel als Autor anerkennen, versuchen gewöhnlich, diesen dennoch mit dem Evangelium in Verbindung zu setzen, indem sie ihn zwar nicht als Verfasser, aber doch als einen Augenzeugen betrachten. So wird gelegentlich behauptet, ein anderer Johannes (ein gewisser Gemeindeältester) sei der Verfasser gewesen. Sollten tatsächlich zwei Männer gleichen Namens am Zustandekommen des Evangeliums mitgewirkt haben, dann wäre es durchaus denkbar, daß sie in der frühen Überlieferung miteinander verwechselt wurden. Aber die Existenz eines Ältesten namens Johannes stützt sich auf eine etwas undeutliche Aussage des Papias, der zudem unerwähnt läßt, ob dieser Johannes für die Abfassung des Evangeliums verantwortlich zeichnet.

j. Einige Forscher leugnen jede Verbindung zwischen dem Apostel Johannes und dem Evangelium, das seinen Namen trägt, und nehmen an, daß es ihm lediglich der apostolischen Autorität wegen zugeschrieben wurde.

k. Angesichts all dieser verschiedenen Meinungen ist es schwierig, sich festzulegen; dennoch erscheint die Annahme vernünftig, daß die These von der Verfasserschaft des Apostels Johannes allen vorliegenden Indizien (den textinternen wie den textexternen) am ehesten Rechnung trägt.

Zielsetzung

Der Verfasser selbst gibt 20,31 die eindeutig evangelistische Zielsetzung des Johannesevangeliums an. Es soll den Leser zum Glauben an Jesus als den Christus und Sohn Gottes führen. Dazu sollen nicht zuletzt die Berichte über die verschiedenen Zeichen Jesu dienen, und vor diesem Hintergrund gewinnen die zahlreichen Hinweise auf Glauben und Nichtglauben an Bedeutung. Die Auswahl sowohl der historischen Begebenheiten als auch der Lehrreden Jesu erfolgte im Blick auf ihre Fähigkeit, Jesu Selbstanspruch hervorzuheben und zu beleuchten. Johannes dachte also nicht daran, eine biographische oder psychologische Studie zu verfassen. Dabei braucht man nicht davon auszugehen, daß die bewußt evangelistische Zielsetzung der historischen Zuverlässigkeit und Glaubwürdigkeit Abbruch tut, beruht doch die theologische Aussagekraft gerade auf der Zuverlässigkeit ihrer historischen Grundlage. Damit ist ja nicht von vornherein die Möglichkeit ausgeschlossen, daß Johannes mindestens einen Teil seines Materials als symbolisch aussagekräftig betrachtete.

Der Verfasser kann durchaus noch Nebenziele verfolgt haben, z.B. die Klarstellung des Verhältnisses zwischen Jesus und Johannes dem Täufer oder eine Widerlegung der doketischen Ansichten über Christus (d.h. gewisser Theorien, die scharf zwischen dem himmlischen und dem irdischen Christus unterscheiden). Manche Forscher nehmen an, daß sich das Evangelium als ein eschatologisches oder sakramentales Korrektiv gegen bestimmte Mißverständnisse verstand.

Verschiedentlich wird behauptet, das Johannesevangelium sei eine hellenistische Darstellung des Christentums. Der Prolog (1,1-18) scheint auf den ersten Blick diese Theorie zu stützen. Entscheidend aber ist, inwieweit der Prolog das Ziel des ganzen Buches bestimmt. So ist doch eher anzunehmen, daß das Evangelium als Ganzes den Schlüssel für das Verständnis des Prologs liefert, und nicht umgekehrt. Jesu Lehre war umfassend und deutlich genug, um von Griechen und Juden verstanden zu werden; von daher bedarf sie keiner einseitig hellenistischen Deutung.

Die Beziehung zu den synoptischen Evangelien

Ein Vergleich des Johannesevangeliums mit den anderen Evangelien zeigt markante Unterschiede des Inhalts und der Darstellungsweise. Ein Großteil der synoptischen Überlieferung fehlt bei Johannes, während Johannes seinerseits manches überliefert, was die anderen drei Evangelien unerwähnt lassen. Sieht man von den Passionsberichten einmal ab, so findet man in der Tat nur wenige Gemeinsamkeiten zwischen allen vier Evangelien. So konzentrieren sich die synoptischen Evangelien auf Jesu Wirken in Galiläa, während Johannes sein Augenmerk mehr auf Jesu Wirken in Jerusalem lenkt. Diese unterschiedlichen Schwerpunkte erklären auch weitgehend die stilistischen Unterschiede in den Lehrreden Jesu: Von den Gleichnisreden der Synoptiker gelangen wir zum dialogischen und logisch-philosophischen Stil bei Johannes. Noch dazu sind gewisse historische Unterschiede erkennbar, etwa bei der Tempelreinigung, den Ereignissen vor der Verhaftung Jesu, der Dauer seines Wirkens und dem Datum des Abendmahls. Einige wollen daraus schließen, Johannes habe eine Korrektur der synoptischen Evangelien beabsichtigt, aber diese Folgerung ist kaum haltbar, setzt Johannes doch an vielen Stellen die Kenntnis der synoptischen Überlieferung als Grundlage für seine eigene voraus. Richtiger wäre es wohl,

Johannes als Ergänzung zu den Synoptikern zu betrachten, obwohl damit noch nicht alle Unterschiede erklärt werden können. Das schwierigste Problem begegnet in der zeitlichen Abfolge der Leidensgeschichte. Die Lösung liegt möglicherweise darin, daß Johannes und die Synoptiker verschiedene Kalender benutzten, aber wir wissen nicht genug, um eine völlig befriedigende Antwort zu erhalten.

Berücksichtigt man die unterschiedlichen Zielsetzungen der Evangelien sowie die verschiedenen Zuhörerschaften, die Jesus ansprach, werden die Unterschiede verständlicher. Vermutlich wurde Johannes selbst mehr vom anschaulichen Stil der Reden Jesu angesprochen, und diese Neigung mag sich in seiner eigenen Darstellung niedergeschlagen haben.

Entstehungsort und -zeit

Ob man vor Irenäus zuverlässige Spuren des Johannesevangeliums finden kann, bleibt strittig. Aber es besteht guter Grund zu der Annahme, daß Justin (um 150 n.Chr.) das Evangelium kannte und benutzte, und möglicherweise war es auch Ignatius bekannt. Abgesehen von Erwähnungen bei den Kirchenvätern weisen zwei Papyrus-Hss. aus dem 2. Jh. das frühe Vorhandensein und die Verbreitung des Evangeliums nach. Der Rylands-Papyrus enthält ein Bruchstück des Johannesevangeliums, und im Egerton-Papyrus finden wir Anklänge an die Sprache des Johannes und der Synoptiker wieder. Man kann die Abfassung des Johannesevangeliums daher wohl kaum später als gegen Ende des 1. Jhs. ansetzen. War Johannes der Verfasser, dann liegt das letzte mögliche Datum einige Jahre vor Ende des 1. Jhs. Da das vierte Evangelium nach den synoptischen entstanden sein muß, bevorzugt man in der Regel ein spätes Datum im 1. Jh. (um 90 n.Chr.), obwohl in der Forschung auch Versuche einer Frühdatierung unternommen worden sind.

Was den Abfassungsort betrifft, so besagt die Überlieferung, daß Johannes in Ephesus wohnte, und es gibt wohl keinen überzeugenden Grund, diese Tradition in Frage zu stellen. Wer natürlich die Verfasserschaft des Apostels bestreitet, wird nicht nur Ephesus als Abfassungsort in Frage stellen, sondern auch die Überlieferung, nach der Johannes sehr alt geworden ist. Als Beweis dafür werden vage Hinweise herangezogen, nach denen Johannes lange vor der Abfassung des Evangeliums den Märtyrertod gestorben sein soll. Diese Anhaltspunkte sind jedoch äußerst spärlich und wenig zuverlässig.

Der theologische Gehalt

Das Johannesevangelium hat viele markante Eigenschaften, vor allem im Blick auf seine Darstellung Christi. Wie bereits erwähnt, ist sein Hauptanliegen theologisch, genauer gesagt: christologisch. Johannes konzentriert seine Aufmerksamkeit auf Jesus als den Messias und Sohn Gottes. Jesu Messianität wurde des öfteren unter den Juden heftig diskutiert (7,26ff; 10,24). Dazu überliefert das Evangelium drei Bekenntnisse zu Jesus als dem Messias (1,41; 4,29; 11,27). Für den Evangelisten verkörperte Jesus die Erfüllung aller messianischen Hoffnungen des jüdischen Volkes. Seine häufige Bezugnahme auf das AT steht in völligem Einklang damit.

Charakteristischer noch für das Johannesevangelium ist das Thema »Jesus, der Sohn Gottes«. Jesus selbst bezeugt wiederholt seine Sohnesbeziehung zum Vater. Zwar fehlt dieser Aspekt nicht in den synoptischen Evangelien, doch bei Johannes fällt er besonders ins Auge, zumal der Ausdruck »Sohn« häufig ohne nähere Bestimmung fällt. Der Vater verwirklicht seinen Erlösungsplan durch den Sohn; aus Liebe zur Welt sendet er ihn (3,16). Der Sohn ist der Mittler, durch den der Vater sich offenbart (1,18). Der Anklage gegenüber Pilatus, daß Jesus nach dem jüdischen Gesetz sterben müsse, lag Jesu Behauptung, der Sohn Gottes zu sein, zugrunde (19,7).

Das markanteste Merkmal der synoptischen Evangelien ist Jesus als der Menschensohn, und auch bei Johannes ist dieses Merkmal (wenn auch nicht so stark hervortretend) grundlegend. Der Menschensohn offenbart nicht nur den Vater, sondern wird auch erhöht werden (3,13-14). Diese Erhöhung wiederum führt zur Verherrlichung des Menschensohnes (12,23). Des weiteren zeigt Johannes, daß Jesus wahrer Mensch war. Jesus empfindet wie ein Mensch, verspürt Hunger und Durst und wird durch Reisen müde. Die erhabene Christologie schmälert an keiner Stelle das Menschsein Jesu.

Im Prolog werden die Präexistenz und Gottheit Christi klar zum Ausdruck gebracht. Der *Logos* (das Wort) war am Anfang nicht nur bei Gott, sondern *war* Gott (1,1), und dieser *Logos* wurde Fleisch und wird im weiteren mit Christus identifiziert. Entscheidend dabei ist nicht die Herkunft der *Logos*-Idee, sondern die vom Evangelisten entfaltete Christologie. Der auf den Prolog folgende Bericht erzählt nicht die Geschichte eines bloßen Menschen, sondern die des vor aller Zeit existierenden Sohnes Gottes, der mit dem Vater die Welt schuf (1,3).

Zu den weiteren Kennzeichen johanneischer

Christologie zählen ferner die häufigen »Ich-bin-Worte« Jesu. In ihnen bezeichnet er sich selbst als den Weg, die Wahrheit, das Leben, die Auferstehung, das Brot, den guten Hirten, die Tür, den Weinstock. Diese Selbstaussagen Jesu beleuchten verschiedene Aspekte dessen, was er für die Menschen war und tat.

Um das Werk Christi zu erklären, setzt der Evangelist verschiedene sprechende Bilder ein. Da ist die Rede vom Opferlamm (1,29), vom Tempel seines Leibes (2,21), von der Schlange in der Wüste (3,14), vom Hirten, der sein Leben für die Schafe gibt (10,11) und vom Weizenkorn (12,24). Der Tod Jesu wurde vom amtierenden jüdischen Hohenpriester als nützlich angesehen, doch Johannes erkennt im Sterben Jesu eine tiefere Bedeutung als Kaiphas (11,51). Das Gefühl des Unabwendbaren spitzt sich mit dem Näherrücken der Todesstunde Jesu zu.

Ein weiterer wichtiger Faktor in der Theologie des Johannes ist die häufige Erwähnung des Heiligen Geistes. Sein Werk bei der Wiedergeburt (3,5ff), die Verheißung seiner Ausgießung bei der Verherrlichung Jesu (7,37ff) und die fünf Abschiedsreden Jesu (Kap. 14-16) werden nur im Johannesevangelium genannt. In Kap. 14-16 wird der Geist als Tröster, als im Gläubigen wohnend, als Lehrer, als Zeuge Christi, als der, der der Welt die Augen für Jesus öffnet, und als der bezeichnet, der in alle Wahrheit führt. Von allen Evangelisten zeigt Johannes am deutlichsten, daß Jesu Handeln im Wirken des Geistes seine Fortsetzung findet.

Das Johannesevangelium leistet einen wesentlichen Beitrag zur Theologie des NT und verdient sorgfältige Beachtung. Seine Sprache ist oft einfach, doch seine Gedanken gründen tief.

Inhalt

1,1-18	**Der Prolog**	
	1,1-5	Das präexistente Wort
	1,6-8	Das Zeugnis des Johannes
	1,9-13	Das Licht kommt zu den Menschen
	1,14-18	Die Inkarnation des Wortes
1,19-2,11	**Einleitende Begebenheiten**	
	1,19-34	Das Zeugnis des Täufers
	1,35-51	Die Berufung der ersten Jünger
	2,1-11	Offenbarung durch Zeichen
2,12-4,54	**Frühe Begegnungen in Jerusalem, Samarien und Galiläa**	
	2,12-25	In Kapernaum und Jerusalem
	3,1-21	Die neue Geburt
	3,22-4,3	Jesus und Johannes der Täufer
	4,4-42	Jesus in Samarien
	4,43-54	Rückkehr nach Galiläa
5,1-47	**Heilungen und Lehrreden in Jerusalem**	
	5,1-18	Christus macht die Lahmen gehend
	5,19-47	Der Vater und der Sohn
6,1-71	**Weitere Zeichen und Reden in Galiläa**	
	6,1-15	Die Speisung der Fünftausend
	6,16-21	Jesus wandelt auf dem Wasser
	6,22-59	Gespräche in Kapernaum
	6,60-71	Die Reaktionen der Jünger
7,1-8,59	**Jesus auf dem Laubhüttenfest**	
	7,1-9	Jesus zieht von Galiläa nach Jerusalem
	7,10-52	Das Laubhüttenfest
	7,53-8,11	Jesus und die Ehebrecherin
	8,12-59	Jesus, das Licht der Welt
9,1-10,42	**Weitere Heilungen und Lehrreden**	
	9,1-41	Ein Blinder wird sehend
	10,1-18	Der gute Hirte
	10,19-21	Die Wirkung dieser Lehre
	10,22-42	Ein Gespräch auf dem Tempelweihfest

Kommentar

1,1-18 Der Prolog

Im Unterschied zu den anderen Evangelisten beginnt Johannes sein Evangelium nicht mit dem historischen Jesus, sondern macht seine Leser zunächst mit dem Wort (griech.: *logos*) bekannt, das er dann am Ende des Prologs mit Jesus Christus identifiziert. Daß er den historischen Bericht so einleitet, ist für die Deutung des ganzen Evangeliums von Bedeutung. Daher ist zu klären, wie die ersten Leser des Evangeliums dieses »Wort« verstanden. Die Frage ist verschieden beantwortet worden. Häufig wird *logos* ganz im Sinne der griechischen Philosophie gedeutet. So verstanden die Stoiker unter diesem Begriff das Prinzip des göttlichen Geistes oder Verstandes *(logos spermatikos)*, durch den die Schöpfung sich entfaltet. Wesentlich entwickelt und verselbständigt wurde diese Idee in den Schriften Philos, wo sie als das die Welt schaffende Mittel gesehen wird. Gewissen Ähnlichkeiten zwischen Philos Idee und der Aussage in Joh 1,3 stehen jedoch gravierende Unterschiede in der Art, wie von beiden Schreibern der Ausdruck verwendet wird, gegenüber. So ist für Philo der *Logos* weder persönlich noch präexistent. Mehr noch: Philo schließt eine Inkarnation (Fleischwerdung) des Wortes aus, im Gegensatz zu Johannes, der diese ausdrücklich hervorhebt. Gewisse begriffliche Parallelen zwischen dem Johannesevangelium und der als *Hermetica* bekannten synkretistischen philosophischen Literatur der ersten Jahrhunderte n.Chr. lassen sich zwar nachweisen, doch bleiben die Kernaussagen völlig verschieden. Obwohl demnach griechisches Gedankengut vermutlich in den Prolog des Johannes eingeflossen ist, kann dieser unmöglich ausschließlich von der griechischen Begrifflichkeit her gedeutet werden.

Angesichts der Ähnlichkeit zwischen dem Prolog und den Eingangsversen von 1. Mose (Genesis) sowie der Bezugnahmen auf das AT im Johannesevangelium, wird der Logos-Begriff vor allem jüdisch zu deuten sein. Daß Gottes Schöpfungshandeln durch sein Wort und seine Weisheit ausgeführt wird, wird vor allem in der jüdischen Weisheitsliteratur (vgl. Spr 8 und Weish 18,15-16) hervorgehoben. Ähnlich schreibt die rabbinische Tradition dem Gesetz eine ausführende Funktion im Schöpfungsgeschehen zu. Die Schriftrollen vom Toten Meer, in denen ähnliche Gedankenverbindungen auftauchen wie im Prolog des Johannes, haben zu einer stärkeren und angemesseneren Berücksichtigung der im Prolog zum Tragen kommenden jüdischen Vorstellungen geführt.

Dennoch ist der johanneische Prolog aus sich selbst heraus zu deuten. Seine Prägung ist zweifelsohne eindeutig christlich. Er soll die Aufzeichnung der Taten und Worte einer einzigartigen Person vorbereiten. Infolgedessen muß der Prolog von dem Rest des Evangeliums her gedeutet werden - und nicht umgekehrt. Eine sorgfältige Analyse des Prologs zeigt, daß er mit dem Hauptanliegen des Evangeliums eine Einheit bildet.

1,1-5 Das präexistente Wort

1-2 Ein Vergleich zwischen der Einleitung zum ersten Mosebuch und der des Johannesevangeliums legt nahe, daß Johannes bei seinem Prolog an den Schöpfungsbericht dachte. Das Neue bei Johannes ist das bereits vor der Schöpfung existierende Wort. *Im Anfang war das Wort:* Das hier benutzte Verb steht zwar in der Vergangenheitsform, drückt jedoch Kontinuität aus. Das Wort, das jetzt ist, war schon das Wort, ehe die Schöpfung begann. *Bei Gott:* Die griech. Formulierung ist bezeichnend, denn die Präposition »bei« (griech.: *pros*) drückt Gemeinschaft aus. Wörtl. heißt es »zu Gott hin«, womit eine gewisse Verschiedenheit zwischen Gott und dem Wort gesetzt ist - eine Vorstellung, die für die Deutung des nächsten Satzes nicht unwichtig ist. *Das Wort war Gott* (ZÜ): Einige Übersetzungen geben diesen Satz mit »Das Wort war göttlich« wieder, aber dies ist eine ungenaue, die Aussage abschwächende Übersetzung. Da im Griech. hier kein Artikel steht, sondern einfach *theos* (»Gott«), muß diese Wendung prädikativ aufgefaßt werden: sie drückt eine Eigenschaft des »Wortes« aus; aber da sie ein Substantiv und kein Adjektiv ist, wird mit ihr die Gottheit des Wortes behauptet. Es geht nicht einfach um Göttlichkeit, sondern um Gottsein.

3 Der Prolog wendet sich nun der Schöpfungstätigkeit des Wortes zu. Das Griech. betont das Handeln des Wortes (»durch«, griech.: *dia*) und schließt im weiteren jede Möglichkeit einer Schöpfung ohne dieses Wort aus. Die enge Gemeinschaft zwischen Vater und Sohn, die schon in bezug auf ihre Wesensbeziehung betont worden ist, zeigt sich auch in den ihnen im Schöpfungsgeschehen zufallenden Rollen. Jedes Schöpfungsverständnis, das diese Beziehung leugnet, widerspricht der Lehre des NT. Damit ist die gnostische Vorstellung von einer mittelbaren Schöpfung durch einen »Mittelsmann« widerlegt, die Gott vor einer direkten Verunreinigung durch eine ihrem Wesen nach böse Welt in Schutz nehmen wollte. Daß das Wort *das Leben* ist, ist eine logische Folge aus seiner Schöpfungstätigkeit. Diese Sicht des Wortes als der Quelle des Lebens bleibt für das Johannesevangelium grundlegend, denn die erklärte Absicht seines Verfassers ist ja, daß der Leser durch das Wort, d.h. durch Jesus das Leben haben soll (20,31).

4 Die enge Verknüpfung von *Leben* und *Licht* überrascht nicht, ist doch in der physischen Welt das Leben stets vom Licht abhängig (vgl. den Schöpfungsbericht), und Johannes überträgt diese Idee auf die geistliche Welt. Eine andere Lesart verbindet die zweite Hälfte von V.3 mit dem Satz »in ihm war das Leben« von V.4 (»Was geworden ist - in ihm war das Leben«), aber diese Gliederung ist schwierig, und die übliche Lesart ist vorzuziehen.

5 *Und das Licht scheint in der Finsternis:* Zweifelsfrei muß das Licht hier unter Bezug auf V.4 interpretiert werden. Dort war es eine Erleuchtung, die jedem Menschen zukommt, und meint vielleicht das Licht des Gewissens und des Verstandes. Nun wird die Idee weiter entwickelt, das Licht beleuchtet seine Umgebung, die nach Johannes Finsternis ist. Da dieses Licht eine Person ist, kann es nicht als äußerliches Licht wie das einer Lampe begriffen werden. Vielmehr hat das Licht der geistlichen Erleuchtung, das die Menschheit empfangen hat, seine Quelle ausschließlich im göttlichen Wort. Die folgende Aussage *und die Finsternis hat es nicht auslöschen können* (GN) kann auch mit »hat's nicht ergriffen« (LÜ) übersetzt werden, aber die erste Lesart paßt besser in den Kontext, betont sie doch die Überlegenheit des Lichts.

1,6-8 Das Zeugnis des Johannes

Johannes gibt nun den historischen Rahmen an, in dem das Wort wirksam wurde, und beruft sich dabei auf das Zeugnis Johannes des Täufers. **6** Zunächst wird festgestellt, daß Johannes von Gott zum Zeugen berufen war. Das Verb *gesandt* ist charakteristisch für dieses Evangelium, vor allem dann, wenn es Jesu Mission beschreibt. Sogar Jesu Vorläufer (Herold) wurde eigens von Gott gesandt. **7.8** Der Auftrag des Johannes bestand darin, *daß er von dem Licht zeugte.* Vermutlich kannte der Evangelist Menschen, die der Lehre des Täufers mehr Bedeutung beimaßen als der Lehre Jesu, und deshalb stellt er von vornherein die Beziehung zwischen Jesus und Johannes dem Täufer klar (vgl. auch V.15; 26ff). Nachdrücklich wird die Vorstellung zurückgewiesen, daß er selbst das Licht gewesen sei, und zweimal wird Johannes als Zeuge bezeichnet: Damit ist die eigentliche Rolle des Täufers umrissen. Ziel jedes christlichen Zeugnisses bleibt es, Menschen zum Glauben zu führen, und zwar Menschen in der ganzen Welt, wie das Wort *alle* zeigt.

1,9-13 Das Licht kommt zu den Menschen

Wichtiger als der Zeuge ist der, der bezeugt wird, und daher wird über ihn mehr ausgesagt. **9** *Das wahre Licht, das jeden Menschen erleuchtet, kam in die Welt* (ZÜ) ist LÜ (... welches alle Menschen erleuchtet, die in diese Welt kommen) vorzuziehen, denn der folgende Vers macht deutlich, daß Johannes dabei nicht an eine persönliche Beziehung zu dem Licht gedacht haben kann. Gewiß war bereits vor dem Kommen Christi Licht vorhanden, aber mit Christus kam die eigentliche Quelle des Lichts, in der alles andere Licht seinen Ursprung hat. 10 *Die Welt,* d.h. die Menschheit erkannte ihn nicht. Charakteristisch für das Johannesevangelium ist die Gegenüberstellung von Jesu Sendung und der Welt, wobei *Welt* ganz allgemein jene Menschen meint, die Gott ablehnend gegenüberstehen.

11 *Er kam in sein Eigentum:* Gemeint sind nicht irgendwelche Dinge, sondern - wie Johannes im nächsten Teilsatz zeigt - Menschen. Die Haltung Jesus gegenüber liegt in der persönlichen Verantwortung des einzelnen. *Sein Eigentum* bezieht sich daher wohl auf Israel. Daß Jesus von seinem eigenen Volk abgelehnt wurde, wird im Laufe des Evangeliums immer wieder deutlich; wiederholt treten die Juden als Jesu Gegner auf. Allerdings will Johannes diese Aussage nicht, wie der folgende Vers zeigt, pauschal verstanden wissen. 12 Für den Evangelisten besteht eine enge Beziehung zwischen Aufnehmen und Glauben; sie sind praktisch identisch. *Denen gab er Macht, Gottes Kinder zu werden:* Das göttliche Wort ermöglicht eine neue Beziehung des Menschen zu Gott. *Macht* (griech.: *exousia*) bedeutet soviel wie »Recht« oder »Vollmacht«. Die einmal erteilte Kindschaft steht nicht in Gefahr, widerrufen zu werden, hat sie doch ihren Ursprung in Gott und nicht im Menschen. 13 *Nicht aus dem Blut noch aus dem Willen des Fleisches:* Ein natürlicher Vorgang ist damit ausgeschlossen. In einer für uns nicht übersetzbaren Wendung steht hier das Wort »Blut« im Plural. So kann daran gedacht sein, daß ja gerade bei der Zeugung neuen Lebens zweierlei Blut sich verbindet.

1,14-18 Die Inkarnation des Wortes

An dieser Stelle des Prologs beschreibt Johannes, wie das Wort in das menschliche Leben kam. Hier beginnt der eigentliche Bericht über das Leben Jesu. 14 Die Aussage *das Wort ward Fleisch* unterscheidet Johannes' Verwendung des *Logos*-Begriffs von allen anderen, zumal in seiner Verbindung mit »Fleisch«, das hier als Symbol für »Menschheit« steht. Der, der Gott war, wurde wahrer Mensch. *Wohnte unter uns* hebt hervor, daß Christus nur für begrenzte Zeit als Mensch in unserer Mitte lebte. Daß hier gerade die biblischen Begriffe *Gnade* und *Wahrheit* als seine Eigenschaften genannt werden, zeigt, daß Johannes sein Thema nicht philosophisch-spekulativ angeht. *Wir sahen seine Herrlichkeit* ist die Aussage eines Augenzeugen. *Herrlichkeit* könnte sich auf die Verklärung Jesu beziehen, doch ist wohl an seine gesamte Wirksamkeit zu denken, die sich durch besondere Zeichen auswies (vgl. 2,11). Johannes selbst definiert die Herrlichkeit als die eines *eingeborenen* (ZÜ: *einzigen*) *Sohnes,* womit die einzigartige Beziehung Jesu zu Gott hervorgehoben wird. 15 *Nach mir wird kommen* (ZÜ: *Der nach mir kommt*): Diese Einfügung über den Täufer überrascht zwar, soll aber wohl die Aussagekraft des Zeugnisses erhärten. *Der vor mir gewesen ist:* Jesu Amt hatte Vorrang vor dem des Täufers. Johannes war lediglich der Herold, während Jesus der Messias selbst war. *Denn er war eher als ich:* Vgl. 8,58 als weiteres Zeugnis für die Präexistenz Christi.

16 Nach dem Einschub V.15 wird der Gedanke der Fülle wieder aufgegriffen, der bereits V.14 begegnete. *Fülle* ist zwar ein gnostischer Begriff, wird hier jedoch nicht in einem philosophischen Sinn gebraucht. »Was immer gnostische Denker über das ›Pleroma‹ denken und phantasieren mochten, Johannes hatte in Jesus die echte und eigentliche ›Fülle‹ gefunden. Hier war die ›Fülle‹ nicht Begriff und nicht Gedanken, hier war sie fort und fort als Wirklichkeit zu erfahren« (de Boor). Mit *Gnade um Gnade* ist wohl die Kontinuität und Unerschöpflichkeit derselben gemeint. Mit *um* ist hier die griech. Präposition *anti* (»an Stelle von«, »als Ersatz für«) wiedergegeben. Dies hat zu der Vermutung Anlaß gegeben, die Gnade des AT sei gegen die des NT ausgetauscht worden. Da aber Johannes zwischen Gesetz und Gnade unterscheidet, ist diese Deutung unwahrscheinlich. 17 Der Gegensatz zwischen Mose und Jesus Christus liegt in der Art des Zugangs zu Gott. Das Annehmen von *Gnade und Wahrheit* ist dem bloßen Gesetzesgehorsam überlegen. In diesem Vers identifiziert Johannes zum erstenmal ausdrücklich den *Logos* mit *Jesus Christus.*

18 Der Vergleich zwischen Mose und Christus wird weiter ausgeführt. Zum Wesen des Gesetzes gehörte nämlich die in seiner Heiligkeit begründete Unnahbarkeit Gottes. Der für den Menschen unerkennbare Gott wurde durch Christus offenbart. *Der eingeborene* (ZÜ: *einzige*) *Sohn:* Eine andere Lesart, für die textkritische Erwägungen sprechen, setzt »Gott« anstelle von »Sohn«. doch im Blick auf das folgende *der in des Vaters Schoß ist* erscheint die Lesart »Sohn« klarer, zumal in bezug auf das Adjektiv *einziger* (griech.: *monogenes*). Die alternative Lesart wäre demnach als Bekräftigung der Gottheit Jesu zu verstehen. *Der hat ihn uns verkündigt:* Das Verb bedeutet wörtl. »interpretiert« oder »erzählt«. Jesus Christus ist somit die vollkommene »Deutung« Gottes.

1,19-2,11 Einleitende Begebenheiten

1,19-34 Das Zeugnis des Täufers

Das bereits zweimal im Prolog erwähnte Zeugnis Johannes des Täufers wird jetzt in einen konkreten historischen Bezug gesetzt. **19** Anlaß ist die Aufforderung einer jüdischen Abordnung aus Jerusalem, Johannes solle sagen, wer er sei. **20** *Ich bin nicht der Christus:* Johannes ist sehr daran gelegen, den Vorboten von dem von ihm angekündigten Messias zu unterscheiden. **21** *Bist du Elia?* Einige Ausleger wollen die Antwort des Täufers als Korrektur der synoptischen Überlieferung verstanden wissen, zumal Matthäus überliefert, daß Jesus den Täufer als Elia identifizierte (Mt 11,14; 17,12). Aber Jesu Bemerkung zeigt, daß er den Namen *Elia* nicht im geläufigen Sinn verwendet. Während Johannes die Frage verneint, bezeugt Jesus, daß der Täufer im eigentlichen, geistlichen Sinne Elia ist. *Bist du der Prophet?* Dies dürfte sich wohl auf die Prophezeiung 5Mo 18,15 beziehen; um einen messianischen Titel scheint es sich bei »Prophet« indes nicht zu handeln (vgl. 7,40-41). Die Fragesteller nennen alle damals denkbaren Möglichkeiten. **22.23** *Was sagst du von dir selbst?* Im Gegensatz zu den synoptischen Evangelien werden hier die Worte von Jes 40,3 dem Täufer in den Mund gelegt. Dieser Unterschied erklärt sich aus dem Umstand, daß es am Herold selbst liegt, sich auszuweisen. Ein Widerspruch liegt nicht vor. *Ebnet den Weg des Herrn* (ZÜ: *Machet den Weg des Herrn gerade!*)*:* Das Bild ist das eines Herolds, der dem herannahenden König einen Weg bahnt - ein nicht unbedeutendes Amt. Obwohl der Täufer nicht mehr ist als eine Stimme, so ist er doch der persönliche Herold des Messias. **24** *Und sie waren von den Pharisäern abgesandt:* Johannes identifiziert die V.19 als Juden bezeichneten Auftraggeber der Abordnung. Die Partei der Pharisäer befaßte sich mit messianischen Spekulationen. **25** Im Mittelpunkt der Frage steht nun nicht mehr die Person des Täufers, sondern die Erklärung seiner Taufmission. Die Fragestellung zeigt, daß der Taufritus als Vollmachtsbekundung aufgefaßt wurde. Weil aber Johannes der Täufer in keines der damals gängigen Erwartungsschemata hineinpaßte, mußte die Frage nach dem Woher seiner Vollmacht gestellt werden.

26 Johannes' Antwort zielt erneut auf den Unterschied zwischen seinem und Christi Werk. *Ich taufe mit Wasser:* Auf den ersten Blick ein Gemeinplatz, denn mit Wasser tauften schließlich alle. So will Johannes den Unterschied seiner Taufe zu der des Messias hervorheben, die jedoch erst V.32-33 beschrieben wird. **27** *Ich bin nicht wert, daß ich seine Schuhriemen löse:* Diese bemerkenswerte Selbsterniedrigung des Johannes ist ein beredtes Zeugnis dafür, wie sehr er sich der überragenden Erhabenheit und Überlegenheit des Messias bewußt war. Er hält sich Jesus gegenüber nicht einmal für wert, den Dienst eines Sklaven zu verrichten. **28** *Bethanien jenseits des Jordan,* der Ort, an dem Johannes taufte, wird sorgfältig unterschieden von einem anderen Dorf gleichen Namens (dem 11,1 erwähnten Wohnort Marias und Marthas).

29 In Joh 1-2 werden eine Reihe von Zeitangaben gemacht, aus denen hervorgeht, daß sich die hier geschilderten Ereignisse in einem Zeitraum von sechs Tagen zutrugen (vgl. 1,29.35.43; 2,1). Gegen Ende der irdischen Wirksamkeit Jesu begegnet eine weitere Folge von sechs Tagen (vgl. die Zeitangabe 12,1). *Siehe, das ist Gottes Lamm:* Diese Aussage muß überraschen, bedenkt man, daß Johannes der Täufer seinen Jüngern Jesus zum erstenmal persönlich vorstellt. Wie wurde sie von Johannes, von den Hörern und von Jesus selbst verstanden? Die Hörer des Johannes müssen unweigerlich an das Passahlamm gedacht haben. Das Opfern von Lämmern im Tempel war den Juden so vertraut, daß sie sich unter »Lamm Gottes« wohl kaum etwas anderes vorstellen konnten. Problematisch war indes die Übertragung des Bildes vom Lamm auf eine Person. Während die Zuhörer wohl kaum an den Gottesknecht aus Jes 53 gedacht haben werden, wird man davon ausgehen dürfen, daß Johannes der Täufer diese Verbindung herstellte. Überhaupt kann sein Reden vom Lamm Gottes nur vor dem Hintergrund von 2Mo 29,38-46 und Jes 53,4-12 voll verstanden werden. Diese Zusammenschau wird auch Jesus vollzogen haben, als er dem Zeugnis des Johannes zuhörte. *Das der Welt Sünde trägt:* Die Bedeutung des Verbs ist nicht eindeutig bestimmbar. Die Vorstellung vom sündentilgenden Lamm ist alttestamentlich und sehr wahrscheinlich von Jes 53,4ff abhängig, auch wenn dort in der LXX nicht »wegnehmen«, sondern »tragen« steht. Gegen diese Deutung spricht zwar, daß das Passahlamm nicht als Sühneopfer geschlachtet wurde, doch braucht die Täuferaussage nicht unbedingt strikt als Parallele zum Passahlamm verstanden werden. Zweifelsfrei bildet sie für den Evangelisten einen wichtigen Schlüssel zum Verständnis des Werkes Jesu. Dieses Werk begann damals gerade: Die vom Evangelisten nicht ausdrücklich erwähnte Taufe Jesu hatte bereits stattgefunden (vgl. V.32). **29** läßt an ein allumfassendes Erlösungswerk denken.

30 Es folgt, offenbar um Jesu Größe dem Täufer gegenüber herauszustreichen, eine Wiederholung der Aussage von V.15.

31 Das Bekenntnis *und ich kannte ihn nicht* (vgl. V. 33) ist in dem eingeschränkten Sinne von »Ich wußte nicht, daß er der Messias ist« zu verstehen. Johannes gibt nun den Zweck seiner Tauftätigkeit an: *damit er* (der Messias) *Israel offenbart werde.* Bezeichnenderweise hat bei Johannes das Wort »Israel« nie den negativen Sinn wie das Wort »Juden«. **32** Das Zeugnis des Täufers selbst vom Herabkommen des Geistes hat - im Vergleich mit den Synoptikern - einen objektiveren Klang, ist doch hier von der Gestalt einer Taube die Rede. Die *Taube* mag Jesu sanftes Wesen oder auch das Herabkommen des Geistes versinnbildlichen. Der Kontrast zwischen der Taube und den Feuerzungen des Pfingsttages (vgl. Apg 2,2-3) ist auffallend. In beiden Fällen handelt es sich um die Beglaubigung einer göttlichen Sendung. **33** Der Vergleich der Wassertaufe mit der Geistestaufe weist auf den Wesensunterschied zwischen der Sendung des Täufers und der des Messias hin. **34** Johannes der Täufer bekräftigt, daß er aufgrund dessen, was er gesehen hat, bezeugt, daß Jesus *Gottes Sohn* ist. Dieses Zeugnis weist auf das Ende des Prologs zurück und zeigt erneut, daß der Messias, dessen Werk jetzt berichtet werden soll, Gott ist.

1,35-51 Die Berufung der ersten Jünger

35.36 Am nächsten Tag wiederholt Johannes die aus V. 29 bekannte Aussage über *Gottes Lamm,* jedoch ohne den Zusatz *das der Welt Sünde trägt.* Diesmal steht die Wirkung des Zeugnisses auf zwei Johannesjünger im Mittelpunkt des Interesses. Ohne Zweifel erzählte Johannes ihnen noch mehr über Jesus, aber die Folgen selbst der knappen, im Text überlieferten Aussage sind, wie oben schon erwähnt, weitreichend. Nur einer der Jünger (nämlich Andreas, s. V. 40) wird mit Namen genannt. Vielleicht war der andere Johannes. **37** *Und folgten Jesus nach:* Obwohl das Verb *nachfolgen* manchmal im Sinne von »ein Jünger werden« gebraucht wird, bedeutet es hier ganz einfach »hinterhergehen«. **38** Jesu Frage und die Gegenfrage der Männer zeigen, wie ernst es letzteren war. Sie hatten sich fest vorgenommen, an Jesu Auftrag und Lehre teilzunehmen. Sie nannten ihn *Rabbi* - ein Ehrentitel der Gelehrten und der Lehrer. Man hat sich gefragt, ob er auch gegenüber jemandem, der nicht in den großen Schulen studiert hatte, gebraucht worden wäre. Hier wird er aber wahrscheinlich lediglich in einem allgemeinen Sinn, als Zeichen der Ehrerbietung, benutzt. **39** Die Tatsache, daß es schon *um die zehnte Stunde* war, wird als Grund dafür angegeben, daß die beiden bei Jesus blieben. Aber die Zeitangabe ist etwas merkwürdig. Falls der Evangelist sich hier an die übliche jüdische Tageszeitrechnung hält, muß es sich um den späten Nachmittag gehandelt haben, und die Angabe bedeutet dann vielleicht, daß die Jünger bei Jesus übernachteten. Aber nach römischer Zeitrechnung wäre es erst 10 Uhr morgens gewesen, womit der Hinweis, daß sie *diesen Tag bei ihm blieben,* verständlich würde. Wesentlich ist hier nicht die Genauigkeit der Zeitangabe, sondern die Betonung, daß die künftigen Jünger ernsthaften Kontakt mit Jesus suchten. **40** *Andreas, der Bruder des Simon Petrus:* Johannes erwähnt Andreas zweimal noch (vgl. 6,8-9; 12,22), und beide Male wird sein Charakter kurz beleuchtet. **41** *Wir haben den Messias gefunden:* Interessant ist, daß hier (wie auch V. 38) der Evangelist für seine nichtjüdischen Leser einen jüdischen Ausdruck erklärt. Zweifelsohne verstanden die beiden Jünger das Amt des Messias anders als Jesus. Einige Ausleger sehen in diesem Vers einen Widerspruch zu den synoptischen Berichten, denen zufolge die Jünger offenbar erst in Caesarea Philippi die Messianität Jesu erkannten und selbst danach (vgl. bes. Mk) von ihm noch mehrmals aufgefordert wurden, ihr Wissen für sich zu behalten. Aber die Jünger können eben ohne weiteres Jesus schon früher für den Messias gehalten haben, ohne damals schon die volle Tragweite ihrer Erkenntnis erkannt zu haben. **42** In dieser Szene mit Andreas, Simon und Jesus werden die persönlichen Beziehungen in den Vordergrund gestellt. Johannes deutet hier unmißverständlich an, daß Simon seinen Beinamen *Kephas* bereits bei seiner ersten Begegnung mit Jesus erhielt, obwohl sowohl Markus als auch Matthäus die Namensgebung später ansetzen. *Kephas* ist die aramäische Entsprechung des griech. *Petros.* Man beachte, daß das Verb *sollst heißen* im Futur steht, was auf den »offizielleren« Anlaß Mt 16,18 vorausweisen könnte. Wahrscheinlicher ist jedoch, daß es Matthäus um die theologische Beleuchtung des Namens zu tun ist. Simon wurde ja erst später, als er in Jesus den Christus bekannte, ein *Fels.* Auch andere Christen werden zu Felsen! Vgl. 1Petr 2,4-5.

43 Am nächsten Tag, diesmal in Galiläa, stoßen weitere Jünger zu den Nachfolgern Jesu. Bei Philippus, der im Johannesevangelium mehrfach erwähnt wird (vgl. 6,5; 12,21; 14,8), geht die Initiative von Jesus aus. Wir wissen nicht, ob er Jesus schon vorher kannte. Wenn nicht, muß ihn der Ruf in die Nachfolge sehr plötzlich und unvermittelt getroffen haben. **44** Daraus, daß *Betsaida* als die Heimatstadt von Philippus, Andreas und Petrus angegeben wird, können wir wohl schließen, daß Jesus mit allen dreien schon längere Zeit bekannt gewesen war und daß er wußte, wo Philippus anzutreffen war. **45** *Wir haben den gefunden, von dem Mose im Gesetz und die Propheten geschrie-*

ben haben: Viele Passagen in den fünf Büchern Mose wurden von den Rabbinen messianisch gedeutet, die Christen legten später noch weitere Abschnitte auf den Messias hin aus. Philippus hatte schon bald begriffen, daß Jesus von Nazareth, den er als *Josefs Sohn* kannte, der erwartete Messias war. *Nathanael* wird gewöhnlich mit *Bartholomäus*, der in der synoptischen Apostelliste gleich nach Philippus steht (vgl. Lk 6,14), identifiziert. Da Nathanael zusammen mit anderen Aposteln Joh 21,2 erwähnt wird, ist diese Vermutung naheliegend, wenngleich nicht als gesichert gelten kann, daß er tatsächlich ein Apostel war. Auf jeden Fall schätzte Jesus ihn sehr. **46** *Was kann aus Nazareth Gutes kommen?* klingt wie ein Sprichwort, ist aber als solches aus anderen Quellen nicht belegt. Auf den ersten Blick mutet es merkwürdig an, daß ausgerechnet ein Galiläer ein gegen eine galiläische Stadt gerichtetes Sprichwort zitiert. Aber wenn die Art ihres Umgangs mit Jesus für Nazarener typisch war, dann ist das Sprichwort in der Tat treffend gewählt.

47 In der ausdrücklich erwähnten Lauterkeit des Nathanael sieht der Evangelist das Kennzeichen eines echten Israeliten. Der Satz *Siehe, ein rechter Israelit, in dem kein Falsch ist* bedeutet u.a., daß es auch Israeliten gab, die nicht »recht« waren. Vielleicht vergleicht Jesus hier Nathanael mit dem Erzvater Jakob, an den er ganz offensichtlich V.51 dachte. **48** Nathanael ist überrascht, und sein Staunen steigert sich noch im Laufe des Gesprächs mit Jesus. Seine Frage *Woher kennst du mich?* weist auf den Grund seines Erstaunens: Bis jetzt war er mit Jesus überhaupt nicht bekannt gewesen. Kein Wunder also, daß er sich durch Jesu geradezu »hellseherisch« anmutende Antwort tief beeindruckt zeigte und zu der Überzeugung kam, daß Jesus kein gewöhnlicher Mensch war. *Als du unter dem Feigenbaum warst, sah ich dich:* Ein ähnliches sprachliches Bild wurde unter den Rabbinen zur Bezeichnung derer, die zu Hause die Thora studierten, benutzt. Vielleicht dient die genaue Ortsangabe aber einfach dazu, Jesu bemerkenswertes Wissen über Nathanaels Tun hervorzuheben. **49** *Gottes Sohn… der König von Israel:* Warum ausgerechnet in dieser Reihenfolge und nicht umgekehrt? Durch die Nachstellung wird der Akzent auf *König von Israel* gelegt, und dies nicht zufällig: Der rechte Israelit erkennt sofort seinen wahren König. Zwar war die Idee der Gottessohnschaft Jesu bei Nathanael zu diesem Zeitpunkt wohl kaum ausgebildet, aber für den Evangelisten ist auch dieses frühe Zeugnis wichtig; im Laufe des Evangeliums taucht es immer wieder auf. **50** *Noch Größeres* deutet auf eine Vertiefung der geistlichen Erkenntnis. **51** Das *wahrlich, wahrlich* - im Johannesevangelium recht häufig - dient der Hervorhebung der damit eingeleiteten Aussage. Die Vision der *Engel Gottes,* die *hinauf- und herabfahren über dem Menschensohn* läßt an die Jakobsgeschichte denken (1Mo 28,12), ist aber hier speziell auf Jesus bezogen. Vielleicht wollen diese Worte sagen, daß der Himmel nunmehr für die Menschen offen steht; dabei ist Christus selbst der Vertreter der Menschen *(der Menschensohn).* Es fällt auf, daß hier der Titel »der Menschensohn« an die Stelle von Nathanaels »Gottes Sohn« tritt. Die Brücke zwischen Himmel und Erde ruht auf zwei Pfeilern, den beiden Aspekten des Mittlers: Jesus ist wahrer Gott und wahrer Mensch zugleich.

2,1-11 Offenbarung durch Zeichen

Im Johannesevangelium werden verschiedene Wunder berichtet, die als *Zeichen* bezeichnet werden. Wir finden sieben solcher Zeichen, von denen die meisten zu einer Rede über ein verwandtes Thema überleiten. Diese Zeichen tragen zur inneren Struktur des Evangeliums bei. Das erste Zeichen bereitet in gewisser Hinsicht die übrigen vor. Und sämtliche Zeichen wollen als Offenbarungen der Herrlichkeit Christi (2,11) verstanden sein.

1.2 *Kana in Galiläa,* der Ort, an dem Jesus anläßlich einer Hochzeit sein erstes Wunder tat, war etwa drei Tagereisen von der Gegend entfernt, in der Johannes taufte. **3** *Sie haben keinen Wein mehr:* Im Orient wurde es als unhöflich empfunden, wenn einem Gastgeber der Wein ausging. **4** *Was habe ich mit dir zu schaffen, Frau? Meine Stunde ist noch nicht gekommen* (EÜ): Daß Jesus in diesem Tonfall zu seiner Mutter redet, mag auf den ersten Blick befremden, aber er will dem offenbar bei Maria vorhandenen Eindruck entgegentreten, als müsse er von ihr Anweisungen entgegennehmen. Er tat (wie Joh oft zeigt) nur das, was sein himmlischer Vater ihm auftrug. Jesu Bemerkung kann aber auch als Redewendung betrachtet werden, mit der Bedeutung »Dein Denken und Wünschen entspricht nicht meinem. Meine Zeit, das zu tun, woran du denkst, ist noch nicht da« (vgl. 7,2-6.10; Jes 55,8-9). Die wiederholte Bezugnahme auf Jesu *Stunde* ist eine weitere Besonderheit des Johannesevangeliums (vgl. 7,30; 8,20; 12,23.27; 13,1; 17,1) und zeugt - nicht nur beim Evangelisten, sondern auch bei Jesus - von dem Bewußtsein, daß ein entscheidender Augenblick nahe ist. **6** *Sechs steinerne Wasserkrüge:* Die Tatsache, daß Johannes den rituellen Gebrauch der Krüge erklärt, legt einerseits eine symbolische Ausdeutung des Wunders nahe. Einige Ausleger wollen sogar in der ganzen Begebenheit eine ausschließlich symbolische Erzählung sehen, die die Überlegenheit des Christentums gegenüber dem Judentum demonstrieren soll. Danach würde das Wasser die Thora darstellen - eine Sinnverknüpfung, für die es in der rabbinischen Überlieferung gewisse Anhaltspunkte gibt. Aber man sieht in dem Wunder wohl besser eine Demonstration göttlicher Macht inmitten des menschlichen Lebens. *Zwei oder drei Maße* (80-120 Liter): Das ergibt zusammengerechnet etwa 600 Liter! Es wird nicht ausdrücklich gesagt, ob das ganze Wasser in Wein verwandelt wurde oder nur das Wasser, das für die Hochzeit verwendet wurde, aber letzteres ist wohl wahrscheinlicher.

8.9 Der *Speisemeister* war der offizielle, für das Festessen verantwortliche Zeremonienmeister. Möglicherweise hatte einer der Gäste die Rolle des Weinprobierers zu spielen. Dann wäre verständlich, wieso er nicht wußte, woher der Wein kam. **10** *Du aber hast den guten Wein bis jetzt zurückbehalten:* Dies verstieß gegen den damaligen Brauch. Aber warum wird es überhaupt erwähnt? Der springende Punkt ist die unerwartet hohe Qualität des Weines, die vielleicht demonstrieren soll, daß der Messias besser für die Menschen sorgt als andere. **11** *Das erste Zeichen, das Jesus tat:* Daß Johannes ausdrücklich den Beginn (griech.: *arche*) der Zeichen erwähnt, ist bedeutsam, zeigt es doch offenbar, daß die in den apokryphen Schriften berichteten Wunder aus der Kindheit Jesu nicht authentisch sein können. Andererseits muß das »erste Zeichen« zu 4,54 in Bezug gesetzt werden, wo ein (ebenfalls in Kana geschehenes) »zweites« Zeichen erwähnt wird. Das Zeichen auf der Hochzeit wäre dann das »erste« einer Reihe von Zeichen in Kana. Bedenkt man jedoch den hohen Stellenwert der »Zeichen« in diesem Evangelium, so erscheint die erste Deutung (der Bezug auf alle Zeichen Jesu) wahrscheinlicher. Die beiden Folgen des Weinwunders (die Offenbarung der Herrlichkeit Jesu und der wachsende Glaube bei den Jüngern) sind auch für die anderen bei Johannes beschriebenen Zeichen typisch. Für Menschen, die nicht bereit sind, zu sehen und zu hören, haben solche Zeichen jedoch keinerlei Bedeutung.

2,12-4,54 Frühe Begegnungen in Jerusalem, Samarien und Galiläa

2,12-25 In Kapernaum und Jerusalem

12 *Seine Brüder:* Es gibt keinen Anhaltspunkt dafür, daß es sich hier nicht um die leiblichen Brüder Jesu (die nach ihm von Maria geborenen Kinder) handelt. Der Vers ist im übrigen lediglich eine Überleitung zum folgenden Abschnitt, in dem die Zeitangabe präziser ist. **13** *Das Passahfest der Juden:* Die Angabe ist offenbar für nichtjüdische Leser gedacht, obwohl einige Ausleger hier den Versuch erkennen wollen, das jüdische Passahfest vom christlichen Ostern abzusetzen. **14** *Im Tempel:* Es handelt sich um den äußeren Vorhof, in welchem die Tiere zur Opferung vorbereitet wurden. Die Schilderung des Vorfalls ist sehr anschaulich und unterscheidet sich in einigen Einzelheiten von den synoptischen Berichten. Nur Johannes erwähnt, daß Jesus Ochsen und Schafe hinaustrieb. Die *Wechsler* waren Leute, die andere Währungen in das offizielle Tempelgeld umtauschten. Dieser Beruf war an und für sich legitim, aber manch einer bereicherte sich durch maßlose Wechselkurse. **15** Die *Geißel aus Stricken* hat symbolischen Wert: sie ist ein Sinnbild des Gerichts. **16** *Macht nicht meines Vaters Haus zum Kaufhaus!* Daß Jesus den Tempel als seines Vaters Haus betrachtet, ist ein typisch messianischer Anspruch. Jesus nahm Anstoß daran, daß die Händler den wahren Gottesdienst beeinträchtigten. **17** Handlungen Jesu durch Schriftstellen aus dem AT zu erklären, war bei den frühen Christen allgemein üblich. **18** *Was ... für ein Zeichen ...?* Hier wird das Wort »Zeichen« im allgemeinen Sinne von »Wunder« benutzt und nicht in dem spezielleren johanneischen Sinne. **19** *Brecht diesen Tempel ab, und in drei Tagen will ich ihn aufrichten:* Daß die Juden diesen Ausspruch nicht verstanden, ist nicht weiter verwunderlich, denn er ist dunkel und mehrdeutig. Seine wirkliche Bedeutung erfahren wir V. 21, aber selbst die Jünger erkannten sie erst nach der Auferstehung Jesu. **20** Der Gegensatz zwischen *sechsundvierzig Jahren* und *drei Tagen* mußte für jemanden, der nicht verstand, daß Jesus ein Bild gebrauchte, verwirrend und lächerlich erscheinen. Damals, nach 46 Jahren Bauzeit, war der neue Tempel übrigens immer noch nicht fertiggestellt; man baute noch weitere 36 Jahre an ihm! **21** *Er aber redete von dem Tempel seines Leibes:* Daß hier der Tempel und Jesu Leib in Zusammenhang gebracht werden, ist vielsagend. In beiden wohnte Gott. Einige Ausleger meinen, daß Jesus hier wohl kaum seinen eigenen Leib gemeint haben kann, da nirgends in der Bibel erwähnt wird, daß er seinen eigenen Leib auferweckte. Deshalb deuten sie den »Leib« auf die Gemeinde. Aber die *drei Tage* beziehen sich eindeutig auf die Auferstehung Christi. Zugleich besteht natürlich eine enge Beziehung zwischen Jesu Auferstehung und dem Entstehen der Gemeinde. **22** *Dachten seine Jünger daran:* Nach der Auferstehung verstanden die Jünger vieles aus dem Leben Jesu, was sie vorher nicht begriffen hatten. Man beachte, daß sie dabei zum Glauben sowohl an die Schrift (das AT) als auch an die Aussagen Jesu kamen.

Für die Jünger - und für die frühen Christen allgemein - stand das *Wort* Jesu auf einer Ebene mit dem AT.

23-25 Der Abschnitt endet mit einer allgemeinen Bemerkung zu den Begebenheiten an diesem Passahfest. Wieder wird die enge Beziehung zwischen Zeichen und Glauben betont. Den Schlüssel hierzu liefert uns 20,30-31, wo Johannes den Zweck seines Evangeliums angibt. Er berichtet die Zeichen, damit die Leser zum Glauben an Jesus als den Christus und Sohn Gottes kommen. Ein unerwarteter Faktor in unserem Abschnitt ist die Skepsis Jesu gegenüber den Menschen, die an ihn glauben. Er wußte, daß ihr Glaube unecht und unbeständig war. Der Satz ... *denn er wußte, was im Menschen war* weist auf Jesu übernatürliche Kenntnis der Gedanken der Menschen. Jesus bedurfte keiner Ratgeber, denn sein eigenes Wissen war vollkommen. Die jetzt folgende Nikodemusgeschichte veranschaulicht dies.

3,1-21 Die neue Geburt

1 *Ein Mensch unter den Pharisäern:* Johannes hat in seinem Evangelium viel über die Pharisäer zu sagen, meist jedoch nichts Gutes. Aber hier berichtet er von einem Pharisäer, der Jesus aus ernsten und lauteren Motiven aufsuchte. Er war außerdem - als Mitglied des Sanhedrin - ein hochgestellter Mann, was vielleicht erklärt, wieso er Jesus im Verborgenen aufsuchte. 2 Er redet ihn als einen *Lehrer, von Gott gekommen* an. Nicht alle jüdischen Lehrer waren von Gott beauftragt; vielmehr leiteten sie ihre Autorität aus den theologischen Schulen und deren Traditionen ab. Es ist bemerkenswert, daß Nikodemus Jesus aufgrund seiner *Zeichen* als von Gott gesandt erkannte; sie waren Bürgen seiner Vollmacht. 3 *Es sei denn, daß jemand von neuem geboren werde:* Das mit *von neuem* übersetzte Wort könnte auch mit »von oben« wiedergegeben werden, was nicht nur die Notwendigkeit der neuen Geburt, sondern auch ihr geistliches Wesen betonen würde. Wahrscheinlich dachte Jesus an diese zweite Bedeutung, aber Nikodemus merkte dies (wie seine Antwort nahelegt) nicht. Viele frühe Kirchenväter haben Jesu Aussage auf die Taufe bezogen und sich dabei auf V.5 berufen. *Das Reich Gottes:* Dieser Ausdruck ist bei Johannes selten, begegnet dagegen häufig in Jesu Lehrreden in den synoptischen Evangelien. Er bezieht sich zunächst nicht auf eine Einflußsphäre, sondern auf die Souveränität Gottes. Die enge Verknüpfung von Reich Gottes und Wiedergeburt ist bedeutsam, zeigt sie doch, daß Gottes Reich seinem Wesen nach etwas Geistliches ist. Zu der damaligen Zeit, in der eine überwiegend materiell-politische Vorstellung von der Königsherrschaft vorherrschte, war die Idee eines geistlichen Reiches für die Juden nur schwer annehmbar. *Das Reich Gottes ... sehen* ist untrennbar verbunden mit *in das Reich Gottes kommen* (V.5). Will man überhaupt einen Unterschied zwischen beiden Ausdrücken machen, dann muß man das »Hineinkommen« als mit einer Willensentscheidung verbundene Folge des »Sehens« betrachten. Aber andererseits können eigentlich nur die, die im Glauben in das Reich gekommen sind, dieses Reich wirklich »sehen«. »Sehen« in diesem Sinne kann man als »Erfahren« verstehen (vgl. V.36). Die Wiedergeburt folgt nicht auf das Sehen, sondern geht ihm voraus.

4 *Kann er etwa zum zweitenmal in den Leib seiner Mutter eingehen und geboren werden?* (ZÜ): Daß ein jüdischer Führer, dem doch die Idee der geistlichen Wiedergeburt nicht völlig fremd sein konnte, Jesu Ausspruch so wortwörtlich verstand, muß überraschen. Meinte er seine Frage ernst? Oder wollte er etwa Jesu Behauptung ins Lächerliche ziehen? Wahrscheinlicher ist, daß er echte Schwierigkeiten hatte. Daß reife, ins Geleise fester Gewohnheiten eingefahrene Menschen auf natürliche Weise völlig umgewandelt werden, scheint unmöglich. Die einzige Alternative, die Nikodemus sich vorstellen konnte, war ein völliger Neubeginn - eine physische Unmöglichkeit. 5 *Es sei denn, daß jemand geboren werde aus Wasser und Geist:* Einige Ausleger meinen, daß sich *Wasser* auf die Taufe und *Geist* auf die Wiedergeburt beziehe. Dann muß Nikodemus an die Bußtaufe Johannes des Täufers gedacht haben. Falls die Täuflinge des Johannes sich für »wiedergeboren« hielten, mußten sie lernen, daß der äußere Ritus allein, ohne gleichzeitige geistliche Erneuerung, nicht ausreichte. Eine andere mögliche Deutung bezieht »Wasser« auf die natürliche Geburt des Menschen; damit wäre logisch an die Frage des Nikodemus angeknüpft. Aber die Hauptschwierigkeit dieser Interpretation besteht darin, daß es zu der Gleichung »Wasser = natürliche Geburt« keine Parallelen in der Bibel gibt. Noch dazu spricht die aus anderen Bibelstellen bezeugte enge Verbindung von Wasser- und Geistestaufe für die erste Deutung (vgl. 1,33; Mt 3,11). Die Betonung in V.5 liegt wohl eindeutig auf »Geist« und nicht auf »Wasser« (wie auch aus V.6-8 hervorgeht), aber die Verbindung zwischen beiden ist eng. 6 *Fleisch ... Geist:* Dieses Gegensatzpaar begegnet oft auch in den paulinischen Schriften. Bei Johannes erfährt »Fleisch« allerdings keine moralische Wertung, sondern bezieht sich vielmehr auf das Körperliche und Äußerliche (im Gegensatz zum Geistlichen und Wesentlichen). Jesus sagt, daß das Wesen des Geborenen durch seine Eltern bestimmt wird. 7 *Ihr müßt von neuem geboren werden:*

Die Notwendigkeit der Wiedergeburt wird hier in Befehlsform wiederholt. Die Notwendigkeit der geistlichen Neugeburt ist nicht in das Ermessen des Menschen gestellt.

8 *Der Wind bläst, wo er will:* Diesen Ausspruch kann man auf zwei Arten verstehen, da das griech. Wort für »Wind« das gleiche ist wie für »Geist«. Die Lesart »Geist« würde die Souveränität des Geistes Gottes hervorheben: Er wirkt dort, wo er will. Aber die Lesart »Wind« ist die in diesem Zusammenhang verständlichere, denn der Wind ist sowohl in seiner offensichtlichen Unberechenbarkeit als auch in seiner Unsichtbarkeit ein sprechendes Bild für das Wirken des Geistes. Das Wunder der Wiedergeburt kann nicht durch menschlichen Scharfsinn bewerkstelligt werden, und es entzieht sich jeder menschlichen Kontrolle. **10** *Der Lehrer Israels* (ZÜ): Weil das Griech. hier den bestimmten Artikel hat, muß das Wort *Lehrer* in einem stellvertretenden Sinne verstanden werden. Alle, die für sich in Anspruch nahmen, Lehrer Israels zu sein, werden hier durch Nikodemus repräsentiert, und der versteht nicht, was Jesus meint, obwohl er es hätte verstehen müssen. **11** Sehr oft (wie auch hier) führen im Johannesevangelium Mißverständnisse zu genaueren Erläuterungen. *Wir reden, was wir wissen:* Jesus setzt sich klar von den rabbinischen Lehrern ab und läßt durchblicken, daß es ihnen an Vollmacht und Kenntnis mangelt. Aber warum benutzt er den Plural *(wir)* und nicht den Singular? Vielleicht bezieht er seine Jünger mit ein, obwohl diese damals noch sehr wenig Erkenntnis hatten, vielleicht ist der Plural auch bloß eine rhetorische Zuspitzung der Aussage, wie sie gelegentlich auch bei Paulus begegnet. Einige Ausleger nehmen an, daß »wir« die Propheten einschließt, aber dies erscheint wenig plausibel. Andere sehen in dem »wir« den Vater und den Heiligen Geist eingeschlossen, und dagegen ist weniger einzuwenden. *Ihr aber nehmt unser Zeugnis nicht an* veranschaulicht die 1,5.10.11 gemachten Aussagen. **12** *Irdische Dinge ... himmlische Dinge:* Die »irdischen Dinge« weisen offenbar auf die gerade vorangegangenen Darlegungen Jesu zurück, schließen also geistliche Wahrheiten wie z.B. die Wiedergeburt ein. Dann wären die »himmlischen Dinge« jene Wahrheiten, die auf der Erde nicht vollständig geoffenbart werden können. **13** *Niemand ist in den Himmel hinaufgestiegen außer dem, der aus dem Himmel herabgestiegen ist* (ZÜ): Da das erste Verb im Perfekt und nicht im Futur steht, kann es sich eigentlich nicht auf die Himmelfahrt Jesu beziehen. Die meisten Ausleger beziehen es daher auf den Stand, von welchem Jesus herabstieg und zu dem er bei seiner Himmelfahrt zurückkehrte. Bei dem »Herabsteigen« handelt es sich eindeutig um die Menschwerdung. Das Ende des Verses lautet in einigen Hss. »des Menschen Sohn, der im Himmel ist«, aber die zuverlässigsten Hss. haben einfach »des Menschen Sohn«, ohne Zusätze. Der Zusatz paßt auch nicht gut in den Kontext. Er könnte allenfalls als Hinweis auf die Präexistenz Christi verstanden werden und würde damit seine himmlische Vollmacht (die jedoch bereits genügend betont worden ist) nochmals unterstreichen. **14** *Wie Mose:* Die atl. Geschichte von Mose und der ehernen Schlange (4Mo 21,8-9) wird zur Illustration des irdischen Wirkens des Menschensohns herangezogen. Die Erhöhung bezieht sich eindeutig auf das Kreuz und nicht auf die Verherrlichung. **15** Der entscheidende Vergleichspunkt bei dieser Parallele ist die Notwendigkeit des Glaubens. Die Erhöhung des Menschensohnes wird bezeichnenderweise als etwas unbedingt Notwendiges beschrieben: für sie kam Jesus in die Welt. Das »ewige Leben« ist dem »Leben ... in seinem Namen« 20,31 vergleichbar, das Johannes bei der Beschreibung des Zwecks seines Evangeliums nennt. Das Adjektiv *ewige* drückt die Unzerstörbarkeit des durch Jesus gegebenen Lebens aus.

16ff Uneinigkeit herrscht darüber, ob der folgende Abschnitt eine Fortsetzung der Rede Jesu oder ein Kommentar des Evangelisten ist. Die Konjunktion »denn« deutet wohl eher auf eine Fortführung des Vorangegangenen und spricht somit für die Deutung, daß Jesus weiterspricht. **16** *So sehr hat Gott die Welt geliebt* (ZÜ): Diese Feststellung zeigt, daß der Gegenstand der Liebe Gottes allumfassend ist. Diese Liebe ist aufopfernd, sie will das ewige Leben für die Glaubenden (die ohne diese Liebe verlorengehen würden). Es ist kein Wunder, daß dieser Vers gelegentlich als »das Evangelium in einem Satz« bezeichnet wird. Die Zeitform des Verbs *haben* zeigt, daß die Glaubenden das Leben schon jetzt besitzen. Die beiden folgenden Verse beleuchten dieses Thema weiter. **17** Ziel der Sendung des Sohnes war nicht Verdammnis, sondern Rettung, **18** aber seine Rettung kommt nur denen, die glauben, zugute. Das, woran sie glauben, wird genauer als der *Name des einzigen Sohnes Gottes* (ZÜ) bezeichnet. Damit wird wieder eine Verbindung zu 20,31 gezogen. Das Adjektiv *einzigen* (vgl. V. 16) klingt an den Prolog an (vgl. 1,18). **19** Eine weitere Anspielung auf den Prolog ist der Gegensatz zwischen *Licht* und *Finsternis* (vgl. 1,5). Die Finsternis wird hier ausdrücklich mit bösen Taten verbunden, und das Gericht Gottes ergeht dort, wo die Menschen die Finsternis dem Licht vorziehen. Andeutungsweise wird die Liebe Gottes zur Welt (vgl. V. 16) der Liebe des Menschen zur Finsternis gegenübergestellt. **20** *Damit seine Werke nicht aufgedeckt werden:* Der Mensch liebt die Finsternis nicht um ihrer selbst willen, sondern wegen ihrer Fähigkeit, seine bösen Werke zu verbergen. Wer dagegen Gutes tut, liebt das Licht, weil es die Dinge an den Tag bringt. **21** *Wer aber die Wahrheit tut:* Diesen Ausdruck findet man in rabbinischen Schriften; er meint moralisch gute, wertvolle Handlungen. Der letzte Teilsatz von V.21 drückt entweder das, was offenbar wird, aus (eben daß die Werke in Gott getan sind) oder den Grund für dieses Offenbarwerden (lies: »weil sie in Gott getan sind«). Die erste Lesart paßt besser zu V.20.

3,22-4,3 Jesus und Johannes der Täufer

22-24 Der Bericht knüpft an der Beziehung zwischen dem Wirken des Täufers und dem Wirken Jesu an. Zu beachten ist, daß eine Zeitlang die Tauftätigkeit des Johannes und die Jesu und seiner Jünger nebeneinander herlaufen. Die synoptischen Evangelien, zu denen das Johannesevangelium hier parallel läuft, zeigen, daß Jesus die Bußbotschaft des Johannes fortsetzte. Aus der Tatsache, daß Johannes noch nicht im Gefängnis war, können wir entnehmen, daß die bisher wiedergegebenen Ereignisse zeitlich vor denen der synoptischen Berichte anzusetzen sind (vgl. Mk 1,14).

25-30 Zu dem Täuferbekenntnis auf Jesus kommt es anläßlich eines Streites. Die Johannesjünger sind durch die scheinbare Konkurrenz Jesu und seiner Jünger verunsichert. **27** *Ein Mensch kann nichts nehmen, wenn es ihm nicht vom Himmel gegeben ist:* Welchen Bezug hat dieser Vers zu der Bemerkung der Johannesjünger? Möglicherweise (und diese Deutung paßt gut in den Kontext) will er sagen, daß die Jünger des Johannes ihrem Lehrer mehr Autorität zuschreiben als Gott ihm gegeben hatte. Er kann auch die göttliche Vollmacht Jesu ausdrücken, die Johannes nicht an sich reißen konnte. **28.29** Johannes zeigt, daß ihm nur eine vorbereitende Aufgabe zukommt, ähnlich der des Freundes eines Bräutigams. Dieser hat dafür zu sorgen, daß der Bräutigam glücklich ist. Das Bräutigamsmotiv begegnet auch in Jesu Lehre in den Synoptikern (vgl. Mt 22,1ff; Mt 25,1ff). An anderen Stellen des NT (vgl. bes. Eph 5,22ff) wird die Gemeinde als Braut Christi bezeichnet. **30** *Er muß wachsen:* Der schon Kap. 1 betonte Vorrang Jesu wird wiederholt. Nicht nur Johannes muß abnehmen, sondern das ganze alte System, das er vertritt.

31ff In diesem letzten Abschnitt des Kapitels spricht entweder der Täufer oder der Evangelist Johannes. Daß der Evangelist das Wort hat, scheint naheliegend. Der Abschnitt zeigt die Hoheit des Sohnes, den Gott gesandt hat. *a.* **31** Er ist *von oben her* und *über allen,* d.h., er unterscheidet sich von allem Irdischen, und damit verlieren irdische Deutungsversuche der Person Jesu ihre Gültigkeit. *b.* **32** Sein Zeugnis beruht auf persönlicher Erfahrung. *c.* Sein Zeugnis wird allgemein abgelehnt, **33** aber die, die es annehmen, glauben damit nicht nur der Botschaft Jesu, sondern bescheinigen auch ihrer Quelle absolute Glaubwürdigkeit. **34** Gott kann seinen Sohn nur das sagen lassen, was mit seinem eigenen Wesen übereinstimmt. *Denn nicht nach (begrenztem) Maß gibt er den Geist* (ZÜ): Es wird aus dem Griech. nicht deutlich, ob Gott, Christus oder der Heilige Geist den Geist gibt. Im letzteren Fall wäre die Gabe das Wort Gottes. Am besten nimmt man wohl Gott als den Geber an, und zwar in dem Sinne, daß er denen, die er sendet, den Geist in Fülle gibt. »Nicht nach dem Maß« hieße dann »unbegrenzt«. Diese Deutung deckt sich mit V.35, wo von der Gabe des Vaters an den Sohn die Rede ist. **35** Die Tatsache, daß der Vater *ihm alles in seine Hand gegeben* hat, zeigt die Vorrangstellung Christi nicht nur in der Schöpfung, sondern in allen Bereichen (vgl. 5,22.26-27; 12,49; 17,2.24). **36** Der Schlußsatz dieses Kapitels ist eine abgewandelte Wiederholung von V.15. Die Ungläubigen haben nicht nur kein ewiges Leben (das Leben »sehen« bedeutet das Leben erfahren), sondern ziehen auch den *Zorn Gottes* auf sich. Die Folge des Unglaubens wird also sowohl negativ als auch positiv formuliert. Der Zorn Gottes ist aktiv, und seine Erwähnung hier sollte mit der bei Johannes dem Täufer (Mt 3,7 und Lk 3,7) verglichen werden. Es geht um das Gerichtshandeln Gottes. Die Formulierung *bleibt über ihm* zeigt die gegenwärtige und zukünftige Wirksamkeit des Zorns an.

4,1-3 Johannes kehrt wieder zum historischen Kontext zurück und erklärt, warum Jesus Judäa verließ: wegen drohender Repressalien der Pharisäer. Die Pharisäer konnten Johannes den Täufer gerade noch dulden, aber in Jesus begegnete ihnen ganz offensichtlich eine noch gefährlichere Herausforderung. Der Gebrauch des Titels *Herr* (s. EÜ) überrascht zunächst angesichts des folgenden *Jesus.* Eine andere Lesart (vgl. LÜ), die an beiden Stellen »Jesus« hat, erscheint verständlich, mag aber durch das Bemühen zustandegekommen sein, den im Johannesevangelium sonst nicht gängigen Titel »Herr« aus dem Text zu entfernen. Falls die Variante »Herr« die ursprüngliche ist, gibt sie den hohen Respekt des Evangelisten gegenüber Jesus wieder. **2** *(Obwohl Jesus nicht selber taufte . . .):* Dieser Einschub soll den Bericht der Pharisäer V.1 korrigieren.

4,4-42 Jesus in Samarien

4 *Er mußte aber durch Samarien reisen:* Das Verb läßt auf Dringlichkeit schließen. Der kürzeste Weg von Jerusalem nach Galiläa führte über Samarien. 6 *Jakobs Brunnen:* Dieser lag bei Sichem (Sychar). Daß Jakob bei den Samaritern hoch angesehen war, wird aus V.12 deutlich. *Weil nun Jesus müde war von der Reise, setzte er sich am Brunnen nieder:* Das Wichtige an dieser Angabe ist die Müdigkeit Jesu. In einem Evangelium, das zum Glauben an den Sohn Gottes führen will, sind dergleichen menschliche Züge bedeutungsvoller als in anderen Texten. Die Zeitangabe macht die Geschichte anschaulich. Nach jüdischer Zeitrechnung war *die sechste Stunde* 12 Uhr mittags.

7 *Eine Frau aus Samarien:* Ein Jude wäre gegenüber einer solchen Begegnung doppelt voreingenommen - aus Gründen der Rasse und aufgrund des Geschlechts. 8 Die Abwesenheit der Jünger unterstreicht das Außergewöhnliche der folgenden Unterhaltung zwischen Jesus und einer solchen Frau. 9 Jesu Bitte ist so ungewöhnlich, daß die Frau eine Begründung für sie verlangt, was wiederum unmittelbar zu Jesu Wort über die Gabe Gottes führt. Ohne Zweifel erkannte die Frau Jesus aufgrund seiner Sprache als Juden. *Denn die Juden haben keine Gemeinschaft mit den Samaritern:* Dies ist entweder Kommentar des Evangelisten oder Fortsetzung der Rede der Frau. In beiden Fällen erklärt es die Überraschung der Frau. Das hier im Griech. benutzte Verb bedeutet »zusammen benutzen mit«, und einige Ausleger nehmen an, daß es sich auf ein Verbot, gemeinsam aus einem Gefäß zu trinken, bezieht. Aber ein jüdisches Verbot dieser Art finden wir erst im Jahre 65 oder 66 n.Chr. Auf jeden Fall waren die Beziehungen zwischen den Juden und den Samaritern nicht gut. 10 *Wenn du erkenntest die Gabe Gottes:* Das Wort für *Gabe* (griech.: *dorea*) bezeichnet in der Apg und den ntl. Briefen immer ein göttliches Geschenk. Hier (und auch immer in der Apg) ist das Geschenk der Geist Gottes. In 7,37-39 finden wir eine enge Beziehung zwischen lebendigem Wasser und dem Geist. *Und wer der ist:* Den Geist schenken kann nur Jesus. Hätte die Frau nur gewußt, daß ihm die Macht gegeben war, ein solches Geschenk zu machen, hätte sie ihn darum gebeten. *Lebendiges Wasser:* Die Rabbinen verwendeten den Ausdruck *Wasser,* wenn sie über das Gesetz Gottes sprachen, und wir finden den bildlichen Gebrauch dieses Ausdrucks auch im AT (vgl. Spr 13,14; Jer 17,13; Sach 14,8). 11 Aber die Frau versteht Jesus nicht und nimmt seine Redeweise wörtlich. *Der Brunnen ist tief:* Wie konnte Jesus ihr Wasser anbieten, wo er doch keinen Eimer bei sich hatte? 12 Mit einer solchen Großtat hätte er Jakob, der den Brunnen grub, in den Schatten gestellt. Wir begegnen oft Menschen, die sich nicht vorstellen können, daß jemand größer sein könnte als ein bestimmter großer Mann aus ihrer Geschichte. (Vgl. 8,53 für eine ähnliche Bemerkung in bezug auf Abraham.) Die Frau zeigt ein wenig von jener fanatischen Verehrung heiliger Stätten, die sich ausschließlich aus deren historischer Bedeutung und nicht aus ihrer gegenwärtigen Funktion herleitet. Das von der Frau für »Brunnen« gebrauchte Wort (griech.: *phrear)* bedeutet einen gemauerten Brunnenschacht; dagegen benutzt Jesus V.14 das Wort für »Quelle« (griech.: *pege;* vgl. ZÜ), spricht also von dem Wasser selbst. **13.14** Jesus vergleicht das Wasser, das den Durst nur vorübergehend stillt, mit dem, das ihn für immer stillt. Letzteres ist unendlich wertvoller, zumal es zum ewigen Leben führt. Mit untrüglichem Scharfblick sah Jesus die geistliche Not der Frau. 15 Aber sie verstand ihn überhaupt nicht, war innerlich blokkiert und dachte nur an den natürlichen Durst und an die Aussicht, nie mehr mühsam aus dem Jakobsbrunnen schöpfen zu müssen.

Im nächsten Abschnitt wird das Gespräch persönlicher. 16 Die Forderung *Geh hin, ruf deinen Mann und komm wieder her!* spricht Jesus bewußt unvermittelt aus. Sie bildet einen Wendepunkt im Gespräch: Die Frau muß sich jetzt der Wirklichkeit ihres Lebens stellen. 17 *Du hast recht geantwortet: Ich habe keinen Mann:* Jesus erkennt das (wenn auch in gewissem Sinne ausweichende) Geständnis der Frau an. Jetzt kann er sie mit ihrer Vergangenheit und ihrer Gegenwart konfrontieren. 18 *Fünf Männer:* Die Rabbinen erlaubten nicht mehr als insgesamt drei Heiraten. 19 *Herr, ich sehe, daß du ein Prophet bist:* Sie merkt sofort, daß Jesus sie durchschaut hat und meint, er müsse bei einem solchen Wissen wohl ein Prophet sein. 20 *Unsere Väter haben auf diesem Berge angebetet:* Die Frau lenkt von ihrem persönlichen Lebensproblem auf ein allgemeines, grundsätzliches religiöses Problem ab. Gottesdienst und Anbetung waren damals eng mit einer heiligen Stätte verbunden. Für die Samariter war diese Stätte der Berg Garizim und für die Juden Jerusalem. Warum sollte die eine Stätte besser sein als die andere? Diese religiöse Erörterung war für die Frau natürlich angenehmer als die Frage nach ihrem eigenen Gewissen. 21 Dennoch geht Jesus zunächst auf die Frage ein. *Es kommt die Zeit:* Jetzt mag es noch Auseinandersetzungen über den Ort geben, aber die Stunde der Gewißheit steht vor der Tür: dann wird deutlich werden, daß echte Anbetung von der geistlichen Einstellung und nicht von dem Ort der Anbetung abhängig ist (vgl. V. 23). Der Streit um den Anbetungsort tut nichts zur Sache. **22** Wesentlicher war der Gegenstand der Anbetung, und darin hatten die Juden den Samaritern gegenüber die überlegene Erkenntnis. *Wir wissen aber, was wir anbeten; denn das Heil kommt von den Juden:* Die Juden wußten einiges mehr über Gott als die Samariter, die sich auf die fünf Bücher Mose beschränkten. *Was* betont das Wesen des Angebeteten. **23** *Aber ... die Zeit ... ist schon jetzt:* Damit wird aus der Ankündigung V. 21 eine gegenwärtige Tatsache. Kein Mensch, ob Jude oder Samariter, ist jetzt mehr daran gehindert, Gott im *Geist und in der Wahrheit* anzubeten. Die Verbindung von Geist und Wahrheit beleuchtet die Bedeutung des Ausdrucks *die wahren Anbeter.* Diese sind von solchen Menschen zu unterscheiden, die lediglich zum Schein, durch die rein äußerliche Teilnahme an Zeremonien, Gott anbeten. Es kommt, wie der folgende Vers zeigt, auf den Geist an. *Denn so will der Vater seine Anbeter haben* (ZÜ): Der entscheidende Grund dafür, daß wahre Anbetung geistlich sein muß, liegt im Wesen Gottes begründet. Er kann nur solche Anbeter gebrauchen, die mit seinem Wesen in Einklang sind. **24** Daher die folgende tiefgründige Aussage über das Wesen Gottes: *Gott ist Geist.* Daß er Geist ist, war den Juden nicht grundsätzlich fremd, aber sie hatten versäumt, daß der Anbetende mit dem Angebeteten wesensmäßig übereinstimmen muß. **25** Den *Messias* brachte die Frau wohl aus Verlegenheit ins Gespräch. Unklar ist, inwieweit die Samariter auf den Messias hofften. Ihre Vorstellungen waren möglicherweise recht vage, aber auf jeden Fall erwartete diese Frau einen Offenbarer, d.h. einen Propheten (vgl. 5Mo 18,15). **26** *Ich bin es, ich, der mit dir redet* (EinhÜ): Im Gegensatz zu der Zurückhaltung, mit der Jesus sich in den Synoptikern zum Thema *Messias* äußert, bezeichnet er sich hier völlig freimütig als den von der Frau erhofften Messias. Dieser Unterschied dürfte damit zu erklären sein, daß unter den Samaritern - im Gegensatz zu den Juden - eine solche Selbstbezeichnung Jesu ohne politische Konsequenzen blieb. Hier offenbart sich der Messias einer Frau, die offensichtlich eine gewisse Messiaserwartung hegte und daher auf die Offenbarung vorbereitet war.

27.28 Die Rückkehr der Jünger von ihrem Einkauf (vgl. V. 8) hatte eine doppelte Wirkung. Sie staunten über das, was sie vorfanden - Jesus im Gespräch mit einer Frau - und die Frau ließ ihren Krug stehen und ging in die Stadt. Vielleicht wußten die Jünger, daß jüdische Rabbinen gewöhnlich auf der Straße nicht mit Frauen verkehren durften. *Was fragst du?* (EinhÜ: *Was willst du?)* Als Grund für die Unterhaltung kam nur in Frage, daß Jesus die Frau um etwas gebeten hatte (vgl. V. 7). Die Jünger waren jedoch zu verlegen, um ihre Frage laut zu äußern. Diese Verlegenheit deutet sich auch in ihrer etwas nervösen Aufforderung an, Jesus solle doch essen (V. 31). **29** *Kommt, seht einen Menschen, der mir alles gesagt hat, was ich getan habe:* Was sie an Jesus am meisten beeindruckt hatte, war - obwohl sie diesem Thema im Gespräch ausgewichen war - sein Einblick in ihr Leben. Trotzdem die Unterhaltung auf andere Themen gekommen war, war das Gewissen der Frau nach und nach erwacht. *Ob er nicht der Christus sei:* Das Griech. ist im Sinne von »kaum zu glauben« verstehbar. Man könnte auch übersetzen: »Das ist doch wohl nicht der Christus?« **30** Aber die Frage weckt sofort das Interesse der Hörer.

31ff Jesu Gespräch mit seinen Jüngern bildet eine Art Zwischenspiel, das jedoch für die Handlung nicht unbedeutend ist. **32** Jesus reagiert auf die Mahnung der Jünger zum Essen, indem er das Gespräch zum Geistlichen wendet: *Ich habe eine Speise zu essen, von der ihr nicht wißt.* Beide Pronomen (*ich* und *ihr*) tragen großen Nachdruck und betonen so den starken Gegensatz zwischen Jesus und den Jüngern. **33** Sie können sich die Speise nur im wörtlichen, materiellen Sinne vorstellen. Da Jesus nicht zu essen hatte, als sie gingen, mußte ihm jemand - vielleicht sogar die Frau, so folgerten sie - in der Zwischenzeit etwas zu essen gegeben haben. **34** *Meine Speise ist die, daß ich tue den Willen dessen, der mich gesandt hat, und vollende sein Werk:* Offenbar geht es Jesus hier um das Prinzip, wonach der Wille Gottes an erster Stelle steht, vor allem anderen, auch vor der notwendigen - und von Jesus nicht in Abrede gestellten - Nahrungsaufnahme. Hier - wie so oft im Johannesevangelium - tritt in den Vordergrund, wie tief sich der Herr seiner Sendung bewußt war. Er kann nicht ruhen, bis er sie vollständig ausgeführt hat. **35** Der Hinweis auf die *Ernte* soll diese Erfüllung des Auftrags verdeutlichen. Ihren Zeitpunkt kann man - anders als den einer natürlichen Ernte - nicht im voraus berechnen. Die geistliche Ernte unterliegt nicht dem Gesetz der Jahreszeiten. *Hebt eure Augen auf und seht:* Meinte Jesus dies wörtlich? Wenn ja, was waren dann die reifen Felder? Vielleicht konnten er und seine Jünger sehen, wie die Samariter aus der Stadt den Hügel hinauf zu ihnen kamen, und er betrachtete diese Samariter als die geistliche Ernte des im Herzen der Frau gesäten Samens. Jesu Worte können aber auch im Bilde gesprochen sein: als Aufruf dazu, geistlichen Scharfblick walten zu lassen, wenn man nach Gelegenheiten sucht, andere Menschen zu Jesus zu bringen. **36.37** *Der, welcher erntet, empfängt Lohn und sammelt Frucht fürs ewige Leben* (ZÜ): Zur Erläuterung seines Bildes weist Jesus auf ein fundamentales geistliches Prinzip hin (der, der erntet, verdient eine Belohnung), und er erinnert gleichzeitig daran, daß niemand ernten kann, wo nicht zuvor gesät worden ist. **38** *Ich habe euch ausgesandt, zu ernten* (ZÜ): Jesus erinnert seine Jünger, daß sie ihre Erfahrungen nicht zuletzt der Arbeit anderer verdanken. Das mit *Arbeit* übersetzte Wort wird im Griech. für schwere, mühevolle Tätigkeit gebraucht. Die *anderen* sind die Menschen, die Christus den Weg bereitet haben. Aus alledem wird deutlich: Bei einem geistlichen Auftrag kann nie ein einzelner alleine den Verdienst für sich beanspruchen.

39 *Es glaubten aber an ihn viele der Samariter aus dieser Stadt:* Der Inhalt dieses Glaubens war zunächst notwendigerweise begrenzt, da die Aussagen der Frau im wesentlichen die außergewöhnliche Fähigkeit Jesu zum Inhalt hatten. **40.41** Aber nach *zwei* weiteren *Tagen* der Begegnung mit Jesus glaubten *noch viel mehr* an ihn, und man darf wohl annehmen, daß ihr Glaube an Tiefe gewann. **42** Dieser tiefergreifende Glaube schlägt sich in ihrem Bekenntnis nieder: *Wir haben selber gehört und erkannt: Dieser ist wahrlich der Welt Heiland.* Zweifellos hat Jesus ihnen viel über seinen Auftrag mitgeteilt, aber ihre Erkenntnis, was die Erlösung betrifft, bedurfte natürlich weiterer Vertiefung.

4,43-54 Rückkehr nach Galiläa

43-45 Dieser Abschnitt leitet von Samarien nach Galiläa über und zeigt, wie Jesus in Galiläa aufgenommen wird. Die Bemerkung, daß *ein Prophet daheim nichts gilt* (vermutlich ein Sprichwort) findet sich auch in den synoptischen Evangelien, aber dort ist Jesu Heimatland Galiläa, während es in diesem Vers Judäa zu sein scheint. Der herzliche Empfang, den die Galiläer Jesus bereiten, stützt diese Deutung. (Man beachte, daß Mk 6,4 und Mt 13,57 das Sprichwort in direkter Rede, als Ausspruch Jesu, erscheint, während es hier vom Evangelisten indirekt zitiert wird.) Es kann aber auch sein, daß Johannes Jesu Erfolg in Samarien und Jerusalem mit der allgemeinen Aufnahme in Galiläa, insbesondere in Nazareth, wie wir sie aus den Synoptikern kennen, kontrastiert. In diesem Fall liegt ein besonderer Nachdruck auf der Feststellung, daß Jesus von denen, die mit auf dem Fest gewesen waren und ihn also außerhalb seines Heimatlandes erlebt hatten, willkommen geheißen wurde. Andererseits war es bei den Juden üblich, Jerusalem als die Heimat von Propheten zu betrachten. In Jerusalem vollzogene Zeichen machten sicher einen tiefen Eindruck auf die Galiläer.

Auch das zweite bei Johannes überlieferte Zeichen geschieht in Kana. **46-48** *Ein Mann im Dienst des Königs* (EinhÜ: *ein königlicher Beamter*), *dessen Sohn lag krank:* Sowohl das Wort *Beamter* (griech.: *basilikos*) als auch der Hinweis auf dessen *Sohn* unterscheiden dieses Wunder von der ähnlichen Heilung des Dieners des Hauptmanns von Kapernaum (Mt 8,5-10; Lk 7,2-10). Weitere Unterschiede legen die Vermutung nahe, daß es sich um zwei verschiedene Ereignisse handelt. Auf die dringende Bitte des Beamten, Jesus möchte doch zu seinem Sohn kommen, erfolgt die überraschende Antwort: *Wenn ihr nicht Zeichen und Wunder seht, so glaubt ihr nicht.* Jesus wußte, wie es in dem Mann aussah, und daß er keinen wirklichen Glauben hatte. Vielleicht hatte er eine Art magischen Glauben, der auf die physische Anwesenheit des Heilenden angewiesen war. Dieser Vers zeigt, daß Zeichen, die als bloße Mirakel verstanden werden, wirkungslos bleiben.

49 Es ist erstaunlich, wie schnell der Mann auf Jesu Herausforderung eingeht. Nach einer weiteren ehrerbietigen Bitte, Jesus möchte doch kommen, **50** befolgt er sofort dessen Aufforderung, nach Hause zu gehen. *Der Mensch glaubte dem Wort, das Jesus zu ihm sagte:* Nun besteht er nicht mehr darauf, etwas zu sehen. Die Zurechtweisung V.48 zeigt Wirkung.

51-53 Zum Schluß dieses Begebnisses wird sowohl der Zeitpunkt der Heilung als auch ihre Vollständigkeit betont. Die Entdeckung des Vaters, daß die Heilung genau zu dem Zeitpunkt eingetreten war, als Jesus ihm die Zusicherung gab, führte dazu, daß er und sein Haus an Jesus glaubten. Das Zeichen hatte doch zum Glauben an Jesus geführt. **52** *Um die siebente Stunde:* Nach jüdischer Zeitrechnung wäre dies um 13 Uhr gewesen, nach römischer Rechnung dagegen erst 19 Uhr. Die römische Zeitangabe ist im Blick auf das *gestern* wohl die wahrscheinlichere.

5,1-47 Heilungen und Lehrreden in Jerusalem

5,1-18 Christus macht die Lahmen gehend

1 *Danach war ein Fest der Juden:* Welches Fest, wissen wir nicht. Wahrscheinlich wird es hier erwähnt, um zu erklären, warum Jesus nach so kurzer Zeit schon wieder nach Jerusalem ging. **2** Die Ausleger sind sich nicht darüber einig, ob es sich bei dem *Teich* um den Siloahteich oder um den Jungfrauenbrunnen handelt. In einigen Texten wird der Ort als Schafsbrunnen bezeichnet. Die wichtigste Einzelheit ist die Zahl der *Hallen* (d.h. Säulenhallen, vgl. EinhÜ). Sie boten sehr vielen Kranken Raum, um auf Genesung durch die heilkräftigen Wasser zu warten. **3.4** V. 3b und 4 finden sich erst in späteren Hss. **5.6** *Als Jesus diesen daliegen sah und erfuhr, daß er schon lange Zeit [so] zugebracht hatte* (ZÜ): Johannes berichtet uns, daß der Mann schon seit 38 Jahren krank war, was offensichtlich allgemein bekannt war. Vielleicht sprach der Mann viel darüber, um das Mitleid der anderen zu erregen. Jesu Frage *Willst du gesund werden?* läßt darauf schließen, daß er ganz gezielt angesprochen werden mußte, um aus seiner Apathie herausgeholt zu werden. **7** Interessanterweise gibt er keine direkte Antwort auf die Frage. *Wenn das Wasser sich bewegt:* Aus keinen anderen Quellen ist bekannt, daß das Wasser, wenn es sich bewegte, tatsächlich heilkräftig war, aber viele Menschen werden daran geglaubt haben. Der Kranke beklagte sich darüber, daß er immer dann, wenn das Wasser sich für kurze Zeit bewegte, nicht aus eigener Kraft in den Teich kommen konnte. **8** *Steh auf, nimm dein Bett und geh hin!* Jesus geht nicht auf den Volksglauben ein. Die Zuschauer werden ihren Ohren nicht getraut haben, **9** doch der Kranke muß augenblicklich eine neue Kraft in sich gefühlt haben, die ihn befähigte, Jesu Aufforderung zu folgen.

Es war aber an dem Tag Sabbat: Diese Angabe ist der Schlüssel für das Folgende. Hier hat Jesus zum erstenmal in Jerusalem öffentlich das Sabbatgebot verletzt. **10** Der Einwand der jüdischen Kritiker ist ein beredtes Beispiel für ihre Spitzfindigkeit. Sie sahen es als Arbeit an, wenn jemand seine Schlafmatte trug. Laut Mischna durfte man ein Bett nur dann tragen, wenn jemand darauf lag. Indirekt zielte die Kritik natürlich auf Jesus ab, auch wenn unmittelbar nur der Geheilte angesprochen wird (vgl. V. 16). **11.12** Die Diskussion zwischen dem Geheilten und den Juden ist interessant wegen der völligen Unwissenheit des Geheilten. Er kann Jesus nicht näher identifizieren und beschreibt ihn als den, *der mich gesund gemacht hat.* Bis jetzt hatte das Wunder ihm nicht Jesus offenbart. **13** *Denn Jesus hatte sich hinwegbegeben* (ZÜ): Sehr wahrscheinlich wollte er öffentliches Aufsehen und Beifall vermeiden. **14** Er bekam so auch Gelegenheit, den Geheilten persönlich anzusprechen. *Siehe, du bist gesund geworden; sündige hinfort nicht mehr, daß dir nicht etwas Schlimmeres widerfahre:* Jesus unterscheidet hier offenbar zwischen körperlicher Heilung und sittlichem Gebrechen. Ob die Krankheit des Mannes mit seinem sittlichen Verhalten in Verbindung stand? Aber eine solche ursächliche Verknüpfung braucht nicht notwendig bestanden zu haben; in diesem Fall wäre das »Schlimmere« geistliche Gelähmtheit. Jesu Aufforderung steht im Präsens: »Verharre nicht in der Sünde.« **15** *Der Mensch ging hin und berichtete den Juden:* Warum tat er dies? Vermutlich aus jüdischem Pflichtbewußtsein: Anweisungen müssen befolgt werden. Er kannte die feindselige Einstellung der Juden, aber sein Verhalten zeigt wenig Dankbarkeit gegenüber Jesus. **16** Das unmittelbare Ergebnis war Verfolgung. **17** Die Lage spitzte sich dadurch zu, daß Jesus sagte: *Mein Vater wirkt bis auf diesen Tag, und ich wirke auch.* Gemeint ist wohl, daß die Heilung ein Zeichen göttlicher Tätigkeit war, die menschliche Satzungen außer Kraft setzt. Die Werke des Vaters und die Werke Jesu sind identisch. **18** Die Juden betrachteten diese Aussage als Anspruch, Gott gleich zu sein. Ein solcher Anspruch war natürlich für einen Juden noch viel schlimmer als eine Verletzung des Sabbat: er rüttelte an ihrem Monotheismus.

5,19-47 Der Vater und der Sohn

Die Aussage V. 17 wird nun weiter entfaltet. Jesus will die Wesenseinheit zwischen dem Vater und dem Sohn aufzeigen. **19** *Wahrlich, wahrlich:* Eine feierliche Bekräftigung der folgenden Aussage. Der absolute Sinn, in dem in diesem Abschnitt das Wort *Sohn* gebraucht wird, folgt aus der V. 17 implizierten Beziehung. Die Gründe, weshalb der Sohn nichts aus eigenem Antrieb tut, werden in vier Schritten dargelegt: *a.* **19** Der Sohn handelt genauso wie der Vater. *b.* **20** Der Vater gewährt dem Sohn Einsicht in seine Pläne. *c.* **21** Der Sohn hat, genau wie der Vater, Macht, Leben zu geben. *d.* **22** Der Vater hat dem Sohn die Gerichtsvollmacht erteilt. Zwei konkrete Zwecke des gemeinsamen Handelns werden erwähnt: **20** *Damit ihr euch verwundert* (ZÜ) und **23** *damit sie alle den Sohn ehren, wie sie den Vater ehren.* Der erste Grund wäre ohne den zweiten mißverständlich. Jesus war gewiß kein marktschreierischer Wunderheiler, aber einige der angesprochenen Juden waren über seine Taten noch nicht einmal ins Staunen geraten. **20** *Denn der Vater hat den Sohn lieb:* Hervorzuheben ist, daß die Einigkeit zwischen Vater und Sohn in der Liebe wurzelt. **21** *Denn wie der Vater die Toten auferweckt:* Sowohl im AT als auch in den rabbinischen Schriften wird die Kraft, Tote aufzuerwecken, Gott zugeschrieben. Hier kann leibliche oder geistliche Auferweckung gemeint sein, aber V. 25 kann nur im geistlichen Sinne verstanden werden und V. 28-29 im körperlichen. **23** *Wer den Sohn nicht ehrt, der ehrt den Vater nicht, der ihn gesandt hat:* Dies war eine Spitze gegen die Juden, die doch angaben, den Vater zu ehren.

24 Ein weiteres *Wahrlich, wahrlich* leitet eine zweite wichtige Äußerung ein: In ihr geht es um die Wirkung des Glaubens, um das ewige Leben. Das Hören der Lehre Jesu und der Glaube an den, der ihn gesandt hat, sind eng miteinander verknüpft. Glaube entsteht, wo man die göttliche Sendung Jesu, und damit die göttliche Autorität seiner Worte erkennt. *Vom Tode zum Leben:* Das Griech. ist anschaulicher: »Aus dem Tode heraus«. Tod und Leben werden als zwei scharf voneinander geschiedene Bereiche gesehen. Der Glaube ist das Mittel, durch das der Mensch von dem einen Bereich in den anderen hinübergeht.

25ff In der nächsten, erneut durch die starke *Wahrlich, wahrlich*-Formel eingeleiteten Aussage geht es um die künftige Auferstehung. Mit den *Toten* könnten vielleicht u.a. auch die Menschen gemeint sein, die Jesus zu Lebzeiten vom Tode auferweckte, aber *und ist schon jetzt* spricht gegen diese Deutung. Es ist hier bemerkenswert, daß Jesus den Titel *Sohn Gottes* im Zusammenhang mit der Auferstehung und **27** den Titel *Menschensohn* im Zusammenhang mit dem Gericht benutzt. Der zweite Titel wird im Gegensatz zu dem ersten im Griech. nicht mit einem Artikel eingeleitet und ist in dem allgemeinen Sinne zu verstehen, daß Jesus wirklicher Mensch war. Das Gericht wird von einem vollzogen werden, der die Menschen wirklich kennt. **28** *Es kommt die Stunde:* Dies ist eine andere »Stunde« als die V. 25, denn hier geht es um die Auferstehung der Toten am Jüngsten Tag. **29** Jesus unterscheidet zwischen der *Auferstehung für das Leben* und der *Auferstehung für das Gericht* (ZÜ): Menschen, die das Leben haben, haben in gewissem Sinne das Gericht schon hinter sich, während die Übeltäter nichts als das Gericht zu erwarten haben.

Der Schlußabschnitt dieses Kapitels besteht aus einer Rede Jesu über die Art des Zeugnisses, das für ihn abgelegt wird. Er geht dabei schrittweise vor.

5,30-31 Jesus dementiert, daß es sich um ein Selbstzeugnis handelt. Ein solches Zeugnis ist bei ihm ausgeschlossen, da sein Wille gleich dem Willen dessen ist, der ihn gesandt hat. Ein Selbstzeugnis wäre gewissermaßen ein falsches Zeugnis. Die Aussage 8,14 steht hierzu nicht im Widerspruch, denn dort - im Gegensatz zu hier - geht es Jesus nicht um den unmöglichen hypothetischen Fall eines dem Zeugnis des Vaters widersprechenden Selbstzeugnisses des Sohnes.

5,33-35 Das Zeugnis Johannes des Täufers ist wertvoll, aber unzulänglich. **33** *Er hat die Wahrheit bezeugt:* Weil das Zeugnis des Johannes wahr ist, führt es Menschen zu Jesus. Ein solches Zeugnis ist anerkennenswert. **35** Der Zeuge war gleichsam eine hell leuchtende Lampe, aber er war nicht das wahre Licht selbst. Die Menschen freuten sich - aber nur über das Licht des Johannes. **34** Und dennoch: wenn sie seinem Zeugnis geglaubt hätten, wären sie gerettet worden.

5,36-38 Jesus kann sich auf einen größeren Zeugen berufen. **36** Jesus führt jetzt das Zeugnis seiner *Werke* an. Diese Werke sind ganz besonderer Art, denn der Vater hat Jesus damit beauftragt. Sie zeugen daher von ihrem Auftraggeber. Darum ist das Zeugnis der Taten Jesu größer als das der Worte des Johannes. Aber dieses Zeugnis ist auf unfruchtbaren Boden gefallen. **37** Obwohl der Vater durch die Taten seines Sohnes gesprochen hat, haben die Menschen seine Stimme nicht gehört und ihn nicht in diesen Taten erkannt. **38** Tatsache ist, daß wegen des Unglaubens der Menschen Gottes Wort nicht in ihnen wohnen konnte. Wie der nächste Vers zeigt, ist mit dem »Wort« in erster Linie die Heilige Schrift gemeint.

5,39-47 Jesus wird auch durch die Schrift bezeugt. **39** *Ihr sucht in der Schrift:* Dieser Satz könnte als Aufforderung verstanden werden. Man nimmt ihn aber besser doch als Feststellung, denn mit ihm beginnt Jesus zu zeigen, daß seine Hörer die wahre Bedeutung der Schrift nicht kennen. Das griech. Wort für *sucht* ist ausdrucksstark und bedeutet soviel wie »gründliches Untersuchen« (vgl. ZÜ: *durchforscht*) - eine treffende Beschreibung der Art, wie die Juden ihr Gesetz lasen. Aber mit all ihrem Forschen gingen sie an dem eigentlichen Ziel der Schrift - dem Hinweisen auf Jesus Christus - vorbei. **40** *Aber ihr wollt nicht zu mir kommen:* Die Menschen lehnen Jesu Zeugnis bewußt ab. **41** *Ich nehme nicht Ehre von Menschen:* Dieser Satz soll erklären, warum Jesu Sendung nicht von einer menschlichen Institution legitimiert ist. Dieser Gedanke wird V. 43 näher beleuchtet. **42** Mit *Gottes Liebe* kann die Liebe des Menschen zu Gott, Gottes Liebe zum Menschen oder auch beides gemeint sein. **44** Menschen, die Gott lieben, suchen seine Ehre und nicht ihre eigene, aber durch ihre Einstellung zu Jesus zeigen die Juden, daß sie nicht zu diesen Menschen gehören. Überhaupt ist es ethisch ganz und gar unmöglich, gleichzeitig seine eigene Ehre und Gottes Ehre zu suchen. **45** *Mose klagt euch an* (EinhÜ): Für die Juden, die doch die Thora liebten, mußte dies eine bittere Feststellung sein. Ausgerechnet die Thora enthüllt ihr inkonsequentes und widersprüchliches Verhalten und Denken. In den fünf Büchern Mose gibt es schon erste Hinweise auf den Messias Jesus Christus. **46** *Denn er hat von mir geschrieben:* Den Juden mangelte es nicht an Fleiß und Hingabe beim Studium der Thora, doch sie erkannten ihre eigentliche

Aussage nicht. **47** Kein Wunder, daß sie den Worten Jesu nicht glaubten.

6,1-71 Weitere Zeichen und Reden in Galiläa

6,1-15 Die Speisung der Fünftausend

Dies ist das einzige Wunder Jesu, das in allen vier Evangelien berichtet wird. Es sind hier daher nur die bei Johannes auffallenden Elemente zu erwähnen. **1** *Das Galiläische Meer:* In anderen Übersetzungen (z.B. ZÜ): *See (von) Tiberias.* Dieser zweite Name war zu Jesu Zeit wahrscheinlich noch nicht allgemein geläufig, da die Stadt Tiberias erst 22 n.Chr. gegründet wurde, aber Johannes kannte ihn. **2** *Weil sie die Zeichen sahen:* Johannes führt die Größe der Menge auf die Zeichen zurück (zumal gerade Zeichen ihn besonders interessieren). Die Zeichen ließen die Menschen nach Jesus suchen. **3** *Jesus aber ging auf einen Berg:* V.15 legt nahe, daß er zur Ausführung des Wunders wieder herabstieg. Unter *Berg* hat man wahrscheinlich allgemein einen Hügel oder eine Anhöhe zu verstehen. **4** *Das Passah* (ZÜ): Es wird nicht sofort klar, warum Johannes dies erwähnt. Wahrscheinlich war für ihn die Verbindung des Brotwunders mit der Lehre von dem himmlischen Brot, das dem christlichen »Passah« zugrundeliegt (vgl. V.51), wichtig.

5 Während in den synoptischen Berichten die Initiative von den Jüngern ausgeht, ist es bei Johannes Jesus, der als erster den Mangel an Speise anspricht. Er richtete seine Frage an Philippus, der noch dreimal in diesem Evangelium erwähnt wird (1,43ff; 12,21f; 14,8f). **6** Johannes' Kommentar sollte man nicht als einen Versuch des Evangelisten verstehen, Jesus vor dem Verdacht der Unwissenheit in Schutz zu nehmen, sondern als Beleg dafür, daß er in Jesus Gott erkannt hatte. Die Einzelheiten bei der Vorbereitung und Durchführung der Speisung entsprechen den synoptischen Berichten. **8** Ein besonderes Merkmal bei Johannes ist die Erwähnung des Andreas. Einer alten Tradition zufolge war Andreas Johannes bei der Erstellung des Evangeliums behilflich. (Vgl. 1,44 und 12,22, wo er auch zusammen mit Philippus erwähnt wird.)

11 *Jesus ... dankte:* Bei den Synoptikern lesen wir, daß Jesus zum Himmel aufsah und dann für das Brot dankte und es brach. Johannes faßt hier die beiden ersten Handlungen zusammen und läßt die dritte aus. Das hier für »danken« gebrauchte Verb (griech.: *eucharisteo*) wird von den anderen Evangelisten bei der Einsetzung des Abendmahls benutzt. Dies ist um so bemerkenswerter, als Johannes die Einsetzung des Abendmahls nicht berichtet. **13** Die *Körbe* waren leichte Weidenkörbe. **14** *Als nun die Menschen das Zeichen sahen:* Johannes bezeichnet zwar das Wunder mit dem ihm lieben Wort *Zeichen,* aber die Leute selbst brauchen es nicht unbedingt als Zeichen im vollen Sinne erkannt zu haben. Beeindruckt waren sie ohne Zweifel, wie ihre Worte über den *Propheten* (eine Anspielung auf 5Mo 18,15) zeigen. Wie V.15 zeigt, deuteten diese Menschen den Propheten offenbar messianisch. **15** Die Absicht, Jesus zum König zu machen, wird in den anderen Evangelien nicht erwähnt, erklärt jedoch gewisse Einzelheiten bei Mt und Mk, so z.B. die Tatsache, daß Jesus seine Jünger dazu drängen mußte, ins Boot zu steigen. Wieder zeigt sich, daß Jesus die Gedanken und Beweggründe der Menschen erkennt.

6,16-21 Jesus wandelt auf dem Wasser

Diese Begebenheit wird von Johannes nicht ausdrücklich als Zeichen beschrieben, und er gibt auch nicht an, welche Auswirkungen es hatte. Dennoch wird man es wohl zu den sieben Zeichen bei Johannes rechnen dürfen. **17** Die Bemerkung, daß *Jesus noch nicht zu ihnen gekommen war,* läßt vermuten, daß sie sich mit ihm verabredet hatten. **19** *Sahen sie Jesus auf dem See gehen:* Johannes sieht darin zweifelsohne ein übernatürliches Ereignis; s. dazu auch V.21. **20** *Ich-bin's; fürchtet euch nicht!* Dies zählt nicht zu den großen »Ich-bin-Worten«, obwohl im Griech. die gleiche grammatische Form steht. Die Botschaft ist klar: Wo Jesus ist, braucht man keine Angst zu haben. **21** *Und sogleich war das Boot am Land:* Einige Ausleger vermuten, Jesus habe die ganze Zeit am Ufer gestanden, während die Jünger dachten, er wäre auf dem Wasser. Aber hätten sie sich dann gefürchtet?

6,22-59 Gespräche in Kapernaum

22-24 Diese Verse sollen erklären, warum so viele der Menschen, die die Speisung der Fünftausend erlebt hatten, auch jetzt in Kapernaum dabei waren. Johannes betont die Verbindung zwischen dem Brotwunder und dem Gespräch in Kapernaum.

25 *Rabbi, wann bist du hergekommen?* Diese einleitende Frage spiegelt die Verblüffung der Leute wider. Sie wußten nicht, daß Jesus nicht an die Naturgesetze gebunden und auf dem Wasser gegangen war. **26** Jesus geht in seiner Antwort gleich tiefer und beschuldigt die Fragesteller, ihn nur um der Speise willen zu suchen. Das Wort *Zeichen* soll ihre innere Haltung beleuchten. Sie sahen nur das Brot, so daß das Wunder seine eigentliche Funktion bei ihnen nicht erfüllen konnte. **27** *Mühet euch nicht um die Speise, die vergeht* (ZÜ): Diese Worte müssen merkwürdig geklungen haben, denn gerade Mühe wollten Jesu Hörer vermeiden. Jesus lehnt lediglich ihr Begehren freundlich ab. Unvergängliche Speise ist ein Geschenk und kann nicht durch Leistung erworben werden. Das *Siegel* Gottes auf dem Menschensohn ist sein Vollmachts- und Beglaubigungszeichen. Wer das Siegel trägt, vertritt den Eigentümer des Siegels. Was Jesus tut und redet, das tut und redet Gott. Man beachte, daß Jesus als der Menschensohn das Siegel empfängt. **28** In der Frage *Was sollen wir tun, daß wir Gottes Werke wirken?* denken die Fragesteller daran, daß sie sich durch gute Werke etwas verdienen können, aber **29** Jesus zeigt ihnen umgehend, daß sie den Glauben benötigen. **30** *Was tust du für ein Zeichen?* Sie glauben nur sofern sie etwas sehen. Und dabei haben sie schon ein Zeichen gesehen - ohne seine eigentliche Bedeutung erkannt zu haben. **31** Ihre Vorstellung von »Zeichen« beschränkte sich auf eine Wiederholung des Manna-Wunders aus der Zeit der Väter, d.h. auf die Sättigung materieller Bedürfnisse. Worum es ihnen geht ist offenkundig: Ein einziges Speisungswunder kann es nicht mit der jahrelangen Nahrungsversorgung während der gesamten Wüstenwanderung Israels aufnehmen. Der Messias müßte doch zeigen, daß er mehr kann als Mose. *Brot vom Himmel:* Ein Zitat aus Ps 78,24. **32** Jesus nimmt das Zitat auf und deutet es geistlich. Zunächst zeigt er, daß nicht Mose, sondern der himmlische Vater das Manna gab. Dann weist er darauf hin, daß das wirkliche himmlische Brot nicht das Manna, sondern Christus selbst ist. **33** *Und gibt der Welt das Leben:* Ganz anders als das Manna, das nur die Israeliten und auch sie nur eine gewisse Zeit ernährte. **34** Die Bitte *Herr, gib uns allezeit dieses Brot!* (ZÜ) bleibt wieder im Materiellen haften.

35 *Ich bin das Brot des Lebens:* Jesus mußte sofort das Mißverständnis vom natürlichen Brot ausräumen und die Rede auf sich selbst bringen. Man beachte, daß von V.35 bis V.40 jeweils die erste Person (»Ich«) betont wird. *Brot des Lebens* bedeutet: Brot, das Leben gibt. Zu Jesus *kommen* und an ihn *glauben* werden gleichgesetzt: nur so kann der Mensch geistlich satt werden. **36** *Ihr habt mich gesehen und glaubt doch nicht:* Wieder wird der Glaube betont, diesmal durch eine gezielte Anspielung auf den Unglauben der Hörer Jesu. **37** Dieser Vers verbindet göttliche Souveränität *(alles, was mir mein Vater gibt)* und menschliche Antwort *(wer zu mir kommt)*, wobei der Schwerpunkt auf der Souveränität Gottes liegt. Es besteht eine gewisse Spannung zwischen dem umfassenden, unpersönlichen *alles* und dem persönlichen *wer zu mir kommt.* Auf Gott eingehen und ihm antworten ist eine persönliche Handlung des einzelnen. In der Feststellung *den werde ich nicht hinausstoßen* ist die Verneinung sehr nachdrücklich. **38.39** Wieder wird die völlige Übereinstimmung zwischen Vater und Sohn unterstrichen. Nichts von dem, was der Vater dem Sohn gegeben hat, kann verloren gehen (vgl. 5,19ff). Wieder wird *alles* (Neutrum) von V.37 benutzt. **39.40** Zweimal spricht Jesus hier von der Auferweckung *am Jüngsten Tage* und unterstreicht damit, daß der Wille des Vaters unbedingt in Erfüllung gehen wird.

41ff Die Juden bringen Einwände vor. **42** Ihr Hauptproblem war Jesu Anspruch, vom Himmel gekommen zu sein, kannten sie doch sein schlichtes Elternhaus. **43.44** Jesus bleibt ihnen die direkte Antwort schuldig und weist erneut auf die enge Verbindung zwischen seinem Anspruch und dem Plan des Vaters hin. Der menschlichen Logik erscheint sein Anspruch unfaßbar, aber Jesus erkennen kann man auch nur aufgrund eines geistlichen Anstoßes von außen *(es sei denn, ihn ziehe der Vater).* **45** Daß mit einem solchen geistlichen Impuls zu rechnen ist, versichern die Propheten des AT. Das Zitat ist aus Jes 54,13, wo der Triumph des Gottesknechts in seinem Reich beschrieben wird. Auch hier die Betonung, daß die Initiative von Gott ausgeht. **46** Aber nur Jesus selbst *(der von Gott ist)* hat den Vater gesehen. Alle anderen sind auf sein Zeugnis angewiesen.

48 Jesus lenkt die Diskussion wieder auf das Thema »Brot des Lebens«. **49.50** Daß dieses himmlische Brot besser ist als jenes Manna, läßt sich an seinen Auswirkungen ablesen: Es führt zu ewigem Leben, während das Manna den Tod nicht verhindern konnte. **51** Es folgt eine der wichtigsten Aussagen dieser ganzen Rede. *Wer von diesem Brot ißt, der wird leben in Ewigkeit* erhellt die Aussage V.50. Das wahre Leben ist ewig. *Und dieses Brot ist mein Fleisch, das ich geben werde für das Leben der Welt:* War vorher der Vater der Gebende, so gibt hier Jesus selbst. *Fleisch* (griech.: *sarx*) ist hier nicht im moralischen Sinn (wie bei Paulus) gebraucht, sondern bezieht sich vielmehr auf das menschliche Leben Jesu, das er für (griech.: *hyper*) die Welt dahingegeben hat. Die *Welt* ist die Menschheit. **52-54** Da die Juden diese Aussage sehr wörtlich auffaßten, erklärt sich Jesus in den folgenden Worten genauer: *Wenn ihr nicht das Fleisch des Menschensohns eßt und sein Blut trinkt, so habt ihr kein Leben in euch.* Das Bild vom Essen und Trinken bereitet die spätere Einsetzung des Abendmahls vor. Daß die Juden diese Rede in ihrer geistlichen Bedeutung nicht begriffen, ist verständlich: Sie kann nur im Lichte des späteren Opfers Jesu am Kreuz verstanden werden. Essen und Trinken sind Symbole dafür, wie sich der Mensch dieses Sühneopfer und seine Folgen zu eigen macht. **55.56** Jesus nennt zwei weitere Aspekte dieses Gedankens. Speise und Trank sind echt (*wahre Speise, wahrer Trank;* EÜ), und wer sie zu sich nimmt, ist wirklich in Jesus. **57** Das Leben des Glaubenden ist ganz eng mit dem Leben Christi verbunden. **58** Das Gespräch endet mit einem nochmaligen Vergleich zwischen dem wahren Himmelsbrot und dem Manna der Israeliten (vgl. V.49-50). **59** *In der Synagoge:* Erst jetzt wird der Ort des Gesprächs erwähnt. Vermutlich fand nicht die gesamte Unterredung in der Synagoge statt, da dafür zunächst zu viele Menschen anwesend waren. Vielleicht fand das Gespräch zwischen den »Juden« (V.41ff) und Jesus in der Synagoge und die vorangegangene Auseinandersetzung draußen statt.

6,60-71 Die Reaktionen der Jünger

Johannes gibt Beispiele für die Reaktion der Anhänger Jesu - sowohl seiner Anhänger im weiteren Sinne als auch seiner zwölf Jünger. **60** *Das ist eine harte Rede; wer kann sie hören?* Mit *Rede* ist wohl die ganze Rede Jesu gemeint. *Hart* heißt »schwerverdaulich, schwer anzunehmen«. **61ff** Jesu Reaktion scheint auf den ersten Blick keinen Bezug zu der Frage V.60 zu haben, aber da Jesus das Murren bemerkte (wie Johannes ausdrücklich sagt), müssen wir seine Reaktion als Antwort auf die sich hinter jener Frage verbergenden Motive verstehen. Den größten Anstoß erregten wohl die Worte vom Essen seines Fleisches - zumal im Blick auf die Bemerkung zu »Fleisch« V.63. **62** *Wie, wenn ihr nun sehen werdet, den Menschensohn auffahren dahin, wo er zuvor war?* Der Satz ist zwar unvollständig, besagt aber, daß es einen noch größeren Stein des Anstoßes als das Essen des Fleisches Christi geben wird, nämlich die Erhöhung des Menschensohns und seine Himmelfahrt nach seinem Leiden. Diese Aussage zeigt ferner, daß das Essen seines Fleisches nicht wörtlich gemeint sein konnte. **63-65** Jesus macht klar, daß die Jünger noch nicht gelernt hatten, das Fleischliche vom Geistlichen zu unterscheiden. Sie sehen auf das *Fleisch,* doch er drängt sie, sich die wahre Bedeutung von *Geist* und *Leben* vor Augen zu führen. *Aber es gibt einige unter euch, die glauben nicht:* Diese Leute meinten, sie seien Jünger, aber Jesus kannte sie besser.

66ff Die *Zwölf* reagierten völlig anders. Während viele andere Jünger sich nunmehr von Jesus abkehrten, zeigten diese (durch ihren Sprecher Simon Petrus) einen sich vertiefenden Glauben. **68** *Du hast Worte des ewigen Lebens:* Jesus hatte so oft über das ewige Leben gesprochen, daß die Jünger es als ein Hauptmerkmal seiner Lehre erkannten. **69** Ihre Reaktion zeigt sowohl Glauben als auch Erkenntnis. *Der Heilige Gottes:* Abweichende Lesarten setzen hier andere Titel, aber diese Variante ist vorzuziehen, weil sie die ungewöhnlichste (lectio difficilior) ist. In Mk 1,24 und Lk 4,34 finden wir die Anrede im Munde von Dämonen. Dieses Bekenntnis ist kürzer als das Bekenntnis des Petrus Mt 16,16. **70** Durch den Hinweis, daß es unter den Zwölfen einen Verräter gibt, wird das »wir« im Bekenntnis des Petrus natürlich abgeschwächt. Die Jünger müssen durch diesen Hinweis erschreckt worden sein, doch erfahren wir darüber nichts Genaueres. **71** ist lediglich Kommentar des Evangelisten.

7,1-8,59 Jesus auf dem Laubhüttenfest

7,1-9 Jesus zieht von Galiläa nach Jerusalem

Der Schauplatz des Berichts verlagert sich wieder nach Jerusalem. Der erste Abschnitt von Kap. 7 gewährt uns einen Einblick in Jesu Beziehung zu seinen leiblichen Brüdern. **1** Die Atmosphäre in Judäa ist feindselig. **2** Das Laubhüttenfest war nahe und würde Jesus eine ausgezeichnete Gelegenheit bieten, vor einer großen Menschenmenge öffentlich aufzutreten. **3** So dachten jedenfalls seine Brüder. **4** *Denn niemand wirkt im Verborgenen, wenn er öffentlich bekannt sein möchte* (EinhÜ): Dieser Satz zeigt, wie wenig Jesu Brüder seine eigentlichen Ziele verstanden. Sie dachten, er wolle im Rampenlicht der Öffentlichkeit stehen. **5** nennt den Grund dafür: Sie glaubten nicht an Jesus. **6** Jesus lehnt ihren Vorschlag ab und betont erneut, daß seine Zeit noch nicht da ist - eine anschauliche Verdeutlichung der Tatsache, daß er alle seine Schritte ganz bewußt nach einem Zeitplan ausführte. **7** *Die Welt kann euch nicht hassen:* Mit *Welt* sind ganz offensichtlich die Ungläubigen gemeint. Diese können Jesu Brüder nicht hassen, da sie ja auch ungläubig sind. *Mich aber haßt sie:* Sie haßt ihn, weil er das Böse in der Welt durch das Licht der Wahrheit aufdeckt. **8** *Ich will nicht hinaufgehen auf dieses Fest:* Wahrscheinlich ging Jesus erst nach ein oder zwei Tagen nach Jerusalem, was die Änderung seines Vorhabens V.8 erklären könnte. Man kann den Satz auch so verstehen, daß Jesus lediglich verneint, daß er im Lichte der Öffentlichkeit stehen will, nicht aber, daß er nach Jerusalem gehen will; vgl. 2,3-4.

7,10-52 Das Laubhüttenfest

Jesus verfolgte andere Pläne als seine Brüder. Deren Vorschlag war sicherlich nicht ganz und gar unbegründet: In Jerusalem spekulierte man viel darüber, ob Jesus wohl zu dem Fest käme (vgl. 11,55ff). **10** *Nicht öffentlich, sondern heimlich:* Jesu Zurückhaltung war für seine Brüder natürlich unverständlich. **12** Diese verschiedenen Meinungen über Jesus sind nicht nur für die Menschen seiner Zeit typisch, man findet sie zu allen Zeiten. *Er ist gut... er verführt das Volk* schließen einander aus. **13** Zu diesem Zeitpunkt konnten weder Jesus noch das Volk sich »offen« verhalten. **14** *Mitten im Fest* trat Jesus an die Öffentlichkeit. **15** Jesu Lehre war so vollmächtig, daß man sich fragte, welche Ausbildung er gehabt hatte. *Wenn er es doch nicht gelernt hat* (EinhÜ: *Ohne dafür ausgebildet zu sein*): Jesus hatte keine rabbinische Schule absolviert. **16** In seiner Antwort spricht Jesus nicht von »Gelehrsamkeit« (griech.: *grammata*), sondern von seiner *Lehre* (griech.: *didache*), und diese ist Gottes Offenbarung. Er macht noch genauere Angaben zu seiner Lehre: *a.* Sie kommt nicht aus ihm selbst, sondern von Gott, der ihn gesandt hat. *b.* **17** Wer Gottes Willen tun will, hat Zugang zu dieser Lehre. *c.* **18** Sie beruht nicht auf dem Bemühen um Selbstverherrlichung. *d.* Sie ist wahr. **19** Das Ende der Antwort Jesu ist unvermittelt und schroff. Er weist auf Mose hin und auf die Tatsache, daß keiner der Juden das Gesetz hält, und stellt sie dann zur Rede: *Warum sucht ihr mich zu töten?* Auf den ersten Blick fehlt hier die Verbindung zu den vorangegangenen Versen. Offenbar durchschaut Jesus aber die Fragen seiner Gegner und erkennt ihre eigentlichen Motive. Er wußte genau, wie es in ihnen aussah (vgl. 2,24-25). **20** Die Juden verteidigen sich mit der Behauptung, Jesus sei besessen. **21-23** Aber Jesus weist auf ihr widersprüchliches Denken hin: Nach ihrer Auslegung des Gesetzes darf man am Sabbat zwar Beschneidungen vornehmen, nicht aber dem Menschen helfen. **24** *Urteilt nicht nach dem Augenschein, sondern urteilt gerecht!* (EinhÜ): Jesus greift die Urteilskriterien seiner Gegner an: sie sind falsch.

25.26 Dies führt zu einer Debatte über den Messias. Einige sind verunsichert, weil sich die Obrigkeit zurückhält; ob sie womöglich Jesus für den Christus hält? Dies ist allerdings unwahrscheinlich, wie die Formulierung der Frage nahelegt. **27** Die Juden haben ein Problem: Die Herkunft des Messias sollte geheim sein, aber Jesu Herkunft war allgemein bekannt. Die Juden glaubten allgemein, die Ankunft des Messias würde unerwartet sein (vgl. das apokryphe 1. Henochbuch 48,6). **28.29** Jetzt tritt Jesus offen hervor und *ruft* im Tempel aus. Er sagt, daß seine Zuhörer seine eigentliche Herkunft nicht kennen, weil sie nicht den kennen, der ihn gesandt hat. **30** *Da suchten sie ihn zu ergreifen* (EinhÜ: *Da wollten sie ihn festnehmen*): Johannes betont wiederholt, daß die Menschen der »Stunde« Jesu nicht vorgreifen können. Gottes Plan läuft unbeirrbar ab. **31** Einmal mehr erwähnt der Evangelist, daß viele glaubten, und wieder ist es die Verbindung zwischen Glauben und Zeichen, die zum Tragen kommt.

32 Wieder - diesmal unter Einschaltung der Obrigkeit - versucht man, Jesus zu verhaften. Die *Hohenpriester und Pharisäer* beriefen wahrscheinlich den Sanhedrin (Hohen Rat) zu einer außerordentlichen Sitzung ein. **33.34** Jesu Antwort ist dunkel und rätselhaft: *Ich bin noch eine kleine Zeit bei euch, und dann gehe ich hin zu dem, der mich gesandt hat.* Der Herr denkt schon an seine Leidensgeschichte. Wieder sehen wir, wie er sich seiner Sendung bewußt ist. **35.36** Die Verwirrung der Juden ist begreiflich, beruht aber wieder auf einer zu wörtlichen Deutung der Rede Jesu. Die Juden können Jesu Aussage, *Wo ich bin, könnt ihr nicht hinkommen,* deshalb nicht verstehen, weil sie nicht geistlich zu denken vermögen. Alles, was ihnen dazu einfällt, sind die Juden, die *in der Zerstreuung* (d.h. außerhalb Palästinas) leben. In dem Ausdruck *die Griechen* steckt eine gewisse Verachtung.

37-39 Dieser Abschnitt, in dem es um den Heiligen Geist geht, spielt *am letzten Tag des Festes, der der höchste war,* d.h. am Höhepunkt der Festlichkeiten. An jedem Festtag wurde ein Wasserritual vollzogen, und dieses hatte am achten (und letzten) Tag besondere Bedeutung. Das Ritual hatte mit dem Regen zu tun, den man im folgenden Jahr brauchte. Wenn Jesus sagt: *Wen da dürstet, der komme zu mir und trinke!* so behauptet er, etwas Besseres zu bieten als das rituelle Wasser. Wieder verwendet er Bilder aus dem physischen Leben in einem geistlichen Sinn. **38** Seine folgende Bemerkung, *von dessen Leib werden Ströme lebendigen Wassers fließen,* stellt klar, daß sein Wasser nur den an ihn Glaubenden zugutekommt. Der Hinweis auf *die Schrift* ist etwas problematisch, denn mit dem Singular *die Schrift* ist gewöhnlich an *eine* ganz bestimmte Bibelstelle gedacht. Eine solche ist hier jedoch nicht auszumachen, und wir müssen daher *die Schrift* hier als Sammelhinweis auf Stellen wie Jes 58,11, Hes 47,1 und Sach 14,8 nehmen. Das von einem Menschen herabfließende Wasser ist ein sprechendes Bild dafür, wie Wahrheit weitergegeben wird (vgl. das Bild 1Kor 10,4, wo die Menschen von dem geistlichen Felsen, Christus, trinken). Ähnlich beschreibt die Mischna den dem Gesetz ergebenen Menschen. **39** Johannes sieht hier jedoch etwas Neues: das Kommen des Geistes. *Denn der Geist war noch nicht da; denn Jesus war noch nicht verherrlicht:* Hier wird das Kommen des Heiligen Geistes zeitlich nach der Auferstehung und Himmelfahrt Jesu angesetzt. So sehr fromme Juden die Trankopfer beim Laubhüttenfest als Hinweis auf den Heiligen Geist verstanden haben mögen - Jesu Rede begriffen sie nicht.

40-52 Jesu Worte verhallen nicht im Leeren. Zunächst einmal kommt es zu Meinungsverschiedenheiten und Spaltungen. Drei Meinungen über Jesus schälen sich heraus: Er ist ein Prophet; er ist der Christus; er ist nicht der Christus. **42** Begründet wird die letzte Meinung: Man glaubte, die Schrift spräche dagegen, daß Jesus der Messias sei. Offenbar wußte man nicht, wie genau Jesus gerade diese Voraussage (Mi 5,2) erfüllte. **44** Wieder wird erwähnt, daß man Jesus verhaften wollte und nicht konnte. **45.46** *Die Knechte* (genauer: *Gerichtsdiener,* vgl. EinhÜ) kehren unverrichteter Dinge zurück. Jesu Art zu lehren hat einen starken Eindruck auf sie gemacht. Ohne Zweifel spüren sie, daß Jesus Anhänger gewonnen hat, und nun bekommen sie Angst. **47-49** Die Antwort der Pharisäer zeigt ihre Überheblichkeit. Sie stellen die *Obersten* und *Pharisäer* dem einfachen *Volk* gegenüber, das sie tief verachten (vgl. den Ausdruck *verflucht).* **50.51** Der Einspruch des Nikodemus zeigt, daß sein Gespräch mit Jesus (Kap. 3) nicht umsonst gewesen war. Er versucht zu zeigen, daß die Pharisäer inkonsequent sind und mit ihrer Haltung den Geist des Gesetzes verletzen. **52** Das geht den Pharisäern doch zu weit. Ihr spöttischer Seitenhieb auf Nikodemus zeigt, wie sehr die Oberen in Jerusalem die Leute aus der Provinz verachteten.

7,53-8,11 Jesus und die Ehebrecherin

Unter den Auslegern besteht Einigkeit darüber, daß dieser Abschnitt nicht an diese Stelle im Evangelium gehört. Er ist in den ältesten Textzeugen nicht enthalten. Einige Hss. fügen den Bericht an das Ende des Evangeliums an, andere schieben ihn nach Lk 21,38 ein. Andererseits spricht nur wenig dafür, daß es sich nicht um eine authentische Überlieferung handelt.

2 Zu dieser Szene kam es, als Jesus im Tempel lehrte. Die Schriftgelehrten und Pharisäer wählten einen Zeitpunkt, zu dem er von einer Menschenmenge umgeben war. **5.6** Sie wollten einen öffentlichen Konflikt zwischen Jesus und der (religiösen oder weltlichen) Obrigkeit provozieren. Der springende Punkt war Jesu Einstellung zum mosaischen Gesetz. Die Ankläger wiesen gezielt auf das für den Fall nachweisbaren Ehebruchs vorgesehene Gebot im Gesetz hin. Würde Jesus die Frau verurteilen und sich damit an das Gesetz des Mose halten? Dann - das wußten die Ankläger - würde die staatliche Obrigkeit die Vollstreckung des Urteils nicht zulassen. Oder wich er dem Problem aus und hieß damit die Sünde der Frau gut? **7** Er tat weder das eine noch das andere, sondern drehte den Spieß gegen die Ankläger um: *Wer unter euch ohne Sünde ist, der werfe den ersten Stein auf sie.* Er verweist die Ankläger an ihr eigenes Gewissen und macht aus einem juristischen Scheingefecht ein moralisches Problem. **9** Der Abgang der Kläger, *einer nach dem andern, die Ältesten zuerst* akzentuiert die Botschaft dieser Geschichte. Was Jesus auf die Erde schrieb, ist unwesentlich. Schon seine Gegenwart reichte aus, um es allen Anklägern unbehaglich werden zu lassen. Schließlich waren nur noch Jesus und die Frau da.

11 *Und Jesus sprach: So verdamme ich dich auch nicht; geh hin und sündige hinfort nicht mehr:* Diese Verknüpfung von Mitleid und Ermahnung demonstriert den rechten Umgang mit Menschen, die schuldig geworden sind. Aus Jesu Haltung geht klar hervor, daß er hier nicht den Ehebruch beschönigen will.

8,12-59 Jesus, das Licht der Welt

12 Dieser Abschnitt setzt die Rede Jesu Kap. 7 fort und richtet sich daher an dieselben Zuhörer. Jesus verwendet jetzt die Analogie des Lichts (in Form eines weiteren »Ich-bin-Wortes«) - ein Thema, das bereits (mit dem Evangelisten als Sprecher) im Prolog (vgl. 1,4.5.9.10) begegnet. Man beachte, daß - wie im Prolog - Licht und Leben zusammengehören. In der geistlichen wie in der physischen Welt kann es in der Dunkelheit kein wirkliches Leben geben. Aber das Einmalige an Jesu Aussage ist die Personalisierung der Erleuchtung.

Das Licht der Welt: Ganz offensichtlich ein Anklang an den Prolog, wo das Wort als das Licht beschrieben wird. Der unmittelbare Anlaß dieses Bildes war vielleicht das Anzünden von Leuchtern im Vorhof der Frauen, die die Feuersäule aus 2Mo symbolisieren sollten. *Der wird nicht wandeln in der Finsternis:* Das Bild wird erweitert: Wir sehen einen in Dunkelheit gehüllten Weg, auf dem Menschen hinter einer hellen Lampe hergehen, deren Schein das Dunkel vertreibt. Wer nicht hinter dieser Lampe bleibt, wird bald vom Weg abkommen. Geistlich gesprochen ist es unbedingt notwendig, dem Licht der Welt zu folgen. Das Gehen als Symbol für geistliches Voranschreiten ist typisch johanneisch.

13 Dieser Ausspruch ist Anlaß zu einer Diskussion über das Zeugnis zwischen Jesus und den Pharisäern. Sein Selbstzeugnis ist den Pharisäern ein Dorn im Auge, und sie wehren sich dagegen und bestreiten seine Wahrheit. **14** Aber ein Selbstzeugnis, so Jesus, ist nicht notwendig unwahr. Es kommt immer darauf an, worauf das Zeugnis sich gründet, und bei ihm gründet es sich darauf, daß er seine Sendung selber kennt. Seine Zuhörer dagegen kannten sie nicht und waren daher nicht in der Lage, über sein Zeugnis zu urteilen (vgl. 7,28). **15** *Ihr richtet nach dem Fleisch, ich richte niemand: Fleisch* bedeutet hier »äußerer Schein«. Das Urteil der Pharisäer ist oberflächlich. *Ich richte niemand* heißt entweder »Ich richte nicht nach dem Fleisch« oder »ich bin nicht in erster Linie gesandt, um zu richten«. Die erste Deutung ist vorzuziehen, wie **16** der den Schlüssel zu V. 15 liefert, nahelegt. Der Gegensatz zum Richten (Urteilen) nach dem Fleisch ist ein Richten in Übereinstimmung mit dem Willen Gottes. *Ich und der Vater, der mich gesandt hat:* Jesus ist sich seiner Sendung voll bewußt. Sein Richten geschieht nie losgelöst, sondern stets im Auftrag Gottes, und daher ist es wahr. **17** Jesus beruft sich dann auf das mosaische Gesetz, das die Beweiskraft zweier Zeugen bestätigt. Die Formulierung *in eurem Gesetz* geschieht nicht aus einer antijüdischen Haltung, sondern ist ein rhetorisches Mittel, das sich den Grundsatz des Gegners zunutze macht. Jesus zeigt, daß die Art, wie seine Gegner ein Zeugnis beurteilen, mit dem Gesetz des Mose unvereinbar ist. **18** Es gab in der Tat zwei Zeugen für Jesus und nicht (wie die Pharisäer dachten) nur einen - nämlich Jesus selbst und den Vater. Wieder wird der Vater als der, *der mich gesandt hat,* beschrieben. **19** Die Frage *Wo ist dein Vater?* zeigt, daß die Fragesteller an einen natürlichen Vater dachten. Angesichts der Tatsache, daß sie für Jesu Sendung keinen Blick hatten, überrascht es nicht weiter, daß sie Jesu Anspruch, einen zweiten Zeugen zu haben, auch nicht überzeugte. Denn das Zeugnis eines abwesenden Zeugen war in ihren Augen ungültig. Deshalb fragen sie »Wo?« und nicht »Wer?«. Jesus gibt dagegen eine Antwort auf das »Wer?«. *Wenn ihr mich kenntet:* Ihre ganze Haltung Jesus gegenüber zeigt, daß sie ihn nicht wirklich kannten. Jesus betont, daß ihnen seine enge Beziehung zum Vater klar geworden wäre, wenn sie ihn nur verstanden hätten. Jesus hätte nicht deutlicher ausdrücken können, daß die Menschen nur durch ihn Gott kennenlernen können. **20** Der Ort, an dem Jesus diese Worte sprach, war die *Schatzkammer* (EÜ, EinhÜ), genauer: der (im Vorhof der Frauen gelegene) *Raum, wo die Kästen für die Geldspenden aufgestellt waren* (GN; vgl. die Kurzbezeichnungen in LÜ und ZÜ!). Dieser war ein öffentlicher Versammlungsort, und deswegen wird er hier erwähnt. *Seine Stunde war noch nicht gekommen:* Johannes versucht gar nicht erst, eine menschliche Erklärung dafür zu geben, daß Jesus auch jetzt noch nicht verhaftet wird. Vgl. die ähnliche Lage 7,44 und 7,46. Johannes erwähnt ausdrücklich diese Fälle, wo menschliche Pläne vereitelt werden, um zu zeigen, daß das ganze Leben Jesu unter Gottes Leitung stand.

21 *Ich gehe hinweg:* Vgl. 7,34, wo der gleiche Gedanke die Zuhörer verwirrte. *Ihr werdet mich suchen und in eurer Sünde sterben:* Gemeint ist offenbar, daß sie Jesus als den Messias zu spät suchen werden und daher ihren Anteil an seinem Erlösungswerk verwirken. Wenn diese Deutung stimmt, müssen das »Suchen« und auch die folgende Aussage (daß sie nicht dorthin gehen können, wohin Jesus geht; vgl. 7,34) in einem geistlichen Sinn verstanden werden. Den gleichen Gedanken drückt Jesus später gegenüber seinen Jüngern (13,33) aus und betont so die Einzigartigkeit seiner Sendung. **22** Daß ein tiefer Abgrund Jesus von den Juden trennt, zeigt der folgende Abschnitt. Sie mißverstehen Jesu Rede, weil sie diese Worte wortwörtlich deuten. Alles, was ihnen einfällt, ist Selbstmord, **23** aber Jesus weist auf den tiefen Unterschied zwischen ihrem und seinem Ansatz hin. Er kontrastiert *von oben her* mit *von unten her* sowie *von dieser Welt* mit *nicht von dieser Welt.* Die Juden betrachten die Dinge auf irdische Weise, Jesus dagegen betrachtet sie auf himmlische Weise. **24** Jesus erläutert seine V. 21 gemachte Aussage. Nur durch den Glauben an Jesus kann der Mensch dem Tod in Sünde entgehen. *Wenn ihr nicht glaubt, daß ich es bin* zeigt, welchen Inhalt dieser Glaube haben muß: es geht um den Glauben an die volle Offenbarung Jesu. *Daß ich es bin* steht parallel zu den großen »Ich-bin-Worten« Gottes im AT. Jesus verlangt einen unbedingten Glauben an seine Person. **25** Das »Ich-bin-Wort« konnten seine Hörer offenbar nicht verstehen. Sonst hätten sie nicht gefragt: *Wer bist du denn?* Wo es um den christlichen Glauben geht, ist die Person Christi der Prüfstein. Jesu Antwort auf die Frage der Juden läßt verschiedene Übersetzungen zu, etwa: *Was rede ich noch mit euch!* (EinhÜ: *Warum rede ich überhaupt noch mit euch?).* Sie ist sprachlich möglich, paßt aber schlecht in den Kontext. Eine andere Möglichkeit wäre *Ich bin das, was ich euch von Anfang an gesagt habe* (Bruns). Diese Deutung besagt, daß Jesus von Anfang an in Wort und Tat bezeugt hat, wer er ist. Drittens kann man die Antwort auch im Sinne von »vor allem oder im wesentlichen bin ich das, was ich euch sage« verstehen; vgl. EÜ: *Jesus sprach zu ihnen: Durchaus das, was ich auch zu euch rede.* Hier steht das Verb (*rede* bzw. »sage«) wie im Griech. im Präsens. Diese Übersetzung fügt sich gut in den Textzusammenhang und unterstreicht das vorausgegangene »Ich-bin-Wort«.

26 *Ich habe viel von euch zu reden und zu richten:* Jesus kehrt zum eigentlichen Gesprächsthema, dem Gericht, zurück. Zweimal schon hat er seinen Zuhörern verheißen, daß sie in ihren Sünden sterben würden, und nun fügt er noch weitere Negativaussagen hinzu. Erneut betont er, daß sein Zeugnis wahr ist, weil der, der ihn gesandt hat, wahrhaftig ist. Was er der Welt (wörtl.: »in die Welt hinein«) sagte, hatte er ausschließlich vom Vater gehört. Damit lenkt er wieder das Augenmerk auf seine göttliche Sendung. **27** *Sie verstanden nicht, daß er vom Vater zu ihnen redete* (ZÜ): Mit dieser Anmerkung zeigt Johannes die Verwirrung und Verblüffung der Juden. Das ganze Evangelium zeugt von vielen solchen traurigen Mißverständnissen. **28** Jesu Antwort auf diese offenkundige Verwirrtheit läßt aufhorchen. *Wenn ihr den Sohn des Menschen erhöht haben werdet* (ZÜ) bezieht sich freilich auf das Kreuz, wo aber ist der Bezug zum Kontext? Sehr wahrscheinlich denkt unser Herr hier an die Offenbarung des Vaters, die durch seine Kreuzigung kommen wird. Dann wird es denen, die Augen zum Sehen und Ohren zum Hören haben, klar werden, daß Jesus nicht nur die Wahrheit gesprochen, sondern auch die Vollmacht des Vaters gehabt hat. *Dann werdet ihr erkennen, daß ich es bin:* Vgl. V. 24, wo der gleiche Ausdruck (dort allerdings mit »glauben«) begegnet. Solche Erkenntnis kommt - das ist hier impliziert, wenn auch nicht ausdrücklich gesagt - als Folge der Auferstehung Jesu. **29** *Der Vater läßt mich nicht allein:* Wie zu Beginn des Prologs, so wird auch hier die enge Verbundenheit des Sohnes mit dem Vater unterstrichen. Man vergleiche dies mit Jesu Schrei der Verlassenheit am Kreuz (Mk 15,34; Mt 27,46); einen Widerspruch gibt es dabei nicht, denn hier geht es um die grundlegende, bleibende Beziehung zwischen Vater und Sohn, bei der Kreuzigung dagegen um eine vorübergehende Erfahrung. *Denn ich tue allezeit, was ihm gefällt:* Dieser Ausspruch ist umfassend und zeigt, wie sehr Vater und Sohn eins sind. **30** *Glaubten viele an ihn:* Gemeint ist ein persönlicher Glaube.

Der nächste Abschnitt behandelt das Thema »wahre Freiheit«. **31** Die *Juden, die an ihn glaubten* (ZÜ: *die zum Glauben an ihn gekommen waren*), sollten Fortschritte in ihrem Glauben machen. *Am Wort* Jesu *bleiben* bedeutet, sich ganz an seine Lehre binden - eine unerläßliche Voraussetzung wahrer Jüngerschaft. **32** *Und werdet die Wahrheit erkennen, und die Wahrheit wird euch frei machen:* Die Verbindung zwischen Wahrheit und Freiheit ist wichtig. Wahrheit führt nie in die Knechtschaft. Für die Pharisäer, die nicht einsehen, wozu sie Freiheit brauchen, ist dies äußerst verwirrend. Mit ihrer spitzfindigen Auslegung des Gesetzes legten sie den Menschen schwere Bürden auf, aber es kam ihnen nie in den Sinn, daß dies Unfreiheit war. **33** Sie berufen sich auf *Abraham* und meinen, damit frei zu sein. Aber damit zeigen sie nur, daß sie einen moralisch unzulänglichen Freiheitsbegriff haben. **34** Jesus antwortet mit einer Bemerkung, der er (vgl. das einleitende *wahrlich, wahrlich*) große Bedeutung beimißt. Er zeigt, was sittliche Versklavung ist, um demgegenüber das Wesen wahrer Freiheit aufleuchten zu lassen. **35** Ein Sohn hat ganz andere Rechte als ein Sklave, und dieser Unterschied verdeutlicht die Kluft zwischen Knechtschaft und Freiheit. **36** *So seid ihr wirklich frei* (ZÜ: *Werdet ihr wirklich frei sein*): Durch den Sohn Gottes erhalten wir wahre Freiheit. Der *Wenn*-Satz verdeutlicht, daß nur derjenige, der selbst frei ist, anderen Freiheit geben kann. Der Sohn ist frei; also kann er andere frei machen. **37** Jesus kommt jetzt auf *Abraham* zu sprechen, auf den die Juden sich V. 33 berufen hatten. Er zeigt, wie widersinnig es ist, daß ausgerechnet Abrahams Nachkommen den, der Gottes Worte spricht, töten wollen. Der Grund für diesen Widersinn liegt darin, daß Jesu Wort bei ihnen *keinen Raum* findet. Das hier im Griech. benutzte Wort ist in diesem Kontext ungewöhnlich. Es bedeutet »Raum machen, damit Wachstum möglich ist«; vgl. ZÜ: *Ihr sucht mich zu töten, weil mein Wort keinen Fortschritt in euch macht.* Die Pharisäer hatten sich innerlich gegen Jesus verschlossen. **38** *Von meinem Vater… von eurem Vater* hebt den Unterschied zwischen Jesus und seinen Diskussionsgegnern scharf hervor. Wenn man *von eurem Vater* im Sinne von V. 44 versteht, dann ist mit »Vater« der Teufel gemeint.

39 *Abraham ist unser Vater:* Ihre Beziehung zu Abraham läßt sie einfach nicht los. Man hielt Abraham für einen sehr verdienstvollen Mann und glaubte, seine Verdienste kämen auch seinen Nachkommen zugute. Aber Jesus greift diesen Volksglauben an seiner Wurzel an: die Zugehörigkeit zu Abraham ist eine moralische und keine biologische Frage. **40** Die Absichten und Handlungen dieser Juden sind aber mitnichten in Abrahams Sinn. Wer den, der Gottes Wahrheit verkündet, töten will, kann sich nicht auf Abraham berufen. **41** Jesus spricht zum zweitenmal von *eurem Vater* und spitzt damit seine Herausforderung zu. Die Juden geben sich empört. Weil ihre Abstammung von Abraham in Zweifel gezogen wurde, gehen sie gleich einen Schritt weiter und beanspruchen Gott selbst als ihren Vater. *Wir sind nicht unehelich geboren:* Am besten deutet man diesen Satz wohl so, daß man das *unehelich* (ZÜ: *Unzucht*, EinhÜ: *Ehebruch*) in geistlichem Sinne (als Abfall von Gott) versteht. Diese Bedeutung begegnet auch im AT (z.B. bei Hosea). Unwahrscheinlich dagegen ist die Vermutung, hier werde auf Gerüchte, die sich angeblich um Jesu Geburt rankten, angespielt. **42** *Wäre Gott euer Vater:* Natürlich ist er es nicht; vgl. V. 39. *So liebtet ihr mich:* stärker noch und deutlicher als das *So tätet ihr Abrahams Werke* V. 39. Wahre Kinder Gottes lieben den Sohn Gottes. Dieser Gedanke bringt Jesus wieder auf seine göttliche Sendung zu sprechen; an diese will er seine Hörer immer wieder erinnern. **43** *Weil ihr mein Wort nicht hören könnt!* Im Griech. wird hier noch anschaulicher sittliches Unvermögen ausgedrückt: »Ihr seid nicht fähig zu hören«. (Vgl. EinhÜ.) Das Wort (griech.: *logos*) ist eng mit der Person Jesu verbunden (vgl. den Prolog). Mit ihren Denkvoraussetzungen konnten die Pharisäer Jesu Botschaft und Sendung unmöglich recht verstehen. **44** Das Element der sittlichen Unfähigkeit wird in diesem Vers noch bekräftigt: *Ihr habt den Teufel zum Vater:* Die Folgen sind weitreichend. Der Aussage liegt ein gedanklicher Dreischritt zugrunde: Erstens, der Teufel ist ein Mörder; zweitens, ihr wollt mich töten; drittens, daher seid ihr Kinder des Teufels. Die augenfälligste Eigenschaft des Teufels ist seine Gegnerschaft zur Wahrheit. Das kommt in diesem Vers verschieden zum Ausdruck: Der Teufel *steht nicht in der Wahrheit;* denn *die Wahrheit ist nicht in ihm, ... er ist ein Lügner und der Vater der Lüge.* Der dritte Ausdruck kann auch mit »der Vater des Lügners« wiedergegeben werden (vgl. ZÜ!). Diese zweite Lesart paßt zu Jesu Behauptung, daß seine Gegner Kinder des Teufels sind. **45** Die Aussagefolge läßt darauf schließen, daß Jesu Gegner die Wahrheit ablehnen, weil sie grundsätzlich zur Falschheit gehören. *Ihr glaubt mir nicht:* Wieder ist der Prüfstein die Einstellung zu Jesus. Da er die Wahrheit spricht, muß alles, was ihm widerspricht, unwahr sein. **46** Der Unglaube der Gegner äußert sich in ihrer Behauptung, Jesus rede nicht die Wahrheit - daher dieser nochmalige Angriff. **47** Dieser Vers enthält einen logischen Schluß (Syllogismus), der sich in folgende Schritte gliedert: Erstens: Wer Gottes Wort vernimmt, ist von Gott. Zweitens: Ihr vernehmt nicht Gottes Wort. Drittens: Daher seid ihr nicht von Gott. Der Widerspruch der Hörer Jesu entzündete sich vor allem am zweiten Schritt, denn Jesus beurteilte ihre Frömmigkeit so völlig anders als sie selbst. Ihre Empörung ist verständlich.

48 Der empörte Widerspruch wird jetzt beschrieben. *Sagen wir nicht mit Recht, daß du ein Samariter bist und einen bösen Geist hast?* In dieser Frage drückt sich große Verachtung aus, obwohl wir keinen Hinweis darauf haben, daß *Samariter* allgemein als Schimpfwort gebraucht wurde. Die Juden leugneten jegliche geistliche Verwandtschaft mit den Samaritern, obwohl auch diese Abraham als ihren Vater betrachteten. Die Behauptung, Jesu sei besessen, ist eine viel stärkere Beschuldigung. Sie ist die Reaktion auf Jesu Angriff V. 44. **49-51** In seiner Antwort bringt Jesus zum Ausdruck, daß man erstens nicht gleichzeitig den Vater ehren und von Dämonen besessen sein kann, und daß zweitens nicht Jesus, sondern dem Vater in dieser Angelegenheit das Urteil zusteht und es daher hier nicht einfach um verschiedene Meinungen (die Meinung Jesu und die Meinung der Juden) geht. *Der wird den Tod nicht sehen in Ewigkeit:* Dies kann bedeuten: »er wird nie die Schrecken des Todes sehen« (d.h. niemals den Tod so erfahren, wie ihn der Ungläubige erfährt). Der Satz kann aber auch noch wörtlicher so verstanden werden, daß niemand je das Wort Jesu vollständig halten kann. Die erste Deutung ist vorzuziehen. **52** Aber die Juden verstehen Jesu Aussage gerade wörtlich. Es ist bezeichnend, daß sie seine Ausdrucksweise zu *wird den Tod nicht schmecken* abändern. **53** *Bist du mehr als unser Vater Abraham?* Für den frommen Juden gab es keinen Größeren. Aber auch die Propheten genossen bei den Juden ein viel höheres Ansehen, als diese Jesus einzuräumen bereit waren.

54-56 Jesu Antwort auf die Frage V. 53 (*Was machst du aus dir selbst?* EinhÜ: *Für wen gibst du dich aus?*) ist indirekt. Er verweigert die direkte Antwort, läßt jedoch durchblicken, daß der Vater gezeigt hat, daß Jesus größer ist als Abraham. Er betont nachdrücklich, daß er den Vater kennt. *Abraham, euer Vater, wurde froh, daß er meinen Tag sehen sollte:* Mit *euer* spielt Jesus auf die wiederholten Hinweise seiner Gegner auf Abraham an. Aber: Wann freute sich Abraham denn über die Aussicht, Jesus zu sehen? Offenbar denkt Jesus an irgendeine Vision. Nach einer jüdischen Überlieferung sah Abraham die ganze Geschichte seiner Nachkommen (vgl. 1Mo 15,6). Aber es ist unwahrscheinlich, daß mit V. 56 so etwas gemeint ist. Abrahams Freude gründete sich in der Verheißung, daß alle Völker der Erde durch seine Nachkommen gesegnet würden (vgl. die paulinische Deutung dieser Verheißung Röm 4 und Gal 3). Die Verheißung ging mit Christus in Erfüllung. *Und er sah ihn und freute sich:* Nach Meinung einiger Ausleger geschah dies nach Abrahams Tod (im Totenreich), während andere Ausleger an die Opferung Isaaks denken. Gemeint ist wohl ein Vorausblicken im Glauben, was auch am besten in den Kontext paßt. **57** Die Juden verdrehen Jesu Worte, indem sie fragen, ob er Abraham gesehen habe, **58** aber Jesus antwortet mit einer gewichtigen Feststellung: *Ehe Abraham wurde*

(EÜ: *war*), *bin ich.* Der zeitliche Gegensatz der beiden Verben zeigt anschaulich die Überlegenheit Christi. Daß diese Aussage als unerhörte Anmaßung angesehen wurde, zeigt sich an der Reaktion V.59. **59** Gegen einen Menschen, der so verblümt behauptete, vor Abraham existiert zu haben, gab es für die Juden nur ein Vorgehen: *Da hoben sie Steine auf, um auf ihn zu werfen. Aber Jesus verbarg sich* mag für Johannes auch eine symbolische Bedeutung gehabt haben. Jesus zog sich nicht nur aus dem Tempel, sondern auch von allem, was dieser repräsentierte, zurück. Die Führer der Juden hatten Jesus verworfen.

9,1-10,42 Weitere Heilungen und Lehrreden

9,1-41 Ein Blinder wird sehend

Diese Begebenheit beleuchtet das Thema des vorangehenden Kapitels und zeigt an einem ganz konkreten Beispiel, daß Jesus das Licht der Welt ist. Es kann nicht ausgeschlossen werden, daß Johannes dem Ereignis auch symbolische Bedeutung beimißt. Doch sollte man nicht - wie einige Ausleger es tun - daraus schließen, dem Evangelisten sei lediglich um eine ausschließlich bildhafte Deutung Christi zu tun, zumal unbestreitbar bleibt, daß Jesus tatsächlich Blinde heilte. Das bezeugen alle vier Evangelisten. Der besondere Aspekt bei Johannes ist vielmehr die von ihm berichtete Auseinandersetzung, zu der es im Anschluß an die Heilung kam.

1 *Einen Menschen, der von Geburt an blind war* (ZÜ): Interessanterweise geht es bei den Heilungswundern im Johannesevangelium ausdrücklich um chronisch kranke Menschen (vgl. 5,5). Daran wird deutlich, daß Jesus auch aussichtlose Krankheitsfälle zu heilen vermag. **2** *Meister, wer hat gesündigt?* Damals wurde mit Vorliebe über den ursächlichen Zusammenhang zwischen körperlichem Gebrechen und Sünde diskutiert. Die Annahme der Jünger, die Blindheit des Mannes sei auf eigenes Fehlverhalten oder auf die Sünden seiner Eltern zurückzuführen, ist für die damals herrschenden Ansichten typisch. Die Vorstellung, daß sogar angeborene Krankheit Strafe für Sünde sein könne, ist natürlich problematisch. Die Annahme, daß die Jünger vielleicht nicht wußten, daß der Mann bereits von Geburt an blind war, liegt zunächst nahe, verbietet sich aber durch die Worte *daß er ist blind geboren* in ihrer Frage. Man muß wohl annehmen, daß sie an die Möglichkeit pränataler (vorgeburtlicher) Sünde glaubten; so jedenfalls lehrten einige Rabbinen (vgl. Berešit R, XXXIV). **3** *Aber Jesus* stützt die Mutmaßungen seiner Jünger nicht. *Sondern es sollen die Werke Gottes offenbar werden an ihm:* Daran dachte man zur Zeit Jesu wenig. Daß Gott Leiden zu seiner Verherrlichung gebrauchen kann - ein Eckstein der christlichen Einstellung zum Leiden - konnte man sich nur schwer vorstellen. Aber auch darum geht es bei diesem Wunder nicht in erster Linie. Das Wunder soll vielmehr die Macht Christi, Licht zu geben (und zwar nicht nur im körperlichen, sondern auch im geistlichen Sinne) demonstrieren. Die Wiederherstellung des Augenlichts führte zu einer geistlichen Erleuchtung (wachsendem Glauben). **4** *Wir müssen die Werke dessen wirken, der mich gesandt hat.* In einigen Hss. heißt es *ich* statt *wir*, was besser in den Kontext paßt, da die Jünger mit der Heilung nichts zu tun hatten. *Es kommt die Nacht:* Der Gegensatz zwischen Tag und Nacht ist offenbar symbolisch zu verstehen, als Anspielung auf die Mission Jesu; die *Nacht* ist dann ein Bild für das Ende dieser Mission. Einige Ausleger beziehen die Nacht auf die geistliche Blindheit der Feinde des Herrn. Die erste Deutungsvariante ist jedoch vorzuziehen. **5** ist eine Wiederholung von 8,12 und eine weitere Parallele zum Prolog. Man beachte, daß Jesus diesmal seine Selbstaussage bereits vor dem Wunder macht. **6** *Er spuckte auf die Erde und machte daraus einen Brei und strich den Brei auf die Augen des Blinden:* Eine weitere Heilung, bei der Jesus Speichel benutzt, finden wir in Mk 7,33. Speichel galt damals allgemein als heilkräftig, besonders für kranke Augen. Jesus verwendet also bei seiner Heilung ein allgemein bekanntes Mittel, aber das braucht nicht zu heißen, daß er ihm einen abergläubischen Wert beimaß. **7** Zur Heilung kam es denn auch erst, als der Kranke sich im Teich Siloah wusch. Die Übersetzung des Namens *Siloah* als *gesandt* muß eine Bedeutung haben, aber diese wird nicht ganz klar. Man hat angenommen, daß hier ein Bezug auf Christus als den »Gesandten« Gottes (vgl. ZÜ!) vorliegt, und dies würde gut zu V.4 passen. Wahrscheinlicher ist indessen, daß die Übersetzung eine für die griechischen Leser des Evangeliums gedachte Erklärung ist; vgl. allgemein Johannes' Vorgehen bei hebräischen Namen (vgl. 1,42). *Und als er zurückkam, konnte er sehen* (EinhÜ): Der Gehorsam wurde mit der Heilung belohnt. Daß der Mann nicht sofort sehend wurde, könnte durchaus ein Glaubenstest gewesen sein.

8-12 Die Schilderung des Gesprächs zwischen dem Mann und seinen Nachbarn zeichnet sich durch ihre Anschaulichkeit aus. Das Staunen der Nachbarn (Ist er's oder ist er's nicht?) und die Tatsache, daß der Mann wenig über Jesus weiß, sich aber seiner Heilung völlig gewiß ist - all dies kommt klar zum Ausdruck.

Diese Punkte werden in dem nun folgenden Gespräch mit den Pharisäern weiter ausgeführt. **13** *Da führten sie ihn, der vorher blind gewesen war, zu den Pharisäern:* Warum die Nachbarn dies taten, erfahren wir nicht. Es ist noch nicht einmal sicher, ob es überhaupt die Nachbarn waren. Aber wer immer es auch tat: Die Betreffenden waren offensichtlich Eiferer für das jüdische Gesetz und Jesus nicht besonders freundlich gesonnen. **14** Dies wird durch die Angabe bestätigt, daß die Heilung an einem *Sabbat* geschah. Mit jüdischer Spitzfindigkeit konnte man das Anrühren eines Breis als Arbeit und mithin als etwas am Sabbat Verbotenes betrachten. Daß es sich um einen Akt der Barmherzigkeit handelt, spielt offenbar keine Rolle. **15** Die Antwort des Mannes auf die erneute Frage verrät eine gewisse Ungeduld, was den Bericht noch lebendiger macht. **16** Wie schon die Nachbarn, so streiten sich auch die Pharisäer darüber, wie dieser Fall zu beurteilen sei. Bei ihnen verläuft die Trennungslinie zwischen den extremen Paragraphenreitern, die nur die Sabbatgesetze sehen, und denen, die von den Zeichen so sehr beeindruckt sind, daß sie sich nicht vorstellen können, wie diese Zeichen von einem Sünder getan werden konnten (womit sie indirekt den Gesetzeseiferern ein Fehlurteil unterstellten). **17** *Er ist ein Prophet:* In dieser Antwort liegt schon mehr, als was der Geheilte V.11 seinen Nachbarn sagt, und wo er lediglich von dem »Menschen, der Jesus heißt« spricht. Ein Prophet galt immerhin mehr als ein Rabbi.

18-23 Dieser Abschnitt kreist um den Starrsinn des Unglaubens. Die Juden zweifelten nicht nur an den Worten des Mannes, sondern auch an Jesu Macht zu heilen. Sie bestanden darauf, auch die Eltern des Geheilten zu hören, aber ihre Nachforschungen galten nicht einer objektiven Urteilsfindung. Sie waren voreingenommen gegen die Möglichkeit, daß ein von Geburt Blinder jemals seine Sehkraft wiedererlangen konnte. Von den Eltern eine Bestätigung der Identität und der früheren Leiden des Mannes zu verlangen, war durchaus vernünftig, unrealistisch war dagegen, von ihnen eine Erklärung des Phänomens zu erwarten. Ihre Antwort auf die zweite Frage zeugt von der Angst, die ihr Verhalten gegenüber den Pharisäern prägte. Die angedrohte Exkommunizierung war offenbar eine starke religiöse Waffe. Zugleich war es sachlich durchaus vertretbar, daß die Eltern die Fragesteller an ihren Sohn verwiesen; schließlich war er ja der Geheilte. Überhaupt zeigt die ganze Szene das Aufeinanderstoßen von akademischer Wortklauberei und persönlichem Zeugnis (vgl. V.25).

24 *Gib Gott die Ehre!* Diese Aufforderung will nicht sagen, daß sie ihn drängten, Gott für die Heilung (an der sie ja nach wie vor zweifelten) zu danken. Es handelt sich vielmehr um einen gängigen jüdischen Schwur, um den Versuch, den Befragten zur Wahrhaftigkeit anzuhalten. **24.25** *Wir wissen* kontrastiert mit *Ich weiß* des Geheilten. Das Wissen der Pharisäer über Jesus bezog sich auf dessen freien Umgang mit dem Sabbatgebot, das Wissen des Mannes gründete in persönlicher Erfahrung. Über die technische Frage des Sabbatgesetzes kann er sich nicht äußern, aber an dem, was er erfahren hat, will er sich nicht irre machen lassen. **26** *Was hat er mit dir gemacht?* (ZÜ): Von der klaren Aussage des Blinden aus dem Konzept gebracht, kommen die Pharisäer wieder auf die Frage des »Wie« zurück, **27** was den Mann verständlicherweise irritiert. Seine Gegenfrage *Wollt ihr auch seine Jünger werden?* ist ironisch gemeint: Die Pharisäer sind ja so begierig, alles zu erfahren (jetzt wollen sie es schon zum zweitenmal hören!). Man kann daraus nur schließen, daß sie gute Jünger abgeben würden ... **28** Aber seine Ironie ruft bei ihnen nur Entrüstung und Verachtung hervor: *Wir aber sind Moses Jünger.* Hier offenbart sich ihre ganze Gesetzlichkeit, für sie ist Mose Jesus unendlich überlegen. **29** Sie behaupten, Mose zu kennen, Jesus dagegen nicht. Damit gestehen sie ihre mangelnde Bereitschaft ein, jemandem, dessen Herkunft sie nicht kennen, Glauben zu schenken - zumal wenn dieser behauptet, ein Prophet zu sein. **30ff** Kein Wunder, daß die Bemerkungen des Geheilten immer bissiger werden. Für ihn zählen Tatsachen, nicht gelehrte Überlegungen. Dennoch wagt er eine logische Schlußfolgerung: **30** Erstens, er kann jetzt sehen. **31** Zweitens, Gott erhört nur die, die seinen Willen tun, und nicht die Sünder. Drittens folgt daraus, daß der Heiler kein Sünder sein kann. **32** Viertens: daß ein gewöhnlicher Mensch einem Blindgeborenen die Augen öffnet, hat es noch nicht gegeben. **33** Also muß fünftens der Heiler von Gott kommen. **34** Die theologisch geschulten Juden sehen jetzt ein, daß sie mit einem, der in solchen Bahnen denkt, nicht weiterkommen, und so stoßen sie ihn aus. *Du bist ganz in Sünden geboren* dürfte bedeuten, daß sie jetzt zugeben, daß er wirklich blindgeboren war - was nämlich nach ihrem Verständnis auf große Sünde schließen ließ (vgl. V.2). Ihre Verachtung seines früheren Zustands ist viel größer als ihre Freude über seine Heilung. Dies zeigt, wie blind sie waren, und illustriert den Kommentar Jesu V.41.

35ff Im Mittelpunkt des Schlußabschnittes steht das persönliche Gespräch des Geheilten mit Jesus, den Höhepunkt bildet seine Glaubensbezeugung. **35** *Jesus hörte, daß sie ihn* *hinausgestoßen hatten, und als er ihn antraf, sprach er* (ZÜ): Durch die Verben *hörte, antraf* (LÜ: *fand)* und *sprach* unterstreicht Johannes, daß die Initiative bei Jesus lag. An der Art, wie Jesus den Mann anspricht, fällt zweierlei auf: die Betonung des Glaubens und der Titel, den Jesus sich selbst gibt. Charakteristisch für die Zeichen bei Johannes ist, daß sie Glauben hervorrufen (vgl. 3,14-15). **36** Aber der Mann verstand den Ausdruck *Menschensohn* nicht sofort - daher seine Bitte um eine genauere Erklärung. **37.38** Als Jesus ihm bedeutet, daß er selbst der Menschensohn ist, glaubt der Geheilte. Vermutlich war der Keim zum Glauben bereits in ihm gelegt. So macht der Bericht als Ganzes anschaulich, wie in dem Mann der Glaube heranwächst. *Herr, ich glaube:* Man wird nicht annehmen müssen, daß *Herr* in seinem vollen theologischen Sinn benutzt wird, zumal der Mann den Herrschaftsanspruch Jesu wohl kaum in seiner ganzen Tragweite verstanden haben dürfte. Wahrscheinlich benutzte er den Titel *Herr* lediglich als Ausdruck des Respekts.

39 *Ich bin zum Gericht in diese Welt gekommen:* Es überrascht zunächst, daß Jesus als Antwort auf die Glaubenserklärung des Geheilten vom Gericht spricht. Mit dieser Feststellung beschreibt er seine Sendung nur zum Teil, denn das Gericht war nicht ihr eigentliches Ziel. Das Gericht war vielmehr eine unausweichliche Folge seines Kommens, das die Menschen vor die Entscheidung stellt. Parallele Gegensatzpaare - hier: Nichtsehen und Sehen; Sehen und Blindwerden - gehören zu den Besonderheiten des vierten Evangeliums. »Sehen« wird auch im übertragenen Sinn benutzt. Der Blinde war sowohl körperlich als auch geistlich sehend geworden. Die Pharisäer konnten physisch sehen und hielten sich für geistlich sehend, waren aber in Wirklichkeit (wie ihre Reaktion auf Jesus zeigt) geistlich blind. Das Offenbarwerden der geistlichen Blindheit durch die Begegnung mit Jesus macht deutlich, daß sein Kommen Gericht war. **40.41** Jesu Antwort auf die Frage der Pharisäer *(Sind wir denn auch blind?)* ist nicht ganz einfach. *Wärt ihr blind* kann heißen: »Wenn ihr wüßtet, daß ihr blind seid« und impliziert, daß sie dann auf Jesus eingegangen und daher schuldlos gewesen wären. Eine andere Deutungsmöglichkeit wäre: »Wenn ihr wirklich blind wäret«, und dann hieße *so hättet ihr keine Sünde,* daß die Pharisäer als wirklich Blinde keine Verantwortung getroffen hätte. Aber durch das *wir sind sehend* behaupteten sie ja, sehende, verantwortungsbewußte, voll zurechnungsfähige Menschen zu sein, während gleichzeitig ihre Ablehnung Jesu ihre Schuld beweist. Die erste Deutung ist der anderen wohl vorzuziehen.

10,1-18 Der gute Hirte

In diesem Abschnitt begegnet eine bildhafte Darstellung, die den synoptischen Gleichnissen ähnlich ist, sich aber doch in Einzelheiten von diesen absetzt. Die Auslegung der Einzelzüge der Allegorie darf nicht überspannt werden, da es ihr um allgemeine Prinzipien und Aussagen geht.

1-10 Im Anfangsteil steht das Bild der Tür im Mittelpunkt, was einen natürlichen Einstiegspunkt zum Bild vom Hirten ergibt. Die beiden Bilder - Tür und Hirte - sind auf das engste miteinander verknüpft. Das Bild vom Hirten finden wir auch schon oft im AT (vgl. Ps 23; Hes 34; Sach 10; Jer 23). **1** *Wahrlich, wahrlich* schließt wohl an Kap. 9 an, womit die Aussagen über den guten Hirten einen Kontrast zu den schlechten Hirten (d.h. den Pharisäern) bilden. Die Schafställe im Orient hatten nur einen Eingang, der durch den Hirten bewacht wurde. Wer den Schafstall auf einem anderen Weg betrat, war - in den Worten dieses Abschnitts - ein Dieb, Räuber oder Fremder. **3** *Dem macht der Türhüter auf:* Wer mit dem Türhüter gemeint ist (einige wollen in ihm eine Anspielung auf den Vater oder den Heiligen Geist sehen), braucht uns nicht weiter zu beschäftigen, denn er spielt in dieser Allegorie weiter keine Rolle. Die Allegorie konzentriert sich vielmehr auf den Hirten und seine Beziehung zu den Schafen. **4** Es ist das Kennzeichen eines echten Hirten, daß er die Schafe mit Namen ruft und sie herausführt. **5** Diese persönliche Beziehung herrscht nicht zwischen einem Fremden und der Herde. Obwohl Jesus bis jetzt das Bild noch nicht deutet, ist doch schon klar, daß er von geistlichen Dingen redet. **6** Johannes erwähnt denn auch die Unfähigkeit der Hörer, Jesus zu verstehen. **7** Nun behauptet Jesus, selber die Tür zu sein. **8** Dieser Vers ist für die Auslegung problematisch. *Alle, die vor mir gekommen sind, die sind Diebe und Räuber:* Einige Hss. lassen hier die Worte *vor mir* aus (was die Auslegungsschwierigkeiten mildern würde), aber die Worte sind wahrscheinlich authentisch. Versteht man *vor mir* chronologisch, dann waren andere, die sich vor Jesus als die Tür (den Zugangsweg) ausgegeben hatten, Betrüger (d.h. falsche Messiasse). Es ist doch recht unwahrscheinlich, daß Jesus hier an die AT-Propheten dachte. Wir können das *vor mir* aber auch als Status- oder Rangbezeichnung verstehen; dann könnte die Aussage sich auf die jüdischen Führer zur Zeit Jesu beziehen. Die Art, wie die Pharisäer den Blindgeborenen behandelten, zeigte, was für schlechte, fremde Hirten der Herde Gottes sie waren. **9** Jesus wiederholt seine Behauptung, die Tür zu sein, in erweiterter Form; er verspricht nicht nur Rettung, sondern auch geistliche Nahrung. **10** *Ich bin gekommen, damit sie das Leben und volle Genüge haben sollen* (EinhÜ: *Damit sie das Leben haben und es in Fülle haben*): Der Kontrast zwischen Jesus und den falschen Hirten wird sehr anschaulich dargestellt. Jesus bringt das Leben, sie bringen Tod. Die Überfülle an Leben ist ein ganz typisches Merkmal des Bildes, das Johannes von Christus zeichnet. **11-18** In diesem Abschnitt sehen wir Jesus als den guten Hirten. Im Grunde ist dies ein neues Bild. Aber auch wenn die Bilder sich mischen: die geistliche Botschaft ist klar umrissen. *Der gute Hirte läßt sein Leben für die Schafe.* Nachdem er V.10 sagte, daß er anderen Leben in Fülle gibt, sagt Jesus nun, daß er sein eigenes Leben opfert. Das griech. Verb könnte »beiseitelegen« bedeuten, was auf die Freiwilligkeit des Opfers hinweisen würde. Wesentlich ist, daß die Opferung für andere erfolgt. **12** Der Gegensatz zwischen dem wahren Hirten und dem bezahlten Schäfer, dem die Schafe persönlich nichts bedeuten, wird anschaulich geschildert. **13** Daß der bezahlte Schäfer nur unzulänglich für die Schafe sorgt, wird besonders betont. **14ff** Die Aussage: V.11 wird wiederholt und erweitert. Bezeichnenderweise wird dabei das persönliche Bekanntsein besonders herausgestrichen: Christus kennt die Seinen, sie kennen ihn, der Vater kennt den Sohn und der Sohn den Vater. Das V.3.5 gegebene Bild von dem Hirten, der seine Schafe kennt, wird hier weiter entwickelt. Wo es an einer persönlichen Beziehung fehlt, gibt es auch keinen wahren Hirten. **16** *Ich habe noch andere Schafe, die sind nicht aus diesem Stall:* Ein neuer Gedanke. Sind mit den *anderen Schafen* die Heiden (d.h. Nichtjuden) gemeint, dann wäre damit die Universalität des Heilsangebotes Jesu bezeugt. Die Unterscheidung zwischen *Stall* in diesem Satz und *Herde* im nächsten zeigt die Mannigfaltigkeit innerhalb des Volkes Gottes. Es gibt viele Ställe, aber nur eine Herde. *Auch sie muß ich herführen:* Die hier im Griech. gebrauchte grammatische Form läßt auf eine göttliche Notwendigkeit schließen. Hier finden wir den Zweck, zu welchem Jesus in die Welt kam. Die Initiative geht vom Hirten aus. *Eine Herde und ein Hirte:* Die Einheit der Herde wird durch den Hirten geschaffen. Dies ist die einzig mögliche Grundlage für eine echte ökumenische Einheit. **17** *Darum* kann sich auf die vorangehenden Verse beziehen (»Mein Vater liebt mich, weil ich ein guter Hirte bin«) oder auf die folgende Aussage: *weil ich mein Leben lasse.* Die Liebe des Vaters wird nicht erst durch dieses Handeln des Sohnes geweckt, aber sie findet darin ihren höchsten Ausdruck. *Daß ich's wiedernehme:* Diese Worte zeigen das Ziel des freiwilligen Selbstopfers an: eine Auferstehung aus eigenem Willen. **18** Dieser Anspruch ist so erstaunlich, daß Jesus ihn sogleich rechtfertigt. Die Betonung liegt dabei auf seiner eigenen Autorität: Das mit *Macht* wiedergegebene Wort kann auch »Autorität« bedeuten. Gleichwohl ist sie eine vom Vater verliehene Autorität - ein weiteres Indiz dafür, daß Jesus als Bevollmächtigter Gottes gesandt ist.

10,19-21 Die Wirkung dieser Lehre

19 *Eine Spaltung* (ZÜ): Vgl. hierzu auch 7,43 und 9,16. **20** Die Behauptung, Jesus sei besessen, finden wir auch 7,20; 8,48; 8,52. In unserem Vers spiegelt sich auch die enge Verbindung, in der man damals Besessenheit und Geistesgestörtheit sah. **21** *Kann etwa ein Dämon Blinden die Augen auftun?* (ZÜ): Die Frage ist rhetorisch formuliert und läßt nur ein »Nein« als Antwort zu. Nicht alle Juden glaubten der Anschuldigung, Jesus sei besessen.

10,22-42 Ein Gespräch auf dem Tempelweihfest

22 Das Fest der Tempelweihe geht auf Judas Makkabäus zurück. Daß Johannes es erwähnt, hat keine tiefere Bedeutung: Der Evangelist gibt gerne genau an, bei welcher Gelegenheit Jesus etwas tat. **23** Daß Jesus in der Halle Salomos beim Reden umherging, ist auf die kalte Jahreszeit *(Winter)* zurückzuführen. **24** *Wie lange noch willst du uns hinhalten?* (EinhÜ): Sehr wahrscheinlich fand dieses Gespräch nur wenige Wochen nach der eben berichteten Auseinandersetzung statt. Diese Wochen können durchaus mit weiteren Diskussionen über den Anspruch Jesu ausgefüllt gewesen sein. Die Frage der Pharisäer impliziert, daß sie mit ihrem Latein am Ende waren. **25** Aber in seiner Antwort betont Jesus wieder ihren Unglauben. Sie glauben nicht einmal seinen Werken. **26.27** Wieder das Bild von den Schafen und dem Hirten. Diese Juden zeigten, daß sie nicht zu Jesus gehörten, denn sie erkannten nicht die Stimme des Hirten. **28** *Und ich gebe ihnen das ewige Leben:* Das Verb steht auch im Griech. im Präsens, und macht deutlich, daß die Kinder Gottes schon jetzt das ewige Leben besitzen. *Niemand wird sie aus meiner Hand reißen:* Ohne Zweifel meint Jesus damit die Geborgenheit seiner Menschen angesichts jeder nur denkbaren Bedrohung. **29** Diese Geborgenheit wird noch dadurch verstärkt, daß Jesus seine Schafe als Geschenk vom Vater empfangen hat. Eine größere Sicherheit ist undenkbar. **30** *Ich und der Vater sind eins:* Über die genaue Bedeutung dieser Aussage haben Theologen lange und heftig gestritten, doch ist sehr wahrscheinlich die echte Wesenseinheit mit dem Vater gemeint, nicht bloß Übereinstimmung im Denken und Urteilen. Daß die Glaubenden im Vater und im Sohn gleichermaßen geborgen sind, deutet auf Wesenseinheit.

31 Die angedrohte Steinigung lenkt das Gespräch auf die Motive der Gegner Jesu. **32.33** Jesus fordert seine Gegner auf, die »guten Werke« zu nennen, für die sie ihn steinigen wollen. Darauf bezichtigen sie ihn der Gotteslästerung. *Viele gute Werke habe ich im Auftrag des Vaters vor euren Augen getan* (EinhÜ): Jesus weist darauf hin, daß der Zweck seiner Taten offenkundig ist - ein Hinweis, der auch in Übereinstimmung mit dem Zweck dieses Evangeliums steht. *Denn du bist ein Mensch und machst dich selbst zu Gott:* Aus dieser Anklage klingt Verachtung heraus (vgl. besonders das betonte »du«). Eine ähnliche Anklage sahen wir 5,18. Nach dem Gesetz des Mose (3Mo 24,16) stand auf Gotteslästerung der Tod durch Steinigen. **34** *Steht nicht geschrieben in eurem Gesetz: »Ich habe gesagt: Ihr seid Götter«?* Der Begriff *Gesetz* umfaßt hier alle drei Teile des AT, so daß dieses Zitat aus Ps 82,6 nicht unangebracht ist. Die hier von Jesus angewendete Auslegungsmethode ist typisch jüdisch und zeigt wieder, wie er bei Diskussionen mit den Juden zum Teil die gleichen Methoden anwendet wie sie. Sein Argument hat die Form eines zwingenden Schlusses: Wenn selbst ungerechte Herrscher »Götter« genannt werden, dann kann man erst recht den vom Vater gesandten Bevollmächtigten »Sohn Gottes« nennen. Warum also der Vorwurf der Gotteslästerung? So weist Jesus nach, daß ihr Vorwurf auf einem Irrtum beruht. **35** *Und die Schrift kann doch nicht gebrochen werden:* Der Gebrauch des Singulars für *Schrift* (griech.: *graphe*) macht deutlich, daß hier die eine Bibelstelle gemeint ist, aber das Prinzip ist natürlich allgemeingültig. Die in Ps 82,6 ausgedrückte Wahrheit hat deshalb bleibende Geltung. **36** *Den der Vater geheiligt... hat:* Seine Sendung betont Jesus in diesem Evangelium oft, aber hier benutzt er zusätzlich das Wort »geheiligt«. Es bedeutet: »für eine Aufgabe ausgesondert«. Es wird schon im AT oft in diesem Sinne gebraucht und später auch im NT (vgl. 17,19), wo es auch auf die christlichen Gläubigen angewendet wird.

37 Jesus beendet die Diskussion mit einer Aussage über Werke und Glauben. *Die Werke meines Vaters* sind ganz offenbar besondere Werke und mit den »Zeichen« verbunden, wenn nicht sogar identisch. Die Werke müssen als von Gott kommend erkennbar sein, sonst sollte man ihnen nicht glauben. **38** Der folgende Vers impliziert, daß ein auf die Werke gegründeter Glaube weniger wert ist als ein Glaube, der sich auf Jesu Worte gründet. Diese Aussage stimmt mit der Botschaft des Evangeliums als ganzem überein. Die Werke (bzw. Zeichen) haben einen theologischen Sinn: sie sollen auf die Beziehung zwischen Jesus und dem Vater hinweisen. *Damit ihr zur Erkenntnis kommt und in ihr bleibt* (LÜ 1956): In einigen Hss. finden wir statt *in ihr bleibt* Verben wie »glauben« oder »wissen« (vgl. EinhÜ, ZÜ, LÜ 1984). Wer die innige Beziehung zwischen Vater und Sohn begriffen hatte, nahm an der jetzt wiederholten Aussage von V. 30 keinen Anstoß. *Daß der Vater in mir ist* bezieht sich in erster Linie auf die Werke; in diesen kann man unmöglich zwischen dem Sohn und dem Vater unterscheiden. **39** Wieder reagieren die Juden sehr heftig, und wieder gelingt es ihnen nicht, Jesus zu verhaften.

40-42 Am Ende des Kapitels wird der Jordan als Schauplatz der Taufen des Johannes erwähnt. Hierfür scheint es keinen besonderen Grund zu geben, es sei denn, daß der Evangelist die Gültigkeit des Zeugnisses des Täufers bekräftigen will. Die Bemerkung *Johannes hat keine Zeichen getan* soll den Unterschied zu Jesus klar hervorheben. Wir sehen hier auch einen Gegensatz zwischen dem Glauben jenseits des Jordans und dem Unglauben in Jerusalem.

11,1-57 Tod und Auferweckung des Lazarus

11,1-44 Jesus überwindet den Tod

Die Geschichte von der Auferweckung des Lazarus wird bisweilen in Frage gestellt, und zwar aus doppeltem Grunde: erstens, weil sie so ungewöhnlich (sprich: phantastisch) klingt und zweitens, weil sie in den anderen Evangelien nicht erwähnt wird. Wenn man die Möglichkeit, daß Gott in die Naturgesetze eingreifen kann, anerkennt (und das muß man schon allein angesichts der Auferstehung Christi!), dann ist diese Geschichte im Prinzip nicht ungewöhnlicher als alle anderen Wunder.

1-4 Der Anlaß des Wunders wird kurz genannt. Johannes legt großen Wert auf die Identität des Lazarus und auf seine Beziehung zu Maria, die Jesus salbte. Die Salbung wird dann allerdings erst Kap. 12 geschildert. Als Johannes den Bericht verfaßte, lag die Salbung natürlich schon längst in der Vergangenheit (daher die Vergangenheitsform *gesalbt hat* V. 2). **3** *Herr, siehe, der, den du lieb hast, liegt krank:* Man beachte, daß hier für »liebhaben« das griech. Verb *phileo* gebraucht wird, während Johannes V. 5 das stärkere *agapao* verwendet. Einige Ausleger haben daraus den Schluß gezogen, daß der im weiteren Verlauf des Evangeliums mehrfach erwähnte »Jünger, den Jesus lieb hatte«, Lazarus war. Aber es ist unwahrscheinlich, daß Lazarus bei den Abschiedsreden Jesu anwesend war. 4 *Diese Krankheit führt nicht zum Tode* (ZÜ): Damit meint Jesus, daß der Sinn und das Ziel dieser Krankheit nicht der Tod, sondern die Verherrlichung des Gottessohnes ist. Vgl. hier andere Zeichen in diesem Evangelium (z.B. 2,11; 9,3). Die Herrlichkeit Gottes ist wichtiger als die Krankheit: diese dient lediglich als Mittel zu einem höheren Zweck (vgl. V. 15).

5-16 Dieser Abschnitt wirft ein theologisches Problem auf: Warum ging Jesus nicht sofort zu Lazarus? 6 *Als er nun hörte, daß er krank war, blieb er noch zwei Tage an dem Ort, wo er war:* Die Feststellung steht eindeutig in einem Bezug zu V. 5. Der Aufschub hat offenbar mit Jesu Liebe zu den Geschwistern in Bethanien zu tun und ist kein Zeichen von Gleichgültigkeit. Jesus hat ein höheres Ziel, wie wir sowohl V. 4 (»zur Verherrlichung Gottes«) als auch V. 15 (»damit ihr glaubt«) sehen.

7.8 Jesu Plan, nach Judäa zu gehen, beantworten die Jünger mit dem Hinweis, daß die Juden ihm doch nach dem Leben trachten. Wir werden an 10,31.39 erinnert - die Lage ist brenzlig. Das Gebiet jenseits des Jordan, wo sich Jesus und seine Jünger gerade aufhalten, ist weniger gefährlich. Ohne Zweifel waren die Jünger über die Verzögerung V. 6 froh gewesen und hatten gehofft, daß Jesus die Reise überhaupt nicht antreten würde. 9 *Hat nicht der Tag zwölf Stunden?* (ZÜ): Eine merkwürdige Antwort auf die Angst der Jünger. Gemeint ist offenbar, daß die Stunden des Tages nicht durch die jeweiligen äußeren Umstände berührt werden; sie sind dazu da, daß man sie nutzt. Gemeint ist auch, daß Jesu Stunde (d.h. die zwölfte Stunde) noch nicht gekommen ist, und daß man so lange, bis Gott sie kommen läßt, treu seiner Aufgabe nachzugehen hat. Der Zwölfstundentag ist ein Kuriosum jüdischer Zeitrechnung: man teilte die Zeit zwischen Sonnenaufgang und Sonnenuntergang in zwölf gleiche Teile, die je nach Jahreszeit unterschiedlich lang waren. **9.10** Das Bild vom Licht und der Finsternis und das Bild vom Umhergehen und Sichstoßen (stolpern) zeigen den Gegensatz zwischen Jesu unbeirrbarem Vorwärtsschreiten und den unbeholfenen Versuchen der Juden, ihn zu hindern.

In der nun folgenden Diskussion über den Tod des Lazarus finden wir ein weiteres Beispiel dafür, wie die wörtliche Deutung einer bildlichen Aussage zu Mißverständnissen führt. 11 Der Schlaf war damals durchaus ein gängiges Bild für den Tod, aber als Jesus davon sprach, Lazarus aus dem Schlaf wecken zu wollen, 12 konnten die Jünger sich nur den Schlaf im wörtlichen Sinne vorstellen. *Wird's besser mit ihm:* Für die Jünger war Schlaf (bei jeder Krankheit) ein gutes Zeichen. Offenbar war also doch nicht alles verloren, Lazarus würde auch ohne Jesus wieder genesen... 13 Jesus klärt das Mißverständnis, und 14 sagt es frei heraus: *Lazarus ist gestorben.* Die Zeitform des griech. Verbs (Aorist) ist hier abrupter als V. 11 (Perfekt) und betont die Tatsache, daß Lazarus wirklich tot ist. 15 *Und ich bin froh um euretwillen, daß ich nicht dagewesen bin:* Wieder macht Jesus auf die sein Handeln stets begründende höhere geistliche Zielsetzung aufmerksam. Es ist fast, als ginge es ihm mehr um die Schulung der Jünger als um Lazarus und seine Schwestern. Jetzt, wo Lazarus schon tot ist, wird die Wirkung auf die Jünger viel größer sein. *Damit ihr glaubt (ZÜ: Damit ihr zum Glauben kommt):* Ganz offenbar mit der Bedeutung: »Damit ihr mehr und stärker glaubt als bisher«. Wieder sehen wir den Zusammenhang zwischen Zeichen und Glauben. 16 Die Reaktion des Thomas auf Jesu wiederholtes »Laßt uns ziehen« (vgl. V. 7) klingt nicht zuversichtlich, sondern eher verzweifelt-resigniert.

17-27 Die nächste Szene in diesem spannenden Drama ist ein Gespräch zwischen Jesus und Martha, das am Rande von Bethanien stattfindet. Dies ist die theologisch tiefgründigste Stelle des ganzen Berichts: sie beleuchtet die geistlichen Wahrheiten. 17 *Als nun Jesus hinkam* (ZÜ): Aus V. 30 geht hervor, daß Jesus am Rande des Dorfes wartete, vielleicht in der Nähe der Grabstätte (aber vgl. V. 34). Er hört, wie lange Lazarus schon im Grab gelegen hat. *Fand* heißt nicht unbedingt, daß Jesus dies nicht schon vorher wußte, sondern lediglich, daß er an das Ende der Reise gekommen war (vgl. den ähnlichen Gebrauch 2,14). **18.19** Daß Bethanien so nahe bei Jerusalem liegt, erklärt, warum so viele Juden gekommen waren, um die Schwestern zu trösten. 20 *Als Martha nun hörte, daß Jesus kommt:* Es paßt zu dem Bild, das die synoptischen Evangelien uns von Martha geben - eine energische, tatkräftige, vielbeschäftigte Frau - daß sie nicht wartet, bis Jesus ihr Haus erreicht. Auch Maria erscheint genau wie in den synoptischen Evangelien - still, nachdenklich und nicht sehr aktiv. 21 *Herr, wärst du hier gewesen, mein Bruder wäre nicht gestorben:* Dergleichen Gedanken müssen die Schwestern sehr beschäftigt haben, denn später (V. 32) sagt Maria das gleiche. Die Worte zeugen von einem innigen Vertrauen in Jesu Macht zu heilen. V. 22 läßt möglicherweise auf einen recht tief gründenden Glauben schließen. 22 *Aber auch jetzt weiß ich:* Offenbar ist Martha irgendwie überzeugt, daß Jesus etwas tun wird. Immerhin glaubt sie, daß Gott jeden Wunsch Jesu erfüllen wird. Sie schaut nach einem Hoffnungsschimmer aus, Martha bleibt dabei aber äußerlich ruhig und unterdrückt ihren Schmerz. Maria dagegen weint, bis das Wunder geschehen ist. **23.24** *Dein Bruder wird auferstehen:* Es ist verständlich, daß Martha - wie ihre Antwort andeutet - dies lediglich als eine übliche (auf das Ende der Welt anspielende) Beileidsformel auffaßt. Wahrscheinlich hatte sie von der Auferstehung nur eine vage Vorstellung.

25 Entscheidender Mittelpunkt der ganzen Begebenheit ist das große »Ich-bin-Wort« Jesu: *Ich bin die Auferstehung und das Leben.* Es zeigt, daß die Feststellung V. 23 in einem doppelten Sinn gemeint war. Noch dazu wird Jesu Einstellung zu seiner Sendung deutlich. Er identifiziert sich hier mit ihrem Höhepunkt, gerade so, als habe seine Auferstehung bereits stattgefunden. Die größte Trostquelle in der Stunde der Trauer über einen Toten ist der auferstandene Herr. Jesus nennt in diesem Satz die Auferstehung vor dem Leben, denn für sterbliche Menschen ist neues Leben das Ergebnis der Auferstehung. **26** Dieses neue Leben erhält man durch den Glauben, und deshalb stellt Jesus die direkte Frage: *Glaubst du das?* Man beachte, daß Jesus hier nicht zum Glauben an sich selbst auffordert, sondern zum Glauben an seine Worte - natürlich ist er von seinen Worten nicht zu trennen, aber die Betonung liegt hier auf dem Inhalt des Glaubens. **27** Marthas Antwort zeigt eine verblüffende Ähnlichkeit zu der Aussage des Evangelisten 20,31. Es ist gerade, als ob ihr Glaubensbekenntnis das Grundmuster des ganzen Evangeliums bilde. Inwieweit sie Jesus als Messias bzw. Sohn Gottes wirklich verstand, kann man natürlich nicht sagen. Aber zweifellos hielt der Evangelist den Inhalt ihres Glaubens für sehr bedeutsam.

28-37 In diesem Abschnitt wird zunächst die Reaktion Marias und danach die der Juden, die mit den Schwestern trauerten, geschildert. Marias Rolle in der Begebenheit kann wie folgt zusammengefaßt werden: *a.* **28** Jesus läßt sie durch Martha holen. *b.* **29** Sie folgt dieser Aufforderung sofort. *c.* **32** Sie fällt Jesus zu Füßen und spricht aus, was Martha schon V. 21 gesagt hatte. *d.* **33-35** Angesichts ihrer Tränen kommen auch Jesus die Tränen. Maria erscheint hier gefühlsbetonter als Martha. Auch die anwesenden Juden tragen zu der ergreifenden Stimmung bei. **31** Sie trösten Maria, folgen ihr (wohl zu dem Grab), **33** weinen mit ihr, **36** sind durch Jesu Tränen gerührt **37** und fragen sich, warum Jesus den Tod des Lazarus nicht verhindern hatte. **33** Der Höhepunkt dieses Abschnitts liegt in dem Satz *ergrimmte er im Geist und wurde sehr betrübt* (EinhÜ: *War er im Innersten erregt und erschüttert*). Das erste Verb ist sehr stark und bedeutet »Ärger zeigen« (vgl. LÜ; auch EÜ: *wurde er im Geist erzürnt*). Woher aber dieser Zorn? Nach Auffassung einiger Ausleger war Jesus über die Folge menschlicher Sünde (eben den Tod) und das dadurch verursachte Leid erregt. Aber diese Dinge müssen unserem Herrn ständig vor Augen gewesen sein, während seine Erregung in diesem Vers sich doch auf diesen Augenblick bezieht. Rührte sein Kummer von dem Mitleid mit den Schwestern? Dafür scheint das Verb wiederum zu stark gewählt. Oder hielt er die Trauerbekundungen der Juden für bloßen Schein? Dies wäre schon eher denkbar. Jesus muß sich über jede Heuchelei geärgert haben. Es ist auch gut möglich, daß jetzt, wo sein eigener Leidenskelch so nahe war, etwas von dem Pathos menschlichen Leidens auf Jesus lastete. Jesu Erschütterung (vgl. das zweite Verb) kam von innen. Vielleicht rührte sie daher, daß er wußte, wie stark der Unglaube einiger der Augenzeugen war, und daß sie selbst nach diesem gewaltigen Zeichen noch gegen ihn sein würden. **37** Diese Frage, die an das letzte Zeichen (vgl. Kap. 9) anknüpft, kann durchaus spöttisch gemeint gewesen sein.

38-44 Das Wunder selbst wird kurz und zurückhaltend geschildert. Die verschiedenen Einzelheiten - Jesu Erregung, Marthas Bedenken gegen das Öffnen des Grabes, Jesu erneuter Hinweis, daß sie Gottes Herrlichkeit sehen werde, das Entfernen des Steins, Jesu Gebet, sein Befehl an den Toten und die einfache Anweisung, ihn von den Binden freizumachen und gehen zu lassen - werden glaubhaft berichtet. **40** *Habe ich dir nicht gesagt?* Von Gottes Herrlichkeit hatte Jesus eigentlich nur zu den Jüngern gesprochen (vgl. V. 4), aber in seinen Worten an Martha war dieser Hinweis natürlich mit enthalten gewesen. **41.42** An dem Gebet Jesu sind die Betonung des Glaubens und der Beglaubigung seiner Sendung wichtig. **44** Der nüchterne, gedämpfte Ton dieses Berichts zeigt sich besonders in diesem Vers: Lazarus kommt heraus (wahrscheinlich waren die Gliedmaßen einzeln umwickelt), sagt aber nichts.

11,45-57 Die Folgen des Wunders

Es gab verschiedene Reaktionen auf das Zeichen: **45** einige glaubten, **46** einige berichteten den Pharisäern. **47-53** Diese berieten die Angelegenheit im Hohen Rat und beschlossen, auf Jesu Tod hinzuarbeiten, **54** während Jesus selbst sich in die Wüste zurückzog. Es gibt Menschen, die sich auch von dem größten Zeichen nicht überzeugen lassen. **47** *Was sollen wir tun? Dieser Mensch tut viele Zeichen* (EinhÜ): Die Pharisäer empfinden die Zeichen als Bedrohung für ihre eigene Stellung im Volk. Sie glauben, daß die meisten Leute (sie sagen sogar: *alle*) an ihn glauben werden, aber sie nehmen sich selbst natürlich ganz klar aus. **48** *Und die Römer werden kommen und uns sowohl die (heilige) Stätte als auch das Volk wegnehmen* (ZÜ): Ihr Denken ist durch politische Überlegungen bestimmt. Die »Stätte« ist entweder der Tempel oder die Stadt Jerusalem, und mit dem Volk ist die Verwaltung gemeint, die zum Teil noch in jüdischen Händen lag. **49** *Kaiphas, der in dem Jahr Hoherpriester war:* Diese Information ist für Johannes sehr wichtig, denn er wiederholt sie V. 51, wo er ihren tieferen Sinn erläutert. In diesem schicksalhaften Jahr sprach der Hohepriester in seiner Eigenschaft als Vertreter des Volkes eine Prophezeiung aus. **50** *Es ist besser für euch, ein Mensch sterbe für das Volk:* Das Prinzip, daß einer die Vielen vertritt, gehört zum Kern der ntl. Versöhnungslehre. Daß es hier ausgesprochen wird, ist um so bemerkenswerter, als dies - unwissentlich - ausgerechnet durch den jüdischen Hohenpriester geschieht, der mithalf, den Einen hinzurichten. **51** Johannes gibt hier den Standpunkt der frühen Christen wieder. Sie sahen in den Worten des Kaiphas eine Prophezeiung mit weitreichenden Folgen. Das stellvertretende Sterben Jesu gilt für alle Menschen. **52** *Sondern auch, um die verstreuten Kinder Gottes zusammenzubringen:* Christi Tod schafft Einheit. Der Ausdruck »Kinder Gottes« wird hier vorausschauend für alle Menschen benutzt, die im Laufe der Weltgeschichte an Jesus glauben werden.

55-57 Diese Ereignisse trugen sich zur Zeit der Vorbereitung auf das Passah zu. Diese Vorbereitung bestand aus Reinigungsriten. Es waren Berichte und Gerüchte über die Zeichen Jesu und die Machenschaften der Pharisäer im Umlauf. Es war unvermeidlich, daß man spekulierte, was wohl die nächsten Schritte Jesu wären. Mit der Erwähnung der Verschwörung der Pharisäer bereitet Johannes den Schauplatz für die Salbung Jesu und seinen Einzug in Jerusalem vor.

12,1-50 Abschluß des öffentlichen Wirkens in Jerusalem

12,1-8 Die Salbung in Bethanien

1 Die Salbung in Bethanien ist wegen ihrer Verbindung mit dem Lazarus-Wunder wichtig. *Sechs Tage vor dem Passah* (ZÜ): Diese Zeitangabe ist für Johannes wichtig; vgl. die sechs Tage zu Beginn des Wirkens Jesu, die in Kap. 1 und 2 erwähnt sind. Man hat angenommen, daß Johannes hier an die sechs Schöpfungstage gedacht haben könnte, aber dies erscheint sehr unwahrscheinlich. **3** *Da nahm Maria ein Pfund Salböl von unverfälschter, kostbarer Narde:* Die Bedeutung des mit »unverfälscht« wiedergegebenen Wortes ist nicht ganz klar, da es die Grundbedeutung von »überzeugend« oder »zuverlässig« hat, aber daß die Salbe echt war, ist ohne Zweifel korrekt. Wahrscheinlich handelte es sich um ein flüssiges Parfüm. *Und salbte die Füße Jesu:* Normalerweise salbte man - als Zeichen besonderer Ehrerbietung - den Kopf, nicht die Füße. Auch bei dem parallelen Vorfall Lk 7,38 wurden die Füße gesalbt. Es gibt viele Parallelen zwischen Lk 7 und Joh 12, dennoch ist unwahrscheinlich, daß es sich um dieselbe Frau handelt. Die Frau bei Lk war eine reumütige Sünderin, während die Frau bei Joh einfach eine tiefe Hingabe an Jesus zeigt und völlig mit dem Bild, das Lukas von Maria von Bethanien zeichnet, übereinstimmt. In beiden Fällen trocknet die Frau Jesu Füße mit ihrem *Haar.* Es war gegen die jüdischen Anstandsregeln, daß eine Gastgeberin mit offenem Haar vor Männer trat, aber bei Maria war die Hingabe stärker als das Tabu. Der von Johannes erwähnte Geruch, der das Haus erfüllte, ist ein anschauliches Detail, das von einem Augenzeugen sicher nicht so leicht vergessen wurde.

4-6 Daß Judas sich über diese Verschwendung beschwert, paßt ganz zu dem Bild, das die Synoptiker von ihm zeichnen. Er war nicht nur mit den Sünden des Geizes und der Gier, sondern auch mit der der Lüge behaftet. **5** *Dreihundert Denare* (ZÜ): In heutiger Währung eine ansehnliche Summe. Ein Tagelöhner verdiente damals einen Denar pro Tag! **7** Jesu Antwort lautet: *Laß sie gewähren! Für den Tag meines Begräbnisses hat sie es aufbewahrt* (ZÜ). Mit anderen Worten: Marias Handlung nimmt gewissermaßen Jesu Begräbnis vorweg. **8** ist ein klarer Hinweis auf die Einzigartigkeit Jesu.

12,9-11 Reaktionen auf Jesu Anwesenheit in Bethanien

9.10 Die Neugier der Menge wird der Feindseligkeit der Oberen gegenübergestellt. Lazarus war für jene eine Attraktion, für diese eine Bedrohung. **11** Daß so viele zum Glauben kommen, gibt der Verschwörung gegen Jesus und Lazarus Aufwind.

12,12-19 Der Einzug in Jerusalem

12 Je näher das Passahfest rückte, desto zahlreicher wurden die Pilger. Der Wunsch dieser Menge, Jesus zu sehen, ja sogar ihn zu ehren, steht in krassem Gegensatz zu der Haltung der religiösen Obrigkeit. **13** *Palmzweige* trug man, um einem Sieger Ehre zu erweisen. *Hosianna! Gelobt sei, der da kommt in dem Namen des Herrn:* Dieser Ruf stammt aus Ps 118,26, einem der Psalmen, die die Pilger sangen, wenn sie nach Jerusalem hinaufzogen. Die Angabe *der König von Israel* macht die messianische Bedeutung des Rufes klar. **14.15** Zur Erklärung der Tatsache, daß Jesus auf einem Eselsfüllen in Jerusalem einritt, führt Johannes Sach 9,9 an. **16** Nicht daß er oder die anderen Jünger dies alles damals schon verstanden: sie verstanden es erst nach der Verherrlichung (d.h. der Auferstehung) Jesu.

17.18 Offenbar werden hier zwei verschiedene Volksmengen beschrieben. Die eine hatte das Wunder der Auferweckung des Lazarus gesehen, die andere hatte nur davon gehört. **19** Die Pharisäer reagieren (so wie sie die Dinge sahen) mit Verzweiflung: *Siehe, alle Welt läuft ihm nach!* Offenbar übertreiben sie gerne (vgl. auch die Bemerkung des Kaiphas, daß »alle« an Jesus glauben; 11,48). Vielleicht befürchteten die Pharisäer, daß Jesus zu populär geworden war, als daß ihr Plan gegen ihn ohne weiteres auszuführen sei, wie sie gehofft hatten.

12,20-26 Das Anliegen der Griechen

20 *Es waren aber einige Griechen unter denen, die heraufgekommen waren, um anzubeten auf dem Fest:* Dies waren offenbar griechische Proselyten, denen es erlaubt war, zusammen mit den Juden im Tempel anzubeten. Die Tatsache, daß sie gekommen waren, um anzubeten, zeigt, wie ernst es ihnen mit ihrer Religion war. **21** Die Heimatstadt des Philippus wird wahrscheinlich erwähnt, um zu erklären, warum die Griechen sich ausgerechnet an ihn wandten. Es kann durchaus sein, daß sie aus Dekapolis (einem Bund zehn hellenistischer Städte) stammten, die nicht weit von Bethsaida lagen. **22** Man gewinnt den Eindruck, daß Philippus und Andreas die Griechen zu Jesus brachten, auch wenn Johannes das nicht ausdrücklich sagt.

23 *Die Zeit ist gekommen, daß der Menschensohn verherrlicht werde:* Eine merkwürdige Antwort auf die Bitte der Griechen. Die Griechen haben bei ihr vielleicht an den triumphalen Einzug Jesu gedacht, doch er selbst dachte, wie V. 24 zeigt, an sein Kreuz. Auch der Hinweis auf *die Zeit* (ZÜ: *Stunde*) zeigt, daß der Höhepunkt naht. **24** Um zu verdeutlichen, was er meint, benutzt Jesus das Bild vom *Weizenkorn.* Die Formel *wahrlich, wahrlich* zeigt die Wichtigkeit der Aussage. Jesus wendet das biologische Gesetz, wonach der Tod eine wesentliche Voraussetzung für neues Leben ist, auf sich selbst an. *Bringt es viel Frucht:* Der Weizen pflanzt sich selbst fort, und in Analogie hierzu sieht Jesus sein Leiden. Durch seinen Tod werden viele Kinder Gottes das Leben erhalten. **25** Das Leben »lieben« und »hassen«: Gegensätze, die grell beleuchten, daß der Mensch in seiner Einstellung zu Jesus vor eine folgenschwere Wahl gestellt ist. Eine andere Formulierung für »lieben« und »hassen«: *Wer an seinem Leben hängt... wer aber sein Leben in dieser Welt geringachtet* (EinhÜ). **26** Jesus folgen heißt ihm dienen (und nicht sich selbst). Der Vater ehrt nur die, die den Sohn ehren.

12,27-50 Jesus wird vom Vater bestätigt und zieht sich zurück

27 *Jetzt ist meine Seele betrübt:* Jetzt beginnt unser Herr, sich dessen bewußt zu werden, daß die *Stunde,* auf die der ganze bisherige Evangelienbericht sich hinbewegt hat, gekommen ist. Die innere Unruhe Jesu in diesem Vers steht zu dem in den synoptischen Evangelien überlieferten Verzagtsein im Garten Gethsemane in einem offensichtlichen Zusammenhang (vgl. Mt 26,38; Mk 14,34). Jesu Zustand in Gethsemane war offenbar der Höhepunkt eines wachsenden seelischen »Streß«. *Und was soll ich sagen?* Offenbar gibt es für Jesus zwei Möglichkeiten: Die Errettung aus (griech.: *ek*) dieser Stunde und **28** die Verherrlichung durch sie. Jesus war sich dessen zutiefst bewußt, daß diese besondere »Stunde« die Krise in seinem ganzen Erlösungswerk war. Auch nicht einen Augenblick lang konnte er mit dem Gedanken spielen, dieser Stunde zu entfliehen. Und jetzt gibt die Stimme vom Himmel die göttliche Bestätigung der von Jesus getroffenen Wahl: *Ich habe ihn verherrlicht und will ihn abermals verherrlichen.* Es ist typisch für Johannes, daß er die gesamte Sendung Jesu, besonders aber ihren Höhepunkt, als eine Verherrlichung betrachtet. **29.30** Es gab drei verschiedene Reaktionen auf die himmlische Stimme. Einige Leute hörten ein donnerartiges Geräusch: Ihre Ohren waren nicht für Gottes Offenbarungen geöffnet. Andere verstanden zwar, daß hier etwas gesprochen wurde, aber konnten sich nichts Höheres als einen Engel vorstellen. Nur Jesus erkannte, daß die Stimme um seiner Hörer willen erklang.

31 *Jetzt ergeht das Gericht über diese Welt:* Mit der Wiederholung des »jetzt« (vgl. V. 27) wird eine genauere Beschreibung der »Stunde« eingeleitet. Die Stunde war das Gericht über die Welt, d.h. die Verurteilung der gesamten gegenwärtigen Welt durch das Kreuz. **32.33** *Und ich, wenn ich erhöht werde von der Erde, so will ich alle zu mir ziehen:* Der Kommentar des Johannes V. 33 macht deutlich, wie diese Erhöhung zu verstehen ist. Aber was bedeutet das Ziehen? Mit dem gleichen Wort (griech.: *helko*) wird 6,44 beschrieben, wie der Vater Menschen zu Christus zieht. Hier ist der gekreuzigte Christus wie ein Magnet, dessen Anziehungskraft sich niemand entziehen kann. Der Vers läßt offen, wozu dieses Ziehen führen wird. Angesichts von V. 31 kann ein Ziehen zum Gericht nicht ausgeschlossen werden, aber es werden nicht alle dorthin gezogen werden. **34** Die Reaktion der Menge zeigt, daß sie die Erhöhung in einem Sinn verstand, der mit dem ewigen Wesen des Messias unvereinbar war. Als Antwort auf die Frage *Wer ist dieser Menschensohn?* **35** weist Jesus wieder auf die Wahrheit hin, die schon das Thema des Prologs war: Er ist das Licht. Erneut wird dieses Licht mit der Dunkelheit in Gegensatz gebracht. Es ist sehr vielsagend, daß Jesus direkt nach seiner Warnung, *Wandelt, solange ihr das Licht habt,* **36** wegging und sich vor ihnen verbarg. Das Licht war nicht Jesu körperliche Gegenwart, sondern seine Lehre, die sie schon gehört hatten.

37-43 In diesem Abschnitt faßt Johannes die Wirkung Jesu auf die Menschen zusammen. Bei den meisten hatten die Zeichen nicht zum Glauben geführt, und zur Bekräftigung dieser Tatsache zitiert Johannes die Prophezeiung des Jesaja. Dabei betont er, daß in allem Gott der Urheber ist, obwohl es eigentlich in der LXX Jes 6,10 heißt: »Sie schlossen ihre Augen.« Nach dem Geschichtsverständnis des Johannes ist Gott die erste Ursache aller Dinge, und in diesem Sinne versteht er die Worte des Propheten. **38** Das erste Zitat (Jes 53,1) hebt hervor, daß die Worte des Propheten selten geglaubt werden, und **40** das zweite (Jes 6,10) betont die Verstocktheit und Herzenshärte, der Jesaja begegnete. Johannes denkt dabei bestimmt an den Anlaß der Aussage Jes 6,10: an die Schau, die der Prophet im Tempel von der Herrlichkeit Gottes hatte. **41** *Weil er seine Herrlichkeit sah* (ZÜ): Demnach war die Vision die Ursache (im Sinne von »Anlaß«) der Prophezeiung. Man beachte, daß Johannes den Unglauben der Juden gegenüber Jesus als eine direkte Erfüllung einer Prophezeiung ansieht (V. 37-38). Er glaubte also, daß das, was bei Jesaja passiert war, auch bei Jesus geschehen würde - eine Annahme, die durch V. 41 gestützt wird. **42** *Doch auch von den Oberen glaubten viele an ihn:* Unermüdlich stellt Johannes Beispiele für Unglauben mit Beispielen für Glauben einander gegenüber. Dieser Vers ist eine treffende Ergänzung zu V. 37. Andererseits zeigt Johannes aber auch, daß dieser Glaube durch eigennützige Motive gehemmt wurde. Nur zu oft ist Menschenfurcht ein Hemmschuh für das Bekenntnis des Glaubens.

44-50 Den Schlußabschnitt dieses Kapitels bildet eine Zusammenfassung der Hauptthemen des Wirkens Jesu. Es ist gerade so, als ob Jesus, nachdem er sich zurückgezogen hat (vgl. V. 36), noch einmal zurückkommt, um eine letzte öffentliche Erklärung abzugeben, bevor er sich ausschließlich seinen Jüngern widmet. Vielleicht aber beziehen sich die Worte *Jesus aber rief* gar nicht auf ein bestimmtes Ereignis, sondern auf Jesu Unterweisung im allgemeinen. Dreimal in diesem Abschnitt spricht Jesus von »dem, der mich gesandt hat«. Wieder wird der Glaube betont sowie Jesu Anspruch, das Licht zu sein. **47.48** Jesus präzisiert, was mit dem »Gericht« gemeint ist: *Ich bin nicht gekommen, daß ich die Welt richte, sondern daß ich die Welt rette.* Obwohl das Gericht durch das Wort Christi bestimmt wird, hatte seine Mission nicht in erster Linie das Gericht zum Ziel, sondern die Erlösung; das Gericht war nur eine Folge seiner Sendung. **49.50** *Denn ich habe nicht aus mir selbst geredet* (GN: *Ich spreche ja nicht in meinem eigenen Namen*): Beim Gericht ist die Autorität (griech.: *exousia*) entscheidend, und wieder sagt Jesus, daß er diese vom Vater erhalten hat. Die Erwählung des ewigen Lebens (V. 50) ist nur eine Wiederholung früherer Unterweisungen Jesu. Dieser Abschnitt leitet zu den nun folgenden Ereignissen von Kap. 13 über.

13,1-17,26 Jesus und seine Jünger

13,1-38 Die Fußwaschung und ihre Folgen

13,1-20 Jesu symbolische Handlung. Dieser Abschnitt berichtet von Ereignissen am letzten Tag vor dem Passahfest (vgl. V. 1), also am 13. Tag des jüdischen Monats Nisan. Die Tatsache, daß es den synoptischen Berichten zufolge den Anschein hat, als sei Jesus am 15. Tag des Nisan gekreuzigt worden, wirft hier eine Schwierigkeit auf. Möglicherweise benutzten die Synoptiker und Johannes unterschiedliche Kalender. Aber das Problem ist vielschichtig und kann nicht zufriedenstellend gelöst werden, da über die verschiedenen Kalender zu wenig bekannt ist (vgl. Guthrie, *New Testament Introduction: Gospels and Acts,* 1965, S. 271ff).

1-3 Der Anfangsabschnitt stellt in gedrängter Form die geistliche Bedeutung der Ereignisse dar, die nun unmittelbar vor der Tür stehen. Man beachte insbesondere das tiefe Wissen Jesu um die *Stunde,* die gekommen ist, seine beständige Liebe zu den Seinen, das Werk des Teufels in Judas Iskariot und das Wissen Jesu um den göttlichen Ursprung und das göttliche Ziel seines Wirkens. Im ganzen also ein kurzer Abriß des in diesem Evangelium dargestellten Dramas. **2** *Als schon der Teufel dem Judas, Simons Sohn, dem Iskariot, ins Herz gegeben hatte:* Der harte Gegensatz zwischen der Liebe des Vaters und den Ränken des Teufels kommt klar zum Ausdruck. **3** Aber Johannes ist überzeugt, daß auch in dieser Stunde des Leides alles in der Hand des Vaters liegt. Diese Überzeugung teilt er mit Jesus. **4.5** Gürten und Waschen folgen aus dieser Überzeugung. Es handelt sich offenkundig um einen bewußt symbolisch gehaltenen Akt, es war eine völlig unerwartete Tat der Demut; ihre Bedeutung wird 12ff erklärt.

6 *Da kam er zu Simon Petrus:* Diese Übersetzung weckt den Anschein, als sei Petrus der erste gewesen, dem Jesus die Füße wusch, aber nach dem griech. Grundtext wäre dies nicht zwingend. Vgl. als bessere Übersetzung EinhÜ: *Als er zu Simon Petrus kam.* Die heftige Reaktion des Petrus, Jesu Erwiderung, daß er dann keinen Anteil an seinem Werk hätte, und der entgegengesetzte Pendelschlag bei Petrus sind für die Beziehung zwischen Petrus und Jesus, wie wir sie auch anderswo im NT geschildert sehen, ganz typisch. **7** *Du wirst es aber hernach erfahren* (EinhÜ: *Doch später wirst du es begreifen*): Hier ist das Erkennen nach der Auferstehung gemeint. Vor der Auferstehung müssen viele der Taten Jesu unverständlich geblieben sein. **10** *Wer vom Bad kommt, ist ganz rein und braucht sich nur noch die Füße zu waschen* (EinhÜ): Die Fußwaschung war mehr als ein Beispiel. Sie war ein Mittel, durch das die Jünger an der Erniedrigung ihres Herrn teilhaben konnten. Dadurch waren sie rein, und mehr war nicht nötig. Die impulsive Bitte des Petrus (V.9) ist also nicht angebracht. **10.11** *Und ihr seid rein, aber nicht alle:* Johannes gibt diesen Ausspruch Jesu wieder und macht erklärend auf eine Tatsache aufmerksam, die den Jüngern damals noch nicht bewußt war. Johannes will auf den göttlichen Einblick Jesu in die Herzen der Menschen aufmerksam machen.

Der folgende Abschnitt betont das gleiche Thema. **12** *Wißt ihr, was ich euch getan habe?* Diese Frage stellt Jesus, weil er weiß, wie wenig die Jünger verstehen. Er beantwortet die Frage selbst. **13** Dabei weist er zunächst auf seine Beziehung zu ihnen hin *(Meister und Herr)* und dann **14.15** auf das Beispiel, das er ihnen gegeben hat. Jesus spricht mit großer Vollmacht. Um sich eine Vorstellung davon zu machen, wie unerhört seine Lehre war, muß man sich vor Augen führen, daß in der Antike Demut als Zeichen von Schwäche verachtet wurde. Was Jesus hier getan hatte, kam einer Revolution in menschlichen Beziehungen gleich. *So sollt auch ihr euch untereinander die Füße waschen:* Diese Aufforderung steht im Kontext der Fußwaschung Jesu, und manche Christen haben sie wörtlich befolgt. Andere halten das zum Ausdruck gebrachte Prinzip für entscheidend, daß nämlich demütiger Dienst am Nächsten etwas von Gott Gewolltes und Ehrenvolles ist. **16** *Der Knecht,* genauer: der (im Hause seines Herrn rechtlose) Sklave (vgl. EinhÜ und EÜ). Mit *Apostel* gibt LÜ das griech. *apostolos* wörtlich wieder; andere Übersetzungen haben *Gesandter* (EÜ, ZÜ) bzw. *Abgesandter* (EinhÜ). Der Vers erinnert an die hohen Anforderungen, die an den christlichen Apostel gestellt wurden. Er mußte sich dem Wesen dessen, der ihn gesandt hatte, angleichen, auch wo dies zur Demütigung führte. **17** *Wenn ihr dies wißt ... wenn ihr's tut:* Wissen ohne entsprechendes Handeln heißt Jesus nirgends gut. **18** Wieder erscheint die dunkle Wolke des Verrats. Judas war ein Mann, der nicht das tat, was er als wahr erkannt hatte. Er hatte seine Ferse zum heimtückischen Tritt gegen seinen Meister erhoben, und die angegebene Schriftstelle (Ps 41,10) zeigt, daß dieser Verrat Jesus nicht unvorbereitet traf. Selbst eine solche Handlung geschah innerhalb der göttlichen Vorsehung. **19** Auch mit der Ankündigung des Verrats wollte Jesus zum Glauben an sich führen. **20** Der Abschnitt endet mit einem Ausspruch, den wir schon Mt 10,40 bei der Aussendung der Zwölf finden. Hier will Jesus damit sagen, daß der eine, der ihn nicht aufgenommen hat, nicht im Mittelpunkt des Interesses stehen sollte. Das Positive (die Menschen aufnehmen, die Jesus gesandt hat) ist viel wichtiger.

13,21-30 Der Ausschluß des Verräters. **21** Die wachsende innere Spannung Jesu über den nahenden Verrat zeigt sich in dem Kommentar des Johannes *wurde er betrübt im Geist* (EinhÜ: *im Innersten erschüttert*). Vgl. 11,33 und 12,27, wo jeweils das gleiche Verb benutzt wird. **22** In den synoptischen Berichten wird die Reaktion der Jünger noch anschaulicher geschildert (vgl. Mt 26,22; Mk 14,19; Lk 22,23). Diesen spannungsgeladenen Augenblick würden sie nie wieder vergessen. Die verschiedenen Einzelheiten der Szene - die Jünger, die sich gegenseitig anblicken, der geliebte Jünger, der nahe bei Jesus zu Tisch liegt, der Wink des Simon Petrus, die geflüsterte Unterhaltung und die wohlüberlegte und symbolträchtige Reaktion des Herrn - werden so lebendig dargestellt, daß es sich nur um einen Augenzeugenbericht handeln kann. **23** *Einer unter seinen Jüngern, den Jesus lieb hatte:* Angesichts der eben genannten Detailkenntnis ist die Vermutung, dieser Jünger könnte der Verfasser selbst sein, gar nicht abwegig. Er war sich der Liebe, die Jesus für seine Jünger empfand, zutiefst bewußt. Andere Ausleger halten es jedoch für wahrscheinlicher, daß der Verfasser nicht Johannes ist und diesen aus der Distanz beschreibt. Wieder andere wollen in dem geliebten Jünger Lazarus sehen (vgl. 11,3.5). Mit letzter Sicherheit ist die Frage nach der Identität des Jüngers, den Jesus liebte, wohl nicht zu klären; am wahrscheinlichsten ist noch, daß es sich um Johannes handelt. **26** *Und er tauchte den Bissen ein:* Dies war eigentlich eine Geste der Ehrerbietung und man darf sie wohl als einen letzten Appell an Judas deuten. **27** Der Kommentar des Evangelisten, daß anschließend der Satan in Judas fuhr, war ohne Zweifel das Ergebnis einer gründlichen Reflexion. Wer so handelte wie Judas, mußte unter dem Einfluß des Teufels stehen. **28.29** Die unmittelbare Reaktion der Jünger auf das Fortgehen des Judas bleibt in finanziellen Mutmaßungen stecken; schließlich war er der Schatzmeister der Jüngergruppe. Niemand kann sagen, was Jesus und Judas dachten, als Jesus sagte: *Was du tun willst, tue bald!* (ZÜ). **30** Johannes berichtet einfach, daß Judas sofort hinausging und daß es *Nacht* war. Es ist gut möglich, daß Johannes mit dem Wort *Nacht* mehr als nur eine Zeitangabe meint: In der Seele des Judas war es geistlich Nacht geworden.

13,31-35 Ein neues Gebot. **31** *Jetzt ist der Menschensohn verherrlicht:* Die Tat des Judas ist nur eine Etappe auf dem Weg der Verherrlichung, **32** zu dem auch die Verherrlichung Gottes gehört. *Wird ihn bald verherrlichen* ist ein triumphierendes Vorausweisen auf das Kreuz. **33** *Liebe Kinder:* Jesus redet hier seine Jünger an - ähnlich wie damals ein Rabbi seine Schüler anredete. Die Ankündigung, die die Juden mißverstanden hatten (vgl. 7,33), bedurfte gegenüber den Jüngern der Klärung. Die Verherrlichung wird nicht ohne Trennung abgehen, **34.35** aber die Liebe wird alle Schwierigkeiten überwinden und den Menschen zeigen, wer die wahren Jünger Jesu sind. *Ein neues Gebot* (ZÜ): Liebesgebote in dem Sinne, daß man sich ganz Gott hingeben soll, waren durchaus schon bekannt, aber Jesu Gebot, daß die Jünger *einander lieben* sollten, war etwas Neues - neu auch darin, daß die treibende Kraft einer neuen Quelle entsprang *(wie ich euch geliebt habe).* Ein höheres Beispiel und Ziel hätte Jesus den Seinen nicht geben können.

13,36-38 Ankündigung der Verleugnung des Petrus. Petrus kann seine Neugierde nicht mehr zügeln und er bittet Jesus, seine merkwürdige Bemerkung V.33 zu erklären. Jesus antwortet mit der Vorhersage, daß Petrus ihm erst später folgen würde, worauf der impulsive Fischer seine völlige Hingabe an Jesus beteuert. In Mt 26,33 äußert sich Petrus auf dem Weg nach Gethsemane ähnlich zuversichtlich. Er kann diese Art von Äußerung durchaus mehrfach gemacht haben. **38** Ohne Zweifel konnte Petrus seinen Ohren kaum trauen. Erst nachdem er Jesus schon verraten hatte, erkannte er, daß die Vorhersage wahr gewesen war.

14,1-16,31 Jesu Abschiedsreden an seine Jünger

14,1-11 Zusicherungen und Fragen. **1** *Euer Herz erschrecke nicht! Glaubt:* Die Schatten, die der Verrat und die Verleugnung vorauswarfen, müssen schwer auf den Jüngern gelastet haben. Als Antwort gibt Jesus eine Aufforderung, aber auch Zusagen. **2** *In meines Vaters Hause sind viele Wohnungen:* Weil er selbst sie bald verlassen wird, lenkt er ihren Blick auf den Vater. Die *Wohnungen* sind Symbole dafür, daß Gott seine Kinder geistlich mit allem Guten versorgen wird. Jesu Jünger werden einen Platz im Himmel haben; dafür wird Jesus sorgen. **3** *Will ich wieder kommen und euch zu mir nehmen:* Hiermit dürfte wohl Jesu Wiederkunft gemeint sein, aber einige Ausleger sehen darin eher einen Hinweis auf die Auferstehung oder auf Pfingsten oder gar auf ein Kommen beim Tod eines Gläubigen (vgl. Apg 7,59; 2Kor 5,8; Phil 1,23). **4** *Und wohin ich gehe, dahin wißt ihr den Weg* (ZÜ): Die nun folgenden Fragen der Jünger zeigen einen Mangel an geistlicher Einsicht, aber sie hatten keine Entschuldigung. **5** Die Augen des Thomas sind durch eine zu wörtliche Auslegung der Worte Jesu verschlossen. **6** Aber Jesus gibt auf seine Verlegenheit eine geistliche Antwort - in der großen Aussage *Ich bin der Weg und die Wahrheit und das Leben.* Die letzten beiden Begriffe (Wahrheit und Leben) werden im Prolog erwähnt, der erste folgt aus ihnen in der Erfahrung des geistlichen Lebens. Man kann die drei Ideen so miteinander verbinden, daß (nach aramäischem Sprachgebrauch) zwei der Substantive als Adjektive verstanden werden, also: »der wahre und lebendige Weg«; vgl. den »neuen und lebendigen Weg« Hebr 10,20. So beantwortet unser Herr die Frage des Thomas (»Wie können wir den Weg wissen?«). Es ist gerade, als sagte er: »Es genügt, daß ihr mich kennt.« Der Weg zu Gott, wie er in Jesus verkörpert wird, war ein Weg des Leidens und des Sieges durch Erniedrigung. **7** Es ist eine tiefe Wahrheit, daß die Erkenntnis Jesu zum Erkennen des Vaters führt. **8** Aber dies war schwer zu verstehen, wie die Bitte des Philippus zeigt. Dachte er etwa an eine unmittelbare Schau Gottes? **9** Jesus tadelt seinen Kleinglauben: *So lange bin ich bei euch, und du kennst mich nicht?* Obwohl er genügend Gelegenheiten dazu gehabt hatte, hatte Philippus doch nicht das wahre Wesen Jesu (Jesus als der, der den Vater offenbart) erfaßt. **10.11** Jesus ruft ihn auf, an die enge Gemeinschaft zwischen ihm (Jesus) und dem Vater zu glauben. *Wenn nicht, so glaubt mir doch um der Werke willen:* Hier spricht Jesus nicht nur Philippus, sondern alle Jünger an. Sie hatten doch Jesu Werke gesehen. Sie hätten wissen müssen, daß er eine gewaltige Macht besaß, die nur von Gott kommen konnte.

14,12-31 Ermahnungen an die Jünger. In dieser Rede geht es Jesus vor allem um Ermahnung und Ermutigung. **12** Die Worte sind an die gläubigen Jünger gerichtet und damit an alle Gläubigen aller Zeiten. *Und er wird noch größere als diese tun:* Nicht nur sind Jesu eigene Werke das Muster für die seiner Jünger: die Werke seiner Jünger sollen seine eigenen Werke sogar noch übertreffen. Die »Werke« müssen wir hier ganz offensichtlich im Sinne der von Gott gegebenen Sendung verstehen, und mit den »größeren« Werken sind dann die größeren Gelegenheiten gemeint, die die Jünger haben werden, wenn Jesus zum Vater zurückgekehrt sein wird. **13.14** Dann wird Jesus durch seine Nachfolger wirken können. Die Apg zeigt die Erfüllung dieser Verheißung. **15** Zum Glauben muß die sich im Gehorsam ausdrückende Liebe kommen. *Meine Gebote* stehen hier für die gesamte Lehre Jesu. Dieses Prinzip der Befolgung von Geboten aus Liebe ist gegenüber dem Gesetz des Mose ein revolutionärer Fortschritt. **16** Die jetzt unmittelbar folgende Verheißung ist eng mit dem Liebesgebot verbunden: *Er wird euch einen andern Tröster* (ZÜ: *Beistand) geben.* Dies ist die erste von fünf wichtigen Aussagen, die Jesus in seinen Abschiedsreden über den Heiligen Geist macht. Das als »Tröster« oder »Beistand« (auch »Fürsprecher«) übersetzte griech. Wort *(parakletos)* bezeichnet jemanden, der als Helfer und Ratgeber auftritt. Er hilft (wie der zweite Teil des Verses zeigt) nicht gelegentlich, sondern ständig. **17** *Den Geist der Wahrheit* (vgl. 15,26; 16,13): Auf die für einen Ratgeber besonders wichtige Eigenschaft »Wahrhaftigkeit« legt unser Herr großen Nachdruck. Der Geist zeigt auch den tiefen Gegensatz zwischen den Jüngern und der Welt - ein Gegensatz, der im nächsten Abschnitt näher beschrieben wird.

18.19 Jesus versichert seinen Jüngern, daß er auch weiterhin bei ihnen sein wird, auch wenn die Welt ihn nicht mehr sehen kann. *Weisen* läßt die Verheißung der Liebe des Vaters (V. 21) um so stärker hervortreten. *Es ist noch eine kleine Zeit* (d.h. *noch eine kurze Zeit*; ZÜ) weist auf die Auferstehung, nach der die Jünger Jesus in einem neuen Licht sehen werden. **21** Christus lieben und seine Gebote halten sind untrennbar miteinander verbunden. Christi Liebe zu uns ist auch die Grundlage für seine Selbstoffenbarung an uns. **22** Aber hier hatte Judas (nicht der Iskariot) ein Problem. Warum gilt das, was Jesus sagt, nicht für alle? **23.24** Jesus betont wieder das Element »Liebe«. Es ist gerade so, als wolle er sich nicht durch die Frage ablenken lassen. Aber genau besehen gibt er durchaus eine Antwort auf die Frage. Denn überall dort, wo es Gläubige gibt, werden der Vater und der Sohn bei ihnen wohnen und sich dadurch indirekt auch den anderen zeigen. Aber viele wollen Jesus und sein Wort eben nicht annehmen.

25.26 Wieder weist Jesus auf das Werk des Geistes hin, um seinen Jüngern Mut zu machen. Sie haben Jesu Lehren gehört. Der Geist wird ihnen nicht nur helfen, sich an alles zu erinnern, was Jesus gesagt hat, sondern wird es auch für sie auslegen. Diese Aussage hat weitgehende Folgen für das Problem der zuverlässigen Überlieferung der Lehren Jesu. Jede Theorie über den Ursprung der Evangelien, die nicht die versprochene Hilfe des Geistes in Rechnung stellt, ist mangelhaft. **27** Jesus spricht nun über den Frieden und wiederholt dabei einige Gedanken, die er bereits in dieser Rede geäußert hat. *Meinen Frieden gebe ich euch: Mein* ist hier betont. Wir könnten auch sagen: »Der Friede, der mir gehört«. Es ist ein Friede, der sich bewährt hat und der in der Welt nicht seinesgleichen hat. Der Gegensatz zwischen Christus und der Welt kehrt als Thema in den Abschiedsreden häufig wieder. **28** *Hättet ihr mich lieb, so würdet ihr euch freuen, daß ich zum Vater gehe:* Dies ist eine behutsame Aufforderung an die Jünger, die Unzulänglichkeit ihrer Liebe zu erkennen; denn hätten sie Jesus wirklich lieb, dann würden sie bei dem Gedanken an seinen Fortgang nicht solche Angst haben. *Denn der Vater ist größer als ich:* Wir brauchen uns hier nicht in das Auslegungslabyrinth der Kirchenväter zu dieser Aussage zu begeben. Dieses Wort muß in seinem Kontext betrachtet werden, d.h. im Lichte der Tatsache, daß sich Jesus auf dem Weg zum Vater, also auf dem Weg der Verherrlichung befand. Weil sein Vater so groß ist, würde seine zukünftige Stellung höher sein als die jetzige. Man vergleiche aber 10,30. **29** geht parallel zu 13,19, und wieder ist es Jesu Anliegen, daß seine Jünger Glauben bekommen. **30** *Es kommt der Fürst* (EinhÜ: *der Herrscher) dieser Welt:* Als Fürst der Welt wird Satan auch 12,31 beschrieben. Jesus ist sich zutiefst bewußt, mit welchen Mächten er zu kämpfen hat. Aber er sagt auch: *Er hat keine Macht über mich,* wörtl.: *An mir findet er nichts* (ZÜ), d.h. keine Gemeinsamkeiten, keinen Ansatzpunkt. Statt dessen ist Jesus völlig den Plänen seines Vaters ergeben. Es war sein Ziel, der Welt seine Liebe zum Vater zu offenbaren. Hierin ist Jesus ein Beispiel dafür, wie man den Teufel am besten überwindet. **31** Dieser Teil der Abschiedsreden endet mit einer Aufforderung: *Steht auf und laßt uns von hier weggehen.* Einige Ausleger haben angesichts dieser Aufforderung Kap. 15 und 16 vor Kap. 14 angeordnet, womit die Aufforderung den Abschluß der gesamten Abschiedsreden Jesu bilden würde. Aus der Reihenfolge, wie sie im Text steht, müssen wir jedoch schließen, daß Jesus seine Kap. 15 und 16 wiedergegebene Unterweisung auf dem Weg zum Kidronbach gab.

15,1-17 Der wahre Weinstock. Es geht aus dem Text nicht hervor, wo Jesus das im folgenden Berichtete gelehrt hat. Wenn 14,31 den Aufbruch aus dem Zimmer markiert, dann ist es möglich, daß Jesus und seine Jünger an einem Weinstock vorbeikamen, den Jesus dann als Bild benutzte. **1** *Ich bin der wahre Weinstock:* Diese Selbstbezeichnung Jesu gehört zu den großen »Ich-bin-Worten«. Man muß sie auf dem Hintergrund der atl. Vorstellung von Israel als einem Weinstock bzw. Weinberg sehen (vgl. Jes 5,1-7; Hes 15,1-6; 19,10-14; Ps 80,9-17). Als *wahr* (griech.: *alethine*) bezeichnet Jesus sich vielleicht, um sich von allen Fälschungen abzusetzen; wahrscheinlicher ist jedoch, daß mit *wahr* die Realität gemeint ist (also: Jesus), von welcher der Weinstock Israel nur das Abbild ist. *Und mein Vater, der Weingärtner:* der Eigentümer, der den Weinberg bestellt. **2** Ein Weinstock ist dazu da, daß er Frucht bringt. Deshalb wäre das Bild ohne die Frucht tragenden Reben unvollständig. *Wird er wegnehmen* (EinhÜ: *schneidet er ab*)... *wird er reinigen:* Ein guter Winzer untersucht jede Rebe auf ihre Brauchbarkeit. Eine völlig unfruchtbare Rebe ist nicht wert, am Weinstock zu bleiben, während man wenig fruchtbare Reben durch Beschneiden verbessern kann. Unter den Jüngern Jesu war Judas eine Rebe, die nicht am Weinstock war, während alle anderen beschnitten (»gereinigt«) wurden, ehe sie dann Pfingsten viel Frucht trugen. **3** Jesus betrachtet das »Reinigen« als bei den Jüngern bereits geschehen: *Ihr seid schon rein.* Und zwar rein durch Jesu eigene Lehre, deren Wert nicht genug betont werden kann. **4** *Bleibt in mir, dann bleibe ich in euch* (EinhÜ): Diese geistliche Wahrheit wird durch das Bild vom Weinstock gut verdeutlicht. Die Rebe bekommt keinen Saft vom Weinstock, wenn nicht eine ständige und ungehinderte Verbindung zwischen ihr und ihm besteht. **5** Jesus erklärt, wer mit den Reben gemeint ist, und daß die Jünger völlig von ihm abhängig sind. **6** *Der wird weggeworfen:* Eine Erläuterung zu V. 2, denn die weggeworfenen Reben sind solche, die nicht an dem Weinstock »bleiben«, d.h. nicht wirklich zu ihm gehören. Man braucht dem *Feuer* keine besondere symbolische Deutung beizugeben, denn nicht alle Einzelheiten des Bildes vom Weinstock sind gleichermaßen symbolträchtig.

Im nächsten Abschnitt nennt Jesus einige Folgen, die sich aus der eben dargelegten geistlichen Wahrheit ergeben. **7** Menschen, die in Jesus bleiben, dürfen wissen, daß ihre Gebete erhört werden, denn sie wollen ja den Willen Gottes tun. **8** Fruchtbringen ist kein Selbstzweck: es geschieht zur Verherrlichung des Vaters. *Und werdet meine Jünger* weist auf das Wachsen und die Vollendung im Jüngersein hin. **9** Die Liebe des Vaters zu Christus ist ein Muster für die Liebe Christi zu seinen Jüngern. **10** Hier finden wir einen ähnlichen Gedanken in Form einer Ermahnung, Jesu Gebote zu halten. Jesus läßt die Jünger nicht ohne ein leuchtendes Vorbild. **11** Das Ziel der Unterweisung wird in dem Wort *Freude* zusammengefaßt: *Meine Freude . . . eure Freude.* Die Freude der Jünger ist von der ihres Meisters abhängig. Dies ist eine Freude, die aus völliger Selbsthingabe und Selbstopferung entspringt. Mehrfach in diesem Abschnitt betont Jesus die motivierende Kraft der Liebe. **12.13** Jesus führt den Jüngern ein weiteres großes Beispiel vor Augen. Mit den Worten: *Niemand hat größere Liebe als die* dachte er zweifellos an seinen bevorstehenden Opfertod für die Menschen. **14.15** Der Wechsel von der zwischenmenschlichen Beziehung *Knechte* zu der Beziehung *Freunde* ist bedeutsam: Freunde haben viel mehr miteinander gemeinsam. Diese Gemeinsamkeit umfaßt hier *alles, was ich von meinem Vater gehört habe.* Obwohl sie hier als abgeschlossen dargestellt wird, konnten die Jünger die Offenbarung erst nach dem Tod und der Auferstehung Jesu völlig verstehen (vgl. 16,12). Der Geist war dabei ihr Helfer. **16** greift Gedanken aus V. 7 auf und fügt das wichtige Element »göttliche Erwählung« hinzu. Die Initiative geht von Christus aus: *Ich habe euch erwählt und euch dazu bestimmt* (ZÜ), d.h., erwählt zur Jüngerschaft, bestimmt zu ganz konkreten Aufgaben. *In meinem Namen* schränkt das *wenn ihr den Vater bittet* ein, denn diese Bitten müssen dem Wesen Christi gemäß sein. **17** Hier wie schon V. 12 wird Liebe als ein Gebot dargestellt und damit ihre Unerläßlichkeit betont.

15,18-16,11 Die Feindschaft der Welt gegenüber Jesus und seinen Jungern. Jesu Gedanken kehren wieder zu der bevorstehenden Konfrontation mit den Kräften dieser Welt zurück und wenden sich dabei der künftigen Lage der Jünger zu. **18.19** Das erste Prinzip ist der Haß der Welt. Haß ist das Gegenteil von Liebe und beinhaltet Feindschaft. Das zweite Prinzip ist, daß in geistlichen Dingen Gleiches sich anzieht und Entgegengesetztes sich abstößt. Der Haß ist unausweichlich, *weil ihr . . . nicht von der Welt seid.* Die *Welt* ist dabei in einem bildlichen Sinne zu verstehen, als Weltordnung unter der Herrschaft böser geistlicher Mächte. **20** Anknüpfend an eine frühere Aussage (13,16) zeigt Jesus den Jüngern, daß sie als die Knechte (griech.: *douloi*) genau so mit Verfolgung zu rechnen haben wie ihr Meister. *Haben sie mein Wort gehalten, so werden sie eures auch halten:* Natürlich hat die Welt sein Wort nicht gehalten. Mithin bedeutet dieser

Satz, daß die »Welt« die Lehre der Jünger nicht befolgen wird. Dies heißt natürlich nicht, daß überhaupt niemand in der Welt auf diese Lehre hören wird. **21** Die Verfolgung liegt in der Unwissenheit um die Mission Jesu begründet. **22** *Nun aber können sie nichts verwenden, um ihre Sünde zu entschuldigen:* Damit ist offenbar gemeint, daß die Welt Jesus als den Gesandten Gottes hätte erkennen müssen und somit jetzt, wo sie ihn ablehnt, eine Verantwortung zu tragen hat, die sie nicht hätte, wenn er nicht gekommen wäre. **23-25** Diese Verse nehmen das Thema »Haß« wieder auf. Haß gegen Jesus bedeutet immer auch Haß auf den Vater. Zum Haß kommt es durch die bewußte Ablehnung der Werke Jesu. Haß in diesem Sinne wird im AT vorhergesagt (vgl. Ps 35,19; 69,5).

26 Die vorangegangenen Verse sind geeignet, Verzagtheit bei den Jüngern hervorzurufen. Um dem entgegenzuwirken, gibt Jesus ihnen ein weiteres Versprechen im Blick auf den Heiligen Geist. Das Wichtigste an diesem Versprechen ist die wiederholte Bekräftigung, daß der Geist *vom Vater ausgeht.* Nach der im Griech. benutzten Präposition *(para)* zu schließen, handelt es sich um eine Sendung vom Vater und nicht, wie die griechischen Kirchenväter annahmen, um ein selbständiges Herausgehen. Die Hauptfunktion des Geistes ist es, Christus zu bezeugen. **27** *Und auch ihr seid meine Zeugen, denn ihr seid von Anfang bei mir gewesen:* Das Zeugnis des Geistes ist eng mit dem der Jünger verbunden. Auch sie können (auf ihre besondere Art) Christus bezeugen, da sie ihn erfahren haben. Sie waren Augenzeugen der geschichtlichen Ereignisse.

16,1-4 Jesus geht hier näher auf die kommenden Verfolgungen ein und bereitet die Jünger schon jetzt auf sie vor: Vorbeugen ist besser als heilen. **1** *Dies habe ich zu euch geredet, damit ihr keinen Anstoß nehmt* (ZÜ), wörtl.: damit ihr nicht (wie durch eine Fußangel) ins Stolpern kommt. Fußangel oder Hindernis war hier die Gegnerschaft der Juden. **2** *Sie werden euch aus der Synagoge ausschließen* (ZÜ): Jeder fromme Jude fürchtete sich vor der Exkommunikation, wurde man durch sie doch von einem lieb gewordenen religiösen und kulturellen Erbe ausgeschlossen. Aber gerade dieser Drohung waren alle frühen Judenchristen ausgesetzt. *Es kommt aber die Zeit, daß, wer euch tötet, meinen wird, er tue Gott einen Dienst damit:* So manche Christenverfolgung beruhte auf solcher Verblendung, wie das bekannte Beispiel des Saulus von Tarsus zeigt (vgl. Apg 9,1-2; 26,9-11). **3** Der Hauptgrund für diese Verblendung ist, daß die Verfolger Gott niemals richtig erkannt haben.

4 Jesus unterscheidet hier zwischen seiner früheren und seiner späteren Unterweisung. **5** Jetzt, wo sein Abschied vor der Tür steht, muß er die Jünger genauer darüber unterrichten, was kommen wird. Aber er weist darauf hin, daß niemand ihn fragt *Wo gehst du hin?* Die Jünger sind geistlich noch nicht reif genug, um diese Frage zu stellen oder die wahre Sendung Jesu zu verstehen. **6** Obwohl er selbst ins Leiden geht, zeigt Jesus ein sensibles Empfinden für die Gefühle seiner Jünger. **7** Wieder ist der entscheidende Trost die Verheißung des Beistands, des Heiligen Geistes. Wenn Jesus nicht weggeht, kann der Geist nicht kommen. **8** *Und wenn er kommt, wird er der Welt die Augen auftun über die Sünde und über die Gerechtigkeit und über das Gericht:* Dieser Aspekt des Wirkens des Geistes ist bisher noch nicht angesprochen worden. Die Arbeit des »Überführens« (ZÜ), die der Geist durch die Jünger ausführt, richtet sich an die Adresse der Welt (die ja, wie bereits gezeigt, Jesus feindlich gesonnen ist). Dabei braucht die Welt nicht unbedingt den Geist als solchen zu erkennen. Alles, was es in der Welt an Gewissen gibt, ist das Werk des Geistes. Die Reihenfolge *Sünde... Gerechtigkeit... Gericht* ist zu beachten. **9** Der Geist wird zeigen, daß die Menschen Sünder sind, weil sie nicht an Christus glauben, **10** weil sie nicht glauben, daß Jesus gerecht ist und durch seine Erhöhung von Gott bestätigt worden ist, und **11** daß der Herr dieser Welt (Satan) böse ist und (am Kreuz) gerichtet worden ist. Das Gericht über den Herrn dieser Welt zeigt exemplarisch, wie Gott richtet. Mit dieser Zusage des Geistes sollte den Jüngern die Angst vor dem, was ihnen bevorstand, genommen werden.

16,12-33 Besondere Verheißungen an die Jünger. Der nächste Abschnitt beleuchtet einen weiteren Aspekt des Wirkens des Geistes. **12** Jesus hat seinen Jüngern noch nicht alles gesagt, **13** und daher wird der Geist diese Unterweisung weiterführen und abschließen. *Er wird euch in alle Wahrheit leiten:* Das maskuline Pronomen *(er)* und die Tätigkeit *leiten* weisen beide auf den Geist als Person hin. Er kann nur in Übereinstimmung mit seinem eigenen Wesen (d.h. mit der Wahrheit) leiten. Die Wichtigkeit jeder Aussage mißt sich an der Autorität des Sprechers, die Vollmacht des Geistes aber ist eins mit der des Vaters und des Sohnes. **14** *Er wird mich verherrlichen:* Letztendlich gilt das Wirken des Geistes stets der Verherrlichung Christi. **15** Dies wird hier noch einmal unterstrichen. **16** Schon 14,18-24 hatte Jesus erwähnt, daß er fortgehen würde; jetzt kommt er wieder darauf zu sprechen. *Dann werdet ihr mich sehen* bezieht sich zunächst einmal auf die Auferstehung. Schon vorher hatte Jesus angedeutet, daß die Welt ihn nicht sehen würde (14,19). **17.18** Einmal mehr zeigen sich die Jünger verwirrt, obwohl sie diesmal Jesus nicht ausdrücklich fragen (vgl. V. 19). Was ihnen am meisten Mühe bereitete, war der Ausdruck *noch eine kleine Weile.* Aber auch das *Ich gehe zum Vater* verstanden sie nicht. *Wir wissen nicht, was er redet:* Dieses ehrliche Geständnis legt nahe, daß hier jemand kommentiert, der mit den Fragen der Jünger untereinander vertraut war. **19** Jesu Einblick in ihre inneren Beweggründe kommt klar zum Ausdruck, obwohl ihnen ihre Verwirrung sicherlich auch im Gesicht stand. Mit seiner Wiederholung der Aussage V. 18, die die Jünger so beschäftigt, unterstreicht er diese noch einmal kräftig. **20** Seine Antwort spricht von dem, was den Jüngern bevorsteht, er lenkt damit ihre Gedanken auf ihre eigene Zukunft. Nur geht es nicht um Trauer, sondern um Freude. *Die Welt wird sich freuen ... doch eure Traurigkeit soll in Freude verkehrt werden.* Die Traurigkeit des Glaubenden ist nur eine Vorstufe zur wahren Freude. Diese wird hier zur Freude der Welt über die Traurigkeit der Jünger (d.h. Jesu Kreuzigung) in Gegensatz gestellt. Auf eine kurze Zeit der Traurigkeit folgt für die Jünger Freude. **21** *Wenn die Frau gebiert* (ZÜ): Im Griech. steht hier der bestimmte Artikel. Er zeigt, daß Jesus ein allgemeines Naturgesetz zur Veranschaulichung heranzieht. Jede Geburt ist mit Schmerzen und Angst verbunden, aber die Freude über das neugeborene Leben ist stärker als alle Angst und Schmerzen. **22** Diese Gesetzmäßigkeit überträgt Jesus nun auf die Situation der Jünger. Hauptmerkmal ihrer Freude ist ihre absolute Gewißheit. Sie entsteht dadurch, daß Jesus seine Jünger wiedersieht (bei seiner Auferstehung). Dieses Wiedersehen wird eine bleibende Freude mit sich bringen, die keine auch noch so starke Feindschaft zerstören kann. Die Apg gibt uns Beispiele für diese Freude (s. Apg 2,46; 16,23-25.34). **23** *An dem Tag* bezieht sich auf die (noch künftige) Zeit, in der den Jüngern die volle Bedeutung der Auferstehung aufgegangen sein wird. Und überhaupt werden sie dann nicht mehr Jesus bitten oder fragen, sondern (in seinem Namen) den Vater. Dieser Hinweis auf das christliche Gebet ist angesichts des Fortgehens Jesu besonders wichtig, wie die Eingangsformel *(wahrlich, wahrlich)* betont. **24** Die Gemeinschaft mit dem Vater ist der Garant dafür, daß die Freude vollkommen sein wird. In dem Versteil *daß eure Freude vollkommen sei* zeigt die grammatische Form im Griech., daß Jesus an eine bleibende Freude denkt.

25 *Dies habe ich in Bildreden zu euch gesprochen* (ZÜ): *Bildreden* (ZÜ) begegnete uns bereits 10,6 in der Allegorie vom guten Hirten. So wie Jesus zu den Menschenmengen in Galiläa in Gleichnissen redete, so war auch die Unterweisung, die er seinen Jüngern gab, notwendigerweise zunächst indirekt und gleichsam durch einen Schleier gesprochen (vgl. EinhÜ: *verhüllte Rede* V. 25!). Die Offenbarung des Vaters kann der Mensch von sich aus nicht verstehen. *Es kommt die Zeit* (ZÜ: *die Stunde*): Gemeint ist der Pfingsttag, nach welchem Jesus seinen Jüngern durch den Geist die Wahrheit unverhüllt offenbaren wird. Dann wird ihnen die Bedeutung der Bildreden klar werden. **26** *Und ich sage euch nicht, daß ich den Vater für euch bitten will:* Jesus kehrt zu dem Thema »Gebet« zurück und deutet an, daß seine Mittlertätigkeit in Zukunft nicht benötigt wird. **27** *Denn er selbst, der Vater, hat euch lieb:* Aus diesem Grund hat der Glaubende direkten Zugang zum Vater. Es mag zunächst überraschen, daß die Liebe der Jünger als Ursache für die Liebe des Vaters genannt wird, sollte man doch eigentlich das Umgekehrte erwarten. Aber die Liebe der Jünger zu Christus und ihr Glaube an ihn sind ja eben ein schlagender Beweis für die vorlaufende Liebe Gottes zu ihnen. Liebe und Glaube sind in diesem Vers eng miteinander verbunden, aber die Reihenfolge, in der sie erwähnt werden, ist ohne Bedeutung, da die Liebe (wie gerade erwähnt) eng an die Liebe des Vaters gebunden ist. **28** ist eine kurze Zusammenfassung der Sendung Jesu und ihrer Erfüllung.

29-33 Im letzten Abschnitt dieses Kapitels zeigt sich erneut, daß die Jünger Jesus nicht richtig verstehen. Sie meinten wohl, daß sie ihn verstanden, aber Jesus muß ihnen schon wieder sagen, daß sie ihn bald im Stich lassen würden. **30** *Darum glauben wir, daß du von Gott ausgegangen bist:* Hier gründet sich ihr Glaube an die Göttlichkeit Jesu darauf, daß er all ihre Gedanken und Beweggründe kennt, aber seine nun folgende Aussage V. 32 muß sie in Entrüstung versetzt haben. **33** Jesus schließt mit dem tröstenden Hinweis, daß er die Welt überwunden hat. Er betrachtet dabei sein Werk als bereits geschehen (vgl. den Gebrauch des Perfekts in: *habe die Welt überwunden*).

17,1-26 Das hohepriesterliche Gebet

Wo Jesus dieses Gebet sprach, gibt Johannes nicht an, der Ort ist unwichtig. Das Gebet kann dreigegliedert werden:

17,1-5 Jesus betet für sich. Das Hauptthema dieses Gebetes ist Herrlichkeit. **1** *Vater, die Stunde ist da:* Vgl. die ähnliche Aussage 12,23, wo Jesus zu den Griechen spricht. Die Verherrlichung des Sohnes trägt zur Herrlichkeit des Vaters bei. **2** *Macht ... über alle Menschen:* Die dem Sohn gegebene Vollmacht ist allumfassend (vgl. 5,27). Der Sohn ist hauptsächlich deshalb in die Welt gekommen, um ewiges Leben zu geben. **3** Es wird genauer beschrieben, was ewiges Leben bedeutet: *daß* (griech.: *hina*) *sie dich, der du allein wahrer Gott bist, und den du gesandt hast, Jesus Christus, erkennen.* Es handelt sich um eine wachsende Erkenntnis, und das Ziel dieser Erkenntnis ist der »wahre« Gott - im Gegensatz zu den »falschen« Göttern. Die beiden Titel *allein wahrer Gott* und *Jesus Christus* finden wir sonst nirgends im Johannesevangelium. Dies ist überhaupt (soweit wir wissen) das einzige Mal, daß unser Herr selbst den Titel »Jesus Christus« benutzt. **4** *Ich habe dich verherrlicht:* Damit ist die Sendung Jesu gemeint, die er jetzt *vollendet* hat. Zweifellos denkt er hier aber auch an die noch bevorstehende Passion. **5** In der abschließenden Bitte, der Vater möge den Sohn verherrlichen, sind die Worte *mit der Herrlichkeit, die ich bei dir hatte, ehe die Welt war* besonders wichtig. Sie können nur als Hinweis auf die Präexistenz Christi verstanden werden. Die Herrlichkeit ist die, die er vor seiner Sendung hatte und zu der er durch seine Himmelfahrt zurückkehrte.

17,6-19 Jesus betet für seine Jünger. Im ersten Teil dieses Gebets geht es um Jesu Offenbarung an seine Jünger. **6** *Ich habe deinen Namen den Menschen offenbart:* Bei den Juden sprach man den Namen Jahwe nicht aus. In Christus aber haben die Jünger gelernt, den Namen »Vater« zu benutzen. *Sie haben dein Wort bewahrt:* Hiermit hebt unser Herr die Jünger von den vielen ab, die seine Botschaft abgelehnt haben. **8** beleuchtet die Bedeutung von V. 6, denn die Worte Christi werden mit dem Wort Gottes gleichgesetzt. Mehrfach spricht Jesus hier vom »Geben« (vgl. das wiederholte *gegeben*) - ein Zeichen, daß dies für ihn sehr wichtig ist. *Und sie haben sie angenommen* (ZÜ): Dieses Annehmen äußerte sich in zweierlei: in Wissen *(erkannt)* und Glauben. Bei beiden geht es zentral um die göttliche Sendung Jesu.

9 Jesus betont, daß er dieses Gebet für die Jünger und nicht für die Welt betet. **10** Wieder betont Jesus die Gabe und den Besitz. Dazu kommt, daß er in den Jüngern verherrlicht wird. Dies ist eine geringere Verherrlichung als die V. 1.5 angesprochene. **11** *Sie aber sind in der Welt:* Gerade weil die Jünger in einer so unfreundlichen Umgebung leben müssen, ist dieses Gebet so wichtig. *Heiliger Vater, erhalte sie:* Dies ist das einzige Mal, daß Jesus seinen Vater als »heiliger Vater« anredet. *Heilig* bedeutet das Gegenteil von dem, was zur »Welt« gehört. *In deinem Namen, den du mir gegeben hast:* Daß Jesus ein Name »gegeben« wird, mutet etwas eigenartig an, doch vgl. Phil 2,9-10. *Daß sie eins seien wie wir:* Die Grundlage für die Einigkeit des Gottesvolkes ist die Einigkeit Gottes selbst. Dieses Einssein ist ein wesensmäßiges.

Das Gebet wendet sich nun dem bisher Erreichten und dem für die Zukunft zu Erwartenden zu. **12** *Erhielt ich sie ... und habe sie bewahrt:* Die Jünger Jesu sind alle sicher geborgen, mit Ausnahme des Judas, der als *Sohn des Verderbens* bezeichnet wird (als jemand, der ganz dem Weg verfallen ist, der in den totalen Untergang führt). Im Griech. gibt es hier ein ernstes Wortspiel zwischen »verloren« und »Verderben«. *Damit die Schrift erfüllt werde:* Wahrscheinlich eine Anspielung auf Ps 41,10 (vgl. 13,18). **13** Die Zukunft wird in der Wendung *damit meine Freude in ihnen vollkommen sei* (EinhÜ: *damit sie meine Freude in Fülle in sich haben*) zum Ausdruck gebracht. Eine größere Zukunftsaussicht kann man sich nicht vorstellen. Das besitzanzeigende *meine* ist betont. **14** *Ich habe ihnen dein Wort gegeben:* Dies bezieht sich auf die gesamte Botschaft und Sendung, die Jesus den Jüngern durch seine Unterweisung gab. Die Welt kann das, was nicht zu ihr gehört, natürlich nur hassen. **15** Aber Jesus bittet nicht um einen Fluchtweg für seine Jünger, sondern darum, daß sie inmitten der feindlichen Umgebung bewahrt bleiben. *Vor dem Bösen:* Die griech. Präposition *(ek)* bedeutet »aus etwas heraus«. Die Welt wird gewissermaßen als im Griff des Bösen liegend dargestellt. **17** *Heilige sie in der Wahrheit; dein Wort ist die Wahrheit:* Damit ist gesagt, daß die Jünger Gott für eine heilige Aufgabe im Bereich der Wahrheit zur Verfügung stehen sollen. *Dein Wort* bezieht sich auf die Botschaft Gottes in der Lehre Christi. **19** *Ich heilige mich selbst für sie:* Es gibt eine enge Entsprechung zwischen der Mission Jesu und dem Auftrag seiner Jünger. Jesu Heiligung bestand in der Entschlossenheit, sein Erlösungswerk auszuführen; vgl. GN: *Ich opfere mein Leben für sie.*

17,20-26 Jesus betet für die Gemeinde. **20** Jesus bezieht in seine Fürbitte jetzt auch die Menschen ein, die durch die Botschaft der Jünger zum Glauben kommen werden. **21** *Damit sie alle eins seien:* Diese Einheit gibt es nur für die, die zum Glauben an Jesus Christus gekommen sind. Es gibt keinen grundsätzlichen Unterschied zwischen denen, die Jesus persönlich gehört haben, und denen, die gleichsam »aus zweiter Hand« von ihm hören. Die Einheit findet ihr Vorbild in der Einheit von Vater und Sohn und wird dadurch erhalten, daß die Gläubigen im Vater und im Sohn bleiben. Das Ziel dieser Einheit ist: *Damit die Welt glaube, daß du mich gesandt hast.* Hier schließt sich der Kreis: Der Glaube führt zur Einheit, und diese wiederum führt andere Menschen zum Glauben. **22** Hier wird der Gedanke der Einheit mit dem Thema *Herrlichkeit,* das im ersten Abschnitt des hohenpriesterlichen Gebets bereits im Mittelpunkt stand, verbunden. Ein wichtiger Motor der Einheit ist, daß sich in den Gläubigen die Herrlichkeit Christi zeigt. **23** *Damit sie vollkommen eins seien* (EinhÜ: *So sollen sie vollendet sein in der Einheit):* Es geht um nichts weniger als um völlige Einheit, und Jesus macht deutlich, daß diese für die Welt klar erkennbar sein muß, damit die Welt die Quelle dieser Einheit erkennt.

24-26 In den letzten Versen bittet Jesus ausdrücklich darum, daß die Jünger seine Herrlichkeit, die ihm vor der Grundlegung der Welt eignete, sehen mögen. Wieder wird uns die Präexistenz Christi vor Augen geführt (vgl. V. 5). Jesus sagt, daß er den Jüngern die Liebe des Vaters kundgetan hat. Seine Bitte beruft sich auf die Gerechtigkeit des Vaters. Das Gebet endet mit der Zusage, daß Christus in den Gläubigen wohnt.

18,1-21,25 Leidensweg und Auferstehung

18,1-19,16 Jesu Verhaftung. Jesus vor Gericht

18,1-11 Der Verrat. Obwohl es Berührungspunkte zwischen den Berichten des Johannes und der Synoptiker gibt, findet sich dieser Teil der Verratsgeschichte überwiegend bei Johannes. **1** *Über den Bach Kidron; da war ein Garten* (ZÜ: *Auf die andre Seite des Baches Kidron, wo ein Garten war*): Nur Johannes nennt den Namen des Tals, während die Synoptiker dafür den Namen des Gartens (Gethsemane) angeben. Johannes erwähnt nicht das innere Ringen Jesu im Garten, aber wie V. 11 zeigt, wußte er davon. **2** *Judas … kannte den Ort auch:* Jesus muß dies gewußt haben, doch er versucht nicht, Judas auszuweichen. **3** *Die Schar der Soldaten:* Das im Griech. benutzte Wort könnte »Kohorte« (der 10. Teil einer römischen Legion) bedeuten (vgl. ZÜ!), aber Johannes meint ganz offensichtlich nur eine kleine militärische Einheit, die zur Aufrechterhaltung der Ordnung gesandt wurde. Sie begleiteten die Tempelpolizei. **4** Jesus wartet nicht darauf, daß Judas ihn anspricht, sondern ergreift selbst die Initiative und spricht die Soldaten und die Polizei an. **5** *Er spricht zu ihnen: Ich bin's!* »Jesus spricht hier noch einmal ein ›Ich-bin-Wort‹. Johannes wird es wünschen, daß seine Leser darin nicht nur das Wort eines mutigen Mannes hören, der sich seinen Verfolgern stellt. Nein, es ist wahrhaftig jener ›Ich bin‹, der sich hier zur Vollendung seines Werkes Sündern in die Hand gibt« (de Boor). Angesichts der Reaktion der Gegner scheint diese Deutung durchaus denkbar. **6** Warum weichen sie zurück? Vielleicht wegen der moralischen Überlegenheit Jesu, vielleicht aber auch, weil sein furchtloses Auftreten sie mit Schrecken erfüllt. **8** Jesu Bitte, die Jünger unbehelligt zu lassen, ist eine weitere Einzelheit, die nur Johannes berichtet. **9** Sie wird als Erfüllung der Aussage Jesu 17,12 gesehen. **10** *Simon Petrus … schlug nach dem Knecht des Hohenpriesters:* Daß Petrus *ein Schwert* bei sich trug, mag zunächst überraschen, läßt aber vermuten, daß er und die anderen Jünger Schwierigkeiten vorausgeahnt hatten. Was er tut, geschieht aus Verzweiflung. Nur Johannes erwähnt, daß der Knecht *Malchus* hieß. **11** *Soll ich den Kelch nicht trinken, den mir mein Vater gegeben hat?* Damit ist das bei den Synoptikern berichtete innere Ringen Jesu in Gethsemane angedeutet (vgl. Mt 26,39-40). Jesus denkt nicht daran, seinem Leiden auszuweichen.

18,12-27 Vor dem Hohen Rat. **12-14** Der Bericht über die Verhaftung ist knapp, wichtig dabei die Erwähnung des Kaiphas, *der in jenem Jahr Hoherpriester war*, vgl. hier 11,49-51. Hannas, der Schwiegervater des Kaiphas, war vor ihm Hoherpriester gewesen; er übte noch großen Einfluß aus.

15.16 Wie die Jünger reagierten, erwähnt Johannes nur bei zweien: Petrus und *einem anderen Jünger*. Der »andere« kann durchaus Johannes gewesen sein. Seine Bekanntschaft mit dem Hohenpriester ist zwar schwer erklärlich, aber wenn dieser Jünger nicht Johannes gewesen wäre, hätte der Evangelist bestimmt seinen Namen erwähnt. Mit Hilfe dieses anderen Jüngers konnte Petrus in den Hof gelangen, **17** wo er prompt Jesus zum erstenmal verleugnete. **18** *Denn es war kalt:* Diese Einzelheit muß sich Johannes tief eingeprägt haben. Nach Lukas, dem einzigen anderen Evangelisten, der das Feuer erwähnt, erkannte die Magd Petrus im Lichtschein des Feuers (Lk 22,56).

19-24 In die Verleugnungsszene blendet Johannes einen Bericht über das erste Verhör vor dem Hohenpriester ein. Die Antwort Jesu auf die Fragen des Hohenpriesters läßt darauf schließen, daß es diesem um irgendwelche geheimen Lehren ging,die Jesus den Jüngern gegeben haben soll. **20** Jesu Aussage: *Ich habe frei und offen vor aller Welt geredet* widerspricht der Vermutung des Hohenpriesters. **21** Wollte er Auskünfte über Jesus einholen, so standen ihm viele Zeugen zur Verfügung. Und überhaupt, wenn dies ein ordentliches Gerichtsverfahren werden sollte, mußte man die Zeugen der Verteidigung zuerst hören. Ganz offensichtlich hielt sich der Hohepriester nicht an die Prozeßordnung. **22.23** Dies zeigt auch der Schlag des Dieners. Jesus antwortet ruhig und wohlüberlegt. **24** wirft Probleme auf, falls der V. 19 erwähnte Hohepriester Kaiphas war. Es kann aber sein, daß Hannas das Verhör leitete und daß er als Hoherpriester »a.D.« noch den Titel führte.

25-27 Die Verleugnungsgeschichte geht weiter. Petrus beschwört die Versuchung geradezu herauf. Der Hinweis auf den Verwandten des Malchus zeigt, wie eng der Evangelist mit den Ereignissen vertraut war.

18,28-19,16 Jesus vor Pilatus. **28-32** Der erste Akt dieses Dramas findet draußen vor dem Prätorium, dem Amtssitz des römischen Statthalters, statt. Pilatus vernimmt den Angeklagten und die Kläger. **28** *Damit sie nicht unrein würden:* Johannes zeigt die ganze Ironie der Reinheitsskrupel dieser Juden. In ihren Herzen waren sie schon längst verunreinigt - durch ihre Verschwörung gegen Jesus. **29** *Was für eine Klage?* Auf diese naheliegende Frage **30** geben die Kläger eine Antwort, die sowohl an der Sache vorbeigeht als auch unverschämt ist. **31** *Wir dürfen niemand töten* (EinhÜ: *Uns ist es nicht gestattet, jemand hinzurichten*): Der Hohe Rat konnte wohl Todesurteile verhängen, aber diese mußten durch die römische Obrigkeit bestätigt und vollstreckt werden. **32** Jesus hatte ja schon angedeutet, daß er gekreuzigt werden würde. Dieser Vers zeigt, daß Gott den Verlauf der Dinge nun lenkt.

33-38 Der zweite Akt spielt im Prätorium: Jesus wird von Pilatus verhört. **33** *Bist du der König der Juden?* Damit meint Pilatus wahrscheinlich: »Beanspruchst du, der König der Juden zu sein?« **34** Jesu Antwort soll zeigen, daß er unter Königtum etwas anderes versteht als Pilatus. Dies mußte ganz klar werden, wenn es zu einem gerechten Urteil kommen sollte. **36** Daher Jesu weitere Erklärung: *Mein Reich ist nicht von dieser Welt.* Das politische Königtum stützt sich auf weltliche Macht, aber das geistliche Königtum braucht diese Hilfe nicht. **37** Die Verblüffung des Pilatus zeigt sich in seiner nächsten Frage: *So bist du dennoch ein König?* (EinhÜ: *Also bist du doch ein König?*). In der Frage klingt eine gewisse Verachtung an. Mit geistlichen Dingen konnte Pilatus nichts anfangen. *Ich bin dazu geboren ..., daß ich die Wahrheit bezeugen soll:* Aus diesem Bekenntnis wird deutlich, daß Jesu Königtum geistlicher Art ist. Die weltlichen Könige hielten es nicht unbedingt mit der Wahrheit. Daher ist die Frage des Pilatus **38** *Was ist Wahrheit?* sowohl verständlich als auch Ausdruck einer gewissen Ungeduld.

Daß Pilatus persönlich Jesus für unschuldig hält und dennoch **39** den Juden anbietet, Jesus wie einen rechtmäßig verurteilten Gefangenen freizulassen, zeigt seine Charakterschwäche. Sein Angebot war sarkastisch gemeint, denn er nennt Jesus *den König der Juden.* **40** Daß die Juden um Barabbas bitten, wird in allen Evangelien berichtet, aber nirgends so knapp und pointiert wie hier. Sie zogen einen *Räuber* (EinhÜ: *Straßenräuber*) dem König der Wahrheit vor.

19,1-3 Pilatus gibt nach, und Jesus wird sofort gegeißelt und verspottet. Die Geißelung war damals ein normaler Bestandteil von Verhören, aber Pilatus setzte sie hier völlig willkürlich und ohne Berechtigung ein. Angesichts von Lk 23,16 ist es sehr wahrscheinlich, daß Pilatus durch die Geißelung die Kreuzigung umgehen wollte. Dies legt auch **4** nahe, wo Pilatus ja noch einmal erklärt, daß Jesus unschuldig sei. **3** In diesem Vers stehen im Griech. die Verben im Imperfekt, was darauf schließen läßt, daß die Soldaten Jesus mehrfach hintereinander verhöhnten.

5 Der reichlich späte Versuch des Pilatus, an das Mitleid der Leute zu appellieren, ist ein weiteres Zeichen seiner Inkonsequenz und Schwäche. *Seht, welch ein Mensch!* (ZÜ: *Da seht den Menschen!* EinhÜ: *Seht, da ist der Mensch!*): Wir wissen nicht, welche Bedeutung Pilatus diesem Ausspruch beimaß. In diesen Worten steckte mehr als er ahnte, denn in seiner Erniedrigung vertrat Jesus als der wahre Mensch die Menschen. **6** *Kreuzige! Kreuzige!* (EinhÜ: *Ans Kreuz mit ihm! Ans Kreuz mit ihm!*): In allen Evangelien kommt dieser Schrei nach dem Angebot des Pilatus, Jesus freizulassen. *Nehmt ihr ihn hin und kreuzigt ihn, denn ich finde keine Schuld an ihm:* Dies ist ironisch gemeint, denn Pilatus wußte, daß die Juden nicht befugt waren, eigenmächtig Kreuzigungen vorzunehmen. **7** Die Kläger bringen nun eine religiöse Anklage vor, bei der sie sich auf ihr Gesetz berufen. Was Pilatus hier verunsichert, ist nicht die Beschuldigung, daß er *sich selbst zu Gottes Sohn gemacht* hatte, sondern der Hinweis auf *ein Gesetz,* denn die Römer waren bestrebt, die jüdischen Bräuche und Gesetze aufrechtzuerhalten. **8** Dazu kam wahrscheinlich noch eine abergläubische Angst gegenüber der Bezeichnung »Gottes Sohn«, die Pilatus ganz offensichtlich unheimlich war und **9** ihn zu der Frage trieb: *Woher bist du?* Die Frage war in diesem Zusammenhang nicht angebracht, und Jesus beantwortete sie mit Schweigen. **10** Durch dieses Schweigen gereizt, weist Pilatus Jesus auf seine Autorität hin, aber Jesus **11** korrigiert ihn. *Du hättest keine Macht über mich, wenn es dir nicht von oben her gegeben wäre:* Pilatus vertrat zwar die Autorität des römischen Kaisers, aber diese erstreckte sich nicht auf das letztendliche Schicksal der Menschen. Unser Herr ist sich dessen bewußt, daß sein Erlösungswerk nicht von der Willkür des römischen Statthalters abhängt. *Der mich dir überantwortet hat* ist Kaiphas, der daher größere Verantwortung zu tragen hat als Pilatus.

12-16 Der Bericht über den Prozeß endet

mit einem nochmaligen Versuch des Pilatus, Jesus freizugeben, und seiner Kapitulation vor der Drohung, seine Loyalität gegenüber dem Kaiser in Frage zu ziehen. *So bist du des Kaisers Freund nicht:* Der Ausdruck *des Kaisers Freund*, der damals gelegentlich als Ehrentitel für den Statthalter einer Provinz benutzt wurde, wird hier als Loyalitätszeichen gebraucht. Die bisherige Bilanz der Herrschaft des Pilatus war derart, daß er es sich nicht leisten konnte, beim Kaiser als nicht loyal angeklagt zu werden (vgl. Lk 13,1). Dies dürfte für ihn die Sache entschieden haben. **13** Das *Steinpflaster* war ein mit Steinplatten und Mosaik ausgelegter Platz in der Nähe der Burg Antonia. **14** *Es war aber Rüsttag für das Passah* (ZÜ): Dies und die genaue Tageszeit *(um die sechste Stunde)* erwähnt Johannes deshalb, weil für ihn die Beziehung des Todes Jesu zum jüdischen Passah wichtig war. Nach Johannes wurde das Passah erst nach dem Tag der Kreuzigung begangen, während nach den synoptischen Berichten (vgl. Mk 14,12) das Passahfest scheinbar bereits am Tage des Abendmahls begann. **15** *Soll ich euren König kreuzigen?* Pilatus stellt diese Frage ironisch, aber die Priester reagieren mit einer Loyalitätserklärung für den römischen Kaiser, die Pilatus einfach nicht ignorieren kann. Mit dieser Treueerklärung fielen die offiziellen Vertreter des Gottesstaates Israel endgültig von Gott ab.

19,17-37 Die Kreuzigung

17 Daran, daß Jesus sein Kreuz selbst trug, können wir sehen, daß er als gewöhnlicher Verbrecher behandelt wurde. Daß Simon von Kyrene Jesus helfen mußte, das Kreuz zu tragen (vgl. Mt 27,32; Mk 15,21; Lk 23,26), erwähnt Johannes zwar nicht, aber dies muß irgendwie auf dem Weg nach Golgatha geschehen sein. **18** Johannes erwähnt auch nicht, daß die beiden anderen Gekreuzigten als Aufrührer hingerichtet wurden. **19** Andererseits erzählt Johannes als einziger, daß Pilatus derjenige war, der anordnete, daß die Inschrift verfaßt und am Kreuz angebracht wurde. Die verschiedenen Evangelien zeigen leichte Unterschiede bezüglich des genauen Wortlauts, aber alle stimmen darin überein, daß die Inschrift die Worte *der König der Juden* enthielt. **20-22** Diese Worte führten zu heftigen Protesten der Juden, aber Pilatus blieb stur. Der hier von Johannes gebrauchte Titel *die Hohenpriester der Juden* soll offenbar einen Kontrast zu dem Titel Jesu bilden.

23 Die Kleidung eines zum Tode Verurteilten fiel jeweils den diensthabenden Soldaten zu. **24** Hier sieht Johannes eine Erfüllung von Ps 22,19; die Synoptiker erwähnen dies nicht. **25** Einige Frauen (unter ihnen die Mutter Jesu) sahen bei der Kreuzigung zu. Beim Vergleich mit den anderen Evangelien erhebt sich die Frage, ob es drei oder vier Frauen (im letzteren Fall einschließlich Salome) waren. Salome wird hier nicht mit Namen genannt. Am plausibelsten ist die Annahme, daß es zwei Gruppen von je zwei Frauen waren. In diesem Fall war Salome die Schwester der Mutter Jesu, und *Maria, des Klopas Frau* war die Mutter Jakobus des Kleinen (vgl. Mk 15,40). **26** *Frau, siehe, das ist dein Sohn!* Ein Akt der Liebe gegenüber der Mutter Jesu. Wenn Salome wirklich ihre Schwester war, war Johannes mit Jesus verwandt, und dies würde **27** gut erklären.

28.30 Die letzten Augenblicke des irdischen Lebens Jesu sind durch zwei Ausrufe gekennzeichnet. Der eine betrifft seine menschliche Not *(Mich dürstet!)*, der andere die Vollendung seiner Aufgabe *(Es ist vollbracht!)*. Wieder bemerkt Johannes, daß die Schrift erfüllt wird. **29** *Sie aber füllten einen Schwamm mit Essig und steckten ihn auf ein Ysoprohr.* Da die Ysoppflanze nur einen dünnen Stengel hat, muß dieser verstärkt worden sein. Einige Ausleger meinen, daß im Griech. hier das *Ysop* ganz ähnliche Wort *hyssos* (»Speer«) gestanden haben könnte.

31 *Denn dieser Sabbat war ein hoher Festtag:* An einem Tag, der sowohl ein Sabbat als auch ein besonderer Feiertag war, war es für die Juden doppelt wichtig, ihre rituellen Gesetze zu befolgen. **32.33** Das brutale Brechen der Beine gehörte nicht zur Kreuzigung als solcher, sondern wurde benutzt, um den Tod zu beschleunigen. **34.35** Wie V.35 nahelegt, hatten der Stoß mit dem Speer und das herausfließende Blut und Wasser für den Evangelisten besondere - vielleicht auch symbolträchtige - Bedeutung. Wir brauchen hier nicht die verschiedenen Deutungsmöglichkeiten zu erörtern. Wesentlich ist, daß sie Jesu körperliches Sterben beweisen, vor allem gegenüber den Doketen, die von einem Scheintod Jesu sprachen. *Der das gesehen hat* kann als Hinweis auf den Evangelisten selbst oder auf einen Dritten verstanden werden. Für einen Verfasser, der die eigene Identität nicht in den Vordergrund stellen will, ist es sicher nicht unnatürlich, an Stellen, wo er seine persönliche Kenntnis des Dargestellten bezeugt, die dritte Person zu gebrauchen. *Daß sein Zeugnis wahr ist,* betont er deswegen so sehr, damit andere zum Glauben kommen. Hier wird das gleiche griech. Adjektiv für *wahr* benutzt wie 15,1 (vgl. ZÜ) bei der Beschreibung des Weinstocks. **36.37** Wieder - getreu seinem bisherigen Vorgehen - untermauert Johannes seinen Bericht durch Schriftstellen aus dem AT, in diesem Fall aus 2Mo 12,46 und Sach 12,10.

19,38-42 Die Grablegung

Im Bericht des Johannes über Jesu Grablegung spielt vor allem Nikodemus eine wichtige Rolle. Sowohl Nikodemus als auch Josef von Arimathäa waren Mitglieder des Sanhedrin. **38** Obwohl er im Verborgenen ein Jünger war, faßte Josef doch den Mut, Jesus einen letzten Dienst zu erweisen. Daß Pilatus die Erlaubnis zum Begräbnis gab, entsprach den römischen Gepflogenheiten. **39** Hier erinnert der Evangelist zum zweitenmal an das Gespräch des Nikodemus mit Jesus (vgl. 3,1ff; 7,50). *Myrrhe gemischt mit Aloe, etwa hundert Pfund:* Nikodemus läßt sich seine Verehrung Jesu etwas kosten. **41** Das Grab, in das man Jesus legte, war in einem *Garten* gelegen; dieses Detail erwähnt nur Johannes. *In das noch nie jemand gelegt worden war* (EinhÜ: *in dem noch niemand bestattet worden war*): Dies erwähnt auch Lukas (Lk 23,53), und Matthäus bezeichnet das Grab als neu. Wichtig ist, daß Jesu Leib nicht mit Verwesung in Berührung kam.

20,1-31 Die Auferstehung

20,1-10 Das leere Grab. In seinem Auferstehungsbericht wählt Johannes aus seinem Material jene Aspekte aus, die er für seine Zwecke benötigt. Er will das, was die Auferstehung geistlich lehrt, veranschaulichen. **1** *Kommt Maria von Magdala früh ... zum Grab:* Offenbar kam sie als erste zu dem Grab. Nach Mt und Mk sprach am Grab ein Engel zu den beiden Marias und Salome. Dies geschah wohl nach der hier bei Johannes beschriebenen Szene. **2** *Wir wissen nicht, wo sie ihn hingelegt haben:* Das *wir* schließt entweder die Frauen, die Maria begleitet hatten, ein oder die Jünger, zu denen sie hier spricht. Sie ist überzeugt, daß die Jünger nicht mehr wissen als sie selbst auch. **3-5** Daß *der andere Jünger* schneller als Petrus lief, aber nicht in das Grab hineinging, ist ein anschauliches Detail. Von beiden Männern heißt es, daß sie *die Leinentücher liegen* sahen, aber für »sahen« werden hier im Griech. verschiedene Verben benutzt: Petrus »blickt angestrengt« in das Grab hinein. **7** Die genaue Lage der verschiedenen Tücher wird sorgfältig angegeben. Aus der Tatsache, daß das *Schweißtuch* gesondert lag, könnte man entnehmen, daß Jesus aus den Tüchern gestiegen war, ohne sie in Unordnung zu bringen. **8** *Da ging auch der andere Jünger hinein ... und sah und glaubte:* Er deutet das, was er sieht. *Glaubte* läßt auf einen Augenzeugenbericht schließen, denn nur als Augenzeuge konnte er wissen, in welchem Augenblick sich die Überzeugung gefestigt hatte. **9** *Denn sie verstanden die Schrift noch nicht:* wahrscheinlich eine Anspielung auf Ps 16,10. Die Evangelien zeigen sehr deutlich, daß die Jünger Jesus erst nach der Auferstehung wirklich verstanden, und auch dann erst allmählich.

20,11-18 Jesus offenbart sich Maria. Der »andere Jünger« glaubte bereits, aber Maria konnte noch nicht glauben. **11** Sie *weinte,* weil sie aus dem leeren Grab den Schluß zog, jemand habe den Leib Jesu gestohlen (vgl. V.13). **12.13** Die Aufgabe der Engel besteht hier lediglich darin, Maria wegen ihres Weinens zur Rede zu stellen; trösten tun sie sie nicht. **14.15** Für Maria konnte nur einer den Leichnam weggebracht haben, nämlich der Gärtner. Als Jesus ihr die gleiche Frage stellt wie die Engel, denkt sie, er sei der Gärtner, und platzt mit ihren Ängsten heraus. **16** *Spricht Jesus zu ihr: Maria!* Sie blickte schon wieder weg, aber sie erkannte sofort die Stimme Jesu und drehte sich zu ihm um. *Rabbuni!, das heißt: Meister!* In dieser Szene wird die persönliche Beziehung zu Jesus betont (vgl. auch V.13: *meinen Herrn*). **17** *Rühre mich nicht an! denn ich bin noch nicht aufgefahren zum Vater:* Es besteht kein Widerspruch zwischen dieser Aussage und der Begebenheit, wo Jesus bereit ist, sich von Thomas berühren zu lassen. Offenbar wollte Maria sich an Jesus klammern, und dies erlaubt er nicht. Jesus erwähnt seine kommende Himmelfahrt, um zu zeigen, daß sein Verhältnis zu seinen Jüngern sich bald ändern wird. Maria soll den Brüdern sagen: *Ich fahre auf zu meinem Vater und zu eurem Vater, zu meinem Gott und zu eurem Gott.* Heißt dies, daß Johannes die übrigen Erscheinungen Jesu (vgl. V.19ff) bereits nach der Himmelfahrt ansetzt? Das hieße, daß Jesus noch einmal vom Himmel herabgekommen wäre. Es ist wohl besser, die Reihe von Erscheinungen insgesamt als ein »allmähliches Auffahren« zu betrachten. Die Zeitform des Verbs (Präsens) *fahre auf* stützt diese Deutung. Mit der Unterscheidung zwischen *meinem Vater* und *eurem Vater* unterscheidet sich Jesus als der eine Sohn Gottes von den anderen, die auch Gotteskinder sind. **18** Es ist bemerkenswert, daß es Maria hier vor allem darum geht, daß sie Jesus gesehen hat, weniger darum, daß Jesus von seinem Weggang gesprochen hatte.

20,19-31 Jesus offenbart sich den Jüngern. **19** Noch am Abend desselben Tages erscheint Jesus seinen versammelten und noch von Furcht beherrschten Jüngern. *Friede sei mit euch!* Obwohl dies damals der übliche Gruß war, bedeutet er hier doch mehr, denn hier schenkt der Meister seinen eigenen Frieden. **20** Daß er es wirklich war, der da sprach, daran war nicht zu zweifeln, denn er zeigte ihnen die Wundmale seiner Kreuzigung; diese waren selbst an seinem Auferstehungsleib zu sehen. **21** Durch diese Wiederholung wird das

Geschenk des Friedens noch einmal unterstrichen. **22** *Nehmt hin* (ZÜ: *empfanget*) *den heiligen Geist!* Daß Jesus die Jünger anbläst, ist verständlich, denn das griech. *pneuma* bedeutet sowohl »Atem« als auch »Geist«. Offenbar wird hier Pfingsten gleichsam vorweggenommen. **23** Hier erfahren wir, warum Jesus ihnen den Geist gab. *Welchen ihr die Sünden erlaßt* (ZÜ: *vergebt*)... *welchen ihr sie behaltet* (ZÜ: *nicht vergebt*): Jesus spricht zu den Jüngern als Gruppe (die Verben stehen im Plural). Obwohl der Mensch keine Macht hat, Sünden zu vergeben, kann er doch aufgrund dessen, was Gott in Christus getan hat, die Vergebung zusprechen. Er kann dies, sofern der Heilige Geist in ihm wirkt und ihn zum Boten Jesu Christi macht. Wer die Vergebung nicht annimmt, der bleibt in seiner Sünde. Da V. 23 dem Hinweis auf die Gabe des Geistes folgt, und die Worte nicht auf die Apostel beschränkt sind, ist die hier gegebene Vollmacht eine allgemeine und nicht auf Christen in bestimmten Ämtern (Priester, Pastoren usw.) beschränkt; vgl. Mt 16,18-19; 18,18-19.

24-29 Die Episode vom ungläubigen Thomas hat Johannes ohne Zweifel in sein Evangelium aufgenommen, um sein Hauptanliegen (daß Menschen zum Glauben an Jesus als den Sohn Gottes kommen) zu verdeutlichen. **24** Wir erfahren nicht, warum Thomas nicht anwesend war, **25** aber seine energische Weigerung, ihrem Zeugnis zu glauben, läßt durchblicken, daß er doch lieber dabeigewesen wäre. **26.27** Bei seiner zweiten Erscheinung gibt Jesus wieder seinen Friedensgruß und wendet sich dann direkt an Thomas. Seine eigenen Worte in Jesu Mund wiederholt zu finden, muß Thomas tief beeindruckt haben. Jesus hatte Verständnis für seine Zweifel. Aber tatsächlich Jesu Wundmale berühren brauchte Thomas jetzt nicht mehr. **28** *Thomas antwortete und sprach zu ihm: Mein Herr und mein Gott!* Dies ist das höchste Glaubensniveau, das wir im Johannesevangelium finden. Es ist nicht zu übersehen, daß Thomas die Göttlichkeit Jesu begriffen hat. Der Weg zum Glauben, den Johannes in seinem Evangelium darstellt, findet hier einen würdigen Abschluß. **29** *Selig sind, die nicht sehen und doch glauben!* In diesem Satz geht es um die, deren Glaube auf dem beruht, was andere ihnen über Jesus bezeugt haben. Ein solcher Glaube ist von höherer Art als der des Thomas: Es ist der Glaube, der die christliche Gemeinde bis heute getragen hat. Letztlich muß wahrer Glaube immer unabhängig vom Sehen sein.

30.31 Hier bekennt sich der Verfasser zum Zweck seines Evangeliums. Er stellt klar, daß er bei weitem nicht alles berichtet hat *(Noch viele andere Zeichen, ... die nicht geschrieben sind in diesem Buch)* und daß er im Leser einen ganz bestimmten Glauben wecken möchte, nämlich den Glauben, daß Jesus der Messias und der Sohn Gottes ist. Wer diesen Glauben hat, wird das Leben in seinem (Jesu) Namen ererben.

21,1-25 Der Epilog

Einige Ausleger nehmen an, daß dieses Kapitel aus einer anderen Hand stammt, aber nach den Hss. zu urteilen, war es immer Teil des Johannesevangeliums. Es ist sicherlich so etwas wie ein Nachtrag. Vielleicht wollte der Evangelist mit ihm ein Mißverständnis bezüglich einer Aussage Jesu über Johannes (V. 23) ausräumen. Die dargestellten Ereignisse spielen, anders als die in Kap. 20, in Galiläa.

1 *Danach offenbarte sich Jesus ... am See Tiberias:* Die Erscheinung Jesu in Galiläa fand also nach denen in Jerusalem statt. **2** *Die Söhne des Zebedäus:* Da sie nicht namentlich genannt werden, stützt dieser Vers die These, derzufolge Johannes als der Verfasser des Evangeliums verantwortlich zeichnet. **3** Der Fischzug zeigt interessante Parallelen zu dem Bericht des Lk über die Berufung der ersten Jünger (Lk 5,1-11). Dagegen nimmt sich der Entschluß des Petrus, *Ich will fischen gehen,* wie ein Akt der Verzweiflung aus (eine resignierende Rückkehr in seinen früheren Beruf). Die Arbeit ist so fruchtlos wie die in Lk 5,5. **4-8** Johannes sieht hier ein geistliches Prinzip, denn jetzt zeigt er, wie ganz anders die Dinge laufen, wenn Jesus dabei ist. **6** Auf den Befehl Jesu hin werfen die Jünger das Netz noch einmal *zur Rechten des Bootes* aus und machen einen riesigen Fang (s. V. 11). **7** Der erste, der den Herrn erkennt, ist der Jünger, den Jesus lieb hatte. Er sagt es Petrus (sonst tut er nichts), und der glaubt es sofort und handelt entsprechend, ohne sich erst mit seinen eigenen Augen überzeugen zu wollen. Seine Spontaneität stimmt ganz mit dem Bild überein, das wir von ihm in den Evangelien erhalten. **9.10** Das Kohlenfeuer mit den röstenden Fischen und Jesu Anweisung, mehr Fische zu bringen, sind sehr anschaulich. **11** *Hundertdreiundfünfzig:* Für diese genaue Zahl gibt es viele phantasievolle Deutungsversuche. Man wird sie wohl einfach dem guten Gedächtnis eines Augenzeugen, der beim Zählen der Fische dabei war, zuschreiben dürfen. **12** Jesu Einladung an die Jünger, mit ihm zusammen das Frühstück einzunehmen, spricht für ein ganz normales Essen.

15-19 Das Frühstück leitet zu dem Gespräch zwischen Jesus und Petrus über. Die dreifache Frage an Petrus kann durchaus eine bewußte Parallele zu seiner dreifachen Verleugnung sein. Die Unterschiede in der Formulierung der drei Fragen sind wichtig. In der dritten Frage wird im Griech. das gleiche Verb für »liebhaben« benutzt (griech.: *phileo*), das Petrus seinerseits in allen drei Antworten gebraucht. In den ersten beiden Fragen dagegen finden wir das Verb *agapao*, das eine höhere Art von Liebe bezeichnet. Auch zwischen den drei Anweisungen an Petrus gibt es leichte Unterschiede. Die erste und dritte benutzen das Wort *weide*, die zweite dagegen das Wort *hüte* (ZÜ; griech.: *poimaino*), das das umfassendere ist und neben dem Weiden (Füttern) auch alle anderen Tätigkeiten eines Hirten einschließt. Darüber hinaus geht es in der zweiten und dritten Anweisung um die *Schafe* und in der ersten um die *Lämmer.* **17** *Herr, du weißt alle Dinge, du weißt, daß ich dich lieb habe:* Von den drei Antworten des Petrus ist diese die stärkste. Es schmerzte ihn offenbar, daß Jesus ihn dreimal fragte. Im Griech. ist übrigens in diesem Satz das zweite »weißt« (griech.: *ginosko*) ein anderes als das erste, von Petrus auch in seinen beiden ersten Antworten benutzte *(oida). Ginosko* kann »Wissen-durch-Erfahrung« bedeuten. Vgl. die Unterscheidung zwischen »weißt« und *(ginosko)* »siehst« in ZÜ! **18** *Wenn du aber alt wirst, wirst du deine Hände ausstrecken, und ein anderer wird dich gürten:* Nach einer alten Überlieferung soll der im Alter erblindete Petrus mit dem Kopf nach unten gekreuzigt worden sein. **19** Ganz offenbar kannte Johannes Berichte über den Tod des Petrus. Das *Folge mir nach!* (vgl. V. 22) erinnert an die erste Berufung des Petrus (Mt 4,19).

20-23 Die wenigen Worte über Johannes sollen offenbar ein Mißverständnis korrigieren. Die ziemlich umständliche Art, in der der Verfasser hier über Johannes spricht, legt wieder nahe, daß Johannes mit dem Verfasser identisch ist. Petrus wird wegen seiner Neugierde gerügt, und die Form der Rüge führt zu dem Mißverständnis. **24.25** Der Kommentar V. 23 dürfte wohl voraussetzen, daß der Jünger damals (zur Zeit der Abfassung des Evangeliums) noch lebte, und die jetzt folgende Anmerkung bestätigt dies: *Dies ist der Jünger, der dies alles bezeugt und aufgeschrieben hat.* Noch deutlicher hätte der Autor seine Augenzeugenschaft nicht bekräftigen können. Er gibt auch an, daß er Zeugen hat (vgl. den Plural: *wir wissen*), die bereit sind, seine Angaben zu bestätigen. Der letzte Vers hebt noch einmal hervor, daß das Evangelium nur Ausschnitte aus dem Leben Jesu wiedergibt.

Donald Guthrie

Die Apostelgeschichte

Einleitung

Die Apostelgeschichte, verfaßt von Lukas, dem Arzt und geliebten Gefährten des Paulus (vgl. Kol 4,14), bildet die Fortsetzung des dritten Evangeliums. Dafür sprechen stilistische und inhaltliche Kriterien, die grundlegende Thematik beider Bücher und nicht zuletzt der einleitende Satz der Apg, der den Anschluß zum Evangelium des Lukas herstellt und es als »den ersten Bericht« bezeichnet.

Die Apg ist, wie das dritte Evangelium, einem gewissen Theophilus gewidmet (vgl. Lk 1,3 mit Apg 1,1). Er scheint ein angesehener Mann gewesen zu sein, da er so angeredet wird wie sonst die römischen Gouverneure Judäas (Apg 23,26; 24,2; 26,25). Lukas schreibt diesen detaillierten Bericht, der den Zeitraum von der Geburt Johannes des Täufers und Jesu (ca. 8-6 v.Chr.) bis zur Gefangenschaft des Paulus in Rom (ca. 61 n.Chr.) umfaßt, um Theophilus, der bereits Informationen über den christlichen Glauben besitzt, von deren Zuverlässigkeit zu überzeugen.

Also sind das Lukasevangelium und die Apostelgeschichte nicht zwei Werke, sondern eigentlich nur eines, und das kurze Vorwort zum Evangelium (Lk 1,1-4) bezieht sich auf beide Teile dieses Werkes. Vermutungen, daß Lukas noch ein drittes Werk geplant habe, sind unbestätigt.

Datierung

Die Entstehungszeit des zweiteiligen Werkes ist umstritten. Einige datieren es um 90 n.Chr., doch mir scheinen die gegebenen Kriterien auf eine frühere Zeit zu deuten, die kurz nach den letzten Ereignissen, die die Apg berichtet, anzusetzen wäre. Den Abschluß der Apg bildet die triumphierende Aussage, daß Paulus in Rom, im Zentrum des römischen Weltreiches, keine Gelegenheit ausläßt, das Evangelium zu verkündigen.

Es ist fraglich, ob Lukas in solchen Tönen berichtet hätte, wenn Paulus zu der Zeit schon hingerichtet oder die Verfolgung unter Nero schon im Gange gewesen wäre. In der Apg findet sich weder ein Hinweis auf die Verfolgung noch auf den Tod des Paulus (es sei denn, man würde Apg 20,25.36 so verstehen). Außerdem ist anzunehmen, daß die Apg Hinweise auf den Aufstand der Juden (66 n.Chr.) und die Zerstörung Jerusalems und des Tempels (70 n.Chr.) enthalten würde, wenn diese Ereignisse zur Zeit der Abfassung der Apg schon geschehen wären. Diese Überlegungen legen eine Datierung der Entstehung der Apg nahe, die praktisch mit dem letzten in ihr berichteten Ereignis, dem Hausarrest des Paulus in Rom, zusammenfällt.

Die theologische Aussage des Buches scheint jedoch auf ein späteres Datum hinzuweisen. Man hat sogar versucht, einen Zeitpunkt in der Mitte des 2. Jh. anzunehmen, weil gedankliche Ähnlichkeiten zwischen der Apg und Justin dem Märtyrer bestehen. Dagegen spricht *a.,* daß die Darstellungsart der Apg ihrem Inhalt zu nahe ist, als daß eine Abfassung ein Jh. später wahrscheinlich wäre und *b.,* daß die Ähnlichkeiten zwischen Lukas und Justin auch daher rühren, daß Lukas in vieler Hinsicht als Prototyp der Apologeten des 2. Jh. angesehen wurde. Allgemeiner ausgedrückt: der »Frühkatholizismus« der Apg ist als Argument für ihre nachapostolische Entstehung verwendet worden. Die »Parusieverzögerung« stellt kein akutes Problem mehr dar, und das »Zeitalter des Geistes« wird als ein eigenes Kapitel der Geschichte Gottes mit der Welt gesehen, die Spannungen zwischen Juden- und Heidenchristen gehören der Vergangenheit an, sie sind beigelegt worden durch das Apostelдekret in Jerusalem, s. Apg 15. Paulus und die Zwölf sind Kampfgenossen, nicht Leiter zweier getrennter Missionsunternehmen, von denen das erste auf die Heiden und das zweite auf die Juden ausgerichtet ist. Jetzt predigt Petrus den Heiden (Apg 10,34-43) und Paulus den Juden (Apg 13,16-41), ohne daß der Eindruck entsteht, einer dringe in das Missionsfeld des anderen ein. Hier spiegelt die Apg nicht die schwierige Situation, die wir in der Korrespondenz des Paulus mit den Galatern und Korinthern vor uns haben, in der er energisch und konzentriert sowohl gegen judaisierende Tendenzen als auch gegen gnostische Libertinisten vorgeht, sondern die eher entspannnte Situation des Epheserbriefes, der in dieser Hinsicht, mit seiner Einheit von Juden und Heiden in Christus, ohne eine Spur der alten Feindschaft zwischen ihnen, durchaus nachpaulinisch sein könnte.

Doch die Voraussetzungen der genannten Argumente müssen kritisch überprüft werden.

Lukas hat seine eigene, unverwechselbare Darstellungsweise des Christentums, die nicht mit der des Paulus identisch ist, und in dieser Darstellung ist der »Frühkatholizismus« ein wichtiges Element; doch in diesem »Frühkatholizismus« ist nichts, was ein Mann mit der Vorausschau des Lukas nicht schon in den späten sechziger Jahren absehen konnte. Es war eins der Anliegen des Lukas, die Kluft zwischen Heiden- und Judenchristen zu überbrücken und zu zeigen, daß die Heidenmission (der er selbst schließlich seinen Glauben verdankte) die Folge des Gehorsams gegenüber Jesus und die legitime Ausbreitung des ursprünglichen Jerusalemer Christentums war.

Es kann sein, daß Lukas schon vor der Abfassung von Lk und Apg einen Entwurf gemacht hatte, der, wenn er nicht sogar zur Vorlage im Gerichtsverfahren des Paulus vor dem Kaiser gedacht war, so doch die gebildete Mittelklasse Roms, deren Repräsentant Theophilus ist, mit verläßlicher Information über die Anfänge und das Wesen des christlichen Glaubens versorgen sollte. Der Prozeß des Paulus muß für einige römische Beamte die Notwendigkeit mit sich gebracht haben, sich mit Einzelheiten des »Weges« bekannt zu machen, auf dem sich Paulus so viel Feindschaft seiner Volksgenossen zugezogen hatte - doch woher sollten sie einen glaubwürdigen Bericht nehmen? Lukas machte es sich zur Aufgabe, ihnen das zu liefern, was sie suchten.

Später ergänzte Lukas diesen vorläufigen und *ad hoc* niedergeschriebenen Entwurf durch Material, das für den apologetischen Zweck nicht unbedingt nötig gewesen war. Wenn zur Zeit der Veröffentlichung des kompletten Werkes die Verfolgung unter Nero und der Tod des Paulus schon in der Vergangenheit lagen, so konnte die Verfolgung im nachhinein als eine schreckliche Verirrung der römischen Justiz angesehen werden. Wie gut die römische Justiz in der Regel war, läßt sich an den Berichten über die Aktivität des Paulus in den Ostprovinzen zeigen - die Behörden erlaubten ihm sogar (wenn auch mit Einschränkungen) zwei Jahre lang in Rom selbst weiterzuarbeiten. Wenn eben zu der Zeit Lukas die Möglichkeit wahrnahm, eine klare Unterscheidung zwischen Judentum und Christentum vorzunehmen, so wird das auf keinen Fall zum Nachteil der Christen gewesen sein, da sich zu der Zeit die Juden gegen die Herrschaft der Römer auflehnten. Eine Datierung der Apg in der vorliegenden Form um 70 n.Chr. scheint so durchaus angezeigt.

Bei der zeitlichen Ansetzung der Apg können wir die Datierung des Lk-Evangeliums nicht außer acht lassen. Angenommen, die Apg blickt noch nicht auf den Untergang Jerusalems zurück, so setzt Lk diesen - zumindest nach Ansicht einer Reihe von Forschern - voraus, besonders in der eschatologischen Rede Lk 21. Doch, zum einen ist es nicht sicher, ob hier wirklich die Zerstörung Jerusalems gemeint ist, und zum anderen ist zu berücksichtigen, daß das ursprüngliche Werk sich zusammensetzte aus Protolukas (s. den Artikel »Das vierfache Evangelium«, Komm. Bd. I, S. 70ff) und Apg, und daß die Dinge in Lk, die auf eine Entstehungszeit nach 70 deuten, wahrscheinlich nicht in »Protolukas« standen.

Zu Beginn des 2. Jhs. begann man, die vier Evangelien, die bis dahin einzeln verbreitet worden waren, zu einem Buch zusammenzustellen. So wurden die beiden Teile der Geschichte des Lukas getrennt. Der zweite Teil begann bald darauf ein Eigenleben unter dem Titel: »Die Taten der Apostel« zu führen. Im Text gibt es einige Hinweise darauf, daß die Trennung der beiden Teile zu leichten Änderungen am Ende von Lk und am Beginn der Apg führte. Dem ersten Teil wurden dabei wahrscheinlich die Worte »und fuhr auf gen Himmel« in Lk 24,51 hinzugefügt, was die Ergänzung »da er aufgenommen wurde« in Apg 1,2 notwendig machte. Unter diesen Voraussetzungen verschwänden die Diskrepanzen, die man zwischen den Himmelfahrtsgeschichten in Lk und Apg festgestellt hat, da das Lk-Evangelium ursprünglich gar keinen Himmelfahrtsbericht enthalten hätte.

Lukas der Arzt

Lukas war kein persönlicher Jünger Jesu. Nach einer Tradition, die auf den antimarcionischen Evangelienprolog Ende 2. Jh. zurückgeht, vielleicht sogar noch weiter, bis zur Herausbildung des »westlichen« Textes (s. dazu 11,27) stammt er aus Antiochia in Syrien und dürfte durch die frühesten christlichen Zeugnisse in dieser Stadt, also ganz am Beginn der Heidenmission, mit dem Christentum bekannt geworden sein. Lukas war somit ein Heidenchrist. Kol 4,10f richtet Paulus Grüße von drei Freunden aus, von Aristarchus, Markus und Jesus Justus; diese drei bezeichnet er als seine jüdischen Mitarbeiter. Daraus schließen wir, daß die V. 12-14 genannten - Epaphras, Lukas und Demas - Heidenchristen waren.

Es gibt einige Stellen in der Geschichte des Lukas, die griechische Herkunft andeuten. Danach könnte Lukas ein Bruder des Titus gewesen sein, und obwohl diese Vermutung sich nicht auf 2Kor 8,17-19 stützen kann (den dort erwähnten »Bruder« hielt Origines für Lukas), liegt sie doch im Bereich des Möglichen. Auch Titus war ein Grieche aus Antiochia (Gal 2,1-3), und obwohl er, wie aus den Briefen hervorgeht, eine sehr wichtige Rolle unter den Begleitern des Paulus spielte, wird er in Apg nirgends erwähnt.

Quellen und Abfassung

Aus welchen Quellen schöpft Lukas seine Informationen, um alles von Anfang an genau berichten zu können? Was die Apg angeht, hat er einen Teil der berichteten Ereignisse sicher selbst erlebt. Darauf weist er vorsichtig, doch unmißverständlich hin durch den plötzlichen Wechsel von der dritten zur ersten Person Plural 16,10; 20,5; 27,1, in den Versen, die am Beginn der »Wir-Berichte« stehen. Es ist möglich, daß der Autor der Apg das Reisetagebuch eines Augenzeugen in sein Werk eingearbeitet hat, doch die einfachste Hypothese ist immer noch, daß es sich dabei um das eigene Tagebuch des Autors handelt und daß das »wir« des Tagebuchs das »ich« aus 1,1 einschließt - dies ist auch die befriedigendste Lösung. Und da der größte Teil der zweiten Hälfte der Apg, abgesehen von den »Wir-Berichten«, den Taten des Paulus gewidmet ist, wird der von Paulus geschätzte Arzt reichlich Informationen aus erster Hand über die geschilderten Ereignisse gehabt haben. Obwohl die Ereignisse in Ephesus nicht zu den »Wir-Berichten« gehören, besitzen einige Stellen die Lebendigkeit von Augenzeugenberichten, besonders die Beschreibung des Tumults im Theater (19,23-41), die Lukas wahrscheinlich Gajus und Aristarchus verdankt, die dabei waren.

Er hatte wahrscheinlich noch viele andere Zeugen für die Entwicklung der Gemeinden vor der Bekehrung des Paulus und für die Ereignisse, die er in seinem Evangelium berichtet. Als Bürger Antiochias wird er auch viele getroffen haben, die ihm über die Anfänge der Gemeinde berichten konnten, wie Barnabas, vielleicht sogar Petrus (vgl. Gal 2,11). Zudem hatte er in den zwei Jahren, die Paulus in Haft in Cäsarea verbrachte (Apg 24,27), noch besondere Möglichkeiten, sein Wissen zu vergrößern. In dieser Stadt lebte der Evangelist Philippus mit seinen vier Töchtern, die Prophetinnen waren und von späteren Autoren als Zeugen über Personen und Ereignisse aus den ersten Tagen der Gemeinde genannt werden. In Jerusalem wohnte Lukas bei Mnason, einem Jünger Jesu (Apg 21,16); er traf dort Jakobus, den Bruder des Herrn, und dieser Kontakt zur Familie Jesu ist vielleicht eine der Quellen für die Geburtsgeschichte Lk 1 und 2.

Die Frage, ob Lukas außer dem Reisetagebuch, das den »Wir-Berichten« zugrunde liegt, noch andere schriftliche Quellen vorlagen, ist problematisch. Man hat eine oder mehrere Jerusalemer Quellen, eine cäsareische, eine antiochenische und andere Quellen unterscheiden wollen, doch es kann nicht belegt werden, ob auch nur eine von ihnen dem Autor in schriftlicher Form vorlag. Einige Teile des Buches, besonders die Berichte über die Flucht aus dem Gefängnis und über Reise und Schiffbruch in Kap. 27, sind formkritisch untersucht worden; es ergab sich nicht mehr, als daß diese Erzählungen mit wohlbekannten Schemata übereinstimmen, die den meisten solcher Beschreibungen zugrunde liegen.

Ein Zweig der Quellenforschung der Apg erörtert die Möglichkeit, daß aramäische Dokumente der ersten Hälfte des Buches als Quelle dienen könnten. Doch auch hier kann kein Nachweis erbracht werden, daß es sich um *schriftliche* Quellen handelt. Zweifellos besteht zwischen den ersten Kapiteln der Apg und den späteren ein deutlicher Unterschied: Paulus' Aufbruch zu den Missionsreisen läßt etwas von der Weite des römischen Reiches erahnen, während im ersten Teil des Buches, das sich hauptsächlich mit Ereignissen in Jerusalem und in anderen Teilen Palästinas beschäftigt, eine deutlich erkennbare semitische Atmosphäre vorherrscht. Einige Abschnitte dieser ersten Kapitel, vor allem Wiedergaben von Reden der Apostel, spiegeln nicht nur eine aramäisch sprechende Umgebung wider, sondern deuten auch auf eine mündliche aramäische Vorlage hin.

Lukas dürfte einen Teil der Zeit, die Paulus im Gefängnis von Cäsarea zubrachte, ... damit genutzt haben, sein bis dahin gesammeltes Material zu ordnen. Auf dem Hintergrund der Proto-Lukas-Hypothese (s. dazu den allgemeinen Art. »Das vierfache Evangelium«, S. 70) stellte dieses Material, soweit es sich auf Leben und Wirken Jesu bezog, den Entwurf des Lukasevangeliums dar. Soweit es sich auf die Zeit danach, insbesondere auf die Karriere des Paulus, bezieht, war es als Hintergrundinformation gedacht, die vielleicht von Nutzen sein konnte, wenn die Appellation des Paulus an den Kaiser gehört werden sollte. Später könnte Lukas beide Teile seines Werkes erweitert haben: den ersten Entwurf des Evangeliums durch die Aufnahme großer Teile aus dem Mk-Evangelium. Diesem soll Lukas auch einen Teil der »Jerusalem«-Informationen verdanken, die er in den ersten zwölf Kap. der Apg verarbeitet hat.

Der historische Charakter

Die Quellen, aus denen Lukas seine Informationen bezog, waren allen anderen im Wert überlegen, und er wußte sie zu nutzen. Das Ergebnis ist ein Meisterwerk historischer Genauigkeit. Anders als die anderen Autoren des NT setzt er sein Werk in den Rahmen der Ereignisse im römischen Reich. Er ist der einzige der ntl. Autoren, der den Namen eines römischen Kaisers erwähnt. Sein Werk ist voll von Namen römischer Statthalter und Untertanenkönige. Ein Historiker, der so arbeitet, muß sehr sorgfältig vorgehen, wenn er dem Vorwurf der Ungenauigkeit entgehen will; das Werk des Lukas hält strengster Überprüfung stand. Was einige Kritiker am meisten erstaunt hat, ist die Sicherheit, mit der er sich in der Vielfalt der verschiedenen Titel auskennt, die die Beamten in Städten und Provinzen des römischen Reiches führten; er weiß immer den richtigen. Fast ebenso erstaunlich ist, wie er mit wenigen Strichen die unterschiedlichen Orte in seinen Erzählungen charakterisiert.

Eine detaillierte und umfassende Bestätigung der historischen Genauigkeit der Apg, besonders was Kleinasien betrifft, hat Sir William Ramsay erbracht, der jahrelang intensive archäologische Forschungen in diesem Gebiet durchführte. Als er mit seiner Arbeit begann, war er Anhänger jener Tübinger Theorie, die die Apg als ein spätes und historisch nicht zuverlässiges Werk der Mitte des 2. Jhs. zuordnete; und nicht apologetische Interessen, sondern die Ergebnisse seiner archäologischen Forschung zwangen ihn, anzuerkennen, daß die Schriften des Lukas nicht die Bedingungen des 2., sondern die sich deutlich davon unterscheidenden des 1. Jhs. wiedergeben - und zwar mit unübertroffener Genauigkeit. Ramsay beschreibt die Qualitäten des Historikers Lukas mit folgenden Worten:

»Das Geschichtswerk des Lukas ist, was seine Glaubwürdigkeit angeht, unübertroffen ... Lukas ist ein Historiker ersten Ranges: nicht nur die Angabe von Fakten ist genau, er ist besessen vom wahren, historischen Sinn; er konzentriert sich auf die Idee und den Plan, die die Entwicklung der Geschichte leiten und mißt die Ausführlichkeit seiner Darstellung an der Wichtigkeit der Ereignisse. Er betont wichtige oder kritische Ereignisse und stellt sie besonders ausführlich dar, berührt dafür Dinge, die für seine Absicht nicht von Belang waren, nur kurz oder läßt sie ganz aus. Kurz gesagt, dieser Autor sollte unter die größten Historiker gerechnet werden« (Ramsay, 1915). Wenn gesagt wird, daß Lukas Dinge, die für seine Absicht nicht wichtig waren, nur kurz anspricht oder sogar ganz ausläßt, müssen wir dazu bemerken (vielleicht deutlicher als Ramsay es tat), daß es die Absicht des Lukas war, die fortschreitende Heilsgeschichte, den Weg des Evangeliums nach Rom, zu schildern, was viele Fragen heutiger Historiker, z.B. nach dem Tod des Petrus oder Paulus, unbeantwortet läßt. Für ihn sind »kritische Ereignisse« z.B. die Bekehrung des Paulus oder die erste Heidenevangelisation, die für die Heilsgeschichte epochemachend waren.

Ramsays Einschätzung wird oft für übertrieben gehalten, doch wer seine einzigartigen Beiträge zur Erforschung dieses Buches ignoriert, bringt sich um eine Fülle von Details, mit denen Ramsay den historischen Wert unzähliger Passagen der Apg belegt (W. F. Howard, 1949).

Man hat gegen den Historiker Lukas vorgebracht, daß er zu viele Wunder berichte. Doch er erzählt diese Wunder nicht um ihrer selbst willen, sondern weil sie Zeichen sind, die den Beginn einer neuen Zeit markieren, Zeichen dafür, daß Jesus der Messias ist. Denn ebenso wie Jesus nach dem Zeugnis der Evangelien diese Zeichen und Wunder in eigener Person tat, wirkt er auch diese Wunder durch seinen Geist in seinen Jüngern, wenn sie in seinem Namen und in seiner Kraft handeln.

Bemerkenswert ist, daß das Element der Wunder nicht wie zufällig über das ganze Buch verteilt ist, sondern am Anfang stärker vorhanden ist als am Ende. »Wir haben hier einen gleichmäßigen Rückgang der Betonung von Wundern im Wirken des Geistes, der der Entwicklung in den paulinischen Briefen entspricht. Es ist wahrscheinlich, daß Lukas seine historischen Quellen hier originalgetreu wiedergibt« (vgl. W. L. Knox, 1948).

Wenn wir in Rechnung stellen, wie wenig wir über die Entwicklung des Christentums in den Jahren 30-60 n.Chr. und die darauf folgenden Jahrzehnte wissen, können wir einschätzen, wieviel wir der Apg für die relativ genaue Kenntnis der Ausbreitung des Evangeliums von Jerusalem nach Rom verdanken.

Das apologetische Interesse

Obwohl Lukas in erster Linie beabsichtigt, mit seinem Werk Theophilus (und der Lesergruppe, die er repräsentiert) einen vertrauenswürdigen Bericht über den Beginn der Predigt des Evangeliums und dessen Ausbreitung von Palästina nach Italien zu liefern, ist er daneben bemüht, aufzuzeigen, daß die christliche Bewegung keine Bedrohung von Gesetz und Ordnung im römischen Reich darstellt. Lukas demonstriert dies durch Zeugnisse, die Vertreter des römischen Reiches ablegen. Pilatus hält Jesus für »nicht schuldig« in den drei Anklagepunkten: Aufruhr, Volksverhetzung und Hochverrat (Lk 23,4.14.22), und ähnlichen Anklagen gegen die Jünger ist - wie Lukas nachweist - wenig Erfolg beschieden. Die Hauptleute von Philippi inhaftierten Paulus und Silas wegen eines angeblichen Eigentumsdelikts, mußten sie jedoch mit einer demütigen Entschuldigung für den Mißbrauch ihrer Befugnisse wieder freilassen (Apg 16,19ff.35ff). Die

Obersten von Thessalonich sind damit zufrieden, daß sich einige Bürger ihrer Stadt bereiterklären, für das Verhalten der Missionare zu bürgen (Apg 17,6-9). Gallio, der Prokonsul von Achaja und Bruder des einflußreichen Seneca, der Neros Lehrer und Ratgeber in den ersten Jahren seiner Regierungszeit war, weigert sich, die Anklagen der korinthischen Juden gegen Paulus zu hören, weil es sich dabei nicht um Anklagen im Sinne des römischen Rechts handelt, sondern um innertheologische Streitfragen (Apg 18,12-17). In Ephesus genießt Paulus die Gunst der Obersten der Städte Asiens (Apg 19,31); und als sich aufgrund geschäftlicher Interessen ein Aufstand erhebt wegen der Bedrohung, die das Christentum für den Kult der Diana in Ephesus bedeutet, bestätigt der Kanzler der Stadt, daß sich Paulus und seine Gefährten keines widerrechtlichen Angriffs auf den Gottesdienst der großen Göttin schuldig gemacht haben (19,35-41). In Jerusalem bemühen sich die erbitterten Feinde des Paulus, seine Verurteilung durch die römischen Statthalter Felix und Festus zu erreichen, doch ohne Erfolg; Festus und der Marionettenkönig Agrippa II. stimmen darin überein, daß Paulus sich durch nichts des Todes oder einer Haftstrafe schuldig gemacht hat und daß er freigelassen werden könnte, hätte er nicht, in der Hoffnung auf einen faireren Prozeß, als er ihn in Palästina erwartete, an das höchste Gericht vor dem Kaiser in Rom appelliert (Apg 26,32). Und die Apg endet mit einem triumphalen Bild: Paulus, der zwar in Haft ist, kann seine missionarische Arbeit in der Hauptstadt des Reiches durchführen. Das zeigt, daß rechtschaffene Richter, die in Übereinstimmung mit den Idealen des römischen Rechts urteilten, nicht akzeptieren konnten, daß man Christen unter Verdrehung der Tatsachen subversiver Aktivitäten anklagte, die angeblich die Interessen des Reiches berührten.

Es läßt sich jedoch nicht leugnen, daß, wo immer Paulus und seine Gefährten auftauchten, Unruhe entstand. Wenn die neue Bewegung wirklich so unschuldig war, wie Lukas es darstellt, wie konnte es sein, daß sie soviel Aufruhr mit sich brachte? Doch auch gegen diesen Vorwurf hat Lukas sogleich eine Verteidigung bereit, die später sehr beliebt wurde: die Verteidigung des Evangeliums gegen die Juden, wobei das Christentum, nicht das damalige Judentum, als die wahre Erfüllung des Glaubens der Patriarchen und Propheten dargestellt wird. Mit Ausnahme der Ereignisse in Philippi und in Ephesus stellt Lukas die Unruhe, die das Evangelium hervorrief, als Folge der Opposition der ortsansässigen Juden dar. Im Evangelium ist es das jüdische Synedrium, geführt von dem sadduzäischen Hohenpriester, der Pilatus dazu bringt, Jesus zu verurteilen. Nach der Apg sind die Juden die härtesten Feinde des Evangeliums in fast jedem Ort, den Paulus besucht. In Damaskus, Jerusalem, Antiochia in Pisidien, Ikonium, Lystra, Thessalonich, Beröa und Korinth sind es die Menschen aus seinem eigenen Volk, die seine Arbeit am stärksten behindern. Sie ärgern sich über die Art und Weise, wie Paulus, so schien es ihnen, durch den Besuch ihrer Synagogen in ihren Bereich eindringt und ihnen die Heiden abspenstig macht, die ihren Gottesdienst besuchen, um eines Tages - so hofften die Juden - Vollproselyten zu werden. Die Mehrzahl der Juden in den Städten, die Paulus bereiste, wollte Jesus nicht als ihren Messias annehmen und geriet in Zorn, wenn Heiden sich zu ihm bekehrten. So stehen in der Apg neben den Berichten über die Ausbreitung des Evangeliums in den großen, heidnischen Gemeinden des Reiches Berichte über die gleichzeitig zunehmende Ablehnung Christi durch das Volk, zu dem er zuerst kam.

Die Apg enthält außerdem - andeutungsweise - einen weiteren Zug christlicher Apologetik: die Verteidigung des Evangeliums gegen heidnische Religionen, begleitet von der Aufdekkung der Torheit des Götzendienstes. Diese Art Apologetik findet sich in dem Protest des Barnabas und des Paulus gegen die Männer von Lystra (Apg 14,15-18) und in der Rede des Paulus vor dem Areopag in Athen (17,22-31); beides sind frühe, christliche Erwähnungen der natürlichen Offenbarung.

Theologische Schwerpunkte

Die Kompetenz des Lukas in historischer Hinsicht wird weder durch sein apologetisches Interesse eingeschränkt noch durch seinen zunehmend anerkannten Stellenwert als Theologe, der durchaus eigenständig gedacht hat. Einige Züge seiner Theologie (so sein »Frühkatholizismus«) sind schon in der Diskussion der zeitlichen Ansetzung der Apg erwähnt worden. Doch das dominierende theologische Motiv der Apg sind die Gegenwart und das Wirken des Heiligen Geistes. Am Anfang des Buches verheißt der auferstandene Herr den Geist, und diese Verheißung erfüllt sich für die Juden in Kap. 2, für die Heiden in Kap. 10. Die Apostel verkünden ihre Botschaft in der Kraft des Geistes, u.a. manifestiert durch äußere, übernatürliche Zeichen; ebenso wird die Annahme der Predigt durch die Zuhörer von sichtbaren Manifestationen der Macht des Heiligen Geistes begleitet. Vielleicht erklärt sich so eine der Schwierigkeiten der Apg - einige empfangen den Geist nach Bekehrung und Taufe (so die Juden am Pfingsttag, 2,38), einige nach Taufe und Handauflegung durch die Apostel (so die Samaritaner in 8,15ff und die Schüler in Ephesus in 19,6), einige unmittelbar nach der Bekehrung, vor der Taufe (so Kornelius und sein Haus, 10,44). Diese Diskrepanzen verschwinden, wenn wir annehmen, daß Lukas in erster Linie an das sichtbare Wirken des Geistes dachte, z.B. Zungenreden und Prophetie, und nicht so sehr an die unsichtbare Gegenwart des Geistes.

Das Buch könnte überschrieben sein: »Die Taten des Heiligen Geistes«. Der Geist bestimmt das ganze Werk; er leitet die Boten, wie Philippus in Kap. 8 und Petrus in Kap. 10; er bestimmt die Gemeinde in Antiochia dazu, Barnabas und Saulus für die Arbeit freizustellen, zu der er selbst sie berufen hat (13,2); er führt sie von Ort zu Ort, verbietet ihnen in Asien zu predigen oder nach Bithynien zu reisen und gibt ihnen klare Anweisung, nach Europa zu gehen (16,6-10); er hat den ersten Platz im Brief der Apostelversammlung an die Gemeinden in Syrien und Zilizien: »Denn beschlossen haben der Heilige Geist und wir« (15,28). Er spricht durch Propheten und sagt z.B. die Teuerung unter Klaudius und die Inhaftierung des Paulus in Jerusalem voraus (11,28; 21,11); so hatte er auch im AT durch die Propheten geredet (1,16; 28,25). Er bestimmt die Ältesten der Gemeinden zu Hirten (20,28). Man kann ihn belügen (5,3), ihn versuchen (5,9) und ihm widerstehen (7,51). Er ist der erste Zeuge für die Wahrheit des Evangeliums (5,32).

Für Lukas, wie auch für Paulus, ist die gegenwärtige Zeit die Zeit des Heiligen Geistes, in der das Werk, das Christus für die Menschen vollbracht hat, in diesen durch den Geist zur Wirkung gebracht wird, wobei »die Macht jener Zeit, die noch kommen wird«, schon jetzt durch denselben Geist wirkt. Für Lukas ist die Zeit des Geistes eine wesentliche Phase der Heilsgeschichte, und er rät von allzu enthusiastischer Erwartung einer unmittelbaren *Parusie* ab. Wie er in seinem Evangelium das Gleichnis von den anvertrauten Pfunden berichtet, weil dort einige waren, die meinten, »das Reich Gottes werde sogleich offenbart werden« (Lk 19,11), so gibt er schon ganz zu Anfang der Apg die Aufforderung der Engel wieder, nicht stehen zu bleiben und gen Himmel zu sehen (1,11). Die Worte beinhalten, daß Jesus zu einer bestimmten Zeit wiederkommen wird, doch auf keinen Fall schneller, wenn sie gen Himmel blicken, anstatt nach Jerusalem zu gehen und die Arbeit zu tun, die auf sie wartet. H. Conzelmann (*Die Mitte der Zeit*, 1954) stellt die These auf, daß für Lukas die Zeit Jesu die »Mitte der Zeit« ist, der die Zeit Israels und des Gesetzes vorausgeht und die Zeit der Kirche und des Heiligen Geistes folgt. Ergänzend bemerkt Fuller (1965) dazu, daß Lukas die Ereignisse, die er in Apg berichtet, besonders die Heidenmission, als Erfüllung, Weiterführung und Bestätigung des Handelns Gottes versteht, das seinen Höhepunkt in der Auferstehung und Himmelfahrt Christi hatte - eine Erlösung schaffende, schöpferische Tat Gottes, die aus Liebe zu allen Menschen ohne Unterschied geschehen ist und von apostolischen Zeugen bestätigt wird. Um eine solche Perspektive zu gewinnen und ihr Ausdruck zu verleihen, dürfte eine Zeit von etwa 30 Jahren angemessen sein.

Inhalt

1,1-5,42	**Die Entstehung der Gemeinde**	
	1,1-26	Die vierzig Tage und danach
	2,1-13	Der Pfingsttag
	2,14-36	Die Predigt der Apostel
	2,37-47	Die erste christliche Gemeinde
	3,1-5,42	Ein Wunder und seine Folgen
6,1-9,31	**Verfolgung führt zur Ausbreitung**	
	6,1-15	Die Einsetzung der Sieben und das Wirken des Stephanus
	7,1-8,1a	Stephanus' Verteidigungsrede und Tod
	8,1b-25	Philippus und die Samaritaner
	8,26-40	Philippus und der äthiopische Kämmerer
	9,1-31	Die Bekehrung des Saulus von Tarsus
9,32-12,24	**Die Taten des Petrus: Der Beginn der Heidenmission**	
	9,32-43	Petrus in Westpalästina
	10,1-48	Petrus und Kornelius
	11,1-18	Die anderen Apostel stimmen der Entscheidung des Petrus zu

	11,19-30	Die erste heidnische Gemeinde
	12,1-24	Herodes Agrippa und die Gemeinde
12,25-16,5	**Antiochia wird Missionsgemeinde**	
	12,25-13,12	Die Evangelisation auf Zypern
	13,13-41	Predigt des Paulus in Antiochia in Pisidien
	13,42-52	Die Antwort auf das Evangelium in Antiochia in Pisidien
	14,1-28	Ikonion, Lystra und Derbe
	15,1-16,5	Der Brief der Apostelversammlung zu Jerusalem
16,6-19,40	**Die Evangelisierung der ägäischen Küste**	
	16,6-40	Nach Europa: Predigt in Philippi
	17,1-15	Thessalonich und Beröa
	17,16-34	Paulus in Athen
	18,1-28	Paulus in Korinth
	19,1-40	Ephesus und die Provinz Asien
20,1-28,31	**Wie der Wunsch des Paulus, nach Rom zu gelangen, in Erfüllung ging**	
	20,1-38	Paulus reist nach Palästina
	21,1-14	Von Milet nach Cäsarea
	21,15-23,35	Paulus in Jerusalem
	24,1-26,32	Paulus in Cäsarea
	27,1-28,31	Die Reise des Paulus nach Rom

Kommentar

1,1-5,42 Die Entstehung der Gemeinde

1,1-26 Die vierzig Tage und danach

In den ersten fünf Kap. haben wir eine Reihe von Bildern der ersten christlichen Gemeinde in Jerusalem. Das Buch beginnt dort, wo Lk endet. Der auferstandene Herr erscheint seinen Jüngern innerhalb von vierzig Tagen mehrmals; er weist sie an, in Jerusalem zu warten, bis sie Kraft vom Himmel bekämen; danach sollten sie in Jerusalem, Judäa, Samaria und bis an die Enden der Erde als seine Zeugen wirken. Man hat darauf hingewiesen, daß diese dreifache geographische Angabe eine Art Inhaltsangabe der Apg ist (1,8), da Lukas die Ausbreitung des Evangeliums in eben dieser Reihenfolge berichtet. Die Worte Christi: »und werdet meine Zeugen sein« sind ein Zitat aus Jes 43,10; daß diese Worte gerade hier zitiert werden, bedeutet, daß die Verheißungen des atl. Propheten in den Jüngern Jesu in Erfüllung gehen: sie sind sowohl der Rest des alten Israel als auch der Zellkern des neuen.

Darauf folgt die Himmelfahrt, nach der die Jünger, 120 an der Zahl, in Jerusalem auf die Erfüllung der Verheißung des Geistes warten. In der Zeit füllen sie auch die Lücke, die der Tod des Judas gelassen hat; für sein Verderben finden sie im AT Vorhersagen (vgl. Mt 27,9f; Joh 17,12).

1 *Den ersten Bericht:* gemeint ist das dritte Evangelium, das auch an Theophilus gerichtet ist (Lk 1,3). Wer Theophilus war, wissen wir nicht genau, doch er scheint römischer Bürger von hohem Ansehen, vielleicht in einem Verwaltungsposten gewesen zu sein - das legt die griechische Anrede in Lk 1,3 nahe, die bei Luther nur mit »Guter« übersetzt, eigentlich »Vortrefflichster«, so EÜ, lautet. *Von all dem, das Jesus von Anfang an tat und lehrte:* diese Zusammenfassung des Inhalts des dritten Evangeliums impliziert, daß das zweite Werk von dem berichtet, was Jesus nach seiner Himmelfahrt durch seinen Geist und seine Jünger tat. **3** *Und ließ sich sehen unter ihnen vierzig Tage lang:* deshalb liegt im christlichen Kalender der Himmelfahrtstag am vierzigsten Tag nach Ostern. Doch Jesu Erhöhung zur Rechten Gottes, woran Himmelfahrt uns erinnern soll, fand nicht erst am vierzigsten Tag nach seinem Sieg über den Tod statt; in der ursprünglichen apostolischen Botschaft wurden Auferstehung und Himmelfahrt, die zusammen die Erhöhung konstituieren, als eine große Bewegung betrachtet. Der vierzigste Tag markiert einfach den Zeitpunkt, an dem der Auferstandene vor den Augen der Jünger verschwand: die Folge mehrerer Erscheinungen endet mit einer Szene, die den Jüngern eine Ahnung von der Herrlichkeit ihres Herrn gibt. Wir dürfen uns nicht vorstellen, daß Christus die Zeit zwischen seinen Erscheinungen in irgendwie irdischer Verfassung verbrachte. *Redete mit ihnen vom Reich Gottes:* Dieser kurze Satz wurde von den

Gnostikern so ausgeweitet und interpretiert, als habe Jesus seinen Jüngern irgendwelche esoterische Dinge verkündet, wie sie in den gnostischen Schulen gelehrt wurden. Doch »das Reich Gottes ist als in den Ereignissen von Leben, Tod und Auferstehung Jesu kommend vorgestellt, und diese Tatsachen in ihrer richtigen Folge zu verkünden, heißt, das Evangelium vom Reich Gottes predigen« (C. H. Dodd). Ohne Zweifel wurde den Jüngern die Bedeutung vom Leiden und Triumph Jesu für die Botschaft vom Reich Gottes erklärt. **5** *Ihr aber sollt mit dem heiligen Geist getauft werden:* Vgl. des Johannes eigene Vorhersage in Mk 1,8 und Lk 3,16, die in der Apg nirgends ausführlich erwähnt wird. **9** *Eine Wolke:* wie sie schon im AT die Herrlichkeit Gottes verbarg; vgl. 2Mo 40,34; 1Kön 8,10f. Die Abschiedserscheinung des auferstandenen Herrn nahm die Gestalt einer Theophanie an. **11** *Wie ihr ihn habt gen Himmel fahren sehen:* Möglicherweise wird hier auf die *Wolke* (V. 9) Bezug genommen; vgl. Lk 21,27; (Mk 13,26); Mk 14,62. **13** Die Liste der Apostel stimmt mit der in Lk 6,14ff überein, abgesehen von einigen Variationen in der Reihenfolge und der Auslassung des Judas Iskariot in Apg. **14** *Maria, der Mutter Jesu:* Die letzte Erwähnung Marias im NT. *Und seinen Brüdern:* Sie werden hier zum erstenmal zusammen mit den Jüngern erwähnt, einer von ihnen, Jakobus, hat den Auferstandenen gesehen (1Kor 15,7).

18 *Der...:* Die V. 18-19 sind als Einschub des Lukas zu betrachten, nicht als Teil der Worte des Petrus an seine Mitjünger. *Gestürzt:* oder »geschwollen«; das Adjektiv *pränäs* kann beides bedeuten. **19** *Blutacker:* vgl. Mt 27,8. **20** Die Zitate sind aus Ps 69,26 und 109,8. **22** *Von der Taufe des Johannes an ...:* Die Zeit der öffentlichen Wirksamkeit Jesu, über die die Predigt der Apostel und Mk berichten (vgl. Apg 10,37). Die Bedingung ist, daß das neue Mitglied der Zwölf *Zeuge seiner Auferstehung* ist. **23** *Josef, genannt Barsabbas:* Über ihn berichtet Papias, unter Berufung auf die Tochter des Philippus, daß er Schlangengift trank, ohne dabei Schaden zu nehmen (vgl. Mk 16,18). *Matthias:* Über ihn gibt es sonst keine erwähnenswerten Auskünfte mehr. **26** *Und sie werfen das Los über sie:* Freie Auswahl und Gebet spielten bei dieser Ernennung eine ebenso große Rolle wie das Los. Das Los war eine heilige Institution im alten Israel und ein altbekanntes Mittel zur Erforschung des göttlichen Willens (vgl. Spr 16,33), in der Regel war es das Orakel durch Urim und Tummim. Dies ist das erste und einzige Mal, daß wir davon hören, daß die Apostel das Los warfen; es gehört, bezeichnenderweise, in die Zeit zwischen Himmelfahrt und Pfingsten: Jesus war fort, und der Heilige Geist war noch nicht gekommen. *Und er wurde zugeordnet zu den elf Aposteln:* Die Vorstellung, daß Paulus von Gott zum zwölften Apostel bestimmt war, und die Apostel hier fälschlicherweise dem Plan Gottes zuvorkommen, würde die Einzigartigkeit des Apostelamtes des Paulus mißverstehen.

2,1-13 Der Pfingsttag

1 Der Pfingsttag, das Wochenfest (vgl. 3Mo 23,15; 5Mo 16,9), das auf den fünfzigsten Tag nach dem Passahfest fällt, findet die kleine Gemeinschaft in einem Raum versammelt. Plötzlich ergreift der Heilige Geist Besitz von ihnen, sichtbare und hörbare Zeichen begleiten die Ausgießung der verheißenen himmlichen Gabe. **2** Da ist ein Geräusch, wie das *eines gewaltigen Windes,* **3** *und es erschienen ihnen Zungen ..., wie von Feuer* und setzen sich auf jeden einzelnen von ihnen. **4** Doch viel beeindruckender ist die *Glossolalie,* das Reden *in anderen Sprachen,* als die Jünger Gott in Sprachen und Dialekten preisen, die sie selbst nie gekonnt hatten, die jedoch von Besuchern des Festes als ihre eigenen erkannt werden. Die meisten der Besucher sprachen wohl das damals übliche Griechisch (Koine), ausgenommen diejenigen aus den östlichen Gebieten (Parthien, Medien, Persien, Mesopotamien und Syrien), die aramäische Dialekte gesprochen haben dürften.

5 *Es wohnten aber in Jerusalem Juden, die waren gottesfürchtige Männer aus allen Völkern unter dem Himmel:* Nach der rabbinischen Tradition war das Wochenfest die jährliche Feier der Gesetzgebung am Sinai, und an diesem Tag wurde die Stimme Gottes von jedem Volk auf der Erde gehört (70 im ganzen, nach rabbinischen Berechnungen). Doch Heiden sind damit nicht gemeint, auch wenn wir, dem Kodex Sinaiticus folgend, das Wort *Juden* in diesem V. auslassen. Es bleibt noch das Wort *gottesfürchtig* (griech.: *eulabes*), das im NT nur für Juden gebraucht wird. Hier sind also Juden aus allen Gegenden der Diaspora gemeint. **11** *Wir hören sie in unsern Sprachen von den großen Taten Gottes reden:* Der Erzähler hat hier sicher die Umkehrung des Fluchs der babylonischen Sprachverwirrung im Sinn.

2,14-36 Die Predigt der Apostel

Für Nicht-Galiläer war es so schwierig, dem galiläischen Dialekt zu folgen, daß die Befreiung der Jünger von den Besonderheiten ihrer Sprache und ihre plötzliche Fähigkeit, in allen möglichen Sprachen zu reden, nicht unbemerkt bleiben konnte. **14** Nachdem auf diese Weise die Aufmerksamkeit der Menschen erregt war, ergriff Petrus die Gelegenheit, stand zusammen mit den anderen Aposteln auf und redete zu allen, die in Hörweite waren. Die Worte seiner Predigt sind wichtig, denn sie zeigen das Schema ursprünglicher apostolischer Predigt, das *Kerygma*, das auch als ursprünglicher Rahmen der Evangelientradition nachgewiesen werden kann. Dieses Schema besteht aus vier Teilen: *a.* dem Bericht vom öffentlichen Wirken und vom Leiden Jesu, *b.* der göttlichen Bestätigung seiner Messianität in der Auferweckung, deren Augenzeugen zu sein die Apostel beanspruchen, *c.* aus »Zeugnissen« des AT, die Jesus als den Messias ausweisen und *d.* der Aufforderung zu Buße und Glauben.

Diese vier Punkte können in der Predigt des Petrus, die zu einer Zeit gehalten wurde, als die Ereignisse, die zur Kreuzigung führten, noch frisch in der Erinnerung der Zuhörer waren, gut verfolgt werden. Auf die mit Petrus seit der Nacht der Verleugnung vorgegangene Verwandlung ist oft hingewiesen worden; hier klagt er seine Zuhörer direkt der Schuld an, ihren Messias in *die Hand der Heiden* (gemeint sind die Römer) ausgeliefert und ihn so dem Tod preisgegeben zu haben.

Die Art, in der Petrus atl. Zeugnisse heranzieht, ist verblüffend: sein *das ist's, was... gesagt worden ist* (V. 16) drückt aus, daß erst jetzt die Zeit da ist, über die die Propheten gesprochen haben. Die Worte aus Ps 16,10 z.B., *denn du wirst mich nicht dem Tode überlassen und nicht zugeben, daß dein Heiliger die Verwesung sehe* (V. 27), deren Verfasser nach dem hebr. und griech. AT David ist, können sich, so Petrus, nicht auf David selbst beziehen, denn jeder weiß, daß David starb, seine Seele dem Tod, dem Hades, *gelassen wurde,* und sein Leib die Verwesung sah. Auf wen beziehen sich also diese Worte? Nicht auf David, sondern auf den, auf den David hindeutete, »des großen David größeren Sohn«, den messianischen König.

Soweit hätte jeder Rabbiner in Jerusalem mit Petrus übereingestimmt. Doch, so fährt dieser fort, es gab nur einen Menschen, auf den diese Worte angewendet werden können - Jesus von Nazareth. Denn, obwohl er starb (wie alle wissen), blieb seine Seele nicht im Tod, und sein Fleisch sah die Verwesung nicht; er ist auferstanden von den Toten, »und wir sind Zeugen dessen«, fügt er hinzu, »wir haben ihn lebendig gesehen«. Deshalb ist Jesus von Nazareth, der von den Menschen gekreuzigt, doch von Gott wieder auferweckt wurde, der wahre Messias; der Stein, den die Bauleute verworfen haben, ist zum Eckstein geworden. Später hören wir, wie Paulus in Antiochia in Pisidien dasselbe Argument, diesmal aus Ps 16 hergeleitet, gebraucht (Apg 13,35-37). Doch Jesus starb nicht nur und wurde auferweckt, sondern fuhr auch auf in den Himmel; Petrus und seine Gefährten haben das selbst gesehen. So ging ein anderer davidischer Psalm in Erfüllung, Ps 110: *Der Herr sprach zu meinem Herrn: Setze dich zu meiner Rechten, bis ich deine Feinde zum Schemel deiner Füße mache* (Apg 2,34.35). Wer war aufgefahren und hatte sich zur Rechten Gottes gesetzt? Nicht David, sondern der messianische König: daran, daß dieser Psalm damals schon messianisch interpretiert wurde, gibt es keinen Zweifel; vgl. Lk 20,42f. Auch dieser Psalmaussage entspricht das Geschehen mit Jesus von Nazareth; er war deshalb ohne Zweifel der Herr und der Messias.

16 *Durch den Propheten Joel:* das Zitat ist aus Joel 3,1-5. Die in den V. 19 und 20 geschilderten Ereignisse mögen die Zuhörer an die eigenartige Finsternis und ihre Begleiterscheinungen am Karfreitag erinnert haben. **17** Obwohl Joels Prophetie über den Tag des Herrn ausführlich wiedergegeben wird, geht es in der gegenwärtigen Situation nur um den Teil: *da will ich ausgießen von meinem Geist auf alles Fleisch.* **23** *Durch Gottes Ratschluß und Vorsehung:* d.h. wie sie in den Schriften des AT offenbart sind, besonders in Jes 53 (vgl. Lk 24,26.46). Die Schuld derer, die für den Tod Jesu gesorgt hatten, war dadurch nicht geringer, doch Gottes Heilsplan stand dahinter und behielt die Oberhand. **25** *Denn David spricht:* Das folgende Zitat aus Ps 16,8-11 wird wegen der Worte *Denn du wirst mich nicht dem Tod überlassen und nicht zugeben, daß dein Heiliger die Verwesung sehe* angeführt, die in der Auferweckung Jesu erfüllt werden. **33** *Hat er diesen ausgegossen, wie ihr hier seht und hört:* d.h. den Heiligen Geist auf seine Jünger. **34** *Denn David ist nicht gen Himmel gefahren:* besser: »Denn nicht David ist in die Himmel aufgefahren« (EÜ). **36** *Herrn und Christus:* Sieg und Erhöhung Christi bestätigen seine messianische Vollmacht; vgl. Röm 1,4; Phil 2,9-11.

2,37-47 Die erste christliche Gemeinde

37 Vom Argument des Petrus überzeugt, gerieten die meisten in Gewissensnöte, weil sie erkannten, daß sie schuldig waren am Tod des Gesalbten des Herrn, und sie schrien: *Ihr Männer, liebe Brüder, was sollen wir tun?* Daraufhin versicherte ihnen Petrus, daß sie Vergebung erlangen und die Gabe des Heiligen Geistes bekommen würden, wenn sie bereuten und im Namen Jesu, des Messias, getauft würden. Das Volk als Ganzes hatte sich als verdorben erwiesen, doch es gab einen gläubigen Rest. Nachdem er aus Joel 3,5 die Worte: *wer des Herrn Namen anrufen wird, soll errettet werden,* zitiert hatte (V. 21), forderte Petrus jetzt seine Zuhörer auf, sich von dem verkehrten Geschlecht zu trennen. Seine Verkündigung bewirkte, daß 3000 die gute Nachricht annahmen und sich taufen ließen; sie bildeten die erste christliche Gemeinde.

Danach folgt eine Beschreibung der ersten christlichen Gemeinde, wie sie sich täglich in den Häusern zum Brotbrechen versammelt, sich öffentlich im Tempelvorhof (offensichtlich in der Säulenhalle, die Salomos Halle heißt, s. 3,11 und 5,12) trifft, der Lehre der Apostel treu bleibt und untereinander Gemeinschaft pflegt. So wuchs sie von Tag zu Tag und pries Gott. Die Wunder, die Jesus getan hatte, die Zeichen für den Beginn der messianischen Zeit gewesen waren, geschahen weiterhin durch seine Jünger, die in seiner Vollmacht handelten, und waren so ein zusätzlicher Beweis dafür, daß das Reich Gottes angebrochen war, denn diese kraftvollen Taten waren Werke der »zukünftigen Welt«.

38 *Tut Buße und jeder von euch lasse sich taufen:* Diese Aufforderung scheint die Hörer des Petrus nicht überrascht zu haben; wahrscheinlich war ihnen die Praxis der Taufe bekannt. Die christliche Taufe ist, wie die Taufe des Johannes, eine Wassertaufe, begleitet von Buße, doch wird sie im Namen Jesu ausgeführt und ist verbunden mit der Gabe des Geistes. Ebenso wie die Johannestaufe hatte sie eschatologische Bedeutung, doch war für sie schon Wirklichkeit, worauf die Taufe des Johannes noch vorausblickte. **39** Vgl. Jes 57,19; Joel 3,5. **42** *In der Lehre der Apostel und in der Gemeinschaft:* die Gemeinschaft zeigte sich *im Brotbrechen und im Gebet* und in der Gütergemeinschaft (V.45). **46** *Täglich:* dieses Wort bestimmt den ganzen Satz. **47** *Der Herr aber fügte täglich zur Gemeinde hinzu, die gerettet wurden:* Hier steht nicht der ständige Vorgang der Erlösung, das Wachstum im Glauben, beim einzelnen Menschen im Vordergrund, sondern das beständige Hinzufügen von Menschen, die, einer nach dem anderen, das angebotene Heil annahmen und in die Gemeinde der Heiligen eingegliedert wurden.

3,1-5,42 Ein Wunder und seine Folgen

3,1-26 Die Heilung des Gelähmten. In Kap. 3 gibt uns Lukas nun ein Beispiel dieser »Zeichen und Wunder« (2,43), das bemerkenswerte Folgen nach sich zog. Die Apostel und andere Gläubige blieben auch weiterhin fromme Juden und besuchten regelmäßig den Tempel. Eines Nachmittags, als Petrus und Johannes zur Zeit des Abendopfers (ca. 15 Uhr) durch das »schöne« Tor gingen, das wahrscheinlich vom Vorhof der Heiden in den Vorhof der Frauen führte, wurde ihre Aufmerksamkeit von einem Mann erregt, der die Menschen dort um Almosen bat; er war von Geburt an lahm. Unter Berufung auf die Autorität Jesu von Nazareth, des Messias, befahl ihm Petrus, aufzustehen und zu gehen. Nachdem er dem Gelähmten auf die Beine geholfen hatte, ging dieser umher, sprang vor Freude über seine neuen Kräfte und lobte Gott mit lauter Stimme, so daß alle Umstehenden auf ihn aufmerksam wurden. Dieses Ereignis war natürlich eine riesige Sensation, da jeder den Gelähmten kannte, der so lange am Tor gebettelt hatte. Als sich eine Menschenmenge in der Halle Salomos angesammelt hatte, nutzte Petrus die Gelegenheit, Jesus als den Messias zu verkündigen, der von den Juden abgelehnt und gekreuzigt worden war, doch nun von den Toten auferstanden war und Israel Vergebung der Sünden und die Erfüllung der von den Propheten gegebenen Verheißungen anbot. Und der geheilte Mann bot ein mächtiges Zeugnis für die Wahrheit der Worte des Petrus, denn er war im Namen Jesu geheilt worden; seine Heilung war ein eindeutig messianisches »Zeichen«, denn Jesaja hatte für die messianische Zeit prophezeit: »Alsdann werden die Lahmen springen wie ein Hirsch« (Jes 35,6).

1 *Um die neunte Stunde, zur Gebetszeit:* Die festgelegten Gebetszeiten waren der frühe Morgen, die Zeit des Morgenopfers; der Nachmittag, die Zeit des Abendopfers, und Sonnenuntergang. Josephus (Ant. XIV, 4,3) überliefert, daß im Tempel zweimal am Tag Opfer gebracht wurden, eins am Morgen, das andere um die neunte Stunde. **2** *Die da heißt »die Schöne«:* Gemeint ist wahrscheinlich das Tor, das in der Mischna als »Nikanors Tor« bezeichnet wird, von dem Josephus sagt, es sei aus korinthischer Bronze gewesen und habe »die mit Silber beschlagenen und Gold ausgelegten an Wert weit überragt« (*Der Jüdische Krieg,* V, 5,3). **11** *Die Halle, die da heißt Salomos,* genauer: »Säulenhalle« (s. EÜ): Diese Halle erstreckte sich über die ganze Länge der Ostseite des Außenhofes (vgl. Joh 10,23).

13 *Seinen Knecht Jesus* (griech.: *pais,* so in V.26 und 4,27.30): Diese Worte gehen zurück auf den Gottesknecht in Jes 42,1ff und 52,13ff. Zur Feststellung, daß Gott seinen Knecht *verherrlicht* hat, vgl. Jes 52,13: »Siehe, mein Knecht ... wird erhöht und sehr hoch erhaben sein« (LXX hat hier *doxazo,* dasselbe Verbum, das auch in unserem Text steht). **14** *Den Heiligen und Gerechten:* das sind zwei messianische Titel. **15** *Den Fürsten des Lebens:* »Fürst« steht hier für das griech. *archēgos,* »Anfänger«, das auch in Apg 5,31; Hebr 2,10 und 12,2 steht.

17 *Aus Unwissenheit:* d.h. sie wußten nicht, daß es der Messias war, den sie töteten. **18** Daß sein *Christus leiden sollte.* Im AT wird nicht ausdrücklich gesagt, daß der Messias leiden wird; Jesus selbst hat den leidenden Gottesknecht mit dem Messias identifiziert. Er hat den Auftrag des Messias in diesem Sinne angenommen und ausgeführt (s.a. 2,23). 20 *Damit die Zeit der Erquickung komme:* Gemeint ist damit wahrscheinlich, daß auf die Annahme Jesu als Messias durch die Menschen schon bald seine *Parusie* folgen würde und damit auch die messianische Zeit mit allem Segen, den die Propheten für sie vorausgesagt hatten. *Der euch zuvor zum Christus bestimmt ist: Jesus:* Das heißt nicht, daß Jesus zwischen seiner Himmelfahrt und *Wiederkunft* nur der einstweilen ernannte Messias wäre, sondern, daß Gott ihn durch Auferweckung von den Toten und Erhöhung zu seiner Rechten als »Herr und Christus« eingesetzt hat (2,36: vgl. Röm 1,4). Diese Stelle repräsentiert ein sehr frühes Stadium des *Kerygmas,* wenn nicht »die älteste christologische Vorstellung überhaupt« (J. A. T. Robinson). 22 *Mose hat gesagt:* Das Zitat ist aus 5Mo 18,15ff, einem wichtigen messianischen »Zeugnis« der frühen Kirche; vgl. 7,37; Joh 1,21; 6,14; 7,40. (In den Qumran-Texten hat diese Stelle auch Zeugnisfunktion, doch nicht für den Messias.) Judenchristen, besonders in den ersten Jh. n.Chr., hielten Jesus für einen zweiten Mose. *Den sollt ihr hören:* die Stimme, die bei der Verklärung Jesu zu vernehmen ist, nimmt die Worte aus 5Mo 18,15 wieder auf (Mk 9,7; Lk 9,35). 24 *Und alle Propheten von Samuel an:* Samuel wird hier als erster der Propheten gesehen (vgl. 1Sam 3,20). Wir haben keine Überlieferung einer messianischen Prophetie des Samuel, doch diese Verse wollen besagen, daß jetzt in Erfüllung geht, was die Propheten angekündigt hatten. 25 *Als er zu Abraham sprach:* Die folgenden Worte sind frei zitiert nach 1Mo 12,3; 18,18; 22,18. 26 *Hat Gott seinen Knecht Jesus erweckt: erweckt* muß hier nicht (wie auch in V. 22) die Auferweckung von den Toten meinen, sondern kann auch bedeuten, daß Gott ihn (Christus) als Befreier für Israel aufgerichtet hat, so auch 13,22, wo eben das von David gesagt wird (s.a. 13,33).

4,1-22 Der Beginn der Verfolgung. Den Vertretern der führenden religiösen Schicht mißfiel das Auftreten der Jünger. Sie ließen Petrus und Johannes festnehmen und beraumten ein Verhör vor dem Hohen Rat am darauffolgenden Tag an. Die Partei des Hohenpriesters, die im Synedrium bestimmend war, bestand zum größten Teil aus Sadduzäern. Diese nahmen in der Hauptsache daran Anstoß, daß die Apostel *das Volk lehrten und verkündigten an Jesus die Auferstehung von den Toten.* Außerdem betrachtete die herrschende Kaste, die ängstlich darauf bedacht war, Frieden mit den Römern zu halten, jede messianische Bewegung, mochte sie politisch sein oder geistlich, mit Mißfallen. Doch sie konnten den Aposteln keinen Rechtsbruch nachweisen, vor allem nicht in der Gegenwart des ehemals Gelähmten, dessen Heilung als schwerwiegendes Argument für die Jünger sprach.

Petrus wendet die Anklage, die gegen ihn gerichtet ist, gegen den Hohen Rat, indem er ihm vorhält, daß durch denselben Namen, durch den der Gelähmte geheilt worden war, auch geistliche Gesundheit von Gott vermittelt werden kann. Diese Kühnheit war um so überraschender, da Petrus Laie und nicht in rabbinischen Schulen ausgebildet war; doch war er Schüler eines besonderen Lehrers gewesen, der selbst zu dem überraschten Ausruf Anlaß gegeben hatte: »Wie kann dieser die Schrift verstehen, wenn er es doch nicht gelernt hat?« (Joh 7,15).

1 *Der Hauptmann des Tempels:* der *sagan,* der den Oberbefehl über die Tempelpolizei hatte und für die Aufrechterhaltung der Ordnung innerhalb und in der Umgebung des Gebäudes sorgen mußte. 2 *Verkündigten an Jesus die Auferstehung von den Toten:* Es ist bezeichnend, daß die Sadduzäer am meisten gegen die Predigt der Apostel vorzubringen hatten. Sie wandten sich gegen die Verkündigung der Auferstehung Jesu, die voraussetzt, daß Auferstehung grundsätzlich möglich ist, eine Auffassung, die die Sadduzäer ablehnten (s. 23,8). 4 *Die Zahl der Männer:* nur die Männer wurden gezählt. 5 *Ihre Oberen und Ältesten und Schriftgelehrten:* Gemeint ist das Synedrium, der Hohe Rat der Juden, der aus 71 Ältesten, einschließlich des Hohenpriesters, bestand, der aufgrund seiner Funktion dieses Amt innehatte. 6 *Hannas, der Hohepriester, und Kaiphas:* Vgl. Lk 3,2. Hannas war Ex-Hoherpriester, er hatte dieses Amt von 6-15 n.Chr. inne; jetzt war sein Schwiegersohn Kaiphas (vgl. Joh 18,13) amtierender Hoherpriester (18-36 n.Chr.). Doch das griech. *archiereus* wurde damals nicht nur zur Bezeichnung des amtierenden Hohenpriesters gebraucht, sondern auch zur Benennung der Mitglieder der Familien, aus denen die jeweiligen Hohenpriester kamen. *Und Johannes und Alexander:* Wer diese beiden Männer waren, wissen wir nicht. 11 *Das ist der Stein...:* Ein Zitat aus Ps 118,22, eine im frühen Christentum häufig als Zeugnis zitierte Stelle; Jesus selbst hat sie auf sich angewandt (Mk 12,10; Lk 20,17). 13 *Laien:* Das hier gebrauchte griech. Wort, *idiōtēs,* taucht im späteren Hebr. und Aram. als Lehnwort auf *(hedyôt).* Es bedeutet »unausgebildet«, »ungeübt«, und in diesem Sinn ist es hier ohne Zweifel gebraucht. *Und wußten auch von ihnen, daß sie mit Jesus gewesen waren:* d.h. sie konnten sich nur so die Sicherheit und Redegewandtheit dieser Männer erklären, die ja keine rabbinische Ausbildung genossen hatten. 15 *Und verhandelten miteinander:* Es ist bemerkenswert, daß die Mitglieder des Syn-

edriums keinen ernsthaften Versuch unternahmen, die zentrale Aussage der Verkündigung der Apostel, die Auferweckung Jesu, zu widerlegen. Wenn es nur die Spur einer Möglichkeit zum Erfolg gegeben hätte, würden sie es nicht versucht haben? **19** *Urteilt selbst, ob es vor Gott recht ist, daß wir euch mehr gehorchen als Gott:* vgl. 5,29. Menschliche Obrigkeit muß respektiert werden (vgl. Röm 13,1-7), es sei denn, sie handelt gegen das Gesetz Gottes. **20** *Wir können's ja nicht lassen, von dem zu reden, was wir gesehen und gehört haben:* Ihr Auftrag (1,8) ließ, wie später auch bei Paulus (1Kor 9,16), keine andere Wahl zu.

4,23-37 Ständige Ausbreitung. Da die Anklagepunkte für eine Verurteilung nicht ausreichten, ließ das Synedrium Petrus und Johannes wieder frei, verbot ihnen aber unter Drohungen, im Namen Jesu zu predigen. Doch das Ergebnis war ein weiteres Anwachsen der Gemeinde, die jetzt schon mehr als 5000 Männer zählte, ganz zu schweigen von den Frauen. Auch weiterhin wurde aller Besitz geteilt, und die reicheren Mitglieder sorgten für die armen. Barnabas, ein Levit aus Zypern, wird wegen besonderer Freigebigkeit erwähnt.

24 *Herr...:* Die Eröffnungsworte dieses Gebets entsprechen wahrscheinlich der frühchristlichen Liturgie, die auf liturgischen Formen des Judentums basiert. Die Ausdrucksweise des Exordiums stützt sich auf atl. Stellen wie 2Mo 20,11; Neh 9,6; Ps 146,6. **25** *Du hast ... durch den Mund unseres Vaters Davids, deines Knechtes, gesagt:* Diese Stelle kann auch so übersetzt werden: »Der du durch deinen Diener David, unseren Vater, das Sprachrohr des Heiligen Geistes hast«. *Warum toben die Heiden...?:* Ein Zitat aus Ps 2,1.2. Die Anwendung dieses Psalms auf den erwarteten Messias findet sich zum erstenmal im 17. »Psalm Salomos« (ca. 50 v.Chr.). **27** *Gegen deinen heiligen Knecht Jesus:* s. 3,13; *den du gesalbt hast:* d.h. »den du zum Messias gemacht hast«. *Herodes und Pontius Pilatus:* sie entsprechen den Königen und Fürsten aus V. 26, ebenso wie *mit den Heiden und den Stämmen Israels,* den Heiden und den Völkern in V. 25 entspricht. *Herodes* ist Herodes Antipas, der Tetrarch von Galiläa (4 v.Chr. - 39 n.Chr.); das Ereignis, auf das hier angespielt wird, ist das in Lk 23,7-12 berichtete. **28** *Zu tun, was...:* Vgl. 2,23 zur Vorherbestimmung des Todes Christi. **31** *Erbebte die Stätte:* Die Phänomene des Pfingsttages wiederholten sich (vgl. 2,2f).

32 *Es war ihnen alles gemeinsam:* Die Gütergemeinschaft (vgl. 2,44f) wird noch einmal erwähnt, um die Berichte über Barnabas sowie Hananias und Saphira einzuleiten. **36** *Barnabas - das heißt übersetzt: ein Sohn des Trostes:* Hier wird der idiomatische Gebrauch des aramäischen Wortes für »Sohn« mit einer Aussage über den Charakter eines Mannes verbunden. Wie treffend diese Benennung ist, zeigt sich im weiteren Leben des Barnabas.

5,1-16 Hananias und Saphira. In einer solch großen Gemeinschaft, noch dazu in einer Zeit des Enthusiasmus, sind in der Regel auch einige schwarze Schafe. Und der Fall von Hananias und Saphira gibt uns eine recht gute Vorstellung von den Versuchungen, denen geistlich weniger gefestigte Mitglieder ausgesetzt waren. Daß die Abgabe des Besitzes an die Gemeinschaft freiwillig war, geht aus den Worten des Petrus an Hananias hervor: *Hättest du den Acker nicht behalten können, als du ihn hattest?* Die Sünde bestand nicht darin, einen Teil des Verkaufspreises für sich zu behalten, sondern fälschlicherweise zu behaupten, daß es sich bei dem gespendeten Betrag um den vollen Preis für den Acker handelte. Und die Lüge gegenüber der Gemeinde galt als Lüge gegenüber Gott und dem Heiligen Geist.

Diese Geschichte gefällt vielen nicht; ein Kommentator z.B. findet sie »einfach abstoßend«. Doch wir haben nicht Petrus für ihren Tod verantwortlich zu machen; er sagte den beiden nur offen, daß sie versuchten, Gott zu betrügen. Der Schock, der durch die plötzliche Erkenntnis der Schrecklichkeit ihrer Tat hervorgerufen wurde, verursachte den Tod. Bei Saphira kam noch hinzu, daß sie so unverblümt vom plötzlichen Tod ihres Mannes erfuhr. Die ganze Geschichte paßt gut in das Bild von der geistlichen Hochspannung, in der die frühe Kirche lebte. Das tragische Ereignis übte sicher einen heilsamen Effekt auf diejenigen aus, die leichtfertig in die neue Gemeinschaft eintreten wollten. Trotzdem wurde die Gemeinde größer.

2 *Und hielt etwas von dem Geld zurück:* Das hier gebrauchte griech. Verbum *nosphizomai* ist dasselbe, das in der LXX in Jos 7,1 für den Diebstahl Achans steht. Wenn die Evangelien als die Thora des NT bezeichnet werden können, dann entspricht die Apg dem Buch Josua; und es finden sich in der Tat eine Reihe erstaunlicher Parallelen zwischen Josua und der Apg, wenn sie auch oft versteckt sind. **3** *Daß du den heiligen Geist belogen hast:* Der Heilige Geist ist in der Gemeinde so real gegenwärtig, daß alles, was der Gemeinde geschieht, auch ihm geschieht; ebenso wie jede Handlung dieser Gemeinde vom Heiligen Geist bestimmt wird (vgl. 15,28). Die sprachlichen Formen in V. 3 und 4 lassen keinen Zweifel daran, daß der Heilige Geist hier als göttliche Person betrachtet wird. **9** *Den Geist des Herrn zu versuchen:* Hier soll deutlich gemacht werden, wie weit man ungestraft gehen kann. Hananias und Saphira mußten entdecken, daß sie zu weit gegangen waren. **11** *Über die ganze Gemeinde:* Dies ist die erste Stelle, an der das Wort »Gemeinde« oder »Kirche« in der Apg auftaucht (in den besten uns vorliegenden Texten von 2,47 steht dieses Wort nicht). Das Wort (griech.: *ekklēsia*) kommt aus der LXX, wo es manchmal als Bezeichnung für die »Versammlung« (hebr.: *qahal*) Israels gebraucht wird; s.a. 7,38. Die Nachfolger Jesu bilden das neue Volk Gottes, sie sind Nachfolger und Erben der alten Gemeinschaft mit dem Herrn, die früher auf ein Volk beschränkt war, aber jetzt für Gläubige aus allen Nationen offen steht. **13** *Von den andern aber...:* Wir wissen nicht, wer diese »anderen« waren, doch anscheinend war es niemand aus dem »Volk«. Um die Unsicherheit aus dem Weg zu räumen, hat man Textänderungen vorgeschlagen; Dibelius liest hier z.B. »Oberen«.

5,17-42 Ein neuer Angriff auf die Christen. Ein zweiter Versuch der priesterlichen Autoritäten, die Ausbreitung der Christen zu bremsen, hatte ebensowenig Erfolg wie der erste. Der beschwichtigende Rat des Gamaliel, die neue Bewegung gewähren zu lassen, da sich mit der Zeit schon zeigen würde, ob sie von Gott komme oder nicht, wurde für dieses Mal befolgt, wenn auch die Apostel diesmal schon Anlaß hatten, sich zu freuen, daß sie würdig waren, um des Namens willen, den sie verkündeten, zu leiden. Doch schon bald bot ein neuer Aufbruch in der christlichen Gemeinde den Autoritäten Anlaß, eine regelrechte Verfolgung in Gang zu setzen.

19 *Aber der Engel des Herrn tat in der Nacht die Türen des Gefängnisses auf: Engel des Herrn* ist die Übersetzung des griech. Begriffs *angelos kyriou,* der in der LXX das hebr.: *mal'ach jahwe* wiedergibt. Gemeint ist der übernatürliche Bote, der Gottes Gegenwart bei den Menschen sichtbar werden läßt (s. 7,32). Es ist unwahrscheinlich, daß Lukas hier an diese spezielle Vorstellung dachte. Er wollte lediglich ausdrücken, daß die Gefängnistüren sich mit Gottes Hilfe öffneten, was ebenso der Fall gewesen wäre, wenn sie durch geheime Sympathisanten der Apostel geöffnet worden wären, wie wenn sie von himmlischen Wesen geöffnet wurden. Vgl. 12,7ff als persönliche Erfahrung des Petrus; in dem hier geschilderten Fall scheinen alle Apostel im Gefängnis gewesen zu sein. **20** *Alle Worte des Lebens:* Im Aramäischen kann ein und dasselbe Wort sowohl »Leben« als auch »Heil« heißen; die Formulierung hier ist also fast gleichlautend mit der in 13,26. **21** *Alle Ältesten:* d.h. das Synedrium, griech. *gerousia,* »Körperschaft der Ältesten«. **22** *Die Knechte:* wahrscheinlich Leviten aus der Tempelpolizei. **28** *Das Blut dieses Menschen:* Hier dürften wir einen frühen Hinweis darauf haben, daß die religiösen Führer der Juden vermeiden wollten, den Namen Jesus auszusprechen. **29** *Man muß Gott mehr gehorchen als den Menschen:* Vgl. 4,19 und auch die Worte des Sokrates: »gehorchen aber werde ich mehr dem Gotte als euch« (Platon, *Apologie*). **30** *Der Gott unserer Väter hat Jesus auferweckt:* s. 3,26 zur Bedeutung von »auferweckt«. Diese Worte leiten die vierte Zusammenfassung apostolischer Predigt in der Apg ein; die drei vorherigen stehen in 2,22-36; 3,13-26; 4,10-12. Es fällt auf, daß der Gegensatz zwischen dem Handeln der Hörer und dem Handeln Gottes jedesmal stark betont wird: *den ihr getötet habt... Den hat Gott... erhöht. An das Holz gehängt:* diese Wendung erinnert an 5Mo 21,22.23, wo von solch einer Todesart gesagt wird, daß der Fluch Gottes auf ihr lastet (vgl. Apg 10,39; Gal 3,13). **32** *Und wir sind Zeugen dieses Geschehens und mit uns der heilige Geist:* Zu beachten ist die wiederholte Berufung auf die Augenzeugenschaft der Apostel, mit der hier das Zeugnis des Heiligen Geistes verbunden ist (vgl. 1,8.22; 2,32; 3,15; 4,33; s.a. 5,3). **34** *Gamaliel:* Der berühmteste Rabbi seiner Zeit, Schüler Hillels (und damals Leiter der Hillelschule), Lehrer des Saulus von Tarsus (22,3) und Sprecher der pharisäischen Partei im Synedrium. Die Pharisäer waren in diesem Gremium in der Minderheit, doch sie genossen in so hohem Grade die Unterstützung und das Vertrauen des Volkes, daß die sadduzäische Mehrheit ihren Rat respektieren mußte. **36** *Theudas:* Der einzige Aufrührer namens Theudas, über den wir aus einer anderen Quelle noch etwas wissen, war ein Zauberer, der, nach Josephus (Ant. XX, 5,1), eine Gruppe seiner Anhänger zum Jordan führte und ihnen versprach, den Fluß zu teilen und sie trockenen Fußes hindurchzuführen. Er wurde von Soldaten, die der Prokurator Fades gegen ihn ausgeschickt hatte, getötet. Dies ereignete sich jedoch um ca. 44 n.Chr., die Rede des Gamaliel wurde aber 10 oder 12 Jahre früher gehalten. Der Vorfall mit Theudas, von dem Gamaliel spricht, dürfte noch vor dem Aufstand des Judas 6 n.Chr. anzusetzen sein, wahrscheinlich handelt es sich um einen der unzähligen Aufständischen, die Palästina nach dem Tod Herodes des Großen (im Jahre 4 n.Chr.) unsicher machten. **37** *Danach stand Judas der Galiläer auf in den Tagen der Volkszählung:* Als Judäa 6 n.Chr. wieder römische Provinz wurde, ließ Quirinius, der kaiserliche Legat Syriens, eine Volkszählung durchführen, um die Höhe des Tributs, den die Provinz zu zahlen verpflichtet war, neu festzusetzen. Judas und andere, die diese Zählung als ein Vorspiel zur vollständigen Versklavung und als eine Entehrung Gottes, des wahren Königs Israels, ansahen, riefen zum Aufstand auf. Die Revolte wurde niedergeschlagen, doch die Partei der Zeloten bestand weiter bis zum Ausbruch des römisch-jüdischen Krieges 66 n.Chr. **38** *Laßt ab von diesen Menschen und laßt sie gehen!:* »Die Rede des Gamaliel entspricht pharisäischer Lehre; Gott herrscht über alles und braucht zur Erreichung seiner Ziele nicht die Hilfe der Menschen; alles, was die Menschen tun müssen, ist gehorchen und ihm das Urteil überlassen« (J. A. Findlay). Vgl. den Ausspruch eines späteren Rabbi: »Jeder Zusammenschluß, der im Namen des Himmels geschieht, wird am Ende bestätigt werden, doch alles, was nicht im Namen des Himmels ist, wird auch nicht bestätigt werden.«

6,1-9,31 Verfolgung führt zur Ausbreitung

6,1-15 Die Einsetzung der Sieben und das Wirken des Stephanus

Ein neuer Abschnitt in der Apg ist gekennzeichnet durch die Einführung des Namens Stephanus. Stephanus erscheint zuerst als einer der sieben Diakone, die eingesetzt wurden, um die Verteilung von Gaben aus dem Gemeinbesitz an die ärmeren Mitglieder der Gemeinde zu überwachen. Schon in frühester Zeit zog die Kirche ebenso hellenistische (d.h. griech. sprechende, von außerhalb Palästinas stammende Juden) wie aram. sprechende, in Palästina geborene Juden an. Und bald kamen Klagen, daß die Witwen der zweiten Gruppe bei der täglichen Versorgung bevorzugt würden. Es fällt auf, daß die sieben Diakone, die von der Gemeinde für den Dienst der Verteilung ausgewählt und von den Aposteln bestätigt wurden, alle griechische Namen hatten und wohl selbst hellenistische Juden waren. Zwei von ihnen, Stephanus und Philippus, waren dazu ausersehen, die Gemeinde weit mehr zu prägen, als es der spezielle Dienst, zu dem sie bestimmt worden waren, mit sich brachte. Stephanus scheint einen ungewöhnlichen Weitblick gehabt zu haben, was den totalen Bruch mit dem jüdischen Gottesdienst betrifft, zu dem die neue Bewegung schließlich kam. In dieser Frage bahnte er den Weg für Paulus und insbesondere für den Verfasser des Hebräerbriefes.

Die Zwölf waren angesehen bei der Bevölkerung Jerusalems, die ihnen wohlwollend gegenüberstand. Sie hatten die Tempelgottesdienste regelmäßig besucht und sich wie die anderen strenggläubigen Juden verhalten, mit dem einzigen Unterschied, daß sie an Jesus als den Messias glaubten und ihn als Messias verkündigten. Doch in den Debatten in der hellenistischen Synagoge, die Stephanus besuchte, konnte man andere Dinge hören; man redete dort von der Abschaffung des Tempelkultes und der Einrichtung eines neuen, mehr geistlich ausgerichteten Gottesdienstes. Auch wenn die uns überlieferten Anklagen gegen Stephanus entstellt sind, können wir doch in etwa rekonstruieren, was Stephanus' Vorstellungen waren. Die Rede in Kap. 7 ist nicht so sehr eine Verteidigungsrede zur Erlangung eines Freispruchs, als vielmehr eine wohlüberlegte Darstellung seiner Lehre über die Vorläufigkeit des jüdischen Gottesdienstes. Ein Angriff auf den Tempel, als den man die Rede des Stephanus darzustellen versuchte, galt als Blasphemie schlimmster Art (das hatte, viel früher, auch Jeremia erfahren). Hinzu kamen bei den Juden, wenn auch nicht offen ausgesprochen, finanzielle Überlegungen, da die Wirtschaft Jerusalems vom Tempel abhängig war. Die religiöse Führungsschicht sah plötzlich ihre Chance, und sie stellten Stephanus mit einer populären Anklage vor Gericht. Man warf ihm praktisch dasselbe vor wie früher seinem Herrn (Mk 14,58) und später Paulus (Apg 21,28); man warf ihm vor, er plane die Zerstörung *dieser heiligen Stätte.*

1 *Erhob sich ein Murmeln unter den griechischen Juden in der Gemeinde gegen die hebräischen:* Die *griechischen* Juden waren griech. sprechende Juden, die zum größten Teil aus den Ländern der Diaspora kamen. Die *hebräischen* waren aram. sprechende Juden, die fast alle, wie die Apostel selbst, in Palästina zu Hause waren. *Weil ihre Witwen übersehen wurden bei der täglichen Versorgung:* Aus der gemeinsamen Kasse, in die einige der reicheren Mitglieder ihren Besitz eingezahlt hatten (2,45; 4,34.35), wurden täglich Gaben an die Bedürftigen verteilt, zu denen die Witwen zählten. **3** *Seht euch um nach sieben Männern:* Aus den Namen der Sieben geht hervor, daß sie Hellenisten waren; einer von ihnen dürfte sogar ein Proselyt aus der heidnischen Stadt Antiochia gewesen sein. Sie waren vielleicht schon als Leiter der hellenistischen Gruppe in der Jerusalemer Urgemeinde bekannt. Bemerkenswert ist, daß für die ganz praktische Aufgabe, die ihnen zugedacht ist, die Gabe des Geistes für ebenso nötig erachtet wird wie guter Ruf und Weisheit. Obwohl sie zu Diakonen bestimmt waren, beschränkte sich der Dienst derjenigen unter ihnen, über die wir mehr wissen, nicht auf diese Aufgabe. **5** *Nikolaus:* Nach Irenäus, der sich hier vielleicht auf Papias verläßt, sind die Nikolaiten aus Offb 2,6.15 nach ihm benannt, doch das ist unbewiesen. **6** *Und legten die Hände auf sie:* Die Sieben wurden von Menschen ausgewählt, die Handauflegung der Apostel bestätigte diese Auswahl. Durch sie wurden die Sieben für ihre spezielle Aufgabe zugerüstet und der Unterstützung der Apostel in dieser Sache versichert. 7 *Viele Priester:* Viele der einfachen Priester waren demütige und fromme Männer, im Gegensatz zu den reichen Kirchenpolitikern der hohenpriesterlichen Familien. Wenn sich Tempelangestellte zur christlichen Gemeinde hielten, dann mußten die Aktivitäten des Stephanus zwangsläufig zu Spannungen zwischen ihm und seinen konservativen Mitchristen, ebenso der Jerusalemer Herrscherklasse führen. 9 *Von der Synagoge...:* Wahrscheinlich ist nur eine Schule gemeint, obwohl verschiedene Kommentatoren hier fünf, vier, drei oder auch nur zwei Schulen finden wollen. Da dieser Schule auch die *aus Zilizien* zugezählt wurden, mag zu ihnen auch Saulus von Tarsus gehört haben. *Libertiner,* griech.: *libertinoi:* Wahrscheinlich jüdische Freigelassene oder Nachkommen von Freigelassenen aus verschiedenen der genannten Orte; Deissmann vermutet, daß es sich um Freigelassene aus dem kaiserlichen Haus handelt. Es besteht kein Grund, den Text an dieser Stelle zu ändern und »Lybier« zu lesen, wie es Beza, Tischendorf und Dibelius vorschlagen. 12 *Führten ihn vor den Hohen Rat:* d.h. vor das Synedrium.

7,1-8,1a Stephanus' Verteidigungsrede und Tod

Inhaftiert und vor das Synhedrium, den obersten Gerichtshof des jüdischen Volkes, gestellt, dem damals der Hohepriester vorstand, schildert Stephanus seinen Fall in einem historischen Rückblick, einer Redeform, die den Juden nicht unbekannt war. Die beiden Hauptthemen seiner Rede sind: 1. daß das jüdische Volk seit der Zeit Abrahams dazu bestimmt war, in keinem Land der Erde fest zu wohnen, weshalb ein bewegliches Zelt für Gottes Wohnstatte besser geeignet war als ein unbeweglisches, festes Gebäude, 2. daß das Volk seit der Zeit Moses immer wieder gegen Gott und seine Boten rebelliert hat, eine Haltung, die in der Tötung des *einzigen Gerechten* ihren Höhepunkt fand. Man kann sich kaum eine Argumentation vorstellen, die diese Richter weniger hätte besänftigen können. Nach ein oder zwei zornigen Unterbrechungen, die Stephanus in wahrhaft prophetischer Manier konterte, wurde er, ohne seine Rede beendet zu haben, aus dem Gebäude geworfen und gesteinigt. Ob sein Tod ein Akt der Lynchjustiz oder eine Überschreitung der Rechte seitens des Synedriums war, ist nicht klar; wahrscheinlich trug er Züge von beiden.

1 *Da fragte der Hohepriester:* in seiner Eigenschaft als Präsident des Gerichtshofes. 2 *Als er noch in Mesopotamien war, ehe er in Haran wohnte:* Haran war in der ersten Hälfte des 2. Jhs. v.Chr. eine blühende Stadt; in ihr lebte Abraham. Nach 1Mo 11,31-12,5 (MT und LXX) wurden die hier in V.3 zitierten Worte nach Abrahams Ankunft in Haran gesprochen. Doch Philo und Josephus stimmen mit Stephanus in der Auffassung überein, daß Abraham schon vor seiner Wanderung nach Haran eine göttliche Weisung erhalten hatte (vgl. 1Mo 15,7; Neh 9,7). 5 *und verhieß ihm ...:* vgl. 1Mo 17,8. 6 *Denn so sprach Gott...:* Zitat aus 1Mo 15,13f. *Vierhundert Jahre:* Die rabbinische Exegese schätzte die Zeit von der Geburt Isaaks bis zum Exodus auf 400 Jahre. 7 *Und mir dienen an dieser Stätte:* Diese Worte stammen aus 2Mo 3,12, sie werden zu Mose gesprochen und beziehen sich auf den Horeb. Die Zusammenstellung ursprünglich getrennt überlieferter Zitate ist charakteristisch für die Rede des Stephanus, wie sie hier wiedergegeben ist. 8 *Und er gab ihm den Bund der Beschneidung:* vgl. 1Mo17,10; 21,4. »So waren, obwohl es noch keine heilige Stätte gab, doch schon alle grundlegenden Voraussetzungen der Religion Israels vorhanden« (Lake und Cadbury).

9 *Und die Erzväter beneideten Josef und verkauften ihn nach Ägypten:* Von hier bis V.34 setzt sich der Bericht zum größten Teil aus Stellen von 1Mo 27 - 2Mo 3 zusammen. 12 *Sandte ... zum erstenmal:* zur Unterscheidung vom zweiten Besuch (V.13). 14 *Fünfundsiebzig Menschen:* Der MT von 1Mo 46,27; 2Mo 1,5 und 5Mo 10,22 zählt siebzig Personen, einschließlich Jakob selbst und Josef mit seinen beiden Söhnen. Die Zahl *fünfundsiebzig* kommt aus der LXX von 1Mo 46,27 und 2Mo 1,5, außerdem steht sie in einem hebr. Ms. von 2Mo aus Qumran; es läßt Jakob und Josef aus, erwähnt dafür aber neun Söhne des Josef. 16 *Und sie wurden nach Sichem herübergebracht:* Jakob wurde in der Höhle Machpela in Hebron begraben (1Mo 49,29ff), Josef wurde in Sichem begraben (Jos 24,32). *Das Abraham für Geld gekauft hatte von den Söhnen Hamors in Sichem:* Abraham kaufte die Höhle Machpela in Hebron von den Hetitern (1Mo 23,16), Jakob kaufte das Land in Sichem, das er Josef gab (und wo Josef begraben wurde), von den Söhnen Hamors (Jos 24,32). In der Zusammenfassung, die Lukas von der Rede des Stephanus gibt, werden nicht nur verschiedene Zitate, sondern auch verschiedene Ereignisse aneinandergereiht.

18 *Bis ein andrer König über Ägypten aufkam, der nichts wußte von Josef:* wahrscheinlich eine Bezugnahme auf die Begründung der XIX. Dynastie (ca. 1320 v.Chr.). 21 *Nahm ihn die Tochter des Pharao auf:* eine Tochter Setis I. oder Ramses' II. 22 *Und Mose wurde in aller Weisheit der Ägypter gelehrt:* Stephanus ist etwas gemäßigter als die Mehrheit der helleni-

stisch-jüdischen Schriftsteller, die Mose als Gründer aller Wissenschaft und Kultur und überhaupt als Begründer der gesamten Zivilisation Ägyptens darstellen. *Und war mächtig in Worten und Werken:* Mose spricht sich in 2Mo 4,10 Beredsamkeit ab, doch dieser Satz hier kann sich auch auf Geschriebenes beziehen. Josephus (Ant. II, 10) überliefert eine Legende über seine Tapferkeit im Kampf. **23** *Als er aber vierzig Jahre alt wurde:* In 2Mo 2,11 steht einfach: »als Mose groß geworden war«. **25** *Er meinte aber, seine Brüder sollten's verstehen ...:* Hierzu bietet das AT keine Erklärung. Philo meint wie Stephanus, daß es schon an diesem Punkt im Leben des Mose klar war, daß er Israel einmal anführen würde. Wichtig ist die hier gezogene Parallele: Mose trat als Bote des Friedens und der Befreiung auf und wurde abgewiesen; Jesus wurde später ebenso behandelt. **29** *Dort zeugte er zwei Söhne:* Gerschom und Elieser (2Mo 2,22; 18,3.4).

30 *Erschien ihm in der Wüste am Berge Sinai ein Engel:* Stephanus betont, daß Gott nicht an eine bestimmte Stadt oder ein bestimmtes Land gebunden ist. Er erschien Abraham in Mesopotamien, war mit Josef in Ägypten und offenbarte sich Mose in der Wüste, in dem Land, in dem er ein *Fremdling* war (vgl. 29). Dieser *Engel* ist der Botschafter der Gegenwart Gottes und repräsentiert das Wesen Gottes, **32** er redet als Gott und wird als Gott angeredet.

35 *Den sandte Gott als Anführer und Retter:* Der Abgewiesene ist der von Gott zum Retter Bestimmte; dieses Schema taucht in den Lebensläufen Josefs, Moses und Jesu auf. **37** *Einen Propheten wie mich wird euch der Herr, euer Gott, erwecken:* Dieses Zitat aus 5Mo 18,15 (s.a. 3,22) führt die Parallelisierung von Mose und Christus weiter. **38** *Dieser ist's, der in der Gemeinde in der Wüste ... stand:* Das dürfte eine Anspielung auf 5Mo 18,16 (die unmittelbare Fortsetzung der im letzten V. zitierten Worte) sein, wo »die Versammlung« (hebr.: *qahal;* LXX *ekklēsia* am Horeb erwähnt wird. Wie Mose mit der alten *ekklēsia* war, so ist Christus mit der neuen; doch immer noch ist sie eine Gemeinde, die unterwegs ist, eine Gemeinde in der Wüste. *Engel, der mit ihm redete:* In 2Mo 32,34 sagt Gott zu Mose: »Siehe, mein Engel soll vor dir hergehen«; doch später, auf Moses ständiges Bitten hin, gibt er ein persönlicheres Versprechen: »Mein Angesicht (d.h. ›ich selbst‹, so übersetzt LXX auch: *›autos‹*) soll vorangehen« (2Mo 33,14). Im Jubiläenbuch 1,27; 2,1 redet ein Engel mit Mose am Sinai (s.u. zu V. 53). **41** *Und sie machten zu der Zeit ein Kalb:* s. 2Mo 32. **42** *Aber Gott wandte sich ab und gab sie dahin, daß sie dem Heer des Himmels dienten:* Dieser Satz stammt nicht aus dem Bericht über die Wüstenwanderung, sondern scheint aus Am 5,25-27 zitiert zu werden. Im MT von Am 5 werden die Israeliten gewarnt, daß der assyrische König sie »bis jenseits von Damaskus« wegführen würde und daß sie dorthin die Geräte des Götzendienstes, dem sie das zu verdanken haben, mitnehmen würden. In LXX (die hier leicht abgewandelt zitiert wird) wird der Götzendienst - die Anbetung himmlischer Mächte, besonders des Planeten Saturn - bis in die Zeit der Wüstenwanderung zurückdatiert. *Habt ihr ... in der Wüste mir je Opfer und Gaben dargebracht?:* Der griech. Satz macht deutlich, daß die Antwort »nein« ist. Nicht Jahwe, sondern heidnischen Sterngottheiten hatten sie geopfert. **43** *Die Hütte Molochs:* als Kontrast zur *Stiftshütte* (V. 44). Das Hebr. lautet: »Sakkut, euren König«; Sakkut ist die akkadische Bezeichnung für den Gott des Planeten Saturn. *Den Stern des Gottes Räfan:* im hebr. Text steht »Kewan«, der assyrische Name des Saturn. In LXX, die hier zitiert wird, ist der assyrische Name durch den ägyptischen Namen derselben Gottheit, »Räfan«, ersetzt. *Bis über Babylon hinaus:* Stephanus dachte an die babylonische Gefangenschaft, was auch für jemanden, der sich in Jerusalem befindet, naheliegend ist; deshalb ersetzt er das »bis jenseits von Damaskus« des Amos, der eine frühere Gefangenschaft meinte, durch: *bis über Babylon hinaus.* **44** *Stiftshütte:* genauer: »Hütte des Zeugnisses« (EÜ). Die Hütte hat ihren Namen von dem »Zeugnis«, das Gott Israel gab und das in dieser Hütte aufbewahrt wurde - von den Gesetzestafeln; die Bundeslade, die die Tafeln enthielt, war eine Lade des Zeugnisses (s.a. 2Mo 25,22). *Wie der es geordnet hatte, der zu Mose redete, daß er sie machen sollte nach dem Vorbilde, das er gesehen hatte:* Zitat aus 2Mo 25,40 (vgl. die Ausführung dieses Gedanken in Hebr 9,1ff). **45** *Bis zur Zeit Davids:* Die Eroberung Kanaans, die unter Josua begonnen hatte, wurde erst zur Zeit Davids beendet. In der Zeit wurde auch die Stiftshütte von Generation zu Generation weitergereicht, bis zur Regierungszeit Davids (2Sam 7,6; vgl. 1Chr 17,5). **46** *Bat dann, daß er eine Stätte finden möge für den Gott Jakobs* (EÜ): vgl. Ps 132,5. Viele wichtige Textzeugen haben hier »das Haus Jakobs«, doch diese Lesart ergibt in Verbindung mit V. 47 keinen guten Sinn. *Salomo aber baute ihm ein Haus.* Die Betonung liegt auf *Haus* - gemeint ist ein festes Haus im Unterschied zu einem beweglichen Zelt. **48-50** Stephanus betrachtet den Tempelbau als einen Rückschritt und zitiert dazu Jes 66,1.2. Andere Gottheiten wohnen vielleicht in Tempeln, jedoch nicht der *Allerhöchste.* Dieser unmißverständliche Angriff auf das wichtigste Zentrum der jüdischen Religion rief wahrscheinlich Zornesausbrüche hervor, die wiederum Anlaß gaben zu dem scharfen Tadel in V. 51.

51 *Ihr Halsstarrigen . . .:* Die Sprache des Tadels ist durch und durch atl., vgl. 2Mo 33,5; 3Mo 26,41f; 5Mo 10,16; Jes 63,10; Jer 4,4; 6,10; 9,25; Hes 44,7. **52** *Und sie haben die getötet, die zuvor verkündigten das Kommen des Gerechten:* vgl. die Anklage unseres Herrn in Mt 23,29-37 und die Bedeutung von Mk 12,2-8 und Lk 13,33.34. **53** *Ihr habt das Gesetz empfangen durch Weisung von Engeln:* Zur Übermittlung des Gesetzes durch Engel vgl. Gal 3,19; Hebr 2,2. Diese Vorstellung ist nicht atl., doch taucht sie im Jubiläenbuch 1,29, im Testament des Dan 6,2, bei Josephus (Ant. XV, 5,3) und bei Philo (De somniis I, 141ff) auf.

54 *Als sie das hörten . . .:* Sie unterbrachen seine Rede einfach, sie hatten schon mehr gehört, als ihnen lieb war. **55** *Und Jesus stehen zur Rechten Gottes:* wenn es irgendeine Bewandtnis hat, daß Jesus *steht,* dann wohl die, daß er im himmlischen Gericht als Fürsprecher des Stephanus fungiert. Die Bezugnahme auf das *zur Rechten Gottes* basiert auf Ps 110,1 (s. 2,34f). **56** *Siehe, ich sehe den Himmel offen und den Menschensohn zur Rechten Gottes stehen:* Dies ist die einzige Stelle im NT, abgesehen von den Evangelien, an der vom »Menschensohn« die Rede ist (die Begriffe in Offb 1,13; 14,14 sind anders aufzufassen). Viele Mitglieder des Synedriums müssen sich dabei an Jesu eigene Worte erinnert haben (Mk 14,62), die sie zu ihrem Urteilsspruch aufgrund von Gotteslästerung herangezogen hatten. Die Vision des Stephanus ist eine Erfüllung der Verheißung Jesu aus Lk 12,8: »Wer mich bekennet vor den Menschen, den wird auch der Menschensohn bekennen vor den Engeln Gottes.« **57** *Und die Zeugen legten ihre Kleider ab, zu den Füßen eines jungen Mannes, der hieß Saulus:* Es war die Pflicht der Zeugen, die ersten Steine zu werfen. Die Erwähnung des Saulus läßt darauf schließen, daß er eine bestimmte Rolle bei diesen Ereignissen spielte, ein Gedanke, der durch 8,1a Unterstützung erfährt. **59** *Herr, behalte ihnen diese Sünde nicht:* Vgl. im Gegensatz dazu das Gebet des sterbenden Sacharja in einer ähnlichen Situation (2Chr 24,22). **8,1a** *Saulus aber hatte Gefallen an seinem Tode:* Daraus könnte man ableiten - allerdings ohne zwingende Notwendigkeit - daß er ein Mitglied des Synedriums war. Vgl. 22,20; 26,10.

8,1b-25 Philippus und die Samaritaner

Die Hinrichtung des Stephanus war das Signal für den Beginn einer schweren Verfolgung. Die große Gemeinde der Gläubigen in Jerusalem wurde über ganz Palästina und darüber hinaus zerstreut, die Apostel jedoch, die in der öffentlichen Meinung wohl doch nicht mit den Aktivitäten des Stephanus identifiziert wurden, blieben in Jerusalem. Die Zerstreuung brachte jedoch mehr Gutes als Böses mit sich. Die Vertriebenen nahmen die Frohe Botschaft mit und verkündeten sie überall, wo sie hinkamen, sogar in dem weit nördlich gelegenen Antiochia in Syrien, wo dann innerhalb weniger Jahre Erstaunliches geschah. Aber auch in der näheren Umgebung Jerusalems bildeten sich Gemeinden, da einer der Sieben, Philippus, von Jerusalem nach Samaria gereist war und dort begann, die von den Juden getrennte, halbheidnische Bevölkerung (so sahen die Juden die Samaritaner) zu evangelisieren. Bis zu der Zeit war das Evangelium nur Juden gepredigt worden. Doch die Evangelisation des Philippus war offensichtlich erfolgreich, und als die Apostel dies erfuhren, beauftragten sie Petrus und Johannes, Nachforschungen darüber anzustellen. (Erinnerte sich Johannes dabei an seine frühere Haltung gegenüber den Samaritanern? S. Lk 9,54.) Die beiden Apostel konnten sich davon überzeugen, daß die gläubig gewordenen und getauften Samaritaner den Heiligen Geist empfangen hatten. Dadurch war ihre Zugehörigkeit zu Christus bestätigt.

1b *Da zerstreuten sich alle . . . außer den Aposteln:* Es scheint so, als hätte sich der Hauptschlag der Verfolger gegen die hellenistischen Gläubigen gerichtet, weil sie möglicherweise enger mit Stephanus verbunden gewesen waren. Von dieser Zeit an bis 135 n.Chr. scheint die Jerusalemer Gemeinde zum größten Teil aus Judenchristen bestanden zu haben (doch s.a. 21,16 zu den überlebenden Hellenisten). **5** *In die Hauptstadt Samariens:* richtiger: »in eine Stadt Samariens« (EÜ). Vielleicht war es die Stadt Gitta, nach Justin der Geburtsort des Simon Magus. Die Version: *die Hauptstadt Samariens,* die von einigen alten Textzeugen überliefert wird, deutet auf die alte Hauptstadt Samariens hin, das von Herodes wiederaufgebaute Sebaste. Auf jeden Fall bedeutete die Predigt des Evangeliums bei den Samaritanern durch Philippus eine Erweiterung seines Wirkungsbereiches (vgl. 1,8). **9** *Ein Mann mit Namen Simon:* Simon Magus soll später Rom und andere Gegenden besucht und sich dort eine große Anhängerschaft aufgebaut haben. Man weiß, daß eine Gruppe, die sich als Simonianer bezeichnete, bis ins 3. Jh. bestand. **10** *Dieser ist die Kraft Gottes, die die Große genannt wird.* Das kann heißen, daß Simon von sich behauptete, der Großwesir des Allerhöchsten zu sein. **13** *Da wurde auch Simon gläubig:* Es ist eine Streitfrage, ob er den rettenden Glauben hatte oder nicht. Petrus hielt Simons Glauben für oberflächlich. Dieser hatte sich zwar (zumindest einige Zeit) zu Philippus gehalten, vielleicht war er aber nur deshalb von der Macht

Jesu überzeugt, weil er die Taten gesehen hatte, die in seinem Namen getan wurden.

14 *Sandten sie zu ihnen Petrus und Johannes:* Für einige Zeit führten die Jerusalemer Apostel die Oberaufsicht über das weitverzweigte Evangelisationswerk. **15** *Und beteten für sie, daß sie den heiligen Geist empfingen:* Offensichtlich hatte bei ihrer Taufe noch keine erkennbare Ausrüstung mit Heiligem Geist stattgefunden - was Lukas meint, wenn er sagt: **16** *Denn er war noch auf keinen von ihnen gefallen, sondern sie waren allein getauft auf den Namen des Herrn Jesus* (wörtl.: »in den Namen«): Diese Wendung findet sich in Apg nur hier und in 19,5. Wenn ein Mensch sich auf den Namen Jesu taufen läßt, gibt er damit öffentlich zu erkennen, daß er Christi Eigentum geworden ist. **17** *Da legten sie die Hände auf sie, und sie empfingen den heiligen Geist:* Man hat oft angenommen, daß die Handauflegung im Unterschied zur Taufe eine sakramentale, nur den Aposteln vorbehaltene Handlung sei, in der die Gabe des Heiligen Geistes zugesprochen wird. Doch die Aussagen des NT widersprechen dieser Auffassung. Paulus hielt es für selbstverständlich, daß alle getauften Gläubigen (mit anderen Worten: alle Gläubigen) den Geist Gottes hatten (vgl. Röm 5,5; 8,9; 1Kor 12,13). Bevor man den Akt der christlichen Initiation aufteilte, gab es keine Trennung zwischen »Taufe« und »Konfirmation«. Im vorliegenden Bericht handelt es sich wohl um die Eingliederung der neuen, samaritanischen Gemeinde in die Gesamtgemeinde der ersten Christen. Durch Handauflegung der Apostel sollte diese Gemeinschaft bestätigt werden und zugleich die Gabe des Heiligen Geistes sichtbar empfangen werden. **18** *Bot er ihnen Geld an:* So entstand der Begriff »Simonie«, der die Käuflichkeit insbesondere kirchlicher Ämter bezeichnet. **23** *Voll bitterer Galle:* zitiert nach 5Mo 29,17 (vgl. Hebr 12,15). Zu *und verstrickt in Ungerechtigkeit* vgl. Jes 58,6. **24** *Über mich komme:* Der »westliche« Text fügt hinzu: »der nicht aufhörte, heftig zu weinen«, ein Nebensatz, der ungeschickt ans Ende des Satzes gestellt wird, statt unmittelbar hinter sein Subjekt »Simon«. Simon gilt in der späteren christlichen Literatur als Vater aller Häresien.

8,26-40 Philippus und der äthiopische Kämmerer

Nachdem die Arbeit in Samarien einen guten Anfang genommen hatte, wurde Philippus vom Heiligen Geist gesandt, Kontakt mit dem Schatzmeister des Königreichs Äthiopien (Nubien) aufzunehmen. Dieser war nach Jerusalem gepilgert und befand sich mittlerweile in seinem Wagen auf dem Rückweg nach Süden. Sein Versuch, die große Prophetie vom leidenden Gottesknecht im Buch Jesaja zu lesen, bot Philippus die Möglichkeit, ihm anhand dieser Schriftstelle Jesus zu verkündigen - günstiger konnte es gar nicht sein, da diese Stelle mehr als jede andere des AT Jesu eigenes Verständnis seines Auftrags wiedergibt. Nachdem der Neubekehrte glücklich weitergezogen war, setzte Philippus seine Reise nach Norden auf der Straße nach Cäsarea fort.

26 *Aber der Engel des Herrn redete zu Philippus:* Die Sprache dieses Abschnitts erinnert an einige Stellen in den Elia- und Elisaerzählungen des AT. *Gaza:* Das alte Gaza war seit seiner Zerstörung 93 v.Chr. verlassen; das neue Gaza, 57 v.Chr. erbaut, lag am Meer, etwas südlich von der alten Stadt. **27** *Kämmerer:* griech.: *eunouches*; Beamte am Hof weiblicher Herrscher wurden oft zeugungsunfähig gemacht; doch wurde das Wort Eunuch bald auch im weiteren Sinne für hohe Hofbeamte gebraucht. *Kandake ... Königin von Äthiopien:* Das Königreich Äthiopien lag am Nil, zwischen Assuan und Khartum, seine Hauptstadt war Meroë. Der König, der als Kind des Sonnengottes galt, wurde für zu heilig gehalten, um weltliche Aufgaben zu übernehmen. Diese übernahm daher seine Mutter, die den Titel *Kandake* hatte. *Der war nach Jerusalem gekommen, um anzubeten:* Wahrscheinlich war er ein »Gottesfürchtiger« (s.a. u. 10,2). **30** *Und hörte, daß er den Propheten Jesaja las:* In alter Zeit las man in der Regel laut. **32** *Der Inhalt aber der Schrift, die er las, war dieser:* Die folgenden Worte sind aus Jes 53,7.8 nach LXX (das erklärt die Unterschiede zwischen dieser Stelle und der deutschen Übersetzung der entsprechenden Stelle im AT, dort nach MT). Er hatte zweifellos eine griech. Jesaja-Schriftrolle in Jerusalem gekauft. **34** *Ich bitte dich, von wem redet der Prophet das, von sich selber oder von jemand anderem?:* Die Antworten, die im Laufe der Jh. auf diese Frage gegeben wurden, könnten ein ganzes Buch füllen. **35** Doch keine dieser Antworten ist so befriedigend wie die des Philippus, der *mit diesem Wort der Schrift* anfing und *ihm das Evangelium von Jesus predigte.* **36** *Was hindert's, daß ich mich taufen lasse?:* Die von Philippus gestellte Bedingung und die Antwort darauf (V. 37) gehören nicht zum ursprünglichen Text (sie tauchen zum erstenmal in der westlichen Rezension auf), doch sie spiegeln die frühchristliche Taufzeremonie. **39** *Entrückte der Geist des Herrn den Philippus.* Der westliche Text hat hier: »Der Geist des Herrn fiel auf den Eunuchen, und der Engel des Herrn nahm Philippus hinweg.« Wenn auch der am besten bezeugte Text nicht ausdrücklich von der Geistbegabung des Eunuchen redet, so ist dies doch in der Wendung: *er zog aber seine Straße fröh-*

lich angedeutet. **40** *Aschdod:* ca. 30 Kilometer nördlich von Gaza. *Bis er nach Cäsarea kam:* Die Hafenstadt am Mittelmeer, ca. 85 Kilometer nördlich von Aschdod, war von Herodes dem Großen um 13 v.Chr. erbaut worden. Hier scheint sich Philippus niedergelassen und eine Familie gegründet zu haben (vgl. 21,8).

9,1-31 Die Bekehrung des Saulus von Tarsus

Der Organisator jener Verfolgung, die nach dem Tod des Stephanus einsetzte, war Saulus von Tarsus, den man als einen der größten Männer der Weltgeschichte überhaupt bezeichnen kann. Obwohl er als römischer Bürger in der griechischen Stadt Tarsus in Kleinasien geboren worden war, hatten ihn seine jüdischen Eltern nicht als einen Hellenisten, sondern als einen »Hebräer von Hebräern« (Phil 3,5) erzogen. In Jerusalem war er ein Schüler Gamaliels, des bedeutenden Pharisäers, den wir schon als Ratgeber kennengelernt haben. Der Schüler zeigte wenig von der maßvollen Zurückhaltung, die seinen Lehrer auszeichnete. Als ein Jude aus Zilizien hat er vielleicht jene Synagoge besucht, in der Stephanus seine Ideen vorstellte, die das ganze religiöse System des Judentums in Frage stellten. Saulus sah die Unvereinbarkeit der alten und neuen Lehre ebenso deutlich wie Stephanus, und so wurde er zu einem leidenschaftlichen Verfechter der alten Traditionen seines Volkes, entschlossen, die revolutionäre Bewegung auszulöschen.

Nach dem Märtyrertod des Stephanus, den er aus nächster Nähe miterlebte (s. 7,58), verfolgte er die fliehenden Gläubigen, nicht nur innerhalb Palästinas, sondern bis nach Damaskus. Für die Synagoge dieser Stadt trug er einen Brief des Hohenpriesters bei sich, der ihn ermächtigte, alle, die sich in die alte syrische Stadt geflüchtet hatten, zu verhaften und nach Jerusalem zurückzubringen. Die Erlasse des Hohenpriesters wurden in allen Synagogen des Reiches respektiert, seine Autorität in religiösen Angelegenheiten wurde von der Besatzungsmacht gestützt. Auf dieser Verfolgungsreise nach Damaskus erlebte Saulus die Vision des auferstandenen Christus, die sein Leben total veränderte, so daß er von nun an der eifrigste Vorkämpfer des Glaubens wurde, den er vorher ausrotten wollte. »Bekehrung und Apostolat des Paulus allein«, so sah es im 18. Jh. der Staatsmann Lord Lyttelton, »sind, recht betrachtet, Beweis genug dafür gewesen, daß das Christentum eine göttliche Offenbarung ist.« Lukas war sich über die Bedeutung der Bekehrung des Paulus für die Heilsgeschichte durchaus im klaren; er berichtet dreimal recht ausführlich über sie, einmal in der dritten Person (Kap. 9) und zweimal als von Paulus selbst erzählt (Kap. 22 und 26).

Die Aufnahme des Paulus bei den Christen in Damaskus war durch die Erscheinung des Herrn vor Hananias vorbereitet worden. Daß er von Gott als *ein auserwähltes Werkzeug* bezeichnet wird, ist Paulus selbst nie wieder aus dem Sinn gegangen. Später erkennt er, daß er, ohne es selbst zu wissen, von Gott schon vor seiner Geburt zum Einsatz für das Evangelium bestimmt war (Gal 1,15f; Röm 1,1). Obwohl nach Geburt und Erziehung Jude, war er doch römischer Bürger, und die Privilegien, die er als solcher genoß, haben ihm mehr als einmal genützt. Der Einfluß, den die Atmosphäre seiner Geburtsstadt Tarsus auf ihn ausgeübt hat, mag mitunter überbewertet worden sein, läßt sich aber nicht leugnen (s. 22,3).

Unmittelbar nach seiner Bekehrung und Taufe verkündigte er mutig Jesus als den Sohn Gottes in den Synagogen von Damaskus, für die er ein Bevollmächtigungsschreiben des Hohenpriesters zu einem ganz anderen Zweck in der Tasche hatte. Doch sein Auftreten dort und in dem benachbarten Gebiet des nabatäischen Königs Aretas IV. (das »Arabien« aus Gal 1,17) rief so starke Opposition hervor, daß er schließlich die Stadt heimlich verlassen mußte, deren Boden für ihn zu heiß geworden war.

Als er drei Jahre nach seiner Bekehrung nach Jerusalem zurückkehrte, verbrachte er dort zwei Wochen mit Petrus und traf auch Jakobus, den Herrnbruder (Gal 1,18f). Der Kontakt zu diesen und anderen Christen wurde ihm durch Barnabas erleichtert, der ihn bereits kannte und für seine Ehrlichkeit eintreten konnte. Doch als er in den Jerusalemer Synagogen zu predigen begann, mußte er auch hier wie vor etwa drei Jahren in Damaskus um seiner eigenen Sicherheit willen die Stadt verlassen. Er wurde zur Küste begleitet und fuhr nach Tarsus. Von da an, sagt Lukas, *hatte ... die Gemeinde Frieden* (9,31). Die erste Verfolgungswelle scheint sich mit der Bekehrung ihres führenden Mannes gelegt zu haben.

1 *Ging zum Hohenpriester:* das dürfte immer noch Kaiphas gewesen sein. **2** *Damit er Anhänger des neuen Weges ... wenn er sie dort fände:* wörtl.: »einige, die des Weges waren« (vgl. EÜ). »Der Weg« war eine frühe, judenchristliche Bezeichnung für das Christentum (vgl. 19,19.23; 22,4; 24,14.22). Es waren wohl in der Hauptsache Flüchtlinge aus Judäa, nicht in Damaskus ansässige Christen, die Paulus verhaften wollte. Das »Damaskus-Dokument«, das in der Synagoge in Alt-Kairo zu Anfang dieses Jhs. entdeckt wurde, legt die Vermutung nahe, daß in Damaskus eine Gruppe von Essenern lebte; es wäre interessant zu wissen, was für ein Kontakt, wenn es überhaupt einen gab, zwischen dieser Gruppe und den ersten Christen dort, zu denen Hananias gehörte, bestand.

7 *Denn sie hörten zwar die Stimme:* d.h. die Stimme des Paulus, denn: »aber die Stimme dessen, der mit mir redete, hörten sie nicht« berichtet Paulus selbst in 22,9. **10** *Hananias:* Paulus selbst charakterisiert ihn in 22,12. Er scheint immer in Damaskus gelebt und vom Beginn der Verfolgung in Jerusalem nur vom Hörensagen (V.13) gewußt zu haben. Wir wissen nicht, wie das Evangelium nach Damaskus gekommen ist, doch könnte es von Galiläa aus dorthin getragen worden sein. **11** *Die Straße, die die Gerade heißt:* so heißt sie noch heute, Darb al-Mustaqim. **12** *Und hat... gesehen:* Wir wissen von drei frühen Visionen des Paulus: eine auf dem Weg nach Damaskus (V.4ff), eine im Haus des Judas (V.12) und eine später in Jerusalem (22,17ff). **14** *Von den Hohenpriestern:* s.o. zu 4,6. *Alle, die deinen Namen anrufen:* d.h. alle, die Jesus ihren Herrn nennen (vgl. 2,21). **16** *Wieviel er leiden muß um meines Namens willen:* Er mußte oft mehr erdulden, als das, was er anderen um desselben Namens willen zugefügt hatte. Doch im Königreich Christi ist das Leiden für den König ein sicheres Zeichen seiner Gunst und ein Angeld auf den Lohn. **17** *Legte die Hände auf ihn:* nicht nur als ein Zeichen der Gemeinschaft oder zur Begrüßung des Mitchristen *(lieber Bruder Saul)*, sondern weil Hananias, ohne ein offizielles Amt innezuhaben, in diesem Fall als der vom Herrn Beauftragte handelte. *Mit dem heiligen Geist erfüllt werdest:* Das Erfülltwerden mit dem Heiligen Geist war für das prophetische Amt, das in V.15 beschrieben wird, notwendig; im folgenden (V.20-22) wird dann klar, daß die besondere Geistesgabe des Paulus seine kraftvolle, missionarische Predigt war. **18** *Und er stand auf, ließ sich taufen:* Paulus empfing den Heiligen Geist, anders als die Samaritaner in 8,11, bevor er getauft war.

19 *Saulus blieb aber einige Tage in Damaskus:* Ob dieser Aufenthalt vor oder nach seinem Besuch in Arabien (dem nabatäischen Königreich) lag, der in Gal 1,17 erwähnt wird, können wir nicht feststellen. Die chronologischen Angaben des Lukas sind hier zu vage, doch aus Gal 1,18 wissen wir, daß die in V.26ff geschilderten Ereignisse ins dritte Jahr nach der Bekehrung des Paulus fallen. **20** *Daß dieser Gottes Sohn sei:* Es ist bezeichnend, daß sich die einzige Erwähnung dieses Titels innerhalb der Apg im Bericht über die erste Predigt des Paulus findet. Obwohl die Gottessohnschaft des Messias eine Folgerung aus Ps 2,7 ist, geht die Art, in der Paulus den Titel hier gebraucht, über die Bezeichnung Jesu als Herr und Messias hinaus (s. 2,36). **22** *Bewies:* Das griech. Wort *(symbibazō)* läßt vermuten, daß er den Beweis führte, indem er Prophetie und Erfüllung jeweils nebeneinander stellte. **23** *Hielten die Juden Rat und beschlossen ihn zu töten:* Nach Paulus (2Kor 11,32) »bewachte der Statthalter des Königs Aretas die Stadt der Damaszener und wollte mich gefangennehmen«. Die Führer der jüdischen Gemeinde scheinen hier gemeinsame Sache mit dem Vertreter des Aretas gemacht zu haben. **27** *Führte ihn zu den Aposteln:* Der Begriff *Apostel* ist hier im weiteren Sinn gebraucht. Nach Gal 1,18.19 waren die einzigen Apostel (im engeren Sinn), die Paulus je gesehen hat, Petrus und der Herrnbruder Jakobus. **29** *Stritt auch mit den griechischen Juden:* ohne Zweifel in denselben Synagogen, in denen früher auch Stephanus gewirkt hatte. **31** *So hatte nun die Gemeinde Frieden in ganz Judäa und Galiläa und Samarien:* Gemeint ist die ehemalige Jerusalemer Gemeinde, die aufgrund der Verfolgung in der Zerstreuung lebte.

9,32-12,24 Die Taten des Petrus: Der Beginn der Heidenmission

9,32-43 Petrus in Westpalästina

Zeichen dieses Friedens (V.31) waren die Evangelisation des Petrus unter der halbheidnischen Bevölkerung der Ebene Scharon sowie seine Besuche in Lydda und Joppe, wo er auch Heilungswunder tat.

32 *Zu den Heiligen kam, die in Lydda wohnten: Lydda* ist das heutige Lod. Offensichtlich gab es in Lydda und Joppe schon Christen, bevor Petrus dorthin kam (vgl. V.36). **34** *Mach dir selber das Bett:* Das Griech. kann auch bedeuten: »mache dich bereit zum Essen«; das würde dem Interesse entsprechen, das Lukas und andere NT-Schriftsteller an der Erwähnung der Nahrungsaufnahme von Genesenen haben. **35** *Scharon:* die Küstenebene. **36** *Tabita,* aramäisch für *Gazelle,* griech.: *Dorkas.* **37** *Da wuschen sie sie:* nach der jüd. Sitte der Reinigung der Toten. **39** *Zeigten ihm die Röcke und Kleider:* Das griech. Verbum läßt darauf schließen, daß sie sie zu dieser Zeit anhatten. **43** *Daß Petrus lange Zeit in Joppe blieb bei einem Simon, der ein Gerber war:* Simon wohnte am Strand (10,6), vielleicht, weil er für seine Arbeit Seewasser brauchte, und Petrus, der ja Fischer war, wird gerne eine Unterkunft in diesem Stadtteil gewählt haben. Doch daß er bei einem Mann wohnte, der den unreinen Beruf eines Gerbers ausübte, läßt darauf schließen, daß er sich schon etwas aus den bestehenden religiösen Bindungen gelöst hatte.

10,1-48 Petrus und Kornelius

In Joppe lernte Petrus, daß nichts, was vor Gott rein ist, von den Menschen für unrein erklärt werden kann. Ob es auf diese Einsicht zurückzuführen ist, daß er zur Lehre unseres Herrn über die Speisen die Bemerkung hinzufügte: »Damit erklärte er alle Speisen für rein«, die uns in Mk 7,19 überliefert ist? Petrus mußte das Gelernte sofort in die Praxis umsetzen, als er von dem römischen Hauptmann Kornelius in Cäsarea eingeladen wurde, ihm und seinem Haus das Evangelium zu predigen. Das ist ein Ereignis, das Lukas für sehr wichtig hält; dem Bericht in Kap. 10 folgt in Kap. 11 die Schilderung desselben Ereignisses aus dem Munde des Petrus, die in Kap. 15 nochmals aufgenommen wird.

Kornelius war, ebenso wie Petrus, auf die Ereignisse durch Gott vorbereitet worden. Kornelius, der zu den Menschen gehörte, die Lukas als die »Gottesfürchtigen« bezeichnet, der also an den Gottesdiensten in den Synagogen teilnahm, ohne jedoch zum Judentum überzutreten, hatte von Gott in einer Vision den Auftrag bekommen, Petrus zu sich zu rufen. Als Petrus schließlich kam und vom Handeln Gottes durch Kreuz und Auferstehung Christi redete, geschah ein weiteres Zeichen von Gott: auf die heidnische Familie fiel der Heilige Geist, begleitet von den Zeichen des Pfingsttages. Im Gegensatz zum Pfingsttag, als die Getauften den Heiligen Geist empfingen, wurden Kornelius und seine Familie getauft, weil sie den Heiligen Geist bereits empfangen hatten. Ohne dieses sichtbare Zeichen von Gott würde Petrus vielleicht gezögert haben, sie zu taufen.

1 *Ein Hauptmann (Centurio) der Abteilung, die die Italische genannt wurde:* Ein Centurio hatte den Status eines Unteroffiziers, mit der Verantwortung eines Hauptmanns. Die Centurionen bildeten das Rückgrat der römischen Armee; es ist erstaunlich, daß alle im NT erwähnten Centurionen positiv dargestellt werden. Die *Abteilung, die die Italische genannt wurde,* könnte identisch sein mit der »zweiten italischen Kohorte römischer Bürger«, die aus syrischen Inschriften von 69 n.Chr. bekannt ist. **2** *Der war fromm und gottesfürchtig:* ein »Gottesfürchtiger«, d.h. einer der Heiden, die am Glauben, Gottesdienst und Leben der Juden teilnahmen, ohne jedoch die Beschneidung an sich durchführen zu lassen und Proselyten zu werden. **4** *Sind vor Gott gekommen, und er hat ihrer gedacht:* Das Prädikat: *sind vor Gott gekommen* erinnert an die jüdischen Brandopfer (hebr.: *ʿolah,* wörtl.: »hinaufsteigend«). Das griech. Wort *mnēmosynon,* das hier mit »gedacht« übersetzt ist, wird in der LXX 3Mo 2,2ff gebraucht im Zusammenhang mit dem Teil des Speisopfers, das Gott dargebracht wird. Zum Opfercharakter einer solchen Handlung wie der des Kornelius vgl. Ps 141,2; Phil 4,18; Hebr 13,15.16.

9 *Um die sechste Stunde:* d.h. um Mittag. **10** *Geriet er in Verzückung:* oder in »Ekstase« (griech.: *ekstasis*), ein Zustand, in dem der Mensch, sozusagen, »außer sich ist«. **11** *Etwas:* wörtl.: »ein Gerät« oder »Gefäß«; das griech. Wort *skeuos* ist unbestimmt. *Wie ein großes leinenes Tuch:* vielleicht hatte Petrus ein auf dem Dach ausgespanntes Sonnendach oder ein Segel am westlichen Horizont vor seinem inneren Auge. *An vier Zipfeln:* Das griech. Wort *archē,* das hier mit *Zipfel* übersetzt ist (wörtl.: »Anfang«), bezeichnete in der medizinischen Fachsprache das Ende eines Verbandes, und auf See bedeutete es »Seil«, »Tau«. **12** *Allerlei vierfüßige und kriechende Tiere der Erde und Vögel des Himmels:* Zur Aufteilung der Tierwelt in drei Gruppen vgl. 1Mo 6,20. **14** *O nein, Herr...:* vgl. Hesekiels Protest (Hes 4,14). Die Grundlage der jüdischen Speisegebote war 3Mo 11. Diese Gebote wurden nun, nachdem sie in Jesu Worten Mk 7,14ff schon angegriffen worden waren, ausdrücklich außer Kraft gesetzt.

19 *Sprach der Geist:* Der Geist innerer prophetischer Weisung. **20** *Denn ich habe sie gesandt:* Dies wirft die Frage auf nach dem Verhältnis des jetzt in Petrus redenden Geistes und der äußeren Engelerscheinung vor Kornelius. **22** *Hat Befehl empfangen:* wörtl.: »erhielt einen Orakelspruch« (griech.: *chrēmatizō*). **23** *Einige Brüder aus Joppe:* Es waren genau sechs (11,12). **25** *Und als Petrus...:* Der westliche Text ergänzt diesen V.: »Und als Petrus nahe an Cäsarea kam, lief einer der Diener voraus und kündigte sein Kommen an. Daraufhin lief Kornelius hinaus und begegnete ihm ...« *Betete ihn an* oder »huldigte ihm«: das griech. *proskyneō* muß nicht unbedingt göttliche Ehrerbietung bedeuten. **30** *Vor vier Tagen:* einschließlich des Tages, an dem er die Vision empfing. Am ersten Tag hatte Kornelius seine Vision, am zweiten empfing Petrus eine solche, und die Boten des Kornelius kamen zu ihm, am dritten Tag brach Petrus von Joppe auf, und am vierten kam er in Cäsarea an. **33** *Du hast recht getan, daß du gekommen bist:* ein Ausdruck des Dankes, »ich danke dir für dein Kommen«.

34 *Daß Gott die Person nicht ansieht:* Vgl. 5Mo 10,17; Röm 2,11; Eph 6,9; Kol 3,25. Gott ist nicht parteiisch, seine Gnade gilt Heiden ebenso wie Juden. Für uns ist dies eine altbekannte Tatsache, doch für Petrus war es eine Umwälzung aller herkömmlichen Vorstellungen. **36** *Er hat das Wort dem Volk Israel gesandt:* Von hier bis zum Ende von V.43 finden wir die umfassendste Zusammenfassung der apostolischen Botschaft in der Apg. Sie beginnt bei Johannes dem Täufer und führt über die Auferstehung zu einem Ausblick auf das kommende Gericht. In dem uns vorliegenden Text zeigen sich deutliche Spuren einer wörtlichen Übersetzung aus dem Aramäischen. **37** *In ganz Judäa:* es ist hier im weiteren Sinn gebraucht und meint ganz Palästina (vgl. Lk 4,44). **38** *... Jesus von Nazareth gesalbt hat mit heiligem Geist und Kraft: Gesalbt* beinhaltet auch das formale »Zum-Messias-Machen«. Das Ereignis, auf das hier angespielt wird, ist die Taufe unseres Herrn, in der der Geist auf ihn herabkam (Lk 3,21f). Vgl. Jes 61,1, das in Lk 4,18 zitiert wird. **39** *Im jüdischen Land:* d.h. in ganz Palästina, wie in V. 37. **41** *Die wir mit ihm gegessen und getrunken haben:* so wurde die Wirklichkeit seiner leiblichen Auferstehung betont. Vgl. Lk 24,41.43 (und auch Apg 1,4). **42** *Daß er von Gott bestimmt ist zum Richter der Lebenden und der Toten:* Diese Stelle basiert auf der Menschensohnvision in Dan 7,9ff. **43** *Vergebung der Sünden:* Die wichtigste atl. Prophetie steht in Jes 53 und verheißt Vergebung der Sünden in Christus.

44 *Fiel der heilige Geist auf alle, die dem Wort zuhörten:* Wie Petrus selbst in V. 47 andeutet (vgl. 11,15), wurde in diesem Akt der Geistbegabung das Herabkommen des Geistes auf die Jünger in Apg 2 wiederholt. Das Ereignis ist deshalb auch zu Recht als das »Pfingsten der heidnischen Welt« bezeichnet worden. **46** *Gott hoch priesen:* vgl. 2,11: »von den großen Taten Gottes reden«. **48** *Und er befahl, sie zu taufen in dem Namen Jesu Christi:* dieselbe Formulierung wie in 2,38. Es wird nirgendwo angedeutet, daß mit denen, die bisher Heiden gewesen waren, über die Notwendigkeit oder auch nur über das Erwünschtsein der Beschneidung gesprochen wurde.

11,1-18 Die anderen Apostel stimmen der Entscheidung des Petrus zu

Die Neuigkeiten verbreiteten sich schnell bis nach Jerusalem, und als Petrus dort ankam, sah er sich gezwungen, sich den kritischen Fragen der anderen Apostel zu stellen. Das Vorgehen des Stephanus war in den Augen von Männern, die, wenn auch Nachfolger Jesu, so doch noch strenge Juden waren, schon schlimm genug gewesen; doch daß der erste der Apostel sich so einfach über die geheiligten Vorschriften hinwegsetzte, war ihnen vollkommen unverständlich. Die Apostel genossen offensichtlich öffentliches Ansehen, das auf dem Spiel stand, wenn bekannt würde, daß ihr Führer mit den Heiden, den Unbeschnittenen, Gemeinschaft hatte. Es ist vermutlich mehr als ein Zufall, daß Herodes Agrippa I. nicht lange danach durch die Gefangennahme zweier Apostel sich beliebt zu machen versuchte; ebensowenig ist es Zufall, daß bald darauf Jakobus, der Herrnbruder, als Leiter der Jerusalemer Gemeinde genannt wird.

Als aber Petrus von seinen Erfahrungen mit der Führung Gottes und von der Ausgießung des Heiligen Geistes auf die Familie des Kornelius berichtete und dann fragte: *Wer war ich, daß ich Gott wehren konnte?*, waren auch die anderen Apostel davon überzeugt, daß er richtig gehandelt hatte, und lobten Gott für seine Gnade den Heiden gegenüber.

2 *Die gläubig gewordenen Juden:* wörtl.: »die aus der Beschneidung« (s. EÜ), damit ist sicher die strenge orthodoxe Gruppe in der Jerusalemer Gemeinde gemeint, obwohl dieselbe Formulierung in 10,45 einfach Judenchristen meint. **14** *Durch die du selig wirst und dein ganzes Haus:* »Haus« bezeichnet nicht nur die Familie in unserem Sinn, sondern alle, die unter der Autorität des Familienoberhauptes standen - Sklaven, Diener usw. Vgl. 16,15.31ff; 18,8. **16** *Johannes hat mit Wasser getauft ...:* Die Worte des Herrn in 1,5. **18** *Auch den Heiden:* besser: »sogar den Heiden« (in den Augen von Juden muß dies das erstaunlichste Zeichen der Gnade Gottes gewesen sein).

11,19-30 Die erste heidenchristliche Gemeinde

Die anderen Apostel taten gut daran, die Handlungsweise des Petrus zu billigen, da zur selben Zeit in Antiochia, im Norden Syriens, weitreichende Entwicklungen ihren Lauf nahmen, zu denen einige hellenistische Juden nach der Vertreibung aus Jerusalem den Anstoß gegeben hatten. Die Atmosphäre in Antiochia war ganz anders als die in Jerusalem. In jener geschäftigen nördlichen Hauptstadt, einer Handelsmetropole, wo Europäer und Asiaten sich begegneten, wo die griech. Zivilisation in die syrische Wüste vordrang, wurden Unterschiede mit der Zeit abgeschliffen, und religiöse Differenzen, die in Judäa Probleme verursachten, waren hier unbedeutend. Einige Hellenisten, denen es nicht genug war, in den Synagogen der hellenistischen Juden zu predigen, hatten das Evangelium auch den Heiden verkündigt; viele von diesen nahmen den neuen Glauben an. So kam es, daß die zweite christliche Gemeinde einen großen Anteil ursprünglich heidnischer Mitglieder hatte. Hier in Antiochia erhielten sie auch ihren Namen: »Christen«.

Als die Nachricht von dieser neuen Entwicklung Jerusalem erreichte, wollten die Apostel gerne Genaueres darüber erfahren; und sie fanden genau den richtigen Mann für diese Aufgabe: Barnabas, den »Sohn des Trostes« (s. 4,36). Er reiste nach Antiochia, und, anstatt empört zu sein über die Vermischung von Juden und Heiden, freute er sich über diesen erstaunlichen Erweis der Gnade Gottes, ließ sich dort nieder und tat alles, was er konnte, um beim

Aufbau der neuen Gemeinde zu helfen. Als die Arbeit ihm über den Kopf wuchs, suchte er nach einem geeigneten Helfer und erinnerte sich an Saulus, der in der Zwischenzeit einige Jahre in Tarsus und den umliegenden Gebieten verbracht hatte. Er holte Saulus und machte ihn zu seinem Mitarbeiter; so arbeiteten beide weiter an dem großen Werk, das Gott in Antiochia begonnen hatte.

In dieser Zeit sagte der Prophet Agabus in der Gemeinde zu Antiochia eine große, weite Gebiete umfassende Dürrezeit vorher. Aufgrund dieser Ankündigung wurden Saulus und Barnabas von ihrer Gemeinde nach Jerusalem gesandt. Sie nahmen den Ertrag einer Sammlung mit, die die Tochtergemeinde zur Hilfe für die in Not geratenen Christen in Palästina durchgeführt hatte. Die Jerusalemer Gemeinde scheint ständig Mangel gelitten zu haben; wir hören später, daß Paulus in heidenchristlichen Gemeinden für sie Sammlungen durchführen ließ. Es kann sein, daß die in Gal 2,1-10 berichteten Ereignisse auf der Reise von Barnabas und Saulus stattfanden. Die »Offenbarung«, aufgrund deren sie die Reise unternahmen (Gal 2,2), mag dann die Prophetie des Agabus gewesen sein (Apg 11,28), und die Worte aus Gal 2,10 beziehen sich dann auf die besondere Situation des Besuches: »nur daß wir an die Armen dächten, was ich mich auch eifrig bemüht habe zu tun.«

19 *Die aber zerstreut waren:* diese Worte erinnern an die Zerstreuung der Gemeinde in 8,4, es werden dort dieselben Worte gebraucht. *Phönizien:* d.h. Tyrus, Sidon usw.; vgl. 21,3ff; 27,3. *Antiochia:* Die ehemalige Hauptstadt des Seleukidenreiches, jetzt Sitz der römischen Verwaltung der Provinz Syrien, die drittgrößte Stadt der damaligen Welt (größer waren nur Rom und Alexandria). **20** *Redeten auch zu den Griechen:* Ob der Text hier Griechen im Sinne der Volkszugehörigkeit oder Hellenisten meint, ist nicht klar, doch auf jeden Fall sind griech. sprechende Heiden gemeint. **22** *Und sie sandten Barnabas:* ebenso wie sie Petrus und Johannes nach Samaria gesandt hatten (8,14). **25** *Barnabas aber zog aus nach Tarsus, Saulus zu suchen:* Saulus hatte die Zeit seit 9,30 in verschiedenen Teilen der vereinigten Provinzen Syrien und Zilizien, in denen Tarsus und Antiochia liegen, verbracht (Gal 1,21). **26** *In Antiochia wurden die Jünger zuerst Christen genannt:* d.h. sie wurden unter diesem Namen bekannt. Diesen Namen können sie nur von Heiden bekommen haben (er bedeutet: »Leute Christi«), da »Christus« für heidnische Ohren einfach ein Personenname war, während er für Juden »Messias« bedeutete, und sie hätten die Nachfolger Jesu nicht »Leute des Messias« genannt.

27 *In diesen Tagen:* d.h. in dem Jahr, das Barnabas und Saulus in Antiochia verbrachten (V. 26). *Von Jerusalem nach Antiochia:* Der westliche Text fährt fort: »und es war große Freude; und als wir zusammengekommen waren, stand einer unter ihnen auf . . .«, hat also hier noch einen zusätzlichen »Wir-Bericht«. Dieser Bericht ist unser frühester Zeuge für die antiochenische Herkunft des Lukas. **28** *Agabus:* er kommt noch einmal in 21,10, einem Wir-Bericht, vor. *Über den ganzen Erdkreis:* d.h. in der ganzen römischen Welt. *Unter dem Kaiser Klaudius:* Klaudius regierte von 41-54 n.Chr. Sueton bestätigt, daß es in seiner Regierungszeit mehrere Dürreperioden gab. Josephus berichtet, daß im Jahr 46 in Palästina eine große Hungersnot herrschte und daß die jüdische Königinmutter von Adiabene, im Nordosten von Mesopotamien, Getreide von Ägypten und Feigen von Zypern kaufte, um damit die erste Not der palästinischen Juden zu lindern. Es ist nicht klar, wie lange vor der Hungersnot Agabus seine Vorhersage machte. Vielleicht legten die Christen in Antiochia regelmäßig Geld zusammen und bewahrten es bis zu dem Zeitpunkt auf, an dem es benötigt wurde. Mit diesem Geld wurden dann Barnabas und Saulus zu den Christen in Jerusalem gesandt.

12,1-24 Herodes Agrippa und die Gemeinde

Eine neue Verfolgungswelle rollte über die Jerusalemer Gemeinde hinweg, und diesmal waren die Apostel das Hauptziel des Angriffs. Herodes Agrippa I., der Enkel Herodes des Großen, hatte von seinem Freund, dem Kaiser Gaius, allgemein bekannt unter dem Namen Caligula (37-41), ein großes Gebiet in und um Palästina zusammen mit dem Königstitel erhalten. Klaudius (41-54) gab ihm zusätzlich die Gebiete Judäa und Samaria. Während seiner kurzen Regierungszeit über Judäa (41-44) zeigte er sich trotz seiner Fehler als ein lernbegieriger Gönner des jüdischen Glaubens und unterhielt freundschaftliche Beziehungen zu den religiösen Führern des Volkes. Es wird von ihm berichtet, daß er einmal, als er am Laubhüttenfest das Gesetz las, bei der Stelle 5Mo 17,15 (»Du sollst aber einen aus deinen Brüdern zum König über dich setzen«) in Tränen ausgebrochen sei, weil er sich des edomitischen Ursprungs seiner Familie erinnerte. Doch die Menge schrie: »Sei nicht betrübt, du bist unser Bruder!«

Die Hinrichtung des Zebedaiden Jakobus und die Inhaftierung des Petrus durch Herodes werden hier berichtet. Die Worte: *Und als er sah, daß es den Juden gefiel* sind bezeichnend (s. Einl. zu 11,1-18). Die Vermutung, daß Johannes zur selben Zeit wie Jakobus den Märtyrertod erlitten habe, steht auf sehr unsicherem Grund, trotz des Gewichts, das ihr manchmal beigemessen wurde. Die Flucht des Petrus aus dem Gefängnis und sein unerwartetes Auftauchen am Haus der Maria, in dem die Gläubigen für ihn beteten, werden in meisterhafter Lebendigkeit geschildert.

Kurz danach fand Herodes unter höchst dramatischen Umständen, die sowohl Lukas als auch Josephus berichten, den Tod. Die zwei Historiker stimmen im Detail nicht ganz überein, dafür aber in den wichtigsten Punkten. Was die Differenzen anbelangt, können wir mit dem Historiker Eduard Meyer sagen: »In der Reihenfolge, der Datierung und der Grundkonzeption stimmen beide Berichte voll und ganz überein. Durch seine überaus interessanten Details, die in keiner Weise als einer bestimmten Tradition oder Tendenz verhaftet erklärt werden müssen, ist der Bericht des Lukas zumindest ebenso verläßlich wie der des Josephus.«

3 *Es waren aber eben die Tage der Ungesäuerten Brote:* Die Tage der Ungesäuerten Brote begannen am Passahabend, dem 14. Nisan, und dauerten bis zum 21. Nisan (vgl. 20,6). Der 14. Nisan fiel in jenem Jahr (44 n.Chr.) auf den 1. Mai - ein ungewöhnlich später Zeitpunkt wegen des Einschubs eines zweiten Monats Adar zwischen dem 19. März und dem 17. April in jenem Jahr. 4 *Vier Wachen von je vier Soldaten:* richtiger: »vier Abteilungen« (EÜ), pro Nachtwache eine Abteilung. Petrus wurde also immer von vier Soldaten bewacht, von denen zwei an seiner Seite und zwei an der Tür Wache standen. *Nach dem Fest:* gemeint ist hier nicht nur das Passahfest, das nur am 14. Nisan gefeiert wurde, sondern die Zeit der Ungesäuerten Brote (vgl. Lk 22,1). 7 *Und siehe, der Engel des Herrn kam herein:* vgl. V.10. Die bemerkenswerteste moderne Parallele zu der Befreiung des Petrus dürfte die Geschichte von Sadhu Sundar Singhs geheimnisvoller Befreiung aus einem Brunnen sein, in den ihn ein tibetanischer Herrscher hatte werfen lassen. Doch »Petrus hielt alles für einen Traum, bis er sich selbst sicher und frei fand; der Sadhu hielt seinen Retter für einen Menschen, bis er verschwand« (L. E. Brown). 10 *Sie gingen aber durch die erste und zweite Wache und kamen zu dem eisernen Tor, das zur Stadt führt:* »Der Weg führte offensichtlich an drei Toren und drei Wachen vorbei (die ersten beiden konnte Petrus ohne weiteres passieren, er wurde womöglich für einen Diener gehalten, doch das äußere Tor zu passieren war nachts nicht üblich; hier mußte etwas Besonderes geschehen)« (Ramsay). Deshalb öffnete sich das Tor *von selber* (griech.: *automatē);* wie das genau vor sich ging, erfahren wir nicht. Doch die Schilderung scheint einen Augenzeugenbericht aufzunehmen, darauf weist auch der westliche Text hin, der nach *und sie traten hinaus* anfügt: »und gingen die sieben Stufen hinab«. Petrus war wohl in der Festung Antonia eingekerkert gewesen, die im Nordwesten des Tempelbezirks liegt.

12 *Ging er zum Haus Marias, der Mutter des Johannes mit dem Beinamen Markus:* Dieses Haus scheint einer Gruppe Jerusalemer Christen als Versammlungsort gedient zu haben. Es ist eine verlockende Vermutung, daß es das Haus war, in dem Jesus das letzte Mahl mit seinen Jüngern gehalten hatte. Die Gruppe um Jakobus, den Herrnbruder, scheint sich an einem anderen Ort getroffen zu haben (V.17). 15 *Es ist sein Engel:* gemeint ist ein Schutzengel oder eine Art geistliches Ich, das in der Lage ist, die Gestalt seines Schutzbefohlenen anzunehmen; die iranische *Fravaschi*-Vorstellung ist ähnlich. Vgl. auch die Vorstellung von den Engeln der Kinder, die immer das Angesicht Gottes sehen (Mt 18,10). 17 *Er aber winkte ihnen mit der Hand, daß sie schweigen sollten:* ein weiterer Hinweis auf eine Augenzeugenschaft. *Verkündet dies dem Jakobus und den Brüdern:* zu dieser Zeit hatte Jakobus, der Herrnbruder, offensichtlich schon eine besondere Stellung in der Jerusalemer Gemeinde (vgl. 15,13ff; 21,18). *Zog an einen andern Ort:* Dies kann einfach bedeuten, daß er sich versteckte, »in den Untergrund« ging. Er sagte damals anscheinend niemandem, wohin er ging, und Lukas hat es auch Jahre später nicht herausfinden können.

19 *Und ließ sie abführen* (vielleicht zur Hinrichtung): Herodes verdächtigte die Wächter wohl der Hilfeleistung bei der Flucht des Petrus. 20 *Weil ihr Land seine Nahrung aus dem Land des Königs bekam:* Die phönizische Seeküste war von der Nahrungsmitteleinfuhr aus Galiläa abhängig, wie schon zu Zeiten Hirams und Salomos (1Kön 5,25). 21 *Und an einem festgesetzten Tag:* Josephus sagt, daß es sich um ein Fest zu Ehren des Kaisers Klaudius handelte (Ant. XIX, 8,2), vielleicht um seinen Geburtstag, den 1. August. Solch ein Tag war eine gute Gelegenheit, eine Versöhnungsfeier zwischen Herodes Agrippa und seinen syrischen Nachbarn zu veranstalten. *Legte Herodes das königliche Gewand an:* »Er zog ein Kleid ganz aus Silber an, eine wunderbare Webarbeit« (Josephus). 22 *Das Volk* (griech.: *dēmos*): die Stadtbevölkerung Cäsareas. *Das ist Gottes Stimme und nicht die eines Menschen!:* Nach Josephus sollen die Schmeichler, die den König als Gott bezeichneten, zu ihm gesagt haben: »Sei uns gnädig: bis jetzt haben wir dich als Menschen angesehen, doch von nun an halten wir dich nicht mehr für einen Sterblichen«.
23 *Alsbald schlug ihn der Engel des Herrn:* zu dieser atl. Formulierung vgl. 2Kön 19,35. *Weil*

er Gott nicht die Ehre gab: Er nahm die Ehrungen seiner Schmeichler an, statt sie Gott zuteil werden zu lassen. *Und von Würmern zerfressen:* Ein Mediziner hat seinen Tod auf eine Bandwurmerkrankung zurückgeführt. *Gab er den Geist auf:* fünf Tage nach dem Fest, im Alter von 54 Jahren. Der Verfolger stirbt, **24** doch der Anlaß für seine Verfolgung blüht und gedeiht.

12,25-16,5 Antiochia wird Missionsgemeinde

12,25-13,12 Die Evangelisation auf Zypern

Bei ihrer Rückkehr von Jerusalem nach Antiochia brachten Barnabas und Saulus den Vetter des Barnabas, Johannes Markus, mit. Sie arbeiteten dann noch eine Zeitlang in der Gemeinde, wie sie es gewöhnt waren. Außer Barnabas und Saulus, den wichtigsten Lehrern der Gemeinde, gab es noch drei andere, deren Identität faszinierende Perspektiven eröffnet (s. 13,1).

Doch der Heilige Geist hatte noch andere Arbeit für die Gemeinde in Antiochia, und so gebot er ihr, Barnabas und Saulus für eine besondere Arbeit freizustellen, zu der er sie berufen hatte. Es fällt auf, daß es gerade die beiden fähigsten Männer der Gemeinde waren, die zu einer Arbeit herausgerufen wurden, die man als »Außenmission« bezeichnen könnte, obwohl der Begriff in einer Zeit, in der fast die ganze zivilisierte Welt von einer Macht, Rom, regiert wurde, nicht so recht paßt.

Dem Willen Gottes gemäß sandte die Gemeinde die beiden Männer aus, nachdem sie sie durch Handauflegung ihrer Gemeinschaft versichert hatte. Zusammen mit Markus segelten sie von Seleuzia, dem Hafen Antiochias, aus nach Zypern. Zypern, das Geburtsland des Barnabas, durchreisten sie von Osten nach Westen. In der westlichen Hauptstadt, Paphos, kam es zum Kräftemessen zwischen Paulus und dem Zauberer Elymas, der zum Haus des Sergius Paulus, des Prokonsuls dieser Provinz, gehörte. Elymas fürchtete wahrscheinlich, daß seine Tage als Hofzauberer gezählt waren, wenn Sergius den Missionaren zu viel Aufmerksamkeit widmete. Frühe Kommentatoren wollen in der zeitweiligen Erblindung des Zauberers eine Parallele zu der dreitägigen Blindheit des Paulus in Damaskus sehen. Ramsay sagt, daß einige Mitglieder der Familie des Sergius in späterer Zeit Christen waren.

12,25 *Barnabas und Saulus aber kehrten zurück:* nach Antiochia. Ein Problem wirft die gut bezeugte, alte Lesart »nach Jerusalem« auf. Die LÜ übersetzt »in Jerusalem« und bezieht das - etwas gewagt - auf die Ausführung des Auftrags, die Überbringung der Sammlung. **13,1** *Simeon, genannt Niger:* d.h. »der Schwarze«. Es liegt verführerisch nahe, ihn mit Simon von Kyrene zu identifizieren (Mk 15,21; Lk 23,26). Falls das stimmt, könnte seine Frau die Mutter des Rufus gewesen sein, die auch dem Paulus wie eine Mutter war (Röm 16,13). *Luzius von Kyrene:* Es gibt keinen Grund, ihn mit dem Luzius aus Röm 16,21 oder mit dem Evangelisten Lukas in Verbindung zu bringen, obwohl er in alter Zeit mit dem letzteren identifiziert wurde. *Manaën, der mit dem Landesfürsten Herodes erzogen war:* wörtl.: »Pflegebruder« (griech.: *syntrophos*) des Herodes (gemeint ist Herodes Antipas, s.a. 4,27). Dieser Manaën war möglicherweise der Enkel eines anderen Manaën, eines Esseners, der laut Josephus ein Günstling Herodes' des Großen war. Vielleicht erhielt Lukas von ihm seine Informationen über die Familie der Herodianer. **2** *Sprach der heilige Geist:* wohl durch einen der Propheten. **5** *Salamis:* Die Stadt liegt an der Ostküste der Insel, ist die Hauptstadt Zyperns und Sitz der Verwaltung für den östlichen Teil. *Sie hatten aber auch Johannes als Gehilfen bei sich* (griech.: *hypērétēs*): Johannes Markus dürfte einer der »Diener des Wortes« *(hypēretai)* in Lk 1,2 sein. Seine genaue Kenntnis einiger Stellen aus den Evangelien konnte den Aposteln von Nutzen sein. **7** *Statthalter:* Die Römer hatten Zypern 57 v.Chr. annektiert, seit 22 v.Chr. war es römische Provinz. *Sergius Paulus:* wahrscheinlich ist er identisch mit einem Mann desselben Namens, der in einer römischen Inschrift aus der Zeit des Klaudius, als Curator des Tiber genannt wird. **8** *Der Zauberer Elymas, denn so wird sein Name übersetzt:* Das heißt nicht, daß »Elymas« das Äquivalent zu »Bar-Jesus« ist, sondern, daß das semitische Wort Elymas die Bedeutung »Zauberer« hat (griech.: *magos*). **9** *Saulus aber, der auch Paulus heißt:* Von nun an wird der Apostel in der Regel mit dem römischen Beinamen »Paulus« statt mit seinem hebr. Geburtsnamen »Saul«, bezeichnet. Der lat. Name war angemessener, nachdem sich ab diesem Zeitpunkt der größte Teil seines Dienstes in überwiegend heidnischer Umgebung abspielte. **12** *Der Statthalter ... wurde gläubig ... und verwunderte sich über die Lehre des Herrn:* Man hat vermutet, daß die Freundlichkeit des Prokonsuls als eine Bekehrung mißverstanden worden sei, doch ein pragmatischer römischer Beamter konnte durchaus geneigt gewesen sein, sich von der Vollmacht, die die Predigt begleitete, überzeugen zu lassen (vgl. Lk 4,32).

13,13-41 Predigt des Paulus in Antiochia in Pisidien

Von Zypern aus segelten die drei nach Kleinasien, wo Markus sie verließ und nach Jerusalem zurückkehrte. Es werden keine Gründe für seine Rückkehr genannt; womöglich mißfiel es ihm, daß sein Vetter Barnabas immer mehr an die zweite Stelle treten mußte. Beim Aufbruch in Antiochia war die Reihenfolge noch *Barnabas und Saulus* (V. 2) gewesen, beim Verlassen Zyperns waren es *Paulus und die um ihn waren* (V. 13). Doch was auch immer der Grund gewesen sein mag, Markus ging zurück; Barnabas selbst scheint daran keinen Anstoß genommen zu haben.

Barnabas und Paulus, jetzt allein, gingen weiter ins Land hinein. So kamen sie nach Antiochia in Pisidien, einer römischen Kolonie in der Provinz Galatia, und blieben dort einige Zeit. Römische Kolonien waren auf allen Missionsreisen des Paulus wichtige Punkte. Mit gutem strategischem Instinkt suchte er für seine Evangelisationen die wichtigsten Orte an den Hauptstraßen zwischen Rom und Jerusalem heraus. Auch eine andere seiner strategischen Methoden zeigt sich in Antiochia in Pisidien: er besuchte zuerst die Synagoge der Juden. »Zuerst zu den Juden« lautete das Programm des Paulus.

Am ersten Sabbat nach ihrer Ankunft in Antiochia in Pisidien gingen sie in die Synagoge. Nach der Lesung des Gesetzes und der Propheten forderten die Führer der Gemeinde die Fremdlinge auf, das, was sie der Gemeinde zu sagen hatten, jetzt zu sagen. Paulus stand auf um zu sprechen. Seine Rede wird ziemlich ausführlich wiedergegeben, wohl um ein Beispiel seiner Synagogenpredigten zu geben. Er beginnt mit der Befreiung Israels durch Gott und berichtet dann in groben Zügen die Geschichte des Volkes von Mose bis zu David. Von David kommt er auf den verheißenen Messias aus dem Geschlecht Davids zu sprechen und erklärt, daß dieser Messias schon gekommen sei in der Person Jesu. Jesu Tod und glaubhaft bezeugte Auferweckung haben ihn als den in den Schriften verheißenen Messias erwiesen. Wie Petrus am Pfingsttag weist auch er darauf hin, daß sich die Worte aus Ps 16,10: *Du wirst es nicht zugeben, daß dein Heiliger die Verwesung sehe* nicht auf David beziehen konnten, da David starb und verweste; sie mußten sich vielmehr auf den Nachkommen Davids beziehen, der vom Tod auferstehen sollte. Die Predigt schließt mit einem Zitat aus dem Propheten Habakuk, dessen Warnung Paulus auf die Gegenwart bezieht.

14 *Antiochia in Pisidien:* Eigentlich lag die Stadt nicht *in*, sondern nahe an der Grenze zu Pisidien (eins der Gebiete der Provinz Galatien). **15** *Nach der Lesung des Gesetzes und der Propheten:* Das Gesetz wurde nach einem festgelegten Plan gelesen, die Stellen aus den Propheten wurden möglichst passend zu den verlesenen Gesetzestexten ausgesucht. *Die Vorsteher der Synagoge:* Sie planten die Gottesdienste und forderten einzelne Mitglieder der Versammlung auf, die Lesungen zu halten und kurze Auslegungen zu geben.

16 *Ihr Männer von Israel und ihr Gottesfürchtigen:* Diese Worte richten sich an beide Gruppen der Gemeinde, an die Juden und die gottesfürchtigen Heiden (s.a. 10,2). **18** *Ertrug er:* Andere Übersetzungen haben, ausgehend von einer etwas veränderten Form eines griech. Verbs: »er trug sie wie ein Pfleger« bzw. »pflegte er sie« (vgl. 5Mo 1,31). **19** *Sieben Völker:* S. 5Mo 7,1. **20** *In etwa vierhundertfünfzig Jahren:* Diese Zeitangabe bezieht sich wahrscheinlich auf die Zeitspanne zwischen der Patriarchenzeit und der Landnahme. **22** *Ich habe David gefunden ...:* Zitat aus Ps 89,21 und 1Sam 13,14. Das bis hierhin Erzählte deckt sich mit dem immer wiederkehrenden atl. Glaubensbekenntnis bzw. mit dem Bericht von Gottes Gnadenhandeln an seinem Volk; vgl. 5Mo 26,5-9; Ps 78. **24-31** enthalten den eigentlichen Kern der apostolischen Predigt, vgl. auch 10,36-43. **25** *Ich bin nicht der:* d.h. der Messias. Vgl. Joh 1,20.21. **29** *Nahmen sie ihn von dem Holz:* eine verallgemeinernde Mehrzahlform. In den Evangelien wird berichtet, daß Josef von Arimathäa und Nikodemus dies taten. **33** *Uns, ihren Kindern:* Besser: »uns und unseren Kindern«. *Indem er Jesus erweckte* (EÜ): Gott erweckte Jesus als Messias, wie er seinem Volk David zum König erweckt hatte (V. 22; vgl. 3,26; 5,30). Vgl. auch V. 34, wo im Gegensatz zu V. 33 die Rede von der Auferweckung von den Toten ist. *Du bist mein Sohn, heute habe ich dich gezeugt:* Zitat aus Ps 2,7. Die Salbung eines Königs »war der symbolische Geburtstag, an dem er, als Repräsentant des Volkes, in ein Sohnesverhältnis zu Jahwe trat« (F. H. Chase). In unserem V. wird wahrscheinlich auf die Taufe Jesu angespielt (als Jesus von Gott angeredet wurde: »Du bist mein Sohn ...«). **34** *Ich will euch die Gnade, die David verheißen ist, treu bewahren:* Zitat aus Jes 55,3. Die David »verheißene Gnade« geht in Erfüllung in der Auferstehung Christi. **39** *Ist der gerecht gemacht, der an ihn glaubt:* Dies ist die einzige Predigt des Paulus in Apg, in der ausdrücklich von der Rechtfertigung (griech.: *dikaioō*) die Rede ist. Glaube an Christus macht den Menschen gerecht vor Gott; das war unter dem Gesetz unmöglich. **41** *Seht, ihr Verächter ...:* vgl. Hab 1,5 (wo wiederum Jes 29,13.14 aufgenommen wird). Das Wort *Verächter* stammt aus der LXX, wo es statt »unter die Völker« (MT) steht.

13,42-52 Die Antwort auf das Evangelium in Antiochia in Pisidien

Die Heiden, die »Gottesfürchtigen«, die am jüdischen Gottesdienst teilnahmen und auch z.T. das jüdische Gesetz (z.B. den Sabbat) hielten, ohne jedoch Proselyten zu werden, hatten der Botschaft des Paulus mit besonderem Interesse gelauscht. Vor allem hatte sie die Predigt von der Vergebung der Sünden in Christus angesprochen, weswegen sie Paulus baten, am nächsten Sabbat noch einmal zu ihnen zu sprechen. Diese Gruppe von Menschen bildete in den meisten Städten, in die Paulus kam, die Kerngemeinde, weil er ihnen in Christus die Gleichstellung mit den jüdischen Gläubigen vor Gott anbot, ohne sie zu drängen, die jüdischen Gesetze und Vorschriften zu erfüllen und Proselyten zu werden.

Das weckte bei den Juden der Diaspora Neid, da sie gehofft hatten, die Heiden, die sich jetzt Paulus zuwandten, würden einmal zum jüdischen Glauben übertreten. Dieser Neid entstand auch sehr bald in Antiochia in Pisidien, da die »Gottesfürchtigen« die neue Botschaft überall verbreiteten und als Folge davon am nächsten Sabbat fast die gesamte heidnische Bevölkerung der Kolonie die Synagoge besuchte. Als die Juden ihre Verärgerung zum Ausdruck brachten, sagte ihnen Paulus, daß er sich, so lange sie sich des ewigen Lebens nicht wert achteten, an die Heiden wenden werde, eine Regel, an die er sich von nun an in jeder Stadt hielt. Aufgrund dieses Widerstands von seiten der Juden mußten Paulus und Barnabas schließlich die Stadt verlassen; es hatten sich jedoch schon einige »Gottesfürchtige« zu Christus bekehrt und eine Gemeinde gebildet.

43 *Gottesfürchtige Judengenossen:* Es ist nicht klar, ob hier Proselyten oder »Gottesfürchtige« gemeint sind, doch falls von letzteren die Rede ist (was das griech. *sebomenoi* nahelegt), wäre dies die einzige Stelle, an der sie mit dem Wort »Proselyten« (im griech. Text: *prosēlytoi)* bezeichnet werden; sonst wird dieses Wort immer nur in seinem engeren Sinn gebraucht. **46** *Des ewigen Lebens* (griech.: *zōē aiōnios*): Das steht hier für den jüd. Ausdruck »das Leben der zukünftigen Welt«, ein Leben, das die Christen schon in dieser Zeit empfangen, das Auferstehungsleben. **47** *Ich habe dich zum Licht der Heiden gemacht . . .:* Dieses Zitat aus einem der Gottesknechtslieder Jesajas (Jes 49,6) sagt aus, daß das Werk des Gottesknechts, das Jesus begonnen hat, von seinen Nachfolgern weitergeführt wird. **48** *Die zum ewigen Leben bestimmt waren:* vgl. V. 46. Das mit *bestimmt* übersetzte Verbum hat hier fast die Bedeutung »eingeschrieben«. Vgl. Offb 13,8; 17,8.

14,1-28 Ikonion, Lystra und Derbe

Die nächste Stadt, in deren Synagoge die Apostel predigten, war Ikonion. Auf ihre Predigt hin glaubten sowohl viele Juden als auch Heiden. Doch schon bald mußten sie Ikonion aus demselben Grund verlassen wie Antiochia. Sie flohen vor der Verfolgung aus dieser Stadt und gingen nach Lystra, in eine andere römische Kolonie. Dort verursachte die Heilung eines Gelähmten durch Paulus einen Ausbruch religiöser Begeisterung unter der anatolischen Urbevölkerung. In der Annahme, daß ihre Stadt wieder einmal die Gunst genieße, den Besuch des höchsten Gottes und seines Boten zu empfangen, wie es eine mythologische Erzählung überliefert, machten sie sich auf, den Missionaren göttliche Ehren zu erweisen.

Als die Apostel bemerkten, was im Gange war (der lykaonische Dialekt, den die Menschen sprachen, hatte es ihnen unmöglich gemacht, die Situation sofort zu erfassen), gelang es ihnen mit viel Mühe, die Menschen von ihrem Vorhaben abzubringen. Paulus nutzte auch diese Gelegenheit, den Menschen den einen Schöpfer zu verkündigen, der sich in seiner Schöpfung und in seinem Handeln in der Geschichte offenbart. Die kurze Zusammenfassung seiner Rede hier ähnelt dem längeren Bericht über seine Rede in Athen (17,22.31); wenn wir in Kap. 13 das Beispiel einer Synagogenpredigt des Paulus haben, so haben wir hier das Beispiel einer Rede vor Heiden.

Der Besuch in Lystra fand ein gewaltsames Ende durch Juden aus Antiochia in Pisidien und Ikonion, die einen Tumult anzettelten, in dem Paulus, obwohl er kurz zuvor noch als Bote der Unsterblichen verehrt worden war, gesteinigt und vermeintlich tot aus der Stadt geschleppt wurde. Als er wieder erwachte (die Art des Berichts läßt an ein Wunder denken), ging er mit seinen Freunden in die Nachbarstadt Derbe. Nachdem sie auch dort ihre Botschaft verkündet und eine Gemeinde gegründet hatten, zogen sie über Lystra, Ikonion und Antiochia in Pisidien zurück, ermutigten die neuen Jünger und gaben den jungen Gemeinden durch die Einsetzung von Ältesten eine feste Ordnung. Manche heutigen Missionare würden es kaum für klug halten, gerade erst zum Christentum übergetretene Heiden zu Ältesten zu machen! Wir sollten auch den Mut der Apostel nicht übersehen, mit dem sie Orte, aus denen sie erst vor kurzem gewaltsam vertrieben worden waren, wieder aufsuchten. Von diesen Städten aus zogen sie zur Küste und predigten unterwegs das Evangelium. In Attalia bestiegen sie ein Schiff, das sie zum Fluß Orontes bringt und von da aus nach Antiochia in Syrien.

1 *Ikonion:* Heute der Eisenbahnknotenpunkt Konya, damals die östlichste Stadt des phrygischen Teils der Provinz Galatien. **2** lautet im westlichen Text: »Aber die jüdischen Synagogenvorsteher setzten eine Verfolgung der Gerechten in Gang und entrüsteten die Seelen der Heiden wider die Brüder. Doch der Herr gab bald Frieden.« Diese Änderung ist sicher vorgenommen worden, um den Übergang von V.2 zu V.3 weniger kraß zu machen, doch sie setzt zwei Verfolgungen voraus. V.2 ist eingeschoben, um V.5 vorzubereiten. **4** *Mit den Aposteln:* Barnabas war ebensowenig einer der Zwölf wie Paulus, doch auch er dürfte ein Zeuge der Auferstehung gewesen sein. **6** *In die Städte Lykaoniens, nach Lystra und Derbe:* d.h. sie überschritten die Gebietsgrenze zwischen Phrygien und Lykaonien, Regionen, die zur römischen Provinz Galatia gehörten. **12** *Und sie nannten Barnabas Zeus und Paulus Hermes:* Die Bewohner Lystras benutzten sicher lykaonische Namensformen (vgl. V.11). Eine Inschrift auf einem Altar in der Nähe von Lystra berichtet, daß Männer mit lykaonischen Namen dem Zeus eine Hermesstatue geweiht haben. Ein anderer Altar in der Nachbarschaft ist »dem, der Gebete hört« (vermutlich Zeus) und Hermes geweiht. Die Geschichte Ovids von Philemon und Baucis, die diese beiden Götter, ohne es zu wissen, freundlich bewirteten, stammt auch aus dieser Gegend. *Weil er das Wort führte:* So wird Hermes auch in den ägyptischen Mysterien charakterisiert. **13** *Der Priester des Zeus aus dem Tempel vor ihrer Stadt:* d.h. vor den Stadttoren (der Tempel des Zeus Propolis). **15** *Daß ihr euch bekehren sollt von diesen falschen Göttern zu dem lebendigen Gott:* Vgl. 1Thes 1,9, wo eine ganz ähnliche Formulierung gebraucht wird. **16** *In den vergangenen Zeiten:* vgl. »die Zeit der Unwissenheit« in 17,30.

19 *Es kamen aber von Antiochia und Ikonion Juden dorthin:* Antiochia in Pisidien ist gemeint. *Und steinigten Paulus:* vgl. 2Kor 11,25: »einmal gesteinigt«. **20** *Zog er mit Barnabas weiter nach Derbe:* in der Nähe von Kerti Hüyük, ca. 20 km nordnordöstlich von Laranda und ca. 100 km von Lystra entfernt. Es ist also besser zu übersetzen: »machte er sich . . . auf nach Derbe«. **22** *Wir müssen durch viele Bedrängnisse in das Reich Gottes eingehen:* ein Übergang von indirekter zu direkter Rede. Hier ist das »Reich Gottes« etwas noch zu Verwirklichendes. **23** *In jeder Gemeinde:* Die auf dieser Reise von Barnabas und Paulus gegründeten Gemeinden empfingen später den Galaterbrief. **25** *Attalia:* das heutige Antalya an der Mündung des Cataractes war damals der wichtigste Hafen Pamphyliens. **27** *Wieviel Gott durch sie getan . . . hätte:* In dieser Formulierung wird deutlich, daß die Apostel sich nur als Gottes Gehilfen verstanden oder sogar nur als seine Instrumente. **28** *Eine nicht geringe Zeit:* eine für Lukas charakteristische Wendung. Möglicherweise ist ca. ein Jahr gemeint.

15,1-16,5 Der Brief der Apostelversammlung zu Jerusalem

15,1-29 Der Brief wird geschrieben. Die Heidenmission führte zu einer dominierenden Stellung der heidenchristlichen Gemeinden und zu einer zahlenmäßigen Mehrheit der Heidenchristen gegenüber den Christen mit jüdischer Herkunft. Angesichts dieser Entwicklung sah sich die streng orthodoxe Partei der Jerusalemer Gemeinde zum Handeln gezwungen. So starteten sie in Antiochia, der wichtigsten heidenchristlichen Gemeinde, eine Kampagne, um für alle Christen die vollständige Übernahme der jüdischen Vorschriften als unabdingbare Voraussetzung für die Erlangung des Heils und der Gemeinschaft mit den Judenchristen durchzusetzen.

Was sich dabei in Antiochia abspielte, beschreibt Paulus in Gal 2,11ff. Die Judenchristen versuchten, ihr Ziel mit solcher Gewalt zu erreichen, daß sogar Petrus, der sich zu der Zeit in Antiochia aufhielt und sehr wohl wußte, was in dieser Angelegenheit richtig und falsch war, »heuchelte«, wie Paulus es nennt, und sich von den Heidenchristen zurückzog. Diese Handlung hatte, obwohl Petrus sie aus Zweckmäßigkeitsgründen gerechtfertigt haben mag, verheerende Folgen; sogar Barnabas paßte sich an. Paulus griff hart in das Geschehen ein und beschuldigte Petrus offen der Heuchelei. Dieser Tadel hatte einen heilsamen Effekt; auf der abschließenden Versammlung in Jerusalem unterstützte Petrus die Argumente des Paulus voll und ganz.

Doch das Problem, das die Judenchristen aufgeworfen hatten, mußte ausdiskutiert und schließlich gelöst werden, wenn die christliche Gemeinde sich nicht schon am Anfang in eine judenchristliche und eine heidenchristliche spalten wollte. Deshalb sandte die Gemeinde in Antiochia Delegierte zu den Aposteln und Ältesten in Jerusalem. Dort wurde die Frage von ihnen allen auf der Versammlung, die als Apostelkonzil bekannt ist, gründlich besprochen. Trotz der Argumente der pharisäischen Partei in der Gemeinde faßte das Konzil einen liberalen Entschluß. Dazu hatte vor allem die Stellungnahme des Petrus, unterstützt von den Berichten des Barnabas und des Paulus von den Segnungen Gottes in der Heidenmission, und schließlich die Zusammenfassung des Jakobus beigetragen.

Den Heiden sollten bei ihrer Bekehrung keine Auflagen gemacht werden, außer der einen Bedingung, die Gott selbst gestellt hatte: Glaube an Christus. Nachdem das Grundsätzliche geklärt war, war es leichter, die in den Gemeinden auftretenden praktischen Probleme anzugehen. Man traute den Heidenchristen so viel Rücksichtnahme und Flexibilität zu, daß sie auf bestimmte Bedenken der Judenchristen Rücksicht nehmen würden. So wurde als Ergebnis der Versammlung ein Brief an die Gemeinde in Antiochia und an deren Tochtergemeinden geschrieben, in dem diese gebeten wurden, kein Götzenopferfleisch, kein Blut und kein Fleisch, das nicht ausgeblutet war *(vom Ersticktén),* zu essen, und sich den jüdischen Geboten, die die Beziehungen zwischen den Geschlechtern ordnen, unterzuordnen. Es ist unsinnig, zu behaupten, wie es einige getan haben, daß Paulus solche Bedingungen für seine heidenchristlichen Gemeinden nie akzeptiert haben würde. Wo es um grundsätzliche Dinge ging, war Paulus nicht kompromißbereit, doch wo die Grundsätze nicht angetastet wurden, war er offen und entgegenkommend. Es gibt viele Stellen in seinen Briefen, an denen er die Christen bittet, die Skrupel und das Gewissen anderer zu respektieren (vgl. 1Kor 8,1ff; Röm 14,1ff).

1 *Und einige kamen herab von Judäa:* Das dürften dieselben Männer sein, die auch in Gal 2,12 erwähnt werden: »bevor einige von Jakobus kamen« (obwohl eine wichtige Handschrift nur die Singularform überliefert: »Jemand kam von Jakob«). Vgl. V. 24. **5** *Einige von der Partei der Pharisäer:* Es gab nichts, was einen Pharisäer daran hinderte, Jesus als Messias anzunehmen und doch die spezifisch pharisäischen Lehren beizubehalten; er tendierte allerdings dahin, gesetzlich zu denken. (Paulus war da eine große Ausnahme.) *Man muß sie beschneiden und ihnen gebieten, das Gesetz des Mose zu halten:* Das »ihnen« meint sicher Heidenchristen. Es ist nicht klar, ob sich das »muß« auf die Heilsnotwendigkeit oder nur auf die Anerkennung durch und die Gemeinschaft mit Judenchristen bezieht. Für die Pharisäer würde dies wahrscheinlich auch eine Unterscheidung ohne echten Unterschied gewesen sein.

6 *Da kamen die Apostel und die Ältesten zusammen:* Nach V. 12 hat es den Anschein, als seien außer diesen noch andere Mitglieder der Jerusalemer Gemeinde anwesend gewesen *(die ganze Menge),* obwohl die Beratung und Entscheidung bei den Leitern lag. **7** *Daß durch meinen Mund die Heiden das Wort des Evangeliums hörten und glaubten:* eine Bezugnahme auf das Ereignis mit Kornelius (s. Kap. 10). **8** *Und ihnen den heiligen Geist gegeben wie auch uns:* vgl. 10,47; 11,15-17. **9** *Nachdem er ihre Herzen gereinigt hatte durch den Glauben: gereinigt* (wörtl.: reinigend ihre Herzen . . .) ist ebenso wie *gegeben* in V. 8 im griech. ein Partizip im Aorist; es soll hier Gleichzeitigkeit ausdrücken. Die genannten Verben beziehen sich hier und in V. 8 auf dasselbe Ereignis: als die Heiden glaubten, kam der Heilige Geist auf sie und reinigte ihre Herzen (vgl. 10,15: »Was Gott gereinigt hat . . .«). **10** *Ein Joch . . ., das weder unsere Väter noch wir haben tragen können:* Die Vorschriften der jüdischen Religion werden von den Rabbinen oft als »Joch« bezeichnet (vgl. die Worte Jesu: »mein Joch«, Mt 11,29.30). Petrus gibt in seinen Worten wahrscheinlich nur die Einstellung des einfachen jüdischen Volkes (im Unterschied zu den Pharisäern) wieder, was die Praktikabilität des Gesetzes angeht. **11** *Vielmehr glauben wir . . .:* Die Aussage dieses Verses ist wohl: »Doch durch die Gnade des Herrn Jesus sind wir aus Glauben gerettet, wie auch sie.«

13 *Antwortete Jakobus:* Zu dieser Zeit scheint Jakobus der anerkannte Leiter der Jerusalemer Gemeinde gewesen zu sein, und noch dazu einer, der auf das Vertrauen der Gesetzlichen rechnen konnte. **14** *Simon:* das ist Petrus; die Form »Simeon« gibt den hebr. Namen *schim'on* genauer wieder. *Um aus ihnen ein Volk für seinen Namen zu gewinnen:* aus den Heidenvölkern ebenso wie aus den Juden. **15** *Und dazu stimmen die Worte der Propheten:* Das Folgende ist größtenteils zitiert aus Am 9,11.12 (LXX), mit Ergänzungen am Anfang und am Ende aus Jer 12,15 und Jes 45,22. Die Prophetie von der Wiederaufrichtung des Hauses Davids und die Ausweitung seiner Herrschaft auch über die Heiden ist nun darin in Erfüllung gegangen, daß nicht nur Juden, sondern auch viele Heiden dem Sohn Davids die Treue halten.

20 *Enthalten:* Die für die sozialen Kontakte gemachten Auflagen entsprechen den wichtigsten Speisevorschriften. *Unzucht* (griech.: *porneia*): hier dürften Verstöße gegen das jüdische Ehegesetz aus 3Mo 18 gemeint sein (Unzucht im weiteren Sinn war sowieso allen Christen untersagt). Im »westlichen« Text sind diese Vorschriften hier und in V. 29 (sowie in 21,25) als ethische Regeln verstanden – Enthaltung von Götzendienst, Unzucht (im allgemeinen Sinn) und Blutvergießen – hinzugefügt wird die negative Form der »goldenen Regel«: »was du nicht willst, das man dir tu, das füg auch keinem andern zu«. Der »westliche« Text spiegelt jedoch eine Zeit, in der die Spannungen zwischen Juden- und Heidenchristen längst der Vergangenheit angehörten. **21** *Denn Mose hat von alten Zeiten her . . .:* d.h. es besteht keine Gefahr, daß das mosaische Gesetz in Vergessenheit gerät, da es regelmäßig in allen Synagogen der Welt gelesen wird. **28** *Denn ge-*

fällt dem heiligen Geist und uns: Die Versammlung war so vom Heiligen Geist erfüllt, daß sie zum Sprachrohr des Geistes wurde.

15,30-16,5 Der Brief wird in Empfang genommen. Der Brief wurde von Judas und Silas, zwei Jerusalemer Christen, nach Antiochia gebracht. Sie begleiteten die antiochenischen Gesandten auf ihrer Rückreise. Der Inhalt des Briefes wurde in Antiochia zustimmend aufgenommen.

Paulus und Barnabas waren sich darin einig, daß sie noch einmal die Gemeinde besuchen wollten, die sie auf ihrer letzten Reise gegründet hatten, doch sie waren sich uneinig, was Markus anging. Barnabas weigerte sich, auf die Gesellschaft seines Vetters zu verzichten, und das Ergebnis des Streites waren zwei Missionsreisen anstatt einer: Barnabas und Markus reisten nach Zypern, während Paulus mit Silas, der sowohl Mitglied der Jerusalemer Gemeinde als auch, was von Vorteil sein konnte, römischer Bürger war, die kleinasiatischen Städte durchreiste, die er schon einmal besucht hatte.

34 ist eine Ergänzung aus dem »westlichen« Text und gehört eigentlich nicht an diese Stelle. Er widerspricht V. 33 und soll nur erklären, warum Silas in V. 40 wieder in Antiochia auftaucht. Am einfachsten ist die Annahme, daß Paulus ihn aus Jerusalem holen ließ. **39** *Und sie kamen scharf aneinander* (im Griech. steht hier ein Substantiv: *paroxysmos*): Es ist sinnlos, zu versuchen, einem der Apostel die Schuld zuzuschieben; die spätere Entwicklung des Markus gab dem Barnabas recht, doch es kann sein, daß Markus sich mit Paulus zusammen anders entwickelt hätte. **40** *Paulus aber wählte Silas,* der in den Briefen des Paulus und in 1Petr 5,12 Silvanus genannt wird. Aus 16,37 geht hervor, daß er, wie Paulus, römischer Bürger war. **41** *Syrien und Zilizien:* die Doppelprovinz, die auch in der Adresse des Aposteldekrets (V. 23) genannt wird.

16,1 *Dort war ein Jünger:* d.h. er wohnte in Lystra, sein guter Ruf war aber wohl auch in den benachbarten Orten Derbe und Ikonion bekannt. *Einer jüdischen Frau, die gläubig war:* Sie wird in 2Tim 1,5 Eunike genannt. Aus ihrer »Mischehe« schließt Ramsay, daß die phrygischen Juden nicht so exklusiv waren wie die palästinischen. **3** *Paulus... beschnitt ihn:* damit er bei der Verbreitung des Evangeliums von größerem Nutzen sein konnte. Manche haben Paulus deshalb der Inkonsequenz beschuldigt (oder die Richtigkeit des lukanischen Berichts angezweifelt), doch die Konsequenz des Paulus liegt auf einer höheren Ebene, von der in 1Kor 9,19-23 gesprochen wird. Paulus kämpfte gegen die Vorstellung, daß die Beschneidung für Christen heilsnotwendig sei, doch die Beschneidung an sich war religiös neutral (1Kor 7,19; Gal 5,6; 6,15). Timotheus war von seiner jüdischen Mutter und Großmutter ganz im Sinne der jüdischen Religion erzogen worden, mit Ausnahme der Beschneidung. Außerdem galt er, da seine Mutter Jüdin war, in den Augen der Juden als Jude, wenn auch nicht im Vollsinn, weil er, da sein Vater Grieche gewesen war, nicht beschnitten war. Um ihn aus dieser Ausnahmesituation herauszuholen, beschnitt Paulus ihn; es war besser für Timotheus, eine Sache konsequent durchzuführen als immer zwischen den Fronten zu stehen. **4** *Übergaben sie ihnen ...:* Dieser Satz steht im »westlichen« Text in 15,41, und das war wohl auch sein ursprünglicher Kontext, da die *Beschlüsse* für die Gemeinden in Syrien und Zilizien bestimmt waren, und nicht für die in Süd-Galatien, von denen hier die Rede ist.

16,6-19,40 Die Evangelisierung der ägäischen Küste

16,6-40 Nach Europa: Predigt in Philippi

Als die drei sich auf dem Weg nach Ephesus befanden, wurden ihnen immer wieder himmlische Weisungen zuteil, die ihnen manche Wege versperrten und sie immer weiter nach Norden führten, bis sie sich im ägäischen Seehafen von Troas befanden, einer römischen Kolonie, wo ein vierter zu ihnen stieß: Lukas, der diese Geschichte berichtet.

In Troas hatte Paulus die Vision, aufgrund deren die Gruppe zu der Einsicht kam, daß es Gottes Wille war, das Evangelium auf dem europäischen Festland zu predigen. So segelten sie durch die Nordägäis, gingen in Mazedonien an Land und wanderten von dort aus zur Kolonie Philippi. Hier blieben sie, denn Paulus sah, wie wichtig eine Gemeindegründung in dieser Stadt war, die am östlichen Ausgangspunkt einer der großen römischen Straßen lag, der Via Egnatia, die die Ägäis mit der Adria verband. Wahrscheinlich dachte Paulus an den Status der Stadt als römische Kolonie, als er später die Christen in Philippi daran erinnerte, daß sie »eine Kolonie des Himmels seien« (unser Bürgerrecht ist im Himmel; Phil 3,20).

Es gab offensichtlich keine Synagoge in Philippi, wohl deshalb, weil die dafür benötigte Mindestzahl von zehn Männern nicht vorhanden war. Doch am Fluß Gangites fanden sie einen Ort, *wo wir dachten, daß man zu beten pflegte* (V. 13), und sprachen zu den Frauen, die sich dort versammelten. Eine von ihnen, Lydia von Thyatira, die mit Purpurfarbe handelte, für die ihre Geburtsstadt berühmt war, glaubte an das Evangelium und ließ sich mit ihrem ganzen Haus taufen. Sie bot den Missionaren an, in ihrem Haus zu wohnen.

Lydia war die erste von drei Menschen aus

Philippi, von denen besonders berichtet wird, wie Christus ihr Leben veränderte. Und diese drei Menschen waren so verschieden, daß es scheint, als seien sie absichtlich ausgewählt worden, um zu zeigen, daß Christus den verschiedensten Charakteren Frieden und Befreiung geben kann. Die zweite war ein wahrsagendes Sklavenmädchen, das nicht aufhörte, auf den Straßen Philippis unaufgefordert herauszuschreien, in wessen Auftrag Paulus und seine Freunde gekommen waren, bis Paulus im Namen Christi den Geist, von dem sie besessen war, austrieb. Unglücklicherweise hatte er damit auch, so sahen es zumindest ihre Besitzer, eine gute Einnahmequelle ausgetrieben. Deshalb ließen sie Paulus und Silas vor die Prätoren schleifen, - dies war der etwas hochtrabende Name, mit dem sich die Obersten dieser und anderer Kolonien gerne bezeichneten - und klagten: *»Diese Menschen bringen unsere Stadt in Aufruhr;... und verkündigen Ordnungen, die wir weder annehmen noch einhalten dürfen, denn wir sind Römer.«* Es ist bemerkenswert, daß es in beiden Fällen, in denen Heiden etwas gegen das Christentum vorzubringen haben, um handfeste finanzielle Dinge geht; der andere Fall dieser Art ereignete sich in Ephesus (19,23ff).

Petrus und Silas wurden wohl nicht nur verhaftet, weil sie die Führer der Missionsgruppe waren, sondern sicherlich auch, weil sie jüdischer aussahen als Timotheus, dessen Vater Grieche gewesen war, oder Lukas, der wahrscheinlich selbst Grieche war. Die Obersten ließen die zwei Männer, ohne die Anklage sorgfältig zu überprüfen, mit Ruten schlagen und einkerkern. Doch während die beiden Missionare trotz ihrer verkrampften und schmerzhaften Haltung um Mitternacht Gott laut priesen, löste ein Erdbeben ihre Fesseln und öffnete die Türen des Kerkers. Der Kerkermeister, womöglich ein ehemaliger Soldat, war durch das Beben sowohl körperlich als auch geistig hellwach geworden und sah schnell ein, daß er den Männern, die er ein paar Stunden zuvor in den Block geschlossen hatte, sein Leben und die Rettung seiner Seele zu verdanken hatte. V.25-34 bilden eine Einheit, die, ohne den Verlauf der Geschichte zu stören, aus dem Text herausgenommen werden könnte, doch kann man daraus nicht folgern, daß sie nicht ursprünglich zum Bericht des Lukas gehört hätten.

Die Prätoren, die die Gefangenen am nächsten Morgen freilassen wollten, fanden sich plötzlich in einer unangenehmen Situation, da sie in der Aufregung des vergangenen Tages vergessen hatten, feststellen zu lassen, ob die Angeklagten römische Bürger und damit vor der Strafe, zu der man sie verurteilt hatte, gesetzlich geschützt waren. Sie mußten sich demütig entschuldigen und die zwei Missionare feierlich aus dem Gefängnis nach draußen begleiten. Kurz darauf verließen Paulus, Silas und Timotheus die Stadt. Lukas blieb offensichtlich zurück, um beim Aufbau der neuen Gemeinde zu helfen, die bald beispielhaft für viele andere wurde.

6 *Phrygien und das Land Galatien:* d.h. durch den phrygischen Teil der Provinz Galatien. Nachdem ihnen der Weg in die Provinz Asien versperrt war, wandten sie sich nach Norden. Möglicherweise war es ihre ursprüngliche Absicht gewesen, der Küstenstraße in Richtung Westen nach Ephesus zu folgen. **9** *Ein Mann aus Mazedonien:* Es ist sinnlos zu fragen, woran Paulus ihn als Mazedonier erkannte; seine Worte: *Komm herüber nach Mazedonien und hilf uns!* sagten genug. **10** *Da suchten wir sogleich...:* Diese Worte bilden den Anfang des ersten »Wir-Berichtes« der Apg; er geht bis zu V.17.

11 *Neapolis:* der Hafen von Philippi, das heutige Kavalla. **12** *Philippi:* so genannt nach Philipp von Mazedonien, der es ca. 350 v.Chr. als befestigte Stadt wiederaufbaute. Die Stadt wurde römische Kolonie, als Antonius und Oktavian nach der Schlacht bei Philippi, 42 v.Chr., ihre Veteranen dort ansiedelten. *Das ist eine Stadt des ersten Bezirks von Mazedonien:* die Römer hatten Mazedonien in vier Verwaltungsbezirke aufgeteilt. **13** *Daß man zu beten pflegte:* normalerweise war solch ein Ort die Synagoge, doch hier nicht, da es nicht genug Männer für die Einrichtung einer Versammlung gab.

16 *Die hatte einen Wahrsagegeist* (wörtl.: »einen pythischen Geist«): Man glaubte, daß Menschen mit einem solchen Geist von Apollo inspiriert wären, dem pythischen Gott, dessen Orakel in Delphi war (Delphi wird auch Python genannt). Als Verkörperung des Apollo galt eine Schlange (die »Python«). **17** *Knechte des allerhöchsten Gottes, die euch den Weg des Heils verkündigen:* Diese religiösen Begriffe waren in griechischen Kreisen der damaligen Zeit ebenso geläufig wie in jüdischen. Auch bei den Heiden war der Inhalt vieler Gebete und Gelübde die Bitte um »Heil« (griech.: *sōtēria*), die sich an den »allerhöchsten Gott« (griech.: *theos hypsistos*) oder an andere rettende Gottheiten richteten (griech.: *theoi sōtēres*). Auch in den Mysterienreligionen wurde den Eingeweihten Heil versprochen. **20** *Stadtrichter:* genauer: die »Obersten« oder die »Prätoren« (das ist die Bedeutung des griech. *stratēgoi,* wenn es im zivilen Bereich als Titel gebraucht wird). Gemeint sind damit die beiden obersten Richter der Kolonie. Das allgemeinere griech. Wort *archontes,* am Ende von V.19, ist dort mit »Obere« übersetzt. 22 *Und befahlen, sie mit Stökken zu schlagen:* Vgl. 2Kor 11,25, wo Paulus sagt, daß er eine solche Strafe noch zweimal erlitten hat. Die Ruten trugen die Begleiter der Prätoren, die Liktoren, in Bündeln *(fasces)* als Dienstabzeichen bei sich. 24 *Legte ihre Füße in den Block:* Der Block war gleichzeitig Fessel und Folterinstrument, da er mehr als zwei Löcher für die Beine enthielt, die somit weit gespreizt werden konnten, was große Unbequemlichkeit und Schmerzen verursachte.

25 *Beteten Paulus und Silas und lobten Gott:* »Die Beine fühlen im Block keinen Schmerz, wenn das Herz im Himmel ist«, sagt Tertullian. 27 *Und wollte sich selbst töten:* da er für die Sicherheit der Gefangenen verantwortlich war und von dieser Verpflichtung auch nicht durch ein Erdbeben entbunden wurde. 28 *Wir sind alle hier!:* Das läßt vermuten, daß die beiden Missionare in der Lage waren, eine gewisse moralische Kontrolle über die anderen Gefangenen auszuüben. Sie konnten den Aufseher und seine Bewegungen von innen her vielleicht als Schatten sehen, doch sie selbst waren für ihn im Dunkel unsichtbar. 30 *Was muß ich tun, daß ich gerettet werde?:* Es ist nicht klar, was für eine Rettung er eigentlich mit dieser Frage meinte, doch die Rettung, die er bekam, bedeutete für ihn das volle Heil, da sie aus dem Glauben *an den Herrn Jesus* kam (V.31). 33 *Und wusch ihnen die Striemen. Und er ließ sich ... taufen:* »Er wusch ihnen ihre Striemen und wurde selbst von seinen Sünden rein gewaschen« (Chrysostomos). 34 *Mit seinem ganzen Haus* (griech.: *panoikei)* bezieht sich im griech. Text sowohl auf *freute sich,* als auch auf *zum Glauben gekommen war.* Zur Bekehrung ganzer Häuser zum Christentum vgl. die Erzählungen von Kornelius (11,14), Lydia (16,15) und Krispus (18,8). 35 *Die Amtsdiener,* d.h. die Liktoren, wörtl.: »Rutenträger« (griech.: *rhabdouchoi).* 37 *Ohne Recht und Urteil,* griech.: *akatakritos:* was dem lat. *re incognita* entspricht: »ohne Nachforschungen anzustellen«. Durch eine Reihe von Gesetzen (die seit der frühesten Zeit der Republik bestanden, bis ca. 23 n.Chr.) waren römische Bürger von allen entehrenden Strafen befreit. 39 *Baten sie, die Stadt zu verlassen:* Sie konnten römische Bürger nicht aus einer römischen Stadt weisen, sondern sie nur bitten, die Stadt von sich aus zu verlassen. Die Verantwortung, zwei unbeliebte römische Bürger zu schützen, schien ihnen zu groß.

17,1-15 Thessalonich und Beröa

Paulus und seine Begleiter gingen nun über die Via Egnatia bis nach Thessalonich, der Hauptstadt Mazedoniens, wo sie gerade lange genug blieben, um eine neue Gemeinde zu gründen. Die Botschaft, die sie in Thessalonich verkündeten, wird kurz in 1Thes 1,9.10 wiedergegeben. Paulus predigte das Evangelium zuerst an drei aufeinanderfolgenden Sabbattagen in der Synagoge, indem er anhand der Schriftlesungen erklärte, daß Jesus der Messias ist. Doch als die Juden ihn vor den Obersten der Stadt des Aufruhrs anklagten, mußte er so schnell wie möglich aus der Stadt fliehen. Als nächstes gelangte er nach Beröa und fand dort eine freundlichere jüdische Gemeinde vor als in Thessalonich. Doch die Juden aus Thessalonich waren ihm gefolgt und hetzten die Menschen gegen ihn auf. So verließ er auch Beröa und ging nach Athen, wo er auf Silas und Timotheus wartete, die zurückgeblieben waren. (Der Gang der Ereignisse zu diesem Zeitpunkt muß durch einen Vergleich dieser Stelle aus Apg mit 1Thes 2,17-3,8 rekonstruiert werden.)

1 *Amphipolis* am Fluß Struma und *Apollonia,* zwischen Struma und Vardar, waren mazedonische Städte an der Via Egnatia. Thessalonich, von den Römern 42 v.Chr. zu einer freien Stadt erhoben, war die Hauptstadt der römischen Provinz Mazedonien. 3 *Tat sie ihnen auf und legte ihnen dar:* er stellte neben die Verheißungen der Propheten die erst kürzlich geschehenen historischen Ereignisse, die deren Erfüllung darstellten. *Daß Christus leiden mußte:* Vgl. zur besonderen Betonung dieser Tatsache Lk 24,26.46. 5 *Üble Männer aus dem Pöbel:* »Faulenzer«, »Herumtreiber«. 6 *Die Obersten der Stadt,* griech.: *politarchai:* dieses Wort findet sich nicht in der klassischen Literatur, ist jedoch in einer Reihe mazedonischer Städte inschriftlich in dieser Bedeutung belegt. Thessalonich wurde von fünf Magistraten regiert, so hießen die Stadtobersten dort seit der Zeit des Augustus. *Diese, die den ganzen Weltkreis erregen:* das Verbum (griech.: *anastatoō)* läßt an subversive, revolutionäre Umtriebe denken. Es gibt aus dieser Zeit einige Hinweise auf militanten jüdischen Messianismus in verschiedenen Orten des Reiches. 7 *Ein anderer sei König* oder »sei Kaiser« bzw. »Herrscher«: dies war eine der schwerwiegendsten Anklagen, die keineswegs ignoriert werden durfte. 9 *Und erst nachdem ihnen von Jason Bürgschaft ... geleistet war:* Jason und seine Verwandten bürgten dafür, daß das Verhalten des Paulus keinen Anlaß zu Beschwerden mehr geben würde. Eine Bedingung dieser Bürgschaft war, daß Paulus die Stadt verließ, darauf bezieht sich auch 1Thes 2,18.

10 *Beröa,* eine Stadt in Thessalien. 14 *Bis an das Meer:* vielleicht nahm Paulus von da aus ein Schiff nach Piräus, dem Hafen Athens.

17,16-34 Paulus in Athen

Der Aufenthalt des Paulus in Athen wird von Lukas in einer Form berichtet, die für Kenner des klassischen Griechenland realistisch klingt. Ein paar Jahrhunderte früher waren die Bürger dieser Stadt von ihren Staatsmännern getadelt worden, daß sie sich für die letzten Neuigkeiten mehr interessierten als für dringend notwendige Aufgaben (vgl. 17,21). Wir erfahren nichts darüber, ob Paulus den Skulpturen des Pheidias Bewunderung zollte oder welche Gefühle ihn bewegten, als er sich in der Stadt befand, die als Wiege der Demokratie gilt. Allerdings machte es ihn traurig, diese schöne Stadt so voller Götzenbilder zu finden. Hier sprach er nicht nur zu den Juden in der Synagoge, sondern auch zu den Athenern auf dem Marktplatz, der *Agora*, die den Mittelpunkt des Lebens in Athen bildete. Er diskutierte mit den Anhängern von zwei philosophischen Schulen, den Stoikern und Epikureern. Die einen lehrten, daß Selbstgenügsamkeit, die anderen, daß Vergnügen das höchste Gut sei. Ihnen schien es, als wolle Paulus *fremde Götter verkündigen* (V. 18), und sie brachten ihn vor den Areopag, wo er seine Lehre darlegen sollte.

Der Areopag war die älteste Institution der Stadt, die angeblich von der Schutzgöttin der Stadt, Athene, eingesetzt worden war. Als Athen im 5. Jh. v.Chr. eine Demokratie wurde, büßte der Areopag einen Großteil seiner Autorität ein, hatte jedoch immer noch großes moralisches Prestige. Unter den Römern wuchs seine Bedeutung wieder. Es gibt Hinweise darauf, daß ihm zur Zeit der Apg auch die Aufgabe oblag, öffentliche Vorträge zu prüfen und zu beurteilen.

Die Rede des Paulus vor diesem Gremium, wie sie uns Lukas berichtet, war seiner Rede in Lystra nicht unähnlich (vgl. 14,15-17). Er bezieht sich auf eine Inschrift auf einem Altar: *Dem unbekannten Gott* und erklärt, daß er ihnen über diesen Gott einiges berichten kann. Er erzählt dann von dem Schöpfungs- und Gerichtshandeln Gottes. Sprachlich lehnt er sich an griech. Dichter an.

Weiterhin sagt Paulus, daß dieser Gott nicht nach heidnischer Art, wie in Athen oder in der heidnischen Welt allgemein üblich, angebetet werden will. Während Gott bisher über die Mißachtung der Menschen hinweggesehen habe, sei jetzt eine große Veränderung vor sich gegangen. Nun seien alle Menschen zur Umkehr aufgefordert angesichts des kommenden Gerichts über die Welt. Ein Erweis der Macht dieses Gottes liege in der Auferstehung dessen vor, der über die Welt Gericht halten werde. Die Zuhörer waren durchaus interessiert, bis Paulus von der Auferstehung sprach; das konnten sie nicht fassen. Die Unsterblichkeit der Seele war Bestandteil mehrerer ihrer philosophischen Systeme, doch die Auferstehung des Leibes schien ihnen ebenso absurd wie unattraktiv zu sein. Noch heute ist sie vielen ein Stein des Anstoßes, doch sie ist ein wesentlicher Bestandteil des christlichen Glaubens.

16 *Voller Götzenbilder:* d.h. voll von Tempeln und Bildnissen heidnischer Götter. **18** *Epikureer:* Die Epikureer sind nach Epikur (341-270 v.Chr.), dem Begründer dieser philosophischen Schule, benannt. Für sie ist der Lebensgenuß die Sinnerfüllung des menschlichen Daseins. *Stoiker:* Sie sind nach der bunt ausgemalten *Stoa* (Wandelhalle) benannt, in der Zenon (340-256 v.Chr.), der Begründer dieser Schule, lehrte. Für die Stoiker gibt es eine Weltvernunft über den Dingen, der der Mensch die eigenen Ziele ein- und unterordnen soll. *Schwätzer* (griech.: *spermologos*) (eine typisch athenische Wendung): ein intellektueller Marktschreier, jemand, der eine Art Second-Hand-Philosophie betreibt. *Von Jesus und von der Auferstehung: Jesus* und *Auferstehung* könnte die Bevölkerung Athens für Namen zweier neuer Gottheiten gehalten haben. **19** *Areopag:* Es handelt sich hierbei nicht um den Ort, sondern um das Gremium, eine Art Gerichtshof. Er war benannt nach dem Hügel *Ares (Areios pagos)*, auf dem er ursprünglich zusammengekommen war; doch zur Zeit des NT hatte er seine Zusammenkünfte in der königlichen Stoa an der Agora (Marktplatz). **21** *Alle Athener nämlich ... hatten nichts anderes im Sinn als etwas Neues zu sagen oder zu hören:* In der klassischen griech. Literatur findet sich diese Charakterisierung der Bürger Athens mehrmals. **22** *Areopag:* hier ist, ebenso wie in V. 19, nicht ein Ort, sondern eine Zusammenkunft von Männern gemeint. *Die Götter in allen Stücken sehr verehrt:* Josephus bezeichnet die Athener als »die religiösesten der Griechen«; ähnliches bezeugen Sophokles, Pausanias u.a. **23** *Dem unbekannten Gott:* Pausanias und Philostratus bestätigen, daß es in Athen Altäre gab, die »unbekannten« Göttern geweiht waren. **24** *Wohnt nicht in Tempeln, die mit Händen gemacht sind:* Vgl. 7,48. Das reflektierende Heidentum stimmte den auf der atl. Offenbarung beruhenden Ausführungen des Paulus zu, daß »kein von Menschen gebautes Haus in seinen umschließenden Mauern die Form Gottes einschließen« kann (Euripides). **25** *Auch läßt er sich nicht ... dienen:* Die Betonung liegt darauf, daß es nichts gibt, was Menschen Gott geben könnten. Dadurch könnten sich sowohl die Epikureer in ihrer Ansicht, daß das göttliche Wesen nichts braucht, was Menschen geben könnten, als auch die Stoiker darin, daß Gott die Quelle allen Lebens ist, bestätigt finden. 26 *Aus einem Menschen:* Adam, der eine Mensch, von dem nach dem Zeugnis der Bibel alle Menschen abstammen. Das widersprach dem Glauben der Athener, daß sie selbst aus der Erde Attikas entstanden seien. *Und er hat festgesetzt, wie lange ...:* Vgl. »fruchtbare Zeiten« aus 14,17. *Und in welchen Grenzen sie wohnen sollen:* Vgl. 5Mo 32,8. 28 *Denn in ihm leben, weben und sind wir ...:* Dieses Zitat aus Schriften des Epimenides von Kreta ist aus mehreren Gründen interessant. Zum einen war es, nach griech. Legenden, Epimenides, der den Rat gab, in und um Athen »anonyme Altäre« zu errichten; zum anderen, weil eine andere Zeile aus demselben Werk des Epimenides in Tit 1,12 zitiert wird. Dort redet Epimenides den höchsten Gott an:

»Sie richteten ein Grab für Dich her, Heiliger und Erhabener,
Die Kreter, diese Lügner, diese wilden Tiere, diese trägen Bäuche!
Du aber bist nicht tot; für alle Zeiten hast Du Dich erhoben und lebst.
In Dir nämlich leben wir, weben wir und sind wir.«

Wir sind seines Geschlechts: Zitat aus dem Gedicht über die *Phänomene* von Aratus von Zilizien.

30 *Hinweggesehen:* vgl. Röm 3,25: »Denn er hat die Sünden vergangener Zeiten getragen in göttlicher Geduld«. 31 *An dem er den Erdkreis richten will mit Gerechtigkeit:* in Anlehnung an Ps 96,13. *Durch einen Mann, den er dazu bestimmt hat:* vgl. 10,42. Zur Betonung des Menschseins des kommenden Richters vgl. Joh 5,27, das auf »wie eines Menschen Sohn« in Dan 7,13 anspielt. 32 *Als sie von der Auferstehung der Toten hörten:* Der Tragödiendichter Aischylos hatte den Gott Apollo anläßlich der Gründung des Areopags durch die Göttin Athene verkünden lassen: »Doch wenn die Erde einmal das Blut eines Menschen getrunken hat und er tot ist, gibt es keine Auferstehung« (griech.: *anastasis,* dasselbe Wort, das auch Paulus gebrauchte). Aischylos war in den Augen der Athener eine höhere Autorität als Paulus. 34 *Dionysius, einer aus dem Rat:* Ein Mitglied des Areopags. Die ihm zugeschriebenen neuplatonischen Schriften stammen aus einem späteren Jahrhundert.

18,1-28 Paulus in Korinth

18,1-17 Die Gründung der Gemeinde. Der nächste Besuch des Paulus galt Korinth, einer großen Handels- und Hafenstadt. Nach ihrer Zerstörung durch den römischen General Mummius im Jahr 146 v.Chr. hatte sie 100 Jahre lang in Trümmern gelegen, bis sie Julius Cäsar 46 v.Chr. als römische Kolonie neu aufbauen ließ. Korinth stand in dem Ruf, eine besonders lose Moral zu haben; und auch die dortige Gemeinde hatte es schwer, sich nicht davon beeinflussen zu lassen. Paulus wußte, wie wichtig es war, gerade in dieser Stadt eine starke Kerngemeinde zurückzulassen, deshalb verbrachte er 18 Monate dort. In Korinth lernte er auch Aquila und dessen Frau Priszilla kennen, die sich als eine große Hilfe für seine weitere Arbeit erweisen sollten.

Zuerst benutzte er die örtliche Synagoge als Ausgangsbasis seiner Mission, doch als die Juden ihm die Weiterarbeit von dort aus unmöglich machten, nahm er die Gastfreundschaft des Titius Justus, eines »Gottesfürchtigen«, der in der Nähe der Synagoge wohnte, in Anspruch.

Durch die Verkündigung des Evangeliums in Korinth kamen viele zum Glauben, u.a. der Synagogenvorsteher Krispus (vgl. 1Kor 1,14). Doch die jüdischen Widersacher des Paulus ließen nicht nach, ihn an seiner Arbeit zu hindern, und klagten ihn schließlich vor Junius Gallio, dem Statthalter von Achaja, der unerlaubten religiösen Propaganda an. Gallio ist eine interessante Person. Er war der vielgeliebte Bruder Senecas, des stoischen Philosophen und Lehrers Neros. Er durchschaute die Absichten der Ankläger des Paulus. Wenn Paulus gegen das römische Gesetz verstoßen hätte, wolle er die Anklage zur Kenntnis nehmen, doch da es sich anscheinend nur um Fragen des jüdischen Glaubens handele, falle die Angelegenheit nicht in seine Rechtsprechung. Ramsay betont die Bedeutung der Entscheidung des Gallio, zum einen als Präzedenzfall für andere römische Statthalter und zum anderen als Zeichen für Paulus, daß er sich auf die römische Regierung verlassen konnte, was den Freiheitsschutz der christlichen Missionare anging; aus diesem Grund appellierte er selbst später auch an den Kaiser.

Die Szene, die der abweisenden Entscheidung des Gallio folgt - die Verprügelung des Synagogenvorstehers durch griechischen Pöbel - zeigt, wie stark antijüdische Gefühle auch damals vorhanden waren. Wenn der hier genannte Sosthenes mit dem aus 1Kor 1,1 identisch ist, dann wurde auch er später, wie sein Vorgänger Krispus, Christ. Ein anderer bedeutender Christ in Korinth war Erastus, der Rentmeister der Stadt (Röm 16,23), dessen Namen man in einer Inschrift in Korinth indentifiziert hat. 2 *Pontus:* eine Provinz im Norden Kleinasiens, am Südufer des Schwarzen Meeres. *Priszilla:* dies ist die gebräuchlichere Form ihres Namens. Paulus nennt sie jedoch meistens etwas formeller *Prisca. Weil Kaiser Klaudius allen Juden geboten hatte, Rom zu verlassen:* Allen Juden, d.h. allen, die nicht römische Bürger waren. Laut Sueton wurden sie ausgewiesen, »weil sie, angestiftet von einem Chrestus, ständig Unruhe stifteten«. Wahrscheinlich ist dies eine entstellte Darstellung der Probleme zwischen christlichen und nichtchristlichen Juden in Rom. Die Ausweisung hat ca. 49-50 n.Chr. stattgefunden. **3** *Zeltmacher:* Im weiteren Sinne kann das Wort auch »Lederbearbeiter« meinen. Es war für Rabbinenschüler Vorschrift, auch ein Handwerk zu lernen, damit sie später nicht auf den Verdienst aus ihrer Lehrtätigkeit angewiesen waren. **4** *An allen Sabbaten:* Der »westliche« Text fügt hinzu: »und setzte den Namen des Herrn Jesus ein«, d.h. in die Interpretation der prophetischen Schriften. **5** *Richtete sich Paulus ganz auf die Verkündigung:* er war jetzt frei für die Verkündigung, da seine materiellen Bedürfnisse durch die Gabe gedeckt wurden, die Silas und Timotheus aus Mazedonien mitbrachten. **6** *Lästerten:* sie verleumdeten den Namen Jesu. **7** *Titius Justus, eines Gottesfürchtigen:* Vielleicht ist er identisch mit dem »Gajus« aus Röm 16,23; 1Kor 1,14. In dem Fall wäre sein voller Name als römischer Bürger Gajus Titius Justus gewesen. **8** *Mit seinem ganzen Hause:* Vgl. 11,14; 16,15.31ff. **10** *Und niemand soll sich unterstehen, dir zu schaden:* Diese Zusage ging in V.12-17, im Mißlingen des Anschlags der Juden, in Erfüllung. **11** *Ein Jahr und sechs Monate:* wahrscheinlich vom Herbst 50 bis zum Frühjahr 52.

12 *Als aber Gallio Statthalter in Achaja war:* Eine Inschrift in Delphi, die eine Proklamation des Klaudius wiedergibt, läßt annehmen, daß Gallio im Juli des Jahres 51 zum Prokonsul (Statthalter) ernannt wurde. Zur römischen Provinz Achaja gehörte der gesamte Süden Griechenlands. Achaja war von 27 v.Chr. bis 15 n.Chr. von einem Prokonsul regiert worden und von 44 n.Chr. an ebenso. **13** *Dieser Mensch überredet die Leute, Gott zu dienen dem Gesetz zuwider:* d.h. er verkündet eine *religio illicita,* einen vom römischen Gesetz nicht zugelassenen Kult. **14** *So würde ich euch anhören:* besser: »Würde ich mich selbstverständlich eurer Sache annehmen« (das griech. *anechomai* meint im rechtlichen Sinn: eine Klage annehmen). **15** *Ich gedenke, darüber nicht Richter zu sein:* Vorübergehend hat die jüdische Opposition ihren Rückhalt beim Pöbel oder bei städtischen Gerichten gehabt; jetzt versuchte sie, einen höheren Gerichtshof, den der Provinz, gegen die Apostel einzunehmen. Die Entscheidung des Gallio, daß das Evangelium eine besondere Ausprägung des Judentums sei, das wiederum vom römischen Gesetz geschützt wurde, konnte sich nicht lange ungeteilter Zustimmung erfreuen, doch als Präzedenzfall gewährte sie den Christen für immerhin wichtige 10 Jahre den Schutz des Gesetzes. **17** *Und Gallio kümmerte sich nicht darum:* d.h. er drückte ein Auge zu, als der heidnische Mob die Zurückweisung der Juden durch den Prokonsul nutzte und seine Wut an einem ihrer Vorsteher ausließ.

18,18-28 Paulus verläßt Korinth, und Apollos kommt dort an. Im Frühjahr 52 verließ Paulus Korinth und stattete Jerusalem zur Zeit des Passahfestes einen kurzen Besuch ab. Auf dem Weg dorthin kam er durch Ephesus, konnte dort jedoch, trotz der dringenden Einladung der jüdischen Gemeinde nicht verweilen. Doch er versprach, wiederzukommen, und löste dieses Versprechen im Herbst ein. In der Zwischenzeit erregte ein alexandrinischer Jude namens Apollos großes Interesse in der Synagoge zu Ephesus. Er war bewandert in den atl. Schriften und in der Geschichte von Jesus, und er war durch den Vergleich dieser Geschichte mit dem AT zu der Überzeugung gekommen, daß Jesus der Messias ist. Mit großer Überzeugungskraft lehrte er diese Erkenntnis in der Synagoge. Aquila und Priszilla, die Paulus von Korinth bis nach Ephesus begleitet hatten, hörten ihn dort und erzählten ihm mehr über »den Weg« Gottes, da er nur von der Taufe des Johannes wußte. Das, was sie bei Paulus gelernt hatten, kam ihnen dabei sehr zustatten. Als Apollos die Absicht äußerte, nach Griechenland zu reisen, schickten sie ihn zu der Gemeinde in Korinth. Den dortigen Christen war er eine so große Hilfe, daß Paulus später an sie schreiben konnte: »Ich habe gepflanzt, Apollos hat begossen« (1Kor 3,6). Obwohl einige Korinther ihn gern als Führer einer mit Paulus rivalisierenden Gruppe sehen wollten, ist es klar, daß zwischen Paulus und Apollos selbst keine Rivalität bestand (vgl. 1Kor 16,12).

18 *Ließ er sich in Kenchreä sein Haupt scheren, denn er hatte ein Gelübde:* gemeint ist Paulus. Bei dem Gelübde mag es sich um ein Nasiräergelübde gehandelt haben, das er vielleicht aus Dankbarkeit für das in V.9.10 gegebene Versprechen abgelegt hatte. Die volle Erfüllung des Gelübdes verlangte einen Besuch im Tempel zu Jerusalem. Vgl. Apg 21,23.24. *Kenchreä* war der östliche, an der Ägäis gelegene Hafen von Korinth, vgl. Röm 16,1. **19** *Ephesus:* eine alte griechische Stadt, zu der Zeit Hauptstadt der Provinz Asien und wichtigstes Handelszentrum Kleinasiens. **21** *Und sprach:* Der »westliche« Text fügt hier ein: »Ich muß unbedingt das kommende Fest in Jerusalem feiern«. Paulus wollte offensichtlich zum Passahfest, das im Jahr 52 auf Anfang April fiel, in Jerusalem sein. Da erst ab dem 10. März wieder Schiffe fuhren, mußte er sofort aufbrechen. **23** *Und durchzog nacheinander das galatische Land und Phrygien und stärkte alle*

Jünger: Er besuchte dort die Gemeinden, die er auf seiner ersten Missionsreise gegründet hatte. 24 *Aus Alexandria gebürtig:* Vielleicht war er deshalb ein Anhänger der allegorischen Schriftauslegung wie Philo. *Ein beredter Mann:* d.h. auch: »ein gebildeter Mann«. 25 *Brennend im Geist:* d.h. voller Enthusiasmus. *Von Jesus:* also die Berichte der Evangelien. *Wußte aber nur von der Taufe des Johannes:* Seine Kenntnis der Evangelienberichte mag, in Anbetracht dieser Tatsache, wohl aus galiläischen Quellen gestammt haben, nicht von den Aposteln in Jerusalem. 27 *Als er aber nach Achaja reisen wollte:* Nach dem »westlichen« Text hörten ihn einige Besucher aus Korinth in Ephesus und überredeten ihn, sie nach Korinth zu begleiten.

19,1-40 Ephesus und die Provinz Asien

19,1-20 Die Evangelisierung von Ephesus. Paulus kehrte nach seiner Palästinareise über Land nach Ephesus zurück und ließ sich dort für ca. 2 1/2 Jahre nieder, von Herbst 52 bis zum Frühjahr 55. Er begann eine ausgedehnte Missionstätigkeit, die sich von Ephesus aus auch auf andere Städte der Provinz Asien erstreckte. Den Erfolg dieser Aktionen schildert Lukas recht lebendig in einigen Szenen.

In der ersten Szene erfahren wir von den zwölf »Jüngern«, die nur die Taufe des Johannes kennen und noch nie etwas über den Heiligen Geist gehört haben. Dann sehen wir, wie Paulus von der Synagoge in die Schule des Tyrannus umzieht, wo er, nach einer Überlieferung, täglich von 11 bis 16 Uhr lehrte, also während der Mittagshitze; die kühleren Morgenstunden hatte er vielleicht zum Zeltmachen genutzt. Die Taten, die Paulus in Ephesus vollbrachte, führten zu Begegnungen mit dort ansässigen Zauberern; und so haben wir die anschauliche Schilderung der Söhne des Skevas und der Verbrennung der Zauberbücher.

1 *Durch das Hochland zog:* Paulus scheint statt des Wegs durch die Ebenen eine weiter nördlich durchs Gebirge führende Straße nach Ephesus gewählt zu haben und erreichte somit die Stadt von Norden her. *Jünger:* Da dieses Wort hier ohne eine nähere Bestimmung steht, meint es nicht »Johannesjünger«, sondern Jünger Jesu, wie lückenhaft ihr Wissen auch sein mochte. 2 *Habt ihr den heiligen Geist empfangen, als ihr gläubig wurdet?:* Diese Frage mag durch den Verdacht, daß ihrer »Jüngerschaft« etwas fehlte, provoziert worden sein. *Wir haben noch nie gehört, daß es einen heiligen Geist gibt:* Wie normalerweise in Apg, ist auch hier der am Pfingstfest herabgekommene Heilige Geist mit seinen sichtbaren Manifestationen gemeint. 4 *Johannes hat getauft...:* vgl. 1,5; 11,16. *Taufe der Buße:* vgl. nicht nur Lk 3,3; Apg 13,24, sondern auch die apostolische Taufe in Apg 2,38. *Sie sollten an den glauben, der nach ihm kommen werde:* vgl. Joh 1,26ff; 3,25ff. Zwischen Joh und Apg finden sich, was Johannes den Täufer und den Heiligen Geist betrifft, erstaunliche Übereinstimmungen. Doch nirgends in Apg wird darauf Bezug genommen, daß Johannes der Täufer selbst voraussagte, daß der, der nach ihm kommen sollte, »mit dem heiligen Geist taufen« würde (Mk 1,8; Lk 3,16; vgl. Joh 1,33; s.a. Apg 1,5; 10,37; 11,16; 13,24f). 5 *Ließen sie sich taufen auf den Namen des Herrn Jesus:* dieselbe Formulierung wie in 8,16. Dies ist das einzige Vorkommen einer nochmaligen Taufe im NT. 6 *Und als Paulus die Hände auf sie legte, kam der heilige Geist auf sie:* ebenso wie bei den bekehrten Samaritanern in 8,17.

9 *Und... übel redeten von der Lehre:* gemeint ist das Evangelium, s.a. 9,2. *Redete:* er »führte Diskussionen« (griech.: *dialegomai). In der Schule des Tyrannus:* sie erfüllte hier dieselbe Funktion wie das Haus des Titius Justus in Korinth. Der »westliche« Text fügt erklärend hinzu: »von der fünften bis zur zehnten Stunde«, also zur Zeit der Mittagsruhe, wenn Tyrannus selbst seinen Schulraum nicht brauchte. 10 *Zwei Jahre:* wahrscheinlich zwei Jahre und einige Monate; zusammen mit den drei Monaten aus V.8 also fast drei Jahre, s. 20,31. *Alle, die in der Provinz Asien wohnten:* d.h. in der römischen Provinz dieses Namens und insbesondere im Gebiet um Ephesus. Womöglich wurden die sieben in der Offenbarung angeschriebenen Gemeinden (Offb 1,11) sowie die in Kolossä und Hierapolis (Kol 4,13) in diesen Jahren gegründet.

12 *Schweißtücher und andere Tücher:* zwei Worte lat. Herkunft: *sudaria* (wörtl.: »Schweißtücher«; vgl. Lk 19,20 und Joh 11,44; 20,7) und *semicinctia* (wörtl.: »Schurze«, die Paulus wohl bei seiner Arbeit als Zeltmacher benötigte). 13 *Ich beschwöre euch bei dem Jesus:* Den Gebrauch dieses und anderer jüdischer Namen in heidnischen Exorzismen bestätigen Zaubersprüche auf Papyrusrollen, die erhalten geblieben sind. 14 *Eines... Hohenpriesters:* Lukas wird sich hier auf die Selbstbezeichnung des Skevas beziehen, ohne diese damit zu bestätigen. Man glaubte, daß der jüdische Hohepriester die geheime Aussprache des unaussprechlichen Namens des Gottes Israels kannte und damit im Besitz eines besonders mächtigen Zauberwortes war. 18 *Und bekannten und verkündeten, was sie getan hatten:* ihre »Praktiken«, d.h. sie gaben ihre Zauberworte preis. Sobald diese Sprüche nicht mehr geheim waren, verloren sie ihre Kraft. 19 *Bücher:* genauer: Rollen aus Papyrus oder Pergament, wohl ähnlich den berühmten Zauberpapyri, die sich in den Sammlungen von London, Paris und Lei-

den befinden, voller magischer Sprüche und »Abrakadabra«. Solche Papyri waren in griech.-röm. Zeit so typisch für Ephesus, daß sie allgemein als *Ephesia grammata,* »ephesische Schriften«, bezeichnet wurden. *Silbergroschen:* Drachmen.

19,21-40 Der Aufruhr in Ephesus. Die lebendigste Szene in der Erzählung des Lukas über die Mission des Paulus in Ephesus ist die Beschreibung der wütenden Menge im großen Freilichttheater der Stadt. Die ortsansässige Zunft der Silberschmiede, die an der Herstellung und dem Verkauf kleiner silberner Abbilder der großen Göttin Diana gut verdiente, fürchtete, daß ihr Umsatz sinken würde, wenn sich viele Menschen zum Christentum bekehrten. Unter dem Vorwand, die Ehre der Göttin stehe auf dem Spiel, beriefen sie eine Protestversammlung ein. Diese wurde öffentlich bekannt gemacht, und die Menschen strömten ins Theater, wo sie eine antijüdische Demonstration starteten. Paulus wurde daran gehindert, das Theater zu betreten. Alexander, ein dort ansässiger Jude, versuchte, zu der Menge zu sprechen, vielleicht, um sich und die jüdische Gemeinde von diesem Anlaß des Volkszorns zu distanzieren. Doch die Menschenmenge war nicht dazu aufgelegt, feine Unterscheidungen zu machen; sie schrie ihn nieder. Fast zwei Stunden lang schrie sie ununterbrochen: *Groß ist die Diana der Epheser!* Schließlich versuchte der Kanzler der Stadt, der befürchtete, daß die römischen Behörden die Stadt dieses aufrührerischen Verhaltens wegen strafen würden, die Menschen zu beruhigen. Und er überzeugte sie am Ende, daß es besser sei, ruhig zu sein und nach Hause zu gehen; falls Beschwerden oder Klagen vorlägen, sollten sie sich, wie es sich gehörte, an die Gerichte wenden.

21 *Und nach Jerusalem zu reisen:* zusammen mit den Abgesandten der heidenchristlichen Gemeinden, die Spenden für die Jerusalemer Christen mitnahmen (vgl. 1Kor 16,1-4; 2Kor 8; 9; Röm 15,25ff). Diese Reise sollte den Abschluß seiner Ägäismission bilden. Über diese Spenden sagt Lukas nichts, abgesehen von der kurzen Notiz in 24,17. *Muß ich auch Rom sehen:* Vgl. Röm 1,11ff; 15,23ff zu den Plänen des Paulus. Ramsay versteht diese Notiz als »klare Konzeption eines weitreichenden Plans« auch Rom zu besuchen, und zwar auf dem Weg zur Evangelisierung »des wichtigsten Gebiets römischer Zivilisation im Westen« (Spanien), und hält die Zeit, in der diese Entscheidung gefällt wurde, für einen Wendepunkt im Leben des Paulus. Während Rom für Lukas der Endpunkt ist, war es im Plan des Paulus bloß eine Zwischenstation. 22 *Timotheus:* zur Sendung des Timotheus nach Mazedonien vgl. Phil 2,19.

24 *Diana,* besser *Artemis:* Es handelt sich dabei nicht um die griechische Göttin desselben Namens, die Schwester Apollos, sondern um die Göttin von Ephesus (eine lokale Sonderform der großen Muttergottheit, die seit sehr alter Zeit in Kleinasien verehrt wird), deren Tempel eins der sieben Weltwunder war.

27 *Der doch die ganze Provinz Asien und der Weltkreis Verehrung erweist:* Man hat über dreißig Orte in der damaligen Welt gezählt, an denen es einen Kult der Artemis von Ephesus gab.

29 *Und ergriffen Gajus und Aristarch aus Mazedonien:* einige Handschriften lesen »einen Mazedonier«; das bezieht sich nur auf Aristarch. Gajus kam aus Derbe in Kleinasien (20,4). Vielleicht haben diese beiden Lukas die Informationen über dieses Ereignis gegeben. *Zum Theater:* Das Freilichttheater von Ephesus konnte 25 000 Personen aufnehmen; es war ein günstiger Ort für ordentliche und außerordentliche Bürgerversammlungen. 31 *Oberen der Provinz Asien:* eigentlich: »Asiarchen«. Die führenden Bürger aus Ephesus und aus anderen Städten der Provinz bildeten den »Rat *(koinon)* von Asien«. Zu ihnen gehörte auch der Hohepriester des Provinzkultes »Rom und Augustus«. Es ist bemerkenswert, daß Paulus Sympathien in den höchsten Kreisen von Ephesus wecken konnte. 32 *Und die meisten wußten nicht, warum sie zusammengekommen waren:* ein gutes Beispiel für den Humor des Lukas. 35 *Kanzler,* griech.: *grammateus* (»Schreiber« oder »Sekretär«): Er war der oberste Beamte der freien Stadtverwaltung von Ephesus und der wichtigste Verbindungsmann zwischen ihr und der römischen Provinzregierung. *Hüterin der großen Diana:* »Tempelwächterin der großen Artemis« war einer der wichtigsten Titel, die die Stadt trug. *Und ihres Bildes, das vom Himmel gefallen ist:* wahrscheinlich ein Meteorit, in dem das Bild der »vielbrüstigen« Gottheit erkannt wurde. 38 *So gibt es Gerichte und Statthalter:* Der verallgemeinernde Plural wird deshalb gebraucht, weil der bisherige Statthalter der Provinz, Junius Silanus, vor kurzem ermordet worden war (Ende 54) und sein Nachfolger noch nicht eingetroffen war. Der Statthalter führte in den Gerichtsverhandlungen den Vorsitz. 39 *In einer ordentlichen Versammlung:* Diese ordentliche Versammlung (griech.: *ekklēsia*) kam dreimal im Monat zusammen. Rom würde solch eine ungewöhnliche und noch dazu Unruhe verbreitende Versammlung wie die gegenwärtige nicht dulden. 40 *Wegen ... Empörung verklagt zu werden:* von den Römern, s. V. 39.

20,1-28,31 Wie der Wunsch des Paulus, nach Rom zu gelangen, in Erfüllung ging

20,1-38 Paulus reist nach Palästina

20,1-16 Der Apostel segelt mit den Abgesandten. Nachdem er seinen Aufenthalt in Ephesus beendet hatte, verbrachte Paulus noch einige Zeit in Mazedonien und Griechenland; dabei reiste er bis an die Grenze Illyriens (das heutige Albanien und Jugoslawien), wie wir in Röm 15,19 erfahren. Er hatte zu Sammlungen in seinen Gemeinden aufgerufen, die ein äußeres Zeichen der Gemeinschaft mit den armen Christen in Jerusalem waren. Im Frühjahr 57 segelte er schließlich mit den Abgesandten, die die Gaben der heidenchristlichen Gemeinden überbringen sollten, nach Palästina. Er beabsichtigte, nach seinem Besuch in Jerusalem den östlichen Mittelmeerraum zu verlassen und nach Spanien zu reisen; auf dem Weg dorthin wollte er die Gemeinde in Rom besuchen (19,21; Röm 15,23ff). In Philippi schloß sich ihm Lukas wieder an und begleitete ihn nach Jerusalem; so kommt es, daß uns ein ausführlicher Bericht - in der Wir-Form - über die Reise nach Jerusalem vorliegt. Der Besuch in Troas gibt Einblick in die Predigtweise des Paulus. Wir erfahren, daß sich seine Predigten (teilweise in Dialogform) nicht an die 20-Minuten-Regel hielten. Sogar als seine Ausführungen durch einen Unfall unterbrochen wurden, setzte Paulus nach einigen beruhigenden Worten über den Zustand des jungen Mannes die Versammlung fort.

2 *Kam er nach Griechenland:* d.h. in die Provinz Achaja (vgl. 19,21 und s. 18,12). 3 *Und blieb dort drei Monate:* die meiste Zeit davon verbrachte er wohl in Korinth, wo er Anfang 57 den Brief an die Römer schrieb. 4 *Sopater... Trophimus:* Delegierte der paulinischen Gemeinden an der Ägäis, die die gesammelten Gaben zu den Christen nach Jerusalem bringen wollten (vgl. 24,17; 1Kor 16,1ff; 2Kor 8,1ff; Röm 15,25ff). Die Gemeinden, die sie vertraten, waren wahrscheinlich »alle Gemeinden Christi« aus Röm 16,16. *Sopater:* vielleicht ist er der Sosipater aus Röm 16,21. 5 *Diese reisten voraus und warteten auf uns in Troas:* Sie überquerten wahrscheinlich von Kenchreä aus das Meer, während Paulus und Lukas noch bis nach Philippi gingen und von dort aus die Überfahrt vornahmen.

6 *Wir fuhren... von Philippi ab:* Es ist bemerkenswert, daß dieser neue »Wir-Bericht« (20,5-21,18) dort beginnt, wo der vorherige schloß (16,17) - in Philippi, wo Lukas möglicherweise die Zwischenzeit verbracht hatte. *Nach den Tagen der Ungesäuerten Brote:* Im Jahr 57 n.Chr. gingen sie an einem Donnerstag, dem 14. April, zu Ende. 7 *Am ersten Tag der Woche aber, als wir versammelt waren, das Brot zu brechen:* d.h. das Abendmahl zu feiern. Es ist anzunehmen, daß regelmäßig jeden Sonntagabend das Abendmahl gefeiert wurde. Doch in der hier geschilderten Versammlung war es Montagmorgen, als sie »das Brot brachen« (V.11), weil Paulus bis Mitternacht gepredigt hatte. 8 *Und es waren viele Lampen:* Öllampen oder Fackeln. Die dadurch entstehende rauchige, stickige Luft hat die Müdigkeit des Eutychus sicherlich noch verstärkt. 9 *Wurde tot aufgehoben:* Lukas, der ja Arzt war, wird sich vermutlich selbst davon überzeugt haben, daß es so war. 10 *Es ist Leben in ihm:* Dies meint hier wahrscheinlich, daß das Leben in ihn zurückgekehrt war. Vgl. 1Kön 17,22; 2Kön 4,34.35. 11 *Brach das Brot:* Der Artikel weist zurück auf V.7 und zeigt an, daß sie nun doch endlich das Abendmahl feierten, wie sie es vorgehabt hatten. *Und aß:* das deutet auf das Einnehmen einer Mahlzeit hin, zusätzlich zum eucharistischen Brotbrechen. 12 *Sie brachten aber den jungen Mann lebend herein:* Eutychus war offensichtlich noch vor der Abreise des Paulus wieder zu sich gekommen.

13 *Weil er selbst zu Fuß gehen wollte:* Der Seeweg von Troas nach Assos war länger als der Landweg, weil ein Kap umrundet werden mußte. 14 *Mitylene:* die wichtigste Stadt auf der Insel Lesbos. 15 *Samos:* Hier fügen manche Handschriften: »und nach einem Aufenthalt in Trogyllium« ein. Obwohl dieser Teil in den besten Textzeugen fehlt, ist er doch im Satzzusammenhang wahrscheinlich. 16 *Denn Paulus hatte beschlossen, an Ephesus vorüberzufahren:* Er hatte diesen Entschluß wahrscheinlich in Troas gefaßt und dort wohl gleich ein schnelles Schiff nach Palästina gewählt.

20,17-38 Der Abschied des Paulus von den Ältesten von Ephesus. Das Treffen zwischen Paulus und den Ältesten von Ephesus in Milet ist deshalb von Bedeutung, weil es die einzige Wiedergabe einer Rede des Paulus vor christlichen Zuhörern enthält. Ihre Authentizität wird gestützt durch die Ähnlichkeit mit ermahnenden Passagen in den Briefen des Paulus, und es gibt keinen Hinweis darauf, daß dem Lukas die Briefe bekannt waren. Diese Rede gibt einige Aufschlüsse sowohl über die unmittelbare Vergangenheit als auch über die Befürchtungen des Paulus für die Zukunft, die ihn jedoch nicht davon abhalten, das ihm von Gott aufgetragene Werk auszuführen und seinen Weg mit Freude zu Ende zu gehen.

17 *Aber von Milet sandte er nach Ephesus:* eine Entfernung von knapp 50 Kilometern. 19 *Anfechtungen, die mir durch die Nachstellungen der Juden widerfahren sind:* vgl. die Bezugnahme auf den Kupferschmied Alexander

in 2Tim 4,14; falls er identisch ist mit dem Alexander aus 19,33, kann sich dieser Halbsatz auf ihn beziehen. Aus den Briefen an die Korinther geht hervor, daß Paulus während seiner Arbeit in Ephesus großen Gefahren ausgesetzt war, die z.T. gefährlicher waren als der Aufstand in 19,23ff (s. 1Kor 15,30-32; 2Kor 1,8-10). 21 *Juden und Griechen:* vgl. Röm 1,14ff; 3,9. *Umkehr zu Gott und den Glauben an unsern Herrn Jesus:* zu dieser Zusammenfassung der Botschaft des Paulus vgl. 26,20; Röm 10,9ff; 2Kor 5,20f. 22 *Im Geiste gebunden:* d.h. vom Geist bestimmt (vgl. 16,6.7). 23 *Daß der heilige Geist in allen Städten mir bezeugt:* Indem er in verschiedenen Gemeinden durch Propheten spricht (vgl. 21,4.11). Vgl. die in Röm 15,31a zum Ausdruck kommenden Befürchtungen. 24 *Zu bezeugen das Evangelium von der Gnade Gottes:* Dies stimmt inhaltlich offensichtlich überein mit: *das Reich gepredigt habe* (V. 25). 25 *Ich weiß, daß ihr mein Angesicht nicht mehr sehen werdet:* Er beabsichtigte ja, falls er die in Jerusalem auf ihn zukommenden Gefahren überstehen würde, nach Spanien zu gehen. Ob sie ihn wirklich nicht mehr wiedersahen, muß jedoch offen bleiben. 26 *Daß ich rein bin vom Blut aller:* zu dieser Vorstellung vgl. Hes 33,1-9. 28 *In der euch der heilige Geist eingesetzt hat zu Bischöfen,* griech.: *episkopos:* Im 1. Jh. n.Chr. waren die Bezeichnungen »Ältester« und »Bischof« noch austauschbar. *Die er durch sein eigenes Blut erworben hat:* oder: »mit dem Blut seines Eigenen«, d.h. »seines Geliebten«. 29 *Reißende Wölfe:* Damit ist eine Gruppe von falschen Lehrern gemeint (Eindringlinge von außen); auf eine andere Gruppe (von innen her) wird in V. 30 hingewiesen. 31 *Drei Jahre:* s.a. 19,10. 32 *Dem Wort seiner Gnade:* »Diese Botschaft von der freien Gnade Gottes hat die größte Wirkung auf das Herz des Menschen, und so ist sie in der Lage, die Gemeinde zu bauen« (Rackham). *Euch das Erbe zu geben mit allen, die geheiligt sind:* vgl. 26,18; Eph 1,14; Kol 3,24. 34 *Daß mir diese Hände zum Unterhalt gedient haben:* Dieser Satz wurde wahrscheinlich von einer entsprechenden Geste begleitet. Vgl. 1Kor 9,15ff; 2Kor 11,17ff; 1Thes 2,9; 2Thes 3,7ff. 35 *Geben ist seliger als nehmen:* Dieser Ausspruch wird in den Evangelien nicht überliefert, doch es lassen sich sinngemäß ähnliche Stellen dort finden. Es scheint, daß damals schon Sammlungen von Worten Jesu in Umlauf waren.

21,1-14 Von Milet nach Cäsarea

Von Milet aus setzten Paulus und seine Begleiter die Reise nach Palästina fort und gelangten nach Tyrus, wo das Schiff Ladung abzugeben hatte. Die Szene mit ihrem Abschied in dieser Stadt, mit dem Geleit zum Schiff, das ihnen christliche Familien aus der Stadt gaben, die schnell zu Freunden geworden waren, zeigen, wie fest die Verbundenheit in den frühen christlichen Gemeinden war. Je weiter Paulus kam, um so drohender wurde die Gefahr, die auf ihn zukam; die Jünger aus Tyrus, vom Geist Gottes erfüllt, baten Paulus, seine Reise nicht fortzusetzen, und in Cäsarea sagte ihm der Prophet Agabus ganz klar, was mit ihm geschehen würde. Doch Paulus ließ sich nicht von seinem Weg abbringen. Wir dürfen daraus nicht schließen, daß Paulus falsch handelte, wenn er weiterreiste. Seine Freunde versuchten ihn zurückzuhalten, weil sie das Risiko sahen, das er in Jerusalem einging, doch auch sie scheinen anerkannt zu haben, daß Paulus unter göttlicher Führung handelte, denn sie konnten sagen: *Des Herrn Wille geschehe* (V. 14).

In Cäsarea treffen wir Philippus wieder, den wir in Kap. 8 verlassen hatten. Er wohnt dort, zusammen mit seinen vier prophezeienden Töchtern. Lukas verdankt ihnen sicher einige Informationen über das Leben Jesu und über die Anfänge der Gemeinde. Sofern er diese Informationen nicht während der paar Tage, die er jetzt dort verbrachte, erhielt, so doch in den zwei Jahren, die Paulus hier inhaftiert war.

1 *Kos:* Insel, die zu einer Inselgruppe vor der kleinasiatischen Küste gehört. *Rhodos:* die größte Insel dieser Gruppe. *Patara:* ein Hafen im Südwesten Kleinasiens. 3 *Als aber Zypern in Sicht kam,* griech.: *anaphainō:* offensichtlich ein nautisches Fachwort für das Sichten von Land. 4 *Als wir nun die Jünger fanden:* Die Gemeinde von Tyrus war möglicherweise während der phönizischen Mission, 11,19, gegründet worden. 7 *Ptolemais:* im AT Akka, heute Akka. Zu Paulus' Zeiten war es römische Kolonie. 9 *Vier Töchter, die waren Jungfrauen:* Zumindest einige der Töchter des Philippus verbrachten später ihr Alter in Hierapolis in Phrygien, wo sie als Autoritäten für Fragen zu Personen und Ereignissen aus der frühesten Christenheit bekannt waren (vgl. Eusebius, *Eccl. Hist.*, III, 31, V. 24).

10 *Agabus:* vgl. 11,27.28. Sein plötzliches Erscheinen und Verschwinden »ist nicht Dichtung, sondern Wirklichkeit« (Lake und Cadbury). 11 *Nahm er den Gürtel des Paulus und band sich die Füße und Hände:* Prophetische Zeichenhandlungen wie diese, kamen im AT oft vor (vgl. 1Kön 11,29ff). *Den Mann, dem dieser Gürtel gehört, werden die Juden in Jerusalem so binden und überantworten in die Hände der Heiden:* vgl. Jesu Vorhersage in Mk 10,33; Lk 18,32. Im Wesentlichen, doch nicht im Detail, ging die Prophetie des Agabus in Erfüllung; genau genommen wurde Paulus durch die Heiden von den Juden befreit. 14 *Des Herrn Wille geschehe:* vgl. die Worte Jesu in Gethse-

mane (Lk 22,42). Es gibt - möglicherweise nicht unbeabsichtigt - eine ganze Reihe von Parallelen zwischen dem Bericht über die letzte Reise des Paulus nach Jerusalem und der letzten Reise unseres Herrn dorthin.

21,15-23,35 Paulus in Jerusalem

21,15-30 Der Apostel in Schwierigkeiten. Von Cäsarea aus begaben sich Paulus und seine Begleiter nach Jerusalem. Dort gingen sie zu Mnason, einem der ersten Gläubigen, vermutlich einem Hellenisten, in dessen Haus sicherlich auch die Heidenchristen willkommen waren. Als die Delegierten sich dann bei Jakobus und den Ältesten der Jerusalemer Gemeinde meldeten, wurden sie willkommen geheißen. Doch diese Männer waren offensichtlich in großer Sorge, da sie nicht wußten, was sie mit den übertriebenen Gerüchten über die Haltung des Paulus gegenüber dem Gesetz anfangen sollten, die bis nach Jerusalem gedrungen waren. Sie gestanden zu, daß auf dem Apostelkonzil einige Fragen, unter besonderer Berücksichtigung der Heidenchristen, geklärt worden waren, doch baten sie Paulus, daß er dem Gerücht, er wolle *Juden*christen vom Gesetz und von der Beschneidung ihrer Kinder abbringen, entgegentreten möge. Soviel wir wissen, hat Paulus sein ganzes Leben lang das jüdische Gesetz geachtet, vor allem, wenn er in jüdischer Gesellschaft war; dafür spricht jetzt auch sein Einverständnis mit dem Rat des Jakobus, an den Reinigungsriten von vier Männern, die ein Nasiräergelübde abgelegt hatten, teilzunehmen und sogar deren Kosten zu tragen. Das erinnert an das Prinzip des Paulus: »Den Juden bin ich geworden wie ein Jude, damit ich die Juden gewinne« (1Kor 9,20). Zu dem Gelübde der Männer vgl. das Gelübde des Paulus, Apg 18,18, das auch das Scheren des Haares verlangte. Wegen solcher Handlungen ist Paulus oft von Menschen, die weniger konsequent waren als er, der Inkonsequenz beschuldigt worden.

Die Erfüllung des Gelübdes verlangte auch die Gegenwart im Tempel. Dort wurde Paulus das Opfer eines Angriffs einiger Juden aus Kleinasien, die ihn wiedererkannten. Da sie ihn in der Stadt zusammen mit einem Heidenchristen aus Ephesus gesehen hatten, nahmen sie an, daß er diesen mit in den Tempel gebracht habe. Sofort entstand ein Tumult, die wütende Menge drängte Paulus schlagend und stoßend aus dem Tempel, und sobald er draußen war, wurden die Tore geschlossen.

15 *Machten wir uns fertig:* Das hier gebrauchte griech. Wort *episkeuasamenoi* könnte auch bedeuten: »mieteten wir uns Pferde«. 16 *Zu einem alten Jünger* (griech.: *archaios*): Das Adjektiv läßt vermuten, daß er ein Gründungsmitglied der Gemeinde war. Da er aus Zypern stammte, schließen wir, daß auch nach der auf den Tod des Stephanus folgenden Zerstreuung einige Hellenisten in Jerusalem geblieben waren. 18 *Ging Paulus mit uns zu Jakobus, und es kamen die Ältesten alle dorthin:* Offensichtlich war mittlerweile keiner der alten Apostel mehr in Jerusalem; Jakobus (der Herrnbruder) ist der Leiter der Jerusalemer Gemeinde.

20 *Wieviel tausend:* wörtl.: wie viele Myriaden (zehntausend). Wir neigen leicht dazu, die Größe der urchristlichen Gemeinden zu unterschätzen; doch da die Bevölkerung Jerusalems zu normalen Zeiten etwa 55 000 betrug (J. Jeremias), ist die Übersetzung »tausend« realistischer. 24 *Und trage die Kosten für sie:* Nasiräern diesen Dienst zu leisten war eine fromme Tat. Zu den Kosten vgl. 4Mo 6,14.15. 25 *Haben wir ... geschrieben:* ein Hinweis auf das Aposteldekret aus 15,23-29. Daß es hier ausdrücklich erwähnt wird, muß nicht heißen, daß Paulus zum erstenmal davon hört.

27 *Als aber die sieben Tage zu Ende gingen:* besser: »erfüllt werden sollten«. Die im Folgenden geschilderten Ereignisse geschahen am Anfang der sieben Tage, nicht am Ende (vgl. 24,11). 28 *Der alle Menschen an allen Enden lehrt ... gegen diese Stätte:* vgl. die Anklage gegen Stephanus (6,13). *Dazu hat er auch Griechen in den Tempel geführt und diese heilige Stätte entweiht:* Den äußeren Vorhof durfte jeder betreten, doch weiteres Eindringen war den Heiden bei Todesstrafe verboten. Die römische Regierung bestätigte alle vom Hohen Rat in dieser Sache gefällten Todesurteile, auch wenn es sich bei dem Verurteilten um einen römischen Bürger handelte. An den Schranken zwischen den äußeren und den inneren Höfen waren Warntafeln in griech. und lat. Sprache angebracht, die die heidnischen Besucher auf die Folgen ihres weiteren Eindringens aufmerksam machten. Eine dieser Tafeln, 1871 gefunden, ist nun in Istanbul, eine andere, die 1935 gefunden wurde, ist in Jerusalem. Nach dem Gesetz wäre Trophimus (V. 29) der Schuldige gewesen, wenn die Anklage den Tatsachen entsprochen hätte. Doch auch Paulus wäre der Hilfeleistung und Anstiftung schuldig gewesen.

21,31-22,29 Es gelingt Paulus nicht, den Jerusalemer Mob zu beruhigen. Oberhalb des Tempels befand sich die Festung Antonia, in der ständig eine römische Garnison lag. Als der Hauptmann der Garnison von dem Tumult erfuhr, ließ er Soldaten eingreifen, die Paulus mit knapper Not vor dem Mob retteten, der ihn lynchen wollte. Doch die Menge drängte so auf sie ein, daß die Soldaten Paulus die Stufen, die zur Festung führten, hinauftragen mußten, um zu verhindern, daß er wieder hinabgezogen wurde. Oben an der Treppe stand der Hauptmann, der geglaubt hatte, es handle sich bei Paulus um einen ägyptichen Unruhestifter, der sich vor nicht allzu langer Zeit dem Volk als zweiter Mose präsentiert hatte. Doch dann war er beim Volk in Ungnade gefallen, weil er seine Nachfolger den Soldaten des Felix auslieferte und sich selbst rettete. Der Hauptmann war deshalb überrascht, als Paulus ihn auf griechisch anredete und um die Erlaubnis bat, zu den Menschen zu sprechen.

Nachdem ihm das genehmigt worden war, stellte sich Paulus auf die Stufen und redete auf aramäisch zu den Menschen. Als sie sich in ihrer Sprache angeredet hörten, wurden sie still. Paulus erzählte ihnen von seiner Erziehung in dieser Stadt zu Füßen Gamaliels, von seiner Beteiligung an der Verfolgung der Christen und von seiner Bekehrung vor Damaskus, wobei er die Rolle, die Hananias dabei spielte, sehr betonte (*ein gottesfürchtiger Mann, der sich an das Gesetz hielt* 22,12). Bis dahin hörten alle gespannt zu, doch als Paulus von seiner Beauftragung zur Heidenmission berichtete, brach der Tumult aufs Neue los, und der Hauptmann, der mit seiner Weisheit am Ende war, ließ Paulus abführen und wollte ihn geißeln lassen, um den Grund für die Unruhen herauszufinden. Paulus berief sich jedoch auf sein römisches Bürgerrecht und entging so der Geißelung, die weit schlimmer gewesen wäre als die Ruten der Liktoren in Philippi.

31 *Vor den Oberst der Abteilung:* gemeint ist der Militär-Tribun der Hilfstruppe, die in der Burg Antonia stationiert war (*die Burg* aus V.34). **35** *Und als er an die Stufen kam:* Zwei Treppenaufgänge führten von den äußeren Höfen des Tempels zur Festung. **38** *Bist du nicht der Ägypter ...?:* Über diesen ägyptischen Agitator berichtet Josephus in seinem *Jüdischen Krieg,* II, 13,4f und in *Ant.* XX, 8,6. *Viertausend von den Aufrührern:* Gemeint sind damit die *Sikarier* (Dolchmänner), die sich darauf spezialisiert hatten, Römer und prorömisch eingestellte Juden umzubringen. Die Zahlenangabe 4000 ist wahrscheinlicher als die 30000 des Josephus. **40** *Auf hebräisch:* wahrscheinlich »auf aramäisch«.

22,3 *Ich bin ein jüdischer Mann ...:* Obwohl Paulus in Tarsus geboren wurde, verbrachte er seine Kindheit nicht dort, sondern in Jerusalem, und kam dort im Alter von etwa zehn Jahren in die Schule des Gamaliel. *Mit aller Sorgfalt unterwiesen im väterlichen Gesetz:* Paulus betont mit Absicht die Ereignisse in seiner religiösen Entwicklung, die an den religiösen Nationalismus seiner Zuhörer appellierten. **5** *Der Hohepriester und alle Ältesten:* d.h. der Hohe Rat. **9** *Aber die Stimme dessen, der mit mir redete, hörten sie nicht:* s. 9,7. **14** *Der Gott unserer Väter hat dich erwählt ...:* Diese Worte des Hananias werden in den anderen Berichten über die Bekehrung des Paulus nicht erwähnt, doch wir können sie mit den Worten, die der Herr zu Hananias redete (9,15), in Verbindung bringen. Hananias erzählte Paulus die Offenbarung, die er vom Herrn erhalten hatte. Es besteht kein grundsätzlicher Gegensatz zwischen diesem Bericht und Gal 1,1.12, wo Paulus darauf hinweist, daß er sein Apostelamt nicht von Menschen erhalten hat. Dort will Paulus darauf hinweisen, daß er das Evangelium und die Bevollmächtigung, es zu verkündigen, unmittelbar von Gott bekommen hat und nicht von den Aposteln in Jerusalem. Hananias war nur der Mund Christi oder ein Bote Christi für Paulus. *Den Gerechten sehen:* der »Gerechte« aus 3,14; 7,52 und überall sonst, wo dasselbe griech. Wort (*dikaios*) gebraucht wird. Hier haben wir einen Beleg in Apg dafür, daß Paulus den auferstandenen Herrn tatsächlich gesehen hat (Apg 26,16; vgl. die Betonung dieser Tatsache in den Briefen: 1Kor 9,1; 15,8). **16** *Laß dich taufen und deine Sünden abwaschen:* Die Aufforderung: »laß dich . . .« wird im Griech. durch eine besondere Form des Verbums ausgedrückt. *Rufe seinen Namen an:* gemeint ist das Bekenntnis zum Namen Christi in der Taufe. Solch eine Anrufung des Namens Christi scheint ein wesentlicher Bestandteil der Taufe auf seinen Namen gewesen zu sein (vgl. 2,38; 10,48; vgl. auch das »Wort« in Eph 5,26). **17** *Als ich wieder nach Jerusalem kam:* im dritten Jahr nach der Bekehrung (s. 9,26; Gal 1,18). **18** *Eile und mache dich schnell auf aus Jerusalem:* In 9,29.30 bringen die Jerusalemer Brüder, weil sie von einer Verschwörung gegen ihn erfahren haben, Paulus nach Cäsarea. Dies ist nicht das einzige Mal in der Apg, daß gleicherweise auf göttliche Offenbarung und menschlichen Rat hin gehandelt wird. **19** *Und ich sprach: Herr, sie wissen doch ...:* Paulus meint, daß, wenn es irgend jemand gibt, der die Juden überzeugen kann, er der Mann ist. Sie müßten sich doch daran erinnern, was für ein überzeugter Christenverfolger er gewesen war, und deshalb auch verstehen, daß die Gründe, die zu seiner Bekehrung geführt hatten, unwiderlegbar gewesen sein müssen. **21** *Denn ich will dich in die Ferne zu den Heiden senden:* Deshalb ging er zurück nach Tarsus. Dort, in der Umgebung und später in Antiochia hatte er reichlich Gelegenheit, den Auftrag, die Heiden zu evangelisieren, auszuführen.

22 *Sie hörten ihm aber zu bis zu diesem Wort:* d.h. bis zu dem Wort »Heiden«. Das erinnerte sie wieder an den Grund ihrer Erregung. **25** *Ist es erlaubt bei euch, einen Menschen, der römischer Bürger ist, ohne Urteil zu geißeln?:*

Paulus beruft sich sofort darauf, daß er römischer Bürger ist, wodurch er der Geißelung entgeht. (Bisher hatte er nur erwähnt, daß er Bürger von Tarsus war; 21,39.) Jemand, der nicht römischer Bürger war, konnte im Verlaufe eines Verhörs gegeißelt werden, damit er die Wahrheit sagte. Wie in 16,37 heißt *ohne Urteil* hier auch: »ohne den Fall überprüft zu haben«. **28** *Ich habe dies Bürgerrecht für viel Geld erworben:* Dies kann sarkastisch gemeint sein: »Ich weiß, wieviel es mich gekostet hat, römischer Bürger zu werden; wenn ein Mann wie du es auch werden kann, muß es billiger geworden sein.« Der Name des Hauptmanns, »Klaudius« (23,26), läßt vermuten, daß er unter dem Kaiser Klaudius römischer Bürger geworden war. *Ich aber bin römisch geboren:* Wie der Vater des Paulus oder irgend einer seiner sonstigen Vorfahren das römische Bürgerrecht erlangt hatte, wissen wir nicht. Ein Mann wie Paulus konnte sein römisches Bürgerrecht auch durch die Vorlage einer beglaubigten Kopie der Geburtsurkunde beweisen - falls er sie zur Hand hatte.

22,30-23,35 Paulus vor dem Hohen Rat; er wird nach Cäsarea verlegt. Der Prozeß eines römischen Bürgers mußte unter strengster Beachtung aller gesetzlichen Vorschriften geführt werden. Deshalb stellte der Hauptmann Paulus am nächsten Tag dem Hohen Rat gegenüber. Hananias, der Hohepriester, benahm sich dabei ausgesprochen schlecht, so daß man Paulus kaum vorwerfen kann, er habe zu heftig reagiert (er entschuldigt sich auch noch). Man wird ihm auch schwerlich vorhalten können, Streit zwischen Pharisäern und Sadduzäern gesät zu haben; die Frage der Auferstehung war nun einmal der entscheidende Punkt, an dem sich die Geister schieden. Für Paulus hing die Möglichkeit der Auferstehung, an die die Pharisäer glaubten, von der Auferstehung Jesu Christi ab. Ein Pharisäer konnte Christ werden und doch Pharisäer bleiben, ein Sadduzäer konnte nie gleichzeitig Christ und Sadduzäer sein.

Der Hauptmann, der sich außerstande sah, den Grund des Aufruhrs herauszufinden, löste die Versammlung auf und ließ Paulus in die Festung zurückbringen. Seine Sorgen wurden noch größer, als er von einer Verschwörung gegen Paulus erfuhr. Deshalb ließ er ihn nachts von einer gut bewaffneten Eskorte nach Cäsarea zu Felix, dem römischen Prokurator Judäas, bringen.

30 *Den Hohenpriestern und dem ganzen Hohen Rat:* dem Synedrium, in dem die hohenpriesterlichen Sadduzäerfamilien großen Einfluß hatten. Wenn Paulus gegen das jüdische Gesetz verstoßen hatte, war es Aufgabe des Synedriums, ihn zu verhören und zu verurteilen; Todesurteile allerdings mußten von der römischen Oberhoheit bestätigt werden.

23,1 *Ich habe mein Leben mit gutem Gewissen vor Gott geführt:* vgl. Phil 3,6. **2** *Der Hohepriester Hananias:* Hananias, Sohn des Nedebäus, ein skrupelloser und habgieriger Politiker, war von 47-58 n.Chr. Hoherpriester. **3** *Gott wird dich schlagen:* Einige sehen die Erfüllung dieser Worte in der Ermordung des Hananias durch Zeloten i.J. 66. *Gegen das Gesetz:* Nach jüdischem Gesetz galt ein Mensch so lange als unschuldig, bis seine Schuld erwiesen war. **5** *Ich wußte es nicht, daß er der Hohepriester ist:* meinte er vielleicht: »Ich habe nicht gedacht, daß ein Mensch, der so redet und handelt, Hoherpriester sein kann«? *Dem Obersten deines Volkes sollst du nicht fluchen:* Zitat aus 2Mo 22,27. **6** *Ich werde angeklagt um der Hoffnung und um der Auferstehung der Toten willen:* Die Auferstehung Christi, in der Paulus den Grund der Hoffnung Israels sah, war das zentrale Thema seiner Verkündigung. **8** *Denn die Sadduzäer sagen, es gebe keine Auferstehung:* vgl. Mk 12,18 und Parallelstellen. *Noch Engel und Geister:* »Was sie ablehnten, war die ausführliche Lehre von den zwei Reichen mit ihren Hierarchien von guten und bösen Geistern« (T. W. Manson). *Die Pharisäer aber lehren beides:* d.h. Auferstehung, sowie Engel und Geister. **11** *So mußt du auch in Rom Zeuge sein:* so bestätigte und festigte Gott die Absicht des Paulus. **12** *Und verschworen sich:* Besiegelung durch einen Eid, dessen Nichteinhalten zwangsläufig göttlichen Zorn auf den Eidbrüchigen herabrief. **14** *Hohenpriestern und Ältesten:* Diesmal ist nicht das gesamte Synedrium gemeint, wie aus V. 15 hervorgeht, sondern nur die Gruppe, die Paulus besonders feindlich gesinnt war.

16 *Der Sohn der Schwester des Paulus:* die erste Erwähnung eines Mitglieds der Familie des Paulus; gerne würden wir mehr über sie wissen. **23** *Rüstet . . ., daß sie nach Cäsarea ziehen:* Die Eskorte bestand aus schwerbewaffneter Infanterie, Kavallerie und leichtbewaffneten Fußtruppen, also aus allen drei Waffengattungen der römischen Armee. Cäsarea war die Hauptstadt der römischen Verwaltung in der Provinz Judäa. **24** *Zum Statthalter Felix:* gemeint ist Antonius Felix, Prokurator von Judäa von 52-59 n.Chr. **26** *Dem edlen Landpfleger:* »seiner Exzellenz«. Diesen Titel (griech.: *kratistos,* lat.: *egregius*) trugen in der Regel Mitglieder des Ritterstandes, aus dem die Landpfleger meistens kamen (Felix war eine Ausnahme). In der Apg wird ansonsten Festus so angeredet (26,25) und in Lk 1,3 Theophilus. **27** *Und erfuhr, daß er ein römischer Bürger ist:* Eine geschickte Manipulation der Wahrheit! Eigentlich erfuhr Lysias das erst später.

30 *Sandte ich ihn:* Im Griech. steht der »briefliche Aorist«. Eine exakte Übersetzung müßte lauten: »sende ich soeben«. **31** *Antipatris* lag ca. 16 Kilometer im Norden von Lydda und 40 Kilometer im Süden von Cäsarea. **32** *Ließen sie die Reiter mit ihm ziehen:* Die Straße von Antipatris aus führte durch offenes Land, in dem zum größten Teil Heiden wohnten. **35** *Palast des Herodes:* Ein Palast, den Herodes der Große in Cäsarea für sich hatte bauen lassen, diente als Hauptquartier des Prokurators.

24,1-26,32 Paulus in Cäsarea

24,1-27 Paulus und Felix. Felix, ein Mann von niedriger Geburt, ein Freigelassener, der seine hohe Position bekommen hatte, weil sein Bruder ein einflußreicher Günstling am kaiserlichen Hof war, ist für alle Zeit gebrandmarkt durch die Worte des Tacitus: »Er übte das Amt eines Königs mit dem Geist eines Sklaven aus.« Seine Frau war Drusilla, die jüngere Tochter Herodes Agrippas I. Felix und seine Frau wußten einiges über das Christentum, doch ihr Interesse war offensichtlich rein theoretisch.

Einige Tage später zog die Delegation des Synedriums, geführt vom Hohenpriester und einem zweitklassigen Anwalt namens Tertullus, nach Cäsarea, um dort ihre Anklage gegen Paulus vorzubringen. Die Rede des Tertullus fing großartig an, flachte jedoch zu einem lahmen, kraftlosen Ende ab. Die Beschuldigungen gegen Paulus waren recht allgemein gehalten, nicht unähnlich denen, die vor Pilatus gegen Jesus vorgebracht worden waren (Lk 23,2).

Jeden der Anklagepunkte des Tertullus beantwortete Paulus mit einem kategorischen »Nein« und berichtete genauestens, warum er nach Jerusalem gekommen war und was er dort seit seiner Ankunft getan hatte. Er betonte mehrfach, daß der einzige Streitpunkt zwischen ihm und seinen Gegnern die Frage der Auferstehung sei, die er aber nicht aufgeworfen habe, die vielmehr schon seine Vorfahren beschäftigt habe. Wenn wir uns bewußt machen, welche Bedeutung die Auferstehung in der Botschaft des Paulus hat, werden wir an dieser Darstellung seines Falles kaum etwas aussetzen können.

Felix vertagte die Verhandlung, bis Lysias, der Oberst, aus Jerusalem kommen konnte, um seine Darstellung der Geschehnisse zu geben. In der Zwischenzeit nutzten Felix und Drusilla die Anwesenheit des Paulus in Cäsarea, um ihn des öfteren zu theologischen Diskussionen zu sich zu rufen. Sie wollten sich nur informieren, aber Paulus ergriff die Gelegenheit, mit ihnen über Themen zu diskutieren, die sie persönlich betrafen: *Gerechtigkeit, Enthaltsamkeit und zukünftiges Gericht* (V. 25). Er redete so eindringlich davon, daß Felix erschrak, allerdings ohne daß dies bei ihm Konsequenzen gehabt hätte. Er schob die Entscheidung im Fall des Paulus immer weiter hinaus, in der Hoffnung, Geld für seine Freilassung angeboten zu bekommen. Nach zwei Jahren wurde er nach Rom abberufen. In dem Wissen, daß die Juden sowieso einen schlechten Bericht über seine Amtsführung an seine Vorgesetzten schicken würden, versuchte er, sie sich wenigstens dadurch zu verpflichten, daß er Paulus nicht freiließ. Also blieb Paulus in Haft, bis der Nachfolger des Felix, Festus, sich seines Falles annahm.

2 *Daß wir in großem Frieden leben unter dir:* Die Statthalterschaft des Felix war gekennzeichnet durch harte Versuche, aufständische Gruppen niederzuschlagen. Die daraus folgende Unzufriedenheit war so groß, daß man die damaligen Umstände nur bei stark beschönigender Darstellung als »Frieden« bezeichnen konnte. Einige jüdische Nationalisten hätten wohl lieber die Worte gebraucht, die ein späterer Gegner der Römer ausgesprochen hat: »sie machen eine Wüste und nennen es Frieden«. Die Juden in Jerusalem hatten allerdings gegen den Ägypter, der in 21,38 erwähnt wird, mit den Römern zusammengearbeitet. 5 *Schädlich ist* (wörtl.: eine Pest ist) *und daß er Aufruhr erregt unter allen Juden auf dem ganzen Erdboden:* Tertullus schildert Paulus als Friedensstörer in Worten, die den Zuhörern suggerieren, Paulus sei einer jener Aufrührer, die Felix so streng hatte verfolgen lassen, aber ein viel gefährlicherer als die anderen, da er einen weiteren Wirkungsbereich habe. Es war leicht, den geistlichen Messianismus des Evangeliums als einen militanten, politischen Messianismus darzustellen (vgl. 17,6.7). *Sekte der Nazarener:* Die einfachste Erklärung ist, daß die Christen diesen Namen nach Jesus von Nazareth erhielten, doch es gibt auch andere Erklärungen, z.B. die, daß das Wort »Observanten« (strenge Befolger religiöser Vorschriften) bedeutet. Im Hebräischen und Arabischen werden Christen nach wie vor »Nazarener« genannt. **6** *Ihn haben wir ergriffen:* Die folgenden Worte: »und wir wollten ihn richten nach unserm Gesetz, aber Lysias, der Oberste, kam dazu und führte ihn mit großer Gewalt aus unseren Händen und hieß seine Ankläger zu dir kommen«, ist eine »westliche« Lesart, die in den überlieferten Text eingedrungen ist. Obwohl sie in den besten Textzeugen fehlt, trägt sie starke Merkmale der Ursprünglichkeit. Die vorwurfsvolle Erwähnung der »großen Gewalt«, mit der die Römer Paulus den Händen seiner jüdischen Feinde entrissen, als die ihn gerade nach ihrem Gesetz richten wollten, ist eine noch stärkere Manipulation der Tatsachen als die des Lysias in seinem Brief an Felix (23,27). **11** *Zwölf Tage:*

Aus den Zeitangaben, die in diesem Teil der Apg recht häufig vorkommen (vgl. 21,15.18.26.27; 22,30; 23,11.12.23.32; 24,1), schließen wir, daß die sieben Tage gerade erst begannen, als Paulus inhaftiert wurde (21,27). 14 *Nach dem Weg, den sie eine Sekte nennen:* Die Christen bezeichneten ihre Bewegung als »den Weg«, da er für sie die Erfüllung des Glaubens Israels war und der einzige Weg zum Heil. Nichtchristen sprachen dagegen von einer »Sekte« - einer Gruppierung im Judentum (jedoch weniger respektabel als die Parteien der Pharisäer, Sadduzäer usw.). Die griech. Bezeichnung dafür ist *hairesis;* sie wird auch gebraucht in 5,17 (»Partei der Sadduzäer«) und in 15,5 (»Partei der Pharisäer«). 15 *Der Gerechten und Ungerechten:* Dies ist die einzige Stelle im NT, wo Paulus ausdrücklich von der Auferstehung der Ungerechten spricht (vgl. Joh 5,28.29; Offb 20,12ff). 17 *Um Almosen für mein Volk zu überbringen und zu opfern:* die von den heidenchristlichen Gemeinden für die Jerusalemer Christen gesammelten Spenden. Dies ist die einzige Erwähnung dieser Sammlung in der Apg, und sie ist so allgemein und unverbindlich formuliert, daß die Vermutung naheliegt, die Schweigsamkeit des Lukas könnte apologetisch motiviert sein. 21 *Es sei denn dies eine Wort:* Paulus schämt sich nicht für das, was er vor dem Synedrium gesagt hat (er hat dasselbe auch schon vor Felix wiederholt; V. 14.15), doch er besteht darauf, daß die einzige Anklage, die mit Recht gegen ihn erhoben werden kann, eine theologische ist. 22 *Denn er wußte recht gut um diese Lehre:* vielleicht hatte er einiges *von Drusilla, seiner Frau, die eine Jüdin war,* erfahren (V. 24). Sie war eine Tochter des Königs Herodes. (Felix heiratete, obwohl er von niedriger Herkunft war, in angesehene Familien ein. Alle drei Frauen, mit denen er nacheinander verheiratet war, waren Prinzessinnen; eine von ihnen war eine Enkeltochter von Antonius und Cleopatra. Drusilla war seine dritte Frau. Mit ihr hatte er einen Sohn, Felix, der beim Ausbruch des Vesuv - 79 n.Chr. - ums Leben kam.) 25 *Zu gelegener Zeit will ich dich wieder rufen lassen:* Felix ließ Paulus ziemlich oft zu sich rufen, teils aus theologischem Interesse, teils in Erwartung finanzieller Zuwendungen (V. 26). Die Gesetze gegen Bestechung wurden von römischen Verwaltungsbeamten öfter gebrochen als eingehalten. Paulus erhielt möglicherweise Geldspenden von den heidenchristlichen Gemeinden, die er gegründet hatte. 27 *Als aber zwei Jahre um waren, kam Porzius Festus als Nachfolger des Felix:* Felix wurde aus seinem Amt abberufen, weil er nicht in der Lage gewesen war, der Kämpfe zwischen den jüdischen und heidnischen Bewohnern Cäsareas Herr zu werden. Die Einführung einer neuen Münze im Jahr 59 n.Chr. läßt darauf schließen, daß in diesem Jahr der neue Statthalter sein Amt antrat.

25,1-12 Paulus appelliert an den Kaiser. Festus, ein ehrbarerer Mann als Felix, kam im Laufe des Jahres 59 n.Chr. in seiner Provinz an. Und nachdem er ein paar Tage in Cäsarea verbracht hatte, ging er nach Jerusalem, um dort mit dem Hohenpriester und dem Synedrium zusammentreffen. Diese unterbreiteten ihm sofort den Fall des Paulus in der Hoffnung, daß der noch unerfahrene Festus sie mit Paulus nach ihrem Willen würde verfahren lassen. Festus ging jedoch auf ihre Bitte, Paulus nach Jerusalem zu bringen, nicht ein, sondern lud sie ein, nach Cäsarea zu kommen und dort ihr Anliegen vorzubringen. Nach 8 oder 10 Tagen fand wirklich eine Verhandlung in Cäsarea statt, in der die Juden Anklagen vorbrachten, die sie nicht beweisen konnten und die Paulus widerlegte. Dann fragte Festus, der verwirrt war und den Juden zu Beginn seiner Amtszeit gerne einen Gefallen tun wollte, Paulus, ob er bereit sei, nach Jerusalem zu reisen, um dort verhört zu werden. Paulus, der fürchtete, die Schwäche des Festus würde ihn wieder einer großen Gefahr aussetzen, fällte eine folgenreiche Entscheidung: unter Berufung auf seine Vorrechte als römischer Bürger appellierte er an den Kaiser, um seinen Fall vor dem höchsten Gericht des Reiches verhandeln zu lassen. Seine früheren Erfahrungen mit der römischen Justiz ließen ihn wahrscheinlich darauf vertrauen, dort unparteiische Richter zu finden und vielleicht sogar ein Urteil zu bekommen, das die Anerkennung seines Glaubens als *religio licita* beinhaltete. Festus war froh, die Verantwortung für diese schwierige Entscheidung nicht übernehmen zu müssen; Sorgen bereitete ihm nur noch der Bericht, den er über Paulus nach Rom senden mußte.

1 *Als nun Festus ins Land gekommen war:* Außer den Schriften des Lukas und des Josephus haben wir keine Berichte über Festus. Seine kurze Amtszeit war nicht von solchen Ausschreitungen gekennzeichnet wie die seines Vorgängers und seines Nachfolgers; sie endete mit seinem Tod 62 n.Chr. 8 *Noch am Kaiser:* Zusätzlich zur Ablehnung der alten Anklagen der Nichteinhaltung des jüdischen Gesetzes im Allgemeinen und der Entweihung des Tempels im Besonderen, verwahrt sich Paulus hier auch gegen die Anklage der Zuwiderhandlung gegen Interessen des Kaisers (s. 24,5). 9 *Willst du hinauf nach Jerusalem?:* Dieser Vorschlag war durchaus begründet, da Jerusalem der Ort war, an dem das vermeintliche Verbrechen geschehen war und der deshalb auch der angemessenste Ort für den Prozeß gewesen wäre. Festus selbst wollte in diesem Prozeß als Rich-

ter fungieren. Doch Paulus befürchtete, daß dieses Zugeständnis an das Synedrium andere nach sich ziehen würde. **10** *Ich stehe vor des Kaisers Gericht:* der Statthalter galt als Stellvertreter des Kaisers. **11** *Ich berufe mich auf den Kaiser:* Das Recht, sich auf den Kaiser zu berufen, das jeder römische Bürger hatte, beruhte auf dem alten Recht der Berufung auf das freie Volk von Rom. Dieses Recht konnte in jeder Phase eines Prozesses beansprucht werden oder auch erst als Einspruch gegen das Urteil des Richters. »Es beanspruchte, daß die Untersuchungen in Rom durchgeführt wurden und das Urteil vom Kaiser selbst verkündet wurde« (Schürer). Der damalige Kaiser war Nero (54-68 n.Chr.).

25,13-27 Agrippa der Jüngere besucht Festus. Bald zeigte sich für Festus ein Weg aus seinen Schwierigkeiten. An der Nordostgrenze seiner Provinz lag das Marionettenkönigreich Herodes Agrippas II. (ein Sohn des Herodes aus Apg 12,1) mit der Hauptstadt Cäsarea Philippi, die aus den Evangelien bekannt ist. Agrippa und seine Schwester Berenike, die ältere Schwester der Drusilla, statteten dem neuen kaiserlichen Repräsentanten ihren Höflichkeitsbesuch ab. Agrippa galt als Experte in allen die jüdische Religion betreffenden Fragen. U.a. hatte er das Recht, den Hohenpriester zu ernennen und zu entlassen, deshalb ist er manchmal, nicht ganz korrekt, als das »weltliche Haupt der jüdischen Gemeinde« bezeichnet worden. Als Agrippa und seine Schwester nach Cäsarea kamen, bat Festus ihn, ihm bei der Abfassung seines Berichts über Paulus zu helfen. Er mußte dem Kaiser die einzelnen Punkte der Anklage der Pharisäer klar darlegen, doch alles, was er bisher herausbekommen konnte, war, daß der Ärger um einen *verstorbenen Jesus, von dem Paulus behauptete, er lebe* (V. 19), ging. Paulus hatte also klar genug gesagt, worum es ihm ging, trotz der Verständnisschwierigkeiten des Statthalters. Agrippa war interessiert und sprach den Wunsch aus, den Angeklagten selbst zu sehen. Also gingen Festus, Agrippa und Berenike am nächsten Tag mit dem Hofstaat des Statthalters und den wichtigsten Leuten Cäsareas ins Richthaus. Dann wurde Paulus vor sie gebracht und von Festus dem Agrippa vorgestellt; der gab ihm die Erlaubnis, seinen Fall zu berichten.

13 *König Agrippa und Berenike.* Agrippa war beim Tod seines Vaters 44 n.Chr. erst 17 Jahre alt gewesen, und deshalb hatte ihn Klaudius nicht die Nachfolge seines Vaters als König von Judäa antreten lassen. Doch schon wenige Jahre später gab er ihm das Gebiet des Vierfürsten Philippus (Lk 3,1) als Königreich, das Nero noch vergrößerte. Berenike spielte später noch eine Rolle in der römischen Geschichte, als der Kronprinz Titus sie zu heiraten beabsichtigte (ca. 75 n.Chr.), seine Meinung jedoch änderte, weil er einen Prestigeverlust in Rom befürchtete. **21** *Kaiser* (griech.: *Sebastos,* lat.: *Augustus*): ein Ehrentitel, vergleichbar mit: »Seine Majestät«. **23** *Mit den Hauptleuten:* in Cäsarea lagen fünf Kohorten, denen jeweils ein Militärtribun vorstand. **26** *Meinem Herrn:* d.h. dem Kaiser.

26,1-23 Die Rede des Paulus vor Agrippa. Paulus begann ohne Zögern mit dem Bericht seiner Angelegenheit, begrüßte seine hohe Zuhörerschaft und freute sich über diese ausgezeichnete Gelegenheit, die Botschaft zu sagen, deren Verkündigung seine Lebensaufgabe war. Seine Rede kann man als die *Apologia pro vita sua* bezeichnen. Hier hören wir zum drittenmal die Geschichte von seiner Bekehrung, zum zweitenmal von ihm selbst erzählt. Die Unterschiede zwischen dieser Version und der vor dem Jerusalemer Mob in Kap. 22 sind hauptsächlich Betonungsunterschiede. Paulus richtet seine Reden auf die jeweiligen Zuhörer aus und betont die Dinge, die ihnen wichtig erscheinen könnten. Die hier vorliegende Rede besteht aus einer Einleitung (V. 2.3), seinem Eintreten für die Hoffnung Israels als Pharisäer, was den Glauben an die Auferstehung einschließt (V. 4-8), den Bericht über seine Beteiligung an Christenverfolgungen (V. 9-11), der himmlischen Vision (V. 12-18), seinem daraufhin veränderten Leben (V. 19.20), seiner Inhaftierung (V. 21) und dem Inhalt seiner Verkündigung (V. 22.23). Stilistisch ist diese Rede ausgesprochen elegant, wie es der Zuhörerschaft angemessen war.

Punkt für Punkt erzählt Paulus seine Geschichte und betont immer wieder, daß er keine neue Religion verkündet, sondern daß die Hoffnung, die er predigt, die alte Hoffnung seines ganzen Volkes ist, daß er nichts anderes verkündigt als das, was Mose und die Propheten verheißen haben: daß der Messias leiden und von den Toten auferstehen mußte, um dadurch Licht und Heil sowohl den Juden als auch den Heiden zuteil werden zu lassen.

1 *Da streckte Paulus die Hand aus:* das ist eine Grußgeste. **5** *Unsres Glaubens* (griech.: *thrēskeia*): d.h. Kultus, Ritual (gemeint sind die äußeren religiösen Handlungen); Festus benutzt in 25,19 ein anderes Wort (griech.: *deisidaimonia*). **6** *Die unsern Vätern von Gott gegeben ist:* Paulus denkt dabei besonders an die Verheißungen an Abraham, Isaak und Jakob, daß durch ihre Nachkommen alle Welt gesegnet werden soll. Diese Verheißung ging in Jesus, insbesondere in seiner Auferstehung, in Erfüllung. **7** *Die zwölf Stämme unseres Volks:* vgl. Jak 1,1. Paulus weiß nichts von der Erfindung von zehn »verlorenen« Stämmen.

Wegen dieser Hoffnung werde ich, o König, von den Juden beschuldigt: Daß gerade die Juden unter allen Völkern das ablehnen sollten, wovon die Erfüllung der Hoffnung ihrer Väter abhing, erschien lächerlich. **8** *Warum wird das bei euch für unglaublich gehalten, daß Gott Tote auferweckt?:* Es gibt weder im Text noch im Kontext einen Hinweis darauf, daß dieser Vers zwischen V.22 und 23 gehören könnte. Die Hoffnung Israels steht und fällt mit der Auferstehung Christi. **10** *Und wenn sie getötet werden sollten, gab ich meine Stimme dazu:* wie im Falle des Stephanus (8,1). **11** *Lästerung:* z.B. Jesus zu verfluchen (vgl. 1Kor 12,3). *Bis in die fremden Städte:* d.h. zu Städten außerhalb Palästinas, z.B. Damaskus. **14** *Als wir aber alle zu Boden stürzten:* In einem anderen Bericht dieses Ereignisses wird gesagt, daß nur Paulus zur Erde fiel. *Auf hebräisch:* d.h. in seiner aramäischen Muttersprache. *Es wird dir schwer sein, wider den Stachel zu löcken:* Dies ist das Bild eines gegen den Stachelstock tretenden Ochsen, der sich selbst dadurch nur noch mehr Schmerzen zufügt. Diese Wendung war sprichwörtlich, sie findet sich an mehreren Stellen in der griech. Literatur. Der *Stachel* zwingt Paulus nun, eine Wendung um 180 Grad vorzunehmen und genau das Gegenteil von dem zu tun, was er vorher getan hatte. **16-18** fassen die Aufträge zusammen, die Paulus vom Herrn auf der Straße nach Damaskus, durch Hananias im Haus des Judas und später im Jerusalemer Tempel erhielt. **15** *Stell dich auf deine Füße:* vgl. Hes 2,1, wo Hesekiel so angeredet wird. Auch Hesekiel war zu Boden gefallen, als ihm die Vision erschien. **16** *Was du von mir gesehen hast:* vgl. 22,14. **17** *Und ich will dich erretten:* vgl. Jer 1,8, wo Jeremia ähnliche Worte vernimmt, als er seinen prophetischen Auftrag erhält. **18** *Ihnen die Augen aufzutun:* vgl. Jes 42,7. Paulus wird dazu berufen, den Dienst des gehorsamen Knechts, den sein Herr begonnen hat, weiterzuführen (vgl. 13,47). Dieses Wiederaufgreifen der atl. Prophetenberufungen zeigt, daß Paulus in der Apg wie auch in seinen eigenen Schriften »eine Gestalt von eschatologischer Bedeutung« ist (J. Munck). Die übrigen Worte in V.18 sind charakteristisch paulinisch und haben Parallelen in seinen Briefen. **20** *Rechtschaffene Werke der Buße:* d.h. Werke, die zeigten, daß die Buße echt war. Vgl. Mt 3,8; Lk 3,8. **23** *Daß Christus müsse leiden und als erster auferstehen von den Toten...:* Dieser Vers scheint aus Überschriften einer Sammlung messianischer Zeugnisse zu bestehen: »Muß der Messias leiden?« »Ist er der erste aus der Auferstehung von den Toten, das Licht den Juden und den Heiden zu verkünden?« Anhand dieser Überschriften faßt Lukas die Argumente aus dem AT zusammen, die Paulus dem Agrippa darlegt, um die Wahrheit des Evangeliums zu erweisen. Vgl. 3,18; 17,3.

26,24-32 Festus, Agrippa und Berenike bilden sich eine Meinung über Paulus. In dieser Art wollte Paulus fortfahren; doch Festus, der vergebens versucht hatte, dem Gedankengang zu folgen, unterbrach ihn mit der Bemerkung, daß sein großes Wissen Paulus wohl wahnsinnig gemacht habe. Paulus verteidigte sich dagegen, indem er sagte, daß Agrippa die Wahrheit seiner Worte bestätigen könne, wenn er nur wolle; denn was er predige, hätten auch schon die Propheten des AT verkündet; daran glaube Agrippa ja selbst. Diese direkte Anrede brachte den König in Verlegenheit. Er hatte Paulus mit viel Interesse zugehört, doch er wollte nicht in den Verdacht geraten, mit Paulus übereinzustimmen, und dadurch vor Festus und den anderen sein Gesicht verlieren. Andererseits wollte er sich auch nicht die Gunst der Juden verscherzen, indem er so tat, als glaubte er nicht an die Worte der Propheten. So beantwortete er die Frage des Paulus mit einer scherzhaften Bemerkung.

Dann erhob sich das Gericht, Festus, Agrippa und Berenike berieten sich und kamen zu dem Ergebnis, daß Paulus nichts getan hatte, womit er den Tod oder auch nur Gefängnis verdient hätte, und daß er freigelassen werden könnte, wenn er sich nicht auf den Kaiser berufen hätte.

24 *Das große Wissen macht dich wahnsinnig:* Festus hatte vollständig den Boden unter den Füßen verloren und konnte nur noch vermuten, daß Paulus, der offensichtlich hochgelehrt war, von seinem Drang nach Wissen über die Grenze getragen worden war, die Gelehrtheit von Wahnsinn trennt. **26** *Denn dies ist nicht im Winkel geschehen:* ein Teil aus einem Sprichwort. Die Prediger der Urchristenheit gingen durchweg davon aus, daß die historischen Hintergründe ihrer Verkündigung allgemein bekannt waren (vgl. 2,22). **27** *Ich weiß, daß du glaubst:* Dieser Satz beinhaltet, daß jemand, der die Wahrheit der prophetischen Schriften kennt und akzeptiert, wie das Agrippa nach der Überzeugung des Paulus tat, notwendigerweise auch zu den Schlußfolgerungen des Paulus kommen muß. Doch Agrippa ist nicht dazu zu bewegen, die Sache des Paulus auch nur andeutungsweise zu unterstützen, ebensowenig wie er es sich leisten kann, den Anschein zu erwecken, als glaube er nicht an die Worte der Propheten. **28** Deshalb sagt er: »Kurz gesagt: du versuchst, mich dazu zu bringen, den Christen zu spielen.« Das ist der Sinn seiner Worte. **29** Und Paulus antwortet: »Ich wünschte vor Gott, daß nicht nur du, sondern alle, die mich heute hören, solche werden, wie ich bin - ausgenommen diese Fesseln« (dabei streckt er vielleicht seine gefesselten Hände aus). **31** *Dieser Mensch hat nichts getan, was Tod oder Gefängnis verdient hätte:* Hier legt Lukas Wert darauf, dieses offizielle Zeugnis der Gesetzestreue der Christen und ihrer Prediger wiederzugeben. **32** *Dieser Mensch könnte freigelassen werden, wenn er sich nicht auf den Kaiser berufen hätte:* da er nun schon an den Kaiser appelliert hatte, mußte das Gesetz seinen Lauf nehmen. Wir brauchen in dem »Wenn-Satz« keine unheilvolle Bedeutung zu suchen.

27,1-28,31 Die Reise des Paulus nach Rom

27,1-12 Die Reise beginnt. Der Bericht von der Reise und dem Schiffbruch des Paulus ist in ihrer Anschaulichkeit eine der plastischsten Darstellungen, die es in der Bibel gibt. Man hat ihn als »eins der informativsten Dokumente über die antike Seefahrt« (James Smith, 1880) bezeichnet.

Dieser Bericht ist u.a. auch deshalb wertvoll, weil er uns Paulus unter Umständen zeigt, in denen sich meistens der wahre Charakter eines Menschen offenbart. Wir haben Paulus schon in vielen Situationen erlebt, doch hier sehen wir ihn zum erstenmal als einen überaus praktisch denkenden Mann in einer Notlage.

Lukas, der Begleiter des Paulus auf dieser Reise, hat diese Seereise mit den Augen eines Griechen beobachtet und berichtet nun, was er gesehen hat. Gemeinsam mit Aristarchus und Lukas verließ Paulus, in Gewahrsam eines Hauptmanns und seiner Leute, Palästina. Schon bald hatte Paulus, der immer offen war für neue Freunde, die Zuneigung des römischen Offiziers gewonnen (es ist bemerkenswert, daß die römischen Hauptleute im NT durchweg positiv gezeichnet sind). Diese Freundschaft erwies sich nicht nur zu Beginn der Reise, in Sidon, als wichtig, sondern noch mehr am Ende der Fahrt, als die Soldaten die Gefangenen töten wollten, um deren Flucht zu verhindern.

Mit dem ersten Schiff, das die Häfen der Provinz Asien anlief, segelten sie bis nach Myra. Dort stiegen sie in ein Schiff der alexandrinischen Getreideflotte um. Ägypten war die Kornkammer Roms, und die Flotte, die den Getreidehandel zwischen Rom und Ägypten durchführte, arbeitete im Auftrag des Staates. Ab dem 14. September war die Schiffahrt im Mittelmeer gefährlich, und ab dem 11. November ruhte sie ganz, bis der Winter vorbei war. Bevor Paulus und seine Begleiter Guthafen, einen Hafen an der Südküste Kretas, erreicht hatten, war der Versöhnungstag (*die Fastenzeit,* V. 9) schon vorüber; im Jahr 59 n.Chr. fiel er auf den 5. Oktober. Da es also schon zu spät war, um noch sicher weitersegeln zu können, wurde auf dem Schiff ein Rat einberufen, bei dem Paulus, als ein besserer Passagier und erfahrener Reisender, offenbar angehört wurde. Er drängte die anderen dazu, in Guthafen zu bleiben, doch der Schiffseigner und der Steuermann dachten, daß sie noch bis Phönix, zu einem anderen Hafen weiter westlich an der Südküste Kretas gelangen könnten. Der Hauptmann, als befehlshabender Offizier an Bord, hatte das letzte Wort, aber er richtete sich natürlich lieber nach dem Rat der Experten als nach dem Rat des Paulus. Also setzten sie die Segel, um nach Phönix zu fahren.

1 *Daß wir nach Italien fahren sollten:* Der »Wir-Bericht« wird hier wieder aufgenommen und geht bis 28,16. Doch Lukas war wahrscheinlich auch während der zweijährigen Haft des Paulus in Palästina nicht weit von ihm entfernt gewesen. *Von einer kaiserlichen Abteilung:* Besser: »von einer Kohorte des Augustus«. Wir wissen, daß eine Kohorte dieses Namens zur Zeit des Augustus in Syrien stationiert war *(cohors I augusta),* aber im vorliegenden Fall haben wir es wahrscheinlich mit einer Truppe der *frumentarii* zu tun, die mit der Organisation des römischen Getreidehandels beauftragt waren. **2** *Ein Schiff aus Adramyttion:* Adramyttion war ein Hafen in Mysien, gegenüber von Lesbos. Das Schiff war ein Küstenfahrer; Julius hoffte, daß sie in einem der Häfen, in denen das Schiff festmachte, ein nach Rom gehendes Schiff finden würden. *Aristarchus:* vgl. 19,29; 20,4. **4** *Fuhren im Schutz von Zypern hin:* d.h. im Osten und Norden von Zypern, da die Winde in dieser Gegend im Sommer meist aus Westen wehen. **5** *Myra* war ein wichtiger Überseehafen und einer der wichtigsten Häfen für die ägyptische Getreideflotte. **6** *Ein Schiff aus Alexandria:* Die beste Route von Alexandria nach Rom führte bei Westwind über Myra. **7** *Knidus* lag am Süd-Westzipfel Kleinasiens. *Segelten wir im Schutz von Kreta hin:* d.h. östlich und südlich der Insel. **8** *Und kamen kaum daran vorüber:* vielleicht wegen der Felsen um Kap Salmone (am Ostzipfel Kretas). *Guthafen:* griech.: *Kaloi Limenes,* das heutige Kalolimonias. Nach Guthafen verläuft die Küste leicht in nördlicher Richtung und bietet deshalb nicht mehr so guten Schutz vor den Nordwestwinden. **11** *Steuermann,* griech.: *kybernētēs.* **12** *Phönix:* vielleicht identisch mit dem heutigen Phineka. Meistens wird es jedoch mit Lutro identifiziert.

27,13-44 Sturm und Schiffbruch. Bevor sie in Phönix anlegen konnten, begann vom Berg Ida in Kreta her ein starker Nordostwind zu blasen und trieb sie von der Küste Kretas ab. Nur mit großer Mühe bekamen sie das Beiboot an Bord (bei normalem Wetter war es hinten ans Schiff gebunden), und nachdem sie einen Teil der Ladung über Bord geworfen hatten, versuchten sie, durch vorsichtiges Manövrieren den Sandbänken vor der libyschen Küste zu entgehen. Vierzehn Tage lang trieben sie in westlicher Richtung durch das Mittelmeer, bis sie schließlich alle Hoffnung aufgegeben hatten. Nur Paulus versuchte, seine Mitreisenden zu ermutigen und ihnen wieder Hoffnung zu geben. Er war so zuversichtlich, weil er eine Engelsbotschaft empfangen hatte; die gab er den anderen weiter und forderte sie auf, wieder etwas zu essen.

Die Zuversicht des Paulus erwies sich als gerechtfertigt. Bald stellten sie fest, daß sie sich Land näherten, und obwohl das Schiff auf eine Sandbank geriet und das Hinterschiff zerbrach, konnten sich alle Passagiere, 276 an der Zahl, an Land retten.

14 *Ein Sturmwind:* ein taifunartiger Wind. *Den man Nordost nennt:* griech.: *Eurakylon,* ein aus zwei Sprachen zusammengesetztes Wort, aus dem griech. *euros* (Ostwind) und dem lat. *aquilo* (Nordwind). **16** *Kauda,* das heutige Gavdhos, südwestlich von Kreta. *Da konnten wir mit Mühe das Beiboot in unsre Gewalt bekommen:* d.h. es an Bord holen. **17** *Und umspannten zum Schutz das Schiff mit Seilen:* Smith zitiert aus einem Marinewörterbuch: »Ein Schiff verzurren bedeutet, vier oder fünf Lagen schwerer Taue um Rumpf oder Gerippe zu winden, um das Schiff so zu stützen ... wenn man befürchtet, daß es die Gewalt der Wellen sonst nicht aushält.« *Die Syrte:* eine große Bucht mit Treibsand an der Nordküste Afrikas. *Ließen sie den Treibanker herunter und trieben so dahin:* nach Smith war es der Treibanker auf der Steuerbordseite. **18** *Ladung:* d.h. das Getreide, das das Schiff für Italien geladen hatte. **19** *Das Schiffsgerät:* was noch davon übrig war. **20** *Weder Sonne noch Sterne schienen:* Sie waren sich also über ihren Kurs völlig im unklaren.

21 *Nichts gegessen:* Das kann viele Gründe gehabt haben, z.B. die Schwierigkeit, etwas zu kochen, verdorbene Lebensmittel, Seekrankheit usw. Vgl. V. 33. *Man hätte auf mich hören sollen:* Auch Paulus kann es nicht lassen zu sagen: »Habe ich es euch nicht gesagt?« Doch erweist er sich jetzt als Fels in der Brandung für seine verzweifelnden Schiffsgenossen. **24** *Gott hat dir geschenkt alle, die mit dir fahren:* Vgl. 1Mo 18,26 zu dem Aspekt, daß die Anwesenheit guter Menschen Schutz für eine ganze Gemeinschaft bedeuten kann. **27** *Seit wir in der Adria trieben:* d.h. durch das Zentrum des Mittelmeeres. (Hier ist nicht das adriatische Meer gemeint, das sich zwischen dem heutigen Jugoslawien und Italien erstreckt. Das war damals als der »Golf von Adria« bekannt.) *Sie kämen an ein Land:* wörtl.: »es näherte sich Land«. Vielleicht konnten sie die Brecher hören. **28** *Senkblei ...:* Die Messungen stimmen noch mit heute in dieser Gegend ausgeführten Messungen überein. **29** *Und warfen hinten vom Schiffe vier Anker:* die als Bremse dienen sollten. Daß die Anker hinten am Schiff abgeworfen wurden, kann bedeuten, daß der Bug auf die Küste gerichtet war. **31** *Wenn diese nicht auf dem Schiff bleiben:* Hier reagierte Paulus wieder schnell und richtig. Wenn die Seeleute erst geflohen waren, dann würden nicht mehr genug ausgebildete Leute an Bord sein, um das Schiff zu manövrieren. **32** *Hieben ... die Taue ab und ließen das Beiboot ins Meer fallen:* Dadurch verhinderten sie natürlich die Flucht der Seeleute, erschwerten aber gleichzeitig für alle die Möglichkeit, an Land zu kommen.

33 *Der vierzehnte Tag ... ohne Nahrung:* vgl. V. 21. **35** *Dankte* (griech.: *eucharisteō):* Einige haben vermutet, daß die Christen an Bord dieses Mahl als Abendmahl einnahmen, doch dafür gibt es weder Anzeichen noch Belege. **37** *Zweihundertsechsundsiebzig:* Die vatikanische Handschrift spricht nur von »sechsundsiebzig«, doch auch die größere Zahl ist nicht unwahrscheinlich. Im Jahr 63 n.Chr. segelte Josephus mit einem Schiff nach Rom, das sechshundert Passagiere an Bord hatte (auch dieses Schiff erlitt Schiffbruch in der Adria). **38** *Erleichterten sie das Schiff:* d.h. sie warfen den Rest der Ladung über Bord (vgl. V. 18). **39** *Die hatte ein flaches Ufer* (wörtl.: »die einen Sandstrand hatte«: Dieser Sandstrand ist das einzige, was heute an dieser Stelle, in der »Bucht des heiligen Paulus«, nicht mehr zu sehen ist. Smith nimmt an, daß der Sand im Laufe der Zeit von der See weggespült wurde. **40** *Das Segel:* das kleine Segel am vorderen Mast, griech.: *artemōn*).

28,1-10 Der Winter auf Malta. An Land stellten die Schiffbrüchigen fest, daß sie sich auf Malta befanden (Malta ist ein phönizisches Wort mit der Bedeutung »Zuflucht«). Die Bewohner der Insel empfingen sie freundlich und entzündeten ein Feuer, an dem sie sich aufwärmen konnten. Wieder erweist sich Paulus als praktisch und hilfsbereit, indem er Holz für das Feuer sammelt, auch wenn es sich später zeigt, daß einer dieser Stöcke eine von der Kälte erstarrte Schlange war. Durch die Wärme wachte die Schlange auf und verbiß sich in der Hand des Paulus. Im ersten Augenblick dachten die Menschen, Paulus sei ein Mörder, den seine Strafe, wenn auch nicht durch das Meer, so schließlich doch noch durch die Schlange ereilte. Als sie aber sahen, daß ihm, nachdem er die Schlange ins Feuer geworfen hatte, nichts passierte, änderten sie ihre Meinung und hielten ihn für einen Gott.

Wenn Paulus auch kein Gott war, so erwiesen Lukas und er sich in den drei Wintermonaten, die sie auf Malta verbrachten, als angenehme Gäste. Zuerst heilte Paulus den Vater des Publius, des Obersten der Insel, von der Ruhr. Als das bekannt wurde, kamen auch andere Kranke zu Paulus und Lukas. Als die beiden dann schließlich die Insel verließen, wurden sie mit Geschenken überhäuft.

1 *Erfuhren wir, daß die Insel Malta hieß:* Daß die Seeleute Malta nicht sofort erkannten, wird daran gelegen haben, daß sie auf Malta normalerweise den Hafen La Valetta anliefen. 2 *Die Leute,* wörtl.: »die Barbaren«: Griechen und Römer bezeichneten alle Völker, die nicht dieselbe Zivilisation hatten wie sie, als Barbaren. 3 *Fuhr wegen der Hitze eine Schlange heraus:* vgl. T. E. Lawrence, Revolt in the Desert, S. 107: »Als das Feuer dann heißer wurde, kroch eine lange, schwarze Schlange auf uns zu. Wir mußten sie, in erstarrtem Zustand, mit den Zweigen zusammen aufgehoben haben.« Man vermutet, daß die Schlange eine *coronella leopardinus* war, die auf Malta lebt. Sie sieht aus wie eine Viper, ist jedoch nicht giftig. Heute gibt es keine Giftschlangen mehr auf Malta. 4 *Rache,* griech.: *Dikē:* sie ist hier personifiziert als »Rachegöttin«. 6 *Und sprachen: Er ist ein Gott.* M. Dibelius weist auf die unterschiedliche Haltung des Paulus in dieser Geschichte und in 14,14ff hin, wo Paulus und Barnabas sich gegen die ihnen zugedachten göttlichen Ehren verwahren. Doch er stellt dabei den Humor, mit dem Lukas diese Situation hier erzählt, wohl nicht in Rechnung. 7 *Der angesehenste Mann der Insel:* wörtl.: »der erste (griech.: *prōtos*) Mann der Insel«. Sowohl griech. als auch lat. Inschriften bestätigen die Genauigkeit dieses Titels, was Malta angeht. 9 *Kamen auch die anderen ... und ließen sich gesund machen.* »Die ganze Geschichte vom Aufenthalt des Erzählers auf Malta steht unter medizinischem Vorzeichen« (Harnack). 10 *Große Ehre,* griech.: *timē:* Hier kann dieses Wort auch »Honorar« bedeuten, wie auch in 1Tim 5,17.

28,11-16 Das letzte Stück. Die Reise nach Italien wurde Anfang 60 n.Chr. auf einem anderen Getreideschiff aus Alexandria fortgesetzt. Sie verließen das Schiff in Puteoli, wo sie von Christen für einige Tage eingeladen wurden. Von da aus zogen sie weiter nach Rom. Auf der Via Appia, obwohl noch etwa 70 Kilometer von der Stadt entfernt, kam ihnen eine Gesandtschaft der Christen aus Rom entgegen, die den Apostel willkommen hieß und ihn in die Hauptstadt begleitete. Dort wurde er wieder von den zuständigen Behörden in Gewahrsam genommen.

11 *Mit einem Schiff aus Alexandria:* Es gehörte wahrscheinlich auch zur Getreideflotte. *Das bei der Insel überwintert hatte:* wahrscheinlich im Hafen von La Valetta. *Das Zeichen der Zwillinge* (griech.: *Dioskouroi,* »die himmlischen Zwillinge«): das sind Kastor und Pollux. Schiffe wurden nach ihren Gallionsfiguren benannt. 12 *Syrakus* liegt an der Ostküste von Sizilien. Es war die Hauptstadt der Insel und hatte zwei Häfen. 13 *Rhegion:* Das heutige Reggio di Calabria, damals ein griech. Hafen (Kolonie) an der Spitze Italiens. *Puteoli,* das heutige Pozzuoli, war damals der Haupthafen Süditaliens und einer der wichtigsten Häfen für die Getreideflotte (der andere wichtige Getreidehafen war Ostia). 15 *Forum Appii und Tres Tabernae:* Diese beiden Orte lagen an der Via Appia. Forum Appii war eine Marktstadt, ca. 70 Kilometer vor Rom, und Tres Tabernae war ein kleiner Ort, etwa 50 Kilometer vor Rom. *Dankte er Gott und gewann Zuversicht:* Er konnte sich in der Tat darüber freuen, daß er in der ewigen Stadt nicht ohne Freunde war. Drei Jahre vorher noch hatte er an die Christen in Rom geschrieben, wie gerne er sie sehen wollte; jetzt war sein Wunsch in unvorhergesehener Weise in Erfüllung gegangen. 16 *Als wir nun nach Rom hineinkamen:* an dieser Stelle fahren manche Übersetzungen fort: *übergab der Hauptmann die Gefangenen dem Oberst.* Dieser Satz stammt aus dem »westlichen« Text und fehlt in allen anderen Handschriften. Der *Oberste* (griech.: *stratopedarchos*) kann der Lagerkommandant der kaiserlichen Garde gewesen sein. *Wurde dem Paulus erlaubt, für sich allein zu wohnen, mit dem Soldaten, der ihn bewachte:* an den er wohl mit leichten Handschellen gefesselt war.

28,17-31 Paulus in Rom. Die Unterredung des Paulus mit den römischen Juden nimmt noch einmal eins der Themen der Apostelgeschichte auf: die Zurückweisung des Evangeliums durch die Juden. Paulus hat, wie immer, das letzte Wort, »meistens mit verheerenden Folgen«, wie ein Kommentator bemerkt. Diesmal ruft Paulus Jes 6,9.10 in Erinnerung, ein Wort, das auch Jesus zitiert hat (vgl. Mk 4,12; Joh 12,40).

Das andere große Thema der Apostelgeschichte wird in den abschließenden Worten des Buches noch einmal erwähnt. Diese letzten Worte blicken schon auf die zwei Jahre zurück, die Paulus unter Hausarrest im Zentrum des Reiches verbrachte. In dieser Zeit hatte er viele Besucher empfangen und das Evangelium ohne Behinderung verkündigt. Auf oft recht verworrenen Wegen war sein Wunsch doch noch in Erfüllung gegangen: »bin ich willens, auch euch in Rom das Evangelium zu predigen« (Röm 1,15). »Ein namhafter Sieg des Wortes Gottes. Nachdem Paulus Rom erreicht hatte, war das Evangelium zu seinem Höhepunkt gekommen. Daher macht Lukas hier an der Apostelgeschichte füglich den Beschluß ... Hiermit hatte die Kirche ihre gehörige Form, welche sie behalten und als ein teures Vermächtnis bewahren sollte« (Bengel).

19 *Nicht als hätte ich mein Volk wegen etwas zu verklagen:* Paulus macht ganz klar, daß er sich nur verteidigen will; von sich aus würde er nichts gegen das jüdische Volk sagen. **20** *Denn um der Hoffnung Israels willen trage ich diese Ketten:* zu seiner starken Betonung dieser Tatsache vgl. 23,6; 24,14.15; 26,6.7. **21** *Wir haben deinetwegen weder Briefe aus Judäa empfangen ...:* Die Juden in Rom waren natürlich bestrebt, sich nicht an der Verfolgung eines römischen Bürgers zu beteiligen, über den auch noch positive Urteile von Festus und Agrippa vorlagen. **22** *Denn von dieser Sekte ist uns bekannt, daß ihr an allen Enden widersprochen wird:* Wahrscheinlich hatten sie mit dem Christentum in Rom schon mehr Erfahrungen gemacht, als sie in dem Moment bereit waren zuzugeben (s.a. 18,2). **25** *Und gingen weg:* besser: »sie begannen aufzubrechen«. **28** *Daß den Heiden dies Heil Gottes gesandt ist; und sie werden es hören:* Das ist ein Thema, das immer wieder im Bericht über das Wirken des Paulus in der Apostelgeschichte auftaucht (vgl. 13,46). Was in manchen Übersetzungen dann als V. 29 folgt, ist eine »westliche« Lesart, die in den byzantinischen Text übernommen wurde. **30** *Zwei volle Jahre:* Es waren die Jahre 60 und 61 n.Chr. Was sich danach ereignete, können wir nur vermuten. **31** *Predigte das Reich Gottes und lehrte von dem Herrn Jesus Christus:* vgl. V. 23. »In der Abfolge der Worte in diesem Satz spiegelt sich der Aufbau der Lehre. Sie ist gegründet auf die alte jüdische Erwartung des Gottesreiches. Dann wird erklärt, wie diese Erwartung in der Person Jesu in Erfüllung gegangen ist, und der Bericht über diese Erfüllung ist die Entfaltung der in ihm enthaltenen Wahrheit. Mit dem Kommen Christi hat das Reich Gottes begonnen. Wer *Ihn* annimmt, gelangt in dieses *Reich.* Durch seinen Sieg über den Tod hat er allen Gläubigen das Königreich des Himmels geöffnet« (T. D. Bernard).

F. F. Bruce

Der Brief an die Römer

Einleitung

Vergleiche dazu auch den allgemeinen Artikel: »Die Paulusbriefe«, S. 79ff

Die Gemeinde Jesu Christi in Rom

Ihr Ursprung

Paulus sagt ausdrücklich, daß die Gemeinschaft der Heiligen in Rom nicht auf seine Gründung zurückgeht (vgl. 1,10-15; 15,20-22). Paulus weicht damit von seiner sonstigen Regel ab, nicht auf Grund zu bauen, den ein anderer gelegt hat (2Kor 10,16). Gemeinden, die von seinen Mitarbeitern gegründet wurden, zählt Paulus freilich zu seinen eigenen. Durch wen, wie und wann die Gemeinde in Rom entstand, bleibt eins der ungelösten Probleme der frühen Kirchengeschichte. Die Tradition, daß Petrus der Gründer gewesen sei, hat sich nicht durchsetzen können. Damit wird freilich nicht die Möglichkeit ausgeschlossen, daß Petrus das eine oder andere Mal in Rom war und dort schließlich auch das Martyrium erlitt. Aber als Paulus den Römerbrief schrieb, war Petrus allem Anschein nach nicht dort. Wäre Petrus dort gewesen oder wäre er, wie man verschiedentlich behauptete, gar das Haupt dieser Gemeinde gewesen, so hätte Paulus ihn sicher erwähnt oder aber nie einen Brief an diese Gemeinde gerichtet. Man geht heute weitgehend davon aus, daß die römische Gemeinde durch das Zeugnis und das Wirken von Bürgern des römischen Weltreichs entstand, die berufsmäßig viel reisten und deshalb auch immer wieder in Berührung mit der Hauptstadt kamen. Es ist nicht einmal unwahrscheinlich, daß der Anfang der Evangelisation auf »Einwanderer aus Rom, Juden und Judengenossen« (Apg 2,10f) zurückgeht, die beim Pfingstfest in Jerusalem dabei waren. Diesen Zeugen des Pfingstereignisses kamen wohl später Christen aus dem syrischen Antiochien, aus Ephesus und Korinth zu Hilfe, die somit die Gemeinschaft ausdehnten. Um das Jahr 49 n.Chr. wird auf jeden Fall die Gegenwart einer aktiven Gruppe von Christen in Rom bezeugt, wenn - was schließlich äußerst wahrscheinlich ist - das Edikt des Claudius aus diesem Jahr sich auf einen Aufruhr bezieht, der aus jüdisch-christlichen Debatten erwuchs. (Sueton, ein römischer Geschichtsschreiber, berichtet von Kaiser Claudius: »Die Juden, die durch das Treiben eines gewissen Christus ständig Tumulte machten, vertrieb er aus Rom.«) Zu der Zeit, als Paulus den Römerbrief schrieb, war die Gemeinde zu beträchtlicher Größe angewachsen. Diese Annahme wird durch Clemens von Rom (um 96 n.Chr.) bestätigt, der über die Zahl der Märtyrer unter Nero in der Mitte der sechziger Jahre schreibt und dabei eine große Zahl Erwählter, die hingerichtet wurden, erwähnt.

Ihr Wesen

Die Gemeinde in Rom setzte sich wahrscheinlich aus Juden und Heiden zusammen. Da Paulus sich in seinem Brief an keinen Amtsträger der Gemeinde richtet, auch sonst keine anerkannte Autorität besonders erwähnt, darf man wohl annehmen, daß die Gemeinde nicht zentral organisiert war.

Sollten Judenchristen aus Palästina etwas mit der Gründung der Gemeinde zu tun gehabt haben, so evangelisierten sie vermutlich zuerst unter ihren eigenen Landsleuten und Glaubensgenossen, die in Rom eine eigene Kolonie bildeten und viele Synagogen hatten. An mehreren Stellen im Brief werden judenchristliche Leser vorausgesetzt. Zum einen werden sie besonders angesprochen; zum andern lassen sich nur so die vielen Hinweise auf das AT (insgesamt ca. 60 Zitate) und die Geschichte Israels erklären.

Zugleich denkt Paulus an heidenchristliche Leser, die wohl den größten Teil der Gemeinde in Rom stellen. Ausdrücklich spricht er sie in den Eingangsversen an (1,1-15). Dazu muß man auch 15,14-16 lesen und vor allem 11,13, wo sich die unmißverständliche Aussage findet: »Euch Heiden aber sage ich: Weil ich der Heiden Apostel bin ...« Es ist auch bedeutsam, daß die meisten der in Kap. 16 angeführten Namen griechischer oder lateinischer Herkunft sind. So kommt man zu dem Schluß, daß sich die Gemeinde Jesu Christi in Rom aus juden- und heidenchristlichen Gliedern zusammensetzte, wobei die letztgenannte Gruppe die größere war. Die Heidenchristen waren möglicherweise mehrheitlich zum Glauben an Christus gekommen, nachdem sie sich zunächst zum Judentum bekehrt hatten. Somit berief sich Paulus zu Recht auf das AT und ging auch zu Recht auf den Fragenkomplex Israel ein.

Ort und Zeit der Abfassung

Über den Ort der Abfassung besteht kein Zweifel. Auf der dritten Missionsreise wartete Paulus in Korinth (s. Apg 20,2f) auf die Abgeordneten der heidenchristlichen Gemeinden, die zusammen mit ihm Geld aus einem Hilfsfonds für die verarmte Gemeinde in Jerusalem überbringen sollten. Von dieser Kollekte ist 1Kor 16,1-4 und 2Kor 8 u. 9 zu lesen. Von der Übergabe der Opfergabe spricht Paulus Apg 24,17. Einige der in Kap. 16 genannten Namen weisen eindeutig nach Korinth: etwa Phöbe, die Diakonisse in Kenchreä, dem Hafen von Korinth, war; Gaius, der Gastgeber des Paulus, begegnet 1Kor 1,14; Timotheus, der Gehilfe, 2Kor 1,1; Erastus, der Stadt Rentmeister, 2Tim 4,20. Ein so sorgfältig und klar durchdachter Brief wie dieser ließ sich eigentlich nur unter der Voraussetzung abfassen, daß Paulus eine relativ lange Zeit in Ruhe an einem Ort zubrachte. Nach dem Zeugnis des Lukas (Apg 20,3) war er drei Monate in Korinth; damit war die notwendige Voraussetzung für die Abfassung dieses Briefes gegeben.

Ein weiterer Hinweis auf die Zeit der Abfassung begegnet Kap. 15, wo Paulus deutlich macht, daß er im Begriff ist, nach Palästina zu reisen, »um den Heiligen zu dienen. Denn die in Mazedonien und Achaja haben willig eine gemeinsame Gabe zusammengelegt für die Armen unter den Heiligen in Jerusalem«. Nach Erfüllung dieses Auftrages hofft er nach Spanien zu reisen (15,25-28). Das weist hin auf das Ende der dritten Missionsreise und auf den letzten Besuch in Jerusalem. Unmittelbar vor seiner Abreise nach Jerusalem schloß Paulus den Brief ab. Wenn es um eine genaue Chronologie des Lebens und Wirkens des Paulus geht, kann niemand mit letzter Sicherheit sprechen. Geht man aber von der Amtszeit Gallios (Apg 18,12) in Korinth aus (51-52 n.Chr.), dann wird man diesen Aufenthalt des Apostels in Korinth wohl im Winter 54/55 n.Chr. ansetzen und die Abfassung des Briefes auf den Spätwinter bzw. das beginnende Frühjahr 55 datieren.

Der Anlaß des Briefes

Warum schrieb Paulus der Gemeinde in Rom, nachdem sie weder von ihm noch von einem seiner Mitarbeiter gegründet oder zuvor besucht worden war? Mit der Antwort auf diese Frage verbindet sich die Frage nach der Form des Briefes. Handelt es sich um eine theologische Abhandlung oder schlicht um einen Brief, wie ihn die Umstände seiner Arbeit erforderlich machten? Sicher darf man - mit Einschränkungen - wohl beides annehmen, doch die Frage bleibt, ob der Apostel sich ursprünglich hinsetzte, um das von ihm gepredigte Evangelium zu entfalten, oder ob er sich einen Brief vornahm, der von den unmittelbaren Verhältnissen her bestimmt war. Mitunter vermutet man, Paulus sei sich bewußt gewesen, nicht mehr viel Zeit zu haben; deshalb habe er der Nachwelt eine verbindliche und definitive Darstellung seiner Lehre hinterlassen wollen. Zudem wurde die Lehre des Apostels schon zu seinen Lebzeiten mißverstanden und bekämpft, und an Kritikern (vor allem aus den Reihen des Judentums) hat es nie gefehlt. Und schließlich hatte der Apostel bis dahin noch keine systematische Dogmatik entwickelt. Das legt doch nahe, den Römerbrief als »letzten Willen«, als »Testament« des großen Heidenapostels zu betrachten. Und war dieses Dokument nicht in Händen der Gemeinde zu Rom am besten aufgehoben? Der logische Aufbau und der theologische Gehalt des Briefes - des systematischsten und lehrhaftesten aller paulinischen Briefe - böten guten Grund für die oben dargestellte Theorie. Dennoch ginge man zu weit, wollte man den Römerbrief ausschließlich als theologische Abhandlung betrachten. Folgende Einwände stellen die These in Frage, nach der es sich ausschließlich um ein durchdachtes Manifest paulinischer Theologie im Sinne eines »Kompendiums christlicher Lehre« (so Melanchthon) handele.

Im Brief selbst fehlt es nicht an Hinweisen, daß Paulus eine lebendige christliche Gemeinschaft vor Augen hat und auf konkrete Gegebenheiten und Umstände Bezug nimmt.

Letztlich fehlt jede echte Begründung für die Ansicht, der Apostel habe aus einem Gefühl der auslaufenden Zeit heraus gehandelt, aus dem Bewußtsein, sein Werk gehe zu Ende und daß er deshalb der Nachwelt sein theologisches Testament hinterlassen müsse. Im Gegenteil: Zur Zeit der Abfassung richtete sich der Blick des Apostels nach Westen, wo er in Zukunft eine neue missionarische Aufgabe in Angriff zu nehmen gedachte.

Enthält der Römerbrief tatsächlich die vollständige Lehre des Apostels? Enthalten die anderen Briefe nicht noch ganz andere Züge paulinischer Theologie, Aspekte, die in der konkreten römischen Situation eben nicht gefordert waren?

Paulus selbst nennt in dem Brief unmißverständlich den Grund seines Schreibens. Er hat keine Ursache, irgendwelche bestehenden theologischen Ambitionen zu verbergen. Er will die Gemeinde in Rom besuchen (1,10-13), um sie, wie die anderen Gemeinden, am vollen Segen Christi teilhaben zu lassen (15,29). Er hat schon viele Kontakte nach Rom (Kap. 16) und nutzt sie zum besten. Zudem erklärt Paulus ohne Umschweife, daß sein Besuch in Rom in einen größeren Plan hineingehört (vgl. 15,15-24). Soweit es in seiner Macht lag, hat er die Evangelisation der östlichen Heidenwelt zum Abschluß gebracht. Jetzt faßt er ein neues Missionsunternehmen im Westen ins Auge. Für diesen Plan möchte er ihre Mitarbeit gewinnen, denn Rom ist das strategische Zentrum des Westens, und die römische Gemeinde wird ihm bei seinem Vorhaben helfen können. Unter diesem Vorzeichen ist der theologische Gehalt des Briefes zu deuten: Der Gemeinde soll die Größe der göttlichen Gnade vor Augen geführt und die Weite des Erbarmens Gottes gezeigt werden, die so erstaunlich und so allumfassend sind, daß die Evangelisation, der er sich verschrieben hat (und die auch für die Gemeinde verpflichtend ist), als ein absoluter Imperativ Gottes dasteht.

Von daher folgern wir, daß Paulus sich bei den Lesern mit einer sorgfältigen Darstellung dessen einführen will, was für ihn die Substanz apostolischer Heidenpredigt ist. »Röm. ist das - aus einer konkreten Notwendigkeit seiner Missionsarbeit entstandene theologische Selbstbekenntnis des Paulus« (W. G. Kümmel, *Einleitung in das NT*, 1964, S. 224). Ein Alternativvorschlag soll nach der Erörterung der Textfrage vorgestellt und bewertet werden.

Textprobleme

Es geht hier um die Frage, ob der Brief ein geschlossenes Ganzes bildet, in einem Zug vom Apostel selbst geschrieben, oder ob auch noch die Gedanken eines anderen Verfassers - zu einem früheren oder späteren Zeitpunkt - in den Text mit eingeflossen sind. Diese Frage wird durch vier Beobachtungen hervorgerufen:

Eine Kurzform des Römerbriefes zirkulierte im 2. und 3. Jahrhundert. Eine Textüberlieferung macht deutlich, daß es Handschriften gab, vor allem durch Markions *Apostolikon* bezeugt, die mit Kap. 14 endeten.

Der Schluß des Römerbriefes ist uneinheitlich überliefert: »Der Gott des Friedens aber sei mit euch allen! Amen« (15,33). »Die Gnade unseres Herrn Jesus Christus sei mit euch allen! Amen« (16,24). »Dem Gott, der allein weise ist, sei Ehre durch Jesus Christus von Ewigkeit zu Ewigkeit! Amen« (16,27).

In einer kürzeren Fassung des Römerbriefes erscheint die Doxologie (Lobpreis), 16,25-27, am Ende von Kap. 14. Einige Handschriften bringen sie sowohl am Ende von Kap. 14 als auch nach Kap. 16. Sie wurde auch aufgrund innerer Kriterien in Frage gestellt, da sie stilistisch nicht paulinisch sei.

Die persönlichen Grüße Kap. 16 fand man den Umständen nicht angemessen, da Paulus sich als Fremder an die römische Gemeinde wendet. So passen sie angeblich eher zu der Gemeinde in Ephesus.

Trotz dieser Einwände wird aber an der Echtheit des Briefes festgehalten. Eine mögliche Lösung der textkritischen Frage bietet die Überlegung, wonach der Häretiker Markion, der sich zwischen 154-166 in Rom aufhielt, die letzten beiden Kap. absichtlich strich, da in Kap. 15 dem Judentum eine vorbereitende Funktion für die Verbreitung des Evangeliums zuerkannt wird; s. z.B. 15,4: »Denn was zuvor geschrieben ist, das ist uns zur Lehre geschrieben, damit wir durch Geduld und den Trost der Schrift Hoffnung haben.« Zudem finden sich in Kap. 15 wenigstens fünf z.T. längere Zitate aus dem AT. Kap. 16 konnte Markion gleichgültig sein; theologisch war es für seine Lehre ohne Bedeutung. So könnte man davon ausgehen, daß die längere Lesart, wie sie uns vorliegt, die ursprüngliche ist, da die kürzere, die mit Kap. 14 endet, gegen das AT voreingenommen ist. Es läßt sich aber auch nicht ausschließen, daß der kürzere Text nicht auf einen Eingriff Markions zurückgeht, sondern daß der Brief in dieser Fassung bereits vorlag. So wäre denn auch erklärt, wieso man 16,25-27 einmal nach 14,23, dann nach 15,33 und in anderen Textüberlieferungen wieder nach 16,23 findet. Was nun die Namenliste Kap. 16 angeht, so fügt sie sich recht gut in den Text, zumal wenn man davon ausgeht, daß Paulus möglichst viele Kontakte nach Rom knüpfen wollte. Zudem kam Rom als Wohnort vieler seiner Freunde wohl ebenso gut in Frage wie Ephesus, auch dann, wenn man von Ephesus als dem Abfassungsort vieler paulinischer Briefe ausgeht. So bleiben wir dabei, daß uns der vollständige Brief vorliegt, so wie ihn Paulus von Korinth aus an die Gemeinde in Rom geschrieben hat.

Inhalt

1,1-17	**Prolog**		
	1,1-7	Gruß-Überschrift	
	1,8-15	Danksagung und Ausblick	
	1,16.17	Das Thema des Evangeliums	

1,18-5,21	**Grundlagen des Evangeliums**	
	1,18-32	Die »Gerechtigkeit« der Heiden
	2,1-3,20	Die »Gerechtigkeit« der Juden
	3,21-31	Der Weg der Gerechtigkeit
	4,1-25	Die Gerechtigkeit Abrahams
	5,1-21	Die Gerechtigkeit des Glaubenden
6,1-23	**Vom Evangelium gestellte ethische Fragen**	
	6,1-14	Der Vorwurf der ethischen Gleichgültigkeit
	6,15-23	Der Vorwurf der Gesetzlosigkeit
7,1-8,39	**Christ und Gesetz**	
	7,1-6	Das Gesetz gilt nur den Lebenden
	7,7-25	Gesetz und Sünde sind zweierlei
	8,1-39	Die Sünde wird durch Christus und seinen Geist überwunden
9,1-11,36	**Fragen um jüdische Rechte und Vorrechte**	
	9,1-29	Gottes Souveränität
	9,30-10,21	Die Verantwortung der Juden
	11,1-36	Gottes Ziel ist Erbarmen
12,1-15,13	**Das christliche Leben**	
	12,1.2	Einleitung
	12,3-21	Persönliche Ethik
	13,1-7	Politische Ethik
	13,8-14	Persönliche Ethik
	14,1-15,13	Die Starken und die Schwachen
15,14-16,27	**Nachwort**	
	15,14-21	Gründe für die Abfassung des Briefes
	15,22-33	Reisepläne
	16,1-16	Grüße an Freunde in Rom
	16,17-20	Letzte Ermahnung
	16,21-23	Grüße aus Korinth
	16,25-27	Schlußdoxologie

Kommentar

1,1-17 Prolog

1,1-7 Gruß-Überschrift

Die Anrede ist kurz gefaßt: »Paulus an alle Heiligen, d.h. Gottes erwähltes und heiliges Volk, in Rom.« Ihre Form ähnelt den Anreden in anderen paulinischen Briefen und entspricht dem normalen Briefstil des 1. Jhs. Es liegen heute viele Briefe aus jener Zeit vor, die sämtlich im gleichen Schema gehalten sind: Zunächst der Name des Absenders, dann der des Empfängers und daran anschließend ein Grußwort. Diese Grundformel wird den Umständen entsprechend variiert. Im vorliegenden Fall, da Paulus sich an eine Gemeinde wendet, die er weder gegründet noch bislang besucht hat, weist er sich zunächst aus. **1** Er ist *ein Knecht Christi Jesu* (wörtl.: »ein Sklave«), der sich durch unerschütterliche Treue und unbedingten Gehorsam auszeichnet. Auf atl. Hintergrund erscheint »Knecht« freilich als Ehren- und Amtsbezeichnung, die von allen gerne angenommen wurde, seien es Israels Könige oder seine Propheten, die sich als Gottes Bevollmächtigte wußten. *Berufen zum Apostel:* ein Apostel ist (wörtl.) ein Gesandter oder Bote (so 2Kor 8,23; Phil 2,25). Die hier vorliegende bes. Berufung ist die zum Apostelamt. Paulus hebt immer wieder seine unmittelbare Berufung in dieses hohe Amt hervor (vgl. Gal 1,1: ». . . nicht von Menschen, auch nicht durch einen Menschen«). Die Bezeichnung »Apostel« eignete in erster Linie den Zwölfen, die sich dadurch auszeichneten, daß sie mit Jesus in den Tagen seines Fleisches waren. Später wurde die Bezeichnung - in beschränktem Maße - auch andern Verkündigern des Evangeliums zugesprochen (vgl. Apg 14,14). *Ausgesondert, zu predigen das Evangelium Gottes:* Paulus bezieht sich auf den Auftrag, mit dem ihn der auferstandene Christus persönlich betraute (Apg 26,15ff; vgl. Apg 9,15; 22,14ff; Gal 1,15). Das Evangelium ist die gute Heilsbotschaft Gottes, die an die Person Jesu Christi gebunden ist und in gedrängter Form in diesem Brief dargelegt werden soll. Paulus könnte mit diesem Wort auch seinen Auftrag umschreiben (vgl. Phil 1,5). Das mag auch hier der Sinn sein. Mit seiner Bekehrung wurde es Paulus deutlich, daß sein Leben in Zukunft dem Werk Chrsiti verschrieben war.

Hier begegnet nun die Gewohnheit des Paulus, von einem bestimmten Gedanken »abzuschweifen«. In den meisten seiner Grußworte - aber auch an anderer Stelle - erweitert er den Gedanken mit Einfällen, die sich geradezu jagen. Hier stößt er vom Wort »Apostel« auf »Evangelium« und von diesem leitet er wiederum eine gehaltvolle christologische Aussage ab. Er definiert das Evangelium einmal nach seinem Ursprung als göttlich (V. 1), nach seiner Vorbereitung als verheißen (V. 2) und nach seinem Inhalt als christozentrisch (V. 3-5).

2 Ehe er sich nun dem Inhalt des Evangeliums zuwendet, macht der Apostel darauf aufmerksam, daß seine Botschaft eine Fortsetzung der zuvor dem jüdischen Volk gegebenen Offenbarung ist. Sie befindet sich im Einklang mit den Verheißungen der Propheten; sie wurzelt *in der Heiligen Schrift,* d.h. im AT, das die Befreiung des gefangenen Volkes durch Gott als Evangelium, als gute Botschaft, beschreibt (Jes 40,9; 52,7; 61,1).

3-5 Das Wichtigste am Evangelium ist sein Mittelpunkt Jesus Christus. In diesem christologischen Abschnitt betont Paulus zunächst die Inkarnation (Fleischwerdung Christi), denn hier nimmt das Evangelium seinen Anfang. Jesu Kommen *nach dem Fleisch* war Erfüllung messianischer Weissagung, die den von Gott gesandten Erlöser als Nachkommen der Davidsfamilie erwartete. (Dabei ist wohl in erster Linie an 2Sam 7,12ff zu denken, ein messianisches Zeugnis, dessen Bedeutung sich in der zwischen dem AT und dem NT liegenden jüdischen Literatur - sowohl in der rabbinischen als auch in der qumranischen - niederschlägt. Auch die Gemeinde des neuen Bundes nahm sie auf - vgl. Hebr 1,5; 2Tim 2,8). So ist der Hinweis V. 2 berechtigt. Mit *nach dem Geist, der heiligt* tritt die sich an die Auferstehung von den Toten anschließende Erhöhung in den Gesichtskreis. Die beiden durch »Fleisch« und »Geist« gekennzeichneten Sätze umschreiben die zwei Stände Christi, den irdischen im Rahmen der Fleischwerdung und den erhöhten. Als der Irdische hatte er das Amt des Messias Israels inne (Sohn Davids); auferweckt und erhöht durch die Kraft des Geistes (Röm 8,11) ist er jetzt als Sohn Gottes erkannt (Ps 2,7), dem alle Herrschaft und Macht übertragen ist. Was in seinem irdischen Leben noch verborgen war, ist nun offenbart (2Kor 13,4), denn er ist nun *Herr* der ganzen Gemeinde (14,9). Wahrscheinlich bedient sich Paulus hier einer frühen Bekenntnisformel, die in Versform die wesentlichen Elemente des Christusglaubens festhält und Phil 2,6-11 erweitert wird.

Dieses Evangelium Gottes, das verheißen wurde und in Christus seine Mitte hat, wird zur Richtschnur der Christen. Absender und Empfänger sind in *Jesus Christus, unserm Herrn,* verbunden. Man achte darauf, wie Paulus Hoheitstitel und Personennamen des Gottessohns verwendet, der Retter, Messias und König ist. Die *Gnade* Gottes zeigt sich vor allem in der Vergebung, kann aber auch zum Synonym für »Kraft« bzw. »Befähigung« durch Gott gebraucht werden (so in Röm 12,3.6; 15,15; 2Kor 12,9). In V. 5 bestimmt er *Apostelamt* näher und bringt zum Ausdruck, daß Gott ihm die Fähigkeit verliehen hat, die mit dem Apostolat verbundenen Aufgaben zu erfüllen. Paulus wundert sich immer wieder über die ihm zugekommene Berufung, die Heiden zum Glauben an Christus zu führen (Eph 3,1-13; 1Tim 2,7; 2Tim 1,11). Er kommt auch an anderer Stelle in diesem Brief darauf zu sprechen (15,16). Das Ziel des paulinischen Apostolats ist es, den *Gehorsam des Glaubens aufzurichten,* d.h. Menschen dahin zu bringen, daß sie sich in demütigem Glauben vor dem Heiland der Welt vertrauensvoll beugen. Paulus weiß sich als Apostel der Heiden. So sieht er auch in den Römern Menschen, die zum Glauben an Christus berufen bzw. die schon dieser Gnade teilhaftig geworden sind. Daraus leitet er seinen Anspruch ab, sie anzureden. **7** *Allen Geliebten Gottes und berufenen Heiligen zu Rom:* Wahrscheinlich besteht in der Hauptstadt Rom eine christliche Gemeinde, die sich aus glaubenden Juden und Heiden zusammensetzt. Indem Paulus auf Begriffe zurückgreift, die im AT Israel als Gottes erwähltem Volk vorbehalten waren *(Geliebte, Berufene, Heilige),* macht Paulus deutlich, daß Israels Sonderstellung und Berufung nun der weltweiten Gemeinde angeboten werden. Mit *Heiligen* werden 5Mo 33,2.3; Psalmen, Dan 7,22.27 in Erinnerung gerufen, wo der Begriff Israel oder einem Rest von Gottes heiligem Volk gilt, den er in seinen Dienst stellt. Das eigentliche Grußwort schließt mit einem Segenswunsch, in dem sich griechische und hebräische Vorstellungen treffen: *Gnade* und *Friede.*

1,8-15 Danksagung und Ausblick

Der Apostel zeigt sich dankbar über jeden einzelnen Christen in Rom, weil ihr Glaube nicht in einer geheimen Ecke verborgen, sondern in aller Öffentlichkeit sichtbar geworden ist. Sie wurden in außergewöhnlicher Weise Herolde Gottes. Deshalb kann er nicht anders, als sie immer wieder in seine Fürbitte einzuschließen.

Weiter lautet seine Bitte, Gott möge ihm bald eine Möglichkeit schaffen, mit ihnen zusammenzutreffen. Freilich unterstellt er auch das dem Willen Gottes. Dieses Verlangen hatte einen zweifachen Grund: Einmal wollte Paulus sie im Glauben festigen, indem er sie teilhaben ließ an den ihm anvertrauten geistlichen Gaben; zum andern wollte er in ihrer Gemeinschaft die Kraft des gemeinsamen Glaubens erleben. **10** Was hier angedeutet und V. 13 ausgesprochen wird, daß nämlich Paulus schon des öfteren vergeblich geplant hatte, Rom zu besuchen, wird nicht weiter ausgeführt. Auch andere Quellen geben keine Auskunft über derartige vereitelte Versuche. Die Christen in Rom müssen darum wissen, daß Paulus des öfteren vergeblich versucht hatte, sie zu besuchen, damit in ihrer Mitte das gleiche geistliche Werk Gestalt gewinne, das unter den andern Heiden schon entstanden ist. Paulus fühlt sich den Kultivierten wie den Unkultivierten, den Gebildeten wie den Ungebildeten in gleicher Weise verpflichtet. Sein Auftrag ist es, das Evangelium allen Menschen zu verkündigen. Was seine eigene Bereitschaft angeht, steht er unter dem Eindruck, daß er auch Rom die Evangelisation schuldet, denn er ist stolz (s. *schäme mich nicht,* V. 16) darauf, daß er ein Evangelium weitersagen kann, das die Kraft hat, jeden zu retten, der glaubt, ob Jude oder Grieche - wenngleich dem Juden ein vorrangiger Anspruch und ein besonderes Interesse zusteht.

1,16.17 Das Thema des Evangeliums

In diesem kurzen Abschnitt ist die Saat gelegt, aus der die folgenden Kapitel hervorgehen. Mit wenigen Worten nur wird das von Paulus verkündigte Evangelium umrissen, wobei er schon hier jene Begriffe einsetzt, die der weiteren Gliederung des Briefes entsprechen: »Gerechtigkeit Gottes ... aus Glauben« (Kap. 1-8); »die Juden zuerst und ebenso die Griechen« (Kap. 9-11); »Der Gerechte wird aus Glauben leben« (Kap. 12-15; 16 ist Anhang). Zudem zeigt sich schon hier, daß Gerechtigkeit einen doppelten Klang hat: einen juristischen und einen ethischen. Dennoch sollte man nicht versuchen, in der Vorstellung des Paulus eine scharfe Trennung vorzunehmen. Beides gehört zusammen.

Gerechtigkeit ist nach der Schrift in erster Linie ein Wesenszug Gottes, der dem menschlichen Verhalten ein hohes Vorbild setzt. Das Vorbild ist für den Menschen an sich unerreichbar. Deshalb taucht in den Psalmen auch immer wieder das Bekenntnis eigenen Versagens auf (zitiert in Röm 3,10ff). Der Begriff umschreibt aber auch Gottes Handeln, durch das er sein Volk zu sich selbst ins rechte Verhältnis bringt. Das Ergebnis ist dann Heil, Rettung (Jes 51,5.6). In diesem Sinn ist sie offenbart, d.h. von Gott der menschlichen Erfahrung zugänglich gemacht worden. So kann sie im Glauben aufgenommen werden. Als dritter Aspekt kommt hinzu, daß Gerechtigkeit die Eigenschaft ist, die vom Glaubenden in seinem persönlichen Bereich und in seinem Umgang mit andern erwartet wird. Was dem Menschen aus eigener Kraft nicht möglich ist, dazu soll der innewohnende und Kraft gebende Geist Gottes beitragen (vgl. Röm 8,2-4).

17 *Aus Glauben in Glauben:* Durch geschickten Einsatz von Verhältniswörtern entsteht im Griech. ein Satz, dem eine Vielzahl von Bedeutungen innewohnt. Dennoch ist es ratsam, der Spekulation nicht zu weiten Raum zu gewähren und statt dessen hier einfach eine rhetorische Umschreibung zu sehen mit dem Sinn: »Auf den Glauben gegründet und an den Glauben gewandt« (so Bruce und Lohse). Die Berufung auf Hab 2,4 erinnert daran, daß nach rabbinischer Tradition dieser Vers als Zusammenfassung des ganzen jüdischen Glaubens galt. Paulus erfaßt das Herz der prophetischen Botschaft; er interpretiert *Glauben* als persönliches Gottvertrauen. Er besteht darauf, daß eine auf dieser Basis gegründete rechte Gottesbeziehung sich auch im praktischen Leben auswirken wird (»wird leben«). Wahrscheinlicher ist aber doch, daß Paulus »leben« von seinem aramäischen Sprachverständnis her hört, wo der semitische Begriff *ḥajje* sowohl »Leben« als auch »Heil, Rettung« bedeuten kann (vgl. Apg 3,15 für diesen doppelten Sinn). In diesem Fall bedeutet *wird leben* am Heil Anteil gewinnen und ist gleichbedeutend mit den in den Evangelien zu findenden Ausdrücken »das (ewige) Leben ererben« oder »gerettet werden«.

1,18-5,21 Grundlagen des Evangeliums

Der Apostel setzt hier sogleich mit dem lehrhaften Teil seines Briefes ein und legt die Grundlagen seines Evangeliums dar. Das zu behandelnde Thema wird V. 17 als *Gerechtigkeit Gottes* umschrieben, die *offenbart* ist und aus *Glauben in Glauben* gilt. Damit ist das Zentralthema des Briefes und auch des von Paulus verkündigten Evangeliums genannt. Anders gesprochen: Es geht um die Rechtfertigung ausschließlich aus Glauben. Die den Apostel beschäftigende Frage - wohl nicht so sehr persönlich als von seinem Auftrag her verstanden - lautet: »Wie kann der Mensch vor Gott gerecht sein bzw. bestehen?« Vor seinem Erlebnis auf dem Weg nach Damaskus versuchte Paulus dieses Problem auf jüdisch-rabbinische Weise zu lösen: indem er Gutes tat, d.h., das rechte Verhältnis zu Gott sollte dadurch geschaffen werden, daß Paulus das Gesetz hielt. Das war aussichtslos. Kein Sterblicher ist je sündlos gewesen und noch viel weniger aus sich selbst heraus heilig und allen Geboten gehorsam. Die paulinische Theologie läßt sich nicht von seinem persönlichen Leben trennen. Er mußte entdecken, daß er durch den Glauben an das vollendete Werk Christi mit Gott ins rechte Verhältnis gekommen war. Weder hat er sich selbst gerecht gemacht, noch hat er sich in das richtige Verhältnis mit Gott gebracht, sondern durch »Gottes Gerechtigkeit« war er gerecht gemacht und ins rechte Gottesverhältnis gebracht worden. Damit ist gesagt, worum es in der Rechtfertigung geht. Die verschiedenen Begriffe wie »gerecht«, »Gerechtigkeit« und »Rechtfertigung«, die wir bei Paulus finden, haben alle den gleichen Stamm (griech.: *dikaios, dikaiosis, dikaiosyne*). Gerechtigkeit durch den Glauben bedeutet demgemäß, daß man durch Glauben gerecht wird, und daß das rechte Verhältnis mit Gott dadurch zustande kommt, daß man an Jesus Christus glaubt, wie es im Evangelium offenbart ist.

Deshalb kann Paulus sich nicht des Evangeliums schämen. Dahinter steht auch ein Stück eigenen Erlebens. In Rom kann es wohl Juden geben, die sich daran stoßen, und es mag Heiden geben, die das für töricht ansehen (1Kor 1,23). Für den Apostel ist dieses Evangelium Dynamit *(Kraft)*, eine geistliche Macht, ein Handeln Gottes in seinem Leben, durch das ihm Heil im umfassenden Sinn für Leib, Seele und Geist jetzt und in Ewigkeit geworden ist. Daß Gott so im Leben des Menschen handeln kann, daß der Mensch so in das rechte Verhältnis mit Gott kommen und darin bleiben kann, ist das Herz der ganzen Botschaft des Apostels. In dem Maß, wie das Wort von der Gottesgerechtigkeit im Verlauf des Briefes weiter entwickelt wird, entfaltet sich das Thema der Rechtfertigung, der Heiligung und der Erwählung.

1,18-32 Die »Gerechtigkeit« der Heiden

Die »Gerechtigkeit« der Menschheit ist in Wirklichkeit Ungerechtigkeit. Wenn es ein absolutes ethisches Ideal gibt, dann ist es die Gerechtigkeit Gottes, die nur von Gott herkommen kann und nur durch das Evangelium Jesu Christi offenbar gemacht wird. **18** So malt Paulus ein sprechendes Bild der Ungerechtigkeit der Völkerwelt, wobei er sowohl heidnische Religion als auch heidnisches Verhalten beschreibt; das eine ist *Gottlosigkeit*, das andere *Ungerechtigkeit*. Über beiden steht *Gottes Zorn*, der ebenso *offenbar wird* wie seine Gerechtigkeit (V. 17 u. 18). Im AT ist der Gerichtsgedanke häufig ein unaufgebbarer Zug der Gerechtigkeit Gottes. So handelt er gerecht - sowohl mit seinem eigenen Volk als auch mit den Völkern. Die jüdischen Leser wären sich auf jeden Fall bewußt gewesen, was der Ausdruck »Zorn Gottes« in sich birgt. Beide Testamente benutzen ihn, um Gottes Mißfallen angesichts des Bösen in der Welt zu beschreiben. Ein unpersönliches Vergeltungsprinzip (den griechischen Lesern unter der Bezeichnung *nemesis* bekannt), ist noch nicht das gleiche wie Zorn Gottes. Hinter letzterem steht ein persönlicher Wille, ohne daß damit ein willkürlicher, unberechenbarer, rachsüchtiger Zug in Gottes Wesen vorhanden wäre.

1,18-25 Die Religion der Heidenvölker. Zur Zeit des Paulus betete das Heidentum Götzen an, die sowohl menschliche (Athen) als auch tierische (Ägypten) Züge an sich trugen. Der Polytheismus war die religiöse Folge eines vermessenen und verborgenen Rationalismus: Der Mensch ging davon aus, daß er Gott ohne Offenbarung (aus der Schöpfung heraus) erkennen könnte. **21** Die Heiden wandten ihre *Gedanken dem Nichtigen* zu, d.h., ihre Philosophien konnten die Wahrheit letztlich nicht fassen. Dieser Abschnitt ist äußerst wichtig für das Denken des Apostels: Er zeigt seine Einstellung zum moralischen Zustand der Welt seiner Zeit. Damit wird einmal die menschliche Verantwortung dafür unterstrichen, daß sie »die Wahrheit in Ungerechtigkeit gefangen hielten« (V. 18). Sie sind selbst an der Nichtigkeit ihrer Gedanken schuldig geworden, und sie sind selbst schuld, wenn sie total irrige Vorstellungen von Gott haben (V. 21). Bewußt akzeptierten sie die Lüge über Gott und zogen es vor, ihn in einer der Schöpfung entliehenen Form darzustellen, denn - so möchte man folgern - solch eine Gottesdarstellung war greifbar, schien wirklich und stellte keinerlei sittlichen Anspruch an den Menschen: Vielmehr erlaubte sie es ihm, sich seinen Leidenschaften hinzugeben, wie er wollte (V. 23-25). Zum andern wird herausgestellt, daß die Wurzel dieser frevelhaften Naturvergötterung der Neid des Menschen ist. Als »weise« will er gelten (V. 22), und jegliche Verpflichtung gegen Gott stößt er von sich. Damit war auch der Dankbarkeit die Grundlage entzogen (V. 21). Schließlich geht es darum, daß aufgrund der menschlichen Verantwortbarkeit, die Paulus nicht müde wird zu unterstreichen, dem Menschen keine Möglichkeit gelassen wird, sich von seiner Schuld frei zu machen. Das Urteil »unentschuldbar« ist der Abschluß der ganzen die V. 19 und 20 umfassenden Argumentation. Man beruft sich gern darauf, um eine »natürliche Theologie« zu rechtfertigen. Die Überzeugung, daß sich Gott aus seinen Werken erkennen läßt, findet sich nicht nur in der Philosophie der Stoa; sie ist auch in der unter griechischem Einfluß stehenden jüdischen Literatur weit verbreitet, besonders in der Weisheit Salomos. Allerdings ist zu bezweifeln, ob Paulus diese Schlußfolgerung hinnimmt. So ist nicht auszuschließen, daß Paulus sich ein Stück weit die besten heidnischen und griechischen religiösen Einsichten zu eigen macht, um sie in seine Auseinandersetzung mit dem Heidentum einzubringen und so eine Brücke zu schlagen (wie in Apg 17). Wesentlicher ist aber, daß Paulus daran festhält, daß das »natürliche Wissen« um Gott den Menschen lediglich seinen gefallenen Zustand erkennen läßt. Der Mensch kann sich verurteilt wissen dafür, daß er die ihm zugängliche Erkenntnis mißbraucht hat, so daß er im Morast greulichsten Götzendienstes landete (V. 21-25). Der Mensch hat, sich selbst überlassen, das ihm zugängliche Wissen über Gottes eigentliches Wesen, wie es sich in seinen Werken zeigt, verworfen und damit jegliche verläßliche Gotteserkenntnis verwirkt. Die Gotteserkenntnis aus der Schöpfung bleibt eine objektive Möglichkeit, aber die subjektive Voraussetzung, die zur Aufnahme dieser Erkenntnis erforderlich ist, ging verloren. In der Folge wird der von Gott entfremdete Mensch, der immer noch von einem Verlangen nach Gott getrieben ist, auf seiner Gottsuche immer nur zu »Vertauschung« (O. Michel, *Der Brief an die Römer)* und verzerrten Ergebnissen kommen.

Insgesamt liegen die Quellen für das von Paulus Dargelegte mehr in den Aussagen der Genesis über Adam als in der stoischen Literatur und den Schriften des aufklärerischen Judentums. Die Aufzählung der Arten knüpft an 1Mo 1,20-25 an, und der Hinweis auf die Gottebenbildlichkeit des Menschen erinnert an 1Mo 1,26. Der Verlust der Gottebenbildlichkeit konnte seine Fortsetzung eigentlich nur im Götzendienst finden (V. 23.25), der symptomatisch ist für das Verlangen, sich selbst an Gottes Stelle zu setzen.

1,26-32 Der sittliche Zustand des Heidentums. Die Verderbnis des Gottesdienstes führt zur Verderbnis des Lebens. Das von Paulus gezeichnete Bild läßt sich bei den säkularen Schriftstellern seiner Zeit belegen. Die Zeit war gekennzeichnet von schamloser Rücksichtslosigkeit, vom Zerfall aller gesellschaftlichen Ordnungen und von unaussprechlicher moralischer Dekadenz. Das Urteil Gottes traf unausweichlich alle, die die menschliche Vernunft über die göttliche Offenbarung stellten. Dreimal betont Paulus, daß *Gott sie dahingegeben hat* (V. 24.26.28). *Dahingegeben* darf nicht nur so verstanden werden, als habe Gott es den Götzenverehrern freigestellt, sich von ihm abzuwenden, auch nicht nur so, als hätte Gott ihnen seine Gnade entzogen, sondern es handelt sich um einen Strafakt Gottes. Es handelt sich um eine aktive Strafe für schuldhafte Unkenntnis und willentliche Sündhaftigkeit.

26.27 Das göttliche Urteil ist der Ertrag der selbst ausgestreuten Saat. Die von Gott abgewandte Welt wurde an ihre eigene Lust ausgeliefert. Die Folge sind sexuelle Perversionen und **28** ein *verworfener Sinn.* Man hat das Wortspiel zu beachten: *Gleich wie sie es für nichts geachtet haben* (griech.: *edokimasan*), daß *sie Gott erkannten, hat sie auch Gott dahingegeben in verworfenen Sinn* (griech.: *adokimon noun*), d.h., gleichwie diese törichten und perversen Götzendiener Gott mißbilligten, so hat auch Gott sie dahingegeben an ein von ihm mißbilligtes Gewissen. **29-31** Liest man diese beängstigende Auflistung menschlicher Verirrungen, dann geht einem auf, was geschieht, wenn der Mensch Gott vom Thron stößt und sich selbst zum Zentrum seines Lebens macht: Seine Verpflichtung andern gegenüber erkennt er nicht und nutzt ihren Besitz und selbst ihre Leiber aus, um seine eigenen Wünsche zu befriedigen. **32** Die oben verurteilten Sünden sind nicht die Folge davon, daß man plötzlich von der Versuchung übermannt wird. Bewußt hat man sich ihr hingegeben und bewußt zieht man andere ebenfalls hinein, sei es, daß man sie daran beteiligt, sei es, daß man ihre Sünde gut heißt. Das Urteil des Paulus trifft sowohl den Täter als auch den Zuschauer, der zustimmend nickt und sich an dem ergötzt, was er beim andern beobachtet oder von ihm hört.

2,1-3,20 Die »Gerechtigkeit« der Juden

Wie die »Gerechtigkeit« der Heiden, so ist auch die der Juden nichts anderes als Täuschung, Versagen und Verirrung. Obwohl der Jude weiterreichendere Vorrechte genießt als der Heide, hat er dennoch keine Gerechtigkeit aufzuweisen. Bevor der Apostel zur Verurteilung Israels schreitet, nennt er im Vorfeld zwei Grundsätze: Gottes Gericht ergeht ohne Parteilichkeit (2,1-11), und die ethische Forderung gilt ohne Einschränkung allen Menschen (2,12-16).

2,1-11 Das unparteiische Gericht Gottes. **11** stellt zusammenfassend den ersten Grundsatz dar, auf dem Paulus die Anklage gegen sein eigenes Volk erhebt. **1** Wenn der Jude sich als der gerechte Richter aufspielt, der das Recht hat, jedermann zu verurteilen (wie er es auch tatsächlich tut), dann muß sein Urteil ihn zuerst selber treffen. **2** Paulus verlangt, daß alle Juden die Gerechtigkeit des von Gott gefällten Urteils anerkennen. Das göttliche Urteil entspricht dem eigentlichen moralischen Sachverhalt (*recht,* wörtl.: »der Wahrheit entsprechend«) und ergeht unabhängig von Sonderrechten oder -bekenntnissen. **3** Der Apostel wendet sich gegen die falsche Annahme, der Jude brauche sich nicht dem Gericht zu stellen, weil er menschlich besser sei oder weniger sündige als der Heide. Auch die Erwählung als Volk befreit ihn nicht vom Gericht (vgl. Mt 3,9; Joh 8,33; Gal 2,15). **4** Wenn die Juden, die sich derselben Sünden wie die Heiden schuldig gemacht haben, noch nicht dem Gericht verfallen sind, dann nur wegen Gottes *Langmut*. Wenn es den Anschein hat, als wäre Gott die Sünde gleichgültig, dann nur wegen seiner *Geduld*, deren Ziel es ist, zur Umkehr zu führen. *Der Reichtum seiner Güte* und **5** die Fülle des Zorns - *häufst dir selbst den Zorn auf den Tag des Zorns* - stehen als starke Gegensätze nebeneinander. Jeder wird nach seinen eigenen Taten gerichtet, er sei Jude oder Heide. Starrsinnige Unbußfertigkeit gleicht einer Einzahlung auf das Konto göttlichen Zorns, die am Tag des Zorns mit Zinseszins zurückgezahlt werden wird (vgl. Jes 13,6; Hes 30,3; Zeph 1,7. S. dazu auch ntl. Hinweise auf den »Tag des Herrn«, z.B. Apg 2,20; 1Kor 1,8; 2Kor 1,14; 1Thes 5,2). **6** An jenem Tag wird sich zeigen, daß auch Gottes Urteil seiner Gerechtigkeit entspricht, die jedem nach dem Maß seines Tuns zuteil wird. **7** Trifft es sich dann, daß die Frucht eines Lebens geduldiges Wohltun ist, das im Hinblick auf die Herrlichkeit und das ewige Leben geschah, dann wird auch Gottes Antwort entsprechend sein. **8.9** Aber Parteilichkeit und Streitsucht, Widerstand gegen die Wahrheit und Hingabe an die Ungerechtigkeit werden auch ihr Ziel erreichen: Trübsal und Angst über jeden, der sich dem Bösen verschreibt. Das gilt in erster Linie dem Juden, der ja darum wissen sollte, aber auch dem Griechen. **11** So wird die Unparteilichkeit des göttlichen Gerichts erwiesen. Niemand ist davon ausgenommen.

Anmerkungen: **1** Der Schreibstil des Paulus setzt ein unsichtbares Gegenüber voraus, mit dem der Apostel einen Disput ausficht. Er bedient sich dabei eines beliebten Stilmittels seiner Zeit, der sog. Diatribe. Von diesem Stilmittel her werden die Fragen und Antworten der folgenden Verse (3,4) erklärlich. Paulus hat sowohl einen jüdischen Frommen als auch einen heidnischen Moralisten im Blick, die sich darin gleichen, daß sie sich selbst zu ihrem hohen Moralkodex gratulieren und verächtlich die Fehltritte weniger wertvoller Kreaturen kritisieren und belächeln, die keine so hochwertige Moral kennen. Diesen Stolz entlarvt der Apostel in seiner ganzen Hohlheit, indem er die zugrundeliegenden Irrtümer aufzeigt. **3** Das Schlüsselwort ist: *und tust doch dasselbe*. Das heißt noch nicht, daß die Moralprediger äußerlich ein moralisch verwerfliches Leben geführt hätten. Vielmehr fragt Paulus - wie Jesus selbst - nach den verborgenen Tiefen des Menschenherzens (Mt 5,21-48) und durchleuchtet die geheimen Gedanken, die zum Anlaß für das tatsächliche Handeln werden. **7** Es geht hier nicht darum, daß man sich das Heil durch eigene Frömmigkeit oder Rechtschaffenheit erwerben kann. Paulus erläutert vielmehr den Grundsatz, der sich auch in der Unterweisung Jesu als zentral erkennen läßt (Mt 7,16-20), wie ja auch im Vorausgehenden auf die Verurteilung zurückgegriffen wird, die Jesus über den Richtgeist aussprach (V. 3; vgl. Mt 7,1ff). **11** Parteilichkeit, *Ansehen der Person*, gibt einen zusammengesetzten griech. Begriff wieder, hinter dem ein atl. Bildwort steht. Wörtl.: »jemanden das Gesicht aufdekken oder aufheben«, d.h., jemanden einen Vorzug gewähren. Die Juden beanspruchten von Gott besondere Nachsicht aufgrund der »Meistbegünstigtenklausel« im Rahmen ihres Bundesverhältnisses mit Gott. Wie die Propheten Israels vor ihm, lehnt auch Paulus so etwas ab (z.B. Am 3,2; 9,7.8).

2,12-16 Die Allgemeingültigkeit der ethischen Verpflichtung. Alle müssen sich vor Gottes Gericht verantworten, ob sie nun, wie die Juden, das mosaische, oder ob sie als Heiden ein »natürliches« Gesetz haben, das ihnen ins Gewissen eingeschrieben ist, denn alle Menschen tragen immer noch Züge der Gottebenbildlichkeit an sich. Für jeden gibt es ein verbindliches Maß, nach dem er gerichtet werden kann, denn nicht der, der sich des Gesetzes rühmt, ist gerecht, sondern der, der es auch hält. Die Juden täten besser daran, nicht so stolz auf ihre Thora zu sein, denn ob man das Gesetz besitzt oder nicht, ist gar nicht entscheidend. Das Gericht orientiert sich an unserem Tun, das unser wahres Wesen offenlegt. **15** Jeder Mensch hat ein *Gewissen* (griech.: *syneidesis*), ein ethisches Bewußtsein, ein Mitwissen um die Tat und ihren ethischen Wert bzw. um Mensch und Gott als der letzten Wahrheit und Wirklichkeit. (Paulus benutzt den gleichen Begriff noch 9,1 und 13,5; auch in anderen Briefen taucht er auf.) Wenn der Mensch sich dem Gewissen stellt, wird es ihn unfehlbar anklagen oder freisprechen. **16** Das gilt vor allem für den Tag Gottes, an dem Jesus Christus alle Geheimnisse des Herzens lesen und richten wird. Auch diesbezüglich ist das Evangelium des Paulus christozentrisch. Das ist sein Hauptmerkmal.

2,17-29 Die Verurteilung der Juden. Nachdem Paulus die Voraussetzungen gelegt hat, indem er sowohl die Unparteilichkeit Gottes als auch die Universalität des göttlichen Gerichts herausstellte, wendet er sich nunmehr der selbsterwählten Gerechtigkeit der Juden zu. Ähnlich den Heiden haben auch sie ihr Leben nicht so gestaltet, wie es dem ihnen zuteil gewordenen Licht entsprochen hätte. Die den Juden zuteil gewordene Offenbarung war ja nicht nur Besitzvorrecht, sondern ebenso auch die Verpflichtung zu einem besonderen Leben. Paulus nennt zwei Dinge, auf die die Juden in Sonderheit stolz waren: das Gesetz (V. 17-24) und die Beschneidung (V. 25-29). Dennoch waren sie weder dem Gesetz gehorsam, noch waren sie am Herzen beschnitten.

17 *Wenn du dich aber einen Juden nennst:* Die Betonung liegt auf nationaler Zugehörigkeit. Die Bezeichnung »Hebräer« bezieht sich in erster Linie auf Herkunft und Sprache; »Israelit« erinnert an die besondere Gottesbeziehung und den Glauben. »Jude« betont das völkische Element gegenüber den Heiden. Die folgende Aufzählung von im Gesetz enthaltenen Vorteilen klingt ironisch, denn der Apostel setzt voraus, daß der Jude sein Vorrecht nicht genutzt hat und es dadurch verwirkt. *Verläßt dich aufs Gesetz:* Das für »verlassen« gebrauchte griech. Wort *(epanapauomai)* hat den Beigeschmack der Geruhsamkeit (»ruhst im Gesetz«, de Boor). Zweifelsohne war der Jude von Gott erwählt, und die Thora galt als Beweis dafür. So war man der Meinung, daß der Besitz als solcher genügte, um das weitere brauchte man sich keine Gedanken zu machen. *Rühmst dich Gottes* beinhaltet den Vorwurf, daß man das Gottesverhältnis falsch verstanden hat. Sicher darf man sich Gottes rühmen, aber nicht dabei der Arroganz verfallen (vgl. Jer 9,24). Der Jude fühlte sich andern, die, eben da sie das Gesetz nicht hatten, als geringere Geschöpfe eingestuft wurden, sichtlich überlegen. Diese Überlegenheit spielte er auch aus. Er erhob den Anspruch, durch den Besitz des Gesetzes so in die Nähe Gottes gerückt zu sein, daß er um den Willen Gottes Bescheid wußte. **18** *Prüfst du, was das Beste zu tun sei:* Trotz verschiedener hier nicht zu besprechender Übersetzungsmöglichkeiten geht es letztlich darum, daß der Jude behauptet, zwischen Gut und Schlecht und den dazwischen liegenden ethischen Schattierungen von »mehr und weniger gut« genau unterscheiden zu können (vgl. Phil 1,10). Wegen all dieser ihm durch das Gesetz gewordenen Vorteile war der Jude stolz auf seine Fähigkeit, andere zu leiten, zu lehren und zu richten. **19** *Ein Leiter zu sein der Blinden* war wohl ein sprichwörtlicher Ausdruck (vgl. Mt 15,14; 23,16). **20** *Ein Erzieher der Törichten:* Die Törichten waren die im religiösen Wissen den Kindern Gleichenden. So schätzte der Jude die Heiden ein. Dieser Stolz behauptete, daß alles auf den Besitz der Erkenntnis und der Wahrheit ankomme, die im mosaischen *Gesetz* verkörpert ist. Dazu gehörte dann noch die rabbinische Auslegung, die jeden erdenklichen Fall des Lebens abgedeckt hatte. War nun Paulus der Meinung, daß der Jude wirklich das Geheimnis Gottes, die Quelle aller Erkenntnis und Wahrheit hatte? Die *»Form der Erkenntnis ...«* (EÜ; griech.: *morphosis*) bedeutet schließlich den Rahmen, die Darstellung, die volle Verkörperung und Entfaltung der wesenhaften Form des Gesetzes (vgl. Phil 2,6.7: *morphe* für Gestalt). Oder wollte Paulus sagen, daß der Jude nur den Schein des Gesetzes besaß, da er es nicht erfüllte? Der Apostel gebraucht den Begriff *morphosis* nur hier und 2Tim 3,5 (vgl. A. Schlatter), wo er den Gegenbegriff zu *dynamis*, Kraft, bildet. Kein Zweifel: die Gabe der Offenbarung war wirklich. Es geht aber darum, daß der Jude, wäre er gehorsam gewesen, eine tiefere Einsicht hätte gewinnen können und daß er trotz seines Rühmens ein schlechter Führer, ein schlechtes Licht und ein schlechter Lehrer der Heiden war.

21-24 Daran schließt sich eine furchtlose Bloßstellung der Ungerechtigkeit der Juden an. »Wie ist es nun mit dir, du Lehrer-der-andern? Lehrst du dich selbst? Du predigst gegen das Stehlen. Stiehlst du auch selbst nicht? usw. **22** *Tempelraub* war anscheinend ein Verbrechen, dessen man den Juden gerne bezichtigte (vgl. Apg 19,37), obwohl auch die besten jüdischen Stimmen sich ausdrücklich dagegen verwahrten (s. Josephus, *Jüdische Altertümer*, IV, 8.10). Es könnte sich aber um einen versteckten Hinweis auf ein um 19 n.Chr. berichtetes Geschehen handeln, als nämlich einige Juden aus Rom mit einer Geldsumme untertauchten, die eine römische Dame für den Tempel in Jerusalem gespendet hatte. **24** Paulus zitiert frei Jes 52,5 (LXX). Die Diskrepanz zwischen jüdischem Bekennen und Tun, ihr Prahlen mit der Gunst Gottes und ihre gleichzeitige Verachtung der von Gott festgelegten ethischen Norm müssen dazu führen, daß Gottes Name unter den Heiden verlästert wird. Eine ähnliche Ermahnung, den Heiden durch anstößiges Verhalten keinen Anlaß zur Lästerung Gottes zu geben, findet sich in der Literatur der Qumrangemeinde. **25** *Beschneidung ist wohl nütze:* Paulus anerkennt den Gewinn dieses ausschließlich jüdischen Ritus, dessen sich der Jude auch rühmte und um deswillen er von den Heiden verachtet wurde. Die Beschneidung hat ihre Berechtigung doch nur, wenn das Gesetz gehalten wird (Gal 5,3). Wo aber das Gesetz übertreten wird, wird aus Beschneidung Unbeschnittensein. Umgekehrt ist es, wenn der Unbeschnittene die Forderungen des Gesetzes erfüllt. Dann wird sein Unbeschnittensein ihm als Beschneidung angerechnet. Der von Hause aus Unbeschnittene (d.h. der Nichtjude), der das Gesetz erfüllt, wird den jüdischen Übertreter des Gesetzes verurteilen. Paulus erklärt ferner, daß der gerechte Heide in seinem unbeschnittenen Zustand so gut, ja besser ist als der ungehorsame Jude, obwohl dieser beschnitten ist. Diese Aussage muß im Rahmen ähnlicher atl. Aussagen gesehen werden (etwa 5Mo 10,16; 30,6; Jer 4,4; 9,25f), die gleichfalls die Ungültigkeit der Beschneidung betonen, falls diese lediglich als äußerliches Zeichen oder operativer Eingriff verstanden wird. Wo Israel sich selbst dem Gesetz versagt, verliert auch die Beschneidung ihren Wert als Bundeszeichen. Darüber hinaus besteht Paulus darauf, daß die Beschneidung nicht zu den unaufgebbaren Elementen eines geistlichen Glaubens gehört, und verinnerlicht schließlich den Begriff als Umschreibung des Gehorsams und der Erneuerung durch den Glauben (Phil 3,3). **27** *Buchstabe;* **29** *Buchstabe* (griech.: *gramma*): Im ersten Fall kann es sich um einen Hinweis auf den Buchstaben der Beschneidung, also um das Beschneidungsgebot handeln. Wahrscheinlicher ist aber, daß es sich um den Buchstaben des Gesetzes handelt, worum es jedenfalls V. 29 geht. Damit wird der äußere Charakter des Gesetzes betont. Der Apostel denkt hier an das geschriebene Wort als von außen kommende Autorität im Gegensatz zum direkten Wirken des Geistes, wie es sich im neuen Bund manifestiert. Den gleichen Gegensatz verwendet Paulus 7,6 und 2Kor 3,6 (vgl. Apg 7,51). Die *Beschneidung des Herzens* begegnet schon im AT (5Mo 10,16; Jer 4,4; 9,26; Hes 44,7). **28** *Nicht das ist ein Jude, der auswendig ein Jude ist:* Damit setzt Paulus der vom Juden beanspruchten Gerechtigkeit ein Ende. **29** *Sein Lob:* Ein Wortspiel mit dem Begriff »Jude«, der vom Stammesnamen »Juda« abgeleitet ist und im Hebr. wiederum mit der Wurzel »preisen« *(jedah)* verwandt ist (1Mo 29,35; 49,8).

3,1-20 Antwort auf jüdische Einwände. Solche Minderung jüdischer Gerechtigkeit zu Ungerechtigkeit konnte nicht unwidersprochen hingenommen werden. **1-8** Die Kritik an der vom Apostel ausgesprochenen Verurteilung stammt entweder von seinen Gegnern; sie kann sich freilich auch in seinen eigenen Gedanken entwickelt haben, als er die schweren von ihm vorgetragenen Vorwürfe gegen sein eigenes Volk überdachte. Nachdem schon oben auf den argumentativen Stil der Diatribe hingewiesen wurde, sollte man das Letztgenannte auch hier für wahrscheinlicher halten. Dennoch soll auch an die neuere Ansicht erinnert werden, daß es sich bei dem Brief um eine Zusammenfassung dessen handelt, was Paulus gegen die Judaisten zu sagen hat (s. Einleitung). Ist diese Annahme richtig, dann hat man hier eine Zusammenfassung all der Antworten, die Paulus in der Auseinandersetzung mit gewissen Judenchristen zu geben hatte, die ständig hinter ihm her waren. Vier Einwände des unsichtbaren Kritikers gilt es zu widerlegen:

a. **1.2** Wenn die Juden unter dem gleichen Urteil wie die Heiden stehen und ihnen im Sündigen nicht nachstehen, was nützen ihnen dann ihre Privilegien, und welchen Sinn hat die Beschneidung überhaupt? Paulus gibt zu bedenken, daß trotz des Mißbrauchs dieser Vorrechte diese zu ihrem rechten Gebrauch bestehen bleiben, und daß sich damit ein weltweites Zeugnis verbindet. Er erwähnt nur den größten Segen, der ihnen wurde (andere sind in 9,4.5 genannt): Ihnen wurde Gottes Offenbarung anvertraut. **2** Das griech. Wort *logia* (*Offenbarungssprüche;* vgl. Apg 7,38; Hebr 5,12; 1Petr 4,11) bezieht sich zunächst auf Gottes Verlautbarung vom Berg Sinai und auf die Verheißungen des kommenden Messias.

b. **3.4** Wenn sich die Juden nicht im rechten Verhältnis mit Gott befinden, was sollen dann alle Verlautbarungen und Verheißungen Gottes? Wird damit Gott seinem Wort nicht untreu? Dem widerspricht Paulus. Die Treulosigkeit einiger (Paulus ist sehr entgegenkommend, wenn er von »einigen« spricht. Er tut das gerne, wenn er seine Gegner nicht näher identifizieren will; vgl. V. 8; 1Kor 15,12.34; Phil 1,15) hebt die Treue Gottes nicht auf. Es ist offenkundig, daß die Ehre des einen Bundespartners nicht in Frage gestellt wird, wenn der andere den Bund bricht. **4** *Wie geschrieben steht:* Das Zitat entstammt Ps 51,4 (LXX). Auch wenn die menschliche Treulosigkeit bei weitem überwiegt, bewahrheitet sich Gottes Integrität in allem, was er über die Sünde aussagt.

c. **5.6** Ein Einwand ergibt sich aus dem andern. Der Herausforderer stellt nun *Gottes Gerechtigkeit* in Frage, wenn er die Sünder straft. Wie kann Gott ernstlich ihm so dienliche Sünder verurteilen, wenn ihre, d.h. der Juden Ungerechtigkeit zur Folie wird, auf der die Gerechtigkeit Gottes um so heller erscheint, und wenn das Versagen des jüdischen Volkes nur dazu dient, Gottes Rechtschaffenheit um so mehr hervorzuheben? Diesen Gedanken verwirft Paulus als gotteslästerlich. Damit wird Gottes Vorrecht, der Welt das gerechte Gericht zuzumessen, in Frage gestellt. Wenn unser Verfehlen Gottes Gerechtigkeit herausfordert, wie können wir dann Gott ungerecht nennen, wenn er seinen Zorn über uns ausschüttet? *Ich rede nach Menschenweise.* Paulus entschuldigt sich für seine menschliche Ausdrucksweise, als wäre diese zu kühn gewählt.

d. **7.8** Der Gegner läßt sich nicht zum Schweigen bringen: Wenn meine Sündhaftigkeit dazu dient, die Heiligkeit Gottes zu verherrlichen, dann wird doch damit nicht nur die richterliche Vollmacht Gottes angezweifelt, sondern meine Sünde wird doch geradezu gutgeheißen. Nun ist zu beachten, wie in den Einwänden des Paulus *Gottes Wahrhaftigkeit* der

Lüge der Juden entgegengesetzt wird, d.h., Gottes Treue zu allen Verheißungen und zu seiner Offenbarung wird in Gegensatz gebracht zu Israels den Glauben verweigernder Treulosigkeit und praktischer Falschheit. Letztlich fragt der Gegner doch ständig: Mit welchem Recht werde ich als Sünder verurteilt? **8** Der logische Schluß dieser Einspruchskette wäre doch: *Laßt uns das Böse tun, damit das Gute komme* (EÜ). Paulus deutet an, daß man ihm nachgesagt hätte, diese unmoralische Forderung sei Bestandteil seiner Lehre. Für diese Verleumder hat er nur ein Wort: *Deren Verdammnis ist ganz recht,* d.h., wer so redet, befindet sich eindeutig im Unrecht und steht - wie es nicht anders sein kann - unter Gottes Urteil. Sie haben die Verkündigung des Paulus verdreht, so daß sie gotteslästerlich und verderblich erscheint, und schämten sich darüber nicht, eine verlogene Logik zu verwenden. *Lasset uns Übles tun, auf daß Gutes daraus komme:* Darauf will Paulus jetzt nicht weiter eingehen. Das kommt später, wenn er sagt, daß der Gläubige mit Christus vereint ist (Kap. 6) und er durch die Hilfe des Geistes dem Gesetz gerecht wird (Kap. 8).

Die vier Einwände werden hier nicht ausführlich behandelt. Sie treten aber später wieder auf. Einwände a, b und c werden in Kap. 9 und Einwand d in Kap. 6 wieder aufgegriffen.

9-20 Im letzten Teil dieses Abschnittes legt Paulus weiter die Ungerechtigkeit der Juden offen. Er zeigt, daß die Schrift ihre Ungerechtigkeit genauso wie die der Heiden verurteilt. Sowohl der Jude als auch der Heide sind Sünder. Der Apostel beruft sich auf die letztgültige Autorität des Wortes Gottes, die auch von den Juden anerkannt wird, und legt ein Mosaik von Bibelversen zurecht, das unterstreicht, wie der Mensch in seiner Gesamtheit *(Schlund, Zunge, Füße, Augen)* Anteil an der Sünde hat. Die Schriftstellen stammen mit zwei Ausnahmen aus dem Psalter und sind der LXX entnommen. Diese Schriftstellen entsprechen dem Gesetz und zielen in erster Linie auf den Juden in seiner Ungerechtigkeit ab. **20** Hier findet sich die Schlußfolgerung des Abschnittes. Der Jude erlangte die Gerechtigkeit nicht, weil er den falschen Weg beschritt. Gewiß wird niemand unter dem Himmel so mit Gott zurechtkommen können, *denn kein Fleisch* (d.h. kein Mensch, weder Jude noch Heide) *kann vor ihm durch des Gesetzes Werke gerecht sein.* Die Folgerung läuft darauf hinaus, daß, wenn schon kein Jude, der doch unermeßliche Vorrechte genoß, vor Gott gerecht wird, dann auch für den Rest der Menschheit kein anderes Urteil zu erwarten ist (vgl. V.23). Das Gesetz schafft recht eigentlich Hoffnungslosigkeit, denn es bewirkt Sündenbewußtsein und zeigt, was die Sünde für Gott und den Menschen, für den Richter und den zu Richtenden bedeutet. Paulus will das eine einprägen: daß über den Weg der Leistung Gott unerreichbar bleibt. Die eigene Frömmigkeit, die eigenen guten Taten, die eigene Kirchlichkeit, auch alles, was wir sonst hervorbringen könnten, fällt vor Gott doch nicht ins Gewicht. »Nichts hab' ich zu bringen; alles, Herr, bist du.«

3,21-31 Der Weg der Gerechtigkeit

Paulus geht nun daran, die *Gerechtigkeit Gottes* (vgl. 1,17) zu beschreiben, seinen eigenen Weg zu einem rechten Verhältnis zu Gott. Die folgenden Merkmale sind zu bedenken.

21 Sie besteht zum einen *ohne Zutun des Gesetzes.* Das Gesetz zeigt, was Gott von dem Menschen fordert (ganz gleich, ob das nun im Gesetz, den Propheten oder den Schriften steht). Dabei bezieht es sich auf das ethische Verhalten und die Leistung des Menschen. Aber die rettende Gerechtigkeit Gottes kann nicht an das Gesetz gebunden sein. *a.* Eine sich auf einen Gesetzeskodex berufende Religion verliert sich leicht in Gesetzlichkeit. *b.* Die Kraft, der der Sünder bedarf, um sich aus seinem egozentrischen Denken zu befreien und so dem vom Gesetz geforderten Gehorsam nahezukommen, gibt das Gesetz nicht her. Es bedarf grundsätzlich einer neuen Gottesbeziehung (8,2-4). Nur auf der Grundlage des Glaubens kann die wahre Absicht des Gesetzes (die Gestaltung des menschlichen Lebens in Einklang mit Gottes Absicht und Willen) erreicht werden. Von daher wird der Schlußsatz des Paulus (V.31) verständlich.

Sie wird zum andern durch das Gesetz bezeugt. Das oben erwähnte Mosaik von Bibelversen (3,10-18) war vor allem den *Schriften* entnommen; sie bilden den dritten Teil der in sich abgeschlossenen hebräischen Bibel. Jetzt komplettiert der Apostel das Zeugnis, indem er sich auf das *Gesetz und die Propheten* beruft. Der hier als neu beschriebene Weg zur Gottesgerechtigkeit ist gar nicht so neu. Die Riten, Typen und Verheißungen des AT wiesen schon darauf hin.

Im rabbinischen Denken wurde die Menschheitsgeschichte in drei Epochen eingeteilt: die Zeit vor der Gesetzgebung durch Mose; die Zeit des Gesetzes; und die Zeit des Messias. Als Christ geht Paulus davon aus, daß die Weltgeschichte sich schon in der dritten Phase befindet. Obwohl an dieser Stelle Meinungsunterschiede bestehen, darf doch davon ausgegangen werden, daß in diesem Zeitabschnitt das Gesetz als Mittel zur Erringung der Gunst Gottes nicht mehr in Kraft war. Diese gewagt erscheinende Überzeugung erklärt den scharfen Widerstand, der Paulus von seinen jüdischen Zeitgenossen entgegenschlug. Sie erklärt auch das betonte *Nun aber* (V. 21).

22-25 Schließlich ist zu sagen, daß die Gottesgerechtigkeit an Christus festgemacht ist. Sie *kommt durch den Glauben an Jesus Christus zu allen, die glauben.* »Glauben an Jesus Christus« ist im Griech. eine Genitivverbindung, die subjektivisch oder objektivisch übersetzt werden kann. Die Gottesgerechtigkeit kann durch den Glauben *des* Erlösers erwirkt worden sein, der sich bis zum Kreuz bewährte. Sein Glaube war ein wesentliches Element seines Versöhnungsleidens. Andererseits kann in Übereinstimmung mit dem ntl. Gebrauch hier der Glaube *an* Jesus angesprochen sein, der zum Glauben an den Erlöser wird. **23** *Sie sind alle Sünder und mangeln des Ruhmes, den sie vor Gott haben sollten:* Ruhm (griech.: *doxa,* auch »Herrlichkeit«) ist der sichtbare Glanz, der Gott umgibt und von seinem vollkommenen Wesen ausstrahlt. Es ist die mit der Wolke im AT verbundene Herrlichkeit (vgl. 9,4; 2Mo 16,10; 24,16f; 29,43; 33,18.22 usw.). Im NT wird diese Herrlichkeit von Jesus ausgesagt, der das Wort bzw. das Abbild des Vaters ist (s. Joh 1,14; 2Kor 3,18; 4,6). Sieht man auf die Herrlichkeit Gottes, so reicht kein Mensch daran. Das griech. *hysterein* bedeutet »zurückbleiben, geringer sein, ermangeln« (vgl. Mt 19,20; 1Kor 8,8; 2Kor 11,5; Phil 4,12). Dieses universale Defizit ist ein Aspekt der Sünde. Sowohl der Wirklichkeit als auch dem Bewußtsein nach sind alle Menschen weit entfernt von der leuchtenden Klarheit göttlicher Vollkommenheit. Als biblischer Hintergrund ist an 1Mo 1,26f zu denken, wo von der Gottebenbildlichkeit des Menschen im Urstand die Rede ist. Mit dem Sündenfall verlor der Mensch durch seinen Ungehorsam auch diese Ehre. Im umfassenden Sinn gelang es den von Adam herkommenden Menschen nicht, ihr von Gott gesetztes Ziel zu erreichen. Auch in diesem Sinn fehlt ihnen die Herrlichkeit Gottes. Nur im zweiten Adam wird das zerstörte Bild wieder hergestellt. Auch im Judentum war man der Überzeugung, daß Adam mit seinem Fall die Gottebenbildlichkeit in ihrer Herrlichkeit verloren hatte.

24.25 Angesichts der die ganze Menschheit umfassenden Sündhaftigkeit kann die Rechtfertigung nur frei, d.h. *ohne Verdienst . . . aus Gnaden sein.* Christus ist die von Gott bereitgestellte Sühne für unsere Sünde, die durch den Glauben empfangen wird. Das Blut Christi ist der für Gott annehmbare Preis. Im Blick darauf hat er in seiner Geduld die Menschheitssünde bis jetzt nicht in Anrechnung gebracht. Den Grund der Gerechtigkeit umschreibt Paulus in zwei prägnanten Sätzen: *Durch die Erlösung, die durch Christus Jesus geschehen ist.* Und: *Den hat Gott für den Glauben hingestellt in seinem Blut als Sühnopfer.* Das griech. *apolytrosis* (Erlösung) meint eine Freilassung, die durch die Zahlung eines Lösegeldes erkauft wurde. Erlösung hat also den Sinn von Befreiung. Das griech. Wort für »Versöhnung«, *hilasterion* ist die Neutrumform eines Adjektivs, das von dem Verb *hilaskomai* abgeleitet ist. Es hat eine dreifache Bedeutung: »versöhnlich stimmen, versöhnen, zufrieden stellen, gnädig, freundlich sein oder für jemanden eine Versöhnung veranstalten« (vgl. Lk 18,13; 1Jo 2,2). Es geht nicht darum, daß ein zorniger Gott durch eine sündige Menschheit freundlich gestimmt und versöhnt wird, sondern daß der gnädige Gott durch den Tod seines Sohnes die Sünde zudeckt und vergibt. Gott ist hier der Handelnde, das Subjekt. Damit wird freilich die Wirklichkeit eines wegen der Sünde gerechten Zornes nicht ausgeschlossen. Durch den Tod Christi wird tatsächlich die Vergebung und damit die Auslöschung der Sünde bewirkt. Das *Blut* macht deutlich, daß es sich bei dem Opfer um die Dahingabe echten Lebens handelt (vgl. 1Mo 9,4; 3Mo 17,11; 5Mo 12,23). Mit *in seinem Blut* ist ein unübersehbarer Hinweis auf das Kreuzesgeschehen auf Golgatha gegeben. Die auf diesem Grund bauende Rechtfertigung hat nichts zu tun mit moralischer Leistung oder geistlichem Verdienst des Menschen. Sie gilt *ohne Verdienst aus Gnaden.* Mit anderen Worten: der Freispruch erfolgt ohne eine besondere Leistung unsererseits einzig und allein aufgrund der unverdienten Liebe Gottes zu den Sündern. Weil Gott mit der Sünde ein für allemal durch das Opfer seines Sohnes abrechnen wollte, hat er die Sünden der Vergangenheit *getragen in göttlicher Geduld.* Aber auch in der Gegenwart erfolgt auf die Sünde keine unmittelbare Strafe. Das geschieht alles, ohne daß Gottes vollkommene Gerechtigkeit dadurch verletzt würde.

Es herrscht eine weitreichende Diskussion darüber, in welchem spezifischen Rahmen sich das Versöhnungsdenken des Apostels Paulus bewegt. Die einen treten dafür ein, daß von Christi Sterben eine wesentliche Wirkung auf Gott selbst ausgegangen ist. Dadurch sei Gottes Zorn, der zu Recht dem Sünder gilt (1,18), entfernt worden, weil er stellvertretend vom Sohn erlitten wurde (5,9), der die Sünder dadurch rettete. Zugleich weisen andere darauf hin, daß das Wort »Versöhnung« selbst ein Hinweis ist auf den »Gnadenstuhl«, den Deckel der Bundeslade (s. 2Mo 25,22), der beim Ritus des großen Versöhnungstages eine herausragende Rolle spielte (vgl. 3Mo 16). Für Israels Sünde wurde Versöhnung bewirkt, indem Blut auf den Deckel der Lade gesprengt und die Sünde bekannt wurde. Sowohl der paulinische Text als auch die LXX benutzen das gleiche griech.

Wort. Dazu läßt sich zwischen dem Versöhnungsritus am großen Versöhnungstag und dem Versöhnungsgeschehen am Kreuz eine eindrückliche Parallelität feststellen.

26-31 Ein weiteres Merkmal der Gottesgerechtigkeit besteht darin, daß sie in jeder Hinsicht Gottes eigene Gerechtigkeit zum Ausdruck bringt. Den letzten Satz: *daß er allein gerecht sei und gerecht mache* führt der Apostel jetzt weiter aus. Nicht nur ist Gott gerecht, er kann auch gerecht machen, d.h., daß er die an Jesus Christus Glaubenden in das rechte Verhältnis mit sich selbst bringt, obwohl sie ohne Christus keinerlei Anspruch auf solche Gerechtmachung hätten. Gott ist gerecht, und wegen (und nicht trotz) seiner ewigen, wesensmäßigen Gerechtigkeit achtet er den Sünder für gerecht, der *den Glauben* an Jesus hat. Auf der Grundlage der Rechtfertigung allein durch den Glauben fordert der Apostel den sich rühmenden Juden heraus. Für den Selbstruhm bleibt kein Raum. **27** *Nach welchem Gesetz?* D.h., aus welchem Grund ist der Ruhm ausgeschlossen? Paulus kann den Begriff »Gesetz« in verschiedenen Bedeutungen verwenden. Einmal geht es um die Thora, die fünf Bücher Mose. Hier bezeichnet er einfach ein festes Prinzip. Wo man sich mit *Werken* abgibt, ist der Ruhm keineswegs ausgeschlossen. Viele Pharisäer waren voller Selbstruhm. Dagegen schließt das Gesetz des Glaubens jede derartige Überheblichkeit aus, da der Glaubende das Werk eines anderen für sich in Anspruch nimmt und davon lebt. **28** Und da der Mensch ausschließlich durch den Glauben ohne Zutun eigener Werke gerecht wird, gibt es bezüglich des Selbstruhms nichts weiter zu sagen. Paulus will die Forderung des Gesetzes keineswegs verachten, wie ihm seine Gegenspieler (V. 8) unterstellen. Aber es führt nicht zum Heil, ist auch kein Heilsweg. Das Heil kann allein *durch den Glauben* erlangt werden, d.h. durch die vertrauensvolle Annahme der in Christus angebotenen Barmherzigkeit Gottes und durch Gehorsam seinem Evangelium gegenüber. Das Ziel, das das Gesetz vorgab, ist nicht in Vergessenheit geraten. Es wird lediglich auf anderm Wege erreicht. Das Gesetz wird erfüllt, indem wir gerade nicht dem Gesetz verfallen (vgl. 8,3.4). In diesem Sinne »richten wir das Gesetz auf«. **29** Der Glaube als Heilsgrundlage reißt die Trennungsmauer nieder, die zwischen Juden und Heiden bestand. Gott ist der Gott beider, sofern sie glauben. **30** *Aus dem Glauben … durch den Glauben:* Der Ausdruck will lediglich zeigen, daß zwischen Beschnittensein und Nichtbeschnittensein kein Unterschied mehr besteht. Den Ausschlag gibt der Glaube. Da es lediglich einen Gott gibt, kann es auch nur ein Gottesvolk geben; dessen Erkennungszeichen ist der Glaube. Gott schaut beim Juden über die Beschneidung hinaus und sucht den Glauben, und Gott übersieht beim Heiden das Nichtbeschnittensein und sucht den Glauben. Beide haben nur noch ein einziges Kennzeichen der Gotteszugehörigkeit. Paulus behauptet sogar, daß damit das Gesetz nicht umgangen wird, sondern daß es seine eigentliche Absicht erreicht. Gott ist nicht plötzlich weich oder sentimental geworden; seine Gerechtigkeit hat ihr Ziel erreicht.

4,1-25 Die Gerechtigkeit Abrahams

Abraham wird nun zum Testfall, an dem Paulus zeigt, wie sich seine Verkündigung der Rechtfertigung zum AT verhält. Es ist, als ließe er den Gegner fragen, wo in dieser Auseinandersetzung Abraham steht. Ist er ein »Glaubensmann« oder ein »Werkemann«? Damit ist ein kritischer Punkt erreicht; aber der Apostel beweist jenseits jedes Zweifels, daß der Erzvater durch den Glauben und nicht durch Werke des Gesetzes gerecht wurde. Der Ausgangspunkt ist dabei 1Mo 15,6: »Abraham glaubte dem Herrn, und das wurde ihm zur Gerechtigkeit gerechnet.« Dieses Zitat aus 1Mo 15 richtet sein Augenmerk auf das Sonderverhältnis, das zwischen Gott und Abraham, dem großen Vorfahr und Gründer Israels, bestand. Paulus wählt gerade diesen Vers, weil er in der rabbinischen Verdienstlehre (*z^{e}kut 'abot*, wörtl.: die Verdienste der Väter) einen grundlegenden Platz einnimmt. Auf die konkrete Frage: »Welche Verdienste besaß Israel, daß Gott das Meer vor ihm teilte?« antwortete Rabbi Schemiah (1. Jh. n.Chr.): »Der Glaube, mit dem Abraham, ihr Vater, an mich glaubte, reichte aus, daß ich das Meer vor ihnen teilte, wie es heißt: Und er glaubte Gott, und der rechnete es ihm (am Meer) zu, so daß er (seinen Kindern) Gnade erwies.« (Vgl. hierzu die Ausführungen bei K. Barth, *Der Römerbrief.*) Für Paulus liefert der Überblick über das Leben Abrahams drei Einsichten:

4,1-8 Seine Gerechtigkeit war ganz aus Glauben. Die Juden gingen allgemein davon aus, daß Abraham in einzigartiger Weise gerecht war. Wenn einer sich rühmen konnte, dann er. **2** Aber auch für ihn gibt es vor Gott keinen Ruhm. **3** Die Schrift sagt doch, *Abraham hat Gott geglaubt, und das ist ihm zur Gerechtigkeit gerechnet* (vgl. 1Mo 15,6). **4** Wenn jemand für einen andern arbeitet, dann hängt sein Lohn nicht vom guten Willen seines Herrn ab, sondern sein Arbeitgeber ist ihm verpflichtet. **5** Wenn er aber keine Leistung erbringt, sondern nur an den glaubt, der Sünder gerecht macht, dann wird ihm sein Glaube zur Gerechtigkeit angerechnet.

Der Verfasser des Hebräerbriefes macht

sich im 11. Kap. diese atl. Sicht zu eigen. Abrahams Glaube überragt den der andern bei weitem; er nimmt in der Ahnenreihe der Glaubenden einen bevorzugten Platz ein. Es fällt auf, daß auch der Jakobusbrief 1Mo 15,6 zitiert (Jak 2,23). Zugleich nennt er Abraham einen Freund Gottes. Freilich kommen Paulus und Jakobus auf verschiedenen Wegen zum gleichen Ergebnis. Wenn Jakobus fragt: »Ist nicht Abraham, unser Vater, durch Werke gerecht geworden?« (Jak 2,21), dann geht es ihm um den Nachweis, daß gute Werke als Beweis und Frucht des Glaubens erforderlich sind. Die Aufgabe des Paulus besteht hingegen darin, gute Werke als Heilsgrundlage zu verurteilen und im weiteren zu zeigen, daß ihnen in der Herstellung des rechten Gottesverhältnisses keinerlei Bedeutung zukommt. Daß dieses Rechtfertigungsverständnis - sein eigentliches Evangelium - im AT wurzelt, soll unter Berufung auf David in einem zweiten Anlauf untermauert werden. Auch David war ein Mann des Glaubens, denn er rühmt die Seligkeit derer, die gerechtgesprochen werden, ohne daß sie sich auf das Verdienst angesammelter Werke berufen können (Ps 32,1.2). Diese höchste Glückseligkeit wird eben nicht von David zugesprochen, sondern von dem Gott, der die Sünden vergibt. Der Psalmist stellt lediglich den Tatbestand fest.

Wenn Paulus jeden Verdienstanspruch aufgrund von Werken zurückweist, dann greift er auf ein anerkanntes rabbinisches Schriftauslegungsprinzip zurück: Wenn in zwei Schriftstellen das gleiche Wort erscheint, dann darf die eine zur Erklärung der andern herangezogen werden. Der gemeinsame Begriff ist hier »anrechnen« (1Mo 15,6; Ps 32,2). Der Vergleich zwischen David und Abraham läßt erkennen, daß »zur Gerechtigkeit anrechnen« gleichzusetzen ist mit »Schuld nicht anrechnen« (vgl. Röm 4,3.7). Paulus will damit beweisen, daß die Vergebung nicht verdient werden kann, daß man die Gerechtigkeit als Gabe empfängt, und das heißt als nicht einklagbares Recht (V. 4).

4,9-12 Abrahams Rechtfertigung geschah unabhängig von der Beschneidung. Im Leben des Erzvaters standen in der Reihenfolge zunächst der Glaube, dann die Gerechtsprechung und schließlich die Beschneidung. Die jüdische Praxis hat diese Ordnung auf den Kopf gestellt. Dem Ritus wurde nun der wichtigste Platz eingeräumt. **10** Mit einem Rückgriff auf die »Glückseligkeit« als Verbindungsglied zeigt Paulus, daß Abraham die Frucht des Glaubens schon vor der Beschneidung besaß. **11** *Das Zeichen der Beschneidung aber empfing er zum Siegel:* Der Ritus war das Zeichen und die Bestätigung für den von Gott mit Abraham geschlossenen Bund (vgl. 1Mo 17,1-14; Apg 7,8). Aus diesem Grund ist der Erzvater der Vater aller Glaubenden, der beschnittenen wie der unbeschnittenen (vgl. 2Petr 1,1). Angesichts des orthodoxen jüdischen Dogmas, das die Heiden vom Heil ausschloß, erklärt Paulus nun einen Kernsatz seiner Verkündigung, daß nämlich den Heiden die Tür zum Heil mittels der Rechtfertigung durch den Glauben geöffnet ist.

4,13-22 Abrahams Gerechtigkeit war nicht vom Gesetz des Mose abhängig. Als nächstes zeigt Paulus, daß Abraham bereits 400 Jahre vor der Gesetzgebung von Gott gerecht gesprochen wurde. **13** *Die Verheißung, daß er sollte der Welt Erbe sein,* wurde weder Abraham noch seinen Nachkommen über das Gesetz vermittelt. Sie war jeweils eingebettet in die Gerechtigkeit des *Glaubens.* »Der Welt Erbe« ist dabei als Summe aller Abraham zuteil gewordenen Verheißungen zu verstehen, wie sie sich in 1Mo 12,3.7; 13,15.16; 15,1.5.18; 17,8.19 finden und in Apg 3,25 und Gal 3,8 aufgegriffen werden. Diese Verheißungen beinhalten die Gabe eines Sohnes und Erben, die unzählbare Nachkommenschaft, den Messias und dessen Weltherrschaft. Dabei ist zu beachten, wie Jesus selbst den Gedanken der Weltherrschaft geistlich umdeutet, indem er in den Seligpreisungen den Sanftmütigen das Erdreich verheißt (Mt 5,5). **14** Hätten die unter dem Gesetz die Erde ererbt, wäre der Glaube hinfällig und die Verheißung der Gerechtigkeit durch den Glauben nichtig geworden. **15** Das Gesetz kann jedoch nur Sündenbewußtsein wekken und für Schuld und zu erwartende Strafe sensibel machen, denn mit der Aufhebung des Gesetzes ist auch die Sünde aufgehoben. Ähnlich bildet auch der Glaube und nicht das Gesetz die Grundlage der Gerechtigkeit Abrahams vor Gott.

Wenn Paulus nun den Schwerpunkt auf die Abrahamsverheißung legt, dann trennt er sich vom Judentum. Für das Judentum seiner Tage war das Entscheidende die Erlösung aus Ägypten und der Empfang des Gesetzes. Das Judentum las die Vätergeschichte im Lichte des Sinaiereignisses. Paulus stellt dies auf den Kopf: er besteht darauf, daß das Sinaigeschehen vom Standpunkt der Abrahamsverheißung her zu lesen ist.

Ähnlich argumentiert Paulus Gal 3,17ff. Freilich orientiert sich die Logik dort mehr an der Geschichte und am Gesetz, während der Apostel hier theologisch vorgeht. Gesetz und Gnade vertragen sich einfach nicht. **16** Infolgedessen gilt die Verheißung allen Nachkommen Abrahams, nicht nur denen, die aus dem Gesetz hervorgegangen sind, sondern auch denen, die ihm aus dem Glauben erwachsen sind. Durch den Glauben wird Abraham zum Vater aller Gläubigen, der Juden wie der Heiden. **17** Im physischen Sinn wurde ihm sogar die Verheißung, daß er der Vater vieler Völker sein soll (1Mo 17,5); freilich denkt Paulus hier an geistliche Vaterschaft. Abraham, der Vater der Gläubigen, erscheint vor Gott als Repräsentant aller Glaubenden, der Juden wie der Heiden. Wenn Paulus hier 1Mo 17,5 zitiert, dann deshalb, weil die LXX das mit »Völker« wiedergegebene hebr. Wort mit dem Begriff übersetzt, der bei Paulus für »Heiden« steht: *ethne.* Die Schrift selbst zeigt also, daß Abraham der Vater der Nichtjuden ist. Aber schon im hebr. Text von 1Mo 17,5 könnte ein Wortspiel enthalten sein, denn die letzte Silbe des hebr. Ausdrucks für »Vater vieler Völker«: *'ab hamon* klingt ähnlich wie die letzte Silbe von Abrams erweitertem Namen: *'abraham.*

Man sollte sich hier die beiden auffälligen, sich ergänzenden Attribute nicht entgehen lassen, die mit dem Namen Gottes verbunden sind: *Gott, ... der da lebendig macht die Toten und ruft das, was nicht ist, daß es sei.* **19** Die Leben schaffende Kraft Gottes zeigt sich in dem Wunder der Zeugung Isaaks (Hebr 11,12: »wiewohl er erstorbenen Leibes war«) und in der Errettung Isaaks vom Opferaltar (Hebr 11,19: »Gott kann auch wohl von den Toten erwecken«). Schließlich zeigte sich diese Kraft Gottes bei der Auferweckung Jesu (V. 24). Die zweite Bezeichnung ließe sich auch so übersetzen: »Der zu den Nichtseienden spricht, als wären sie.« Das bezieht sich dann auf die noch ungeborenen Abrahamssöhne, auf die fernen Nachkommen des Vaters Abraham, der ja - geschichtlich gesehen - lange Zeit kinderlos war.

20 Wieder stimmt Paulus ein Lob auf den Glauben Abrahams an. *Er zweifelte nicht durch Unglauben ..., sondern ward stark im Glauben:* Er will damit sagen, daß im Blick auf die göttlichen Verheißungen Abraham nicht schwankend wurde, indem er dem Unglauben Raum gab, sondern daß er durch den Glauben stark wurde. So ehrte er mit seinem Glauben an das Vermögen Gottes, die Verheißung zu erfüllen, Gott selbst. **22** Am Schluß der Betrachtung Abrahams, der als Testfall gewählt wurde, steht nochmals die anfangs schon aufgestellte Behauptung, daß ihm sein Glaube zur Gerechtigkeit gerechnet wurde (vgl. V. 3).

4,23-25 Der Apostel bereitet sich jetzt auf sein größtes Thema vor: die Gerechtigkeit des Glaubenden. Die Annahme Abrahams als Vater der Gläubigen ist nur berichtet, damit auch wir glauben und die Gerechtigkeit Gottes in Jesus Christus in Anspruch nehmen, denn er wurde *um unserer Übertretungen willen dahingegeben und um unserer Gerechtigkeit willen auferweckt.* **25** In seiner Schlußfolgerung nimmt Paulus nochmals zwei Gedanken auf, die vorher schon eine Rolle spielten: daß nämlich Vergebung und Gerechtigkeit als freie Gaben der Gnade Gottes angeboten werden. Daß Abraham von Gott angenommen wurde (was, wie Ps 32 zeigte, auch die Zusage der Vergebung beinhaltete) und daß ihm eine reiche Nachkommenschaft zugesichert wurde (was einer Auferstehung von den Toten gleichkommt), ist ein Erweis der Gnade Gottes. Das alles hat Abraham im Glauben empfangen. Die Christen haben an all dem Anteil. Ihnen gelten die gleichen Verheißungen und die gleichen Bedingungen. Dabei greift dieser Vers auf ein vorpaulinisches Glaubensbekenntnis zurück, das im Stil einer Doppelzeile formuliert ist. Noch im Griechischen läßt sich die semitische Struktur erkennen, die auf eine palästinische Herkunft weist. Der eigentliche Hintergrund ist Jes 53, wo Christus als Knecht Gottes dargestellt wird, der für die Sünden seines Volkes die Versöhnung erwirkt und durch seine lebendige Gegenwart ihre Annahme bei Gott verbürgt.

5,1-21 Die Gerechtigkeit des Glaubenden

Der Apostel begibt sich nunmehr auf die subjektive Erfahrungsebene. Verschiedene Ausleger nehmen an, daß es sich um einen erbaulichen Einschub handelt, zumal die eigene Erfahrung des Paulus im Vordergrund steht und Gottes Handeln in seinem Leben herausgestellt wird. Schlußendlich aber wird hier das große Thema der Rechtfertigung durch den Glauben weiter entfaltet. Dabei denkt Paulus nie an die Möglichkeit einer Rechtfertigung, an die sich nicht selbstverständlich die Heiligung anschließt. Rechtfertigung und Heiligung sind für ihn unlöslich verbunden. Das eine ist das Tor, das andere der lange Weg zum himmlischen Jerusalem. Der Apostel stellt sich in die Reihe der Glaubenden und wird ihr Sprecher. Auf dem festen Grund des Vor-Gott-gerechtgeworden-Seins werden die Segenswirkungen der Rechtfertigung aufgezeigt (V. 1-5). In poetischem Stil schließt sich eine Erörterung dessen an, was diese Rechtfertigung gewährleistet (V. 6-11). Letztlich wird die Rechtfertigung in einen weiteren Rahmen hineingestellt und vom zweiten Adam, dem Haupt der neuen Menschheit, her gesehen (V. 12-21).

5,1-5 Die Segenswirkungen der Rechtfertigung. **1** *Wir haben Frieden mit Gott:* Wer im Glauben gerechtfertigt ist, hat Frieden mit Gott. In den am besten bezeugten Handschriften steht das Verb im Konjunktiv (Möglichkeitsform). Dieser unterscheidet sich vom Indikativ (Wirklichkeitsform) lediglich durch die Länge des »O« in *echomen.* Man könnte das in der Übersetzung als Aufforderung zum Ausdruck bringen: »Laßt uns Frieden mit Gott haben«. Da aber Paulus selten Predigt und Lehre miteinander vermischt, wird man modifiziert übersetzen: »Nachdem wir nun einmal Frieden mit Gott haben . . .« Das neue Gottesverhältnis darf aber nicht auf die Gefühlsebene reduziert werden; es geht um Fakten. Als nächstes **2** wird erwähnt: *Wir haben Zugang.* Der Glaubende hat die Gunst Gottes nicht aufgrund eigener Verdienste zugesprochen bekommen. *Zugang* nimmt Bezug auf die Vorstellung einer Audienzhalle am Königshof, die man nun betreten darf. Nur durch Vermittlung einer in der Gegenwart des Königs lebenden Person bekommt man Zugang zu ihm. In diesem Fall ist es Jesus selbst, der uns den Weg in Gottes Gegenwart eröffnet (vgl. Eph 2,18; 3,12). Die vom Vater dem Gläubigen zugewandte Gunst wird mit dem Begriff *Gnade* umschrieben (vgl. Gal 5,4; 1Petr 5,12). Die Gerechtfertigten werden in einen Stand der Gnade versetzt, der ihnen Geborgenheit und Zuversicht verleiht. **2.3** Die dritte Segenswirkung, die aus dem rechten Verhältnis zu Gott resultiert, besteht in einer auf Hoffnung gründenden Freude und dem Sieg über Trübsal und Anfechtung. Die Glaubenden *rühmen* sich *der Hoffnung der zukünftigen Herrlichkeit, die Gott geben wird.* Diese Herrlichkeit bedeutet nicht nur die Siegeskrone für den einzelnen; zu ihr gehört auch die Vollendung der ganzen Welt, an der der Glaubende Anteil haben wird. Darüber hinaus rühmen sie sich selbst der Schwierigkeiten, denn aus den Schwierigkeiten erwächst für den Glaubenden eine reiche Ernte: zunächst die Geduld. Durch die Geduld **4** kommt es zur Prüfung des Charakters des Glaubenden (vgl. 2Tim 2,3), und aus der in der Trübsal erhärteten Glaubenserfahrung erwächst schließlich die Hoffnung (vgl. 2Tim 2,3). (Einen ähnlichen Katalog, der die einzelnen Gedanken wie Glieder einer Kette aneinanderreiht, bringt Paulus in 10,13-15; vgl. dazu 2Petr 1,5-7). **5** Diese hohe Hoffnung enttäuscht nicht, noch ist sie Illusion, denn die Seele des Glaubenden wird eingehüllt in Gottes Liebe (vgl. 2Kor 7,14; 9,4). Diese Liebe ist nichts anderes als die Gegenwart des Trösters, des Heiligen Geistes. Die durch den Glauben Gerechtgemachten werden sich der ihnen geltenden Liebe Gottes durch den Heiligen Geist gewiß. (Vgl. dazu den Segensstand dessen, dem Gott ohne Werke die Gerechtigkeit zurechnet; 4,5-8.)

5,6-11 Die Gewißheit des Glaubenden. Die Glaubenden, die vor Gott gerecht gemacht worden sind, genießen über ihre neue Gottesbeziehung und über ihren Gnadenstand eine tiefe Gewißheit. Diese Gewißheit wurzelt auf der einen Seite im Sterben Jesu Christi am Kreuz (V. 6-8) und auf der anderen Seite in dem Auferweckungsleben desselben Heilands (V. 9-11). **6** *Christus ist . . . für uns Gottlose gestorben:* Vgl. V. 8. Christus starb für uns am Kreuz, *als wir noch schwach waren,* wörtl.: als wir noch gänzlich hilflos waren, vollkommen unfähig, uns selbst zu helfen oder gar zu retten, etwa durch Gesetzesverdienst oder auf anderem Wege (u.U. hat die Beschreibung Abrahams als schwach, völlig kraftlos und unfähig, vgl. 4,19, diesen Gedankengang bei Paulus ausgelöst). Gottlos (V. 6) waren wir, Sünder (V. 8) und Feinde (V. 10). Zudem starb Christus für uns *zu der Zeit.* Paulus hat ein tiefes Bewußtsein dafür, daß es im Ablauf der Weltenuhr einen exakt richtigen Zeitpunkt für das Erlösungsgeschehen gibt (vgl. Gal 4,4; Eph 1,10; 1Tim 2,6; 6,15; Tit 1,3). In der Fülle der Zeit starb Christus für uns, die wir nicht nur nichts hatten, um uns zu empfehlen, sondern die wir alles hatten, was nötig war, uns zu verdammen. **7** Der Apostel unterscheidet zwischen dem *Gerechten* und dem *Guten.* Doch sollte diese Unterscheidung eher als ein Spiel mit Worten denn als klare, unüberwindbare Trennung verstanden werden. Um zu verstehen, was er wirklich im Sinn hat, muß man den Satz übertragen: »Du würdest dich doch kaum dazu bringen, für einen Gerechten zu sterben, nicht wahr? Nun, für einen wirklich guten Menschen könntest du dich vielleicht hingeben . . . Aber jetzt sieh einmal, was Christus getan hat: Wir waren weder gerecht noch gut, sondern nichts als Sünder, als er für uns starb« (nach Barrett). **8** Hinter diesem Einsatz der rettenden Gnade steht Gottes *Liebe,* die er am Kreuz unter Beweis gestellt hat.

9 *Wieviel mehr:* Paulus fährt fort in seinem Bekenntnis zur Gewißheit, die der Glaubende im Blick auf seine Gerechtigkeit hat. Die Liebe Gottes zu uns widerspenstigen Sündern, die nichts verdient haben, ist bezeugt durch das Opfer seines Sohnes am Kreuz. Durch Christi Tod wurden wir in ein ganz neues Gottesverhältnis aufgenommen. Diese unfaßbare Liebe Gottes, die uns mit ihm selbst versöhnt, zählt zu den unumstößlichen Tatsachen unseres Heils. **10** *Wenn wir mit Gott versöhnt sind durch den Tod seines Sohnes,* d.h. als wir uns noch im Stand des Unglaubens und der Feindschaft befanden. Wieviel mehr ist Gott dann in der Lage, uns im Frieden mit sich als Freunde zu bewahren durch das *Leben* seines Sohnes. Wenn Gott es fertigbrachte, unsere Rechtfertigung zu sichern, dann brauchen wir auch nicht daran zu zweifeln, daß er unsere Heiligung zuwege bringen wird. Hier geht es um Leben, um das Leben des Glaubenden, das ganz hineingenommen wird in das Leben des Retters. Paulus spricht zwar nicht von »Heiligung«, denn die beiden Pole sind für ihn in diesem Zusammenhang Rechtfertigung und Errettung. Doch »Errettung« meint gerade diese fortschreitende

Heiligung. In der Gemeinschaft mit Christus, dem lebendigen Herrn, kommt uns die Kraft zu,. sittlich und geistlich ein geheiligtes Leben zu führen, so daß wir aufgrund des vollkommenen und wirksamen Erlösungswerkes Christi am Tag des Gerichts vor dem Zorn Gottes bestehen können.

11 Das am Kreuz vollendete Werk Christi, durch das die Glaubenden in das rechte Gottesverhältnis gebracht werden und durch das auch ihr Leben zurechtkommt, ist ein fortwährend geöffneter Freudenbrunnen für sie. Dieses ganze Verhältnis wird *unsere Versöhnung* genannt. Das griech. *katallage* bedeutet »Wechsel« oder »Auswechseln«. Wird es auf Personen angewandt, dann beschreibt es den Wechsel von Feindschaft zu Freundschaft, eben das, was wir unter Versöhnung verstehen. Darin eingeschlossen liegt eine Veränderung der inneren Haltung auf Gottes und auf des Menschen Seite. Daß es auf menschlicher Seite zu einer Veränderung kommen muß, liegt auf der Hand. Viele Theologen lehnen aber ab, daß auch auf Gottes Seite eine diesbezügliche Forderung vorliegt. Gottes Liebe, so sagt man, sei unveränderbar, und er selbst ändere sich ja auch nicht. Man sollte darauf achten, daß der Apostel davon spricht, daß wir eine Versöhnung empfangen haben (griech.: *elabomen*), die uns frei von Gott gegeben wurde. Der Lehre von der Rechtfertigung wohnt dabei unausgesprochen die Voraussetzung inne, daß auch von Gott her im Blick auf den Sünder etwas anders wurde aufgrund des Werkes Jesu Christi. Das heißt nicht, daß Gottes Empfinden den Menschen gegenüber ein anderes geworden wäre. Das war immer von der Gnade her bestimmt, von der Gnade, die Christus sandte. Aber gerade dadurch hat er das *Verhältnis* zwischen sich und dem Menschen geändert. Die Versöhnung des einen bedeutet immer zugleich eine tiefe Veränderung der beiden angesprochenen Parteien.

5,12-21 Eine Gerechtigkeit aus Gnaden. Der Apostel schließt diesen Abschnitt über die Gerechtigkeit des Glaubenden, indem er betont, daß sie in Wahrheit ein Stehen in der Gnade ist, denn seine Gerechtigkeit besteht aus nichts anderem als Gnade (V. 1.15.20). Der Zuweg, auf dem ihn diese Gerechtigkeit erreicht, ist eine Person, die durch die freie Gnade Gottes bereitgestellt wurde. Von daher sieht sich Paulus genötigt, auf die beiden Häupter der Menschheit zu sprechen zu kommen: Adam und Christus (vgl. 1Kor 15,21f). Zunächst ein Hinweis auf den Aufbau dieses Abschnittes: Nachdem Paulus die Universalität der Sünde und ihrer Strafe, die sich von Adam her ergibt (V. 12), herausgestellt hat, fügt er zunächst eine Klammerbemerkung ein (V. 13-17), um dann sein Argument in V. 18.19 wieder aufzunehmen. V. 12 ist eigentlich ein vom Satzbau her unstimmiger Satz. Der mit »wie« eingeleitete Satz, der Adam als Bild (Typus) dessen vorstellt, der kommen soll, findet keine logische Fortsetzung. Diese geschieht erst viel später in V. 18, nachdem in dem Einschub einige Schwierigkeiten geklärt werden.

Der Gegensatz zwischen Adam und Christus wird aus zwei Gründen dargestellt. Einmal wird damit gezeigt, wie das Handeln eines einzelnen das Leben vieler beeinflussen kann, die mit diesem engstens verbunden sind. Zum andern verwendet Paulus den Fall Adams als Hintergrund, vor dem das große Erneuerungswerk Gottes in Christus aufleuchten soll. Paulus bedient sich dabei zweier exegetischer Mittel, die im Judentum seiner Zeit bekannt waren: *a.* Zum einen des Prinzips der Solidarität, durch das Adam die Gesamtheit der Menschheit darstellt. Paulus baut darauf auf und weitet es dahingehend aus, daß es die Vorstellung des »ganzen Christus« einschließt, d.h., Christus und sein Volk sind eins in ihrem Angenommensein vor Gott. *b.* Paulus hatte als Jude die enge Verquickung gelernt zwischen dem, was zu Anfang der Welt zum Verderben geschah, und dem, was am Ende der Zeit zur Wiederherstellung geschehen wird. Dieses (als *restitutio in integrum* bekannte) Prinzip gestattete ihm folgende Behauptung: So wie die alte Schöpfung durch Adams Fall zerstört worden und das Paradies verloren gegangen war, so wird auch der Gehorsam Christi und seine Rechtfertigung durch Gott zu einer neuen Ordnung der Harmonie und Versöhnung und zur Wiedergewinnung des Paradieses führen. Dennoch sagt er nicht einfach: Der zweite Adam gewann zurück, was der erste verlor, obwohl das sicher auch darin enthalten ist. Durch seinen »Viel-mehr-Gegensatz« (V. 17.20) zeigt er, daß der letzte Adam für seine Menschen viel mehr gewinnt, als die Verbindung mit dem ersten ihnen je hätte einbringen können. Jetzt wird die Erklärung V. 15 verständlich: *Aber nicht verhält es sich mit der Gabe wie mit der Sünde.* Denn einmal hebt das Werk Christi das Verderben auf, das durch Adams Übertretung verursacht wurde; zum andern hebt es sein Volk auf eine neue Ebene, die alles Bisherige weit überragt (V. 16).

12 Das ist der eigentlich entscheidende Vers dieses Abschnittes. Hier wird der Lehrsatz über das Verhältnis des Einen zu den Vielen vorgelegt. Ein besonderer Ton liegt dabei auf den beiden hier eingesetzten Präpositionen: »durch« (griech.: *dia*) und »in, hinein« *(eis)*. Damit wird eine Verbindung und ein Hindurchgehen angedeutet. Der eine Mensch ist der »Durchgang«, durch den die Sünde und - als deren Strafe - der Tod in die Welt *(kosmos)* kam. Bisher stand über der Welt das Schöpferurteil: Sehr gut. Doch nun hatten durch die Übertretung Adams Sünde und Tod Eingang gefunden. Paulus will klar machen, daß alle in Adams Sünde hineingezogen sind. Weder wird die Menschheit nur damit belastet, daß sie aktiv gesündigt hat, noch wird ihr lediglich aufgrund des Gesetzes die Sünde Adams zugerechnet, sondern von allen wird erklärt, daß sie aktiv und tatsächlich an der Sünde Adams mitbeteiligt waren.

13 Diese dogmatische Aussage führt den Apostel in eine Klammerbemerkung, in der er sich mit zwei Schwierigkeiten auseinandersetzt. Die erste besteht darin, daß bis zur Zeit Moses das Gesetz noch gar nicht verkündigt war. Da es kein Gesetz gab, kann es auch keine Übertretung gegeben haben. Das läßt er zunächst stehen, indem er zugibt: *Wo kein Gesetz ist, da wird Sünde nicht angerechnet,* d.h., sie wird nicht als Schuld gezählt, die zur Strafe führt (wobei offen bleibt, ob hier aus göttlicher oder menschlicher Perspektive gesprochen wird). **14** Als zweites weist er nun darauf hin, daß, Gesetz oder nicht Gesetz, die Strafe sich tatsächlich schon von Adam an auswirkte. Niemand kann die Universalität des Todes leugnen. Paulus hält dabei den Satz fest, daß der Tod Gottes Strafe über die Sünde ist, wenngleich bis zur Zeit des Mose kein göttliches Gesetz gegeben war, und obgleich die, die diese Strafe nun auf sich nehmen mußten, nicht in gleicher Weise wie Adam sündigten, d.h. von der verbotenen Frucht aßen. Verschiedentlich behauptet man im Zusammenhang mit V. 14, daß sich zwar die Universalität der Sünde nicht in Abrede stellen lasse, wohl aber, daß das etwas mit Adam zu tun habe. Damit würde aber auch die Einheit der gesamten Menschheit in Adam bestritten, die wiederum ein Typus ist für die Einheit der Erlösten mit und in Christus.

15 Bis jetzt ging es Paulus um den Vergleich von Adam mit Christus. Beide haben durch eine einzige Tat für die ganze Menschheit Bedeutung erlangt. Die Folge der Sünde Adams ist der Tod. Die Folge der Gerechtigkeit Christi ist das Leben. Aber Paulus hat noch mehr zu sagen. Das Ergebnis des Werkes Christi ist überfließende Gnade, die alle Erwartungen übersteigt, die als freie Gabe dem Menschen angeboten wird (näher erläutert in V. 17) und deren Inhalt Gerechtigkeit ist. **16** Das Urteil nahm seinen Ausgang bei dem einen und führte zur Verurteilung aller. Die freie Gabe bezieht sich auf viele Übertretungen und führt zum Zuspruch der *Gerechtigkeit.* Das griech. *dikaioma* - also nicht das häufigere *dikaiosis,* Rechtfertigung - bezeichnet ein juristisches Urteil oder einen Erlaß; durch diesen Zuspruch wird der Mensch vor Gott gerecht gesprochen! Das gleiche griech. Wort findet sich 1,32; 2,26; 8,4. **17** Der Gegensatz Adam-Christus wird weiter entfaltet. Der eine richtete die Herrschaft der Sünde und des Todes auf, der andere die der Gnade und des Lebens. Die Verbindung mit Christus löscht die sündige Verbindung mit Adam für alle Ewigkeit aus und ermöglicht ein neues Gottesverhältnis, das man sich von Adam her niemals erträumt hätte.

18 Paulus kommt jetzt auf den schon V. 12 genannten Grundsatz, stellt ihn nochmals dar und fügt auch das fehlende zweite Glied des Parallelismus hinzu: *So ist auch durch die Gerechtigkeit des Einen für alle Menschen die Rechtfertigung gekommen, die zum Leben führt.* Jesu Leben, das in vollkommener Unterordnung unter den Willen des Vaters geführt wurde (Joh 8,29), fand seine Krönung darin, daß er den Kelch des Leidens und Sterbens annahm. Es kann somit zusammenfassend als sein Gehorsam (V. 19; vgl. Phil 2,8) oder seine *Gerechtigkeit* bezeichnet werden.

19 Das Wort *Gehorsam* kann ein Anklang an Jes 53,11 sein, wo es heißt: »Durch seine Erkenntnis wird er, mein Knecht, der Gerechte, den Vielen Gerechtigkeit schaffen.« Das gilt um so mehr, falls der hebr. Text den Sinn hätte: Durch seine Hingabe (an den Willen Gottes; JB: »Durch seine Leiden ...«). Zweifelsohne verbindet hier Paulus die Vorstellung von Christus, dem zweiten Adam, mit Christus, dem gehorsamen Gottesknecht. Der zweite Teil des Bildes zeigt sich am deutlichsten in dem wiederholten »Viele«, das sichtlich von Jes 53,11 stammt (vgl. V. 15.16.19). Es handelt sich um eine semitische Ausdrucksweise, die deutlich macht, daß »alle« mit eingeschlossen sind, und die die Gewißheit reflektiert, daß »alle« nicht wenige sind.

Das Ergebnis des Vergleichs zwischen Adam und Christus wird hier zusammengefaßt, wobei nochmals unterstrichen wird, daß die Gerechtigkeit des Glaubenden aus Gnade ist. Freilich bleibt das Problem, wie die Beziehung Adams und Christi zur Menschheit zu verstehen ist, und wie es dazu kommt, daß einerseits Sünde und andererseits Gnade übertragen werden können. Man hat einerseits versucht, diese Übertragung in juristischen Kategorien darzustellen; das konnte aber nicht völlig befriedigen. Andererseits ging man von der Vorstellung aus, daß es sich bei Adam und Christus jeweils um das Haupt einer Bundesgemeinschaft handelt; dieser Gedanke ist der Adam- und Knecht-Gottes-Typologie nicht ganz fremd. Im ersten Fall leitet er sich von der Zusammengehörigkeit der menschlichen Rasse, im zweiten von der Glaubenszugehörigkeit ab (vgl. Jes 53,4-12). An anderer Stelle weist Paulus nach, daß die Stellung Christi als geistlichen Hauptes noch vor der Stellung Adams als physischen Hauptes der Menschheit anzusetzen ist (vgl. Eph 1,4; Kol 1,15-17; vgl. auch Joh 1,1-5). Doch die von Paulus daraus abgeleiteten Folgerungen weisen auf eine noch engere Beziehung hin; es steht ja nicht im Belieben der Menschheit, sich einen Vertreter zu wählen. Die tatsächliche Zusammengehörigkeit der ganzen Menschheit bietet wohl die beste Lösung. Wie das Ganze schon im Keim angelegt ist, die Eiche in der Eichel, so wohnt schon die ganze Menschheit in Adam inne und - durch Gnade und aus Glauben - auch in Christus. So wie die Menschheit einen physischen Organismus darstellt, so stellt sie auch einen geistlichen Organismus dar.

20.21 Paulus fügt diesem Abschnitt über die Gerechtigkeit des Glaubenden noch eine Anmerkung über die Funktion des Gesetzes hinzu. Gal 3,19 führt das Ganze aus, und beide Verse ordnen dem Gesetz eine gewisse Vorläufigkeit zu: das Gesetz soll ein Zwischenstadium überbrücken. In der Tat dient das Erscheinen des Gesetzes dazu, dem Sünder die Ausweglosigkeit seines Zustandes deutlicher vor Augen zu führen, führt es doch eine Anzahl juristischer Bestimmungen ein, die dazu angelegt sind, die Zahl der menschlichen Verfehlungen zu mehren und - angesichts der Natur des Menschen - Übertretungen des Menschen zu provozieren. Doch selbst die Vermehrung der Sünde vermag nicht, die Gnade Gottes zu überwältigen. Im Gegenteil: mit jeder neuen Woge der Gesetzlosigkeit nimmt die Kraft der Gnade noch zu. **21** Die Gnade ist indes nicht Selbstzweck; sie führt durch die Gerechtigkeit an ihr Ziel, nämlich zum *ewigen Leben.*

6,1-23 Vom Evangelium gestellte ethische Fragen

Paulus nimmt nun die Rechtfertigung durch den Glauben vor dem Vorwurf in Schutz, sie sei mit einer sittlichen Lebensführung unvereinbar, indem er auf die Heiligung zu sprechen kommt. Sie ist nicht bloß ein theoretisches Anhängsel der Rechtfertigung, sondern vielmehr eine lebendige Kraft, die der Apostel selbst erfahren hat. Wie aus einem Munde erklären die Schreiber des NT: »In Christus Jesus gilt der Glaube, der durch die Liebe tätig ist« (Gal 5,6). Und das Bindeglied zwischen der Rechtfertigung durch den Glauben und der Rechtfertigung durch Werke ist der Gehorsam des Glaubens, der sich in Werken der Liebe konkretisiert. Die ethische Frage begegnet in zweierlei Gestalt. Zum einen: Wird nicht dadurch, daß Gott gerecht macht, der Zug zur Sünde gestärkt? Zum andern: Führt dies nicht zur Gesetzlosigkeit?

6,1-14 Der Vorwurf der ethischen Gleichgültigkeit

Der gedachte Gegner geht von der Folgerung aus: Je mehr Sünde, desto mehr Gnade. Warum also nicht noch mehr sündigen? Des Apostels Antwort stellt die geistliche Einheit des Gläubigen mit Christus in den Mittelpunkt. Das mystische Einssein des Glaubenden mit Christus wird hier erstmals in diesem Brief angesprochen. Dabei knüpft Paulus am Bild der Taufe an, die in einem Dreischritt symbolisch ausgewertet wird: In das Wasser - Tod; unter das Wasser - Begräbnis; aus dem Wasser - Auferstehung. **3** Auf Christus Jesus getauft (wörtl.: in Christus Jesus hineingetauft) werden bedeutet, mit seinem Sterben eins werden, **4** mit seinem Begrabensein und **5** mit seiner Auferstehung. Das Grab ist lediglich eine Besiegelung der Tatsache des Todes. Jesu Sterben galt der Sünde. Es war ein Opfer, durch das die Sünde hinweggetan wurde (vgl. Hebr 9,26). **10** *Er ist der Sünde gestorben ein für allemal;* vgl. 1Petr 3,18; Hebr 7,27; 9,12.28; 10,10. Seine Auferstehung wurde zum Eingang in ein neues Leben ohne Sünde. **11** Der Glaubende nimmt folglich an den gleichen Erfahrungen teil. Es ist dies der Weg der Heiligung, das vorherbestimmte Ziel der Rechtfertigung. Die uns zugesprochene Gerechtigkeit Christi soll nun unser Leben prägen. »Du bist mit Christus der Sünde gestorben, so sei ihr nun auch tot! Du bist mit Christus auferstanden ins Leben für Gott, so lebe ihm nun! Du bist in die Freiheit gesetzt, so sei nun frei!« (Schlatter). »Werde, was du schon bist in Christus!« (Godet).

12.13 Bisher ging es Paulus um die Heiligung von ihrer göttlichen Seite durch die Glaubensgemeinschaft mit Christus. Nun wendet er sich dem menschlichen Aspekt zu. Ohne sittliches Bemühen bleibt die fortschreitende Umgestaltung des Glaubenden auf der Strecke. Der Glaubende soll seine Glieder nicht als *Waffen der Ungerechtigkeit* hingeben. Damit würde er sich fortlaufend der Sünde verschreiben (die griech. Verbform *paristanete* drückt kontinuierliches Handeln aus). Das vom Glaubenden Verlangte, daß er seine *Glieder Gott zu Waffen der Gerechtigkeit* zur Verfügung stellt, erfordert seine Entscheidung (die griech. Verbform *parastesate* weist auf eine abgeschlossene Handlung hin), durch die er sich bewußt dem Leben der Heiligung verschreibt, obwohl er damit noch nicht in einen Stand permanenter Sündlosigkeit versetzt wird. Man möchte umschreiben: »Stellt eure Glieder nicht weiterhin willig der Ungerechtigkeit als Werkzeuge zur Verfügung, sondern übergebt euch bewußt (ein für allemal) Gott.«

14 Dieser Vers dient als Überleitung zum nächsten Aspekt des angesprochenen ethischen Problems. Paulus freut sich der Gewißheit, daß es tatsächlich eine fortschreitende Heiligung gibt: *Die Sünde wird nicht herrschen können über euch, weil ihr ja nicht unter dem Gesetz seid, sondern unter der Gnade.* Das Dusollst-nicht des Gesetzes weicht nun der Kraft des Geistes.

Anmerkungen: **3** Paulus beruft sich auf die Taufe als das Ereignis, das die Vereinigung mit Christus und die Unterstellung unter seine Herrschaft sichtbar macht; vgl. dazu Gal 3,27; 1Kor 12,13. In ntl. Zeit muß die Tauferfahrung bei den Neubekehrten einen unauslöschlichen Eindruck hinterlassen haben. Das Herausgerissensein aus dem Verderbensstrom der Sünde und das Hineinverpflanztsein in Christus und seine Gemeinde war damit unübersehbar markiert (vgl. Eph 5,14, das wohl ein Auszug aus einem Taufhymnus ist). **6** *..., daß unser alter Mensch mit ihm gekreuzigt ist* bezieht sich auf die Folge von Christi Sterben, das den Glaubenden von der Tyrannei *des Leibes der Sünde* befreit, d.h. von seinem nicht wiedergeborenen Wesen, das er aus seiner Zugehörigkeit zu der Nachkommenschaft Adams und zu der gefallenen Schöpfung geerbt hat. Das Opfer und der Sieg Christi (V.8), historische Fakten seit Golgatha und Ostern, haben weitreichende Konsequenzen, denn sie schließen sein Volk mit ein in Christi stellvertretenden Gehorsam und Sieg. Man könnte die mit diesem Vers gestellte Frage weiter zuspitzen. Der allgemeine Sinn ist an sich klar: Alles, was Christus vollbrachte, geschah in der Absicht, die Seinen von der Herrschaft der Sünde zu befreien (V.6c). Aber zu welchem Zeitpunkt nun wurde unser altes Selbst *mit ihm gekreuzigt?* Geschah das schon damals, vor vielen Jahren, als Christus auf Golgatha starb? Oder geschah es zu dem Zeitpunkt, als er sich durch den Glauben mit dem Heilsakt der Vergangenheit identifizierte und ihn sich so zu eigen machte? Oder geschah es in der Taufe? Einige Aussagen tendieren mehr in Richtung des Erstgesagten (V.9.10), andere scheinen für die zweite Alternative zu sprechen (V.3.4.8). Aber »wird nicht gerade daran deutlich, daß weder die eine noch die andere Alternative (für sich genommen) die ganze Wahrheit aussagt und daß Paulus beide nebeneinander stellt?... Hier begegnet doch ein altes Problem in neuem Aufzug: Es geht darum, das objektive Heilswerk Christi einerseits mit der persönlichen Aneignung desselben andererseits ins rechte Verhältnis zu bringen« (Beasley-Murray). Das bestimmende Element sollte darin erkannt werden, daß Paulus der Taufe eine ethische Komponente zuordnet. Er besteht darauf, daß *wir in Christus getauft sind* (V.3) und daß sich damit unablösbar ein Ziel verbindet: daß *wir in einem neuen Leben wandeln* (V.4). **7** Dahinter verbirgt sich ein Sprichwort: »Der Tod zahlt alle Schulden.« Wer mit Christus gestorben ist, dessen Konto ist beglichen (Bruce).

6,15-23 Der Vorwurf der Gesetzlosigkeit

»Nicht unter dem Gesetz,... sondern unter der Gnade« (V.14); dieser freudige Ausspruch beschließt das von Paulus vorgetragene Argument, das allerdings, wie 3,8.31 und 6,1 zeigen, einem Mißverständnis ausgesetzt war. »Wenn wir schon nicht mehr unter dem Gesetz sind, das uns das Sündigen verbietet«, so folgerten einige, »dann können wir ja leben, wie es uns beliebt, und ohne Hemmungen sündigen. Mehr noch: je mehr wir sündigen (ein zynischer Gedanke der Paulusgegner), desto größer die Gelegenheit für Gott, die Größe seiner Gnade aufleuchten zu lassen. Wenn schon unser Zuchtmeister, das Gesetz, tot ist, dann haben wir jegliche Freiheit, unsere Ungebundenheit auszuleben.«

Paulus bleibt diesem Einwand eine Antwort nicht schuldig. Zwar ist der Glaubende tatsächlich nicht unter dem Gesetz, sondern unter der Gnade, doch besagt dies keineswegs, daß er nun der Gesetzlosigkeit frönen darf (vgl. 1Kor 9,21). Er schuldet Gott die Treue. **16** Es sind zwei Herren, denen wir dienen können - der Sünde oder Gott. Eine absolute Herrenlosigkeit gibt es für den Menschen nicht. Um dies zu verdeutlichen, greift der Apostel ein Beispiel aus der Sklavenordnung seiner Zeit auf. (Er verwendet durchweg den Begriff Sklave - griech.: *doulos.*) Ein Sklave konnte sich dadurch freikaufen, daß er den Lösepreis zunächst im Tempel entrichtete, d.h. einem Gott oder einer Göttin auszahlte und so seine Freiheit erlangte. Das Geld gelangte in Wirklichkeit über den Tempel an seinen früheren Herrn. Somit kaufte die Gottheit den Sklaven frei. Nunmehr war er frei und doch zugleich Sklave des ihn freikaufenden Gottes. In vergleichbarer Weise ist auch der Christ frei; zugleich ist er jedoch Gottes Sklave geworden. Weder ist er herrenlos noch jeder Verantwortung bar. Jesus ist jetzt der Herr seines Lebens. **19** Der Apostel erkennt sogleich die Unzulänglichkeit seines Vergleichs und erinnert daran, daß er *menschlich* redet (vgl. 1Kor 15,32; Gal 3,15) und damit auch der menschlichen *Schwachheit,* d.h. der Unreife seiner Leser entgegenkommt. **20-23** Paulus beschließt den Gedankengang mit einem Hinweis auf die Ergebnisse oder Früchte, die sich aus diesen unterschiedlichen Dienstverhältnissen ableiten. Das eine führt zu Schande und Tod, das andere zu Heiligung und ewigem Leben.

Anmerkungen: **17** *Die Gestalt der Lehre,*

der ihr ergeben seid (»Ihr kennt doch die ganze Lehre, die auch durch uns überliefert wurde.« - Bruns): Ein Hinweis darauf, daß schon in sehr früher Zeit den Christen eine Art Zusammenfassung ethischer Richtlinien zur Verfügung stand (vgl. Eph 4,5). An anderer Stelle bezieht sich Paulus auf die »Überlieferungen«, worunter wohl ebenfalls ein ethisches Kompendium zu verstehen sein mag, das den Christen eine sittliche Orientierung geben sollte (vgl. 1Kor 11,2; 2Thes 2,15; 3,6; Phil 4,9; Kol 2,6).

7,1-8,39 Christ und Gesetz

Eine weitere Schwierigkeit ergab sich aus der paulinischen Lehre von der »Gerechtigkeit Gottes« bzw. von der »Rechtfertigung allein aus dem Glauben«: Welchen Stellenwert hat das Gesetz? Das Gesetz wurde von den Juden geradezu verehrt, und es grenzte an Gotteslästerung, wollte man nun behaupten, daß der Glaube das Gesetz verdränge. Deshalb stellt sich Paulus nun der Frage nach der Außerkraftsetzung des Gesetzes.

7,1-6 Das Gesetz gilt nur den Lebenden

1-3 Ausgangspunkt ist das Bild einer durch den Tod ihres Mannes von der Bindung an ihren Gatten frei gewordenen Witwe. Sie ist frei, sich aufs neue zu verheiraten. Das sie ursprünglich an ihren Mann bindende Gesetz ist nun außer Kraft und für sie nicht mehr bindend. **4** Ähnlich sind auch die Christen *dem Gesetz getötet durch den Leib Christi,* d.h. durch Christus, der seinen Leib an ihrer Statt am Kreuz dahingegeben hat. Gemeint ist offenbar die Hingabe des Leibes Jesu, nicht die neue Gemeinschaft der Glaubenden (vgl. dazu O. Michel). Aus dem Ihr wird dadurch ein Wir, daß man sich in den Leib Christi hat einverleiben lassen. Die Gesamtheit der Glieder stellt wiederum den Leib dar, dessen Haupt Christus ist. Der Vergleichspunkt ist darin zu suchen, daß der jetzt dem Gesetz gestorbene Glaubende frei ist, sich mit dem auferstandenen Herrn zu verbinden. Wo der Apostel bisher von der Sünde sprach, redet er jetzt vom Gesetz. Dabei hieß der Sünde gestorben sein, der Gerechtigkeit leben. **5.6** Jetzt betont er die Befreiung durch den Tod. *Im Fleisch* - der Gegensatz heißt: »im Geist« - umschreibt das Leben als sündhaft und von der Lust gezeichnet. Die beiden Zustände der Versklavung werden jetzt einander gegenübergestellt mit den Formeln *im alten Wesen des Buchstabens* und *im neuen Wesen des Geistes* (vgl. 8,9). Sie stehen für das Leben unter dem Gesetz und für das Leben unter der Gnade. Mit der Antithese »Buchstabe - Geist« (wie in 2Kor 3,6) klingt Jer 31,31ff an.

7,7-25 Gesetz und Sünde sind zweierlei

Paulus hat - wie bereits beobachtet - im ersten Schritt seiner Auseinandersetzung »Sünde« mit »Gesetz« ausgetauscht. Daraus ergab sich die Frage, ob *das Gesetz Sünde ist* (V.7), ob das eine mit dem andern identisch sei. Der Wiedergeborene stirbt der Sünde, seinem Ich und damit auch dem Gesetz. In welcher Beziehung stehen nun Sünde und Gesetz zueinander? Der Apostel klärt die Zusammenhänge unter Berufung auf die eigene Erfahrung. Man hat diesen ganzen Abschnitt deshalb autobiographisch zu deuten versucht, obwohl einige Ausleger sich für eine allgemeine Deutung ausgesprochen haben. Man wird wohl davon auszugehen haben, daß hier der Wiedergeborene aus eigener Erfahrung spricht. Nicht der Nichtwiedergeborene zeichnet hier ein Bild seiner Erfahrungswelt, sondern der Wiedergeborene hält Rückschau auf sein vergangenes Leben - aus der Perspektive dessen, der nun durch die Gnade im Glauben gerecht gemacht ist. Er allein kann abschätzen, was es heißt, in der Knechtschaft der Sünde zu stehen. »In Röm 7,7-25 geht es um den Menschen unter dem Gesetz und um die Krise des Gesetzes überhaupt, aber in dieser Situation wird die Not des Menschen und die Ausweglosigkeit seiner Lage vor Gott aufgedeckt. Der Mensch unter dem Gesetz erkennt also durch das Wirken des Gesetzes die tiefste Not des Menschseins überhaupt« (O. Michel) - freilich im Rückblick vom Standpunkt des Glaubens aus. Dabei betrachtet sich Paulus selbst als typischen Fall. In diesem Verhältnis zwischen Gesetz und Sünde zeichnen sich drei Linien ab.

7,7.8 Das Gesetz deckt die Sünde auf. *Ich wußte nichts von der Begierde, wenn das Gesetz nicht gesagt hätte...:* Ohne Gesetz wäre uns weder die Kraft noch überhaupt die Existenz der Sünde bewußt. Das ist ein ethischer Allgemeinplatz, so allgemein, daß man ihn weithin ignoriert. *Die Sünde nahm Anlaß* (vgl. V. 11): Wie ein militärischer Stratege nahm die Sünde das Gesetz zum Ausgangspunkt ihres Angriffs. Das ist der wörtliche Sinn des griech. *aphorme,* wenn es militärisch gebraucht wird. Es meint den »Ausgangspunkt« und im übertragenen Sinn »Anlaß«, »Gelegenheit«, »Anspruch« (vgl. dazu 2Kor 11,12; Gal 5,13). Die Seele, die sich der Verbote des Gesetzes nicht bewußt ist, fühlt sich in der unerkannten Sünde wohl. Wenn aber Sündenbewußtsein geweckt wird, lehnt sich die Seele gegen das Gesetz mit seinem ständigen »Du sollst nicht« auf, und so wird die Sünde zum Auslöser für allerlei *Begierde.*

Ausleger haben auf die Anspielungen auf die Darstellung des Sündenfalls in 1Mo 3 hingewiesen: *a.* »Gebot« erinnert an das göttliche

Gebot aus 1Mo 2,16; 3,11.17; *b.* die Sünde begegnet, wenn auch nicht als Person wie in 1Mo 3, so doch als persönliche Kraft; *c.* der Hinweis darauf, daß die Sünde ohne das Gesetz tot ist, erinnert an die Schlange, wie sie sich regungslos und versteckt im Garten verbarg: Nichts ähnelt einer toten Schlange mehr als eine lebende, die sich nicht bewegt; *d.* das Verb »begehren« deckt jeden verbotenen Wunsch ab (so in 1Kor 10,6ff). Paulus kann wohl an 1Mo 36 gedacht haben; von daher könnte auf V. 10 neues Licht fallen.

7,9-13 Das Gesetz regt die Sünde an. Einmal, so Paulus, lebte ich frei von jeglichem Sündenbewußtsein. Es war tatsächlich, als lebte ich ohne Gesetz. *Als aber das Gebot kam* (ob der Apostel an ein bestimmtes Gebot denkt? Und wann fand diese Begegnung statt? Als Paulus als dreizehnjähriger Junge in die Bundesgemeinde seines Volkes aufgenommen und damit vor dem Gesetz verantwortlich wurde? Vgl. O. Michel, *Der Brief an die Römer,* S. 224f) *wurde die Sünde lebendig* (griech.: *anazen,* plötzlich zum Leben erwachen), *ich aber starb.* **10** Der Apostel mußte erfahren, daß das Gesetz, das dazu bestimmt war, mittels des Gehorsams Leben zu schaffen (vgl. 10,5 und 3Mo 18,5), ihm zum Tod wurde. **11** Ja, die Sünde benutzte sogar das Gesetz, um ihn zu reizen (vgl. 1Mo 3,13; 2Kor 11,3; 1Tim 2,14) und schließlich zu erschlagen. Dieser Tod ist nicht eine Lahmlegung oder Auszehrung dieser oder jener Körperfunktion. Gemeint ist der alles umfassende, alles verzehrende Tod, der Paulus zur blutrünstigen Verfolgung »des Weges« trieb, der ihn in ungezügeltem Haß gegen die Christen entbrennen ließ und von dem ihn allein der Herr selbst in seiner Erscheinung auf dem Weg nach Damaskus heilte. Jede vom Gesetz gezeugte Begierde muß dem rückblickenden Christen in schrecklicher Grausamkeit aufgeleuchtet sein, als er, Paulus, auf jenen Saulus zurücksah und die Verwerflichkeit seines Christus- und Christenhasses erkannte. **12** Dennoch bleibt der Apostel dabei, daß das Gesetz weder in seiner Gesamtheit noch in seinen Teilen sündig ist. Das Gesetz ist ausschließlich heilig, gerecht und gut. Es wurde gegeben, um Leben zu schaffen. **13** Erst wenn es von der Sünde verkehrt und zweckentfremdet wird, bewirkt es den Tod. Was Paulus in die Irre führte und tötete, ist die Sünde. Gottes Absicht war es, die Sünde in ihrer ganzen Abgründigkeit aufleuchten zu lassen (vgl. V. 7f). Die Sünde brachte es fertig, den Segen Gottes, das Gesetz, in einen Fluch zu verkehren.

Anmerkungen: **10** Ein bestimmter Zug des Gesetzes Gottes scheint angesprochen, möglicherweise das Verbot, von der Frucht des Baumes zu essen, die doch Adam zum Guten gereichen und ihm Leben bringen sollte (1Mo 3,3). So geschah es, daß gerade der Ungehorsam gegen dieses Gebot zum Tode führte. **11** Das Verb *betrog* (wie in 2Kor 11,3; 1Tim 2,14) begegnet in der LXX-Übersetzung von 1Mo 3,13: »Die Schlange betrog mich.«

7,14-25 Das Gesetz schafft einen Konflikt mit der Sünde. Der Apostel nähert sich nun dem Kern der für ihn so bitteren Erfahrung. Er bekennt, daß er den besseren Weg wohl sieht und daß er ihn auch als den richtigen erkennt, daß er sich aber trotzdem dem schlechteren zuwendet. Er erkennt den Unterschied zwischen dem Wesen des Gesetzes und seiner eigenen Natur. *Geistlich* und *fleischlich* sind Gegensätze. **15-19** Paulus zeichnet das klassische Bild des gespaltenen Bewußtseins, um seinen inneren Konflikt darzustellen, einen Konflikt, der sich - psychologisch gesprochen - zwischen dem gesteuerten und dem ungesteuerten Ich abspielt. Das eigentliche Ich orientiert sich an einem Ideal, bei Paulus an Christus bzw. dem guten und heiligen Gesetz. Die Sünde, die hier im Bilde persönliche Züge annimmt, ist das uneigentliche (ungesteuerte) Ich, mit dem sich Paulus nicht identifizieren möchte. **20** Wenn er das tut, was er nicht gutheißt, *so tue nicht ich es, sondern die Sünde, die in mir wohnt,* die mit seinem uneigentlichen, ungesteuerten Ich zu identifizieren ist. **21** Von der Erfahrung des Apostels läßt sich ein Grundsatz ableiten, der im Leben allgemeine Gültigkeit hat: Um von der Sünde gerettet zu werden, muß man zu gleicher Zeit sich zu seiner Sünde stellen und sie doch auch wieder ablehnen. Dieser Widerspruch schlägt sich in den vorliegenden Versen nieder. »Kraft des Gesetzes, durch welches ich Gott erkenne, will ich ›das Rechte tun‹. Und kraft des Gesetzes, durch welches ich von Gott erkannt bin, ›gelingt mir das Schlechte‹. Höchste Möglichkeit wird mir zur höchsten Verlegenheit, höchste Verheißung zur höchsten Not, höchste Gabe zur höchsten Bedrohung« (K. Barth). **24** Die sich aus diesem Konflikt und dem gespaltenen Bewußtsein ergebende Spannung erreicht ihren Höhepunkt in einem Verzweiflungsschrei. Paulus hat diese Erfahrung nochmals durchlebt. Sie ist typisch für den von seiner Sünde überführten Sünder. *Ich elender Mensch! Wer wird mich erlösen von diesem todverfallenen Leibe?* Der Leib ist Werkzeug der Sünde und deshalb zum Tode bestimmt. Die Sünde ist so widerlich und der Tod entspricht ihr vollends, daß Paulus wie im Todeskampf darum ringt, von seinem todverfallenen Leib erlöst zu werden. **25** Plötzlich aber schlägt der Schrei der Verzweiflung in einen Lobgesang auf seine Rettung um: *Dank sei Gott durch Jesus Christus, unsern Herrn.*

Anmerkungen: **14** *Unter die Sünde ver-*

kauft; vgl. Weisheit Salomo 1,4: »Denn die Weisheit kommt nicht in eine arglistige Seele und wohnt nicht in einem Leibe, der der Sünde verfallen ist.« 15 Man hat mithin als Parallele den Grundsatz Ovids zitiert: »Ich erkenne das bessere Leben wohl, und ich stimme ihm wohl auch zu, aber ich wähle für mich das schlechtere.« Es handelt sich aber nur um eine Scheinparallele, denn die Selbsteinschätzung des Apostels vollzieht sich im Lichte des Gesetzes Gottes, und für Paulus ist die Sünde ein Fremdkörper in seinem Leben (V. 20), der den inneren Konflikt herbeiführt (vgl. Gal 5,17). 24 *Dieser todverfallene Leib:* Freilich will Paulus nicht den Leib selbst als böse darstellen. Es ist auch keinerlei Verachtung für den von Gott geschaffenen Leib herauszuhören. Vielmehr geht es ihm um die menschliche Natur, die dem Gesetz von Sünde und Tod unterworfen ist, ein Erbe, das Paulus mit allen Adamssöhnen teilt (Bruce). 25 *Mit dem Fleisch,* d.h. was meine rein menschlichen Möglichkeiten betrifft. Mit rein menschlichen Möglichkeiten kann man nie über den ungleichen Konflikt zwischen Wollen und Vollbringen hinauskommen. Damit ist aber noch nicht das letzte Wort gesprochen, und das Bild ist noch unvollständig, wie das nächste Kapitel zeigen wird.

8,1-39 Die Sünde wird durch Christus und seinen Geist überwunden

Während das Gesetz die Sünde anstachelt und bloßstellt und das Ich des Menschen spaltet, ist es dennoch in seiner eigentlichen Absicht heilig und gut. Das Gesetz wäre sogar der Freund des Menschen, erlaubte man ihm nur zu wirken. Aber es ist *durch das Fleisch geschwächt* (V. 3). Durch Christus jedoch bekommt es neue Kraft; nun kann es auch der Sünde im Fleisch entgegentreten, denn Christus, der in jeder Hinsicht Gerechte, wohnt in dem Glaubenden. Zudem ist auch der Glaubende in Christus, und er erfüllt durch diese Verbindung das Gesetz (V. 1.4). Der Gehorsam Christi ist unser Gehorsam. So werden wir dem Anspruch des Gesetzes gerecht und nehmen ihm zugleich seine Kraft. In diesem Kapitel skizziert der Apostel den Verlauf des christlichen Lebens. Der Glaubende ist durch das Gesetz des Geistes von dem Gesetz der Sünde und des Todes befreit, und dieses Gesetz des Geistes ist nichts anderes als das Leben in Christus (V. 2).

8,1-4 Das Versagen des Gesetzes. Der Versuch, dem Gesetz aus eigener Kraft gehorsam zu werden, war seit jeher zum Scheitern verurteilt. Durch die Fleischwerdung Jesu und durch die Gegenwart des Heiligen Geistes ist alles anders geworden. Natürlich konnte das Gesetz kein Leben zeugen. Aber was dem Gesetz verwehrt war, das brachte die Gnade durch Christus und den Heiligen Geist zuwege. Das Überwinderleben beginnt damit, daß schon jetzt das Verdammungsurteil aufgehoben ist.

1 Nachdem der Glaubende mit Christus vereinigt ist, bleibt er für immer los und frei von der durch das Gesetz der Sünde und des Todes verhängten Gewaltherrschaft. Der Begriff *Verdammnis* (der alte Luthertext schrieb noch »Verdammliches«; der eigentliche Sinn ist »Verdammungsurteil«) ist ein juristischer Ausdruck. Er umschreibt das über den als schuldig Erkannten verhängte Urteil und dessen Vollstreckung. Der Glaubende ist nicht nur von der Macht des bisher über ihn herrschenden Gesetzes freigesprochen, sondern auch von der Strafe, die er durch seine Gesetzesübertretung verdient hat. Die berechtigte Forderung des Gesetzes, nämlich das gerechte Leben, wird jetzt nicht »von« uns, sondern nunmehr *in* uns vollbracht (V. 4). 3 *Was dem Gesetz unmöglich war:* Es geht hier mehr um die dem Gesetz eignende Unfähigkeit, ein heiliges Leben zu schaffen, und weniger um seine Ohnmacht, das zu tun, was Christus vollbrachte. Das Gesetz hat auf der ganzen Linie versagt. 2 Das neue Gesetz, dem der Glaubende nun unterstellt wird, ist *das Gesetz des Geistes des Lebens in Christus Jesus* (EÜ; LÜ: »der lebendig macht in Christus«; was aber den Sachverhalt nicht trifft). Dieses Gesetz befreit uns *von dem Gesetz der Sünde und des Todes.* Dieser Vers zeichnet ein vollständiges Bild vom Christenleben, wie Paulus es verstand. Die Sünde ist ein Fremdkörper im Leben des Menschen, ein Eindringling. Indem Gott *seinen Sohn in der Gestalt des sündigen Fleisches sandte,* hat er selbst den Kampf gegen die Sünde aufgenommen. Paulus will damit keineswegs sagen, daß Jesus in sündhaftem Fleisch Mensch wurde, als ob der menschliche Leib an sich schon der Sünde verfallen wäre. Die Evangelisten äußern sich unmißverständlich über die Geburt Christi und sein Kommen in diese Welt. Die Heiligkeit des Kindes hat seinen Ursprung im Heiligen Geist, und das Kind selbst wird heilig genannt (Lk 1,35). Der Leib Jesu war nicht von Sünde gezeichnet, er entsprach dem ursprünglich von Gott gewollten Menschen. Der Leib des Herrn war lediglich von gleichem Erscheinen wie der der gefallenen Kreatur, aber Jesus hatte selbst keinen Anteil an Adams Sünde. Paulus geht es hier darum, daß der Vater den Sohn sandte, damit Jesus unter den gleichen Bedingungen wie einst Adam - der jedoch versagt hatte - mit der Sünde abrechne. Diese Konfrontation mit der Sünde erstreckt sich auf alles, was Jesus war, sagte und tat, um die Sünde in seinem eigenen Leib am Stamm des Kreuzes zu überwinden (vgl. V. 3 »verdammte die Sünde im Fleisch« mit Jes 53,10; dazu auch Röm 3,25 und 2Kor

5,21). Das Fleisch ist der eigentliche Wirkungsbereich der Sünde. Was aber den Glaubenden angeht, spielt dieser Einflußbereich der Sünde vor dem Gericht Gottes keine Rolle mehr, da durch den Tod seines Sohnes die Macht der Sünde über die Heiligen für immer und vollkommen durchbrochen ist. Wer in Christus ist, bleibt für immer von dem Gesetz der Sünde und des Todes frei. **4** *Die Gerechtigkeit, vom Gesetz gefordert:* Das Leben der Gerechtigkeit verwirklicht sich nicht durch das Gesetz, sondern durch die Gnade. Durch die Gnade Gottes werden dem in Christus erneuerten Menschen die Kräfte zur Verfügung gestellt, die er braucht, um die gerechte Forderung des Gesetzes zu erfüllen. »Aus Gottes Befehlen sind Gottes Befähigungen geworden« (F. F. Bruce), denn die Forderungen des Gesetzes dienen nunmehr dem erneuerten Menschen als Wegweiser und Lehrer (vgl. Jer 31,31-34; Hes 36,26f).

Anmerkungen: **3** Mit dem Ausdruck *Gestalt des sündigen Fleisches* wird einem doppelten Mißverständnis begegnet. Zum einen der Vorstellung, der Fleischgewordene habe sich nicht tatsächlich in das menschliche Leben hineinbegeben (die alte Irrlehre des Doketismus). Gestalt bedeutet hier eben mehr als bloße Ähnlichkeit; es grenzt schon an Identität (vgl. Röm 5,14, wo der Ausdruck negativ gebraucht wird). Zum andern wird der Eindruck vermieden, als habe er sich mit unserer gefallenen Natur so sehr identifiziert, daß es ihm unmöglich geworden wäre, unser Erlöser zu sein. Gerade die Sündhaftigkeit des Fleisches hatte er nicht an sich, da er sonst ja nicht »ohne Sünde« gewesen wäre. »In der Leiblichkeit als solcher kann also kein Unterschied zwischen Jesus und uns bestehen, wohl aber in der Art, wie diese Leiblichkeit Jesu bzw. wie unsere eigene Leiblichkeit sich zu der ihr von Gott gestellten Aufgabe verhält« (O. Michel).

8,5-11 Der Triumph der Gnade. Im weiteren beschreibt der Apostel das Leben aus Gnade als Leben im Geist und stellt es zugleich dem Leben des Fleisches unter dem Gesetz gegenüber. Das alte Leben befaßt sich mit fleischlichen, das neue mit geistlichen Dingen. Wenn unser Leben vom Fleisch bestimmt ist, wird sich diese Ausrichtung auch in unserem Denken äußern. Wenn aber der Geist den Vorrang hat, dann wird unser ganzes Leben nach geistlichen Gesichtspunkten ausgerichtet sein. **6** Zusammengefaßt heißt das: *Fleischlich gesinnt sein ist der Tod, und geistlich gesinnt sein ist Leben und Friede.* Wie der Tod das Ergebnis eines Lebens nach dem Fleisch ist, so folgt das Leben aus dem Wirken des Geistes. Der Grund dafür liegt auf der Hand. **7** Das fleischliche Leben ist *Feindschaft gegen Gott,* es widersetzt sich den von Gott für das Leben vorgegebenen Zielen. Die Folgen sind Ichbezogenheit und Auflehnung gegen Gott. Solchem Leben fehlt jegliche Kraft, sich dem Willen Gottes unterzuordnen. **8** Da das Eigeninteresse die Oberhand hat, kann es *Gott nicht gefallen.* Das Fleisch ist tatsächlich der Sitz der Auflehnung gegen Gott. Wo Paulus von Fleisch spricht, steht bei Johannes »Welt« (vgl. Joh 16,8-11; 17,6.9). Es ist das Leben ohne Gott, ein Leben der Ichbezogenheit, Selbstgefälligkeit und des Ungehorsams. **9** Paulus wendet sich nun unmittelbar an seine Leser und spricht sie als Christen an, in denen der Heilige Geist wohnt. Die motivierende Kraft im geistlichen Leben ist der Heilige Geist selbst. So kommt es zum Sieg der Gnade über das Gesetz, denn aus Gnaden und durch den Glauben wohnt der Geist in ihnen und sind sie im Geist. Hier ist auf die typisch paulinische Präposition »in« zu achten: Paulus gebraucht sie bildhaft für die Einheit und die Gemeinschaft mit Gott in Christus durch den Glauben (vgl. z.B. 8,11; 9,1; 1Kor 3,16; ähnlich 1Thes 4,8). *Gottes Geist... Christi Geist* werden gleichbedeutend gebraucht: Es ist der eine Gott, der am Werk ist. Der Vater ist die Quelle aller Gnaden, der Sohn ist ihr Vermittler, und der Heilige Geist, der vom Vater und vom Sohn ausgeht, verwirklicht die Gnade in unserem Leben. Das eigentliche Kennzeichen des Christen ist diese innewohnende, motivierende göttliche Kraft, ohne die es Gemeinschaft mit Gott nicht geben kann. **10** *Ist der Leib zwar tot um der Sünde willen:* Der Leib des Christen bleibt zwar weiterhin sterblich und dem Tod verfallen, doch ist er nicht wie ein beschwerlicher Mantel abzustreifen, denn der Herr hat diesem durch seine eigene Fleischwerdung geheiligten Leib (Hebr 10,5ff) eine Aufgabe zugedacht. Sein Geist nimmt in ihm Wohnung, macht ihn für seine Zwecke brauchbar (1Kor 6,15ff) und wird ihn schließlich, seiner eigenen Auferstehung gleich, vom Tode auferwecken (vgl. 1Kor 15,35-55; Phil 3,21). Vielleicht ist auch eine andere Deutung denkbar (vgl. de Boor, WStB). »Tot« bezöge sich dann auf den Übergang des Glaubenden aus dem Herrschaftsbereich der Sünde in den der Gnade, so daß er nun seinen Leib nicht länger der Sünde als Werkzeug zur Verfügung stellt, sondern ihn nunmehr als Träger seines eigentlichen Lebens begreift, nämlich seines zu Gott hin lebendigen Geistes, so wie sein Leib für die Sünde gestorben ist (vgl. 7,6). Schließt man sich diesem Verständnis an, dann wird man *Geist* auf den menschlichen Geist beziehen, der durch den Heiligen Geist neu belebt ist. Einige Ausleger möchten hier freilich lieber einen direkten Hinweis auf das Wirken des Heiligen Geistes sehen. *Um der Sünde willen ... um der Gerechtigkeit willen:* Hier wird mit anderen

Worten vom Sieg der Gnade über das Gesetz gesprochen. Der alte Weg der Sünde kann nichts als Tod hervorbringen. Alles Leben dagegen nimmt seinen Weg von der Gerechtigkeit bzw. der Rechtfertigung her, die Gott für uns geschaffen hat und an deren Zustandekommen wir keinerlei Anteil hatten. Die Rechtfertigung, d.h. der Zuspruch der Gerechtigkeit durch Gott, bildet die Grundlage jener sittlichen Gerechtigkeit, die sich aus dem empfangenen Segen Christi ergibt. **11** Die den *Heiligen Geist* betreffenden Aussagen sind den V.10 sich auf Christus beziehenden Aussagen gleich. Somit ist dieser Vers für das Verständnis der Dreieinigkeit äußerst wichtig - die grundlegend das christliche Gottesbild bestimmt.

8,12-17 Das Ziel der Gnade. In den V.12.13, einer Ermahnung am Rande, fordert der Schreiber sich selbst und die Geschwister in Rom auf, nicht mehr dem eigenen Ich zu leben, so, als stünden sie unter einem unabwendbaren Zwang (vgl. 1,14; 13,8). Statt dessen gilt es, sich dem Heiligen Geist zu verschreiben, der, indem er die Selbstbezogenheit in den Tod gibt, zum eigentlichen Leben führt.

14 Die Gotteskindschaft ist das höchste Ziel der Gnade. *Welche der Geist Gottes treibt:* Vgl. dazu Gal 5,18. Der Gegensatz Sklaverei - Freiheit wird Gal 3,23-5,1 weiter ausgearbeitet. Die Gefahr des Rückfalls in die Sklaverei der Furcht (V.15) bleibt bestehen. Der Apostel setzt voraus, daß seine Leser um diese Gefahr wissen und ihr widerstehen werden. Wer sein Leben unter die Führung des Heiligen Geistes gestellt hat, tritt mit dem Empfang des Heiligen Geistes in ein Kindesverhältnis zu Gott und genießt damit ein besonderes Vorrecht (vgl. dazu das petrinische Verständnis des Christenstandes als königliches Priestertum - 1Petr 2,9). **15** Mit dem *knechtischen Geist* ist weder der göttliche Geist noch der menschliche Geist gemeint, sondern eine Geisteshaltung, eine Stimmung, ein Zustand. Mit dem *kindlichen Geist,* der dem »knechtischen Geist« gegenübergestellt ist, ist wohl an den Heiligen Geist gedacht. Er ist es, der den Christen die Gewißheit der Gotteskindschaft vermittelt und sie dazu befähigt, Gott Vater zu nennen. Diese Kindschaft ist kein natürliches Recht, sondern ein Geschenk und entspricht einer Adoption. Während die Juden ein Adoptivkind nicht kannten, war es den Römern und Griechen durchaus geläufig. So sind wir nun Kinder, Söhne Gottes, berechtigt, Gott *lieber Vater, Abba* zu nennen, denn wir haben Anteil an der ewigen Sohnschaft Jesu selbst. *Durch den wir rufen,* wörtl.: *schreien.* Vielleicht ist an das Beten gedacht, doch könnte sich das ungewöhnliche Verb »schreien« auch auf eine Art öffentliches Bekenntnis im Gottesdienst beziehen, wie es in der frühen Kirche geübt wurde. *Abba,* das an die innige, zärtliche Anrede des Vaterunser denken läßt (Lk 11,2), geht auf Jesus selbst zurück und war die im Gebet übliche Anrede der frühen Kirche. Dieses Wort, aus dem inniges, kindliches Vertrauen spricht, wurde jedoch von den Juden sowohl im öffentlichen als auch im privaten Gebrauch gemieden, da man es nicht für ehrfurchtsvoll und würdig genug achtete. Sofern man Gott überhaupt als Vater anredete, verwendete man eine förmlichere Anrede wie etwa *abinu.* Da aber Jesus die vertrauliche Anrede brauchte (vgl. z.B. Mk 14,36), hat »Abba« einen festen Platz im Gebet der Christen aller Sprachen bekommen. **16** »Wenn wir den heiligen, ewigen Gott, dessen ganze Majestät und Gottheit uns vor Augen stand, nun tatsächlich mit ›Vater‹ anreden und ihn bitten wie die lieben Kinder ihren lieben Vater, dann liegt darin die Kindesstellung als Tatsache. Man könnte geradezu sagen, eben in solchem Beten selbst erfolge bereits das Zeugnis des Geistes« (de Boor).

17 Paulus zieht nun die Folgerungen aus dem Gesagten: *Sind wir aber Kinder, so sind wir auch Erben,* vgl. dazu 4,14. Der Begriff des Erbes durchzieht das ganze AT und NT (vgl. 4Mo 26,56; Ps 25,13; Jes 60,21; Mt 5,5; 21,38; Gal 3,29; 4,7 usw.). Der jetzt im Glaubenden wohnende Heilige Geist ist das Angeld bzw. die Garantie auf das Erbteil des Christen (vgl. 2Kor 1,22; 5,5; Eph 1,14). Christus ist der Sohn Gottes; folglich sind wir seine *Miterben.* So haben die Christen ein gemeinsames Erbe mit Christus, das sie, wenn die Zeit gekommen ist, antreten werden. Vielleicht zitiert Paulus V.17b einen in der frühen Christenheit bekannten Spruch (vgl. 2Tim 2,11-13), daß die durch Adoption Gottes Kinder gewordenen Glaubenden Miterben Christi sein werden, wenn sie bereit sind, an seinen Leiden teilzuhaben. Anteil am Leiden und Anteil an der Herrlichkeit gehören zusammen, denn das Leben des Christen ist ein Nachvollzug des Lebens Christi. Das Leiden selbst trägt nichts zur Erlösung des Glaubenden bei: Es ist ein Mit-ihm-Leiden, ein Auf-sich-Nehmen des Kreuzes (vgl. Mk 8,34ff), es ist die volle Identifizierung des Glaubenden mit seinem Herrn, selbst im Leiden (vgl. dazu Kol 1,24).

8,18-27 Die offenbar werdende Herrlichkeit. In seiner Freude über den Sieg der Gnade ist Paulus weit über das hinausgegangen, was das Gesetz vermag. Hier geht es um einen Bereich, der dem Gesetz verschlossen und unbekannt bleiben mußte. **18** Dabei läßt der Apostel keinen Zweifel daran aufkommen, daß die Nachfolge Christi mit »Härten« verbunden ist (vgl. die eigenen Leiden des Paulus: Apg

19,23-41; 20,18-35; 2Kor 1,3-11; 6,1-10; 11,23-33). Aber ebenso gewiß wird die kommende Herrlichkeit die gegenwärtigen Leiden bei weitem überwiegen. Diese zukünftige Herrlichkeit, die endgültige Offenbarung Gottes in Christus, wird sich nicht in einer objektiven Schau erschöpfen, sondern der Glaubende wird subjektiv in diese Offenbarung hineingenommen und in seiner ganzen Person neugestaltet werden (vgl. 2Kor 3,18; 1Jo 3,2). Die Gewißheit der zukünftigen Herrlichkeit ist kein flüchtiger Gefühlsoptimismus. Paulus sieht seine Zuversicht durch drei Tatsachen untermauert.

19-22 Zunächst weist er auf die organische Einheit der *Schöpfung* hin. Ein wissenschaftlicher Tatbestand wird hier unter theologischen Gesichtspunkten aufgegriffen. Mensch und Natur sind so eng miteinander verquickt, daß die Natur durch die Sünde des Menschen in Mitleidenschaft gezogen wurde. Andererseits aber gewinnt die Natur mit der dem Menschen von Gott dargebotenen Gnade Hoffnung auf Erneuerung und Wiederherstellung. **20** *Die Schöpfung ist ja unterworfen der Vergänglichkeit - ohne ihren Willen:* Der Mensch wurde willentlich Gott ungehorsam, die Schöpfung hingegen wurde nicht willentlich, sondern automatisch in den Fall und seine Folgen mit hineingezogen. Es war ihr Los, daß sie *der Vergänglichkeit* unterworfen wurde, daß sie unvollkommen und in sich gebrochen wurde. Aber auch ihr blieb die Hoffnung auf Erlösung. Mit *durch den* ist wahrscheinlich Gott selbst gemeint, obwohl einige Ausleger davon ausgehen, daß an Adam oder an Satan zu denken ist. Aber der abschließende Hinweis auf die Hoffnung läßt sich eigentlich nur dann erklären, wenn sich das Ganze auf Gott bezieht, der die Schöpfung schließlich auch erlösen will. **21** Diese Erwartung lautet: *Denn auch die Schöpfung wird frei werden von der Knechtschaft der Vergänglichkeit.* Mit der Erlösung des Menschen wird auch die Verheißung eingelöst, daß die Wüste blühen wird wie eine Rose. **23** Wieder greift der Apostel das Hauptthema des Abschnittes auf: Mit der *Erstlingsgabe* des Geistes ist die zukünftige *Erlösung* auch *unseres Leibes* verbürgt. Die Kindschaft ist schon insofern ein Faktum, als der Geist sie uns durch sein Zeugnis gewiß macht (V. 15f). Voll verwirklicht wird sie freilich erst mit der Auferstehung. Der gegenwärtige Besitz des Heiligen Geistes ist lediglich ein Vorgeschmack *(Erstlingsgabe)* der noch ausstehenden vollen Ernte, d.h. *der Erlösung unseres Leibes.* Christen sind dabei in eine ähnliche Erwartung hineingenommen wie die sichtbare Welt der Schöpfung. Nachdem sie dieses »Angeld« erhalten haben (das gleiche Wort findet sich 2Kor 1,22; 5,5; Eph 1,14), das ein Vorgeschmack ist auf die verwandelnde Macht des Geistes, sehnen sie sich nach der Befreiung ihres Leibes von der Sünde. Mit der Auferstehung wird auch die Kindschaft zur vollen Entfaltung gelangen. 2Kor 5,1-10 geht parallel zu diesem Abschnitt; vgl. auch Eph 4,30.

24.25 In einem zweiten Schritt beruft sich Paulus auf die christliche *Hoffnung,* die allein schon ihrem Wesen nach ein Beweis für die zukünftige Herrlichkeit ist. Sie trägt somit zum festen Grund der Gewißheit bei. *Wir sind zwar gerettet, doch auf Hoffnung.* Wenn Paulus der Hoffnung einen so hohen Stellenwert einräumt, will er damit die Rolle und Bedeutung des Glaubens keineswegs schmälern. Der Grund der Erlösung ist der Glaube, und nur im Umfeld des Glaubens wird Hoffnung entstehen. Der Apostel will hier lediglich herausstellen, daß die Hoffnung schon allein durch ihr Wesen auf die zukünftige Herrlichkeit hinweist, ja von ihr lebt. Hoffnung hört in dem Augenblick auf, Hoffnung zu sein, wenn das Erhoffte eintrifft. Somit ist es die Pflicht des Glaubenden, bis zum Ende auszuharren, zu dulden, zu tragen. Wir sind gerettet, aber die volle Verwirklichung unserer Erlösung steht noch aus.

26.27 Als dritten Pfeiler der festen Hoffnung nennt der Apostel den Beistand des Heiligen Geistes, der dem Glaubenden bezeugt, daß die Gnade einst zur Herrlichkeit wird. *Desgleichen hilft auch der Geist unserer Schwachheit auf:* Paulus verweist auf die allen Christen gemeinsame Erfahrung, daß der Heilige Geist das sich im Gebet äußernde Verlangen nach der Vollendung der Gotteskindschaft stärkt. Erweist sich Gott schon jetzt auf dem Weg zur Vollendung in Herrlichkeit als der stets gegenwärtige Beistand, dann ist auch das Ziel keine Illusion, sondern wunderbare Wirklichkeit. Das griech. Verb für *aufhelfen (synantilambanetai)* ist ein aussagestarkes Wort. Dem eigentlichen Verb *lambanein* (nehmen, empfangen) sind zwei Präpositionen vorgestellt: *syn* (mit) und *anti* (gegenüber). Dahinter verbirgt sich das Bild eines Mannes, der einem andern eine schwere Last tragen hilft, indem er sich am entgegengesetzten Ende unter sie stellt. *Schwachheit* meint die Gebrechlichkeit des Christen, die darin begründet ist, daß er den Willen Gottes nicht oder nur z.T. erfaßt. *Denn wir wissen nicht, was wir beten sollen, wie sich's gebührt:* Hier konkretisiert sich der Beistand des Heiligen Geistes: Seine Fürbitte geschieht in und durch uns, während der Erlöser für uns zur Rechten Gottes einsteht (Hebr 7,25). Der Tröster (Paraklet, Beistand) steht uns nicht nur zur Seite, sondern er ist in uns und stärkt uns, indem er das unausgesprochene Verlangen der Seele nach der vollen Verwirklichung der

Sohnschaft in uns lebendig erhält. Dabei erinnert er immer wieder an die uns zugesprochene Gerechtigkeit und weckt unser Verlangen nach der verwirklichten Gerechtigkeit. Die göttliche Fürsprache verleiht unserem Sehnen nach Vollendung Ausdruck und verschafft diesem Verlangen Gehör vor dem Thron des Vaters. *Der aber die Herzen erforscht,* ist kein anderer als Gott, der Allwissende, der auch um das vom Heiligen Geist im Herzen des Glaubenden bewirkte Begehren weiß. Mehr noch: *worauf der Sinn des Geistes gerichtet ist,* weiß der Vater, denn es ist ganz eigentlich sein eigener Sinn.

8,28-30 Gottes souveräner Wille ist der Garant der Gnade. Wenn der Wille des Menschen und der Wille des Heiligen Geistes miteinander in Einklang sind, dann ist - wie Paulus hier deutlich macht - der alles umfassende Wille Gottes an sein Ziel gelangt. **28** Im Blick auf das, was Gott in uns und für uns tut, haben wir die Gewißheit, *daß denen, die Gott lieben, alle Dinge zum Besten dienen.* Und die, die Gott lieben, sind zugleich auch die, *die nach seinem Ratschluß berufen sind.* Gottes ewiger Wille steht hinter seinem Ruf, und die Berufenen vernehmen nicht nur diesen Ruf, sie gehorchen ihm auch. Was Gott sich in seinem Vorherwissen vorgesetzt hat, verwirklicht sich jetzt im Leben des Glaubenden und muß schließlich auch an das von Gott gesetzte Ziel gelangen, nämlich die Teilhabe der Erwählten an der göttlichen Herrlichkeit. **29** Gottes Absicht und sein ewiger Wille sind zusammengefaßt in dem einen: *daß sie gleich sein sollten dem Bild seines Sohnes,* der selbst freilich das vollkommene Ebenbild des Vaters ist (vgl. 1Kor 15,49; 2Kor 3,18; 4,4; Kol 1,15), *damit dieser* (Christus) *der Erstgeborene sei unter vielen Brüdern. Erstgeborene* bezeichnet dabei nicht nur eine zeitliche Vorordnung, sondern vor allem den Vorrang, der ihm im Kreis der erlösten Brüder zukommt. Paulus nennt hier die »zeitliche« Folge des göttlichen Ratschlusses und seiner Verwirklichung. In den Kategorien von Raum und Zeit gesprochen geht der Vorherbestimmung das Vorherwissen voraus. Ob man allerdings aus der begrifflichen Reihenfolge eine zeitliche Folge ableiten soll, bleibt fraglich. Die Betonung bei *vorher erkannt* (EÜ; LÜ: ausersehen; griech.: *proginosko*) liegt weniger auf »Erkenntnis« im griechischen Sinn; wohl eher ist das Verb im Sinne des Hebräischen zu verstehen, wo der Erkenntnisvorgang stets auch die persönliche Begegnung in Liebe umfaßt. Es geht um eine personhafte Begegnung vor der Zeit, die nicht statisch, sondern dynamisch ist und zugleich den Grund legt für alle weiteren Taten. Jemanden »zuvor ersehen« heißt demnach, mit ihm in Gemeinschaft treten, und zwar in der Absicht, ihm besondere Gnadenerweise zukommen zu lassen, womit hier die Gunst der Sohnschaft in Christus gemeint ist. Der biblische Gebrauch des Verbs »erkennen« (vgl. Ps 1,6; 144,3; Hos 13,5; Am 3,2; Mt 7,23; Joh 10,27; 1Kor 8,3; Gal 4,9) macht deutlich, daß das Vorher-Erkennen stets die Gnade als ewigen Anfang aller anderen Heilszuwendungen voraussetzt, und dieses Verständnis deckt sich mit der gesamten paulinischen Theologie. **30** Der göttliche Ratschluß verwirklicht sich in der Zeit in dem Dreischritt Berufung, Rechtfertigung aus dem Glauben und Verherrlichung mit Christus. Dieses wunderbare, vor aller Zeit gesetzte Endziel verwirklicht sich im Verlauf unseres irdischen Lebens und fordert deshalb schon jetzt heraus zum Gotteslob, das sowohl hier in unserer Heiligung als auch später in unserer Vollendung in Herrlichkeit Gestalt gewinnt. *Die hat er auch verherrlicht:* Daß hier von einem zukünftigen Ereignis in der Vergangenheitsform gesprochen wird, fällt auf. Man hat wohl im sogenannten »prophetischen Perfekt« des AT eine Parallele zu sehen; es beschreibt das Eintreffen eines Ereignisses, das dem Glauben so gewiß ist, als sei es schon geschehen, obwohl es aus dem Blickwinkel des Propheten noch in der Zukunft liegt.

8,31-39 Ein Loblied. Mit einem Siegeshymnus beschließt der Apostel Paulus seinen Überblick über das christliche Leben, das sich in einem Bereich abspielt, der jenseits der Macht und des Zugriffs des Gesetzes angesiedelt ist. Wenn das Geschick des Glaubenden in Gottes Hand liegt, dann kann ihn nichts mehr bedrohen. Schließlich gab Gott für die, die zu der Gemeinschaft der Glaubenden gehören, seinen eigenen Sohn dahin. In dieser größten aller Gaben ist auch alles andere eingeschlossen. **32** *Der auch seinen eigenen Sohn nicht verschont hat* erinnert an das Opfer Abrahams (1Mo 22,16). Für die Rabbinen war Isaaks Bereitschaft, sich auf dem Berge Moria opfern zu lassen, versöhnungswirksam. Analog dazu stellt Paulus sowohl die Liebe des Vaters als auch den Gehorsam des Sohnes heraus, die allen Bedürfnissen der Gemeinde genügen. Ausgehend von dieser Zusage unbegrenzten Segens greift Paulus auf seine Aussage V. 1 zurück: »So gibt es nun keine Verdammnis.« Das Thema des Hymnus ist zwei Kernfragen zugeordnet. Erstens: **33** *Wer will die Auserwählten Gottes beschuldigen?* Zweitens: **35** *Wer will uns scheiden von der Liebe Christi?* Wer wird es wagen, gegen die von Gott Gerechtgesprochenen eine neue Anschuldigung vorzutragen? Und weiter: Was kann das Liebesband zwischen Christus und seinen Glaubenden durchtrennen, nachdem er für sie gestorben und vom Tode auferstanden ist und nun zur Rechten Gottes ständig für sie eintritt? Hier verstummt jede Anklage, und hier erweist sich das Band der Versöhnung als unauflösbar. **34** Auf die Frage *Wer will verdammen?* folgt die Antwort: Christus ist ... gestorben. Vgl. dazu Jes 50,8f. *Der zur Rechten Gottes ist:* Ein oft verwendetes Zitat aus Ps 110, das im NT auf die Erhöhung und die sich aus ihr ergebende Macht Christi über alle Feinde seiner Gemeinde bezogen wird. Zugleich ist darin die Gewißheit verankert, daß Gott die Gemeinde mit allem versorgen wird, dessen sie bedarf (Eph 1,20-23).

In fast ekstatisch anmutender Gewißheit trotzt Paulus allen denkbaren Feinden, die in zwei Kategorien fallen. **35** Zunächst werden zeitliche Widrigkeiten aufgezählt, die allen, die Christus bekennen, begegnen. Dabei sind die genannten Leiden echt und dem Apostel aus eigener Erfahrung wohl bekannt (vgl. 16,4; 1Kor 4,11; 15,30; 2Kor 11,23-27; vgl. Apg 12,2), und **36** er zitiert dann als Beleg Ps 44,22 nach der LXX. **37** *In dem allen,* eigentl.: »Trotz alledem«. Als zweites werden **38.39** Geistesmächte angeführt. Freilich meint man dabei fast einen spöttischen Unterton mitzuhören, denn ihre Anstrengungen, den Christen von der Liebe Christi zu trennen, bleiben ohne Ergebnis. Aber gerade diese Geistesmächte fürchtete der hellenistische Mensch des 1. Jhs. am meisten. Für diese Welt bedeutete das Evangelium von der Liebe und Zuwendung Gottes in Christus die große Befreiung. Christus hat alle Feinde besiegt und unter seine Füße getan (vgl. 1Kor 15,24-28).

9,1-11,36 Fragen um jüdische Rechte und Vorrechte

Paulus hat augenscheinlich den Höhepunkt seiner Ausfuhrungen erreicht. Nun könnte er sich eigentlich den praktischen Folgerungen, die sich aus den theoretischen Erörterungen ergeben, zuwenden: Wie lassen sich Rechtfertigung und Versöhnung im Leben des Christen umsetzen? Doch zunächst taucht ein weiteres Problem auf: die jüdische Frage. Gewiß sah sich der Apostel des öfteren mit dieser Schwierigkeit konfrontiert, die - auf einen einfachen Nenner gebracht - so formuliert werden könnte: Das neue Evangelium der »Glaubensgerechtigkeit« anstelle der »Gesetzesgerechtigkeit«, das den Heiden das Heil zugänglich macht, schafft die Bundesrechte und -vorrechte Israels ab und umgeht Israel zudem als Offenbarungs- und Segensmittler. Werden die Juden in ihrer Bedeutung nicht nur zurückgestellt, sondern sogar verworfen? Welcher Sinn kommt ihrer Geschichte noch zu, und welche Rolle bleibt ihnen für die Zukunft? Die Fakten der Geschichte und das paulinische Evangelium lassen sich scheinbar nicht auf einen Nenner bringen. Muß man nicht daraus schließen, daß das Evangelium des Apostels ein Irrweg ist?

Paulus war sich dieser Einwände wohl bewußt. In ihnen klang doch die Anschuldigung an, er sei kein echter Apostel und sein Evangelium sei verwerflich. Aber darin lag nicht seine ärgste Sorge begründet. Viel schlimmer war doch, daß das jüdische Volk aufgehört hatte, Offenbarungsträger zu sein, und daß Gott die Juden vom Angebot der Gnade ausgeschlossen hatte. Deshalb wendet er sich nun dieser geschichtlichen Frage zu. Mit Händen war es zu greifen, daß das alte Gottesvolk seinen Platz im Reich Gottes verlor und von den Heiden zunehmend verdrängt wurde. Das jetzt den Heiden angebotene Evangelium fand bereitwillige Aufnahme, und es konnte der Anschein entstehen, als habe Israel seinen Anteil an der Erlösung vertan und als sei das Gottesvolk »dienstuntauglich« geworden. Als die Heiden noch in ihren Sünden waren, hatte Israel bereits Gottes Offenbarung empfangen. Zweifelsohne waren sie Gottes erwähltes Volk. Erwählt und verworfen! Wie war das möglich? Paulus versucht anhand von drei Feststellungen eine Antwort zu skizzieren. Zunächst ist von der absoluten Souveränität Gottes die Rede (9,1-29), in einem zweiten Schritt von der geschichtlichen Verantwortung (9,30-10,21) und schließlich von der gnädigen Absicht Gottes (11,1-36).

9,1-29 Gottes Souveränität

9,1-5 Die persönliche Sorge des Paulus. Gewissermaßen als Einstieg in die Problematik gibt Paulus seinem eigenen Schmerz über den Zustand Israels Ausdruck. **1** *Ich sage die Wahrheit in Christus:* Das kommt einem heiligen Eid gleich. Die jüdischen Widersacher des Apostels bezichtigten ihn der Unaufrichtigkeit: Das erklärt seine entschiedene Verteidigung. Paulus ist ein treuer Sohn seines Volks. **3** Möglicherweise denkt Paulus hier an Moses ernste Beschwörung (2Mo 32,32). Er liebt sein Volk und schämt sich nicht, von *meinen Brüdern, meinen Stammverwandten nach dem Fleisch* zu reden. **4.5** Er ist stolz auf die Vorrechte Israels und geradezu genüßlich zählt er sie auf, zumal die Tatsache, daß Christus ein Sproß des jüdischen Volkes ist. *Kindschaft* bezieht sich auf Israels Stellung als Jahwes Eigentum (s. 2Mo 4,22f; Hos 11,1). Die *Herrlichkeit* nimmt Bezug auf Gottes leuchtende Gegenwart in seinem Volk sowohl beim Wüstenzug als auch beim Gottesdienst. Bei den *Verheißungen* ist wahrscheinlich an die messianischen Weissagungen zu denken, vor allem aber an die verheißene Glaubensgerechtigkeit, in den Abrahamsverheißungen exemplarisch vorgezeichnet und nun in Christus und seiner Gemeinde Wirklichkeit geworden (vgl. 4,13-21). **5** *Der da ist Gott über alles, gelobt in Ewigkeit:* Vermutlich wird hier Christus selbst als Gott bezeichnet, was sich anhand der Anordnung des griech. Textes belegen läßt (vgl. die Ausführungen von O. Michel zu dieser Stelle). Gerade das *nach dem Fleisch,* das Christi menschliche Abstammung und Niedrigkeit betont, verlangt nach diesem Gegenpol. Seinem zeitlichen Wesen steht sein ewiges Sein gegenüber: *Gott über alles* (vgl. O. Cullmann, *Christologie des NT).*

9,6-13 Gott wird seinen Verheißungen nicht untreu. So lautet die Zusammenfassung des ersten Einwandes. **6** Paulus beginnt seine Erwiderung, indem er zunächst festhält, daß *Gottes Wort nicht hinfällig geworden sei.* Die schon erwähnten Verheißungen (V.4) sind nicht vergessen, sondern erfüllen sich am wahren Israel. Der Unterschied zwischen einem ethnischen und einem echten Anspruch auf Zugehörigkeit zum erwählten Volk Israel wurde schon 2,28f verhandelt. Der Unterschied zwischen der Väterlinie, die über Abraham - Isaak verläuft, und der über Abraham - Ismael, wird in Gal 4,22-31 erörtert, wobei der gleiche Gegensatz herausgestellt wird zwischen »Kindern des Fleisches« (s. V.8) und »Kindern der Verheißung« (s. V.8 u. V.4). Gottes Israel und das Judentum stehen sich künftig gegenüber: Das bisher als rechtmäßiger Erbe Abrahams geltende Judentum hat aufgrund seines Mangels an Glauben und seiner Weigerung, den Messias anzuerkennen, seine Rechte verwirkt. **7.8** Der Apostel verdeutlicht seine These anhand des Vergleichs zwischen geistlicher und fleischlicher Sohnschaft, den er mit Beispielen aus der Erzvätergeschichte illustriert. Hat die Geschichte dem jüdischen Volk einen Anspruch auf Gott verliehen, oder - was normal wäre - hat Gott einen Anspruch auf das jüdische Volk? Sind alle Juden schon deshalb Gottes Kinder, weil sie von Abraham abstammen? Paulus stellt fest, daß Gott in seiner Souveränität verfügt hat, daß entscheidende Voraussetzung für die Sohnschaft nicht die Abstammung, sondern der Glaube ist. **9.10** Im Rahmen der Heilsabsichten Gottes wurden die Verheißungen an Rebekka und Sara erfüllt. Im Blick auf die Patriarchen war Gott frei, nach eigenem Ermessen seine Gnade zur Anwendung zu bringen, ist er doch selbst der Urheber seines Heilsplanes. **11.12** So ist die Gerechtigkeit *nicht aus Verdienst der Werke, sondern durch die Gnade des Berufenden.* So werden jeglicher menschlicher Anspruch und alle Verdienstlichkeit ausgeschlossen. Wenn Gott mit Jakob anders verfuhr als mit Esau, dann nicht aufgrund besonderer Verdienste: Jakob wurde schon erwählt, ehe die Zwillinge zur Welt kamen. **13** *Jakob habe ich geliebt, aber Esau habe ich gehaßt* ist im Blick auf Völker und nicht auf einzelne zu deuten, wie die ursprüngliche Bezugnahme der beiden AT-Zitate nahelegt (vgl. 1Mo 25,23; Mal 1,2.3). Die beiden Völker, Israel und Edom, sind im Blickfeld, nicht Jakob und Esau als Einzelpersonen, deren Namen als Völkernamen auf ihre Nachkommen übertragen wurden. Dabei hat sich Edom selbst das Gericht Gottes zugezogen, wie das AT verschiedentlich deutlich macht (vgl. Ps 137,7f; Jes 34,5ff; Jer 49,7ff; Hes 25,12ff; 35,1ff; Ob 10,ff). Zudem sind »Liebe« und »Haß« nicht im Sinn menschlich subjektiver Gefühle zu verstehen, noch begründen sie die Erwählung. Gottes Wahl ist nicht willkürlich, und noch viel weniger kann man ihn der irrationalen Günstlingswirtschaft beschuldigen. Die bei uns emotional besetzten Begriffe deuten vielmehr eine besondere Aufgabe und Bestimmung an. Juda und nicht Edom wurde als Offenbarungsempfänger und -träger in der Geschichte erwählt. Zum biblischen Gebrauch von »Lieben« und »Hassen« im Sinn von Zurückstellen s. auch Mt 10,37; Lk 14,26; Joh 12,25.

9,14-24 Gott handelt nicht ungerecht. Der judaistische Gegner (ob nun wirklich oder bloß gedacht) trägt eine neue Anschuldigung vor: Wenn das von Paulus verkündigte Evangelium wahr ist, dann ist Gott ungerecht.

14-18 Zunächst stellt sich Paulus dem Einwand, daß Gott eine ungerechte Wahl getroffen habe. **14** Entschieden wehrt sich Paulus mit einem kategorischen Nein: Unter keinen Umständen! (LÜ: *Das sei ferne!*). **15** Gnade und Erbarmen sind ausschließlich Gottes. Verstehen kann dies der Mensch nicht, er kann lediglich zur Kenntnis nehmen, daß es so dem Willen Gottes entspricht. Diese Lehre ist nicht neu, wurde sie doch schon zu Moses Zeiten offenbart (vgl. 2Mo 33,19 LXX). **16** Menschliches Wollen und menschliche Anstrengung haben keinerlei Einfluß auf die göttliche Gnadenwahl. Hier gilt kein *Wollen oder Laufen.* Gott ist der allein Handelnde. So geschieht es eben, und daran ist nicht zu rütteln! **17** *Die Schrift* wird hier geradezu personifiziert. Es ist wohl an 2Mo 9,16 gedacht, wo von dem ägyptischen Herrscher *Pharao* Ramses II. die Rede ist, den Gott *erweckte,* damit er im Rahmen seiner Absichten eine aktive Rolle wahrnähme. Der Pharao war lediglich ein Werkzeug. Gott benutzte diesen Monarchen zur Darstellung seiner Macht und um seinen Namen nah und fern bekannt zu machen. Gott kann sich eines Menschen erbarmen, und er kann einen Menschen verhärten - wie es ihm beliebt. **18** Hier klingt 2Mo 33,19, aber auch 2Mo 7,3; 9,12; 14,4.17 an. Erbarmen und Gericht Gottes sind nicht auseinanderzudividieren. Was Paulus von Gottes Erbarmen sagt, muß mit dem zusammengehört werden, was er vom Gericht sagt. Niemand empört sich, wenn Gott sein Erbarmen zeigt. Mit gleichem Recht sollte sich niemand empören, wenn Gottes Erbarmen, nachdem es auf taube Ohren gestoßen ist, Züge seines Zornes trägt. Es fällt auf, daß für *will* im Griech. nicht *boulomai*, sondern *thelo* steht. *Boulomai* meint die feste Absicht. Paulus bevorzugt das Verb *thelo*, das in seiner Bedeutung nicht so streng eingegrenzt ist und nicht nur von bloßem Wollen spricht (vgl. Eph 1,5.11). Der sich frei Entscheidende ist Gott, der Vater Jesu Christi, und nicht ein kaltes, statisches göttliches Willensprinzip.

19-24 Paulus wendet sich nun dem Einwand zu, Gott sei ungerecht, wenn das, was er gesagt hat, wahr ist. Vor allem ist zu klären, wie es mit der menschlichen Verantwortung bestellt ist angesichts der Tatsache, daß Gott zum Guten wie zum Bösen erwählen kann. **19** Der Einwand kann folgendermaßen formuliert werden: Nachdem kein Mensch dem göttlichen Willen zu widerstehen vermag, sündigen wir auch nicht willentlich. Wie kann dann den Sünder noch Schuld treffen? **20** Dieses Argument läßt Paulus nicht gelten. Das Geschöpf darf den Schöpfer nicht beschuldigen, wenngleich das Umgekehrte jederzeit zulässig ist. Wer könnte Gott widersprechen, wer ihn zur Rechenschaft ziehen? Das Gestaltete kann sich nicht erdreisten, bei Gott wegen seiner Gestalt Beschwerde einzulegen. **21** Paulus verdeutlicht dies am Beispiel vom Ton und seinem Töpfer (vgl. Jes 29,16; 45,9.10; 64,8; Jer 18,6). Schließlich ist es des Töpfers Vorrecht, aus dem gleichen Tonklumpen *ein Gefäß zu ehrenvollem Gebrauch* (d.h. ein Schmuckstück) und *ein anderes zu nicht ehrenvollem Gebrauch* (d.h. fur den alltäglichen Gebrauch) zu machen. Das eine ist dann ein Kunstwerk und das andere ein Haushaltsartikel; vgl. 2Tim 2,20. »Was willst du darauf erwidern?« fordert Paulus seinen Gegner heraus. Wenn es Gott einerseits gefällt, seinen Zorn zu offenbaren und seine Macht zu demonstrieren, dann ist das sein gutes Recht. Gefällt es Gott andrerseits, sein gnädiges Erbarmen dem Menschen zu lassen, so ist auch dies sein gutes Recht.

22.23 Dieser Gegensatz wird anschaulich in den Begriffen *Gefäße des Zorns* und *Gefäße der Barmherzigkeit* zum Ausdruck gebracht. Der souveräne Wille Gottes ist in bezug auf die Letztgenannten von Ewigkeit her Zubereitung zur Herrlichkeit. Darf man nun im Gegenzug im Blick auf die Gefäße des Zorns sagen, daß sie schon von Ewigkeit her zur Verdammnis vorherbestimmt sind? Die Gefäße des Zorns sind die Ungehorsamen, mit denen Gott zu Recht zürnt, und die mit der verdienten Strafe für ihre Sünde belegt werden. Sind sie damit schon von vornherein für das ewige Verlorensein bestimmt? Zunächst ist festzuhalten, daß sich die beiden Verben unterscheiden. Die Gefäße der Barmherzigkeit *hat er zuvor bereitet* (griech.: *proetoimasen*), während die Gefäße des Zorns *zubereitet sind* (EÜ; griech.: *katertismena*, Part. Perf. Pass.). Dabei ist Gott nicht als handelndes Subjekt genannt. Der Zustand wird lediglich als historisches Faktum festgestellt. Deshalb übersetzen einige Ausleger: Die reif und fertig sind zur Verdammnis. Zudem sind die Vorsilben der beiden Verben unterschiedlich. Einmal heißt es *pro*, womit eine Vorzeitigkeit ausgedrückt ist, zum andern *kata*, das die Intensität einer Handlung anzeigt. Man darf daraus wohl schließen, daß im Fall der Ungehorsamen eine Betonung der Vorherbestimmung von Ewigkeit her nicht gegeben ist. Das Geheimnis der Erwählung bleibt zwar bestehen, doch scheint hier kein Anlaß für die Lehre einer »Vorherbestimmung zur Verdammnis« vorzuliegen. Dagegen ist Erwählung zur Herrlichkeit so ausgesagt, daß keinerlei Ungewißheit aufkommen kann. Schließlich scheinen die Aussagen des Paulus anzudeuten, daß im Falle der Gefäße der Barmherzigkeit Gottes Handeln eine Zubereitung im aktiven Sinne ist, während Gott bei den Gefäßen des Zorns nicht der eigentlich Handelnde ist; vielmehr hat er sie *mit großer Geduld ertragen*. Im einen Fall war er aktiv, im andern passiv. Gott erträgt mit äußerster Langmut und Geduld die Gegenstände seines Zorns. Schlußendlich bleibt Paulus seinem Gegner eine Antwort schuldig. Keinem Sterblichen steht ein Urteil über Gottes Erwählungsrecht zu. Eine letzte Antwort gibt es nicht. Und dennoch bleibt Gottes Gerechtigkeit über allen Verdacht erhaben.

9,25-29 Gottes Wahl wird von der Schrift bestätigt. Mit dem ganzen der jüdischen Frage gewidmeten Abschnitt hat der Apostel wohl in Sonderheit die Judenchristen zu Rom im Auge. Geradezu selbstverständlich sucht er nun im Gesetz eine Bestätigung des Gesagten. Zur Untermauerung seiner These von der absoluten Freiheit Gottes, die Heiden in sein Heil einzuschließen und die Juden zu verwerfen, noch dazu unter den Erwählten sich ein Volk zu erwählen, zitiert der Apostel zunächst (wohl frei aus dem Gedächtnis) Hos 2,23 (LXX) und 1,10 (LXX), dann Jes 10,22.23 (LXX) und 1,9. Von einem *Rest* ist nun die Rede, und dieser Gedanke wird 11,1-10 weiter ausgeführt (vgl. dort).

9,30-10,21 Die Verantwortung der Juden

Paulus verteidigt die Legitimität des von ihm verkündigten Evangeliums, dessen Grundlage der Weg der Rechtfertigung durch den Glauben und nicht durch Werke ist, und begegnet allen Einwänden mit der vom Menschen letztlich unerforschlichen Erwählungslehre. Zwar wurde der Gegner zum Schweigen gebracht, doch Paulus hat wohl den Eindruck gewonnen, der Jude könnte sich nun in einen Fatalismus zurückziehen. Um dem Abdriften in einen strengen Determinismus (= Glaube an die kausale Vorherbestimmtheit alles Geschehens) entgegenzuwirken, geht Paulus nun der Frage nach der menschlichen Verantwortlichkeit nach. Dabei wird die jüdische Frage nochmals durchdacht, nun freilich nicht vom Standpunkt göttlichen Handelns her, sondern unter dem Aspekt der menschlichen Verantwortung. Paulus erklärt, daß die Juden selbst daran schuld sind, wenn Gott sie als Offenbarungsmittler in dieser Welt und - was noch tragischer ist - als Gottessöhne verworfen hat.

9,30-10,13 Die Juden suchten Gesetzesgerechtigkeit statt Glaubensgerechtigkeit. Die Juden sind für ihren Abfall selbst verantwortlich. Sie sind es, die Gott verworfen haben, und nicht umgekehrt. Der krasse Gegensatz zwischen den Heiden, die bislang lediglich das Licht des eigenen Gewissens hatten, und den Juden, die Gottes besondere Offenbarung ihr eigen nannten, wird beleuchtet. Die einen gelangten durch den Glauben zum Heil, ja sogar zum Angenommensein vor Gott, die andern kamen vom Weg des Lebens ab, indem sie sich auf die Einhaltung des Gesetzes verließen. 32 *Sie haben sich gestoßen am Stein des Anstoßes,* d.h., sie haben aktiv Anstoß genommen an Gottes Handeln. Der Stein des Anstoßes ist einerseits das Kreuz (vgl. 1Kor 1,23), das für die Juden ein Schandpfahl war. Unvorstellbar für einen Juden, daß das Kreuz die von Gott für den Messias vorgesehene Bestimmung sein sollte (vgl. dazu Gal 3,13 mit 5Mo 21,23: Der am Holz Hingerichtete steht unter dem Fluch Gottes). Der eigentliche Stein des Anstoßes besteht in der sich für Paulus daraus ergebenden Schlußfolgerung, daß die vor Gott geltende Gerechtigkeit nicht aus dem Gesetz, sondern aus dem Glauben an den Gekreuzigten kommt. 33 Das Zitat ist aus Jes 8,13-15. Während der hier angekündigten assyrischen Invasion wird es nur einen Zufluchtsort geben: Gott selbst, dessen Wort Vertrauen verdient (Jes 8,17). Wer sich dem verweigert, hat nur noch eine Alternative: den persönlichen und völkischen Untergang. Das Angebot Gottes, das man verachtet hat, wird dort zum Fallstrick, wo man ihm den Glauben versagt. Der Heilszuspruch wird zum Gerichtswort. Ähnlich verhält es sich Jes 28,16.

Dennoch kann Paulus das Elend der Juden nicht ungerührt feststellen. **10,1** *Meines Herzens Wunsch,* den er immer wieder vor Gott ausbreitet, ist, daß auch sie gerettet werden. 2 Sie sind ein religiöses Volk, doch ihr religiöser Eifer *ist ohne Einsicht,* sie *erkennen die Gerechtigkeit nicht, die vor Gott gilt.* Doch diese Unwissenheit ist schuldhaft. Ihr Eifer wird ihnen nicht abgesprochen, vielleicht nicht einmal ihre Aufrichtigkeit. Aber es geht ihnen nicht ein, daß es bei Gott eine Gerechtigkeit gibt, die über der des Gesetzes steht. 4 Sie erkennen nicht, daß *Christus des Gesetzes Ende ist,* daß er, indem er es erfüllte, dem Gesetz die Macht nahm. Christus ist die wahre Gerechtigkeit. Zwar würde die Gesetzesgerechtigkeit genügen, doch kann niemand das Gesetz halten. Nur der ist schließlich nach dem Gesetz gerecht, der das Gesetz auch tatsächlich hält (s. V. 5). Ganz anders verhält es sich mit der Glaubensgerechtigkeit: Sie wird dem Glaubenden zugesprochen, und zwar von Gott selbst.

Christus ist des Gesetzes Ende ist ein wichtiger theologischer Satz bei Paulus. Dennoch ist er nicht ganz leicht zu deuten. Viel hängt davon ab, ob man das griech. Wort *telos* mit *Ende* oder mit *Ziel* übersetzt. »Ende« hieße, daß in Christus das Gesetz abgeschafft wäre; im anderen Falle wäre Christus »das Ziel«, auf das das ganze Gesetz hinläuft. Manches spricht für die zweite Übersetzung: Das Gesetz hätte dann seine wenn auch zeitlich begrenzte Berechtigung. Nachdem es aber mit dem Kommen Christi sein Ziel erreicht hat, hat es auch als Weg zum Heil ausgedient. Wer jetzt noch das Heil im Gesetz sucht, der stellt sich damit gegen Christus.

Nun malt Paulus seinen Lesern Gottes Weg vor Augen. **5-10** Zunächst stellt er fest, daß Gottes Weg weder beschwerlich noch außer Reichweite ist; vielmehr ist er uns ganz nah und mühelos begehbar. Der Apostel zitiert 5Mo 30,11-14 und deutet die Worte auf Christus hin, worauf er besonders hinweist. Christus und auch das Evangelium werden durch den Glauben zugänglich. **9.10** verraten die Form, in der das frühchristliche Glaubensbekenntnis geschah. Man vergleiche dazu die Antwort, die Paulus dem Kerkermeister in Philippi gibt (s. Apg 16,31). Das Heil ist eine Frage des persönlichen Vertrauens zu einem lebendigen Erlöser, das im öffentlichen Bekenntnis des Taufaktes bekundet wird. Glauben und Bekennen sind die zwei Seiten einer Münze. **11** Ein Zitat aus Jes 28,16, das bereits 9,33 angeführt wurde. Es schließt unmittelbar an den Gedanken an, daß der Glaubende sich mutig zu seinem Glauben bekennen wird. **11-13** Paulus greift das Wort *Wer an ihn glaubt, wird nicht zuschanden werden* auf, um zu seiner zweiten These, daß nämlich der Heilsweg allen - Juden und Heiden - gleichermaßen offen steht, überzuleiten. **13** Diese Universalität des Evangeliums wird weiter durch das Zitat Joel 3,5 unterstrichen, das notwendigerweise zu der Folgerung führt, daß die, die *den Namen des Herrn* nicht *anrufen,* selbst für ihr Schicksal verantwortlich sind.

10,14-21 Die Juden haben keine Entschuldigung für ihren Unglauben. Israel kann nicht berechtigt einwenden, es hätte keine Gelegenheit zum Glauben gehabt, weil es nicht gewarnt worden sei. **14-18** Zunächst wird festgestellt, daß das Evangelium, die Botschaft von der Gerechtigkeit aus Glauben, überall verkündigt worden ist. Vielleicht behaupteten die Juden, um ihren Unglauben zu rechtfertigen, das Evangelium hätte sie nie erreicht. **14** *Anrufen* klingt eigentlich an das Joelzitat V.13 an. Den Namen Gottes anrufen ist weder eine Formalität, noch eine Frage der geeigneten liturgischen Formel. Vielmehr verbindet sich mit der Anrufung des Gottesnamens das Vertrauen in den Angerufenen und die Bereitschaft, ihm zu dienen (vgl. 1Mo 4,26; 21,33). Paulus erwidert mit einer Frage- und Antwortreihe, in die er Prophetenworte aus dem AT einfließen läßt (s. Jes 52,7; 53,1; Ps 19,4f). **15** Das erste Zitat aus Jes 52,7 ist eine freie Wiedergabe des hebr. Wortlauts. In dem ursprünglichen Bild eines Herolds, der Israel seine Heimkehr aus dem babylonischen Exil verheißt, sieht Paulus eine Vorschattung der guten Nachricht, daß Gott in seinem Erbarmen Sünder zu sich ruft und sie wieder in seine Familie aufnimmt durch Christus. **16** Aber wie so oft in Israels Geschichte wird gerade einer guten Nachricht mit Unglauben begegnet. Das gilt vor allem dann, wenn es sich um eine dramatische und unerwartete Nachricht handelt. Der »leidende Gottesknecht« Jes 52,13-53,12 wurde verworfen und gedemütigt. Nun wiederholt es sich, indem das jetzige Israel sich verhärtet und Gottes Botschaft nicht versteht und verwirft. **17** Die gewünschte Reaktion auf das *Predigen* des *Wortes Christi* ist *Glaube.* Gerade aber dieser fehlt in der Gerechtigkeit, welche die Juden ständig vor Gott geltend machen (9,31.32). **19-21** Zweitens haben sowohl Gesetzgeber als auch Propheten im voraus gewarnt, daß Israel Gottes Heilsbotschaft verwerfen würde. Israel kann sich nicht auf Unwissenheit herausreden. Gott hat dieses Volk provoziert und herausgefordert mit einem *Nicht-Volk.* Nichtvolk ist ein Wortspiel, das sich aus einer Kombination von 5Mo 32,21 mit Hos 2,23 ergibt. Gemeint sind die Heidenvölker, die zudem noch *unverständig* genannt werden, d.h., es fehlt ihnen die rechte Gotteserkenntnis. **20** Und Jesaja erklärt seinerseits, daß Gott sich von denen finden ließ, die ihn nicht suchten, und daß er sich denen offenbarte, die nicht nach ihm fragten (Jes 65,1). Demgegenüber stellt er fest, daß Israel Gott durch seinen Ungehorsam und durch sein fortgesetztes Widersprechen und Besserwissen abgewiesen hat.

11,1-36 Gottes Ziel ist Erbarmen

Paulus wendet sich jetzt eingehend der Frage zu, ob das historische Faktum des Abfalls der Juden und ihre damit verbundene Verwerfung durch Gott notwendigerweise eine endgültige, absolute Verwerfung zur Folge hat. Er kommt zu dem Schluß, daß das nicht der Fall ist; man sieht ihn förmlich sich vor Hoffnung ereifern, wenn er von dem glaubenden Rest spricht, der Erwählung innerhalb der Erwählung. Er ist sogar zuversichtlich, daß, so wie die Juden zu der Bekehrung der Heiden beigetragen haben, so werden auch die Heiden ihrerseits zur Bekehrung der Juden beitragen. Es ist das Ziel göttlicher Absicht, alle unter die Gnade zu bringen.

11,1-10 Es handelt sich nur um eine teilweise, nicht um eine vollständige Verwerfung der Juden. **1** *Hat denn Gott sein Volk verstoßen? Das sei ferne!* Entschieden weist der Apostel den Gedanken von sich, der Unglaube Israels habe es fertig gebracht, daß Gott sein Volk verstieß. Diesen Eindruck mag man nach dem Bisherigen gewonnen haben. Aber gerade diesen Schluß verneint Paulus energisch. Der Gedanke, daß Gott sein erwähltes und begnadetes Volk als ganzes verworfen hätte, ist für ihn mindestens ebenso gotteslästerlich wie für die Judaisten. Gott hat Israel nicht samt und sonders verworfen. Schon die Geschichte dieses Volkes läßt diesen Schluß nicht zu. Da ist einmal die Vergangenheit, in der sich Gott Israels annahm und es zu seinem Volk machte. Da ist zum andern aber auch der Rest gläubiger Juden, zu denen sich auch Paulus zählt. An anderer Stelle in seiner Autobiographie weist er immer wieder auf sein jüdisches Erbe hin (vgl. 2Kor 11,22; Phil 3,5). **2** Paulus greift den Fall Elias heraus (2Kön 19). Was sich damals zutrug, ist gewissermaßen Sinnbild für die gegenwärtige Situation. Der Prophet hatte zu seiner Zeit allen Grund, Israel zu verurteilen und an seinem Verhalten zu verzweifeln. Aber Gott trat seiner Verzweiflung entgegen, indem er ihn auf den gläubigen Rest aufmerksam machte. **4** Wie verstockt ein Volk auch sein mag, für Gottes auserwählten Rest ist immer Raum genug. Die wenigen Treuen (siebentausend waren es) in Israel zur Zeit der Abgötterei unter Ahab sind Beweis dafür, daß Gott sein Volk niemals völlig verwerfen wird. **5** Und daß er sich einen Kern bewahrt, ist ein Zeichen *seiner Gnade,* nicht des menschlichen Verdienstes. Gottes Erwählung geschieht aus Gnaden. **6** Geschähe die Erwählung aufgrund erworbener Verdienste, gäbe es keine Gnade. **7** *Die Auserwählten aber haben es erlangt. Die andern* *sind verstockt:* Während Israel in seiner Gesamtheit nicht Gottes Weg einschlug, haben die wirklich Erwählten die Gerechtigkeit Gottes für sich in Anspruch genommen. Aber auch die Verstockung geschieht nicht ohne Gottes Wollen (vgl. 9,18). **8** *Gott hat ihnen einen Geist der Betäubung gegeben* (vgl. Jes 29,10), eine geistliche Empfindungslosigkeit. **9.10** Indem Paulus Ps 69,22ff zitiert, stellt er sich auf eine Ebene mit den Feinden Davids. Der Bezug auf Ps 69 ist in der frühen Kirche mehrfach bezeugt. Man zitierte ihn besonders im Zusammenhang mit der Passion Christi. Der Vergleichspunkt liegt darin, daß, wie David seine Feinde hatte, deren verwerfliche Pläne zunichte gemacht werden mußten, so stößt auch der große Nachkomme Davids (Jesus) bei seinem Angebot an Israel durch die Gemeinde auf Ablehnung - mit Ausnahme des umkehrwilligen glaubenden Rests. Aber damit ist noch nicht - wie Paulus bekräftigt - das letzte Urteil über Israel gesprochen.

11,11-15 Die Verwerfung der Juden ist vorübergehend und nicht endgültig. **11** Unter Hinweis auf Gottes Erwählung scheint der Diskussionspartner jetzt zu fragen: »Lag es in Gottes Absicht, die Juden stolpern zu lassen, damit sie fallen? Hat nicht der Allmächtige selbst diese Tragödie verschuldet?« Paulus entrüstet sich erneut: *Das sei ferne!* besser: Unter keinen Umständen! Israels Abfall darf nicht isoliert gesehen werden: es geht um mehr. Zudem ist der Abfall nicht endgültig. Zu den wichtigsten Folgen ihres Abfalls zählt die Rettung der Heiden, die ihrerseits die Eifersucht Israels provoziert. Dabei distanziert sich Paulus von jedem simplen Dogmatismus, mit dem ihn seine Widersacher belegen möchten. Auch hier weiß Paulus, daß Gott am Ende als der Gerechte dastehen wird, auch wenn es gegenwärtig nicht den Anschein danach hat. **12** Wenn aber Israels *Fall* schon zum *Reichtum* für die Welt und sein Schaden den Heiden zum Gewinn wird, dann wird man sich doch von seiner Hinkehr zu Gott noch viel Größeres versprechen dürfen. *Fall* (griech.: *paraptoma*) ist ethisch besetzt. Ähnlich auch *Vollzahl* (EÜ; LÜ: *Wenn ihre Zahl voll wird*; griech.: pleroma), obwohl der Begriff im Griech. zunächst neutral ist und lediglich »Vollständigkeit« bedeutet. Der Zusammenhang läßt allerdings an die ganze Hinwendung zum Glauben denken, an eine geistliche Zielsetzung also, wobei ein materieller Aspekt nicht auszuschließen ist. **13** Was Paulus sagt, richtet sich an die Heiden. Sie sollen begreifen, daß er seinen Auftrag als Heidenapostel vor allem deshalb herausstellt, weil er seine Brüder eifersüchtig machen will, damit sie vielleicht auf diese Weise auch selbst den Weg zum Heil finden. »Auf die allgemeine Bekehrung der Heiden soll die allgemeine Bekehrung Israels folgen« (vgl. V. 26) (Bruce). **13-15** wiederholen die Gedanken von V. 11.12. **15** Daß die Heimholung Israels als *Leben aus den Toten* bezeichnet wird, legt den Gedanken nahe, daß sie Teil der Ereignisse sein wird, die die Wiederkunft Christi und die Auferstehung der Toten einleiten; vgl. Hes 37,1-14. Der Gedanke, daß Juden und Heiden sich in ihrem Handeln gegenseitig beeinflussen, wird durch ein Bild vertieft.

11,16-24 Das Bild vom Ölbaum. Paulus hat eigentlich zwei Metaphern im Sinn: Einmal denkt er an den Sauerteig, der als Hebeopfer dargebracht wurde (s. 4Mo 15,17-21), wodurch das Ganze geheiligt wurde, und dann an die heiligen Wurzeln, durch die alle Zweige geweiht sind. Dabei klingt die erste Metapher nur an, während die zweite voll entfaltet wird (vgl. Jer 11,16; Hos 14,6). **16** Das Bild der *Erstlingsgabe* (s. 3Mo 23,10ff und 4Mo 15) wird von Paulus auf den auferstandenen Christus gedeutet, der die Verheißung dafür ist, daß alle, die zu ihm gehören, auch auferstehen werden (1Kor 15,20ff). Hier denkt Paulus allerdings an die kleine judenchristliche Gemeinde *(ekklesiola)*, die eine Vorschattung auf die volle Gemeinde *(ekklesia)* ist, die dann Wirklichkeit werden wird, wenn Gottes Absichten mit Juden und Heiden zum Ziel gekommen sind. **17-24** Das Bild vom *Ölbaum* dient einem doppelten Zweck: Einmal enthält es eine Warnung gegen den falschen Stolz der Heiden, zum andern unterstreicht es die Hoffnung, die Paulus für die Juden hegt. Die Heidenchristen stehen in der Gefahr, sich den Juden gegenüber zum Hochmut verleiten zu lassen, weil sie von Gott die Gabe der Glaubensgerechtigkeit empfangen haben. Deshalb wendet Paulus das Bild zunächst auf sie an. **17** Gelegentlich kommt es vor, daß Zweige abgebrochen und statt dessen wilde Reiser eingepfropft werden. Der *wilde Ölzweig* sind Heidenchristen, die durch Gottes erlösende Gnade in sein Heilshandeln einbezogen wurden. **18** Folglich leben die eingepfropften Zweige vom Saft der ursprünglichen Wurzeln. Deshalb beharrt Paulus darauf, daß sich die Heiden nicht als Zweige des Ölbaums rühmen, denn schließlich trägt die Wurzel die Zweige und nicht umgekehrt. Anscheinend bildeten sich die Heidenchristen etwas darauf ein, daß sie Glieder der Gemeinde geworden waren und **19** verachteten dabei die ungläubigen Juden, deren Platz sie einnahmen. **20** Diesem Hochmut hält Paulus ähnlich wie Eph 2,11f entgegen: *Sei nicht stolz, sondern fürchte dich!* **21** Gott strafte die natürlichen Zweige, die Juden. **22** Deshalb mahnt der Apostel die eingepfropften Zweige, die Heidenchristen, damit sie nicht auch Gottes Zorn treffe. Alle

Christen haben ihren Platz in der Familie Gottes lediglich seiner Gnade zu verdanken. Die Antwort darauf kann immer nur der Gehorsam sein, der sich selbst als Frucht dieser Gnade erweist; vgl. 1Kor 10,12. **23.24** Dann wendet Paulus das Bild auf die Juden an. Seine Hoffnung für ihre Zukunft ruht auf einer Schlußfolgerung, die sich von logisch zwingenderen Argumenten leiten läßt: *Wieviel mehr* könnten die einst abgehackten natürlichen Ölzweige wieder eingepfropft werden in den *eigenen Ölbaum.* Wenn Israel nur seinen hartnäckigen Unglauben aufgäbe, könnte *Gott sie wieder einpfropfen.* Paulus denkt hier an geistliche und nicht an botanische Wirklichkeiten. Die natürlichen Zweige sind ja dem Baum näher verwandt als die Wildlinge. Sie sollten sich auch leichter einpfropfen lassen, sind sie doch diesem Stamm entnommen. *Wider die Natur:* Normalerweise pfropft man einen Edelreiser auf einen wilden Trägerstamm, damit daraus ein edler, fruchtbarer Baum wird. Paulus zeigt, daß Gott umgekehrt vorgeht. Dabei räumt er ein, daß Gottes Vorgehen eher seltsam anmutet. Von Gott her zieht er Rückschlüsse auf die Natur und nicht von der Natur her auf Gott.

11,25-32 Die Vollzahl der Juden und Heiden. So zeigt sich, daß Gott durch Härte und Gericht dennoch sein Gnadenziel erreicht: die Wiederherstellung aller. **25** Paulus lenkt die Aufmerksamkeit insbesondere auf dieses *Geheimnis* oder Mysterium. Zur Zeit des Paulus florierten die Mysterienreligionen. Das Geheimnis, das Mysterium, war in diesen Religionen nur den Eingeweihten bekannt. Der Apostel bezieht den Begriff jedoch auf den christlichen Glauben und meint damit etwas, was in der Vergangenheit zwar verborgen, nun aber allen offenbar ist (vgl. 16,25; 1Kor 2,7; Eph 6,19; Kol 2,2; 1Tim 3,9). Es geht hier aber nicht um tiefgründige Geheimlehren und Mysterien, sondern um das neue Licht, das den Unglauben der Juden erhellt, wie Eph 3,3ff und Kol 1,26f, wo »Mysterium« die besondere Offenbarung meint, die Paulus hinsichtlich einer weltweiten, Juden und Griechen umfassenden Gemeinde erhalten hat. Die historische Situation ist in einem neuen Licht zu sehen. Nicht Israels Abfall, sondern seine Wiederherstellung entspricht dem Willen Gottes. Juden und Heiden sollen nicht aus ihren je eigenen Perspektiven zu den falschen Schlußfolgerungen kommen. *Blindheit* (griech.: *porosis,* von *poros,* einer Steinart) ist eine Verhärtung der Augen. Die Ursache für diese Verhärtung wird nicht genannt. Ein historisches Faktum wird lediglich ethisch ausgedeutet. Diese partielle Verhärtung Israels führt schließlich zu seiner von Gott vor aller Zeit beschlossenen Errettung. *Bis die Fülle der Heiden,* d.h. bis die unzählbare Schar aus Offb 7,9 vollständig ist. Der Gedanke legt sich nahe, daß das Evangelium von Israel her wenig Zuspruch erhalten wird, solange die Heiden zum Reich Gottes finden. Man muß freilich das *einem Teil* beachten, aus dem hervorgeht, daß Israel sich zu keiner Zeit ausnahmslos dem Evangelium verschließt: Zu allen Zeiten werden - wenn auch nur vereinzelt - Juden zum Glauben an Christus kommen. **26** *Und so wird ganz Israel gerettet werden:* Zusammen mit V. 32, *damit er sich aller erbarme,* hat man aus diesem Vers nicht selten eine paulinische Allversöhnungslehre herauslesen wollen. Deshalb ist zu fragen, in welchem Sinn der Apostel die Begriffe verwendet hat. In V. 32 bezieht sich *aller* offensichtlich auf die einst ungläubigen Juden und Heiden, die jetzt aufgrund ihrer Bekehrung und ihres Glaubens in das Reich Gottes eingegangen sind. In V. 26 kann mit *ganz Israel* entweder das wahre geistliche Israel oder die Volksgemeinschaft angesprochen sein. Unter den Auslegern herrscht hier keine Einigkeit. Deshalb nachfolgend die wesentlichen Deutungsmöglichkeiten: *a.* Unter Hinweis auf 9,6-8, wo Paulus den geistlichen Charakter des wahren Israel herausstellt, wollen einige hier einen Hinweis sehen auf die wahren und ewigen Nachkommen Abrahams, zu denen sowohl Juden als auch Heiden zählen (vgl. Gal 6,16). *b.* Der Gesamtzusammenhang legt aber nahe, daß Paulus Israel hier ethnisch, d.h. als Volk verstanden wissen will. Paulus sieht hier, im Gegensatz zu *jetzt zu dieser Zeit* (V. 5), einen zukünftigen Zustand voraus, in dem das jüdische Volk als Ganzes gerettet wird. *c.* Obwohl man den ethnischen Aspekt nicht versäumen darf, ist der Ausdruck *ganz Israel* nicht uneingeschränkt, auch den letzten Israeliten umfassend, zu verstehen, sondern parallel zu »Fülle der Heiden« (V. 26), was ja nicht ausnahmslos jeden Heiden beinhaltet, sondern die Summe derer meint, die nach Gottes Vorsatz sich im Glauben Jesus zuwenden. Es läßt sich außerdem nachweisen, daß der Ausdruck »ganz Israel« zur Zeit des Paulus ganz allgemein so verstanden wurde. Die rabbinischen Lehrer sprachen von »ganz Israel«, ohne damit »jeden einzelnen Israeliten« zu meinen. Die geläufige Bedeutung des Ausdrucks war demnach: »alle - mit Ausnahme derer, die sich nicht einschließen lassen«. Wer sich nicht von seinen Sünden trennen wollte, grenzte sich damit selbst aus (vgl. Mischna, *Sanhedrin* 10,1ff). Diese Deutung scheint dem Denken des Paulus zu entsprechen (so auch Joh. Munck, *Paulus und die Heilsgeschichte,* 1954). Auch 9,6-9 legt dieses Verständnis nahe, denn zum wahren Israel gehören nur die Israeliten, die Kinder der Verheißung und des Glaubens sind. Wer daraus eine umfassende Errettung Israels zu irgendeiner

Zeit ableiten will, an der Männer und Frauen ausschließlich aufgrund ihrer biologischen Abstammung Anteil haben, muß sich in Widerspruch zu dem sehen, was Paulus andernorts eindeutig lehrt (vgl. z.B. 2,28.29). **29** *Denn Gottes Gabe und Berufung können ihn nicht gereuen:* Der Gott, der sich selbst nicht verändert, sondern sich treu bleibt, zieht weder seine Verheißungen zurück, noch wird er seine Absichten aufgeben. Diese Tatsache belegt Paulus V.26.27 mit Zitaten aus Jes 59,20.21 und 27,9. Aus der Sicht des Evangeliums sind die Juden dem Zorn Gottes ausgesetzt, sie sind seine *Feinde,* V.28. Aber aus der Perspektive der Erwählung sind sie *Geliebte.* Gegenwärtig sind die Juden - um der Heiden willen - aktiv gegen Christus eingestellt. Passiv, d.h. historisch gesehen, sind sie um des Bundes willen die Geliebten. Aus Gottes Sicht findet sich auf beiden Seiten - bei den Juden und bei den Heiden - Ungehorsam. Aber auch das ist nicht sinnlos, sondern dient dazu, daß sich Gott beider erbarmen kann, so daß kein Teil sich eines Vorzugs gegenüber dem andern rühmen kann. Ohne Gottes Erbarmen gibt es weder für Juden noch für Heiden Grund zur Hoffnung. **32** *Alle . . . aller:* Diese universalistischen Begriffe wollen repräsentativ verstanden sein wie etwa in Kol 1,23, d.h. alle ohne Unterschied, aber nicht alle ohne Ausnahme (vgl. Joh 12,32; 1Tim 2,4). Näheres s. Komm. zu V.26 oben.

11,33-36 Die Doxologie. Die Beweisführung selbst ist damit abgeschlossen. Die Gerechtigkeit und das Erbarmen Gottes haben sich in der Verwerfung der Juden und in der Erwählung der Heiden aufgrund der barmherzigen Absicht Gottes gezeigt. Paulus hat dargelegt, wie auch Unglaube und Sünde Gottes guten Zielen dienen. Nun will Paulus nicht weiter argumentieren und stimmt in das Gotteslob ein. Die ewigen Gedanken Gottes reichen weit über das hinaus, was der Mensch erfassen kann; doch sind sie sowohl weise auch als gut. Zugleich bleibt Gottes Handeln in ein Geheimnis gehüllt. Wenn Gott verdammt, wer kann sein Urteil in Frage stellen oder gar aufheben? Wir sehen sein Erlösungswerk, aber das Wie setzt uns dennoch in Erstaunen. In allem bleibt er eben Gott, unerforschlich und letztlich unbegreiflich. Alles kommt von ihm her, alles findet seine Vollendung in und durch ihn, alles muß ihm zur Ehre gereichen. Dieser Lobpreis entspringt dem Herzen des Apostels, auch wenn die Sprache, in die er ihn einkleidet **34.35** z.T. dem AT entnommen ist (vgl. Jes 40,13; Hiob 35,7; 41,11), **36** z.T. den liturgischen Formeln der Urgemeinde entstammt, denn dahinter verbirgt sich eine trinitarische Anrede (vgl. G. Bornkamm, *Das Ende des Gesetzes,* 1961, S. 70-75).

12,1-15,13 Das christliche Leben

12,1.2 Einleitung

Der Apostel hat den lehrhaften Teil des Briefes, in dem es um Grundfragen des Glaubens ging, zum Abschluß gebracht. Er hat gezeigt, wie man vor Gott gerecht werden und in dieser Gerechtigkeit vor Gott bestehen kann. Er hat die freie Gerechtigkeit Gottes gegen alle Einwände verteidigt. Jetzt will er zeigen, wie sich der christliche Glaube im praktischen Lebensvollzug gestaltet. Zugleich möchte er seinen Lesern einprägen, daß Christen verpflichtet sind, ihr Leben nach Christi Willen zu gestalten. Die Gottesgerechtigkeit, die der Glaubende für sich in Anspruch genommen hat, ist zunächst eine innere, d.h. verborgene Erfahrung, die nach außen hin Ausdruck gewinnen will. Das begründende, im Sinn von »deshalb« zu verstehende *nun* (V.1) zeigt den Übergang von der Entfaltung der Rechtfertigungs-, Heiligungs- und Erwählungslehre zum ethisch wirksamen Christenglauben hin an. Das Leben des Christen ist im Grunde ein Gott geweihtes; es wird nicht in Angleichung an die Welt, sondern in der Umgestaltung durch Gott gelebt. Die Art und Weise, wie Paulus die ethischen Fragen angeht, geschieht modellhaft für alle christliche Verkündigung. **1** *Ich ermahne euch nun, liebe Brüder:* Der gleiche Aufruf findet sich Eph 4,1; 1Tim 2,1; 1Kor 4,16. Die *Barmherzigkeit Gottes* bildet den Grund für den Appell. Die Barmherzigkeit Gottes kann summarisch als das bezeichnet werden, was Paulus über Gottes barmherziges Handeln an den Sündern, ob Juden oder Heiden, gesagt hat. Es geht um einen *vernünftigen,* d.h. geistlichen *Gottesdienst,* der im Gegensatz steht zum Tieropfer, um eine sittliche und nicht um eine kultisch-rituelle Hingabe an Gott (vgl. 1Petr 2,5). Paulus stellt dabei den das Evangelium zum Ausdruck bringenden Gottesdienst des neuen Bundes mit dem in Äußerlichkeiten sich vollziehenden Gottesdienst des alten Bundes gegenüber. Obwohl der wahre Gottesdienst des Christen den gesamten Lebensvollzug in allen seinen Teilbereichen umfaßt, ist damit nicht die Bedeutung der Gemeindezusammenkunft in ihrer gottesdienstlichen Funktion gemindert. Das zeigt schon die Erwähnung der Gnadengaben, die vor allem dem gemeinsamen Gottesdienst dienen (V.2ff). Die Hingabe an Gott umfaßt sowohl den Leib als auch den Verstand. Wenn Paulus die Christen auffordert, ihren *Leib als Opfer* darzubringen, dann geht es um die Person in ihrer Gesamtheit. Das Verb *hingeben* (vgl. 6,13.19) wendet sich gegen eine mögliche Neigung, den Leib zu verachten und mit dem Leib, da er »nur« irdische Bedeutung habe, zu sündigen. Die christliche Einstellung zum Leib, die in ihm den zu achtenden Diener der Seele sieht, steht unter den Religionen der Welt (mit Ausnahme des Judentums) einzig da. Die Hingabe des Leibes an Gott vollzieht sich demnach in einer sittlichen, d.h. Gott wohlgefälligen Lebensführung (vgl. 14,18; Phil 4,18). **2** *Das lebendige Opfer* umfaßt auch den *Sinn* (Verstand) des Menschen. Der muß freilich erst erneuert werden, bevor er Gott dargebracht werden kann. Darin liegt das eigentliche Wunder der Umgestaltung, daß nämlich der Geist des Menschen sich auf neue zeitliche und ewige Wirklichkeiten einstellen kann. Es sind aussagekräftige Begriffe, mit denen der Apostel die grundsätzliche Neuausrichtung des Christen umschreibt. Dem ersten liegt griech. die Wurzel *schema* zugrunde, die von äußerer Ähnlichkeit spricht. Der andere Begriff ist griech. von der Wurzel *morphe* abgeleitet und meint die radikale, wesensmäßige Gleichartigkeit. Man sollte jedoch nicht zu viel aus dem Bedeutungsunterschied der Wurzeln herauslesen wollen. Diese Metamorphose, diese Umwandlung, besteht nicht in der Abstellung gewisser äußerer Handlungen oder in der Bekämpfung übler Gewohnheiten, sondern in einer Erneuerung des Denkens und Wollens von Grund auf. Wir werden mit dieser »Metamorphose«, mit dieser »Wandlung« nie fertig. Sie füllt unser ganzes Leben. »Es ist mit unserer ›Bekehrung‹ ganz und gar nicht zu Ende, sondern es geht durch die Bekehrung hinein in ein Leben ständiger Wandlung und Erneuerung, in ein Leben, das darum jeden Tag wieder neu, spannend und lebensvoll sein darf« (de Boor).

Nachdem der Apostel das Grundprinzip christlicher Lebensgestaltung und -führung formuliert hat, zeigt er seine praktische Anwendung in vier Hauptbereichen der Ethik auf.

12,3-21 Persönliche Ethik

In diesem Abschnitt geht es dem Apostel um das rechte Verhalten gegen Mitchristen und gegen Heiden. Die Mahnworte sind zwar nicht streng nach logischen Gesichtspunkten gegliedert, doch lassen sich einige in größere Sinneinheiten zusammenfassen.

12,3-8 Der Gebrauch der Gnadengaben. **3** *Denn ich sage durch die Gnade, die mir gegeben ist,* »Kraft meines Amtes«, Moffatt. Paulus sagt, daß die von Gott empfangenen Gaben in aller Demut einzusetzen sind. Wer besondere Gaben empfangen hat, steht in der Gefahr, sich selbstgefällig etwas darauf einzubilden. Das nüchterne Wissen um das Geschenktsein der Gaben kann den Christen vor Dünkel und Überheblichkeit bewahren. Er wird nicht *mehr von sich halten, als sich's gebührt zu halten, sondern … maßvoll von sich halten, … wie Gott das Maß des Glaubens ausgeteilt hat,* d.h., der Christ wird sich an dem von Gott gegebenen Maßstab messen. **4.5** Paulus wird an das Bild vom *Leib* und den *Gliedern* erinnert (vgl. 1Kor 12,12; Eph 4,16; Kol 1,18). Zweifellos denkt er sich die christliche Gemeinde als einen Organismus, in dem die verschiedenen Glieder sich gegenseitig dienen. **6-8** Es folgt eine Auflistung von sieben beispielhaften Gaben, die in ihrer Funktion einander zugeordnet sind. Die *prophetische Rede,* eine vom Geist gewirkte Verkündigung, die auf die unmittelbar vorliegenden Umstände eingeht, muß *dem Glauben gemäß* sein. Dieser Satz ist doppeldeutig. Entweder geht es um eine prophetische Inspiration durch den Heiligen Geist, die den Wortlaut der Verkündigung bestimmt, oder es handelt sich um eine mit der apostolischen Lehre konforme Verkündigung. Letztere Deutung ist wohl vorzuziehen. Der *Dienst* (LÜ: *Amt;* griech.: *diakonia;* d.h. die sich schwerpunktmäßig auf den materiellen Bereich konzentrierende Arbeit eines Diakons), die *Lehre* und das *Ermahnen* sind drei Gaben, die, ihren unterschiedlichen Funktionen gemäß, in der Gemeinde je nach Bedarf eingesetzt werden sollen. *Gibt jemand* (von seinem Vermögen), so soll er seine Großzügigkeit nicht zur Schau tragen und nicht unter Zwang oder aus falschen Motiven spenden (vgl. 2Kor 9,7; 13; Jak 1,5). Das *Vorstehen (proistamenos)* wurde von den älteren Auslegern (Origenes, Calvin) als die Aufgabe des *Gemeinde*vorstehers verstanden (vgl. LÜ mit EÜ). Wahrscheinlich ist jedoch hier an den Vorsteher der diakonischen Dienste der Gemeinde zu denken. Wer *Barmherzigkeit übt,* steht im frohmachenden Dienst am andern. (Der englische Ausleger Moffatt übersetzt: »Wer Kranke besucht, soll fröhlich sein!«) Auch hier geht es um den praktischen, lebensnahen Ausdruck christlicher Nächstenliebe.

12,9-13 Wie sich das Gesetz der Liebe in die Tat umsetzt. Die Liebe, das Grundprinzip des christlichen Lebens, ist mehr als bloß Gefühl, Sentimentalität oder unverbindliche Mitmenschlichkeit. Dem griech. Begriff *agape* eignen sowohl Vernunft als auch Wille und Gefühl. Sie ist jenem göttlichen Wesenszug verwandt, der sich in der *Barmherzigkeit Gottes* offenbart (V. 1), der sein ganzes Erlösungswerk in dieser gefallenen Welt bestimmt und sie schließlich an ihr von ihm gewolltes Ziel bringt. **9** Wenn diese Liebe *ohne Falsch,* d.h. ungeheuchelt, rein und lauter ist, dann wird sie sich verschieden betätigen. Die Liebe führt dazu, daß man das Böse verabscheut und nach dem Guten trachtet. **10** Auch wird sie die Gemeinschaft fördern: *Einer komme dem andern mit Ehrerbietung zuvor.* Dieser Satz läßt sich verschieden deuten. Es kann heißen, daß man die eigenen Interessen zugunsten anderer zurücksteckt, daß man andern die ihnen zukommende Ehre zollt oder daß man andere in guten Werken übertrifft. Der Satz ist wohl vor allem so zu verstehen, daß man den andern immer höher achten und ehren soll als sich selbst, weil der andere Gläubige der Repräsentant Christi ist, der, in dem Christus mir gegenübertritt. **11** *Seid nicht träge* scheint sich sowohl auf den Gottesdienst als auch auf den Dienst am Nächsten zu beziehen: Beide Aspekte lassen sich nicht voneinander trennen. Wo die Liebe herrscht, wird der Eifer nie ermüden. *Seid brennend im Geist* bezieht sich wohl nicht auf den menschlichen Geist, sondern auf den Geist Gottes (Calvin). Es geht um das Wirken des Geistes im Glaubenden; vgl. dazu Apg 18,25; 1Thes 5,19. *Dient dem Herrn,* d.h. dem Herrn Jesus Christus, auch in der alltäglichen Berufspflicht (vgl. Kol 3,24). Einige Hss. haben aber statt *to kyrio: to kairo,* was nicht »dem Herrn«, sondern »der Zeit« heißt; von daher erklärt sich die Übersetzung *Schicket euch in die Zeit,* wie sie sich noch in der LÜ von 1912 findet; vgl. Eph 5,16. Aber diese Lesart ist wahrscheinlich auf einen Schreibfehler zurückzuführen. **12.13** Der Apostel zeigt im weiteren, wie sich die dynamische Liebe im christlichen Leben niederschlägt, indem er die Freude nennt, die ein Kennzeichen echter Hoffnung ist. Gleiches läßt sich sagen von der Leidensbereitschaft und Geduld im Leiden, von der Ausdauer im Gebet und von der Bereitschaft, in Not geratenen Christen zu helfen und sich in der Gastfreundschaft zu üben.

12,14-21 Weitere Grundsätze christlicher Ethik. In seinen weiteren Ausführungen denkt Paulus u.U. vor allem an die Begegnung mit Nichtchristen. Einige dieser Hinweise beziehen sich eindeutig auf solche, die der Gemeinde fernstehen. **14** erinnert an die Bergpredigt (Mt 5,44). **15** »Teilt Freude und Leid eurer Geschwister«, mahnt der Apostel. **16** *Seid eines Sinnes untereinander* (wörtl.: laßt euch Gleiches angelegen sein; vgl. dazu 2Kor 13,11; Phil 2,2; 4,2). Daran schließt sich eine Warnung vor selbstsüchtigen Ambitionen an. Sich *selbst für klug halten* ist eine Art des Selbstbetrugs (Spr 3,7). **17** *Vergeltet niemand Böses mit Bösem* ist eine Mahnung, die in der Schrift oft begegnet; vgl. Mt 5,43.44; 1Kor 13,5.6; 1Thes 5,15; 1Petr 3,9. *Seid auf Gutes bedacht gegenüber jedermann (EÜ: Seid bedacht auf das, was ehrbar ist vor allen Menschen)* heißt entweder: Achtet das Gute der Philosophien und Religionen eurer Umwelt (vgl. Spr 3,4; 2Kor 4,2; 8,21) oder: Denkt von allen Menschen Gutes oder: Verhaltet euch so, daß niemand euch etwas Böses nachsagen kann. Dabei läßt sich kaum denken, daß für Paulus eine menschliche Philosophie Kriterien abgeben könnte für die Unterscheidung von Gut und Böse; das kann nur das Evangelium, durch das der durch den Fall in Mitleidenschaft gezogene menschliche Verstand erneuert wird (12,2). **18** Die nächste Ermahnung geht dahin, mit allen Menschen Frieden zu haben, die freilich durch das *Ist's möglich, so viel an euch liegt* eine gewisse Einschränkung erfährt. »Es kann der Frömmste nicht in Frieden leben, wenn es dem bösen Nachbarn nicht gefällt« (Schiller).

19 Die etwas stilisierte Anrede *meine Lieben* scheint die Warnung vor der Rache als ein besonders wichtiges Anliegen zu unterstreichen. *Dem Zorn Gottes Raum geben* bedeutet, daß Zürnen - und damit Rache - Gottes Sache ist, wie schon 5Mo 32,35 sagt. Ein der sittlichen Weltordnung innewohnendes Vergeltungsprinzip ist aus diesen Worten kaum herauszulesen. **20.21** Der unter der Herrschaft der Liebe stehende Christ wird nach dem Gebot der Barmherzigkeit, dem Gegenteil von Vergeltung und Rache, verfahren. *So wirst du feurige Kohlen auf sein Haupt sammeln,* d.h., er wird so beschämt werden, daß es in ihm wie ein Feuer brennt. Es ist wohl kaum anzunehmen, daß Paulus dabei an ein ägyptisches Ritual dachte, bei dem man sein Vergehen dadurch büßte, daß man eine Schüssel mit auf einem Aschenbett brennenden Kohlen auf dem Haupt trug. Dieser Vers zitiert Spr 25,21.22 (LXX), wobei der Schluß: »Und der Herr wird dir's vergelten« weggelassen ist. Paulus geht es um etwas anderes: Wer seinem Feind mit Freundlichkeit begegnet, kann dadurch u.U. sein Herz erweichen und so das böse Wollen in ihm überwinden. »Einen Feind wird man am besten dadurch los, daß man ihn zum Freund gewinnt« (Bruce).

13,1-7 Politische Ethik

In diesem zweiten Abschnitt löst sich Paulus von den rein persönlichen Fragen und befaßt sich mit der politischen Ethik, d.h. mit den Pflichten eines Christen dem Staat gegenüber. Für die in Rom lebenden Adressaten war dieser Fragenkomplex von besonderer Aktualität. Paulus geht dabei grundsätzlich vom Prinzip der Unterordnung aus, das von jeher als dem Willen Gottes entsprechend galt und für die Kirche verbindlich war. Die Begründung des Gehorsams gegenüber der weltlichen Obrigkeit läßt sich unter drei Gesichtspunkten zusammenfassen.

13,1.2 Das weltliche Regiment ist eine göttliche Einrichtung. **1** *Jedermann:* Paulus spricht die Christen in Rom nicht als Gemeinde an, sondern er ermahnt jeden einzelnen, sich der römischen Herrschaft zu unterstellen. Die römischen Beamten hatten Paulus auf seinen Reisen stets korrekt behandelt, ja sie standen ihm sogar gelegentlich hilfreich bei. Das allein erklärt aber noch nicht, wie Paulus dazu kommt, im Blick auf die staatlichen Behörden einen solchen Rat zu erteilen. Es geht um ein göttliches Gebot für die Gemeinde aller Zeiten. Seine Begründung verläuft grundsätzlich in zwei Gedankengängen: Zum einen ist Gott der souveräne Herr auch über die Völker und die Regierenden. Er setzt Herrscher ein, und hinter jeder irdischen Macht steht letztlich seine Autorität (2Sam 12,8; Jer 27,5f; Dan 2,21.37f; 4,17.25.32; 5,21). Zum andern ist jeder Christ verpflichtet, sich der rechtmäßigen Obrigkeit zu unterstellen, soweit der geforderte Gehorsam nicht in Konflikt steht mit dem Gehorsam gegen Gottes Gebot und Christi Autorität. Das Verb *sei untertan* setzt die Anerkennung eines an den Christen gestellten Anspruchs voraus. Dazu sind Christen angehalten, für die zu beten, die im Staat die Verantwortung tragen (1Tim 2,1ff). Daß Paulus mit *der Obrigkeit, die Gewalt über ihn hat* an den römischen Staat dachte, darf als gesichert gelten. **2** Der den irdischen politischen Instanzen sich widersetzende Gläubige ist letztlich Gott selbst ungehorsam und *zieht sich* zu Recht *das Urteil zu.* Vielleicht hat Paulus ganz konkret an Juden und Heiden gedacht, die gegen die Staatsgewalt Widerstand leisteten oder zu leisten gedachten. In ihrem religiösen Selbstbehauptungswillen standen der fromme Jude ebenso wie der dogmatisch fanatisierte Heidenchrist in der Gefahr, sich - vielleicht sogar gewalttätig - dem Staat zu widersetzen. Jeder fehlgeleitete Fanatismus wird verurteilt.

13,3.4 Die staatliche Gewalt ist beauftragt, das Gute zu fördern und dem Bösen zu widerstehen. Auch deshalb ist der staatlichen Obrigkeit gegenüber Gehorsam angebracht, weil sie im Dienst der Gerechtigkeit Gottes steht. Zweimal nennt Paulus die weltlichen Machthaber *Gottes Dienerin.* Sie ist es aufgrund ihres Auftrages. Der Christ soll dem Magistrat Gehorsam erweisen, weil dessen Aufgabe es ist, die Ordnung aufrecht zu erhalten, die Guten zu fördern und die Bösen zu strafen. Die Obrigkeit ermöglicht ein geordnetes Leben in der gefallenen Welt. Nur wer Unrecht tut, muß vor den irdischen Richtern erzittern, denn sie stehen auf der Seite der Gerechtigkeit (im irdischen Sinn). *Sie trägt das Schwert:* Ob Paulus hier an das römische *jus gladii* gedacht haben mag, jenes Gesetz, das für bestimmte Vergehen während des Militärdienstes die Todesstrafe vorsah, bleibt dahingestellt. Dem Apostel geht es wohl allgemein um das Recht des Staates, zur Aufrechterhaltung der Ordnung und zum Schutz des Lebens Gewalt anzuwenden. Im Aufrechterhalten der Ordnung ist der Staat eine *Dienerin Gottes.*

13,5-7 Das christliche Gewissen anerkennt die irdische Gewalt. Der Gehorsam den staatlichen Mächten gegenüber ist dem Christen nicht nur wegen der möglichen Strafe, sondern auch *um des Gewissens willen* aufgetragen. Es könnte daran gedacht sein, daß sich der Christ mit seinem Widerstand gegen eine von Gott gesetzte Autorität ein schlechtes Gewissen zuziehen könnte. Wahrscheinlicher ist, daß das Gewissen hier ein Mitwissen (griech.: *syneidesis*) um die tieferen Zusammenhänge andeutet, die zwischen dem Staat und der von Gott gewollten Erhaltungsordnung bestehen. **6** Als eine Konsequenz ergibt sich für den Christen die Verpflichtung, dem Staat die *Steuer* zu entrichten. **7** Der Apostel unterstreicht und erweitert das Gesagte, indem er erklärt, daß alle Zölle, Steuern und sonstigen Verpflichtungen zu entrichten sind; vgl. Mt 17,24ff; 22,21; Mk 12,17; Lk 20,25.

13,8-14 Persönliche Ethik

Paulus wendet sich nun erneut Fragen persönlichen Verhaltens (ähnlich Kap. 12) zu. Eben sagte er, daß der Christ allen Verpflichtungen nachkommen solle. Damit kehrt er zurück zu dem Grundsatz christlicher Ethik, der da ist die Liebe. **8** Der Christ steht immer in der Schuld - Bengel nannte sie die »unsterbliche Schuld« - gegen jedermann, ob Christ oder Nichtchrist: Es ist die Schuld der Liebe. Der Kirchenvater Origenes sagte: »Unsere Pflicht ist es, die Liebesschuld stets abzutragen und nie aus ihr entlassen zu werden.« Dabei ist die Liebe die eine Verpflichtung, die alle anderen Verpflichtungen erfüllt. *Denn wer den andern liebt, der hat das Gesetz erfüllt.* Dabei ist der andere der Nächste, der in Not ist und mir in den Weg gelegt wird (vgl. Lk 10,25-37). **9** Eine Zusammenfassung der Zehn Gebote nach 3Mo 19,18. **10** Diese Schlußfolgerung darf nicht als Außerkraftsetzung der Zehn Gebote zugunsten eines nebulösen, existentiellen »Liebe und dann tu, was du willst« (ursprünglich ein Augustin-Wort, das leider häufig mißverstanden wird). In der Liebe erfüllt sich das Gesetz (vgl. Gal 5,14) und in ihrem Geist ist das Gesetz zu halten. Die Einzelgebote des Gesetzes verleihen der Liebe Konturen und Inhalt, damit sie nicht in eine Situationsethik, einen ethischen Relativismus, abdriftet.

11 Um seiner Aufforderung zur Liebe Nachdruck zu verleihen, erinnert Paulus an die Wiederkunft Christi. Zu den stärksten Beweggründen für eine Lebensgestaltung im Sinne Christi gehört die lebendige Naherwartung der Wiederkunft Jesu; s. dazu Phil 4,4-7; 1Thes 5; Hebr 10,24f; Jak 5,7-11; 1Petr 4,7-11 und in den Evangelien Mt 25,31-46; Mk 13,33-37. *Weil ihr die Zeit* (griech.: *kairos*, der rechte Zeitpunkt, die erfüllte Zeit) *erkennt, nämlich daß die Stunde da ist:* die Zeit, in der wir leben, die der Wiederkunft unmittelbar vorangeht; vgl. Mk 1,15; 1Kor 7,29. Die Losung heißt *aufzustehen vom Schlaf.* Das von der Dynamik der Liebe gekennzeichnete Leben des Christen will noch intensiver gelebt werden. Die Liebe drängt zur Tat, denn mit jedem Tag rückt das Ende näher. *Zu der Zeit, da wir gläubig wurden* steht griech. im Aorist und meint den Zeitpunkt der Bekehrung. **12** ... *Nacht... Tag... Finsternis... Licht:* Diese Kontrastbegriffe begegnen auch anderswo (Ps 43,3; Jes 2,5; 9,2; 42,6f; 60,1ff; Lk 16,8; Joh 1,4ff; 3,19ff; 8,12; Apg 26,18; 2Kor 6,14; Eph 5,8; 1Thes 5,4f). »Kinder des Lichts« war die Selbstbezeichnung der Gemeinschaft von Qumran. Ihre Gegner nannten sie »Söhne der Finsternis«. Der unter dem Eindruck der Zeichen der Zeit wach gewordene Gläubige ist sich dreier Pflichten bewußt. Erstens, *die Waffen des Lichts anlegen;* vgl. dazu 2Kor 6,7; Eph 6,13; 1Thes 5,8. Das Gegenstück dazu ist das *Ablegen der Werke der Finsternis,* die in ihrer Bosheit aus der Unwissenheit der Nacht erwachsen. *Ablegen... anlegen* sind zwei Verben, die in der ntl. ethischen Unterweisung einen festen Platz haben und ursprünglich wohl in der Taufvorbereitung der Neubekehrten beheimatet waren. Dabei stand vermutlich der Brauch Pate, bei der Taufe ein neues Gewand anzulegen, was als Aufruf zur sittlichen Entscheidung verstanden wurde (Eph 4,22f). **13** Zweitens, *laßt uns ehrbar leben:* Das Verhalten des Christen soll stets so sein, daß er nichts zu verbergen hat. *Tag* steht hier wieder im Gegensatz zu Finsternis (V.12). Der Tag Christi ist ein Tag des Lichts, der alle Finsternis vertreibt. **14** Drittens, *zieht an den Herrn Jesus Christus:* Damit wird den sündigen Begierden und Lüsten eine Absage erteilt. Christus ist die volle »Waffenrüstung« für den Glaubenden (vgl. Gal 3,27 und Eph 6,11).

14,1-15,13 Die Starken und die Schwachen

Paulus spricht nun die konkrete Situation der Gemeinde in Rom an, über die er anscheinend zuverlässig informiert ist. In jeder Gemeinde gibt es Christen, die ein falsches oder unzulängliches Verständnis vom christlichen Glauben haben und ihre falschen Vorstellungen dazu noch mit einer außerordentlichen Hartnäckigkeit vertreten. Diese Geschwister darf man weder einschüchtern noch hart anfahren. Ihr Gewissen, das nur zum Teil für die in Christus geschenkte Freiheit empfänglich geworden ist, muß respektiert werden. Die andern Gemeindeglieder sollen ihr Verhalten so einrichten, daß es den Schwachen nicht zum Anstoß wird. Andrerseits dürfen diese engherzigen Brüder sich nicht zu Tyrannen über den Rest der Gemeinde aufwerfen, ihre Ansichten zu allgemeinverbindlichen Gesetzen erheben und auf Einheitlichkeit in allen Dingen drängen. Anscheinend war der Apostel solchen Brüdern schon vorher begegnet. Ihr Denken war ihm nicht fremd, da sie z.T. in den von ihm betreuten Gemeinden, vor allem in Korinth (1Kor 8,1-10,33) und Kolossä (vgl. Kol 2,16-23), anzutreffen waren. Zwei dieser heiklen Fragen, über die in Rom gestritten wurde, waren die Frage der rechten Sabbatheiligung und die des Fleischgenusses. Vielleicht verweigerte die Gemeinde in Rom denen, die exzentrischen Ansichten nachhingen, die Mitgliedschaft. Paulus versucht mäßigend auf die Gemeinde einzuwirken: Die betreffenden Geschwister sollen ruhig als Glieder aufgenommen werden, sofern sie sich zu den Grundwahrheiten des christlichen Glaubens bekennen. Nach ihrer Aufnahme in die Gemeinde sollen sie weiter im Glauben unterwiesen werden. Dem Apostel ist vor allem daran gelegen, daß es nicht zu einer Spaltung der Gemeinde kommt. Deshalb rät er zu einer von der Liebe bestimmten Toleranz.

14,1-12 Der schwache Bruder darf nicht verachtet werden. Zunächst betont Paulus, daß jeder einzelne seine eigenen durchdachten Überzeugungen haben darf und soll. Er soll sich in intellektueller und sittlicher Redlichkeit seinen Überzeugungen entsprechend verhalten. Freilich muß er seinem Nächsten gleiches zugestehen. Letztlich lebt er nicht vor seinen Mitmenschen, sondern vor dem Herrn, vor dessen Richterstuhl wir uns alle einmal verantworten werden müssen. **1** Den *Schwachen im Glauben:* Es gibt Christen, die zwischen dem, was für den rettenden Glauben und die Heiligung unaufgebbar, und dem, was in das Ermessen des einzelnen gestellt ist, nicht zu unterscheiden vermögen. Mit apostolischer Autorität besteht Paulus darauf, daß auch diese schwachen Brüder in die christliche Gemeinschaft aufgenommen werden, freilich *nicht* so, daß man ständig *über Meinungen streitet,* aneinandergerät und sich an den Skrupeln des andern reibt und gerade dadurch das Gewissen noch mehr verletzt. Paulus nennt im weiteren die beiden Streitthemen: Fleischgenuß und Feiertagsheiligung. **2** *Alles essen ... ißt kein Fleisch:* Die erste Gruppe war froh darüber, daß sie von den jüdischen Speisevorschriften befreit war, und berief sich dabei auf Ps 24,1 (vgl. 1Kor 10,26). Die andere Partei orientierte sich weiterhin an den jüdischen Speisevorschriften, aß dabei lieber nur Gemüse aus Angst, es könnte ungewollt zu einem Verstoß gegen das Gesetz kommen, konnte man doch nie ganz sicher sein, daß das Fleisch ausgeblutet war, oder aber es könnte sich um Fleisch handeln, das zuvor Götzen geweiht worden war. (Von dem

Schlachttier wurde nur ein Stückchen symbolisch im Götzenschrein verzehrt, der Rest wurde auf dem Markt feilgeboten.) Der Text läßt nicht erkennen, ob es sich um eine grundsätzliche Fleischverachtung handelte oder ob die genannten Überlegungen im Hintergrund standen (s. 1Kor 10,25 zum Götzenopfer). Möglicherweise sind verschiedene Überlegungen zusammengeflossen, wodurch sich das Vorurteil noch verhärtete. **3** Auf alle Fälle sollen die, die essen, und die, die nicht essen, einander nicht gegenseitig verurteilen. **4** Der da ißt, *steht und fällt* schließlich nicht seinem Nächsten, sondern einzig und allein Gott, d.h., er bleibt vor Gott bestehen oder wird verurteilt. Subjektiv gesehen kann aber auch gemeint sein, daß er entweder in seiner Freiheit ethisch gefestigt wird oder aber in unmoralische Zügellosigkeit verfällt. Paulus fügt jedoch hinzu, daß der Freie nicht in Gefahr ist, denn der Herr, der ihn zu sich berufen hat, kann ihn auch *aufrecht erhalten,* d.h. bewahren.

Auch die andere angesprochene Frage ist in dem gleichen Geist der Freiheit und gegenseitigen Achtung anzugehen. **5** Einige Christen achteten auf die Heiligung bestimmter Tage, andere machten keinen Unterschied. Möglicherweise ging es um besondere Fastenzeiten (vgl. Kol 2,16). **6.7** Ob man sich an besonderen Tagen orientiert oder nicht, darf für die Gemeinschaft am Evangelium nicht entscheidend sein. Keinem darf deshalb die Gemeinschaft verweigert werden, noch darf das Halten bestimmter Feiertage zur Voraussetzung für die Aufnahme in die Gemeinde gemacht werden. Auch diese Entscheidung muß der einzelne Christ vor seinem Herrn treffen; entsprechend die Mahnung V. 10.13. Entscheidend in allem ist, daß es *im Blick auf den Herrn* getan wird. Was dient dem Herrn und dem Nächsten? – daran entscheiden sich Fragen der Freiheit. **7-12** Der Dienstgedanke ist das entscheidende Kriterium, und um diesen Maßstab geht es dem Apostel auch in den folgenden Versen. Die Herrschaft Christi ist das Überragende und alles Umfassende im Leben, Sterben und Gericht. **12** Wenn sich Christen dessen bewußt bleiben, daß *jeder für sich selbst Gott Rechenschaft geben wird,* rücken alle anderen Fragen in die rechte Perspektive.

14,13-23 Das Gewissen des schwächeren Bruders ist zu achten. Auf den weisen Rat, sich nicht gegenseitig zu richten, folgt nun der Hinweis, daß es wohl sinnvoller wäre, wenn der Christ sein kritisches Urteilsvermögen auf das Richten der eigenen Person verwenden würde. Dazu gehört, daß der stärkere dem schwächeren Bruder nicht dadurch zur Anfechtung wird, daß er ihm die eigene Freiheit im Essen und Trinken stolz zur Schau trägt. **13** Wird diese Freiheit in Gegenwart derer, deren Gewissen sich dagegen sträubt, ausgeübt, kann es ihnen zum Glaubenshindernis, zum *Anstoß* (griech.: *skandalon,* wörtl.: Stolperstecken oder Fallstrick) werden. Wer immer gegen sein Gewissen handelt, und wenn es gleich ein schwaches Gewissen ist, handelt ethisch falsch. **14** Wenn der Apostel feststellt, daß *nichts unrein ist an sich selbst,* sich dabei noch auf den *Herrn Jesus* selbst beruft (vgl. Mk 7,14-19), dann meint er damit ganz einfach genießbare Lebensmittel, die unter irgendeinem kultischen Verbot stehen. Da es nun einmal Brüder gibt, die sich auch, wenn sie zum Glauben kommen, den alten religiösen Sitten, die zugleich Volks- und Stammesriten sein können, verpflichtet fühlen, dürfen sie nicht gegen ihre Gewissensüberzeugung in diesen Dingen handeln. Auch damit greift Paulus auf ein Jesuswort zurück (Mk 7,20-23 vgl. Tit 1,15). **15** Daneben geht Paulus in diesen Fragen vom Grundsatz der *Liebe* aus (vgl. schon 12,9-13). Der schwache Bruder ist auch von Christus geliebt und hat Anteil an dem Segen seines Versöhnungstodes. So setzt die Liebe der Freiheit Grenzen. *Bringe ... nicht ... ins Verderben:* Ein hartes Wort, das das mögliche Ende dessen beschreibt, der gezwungen wird, gegen sein Gewissen zu handeln. **16** Das *Gute* ist die Freiheit des Evangeliums. Führt ihr Gebrauch dazu, daß einem andern Schaden entsteht, dann wird damit das Evangelium in Verruf gebracht. **17** Im *Reich Gottes* ist die Liebe wichtiger als Fragen um Eß- und Trinkgewohnheiten. Daß der Friede und die Freude der Herrschaft Christi die Menschen erfaßt, ist das Entscheidende. **20** *Zerstöre nicht,* wörtl.: »reiß nicht ein«. Das ist das Gegenstück zum Auf- oder Erbauen von V. 19. Die Grundverhaltensregel für den, der von der Glaubensgerechtigkeit her lebt, heißt, daß er sich alles dessen enthält, was einen Bruder zu Fall bringen könnte. Dabei steht hier die Übertretung der Gebote gar nicht zur Diskussion, sondern die Gefahr der Gewissensverletzung. **22** *Den Glauben, den du hast:* Das ist der Fixpunkt, an dem der Christ in kontroversen Fragen seine Entscheidung festmacht. Diese Entscheidung wird im bewußten Nachdenken gefällt, wobei die Interessen aller Betroffenen mit bedacht werden wollen; vgl. V. 5.6.8.15; 1Kor 8,9-13. Es gibt Gelegenheiten, wo wir die Freiheit des Glaubens nicht öffentlich zum Ausdruck bringen können, sondern nur im Stillen, in der Gemeinschaft mit dem Vater. Der ist glücklich, dessen Gewissen unbelastet ist. Belastet wird es aber auch da, wo durch meine erlaubte Freiheit der Bruder zu Fall kommt. Wer gegen sein Gewissen handelt, verurteilt sich selbst. **23** Der Glaube – das ist in diesem Fall nicht der rechtfertigende Glaube an Christus, sondern die innere Gewißheit in umstrittenen Fragen - ist neben der Frage des Dienstes und der Liebe das dritte und entscheidende Kriterium. Wer sein Verhalten ändert, ohne die Gewißheit zu haben, daß er dabei recht handelt, der versündigt sich.

15,1-13 Aufruf zur Einigkeit. Der Apostel warnt vor der Torheit der Spaltung und drängt auf Einigkeit der christlichen Gemeinde. Das gilt besonders für Fragen der christlichen Freiheit und der Rechte der Heidenchristen. Dabei greift Paulus auf die schon erteilte Unterweisung zurück und lädt ein zum gegenseitigen Verstehen und Helfen zwischen denen, die verschiedene Auffassungen vertreten. **1** *Die wir stark sind:* So spricht der Apostel zum erstenmal von denen, deren Gewissen durch eine tiefere Erkenntnis erleuchtet ist, obwohl der Gedanke bereits 14,1 durch die Bezeichnung »Schwache im Glauben« nahegelegt war (vgl. 1Kor 8,11). Es geht dabei um eine sittliche Kraft, die nicht nur ihrem Eigner zugute kommt, sondern auch denen, die Hilfestellung brauchen. Echte Einheit und Gemeinschaft läßt sich auf zweifache Weise erzielen. Zunächst ist es die Pflicht des Starken, *das Unvermögen der Schwachen zu tragen.* Er soll sich nicht rücksichtslos und selbstsüchtig durchsetzen. **3** Christus selbst hat das Leben der Selbstaufopferung vorgelebt; er *hat nicht sich selbst gefallen* (EÜ). Zur Bestätigung zitiert Paulus den messianischen Psalm 69 (V. 10). **4** Dabei weist er auf den Wert der atl. Schrift für den Christen hin: Aus ihr empfängt der Christ Weisung zum rechten, geduldigen Leben in der Hoffnung (vgl. 1Kor 10,6.11; 2Tim 3,16).

7 Der zweite Weg zur Einheit besteht darin, daß die »Starken«, als Leiter der Gemeinde, die Schwachen in ihre Gemeinschaft aufnehmen. Schon 14,1 hat Paulus dazu gemahnt, wobei er dort das gleiche Wort benutzte: *annehmen.* Schließlich hat ja Christus uns *angenommen* (vgl. 14,3), die Starken sowohl als auch die Schwachen, und uns bei unserer Bekehrung in die Gemeinschaft seines Volkes hineingenommen, als wir nichts hatten, uns zu empfehlen, als allein unsere Bedürftigkeit. Deshalb: Lobt Gott! **8** *Denn ich sage* überrascht in diesem Zusammenhang. Wahrscheinlich wäre zu ergänzen:... euch »starken« Christen. Seid bereit, die Eigenheiten der »Schwachen« zu ertragen, denn genau das hat Christus für euch getan. Hat sich nicht Christus zum Diener ausgerechnet der seltsamen religiösen Gemeinschaft der Juden gemacht? Wie könnt ihr da anders?

9 Paulus erinnert die Gemeinde zu Rom daran, daß Gott seine *Barmherzigkeit* beiden, Juden und Heiden, hat zuteil werden lassen. Von daher ermahnt er zur Einigkeit zwischen Beschnittenen und Unbeschnittenen. Angesichts der Allgemeingültigkeit des Evangeliums ist es ihm schier undenkbar, daß die Gemeinde in Rom sich spalten oder sonst irgendwie Schaden nehmen sollte. Schließlich hat sich Christus zum Diener sowohl der Heiden als auch der Juden gemacht. Durch sein Leben und Wirken hat der Herr den Beschnittenen die den Erzvätern gegebenen Verheißungen bestätigt (vgl. 9,4.5). Ebenso wurden aber auch die den Unbeschnittenen im AT gegebenen Verheißungen eingelöst, damit *die Heiden Gott loben sollen um der Barmherzigkeit willen.* Paulus bekräftigt, daß in Christus alle eins sind (vgl. Gal 3,28). Um auch den Juden diese tiefe Wahrheit einleuchtend zu machen, fügt er noch einige atl. Zitate an: Ps 18,50 (LXX); **10** 5Mo 32,43; **11** Ps 117,1 (LXX); **12** Jes 11,10 (LXX). **13** Mit einem Segenswort schließt der Apostel den Abschnitt. *Gott der Hoffnung:* S. V. 5; der Gott des Friedens, V. 33: Die Bezugnahme auf *Hoffnung* geschieht im Blick auf Jes 11,10 (V. 12), wonach der Segen des Messias die *Heiden* dazu bewegen wird, auf die Barmherzigkeit Gottes zu *hoffen.*

15,14-16,27 Nachwort

15,14-21 Gründe für die Abfassung des Briefes

Paulus nähert sich dem Ende dieses mächtigen Briefes. Noch einmal kommt er auf seine Berufung, auf seine Pläne und auf den Grund zu sprechen, weshalb er den Christen in Rom geschrieben hat. **14** Taktvoll weist er auf ihre geistliche Reife hin und darauf, daß sie wohl fähig sind, sich gegenseitig zu helfen. Er ist überzeugt, daß sie *voll Güte* sind. Weil er die Christen in Rom nicht aus persönlicher Begegnung kennt, beruft er sich auf ihren guten Leumund. Dieser Brief sollte lediglich an Wahrheiten erinnern, die sie bereits - von anderen Lehrern - gehört hatten. **15** Er hat es gewagt, ihnen zu schreiben, obwohl er nicht ihr Lehrer ist. Wenn er sich dennoch erkühnt hat zu schreiben, dann im Bewußtsein seines Heidenapostolats. **16** Seinen göttlichen Auftrag beschreibt er mit Begriffen aus dem Priestertum: *ein Diener* (griech.: *leitourgos,* wörtl.: »Beamter« - EÜ, »Priester«; vgl. Hebr 8,2), . . . *der priesterlich dient* (EÜ; griech.: *hierourgon*), . . . *das Opfer* (griech.: *prophora*). In Ausübung seines Verkündigungsdienstes als Prophet Gottes ist er eben auch Priester: Das Opfer, das er Gott darbringt, sind die Heiden, die durch den Glauben an Christus gerecht geworden sind und durch den Heiligen Geist geheiligt werden. Die gleiche Metapher vom dargebrachten Opfer begegnet 12,1.2 und Phil 2,17. Paulus weiß, daß diese Opfer Gott wohlgefällig sind und nicht abgewiesen werden. Vielleicht eignet diesem Bild ein leicht polemischer Zug: *die Heiden ein Opfer . . ., das Gott wohlgefällig ist, geheiligt durch den Heiligen Geist* - das mußte den Juden anstößig sein, hätten sie doch gerade das Gegenteil behauptet: Heiden sind unrein, vor Gott verwerflich und damit als Opfer ungeeignet (vgl. Apg 10,14.15.28).

16.17 Das ist eine Anspielung auf seine gesamte Heidenmission, wobei die Sprache an Phil 1,26; 2,16 erinnert. **18** Der Erfolg, mit dem sein Werk unter den Heiden gesegnet war, ist eine weitere Bestätigung seines apostolischen Auftrags, der ihm die Autorität für die Abfassung dieses Briefes verleiht. Daß seiner Mission Erfolg beschieden ist, ist nicht sein Verdienst: Christus wirkt durch ihn. **19** Nur von diesen *Wundern,* die durch die *Kraft des Geistes* gewirkt wurden, kann er frei reden. Dazu weist er auf die Ausdehnung seines Wirkungsbereiches hin: *Von Jerusalem an . . . bis nach Illyrien.* Illyrien umfaßt die adriatische Nordostküste mit ihrem Hinterland bis hin zur römischen Provinz Mazedonien. Insgesamt sind es sämtliche Nordostprovinzen des Römischen Reiches, auch wenn uns von Missionsreisen des Paulus in Illyrien aus anderen Quellen nichts bekannt ist. *Jerusalem* ist als Ausgangspunkt der missionarischen Arbeit genannt. Einmal, weil ihn dort der Ruf zum Heidenapostel in einer Vision erreichte (Apg 22,17-21), zum anderen aufgrund seiner theologischen Überzeugung, daß die atl. Prophetie (Jes 2,1-4): »Von Zion wird Weisung ausgehen und des Herrn Wort von Jerusalem« in Erfüllung gehen würde. **20** Obwohl weder Individualist noch Einzelgänger, scheut sich der Apostel, auf den missionarischen Dienst anderer näher einzugehen. Sein Grundsatz war stets, *das Evangelium zu predigen, wo Christi Name noch nicht bekannt war, damit ich nicht auf einen fremden Grund baute* (vgl. 2Kor 10,15.16). Das Bild vom Fundament begegnet auch 1Kor 3,10 und Eph 2,20. Seine Missionsstrategie, sich der unerreichten Gebiete anzunehmen, begründet er mit einem Zitat aus Jes 52,15 (LXX).

15,22-33 Reisepläne

Paulus geht nun auf persönliche Fragen, auf seine eigenen Zukunftspläne ein. **22** Die bisherige Pionierarbeit hinderte ihn daran, nach Rom zu kommen. **23** Doch nun ist dieser Auftrag erledigt, **24** und nachdem er sie schon viele Jahre zu besuchen gedachte, hofft er auf dem Weg nach Spanien in Rom Halt zu machen. Paulus baut sogar darauf, daß sich die Gemeinde in Rom für seine Missionsarbeit engagieren läßt und die Verantwortung für die Arbeit im Westen mittragen wird. Um diesen lang gehegten Wunsch, nach Spanien zu gehen, zu verwirklichen, benötigt er eine neue Ausgangsbasis im Westen. Antiochien und Ephesus waren zu weit abgelegen, und so bot sich Rom an. Deshalb *hoffe ich, . . . von euch dorthin weitergeleitet zu werden.* Doch will er nicht weiterreisen, ohne die Gelegenheit zu einem Aufenthalt genutzt zu haben, bei dem er sich durch ihre Gemeinschaft stärken will.

25-27 Doch zuerst wartet noch Jerusalem auf ihn. Er muß die Gaben der Gemeinden von Mazedonien und Griechenland zur Unterstützung der Armen dorthin überbringen. Die jüdischen Christen haben mit den Heiden ihre geistlichen Schätze geteilt. Deshalb ist es Pflicht der neubekehrten Heidenchristen, mit materiellen Gütern die Not der Mutterkirche zu lindern. *Gemeinsame Gabe* (griech.: *koinonia*) unterstreicht, daß es sich um ein gemeinsames Anliegen, um »eine Art Gemeinschaft« (de Boor) handelt. Die Heidenchristen nehmen Anteil an der Not der Jerusalemer Gemeinde, indem sie ihre Güter mit den Geschwistern teilen. Die Freigiebigkeit der Gemeinden in Mazedonien wird 2Kor 8,1ff erwähnt. Das ist auch ein Anreiz für die Gemeinden in Korinth (2Kor 8,7). Daß der Aufruf des Paulus dort auf fruchtbaren Boden fiel, belegt der Hinweis auf *Achaja;* gemeint sind die Gemeinden im südlichen Griechenland, einschließlich Korinth; s. 2Kor 9,2. **28** Wenn er diesen Auftrag der Barmherzigkeit und der Gemeinschaft erfüllt hat, gedenkt er auf dem Weg nach Spanien Rom zu besuchen. *Ausgerichtet* bedeutet im Griech. wörtl. »besiegelt« (griech.: *sphagisamenos*). Die zusammengelegte Gabe ist eine Bestätigung, ein Siegel dafür, daß Gott sich zu seinem Dienst unter den Heiden gestellt hat. Paulus hofft darauf, daß auch die Christen in Jerusalem erkennen, daß die Heidenmission jetzt schon ihre volle Berechtigung vor Gott hat. **29** Paulus kam schließlich nach Rom, aber unter Umständen, die er in seinen Plänen nicht vorhersehen konnte. Dennoch hat sich seine Überzeugung, daß er *im vollen Segen Christi kommen werde,* bewahrheitet. Ob er darüber hinaus jemals bis nach Spanien gekommen ist, entzieht sich unserer Kenntnis. Aus dem sog. Klemensbrief 5,6.7 ist u.U. herauszulesen, daß des Apostels Wirken weiter reichte, als uns die Apostelgeschichte berichtet. Bei Klemens heißt es: »Er war Herold im Osten und im Westen . . . der ganzen Welt lehrte er Gerechtigkeit. Und als er den äußersten Westen erreicht hatte, legte er auch vor den Herrschern Zeugnis ab.«

30-33 Dieser mehr persönliche Teil endet mit dem apostolischen Aufruf, für ihn zu Gott zu beten. Dabei geht es ihm zunächst darum, daß er *errettet werde von den Ungläubigen in Judäa,* d.h. von den Juden, die noch immer den

Anspruch ihres Messias von sich wiesen. Dann aber ist es ihm ein Anliegen, daß sein Dienst - vielleicht die Überbringung der Geldgabe oder ganz allgemein sein Missionsdienst - von der Jerusalemer Gemeinde anerkannt und akzeptiert werde. Schließlich ist ihm daran gelegen, daß Gott zu seiner Reise nach Rom ja sagt und daß diese Begegnung dann unter seinem Segen steht. Die späteren Ereignisse zeigen, daß diese Wünsche des Paulus so nicht in Erfüllung gegangen sind. Sowohl in Jerusalem als auch in Rom kam dann alles ganz anders, als er es sich gewünscht hatte (zu V. 33 vgl. V. 5.13).

16,1-16 Grüße an Freunde in Rom

Wie man Hebr 11 die »Ahnengalerie« alttestamentlicher Heiliger genannt hat, so könnte man Röm 16 als Bildergalerie neutestamentlicher Gläubiger bezeichnen. Es mag seltsam anmuten, daß Paulus, der bis zu diesem Zeitpunkt noch nie in Rom gewesen war, dort so viele Freunde hatte. Man hat deshalb vermutet, daß Kap. 16 nicht zum Römerbrief gehöre, sondern das Fragment eines an die Gemeinde in Ephesus gerichteten Briefes sei. Mit der Veröffentlichung des Chester Beatty Kodex 1935 erhielt diese Theorie Unterstützung, denn das älteste bekannte Röm-Ms. (P46 aus d. 3. Jh.) endet mit der Doxologie Kap. 15. Eine gesonderte Herkunft von Kap. 16 konnte damit nicht mehr zweifelsfrei ausgeschlossen werden. Gleichwohl kommt O. Michel in seinem Kommentar (S. 472) zu dem Schluß: »Trotz mancher kritischer Bedenken, die durchaus anzuerkennen sind, ist anzunehmen, daß auch dies Kapitel zum ursprünglichen Bestand des Römerbriefes gehört« (vgl. Lit.-Angaben a.a.O.).

Das römische Straßennetz war gut ausgebaut, es gab zuverlässige Verkehrsmittel, und die *Pax Romana*, der Römische Friede, machte Reisen sicher. Die Juden des 1. nachchristlichen Jhs. waren wie seit jeher ein Volk von Kaufleuten, das unentwegt reiste. Die Kaufleute bewegten sich entlang den ausgebauten Handelsrouten stets auf der Suche nach geeigneten Umschlagplätzen und Märkten für ihre Waren. Die Grüße gelten somit Christen, die entweder auf dem Weg nach Rom waren oder sich dort schon niedergelassen hatten. Die Grüße sind dabei so persönlich gehalten, daß sich jeweils ein Bild vom Wesen und Wirken der angesprochenen Person ergibt. Gut ein Drittel sind Frauennamen, was auf die große Bedeutung der Frau in der Urgemeinde schließen läßt. Paulus war ein Vorreiter, was die Anerkennung der Frau und ihres Dienstes in der Gemeinde angeht. Hier gilt es, gängige Vorurteile über das paulinische Verständnis der Frau auszuräumen.

1.2 Ein ehrenhaftes Zeugnis stellt er *Phöbe* aus. Sie wird *unsere Schwester* genannt, was nicht nur heißt, daß sie Glied der Familie Gottes war, sondern auch, daß ihr die gleichen Rechte wie den Brüdern zustanden: Sie war *Dienerin* (EÜ; wörtl.: Diakonin) der Gemeinde zu Kenchreä (vgl. 1Tim 3,11). Daß sie *Beistand* (EÜ), genannt wird (griech.: *prostatis*, Schutzherrin), läßt darauf schließen, daß sie begütert war und eine beachtliche gesellschaftliche Stellung genoß. Man wird davon ausgehen können, daß sie sich auf dem Weg nach Rom befand, weshalb ihr Paulus den kostbaren Brief anvertraute. 3 *Priska und Aquila* sind ein Ehepaar, das Paulus schon bei seinem ersten Besuch in Korinth kennenlernte (Apg 18,1-3). Da er das gleiche Handwerk ausübte wie sie, nahm er bei ihnen Unterkunft. Mehrmals werden sie genannt, Apg 18,18f.26; 1Kor 16,19; 2Tim 4,19. 4 Offenbar hatten sie in einer uns nicht berichteten Angelegenheit in Ephesus das Leben für Paulus riskiert. Das scheint in *allen Gemeinden* bekannt gewesen zu sein. Auffallend ist, wie sich diese Kirchen dem Dank des Paulus anschließen. Der Name der Frau wird hier (wie in weiteren vier von insgesamt sechs Erwähnungen) dem des Mannes vorangestellt. Der Grund für dieses für die Antike recht ungewöhnliche Vorgehen ist uns nicht bekannt. 5 Auch die *Gemeinde in ihrem Hause* wird gegrüßt. In der frühen Christenheit gab es so gut wie keine kirchlichen Gebäude. Die Christen hielten ihre Zusammenkünfte in den Häusern bessergestellter Gemeindeglieder oder in anderen geeigneten Räumen (vgl. Mt 26,18; Apg 12,12; 1Kor 16,19; Kol 4,15; Phim 2). Das ist die erste der in diesem Brief erwähnten fünf Gruppen; doch nur sie wird als *Gemeinde* bezeichnet (s. V. 5.10.11.14.15). *Epänetus* wird als Freund besonders hervorgehoben. Er zählte zu den ersten, die durch den Dienst des Paulus in der römischen Provinz *Asien* bekehrt wurden. Es war schon etwas Besonderes, wenn in einer weitläufigen Provinz mit einer großen Bevölkerung ein Mann die Gnade und den Mut fand zu bekennen: »Jesus ist Herr.« 6 *Maria* wird wegen ihres außerordentlichen Dienstes für die römische Gemeinde hier erwähnt - *um euch*. Vielleicht hat Paulus diese Auskunft über Priska erhalten. Bemerkenswert bleibt, wie ihm Einzelheiten aus dem Leben einer Gemeinde vertraut waren, die er selbst noch nicht besucht hatte. 7 *Andronikus und Junias, meine Stammverwandten* (vgl. 9,3) sind wie Paulus Judenchristen. Drei weitere interessante Informationen werden angehängt: Sie waren ehemalige *Mitgefangene* des Paulus, möglicherweise um ihres Zeugnisses willen in Ephesus. *Unter den Aposteln* waren sie *berühmt*. Sie galten wohl selbst im weiteren Sinn als Apostel, d.h. als Missionare (Apg 14,14; 1Kor 15,7; 2Kor 8,23; 11,13). Sie waren *vor* Paulus *in Christus gewesen,* d.h. zum Glauben gekommen. Die nicht-hebräischen Namen legen die Vermutung nahe, daß sie zu der hellenistischen Gemeinde in Jerusalem gehörten (Apg 6,1). **8** *Ampliatus* ist ein Sklavenname. Über diesen Mann ist sonst nichts bekannt. Man hat aber erwogen, ob nicht eine Grabinschrift in Domitillas Friedhof (Domitilla, Cousine des Kaisers Domitian und wohl Christin), die diesen Namen trägt, ein stiller Zeuge für ihn ist. **9** *Urbanus,* auch ein Sklavenname, und *Stachys* sind ebenfalls unbekannt. **10** Von *Apelles* wird gesagt, daß er sich als Christ besonders bewährt habe (vgl. 1Kor 11,19; 2Kor 10,18; 13,7). Mit der Familie des *Aristobul* wird eine zweite Gruppe erwähnt. Aristobul war ein Enkel Herodes' des Großen, der als Privatmann in Rom lebte. Zu seiner Familie, in deren Mitte eine Christengemeinde entstand, zählten auch Sklaven und Beamte. **11** *Herodion* stand, wie schon der Name sagt, in Beziehung zu Herodes und war wohl auch Glied des Hauses Aristobuls. Vielleicht leitete er diese Gruppe. Wie Andronikus und Junias ist auch er Judenchrist. Nimmt man Maria aus, die dem Namen nach freilich eine Judenchristin gewesen sein könnte, dann befanden sich unter den hier erwähnten römischen Gemeindegliedern nur drei Judenchristen. Auch unter den aus Korinth Grüßenden (V. 21-23) finden sich lediglich drei Judenchristen. Mit der Familie des *Narzissus* ist die dritte Gruppe genannt. **12** *Tryphäna* und *Tryphosa* waren wahrscheinlich Zwillingsschwestern. Noch eine Dame wird in diesem Vers erwähnt: *Persis.* In einer alten Inschrift aus jener Zeit begegnet der Name als der einer freigelassenen Sklavin. **13** *Rufus* ist womöglich der Mk 15,21 erwähnte Mann aus Kyrene. *Auserwählt* nennt ihn Paulus: Er ist zu einem besonderen Dienst berufen. *Seine Mutter* hat Paulus eine Zeitlang »bemuttert«, wohl als er zuerst nach Antiochien kam (Apg 11,25f). Deshalb wird sie in die Grußliste aufgenommen. **14** Aus einer weiteren Gruppe, der vierten in dieser Aufzählung, werden fünf wichtige Glieder namentlich genannt: *Asynkritus, Phlegon, Hermes, Patrobas* und *Hermas.* **15** Daran schließt sich eine fünfte Gruppe, vielleicht sogar eine Gemeinde, an. Auch hier werden die führenden Glieder namentlich genannt: *Philologus* (wörtl.: »der das Wissen liebt«) und *Julia* (wohl ein Ehepaar), *Nereus, seine Schwester und Olympas.* (Die Tradition der Gemeinde in Rom verbindet Nereus mit Domitilla, der bereits V. 8 erwähnten Christin, die von ihrem Cousin, dem Kaiser Domitian, im Jahre 95 verbannt wurde.) **16** Der *heilige Kuß* wird von Paulus 1Kor 16,20; 2Kor 13,12; 1Thes 5,26 erwähnt (vgl. auch 1Petr 5,14). Aus der Feder Justins des Märtyrers (Mitte 2. Jh.) wissen wir, daß der Kuß als besonderer Gruß im Rahmen des Lob- und Dankgottesdienstes galt. Am Schluß dieser Aufzählung grüßt Paulus die Christen in Rom von *allen Gemeinden Christi.* Paulus äußert sich ganz allgemein. Gelegentlich beansprucht er, im Namen aller zu reden (vgl. 16,4; 1Kor 7,17; 2Kor 8,18; 11,28). Hier grüßt er die Christen der Reichshauptstadt im Namen der gesamten Heidenmission; schließlich kommt Rom ein besonderer Stellenwert unter den Städten der antiken Welt zu.

16,17-20 Letzte Ermahnung

Diese Warnung vor falschen Lehrern überrascht hier ebenso wie ein ähnlicher Einschub im Philipperbrief (Phil 3,2). Man könnte meinen, hier nehme der Apostel seinem Sekretär die Feder aus der Hand, um seinen Namen als Zeichen der Echtheit unter den Brief zu setzen (vgl. 1Kor 16,21-24; Gal 6,11-18; 2Thes 3,17.18). Da ergreift ihn nochmals die Verantwortung des Hirten, und er kann nicht umhin, ein letztes Mahnwort anzufügen. Andere Ausleger sind freilich der Meinung, daß - ähnlich wie in Philippi - sich hier zwischenzeitlich etwas Besonderes ereignet hatte. Vielleicht erfuhr Paulus gerade jetzt von der Ankunft der Irrlehrer in Rom, vor denen er hatte warnen wollen. Man kann sich nicht darauf festlegen, wer gemeint sein könnte, doch ähneln sie wohl den Phil 3,18f beschriebenen Irrlehrern. **17** Mit einem eindrücklichen Imperativ warnt er die Christen, diesen Leuten nicht zu folgen: *Nehmt euch in acht!* Die von diesen falschen Lehrern ausgehende Gefahr liegt nicht nur in der von ihnen verbreiteten falschen Lehre, sondern vor allem in ihrem Einfluß, der zu Spaltungen führt. *Zwietracht und Ärgernis* gehen von ihnen aus, denn sie führen eine Lehre ein, die das apostolische Wort untergräbt. **18** Die in anderen Gemeinden gemachten Erfahrungen veranlassen Paulus zu einer dringenden Warnung. Er wirft diesen Verführern selbstsüchtigen Egoismus vor. *Ihr Bauch* ist keineswegs nur wohlklingende Umschreibung; das Wort erinnert an Phil 3,19, wo der gleiche griech. Begriff erscheint. Alles, was lustvoll ist, ist ihnen angenehm. Sie frönen dem gnostischen Prinzip: Was ist der Leib schon wert? Er ist bloß Gefäß des einzig Wertvollen, nämlich des Geistes. Deshalb ist gleichgültig, wie man mit dem Körper umgeht. Dazu sind sie sehr geschickt, mit *süßen Worten und prächtigen Reden* die Leichtgläubigen einzufangen. Noch einmal lobt deshalb der Apostel die Gemeinde in Rom, deren Treue zum apostolischen Glauben weithin bekannt ist. **19** Weil er nicht will, daß sie mit dem Bösen gemeinsame Sache machen, warnt er so eindringlich. 20 *Der Gott des Friedens:* Wie angemessen ist hier diese Bezeichnung (vgl. 15,33), soll sie doch auf solche aufmerksam machen, die Unfrieden stiften und Spaltungen säen. Paulus ist zuversichtlich, daß der Friedenssifter stärker ist als der Friedenszerstörer: Satan wird bald unter ihren Füßen zertreten sein, so daß er ihnen nicht mehr schaden kann (vgl. zu diesem Bild 1Mo 3,25; 2Kor 11,13-15).

16,21-23 Grüße aus Korinth

Die umfangreiche Grußliste war durch die eben ausgesprochene Warnung unterbrochen worden. Nun soll sie abgeschlossen werden. Die Brüder von Korinth, von wo aus er schreibt, schließen sich den Grüßen des Apostels an. Es läßt sich nicht sagen, ob die Namen deshalb erwähnt werden, weil sie in der Gemeinde eine gewisse Prominenz darstellen oder weil sie eine engere Beziehung zur römischen Gemeinde haben. 21 *Timotheus* ist als enger Vertrauter und Mitarbeiter am Evangelium wohl bekannt. *Luzius, Jason und Sosipater* sind drei Landsleute des Paulus in Korinth, wie er auch in Rom drei hebräische Freunde hat (s. V. 11). Versucht man diese drei Judenchristen in Korinth näher zu identifizieren (vorausgesetzt, daß unter *Stammverwandte* tatsächlich Juden zu verstehen sind), dann könnte man an Luzius von Kyrene denken, der auch mit Antiochien verbunden war (s. Apg 13,1), an Jason, den Gastgeber des Paulus in Thessalonich (Apg 17,5-9) und an Sopater von Beröa, der Paulus auf der Reise von Korinth nach Jerusalem begleitete (Apg 20,4). Als gesichert können diese Mutmaßungen jedoch nicht gelten. 22 Nachdem der Sekretär nun den Eindruck gewinnt, daß Paulus damit tatsächlich zum Schluß gekommen ist, setzt er noch seinen eigenen Namen unter den Brief. Daß den Verfassern der ntl. Bücher Sekretäre (Schreiber) zur Verfügung standen, wird auch 1Petr 5,12 ersichtlich. Tertius und Silvanus allerdings sind die einzigen, die uns namentlich bekannt sind. Auch Gal 6,11 wird dem von einem Sekretär verfaßten Brief ein Nachwort angehängt. Im 1. Jh. war der Sekretär nicht nur ein »Schreiberling«, sondern hatte Anteil an der eigentlichen Abfassung und am Aufbau des Briefes, er war hoch geachtet. 23 Da dem Apostel nun aber noch weitere Namen in den Sinn kommen, denen die Brüder in Rom am Herzen liegen, fügt er nochmals eine Nachschrift an. *Gajus* wird als Gastgeber ausgezeichnet. Bei ihm hatte Paulus während seines Aufenthaltes in Korinth Unterkunft gefunden. Wahrscheinlich handelt es sich um den Mittäufling des Krispus (1Kor 1,14), der möglicherweise auch unter dem Namen Titius Justus bekannt war (Apg 18,7). Der Name begegnet außerdem Apg 19,29; 20,4; 3Joh 1. Mehr noch: Er ist Gastgeber für die *ganze Gemeinde.* Wahrscheinlich hatten die Christen in seinem Haus ihre Versammlungen. *Erastus* war ein hoher Beamter in Korinth, Finanzminister bzw. Stadtkämmerer, ein Christ. Beruflich hatte er wohl wichtige Verbindungen nach Rom, der Reichshauptstadt. Der Name begegnet auch Apg 19,22 und 2Tim 4,20; nicht ganz sicher ist, ob jeweils an die gleiche Person gedacht ist. Vielleicht darf sein Name auch mit einer lateinischen Inschrift in Verbindung gebracht werden, die in Korinth entdeckt wurde und aus dem 1. Jh. stammt. Da heißt es: »Erastus, städtischer Beauftragter für öffentliche Einrichtungen, ließ dieses Pflaster auf eigene Kosten legen.« Doch der Titel, der in der Inschrift genannt wird, deckt sich nicht mit dem von Paulus erwähnten: *oikonomos tes poleos,* LÜ: *Stadtkämmerer. Quartus* ist ein unbekannter Bruder. Der Segen (V. 24) fehlt in den besten Hss. (s. Einleitung S. 259).

16,25-27 Schlußdoxologie

Während Paulus nicht jeden Brief mit einem Lobpreis (Doxologie) beschließt, hat er doch verschiedene verfaßt (vgl. 11,36; Gal 1,5; Eph 3,20; Phil 4,20; 1Tim 1,17). In diesem Lobpreis werden zwei Aspekte von Gottes Wesen hervorgehoben: Er *kann stärken* und er *ist allein weise.* Schon zuvor wurde in diesem Brief darauf hingewiesen (1,16; 14,4). Gottes Allmacht steht durch das Evangelium im Dienst der Erlösung, denn es ist die Kraft Gottes, die da selig macht (d.h. rettet). Der Eingangston klingt nun am Ende des Briefes nochmals auf, nachdem das dem Apostel anvertraute Evangelium in jeder Hinsicht beleuchtet worden ist. Gerade die Verbindung der Doxologie mit dem Gesamtinhalt zeigt, wie fragwürdig der gelegentlich gegen diese Verse vorgebrachte Einwand ist, es handle sich um eine Hinzufügung aus der Feder des großen Irrlehrers des 2. Jhs., Markion, oder eines seiner Schüler. Freilich muß man trotz allem einräumen, daß die Schlüsselbegriffe z.T. ungewöhnlich sind. 25 Das *Evangelium* ist definiert als *Predigt von Jesus Christus,* d.h. die Predigt, die Jesus Christus zum Inhalt hat. In ihr wird die Glaubensgerechtigkeit anstelle der Werkgerechtigkeit angeboten. Die Gerechtigkeit aus dem Glauben läßt sich aber nicht trennen von Jesus, dessen in Leben, Leiden, Sterben und Auferstehen abgeschlossenes Erlösungswerk den Grund bildet. Zum Evangelium gehört auch das jetzt *offenbarte Geheimnis,* nach dem auch den Heiden das Angebot des Evangeliums gilt (vgl. 11,25; Eph 3,3f; Kol 1,26f). 26 Zugleich ist dieses Evangelium *durch die Schriften der Propheten kundgemacht.* Stets hatte Paulus betont, daß das Evangelium nicht von ihm erdacht worden ist, sondern die Einlösung des in den Schriften des AT Vorhergesagten (vgl. 1,2; 3,21; 9,1-11.36). Schon die Propheten des alten Bundes waren Gottes Beauftragte, die Gottes Erlösungswillen zu verkündigen und den *Gehorsam des Glaubens aufzurichten* hatten. Zudem ist für Paulus die Allmacht Gottes auch die Kraft, die den Glaubenden im Glauben erhält. Sie wird zu einer im Christen wirksamen Kraft (vgl. 14,4). So faßt diese Schlußdoxologie nochmals die wesentlichen Aspekte der Unterweisung dieses Briefes zusammen. Der neue Weg des Evangeliums ist nichts anderes als die Verwirklichung des im AT Angekündigten. In beiden Testamenten hat Gott Menschen als Verkündiger seines Willens in seinen Dienst gerufen. Das Evangelium ist nun für alle da und lediglich an die eine Bedingung, an den Glauben, geknüpft. *Allein weise* ist ein göttlicher Wesenszug, der den Apostel in die Anbetung ruft. Für Paulus ist die Weisheit Gottes kein spekulatives Element, keine Philosophie jenseits aller menschlichen Erkenntnis. Sie ist vielmehr die Barmherzigkeit, mit der sich Gott herabneigt zum Sünder, und die in Jesus Christus, der Weisheit Gottes, Ziel und Ausdruck gefunden hat. Solche Weisheit gehört ausschließlich Gott. Deshalb gehört ihm auch Ehre und Anbetung in alle Ewigkeit.

F. Davidson
Ralph P. Martin

Der erste und zweite Brief an die Korinther

Einleitung

Korinth

Paulus kam erstmals im Herbst des Jahres 50 n.Chr. im Verlauf seiner zweiten Missionsreise nach Korinth. Sein Aufenthalt, der sich mehr als achtzehn Monate hinzog (Apg 18,11.18) war außergewöhnlich lang, aber Paulus war auf ausdrückliche Anweisung des Herrn geblieben (Apg 18,9.10). Es ist anzunehmen, daß Paulus ohnedies die strategische Position der Stadt für die Ausbreitung des Evangeliums erkannt hätte. Korinth lag am Isthmus, der einerseits Nordgriechenland mit dem Peloponnes verband und andererseits der Treffpunkt von Schiffahrtslinien zwischen Ost und West war. So war Korinth trefflich als Handels- und Kommunikationszentrum geeignet. Julius Cäsar hat die hundert Jahre früher von den Römern zerstörte Stadt wieder aufbauen lassen und ihr die Rechte einer römischen Kolonie verliehen. Der berühmte, dem Handel zu verdankende Wohlstand des früheren Korinth stellte sich bald wieder ein. Gleiches galt auch für den weltbekannten Ruf sexueller Freizügigkeit, von dem her das Wort »korinthiazem« eine neue Bedeutung erhielt. Der Tempel der Liebesgöttin Aphrodite, der etwa 500 Meter über der Stadt auf dem Berg Akrokorinth lag, gab sogar noch eine wünschenswerte, religiös getarnte Entschuldigung für die Stadt ab, die auch nach den Maßstäben der antiken Welt als ausgesprochen verdorben galt. Die junge christliche Gemeinde in Korinth befand sich in der Tat an einem Ort, dessen Verdorbenheit sprichwörtlich war.

Die Bedeutung der Stadt wuchs schließlich noch, als 27 v.Chr. der römische Statthalter seinen Sitz dorthin verlegte, und sie so zum Verwaltungszentrum der Provinz Achaja wurde, die ganz Griechenland südlich von Mazedonien umfaßte. Paulus hat als erster christlicher Missionar die Gelegenheit genutzt, die sich mit Korinth bot (1Kor 3,5f; 4,15), denn durch das ständige Kommen und Gehen wurde alles, was hier gepredigt wurde, bald in alle Himmelsrichtungen verbreitet und erreichte alle möglichen Völker. So wurde gut zwanzig Jahre nach der Kreuzigung Jesu das Evangelium in der ersten, aber auch verdorbensten Stadt Südgriechenlands verkündigt, deren brodelnde Bevölkerung von ca. einer halben Million aus Griechen, Römern, Juden und Angehörigen anderer Nationen bestand und ein kosmopolitisches Klima bot.

Die Gemeinde zu Korinth

Die Gemeinde zu Korinth scheint ziemlich groß gewesen zu sein (Apg 18,8.10). Von Verfolgung war sie offensichtlich nicht bedroht (1Kor 4,10). Unter ihren Gliedern gab es einige Juden (Apg 18,7.8), aber mehrheitlich setzte sie sich aus ehemaligen Heiden zusammen, die auch ihr Gepräge bestimmten. Nicht wenige waren als Randsiedler der Gesellschaft gerettet worden (1Kor 6,9-11). Judaisierende Tendenzen, die anderen Gemeinden mit jüdischen Gliedern zu schaffen machten, waren in Korinth kaum ein Problem (1Kor 7,18). Die im 2Kor erwähnten »Überapostel« mit ihrem »anderen Evangelium« scheinen mehr damit beschäftigt gewesen zu sein, die Autorität des Paulus zu untergraben, als Judenchristen in jüdische Lebensgewohnheiten zurückzuholen. Andererseits überlagerte das Heidentum das ganze Leben in Korinth. Paulus mußte sich deshalb vor allem den Fragen widmen, die das tägliche Leben der Christen begleiteten. Reinheit dürfte in dieser Umgebung eine unbekannte Vokabel gewesen sein (1Kor 5,9; 6,9-11.15). Galt das für das Heidentum allgemein, so erst recht für Korinth. Die Christen mußten sich entscheiden, wie sie sich gegenüber heidnischen Gruppierungen verhalten wollten (1Kor 8 + 10) und wie sie reagieren wollten, wenn sie von ihren heidnischen Nachbarn zum Essen eingeladen wurden (1Kor 10,27).

Das Spektrum der sozialen Herkunft reichte in der Gemeinde vom wohlhabenden Stadtkämmerer (Röm 16,23) bis zum jüdischen Flüchtling (Apg 18,2), zu ehemaligen Stadtstreichern und Prostituierten (1Kor 6,10f). Nicht wenige der Gemeindeglieder waren gebildet und klug (1Kor 1,26), Wettstreit um Anerkennung und Ehre war nicht unbekannt (1Kor 4,10). Von billiger Rhetorik ließ man sich begeistern (1Kor 1,20ff; 2,1ff) und rühmte sich dann der jeweiligen Lehrer (1Kor 3,4). Man schreckte auch nicht davor zurück, unbequeme Aussagen des Paulus »zeitgemäßer« zu machen (1Kor 15,12).

Die Labilität der Christen in Korinth überrascht nicht angesichts der Spannungen, in die sie durch ihre äußerst antichristlich geprägte religiöse und sittliche Umgebung hineingezogen wurden. Die internationale Zusammensetzung der Gemeinde trug zweifelsohne ihren Teil dazu bei. Ihre mangelnde Kenntnis des Alten Testaments fiel auf, wenn auch Apollos dazu beitragen konnte, diesem Defizit etwas abzuhelfen. Paulus bat ihn um diesen Dienst (1Kor 16,12 und Apg 18,27f). Die Spaltungen, die durch die Gemeinde gingen, zeigten sich an verschiedenen »Parteien« (1Kor 1,12) und an verschiedenen einander widersprechenden ethischen Richtungen: auf der einen Seite Freizügigkeit auf sexuellem Gebiet (1Kor 5), auf der anderen Seite die Aufforderung zur Ehelosigkeit (1Kor 7). Für Paulus bestehen die Spaltungen nicht in erster Linie aufgrund unterschiedlicher Lehraussagen, sie haben ihren Grund vielmehr darin, daß die Korinther sich wie Weltmenschen benehmen (1Kor 3,3). Ein Ausleger gebraucht folgendes Bild: Die paulinischen Briefe heben das Dach von den Versammlungssälen der ersten Christen ab und gewähren uns einen Blick in das Innere der Gemeinden. Das gilt in besonderem Maße von den Briefen, die an die Gemeinde in Korinth gerichtet sind.

Die Verbindungen des Paulus mit Korinth

Die Apostelgeschichte berichtet von zwei Besuchen des Paulus in Korinth (Apg 18; 20). Zudem spricht er selbst von den Briefen, die zwischen ihm und der von ihm gegründeten Gemeinde hin und her gingen (1Kor 7,1a; 2Kor 2,4). Geht man von seinen Briefen aus, so hat man den Eindruck, daß zwischen Paulus und den Korinthern ein enges und persönliches Verhältnis bestand. In Korinth selbst wohnte er zunächst bei Aquila und Priszilla, die wie er selbst Lederhandwerker waren und sich in Korinth niedergelassen hatten (Apg 18,1-3). Obwohl Paulus bei seiner Ankunft die missionarischen Möglichkeiten skeptisch beurteilte (1Kor 2,3), konnte er einige angesehene Personen zum Glauben an Christus führen, unter ihnen Crispus, den Vorsteher der Synagoge (Apg 18,8), mit seinem ganzen Hause und Sosthenes (1Kor 1,1), der wahrscheinlich der Nachfolger im Amt des Crispus war (Apg 18,17). Dazu kam noch eine Vielzahl von Bekehrungen unter der Stadtbevölkerung (Apg 18,8.10; 1Kor 1,26).

Die Ankunft von Timotheus und Silas ermutigte Paulus zu einem noch intensiveren Vorgehen, was zu einer starken Opposition seitens der Synagoge führte. Aber der römische Prokonsul Gallio ließ die von den Juden gegen Paulus erhobene Anklage nicht gelten; ihr Vorgehen provozierte sogar eine allgemeine antisemitische Demonstration der Stadtbevölkerung (Apg 18,12-17). Paulus blieb also, wandte sich den Heiden zu und konnte die Gemeinde unter dem stillschweigenden Schutz der römischen Behörden aufbauen. Nach »vielen Tagen« (Apg 19,18) brach er zu einer weiteren Missionsreise auf, die ihn nach Ephesus, Jerusalem und Antiochia, weiter durch Kleinasien und zurück nach Ephesus bringen sollte. Dort machte er für zwei Jahre Station (Apg 18,11.18-23; 19,1).

Aquila und Priszilla hatten Korinth mit Paulus verlassen. In Ephesus ergab sich für sie die Gelegenheit, einem jungen bekehrten Juden namens Apollos geistlich beizustehen. Dieser fuhr dann über die Ägäis nach Korinth, um die durch die Abwesenheit des Paulus entstandene Lücke auszufüllen (Apg 18,28; 1Kor 3,6). Es fehlte aber auch nicht an anderen Lehrern (1Kor 4,15), obwohl die »Kephaspartei« (1Kor 1,12) noch nicht als Beweis dafür gelten darf, daß Petrus selbst in Korinth gewirkt hat. Später besuchte Paulus Korinth nochmals von Ephesus aus und blieb drei Monate, bevor er (soviel wir wissen, zum letzten Mal) aufbrach, um über die Landroute nach Jerusalem zu gelangen; so entging er den Juden, die ihm auf See auflauerten (Apg 20,3). Während wir die großen Linien nachzeichnen können, bleiben Details mitunter ungeklärt.

Die Anzahl der Briefe und der Besuche

Mehr als die anderen Briefe stellen uns die an Korinth gerichteten vor Probleme, was die Reihenfolge der Ereignisse betrifft, auf die sie sich beziehen. Frühere Ausleger gehen davon aus, daß Paulus vor der Abfassung des 2. Korintherbriefes nur einmal die Stadt besucht hatte. Man nahm an, daß der 2Kor 2,3 und 7,8 erwähnte Brief unser 1. Korintherbrief sei, und daß der 2Kor 2,5-11 genannte Sünder jener Mann sei, der nach 1Kor 5 in Blutschande gefallen war. Keine dieser Voraussetzungen wird von den heutigen Auslegern für wahrscheinlich gehalten, die in der Mehrzahl davon ausgehen, daß der 1. Korintherbrief kaum dem Brief entsprechen kann, der *aus großer Trübsal und Angst des Herzens unter vielen Tränen* geschrieben wurde (2Kor 2,4). Wenn das stimmt, dann ist dieser sog. Tränenbrief verloren gegangen.

Weniger einig ist man sich in einer anderen Frage, die 2Kor 10-13 betrifft. Der schroffe und unvorbereitete Tonwechsel wurde dahingehend gedeutet, daß dieser Abschnitt dem Brief erst später beigefügt worden sein könnte und er ursprünglich wohl Teil des 2Kor 2,3f erwähnten Tränenbriefes war. Weiter nahmen einige Ausleger an, daß Bruchstücke des verlorenen Briefes in 1Kor 6,12-20 und 2Kor 6,14-7,1 enthalten seien. Mit aller Deutlichkeit muß aber gesagt werden, daß es weder in den

Handschriften noch in den patristischen Quellen irgendwelche Hinweise auf die Haltbarkeit dieser Konjekturen gibt. Redaktoren, die in der frühen Christenheit die apostolischen Schriften mit Schere und Klebestreifen bearbeiteten, sind das Produkt moderner Phantasie. Die Alten benutzten für längere Briefe Papyrusrollen, keine Blätter. Es ist kaum vorstellbar, daß irgendwelche in sich abgeschlossene, sinnvolle Abschnitte solcher Rollen für sich einige Zeit überlebten, um dann von einem späteren Redaktor zusammengefügt oder andernorts eingebunden zu werden.

In jüngerer Zeit zeigten Ausleger wieder mehr Bereitschaft, die Einheit des 2. Korintherbriefes zu akzeptieren, eine Einheit, die sich trotz aller Wandlungen in Ton und Thema in dem durchgehenden Anliegen eines weiteren, d.h. des dritten Besuches des Apostels niederschlägt. »Der Leser folgt im Geist Paulus von Ephesus durch Troas nach Mazedonien (2Kor 1-7), dann verweilt er mit ihm einige Zeit in den mazedonischen Gemeinden (Kap. 8 und 9). Schließlich nimmt er Anteil an der Erörterung der Zustände in der Gemeinde zu Korinth, die im Blick auf den erwarteten Besuch des Paulus geführt wird« (Zahn).

Eine Rekonstruktion der Ereignisse sieht etwa so aus: 1. Ein »erster« Brief wurde von Ephesus aus geschrieben (1Kor 5,9); dieser Brief ist höchstwahrscheinlich verschwunden, obwohl ihn einige Ausleger in 2Kor 6,14-7,1 wiederfinden wollen. 2. Ein Antwortbrief kommt aus Korinth, in dem weitere Fragen angeschnitten werden (1Kor 7,1). 3. Der uns vorliegende 1. Korintherbrief wird von Ephesus aus geschrieben (1Kor 16,8) und geht auf die Fragen des Briefes aus Korinth ein. 4. Der kurze und schmerzliche Besuch des Paulus in Korinth findet statt (2Kor 2,1). 5. Der sog. Tränenbrief wird (2Kor 2,3.4.9; 7,8) von Ephesus aus geschrieben. Obwohl verschiedene Ausleger meinen, er finde sich in 2Kor 10-13 wieder, ist er wahrscheinlich verloren gegangen. Den Korinthern mag wenig daran gelegen haben, ihn aufzubewahren. 6. Der Versöhnungsbrief, der unser 2. Korintherbrief ist, wird von Mazedonien aus geschrieben. 7. Zum dritten und letzten Mal hält sich Paulus den Winter über in Korinth auf, bevor er über Mazedonien nach Judäa reist, um die Kollekte für die Gemeinde in Jerusalem zu überbringen.

Die zeitliche Einordnung

Die 18 Monate, die Paulus gegen Ende seiner zweiten Missionsreise in Korinth verbrachte (Apg 18,11), erstreckten sich höchstwahrscheinlich von Anfang des Jahres 50 n.Chr. bis zum Frühsommer 52. Eine Inschrift in Delphi läßt eine ziemlich genaue Datierung dieses Lebensabschnittes des Paulus zu. Aus ihr ergibt sich, daß Gallio, der Bruder des Philosophen Seneca, im Juli 51 als Prokonsul von Achaja nach Korinth kam (vgl. Apg 18,12-17). Gallios *bema,* sein Richterstuhl (Apg 18,12), und der *makellon,* der Fleischmarkt (1Kor 10,25), konnten ebenfalls identifiziert werden. Als Gallio sein auf ein Jahr befristetes Amt antrat, scheinen die Juden versucht zu haben, sogleich Paulus den Prozeß zu machen. Aber seine Widersacher wurden abgewiesen, ohne daß der Apostel auch nur ein Wort zu sagen brauchte (Apg 18,14). Durch einen Akt von Lynchjustiz wurden sie auseinandergetrieben. So blieb Paulus »noch eine Zeitlang daselbst« (Apg 18,18), bevor er eine weitere Missionsreise unternahm.

Fünf bis sechs Jahre später kam Paulus für etwa drei Monate nach Achaja zurück (Apg 20,3). Sicherlich hat er einen Teil dieser Zeit in Korinth verbracht. Dann machte er sich auf den Weg, um - wie es sich später herausstellte - zum letzten Mal Jerusalem zu besuchen. Die beiden uns erhaltenen Briefe sind demgemäß - um die äußersten Daten zu nennen - zwischen 51 und 57 n.Chr. einzuordnen. 1Kor 16,8 weist darauf hin, daß der erste Brief gegen Ende des Aufenthaltes in Ephesus geschrieben wurde. Damit ergibt sich für 1Kor etwa die Zeit des Frühjahrs 54. Wahrscheinlich hat Titus den Brief überbracht, um zugleich die Kollekte für die von einer Verarmung getroffenen Judenchristen in Jerusalem zu veranlassen. Wenn das zutrifft, dann wäre der zweite Brief, ausgehend von 2Kor 8,10, etwa ein Jahr später anzusetzen. Abgefaßt wurde er irgendwo in Mazedonien (2Kor 2,13; 7,5-7; 8,1; 9,2-4). Einige Handschriften enthalten am Schluß die Bemerkung »von Philippi«. Es handelt sich um frühe Handschriften, was aber nicht ausschließt, daß es eine nachträgliche Anfügung ist. Sollte Paulus den Brief während der Reise an verschiedenen Orten geschrieben haben, dann ließe sich auch von daher leichter der unvorbereitete Tonwechsel erklären, der manchen Auslegern Probleme aufgibt.

Auf jeden Fall gehören die Korintherbriefe mit zu den ältesten neutestamentlichen Schriften; ihre Abfassung ist ca. 25 Jahre nach der Kreuzigung Jesu anzusetzen. Hunderte waren noch am Leben, die lebhafte Eindrücke von Christi Wirken und Worten hatten. Paulus beruft sich sogar darauf, indem er in der berühmten Liste der Zeugen des Auferstandenen sich auf die noch Lebenden bezieht (1Kor 15,6).

Die Echtheitsfrage

Die Echtheit der beiden Korintherbriefe ist unbestritten. Die Verfasserschaft des Paulus ist so offensichtlich, daß sie von den Auslegern gewöhnlich ohne Diskussion akzeptiert wird. Neben der Tatsache, daß der Autor selbst sich als Paulus bezeichnet (1Kor 1,1; 16,21; 2Kor 1,1; 10,1), sind die Briefe auch, was den Ton, die Wortwahl, den Stil und die Art der Lehre angeht, unübersehbar paulinisch. Und die Erwähnung der noch Lebenden aus den mehr als Fünfhundert, die den Auferstandenen gesehen hatten (1Kor 15,6), wäre wahrlich ein schlechter Witz, wenn der Brief das Werk eines Fälschers aus dem 2. Jh. wäre. Hinzu kommen viele Übereinstimmungen mit der Apostelgeschichte und den anderen paulinischen Briefen, die sich schwerlich als Zufälle oder Erfindungen erklären lassen.

Aber auch die äußere Bezeugung der Briefe ist höchst eindrücklich. In einem Brief an die Gemeinde von Korinth beruft sich Clemens von Rom auf die Autorität des 1Kor und nennt ihn einen Brief des »gesegneten Apostels Paulus« (1 Clemens 47,1). Das war um 95 n.Chr. Damit wird erstmals eine der ntl. Schriften außerhalb der Bibel zitiert. Ignatius (um 110) scheint einen Großteil des 1Kor auswendig gekannt zu haben. Polykarp (ca. 156 als Märtyrer hingerichtet) zitiert als erster in seinem Brief an die Philipper (vor 120) den 2Kor. Aber abgesehen von all dem kann festgestellt werden, daß die Echtheit der Korintherbriefe niemals ernstlich in Frage stand. Sogar der Häretiker Markion (um 145) räumte ihnen in seinem ziemlich willkürlichen Kanon einen Platz ein.

Paulus' Anlaß zu schreiben

Korinth liegt westlich von Ephesus auf der gegenüberliegenden Küste des Ägäischen Meeres. Die Entfernung zwischen beiden Städten beträgt etwa 400 km. Gewöhnliche Frachtschiffe machten zwei bis drei Knoten (3,5-5,5 km/h) und benötigten nur wenige Tage für die Reise. Der Nachrichtenaustausch zwischen diesen beiden Hafenstädten muß daher sehr rege gewesen sein. Von Zeit zu Zeit werden wohl auch Christen hin- und hergefahren sein. Unter den Besuchern in Ephesus befanden sich u.a. auch »die Leute der Chloë« (1Kor 1,11); vermutlich verbergen sich hinter dieser Bezeichnung Sklaven oder Freigelassene dieses Hauses (s. Komm. zu dieser Stelle). Sie hatten Paulus betrübliche Nachrichten zu übermitteln. Die Christen in Korinth spalteten sich in verschiedene Parteien, und zwar nicht wegen unterschiedlicher Lehrmeinungen, sondern weil sie Anhänger des einen oder des anderen Lehrers waren. Die einfacher formulierten, direkten Aussagen des Paulus z.B. verglich man zu seinem Nachteil mit der geschliffenen Rhetorik Apollos' (1Kor 1,12; 3,4; 4,6). Das überrascht nicht weiter, denn die Griechen waren gewohnt, sich an den sprachlichen Feinheiten stoischer Redner zu freuen. Es ist auch möglich, daß christliche Lehrer, ähnlich wie in Galatien, von Jerusalem gekommen waren, um für das Judentum zu werben (1Kor 7,18). Dazu hatten die Leute der Chloë noch Bedenklicheres zu berichten: Ein Mann hatte seine verwitwete Stiefmutter geheiratet (1Kor 5). Christen prozessierten miteinander in Geschäftsangelegenheiten vor heidnischen Gerichten in Korinth (1Kor 6). Und die Zusammenkünfte, bei denen man das Herrenmahl feierte, arteten zu einem Cliquenwesen aus, so daß einige Gemeindeglieder hinausgedrängt wurden (1Kor 11,17ff). Während Paulus über diese Mißstände besorgt nachdachte, traf ein Brief von den Christen in Korinth ein (1Kor 7,1; 16,7). Das ist der einzige Brief, den Paulus nach unseren Informationen mit Sicherheit empfangen hat. Doch lassen außerbiblische Papyrusfunde keinen Zweifel daran, daß die Griechen eifrige Briefschreiber waren. Man darf sicher davon ausgehen, daß Paulus Briefe bekam. Die Korinther waren im christlichen Glauben unerfahren und hatten zudem keine Schriften, die sie zu christlicher Lebensgestaltung angeleitet hätten. Deshalb wandten sie sich mit ihren Fragen an Paulus: Wie sieht die christliche Einstellung zur Geschlechtlichkeit aus? Wie verhält sich der Christ zur Ehe? Wie zur Ehescheidung? Können Christen ihr Fleisch in den großen Schlachthöfen kaufen, die in Verbindung mit den heidnischen Tempeln betrieben werden? Sollten sich die Frauen für den Gottesdienst so kleiden, als ob es sich um eine private oder um eine öffentliche Angelegenheit handelte? (Natürlich gab es keine Kirchen; die Christen hatten ihre gottesdienstlichen Zusammenkünfte in geräumigen Privathäusern.) Sollten sich entsprechend begabte Frauen auch an der Leitung der Gottesdienste beteiligen? (Die griechische Frau war an größere Freiheit gewöhnt als die jüdische, und zur Gemeinde in Korinth gehörten Leute aus beiden Kulturkreisen). Der Gottesdienst wurde gelegentlich durch unkontrolliertes, ekstatisches Reden unterbrochen. Wie sollte man sich in solchen Fällen verhalten? Und schließlich, was sollte man sich unter »Auferstehung« vorstellen? Unsterblichkeit war dem griechischen Denken zwar geläufig, »Auferstehung« dagegen war eine jüdische Vorstellung.

Der uns vorliegende 1Kor ist die Antwort des Paulus, die erst auf die besorgniserregenden Berichte von Chloës Leuten eingeht (1Kor 1-6) und sich dann den von den Korinthern angesprochenen Problemen zuwendet. Auch wenn spätere Generationen den ersten Brief des Apostels für wertvoll hielten, sollte es uns nicht überraschen, daß die Korinther über die Entgegnung des Apostels recht aufgebracht waren. Paulus ignoriert zunächst ihren Brief und greift sie wegen der ihm von Chloës Leuten berichteten Mißstände heftig an. Unabhängig davon, was Paulus unternommen hat, um sich von der Zuverlässigkeit dieser Gerüchte zu überzeugen, kann man sich gut vorstellen, daß schon allein dadurch beträchtliche Verärgerung ausgelöst wurde, daß er auf Berichte von dritter Seite einging. Wem gefällt es schon, daß man negativ von ihm redet (1Kor 1,26), mit ihm wie mit einem Kind spricht (1Kor 3,1; 4,21), oder ihm ungeschminkt sagt, was sich gehört (1Kor 11,16; 14,36)? Verglichen mit dem, was Paulus in Liebe und Eifer beabsichtigte, dürfte der 1Kor seinen Empfängern nicht gerade willkommen gewesen sein.

Wie es zwischen Paulus und der Gemeinde in Korinth weiterging, zeigen die Eingangsverse des 2Kor. Man hat den Eindruck, daß sich die Umstände in Korinth so verschlechtert hatten, daß Paulus seine Arbeit in Ephesus abbrechen wollte, um nach Korinth zu eilen. Aber diese Reise endete mit einem schmerzlichen Eklat. Es fiel ihm sehr schwer, aber aus Sorge um die Gemeinde schrieb er einen weiteren Brief (2Kor 2,3.4), obgleich er befürchtete, daß die offene Sprache sie wieder verletzen würde (2Kor 7,8). Titus überbrachte den Brief. Paulus vereinbarte mit ihm ein Treffen in Troas, um zu hören, wie die Korinther reagiert hätten (2Kor 2,12.13). Aber Titus erschien nicht. Obgleich sich in Troas missionarische Möglichkeiten boten, war Paulus so besorgt, daß er sich nicht damit aufhalten wollte. Statt dessen machte er sich auf den Weg nach Mazedonien (2Kor 2,12-14). Zu seiner großen Erleichterung traf er dort Titus. Seine Freude kannte keine Grenzen, als er vernahm, daß die Korinther total verwandelt waren (2Kor 7,5-7). Paulus schrieb umgehend einen Antwortbrief (unseren 2Kor), um seinem Dank über die geschehene Versöhnung Ausdruck zu geben. Doch er mußte auch jetzt noch recht hart über gewisse selbsternannte Apostel reden, die in Korinth aufgetreten waren, um die Autorität des Paulus zu untergraben (2Kor 10-13). Aber bei aller Strenge bricht die Liebe des Apostels durch: »Ich aber will gern . . . hingegeben werden für eure Seelen« (2Kor 12,15). »Bedenkt man die Herkunft dieser Christen, dann weiß man beim Lesen der Korintherbriefe nicht, worüber man sich mehr wundern soll: Über den unerschrokkenen Glauben und den überragenden Mut des Apostels, der doch wohl aus Verzweiflung hätte aufgeben können, oder über den Gott, der auf solchem nichtsversprechenden Boden seine Kirche in dieser Welt baut« (William Neil). S. weiterhin den allgemeinen Artikel »Die Paulusbriefe«, S. 79ff.

Der erste Brief an die Korinther

Inhalt

1,1-9	**Einleitung**	
	1,1-3	Grußwort
	1,4-9	Danksagung
1,10-4,21	**Parteiungen in der Gemeinde**	
	1,10-17	Rivalisierende Gruppen
	1,18-2,16	Gottes Weisheit
	3,1-4,21	Gottes Knechte
5,1-6,20	**Sittliches Versagen**	
	5,1-13	Blutschande
	6,1-11	Prozesse der Christen vor heidnischen Gerichten
	6,12-20	Verurteilung der Hurerei
7,1-40	**Ehefragen**	
	7,1-7	Die erste Frage
	7,8.9	Die zweite Frage
	7,10.11	Die dritte Frage
	7,12-16	Die vierte Frage
	7,17-24	Ein allgemeiner Grundsatz

	7,25-38	Die fünfte Frage
	7,39.40	Die sechste Frage
8,1-11,1	**Christliche Freiheit und ihre Grenzen**	
	8,1-13	Die Achtung vor dem Gewissen der andern
	9,1-27	Der Verzicht auf bestehendes Recht
	10,1-13	Warnung vor der Gefahr, von Gott verstoßen zu werden
	10,14-22	Die Unmöglichkeit von Kompromissen
	10,23-11,1	Zusammenfassung der geltenden Grundsätze
11,2-14,40	**Würdiges Verhalten im öffentlichen Gottesdienst**	
	11,2-16	Die Verschleierung der Frauen
	11,17-34	Das Herrenmahl
	12,1-31	Die Gnadengaben
	13,1-13	Das Hohelied der Liebe
	14,1-40	Prophetische Rede und Zungenrede
15,1-58	**Die Auferstehung**	
	15,1-11	Die Auferstehung Christi
	15,12-34	Die Auferstehung der Christen
	15,35-58	Der Auferstehungsleib
16,1-24	**Weitere Anliegen**	
	16,1-4	Eine Sonderkollekte
	16,5-12	Weitere Pläne des Apostels
	16,13-24	Schlußgrüße

Kommentar

1,1-9 Einleitung

1,1-3 Grußwort

1 Paulus folgt dem im 1. Jh. üblichen Briefstil: Genannt werden Absender und Empfänger, dann folgt das Grußwort. An jeder Stelle wird ein christlicher Akzent beigefügt. *Berufen:* Nach dem NT wird man Christ, indem man einem Ruf folgt. *Der Wille Gottes* kann sich auf die Bekehrung des Paulus beziehen (Apg 22,10; Gal 1,15) und auf seine einzigartige Beauftragung, die Botschaft Gottes den Heiden zu bringen (Apg 9,15; Röm 15,15f). Damit würde Paulus die ihm von Gott verliehene Autorität unterstreichen, die einige Christen in Korinth in Frage stellten (s. z.B. 1Kor 9,1f). *Sosthenes* war womöglich der frühere Vorsteher der Synagoge (Apg 18,17). Jetzt ist er in Christus zum *Bruder* geworden (vgl. Mt 23,8). Gläubige finden sich als Kinder des einen Vaters auf einer Ebene (vgl. Gal 3,28; Kol 3,11). **2** *Die Gemeinde Gottes:* sie wird so genannt, weil sie von Gott geschaffen ist und ihm gehört, nicht irgendeiner Partei (vgl. 1,12). *In Korinth:* das ist die örtliche Verkörperung der universalen Gemeinschaft (vgl. Einführung zur Stadt Korinth). *Geheiligte:* das sind Menschen, die durch den Heiligen Geist, nicht durch menschliches Tun geleitet werden. *Heilige:* solche sind sie nicht in erster Linie im ethischen Sinn, sondern weil Gott sie für sich in Anspruch nimmt, und sie zu ihm gehören (vgl. 2Mo 19,6; s. dazu Komm. zu 2Kor 1,1). Das hat allerdings ethische Konsequenzen. *Samt allen, die den Namen unseres Herrn Jesus Christus anrufen an jedem Ort:* eine Umschreibung des Glaubens und des Gottesdienstes (vgl. Röm 10,12.13). Damit wird deutlich gemacht, wer zur universalen Gemeinde Jesu Christi gehört. **3** *Gnade* ist die von Gott geschaffene Basis, auf der sich das ganze christliche Leben abspielt. *Friede* ist die Folge der von Gott in Christus geschaffenen Erlösung (s. Komm. zu 2Kor 1,2). *Der Herr Jesus Christus* lebte vor nur 25 Jahren in Palästina und ist nun in wunderbarer Weise überall in der Gemeinde Gottes gegenwärtig, auch in Korinth, wenn sie den Brief des Paulus lesen. Zudem ist er eins mit Gott, der die Quelle alles himmlischen Segens ist.

1,4-9 Danksagung

4 *Ich danke meinem Gott:* Paulus ist sich ständig dessen bewußt, was Gott getan hat. Obwohl er noch ernste Kritik üben wird, möchte er die durch ihn zum Glauben Gekommenen aufmuntern, wo immer sich eine Möglichkeit dazu bietet. *Die Gnade Gottes:* sie ist die Quelle all dessen, was sie haben. **5** Paulus erwählt ausdrücklich zwei Gaben, die von den Korinthern als Griechen hoch eingeschätzt werden: Die *Lehre* als eine Fähigkeit, Wahrheit wirkungsvoll weiterzusagen, und die *Erkenntnis,* das rechte Verständnis der Wahrheit. **6** *Die Predigt:* sie ist das »Zeugnis« *(martyrion)* von Christus, das Paulus ihnen gebracht hatte, als er bei ihnen war. Ihr umgewandeltes Leben ist die Bestätigung dafür, daß das Zeugnis wahr ist. **7.8** *Gabe,* griech. *charisma:* d.h. Gnadengabe. Im Singular steht das Wort für Heil (Röm 5,15), im Plural für Gottes Gaben (Röm 11,29) im allgemeinen, und hier wie in 1Kor 12,14 bezeichnet es die besonderen Gaben des Heiligen Geistes zum Dienst in der Gemeinde. Paulus selbst hatte keinen Mangel an geistlichen Gaben (vgl. z.B. 14,18); aber sein Glaube und Vertrauen richteten sich auf Christus selbst. Er ist es, der *fest erhält bis ans Ende.* Das ist ein dezenter Hinweis darauf, daß die Korinther trotz aller geistlichen Gaben das Ziel noch nicht erreicht haben. Die volle Erlösung ist dem *Tag unseres Herrn Jesus Christus* vorbehalten, dem Tag seiner Wiederkunft in Herrlichkeit. Dann wird er sie für straffrei erklären, denn es wird sich bei ihnen keine Schuld mehr finden (vgl. Röm 8,33). **9** Gottes Wesen selbst garantiert, daß sie das Ziel ihrer Berufung erreichen (vgl. 1,2). Die *Gemeinschaft* besteht darin, daß die Christen an Christus selbst Anteil haben. Die Herrschaft Christi wird in diesen Versen, mit denen Paulus den Rahmen des Briefes gestaltet, mehrmals erwähnt.

1,10-4,21 Parteiungen in der Gemeinde

Kap. 1-6 sind die engagierte Antwort des Paulus auf die skandalösen Berichte, die ihn von Korinth erreicht haben (vgl. 1,11). Näheres s. Einleitung: Paulus' Anlaß zu schreiben.

1,10-17 Rivalisierende Gruppen

10 Paulus appelliert an ihre gemeinsame Beziehung zu Christus. Sie sind ihm *Brüder,* und sie sind untereinander Brüder. Unter Anrufung des *Namens* Jesu heilten die Apostel (Apg 3,6), tauften sie (Apg 2,38), richteten sie (1Kor 5,3). Dieser machtvolle Name, der über allen anderen Namen steht (V. 12), kann die Wunden heilen, aus denen die zerrissene Gemeinde blutet. *Mit einer Stimme reden:* das ist das Mittel, um die Schlachtrufe der Parteien zu überwinden. *Haltet einander fest:* im Griech. steht »seid zusammengenäht«, das gleiche Wort, das Mt 4,21 vom Netzflicken gebraucht wird (vgl. auch 2Kor 13,11). Was vorgefallen war, ist Paulus *bekannt geworden,* so daß kein Raum für falsche Vorstellungen oder Zweifel ist. **11** *Die Leute der Chloë:* sie sind wohl Sklaven aus diesem Haushalt. Chloë war aber auch der volkstümliche Name für die Göttin Demeter, die die Römer Ceres nannten. In Griechenland waren ihr 56 Tempel geweiht, davon einer in Korinth. Chloës Leute scheinen unbeteiligte Berichterstatter gewesen zu sein, die sich zu keiner Partei hielten. Möglicherweise verehrten sie früher Chloë. Sie standen u.U. Paulus besonders nahe, denn schon im Heidentum galt Chloë als reine Göttin; man hatte Reinigungsriten, die in manchem an die Taufe erinnerten, aß nur bestimmte Speisen und glaubte an ein Leben nach dem Tod. Die Orgien, die der Pöbel veranstaltete, waren ihnen so zuwider wie Paulus. *Brüder,* unter denen *Streit* ist: das ist ein Widerspruch in sich selbst. **12** *Der eine…:* das bedeutet nicht notwendigerweise, daß alle Gemeindeglieder in das Parteiwesen verstrickt waren, aber doch die Mehrzahl. Die Gründe für diesen Personenkult kann man nur vermuten. *Ich gehöre zu Paulus:* so lautete wohl der Anspruch derjenigen, die durch ihn zum Glauben gekommen waren. Paulus schätzt Treue (2Tim 4,11); aber er will keine Pauluspartei. *Apollos* war Paulus' Nachfolger in Korinth (Apg 18,24; 19,1). Seine Beredsamkeit gefiel sicher den Griechen; seine Gelehrsamkeit in biblischen Dingen schaffte ihm unter den Juden Anhänger. Paulus spricht von ihm immer mit Hochachtung. *Kephas* ist das aram. Wort für Petrus (vgl. Joh 1,42). Ein sonst nicht erwähnter Besuch des Petrus in Korinth läßt sich nicht ausschließen (1Kor 9,5 deutet auf ein Leben als Wanderprediger hin). Die persönliche Parteinahme könnte freilich auch durch seine Vorrangstellung im Kreis der Zwölf bedingt sein. Auch sein besonderes Interesse an der Judenmission könnte mitspielen (Gal 2,7). Womöglich beziehen sich diejenigen, die sich besonderer geistlicher Unabhängigkeit rühmen, auf Christus. *Ich zu Christus:* so könnte der korrigierende Einwurf des Paulus lauten, wenngleich die deutliche Parallelformulierung das wenig wahrscheinlich macht. **13** Man beachte, wie ausschließlich Paulus auf Christi Person, Werk und Namen verweist, die die Christen vereinen und keinerlei Raum für eine Bindung an Paulus oder sonst jemand lassen. **14.15** Paulus will die Taufe keineswegs herabsetzen. Aber er ist dankbar, daß er sie nicht vollzogen hat, um sich eine eigene Anhängerschaft aufzubauen. *Krispus:* vgl. Apg 18,8. *Gajus:* vgl. Röm 16,23. **16** Die Familie bzw. die, die zum *Haus des Stephanas* gehörten, waren die ersten, die sich in der Provinz Achaja zu Christus weisen ließen. Dieser Vers allein liefert keine Begründung für die Kindertaufe, denn von 16,15 her dürften die Glieder dieser Familie erwachsen gewesen sein. **17** Der vorrangige Auftrag des Paulus bestand nicht im Taufen. Die *klugen,* rhetorisch ausgefeilten *Worte* waren bei den Griechen besonders beliebt, konnten sicherlich begeistern, bargen aber in sich die Gefahr, den Sinn des Kreuzes zu verdunkeln.

1,18-2,16 Gottes Weisheit

18.19 Paulus stellt menschliche Weisheit, die

Gott nicht einbezieht und den Menschen in den Mittelpunkt stellt, der Weisheit Gottes gegenüber. Das *Wort* ist das verkündigte Evangelium. *Torheit:* vgl. Gal 5,11. Es erscheint unsinnig, daß der Sohn des allmächtigen Gottes unerkannt blieb und mißhandelt wurde. Die Menschen erwarten von Gott zwar, daß er die Sünde vernichtet, nicht aber, daß sie ihn vernichtet. *Verloren werden ... selig werden:* Diese Trennung der Menschen findet nach wie vor statt. Verdammung und Errettung werden beim letzten Gericht endgültig vollzogen. *Gotteskraft* (vgl. Röm 1,16; griech.: *dynamis*): Dynamit, mit dem er menschliche Überheblichkeit und Weisheit zerschlägt (vgl. 1Kor 2,5). *Ich will zunichte machen . . .:* das ist ein Zitat aus Jes 29,14. Der Gegensatz zwischen Gottes Weisheit und Menschenweisheit war schon im AT offenbar (z.B. in den Sprüchen). **20** Was können denn die Philosophen, die Schriftsteller und die Kritiker der Welt mit all ihrer Weisheit ausrichten? Jede Partei der Korinther will die andere mit ihrer Klugheit übertrumpfen. Aber zurechtgebracht wird der Mensch erst, wenn sein Herz vor Gott zerbrochen ist; Klugheit hilft hier nicht weiter.

21 *Weisheit Gottes:* Gott ordnet die Angelegenheiten der Menschen im voraus, ohne daß sie es wissen (Apg 14,16; 17,30). *Gott erkennen* bedeutet, daß man sich im Einklang findet mit seinem Willen und seinem Wesen (Jer 22,15.16). Das ist der Welt fremd (Spr 1,7; 3,7). *Welt ... ihre Weisheit:* das ist der von ihr selbst gewählte Erkenntnisweg (Röm 1,21f). *Gefiel:* Gottes souveränes, von Liebe getragenes Handeln wird hier betont. *Torheit:* etwas, das im Gegensatz zu allen menschlichen Erwartungen steht, Gottes Wirken geschieht durch Verkündigung. *Glauben:* das Verbum steht in der Verlaufsform und bezeichnet somit eine fortwährende Handlung. **22** Die *Zeichenforderung* (vgl. 4Mo 14,11; Mt 16,1-4) ist verborgenes Mißtrauen gegen Gott. Zugleich verbirgt sich dahinter die falsche jüdische Erwartung auf einen Messias in Herrlichkeit. Das *Fragen nach Weisheit* ist der Versuch, Gott mittels menschlicher Spekulationen zu entdecken. **23** Ein *gekreuzigter Messias* ist für Juden undenkbar (5Mo 21,23; vgl. Gal 3,13). Aber auch für die Griechen war es unvorstellbar, daß Gott menschliche Gestalt annahm, um sich dann auch noch töten zu lassen. **24** Für diejenigen freilich, die sich dem Ruf Gottes stellen, wird das Kreuz zur Kraft Gottes, das die Sünde besiegt und die *Weisheit Gottes* offenbart, die den Menschen den einzigen Weg zu ihrem Heil weist. Alle vom Menschen ausgehenden Versuche, Gott zu erkennen und die Sünde zu besiegen, werden sich letztlich als vergeblich erweisen. **25** *Gottes Torheit:* so sieht es von menschlicher Sicht her aus. Im Griech. steht für *Torheit* kein abstraktes Hauptwort, wie in V. 18.21.23, sondern ein Adjektiv im Neutrum, das »törichtes Handeln« bezeichnet. Gottes scheinbare *Schwachheit* (wieder ein Adjektiv im Neutrum), die darin bestand, daß er seinen Sohn ans Kreuz hängen ließ, ist *stärker* und wirksamer als alle menschlichen Anstrengungen (vgl. 2Kor 13,4).

26 Wie paradox Gottes Methoden sind, zeigt sich ferner in den gesellschaftlich verachteten Gliedern der Gemeinde zu Korinth (s. Einleitung, Die Gemeinde zu Korinth). Es ist die *Berufung* zum Glauben, von der Paulus spricht, und nicht die zu einem speziellen Dienst. **27.28** Nur wenige der Christen in der Stadt gehörten zu den gehobenen Schichten der gebildeten Gesellschaft. Aber die Umformung ihres Lebens machte deutlich, wie Gott die Normen dieser Welt auf den Kopf stellt. *Gott erwählt:* dreimal wird seine Initiative hervorgehoben. *Was töricht ist... was schwach ist... was unedel ist:* Gott hat seine Wahl nicht nur getroffen, um das, was die Welt als klug und stark ansieht, zu erschüttern. Er sucht sich dabei auch noch solche, die die Welt für nichts achtet. Das *Verachtete* bezieht sich sowohl auf die Herkunft - Sklaven - als auch auf die sittliche Haltung. *Das, was nichts ist:* Einst gab es keine Gemeinde in Korinth, wohl aber in Gottes Plan (vgl. Röm 4,17). Trotz Widerstand und Schwachheit ist diese Gemeinde nun da, auch wenn ihre Glieder in den Augen der Welt nichts zählen. **29** Gott macht jeden Anlaß zu menschlicher Überheblichkeit vor ihm zunichte. **30** Das neue Leben dessen, der glaubt, kommt einzig und allein von Gott (vgl. 2Kor 5,18; Eph 2,8). *In Christus Jesus:* vgl. dazu 2Kor 5,17. Das ist ein Lieblingsausdruck des Apostels, mit dem er die innige personale Beziehung des Glaubenden mit dem auferstandenen Retter umschreibt. Das Griech. legt nahe, daß die Bedeutung von *Weisheit* (vgl. Kol 2,3) an den anschließend aufgeführten Begriffen deutlich wird. *Gerechtigkeit* (vgl. 2Kor 5,21): da wir Sünder sind, kann unser Verhältnis zu Gott nur dadurch zurechtgebracht werden, daß wir uns auf das, was Christus am Kreuz tat, berufen. Ähnlich ist auch die *Heiligung* als Zurechtbringung des Lebens ein Werk Gottes. Die Basis all dieser Segnungen ist die in Christus geschehene *Erlösung,* d.h. die Freisetzung durch einen Kaufakt, den er durch seinen Tod am Kreuz bewirkt hat (vgl. 6,20; 1Petr 1,18.19). Die gesamte Frucht seines Tuns wird der Glaubende freilich erst am Ende der Tage bei Christi Wiederkunft empfangen (vgl. Röm 8,23). **31** Das einzige Rühmen, das dem Christen gestattet ist, hat das zum Inhalt, was Christus für ihn getan hat. Paulus bezieht das Zitat aus Jer 9,22f auf Jesus; damit macht er deutlich, daß die Gottheit Christi für ihn selbstverständlich ist.

2,1 *Als ich zu euch kam:* s. Apg 18,1f und Einleitung: »Die Verbindungen des Paulus mit Korinth«. *Geheimnis Gottes:* das ist das Zeugnis von dem, was Gott in Christus zum Heil der Menschen getan hat (vgl. 1,6). 2 *Ich hielt es für richtig:* Darin liegt keinerlei Andeutung, daß Paulus, nachdem sich in Athen auf sein Wirken hin scheinbar wenig Erfolg abzeichnete (Apg 17,32f), nun aus strategischen Überlegungen seine Botschaft verändert hätte. Er unterstreicht hier nur noch einmal, was schon immer das Entscheidende an seiner Verkündigung war; er tut das um so mehr, weil er hier Menschen anspricht, für die »Weisheit« einen hohen Stellenwert hat und weil er sich von den anders gesinnten Verkündigern in Korinth abgrenzen will. Paulus konzentriert sich auf die zentralen Wahrheiten: Wer Jesus ist - Christus, der verheißene Messias. Wo der Grund der Hoffnung liegt - in dem, was er tat. So verkündigt er Jesus als den gekreuzigten Messias. 3 *Schwachheit:* vgl. 2Kor 10,10; 12,10. *Furcht:* vgl. Apg 18,9.10. 4 Den Korinthern hat die nüchterne Predigt des Paulus womöglich nicht gefallen, hochtrabende Rhetorik und Philosophie waren jedoch nichts für Paulus, denn der Stil muß dem Inhalt angemessen sein; das Wort »Predigt« umfaßt beides. Der Erweis der Wahrheit geschah durch die *Kraft* des Heiligen *Geistes.* 5 Von Anfang an ging es Paulus darum, daß ihr *Glaube* auf göttlichem Grund ruhte und nicht das Produkt menschlicher Überredungskunst war. Damit der Glaube in einer Stadt wie Korinth überleben konnte, brauchte er eine übernatürliche Basis.

6 *Vollkommen:* Die Korinther gleichen - geistlich gesehen - Neugeborenen (3,1; vgl. Hebr 6,1). Wer im christlichen Leben gereift ist, der wird auch verstehen, was Paulus mit göttlich offenbarter *Weisheit* meint (s. 1,30). *Nicht eine Weisheit dieser Welt:* d.h. nicht nur ein geschickter Gebrauch von Worten. Das ist noch keine wahrhaft christliche Verkündigung. Weltliche Weisheit hindert das Werk des Geistes. Anthropozentrische Worte werden in den Mittelpunkt gestellt, die sehr bald den Gedanken aufkommen lassen, das Kreuz sei Torheit. *Herrscher dieser Welt:* Hinter den bösen Absichten irdischer Machthaber (z.B. Pilatus, Kaiphas) verbergen sich übernatürliche Finsternismächte (vgl. Kol 2,15). 7 EÜ gibt das Griech. wörtl. wieder: *Wir reden Gottes Weisheit in einem Geheimnis.* »Geheimnis« (griech.: *mystērion*) hat im NT die Bedeutung von »ein dem Glauben geoffenbartes Geheimnis«. *Verborgen:* d.h. nicht durch menschliche Vernunft zugänglich. *Vor aller Zeit* (EÜ: *vor den Zeitaltern*): Gottes weiser Heilsplan (1,18) ist kein nachträglicher Einfall (2Thes 2,13.14). 8 Die *Herrscher dieser Welt* bewiesen ihre mangelnde Erkenntnis an der Art und Weise, wie sie Christus behandelten (vgl. Apg 4,27). Schon vor aller Zeit hat sich Gott in seiner Liebe unsere Verherrlichung zum Ziel gesetzt, und deshalb wird Christus als der *Herr der Herrlichkeit* bezeichnet. 9 *Wie geschrieben steht:* Eine freie Wiedergabe von Jes 64,4 und 65,17. Der natürliche Mensch ist außerstande, Gottes Absichten zu begreifen.

10 *Uns aber:* Im Griech. betont. Der dem Wirken Christi zugrunde liegende göttliche Plan ist den Glaubenden geoffenbart worden. Das Ganze ist ein Werk des Heiligen Geistes (vgl. 12,3). *Erforscht alle Dinge:* Nicht aus Bedarf an Information, sondern im Sinne eines »Durchdringens« aller Dinge. *Die Tiefen der Gottheit:* Diese kann der menschliche Verstand nicht »ausloten«. 11 Eine menschliche Analogie verdeutlicht dies. Nur der Geist des Menschen (sein »Selbst-Bewußtsein«) kennt die Gedanken des Menschen. Wie könnte ein bloßer Mensch die inwendigen Wahrheiten Gottes erkennen, es sei denn, der Geist Gottes ergreift die Initiative und offenbart sie ihm? 12 Christen jedoch sind insofern privilegiert, als sie den Geist Gottes haben und mit dessen Hilfe *wissen* können, welche Segnungen ihnen durch das Evangelium zuteil geworden sind. Freilich kann der *Geist der Welt* das Genie im Menschen inspirieren, doch ist er außerstande, Apostel für die Verkündigung der Erkenntnis Gottes zu inspirieren. 13 *Davon reden wir:* Dieses Geheimnis anderen vermitteln kann nur der, der selber *gelehrt durch den Geist* (EÜ) ist, und auch dann muß der Boden vom Geist vorbereitet werden. »Nur Gott kann wahrhaftig über Gott reden« (Pascal). Die eigentlichen Worte, nicht bloß die Ideen, werden vom Geist eingegeben. Das sich immer wieder stellende Problem der Kommunikation findet hier seine Antwort. Zwei Übersetzungsprobleme begegnen uns im zweiten Teil dieses Verses. *Für geistliche Menschen* (LÜ) deutet das zugrunde liegende griech. Adjektiv als männlich. Es kann aber auch sächlich wiedergegeben werden: *Durch Geistliches* (EÜ). *Deuten:* Das Griech. bedeutet »verbinden«. Sinngemäß könnte man dann wiedergeben: »Geistliches (das gesprochene Wort) mit Geistlichem (die zum Ausdruck gebrachte Wahrheit) verbinden«. Oder: »Geistliche Wahrheiten durch geistliche Worte deuten.«

14.15 *Ein natürlicher Mensch* (EÜ; vgl. Anm.): Ein Mensch also, der den Geist und die vom Geist vermittelten Einsichten hat (vgl. Eph 2,1; 4,17f). *Vernimmt* (EÜ: *nimmt . . . an*): Als Gast willkommen heißen. *Beurteilt* (EÜ: *unterschieden*): Das griech. Verbum bedeutet »prüfen, genau untersuchen, sieben« und beschreibt den Umgang der Beröer mit der Heiligen Schrift (Apg 17,11: »forschten . . .«; vgl. V.15). *Der geistliche Mensch:* Ein Mensch, in dem der Geist wohnt, d.h. also ein Christ. *Alles:* Das »Säkulare« als auch das »Geistliche«. *Von niemandem:* Von keinem, der den Geist nicht hat. Dem natürlichen (wörtl.: seelischen) Menschen bleibt des Christen Inspirations- und Kraftquelle verborgen, ja der Christ selbst bleibt ihm ein Geheimnis. **16** *Wer hat... erkannt?* ist ein Zitat aus Jes 40,13. Hier kommt zum Ausdruck, daß der natürliche Mensch die Gedanken Gottes nicht kennt. Was sonst unmöglich wäre, ist nun Wirklichkeit geworden. *Christi Sinn:* Der Heilige Geist hilft dem Christen, die Dinge gewissermaßen aus der Perspektive Christi zu beurteilen (vgl. Phil 2,5).

3,1-4,21 Gottes Knechte

1 Als Paulus sich das erstemal in Korinth aufhielt, konnte er die Christen dort nicht als *geistliche Menschen* anreden, denn sie waren noch jung und unerfahren im Glauben (vgl. Eph 4,13-16; 1Petr 1,23). Leider aber waren sie seither geistlich nicht gewachsen. **3** *Milch,* d.h. Anfangslehre (vgl. Hebr 5,11f), jedoch nicht eine »verwässerte« Botschaft. Ihr Inhalt wird 2,1.2 definiert. **3** Die Korinther sind *noch fleischlich,* d.h.; obwohl sie Christen sind, werden sie noch immer von ihrem Fleisch beherrscht (Röm 13,14; Gal 5,16-24), so daß sie sich in ihrem Wandel von gewöhnlichen Menschen, die vom Geist nichts wissen *(nach Menschen Weise)* nicht unterscheiden; vgl. Jak 3,14f. **4** In den Worten *wenn der eine sagt* klingt die 1,12 angesprochene Parteilichkeit an. *Nach Menschen Weise* (EÜ: *menschlich*): Sie argumentieren wie weltliche Menschen und offenbaren damit eine ungeistliche und deshalb auch unchristliche Haltung.

5 *Was* (EÜ; LÜ: *wer*) lenkt die Aufmerksamkeit auf die Funktion der Genannten und auf ihre relative Bedeutungslosigkeit: Sie sind *Diener* des einen *Herrn. Wie es der Herr einem jeden gegeben hat:* Die Zuteilung der Aufgaben liegt in seiner Verantwortung. Die Diener sind lediglich die Werkzeuge, *durch die* er wirkt. **6.7** Die Symbolik des Ackerbaus unterstreicht den begrenzten und untergeordneten Stellenwert dessen, was Paulus und Apollos getan haben. *Ich habe gepflanzt:* Paulus war der erste Evangelist, der nach Korinth kam (vgl. Röm 15,20). *Apollos hat begossen:* vgl. Apg 18,27-19,1. *Gott aber hat das Wachstum gegeben* (EÜ): Gott allein kann den Glauben wecken und am Leben erhalten. Ohne ihn bleiben alle menschlichen Anstrengungen ergebnislos. **8** *Sind einer wie der andere* (EÜ: *sind eins*): Ihre Tätigkeiten, ob sie nun »pflanzen« oder »begießen«, ergänzen einander, bilden eine Einheit und sollten deshalb keinen Anlaß zu Zwietracht geben. Ein jeder hat seine eigene Verantwortung, und jeder *wird seinen Lohn empfangen* (vgl. Mt 20,8). Für den Lohn entscheidend ist *seine Arbeit* und nicht »sein Erfolg« (vgl. Mt 25,21). In Wirklichkeit streiten die Korinther darüber, welcher der Gärtner wohl der wichtigere sei. **9** Im Griech. liegt besondere Betonung auf *Gottes:* dreimal ist das Wort vorangestellt - *Gottes Mitarbeiter... Gottes Ackerfeld... Gottes Bau.* Der Apostel wechselt nun das Bild: Im folgenden geht es um einen *Bau.*

10 *Gnade:* Paulus freut sich über das unverdiente Vorrecht, das ihm als Gottes Geschenk zuteil geworden ist (vgl. Röm 12,3; Eph 3,8). *Weise* (griech.: *sophos*) bezeichnet auch die Kunstfertigkeit der Handwerker am Bau der Stiftshütte (2Mo 35,10). Der *Baumeister* (griech.: *architekton*) führte die Oberaufsicht über das Bauvorhaben und trug mit seinem Fachwissen zum Gelingen des Unternehmens bei. *Ich . . . habe den Grund gelegt: Ein anderer baut darauf:* Verschiedene »Handwerker« trugen zur Gründung der Gemeinde in Korinth bei (V. 6a). *Ein jeder* muß sich und seine Arbeit selbst vor Gott verantworten. Der Ausdruck begegnet viermal V.8-13. **11** Keine Wahl besteht bezüglich des *Grundes,* der auf jeden Fall Jesus und sein Werk sein muß (vgl. 2,2; 1Petr 2,5). Kein anderer Grund kann die Gemeinde hervorbringen oder tragen (Gal 1,7). **12** Was auf diesem Grund gebaut wird, kann von Dauer sein: *Gold, Silber, edle Steine,* aber auch vergänglich: *Holz, Heu, Stroh.* **13** *Der Tag:* gemeint ist der Tag des Gerichts bei der Wiederkunft Christi (vgl. 4,5). Bei der Gelegenheit wird deutlich werden, welcher Art das Werk jedes einzelnen Menschen war. *Feuer:* es erleuchtet und verbrennt (vgl. 2Thes 1,7), wird häufig als Bild für Gottes Tun und Wesen benutzt und wird mit seiner Erscheinung in Verbindung gebracht (z.B. 2Mo 3,2; 13,21; 19,18; Apg 2,3). *Welcher Art eines jeden Werk ist:* Es geht durchweg um das, was der einzelne auf dem guten Grund, Jesus Christus, weiter gebaut hat. Angesprochen sind also nur die Diener des Evangeliums, die die Gemeinde Gottes mit bauen. **14** *Lohn* (vgl. 3,8): er bleibt seinem Wesen nach undefiniert, kann aber nicht in der Errettung selbst bestehen (s. V.15). Das Gleichnis von den Pfunden (Lk 19,11-27) legt den Gedanken nahe, daß es sich um Gelegenheiten zu höherem Dienst handelt. **15** *Schaden leiden:* d.h. seinen Lohn verlieren (vgl. 9,27). *Wie durchs Feuer:* im Sinne von »aus dem Feuer heraus«. Der Gedanke an ein Reinigungs- oder Fegefeuer fehlt vollkommen. Das Feuer zeigt vielmehr, welcher Art das auf Erden getane Werk war. Der, der die Arbeit verrichtet hat, wird dadurch in seinem Wesen nicht gebessert. **16** *Wißt ihr nicht?:* Ein Hinweis auf eine allgemein anerkannte Tatsache. Der Ausdruck kommt in diesem Brief insgesamt zehnmal vor. *Tempel:* Das griech. *hieron,* das die ganze Tempelanlage, auch die Vorhöfe umfaßt, wird vermieden. Statt dessen wird *naos* gebraucht, das das Heiligtum, den Wohnort Gottes bezeichnet (vgl. 1Petr 2,4-10). *Ihr:* das ist die örtliche Gemeinde, die Gemeinschaft der Glaubenden, die sich zum Gottesdienst versammelt (vgl. 2Kor 6,16; Eph 2,21ff). **17** *Wenn jemand den Tempel Gottes verdirbt:* das geschieht entweder durch falsche Lehre oder dadurch, daß man unheilbare Spaltungen verursacht, was den Geist Gottes vertreibt. *Tempel Gottes:* das ist nicht die universale Kirche (vgl. Mt 18,17), sondern die Gemeinde vor Ort, konkret und sichtbar. Es ist tatsächlich vorgekommen, daß im Verlauf der Geschichte die Gemeinde an bestimmten Orten ausgelöscht wurde (z.B. die in Offb 2 und 3 erwähnten). *Den wird Gott verderben:* Die Strafe ist kein willkürlicher Racheakt; aber sie ist unumgänglich, denn, wer die Gemeinde Gottes zerstört, zeigt, daß er das von Gott bereitete Heil verwirft. *Heilig:* d.h. für Gottes Gebrauch reserviert und durch seine Gegenwart beansprucht.

18 Paulus kommt noch einmal auf die Torheit weltlicher Weisheit zu sprechen. Sie macht es den Menschen leicht, *sich selbst zu betrügen* (vgl. 6,9; 15,33; Gal 6,3). *Weise zu sein in dieser Welt:* das ist ein Hinweis auf sich ständig ändernde Auffassungen. *Der werde ein Narr:* das geschieht in den Augen der Welt, wenn einer Christ wird, wodurch ihm aber der geistliche Blick für das zuteil wird, was wahre Weisheit ist (vgl. 2,6; Kol 2,3). **19** Paulus zitiert Hi 5,13, um dem, was er sagen will, Nachdruck zu verleihen. Hiob wird im Neuen Testament nur sehr selten zitiert. *Fängt:* das ist der sichere Zugriff Gottes, dem sich auch die Gottlosen mit ihrer vermeintlichen Schläue nicht entziehen können. Menschen mag man damit hinters Licht führen, nicht aber Gott. **20** *»Der Herr weiß . . .«:* Zitat aus Ps 94,11. *Gedanken,* griech.: *dialogismoi:* dieser Begriff wird oft im negativen Sinn dafür verwandt, daß Menschen Gottes Handeln in Frage stellen (vgl. Lk 5,22; 6,8). *Nichtig:* ohne bleibenden Wert (vgl. Röm 1,21). **21.22** Die Korinther hatten es gar nicht nötig, sich eines Menschen, seiner Weisheit oder seiner Fähigkeiten zu rühmen (vgl. 1,12; 1,31). Als Christen standen ihnen alle Dinge zur Verfügung (vgl. Röm 8,32). Dieses Alles umfaßt auch alle christlichen Lehrer und alle ihre Dienstgaben. Indem sich die einzelnen Gruppierungen an einen Lehrer hängten, machten sie sich selbst arm. *Welt* ist hier nicht im ethischen Sinn zu verstehen (s. V. 19), sondern die ganze Schöpfung wird als legitimer Besitz und rechtlich gesichertes Erbe der Christen hingestellt (vgl. 1Mo 1,26; Röm 4,13). **23** *Ihr aber seid Christi:* ihr gehört nicht dem Paulus (vgl. 1,12)! Jeder Glaubende gehört Christus und ist ihm verantwortlich (vgl. 1,30; 6,19f). Das Leben des Christen muß das widerspiegeln, wenn er sich der Gemeinschaft mit Christus bewußt ist und seinem Dienst verpflichtet weiß. *Christus aber ist Gottes:* vgl. 11,3; 15,28. Damit ist keine Unterordnung innerhalb der Gottheit beabsichtigt. Der Messias und sein Volk werden als Gott angehörende Einheit gesehen. Der Fleisch gewordene Sohn Gottes erniedrigte sich und wurde Mensch, um ihre Erlösung zu schaffen. Alles ist Christi, weil er sich daran genügen läßt, dem Vater eigen zu sein (Joh 14,28; 1Kor 11,3), und unser ist alles, weil wir uns daran genügen lassen, sein eigen zu sein.

4,1.2 Die Apostel sind nicht rivalisierende Parteiführer (vgl. 1,2), sondern *Diener Christi* (griech.: *hypēretai,* d.h. Ruderknechte, wie sie auf einem großen Boot gebraucht wurden) und *Haushalter.* Ein Haushalter hat die Aufsicht über den Haushalt seines Herrn zu führen und ist dafür auch verantwortlich (vgl. 1Tim 3,15). Mit dem Wort *Haushalter* will Paulus nicht ausdrücken, daß die Apostel kirchliche Verwaltungsleute sind (vgl. dazu Apg 6,2); er unterstreicht damit ihre Vertrauenswürdigkeit. Sie sind Haushalter über *Gottes Geheimnisse* (s. Komm. zu 2,7), d.h. sie sind dafür verantwortlich, uneingeschränkt die Tatsachen des Evangeliums zu verkündigen (vgl. 1,17; 2,2) und nicht etwa ihre eigene Meinung. **3** *Von euch gerichtet werde:* Paulus hat sich vor dem Gericht seines Herrn zu verantworten (Röm 14,4) und nicht vor irgendwelchen Richtern, die seine Widersacher in Korinth schnell zusammengerufen haben. *Auch richte ich mich selbst nicht:* Es ist unmöglich, die eigene Leistung angemessen zu beurteilen. Jeder diesbezügliche Versuch endet in falscher Überheblichkeit oder unberechtigter Niedergeschlagenheit. Es geht hier nicht um eine Selbstprüfung unseres christlichen Wandels vor dem Angesicht Gottes (11,31). **4** Paulus ist sich keines Versagens in seinem Dienst *bewußt.* Aber er will sich nicht auf sein Gewissen verlassen. Nur Gottes Richterspruch kann ein gerechtes Urteil fällen, das dann auch gültig ist. **5** *Was im Finstern verborgen ist:* Es geht um menschliches Verhalten, dessen man sich entweder nicht bewußt ist oder das vergessen wurde. Finsternis bezieht sich in der Bibel oft auf Böses (Joh 3,19). *Trachten der Herzen:* das sind die eigentlichen Motive, die nur Gott beurteilen kann (Röm 2,16). *Gottes Lob* ist die einzige Anerkennung, die zählt (vgl. Mt 25,21; Röm 3,28), und da diese

Anerkennung von Gott kommt, ist sie auch unanfechtbar.

Dreierlei Urteile oder Bewertungen werden in diesem Abschnitt erwähnt: *a)* Das von andern über uns gesprochene Urteil (V. 3). Das geht nie von der vollen Erkenntnis der Dinge aus und kann deshalb unbeachtet bleiben. *b)* Das Urteil des eigenen Gewissens (V. 4). Auch das kann nicht alles erfassen; obwohl sein Urteil nicht unwichtig ist, steht ihm nicht das letzte Wort zu. *c)* Das Urteil des Herrn (V. 4), das allein vollkommen und letztgültig ist (vgl. Joh 3,20).

6 *Um euretwillen:* Paulus spricht von sich und Apollos. Die Korinther wissen (als solche, die ihren Dienst unwürdig verrichteten), auf wen sich diese Beurteilungskriterien beziehen. *Nicht über das hinaus, was geschrieben steht:* Das könnte bedeuten, daß die Apostel den ihnen erteilten Auftrag als Lehrer nicht überschreiten sollen. Aber Paulus denkt hier wohl auch an das AT. *Aufblase:* Angeberei und Arroganz der Korinther klingen verschiedentlich an (4,18f; 5,2; 8,1; 13,4). **7** Was sie sich an Vorzügen zuschreiben, ist vermessen. Alles schulden sie der Gnade Gottes. Deshalb bleibt für das Rühmen keinerlei Raum. **8** Mit Ironie stellt Paulus der apostolischen Wahrheit die Illusion der Korinther gegenüber. *Schon satt:* Die Korinther sind gefährlich selbstzufrieden (vgl. Offb 3,17; Mt 5,6). *Ohne uns:* das bedeutet nicht »ohne unsere Hilfe«, sondern »ohne unsere Gemeinschaft«. Sie wähnen sich schon am Ziel, während die Apostel immer noch im Kampf sind. **9** *Hingestellt:* Gott wollte, daß die Apostel wie geschlagene Gladiatoren in der Arena daherkommen. Verurteilte Verbrecher hat man oft noch öffentlich herumgeführt. Das entspricht dem, was Jüngerschaft eigentlich ist. Hier zeigt sich, was es heißt, sein Kreuz auf sich zu nehmen (Mt 16,24). Man muß dabei beachten, daß dieser Zustand von Gott gewollt ist. Die Apostel, nicht die Korinther, zeigten sich so, wie Gott es von den Nachfolgern Christi wollte. *Schauspiel* (griech.: *theatron*): man sieht die Apostel wie in einem Theater vgl. 1Petr 1,12.

10-13 bilden ungemildert die schwierigen Umstände ab, die das Leben der Apostel ausmachen (vgl. 2Kor 6,4-10; 11,23-29). **10** *Narren:* in den Augen der Welt. *Klug in Christus:* das meinen die Korinther zu sein und sind dabei selbstzufrieden. *Herrlich:* von hohem Ansehen. *Verachtet:* das griech. Wort beschreibt den Mann, dem man seine Bürgerrechte genommen hat (vgl. 2Kor 12,10-12). **11** *Bis auf diese Stunde:* Paulus erzählt nicht übertriebene, die Vergangenheit verklärende Geschichten, er spricht davon, wie es in der Gegenwart ist. Man behandelte Paulus und seine Mitarbeiter wie Landstreicher. **12** *Arbeiten:* gemeint ist die körperliche Arbeit bis zur Erschöpfung. Die Griechen verachteten körperliche Arbeit, aber Paulus war stolz darauf (vgl. 9,6; 1Thes 2,9). Wie wenig die Korinther in der Lage sind, wahrhaft christliches Tun zu schätzen, lassen die letzten Sätze aufleuchten. *Segnen* ... (vgl. Lk 6,28), *dulden* ..., *freundlich reden* ...: Reaktionen, die den weltweisen Griechen fremd sind. Die im Griech. für *Abschaum* und *Kehricht* stehenden Begriffe wurden im Hinblick auf Menschenopfer gebraucht. In diesen Fällen wählte man die wertlosen und unbrauchbarsten Glieder der Gesellschaft. Damit wird die Ironie von Paulus' Worten noch verschärft.

14 Paulus' Worte haben den Korinthern zweifelsohne die Schamröte ins Gesicht getrieben. Seine Absicht ist allerdings zu *ermahnen.* Das verwandte Hauptwort in Eph 6,4 beschreibt den Vater, der seinen Kindern den rechten Weg zeigt. Die Formulierung »meine lieben Kinder« betont das fast zärtliche väterliche Verhältnis. **15** *Zehntausend Erzieher:* ironisch ist von viel zuvielen die Rede. Der Erzieher (griech.: *paidagōgos*) war ein Sklave, der die Kinder seines Herrn zur Schule brachte. Möglicherweise hat er die ihm Anvertrauten geliebt, aber er hatte ihnen gegenüber nie väterliche Empfindungen. Gerade das aber ist das Verhältnis zwischen Paulus und den Korinthern (vgl. 9,2). **16** *Nachfolger,* eigentlich Nachahmer: Sie sollen nicht abhängig von ihm werden, sondern sich sein Verhalten zum Vorbild nehmen. Paulus geht davon aus, daß die Verkündigung und das Leben miteinander im Einklang stehen müssen. **17** Er übte das ihm als Vater zukommende Recht aus, sie zu ermahnen. Der Besuch des Timotheus war allem Anschein nach recht kurz, denn er ist beim Schreiben des zweiten Briefes schon wieder zurück. *Mein ... Sohn:* Durch Paulus war er in Lystra zum Glauben gekommen (s. Apg 14,6.7; 16,1). *In allen Gemeinden:* Paulus läßt den Korinthern keine Sonderbehandlung zuteil werden; vgl. 7,17; 11,16; 14,33b.36. **18.19** *Aufblähen:* Sie waren sich sicher, daß Paulus, der einen Stellvertreter zu ihnen gesandt hatte (V. 17), nicht den Mut haben würde, zu ihnen zu kommen. Vielleicht ist hier an die »Christuspartei« gedacht (vgl. 1,12; 2Kor 10,7-11), die jede apostolische Autorität verachtete. **20** *Reich Gottes:* der Begriff wird noch 1Kor 6,9.10; 15,24.50 erwähnt, aber sonst begegnet er kaum außerhalb der Evangelien. Die Gottesherrschaft ist nicht eine Angelegenheit geschliffener Reden (vgl. V. 8) oder guter Ratschläge. Oft genug wissen die Menschen, was sie tun sollten. Aber sie brauchen die Kraft Gottes, um es auch in die Tat umzusetzen. **21** Die Liebe muß manchmal auch die Rute schwingen, um zu strafen und zurechtzubringen (vgl. 2Sam 7,14).

5,1-6,20 Sittliches Versagen

5,1-13 Blutschande

1 Ein weiteres Beispiel dafür, wie sie sich selbst täuschen, ist der von ihnen stillschweigend gebilligte Fall von Blutschande (vgl. 3Mo 18,8), bei dem sie sich womöglich auf ihre »Freiheit« in Christus beriefen (vgl. 1Kor 6,12; 10,23). Korinth hatte eine zweifelhafte Berühmtheit wegen der dort herrschenden sexuellen Freiheit (s. Einleitung: Korinth), aber dieser Fall war auch in heidnischen Augen ein Skandal. *Die Frau seines Vaters:* Es handelt sich wohl um die heidnische Stiefmutter des Betroffenen, sonst hätte Paulus »Mutter« gesagt und sie, für den Fall, daß es sich um eine Christin gehandelt hätte, in das Urteil mit einbezogen. **2** *Traurig geworden:* das wäre die normale Reaktion, wenn die Gemeinde ein Glied verliert. Der sich solcher Unzucht schuldig gemacht hat, hätte *aus eurer Mitte verstoßen,* d.h. exkommuniziert werden müssen (s. V.13). **3.4** Daß Paulus in Korinth nicht persönlich anwesend ist, hindert ihn nicht daran, diese »neue Moral« zu verurteilen. Er verlangt, daß eine feierliche Gemeindeversammlung zusammengerufen wird, in der Gemeindezucht geübt wird. Er weist auch darauf hin, was den dabei verhängten Sanktionen ihre Autorität verleiht: *Name... samt der Kraft unseres Herrn Jesus* (vgl. Apg 3,16). **5** Die Korinther sollen den Missetäter aus der Gemeinde ausstoßen und ihn dem Bereich Satans aufs neue übergeben (vgl. Kol 1,13; 1Tim 1,20; 1Joh 5,19). *Fleisch:* das ist das sündige Wesen des Menschen, aus dem das Böse kommt. Hier kann auch der Leib gemeint sein, denn *Verderben* bezeichnet an sich einen physischen Vorgang. Krankheit kann in der Bibel eine Waffe des Bösen sein (Hi 2,7; Lk 13,16). Dabei muß er den Absichten Gottes dienen. Auf Unmoral folgen gelegentlich Krankheit und Tod (vgl. 1Kor 11,30). Es ist klar ersichtlich, daß die Absicht des Paulus dahin geht, zu züchtigen und zurechtzubringen, damit dem Mann letztlich geistlich aufgeholfen wird. **6** Mit ihrer Laxheit geben die Korinther zu erkennen, wie wenig sie vom Wesen christlichen Lebens verstehen. Ein treffendes Bild für das *Rühmen* ist das Aufgehen des Teiges. Der Sauerteig dient in der Schrift öfter als Bild des Bösen (vgl. 2Mo 12,15; Mt 16,11.12). Schon ein einzelner kann durch seine offenbare Sünde die ganze christliche Gemeinde verderben. **7** *Schafft weg:* Das Böse muß vollkommen entfernt werden, denn ihm eignet eine verderbliche Kraft. *Neuer Teig:* ein frischer, ungesäuerter Teig, der ein Bild für die Gemeinde als Gemeinschaft derer ist, deren Leben von Gott bis ins letzte erneuert wurde (vgl. 2Kor 5,17). Die Israeliten mußten aus ihren Häusern allen Sauerteig hinausschaffen, bevor sie das Passah feiern konnten (2Mo 12,15.19f). Ihr Passahlamm war schon ein Hinweis auf Christus (1Petr 1,19). Die Kreuzigung fand wahrscheinlich am 14. Nisan statt, an dem Tag, an dem die Passahlämmer im Tempel geschlachtet wurden. Christi Opfertod, durch den die Sünde hinweggenommen wird, macht aus den Christen das neue Israel, das *ungesäuert,* d.h. vom Bösen frei ist. **8** *Laßt uns feiern:* die Gegenwartsform zeigt eine kontinuierliche Handlung an. Das christliche Leben wird einem ununterbrochenen Fest verglichen, deshalb müssen die Gläubigen auch ständig den Sauerteig aus ihrem Leben und aus der Gemeinschaft fernhalten.

9.10 Während einige Korinther zu lax waren, waren andere so streng, daß sie jeden Kontakt mit Ungläubigen unterließen. *Ich habe... geschrieben:* ein Hinweis auf einen früheren Brief, der nicht überliefert ist (vgl. Einleitung: Die Anzahl der Briefe und der Besuche). Die Anweisung des Paulus, *nichts mit den Unzüchtigen zu schaffen zu haben,* war mißverstanden worden. In dieser Welt läßt es sich nicht vermeiden, daß man gelegentlich auch mit Unzüchtigen und anderen offenbaren Sündern zu tun hat. Die Gemeinschaft kann nur da unterbrochen werden, wo es sich um gläubige Christen handelt, die ihren Glauben öffentlich bekennen und sich doch der Unmoral verschreiben. **11** *Der sich Bruder nennen läßt:* der aber nicht das Leben eines Christen führt. Der Sündenkatalog läßt deutlich erkennen, wie die Herkunft dieser ersten Christen in Korinth aussah. *Auch nicht essen:* d.h. keine Gemeinschaftsmahle, zu denen auch das Herrenmahl zählt, mit ihm haben. Beachtenswert ist, daß neben Unzucht auch Geiz, Lästerreden und Trunksucht unter das gleiche Verdikt fallen, und daß die Züchtigungsmaßnahmen öffentlich vorgenommen werden und recht streng sind. **12** Es ist nicht Aufgabe der Christen, die Heiden zu richten, die *draußen* sind (vgl. 6,2). Wer aber in der Gemeinde steht, der fällt auch unter die Verantwortung der Gemeinde. **13** *Verstoßt:* Im AT (z.B. 5Mo 17,7) steht bei dieser Anweisung jeweils das Verbum im Singular. Paulus gebraucht den Plural. Die Exkommunikation betrifft die ganze Gemeinschaft der Christen, der von Christus die entsprechende Autorität zugesprochen ist. Bedenkt man, daß das AT für grobe Sünden die Todesstrafe vorsah, dann ist die unter dem neuen Bund vorgesehene Strafe nicht überzogen.

6,1-11 Prozesse der Christen vor heidnischen Gerichten

1 Paulus wendet sich nun einer weiteren skandalösen Sache zu. *Streit* gibt einen griech. Begriff wieder, der in Papyrustexten eine gerichtliche Auseinandersetzung umschreibt. Paulus ist zutiefst schockiert. Auch die in heidnischen Städten lebenden Juden verhandelten ihre Streitigkeiten nicht vor heidnischen Gerichten. *Ungerechte* sind Nichtchristen. Paulus denkt gar nicht daran, daß heidnische Richter bestochen sein könnten und die heidnische Rechtspraxis fragwürdig sei. Als guter Bürger anerkennt der Christ das Recht des Staates (Röm 13,1-7). Paulus selbst hat sich gelegentlich in seinen Schutz begeben (Apg 18,12f; 25,16). Wenn man aber heidnische Gerichte anruft, um Rechtsstreitigkeiten zwischen Christen zu schlichten, dann bekennt man damit, daß die Christen versagt haben. Wenn sich Brüder selbst schon nicht gütlich einigen können, dann sollten sie ihre Sache den *Heiligen,* d.h. der Gemeinde vortragen (vgl. Mt 18,17). **2** *Wißt ihr nicht?:* Hier wird wieder an bekannte Tatsachen erinnert. In diesem Kapitel geschieht das sechsmal. *Die Welt richten:* das soll nicht jetzt (s. 5,12), sondern bei der Wiederkunft Christi geschehen (vgl. Dan 7,22; Mt 19,28; Offb 3,21; 20,4). **3** Die Einbeziehung von *Engeln* läßt erkennen, daß es sich nicht nur um die menschliche Gesellschaft, sondern um das ganze Universum handelt (zu Engeln vgl. Jud 6; 2Petr 2,4). Der Ausgangspunkt für diese Überzeugung liegt vielleicht in Dan 7,18, wo Teilhabe am Reich die Teilhabe an der Autorität des Königs einschließt. **4** *Die in der Gemeinde nichts gelten:* das sind die Heiden, deren Maßstäbe und Urteile, verglichen mit denen der Christen, wertlos sind. **5** *Schande:* vgl. 4,14. *Weiser:* eine unbequeme Erinnerung an den Anspruch der Korinther, weise zu sein (vgl. 4,10). Ohne einen Gerichtshof zu beschäftigen, könnte man einen Mitchristen um seinen Rat oder seine Entscheidung fragen. **6** *Rechtet ... mit dem andern:* eigentlich »zieht vor Gericht«. Christen sollten Prozesse gegeneinander vermeiden. Daß man dabei auch noch ungläubige als Richter beruft, ist einfach unvorstellbar. **7** *Schlimm genug:* ein Hinweis auf die geistliche Niederlage, ganz gleich, wie der Rechtsstreit endet. *Laßt euch übervorteilen:* Paulus greift einen Grundsatz Jesu auf (Mt 5,39f). **8** *Unrecht:* ein starkes Wort, das ein Verhalten umschreibt, das in jeder Gemeinschaft sittlich falsch, in einer auf brüderlicher Liebe aufgebauten Gemeinde doppelt schlimm ist.

9.10 *Ungerechte:* damit werden Nichtchristen bezeichnet (vgl. 6,1). Ihrem Wesen und Verhalten nach werden sie im folgenden Katalog näher umschrieben. *Ererben:* d.h. Bürger des kommenden Reiches Gottes werden und sich seiner Segnungen und Vorrechte freuen dürfen (vgl. 15,50; Gal 5,21). Daß unter den verschiedenen sexuellen Sünden der Götzendienst erscheint, ruft in Erinnerung, wieviel unmoralisches Wesen mit dem Götzendienst jener Zeit verbunden war (s. Einleitung: Korinth). **11** Paulus macht keinen Hehl aus den Verhältnissen, aus denen die Christen kamen. Das dreimalige *Aber,* das im deutschen Text gar nicht so stark zum Ausdruck kommt (LÜ), betont den zwischen Einst und Jetzt bestehenden Unterschied. Es bedurfte wirklich der Macht Gottes, daß aus »hoffnungslosen Fällen« Menschen mit neuem Charakter und neuer Einstellung geschaffen wurden (vgl. Röm 6,17). *Durch den Namen des Herrn Jesus Christus und durch den Geist unseres Gottes:* Unbewußt benutzt Paulus die trinitarische Formel. Hinter diesen Worten verbirgt sich möglicherweise die Formel, die tatsächlich in der Taufe benutzt wurde, und das Bewußtsein, daß sich mit der Wassertaufe die Taufe mit dem Heiligen Geist vollzog (s. 12,13), die diesen tiefgreifenden Wandel im Leben der Getauften bewirkte. Lightfoot, ein englischer Ausleger, sieht hierin einen Hinweis auf das, was äußerlich und innerlich unabdingbar zur Taufe dazugehört. Somit ist Gemeinschaft mit Menschen, die offensichtlich in den V. 10 genannten Sünden leben, nicht mehr möglich. *Gerecht geworden:* das bezieht sich auf die Gerechtsprechung vor Gottes Richterstuhl aufgrund des Versöhnungsopfers Christi. Es ist undenkbar, daß jemand das Erbe dadurch gefährden möchte, daß er sich den genannten sündhaften Praktiken aufs neue bewußt zuwendet (vgl. Tit 3,3-7).

6,12-20 Verurteilung der Hurerei

In Kap. 5 hatte Paulus einen besonderen Fall von Unmoral zu verhandeln. Nun wendet er sich grundsätzlichen Erörterungen im Zusammenhang mit der Unzucht zu, und ganz nebenbei gibt er eine Einführung in das christliche Leibesverständnis. Der Leib des Christen ist durch Christi Opfer erlöst (V. 20), vom Heiligen Geist bewohnt (V. 19) und somit Teil des Leibes Christi, der Gemeinde (V. 15). Nach dem Sterben wird der Leib des Christen mit zur Auferweckung gelangen (V. 14) und so weiter teilhaben an dem, was Gott für die Christen bereithält.

12 *Alles ...:* dahinter verbirgt sich ein geläufiges Schlagwort der Korinther (es begegnet wieder in 10,23), mit dem sie ihr zweifelhaftes Verhalten rechtfertigten. Dieser Grundsatz will freilich genau bedacht sein (vgl. 1Petr 2,16): Freiheit ist noch keine Rechtfertigung der Unzucht. Nur was von der Liebe motiviert ist, baut auf (vgl. 8,1). Man kann die christliche Freiheit so gebrauchen, daß man schließlich ein Sklave der eigenen Lüste wird (vgl. 2Petr 2,19; Gal 5,1.13). **13** *Die Speise dem Bauch:* Auch dahinter kann sich ein Schlag- oder Sprichwort verbergen. Der unausgesprochene Vergleichspunkt ist, daß die Geschlechtlichkeit auf gleicher Ebene wie Essen und Trinken liegt und sich deshalb holen kann, was immer ihr schmeckt. Paulus' Antwort ist, daß Gott den Leib nicht für Hurerei oder kurzlebige sexuelle Befriedigung geschaffen hat. Der Leib ist viel mehr als die physische Gestalt. Er umfaßt zugleich die ganze Persönlichkeit. Wie der Magen die Nahrung braucht, um die ihm eigene Funktion zu erfüllen, so bedarf der Leib des Herrn, damit er die ihm von Gott zugedachten Aufgaben, Dienste und Opfer ausüben kann (vgl. Phil 1,20; Hebr 10,5). Und nur in ihm wird der Leib auch die ganze Erfüllung finden (Joh 6,54). **14** Die Auferstehung Christi und der Christen steht in einem inneren Zusammenhang (vgl. 1Kor 15,20; Röm 8,11; Phil 3,21). Der gegenwärtige physische Leib muß seinem Zweck entsprechend bewertet und gebraucht werden (2Kor 5,10). Auch als Auferstehungsleib soll er noch Gott zur Verfügung stehen (15,35f).

15 *Glieder Christi:* Paulus verfolgt auch an anderer Stelle den Gedanken, daß Christen zum Leib Christi gehören. Vgl. 12,12f; Röm 12,5; Eph 5,23; Kol 1,18. *Nehmen:* d.h. dem wegnehmen, der der rechtmäßige Herr ist und dem rechten Gebrauch entfremden. **16.17** Die Hure bzw. Prostituierte ist nicht einfach mit einem Call-girl unserer Tage gleichzusetzen; sie gehörte einem heidnischen Tempel als Kultprostituierte an. In beiden Testamenten ist die Hinwendung zu einer Tempelprostituierten zugleich auch eine Hinwendung zu einem andern Gott (s. besonders Hosea). Aber beide Testamente verwerfen auch die außereheliche Geschlechtlichkeit als solche. *Die Schrift sagt:* s. 1Mo 2,24; vgl. Mt 19,5; Eph 5,31. *Anhängen:* ein Verbum, das eigentlich »anleimen« heißt. Es entsteht im geschlechtlichen Akt die engstmögliche Verbindung zweier Personen. *Ein Geist mit ihm:* Geist und Persönlichkeit des Christen werden durch den Heiligen Geist beherrscht; das ist das Werk des Herrn. **18** *Flieht die Hurerei:* im Griech. ein Imperativ im Präsens, der eine fortwährende Haltung und Handlung bewirken will (vgl. 10,14; 1Thes 4,3). Mißbilligung genügt nicht. Eine durchgreifende Handlung wird gefordert. *Jede andere Sünde:* was gegen den Leib ist, geht von etwas anderem als dem Leib aus. Die geschlechtliche Sünde geht nicht nur vom Leibe selbst aus, sie durchdringt auch den Leib in seiner ganzen Tiefe und erfaßt den Leib selbst. Sie ist Hingabe des Leibes und damit Hingabe der Person (s. zu V. 13). **19** *Wißt ihr nicht?:* Das erscheint jetzt schon zum sechsten Mal in diesem Kapitel. *Tempel:* Der einzelne Christ ist die individuelle Wohnung des *Heiligen Geistes,* dem es nicht nur um die Seele des Menschen geht. *Von Gott:* Da der Tempel Gott gehört, kann der Christ nicht unabhängig darüber verfügen. **20** *Erkauft:* das griech. Verbum steht im Aorist, einer im Deutschen ungebräuchlichen Zeitform, die auf einen entscheidenden Akt in der Vergangenheit hinweist, hier Christi Sterben am Kreuz (vgl. 7,22f; 2Petr 2,1). Hinter dieser Sprache verbirgt sich wiederum eine zeitgenössische Sitte. Ein Sklave zahlte einen gewissen Betrag an den Gott eines Tempels. Damit wurde er Eigentum dieses Gottes. In Wirklichkeit war er damit frei, und als solchen betrachtete ihn auch die Gesellschaft. Unsere Erlösung von der Macht der Sünde ist nicht nur eine fromme Fiktion; sie kostete Christus sein Leben (1Petr 1,18.19; Gal 5,1; Tit 2,14). *Preist Gott:* dazu genügt es nicht, daß man sich von Unzucht fern hält. Der *Leib,* d.h. die ganze Persönlichkeit ist vielmehr positiv in den Dienst Christi zu stellen (vgl. Röm 12,1).

7,1-40 Ehefragen

In den Kap. 7-15 behandelt Paulus Fragen, die ihm in einem Schreiben von der Gemeinde in Korinth vorgelegt wurden (s. Einl.: Die Anzahl der Briefe und der Besuche). Kap. 7 ist keine allgemeine Eheabhandlung, vielmehr werden sechs Fragen zu diesem Thema beantwortet. Den Antworten ist noch eine grundsätzliche Erörterung beigegeben (V. 17-24). Die von den Korinthern aufgeworfenen Probleme wurden z.T. dadurch ausgelöst, daß sich in der christlichen Gemeinde Menschen verschiedener kultureller Herkunft trafen - Juden, Griechen, Römer - die je ein eigenes Eheverständnis hatten. Paulus weiß zwischen den von Jesus während seines irdischen Wirkens gegebenen Anweisungen und den apostolischen Ordnungen, für die auch Inspiration beansprucht wird (V. 40), zu unterscheiden. Er weiß aber auch zwischen grundsätzlichen göttlichen Anordnungen, die für jedermann bindend sind, und einem persönlichen Entscheidungsfreiraum, in dem persönliche Veranlagung zum Zuge kommt (s. z.B. V. 7.36), zu unterscheiden. Dabei ist ihm bewußt, daß Gaben, Berufung und Umstände sich von Person zu Person ändern können.

7,1-7 Die erste Frage

Sollen Ehepartner die normale sexuelle Gemeinschaft auch nach der Bekehrung fortführen? Antwort: Ja! Sie sind sie einander sogar schuldig.

1.2 *Wovon ihr aber geschrieben habt* (ähnlich 7,25; 8,1; 12,1; 16,1): das läßt erkennen, daß Paulus auf eine Anfrage der Korinther eingeht. *Es ist gut für den Menschen:* wohl eine wörtliche Übernahme aus dieser Anfrage (vgl. 6,12), denn Paulus setzt sich im weiteren davon ab. *Eine Frau berühren:* so lautet eine Umschreibung für geschlechtliche Gemeinschaft (vgl. 1Mo 6). Wahrscheinlich waren einige für volle Enthaltsamkeit eingetreten. Nachdem Paulus sich in 6,13-20 der Unzucht entgegengestellt hatte, muß er sich nun gegen die Askese stellen. Hinter diesen beiden extremen Meinungen könnten sich gnostische oder vorgnostische Ansichten verbergen, denen gemäß die Materie an sich böse ist (vgl. 1Tim 4,3). Paulus geht davon aus, daß die Ehe das Normale ist. Das Zölibat ist gut. Das sagen auch einige in Korinth. Aber die damit verbundene Versuchung zur Unzucht (im Griech. Plural: Unkeuschheiten) ist groß, vor allem in Korinth (s. Einleitung: Korinth). Die Ehe ist der Ort, der nach göttlichem Willen der menschlichen Geschlechtlichkeit zugewiesen ist und sie gegen Mißbrauch bewahrt. Deshalb ist es geboten (im Griech. ein Imperativ, den man mit »muß« wiedergeben sollte - stärker als eine Empfehlung), daß jeder seinen eigenen Ehepartner hat. Darin steckt, nebenbei gesagt, ein Hinweis auf die Einehe. **3.4** Diese Ehe ist real zu vollziehen und nicht als »geistliche« Gemeinschaft zu verstehen. *Schuldig ist:* Geschlechtlicher Verkehr ist mehr als ein Gunsterweis. Die beiden sind sich in ihrer Geschlechtlichkeit einander schuldig (vgl. Mk 12,17). Mann und Frau haben gleiche sexuelle Rechte. Das ist für die Antike ein Novum. **5.6** *Entziehe sich nicht:* etwas vorenthalten, was man dem andern schuldet. Jede geschlechtliche Enthaltsamkeit in der Ehe muß gegenseitig abgesprochen sein, ist zeitlich begrenzt und muß geistlich begründet sein (vgl. 1Petr 3,7). *Ruhe habt:* eigentlich: Zeit habt. Vgl. Pred 3,5; Joe 2,15.16. Hinter der *Erlaubnis* des Paulus steht ausgewogene Weisheit. Wo man die Enthaltsamkeit absolut setzt, führt sie immer in außerordentliche Versuchung hinein, daß man nämlich das Verlangen andernorts in sündhafter Weise stillt. **7** *Wie ich bin:* Paulus ist durch ein ihm von Gott gegebenes Charisma in der Lage, auf einen Ehepartner zu verzichten. Sollte Paulus verheiratet gewesen sein, was aufgrund mancher Hinweise im biblischen Text nicht unwahrscheinlich ist, dann ist er jetzt verwitwet. Während der Weg in die Ehe das Normale bleibt, ist die freiwillige Ehelosigkeit eine besondere Gottesgabe. Jeder Christ ist dazu berufen, Gott entweder auf die eine oder auf die andere Weise zu dienen (vgl. Mt 19,11f). In den unterschiedlichen Lebensweisen spiegelt sich Gottes Wille für die einzelnen wider.

7,8.9 Die zweite Frage

Sollen die Unverheirateten heiraten? Paulus empfiehlt Ehelosigkeit, freilich nur für die, die die dazu erforderliche Gabe, das Charisma, haben.

8 Im griech. Text steht nur *agamos,* d.h. den *Unverheirateten.* Einige Handschriften haben darüber hinaus noch »Verwitwete«. Zu den Unverheirateten zählen die, die nie in einer Ehe standen, die Geschiedenen und die Verwitweten (s. 10f). So denkt Paulus V. 8 bei »Unverheirateten« wohl in erster Linie an Witwer, V. 10 an Geschiedene. Im Judentum war es eine Ausnahme, wenn jemand unverheiratet blieb (vgl. Jer 16,2). Von daher wird die Annahme verstärkt, daß Paulus Witwer war. Nach Apg 26,10, wo Paulus sich an der Urteilsprechung beteiligt, gehörte er dem Hohen Rat an. Dazu mußte er verheiratet sein. *Es ist gut für sie:* vgl. V. 26.32. **9** *Enthalten:* Fehlt ihnen die Gabe der Enthaltsamkeit bzw. des Zölibats, dann sollen sie heiraten. Aufgezwungene Enthaltsamkeit ist sinnlos, wenn man dabei von *Begierden verzehrt* wird, d.h. wenn man emotional ständig unter unbefriedigtem Verlangen zu leiden hat. Das geschlechtliche Verlangen ist etwas Natürliches, und die Ehe ist der von Gott gewollte Rahmen, in dem es befriedigt wird.

7,10.11 Die dritte Frage

Kann sich ein christliches Ehepaar scheiden lassen? Nein!

10 *Nicht ich, sondern der Herr:* d.h. Jesus (vgl. Mk 10,1-12). Paulus gibt hier nicht nur seine eigenen Ansichten wieder. **11** *Nicht verstoßen soll:* Die von Jesus zugestandene Ausnahme, daß nämlich bei Ehebruch Scheidung möglich ist (Mt 5,32; 19,9) wird nicht erwähnt. Doch beabsichtigt Paulus hier keine umfassende Abhandlung aller damit zusammenhängenden Fragen. Wenn sich zwei Christen getrennt haben und dann herausfinden, daß sie mit dem ledigen Leben allein nicht fertig werden, dann bleibt eigentlich nur ein Weg übrig, daß sie sich versöhnen und die Ehe fortsetzen. *Ohne Ehe bleiben:* solange der andere Partner lebt, ist eine Wiederverheiratung mit einem dritten ausgeschlossen (vgl. Röm 7,3). Die getrennt lebenden Eheleute sind immer noch der Gemeindezucht unterworfen; sie sind nicht aus der Gemeinschaft der Gläubigen ausgeschlossen.

7,12-16 Die vierte Frage

Was geschieht, wenn ein Ehepartner Christ wird? Soll die eheliche Gemeinschaft mit dem heidnischen Ehepartner fortbestehen? Antwort: Ja! Der Christ hat sich von seinem ungläubigen Ehepartner nicht zu trennen, es sei denn, jener will die Trennung.

12.13 Das Problem einer so gearteten Mischehe kann es während des Wirkens Jesu auf Erden in dem Sinn nicht gegeben haben. So kann sich Paulus hier auch nicht auf eine spezifische Anweisung des *Herrn* berufen. Aber auch sein Urteil besitzt apostolische Autorität. **14** *Der ungläubige Mann ist geheiligt:* Das heißt nicht, daß er im Sinn von 6,11 persönlich geheiligt wäre, denn er ist ja nicht einmal gerettet (V.16). Aber im Rahmen der Ehe ist er in ein besonderes Verhältnis zu Gott hineingenommen, wenigstens so, daß er nun dem Zeugnis des Evangeliums ausgesetzt ist. *Kindern* aus dieser Ehe gilt gleiches, wenigstens soweit, bis sie selbständig geworden sind. Die Schrift macht deutlich, daß die Kinder von Christen unter einem besonderen Segen stehen, der ihren ganzen Lebensraum umfaßt (1Mo 17,7; 39,5). Paulus will hier keineswegs einer automatischen Rettung von ungläubigen Familienangehörigen das Wort reden. Doch Christen, die in einer derartigen Mischehe leben, soll klar gemacht werden, daß das ihrer Heiligung nicht zuwider ist. **15** Sollte aber nach der Bekehrung des einen Teils der andere darauf bestehen, die Ehe aufzulösen, dann soll man der Trennung nicht unbegrenzt widerstehen. *Der Bruder* oder *die Schwester,* d.h. der gläubige Partner, sind nicht verpflichtet, die Verbindung gegen den Wunsch und Willen des andern fortzusetzen. Da der eine bekehrt ist, besteht zwischen den beiden ein bisher nicht vorhandener grundlegender Unterschied, der gesellschaftliche und geistliche Konsequenzen hat. Man geht wohl nicht falsch, wenn man annimmt, daß Trennung in diesem Fall bedeutet, daß der Christ damit auch frei wird, jemand anders zu heiraten - vorausgesetzt, der neue Partner ist Christ (V.39). Der bestimmende Grundsatz bei allem soll sein, daß es zum *Frieden* führt, denn das ist Gottes umfassender Wille und seine Absicht für Christen. **16** *Ob du... retten wirst:* d.h. »vielleicht gelingt es dir«. Wenn der Gläubige die Mischehe mit all den zwangsläufig damit verbundenen Schwierigkeiten als missionarische Gelegenheit versteht, besteht die Möglichkeit, daß der heidnische Ehepartner letztlich bekehrt wird (vgl. 1Petr 3,1ff).

7,17-24 Ein allgemeiner Grundsatz

17 Die bedingte Freiheit, die im Rahmen der Mischehe zugebilligt wird, ist außergewöhnlich. Normalerweise ist davon auszugehen, daß ein Christ das Leben weiterführt, in dem ihn Gottes Ruf zum Glauben vorfand; beruflich, gesellschaftlich und familienstandsmäßig bleibt er an seinem bisherigen Platz. Niemand sollte in diesen Bereichen stürmische Veränderungen in Gang setzen, weil er bekehrt worden ist. Das gilt auch für Unterschiede, die sich von der Rasse oder der gesellschaftlichen Stellung her ergeben. Diesen Grundsatz hebt Paulus zweimal hervor, indem er die Faktoren anspricht, die zu seiner Zeit im religiösen und sozialen Bereich die Menschen kennzeichneten: Beschneidung und Sklaventum (V.20.24). **18.19** Beschneidung war das Zeichen des von Gott mit Israel geschlossenen Bundes (1Mo 17,10ff). Mit dem Kommen Christi wurde es außer Kraft gesetzt (Gal 5,6; 6,15). Paradoxerweise (denn die Beschneidung ist ja auch ein göttliches Gebot) fügt Paulus hinzu, daß allein gilt, *Gottes Gebote zu halten.* Damit meint er freilich den Gehorsam gegen den Willen Gottes, wie er jetzt in Christus offenbart ist (Joh 14,21; Gal 6,2). In 9,20ff wird das Anliegen weiter entfaltet (vgl. Röm 2,25ff; 13,8ff). **20.21** Wenn ein Sklave bekehrt ist, soll er sich um seine gesellschaftliche Stellung keine Gedanken mehr machen (vgl. 1,26ff). In seiner Berufung als Christ soll er Gott an dem Platz dienen, wo er sich vorfindet (Eph 6,5). Kann er aber auf legalem Weg seine Freiheit erlangen, dann soll er diese Gelegenheit freudig nutzen. **22** Das neue Gottesverhältnis ändert alles. Wird ein Sklave Christ, dann ist er des Herrn *Freigelassener,* d.h. er ist aus der Gefangenschaft der Sünde und des Todes befreit. Wird aber jemand, der kein Sklave war, Christ, dann wird er zugleich *Christi Knecht,* d.h. Sklave. Christus schuldet er nun absolute Treue und Dienstbereitschaft. **23.24** Die Gläubigen sind Christi Eigentum, denn er hat sie unter Einsatz seines Lebens erworben (vgl. 1Petr 1,18f). Deshalb können und dürfen Christen nicht mehr zu *der Menschen Knechte* werden, d.h. sich von andern vorschreiben lassen, wie sie zu leben haben. Christus ist schließlich jetzt ihr Eigentümer. Und sein Wille ist, daß jeder in dem Status *bleibe,* in dem ihn der Ruf Gottes traf. Das freilich mit dem einen Unterschied, daß der, der nun »in Christus« ist, das Leben aus der Gemeinschaft mit Gott heraus angeht.

7,25-38 Die fünfte Frage

Was geschieht, wenn die Mädchen, die mit ihren gläubig gewordenen Eltern in die Gemeinde gekommen sind, heranwachsen? Sollen christliche Väter ihre Töchter verheiraten? Jeder Vater hat die Freiheit, für sich zu entscheiden. Dabei sollte man sich freilich immer daran erinnern, daß diese Welt der Vergänglichkeit anheimgegeben ist, und daß Ledigsein eine größere Freiheit für den Dienst Christi bietet.

25 Die Bezeichnung »Unverheiratete« (LÜ: *Jungfrauen*) bezieht sich auf beide Geschlechter (vgl. Offb 14,4). Zunächst bespricht Paulus im allgemeinen, ob es ratsam sei, auf die Ehe zu verzichten. Erst danach wendet er sich der Frage der Mädchen im besonderen zu (V. 36-38). Während sich Paulus auch hier nicht direkt auf ein *Gebot des Herrn* berufen kann (vgl. 7,12), ist er doch gewiß, daß die von ihm vorgebrachte Antwort im Einklang mit Gottes Willen ist (vgl. 7,40). Obwohl er sich der menschlichen Irrtumsmöglichkeit bewußt bleibt, beansprucht Paulus, daß er durch die *Barmherzigkeit des Herrn* sich mit Vollmacht zu diesen Fragen äußert (vgl. 2Kor 4,1; 1Tim 1,15f). **26** Auch hier könnte ein Zitat aus dem von den Korinthern an Paulus gerichteten Brief vorliegen: »Angesichts der bevorstehenden Bedrängnis spricht, wie ihr selbst sagt, viel dafür, ledig zu bleiben bzw. den Status beizubehalten, in dem man sich nun einmal vorfindet.« Bei der *kommenden Not* handelt es sich allem Anschein nach um mehr als um die allgemeinen Anfeindungen, mit denen der Christ rechnen muß, vgl. 2Tim 3,12. Aber es handelt sich kaum um Plagen, die der Wiederkunft Jesu vorausgehen (vgl. Lk 21,23), denn sooft Paulus auch auf die Wiederkunft Jesu zu sprechen kommt, werden diese Plagen von ihm kaum je erwähnt. Das hier angesprochene Ereignis scheint aber in nicht allzu weiter Ferne zu liegen (V. 29). **28** Wer ledig bleibt, geht manchen natürlichen Beschwernissen aus dem Wege (vgl. Mk 4,19). Mit der Ehe und dem Familienleben sind eben unumgänglich mancherlei Sorgen und Nöte verbunden. **29.30** Abgesehen von den örtlich begrenzten Widerwärtigkeiten, die anscheinend den Korinthern ins Haus stehen, ist auch die Zeit der Wiederkunft des Herrn nicht weit weg. Deshalb sollte man sich jetzt nicht mehr von den Dingen gefangen nehmen lassen, die normalerweise unsere Aufmerksamkeit und Kraft beanspruchen, ob es sich nun um eheliche Angelegenheiten handelt oder um normal zum Leben gehörige Dinge wie Freude, Trauer oder Handel. **31** Christen lassen all das, was diese Welt angeht, nicht zu nahe an sich herankommen (vgl. Kol 3,2), so, als hätten sie letztlich damit nichts zu tun. Sie nutzen die Möglichkeiten der Welt nicht bis zum letzten, noch lassen sie sich ganz davon in Beschlag nehmen.

32 Paulus gibt hier dem ledigen Stand den Vorzug, weil man sich so der Sache des Herrn ungehindert hingeben kann. Man möchte eben nur ihm *gefallen.* **33.34** Wer verheiratet ist, muß sich notwendigerweise auch den Bedürfnissen von Frau und Kindern widmen. Sein Interesse ist also geteilt, d.h. er will sowohl als guter Gatte seiner Frau als auch als guter Christ seinem Herrn gefallen. Ähnlichen Schwierigkeiten sieht sich die verheiratete Frau gegenüber. Bleibt sie unverheiratet, kann sie mit ungeteiltem Herzen und ohne in Konflikt mit ihren Familienpflichten zu geraten, dem Herrn dienen. Damit wird nicht in Abrede gestellt, daß die Familienpflichten auch ihr Recht haben (vgl. Lk 10,38-42). Ledig kann sie Leib und Geist ganz in den Dienst des Herrn stellen (Röm 12,1f). **35** Der Rat des Paulus ist als weiser Hinweis zu verstehen, und keineswegs sollen die Korinther damit wie mit Fesseln festgelegt werden. Er will ihnen seinen Weg in dieser Frage gerade nicht aufzwingen.

Man hat verschiedentlich gemeint, V. 36-38 richteten sich an ein verlobtes Paar. Das würde aber die Situation einer späteren Zeit in der westlichen Welt voraussetzen. Zu den Zeiten des Apostels wurden Ehen von den Eltern arrangiert. Der Vater war für die Verheiratung der Tochter verantwortlich, und es war eine Schande für ein Mädchen, wenn sie ungefreit blieb (vgl. Ps 78,63). Dazu war ein unverheiratetes Mädchen in Korinth besonderen Gefahren ausgesetzt. **36** *Es kann nicht anders sein:* das kann sich sowohl auf das Überschreiten des Heiratsalters beziehen, kann aber auch - wenn man von Verlobten ausgeht - ein Hinweis auf das starke geschlechtliche Verlangen, die fehlende Gabe der Enthaltsamkeit oder auf einen vorliegenden Ehevertrag sein. Um was es im Einzelfall auch geht, der Vater kann tun, was ihm richtig erscheint. Und wenn er seine Tochter in die Ehe gibt, *sündigt* er damit *nicht.* **37** Wenn aber ein anderer Vater *in seinem Herzen fest steht,* d.h. davon überzeugt ist, daß er seine Tochter nicht verheiraten soll, und die Tochter ohne körperlich-seelische Not dem zustimmen kann, möge auch er so handeln, wie es ihm richtig erscheint. Beschließt er, seine Tochter nicht in die Ehe zu geben - was Paulus vorzieht - dann ist auch das vor Gott angenehm. **38** Paulus kommt schließlich zu dem Schluß, daß der, der seine Tochter verheiratet, keinen Fehltritt tut. Der aber, der angesichts der gegenwärtigen Situation seine Tochter ledig bleiben läßt, handelt wohl weiser.

7,39.40 Die sechste Frage

Darf eine christliche Witwe wieder heiraten? Antwort: Ja, aber mit Einschränkungen.

39 Eine Ehe ist bis zum Tode des Partners unauflöslich. Wenn hier wie Röm 7,1-3 nur die Situation der Frau angesprochen wird, so sollte doch klar sein, daß für den Mann Gleiches gilt, vgl. V. 11.27. Die christliche Witwe hingegen ist frei, zu heiraten, *wen sie will.* Das Gesetz der Levirats- oder Schwagerehe betrifft sie also nicht (vgl. 5Mo 25,5-20). Aber die Heirat soll »im Herrn« geschehen, d.h. der Partner muß ein Christ sein, denn auch sie ist ja ein Glied am Leib Christi (vgl. 6,15). **40** Wenn freilich Paulus privat noch ein Wort hinzufügen darf, dann ist er der Meinung, daß sie unverheiratet glücklicher ist, d.h. weniger äußere Bedrängnis (V.28) und Sorge (V.32) hat und von ihrem Christusdienst nicht abgelenkt wird; vgl. 1Tim 5,5. Fast ironisch fügt er wie ein Nachwort hinzu, daß er bei all dem Gesagten doch auch beanspruchen kann, wie seine Gegner im Einklang mit Gottes Geist zu sein.

8,1-11,1 Christliche Freiheit und ihre Grenzen

In einer weiteren von den Korinthern aufgeworfenen Frage geht es darum, welche Haltung ein Christ bezüglich des Genusses von Fleisch einnehmen soll, das zuvor schon den Götzen geweiht worden war. Das betraf den Großteil des Fleisches, das auf dem Fleischmarkt der Stadt zum Verkauf angeboten wurde. War es falsch, wenn man davon aß? Dazu war es im Korinth des 1. Jhs. Sitte, daß man sich zu gesellschaftlichen Anlässen zu einem Mahl in einem heidnischen Tempel traf. Können sich Christen daran beteiligen? Paulus geht bei seinen Antworten von den allgemeinen Gesichtspunkten aus, die dabei zu bedenken sind. Der Christ ist grundsätzlich frei. Aber die Rücksichtnahme auf andere setzt seiner Freiheit Schranken.

8,1-13 Die Achtung vor dem Gewissen der anderen

1-3 Man kann zwar das *Wissen* haben, aber das Wissen allein kann einen betrügen, produziert vorschnelle Antworten und bleibt immer unvollkommen. Viel mehr ist die *Liebe* wert. Ihr geht es zunächst um das Wohl des anderen, und sie macht deutlich, daß man von Gott erkannt, d.h. von ihm als zu ihm gehörig anerkannt ist (vgl. Mt 7,23; 2Tim 2,19). **4.5** Die Wahrheit über Gott ist ohne Zweifel die, daß *es keinen Gott als den einen gibt;* vgl. 5Mo 6,4. Das ist die entscheidende Voraussetzung für jede weitere Urteilsfindung und für alles Tun. Das gilt trotz der vielen sogenannten *Götter,* die dem Menschen im Heidentum vor Augen stehen. Aber die Götzen sind als Gott nicht existent. Der Götze ist ein Nichts, ein Scheinwesen (vgl. 5Mo 32,17.21; Apg 14,15). Später (10,20) kommt Paulus darauf zu sprechen, daß böse Geister zwar existieren und daß sie es sind, die mittels des Götzendienstes den Menschen vom lebendigen Gott weglocken wollen. **6** Aber der Christ zeichnet sich dadurch aus, daß er nur den *einen Gott* als *Vater* anerkennt. Er ist der, von dem das ganze Universum herkommt und in dem alles besteht. Und wer ihn anerkennt, beugt sich auch Jesus, dem Christus, als *Herrn,* d.h. als Gott, denn er ist auch der Mittler des Schöpfungswerkes.

7 Einige, die an Christus glaubten, waren »schwach«. Sie waren noch nicht davon überzeugt, daß die Götzen keine eigentliche Existenz haben. So hatten sie den Eindruck, ein Unrecht zu begehen, wenn sie Fleisch aßen, das zuvor Götzen geweiht worden war. Ihr *Gewissen* wurde *befleckt,* nicht etwa von der Nahrung als solcher (s. Mk 7,18), sondern weil sie etwas taten, von dem ihr noch nicht so weit erleuchtetes Gewissen den Eindruck hatte, daß es (für sie) falsch war (vgl. dazu Röm 14,23). **8** Ob man von einer gewissen Speise ißt oder sich ihrer enthält, ist für die Stellung, die einem Menschen vor Gott zukommt, bedeutungslos. **9.10** Aber wenn einer, der die *Erkenntnis* hat, dessen Gewissen also vom Evangelium her die Dinge recht sieht, in seiner *Freiheit* aus einem gesellschaftlichen Anlaß an einem Mahl im Götzentempel teilnimmt, dann kann sein Handeln einen Mitchristen mit schwachem Gewissen, d.h. einen, der noch nicht die Dinge vom Evangelium her sieht, dazu verführen, etwas zu tun, was für sein Empfinden falsch ist. Damit würde dieser Jünger tatsächlich zu Fall gebracht; vgl. Röm 14,23. **11** Wenn der reifere Christ sein Wissen achtlos auslebt, kann er dem weniger reifen Mitchristen zum Verderben gereichen. Er, der den andern im Glauben auferbauen soll, bringt ihn ins Verderben (vgl. 8,1). Der zweite Teil von V.11 könnte gar nicht eindringlicher formuliert sein. Jedes Wort wiegt schwer: *der Bruder:* nicht ein Fremder; *für den:* gerade nicht, um zu verderben, sondern um zu retten; *Christus:* und niemand anders; *gestorben ist:* weniger genügte nicht. Wer so sündigt, sündigt doppelt. Er sündigt gegen Christus und er versündigt sich am Bruder in Christus. **12** Das wird hier nochmals unterstrichen. Wer so handelt, verletzt den Schwächeren herzlos. **13** *Darum:* Paulus faßt zusammen. Wenn ein an sich gar nicht unrechtes Handeln eines reifen Christen dazu führt, daß ein anderer Jünger Jesu sein Gewissen befleckt, dann muß der reifere sein Recht zurückstecken. Was Paulus hier sagt, bleibt eine bedingte und keineswegs eine absolute Aussage. Er sagt nicht, daß er sich von nun an für immer abstinent verhält, wohl aber dann, wenn sein Essen zum Anlaß werden kann, der den Bruder zu Fall bringt.

9,1-27 Verzicht auf bestehendes Recht

Der Grundsatz des Rechtsverzichts, den Paulus in Kap. 8 einführt, wird jetzt mit Beispielen aus dem Leben des Paulus illustriert. Er nennt zunächst seine Positionen, mit denen jeweils auch Rechte verbunden sind. **1** Als gewöhnlicher Christ ist auch er *frei.* Zudem ist er durch göttliche Berufung *Apostel* (vgl. 1,1). Auf dem Weg vor Damaskus (Apg 9) hatte er zudem das Vorrecht, den Herrn selbst zu sehen (vgl. 2Kor

12,1), was die ausschlaggebende Qualifikation für den Apostelдienst ist (vgl. Apg 1,21f). 2 Andere mögen wohl seinen Anspruch, ein Apostel zu sein, in Frage stellen, aber für die Korinther ist er auf jeden Fall einer. Sie selbst sind ein lebendiger Beweis seines ihm von Gott zugewiesenen Dienstes (vgl. 2Kor 3,2; 12,2).

3 Nachdem er seine Position umrissen hat, zählt er die damit verbundenen Rechte auf. 4 Als Diener am Evangelium ist ihm gegenüber die Gemeinde verpflichtet, ihn mit Essen und Trinken zu versorgen. **5.6** Wäre er wie andere verheiratet, dann könnte er auf seinen Reisen als Diener des Evangeliums sogar erwarten, daß man seine Frau mit versorgt. Es läßt sich kein Grund nennen, weshalb gerade er und Barnabas nicht berechtigt sein sollten, von den Gemeinden versorgt zu werden. 7 Der Grundsatz wird mit einem Beispiel aus dem Alltag nochmals gestützt. Der Soldat, der im Namen eines anderen in den Krieg zieht, der Landarbeiter, der einen Weinberg anlegt, der Sklave, der die Herde betreut: alle erhalten ihren Unterhalt aufgrund der von ihnen verrichteten Arbeit. Und gerade diese Beispiele sind auf den Dienst am Evangelium anwendbar. Der Diener am Evangelium steht im Kampf gegen das Böse, pflanzt Gemeinden und weidet sie (vgl. 2Tim 2,3-6; 1Kor 3,6; Joh 21,15-17). **8.9** Dabei handelt es sich nicht nur um menschliche Weisheit, sondern dahinter steht ein göttliches Gebot (5Mo 25,4). Es war verboten, dem Ochsen beim Dreschen einen Maulkorb anzulegen, der ihn daran hinderte, von dem Getreide zu fressen, das er ausdrosch. Dieses Gebot will freilich nicht nur anzeigen, daß Gott ein Herz für die Ochsen hat - obwohl das nicht in Abrede zu stellen ist (vgl. Mt 6,26). **10.11** Das hat Gott um unseretwillen gesagt. Es hat noch eine höhere Bedeutung, daß nämlich die Bedürfnisse derer, die arbeiten, nicht übersehen werden dürfen, und daß jede Arbeit ihren Lohn wert ist. Das gilt auch für den Diener am Evangelium. Ob er nun pflügt, d.h. am Anfang einer Arbeit steht, oder drischt, d.h. die Ernte einbringt, also das Werk zum Abschluß bringt: jeder hat das Recht auf materiellen Unterhalt für die von ihm verrichtete geistliche Arbeit. V.11.12 ist das *Wir* betont hervorgehoben im Gegensatz zu den andern. Als Gründer und Vater der korinthischen Gemeinde hat Paulus immer noch ein größeres Recht als sie. Die *anderen* sind nicht Gegner - Paulus wirft ihnen kein Unrecht vor - sondern andere Christen, die der Gemeinde als Lehrer dienen. 12 Ausschlaggebend für die Bereitschaft des Apostels, auch Beschwernisse zu ertragen, war das Verlangen, den ungehinderten Lauf des Evangeliums nicht zu gefährden. Er wollte seinen Gegnern keinerlei Anlaß für persönliche Angriffe geben, die den Fortschritt von Gottes Werk gehindert hätten (2Kor 6,3; 11,9). 13 Sowohl im Judentum als auch im Heidentum erhielten die im Tempel Tätigen ihren Unterhalt vom Tempel (4Mo 18,8f.21f). 14 Aufgrund eines ausdrücklichen Gebots des Herrn, d.h. Christi, gilt die gleiche Regelung auch für die, die das Evangelium verkündigen (s. Mt 10,10; Lk 10,7).

15.16 *Meinen Ruhm* (s. Komm. zu V.18): Paulus sieht ihn nicht darin, daß er Verkündiger des Evangeliums ist. Das ist ihm wie unausweichlicher Zwang auferlegt. **17** Er selbst hat sich diese Aufgabe nicht ausgesucht. Der Herr hat ihn dazu berufen. Diese selbstverleugnende Art, von sich zu reden, ist genügender Beweis seiner Integrität. Damit wird die Antwort auf alle Vorwürfe überflüssig, die ihm gewinnsüchtige Motive unterstellen. Predigen ist für ihn eine Pflicht und nicht ein dem persönlichen Interesse entsprungener Wunsch. 18 Sein *Lohn,* d.h. sein Ruhm besteht darin, daß er das Evangelium *ohne Entgelt* predigt. Sein Lohn besteht in der Freude, daß er auf Lohn verzichten kann. Deshalb macht er von dem ihm aus dem Dienst am Evangelium zustehenden Recht nicht vollen Gebrauch.

19 Aber Paulus hat noch mehr darangegeben als sein Recht auf persönlichen Unterhalt. Obwohl er *frei* ist *von jedermann,* d.h. in keiner Weise an die Vorstellungen und Erwartungen anderer gebunden ist, macht er sich *jedermann zum Knecht.* Er ist bereit, sich ihren Vorstellungen und Gewohnheiten anzupassen, sofern er damit nicht in den Bereich der Sünde hineinkommt, um so viele wie irgend möglich für den rettenden Glauben an Jesus Christus zu gewinnen. **20** Bewegt er sich unter *Juden,* dann verhält er sich als *Jude,* indem er sich ihren vom mosaischen Gesetz bestimmten Sitten unterwirft (vgl. Apg 16,3; 18,18; 21,26), und das, obwohl er als Christ nicht mehr länger verpflichtet ist, das Gesetz zu halten (vgl. Gal 2,11-21). 21 Ähnlich ist er bereit, sich mit denen zu identifizieren, die dem jüdischen Gesetz nicht verpflichtet sind, d.h. mit den Heiden. Hier fügt er freilich eine Einschränkung hinzu. Heiden setzen sich nicht nur über das mosaische Gesetz hinweg, sondern weigern sich u.U., jegliches göttliche Gesetz anzuerkennen. Paulus dagegen bleibt in allem, was er tut, unter der Autorität des lebendigen Gottes und seines Christus (7,22). Unter Berücksichtigung dieser alles bestimmenden Überlegung ist er bereit, sich den Sitten der Heiden anzupassen, so weit es nötig ist, um sie für Christus zu gewinnen. 22 Zusammenfassend kann er sagen: *Ich bin allen alles geworden* (vgl. 2Kor 11,29). Das bedeutet nicht, daß er keinen eigenen Standpunkt hätte, rein willkürlich handeln und Grundsätze

christlichen Lebens leugnen würde. Aber er ist bereit, seine eigenen berechtigten Ansprüche und Vorrechte aufzugeben, wenn er dadurch Menschen retten kann. **23** Dabei sind zwei Überlegungen ausschlaggebend: Es geschieht einmal *um des Evangeliums willen,* d.h. weil es ihm so kostbar ist; und es geschieht zum anderen darum, daß er selbst des Segens des Evangeliums teilhaftig wird V.27.

24 Wie wichtig es ist, sich einer strengen Selbstdisziplin zu unterwerfen, wird durch einen Hinweis auf den trainierenden Sportler unterstrichen. Das Bild war den Griechen wohlbekannt. Alle drei Jahre fanden die Isthmischen Spiele, die nur noch von denen in Olympia übertroffen wurden, in Korinth statt. Sie übten eine immense Anziehungskraft auf die Menge aus. Wer gewann, zählte in den Augen der griechischen Öffentlichkeit zu den Unsterblichen. **25** *Jeder . . ., der kämpft* unterwirft sich in allem einer strengen Selbstkontrolle. Dabei verzichtet er nicht nur auf ungesunde Vergnügungen, sondern gibt auch völlig berechtigte Interessen und Beschäftigungen auf, wenn sie der Stählung des Willens und Körpers im Wege stehen. Die griechischen Athleten waren bereit, sich dem strengen, zehn Monate währenden Training uneingeschränkt zu unterwerfen und wenn es gleich nur um einen *vergänglichen* Siegeskranz ging. Wieviel mehr ist der die Christen erwartende Preis wert! Ihr Preis ist unvergänglich (2Tim 4,8). **26** Der Christ läuft nicht ziellos dahin. Weg und Ziel sind ihm nicht unbekannt. Er gleicht auch nicht dem Schattenboxer, der ziellos *in die Luft schlägt,* vgl. 14,9. **27** Im Gegenteil: Paulus sieht ein, daß er seinen *Leib* sozusagen *zerschlagen* (EÜ; griech.: »ein blaues Auge zufügen«) und knechten (EÜ; LÜ: *zähmen;* wörtl.: *versklaven*) muß, d.h., er muß in allen Bereichen seines Lebens Herr seiner selbst werden. Paulus fürchtet, er könnte sonst, nachdem er *andern predigt* - wie der Herold, der beim Sportfest die Regeln des Wettstreits verkündigt und die Teilnehmer zusammenruft - selbst disqualifiziert (LÜ: *verwerflich;* griech.: *adokimos*) werden; vgl. 2Tim 2,15, wo das positive *dokimos* verwendet wird. Nicht sein Heil steht auf dem Spiel, sondern der Lohn für seinen Dienst (vgl. 3,15).

Anmerkung: **5** *Die Brüder des Herrn* waren offenbar im christlichen Dienst tätig. Der Ausdruck ist ein zufälliges, aber dennoch beachtenswertes Zeugnis zur Göttlichkeit und zum Menschsein Jesu; vgl. Gal 1,19. Das NT verbietet nirgends die Deutung, daß es sich hier um Kinder des Josef und der Maria handelt, die nach Jesus geboren wurden.

10,1-13 Warnung vor der Gefahr, von Gott verstoßen zu werden

Die recht oberflächliche Auffassung der Korinther von der christlichen Freiheit (in Kap. 8 aufgedeckt) rührte wohl daher, daß sie den Götzendienst nicht sehr ernst nahmen, und dies wiederum hat - wie Paulus jetzt darlegt - seine Ursache in einem Mißverständnis über das wahre Wesen der christlichen Taufe und des Abendmahls. Die Sakramente sind keine Zaubermittel. Auch ein Apostel mußte sich in seinem Leben als Christ anstrengen (9,27). Paulus verdeutlicht dies anhand des AT. Die fünfmalige Wiederholung von »alle« in V.1-4 betont, daß die Israeliten - ohne Ausnahme - große Vorrechte empfangen hatten. Davon hebt sich V.5 deutlich ab (vgl. 9,24).

1.2 Der Ausdruck *unsere Väter* macht deutlich, daß die Gemeinde Gottes im AT ihre Wurzeln hat. Durch den durch die göttliche *Wolke* gewährten Schutz (Ps 105,39) und durch die wunderbare Errettung aus dem Schilfmeer (2Mo 14) wurden die Israeliten *auf Mose getauft,* d.h. unter seine Autorität und Führung gestellt. Hier klingt offenbar die Taufe des Glaubenden auf Christus an (Röm 6,3; Gal 3,27). **3.4** Die Israeliten ernährten sich von der auf übernatürliche Weise gegebenen *Speise,* dem Manna (2Mo 16,4; vgl. Joh 6,31f). *Der geistliche Fels,* der sie mit Wasser versorgte (2Mo 17,6; vgl. Joh 7,37f) *folgte* ihnen (»begleitete sie«; vgl. Mt 9,9). Paulus bedient sich hier einer Metapher: Die Versorgung der Israeliten brach nie ab. Wesentlicher jedoch ist die ausdrückliche Bezugnahme auf den präexistenten Christus als die Quelle des Segens für die Menschen aller Zeiten. Man beachte die deutliche Aussage: *Der Fels aber war Christus.* Paulus gibt damit Christus einen Titel, der im AT Gott selbst eignete (z.B. 5Mo 32,15; Jes 26,4). **5** Trotz ihrer geistlichen Vorrechte *hatte Gott kein Wohlgefallen an den meisten von ihnen,* d.h. an allen Erwachsenen mit Ausnahme von Kaleb und Josua (4Mo 14,30; vgl. auch Hebr 11,6), und so wurden sie durch sein Urteil in der Wüste *hingestreckt* (EÜ). Das Griech. läßt an eine mit Leichen übersäte Wüste denken (vgl. 4Mo 14,16).

6 *Diese Dinge* (EÜ) sind historische Begebenheiten, die als Warnungen *(uns zum Vorbild)* vor der sündhaften *Lust am Bösen* berichtet sind. *Uns:* Paulus schließt sich nicht aus (vgl. 9,27). **7** Die Versuchung zum Götzendienst war den Korinthern wie den alten Israeliten vertraut. *Wie geschrieben steht:* vgl. 2Mo 32,6. *Das Volk setzte sich nieder, um zu essen und zu trinken:* Es nahm teil an dem Gottesopfer vor dem goldenen Kalb (2Mo 32,4; vgl. 1Kor 10,20). *Und stand auf, um zu tanzen:* Gemeint ist wohl ein kultischer Tanz. **8** Ähnliche Aktivitäten verbanden sich auch in Korinth mit dem Götzendienst (s. Einleitung: Korinth) und führten am Ende unweigerlich zu *Hurerei* (vgl. Offb 2,14.20). Paulus zitiert das Beispiel eines Strafgerichts, dem Tausende zum Opfer fielen (vgl. 4Mo 25,1-9). **9** Auch sollen die Korinther *den Herrn* (LÜ: *Christus*) *nicht versuchen* (EÜ; das Griech. läßt an eine lange andauernde und harte Versuchung denken), d.h. sie sollten den Herrn nicht bis an die Grenzen seiner Geduld herausfordern. **10** *Murrt auch nicht (vgl. 4Mo 16): Diese Sünde mußten viele Israeliten mit ihrem Leben bezahlen - sie wurden umgebracht* (vgl. 4Mo 14,2; 21,6). *Der Verderber* (vgl. 2Mo 12,23) begegnet in diesem Zusammenhang im AT nicht, doch die Aussage ist unmißverständlich: Wer gegen Gott rebelliert, der zieht sich das Gottesgericht zu (vgl. 5,5; 11,30).

11 Das Gericht traf damals die Israeliten als warnendes *Vorbild* (eigentlich: als *typos*). Gott ließ es aufschreiben für *uns,* d.h. für uns Christen *zur Warnung.* Eine atl. Auslegung, die nur den historischen Sinn des AT feststellen will, übersieht den hier zugrundeliegenden Auslegungsgrundsatz. Ähnlichen Versuchungen sahen sich die Korinther gegenüber, und sie begegnen unter verschiedenartiger Verkleidung allen Christen. Das *Ende der Zeiten,* d.h. der Abschluß aller Zeiten ist gekommen (vgl. Gal 4,4; Hebr 1,2). Alles was vor dem Kommen Christi geschah, hatte vorausdeutenden und symbolischen Charakter. Es kommt uns zugute, daß wir einmal von den Erfahrungen Israels lernen können und andererseits um die volle Offenbarung in Christus wissen. **12** Aber wie bei den Israeliten kann Selbstvertrauen, das dem Herrn volle Hingabe erklärt, leicht zu Fall kommen. **13** Keinem Christen bleibt die Versuchung erspart. Aber keiner darf sagen, daß die ihn bedrohenden Versuchungen einzigartig seien; es sind vielmehr die Versuchunge, die zu allen Zeiten und an allen Orten den Christen zu schaffen machten. Zu diesen Versuchungen zählen Anfechtungen und all das, was den Glauben auf die Probe stellt. Gott läßt diese Versuchungen zu (vgl. Hi 1,12; 2,6), um den Glauben belastbar und tragfähig zu machen (1Mo 22,1). *Gott ist treu:* das gilt im Blick auf seine zugesagte vollkommene Errettung. Richtet sich V. 12 an die Sorglosen und Selbstsicheren, dann sind mit diesem Wort die Ängstlichen und Verzagten angesprochen. Es ist ein Wort der Ermutigung und Vergewisserung. Das Ende ist ein Ausweg (so im Griech.). Das Bild bezieht sich auf ein Heer, das zwischen den Bergen gefangen ist, und dem es gerade noch gelingt, über einen engen Paß zu entkommen.

Anmerkung: **8** *Dreiundzwanzigtausend fielen* (4Mo 25,9). Philo und Josephus nennen vierundzwanzigtausend. Es handelt sich offensichtlich um runde Zahlen. Wenn Paulus hinzufügt *an einem einzigen Tag,* könnte es sich um den Versuch einer Erklärung handeln. Die jüdische Tradition schreibt tausend Tote dem in 4Mo 25,5 beschriebenen Eingreifen der Richter zu.

10,14-22 Die Unmöglichkeit von Kompromissen

14 *Meine Lieben:* Mit dieser zärtlichen Anrede wird aus einem Gebot eine Bitte. *Flieht:* ein Imperativ im Präsens, drängt auf eine kontinuierliche Haltung. Die bewußte Abkehr ist oft die beste Verteidigung gegen die Versuchung. Beim Besuch heidnischer Tempel spielten die Korinther mit dem Feuer. Zuvor schon hatte Paulus darauf hingewiesen, daß sie damit andere gefährdeten (8,10). **15** Jetzt nennt er einen weiteren Grund für die Vermeidung heidnischer Festlichkeiten, und er erwartet von den Korinthern, die sonst doch recht vernünftig sein können, daß sie ihn anerkennen. **16** Der *gesegnete Kelch:* der Segenskelch war der dritte Becher Wein, der beim Passahmahl herumgereicht wurde. Dabei sprach der jüdische Hausvater den Segen, ein Dankgebet (vgl. Mt 26,26 mit Lk 22,17), bevor er ihn den anderen reichte. Manches spricht dafür, daß Jesus diesen dritten Becher benutzte, um das Herrenmahl einzusetzen (Lk 22,17). Daß hier im Gegensatz zu 11,26.28 der Kelch zuerst erwähnt wird, mag in der Bedeutung begründet sein, die der Kelch bei heidnischen Opfermahlzeiten hatte. Denn Paulus bezieht sich hier ja nur auf das Herrenmahl, um vor der Teilnahme an heidnischen Festmahlen und am Götzendienst zu warnen. Die Teilhabe an Brot und Wein (vgl. 11,29) bedeutet zugleich Anteilhabe, *Gemeinschaft,* an all dem, was Christus durch die Hingabe seines *Leibes und Blutes* erworben hat (vgl. Röm 3,25; 5,9). Damit werden die Gläubigen eingebunden in die Gemeinschaft mit dem lebendigen Christus und miteinander. **17** Die Einheit wird bildhaft dargestellt durch das *eine Brot,* von dem sie alle essen (5,7).

18 Parallelen dazu findet Paulus in der Mahlgemeinschaft des alten Israel. Paulus fügt hinzu *nach dem Fleisch,* weil es sich um das ungläubige Israel handelt (vgl. Röm 2,28f; Gal 6,15f). Das Opfer in Altisrael wurde je nach der Art entweder vom Priester verzehrt (z.B. 3Mo 10,12-15) oder von der Kultgemeinschaft (z.B. 1Sam 9,11-24). Diese Handlung bedeutete jeweils ein Teilhaben *am Altar,* d.h. an der Versöhnung. **19** Paulus will keineswegs sagen, daß das den Götzen geweihte Mahl etwas anderes sei als eben eine Mahlzeit, noch will er andeuten, daß dem Holz- oder Steinbild tatsächlich irgendeine göttliche Wirklichkeit innewohne (vgl. 8,4f). **20** Gemeinschaft kann man aber nur mit den Lebenden haben. Was die Heiden opfern, das opfern sie - wissentlich oder unwissentlich - den Dämonen (vgl. 5Mo 32,17), die den Zug der Menschen zum Götzendienst ausnutzen. Paulus möchte es den Korinthern ersparen (vgl. 7,28), sich unwissentlich mit den Dämonen einzulassen (vgl. Eph 6,12). **21** An dieser Stelle ist jeglicher Kompromiß unmöglich. Gemeinschaft mit dem *Herrn* und Gemeinschaft mit den Dämonen sind unvereinbar (vgl. Jes 65,11f). **22** Daraus folgt, daß, wer an heidnischen Festen teilnimmt, den Eifer des Herrn herausfordert (vgl. 5Mo 32,21), denn sein Anspruch umfaßt den Menschen ganz.

10,23-11,1 Zusammenfassung der geltenden Grundsätze

Paulus bringt die Behandlung des ihn seit 8,1 beschäftigenden Gegenstandes damit zum Abschluß, daß er nochmals zwei praktische Anliegen aufgreift: Einmal die Frage des Einkaufens (V.25) und zum andern die Frage gesellschaftlicher Mahlgemeinschaften in Privathäusern. Obwohl die Christen nicht an Götzenfesten teilnehmen sollten, ist Paulus nach wie vor der Meinung, daß das Essen von zuvor den Götzen geweihten Speisen an sich nicht verwerflich ist (vgl. 6,12f; 8,8).

23 Dem Christen ist alles erlaubt, d.h. er hat volle Handlungsfreiheit. Aber die Freiheit muß so genutzt werden, daß dadurch das geistliche Leben auferbaut wird (vgl. Röm 14,20). **24** Das kann nur so geschehen, daß er nicht in erster Linie nach seinen eigenen Rechten fragt, sondern bedenkt, was der geistlichen Auferbauung seines Nächsten nützt. **25.26** Er kann auf dem Fleischmarkt gekaufte Speise essen (vgl. 8,1f), ohne daß er lange Nachforschungen darüber anstellen muß, ob sie auf dem Fleischmarkt den Götzen formal geopfert wurde. Alle Speise kommt von Gott, und seine Gaben sind gut (Ps 24,1). Wenngleich die Speisen formal den Götzen geopfert wurden, konnte dadurch ihre göttliche Herkunft nicht ungeschehen gemacht werden. Die Jünger Jesu können diese Speisen trotzdem essen, wenn sie sie mit Dankgebet als von Gottes Hand empfangen (V.30 vgl. 1Tim 4,4f).

27 Die Christen sollten aber dem, was sich in heidnischen Tempeln abspielt, fernbleiben. Es bleibt aber ihrer eigenen Entscheidung überlassen, ob sie der Einladung in das Haus eines Ungläubigen folgen. Von den Christen wird nicht erwartet, daß sie jeden gesellschaftlichen Verkehr mit Ungläubigen unterlassen (vgl. 5,9f). Was einem bei einer Festtafel vorgesetzt wird, soll man essen, ohne lange zu fragen, wo es herkommt (vgl. Lk 10,8). **28.29a** *Wenn aber jemand ... sagen würde:* wenn ein schwächerer Mitchrist - ein Heide würde sich keine Gedanken darüber machen - feststellt, daß die Speise zuvor den Götzen geweiht worden ist, dann sollte der so informierte Christ nichts davon essen. Dabei geht es grundsätzlich wieder um die Rücksichtnahme auf andere (vgl. V.24.32.33), denn ihr Gewissen darf nicht verletzt werden (vgl. 8,7; Röm 14,13-16). **29b.30** Nach dem Einschub von V.28.29a setzt Paulus seine positive Grundsatzerörterung fort. Frei kann man seine Absicht so wiedergeben: »Ich sehe aber keine Verpflichtung dazu, meine Freiheit uneingeschränkt durch die Skrupel anderer beeinträchtigen zu lassen. Da ich die Speise mit Dank gegen Gott genieße, sollte mich auch niemand verurteilen, als ob ich sündigen würde.«

31.32 Die Freiheit kann selbstsüchtig werden, und die Dankbarkeit pharisäisch (vgl. Lk 18,11); deshalb sollte man sich an folgende Regeln halten: *Alles* soll *zu Gottes Ehre* geschehen, d.h. der Nächste soll aus meinem Tun die Liebe und Heiligkeit des himmlischen Vaters erkennen können. Umgekehrt soll kein unnötiger Anstoß gegeben werden, sei es den *Juden* mit ihren Speisegesetzen, den *Griechen*, den noch nicht zur Gemeinde gehörenden Heiden, oder den Brüdern mit schwächeren Gewissen in der *Gemeinde Gottes*. Wenn der christliche Glaube schon zum Anstoß wird, dann aber auch aus den rechten Gründen (vgl. 1,23). **33** Grundsätzlich geht es Paulus immer darum, Menschen so weit wie möglich *zu Gefallen* zu leben, nicht um sich Vorteile zu sichern oder Verfolgung zu vermeiden, sondern um der Menschen willen, *damit sie gerettet werden*, s. 9.19.22. **11,1** Schließlich kann sich Paulus kühn den Korinthern als Vorbild hinstellen, aber nur aus dem Grund, weil er selbst dem Beispiel *Christi* folgt (vgl. Phil 3,17; 1Thes 1,6; 2Thes 3,7.9).

11,2-14,40 Würdiges Verhalten im öffentlichen Gottesdienst

11,2-16 Die Verschleierung der Frauen

Die jüdische Frau zeigte sich nur verschleiert; das galt natürlich besonders im Gottesdienst. Beim Beten in der Synagoge war es üblich, daß auch der jüdische Mann sein Haupt verhüllte. Römische Sitte war es, daß Männer und Frauen sich beim Opfern mit einem Schleier verhüllten. Die Griechen, denen die Furcht vor dem Heiligen so nicht eignete, opferten barhäuptig. Da sich in der korinthischen Gemeinde unterschiedliche Traditionen und Herkünfte zusammenfanden, mußte im Interesse eines geordneten Gottesdienstes geklärt werden, wie es die Christen halten sollten (s. 14,40). Die Gläubigen sollten sich einerseits gesellschaftlichen Gepflogenheiten nicht unnötig widersetzen, andererseits sollte, was sie taten, biblisch begründbar sein. In diesem Fall beruft sich Paulus auf den Vorrang des Mannes vor der Frau in der Schöpfung (vgl. 1Mo 2).

2 Paulus lobt die Korinther dafür, daß sie sich an die Überlieferung halten (vgl. 15,1-3; 2Thes 2,15), d.h. an die mündliche Überlieferung, die sowohl Lehrunterweisung als auch Anweisung zum rechten Handeln beinhaltete. Diese Überlieferung, die Paulus von den anderen Aposteln empfangen hatte, war von ihm an die Gemeinde weitergereicht worden. 3 Zunächst unterstreicht er den Grundsatz der Einheit, der auch im Rahmen der Unterordnung gilt. Obwohl die Frau ihrem Mann untergeordnet ist (und das ganz besonders im Altertum), ist dessen Autorität um seiner eigenen Unterordnung unter Christus willen beträchtlich eingeschränkt; vgl. Eph 5,23. Dieser Grundsatz steht nicht im Widerspruch zu dem persönlichen Verhältnis, das sowohl den Mann als auch die Frau direkt mit Christus verbindet (vgl. Gal 3,28; 1Petr 3,7). Im Rahmen einer anders gearteten gesellschaftlichen Situation muß dieser Grundsatz aber neu gestaltet werden. Eine einfache Übertragung verbietet sich, sonst müßten wir auch zu der Kleidermode, oder gar zum Sklaventum der damaligen Zeit zurückkehren. 4 Der Christ soll in der Öffentlichkeit nicht so beten (oder prophetisch reden - s. Komm. zu 12,10) wie der Jude, denn die Kopfbedeckung ist das Zeichen einer Unterordnung unter jemand anderen (vgl. 1Mo 24,65). Wer es dennoch tut, *schändet sein Haupt,* d.i. Christus, denn ihm allein schuldet er Unterordnung. 5.6 Wenn aber eine Christin öffentlich unverschleiert betet, dann *schändet* sie *ihr Haupt,* d.h. ihren Mann. In der Zeit des Apostels bedeutete das, daß sie seine Autorität verwarf. Nun wird Paulus deutlich. Wenn sich in Korinth eine Frau öffentlich unverschleiert zeigte, dann war das in seiner gesellschaftlichen Bedeutung so schockierend, als sei sie *geschoren,* was die zeitgemäße Strafe für eine illegale Prostituierte war.

7-9 Der Mann sollte im Gebet unverschleiert vor Gott treten, denn er ist Gottes Bild und Abglanz. 1Mo 1,26f sieht in beiden Geschlechtern das Ebenbild Gottes, was ein Hinweis u.a. auf ihre ethische Verantwortung vor Gott ist. Das andere Wort, Abglanz bzw. Herrlichkeit, wird dort nicht erwähnt. Paulus leitet das von der vorausgehenden Erschaffung des Mannes ab (1Mo 2,18-22). Wenn eine Frau unverschleiert beten würde, so würde sie damit den Abglanz des Mannes für sich beanspruchen; in Gottes Gegenwart wäre das eine Schande. Der »Abglanz des Mannes« muß daher bedeckt werden, damit sie ihrem Haupt, d.h. dem Mann, nicht zur Schande wird. 10 Eine Frau sollte deshalb in der Öffentlichkeit im wörtlichen Sinn eine »Macht auf dem Haupte haben«, d.h. sie soll den Schleier tragen, um so ihre Unterordnung unter den Mann sichtbar zu machen und zugleich ihre Ehre und Würde vor anderen Männern zu schützen. Eine in der Öffentlichkeit nicht verschleierte Frau würde verachtet und beleidigt. *Um der Engel willen:* das bedeutet höchstwahrscheinlich, daß eine für Männer abstoßende Frau auch die Engel schockiert, die die Wächter der Ordnung der Schöpfung sind (V. 8.9) und in der gottesdienstlichen Zusammenkunft der Gemeinde mit gegenwärtig sind (vgl. 1Tim 5,21). In Qumran wurden Männer mit körperlichen Verunstaltungen vom Gottesdienst ausgeschlossen, da »die heiligen Engel gegenwärtig sind«. Nichts Unansehnliches sollte vor ihnen ausgebreitet werden. Eine andere Auslegungsmöglichkeit wäre: Denn die Engel tun es auch, d.h. auch sie bedecken ihr Angesicht in Gottes Gegenwart (Jes 6,2). Tertullian, ein Kirchenvater aus der Zeit vor 200 n.Chr., war der Ansicht, daß es sich um gefallene Engel handelte; Paulus gehe es darum, daß es nicht zu einer Wiederholung der in 1Mo 6,1-4 angedeuteten Sünde kommt.

11.12 Paulus erklärt näher, was er mit »Unterordnung« meint. *In dem Herrn,* d.h. gemäß der von Gott für die Schöpfung gewollten Ordnung (1Mo 2,23) sind Mann und Frau voneinander abhängig. 13-15 Die Korinther können ja für sich selbst erkennen, wie gut die Anordnung des Apostels Paulus getroffen ist. Einmal wird sie von der gesellschaftlichen Sitte der Zeit getragen, daß Frauen sich in der Öffentlichkeit nur verschleiert zeigen sollen, darüber hinaus aber auch von der *Natur,* die den Willen des Schöpfers widerspiegelt. Das Haar der Frau wächst nun einmal länger als das des Mannes. Trägt sie es auch so, so macht sie damit deutlich, daß sie bereit ist, das für sich zu akzeptieren, was Gott gewollt hat. 16 Was Paulus hier sagt, ist nicht nur seine Privatmeinung. Die Kirchen an anderen Orten halten es auch so: vgl. 14,33.36. Als *Gemeinden Gottes* unterstehen sie seiner Weisung. Einem bleibenden christlichen Grundsatz gemäß kleiden sich Christen mit Anstand, denn das äußere Erscheinungsbild spiegelt die innere Haltung wider. Die Anwendung dieses Grundsatzes, wird sich von Ort zu Ort und von Zeit zu Zeit an dem orientieren, was als anständig gilt.

11,17-34 Das Herrenmahl

In der Frühzeit der Christenheit wurde das sakramentale Herren- oder Abendmahl gerne im Rahmen eines Liebesmahles (Jud 12) gefeiert. Von Anfang an nahmen die Christen diese Gelegenheit der Gemeinschaftspflege gerne wahr (vgl. Apg 2,46). In Korinth jedoch war die heilige Harmonie, die damit zum Ausdruck kommen sollte, so zerrissen, daß es einem Skandal gleichkam.

17 Nach Paulus' Urteil hat das Ganze ernste Ausmaße angenommen. So gibt er sich hier nicht mit Ratschlägen zufrieden, sondern er *befiehlt.* Was da vor sich geht, kann er nicht loben (vgl. dagegen 11,2), denn Leben und Zeugnis der Christen stehen auf dem Spiel. **18** Die Wurzel des Übels liegt in ihrer Zerrissenheit, die nicht notwendigerweise mit den Parteiungen von 1,10 gleichzusetzen ist. *Ich höre* - möglicherweise von den Leuten der Chloë (1,11) oder von Stephanas (16,17). **19** *Spaltungen* sind zwar unerfreulich, aber teilweise unumgänglich. Durch Gottes Lenken dienen sie einem nützlichen Zweck: an ihnen offenbart sich der wahre Charakter der Betroffenen. **20** Wenn die Korinther zum Gottesdienst zusammenkommen, ist es nicht möglich, das Herrenmahl so zu feiern, daß sein Ziel und Zweck tatsächlich zum Ausdruck kommt. **21** Die Art und Weise ihres Zusammenkommens ist in jeder Hinsicht selbstsüchtig. Weder warten sie auf die, die zu spät kommen (z.B. Sklaven), noch teilen sie untereinander, was sie haben. Jeder ist nur an seinem eigenen Mahl interessiert, nicht am Mahl des Herrn. Die in V. 18 erwähnten Gruppierungen sind höchstwahrscheinlich durch Besitzverhältnisse und gesellschaftliche Unterschiede vorgegeben. **22** Die Korinther verachten so nicht nur die Bruderschaft und Würde der *Gemeinde Gottes,* sondern auch ihren Herrn. Da findet man nichts, wofür man die Gemeinde loben könnte.

23 Paulus geht gründlich vor. Er legt zunächst noch einmal die Einsetzung des Herrenmahls klar. Das ist die älteste Darstellung der Einsetzungsworte, die wir haben. Sie enthält manche Züge, die uns andernorts nicht begegnen (vgl. Mt 26,26f; Mk 14,22; Lk 22,17f). *Empfangen* und *Weitergeben* sind Begriffe, die öfters im Zusammenhang mit frühchristlicher mündlicher Überlieferung erscheinen (vgl. 11,2; 15,3). Doch lassen die Betonungen von *Ich* und *von dem Herrn* an eine speziell an Paulus ergangene Offenbarung denken (Gal 1,12; 2,2). Er erinnert die gedankenlos handelnden Korinther an die eindrückliche Situation, in der das Herrenmahl erstmalig begangen wurde: in der Nacht, in der unser Herr (von Gott selbst - s. die Passivform) an den Tod ausgeliefert wurde. **24** *Dankte:* damit wird das griech. Wort wiedergegeben, von dem »Eucharistie« abgeleitet ist. So weihen auch wir noch die Nahrung, die wir zu uns nehmen, zuerst Gott, indem wir ihm, dem Geber, dafür Dank sagen (vgl. 1Tim 4,4f). *Für euch gegeben:* es gibt noch eine schwächer bezeugte griech. Lesart: »Für euch gebrochen«, die die Bedeutung dessen widerspiegelt, was am Kreuz mit dem Leib Christi geschah, und weshalb es zu geschehen hatte. Das Brot ist demgemäß weder seinem jetzt verherrlichten Leib noch dem Leib Christi damals bei der Abendmahlsszene gleichzusetzen, sondern seinem gebrochenen, für uns dahingegebenen Kreuzesleib. *Das tut:* Das ist der ursprüngliche und vielleicht auch der einzige Ort des NT, wo der Auftrag zur Wiederholung des Herrenmahls ergeht. Die Aufforderung »das tut . . .« kann nur als Befehl zur Wiederholung des Mahles und nicht zum Nachvollzug des Opfers verstanden werden. Gleichfalls kann das griech. *zu meinem Gedächtnis* nicht bedeuten, daß Gott sich seiner (Christi) erinnern soll, sondern daß die am Mahl Beteiligten sich seines (s. das betonte »Mein«) für sie erlittenen Todes erinnern sollen. **25** *Kelch nach dem Mahl:* Beim Einsetzungsmahl waren Brot und Wein bewußt durch eine Zeitspanne getrennt. Damit sollte auf die alte Bundesschlußzeremonie hingewiesen werden, bei der die getöteten Tiere zerteilt wurden (vgl. 1Mo 15,9f), um auf den gewaltsamen Tod dessen hinzuweisen, der womöglich den Bund, an dessen Schließung er beteiligt war, brechen würde. *Bund:* Das griech. Wort *diathēkē* bezeichnet nicht eine Abmachung zwischen zwei gleichberechtigten Partnern, sondern eine feierliche Verfügung eines einzelnen (vgl. Testament) zugunsten eines anderen. Jesus bezieht sich auf den Jer 31,31-34 erwähnten neuen Bund, der den 2Mo 24 geschlossenen außer Kraft setzen soll. **26** *Verkündigt ihr den Tod des Herrn:* das kann nur im Blick auf die Menschen gemeint sein, nicht im Blick auf Gott. Das griech. Verbum kommt 17mal vor und bezieht sich immer auf die Verkündigung des Evangeliums vor Menschen. Das geschieht eben durch das Essen und Trinken und nicht durch eine Wiederholung des Opfers; der Befehl gilt lediglich *bis er kommt.* Dann wird der Herr in seiner Herrlichkeit das Mahl mit ihnen feiern (Mt 26,29).

27 Dieser feierliche Ritus verlangt, daß man sich ehrerbietig daran beteiligt. Durch *unwürdige,* d.h. gedankenlose und rücksichtslose Beteiligung (vgl. V. 21.29) wird der Anlaß, das Opfer Christi, gering geachtet. Damit macht man sich der Schuld jener teilhaftig, die ihn gekreuzigt haben, und verliert den Segen, der mit diesem Mahl verbunden ist. **28** Wer sich zum Tisch des Herrn begibt, ist verpflichtet, *sich selbst zu prüfen,* d.h. seine Motive und seine geistliche Haltung zu bedenken (2Kor 13,5), denn er ist dem Herrn selbst verantwortlich. **29** Sicher ist jeder Christ *unwürdig* (V. 27). Durch den Nachsatz macht Paulus aber deutlich, was er damit meint: daß man nämlich vom Tisch des Herrn ißt, ohne sich bewußt zu sein,

daß dieses Brot eigentlich der *Leib des Herrn* ist. Ausleger waren gelegentlich der Meinung, *Leib des Herrn* beziehe sich hier wie andernorts (10,17) auf die Gemeinde. Es ist aber unwahrscheinlich, daß in diesem engen Zusammenhang das Wort hier einen anderen Sinn hätte als in V.27. **30** Solche Achtlosigkeit führt zum *Gericht* (V. 29), das hier aber nicht als ewige Verdammnis zu verstehen ist, sondern als eine zeitliche göttliche Strafe, die sich in Krankheit oder auch im Tod äußert (vgl. 5,5). **31.32** *Wenn wir uns selbst richteten:* d.h. wenn wir zwischen dem unterschieden, was wir sind und was wir sein sollten, wäre es nicht mehr nötig, daß wir vom Herrn gerichtet (d.h. *gezüchtigt)* werden. Ein Vater züchtigt seine Kinder nicht, um sie zu verderben, sondern um sie vor dem Verderben mit der ungläubigen Welt zu bewahren (vgl. 3,15).

33.34 Wenn die Gemeindeglieder von Korinth zusammenkommen, um miteinander das Herrenmahl zu feiern, dann sollen sie in gegenseitiger Rücksichtnahme *aufeinander* warten (vgl. V.21). Damit ergibt sich eine Zeit des Beisammenseins, der Gemeinschaft. Da konnten auch ärmere Gemeindeglieder teilhaben an dem, was wohlhabendere mitbrachten. Vergessen sie aber den eigentlichen Zweck des heiligen Mahles, der nicht darin besteht, leiblichen Hunger zu stillen, dann wird ihr Fehlverhalten sowohl das Urteil Gottes als auch das ihrer Mitchristen herausfordern.

12,1-31 Die Gnadengaben

Es ist charakteristisch für Paulus, daß er am Anfang seiner Ausführungen über die Gnadengaben daran erinnert, daß Christus der Herr ist. Ihm dienen die Gaben, und wenn sie öffentlich ausgeübt werden, muß das in Ordnung und Harmonie geschehen (14,40). Einige Gaben sind in der Tat auffällig und faszinierend, aber sie sind nicht so wichtig wie die Auswirkungen der göttlichen Liebe (Kap. 13) im Wesen der Christen (vgl. Gal 5,22f).

1.2 Die Korinther wußten aus ihrer Zeit als Heiden, wie es sie *mit Macht zog* (»weggetragen wurden«). Sie standen unter unerwünschtem und nutzlosem Zwang. *Stumme Götzen* (Ps 115,4-8): die waren unfähig, die Wahrheit zu offenbaren (Hab 2,18.19). Paulus geht davon aus, daß die Korinther gezogen wurden. Hinter den leblosen Götzen waren böse Geister (vgl. 10,20), die immer noch aktiv waren. **3** Auf sie ist der gotteslästerliche Ausruf »Ein Fluch ist Jesus!« (ZÜ) zurückzuführen. Vielleicht war es die ekstatische Äußerung eines schlecht unterrichteten Gottesdienstteilnehmers, der die Lehre, daß Christus »zum Fluch« geworden sei (Gal 3,13), falsch verstanden hatte. *Verflucht* (vgl. 16,22), griech. *anathema:* das bedeutet wie in Jos 6,17 (dem Bann verfallen) zur Zerstörung beiseitegesetzt zu sein. *Durch den Heiligen Geist:* er legt Zeugnis ab von der Herrschaft Christi. Nur er kann und will das tun (vgl. 1Jo 4,1-3).

4-6 In Korinth hatte ehrgeiziger Gebrauch der Gnadengaben zu Spaltungen in der Gemeinde geführt. Aber das war eine falsche Rivalität, denn Christen haben unterschiedliche Gaben und Dienstmöglichkeiten, aber auch Gottes Kraft zeigt sich unterschiedlich in ihnen. Hinter dieser Verschiedenheit steht der alle einigende Geber, *Gott* selbst. In diesen Versen wird unbewußt von der Trinität gesprochen. **7** Die Gaben sollen allen dienen; sie dienen nicht der geistlichen Bereicherung einzelner und schon gar nicht Rivalität und Neid.

Paulus nennt neun Gaben. **8** *Weisheit zu reden* (vgl. 2,6-10): das ist die in göttlicher Vollmacht gegebene Mitteilung an andere. *Erkenntnis zu reden:* Paulus verbindet Erkenntnis mit Geheimnissen, Offenbarungen und Prophetie (13,2; 14,6); Erkenntnisrede ist die Weitergabe übernatürlichen Wissens (wie z.B. bei Petrus in Apg 5,3). **2** *Glaube* (vgl. 13,2) ist vom seligmachenden Glauben zu unterscheiden, der allerdings auch eine göttliche Gabe ist (Eph 2,8). Der Waisenvater Georg Müller besaß die besondere Gabe des Glaubens. *Die Gabe, gesund zu machen* (wörtl.: Gnadengaben der Heilungen, EÜ): Die Pluralform läßt vermuten, daß es für verschiedene Krankheiten verschiedene Heilungsgaben gab. **10** *Die Kraft* (im griech. Plural) *Wunder zu tun* (Gal 3,5; Hebr 2,4) muß von der Gabe der Heilung unterschieden werden (vgl. Mk 16,17f; Apg 5,5.10; 13,11). *Prophetische Rede:* dazu gehört im NT auch die Vorhersage zukünftiger Ereignisse (Apg 11,27f; 21,10), aber häufiger ist Prophetie die »Übermittlung« der Botschaft Gottes in inspirierten Worten (vgl. Lk 1,67ff; Apg 19,6; 21,9). Einige, die hierin besonders begabt waren, wurden als Propheten (1Kor 12,28f) anerkannt. Die Gabe, zwischen guten und bösen *Geistern zu unterscheiden,* war wegen des so handgreiflichen Heidentums in den Tagen des Paulus besonders nötig. Aber der Kampf geht weiter (Eph 6,12; 2Thes 2,2). 1Jo 4,1 spricht davon, daß alle Christen die Geister prüfen können (hier ist eine Parallele zum Begriff »Glaube« in V.9). *Mancherlei Zungenrede* (vgl. 14,1f): ekstatische Rede in unbekannten Sprachen (14,9; vgl. Apg 2,6), unterschieden von der Gabe, die *Zungen auszulegen* (ZÜ), vgl. 14,3. **11** Alle diese Gaben werden von *einem* hervorgebracht und ausgeteilt, vom *Geist,* der nicht handelt, wie Menschen es wollen (vgl. aber V.31), sondern *wie er will* (Hebr 2,4). Dies setzt voraus, daß der Heilige Geist eine eigene Persönlichkeit hat.

12 Der *Leib* des Menschen ist ein treffendes

Bild für die Vielfalt und Einheit in der Gemeinde, dem Leib Christi (V. 27). **13** *Zu einem Leibe getauft:* Alle Christen, gleich welchen kulturellen Hintergrundes (Kol 3,10f), empfangen die gleiche Taufe. Das Taufwasser symbolisiert die Eingliederung des Täuflings durch den Heiligen Geist in die lebendige Einheit des Leibes Christi. Der Geist ist um uns (Bild des Eingetauchtwerdens) und in uns (Bild des Trinkens), alle Christen sind *mit einem Geist getränkt.* **14** Wenn die Gemeinde ein *Leib* ist, muß dieser Leib *viele* Glieder haben, die einander ergänzen und einander brauchen. Vielleicht fühlten sich einige Korinther als Christen zweiter Klasse, weil sie keine spektakulären Geistesgaben hatten. **15.16** Der *Fuß* vergleicht sich mit der *Hand,* nicht mit dem *Auge,* »weil wir dazu neigen, nicht die zu beneiden, die weit über uns sind, sondern die, die etwas höher sind als wir« (Chrysostomus). Ein »Fuß«, der das Gewicht des Körpers trägt, mag wohl eine »Hand« beneiden, die sich frei und ungehindert bewegt. *Darum bin ich nicht Glied des Leibes:* Ein Christ, dem z.B. die Gabe des Zungenredens fehlt, ist genauso ein Glied des Leibes Christi. **17.18** Um seine vielen Aufgaben erfüllen zu können, braucht der Körper viele Glieder. Gott in seiner Weisheit gibt sie alle der Gemeinde und stellt jedes an seinen Platz. Die Betonung liegt darauf, daß Gott plant, auswählt und zuteilt. **19** Wenn alle Organe gleich wären, wäre der Leib ein Geschöpf mit nur einem Sinnesorgan, wie wir es nur auf der niedrigsten Stufe pflanzlichen Lebens finden. **20** Andere Korinther meinten offensichtlich, daß nur sie fähig wären, und wollten deshalb alles alleine tun. Aber alle Glieder des Leibes brauchen einander. **21** Das *Auge* z.B. ist höher im Körper als die *Hand,* kommt aber ohne sie nicht aus. Stolz ist völlig unangebracht. **22** Die *schwächsten* Glieder, z.B. das Auge, sind unendlich wichtig. **23** *Am wenigsten ehrbar:* Die Gemeinde darf ihre weniger bedeutenden Glieder nicht verachten. Sie soll ihnen besonderen Raum geben. **24.25** Gott hat den menschlichen Körper so geschaffen, daß seine Organe nicht nur nicht in Konflikte geraten, sondern daß sie aufeinander angewiesen sind und miteinander arbeiten. **26** Wenn die Gemeinde wirklich ein Leib ist, dann sind alle Glieder betroffen, wenn ein Gemeindeglied *leidet* oder *geehrt* wird. Es wird Mitleiden und Mitfreuen geben, aber keinen Neid.

27 Das Bild vom Leib paßt genau auf die Gemeinde in Korinth, denn in *Christus* sind sie ein *Leib* - sein Leib - und jeder einzelne ist ein Glied an ihm und hat eine wichtige Aufgabe. **28** *Hat in der Gemeinde eingesetzt:* Gott hat die Glieder ausgerüstet und an ihren Platz gestellt, um seine Ziele zu erreichen (Eph 4,11f). Die *Apostel* hatten einen einmaligen, grundlegenden Dienst als Wächter des authentischen Evangeliums (Eph 2,20) zu tun. Die *Propheten* waren besonders notwendig, als das NT noch nicht geschrieben und allgemein verbreitet war. Daß einige einen besonderen Dienst tun, macht sie nicht zu Herren über Gottes Erbe. Sie sind Diener, nicht Herrscher. Dann folgen weniger nötige ergänzende Dienste. Die Gabe des Zungenredens, von den Korinthern so geschätzt, wird zweimal als letzte genannt (V. 28.30), nach den unauffälligen, aber doch so nötigen Diensten des *Helfens* und des *Leitens* (vgl. Röm 12,6-8; Eph 4,11f). **29.30** *Sind sie alle Apostel? . . . Propheten? . . . Lehrer?:* Diese rhetorischen Fragen, die alle ein »Nein« fordern, betonen noch einmal, wie verschieden und ergänzungsbedürftig die Gaben sind. Gott wollte nicht, daß jemand allein auskommt, und richtete es so ein, daß jeder in der Gemeinde den anderen braucht. **31** Christen sollen durch Gebet und innere Bereitschaft (14,1) nach den größeren *Gaben* streben. Aber die Liebe ist ein noch *besserer Weg* (Kap. 13). Ein wenig Liebe ist mehr wert als eine Menge Redekunst, Wissen oder Ekstase.

13,1-13 Das Hohelied der Liebe

Dieses berühmte Loblied der Liebe ist »das Größte, Stärkste und Tiefste, was Paulus je schrieb« (Harnack). Es ist voll dichterischer Schönheit. Das Wort *agapē* wurde im Griech. selten gebraucht, bis es die Christen zu ihrem wichtigsten Wort für »Liebe« machten. Die im außerbiblischen Griech. häufigeren Ausdrücke *erōs* (sexuelle Liebe) und *philia* (ein Ausdruck, der allgemeine Zuneigung ausdrückt) meinen Liebe zu dem, »der sie verdient«. Immer ist auch ein Element des Besitzenwollens dabei. Im Gegensatz dazu ist *agapē* die Liebe zu dem, »der sie nicht verdient«. *Agapē* ist schenkende Liebe, am tiefsten beschrieben in Röm 5,8: »Gott aber erweist seine Liebe zu uns darin, daß Christus für uns gestorben ist, als wir noch Sünder waren.« Das Loblied der Liebe hat drei Teile, V. 1-3: Gnadengaben ohne Liebe nützen dem nicht, der sie hat; V. 4-7: Wie Liebe ist (hier wird auch ein Bild Christi gezeichnet); V. 8-13: die Liebe bleibt ewig.

1 Paulus meint die Gnadengaben (vgl. 12,10; 14,18). Aber auch menschliche Beredsamkeit, ganz gleich wie »engelhaft« sie sein mag, wird durch diese Worte als nutzloser und störender Lärm eingestuft, wenn ihr Liebe fehlt. Das *tönende Erz* (ein Gong) und die *klingende Schelle* (Zimbel, EÜ) kannten die Korinther aus den Tempeln des Dionysos und der Kybele. **2** Wenn jemand *prophetisch reden* kann (vgl. 14,3), ist das wichtig (12,28) und wünschenswert (14,39); wenn er auch noch *alle Geheimnisse* (s. Komm. zu 2,7) weiß, alle Erkenntnis besitzt (12,8; vgl. 8,1f) und auch noch die besondere Gabe wunderwirkenden *Glaubens* hat (12,9; vgl. Mt 17,20), so ist das gut. Aber so wertvoll diese Gaben sein mögen, wenn er keine Liebe hat, ist er bei all seinen wertvollen Gaben wertlos. **3** Die eifrigste Wohltätigkeit und die schmerzlichste Selbstaufopferung sind ohne Liebe wertlos im letzten Gericht, wieviel Nutzen sie auch anderen gebracht haben mögen.

Im nächsten Abschnitt (V. 4-7) wird die Liebe in einer Weise beschrieben, die auf die Situation in Korinth paßt. **4** Die Liebe wird als *langmütig* beschrieben und als *freundlich* (großzügig und hilfsbereit). Dann wird gesagt, was sie nicht ist: *Liebe eifert nicht* um den Erfolg oder die Gaben anderer (12,26; vgl. 3,3); *sie bläht sich nicht auf,* um nach Beifall zu haschen (vgl. Mt 26,33 mit Joh 21,17). **5** Liebe verhält sich nicht *ungehörig* (vgl. 4,6; 8,1): das gleiche Wort wird 7,36 mit »übel geraten« übersetzt. Liebe *sucht nicht das Ihre:* sie ist nicht egozentrisch (vgl. 11,21), sondern selbstlos (10,33). Liebe *läßt sich nicht erbittern:* sie ist nicht empfindlich, nicht leicht beleidigt. *Sie rechnet das Böse nicht zu:* Rechnen ist ein Ausdruck aus dem Bankwesen. Das Böse wird nicht angeschrieben. So entsteht kein Groll. **6** Liebe *freut sich nicht* an der Gelegenheit, *Ungerechtigkeit* zu kritisieren. *Sie freut sich* (ein stärkerer Ausdruck als zuvor) *an der Wahrheit* (1Jo 1,6). **7** Liebe *verträgt alles:* Liebe setzt bei anderen gute Absichten voraus und »verliert nicht den Glauben«. Liebe *hofft:* nicht aus unbegründetem Optimismus, sondern weil sie den endgültigen Triumph der Gnade Gottes erwartet. Liebe *duldet,* nicht passiv, sondern aktiv. Wenn Liebe keine Beweise hat, setzt sie das Beste voraus. Wenn die Dinge schlecht stehen, hofft sie auf Besserung. Und wenn die Hoffnung immer wieder enttäuscht wird, wartet sie immer noch voller Mut. Was auch immer geschieht, Liebe bleibt unverzagt.

8.9 *Liebe hört niemals auf* (wörtl.: bricht nie zusammen): sie ist von Natur aus ewig (1Joh 4,16), anders als die Geistesgaben, die nur für diese Weltzeit gelten. *Prophetisches Reden* und *Zungenreden* (s. Komm. zu 12,10) werden in der unmittelbaren Gegenwart Gottes nicht mehr nötig sein. Erkenntnis, sei sie menschlich oder von Gott offenbart (vgl. 12,8), wird hellerem Licht und tieferer Einsicht Platz machen. **10** *Das Vollkommene:* das ist nicht Perfektion menschlicher Qualitäten, sondern volle Erkenntnis Gottes. *Stückwerk* (vgl. Jer 31,34) ist charakteristisch für unsere diesseitige Existenz. **11** Es ist ganz normal, daß kindliches Denken und Sprechen durch reiferes Verhalten ersetzt werden. Paulus sagt aber, daß er kindliches Verhalten *abtat.* Er entschied also, daß ihn kindliche Verhaltensweisen nicht länger bestimmen sollten. Es ist ein Zeichen der Unreife, daß die Korinther das Zungenreden so hoch und die Liebe so gering schätzen. **12** *Spiegel:* Unsere gegenwärtige Erkenntnis gleicht dem Blick in einen Metallspiegel, der unvollkommen reflektiert (vgl. 2Kor 5,7). *Dann aber:* in der Ewigkeit werden wir von *Angesicht zu Angesicht* sehen (vgl. 1Jo 3,2). Genauso ist es mit der Erkenntnis: *jetzt* ist sie *stückweise, dann* aber vollkommen - so wie Gottes Erkennen jedes einzelnen Christen schon heute vollkommen ist. **13** *Glaube,* die vertrauensvolle Annahme Gottes, wie er ist; *Hoffnung,* die Beharrlichkeit im Glauben (Calvin), und *Liebe* sind ewig, anders als die anderen Gnadengaben. *Bleiben* steht ursprünglich in der Einzahl und faßt vermutlich diese drei *(Glaube, Hoffnung, Liebe)* zu einer Einheit zusammen (vgl. Kol 1,4.5; 1Thes 1,3). Nur beim zweitenmal wird *Liebe* mit Artikel gebraucht; die *größte* ist in den deutschen Übersetzungen grammatikalisch Superlativ, aber im Griech. Komparativ (»größer«). Dann müßte übersetzt werden: »Nun aber bleibt Glaube, Hoffnung, Liebe - der wohlbekannte Dreiklang; aber größer als diese ist die Liebe (Gottes, die in unsere Herzen ausgeschüttet ist; Röm 5,5).«

14,1-10 Prophetische Rede und Zungenrede

1 Paulus nimmt (im Anschluß an 12,31) seine Diskussion der Gnadengaben wieder auf. Da die Korinther nun den überragenden Wert der *Liebe* kennen, sollen sie das Beste anstreben, was Gott anbietet. Wenn auch Gott allein entscheidet, wer welche *Gaben* erhält (12,11), so sollen sie doch nach den Gaben streben, besonders nach den höheren (12,31), am meisten aber nach der prophetischen Rede. **2** In *Zungen* reden ist ekstatisches Reden in einer Sprache, die Sprechern und Hörern in der Regel nicht bekannt ist (s. Komm. zu 12,10). Einige sehen das Sprachwunder am Pfingstfest (Apg 2,4.11) als eigene Geistesgabe an, weil einige verstanden, was gesagt wurde, und andere nicht. Aber in beiden Fällen ist *Gott* der erste Adressat des Sprechens (Apg 2,4.11). *Im Geist:* durch die vom Heiligen Geist gegebene Gabe. Es kann aber auch gemeint sein: durch den Geist des Sprechers, der seinen Verstand nicht benutzt. *Geheimnisse:* Dinge, die durch den menschlichen Verstand allein nicht begriffen werden können. **3** Die Gabe der prophetischen Rede erbaut die Gläubigen durch *Ermahnung* (Ermutigung), die dem Verstand hilft, und durch *Tröstung,* die das Herz erreicht. **4** Reden in *Zungen* ist ein Segen für den Beter. Es nützt ihm in erster Linie selber.

Prophetische Rede dagegen nützt nicht nur dem Sprecher, sondern der ganzen versammelten *Gemeinde* (vgl. V. 19; 11,18; 14,23). **5** Paulus befürwortet den richtigen Gebrauch der Gabe des Zungenredens in der persönlichen Anbetung Gottes (vgl. V. 28). Im Gottesdienst dagegen darf nur in Zungen geredet werden, wenn ein anderer die Gabe der Auslegung hat. *Wer aber prophetisch redet, ist größer:* d.h. er ist ein besserer Diener (Mt 20,26), er trägt zum Gemeindeleben mehr bei als nur sein eigenes geistliches Wachstum.

6 *Offenbarung* ist die Quelle der *prophetischen Rede* (vgl. V. 29-31). *Erkenntnis* ist die Quelle der *Lehre.* **7.8** Paulus zeigt, warum Zungenreden im Gottesdienst ausgelegt werden muß. Man kann eine Melodie nicht aufnehmen, wenn die Töne nicht unterscheidbar sind, und wenn die *Posaune* unklare Signale gibt, gerät jede Armee durcheinander (vgl. 4Mo 10,9). **9** *So auch ihr* (betontes Personalpronomen): Verständliche Kommunikation ist nötig, unabhängig davon, wie hoch die Korinther das Zungenreden schätzen. **10.11** Alle *Sprachen* der Welt haben ihre *Bedeutung,* denn sie sind ja Mittel der Verständigung. Wenn eine Sprache nicht verstanden wird, sind Sprecher und Hörer füreinander Fremde. *Nicht verstehen:* wörtl.: dem Sprecher ein Fremder sein. Für Fremder steht im Griech. *barbaros,* Barbar, also jemand, dessen Sprache für den Hörer wie »bar-bar« klingt, wie sinnlose Laute. **12** Die Korinther bemühen sich zu Recht um die *Gaben des Geistes,* denn in ihnen wird die Gegenwart und die Kraft Gottes sichtbar, aber nur durch einige Gaben wird *die Gemeinde erbaut.* Nach diesen soll jeder streben, denn das Motiv soll der allgemeine Nutzen (12,7) sein, nicht ungeistliche Selbstbestärkung.

13 Darum soll der, der *in Zungen redet,* ihren Nutzen dadurch auszuweiten suchen, daß er nach der Gabe der Auslegung strebt. Man kann also zu der am Anfang erhaltenen Gabe noch weitere bekommen. **14.15** Die Gabe der Auslegung nutzt auch dem, der in Zungen redet. Ohne Auslegung versteht er den *Sinn* der Zungenrede nicht, so daß das Gebet keine *Frucht* bringt und keinen Beitrag zur Erbauung der Gemeinde leistet. Gottesdienst muß inbrünstig sein, aber auch verständlich. **16.17** (Nur) *im Geist:* d.h. ohne den Verstand und deshalb unverständlich. *Der dabeisteht:* wörtl.: der den Platz des Uneingeweihten *(idiotēs)* innehat. In V. 23.24 wird *idiotēs* mit »Unkundiger« übersetzt. *Idiotēs* war in verschiedenen religiösen Gemeinschaften der Ausdruck für »Nichtmitglieder, die am Kult teilnehmen«. Offensichtlich hatten solche »Freunde der Gemeinde« einen bestimmten Platz in der christlichen Gemeinde. Wenn Zungengebete nicht ausgelegt werden, kann es geschehen, daß sich selbst engagierte Christen, die die Gaben nicht haben, wie »Unkundige« fühlen. *Amen:* abgeleitet vom hebr. Verbum *aman,* fest, beständig, treu sein. Die Christen übernahmen die Sitte, ein öffentliches Gebet durch *Amen* sich zu eigen zu machen (Neh 8,6). **18** Paulus hatte auch die Gabe der Zungenrede. Vielleicht war das nicht allgemein bekannt, weil er diese Gabe im persönlichen Gebet benutzte. **19** *In der Gemeinde,* d.h. überall da, wo Christen zum Gottesdienst zusammenkommen, bringen *fünf* verständliche *Worte* mehr Erbauung als ein Wasserfall von Worten in Zungen, die an Gott gerichtet sind.

20 Der spektakuläre Charakter des Zungenredens faszinierte die Korinther, aber Paulus weist hier einfühlsam darauf hin, daß diese Haltung kindisch ist. **21.22** Zungen können auch einen anderen Zweck haben: Sie sind nicht nur für den Beter ein Segen, oder, in Verbindung mit der Auslegung, ein Segen für die Gemeinde. Das *Gesetz* - hier nicht die fünf Bücher Mose, sondern, wie in Röm 3,19, die ganze Heilige Schrift - zeigt, daß *Zungen* für die *Ungläubigen* ein Zeichen des Gerichts sein können (vgl. Hebr 4,2). Paulus zitiert hier Jes 28,11f frei. Israel hat die Botschaft des Propheten verachtet, als gelte sie nur Kindern. Da das Volk Gottes es ablehnt, auf Gottes verständliche Worte durch Gehorsam und Glauben zu antworten, werden sie unverständliche Worte hören, d.h. sie werden durch Verbannung unter ein *Volk* mit *anderen Zungen* (Assyrer) bestraft werden, und ihr Unglaube wird sich noch mehr verhärten (Jes 6,9f). **23** Das ist wohl Paulus' Sorge: Zungenreden könnte Nichtchristen, die am Gottesdienst teilnehmen, eher im Unglauben bestärken als sie zu Christen machen. Deswegen soll bei einer Versammlung von Gläubigen und Ungläubigen nicht in Zungen geredet werden. *Ungläubige:* d.h. Nichtchristen, die aus Neugierde oder geistlichem Interesse den Gottesdienst besuchen. **24.25** *Wenn … alle prophetisch redeten:* In der Gemeinde soll es vom Heiligen Geist gegebenes prophetisches Reden sein, das den Nichtmitgliedern die Gegenwart Gottes bewußt macht und sie zur geistlichen Einsicht bringt (vgl. Apg 5,3f), - nicht sensationelles Zungenreden, auch nicht liturgisches Ritual oder raffiniertes audiovisuelles Hilfsmittel!

26-33 gewähren Einblick in frühchristliche Gottesdienste. Sie sind durch Vielfalt und Spontaneität gekennzeichnet. **26** Paulus weiß, daß *ein jeder* seine Gabe im Gottesdienst einbringen möchte, und jeder darf das auch. *Psalm* (vgl. V. 15; Eph 5,9) kann ein von einem Gemeindeglied geschaffenes Lied sein. *Lehre* meint nach jüdischem Vorbild die Auslegung eines Textes aus dem AT (vgl. Kol 3,16). Prophetie (Weissagung) wird nicht erwähnt, mag aber unter *Offenbarung* eingeschlossen sein. Noch einmal wird das alles beherrschende Grundprinzip betont: Der Gebrauch der Gnadengaben muß zum allgemeinen Nutzen dienen. **27** *Einer nach dem anderen,* wörtl.: »nach Teilen«; die Zeit soll eingeteilt werden. Die Ausübung der Gaben ist der Kontrolle des Willens unterworfen, selbst wenn die Sprache unverständlich ist. **28** Zungenreden ist öffentlich nur erlaubt, wenn ein *Ausleger* da ist. **29.30** Prophetie wird in den richtigen Rahmen gestellt. Prophetische Botschaften dürfen nicht unkritisch angenommen werden, sie müssen vielmehr an der Schrift geprüft werden (vgl. 1Thes 5,21), um sicherzustellen, daß ihre Quelle göttlich und nicht satanisch ist (vgl. 12,10; 5Mo 18,22; 1Joh 4,1). **31** Trotz dieser Absicherungen sollen *alle prophetisch reden,* damit die Gemeinde durch den Dienst des Heiligen Geistes vollen Gewinn haben kann. **32** Genauso wie Zungenredner fähig sein müssen, gegebenenfalls zu schweigen (V.32), so steht auch die Prophetie unter der Kontrolle der *Propheten.* **33** *Gott* ist die Quelle und der Ursprung all dieser Gaben, und deswegen kann *Unordnung* oder fehlende Selbstkontrolle nicht Gottes Willen gemäß sein und auch nicht vom Heiligen Geist stammen.

34.35 Die vieldiskutierte Anweisung des Paulus, daß *die Frauen schweigen (sollen) in der Gemeindeversammlung* und nicht *reden,* wird noch immer häufig falsch verstanden, weil man sie aus ihrem zeitlichen und örtlichen Zusammenhang reißt. Paulus hat in Kap. 11 schon behandelt, was es für die Frauen bedeutet, *sich unterzuordnen* (s. Komm. zu 11,3.11). Es geht ihm darum, daß emanzipierte christliche Frauen kein unnötiges Aufsehen dadurch erregen, daß sie die derzeit gültigen gesellschaftlichen Konventionen nicht beachten. Frauen sollen weise mit ihrer durch Christus neugewonnenen Freiheit umgehen. Konkret ging es Paulus hier darum, daß die Frauen die Gottesdienste nicht durch Schwätzen (das ist die Bedeutung von *reden* in V.34.35) störten. Vielleicht riefen einige (der von den Männern getrennt sitzenden) Frauen auch Fragen dazwischen oder kommentieren das, was im Gottesdienst gesagt wurde. Paulus hat die Frauen keinesfalls zu völligem Schweigen verurteilt, denn er erwähnt, daß Frauen prophetisch reden (11,5; vgl. Apg 21,9), und das war eine nur im öffentlichen Gottesdienst ausgeübte Gabe. Paulus' Ermahnung ist nicht nur negativ. Die Weiblichkeit (und damit auch der Einfluß) der Frau (vgl. 1Petr 3,2) wird durch das Schweigen erhöht. Auch Männern wird verschiedentlich Schweigen befohlen (V.28.30). Nur beim Schweigen kann das Wort Gottes gehört und aufgenommen werden.

36 In diesem Vers fragt Paulus ironisch, ob die Korinther das *Wort Gottes* allein hätten und allein wüßten, was rechte christliche Praxis sei. Der Erfahrung *aller Gemeinden der Heiligen* muß genügend Gewicht zugemessen werden (vgl. V.33). **37** Jeder, der für sich in Anspruch nimmt, ein *Prophet* oder *vom Geist erfüllt* (also in Übereinstimmung mit dem Herrn) zu sein, muß erst einmal anerkennen, was Paulus hier lehrt. **38** Wer die göttliche Wahrheit *nicht anerkennt,* wenn er sie hört, wird auch nicht als geistliche Autorität anerkannt (vgl. 11,16), weder von Gott noch durch andere Gemeinden. Er verurteilt sich selbst. **39** Paulus schließt die Behandlung des Themas positiv. Die Korinther sollen sich sehr um die Gabe der prophetischen Rede bemühen, und für Zungenreden soll (bei rechtem Gebrauch der Gabe) weiter Raum sein. Beides sind Gottes gute Gaben. **40** Alles soll beim Gottesdienst *ehrbar* (wörtl.: wohl geformt, also mit Schönheit und Harmonie) und *ordentlich* (dieses Wort ist der Sprache des Militärs entlehnt, vgl. V.33) geschehen.

15,1-58 Die Auferstehung

15,1-11 Die Auferstehung Christi

Das letzte Hauptthema dieses Briefes ist dogmatischer Natur und gehört zu den Grundlagen des christlichen Glaubens. Wer die Auferstehung der Toten (15,12) leugnet, macht das Evangelium wertlos. Deshalb legt Paulus hier ausführlich diese Grundlage des Evangeliums dar. Er weist nach, daß die Auferstehung Christi Teil dieses Evangeliums ist (V.1-11), und daß aus der Auferstehung Christi die Auferstehung der Christen folgt (V.12-34). Dann begegnet er Einwänden gegen die Lehre von der Auferstehung (V.35-58).

1.2 Paulus hält es für nötig, die Korinther an die Grundlagen des *Evangeliums* zu *erinnern,* an die Wahrheit, die der Inhalt seiner Predigt und der Grund ihrer Erlösung ist. Daß das nötig ist, läßt ihn fragen, ob sie diese Wahrheit vergessen oder nie richtig erfaßt haben. Man beachte den indirekten Vorwurf und das Ausmaß seiner Betroffenheit. **3.4** Hier findet sich eine sehr frühe Zusammenfassung der christlichen Predigt, die schon dahin tendiert, die Form eines kurzen Glaubensbekenntnisses anzunehmen (zu erkennen an dem viermaligen *daß* in V.3-5; auch daran, daß das Vokabular bei Paulus sonst nicht üblich ist). Diese Wahrheiten sind nicht menschliche Erfindungen, sondern objektive Tatsachen über den Christus Gottes, die seit Vorzeiten bei Gott beschlossen waren und nun in der Geschichte erfüllt werden. Tod, Begräbnis und Auferstehung geschahen *für unsre Sünden.* Daß er begraben wurde und erst am *dritten Tage* auferstand, betont die Realität des Todes Christi und schließt die Möglichkeit einer Ohnmacht aus. Der wiederholte Satz *nach der Schrift* weist auf das zusätzliche, göttlich inspirierte Zeugnis der geschriebenen Prophetien hin. V. 4 bezieht sich *nach der Schrift* vermutlich auf die Tatsache der Auferstehung Christi (vgl. Jes 53,10-12; auch Ps 16,10 wurde in der frühen christlichen Verkündigung oft verwendet), nicht auf den *dritten Tag,* worauf sich höchstens Jona 1,17 und Hos 6,2 beziehen könnten (vgl. Lk 24,46). **5** Die Liste der Erscheinungen des auferstandenen Herrn ist nicht vollständig, weil die Frauen nicht genannt werden. Das läßt vermuten, daß Paulus hier vielleicht schon eine weitverbreitete Liste der offiziellen Zeugen benutzt. Von den Erscheinungen vor *Kephas* und den *Zwölfen* (eine formelhafte offizielle Bezeichnung - Judas und Thomas waren nicht dabei) berichtet Lk 24,34-36. **6** Auf die *fünfhundert Brüder* könnte sich Mt 28,10.16ff beziehen. Die meisten lebten noch, als Paulus schrieb: Zweifler konnten seine Aussage nachprüfen. Der Tod der Christen wird als Schlaf bezeichnet (vgl. 1Thes 4,14). **7** *Jakobus* ist vermutlich der Bruder des Herrn, der während Jesu Wirken auf Erden ungläubig war (Joh 7,5), sich aber bald nach der Auferstehung bekehrte (Apg 1,14) und später eine Säule der Jerusalemer Gemeinde wurde (Gal 2,9). Die gesicherte Wahrheit der Auferstehung Christi ist die feste und notwendige Grundlage von Paulus' klassischer Darstellung der Lehre von der Auferstehung in diesem Kapitel.

8.9 *Zuletzt* in der Reihe der Erscheinungen des Auferstandenen, die eigentlich mit der Himmelfahrt ihr Ende gefunden hatten, kommt die Erscheinung Christi für Paulus auf der Straße nach Damaskus (Apg 9), *wie einer unzeitigen Geburt. Ektröma* ist keine »Spätgeburt«, wie der Zusammenhang vermuten läßt, sondern das Gegenteil, eine Fehlgeburt (ZÜ) oder Mißgeburt (EinhÜ). Der Ausdruck meint nicht den Zeitpunkt der Bekehrung. Er bezieht sich entweder auf das plötzliche Eingreifen Gottes, das aus einem Gegner der Christen einen Apostel machte, oder darauf, daß er es nicht verdiente, ein *Apostel* zu *heißen.* Obwohl Paulus sich hier den *geringsten unter den Aposteln* nennt, sieht er seinen Dienst nicht als gering an (vgl. 2Kor 11,5; Gal 2,11), denn er hat *mehr gearbeitet als sie alle* (V. 10). Weil er die *Gemeinde Gottes verfolgt* hatte (Apg 26,9f; Gal 1,13), war er nicht würdig, ein Apostel zu sein (1Tim 1,15). **10** Er verdankt *Gottes Gnade* alles - sein Leben als Christ, seinen apostolischen Dienst und die Fähigkeit, in seiner Arbeit durchzuhalten. Auch das ist Beweis für die Auferstehung Christi. **11** *So predigen wir:* Das von Gott beglaubigte Evangelium wird von allen Aposteln (einschließlich Paulus) gepredigt. Es ist die Grundlage, auf die der Glaube sich verlassen kann.

15,12-34 Die Auferstehung der Christen

In V. 12-19 beschreibt Paulus die schrecklichen Konsequenzen für die Christen, wenn sie die Auferstehung leugnen. Dann wäre die apostolische Predigt eine Lüge, und der Glaube eine Illusion. Verstorbene Christen wären verloren, lebende Christen wären zu bedauern.

12 Einige Korinther hielten immer noch an der griech. Vorstellung von der Unsterblichkeit der Seele fest: man glaubte, daß nach dem Tod die Seele aus dem Körper entweiche, um wieder von der Gottheit aufgesogen zu werden oder um in der Unterwelt ein schattenhaftes Dasein zu führen. Für die Griechen war leibliche Auferstehung eine Unmöglichkeit (vgl. Apg 17,18f.32). **13.14** Nach diesem griech. Verständnis könnte es keine Auferstehung Christi geben, und damit würde die Grundlage der christlichen *Predigt* zerstört. Jeder *Glaube* an Christus wäre dann *vergeblich,* bedeutungs- und nutzlos, weil er nicht lebendig wäre, um zu retten. **15** Dann würden auch die Apostel als Leute *befunden* (»erwischt«) werden, deren gute Nachricht eine glatte Lüge ist. **16.17** Wenn es so wäre, dann fehlte für das erlösende Werk Christi jeder Beleg, und die Erfahrung der Vergebung wäre Selbstbetrug. **18** Dann gäbe es auch für verstorbene Christen keine Hoffnung auf ewiges Leben (vgl. Röm 6,1-11). **19** Wenn die Christen *in diesem Leben* aber nur »hoffen« und doch kein ewiges Leben erhalten, dann macht ihr zielloses Streben sie nur lächerlich, weil sie Betrogene sind (ZÜ). LÜ bezieht *allein* auf *in diesem Leben* statt auf *hoffen:* »Wenn Christsein nur in diesem Leben auf Christus hoffen heißt und nichts weiter . . .«

20-28 Hier werden die positiven Folgen der Auferstehung den negativen Konsequenzen ihrer Leugnung gegenübergestellt. **20** *Nun aber ist* (betont!) *Christus auferstanden:* (Hier wird im Griech. das Perfekt benutzt, weil die Auferstehung ein vergangenes Ereignis ist, das bis heute wirksam ist.) Dieser Satz fegt das sechsfache hypothetische »ist nicht« in den letzten Versen beiseite. Damit ist der Glaube gesichert, die Vergebung eine echte Erfahrung, und das ewige Leben für Christen eine Wirklichkeit (vgl. Hebr 6,19f). *Erstling:* wörtl. Erstlingsfrucht. Sie schließt schon die ganze noch kommende Ernte ein. Die Auferstehung Jesu verspricht somit die Heimholung des ganzen

Volkes Gottes. Die ganze Ernte wurde durch die erste Garbe geweiht, die am Tag nach dem auf das Passah folgenden Sabbat als Opfer dargebracht wurde (3Mo 23,10ff), also genau am Ostertag, dem Tag der Auferstehung Christi. Da der Tod seinen Stachel verloren hat (V.55), ist er für Christen nur ein Entschlafen. **21.22** In *Adam,* dem typischen Menschen, sterben alle; in *Christus,* dem wahren Menschen, werden alle Christen auferweckt (vgl. Röm 5,18f; s. auch Komm. zu V.45-49). Es ist zu beachten, daß Paulus Adam als historische Person behandelt (vgl. Röm 5,12). Durch Adams Sünde kam der leibliche und geistliche *Tod* in die Welt (1Mo 2,17). *Alle* Menschen erben als Angehörige der menschlichen Rasse die Neigung zur Sünde und damit auch den Tod als Strafe für die Sünde. Das zweite *Alle* in V.22 wird durch die Worte *die Christus angehören* in V.23 genauer definiert (vgl. 1Thes 4,16). Von einer universalen Auferstehung der Gläubigen und der Ungläubigen wird hier nicht gesprochen (vgl. Dan 12,2). *Lebendig gemacht werden:* läßt nicht nur an leibliche Auferstehung denken, sondern auch an ein geistliches Leben in Fülle (vgl. Joh 10,10).

23 *Ein jeder aber in seiner Ordnung:* ein Bild aus dem Militärwesen. Die Auferstehung wurde mit der Auferweckung Christi nicht vollendet, sondern begonnen (vgl. 2Tim 2,18); die Auferweckung der Gläubigen wird folgen (vgl. V.51-53; 1Thes 4,15f). *Wiederkunft* (ZÜ): Das griech. Wort *parousia* kommt häufig in Papyri vor, die mit einem königlichen Besuch zu tun haben. Die Christen benutzten dieses Wort als Ausdruck für die Wiederkunft Jesu. **24** *Danach:* Es wird nicht gesagt, wie lang der Zeitraum ist. Wenn diese Dinge (die Wiederkunft Jesu und die Auferweckung der Christen) geschehen, wird das Ende kommen, der Höhepunkt der Geschichte. Wenn Christus zurückkehrt, wird er alle Macht an sich nehmen (2Thes 1,7f), und alle rivalisierenden Mächte werden zerstört (»unwirksam gemacht«) werden. Wenn sein Auftrag erfüllt ist (Mt 28,18), dann überantwortet er seine Macht wieder *Gott, dem Vater.* Das *Reich* ist nicht geographisch zu verstehen, sondern als Herrschaft (s. Lk 19,12). **25** *Er muß herrschen:* Schon jetzt - vor dem Ende - übt Christus seine Königsherrschaft aus; aber erst, wenn alle feindlichen Mächte beseitigt sind, wird das Ende kommen. Gott hat seinem Christus schon den endgültigen und restlosen Sieg über alle gegnerischen Mächte gegeben. *Unter seine Füße* spielt auf Ps 110,1 an, den meistzitierten Vers aus dem AT. **26** Der *Tod* wird personifiziert (vgl. Jes 25,8). Er wurde durch Christi Auferstehung besiegt (vgl. 2Tim 1,10). Wenn er auch in der Welt noch aktiv ist, so wird er doch bei Jesu Wiederkunft völlig *vernichtet* werden (vgl. Offb 20,14). Jesus wird ihm alle Macht rauben (vgl. V.24), alle Gefangenen des Todes werden auferstehen. **27** Ps 8,6ff spricht von der Unterwerfung aller Dinge unter den Menschen. Dieser Vers wird von Jesus, dem wahren Menschen, erfüllt (vgl. Hebr 2,6-9). **28** Christi totaler Triumph ist kein Gegensatz zur Herrschaft des Vaters, dem der Sohn *selbst untertan* (gehorsam) ist (vgl. Joh 6,38; Hebr 10,7). Das Ziel ist, daß *Gott alles in allem sei* (vgl. Röm 11,36). Das bedeutet nicht, daß der Sohn seine Identität gegenüber dem Vater verliert, sondern daß die Herrschaft der Liebe Gottes über alle seine Geschöpfe völlig unumstritten sein wird. Es muß beachtet werden, daß hier (anders als in manchen »prophetischen Auslegungen«, die lehren, daß Christus wiederkommen werde, um zu herrschen, und daß das nach der *parousia* geschehen werde) die Ausübung der besonderen Macht Christi mit dem Sieg über den letzten Feind endet, und er dann seinem Vater berichtet, daß sein Werk vollendet sei (vgl. Mt 13,41 »aus seinem Reich«; 13,43 »in ihres Vaters Reich«).

29 Die Taufe *für die Toten* könnte eine stellvertretende Taufe für ungetauft gestorbene Freunde sein. Das Griech. kann auch bedeuten: »getauft wegen der Toten«. Dann kann damit die Taufe von Menschen gemeint sein, die durch das Zeugnis eines jüngst verstorbenen Christen beeinflußt worden sind, und hoffen, mit ihm bei der Auferstehung vereint zu sein. Für beide Auslegungen gilt: Wenn der Tod das Ende ist, hat die Zukunft keine Hoffnung. **30** Genauso würde es auch für Paulus Unsinn sein, immer wieder sein Leben zu riskieren (vgl. 4,9; 2Kor 11,23f). **31** *Ruhm* (Phil 4,1): Daß er die Korinther aus der Welt des Heidentums gewann, ist viele Male den Tod wert. **32** Paulus' Kampf in *Ephesus mit wilden Tieren* ist übertragen zu verstehen, denn die Verurteilung zum Kampf in der Arena brachte den Verlust des römischen Bürgerrechts mit sich, das Paulus aber behielt (Apg 22,25). Es war also einfach eine sehr gefährliche Situation (vgl. 2Kor 1,8f). *Laßt uns essen . . .* stammt aus Jes 22,13. **33** *Schlechter Umgang verdirbt gute Sitten:* Das Sprichwort stammt aus der verlorengegangenen Komödie *Thais* von Menander. Die Korinther würden ihr christliches Leben zerstören, wenn sie sich mit denen einließen, die nur dem eigenen Vergnügen und der Eigensucht leben und die Auferstehung und das letzte Gericht leugnen. **34** *Werdet... recht nüchtern:* »Wacht auf aus der trunkenen Erstarrung. Einige von euch behaupten, Agnostiker zu sein. Die Unkenntnis Gottes ist für die Heiden selbstverständlich, aber für Christen ist sie eine Schande.«

15,35-58 Der Auferstehungsleib

35 *Mit was für einem Leib werden sie kommen* (aus dem Grab)?: Die Griechen dachten nur an ein Weiterleben der Seele, verneinten aber jede leibliche Auferstehung. Einige Korinther mögen geglaubt haben, das Christentum lehre, daß die Leichname wiederbelebt würden, und daß das Leben in der Auferstehung einfach eine Verlängerung dieses Lebens sei. Paulus nimmt zwei Fragen auf: **36** Zuerst die Frage, wie Tod zum Leben führen kann. Das Saatkorn zeigt, daß Tod notwendig sein kann, um Leben fortzuführen (vgl. Joh 12,24). Paulus appelliert hier an ihre Erfahrung und stellt ihr mangelndes Denken und Beobachten bloß. **37** Die zweite Frage ist die nach dem Wesen des Auferstehungsleibes. Er ist mit dem alten Leib nicht identisch, aber eng mit ihm verbunden. **38** *Gott ... gibt:* Dieses neue Leben ist nicht automatisches Ereignis, sondern kommt aus Gottes Willen und Schöpfungskraft. **39** *Nicht alles Fleisch ist das gleiche Fleisch:* Verschiedene Weisen der Existenz bedingen verschiedene Bereiche und Wirkungsweisen, und jedem hat der Schöpfer die richtige Form gegeben. Offensichtlich gibt es in diesen Formen eine große Vielfalt.

42 *So auch:* Der Auferstehungsleib des Christen wird genau zu dem völlig neuen Lebensbereich passen (2Kor 5,1-4). *Auferstehen* bedeutet das Wiedererscheinen oder die Wiederherstellung in einer neuen Form (Phil 3,21). Dies beschreibt Paulus in mehreren Gegensätzen. *Gesät* kann sich auf den Leib während des Lebens beziehen, aber auch auf den Leib, der ins Grab gelegt wird. *Verweslich:* der Verwesung unterworfen. Deswegen konnten die Griechen nicht an die leibliche Auferstehung glauben. **43** *Niedrigkeit* (griech.: *atimia*, ohne Bürgerrecht) und *Armseligkeit* (vgl. 2Kor 13,4), d.h. Machtlosigkeit (vgl. Ps 115,17; Jes 14,10) sind beide typisch für einen Leichnam. **44** *Gibt es:* »weil es gibt«. *Natürlicher Leib:* den Bedingungen des natürlichen Lebens unterworfen: wörtl. »psychischer Leib«, das Organ der *psychē*, der Seele. *Geistlicher Leib:* vom Geist des Menschen beherrscht in vollkommener Übereinstimmung mit dem Geist Gottes. *Natürlich* und *geistlich* sind die Sphären oder Formen des Seins, denen der Körper jeweils entspricht. **45.46** Das wird durch 1Mo 2,7 unterstützt. *Lebendiges Wesen:* Das zeichnet den Menschen aus, daß er dazu gemacht ist. *Der letzte Adam:* Christus, der Schöpfer eines neuen Geschlechts erlöster Menschen. Er ist ihr *Geist, der lebendig macht* (vgl. Joh 6,63). Im ewigen Leben werden wir einen vom Geist beherrschten Körper haben. **47** *Von der Erde:* eine Anspielung auf 1Mo 2,7; der Mensch ist dem Verfall und dem Vergehen ausgeliefert, er ist aus Erde. *Vom Himmel:* aus einer höheren, unvergänglichen Ordnung. Christus ist *vom Himmel*, historisch in der Menschwerdung Gottes und eschatologisch in der Herrlichkeit seines Auferstehungsleibes. **48.49** *Sind auch die irdischen:* Alle Menschen haben Teil an der Vergänglichkeit des Menschengeschlechts. Die Christen sind wegen ihrer Beziehung zu und wegen ihres neuen Lebens in Christus schon »vom Himmel«. Das enthält die Verheißung, daß am Ende ihre Leiber dem des *Menschen vom Himmel* gleich sein werden (1Joh 3,2). *Tragen:* bekleidet sein (vgl. 2Kor 5,3). **50** *Fleisch und Blut* meint den sterblichen Körper des Menschen. Damit wehrt Paulus unreflektierte Vorstellungen von der leiblichen Auferstehung ab (s. Komm. zu V. 35). Das zukünftige Leben braucht einen anderen Körper.

51 *Geheimnis:* von Gott jetzt durch Paulus offenbart (vgl. 1Thes 4,15). Bei der Wiederkunft Christi werden die Leiber der auf der Erde lebenden Christen verwandelt werden, ohne den Tod zu erleben (Phil 3,21). Die verstorbenen Christen werden auferweckt werden und einen neuen Leib erhalten. **52** Die *letzte Posaune* (vgl. Mt 24,31; 1Thes 4,16) ist nicht die letzte einer Serie (wie in Offb 8,2), sondern die Ankündigung, daß das Ende (V. 24) da ist. Die *Posaune* ertönt manchmal bei göttlichen Eingriffen in die Geschichte (z.B. 2Mo 19,16). **53** *Muß anziehen:* wie Kleider; vgl. 2Kor 5,1-4. **54-56** *Der Tod ist verschlungen ...* (vgl. V. 26): ein freies Zitat aus Jes 25,8, dem ähnlich frei zitiert Hos 13,14 folgt. Paulus spricht von der endgültigen Vernichtung des Todes. Noch ist der Tod wirksam, er hat den Stachel (d.h. die *Sünde*), der dem Tod die Macht gibt, tödlich zu verwunden. Tod ist nicht nur die biologische Folge der Sünde, sondern auch die ethische. Paulus verbindet häufig *Sünde*, *Gesetz* und *Tod* (z.B. Röm 5,13; 7,7-25), baut aber diesen Gedanken hier nicht aus. **57** *Der uns ... gibt:* Die Teilhabe an den Früchten des Sieges Christi ist so gewiß, daß Paulus hier die Zeitform der Gegenwart benutzt. Der Stachel des Todes ist die Sünde, und so ist der *Sieg* über die Sünde Vergebung und Teilhabe am Leben der Auferstehung. Der volle Titel *unser Herr Jesus Christus* betont die Majestät seiner Person. **58** *Darum* (jetzt folgt die praktische Anwendung) *seid fest:* Wegen ihrer mangelnden Standfestigkeit brauchten die Korinther diese Ermahnung. Ihre *Arbeit* (harte Mühe) im Aufbau der Gemeinde kann nicht *vergeblich sein*, wenn sie *in dem Herrn*, in seiner Weisheit und Kraft, getan wird. Das klare Verständnis der fundamentalen Lehre von der Auferstehung ist die motivierende Kraft für die Mitarbeit im Werk des Herrn.

16,1-24 Weitere Anliegen

Es ist typisch für Paulus, daß er ohne Schwierigkeiten von hohen dogmatischen Themen zu Fragen des täglichen Lebens und zu persönlichen Nachrichten übergehen kann. Als Theologe und Mann Gottes hatte er beide Beine fest auf dem Boden, wenn es um Fragen der Organisation ging.

16,1-4 Eine Sonderkollekte

1 *Die Sammlung* ist eine Hilfe verschiedener heidenchristlicher Gemeinden für die in Not geratenen jüdischen Christen in Jerusalem, zu der Paulus aufrief (V. 3; Apg 11,29; Röm 15,25). Ein Jahr später mußten die Korinther zu größeren Anstrengungen ermahnt werden (2Kor 8,9), aber am Ende schafften sie es, die Sammlung abzuschließen (Apg 24,17; Röm 15,26). Wenn auch im Galaterbrief die Sammlung nicht erwähnt wird (vgl. Gal 2,10), so hatten die Korinther doch wohl von den Galatern davon gehört. **2** *Ersten Tag:* das läßt vermuten, daß der Sonntag schon der Tag war, an dem die Christen sich zum Gottesdienst trafen (vgl. Apg 20,7; Offb 1,10). Bis zum Eintreffen des Paulus sollte jeder Christ, ob arm oder reich, regelmäßig einen Teil seines wöchentlichen Einkommens beiseitelegen (2Kor 8,12). Paulus setzt voraus, daß jeder das selbstverständlich tun wird. Das macht ein »Zusammenkratzen« in letzter Minute überflüssig, betont die Verantwortung jedes einzelnen und bringt viel mehr Geld ein. **3** *Wenn ich gekommen bin* (wörtl.: wann auch immer): Paulus' Pläne sind noch unsicher. Die Korinther aber sollen ihre Abgesandten wählen und sie bevollmächtigen (vgl. 2Kor 3,1f und Komm.), die Gabe nach Jerusalem zu bringen. Paulus will das Geld nicht selbst verwalten und auch nicht die Vertreter der Gemeinde auswählen. Damit vermeidet er weise eine Gefährdung seiner Position (2Kor 8,19-21). **4** *Wenn es aber die Mühe lohnt:* das kann sich auf die Höhe des gesammelten Betrages beziehen (vgl. EÜ), die dann das Mitreisen des Apostels rechtfertigen würde, oder auch darauf, daß es zu Paulus' Plänen passen würde.

16,5-12 Weitere Pläne des Apostels

5 Paulus bestätigt hier seinen vorgesehenen Besuch (4,19) in Korinth, nachdem er durch Mazedonien gereist ist (s. Einleitung: Die Anzahl der Briefe und der Besuche). *Denn durch Mazedonien . . .:* von diesem Plan wußten die Korinther wohl noch nichts. **6** Paulus rechnet damit, bis Pfingsten (Mai/Juni) in Ephesus zu sein und dann eventuell den *Winter* über in Korinth. Wenn das schlechte Wetter vorüber ist, und Schiffe wieder verkehren (vgl. Apg 28,11; Tit 3,2), können die Korinther Paulus bei der Weiterreise helfen *(geleiten)* (vgl. V. 11; Röm 15,24; 3Jo 6), nicht mit Geld (vgl. V. 2; 2Kor 12,17), sondern durch das Suchen eines Schiffes und der geeigneten Reisebegleiter. *Wohin* (wohin auch immer): Als Paulus das schrieb, standen seine Pläne noch nicht fest (vgl. Apg 19,22). **7** Paulus betont, daß er länger bei den Korinthern bleiben, und sie nicht, wie die Mazedonier, nur *auf der Durchreise* besuchen möchte. Er will jede Verspätung vermeiden, die als Lieblosigkeit oder Furcht verstanden und dargestellt werden könnte (vgl. 2Kor 1,15). *Wenn es der Herr zuläßt* (vgl. Jak 4,15): der Herr kann jederzeit die Pläne seines Apostels verändern. **8.9** Paulus erklärt, warum er nicht früher kommen kann. Er möchte in *Ephesus* bis *Pfingsten,* dem großen Fest 50 Tage nach dem Passah (vgl. 5,7; 15,20) bleiben, weil die evangelistischen Möglichkeiten und deswegen auch die Widerstände (vgl. Apg 19,9.23f) groß sein werden. Deswegen kann er nicht früher nach Korinth kommen. Das steht nicht in Gegensatz zu seinem Versprechen, bald zu kommen (4,19). In Kap. 4 weist Paulus die zurecht, die den Apostel ignorieren wollen: »Wer meint, ich würde meinen Fuß nicht mehr auf den Boden von Korinth setzen, der irrt sich. Ich werde eher da sein, als ihr denkt.«

10.11 *Wenn Timotheus kommt:* auf dem Landweg von Mazedonien (4,17f; Apg 19,22). Dazu würde er länger brauchen als der Brief des Paulus auf dem Seeweg. Timotheus' *Furcht* mag durch die Selbstüberschätzung mancher Korinther begründet sein (vgl. 2Kor 10,10; 11,5; 12,11). Auch Jahre später ist seine »Jugend« noch deutlich spürbar (1Tim 4,12). Aber Paulus schätzt ihn offensichtlich sehr und gibt ihm persönliche Aufträge. Die Korinther sollen ihn recht behandeln, denn er arbeitet im selben *Werk des Herrn* wie Paulus, nämlich in der Evangelisation und im Gemeindeaufbau (vgl. 1Tim 4,13). *Brüder:* zu ihnen mag Erastus (Apg 19,22) gehören. **12** Die Korinther hatten wohl um einen anderen Besuch des *Apollos* gebeten (Apg 19,1, s. Einleitung: Paulus' Beziehungen zu Korinth). Trotz der Bitte des Paulus hatte Apollos sich entschieden, Korinth nicht zu besuchen, vielleicht weil er meinte, daß seine Abwesenheit der Einheit der Gemeinde (vgl. 1,12) mehr nützen könnte als ein Besuch. Von einem weiteren Besuch wissen wir nichts, auch in 2Kor wird Apollos nicht erwähnt.

16,13-24 Schlußgrüße

13.14 *Wachet* meint nicht allgemeine Wachsamkeit, sondern bezieht sich auf nah bevorstehende eschatologische Ereignisse (wie Mk 13,34f; Offb 3,3). Das Verhalten der Christen sollte sich immer nach zwei Gesichtspunkten orientieren: Der eine ist die Wiederkunft Christi. Die Gewißheit darüber gibt den Christen Mut, *mutig* und *stark* (vgl. 15,58) Versuchungen, Verfolgungen und Problemen des täglichen Lebens zu begegnen. Der andere Gesichtspunkt ist die christliche *Liebe* (vgl. 8,1.13; 14,1).

15 *Das Haus des Stephanas* (vgl. 1,16): das sind die ersten Gläubigen in der Provinz *Achaja,* in der Korinth und Athen lagen. Paulus meint wohl die erste Familie, im Gegensatz zu den ersten Einzelpersonen (vgl. Apg 17,34; Röm 16,5). Für den Apostel hatte nicht Athen die Verheißung einer entstehenden Gemeinde, sondern Korinth. *Sich selbst bereitgestellt* (wörtl.: »sich selbst ernannt«): das geschah auf direkte Veranlassung des Heiligen Geistes, es wurde ihnen nicht von Paulus oder der Gemeinde gesagt (vgl. 2Kor 8,17). *Heilige* (vgl. 1,2): das sind die Christen von Korinth und ihre auswärtigen Besucher. **16** Die geistliche Qualität *solcher* Leute wie Stephanas soll erkannt und anerkannt werden. **17.18** Von *Fortunatus* und *Achaikus* wissen wir sonst nichts. Vielleicht brachten sie Paulus den Brief (s. Einleitung: Die Anzahl der Briefe und der Besuche), auf den dieser Brief zum Teil antwortet. Paulus wurde durch ihren Besuch *erquickt* (vgl. 2Kor 7,13). Das gleiche Wort findet sich auch in Mt 11,28. Paulus muß dringend auf Nachricht aus Korinth gewartet haben. *Und euren Geist:* Offensichtlich hatten diese drei Männer die Fähigkeit des Ermutigens.

19 *Die Gemeinden:* Paulus schreibt von Ephesus (V.8), steht aber auch mit anderen christlichen Gruppen in der Provinz *Asien* (vgl. Apg 19,10.26) in enger Verbindung (vgl. Apg 19,10.26). *Aquila* und seine Frau *Priska* mußten Rom verlassen (Röm 16,3) aufgrund eines Edikts des Kaisers Klaudius gegen die Juden im Jahre 49. Paulus traf sie in Korinth (Apg 18,2), und sie begleiteten ihn nach Ephesus (Apg 18,18f), wo sie willig ihr *Haus* für die Gottesdienste der *Gemeinde* öffneten (vgl. Röm 16,5). Sie waren ein mutiges Ehepaar (Röm 16,4) und offensichtlich erfahrene Christen (Apg 18,26). *Vielmals:* das drückt die herzliche Verbindung zu den Korinthern aus, die auf dem gemeinsamen Glauben *in dem Herrn* beruht. **20** Paulus bittet die Korinther, sich *untereinander* zu grüßen, wenn sein Brief der Gemeinde vorgelesen wird, so wie er es täte, wenn er anwesend wäre. Die damals übliche Sitte des *heiligen Kusses* (des Friedens) würde ihre Einheit fördern (vgl. 1Petr 5,14). So ermahnt sie Paulus auch hier, ihre unsinnigen Parteiungen aufzugeben.

21 *Eigenhändig:* Üblicherweise diktierte Paulus seine Briefe (vgl. Röm 16,22) und fügte dann ein abschließendes Wort hinzu, um ihre Echtheit zu bestätigen (vgl. 2Thes 3,17). **22** *Verflucht* durch Trennung von Gott (griech.: *anathema,* vgl. 12,3). Das ist für Paulus die endgültige Verurteilung der Verräter Christi (vgl. 1Thes 2,16). Wahre Hingabe an ihn würde Parteigeist dämpfen und moralische Laxheit korrigieren. *Maranata,* ein aram. Wort aus der Sprache der frühesten Gemeinden in Palästina, erscheint hier unübersetzt und unerklärt im griech. Text. Das läßt vermuten, daß die griech. sprechenden Christen dieses Wort häufig benutzten, um ihre Sehnsucht nach der Wiederkunft des Herrn auszudrücken (vgl. Offb 22,20). Das Wort kann *maran ata* getrennt werden, dann ist zu übersetzen: (Unser) Herr ist gekommen (bei der Inkarnation). Besser ist zu trennen *marana ta:* (Unser) Herr, komm! oder (unser) Herr kommt! **23.24** Paulus schließt mit dem üblichen Gebet um die *Gnade* Gottes (vgl. 2Kor 13,14) und sagt seine *Liebe* allen Christen zu, auch denen, die ihm Probleme machen (vgl. 2Kor 11,11; 12,15).

Der zweite Brief an die Korinther

Inhalt

Allgemeine Einleitung zu diesem Brief s. S. 304ff

Kommentar

Der 2. Korintherbrief wurde etwa 12 Monate nach 1Kor geschrieben. Der größte Teil des Briefes ist sehr persönlich gehalten; Paulus »schüttet sein Herz aus«. Obwohl er auch Fragen der Lehre behandelt (z.B. 5,1-10 Auferstehung; Kap. 8.9 christliches Geben), gibt uns der Brief doch einen sehr lebendigen Einblick in die Gefühle des Paulus - und in seinen Glauben - wie er angesichts von Gefahr und Enttäuschung, Verleumdung und Treulosigkeit seinen apostolischen Auftrag erfüllt. Wenn wir den Brief lesen, begegnen uns immer wieder Bezugnahmen oder Anspielungen auf Personen und Ereignisse, die den Korinthern sicherlich vertraut waren, uns aber fremd sind. Insgesamt ist der Brief eine geistvolle Zurückweisung gewisser »Apostel«, die sich in der Gemeinde von Korinth Gehör zu verschaffen suchten und eifrig bemüht waren, Paulus und sein Evangelium schlecht zu machen.

1,1-2,17 Erfahrungen in jüngster Vergangenheit

Nach dem Eingangsgruß (V. 1.2) beschreibt Paulus, wie seine Gotteserkenntnis (V. 3-7) durch schwere Erfahrungen (V. 8-11) vertieft wurde.

1,1.2 Gruß

1 Paulus' Grüße sind nie nur formal. Obwohl seine Briefeinleitung der des ein Jahr früher geschriebenen 1Kor ähnlich ist, begründet Paulus hier noch einmal seine Autorität. Er schreibt als *ein Apostel Jesu Christi,* als ein beauftragter Vertreter. Er hat sich nicht selbst dazu gemacht. Es geschah durch den *Willen Gottes* (vgl. Gal 1,1). Wenn er auch Mitarbeiter in seinen Gruß mit einschließt, so ist Paulus doch der Apostel, während Sosthenes (1Kor 1,1) und *Timotheus* einfach *Brüder* genannt werden. 2 *Gnade ... Friede* könnten auf eine Kombination des üblichen griech. und jüd. Grußes bei den Christen hinweisen, gehen aber

wahrscheinlich auf den aaronitischen Segen (4Mo 6,24f) zurück.

1,3-7 Der Wert des Leidens

3 Sofort preist Paulus Gott für seine große Barmherzigkeit. Daß er aus der in V.8.9 erwähnten Not gerettet wurde, hat sein Verständnis des Wesens Gottes vertieft. Gott ist der *Vater der Barmherzigkeit* (Ps 86,5.15; Mi 7,18) und ein Gott allen Trostes. **4.5** Die ungewöhnlich schweren Nöte brachten ein tiefes Erleben göttlichen Trostes. Seine Trübsal beschreibt er als Teilhabe am *Leiden Christi*. Die Leiden Christi sind zwar nicht nachvollziehbar (2Kor 5,14f; vgl. 1Kor 1,13), aber Paulus' Leiden sind ihnen zumindest ähnlich. Bei seiner Bekehrung hatte Jesus ihn schon auf die Leiden hingewiesen, die auf ihn als Heidenapostel zukommen würden (Apg 9,15.16; Kol 1,24). Durch den Satz, den er mit *Denn wie* einleitet, zeigt Paulus, daß er nur die Leiden meint, die die Christen wegen ihres Einsseins mit Christus erdulden (vgl. 2Kor 4,10), nicht die, die Folgen eigener Sünde sind. Das Einssein mit Christus ermöglicht es auch, *reichlich getröstet* zu werden. **6** Des Apostels *Trübsal* und *Trost* sollte den Korinthern doppelt nützen: einmal, weil Paulus ihnen nun besser dienen konnte, denn die Erfahrungen eines Christen nützen nicht nur diesem selbst, sondern auch anderen (V.4). **7** Zum anderen konnten die Korinther lernen, aus derselben Quelle Trost zu erhalten. Die ist ein praktisches Beispiel für die Gemeinschaft *(koinōnia)* der Gläubigen. So sollen Christen einander ermutigen.

1,8-11 Die unerwartete Rettung

8.9 Paulus erklärt, warum er über den göttlichen Trost so beglückt ist. In Asien (= westl. Türkei) war er in einer so verzweifelten Lage, daß er überzeugt war, sein Ende sei gekommen, obwohl ihm Gefahren ja nicht fremd waren (vgl. 2Kor 11,23-27). Die unerwartete Rettung war für ihn wie eine Auferweckung (vgl. 4,10f; Eph 1,19f). **10,11** Aber weil noch nicht alle Gefahr vorüber ist, bittet er die Korinther, ihm durch ihr Gebet zu helfen. Wenn die Gebete erhört werden, werden sie auch am Dank Anteil haben (vgl. 4,15; 9,11). So kann Gott uns in der Gemeinschaft der Christen gebrauchen, damit wir uns gegenseitig helfen und so die Ehre Gottes vermehren.

Anmerkung: **10** *Solche Todesnot:* sie wird nicht näher erklärt. Die Situation trat ein, nachdem 1Kor geschrieben war. V.8 setzt voraus, daß die Korinther von dem Ereignis nichts wußten. Deswegen kann der Kampf »mit wilden Tieren« in Ephesus (1Kor 15,32) nicht gemeint sein. Auch der in Apg 19,23-41 geschilderte Aufruhr bietet keine Erklärung, weil Paulus selbst von ihm wohl nicht betroffen war. Vielleicht war die Todesgefahr eine schwere Krankheit, wahrscheinlicher ist aber, daß eine aufgebrachte Menge versucht hatte, ihn zu töten, oder ein Anschlag auf sein Leben verübt worden war (vgl. 1Kor 16,9).

1,12-2,17 Gründe für die Änderung seiner Pläne

1,12-18 antworten auf Vorwürfe, die man in Korinth erhob, weil Paulus einen versprochenen Besuch verschoben hatte. Der wahre Grund für diese Änderung (1,23) war, daß Paulus einen weiteren Besuch »in Traurigkeit« (2,1) vermeiden wollte. Damals waren Schwierigkeiten von einem wichtigen Mann verursacht worden (2,5-11). Ein scharfer Brief von Paulus (2,9; vgl. 7,8) hatte ihn zur Buße geführt, und Paulus versichert den Korinthern, daß er ihm vergeben habe. Der Abschnitt schließt (2,12-17) mit Hinweisen auf Paulus' Tätigkeit nach den Gefahren in Ephesus (Apg 19,1; 20,1) und auf die Wirkung des Evangeliums.

12 Paulus bittet mit reinem Gewissen um ihre Gebete, denn mit Gottes Hilfe war sein Verhalten gegenüber Heiden wie Christen in Korinth unanfechtbar gewesen. **13** Es ist derselbe aufrichtige Paulus, der jetzt schreibt. Er ist kein Mensch, der etwas anderes meint als das, was er sagt oder schreibt, wie es einige Korinther wohl behauptet haben. **14** Wenn dann *am Tage unseres Herrn Jesus* alles offenbar werden wird, dann werden Paulus und die Korinther entdecken, wieviel sie einander verdanken (vgl. 1Thes 2,19).

15.16 Ursprünglich hatte Paulus Korinth nach seiner Reise durch Mazedonien besuchen wollen (1Kor 16,5). Dann hatte er wohl den Korinthern gesagt, er würde sie vor und nach seiner Mazedonienreise besuchen, um ihnen *abermals* eine Freude zu bereiten (EÜ: zweite Gnade, wohl besser als doppelte Freude zu verstehen). Aber dann erhielt Paulus schlechte Nachrichten aus Korinth. Er änderte seine Pläne nochmals und entschloß sich, direkt nach Mazedonien zu reisen. **17** Unter normalen Umständen hätte eine Änderung der Pläne seine Freunde zwar enttäuscht, wäre aber auch nicht weiter schlimm gewesen. Seine Gegner aber werfen ihm vor, leichtfertig zu handeln wie ein prinzipienloser Heide. Und wenn er so wenig verläßlich ist, muß das auch seine Lehre beeinflussen. Paulus erwidert, daß sein Leben völlig geradlinig sei, und daß die Korinther das wohl wüßten. **18** Seine Berufung: *Gott ist mein Zeuge,* veranlaßt ihn zu einer kleinen »Predigt«. **19.20** Paulus argumentiert, daß jeder, der wie er von ganzem Herzen Jesus Christus, die Wahrheit, und die absolut verläßlichen *Gottesverheißungen* verkündigt, davon so beeinflußt sein muß, daß er in anderen Dingen kein Doppelspiel spielen kann. *In ihm das Ja:* Die volle Erfüllung aller Verheißungen ist Christus (Röm 11,36). *Ja* ist die griech. Form der Bestätigung, *Amen* die hebr. Es ist für Paulus typisch, daß er beide Sprachen zusammenbringt (vgl. Röm 1,14; Gal 3,28). Die Predigt von Christus und die Annahme dieser Botschaft geschehen *Gott zum Lobe.* **21.22** Gottes Gabe der Beständigkeit ist nicht auf die Apostel beschränkt, ebensowenig die Gabe des Heiligen Geistes. Den haben alle erhalten als Zeichen, daß Gott sie angenommen hat (1Jo 2,20.27). *Festmacht... gesalbt... versiegelt:* das sind Ausdrücke göttlicher Bestätigung. Hier handelt die gesamte Dreieinigkeit: Gott der Vater *macht* den Gläubigen in seinem Glauben, also in *Christus* fest. Zugleich wird er vom Heiligen Geist *gesalbt,* für den Dienst Christi. Im Altertum war das *Siegel* Eigentumszeichen, Qualitätszeichen oder Sicherheitsgarantie. *Unterpfand* ist ein Ausdruck aus der Geschäftswelt, die Kaution, Anzahlung bedeutet, und im Neugriechischen den Verlobungsring bezeichnet (vgl. Eph 1,13; 4,30). Der *Geist* garantiert die Sicherheit des Gläubigen in Christus und die vollen Segnungen der Erlösung (vgl. 5,1; Eph 1,14). **23.24** Paulus hatte seine Besuchspläne nicht aus Leichtfertigkeit oder Feigheit geändert, sondern weil er einen weiteren schmerzlichen und nutzlosen Besuch vermeiden wollte. Denn wegen der Feindschaft, die einige Korinther gegen ihn geschürt hatten, hätte er »mit der Rute« (vgl. 1Kor 4,21) kommen müssen. Seine Absicht, die Korinther zu *schonen,* weist darauf hin, daß Paulus die Autorität zu strafen hatte; deswegen betont er, über niemandes Glauben *Herr* sein zu wollen (vgl. 1Petr 5,3). Als ein rechter Hirte verhält er sich den Korinthern gegenüber als *Gehilfe* ihrer *Freude* (Phil 1,25), so daß sie es lernen, geistlich auf eigenen Füßen zu stehen (Röm 14,4; 1Petr 1,21).

2,1 *Nicht abermals in Traurigkeit* (s. Einleitung: Die Anzahl der Briefe und Besuche): der griech. Text läßt vermuten, daß Paulus schon einen »traurigen« Besuch gemacht hatte, von dem die Apg nichts berichtet (2Kor 12,14; 13,2). **2-4** Paulus würde es keine Freude bereiten, die Gläubigen erneut *traurig* zu machen. Denn einmal hatte er sie ja in einem Brief schon scharf zurechtweisen müssen, und das war ihm sehr schwer gefallen. Wenn Paulus auch stark ist, so verbirgt er doch seine Tränen nicht (Apg 20,19.31) und zeigt sich als ein Diener Christi, dessen Herz den Brüdern in der Liebe Christi weit offen steht.

5 *Jemand:* Hier geht es nicht um einen theoretischen Fall, sondern der *Jemand* ist den Korinthern sehr gut bekannt. Er ist aber nicht der in 1Kor 5,1 genannte Mann, denn V. 5. 10 und 7,12 zeigen, daß er sich gegen Paulus selbst gewandt hatte. Trotzdem betont Paulus, daß jenes Vergehen sich in Wirklichkeit gegen die ganze Gemeinde gerichtet hatte (1Kor 12,26). *Damit ich nicht zu viel sage:* um nicht zu übertreiben. **6** Wie Paulus inzwischen von Titus erfahren hat, hat die Gemeinde es nicht versäumt (vgl. 1Kor 5,4), den Übeltäter hart zu strafen; der Apostel ist überzeugt, daß das reicht. Die Strafe war wohl nur *von den meisten* beschlossen worden. Die nächsten Verse klingen so, als ob die Minderheit eine schwerere Strafe gewollt hätte. **7.8** Aber wenn jemand Buße getan hat, darf die Gemeinde ihn nicht der Traurigkeit überlassen (Gal 6,1; 1Thes 5,14), sondern muß ihn in die Gemeinschaft der Gemeinde zurückbringen, denn Seelsorge ist die höchste aller Künste, und die ganze Gemeinde muß ihren Beitrag dazu leisten. Gemeindezucht unter den ersten Christen sollte immer dem Zweck des Heilwerdens dienen. Der zeitweise Ausschluß eines unbußfertigen Übeltäters sollte die Gemeinschaft von seiner Sünde freihalten und seine Buße und Wiederaufnahme bewirken. **9** Paulus hatte *geschrieben,* um festzustellen, ob die Korinther seine Autorität akzeptierten, indem sie den Sünder sowohl bestraften als auch danach wieder aufnahmen. **10** Die Gemeinde hat das Notwendige getan, für Paulus ist die Sache damit auch bereinigt. **11** Wenn den bußfertigen Sündern nicht vergeben würde, hätte nur der *Satan* Nutzen davon. Jetzt, wo die Lücke wieder geschlossen ist, müssen alle Gemeindeglieder zusammenstehen. Einheit in Christus ist die beste Sicherheit gegen alle Angriffe Satans.

12.13 Hier schließt Paulus an 1,8-10 an. Als er sich entschlossen hatte, nicht nach Korinth zu reisen und statt dessen den »strengen« Brief zu schreiben, bat er Titus, ihm von der Reaktion der Korinther zu berichten (8,6; 12,18). Paulus reiste dann nach Norden (Apg 20,1) bis *Troas,* dem Hafen für die Überfahrt nach Mazedonien, um *Titus* bei seiner Rückkehr zu treffen. Obwohl seine Botschaft in Troas gut aufgenommen wurde, konnte er doch keine Ruhe dort finden, weil er wissen wollte, was in Korinth geschah. So verließ er Troas, segelte nach *Mazedonien* und traf dort endlich Titus.

14 Es ist typisch für Paulus, daß er den Bericht unterbricht, um Gott zu preisen für die guten Nachrichten, die er von Titus bekam (vgl. 7,6). Tatsächlich hatte Gott in Korinth gesiegt. Das veranlaßt Paulus, über die Siege des Evangeliums allgemein nachzudenken. *Allezeit Sieg gibt,* besser EÜ: Der uns allezeit im Triumphzug umherführt. Paulus denkt hier an einen römischen Triumphzug, bei dem der siegreiche General unter dem Jubel der Massen durch die

Stadt zieht. So wie der lange Zug der Gefangenen und die Masse des Beutegutes die Größe des römischen Sieges verherrlichen, so sind für Paulus seine Leiden (Apg 9,16) eine Verherrlichung Gottes. **15.16a** Der früher so stolze Pharisäer wird in Christi Triumphzug herumgeführt und verbreitet die Erkenntnis Christi wie den *Wohlgeruch*, den die Weihrauchträger verbreiteten, die die Triumphzüge begleiteten. Dieser *Wohlgeruch* war herrlich für die, die den Sieger priesen, aber den armen Gefangenen im Triumphzug war er ein *Geruch des Todes.* **16b.17** *Wer aber ist ... tüchtig* zu dem verantwortungsvollen Dienst am Evangelium, der für die Hörer gewaltige Konsequenzen hat? Aus eigener Kraft niemand! Schon gar nicht die, die in Korinth ein verwässertes Evangelium predigten (vgl. 11,4.12-15) und mit Gottes Wort *Geschäfte* machten, denen es nur um ihren eigenen Vorteil ging. Ganz anders Paulus und seine Mitarbeiter: Ihre Motive sind rein, *Lauterkeit* prägt sie (1,12). Sie haben sich nicht selbst ernannt, sondern sind von Gott beauftragt (vgl. 1,1).

Anmerkungen: **2,3** *Habe ich geschrieben:* gemeint ist der »strenge« Brief zwischen 1Kor und 2Kor, der vermutlich nicht erhalten ist (s. Einleitung: Die Anzahl der Briefe und Besuche). Frühere Ausleger meinten, daß dieser Brief 1Kor wäre, aber V. 4 paßt kaum zu diesem Verständnis. **6** *Von den meisten:* Ein ähnlicher Ausdruck kommt in den Qumran-Texten vor. Daher könnte hier Paulus auf eine Gemeindeversammlung anspielen. **11** *Satan* (auch 11,14; 12,7): der Gott dieser Welt (4,4), Belial (6,15), die Schlange (11,3). Alle Ausdrücke betonen die Personalität der bösen Macht. **13** *Titus* wird in 2Kor neunmal erwähnt und sehr gelobt. Nach Eusebius war Titus der erste Bischof von Kreta. In Apg wird Titus überraschenderweise nicht erwähnt. Ob er vielleicht Lukas' Bruder gewesen ist? **16** *Geruch:* Die Rabbinen verglichen das Gesetz des Mose mit einer Medizin: ihre Wirkung war entweder tödlich (für die Gottlosen) oder lebensspendend (für die Gerechten). *Des Todes zum Tode ... des Lebens zum Leben:* Diese Worte könnten ein semitisches Wortspiel wiedergeben, wobei die wiederholten Begriffe eine Verstärkung ausdrücken.

3,1-7,16 Paulus' Dienst

3,1-18 Sein Dienst einst und jetzt

Der Bericht von seinem Verkündigungsdienst veranlaßt Paulus zu einer Darlegung der grundsätzlichen Überlegenheit des Evangeliums gegenüber dem von Mose vermittelten alten Bund.

1 *Uns selbst zu empfehlen:* das heißt nicht, daß Paulus dies früher getan hätte. Der Satz führt 2,14-17 fort. *Empfehlungsbriefe* (vgl. Apg 9,2; 18,27; Röm 16,1) braucht Paulus im Gegensatz zu gewissen Leuten in Korinth nicht. Fanatische Vertreter des Judentums waren mit solchen Briefen nach Korinth gekommen, um ihn zu diskreditieren. **2.3** Die Korinther selbst sind Zeugnis für das Wirken des Paulus, denn ihre erstaunliche Veränderung (1Kor 6,9-11) ist überall *offenbar*. In dieser liederlichen Stadt ist jeder Christ *ein Brief Christi ... geschrieben nicht mit Tinte* (die kann man auswaschen; vgl. 4Mo 5,23) und menschlichem Gerät, sondern mit dem lebengebenden Geist. Das von Paulus gepredigte wahre Evangelium schreibt den neuen Bund nicht wie den alten auf *steinerne Tafeln* (2Mo 31,18), sondern auf *Tafeln*, die Menschenherzen sind (Jer 31,33; Hes 36,26). Nur göttliches Handeln kann diese Herzen erreichen. Das Gesetz ist nicht ungültig gemacht worden durch das Evangelium, denn die Kraft des auferstandenen Christus im Gläubigen (Röm 10,4f) ist das Mittel zur Erfüllung des Gesetzes.

4 Das veränderte Leben vieler Korinther schafft Paulus *Vertrauen* in seinen göttlichen Auftrag. **5** Weder Inhalt noch Wirkung des Evangeliums schreibt er sich selbst zu. Was er ist und was er tut, ist beides Werk der Gnade (1Kor 15,10; 2Kor 4,7). **6** *Neu* (griech.: *kainos*): qualitativ neu, nicht zeitlich neu (griech.: *neos*). Der Bund ist eine Beziehung, die Gott den Menschen anbietet. Der Mensch kann den Bund nicht veranlassen und nicht verändern, er kann ihn nur annehmen oder ablehnen. Der neue Bund verlangt *Diener*, die durch Gottes *Geist* qualifiziert sind (1Tim 1,12). Das geschriebene Gesetz (Buchstabe - vgl. 2Mo 24), setzt ein Maß, das niemand ohne Hilfe erreichen kann. Aber der von Christus eingeführte neue Bund (1Kor 11,25) bietet dem Menschen auch die geistliche Fähigkeit, ihn zu halten. **7-11** Paulus zeigt drei Unterschiede zwischen beiden Bünden auf: Buchstabe - Geist (V. 7.8), Verdammnis - Gerechtigkeit (V. 9), was da aufhört - was da bleibt (V. 11). **7** Der Zweck des mosaischen Dienstes (EÜ; LÜ: Amt) war, das moralische Verständnis der Menschen zu prägen (Gal 3,24). Dieser Dienst aber führte in den *Tod*, denn wenn die Gesetze nicht gehalten werden, wird das Verhältnis des Menschen zu Gott zerstört (Röm 7,9-11). Die *Herrlichkeit*, die auf Moses *Angesicht* (2Mo 34,29) gekommen war, als er auf dem Sinai von Gott das Gesetz empfing, blieb nicht dauernd. Dies war ein Symbol der Vergänglichkeit des alten Bundes, der nur so lange gültig war, bis er durch das Endgültige ersetzt wurde (Röm 5,20; Gal 3,19). Der alte Bund, durch den Gott den Menschen ihre moralische Unfähigkeit zeigte, hatte *Herrlichkeit,* weil er von Gott stammte. **8** Weil im neuen Bund (LÜ: Amt) Gott der Handelnde ist (nämlich der *Geist* im Herzen des Menschen), *hat er überschwengliche Herrlichkeit* im Vergleich zum alten Bund (vgl. 4,6). Durch den neuen Bund bringt Gott den Menschen in die rechte Beziehung zu sich selbst, was dem Menschen von sich aus unmöglich wäre. **10** Der alte Bund verliert an Herrlichkeit, so wie der Mond sein Licht verliert, wenn die Sonne aufgeht. **12** Paulus kann zu Recht *Zuversicht* haben (»kühn sein«), denn sein Evangelium wird nie vergehen. **13** Und er hat auch nichts zu verbergen wie *Mose,* der eine *Decke vor sein Angesicht* hängen mußte, damit die Israeliten nicht die Vergänglichkeit des Bundes sahen, den er vermittelte (2Mo 34,32f). Aber eben diese Unzulänglichkeit deutet hin auf den überlegenen neuen Bund (Hebr 8,13). **14** *Über dem Alten Testament, wenn sie es lesen:* hier steht im Griech. (und EÜ unrevidiert) das gleiche Wort »Bund« wie bisher im Kap., gemeint sind die Schriften des alten Bundes, das AT. *Nur in Christus* kann das AT voll verstanden werden. Es war Paulus' besonderer Auftrag, Christus als das Ende (= als die vollkommene Erfüllung) des Gesetzes zu verkündigen (Röm 10,3f).

15.16 *Den heutigen Tag:* der Tag, an dem Paulus schreibt. Aber die Wahrheit gilt auch heute noch. Die Juden können diese Wahrheit nicht sehen, *wenn Mose gelesen wird.* **16** *Israel:* hier steht im griech. Text nur »es«, am naheliegendsten ist die Beziehung auf *Herzen* (wie ZÜ). Dann gilt V.16 für jede Bekehrung eines Juden (s. EinhÜ), der damit die vom Gesetz verlangte Gerechtigkeit findet, und nicht, wie bei LÜ, erst für die Bekehrung (ganz) Israels. Die Fragen der Gerechtigkeit behandelt Paulus im Römer- und Galaterbrief, und sie spielten in seinem eigenen Erleben eine große Rolle (Apg 9,20). **17** *Freiheit* von jeder Art von Knechtschaft wie Furcht (Röm 8,15), Sünden (Röm 7,6), Vergänglichkeit (Röm 8,21-23) und besonders dem Gesetz (Gal 5,18). **18** *Wir alle:* Judenchristen wie Heidenchristen haben das Vorrecht, *die Herrlichkeit des Herrn* zu sehen, die Herrlichkeit des Vaters, wie sie in Christus offenbart worden ist (vgl. 4,6; Joh 17,24). Was im alten Bund nur Mose zustand (2Mo 34,34), ist jetzt unser aller Vorrecht: Gott mit *aufgedecktem Angesicht* zu sehen. Diese Herrlichkeit Gottes erkennen Christen bruchstückhaft in diesem Leben (1Kor 13,12). Aber anders als bei Mose wird für Christen diese Herrlichkeit zunehmen (von *Herrlichkeit zu Herrlichkeit,* EÜ), so wie ihre Erkenntnis des Herrn zunimmt (vgl. 1Jo 3,2). Diese Herrlichkeit ist nicht oberflächlich, sondern tiefgehend, sie ist das Werk des *Geistes,* der hier ausrücklich, wie im Nicänischen Glaubensbekenntnis, als *der Herr,* also Jahwe selbst, bezeichnet wird (EÜ: »Wie vom Herrn, dem Geist« kommt dem Griech. am nächsten).

Anmerkungen: 16-18 Diese Verse scheinen Christus mit dem Heiligen Geist zu verwechseln. *a.* Die einen, die für *Herr* Christus einsetzen, verstehen V.17 von V.6 her, wo der »Geist« dem »Buchstaben« entgegengesetzt wird. Wenn Christus als im mosaischen Gesetz gegenwärtig erkannt wird, dann ist dieses Gesetz lebendig und lebensspendend (vgl. 1Kor 15,45). Ohne Christus ist das Gesetz tot und todbringend (vgl. 2Kor 2,15.16). *b.* Die anderen verstehen unter *Herr* Jahwe, den Gott, der sich im AT Israel offenbarte. Wenn Paulus mit *Herr* Christus meint, benutzt er meist den bestimmten Artikel, und wenn er Jahwe meint, läßt er ihn meist weg. In diesem Abschnitt hat nur das erste *Herr* in V.17 im Griech. den bestimmten Artikel, und dort hat er vermutlich zurückverweisende Bedeutung: »Jetzt ist *der* Herr (Jahwe, V.16), an den Mose sich wandte, für uns Christen *der Geist.* Bei den Gotteserscheinungen im AT ist Jahwe manchmal der präexistente Christus und manchmal der Heilige Geist.

4,1-15 Menschliche Schwäche und göttliche Herrlichkeit

1 Die Herrlichkeit seines ihm von Gott gegebenen Dienstes (LÜ: Amt) im neuen Bund, der dem des Mose weit überlegen ist (3,6-18), treibt Paulus vorwärts. Paulus weiß, daß das eine unverdiente Gabe der *Barmherzigkeit* Gottes ist, der er selbst nicht wert ist (1Tim 1,12-17). **3** *Meiden:* Paulus meint damit, daß er nicht mit *List* (griech.: *panourgia,* bezeichnet in 11,3 die Verführung Evas durch Satan) vorgeht, wie man ihm vorwirft (12,16). Er *fälscht auch nicht Gottes Wort,* er mißbraucht es nicht (vgl. 2,17) noch ignoriert er es (vgl. 1Kor 9,21; 14,21), wie Vertreter des Judentums es ihm in Korinth offensichtlich vorgeworfen haben. *Gottes Wort:* gemeint ist hier zuerst das AT, aber auch die christliche Offenbarung. Für die, deren Sinne nicht verstockt sind (3,14), ist die *Offenbarung der Wahrheit* durch die Predigt des Paulus klar genug, um das Gewissen der Menschen zu erreichen. Der griech. Ausdruck kann bedeuten: »Das menschliche Gewissen in all seinen Formen«. Die Wahrheit ist geradezu ein *terminus technicus* (Fachausdruck) für Christus oder für das Evangelium.

3.4 Paulus räumt ein, daß viele Menschen Christus nicht annehmen. Darum geht es auch im Gleichnis vom Sämann (Mk 4). Das Saatgut ist nicht schlecht, aber der Boden. *Die verloren werden:* im Griech. steht ein Partizip Präsens, also nicht: die verloren sind, sondern: die im Begriff sind, den Weg zu verlieren. *Der Gott* (Satan; vgl. Jes 14,14) *dieser Welt* (wörtl.: Weltzeit, Äon) ist machtvoll (vgl. 1Jo 5,19), hat aber nur vorübergehendes Aufenthaltsrecht. Daß Christus das *Ebenbild Gottes* (vgl. Kol 1,15) ist, bedeutet für Paulus keine »schwache Nachbildung«, sondern die sichtbare Darstellung des unsichtbaren Gottes. Genaueres hierzu V. 6. **5** *Predigen nicht uns selbst:* Wir suchen weder Gewinn noch Anhänger. Die, die »unser Evangelium« ablehnen, lehnen nicht die Verkündiger ab, sondern den, der verkündigt wird. *Eure Knechte:* das Bild lädt ein zum Vergleich mit den »Überaposteln« in Kap. 10-13. **6** In der ersten Schöpfung schuf Gottes »Es werde« das Licht (1Mo 1,3). In der Neuschöpfung kommt das Licht persönlich (Hebr 1,2f). Dazu paßt das Erleben des Paulus auf der Straße nach Damaskus (Apg 26,13) sehr gut.

7 Paulus vergleicht die Christen mit *irdenen Gefäßen* (vgl. Jes 64,7; Klgl 4,2), also mit billigen Tonlampen, in denen Christi Licht brennt (vgl. V. 6). Dasselbe griech. Wort wird bei der Bekehrung des Paulus benutzt: Er soll ein Gefäß (LÜ: Rüstzeug) sein, um den Namen Christi zu anderen zu tragen (Apg 9,15). Vielleicht denkt Paulus aber auch noch an den Triumphzug (2,14). Wertvolle Beute wurde oft in irdenen Gefäßen gezeigt, um die Herrlichkeit des Beutestückes zu betonen. Die zerbrechliche Bescheidenheit der Behälter des Evangeliums verherrlicht die *Kraft* Gottes. **8.9** Die Präsensformen der Verben und das *allezeit* in V. 10 betonen, daß es sich hier um die Wirklichkeit seines Lebens handelt (vgl. 11,23f). Die vier Gegensätze könnte man so umschreiben: »Eingeschlossen, aber nicht erdrückt; ausweglos, aber nicht hoffnungslos, von Menschen gejagt, aber nie von Gott aufgegeben; oft niedergeschlagen, aber nie getötet.« Wenn der Mensch mit seinen Möglichkeiten am Ende ist, so gilt das nicht für Gott. Mehr als an anderen zeigt sich an Paulus, daß menschliche Notlage die beste Gelegenheit ist, Gottes Kraft zu erleben. **10.11** Paulus' tägliches *Sterben* (1Kor 15,30f; Röm 8,36) ist das Teilhaben am Erdenleben seines Meisters. Das wird durch den wiederholten Gebrauch des Namens *Jesus* betont. Durch überaus großes Leiden trat das machtvolle *Leben Jesu* in ihm noch klarer zutage (Phil 3,10). **12** Das Paradox von V. 11 wird wiederholt; Paulus weist darauf hin, daß die Korinther nun von dem, was Paulus durchmacht, profitieren. Das ist keine Ironie, sondern eine Tatsache (1,4).

13 Paulus weiß, daß eine der gefährlichen Situationen zu seinem Tode führen könnte; angesichts dieser Möglichkeit drückt Paulus seinen Glauben mit einem treffenden Zitat aus Ps 116,10 aus. **14** Selbst wenn der Tod kommen sollte, garantiert die Auferweckung Jesu durch Gott die Auferweckung der Christen (1Kor 15,20f). Der Tod kann Paulus weder von Jesus noch von den Korinthern trennen. *Vor sich stellen:* wie vor einen souveränen Herrscher (Kol 1,22). **15** Wenn *viele* erfahren, was Christus in und durch Paulus tut, dann werden sie auch die Kunst des *Danksagens* lernen, die Gott die Ehre gibt (1,11; 9,11; Ps 50,23; vgl. Röm 1,21).

4,16-5,10 Irdischer Verfall und himmlische Erneuerung

16 *Unser äußerlicher Mensch:* in diesem Kap. auch als »irdenes Gefäß« (V. 7), »Leib« (V. 10), »sterbliches Fleisch« (V. 11) beschrieben, darf nicht mit dem »alten Menschen« (Eph 4,22; Kol 3,9) verwechselt werden, mit dem die ethische Seite der nicht erneuerten Natur bezeichnet wird. *Verfällt:* das Leiden hinterläßt körperliche Spuren. Das gilt für jeden, berührt aber den *innerlichen* Menschen nicht, der die Wohnung des Heiligen Geistes sein und von ihm regiert werden soll. Menschlich gesprochen waren die Leiden des Paulus schwer und schier endlos. **17** Aber vom himmlischen Standpunkt aus sind diese Leiden *leicht*, verglichen mit dem »Gewicht« der *ewigen Herrlichkeit* (1Kor 2,9; Röm 8,18). **18** Seine Anfechtungen und deren körperliche Folgen kann zwar jeder sehen, aber sie sind doch nur *zeitlich*. Wichtiger ist für ihn das *Unsichtbare* und *Ewige* (vgl. Hebr 11,1).

5,1 Paulus wendet sich nun ganz selbstverständlich dem Körper zu, der zum nächsten Leben gehören wird (s. auch Komm. zu 1Kor 15,35f). *Wir wissen:* das geschieht nicht durch menschliches Nachdenken, sondern durch göttliche Offenbarung (vgl. 1Kor 15,51). Paulus' Lehre geht viel weiter als die griech. Vorstellung von der Unsterblichkeit der Seele. *Irdisches Haus, diese Hütte:* Obwohl das ein üblicher griech. Ausdruck für den Körper ist, ist es für Paulus ein passendes Symbol für Vergänglichkeit, das auf Israels Wüstenwanderung anspielt (vgl. 1Petr 2,11). *Abgebrochen:* Es wird abgebaut wie ein Zelt oder eine Hütte (vgl. 3Mo 23,42.43). *Haben wir:* noch haben wir nicht, aber es erwartet uns. *Nicht mit Händen gemacht:* Es gehört nicht zur vergänglichen natürlichen Ordnung, sondern ist *von Gott*, übernatürlich, himmlisch, *ewig*. **2** *Seufzen:* nicht Klage ist gemeint, sondern Gebet (Röm 8,23.26). **3** *Nicht nackt:* Das hebr. und frühe griech. Denken war der Ansicht, daß die Geister der Verstorbenen unter der Erde seien und in keiner Sphäre des Universums am Leben teilnehmen könnten. **4** *Überkleidet:* Paulus wünscht sich, die Wiederkunft Jesu noch selbst zu erleben, damit er seinen himmlischen Körper erhalte, bevor *das Sterbliche verschlungen wird*. Einige Ausleger meinen, daß Paulus, nachdem er 1Kor 15 geschrieben hatte, seine

Auffassung geändert hätte wegen der Verzögerung der Wiederkunft Jesu und wegen seiner eigenen körperlichen Schwachheit. Aber schon in seinem ersten Brief ging Paulus davon aus, daß einige Gläubige vor der Wiederkunft Christi sterben würden. *Verschlungen:* Jes 25,8; 1Kor 15,54. **5** *Bereitet:* Von Anfang an hatte Gott das Ziel im Auge. *Unterpfand:* s. Komm. zu 1,21.

6.7 *Fern von dem Herrn:* aber nur in dem Sinn, daß man ihn nicht sehen kann. **8** *Haben vielmehr Lust:* Es ist klar, was Paulus vorziehen würde (vgl. Phil 1,21-23), aber als »Wettläufer« will er das irdische Rennen zu Ende führen und nicht aufgeben (s. Komm. zu 10,13; vgl. 2Tim 4,7). **9** *Ob wir daheim sind oder in der Fremde:* d.h. ob wir noch leben oder schon verstorben sind, wenn der Herr kommt (vgl. Röm 14,8), des Christen Ziel muß sein, dem Herrn dann recht zu gefallen. **10** *Wir... alle:* alle Christen, nicht die Ungläubigen. Daß Paulus hier von einem Urteil nach den Werken spricht, ist kein Widerspruch zur Lehre von der Rechtfertigung durch Glauben allein. Der *Richterstuhl Christi* wird auch der Richterstuhl Gottes (Röm 14,10) sein. Aber wegen der Erlösung in Christus hat der Tag des Gerichts für den, der in Christus ist, seinen Schrecken verloren (1Jo 4,17). Dieses Gericht wird gerecht und unparteiisch feststellen, was das Leben der Christen nach ihrer Bekehrung wert war. Es wird offenbaren, was gut (= wertvoll für das Reich Gottes) und was böse (= wertlos) war (vgl. Joh 15,8; 1Kor 3,10-15).

5,11-6,10 Der Dienst der Versöhnung

11 Paulus *fürchtet* den *Herrn,* weil er weiß, daß er Christus vor seinem Richterstuhl Rechenschaft geben muß. *Gewinnen:* Hier geht es nicht wie in V. 19.20 um die Verkündigung für Unbekehrte, sondern darum, gewisse Christen von der Integrität des Paulus als Christ und Apostel zu überzeugen. **12** *Empfehlen wir uns nicht:* vgl. 3,1. *Geben wir Anlaß:* er liefert seinen Freunden in Korinth Material, mit dem sie seine Verleumder widerlegen können. **13** *Wenn wir auch außer uns waren:* Seine Verleumder haben ihm das offensichtlich vorgeworfen (vgl. Mk 3,21). In Augenblicken geistlicher Ekstase (12,1f), aber auch im nüchternen Alltagsleben geht es Paulus nie um sich selbst. Was er tut, tut er *für Gott* und zu dessen Ruhm sowie *für euch* und zu eurem geistlichen Nutzen. **14** *Die Liebe Christi:* d.h. seine Liebe für Paulus als Sünder, *drängt* ihn, so daß es für ihn keinen andern Weg gibt. Dasselbe griech. Verbum wird Lk 12,50 gebraucht, um dem unwiderstehlichen Drängen Ausdruck zu geben. *Wenn einer für alle gestorben ist, so sind sie alle gestorben:* Paulus zeigt hier, daß Christus nicht nur für uns starb, sondern an unserer Stelle; er starb den Tod, den wir hätten sterben sollen. **15** Diese Tatsache sollte alle, die sie begreifen, dazu bewegen, den Rest ihres Lebens für Christus zu leben und nicht *sich selbst* (vgl. 1Kor 6,19). *Und auferstanden:* Im NT sind Jesu Tod und Auferstehung immer miteinander verbunden (vgl. 1Thes 4,14). Ohne Auferstehung hätte sein Tod am Kreuz keine Bedeutung.

16.17 Paulus' Verständnis hat sich geändert, es ist *in Christus neu* geworden. *In Christus sein* lautet bei ihm eine beliebte Umschreibung des Christseins. Er betont so die engste Glaubenseinheit mit Jesus in seinem Tod und seiner Auferstehung (Gal 2,20). *Nach dem Fleisch:* d.h. nach menschlichen Gesichtspunkten. Gewisse radikale Theologen verstehen diese Formulierung so, daß Paulus hier den »menschlichen Jesus der Evangelien« abtut und durch den »verherrlichten Christus des Glaubens« ersetzt. Diese Worte so zu interpretieren hieße, das grundlegende historische Fundament des Christentums zu zerstören. Wahrscheinlicher ist, daß Paulus damit sagen will, er habe vor seiner Bekehrung angenommen, Jesus sei nur ein weiterer falscher Messias. Jetzt als Christ betet er ihn an als den Christus Gottes und den Herrn des Universums (Phil 2,9-11).

18 *Versöhnt hat:* Gott ist Initiator und Ziel der Versöhnung. *Versöhnung* ist im NT nichts, was der Mensch dadurch erreichen kann, daß er seine Feindschaft gegen Gott aufgibt. Sie wurde vielmehr geschaffen, als Gott seinerseits durch den Tod Christi alle Folgen der Entfremdung des Menschen von Gott beseitigte. Das Hindernis, das Gott beseitigen mußte, war sein Zorn »über alles gottlose Wesen und Ungerechtigkeit der Menschen« (Röm 1,18). Das *Amt* (richtiger: Dienst; EÜ, ZÜ), *das die Versöhnung predigt,* ist die Verkündigung der Guten Nachricht: Gott hat es sich sein Äußerstes kosten lassen, um seinen Zorn zu beseitigen; sein eingeborener Sohn mußte sich dafür ans Kreuz heften lassen. Der so gewonnene Friede steht jetzt allen Menschen frei zur Verfügung. **19** *Gott ... versöhnte ...:* nicht *mittels* Christus hat Gott die Welt mit sich selbst versöhnt. Der genaue Wortlaut ist zu beachten: Gott war in Christus und versöhnte die Welt mit sich selbst. Christus ist also nicht Mittel Gottes, sondern Gott selbst. **20** *Bitten:* Es handelt sich um eine dringende Bitte, um ein Ersuchen. Calvin schreibt, daß allein die Vorstellung von *Botschaftern,* die sich herablassen zu bitten, eine unvergleichliche Empfehlung für die Gnade Christi ist. Paulus predigt das Evangelium im Geiste des Evangeliums. **21** *Laßt euch versöhnen mit Gott:* durch die Annahme der Vergebung, die Gott durch den Tod Christi am Kreuz schon geschaffen hat (Röm 5,11).

6,1 Das Bewußtsein, Gottes *Mitarbeiter* zu sein, findet in 5,18-20 Ausdruck; vgl. 1Kor 3,9. *Vergeblich:* damit kann oberflächlicher Glaube gemeint sein (Mt 13,2f; vgl. 1Kor 15,2), aber auch die Tatsache, daß nach Paulus falsche Apostel auftraten, die die Korinther zu der irrigen Meinung verführten, man könne zur eigenen Erlösung einen Beitrag leisten (2,17; 11,4). Ob man es so oder so versteht, es fehlten die Auswirkungen im Leben der Christen. Paulus dürfte in diesem Zusammenhang den Richterstuhl vor Augen haben (5,10). *Gnade Gottes:* Gottes Versöhnung in Christus ist allein sein Werk. Aber der Mensch hat zu entscheiden, ob er es annimmt. **2** *Denn er spricht:* Jes 49,8. *Angenehme Zeit:* eine Zeit, die Gott (nicht den Menschen) recht ist (vgl. Jes 61,2), denn es ist der von ihm festgelegte *Tag des Heils,* ein Zeitraum der Gnade, in dem der Mensch die Möglichkeit hat, auf Gottes Botschaft durch Christus zu hören. Das schließt die Verantwortung des Menschen ein, eine Antwort zu geben. Dieser Satz drückt aber auch aus, daß das Angebot zeitlich begrenzt ist. **3** *Anstoß:* Anlaß für Vorwürfe oder Lächerlichkeit. »Es gibt Menschen, die suchen nach einer Ausrede, um nicht auf das Evangelium hören zu müssen oder es ernst nehmen zu müssen, und diese Ausrede suchen sie im Verhalten der Diener des Evangeliums« (Denney). **4.5** Hier werden dreimal drei Anfechtungen genannt, ihnen vorangestellt wird die *große Geduld,* die wichtigste Eigenschaft bei allen Anfechtungen. Die erste Dreiergruppe umfaßt allgemeine Nöte körperlicher, geistiger und geistlicher Art: *Trübsal, Nöte, Ängste.* Die zweite Dreiergruppe umfaßt Nöte, die von anderen Menschen ausgehen: *Schläge* (11,24f), *Gefängnisse* (Apg 16,23), *Verfolgungen* (Apg 13,50; 14,5.19). Die dritte Gruppe umfaßt Dinge, die Paulus auf sich nahm, um das Evangelium zu fördern: *Mühen* (körperliche und geistige Ermüdung), *Wachen* (schlaflose Nächte, vgl. Apg 20,31; 2Thes 3,8), *Fasten* (gemeint ist Hunger). Der Aufzählung stellt Paulus V.6-10 eine Liste geistlicher Tugenden gegenüber, die es ihm möglich machen, triumphierend diese Leiden zu tragen. Selbst noch in den Übersetzungen ist die Struktur der Verse beeindruckend. **6** *Lauterkeit* (EÜ: Reinheit): moralische Reinheit und aufrichtige Motive; *Erkenntnis* der Wahrheit in Jesus Christus (Kol 2,2f) ist rettendes Wissen, nicht intellektuelle Leistung; *Langmut* läßt sich durch Verletzungen nicht provozieren; *ungefärbte Liebe* (griech.: *chrēstotēs* - zu Recht klingt das Wort an *Christos,* das Wort für Christus, an): die Antwort auf Gottes Freundlichkeit zu uns in Christus Jesus (Eph 2,7; Tit 3,4). Auch in Gal 5,22 und 1Kor 13,4 sind *Langmut* und *Freundlichkeit* verbunden. Überraschend ist, daß hier der Heilige Geist nicht an vorderster Stelle steht. Man kann auch »ein Geist, der heilig ist« übersetzen. Dann wäre hier nicht die Person des Heiligen Geistes gemeint, sondern die Gabe. **7** Jetzt wendet sich Paulus den Bedingungen seines Dienstes zu. *Waffen der Gerechtigkeit:* Der Genitiv gibt die Herkunft der Waffen an. Als Folge der Rechtfertigung gibt der Heilige Geist die Waffen für den geistlichen Kampf (vgl. Eph 6,16ff; Jes 59,17).

8-10 zeigen, was seine Gegner in Korinth Böses über Paulus verbreiteten. **9** Einige taten ihn als *Unbekannten* ab, als einen Niemand, dem Anerkennung versagt geblieben war. Aber er war doch *bekannt,* wie der Eindruck zeigt, den er auf Menschen machte. *Wie Sterbende* (vgl. 1,9), *und siehe:* zu jedermanns Überraschung, *wir leben* (vgl. 1,9; Apg 14,19). *Gezüchtigt:* das kann sich auf menschliche Strafen oder auf Gottes Züchtigung (Ps 118,18) beziehen. **10** *Allezeit fröhlich:* immer einer unauslöschlichen Freude im Herrn bewußt (Röm 8,35f; Phil 4,4). Als materiell *Armer* macht er doch viele *reich* durch das, was wirklich zählt, durch die Erkenntnis Christi (Eph 3,14f; Phil 3,7f). *Alles haben:* gemeint ist damit alles Wesentliche (Röm 8,17.32; 1Kor 3,21f).

6,11-7,1 Warnung vor ungöttlichen Bindungen

In 6,14 ändern sich plötzlich Thema und Ton, der Gedankengang von 6,13 wird in 7,2 weitergeführt. Das hat manche Ausleger zu der Auffassung gebracht, 6,14-7,1 seien später hier eingefügt worden. Aber die Handschriften geben darauf keinen Hinweis, und ein späterer Herausgeber würde einen Einschub wohl nicht so unharmonisch eingefügt haben (s. Einleitung: Die Anzahl der Briefe und Besuche). Es paßt durchaus zu Paulus, daß er hier kurz und prägnant eine Sache anschneidet, die den Korinthern bekannt war (uns allerdings nicht). In 6,13 hatte er sie aufgefordert, die Herzen weit zu machen, und so zeigt er nun, wie sie es ganz praktisch tun können. Worum es geht, können wir nur erraten. Paulus war klar, daß die Christen sich nicht von der Gesellschaft absondern konnten (1Kor 5,9f). Obwohl Christen keine Ungläubigen heiraten sollten (1Kor 7,39), durften bestehende Mischehen nicht einfach aufgelöst werden (1Kor 7,12f). Mahlzeiten mit heidnischen Nachbarn waren nicht unmöglich (1Kor 10,27; s. Einleitung: Paulus' Anlaß zu schreiben). In diesem Abschnitt verbietet Paulus eine ganz bestimmte, aber nicht genau beschriebene Beziehung zu Ungläubigen (V.14). Es handelt sich um heidnische Opfer, und wer sich auf Götzendienst einließ, setzte sich auch schlimmster Unmoral aus (s. Einleitung: Korinth).

11 *Korinther:* Paulus spricht seine Leser nur dann mit dem Namen an, wenn seine Gefühle aufgewühlt sind; vgl. Gal 3,1; Phil 4,15. *Unser Herz ist weit geworden:* Offenherzigkeit gilt Freunden. **12.13** Paulus spricht zu Leuten, denen er vertraut. Er erwartet eine Antwort auf der Basis des Vertrauens. Er spricht sogar zu ihnen wie mit *Kindern,* in deren Zuneigung der Vater einen besonderen Platz hat.

In einer Reihe von Antithesen zeigt Paulus V.14-16, daß Gläubige und Ungläubige, weil sie grundsätzlich nichts Gemeinsames haben, einfach nicht zusammenpassen. **14** *Zieht nicht am fremden Joch:* Laßt euch nicht einspannen für Zwecke, die dem Evangelium widersprechen (3Mo 19,19; 5Mo 22,10; vgl. Phil 4,3). **15** Den Höhepunkt erreicht Paulus, indem er die Hauptkontrahenten nennt, *Christus* und *Beliar* (Satan). Zwischen ihnen gibt es deutlich keine Harmonie. **16a** *Götzen:* Bekehrung bedeutete für die Griechen einen absoluten Bruch mit der gesamten Lebensweise Korinths, die sich um den Götzendienst drehte. *Wir:* die Gemeinschaft der Christen, *sind der Tempel des lebendigen Gottes* (1Kor 3,16; Eph 2,19-22; 1Petr 2,5). **16b-18** *Wie Gott spricht:* Paulus stützt seinen Gedankengang durch Zitate aus dem AT (3Mo 26,11.12; Jes 52,11). Absonderung konnte Trennung von Verwandten und Freunden bedeuten, Verlust des Lebensunterhaltes, aber auch Aufgabe scheinbar harmloser Dinge. Da der heilige Gott verspricht, unter seinem Volk zu wohnen, kann es keinen Kompromiß geben mit dem, was ihm widerspricht. **7,1** Was bedeutet irdischer Verlust angesichts solcher Verheißungen, die im Laufe der Geschichte wiederholt gegeben werden? Der Lohn wird unverhältnismäßig hoch sein: das Vorrecht, Mitglied in Gottes Familie zu sein (Mk 10,29). *Uns reinigen:* hier wird der ethische Anspruch des Abschnittes positiv formuliert. *Heiligung vollenden:* Zur persönlichen Heiligung gehört anhaltendes Bemühen. *Furcht Gottes:* Achtung vor Gott selbst als dem, der heilig ist und Heiligkeit von seinem Volk fordert (vgl. 1Petr 1,14-17), ist der Maßstab.

7,2-16 Paulus' Vertrauen in die Korinther

2 nimmt 6,13 auf. **3** *Zuvor gesagt:* 6,11-13. »Ihr seid tief in meinem Herzen, sei es im Tode wie im Leben« (Moffatt). **4** Die freudige Stimmung dieses Verses ist auf die guten Nachrichten zurückzuführen, die Titus aus Korinth mitgebracht hatte (V.6.7; s. Einleitung: Paulus' Anlaß zu schreiben).

5 In 2,13 sprach Paulus von seiner Unruhe beim Warten auf Titus' Rückkehr in Troas (s. Einleitung: Die Verbindungen des Paulus mit Korinth). Jetzt nimmt er den Bericht wieder auf. Er war über die Ägäis *nach Mazedonien* gefahren, um Titus zu treffen. Dort hatte Paulus, der es schon schwer genug hatte, noch zusätzliche Probleme, die in Apg 20,1-3 aber nicht erwähnt werden und die auch mit Korinth nichts zu tun hatten. **6.7** *Gott, der... tröstet:* vgl. Jes 49,13b; s. Komm. zu 2Kor 1,3.4. Titus hatte Paulus' »strengen« Brief nach Korinth gebracht (s. Einleitung: Die Anzahl der Briefe und Besuche). Endlich hatte Titus erfreuliche Nachricht gebracht, und Paulus ist glücklich und erleichtert. **8.9** Obwohl sein *Brief* sie *traurig gemacht* hatte und Paulus es bedauerte, daß er sie verletzt hatte, erreichte der Brief doch sein Ziel, denn er hatte sie *betrübt zur Reue.* So brauchte Paulus auch nicht mehr traurig zu sein. Reue bedeutet Ausrichtung des Lebens nach Gottes Maßstäben und Suche nach seiner Vergebung. **10** Dabei hatten die Korinther *Traurigkeit nach Gottes Willen* gezeigt. Und die braucht nicht zu *reuen,* denn sie *wirkt zur Seligkeit.* Die *Traurigkeit der Welt* ist nur Selbstvorwurf. In ihr ist kein Platz für Hoffnung, Vergebung oder Gnade, sie *wirkt Tod* und Verzweiflung, weil aus ihr kein positives Tun entstehen kann. **11** Die *Traurigkeit nach Gottes Willen* dagegen hatte die Korinther veranlaßt, die Dinge in Ordnung zu bringen. Deswegen kann Paulus jetzt schreiben, daß sie *rein in dieser Sache sind.* **12** *Um dessentwillen:* besser: nicht so sehr um dessentwillen. Paulus benutzt hier eine semitische Ausdrucksweise, die den Vergleich durch den Gegensatz ausdrückt. (Ähnlich Lk 14,26; vgl. Mt 10,37.) Die wichtigste Absicht des »strengen« Briefes war gewesen, die Korinther zu einer radikalen Änderung ihrer Einstellung gegenüber dem Apostel zu bewegen. Aber der Brief war auch nötig gewesen, damit der, *der beleidigt hatte,* bestraft wurde (vgl. 2,5).

13 Paulus Zufriedenheit wird noch gesteigert durch die *Freude des Titus* über den Erfolg seiner Reise. **14** Paulus' Einschätzung der Reaktion der Korinther hatte sich als richtig erwiesen. **15** Während seines Aufenthaltes dort hatte Titus die Korinther liebgewonnen. *Mit Furcht und Zittern:* nicht Angst ist gemeint, sondern Sorge, daß die Liebe es nicht schaffen könnte, alles zu tun, was nötig ist. **16** Paulus schreibt wie ein stolzer Vater, dessen Kinder ihn nicht enttäuscht haben (6,13). Aber Paulus leitet mit diesem Vers auch zu der delikaten Frage der Sammlung für die armen Christen in Jerusalem über (8,1-9,15).

8,1-9,15 Die Liebesgabe für die Christen in Jerusalem

Die Hilfe für die Jerusalemer Christen wird zuerst Apg 11,27-29 und Gal 2,10 erwähnt. Abgeschlossen wird die Sammlung Röm 15,25-29. Paulus verpflichtete seine Gemeinden aus griechischen Christen zu liebender Fürsorge für ihre jüdischen Brüder und Schwestern in der Muttergemeinde zu Jerusalem (Röm 15,27). Die Armut der großen christlichen Gemeinde dort hatte ihre Ursache darin, daß die ersten Bekehrten aus dem Judentum von Verwandten, von der Gesellschaft, von ihrer Arbeit und vom Zugang zum Tempel ausgeschlossen waren. Die, denen es besser ging, hatten sofort geholfen (Apg 4,32f). Das taten auch die Christen in Antiochia, als Jerusalem noch zusätzlich unter einer Hungersnot litt (Apg 11,27f). Offensichtlich hatte Paulus sein Vorhaben mit den Korinthern schon abgesprochen, bevor er 1Kor 16 schrieb. Ein Jahr später (2Kor 8,10) hatte man noch nicht viel erreicht. Angesichts ihrer geänderten Einstellung erscheint Paulus der Moment günstig, erneut zur Kollekte aufzurufen. Auf diese Weise hat uns Paulus zwei Kapitel (8 und 9) über christliches Geben hinterlassen.

8,1-24 Die Sammlung

1.2 Um die Korinther dazu zu bewegen, seinem Aufruf zur Hilfe für die Armen in Jerusalem Folge zu leisten, beschreibt Paulus das Beispiel der *Gemeinden Mazedoniens.* Ihre Großzügigkeit ist ein Beweis der *Gnade Gottes,* denn sie mußten sich in *Bedrängnis* bewähren und waren selbst *sehr arm.* Den Korinthern ging es dagegen besser (8,14). **3.4** Hinzu kommt noch, daß jene *willig* gaben und Paulus dringend *baten, mithelfen* zu *dürfen.* **5** *Nicht nur, wie wir hofften:* selbst Paulus war überrascht von ihrem Eifer. Die Erklärung dafür war, daß sie sich zuerst dem Herrn gegeben und sich ganz Christus zur Verfügung gestellt hatten. Und infolgedessen, sagt Paulus, gaben sie sich selbst *uns,* weil sie das als *Willen Gottes* erkannten. Ihre Spontaneität, ihre Gründlichkeit, ihr christlicher Geist und ihr Vertrauen zu Paulus, all das konnte den Korinthern als Beispiel dienen. **6** *Titus . . . hatte angefangen:* Paulus möchte, daß die Kollekte der Korinther (1Kor 16,1f) schnell beendet und zu der schon abgeschlossenen der Mazedonier hinzugefügt wird. *Titus* hat sich bereiterklärt, zu diesem Zweck noch einmal nach Korinth zu reisen (8,17). Werden die Korinther auch durch ihre Großzügigkeit in diesem *Liebeswerk* Gottes Gnade (8,1) sichtbar machen? **7** *Reich seid* (vgl. 1Kor 1,4-7): Gott hatte der Gemeinde in Korinth besondere geistliche Gaben geschenkt (1Kor 12-14). *Glaube:* wohl nicht der rettende Glaube, sondern die Geistesgabe. Das gilt auch für *Wort* und *Erkenntnis* (s. 1Kor 12,8-10). *Die wir in euch erweckt haben:* Andere Handschriften lesen: Die in euch zu uns ist (seit der Änderung eurer Einstellung), vgl. EÜ.

8 *Andere:* die Mazedonier (8,1), die durch ihre Großzügigkeit ihre Liebe gezeigt haben. **9** *Unser Herr Jesus Christus:* Der ausführliche Name dient der feierlichen Betonung. Jesu Beispiel beweist den Grundsatz: Wer hat, muß dem geben, der nicht hat. *Reich ist* (besser: reich war, EÜ): er hatte teil an der Herrlichkeit seines Vaters (Joh 17,5). *Wurde er arm:* das bezieht sich auf die Menschwerdung (Phil 2,7), nicht auf die Armut des Lebens Jesu auf Erden (Lk 9,58). Er war bereit, den Himmel zu verlassen, die Begrenzung eines menschlichen Körpers anzunehmen und am Kreuz für die Sünden der Menschen zu sterben (2Kor 5,21). **10** Paulus gibt seine *Meinung* wieder, weil ein Befehl (V. 8) nicht nötig ist. Die Korinther wissen, was ihre Pflicht ist, sie haben ja auch schon *seit vorigem Jahr* (oder richtiger: im letzten Jahr, also eventuell erst vor ein paar Monaten) die Sammlung *angefangen,* wenn auch andere sie übertroffen haben. **11.12** *Was einer hat:* Vielleicht hatten die Korinther mehr versprochen als sie erfüllen konnten. **13** Sie sollen keine Schulden machen, sonst wären sie auf Hilfe angewiesen. **14.15** Das Teilen des Besitzes, schon in der Urgemeinde praktiziert (Apg 2,44; 4,34f), macht Paulus zum Grundprinzip. Diesen *Ausgleich* illustriert Paulus durch die Lektionen, die die Israeliten in der Wüste (2Mo 16,18) lernten: Horten ist sinnlos, Genügsamkeit schafft Zufriedenheit.

16.17 Paulus beschäftigt sich jetzt damit, wie die Kollekte eingesammelt werden soll. *Titus* hat sich bereiterklärt, zu diesem Zweck nach Korinth zu reisen. Paulus brauchte ihn dazu nicht zu überreden, Gott hatte *Titus* schon veranlaßt, *von selber* zu reisen. Paulus unterstreicht den *Eifer* des Titus *für euch:* d.h. für die Korinther, obgleich die Liebesgabe für andere bestimmt ist. **18** *Den Bruder:* Viele meinen, daß es Lukas sein müsse, aber Paulus nennt seinen Namen nicht und genausowenig den des zweiten Abgesandten in V. 22. *Evangelium:* Ein geschriebenes Evangelium gab es noch nicht. Dies drückt ZÜ durch den Zusatz »der Verkündigung« aus. **19** *Von den Gemeinden dazu eingesetzt:* d.h. er bekam diesen Auftrag nicht von Paulus. *Gabe:* Die Sammlung hat ein doppeltes Ziel: sie soll *dem Herrn zur Ehre* sein (vgl. V. 9) (weil sie etwas von Gottes Großzügigkeit widerspiegelt) und sie soll den *guten Willen* (die »Bereitschaft«, 9,2; vgl. Gal 2,20) zeigen, besonders gegenüber den Judenchristen.

20 *Übel nachreden:* Indem er Abgesandte der Gemeinden wählen läßt, die das Geld einsammeln, sorgt Paulus dafür, daß Satan keinen Anlaß findet, ihn in Mißkredit zu bringen (12,17.18). »Es gibt nichts, was einen Menschen verwundbarer für dunkle Verdächtigungen macht als die Verwaltung öffentlicher Gelder« (Calvin). *Reiche Gabe,* wörtl. Fülle: Paulus erwartet, daß viel Geld zusammenkommt. Daß er das erwähnt, ist für die Korinther Kompliment und Ansporn zugleich. **21** *Wir sehen darauf:* Paulus will jedes mögliche Mißverständnis vermeiden. Es reicht ihm nicht, *vor dem Herrn* ein reines Gewissen zu haben, es muß auch alles absolut durchsichtig sein *vor den Menschen,* denn »es ist eine stolze Dummheit, die öffentliche Meinung zu mißachten« (Hodge). Paulus muß seinen guten Ruf wahren, weil damit der gute Ruf seines Meisters zusammenhängt. **22** *Bruder:* Wir wissen nicht, wer dieser zweite Abgesandte ist (vgl. V. 18). **23** *Titus... mein Gefährte:* Paulus läßt die Gemeinde wissen, daß Titus in Übereinstimmung mit ihm handelt. Die anderen beiden *Boten* (wörtl.: Apostel = Gesandte) handeln im Auftrag *der Gemeinden.* Als »Abgesandte« *der Gemeinden* stehen sie nicht mit Paulus und Petrus auf einer Ebene, die »Apostel Jesu Christi durch den Willen Gottes« sind. Aber Paulus wagt es trotzdem, sie als *Ehre Christi* zu bezeichnen, d.h. als »leuchtende Beispiele« seiner Gnade, wenn sie einen solchen Dienst tun. **24** *Beweis* (praktischer Erweis) *vor den Gemeinden:* d.h. vor den Abgesandten, in denen die Gemeinden vertreten sind. Die Gemeinden würden ja auch bald das Ergebnis erfahren.

9,1-15 Grundsätze christlichen Gebens

1 *Zu schreiben:* d.h. noch mehr zu schreiben. Paulus führt hier das Thema von Kap. 8 und 1Kor 16,1-4 weiter. Andere Ausleger halten Kap. 9 für einen eigenen Brief, den Paulus vor Kap. 8 geschrieben hätte, und den Titus (dessen Auftrag möglicherweise 8,6 erwähnt wird) nach Korinth brachte. Die meisten Ausleger bevorzugen aber die einfachere Lösung. **2** Der Apostel hatte sich 18 Monate in Korinth aufgehalten (Apg 18,11; s. Einleitung: Korinth). Er kennt ihren *guten Willen. Rühme* (in der Präsensform): Paulus tut es immer noch voll Vertrauen. *Achaja:* die römische Provinz südlich des Isthmus von Korinth. *Bereit gewesen:* besser: bereitete sich vor. Die Sammlung ist noch nicht abgeschlossen. *Voriges Jahr:* s. 8,10. **3** *Ich habe gesandt* wird in ZÜ mit *ich sende* übersetzt. Nach LÜ sieht Paulus den Vorgang vom Blickpunkt des Empfängers aus, nach ZÜ vom Blickpunkt des Schreibers des Briefes. Es gibt keinen Zweifel an der Großzügigkeit der Korinther, unsicher ist nur, ob sie die Sammlung früh genug abschließen können. Paulus will natürlich nicht unglaubwürdig werden, denn was er anderen über die Absicht der Korinther erzählt hatte, war durch Gottes Hilfe (8,1) ein Anreiz (V. 2) für die großzügige Gabe der Mazedonier geworden. **4** Paulus selbst wird mit einigen aus *Mazedonien* kommen, um die Gabe der Korinther in Empfang zu nehmen und nach Jerusalem zu bringen (Röm 15,25f). **5** *Daß sie voranzögen:* Paulus gibt den Korinthern eine Gelegenheit, die Sammlung zu Ende zu bringen, bevor er und seine Begleiter eintreffen. Paulus will auch jede üble Nachrede vermeiden, die entstehen könnte, wenn er selbst an der Einsammlung der Kollekte beteiligt wäre. *Gabe des Segens und nicht des Geizes:* Eine Gabe aus dankbarem Herzen, die den Nutzen für den Empfänger im Auge hat, nicht eine erzwungene Abgabe, bei der man so wenig wie möglich gibt. **6** Sie sollen im Segen (= reichlich; vgl. EÜ) geben und nicht *kärglich.* Der Grundsatz, daß man erntet, was man sät (Spr 11,24f; 19,17) wird Gal 6,7-10 auf die geistliche Ernte angewandt, Mt 6,14f auf die Vergebung; vgl. Mt 7,1.2; 10,42; Lk 6,34-38. Es ist nicht verkehrt, dem Menschen die von Gott verordneten Folgen seines Tuns als Motiv für rechtes Handeln vorzustellen. **7** *Mit Unwillen:* in der Haltung: »Wie wenig könnte ausreichen?« - Die Quelle des Gebens ist nicht das Portemonnaie, sondern das Herz. Vgl. Mk 12,41ff. *Ein fröhlicher Geber:* Echtes Geben macht Freude; vgl. Röm 12,8.

8 *Gott kann machen:* er sorgt dafür, daß unser restliches Geld völlig ausreicht. *Volle Genüge* (ähnlich Phil 4,11; 1Tim 6,6): eine typische Antwort Gottes auf Vertrauen. Gott gibt alles, was materiell und geistlich *zu jedem guten Werk* in seinem Dienst nötig ist (Phil 4,19). **9.10** Die Schriftbelege stammen aus Ps 112,9; Jes 55,10; Hos 10,12. **10** ist ein göttliches Grundprinzip. *Samen,* der gesät werden soll, ist auch von Gott (5,18). Das Gesäte, das Gott mehrt, ist die Gabe in V. 6-8. *Mehren:* Gott hat es so eingerichtet, daß die Möglichkeiten des Samens unverhältnismäßig größer sind als sein Volumen. *Gerechtigkeit:* rechtes Tun, hier die Freigiebigkeit. **11.12** *Reich sein:* Geben macht reich (s. Komm. zu V. 7). Weil er Gaben der Korinther für seine Person immer schon abgelehnt hat (11,7-9), hat Paulus keinen persönlichen Vorteil aus einer großen Kollekte. *Dienst:* dafür steht im Griech. *leitourgia* (»Liturgie«), ein Wort, das in Athen benutzt wurde, um öffentliche Dienste zu bezeichnen, die wohlhabende Athener Bürger bezahlten. Reichliches Geben hilft nicht nur den *Heiligen* aus materieller Not, es führt auch dazu, daß die Empfänger *überschwenglich Gott danken* (1,11), und fördert die Liebe und das Gebet füreinander (V. 14). **13** Durch ihre Hilfe würden die Heidenchristen den Judenchristen die Echtheit ihrer Bekehrung und ihr Einssein mit ihnen in Christus beweisen. **15** Paulus beendet dieses Kapitel, indem er sich wieder der »göttlichen Gabe, aus der alle Gaben fließen« (Tasker) zuwendet, nämlich Jesus, dem Retter (8,9; 1Jo 4,11). *Unaussprechlich:* Menschliche Sprache ist unfähig, dem ganzen Ausmaß der *Gabe* und ihrer Bedeutung gerecht zu werden (Röm 8,32).

10,1-13,14 Die apostolische Autorität des Paulus

Zum veränderten Ton und Thema der letzten drei Kapitel s. Einleitung: »Die Anzahl der Briefe und Besuche«.

10,1-18 Seine Glaubwürdigkeit

1 Da Paulus sich hier persönlicheren Dingen zuwendet, gebraucht er nicht mehr die Wir-Form. Die Aussage »der ich in eurer Gegenwart unterwürfig sein soll . . .« nimmt offensichtlich Vorwürfe seiner Kritiker in Korinth (10,10) auf. *Sanftmut* ist bereitwillige Annahme des Willens Gottes. *Güte:* Milde (Joh 8,11) ist auch für einen Apostel die richtige Haltung. **2** Aber Sanftmut ist nicht Furchtsamkeit. Wenn nötig, wird Paulus *mit Kühnheit* gegen *einige* vorgehen, die ihn schlecht machen. *Fleischlich:* nach der Weise der Welt, auf Eigennutz bedacht (1,17; Röm 8,4f). **3.4** Christen müssen in der Welt mit ihren Mühen leben und *im Fleisch* mit seinen Schwachheiten (1Kor 2,3-5). Der wirkliche Kampf ist geistlicher Art. *Fleischliche* (weltliche) *Waffen* schaffen es nicht, die *Festungen* des Bösen im Individuum oder in der Gesellschaft zu zerstören. Die einzig wirksamen *Waffen* sind solche, die *mächtig im Dienste Gottes* sind (wörtl.: die von Gott mächtig gemacht wurden; vgl. Eph 6,11f). **5** Mit ihrem Verstand und ihrem Willen verteidigen sich die Menschen gegen das Evangelium und halten sich stolz für ihre eigenen Herren. Es ist demütigend, die Konsequenzen der *Erkenntnis Gottes* anzunehmen, wie sie im Evangelium offenbart worden sind. *Gedanken* (vgl. 11,3): der Begriff, der 2,11 mit »dem, was (Satan) im Sinn hat« und 3,14; 4,4 mit »Sinn« übersetzt ist, hat im 2Kor immer einen negativen Klang. *Gefangen:* Nicht einmal ein Gedanke ist außerhalb des Gehorsams, den Christus in Anspruch nimmt. **6** *Strafen:* ein Begriff und eine Vorstellung aus dem militärischen Bereich. *Vollkommen:* Paulus erwartet, daß die Mehrheit sich unterwirft. Nur eine kleine ablehnende Minderheit wird dann bestraft werden müssen. Im nächsten Vers rechtfertigt Paulus seine Drohungen.

7 kann im Griech. Frage, Aussage oder Befehl sein. Der Satz ist wohl am besten als Befehl zu verstehen: »Seht den Tatsachen ins Auge!« *Daß er Christus angehört:* das ist keine Bezugnahme auf die »Christischen« in 1Kor 1,12. Es bezieht sich auch nicht auf den persönlichen Glauben, sondern auf gottgegebene Vollmacht, denn man hatte nicht den Glauben des Paulus angegriffen, sondern seine Bevollmächtigung durch Christus. **8** Sein »Rühmen« dreht sich nie um sich selbst, sondern immer um das, was Gott getan hat. *Zu erbauen:* Paulus' Glaubwürdigkeit wird durch die Veränderungen zum Guten im Leben der Bekehrten bestätigt (1Kor 15,10). **9.10** Diese Verse weisen den Vorwurf zurück, Paulus schreibe seine *Briefe*, um die Gläubigen zu terrorisieren. Die Äußerungen, auf die Paulus anspielt, sind ein Zeugnis für die Wirkung seiner Briefe. Dagegen meinten seine Gegner, sein persönliches Auftreten sei nicht sehr eindrucksvoll. Dieser Vorwurf bezieht sich auf seinen Charakter, nicht auf seine körperliche Erscheinung. **11** Paulus droht, daß er nicht nur reden, sondern auch handeln werde. Es war zweifellos ein großer Unterschied zwischen dem alltäglichen Paulus, der nicht gerne hart eingriff und nicht so fließend sprach, und dem inspirierten Paulus, der für einen wichtigen Grundsatz kämpfte oder für die Beseitigung eines großen Unrechts eintrat. **12** *Wagen nicht . . .:* Mit treffender Ironie weist Paulus darauf hin, daß man nur an einem unveränderlichen Maßstab messen kann. Er weiß, daß nur Christus dieser Maßstab sein kann.

13-18 führen das Thema weiter. **13** *Über das Maß hinaus:* Die Überheblichkeit jener »Überapostel« (11,5) ist grenzenlos. Paulus' Dienst hat allerdings gewisse von Gott auferlegte Grenzen: Paulus ist der Apostel für die Heiden (Apg 9,15; Röm 1,5; Gal 2,9), und er ist ein Pioniermissionar (Röm 15,20). *Zugemessen:* Paulus ist in der von Gott markierten »Laufbahn« (Bild aus dem Sport) des Dienstes. **14** *Zuviel anmaßen:* »Wir überschreiten nicht die Grenzen dessen, wozu wir autorisiert worden sind«. Korinth liegt innerhalb dieser Grenzen! *Zu euch* (als erste) *gekommen:* vgl. 1Kor 3,6; 4,15. **15.16** *Wenn* der *Glaube* der Korinther *wächst* und die Gemeinde zur Ruhe kommt, dann will Paulus als Pioniermissionar *jenseits* von Korinth arbeiten. Vielleicht denkt er an Rom oder Spanien (Apg 19,21; Röm 1,13; 15,24.28). Aber er wird sich nie der Arbeit anderer *rühmen* (Röm 15,20). **17** Der Christ darf sich nur dessen *rühmen*, was der Herr getan hat (vgl. Jer 9,22.23). **18** *Tüchtig:* »Geprüft und für wert befunden«. Dieses Urteil kann der Mensch nicht über sich selbst fällen.

11,1-33 Gegen Mißverständnisse

Paulus hat gezeigt (10,13-18), daß er sich in Korinth an seinen göttlichen Auftrag gehalten hat, daß seine Gegner aber über den ihren hinausgegangen sind. **1** Wenn es auch *Torheit* ist (etwas, was man normalerweise nicht tut), vergleicht sich Paulus hier doch mit ihnen. 2 Die Gemeinde soll die *Braut* Christi sein. Dieses Bild wird häufig gebraucht (Mt 25,1-13; Joh 3,29; Eph 5,25f; Offb 19,7). Paulus sieht sich als der Vermittler dieser Ehe, weil er die Gemeinde in Korinth gegründet hat (1Kor 4,15). Aber es ist Gottes Werk, und so beschreibt Paulus seine eigenen Gefühle als *göttlichen Eifer* (Eifersucht). *Einem einzigen Mann:* Die Verbindlichkeit, die Christus beansprucht, ist der der Ehe vergleichbar. Paulus war weit davon entfernt, die Ehe zu verachten, denn er macht sie zum Symbol der höchsten Vollendung; vgl. Eph 5,32. 3 Paulus *fürchtet*, daß die Gemeinde in Korinth durch *Gedanken* (vgl. 10,5) irregeführt wird, die mit der Ausschließlichkeit der Beziehung zu *Christus* nicht zu vereinbaren sind. 4 Satan versucht wieder die alten Schliche (1Mo 3,1; vgl. Offb 12,9; 20,2), diesmal durch solche, die einen *anderen Jesus* predigen (Gal 1,6; vgl. Mk 8,33), sei es, daß sie einfach einen menschlichen Jesus verkündigen oder, wie später die Gnostiker, eine Art Halbgott. *Kommt:* aus eigenem Antrieb, nicht von *Gott gesandt. Recht gern:* weil so ein anderes Evangelium verlockend ist (Gal 3,1). **5.6** Paulus betont, daß er nicht *weniger* sei als die *»Überapostel«*. Vielleicht können sie besser reden (1Kor 2,4), aber an *Erkenntnis* Christi (d.h. an geistlichen Qualitäten) sind sie ihm weit unterlegen. Wenn die Korinther nachdenken, wird ihnen deutlich, daß Paulus recht hat. Einige frühere Ausleger dachten, Paulus meine mit den *Überaposteln* die Zwölf. Aber V.13 (»falsche«) und V.13 (»Satans Diener«) machen dieses Verständnis unmöglich. Die Überapostel waren Eindringlinge in Korinth, die Empfehlungen (3,1) brauchten oder diese sich sogar selbst ausstellten. Sie waren Hebräer (11,22), und es kam ihnen nur auf den Lohn an (vgl. 11,7.9; 12,13-18). Sie verkündigten nicht die Botschaft des Paulus (11,4.15), sondern versuchten, die Korinther in die Knechtschaft des mosaischen Gesetzes zu locken (3,6f; 11,15). 7 *Erniedrigt:* Paulus beanspruchte den jedem christlichen Prediger zustehenden Lohn nicht (1Kor 9,11-14). Berufsmäßige griechische Rhetoriker (auf die in V.6 angespielt wird) wären in schlechten Ruf gekommen, wenn sie kein Honorar verlangt hätten. **7.8** *Ohne Entgelt:* In Korinth hatte Paulus sich durch Zeltmachen ernährt und auch von *anderen Gemeinden* Gaben erhalten. So konnte ihm niemand vorwerfen, er beutete die Korinther aus. *Beraubt* (geplündert) und *Geld* (Verpflegungsgeld, Ration) sind militärische Fachausdrücke. »Plündern« ist ein sehr farbiges Bild dafür, daß Paulus Gaben von Gemeinden annahm, denen er nicht mehr diente. Er hatte ihnen gegenüber kein Recht auf Unterhalt. 9 *Mangel hatte:* es ging ihm manchmal nicht gut in Korinth, aber Gott übersah ihn nicht. *Mazedonien:* Auch hier erinnert Paulus an die erfahrene Großzügigkeit (8,1). **10.11** Paulus will seine Entscheidung, kein Geld von der Gemeinde in Korinth zu nehmen, nicht verschweigen, denn sie ist ein Zeichen seiner Liebe zu ihnen. 12 Damit entzieht er jenen den Boden, die behaupten, *sie seien wie* Paulus. **13.14** Jetzt sagt Paulus offen, daß die »Überapostel« in Wirklichkeit Diener Satans sind. Der *Satan verstellt sich als Engel des Lichts.* Eine der wichtigsten Methoden Satans ist die Imitation, wie Jesus im Gleichnis vom Unkraut unter dem Weizen (Mt 13,24-30.36-43) zeigt. 15 *Diener der Gerechtigkeit:* Sie scheinen dem Evangelium zu dienen, arbeiten aber in Wirklichkeit für andere Zwecke. Paulus mag auf ihren judaisierenden Eifer anspielen, in dem sie Erlösung durch Werke lehrten (s. Komm. zu 11,5); vgl. Gal 2,21. Ihr *Ende:* Paulus scheut sich nicht, das Schicksal derer zu beschreiben, die dem Evangelium Jesu Christi widerstehen (Röm 3,8; Phil 3,19; 2Thes 1,8; 2Tim 4,14). Er macht klar, daß Toleranz eine Grenze hat. *Werke:* Ihre Betonung der »Werke« auf Kosten der freien Gnade bedeutet, daß sie am Ende bekommen werden, was ihre »Werke« verdienen.

16 *Abermals* nimmt V.1 auf. Die wenig eleganten Formulierungen der nächsten Verse zeigen, wie peinlich es für Paulus war, auf solche Weise sprechen zu müssen. 17 *Nicht dem Herrn gemäß:* eine Art, die der Herr nicht angewandt hätte (vgl. 1Petr 2,23). Paulus' Ziel ist nicht Eigenlob, denn das wäre *Torheit.* Er will seine Gegner auf ihrem eigenen Terrain herausfordern. Einige Unentschlossene in Korinth schienen nur diese Sprache zu verstehen. 18 *Nach dem Fleisch:* äußere Erscheinung, Zufälligkeiten der Herkunft usw. wie V.22ff. 29 *Ertragt die Narren:* Paulus meint entweder die angeberischen falschen Apostel oder sich selbst (V.17.22). *Klug seid:* Durch Ironie versucht Paulus, die Korinther wach zu machen, daß sie ihre Situation erkennen. 20 *Ihr ertragt es ...:* das Aufgezählte muß tatsächlich vorgekommen sein. *Gefangen nimmt* (zum Sklaven macht): Das Verbum kommt nur noch in Gal 2,4 vor (knechten), wo es den Versuch bezeichnet, die Galater unter das jüdische Gesetz zu bringen. *Erniedrigt:* »ausbeuten« dürfte den Sinn treffend wiedergeben (Lk 20,47 wird dasselbe Verbum benutzt). *Schlägt:* kann wörtlich verstanden werden oder übertragen für »tyrannisieren«. 21 *Schwach:* Wenn ein richtiger Apostel sich durch Tyrannei, Gier, Falschheit, Arroganz und Gewalt auszeichnet, dann muß Paulus zugeben, daß er in Korinth versagt hat. Aber was die anderen für sich in Anspruch nehmen, das kann er längst aufweisen.

22 Die falschen Apostel gaben offensichtlich damit an, daß sie *Hebräer* waren. Wenn er auch nicht in Judäa geboren war, so war Paulus' Ahnenreihe aus jüdischer Sicht doch makellos (Phil 3,5). *Israeliten:* der Name des Vorrechts, der jetzt den Christen gehört (Röm 9,6). *Abraham:* vgl. 1Mo 22,17; Röm 9,7. »Es gab keinen Israeliten auf der Welt, der stolzer auf seine Abkunft war und der ein stärkeres Bewußtsein der Herrlichkeit seines Volkes hatte als der Heidenapostel. Es war ihm unerträglich, das, was er so schätzte, durch seine Gegner mißachtet zu sehen, weil sie es zu Symbolen einer erbärmlichen Eitelkeit machten, die Paulus verachtete - so daß das, was er so sehr schätzte, ein Damm gegen die weltweite Liebe Gottes wurde, durch die alle Geschlechter auf Erden gesegnet werden sollten« (Denney). 23 *Diener:* »Was den Dienst angeht, so ist der des Paulus jenseits ihres Vorstellungshorizontes« (Hughes). Nicht alle der hier genannten Leiden sind in der Apg erwähnt. Das erinnert uns daran, daß wir viel zu wenig wissen von Paulus' Leben (6,4). *Gefangen* war Paulus nach Aussagen der Apg vor der Abfassung von 2Kor nur in Philippi (dreimal danach: in Jerusalem, Cäsarea, Rom). *Todesnöte* (dem Tode nahe): 1,9; vgl. 1Kor 15,31. 24 *Vierzig Geißelhiebe:* das ist die in 5Mo 25,3 angegebene Höchstgrenze. Dieses barbarische Auspeitschen (Mt 10,17) führte manchmal zum Tode. 25 Von römischen Liktoren *mit Stöcken geschlagen* zu werden war weniger schlimm. Die Apg erwähnt von den Leiden in V.24.25 nur zwei Fälle (Apg 14,19; 16,22). *Schiffbruch:* noch vor Apg 27. 26.27 *Flüsse* hatten selten Brücken. Immer wieder griffen *Juden* oder *Heiden* ihn an, wie es auch die Apostelgeschichte berichtet. Unermüdliches Reisen, Abenteuer und Mühen kennzeichnen seinen Charakter voller Mut und Entschlossenheit. 28.29 Trotz der Vielzahl täglicher Aufgaben und Probleme, und der *Sorge für alle Gemeinden,* war der Apostel immer ansprechbar.

30 Paulus schaut zurück auf die Erfahrungen, die er gerade beschrieben hat. Ein »Angeber« im üblichen Sinn würde solche Dinge nicht erwähnt haben. 31 So unglaublich vieles ist, betont Paulus, daß er *nicht lügt.* 32.33 Dann ruft er einen Zwischenfall vom Beginn seines Dienstes ins Gedächtnis. Vielleicht erwähnt er ihn, um Anschuldigungen entgegenzutreten, daß er Fahnenflucht begangen habe (vgl. Apg 9,23-25). *Statthalter:* Ethnarch, wörtl.: »Herrscher eines Stammes oder einer Rasse«, also der Aufseher einer bestimmten Bevölkerungsgruppe - in diesem Fall offensichtlich der Juden. *Aretas* war 9 v.Chr. - 40 n.Chr. König von Nabatäa. Zwischen 37 und 54 n.Chr. gibt es in Damaskus keine Münzen mit dem Bild des römischen Kaisers. Wahrscheinlich hatte Aretas die Stadt von Caligula bei dessen Thronbesteigung 37 n.Chr. erhalten. Die Flucht im Fischkorb muß zwischen 37 und 40 (Aretas' Tod) stattgefunden haben.

12,1-13 Paulus' Erfahrungen von Herrlichkeit und Schwachheit

1 Der Angeberei seiner Gegner mit ihren geistlichen Erfahrungen setzt Paulus nur ein eigenes Beispiel entgegen. *Des Herrn* lautet eine Genitivform, die bedeutet: »vom Herrn gegeben«. *Offenbarungen* unterscheiden sich von *Erscheinungen* dadurch, daß sie nichts Sichtbares enthalten. 2 *Einen Menschen in Christus:* Eine zurückhaltende Weise, von sich selbst zu sprechen. *Vor vierzehn Jahren:* ca. 41/42 n.Chr., also einige Jahre nach der Flucht aus Damaskus (11,33), vermutlich zu Beginn seiner Missionsreisen. *Entrückt* (griech.: *harpazo,* fortreißen): dieses Wort findet sich Apg 8,39 bei Philippus' Entrückung und 1Thes 4,17, wo von der Entrückung der Christen bei der Wiederkunft Jesu die Rede ist. *Dritter Himmel* (nur hier im NT): ein jüdischer Ausdruck für die unmittelbare Gegenwart Gottes. Paulus drückt damit absolute Gottesnähe aus. *Ich weiß es nicht:* Ich erinnere mich nicht (wie 1Kor 1,16). Nur *Gott weiß es,* wie sich der Übergang in den Himmel vollzog. 3.4 *Paradies:* abgeleitet vom persischen Wort für »Park«, in der LXX für den Garten Eden gebraucht und im NT für den Ort, wo die in Eden verlorene Herrlichkeit durch die Christen wiedergewonnen wird (Lk 23,43; Offb 2,7). Paulus sagt nicht, ob er etwas sah, und was er *hörte,* verrät er nicht. Das NT verhüllt bewußt das Jenseits, obwohl es alles klar macht, was zu unserer Rettung nötig ist. 5.6 Paulus will keinen Ruhm für sich, obwohl das, was er berichtet, wahr ist. *An mir sieht:* Die Korinther sollen Paulus so nehmen, wie er ist, wegen seiner Erfahrungen ist er nichts Besonderes. *Von mir hört:* damit werden Briefe gemeint sein.

7 Wie hoch auch andere von sich denken mögen, Paulus steht nicht in der Gefahr, sich selbst zu betrügen. Der *Pfahl im Fleisch* wird nicht näher beschrieben. *Pfahl:* vgl. 4Mo 33,55. Besser übersetzt ist wohl »für« das Fleisch statt *im Fleisch.* Paulus' außerordentlich zähe Konstitution spricht nicht für die Auffassung, daß er an einer dauernden körperlichen Krankheit litt. Allerdings ist Ramsays Vorschlag bedenkenswert: »Bei einzelnen Menschen hat Malaria die Form von quälenden und entkräftenden Anfällen, die immer dann auftreten, wenn der Mensch sehr angestrengt ist.« Dabei treten dann Kopfschmerzen auf, die »wie glühende Stangen sind, die durch die Stirn gestoßen werden«. In diesem Vers steht der ›Pfahl‹ dem »Überheben« entgegen, und, was immer die

Ursache sein mag, Depression gehört mit zum Bild. Aber es ist gut, daß wir nicht wissen, was der »Pfahl« genau war. Wüßten wir es, dann könnte jeder, der dieses spezielle Leiden nicht hat, die Erfahrung des Paulus als ihn selbst nicht betreffend abtun. »Gibt es irgendeinen Diener Christi ohne ›Pfahl im Fleisch‹, offensichtlich oder verborgen, körperlich oder psychisch, der nicht schon um Befreiung davon gebeten hätte, die Gott aber nicht gewährte, damit er demütig und deswegen fruchtbar in seinem Dienst bliebe? Jeder Gläubige muß lernen, daß menschliche Schwäche und göttliche Gnade Hand in Hand gehen. Deswegen ist Paulus' ›Pfahl im Fleisch‹, eben weil wir nicht wissen, was er genau war, typisch für jeden Christen, nicht in seiner äußeren Erscheinungsform, sondern in seiner geistlichen Bedeutung« (Hughes). *Satan* wird in Hiob 2,5; Lk 13,16 (vgl. 1Kor 5,5) mit körperlicher Krankheit in Verbindung gebracht, aber letzten Endes ist auch er nur Werkzeug des göttlichen Retterwillens.

8 *Dreimal:* vgl. Mk 14,30. *Herr:* Jesus. Sonst betet Paulus meist zum Vater. *Weiche:* trotz der Bitte kamen die Anfälle wieder. **9** *Gesagt:* erst nach dem dritten Gebet antwortet Gott. Das Nein des Herrn war letztlich ein reiches Geschenk, das den gesamten Dienst des Paulus bevollmächtigte. *Bei mir wohne:* »ihr Zelt bei mir aufschlage« (2Mo 40,34). **10** Paulus ist sich der Kraft Gottes so sicher, daß er in Schwierigkeiten *guten Mutes* ist, denn was auch geschieht, das verherrlicht Gott. *Stark:* Gottes Kraft versagt nie und ist unbesiegbar (Phil 4,11-13).

11 *Von euch gelobt werden:* Nach Paulus' 18monatigem Aufenthalt bei ihnen hätten eigentlich die Korinther selbst (3,1f) prompt den Vorwurf seiner Gegner, er sei *nichts* (er hätte keine Vollmacht) zurückweisen müssen. *Überapostel:* s. Komm. zu 11,5. **12** *Die Zeichen* (die Beglaubigung) eines wahren *Apostels* (vgl. Mt 7,15-20): daß er missionierte, Menschen zu Christus brachte und Gemeinden gründete (vgl. 1Kor 2,4; 9,2; 2Kor 3,2.3). Beim zweitenmal wird *Zeichen* in diesem Vers im Sinn von *Wunder* gebraucht (vgl. Joh 2,11). *Wunder* und (mächtige) *Taten:* Die gleiche Sache von unterschiedlicher Seite aus gesehen. Zeichen »sind keine leere Schau, sondern sie dienen der Menschheit zur Lehre«; *Wunder* »als etwas Außergewöhnliches wecken den Menschen auf und bewirken Erstaunen«. Mächtige *Taten* »sind auffälligere Zeichen göttlicher Macht, als wir sie im regelmäßigen Ablauf der Natur erleben« (Calvin); vgl. Apg 2,22; Hebr 2,4; 2Thes 2,9. *Sind geschehen:* nicht: »ich habe getan«. Das ist nicht nur Bescheidenheit, sondern drückt auch aus, daß Gott durch ihn wirkte. *In aller Geduld:* er gab nie auf. **13** *Nicht zur Last gefallen:* er hatte nie Unterhalt gefordert (s. Komm. zu 11,9).

12,14-13,4 Der bevorstehende dritte Besuch

Paulus möchte mit diesem Brief seinen dritten Besuch (12,14) vorbereiten. Er erklärt, warum er von ihnen keinen Unterhalt annahm, denn seine Motive waren mißverstanden (12,14.15) oder mißgedeutet worden (12,16-19). Die Sünden der Gemeinde in Korinth (12,20.21) mußten bereinigt werden, und die Falschheit der Anschuldigungen gegen ihn mußten deutlich werden (13,1). Weit davon entfernt, Frieden um jeden Preis zu suchen, ist Paulus entschlossen, dafür zu sorgen, daß all diese Übel abgestellt werden. Aber paradoxerweise wird das durch seine eigene Schwachheit geschehen, denn durch sie wird die Kraft Christi sichtbar (13,2-4).

14 *Zum drittenmal.* Beim ersten Besuch gründete er die Gemeinde Korinth. Der zweite war der »traurige« Besuch (2,1; 7,12); s. Einleitung: Die Anzahl der Briefe und Besuche. Als ihr geistlicher Vater beansprucht Paulus das Vorrecht, für sie zu sorgen, nicht das Vorrecht, von ihnen versorgt zu werden. **15** *Hingeben ... hingegeben werden:* »Alles, was ich habe, und alles, was ich bin«. *Weniger geliebt:* Eine sehr schmerzliche Reaktion, aber Paulus will sie an Christus binden, nicht an sich selbst. **16** Obwohl klar ist, daß Paulus keine Unterstützung annimmt, behaupten einige, er sei *heimtückisch* und wolle Geld für sich verwenden, das seine Mitarbeiter in Korinth sammeln. **17.18** Paulus fordert die Korinther auf, festzustellen, ob sie irgend etwas von Titus' erstem Besuch (8,6) wüßten, was darauf schließen ließe, daß er sich persönlich bereicherte. 8,16-24 werden Vorkehrungen getroffen, damit Titus, wenn er wieder nach Korinth reist, um die Sammlung zu beschleunigen, nicht wieder in Verdacht gerät. *In demselben Geist ... in denselben Fußstapfen:* Sie kennen Paulus und auch Titus. Keiner hat je zu Verdacht Anlaß gegeben.

19 *Verteidigen:* wie vor Gericht. *Vor euch:* als Richtern (1Kor 4,3). Aber Paulus mildert den Vorwurf - kein Richter wird *mein Lieber* genannt. Im ganzen Brief hat Paulus *vor Gott* (2,17) gesprochen und war sich seiner verantwortlichen Stellung *in Christus* und in seinem Dienst bewußt. Sein Ziel war es immer gewesen, sie *aufzuerbauen* zu dem, was der Leib Christi sein soll. **20** Zum geistlichen Wachstum gehört es, die zerstörerischen Verhaltensweisen, die Paulus jetzt aufführt, zu meiden (vgl. Mk 7,21f; Gal 5,19f). Genau diese Sünden veranlaßten ihn, 1Kor zu schreiben. *Sondern es gibt:* ein sanfter Hinweis darauf, daß sie die Übel vor seiner Zukunft beseitigen sollten.

21 *Demütigen:* Paulus war stolz auf die, die er für Christus gewonnen hatte (1,14; 3,2; 7,4; 8,24; 9,2). Alles, was ihnen Unehre machte, war für ihn eine Demütigung. *Leid tragen:* Trauer über geistlich Tote.

13,1 *Jede Sache:* In Übereinstimmung mit 5Mo 19,15 muß jede Anklage, die dann noch erhoben wird, von *Zeugen* belegt werden; vgl. Mt 18,16; Joh 8,17. Und eine gründliche Untersuchung muß die Atmosphäre reinigen. **2** *Zweiter Besuch:* der »traurige« Besuch (s. Einleitung: Die Anzahl der Briefe und Besuche). *Wenn:* zeitlich, nicht bedingend (wie Joh 16,7). *Nicht schonen:* Falls nötig, will Paulus durchgreifen; aber er ist nicht rachsüchtig. In der neutestamentlichen Gemeinde war Gemeindezucht eher fürsorgend als strafend, ihr Ziel war, den Sünder zu ändern, nicht, ihn auszuschließen (vgl. 2,5-11).

3 Christus wird seine Gegenwart durch Paulus spürbar machen. **4** Als Mensch hatte Jesus Teil an den Begrenzungen und an der *Schwachheit* des menschlichen Körpers. Am Kreuz schien es, als sei er den Sündern ausgeliefert. Kreuz und Auferstehung, das Zentrum des Evangeliums, demonstrieren das paradoxe Prinzip der Kraft aus Schwachheit (12,9). Wer *in ihm* ist, teilt seine Schwachheit. Anders als bei dem »traurigen« Besuch (2,1) *werden wir uns lebendig erweisen,* d.h. die machtvolle Gegenwart des lebendigen Christus demonstrieren. Paulus verweist hier nicht auf das Leben nach dem Tode.

13,5-13 Schlußworte und Zuspruch

Paulus' Ziel ist die Einheit und das geistliche Wachstum der Gemeinde in Korinth. Die Korinther sollen sich durch Selbstprüfung (V.5) erkennen und ihre Sünden bereuen. Von seiner Seite aus wird Paulus Gebete (V.7.8) und sogar Drohungen (V.10) einsetzen, bevor er selbst kommt. Aber über das Ergebnis hat Paulus keine Zweifel.

5 Ihr habt Paulus geprüft, jetzt *prüft euch selbst!* (vgl. 1Kor 11,28-32). *Erkennt ihr euch selbst nicht...?:* diese Frage erwartet eine bejahende Antwort. **6** *Werdet erkennen:* ihr Glaube selbst belegt den Wert von Paulus' Dienst (3,2). **7** Die Korinther sollen *nichts Böses* tun, indem sie ablehnen, was ihre Gewissen ihnen als Wahrheit zeigen. Paulus geht es nicht zuerst um seine eigene Rechtfertigung, sondern darum, daß die Korinther *das Gute tun.* Wenn die Korinther, wie Paulus hofft, die Dinge geordnet haben, bevor er kommt, dann wird er keinen Anlaß haben, seine Autorität zu beweisen. **8** *Wir vermögen nichts:* d.h. wir haben keinen Anlaß, Autorität zu beweisen *gegen die Wahrheit,* d.h. gegen das, was gut und recht ist. Ein mächtiger Beweis der Autorität, obwohl alles in Ordnung ist, käme Tyrannei gleich. **9** *Wenn wir schwach sind:* d.h. wenn es nicht notwendig ist, Autorität zu beweisen. *Mächtig:* diszipliniert. Daraus folgt selbstverständlich geistliche Kraft. Paulus' einziges Ziel ist ihre *Vollkommenheit,* ein medizinischer Begriff, der das Einrenken ausgerenkter Glieder und Gelenke bezeichnet. **10** *Schreibe ich:* Paulus hofft, daß durch diese frühzeitige Warnung strenge Maßnahmen bei seinem Besuch überflüssig werden. *Vollmacht:* Ein machtvolles Auftreten würde die Welt beeindrucken, aber wohl kaum die Gemeinde *aufbauen* (vgl. 10,8).

11 Der abschließende vierfache Appell faßt den ganzen Brief zusammen. Wenn sich die Korinther danach richten, wird ihre christliche Gemeinschaft so, wie Gott sie haben will, und er, der *Liebe* und *Friede* ist, wird dort »zu Hause« sein. **12** Der *heilige Kuß:* ihr üblicher Gruß, das Symbol der christlichen Bruderschaft, muß von Herzen kommen, dann ist er Zeichen eines neuen, liebenden Vertrauens zueinander. *Alle Heiligen:* die Christen bei Paulus, von denen die meisten den Korinthern nicht persönlich bekannt sind. **13** Die Abschlußworte des Briefes gehören zu den meistzitierten Bibelworten. Die *Gnade* erlebt der Christ zuerst. Sie bringt ihn dazu, die *Liebe* Gottes zu erkennen und dadurch teilzuhaben an der *Gemeinschaft* der Christen, die der *Heilige Geist* schafft und erhält. Die ungewöhnliche Reihenfolge der drei Personen der Trinität erläutert Tasler: »Gottes Liebe kann man nur vom Kreuz her richtig verstehen, und die einzige dauernde Gemeinschaft zwischen Menschen ist die Gemeinschaft der durch das Blut Jesu erlösten Sünder.« Es würde zu Paulus starkem Glauben passen, wenn er diesen Schlußvers nicht als Bitte, sondern als Aussage verstanden hätte: »Gnade, Liebe Gottes und Gemeinschaft des Heiligen Geistes sind mit euch allen. Auf dieser Grundlage geht nun vorwärts!«

Norman Hillyer

Der Brief an die Galater

Einleitung

Siehe auch den allgemeinen Artikel: »Die Paulusbriefe«, S. 79ff

Hauptaussage

Einer der größten Ausleger des Galaterbriefes, Martin Luther, schreibt in seiner Einleitung zu diesem Brief: »Das aber ist der Grundgedanke: Paulus will jene Lehre von dem Glauben, von der Gnade, von der Sündenvergebung oder Christi Gerechtigkeit festigen, damit wir eine vollkommene Erkenntnis und den Unterschied zwischen Christi Gerechtigkeit und allen übrigen Gerechtigkeitsarten hätten« (M. Luther, *Galaterbriefauslegung* von 1531).« Entgegen allen Auffassungen, die menschliche Werke zur Erlangung des Heils erlauben oder sogar verlangen, besteht Paulus auf dem Umsonst des göttlichen Handelns in Jesus Christus, dem Ein-für-alle-Mal des Opfers am Kreuz, dem Glauben als der angemessenen und einzig möglichen Antwort des Menschen auf die Tat Christi und der Forderung nach Gerechtigkeit bei den Menschen, die durch den Glauben gerecht gemacht sind, wozu ihnen der Heilige Geist hilft.

Geschichtlicher Hintergrund

Im 19. Jh. legte die Forschung Ergebnisse vor, die man für gesichert hielt, darunter auch eine Chronologie der apostolischen Zeit. Allerdings konnte noch kein einziges Ereignis im Leben des Paulus unter Bezugnahme auf außerbiblische Quellen sicher bestimmt werden. Inzwischen können wir mit Hilfe der Gallio-Inschrift von Delphi zumindest ein Ereignis genauer bestimmen, daß nämlich Gallio, vor dem Paulus erscheinen mußte (Apg 18,12-17), im Jahr 51 n.Chr. in Korinth eintraf.

J. B. Lightfoot und eine Reihe weiterer Forscher setzen Gal 2,1-10 mit Apg 15 gleich. Lightfoot sagte, daß mit Galatien Nordgalatien gemeint sei, was der traditionellen Ansicht entspricht. Doch diese These wurde schon bald von den Erkenntnissen Sir William Ramsays erschüttert, der behauptet, daß mit »Galatien« der südliche Teil und die Küstenstädte der Provinz gemeint seien. Die Daten, die sich seitdem noch ergeben haben, machen das Rätsel nur noch komplizierter. Sowohl die eine als auch die andere Meinung wird von Wissenschaftlern von hohem Rang vertreten. Die meiste Zustimmung findet zwar die These Ramsays, doch auch die andere Auffassung läßt sich nicht einfach beiseite schieben. Um in dieser Sache Klarheit zu gewinnen, müssen zwei Fragen geklärt werden. Erstens, welcher Teil Galatiens ist mit dem Wort »Galatien« gemeint, der nördliche oder der südliche? Zweitens, welche in der Apg berichteten Besuche des Paulus stimmen mit den in Gal 1 und 2 erwähnten überein?

Lokalisierung

Nordgalatien entspricht in etwa dem alten Königreich, das die Kelten im 3. Jh. v.Chr. im zentralen Gebirgsland Kleinasiens gegründet hatten. In ihm lagen die Städte Tavium, Ankyra und Pessinus. 25 v.Chr. vereinten die Römer dieses Gebiet aus verwaltungstechnischen Gründen mit den südlicher gelegenen Gebieten von Pisidien und Lykaonien, in denen die Städte Antiochia und Ikonion lagen, die, wie auch die zilizischen Städte Lystra und Derbe, im Zusammenhang mit den Missionsreisen des Paulus erwähnt werden. Es ist zu fragen, ob Paulus den nördlichen Teil unserer großen römischen Provinz ebenso besucht hat wie den südlichen, und insbesondere, an welchen Teil unser Brief adressiert ist.

Für die Nordgalatientheorie, die lange Zeit anerkannt war und von angesehenen europäischen Wissenschaftlern vertreten wurde, lassen sich folgende Argumente anführen: Lukas gebraucht für die Städte im Süden der Provinz immer die Gebietsbezeichnungen (Pisidien für Antiochia Apg 13,14 und Lykaonien für Derbe und Lystra 14,6); daher wird die Bezeichnung »Galatien« sich wohl eher auf das alte Galatien beziehen als auf die römische Provinz Galatia. Paulus war stolz auf sein römisches Bürgerrecht und benutzte die offiziellen römischen Bezeichnungen, um auch den Norden einzuschließen. Weiterhin hat man darauf hingewiesen, daß sich die Bezeichnungen »Pisidien« und »Galatien« auf zwei Gebiete beziehen, nicht auf eins (Apg 16,6); dasselbe gilt für Apg 18,23. Moffatt schließt aus den grammatischen Gegebenheiten, daß die Wendungen »zogen aber durch« (16,6) und »durchzog« (18,23) nicht eine einfache Durchreise meinen, sondern Predigt und Gründung von Gemeinden einschließen. Da es Paulus durch den Geist untersagt war, in der Provinz Asien zu predigen, konnte er dies nur im Norden tun. Diese These wird jedoch angefochten, weil sie sich auf schwer einzusehende grammatikalische Zusammenhänge gründet. Man hat aus einer zeitweiligen physischen Schwäche des Paulus, auf die Apg 13 und 14 hinzuweisen scheinen, geschlossen, daß er zu dem Zeitpunkt gar nicht zu einer so anstrengende Reise in den Norden in der Lage war. Dagegen haben andere vorgebracht, daß Paulus, in der Absicht, sich zu erholen, in die gebirgige Gegend des Nordens gereist (Gal 4,13) sein könnte. Schließlich ist mit der Südgalatienthese eine frühere zeitliche Ansetzung des Briefes verbunden; damit würde die traditionelle Einordnung des Galaterbriefes zwischen dem zweiten Brief an die Korinther und dem Römerbrief, die in ihm einen Übergang von der Polemik des Korintherbriefes zu den tiefgreifenden theologischen Ausführungen des Römerbriefes sieht, aufgehoben. Das würde aber unser gesamtes Verständnis der Entwicklung der paulinischen Theologie verändern.

Seit dem Ende des letzten Jhs. hat auch die Südgalatientheorie viele Anhänger gefunden. Für die Richtigkeit dieser Theorie spricht in erster Linie folgendes: Nach Ramsay ist Apg 16,6 und 18,23 das phrygisch-galatische Gebiet gemeint, in dem Phrygier lebten, und das auch als Phrygien bekannt war. Wenn das stimmt, findet sich in Apg kein Hinweis darauf, daß Paulus jemals das nördliche Galatien besuchte. An dieser Stelle ist von entscheidender Bedeutung, daß Lukas nirgendwo Gemeinden aus dem Norden erwähnt, obwohl man dagegen eingewandt hat, daß er auch über viele andere Aktivitäten des Paulus schweigt, u.a. über die Reisen nach Syrien und Dalmatien. Was den Gebrauch von Ortsbezeichnungen angeht, kann Paulus sehr wohl wie Lukas geographische Bezeichnungen benutzt haben, wenn es um Reiserouten ging, doch wenn es um Gemeindegründungen ging, dürfte er sich der Provinzbenennungen bedient haben. Außerdem, so sagt Ramsay, sei es, abgesehen von einem gewissen Heimatstolz, der sich im Gebrauch der römischen Bezeichnungen im Küstengebiet niederschlägt, schwer vorstellbar, welche andere Bezeichnung als Galatien geeignet gewesen wäre für die Vielfalt der im Süden der Provinz lebenden Bevölkerungsgruppen. Die Erwähnung von Barnabas Gal 2,1.9.13 gewinnt mehr Gewicht, wenn er den Galatern bekannt war. Das kann jedoch nur sein, wenn Galatien Südgalatien meint, da Barnabas Mitarbeiter des Paulus auf der ersten Missionsreise war. Dazu kommt, daß zu der Delegation, die das Spendengeld nach Jerusalem brachte, kein Repräsentant aus dem Norden gehörte (Apg 20,4), die galatischen Gemeinden sich aber an dieser Sammlung beteiligt hatten (1Kor 16,1). Gewisse Details im Brief an die Galater mögen Anspielungen auf die erste Missionsreise sein. Eine solche Anspielung könnten die »Malzeichen« (Gal 6,17; Apg 14,12.19) sein, die sich Paulus wahrscheinlich bei den Ereignissen in Lystra zugezogen hatte. Der Gal 2,5 geschilderte Streit mag sich auf nachgalatische Gemeindegründungen beziehen, da das Treffen in Jerusalem vor der vermeintlichen Reise des Paulus nach Nordgalatien stattfand. Außerdem ist es höchst unwahrscheinlich, daß die Judenchristen Paulus bis in die entfernten nördlichen Gebiete verfolgt haben. Ihre Anwesenheit im pisidischen Antiochia ist jedoch leicht zu erklären. Viele Wissenschaftler meinen, daß die historischen und textkritischen Probleme am besten auf der Grundlage der Südgalatientheorie zu lösen sind, besonders was die Abfolge der Ereignisse, die theologische Entwicklung und das Apostelkonzil in Jerusalem betrifft.

Datierung und Verhältnis zur Apostelgeschichte

Wir wenden uns jetzt der Frage nach den Reisen des Paulus zu. Die Schwierigkeiten, Daten aus Apg mit Daten aus Gal in Beziehung zu setzen, sind nicht geringer als die Probleme der Lokalisierung. Im Brief an die Galater erwähnt Paulus einen Besuch in Jerusalem, den er drei Jahre nach seiner Bekehrung unternahm, einen anderen, den er nach 14 Jahren gemeinsam mit Barnabas unternahm, um mit Jakobus, Petrus und Johannes über die Frage der Heidenmission zu sprechen, und einen Besuch in Antiochia, bei dem er Petrus tadelte. Wie sind nun die Reise des Paulus nach Galatien und seine Briefe hier einzuordnen? Sind die drei Jahre in die vierzehn Jahre eingeschlossen, oder müssen sie dazu addiert werden? Lukas spricht jedoch in der Apostelgeschichte von drei Besuchen des Paulus in Jerusalem: 9,26-30; 11,30 und 12,25; 15,1-30; 18,22; 21,17. Der Text von 15,20.29 bietet einige Schwierigkeiten, da es von ihm mehere griech. Versionen gibt. Doch die meisten Wissenschaftler halten sich an den in der Lutherübersetzung wiedergegebenen Text. Die in Apg 9,26-30 und Gal 1,18-24 erwähnten Besuche werden normalerweise miteinander identifiziert. Doch welcher in der Apostelgeschichte genannte Besuch entspricht dem in Gal 2,1-10?

Die Theorie, daß Gal 2,1-10 sowohl dem Besuch Apg 11,30 als auch dem Apg 15,1-30 entspricht, können wir nicht berücksichtigen. Sie beruht auf der ungerechtfertigten Annahme, daß Lukas ungenau berichtet und aus zwei verschiedenen Berichten über einen Besuch zwei Besuche macht; diese Theorie übergeht die zentrale Frage. Ebenso beiseite lassen können wir die Theorie, die die lukanische Chronologie zugunsten der sich aus den paulinischen Briefen ergebenden ganz übergeht und damit nur die Schwierigkeiten umgeht, die sich bei der Harmonisierung der in Apg und Gal beschriebenen Ereignisse ergeben.

Nach der traditionellen Sicht berichten Gal 2,1-10 und Apg 15 von ein und demselben Besuch; Befürworter der Nordgalatientheorie sind gezwungen, dies anzunehmen. So identifiziert Lightfoot diese beiden Berichte aufgrund der Übereinstimmung der Orte (Jerusalem und Antiochia), der Personen, der Diskussionsthemen und der jeweils erreichten Gesprächsergebnisse. Weiterhin bemerkt er, daß es nicht in der Absicht des Paulus lag, den Besuch Apg 11,30 im Gal zu erwähnen. Wissenschaftler, die für die Südgalatientheorie eintreten, widerlegen diese Argumentation Punkt für Punkt. Problematisch an der Theorie Lightfoots ist das völlige Fehlen auch nur einer Anspielung auf die Entscheidung von Apg 15 im Gal; dies wird noch verstärkt durch die Bemerkung Gal 2,6, daß dem Berichteten nichts hinzuzufügen ist. Auch dürfte sich die Auseinandersetzung zwischen Paulus und Petrus (Gal 2,11ff) eher vor als nach dem Treffen in Jerusalem ereignet haben. Aus diesen und anderen Gründen können die beiden Besuche nicht miteinander identifiziert werden, ohne daß die Genauigkeit der Schilderung des Lukas oder der des Paulus angezweifelt wird.

Die Befürworter der Südgalatientheorie setzen gerne die Besuche aus Gal 2,1-10 und Apg 11,30 gleich. Das würde bedeuten, daß die Entscheidung über die Zulassung von Heidenchristen in den Gemeinden beim ersten Besuch anläßlich der Überbringung einer Spende (Hungersnot) und damit vor der ersten Heidenmission gefällt wurde. Dadurch wäre das Problem, das sich aus der Nichterwähnung der Entscheidung von Apg 15 im Gal ergibt, gemildert; die Konfrontation zwischen Petrus und Paulus hätte dann eindeutig vor dem Apostelteffen in Jerusalem stattgefunden. Unter der Voraussetzung der gerade genannten Argumente sieht der Gang der Ereignisse in etwa so aus: Paulus und Barnabas, die schon in Antiochia mit Heidenchristen arbeiteten, nutzten die Spendenreise nach Jerusalem (46 n.Chr.), um dort mit den Aposteln die Frage der Gemeinschaft von Juden- und Heidenchristen zu diskutieren. Die Anwesenheit des Titus machte das Anliegen noch dringender, doch er wurde nicht gezwungen, sich beschneiden zu lassen. Die Apostel kamen schließlich überein, daß das Apostolat des Paulus gültig war und forderten ihn dazu auf, den Armen zu helfen, was er ja schon getan hatte (Gal 2,10). In Antiochia nahm Paulus seine Arbeit unter den Heiden wieder auf. Bei einem Besuch dort anerkannte Petrus das Wirken der Gnade auch unter den Heiden, indem er Tischgemeinschaft mit ihnen hatte. Als aber judenchristlich orientierte Mitglieder der Jerusalemer Gemeinde in Antiochia eintrafen, wurde Petrus wieder unsicher und zog sich zurück, ebenso Barnabas. Deshalb klagte Paulus Petrus an und tadelte ihn vor der ganzen Gemeinde. Kurz darauf wurden Paulus und Barnabas von der Gemeinde in Antiochia auf eine Missionsreise ausgesandt, bei der sie in erster Linie Heidenmission betrieben. Viele Christen aus Judäa bestanden jedoch darauf, daß die Heiden sich ganz dem jüdischen Gesetz unterwerfen müßten, um das Heil zu erlangen. Vermutlich schrieb Paulus den Brief an die Galater, weil solche Judenchristen die bekehrten Heiden in Südgalatien zu beeinflussen suchten. Zusätzlich wurden Paulus und Barnabas von Antiochia aus nach Jerusalem geschickt, um diesen Streit endgültig beizulegen; darüber berichtet Apg 15. Jakobus und Petrus wirkten bei diesem Treffen auf eine Entscheidung zugunsten des Paulus hin, doch nicht ohne auch die Heiden um Rücksichtnahme auf bestimmte Verpflichtungen der Judenchristen zu bitten. Danach wäre also der Galaterbrief der älteste der noch vorhandenen Briefe des Paulus.

Die Vertreter der Nordgalatientheorie setzen den Brief zwischen 54 und 56 n.Chr. an, also für die Zeit der dritten Missionsreise. Die frühe Ansetzung um 48-49 n.Chr. wird nicht von allen Befürwortern der Südgalatientheorie vertreten. Alles, was uns bisher möglich ist, ist eine annähernde Bestimmung der Ereignisse; dabei ist klar, daß die Datierung in erster Linie vom Bestimmungsort des Briefes abhängt. Unter der Voraussetzung, daß der Brief nach Nordgalatien ging, müssen wir annehmen, daß die Gemeinden dort den Beschluß aus Apg 15 kannten, durch Nachlässigkeit jedoch wieder vom rechten Weg abgekommen waren. Dasselbe gilt auf dem Hintergrund der Südgalatientheorie, wenn wir für den Brief eine späte Entstehungszeit annehmen, also 54-56 n.Chr. Ein wichtiges Argument für die Nordgalatientheorie ist die Tatsache, daß der Gal in Sprache, Stil, Thematik und Gesamteindruck als das natürliche Bindeglied zwischen 2Kor und Röm erscheint. Die Südgalatientheorie, kombiniert mit der frühen Datierung, hat man lange für chronologisch unwahrscheinlich gehalten, doch auch sie ist möglich. Sie bietet eine logische Abfolge der Ereignisse, sowohl was das frühe Verhalten des Paulus gegenüber seinen theologischen Gegenspielern als auch, was die

Konfrontation mit Petrus in Antiochia und das Jerusalemer Treffen angeht. Unter der Voraussetzung der Frühdatierung ist von Paulus zu sagen, daß er sofort und sehr klar die theologischen Inhalte der judaisierenden Tendenzen durchschaut und ohne zu zögern den Gemeinden in Südgalatien schreibt, um drohenden Schwierigkeiten vorzubeugen. Den Brief sechs oder acht Jahre später anzusetzen, nur um die literarische und logische Einheit von 2Kor, Gal und Röm zu wahren, geht an der Tatsache vorbei, daß es seit dem Beginn der evangelistischen Tätigkeit des Paulus judenchristliche Tendenzen gab, und daß Paulus nicht so lange geschwiegen haben würde, wenn es um die Zukunft des Evangeliums ging. Wir entscheiden uns für die Südgalatientheorie im Zusammenhang mit der frühen Datierung, obwohl eine solche Entscheidung bei unserem heutigen Wissensstand nur mit Vorbehalt zu fällen ist.

Es gab zwei Arten jüdischer Opposition gegen Paulus. Einmal gab es die Juden in den heidnischen Städten, die die Bevölkerung gegen die Mission des Paulus einnahmen, so Apg 17,5-7. Zum anderen gab es die Judenchristen, wahrscheinlich aus Judäa, die den Heidenchristen irrtümlich, also ohne böse Absicht, die jüdischen Vorschriften, darunter die Beschneidung, aufzuzwingen versuchten. Letztere hatten sicherlich keine Skrupel, auch nicht-christliche Juden zur Unterstützung ihrer Sache gegen Paulus heranzuziehen. Ohne Zweifel unterschied sich die Lebensführung der Juden von der der Heiden beträchtlich, und sicherlich mußten die Heidenchristen viel an ihrer Lebenseinstellung ändern. Doch Paulus erkannte, daß zu dieser Änderung nur das Evangelium helfen konnte, und daß die Überstülpung gesetzlicher Bestimmungen die Wirkung des Evangeliums zunichte machte, weil sie die Gnade Gottes mißachtete.

Lehre

Die Verfasserschaft des Paulus und die Authentizität des Gal sind kaum angezweifelt worden, weder von frühen Theologen wie Markion, noch von modernen. Es handelt sich beim Gal um ein sehr persönliches und engagiertes Schreiben. Die Themen des Briefes können wir unter vier Überschriften zusammenfassen:

Selbstverteidigung des Paulus. Im Gal findet sich zum einen ein sehr persönliches Glaubensbekenntnis des Paulus zu Christus, der »sich selbst für mich dargegeben« hat, wie er es formuliert. Zum anderen verteidigt Paulus im Gal machtvoll sein Apostelamt, das ihm deshalb zukommt, weil er das wahre Evangelium verkündet, sowie sein Recht auf Verkündigung, Gemeindegründung und Betreuung dieser Gemeinden.

Das Evangelium von der Gnade. Das Zentrum des christlichen Glaubens ist die Rechtfertigung allein aus Gnade. Wie können die Galater, die doch unter der Gnade begonnen hatten, nun unter dem Gesetz weitermachen (1,6; 3,3; 5,4)? Das Gesetz verdammt, es kann nicht gerecht machen. Rituelle Handlungen und gute Werke zur Erlangung des Heils stehen der Gnade im Wege. Kein Mensch kann anders vor Gott gerecht werden als allein durch die Gnade, die Gott schenkt. Alles andere läuft letztlich auf die teilweise oder völlige Ablehnung der ein- für allemal geschehenen Erlösung am Kreuz hinaus.

Die Rechtfertigung durch den Glauben. Glaube ist die einzige Antwort, die der Mensch auf Gottes gnädige Zuwendung geben kann (2,16; 3,24). Daher kommt der berühmte reformatorische Satz: *sola gratia, sola fide* (allein aus Gnaden, allein aus Glauben). In diesem Satz kommen wesentliche, nicht zu ersetzende Elemente des Evangeliums zum Ausdruck. Sie sind Kennzeichen evangeliumsgemäßen Christseins; ohne sie hört das Evangelium auf, Evangelium Christi zu sein (1,6.7).

Die Frucht der Gnade und des Glaubens. Die Freiheit, die Christen aus Gnaden im Glauben haben, ist nicht Aufforderung zu falscher Sicherheit oder leichtfertigem Leben (5,1). Christen leben aus Gnade und in Gnade, sie sind nicht unter dem Gesetz. Die Werke des Fleisches (das auch durch das Gesetz nicht gebändigt werden kann) sind offensichtlich, doch die Frucht der Gnade ist die Frucht eines geisterfüllten Lebens (5,22). Gott bekräftigt seine Gnade und ein Leben im Glauben durch den rechten Gebrauch der Freiheit, den seine Kinder in Christus von ihr machen.

Inhalt

Kommentar

1,1-5 Einleitung

1.2 *Paulus, ein Apostel:* Im ersten Satz des Briefes schlägt Paulus gleich den apologetischen und polemischen Ton an, der für den ganzen Brief bestimmend ist. Der Galaterbrief ist sowohl offizielles Dokument als auch persönlicher Brief. Das Apostolat des Paulus ist in Frage gestellt worden, und nun verteidigt er es mit historischen und theologischen Argumenten. Die Aufgabe der Apostel zu Lebzeiten Jesu (Mk 3,14.15) entspricht ihrer neuen Aufgabe nach seiner Auferstehung: Sie sind von Christus zur Verkündigung seiner Worte, Taten und seiner Auferweckung eingesetzt. Paulus erwähnt auch an anderer Stelle die Kennzeichen seines Apostolates (1Kor 9,1.2; 2Kor 12,12), doch die wichtigsten Aussagen dazu macht er im Gal. Er hat seinen Auftrag von Christus und von Gott erhalten, nicht von Menschen; er hat auf dem Grund des Evangeliums Gemeinden gegründet, besonders unter den Heiden; seine Autorität ist aufgrund der Kraft seines Auftrags und des Evangeliums, das er predigt, nicht abhängig von Menschen. Die Erklärung seines Apostolats ist nicht Gegenstand einer Diskussion, sondern Feststellung einer unbestreitbaren Tatsache. Obwohl er das Apostolat anderer anerkennt, will er sich ihnen nicht unterordnen, er will sich ihrer Leitung noch nicht einmal in Streitfragen unterstellen. Paulus fühlt sich keinem Apostelkollegium verantwortlich, sondern allein Christus und dem Evangelium. Seine Bezugnahme auf *alle Brüder, die bei mir sind,* spielt auf deren Auffassungen an, die mit seinem Anspruch kollidieren. Es werden jedoch keine Namen genannt. Bei einer Frühdatierung des Briefes (s. Einleitung) kann es sich nur um seine Mitchristen und Gehilfen in der Gemeinde von Antiochia in Syrien handeln.

Nicht ... auch nicht: Paulus verneint sowohl unmittelbaren als auch mittelbaren menschlichen Ursprung seines Apostolats. Dieses wurde ihm im Gegenteil direkt *durch Jesus Christus und Gott, den Vater* übertragen, wobei er die Auferweckung Christi durch den Vater betont (vgl. Röm 1,4; Apg 13,36.37)., Auch Paulus war ein Auferstehungszeuge (1Kor 15,8); der Auferstandene selbst hatte ihn gesandt. Die Vorstellung von Gott als Vater war nicht neu (vgl. 5Mo 32,6), doch daß Gott der Gott und Vater unseres Herrn Jesus Christus ist, mit allem, was dies für die Christen der damaligen Zeit an Neuem mit sich brachte, war für die ntl. Zeit eine neue Erkenntnis (1Petr 1,3; vgl. Röm 8,15).

Die *Gemeinden in Galatien* sind die von Derbe, Lystra, Ikonion und Antiochia (in Pisidien) (s. Einleitung). **3** *Gnade* und *Friede* waren Bestandteile griech. und hebr. Grußformeln, die von den Christen übernommen und von Paulus normalerweise benutzt wurden. Sie weisen hin auf Gottes Liebe in Jesus Christus, durch die er zu »unserem« Vater geworden ist. *Gnade* ist die völlig unverdiente Zuwendung Gottes zu den Sündern, sie ist die Grundlage der Erlösung. *Friede* ist der Zustand, in dem die Empfänger der Gnade leben. Der Titel *Herr* stellt Christus auf eine Ebene mit dem Vater und deutet auf das allgemeine Bekenntnis der Christen hin (vgl. Apg 2,36; Röm 10,9; Phil 2,9-11).

4.5 *Der sich selbst für unsere Sünden gegeben hat:* Diese Aussage betont das allumfassende Erlösungswerk, das Christus vollbracht hat, und das mit seiner Auferweckung von den Toten durch den Vater zusammengehört (Röm 4,25). Dabei geht es um das freiwillige Sterben Christi für unsere Sünden. Nach Paulus geschah dieser Tod zur Erlösung von der Verdammnis (Gal 3,13.14; Röm 3,23-26; 5,9.10) und von der Macht der Sünde (Gal 2,20; Röm 6,1-11). Der Tod Christi war nicht ein geschichtlicher Zufall oder ein Notbehelf, sondern er geschah *nach dem Willen Gottes, unsers Vaters.* Gott hatte die Initiative ergriffen. Das Kreuz ist Mittelpunkt des christlichen Glaubens, nicht eine Randerscheinung oder ein Stein des Anstoßes (Röm 5,6; 1Kor 15,3). Mit der *gegenwärtigen, bösen Welt* ist die gottferne Lebensweise gemeint (Gal 4,3.9; Röm 12,2). Jesu Sterben und Auferstehung schaffen den Christen Erlösung von den Mächten dieser Welt, doch nicht deren Wegnahme aus der Welt (vgl. Joh 17,15; Kol 2,13). Christi Hingabe für unsere Sünden bedeutet unsere Befreiung. Die Erlösung durch Christus, die für unser aller Leben geschah, ergänzt die Sühnetat, in der unsere Sünden weggetan wurden. Daß V.4 mit seiner wichtigen Aussage schon in der Einleitung steht, ist von Bedeutung. Auf die Wichtigkeit des Sterbens Christi für das Heil der Menschen wird deshalb schon in der Einleitung des Briefes hingewiesen, um von vornherein gegen den Irrtum der Judaisten anzugehen, die die Heilskräftigkeit menschlicher Werke lehrten.

1,6-2,21 Die Autorität des Evangeliums

1,6-10 Kein anderes Evangelium

Paulus läßt die sonst an dieser Stelle in seinen Briefen folgende Danksagung aus und gibt sofort seiner Verwunderung über das falsche Verhalten der Galater Ausdruck sowie seinem Zorn über diejenigen, die sie verführt haben.

6.7 *Daß ihr euch so bald abwenden laßt:* Das läßt vermuten, daß ihr falsches Handeln schon kurz nach der Bekehrung begann. Das neue Leben der Galater in Christus ist vermutlich noch in einer frühen und somit kritischen Phase, und Paulus schreibt deshalb in großer Eile, um größerer geistlicher Verwirrung zuvorzukommen. Die Galater sind, so geht es aus der Ausdrucksweise des Paulus hervor, in Gefahr, sich von der wahren Lehre abzuwenden. So wie das Evangelium nicht das des Paulus war, war auch ihre Berufung nicht durch Paulus, sondern durch Gott geschehen; um so schlimmer ist ihre Abkehr von dieser Berufung. Die Gnade Gottes um des Gesetzes willen aufzugeben heißt Gott aufgeben. Die Gegenspieler des Paulus beanspruchten auch für ihre Botschaft die Bezeichnung *Evangelium* oder »frohe Botschaft«, und vielleicht haben sie ihre Botschaft der seinen gegenübergestellt. Ein Evangelium, das sich von dem des Paulus unterscheidet, ist ein *anderes Evangelium,* das Verwirrung stiftet (vgl. 2Kor 11,4). *Das Evangelium Christi* steht und fällt mit der *Gnade Christi.* Das Wort *Gnade* ist sozusagen der Angelpunkt dieses Satzes. Paulus ist verwundert darüber, daß die Galater sich so schnell von der Gnade (Christi) haben abwenden lassen und sich dem Gesetz zugewandt haben. Denn Gnade und Gesetz schließen sich gegenseitig aus. **8** Sogar wenn Paulus selbst oder *ein Engel* plötzlich ein anderes Evangelium predigen sollte als das, was er ursprünglich verkündet hatte (was die Vermutung nahelegt, daß so etwas vorkommen kann), sollte er verflucht sein. **9** Deshalb soll jeder, der ein anderes Evangelium predigt, *verflucht,* d.h. von Gott dahingegeben sein (vgl. Röm 9,3). **10** läßt darauf schließen, daß die Judaisten Paulus persönlich angriffen, indem sie ihm vorwarfen, im Interesse der Menschen zu reden, um dadurch deren Gunst zu gewinnen. Doch dieser Vorwurf stand in krassem Gegensatz zu der wirklichen Absicht des Paulus, wie er sie 1Kor 9,19-23 und 10,23-33 formuliert. Auch der Ton, in dem dieser Brief geschrieben ist, läßt eher das Gegenteil vermuten. Wenn Paulus den Menschen hätte gefallen wollen, dann wäre er wohl eher Pharisäer geblieben und hätte sich nicht als Sklave in den Dienst Christi gestellt. Ihn treibt nicht sein eigener Stolz zum Predigen, sondern die Wahrheit des Evangeliums und das Wesen des Heils, das von freier Gnade und Glauben, nicht von Gesetzestreue, bestimmt ist.

1,11-17 Das Evangelium ist von Gott offenbart

Der göttliche und nicht menschliche Ursprung des Evangeliums ist der wichtigste Punkt, den Paulus in der Verteidigung der Wahrheit des Evangeliums, der Rechtmäßigkeit seines Apostolats und seiner Unabhängigkeit als Apostel vorzubringen hat.

11 Das Evangelium ist *nicht von menschlicher Art* und auch nicht menschlichen Ursprungs (dann wäre das Apostolat des Paulus zweitrangig). **12** Paulus hat es auch nicht durch Unterweisung empfangen, *sondern durch eine Offenbarung Jesu Christi.* Christus selbst hatte sich Paulus geoffenbart, welcher dadurch von der Wahrheit des Evangeliums überzeugt worden war (vgl. 2,5.14). Die *Offenbarung* bedeutete für Paulus die Bestätigung der Wahrheit der Lehre jener Christen, die er bis dahin für sträfliche Blasphemie gehalten hatte (Apg 9,1.2.5.20-22), und schenkte ihm Einblick in die Wirklichkeit Christi (Eph 3,3-5). Paulus hatte so recht verstehen gelernt, wer Jesus Christus ist und warum er in die Welt gekommen war. So hatte Paulus das Evangelium empfangen. **13** Wir wissen nichts Genaues über das Ausmaß und die geographische Ausdehnung der Verfolgung des Paulus, doch sein Name rief bei den Christen Angst und Schrekken hervor (vgl. V. 23). Paulus sagt, daß sich seine damaligen Aktivitäten gegen die *Gemeinde Gottes* richteten, womit die ganze Christenheit gemeint ist. **14** Der besondere Verfolgungseifer des Paulus hatte seinen Grund in der völligen Hingabe an das Judentum, die er schon als junger Mann vollzogen hatte. Was die Kenntnis und das Verständnis der pharisäischen Traditionen seines Volkes anging, hatte er seine Altersgenossen weit übertroffen. **15.16** Doch Gott selbst holte Paulus aus diesem Kreis heraus. Obwohl die Lesart der LÜ: *Da es aber Gott wohlgefiel...* (vgl. auch EÜ) gut bezeugt ist, ist doch der Lesart von ZÜ, die »Gott« ausläßt, aufgrund der vorliegenden Manuskripte der Vorzug zu geben. Unabhängig davon, wie wir den Text hier übersetzen, ist klar, daß Gott in das Leben des Paulus eingegriffen hat. Die Umwälzung, die die *Gnade* in Paulus bewirkte, ist so vollständig, daß er erkennt, daß Gott schon vor seiner Geburt bestimmt hatte, ihn zu berufen und ihm seinen Sohn zu offenbaren. Paulus hat sich die Worte, die er hier benutzt, gründlich überlegt: *ausgesondert, durch seine Gnade berufen, seinen Sohn an mir zu offenbaren.* »An mir« oder auch *in mir* meint: ohne irgend ein Mitwirken oder Beisein von anderen. Dieses persönliche Bekenntnis, daß er alles der Gnade Gottes verdankt, ist Paulus' kraftvolles Zeugnis für die alles entscheidende Rettungstat Gottes in Christus. Seine apostolische Sendung zur Predigt *unter den Heiden* war einzigartig und ausschließlich von Gott abhängig. Die Judenchristen erkannten die Verkündigung des Evangeliums unter den Heiden zuerst nur widerwillig an, was aus Apg 10, 11 u. 12 hervorgeht. **17** Da Paulus weder das Evangelium noch seine Berufung noch seine Sendung zur Verkündigung von Menschen empfangen hatte, suchte er auch nicht den Rat der Menschen oder die Bestätigung durch die ersten Apostel. Erfahrung und Wissen des Paulus kamen direkt von Christus. Mit *Arabien* ist vermutlich die Gegend östlich von Damaskus gemeint (vgl. Apg 9,25; 2Kor 11,32.33). Wir wissen nicht, was Paulus in Arabien tat. Vielleicht überprüfte er seine neuen Erfahrungen und sein neues Wissen im Licht der atl. Lehre vom Messias und begann so seine Karriere als Prediger.

1,18-24 Menschliche Zustimmung ist nicht gefragt

Paulus unterstreicht das bisher Gesagte durch den Hinweis auf den privaten, brüderlichen Charakter seines ersten Besuches in Jerusalem, den er erst drei Jahre nach seiner Bekehrung unternahm (vgl. Apg 9,26-30).

18 *Um Kephas kennenzulernen:* Paulus wollte einfach die Bekanntschaft des Petrus machen, er suchte jedoch nicht Rat oder Bestätigung bei ihm. Es kann auch gemeint sein, daß er Informationen von Petrus haben wollte, z.B. über Leben und Taten Jesu, die Petrus als Augenzeuge geben konnte. **19** Paulus sah die anderen Apostel nicht, da er sich nicht darum bemühte, sie kennenzulernen. Er traf außer Petrus nur noch *Jakobus* (den jüngeren Bruder unseres Herrn, nicht den Zebedaiden, Apg 12,2), von dem jedoch nicht gesagt wird, ob er zu der Zeit schon als Apostel galt. Paulus sagt hier also: »Ich besuchte Petrus, traf dabei zufällig Jakobus, sah jedoch sonst niemanden von Bedeutung«. **20** Paulus betont extra, daß sein Bericht der Wahrheit entspricht, da er bei diesem ersten Besuch in Jerusalem die Zustimmung der Apostel hätte erlangen können, wenn er sie gewollt hätte. Außerhalb Jerusalems blieb er völlig unbekannt, was den persönlichen Charakter seines Besuches dort bestätigt; vermutlich predigte er erst zu einem späteren Zeitpunkt einmal in Judäa (vgl. Apg 26,20). **21-24** Der Bericht von seiner Bekehrung und von seiner Predigt des Evangeliums erreichte auch die Gemeinden in Judäa und bewegte sie zum Lobpreis Gottes. Paulus hatte seine apostolische Arbeit in *Syrien und Zilizien* begonnen, was auch unserer Kenntnis von seiner engen Verbindung zur Gemeinde in Antiochia entspricht (vgl. Apg 9,30; 11,25). Er war weder von den Aposteln in Jerusalem noch von den judäischen Gemeinden zu diesem Dienst bestimmt worden. Und weder die Absicht seines ersten Besuchs in Jerusalem, noch sein Treffen mit Petrus und Jakobus, noch der Ruf, den sein evangelistischer Dienst in Judäa hatte, noch seine Aktivitäten in Syrien und Zilizien ließen irgendeinen Zweifel an seiner Verkündigung oder an seiner Berufung dazu aufkommen. Auch sein zweiter Besuch in Jerusalem, den er jetzt (2,1) anspricht, läßt keine diesbezüglichen Fragen aufkommen. In der Zwischenzeit hatte Paulus nicht das Bedürfnis verspürt, die Apostel aufzusuchen.

Das Problem, wie die drei Jahre mit den vierzehn Jahren in Beziehung zu setzen sind, läßt sich nicht lösen, ebensowenig die Frage, wie sich die 14 oder 17 Jahre in die Anfangszeit des Paulus als Christ und Apostel einordnen lassen. Doch die Spannung zwischen 1,19-22 und Apg 9,26-30 wird gemildert, wenn wir uns den allgemeinen Charakter der Erzählung in der Apostelgeschichte im Gegensatz zu der auf bestimmte Details bedachten Schilderung im Gal in Erinnerung rufen (s. Einleitung).

2,1-10 Die Autorität des Evangeliums hat Vorrang

1.2 Nach den Ausführungen der Einleitung ist das in diesen Versen erwähnte Treffen mit dem Apg 11,29.30 geschilderten gleichzusetzen. Wenn wir annehmen, daß die drei Jahre aus 1,18 in den 14 Jahren enthalten sind, fällt die Bekehrung des Paulus wahrscheinlich ins Jahr 35 n.Chr., andernfalls fand sie im Jahr 32 statt. Paulus besuchte Jerusalem nicht aufgrund einer Aufforderung seitens der Apostel, sondern aufgrund einer göttlichen Offenbarung. Vielleicht meint Paulus mit der Offenbarung die Prophetie des Agabus (s. Apg 11,27-30). Bei einem privaten Treffen legt Paulus den Aposteln in Jerusalem den Inhalt seiner Predigt an die Heiden dar. Die Passage enthält Hinweise darauf, daß einige Leute seine Forderung nach Freiheit von den jüdischen Gesetzen für die Heiden kritisierten, doch sie gibt keinen Aufschluß darüber, ob das jemals ein Streitpunkt für die Apostel war. Paulus kann somit den Brief in der Gewißheit, die anerkannten Führer der Gemeinde auf seiner Seite zu haben, schreiben. Die Schilderung dieses Treffens macht auch deutlich, daß sich mittlerweile eine ansehnliche Gruppe von jüdisch gesinnten Christen innerhalb der Gemeinde gebildet hatte, die gegen Paulus zu wirken versuchte. Die Identifikation dieses Treffens mit dem Apg 11 statt mit dem Apg 15 erwähnten mindert ein wenig die Spannung, die sich daraus ergibt, daß die Apg 15,19-21.28.29 den Heidenchristen auferlegten Bedingungen Gal 2,9.10 völlig fehlen. Der Apg 15 gefaßte Beschluß wird so zu einer späteren Konzession an judenchristliche Empfindlichkeiten, der jedoch das Wesen des Evangeliums, über das sich alle christlichen Führer einig waren, unberührt läßt. Paulus liegt daran, dieses grundlegende Verständnis in Erinnerung zu rufen, denn sein bisheriger Einsatz, den er mit einem Rennen vergleicht, würde vergeblich gewesen sein, wenn die Gemeinde in Jerusalem ihm Widerstand leistete. Es ging schließlich um die Wahrhaftigkeit und Einheit der christlichen Gemeinde.

3-5 Die Satzstruktur ist sehr schwer zu durchschauen. Paulus verurteilt die verräterischen, falschen Christen, die sich eingeschlichen hatten, um ihn und seine Mitarbeiter zu bespitzeln. Er widersteht unnachgiebig ihren Versuchen, Titus den jüdischen Ritus der Beschneidung aufzuzwingen. Paulus ist darum bemüht, die Reinheit, Einfachheit und Freiheit des Evangeliums zu erhalten, nicht nur für die Galater, sondern für alle Heidenchristen. Es ist fraglich, wie die Aussage zu verstehen ist, daß Titus nicht gezwungen wurde, sich beschneiden zu lassen. Wurde er nicht zur Beschneidung gezwungen und ließ sich deshalb auch nicht beschneiden? Oder unterzog er sich dem Ritus der Beschneidung um der Skrupel der Judenchristen willen, ohne jedoch dazu gezwungen zu sein? Viele Ausleger halten dafür, daß Titus sich aus praktischen Gründen, um der Gemeinschaft mit den Judenchristen willen, beschneiden ließ (vgl. Apg 16,3), die theologische Begründung, daß die Beschneidung heilsnotwendig sei, jedoch ablehnte. Doch welche Überlegungen man auch anstellen mag, die emphatische Feststellung des Paulus in V.5 läßt es am wahrscheinlichsten erscheinen, daß Titus sich nicht beschneiden ließ; hätte er sich anders verhalten, wäre es für Paulus sowohl aus theologischen Gründen als auch wegen des unnötigen Kompromisses befremdlich gewesen. In einigen Texten fehlt das »nicht«, die wichtigsten Texte haben es jedoch. Paulus war nicht bereit nachzugeben, auch nicht für nur *eine Stunde.*

6-10 Unter den Führern der Jerusalemer Gemeinde, die Paulus als Männer von *Ansehen* (vgl. V.2) bezeichnet, befanden sich auch die drei Apostel, die als die *Säulen* bekannt waren. Paulus erkennt ihre Position an, doch nicht ihre Oberherrschaft. Seine Worte in V.6 können auch als Ironie verstanden werden: was diese Männer waren, bedeutete weder für ihn noch für die Wahrheit seiner Botschaft etwas. Auch sie hatten nichts Neues hinzuzufügen oder zu lehren. Anstelle von *Kephas* »Petrus« zu schreiben und diesen Namen vor den des Jakobus zu setzen, wie es einige »westliche« Texte in V.9 tun, sieht sehr nach dem Versuch aus, Petrus in den Vordergrund zu rücken. Paulus und die drei Apostel haben drei grundlegende Gemeinsamkeiten, die sie alle auf eine Ebene stellen: ein Evangelium, ein und dieselbe Bevollmächtigung zum Dienst, denselben Geist. Diese Gemeinsamkeiten hatten nie in Zweifel gestanden, doch nun erkannten die Apostel öffentlich an, daß Paulus, so, wie sie zur Evangelisation unter den Juden bestimmt waren, zum Dienst an den Heiden ausersehen war. Der Inhalt ihrer aller Verkündigung war derselbe. So war die Hand, die sie Paulus und Barnabas in Bruderschaft reichten, auch ein Unterpfand ihrer Zustimmung. Ihre einzige Bitte (nicht Forderung) war praktischer und nicht theologischer Art: Sie baten Paulus, sich der *Armen* anzunehmen, was er auch tat. Doch entscheidend ist ihre Anerkennung, daß Paulus das wahre Evangelium verkündete, daß seine Berufung und Arbeit auf dieselbe Kraft zurückzuführen war wie die des Petrus, und daß er seine Fähigkeiten aufgrund göttlicher Gnade besaß.

Dieses bedeutende Ereignis markiert den Beginn einer neuen Phase im Christentum. Wenn auch nicht theologisch (wenn man von einer kleinen Minderheit absieht; vgl. Apg 15,1.24), so hatte sich die Christenheit doch in sozialer Hinsicht, in Fragen der Speise- und Beschneidungs- und einigen anderen überlieferten jüdischen Vorschriften in zwei Gruppen gespalten. Paulus selbst beharrte darauf, daß das wahre Evangelium Gnade ist, nicht Gesetz. Das Evangelium befreit die Menschen vom Gesetz, und die so befreiten Menschen, die eine Gemeinde bilden, dürfen nicht wieder durch jüdische Vorschriften unterjocht werden. Falls das doch geschieht, bedeutet das in gewisser Weise die Aufhebung des Evangeliums und die Zerstörung der Einheit der Gemeinde. Der neue Glaube verändert das Leben eines jeden und reißt auf der Grundlage von Gnade und Glauben Schranken zwischen den Menschen nieder. Er ist nicht gebunden an ein besonderes Volk oder an die Einhaltung bestimmter Regeln. Der neue Glaube gibt Freiheit in Christus und macht so der Knechtschaft des Gesetzes ein Ende. Theologisch stimmten die Apostel darin überein. Doch die neue Wirklichkeit mußte nun noch, ebenso, wie sie den Lebenswandel der Heiden grundlegend veränderte, die festgefügten Gedankengebäude der Judenchristen durchdringen und erneuern.

2,11-14 Paulus tadelt Petrus in Antiochia

11.12 In der Konfrontation mit Petrus ist Paulus, der sich auf das Wesen des Evangeliums berufen kann, im Recht. Die Lebensführung des Petrus jedoch erweist sich als nicht seinem Glauben entsprechend. Schon vor dem Apostelkonzil (Apg 15) waren die theologischen Fragen zwischen den Aposteln geklärt worden; offen waren nur noch einige praktische Fragen, die sich aus verbleibenden Gewissensnöten einiger Judenchristen ergeben hatten. Da Barnabas nur auf der ersten Missionsreise mit Paulus zusammenarbeitete, hat sich dieser Zwischenfall wohl am Anfang der Laufbahn des Paulus ereignet; ähnlich früh ist dann auch der Galaterbrief anzusetzen. Es gilt als gesichert, daß zwischen diesem Ereignis und Apg 15,1.24 Beziehungen bestehen. Bei einem Besuch in Antiochia hatte Petrus Mahlgemeinschaft, vermutlich auch im Abendmahl, mit den Heidenchristen gehabt; als jedoch Leute *von Jakobus kamen,* deren Anschauungen Jakobus selbst nicht teilte, zog Petrus sich aus dieser Gemeinschaft zurück. Dieses Ereignis darf nicht als Infragestellung des früheren apostolischen Übereinkommens verstanden werden. Es zeigt jedoch deutlich, daß unterschiedliche Meinungen nur allmählich und nicht ohne Konflikte überwunden werden können.

Paulus tadelte Petrus nicht aus persönlicher Feindschaft öffentlich, sondern um die Angelegenheit ein- für allemal zu klären. *Denn es war Grund zur Klage gegen ihn,* besser: »weil er (durch sein eigenes Verhalten) verurteilt war« (ZÜ; vgl. auch EÜ). Seit seiner Ankunft in Antiochia hatte Petrus gewöhnlich zusammen mit den Heidenchristen gegessen, als jedoch eine oppositionelle Gruppe eintraf, blieb er diesen Mahlzeiten vorsichtshalber fern, weil er die Kritik der Befürworter der Beschneidung fürchtete. **13** Sein Beispiel, das nicht nur theologisch inkonsequent (vgl. Apg 11,1-18), sondern, was das praktische Verhalten betrifft, einfach heuchlerisch war, beeinflußte andere Judenchristen, unter ihnen Barnabas. Es ging hier um das für die Juden bestehende Verbot, gemeinsam mit Heiden zu essen (die beschnittenen Juden mieden die unbeschnittenen Heiden, da die Beschneidung als das äußere Zeichen des Gehorsams gegen das mosaische Gesetz galt; vgl. Apg 10,29). Wir wissen, daß die Juden ethische Vorschriften für heidnische Konvertiten ausarbeiteten, und, obwohl diese Anweisungen z.T. bestimmten christlichen Tugenden entsprachen, waren sie dem Evangelium fremd. Die Andersartigkeit des Evangeliums besteht in der Tatsache, daß Erlösung nicht aufgrund irgendeines äußeren religiösen Gehorsams geschieht, sondern allein aus Glauben. Die Menschen müssen sich nicht religiösen Bestimmungen unterordnen, sondern allein Christus (vgl. 1Kor 10,20-33).

14 Hier geht es wiederum um das Wesen des Evangeliums, das gleichberechtigte und gleichwertige Nachfolge der durch die Gnade erlösten Christen schafft. Wer Abstriche davon macht, spaltet die Christenheit in Parteien und zerteilt den einen Leib Christi. *Richtig* bedeutet hier: »auf dem rechten Weg«, nicht »moralisch richtig«. Sie handelten an dem Punkt, an dem sie sich anders besannen und von den Heiden zurückzogen, nicht mehr *nach der Wahrheit des Evangeliums* (vgl. Apg 11,17). Obwohl sie die Wahrheit kannten, handelten sie nicht nach ihr. Die V. 14 zitierten Worte des Paulus erinnern Petrus an seine Freiheit in Christus: Wie kann er, ein bekehrter Jude, der die Freiheit genießt, die jüdischen Vorschriften ignorieren zu dürfen, insbesondere was Fragen der Speisevorschriften angeht, die Heiden zwingen wollen, sich den unwesentlichen jüdischen Regeln zu fügen?

2,15-21 Die Streitfrage: Christus oder das Gesetz?

Die Schlüsselworte dieses Abschnitts wie Sünde, Werke, Rechtfertigung, Gnade, Kreuz, Glauben und Gemeinschaft mit Christus erschließen uns den Kern des Evangeliums und christlichen Lebens. Paulus legt dar, daß Gesetzlichkeit oder das Vertrauen in die eigene Fähigkeit, die moralischen Vorschriften zu beachten ebenso wie Formalismus wider das Evangelium sind; der Mensch verläßt sich so immer noch auf seine Werke. Sünde aber heißt, den Maßstab Gottes verfehlen, nicht, die Vorschriften der Menschen mißachten. Gerechtigkeit kommt aus der Vergebung der Sünde durch Gott in Christus, nicht aus den Anstrengungen der Menschen. Rechtfertigung aus Glauben ist die Grundaussage des Evangeliums. Dieser Begriff aus der Rechtssprache bezeichnet eine moralische und geistliche Wirklichkeit. Bei der Beschäftigung mit diesen Stellen hier sollten wir uns immer die entsprechenden Stellen aus dem Brief an die Römer in Erinnerung rufen. Vor Gott steht der Mensch als Sünder da (Röm 4,22-5,2). Rechtfertigung vor Gott ist Gottes Freispruch über schon verurteilte Menschen, den er in seiner großen Gnade, die wir gar nicht verdienen, über uns ausspricht (Röm 5,17). Durch diesen Freispruch, der auf dem Sühnetod Christi basiert, werden unsere Sünden nicht angerechnet (Röm 3,26). Christus starb unseren Tod. Deshalb werden die Menschen allein aus Glauben gerecht (2,16), d.h. durch die Gnade Gottes in Christus, auf die sich der Glaube beruft. Gott im Glauben zu antworten bedeutet, sich ganz auf Christus zu verlassen. Glaube ist radikales und vorbehaltloses Vertrauen darauf, daß Gott in Christus zu unserer Rettung gehandelt hat und daß er immer noch in Christus zu unserer Rechtfertigung handelt. Urteil und Schuld sind durch seine vollkommene Vergebung von uns genommen. Die so angebrochene neue Gemeinschaft mit Gott in Christus ist die Bedingung des neuen geistlichen Lebens. Auf der Grundlage dieser Erlösung allein aus Gnade bringt auch das Leben im Glauben entsprechende Werke der Gnade hervor. »Das Wunder des Evangeliums ist, daß Gott zu den Gottlosen kommt und es ihnen durch seine gerechte Güte ermöglicht, im Glauben, trotz ihrer selbst, in eine neue Beziehung zu ihm zu treten, in der rechtes Handeln für sie möglich wird« (Denney).

15.16 Paulus wendet sich nun dem eigentlichen theologischen Streitpunkt zu. Daß Paulus hier *wir* in Kontrast zu *Sünder aus den Heiden* setzt, besagt, daß auch die Juden, die nicht schon durch heidnische Geburt Sünder sind, wissen, daß niemand *durch Werke des Gesetzes* vor Gott gerecht werden kann. Dabei geht es um die unterschiedlichen Sündenverständnisse bei Juden und Christen. Gesetzeswerke sind Gehorsamstaten gegenüber dem jüdischen Gesetz, das moralische und religiöse Vorschriften enthält, deren Einhaltung als heilsnotwendig galt. Doch alle Menschen sind in einem viel weiteren als dem kultischen oder ethischen Sinn Sünder. Daraus folgt, daß die Menschen auch nicht durch Werke des Gesetzes gerecht werden können, sondern allein *durch den Glauben* an Jesus Christus. Dieser Abschnitt bietet schon einen kurzen Abriß des weiteren Argumentationsgangs (vgl. Röm 3,21-31). Um der Rechtfertigung teilhaftig zu werden, gründen wir unseren Glauben auf Christus, sagt Paulus, da wir, wie Erfahrung und Wissen uns gelehrt haben, nicht durch unsere Werke gerecht werden können. Kein Mensch kann sich durch seine eigenen guten Werke von Schuld und Verurteilung freisprechen, denn es geht um die Gerechtigkeit Gottes, nicht um die des Menschen. Rechtfertigung und Gerechtigkeit gehören zur selben griech. Wortgruppe, sie sind austauschbar.

17.18 Paulus spricht immer noch mit brüderlichem Gefühl vom Standpunkt der Juden aus, da er Petrus noch vor Augen hat, doch seine Worte haben schon eine doppelte Bedeutung. Man hatte Paulus offensichtlich vorgeworfen, daß Juden durch die Annahme der Rechtfertigung aus Glauben zu Sündern wurden (Übertretern des Gesetzes), indem sie mit Heiden Gemeinschaft hatten, was sie vorher nie getan hatten. Alle Christen, auch die Judenchristen, waren sich darüber einig, daß Christus nicht zur Sünde ermutigte, doch das bedeutete nicht, daß er alle Ängste der Juden guthieß und unterstützte. Paulus sagt vielmehr, daß ein Christ, der doch durch die Tat Christi befreit ist, sich nicht dem Gesetz unterordnen kann, ohne sich selbst zu verraten. Nach der Befreiung vom Gesetz zum Gesetz zurückzukehren ist die eigentliche Sünde (was Petrus auch nur zu gut weiß); sich im Glauben zu Christus zu halten bringt allein Rettung. Das jüdische und das christliche Verständnis von Sünde und Gerechtigkeit stehen sich in scharfem Kontrast gegenüber. Nach jüdischem Verständnis hat Christus angeblich die Sünde vergrößert, d.h. zur Übertretung der Gesetze verführt. Die Lehren des Paulus sollen zu dieser Unterschätzung der Gesetzesgerechtigkeit und zu diesem Mißverständnis des Willens Christi geführt haben. Doch jemand, der das jüdische Gesetz übertritt, ist nicht unbedingt auch jemand, der gegen den Willen Gottes handelt. Das emphatische: *Das sei ferne!* ist eine scharfe Zurückweisung dieser Vermutung. In V. 18 bezieht Paulus diese allgemeinen Überlegungen vorsichtig auf das Verhalten des Petrus: Die Mauer von Gesetzen und Vorschriften, die man selbst eingerissen hat, wieder aufzubauen, bedeutet, zum Sünder zu werden. Die Menschen verdanken ihre Erlösung vollständig und bedingungslos Christus. **19** Das Wesen des Gesetzes zwingt einen Sünder dazu, es als Mittel zur Erlangung des Heils auszuschließen. In Christus ist der Mensch in einem neuen Reich nicht mehr dem Gesetz verpflichtet; deshalb kann Paulus sagen, daß er *dem Gesetz gestorben* ist (vgl. Röm 8,2). Doch ebenso gilt, daß das Gesetz, da es nicht gerecht machen kann, nur zum Tod verurteilen kann; ein Mensch, der die Machtlosigkeit seiner eigenen Werke erkennt, kann sich nur noch auf die Gnade Gottes verlassen (vgl. Röm 7,9-12). **20** Es folgt nun ein persönliches Bekenntnis der Errettung durch Christus. Mit dem Satz: *Ich bin mit Christus gekreuzigt* (V. 19) beschreibt Paulus den Akt der Übergabe seines Lebens und Schicksals an Christus. Diese Übergabe geschah einmal, doch sie hat immer noch Wirksamkeit und wird immer wirksam bleiben. In diesem Akt der Übergabe ging er mit Christus in den Tod, was in der Taufe symbolisch zum Ausdruck kommt (vgl. Röm 6,3.4). Christus starb den Tod, den Paulus aufgrund seiner Sünden eigentlich hätte sterben müssen, und deshalb war in diesem Tod am Kreuz auch Paulus gestorben (vgl. 2Kor 5,14; Röm 6,3). Hier sagt Paulus, daß sein Selbst und alle Ansprüche auf Selbstrechtfertigung in ihm gestorben sind. An anderer Stelle redet er davon, daß er der Sünde und der sündigen Welt gestorben ist (vgl. Gal 6,14; Röm 6,1-11). Nicht mehr Paulus lebt, sondern Christus in ihm. Das ist Gemeinschaft mit Christus. Diese Gemeinschaft ist die engste Beziehung, die ein Christ jemals zu seinem Herrn haben kann. Nur durch das völlige Durchdrungensein von Christus werden Menschen zu Personen. Durch die lebendige Gegenwart Christi in ihnen werden sie zu geistlichen Menschen. Durch ihren Tod mit Christus leben Christen mit Christus und Christus lebt in ihnen. *Was ich jetzt lebe im Fleisch:* das ist das gegenwärtige Leben, das alle Christen leben müssen, doch sie leben es im Vertrauen auf Christus, dem sie ihr Leben im Glauben übergeben haben. *Sohn Gottes* ist eine direkte Bezugnahme auf die Göttlichkeit Christi (vgl. Phil 2,6). Nicht durch eine einfache Liebeserklärung in Worten werden wir erlöst, sondern durch die Liebe Christi, die ihn für uns in den Tod gehen ließ. Sein Tod ist nicht nur ein menschlicher Gewaltakt oder gar unglücklicher Zufall, sondern Selbsthingabe um unserer Sünden willen (Gal 3,13; vgl. Mk 10,45; Röm 5,6; 1Jo 4,10). **21** Paulus kann die Gnade nicht beiseite schieben oder seinen Glauben aufgeben, denn wenn es möglich wäre, durch Werke des Gesetzes gerecht zu werden, *so ist Christus vergeblich gestorben.* Es besteht also eine unmittelbare und notwendige Verbindung zwischen dem Tod Christi und der Rechtfertigung der Sünder vor Gott. Eine ebensolche Verbindung besteht zwischen der Frömmigkeit und der Gegenwart Christi im Leben der Christen.

3,1-4,31 Entfaltung der Lehre

3,1-5 Ein Blick in die Geschichte und die Erfahrung mit Gott

Jetzt geht Paulus ausführlich, unter direkter Bezugnahme auf die Situation der Galater, auf die im Vorhergehenden nur angedeuteten Themen ein.

1 Allein die Erfahrungen, die sie in ihrer Bekehrung gemacht hatten, hätten die Galater von einer so unverständigen Handlung, wie es ihre Zuwendung zum Gesetz war, abhalten müssen. *Bezaubert* bedeutet »wie von böser Zauberei geblendet«, doch im metaphorischen Sinn, nicht wörtlich. Diese Bezauberung erstaunt Paulus um so mehr, als dieselben Augen, die jetzt so verblendet sind, einst *Christus* als den *Gekreuzigten* gesehen hatten (vgl. Joh 3,14.15; 1Kor 1,18-25; 2,2). Die Galater hatten sich täuschen lassen. Die ersten Christen standen esoterischen Vorstellungen und Zauberei ablehnend gegenüber, sie betonten dagegen den öffentlichen, allen zugänglichen Charakter der Offenbarung Gottes in Christus, im Kreuzesgeschehen, im Evangelium und in der christlichen Gemeinschaft. Die Zeitform des Wortes »gekreuzigt« drückt nicht eine abgeschlossene Handlung aus, sondern ein Ereignis, das zwar in der Vergangenheit begonnen hat, doch in der Gegenwart weiterwirkt.

2-5 Durch die rhetorischen Fragen bringt Paulus zum Ausdruck, daß die Galater den Geist durch den gekreuzigten Christus und durch den Glauben empfangen haben und nicht durch die Einhaltung bestimmter Vorschriften. Das Vertrauen auf Christus, der am Kreuz starb und wieder auferstand, und die Gabe des Geistes sind untrennbare Bestandteile der ntl. Heilsbotschaft (vgl. Apg 2,38; Eph 1,13). Der Geist ist Gabe Gottes als Antwort auf den Glauben, nicht auf Werke. Deshalb fragt Paulus: »Habt ihr den Geist durch Gesetzesgehorsam oder durch den Glauben an das Evangelium empfangen? Seid ihr so unvernünftig anzunehmen, ihr könntet im Geist beginnen, doch in Werken vollkommen werden?« Die Gegensatzpaare lauten: »anfangen . . . vollenden; Geist, . . . Fleisch« (vgl. 2Kor 3,6; Phil 1,6). Ob das, was die Galater *erfahren* haben, umsonst war, ist noch offen; es hängt davon ab, ob sie sich ganz dem Gesetz zuwenden oder nicht. Gab Gott ihnen seinen Geist und vergab er ihnen ihre Sünden (vgl. 1Kor 12,1-11) aufgrund ihrer Werke oder weil sie das Evangelium hörten und glaubten? Wie im Kreuzesgeschehen ist Gott auch bei der Ausgießung des Geistes der Handelnde; die einzige angemessene menschliche Reaktion darauf ist Glauben.

Paulus stellt Geist und Fleisch hier gegenüber (vgl. Röm 8,1-17). *Fleisch* kann verschiedene Bedeutungen haben, je nach dem, in welchem Kontext es steht. Manchmal bezeichnet es einfach ein menschliches Wesen oder auch nur den Körper eines Lebewesens (Gal 1,16; 2,16; 2Kor 12,7), es kann auch einfach die Grundlagen natürlicher Vermehrung meinen (Röm 9,5) oder irdisches bzw. physisches Leben (Gal 2,20; 4,13.14; 6,12). Die wichtigste Bedeutung des Begriffes »Fleisch« ist jedoch »natürliches« oder »sündiges Leben« ohne die erneuernde Kraft des Geistes Gottes (vgl. Joh 3,6; 1Petr 1,23-25). So bezeichnet *Fleisch* also den gefallenen Menschen mit all seinen Sünden (Gal 5,13-24; 6,8; Röm 13,14). Das *Fleisch* ist das, was sich Gott entgegenstellt; es kann nur Böses hervorbringen, der Geist dagegen Gutes. Paulus versteht hier unter Gesetzesreligion eine rein äußerliche Haltung, die das Innere des Menschen unberührt läßt (Gal 3,3; 6,12.13). Er macht damit nicht den Leib oder die materielle, von Gott erschaffene Welt schlecht, sondern verurteilt nur das nicht erneuerte Leben mit seinen sündigen Neigungen (vgl. Röm 8,8).

3,6-9 Das Zeugnis Abrahams

Für einen Juden war die Autorität Abrahams unanfechtbar. Paulus erklärt nun, daß Abraham von Gott nicht um seiner Werke willen, sondern wegen seines Glaubens angenommen wurde. So bestätigt die Heilige Schrift selbst die Verkündigung des Paulus und die Erfahrung der Galater.

6 Die »Predigt vom Glauben« (vgl. V. 5) illustriert Paulus nun durch *Abraham*, einen der Erzväter Israels und Vorläufer Moses. Er vergleicht den Glauben Abrahams mit dem der Galater. Wie wichtig Abraham für die Ausführungen des Paulus ist, zeigt sich auch in den nächsten zwei Kapiteln. Der springende Punkt ist, daß Abraham nicht nur richtig handelte, sondern daß er die Verheißungen Gottes glaubte; dieser Glaube wurde ihm *zur Gewißheit gerechnet* (vgl. 1Mo 15,6). Dem, was die Verfechter des Judentums in Galatien vorbrachten, stellt Paulus gegenüber, daß gerade nicht die Beschneidung des Abraham (1Mo 17,14), sondern sein Glaube die Grundlage seines Bundes mit Gott bildete. Nur der Glaube nimmt Gott beim Wort. **2** Deshalb bestimmt nicht die natürliche Abstammung darüber, ob jemand Abrahams Kind genannt werden kann, sondern allein der Glaube; *die aus dem Glauben sind, das sind Abrahams Kinder.* Sie haben ihre Gerechtigkeit vor Gott und ihr Leben allein aus dem Glauben. **8** Weiter: schon das AT sprach davon, daß auch die Heiden den Verheißungen und Segnungen Gottes teilhaftig werden sollten (1Mo 12,3), doch das nur durch ihren Glauben (Röm 4), nicht, indem sie sich der Beschneidung unterzogen, wie es die strengen Judenchristen verlangten. **9** Wie Abraham werden alle, die glauben, gesegnet. Als Antwort auf die Verheißungen Gottes glaubte Abraham. Als Antwort auf Gottes Wort in Christus sind alle Menschen aufgefordert zu glauben und der verheißenen Segnungen und der Rechtfertigung vor Gott teilhaftig zu werden. Wenn Paulus davon spricht, daß den Christen ihr Glaube zur Gerechtigkeit *gerechnet* wird, benutzt er Begriffe aus der Rechtssprache, aber keinerlei gesetzliche Auffassung. Die Gerechtigkeit Christi wird den glaubenden Sündern angerechnet (vgl. Apg 13,39; Röm 5,1.9; 10,4). Der Christ steht zu Gott in einer neuen Beziehung durch eine Gerechtigkeit, die er nicht selbst erworben hat. Dies geht eindeutig aus Röm 3,20-28; 4,5-7, aus dieser Stelle und aus anderen Passagen im Galaterbrief hervor (Gal 2,16; 3,11; 5,4). Rechtfertigung oder auch Freispruch ist das Gegenteil von Verurteilung (vgl. Röm 8,33.34; 4,6-8; Joh 3,18; 2Kor 5,19).

3,10-14 Das Gesetz verdammt, doch der Glaube macht lebendig

Von den eigenen Erfahrungen der Galater und den biblischen Belegen anhand der Gestalt Abrahams geht Paulus jetzt zur Untersuchung dessen über, was das Gesetz überhaupt leisten kann.

10 Das Gesetz kann nur zur Verurteilung führen, da jeder, der sich auf es verläßt, unter den Fluch von 5Mo 27,26 gerät. Da das Urteil des Gesetzes nur so aussehen kann (2,16), verneint Paulus die Wahrheit der Behauptung (V.12), die die Juden aufgestellt hatten, nämlich daß der, der das Gesetz erfüllt, dadurch leben würde. Paulus unterscheidet hier zwischen den Urteilen, die die Gesetzeskundigen aus dem Gesetz ableiten, und dem richterlichen Handeln Gottes. Der Sinn des Gesetzes liegt in der Entlarvung und Verurteilung der Schuldigen, nicht in ihrer Freisprechung. **11** Für die Galater kommt es darauf an, entgegen allen Argumenten bestimmter judenchristlich orientierter Gruppen zu verstehen, daß für Christen die Einhaltung des Gesetzes nicht mehr heilsnotwendig ist. Christus befreit vom Gesetz. Gerechtigkeit, Geist und Leben kommen nicht durch das Gesetz, sondern allein aus dem Glauben an Christus. Es *ist offenbar,* daß kein Mensch durch seine menschlichen Fähigkeiten vor Gott gerecht werden kann, weil, wie Paulus nachweist, schon das AT bezeugt, daß der Gerechte aus Glauben lebt (Hab 2,4; vgl. Röm 1,17). Die Stelle aus Hab wird hier nicht im exegetischen Sinn als Belegstelle gebraucht, sondern als Beispiel oder Illustration einer alten biblischen Wahrheit, die sich schon im Handeln Gottes an Abraham zeigt. In diesem Zusammenhang bedeutet »gerecht«, wie auch sonst überall in den Schriften des Paulus, gerechtfertigt sein vor Gott, um Christi willen von Gott angenommen sein. Diesen Status kann man nur durch den Glauben erlangen. **12** Die Erfüllung des Gesetzes dagegen hängt nicht von unserem Glauben ab, sondern von unseren Taten. So kann das Gesetz unsere Sünde und Schuld nicht überwinden. Denn kein Mensch kann alles erfüllen, was das Gesetz verlangt. Gesetzlichkeit und der Glaube an die Erlösungstat Christi schließen einander als Grundlage der Rechtfertigung aus.

13.14 Im Gegenteil, Christus *hat uns erlöst* von der gerechten Verurteilung, die das Gesetz unserer Sünden wegen über uns ausgesprochen hat. »Erlösen« bedeutet »befreien« durch die Bezahlung des für den Loskauf verlangten Preises, des Lösegelds; dieses Lösegeld ist der Tod Christi (vgl. 1Kor 6,19.20; 7,22.23; Mk 10,45; 1Tim 2,6; Tit 2,14). Christus wurde an unserer Statt verurteilt und starb stellvertretend unseren Tod (2Kor 5,14.20.21). *Für uns* bedeutet sowohl »an unserer Stelle« als auch »um unseretwillen«. Christus ging unserer Sünden wegen in den Tod, er nahm unser Urteil auf sich und büßte in heiligem Gehorsam gegen Gott unsere Strafe. Er trug stellvertretend für uns die Folgen unserer Sünde. Er nahm den Fluch auf sich, den Fluch aus 5Mo 21,23, dem der Zorn aus Röm 1,18 und 2,8 entspricht. Auf dem Hintergrund des christlichen Verständnisses von Sünde und Schuld konnte Paulus den Text aus 5Mo nicht mehr so verstehen, wie er in der pharisäischen Tradition verstanden wurde. Für Paulus bot dieser Text keinen Raum mehr für rituellen oder ethischen Gehorsam, durch den der Mensch sich selbst gerecht zu machen versuchte.

3,15-18 Das Gesetz kann die Verheißung nicht außer Kraft setzen

15 Um klar zu machen, daß die Verheißung mehr als das Gesetz ist, vergleicht Paulus die Verheißung mit einem Testament. Dasselbe griech. Wort, das hier eindeutig *Testament* bedeutet, kann in V.17 auch mit »Bund« übersetzt werden. Nach bestimmten alten Rechtsvorschriften konnte sogar der Erblasser ein gültiges Testament nicht außer Kraft setzen oder ihm etwas hinzufügen. **16** Die göttliche Verheißung gilt nun nicht, so sagt Paulus, den Nachkommen Abrahams, sondern *deinem Nachkommen, welcher ist Christus,* der erste eines neuen Geschlechts. Die Verheißung erfüllt sich nicht in vielen aufeinanderfolgenden Generationen, sondern in einem Nachkommen Abrahams, in Christus. 1Mo 12,7; 13,15; 17,7.8 und 22,18 müssen nicht so verstanden werden, doch sie schließen eine solche Interpretation auch nicht aus. Die Auslegung des Paulus gibt uns einen Schlüssel für die Entwicklungen der Geschichte auf ihre Erfüllung in Christus hin und auf die Einheit derer, die glauben, die die Verheißung erben mit Christus. **17** Die genaue Angabe der Zeitspanne zwischen der Verheißung und der Gesetzgebung paßt nicht zum Argumentationsgang des Paulus (s. a. 1Mo 15,13; 2Mo 12,40; Apg 7,6). In der Regel zitiert Paulus die LXX, hier jedoch nennt er die tatsächliche Dauer des Aufenthalts der Israeliten in Ägypten. Er will damit sagen, daß das später gegebene Gesetz den Bund Gottes mit Abraham nicht außer Kraft setzte und dies auch nicht konnte. Das Gesetz kann der Verheißung nicht ihre Kraft nehmen, ebensowenig wie Werke den Glauben aufwiegen können. **18** Wenn das Erbe nun doch durch das Gesetz erworben werden könnte, wären Verheißung und Glaube außer Kraft gesetzt. Doch Abraham wurden die Segnungen Gottes aufgrund seines Glaubens verheißen. Dadurch wird das Gesetz zwar nicht außer Kraft gesetzt, doch es kann so nicht mehr als ein Nachtrag oder eine Ergänzung verstanden werden, die die Verheißung einschränken, da das Gesetz nicht die Voraussetzung für die Erfüllung der Verheißung ist. Als etwas in der Geschichte des Handelns Gottes mit den Menschen später Hinzugekommenes dient es zur Entlarvung und Verurteilung der Sünde, mehr kann es nicht. Das will Paulus deutlich machen.

3,19-29 Die strafende Funktion des Gesetzes

19 Die Unterordnung des Gesetzes unter den Bund zeigt sich auch an seinem vorläufigen und ergänzenden Charakter: es sollte nur so lange Gültigkeit haben, bis der Nachkomme Abrahams da war, dem die Verheißung galt. Außerdem wurde es Mose von Engeln übergeben (vgl. Apg 7,53; Hebr 2,2), war also auch insofern nicht vergleichbar mit dem direkt zwischen Gott und Abraham geschlossenen Bund. Dieses Verständnis entspricht einer damals vorherrschenden rabbinischen Tradition. *Um der Sünden willen* deutet auf die Zeit nach der Gesetzgebung hin. Hier redet Paulus also von der Sünde als Übertretung eines bestehenden Gesetzes. Die offensichtlichen, gegen Gott gewandten Intentionen der Sünde, die den Menschen doppelt schuldig werden lassen, sind hier gemeint. Das Gesetz war die Norm, die Übertretungen hervorbrachte (vgl. Röm 3,20; 4,15; 5,13.14.20; 7,7-12). **20** Paulus schätzt den Wert des Gesetzes gering, weil es nicht, wie der Bund und die Verheißung, direkt, unmittelbar von Gott kam. In der Verheißung handelte Gott ohne einen Mittler in der Freiheit seiner Gnade.

21 Das Gesetz steht trotzdem nicht gegen die Verheißungen Gottes. Wenn das Gesetz die Kraft hätte, Leben zu geben, käme die Gerechtigkeit aus dem Gesetz, doch es hat weder die Aufgabe noch die Kraft, sündige Menschen vor Gott gerecht zu machen. **22** Im Gegenteil, die Aufgabe des Gesetzes ist es, die Sünder zu verurteilen, da die Schrift alles unter die Sünde, d.h. unter die Verdammung gestellt hat (5Mo 27,26; vgl. Röm 3,10-18). Das geschah, damit die Verheißung denen zuteil würde, die an Jesus Christus glauben. Paulus betont noch einmal, daß die Gabe der Verheißung denen, die glauben, nicht den Werkgerechten, umsonst gegeben wird. Gottes endgültiges und direktes Handeln an den Menschen geschieht durch Gnade und Glauben.

23-25 Positiv formuliert hatte das Gesetz die Funktion eines *Zuchtmeisters.* Als solcher disziplinierte und zügelte es, hatte jedoch keine belehrende Kraft. Das Gesetz brachte keine Fortentwicklung der Religion, es war einfach ein Wächter für die Zeit der Erwartung des Erlösers. Durch das Gesetz wurden die Menschen wie Unmündige bewacht, bis sie in der Lage waren, den Glauben zu erlangen, der erst noch offenbart werden sollte. Mit »Glaube« ist hier die menschliche Antwort auf Gottes Handeln in Christus gemeint, obwohl Paulus auch vom »Glauben« als der Grundlage des atl. Bundes spricht. Der »Glaube« oder das »Ereignis, durch das der Glaube kam« ist also das christliche Evangelium im Gegensatz zum Gesetz. Unter dem Gesetz waren wir unmündig wie Kinder; mehr konnte das Gesetz nicht leisten. Gerecht gemacht werden wir erst im Glauben an Christus. Die eine geschichtliche Epoche löst die andere ab; die Zeit des Gesetzes ist vorüber, und das neue Zeitalter des Evangeliums von Christus hat begonnen. Somit ist der Glaube gekommen, und wir sind frei vom Zuchtmeister des Gesetzes.

In der griech.-röm. Welt hatte der Zuchtmeister eines Kindes (Pägagoge) bestimmte, klar begrenzte Aufgaben. Diese Aufgaben wurden meistens von einem Sklaven erfüllt, den die Eltern dazu auswählten. Er mußte das Kind zur Schule begleiten und trug solange, bis es erwachsen war, die Verantwortung für es. Wahrscheinlich gehörte es auch zu seinen Aufgaben, dem Kind die Kenntnis einiger ethischer Vorschriften zu vermitteln. Wenn das Kind außerhalb seiner Heimatstadt erzogen wurde, mußte dieser besondere Diener dafür sorgen, daß es einem guten Lehrer unterstellt wurde. Diener, die diese Aufgabe gut versahen, wurden von den Eltern hoch geschätzt, und die Kinder wurden dazu angehalten, sie zu respektieren.

26 Durch den Glauben sind alle Christen Kinder Gottes. Gemeint ist die volle Kindschaft, nicht irgendein niedrigerer Status. **27** Der einzige Weg, das Erbe anzutreten, ist die Gemeinschaft mit Christus im Glauben. Diese Gemeinschaft stellt Gott in der Taufe her (vgl. Röm 6,1-11), die nicht nur ein äußerliches Geschehen ist (1Petr 3,21), sondern die Antwort eines jeden im Glauben an Christus. In der Taufe ziehen wir Christus an. Das Bild vom Kleiderwechseln verdeutlicht die innere, geistliche Wandlung. Wir legen die Kleider unseres alten Lebens ab, um in der Glaubenstaufe mit den Kleidern der Gerechtigkeit Christi bekleidet zu werden (dasselbe Bild wird gebraucht in Ps 132,9; Jes 61,10; 64,5; Sach 3,3). **28** In diesem neuen Leben sind alle alten Unterschiede aufgehoben, in der Gemeinschaft mit Christus sind alle gleich viel wert vor Gott. **29** In Christus, dem wahren Nachkommen Abrahams, sind die Christen Miterben der Verheißung.

4,1-7 Der Vergleich mit dem Erben

Die Kapiteleinteilung ist willkürlich. Paulus beschäftigt sich weiter mit dem Beispiel von der Erbschaft.

1.2 Das Argument wird weiter ausgebaut mit der dreifachen Charakterisierung des Erben als *unmündigem* Kind, das sich nicht von einem *Knecht* unterscheidet, das unter *Vormündern* (um seines Wohlergehens willen) und *Pflegern* (was sein Vermögen betrifft) steht. Der Zeitpunkt, von dem an ein Kind als erwachsen galt (vermutlich 17 oder 18 Jahre), läßt sich für uns im Rückblick nicht mehr genau bestimmen. Obwohl wir nicht wissen, welche diesbezüglichen Vorschriften Paulus hier vor Augen hatte, können wir doch annehmen, daß es sich um definitive Festlegungen handelte. *Bis zu der Zeit, die der Vater bestimmt hat:* das setzt nicht den Tod des Vaters voraus. Es kann sein, daß der von den Eltern für das Kind bestimmte Vormund unabhängig von dem gesetzlich eingesetzten Vermögensverwalter war, und daß soziale und rechtliche Mündigkeit zu verschiedenen Zeitpunkten eintraten. Auch in diesem Abschnitt wird deutlich, was 3,24 klar formuliert wird: Unmündigkeit verlangt nach Befreiung. Und diese Zukunft in Freiheit vom Gesetz hat Gott selbst für uns bestimmt. **3** Wie unmündige Kinder waren auch die Christen früher immer unter Kontrolle, jedoch unter negativem Einfluß: *in der Knechtschaft der Mächte der Welt* (s. V. 8.9).

Die Aussage von V. 3 und V. 8-11 ist, daß die Heiden ebenso wie die Juden gebunden sind. Doch V. 4-7 wendet sich Paulus wieder der Frage nach dem jüdischen Gesetz zu.

4 Unser neuer Status als Kinder Gottes beruht auf Gottes Plan, der Menschwerdung Jesu, der Versöhnung und der Gabe des Heiligen Geistes. Die Zeit seines Heilshandelns hatte Gott vorher festgelegt (vgl. Röm 5,6; Eph 1,9.10). *Als aber die Zeit erfüllt war:* das ist eine Metapher; die Anzahl der Jahre vermehrt sich, wie in ein leeres Gefäß Tropfen für Tropfen fällt, bis es voll ist. *Sandte Gott seinen Sohn:* ein Hinweis auf die Präexistenz Christi, seine Göttlichkeit, Fleischwerdung und Sendung, also auf das gesamte Heilsgeschehen. Der Sohn kam von Gott. *Geboren von einer Frau:* damit wird seine volle Menschwerdung zum Ausdruck gebracht; er wurde Mensch wie andere Menschen auch (vgl. Phil 2,6-8). Durch das Wort »Frau« wird die Jungfrauengeburt weder bestritten noch bestätigt. *Und unter das Gesetz getan:* Christus nahm den Fluch des Gesetzes auf sich (vgl. 3,13) und trug dessen Folgen (vgl. 3,23; Hebr 2,15). **5** *Damit er die, die unter dem Gesetz waren, erlöste* (s. 3,13): das bezieht sich nicht nur auf Juden, sondern auch auf Heiden, da letztere auch von Christus befreit wurden; außerdem stehen für Paulus auch die Heiden unter dem Gesetz (vgl. Röm 2,14.15). *Damit wir die Kindschaft empfingen:* das bedeutet, daß auch diejenigen, die nicht von Natur aus zu den Erben gehören, die Kindschaft aus Gnaden zum Geschenk erhalten. Wir empfangen die Kindschaft durch den auf uns herabkommenden Geist (vgl. 1Kor 6,19; Röm 5,5; 8,11), durch den die Gegenwart Christi in unserem Leben Wirklichkeit wird (vgl. Joh 15,26). **6** *Den Geist seines Sohnes* (vgl. Röm 8,9): Diese Formulierung wird oft gebraucht, um das Kommen des Geistes vom Vater und vom Sohn auszudrücken. Der Ausruf *Abba!* ist das aram. Wort für »Vati!«; diesem Ausruf ist die griech. Übersetzung *lieber Vater!* angefügt. Diese vertrauliche Form der Anrede hat uns unser Herr selbst gegeben (Mk 14,36), sie bringt Vertrauen und Freiheit zum Ausdruck, im Gegensatz zu den Beschränkungen, die das Gesetz auferlegt. **7** Somit sind wir durch Gottes Handeln nicht länger Knechte, sondern Kinder und als solche auch Erben.

4,8-11 Die Fessel von Brauchtum und Tradition

8.9 Mit *schwachen und dürftigen Mächten* sind vielleicht Ansätze der Erkenntnis oder des Wissens um die Natur der Dinge gemeint. Anderen gelten diese Mächte als *Götter,* d.h. als himmlische oder dämonische Mächte, die das Leben lenken, wie es uns aus der Astrologie und Mythologie bekannt ist (vgl. 1Kor 8,4-6). Diesen Göttern gegenüber befand sich der Anbetende immer im Status eines Knechtes, nicht in dem eines Kindes, in welchem ein Christ vor dem lebendigen Gott steht. Diese Mächte waren jedoch keine Götter, sie wurden nur, solange besseres Wissen fehlte, für solche gehalten. *Nachdem:* dieses Wort kennzeichnet die entscheidende Wendung zur Erkenntnis des wahren Gottes durch seine Selbstoffenbarung im Evangelium. Gott selbst hat diese Wende bewirkt, die Menschen waren Gegenstand seines gnädigen Wirkens. Wie völlig irrational und undenkbar ist deshalb eine Rückkehr oder der Wunsch nach Rückkehr in die Versklavung durch diese Mächte, deren Ohnmacht und Erschöpfung doch schon bewiesen ist (sie können die Menschen nicht retten, im Gegensatz zur Macht Gottes in Christus)! **10.11** Paulus fürchtete, umsonst gearbeitet zu haben, da sich die Galater schon wieder nach bestimmten Gesetzesvorschriften richteten. So hielten sie *Tage* (Sabbate), *Monate* (Neumonde), *Feste* (regelmäßige Feiertage) und *Jahre* (Jubeljahre). Handelt es sich dabei um jüdische oder heidnische Bräuche? In seinem Brief an die Galater hatte Paulus ohne Zweifel strenge Judenchristen vor Augen. Dienten diese Naturgeistern? Astrologische Vorstellungen waren ebenso wie heidnische Praktiken zeitweilig Bestandteil der jüdischen Religion. Die »Mächte« beziehen sich wohl zum Teil auf die Vorstellungen einer früheren Zeit, deren Spuren wir noch in heidnischen, astrologischen Mythen finden; doch diese Vorstellungen haben starken Einfluß auf die religiösen Bräuche ausgeübt (vgl. Kol 2,8).

4,12-20 Ermunterung zur ersten Liebe

12 Paulus unterbricht seinen Argumentationsgang, den er in V. 21-31 wiederaufnimmt, um eine persönliche Ermahnung einzufügen, die durch die Worte *liebe Brüder* und *ich bitte euch* gekennzeichnet ist. Die grammatische Form dieser Ermahnung ist unklar, die Bedeutung jedoch nicht. Im zweiten Teil des Vergleichs steht im Griech. kein Verbum, er kann jedoch folgendermaßen übersetzt werden: *Werdet doch wie ich, denn ich (wurde) wie ihr.* Er drängt sie also, frei vom Gesetz zu werden, wie er selbst es ist; denn er, der einst ein eifriger Jude war, legte das Gesetz ab, um zu werden wie sie (vgl. 1Kor 9,22). Er bittet die Galater also, in der Frage des Judentums doch einer Meinung mit ihm zu werden. *Ihr habt mir kein Leid getan:* Dieser Satz kann sich sowohl auf die herzliche Zuneigung beziehen, die die Galater Paulus zu Anfang entgegengebracht hatten, als auch auf ihre Freiheit, von der des Paulus differierende Meinungen zu hören; jetzt jedoch bittet er sie, zu ihm zurückzukehren.

13 Die Erwähnung des ersten Besuchs weckt wieder die schon in der Einleitung gestellte Frage nach Zeit und Ort. Unserer Ansicht nach muß sich dieser erste Besuch ereignet haben, als Paulus und Barnabas auf ihrer ersten Missionsreise von Zypern aus in Kleinasien ankamen. Einige Ausleger nehmen an, daß die Aussage *das erstemal* auf zwei Besuche des Paulus in Galatien hindeutet, die vor der Abfassung des Briefes gelegen haben müssen. Ob Paulus an einer anfallsweise auftretenden Krankheit litt (vgl. 2Kor 12,7), an einer seine Arbeit beeinträchtigenden Behinderung oder an Malaria, die er sich in Pamphylien zugezogen haben könnte (Apg 13,13), wissen wir nicht. Seine Krankheit zwang ihn auf jeden Fall zu einem Klimawechsel, und dadurch kam er nach Galatien und arbeitete dort evangelistisch. **14** Trotz seiner ihn schwächenden, vielleicht sogar abstoßend wirkenden Krankheit verachteten ihn die Galater nicht, sondern nahmen ihn auf, als sei er ein übermenschliches Wesen, ja Christus selbst. Vielleicht ist dies eine leichte Anspielung auf Apg 14,12. **15** *Selig* meint hier vermutlich die Zufriedenheit, die die Galater damals über ihr eigenes Glück empfinden konnten. Wo ist dieses Gefühl jetzt? fragt Paulus. Ihre Freude damals war so groß gewesen, daß sie ihm, wenn nötig, sogar ihre *Augen* gegeben hätten. Dies gibt uns keinen Aufschluß über die Sehkraft des Paulus, es handelt sich vielmehr um eine im Orient gebräuchliche Metapher, mit der persönliche Zuneigung zu einem Wohltäter beschrieben wird.

16 ist eher ein ironischer Ausruf als eine Frage: »Weil ich die Wahrheit sage, bin ich euch verhaßt geworden!« **17** Die judaisierenden Gruppen werben eifrig um die Galater, mit dem Ziel, diese von ihren bisherigen Überzeugungen abspenstig zu machen und Interesse für das Judentum bei ihnen zu wecken. **18** Umworben zu werden ist gut, fügt Paulus hinzu, doch nur, solange es im Guten geschieht. Paulus will nicht, daß die Galater von seiner Gegenwart abhängig sind. Doch die Werbung der falschen Lehrer geschieht nicht in guter Absicht. **19** Die Wendung: *meine lieben Kinder* bringt das tiefe Gefühl, das Paulus für die Galater empfindet, zum Ausdruck; es ist ihm, als müsse er noch einmal die Geburtswehen erleiden, um sie wiederzugewinnen. *Bis Christus in euch Gestalt gewinne:* d.h. bis sie von ihrer ersten Zuwendung zu Christus zu voller Reife in Christus gelangt sind. Hier vergleicht Paulus sich selbst mit einer Mutter, anderswo mit einem Vater (vgl. 1Kor 4,15). Von seiner Bekehrung an lebt der Christ in Christus (Gal 5,6; vgl. Röm 16,7; 2Kor 5,17; Eph 2,13) und Christus in ihm als gestaltende Kraft seines neuen Lebens (vgl. Röm 8,10.11.29; 2Kor 3,18; 13,5; Kol 1,27). **20** Paulus wünscht, bei den Galatern sein zu können, denn dann wäre die zwischen ihm und ihnen bestehende Spannung nicht so schmerzhaft. Statt sie zu tadeln, könnte er mit ihnen in der Sprache der Versöhnung und der Ermutigung reden. Gegenwärtig ist er mit seiner Weisheit am Ende, er weiß nicht mehr, was er von den Galatern halten soll.

4,21-31 Vergleich mit Sara und Hagar

21 Paulus nimmt den unterbrochenen Argumentationsgang wieder auf und wirft denen, die darauf bedacht sind, unter dem Gesetz zu bleiben (in erster Linie den judaisierenden Christen, doch auch den wankelmütigen Galatern), vor, daß sie die Bedeutung des Gesetzes, das sie an jedem Sabbat hören, gar nicht verstanden haben. Sie hören nicht, was das Gesetz eigentlich sagen will. Paulus wendet damit ein rabbinisches Argument gegen die an, die sich auf die rabbinische Tradition verlassen. Sein Argument besteht aus drei Teilen: Darstellung der historischen Situation (V. 22.23), Interpretation (V. 24-27) und Anwendung auf die Christen, einschließlich der Galater (V. 28-31). Paulus bringt einen Vergleich, dessen Schlüsselelemente bestimmte Teile eines historischen Berichts sind: die Gegenüberstellung der unfreien und der freien Frau und der Gegensatz zwischen Gesetz und Verheißung (Gnade). Es handelt sich hier also um einen typologischen Vergleich, den man nur verstehen kann, wenn man als Hintergrund das paulinische Verständnis des AT im Gegensatz zum neuen Bund der Gnade in Christus vor Augen hat. Der Vergleich ergibt sich nicht von selbst aus der rein historischen Interpretation des Genesisberichts.

22.23 In dem Bericht geht es um die zwei Söhne Abrahams, Ismael von Hagar und Isaak von Sara (vgl. 1Mo 16; 17; 21). Als Sara merkte, daß sie kinderlos bleiben würde, gab sie Abraham ihre Magd Hagar, damit diese an ihrer Statt ein Kind empfangen sollte (eine damals nicht unübliche Praxis). Als Hagar schwanger war, blickte sie auf Sara herab. Kurz darauf ging auch die Verheißung an Sara in Erfüllung, daß sie noch im Alter einen Sohn gebären sollte; dadurch wuchs die Spannung zwischen den beiden Frauen. Die Vertreibung Hagars und Ismaels durch Sara war nach den damals herrschenden Gesetzen durchaus legal. Paulus nennt die Folgerungen, die er aus diesem Text gezogen hat, gleich am Anfang: Ismael war das Kind einer Unfreien, Isaak war frei geboren - Ismael war ein natürlicher Nachkomme Abrahams, Isaak war der Sohn der Verheißung, ein Kind der Gnade, das Sara im hohen Alter geboren hatte. Die Spitze dieser Auslegung liegt darin, daß Juden, die stolz darauf sind, von Abraham abzustammen (von dem auch Paulus abstammte; vgl. 2Kor 11,22; Phil 3,4), mit Ismael gleichgesetzt werden. Die Kinder der Gnade dagegen gelten als die wahren Erben Abrahams.

24-27 Es folgt die Erklärung. Die beiden Frauen verkörpern die beiden Bundesschlüsse (Hagar das Gesetz, Sara die Gnade). Die erste gebiert einen Sohn in Knechtschaft, das Kind der zweiten wird frei geboren. Hagar und der Berg Sinai in Arabien, an dem Israel sein Gesetz erhielt, sind *ein Gleichnis für das jetzige Jerusalem:* für das Jerusalem der in der Knechtschaft des Gesetzes lebenden Juden. Der Text von V. 25 ist unsicher. Doch gemeint ist entweder, daß Hagar oder der Berg Sinai oder beide aus Arabien sind, d.h. außerhalb des verheißenen Landes. *Das Jerusalem, das droben ist:* das ist das geistliche Jerusalem in Gottes himmlischem Königreich, die Stadt der Kinder des Glaubens (vgl. Phil 3,20; Hebr 11,16; 12,22). Die Bewohner dieser Stadt sind Erben der Verheißung aus Gnade, nicht aufgrund irgendeiner Volkszugehörigkeit. Für Paulus stehen die Erben der Verheißung sowohl über dieser Welt als auch über allen Völkertrennungen. Was also den Bund, die Abstammung und die Bürgerschaft angeht, steht Jerusalem für zwei qualitativ unterschiedliche Reiche. Auch aus Jes 54,1 geht hervor, daß nicht natürliche Vererbung, sondern die Erfüllung der göttlichen Verheißung das Geschlecht des neuen Jerusalem hervorbringen wird.

28-31 Wie Isaak sind die Christen Kinder der Verheißung, nicht des Gesetzes. Ihre Beziehung zu Gott entspringt nicht natürlicher Abstammung, sondern dem Gnadenbund. Wie 1Mo 21 der Sohn der Magd den Freigeborenen verfolgt, so verfolgen auch jetzt die Kinder des Gesetzes die Kinder der Gnade; das ist nicht verwunderlich. Wie Sara müssen nun auch die Christen alle Tendenzen zur Gesetzlichkeit und alle judaisierenden Lehrer von sich weisen (vgl. 1Mo 21,10), denn sie sind in Freiheit zur Freiheit geboren. Die wahren Erben Abrahams sind nicht die, die die Oberherrschaft des Gesetzes verkündigen, sondern jene, die die Freiheit in Christus kennen.

5,1-6,10 Die Berufung zur Freiheit

5,1-12 Die Freiheit des Glaubens

1 Dieser Vers bildet sowohl den logischen Abschluß der bisherigen Ausführungen als auch den Übergang zum folgenden Abschnitt. Der Sinn des Verses ist klar, aber die Frage, ob sich das *So stehet nun fest* auf den ersten oder zweiten Satz bezieht, hat zu Änderungen des Textes geführt. Doch LÜ, ZÜ und EÜ haben wahrscheinlich die beste Übersetzungsmöglichkeit gewählt. Paulus macht ein Wortspiel mit dem Wort Freiheit: *Zur Freiheit hat uns Christus befreit!* Es ist die Freiheit der Erlösung aus Gnade gemeint, die in deutlichem Kontrast zu den Lebensbedingungen der Menschen steht, die, wie die Juden zur damaligen Zeit, an die Einhaltung unzähliger religiöser Vorschriften gebunden sind.

2.3 Hauptthema dieser beiden Verse ist der Begriff *Beschneidung.* Bei den Juden galt sie als wesentlicher Teil des Gesetzesgehorsams und als heilsnotwendig. Doch die Beschneidung ist und bleibt ein menschlicher Versuch, die Gerechtigkeit zu erlangen; deshalb nützt das, was Christus getan hat, demjenigen nichts, der versucht, das Gesetz zu erfüllen. Heil kommt nicht durch Christus und das Gesetz, sondern durch Christus allein. *Wenn ihr euch beschneiden laßt:* das mag ein Hinweis darauf sein, daß die Galater sich noch nicht haben beschneiden lassen. Paulus betont aufgrund seiner eigenen Erfahrungen, daß die Beschneidung kein Ritual ist, das für sich allein zu sehen ist. Die Beschneidung stellt den Menschen unter *das ganze Gesetz,* das vollkommenen Gehorsam verlangt (der unmöglich ist). **4** Durch solch einen Versuch, durch Werke des Gesetzes gerecht zu werden, schließt sich der Mensch selbst von der *Gnade* und vom Gehorsam des Glaubens an Christus aus. Er macht dadurch die Gnade unwirksam. *Aus der Gnade gefallen:* gemeint ist nicht das, was es für manche heute bedeutet, nämlich des Heils verlustig gegangen zu sein; es bedeutet vielmehr, von einem mit Gnade erfüllten Leben in eine Existenz unter dem Gesetz abgeglitten zu sein. Gnade und Gesetz schließen einander aus. Sich dem Gesetz zuzuwenden bedeutet, Christus abzuweisen. Man kann nicht gleichzeitig versuchen, sich selbst zu retten und sein Heil voll und ganz Christus anheimzustellen. **5** Christen *warten im Geist durch den Glauben* auf die erhoffte Gerechtigkeit (vgl. Röm 5,2). Wir selbst können die Gerechtigkeit nicht erlangen, sie ist Gottes Geschenk in Christus. **6** *In Christus Jesus:* das bezeichnet die Lebensweise derer, die im Glauben mit Christus vereint sind und untereinander Gemeinschaft haben. Dort haben weder *Beschneidung noch Unbeschnittensein* irgendeine Bedeutung, ja, sie sind sogar hinderlich, wenn jemand sie als heilsnotwendig betrachtet. Allein der *Glaube,* der seinen Niederschlag in der *Liebe* findet, zählt (vgl. V. 13). Für Paulus ist das oberste Prinzip des Lebens der Glaube, der seinen Ausdruck in der Liebe findet, wie es auch im Leben Jesu war (vgl. Röm 5,5-8; 8,33-39). Das Wesen des Christentums ist nicht Gesetzlichkeit, sondern die persönliche Beziehung zu Jesus Christus, die durch Liebe und Glauben gekennzeichnet ist.

7 Paulus unterbricht seine Ausführungen, um die Galater daran zu erinnern, daß sie doch gute Fortschritte gemacht hatten, bis die fanatischen Vertreter des Judentums sie aufhielten. Er rückt den Galatern das Evangelium als offenbarte Wahrheit noch einmal vor Augen. **8** Die Judenchristen haben ihre Überzeugungskraft nicht von dem Gott, der die Galater berufen hat. **9** Bei diesem Vers handelt es sich um ein altes Sprichwort; vgl. 1Kor 5,6. **10** Paulus schätzt seinen eigenen Einfluß höher als den des verführerischen Lehrers und ist zuversichtlich, daß die Galater diesem und seiner Lehre nicht folgen werden. Der jedoch, der sie in ihrem Glauben irre zu machen versucht, wird seine gerechte Strafe empfangen, wer immer er auch sein mag. **11** Gegen die lächerlichen Verleumdungen, daß er fortfahre, die Beschneidung zu predigen, setzt Paulus nur die Frage, warum er dann verfolgt werde. Wenn die Verleumdung zuträfe, hätte ja das Ärgernis des Kreuzes aufgehört, d.h. das Kreuz hätte seine Unersetzlichkeit und Einmaligkeit verloren, dessen Wirksamkeit nicht durch menschliche Verdienste ersetzt werden kann. Das *Ärgernis des Kreuzes* (Stein des Anstoßes) besteht darin, daß an ihm unsere Sünden gesühnt sind und zwar ganz umsonst, von uns in keiner Weise verdient. Im Kreuz allein kommt die Erlösung zu ihrem Ziel. Wenn menschliche Werke oder Rituale irgendetwas ausrichten können, verliert die Erlösung ihren Gnadencharakter (vgl. 1Kor 1,18-25). **12** Die Frage nach Gesetz und Evangelium ist Paulus so wichtig, daß er die sarkastische Bemerkung anfügt, die fanatischen Vertreter des Judentums sollten es nicht mit der Beschneidung bewenden lassen, sondern sich gleich kastrieren. Einige heidnische Riten (z.B. die Anbetung der Kybele) gipfelten nämlich in der Selbstverstümmelung der Priester.

5,13-15 Der rechte Gebrauch der Freiheit

Wie in 5,1 hat auch hier der erste Satz überleitende Funktion; der Gefühlsausbruch des Paulus in V. 12 bezieht sich auf seine Verteidigung der christlichen Freiheit, die jetzt folgt. **13** *Freiheit* meint auch die Freiheit von gesetzlich vorgeschriebenen religiösen Riten, doch ihre wesentliche Bedeutung ist die geistliche Freiheit der Christen, die Gottes Gabe an die Menschen ist (vgl. Joh 8,32.36; Röm 8,2). Diese Freiheit sollte in moralisch richtiger Weise gebraucht werden. Wahre Freiheit beinhaltet den Dienst an anderen. Sie darf nicht als Vorwand für fleischliche Handlungen benutzt werden. Paulus will damit nicht die physische Welt oder den Körper abwerten. Das Wort *Fleisch* wurde in erster Linie als Bezeichnung alles Physischen gebraucht, doch in diesem Kapitel (V. 16.17.19.24) hat es ethische Bedeutung und bezeichnet die gefallene Natur des Menschen, die nach Bösem strebt (vgl. Röm 8). Im Gegenteil, die Frucht der christlichen Freiheit sollte das gegenseitige Dienen in Liebe sein. Das Tun der Liebe, das allen Menschen, nicht nur den Mitchristen, gilt, ist Folge des Glaubens an Christus. Das ist gegen die Auffassung bestimmter Sekten, die sagten, daß das Gesetz nun nur noch für den Leib Gültigkeit hätte, um die Begierden des Fleisches zu unterdrücken. Für Christen gibt es nur eine einzige Verpflichtung, doch nicht gegenüber dem Gesetz. Es ist die Verpflichtung zu freudigem und bereitwilligem Dienst an anderen in der Freiheit des Evangeliums. **14** Sogar das Gesetz selbst spricht von dieser Verpflichtung: *Liebe deinen Nächsten wie dich selbst* (3Mo 19,18). Aus Gal 3,28 geht hervor, daß Paulus die Nächstenliebe nicht nur auf die Juden beschränkt. Paulus will mit der Anführung dieses Gebots nicht sagen, daß das Heil aus christlichem Dienst kommt, sondern daß ein durch Christi Kreuzestod befreiter Christ sich selbst zum Dienst, entsprechend den im Wort Gottes formulierten ethischen Forderungen, stellt. Das Gesetz wird nicht durch unterwürfigen Gehorsam zum Zweck der Selbstrechtfertigung erfüllt, sondern durch die Rechtfertigung in Christus und den aus ihr folgenden Gehorsam aus Liebe (vgl. Röm 8,4; 13,8-10; Hebr 10,5-10). Für den Christen, mag er vorher Jude oder Heide gewesen sein, kann die Freiheit vom Gesetz nicht gesetzloses Leben bedeuten. Im Gegenteil: unter der Gnade ist die Verpflichtung zu christlicher Liebe um so größer (vgl. Röm 6,1-15). **15** Wir wissen nicht, auf welches konkrete Problem sich dieser Vers bezieht. Er kann sich auf einen mehr oder weniger oberflächlichen Streit zwischen einzelnen Personen oder auch auf tiefe, durch die zum Judentum drängenden Lehrer hervorgerufene Differenzen beziehen. Die überzeichnende Sprache, in der der Satz formuliert ist, weist aber darauf hin, daß diese Streitigkeiten die Gemeinschaft der Galater gefährdeten.

5,16-26 Die Spannung zwischen Fleisch und Geist

In diesem Abschnitt geht es um den Gegensatz zwischen dem Leben im Geist und dem Leben unter dem Gesetz.

16 weist auf den eingeschlagenen Lebensweg hin; das Verbum steht im Imperativ und bezeichnet eine noch andauernde Handlung. Der *Geist* ist der Geist Gottes (vgl. V.5). Die Aufforderung: *Lebt im Geist* ist die angemessene Antithese zu den Thesen des Judentums, die behaupten, die Menschen müßten ohne den Druck des Gesetzes in Sünde fallen. Paulus dagegen fordert die Galater auf, ihr Leben der inneren Führung des Geistes zu übergeben. Sich auf den Geist zu verlassen ist der einzige Weg, nicht dem Verlangen nach Bösem zu erliegen. **17** Auf dem Hintergrund der Aussagen von V.16, daß das Leben im Geist die einzige Möglichkeit ist, die Gelüste des Fleisches zu überwinden, muß dieser Vers verstanden werden. Paulus redet hier nicht von einer unentscheidbaren Schlacht zwischen zwei gleichstarken Gegnern (Geist und Fleisch), deren Kampf uns jeder Handlungsfreiheit beraubt. Der Schlüssel zum Verständnis ist die Aussage des vorausgehenden Verses: *so werdet ihr die Begierden des Fleisches nicht vollbringen.* Geist und Fleisch liegen im Kampf miteinander. Im Geist Gottes zu wandeln heißt, daß wir nicht mehr das tun, was wir wollen (uns der falschen Freiheit der fleischlichen Gelüste hingeben). Im Geist erlangen wir vielmehr eine Freiheit, die über die Wünsche des Fleisches triumphiert. In dieser Freiheit gehen wir nicht auf einem unsicheren Mittelweg zwischen den Wünschen des Fleisches und dem Gehorsam gegenüber dem Gesetz, sondern auf einem neuen Weg, der den beiden anderen überlegen ist. **18** Wer vom Geist geführt wird, ist daher nicht mehr dem Gesetz unterworfen. Das Leben unter dem Gesetz (Gesetzesgehorsam) kann nicht in das neue Leben im Geist (Glaube und Liebe) übernommen werden. Das erste ist abhängig von äußerlichen Regeln, das neue Leben ist jedoch von der Kraft des in uns lebenden Geistes abhängig. Beide Lebensweisen sind Welten voneinander entfernt.

19-21 Was die Werke des Fleisches sind, ist allgemein bekannt (sie sind nicht grundsätzlich identisch mit den Gesetzeswerken): sexuelle Ausschreitungen *(Unzucht, Unreinigkeit, Ausschweifung),* heidnische Praktiken *(Götzendienst, Zauberei),* Sünden gegenüber anderen Menschen *(Feindschaft, Hader, Eifersucht, Zorn, Zank, Zwietracht, Spaltungen, Neid)* und Maßlosigkeit *(Saufen, Fressen).* Das mit *tun* übersetzte Wort meint die Absicht des Tuns. Da die genannten Handlungen nicht aus dem Geist Gottes kommen, werden sie *das Reich Gottes nicht erben.*

22 Es folgt nun das, was der Geist im Leben der Christen hervorbringt. Er schafft geistliche Frucht, die dem neuen Leben des Menschen in Christus entspricht. Vgl. dazu die Frucht des Geistes in 1Kor 12. *Frucht* ist hier als Sammelbegriff gebraucht und meint Ernte oder Ertrag; in ihm drückt sich die Vielfalt des geistlichen Lebens aus. Es ist nicht klar, ob für Paulus selbst diese Frucht in verschiedene Arten zerfiel. Wir können sie jedoch unterteilen in innere Qualitäten, in Tugenden, die zwischenmenschlichen Beziehungen betreffend, und in allgemeine Grundsätze der Lebensführung. Das Vorbild der hier genannten *Liebe* ist die Liebe Gottes in Christus, die uns dazu befähigt, Gott (2Thes 3,5) und andere (Gal 5,13.14) zu lieben. Die Liebe sucht nicht nach ihrem eigenen Vorteil, sondern sorgt sich um das Wohlergehen des anderen. *Freude* ist tiefes Glücklichsein, das der persönlichen Beziehung zu Gott entspringt und die Erfüllung seines Willens einschließt (s. Phil 4,4; vgl. Joh 15,11; 17,13). *Friede* ist im NT in erster Linie innere Heiterkeit und geistliches Wohlbefinden, das auf der Vergebung basiert (vgl. Röm 3,1; 15,13; Phil 4,7). Der Friede mit Gott beeinflußt auch unsere Beziehungen zu anderen Menschen (vgl. Röm 14,17.19). *Geduld* meint Standhaftigkeit in Leiden, Tragfähigkeit, Beherrschung. Das Letztgenannte ist die Bedeutung von *Geduld* hier. Gott hat seine Geduld mit uns in Christus bewiesen (vgl. 1Tim 1,16), deshalb sollen wir auch Geduld mit anderen Menschen haben (vgl. 2Tim 4,2). *Freundlichkeit* ist eine Charaktereigenschaft, die die Vergänglichkeit der menschlichen Natur in Rechnung stellt und nach den Bedürfnissen der Menschen fragt (vgl. Röm 2,4; 11,22; Eph 2,7). *Güte,* als Ergänzung zu *Freundlichkeit,* bezeichnet eine charakterliche Gesamtverfassung, die man als Gerechtigkeit, gemildert durch Liebe, kennzeichnen könnte. Diesen Begriff verwendet Paulus sonst nur noch in Röm 15,14; Eph 5,9; 2Thes 1,11. *Treue* meint hier in erster Linie Zuverlässigkeit und Vertrauenswürdigkeit gegenüber anderen Menschen. *Sanftmut* wird im NT in zweifachem Sinn gebraucht: zum einen als Unterwerfung unter den Willen Gottes (vgl. Jak 1,21), zum anderen als Rücksicht gegenüber Menschen (vgl. Gal 6,1; 1Kor 4,21; 2Kor 10,1).

Keuschheit ist die Übersetzung eines griech. Wortes, das Selbstbeherrschung oder Enthaltsamkeit bedeutet. In unserem Zusammenhang bezieht es sich in erster Linie auf die Zügelung fleischlicher Begierden, kann aber auch auf einen allgemeinen Mangel an Selbstbeherrschung Bezug nehmen (vgl. 1Kor 7,9; 9,25). Durch die untertriebene Bemerkung, daß Tugenden natürlich nicht verboten sind, betont Paulus ihren Wert. **24** Der Christ besiegt zwar in seinem neuen Leben in Christus die Sünde, doch schon vorher ist er mit Christus gekreuzigt, d.h., die Macht des Fleisches ist schon gebrochen (vgl. Gal 2,20).

25 Die Tatsache, daß Christen durch den Geist leben, sollte sich mit ihrem Wandel im Geist decken (vgl. Röm 8,1-11). Denn das Leben eines Christen beginnt nicht nur im Geist, es steht auch immer unter der Leitung des Geistes. **26** Deshalb sollten Ehrgeiz, Provokation und Neid keinen Platz in einem solchen Leben haben.

6,1-5 Ethische Verantwortung

Im folgenden spricht Paulus von der Verantwortung, die vom Geist geleitete Christen für diejenigen ihrer Mitchristen haben, die in Sünde fallen, und natürlich auch für sich selbst.

1 Paulus weist im Gegensatz zum gesetzlichen Richtgeist auf die Geduld der Gnade hin. So sollen Christen, wenn einer von ihnen eine Verfehlung begeht, versuchen, ihn auf den rechten Weg zurückzubringen. *Wenn* sollte mit »sogar wenn« übersetzt werden, um die Ernsthaftigkeit des von Paulus gemeinten Ereignisses deutlich zu machen. *Zurechthelfen* bedeutet »vollkommen machen« oder »in den richtigen Zustand bringen«, wie ein Maurer eine Wand repariert oder ein Arzt ein gebrochenes Glied wieder einrichtet. Die gemeinte Verfehlung widerspricht dem Wandel im Geist (Gal 5,25). Im Hinblick auf den, der schuldig geworden ist, bittet Paulus die anderen Christen, ihn in seinen vorherigen Zustand zurückzubringen (das Wort, das er benutzt, ist dasselbe, welches auch in Mk 1,19 steht). Dies sollen sie tun *mit sanftmütigem Geist* (vgl. Gal 5,23). Der Geist Christi in einer christlichen Gemeinschaft wirkt nicht durch festgelegte Statuten, sondern durch seine alles umfassende Liebe. Diejenigen, die einen anderen zurechtweisen, sollen dies demütig tun, in dem Bewußtsein ihrer eigenen Grenzen und ihrer eigenen Versuchlichkeit. *Versucht* werden bedeutet hier nicht die Prüfung des Gerechten, sondern das Geraten in den Bereich der Sünde. Grundsätzlich ist die Sünde besiegt, und trotzdem müssen die Christen sich darüber im klaren sein, daß sie eine Macht ist. **2** *Last:* das ist die Verantwortung, die alle Christen zu tragen haben, wenn einer von ihnen vom rechten Weg abweicht. Die eigene Betroffenheit und die daraus resultierende Hilfe für den Ausgeglittenen ist die Folge der in Jesus Christus offenbarten Liebe (vgl. Joh 15,12), sie ist nicht erklärbar aus dem alten Leben, in dem es nur auf das Abzählen der guten Taten ankam (vgl. Mt 18,21). **3** Dem Selbstbetrug verfällt nur der Unachtsame, der sich selbst nicht kennt. **4** Ein wachsamer Mensch dagegen überprüft sein Verhalten. Deshalb beruht sein Ruhm auf einer zutreffenden Selbsteinschätzung, nicht auf einer angemaßten Überhebung über den gefallenen Bruder. **5** Hier geht es um die Verantwortung, die jeder Mensch für sich selbst trägt; sie ist zu unterscheiden von der zusätzlichen Last, von der in V. 2 die Rede ist.

6,6-10 Säen und Ernten

6 Das griech. Wort für *unterrichten,* das zweimal in diesem Vers vorkommt, bedeutet etwa das, was wir mit Katechismusunterricht bezeichnen. Wir sehen also, daß die Unterweisung in der christlichen Wahrheit schon sehr früh in der Kirche eine große Rolle spielte. Diese Unterweisung ist eine andere Art christlicher Wohltätigkeit (die erste war das Zurechtweisen eines in Sünde gefallenen Mitchristen). Die, die unterrichtet werden, sollen die Segnungen ihres Lebens mit den Christen teilen und sie finanziell unterstützen (vgl. Röm 15,27; 1Kor 9,11). Paulus ruft die Unterrichtenden dazu auf, ihr Amt angemessen zu verwalten. Es folgt eine Anweisung. Ebenso wie die Verfehlung eines Mitchristen uns an unsere eigene Versuchlichkeit erinnert, so soll die Großzügigkeit eines Lehrenden ein Beispiel dafür sein, daß der Mensch das erntet, was er sät.

7 So einleuchtend die Anwendung dieses Verses auf Nichtchristen sein mag, wir dürfen nicht vergessen, daß Paulus ihn zuerst zu Christen sagt. **8** Die Aussage ist eindeutig, daß die Abweisung der Lehren des Evangeliums und die Hingabe an die Begierden des Fleisches ihre eigenen Früchte tragen. Man erntet, was man gesät hat. Fleischliche Genüsse führen zu Verfall und schließlich zu völliger Zerstörung. Dagegen wird der, der *auf den Geist sät,* nicht vergeblich gehandelt haben, da er sein Leben auf den Geist Gottes, der sich in Christus offenbart hat, setzt (vgl. Röm 6,19-23; 1Tim 6,12; Tit 3,7). Alles, was aus dem Geist ist, wird ewiges Leben ernten (vgl. 1Jo 2,15-17). Ein Mensch, der glaubt, daß er sich ungestraft gegen Gott erheben kann, betrügt nur sich selbst. Niemand kann Gott täuschen. **9** *Müde werden* kann auch »nachlässig werden« meinen. Die letzte Ernte kommt, deshalb laßt uns in Erwartung auf sie Gutes säen. Es ist wichtig, daran zu denken, daß es in diesem Absatz um zwei Saaten und um zwei Felder geht (Fleisch und Geist). *Nachlassen* bedeutet, etwas Angefangenes aufgeben oder erschöpft innehalten (vgl. Hebr 12,3-5; Mt 15,32). **10** Im folgenden wird noch einmal der Grundsatz für das Leben in der Gnade formuliert: *laßt uns Gutes tun an jedermann,* solange noch Gelegenheit dazu ist. Christen tragen eine besondere Verantwortung füreinander. Die hier mit *des Glaubens Genossen* übersetzte Wendung meint, daß diese Menschen zu jemand, zu einem Haus im weiteren Sinne gehören. Wer durch den Glauben zur Familie Gottes gehört, gehört zum selben Haus und ist mit allen anderen, die dazugehören, verwandt, mit allen Verpflichtungen, die sich daraus ergeben.

Dieser Abschnitt gibt uns auch zu erkennen, daß Paulus bemüht war, die Galater über ihren eigenen Sorgen nicht die Not der Christen in Jerusalem vergessen zu lassen, damit sie die Sammlung weiterführten. Im Nahen Osten, besonders in Palästina, hatten schlechte Ernten zu Hungersnöten im 5. und 6. Jahrzehnt des 1. Jhs. geführt. Die Regierung führte Maßnahmen zur Linderung der Not durch, und die Gemeinden der Christen sammelten Geld (vgl. Röm 15,24-27; 1Kor 16,1-4; 2Kor 8; 9).

6,11-18 Schluß

11 Paulus diktierte seine Briefe meistens einem Schreiber, fügte jedoch in der Regel eine persönliche Bemerkung hinzu (vgl. 1Kor 16,21; Kol 4,18; 2Thes 3,17). *Mit wie großen Buchstaben:* Dieser Satz hat Probleme verursacht. Der Schlußteil dieses Briefes ist der längste Schlußteil in den paulinischen Briefen überhaupt (vielleicht beginnt er schon in 5,2). Schreibt Paulus diesen Schlußteil nun in großen Buchstaben, damit er herumgezeigt werden kann, oder kann er nicht besser schreiben, sind vielleicht seine Augen schwach oder krank? Die wahrscheinlichste Bedeutung ist jedoch: »in welch deutlichen Worten«; Paulus wollte noch einmal auf die Größe der Gefahr, die die Tendenzen zum Judentum in sich trugen, und auf die Tatsache, daß das Heil allein aus dem Kreuzesgeschehen kommt, hinweisen.

12 Die Streitfrage zwingt Paulus dazu, nach den Motiven zu fragen. Die Unterwerfung unter die Beschneidung (das bezieht sich auf alle, die beschnitten sind) ist ein ritueller Akt, dessen man sich rühmen kann; schließlich erspart er dem Menschen zuzugeben, daß er sein Heil allein dem Kreuzestod Jesu verdankt. Ein Mensch unter der Beschneidung befaßt sich automatisch mehr mit Äußerlichkeiten. Es besteht eine Analogie zwischen seinem Stolz auf den äußerlichen, physischen Akt der Beschneidung und seinem fleischlichen Verlangen. Dies steht jedoch in völligem Gegensatz zum Wesen des Evangeliums, des Glaubens und des wahren geistlichen Lebens. Die Verfechter des Judentums waren zwar bereit, das Ärgernis des Kreuzes zu dulden, doch nur innerhalb des vom Judentum vorgeschriebenen Rahmens. **13** Paulus gebraucht eine theologische Folgerung (vgl. 3,10.11) nun als Anklage: auch diejenigen, die sich beschneiden lassen, halten das Gesetz nicht ganz. Paulus meint hier sicherlich, daß sie, wie es sich in ihren Handlungen zeigt, nicht ganz ehrlich sind. Sie verlangen von den Galatern die Beschneidung, nur damit sie sich selbst eines Erfolgs auf dem Weg zu äußerer religiöser Konformität rühmen können.

14 Doch für Paulus kann man sich, wenn überhaupt, *allein des Kreuzes unsers Herrn Jesus Christus* rühmen. Indem er den vollen Titel Jesu benutzt, betont Paulus nicht nur die Einzigartigkeit der Erlösungstat, sondern auch die Göttlichkeit Jesu, von der die durch ihn vollbrachte Erlösung bestimmt ist. Das Kreuz ist Gottes Kreuz, Gottes Weg zur Erlösung; damit ist es auch der einzige Weg zum Heil (vgl. Röm 5,18-21). Durch das Kreuz hat sich das Leben des Paulus von Grund auf verändert. Mit Christus ist für Paulus die Welt gekreuzigt worden, ebenso wie er der Welt gekreuzigt ist. Mit Christus ist Paulus selbst gestorben (vgl. 3,26.27; Röm 6,3.4), und seitdem gilt er der Welt als tot, d.h., er lebt nicht mehr für die Lebensordnungen der Welt, die die Menschen von Gott entfremden. **15** Die Attraktionen des unerlösten Lebens haben für ihn ihre Anziehungskraft verloren. Äußere Zeichen religiöser Konformität oder Nonkonformität zählen nicht, allein die *neue Kreatur* ist wichtig (vgl. 2Kor 5,17), die geistliche Neuschöpfung des Menschen. **16** Mögen auch viele von religiösen Vorschriften reden - der Segen Gottes ruht auf denen, die das neue Leben in Christus haben. Sie sind das wahre Israel Gottes, die wahren Erben Abrahams (vgl. 3,14; Phil 3,3).

17 ist eine Bitte um Verschonung von Verfolgung, die Paulus ausspricht aufgrund seiner schon erlittenen Leiden, die Erweis genug für seine Hingabe an Christus sind (vgl. Apg 14,8.19; 2Kor 11,23-28).

18 Der Segensgruß ähnelt den Segensgrüßen am Ende der anderen Paulusbriefe. In diesem Fall erinnern die Worte *Gnade* und *Geist* noch einmal an die Hauptthemen des Briefes, die sich mit der zentralen Stellung Jesu Christi beschäftigen. Gleichzeitig kommt in diesem Segen das brüderliche Gefühl zum Ausdruck, das Paulus für die Galater empfindet.

Samuel J. Mikolaski

Der Brief an die Epheser

Einleitung

Stellung und Absicht des Epheserbriefes innerhalb der paulinischen Schriften

Der Epheserbrief weist zwei charakteristische Besonderheiten auf. Zum einen ist er, abgesehen von den Schlußsätzen, auffallend unpersönlich und indirekt abgefaßt. Der Apostel weiß nur aus zweiter Hand, daß die Adressaten Christen sind (1,5) und daß sie von seinem Dienst unter den Heiden auch nur auf Umwegen erfahren haben (3,1.2). Es verbindet ihn also keine persönliche Bekanntschaft mit seinen Lesern (3,4).

Zum anderen weist der Brief literarische Besonderheiten auf. Die Wortwahl und der Gebrauch eines gelehrteren Stils lassen diesen Brief als für Paulus untypisch erscheinen. Es finden sich viele Begriffe, die sonst nirgendwo im NT vorkommen, lange, schwierige Sätze, die durch eingeschobene Relativsätze noch komplizierter werden, eine Fülle abstrakter Begriffe usw. Dieser Stil scheint kaum der des Apostels Paulus zu sein, dessen Briefe sonst rhetorische Fragen enthalten und gezielte, eindeutige Stellungnahmen (vgl. Galater).

Aufgrund dieser Besonderheiten hat man in der neueren Forschung die Verfasserschaft des Paulus für diesen Brief in Frage gestellt. Doch bevor wir uns damit auseinandersetzen, wird es gut sein, die eingangs beschriebenen Beobachtungen auszuwerten. Die Tatsache, daß der Verfasser des Briefes die Adressaten nicht, wie sonst üblich, persönlich kennt, weist darauf hin, daß es sich bei dem Brief an die Epheser nicht um einen gewöhnlichen Hirtenbrief an eine oder mehrere Gemeinden handelt. Dieser Eindruck wird verstärkt durch die textliche Schwierigkeit in 1,1. Die Worte, die LÜ mit »zu Ephesus« übersetzt, fehlen in einigen zuverlässigen Mss., sowohl in Codices als auch Schriftrollen, u.a. auch in dem wichtigen Papyrus P46, der aus der Zeit um 200 n.Chr. stammt. Außerdem unterstützen die Schriften früher christlicher Autoren die Annahme, daß »zu Ephesus« in den ältesten Texten nicht steht. Es gibt zwei Möglichkeiten, dieses Textproblem zu lösen. Die eine besagt, daß dieser Text nicht als Brief konzipiert war, sondern als allgemeine Abhandlung oder als theologischer Traktat. Dann müßte womöglich ein Schreiber des 2. Jhs. »zu Ephesus« eingefügt haben, um die Schrift, die von späteren Christen dem Paulus zugeschrieben wird, den Briefen des Paulus an die Gemeinden des ersten nachchristlichen Jahrhunderts anzugleichen.

Gegen diese Ansicht, jedoch für eine zweite Möglichkeit spricht die Tatsache, daß der Brief eher an eine Predigt erinnert, als an einen Brief, der sich an eine bestimmte Gemeinde mit speziellen Problemen wendet. Es deutet manches darauf hin, daß dieses Schriftstück als Rundbrief an Gemeinden in einem größeren Gebiet geschrieben wurde - Kleinasien ist die naheliegende Adresse - und durch einen Boten von Ort zu Ort gebracht wurde, oder (wenn wir in Betracht ziehen, daß später Ephesus als Adresse eingesetzt wurde), daß der Verfasser in der Überschrift eine Lücke gelassen hatte, in die dann der jeweilige Ortsname der Gemeinde eingesetzt wurde. Diese Erklärung bereinigt nicht alle Probleme, scheint aber einen hohen Wahrscheinlichkeitsgrad zu haben.

Ein Thema, das den »roten Faden« bildet, hat den Autor in Beschlag genommen. In einem von liturgischen und hymnischen Elementen durchsetzten Stil bringt der Schreiber sein Staunen zum Ausdruck, daß Gottes Gnade eine Gemeinde ins Leben gerufen hat, in der sowohl Juden als auch Heiden ihren Platz haben (2,11-22). Um die Einheit dieser umfassenden Gemeinschaft, die letztlich der Leib Christi ist (1,23; 3,6; 4,4; 5,30), ist es dem Apostel zu tun (4,3ff). Er beginnt bei der Voraussetzung, bei dem *einen neuen Menschen* (2,15), den Gott kraft der Versöhnungstat Christi am Kreuz an den Anfang einer neuen Schöpfung setzt (2,16). Durch diese neue Schöpfung gehören sowohl Juden als auch Heiden zur Familie Gottes (1,5; 2,19; 4,6; 5,1) und sind somit Brüder. Das Entstehen dieser neuen Gemeinschaft, in der alle Barrieren der Rasse, der Kultur oder des sozialen Status niedergerissen sind, sieht der Briefschreiber als ein Wunder an. Frühere Thesen des Paulus aus Gal 3,28.29 werden nun mit Inhalt gefüllt und in die Praxis umgesetzt.

Im Brief an die Galater hatte sich Paulus nachdrücklich für die Anerkennung der Heidenchristen als vollgültige Mitglieder der Gemeinde Christi eingesetzt. In unserem Brief geht er bereits von der Freiheit der Heidenchristen aus und ruft ihnen ins Gedächtnis, daß sie ihren Platz in der Familie Gottes haben. Er warnt seine Leser davor, sich dem Einfluß ihrer ehemals heidnischen Moralvorstellungen auszusetzen (4,17ff) und ermahnt sie, sich in acht zu nehmen vor heidnischen Lehrern, die die christliche Ethik, die Bestandteil des neuen Lebens in Christus ist, zu unterwandern suchen (5,3ff). Dann erinnert er die Heidenchristen daran, daß die Judenchristen ihre Mitbrüder sind, und daß Jesus als der Messias Israels kam, durch den die ganze Welt gesegnet wird. Deshalb dürfen sie den Juden die Teilhabe am Evangelium nicht streitig machen, denn das hieße, das Evangelium von seinen historischen Wurzeln zu trennen (vgl. Joh 4,22). Der Verfasser beruft sich dabei auf das AT. Er erklärt, daß die Messiashoffnung Israels auch die Bedürfnisse seiner heidnischen Leser deckt (2,11ff; 3,6); sie sind, obwohl sie sich später zu Christus gewandt haben als die Judenchristen, doch nicht geringer als jene und haben mit ihnen teil am Heiligen Geist, der ihnen durch den Messias verheißen ist (1,13; 4,30).

Stellen wir uns eine ntl. Gemeinde vor, zu der nach intensivem missionarischen Einsatz viele Heidenchristen hinzukommen. Wenn diese Heidenchristen sich ihrer vermeintlichen Unabhängigkeit von Israel zu rühmen beginnen und sich den Judenchristen gegenüber intolerant verhalten (eine Haltung einnehmen, von der Röm 11,33ff spricht), dann leuchtet die Notwendigkeit ein, an die jüdische Herkunft der Gemeinde zu erinnern. Vor diesem Hintergrund läßt sich der Brief an die Epheser in den Rahmen der paulinischen Schriften einordnen.

Verfasser und Datierung

Einige Stellen im Brief selbst (1,1; 3,1) sowie Zeugnisse von Kirchenvätern (Irenäus, Clemens von Alexandria, Tertullian) unterstützen die traditionelle Auffassung, nach der dieser Brief von Paulus stammt. Die Authentizität des Briefes wird aber auch teils wegen seines unpaulinischen Vokabulars und Stils, teils wegen der vorausgesetzten Situation, die erst in nachpaulinischer Zeit eingetreten sein könnte, in Frage gestellt.

Doch wenn wir davon ausgehen, daß Paulus hier liturgische, gottesdienstliche Elemente aufnimmt und in lyrischem, feierlichem Stil schreibt, erklären sich diese Abweichungen von seinem sonstigen Stil von selbst. Der andere Einwand gegen die Echtheit des Epheserbriefes ist von größerer Bedeutung, besonders die Feststellung, daß der Epheserbrief auf eine Situation reagiert, die nur nach der Institutionalisierung und Verfestigung des gemeindlichen Lebens eintreten konnte. So glauben einige, Spuren eines »Frühkatholizismus« in diesem Brief gefunden zu haben: die Apostel werden als eine geschlossene Gruppe betrachtet (2,20; 3,5; 4,11); das Anliegen ist die Einheit der Gemeinde, in der die Heidenchristen jedoch schon ihren festen Platz haben; die Naherwartung der Wiederkunft Christi nimmt ab (so 4,13-16, was Masson mit den Worten kommentiert: »Die Gemeinde wächst auf Christus zu. Sie wartet nicht mehr darauf, daß er zu ihr kommt«). Keiner dieser Anhaltspunkte weist zwingend auf eine Zeit nach Mitte der sechziger Jahre hin; der Text enthält sogar Aussagen, die eine frühere Zeit nahelegen (so 5,16; 6,13, in denen auf das Leben der Gemeinde »zwischen den Zeiten« angespielt wird). F. F. Bruce hat gezeigt, daß Gedanken, die schon in den früheren Paulusbriefen angesprochen werden, in diesem Brief weiter entwickelt und ausgeführt werden.

Der Brief dürfte während der Inhaftierung des Paulus in Rom, 60-61 n.Chr., entstanden sein. An vielen Punkten weist er Ähnlichkeiten mit dem Kolosserbrief auf, besonders in 6,21.22 (vgl. Kol 4,7ff), wo wir erfahren, daß Tychikus der Überbringer beider Dokumente war. Die Gedankengänge beider Briefe überlappen und ergänzen sich gegenseitig, dem Versuch jedoch, beide Briefe aufgrund dessen gegeneinander auszuspielen, um so die Echtheit des Kolosserbriefes im Gegensatz zur Nicht-Authentizität des Epheserbriefes zu erweisen, ist wenig Erfolg beschieden. Beide Briefe gehören derselben Schaffensperiode des Paulus an; der Epheserbrief war wohl der letzte Brief, den Paulus während seiner Haftzeit schrieb.

Inhalt

1,1-14	**Einleitung**	
	1,1.2	Anrede und Gruß
	1,3-14	Gottes Heilsplan für Zeit und Ewigkeit
1,15-3,21	**Das Leben der Gemeinde in Christus**	
	1,15-23	Die Fürbitte des Paulus für die Gemeinde
	2,1-10	Die Geschichte der Gemeinde - Vergangenheit, Gegenwart und Zukunft
	2,11-22	Die Einheit der Gemeinde
	3,1-21	Das Apostelamt des Paulus und sein Gebet für die Gemeinde

Kommentar

1,1-14 Einleitung

1,1.2 Anrede und Gruß

Im Aufbau folgt der Brief den Gepflogenheiten seiner Zeit: Paulus nennt am Anfang des Briefes seinen Namen, genauso wie in anderen Briefen an ntl. Gemeinden, und grüßt dann seine Leser. Er spricht sie auf ihre Berufung als Christen hin an - als »Heilige« und »Gläubige« (V. 1). Dann wünscht er ihnen Gnade und Friede, welche Gaben Gottes, des Vaters und des Sohnes sind (V. 2).

Anmerkungen. 1 *Ein Apostel Christi Jesu:* Paulus setzt voraus, daß sein Brief Autorität hat. Das Apostelamt bedeutete die Ausübung einer von Gott gegebenen Autorität innerhalb der Gemeinde (vgl. 2Kor 13,10). *Durch den Willen Gottes:* Paulus macht damit deutlich, daß er seine Berufung nicht durch sich selbst, auch nicht von anderen Christen erhalten hat. Vielmehr hat er sein apostolisches Amt und seine Autorität aufgrund der Berufung und Sendung durch den auferstandenen Christus. *An die Heiligen und Gläubigen:* dies sind adjektivische Bestimmungen. Auf beide von ihnen bezieht sich das folgende *in Jesus Christus.* Das Wort »Heilige« darf nicht so verstanden werden, als bezeichne es eine besondere Art von Frömmigkeit. »Heiligkeit« bedeutet Hingabe an Gott und Dienst für ihn. So wird diese Bezeichnung ja auch durch »Gläubige« ergänzt und erklärt; gläubig ist die Bezeichnung für Menschen, die zu Gottes Volk berufen sind und Gott in Jesus Christus dienen, d.h. in Gemeinschaft mit Christus und somit in der Gemeinde leben. Zur Auslassung von *in Ephesus* s. Einleitung. 2 *Gnade... und Friede:* Ein von Paulus oft gebrauchter Segenswunsch (vgl. 1Thes 1,1). Beides kommt von Gott *und dem Herrn Jesus Christus.*

1,3-14 Gottes Heilsplan für Zeit und Ewigkeit

Es gibt zwei Möglichkeiten, diese Verse zu verstehen. Einmal können wir in ihnen ein trinitarisches Schema entdecken, wonach der Vater sein Volk erwählt (V. 3-5), der Sohn es erlöst durch seinen Opfertod (V. 7) und der Heilige Geist die Erlösungstat Christi in der Gemeinde und in der persönlichen Erfahrung Wirklichkeit werden läßt und damit das Wirken der Dreieinigkeit vollendet (V. 13.14). Zum anderen können wir sie als einen Gang durch verschiedene Zeitabschnitte verstehen: Paulus überblickt Gottes Erlösungswerk von seinem Beginn bis zu seiner zukünftigen Vollendung (V. 4 und 14). Diese beiden Verständnismöglichkeiten schließen sich nicht gegenseitig aus; V. 7 bildet die Mitte der Ausführungen über das Handeln Gottes.

1,3-6 Die Wahl des Vaters. 3 Paulus beginnt mit einem Lobpreis Gottes, des Vaters unseres Herrn Jesus Christus (V. 6), seines geliebten Sohnes, und erinnert daran, daß aller geistliche Segen der Gemeinde zur Verfügung steht, die sich auf Christus als ihr Haupt beruft und durch ihn lebt. Vgl. V. 22, wo die Herrschaft Christi über die Gemeinde auf Gottes Berufung zurückgeführt wird. 4 Die Gemeinde lebt *in ihm,* weil Gott es vor Grundlegung der Welt so gewollt hat. Das macht möglich, daß die Menschen, die das Evangelium hören, im Glauben antworten können (V. 13; vgl. 2Thes 2,13). Hier begegnet uns das Geheimnis der göttlichen Erwählung, von der das NT immer wieder spricht, nicht als ein Rätsel, um unseren Verstand herauszufordern, sondern als ein Wunder, um uns zum Lob Gottes zu veranlassen; nicht als ein Wesenszug Gottes, der bagatellisiert werden dürfte, sondern als Versicherung, daß wir in Gottes mächtiger Hand ruhen und nicht dem Zufall ausgeliefert sind. Die Erwählung ist auf keinen Fall eine Entschuldigung für Nachlässigkeit in geistlichen Dingen, sondern eine beständige Erinnerung daran, daß Christen die Verantwortung haben, ihre »Berufung und Erwählung festzumachen« (2Petr 1,10). Wir sind dazu erwählt, *heilig und untadelig* zu sein.

5 Die Erwählung Gottes ist ein Ausdruck

seiner *Liebe,* die ihre Erfüllung darin findet, daß er sich viele Kinder schafft, die dem Erstgeborenen gleichen (vgl. Röm 8,29; Hebr 2,10). **6** In seinem geliebten Sohn, der die Gnade Gottes in seinem Leben und Sterben den Menschen gebracht hat (vgl. Joh 1,17b), ist die Absicht des Vaters Wirklichkeit geworden. Die Betonung, die Paulus auf die Unabhängigkeit dieser Gnade legt, zeigt, daß er sich hier am AT und an dessen Aussagen über Gottes souveränes Handeln orientiert (vgl. 5Mo 7,6-8).

Anmerkungen: **3** *Gesegnet,* das griech. Wort (*eulogētos,* wie in 1Petr 1,3) gibt das hebr. Wort *b^eraka* wieder, das im jüd. Gottesdienst eine große Rolle spielt. **5** LÜ und ZÜ beziehen *in seiner Liebe* auf *verordnet;* sie sind EÜ vorzuziehen, wo dies noch auf V. 4 bezogen wird. **6** *Geliebter* erinnert an Mk 1,11, wo dies als Titel des Messias gebraucht wird. Der atl. Hintergrund findet sich in 1Mo 22,1-8, worauf Paulus in Röm 8,32 anspielt.

1,7-10 Der in Christus erfüllte Plan Gottes. **7.8** Die Erwähnung der Gnade Gottes veranlaßt Paulus zu einer weiterführenden Behandlung dieses Themas. Sohnschaft und Gotteskindschaft sind möglich geworden durch die Erlösung (V. 7). Durch sein Blut und seinen Opfertod am Kreuz hat Christus die Befreiung seines Volkes von der Herrschaft des Bösen und die Zusicherung der Vergebung erreicht. Befreiung war genau das, was das gefangene Israel brauchte, vgl. 5Mo 15,15.

9.10 Doch Erlösung und Vergebung sind nur ein Teil des Werkes Gottes in Christus. Was Paulus hier als *das Geheimnis seines Willens* bezeichnet, umfaßt die gesamte Geschichte des Universums, denn dieses Geheimnis ist ein Plan, der bis zum Ende der Zeit reicht, den Gott auf seine Art und nach seinem eigenen, unabänderlichen Willen ausführen wird (V. 11). Dieser Plan hat die Zusammenfassung aller Dinge in Christus zum Ziel - eine schwierige Aussage, deren Bedeutung sein könnte, daß das ganze Universum seine letztgültige Erklärung und Begründung in Christus findet. Durch Christus erhält der Kosmos Sinn, wenn anerkannt wird, daß dieser Christus nicht nur der Ursprung und Erhalter aller Dinge (Kol 1,15ff; vgl. Joh 1,3.4; Hebr 1,2.3), sondern auch deren Ziel ist, auf das die ganze Schöpfung hin angelegt ist.

Anmerkungen: **7** Den Hintergrund bildet hier, wie in 5,2, das AT. **8.9** Die gewichtigen Worte dieses Verses, *Weisheit, Klugheit, Geheimnis* und *hat uns wissen lassen* (griech.: *gnōrisas*) wurden vielleicht auch von den Irrlehrern in Kleinasien, von denen Paulus im Brief an die Kolosser spricht, gebraucht. Diese falschen Lehrer behaupteten, eine nur Eingeweihten zugängliche Geheimlehre zu haben, die der Schlüssel zum Verständnis des Universums sein sollte. Paulus widerlegt diese Behauptung. Das »Geheimnis« göttlichen Willens liegt in Christus - und ist damit allen, die an ihn glauben, zugänglich. Ein Geheimnis ist es nur insofern, als der menschliche Verstand nicht ermessen kann, was Gott in Christus getan hat; den Gläubigen ist es jedoch offenbar gemacht (vgl. 3,3-6). Der Inhalt des Geheimnisses ist die »Vereinigung von Juden und Heiden zu einer gemeinsamen Hoffnung in Christus«, ja mehr noch, »die Einheit der Menschen in Christus« (Robinson, 1904). In diesem Licht sollten wir den nächsten Vers sehen. **10** Das mit *zusammengefaßt* übersetzte griech. Wort ist problematisch; es steht auch in Röm 13,9, sein Gebrauch dort ist der Schlüssel für unsere Stelle. Liebe ist das alles umfassende Gebot, das alle anderen Gebote in sich schließt und ihnen ihren Zusammenhang gibt. Was die Liebe für die Gebote ist, ist Christus für den ganzen Kosmos; er fügt die einzelnen Teile des menschlichen Lebens zu einem Ganzen zusammen und bildet so ein Uni-versum.

1,11-14 Der Dienst des Heiligen Geistes. **11.12** Paulus geht jetzt näher auf den Prozeß ein, durch den sich Gottes Plan im Leben der Menschen verwirklicht. Er stellt sich (V. 12) als ein Vertreter des jüdischen Volkes, das schon lange von der Hoffnung auf den Messias getragen wurde, neben seine ursprünglich heidnischen Leser (V. 13; vgl. 3,1; 4,17). In Christus haben alle ethnischen und religiösen Unterscheidungsmerkmale ihre Bedeutung verloren, weil Juden- als auch Heidenchristen Glieder eines Leibes sind (3,6); auch wenn sie ursprünglich aus unterschiedlichen Kulturen kommen.

13.14 Der Weg zu Christus ist für Juden und Heiden derselbe. Er wird in diesen beiden Versen näher beschrieben. Das Hören des Wortes *der Wahrheit,* also des Evangeliums (vgl. Kol 1,5), ist der erste Schritt, dem dann die vertrauensvolle Annahme dessen, von dem dieses Wort spricht, folgt. Der dritte Schritt ist dann die »Versiegelung«, die zusammenfällt mit der Erfüllung der Verheißung des Heiligen Geistes, der auf alle kommt, die an Christus glauben, und ihnen bezeugt, daß sie zu Gottes Auserwählten gehören, daß sie Gottes Volk sind, wie Israel zur Zeit des alten Bundes Gottes Erbe war (vgl. Kol 1,12). Die Versiegelung Israels war die Beschneidung (s. Röm 4,11). Dies mag der Grund sein, warum vom 2. Jh. an viele Ausleger unter der Versiegelung die Taufe als die äußerliche Bestätigung der Entscheidung, Christus nachzufolgen und seiner Gemeinde anzugehören, verstanden. Andere verstehen unter Versiegelung einfach die Gabe des Heiligen Geistes bei der Bekehrung (vgl. 4,20). Diese Verteilung des Heiligen Geistes läßt sich mit der Erfahrung Israels vergleichen (V.14). Israel wurde durch Adoption und Bundesschluß Gottes auserwähltes Volk, doch die ihm dabei gegebenen Verheißungen gingen erst zur Zeit Josuas und der Landnahme in Kanaan in Erfüllung. Ebenso erhält der Christ bei der Bekehrung ein *Unterpfand*, eine »erste Anzahlung« (griech.: *arrabōn*) des Geistes, und wartet auf die Erfüllung des Heilsplanes Gottes.

Anmerkungen. **11** ZÜ hat die wörtl. Übersetzung: »Und in ihm sind wir auch zum Erbteil gemacht worden.« Der Gedanke wird in V.18 weitergeführt; er geht auf die atl. Aussagen über die Einsetzung Israels als Gottes Erbe zurück (vgl. 5Mo 32,9). *Vorherbestimmt* enthält einen Hinweis auf göttliche Erwählung (»vorherbestimmt«: die Verben »erwählt« in V.4 und »vorherbestimmt« unterscheiden sich nur in Nuancen, was I. Davidson, 1946, nachgewiesen hat). **13** Die Verben in diesem Vers sind gleichzeitig. Gläubig werden und mit Heiligem Geist erfüllt werden geschieht gleichzeitig (vgl. Apg 19,2). Die vollkommene Erlösung, auf die die Gegenwart des Geistes in der Gemeinde jetzt ein Angeld ist (vgl. 2Kor 5,5), steht noch aus (vgl. Röm 8,23).

1,15-3,21 Das Leben der Gemeinde in Christus

1,15-23 Die Fürbitte des Paulus für die Gemeinde

In diesem Abschnitt verleiht der Apostel seiner Dankbarkeit dafür Ausdruck, daß die Leser an den Segnungen des Heilsplans Gottes teilhaben; Paulus tut dies in einer für ihn charakteristischen Weise, indem er für sie betet (V.15.16). Dabei äußert er einige typische Gedanken, die wir auch in seinen anderen Briefen finden. Da ist zum Beispiel der Wunsch, daß seine Geschwister im Glauben Gottes Heilsplan erkennen mögen (V.17.18), die Zuversicht, daß sie sich immer fester auf die Hoffnung, zu der sie berufen sind, verlassen werden (V.18), und vor allem die Gewißheit, die er mit ihnen teilen möchte, daß die Macht Gottes auch in ihren Nöten erfahrbar ist (V.19). Das Zeichen dieser Macht, die größte aller Taten Gottes in der Geschichte, ist die Auferweckung Christi von den Toten und dessen Erhöhung zur Rechten Gottes. Die Inthronisation des auferstandenen Herrn (V.20ff) verleiht diesem nicht nur persönliche Würde und Ehre, sondern hat auch weitreichende Konsequenzen für die Welt (die dadurch einen neuen Herrscher erhält) und für die Gemeinde (die nun einen Herrn hat, unter dem ihr Leben sicher ist).

15 Dies ist der Anfang eines langen, zusammenhängenden Satzes, der bis zum Ende des Kapitels geht. Aus der Art, wie Paulus hier schreibt, geht hervor, daß er seine Leser nicht persönlich kennt; vgl. Kol 1,3.4; 2,1. Doch die Nachricht von ihrem Glauben an Christus und dessen Ausdruck in der Liebe zu ihren Mitchristen hat Paulus über eine weite Entfernung erreicht. Dieses Ineinandergreifen von Glaube und Liebe ist ein Faktor des christlichen Lebens, auf den Paulus sehr viel Gewicht legt (vgl. Gal 5,6). **16** So und ähnlich formuliert Paulus oft seine Gebete (s. z.B. Röm 1,9).

17 Dieser Vers bildet den ersten Schwerpunkt der Fürbitte; Paulus bittet um die nötige Ausrüstung, um die wichtigste aller Erkenntnisse, die Erkenntnis Gottes. Diese Ausrüstung besteht aus dem *Geist der Weisheit und der Offenbarung*. Beide Ausdrücke sind auf dem Hintergrund des AT zu verstehen (z.B. Hi 28,12ff; Jer 9,23ff) und bestätigen die biblische Lehre, daß Weisheit nicht aus menschlicher Begabung oder Klugheit kommt, daß göttliche Wahrheit nicht in einem menschlichen Gehirn erdacht werden kann, sondern daß sie ein Geschenk Gottes ist (vgl. Lk 10,21). *Offenbarung* ist die Bezeichnung für das gnädige Sich-zuerkennen-Geben Gottes, der dabei immer der Handelnde ist. **18** Gott selbst bereitet den menschlichen Geist auf den Empfang der Offenbarung vor, der als Erleuchtung bezeichnet wird. Jetzt kommt Paulus zum zweiten Schwerpunkt seines Fürbittengebets für die Epheser: Gott möge sie erkennen lassen, *zu welcher Hoffnung* sie von ihm berufen sind (in 4,4 steht dieselbe griech. Wendung). Gott beruft in erster Linie zum Heil (vgl. Phil 3,14), erst in zweiter Linie zum Dienst in einem bestimmten Aufgabenbereich, obwohl auch dieser Gedanke bei Paulus anderswo zum Ausdruck kommt. Ein dritter Schwerpunkt des Gebets des Apostels handelt von dem großen Erbe der Gemeinde als Volk Gottes, kommt auf 1,11ff zurück und weist gleichzeitig voraus auf die Ausführungen des Paulus zu dem Reichtum, den die Gemeinde durch die Erhöhung Christi hat. Der *Reichtum der Herrlichkeit* (EÜ) ist unser Anteil am Erbe Christi (Röm 8,17). **19.20** Hier werden zwei Aspekte des Handelns Gottes an Christus angesprochen: Seine Auferweckung (V. 19b.20a) und seine darauffolgende Erhöhung (V.20b.21). Die Kraft, mit der die Gläubigen rechnen, ist die gleiche, mit der Gott seinen Sohn von den Toten auferweckt hat (vgl. Röm 6,4) und dessen Versöhnungstat bestätigt hat, indem er ihn zum Herrscher der Welt machte, was *eingesetzt zu seiner Rechten im Himmel* bildhaft zum Ausdruck bringt.

21.22 Der erhöhte Christus ist nicht nur Herr über die sichtbare Welt der Natur und der Menschen, er herrscht auch über alle unsichtbaren Mächte, die in das Schicksal der Menschen einzugreifen versuchen. Paulus sagt, daß

Christus Herr ist über alle kosmischen Mächte, von denen die Menschen kaum eine Ahnung haben, weil er ihr Schöpfer (vgl. Kol 1,16) und gerechter Herrscher ist (vgl. Phil 2,9-11). Sein Name steht über all diesen Mächten in der Gegenwart und in der Zukunft. Gott hat ihm die Macht gegeben, tatsächlich über alle jene Mächte zu herrschen, die die Menschheit vor seinem Sieg am Kreuz und seiner Auferstehung in ihrem Bann hielten (vgl. Gal 4,3; Kol 2,15). *Und alles hat er unter seine Füße getan:* hier wird Christus als der neue Adam beschrieben, der seine Herrschaft über die Schöpfung antritt (vgl. Ps 8,6, der in Hebr 2,5ff in diesem Sinne ausgelegt wird). Der Gedanke des Paulus geht weiter bis zum endgültigen Sieg Christi (vgl. 1Kor 15,25), der im Glauben gegenwärtig und real erfahrbar ist. Für Paulus ist die ungeteilte Herrschaft Christi über die Gemeinde schon gegeben. Die Haupt-Leib-Beziehung kommt, sinngemäß auch schon in früheren Briefen des Paulus zur Sprache (vgl. Röm 12,4.5; 1Kor 12,12ff; Kol 1,18; 2,10.19). Im Epheserbrief nun werden die früheren Andeutungen und Hinweise ausgeführt: die Tatsache, daß Christus das Haupt seines Leibes, der Gemeinde, ist, wird hier in gedrängter Fülle dargelegt. *Der Gemeinde zum Haupt* hat die Bedeutung: Herrscher der Gemeinde.

23 Die Gemeinde als Leib Christi ist Werkzeug zur Erfüllung des Heilsplanes Gottes in der Welt. Das ist soweit verständlich, doch die Betonung liegt darauf, daß Christus die Bewegungen der Gemeinde bestimmt, wie der Kopf die Bewegungen des menschlichen Körpers kontrolliert (so 5,23ff). Der Schlußsatz legt diese Deutung nahe, wenn wir von der zwar umstrittenen, aber doch wahrscheinlichsten Deutung des griech. Partizips ausgehen, das mit *erfüllt* übersetzt ist. Die Frage, die sich hier auftut, lautet: ist es Christus, der die Gemeinde erfüllt oder erfüllt die Gemeinde Christus? Hanson (1951) hat einleuchtende Gründe für die erste Möglichkeit gegeben. Er sagt, »alles, was Christus von Gott hat, Macht, Gaben und Gnade, gibt er weiter an die Gemeinde ... die Gemeinde selbst hat nichts, was sie Christus anbieten könnte, mit dem sie einen Mangel in ihm füllen könnte. Im Gegenteil, die Gemeinde ist erfüllt von Christus (3,19), sie hat Teil an all dem, was er besitzt und ist und kann so sein Werk fortsetzen«.

Anmerkungen: 15 Einige wichtige Textzeugen haben nicht: *und von eurer Liebe.* E. F. Scott versucht eine Übersetzung dieses Textes ohne diese Wendung: »eure Treue, wie sie ihren Ausdruck in eurer christlichen Lebensführung und in euren Beziehungen zur Gemeinde findet«. Doch damit ist das griech. Wort *pistis* (*Glaube,* das er mit »Treue« wiedergibt), nicht treffend übersetzt. **18** Vgl. Apg 20,32. **20** Als atl. Text steht hier Ps 110,1 im Hintergrund. Die Erhöhung zur Rechten Gottes meint Mitregentschaft und Herrschaft über den ganzen Kosmos. **21** Diese Aufteilung in zwei Welten basiert auf einer jüd. Vorstellung »Der Allerhöchste erschuf nicht eine Welt, sondern zwei« (4Esra [Esra-Apokalypse] 7,50; s. auch Mt 12,32).

2,1-10 Die Geschichte der Gemeinde - Vergangenheit, Gegenwart und Zukunft

Dieser Abschnitt holt weit aus, um die Problematik menschlichen Lebens fern von Christus, unberührt vom Evangelium, darzustellen. Er stellt das rettende Eingreifen Gottes, das Leben in Christus bedeutet, dem geistlichen Tod gegenüber, der seine Ursache in der Sünde hat (V.4-6). Im Schlußteil dieses Absatzes (V.7) greift die Beschreibung des Paulus voraus in die Zukunft: Gottes Werk, das in dieser Zeit seinen Anfang genommen hat, wird zu einem herrlichen Ziel gelangen. Während die Erlösung für den Christen eine Erfahrung ist, die er bereits gemacht hat (V.5), ist sie für den Gläubigen aber auch der Start in ein neues Leben, das Zukunft hat (V.10). Was Gott für sein Volk angefangen hat zu tun, hat Ewigkeitscharakter, sowohl im zeitlichen (V.7) als auch im örtlichen Sinn (s. 3,10). Seine rettende Gnade, in der Gegenwart wirksam, reicht weit in die Zukunft. Die Erlösung, die Jesus vollbracht hat, reicht über die Erde hinaus und gilt auch in der unsichtbaren Welt. Von daher läßt sich der zweimalige Hinweis auf »Himmel« verstehen (V.6 und 3,10).

2,1-3 Menschsein ohne Christus. 1 Der Auferstandene und Erhöhte (vgl. 1,20ff) ist der, der geistliches Leben gibt (vgl. 1Kor 15,45). Diese lebendig machende Kraft brauchen die Menschen, die ohne Christus sind, d.h. tot sind, am nötigsten. »Tod« ist hier im Sinne von 4,18 zu verstehen: »abgeschnitten von dem Leben, das aus Gott ist«, Tod als Entfremdung des Menschen von Gott (vgl. Kol 2,13; Röm 6,13.23; 1Tim 5,6). Leben ohne Christus steht unter der Verdammung durch die Sünde, deren todbringende Folge ist, daß sie den Menschen von Gott trennt (vgl. Jes 59,2).

2 Es folgt eine doppelte Charakterisierung der damaligen Gesellschaft, wobei der griech.-röm. Lebensstil vom christlichen Standpunkt aus betrachtet wird. *Art dieser Welt,* wörtl.: »entsprechend der Zeit (griech.: *aion* - Äon, Weltzeit) dieser Weltordnung (griech.: *kosmos*)« deutet an, daß das Leben der Menschen unter dem bösen Einfluß überirdischer Mächte steht, die tyrannisch über den Menschen herrschen (so Gal 1,4; 4,3; Kol 2,8; Hebr 2,15). *Unter dem Mächtigen, der in der Luft* *herrscht:* Diese Beschreibung bezieht sich auf den Teufel, der als Herrscher der dämonischen Mächte menschliches Handeln beeinflußt, indem er die Menschen zur Sünde treibt. In der antiken Weltvorstellung galt der interstellare Raum, besonders der zwischen Erde und Mond, als ein Raum dämonischer Aktivitäten, deren verhängnisvollem Einfluß alle Erdenbewohner ausgesetzt waren (vgl. 1Joh 5,19). »Unglauben«, besser *Ungehorsam:* dies ist eine Anspielung auf den Abfall des Satans (vgl. Jes 14,12ff, was von jüd. Schriftstellern in späterer Zeit oft mit der Auflehnung Satans gegen Gott in Verbindung gebracht wurde). Sein rebellischer Geist lebt immer noch in den Menschen, die sich in ihrer Blindheit gegen Gott auflehnen (vgl. 2Kor 4,4). **3** Die traurige Frucht dieses Ungehorsams gegen Gottes gnädigen Willen für die Menschheit zeigt sich in der moralischen Verderbtheit der menschlichen Gesellschaft. Die traurigste Beschreibung des Menschen ist wohl folgender Satz: *Kinder des Zorns von Natur.* D.h. die Menschen stehen unter dem göttlichen Gericht aufgrund ihrer eigenen moralischen Entscheidung, die wiederum eine Folge ihrer verkehrten Natur ist.

Anmerkungen: **1** *Übertretungen* und *Sünden* sind hier fast synonym gebraucht (so H. Schlier, Der Brief an die Epheser, 1965). **3** *Kinder des Zorns* ist ein Hebraismus (es bedeutet: unter Gottes Verdammungsurteil stehend). Aus diesem Vers können weder Schlüsse auf eine Ursünde noch auf den Zorn Gottes im Sinne unüberlegter Emotion gezogen werden.

2,4-6 Menschsein in Christus. **4** Das Dunkel der Hoffnungslosigkeit und Not dient nur als Hintergrund, auf dem die Liebe und Gnade Gottes um so heller leuchtet. **5.6** Dieses liebende Bemühen Gottes, der die Menschen nicht in dem von ihnen selbst verschuldeten Unglück umkommen läßt, wird zweifach beschrieben. Gott hat die geistlich Toten lebendig gemacht und sie aus der Knechtschaft des Todes befreit. Diese beiden Taten werden auch in Joh 5,21 und Röm 8,11 im Zusammenhang gesehen. Beides kann allein Gott tun (wie auch das AT und die Liturgie der Synagoge davon sprechen, daß allein Gott die Toten lebendig machen kann); im AT handelt es sich in erster Linie um die leibliche Auferstehung der Toten, wogegen hier eine geistliche Erneuerung gemeint ist. Doch auch die Hoffnung auf leibliche Auferstehung kommt bei Paulus zum Ausdruck (z.B. in 2Kor 4,14). Am besten läßt sich dieser Gedanke des Paulus durch sein Gegenteil erklären, vgl. also Gal 3,21. Das, was das Gesetz nicht bewirken kann, nämlich denen Leben zu geben, die durch ihre Entfernung von Gott tot sind, vermag das Evangelium (vgl. 2Kor 3,6). Diese Verheißung steht in untrennbarem Zusammenhang mit der Auferstehung Jesu Christi, der erhöht wurde; so werden die, die an ihn glauben, *mit Christus* zu einem neuen Leben erweckt, zu einem Leben, das eins ist mit ihm (so 1Kor 6,17).

Anmerkung: **4** Die Fülle der göttlichen Gnade steht im Gegensatz zum Vernichtungsurteil über die gefallene Kreatur (V. 3). Paulus freut sich über die Liebe Gottes, vgl. Röm 5,8; der Aorist (Vergangenheitsform) des Verbums »lieben« bezieht sich auf die Gabe des Gottessohnes.

2,7-10 Was es bedeutet, in Christus zu sein. **7** Gottes Absicht, die Gemeinde aus dem Reich der Sünde und des Todes herauszuholen, wird erst in der Zukunft ganz offenbar werden. Denn erst bei der Vollendung seines Heilsplanes *in den kommenden Zeiten* wird das ganze Ausmaß göttlichen Willens bekannt werden.

8 Die Auffassung des Paulus von Vergangenheit, Gegenwart und Zukunft ist in diesem bekenntnisartigen, gewichtigen Satz zusammengefaßt. Die Erlösung ist schon vollendet (deshalb die Vergangenheitsform) in dem Sinne, daß kein Fehler oder Mangel Gottes Absicht beeinträchtigen kann; die Erlösung gründet in der Gnade oder rettenden Liebe Gottes zu den Sündern und wird der menschlichen Erfahrung durch die Annahme im Glauben und durch das Vertrauen darauf zugänglich. Alles ist dabei Gottes Werk (wie 2Kor 5,18 betont), nichts ist eigenes Tun des Menschen; der Mensch bekommt die Erlösung als Geschenk angeboten (vgl. Röm 6,23). **9** Hier erfahren wir den Grund, warum kein Mensch etwas zu seiner Erlösung beitragen kann: damit kein Mensch einen Anspruch darauf erheben und so Gottes Souveränität in Frage stellen kann (vgl. 1Kor 1,29-31).

10 Die Heilsaussage *sola gratia, sola fide* (allein aus Gnaden, allein aus Glauben) kann falsch ausgelegt werden, wie es Röm 6,1ff schmerzlich klar macht. Die Ausführungen des Paulus werden gegenstandslos, wenn moralische Grundregeln und die Notwendigkeit eines gerechten Lebenswandels in Vergessenheit geraten aufgrund der falschen Annahme, daß begangene Sünden die Gnade Gottes nur noch größer werden lassen. Deshalb ermahnt Paulus zum Tun *guter Werke;* sie können nie einen Anspruch auf Gottes Gunst bedeuten (s. V. 9), sind jedoch die notwendige Konsequenz des neuen Lebens in Christus, Zeichen einer neuen Kreatur (vgl. 2Kor 5,17). Tit 2,14 ist der beste Kommentar zu dieser Stelle.

Anmerkungen: **7** *In den kommenden Zeiten:* der Plural hat keine besondere Bedeutung (M. Dibelius, revidiert von H. Greeven, An die Epheser, 1953). **8** Zur Beziehung von *Gnade* und *Glaube* s. Röm 4,16. Das Wort *das* bezieht sich auf den gesamten Erlösungsvorgang, wie auch in 2Kor 5,18. **9** *Rühme,* ein paulinisches Kernwort für die Lehre von der Erlösung. Vergleiche mit der LXX-Fassung von Ps 97,7 und Jes 42,17 machen deutlich, daß »sich der Götzen rühmen« gleichbedeutend ist mit »auf Götzen vertrauen«. Sich auf sich selbst zu verlassen (was für Paulus nicht besser ist als Götzendienst) ist das Gegenteil des Vertrauens auf Gott und seine Gnade, s. Phil 3,3-11. **10** Nach der Warnung vor einem auf Werke vertrauenden Moralismus (vgl. Röm 4,1ff; Gal 2,14ff), wendet sich Paulus nun einer ebenso großen Gefahr zu: einer Auffassung von Freiheit, die alle moralische Disziplin über Bord wirft. Der Kontrast zu V. 1-3 ist auffallend: während der unerlöste Mensch nach seiner Natur lebt, lebt der Christ entsprechend seiner neuen Natur, die Gott für ihn bereithält, wenn er sich in den Herrschaftsbereich der Gnade begibt.

2,11-22 Die Einheit der Gemeinde

Mit V. 11 beginnt ein neuer Abschnitt, eine ausführliche Abhandlung über die Einheit, die die Gemeinde trotz der rassischen und kulturellen Barrieren, die in der alten Welt Juden und Heiden trennten, kennzeichnet. Der Kern dieser paulinischen Aussage findet sich auch schon 1Kor 12,13; Gal 3,28; Kol 3,11; in den vorliegenden Versen finden wir nur eine ausführlichere Darstellung des schon früher angesprochenen Themas. Die Ausführlichkeit dieses Abschnitts hat einige Exegeten zu der Vermutung geführt, daß Paulus hier liturgische Texte aus dem christlichen Gottesdienst verwendet haben könnte (besonders aus der Taufliturgie), um damit die Wichtigkeit der Einheit der Gemeinde noch mehr hervorzuheben (vgl. 1Kor 12,13 zu »ein Herr . . . eine Taufe«, s. 4,4).

Den Mittelpunkt der paulinischen Aussage bildet V. 14: *Denn Er ist unser Friede, der aus beiden eines gemacht hat.* In diesem Vers bündelt sich alles - die Feindschaft zwischen Juden und Heiden ist beigelegt; die getrennten Teile der damaligen Welt werden zu Harmonie und Gemeinschaft innerhalb der Gemeinde aufgerufen; sowohl Juden als auch Heiden erhalten für ihre verlorengegangene Identität (ethnisch und kulturell) ein weit größeres Gut - einen Platz am Leib Christi. Als Glieder des Leibes Christi werden sie zu neuen Menschen, die in einer Beziehung zu Gott stehen, ein Zustand, der ihnen in ihrem früheren, unversöhnten Zustand unvorstellbar war.

2,11-13 Die Heiden vor und nach dem Kommen Christi. **11.12** Diese Sätze richten sich insbesondere an die Nicht-Juden unter den Briefempfängern. Diese wurden von den Juden als »Unbeschnittene« bezeichnet, weil sie in dreifacher Weise außerhalb des Bundes mit Gott lebten. Für die Juden war das Leben der Heiden gekennzeichnet *a.* durch das Fehlen der Messiashoffnung; diese Hoffnung war für die Juden mit der Vorstellung von der Vernichtung oder doch zumindest der Unterjochung der Heiden unter Israel verbunden; *b.* durch den Mangel, nicht die Privilegien und Vorteile des auserwählten Volkes zu teilen; *c.* durch den schlimmsten aller Nachteile: die fehlende Erkenntnis des lebendigen Gottes und den damit verbundenen Mangel an Hoffnung, die aus der Erkenntnis Gottes und seiner Gegenwart in der Welt resultiert. **13** Mit dem Kommen Christi hat für sie eine neue Zeit begonnen.

Anmerkungen: **11** *Von Geburt einst Heiden* bedeutet: »weil ihr nicht die Zeichen der Beschneidung an euren Leibern habt«. *Die Unbeschnittenen* (griech.: *akrobystia* - Vorhaut): im AT hieß unbeschnitten zu sein, nicht zum Bundesvolk zu gehören (vgl. Jer 9,26; auf diese atl. Stelle geht Paulus jedoch ausführlicher in Röm 2,25-29 ein). **12** *Bürgerrecht Israels:* beschreibt die Zugehörigkeit zum auserwählten Volk Gottes, s. auch V. 19. *Bund der Verheißung:* gemeint sind die Verheißungen, die Gott den Patriarchen und Mose bzgl. der Zukunft Israels gegeben hat (vgl. 1Mo 15,18; 17; 26,2ff; 2Mo 19,4.6). Paulus sieht diese Verheißungen in Christus und in der Gemeinde erfüllt (vgl. Gal 3,16ff). *Ohne Gott* ist nicht im Sinne einer Verneinung der Existenz Gottes gemeint (in der Antike gab es nur wenige Atheisten), sondern ähnlich wie Gal 4,8: in Unkenntnis des einen, wahren Gottes zu leben (vgl. Apg 17,22ff).

13 Der Gegensatz von *jetzt aber* und *einst* (V. 11) bzw. *zu jener Zeit* (V. 12) und von *in Christus Jesus* und *ohne Christus* (V. 12) zeigt, wie sich die Stellung der Heiden durch ihre Aufnahme in den Gnadenbund verändert hat. Der Gegensatz: *Ferne . . . Nahe,* stammt aus Jes 57,19, nach LXX. Der Weg, auf dem die benachteiligten Heiden zu Erben wurden, führt über den Tod des Messias. Die Absicht dieses Verses ist (s. auch V. 14-18) zu zeigen, wie Christus durch die grundlegende Veränderung des Status von Juden und Heiden vor Gott auch ihre gegenseitigen Beziehungen gewandelt hat.

2,14-18 Juden und Heiden sind nun ein Leib - in Christus. **14** *Friede* hat hier doppelten Sinn. In der Versöhnung von Sündern mit Gott durch die Beseitigung der von der Sünde errichteten Feindschaft (V. 16b) hat Christus Juden und Heiden zu einer Einheit und Freundschaft zusammengeführt, wie sie in der damaligen Welt sonst nicht möglich war. Versöhnung reißt den trennenden Zaun der Feindschaft nieder, s.a. Gal 3,28 und Kol 3,11. Der *Zaun,* der *Feindschaft* signalisiert, meint wohl am ehesten das mosaische Gesetz und seine wörtliche Auslegung; dieser *Zaun* schützte Israel durch Abtrennung und Isolierung vor den Heiden, hielt aber auch heidnische Völker von Gott fern, weil das Judentum sich auf seine Erwählung berief. Die obige Auslegung wird durch V.12 bestärkt: *Ferne* bedeutet, daß die Heiden keinen Kontakt zu Israel hatten, dem einzigen Volk, das Kontakt zu Gott hatte (vgl. Ps 148,14).

15 Das Schlüsselwort dieses Abschnitts lautet: *einen neuen Menschen,* d.h. eine christliche Gemeinde im Gegensatz zu den verschiedenen ethnischen Gruppen von Juden und Heiden, die durch den eisernen Vorhang der Feindschaft voneinander getrennt waren. Im folgenden wird die Durchführung dieser Versöhnung beschrieben. Jesus, der Messias Israels, erfüllt das Gesetz und nimmt ihm somit seinen fordernden Anspruch (vgl. Mt 5,17). Er trägt stellvertretend die Strafe des Gesetzes, das die Juden in Kenntnis, die Heiden in Unkenntnis übertreten hatten (vgl. Gal 3,10-13; Röm 8,3). Er setzt eine neue Gerechtigkeit in Kraft, die unabhängig vom Einhalten eines Gesetzes ist (vgl. Röm 3,21ff) und deshalb die Heiden ebenso wie das Bundesvolk Israel in den Genuß der Gnade Gottes bringt (so Gal 3,14). Christus ist somit der Schöpfer einer neuen Menschheit, in der die Jahrhunderte alten Unterschiede zwischen Juden und Heiden ihre Bedeutung und ihre Kraft verloren haben. **16** Mit dem hier erwähnten *»einen Leib«* kann kaum der Leib des gekreuzigten Christus gemeint sein. Wahrscheinlich meint diese Wendung, daß Christus in seinem Sterben die getrennten Teile der Menschheit zusammenfaßte und so alle Menschen gleichermaßen mit Gott versöhnte, um Feindschaft und Trennung, die bis dahin zwischen ihnen bestanden hatten, zu beenden.

17 *Er ist gekommen* in der Gestalt seiner apostolischen Boten, die das Evangelium des Friedens bringen (Röm 10,15), das allen Völkern, sowohl den weit entfernt lebenden Heiden, als auch den zum erwählten Volk zählenden Juden frei angeboten wird. **18** Daß dieser eine neue Mensch Wirklichkeit ist, läßt sich erfahren in dem freien Zugang zu Gott durch den Heiligen Geist, der der Garant der Einigkeit in der Gemeinde ist (so 1Kor 12,13).

Anmerkungen: **14** *Friede* erinnert an die Bezeichnung des Messias als »Friedefürst« (Jes 9,6). Das hebr. Wort für Friede, *šālôm,* bedeutet viel mehr als nur die Abwesenheit von Krieg, mehr als nur Waffenstillstand. Es meint Wohlergehen und Sicherheit in jeder Beziehung. *Beiden:* d.h. sowohl Juden als auch Heiden. Zu beachten ist das häufige Wiederauftauchen dieses Wortes (14,16,18). *Zaun ..., der dazwischen war:* die meisten Kommentatoren gehen davon aus, daß diese Wendung auf die Unterteilung im Tempel anspielt, die den Vorhof der Heiden und den Vorhof der Frauen abtrennte; Josephus bezieht sich des öfteren auf diese Trennwand (Ant. XV 11; Der jüdische Krieg V.5). Dieser Zaun, der eine warnende Inschrift trug, mahnte die Heiden, daß sie dem geheiligten Bereich der Juden fernzubleiben hatten (vgl. Apg 21,27ff). Unser Vers sagt, daß diese Barriere jetzt niedergerissen ist und daß der Zugang zu Gott nicht mehr nur den Juden vorbehalten ist. Die Auffassung, daß es sich bei dem *Zaun,* der *Feindschaft* verursacht (wir nehmen hier das erste Wort als Erklärung des zweiten), um das mosaische Gesetz handelt, findet eine Bestätigung im Brief des Aristeas, 139 n.Chr., und in den Worten des folgenden Verses, in dem die Zerstörung des Zauns als Abtun des Gesetzes beschrieben wird. Aus rabbinischer Sicht dienten die Forderungen des Gesetzes dazu, die Juden von ihren Nachbarn zu trennen. Der außer Kraft gesetzte Anspruch des Gesetzes war für die Schaffung einer universellen Gemeinde notwendig.

16 Vgl. Röm 7,4. Die *Feindschaft,* von der hier gesprochen wird, ist entweder die zwischen Gott und den Menschen (vgl. Röm 5,10) oder die zwischen Juden und Heiden (wie in V.14); eventuell hat der Verfasser an beide Möglichkeiten gedacht.

2,19-22 Eine Gemeinde auf einem Fundament. **19** Die Zusage, die hier steht, erklärt die Unzulänglichkeit, unter der die Heiden litten (vgl. V.12), für ungültig. Ihr Zugang zur Gemeinde bedeutet nicht eine untergeordnete Stellung innerhalb der Bundesgemeinde, sie sind vielmehr volle *Mitbürger der Heiligen* (ein Begriff, der auch oft in der Apg Judenchristen bezeichnet). Beide Gruppen, Juden und Heiden, bilden als eine Einheit die *Wohnung Gottes,* beide haben dieselben Rechte und Chancen. **20** Das Bild des Hauses für die Gemeinde (vgl. Hebr 3,6) bedeutet bei Paulus, daß die Berufung Israels, Gottes heiliges Haus (vgl. 1Kor 3,10.16), d.h. sein Tempel zu sein, auf die Gemeinde übergegangen ist. Das wird in V.21 bestätigt. Die Christen werden als lebende Steine bezeichnet (wie in 1Petr 2,5), die auf Christus als ihrem Fundament ruhen (vgl. 1Kor 3,10). Gott bedient sich des Christuszeugnisses der Apostel, um dadurch sein Haus aufzurichten (vgl. 1Tim 3,15). **21** Die Gemeinde wächst als lebendiger Organismus (Paulus wechselt hier die Metaphern) zu einem *heiligen Tempel* Gottes heran, der durch den missionarischen Einsatz der Apostel Gestalt gewinnt (vgl. 4,11-16). **22** Die *Wohnung Gottes* ist eine geistliche Gemeinschaft, in der Gottes Geist wohnt (vgl. 1Kor 3,16).

Anmerkungen: **19** In der erfahrbaren

Gemeinschaft mit Gott (am Tisch des Herrn?) sind die Heiden von keinem der Vorrechte ausgeschlossen, die den Mitgliedern des Hauses Gottes zustehen. **20** Das Griech. ist nicht eindeutig; es ist denkbar, daß als *Apostel und Propheten* (damit sind Propheten aus ntl. Zeit gemeint, wie auch in 3,5; ein solcher war z.B. Agabus, Apg 11,27ff; 21,10; vgl. Apg 13,1-3; 15,32) solche bezeichnet werden, die zum Bau der Gemeinde beigetragen haben (vgl. Offb 21,14), indem sie die ersten und einzigen Zeugen der in den Evangelien geschilderten Ereignisse waren und später auch zu inspirierten Auslegern jener Ereignisse wurden, deren schriftliche Zeugnisse uns im NT vorliegen. Möglich wäre hier auch die Übersetzung: »auf dem Fundament, das die Apostel und Propheten gelegt haben«. Die Bezeichnung Christi als *Eckstein* (griech.: *akrogōniaios*) läßt verschiedene Interpretationen zu. Eine einleuchtende Auslegung bietet G. H. Whitacker (1921) an, der den Begriff *Eckstein* von Jes 28,16 ausgehend erklärt; danach ist der Eckstein derjenige Stein, von dem die Standfestigkeit des Gebäudes abhängt. **21** Die jüdische Zukunftshoffnung, bes. in Qumran, war auf die Errichtung eines neuen Tempels gerichtet. **22** *Wohnung Gottes:* vgl. 2Mo 15,17; 1Kö 8,13.

3,1-21 Das Apostelamt des Paulus und sein Gebet für die Gemeinde

Paulus nahm seinen Auftrag, Bote Christi für die Heiden zu sein, sehr ernst, und seine Berufung in den Dienst, wie sie Apg 9,15.16; 22,21; 26,17 berichtet wird, verband die Berufung zum Heidenapostel mit dem Hinweis, daß dieser Dienst nicht ohne persönliches Risiko und nicht ohne Gefahr auszuführen ist. Beides kommt auch in diesem Kapitel zur Sprache (V. 1.2 und 8 reden vom besonderen Dienst des Paulus unter den Heiden, V. 13 erinnert an die Leiden, denen er in diesem Dienst ausgesetzt war). Diese kurze biographische Aussage mündet in eine Darlegung des Inhalts der paulinischen Predigt ein, und zwar im Hinblick auf seine besondere Berufung zum Heidenapostel (s. V. 3-6). Seinem Aposteldienst unter den Heiden liegt die Stellung zugrunde, die den Heiden im Heilsplan Gottes für die Welt zukommt (V. 9-11). Dann folgt eine persönliche Bemerkung (V. 7 und 8), die Paulus in seinem priesterlichen Gebet für die Christengemeinden der Welt (V. 14-19) nochmals aufnimmt. Sein Gebet schließt mit einem Lobpreis ab (V. 20.21).

3,1-6 Die Berufung des Paulus und wie er sie zu verstehen versucht. **1** Der Name des Apostels und die Ich-Form, in der er schreibt, sowie seine Vorstellung als »Gefangener Jesu Christi für euch Heiden«, soll dem in V. 14ff folgenden Gebet Nachdruck verleihen. In diesem Abschnitt, der bis zu dem Gebet reicht, das mit V. 13 eingeleitet wird, folgt tatsächlich kein Verbum, das auf »ich, Paulus« bezogen werden könnte. Der Abschnitt von V. 1-12 ist daher eine durchgehende Aussage über das Amt des Paulus, die mit seinem Namen eingeleitet wird. **2** Paulus schreibt an eine Gruppe von Gläubigen, denen er persönlich nicht bekannt ist (vgl. 1,15), bei denen er jedoch voraussetzen kann, daß sie über seinen Dienst als Apostel der Heiden informiert sind (vgl. Röm 15,16; Gal 2,7). Als Nachfolger Jesu durfte er ziemlich bald Einblick gewinnen in Gottes Willen (s.o. die Hinweise auf Stellen der Apg). Die hier erwähnte *Offenbarung* weist zurück auf das Ereignis vor Damaskus und seine Folgen (vgl. Gal 1,16).

4 *Geheimnis* (vgl. 1,9) ist die von Gott offenbarte Wahrheit, daß in der Gemeinde Christi keine Trennung mehr zwischen Juden- und Heidenchristen existiert und somit auch die einstigen Heiden vollwertige Glieder dieser Gemeinde werden können (vgl. 2,14.17.18). **5** In früheren Zeiten hatte man diese umfassende Absicht Gottes auch in der jüdischen Gemeinde nicht erkannt, obwohl Hinweise darauf gegeben waren, so in der Verheißung an Abraham, auf die Paulus gegenüber den Anhängern des Judentums in Galatien verweist (vgl. Gal 3,8.9). Was einst verborgen und unerkannt war - daß es eine heilige, allgemeine, apostolische Kirche geben solle - ist nun denen, die das Evangelium unter den Heiden predigen, durch den Heiligen Geist aufgeschlossen worden. **6** Paulus sieht sich in seiner Funktion als Lehrer der Heiden (vgl. 1Tim 2,7) gleichzeitig als Diener jener Wahrheit, die er mit drei Begriffen charakterisiert, deren Vorsilbe im Griech. jeweils *syn* lautet. Diese Gemeinsamkeit kommt sehr schön in der ZÜ zum Ausdruck: »Die Heiden sollen nämlich Miterben und Miteinverleibte und Mitgenossen der Verheißung sein . . .«

Anmerkungen: **3** *Geschrieben habe* (griech.: *proegrapsa*): die Zeitform dieses Verbums kann man als Briefaorist bezeichnen, d.h. der Verfasser versetzt sich selbst an die Stelle der Leser und in die Zeit, in der sie den von ihm abgefaßten Text lesen. Deshalb muß dieser Vers nicht als Anspielung auf einen früheren Brief verstanden werden; wahrscheinlicher ist vielmehr, daß Paulus damit meint, was er soeben niedergeschrieben hat (so Schlier, der sich *aufs kürzeste* in Hebr 13,22 und 1Petr 5,12 beruft). **5** Die *Apostel* und *Propheten* sind (wie in 2,20) vom Geist Gottes beauftragte Zeugen, die sich dadurch von den *Menschenkindern* (d.h. von anderen Menschen) unterscheiden (*heilig*). **6** Im Gegensatz zu 2,12.19a haben die Heiden nun teil an allen den Juden verheißenen Segnungen (vgl. 1,18). *Mitgenossen* steht hier auch in Kontrast zu dem negativen Gebrauch desselben Wortes in 5,7.

3,7-12 Die Berufung des Paulus und die Erfüllung der ihm gestellten Aufgabe. **7** Um seinen von Gott kommenden Auftrag erfüllen zu können (vgl. 2Tim 1,11) brauchte Paulus, wie alle Menschen, die, zu welcher Zeit auch immer, im Dienst Christi an seiner Gemeinde stehen, die *Gabe der Gnade Gottes* (vgl. Phil 1,7).

8 In einem kurzen autobiographischen Einschub bekennt Paulus offen seine eigene Unfähigkeit und Bedürftigkeit, rühmt jedoch gleichzeitig die Macht Gottes, die ihn dazu befähigt hat, das Evangelium *den Heiden* zu predigen. Diese Botschaft enthält nach Paulus' Überzeugung *unausforschlichen Reichtum* (vgl. 1,18), in den **9** die Gnade Gottes Einblick gewähren kann (vgl. V. 5). **10** Die Gemeinde auf Erden ist Zeugin und Botschafterin dieses nunmehr geoffenbarten Geheimnisses.

11.12 Gottes Plan erfüllt sich auch insofern, als die mit Gott Versöhnten vertrauensvoll zu ihm kommen dürfen durch Christus, dessen Sieg die Macht des Teufels zerbrochen hat. (Paulus hat darauf schon früher hingewiesen - s. 2,18).

Anmerkungen: **8** Das Griechische hat hier einen verstärkten Superlativ: »dem allerunbedeutendsten unter Gottes Menschen«; diese Bezeichnung seiner selbst gründet wahrscheinlich in der schmerzlichen Erinnerung des Paulus an sein Mitwirken als Verfolger der Gemeinde (vgl. 1Tim 1,13). **9.10** *Von Ewigkeit her verborgen* wird normalerweise zeitlich verstanden (so auch die deutschen Übersetzungen); doch die Bezugnahme auf Gott als den Schöpfer aller Dinge, zusammen mit V. 10, legt nahe, daß Paulus meint, Gott habe seinen Plan für die Welt vor den Engelsmächten (den »Äonen«) geheimgehalten und ihn nun vor ihnen offenbar gemacht, um ihnen ihren Untergang zu verkünden (s. 1Kor 2,8; Kol 2,15). An anderer Stelle in diesem Brief (s. 6,12) wird Paulus deutlicher von den Schwierigkeiten der Gemeinde mit diesen (eigentlich schon entmachteten) Feinden reden. Jenen kosmischen Mächten wird im Kreuz Christi die *mannigfaltige Weisheit Gottes* (wörtl.: »vielfarbig«) offenbar und verblüfft sie aufgrund ihrer Einfachheit und offensichtlichen Schwäche (vgl. 1Kor 2,6ff). **11.12** Doch diese »Schwäche« Gottes (vgl. 1Kor 1,25), die es zuließ, daß sein Sohn auf Betreiben der bösen Mächte gekreuzigt wurde, entsprach einem göttlichen Plan, der vorsah, Christus zu erhöhen und seiner Gemeinde Zugang zum Vater zu verschaffen (1,20.21). Christen sollen sich immer darüber im klaren sein, daß sie ihren neuen, geistlichen Stand ihrem Herrn Jesus Christus verdanken, sie gelangen in diesen Stand nur *durch den Glauben an ihn.*

3,13-21 Das Gebet des Paulus für die Gemeinde. **13** LÜ bietet eine von mehreren Übersetzungsmöglichkeiten. Der griech. Text ist nämlich rätselhaft und sehr gedrängt (s. Anmerkungen). Auf jeden Fall bittet Paulus hier um die Fürbitte seiner Leser; das kann er, da sie, obwohl früher Heiden, jetzt in Gemeinschaft mit Gott leben, und weil er, als ihr Apostel, sich ihnen gegenüber besonders verpflichtet fühlt. Er weiß, daß er mit ihrer Fürbitte rechnen kann.

14.15 Die Worte, mit denen diese Verse beginnen, schließen an V. 1 an, den sie abrunden. Das Vatersein Gottes ist Urbild jeden Familienlebens, das eigentliche Wesen der Vaterschaft Gottes geht aus diesem Zusammenhang jedoch nicht klar hervor. Die jüd. Literatur spricht von zwei Aspekten der Vaterschaft Gottes: »die obere Familie«, d.h. die Engelwelt (so könnte man *was da Kinder heißt im Himmel* erklären) und »unsere Familie«, d.h. Israel. Auf diesem Hintergrund ist wohl *auf Erden* zu verstehen; Paulus nimmt hier also eine stolze jüd. Selbstbezeichnung auf, interpretiert sie jedoch neu im Licht von 2,18. In der Gemeinschaft der Kirche gehören sowohl Juden als auch Heiden zu Gottes Familie.

16.17 Diese Bitte hat einen doppelten Inhalt: *a.* die Bitte um die Kraft des Geistes, die Paulus zur Stärkung des inneren Lebens der Christen, besonders in Anfechtungen, erbittet (vgl. Phil 1,19; Kol 1,11 und 2Kor 4,16); *b.* die Bitte, daß Christus ins Herz der Gläubigen einziehen möge. Die beiden Verben - *stark zu werden* und *wohnen* - stehen parallel, es besteht also kein großer Unterschied zwischen dem Wirken des Geistes im Innern des Menschen und dem Wohnen Christi im Herzen. Daß Christus in seinem Herzen wohnen will, bedeutet für den Christen die Zusicherung innerer Kraft (vgl. Phil 4,13). Das Gebet des Apostels spricht von Konsequenzen, die Paulus mit Bildern beschreibt, die auch in Eph 2,21 und Kol 2,7 vorkommen. *Eingewurzelt* ist ein Begriff aus dem Gartenbau, der die sichere Verankerung der Pflanzen im Boden bezeichnet; *gegründet* (von dem griech. Verb *themelioō;* vgl. griech. *themelios* - »Fundament« in 2,20) ist entlehnt aus der Sprache der Architektur und bezeichnet die feste Grundlage, auf der ein Bauwerk errichtet wird. Die *Liebe* ist beides: guter Boden und fester Grund.

18.19 *Begreifen . . . erkennen:* In diesen beiden Versen geht es um Erkenntnis; die Objekte dieser Erkenntnis sind: *a.* Gottes Heilsplan in seinem ganzen Reichtum und seiner ganzen Fülle (deshalb nennt Paulus hier auch alle Raumdimensionen - Breite, Länge etc.); *b.* Christi Liebe, die in seiner Erlösung der Menschen zum Ausdruck kommt. Diese Liebe, die an der Gemeinde Jesu in der Welt offenbar wird, ist so groß, daß unser Denkvermögen nicht ausreicht, sie zu erfassen. *Alle Erkenntnis übertrifft sie* und führt schließlich dazu, *mit aller Gottesfülle* erfüllt zu werden.

20.21 Im Lobpreis Gottes kommt das Vertrauen der Gemeinde zum Ausdruck, daß Gott all das, worum Paulus gebeten hat, tun kann und will. Das wird deutlich an dem Gebrauch des seltenen Wortes *überschwenglich* (griech. hyperekperissou; eine Übertragung mit »unbegrenzt mehr« läßt den Wortsinn deutlich werden). Paulus weiß, daß Gott auch die großen Bitten, die er in seinem Gebet ausgesprochen hat, in seiner Antwort noch übertreffen wird. Das Geheimnis dieser Zuversicht liegt in dem Wissen, daß Gottes Macht in der Gemeinde wirkt, in der seine ganze Fülle durch die Gegenwart Christi vertreten ist (vgl. Kol 1,27). Dieser erhabene Gedanke schließt mit einem Lob Gottes, der sowohl in Christus (als der Verkörperung seiner Gottheit; vgl. Kol 2,9) als auch in der Gemeinde (als dem Leibe Christi und somit eng mit ihm selbst verbunden; vgl. 1,23; 4,15.16; 5,30) gegenwärtig ist. Doch in diesem Brief sind Christus und seine Gemeinde für Paulus nicht zwei getrennte Bereiche; es ist durchaus möglich, hier von einem Ganzen zu sprechen: Christus, der seiner Gemeinde innewohnt. Auf Grund dieser Einheit mit Christus und seiner machtvollen Gegenwart kann Gott ewiglich Ehre gegeben werden.

Anmerkungen: **13** Die exegetische Schwierigkeit liegt bei der Wendung: *daß ihr nicht müde werdet:* Meint Paulus hier, daß er selbst nicht verzagen möge, oder bittet er darum, daß die Epheser den Mut nicht aufgeben sollen, auch wenn er ihretwegen gefangen ist und leidet? Eine Reihe von Auslegern hält letzteres für wahrscheinlicher, mit der (unsicheren) Begründung, daß das Pronomen »ihr« (griech.: *hymas*) versehentlich ausgefallen sei. **14** Die Juden beteten in der Regel stehend (vgl. Mt 6,5; Lk 18,11.13), knieend zu beten gab dem Gebet mehr Gewicht und wies auf große Besorgnis hin. *Vater* ist die spezifisch christliche Bezeichnung für Gott, die von Jesu Gebrauch des aram. Wortes »abba« (lieber Vater, vgl. z.B. Mk 14,36) abgeleitet ist. **17** Das Verb »wohnen« (griech. *katoikeō)* erinnert an 2,22 (»Behausung«, griech.: *katoikētērion*). **18** *Heiligen,* d.h. die Menschen Gottes; es ist keine besondere Gruppe von Christen damit gemeint. Paulus weiß auch nichts von einer privaten mystischen Erfahrung, unabhängig von der Gemeinschaft der Gläubigen. **20.21** Vgl. die Doxologien Röm 16,25ff; Hebr 13,20.21; Jud 24f. Hier spiegelt sich Gottes Herrlichkeit in der Anbetung der Gemeinde; Eph 5,27 (die Gemeinde in ihrer Herrlichkeit) finden wir den ergänzenden Gedanken.

4,1-6,9 Das Leben der Gemeinde in der Gesellschaft

4,1-16 Die Berufung der Gemeinde als Leib Christi

Bisher hat Paulus in seinem Brief an die heidenchristlichen Gemeinden dargelegt, wie Gott seinen Plan durchgeführt hat. Dieser Plan Gottes, Juden und Heiden als ein Volk unter einem Oberhaupt, Christus, zu vereinen, wurde zu einem wesentlichen Teil auch durch die Mission des Paulus verwirklicht. Deshalb blickt Paulus hier auf seine bisherige Arbeit im Dienst Christi zurück. Doch dieses Ideal von einem Haupt und einem Leib bedarf auch einer praktischen Anwendung in den Gemeinden, die sich aus Männern und Frauen der griech.-röm. Welt zusammensetzen. Deshalb wendet sich Paulus nach der Einleitung seiner »Ekklesiologie«, in der er die theoretischen Grundlagen der Beziehung zwischen Christus und seiner Gemeinde besprochen hat, nun deren Praxis im Alltagsleben zu. In seiner Darlegung der Grundsätze christlicher Lebensführung und des Verhaltens vor der Welt wird es ganz praktisch. Doch bevor er sich Details zuwenden kann, muß er erst noch ein allgemeines Bild dessen geben, was die Berufung der Kirche in der Welt ist. Dies ist das Thema der Verse 1-16.

Der Akzent wird gleich in V. 1 gesetzt, wenn Paulus die Christen ermahnt, gemäß ihrer Berufung zu leben, d.h. *a.* als Glieder einer einigen Gemeinde, deren Einheit *b.* jedoch nicht die völlige Uniformität aller Mitglieder bedeutet, was die Gemeinde zu einem leblosen Ding degradieren würde (V. 2-7). Die Gemeinde ist ein Organismus, der lebt und aus Menschen besteht, die nach den ihnen von Christus geschenkten Gaben verantwortlich sind für die Entwicklung des Charakters und der Persönlichkeit ihrer Gemeinde (V. 7). *c.* Gott will, daß seine Gemeinde *zum vollendeten Mann* (V. 13) heranwächst; zu diesem Zweck hat er ihren Gliedern bestimmte Gaben und Fähigkeiten verliehen (V. 8-12) *d.* Dieses Wachstum der Gemeinde von der Unmündigkeit zur Reife soll ein Wachstum auf ihr Haupt, Christus, hin sein (V. 14-16).

4,1-6 Die Bestimmung der Gemeinde im Licht ihrer Einheit. **1** Die *Berufung* eines Christen ist der in der Bekehrung beantwortete Ruf Gottes (vgl. Phil 3,14); dieser Antwort des Menschen hat ein entsprechendes Verhalten zu folgen. *Würdig lebt* (vgl. Phil 1,27) spiegelt die Beziehung, die zwischen Gottes Plan und dessen Annahme durch den Menschen besteht, in Begriffen aus dem alltäglichen Leben wider. S. auch Kol 1,10; 1Thes 2,12 zu der gleichen ethischen Aussage. **2** Vgl. Gal 5,22.23. **3** Hier werden zwei Sachverhalte dargestellt, die eng mit der Gemeinschaft innerhalb der Gemeinde zusammenhängen. Die Einheit der Gemeinde schafft der Heilige Geist, doch die Christen haben die Verantwortung, diese Einheit in den Beziehungen untereinander auszuleben *(das Band des Friedens)*.

4-6 Im folgenden wird die Einheit, die der heilige Geist der Gemeinde schenkt, in einer Reihe bekenntnisartiger Sätze genauer definiert. Diese Sätze erhalten besonderes Gewicht durch die siebenmalige Wiederholung des Wortes *ein*. Außerdem entsprechen den drei in V. 4 genannten Begriffen die drei in V. 5 vorkommenden. So entstehen drei Begriffspaare: der eine Leib, die Gemeinde, gehört zu dem einen Herrn, ihrem Haupt; der eine Geist garantiert den einen Glauben, da er den Menschen die Erkenntnis der in Jesus Christus geschehenen Erlösung gewährt (vgl. 1Kor 12,3) und die Getauften zu einem Leib zusammenfügt (vgl. 1Kor 12,13); das Zeichen dafür, daß alle Christen *eine Hoffnung* haben, war in damaliger Zeit die eine Taufe. Nach dieser »Dreiheit der Einheit« beendet Paulus seine bekenntnisartigen Ausführungen mit einer trinitarischen Aussage über den einen Gott, der sich selbst offenbart hat als der *Vater aller, der da ist über allen*, der als Sohn *durch alle* ist (der Gebrauch der Präposition hier entspricht dem Mittlergedanken in 2,18) und als Geist *in allen;* vgl. 1Petr 1,2.

Anmerkungen: **3** *Die Einigkeit im Geist* ist zu verstehen als eine Einigkeit, die der Geist möglich macht durch seine Gabe und Wirksamkeit (so V. 4 und 1Kor 12,13). Aufgabe der Gemeinde ist es, die durch den Geist geschenkte und in ihrem Dasein schon wirksam gewordene Einheit als Leib Christi mit Sorgfalt zu bewahren (s. 1Kor 1,10ff als Warnung, wenn diese Aufgabe vernachlässigt wird). Auch das Mittel, durch das die Einheit erhalten wird, ist genannt: sie wird gefestigt durch das Band, das Gottes Frieden in der Versöhnung durch Christus geschlungen hat (vgl. Eph 2,17). **5** Dieser triadisch abgefaßte Vers wird oft als Taufbekenntnis verstanden, in dem betont der *eine Herr* bekannt wird (gegen den Polytheismus der heidnischen Welt, von dem sich der Bekehrte abwendet; vgl. 1Kor 8,6), der *eine Glaube* (womit, wie in Eph 2,8, der Akt des Glaubens gemeint ist, der seinen Ausdruck im Bekenntnis bei der Taufe findet: »Jesus Christus ist Herr« - was später erweitert wird), die *eine Taufe* (im Gegensatz zu den Reinigungsriten in den Mysterienreligionen, zu den jüd. Proselytentaufen und vielleicht auch zu der stark abweichenden Taufpraxis, die die Jünger des Johannes bei Ephesus pflegten, vgl. Apg 19,1-7). **6** *Ein Gott* nimmt das atl. und jüd. Bekenntnis von der Einheit Gottes auf (vgl. 5Mo 6,4; 1Kor 8,4; 1Tim 2,5), bringt es jedoch in ntl.-christlichen Kontext durch die Hinzufügung von *Vater*, der offenbart ist in Jesus Christus und damit unser aller Vater (d.h. aller Christen) ist.

4,7-12 Die Gabe Christi und die Gaben der Gemeinde. **7** Das Wort *Gabe* in der Einzahl ist der Schlüssel zu diesem schwierigen Abschnitt. Paulus denkt hier an die Aufgabe, die alle Christen im Leben der Gemeinde zu übernehmen haben; dabei gibt es keine Ausnahmen (so 1Kor 12,4ff), weil alle Glieder des Leibes Christi mit unterschiedlichen Gnadengaben (griech.: *charisma*) ausgestattet sind. Diese verschiedenen Gaben verleiht der erhöhte Herr, indem er zuerst die einzigartige *Gabe*, seinen Heiligen Geist, schickt (vgl. Joh 7,39; 20,22; Apg 2,33). **8-10** Das Zitat aus Ps 68,19 folgt der syrischen Version, die als Peschitta bekannt ist: »Du stiegst auf in die Höhe und nahmst das Gefängnis gefangen und gabst Gaben den Menschen«. Eine ähnliche Übersetzung im aram. Targum (einer Paraphrase des atl. Textes) zeigt, daß der Satzteil: »er gab den Menschen« eine alte jüd. Auslegung ist, auf die Paulus hier Bezug nimmt. Paulus führt diesen Text hier für die Himmelfahrt Christi an. Die Exegeten sind sich nicht einig, was den Zusammenhang des Hinunterfahrens Christi und seine Himmelfahrt betrifft (s. Anmerkungen). Nach G.B. Caird sieht die Abfolge bei Paulus folgendermaßen aus: Der Himmelfahrt Christi (vgl. Lk 24,49ff) folgt das Herabkommen des Geistes zu Pfingsten; im Sinne von 2Kor 3,17 (vgl. Joh 14,15-18) kommt der Herr in Gestalt des Heiligen Geistes zurück, beladen mit Gaben für seine Gemeinde. Apg 2,33 redet vom Heiligen Geist als von der Gabe des erhöhten Herrn. Er selbst hat die verschiedenen Dienste zum Aufbau seiner Gemeinde eingesetzt (V. 11.12). Die Erhöhung Christi über alles ist die Garantie dafür, daß seiner Gemeinde nichts fehlen wird (genau wie in 1,22.23 gesagt).

11 Paulus betont, daß Christus selbst (griech. *autos*) als der Eine, der die Prophezeihung des Psalms erfüllt hat, Gaben gibt. Die »Gnadengaben« aus V. 7 werden jetzt als Dienstaufträge an der Gemeinde formuliert. Dabei stehen die *Apostel* und *Propheten* an erster Stelle (s. dazu 2,20; vgl. 1Kor 12,28). *Evangelisten* in der apostolischen Gemeinde sind Männer wie Philippus (vgl. Apg 21,8) und Timotheus (vgl. 2Tim 4,5); obgleich der Begriff eher eine Funktion als ein festes Amt bezeichnet. Daß die Begriffe *Hirten und Lehrer* mit nur einem bestimmten Artikel versehen sind, läßt darauf schließen, daß diese Funktionen jeweils von den gleichen Personen ausgeführt wurden, deren Hauptaufgabe in Apg 20,28 beschrieben ist. Diese Männer dürften die Leiter der jeweiligen Ortsgemeinde gewesen sein, die durch das Predigen der Apostel und anderer Zeugen entstanden waren (vgl. Apg 14,23, wo ebenso wie Apg 20,17 Älteste angeredet werden). **12** Die Verleihung der Gnadengaben und die damit verbundenen Aufgaben dienen einem Zweck: die Gemeinde Jesu soll wachsen, gefestigt und zugerüstet werden. Verschiedene Gaben und Aufgaben sollen sich ergänzen. Das Ziel ist eine mündige Gemeinde, die allein an Christus orientiert ist, und auf ihn, auf ihr Haupt zu wächst. Wenn wir diese Gedanken zugrundelegen, können wir 1Thes 5,11-13 und Hebr 13,17 verstehen und richtig deuten, wo ebenso wie in den Briefen an Timotheus dazu aufgefordert wird, das Hirtenamt zu achten.

Anmerkungen: 7 *Gnade* läßt sich hier nicht mit dem Begriff aus 2,8 gleichsetzen, sondern meint die Gaben des Geistes, vgl. Röm 12,3ff; 1Kor 12,4ff. **8** Im Text des Paulus heißt es: *hat . . . gegeben* anstelle von: »du empfingst«, wie es in LXX heißt. Im Targum heißt es: »du (d.i. Mose) hast sie (die Thora) den Menschen als Gabe gegeben«. G.B. Caird (1964) geht von folgenden Annahmen aus: *a. die Tiefen der Erde* (V. 9) bezieht sich auf ein Kommen vom Himmel herab auf die Erde, nicht auf ein Hinabsteigen in die Unterwelt. *b.* Ps 68 gehörte zur Pfingstliturgie und wurde zum Fest der Wochen (Pfingsten), an dem das spätere Judentum die Gesetzgebung feiert, verlesen. Wie Mose das Gesetz als Gabe Gottes mitgebracht hatte, so kam der erhöhte Christus am Pfingstfest in Gestalt des Heiligen Geistes und brachte seiner Gemeinde Gaben mit. **12** Die Reihenfolge ist zu beachten: zuerst müssen die Gläubigen zugerüstet werden, dann können sie ihrem Dienstauftrag nachkommen; so kommt schließlich der Leib Christi zustande.

4,13-16 Der Weg der Gemeinde zur Reife. **13** Die *Einigkeit im Geist* scheint vorhanden zu sein (V. 3), doch die *Einheit des Glaubens* ist noch Gegenstand der Hoffnung. Die Arbeit der Diener Christi (V. 11) hat dies zum Ziel: sie will die Gemeinde bis zur *vollen Mannesreife* (EÜ; griech. *aner teleios* - »vollständiger Mann«) bringen. Dieses Ziel rückt näher, je mehr der von Christus geschenkte Reichtum ausgeschöpft wird. Dies soll und kann die Gemeinde nur in Einigkeit tun (damit ist jede Art von Parteibildung und Spaltung ausgeschlossen). Das verbindende Wort *und* ist weniger als Überleitung als vielmehr als Erklärung zu verstehen: die *Einheit des Glaubens* wird erlangt durch eine tiefere *Erkenntnis des Sohnes (epignōsis)*, der den Reichtum Gottes verkörpert (Kol 2,3 und Eph 1,18; 2,4; 3,8) und als ihr Haupt die Bedürfnisse seiner Gemeinde stillt (vgl. 1,22.23). Die Fürsorge Christi für sein Volk fördert dessen Wachstum und stellt sicher, daß es sich zum *vollen Maß der Fülle Christi* entwickelt. Dadurch, daß die Gnade und die Kraft Christi seiner Gemeinde zur Verfügung stehen, kann diese bis zu dem ihr bestimmten Ziel wachsen, das die Verkörperung der Fülle Christi ist (vgl. den entsprechenden Gedanken in Röm 11,25.26).

14 Hier werden einige Kriterien genannt, an denen der allmähliche Reifungsprozeß der Gemeinde deutlich wird: Die Christen werden nicht mehr *unmündig* (griech. *nēpios*, das ist das Gegenteil von *teleios* in V. 13) sein, sie werden nicht mehr wanken, wenn sie in Stürme geraten (das griech. Partizip, das mit *bewegen und umhertreiben lassen* übersetzt ist, meint ein Schiff auf unruhiger See; vgl. Lk 8,24), und sie werden sich durch falsche Lehren, die häretische Lehrer zu verbreiten suchen, nicht mehr verführen lassen. **15** Im Gegenteil, die Gemeinde wird *wahrhaftig sein* trotz verderblicher Einflüsse und in der Liebe wachsen, weil Christus ihr *Haupt* ist und in ihr als seinem Leib Gestalt gewinnt. **16** Nach Kol 2,19 können wir diesen Gedanken so interpretieren, daß das Wachsen der Gemeinde zu Christus hin in dem Sinne geschieht, daß sie ihr Leben ausschließlich von ihm hat. Das Wachstum geht auf das Haupt zu als auch vom Haupt weg. Dieses verblüffende Paradox sollte uns davor bewahren, auf das Bild von der Gemeinde als Leib Christi allzu sehr fixiert zu sein. Wir können folgendes daraus entnehmen: *a.* der Leib Christi besteht aus vielen Gliedern (vgl. Röm 12,4.5; 1Kor 12,12), die zwar deutlich voneinander unterschieden sind, aber doch zu einem Leib zusammengefügt sind (zu der einen, allgemeinen Kirche, die in 2,21 mit einem heiligen Tempel aus vielen Steinen verglichen wird); *b.* die Gemeinde wächst durch das Handeln Christi an ihr. Er handelt einend an seinem Leib durch jedes Glied, das er hinzufügt. Dieser Gedanke erinnert an V. 11, der besagt, daß verschiedene Gaben für verschiedene Dienste verliehen werden. *c.* Durch eine Art Kettenreaktion zwischen Christus, seinen Dienern und seinem Volk wird der ganze Leib gebildet, wobei *Liebe* die Atmosphäre ist, in der gegenseitige Ermutigung und Verantwortung füreinander geübt werden; dabei übernimmt jedes Glied der Gemeinde seine ihm bestimmte Aufgabe. Christus als das Haupt seiner Gemeinde gibt ihr Anteil an seinem Leben nach seiner Auferstehung und verleiht ihr durch den heiligen Geist die verschiedenen Gaben, die zum Dienst befähigen. Der Auftrag der berufenen Diener Christi besteht zunächst in der Zurüstung der Gläubigen. Er bildet das Bindeglied zwischen Christus und der Gemeinde sowie zwischen den einzelnen Gliedern der Gemeinde (V. 12). Jedes Glied am Leib Christi trägt dazu bei, daß der Leib vollkommen wird und auf Christus hin wächst.

Anmerkungen: 14 Vgl. 1Kor 2,6; 3,1. Paulus war Unlauterkeit vorgeworfen worden (vgl. 2Kor 4,2); er erklärt seine Motive, die sich völlig von denen der falschen Lehrer, die er verurteilt, unterscheiden. 15 *Wahrhaftig sein* (griech. *alētheuontes*) ist im Sinne von »wahrhaftig handeln« zu verstehen. Der Ausdruck *in der Liebe* bezieht sich auch noch auf das nachfolgende Verbum *wachsen.*

4,17-32 Die persönliche Lebensführung des Christen

Eine Art, wie das NT ethische Richtlinien darstellt, ist die Kontrastierung des alten, von heidnischen Bräuchen gekennzeichneten Lebens, mit den neuen Perspektiven und Möglichkeiten, die sich Christen durch ihre Bekehrung und Taufe auftun, die deshalb auch eine deutlich sichtbare Veränderung im Leben markieren sollten. In 2Kor 5,17 kommt dieser Gegensatz deutlich heraus; an anderen Stellen wird er durch die Wendung: »nicht länger ... nun aber« zum Ausdruck gebracht. Unüberhörbar wird auf die praktischen Konsequenzen hingewiesen, wenn es heißt: *Legt von euch ab den alten Menschen ... und zieht den neuen Menschen an.* Nach Gal 3,27 hängt diese Aufforderung mit der Taufpraxis zusammen. Im folgenden Abschnitt des Briefes wendet sich Paulus in besonderer Weise an heidenchristliche Gemeinden. Früher hatten seine Leser ausschließlich nach heidnischer Lebensauffassung gelebt, weil sie nichts anderes kannten (V. 17-19). Doch bei ihrer Bekehrung hatten sie die sündigen Praktiken abgelegt - das geschah oftmals unter dramatischen Umständen - und eine neue Lebenseinstellung gewonnen. V. 28-32 wird noch einmal auf diese Veränderung hingewiesen und eindringlich vor einem Rückfall in die alten Verhaltensweisen gemahnt. In der bildhaften Ausdrucksweise »ablegen - anziehen« formuliert Paulus Richtlinien, wie das von Christus geschenkte neue Leben in der Praxis aussehen soll.

4,17-24 Einige Grundsätze christlicher Lebensführung. 17 Das heidnische Leben wird in düsteren Farben geschildert, die an Röm 1,18-32 erinnern. Paulus packt den Götzendienst und die Ausschweifungen, die das Leben in der griech.-röm. Welt im ersten Jh. n. Chr. bestimmen, an der Wurzel: er spricht von *der Nichtigkeit ihres Sinnes.* Vgl. Röm 1,28, wo dasselbe griech. Wort - *nous* - gebraucht wird für: »verworfenen Sinn, zu tun, was nicht taugt«. Auf die von Gott gewollte Abkehr von dieser Verderbtheit wird in V. 23 hingedeutet; vgl. Röm 12,2. 18 Es folgen zwei Konsequenzen. Die Fähigkeit, geistliche Realität zu verstehen (griech. *dianoia;* vgl. den entsprechenden Gebrauch des Wortes »Sinn« in 2,3) fehlt dem Menschen, der nicht wiedergeboren ist. Er ist weit weg von Gott, weil er mit ihm nichts zu tun haben möchte und sich weigert, sein Leben Gott zu überlassen. Diese Verweigerung führt zwangsläufig dazu, Gott gegenüber gleichgültig und nicht mehr ansprechbar zu werden. Paulus bezeichnet dies als *Verstockung ihres Herzens.* 19 Das Schuldigsein des Menschen vor Gott hat auch unmittelbare Auswirkungen auf sein alltägliches Verhalten und auf seine Beziehungen zu anderen Menschen.

20 In der deutschen Übersetzung ist der Kontrast nicht so deutlich erkennbar: »Doch dieses Leben entspricht nicht dem Leben in Christus«, das seinen Anfang nahm, als ihr seine Jünger wurdet.« (das meint *Christus ... gelernt*). 21 »So wie ihr es in der Predigt des Evangeliums und in der Gemeinschaft seines Volkes in Form von Unterweisungen empfangen habt.« 22 Der letzte Teil von V. 21 mag (nach C. A. A. Scott, 1961) noch zu diesem Aufruf zur Abkehr vom alten Wandeln gezählt werden. Der *alte Mensch,* der den *früheren Wandel* bestimmte (vgl. 1Petr 1,18), ist ein williges Opfer der Verführung, die auf ihn eindringt und böses Verlangen weckt. Die Verführung geschieht umso leichter, als die Natur des Menschen in Adam entstellt und dadurch zur Beute des Bösen geworden ist.

23 Die Aufforderung, den alten Menschen auszuziehen, wie man ein Kleidungsstück ablegt, klingt zunächst paradox, da sich der gefallene Mensch in einer ausweglosen Lage befindet. Doch die Aufforderung ergeht an Christen, die die Erneuerung durch den Heiligen Geist kennen; diese Erneuerung beginnt bei der Bekehrung und geht kontinuierlich weiter. Deshalb steht die Aufforderung an die Epheser, sich durch den heiligen Geist erneuern zu lassen, auch in der Gegenwartsform (bezugnehmend auf die in den V. 17.18 angeführte heidnische Situation). 24 Die Gnade verabscheut ebenso wie die Natur das Vakuum. Sich der Schlechtigkeit zu entledigen ist nicht genug; das Anziehen des *neuen Menschen,* den der Christ in der Wiedergeburt durch den Heiligen Geist erhält, muß folgen. Dieser neue Mensch soll mehr und mehr im Leben eines Christen zur Geltung kommen, er befindet sich nämlich in einer ständigen Auseinandersetzung mit dem alten Menschen (vgl. Gal 5,16ff). Durch die Wiedergeburt und den Einfluß des Heiligen Geistes wird das Ebenbild Gottes, das durch die Sünde entstellt war, wiederhergestellt (vgl. 1Mo 1,27). Die Versöhnung durch Christus und

die Erneuerung durch den Heiligen Geist geben dem sündigen Menschen das zurück, was er in Adam verloren hat: *Gerechtigkeit* (d.h. das rechte Verhältnis zu seinem Schöpfer) und *Heiligkeit* (die unabdingbar ist für die Gemeinschaft mit dem heiligen Gott), die von Gott gefordert werden.

Anmerkungen: **17** Als *Nichtigkeit* bezeichnet der Apostel den Götzendienst, der nichts anderes ist als die Verehrung toter Gestalten (vgl. Apg 14,15, wo die atl. Verurteilung des nichtigen Götzendienstes aufgegriffen wird; vgl. Ps 115 usw.). **18** *Unwissenheit* meint hier nicht eine intellektuelle Unzulänglichkeit, sondern die willentliche Weigerung, Gott anzuerkennen und ihm die Ehre zu geben (vgl. Röm 1,21). **19** *Und ergeben sich;* die Umkehrung von Röm 1,24.26.28. *Habgier:* ein griech. Substantiv, das unmoralisches Handeln bezeichnet *(pleonexia)* (vgl. 1Kor 5,10.11; 6,10; Kol 3,5). Vgl. 5,3, wo *pleonexia* in demselben Sinn gebraucht ist; es steht dort neben *Ausschweifung* und *unreinen Dingen.* **23** Vgl. Tit 3,5.

4,25-32 Weitere Ausführungen über die sozialen Verhaltensweisen der Christen. **25** Paulus beginnt hier, die vorher ausgeführten Grundsätze auf bestimmte Situationen anzuwenden. Im Gegensatz zur Wahrhaftigkeit, die einen Gott wohlgefälligen Charakter kennzeichnet (V. 24), steht die Lüge, derer man sich entledigen soll. Dabei sind zwei Dinge vorausgesetzt: *a.* die Lüge wird im AT verurteilt (Sach 8,16 klingt in den Worten des Paulus an), *b.* Unehrlichkeit führt zu einem Bruch in der christlichen Gemeinschaft, da sie Mißtrauen und Verdächtigung hervorbringt und so das gemeinsame Leben im Leib Christi zerstört (vgl. Röm 12,5).

26 Die Aussage dieses Verses ist: »Gib dem Teufel in deinem Zorn - der durch Böses und Ungerechtigkeit provoziert wird - keinen Angriffspunkt, indem du auf diesem Zorn beharrst.« Wiederum greift Paulus zur Verdeutlichung auf das AT zurück (Ps 4,5) und fügt einen Kommentar hinzu, um zu zeigen, daß christliche Empörung immer kontrollierte Empörung sein muß. Auf persönlichen Ärger und Temperamentsausbrüche geht er hier nicht ein (s. V. 31). Paulus denkt vielmehr an einen durch Ungerechtigkeit hervorgerufenen Zorn (wie in 2Kor 11,29). Doch auch solch berechtigter Ärger soll sich nicht in den Menschen festsetzen. **27** ZÜ und EÜ übersetzen richtiger: »und gebet dem Teufel keinen Raum in euch«. Denn der Teufel nützt alles für seine Zwecke aus, auch unsere guten Absichten und sozialen Bemühungen. So versucht er, die Gemeinde in Verruf zu bringen (deshalb steht hier im Griech. auch *diabolos* - »Verleumder« und nicht das bei Paulus öfter vorkommende Wort »Satan«; 2Kor 2,5-11 ist ein treffendes Beispiel für die hier angesprochene Gefahr).

28 Der Dieb soll nicht länger Dieb sein (vgl. 1Kor 6,10.11), jetzt, da er ein neuer Mensch in Christus ist. Als solcher hat er soziale Verantwortung und weiß um die Bedürfnisse der Armen, die in seinem neuen Umkreis leben (vgl. Gal 6,10).

29 Worte verraten den Charakter (vgl. Mt 12,33.34. Das griech. Wort *sapros* - »schlecht« entspricht der Wendung des Paulus: *faules Geschwätz*). Ob die Worte eines Menschen *gut* sind, läßt sich an folgenden Kriterien überprüfen: Stärken sie den Charakter des Hörenden und dienen sie ihm zur Besserung? Geben sie ihm das, was er braucht? *Was notwendig ist* bedeutet: wo es die jeweilige Situation erfordert (vgl. im Gegensatz dazu: 5,4). Bringen sie ihm unter diesen Voraussetzungen Segen? **30** Unfaire und unangemessene Worte verletzen nicht nur den Hörer, sie betrüben auch den Heiligen Geist, weil sie die Tatsache leugnen, daß er mit seiner heiligenden Gegenwart in dem Glaubenden wohnt, der durch den Heiligen Geist ein Pfand seiner Erlösung hat (vgl. 1,13.14).

31.32 Der Erwähnung des Mißbrauchs der Sprache folgt eine Aufzählung von Verhaltensweisen, die vermieden, und solchen, die gefördert werden sollen: bei allen hier genannten Dingen spielt auch das gesprochene Wort eine wichtige Rolle. *Bosheit* (griech. *kakos* - »böse«) war die Ursache aller schlechten Eigenschaften. Als Jünger Jesu sollte der Christ sich bemühen, freundlich zu sein (griech. *chrēstos;* vgl. *Christos* - »Christus«), Mitgefühl und Vergebung für andere bereit zu haben. Diese Haltung gründet in der einfachen, aber grundsätzlichen Tatsache, daß Christen Vergebung, Freundlichkeit und Herzlichkeit *in Christus* erfahren haben (vgl. 2Kor 5,19 zur Bedeutung dieses Satzes).

Anmerkung: **32** In Kol 3,12ff werden die positiven Anweisungen ausführlich genannt.

5,1-20 Der Wandel des Christen in der Welt

Wenn eine Neuorientierung erkennbar geworden ist, wird das Verhalten der Christen, das sie innerhalb ihrer Gemeinde praktizieren (grundsätzlich und mit praktischen Hinweisen beschrieben in 4,17-32), auch nach außen wirken. Wir wollen aus den Hinweisen des Paulus einige besonders bemerkenswerte herausgreifen. Er bezeichnet seine Leser als Gottes Kinder (V. 1) und als Gottes auserwähltes Volk (V. 3: sie sind zur Heiligkeit berufen); beide Bezeichnungen müssen noch näher bestimmt werden: das Volk Gottes lebt nicht in der Isolation, weit ab von der Welt der anderen Menschen, sondern inmitten einer Gesellschaft, der Gott fremd ist (vgl. 1Jo 2,15-17) und die dem christlichen Geist feindlich gegenübersteht (vgl. 2Kor 6,14ff). Deshalb auch die Warnung V. 6: *Laßt euch von niemandem verführen* und die Aufforderung V. 7: *seid nicht ihre Mitgenossen.* Auch auf das Gegenmittel zu den Versuchungen, denen die Kirche in der Welt ausgesetzt ist, weist Paulus in diesem Abschnitt mehrmals hin.

Neben den ethischen Hinweisen, die wir angesprochen haben, erinnert Paulus die Gemeinden an die ihnen von Gott zugedachte Funktion als Kinder des Lichts (V. 8), die durch die Taufe in das volle Licht Christi gestellt worden sind (V. 14 enthält ein Bruchstück aus einem Taufhymnus), an ihre Wertorientierung, die die Torheit der unmoralischen und materialistischen Welt um sie herum deutlich werden läßt (V. 15ff), an ihr Leben, das widerspiegelt, daß sie sich von Gott geführt wissen und seine Güte dankbar annehmen. (V. 4.20 weisen auf die wichtige Rolle der Danksagung im privaten und öffentlichen Leben der Christen hin, s. auch V. 19). Alles in allem zeigt dieser Abschnitt, daß das christliche Leben nach einem eigenen Muster abläuft, das gleichzeitig Herausforderung und Tadel für die umgebende Welt bedeutet. Doch Paulus beauftragt die Christen keineswegs, sich nach Art von Asketen oder Fanatikern aus der Welt zurückzuziehen.

1.2. Vergebung der Kinder Gottes untereinander (vgl. 4,32) ist nur ein Aspekt. Ein Christ hat sein Vorbild in Gott, dem Vater, selbst (vgl. 3,14.15; Mt 5,48). Der Ausdruck *geliebte Kinder* setzt diese zwangsläufig in Beziehung zu dem geliebten Sohn des Vaters (vgl. 1,6; Mk 1,11 usw.), der seine Liebe für die Gemeinde (vgl. 5,25) und seinen Gehorsam gegenüber dem Willen des Vaters, der den Tod am Kreuz einschloß, erzeigt hat. Sein Opfertod auf Golgatha brachte Versöhnung mit dem Vater (vgl. Ps 40,6.7) und weckt in den Christen den Wunsch, ihn und ihre Mitchristen zu lieben.

3.4. Diese strenge Ethik spiegelt die dringende Aufgabe der Gemeinde im 1. Jh. n. Chr. wider: die eigene Identität gegenüber der Welt zu wahren und durch die Reinheit des Lebens (als Heilige, s. auch 1,1) der griech.-röm. Gesellschaft in ihrer Unmoral keinen Vorschub zu leisten. Als *schandbare Rede* (griech. *mōrologia*) verurteilt Paulus nicht Fröhlichkeit, Humor und Spaß, sondern meint damit Verleumdung und Schimpfworte (die beste Erläuterung zu *mōrologia* bietet Mt 5,22, wo mehrmals die Worte »du gottloser Narr« genannt werden, die eine schlimme Strafe nach sich ziehen (griech.: *mōre* = Narr), sowie leichtfertige Scherze, die den guten Geschmack verletzen. Auf den Lippen von Christen ist das Lob Gottes eher angebracht.

5.6 Eine deutliche Warnung, die auf die einmal angenommene christliche Lehre verweist (vgl. 1Kor 6,9.10; Gal 5,21; Hebr. 13,4; Offb 21,8; 22,15). *Habsüchtiger:* damit können auch unmoralische Ausschreitungen gemeint sein (wie in V. 3), zu denen es immer dann kommt, wenn der Mensch nur nach seinen Gelüsten lebt und so zum Götzendiener wird (diese Sünde ist auch in Phil 3,19 gemeint: »ihr Gott ist ihr Bauch«). Zwischen dem *Reich Christi* und dem Reich *Gottes* ist keine Unterscheidung zu machen. Die ernsten Folgen, die leichtsinniger Umgang mit dem Gesetz Gottes nach sich zieht, sprechen für sich selbst. Paulus hielt es für nötig, diese Warnung auszusprechen angesichts anderer Meinungen, denen die Christen eventuell Gehör schenken könnten: *Laßt euch von niemandem verführen.* Ob sich dieser Satz gegen Heiden wendet, die die Gläubigen zur Sünde verführen wollten, oder gegen fehlgeleitete Christen (wie z.B. die Antinomisten in Röm 6,1ff, die die Lehre des Paulus verdreht hatten), läßt sich nicht eindeutig entscheiden. *Kinder des Ungehorsams* ist eine atl. Bezeichnung für ungehorsame Menschen, d.h. für solche, die sich absichtlich nicht an das Gesetz Gottes halten (vgl. Röm 1,32).

7.8 Die Ungehorsamen sind das, was die Christen früher auch waren: Kinder der *Finsternis;* doch durch Gottes Gnade ist die Gemeinde ins Licht gestellt worden (vgl. 1Petr 2,9). Es ist die Berufung der Glaubenden, als *»Kinder des Lichts«* zu leben, d.h. ihrer Zugehörigkeit zu Gott zu entsprechen. Auch hiermit bezieht sich Paulus auf allgemein anerkannte christliche Lehre (s. Röm 13,12; 2Kor 6,14; 1Thes 5,5; vgl. Joh 12,35f; 1Jo 1,5f). Der Gegensatz zwischen Licht und Finsternis zieht sich durch diesen Abschnitt bis zu V. 14. **9** ist eine zusätzliche Bemerkung, um die Qualitäten eines Lebens im Licht zu zeigen. **10** Das Verlangen, Gott in allen Dingen wohlgefällig zu sein, kommt bei Paulus oft zur Sprache: vgl. Röm 12,2 (Gottes Wille als das Gott Wohlgefällige); 14,18; 2Kor 5,9; Kol 3,20; 1Thes 4,1. Es erinnert daran, daß christliche Ethik nicht ein Bündel gesetzlicher Vorschriften ist, sondern im Grunde ein tiefes Sehnen danach, dem liebenden Gott wohlgefällig zu sein, als seine Kinder von seinem Wesen erfüllt zu werden (5,1).

11.12 Christen sollen sich nicht nur von bösen Handlungen und Absichten fernhalten, sie sollen durch ihre Lebensführung das sündige Wesen der sie umgebenden Welt aufzeigen. So wird das Wort *aufdecken* in V. **13** erklärt: *vom Licht aufgedeckt,* d.h. daß die Christen als Kinder des Lichts die finsteren Ecken und geheimen Winkel der menschlichen Gesellschaft erhellen, in denen Böses geschieht (vgl. Phil 2,15) (letzteres ist vielleicht ein Hinweis auf un-

moralische oder magische Praktiken der heidnischen Welt). Das Verhalten der Christen wirkt nicht nur tadelnd, weil es Böses ans Licht bringt und beim Namen nennt, sondern auch korrigierend, weil ja die Tat und der, der sie tut, eng zusammengehören (Büchsel, TDNT, II, 474). Vgl. Joh 3,20. **14** Die Ermutigung, die in diesen Versen zum Ausdruck kommt, wird betont durch die Anführung eines dreizeiligen Hymnus: *Wach auf, der du schläfst,*
und steh auf von den Toten,
so wird dich Christus erleuchten.
Der Hintergrund dieser Ermutigung ist sicherlich die Taufe, die in der späteren Kirche als »Erleuchtung« bezeichnet wird. Diese Zeilen besingen die Erweckung des Wiedergeborenen vom Tod der Sünde zur Gemeinschaft mit dem lebendigen Herrn (vgl. Röm 6,4ff). Paulus greift diese Erfahrung auf, um seine Leser daran zu erinnern, die ihnen in der Taufe gegebene Aufgabe zu erfüllen, im Lichte Christi zu wandeln und sich gegenseitig zum Zeugnis zu ermutigen.

15-17 Nun geht Paulus auf die Berufung zur Zeugenschaft ein. Hatte er sie in den vorhergehenden Versen (3-13) eher negativ als Abgrenzung gegenüber der Welt dargestellt, zur Unterscheidung von Gemeinde und Welt, so geht er nun positiv auf den Begriff ein. Er spricht von der Berufung zu einer Weisheit, die der Torheit der heidnischen Umwelt überlegen ist. Der Weg eines Weisen ist vor dem Hintergrund des AT zu sehen, das Weisheit nicht als eine intellektuelle Errungenschaft sieht, sondern als eine Lebenseinstellung, die aus dem Erkennen Gottes heraus all das zu vermeiden sucht, was ihm mißfällt (vgl. Hi 28,28; Ps 1; Spr 4,5ff; 8,1ff). Die Praxis der Weisheit im Alltag beinhaltet *a.* ein Auskaufen der Zeit (griech. *exagorazomenoi* - ein Begriff aus der Handelswelt, von den Marktplätzen *(agora)*; das Präfix *ex* bezeichnet die Intensität der Handlung, das Aufgreifen aller vorhandenen Möglichkeiten, die Ausnutzung jeder Chance, das Beste aus der Zeit zu machen (vgl. Röm 12,11); *b.* die Erkenntnis, daß diese Zeit *böse Zeit* ist, ein Wort, das die endzeitlichen Anfechtungen aufnimmt; *c.* einen Aufruf zur Selbsterkenntnis im Lichte des Willens Gottes, die einen weisen Menschen kennzeichnet, der in Gemeinschaft mit Gott lebt (vgl. 2Tim 2,7).

18 Ein anderes Zeichen der Weisheit ist die Selbstbeherrschung, die um die Gefahr von Rauschzuständen weiß, die die moralische Hemmschwelle verschieben oder gar aufheben und damit das Tor zur Unmoral öffnen. Paulus verdeutlicht das in einer gewagten Gegenüberstellung: Der Christ soll nicht voll des Weines, sondern voll des Geistes Gottes werden. Im Gegensatz zur Trunkenheit, die überall und alltäglich begegnet, soll ein Christ ständig vom Heiligen Geist erfüllt sein (griech. *plērousthe* - »erfüllt sein«, in der Gegenwartsform). **19.20** Ein Kennzeichen dieses Erfülltseins mit dem Geist ist der Wunsch, *dem Herrn* Lieder und Lobgesänge zu bringen, die der Geist anregt. So erbauen sich Christen gegenseitig *(ermuntert einander)* und verleihen ihrer inneren Bewegung Ausdruck durch die geistliche Übung der Danksagung. Paulus denkt dabei an die Versammlung der Gemeinde (wie 1Kor 14). Er erinnert seine Leser an ihre gottesdienstlichen Versammlungen und stellt so eine Verbindung her zwischen der ethischen Unterweisung in den letzten Versen und dem Inhalt der folgenden.

Anmerkungen: 2 *Zu einem lieblichen Geruch:* Diese Worte beziehen sich auf die Rauchopfer des Alten Bundes (z.B. 2Mo 29,18.25). **3** Die Zurückhaltung des Paulus beim Aufzählen verschiedener Laster steht in krassem Gegensatz zu den Verhaltensweisen in unserer gegenwärtigen, zügellosen Gesellschaft. »Die westliche Kultur mit all ihren Massenmedien nennt das Kind mit bestechender Unverblümtheit beim Namen. Sie besitzt eine unflätige Zunge« (G. Johnston, 1967).

7 *Darum seid nicht ihre Mitgenossen* (griech. *synmetochoi).* Dieser Satz soll offensichtlich zu 3,6 im Gegensatz stehen. Die Trennung der Christen von denen, die Böses tun, hat ihren Grund in der Bindung an Christus, die sie innerhalb der Gemeinde eingegangen sind. Parallelen hierzu finden sich in 1Kor 10,14-21. **8** *Licht* bzw. *Kinder des Lichts* war die Selbstbezeichnung der Mitglieder der Qumran-Gemeinschaft am Toten Meer, wodurch sie sich von den »Kindern der Finsternis« abgrenzten. Ihr Rückzug in klosterartige Gemeinschaften war eine Protestbewegung. Doch für solch einen Rückzug gibt es in der ethischen Lehre des NT keinerlei Anhaltspunkte. **11** S. V. 7.

14 *Darum heißt es* (wörtl. »er/es sagt«; Versuche, diese Wendung auf ein mündlich überliefertes Herrenwort oder auf ein Zitat aus dem AT zurückzuführen, führen zu keinem Ergebnis; die Einleitung muß heißen: »Darum heißt es - im Hymnus«). Die folgenden Zeilen sind rhythmisch angeordnet, und die letzten Worte der nächsten Zeilen bilden einen Gleichklang. Die Aufforderungen, aufzuwachen und aufzustehen aus dem Grab, die der Täufling als Antwort auf den Ruf Jesu in der Taufe gibt, sind wohl am besten bildlich zu verstehen. Doch man kann diese Aufforderungen auch in die Zukunft weisend verstehen und sie auf die *Parusie* beziehen, wenn der wiederkommende Herr sein Volk zusammenrufen wird. Paulus benutzt diese eschatologische Hoffnung, um die Christen auf ihre gegenwärtigen Pflichten hinzuweisen (wie in 1Thes 5,1-11).

18 *Und sauft euch nicht voll Wein* ist aus Spr 23,31 (nach LXX) zitiert. Das Laster der Trunksucht wird ebenso deutlich in Gal 5,19-21 getadelt. Der positive Teil dieses Verses bietet einige Schwierigkeiten für die Übersetzung: »Werdet erfüllt vom Geist« ist zu genau, »werdet erfüllt im Geist« jedoch zu vage. Die Ausdrucksweise des Paulus ist nicht eindeutig. Am besten ist wohl: »Sucht die Fülle, die der Geist gibt« (nach Masson). 19 Vgl. Kol 3,16. Die Einteilung der Lobgesänge in atl. Psalmen, christliche Lobgesänge und Lieder der himmlischen Wesen (vgl. Offb 5,9; 14,3; 15,3) läßt sich schwerlich nachvollziehen. Wahrscheinlich sind mit allen drei Bezeichnungen christliche Lieder gemeint.

5,21-6,4 Christus, die Gemeinde und die Familie

Die Erwähnung des gemeindlichen Gottesdienstes regt Paulus zu Überlegungen bezüglich der Stellung der Frauen an, zunächst in der Gemeinde und dann, als logische Folge, in der Familie mit den Beziehungen zum Ehemann und zu den Kindern. Von der rechten Beziehung zwischen Mann und Frau ausgehend, erklärt Paulus in Form einer Analogie die Beziehung zwischen Christus und der Gemeinde; zur Verdeutlichung zieht er 1Mo 2,24 heran. Zuerst legt er diesen Text für zwischenmenschliche Beziehungen aus, danach jedoch auch für die Gemeinschaft zwischen dem himmlischen Bräutigam und seiner Braut, der Gemeinde, die eins mit ihm ist (V. 31). Paulus erklärt an diesem Beispiel viererlei: *a.* Christus ist das Haupt der Gemeinde, seines Leibes; und so soll auch der Mann, nach dem Sündenfall, das Haupt der Frau sein (vgl. 1Kor 11,3; 1Tim 2,15; 1Mo 3,16); *b.* Christus erwartet von seinem Volk, das ihm untertan ist (V. 24), Gehorsam; ebenso soll auch die Frau in allen Dingen ihrem Mann untertan sein (V. 24), nicht nur im öffentlichen Gottesdienst (auf den sich V. 22 zunächst noch zu beziehen scheint); *c.* Christus liebt die Gemeinde und hat diese Liebe in seiner Erlösungstat deutlich werden lassen (V. 25ff); während sich das Vorhergehende noch hauptsächlich auf das Verhältnis Christus - Kirche bezieht, geht es V. 28 in erster Linie um die Ehe: die Männer sollen ihre Frauen mit der Liebe lieben, mit der Christus die Gemeinde geliebt hat; *d.* Christus sorgt für die Gemeinde, die ein Teil seiner selbst ist, sein Leib (V. 29.30); entsprechende Verantwortung trägt der Ehemann für seine Frau. V. 33 faßt die Ausführungen des Paulus zusammen. Die »Ehrfurcht« in diesem Vers (nach ZÜ) entspricht der »Furcht Christi« in V. 21 (im Griech. ist es ein und dasselbe Wort).

5,21-33 Die Ehe im Licht der heiligen Verbindung zwischen Christus und der Gemeinde. 21 Dieser Vers gehört gleichermaßen zum vorhergehenden und zum folgenden Teil, er ist das Verbindungsstück zwischen beiden Absätzen. Das Untertansein (griech. *hypotassomenoi)* gehört noch zur Beschreibung des Verhaltens im Gottesdienst (5,19.20), wo die Gegenwart des Herrn deutlich spürbar war (1Kor 5,4 gibt ein Beispiel dafür, was *in der Furcht Christi* bedeutet). Gleichzeitig führt es jedoch auf V. 22 hin, in dem kein Verbum steht; für ihn gilt also noch das Verbum von V. 21. Die Situation mag hier immer noch der Gemeindegottesdienst sein, vor allem, da dasselbe Verbum in 1Kor 14,34 in diesem Zusammenhang steht. Das diesem Verbum verwandte Substantiv in 1Tim 2,11 mag darauf hindeuten, daß auch dort die Stellung der Frau in der Gemeinde gemeint ist. 23 Hier beginnt die Analogie. Die Herrschaft gebührt Christus und dem Ehemann (im Griech. steht *anēr,* nicht das allgemeine Wort für Mann - *anthrōpos;* doch der Wortgebrauch des Paulus ist nicht einheitlich, wie das Auftauchen von *anthrōpos* im Zitat in V. 31 zeigt). Christus ist auch der *Erlöser* der Gemeinde. Das Verbum, das dem Substantiv »Erlöser« zugrunde liegt (griech. *sōtsō*) läßt in 1Tim 2,15 auch eine Deutung im Sinne von »erhalten« zu: Christus als der, der die Gemeinde erhält. So verstanden würde V. 23 schon auf V. 29.30 hinweisen. 24 *In allen Dingen* dehnt die V. 22 noch bestehende Begrenzung des Untertanseins auf alle Bereiche aus.

25 Jetzt wird die wahre Bedeutung des Begriffes Bindung, der oben noch mit »untertan sein« wiedergegeben wird, deutlich: es ist eine Bindung in Liebe. Die Liebe des Ehemanns soll sich nach dem Vorbild der noch größeren Liebe Christi für seine Braut richten (s. auch 2Kor 11,2.3; Offb 19,7ff; 21,2). Auch hier stehen atl. Vorstellungen im Hintergrund. Paulus bezieht sich auf die Ehe Jahwes mit Israel, von der in Hos 2,16; Jes 54,4f; 62,4f; Hes 16,7f die Rede ist. In der rabbinischen Theologie war der Vergleich des Sinaibundes mit einer Ehe zwischen Gott und seinem Volk üblich. Die Thora galt als Heiratsurkunde und Mose als derjenige, der die Braut zu Gott führte. Die Rede von der Beziehung Christi zu seiner Braut, der Gemeinde, ist für Paulus eine andere Art auszudrücken, daß das Zeitalter des Gesetzes der Zeit messianischer Erfüllung gewichen ist. Nun hat der Apostel die Aufgabe zu erfüllen, die früher Mose als der Vermittler des Gesetzes hatte: die Braut zu Christus zu führen. Das, was der himmlische Bräutigam für seine Braut getan hat, wird zurückgeführt auf seine Liebe und

Hingabe am Kreuz (Gal 2,20 stehen die gleichen Verben). **26** Ziel und Ergebnis des Handelns Christi für die Gemeinde werden mit Begriffen der Heiligung beschrieben, d.h. die Kirche ist aus dem Bereich der Sünde herausgenommen und in den der Heiligkeit hineingestellt. Die Mittel, durch die das geschehen ist, werden geheimnisvoll mit den Worten *gereinigt durch das Wasserbad im Wort* umschrieben. »Dieses Wasserbad ... kann kaum etwas anderes sein als die Taufe« (F.F. Bruce, 1961). Das *Wort* ist dann zu verstehen als die bekenntnishafte Bestätigung seines Glaubens, die der Täufling bei der Taufe ausspricht (s. dazu Apg 22,16 und 8,36ff). **27** blickt voraus auf die Vollendung der Gemeinde, wenn der himmlische Bräutigam seine Braut heimholen wird (vgl. Offb 19,7.9). Dann wird die Gemeinde herrlich und ohne *Flecken oder Runzeln* sein (vgl. Kol 1,22).

28 Es folgt die Anwendung der Lehre. Die eigenartige Ausdrucksweise *wie ihren eigenen Leib* läßt sich vielleicht dadurch erklären, daß man versucht, die Analogie zu wahren: Christus liebt seinen Leib, die Gemeinde. **29** In diesem Vers stehen zwei Verben, die in den Bereich der Kinderpflege gehören, vielleicht haben auch sie einen Bezug zum AT (z.B. Jes 1,2). Sowohl *nährt* als auch *pflegt* (vgl. das Vorkommen des gleichen Wortes in 1Thes 2,7) meinen eine fürsorgende Handlung. Bezogen auf die Sorge eines Ehemanns für seine Frau ist darunter zu verstehen »Schutz, Zuneigung, materielle und praktische Unterstützung« (Masson). Ebenso sorgt Christus für die Kirche. **31** Ein Zitat aus 1Mo 2,24 wird von Paulus auf *Christus und die Gemeinde* übertragen. Jesus bezog sich auf diesen Vers aus dem AT (Mk 10,7f), um die Unauflöslichkeit der Ehe zu begründen. Paulus, der um das Wesen der Gemeinde weiß (vgl. 3,4, bei dem von einem *Geheimnis* die Rede ist, d.h. von Gottes Plan mit der Welt, in dem die Gemeinde eine Rolle spielt; vgl. 1,9), legt den Text analog auf die Gemeinschaft hin aus, nicht auf die zwischen Mann und Frau, sondern auf die zwischen Christus und der Gemeinde, die eins mit ihm ist. **33** Der rote Faden, der sich durch die Ausführungen des Paulus zieht, wird in V. 32 genannt: Er argumentiert von der Verbindung Christi mit seiner Gemeinde her und zieht daraus Schlüsse für die Ehe, nicht umgekehrt. Aus diesem Grund spricht er auch nirgends davon, »daß die Frauen ihre Männer lieben sollen ... Den Grund dafür nennt er selbst: Christus liebt die Gemeinde, deshalb ist es für die Gemeinde angemessen, ihm zu gehorchen und sich Christus unterzuordnen« (C. Chavasse, 1939).

Anmerkungen: **26** *Heiligen* hat hier einen ganz besonderen Sinn (Weihung durch Übergabe des Lebens an Gott), wie in Joh 10,36; 17,17; vgl. Jer 1,5. Es weist auf den Beginn des christlichen Lebens hin, und die folgende Bezugnahme auf die Taufe stimmt damit überein. Das *Wasserbad* erinnert an Tit 3,5, mehr noch an 1Kor 6,11, wo Wasserbad und Heiligung unmittelbar nebeneinander stehen.

6,1-4 Familienpflichten. **1** Mit der Aufforderung an die Kinder, ihren Eltern gehorsam zu sein, wendet sich das Interesse den Beziehungen innerhalb der Familie zu. Es ist *recht*, d.h. dem Willen Gottes gemäß (wie in 4,24), daß Kinder ihren Eltern gehorchen. **2** Einen weiteren Grund für diese Regel entnimmt Paulus 2Mo 20,12 und verbindet diesen **3** mit 5Mo 5,16, vielleicht auch mit Gedanken aus 5Mo 22,7. *Das erste Gebot;* hier ist *das erste* entweder auf den folgenden Satzteil: *das eine Verheißung hat* bezogen, oder es ist adverbial gebraucht und bedeutet: »ein sehr wichtiges Gebot« (vgl. 1Kor 15,3, wo dasselbe Wort übersetzt ist mit: »in erster Linie« - ZÜ). **4** Die Pflichten eines Vaters werden hier sowohl positiv als auch negativ beschrieben. Am Anfang steht eine Warnung, Kinder nicht zu reizen (durch ständiges Herummeckern?) und sie so zum Zorn zu treiben. Darauf folgt die Anweisung, sie verantwortungsbewußt auf ein Leben in der Nachfolge Jesu hin zu erziehen (griech. *paideia* - meint Erziehung durch Autorität und Vorbild, *nouthesia* dagegen bezeichnet Erziehung in Form von Belehrung).

6,5-9 Die Beziehungen zwischen Herren und Knechten

Dieser Abschnitt der Haustafel des Paulus behandelt ein für die Christen des ersten Jh. sehr wichtiges soziales Problem: wie Sklaven ihre Stellung auffassen und wie Christen, denen Sklaven gehörten, mit ihnen umgehen sollen.

5 Die Aufforderung zum Gehorsam, nicht zur Auflehnung (die für die Sklaven im römischen Reich, in dem Sklaverei gesetzlich erlaubt und gebilligt war, tödlich enden konnte), ist ein Kennzeichen des NT überhaupt. Doch ist hier der unmenschlichen Einrichtung der Sklaverei ein Teil ihrer Schrecklichkeit genommen, wenn Sklaven Christen sind. *Als dem Herrn Christus:* das ändert das Vorzeichen aller Arbeit und erinnert an Mt 25,31ff. **6.7** Hier wird derselbe Gedanke wiederholt in den Worten *als Knechte Christi,* die Ihm dienen, indem sie *den Willen Gottes tun von Herzen,* d.h. nicht unzuverlässig oder lustlos arbeiten, sondern *mit gutem Willen,* d.h. mit einem Eifer, der Zwang überflüssig macht. **8** Das, was ein jeder in der Gegenwart tut, deutet schon auf die Zukunft hin, wenn Christus als Richter über den Wert der menschlichen Taten entscheiden wird (s. Röm 14,12; 1Kor 4,5; 2Kor 5,10).

9 Auch die Sklavenhalter sind aufgefordert, sich so zu verhalten, wie es ihrer christlichen Berufung entspricht. Sie sollen deshalb ihre Position nicht mißbrauchen und sich darüber im klaren sein, daß sie, ebenso wie sie Herren (griech. *kyrioi)* ihrer Sklaven sind, einen himmlischen Herrn *(kyrios)* haben, der sich nicht hintergehen oder bestechen läßt. Auch Kol 3,25 wird das Verhalten im Zusammenhang mit der Berufung gesehen, nur werden dort die Sklaven aufgefordert, sich ihren Herren gegenüber unparteiisch zu verhalten, ihre Besitzer nicht auszubeuten - eine Anweisung, die, nach E. Percy (1946), womöglich aus Anlaß der Flucht des Onesimus formuliert wurde. Onesimus hatte seinen Herrn Philemon in Kolossae betrogen und war ihm davongelaufen.

Anmerkungen: **7** *Mit gutem Willen* (griech. *met' eunoias*). Dibelius/Greeven zitiert einen interessanten Kommentar zu diesem Satz, der aus einem Papyrus stammt, der rund ein Jh. später entstanden ist als die Paulusbriefe. Darin wird von einem Sklaven berichtet, dem laut Testament seines Besitzers die Freiheit geschenkt werden sollte aufgrund seiner im Dienst gezeigten »Fröhlichkeit und Zuneigung«. Nicht alle Sklavenbesitzer waren unmenschlich, wie man es sich gemeinhin vorstellt, obgleich uns Sklaverei heute mit der Menschenwürde unvereinbar erscheint. **9** *Ansehen der Person* deutet auf Bevorzugung hin, die u.U. mit Geld erkauft werden kann. Auch hier kann sich Paulus auf das AT berufen (z.B. auf 2Chr 19,7).

6,10-24 Schluß

6,10-20 Die Waffenrüstung des Christen und die Fürbitte des Apostels

In dieser abschließenden Ermahnung geht es Paulus um die Situation der Gemeinde in der Welt; er ermahnt zu Standhaftigkeit in Anfechtungen und ruft auf, für Konflikte gerüstet zu sein. Die Feinde, die Paulus dabei im Blick hat, sind nicht nur Menschen, die die Gemeinde unterdrücken, er sieht hinter diesen Menschen die Mächte des Bösen. Dämonische Mächte können nur mit himmlischer Hilfe bekämpft werden. Diese Hilfe stellt Gott den Christen als seine Waffenrüstung (V. 13) zur Verfügung. Der Beschreibung der Rüstung hat offensichtlich die Ausstattung eines zum Kampf bereiten römischen Soldaten als Vorlage gedient. Vielleicht stand solch ein Soldat sogar neben Paulus, als er diese Worte schrieb, da er sich selbst als *Bote . . . in Ketten* (V.20) bezeichnet. Als ein Apostel Jesu Christi bittet er die Freunde in den kleinasiatischen Gemeinden, ihn durch ihr Gebet zu unterstützen, da er besonders stark angegriffen wird und deshalb auf die Ermutigung durch ihre Fürbitte angewiesen ist (V. 18.19). Er möchte vor allem treu sein bei der Ausführung seines apostolischen Auftrags (V. 20; vgl. 3,8.13).

10 Die beiden nebeneinander stehenden Ermutigungen erklären sich gegenseitig. *Seid stark in dem Herrn und in der Macht seiner Stärke.* Die griech. Worte sind Varianten des Begriffes Macht und erinnern an eine ähnliche Aneinanderreihung sinngleicher Begriffe in 1,19. **11** Hier wird nun zum ersten Mal das Kampfmotiv angesprochen. Das Leben der Christen ist ein Kampf, der sich im Niemandsland zwischen den sich bekämpfenden Mächten *Gottes* und des *Teufels* abspielt. Die Christen werden aufgerufen, sich mit Gott gegen den gemeinsamen Feind zu verbünden und die Rüstung anzulegen, die Gott selbst auch trägt (wie es aus den Paulus vorliegenden Stellen Jes 59,17 und Weisheit Salomos 5,17-20 hervorgeht). Mehr noch, der Teufel, in seiner Eigenschaft als »Verleumder«, ist der geschworene Feind der Gemeinde, der ihr niemals neutral gegenübersteht. Er muß sie bekämpfen (vgl. Offb 12,10) mit den Mächten, die ihm zu Diensten sind.

12 Paulus lüftet den Schleier, der über dem Kampf der Gemeinde in der Welt liegt. Der Kampf geht nicht gegen menschliche Mächte (*Fleisch und Blut*, s. dazu Mt 16,17), sondern gegen die Macht, die hinter den irdischen Verfolgern steht, gegen dämonische Kräfte, die auch hinter den Vorgängen standen, die zum Tod Jesu führten (vgl. 1Kor 2,8). Die hierarchische Ordnung des Bösen wird genau beschrieben. *Mächtige und Gewaltige;* diese Begriffe kommen in der Ordnung der Schöpfung vor, deren Ursprung und Ziel Christus ist (vgl. Kol 1,16); hier bezeichnen sie jedoch Kräfte, die sich gegen ihren kosmischen Herrn aufgelehnt und von ihm losgesagt haben. Als solche stehen sie in aktiver Opposition zu ihrem Herrn und seinem Volk. Zu ihnen zählen auch die *Herren der Welt*, doch die Herkunft dieses Begriffes (er kommt in der LXX nicht vor) ist ungewiß. Rabbinische Theologie benutzt eine semitische Form dieses Begriffs zur Bezeichnung des Todesengels. Gnostiker wandten diesen Ausdruck später auf den Teufel an. Paulus gebraucht das Wort im Plural und bezeichnet damit Mächte, die der Gemeinde in der Welt entgegenstehen, so wie die Finsternis dem Licht entgegenwirkt. Er nimmt damit die Antithesen aus 4,18 und 5,7ff wieder auf. Das letzte Glied in dieser Aufzählung von bösen Mächten sind die *bösen Geister unter dem Himmel.* Die nächste Parallele dazu findet sich in 2,2: nach beiden Stellen wird der Konflikt, in dem die Gemeinde steht, in den Regionen des Himmels angesiedelt (griech. *en tois epouraniois*). Doch diese Regionen sind auch der Herrschaftsbereich Christi (vgl. 1,20), die Quelle der Segnungen Gottes für sein Volk (vgl. 1,3) und der Ort, an dem das, was Gott durch seine Gemeinde wirkt, kundgetan wird (vgl. 3,10). Und gerade deshalb wird in diesem Absatz die Versicherung gegeben, daß die feindlichen dämonischen Mächte, die die Gemeinde bedrohen, scheitern müssen, weil sie Gott selbst angreifen.

13 Eben *deshalb,* weil die bösen Mächte, gegen die die Gemeinde im Kampf steht, schon zum Untergang verurteilt sind, soll der Christ unverzagt in den Streit ziehen und *an dem bösen Tage Widerstand leisten,* d.h. in den Zeiten, in denen sich Verfolgung gegen die Christen erhebt. Vgl. 5,16. *Alles überwinden:* dies kann bedeuten, daß die Christen auf den Andrang des Bösen gründlich vorbereitet sind, es kann aber auch im Sinne von »alles besiegen« gemeint sein. Dann müßte sich das *alles* auf die in V. 12 genannten Feinde zurückbeziehen. Doch was dieser Begriff auch bedeuten mag, der Sinn des ganzen Verses ist klar: macht euch bereit zum Kampf, damit ihr gerüstet seid, wenn er losbricht!

14 Der laute Ruf zur Wachsamkeit setzt voraus, daß der Soldat in der Lage ist, sich angemessen auszurüsten. Da er seine Rüstung von Gott bezieht (V. 11), ist sie vollständig. Paulus hat den kampfbereiten römischen Soldaten vor Augen und erläutert jedes Stück der Rüstung. Der Gürtel ist ein Zeichen dafür, daß der Soldat sich im Dienst befindet; der *miles accinctus* (lat. *cingulum* - »Gürtel«) ist der einsatzbereite Soldat. Das Bild vom *Panzer* hat Paulus aus Jes 59,17; der Begriff *Gerechtigkeit* ist hier, wie auch bei dem Propheten, im Sinne von Rechtfertigung und Beseitigung alles Bösen verstanden. **15** *An den Beinen gestiefelt* (lat. *caliga*): bedeutet marschbereit. Dieser Vers erinnert etwas an Jes 52,7 und im Licht von Röm 10,15 mag er die Bereitschaft und die Eilfertigkeit zum evangelistischen Dienst meinen.

16 *Vor allen Dingen* ist im Griech. *(en pasin)* nicht ganz eindeutig. Meint es »über das alles« (EÜ) oder »um alle Teile des Körpers zu bedekken«? Letzteres ist durchaus möglich, da Paulus zur Bezeichnung des Schildes, mit dem sich der Glaubende schützt, das lat. Wort *scutum* wählt (das entspricht dem von ihm gebrauchten griech. Wort *thureos,* vgl. 2Thes 3,3). Das *scutum* diente als großes rechteckiges Schild dazu, feindliche, eventuell sogar brennende Pfeile abzufangen. In dem hier beschriebenen geistlichen Kampf geht es um den *Schild des Glaubens* an Gottes endgültigen Sieg, der mit der Auferweckung Christi und seiner Erhöhung über alle Mächte schon errungen ist (vgl. 1,20-22).

17 Es werden zwei weitere Ausrüstungsgegenstände genannt: der *Helm des Heils* geht zurück auf Jes 59,17, wo Jahwe selbst ihn trägt, als er zur Befreiung seines unterdrückten Volkes in den Kampf zieht. Die rabbinische Theologie bezog diese Stelle auf das Werk des Messias, und so wurde sie dann auch in der christlichen Auslegung des AT verstanden; ebenso ist es mit Jes 11,1-5. Das Nehmen des Helms meint die Annahme all dessen, was den Christen durch die Erlösungstat Christi zuteil geworden ist. Das Wort Gottes ist scharf wie ein Schwert (hier scheint Jes 11,4 im Hintergrund zu stehen, wo die Eroberung des Messias beschrieben wird, vgl. auch Offb 19,15). Vgl. Hebr 4,12. Das griech. *rhēma theou* ohne Artikel, das hier mit *Wort Gottes* übersetzt ist, erinnert an die LXX, wo sich diese Wendung auf Worte, die Gott selbst spricht, bezieht. Ein Beispiel dessen, was dieser Vers meint, haben wir in der Versuchung Jesu. »Voll heiligen Geistes« beantwortet Jesus die Fragen des Widersachers mit treffenden Sätzen aus der Schrift, die ihm so zum *Schwert des Geistes* wurde (vgl. Lk 4,1-13).

18 Obwohl sich kein vergleichbarer Gegenstand in der Ausrüstung eines Soldaten findet, nennt Paulus *Bitten und Flehen* als einen Teil der Rüstung eines Christen. Der verbindende Begriff ist hier der *Geist,* der das Gebet der Christen inspiriert (vgl. Röm 8,26ff). Gebet wird hier einmal als Gebet allgemein verstanden *(proseuchē)* und einmal als Bittgebet im speziellen Fall *(deēsis).* Dieselben Begriffe tauchen auch Phil 4,6 und 1Tim 5,5 zusammen auf. Paulus nennt hier einen Gegenstand des Flehens der Christen: *alle Heiligen,* die das neue Bundesvolk Gottes sind (vgl. 1,1). Die Verpflichtung zur Fürbitte für Mitchristen verlangt Wachsamkeit und Standhaftigkeit (griech. *proskarterēsis;* das entsprechende Verbum kommt z.B. Apg 1,14; Röm 12,12 und Kol 4,2 in einem ähnlichen Kontext vor). **19** Eine persönliche Bitte, die auch in 2Kor 1,11 ausgesprochen wird. Doch hier ist sie direkt bezogen auf den Dienst, den Paulus als Apostel der Heiden versieht (vgl. 3,1). Er bittet um Unterstützung im Gebet, damit er seine Aufgabe, die Verkündigung des Geheimnisses des Evangeliums (das in diesem Brief als die Einheit von Juden und Heiden in der christlichen Gemeinde erklärt ist) erfüllen kann. **20** Für diese Aufgabe braucht er vor allen Dingen Mut in Zeiten der Anfechtung (vgl. Phil 1,19ff zu einer ähnlichen Bitte in ähnlicher Situation); Paulus möchte auch als Gefangener nicht verstummen. Er ist ein *Bote* Christi (vgl. 2Kor 5,20), genießt aber keine diplomatische Immunität. Im Gegenteil, er ist *in Ketten* (Kol 4,18).

6,21-24 Persönliche Bemerkungen und Grüße zum Schluß

Die Verse 21 und 22 enthalten die deutlichste wörtliche Beziehung zwischen dem Epheser- und dem Kolosserbrief (so Dibelius/Greeven); vgl. Kol 4,7.8 Tychikus soll die Neuigkeiten über das Befinden des Paulus zu den kleinasiatischen Gemeinden bringen. So wird er denn diesen Gemeinden von Paulus auch wärmstens empfohlen. Durch die Neuigkeiten, die er von Paulus in Rom bringt, soll er den Gemeinden Mut machen.

Der Brief, der mit einem Gnaden- und Friedensgruß begann, endet mit denselben Worten, nur in umgekehrter Reihenfolge, erweitert um den Wunsch nach Liebe und Glauben. Der letzte Gnadengruß gilt allen Gläubigen, damals und heute.

21 Das ungewöhnliche *aber auch ihr* wirft für das Verständnis dieses Abschnitts einige Probleme auf. Paulus scheint hier plötzlich eine andere Gruppe anzureden. F. Foulkes zieht daraus und aus der Ähnlichkeit zu Kol 4,7f den Schluß, daß Paulus den Schlußgruß für beide Briefe zusammen geschrieben habe, kurz bevor die Briefe abgesandt wurden. Die Übersetzung von *was ich mache* trifft die griech. Wendung nicht genau. EÜ gibt den Sinn besser wieder mit der Übersetzung »wie es mir geht«. Tychikus wird als *treuer Diener* beschrieben (wörtl. »Helfer« oder, wenn das griech. Wort *diakonos* hier im speziellen, technischen Sinn zu verstehen ist, »Diener« wie in 3,7. Doch letzteres ist nicht sicher.). **22** *Den ich ... gesandt habe:* die hier gebrauchte griech. Zeitform kann als »Briefaorist« bezeichnet werden, vgl. 3,3. Tychikus wird den Brief überbringen, den Gemeinden einen persönlichen Bericht über die Verfassung des Apostels geben und sie ermutigen.

23.24 Der abschließende Gruß ist etwas länger als in den anderen Briefen des Paulus (vgl. z.B. Phil 4,23) und allgemeiner gehalten, da Paulus statt des üblichen »Euch« eine unpersönlichere Anrede benutzt *(den Brüdern).* Paulus schließt nach dem für seine Briefe typischen Muster: mit der Bitte um die Gnade Gottes für die weltweite Gemeinde. Er nennt sie: *die lieb haben unsern Herrn Jesus Christus, in Unvergänglichkeit.* Die letzten drei Worte sind eine Übertragung des griech. *en aphtharsia,* was wörtl. »mit Unsterblichkeit« heißt. Man möchte diese »Unsterblichkeit« auf die Gnade beziehen, doch dem steht die Wortfolge entgegen. Dibelius/Greeven versuchen das Problem dadurch zu lösen, daß sie die Präposition örtlich verstehen: »unsern Herrn Jesus Christus, der in nicht endender Herrlichkeit lebt«. Zur Stützung dieser Annahme können Jak 2,1 und 1Tim 1,17 angeführt werden; auch der feierliche Charakter des Schlußsatzes spricht dafür. Der Brief, der mit Lob und Dank für empfangenen Segen begonnen hat, schließt mit Segenswünschen, die die Gemeinde ihrem erhöhten Herrn anbefehlen.

Ralph P. Martin

Der Brief an die Philipper

Einleitung

Paulus und die Gemeinde in Philippi

Die Stadt Philippi wurde nach ihrem Gründer Philipp von Makedonien, dem Vater Alexanders des Großen, benannt, der die strategische Bedeutung des Ortes erkannt hatte. Philippi fiel 168 v. Chr. nach der Schlacht von Pydna in die Hand der Römer und wurde später in die römische Provinz Mazedonien eingegliedert. Nach den Kämpfen Octavians gegen Brutus und Cassius und später gegen seinen ehemaligen Verbündeten Antonius wurde die Stadt von italienischen Siedlern besetzt. Die Siedler waren stolz auf ihre Sonderrechte und besonders treue Bürger Roms (vgl. Apg 16,20f. 35-39; s. auch Phil 1,27 und 3,20). Im 1. Jh. n.Chr. war Philippi nicht nur »eine römische Kolonie«, sondern auch »die erste Stadt jenes Teiles von Mazedonien« (Apg 16,12), obwohl Thessalonich die eigentliche Provinzhauptstadt war.

Paulus war sich wohl der strategischen Bedeutung Philippis bewußt, als er - auf seiner zweiten Missionsreise - in die Stadt kam und dort zum ersten Mal auf europäischem Boden das Evangelium predigte. Er kam (zusammen mit Silas und Timotheus) - wie Apg 16,9f berichtet - in Folge eines in einer Vision bei Nacht erhaltenen Rufes: »Ein Mann aus Mazedonien stand da und bat ihn: Komm herüber nach Mazedonien und hilf uns!« Zwar fand Paulus in Philippi keine Synagoge vor, dafür aber eine kleine Gruppe von Frauen, die »am Sabbattag« am Fluß zu beten pflegten. Als erste kam vermutlich Lydia, »eine Purpurhändlerin aus der Stadt Thyatira«, zum Glauben, und sie hieß Paulus in ihrem Hause willkommen. Daß in der Stadt ein heidnischer Geist herrschte, wird aus dem kurzen Bericht über die Magd mit dem Wahrsagegeist deutlich. Die Sklavenhalter, darüber verärgert, daß der böse Geist aus dem Mädchen ausgetrieben worden war, ließen Paulus und Silas verhaften, weil sie »sahen, daß damit ihre Hoffnung auf Gewinn ausgefahren war«. Allerdings wurden sie unter dem Vorwand verhaftet, daß sie als Juden in der Stadt Unruhe stifteten und zu Bräuchen aufriefen, die - wie ihre Ankläger behaupteten - »wir weder annehmen noch einhalten dürfen, weil wir Römer sind«. Die Gemeinschaft am Evangelium, die Verfolgung und die vornehmlich heidnische Herkunft der Christen in Philippi kommen nicht nur im Brief zum Tragen, sondern bereits Apg 16 im Bericht über den ersten Besuch des Paulus in Philippi.

Als Paulus die Stadt verließ, ließ er eine Gruppe eifriger Christen zurück. Auf seiner dritten Missionsreise hat der Apostel einige Zeit in Mazedonien verbracht (Apg 20,1), und mit diesem Aufenthalt war zweifelsohne auch ein Besuch in Philippi verbunden. Später, nach einem Aufenthalt in Griechenland, kehrte er nach Mazedonien zurück, und Apg 20,6 berichtet ausdrücklich, daß Paulus seine Rückreise nach Jerusalem von Philippi aus antrat.

Ort und Zeit der Abfassung

Aus 1,12-26 und 2,17 geht hervor, daß Paulus diesen Brief in der Gefangenschaft verfaßte. Gewöhnlich wird der Philipperbrief mit den Briefen an die Kolosser, Epheser und an Philemon in enge Verbindung gebracht, wobei als Abfassungszeit an die römische Gefangenschaft Apg 28 gedacht wird. Als mögliche Abfassungsorte werden gelegentlich zwei andere Städte genannt: Cäsarea oder Ephesus (in beiden Städten war der Apostel in Gefangenschaft).

Zugunsten von *Cäsarea* als Entstehungsort des Philipperbriefes können nur wenige Belege beigebracht werden, und sehr vieles spricht dagegen. Während seiner Gefangenschaft in Cäsarea stand Paulus nicht in der unmittelbaren Gefahr, hingerichtet zu werden, denn er hatte sich - als römischer Staatsbürger - auf den Kaiser berufen (Apg 25,11) und wartete nun darauf, nach Rom gebracht zu werden. Eine vergleichbare Situation begegnet uns im Philipperbrief nicht: Dort sind die Alternativen Tod oder Freispruch, und im Falle eines Freispruches gedachte Paulus zu einem Besuch nach Philippi zu kommen (2,24). Die Schilderung der Gefangenschaft (Kap. 1) ließe sich nur sehr schwer mit dem vereinbaren, was wir von der Gefangenschaft des Apostels in Cäsarea wissen.

Adolf Deissmann schlug 1879 *Ephesus* als Entstehungsort des Philipperbriefes vor, und seither haben sich zahlreiche Ausleger seine Thesen zu eigen gemacht. Freilich wird nirgends ausdrücklich berichtet, daß der Apostel in Ephesus in Gefangenschaft geriet, doch lassen Abschnitte wie Apg 20,18f; 1Kor 4,9-13; 15,31f; 2Kor 1,8-10; 4,8-12; 6,4-10 und 11,23-27 es als ziemlich wahrscheinlich erscheinen, daß der ihm entgegen schlagende Widerstand zu seiner Verhaftung und Androhung seines Todes führten. Folgende Überlegungen sprechen für Ephesus als Entstehungsort des Philipperbriefes:

a. Der Brief deutet mindestens vier Reisen zwischen Philippi und dem Ort der Gefangenschaft an: Die erste vermittelte Nachricht über seinen Zustand, dann kehrte Epaphroditus aus Philippi zu Paulus zurück, woraufhin die Erkrankung des Epaphroditus der Gemeinde gemeldet wurde, und schließlich erreichte die Sorge der Philipper den Paulus (2,25f). Eine Reise von Philippi nach Ephesus dauerte gewöhnlich zwischen 7 und 10 Tagen, eine Reise nach Rom hätte sehr viel länger gedauert.

b. Apg 19,22 berichtet, daß Timotheus von Ephesus aus nach Mazedonien gesandt wurde, und dieser Bericht ließe sich mit 2,19-22 vereinbaren.

c. Obwohl Paulus in Ephesus gewiß der Tod angedroht wurde (wie die oben zitierten Abschnitte zeigen), bleibt fraglich, ob er in Rom in Todesgefahr war.

d. Als Paulus in römischer Gefangenschaft war, hatte er seine Augen bereits nach Westen gerichtet und beabsichtigte nicht mehr, in den Osten zu reisen (Apg 20,25; Röm 15,18-29). Dies stünde im Widerspruch zu 2,24. Als Paulus aber noch in Ephesus war, hegte er gewiß den Wunsch, nach Mazedonien und Griechenland zu reisen.

e. Die Ähnlichkeiten dieses Briefes mit den frühen paulinischen Schriften sind größer als die Ähnlichkeiten mit den Spätschriften.

f. Abschnitte wie 1,30 und 4,15f legen die Vermutung nahe, daß der erste Missionsdienst in Philippi noch nicht sehr lange zurückliegt, zumindest aber nicht 11 oder 12 Jahre, die eine römische Abfassung voraussetzen würden.

Wurde der Brief von Ephesus aus geschrieben, so ist er um 54-55 n. Chr. zu datieren. Gegen Ephesus und zugunsten von *Rom* können folgende Argumente angeführt werden:

a. Zwar hätten die Reisen zwischen Rom und Philippi viel länger gedauert, maximal aber zwischen 7 und 8 Wochen.

b. Daß sich die in Apg 28,30f geschilderten Umstände im Laufe der römischen Gefangenschaft verändert haben könnten, läßt sich durchaus denken, und vielleicht wurde im Verlauf der Gefangenschaft die Wahrscheinlichkeit einer Hinrichtung immer größer.

c. Zudem ist durchaus denkbar - und einiges spricht dafür -, daß der Apostel während seines Aufenthalts in Rom seine Pläne für Spanien fallen ließ und seine Gedanken statt dessen wieder nach Osten wanderten, wo er bereits gearbeitet hatte und wo die von ihm gegründeten Gemeinden seiner Hilfe bedurften.

d. Neben den zu beobachtenden Ähnlichkeiten mit den frühen paulinischen Briefen sind auch erhebliche Unterschiede festzustellen.

e. Fraglich bleibt, ob der Apostel in Ephesus, wo er - anders als in Rom - doch viele Freunde hatte, die Hilfe der Philipper gebraucht hätte.

f. Begriffe wie »Prätorium« (1,13) und »die aus dem Haus des Kaisers« (4,22) passen besser in einen römischen Kontext.

g. Ein letztes »argumentum e silentio« verdient Beachtung. In Ephesus bemühte sich Paulus um eine Sammlung für die Christen in Jerusalem (wie die Korintherbriefe zeigen.) Es würde in der Tat seltsam anmuten, wenn die Sammlung im Brief an die Philipper, falls er von Ephesus aus geschrieben wurde, unerwähnt geblieben wäre, zumal 2Kor 8,1-5 und 9,1-4 von dem Engagement der mazedonischen Christen zugunsten des Unternehmens berichtet.

Obwohl der Abfassungsort nicht mit letzter Sicherheit bestimmt werden kann, scheinen die Argumente jedoch zugunsten von Rom zu sprechen, und in diesem Fall wäre der Brief um 63 n. Chr. zu datieren, d.h. gegen Ende der Gefangenschaft des Paulus, von der Apg 28 berichtet.

Die Anliegen des Briefes

Mit seinem Brief an die Philipper verbindet der Apostel Paulus verschiedene Anliegen.

a. Er möchte den Empfang der Gaben bestätigen, die die Gemeinde ihm hatte zukommen lassen (vgl. bes. 4,10.14-18).

b. Er möchte sie über sein Ergehen in Kenntnis setzen und ihnen die Sorge nehmen, seine Gefangenschaft könnte ein Rückschlag für das Evangelium sein (1,12-26). Ferner weiht er sie in seine Pläne ein, ihnen Timotheus zu schikken, und berichtet von seiner Absicht, selbst zu kommen (2,19-24).

c. Er hielt es für notwendig, ihnen zu erklären, wieso er Epaphroditus zu ihnen zurück schickte, obwohl es offenbar in ihrer Absicht gelegen hatte, daß dieser bei dem Apostel bleiben und ihm dienen sollte (2,25-30).

d. Nachrichten, die ihm überbracht worden waren, ließen auf die Gefahr von Spaltungen und Parteilichkeit unter den Christen in Philippi schließen, und er wollte sie ermahnen, in der Einheit des Geistes zu leben und ihren Glauben zu bezeugen (s. 1,27; 2,1-11; 4,2f).

e. Zudem wurde er auf die Gefahr aufmerksam gemacht, die von bestimmten Judenchristen ausging, und so wollte er sie erinnern, daß die Gesetzlichkeit grundsätzlich in Widerspruch zum Evangelium steht (3,3-11) und vielleicht gleichzeitig vor der Gefahr eines falschen Perfektionismus warnen (3,12-16).

f. Schließlich bot ihm der Brief Gelegenheit, die Christen in Philippi in ihrer Verfolgung zu ermutigen, ihr Leben ihrem Herrn in allen Dingen und unter allen Umständen anzuvertrauen (s. bes. 1,27-30; 2,12-18; 3,17-21; 4,4-9).

Besondere Merkmale des Briefes

a. Gewöhnlich wird darauf hingewiesen, daß die *Freude* das Hauptthema dieses Briefes bildet. Das Wort begegnet uns 16mal als Nomen oder Verb. Der Apostel betet mit Freude (1,4) und freut sich über die Früchte seines eigenen Dienstes (4,1). Er freut sich über die Verkündigung des Evangeliums (1,18) und ist trotz seiner schweren Leiden guter Dinge (2,17). Seine Leser fordert er auf: »Freut euch in dem Herrn!« (3,1; 4,4). Er wünscht ihnen Freude im Glauben (1,25), Freude in der Gemeinschaft (2,28) und Freude selbst in Leiden und Verfolgung (1,29).

b. Die *Gemeinschaft* ist ein weiterer Hauptgedanke des Briefes, dies umso mehr, als der Apostel für das Geschenk der Philipper dankt, das ein sichtbarer Ausdruck ihrer Gemeinschaft mit ihm seit den Anfängen seiner Evangeliumsverkündigung ist (1,5-7). Es ist bereits gesagt worden, daß der Apostel vor einer Zerstörung der Gemeinschaft in der Gemeinde durch Eigensucht, Stolz und Parteilichkeit warnt (2,1-4).

c. Zu den weiteren Themen dieses Briefes zählt auch das *Evangelium.* Paulus freut sich darüber, daß ihn mit den Philippern nicht nur die Gemeinschaft in Christus, sondern auch die »Gemeinschaft am Evangelium« verband (1,5.7; vgl. 2,22; 4,3). Er war bereit zu leiden, wenn dadurch nur das Evangelium gepredigt und Christus bekannt gemacht wurde. Sie sollten »einmütig mit uns kämpfen für den Glauben des Evangeliums« (1,27). Praktische und dogmatische Fragen geht der Apostel dadurch an, daß er zum Herzen des Evangeliums vordringt (wie Kap. 2 und 3 zeigen).

d. Kein anderer Brief zeigt so deutlich wie dieser das *geistliche Streben des Apostels.* Wir sehen darin seine völlige Hingabe an Jesus Christus und sein tiefes Verlangen, ihn zu erkennen und bekannt zu machen. Am deutlichsten geht dies aus 3,7-14 hervor, doch sollte unbedingt auch das »ich warte und hoffe sehnlichst, daß ich in keinem Stück zuschanden werde, sondern daß ... Christus verherrlicht werde an meinem Leibe« (1,20) daneben gestellt werden. Seine Genügsamkeit und Zufriedenheit in allen möglichen Lebenslagen bezeugt 4,11.13.

Die Einheit und die Echtheit des Briefes

Die paulinische Verfasserschaft des Philipperbriefes wird im allgemeinen nicht in Frage gestellt. Der Brief wird von den meisten christlichen Schreibern des 2. Jhs. zitiert und seit der Zeit des Irenäus dem Apostel Paulus zugeschrieben. Dennoch gilt es, in diesem Zusammenhang auf drei Fragen näher einzugehen.

a. Es besteht wenig Zweifel daran, daß 2,6-11 einen Hymnus darstellt, der die Erniedrigung und Erhöhung des Christus zu seinem Thema hat. Dieser rhythmische Hymnus läßt sich in 6 Strophen zu je 3 Zeilen aufgliedern. Auch in anderen paulinischen Schriften begegnen uns poetische Passagen (z.B. 1Kor 13), doch die vorliegenden Verse nehmen sich wie ein Zitat aus. Obwohl ein enger thematischer Zusammenhang zu dem Abschnitt, in dem sie stehen, besteht, wird man wohl davon ausgehen müssen, daß dieser Hymnus ursprünglich nicht für diesen Brief verfaßt wurde. Auch an anderen Stellen im NT begegnen Hymnen oder Bekenntnisfragmente (z.B. Eph 4,4-6; 5,14; 1Tim 1,17; 3,16; 6,15f; 2Tim 2,11-13). Um ein solches, wenn auch längeres, Zitat scheint es sich hier zu handeln. Es begegnen hier zum Teil Wörter, die sonst nicht von Paulus benutzt werden und zum Teil auch sonst im NT nicht vorkommen. Sollte ein anderer als der Apostel selbst für die Komposition des Hymnus verantwortlich zeichnen, so wäre damit die von der üblichen paulinischen Darstellungsweise abweichende Beschreibung der Inkarnation (Fleischwerdung) und des Werkes Christi erklärt. Andererseits läßt sich wohl nicht ausschließen, daß Paulus selbst der Verfasser gewesen sein mag. Für die sich geradezu dogmatisch ausnehmenden Behauptungen einiger Forscher, denen zufolge der Hymnus ursprünglich in aramäischer Sprache verfaßt wurde und für den Gebrauch bei Tauf- und Abendmahlsfeierlichkeiten bestimmt war, lassen sich nicht genug Belege beibringen. Dieser Lobeshymnus auf Christus, vielleicht aus der Feder des Paulus oder eines anderen Verfassers, fügt sich ausgezeichnet in den Gesamttenor des Kontexts ein.

b. Gelegentlich wird behauptet, der mit 3,1b beginnende Abschnitt sei ursprünglich Teil eines anderen Briefes gewesen. Freilich unterbricht 3,1b den Gedankengang des Apostels. E.J. Goodspeed hält 3,2-4,20 (andere Ausleger: 3,1b-19 bzw. 3,1b-4,3) für einen Auszug aus einem anderen Brief, der zu einem anderen Zeitpunkt, jedoch an dieselbe Gemeinde geschrieben wurde. Dieser vermeintliche Einschub stellt den Ausleger gleich vor mehrere Schwierigkeiten: Warum setzt er gerade nach 3,1a ein, wo hört er auf, und warum lassen sich keine Belege aus anderen Hss. für diese Hypothese beibringen? Die genannten Schwierigkeiten legen die Vermutung nahe, daß der Apostel, nachdem er 3,1 begonnen hatte, im Schreiben unterbrochen wurde. Vielleicht waren gerade aktuelle Nachrichten eingetroffen, die dem Apostel die von den Judaisten ausgehende Gefahr für die Gemeinde ganz neu vor Augen führten. Infolgedessen sah sich der Apostel vielleicht genötigt, vor Abschluß seines Briefes, noch einmal kurz auf die Gefahr der Gesetzlichkeit und auf die Herrlichkeit der Glaubensgerechtigkeit in Christus einzugehen.

c. Noch weniger wahrscheinlich sind gelegentlich vorgetragene Auffassungen, nach denen auch andere Abschnitte des Briefes anderen Schriften entnommen worden seien. In den seltensten Fällen aber wird die paulinische Verfasserschaft der mutmaßlichen Einschübe in Frage gestellt.

Inhalt

1,1-11 **Einleitung**
- 1,1.2 Eingangsgruß
- 1,3-7 Danksagung
- 1,8-11 Gebet

1,12-26 **Die Situation des Apostels**
- 1,12-14 Die Folgen seiner Gefangenschaft
- 1,15-18 Verschiedene Beweggründe für die Verkündigung
- 1,19-26 Leben oder Sterben

1,27-2,18 **Ermahnungen zu christlichem Leben und zur Gemeinschaft**
- 1,27-30 Aufruf zu einem dem Evangelium würdigen Wandel
- 2,1-4 Mahnung zur Einheit
- 2,5-11 Das Vorbild Christi
- 2,12-18 Die praktischen Auswirkungen des Heils

2,19-30 **Zukunftspläne**
- 2,19-24 Sendung des Timotheus
- 2,25-30 Rückkehr des Epaphroditus

3,1-21 **Geistliche Zielsetzungen**
- 3,1-3 Warnung vor der Partei der Beschneidung
- 3,4-7 Das frühere Leben des Paulus
- 3,8-14 Der Verzicht auf die alten und die Formulierung neuer Ziele
- 3,15-17 Ermahnung zu christlicher Lebensführung
- 3,18-21 Warnung vor weltlichem Leben

4,1-23 **Ermahnungen, Danksagung und Grüße**
- 4,1-3 Persönliche Appelle
- 4,4-7 Aufruf zur Freude und zum Gebet
- 4,8-9 Aufruf, am Guten festzuhalten
- 4,10-20 Dank für die Gabe der Gemeinde
- 4,21-23 Grüße und Segenswunsch

Kommentar

1,1-11 Einleitung

Paulus hält sich hier, wie auch in der Mehrzahl seiner anderen Briefe, an das seinerzeit übliche Briefschema: »A grüßt B«. Diesem Eingangsgruß folgen Danksagung und Gebet. Unkonventionell ist bei Paulus dagegen das, was er über das Leben in Christus sowohl des Verfassers als auch der Leser zu sagen weiß. Danksagung und Gebet sind dem Apostel aus dem Herzen gesprochen und bezeugen Gottes Wirken sowie die Anliegen, die er stets zum Inhalt seiner Fürbitte für die Gemeinde macht.

1,1.2 Eingangsgruß

1 In der äußeren Form der Anrede fällt dreierlei auf. Erstens wird *Timotheus* zusammen mit Paulus genannt (so auch 2Kor, Kol, 1 u. 2Thes u. Phil), obwohl der Brief ab V. 3 in der ersten Person Singular fortfährt. Timotheus hatte Paulus bei dessen erster Verkündigung in Philippi begleitet. Seither war er mit den Christen jener Stadt verbunden und ein Vertrauter des Apostels geblieben (vgl. Komm. zu 2,19-23). Zweitens hebt Paulus hervor, daß er *allen* Christen in Philippi schreibt. Daß er dies mehrmals bekräftigt (vgl. 1,4.7f. 25; 2,17.26; 4,21), läßt auf die Neigung der Gemeinde zu Parteienbildung schließen. Drittens erwähnt er besonders die Ältesten der Gemeinde, sei es weil diese nur ungenügend beachtet wurden (vgl. 1Thes 5,12f), sei es weil sie die Geschenksendung an Paulus veranlaßt hatten (4,14-18). 2 In seiner Verbindung der traditionellen griech. mit der traditionellen hebr. Grußformel deckt sich dieser Gruß mit dem verschiedener anderer Briefe (vgl. Röm 1,7; 1Kor 1,3). Indes ist er weit mehr als bloßer Gruß: Er ist ein Gebet.

Anmerkungen: 1 *Knechte* (wörtl.: »Sklaven«): Sie betrachteten sich nach Körper, Seele und Geist als Eigentum Christi, dem sie sich in allen Dingen unterordneten. *Heiligen:* Gemeint sind alle Christen. Sie sind abgesondert zu einem Leben für Gott (die Grundbedeutung des Wortes) und berufen zu einer geheiligten Lebensführung (vgl. Röm 1,7). *In Christus Jesus:* Diese und ähnliche Formulierungen begegnen uns häufig im vorliegenden Brief. Das Leben des Christen vollzieht sich in Christus: Der Gläubige lebt und bewegt sich in den von seinem Willen, seiner Gnade und seiner Vorsehung vorgegebenen Bahnen. In der Glaubensverbindung mit ihm findet der Christ sein Leben, ja er kann ohne ihn nicht leben (vgl. Joh 15,1-11). *Bischöfe:* In Philippi gab es mehr als nur einen Bischof. Man darf wohl davon ausgehen, daß die beiden ntl. Begriffe »Älteste« und »Bischöfe« (EÜ: *Aufseher*) denselben Personenkreis meinen (vgl. Apg 20,17.28; Tit 1,5-7). *Diakone* werden nur noch 1Tim 3,8.12f genannt (obwohl das griech. Wort häufig im Sinne von »Diener« gebraucht wird). Dieser Dienst geht wahrscheinlich auf Apg 6,2 zurück, als nämlich jene Sieben zum »dienen« (griech.: *diakonein*) ausgesondert wurden. 2 *Gnade* ist das unverdiente Wohlwollen Gottes, das uns durch Christus mit ihm selbst versöhnt, das unsere Bedürfnisse stillt und uns das Vorrecht einräumt, ihm zu dienen. *Friede* ist in der Heiligen Schrift mehr als das Fehlen eines Konfliktes: Er bezeichnet ein umfassendes Wohlergehen und kommt - wie die Gnade - nur *von Gott, unserm Vater* durch den *Herrn Jesus Christus.*

1,3-7 Danksagung

3.4 Paulus pflegte in seinem Gebet Dank mit Fürbitte zu verbinden. 5.7 Besonders dankt er für die Anteilnahme der Gläubigen in Philippi an seinem Dienst am Evangelium. In ihnen hatte er Partner gefunden in seinem Bemühen, das Evangelium zu verteidigen und möglichst vielen Menschen zugänglich zu machen, und selbst in seiner Gefangenschaft um des Evangeliums willen wußte er sich mit ihnen verbunden. 6 In dieser Verbundenheit erkennt er Zeichen göttlichen Handelns an ihnen. Sie ist ihm Grund zur Freude und zu der Zuversicht, daß dieses Wirken Gottes in ihrem Leben sich fortsetzen wird bis es beim Kommen Christi seine Vollendung findet.

Anmerkungen: 3 Das Wort *Erinnerung* (EÜ) will vielleicht ein zweifaches sagen: Paulus denkt immerzu an sie, und er betet regelmäßig für sie. 4 *Allezeit...jedem...alle* (EÜ): So zu reden ist zwar für Paulus typisch, hat aber hier, wie auch V. 7, seine besondere Bewandtnis (vgl. Komm. zu V. 1). Die *Freude* ist, wie bereits erwähnt (vgl. Einl., S. 401), Kerngedanke und Grundstimmung dieses Briefes. Fünfmal erscheint der Begriff als Substantiv, elfmal als Verb oder in einer Zusammensetzung. 5 Bemerkenswert ist, daß die *Gemeinschaft* zwischen Paulus und den Philippern nicht bloß Gemeinschaft in Christus ist, sondern auch *am Evangelium.* Alle, die Christus dienen, sind dazu aufgerufen, sein Evangelium bekanntzumachen (vgl. Mk 8,35). Vielleicht spielt das Wort *Gemeinschaft* auf das Miteinander-Teilen an, auf materielle Gaben (vgl. 2Kor 8,4; 9,13). Tatsächlich haben die Christen in Philippi dem Apostel solche Geschenke gemacht, um ihn, den Botschafter des Evangeliums, zu versorgen (4,10.14-18), doch läßt der Textzusammenhang daran denken, daß sie auch an der eigentlichen Arbeit des Apostels teil hatten. Die griech. Präposition *(eis)* legt folgende Übersetzung nahe: »... daß ihr euch ... für das Evangelium eingesetzt habt« (EinhÜ). *Vom ersten Tage an* läßt an die Anfänge der paulinischen Verkündigung in Philippi denken, als Lydia ihm ihre Wohnung öffnete und damit zur Verkündigung des Evangeliums beitrug. 6 Ihr Wirken bezeugt das *gute Werk* Gottes in ihnen. Aus der Tatsache, daß Gott sein gutes Werk in ihnen begonnen hat, schöpft Paulus seine Zuversicht: Er weiß, daß Gott an ihnen weiterarbeiten wird, und so kann er zuversichtlich beten. Im Gegensatz zum Menschen kann Gott ein einmal angefangenes Werk nicht abbrechen (vgl. Röm 11,29). Beim Gedanken an sein eigenes Leben und Dienen und das geistliche Wachstum derer, denen er dient, richtet sich Paulus' Augenmerk immerzu auf *den Tag Jesu Christi.* Er und seine Mitchristen sollen an jenem Tag gereift und ohne Scham vor Gott erscheinen: Dies ist das Ziel, das er nie aus den Augen verliert (vgl.

2Kor 1,14; 5,9f; Eph 5,27; Kol 1,28). 7 *Gnade* trägt hier wohl zwei der drei V.2 genannten Bedeutungen. Gemeint ist zum einen das Vorrecht, zur Verkündigung des Evangeliums berufen zu sein (vgl. Eph 3,7f), zum andern die Paulus und den Christen in Philippi zuteil gewordene Kraft zu diesem Werk. Notwendig ist diese Ermächtigung besonders im Blick auf die *Gefangenschaft,* die Paulus wegen seines Dienstes am Evangelium erleidet. Seine unmittelbare und vorrangige Aufgabe bleibt aber - selbst in der Gefangenschaft - *die Verteidigung und Bekräftigung des Evangeliums* (EinhÜ). Der erste Aspekt dieser Aufgabe wird V. 16 wieder aufgegriffen, und 1Petr 3,15 macht deutlich, daß hier alle Christen in die Verantwortung genommen sind. Der zweite Aspekt der angesprochenen Aufgabe besteht darin, Menschen im Glauben zu stärken (vgl. Lk 1,4; 1Kor 1,6).

1,8-11 Gebet

8 Der Apostel kann sagen, daß Gott sowohl um die Echtheit seines Gebetes für die Christen in Philippi weiß als auch um die sein Gebet motivierende Liebe. **9-11** Drei Dinge erbittet er für sie: *a. Wachsende Liebe; b. Erkenntnis* - insbesondere eine »klare Erkenntnis der Zusammenhänge« (Bruns) dort, wo es um ethische Entscheidungen geht -; *c. die Gerechtigkeit,* denn im Blick auf den Tag Jesu Christi sollen sie den Maßstab absoluter Reinheit an ihr Leben anlegen: Ihr Leben soll sich durch besondere Güte auszeichnen.

Anmerkungen: **8** *Gott ist mein Zeuge:* Vgl. Röm 1,9; 2Kor 1,23; 1Thes 2,5.10. Seine Sehnsucht nach ihnen gründet nicht nur in seiner eigenen Liebe, sondern *die Liebe, die von Jesus Christus kommt, zieht mich zu euch* (GN). »Der Glaubende kennt kein Verlangen, das nicht auch das Verlangen seines Herrn wäre; sein Herz schlägt mit dem Pulsschlag Christi . . .« (Lightfoot). *Allen* steht auch hier; vgl. Komm. zu V. 1. **9** Ihre Liebe zum Herrn und zueinander war bereits bekannt, nun aber soll sie *mehr und mehr überströmen* (EÜ); vgl. 2Kor 9,8; 1Thes 3,12. Es ist dem Apostel aber nicht um blinde, irregeleitete Begeisterung zu tun: Die Liebe wird geleitet von *Erkenntnis* (vgl. Kol 1,9) und *Einsicht* (EÜ), von einem feinen Gespür für die Wahrheit Gottes, für die Bedürfnisse anderer und für die Not der Stunde. **10** *Damit ihr prüft, was das Vorzügliche sei* (EÜ): Man könnte aber auch übersetzen: »dann könnt ihr in jeder Lage entscheiden, was das Rechte ist« (GN). In jedem Fall aber geht es um das Unterscheidungsvermögen. Das Verb kann heißen: »auf die Probe stellen« (vgl. Eph 5,10), und hier geht es darum zu erproben, was die höchsten und besten Dinge sind. Echte Weisheit erkennt, was ehrbar, gerecht und rein ist (vgl. 4,8) und führt dann zu entsprechendem Handeln. In seinem Gebet ist es Paulus darum zu tun, daß sie *lauter und unanstößig* sein mögen. Der erste dieser beiden Begriffe hat die Bedeutung: »beurteilt vom Sonnenlicht, rein« (Kittel) und bezeichnet so die »Klarheit und Durchsichtigkeit des Charakters« (de Boor), während der zweite Begriff entweder mit »nicht angestoßen« (vgl. Apg 24,16) oder mit »nicht Anstoß gebend« (vgl. 1Kor 10,32) wiedergegeben werden kann. *Auf den Tag Christi:* Vgl. Komm. zu V. 6. **11** Im Griech. ist von der *Frucht,* nicht aber von den »Früchten« der Gerechtigkeit die Rede, und vielleicht denkt der Apostel in seinem Gebet an die *Gerechtigkeit* als Frucht im Leben der Christen (vgl. Hebr 12,11; Jak 3,18). Freilich mag der Apostel aber auch die guten Werke und Eigenschaften im Blick haben, die sich aus der innewohnenden Gerechtigkeit Gottes in ihrem Leben ergeben. Das, worum er bittet, wird allein *durch Jesus Christus geschaffen* und dient ausschließlich *zu Gottes Ehre und Lob* (vgl. Eph 1,6.12.14).

1,12-26 Die Situation des Apostels

Weil Paulus weiß, daß sich die Christen in Philippi um ihn sorgen, erzählt er nun - wie auch in anderen Briefen - aus seinem Leben. So weiß er zu berichten, daß seine Gefangenschaft der Verbreitung des Evangeliums gedient hat, daß Christus vor Ort verkündigt worden ist. Er reflektiert über seine Gefangenschaft, seine mögliche Freilassung, über seinen weiteren Dienst oder möglichen Tod. Im Blick auf Vergangenes, Gegenwärtiges und Zukünftiges bekennt er frei: »Ich freue mich«.

1,12-14 Die Folgen seiner Gefangenschaft

12 Seine Gefangenschaft muß, was das Evangelium betrifft, aus zwei Gründen als Gewinn gewertet werden. **13** Erstens: Daß er um der Sache Christi willen in Gefangenschaft war, hatte sich herumgesprochen, und so wurde auch das Evangelium bekannt. **14** Zweitens: Die ehedem ängstlichen Christen, die bei ihm waren, hatten aus seinem Beispiel Mut und Zuversicht geschöpft.

Anmerkungen: **12** Auf seine Leiden geht der Apostel hier nicht näher ein. Mit den Worten *wie es um mich steht* klingt das Leiden eines ehedem weit gereisten Mannes an, der nunmehr Tag und Nacht an einen römischen Soldaten gekettet ist. **13** *Im ganzen Prätorium* (EÜ): »Prätorium« heißt der Palast eines römischen Statthalters (vgl. Mt 27,27), obwohl mit dem Begriff auch das Lager der kaiserlichen Leibwache (der »Prätorianer«) in Rom gemeint sein kann - letzteres ist wohl im Vorliegenden anzunehmen. Vermutlich haben die Soldaten, die beim Apostel ein- und ausgingen, anderen von ihm erzählt und dabei berichtet, er sei *für Christus* gefesselt (wörtl.: »in Christus«, wobei hier wohl nicht nur an den Grund der Gefangenschaft zu denken ist, sondern auch an die innere Verfassung, in der der Apostel seine Fesseln ertrug). **14** Die Tatsache, daß jene Christen *umso kühner* geworden waren, sollte nun den Christen zu Philippi als Vorbild dienen, wie V. 27-30 zeigen.

1,15-18 Verschiedene Beweggründe für die Verkündigung

15.17 Auf ein weiteres kommt der Apostel nun zu sprechen: Christus wurde verkündigt. Allerdings stellt er mit Bedauern fest, daß diese Verkündigung aus verschiedenen Motiven heraus geschah. Einige Ausleger gehen davon aus, daß die, die Christus *aus Neid und Streitsucht* predigten, die 3,2 genannten Judaisten waren. Am Inhalt ihrer Verkündigung setzt Paulus aber nichts aus. Keine falsche Lehre predigten diese Männer, doch ihre Predigt geschah in dem verwerflichen Geist der Parteilichkeit (vgl. 1Kor 1). Vielleicht ist hier an jene Christen zu denken, die bereits in Rom waren, als Paulus dort hinkam: Nun waren sie eifersüchtig auf die Erfolge, die der Apostel verzeichnen konnte. Die Eifersucht spornte sie an, ihn zu übertreffen und ihm - wie auch immer - in Gefangenschaft seelische Not zu bereiten. **16** Andererseits gab es aber auch solche, die Christus aus einfältiger Liebe zu ihrem Herrn verkündigten, aber auch aus Liebe zu dem Apostel, der, wie sie wußten, wegen seiner Treue zum Evangelium in Fesseln lag. **18** So lange nur Jesus Christus verkündigt wurde, war es Paulus völlig gleichgültig, wem dabei die Ehre, das Ansehen und die Anerkennung zufiel.

Anmerkungen: **16** *Ich bin eingesetzt* (EÜ): Das benutzte Wort könnte auch mit »bestimmt« (EinhÜ) wiedergegeben werden. GN übersetzt: »Es ist mein Auftrag.« *Zur Verteidigung des Evangeliums:* Vgl. V. 7. **17** Mit dem Begriff *Streitsucht* (EÜ; LÜ: »Eigennutz«) verbindet sich die Vorstellung von selbstsüchtigem Ehrgeiz, Rivalität und Parteilichkeit. **18** *Vorwand:* Dasselbe Wort bezeichnet auch die Gebete der Schriftgelehrten Mk 12,40 (LÜ: »zum Schein«; vgl. auch Apg 27,30); es handelt sich um das Gegenteil von Aufrichtigkeit.

1,19-26 Leben oder Sterben

19 Trotzdem Paulus in Ketten lag, mit seiner Hinrichtung rechnen mußte und von seinen Mitchristen angefeindet und provoziert wurde, zeigte er sich dennoch zuversichtlich, daß alles zum Besten dienen würde (vgl. Röm 8,28). Er war auf die Fürbitte seiner Freunde angewiesen und - als Erhörung ihrer Gebete - auf die nie versagende Hilfe des Heiligen Geistes. **20** Durch seine Leiden, durch seine Gefangenschaft, die in Freiheit oder Tod enden würde: Christus sollte durch alles verherrlicht werden - dies war der eine sehnliche Wunsch des Apostels. Nun hieß es ganz praktisch: mutig sein und sich in nichts seines Herrn schämen. **21-23** In Gedanken wägt er nun beide Alternativen und kann sich über beide freuen. In dieser Welt weiterleben hieße, in der ständigen Freude an Christus selbst leben und weiterhin im Dienst seines Meisters fruchtbare Arbeit leisten. Andererseits weiß er auch, daß der Tod reiner Gewinn wäre, denn jenseits des Todes erwartet ihn die unmittelbare Gegenwart Christi. **24.25** Er bedenkt die Alternativen, und obwohl er die Zukunft zu wissen nicht vorgibt, wächst in ihm langsam die Überzeugung heran, daß Gott ihn zu einem weiteren Dienst berufen werde. Für ihn persönlich wäre es wohl vorteilhafter, zu seinem Herrn gerufen zu werden. Für die anderen aber wäre es vorteilhafter (um nicht zu sagen *nötiger*), wenn er am Leben bliebe. Dann könnte er ihnen in ihrem geistlichen Leben helfen, ihre Freude würde sich mehren und ihr Glaube siegen. **26** Zumal die Christen in Philippi hätten dann Grund, Gott zu danken, sollte er am Leben erhalten bleiben und wieder zu ihnen kommen.

Anmerkungen: **19** *Heil* (EinhÜ: *Rettung*): Gemeint ist nicht die Befreiung aus der Gefangenschaft. Paulus ist unsicher, ob ihm dieser Wunsch gewährt wird, doch zeigt er sich zuversichtlich, daß »der Herr aber (ihn) erlösen wird von allem Übel und (ihm) aushelfen zu seinem himmlischen Reich« (2Tim 4,18). Dabei scheint der Apostel an Hi 13,16 (und freilich auch an den Kontext dieses Verses) zu denken. *Beistand:* Der griech. Begriff läßt an reichliche Fürsorge und Unterstützung (vgl. EÜ, Anm.) denken. **20** *Sehnliche Erwartung* (EÜ): im Griech. ein Wort; wörtl.: »mit vorgestrecktem Kopf erwarten« (Ewald, in: *Zahn Kommentar zum NT*). *Verherrlicht:* »großgemacht« (EÜ) ist der griech. Bedeutung wohl näher. Das Bemühen des Paulus richtet sich darauf, Christus in seiner wahren Größe vor anderen deutlich werden zu lassen. **23** *Zu scheiden:* Im Griech. steht dieses Verb für ein Schiff, das die Anker lichtet; das dazugehörende Substantiv begegnet 2Tim 4,6. Daß Paulus einerseits vom Tod als »Schlaf« spricht (vgl. 1Thes 4,13-15) und andererseits vom Tod als dem Eingang in die Gegenwart Christi *(bei Christus zu sein)* sprechen kann, muß nicht notwendigerweise ein Widerspruch sein, sondern mag darauf zurückzuführen sein, daß unser an die Kategorien von Raum und Zeit gebundenes Denken unfähig ist, das voll zu begreifen, was jenseits des Eingangs zum Tode liegt. So darf man feststellen, daß Sterben Gewinn ist, weil es heißt, mit Christus zu sein. **25** *Daß ich bleiben und bei euch allen sein werde:* Im Griech. stehen hier zwei Verben, von denen das eine eine zusammengesetzte Form des anderen ist. Entsprechend übersetzt EÜ: »... daß ich *bleiben* und bei euch allen *bleiben werde*«. *Förderung:* Dies wünscht sich der Apostel für sich (vgl. 3,12-14) und für andere (vgl. 1Tim 4,15). Dieselbe *Freude* im *Glauben,* die er selbst erfahren hatte, sollte auch ihnen zuteil werden. **26** Mit *Rühmen* begegnet ein weiteres typisch paulinisches Wort, mit dem der Apostel gewöhnlich die Freude eines Christen über das Wirken Gottes im Leben eines anderen Christen bezeichnet. *Wenn ich wieder zu euch komme:* 2,24 geht Paulus näher auf seinen geplanten Besuch in Philippi ein.

1,27-2,18 Ermahnungen zu christlichem Leben und zur Gemeinschaft

Paulus hat von seinem eigenen Ergehen berichtet. Nun wendet er sich den Christen in Philippi zu. Das Leiden, zu dem sie berufen sind, sollen sie als ein Vorrecht erachten und mit Glaubensmut ertragen. In aller Bedrängnis und in ihrem Leben als Gemeinde sollen sie Einmütigkeit beweisen. Der Stolz aber verhindert diese Einigkeit und Gemeinschaft, und der einzige Ausweg aus Selbstsucht und Parteilichkeit führt über Christus selbst: Sein Denken und Handeln sollen sie sich so lange vergegenwärtigen, bis es sich in ihrem eigenen Leben verwirklicht hat. Er ist das Vorbild, er ist der Heiland, doch sein Heil muß durch Gehorsam im Leben verwirklicht werden. Ihr Leben als Christen soll vor der Welt leuchten.

1,27-30 Aufruf zu einem dem Evangelium würdigen Wandel

27 Paulus hat bereits gesagt, daß er entweder nach Philippi zurückkehren oder bis zu seiner Hinrichtung in Gefangenschaft bleiben wird. Vielleicht wird es ihm vergönnt sein, sie zu sehen, andernfalls wird er von ihnen hören. In jedem Falle aber hofft er, Nachricht zu bekommen von ihrer Einigkeit und ihrem Mut zum Zeugnis. **28** Vertrauen sie ihrem Herrn, so wird es ihren Gegnern nicht gelingen, sie einzuschüchtern. Ihre Furchtlosigkeit wird ihren Feinden deutlich machen, daß sie nicht nur menschliche Courage besitzen, sondern auch, daß wer sich die Diener Christi zum Gegner macht, auch Gott zum Gegner hat (vgl. Apg 5,39). Sie befinden sich auf dem Weg, der in die *Verdammnis* führt (vgl. 2Thes 1,4-8). Vielleicht muß Paulus gerade an die Stimme Gottes denken, die sein eigenes Gewissen beunruhigte, als er die Christen verfolgte (Apg 26,10f.14). Gleichzeitig wird ihnen die Gegenwart Gottes Gewißheit vermitteln, daß sie zu Gott gehören und mit seinem *Heil* (EÜ) gesegnet worden sind. **29** Ihr Vorrecht ist es, an Christus zu glauben, aber auch für Christus zu leiden (dies ist eine seltsame Umkehrung der Maßstäbe der Welt, die uns im NT - und nicht zuletzt auch in diesem Brief - sehr häufig begegnet; vgl. Mt 5,11f; Apg 5,41). **30** Ihre Berufung ist es, Mühe und Kampf auf sich zu nehmen und den Preis der Berufung zu zahlen, so wie der Apostel selbst es ihnen vorgelebt hatte, als er bei ihnen in Philippi war (Apg 16,19-25) und wie sie es jetzt von ihm erfahren.

Anmerkungen: **27** *Verhaltet euch nur würdig* (EÜ): Das griech. Verb läßt an die Bürgerpflichten denken, und für die Christen in Philippi, die ja römische Staatsbürger waren, hatte dieser Begriff besondere Bedeutung (s. Einl.). Zu ihren irdischen Pflichten und Vorrechten kam für die Christen in Philippi die Verantwortung hinzu, als einzelne sich wie Bürger des Himmels zu verhalten (vgl. 3,20). *Das Evangelium Christi* wird hier zweimal erwähnt, und daraus wird wieder ersichtlich (vgl. V. 5), welchen zentralen Stellenwert es im Denken des Apostels einnimmt. *Steht fest* (EÜ) begegnet als Ermahnung wiederholt in den paulinischen Schriften (vgl. 1Kor 16,13; Gal 5,1; Eph 6,14; 1Thes 3,8; 2Thes 2,15). *In einem Geist... und einmütig* (EÜ: *mit einer Seele*) betont Paulus, und in dem Verb *zusammen kämpfen* begegnet eines jener bei Paulus häufigen Wörter, die im Griech. die Vorsilbe *syn-,* »zusammen« haben. Das Verb selbst (griech.: *athleo*) liegt unserem Begriff »Athlet« zugrunde und bezeichnet den christlichen Kampf. **28** *Erschrecken:* »Pferde scheu machen« ist die ursprüngliche Bedeutung des Verbs. **29** Das Verb *gegeben* läßt an ein Geschenk der Gnade denken. **30** Von dem mit *Kampf* übersetzten griech. Wort ist das uns bekannte Fremdwort »Agonie« abgeleitet. Die Verwendung dieses Substantivs und des dazugehörigen Verbs begegnet häufig bei Paulus (z.B. Röm 15,30; Kol 1,29; 2,1; 1Thes 2,2). Mit diesem Wort ist das eigentliche Wesen des christlichen Dienstes zutiefst erfaßt.

2,1-4 Mahnung zur Einheit

1 Paulus spricht nun unmittelbar den Bedarf an größerer Einigkeit und stärkerer Freiheit in der Gemeinde in Philippi an, und er nennt vier Gründe für seinen Appell. *a.* In Christus selbst ist *Ermahnung* (EÜ: *Ermunterung*) zur Einigkeit; die Uneinigkeit widerspricht seinem Willen und seinen Absichten. *b.* Wer den Segen der *Liebe* erfahren hat, ist aufgerufen, diese Liebe anderen ohne Vorbehalt oder Parteilichkeit mitzuteilen (vgl. 1Jo 4,7-12). *c.* Alle haben denselben *Geist,* und so gehören alle zusammen. *d.* Die von Gott erfahrene Gnade und Barmherzigkeit sollte zu *Mitleid und Erbarmen* (EÜ) an anderen Menschen führen. 2 Die *Freude,* die Paulus bereits über die Philipper empfindet (1,4; 4,1), könnte dadurch *vollkommen* gemacht werden, daß er von ihrer Eintracht und ihrem Zusammenleben in Harmonie erfahren würde. 3 *Eigennutz* und *Ruhmsucht* (EÜ) sind die Erzfeinde der Gemeinschaft und verhindern das Streben nach Einheit. Paulus empfiehlt zwei praktische Schritte zu ihrer Überwindung. Erstens *achte einer den andern höher als sich selbst,* indem er die Stärken und Gaben des andern erkennt sowie seine eigenen Schwächen, Versagen und Begrenzungen (vgl. Röm 12,10). 4 Zweitens sollen sie es sich zur Gewohnheit machen, nicht nur die eigenen Interessen zu vertreten, sondern auch die der anderen (vgl. Röm 15,2f; 1Kor 10,24.33; Gal 6,2).

Anmerkungen: 1 Der mit *Ermahnung* und *Ermunterung* wiedergegebene Begriff bedeutet auch »Trost«. Der Sinn wäre dann, daß der in Christus erfahrene Trost an andere weitergegeben werden soll. Mit *Ermahnung* könnte aber auch die Ermahnung Christi zur Einheit gemeint sein (z.B. Joh 15,1-11; 17,20-23). *Die Gemeinschaft des Geistes* ergibt sich aus dem gemeinsamen Besitz des Heiligen Geistes (vgl. Eph 4,4), und in jedem Fall ist es der Geist, der die »Gemeinschaft« bewirkt. 2 Zwischen den vier Aussagen, die in diesem Vers die Einigkeit ausdrücken, sind keine großen Unterschiede auszumachen, obwohl verschiedene Akzente gesetzt werden. Zweimal verwendet Paulus das Verb »denken« (EÜ: *Gesinnung ... Sinn*), das uns im Philipperbrief häufiger begegnet als in irgendeinem anderen ntl. Buch. Der Apostel weiß, daß Gedanken bestimmend sind für Reden und Handeln und daß sie richtunggebend sind für das ganze Leben (vgl. besonders 2,5; 3,15; 4,8). 3 *Eigennutz:* Dieser Begriff (griech.: *eritheia*) begegnete bereits 1,17 und spricht - hier wie dort - von Selbstsucht, Ehrgeiz und Parteilichkeit. Das mit *Demut* wiedergegebene griech. Wort bezeichnet die Haltung eines Knechts. Für den Christen ist die Demut eine wesentliche Tugend, war doch Christus selbst das größte Beispiel ausgelebter Demut (wie V. 5-8 noch zeigen werden). Zudem ist sie eine wesentliche Voraussetzung für den Dienst am Nächsten, für die Verherrlichung des Herrn sowie für die Erhaltung der Einheit innerhalb der Gemeinde (vgl. Eph 4,1-3). 4 *Ein jeder* steht im Griech. in der Mehrzahl und ist vielleicht im Sinne von »jede Gruppe« zu verstehen. In dem Fall wären die verschiedenen Parteien innerhalb der Gemeinde angesprochen.

2,5-11 Das Vorbild Christi

5 Seinen Appell zur Demut begründet und bekräftigt Paulus, indem er seine Freunde in Philippi auf das Vorbild Christi aufmerksam macht: Sie sollen seiner Selbstaufopferung nachdenken und sich ein Beispiel nehmen an seiner Demut. 6 Wie bereits erwähnt, scheint Paulus hier auf einen bereits fertig vorliegenden Lobeshymnus auf den präexistenten, fleischgewordenen und erhöhten Herrn zurückzugreifen, wobei es unerheblich ist, ob Paulus nun ein eigenes Werk oder das Werk eines anderen zitiert (vgl. Einl.). Die erste Strophe spricht von seiner Herrlichkeit und Größe vor seiner Fleischwerdung. 7 Die zweite spricht von den drei Stufen der Selbsterniedrigung Christi: Er entäußerte sich seiner Herrlichkeit, handelte nach der Art eines Sklaven, und - obwohl er wahrer Gott ist - nahm er unser Menschsein auf sich. 8 Die dritte Strophe zeichnet seinen Abstieg in die Tiefen nach, denn nachdem er sich erniedrigt hatte, um Mensch zu werden, lebte er ein Leben »im Gehorsam bis zum Tode« (vgl. Röm 5,19; Hebr 5,8f; 10,5-14). Zudem war jener Tod der *Tod am Kreuz,* ein Tod, der für den Juden bedeutete, daß das Opfer nunmehr aus dem Bundesvolk Gottes verbannt worden war (5Mo 21,23; Gal 3,13). Über den Tod am Kreuz schreibt der Römer Cicero: »Fern sei sogar die bloße Erwähnung des Kreuzes nicht nur vom Leib, sondern sogar vom Denken, von den Augen und von den Ohren eines jeden römischen Bürgers.«

9-11 Die übrigen drei Strophen sprechen von seiner Erhöhung durch den Vater als Folge seiner Demütigung und Selbstaufopferung (vgl. Hebr 2,9). Ihm ist der *Name gegeben, der über alle Namen ist;* gemeint ist nicht ein Hoheitstitel, sondern die höchste Ehre und Autorität über alle Kreatur (vgl. Eph 1,20-22; 4,8-10; Offb 5,13). Als Ausdruck dafür wird Jes 45,23 auf Christus hingedeutet, und es wird das frühste und grundlegendste christliche Bekenntnis, »Jesus ist Herr« zitiert (1Kor 12,3; vgl. Röm 10,9). Zu Recht wird dieser große Abschnitt mit seinen wesentlichen Kernaussagen herangezogen, um die Lehre von der Person Christi zu begründen. Dabei sollte aber nicht vergessen werden, daß die eigentliche Absicht dieser weitreichenden Aussagen in ihrem Textzusammenhang darin besteht, zur praktischen Befolgung des Beispiels Christi zu ermahnen: Die Philipper waren aufgerufen, ihre Uneinigkeit, Zwietracht und persönlichen Ambitionen zu begraben.

Anmerkungen: 5 *Seid so unter euch gesinnt:* Vgl. zu V. 2. Das Leben, das wir *in Christus Jesus* haben, soll beispielgebend sein für die Gemeinschaft, die wir *unter* uns haben. Folgt man dagegen EÜ *(diese Gesinnung sei in euch)*, so ist daran zu denken, daß sich unser Denken an dem von Christus vorgegebenen Verhaltensmuster orientieren soll. Der Deutungsunterschied ist letztlich unerheblich. **6** *Er, der in göttlicher Gestalt war* (EÜ: *der in Gestalt Gottes war*): Zwei wichtige griech. Wörter sind hier verwendet. Das Partizip *hyparchon* ist stärker als das gewöhnliche Verb »sein« und spricht von dem, was ihm unabänderlich war und ist. Das griech. *morphe* spricht von der permanenten Form (Gestalt) und ist unserem eher philosophischen Begriff »Natur« bedeutungsverwandt. *Raub:* Dieses Wort kommt nur einmal im NT (an dieser Stelle) vor und ist schwer wiederzugeben. Schwierig ist auch die exakte Deutung von *Gott gleich sein.* Die Formulierung läßt im wesentlichen zwei Deutungen zu. *Gott gleich sein* könnte gleichgesetzt werden mit *in göttlicher Gestalt.* Dies war sein unveräußerliches Recht, doch an seinen Vorrechten, die sich aus seiner Gleichstellung mit Gott ergaben, hielt er nicht fest; diese Vorrechte waren kein »Raub«, an dem er unter allen Umständen festhielt. Deshalb demütigte er sich selbst im Vertrauen auf Gott und ohne Furcht und legte seine Herrlichkeit ab. Andererseits könnten *Gott gleich sein* und *in göttlicher Gestalt* zweierlei meinen. Dann wäre die göttliche Gestalt Ausdruck der Herrlichkeit und Ehre, die er in seiner Position neben Gott innehatte. Er widerstand jener Versuchung, der der erste Adam nachgegeben hatte, als er überredet wurde, das an sich zu reißen, was ihn - wie er fälschlich meinte - »wie Gott« machen würde (1Mo 3,5). So hat Christus sich nicht voreilig an dem vergriffen, was ihm der Vater selbst zu gegebener Zeit - jenseits der menschlichen Wiege und des menschlichen Grabes - geben würde. In jedem Fall aber hat Jesus Christus seine Herrlichkeit beiseite gelegt. **7** Er *entäußerte sich selbst:* Einige Ausleger sehen hier einen Anklang an Jes 53,12 und verstehen dies entsprechend als eine Bezugnahme auf den Tod Christi und nicht auf seine Fleischwerdung. Zwar geben diese Verse nicht unbedingt eine zeitliche Folge wieder, doch scheint die Demütigung am Kreuz nicht hier, sondern V. 8 Subjekt des Verses zu sein. V. 7 scheint der Bezug wohl auf die Inkarnation zu sein. Man sollte jedoch nicht zuviel in das Wort hineinlegen. So bietet es keinerlei Begründung für die Auffassung, wonach Christus sich seiner Gottheit entäußert habe. Die Begriffe V. 6 deuten an, daß er *Knechtsgestalt* annahm, während er gleichzeitig seine göttliche Gestalt beibehielt. Zudem legt der Textzusammenhang nahe, daß er sich seiner Herrlichkeit entäußerte (vgl. 2Kor 8,9). Nicht von Christi Natur ist hier die Rede, sondern von seinem »Status«, wie auch der nächste Satz verdeutlicht: *Und nahm Knechtsgestalt an* (»Sklavengestalt«; vgl. EÜ Fußnote). Der hier verwendete Begriff *Gestalt* ist derselbe wie V. 6 und macht deutlich, daß er tatsächlich - und nicht nur dem Anschein nach - ein Knecht wurde (vgl. Mk 10,45). *Ward den Menschen gleich* darf nicht dahingehend mißverstanden werden, als handle es sich lediglich um eine Ähnlichkeit und nicht um die volle Tatsächlichkeit; er war wahrer Mensch (vgl. die paulinischen Aussagen Röm 8,3 und Gal 4,4). Doch der Ausdruck läßt dem Gedanken Raum, daß mit Jesu Menschsein nur ein Aspekt seines Wesens erfaßt ist. Er war *der Gestalt nach wie ein Mensch* (EÜ), doch mit *Gestalt* ist hier ein anderes griech. Wort wiedergegeben, das den Beigeschmack des Vorübergehenden hat (vgl. 1Kor 7,31). *Die Gestalt Gottes (morphe)* eignete ihm seit jeher; später nahm er noch die Gestalt *(schema)* eines Menschen an. *Er erniedrigte sich selbst:* Das hier verwendete Verb hat die gleiche Wurzel wie das Nomen V. 3 (s. dort). **9** *Darum:* Paulus führt die praktische Ermahnung, zu der auch diese Verse gehören, nun weiter aus. Dem Christen ist hier gesagt, daß die Erhöhung über den Weg der Erniedrigung führt (vgl. Mt 23,12; Jak 4,10; 1Petr 5,5f). **11** *Zur Ehre Gottes, des Vaters:* Vielleicht soll diese Hinzufügung klarstellen, daß die Herrlichkeit, zu der Christus erhöht wurde, nicht als unabhängig vom Vater gedacht werden darf (vgl. 1Kor 15,28).

2,12-18 Die praktischen Auswirkungen des Heils

12 Das Beispiel Jesu Christi ist nicht nur ein Vorbild an Demut, sondern auch an Gehorsam (V. 8). Zu diesem Gehorsam - ungeachtet, ob Paulus nun unter ihnen weilt oder nicht (vgl. 1,27) - sind die Christen in Philippi aufgerufen. Christus ist uns mehr als nur ein Vorbild: Er ist der Geber des Heils. Doch nun gilt es, dieses Heil nicht nur passiv anzunehmen, sondern auch in einem Geist der Ehrfurcht und im Bewußtsein, daß wir einmal vor ihm Rechenschaft abgeben müssen, im Leben auszuarbeiten. **13** Das Streben des Menschen im christlichen Leben ist nichtsdestoweniger im letzten Gottes Tun, denn er weckt im Christen sowohl das Verlangen als auch die Kraft, das zu tun, was ihm gefällt. **14** Zudem zählen in diesem Leben nicht nur die getanen Taten, sondern auch der Geist, in dem sie getan wurden: *ohne Murren und ohne Zweifel.* **15** An den höchsten Maßstäben orientieren sich die Christen, damit sie sich *mitten unter einem verdorbenen und verkehrten Geschlecht* bewähren können als *Kinder Gottes.* Daß sie *Gottes Kinder* genannt werden, deutet nicht nur ihr Vorrecht (Joh 1,12), sondern auch ihre Verantwortung an (Eph 5,1). Vor den Menschen sollen sie rein, lauter und untadelig sein; dann werden sie als *Lichter in der Welt* leuchten und damit Gottes Absichten erfüllen (vgl. Mt 5,14; 1Petr 2,9). **16** Sie haben das Evangelium, das recht eigentlich das *Wort des Lebens* für eine untergehende Welt ist (vgl. Joh 3,16; 6,68; Apg 5,20; 2Kor 2,15f). Während Paulus einmal mehr an das Leben der Christen in Philippi denkt, die durch ihn zum Glauben gekommen waren, richtet er sein Augenmerk nun auf den *Tag Christi.* Sein sehnlichster Wunsch ist es, daß er sie an jenem Tag so vor seinem Herrn darstellen kann, daß er sich wird freuen können, den christlichen Lauf nicht umsonst und den christlichen Dienst nicht *vergeblich* getan zu haben. **17** Wieder kommt dem Apostel der Gedanke, seine Gefangenschaft könnte mit dem Tod ausgehen; dieser Tod wäre wie ein Opfer für Gott, jedoch nur wie ein *Trankopfer über* das viel wichtigere *Opfer* ihres *Glaubens* und des durch diesen Glauben hervorgerufenen Lebens und Dienstes. Bei diesem Gedanken freut er sich, und es ist eine Freude zusammen mit ihnen über die Frucht, die in ihrem Leben zum Ausdruck kommt. **18** Er geht davon aus, daß sie ihrerseits sich mit ihm über die Frucht seines Dienstes freuen werden.

Anmerkungen: **12** *Schaffet* (EÜ: *bewirkt*) ist die Wiedergabe des griech. Verbs *katergazesthe* und bedeutet soviel wie »etwas zur Vollendung bringen«. Mit anderen Worten sagt Paulus: »Macht so lange weiter, bis das Werk des Heils in euch ganz zur Vollendung gelangt ist.« Damit soll nicht gesagt sein, daß wir unser eigenes Heil selbst ausarbeiten können oder sollen. Schon allein das Wort *Errettung* (EÜ) zeigt an, daß wir uns nicht selbst erretten können (vgl. Joh 15,4f; 1Kor 15,10; Eph 2,5.8). So wird denn auch bereits im nächsten Vers Gottes Werk betont. Wir können und sollen so leben, daß die errettende Kraft Gottes, die uns zuteil geworden ist, auch nach außen hin sichtbar wird. **13** *In euch wirkt:* Dieses Verb und auch das dazugehörige Hauptwort (*energeia;* vgl. unser Wort »Energie«) verwendet der Apostel Paulus besonders gern, wenn er auf Gottes Wirken im Glaubenden zu sprechen kommt, und im NT wird es (ausgenommen Eph 2,2; 2Thes 2,9.11, wo es für das Wirken Satans und der Mächte des Bösen eingesetzt ist) ausschließlich für das Wirken Gottes eingesetzt (vgl. Phil 3,21; Eph 3,20). **15** *Tadellos und lauter* (EÜ: *unverdorben, rein*): So mußten im AT die Opfertiere sein; und in einem sittlichen und geistlichen Sinne wird unser Herr selbst so beschrieben (Hebr. 9,14; 1Petr 1,19). Hier wird der Maßstab für das christliche Leben gesetzt (vgl. Eph 1,4). *Einem verdorbenen und verkehrten Geschlecht:* Ein Zitat aus 5Mo 32,5. *Lichter:* Der hier verwendete Begriff bedeutet wörtl. »Sterne«. Vielleicht ist daran gedacht, daß Christen Lichtträger sind und nicht das eigentliche Licht der Menschen (vgl. Joh 1,8f; 8,12). **16** *Fest haltet:* Geht man von einem Metapherwechsel aus, so darf man wohl diese Übersetzung akzeptieren, obwohl die Grundbedeutung des Verbs eine andere ist: »anbieten«. *Mir zum Ruhm:* Vgl. 1,26. *Gearbeitet:* Mit diesem für Paulus typischen Begriff beschreibt er den christlichen Dienst; er spricht von der Mühe bis zur gänzlichen Erschöpfung (vgl. Mt 11,28; Kol 1,29; 1Tim 4,10; 5,17). *Vergeblich:* Vielleicht denkt der Apostel hier an Jes 49,4 und vielleicht auch an Jes 65,23. **17** *Als Trankopfer ... gesprengt* (EÜ): Im NT begegnet dieses Verb nur noch 2Tim 4,6, wo der Bezug auf Paulus' Tod ist. *Opfer und Gottesdienst:* Der erste der beiden griech. Begriffe *(thysia)* meint gewöhnlich das Gott dargebrachte Opfer. Der zweite *(leitourgia)* bezeichnete ursprünglich einen Dienst, den ein einzelner für den Staat ausführte; später kam die Bedeutung »Gottesdienst« hinzu (Lk 1,23; 2Kor 9,12; Hebr 8,6; 9,21). So werden das christliche Leben und der Dienst der Philipper als ein Gott dargebrachtes Opfer bezeichnet (vgl. Röm 12,1).

2,19-30 Zukunftspläne

An dieser Stelle wechselt das Thema: Nach den ausgesprochenen Ermahnungen wendet sich der Apostel nun seinen beiden Mitarbeitern, Timotheus und Epaphroditus, zu und schildert seine Pläne für sie und für seine eigene Person; es ist ihr Wunsch, nach Philippi zu kommen. In diesem Abschnitt kommt die tiefe Liebe des Apostels zu diesen beiden Männern zum Ausdruck, und er beschreibt ihren selbstlosen und von Hingabe gezeichneten Dienst.

2,19-24 Sendung des Timotheus

19 Es ist bereits darauf hingewiesen worden, daß Paulus diesen Brief im Beisein des Timotheus verfaßte (1,1). Timotheus hatte ihn begleitet, als er das Evangelium zum ersten Mal in Philippi gepredigt hatte. Je nach Datum und Ort der Abfassung dieses Briefes (vgl. Einl.) hatte er Timotheus bereits nach Philippi gesandt oder beabsichtigte, ihn dorthin zu senden. Im Blick auf den Auftrag des Timotheus sei es der vornehmliche Wunsch des Apostels - so sagt Paulus taktvoll -, *erquickt zu werden, wenn ich erfahre, wie es um euch steht.* Ohne Zweifel dachte er jedoch auch daran, daß Timotheus in der Gemeinde in Philippi einen Dienst versehen würde. Deshalb empfiehlt der Apostel Timotheus der Gemeinde mit lobenden Worten. **20.21** Keinen anderen Menschen gab es, den Paulus so beauftragen konnte wie

Timotheus. Er würde *aufrichtig für das* Ihre *besorgt sein.* Dachte der Apostel an andere um ihn herum, die er auch hätte schicken können, so mußte er mit Bedauern feststellen, daß *sie alle das Ihre suchen, nicht das, was Jesu Christi ist;* vgl. 2,4. **22** Daß Timotheus *sich bewährt hatte,* war den Philippern ebenso bekannt wie dem Apostel, dem Timotheus nun schon seit einigen Jahren im Dienst am Evangelium gedient hatte »wie ein Sohn seinem Vater« (Moffatt). **23** Ein weiterer Grund hat den Apostel bewogen, Timotheus zu senden, und dieser wird seine Abreise etwas verzögern. Er möchte seinem Boten die Nachricht mit auf den Weg geben, welche der beiden bereits genannten Alternativen (1,23f) - Freilassung oder Tod - sein Los nun sein würde. **24** Zwar ist er sich noch nicht ganz sicher, doch denkt er daran, daß der Ausgang seine Freilassung sein könnte (vgl. 1,25ff), und in dem Fall würde er, Paulus, sich den Wunsch erfüllen können, selber nach Philippi zu kommen.

Anmerkungen: 19 *In dem Herrn Jesus:* Vgl. V. 24: *In dem Herrn.* Alle Hoffnungen und Zukunftspläne des Paulus standen in einem engen Bezug zum Herrn, in dem er sein Leben begründet wußte (vgl. 1Kor 16,7; Jak 4,13-15). **20** *Keinen Gleichgesinnten* (EÜ): »Keinen, der so sehr ein Herz und eine Seele mit mir wäre.« **21** *Alle:* Paulus muß entmutigt gewesen sein; ihm blieben so wenige echte Kollegen, es gab keine anderen, die er hätte schicken können; er sah sich umgeben von solchen, die sich zwar zum Dienst für Christus bekannten, dabei jedoch ihren eigenen Vorteil suchten (1,15.17; 3,18f). **22** *Bewährung* (EÜ): Timotheus hatte sich in der Erprobung bewährt. Das entsprechende Verb begegnet 1,10. *Gedient:* Paulus hätte sagen können: »Er hat mir gedient«, doch ganz bewußt schreibt er, Timotheus habe *mit* ihm gedient (als ein Sklave).

2,25-30 Rückkehr des Epaphroditus

25 Epaphroditus begegnet im NT nur in diesem Brief. Die Gemeinde in Philippi hatte ihn beauftragt, dem Paulus ihre Geschenke zu überbringen (4,18), und offenbar sollte er nicht nur ihr Bote sein, sondern auch beim Apostel bleiben, um ihm zu helfen. Ihren Erwartungen und ihrem Auftrag war er gerecht geworden, und Paulus konnte ihn seinen *Bruder, Mitarbeiter* und *Mitstreiter* nennen. **26-28** Ein Vorfall ließ es jedoch dem Apostel ratsam erscheinen, Epaphroditus wieder nach Philippi zurückzuschicken. Er war schwer erkrankt, nun aber durch Gottes Gnade (wie Paulus meint, eine Gnade ihm gegenüber) wieder genesen. Bericht von der schweren Erkrankung war nach Philippi gekommen, und Nachricht von der Sorge seiner Freunde dort hatte den Apostel wieder erreicht. Besorgt darüber, daß seine Freunde sich um sein Wohlergehen Sorgen machten, hatte Epaphroditus nun das starke Verlangen, wieder nach Hause zu gehen. Diesen Wunsch hatte Paulus erkannt und hielt es nun für ratsam, seinen Mitarbeiter zu entlassen. **29** Der Apostel hatte jedoch ein feines Gefühl dafür, daß die Situation etwas heikel sein könnte. Es bestand die Gefahr, daß die Philipper für die Rückkehr ihres Boten einen anderen Grund vermuten könnten. So fordert Paulus sie auf, Epaphroditus herzlich willkommen zu heißen - nicht nur als einen, der von einer Reise wieder nach Hause zurückkehrt, sondern auch als einen Mann, der sich durch Treue und Hingabe im Dienst ausgezeichnet hat. **30** Er war dem Tod nahe gewesen und hatte sein Leben bereitwillig für den Dienst Christi aufs Spiel gesetzt und hatte stellvertretend für die Philipper dem Apostel ausgezeichnete Dienste geleistet.

Anmerkungen: 25 *Abgesandter:* Hier bezieht sich das griech. *apostolos* nicht - wie an anderen Stellen des NT - auf die Gründerapostel der Gemeinde. Hier ist wohl gemeint, daß er der von ihnen bevollmächtigte Bote war (vgl. 2Kor 8,23). Es könnte aber auch daran gedacht sein, daß er als Missionar (in der Zusammenarbeit mit Paulus) dadurch eine apostolische Funktion inne hatte, daß er zu den Gründern der Gemeinde in Philippi zählte. *Helfer* (EÜ: *Diener*): Der Begriff (griech.: *leitourgos*) ist mit dem V. 17 begegnenden Wort verwandt (vgl. dort). **26** *Bekümmert* (EÜ: *sehr in Unruhe*): Die Bedeutung des Griech. ist sehr intensiv; im NT wird das Wort nur noch im Zusammenhang mit der Passion unseres Herrn in Gethsemane verwendet (Mt 26,37; Mk 14,33). **28** *Damit ... ich weniger Traurigkeit habe:* In diesen Worten kommt die Selbstlosigkeit des Paulus zum Ausdruck. Dem Apostel war mehr daran gelegen, daß die von ihm innig geliebten Philipper wieder froh würden, als daß er aus dem persönlichen Dienst des Epaphroditus einen Gewinn hätte. **30** *Sein Leben gewagt* (EÜ): Damit ist entweder auf die bereits erwähnte Krankheit Bezug genommen, oder es ist daran zu denken, daß sich Epaphroditus dadurch selbst in Gefahr brachte, daß er dem in Gefangenschaft befindlichen Apostel diente. Die eigentliche Bedeutung des Verbs lautet: »aufs Spiel setzen«.

3,1-21 Geistliche Zielsetzung

Zunächst hat es den Anschein, als wollte Paulus seinen Brief an dieser Stelle zum Abschluß bringen. *Übrigens* (wörtl.: *schließlich*) *meine Brüder,* schreibt er, *freut euch im Herrn* (EÜ). Aus irgendwelchen Gründen (vgl. Einl.) glaubt er aber nun, doch noch eine Warnung gegen judaisierende Christen aussprechen zu müssen. Dies führt ihn zu dem Bekenntnis, daß er sein Vertrauen einzig und allein auf Jesus Christus gegründet hat, und er legt dar, welche Ziele er sich in seinem geistlichen Leben gesetzt hat und welche Zielsetzungen er sich für seine Freunde in Philippi wünscht.

3,1-3 Warnung vor der Partei der Beschneidung

1 Um seinen Brief offenbar zum Abschluß zu bringen, greift Paulus noch einmal einen großen Kerngedanken seines Schreibens auf: *Freut euch in dem Herrn!* Die Bedeutung der zweiten Vershälfte ist schwer zu erhellen. Vielleicht will der Apostel sagen, daß es nicht unangebracht ist, die Aufforderung zur Freude zu wiederholen. Wahrscheinlicher ist indes, daß Paulus auf das nun folgende Bezug nimmt. De Boor übersetzt: »Dasselbe euch zu schreiben, ist mir nicht langweilig« (vgl. EÜ: *nicht verdrießlich, lästig).* Es ist Paulus deshalb nicht lästig, weil es unmittelbar zum Herzen des Evangeliums führt, das ihm immer wieder Anlaß zur Freude gibt. Sie sollten *fest* gemacht werden, waren sie doch der Versuchung ausgesetzt, sich vom Evangelium abzuwenden und sich der Gesetzlichkeit zuzukehren. 2 Die Warnung war unbedingt notwendig, und dreimal wiederholt er: *Nehmt euch in acht.* Für die Juden waren die Heiden wie *Hunde,* doch noch mehr als diese verdienten die Judaisten, die Paulus hier bekämpft, diese Bezeichnung, denn sie pflegten um die christlichen Gemeinden herumzustreichen und auf Heidenchristen zu lauern, die sie zum Judentum zu bekehren suchten. Sie waren zwar *Arbeiter,* standen aber im Dienst einer *bösen* Sache, indem sie Menschen von der Wahrheit und Freiheit weglockten (vgl. Mt 23,15; 2Kor 11,13; Gal 1,7-9). Der Ritus, den sie vorschrieben, hatte seine geistliche Bedeutung verloren und war nur noch eine *Zerschneidung* des Fleisches. 3 Zwar gab es eine *Beschneidung,* doch war diese nicht eine des Buchstabens, sondern des Geistes (vgl. Röm 2,27-29). Die wahre Beschneidung besteht darin, daß der Glaubende sein Vertrauen ausschließlich auf Jesus als den Christus, den Erfüller aller Einrichtungen des Judentums, setzt. Zu keiner Zeit sollte der Mensch sein Vertrauen ausschließlich auf den äußeren Vollzug eines Ritus setzen (3Mo 26,41; 5Mo 10,16; 30,6; Jer 4,4; Hes 44,7). Wer nun von den Heiden die Einhaltung bestimmter Riten forderte - wo doch Gott lediglich Glaube und Gehorsam erwartete -, der erwies sich als Narr.

Anmerkungen: 2 *Zerschneidung:* Dem Griech. liegt ein Wortspiel zugrunde, das LÜ geschickt wiedergibt; vgl. *katatome* (Zerschneidung) mit *peritome* (Beschneidung). 3 *Wir sind die Beschneidung:* Einige Ausleger gehen davon aus, daß Paulus hier ausschließlich an die Judenchristen denkt. Es ist jedoch so, daß Paulus - und mit ihm die ntl. Schreiber im allgemeinen - sämtliche Titel und Vorrechte des atl. Gottesvolkes auf die Christen übertragen, ungeachtet ob es sich um Juden- oder Heidenchristen handelt (vgl. z.B. Eph 2,11-22; 1Petr 2,4-10). *Im Geist:* LÜ fügt zwar »Gottes« hinzu, doch ist der ursprüngliche Wortlaut des Textes wohl ohne die Beifügung zu denken, so daß in diesem Vers eine Gegenüberstellung zwischen *Fleisch* und *Geist* entsteht. Im paulinischen Schriftgut nimmt der Begriff *Fleisch* eine Vielzahl von Bedeutungen an, doch ist in diesem Vers wohl an das Vertrauen auf äußere Riten und das Vernachlässigen der inneren Herzenseinstellung zu Gott zu denken.

3,4-7 Das frühere Leben des Paulus

4 Paulus konnte - wenn sie das wünschten - seinen Gegnern, den Judaisten, auch als Jude begegnen: »Auch ich könnte mich auf menschliche Vorzüge berufen. Ich hätte dazu sogar mehr Grund als irgendein anderer« (GN). 5.6 Sieben solcher Vorzüge konnte er auflisten: *a.* Er wurde, wie es das Gesetz verlangte, am achten Tage beschnitten (1Mo 17,12). *b.* Er wurde als Israelit geboren und erzogen, als ein Mitglied des Volkes Gottes. *c.* Er wußte um seine Stammesherkunft (aus seinem Stamm war Israels erster König hervorgegangen): *Benjamin. d.* Er war nicht nur ein wahrer Jude, sondern auch ein *Hebräer,* der aramäisch sprach (vgl. Apg 6,1; 22,2; 2Kor 11,22), der Sohn *hebräischer* Eltern, und zählte nicht zu den vielen, die ihre Muttersprache verlernt hatten. *e.* Seine Hingabe zum *Gesetz* wurde daran deutlich, daß er ein frommer *Pharisäer* war (Apg 23,6; 26,5; vgl. Gal 1,14). *f.* Sein *Eifer* zeigte sich daran, daß er die Christen verfolgte (Apg 8,3; 9,1). *g.* Von sich konnte er behaupten, daß er, was das *Gesetz* anging, nach dem er zu leben versuchte, *untadelig* war (vgl. Mt 19,20). 7 Alle diese Dinge konnte er - sofern er sich mit den Judaisten maß - auf der Habenseite verbuchen; doch nun konnte er lediglich sagen: »Aber dies alles, was ich früher als Vorteil ansah, habe ich durch Christus als Nachteil erkannt« (GN). Er hatte diese Dinge als eine falsche Grundlage seiner Gewißheit, ja sogar als Hindernis erkannt.

Anmerkungen: 6 *Gerechtigkeit:* In diesem und in den folgenden Versen heißt *Gerechtigkeit:* vor Gott als gerecht anerkannt sein, in einer rechten Beziehung zu Gott stehen. Vor seiner Bekehrung hatte sich Paulus auf *eine Gerechtigkeit* verlassen, *die aus dem Gesetz kommt,* wie er V. 9 ausführt. Schließlich gelangte er dahin, daß er diese Gerechtigkeit zugunsten der

Gerechtigkeit, die von Gott dem Glauben zugerechnet wird, verwarf. 7 *Gewinn:* Im Griech. steht der Plural. Paulus hatte seine Vorzüge einzeln aufgelistet, doch nun verwirft er sie alle als einen großen *Verlust* (EÜ). Die Gegenüberstellung von *Gewinn* und *Verlust* ist auf die Rabbinen zurückzuführen, und die paulinische Verwendung hier mag auf den Herrn selbst zurückzuführen sein (vgl. z.B. Mk 8,35f).

3,8-14 Der Verzicht auf die alten und die Formulierung neuer Ziele

8 Weil er in Christus das Angenommensein vor Gott gefunden hatte, erachtete Paulus alle jene Dinge, auf die er sich zuvor verlassen hatte, *für Schaden.* Zudem war er zu der Überzeugung gekommen, daß alles andere *als Verlust* zu werten sei gegenüber dem *überwältigenden Gewinn, daß ich Jesus Christus als meinen Herrn kenne* (GN). Nicht nur erachtet er sein bisheriges »Guthaben« als *Verlust,* sondern um Christi willen hat er auch *alles eingebüßt* (EÜ), was ihm in seinem bisherigen Leben am meisten bedeutet hatte: seine Stellung im Judentum als Pharisäer und vielleicht sogar seine Heimat. Groß war sein Verlust gewesen, aber dennoch trauerte er nicht, war doch alles andere im Vergleich »bloßer Dreck« (GN). 9 Nun ist es sein erster Wunsch, aufgrund der von Gott als Geschenk angebotenen und im Glauben anzunehmenden *Gerechtigkeit* angenommen zu werden (vgl. Röm 3,21-4,25; Gal 2,15-3,29; Eph 2,4-9), indem er die sogenannte *Gerechtigkeit* seiner eigenen Werke, auf die er sich zuvor verlassen hatte, beiseite legte. 10 Zweitens möchte er nunmehr in der Erkenntnis Christi leben, d.h. in der Gemeinschaft, im Gehorsam und im Dienst. Mit Christus Gemeinschaft haben heißt, *die Kraft seiner Auferstehung* in der Erfahrung des Alltags zu kennen (vgl. Röm 8,10f; 2Kor 4,10f; Eph 1,19f). Drittens ist es nun sein Ziel, *Gemeinschaft* zu haben an den *Leiden* Christi. Paulus spricht von seiner Gemeinschaft am Tod des Herrn in zweifacher Weise. Da ist jenes durch die Taufe symbolisierte Identifiziertsein mit Christus in seinem Tod und in seiner Auferstehung: ein Sterben mit ihm der Sünde und ein neues Leben mit ihm und in ihm für die Gerechtigkeit (vgl. Röm 6,1-6; Gal 2,20; 5,24). Von diesem Punkt ausgehend führt die Identifikation mit Christus im gesamten christlichen Leben und Dienen zu einer Gemeinschaft an seinem Leiden und seinem Tod, an jenem Sterben des eigenen Ich, von dem Jesus selbst sprach (Mk 8,34f) und schließlich zu einer Bereitschaft zu leiden, damit das Evangelium alle Menschen erreicht. Davon ist bei Paulus oft die Rede (z.B. 2Kor 4,7-12; Gal 6,17; Kol 1,24f); hier beschreibt er es als sein großes Ziel und inniges Verlangen. 11 Dieser Vers mutet zunächst seltsam an. Ist nicht die Voraussetzung zur Teilhabe an der Auferstehung ausschließlich eine Frage des Glaubens? Sollte der Apostel Zweifel an seinem Heil bekommen haben? Paulus bezeugt stets seine Gewißheit, daß er als ein Kind Gottes angenommen worden war (Röm 8,15-17; Gal 4,6f). Dennoch gab er sich nie der Selbstzufriedenheit hin. Der Glaube muß bis an das Ende ausharren (vgl. Hebr 3,14); das Identifiziertsein mit Christus anläßlich der Taufe muß seine Fortsetzung im ständigen Sterben mit Christus finden und in der Teilhabe an seinem Leben und seiner Auferstehungskraft - bis an das Ende. Andererseits mag man das »ob ich irgendwie« (EÜ) angesichts des betrachteten Zieles (vgl. auch V. 21) weniger als Ausdruck des Zweifels und vielmehr als Bekundung seiner Demut begreifen. 12.13 Offenbar gab es in Philippi solche, die das Ziel christlicher Vollkommenheit erreicht zu haben glaubten. Paulus sah sich nie als einer, der es schon »geschafft« (GN) hatte, und das Prädikat *vollkommen* wollte er nie auf sich selbst angewandt wissen. Bis an das Ende muß er *nachjagen* als ein Mann mit nur einem Ziel. Weil Christus ihn ergriffen hat, liegt es nun an ihm, das ihm von seinem Herrn vorgesetzte Ziel zu ergreifen. Die Vergangenheit gilt es zu vergessen - die Versäumnisse und Sünden der Vergangenheit sowohl als auch die Errungenschaften und erbrachten Leistungen im Dienst für Christus - damit er stets sich *nach dem ausstrekke, was da vorne ist.* 14 Ein einziges *Ziel* hat er, dem er *nachjagt,* jener *Siegespreis der himmlischen Berufung Gottes in Christus Jesus,* der »unvergängliche Kranz«, von dem er 1Kor 9,25 spricht.

Anmerkungen: 8 *Dreck:* Wörtl. »Unrat« oder »Kot«. 11 *Hingelangen* (EÜ): In der Apg erscheint dieses Verb neunmal im Griech. und bedeutet die Ankunft an einem Ort; vgl. Eph 4,13, wo das Verb ähnlich verwendet wird. 12 *Vollkommen:* Das Griech. verwendet hier ein Verb, das die Bedeutung haben kann »zur Vollkommenheit bringen« oder »vollendet sein« (vgl. EÜ) und das im Zusammenhang mit den Initiationsriten in den Mysterienreligionen, mit denen die Christen in Philippi vermutlich vertraut waren, verwendet wurde. Es gibt eine christliche Vollkommenheit (Eph 4,13-16), doch Paulus nennt diese als ein Ziel, das er sich selbst zwar gesetzt, jedoch noch nicht erreicht hat. *Jage nach:* Vgl. V. 6, wo dasselbe Verb mit Paulus' Christenverfolgung in Verbindung gebracht wird. 13 *Strecke mich aus:* Das von Paulus gerne verwendete Bild ist das eines Rennens, vielleicht eines Wagenrennens oder eines anderen sportlichen Wettkampfes. 14 *Siegespreis:* Dieser Begriff (griech.: *brabeion*) begegnet im NT nur hier und

1Kor 9,24. Vielleicht ist mit dem *Siegespreis* an Christus selbst zu denken (vgl. V. 8), vielleicht aber auch mit GN an das »neue Leben« oder an die »Krone des Lebens« (Jak 1,12), jenes Geschenk der Gnade, das die erwartet, die ihrer Berufung getreu bis ans Ende ausharren.

3,15-17 Ermahnung zu christlicher Lebensführung

15 Paulus hat seine eigenen geistlichen Ziele genannt. Sein Wunsch ist es nun, daß die, die in Christus *vollkommen* sein wollen, oder sich als »vollkommen« bezeichnen, sich ähnliche Ziele setzen. Dabei ist er ganz auf Gott angewiesen, der ihnen die Fehler in ihrem Denken oder die Mißstände in ihrem Leben aufdeckt. **16** Er hofft ferner, daß das, was bereits in ihnen oder ihm selbst *erreicht* worden ist, nicht wieder aufgegeben wird. **17** Er hat nach eigenen Worten lediglich versucht, ein Vorbild christlicher Lebensführung abzugeben, und nun hofft er, daß diese Lebensweise, die bereits von Christen um sie herum akzeptiert worden war, nun auch von anderen befolgt würde.

Anmerkungen: **15** *Vollkommen:* Das hier verwendete Adjektiv ist mit dem V. 12 verwendeten Verb verwandt. Da Paulus sich selbst nicht als vollkommen bezeichnen will, spricht er offenbar vor allem solche an, die sich (irrtümlicherweise) für vollkommen hielten. *Laßt uns so gesinnt sein:* Das Verb ist bereits aus 2,2.5 bekannt (vgl. dort). **17** Die Worte des Paulus sollten nicht als anmaßend beurteilt werden, zumal es noch kein NT als verbindliche Richtschnur für christliches Handeln gab. Zudem wußte der Apostel, daß christliche Verhaltensmaßstäbe schlußendlich im lebendigen Vorbild und nicht in einem Gesetzeskodex wurzeln müßten. So sah er es gleichermaßen als seine Pflicht, anderen das christliche Leben vorbildhaft vorzuleben sowie das unverfälschte Evangelium zu predigen. Wer das gute Vorbild sah, war nun seinerseits verpflichtet, selbst danach zu leben (vgl. 1Kor 4,16; 11,1; 1Thes 1,6; 2,10; 2Thes 3,7.9). Phillips überträgt die Stelle folgendermaßen: »Laßt mein Vorbild euch zum Maßstab dienen, anhand dessen ihr feststellen könnt, wer unter euch die echten Christen sind«, und im Blick auf den weiteren Kontext läßt sich nachweisen, daß Paulus dies wohl so gemeint haben dürfte.

3,18-21 Warnung vor weltlichem Leben

18 Paulus hat seine eigenen, aus der Liebe zu Christus motivierten Zielsetzungen genannt und falsche Vorstellungen über christliche Vollkommenheit korrigiert; nun richtet er sein Augenmerk auf solche innerhalb der christlichen Gemeinde, an die er nur mit persönlicher Betroffenheit und Traurigkeit denken kann. Vielleicht war ihr Denken dahingehend antinomisch (das Sittengesetz leugnend) geprägt, daß sie meinten, den Glauben an Jesus Christus mit einer Gleichgültigkeit ethischen Fragen gegenüber verbinden zu können. Wahrscheinlicher ist indessen, daß es sich um solche handelte, die - wie Paulus 2,21 schreibt - »das Ihre suchten, nicht das, was Jesu Christi ist«. Sie waren *Feinde des Kreuzes Christi,* zwar nicht in dem Sinn, daß sie die Bedeutung des Kreuzes innerhalb der christlichen Lehre verneinten (vgl. Gal 5,11; 6,12), sondern darin, daß sie das Kreuz als Herzstück des christlichen Lebens leugneten (vgl. zu V. 10). **19** In der Tat war es so, daß sie im Kreuz weder ihr Heil noch ihr Lebensvorbild fanden, sondern sie befanden sich auf dem Weg zum *Verderben* (EÜ), denn sie hatten sich für ein Leben egoistischer Genußsucht entschieden. Noch dazu waren sie auf ihre schändlichen Taten stolz (vgl. Röm 6,21); sie waren *irdisch gesinnt,* und so drehte sich ihr Leben unweigerlich um irdische Dinge. **20** Dagegen weiß der wahre Christ, daß sein Leben und sein Bürgerrecht schon jetzt mit Christus im Himmel sind (vgl. Eph 1,3; 2,6; Kol 3,1-4). Er wartet auf seinen Herrn, der vom Himmel kommen wird, und die Hoffnung, die er hat, verwandelt sein Leben (vgl. 1Jo 3,2f). **21** Mit dem Kommen Christi wird *unser Leib der Niedrigkeit* (EÜ) verwandelt werden *zur Gleichgestalt mit seinem Leib der Herrlichkeit* (EÜ; vgl. 1Kor 15,35-50; 2Kor 4,16-5,4; 1Jo 3,2). Dies wird durch die Kraft Gottes geschehen, die weder Begrenzung noch Behinderung kennt.

Anmerkungen: **19** *Der Bauch:* An erster Stelle in ihrem Leben steht die Befriedigung ihrer fleischlichen Lüste und egoistischen Wünsche. **20** *Bürgerrecht:* Das entsprechende griech. Verb begegnet bereits 1,27 und wird dort mit »wandeln« im Sinne von »verhalten« verwendet. Das Hauptwort kann im Sinne von »ihr Verhalten als Bürger« verstanden werden - vgl. LÜ: »Bürgerrecht«. Wörtl. aber bedeutet der Begriff »Staat« oder »*Gemeinwesen*« (vgl. EÜ). Für die Philipper mag es mit diesem Wort eine besondere Bewandtnis gehabt haben: Als Bürger einer römischen Militärkolonie (s. Einl.) war ihr Blick stets auf Rom gerichtet; als Christen nun sollten sie sich selbst für eine »Kolonie des Himmels« halten. **21** *Unser nichtiger Leib* (EÜ: *unser Leib der Niedrigkeit):* Damit soll kein negatives Urteil über den Körper gesprochen werden, denn der Leib ist nicht zu verachten, sondern als Zeichen unserer gegenwärtigen Niedrigkeit zu begreifen - dasselbe Wort begegnet auch Lk 1,48 -, und deshalb ist mit GN zu lesen: »Unser schwacher, vergänglicher Körper«. Noch ist unser Körper den Leidenschaften, Schmerzen und Begrenzungen unterworfen; doch einmal »wird er unseren schwachen, vergänglichen Körper verwandeln, daß er genauso herrlich wird wie der Körper, den er selbst seit seiner Auferstehung hat« (GN).

4,1-23 Ermahnungen, Danksagung und Grüße

Die letzten Absätze des Briefes enthalten eine Reihe von Ermahnungen, persönlichen Botschaften und die Bestätigung des Erhalts der Geschenke aus Philippi. Sein dankbares Gedenken an die Geschenke aus Philippi läßt ihn über den geistlichen Segen sprechen, der über dem großzügigen Geben liegt. Seinen Freunden in Philippi versichert er, daß er gelernt habe, mit wenig oder viel auszukommen, daß er in allen Dingen von dem Herrn befähigt werde, der ganz gewiß auch ihnen geben wird, was sie brauchen.

4,1-3 Persönliche Appelle

1 Zunächst erfolgt ein allgemeiner Aufruf. *Daher* (EÜ) knüpft an das bisher Gesagte an - es ging um die von den Judaisten ausgehende Gefahr und um die Enttäuschung der weltlich Gesinnten. Die fünf Worte, mit denen Paulus seine Freunde anspricht, lassen die Innigkeit seiner Gefühle erahnen; sein Wunsch ist es, daß sie *fest in dem Herrn stehen* mögen (vgl. 1,27). 2 Dann folgt ein besonderer Appell. 2,1-5 war ganz allgemein die Rede von Spaltungen und Parteilichkeit innerhalb der Gemeinde in Philippi. Dem Apostel war jedoch ein ganz bestimmter Streit zu Ohren gekommen, der das Zeugnis der Gemeinde in Mißkredit zu bringen drohte. Paulus spricht beide Frauen direkt an, *Euodia* und *Syntyche,* und zwar so, daß keine von beiden empfinden konnte, der Apostel habe ihr den Vorrang gegeben. 3 Ferner bittet er einen seiner engsten und zuverlässigsten Kollegen (er bleibt unbenannt und ist uns unbekannt), ihnen - den beiden Frauen - zu helfen, d.h. wohl, ihnen zu helfen, *eines Sinnes zu sein in dem Herrn.* Trotzdem findet er - neben der Kritik - auch Worte der Ermutigung für diese Frauen; sie hatten sich mit ihm »für die Verbreitung der guten Nachricht eingesetzt« (GN). Einen weiteren muß er nun in dieses Lob mit einschließen: *Klemens.* Der Apostel ist sich bewußt, daß er noch viele andere lobend erwähnen könnte; auch wenn sie hier nicht namentlich genannt werden, so dürfen sie dennoch gewiß sein, daß entscheidend ist, daß ihre *Namen im Buch des Lebens stehen* (vgl. Lk 10,20).

Anmerkungen: 1 *Ich sehne mich:* Vgl. 1,8; 2,26. *Krone:* Vgl. 1Thes 2,19. 2 *Euodia* und *Syntyche* sind sonst nicht weiter bekannt. 3 *Mit mir gekämpft:* Vgl. zu 1,27, wo dasselbe Wort begegnet. *Klemens* begegnet sonst nirgends im NT; der Name war weit verbreitet, und es ist doch unwahrscheinlich, daß hier an jenen Klemens zu denken wäre, der gegen Ende des Jhs. in der Gemeinde zu Rom eine wichtige Funktion hatte. *Das Buch des Lebens:* Mehrmals nimmt das AT bezug auf ein Buch, in dem die Namen derer enthalten sind, die vor Gott angenommen sind (z.B. 2Mo 32,32; Dan 12,1). Weil Gott ihnen das Geschenk des Lebens gegeben hat, wird es »das Buch des Lebens« genannt, so auch Ps 69,29. Im NT am häufigsten erwähnt wird es im Buch der Offb.

4,4-7 Aufruf zur Freude und zum Gebet

4 Einmal mehr klingt der Aufruf zur Freude an (vgl. 3,1) - Freude *in dem Herrn,* vereint mit ihm, ihn verherrlichend, seinen Willen ausführend. 5 Der Christ soll sich auszeichnen durch seine *Güte* (EÜ: *Milde*) allen Menschen gegenüber, und diese Einstellung wird motiviert durch die Erkenntnis, daß der Herr da ist. 6 Der ängstlichen Sorge soll im Leben des Christen kein Raum gewährt werden, denn *in allen Dingen* ist das *Gebet* möglich (vgl. Mt 6,25-34; 7,7-11; 1Petr 5,7). Nach Bengel verhalten sich »Sorge und Gebet« zueinander wie »Feuer und Wasser«. *Danksagung* sollte stets das Gebet begleiten (vgl. 1,3), denn Gott gebührt stets das Lob, und der Glaube wird beim Nachdenken darüber, was Gott bereits getan hat, gestärkt. 7 Dort, wo das Gebet an die Stelle der Sorge tritt, greift Gottes Gabe des Friedens, »der alles menschliche Begreifen weit übersteigt« (GN) Raum, und jener Friede wacht über das Denken und Fühlen des Christen und bewahrt ihn so vor dem plötzlichen Übermanntwerden durch Furcht, Ängstlichkeit, Sorge oder Versuchung.

Anmerkungen: 5 *Der Herr ist nahe:* Es mag daran gedacht sein, daß der Herr jedem Glaubenden nahe ist oder daß sein Kommen nahe ist, oder vielleicht ist an beides zugleich zu denken. 6 Zunächst begegnet uns der allgemeine Begriff für *Gebet,* dann *Flehen;* die *Bitten* sind die besonderen Gegenstände des *Flehens.*

4,8.9 Aufruf, am Guten festzuhalten

8 Anhand von acht verschiedenen Begriffen charakterisiert Paulus jene Dinge, die das Gedankenleben eines Christen ausfüllen sollten: »Was gut ist und Lob verdient, was wahr, edel, gerecht, sauber, liebenswert und schön ist« (GN). Vom *Denken* war in diesem Brief des öfteren die Rede (griech.: *phroneo;* vgl. besonders 2,2.5; 3,15.19); hier ist das stärkere *logizomai* verwendet - LÜ: *seid bedacht;* EÜ: *das erwägt;* GN: *richtet eure Gedanken auf das*). Paulus will damit sagen, daß diese Dinge unser Bewußtsein, unsere Einstellung und unsere Haltung prägen sollen. 9 »Und dann setzt euer Den-

ken in die Tat um« (vgl. Röm 12,2). Daraus wird ein Leben folgen, das sich am Vorbild des Apostels selbst ablesen läßt (s. zu 3,17). Dies führt nicht nur zum Frieden Gottes, sondern auch zur bleibenden Gegenwart des Urhebers und der Quelle des Friedens; vgl. 2Kor 13,11; 2Thes 3,16.

4,10-20 Dank für die Gabe der Gemeinde

10 Der Apostel kommt nun auf die empfangenen Gaben zu sprechen. Vermutlich hatte er ihren Empfang bereits bestätigt, doch weil er nun Epaphroditus, der sie überbracht hatte, zurückschickt, nimmt er noch einmal auf sie Bezug. Er hat sich über ihre Geschenke gefreut. Sie stellen ein neues Aufleben ihrer früheren »Hilfsaktion« dar - denn seit langem hatten sie keine Gelegenheit mehr gehabt, ihm Hilfe zukommen zu lassen. **11-13** Paulus möchte jedoch deutlich machen, daß er weder auf ihre Geschenke angewiesen ist noch weitere Unterstützung sucht. Er hat das Geheimnis der Zufriedenheit mit den äußeren Umständen gelernt, ob Überfluß oder Mangel, weiß er doch, daß sein Herr ihm nie versagen wird, was er braucht und ihn in jeder Lebenslage stärken wird.

14-16 Trotzdem zeigt er sich dankbar für die ihm erwiesene Liebe der Philipper und die in der Gabe sich äußernde *Gemeinschaft* mit ihnen. In der Tat hatte seit der Zeit, als das *Evangelium* zum erstenmal in Philippi verkündigt wurde, als er in *Thessalonich* war und nachdem er Mazedonien verlassen hatte (Apg 16; 17), keine andere Gemeinde in der Umgebung so gehandelt wie sie. **17.18** Noch einmal unterstreicht er, daß er keine Geschenke für sich selbst sucht; vielmehr besteht seine Freude darin, daß sie durch ihr Geben selbst in den Genuß geistlicher Segnungen kommen. Der Geist, in dem ihr Schenken geschah, zeichnete es als ein Gott *angenehmes Opfer* aus. Als ein *lieblicher Geruch,* den das AT als Opfer bezeichnete (2Mo 29,18; Hes 20,41; vgl. auch Joh 12,3; 2Kor 2,16). **19** Wer in diesem Geiste gibt, wird nie verarmen, denn darin äußern sich Liebe zu Gott und Gottvertrauen. Aus eigener Erfahrung kann Paulus bezeugen: »Mein Gott aber wird all eurem Mangel abhelfen nach seinem Reichtum in Herrlichkeit in Christus Jesus.«

20 Aufgrund dieser Tatsache und im Blick auf alles, was er ist und was er getan hat, ist Gott zu loben *von Ewigkeit zu Ewigkeit.*

Anmerkungen: **11** *Begnügen* (GN: »Ich habe gelernt, mit dem auszukommen, was ich habe«): Das griech. Wort *(autarkes)* bedeutet »selbstgenügsam«. Diese Selbstgenügsamkeit war in der Stoa eine hohe, von den äußeren Umständen unabhängige Tugend; der einzelne sollte in sich selbst die Kraft finden, um mit jeder Situation fertig zu werden. Paulus verwendet das Wort in dem Sinne, daß er von den äußeren Umständen unabhängig ist, doch die Quelle seiner Kraft findet er in Jesus Christus, der in ihm Wohnung aufgenommen hat (vgl. 2Kor 9,8; 1Tim 6,6). **12** *In alles bin ich eingeweiht* (EÜ): Der Ausdruck wurde bei den Griechen im Blick auf die religiösen Mysterienkulte gebraucht, die nur Eingeweihten zugänglich waren. **15** Paulus hält es für ratsam, sie daran zu erinnern, daß die Gemeinschaft sich sowohl auf das *Geben* als auch auf das *Nehmen* bezog - 1Kor 9,11 erklärt dies. **17** *Damit sie euch reichlich angerechnet wird* (EÜ: *die sich zugunsten eurer Rechnung mehrt):* Hier wie auch V. 15 ist das Wort für ein »Konto« verwendet, und auch die anderen Ausdrücke lassen daran denken, daß Paulus Metaphern aus dem Geschäftsleben verwendet: »Geld«, »Guthaben«, »Betrag« (V. 18; vgl. GN). Der Apostel hätte jedoch den Gedanken entschieden von sich gewiesen, daß man irgendetwas bei Gott verdienen könne; alles was man empfängt, ist ein Geschenk seiner Gnade.

4,21-23 Grüße und Segenswunsch

21 Der Brief schließt mit herzlichen, gegenseitigen guten Wünschen in *Christus Jesus.* **22** Es fällt auf, daß es im *Haus des Kaisers* Christen gab. Dies wäre vor allem dann bedeutsam, wenn es sich um den kaiserlichen Palast in Rom handelte. Der Ausdruck bedeutet allerdings nicht unbedingt unmittelbare Angehörige des Kaisers, sondern Menschen, die im Dienste des Kaisers und seines Haushaltes standen. **23** So wie der Brief begann, so endet er: mit einem Gebet, das alle anderen Bitten mit einschließt, nämlich die Bitte um *die Gnade des Herrn Jesus Christus.*

F. Foulkes

Der Brief an die Kolosser

Einleitung

Empfänger

Die Empfänger dieses Briefes waren die Gläubigen in Kolossä (1,2), einer kleinen, ziemlich unbedeutenden Stadt im Lykos-Tal. Kolossä lag etwa 160 Kilometer nördlich von Ephesus. In der näheren Umgebung befanden sich die beiden Städte Laodicea und Hierapolis. Sowohl Laodicea als auch Hierapolis waren bedeutender und bekannter als Kolossä. In allen drei Städten gab es christliche Gemeinden (vgl. 4,13). Dennoch scheint Paulus sie selber noch nicht besucht zu haben (vgl. 1,4; 2,1). Er erwähnt, daß es Epaphras war, von dem die Kolosser gelernt hatten (1,7.8). Es scheint von daher wahrscheinlich, daß dieser die Gemeinde in Kolossä gegründet hat. Paulus kennt also diese Christen zwar nicht persönlich, aber es besteht doch eine ganz reale Beziehung zwischen ihnen. Da es sich um Heidenchristen handelt, betrachtet Paulus Kolossä als einen Teil seines Aufgabengebietes, und in 1,7 (s. die Auslegung zu diesem Vers) sagt er, daß Epaphras als sein Stellvertreter gehandelt habe. Über die bisherige Beziehung zwischen Epaphras und Paulus haben wir keine näheren Kenntnisse. Aller Wahrscheinlichkeit nach war er durch Paulus Christ geworden. Stimmt dies, so ist zu vermuten, daß die Bekehrung während des Dienstes des Paulus in Ephesus geschah, denn wir wissen von dieser Zeit, »daß alle, die in der Landschaft Asien wohnten, das Wort des Herrn hörten« (Apg 19,10). Es ist natürlich, daß ein Mann wie Epaphras sich an seinen geistlichen Lehrer wendet, wenn er im Lauf seines Dienstes mit Schwierigkeiten konfrontiert wird.

Verfasserschaft

Aus dem Kolosserbrief geht klar hervor, daß der Apostel Paulus sein Verfasser ist. Dies wird nicht nur in den einleitenden Grüßen deutlich, sondern auch im Brief selbst (1,23) sowie im Briefschluß (4,18). Durch den ganzen Brief hindurch wird die Persönlichkeit des Apostels Paulus sichtbar. Kein Kirchenvater und keine altkirchliche Überlieferung zweifelt, soweit wir sie kennen, die paulinische Verfasserschaft an. Der Kolosserbrief war schon in der frühesten Aufzählung der Paulusbriefe, die wir besitzen, enthalten, und sogar der Kanon des Häretikers Marcion enthält ihn. Trotz dieser starken inneren und äußeren Indizien wurden verschiedentlich Einwände gegen die Verfasserschaft des Paulus geäußert. Die Vertreter dieser kritischen Richtung müssen natürlich zunächst einmal die Hinweise auf Paulus im Brief selbst erklären. Sie sind der Ansicht, daß es sich hierbei um pseudepigraphische Kunstgriffe eines anderen Autors handelt, der eine paulinische Verfasserschaft vortäuschen will. Die Hauptargumente gegen die Echtheit des Briefes aber sind literarischer und historischer Art. Erwähnenswert bleibt, daß sich die Verfechter einer pseudo-paulinischen Verfasserschaft eindeutig in der Minderheit befinden. Einige stellen stilistische Unterschiede zu anderen Briefen von Paulus fest, aber ihre Maßstäbe zur Beurteilung des Stils sind nicht exakt genug, um die Echtheit in Frage zu stellen (vgl. Guthrie, *New Testament Introduction: the Pauline Epistles*, 1961, S. 168ff).

Ein anderes Argument gegen Paulus als Verfasser sind die angeblichen Anspielungen auf gnostisches Denken im 2. Jh., die man in dem Brief gefunden haben will. Wir werden diese Frage später unter »Anlaß« noch genauer untersuchen, aber hier sollte doch zumindest schon angemerkt werden, daß man zwischen Gnosis in ihren Anfängen und Gnosis in ihrer vollen Entwicklung zu unterscheiden hat. (Vgl. O. Cullmann, *Einführung in das NT*, 1968). Ohne Zweifel finden wir im Kolosserbrief Anspielungen auf die Anfänge der Gnosis. Die Gegner der paulinischen Verfasserschaft haben diese notwendige Unterscheidung nicht getroffen. Ein weiteres Argument, das gegen Paulus vorgebracht wird, ist, daß die Christologie im Kolosserbrief weiter entwickelt sei, als in seinen anderen Briefen (so z.B. der Gedanke einer kosmischen Versöhnung, vgl. 1,20). Aber wenn man die unterschiedlichen Zielsetzungen und Anlässe für die einzelnen Briefe gebührend berücksichtigt, dann findet man nichts, was nicht vom Apostel Paulus geschrieben sein könnte.

Ein Hauptargument für seine Echtheit ist die enge Verwandtschaft zwischen diesem Brief und dem an Philemon. Beide erwähnen sie eine Anzahl von Personen, die mit Paulus in Berührung standen (vgl. Kol 4,7-17 mit Phim 2,23.24). Ganz besonders wichtig ist die Tatsache, daß Onesimus, um den es ja im Philemonbrief geht, in Kol 4,9 erwähnt wird als »einer der Euren«. Die Schlußfolgerung, beide Briefe seien zur selben Zeit geschrieben worden, ist daher durchaus berechtigt. Die Echtheit des Philemonbriefes jedoch ist unumstritten und wird somit zum starken Beweis für die Echtheit des Kolosserbriefes. Wir können also die Echtheit des Briefes als gesichert annehmen.

Anlaß

Paulus selber sagt uns an keiner Stelle des Briefes, was ihn zum Schreiben bewog. Aber aus dem Zusammenhang können wir die Umstände des Briefes ziemlich genau erschließen. Offensichtlich hatte Epaphras, der aus der Gemeinde in Kolossä kam (Kol 4,12) und diese, wie oben gesagt, wahrscheinlich sogar gegründet hatte, Paulus aufgesucht, um ihm die Situation, die dort entstanden war, zu schildern. Kol 1,8 sagt Paulus, daß Epaphras ihm von der Liebe der Kolosser erzählt habe. Er scheint ihm einen vielversprechenden Bericht über den gesunden Zustand der Gemeinde gegeben zu haben. Aber aus verschiedenen Andeutungen auf einige, die versuchten, die Kolosser mit Irrlehren zu beeinflussen, wird deutlich, daß irgendwelche Irrlehrer in der näheren Umgebung aktiv waren. Dem Apostel schien es wichtig, die Christen gegen diese Bedrohung zu stärken.

Um ein klares Bild der Lage zu bekommen, in der sich die Gemeinde zu Kolossä befand, müssen wir - so weit dies möglich ist - die verschiedenen in diesem Brief enthaltenen Anspielungen auf die Irrlehre herauskristallisieren und zusammenstellen. Es ist immer schwierig, die Grundzüge einer Irrlehre zu rekonstruieren, wenn einem nur die christlichen Antworten darauf vorliegen. Dabei muß man sich hüten, zuviel in die positiven Gegenargumente des Paulus hineinzuinterpretieren. Einige der Grundzüge der Irrlehre allerdings können wir ohne Schwierigkeiten herausisolieren. Angesichts der großen Bedeutung, die Paulus in diesem Brief der Christologie beimißt, ist anzunehmen, daß die falsche Lehre hier ihren Ansatzpunkt hatte. Jede Aussage über Christus, die ihm seine Vorrangstellung in allen Dingen (vgl. 1,18) abstreitet, wäre geringer als die Sicht, die Paulus von Christus hat. Wahrscheinlich wurde die ganze herrliche Sicht Christi, die Paulus 1,15 - 20 entfaltet, durch die entgegengesetzten Tendenzen der Irrlehrer hervorgerufen. Hier bestehen zwar Ähnlichkeiten zur voll entfalteten Gnosis des 2. Jhs., aber in ihr ist Christus bereits so weit herabgesetzt, daß er nur noch der letzte einer langen Reihe von Mittlern ist, die Mensch und Gott miteinander verbinden. Es fehlen Anzeichen dafür, daß zu der Zeit, in der dieser Brief geschrieben wurde, bereits eine solchermaßen degenerierte Christologie vorhanden war. Und es gibt außerdem keine überzeugenden Anzeichen dafür, daß der Brief ein Produkt des 2. Jhs. ist (s.o. unter »Verfasserschaft«).

Ein weiterer Aspekt der Irrlehre ist das, was Paulus »Philosophie und leeren Betrug nach der Überlieferung der Menschen, nach den Elementen der Welt« nennt (2,8 EÜ). In diesen Worten scheint es um zwei große Denkansätze zu gehen: einem heidnischen und einem jüdischen. Das Wort »Philosophie« ist sehr allgemein. Paulus hatte offensichtlich wenig übrig für die Inhalte dieser Philosophie, was aus seiner durch und durch negativen Beurteilung hervorgeht. Es dürfte sich wohl um eine Irrlehre gehandelt haben, die zum Teil mit griechischen Elementen durchsetzt war. Nicht unwichtig ist auch, daß Paulus Worte wie »Fülle« (1,19 und 2,9) und »Erkenntnis« (2,3) gebraucht - Begriffe, die auch in dem damaligen spekulativen Denken benutzt wurden. Allerdings verwendet Paulus diese Worte ganz und gar christlich. Wieder stellen wir fest: Diese Ausdrücke wurden auch in der Gnosis des 2. Jhs. benutzt. »Fülle« war ein abstrakter Begriff für den absoluten Gott, der keinen direkten Kontakt mit der Erde (die als Leere oder *kenoma* bezeichnet wurde) haben kann. Diese Gedanken sind aber - wenn überhaupt vorhanden - in Kolossä noch nicht ausgebildet. Eine Behandlung der Frage, was mit *Elemente* gemeint ist, findet sich an der entsprechenden Stelle im Kommentar. Es scheint eine Anspielung zu sein auf die mächtige Geist-Welt, von der man glaubte, daß sie Einfluß ausübe auf die menschlichen Angelegenheiten.

Aber damit nicht genug. Die Verworrenheit der Situation in Kolossä verdichtete sich außerdem durch eine jüdische Denkrichtung. Dies wird deutlich durch den oben angeführten Ausdruck *Überlieferung der Menschen.* Das Judentum ist bekannt für seine große Betonung der Überlieferung. Außerdem ging es in Kolossä um die Frage nach *Speise und Trank* (offensichtlich eine Anspielung auf Speisegesetze) und nach *Festen, Neumonden und Sabbaten* (vgl. 2,16). All dies können wir uns in einer jüdischen Umgebung gut vorstellen. Zweimal wird in dem Brief die Beschneidung angesprochen (2,11 und 3,11). Zudem wurde die Askese in Kolossä offensichtlich betont, was 2,21 zeigt. Auch dies paßt gut in eine jüdische Umgebung. Ein weiteres, allerdings nicht leicht einzuordnendes Element der Irrlehre ist die Verehrung von Engeln (2,18). Zwar hatten die Juden eine große Ehrfurcht vor den Engeln, aber es gibt keine Anzeichen dafür, daß man zu jener Zeit Engel verehrte. Diese Entwicklung mag das Ergebnis einer Vermischung griechischer und jüdischer Elemente gewesen sein.

Dieser kurze Überblick hat gezeigt, daß es eine Art synkretistischer Bewegung war, die die Kolosser in ihren Bann zu ziehen drohte. Teile dieser Bewegung haben eine Parallele in der Gnosis. Wir können daher annehmen, daß es sich um eine Art vor-gnostischer Gnosis handelte. Als Beispiel für eine solche Vermischung jüdischer und griechischer Elemente, die der apostolischen Zeit näher steht als die Gnosis, dient die Qumran-Sekte. Die Bücherei dieser Sekte enthielt mehrere alte Handschriften heidnischen Ursprungs. Dennoch blieb die Gruppe im wesentlichen jüdisch. Es ist unmöglich, die Irrlehre in Kolossä noch näher zu bestimmen. Immerhin wissen wir doch genug über den Hintergrund des Briefes, um seinen Zweck weitgehend abschätzen zu können.

Zweck

Wenn wir uns die Eigenart der falschen Lehre vor Augen halten, sehen wir deutlich, daß Paulus es als sein wichtigstes Anliegen ansah, die Kolosser vor dieser Gefahr zu warnen. Um dieses Thema geht es in dem größten Teil der ersten Hälfte des Briefes. Die klare Einsicht des Apostels in das Wesen der christlichen Lehre zeigt sich nirgends deutlicher als dort, wo er gegen falsche Akzentsetzungen oder eindeutige Irrtümer vorgeht. Vielleicht hat er diesen Brief auf die Bitte des Epaphras hin geschrieben, der anscheinend nicht in der Lage war, selber mit der Situation in Kolossä fertig zu werden. Jedenfalls würde die Antwort des bevollmächtigten Apostels für die Kolosser ein großes Gewicht haben. Ein weiterer, untergeordneter Grund für den Brief ist der: Paulus wollte eine Reihe praktischer Ermahnungen geben, die den Kolossern zu einem gesunderen christlichen Leben helfen sollten. Dies finden wir in den Kap. 3 und 4, und zwar in zweifacher Hinsicht: Zunächst gibt Paulus einige allgemeine Prinzipien und dann fügt er spezielle Beispiele an, die das tägliche Leben der Christen betreffen.

Der wichtigste Abschnitt des Briefes ist der, in dem Paulus seine christologische Position entfaltet. Zentraler Gedanke der Christologie ist die absolute Vorrangstellung Christi (1,18). Diese Vorrangstellung erkennt man daran, daß er das Ebenbild Gottes ist (1,15), die Fülle der Gottheit (1,19), der Schöpfer (1,16) und das Haupt der Gemeinde (1,18). Aber Paulus zeigt uns nicht nur eine herrliche Sicht der Person Christi, sondern auch seines Werkes. Er hat aus der Dunkelheit befreit (1,13), von der Sünde erlöst (1,14), hat die Menschen versöhnt durch das Blut seines Kreuzestodes (1,20ff) und die geistlichen Mächte entwaffnet (2,15). Mehr noch: er ist das Leben des Gläubigen geworden (3,4), indem er mit ihm die Auswirkungen seines eigenen Todes und seiner Auferstehung geteilt hat. In diesem Brief gibt also Paulus in kurzen Worten eine bemerkenswerte und umfassende Sicht dessen, was wir als Christen »in Christus« haben.

Entstehungsort und -zeit

Gewöhnlich wird und wurde angenommen, daß Paulus diesen Brief während seiner Gefangenschaft in Rom, um 60 n.Chr., geschrieben hat. Der Apostel erwähnt zwar seine Gefangenschaft kaum, aber er bittet die Leser, seiner Fesseln zu gedenken (4,18). Rom scheint von den Gefangenschaften, die wir aus der Apostelgeschichte kennen, die wahrscheinlichste zu sein, obwohl einige Theologen Cäsarea den Vorzug geben. Die Grüße, die Paulus von seinen Mitarbeitern Kap. 4 bestellt, lassen vermuten, daß sie trotz seiner Gefangenschaft mit dem Apostel in direktem Kontakt standen. Auch dies spricht für die in Apg 28,30 berichtete Gefangenschaft in Rom. Aber da der Philemonbrief zur selben Zeit geschrieben sein dürfte (s. Einleitung), ist auch der Entstehungsort beider Briefe von der Frage abhängig, wohin Onesimus bei der Flucht vor seinem Herrn geflohen war. Angesichts der Entfernung zwischen Rom und Kolossä scheint dies gegen Rom zu sprechen. Manche haben daher Ephesus als Entstehungsort vorgeschlagen, was auf der Annahme einer dortigen Gefangenschaft beruht. Es handelt sich aber nur um eine Hypothese. Wenn Paulus auch in Ephesus im Gefängnis gewesen ist, könnten wir uns leichter vorstellen, daß Onesimus dorthin flüchtete - eine Entfernung von etwa 160 Kilometern. Andererseits wäre es auch verständlich, daß ein flüchtender Sklave so weit wie möglich wegläuft, um einer Verfolgung zu entgehen. Die Hauptargumente sprechen also nach wie vor für Rom als Entstehungsort.

Welcher Abschnitt der römischen Gefangenschaft am besten zu dem Brief paßt, können wir jedoch nicht festlegen. Wir müssen es bei dieser ungefähren Datierung belassen.

Inhalt

Kommentar

1,1-8 Gruß und Dank

1.2 Wie in den meisten seiner Briefe stellt sich Paulus als *Apostel Christi Jesu* vor. Mit diesem Titel beruft sich Paulus hier auf die Autorität, die Gott ihm gegeben hat. Dies wird noch unterstützt durch das beigefügte *durch den Willen Gottes.* Manche Ausleger sehen hierin den Hinweis darauf, daß Paulus gegenüber den Kolossern seine Autorität verteidigen mußte. Aber im Brief selbst finden wir keine Hinweise darauf, daß diese Autorität von seiten der Kolosser in Frage gestellt worden war. Vielmehr erkennen wir darin, wie sehr sich Paulus seiner hohen Berufung bewußt war. Er schreibt den Kolossern nicht als ein Lehrer, der sich selbst dazu ernannt hat, sondern als einer, der von Gott zu einem besonderen Dienst bestimmt worden ist. Mit ähnlichen Worten leitet Paulus auch seinen Brief an die Epheser ein, nur fehlt dort der Gruß von *Bruder Timotheus,* der auch in manchen anderen Briefen von Paulus erwähnt wird. Timotheus war einer der engsten Mitarbeiter des Apostels. Die Anrede der Kolosser als *Heilige* ist charakteristisch für Paulus (vgl. 1Kor 1,2; 2Kor 1,1; Eph 1,1; Phil 1,1). Das Wort »heilig« wird im Sinne von »ausgesondert« benutzt. Hier ist es näher bestimmt durch *in Christus,* was auf eine enge Gemeinschaft hinweist, die durch das gemeinsame Band der Treue gegenüber Christus gefestigt ist. Vielleicht denkt Paulus auch angesichts der Herrlichkeit Christi, die in den V. 15 bis 33 geschildert wird, an das Bild vom Leib. Die Verbindung von *Gnade* und *Friede,* die ebenfalls für Paulus charakteristisch ist, verbindet nicht nur die beiden typischen Grußworte der Griechen und der Hebräer, sondern belegt beide auch mit einer geistlichen Bedeutung.

3-8 Es entsprach der damaligen Gewohnheit, zunächst für die Leser zu danken. Paulus folgt dieser Gewohnheit, doch bleibt sie für ihn nicht bloße Tradition, seine Danksagungen hier sind voll geistlicher Inhalte. Ihr Ziel ist es, die Leser zu motivieren. Außerdem finden wir in ihnen einige Andeutungen dafür, wie der Apostel die Situation in der Gemeinde zu Kolossä, die er doch noch nicht besucht hatte, kennengelernt hat.

3 *Wir danken Gott ... allezeit:* Der Plural kann sich auf Paulus und Timotheus beziehen, es kann aber auch ein stilistischer Plural sein. Da Paulus von 1,23 an den Singular benutzt, wenn er auf seine eigenen Erfahrungen zu sprechen kommt, scheint ersteres wahrscheinlicher zu sein. *Allezeit* spiegelt die tiefe Verbundenheit wider, die Paulus zu jenen empfindet, für die er sich verantwortlich weiß. Es ist mit dem folgenden Ausdruck, *wenn wir für euch beten,* zu sehen. In den V. 4.5 gibt Paulus nun den Inhalt seiner Danksagung an. 4 Sie gründet auf einer verläßlichen Information über den *Glauben* und die *Liebe* der Kolosser, der Glaube im Verhältnis zu Christus, die Liebe im Verhältnis zu anderen Christen. Das eine ohne das andere wäre unvollständig. 5 Beide aber sind durch die *Hoffnung* bestimmt und motiviert. Diese Hoffnung ist nicht einfach nur ein frommes Wünschen, sondern eine feste Zuversicht, *die ... bereit ist im Himmel.* Der Christ ist nicht nur von dem Leben auf dieser Welt bestimmt. Sogar seine Einstellung zu Christus und zu anderen wird mitbestimmt durch das, was er über die Ereignisse der Zukunft weiß, auch wenn er diese Zukunft noch nicht genau vorhersehen kann. Der Dreiklang »Glaube, Liebe und Hoffnung« begegnet uns auch 1Kor 13, ebenso 1Thes 1,3 und 5,8. *Von ihr habt ihr zuvor gehört* (EÜ) bezieht sich auf das Wissen, das sie um die christliche Hoffnung bei ihrer

Bekehrung erlangt hatten. Dies war, bevor sie irgendeine falsche Lehre gehört hatten. Die zweifache Beschreibung dessen, was sie gehört hatten, ist wichtig. Das *Evangelium* wird mit dem *Wort der Wahrheit* gleichgesetzt und soll wahrscheinlich den Gegensatz zu dem »Evangelium« der Irrlehrer darstellen. **6** ... *Frucht bringt und wächst:* Aus diesem Grunde, weil das Evangelium in sich die Fähigkeit zu wachsen birgt, kann Paulus auch davon reden, daß es *in aller Welt* ist, wenn auch bisher nur ein kleiner Teil der bekannten Welt evangelisiert worden war. Unter *Frucht bringen* versteht Paulus, daß das Christsein zu einer gewissen geistlichen Reife und zu bestimmten praktischen Auswirkungen führt. Er ist überzeugt, daß in seinen Lesern ein solches Wachstum stattgefunden hat. Eine weitere Beschreibung des Evangeliums ist *die Gnade Gottes ... in der Wahrheit.* Dieser Ausdruck betont wiederum die Verläßlichkeit des Evangeliums und weist darauf hin, daß das grundlegende Fundament des Evangeliums die *Gnade* ist, d.h., die unverdiente Zuwendung Gottes zu den Gläubigen. Dieses Wort gehört zu den vom Apostel bevorzugten. Der Ausdruck *in der Wahrheit* könnte auch mit »wie sie wirklich ist« oder »unverzerrt« wiedergegeben werden. Jede Vorstellung vom Evangelium, die die Gnade als Fundament verläßt, wäre falsch.

7.8 Paulus hatte durch *Epaphras,* einer der Kolosser, von deren Glauben und Liebe erfahren. Er beschreibt diesen Epaphras mit zwei lobenden Ausdrücken: *unserm lieben Mitknecht* und *ein treuer Diener Christi.* Sowohl »Knecht«, als auch »Diener« sind Beschreibungen, die Paulus gerne auf sich selbst und, wenn möglich, auch auf andere bezieht. Das erste Wort meint wörtlich »Sklave«. Paulus will damit ausdrükken, daß er und Epaphras beide demselben Herrn angehören. Das zweite Wort (griech.: *diakonos*) bezieht sich spezieller auf die Aufgaben und Pflichten, die ihm von Christus auferlegt worden sind. *Für uns* ist eine Lesart, die sehr gut bezeugt ist. Die meisten deutschen Übersetzungen (z.B. LÜ, EÜ, Schlachter) lesen am Schluß des Verses *für euch.* EinhÜ hingegen übersetzt *an unserer Stelle.* Im Griech. haben einige Hss. »für euch« und einige »für uns«. Die gleiche Sachlage begegnet noch an einigen anderen Stellen in diesem Brief. *Für uns* ist vorzuziehen, da es die Aufmerksamkeit auf die Tatsache lenkt, daß Epaphras im Auftrag des Paulus handelte, als er in Kolossä predigte. Er war also kein unabhängiger Kämpfer, sondern ein beauftragter Diener. Noch einmal weist Paulus auf die *Liebe* der Kolosser hin. Für ihn ist die Liebe von größter Wichtigkeit (vgl. 1Kor 13). *Im Geist* bezieht sich wahrscheinlich auf den Heiligen Geist, aber das griech. Wort könnte auch die Bedeutung haben von »auf geistlichem Gebiet«. Paulus kann sich eine solche Liebe getrennt vom Heiligen Geist nicht vorstellen. Die Liebe ist eine der wesentlichsten Früchte des Geistes (vgl. Gal 5,22).

1,9-14 Gebet

Es lohnt sich, die Gebete des Paulus zu studieren, insbesondere dieses. Wir erfahren hier nicht nur viel über seine Wünsche für die Kolosser, sondern erhalten auch ein wertvolles Muster für das Gebetsleben des Gläubigen.

9 *Von dem Tag an, an dem wir's gehört haben* erinnert an V. 6 und zeigt, daß Paulus noch immer all das in Erinnerung hat, was er bisher gesagt hat. Gebet und Dank gehören in seinen Briefen sehr eng zusammen. Paulus wird nie müde, die Dauerhaftigkeit seines Gebetes für die zu betonen, für die er sich verantwortlich weiß. Seine erste Bitte ist nach wahrer *Erkenntnis ... Weisheit und Einsicht.* Diese Erkenntnis ist auf den *Willen* Gottes gerichtet und so von aller anderen Erkenntnis unterschieden, besonders von jener Erkenntnis, deren sich die Irrlehrer rühmten (vgl. 2,8). Alle drei Wörter, die ein vernünftiges Überlegen und Vorgehen meinen, waren zeitgemäße intellektuelle Schlagwörter, die Paulus aber hier in einem spezifisch christlichen Sinn gebraucht. Deswegen fügt er das Adjektiv *geistlich* hinzu. Zweifelsohne ist die Erkenntnis des Willens Gottes für jeden Christen von grundlegender Notwendigkeit. In dieser Bitte klingt das Vaterunser an: »Dein Wille geschehe«.

10 In der zweiten Bitte geht es um das Ergebnis, um die praktischen Auswirkungen der Erkenntnis des Willens Gottes.... *daß ihr würdig lebt* ist das hohe Ziel des christlichen Lebens. Unter *Herr* ist hier wohl Christus zu verstehen. Das Ziel des christlichen Lebens wird noch deutlicher durch die Beifügung *in allen Stücken gefallt.* Das Wort, das im Griech. für »gefallen« steht *(areskeia),* meinte ursprünglich eine kriechende Höflichkeit gegen Übergeordnete. Im Verhältnis zu Gott jedoch bezeichnet es eine völlige und freiwillige Unterordnung unter seinen übergeordneten Willen. Paulus läßt nicht zu, daß das Ich bei der Festlegung des geistlichen Zieles mitbestimmt. Zwei spezielle Ergebnisse einer solchen Auslieferung unter das Wohlgefallen Gottes sind beständige Frucht und weitere *Erkenntnis.* Der Apostel betont nachdrücklich *in jedem guten Werk.* Dies ist ein wichtiges Korrektiv für jene, die seine Verwerfung der Erlösung durch gute Werke (vgl. besonders Römer und Galater) als Gleichgültigkeit gegenüber guten Werken verstanden. Solche Werke sind die Mittel, durch die andere die Fruchtbarkeit des christlichen Lebens erkennen können. Die Wiederholung von *Erkenntnis* ist wichtig, zeigt sie doch, daß es hier um Wachstümliches geht. Erkenntnis des Willens Gottes führt zu vermehrter Erkenntnis Gottes selbst. Wenn Paulus hier wiederum das Fruchtbringen und Wachsen anspricht (vgl. V. 6), dann erkennen wir, wie wichtig dieser Gedanke für den Apostel ist. Für ihn ist Christsein etwas Lebendiges, Wachsendes.

11 In der dritten Bitte betet Paulus um geistliche Kraft. Dadurch wird auf einen Schlag deutlich, daß der Mensch unfähig ist, aus seiner eigenen Kraft heraus gute Werke zu tun oder wahre Erkenntnis zu erlangen. *Gestärkt werdet mit aller Kraft* klingt schon umfassend, aber es wird noch durch den hinzugefügten Ausdruck *nach der Macht seiner Herrlichkeit* (EÜ) verstärkt. Lightfoot bemerkt dazu: »Die Kraft, die dem Gläubigen mitgeteilt wird, steht in Verbindung mit und ist eine Funktion der göttlichen Macht, aus der sie kommt« (J. B. Lightfoot, *Saint Paul's Epistles to the Colossians and to Philemon,* 1900). In diesem Ausdruck wird also deutlich, daß die Macht Gottes ein Aspekt seiner Herrlichkeit ist. Auch wenn der Mensch Gott nicht sehen kann, kann er die Auswirkungen seiner Macht feststellen und an ihnen teilhaben. Diese Auswirkungen aber zeigen sich nicht in spektakulären Wundern, sondern in *Geduld* unter Versuchungen. Im Griech. gehört der Ausdruck »mit Freude« noch zu V. 11 (s. Schlachter). LÜ und die meisten anderen deutschen Übers. ziehen diese Worte jedoch zu V. 12. Indem Paulus noch *mit Freude* beifügt, unterscheidet er die Einstellung des Christen gegenüber Schmerzen und Leid klar von der des Stoikers.

12-14 Das Gebet endet mit der bemerkenswerten Bitte, die Kolosser sollten für ihre Hoffnung danken. Es geht Paulus nicht nur darum, selber Gott zu danken. Er möchte auch andere bewegen, dies zu tun. **12** *... der uns tüchtig gemacht hat* (Schlachter): Einige alte Hss lesen »euch« anstelle von »uns«. Aber angesichts des nächsten Verses, in dem »uns« steht, ist dies schwierig. Auf der anderen Seite, da ja Paulus will, daß auch die Kolosser selber danksagen sollen, wäre es nicht ohne Sinn, sie an ihr *Erbteil* zu erinnern. (So entscheiden sich LÜ, EÜ EinhÜ und andere für »euch«.) Hinter diesem Ausdruck steht das Bild des Erbteils der Israeliten im verheißenen Land. Die Juden betrachteten alle Nationen als Bewohner der Finsternis, und sie hatten keine Hoffnung, daß sie jemals ins Licht kommen würden. Das Evangelium ist anders. Der Ausdruck »Erbteil der Heiligen im Licht« setzt die Hoffnung des Volkes Gottes (aus Juden und Heiden) der Dunkelheit der Welt gegenüber. Dieses Erbteil bekommt man nicht durch menschliche Anstrengungen. Gott ist es, der die Initiative ergreift. Das macht der folgende Vers deutlich.

13.14 Den Abschluß des Gebetes bilden einige theologisch bedeutende Aussagen, die in natürlicher Weise überleiten zu der tiefen Schau Jesu Christi im nächsten Abschnitt. Das Wort *errettet* (V. 13) ruft das Bild eines Eroberers hervor, der den Feind überwunden und das bisher durch ihn versklavte Volk befreit hat (wie z.B. beim Auszug aus Ägypten). Paulus denkt an zwei Königreiche, die miteinander im Krieg liegen. Die *Macht der Finsternis* wird dem *Reich seines lieben Sohnes* gegenübergestellt, aber es werden verschiedene Worte gebraucht, um zwei entgegengesetzte Gedanken auszudrücken. Das erste Wort *(exousia)* bedeutet »Autorität« und scheint dämonische Mächte zu meinen. Diese sind die Handlanger des Bösen, für die die Dunkelheit ein allgemein bekanntes Symbol war. Der Gegensatz zwischen Licht und Finsternis ist im NT häufig (vgl. besonders die Schriften des Johannes). Auch in der jüdischen Qumran-Sekte war dieses Bild geläufig. Die Neueingeweihten wurden »Söhne des Lichts« genannt, und es war ihre Lebensaufgabe, mit den »Söhnen der Finsternis« zu kämpfen. Das Wort, das mit Reich übersetzt wird *(basileia)*, ist im Sinne von »Herrschaft« zu verstehen, d.h. in einem grundlegend persönlichen Sinn. Die Bekehrten in Kolossä waren aus der Sklaverei in die Freiheit versetzt worden. Die Worte, die mit *seines lieben Sohnes* wiedergegeben werden, heißen wörtl. übersetzt »des Sohnes seiner Liebe« (vgl. EÜ). Sie betonen die Liebe des Vaters, deren vollkommener Ausdruck der Sohn ist. Die Versetzung in das Reich des Sohnes ist V. 14 mit zwei wichtigen Ausdrücken näher bestimmt: *Erlösung (apolytrosis)* und *Vergebung (aphesin)*. Der erste Begriff geht im Denken des Paulus auf die Loslösung von Sklaven durch ein Lösegeld zurück. Dieses Werk hat Christus vollbracht. Es geht dabei aber auch um Vergebung von ihrer Schuld. Es kann keinen besseren Grund zur Danksagung geben als die Erinnerung an das, was Gott in Christus getan hat.

1,15-23 Eine Offenbarung über Jesu Christi

Es gibt im ganzen Kolosserbrief keine andere Stelle, an der der Apostel so grundlegende theologische Gedanken entfaltet wie in diesem Abschnitt. Es wurde schon viel darüber diskutiert, ob Paulus hier einen bereits bekannten Christushymnus verwendet hat oder ob dieser Abschnitt aus seiner eigenen Feder stammt. Zu welchem Ergebnis man bei dieser Frage auch kommen mag, sicher ist, daß Paulus die Notwendigkeit sieht, an dieser Stelle im Brief die

Oberherrschaft Christi über alle Dinge zu unterstreichen. Dies mag sehr wohl ein Hinweis darauf sein, daß die Irrlehrer, um die es ging, Christus nicht in rechter und angemessener Weise sahen (vgl. dazu die Einleitung). In unserem Abschnitt finden wir einige Anklänge an das AT, namentlich auf den Weisheitspassus Pred 8,22ff. Allerdings darf man den Abschnitt nicht ausschließlich vom AT her deuten, da der Schlüssel zu seinem Verständnis im historischen Christusereignis liegt.

15 *Er ist das Ebenbild des unsichtbaren Gottes:* Diese Beschreibung Christi folgt unmittelbar auf den Hinweis des Apostels auf den »geliebten Sohn« und muß dementsprechend verstanden werden. Das Wort *Ebenbild (eikon)* ist also im Grunde durchaus persönlich gemeint. Der Sohn ist das Ebenbild des Vaters. Aber dieser Ausdruck muß noch genauer untersucht werden. Die Parallele zu 1Mo 1,26f ist auffallend. Der Mensch wurde im Bilde Gottes geschaffen und ist damit ein sittliches Wesen. Wesentlicher noch entspricht Jesus Christus diesem Bild Gottes. Besondere Bedeutung hat diese Parallele auch für die Inkarnationslehre (Fleischwerdung): Weil der Mensch Gottes Bild trug, konnte Gott Mensch werden. Auf diese Weise wurde das, was sonst unsichtbar ist, für den Menschen sichtbar. Die Worte *Ebenbild des unsichtbaren Gottes* sind nur zu erklären auf dem Hintergrund der Präexistenz Christi. Sie werden durch den nachfolgenden Ausdruck erläutert. Andere ntl. Stellen mit ähnlicher Bedeutung sind z.B. Joh 1,18 und Hebr 1,3.

Der Erstgeborene vor aller Schöpfung: Die Bedeutung des Wortes *Erstgeborener (prototokos)* ist für das paulinische Christusverständnis entscheidend. Es geht dabei ganz eigentlich um die Frage, ob Christus zur Schöpfung zu zählen ist, ob er - wie auch immer - als ein erschaffenes Wesen bezeichnet werden darf. Dies wäre allerdings nur für den Fall denkbar, daß man den Kontext außer acht ließe und zu Röm 8,29 eine Parallele zu knüpfen suchte. Aber der Zusammenhang macht deutlich, daß Christus bei der Schöpfung der Handelnde ist. Er steht also über der Schöpfung. *Erstgeborener* muß daher verstanden werden im Sinne von »übergeordnet« und nicht von »vorher geboren«. Diese Überordnung Christi über die Schöpfung wird von anderen Stellen im NT belegt (vgl. Joh 1,3 und Hebr 1,2). Andererseits würde ein Teil der Bedeutung verloren gehen, wollte man den Ausdruck *Erstgeborener* nur im übertragenen Sinn verstehen. In gewisser Hinsicht nahm der fleischgewordene Christus teil an der Schöpfung, über die er herrscht. Näheres zu diesem Ausdruck im Kommentar zu V. 18.

16 *Denn in ihm ist alles geschaffen:* Dies ist eine wichtige Erläuterung der vorangehenden Aussage. Die Konjunktion *denn (hoti)* verbindet die beiden Sätze und macht deutlich, daß das Wort *Erstgeborener* Christus nicht in die Schöpfung miteinbezieht. *Alles* entspricht dem Ausdruck *aller* Schöpfung V. 15, und da alle Dinge in ihm sind, kann er nicht zugleich ein Teil von ihnen sein. Die Worte *in ihm* können sowohl instrumental (durch ihn), als auch lokal (innerhalb von ihm) verstanden werden. Letzteres würde die Schöpfungsordnung als in Christus verankert sehen. Eine gewisse Parallele dazu finden wir in der Logos-Lehre der Stoa und bei Philo. Aber hier geht es ganz und gar um ein christliches Schöpfungsverständnis, um die wesensmäßige Einheit der Schöpfung in Christus.

Der Rest des Verses führt diese Aussage weiter aus. Dabei geht es um eine klare Entgegnung der Irrlehre, gegen die Paulus sich in diesem Brief wendet. *Im Himmel und auf Erden* verbindet die beiden Aspekte der Schöpfung und schließt ihre Trennung aus. Wahrscheinlich legten die Irrlehrer zuviel Wert auf jene himmlischen Dinge, die das menschliche Handeln beeinflussen. Für Paulus gibt es nichts, das nicht unter Christi Oberherrschaft wäre. Dies gilt für *das Sichtbare und das Unsichtbare.* Im NT gibt es verschiedene Begriffe, mit denen Engel und unsichtbare Wesen bezeichnet werden. Die vier in unserem Vers genannten - *Throne oder Herrschaften oder Mächte oder Gewalten* - könnte man als verschiedene Rangstufen unter den übernatürlichen Wesen verstehen. Ein solches Verständnis deckt sich mit den damaligen Spekulationen. Paulus ist nicht nur davon überzeugt, daß es solche unsichtbaren Wesen gibt, sondern auch, daß sie alle Christus unterworfen sind. Die letzte Feststellung in diesem Vers, *es ist alles durch ihn und zu ihm erschaffen,* bildet eine wichtige Weiterführung der ersten Aussage. Anstelle von »in ihm« sagt Paulus nun *durch ihn* (dia) und *zu ihm* (eis). Er betont, daß Christus zugleich der Handelnde und das Ziel der Schöpfung ist. Von ihrem Anfang bis zu ihrem Ende ist die Schöpfungsordnung zusammengefaßt in der Person Christi. Lebendiger hätte Paulus seine große, herrliche Schau von Christus nicht zeichnen können.

17 Mit zwei weiteren Aussagen über die Vorrangstellung Christi vor aller Schöpfung rundet Paulus dieses Thema ab. Indem er feststellt, *er ist vor allem,* sagt er entweder, *a.* er existiert vor allem, oder *b.* er existiert über allem, oder *c.* er ist vor allem, oder *d.* er ist über allem. Alle vier Deutungen sind möglich, aber die erste scheint sowohl vom Zusammenhang, als auch von der gewöhnlichen Bedeutung des griech. Wortes *pro* (vor) wahrscheinlicher zu sein. Der Ausdruck *es besteht alles in ihm* macht noch einmal deutlich: Christus ist es, in dem die ganze Schöpfung ihren Zusammenhalt hat (vgl. Hebr 1,3).

18.19 Bis hierher war es Paulus in seinen Aussagen über Christus um die Schöpfung allgemein zu tun. Nun wendet er sich dem Verhältnis zwischen Christus und der Gemeinde zu. Das Bild des Leibes als Bild für die Gemeinde finden wir bei Paulus auch an anderer Stelle (vgl. Eph 1,22.23; 4,15; Kol 2,19). 1Kor 10 und 12 und Röm 12,5 gebraucht Paulus dieses Bild in einem anderen Zusammenhang, geht es ihm doch dort um das Verhältnis der einzelnen Glieder zueinander. Dagegen liegt hier der Vergleichspunkt in der Tatsache, daß Christus das Haupt ist. **18** *Haupt des Leibes* ist ein Ausdruck, der die besondere Bedeutung Christi für seine Gemeinde deutlich macht: Kein Glied des Leibes kommt ohne das Haupt aus, ohne das Haupt funktioniert nichts. Neben dieser Deutung des Bildes macht der Vergleich mit dem Leib aber auch die Einheit der Gemeinde deutlich. Das Wort, das mit *Anfang* übersetzt wird *(arche)*, hat ein sehr breites Bedeutungsspektrum. Bauer gibt als Übersetzungsmöglichkeiten an: 1. Anfang, 2. die erste Ursache, 3. Obrigkeit und 4. Amt. Es geht also um eine zeitliche Vorherrschaft, um eine übergeordnete Stellung und um den schöpferischen Ursprung. Angesichts der folgenden Aussage, daß Christus der *Erstgeborene von den Toten* ist, scheint Paulus hier sowohl an Christi zeitliche Vorrangstellung zu denken, als auch daran, daß er der Schöpfer ist, der alles erschaffen hat. Bauer bringt diese beiden Gedanken zusammen, indem er die Übersetzung »Anfänger« vorschlägt. Der Ausdruck »Erstgeborener« aus V. 15 taucht in diesem Vers wieder auf, muß aber hier so verstanden werden, daß Christus mit eingeschlossen ist, während er V. 15 nicht zur Schöpfung dazu gehörte. Andere werden vom Tode auferstehen, weil Christus vom Tode auferstanden ist. Durch die Wiederholung des Wortes »Erstgeborener« macht Paulus deutlich, daß für ihn eine direkte Parallele zwischen der Beziehung Christi zur Schöpfung und seiner Beziehung zur Gemeinde besteht. Die neue Schöpfung entstand durch dieselben grundlegenden Prinzipien wie die alte. Paulus will in all diesen Aussagen deutlich machen, daß Christus wirklich die Oberherrschaft über alles hat. Das Ziel sowohl der alten als auch der neuen Schöpfung ist, die Vorrangstellung Christi hervorzuheben. Offensichtlich geht es hier um eine Wahrheit, die von den Irrlehrern entweder nicht recht begriffen oder aber ganz geleugnet wurde.

19 *In ihm alle Fülle:* Indem der Apostel Christus mit *Fülle (pleroma)* in Verbindung bringt, geht er erneut auf die in Kolossä kursierende Irrlehre ein. In späterer Zeit wurde dieser Begriff von der Gnosis benutzt, um das absolute Wesen Gottes zu bezeichnen. Man wird aber nicht deshalb mit Sicherheit sagen können, daß auch die Kolosser es in diesem Sinn verstanden. Wäre dies der Fall gewesen, dann hätte Paulus hier bestimmt gezeigt, daß zwischen Gott und Christus kein trennender Graben besteht, wie etwa die Gnostiker meinten, da doch die Fülle Gottes in Christus wohnt. Wenn aber - was wahrscheinlicher ist - die Irrlehre noch nicht so weit vorgeschritten war, dann will Paulus in dieser Aussage deutlich machen, daß alles, was man von Gott erkennen kann, in Christus wohnt. Dadurch wird die Person Christi an die erste Stelle gesetzt. *Es gefiel ... in ihm zu wohnen* (EÜ): EÜ macht hier die »Fülle« zum Subjekt. Aber man könnte auch mit LÜ als Subjekt Gott verstehen, da das Verb in einem persönlichen Sinn gebraucht ist. Auf der anderen Seite ist in allen vorangehenden Aussagen Christus das Subjekt, und es wäre außergewöhnlich, jetzt plötzlich Gott als Subjekt einzuführen. Das Verb macht das Wohlgefallen Gottes an der Fleischwerdung Christi deutlich.

20-23 Paulus wendet sich nun dem Gedanken der Versöhnung zu. Er weiß, daß in der Schöpfung, trotz allem, was er jetzt über die Tatsache gesagt hat, daß alle Dinge in Christus zusammengehalten werden, eine nicht zu übersehende Disharmonie besteht. Die Notwendigkeit einer Versöhnung wird nicht in Frage gestellt; Paulus geht davon aus. Aber der Weg der Versöhnung verdient eine nähere Untersuchung. *Durch ihn* weist auf Christus. Er ist der einzige, der eine solche Versöhnung zustande bringen konnte. Das Verb »versöhnen« *(apokatallassein)* wird sonst immer nur in bezug auf Personen benutzt. Es erscheint seltsam, daß Paulus hier von der Versöhnung aller Dinge spricht. Dies ist ein kühner Gedanke. Aber vielleicht hat Paulus an die persönlichen Mächte gedacht, von denen man ja glaubte, daß sie alle Dinge kontrollieren. Wichtiger ist der Weg der Versöhnung, der durch die Worte *Frieden machte durch sein Blut am Kreuz* beschrieben wird. Es kann nicht geleugnet werden, daß Paulus hier das Werk Christi als Opfer versteht. Daß dies für den Apostel eine wichtige Tatsache ist, wird an den vielen anderen Stellen deutlich, an denen er noch von dem Blut Christi spricht (vgl. Röm 3,25; 5,9; 1Kor 11,25; Eph 1,7). Der ganze Ausdruck faßt die Bedeutung und Wirkung des Leidensweges Christi zusammen. Das »Frieden machen« ist dabei eine sehr passende Umschreibung der christlichen Versöhnung, der es ja um eine Beseitigung der Feindschaft zwischen Geschöpf und Schöpfer geht.

21 Schon V. 13 hatte sich der Apostel zu der gewaltigen Umwandlung geäußert, die durch

Christus bewirkt wird. In diesem Vers kommt er erneut darauf zu sprechen. Die Versöhnung verändert die Einstellung dessen, der gesündigt hat. Das Wunder der Versöhnung wird daher am deutlichsten, wenn man das sündige Verhalten von früher (hier mit den Worten *fremd und feindlich gesinnt wart in bösen Werken* beschrieben) im Vergleich zu heute sieht. Es muß beachtet werden, daß es bei dem früheren sündigen Verhalten der Kolosser sowohl um Sünden der Tat, als auch um Gedankensünden ging. Es gibt gerade auch in unserer Zeit Menschen, deren Verhalten relativ aufrecht und gut ist, und die dennoch schuldig geworden sind, weil sie die Autorität Gottes verworfen haben. Der Mensch, von Natur im Aufruhr gegen Gott, ist diesem fremd und feindlich gesinnt.

22 *... seines sterblichen Leibes:* Offensichtlich hatte Paulus einen guten Grund, sich an dieser Stelle ganz besonders klar und deutlich auszudrücken. Wenn er dabei an jenen Irrtum dachte, der im Doketismus auftauchte, dann geht es ihm in diesem Ausdruck um eine Berichtigung der Auffassung, wonach der Leib Christi kein physischer, sondern nur eine Erscheinung gewesen sei. Aber vielleicht hat er auch *seines Fleisches* (EÜ) hinzugefügt, um den *Leib* hier von der bildlichen Bedeutung des Leibes in V. 18 zu unterscheiden. *Durch den Tod* verwirft die Lehre, daß Christus nicht gelitten habe. Und in den Worten *damit er euch heilig ... vor sein Angesicht stelle* wird der Zweck bzw. das Ergebnis des Versöhnungswerkes Christi beschrieben. In dem Wort *hinstellen* (EÜ) steckt der Aspekt der Darbringung im Opfer. *Heilig* bedeutet »geweiht«, »zu Gott gehörig«, *makellos* meint »ohne Fehler«, und *untadellig* heißt »keiner Anschuldigung ausgesetzt«.

23 Der gesamte Abschnitt schließt mit einer Bedingung, mit der Forderung nach Festigkeit. Ein fester Glaube ist der Erweis für die Wirklichkeit der Versöhnung. *Nicht weicht von der Hoffnung des Evangeliums:* Diese Ermahnung ist eine weitere Herausforderung an alle von der Irrlehre Gefährdeten. Offenbar scheint es Paulus nicht notwendig, das *Evangelium* näher zu bestimmen, lediglich durch den Zusatz *das gepredigt ist allen Geschöpfen unter dem Himmel.* Paulus spricht hier offensichtlich weniger von tatsächlich schon Geschehenem, als vielmehr von dem in der Zukunft Möglichen. Das Evangelium bildet das Herzstück seines ganzen Dienstes.

1,24-2,3 Der Dienst des Apostels

Es handelt sich bei diesem Abschnitt in gewisser Hinsicht um einen Einschub, in dem Paulus auf seine eigene Berufung zu sprechen kommt. Und doch stehen diese Verse im Zusammenhang dessen, was er vorher und hinterher sagt. Nachdem er gerade über die Person und das Werk Christi nachgedacht hat, wird er nun an das große Vorrecht erinnert, Diener eines solchen Evangeliums zu sein. Und da er sich vorgenommen hat, in dem folgenden Abschnitt gegen einige Irrtümer, die die Kolosser bedrohten, anzugehen, sieht er die Notwendigkeit, zuvor auf seine Vollmacht und Berechtigung dazu hinzuweisen.

24 *In den Leiden, die ich für euch leide:* Paulus versteht die Mühsal, die er bei der Verkündigung des Evangeliums ertragen mußte, als ein Leiden, das er in gewisser Hinsicht für die ganze Gemeinde ertrug. Daher sagt er *für euch,* obwohl er nie in Kolossä gewirkt hat. Paulus betrachtet sein Leiden als ein Mittel zum Zweck: *erstatte an meinem Fleisch, was an den Leiden Christi noch fehlt.* Wie ist dieser Satz zu verstehen? Die Schwierigkeit liegt in dem Verb *erstatte (antanapleroo).* Es meint das Ausgleichen eines Mangels irgendwelcher Art. Aber in welcher Hinsicht kann Paulus das Leiden Christi als unvollkommen empfinden? Es kann nicht gemeint sein, daß der Tod Christi als rettende Tat unzulänglich oder gar ergänzungsbedürftig wäre. Offensichtlich versteht Paulus unter *Leiden* etwas anderes. Was uns hier weiterhilft, ist der Hinweis auf die Jesaja-Stellen, die vom Knecht Gottes reden. Dort ist der Knecht sowohl ein Einzelner, als auch ein Bild für viele Menschen. Für unsere Stelle heißt dies, daß Christus immer noch durch die Leiden seines Volkes leidet. Was Paulus erträgt, ist also eine Fortsetzung der Leiden Christi. Diese Leiden kommen dem *Leib* zugute, der Gemeinde als Ganzes, nicht nur der örtlichen Gemeinde.

25,26 Das tiefe Wissen des Paulus um sein göttliches Amt, zu dem er berufen wurde (wichtig ist auch an dieser Stelle die Initiative Gottes), wird hier besonders deutlich. Es ist die besondere Aufgabe dieses Dienstes, das Wort Gottes bekannt zu machen. *Reichlich* bedeutet »zur Vollständigkeit bringen«: Die Verkündigung des Paulus trägt zur abschließenden Vollendung von Gottes Plan, den er im Wort geoffenbart hat, bei. Für Paulus ist charakteristisch, die Offenbarung als *Geheimnis* zu beschreiben, das zwar lange verborgen war, *nun aber ist es offenbart.* Mitunter hat man die Worte *Zeiten und Geschlechtern* persönlich gedeutet (vgl. GN: Engeln und Menschen), doch entspricht man damit nicht der Bedeutung des griech. Textes. Diese Offenbarung ist nicht unbegrenzt, sondern beschränkt sich auf *seine Heiligen,* d.h. auf solche, die die Offenbarung auch würdigen und verstehen. Allerdings heißt dies nicht, daß die christliche Offenbarung absichtlich vor den Uneingeweihten verborgen würde, sondern nur, daß ihr Wert nicht von diesen erkannt werden kann, da sie noch ein Leben der Feindschaft gegenüber Gott führen. **27** Wieder weist Paulus auf die Initiative Gottes hin, der seine Offenbarung bekannt gemacht hat. *Der Reichtum der Herrlichkeit dieses Geheimnisses* (EÜ): Die Betonung liegt hier auf *Herrlichkeit.* Dies wird durch den nachfolgenden Ausdruck *Hoffnung der Herrlichkeit* deutlich. Dieses Wort ist im NT untrennbar verbunden mit Wesen und Handeln Gottes. Für Paulus ist dies ein Schatz von ungeheurem Wert. Den Schlüssel für dieses Denken finden wir in den Worten *Christus in euch.* Es geht dabei nicht nur um die Herrlichkeit Christi an sich, sondern um die Offenbarung von Christus »unter« den Menschen. Damit wäre der Ausdruck nicht mystisch gedeutet, und »unter euch« wäre parallel zu »unter den Heiden«.

28 Hier äußert sich Paulus zu bestimmten Einzelheiten des Dienstes. Diesen versteht er als Verkündigung, Ermahnung und Lehre mit dem Ziel, *einen jeden Menschen in Christus vollkommen machen.* Alle drei Aufgaben des Dieners Christi haben eine gemeinsame geistliche Zielsetzung. Das Wort für *vollkommen (teleios)* bedeutet »vollständig entwickelt«. Später wurde es von den Gnostikern benutzt, um jene zu bezeichnen, die schon zu den höheren Erkenntnisstufen gelangt waren. Ein solches Verständnis ist Paulus fremd. Es ist durchaus denkbar, daß sich einige der Irrlehrer als geistliche Elite aufspielten. Stimmt dies, dann setzt Paulus mit seinem dreifachen Hinweis auf *alle Menschen* gegen diese Ansicht ein Gegengewicht.

29.2,1 Der Apostel möchte die Kolosser wissen lassen, wie sehr er sich in seinem Dienst einsetzt, selbst für jene, denen er noch nie begegnet ist. Aber Paulus verläßt sich nicht auf seine eigene Energie. Er weiß, daß die wirkliche Quelle seiner Kraft in Christus ist. Der christliche Dienst ist ein beständiges Zusammenwirken menschlicher und göttlicher Kraft. *Die zu Laodicea:* Die Gemeinde in Laodicea wird noch einmal Offb 3 genannt. Paulus hatte bestimmt keine der Gemeinden im Lykos-Tal besucht. Die Worte *alle, die mich nicht von Angesicht gesehen haben* schließen also die Kolosser und Laodicäer ein (s. auch die Einleitung).

2.3 Der Apostel beendet diesen Abschnitt mit einer geistlichen Definition seines Ziels. Es geht ihm zunächst um eine Aufforderung zur brüderlichen Liebe. *Zusammengefügt werden in der Liebe* ist auffordernd gemeint, zumal das Verb hier im Sinn von »vereinigt, zusammengefaßt« zu verstehen ist und nicht im Sinn von »belehren, unterrichten«, wie das gleiche griech. Wort in der LXX gebraucht wird. Es wird dadurch ganz anschaulich die wesensmäßige Einheit der Gläubigen mit Christus deutlich gemacht. *Reichtum an Gewißheit und Verständnis.* Paulus benutzt wiederum das gleiche Wort für geistlichen Reichtum wie 1,27, aber hier besteht der Reichtum in einer wissenden Überzeugung und Erkenntnis des Geheimnisses Gottes in Christus. Das Bild des Reichtums wird in dem Ausdruck *alle Schätze der Weisheit und Erkenntnis* fortgesetzt. Dieser Ausdruck ist eine Zusammenfassung und Wiederholung von Gedanken, die er schon vorher geäußert hat. Daß alle Erkenntnis in Christus verborgen ist, macht seine Einzigartigkeit deutlich. Vielleicht schließt das Wort Weisheit auch die Fähigkeit ein, aufgrund der durch die Erkenntnis gewonnenen Wahrheiten Schlußfolgerungen zu ziehen (Lightfoot). Aber wahrscheinlich denkt Paulus gar nicht an irgendeine genau abgegrenzte Definition. Es scheint, als würde er in unserem ganzen Abschnitt nach Worten ringen, die den Wert jener Offenbarung beschreiben, die seinem Evangelium zugrunde liegt. Und ohne Zweifel hat er stets die Irrlehrer im Auge und will ihnen klar machen, daß die einzige verborgene Erkenntnis *(gnosis),* die er gelten ließe, jene in Christus verborgene ist.

2,4-15 Falsche Lehre und die christliche Antwort

Die vorangehenden Verse leiten in natürlicher Weise zu diesem Abschnitt über, in dem es um die Irrlehre geht. **4** Es gab solche, die mit *verführerischen Reden* arbeiteten. Paulus will mit den folgenden Versen verhindern, daß sich irgend jemand verführen läßt. Hervorzuheben ist, daß die Irrtümer in falschem Reden, nicht in falschem Handeln bestanden. Vielleicht will der Singular *niemand* (wörtl.: nicht einer) darauf hinweisen, daß die Hauptquelle der Irrlehre ein einzelner Irrlehrer war, aber wahrscheinlicher ist, daß Paulus den Ausdruck ganz allgemein benutzt. **5** Mehr als einmal erwähnt der Apostel in seinen Briefen seine geistliche Gegenwart in Gemeinden, von denen er zur Zeit äußerlich getrennt ist (vgl. bes. 1Kor 5,3-5). Dies ist von besonderer Bedeutung, wenn es sich wie hier um eine Gemeinde handelt, die er selber nie besucht hat. Wenn Paulus *eure Ordnung* schreibt, benutzt er damit einen militärischen Ausdruck, der von der Vorbereitung auf den geistlichen Kampf spricht. Ebenso wird das Wort *Festigkeit* (EÜ) benutzt, um eine geschlossene Front in Fragen des Glaubens zu bezeichnen. Ehe Paulus sie ermahnt, der falschen Lehre zu widerstehen, freut er sich über das, was er von ihnen Gutes weiß.

6 Christus annehmen ist nur der Anfang. Die Folge heißt dann: *lebt auch in ihm.* Dieses »leben« wird nun unter vier Gesichtspunkten betrachtet, von denen die ersten drei einander sehr ähneln. **7** *Verwurzelt und gegründet und fest.* Alle drei Ausdrücke sind dem Bild eines Gebäudes entnommen. Sie alle wollen die Verläßlichkeit deutlich machen. Es ist derselbe Gedanke also, der in den vorangehenden militärischen Ausdrücken lag. *Wie ihr gelehrt worden seid* erinnert sie an den Anfang ihres Lebens als Christen und stellt sie jenen gegenüber, die einer anderen Art von Lehre gefolgt sind. Der vierte Aspekt des Lebens in Christus ist: *seid reichlich dankbar.* Hier klingt noch einmal jene Bedeutung an, die der Apostel selbst dem Danken beimißt.

8-15 In diesen Versen finden wir die meisten Anspielungen auf die Irrlehre, auch wenn uns Paulus keine systematische Analyse derselben vorlegt. **8** *Niemand:* S. dazu V. 4. *Philosophie und leeren Trug.* Der Apostel verliert keine Zeit damit, die falsche Lehre prüfend abzuwägen. Auch wenn sie sich intellektuell gibt, ist sie dennoch leer - ein anschaulicher und fast schon verächtlicher Gegensatz zu den Reichtümern in Christus. Was *Philosophie* hier bedeutet, ist schon in der Einleitung gesagt worden. *Überlieferung der Menschen* (EÜ): Wahrscheinlich ist dies eine Anspielung auf die jüdischen Überlieferungen. Sie waren ein schlechter Ersatz für die göttliche Offenbarung. *Die Mächte der Welt* stehen in direktem Gegensatz zu Christus. Deshalb ist es durchaus richtig, wenn EinhÜ das griech. Wort *(stoicheia)* hier mit »Elementarmächte« und wenn Albrecht mit »Geistermächte« übersetzen. Genauer kann man das hier Gesagte nicht festlegen. Jedenfalls würde »Geistermächte« sehr gut passen, da damals die Macht der Verführung als Teil der feindlichen Einflüsse der Geisterwelt auf das menschliche Verhalten gesehen wurde.

9 Die Gegenüberstellung mit Christus führt Paulus zu der grundlegenden theologischen Aussage über ihn: *Denn in ihm wohnt die ganze Fülle der Gottheit leibhaftig.* Jedes Wort ist hier von großer Bedeutung. Christus ist das Zentrum. Die *Fülle (pleroma)* war vermutlich ein Schlagwort der Irrlehrer, mit dem sie den verborgenen, jenseitigen Gott bezeichneten, wie dies später auch die Gnostiker taten. Man glaubte, diese Fülle sei so jenseitig, daß sie eine lange Reihe von Vermittlern nötig mache, um den Menschen mit Gott zu verbinden. Der letzte dieser Vermittler sei Christus gewesen. Nach Paulus sind aber keine Vermittler nötig. Die Fülle wohnt unmittelbar in Christus. Das Wort *Gottheit (theotetos)* erscheint nur an dieser Stelle im NT und meint das göttliche Wesen. Über die Frage, wie *leibhaftig* zu verstehen ist, gehen die Meinungen auseinander. Die wahrscheinlichsten Deutungsmöglichkeiten sind *a.* »ein organisiertes Ganzes«, das die Gesamtheit der Gottheit im Unterschied zu der Hierarchie der geistlichen Wesen meint, oder *b.* »eine leibhaftige Form annehmend«, was sich auf die Menschwerdung Christi bezieht. Die meisten Exegeten entscheiden sich für die zweite Deutung. Eben weil die Fülle in Christus eine sichtbare Form annahm, kann der Mensch sie erkennen. Es verdient unsere Aufmerksamkeit, daß das Verb im Präsens steht, daß also die Inkarnation (Fleischwerdung) als ein Akt der Offenbarung gesehen wird, der noch heute seine Gültigkeit hat. **10** Die Fülle in Christus steht in engstem Zusammenhang mit der Fülle der Errettung, die er bringt. Die griech. Grundbedeutung von *an dieser Fülle habt ihr teil in ihm* meint wörtl. »ihr seid in ihm erfüllt«, was ganz anschaulich die Unvollkommenheit des von ihm losgelösten Lebens zeigt. Immer noch geht es Paulus um die Irrlehre, denn als nächstes sagt er, daß Christus *das Haupt aller Mächte und Gewalten* ist. Eingeschlossen sind auch jene Geistermächte, auf die sich die Irrlehrer berufen haben mögen. Gegenüber 1,18 wird hier das Haupt-sein Christi noch ausgeweitet.

11 Paulus ist es wichtiger, die positive Lehre über Christus zu entfalten, als die negative Lehre der Irrlehrer darzustellen. *In ihm seid ihr auch beschnitten.* Wenn hier ganz unvermittelt die Beschneidung angesprochen wird, darf man wohl daraus schließen, daß in dieser Frage unter den Kolossern eine gewisse Unsicherheit herrschte. Vielleicht hatten einige Irrlehrer - ähnlich wie bei den Galatern - die Beschneidung zur Voraussetzung für die Erlösung gemacht. Paulus denkt an eine neue Art der Beschneidung, die er die *Beschneidung des Christus* nennt (EÜ). Er meint damit nicht die jüdische Beschneidung, die auch an Christus vollzogen worden ist, sondern seine Passion, die ja wesentlich im *Ausziehen des fleischlichen Leibes* (EÜ) bestand. Man könnte das Ganze aber auch in einem geistlichen Sinn verstehen als das Ablegen des Selbst. Da aber Paulus als nächstes auf die christliche Taufe als Identifikation mit der Grablegung Christi zu sprechen kommt, scheint die erste Interpretation die wahrscheinlichere zu sein, zumal er ja V. 14 u. 15 ganz eindeutig auf das Leiden und Sterben Jesu Bezug nimmt. **12** Die *Taufe* ist bei Paulus ein Bild für Tod und Auferstehung, hat aber über die Identifikation des Gläubigen hinaus keine Bedeutung. Die hinzugefügten Worte *durch den Glauben aus der Kraft Gottes* machen deutlich, daß der äußere Ritus abhängig ist von der richtigen Beziehung zu Gott, genau wie auch Christus selbst darauf angewiesen war, daß Gott ihn auferweckte (vgl. 1Petr. 3,21).

13.14 Nun vergleicht Paulus Vergangenheit und Gegenwart der Kolosser, um ihnen ihre Veränderung vor Augen zu führen. *Die ihr tot* *wart in den Sünden.* Der Mensch, der ohne Gott lebt, gibt nicht so schnell zu, daß er in Sünden tot ist. Wenn aber das neue Leben in Christus erwacht, wird das Wesen des bisherigen Zustandes der Sünde immer deutlicher. Paulus spricht zu Heidenchristen: daher der Ausdruck *in der Unbeschnittenheit eures Fleisches.* Das wahre Leben ist untrennbar an ein richtiges Verhältnis zu Gott gebunden. Deswegen kommt Paulus jetzt auf die Art der Vergebung Gottes zu sprechen. Er gebraucht das Bild vom *Schuldbrief (cheirographon).* Dieser Schuldbrief war das schriftliche Eingeständnis der Schuld, das der Schuldner zu unterzeichnen hatte. Diese Schuld konnte unmöglich beglichen werden. Zudem war der Schuldbrief durch die *Forderungen* des Gesetzes gedeckt, da jede Sünde ein Verstoß gegen das Gesetz Gottes ist. Die einzige Hoffnung war, daß jemand käme, um die Schuld zu begleichen. Vor seinem geistigen Auge sieht Paulus, wie Gott den Schuldbrief an das Kreuz Christi nagelt. Dies ist ein lebendiges Bild dafür, daß der Tod Christi die Grundlage für die Vergebung der Sünden ist.

15 Wieder wechselt das Bild. Paulus denkt an den »Generalstreich«, den Gott in Christus geführt hat. Er wird erinnert an den Triumphzug eines Eroberers, bei dem die Kriegsgefangenen zur Ehre des Siegers vorgeführt wurden. Die hier genannten Feinde sind Geister - *die Mächte und Gewalten* -, die aber *ihrer Macht entkleidet* sind, d.h., aller Macht beraubt, durch die sie in Zukunft Unheil anrichten könnten. Gott *hat einen Triumph aus ihnen gemacht,* nicht nur in dem Sinn, daß es alle sehen können, sondern auch als eine Verhöhnung jener Mächte, die seine Autorität herausgefordert hatten. Jetzt bildeten sie ein trauriges Schauspiel völliger Niederlage. Luther übersetzt sinngemäß richtig *in Christus.* Das Griech. *(en auto)* könnte sich entweder auf Christus oder auf das Kreuz beziehen (so deutet es z.B. Schlachter). Die Bezugnahme auf Christus ist vorzuziehen, da Gott das Subjekt des ganzen Satzes ist.

2,16-3,4 Der rechte Zugang zum Leben und zur Anbetung

Im letzten Abschnitt hat Paulus einige grundlegende Fragen im Zusammenhang mit der Irrlehre behandelt. Jetzt wendet er sich den praktischen Auswirkungen zu. **16.17** *Darum* (EinhÜ, LÜ und EÜ haben das weniger starke *so*) verbindet die beiden Abschnitte miteinander. Angesichts des Triumphes Christi über alle feindlichen Geistermächte wäre es töricht, Dinge wie *Speise* oder *Feiertage* zur entscheidenden Frage zu machen. Paulus geht es hier um jedes System, das die Errettung davon abhängig macht, ob man bestimmte Speisegesetze beachtet und gewisse Tage streng als heilig betrachtet. Für Juden war diese Einstellung typisch und womöglich dachten auch die Irrlehrer so. Paulus vergleicht den Unterschied zwischen Jesus Christus und einer vom Ritual bestimmten Religion mit dem, was *leibhaftig,* und dem, was *Schatten* ist. Kein Symbol darf zum Ersatz für das Eigentliche werden.

18 Eine andere praktische Frage betraf die Art des Gottesdienstes. Der Vers ist schwierig auszulegen, da uns genauere Informationen über das, wogegen sich Paulus wendet, fehlen. *Laßt euch den Siegespreis von niemandem nehmen* meint wohl soviel wie »Laßt euch von niemandem um den Kampfpreis bringen« (EÜ) und ist ein Bild aus dem sportlichen Wettkampf. Aber wer könnte sie um ihren Preis bringen? Paulus spricht weiter von der Forderung nach *Demut und Anbetung der Engel* (EÜ), so als wäre diese ein Hindernis, das den Athleten vom Lauf abbringen könnte. Sich selbst zu unterschätzen ist gewiß eine Gefahr im Wettkampf. Aber was ist unter der Verehrung der Engel zu verstehen? Am besten scheint die Erklärung, daß Paulus hier davor warnt, den Engeln die Stelle Christi als einzigem Mittler einzuräumen, denn damit verliefe der Wettlauf in eine völlig andere Richtung. Die Bedeutung der Worte *sich mit dessen rühmt, was er geschaut hat* ist viel diskutiert worden. Die Kolosser haben wahrscheinlich das Verb, das für *rühmt* steht *(embateuo),* im Sinn von »eingehen auf« verstanden (so auch EÜ). Dann stände dahinter der Gedanke der Mysterienreligion, wo das gleiche Wort benutzt wurde, um den Eintritt des Eingeweihten in eine höhere Erkenntnisstufe zu bezeichnen. In diesem Fall hätten die Irrlehrer behauptet, nichts sei so wichtig für den geistlichen Fortschritt wie ekstatische Visionen. Das Problem ist, daß von den Visionen (*ha heoraken,* wörtl.: die Dinge, die man gesehen hat) in der Vergangenheit gesprochen wird. Man hat daher vorgeschlagen, den Text zu ändern, wofür aber die griech. Hss. keinen Anlaß geben. Trotzdem scheint die oben angeführte Erklärung die sinnvollste zu sein. Die Worte *in seinem fleischlichen Sinn* können auch »von dem Sinn seines Fleisches« (EÜ) wiedergegeben werden; die Bedeutung ist die gleiche. Jene, die sich auf Visionen und dergleichen verlassen, überbetonen ihre eigenen geistlichen Fähigkeiten, was zu geistlichem Hochmut führt.

19 Schon 1,18 hatte Paulus das Bild des Leibes als Bild für die Gemeinde Christi mit ihrem Haupt, Christus, eingeführt. Hier greift er auf diesen Vergleich zurück und entfaltet ihn weiter. Jene, die versuchen, die Kolosser irrezuführen, zeigen dadurch, daß sie selbst zu dem Haupt in Widerspruch stehen. Ein Zeichen dafür, daß der Körper ganz unter der Leitung seines Hauptes steht, ist das einheitliche Handeln aller seiner Glieder, Gelenke und Muskeln. Hier wird anschaulich die wesensmäßige Einheit der Gemeinde Christi gezeichnet. Damit gewinnt *gestützt und zusammengehalten wird* besondere Bedeutung. Das erste Verb bedeutet »ausgerüstet«, »unterstützt«, und will sagen: Wenn der Leib als solcher funktionieren und gesund wachsen will, muß er mit Gelenken und Sehnen ausgerüstet sein. Dem zweiten Verb sind wir bereits 2,2 begegnet, wo die gleiche Einheit im Blickfeld steht. Mit *wächst zu der Größe wie Gott sie will* (EÜ: das Wachstum Gottes) ist das Muster für echtes Gemeindewachstum angezeigt.

20-23 Ausgehend von der Tatsache, daß die Kolosser mit Christus in seinem Tod einsgeworden sind, fragt Paulus nun nach den Konsequenzen. **20** *Wenn ihr nun mit Christus den Mächten der Welt gestorben seid:* Dies steht im Zusammenhang mit 3,1 (s. dort). Der Tod schließt die Überwindung der Geistermächte (vgl. V.14) mit ein. Ein Christ kann die Welt nicht mehr als von ihnen beherrscht ansehen. Paulus ermahnt daher die Kolosser, aus dieser Tatsache die entsprechenden Konsequenzen zu ziehen. Wenn die Satzungen, die man ihnen auferlegen will, auf einer Grundlage beruhen, die nicht mehr gilt, dann ist es doch nunmehr unvernünftig, ihnen weiter zu gehorchen. **21.22** Der Apostel zitiert einige dieser überholten Regeln. Sie erinnern stark an eine jüdische Herkunft, da Tabus verschiedenster Art einen wesentlichen Bestandteil der jüdischen Religion ausmachten, doch beschränkte sich asketisches Denken nicht ausschließlich auf das Judentum. So waren zum Beispiel auch die Pythagoräer praktizierende Asketen. Paulus zitiert die einzelnen Verbote und stellt dann fest, daß es sich dabei um vergängliche (nicht ewige) und menschliche (nicht göttliche) Lehre und Weisheit handelt. **23** *Die zwar einen Schein von Weisheit haben* bezieht sich auf die Speiseverbote. *Schein (logos)* wird hier im Sinne von »Ruf«, »Ansehen« gebraucht: Nach außen hin wurden sie für weise gehalten. Ihr Ziel schien gut zu sein, ging es doch um ein gehöriges Maß an Selbstdisziplin. Aber Paulus' Urteil lautet: *sie sind aber nichts wert und befriedigen nur das Fleisch.* Der Apostel sieht, daß solche Verbote und Tabus das eigentliche moralische Problem der sinnlichen Begierden unberührt lassen. Für ihn liegt die Antwort in dem christlichen Leben, wie er es im folgenden darstellt.

3,1-4 Dieser Abschnitt ist als Parallele zum vorangehenden gedacht. Beide Abschnitte werden mit einem Wenn-Satz eingeleitet. Der erste, »wenn ihr denn nun abgestorben seid mit Christus«, ist untrennbar verbunden mit dem zweiten, *wenn ihr nun mit dem Christus auferweckt worden seid* (EÜ). Ging es im vorigen Abschnitt im wesentlichen um negative Dinge, so werden im folgenden positive Akzente gesetzt. Paulus führt die Gegenüberstellung auch im nächsten Abschnitt fort - »leget ab« und »ziehet an«. Das Leben des Christen ist immer durch beide Aspekte gekennzeichnet.

1 *Mit dem Christus auferweckt* (EÜ): Angesichts von 2,12 liegt hier wohl eine Anspielung auf die Taufe vor. In diesem Akt wird beides symbolisiert: »begraben« und »auferweckt werden«. Da die Taufe auch als Bild für den Eintritt in die Gemeinde verstanden werden kann, spiegelt sie hier Paulus' Denken wider. 2,20-23 spricht vom Sterben mit Christus, dieser Abschnitt vom »Auferstehen« mit Christus. Das Auferstehungsleben setzt natürlich eine Umwandlung voraus, einen grundlegenden Neubeginn mit Verpflichtungen und Herausforderungen. Lightfoot spricht vom »Hinüberwechseln in einen neuen Lebenszusammenhang«. Treffend leitet Paulus mit diesen Worten den eher praktischen Teil des Briefes ein. *Sucht, was droben ist, wo Christus ist:* In V. 2 steht das Wort »droben« als Gegenstück zu »was auf Erden ist« und bezeichnet das Geistliche im Gegensatz zu dem bloß Materiellen. Paulus weiß, daß dies ohne die Blickrichtung auf Christus zu unklaren Vorstellungen und verschwommenem Denken führen kann. Daher der klare Hinweis. Er versteht das Leben des Christen als ein beständiges Trachten nach Christus selbst als dem Ziel. Christus, *sitzend zur Rechten Gottes,* kommt im NT als Thema oft vor (vgl. Apg 2,33; 5,31; 7,55; Röm 8,34; Eph 1,20; Hebr 1,3.13; 8,1; 10,12; 12,2; 1Petr 3,22; Offb 3,21). An vielen Stellen, besonders im Hebräerbrief, heißt es, daß Christus »gesetzt ist«. Dieses Bild spielt auf die Inthronisierung eines Königs an und ist Ps 110,1 entnommen. Es spricht von der Herrlichkeit und dem Triumph Christi.

2 Der Wechsel von »suchet« V. 1 zu *sinnt* (EÜ; *phronein* = gesinnt sein) in diesem Vers betont einmal mehr die geistige Neuorientierung, die das neue Leben in Christus bedingt. Der zu den Lieblingswörtern des Paulus zählende Begriff meint nicht nur einzelne Gedanken, sondern die gesamte geistige Aktivität.

3 Wieder kommt der Apostel auf das Einswerden mit Christus in Tod und neuem Leben zu sprechen. Warum diese Wiederholung? Offensichtlich fürchtet er, die Kolosser könnten nicht wirklich erfassen, daß das alte Leben keine Gewalt mehr über sie hat. Sie haben jetzt einen neuen Lebensbezug, ihr ganzes Sein soll sich auf Gott hin orientieren. Die Verborgenheit bezieht sich auf die Welt. Sie kann der ganzen Sache nur mit Unverständnis begegnen.

4 Nur in diesem Vers kommt Paulus auf das zweite Kommen Christi zu sprechen. Doch der Gedanke ist für den Zusammenhang äußerst wichtig. Noch ist das neue Lebensgeheimnis verborgen, aber es bleibt nicht immer so. *Wenn aber Christus, ..., sich offenbaren wird, dann werdet ihr auch offenbar werden:* Immer wieder betont der Apostel in diesem Teil des Briefes das Identifiziertsein des Glaubenden mit Christus, hier im Zusammenhang mit der Wiederkunft Christi. *Christus, unser Leben* (EÜ) nimmt den Gedanken aus V. 3 noch einmal auf. Christus ist der Mittelpunkt, nicht bloß ein Anhängsel des Lebens. Auch ist wichtig, daß Paulus *unser* sagt und dadurch sich selbst einschließt. Zwar haben einige Handschriften *euer,* aber diese Abänderung ist ohne Zweifel durch V. 3 hervorgerufen. *In Herrlichkeit:* Paulus erinnert an die herrliche Hoffnung des Glaubenden (vgl. Röm 8,17). Wie auch immer die gegenwärtigen Erfahrungen sein mögen, die Zukunft hält nichts weniger als eine Teilhabe an der Herrlichkeit Christi in Aussicht.

3,5-17 Grundprinzipien christlicher Lebensweise

Dieser Abschnitt kann in zwei Teile gegliedert werden: V. 5-11 zeigen die negativen Verhaltensweisen, die abgelegt werden sollen, V. 12-17 dagegen die positiven Verhaltensweisen, die angelegt werden müssen. In beiden Aufzählungen finden wir eine Fülle von damals gebräuchlichen Ausdrücken. Paulus aber gibt ihnen eine neue Bedeutung.

5 *So tötet nun.* Manche wollen zwar mit »betrachtet als tot« übersetzen, doch das Verb ist stärker. Es taucht im NT nur noch Röm 4,19 und Hebr 11,12 auf. An beiden Stellen bezieht es sich auf Sara und Abraham, als diesen die Verheißung Isaaks gegeben wurde. Hier wird es bildlich benutzt und macht deutlich, daß einige Anstrengung nötig ist, um den bösen Angewohnheiten den Todesstoß zu versetzen. *Glieder* ist bildlich, nicht wortwörtlich zu verstehen. *Die Glieder, die auf Erden sind:* »Was irdisch ist in euch« (vgl. z.B. die GN). Man kann seine Glieder sowohl für das Gute, als auch für das Böse einsetzen. Beispiele für letzteres finden wir in der nachfolgenden Auflistung von Untugenden. Dennoch ist die Gleichsetzung der Glieder mit den Untugenden eher erzwungen. Es gibt zu dieser Frage eine Vielzahl von Auslegungsmöglichkeiten. Am ehesten scheint die zuzutreffen, wonach ein Verb in der Bedeutung »leget ab« (wie V. 9 und parallel zu »ziehet an« V. 10) zu ergänzen ist. *Unzucht... böse Begierde:* Bei den ersten vier Lastern beginnt Paulus mit einer bestimmten Sünde und geht über zu der allgemeinen inneren Neigung. Auch wenn im wesentlichen von sexuellen Sünden die Rede ist, ist der letzte Ausdruck doch so umfassend, daß er auch alle anderen Begierden einschließt. Wenn Paulus hier die inneren Motive zusammen mit den äußeren Taten nennt, folgt er dem auch von Jesus Gesagten (vgl. z.B. die Bergpredigt). *Habsucht, die Götzendienst ist:* Diese fünfte Sünde ist raffinierter als die anderen. Auch wenn der »Götzendienst« für die damalige Zeit kein außergewöhnliches Thema war, war es doch ungewöhnlich, diesen als Habsucht zu bezeichnen. Diese Sünde faßt alle Gedankensünden zusammen, in denen es um das eigene Ich geht. Vor allem auf dem Gebiet hat die christliche Umwandlung anzusetzen.

6 *Der Zorn Gottes:* Eine Parallele finden wir Röm 1,18ff, wo Paulus den gleichen Ausdruck benutzt. Dort fällt die Liste der Laster, die sich Gottes Zorn zuziehen, noch ausführlicher aus. *Zorn* darf nicht mit Rachsucht verwechselt werden. Der *Zorn Gottes* ist vielmehr die Kehrseite seiner Heiligkeit, die Reaktion der Gerechtigkeit auf die Ungerechtigkeit. *Kommt* kann entweder gegenwärtig als »ist gekommen« oder zukünftig als »wird kommen« verstanden werden. Einige Handschriften lesen als Zusatz noch »über die Kinder des Unglaubens« (vgl. z.B. Schlachter, Albrecht). Möglicherweise wurden diese Worte später hinzugefügt, vielleicht aufgrund von Eph 5,6 wo der Ausdruck auch vorkommt. Aber auch wenn die Worte nicht ursprünglich sind, drücken sie doch genau das aus, was Paulus offensichtlich sagen will. **7** Wieder erinnert der Apostel seine Leser an ihren früheren Zustand, um ihnen ihre erfahrene Veränderung besonders deutlich vor Augen zu führen. Es ist für den Apostel und für das NT überhaupt charakteristisch, das Leben als »Wandel« darzustellen.

8.9a *Legt alles ab:* Paulus benutzt hier ein Verb, mit dem man das Ausziehen von Kleidern beschreibt und meint bestimmte moralische Eigenschaften, derer man sich wie abgetragener Kleider entledigt. Weitere fünf Laster führt er jetzt an, die alle das Verhältnis zu anderen Menschen betreffen. Man braucht keineswegs die ersten vier Untugenden durch die fünfte erklären, so als wären sie alle Sünden des Redens, obwohl unsere Mitmenschen durch Worte am ehesten mit unseren Sünden konfrontiert werden. Zwischen *Zorn* und *Grimm* besteht wenig Unterschied. Nach Lightfoot ist mit »Zorn« ein konstanter Haß gemeint, während bei »Grimm« an einen spontanen Gefühlsausbruch zu denken ist. Der Gedankenwechsel vom Zorn Gottes *(orge)* zum Zorn des Menschen ist bezeichnend. Während Gottes Zorn frei ist von launischen Ausbrüchen, ist der Zorn des Menschen von diesen bestimmt. Dadurch setzt sich der Zorn Gottes von dem des Menschen ab. *Bosheit (kakia)* meint feindseliges, bösartiges Vorgehen gegen andere, während *Lästerung* und *schandbare Worte* die verleumderische Rede bezeichnen. Paulus legt ganz besonderen Wert auf die Wort-Sünden. Gerade sie sind es ja, die auch in der christlichen Gemeinde verheerende Wirkungen zeitigen. *Belügt einander nicht* kann auch übersetzt werden: »Hört auf, ständig zu lügen« - mit anderen Worten: Gewöhnt euch das Lügen ab, denn es gehört zu eurem ehemaligen Leben.

9b.10 Diese Untugenden haben im Verhalten des Christen keinen Platz, weil sie zum *alten Menschen* gehören und dem *neuen* fremd sind. Hier wird das Ausziehen des einen dem Anziehen des anderen gegenübergestellt und verdeutlicht damit, daß es eine Mittelposition nicht gibt. Manche Ausleger verstehen die Partizipien V. 9 u. 10 als vom Imperativ V. 9a abhängig, was grammatikalisch durchaus gebräuchlich wäre. In diesem Fall sind »Ausziehen« und »Anziehen« Aufforderung und nicht Begründung für das Ablegen der Lüge. Da aber Paulus eine christliche Gemeinde anschreibt, ist es wahrscheinlicher, daß diese die Folgen des Christwerdens nicht richtig verstanden hatte. Mit der Gegenüberstellung der statischen *Werke* des alten Menschen und der neuen Kreatur, die *erneuert wird,* ist ein Gegensatz impliziert. Die Erneuerung ist ein dynamischer Prozeß. Den gleichen Gedanken einer beständigen Erneuerung des inneren Menschen im Gegensatz zum äußeren Menschen finden wir auch 2Kor 4,16. *Zur Erkenntnis, nach dem Ebenbilde dessen, der ihn geschaffen hat* ist nicht ganz einfach zu verstehen. Die *Erkenntnis* ist das Ziel des Erneuerungsprozesses, das Begreifen dessen, was zum Leben als Christ dazugehört. Diese Betonung der christlichen Erkenntnis ist ein geeignetes Gegenmittel zu jeder Irrlehre, die - wie die Gnosis - behauptet, im Besitz des inneren Schlüssels zur Erkenntnis zu sein. Das Wort *Ebenbilde* ist bereits 1,15 aufgetaucht und dort von Christus gebraucht worden. Es könnte auch hier die gleiche Bedeutung haben. Vermutlich ist aber der ganze Ausdruck analog zu 1 Mo 1,26 zu verstehen. Die Norm, die für den Gläubigen in Christus gilt, ist nichts weniger als jene Norm, die Gott selbst bei der Schöpfung gesetzt hat, nämlich sein eigenes Ebenbild.

11 Als nächstes zeigt Paulus, wie völkische und gesellschaftliche Barrieren in Christus abgebaut werden. Unvermittelt kommt der Apostel auf dieses Thema zu sprechen und zeigt damit, wie sehr er sich der Schande dieser Trennung bewußt ist. Die Trennung zwischen *Grieche* und Jude war unüberbrückbar, zumindest von Seiten der Juden. Daß ein *Beschnittener* einen *Unbeschnittenen* anerkennt, war ausgeschlossen. Die Griechen betrachteten jeden Fremden als *Barbaren* (EÜ) und die Römer nannten ihn *Skythe.* Diese Trennungen waren tief verwurzelt in einer nationalistischen Epoche. Aber auch die Trennung zwischen *Sklave* und *Freier* hätte nicht schärfer sein können. Paulus rühmt die Macht Christi, die solche Trennungen beseitigen kann. Die rassischen und gesellschaftlichen Barrieren haben sich zwar in ihrer Form, nicht aber in ihrer Intensität geändert. Auch heute ist eine Lösung nicht in Sicht. Die Aussage *alles und in allen Christus* schließt jede parteiische Vereinnahmung Christi im Sinne der Irrlehrer aus. Eine Unterscheidung zwischen *alles* und *in allen* ist wohl nicht beabsichtigt. Christus ist es, der die Einheit der Gläubigen bewirkt.

12-17 Nachdem V. 10 von dem neuen Menschen die Rede war, präzisiert Paulus im folgenden, was er meint. Als Gegengewicht zu den beiden Laster-Aufzählungen führt er jetzt eine Auflistung der Tugenden an. **12** *Als die Auserwählten Gottes:* Mit diesem Ausdruck fällt die Betonung auf die Wahl Gottes, denn im folgenden soll es um geistliche Eigenschaften von besonderer Qualität gehen. Als die Gegenstände göttlicher Wahl waren sie dadurch auch Gegenstände seiner Liebe (vgl. Röm 8,33ff). Die beiden anderen Beschreibungen, *die Heiligen und Geliebten,* sind für das NT charakteristisch und zusammen mit »Auserwählte« der Sprache des alten Bundes entnommen. Sie beschreiben besonders treffend den Menschen des neuen Bundes, haben doch die Worte Christi neue Bedeutung bekommen. Die hier erwähnten Eigenschaften sind das Gegenstück zu den V. 8 aufgezählten Untugenden. Dort waren Dinge angesprochen, die wie »Reizmittel« wirken, hier handelt es sich dagegen um »Heilsalben«. Jene Laster wirken verletzend, diese Tugenden sind von einem Verlangen getragen, für den anderen zu sorgen und ihn an die erste Stelle zu setzen. Drei der hier genannten Eigenschaften, *Freundlichkeit, Sanftmut* und *Geduld,* werden auch Gal 5,22 als Frucht des Geistes erwähnt. *Demut* stand zur Zeit des NT nicht sehr hoch im Kurs, und doch war Christus das beste Beispiel dafür. Gleiches gilt für *herzliches Erbarmen* (vgl. den Gebrauch desselben griech. Wortes Phil 1,8, dort auf Christus bezogen.)

13 Nach den abstrakten Substantiven nennt Paulus nun zwei positive Verben: *ertrage* und *vergebt.* Beide kommen in seinen Briefen häufig vor. Paulus weiß um die Wichtigkeit des Vertragens und Vergebens, wenn man ein gutes und friedliches Miteinander erreichen will. Diese Bereitschaft, auf die Schwächen des anderen einzugehen und ihm zu vergeben, selbst dann, wenn man sich im Recht wähnt, ist nur möglich, weil Christus uns mit seinem Beispiel vorangegangen ist. Die Formulierung erinnert an das Vaterunser, wo ebenfalls Gottes Vergebung und unser Vergeben in einen engen Zusammenhang gebracht werden. Der Ausdruck *wie der Herr euch vergeben hat, so vergebt auch ihr!* zeigt den Beweggrund für unsere Vergebung. Manche gut bezeugten Hss. lesen statt »Herr«: »Christus«. An der Aussagekraft des Argumentes ändert sich nichts. **14** Vielleicht denkt Paulus, mit *über alles aber zieht an die Liebe* an einen Mantel, vielleicht aber auch an einen Gürtel. Letzteres ist besonders gut denkbar, da es ja um ein *Band* geht. Allerdings kann das nicht mit Sicherheit gesagt werden, denn *über alles* kann genauso gut als »ganz besonders« oder »mehr als all dies« verstanden werden. Die anderen Eigenschaften können weder *Vollkommenheit* noch Harmonie gewährleisten - das kann nur die Liebe. *Vollkommenheit (teleiotes)* meint einen Zustand, der nicht mehr verbessert werden kann. Da Christus, der unser Leben ist, vollkommen ist, ist kein geringeres Ziel gestattet.

15 Ähnlich wie das Thema »Liebe« hat auch das Thema »Friede« in der Lehre Jesu einen großen Stellenwert (vgl. bes. Joh 14,27, sein Vermächtnis des Friedens). Auch bei Paulus taucht es häufig auf. Der Ausdruck *Friede Christi* meint entweder den Frieden, den Christus schenkt, oder den Frieden, der zu Christus gehört. Werden die Worte im Licht von Joh 14,27 gesehen, so liegen wahrscheinlich beide Bedeutungen im Blickfeld. *Regiere (brabeueto)* ist der Sprache des Wettkampfes entnommen und bedeutet »Schiedsrichter sein«. Paulus will sagen, daß jene, die Frieden haben, einen Schiedsrichter besitzen, der Ordnung und Harmonie ins Leben bringt. *Zu dem ihr auch berufen seid in einem Leibe:* Der Leib Christi, der schon weiter oben im Brief erwähnt wird, ist zum Frieden bestimmt. Alles, was Unstimmigkeit hervorruft, widerspricht dem Geist Christi. Dieses Prinzip liegt den Entscheidungen des Schiedsrichters in uns zugrunde. Es mag seltsam anmuten, wenn Paulus jetzt plötzlich als Ermahnung *seid dankbar* anfügt. Vielleicht weil er sieht, wie schwierig es ist, Frieden zu halten, und weiß, daß jeder gelungene Versuch zu großer Dankbarkeit gegenüber Gott verpflichtet. An vielen Stellen in seinen Briefen hebt Paulus die besondere Bedeutung des Danksagens hervor (vgl. 1,3ff und V. 16 und 17, die jetzt folgen).

16 In der nächsten Ermahnung geht es hauptsächlich um das Aneignen des Wortes Gottes. Aber wenn Paulus hier sagt *laßt das Wort Christi reichlich unter euch wohnen,* stellen sich dem Ausleger zwei Fragen. Was ist mit dem *Wort Christi* gemeint? Entweder ist es das Wort, das Christus spricht, oder es ist das Wort über Christus. Wahrscheinlich ist das von Christus gesprochene Wort gemeint. Aber auch diese Deutung gibt einige Fragen auf. Lightfoot meint, es gehe um die Gegenwart Christi in unseren Herzen als innerer Mahner. Aber das *Wort* meint mehr als nur »Gegenwart«. Es meint immer auch die christliche Lehre. Vielleicht will Paulus sagen, daß diese auf der Lehre von Christus selbst gegründet sein muß. Da der Ausdruck nur hier im NT auftaucht, kann man nicht sicher sagen, was Paulus meint. Möglicherweise hat sich der Apostel absichtlich so ausgedrückt, daß eine Betonungsvielfalt - mit der Betonung auf Christus - anklingt. Einige Handschriften lesen »Herr« oder »Gott« anstatt »Christus«. Vielleicht störte man sich an dem etwas ungewöhnlichen »Christus«. *Reichlich* kommt nur noch an drei anderen Stellen im NT vor (1Tim 6,17; Tit 3,6 und 2Petr 1,11). Jedesmal - wohl auch hier - ist damit der Reichtum göttlicher Fürsorge am Menschen beschrieben. Im nächsten Abschnitt des Verses zieht Luther *in aller Weisheit* zu *lehrt und ermahnt* hinzu, aber vom Griech. her könnten sie genausogut dem ersten Teil des Verses zugeordnet werden. In dem Fall ginge es Paulus um den weisen Gebrauch des Wortes Christi. Außerdem trennen manche Übersetzungen (z.B. Albrecht; EinhÜ) das Singen vom Lehren. Das Griech. jedoch weist eher dahin, daß das Lehren durch das Singen von Psalmen geschehen solle. Paulus wollte wohl sagen, daß Lehre und Ermahnung in den christlichen Versammlungen durch verschiedene Arten des Gesangs gepflegt werden sollten (wie dies Eph 5,19 noch deutlicher gesagt wird). Mit *Psalmen* sind wahrscheinlich die atl. gemeint, wie aber zwischen *Lobgesängen* und *geistlichen Liedern* zu unterscheiden ist, bleibt unklar. Vielleicht gehörten, wie F. F. Bruce meint, zur ersten Gruppe bekannte und etwas förmlichere Lobgesänge (wie etwa das *Magnifikat*), während man sich unter der zweiten Gruppe spontane Lieder vorzustellen hat. Wahrscheinlicher ist indes mit »Lobgesang« ein Christus verherrlichender Hymnus gemeint. *Dankbar* heißt eigentlich »in Gnade (so auch EÜ; griech.: *en chariti).* Der Sinn wäre dann »durch die Gnade Gottes«. Aber auch Dankbarkeit wendet sich an Gott und anerkennt dadurch seine Gnade.

17 Dies ist die allgemeine Zusammenfassung einer Art christlicher Lebensphilosophie. Im wesentlichen geht es darum, *alles im Namen des Herrn Jesus* zu tun. Damit war auch in der ntl. Gemeinde kein magisches Anrufen, keine Beschwörungsformel gemeint, wie sie aus vielen heidnischen Kulten bekannt war, sondern eine Anerkennung der alle und alles überragenden und umfassenden Herrschaft Christi. Mit einer dritten Ermahnung zur Dankbarkeit schließt Paulus diesen Abschnitt.

3,18-4,1 Anweisungen für das Familienleben

Nach der Behandlung geistlicher Prinzipien kommt Paulus jetzt auf die konkreten Beziehungen innerhalb der Familie zu sprechen. Man kann den Abschnitt noch einmal unterteilen in 3,18-21, wo es um familiäre Beziehungen, und in 3,19-4,1, wo es um Sklave-Herr-Beziehungen geht. Ähnliche Anweisungen wie hier finden wir noch in Eph, Tit, 1Tim und 1Petr. Auch in manchen Schriften der Kirchenväter kommt dieses Thema vor.

18.19 Was Paulus über die Beziehung zwischen Mann und Frau sagt, muß auf dem Hintergrund sowohl jüdischer als auch heidnischer Ethik gesehen werden: Nirgends genoß die Frau irgendwelche Rechte. Was Paulus hier sagt, ist also nicht in erster Linie Anweisung zur Unterordnung, sondern zur Unterordnung *wie sich's gebührt in dem Herrn. Gebührt (aneken)* ist ein typisch stoischer Begriff, aber Paulus benutzt ihn durchaus christlich. Paulus greift hier die bisher üblichen Vorstellungen an und sichert die Stellung der Frau. Unterstrichen wird dies durch die Aufforderung an die Männer, *liebt eure Frauen.* Von einer Minderwertigkeit der Frau ist mitnichten die Rede. **20** Der heidnische Umgang mit Kindern ließ viel zu wünschen übrig. Zwar ging es in jüdischen Familien besser zu, doch kommt auch hier ein neues Moment hinzu: die Ermahnung *seid gehorsam den Eltern* knüpft an die Aufforderung an, dem Herrn zu gefallen (oder wörtlich: um »wohlgefällig« oder »lobenswert« zu sein im Herrn). **21** Familiendisziplin ist, wie dieser Vers zeigt, nicht länger eine Frage gewaltsam durchgesetzter Autorität, sondern des Verhältnisses der Eltern-Kind-Beziehung zu Christus. Da heute die elterliche Autorität in Frage gestellt wird, sollte gerade die christliche Familie ein Beispiel gesunder Disziplin sein. Paulus weiß, daß dies nur möglich ist, wenn die Väter nicht provozieren. Paulus spricht wörtl. von »reizen« und meint vermeidbare Spannungen. Härte war unter Männern zur Zeit des Paulus ein Ideal. Sie hat aber in christlichen Familien keinen Platz, da sie die Kinder nur entmutigen würde.

3,22-4,1 In der Antike war die Sklaverei eine etablierte Einrichtung mit schrecklichen Auswirkungen. Paulus nimmt nun nicht den frontalen Kampf gegen die Sklaverei auf (was politische Aktionen verlangt und die kleine, entstehende Gemeinde überfordert hätte), sondern bemüht sich vielmehr um eine Veränderung des Verhältnisses zwischen Herr und Sklave von innen heraus. **22** *Seid gehorsam in allen Dingen:* Ein Pauschalgebot für Sklaven, die nicht einmal ihre Seele ihr Eigen nennen durften. Warum sollten sie gehorsam sein? Wenn doch die ganze Struktur ungerechtfertigt war, was für ein Recht hatten dann die Herren, Gehorsam zu erwarten? Aber Paulus geht es nicht um die Fehler des Systems, sondern um die Gesinnung des einzelnen. Er gibt eine Reihe von praktischen Hinweisen, die heute noch für Arbeitnehmer genauso aktuell sind wie damals. *Nicht mit Dienst vor Augen, um den Menschen zu gefallen:* Paulus warnt vor einem Handeln, das sich davon bestimmen läßt, ob es bemerkt wird oder nicht. Dem stellt er ein besseres Motiv gegenüber. *Einfalt* weist auf Beständigkeit, und *in der Furcht des Herrn* macht deutlich, daß auch bei der weltlichen Arbeit geistliche Motive gelten sollen - ein Gedanke, der V. 23.24 weiter ausgeführt wird: Zweimal wird in diesen Versen die Arbeit direkt mit dem Herrn in Verbindung gebracht. Es ist der Herr, der den Lohn dafür zahlt. Die Aufforderung *das tut von Herzen* war eine echte Herausforderung für Sklaven, die ohne Gehalt arbeiteten. Auch wenn Paulus klar macht, daß es einen Lohn geben wird, ist das, was er *das Erbe* nennt, im geistlichen Sinn verstanden. **25** Unrechtes tun jedoch wird das Erbe zunichte machen, denn beim Herrn *gilt kein Ansehen der Person,* kein Beurteilen nach rein äußeren Erscheinungsmerkmalen. Das Urteil wird dem Vergehen entsprechen.

4,1 Nachdem Paulus jegliche Parteilichkeit in Christus verurteilt hat, erinnert er die Herren daran, die gleiche Gerechtigkeit zu üben. Dieses Wort an die Herren ist auffallend, zeigt es doch, daß nicht nur die Sklaven Verpflichtungen haben. Paulus setzt die Verantwortlichkeit der christlichen Herren ganz hoch an: Sie sollen daran denken, daß auch sie *einen Herrn im Himmel* haben, daß auch sie ja letztlich Sklaven sind.

4,2-6 Allgemeine Anweisungen

Mit diesem kurzen Abschnitt schließt der ermahnende Teil des Briefes. Ihm folgen noch verschiedene persönliche Anmerkungen. Paulus erwähnt zweierlei: einmal bittet er um Gebetsunterstützung, und schließlich fordert er noch einmal zu richtigem Handeln und Reden auf.

2-4 Er hatte seinen Brief mit der Versicherung begonnen, daß er beständig für die Kolosser bete. Nun schließt er, indem er auch ihr beständiges Gebet für sich erbittet. **2** Das Verb, das für *seid beharrlich (proskartereo)* steht, wird mehrfach in der gleichen Konstruktion wie hier (mit nachfolgendem Dativ) benutzt und bezieht sich immer auf das Gebet (Apg 1,14; 2,42; Röm 12,12). Gemeint ist offensichtlich weniger ein ununterbrochenes Gebet, als vielmehr eine Einstellung beständiger Hingabe. *Wacht* erinnert an das, was Jesus seinen Jüngern im Garten Gethsemane sagt. Wichtig ist auch, daß wieder von Danksagung die Rede ist (vgl. Phil 4,6). **3** *Betet zugleich auch für uns:* Paulus schließt hier die anderen mit ein, die mit ihm in der Heidenmission tätig sind (Timotheus wird ja schon Kol 1,1 erwähnt; vielleicht ist er besonders gemeint). Die Bitte lautet konkret: *daß Gott uns eine Tür für das Wort auftue.* Paulus benutzt das gleiche Bild wie 1Kor 16,9 und 2Kor 2,12. Beide Male bezieht es sich auf Gelegenheiten zum Predigen. Die Bitte deutet an, daß Paulus zur Zeit durch seinen Gefängnisaufenthalt diese Möglichkeit nicht hat. Aber er glaubt, daß das Gebet auch solche Umstände überwinden kann. Das *Wort* wird als *das Geheimnis Christi* bezeichnet, ein Ausdruck, der schon vorher in diesem Brief vorgekommen ist (1,26ff und 2,2). **4** Noch einmal nennt der Apostel das Gebetsanliegen, indem er das vorher Gesagte entfaltet. Eine offene Tür wäre nutzlos ohne klare, eindeutige Rede und ohne die Überzeugung, das Richtige zu sagen, was unter *wie ich es sagen muß* zu verstehen ist. Diese Bitte ist nicht überflüssig, denn wie viele Möglichkeiten sind schon durch halb-richtige oder falsche Äußerungen zunichte gemacht worden.

5.6 Der zweite Abschnitt konzentriert sich auf die Einstellung des Christen gegenüber dem Nichtchristen. *Verhaltet euch weise* heißt soviel wie »Laßt die Nichtchristen sehen, daß der Weg, den ihr erwählt habt, weise ist«. Dies kann auf zwei Arten geschehen: Im Gebrauch der Zeit, die zur Verfügung steht, und in der Art der Rede. *Kauft die Zeit aus* heißt soviel wie »macht das Beste aus der Zeit«. Wenn das Verb der Schlüssel zum Bild ist, dann spielt Paulus auf den Sklavenmarkt an. Er will sagen, daß Christen jede Möglichkeit »aufkaufen« sollen. Dies würde gut zum Bild der offenen Tür V. 3 passen. Das Wort, das für *Zeit* steht *(kairos)*, meint nicht nur unsere »Zeit« (das hieße griech. *chronos*), sondern die besondere Gelegenheit zum Handeln, die Gott schenkt. Wenn Paulus sagt, daß die Rede *freundlich* sein soll, benutzt er den gleichen griech. Ausdruck, der 3,16 mit »dankbar« widergegeben wird (s. die Auslegung dort). Hier ist jedoch eher die gute Ausstrahlungskraft gemeint. Es geht um eine Rede, die durchdrungen ist mit der Gnade, die man in Christus empfangen hat. *Mit Salz gewürzt:* In den Schriften der damaligen Zeit wurde öfter das Bild vom Salz für die Rede gebraucht. Allerdings ist unwahrscheinlich, daß Paulus damit das gleiche meint wie diese, nämlich die witzige Rede. Hier meint das Bild wohl eher, daß Salz einen guten Geschmack gibt und daß es einen gesunden Zustand konserviert. Beide Eigenschaften sind für die christliche Botschaft wichtig. Zum richtigen Geschmack der Rede gehört, daß sie dem Hörer angepaßt ist. Christen sollen lernen, auf Fragen des Glaubens angemessen zu antworten.

4,7-18 Persönliche Mitteilungen

7.8 Diese Anmerkung über Tychikus wird Eph 6,21.22 fast wörtlich wiederholt. Daraus kann man folgern, daß der Kolosserbrief wohl zur selben Zeit wie der Epheserbrief geschrieben und auch vom gleichen Boten überbracht wurde. **7** Paulus hat eine hohe Meinung von Tychikus. Dies wird durch die beiden Adjektive deutlich, die er benutzt (»lieb« und »getreu«, die gleichen Worte wie bei Onesimus V. 9 und Epaphras 1,7). Offenbar sind beides Worte, die Paulus gerne benutzt. Die Aufgabe des Tychikus wird in zweifacher Weise beschrieben: als *Diener (diakonos)* und als *Mitknecht (syndoulos)*. Das erste Wort erinnert an 1,23, wo Paulus es im Blick auf sich selbst benutzt, und auch das zweite hat eine Parallele in 1,7, wo es sich auf Epaphras bezieht. Das Band zwischen Paulus und denen, die so vieles mit ihm geteilt hatten, ist sehr stark. **8** Tychikus ist der Verbindungsmann zwischen Paulus und den Kolossern. Seine Aufgabe ist es, zu ermutigen (vgl. dazu 2,2). **9** *Onesimus* wird *einer der Euren* genannt. Aufschlußreich ist diese Angabe, zeigt sie uns doch, daß der Philemonbrief, in dem es ja auch um Onesimus geht, an ein Glied aus der Gemeinde in Kolossä geschrieben wurde. Weitere Angaben zu Onesimus und seiner Lage sind im Kommentar zum Philemonbrief zu finden. Für unsere Stelle ist nur wichtig, daß der entlaufene Sklave mit Tychikus zurückgesandt wurde.

10.11 Drei Judenchristen senden Grüße. Einer von ihnen, *Aristarchus*, ist ein *Mitgefangener* von Paulus. Das griech. Wort meint wörtl. einen Mit-Kriegsgefangenen (vgl. Apg 19,29, wo Paulus von der Volksmenge in Ephesus ergriffen wird). Einige Ausleger jedoch deuten das Wort bildlich auf jene, die im christlichen Kampf stehen. Es gibt aber keinen Grund, warum man es nicht wörtlich verstehen sollte. *Markus, der Vetter des Barnabas.* Nur hier erfahren wir, welches verwandtschaftliche Verhältnis zwischen Markus und Barnabas bestand. Die Apg berichtet lediglich, daß beide auf der zweiten Missionsreise zusammen waren, nachdem Markus auf der ersten Missionsreise aufgegeben hatte (Apg 15,36ff). Paulus und er hatten sich offensichtlich bereits versöhnt, als dieser Brief geschrieben wurde. Welche *Weisung* hatten die Kolosser empfangen? Wahrscheinlich war sie von Paulus gekommen, aber sie könnte durch einen anderen weitergegeben worden sein. Über *Jesus mit dem Beinamen Justus* ist nichts Näheres bekannt. Auf das *Reich Gottes* war Paulus bereits 1,13 als Mitte seines Dienstes zu sprechen gekommen. Hier sagt er, daß auch seine Mitarbeiter an diesem Dienst teilhaben.

12-14 Als nächstes erwähnt Paulus drei andere Mitarbeiter, die angesichts von V. 11 Heiden gewesen sein müssen. Da ist *Epaphras* (vgl. 1,7.8): Er wird herzlich empfohlen als *ein Knecht Christi Jesu,* der in seinen Gebeten für die Kolosser nicht abläßt. Wenn Paulus hier »ringen« sagt, dann spielt er vielleicht auf das Gebet Jesu in Gethsemane an. Solches Beten zeugt von tiefem geistlichen Leben. *Damit ihr feststeht, vollkommen (teleioi)* erinnert an 3,14. Epaphras betet um das gleiche, wozu Paulus schon ermahnt hat. Statt *erfüllt* könnte man auch »völlig überzeugt« übersetzen, wie EÜ. Diese Übersetzung ist vorzuziehen, zumal die Worte *mit allem, was Gottes Wille ist* (bzw. *in allem Willen Gottes;* EÜ) folgen. Es könnte keine größere Bitte zugunsten der Kolosser ausgesprochen werden. Epaphras hat sich offensichtlich ganz und gar für die drei Gemeinden im Lykos-Tal eingesetzt (vgl. die Einleitung). Dieser V. ist die einzige Stelle im NT, an dem wir erfahren, daß *Lukas* Arzt war. Und von *Demas* wissen wir bloß, daß er Paulus verlassen und »diese Welt« liebgewonnen hat (2Tim 4,10).

15-18 Der letzte Abschnitt enthält Grüße an verschiedene Personen. **15** Mit *die Brüder zu Laodicea* ist wahrscheinlich - wie V. 16 - die Gemeinde dort gemeint. Hausgemeinden wie die im Hause der *Nympha* werden manchmal von Paulus erwähnt (vgl. die Auslegung zu Phim 1).

16 Dieser V. macht auf einen Brauch der frühen Gemeinde aufmerksam, auf den Austausch von Briefen. Der Brief, den Paulus nach Laodicea geschickt hat, ist verloren gegangen. Offensichtlich sollte er von dort aus nach Kolossä weitergeschickt werden. Ebenso sollten auch die Kolosser mit ihrem Brief verfahren. Für eine Gemeinde, deren Nachbargemeinde von einer Irrlehre bedrängt wurde, war es sicher hilfreich, selber die Antwort von Paulus auf diese Irrlehre zu hören. Außerdem sehen wir in diesem Vers, daß die Briefe von Paulus öffentlich in den Gemeinden vorgelesen wurden. **17** *Archippus* wird auch noch in Phim 1 erwähnt. Welches *Amt* er ausführen sollte, ist nicht sicher. Vielleicht sollte er mit der Aufgabe von Epaphras (in dessen Abwesenheit) betraut werden.

18 Wie üblich schließt Paulus den Brief mit eigener Hand. Die Tatsache, daß er dies besonders erwähnt, läßt darauf schließen, daß er für den übrigen Teil des Briefes einen Schreiber aufgestellt hatte. *Gedenket meiner Fesseln* ist eine Erinnerung an seine gegenwärtige Lage. Und dann endet Paulus mit seinem für ihn typischen Briefschluß: *Die Gnade sei mit euch!*

Donald Guthrie

Der erste und der zweite Brief an die Thessalonicher

Einleitung

Der geschichtliche Hintergrund

Die Stadt Thessalonich ist etwa im Jahre 315 v. Chr. von dem Diadochen Kassander gegründet und zu Ehren seiner Gemahlin, einer Tochter Philipps von Mazedonien und einer Halbschwester Alexanders des Großen, Thessalonich genannt worden. Die heutige Stadt Thessaloniki ist die zweite Großstadt Griechenlands und hat den zweitgrößten Hafen. Auch im Altertum war Thessalonich eine nicht unbedeutende Stadt, was sie ihrer günstigen Lage verdankte. Im Jahre 164 v. Chr. wurde sie von den Römern zur Provinzhauptstadt von Mazedonien erhoben, und nach der Schlacht bei Philippi im Jahre 42 v. Chr. wurde Thessalonich Freistadt. Die breite Römerstraße, die Via Egnatia, die Ost und West, Rom und Byzanz, miteinander verband, führte durch die Stadt hindurch.

Paulus' erster Aufenthalt in Thessalonich, der wohl im Frühsommer des Jahres 50 n. Chr. anzusetzen ist, wird in Apg 17,1-9 berichtet. Es war nach der Ausweisung aus Philippi die erste Stadt, in der er sich auf der zweiten Missionsreise mit seinen Mitarbeitern Silas (Silvanus) und Timotheus länger aufhielt. Im Rahmen ihrer allgemeinen Missionspraxis besuchten sie die Synagoge am Ort. An drei aufeinander folgenden Sabbaten versuchte Paulus der Synagogengemeinde aus ihrer eigenen Schrift, dem AT, nachzuweisen, daß der Messias leiden, sterben und auferstehen mußte und daß somit Jesus der Christus sei. Einige Juden glaubten dieser Botschaft, und ihnen schlossen sich »gottesfürchtige« Heiden in großer Zahl an. Doch der einsetzende Widerstand der Synagogenleitung gegen die Missionare führte dazu, daß Paulus schließlich der Synagoge den Rücken kehrte. Nun galt es, andere Räumlichkeiten zu finden, und für diesen Zweck stellte ein thessalonicher Bürger namens Jason sein Haus zur Verfügung. Hier setzte der Apostel Paulus seine Arbeit noch einige Wochen fort. Dann brachten es seine Gegner fertig, die öffentliche Meinung gegen ihn aufzuwiegeln; es kam zu einem Aufruhr. Den Stadtobersten, den Politarchen, wie Lukas sie nennt (dieser Titel findet sich auch bei den obersten Beamten anderer mazedonischer Städte), wurde mitgeteilt, daß es sich bei Paulus und seinen Mitarbeitern um messianische Hetzredner handele, wie sie in jüngerer Zeit in vielen anderen Städten des Römischen Reiches mit jüdischen Gemeinden aufgetreten und Unruhe gestiftet hatten, indem sie einen anderen König, einen Rivalen des römischen Kaisers, verkündeten. Diese Anschuldigung wurde natürlich sehr ernst genommen. Aber Jason, der Gastgeber des Paulus, und andere Freunde, die die Missionare während ihres Wirkens in Thessalonich gewonnen hatten, verbürgten sich für sie und sorgten dafür, daß sie die Stadt in aller Stille bei Nacht verließen.

Die junge Gemeinde, die Paulus gezwungenermaßen zurücklassen mußte, sah sich in nächster Zeit heftiger Verfolgung ausgesetzt. Das Wohlergehen derer, die er zum Glauben geführt hatte, lag Paulus sehr am Herzen. In Thessalonich kam noch hinzu, daß er durch seine unerwartet plötzliche Abreise verhindert war, ihnen weitere, für die Gründung einer christlichen Gemeinschaft unbedingt erforderliche Anweisungen zu geben (1Thes 3,10). Aber er befand sich in einer Zwangslage, nachdem seine Freunde für ihn Kaution geleistet hatten. Vorläufig konnte er nicht zurückkehren. Von Thessalonich begab er sich mit Silas nach Beröa, wo Timotheus später zu ihnen stieß. Er sandte Timotheus nach Thessalonich zurück und Silas in andere Regionen Mazedoniens. Er selbst begab sich weiter nach Athen und schließlich nach Korinth. Nach einigen Wochen fanden sich dort auch Timotheus und Silas ein. Timotheus konnte berichten, daß die Christen in Thessalonich unter der Verfolgung keineswegs nachgegeben hatten. Sie standen fest im Glauben und sagten sogar aus eigener Initiative das Evangelium weiter. Freilich gab es auch einige Fragen, in denen sie weiter unterwiesen werden wollten. Das betraf besonders die Frage nach der Wiederkunft Christi, in die sie Paulus eingeführt hatte. Seit Paulus die Stadt verlassen hatte, waren einige von ihnen gestorben. So wollten sie nun wissen, ob die Verstorbenen bei der Wiederkunft Christi in irgendeiner Weise benachteiligt würden gegenüber denen, die noch am Leben waren.

Paulus war über die guten Nachrichten, die Timotheus mitgebracht hatte, hocherfreut. So schrieb er umgehend, um die Thessalonicher zu beglückwünschen und sie zu ermutigen. Zugleich wandte er sich in diesem Schreiben auch ihren praktischen Fragen zu. Der so entstandene Brief ist uns als der erste Brief an die Thessalonicher überliefert.

Der erste Thessalonicherbrief

Einleitung

Datierung, Verfasserschaft und Kanonizität

Aus dem oben Gesagten ergibt sich, daß der Brief in der Anfangszeit des Paulus in Korinth entstanden ist - gegen Ende des Jahres 50 n. Chr. Was die Rückkehr Timotheus' aus Mazedonien betrifft, bei der er Paulus die guten Nachrichten von der Gemeinde überbrachte, vgl. Apg 18,5.

Paulus nennt auch seine beiden Mitarbeiter im Eingangsgruß (1,1). Diese Abweichung gegenüber den sog. paulinischen Hauptbriefen (vgl. Röm; 1.2Kor; Gal) läßt sich leicht dadurch erklären, daß die beiden für den Inhalt, vielleicht sogar für manche Formulierung des Briefes, mitverantwortlich zeichneten. Doch im wesentlichen geht der Brief auf Paulus zurück (vgl. 2,18; 3,5; 5,27, wo jeweils in der 1. Person Singular geschrieben ist). Die Echtheit des Briefes wurde kaum je angezweifelt und ist heute in der Forschung allgemein unumstritten. F.C. Baurs Theorie, der Brief sei von einem Paulusschüler nach 70 geschrieben worden, um Interesse an der Wiederkunft Christi zu wecken, beruht auf äußerst subjektiven Argumenten und hat nie allgemeine Anerkennung gefunden. Die persönliche Note, das seelsorgerliche Interesse und die innige Verbundenheit mit den Empfängern spricht deutlich für seine Echtheit. Der Brief findet sich sowohl im Kanon des Marcion (um 140) als auch im Muratorischen Kanon (spätes 2. Jh.).

Lehraussagen

Paulus geht es in diesem Brief weder darum, eine bestimmte Lehre ausführlich darzulegen, noch um die Widerlegung einer Irrlehre. Er will lediglich seine Unterweisung über die Wiederkunft Christi vervollständigen, die er - wegen seiner vorzeitigen Abreise von Thessalonich - hatte abbrechen müssen. In diesem Zusammenhang geht es ihm um die Klärung einiger Mißverständnisse. In erster Linie ist es der Brief eines Missionars an durch seinen Dienst zum Glauben gekommene Christen. Wo christliche Glaubenslehre angesprochen wird, geschieht dies eher am Rande. Aber gerade deshalb ist sie für uns von besonderem Interesse. Folgende Themen sind zu beachten.

Gott der Vater

Leben und Lehre des Paulus sind von einem beständigen Gottesbewußtsein geprägt. Sein ganzes Denken geht davon aus, daß Gott der Ursprung und das Ziel aller Dinge ist. In seiner Gegenwart lebt und arbeitet der Apostel jeden Augenblick. Gott hat sein Volk erwählt (1,4); er ist Gegenstand ihres Glaubens (1,8); er ist der lebendige und wahre Gott, dem sie sich in Abkehr von den falschen Göttern zuwandten (1,9). Er verleiht dem Apostel jene Autorität, die ihm Mut macht (2,2); auf sein Veranlassen ist ihnen das Evangelium anvertraut worden (2,4); sein Wohlgefallen sollen sie suchen und mit seiner Bestätigung sollen sie rechnen können (2,5.10). Seinen Willen gilt es zu tun (4,3; 5,18). Seiner Führung ist zu folgen (3,11). Er hat die Seinen zu einem heiligen Leben berufen (4,7), und er allein kann ihnen die Heiligung zueignen, zu der er sie berufen hat (5,23). Er hat Jesus von den Toten auferweckt, und er wird selbst die Seinen dem Tode entreißen (4,14) und so das Heil vollenden, zu dem er sie berufen hat (5,9).

Der Herr Jesus Christus

Die spontane und geradezu selbstverständliche Art und Weise, in der Christus mit dem Vater in Verbindung gebracht wird, sagt vielleicht mehr über das Christusverständnis des Paulus aus, als ein wohlformuliertes Bekenntnis zur Göttlichkeit Christi. Die Gemeinde in Thessalonich ist »in Gott, dem Vater, und dem Herrn Jesus Christus« (1,1). Und so ist 3,11 »unser Herr Jesus« unmittelbar und tätig mit »Gott, unser Vater« verbunden als der, der den Weg der Apostel lenkt (vgl. dazu 2Thes 1,1; 2,16).

Der Heilige Geist

Der Heilige Geist durchdringt das ganze Leben des Christen, das ja seine Schöpfung ist. Das Evangelium wird in seiner Kraft verkündigt (1,5); nicht nur teilt er den Glaubenden seine Freude mit (1,6), er selbst schenkt sich ihnen (4,8), um das Werk der Heiligung in ihrem Leben zu vollbringen (2Thes 2,13). Auch am Gemeindeleben hat er Anteil, denn er macht durch das Wort der Propheten Gottes Willen kund. Verachtet man dieses Wort oder verbietet es, so dämpft man den Geist (5,19).

Die apostolische Verkündigung

Vereinzelte Hinweise auf die Botschaft, die den Thessalonichern das Heil gebracht hatten, lassen erkennen, daß es sich um die gleiche Botschaft handelt, die andernorts im NT bezeugt wird. Zu den grundlegenden Fakten gehört der Tod Jesu (»für uns«, 5,10) und seine Auferstehung, die schon Vergangenheit sind (4,14; 1,10). Zentral ist ferner seine Wiederkunft, die am Tage des Herrn stattfinden wird, an dem die Seinen vor dem kommenden Zorn bewahrt werden und, falls sie schon verstorben sind, an seiner Auferstehung teilhaben werden, um für immer mit ihm zu leben (1,10; 4,15ff; 5,1ff). Wer dieser Botschaft glaubt, wird sich vom Nichtigen abwenden hin zu dem lebendigen Gott, um ihm im Blick auf Christi Wiederkunft zu dienen (1,9f). Dabei wird gezeigt, was es heißt, Gott zu dienen (z.B. 4,1-12; 5,6ff).

Pastorale Verpflichtungen

Mit jedem Satz erweist sich Paulus als ein wahrer und treuer Hirte, der einerseits an seiner Herde Gefallen findet, andrerseits aber auch um ihr Wohlergehen besorgt ist, sich zuversichtlich ihrer annimmt, Gott für sie dankt und zugleich Gott für sie bittet. Er geht ihnen unermüdlich nach wie ein Vater seinen Kindern und setzt auch noch seine letzte Kraft daran, um ihnen nicht zur Last zu fallen. Hier taucht etwas Neues in der Geschichte auf: ein Mann, dem die religiöse Festigkeit und der sittliche Fortschritt anderer ein Anliegen auf Tod und Leben ist (s. bes. 2,8f; 3,6-8).

Inhalt

1,1	**Eingangsgruß**
1,2 -10	**Danksagung**
2,1 -16	**Des Apostels Wirken in Thessalonich**
2,17-3,10	**Die Ereignisse seit seinem Weggang**
3,11-13	**Gebet um baldiges Wiedersehen**
4,1 -12	**Ermahnung zu heiligem Leben und zu brüderlicher Liebe**
4,13-5,11	**Über die Wiederkunft Christi**
5,12-22	**Allgemeine Ermahnungen**
5,23-28	**Gebet, Abschiedsgruß und Segen**

Kommentar

1,1 Eingangsgruß

Paulus und Silvanus und Timotheus: Mit Paulus grüßen seine beiden Freunde, die ihm bei der Evangelisation in Thessalonich zur Seite gestanden hatten und nun mit ihm in Korinth arbeiteten. *Silvanus,* der Silas aus Apg 15,22ff, gehörte ursprünglich als Heidenchrist der Gemeinde zu Jerusalem an, war wie Paulus römischer Bürger und schloß sich ihm nach dem Apostelkonzil in Jerusalem an, als er zur zweiten Missionsreise aufbrach. Wenn Paulus in seinen Schreiben seine Freunde erwähnt, benutzt er mit Vorliebe ihre vollen Namen (während Lukas den persönlicher klingenden Kosenamen den Vorzug gibt). *Timotheus* stammte aus Lystra in Kleinasien und schloß sich Paulus und Silvanus an, als sie auf ihrer Reise durch die Stadt kamen (vgl. Apg 16,1ff). *An die Gemeinde in Thessalonich in Gott, dem Vater, und dem Herrn Jesus Christus:* Der Ausdruck *Gemeinde ... in Gott dem Vater* stellt eine Ausnahme dar (s. noch 2Thes 1,1 und vgl. Kol 3,3; Apg 17,28: »In ihm leben, weben und sind wir« ist keine echte Parallele, da es sich um die natürliche Ordnung der alten Schöpfung handelt). Die enge, spontane Zusammenordnung von *Gott dem Vater und dem Herrn Jesus Christus* ist beredter Ausdruck des apostolischen Verständnisses für die Vorrangstellung, zu der Gott den gekreuzigten und auferstandenen Christus erhoben hat (vgl. Eph 1,20ff; Phil 2,9-

11). *Gnade sei mit euch und Friede:* Dies ist der einzige paulinische Brief, in dem diesen bekannten Grußworten nicht noch eine nähere Bestimmung folgt, wie etwa »von Gott dem Vater« o.ä.

1,2-10 Danksagung

2 Paulus und seine Freunde zeigen ihre Freude darüber, daß die Christen in Thessalonich in ihrem Glauben standhaft geblieben sind und ein lebendiges Zeugnis für die Gnade in Christus ablegen. Die Tatsachen waren im weiten Umkreis bekannt geworden und sprachen für sich. 3 *Glauben ... Liebe ... Hoffnung:* Dieser Dreiklang der Gnade Gottes erscheint nochmals 5,8 sowie Kol 1,4f und dazu in dem berühmten Vers 1Kor 13,13. Der Schreiber zeigt sich darüber erfreut, daß die Gnade sich in dieser Weise im Leben und Wirken der Thessalonicher manifestiert. 4 *Wir wissen, daß ihr erwählt seid:* Die Echtheit des Glaubens der Thessalonicher hatten sie daran erkannt, daß sie von Anfang an das Evangelium aufgenommen hatten. Der Eindruck wurde weiter bestärkt durch die Nachricht, die Timotheus mit zurückbrachte. Ihr Verhalten und ihr Zeugnis waren ein unübersehbarer Hinweis darauf, daß sie in der Tat unter den »Erwählten Gottes« waren. 5 Es handelte sich bei ihnen eben nicht nur um eine oberflächliche Bekehrung, sondern - wie das, was danach folgte, bewies - um das Werk des *heiligen Geistes,* der sie von der Wahrheit des Evangeliums überzeugte, sie befähigte, es im Glauben zu erfassen und es in das Alltagsleben umzusetzen. 6 *Ihr seid unserm Beispiel gefolgt:* Das gilt sowohl für ihr Verhalten als Christen als auch für ihre Standhaftigkeit unter Verfolgung. *Mit Freuden im heiligen Geist:* Zu Freude als Frucht des Geistes vgl. Gal 5,22; dazu Röm 5,2f. 11; 14,17. 7 *Mazedonien und Achaja:* Diese beiden römischen Provinzen umfaßten in etwa das Gebiet des heutigen Griechenlands. In Mazedonien war neben Thessalonich die führende Gemeinde wohl Philippi, während es in Achaja Korinth war. 8 *In allen Orten:* Ob Priszilla und Aquila (vgl. Apg 18,1-3) Paulus mitgeteilt hatten, daß die Kunde von der Gemeinde in Thessalonich bis nach Rom gedrungen war? 9 *Sie selbst,* d.h. die Bewohner von Mazedonien und Achaja. *Wie ihr euch bekehrt habt zu Gott von den Abgöttern, zu dienen dem lebendigen und wahren Gott:* Vgl. die apostolische Predigt unter den Heiden in Lystra: »..., daß ihr euch bekehren sollt von diesen falschen Göttern zu dem lebendigen Gott. . .« (Apg 14,15). Bei der Evangeliumsverkündigung unter den Heiden galt es, sie zuerst einmal zu Gott dem Vater und Schöpfer hinzurufen. 10 *Und zu warten auf seinen Sohn vom Himmel, den er auferweckt hat von den Toten:* Die Art und Weise, wie die Thessalonicher an ihre Bekehrung erinnert werden, macht deutlich, daß das ihnen verkündigte Wort nicht von der normalen apostolischen Predigt abwich. Die enge Verbindung zwischen der Auferstehung Jesu und seiner Wiederkunft begegnet ebenfalls Apg 17,31. Die Wiederkunft Christi nahm in der apostolischen Verkündigung in Thessalonich, wie auch andernorts in der frühen Christenheit, einen wichtigen Platz ein (vgl. Apg 3,20; 10,42). *Jesus, der uns von dem zukünftigen Zorn errettet:* Man kann diesen Satz auch persönlicher übersetzen: »Jesus, unser Erlöser vom kommenden Zorn.« Der kommende Zorn ist das göttliche Gericht, das am Ende dieser Zeit sich über die Erde ergießen wird.

2,1-16 Des Apostels Wirken in Thessalonich

Man hatte den zu Jesus Christus Bekehrten in Thessalonich das Verhalten des Paulus in einem ungünstigen Licht dargestellt. Jetzt muß er sich verteidigen. Weder er noch seine Mitarbeiter hatten irgendwie versucht, sie auszubeuten oder auf ihre Kosten zu leben. Im Gegenteil: Sie hatten ihnen alle nur mögliche Fürsorge und Freundlichkeit erwiesen. Tag und Nacht hatten sie gearbeitet, um ihren Lebensunterhalt zu verdienen. Gleichzeitig predigten sie noch das Evangelium und bauten die Gemeinde der Neubekehrten auf. Aber auch die Christen in Thessalonich hatten sich bewährt. Angesichts der um sich greifenden Verfolgung waren sie so fest geblieben wie die Christen in Palästina.

2 *In Philippi gelitten:* Ein Hinweis auf die von Apg 16,19ff her wohl bekannten Ereignisse. 3 *Nicht aus betrügerischem ... Sinn, noch geschah sie mit List:* Es gab im römischen Reich genug Scharlatane, die mit ihren religiösen oder philosophischen Systemen hausierten. Deshalb mußte der Apostel die Reinheit seiner Motive und die Aufrichtigkeit seines Vorgehens betonen. 4 *Sondern weil Gott uns für wert geachtet hat, uns das Evangelium anzuvertrauen, darum reden wir, nicht, als wollten wir den Menschen gefallen, sondern Gott, der unsere Herzen prüft:* Jeder Satz, jedes Wort ist Ausdruck der Verantwortung, die Paulus von seinem apostolischen Auftrag her empfindet; vgl. Röm 1,1.14; 1Kor 4,1-4; 9,16f; 15,9f; 2Kor 2,17; 4,1ff; Gal 1,10; 2,7ff; Eph 3,7ff; Kol 1,23ff. Verschiedentlich wurde Paulus beschuldigt, er passe seine Botschaft dem Gefallen seiner Hörer an, er wolle - im unguten Sinn - allen alles sein. Nun seine Antwort: 7 - *obwohl wir unser Gewicht als Christi Apostel hätten einsetzen*

können -: Paulus verzichtete freiwillig auf sein unanfechtbares Recht als Apostel, sich von jenen, denen er geistlich diente, materiell versorgen zu lassen; vgl. 2Thes 3,9; 1Kor 9,4ff; 2Kor 11,7ff. Er verbindet hier auch Timotheus und Silvanus mit der Bezeichnung »Apostel«, benützt sie dabei offenbar im umfassenderen Sinn von »Missionar«. Ähnliches begegnet Apg 14,4 im Blick auf Paulus und Barnabas. *Wir sind zart gewesen* (EÜ; griech.: *epioi*): Eine Textvariante liest *nepioi:* »Wir waren kleine Kinder«. »Gelinde«, »sanftmütig« scheint hier treffender zu sein.

9 *Tag und Nacht arbeiteten wir:* Vgl. 4,11; 2Thes 3,7ff; Apg 18,3; 20,34. Nicht nur steht hinter diesem Grundsatz des Paulus der Wunsch nach finanzieller Unabhängigkeit von denen, denen er mit dem Evangelium diente; damit unterschied er sich auch von den gängigen religiösen Hausierern seiner Zeit. Zugleich gab er damit den von ihm Bekehrten ein gutes Vorbild. 12 *Euch ermahnt, ... euer Leben würdig des Gottes zu führen, der euch berufen hat zu seinem Reich und zu seiner Herrlichkeit:* Damit wird ihnen die höchste Motivation zu einem heiligen Leben, die es gibt, vor Augen gestellt. Im NT wie im AT soll Gottes Volk das Wesen Gottes an sich tragen. Durch den Glauben hatten sie schon Eingang gefunden in Gottes Reich und Herrschaft. Die Offenbarung seiner ganzen Herrlichkeit war allerdings der Zukunft vorbehalten; aber sie waren Erben dieser Herrlichkeit und sollen nun auch entsprechend leben.

13 *... nicht als Menschenwort, sondern ... als Gottes Wort:* Paulus hatte sich daran gewöhnt, daß seine Botschaft als menschliches Machwerk verachtet wurde - nicht nur von nichtchristlichen Juden, sondern auch von Judenchristen; deshalb war es für ihn eine besondere Ermutigung, daß sein Wort in Thessalonich als Gottes Wort willkommen geheißen wurde; vgl. Gal 1,11f. 12. 14 *Die Gemeinden Gottes in Judäa, die in Christus Jesus sind:* Gemeint ist die ursprüngliche, jetzt in der Zerstreuung lebende Jerusalemer Gemeinde (vgl. Apg 9,31; Gal 1,22). *Eure Landsleute:* D.h. Mitbürger der eigenen Stadt sowohl jüdischer als auch heidnischer Herkunft (vgl. Apg 17,5). 15 *Die haben den Herrn Jesus getötet und die Propheten:* In keiner anderen paulinischen Schrift findet sich ein ähnlicher bitterer Hinweis auf die *Juden* (V. 14). Man hat deshalb schon einen nachträglichen Einschub von anderer Hand vermutet. Doch fehlt für diesen Verdacht der textkritische Nachweis. Zudem ist die Schilderung ihres Verhaltens ähnlich der in der Apg. Der Bezug gilt zunächst den Juden in Judäa. Darüber hinaus war der von den Führern der Juden entfachte Aufruhr in Thessalonich und Beröa noch frisch in der Erinnerung des Paulus. Zudem ist nicht einzusehen, wieso der Verfasser von V. 14-16 sich nicht hätte auch der Sprache von Röm 9,1-5 bedienen können. 16 *Wehren sie uns, den Heiden zu predigen:* Vgl. Apg 13,45. *Um das Maß ihrer Sünden allewege vollzumachen:* Der gleiche Gedanke begegnet Mt 23,32. *Der Zorn Gottes ist schon in vollem Maß über sie gekommen:* Verschiedentlich nahm man an, daß damit im voraus auf die Zerstörung Jerusalems (70 n. Chr.) angespielt wird. Doch waren die Diasporajuden größtenteils von dieser Katastrophe nicht unmittelbar betroffen. Paulus denkt vielmehr daran, daß sie sich durch ihren beharrlichen Widerstand gegen das Evangelium das eschatologische Gericht bereits sicher zugezogen haben, dem sie durch die Annahme des Evangeliums hätten entgehen können (vgl. Apg 2,38ff; 3,19ff). In den vor 70 v. Chr. verfaßten christlichen Schriften wird nicht deutlich unterschieden zwischen der Zerstörung Jerusalems einerseits - von der Christen durch die Unterweisung Jesu annahmen, daß sie der Anfang der Wehen der Endzeit sei (Mk 13,8) - und dem Endgericht am Tag des Herrn andrerseits.

2,17-3,10 Die Ereignisse seit seinem Weggang

Wenn Paulus längere Zeit nicht nach Thessalonich zurückgekehrt war, lag das keineswegs an mangelndem Interesse. Vielmehr hatten ihn Umstände gehindert, auf die er keinen Einfluß hatte. Er versichert ihnen, daß er Sehnsucht nach ihnen habe, daß er aber auch in freudiger Gewißheit an sie denke im Blick auf die Wiederkunft Jesu Christi. Da er voller Ungeduld wissen wollte, wie es um sie stand, hatte er Timotheus zu ihnen gesandt. Dabei ging es ihm zugleich auch darum, daß ihr Glaube gestarkt werde inmitten der Anfechtungen. Timotheus' Bericht über ihr Wohlergehen und ihre Festigkeit hatte ihn mit neuer Freude erfüllt, zugleich aber auch in ihm das Verlangen nach einem Wiedersehen verstärkt.

18 *Ich, Paulus:* Von den beiden Mitunterzeichnern des Briefs hatte Timotheus sie besucht, und auch Silvanus war zu einem kurzen Besuch in Mazedonien, wenn auch nicht in Thessalonich, gewesen (vgl. Apg 18,5). *Satan hat uns gehindert:* Einige Ausleger vermuten, daß Paulus hier auf die Maßnahmen der Politarchen anspielt, die von Jason Kaution gefordert hatten (Apg 17,9) und ihn damit verpflichteten, Paulus, den vermeintlichen Unruhestifter, an der Rückkehr nach Thessalonich zu hindern. 19 *Wer ist unsre Hoffnung ... vor unserm Herrn Jesus, wenn er kommt? Seid nicht auch ihr es?* Wenn die, die durch Paulus zu Chri-

stus kamen, im Glauben blieben und sich bewährten, konnte er sich auch zuversichtlich der Beurteilung seines Dienstes anläßlich der Wiederkunft Christi stellen (vgl. Phil 2,16; 4,1). Hier kommt erstmals in einem Paulusbrief das griech. Wort *parousia* vor, das mit »Kommen« oder »Ankunft« übersetzt wird. Die ursprüngliche Bedeutung ist zwar »Gegenwart« (vgl. 2Kor 10,10; Phil 1,26; 2,12); der eschatologische Sinn kommt allerdings der idiomatischen Bedeutung nahe, die es in der hellenistischen Umgangssprache angenommen hatte, wo es die Ankunft eines hohen Würdenträgers zu einem offiziellen Besuch an einem Ort bezeichnete. In diesem Sinn wird es im NT 18mal im Blick auf die Wiederkunft Christi gebraucht. Davon finden sich 7 Vorkommen in den Thessalonicherbriefen.

3,1 *Wir beschlossen, in Athen allein zurückzubleiben:* Das *Wir* ist stilistisch und bezieht sich ausschließlich auf Paulus; vgl. V. 5. Die Situation wird Apg 17,15ff näher geschildert. **2** *Diener Gottes* (LÜ 56): In verschiedenen Handschriften erscheint für *Diener* (griech: *diakonon*) die gut bezeugte Variante *Mitarbeiter* (LÜ 84; griech.: *synergon*); vgl. 1Kor 3,9. **3** *Daß uns das bestimmt ist:* Im ganzen NT wird davon ausgegangen, daß der Christ mit Bedrängnis rechnen muß. Bedrängnis wird sogar als Hinweis auf die Echtheit des Glaubens und als Angeld auf die Teilhabe an der kommenden Herrlichkeit verstanden; vgl. Apg 14,22; Röm 8,17f; 2Tim 2,12. **4** Es fällt auf, daß die Unvermeidbarkeit der Anfechtungen hier wie andernorts Bestandteil der apostolischen Unterweisung für die Neubekehrten war. Stellte das Leiden des Gerechten im AT noch eine besondere Herausforderung für den Glauben dar, so ist es nun als unverzichtbares Element im göttlichen Handeln an den Seinen erkannt. Da ihr Herr selbst gelitten hat, sollen auch sie nichts anderes erwarten; ihre Bedrängnisse sollen ihnen Anlaß zur Freude sein (vgl. Joh 15,20; Röm 5,3).

7 *Wir sind über euch bei all unserer Not und Drangsal getröstet worden* (EÜ): Vgl. die ähnliche Sprache in 2Kor 1,3-7, wo Paulus auf vergleichbar positive Nachrichten von dem geistlichen Wohlergehen derer antwortet, die durch ihn zum Glauben gekommen waren. Dort hatte Titus die Nachricht aus Korinth überbracht. **8** *Wir sind wieder lebendig, wenn ihr feststeht in dem Herrn:* Paulus' Fürsorge für die durch seinen Dienst Bekehrten durchzieht alle seine Briefe; vgl. 2Kor 11,28f. Wurden sie verführt, war er zornig; fielen sie ab, war er traurig; gab es aber Zeichen dafür, daß sie würdig des Evangeliums lebten, dann war er höchst erfreut (vgl. 2Kor 7,6ff).

3,11-13 Gebet um baldiges Wiedersehen

Paulus betet um ein baldiges Zusammentreffen mit den Freunden in Thessalonich und um ihr Wachstum in der Liebe und in der Heiligung angesichts der Wiederkunft Christi.

11 *Er selbst aber, Gott, unser Vater, und unser Herr Jesus lenke unsern Weg zu euch hin:* Daß das Verb »lenke« griech. im Singular steht - und zwar trotz des doppelten Subjekts - ist ohne besondere theologische Bedeutung. In solchen Konstruktionen stimmt das Verb im Griech. gewöhnlich mit dem ihm näher stehenden Subjekt überein. Bedeutend ist jedoch, daß Christus in seinem Handeln so eng mit dem Vater verbunden wird. **13** *Damit eure Herzen gestärkt werden und untadelig seien in Heiligkeit vor Gott unserem Vater:* Die Wiederkunft Jesu sollte für die Christen in Thessalonich Anreiz zu einem heiligen Leben sein, so wie es das auch für Paulus selbst war; vgl. 2,19; 5,23; dazu 1Jo 2,28; 3,3. Der Tag der Wiederkunft Christi ist zugleich der Tag, an dem er den Dienst der Seinen Revue passieren lassen wird. *Wenn unser Herr Jesus kommt mit allen seinen Heiligen:* Vgl. dazu die Beschreibung des Tag des Herrn Sach 14,5: »Da wird dann kommen der Herr, mein Gott, und alle Heiligen mit ihm.« Diese Beschreibung beruht auf alten Theophaniedarstellungen (Gotteserscheinungen) des AT, etwa 5Mo 33,2; Ps 68,17; vgl. dazu 5Mo 7,10 und das Jud 14f zitierte Henochwort sowie die Worte Jesu Mk 8,38; Mt 25,31. Hier wie in 2Thes 1,7 sind unter »Heiligen« wohl die begleitenden Engel zu verstehen, obwohl man von 2Thes 1,7 her auch verstorbene Gläubige mit eingeschlossen sehen könnte. Die Selbstverständlichkeit, mit der Formulierungen, die im AT Jahwe gelten, nun auf Jesus übertragen werden, darf nicht vergessen machen, was dies für einen dem orthodoxen, pharisäischen Judentum entstammenden Mann wie Paulus bedeutet haben muß.

4,1-12 Ermahnung zu heiligem Leben und zu brüderlicher Liebe

Paulus ermahnt seine Leser zu persönlicher Heiligung und Reinheit vor allem im Blick auf geschlechtliche Beziehungen. Dem fügt er noch eine Ermahnung zu brüderlicher Liebe hinzu - auch wenn das in diesem Fall überflüssig erscheinen mag - und zur Treue im Berufsalltag, damit sie nicht andern zur Last fallen.

1 *In dem Herrn Jesus:* D.h. in seiner Autorität. Ähnlich **2** *durch den Herrn Jesus:* Die ganze Überlieferung ethischer Unterweisung in den ntl. Briefen geht auf Jesu Lehre und Vorbild zurück (vgl. 2Thes 2,15). *Wie ihr leben sollt:* (wörtl. »wandeln«). Diese Beschreibung der ethischen Lebensführung ist im NT gebräuchlich. 3 *Eure Heiligung, daß ihr meidet die Unzucht:* Paulus legt besonderen Nachdruck auf diesen Aspekt praktischer Heiligung, da im Verhältnis der Geschlechter auch die höchste heidnische Ethik seiner Zeit weit hinter der jüdischen und christlichen Sittenlehre zurückblieb. Unzucht, ob vorehelich oder außerehelich, wurde in der griechisch-römischen Welt mit nahezu der gleichen Gleichgültigkeit betrachtet wie Fragen des Essens und Trinkens. Die Erfahrung hatte gezeigt, daß Ermahnungen dieser Art auch für vom Heidentum bekehrte Christen keineswegs überflüssig waren. 4 *Seine eigene Frau zu gewinnen:* Im Griech. steht hier wie 1Petr 3,7 »Gefäß« *(skeuos);* s. alte LÜ. Die Übersetzung »Frau« trifft den Sinn. 5 *Wie die Heiden, die von Gott nichts wissen:* Vgl. Röm 1,24ff; 2Thes 1,8. 6 *Niemand gehe zu weit und übervorteile seinen Bruder im Handel* (wörtl.: *in der Sache;* vgl. EÜ): Der Bezug ist auf das V. 4 Angesprochene. Paulus denkt offenbar daran, daß solch ein Fehltritt sogar im Kreis der christlichen Gemeinde, der Familie Christi, nicht ausgeschlossen ist. *Der Herr ist ein Richter über das alles:* Vgl. Eph 5,6. 7 *Gott hat uns nicht berufen zur Unreinheit, sondern zur Heiligung:* In gewissem Sinne sind die »Heiligen« bereits jetzt schon für Gott abgesondert; andererseits liegt es an ihnen, diese Heiligung im täglichen Leben zu verwirklichen. 8 *Wer das nun verachtet:* D.h., wer die apostolischen Anweisungen über praktische Reinheit mißachtet. *Gott, der seinen heiligen Geist in euch gibt:* Der Hinweis auf den innewohnenden Heiligen Geist ist in diesem Zusammenhang besonders wichtig, denn er ist die göttliche Person, die die Heiligung bewirkt (vgl. Komm. zu 2Thes 2,13).

9 *Ihr selbst seid von Gott gelehrt:* Vgl. Jes 54,13; Joh 6,45; 1Jo 2,20. 11 *Setzt eure Ehre darein, daß ihr ein stilles Leben führt . . . und mit euren eigenen Händen arbeitet:* Hier geht es nicht um ein anderes Thema, sondern weiterhin um die Pflichten brüderlicher Liebe. Das Verhalten des einzelnen Gliedes berührt das Wohlergehen der ganzen Gemeinschaft. Zum apostolischen Beispiel vgl. 2,9. Man darf wohl davon ausgehen, daß eine übersteigerte eschatologische Erwartung (vgl. 2Thes 2,2; 3,6ff) dazu geführt hatte, daß verschiedene Gemeindeglieder unruhig geworden waren und darüber ihre alltäglichen Aufgaben vernachlässigten. Dadurch fielen sie den andern zur Last, und die ganze Gemeinde kam in einen schlechten Ruf. Die Bruderliebe verlangte vom einzelnen, daß er sich nüchtern verhielt und sich mit allem Fleiß und Eifer den Alltagspflichten stellte. Was Paulus unter Bereitschaft für die Wiederkunft Christi versteht, deckt sich mit dem, was in den Evangelien mit den Worten »Laßt eure Lenden umgürtet sein und eure Lichter brennen« (Lk 12,35) gemeint ist. Auch in diesem war Paulus seinen Lesern in Wort und Tat Vorbild.

4,13-5,11 Über die Wiederkunft Christi

Er vermittelt ihnen Gewißheit über das Wohlergehen derer aus ihrer Mitte, die bereits verstorben waren: Wenn Christus wiederkommt, werden sie in nichts benachteiligt sein. Sie werden von den Toten auferweckt werden und mit denen, die noch am Leben sind, ihren Herrn begleiten. Die Zeit seiner Wiederkunft ist ungewiß. Deshalb ist es wichtig, daß die Seinen stets bereit und wachsam sind.

13 *Über die, die entschlafen sind:* Einige von ihnen waren seit dem Weggang des Paulus (möglicherweise im Zuge der Verfolgung) gestorben. Hatten diese nun ihren Anteil an der Herrlichkeit verloren, die Christus bei seiner Wiederkunft für seine Gemeinde bereithält? *Wie die andern:* D.h. die Nichtchristen; vgl. Eph 2,3. Die Hoffnungslosigkeit der zeitgenössischen heidnischen Welt angesichts des Todes läßt sich in der Literatur und anhand von Grabinschriften vielfach belegen. 14 *Wir glauben, daß Jesus gestorben und auferstanden ist:* Das ist die Quintessenz des Evangeliums (vgl. 1Kor 15,3f). *So wird Gott auch die, die entschlafen sind, durch Jesus mit ihm einherführen:* Er wird sie durch die Auferstehung dem Tod entreißen, wie er Christus dem Tod entrissen hat. Sie werden dann mit Jesus Auferstehen - also zu einem noch bevorstehenden Zeitpunkt - und so Anteil an seiner Auferstehung haben (vgl. 1Kor 15,20ff). Der präpositionale Nebensatz, eingeleitet mit *durch* (griech.: *dia tou Iesou*), weist auf Jesus hin, als das Bindeglied zwischen dem Schlaf der Seinen und ihrer Auferweckung und Erhöhung durch Gottes Hand; vgl. Röm 8,11; 1Kor 15,18. Das Sterben in Jesus ist lediglich das Vorspiel zur Auferweckung mit Jesus.

15 *Mit einem Wort des Herrn* (LÜ 56: *als ein Wort des Herrn*): Paulus beruft sich auf die Autorität Christi selbst. Es findet sich keine direkte Parallele in einem der Evangelien zu der folgenden Aussage; das heißt aber noch nicht, daß Paulus hier eine private Offenbarung, etwa durch einen Propheten, zitiert. *Wir, die wir leben und übrigbleiben bis zur Ankunft des Herrn:* Wenn Paulus sich hier zu denen zählt, die dann noch leben, so rechnet er sich einige Jahre später, 1Kor 6,14 und 2Kor 4,14, zu denen, die von den Toten auferweckt werden müssen. Anscheinend war er sich in seiner eigenen Einschätzung nicht ganz sicher. Da er selbst den genauen Zeitpunkt der Wiederkunft

nicht kennt - und dies auch zugibt -, kann er letztlich auch nicht wissen, ob er dann noch unter den Lebenden oder bereits unter den Verstorbenen sein wird. *Werden nicht zuvorkommen* ist wohl weniger zeitlich zu verstehen als in dem Sinn: Sie werden den anderen gegenüber keinen Vorteil haben. **16** *Er selbst, der Herr:* Die Hervorhebung ist im Griech. mit Apg 1,11 verwandt: »Dieser Jesus«. *Beim Befehlsruf* (EÜ): Griech.: *keleusma;* das Wort begegnet im AT nur noch Spr 30,27. Ob mit *Erzengel* an Michael oder ob überhaupt an einen bestimmten Engel zu denken ist, ist unsicher. *Die Posaune Gottes:* Vgl. Mt 24,31; 1Kor 15,52 (die letzte Posaune). Der Befehl, der Ruf und die Posaune sind u. U. Bilder für die gleiche Sache. Sprachlich wird an die Theophanien (Gotteserscheinungen) des AT angeknüpft: vgl. z.B. Joel 2,1ff, bes. V. 11. *Die Toten, die in Christus gestorben sind:* Vgl. Komm. zu V. 14; 1Kor 15,18; Offb 14,13. **17** *Entrückt werden,* griech.: *Harpagesometha;* von daher bedeutet Entrückung eigentlich ein »Hinweggerissenwerden« der Heiligen. *Auf den Wolken:* Vgl. Dan 7,13; Mk 13,26; 14,62; Offb. 1,7. Die Wolken, die das Kommen des Menschensohns einkleiden, sind wie die Wolken bei der Verklärung (Mk 9,7) und der Himmelfahrt (Apg 1,9) Zeichen einer Theophanie. Die Wolke deutet die (verhüllte) Gegenwart der göttlichen Herrlichkeit an, die die Juden *Schekina* nannten (vgl. 2Mo 24,15ff; 40,34ff; 1Kö 8,10f). *In die Luft, dem Herrn entgegen,* griech.: *eis apantesin tou kyriou.* Wenn in hellenistischer Zeit ein Würdenträger (der Regierung) einer Stadt einen offiziellen Besuch (*parousia)* abstattete, zogen ihm die führenden Bürger entgegen, um ihn willkommen zu heißen und auf dem letzten Stück der Reise zu geleiten. Das nannte man die *apantesis.* Das Wort wird mit ähnlichem Sinn Mt 25,6 und Apg 28,15 gebraucht. Es ist ein sprechendes Bild: Der Herr wird von den Seinen das letzte Stück auf seinem Weg zur Erde begleitet, wobei die jetzt erst von den Toten Auferweckten und die, die am Leben geblieben waren, vereint werden. *Werden wir bei dem Herrn sein allezeit:* Der Höhepunkt der Glückseligkeit.

5,1 *Von den Zeiten und Stunden aber,* griech.: *chronoi* und *kairoi.* Damit werden einmal die Zeitabschnitte angesprochen, die noch vor der Wiederkunft liegen, und zum andern der kritische Zeitpunkt des eigentlichen Ereignisses. **2** *Der Tag des Herrn wird kommen wie ein Dieb in der Nacht:* Zum Vergleich s. Mt 24,43; Lk 12,39; Offb 3,3; 16,15. Vgl. auch Lk 21,34ff und 17,24. Aus den Worten *ihr selbst wißt genau* läßt sich herauslesen, daß Paulus ihnen mündlich schon ähnliches gesagt und sich dabei auf Jesusworte berufen hatte. Paulus identifiziert hier den atl. »Tag Jahwes« bzw. »Tag des Herrn« mit dem Tag Jesu Christi, dem Tag seiner Wiederkunft. **3** *Wie die Wehen einer schwangeren Frau (überfallen):* Die der messianischen Zeit vorausgehende Schmerzenszeit heißt in der jüdischen Literatur *heblo schel meschiah,* »die Geburtswehen des Messias«; vgl. dazu Mk 13,8: »Das ist der Anfang der Wehen«. **5** *Kinder des Lichts* und *von der Finsternis* sind Ausdrücke für die Erwählten und die Nicht-Erwählten und begegnen sehr häufig in der Qumranliteratur. *Kinder des Tages* ist nicht nur ein Synonym für Kinder des Lichts, sondern zeichnet sie als Teilhaber der Herrlichkeit aus, die am Tag des Herrn offenbart werden wird. **6** *Laßt uns nun nicht schlafen:* Wenn wir schon Kinder des Lichts und Kinder des Tages sind, dann sollen wir auch unser Leben entsprechend gestalten.

Die folgenden Verse bilden in vielerlei Hinsicht eine Parallele zu Lk 21,34-36. **8** *Panzer des Glaubens und der Liebe* und der *Helm der Hoffnung auf das Heil:* Vgl. 1,3, wo sich eine ähnliche Triade der Gnade findet. Das Waffenbild ist Eph 6,11 und Jes 59,17 erläutert, wo auch über Hintergrund und Herkunft der Begriffe näheres gesagt ist. **9** *Gott hat uns nicht bestimmt zum Zorn, sondern dazu, das Heil zu erlangen:* Vgl. 1,10 und Röm 5,9. Hier wie dort ist der *Zorn* das am Tag des Herrn offenbar werdende Gericht. **10** Wir *wachen oder schlafen:* D.h. ob wir bei seiner Wiederkunft noch am Leben oder schon gestorben sind. Die Worte sind äußerlich die gleichen wie oben, wo sie auf sittliche Wachsamkeit und Sorgfalt hinzielen. Paulus will aber nicht sagen, daß es am Ende gleichgültig sei, ob wir umsichtig und nüchtern waren oder nicht. Vielmehr will er deutlich machen, wie schon 4,15ff, daß beim Erscheinen Christi zwischen noch lebenden und schon verstorbenen Heiligen kein Unterschied sein wird. Beide Gruppen werden vereint sein und mit Christus leben, denn er starb für sie; vgl. Röm 14,9. Die eigentliche Absicht des ganzen Absatzes, dessen Motto »Wachet und Betet« auf dem Schild eines jeden Christen eingraviert sein sollte, zielt dahin, einerseits die Unvermitteltheit der Wiederkunft Christi zu unterstreichen, ohne andrerseits ihre Unmittelbarkeit zu behaupten. Uns erscheint das paradox, nicht aber dem, der mit dem Denken der Propheten vertraut ist.

5,12-22 Allgemeine Ermahnungen

Die Christen in Thessalonich werden ermahnt, ordentlich und friedlich zu leben und sich in guten Werken zu üben.

12 *Erkennt an, die an euch arbeiten und euch vorstehen in dem Herrn und euch ermahnen:* Die

Anerkennung geschieht in der Praxis, indem man sich ihren Anweisungen unterstellt. Der hier verwendete griech. Begriff *pro-histamenoi* (wörtl.: die vor euch Stehenden - die »Führer« bzw. »Vorsteher«) begegnet auch Röm 12,8 und bezeichnet dort die Leiter der Gemeinde in Rom. Sie sind zweifelsohne mit denen identisch, die anderswo »Hirten«, »Älteste« oder »Bischöfe« genannt werden. Vermutlich wurden sie von den Missionaren selbst berufen wie etwa die Ältesten in den galatischen Gemeinden (vgl. Apg 14,23); doch liegt kein eindeutiger Bericht darüber vor. **14** *Wir ermahnen euch aber, liebe Brüder:* Möglicherweise sind damit die Leiter selbst angesprochen. *Weist die Unordentlichen zurecht,* wörtl.: die, die nicht in der Reihe bleiben, die schwänzen (griech.: *ataktous*). Es handelt sich um Menschen, die ihren täglichen Pflichten nicht mehr nachkommen; vgl. 4,11. **15** *Seht zu, daß keiner dem andern Böses mit Bösem vergelte:* Die ethischen Anweisungen der paulinischen Briefe enthalten unüberhörbare Anklänge an Jesu eigene Worte; vgl. Röm 12,17. **16-18** *Seid . . . fröhlich, betet . . ., seid dankbar . . .:* Das Leben des Christen ist geprägt von einer Atmosphäre des Gebets, der Freude und der Dankbarkeit gegen Gott. **19-21** *Den Geist dämpft nicht. Prophetische Rede verachtet nicht. Prüft aber alles:* Dieser Hinweis auf den rechten Gebrauch der unter dem Wirken des Geistes geübten Weissagungsgabe deutet an, daß es sich hierbei um eine in der apostolischen Zeit verbreitete Gabe handelte. Da diese sich aber leicht verfälschen ließ, war es notwendig, zwischen Echtem und Unechtem zu unterscheiden. Diese Aufgabe fiel vor allem den Gemeindeleitern zu. Dabei sollte die Gabe als solche nicht verachtet und echte Weissagung nicht unterdrückt werden, denn das wäre ein Dämpfen des Heiligen Geistes. **21.22** *Das Gute behaltet. Meidet das Böse in jeder Gestalt:* Anders als in der LÜ sollten diese beiden Sätze wohl zusammengelesen werden als sich ergänzende Ermahnungen. »Gestalt« (griech.: *eidos*) hat wohl mehr die Bedeutung von »Art«; es geht also nicht nur um den äußeren Schein.

5,23-28 Gebet, Abschiedsgruß und Segen

23 *Der Gott des Friedens:* vgl. Röm 15,33 und die im Komm. zu 2Thes 3,16 genannten Stellen. *Heilige euch durch und durch:* D.h., daß das schon angefangene Werk der Heiligung zur Vollendung gebracht werden soll (vgl. Komm. zu 4,7); die Wunschform (Optativ) des Aorists (eine im Deutschen unbekannte Vergangenheitsform) deutet eine Handlung an, die, obwohl noch im Gange, schon als abgeschlossen gesehen wird. *Bewahre euren Geist samt Seele und Leib unversehrt:* Dieser Satz ist lediglich eine Umschreibung des gleichen Gebets in anderen Worten. Der Aorist Optativ ist wiederum in gleicher Absicht benutzt. Es ist keineswegs gewiß, daß Geist, Seele und Leib hier in der Absicht benutzt werden, eine Dreiteilung des Menschen zu lehren, wobei dann der Geist der auf Gott bezogene Teil, die Seele das Selbstbewußtsein im Innenleben des Menschen wäre. In logischer Konsequenz müßte man dann von Mk 12,30 her auf eine Vierteilung des Menschen schließen. *Die Ankunft unseres Herrn Jesus Christus:* Vgl. 3,13; auch dort die gleiche Akzentsetzung. **24** will wohl besagen, daß der, der die Seinen zur Heiligkeit beruft, sie auch heilig macht. **27** *Ich beschwöre euch bei dem Herrn, daß ihr diesen Brief lesen laßt vor allen Brüdern:* Es ist nicht klar erkenntlich, warum Paulus die Empfänger gewissermaßen unter Eid nimmt, damit der Brief unbedingt jedem Glied der Gemeinde vorgelesen werde. Harnacks Theorie läßt sich nicht aufrecht erhalten. Nach ihm gab es in der Gemeinde zu Thessalonich zwei Parteien, eine war vornehmlich heidenchristlich, die andere judenchristlich. Während vom Inhalt her vor allem die heidenchristliche Gruppe angesprochen war, wollte Paulus sichergehen, daß auch die judenchristliche Gruppe den Brief bekam. Wahrscheinlicher aber ist, daß Paulus gerade an die Gemeindeglieder dachte, die mit ihrem unordentlichen Leben »aus der Reihe tanzten«. Sie sollten den Brief zu hören bekommen. Doch sollte man achtgeben, daß man in solche Sätze nicht zu viel hineinliest. Es kann sich auch schlicht um eine Anweisung handeln, den Brief bei einer Zusammenkunft der ganzen Gemeinde zu verlesen.

Der zweite Thessalonicherbrief

Einleitung

Datierung, Verfasserschaft, Kanonizität

Der zweite Thessalonicherbrief ist, wie der erste, »an die Gemeinde in Thessalonich« adressiert, und verantwortlich zeichnen auch hier »Paulus und Silvanus und Timotheus«. Die angesprochene Situation ist in manchem der des ersten Briefes vergleichbar. Das führt zu der Annahme, daß auch dieser Brief in Korinth abgefaßt und nicht lange nach dem ersten Brief abgesandt wurde. Wie der erste, so erscheint auch der zweite Brief an die Thessalonicher in den ältesten uns bekannten Aufzählungen der paulinischen Briefe. Seine Kanonizität ist ebenso gut gesichert wie die des ersten Briefes. Auch 2. Thessalonicher wird um 120 n. Chr. von Polykarp zitiert.

Freilich hat man versucht, Argumente gegen seine Echtheit vorzubringen. So wird behauptet, der Stil des 2Thes sei förmlich und gediegen und stehe somit im Gegensatz zur persönlichen Note von 1Thes. Freilich ist dieses Argument nicht stichhaltig, denn man beruft sich dabei auf Wendungen wie »Wie sich's gebührt« (1,3), die eigentlich gar keiner besonderen Erläuterung bedürfen. Auf jeden Fall kann die von Dibelius vorgebrachte These, nach der 2Thes im Gegensatz zu 1Thes zum Verlesen in der Gemeinde bestimmt gewesen sei, nicht überzeugen; vgl. 1Thes 5,27.

Nicht ganz von der Hand zu weisen ist dagegen das Argument, daß nach 2Thes dem Tag des Herrn (Kap 2) bestimmte Ereignisse vorausgehen müssen, wo doch 1Thes die Unmittelbarkeit und Unvermitteltheit der Wiederkunft - »wie ein Dieb in der Nacht« - betont wird. Hier gilt es sorgfältig zu unterscheiden zwischen beiden Aspekten. Die Adressaten hatten das Pauluswort von der Unvermitteltheit (Jesus wird plötzlich wiederkommen) als Unmittelbarkeit (die Wiederkunft steht unmittelbar bevor) mißverstanden. So sah sich der Apostel genötigt, darauf hinzuweisen, daß sich zuvor noch einiges ereignen mußte.

Zur Beschreibung dieser Ereignisse bedient sich Paulus, ohne daß es dafür eine Parallele in seinen anderen Briefen gäbe, der apokalyptischen Sprache. 2Thes 2,3-12 ist in der Tat eine in sich abgeschlossene kleine Apokalypse. Aber das ist noch kein ausreichendes Argument gegen die Authentizität des Briefes. Was wir heute über die damals vorherrschenden Endzeiterwartungen wissen - vor allem in bezug auf den Antichrist -, mindert in beträchtlichem Maße das, was einst - im Blick auf die Echtheit des Briefes - als unüberwindliches Hindernis galt. Näheres dazu im Komm. zu Kap. 2.

Die Ähnlichkeiten zwischen beiden Briefen hat man als fast genau so problematisch empfunden wie die Unterschiede. Obwohl der erste Brief sich gegen die Vernachlässigung alltäglicher Pflichten aufgrund einer ausgeprägten Naherwartung aussprach, setzt der zweite Brief erneut die fast gleichen Mißstände voraus. Wurde allerdings die Betonung der Unberechenbarkeit im ersten Brief im Sinn einer zeitlichen Unmittelbarkeit falsch verstanden, dann wundert es nicht, wenn die Tendenz, die Dinge des natürlichen Lebens nicht mehr ernst zu nehmen, sich noch verstärkte - und das trotz aller Ermahnungen, ruhig bleiben und den täglichen Pflichten des Lebens nachzugehen.

Die Beziehung zum ersten Thessalonicherbrief

Daß es in dem Zueinander der beiden Briefe echte Probleme gibt, soll nicht verschwiegen werden. Sie sind aber großenteils bedingt durch unser mangelndes Wissen über die Umstände in Thessalonich. Einmal abgesehen von dem Versuch, den Knoten dadurch zu lösen, daß man den zweiten Brief als Fälschung abtut, wurden verschiedene Theorien vorgetragen, um die sich ergebenden Schwierigkeiten zu erklären.

Einer Theorie zufolge ist unser zweiter Brief eigentlich der erste. Dagegen läßt sich a priori nichts einwenden, denn die Anordnung der paulinischen Briefe im NT ist nicht etwa chronologisch, sondern richtet sich nach den verschiedenen Umfängen der Briefe. Tatsächlich ließen sich auf diese Weise einige Schwierigkeiten lösen. Einige Ausleger gehen sogar davon aus, daß Timotheus bei der 1Thes 3,2 erwähnten Gelegenheit den Brief überbrachte. Aber auch 2Thes setzt allem Anschein nach eine frühere Korrespondenz voraus (vgl. 2,2.15; 3,17). Dagegen scheint 1Thes tatsächlich der erste Brief zu sein, der von Paulus nach seiner Abreise an die Gemeinde in Thessalonich gerichtet wurde (vgl. 2,17-3,10).

Harnacks Theorie wurde bereits kurz erwähnt: danach galt 1Thes der heidenchristlichen Fraktion in der Gemeinde, 2Thes der judenchristlichen Gruppe. Harnack ging davon aus, daß die apokalyptischen Passagen 2Thes 2 eher den Judenchristen verständlich gewesen wären. Aber es ist doch unwahrscheinlich, daß gerade Paulus eine Spaltung zwischen judenchristlicher und heidenchristlicher Gemeinde gefördert hätte, indem er zwei verschiedene Briefe schrieb. Vermutlich wäre er doch so wie in Antiochien verfahren (vgl. Gal 2,11ff), als dort eine Spaltung drohte. Gewiß hätte er in seinem Schreiben in erster Linie die Notwendigkeit der Einheit in der Gemeinde betont.

Ein anderer Vorschlag geht dahin, beide Briefe Silas (Silvanus) zuzuschreiben. Paulus habe sie, nachdem sie ihm vorgelesen worden waren, gebilligt und dann eigenhändig noch 1Thes 2,18 und 2Thes 3,17 hinzugefügt. Dem ist entgegenzuhalten, daß 2Thes 3,17 den ganzen Brief Paulus zuschreibt. Das gilt auch trotz der Behauptung, die eigenhändige Unterschrift des Apostels deute an, daß Paulus für die übrigen Teile des Briefes nicht verantwortlich zeichne.

Zusammenfassend ist festzuhalten, daß diese Theorien insgesamt mehr Probleme aufwerfen als sie lösen und problematischer sind als die ursprüngliche These, daß nämlich 2Thes von Paulus unter Mitverantwortung seiner beiden Mitabsender an die ganze Gemeinde in Thessalonich - nach Erhalt zusätzlicher Information - bald nach dem ersten gesandt wurde, um einer Verfestigung der bisherigen Probleme entgegenzuwirken. Die Christenverfolgung scheint sich totgelaufen zu haben. Auch scheint kein Bedürfnis mehr bestanden zu haben, die Mahnung zur sittlichen Reinheit zu wiederholen. Die überspannte Naherwartung hatte sich aber nicht gelegt. Der Grund lag einmal in einem gewissen Mißverständnis dessen, was Paulus im ersten Brief geschrieben hatte; zum andern waren schwer definierbare Lehren in die Gemeinde eingedrungen, die vielleicht sogar paulinische Autorität für sich beanspruchten. So sah sich der Apostel genötigt, noch einmal deutlich zu dem Fragenkomplex Stellung zu beziehen und ein klärendes Wort zu sprechen.

Inhalt

Kommentar

1,1.2 Eingangsgruß

1 *Paulus und Silvanus und Timotheus an die Gemeinde in Thessalonich:* Ein Vergleich mit der Überschrift des ersten Briefes läßt jeden Zweifel schwinden: Beide Briefe waren an die Gesamtgemeinde in Thessalonich gerichtet. *In Gott, unserem Vater, und dem Herrn Jesus Christus:* S. dazu Komm. zu 1Thes 1,1. **2** *Von Gott, unserm Vater, und dem Herrn Jesus Christus:* Eine in den paulinischen Briefen übliche Grußformel, die aber 1Thes 1 fehlt.

1,3-12 Danksagung und Ermutigung

3 *Wir müssen Gott allezeit für euch danken ... wie sich's gebührt:* Man hat die Förmlichkeit dieser Wendung mit 1Thes 1,2 verglichen und als Argument gegen die Echtheit von 2Thes vorgetragen. Aber nimmt man einmal an, die Thessalonicher hätten das Lob des früheren Briefes entrüstet von sich gewiesen, dann hätte Paulus darauf nur antworten können: Es ist nicht mehr als recht und billig, daß wir Gott euretwegen danken. Das ist das wenigste, was wir tun können. Mehr will damit nicht gesagt sein. **4** *Darum rühmen wir uns euer unter den Gemeinden Gottes:* Dies ist keineswegs unvereinbar mit 1Thes 1,8 »..., so daß wir es nicht nötig haben, etwas darüber zu sagen.« Denn: auch wenn es nicht notwendig war, so durfte man es dennoch tun; vgl. 1Thes 2,20.

5 *Ein Anzeichen dafür, daß Gott recht richten wird:* Wie 1Thes 3,3f weist Paulus auch hier darauf hin, daß ihre Anfechtung Beweis ist für die Echtheit ihres Glaubens und daß ihre Festigkeit und Standhaftigkeit deutlich macht, daß sie als Erben dem Himmelreich zugehören. Gottes Gerechtigkeit wird sich sowohl in ihnen als auch an ihren Bedrängern zeigen. **6.7** *Mit Bedrängnis zu vergelten denen, die euch bedrängen, euch aber, die ihr Bedrängnis leidet, Ruhe zu geben:* Der Tag der Wiederkunft Christi wird auch der Tag gerechter Vergeltung und Belohnung sein. Die Ruhe ist die Entspannung bzw. die Erleichterung, die nach harter Arbeit und schwerem Kampf über einen kommt. *Wenn der Herr Jesus sich offenbaren wird vom Himmel:* Es geht um sein Offenbarwerden in Herrlichkeit (vgl. Lk 17,30; 1Kor 1,7). *Mit den Engeln seiner Macht:* Vgl. Mt 25,31; Mk 8,38 und weitere Stellen, die im Komm. zu 1Thes 3,13 angegeben sind. **8** *In Feuerflammen:* Auch hier spiegelt sich die atl. Sprache der Theophanie wieder (vgl. Ps 18,8ff; Jes 66,15). *Vergeltung zu üben:* Daß Christus als Richter wiederkommt, sagt das NT unter Bezugnahme auf Dan 7,13f aus; vgl. Joh 5,27; Apg 17,31. *Die Gott nicht kennen:* Solche, die ihn bewußt ignorieren; vgl. Röm 1,28; 1Thes 4,5. **9** *Das ewige Verderben:* Es ist das dem kommenden Zeitalter zugeordnete Verderben, dem Endgültigkeit eignet. Es besteht in dem Getrenntsein vom *Angesicht des Herrn,* der allein die Quelle des Lebens ist. **10** *Daß er verherrlicht werde bei seinen Heiligen:* Das könnte - vom Wortsinn her - ein Hinweis auf die heiligen Engel sein (vgl. Komm. zu 1Thes 3,13), aber die parallele Formulierung *und wunderbar erscheine bei allen Gläubigen* legt doch nahe, daß es sich um Christen handelt. Sie sollen Anteil haben an seiner Herrlichkeit. Mit der Offenbarung des Herrn Jesus im Himmel (V. 7) ist das Offenbarwerden der Söhne Gottes mit ihm (Röm 8,19) verbunden.

11 *Daß unser Gott euch würdig mache der Berufung:* Wahrscheinlich richtet sich der Blick schon auf den Tag der Wiederkunft und damit auf die Belohnung. An jenem Tag soll es vor aller Welt kundwerden, daß sie sich so verhalten haben, wie es ihrer Berufung entspricht. Freilich ist darin auch ein Gebet für ihr jetziges geistliches Wachstum mit eingeschlossen. *Und vollende alles Wohlgefallen am Guten:* Es geht um ihr eigenes Wollen. Während es einerseits wahr ist, daß jegliches Wollen und Wirken des Glaubens in ihnen das Werk des Heiligen Geistes ist (vgl. Gal 5,22; Phil 2,13), bleibt doch solches Wollen zugleich auch ihr Wollen. **12** *Damit in euch verherrlicht werde der Name unseres Herrn Jesus:* Auch hier handelt es sich in erster Linie um einen Hinweis auf die Parusie, die Wiederkunft, aber dieses Gebet wird nur erfüllt, wenn der Name des Herrn jetzt schon in ihrem täglichen Leben in ihnen verherrlicht wird.

2,1-12 Dem Tag des Herrn vorlaufende Ereignisse

Einige Christen in Thessalonich waren irgendwie zu der Überzeugung gelangt, daß der Tag des Herrn schon begonnen hatte. So erklärt Paulus, daß ihm der große, vom Antichrist verursachte Abfall vorausgehen wird. Der Antichrist aber wird bei der Ankunft Christi besiegt werden.

1 *Was nun das Kommen unseres Herrn Jesus Christus angeht:* Es handelt sich hier wohl um das 1Thes 4,17 geschilderte Geschehen, bei dem die dann Lebenden ihm in der Luft entgegen entrückt werden, um gemeinsam mit den vom Tode Erweckten sich mit dem Herrn zu vereinigen. **2** *Weder durch eine Weissagung noch durch ein Wort oder einen Brief, die von uns sein sollen:* Sie dürfen sich weder durch eine sich als Prophetie ausgebende Äußerung noch durch ein gewöhnliches Wort noch durch einen angeblich von Paulus stammenden Brief irreführen lassen. Es ist nicht eindeutig, ob Paulus den Verdacht hegt, daß unter seinem Namen tatsächlich ein Brief an die Thessalonicher gesandt wurde, dem natürlich die apostolische Autorisierung gefehlt hätte. Auf keinen Fall aber ist aufgrund dieser Stelle die Echtheit des ersten Briefes in Frage zu stellen. Selbst wenn dieser zweite Brief unter einem Pseudonym abgefaßt worden sein sollte, bleibt unwahrscheinlich, daß der Verfasser den ersten verdächtigen wollte. Möglicherweise bezieht sich *Brief, die von uns sein sollen,* auf falsche Schlußfolgerungen, die aus gewissen Formulierungen des ersten Briefes gezogen wurden. Wahrscheinlicher ist noch, daß Paulus den Verdacht hegte, die Vorstellung, der Tag des Herrn habe bereits begonnen, sei den Thessalonichern durch irgendeine seine Autorität für sich beanspruchende Mitteilung nahegelegt worden. Freilich hatte er diesbezüglich nur einen Verdacht und keine sichere Information. *Als sei der Tag des Herrn schon da* steht griech. im Perfekt. Vgl. 1Thes 5,2. *Denn zuvor muß der Abfall kommen,* griech.: *apostasia* bezeichnet hier den endzeitlichen Aufstand gegen Gott. *Und der Mensch der Bosheit offenbart werden,* griech.: *anomias,* d.h.

der Gesetzlosigkeit. Vgl. V. 8: der *anomos*, übersetzt in LÜ als »der Böse«. In anderen Stellen wird er »Antichrist«, »Beliar« oder »Tier aus dem Abgrund« (Offb 11,7) genannt. Er ist der Anführer und Anstifter der großen endzeitlichen Rebellion gegen Gott. *Der Sohn des Verderbens:* Eine hebraisierende Umschreibung mit dem Sinn: der dem Verderben Geweihte. (Joh 17,12 verwendet diesen Ausdruck für Judas Iskariot im Sinn von »der Verlorene«.) **4** *Er ist der Widersacher, der sich erhebt über alles, was Gott oder Gottesdienst heißt:* Die Sprache erinnert an die Beschreibung des »vorchristlichen Antichrist«, Antiochus Epiphanes, Dan 7,25; 8,9ff; 1,36ff - vgl. auch Offb 13. *So daß er sich in den Tempel Gottes setzt:* Dieser Zug am Bild des Antichristen spielt wahrscheinlich auf den Versuch des Kaisers Gaius an, der 40 n. Chr. versuchte, sein Bild im Tempel aufzustellen. In dieser Krise wurden für die Christen die Worte Jesu Mk 13 wieder lebendig: »Wenn ihr seht den Greuel der Verwüstung stehen, wo er nicht soll« (Mk 13,14; es handelt sich um eine Person!). **5** *Erinnert ihr euch nicht:* Ein interessanter Hinweis darauf, daß schon in der frühesten Verkündigung *(kerygma)* die Apokalyptik ihren Platz hatte.

V. **6** ließe sich frei so übersetzen: »Ihr wißt, was ihn zurückhält, damit er nicht vor der ihm gesetzten Zeit öffentlich auftritt.« **7** *Der es jetzt noch aufhält:* Das Personalpronomen deutet auf eine Person. Von daher läßt sich vielleicht die Bedeutung aufhellen. Der Apostel bleibt in dem, was er schreibt, absichtlich unklar. Seine mündliche Unterweisung in Thessalonich scheint deutlicher gewesen zu sein, denn er weist darauf hin. Es könnte daran gedacht sein, daß das »Zurückhaltende« das römische Reich war, denn es ist einmal eine unpersönliche Macht (*was* ihn zurückhält, V. 6), zum andern verkörpert es sich in der Person des Kaisers. Nach den in Thessalonich gegen Paulus vorgebrachten Anschuldigungen (vgl. Apg 17,6f) mußte jeder Hinweis auf die kaiserliche Macht - zumal auf ihren möglichen Sturz - so vage wie möglich gehalten sein, denn man konnte nie ganz sicher sein, daß der Brief nicht in falsche Hände geriet. **7** *Es regt sich schon das Geheimnis der Bosheit* (EÜ: *Gesetzlosigkeit):* Das Prinzip der Rebellion gegen Gott ist schon am Werk (z.B. im Widerstand gegen das Evangelium, der sich sowohl in Thessalonich als auch anderswo aufmachte), aber bis jetzt hat es noch nicht öffentlich den Thron dieser Welt eingenommen, wie es während der kurzen Herrschaft des Antichristen der Fall sein wird, denn es gibt noch einen, *der es aufhält.* Nachdem hier der Geist, der den antigöttlichen Aufstand im Zaum hält, personalisiert ist, darf man darin einen Hinweis auf den Kaiser selbst sehen. Freilich sind andere Ausleger der Ansicht, daß es sich bei dem Zurückhaltenden - wie beim Antichristen - um eine apokalyptische Figur handelt, etwa um den Engel des Abgrundes (vgl. Offb 9,1; 20,1). Wäre dem so, hätte Paulus sich sicher deutlicher ausgedrückt. Noch unwahrscheinlicher ist die These, daß der Heilige Geist gemeint ist oder gar, daß Paulus sich auf seinen apostolischen Dienst bezieht, der vor dem Ende erst noch zum Abschluß gebracht werden muß. Wenn der Zurückhaltende der Kaiser ist, dann muß nicht unbedingt an den regierenden Kaiser Claudius (41-54 n.Chr.) oder an dessen Erbe Nero gedacht sein, dessen Aufstieg, solange Claudius noch lebte, zurückgehalten wurde. Im Jahre 50 war Nero erst zwölf Jahre alt, und einige der positivsten Worte des Paulus über die römische Regierung (z.B. Röm 13,1-7) wurden geschrieben, als Nero auf dem Thron saß. Paulus hatte oft genug Anlaß, für den ihm gewährten Schutz der römischen Machthaber dankbar zu sein, die den ärgsten Widerstand gegen das Evangelium zurückdrängten. War dieser Schutz erst einmal aufgehoben, konnten sich die Kräfte des Antichristen uneingeschränkt entfalten. Wie die gleiche politische Macht einerseits die anarchistischen, das Evangelium bedrohenden Mächte zurückhalten und andererseits stärkste Bedrohung des Evangeliums sein konnte, zeigt sich bei einem Vergleich von Röm 13,1-7 mit Offb 13 (vgl. auch 1Petr 2,13-17; 3,13 mit 4,12ff).

Nur muß der ... hinweggetan werden: Subjekt dieses Satzes ist der Zurückhaltende. Es wäre aber aufrührerisch, wollte man offen den Umsturz des Kaisers betreiben. So bleibt Paulus recht vage. Das griech. *ek mesou genesthai* ist dem Sinn nach passivisch und entspricht dem aktivischen *ek mesou airein:* »aus dem Weg räumen« (vgl. 1Kor 5,2; Kol 2,14 und dazu lat.: *e medio tollere*). Da man verschiedentlich den Sinn dieser idiomatischen Ausdrucksweise nicht verstand, hat man dem Text ein literalistisches Verständnis aufgezwungen und übersetzt: »bis er (der Antichrist) aus der Mitte werde (d.h. erscheine, auftauche).« Aber das hat mit dem, was Paulus im Sinn hat, nichts zu tun. **8** *Und dann wird der Böse* (*Gesetzlose*, EÜ) *offenbart werden:* Hier steht nun die normale griech. Konstruktion, »der Gesetzlose«, die dem semitischen »Mensch der Gesetzlosigkeit« (LÜ: der Bosheit) entspricht (s. V. 3). Sein Hervortreten bzw. Offenbarwerden geht dem des wahren Christus voraus. *Mit dem Hauch seines Mundes:* D.h. mit seinem Wort - vgl. Jes 11,4; Offb 19,15. *Durch seine Erscheinung, wenn er kommt:* D.h. bei seiner Offenbarwerdung (griech.: *epiphaneia*) in der Wiederkunft (griech.: *parousia*). **9** Auch der Antichrist hat seine Parusie. Denn

Satan wird ihn mit aller *Macht* ausrüsten, *mit großer Kraft und lügenhaften Zeichen und Wundern:* Vgl. Offb 13,2; 13ff. **10** *Weil sie die Liebe zur Wahrheit nicht angenommen haben:* Auch Röm 1,18ff wird gesagt, daß die Weigerung, die Wahrheit Gottes aufzunehmen, der sicherste Weg ist, den Verführungen des Irrtums zu verfallen. **11** *So daß sie der Lüge glauben:* dem Gegenteil der Wahrheit; s. V. 10.12; vgl. wiederum Röm 1,25, wo es wörtlich heißt: »Sie haben Gottes Wahrheit in Lüge verkehrt«.

2,13-3,5 Weitere Danksagung und Ermutigung

13 *Wir aber müssen Gott allezeit für euch danken:* Vgl. 1,3. *Vom Herrn geliebte Brüder:* Vgl. 1Thes 1,4. *Daß euch Gott von Anfang an erwählt hat* (EÜ): S. Komm. zu 1Thes 1,4, wo Paulus andeutet, wie er zu der Gewißheit gelangt ist, daß sie von Gott erwählt sind. *Von Anfang an* ist Hinweis auf den Anfang der Welt und deutet den Ursprung der Erwählung an, der, wie Eph 1,4 aussagt, in der Ewigkeit liegt. Hätte Paulus an die ersten Tage seiner Verkündigung in Thessalonich gedacht, hätte er wahrscheinlich einen anderen Ausdruck gewählt, etwa: »Von Anfang der Predigt meines Evangeliums her« (s. Phil 4,15). Es gibt an dieser Stelle eine Textvariante, nach der »Erstlingsfrucht« (griech.: *aparchen*) zu lesen wäre (vgl. LÜ) und die auch gut bezeugt ist. Aber »von Anfang an« (griech.: *ap'arches*) verdient doch wohl den Vorzug. Würde man trotz allem die Lesart »als erste zur Seligkeit erwählt« vorziehen, dann wäre wohl an Ähnliches wie Jak 1,18 gedacht. Dort handelt es sich um die in das christliche Denken übertragene jüdische Vorstellung, daß Israel Gottes Erstlingsfrucht aus den Völkern ist. Harnack hat hier - in Übereinstimmung mit seiner Ansicht über die Adressaten des Briefes - die Lesart nach LÜ vorgezogen und verstand sie so, daß die Judenchristen die ersten Bekehrten der paulinischen Missionsarbeit in Thessalonich waren. *Zur Seligkeit:* V. 13-14 sind eine »systematische Theologie in Miniaturausgabe«. Die Danksagung des Apostels umfaßt das ganze Werk der Erlösung von der Erwählung von Ewigkeit her bis hin zur Teilhabe an der Herrlichkeit unseres Herrn Jesus Christus in der kommenden Welt. *In der Heiligung durch den Geist:* Vgl. 1Thes 4,3ff. Der Heilige Geist ist der Heiligende, denn er sondert die Gläubigen für Gott aus, vereinigt sie mit Christus und prägt in ihr Leben das Bild Christi ein. Das geschieht in Ausblick auf den Tag, wenn sie öffentlich Anteil haben werden an der Herrlichkeit Christi. **14** *Damit ihr die Herrlichkeit unseres Herrn Jesus Christus erlangt:* Bei seiner Parusie; vgl. 1Thes 3,13; 5,23; Röm 2,6ff; 8,18ff.30.

15 *Haltet euch an die Lehre* (griech.: *paradosis,* das ist die Überlieferung): D.h. an das, was wir euch überliefert haben. Mit diesem Begriff verbinden sich zwei griech. Verben: Einmal *paralambanein* (»empfangen, überliefert haben«, vgl. 1Thes 2,13; 4,1; 2Thes 3,6); zum andern *paradidomai* (»weitergeben«). Beide sind z.B. in 1Kor 11,23; 15,3 verbunden. Der Akzent liegt auf der Kontinuität, mit der die Wahrheit des Evangeliums weitergereicht wurde. Die Tradition, d.h. die von Paulus weitergereichte Überlieferung, ist mit dem apostolischen Zeugnis identisch und beruht auf der Autorität Christi selbst (vgl. dazu O. Culmann, *Tradition,* 1954). *Es sei durch Wort oder Brief:* Sowohl durch mündliche als auch durch schriftliche Unterweisung. Der hier erwähnte Brief ist zweifelsohne der erste Thessalonicherbrief. **16.17** *Unser Herr Jesus Christus, und Gott, unser Vater, ... der tröste eure Herzen:* Wie schon häufig beobachtet (vgl. 1Thes 3,11 u.a.), sind auch hier der Herr Jesus und Gott der Vater in ihrem Handeln eins. Hier wird wie 2Kor 13,14 der Herr Jesus Christus an erster Stelle genannt. Will man der unterschiedlichen Anordnung überhaupt eine theologische Bedeutung zumessen, dann nur die, daß im Denken des Apostels völlige Gleichheit zwischen dem Vater und dem Sohn herrscht.

3,1 *Weiter, liebe Brüder, betet für uns:* Vgl. 5,25. *Daß das Wort des Herrn laufe und gepriesen werde:* Vgl. Ps 147,15: »Sein Wort läuft schnell.« Freilich geht es hier um das Evangelium, das Paulus und seine Mitarbeiter in Korinth verkündigen. **2** Es geschieht wohl im Hinblick auf die besonderen Gefährdungen in Korinth, daß er um Fürbitte bittet, *daß wir erlöst werden von den falschen und bösen Menschen:* Paulus denkt vornehmlich an seine jüdischen Widersacher. *Denn der Glaube ist nicht jedermanns Ding:* Das kann einerseits heißen: »Nicht alle Menschen glauben (an Christus)«; andererseits: »Nicht alle Menschen halten sich an den Glauben (an das Evangelium).« Der Sinn bleibt letztlich der gleiche. **3** *Aber der Herr ist treu:* »Treu« (griech.: *pistos*) knüpft an »Glaube« (griech.: *pistis*), dem letzten Wort des vorausgehenden Satzes klanglich an, denn griech. steht es am Anfang des Satzes. So stehen *pistis* und *pistos,* Glaube und treu, unmittelbar beieinander; vgl. 1Thes 5,24. *Bewahren vor dem Bösen:* Vgl. Mt 6,13 (griech. jeweils *poneros*). **4** *Wir haben aber das Vertrauen:* Ähnliche Vertrauensbekundungen s. 1Thes 4,1.9f; 5,11. **5** *Der Herr aber richte eure Herzen aus auf die Liebe Gottes:* Subjekt ist der Herr Jesus. Mit *Liebe Gottes* kann entweder ihre (wachsende) Liebe zu ihm oder eine immer größere Wertschätzung seiner Liebe zu ihnen gemeint sein; vgl. Röm 5,5b.8a. Man sollte davon ausgehen, daß es sich um die gleiche Konstruktion handelt wie im nachfolgenden Satzteil: *und auf die Geduld Christi*, d.h., beide Genitive wären subjektiv. Die *Geduld* ist ein Wesenszug Christi, den der Schreiber in den Christen verwirklicht sehen möchte. Dann ist aber auch die *Liebe Gottes* die Liebe, die Gott den Menschen erweist (vgl. Röm 5,6; 1Jo 4,19).

3,6-15 Die Notwendigkeit der Gemeindezucht

Sie sollen sich von solchen in der Gemeinde trennen, die sich weigern, für ihren eigenen Lebensunterhalt aufzukommen.

6 *Wir gebieten euch ... im Namen unseres Herrn Jesus Christus:* Die apostolische Autorität ist letztlich die Autorität Christi. Die Apostel sind seine akkreditierten Gesandten. *Von jedem Bruder, der unordentlich lebt:* »Unordentlich« ist griech. *ataktos;* vgl. dazu 1Thes 5,14, wo das Adjektiv *ataktous* benützt wird. Hier wie dort handelt es sich um eine Metapher aus dem Militärwesen. *Ataktos* ist der, der »aus der Reihe ausbricht«, der »unentschuldigt fehlt«. Wieder geht es um das Problem, daß einige die alltäglichen Pflichten vernachlässigen und ihren Lebensunterhalt nicht durch Arbeit bestreiten wollen und sich somit gegen die *Lehre* stellen, *die ihr von uns empfangen habt.* Dieser praktische Aspekt der Lehre, der Überlieferung, war sowohl durch das praktische Vorbild als auch durch bestimmte Verordnungen eingeschärft worden. **7-9** Für das hier Gesagte, das wiederum auf das Verhalten des Apostels hinweist, vgl. Komm. zu 1Thes 2,6ff und die dort genannten Stellen. **10** *Wer nicht arbeiten will, der soll auch nicht essen:* Vielleicht begegnet hier ein jüdisches Sprichwort, das auf 1Mo 3,17ff zurückgeht. Sogar von einem Rabbiner, einem jüdischen Gesetzeslehrer, wurde erwartet, daß er sich seinen Lebensunterhalt durch seiner Hände Arbeit verdiente und seinen Gesetzesunterricht nicht zum Gewinn betrieb. Paulus verdiente seinen Unterhalt als Verarbeiter von Leder. **11** *Leben unordentlich und arbeiten nichts, sondern treiben unnütze Dinge:* Im Griech. wird hier ein Wortspiel aufgebaut: *meden ergazomenous alla periergazomenous.* Im Deutschen kann man es vielleicht so wiedergeben: »sich mit allem beschäftigen anstatt zu schaffen« oder: »sich um alles kümmern, nur nicht um das, was ihre Aufgabe ist«. **12** *Still ihrer Arbeit nachgehen und ihr eigenes Brot essen:* »Schluß mit dem Klagen! Schluß mit der Faulheit! Schluß mit dem Andern-zur-Last-Fallen!« (W. Neil; vgl. 1Thess 4,11). **13** *Laßt's euch nicht verdrießen, Gutes zu tun:* Vgl. Gal 6,9.

14 *Wenn aber jemand unserm Wort in diesem Brief nicht gehorsam ist, den merkt euch:* Wiederum wird die apostolische Autorität hervorgehoben (vgl. V. 12). Es geht nicht um eine förmliche Exkommunikation, aber das Mißfallen soll so kräftig ausgedrückt werden, daß sich die unordentlichen Gemeindeglieder, die einem ordentlichen Broterwerb aus dem Wege gehen, schämen und ihren Pflichten widmen. **15** Doch soll man sie nicht als Ausgestoßene behandeln, als »Sünder und Zöllner« (Mt 18.17). Sie sind immer noch Brüder, Glieder der christlichen Gemeinde, was sich daran zeigt, daß sie sich (hoffentlich) der brüderlichen Zucht beugen.

3,16-18 Gebet, Gruß und Segen

Mit einem Segensgebet schließt Paulus den Brief. Er unterstreicht nochmals, daß seine persönliche Unterschrift bei diesem wie bei anderen Briefen für die Echtheit bürgt.

16 *Der Herr des Friedens:* Er ist der, von dem Friede kommt und der deshalb auch die Einheit liebt; vgl. »Gott des Friedens« 1Thes 5,23; Röm 15,33; 16,20; Phil 4,9; Hebr 13,20; dazu 1Kor 14,33; 2Kor 13,11. **17** *Der Gruß mit meiner, des Paulus, Hand. Das ist das Zeichen in allen Briefen; so schreibe ich:* Damit sie nicht durch irgendeinen Brief, der angeblich von ihm stammt, irregeführt werden, weist er darauf hin, daß er allen seinen Briefen am Schluß noch einige Worte in eigener Schrift, gewissermaßen als Siegel der Echtheit, hinzufügt. Paulus benutzte im allgemeinen einen Sekretär zur Abfassung der Briefe, der die eigentliche Schreibarbeit übernahm (vgl. Röm 16,22: Tertius). In Gal 6,11 findet sich eine Andeutung über die Art seiner Handschrift. **18** *Die Gnade unseres Herrn Jesus Christus sei mit euch allen:* Es ist der gleiche Gruß wie 1Thes 5,28 (und Röm 16,20), lediglich erweitert durch das beigefügte »mit euch allen«.

F.F. Bruce

Die Pastoralbriefe

Einleitung

Anlaß und Zweck

Den Hintergrund dieser drei Briefe (1.2Tim; Tit) bildet eine besondere historische Situation, die sich jedoch nicht ohne weiteres rekonstruieren läßt. Im ersten Timotheusbrief hat Paulus Timotheus unlängst in Ephesus zurückgelassen (1Tim 1,3). Im Titusbrief war er kürzlich mit Titus auf Kreta (Tit 1,5), und zur Zeit der Niederschrift des Briefes befand er sich offenbar in Nikopolis, wo er Titus bat, sich zu ihm zu gesellen (Tit 3,12). Diese Stadt ist vermutlich mit der gleichnamigen Stadt in Epirus identisch. Zur Zeit der Niederschrift des zweiten Timotheusbriefes befand sich der Apostel in Gefangenschaft und ahnte sein nahes Ende. Er hat sich zu einem (nicht genau angegebenen) Zeitpunkt in Rom aufgehalten (2Tim 1,17) und unlängst einige seiner Habseligkeiten in Troas liegenlassen (2Tim 4,13). Außerdem war er in Milet, wo er seinen kranken Begleiter Trophimus zurücklassen mußte (2Tim 4,20), während ein weiterer Gefährte, Erastus, in Korinth blieb. Aus diesen Angaben ist ersichtlich, daß Paulus kurz vor der Abfassung dieser Briefe durch Kleinasien, Kreta und durch Teile Europas gereist ist. Zur Niederschrift des zweiten Timotheusbriefes befand er sich offenbar wieder in Rom.

Trotz mehrfachen Bemühens gelingt es nicht, diese historischen Daten in den Rahmen der Apostelgeschichte einzuordnen. Es ist daher sehr wahrscheinlich, daß die in den Pastoralbriefen erwähnten Reisen des Paulus seinem Hausarrest Apg 28,30 nachgeordnet werden müssen. Man muß dann freilich annehmen, daß Paulus aus eben dieser Haft entlassen wurde, was einige Ausleger für höchst unwahrscheinlich halten (s.u.). Es spricht einiges für die Annahme, daß er aufgrund der in der Apostelgeschichte gegen ihn vorgebrachten Anschuldigungen eine Haftentlassung hätte erwarten können. Wenn man eine Haftentlassung annimmt, muß man ebenfalls von der Annahme ausgehen, daß Paulus später erneut verhaftet - möglicherweise in der Nähe von Nikopolis - und nach Rom zurückgebracht wurde, wo er - nach alter Überlieferung - den Märtyrertod erlitt.

Wenn es sich historisch tatsächlich so verhält, kann man das Ziel der Pastoralbriefe ziemlich genau umreißen. Paulus ist sich der Tatsache bewußt, daß sein Leben bald zu Ende geht, und er will nun denen, die nach ihm Verantwortung übernehmen werden, Wegweisung geben. Er behandelt Fragen des Gemeindeaufbaus, und er schreibt nun, um vornehmlich in bezug auf die Gemeindeleitung bestimmte Dinge zu bestätigen, die er seinen Mitarbeitern wohl bereits mündlich mitgeteilt hat (vgl. Tit 1,5). Wahrscheinlich brauchte der schüchterne Timotheus die bevollmächtigten, schriftlichen Anweisungen des Apostels, um sie in die Praxis umzusetzen. Er konnte sich dann bei einer Auseinandersetzung auf den Brief des Apostels berufen (vgl. 1Tim 3,14.15). Die Pastoralbriefe enthalten mehrere Themen, von denen sich jedoch nicht alle mit der Ordnung der Gemeinde befassen. Es gab gewisse Probleme mit Irrlehrern, und die Mitarbeiter brauchten den Rat des Apostels. Es wird ihnen aber nicht gesagt, wie sie die Irrlehren im einzelnen beantworten sollen. Das wichtigste Gebot ist, sie wegen ihrer Irrelevanz zu meiden (s. den Abschnitt über die Irrlehrer). In seinem Schreiben an Timotheus erteilt der Apostel ihm mehrmals eine wichtige Aufgabe, was darauf schließen läßt, daß Paulus gewisse Vorbehalte im Blick auf die Entschlossenheit des Timotheus hatte.

Der Zweck des zweiten Timotheusbriefes unterscheidet sich stärker von dem der anderen Briefe, da dieser Brief zweifelsohne der letzte Brief des Apostels war. Paulus bittet Timotheus dringend, die Gabe einzusetzen, die er bereits empfangen hat (2Tim 1,3-7). Er erinnert ihn an sein eigenes Beispiel (3,10ff) und fordert ihn dazu auf, das Wort zu predigen (4,2f). Besonders das letzte Kapitel des Briefes zeigt die geistige Verfassung des Apostels gegen Ende seines Lebens. Er weiß, daß er den guten Kampf gekämpft hat (4,7), und er ist bereit zu sterben. Er verweist auf seine erste Verteidigung (4,16) und bemerkt bitter, daß alle ihn verlassen hatten, aber daß der Herr ihm beistand. Der Brief enthält die rührende Bitte um einige Bücher, Pergamente und einen Mantel, die er in Troas hatte liegenlassen (4,13).

Verfasser

Etliche Forscher zweifeln an der paulinischen Verfasserschaft der Pastoralbriefe. Wenngleich die Gründe für diese Mutmaßungen nicht im einzelnen erörtert werden können, müssen sie hier doch kurz beleuchtet werden. Jeder Brief erhebt den Anspruch, vom Apostel Paulus geschrieben worden zu sein. Jene aber, die eine paulinische Verfasserschaft anzweifeln, halten diesen Selbstanspruch für einen literarischen Kunstgriff. Wie die nachfolgenden Ausführungen zeigen werden, gibt es gute Gründe für die Echtheit und apostolische Verfasserschaft der Pastoralbriefe.

Aufgrund der oben erwähnten *historischen Situation* halten einige Neutestamentler die persönlichen Angaben entweder für unecht (weil sie nicht in den Bericht der Apostelgeschichte zu passen scheinen) oder für Fragmente aus echten Paulusbriefen, die in pseudonymen Briefen verarbeitet worden sind. Wie bereits gezeigt wurde, ist es sehr wohl möglich, daß Paulus aus der Apg 28 erwähnten Gefangenschaft in Rom entlassen wurde, und wenn es sich so verhält, löst sich das Problem. Jede These, die davon ausgeht, daß echte Fragmente in gefälschten Briefen verarbeitet wurden, wirft mehr Probleme auf, als sie löst.

Einige sind der Auffassung, daß die Gemeindesituation so, wie sie in den Pastoralbriefen geschildert wird, auf eine Zeit hinweist, in der Paulus nicht mehr lebte. Aber die Strukturen der Gemeinde sind gewiß noch nicht so sehr gefestigt wie zur nachapostolischen Zeit. Zudem zeugen die Briefe von einem größeren Interesse am Gemeindeaufbau als die anderen Paulusbriefe. Der Einwand, der sich auf diese Beobachtung stützt, hätte ein gewisses Gewicht, wenn nachgewiesen werden könnte, daß Paulus sich nicht dafür interessierte, welche Eigenschaften die zukünftigen Gemeindeleiter haben. Dies ist aber nicht der Fall. Da Paulus und Barnabas bereits auf der ersten Missionsreise Älteste einsetzten, darf man wohl davon ausgehen, daß sie sich Gedanken über die notwendigen Qualifikationen künftiger Gemeindeleiter gemacht haben.

Ein weiterer Punkt, der angeblich gegen eine paulinische Verfasserschaft spricht, ist die *Irrlehre,* auf die in den Pastoralbriefen Bezug genommen wird, da diese angeblich mit dem Gnostizismus des 2. Jhs. verwandt sei. Aber zwei Überlegungen entkräften diesen Einwand. Zum einen sind die Hinweise in den Pastoralbriefen zu allgemein gehalten, als daß man sie ohne weiteres mit der Gnosis späterer Prägung in Verbindung bringen könnte. Zum andern geht die neuere Forschung davon aus, daß es bereits im 1. Jh. Vorstufen der Gnosis gegeben hat. Aus diesem Grunde kann man sehr wohl annehmen, daß es die in den Pastoralbriefen erwähnte Irrlehre bereits zu Paulus' Lebzeiten tatsächlich gab. Paulus widerlegt die Irrlehren nicht im einzelnen, weil seine Mitarbeiter Timotheus und Titus mit seiner Lehre hinreichend vertraut waren und somit selbständig gegen die Irrlehrer vorgehen konnten. Ihnen gibt er den Rat, keine Zeit mit eitlem Gerede zu vertun.

Was den *Lehrinhalt* anbetrifft, so liegt angeblich ein weiteres Problem in der Tatsache, daß man die Hauptthemen der übrigen Paulusbriefe in den Pastoralbriefen vergeblich sucht. Außerdem ist in den Pastoralbriefen eine Tendenz vorhanden, den Lehrinhalt in Formeln wie »die Wahrheit« oder »der Glaube« oder »das Pfand« auszudrücken, was angeblich im Gegensatz zu dem schöpferischen Denken des Apostels steht. Man muß jedoch sowohl die Zeit berücksichtigen, in der die Pastoralbriefe geschrieben wurden (d.h. gegen Ende von Paulus' Wirken), als auch die unterschiedlichen Adressaten (d.h. seine treuen Mitarbeiter und nicht ganze Gemeinden, die eine ausführliche Unterweisung benötigt hätten). Seine Mitarbeiter kannten ihn: deshalb konnte der Apostel auf ausführliche Erörterungen verzichten und sich auf das Wesentliche konzentrieren.

Stilistische Erwägungen werden häufig gegen eine paulinische Verfasserschaft der Pastoralbriefe angeführt. So läßt sich nachweisen, daß sich der Wortschatz der Pastoralbriefe von dem anderer Paulusbriefe unterscheidet. Zu dieser Beobachtung ist zweierlei anzumerken: Zum einen verfügte Paulus gewiß über einen umfangreicheren Wortschatz, als einige Experten ihm zugestehen wollten. Zum andern ist nicht auszuschließen, daß sich der Apostel gelegentlich eines Sekretärs bediente, dem er gewisse Freiheiten in der Wahl des Stils und des Ausdrucks eingeräumt haben mag.

Zweifellos wird auch künftig über die Verfasserschaft der Pastoralbriefe diskutiert werden.

Die Irrlehrer

Es überrascht nicht, daß schon in den ersten Gemeinden Irrlehren aufkamen. Das hatte Jesus vorausgesagt. Es gab Irrlehren in der Gemeinde zu Kolossä und auch unter denen, die in den Briefen des Johannes und im Buch der Offenbarung angesprochen werden. Die in den Pastoralbriefen genannten Irrlehrer bildeten keine durchorganisierte Sekte. Wie bereits oben erwähnt, gab es gewisse Anknüpfungspunkte zu Vorstufen der Gnosis. Aber von einer ausgebildeten Gnosis zu sprechen (wie sie im 2. Jh. verbreitet war), wäre wohl falsch.

Das auffallendste Merkmal ist die offensichtliche Irrelevanz eines Großteils der Lehre. Paulus nimmt Bezug auf »törichte und unziemliche Fragen« (2Tim 2,23; ZÜ), und er hält sie für »unnütz und eitel« (Tit 3,9). Es gab viel Zank um Worte (2Tim 2,14), was nur Schaden brachte. (1Tim 6,20 und 2Tim 2,16 sprechen von »ungeistlichem, losem Geschwätz«.) Den Irrlehrern war es also nicht so sehr um die Irrlehren zu tun. Vielmehr vergeudeten sie ihre Zeit mit Dingen, die nicht zur Sache gehörten.

Einige Irrlehrer neigten zu einer übertriebenen Askese, etwa der Ehelosigkeit oder Enthaltsamkeit von Speisen (1Tim 4,1-4). Es bestand der Wunsch nach äußerer Frömmigkeit, aber im Glaubensleben fehlte die wirkliche Kraft (2Tim 3,1ff). Andererseits gaben sich einige Irrlehrer der Zügellosigkeit hin, und Timotheus selber wird ermahnt, über seine persönliche Reinheit zu wachen (1Tim 5,22; 2Tim 2,22).

Es sind noch zwei weitere besondere Merkmale zu nennen. Man interessierte sich für Geschlechtsregister (s. die Erläuterungen zu 1Tim 1,4; vgl. Tit 3,9). Hinzu kommt der ausgeprägte Hang zu Fabeln (vgl. 1Tim 1,4; Tit 1,14), und diese scheinen jüdischen Ursprungs gewesen zu sein. 1Tim 6,20 wird Bezug genommen auf »Einwände der fälschlich so genannten Erkenntnis« (EÜ). Obwohl Marcion im 2. Jh. ein Buch mit dem Titel »Antithesen« verfaßte, ist hier kein Zusammenhang zu erkennen, es sei denn, daß Marcion durch 1Tim 6,20 beeinflußt wurde, was höchst unwahrscheinlich ist. Das Wort fiel in jeder Diskussion. Zumindest zwei Irrlehrer verbreiteten Irrtümer über die Auferstehung (vgl. 2Tim 2,18).

Es ist bemerkenswert, daß Paulus' vornehmster Rat an seine Mitarbeiter lautet: »Meide!« Paulus ist darauf bedacht, daß sie nicht von ihrer wichtigsten Aufgabe, der Verkündigung des Evangeliums, abgelenkt werden. In vielen Dingen ist der in den Pastoralbriefen gegebene Rat des Apostels auch heute noch aktuell für die Auseinandersetzung der Gemeinde mit abweichenden Lehrmeinungen.

Die Entwicklung der christlichen Lehre und Gemeindeordnung

Es gibt in den Pastoralbriefen unverkennbare Spuren einer Entwicklung. Der Inhalt des Glaubens wird in kurzen, bekenntnishaften Zusammenfassungen festgelegt. Wir finden daher zahllose »wahre und glaubenswerte Worte« (1Tim 1,15; 4,9; 2Tim 2,11; Tit 3,8) und stellen fest, daß wichtige Prinzipien dargelegt und auf konkrete, praktische Probleme angewandt werden. Sie sollen den Glaubenden zu einer entsprechenden Lebensweise herausfordern.

Einige Grundfragen christlicher Theologie werden neu betont, um der vorherrschenden Irrlehre entgegenzuwirken. So werden zum Beispiel das Wesen, die Eigenschaften und die Einheit Gottes als der souveräne Schöpfer und Retter aller Menschen bekräftigt (s. 1Tim 1,1.17; 2,3-5; 4,4.10; 6,13.15.16; 2Tim 2,13; Tit 1,2.3). Oder der Apostel hebt Christus hervor als den einzigen Mittler zwischen Gott und den Menschen, sowie dessen Person und Werk, sein Menschsein und Tod, den er stellvertretend zur Sühne und Erlösung erlitt (s. 1Tim 1,1; 2,5.6; 3,16; 2Tim 1,10; Tit 2,13.14; 3,5.6).

Es gibt Anzeichen für einen geregelten Gottesdienst der Gemeinde. Man findet sie in den Hinweisen auf Schriftlesung, Ermahnung und Unterweisung, Gebet, Fürbitte und Danksagung (1Tim 4,13; 2,1). Es gibt Spuren von Hymnen, fragmentarischen Glaubensbekenntnissen, Liturgien und Doxologien (s. 1Tim 3,16; 6,13-16; 2Tim 1,9.10; 2,8.11-13; 4,1; Tit 2,11-14; 3,4-7). Es werden Richtlinien gegeben für die Ernennung von Einzelpersonen zur verantwortungsvollen Aufsicht und zum Dienst sowohl in der Seelsorge als auch in der Auslegung des Wortes. Es wird deutlich gewarnt vor den Gefahren, die mit unbedachten Ernennungen verbunden sind. Die Ortsgemeinde wird als Haushalt Gottes und als eine gottgewollte Hüterin und Zeugin der Wahrheit angesehen. Und solche Gemeinden erweisen sich wahrscheinlich nur dann als standhaft und treu angesichts der inneren und äußeren Gefahren, wenn man bei der Ernennung der oben erwähnten Männer mit größter Sorgfalt vorgeht (1Tim 3,15; JB). Dennoch steht hinter den genauen Richtlinien - und auch diese drücken es in hohem Maße aus - das klare Bewußtsein, daß das Wichtigste nicht das System ist, sondern der Mensch. Die Betonung liegt nicht auf dem Amt und auf der Form, sondern auf der Echtheit des Glaubens und auf einem gewissenhaften und konsequenten Leben.

Der erste Brief an Timotheus

Inhalt

Kommentar

1,1.2 Anrede und Gruß

1 Paulus schreibt als *Apostel,* als einer, der sich seines von Gott empfangenen Auftrages bewußt ist. Er schreibt als Diener Jesu, in dem er den Messias oder Gesalbten des Herrn erkannt hat. Er schreibt daher als Beauftragter, als Botschafter des »Königs Jesus«. Die Formel *Christus Jesus* ist charakteristisch für den ersten Timotheusbrief (vgl. 1,12.14.15). Der Auftrag, der Paulus gegeben wurde, ist Ausdruck von Gottes persönlichem Handeln zur Errettung der Menschen und soll den Menschen helfen, die feste *Hoffnung* auf die Errettung in Christus zu erlangen. Die Sprache läßt sogleich erkennen, daß es hier um mehr als einen privaten, persönlichen Brief geht. 2 Der Brief ist an Timotheus als Christ der zweiten Generation und wahres Kind im Glauben an Jesus Christus geschrieben. Paulus erwartet von Timotheus, daß er das Werk und das Zeugnis des Evangeliums fortsetzt. Der Inhalt des Briefes betrifft Timotheus' Arbeit als Pastor in der Gemeinde, der Familie Gottes (s. 3,14.15). Die natürliche Art und Weise, in der Jesus in den ersten zwei Versen von Kap. 1 mit Gott selber in Verbindung gebracht wird, impliziert die Anerkennung seiner Stellung innerhalb der Gottheit.

1,3-20 Wiederholung einer früheren Ermahnung

1,3-11 Aufruf zur Bekämpfung von Irrlehren

3 Paulus erinnert Timotheus an die besondere Aufgabe, die er ihm anvertraut hatte, als er ihn aufforderte, in Ephesus zu bleiben. Er sollte jene ermahnen, die im Begriff waren, sich einer falschen und nutzlosen Lehre anzuschließen. Er sollte ihre Aufmerksamkeit erneut auf eine unverfälschte und fromme christliche Lebensweise lenken. Es ist bemerkenswert, wie rasch die Gemeinden durch Irrlehrer in innere Schwierigkeiten gerieten, und es fällt auf, wie ernst Paulus solche Männer nahm und wie ausdrücklich und anhaltend er vor deren möglicherweise fatalem Einfluß warnte (vgl. 6,3-5; Apg 20,28-30; Gal 1,6-9). Die verschiedenen Irrlehren werden zusammenfassend als Verkündigung einer *anderen Lehre* beschrieben. Aus dieser Formulierung ist zu schließen, daß es bereits eine anerkannte Lehre gab bzw. eine »Gestalt der Lehre« (ZÜ), die allgemein akzeptiert wurde. 4 Hier besteht die Gefahr darin, daß man ein falsches Interesse hegte für (vermutlich jüdische) *Fabeln* und *Geschlechtsregister,* möglicherweise phantasiereiche Ergänzungen zum AT. Der Versuch, die eigene Hoffnung auf die Abstammung eines Menschen oder dessen Nachkommenschaft zu gründen, ist eitel und unbefriedigend, d.h., sie wird *kein Ende haben.* Solche Nachforschungen werfen lediglich widersprüchliche *Fragen* auf. *Gottes Ratschluß* (wörtl.: »Zuteilung«, »Haushalteramt«, »Anordnung«): Die Bedeutung ist entweder, daß sie die Gabe Gottes im Evangelium, das den Menschen das Heil bringt durch den Glauben, nicht fördern können oder daß sie die wirksame Erfüllung des Haushalteram-

tes des Lebens, wozu wir als Gläubige berufen sind, nicht fördern.

5 Anders als die falschen Aktivitäten einiger Menschen erfordert die praxisorientierte Unterweisung des Evangeliums eine Antwort, die in innerer Lauterkeit und aktiver Dienstbereitschaft zum Ausdruck gebracht wird. Die vier Merkmale, die V. 5 genannt werden, werden in der umgekehrten Reihenfolge erlangt. Der *Glaube*, der nicht bloß vorgetäuscht wird, bildet die Grundlage. Er bewirkt die innere Freude *eines reinen Herzens*, das Bemühen, *ein gutes Gewissen* zu bewahren (vgl. Apg 24,16) sowie die nach außen hin tätig werdende *Liebe* zu Gott und zu den Menschen. Diese Liebe ist die *Hauptsumme*, das Endziel. Sie ist die Vollendung des rettenden Glaubens (vgl. Apg 15,9; 24,26; Gal 5,6). **6** Einige, die oben erwähnt werden, haben dieses Ziel nicht angestrebt und sind *abgeirrt und haben sich hingewandt zu unnützem Geschwätz* oder eitlem Geplapper, zu einer Tätigkeit also, die wertlos, weil fruchtlos ist. **7** Sie spielen sich zu Kennern des Gesetzes (*Gesetzeslehrer*, ZÜ) auf, ähnlich den jüdischen Rabbinen. Aber im Grunde haben sie keine Ahnung von den Dingen, über die sie nicht nur reden, sondern über die sie sogar anmaßende Behauptungen aufstellen. Sie bilden deswegen eine ernste Gefahr für die christliche Gemeinde, da sie viele täuschen und irreführen können.

8-11 Damit seine abfällige Äußerung über die Möchte-gern-Lehrer des Gesetzes nicht mißverstanden wird, fügt Paulus die Erklärung ein, daß das Gesetz gut ist und daß es das Evangelium unterstützt und ergänzt, indem es alles verbietet, was dessen heilsamer Lehre entgegengesetzt ist. Der Fehler liegt bei den Irrlehrern, die das Gesetz nicht so anwenden, wie Gott es beabsichtigte, nämlich um die Übeltäter in die Schranken zu weisen und zu überführen. Es soll dem gerechten bzw. gerechtfertigten Menschen nicht zum Gegenstand phantasievoller Interpretationen und unnützer Spekulationen dienen. Die Übeltäter werden hier beschrieben als Menschen, denen sittliches Bewußtsein, Ehrfurcht vor Gott und Gespür für das Heilige fehlt und die nicht besorgt sind um das Wohl der Familie, um zwischenmenschliche Beziehungen, um sexuelle Reinheit und allgemeine Aufrichtigkeit. Infolgedessen sind sie zügellos, sündig, ungeistlich, unbarmherzig. **9.10** Paulus hält sich in diesen Versen offenbar an die Reihenfolge der Zehn Gebote und nennt hier ungeschminkt die einzelnen Übertretungen in ihren schlimmsten Auswüchsen. *Heilsame Lehre* ist eine für die Pastoralbriefe typische Redewendung. Demgegenüber ist die Irrlehre wie der Krebs (2Tim 2,17). Ihr anzuhängen ist ein Zeichen geistlicher Krankheit (1Tim 6,3.4). **11** *Das Evangelium von der Herrlichkeit:* Der Genitiv ist eher inhaltlich als qualitativ zu deuten. Gottes Herrlichkeit wird dem Menschen im Evangelium von Christus offenbart. Das Wort »Herrlichkeit« ist im Grunde ein Hinweis auf die Person Jesu (vgl. Joh 1,14.18; 2Kor 4,4.6). *»Der selige Gott* ist der im Reichtum seiner eigenen Vollkommenheit in überirdischer Freude ruhende und wirkende Gott« (H. Bürki).

1,12-17 Die Heilserfahrung des Apostels

12 Paulus fährt indirekt damit fort, Timotheus zu einer hohen und dennoch demütigen Sicht seiner Berufung sowie zu deren beständiger, treuer Erfüllung zu ermutigen. Er tut dies mittels einer charakteristischen parenthetischen Doxologie (Lobpreis) auf Christus und Gott wegen seiner eigenen Erfahrung der göttlichen Gnade und wegen seiner Ernennung durch Christus zum Verwalter ebendieses Evangeliums (s. auch V. 11), dem er zunächst seine eigene Errettung verdankt. Im Leben des Christen ist es so, daß auf die Hingabe an Christus und auf die Bevollmächtigung durch ihn die Berufung durch Christus zu einem bestimmten *Dienst* (EÜ) folgt. Das hier verwendete Wort (griech.: *diakonia*, ohne den bestimmenden Artikel) hat eine sehr allgemeine Bedeutung, wenngleich Paulus es oft in einer Weise verwendet (wie auch das Wort »Diener«, griech.: *diakonos*), in der es ein Schreiber aus dem 2. Jh. wohl nie getan hätte, um auf sein Apostelamt zu verweisen (vgl. Röm 11,13; 2Kor 3,6; 5,18; 6,3). **13** *Frevler* (griech.: *hybristes*) beschreibt einen gewalttätigen Menschen. Gerade in der Zeit, da Paulus aus voller Überzeugung gnadenlos gegen die Christen vorging, erfuhr er selber die göttliche Gnade. **14** So ist es das überfließende Maß der göttlichen Gnade (vgl. Röm 5,8.10.20), das uns in Jesus Christus gegeben worden ist, und das uns dazu bringt, ein echtes Christenleben in *Glauben* und *Liebe* zu leben anstatt ein Leben in Unglauben und Feindschaft (wie es Saulus vor seiner Bekehrung so konsequent praktiziert hatte). **15** Da Paulus diese tiefe, persönliche Erfahrung gemacht hatte, bat er alle Menschen inständig, das Evangelium, das er verkündigte und für dessen Zuverlässigkeit er selbst ein Beispiel war, (als *wahr*) zu glauben und *(des Glaubens wert)* anzunehmen. Denn er betrachtete (zu beachten ist die bezeichnende Gegenwartsform *ich bin*) sich noch immer als den *ersten* aller Sünder. Er wußte, daß das Ziel der Inkarnation (Fleischwerdung) des Sohnes Gottes als Messias Jesus geschah, um Sünder wie ihn zu retten. Diese Wahrheit faßt der Apostel hier zusammen, indem er einen Satz aus einem frühen Glaubensbekenntnis zitiert. **16** Wenn

der Herr einem so großen Sünder, wie er es war, unverdiente Gnade widerfahren ließ, dann wußte Paulus auch, daß es in Gottes Absicht lag, sein Leben zu einem *Vorbild* von dem vollen Ausmaß der geduldigen Freundlichkeit Jesu (nämlich zu einem derart gewalttätigen Widersacher, wie er, Paulus, es war) zu machen. Ein solches Beispiel würde in der Zukunft andere dazu ermutigen, ihr Vertrauen auf denselben Heiland zu setzen und so in den Besitz des ewigen Lebens zu gelangen. **17** Die Doxologie ist bemerkenswert wegen der Eigenschaften, die Gott zugeschrieben werden. Er ist ewig König, frei von Vergänglichkeit, unsichtbar für das Auge des Menschen, er ist der eine und einzig wahre Gott. Und wenn solche Worte öffentlich bekannt wurden, sollten alle dem zustimmen und Amen sagen.

1,18-20 Eine Ermahnung und eine Warnung

Paulus verweist auf die inspirierten Worte, die am Anfang des Dienstes des Timotheus auf das Werk und den geistlichen Kampf, zu dem er berufen wurde, hindeuteten (vgl. 4,14). Anschließend warnt er ihn vor der Ursache des geistlichen Schiffbruchs, den bereits einige erlitten haben. **18** *Die früheren Weissagungen* zeichneten Timotheus als einen Menschen aus, der von Gott zu einer besonderen Aufgabe erwählt worden war. Er sollte *durch sie* (EÜ) (d.h. durch diese Worte; wörtl. »in ihnen«) die Stärkung finden, um für Gott einen guten Kampf zu kämpfen. Der Vergleich der V. 18.19 mit V. 5 läßt vermuten, daß Paulus einen Befehl wiederholt, der Timotheus ursprünglich gegeben wurde im Blick auf die Bedeutung der sittlichen Lauterkeit. **19** Weil einige gerade hierin versagten und das gute Gewissen, das sie hätten bewahren sollen, absichtlich verletzten, hat ihr Glaube Schiffbruch erlitten, und sie sind der Irrlehre verfallen. **20** Ihr Irrtum war so ernst, daß sie zu ihrem eigenen Besten streng bestraft werden mußten. *Dem Satan übergeben* (vgl. Jak 2,6; 1Kor 5,5): Dieser Ausdruck scheint »exkommunizieren« oder »ausstoßen« zu bedeuten. Indem man einen solchen Menschen außerhalb des Schutzes der Gemeinde stellte, setzte man ihn der Herrschaft Satans aus, und zwar vor allem dessen Macht, körperliche Krankheiten zu verursachen (für weitere Einzelheiten über Hymenäus s. 2Tim 2,17.18).

2,1-7 Aufforderung zum Gebet für alle Menschen

Paulus beginnt hier die einzelnen Themen seiner allgemeinen Ermahnung zu nennen. Am allerwichtigsten ist für ihn das intensive Gebet *für alle Menschen* (V. 1). Vermutlich haben jüdische oder gnostische Irrlehrer die Beschränkung des Heils auf eine besondere Rasse oder auf bestimmte Klassen gelehrt. Deswegen rechtfertigt Paulus seinen allgemeinen Aufruf durch eine sechsfache Begründung. Er verweist auf das Wesen und den Willen Gottes als der Welten Heiland; auf seine Einheit als der eine Gott aller Menschen; auf seine Gabe des menschgewordenen Jesus Christus, dem einzigen Mittler zwischen ihm und der gesamten Menschheit; auf die umfassende Erlösungstat Christi, die *für alle (Menschen)* geschah (V. 6); auf die daran abzulesende Absicht Gottes, alle Menschen zu erretten; und schließlich auf seine eigene von Gott empfangene Berufung zum Verkündiger dieser Botschaft als Lehrer der Heiden (V. 7).

1 Die vier das Gebet umfassend darstellenden Begriffe bilden eine Steigerung. Sie beziehen sich auf die Bitte eines Menschen in Not, auf die allgemeine Ausrichtung des Gebetes zu Gott allein, auf den guten Mut, vor Gott zu treten, um ihm seine Bitten vorzutragen und dabei gleichzeitig für die erfahrenen Segnungen und für die erhörten Gebete zu danken. *Fürbitte* bezieht sich nicht notwendigerweise auf andere Menschen. Die Grundidee ist die, daß man mit einer Bitte bei seinem Vorgesetzten vorspricht. Dabei sollte es primär um die Errettung aller Menschen gehen. **2** Aber wenn Christen frei sein sollen, ihren Glauben in der Welt auszuleben, haben sie zusätzlich die Aufgabe, zu beten für *alle, die in obrigkeitlicher Stellung sind* (ZÜ), damit diese durch ihre Regierung Frieden und Ordnung aufrechterhalten. *In aller Frömmigkeit und Ehrbarkeit* bedeutet: mit der gebührenden Ehrfurcht vor Gott und mit dem angemessenen Sinn für den Ernst des Lebens. JB übersetzt: »in aller Frömmigkeit und Heiligkeit«. **3** *Dies* (d.h. solches Gebet) ist wirklich gut und angenehm vor Gott, weil es mit seinem Willen für die Menschen übereinstimmt. **4** sagt nicht, daß Gott jeden einzelnen Menschen retten wird, sondern lediglich, daß es sein allgemeiner Wunsch für die Menschheit ist, daß alle sich gleichermaßen der Errettung erfreuen sollen (vgl. Offb 7,9.10), indem sie zur Erkenntnis der Wahrheit kommen (vgl. 2Tim 2,25; Tit 1,1). **5** Diese Universalität ergibt sich aus dem Einssein Gottes. Als der einzige Gott handelt er unmittelbar und auf dieselbe Weise an allen Menschen (s. Röm 3,29.30; 10,12). *Der Mensch* (griech.: *anthropos,* ohne den bestimmten Artikel): Gerade das Menschsein Christi und seine Stellung als der einzige Mittler zwischen Gott und Mensch sind ein zusätzlicher Hinweis darauf, daß die Errettung, die in ihm gegeben ist, für alle Menschen gleichermaßen gilt. **6** *Erlösung* (griech.: *antilytron*) gibt den Preis an, der für einen Loskauf bezahlt wird. Die griech. Präposition *anti,*

»für«, deutet den stellvertretenden Charakter des Loskaufes an (vgl. Mk 8,37; 10,45; griech.). Es ist zu beachten, daß Jesus auf diese Weise sich *selbst* hingab. 7 Der Ausdruck *im Glauben und in der Wahrheit* kann auf die Wahrhaftigkeit des Paulus hinweisen oder, was wahrscheinlicher ist, auf den Gegenstand seiner Lehre (vgl. V. 4).

2,8-15 Richtlinien für Gebet und Unterweisung in der Gemeinde

In allen Gemeinden sollten es im allgemeinen die Männer sein, die im Gebet leiten, und sie sollten darauf achten, daß es auf eine würdige Weise geschieht. Ebenso sollten die gläubigen Frauen sich nicht auffällig schmücken, sondern sich durch gute Werke auszeichnen und im Auftreten Bescheidenheit und Zurückhaltung üben. Das Zueinander von Mann und Frau orientiert sich an der ursprünglichen Schöpfungsordnung. Mit einem Hinweis auf die Versuchungsgeschichte begründet der Apostel seine Ermahnung, daß die Frau gegenüber dem Mann die Leitung nicht üben soll. Die besondere Berufung der Frau ist das Muttersein. Obwohl das Gebären mit Schmerz und Gefahr verbunden ist (1Mo 3,16), werden jene Frauen, die die Forderungen des Evangeliums bejahen, sicher hindurchgeführt werden. **8** Paulus gibt einen vollmächtigen Rat, der an allen Orten befolgt werden soll, d.h. überall dort, wo Christen sich zum Gottesdienst versammeln. Das »Aufheben der Hände« war eine allgemein übliche Gebetshaltung (s. 2Mo 17,11.12; 1Kö 8,22; Ps 28,2). Die Voraussetzung für wirksames Gebet sind *heilige Hände,* d.h. persönliche Reinheit und das Freisein von einer negativen Einstellung zum Nächsten und von den damit verbundenen falschen Motiven. **9.10** Frauen sollen ein stilles Zeugnis geben durch ihre *schickliche Kleidung,* durch ein ebensolches Verhalten und durch ein tätiges Leben *mit guten Werken* (vgl. 1Petr 3,1-6). *Anstand* (griech.: *aidos*) bezeichnet eine gewisse Zurückhaltung, ein Schamgefühl, das vor unziemlichen Verhalten bewahrt. Der Ausdruck *Zucht* (griech.: *sophrosyne*) beschreibt die ausgeglichene und diskrete Selbstbeherrschung. **11.12** Im öffentlichen Gottesdienst ziemt es sich für die Frau, zu schweigen und sich unterzuordnen - das macht ihre eigentliche Würde aus - und dem Mann die Zügel nicht aus der Hand reißen zu wollen und ihn zu dirigieren. Wer anders handelt, schadet sich selbst und verstößt gegen die Schöpfungsordnung. **13.14** Paulus beruft sich auf die Schöpfungsordnung und zeigt damit, daß er seine Weisungen nicht von der damaligen, gesellschaftlichen Stellung der Frau herleitet (vgl. 1Kor 11,2-16). Hinzu kommt, daß der Hergang des Sündenfalls nahelegt, daß die Frau leichter getäuscht werden kann als der Mann. Deshalb soll die Frau, wenn es in der Gemeinde um Fragen zu Lehre und Leben geht, Zurückhaltung üben. Dagegen ist es ihr Vorrecht, Kinder und jüngere Frauen zu unterweisen (vgl. 2Tim 1,5; 3,14.15; Tit 2,3.4). **15** Der Wechsel vom Singular zum Plural geschieht wegen der Bezugnahme auf den kollektiven Begriff »Frau« (V. 11-14. »Die verheiratete Frau findet ihr Heil nicht dadurch, daß sie sich von ehelichen und mütterlichen Aufgaben löst, in der Meinung, eine höhere Freiheit zu erreichen. Mitten in ihren alltäglichen, irdischen und natürlichen Mühen und Schmerzen vermag sie die Heiligung in jeder Hinsicht zu verwirklichen, Glauben und Liebe zu bestätigen . . . Wenn sie darin bleibt und sich nicht weglocken läßt, wird sie gerettet werden, auch durch die Schmerzen der Mutterschaft hindurch. »Die Frau wird gerettet werden, nicht trotz des Geburtsvorganges, auch nicht kraft der Geburtsleiden - Verdienst -, sondern in (griech.: *dia*) ihnen, in Erfüllung ihrer mütterlichen Aufgabe« (H. Bürki).

3,1-16 Voraussetzungen für die Ämter innerhalb der Gemeinde

Die Aufsicht über bzw. die Leitung oder Betreuung der Gemeinde Gottes (s. V. 5) ist eine wichtige Aufgabe, die sehr ernst genommen werden sollte. Sie erfordert einen Mann mit einem tadellosen, lauteren, zuchtvollen und hochherzigen Charakter, der seinem eigenen Hause gut vorsteht. Er sollte vor allem kein Neubekehrter sein, sondern ein Christ, dessen bewährtes, gutes Verhalten wohlbekannt ist, damit er dem Teufel keine Gelegenheit gibt, ihn in schlechten Ruf oder zu Fall zu bringen, sei es wegen seines Stolzes oder wegen der Vorhaltungen, die ihm von Nicht-Christen gemacht werden. Gleicherweise sollten sich diejenigen, die als Diakon dienen wollen, zuerst durch ihr stetes und gewissenhaftes Benehmen als Christen bewährt haben, insbesondere was die Selbstzucht und die Leitung der eigenen Familie anbetrifft. Wer sein Amt (seinen Dienst) würdig versieht, wird dadurch nicht nur einen guten Ruf als Christ erwerben, sondern auch das Vertrauen der Menschen gewinnen, wodurch das christliche Zeugnis begünstigt wird.

3,1-7 Das Bischofsamt

1 Paulus' erste Sorge gilt dem rechten Verständnis für die Aufgabe des Aufsehers oder des »Episkopats« (griech.: *episkope*): Wer diesen Dienst innerhalb der Gemeinde begehrt, sollte *untadelig* sein. *Bischof* (»Vorsteher«; griech.: *episkopos*) und »Ältester« (griech.: *presbyteros*) waren zur Zeit des NT zwei Bezeichnungen für dieselbe Person (s. Tit 1,5.7; Apg 20,17.28), wobei der erste Begriff die Funktion oder die Aufgabe anzeigt und der zweite Würde und Rang in den Vordergrund stellt. Jede Ortsgemeinde hatte mehrere Bischöfe oder Älteste. Die Übersetzung »Bischof« darf daher nicht in dem späteren monarchischen und diözesanen Sinn verstanden werden. **2** Vermutlich ist hier »nur einmal verheiratet« zu verstehen statt: *Mann einer einzigen Frau* (letzteres wäre eine Anspielung auf die Vielehe; vgl. 5,9). Gemeint ist zweifellos ein Mann, der frei ist von einer belastenden sexuellen Vergangenheit. **4.5** Wem die eigenen Kinder auf dem Kopf herumtanzen, der wird auch als Bischof kaum in der Lage sein, die Gemeinde zu leiten. **6** *Damit er sich nicht aufblase:* Das griech. Partizip bedeutet »benebelt«, meint also einen verwirrten Geisteszustand, hier als Folge von Eigendünkel wegen der plötzlichen »Beförderung« zu einem hohen Amt. Das *Urteil des Teufels* bezieht sich wahrscheinlich auf das Urteil, unter das der Teufel selbst fiel wegen seiner törichten Überheblichkeit. Da aber das griech. *diabolos* in den Pastoralbriefen in der Bedeutung von »Verleumder« oder »Ankläger« (s. V. 11) vorkommt, möchten einige es in V. 6 und 7 ebenfalls in diesem Sinne übersetzen. Dann würde der Ausdruck V. 6 bedeuten: »das Urteil, das ihm von dem Erzverleumder angehängt wurde«. Die V. 6.7 wären am Ende dieses Abschnitts beide eine erneute Bekräftigung der ersten Voraussetzung für einen Bischof V. 2, nämlich daß er »unsträflich sei, d.h. einen guten Ruf habe und so keine leichte Beute ist für den »Verleumder«.

3,8-13 Das Amt des Diakons

8 *Diakone:* Das griech. Wort hat eine sehr allgemeine Bedeutung: »Diener«. Aber in der christlichen Gemeinde wurde es offenbar als Bezeichnung einer Gruppe von Helfern, die den Bischöfen oder Ältesten unterstellt waren (vgl. Phil 1,1), verwendet. Da die Voraussetzungen, die in diesem Abschnitt genannt werden, sittlicher Art sind und als solche alle wirklichen Christen charakterisieren sollten, werden an die Diakone größtenteils dieselben Anforderungen gestellt wie an die Bischöfe. Wenn die Diakone, wie anzunehmen ist, Hausbesuche machten und sich um die Gemeindefinanzen kümmerten, ist verständlich, daß die V. 8 genannten Voraussetzungen besonders bekräftigt werden. **8** *Doppelzüngigsein* heißt, den Menschen nach dem Mund reden. Das griech. *dilogos* kann auch einfach »wiederholen« bedeuten und sich also auf ein Klatschmaul beziehen. *Gewinn suchen:* Das griech. Wort bedeutet: »darauf ausgerichtet sein, auf niederträchtige und schändliche Weise seinen Vorteil zu suchen« (vgl. Tit 1,7.11). **9** Ein *Geheimnis* ist etwas, was allgemein verborgen ist, aber einigen Privilegierten bekannt ist - in diesem Falle denen, die glauben (vgl. V. 16). Solcher Glaube und solches Wissen können nur dort gesund bleiben, wo aktiver, gewissenhafter Gehorsam hinzukommt (vgl. 1,5.19; 2,15). **10** Niemand sollte als Diakon dienen dürfen, der sich nicht zuvor in den Augen aller Menschen als würdig erwiesen hat.

11 Das griech. Wort, das mit »Frauen« übersetzt wird, ist mehrdeutig. Es könnten die Ehefrauen der Diakone gemeint sein. Hier bezieht es sich vielleicht auf weibliche Mitarbeiter oder Diakonissen (vgl. Röm 16,1). Die vier geforderten Voraussetzungen ähneln jenen Voraussetzungen, die V. 8 die Männer zu erfüllen haben. **13** *Ein gutes Ansehen* hält man wohl für die erste Sprosse auf der Leiter nach oben. Aber das paßt nicht in den Kontext. Einige halten das »gute Ansehen« und die »große Zuversicht«, die auf diese Weise erworben werden, für Dinge, die auf Gott hinweisen, besonders in bezug auf den Tag des Gerichts (vgl. 6,19; 1Jo 2,28; 3,21; 4,17). Es scheint jedoch angemessen, die Worte auf den Menschen zu beziehen, denn das Hauptanliegen des ganzen Abschnittes richtet sich auf die Notwendigkeit eines guten Rufes, der von allen, die ein Amt in der Gemeinde bekleiden wollen, erworben und bewahrt werden muß. Dies wird ihre *Zuversicht* oder ihren Mut, das Evangelium zu verkündigen, steigern.

3,14-16 Das Ziel dieser Anweisungen

15 *Wie man sich verhalten soll:* Paulus möchte Anweisungen geben für alle Gemeindeglieder, nicht nur für Timotheus. Der Apostel wendet sich an jede einzelne Ortsgemeinde; es fehlt der bestimmte Artikel. Jede Vereinigung von Glaubenden ist ein *Haus Gottes* oder eine »Familie«, eine *Gemeinde des lebendigen Gottes,* die nicht wie ein heidnischer Tempel von einem toten Götzen bewohnt wird, sondern sich der offenbarten Gegenwart des lebendigen Gottes erfreut. Auch stellen ihre Existenz als eine Körperschaft und die regelmäßigen öffentlichen Zusammenkünfte einen *Pfeiler* sowie eine dauerhafte Stützmauer oder *Grundfeste* dar am jeweiligen Ort als Zeugnis zur Wahrheit. **16** faßt diese *Wahrheit* zusammen als ein *Geheimnis,* das denen offenbart ist, die den Geist wahrer Gottesfurcht oder »Frömmigkeit« (ZÜ) haben. Das gemeinsame Bekenntnis dieses Geheimnisses zeigt dessen Größe (EÜ: *Anerkannt groß ist das Geheimnis*). Es folgt ein Zitat aus einem solchen Bekenntnis, das im Griech. unvermittelt mit einem maskulinen Pronomen *(er)* einsetzt, das sich offenbar auf Christus bezieht, denn dieses »Geheimnis« ist eine Person (vgl. Kol 1,27). Die rhythmische und antithetische Formulierung läßt einen frühen Christushymnus vermuten. Die Präexistenz Christi wird darin angedeutet und seine Inkarnation bezeugt. Diese Offenbarung Gottes in der Geschichte enthüllte sogar den Engeln neue Wunder (vgl. Eph 3,10; 1Petr 1,12) und hat ein Evangelium hervorgebracht, das allen Völkern gepredigt werden soll. Der damit verbundene Lohn Jesu besteht in einer Gemeinschaft von Glaubenden, die von der Erde gesammelt wird, sowie in seiner eigenen Erhöhung in die göttliche Herrlichkeit des Himmels.

4,1-5 Ernste Warnung vor Irrlehren

In überraschendem Kontrast zu diesen Ausführungen (3,15.16) sagt Paulus nun, daß der Heilige Geist bezeugt, daß es in der Zukunft bei einigen in der Gemeinde zu einer Abwendung von der Wahrheit kommen werde. Im Grunde wird dies auf den Einfluß böser Geister zurückzuführen sein, aber unmittelbar auf die falsche Lehre unlauterer Männer, die das Werkzeug dieser bösen Geister sein werden, und die fälschlicherweise auf die Enthaltung von der Ehe und von bestimmten Speisen bestehen. Eine solche Lehre steht in direktem Widerspruch zu der Absicht des Schöpfers, denn alles, was Gott gemacht hat, ist nicht nur an sich gut, sondern ist auch dazu da, vom Menschen gebraucht zu werden. Nichts darf daher als völlig unbrauchbar abgelehnt werden. Vielmehr müssen wir lernen, die Dinge für unseren Gebrauch zu heiligen. Dies geschieht in einem Geist der Danksagung durch Gebet, das in Einklang steht mit dem Wort Gottes.

1 *Der Geist aber sagt deutlich:* Wahrscheinlich denkt Paulus an das Wort christlicher Propheten oder an seine eigene Rede (vgl. Apg 20,23; 21,11; s. auch Mt 24,11). *In späteren Zeiten* (EÜ): Das Griech. meint die auf die Niederschrift des Briefes folgende Zeit und nicht die »letzten Tage«, wie in 2Tim 3,1. *Von dem Glauben:* Es steht der bestimmte Artikel, was auf die Gesamtheit der offenbarten Wahrheit hinweist (vgl. 1,19; Jud 3). Die *Lehren* besagen nichts über die Dämonen selber, sondern sie sind das Werk von Dämonen. Im Gegensatz zu dem Geist und dem Geheimnis der Gottesfurcht stehen verführerische Geister und ihre Irrlehren. **2** *Lügenredner, die ein Brandmal in ihrem Gewissen haben,* sind Menschen, denen es an sittlichem Empfinden fehlt, oder Menschen, die das Brandmal ihres dämonischen Besitzers tragen. **3-5** Die Aussagen dieser Verse gewinnen an Bedeutung, wenn man sie im Blick auf die gnostische und dualistische Ansicht, daß die Materie böse sei und nicht von Gott geschaffen wurde, betrachtet. Da aber Gott alles für den menschlichen Gebrauch erschuf, hängt der richtige Gebrauch vom Glauben ab, von der völligen Erkenntnis der Wahrheit und von einem tätigen Geist der Danksagung. **5** *Das Wort Gottes* meint die von Gott inspirierten Aussagen, wie sie vor allem in der Heiligen Schrift zu finden sind. Hier wird angeregt, bei der Danksagung Worte aus dem AT zu verwenden. Vielleicht ist aber auch daran gedacht, daß solche Speise ausdrücklich von Gott genehmigt worden ist.

4,6-16 Dienst und Verhalten des Timotheus

Paulus erklärt Timotheus, daß seine Berufung zum Dienst Jesu völlige Hingabe erfordert, sowohl im persönlichen Leben wie auch im Dienst am Nächsten. Er soll nicht nur darauf achten, daß er predigt, was wahr und nützlich ist, sondern auch, daß er das Gelehrte selber praktiziert und auslebt. Die verschiedenen Aspekte des Dienstes am Wort wollen alle sorgfältig beachtet werden, und die von Gott geschenkte Gabe zu einem solchen Dienst muß völlig entfaltet werden. Der Dienst erfordert eine völlige Hingabe, und die entsprechende Lebensweise bringt einen doppelten Lohn mit sich, denn sowohl der Wortverkündiger als auch der Hörer wird sich in gleicher Weise des Heils erfreuen.

6 Es liegt in Timotheus' Verantwortung, den Christen diese Wahrheiten vorzuhalten (s. V. 4.5) bzw. sie darzulegen als das Fundament richtigen Handelns (griech.: *hypotithemenos*). Er wird dies jedoch nur dann tun können, wenn er sich beständig nährt (im Griech. steht hier das Partizip Präsens) mit den Wahrheiten des Evangeliums, zu deren Praktizierung er sich verpflichtet hat. So wird er sich als *ein guter Diener Christi Jesu* erweisen. **7** Die Gedanken der ersten und der zweiten Vershälfte bilden einen Gegensatz. Man kann sich dem Guten nur widmen, indem man sich völlig vom Bösen abwendet. Die *Fabeln* sind *albern* (JB), weil sie charakteristisch sind für abergläubige alte Frauen. Ein Diener Christi muß sich geistlich »in Form halten« durch eine geeignete Ernährung (V. 6) und durch Übung (V. 7). Statt der irreführenden asketischen Selbstkasteiung (V. 3) soll er ein aufbauendes Training in der Gottesfurcht beginnen (1Kor 9,25-27). **8** Als Selbstzweck ist die körperliche Zucht bestenfalls von begrenztem Wert. Der Diener Jesu sollte jedoch die *Gottesfurcht* oder die Hingabe seines Lebens in den besonderen Dienst Gottes zu seiner Hauptaufgabe machen. Der Nutzen, der auf diese Weise gewonnen wird, ist unbegrenzt und allumfassend; er betrifft eher das wahre geistliche *Leben* als die physische Existenz eines Menschen (im Griech. steht *zoe*, nicht *bios* wie 2Tim 2,4), und fördert sowohl das zukünftige Wohlbefinden oder Glück wie auch das gegenwärtige. **9** Diese Lehre verdient es, von allen Menschen geglaubt und angenommen, d.h. ausgelebt zu werden. **10** Sie verweist auf das Ziel, das Paulus selber im Auge hat (zu beachten ist die Verwendung von *wir*), wenn er sich unentwegt den körperlichen Strapazen und Leiden aussetzt, die sein Apostelamt mit sich bringt. Auch ist die *Hoffnung* auf diesen Gewinn fest und beständig (im Griech. steht das Perfekt), weil sie nicht auf die Kraft körperlicher Anstrengung gründet, sondern auf Gott als den *Lebendigen* (griech.: *zon*) und *Heiland.* Aufgrund dieser Eigenschaften Gottes können die Menschen seiner Fähigkeit und Bereitschaft, ihnen wahres Leben zu geben (griech.: *zoe*), gewiß sein. Obwohl Gott sich durch seine gnädige Vorsehung im Handeln an allen Menschen als Retter erweist (vgl. Mt 5,45; 6,26), erweist sich die volle Bedeutung seines Heils in der Erfahrung der Glaubenden.

11 Diese christliche Lebensweise soll Timotheus *gebieten* und *lehren,* damit seine Zuhörer von ganzem Herzen darauf eingehen. **12** Sein vergleichsweise jugendliches Alter und seine natürliche Schüchternheit sollen nicht Anlaß geben, ihn geringzuschätzen (vgl. 1Kor 16,10.11). Vielmehr sollte er sich freimütig als ein nachahmenswertes Beispiel für alle hinstellen (vgl. Phil 3,17; 2Thes 3,9), nicht nur in bezug auf seine Lehre, sondern auch im Blick auf seine Lebensführung und die sie tragende Liebe, Treue und Integrität. **13** Als einer, der zum Dienst in der Gemeinde berufen ist, soll er den drei wichtigsten sich aus diesem Dienst ergebenden Aufgaben besondere Aufmerksamkeit widmen: dem öffentlichen *Vorlesen* der Schrift, dem darauf gründenden *Ermahnen* (d.h. den Predigten) und den *Lehren* (der katechetischen Unterweisung; vgl. Lk 4,6-21; Apg 13,15; 15,21; 17,2.3).

14 Auch soll Timotheus die besondere *Gabe,* die er für seinen Dienst empfangen hat, nicht vergessen oder vernachlässigen. Es ist zu beachten, daß eine von Gott gegebene Befähigung zu ihrer völligen Entfaltung der Mitarbeiter des Menschen bedarf (vgl. Phil 2,12.13; 2Tim 1,6). Timotheus wußte um die Art und den Empfang dieser Gabe durch das begleitende prophetische Zeugnis und durch die feierliche Ordination (vgl. Apg 13,1-3). Bemerkenswert ist ferner die Bezugnahme auf das gemeinsame Handeln eines *Ältesten*kreises der Ortsgemeinde sowie das an den Empfänger gerichtete Zusammenwirken von prophetischer Rede und symbolischer Handlung (»Wort« und »Sakrament«). **15** Der Wortverkündiger muß sein ganzes Denken und Wesen fortlaufend diesen Dingen widmen. Er soll nicht nur *Fortschritte* (EÜ) machen, **16** sondern diese sollten auch allen Menschen sichtbar sein. Handelt der Wortverkündiger entsprechend, so trägt er zur Errettung seiner selbst und seiner Zuhörer bei. Es ist zu beachten, daß der Diener am Wort seinen Dienst nicht nur durch seine Rede versieht (diejenigen, denen er dient, werden als *»deine Hörer«* (JB) bezeichnet), sondern daß er seine Worte auch durch seine Lebensweise ergänzen muß, will er ihre Wirksamkeit nicht beeinträchtigen.

5,1-6,2 Besondere Gruppen innerhalb der Gemeinde

5,1.2 Allgemeine Anweisungen

Zum Dienst des Timotheus zählten der Umgang mit Menschen und die ernste Konfrontierung seiner Hörer mit der Wahrheit. Dieser Pflicht muß entsprochen werden, doch stets in echter Liebe und mit Nüchternheit. **1** Es gehört sich nicht, daß ein junger Prediger wie Timotheus einen älteren Mann scharf zurechtweist. *Älteren* bezieht sich hier lediglich auf das Alter und nicht auf das Amt des Ältesten; es geht also um *»einen älteren Mann«* (ZÜ, EÜ). **2** *Mit allem Anstand* bezieht sich insbesondere auf Timotheus' Dienst an den jungen Frauen. Es gehört zu seiner Aufgabe, sie zu ermahnen, doch soll er sich vor jeder unziemlichen Vertraulichkeit in acht nehmen. Tit 2,3-5 wird die eigentliche Unterweisung der jungen Frauen ausdrücklich den älteren Frauen aufgetragen.

5,3-16 Anweisungen bezüglich der Witwen

Wo es um die Versorgung der Witwen geht, sollte jenen Ehre und Hilfe zuteil werden, die tatsächlich notleidend sind und Hilfe verdient haben. Nach Möglichkeit sollten die Witwen von ihren eigenen Kindern oder Verwandten versorgt werden. Dies ist eine eindeutige Pflicht des Christen, denn die Gemeinde sollte nicht unnötig belastet werden. Es sollten nur solche Witwen zu einem Dienst herangezogen werden und materielle Unterstützung empfangen, die das 60. Lebensjahr erreicht haben, nur einmal verheiratet waren und nicht beabsichtigen, sich wieder zu verheiraten, und die für ihre guten Werke bekannt sind. Jüngere Frauen eignen sich für eine derartige Stellung nicht. Sie könnten versucht sein, sich wieder zu verheiraten oder von Haus zu Haus zu ziehen und bösen Klatsch zu verbreiten. Für solche Frauen ist es besser, sich wieder zu verheiraten und die Verantwortung für Kinder und Haushalt auf sich zu nehmen. Auf diese Weise können sie selber Witwen helfen, die sonst von der Gemeinde unterstützt werden müßten.

3 *Ehre:* Dies kann notwendige materielle Versorgung beinhalten (s. V. 17 und Mt 15,5.6). *Eine rechte Witwe* (V. 5), die solcher Hilfe bedarf, ist eine Frau, die weder über eigene Mittel verfügt noch Angehörige hat, die sie unterstützen. Sie ist *alleinstehend* (ZÜ). **4** Jede Witwe, die Angehörige hat, sollte von diesen unterstützt werden. Das heißt, daß die Angehörigen es lernen müssen (es zu ihrer Gewohnheit machen), eine vornehme Pflicht darin zu sehen, den Mitgliedern der eigenen Familie Liebe entgegenzubringen und sich den Eltern oder Großeltern angemessen erkenntlich zu zeigen. Solches Verhalten ist nicht nur für diejenigen, die daraus den Nutzen ziehen, sondern auch *vor Gott wohlgefällig.*

5 Die rechte Witwe wird sich, abgesehen von der Tatsache, daß sie *alleinstehend* (ZÜ) ist, dadurch als unterstützungswürdig empfehlen, daß sie es sich zur Gewohnheit gemacht hat, ihre Hoffnung auf Gott und nicht auf Menschen zu setzen und viel Zeit mit intensivem Gebet zubringt. **6** Demgegenüber sind solche Frauen, die ihr Leben mit Nichtigkeiten zubringen, nicht als wirkliche Witwen zu betrachten, denn sie sind, obwohl sie leben, in Gottes Augen tot. **7** Timotheus soll hier klar unterscheiden und einen angemessenen Maßstab anlegen, nicht um einigen Witwen etwas vorzuenthalten, sondern vielmehr, um zu gewährleisten, daß alle ein untadeliges Leben führen. **8** Jeder Christ sollte für das Wohlergehen seiner eigenen Familie Sorge tragen. Wer diese Sorgepflicht vernachlässigt, leugnet den Glauben, den er mit seinem Munde bekennt, und handelt verwerflicher als ein Heide, der in solchen Dingen um seine Pflichten weiß.

9.10 Einige Ausleger glauben hier Spuren eines frühen »Witwenordens« zu sehen (der in anderen frühchristlichen Schriften häufig erwähnt wird). Es scheint sich dabei eher um »weibliche Älteste« gehandelt zu haben als um »weibliche Diakone« oder »Diakonissen« (s. bei 3,11), die kaum alle über 60 Jahre alt gewesen sein können. Ihre besondere Aufgabe war offenbar die Sorge für die Kinder, vor allem für die Waisen und für die jüngeren Frauen. Dies hieße, daß sie auch Hausbesuche machten. Die Bedingungen für die Zugehörigkeit zu diesem »Dienstorden« sind offenbar streng. Die geforderten Qualifikationen deuten eher auf einen praktischen Dienst als auf Voraussetzungen für das bloße Recht auf materielle Zuwendungen.

Paulus nennt zwei Gründe, weshalb jüngere Witwen nicht zugelassen werden sollen. **11.12** Erstens wäre es unklug, ihnen das Versprechen abzunehmen, nicht wieder zu heiraten. Denn sollten sie später eine Heirat wünschen, wäre dieser unter anderen Umständen berechtigte Wunsch dann eine Auflehnung gegen das Joch Christi, und sie würden sich dadurch selbst verurteilen, weil sie *die erste Treue gebrochen* hätten. **13** Zweitens würde es ihnen Gelegenheit geben, geschwätzige Wichtigtuer anstatt fleißige Arbeiterinnen zu werden. Wer sich weder um seinen Haushalt noch um seinen Lebensunterhalt zu kümmern braucht, steht - aufgrund der frei verfügbaren Zeit - in der Versuchung, seine Zeit mit Müßiggang und eitlem Geschwätz zu vertun. **14** Um dem *Widersacher keinen Anlaß zu geben,* Christen *zu lästern,* ist es deswegen besser, daß sich solche Frauen wieder verheiraten und sich ganz der Familie widmen. Einige meinen freilich, dieser Abschnitt besage, daß die Erfahrung, die eine Frau aus der Ehe mitbringt, ihre Eignung für bestimmte Aufgaben vergrößere, für andere dagegen verringere. Ferner, daß jüngere Frauen, die von der Gemeinde für ihren diakonischen Dienst entlohnt werden, unverheiratet und nicht verwitwet sein sollten. Oder aber, daß jede gesunde Witwe unter 60 Jahren sich einen Erwerb (wenn nicht einen Ehemann) suchen sollte, damit sie nicht die Gemeindekasse belaste, selbst wenn sie in der Gemeinde mitarbeitet. Mit *Widersacher* ist hier wohl an einen Menschen und nicht an den Teufel zu denken. *Anlaß* (EÜ): Das griech. Wort ist ein Fachbegriff aus dem Militärwesen und meint den »Ausgangspunkt für militärische Operationen«. **15** Paulus beruft sich auf das Zeugnis der Erfahrung, um sein Urteil zu erhärten. Dieses Abweichen vom Weg Christi (V. 11) ist wohl in einigen Fällen so vorgekommen. Die Einfügung *schon* läßt vermuten, daß bereits in der kurzen Zeit, seit der Anerkennung von jungen Witwen ähnliches vorgefallen war. Man wird darin auch einen Hinweis darauf zu sehen haben, daß sich feste organisatorische Strukturen in der Gemeinde schon sehr früh herausbildeten.

5,17-25 Die rechte Behandlung, Ermahnung und Ernennung von Ältesten

Timotheus erhielt besondere Vorschriften im Blick auf die *Ältesten,* den Leitern der Ortsgemeinden. (Weitere Aussagen in bezug auf Amtsträger s. Apg 14,23; 15,6; 20,17.28; Tit 1,5). Einige Älteste beteiligten sich auch am Predigtdienst und an der Unterweisung. Timotheus wird eindringlich ermahnt (V. 21), weder Vorurteil noch Parteilichkeit gegen bestimmte Einzelpersonen zu üben. Erstens soll er darauf achten, daß der Dienst der Ältesten gebührend anerkannt wird und daß die Ältesten selber ausreichend entschädigt werden (V. 17f). Zweitens kann es vorkommen, daß Älteste, die in ihrem Dienst versagen, ermahnt werden müssen. Er soll jedoch auf keine Anschuldigung achten, die nicht durch entsprechende Zeugenaussagen bestätigt wird (V. 19). Wer einer Sünde überführt wird, soll öffentlich gerügt werden (V. 20). Drittens soll er niemanden voreilig zu einem Dienst berufen, damit seine eigene Position nicht durch die Verbindung mit dem Sündigen gefährdet wird und er selber in Verruf gerät (V. 22). Denn weder die guten noch die schlechten Charaktereigenschaften eines Menschen sind auf den ersten Blick zu erkennen. Es gibt weniger auffällige Dinge, die erst bei geduldiger und vorsichtiger Beobachtung entdeckt werden. Bei der Ernennung der Ältesten ist es daher falsch, jemanden zu schnell zuzulassen oder abzuweisen.

17 *Die Ältesten:* Im Gegensatz zu V. 1 bezieht sich der Apostel hier auf jene, die als Leiter einer Ortsgemeinde eingesetzt worden sind. Der folgende Vers macht deutlich, daß zu der Ehre, die man ihnen schuldet, auch die materielle Entschädigung gehört (vgl. V. 3). Auch sollte diese Ehre *doppelt* (EÜ) oder reichlich sein. Man sollte sie nicht nur unter Zwang gewähren, sondern aus Überzeugung. **18** Paulus zitiert 5Mo 25,4 nicht, um Gesetzlichkeit zu fordern: Ihm geht es um das grundlegende ethische Prinzip. Bemerkenswert ist die Formulierung *der da drischt,* d.h. während er tatsächlich arbeitet (im Griech. steht das Partizip Präsens). Manche haben sich gefragt, ob der Ausdruck *denn die Schrift sagt* auch für das zweite Zitat gilt, da dieses Lk 10,7 steht. Wenn ja, wäre das ein bemerkenswerter Hinweis auf das dritte Evangelium als Heilige Schrift. Wahrscheinlicher ist aber, daß die Worte ein bekanntes Sprichwort darstellen, das Jesus zitierte und das hier von Paulus verwendet wird, um auf das Wesentliche hinzuweisen. **19** Vgl. 5Mo 19,15. **20** *Die da sündigen . . . vor allen:* »Die« und »allen« versteht man wohl am besten als Hinweis auf die Ältesten allein, wenngleich sich das letzte Wort - und manche meinen auch das erste - auf die Gemeindeglieder im allgemeinen beziehen könnte. **22** *Die Hände auflegen:* Zur Praxis der Handauflegung vgl. 4,14; 2Tim 1,6. Die Bedeutung ist: Ordiniere keinen Menschen übereilt - eine Zwischenbemerkung, die gut zu der vorher ausgesprochenen Warnung vor Parteilichkeit paßt. Timotheus wird Gott und den Gemeinden nur dann gut dienen, wenn er sich reinhält und es ablehnt, die Unwürdigen an der Leitung einer Gemeinde zu beteiligen. **23** In einem persönlichen Trostwort - ein bemerkenswertes Indiz für die Echtheit des Briefes - macht Paulus klar, daß die Aufforderung, sich rein zu halten, Timotheus nicht daran hindern soll, im Interesse seiner Gesundheit die völlige Enthaltsamkeit ein wenig zu lockern (zu beachten ist die Betonung *nicht mehr*) und etwas Wein zu nehmen. Zu *ein wenig Wein* vgl. 3,3. Bemerkenswert ist die Andeutung, daß Timotheus keine robuste Gesundheit hatte. **24.25** *Offenbar,* d.h. »deutlich sichtbar«, »sofort ersichtlich«. *Gehen . . . voran:* Das griech. Wort bedeutet hier »den Weg weisen«. Manche Menschen werden später von den Nachwirkungen ihrer Sünden verfolgt und zu gegebener Zeit von ihnen eingeholt.

6,1.2 Vorschriften für gläubige Sklaven

Diese Verse geben Timotheus weitere Anweisungen, die er in bezug auf die schuldige *Ehre* (vgl. 5,3.17), die in diesem Falle die Sklaven ihren Herren erweisen müssen, weitergeben soll. **1** Wenn gläubige Sklaven keine gute Arbeit leisten, wird dem Namen und dem Evangelium Gottes Unehre bereitet, da so der Anschein geweckt wird, als wolle das Christentum die bestehende gesellschaftliche Ordnung unterminieren. **2** Auch sollen die Sklaven, deren Herren Glaubensbrüder sind, nicht aufhören, ihnen die schuldige Achtung zu zollen. Vielmehr sollten sie ihnen um so gewissenhafter dienen, als die Nutznießer ihres vermehrten Dienstes Christen sind.

6,3-10 Mahnungen an Timotheus und alle Brüder

Man kann sich leicht von der Anziehungskraft der Lehre mancher Menschen in die Irre führen lassen. Aber dennoch wird solche Lehre als »anders« (V. 3) oder als »heterodox« bezeichnet, weil ihre Vertreter die zuverlässigen geistlichen Grundlagen offensichtlich verlassen haben und ihr persönliches Verhalten unwürdig geworden ist. Zudem verursacht ihre Lehre heftige soziale Spannungen, weil sie dazu angelegt ist, das sittliche Urteilsvermögen der Menschen zu pervertieren. Sie beraubt die Menschen der Wahrheit und läßt sie dem Irrtum verfallen, das Ziel praktischer Frömmigkeit sei der materielle Gewinn (V. 4.5). Nicht, daß in wahrer Frömmigkeit kein großer Gewinn läge, doch nur für den, der frei ist von Habsucht (V. 6). Da wir keinen Reichtum ansammeln und mitnehmen können, wenn wir diese Welt verlassen, sollten wir zufrieden sein, sofern wir Nahrung und Kleidung haben (V. 7.8). Denn wer sein Verlangen auf den Erwerb von Reichtum richtet, wird davon verführt, gefangen und völlig beherrscht (V. 9). Eine solche Liebe zum Geld ist eine Wurzel, die, wenn man sie wachsen läßt, sündige Triebe hervorbringt (V. 10). Diejenigen, die sich von ihr vereinnahmen lassen, irren gewöhnlich vom Glauben ab und verursachen selber viele Schwierigkeiten.

3.4 Es gibt hier einen Gegensatz zwischen der Lehre, die *heilsam* ist, und Lehrern, die an einer *Seuche* erkrankt sind. Eine Lehre kann als heilsam bezeichnet werden, wenn sie erstens Christus als Urheber hat und zweitens, wenn sie durch den gottesfürchtigen Geist und das ebensolche Verhalten desjenigen, der sie lehrt, bestätigt wird. Im Gegensatz dazu verurteilt der Irrlehrer sich selbst durch seinen Eigendünkel, durch seinen Mangel an Erkenntnis und durch seine ungesunde Leidenschaft, alles diskutieren zu wollen, was nur Streit und sämtliche dazugehörenden Begleiterscheinungen wie böses Denken und üble Nachrede hervorbringt. **5** Im Griech. weisen die Partizipien (nicht Adjektive), die solche Männer beschreiben, auf die permanente Einbuße hin, die sie erlitten haben. Ihr moralisches Urteilsvermögen ist zerstört, und sie haben die Wahrheit verloren. Infolgedessen machen sie es sich zur Gewohnheit, die Frömmigkeit als ein Mittel zum Erwerb materiellen Gewinns zu betrachten. *Gewerbe:* Das griech. *porismos* bedeutet eigentlich »gutes Geschäft«, d.h. eine Quelle des Profits. **6** Paradoxerweise wird anschließend von der *Frömmigkeit* gesagt, daß sie eine Quelle von großem Gewinn sei, jedoch nicht im Sinne von materiellem Reichtum, und nur dann, wenn sie von Zufriedenheit begleitet wird. Das griech. Wort bedeutet »Genügsamkeit«. Es beschreibt die Unabhängigkeit von den wechselnden Umständen (vgl. Phil 4,11). **7** Die Aussagen dieses Verses bestätigen die paulinische Grundhaltung zu den materiellen Dingen. Diese sind nur von zweitrangiger und vorübergehender Bedeutung, sie gehören nicht zum eigentlichen Ich des Menschen, und man kann sie nicht in das Leben nach dem Tode mitnehmen. **8** Das griech. Verb, das im Indikativ Futur steht, läßt erkennen, daß es sich weniger um eine Aufforderung als vielmehr um eine Lehraussage handelt: Dies ist der Weg zu wirklicher Zufriedenheit - im Gegensatz zu dem Trachten nach wachsendem materiellen Reichtum. **9** *Unvernünftig und schädlich* (EÜ): D.h. leidenschaftliche *Begierden*, die - negativ ausgedrückt - als unvernünftig und - positiv - als schädlich bewertet werden. **10** Die gedankliche Beschäftigung mit dem Erwerb von Reichtum und die konsequente Verfolgung dieses Ziels führen schließlich zu persönlichem Verlust *(vom Glauben abgeirrt)* und eigenem Schaden *(machen sich selbst viel Schmerzen)*. Im Gegensatz zu dem »guten Geschäft« der Frömmigkeit zahlt es sich nicht aus.

6,11-16 Eine ernste persönliche Ermahnung

Paulus fordert Timotheus auf, seiner Berufung treu zu bleiben, sich rein zu halten von verfänglichen Dingen wie der Liebe zum Geld, und nach christlichen Tugenden zu eifern (V. 11). Er soll den Wettlauf würdig beenden, damit er den Preis gewinnt. Mit seinem *Bekenntnis* als Christ hat er sich diesem Lauf verpflichtet (V. 12). Die Erinnerung daran, daß Gott sieht und seine Hilfe nicht versagen wird, daß Jesus Christus selbst die von Timotheus bekannte Wahrheit durch das Zeugnis seiner Leiden bestätigt hat und daß er, Jesus, vor aller Welt von Gott als Richter offenbart werden wird: Möge dieses Bewußtsein ihn dazu motivieren, Paulus' Ermahnungen zu befolgen und seinen Glaubensgehorsam rein und tadellos zu halten (V. 13-16).

Die folgenden Wendungen lassen verschiedene Deutungen zu. **11** *Gottesmensch* (JB: *Mann Gottes*) ist wohl im Sinne von »Diener Gottes« zu verstehen. Die Bezeichnung ist aus dem AT bekannt, wo sie sich gewöhnlich auf einen Propheten bezieht (s. 1Sam 9,6). **12b** nimmt möglicherweise auf die Ordinierung von Timotheus Bezug, und **13** auf das treue Zeugnis unseres Herrn vor Pilatus. **14** richtet sich dann an Timotheus, seinen besonderen Auftrag auszuüben. Freilich ist hier nicht nur an Timotheus zu denken: *Mann Gottes* kann jeden reifen Christen meinen (s. 2Tim 3,17). Mit **12b** könnte auch an die Taufe des Timotheus gedacht sein. *Das gute Bekenntnis* (der bestimmte Artikel ist zu beachten) ist der bezeugte »Glaube«, wobei sich *gut* auf den »bekannten Glauben« und nicht auf den Akt des Bekennens bezieht. **13** Dieses *gute Bekenntnis*, an das Timotheus erinnert wird, wurde von Jesus selbst als wahr ausgewiesen durch seinen Tod und seine Auferstehung, die unter *Pontius Pilatus* stattfanden (eine mögliche Deutung des Griech.; vgl. das Apostolische Glaubensbekenntnis). In einigen Formulierungen klingen hier möglicherweise alte Glaubensbekenntnisse an, die bei Taufen verwendet wurden. Man beachte die Bezugnahme auf Gott als den Lebensspender oder Schöpfer, sowie auf das Leiden und die Wiederkunft Christi. Somit begründet Paulus seine an Timotheus gerichteten Mahnungen mit Wahrheiten, die allen Christen gelten - nicht nur ihm als einem besonders beauftragten Diener Gottes. **12** deutet die griech. Zeitform an, daß mit *Kampf* eine dauernde Handlung gemeint ist, während *ergreife* von einem (einmaligen) Entscheidungsakt spricht. **14** Die *Erscheinung* (das Offenbarwerden; griech.: *epiphaneia*) *Christi* wird zu der ihr von Gott bestimmten Zeit gesehen als ein Zeichen seiner Hand (vgl. Joh 2,18).

15.16 geben eine eindrucksvolle Beschreibung der überragenden und einzigartigen Souveränität Gottes, dem allein alle Ehre gebührt.

6,17-19 Der rechte Gebrauch materieller Dinge

Paulus vervollständigt seine Unterweisung im Blick auf Reichtum, indem er seinen vorangegangenen negativen Warnungen vor der Gewinnsucht (V. 6-10) eine positive Anweisung über den rechten Gebrauch von Reichtum hinzufügt.

Reiche Christen sollen sich vor der im Besitz inhärenten Gefahr der Selbstsicherheit hüten. Ihre feste Hoffnung sollte nicht in vergänglichem Reichtum verankert sein, sondern in Gott, dem Geber der Güter (V. 17). Solcher Reichtum ist ihnen nicht gegeben, damit sie ihn horten, sondern damit sie sich an ihm freuen (vgl. 4,3-5) und ihn dazu zu verwenden, *Gutes* zu tun (V. 18). Wer seinen Besitz frei mit anderen teilt, sorgt für seine Zukunft und kommt in den bleibenden Besitz des wahren Lebens (griech.: *zoe*), das im Gegensatz steht zum Überfluß an vergänglichen, irdischen Mitteln zum Leben (griech.: *bios*); s. 1Jo 3,17; Lk 12,15.

17 Bemerkenswert ist die Gegenüberstellung *dieser* (gegenwärtigen) *Welt* und der *Zukunft* (V. 19). Vgl. Mt 6,19-21. V. 17 drückt *Hoffnung setzen* (EÜ, ZÜ) den Nachdruck des griech. Perfekt aus. Die Warnung wird außerdem verschärft, indem die *Unsicherheit* und nicht die »Menge« des Reichtums in den Vordergrund gestellt wird. Jene, die über irdischen Reichtum verfügen, werden aufgefordert, ihn dazu zu verwenden, sich einen besseren und beständigeren Reichtum zu erwerben. **18** Dazu brauchen sie - paradoxerweise - eine tätige und von Herzen kommende Bereitschaft, ihren materiellen Reichtum mit anderen zu teilen, und zwar *freigiebig* und *mitteilsam* (EÜ).

6,20.21 Eine letzte Ermahnung

In einem eindringlichen persönlichen Wort an Timotheus faßt Paulus nun das doppelte Anliegen seines Briefes kurz zusammen, damit Timotheus die Wahrheit bewahrt und ungeschmälert weitergibt und er die gottlose und arrogant-anmaßende Irrlehre, die bereits einige Menschen auf fatale Weise vom rechten Weg abgebracht hat, meidet.

20 Timotheus wird hier angesprochen als ein Haushalter, der mit dem »Pfand« (der Wahrheit; vgl. 2Tim 1,12.14; 2,2) betraut wurde, d.h. in dem, was Judas (V. 3) »den Glauben« nennt, »der ein für allemal den Heiligen überliefert ist«. Die *fälschlich so genannte Erkenntnis* deutet hin auf eine unberechtigte Anmaßung, die den Verlust des Glaubens zur Folge hat. **21** *Die Gnade sei mit euch:* Zum Schluß der charakteristisch paulinische Gruß (s. 2Thes 3,17.18). In dem *euch* ist die Ortsgemeinde mit eingeschlossen.

Der zweite Brief an Timotheus

Inhalt

Zur Einleitung vergleiche S. 450ff

Kommentar

1,1.2 Anrede und Gruß

1 Vgl. die Bemerkungen zu 1Tim 1,1.2 und Tit 1,1-4. Es ist typisch für Paulus, sein Apostelamt auf den *Willen Gottes* zurückzuführen (vgl. die Eröffnungsverse 1 u. 2Kor, Eph und Kol). Er war fest davon überzeugt, von Gott berufen zu sein (s. Gal 1,1.15.16). *Nach der Verheißung des Lebens... in Christus Jesus:* Damit ist das Hauptanliegen des Apostelamtes umrissen. Das Amt diente dazu, diese Verheißung bekannt zu machen und die Menschen zu ihrer

Annahme zu bewegen. Gesagt ist damit auch, daß er ein Beauftragter war (vgl. Tit. 1,1-3). 2 *An meinen lieben Sohn:* Hier kommt die innige Verbundenheit mit Timotheus zum Ausdruck, vor allem, was dessen Funktion als Leiter und Nachfolger des Paulus in der Arbeit für Gott anbetrifft (vgl. 1Kor 4,17). Paulus sprach oft auf diese Weise von denen, die durch ihn zum Glauben gekommen waren (s. 1Kor 4,14.15; Gal 4,19; Phlm 10).

1,3-5 Danksagung für den Glauben des Timotheus

Paulus bekennt seine tiefe Zuneigung zu Timotheus, eine Zuneigung, die er stets in seinen Gebeten zum Ausdruck bringt und die den Wunsch nach einem freudigen Wiedersehen mit Timotheus begründet. Vor allem aber dankt Paulus Gott, wenn er sich in seinen Gebeten an den lauteren Glauben des Timotheus erinnert sowie an den gleichen Glauben seiner Großmutter und seiner Mutter vor ihm. In diesem Zusammenhang wird sich Paulus der Tatsache bewußt, wieviel auch er seinen Vorfahren verdankt, von denen er lernte, Gott gewissenhaft und aufrichtig zu dienen. Diese beiden Hinweise kann man daher als ein christliches Zeugnis für den Wert einer guten jüdischen Erziehung betrachten. Denn auch als Timotheus im Kindesalter im AT unterrichtet wurde (3,15), glaubten seine Lehrer wahrscheinlich noch nicht an Christus.

1,6-14 Die Notwendigkeit von Mut und Treue

Paulus erinnert Timotheus daran, daß er eine geistliche Gabe besitzt und daß Gottes Gaben nicht gegeben werden, um den Menschen feige zu machen, sondern stark, liebevoll und besonnen. Aus diesem Grunde sollte er das von Gott gegebene Feuer weiter entfachen und in der Kraft Gottes seinen Teil der Leiden, in die das Evangelium ihn vielleicht führen würde, auf sich nehmen, indem er sich ohne Zögern zu dem Zeugnis von Jesus bekennt und zu Paulus, der um Christi Willen Gefangenschaft erduldet. Um dieser Aufforderung Nachdruck zu verleihen, erinnert Paulus Timotheus daran, wie wunderbar das Evangelium ist. Denn gemäß dem gnädigen Vorsatz Gottes - und nicht aufgrund menschlicher Leistung - hat Gott uns errettet. Dieses Gnadengeschenk, das uns bereits vor Beginn der Weltgeschichte gegeben wurde, ist nun allgemein offenbart worden durch das Kommen Jesu Christi als Retter und Sieger über den Tod. Infolgedessen ist durch das Evangelium, das nun verkündigt wird, das unvergängliche Leben ans Licht gebracht (damit die Menschen seine Wirklichkeit erkennen und es ergreifen). Zur Verkündigung dieses Evangeliums ist Paulus berufen, und in Ausführung seines Auftrags muß er leiden. Auch sieht er (ungeachtet der Gefangenschaft und des wahrscheinlichen Märtyrertodes) keinen einzigen Grund, sich dieses Evangeliums zu schämen. Denn Gott ist treu und mächtig. Daher ist er (obwohl die Zeit seiner Arbeit als Diener am Evangelium abgelaufen ist) gewiß, daß Gott bewahren wird, was er Paulus anvertraut hat, so daß er dem Jüngsten Tag zuversichtlich entgegensehen kann. Dies ist der Inhalt der heilsamen Lehre, die er, Paulus, Timotheus überliefert habe, und die er sich aneignen und bewahren soll in gehorsamem Glauben an - und in ebensolcher Liebe zu - Christus. Timotheus soll daran denken, daß Gottes Geist in uns wohnt, damit wir das Haushalteramt ausüben können.

6 *Aus diesem Grund:* Der Bezug ist auf den ungeheuchelten Glauben (EÜ) des Timotheus (V. 5). Es ist zu beachten, daß Timotheus nicht ermahnt wird, neue Gnade zu suchen. Vielmehr wird er aufgefordert, die Gnade, die ihm bereits verliehen wurde, neu zu entfachen. 7 *Geist:* Gemeint sein könnte entweder der Heilige Geist oder aber der menschliche Geist, der unter der Herrschaft des Heiligen Geistes steht: Sie sind komplimentär (vgl. Röm 8,14-16). 8 *Sein Gefangener:* D.h. durch Gottes Zutun (vgl. Eph 3,1; Phlm 9). 9 Jene, die gerettet werden, werden zuerst berufen von Gott nach seinem freien *Ratschluß* (vgl. Röm 8,28). Der *Ruf* ist *heilig*, denn durch ihn sind wir zur Heiligkeit oder Gottähnlichkeit berufen (vgl. 1Kor 1,2; 1Petr 1,15.16). Obwohl die Pastoralbriefe wiederholt betonen, daß die guten Werke eine Frucht des Heils sind, machen sie doch auch deutlich - und dies ist typisch paulinisch -, daß mit guten Werken kein Mensch sich das Heil erwerben kann (vgl. Tit 3,5; Eph 2,8-10). *Vor der Zeit der Welt* (EÜ: *vor ewigen Zeiten*): Vgl. Tit 1,2; Röm 16,25). Dies impliziert die Präexistenz Christi. 10 *Den Tod zunichte gemacht...* (EÜ): D.h., dem Tod ist die Macht genommen, den Menschen gefangen zu halten. Das griech. *katargein* bedeutet »wirkungslos machen«. *Das Leben und ein unvergängliches Wesen:* Es ist ein Leben, das völlig frei ist von Zerfall. 12 *Denn ich weiß:* Das im Griech. verwendete Perfekt spricht von dem steten Vertrauen, zu dem man sich einmal fest entschlossen hat. *Was mir anvertraut ist* (wörtl.: »mein Pfand«): Dasselbe Wort bezieht sich 1,14 und 1Tim 6,20 auf das »Pfand« des Evangeliums, das dem Haushalter anvertraut worden ist. Diese Bedeutung scheint auch hier angebracht. Die von Paulus ausgesprochene Hoffnung auf seine endgültige Erlösung (vgl. 1Thes

5,23) fügt sich in den Zusammenhang. Seine Verwendung der Wörter »bewahren« und »Pfand« legen V. 14 vielleicht ihren weiteren Gebrauch in einem vergleichbaren Sinne nahe. **13** *Vorbild:* Das griech. Wort bedeutet »Umriß«, dem man folgen und den man im einzelnen ausfüllen muß. *Glaube und Liebe* zeigen die Art und Weise an, in der Timotheus das tun soll - ein Vorgang, der ein persönliches Verhältnis zu Jesus Christus voraussetzt

1,15-18 Paulus lobt den Eifer des Onesiphorus

Paulus fordert Timotheus auf, sich des Evangeliums und des Apostels in der Verfolgung nicht zu schämen (1,8). Dabei erinnert er an die vielen, die sich geschämt haben, sich offen mit Paulus, dem Gefangenen, zu identifizieren, aber auch an einen Mann, der sich nicht schämte. Da Onesiphorus Paulus in dessen Not solche Freundlichkeit erwiesen hat, betet Paulus, daß der Herr es ihm vergelten möge, indem er seinem Haus sowohl jetzt Freundlichkeit erweise als auch am Jüngsten Tage. **15** *Alle haben sich von mir gewandt:* Sie wollten nichts mit Paulus zu tun haben. **16.17** Im Gegensatz dazu half Onesiphorus dem Paulus nach der Verhaftung und machte sich auch später, als er nach Rom kam, die zusätzliche Mühe, Paulus aufzusuchen (was offenbar keine leichte Aufgabe war), um ihn erneut zu ermutigen. **18** Auch Timotheus weiß um die vielen Dienste, die er in Ephesus tat. Onesiphorus tritt hier als von seiner Familie getrennt in Erscheinung: vielleicht weil er von zu Hause abwesend war - was wohl sehr möglich ist - oder weil er bereits gestorben war (vgl. 4,19). Das bedeutet jedoch nicht, daß Paulus für einen Toten betet, eine Praxis, die in der Schrift nirgendwo unterstützt wird. Die Fürbitte bezieht sich nicht auf den Tod, sondern auf das Leben und die Belohnung am Jüngsten Tage. Die Bitte um angemessene Vergeltung kann sowohl für Lebende wie für Tote geäußert werden und steht mit der Lehre Jesu und des NT in Einklang (s. Mt 10,32.33; vgl. 2Tim 4,14).

2,1-13 Eine weitere Ermahnung zu Standhaftigkeit und Treue

Nach dem Beispiel des Onesiphorus - und im Gegensatz zu dem Versagen anderer - fordert Paulus Timotheus auf, seine Kraft in Christus zu suchen und bereit zu sein, Verfolgung zu leiden. Zwei Aufgaben sind besonders wichtig: Erstens, daß die anvertraute Wahrheit, das volle Evangelium, gewissenhaft weitergegeben werde an treue Männer, die ihrerseits andere unterrichten. Und zweitens, daß Gottes Absicht im Blick auf die Gabe des Evangeliums erfüllt werde durch die Errettung der Auserwählten. Diese Aufgaben fordern Hingabe, Disziplin und Gewissenhaftigkeit, wie man sie bei Soldaten (V. 3.4), Athleten (V. 5) und Bauern (V. 6) findet. Sie können auch Leiden nach sich ziehen, wie die Erfahrung des alten Apostels belegt. Angesichts des möglichen Märtyrertodes, wie er Paulus bevorstand (und vielleicht auch eines Tages Timotheus), war es ein Trost, sich auf die Treue Gottes und die Belohnung im Himmel besinnen zu können.

1 *So sei nun stark:* Das im Griech. verwendete Präsens Passiv bedeutet: »Werde stets gestärkt«. *Durch die Gnade in Christus Jesus:* Das heißt, durch die göttliche Hilfe, die allen, die mit Christus verbunden sind, zur Verfügung steht. **2** *Befiehl . . . an* (griech.: *paratithenai*) hat dieselbe Wurzel wie »Pfand« (griech.: *paratheke*) 1,14. Timotheus war von Paulus feierlich mit der Verkündigung des Evangeliums beauftragt worden. Nun wird er beauftragt, es denen anzuvertrauen, die es ihrerseits wieder an andere weitergeben werden. Zu beachten sind die Eigenschaften, die solche Diener am Wort haben sollen: Zuverlässigkeit und die Gabe der Unterweisung. *Vor* (d.h. in der Gegenwart von) *vielen Zeugen* bezieht sich wohl auf jene Personen, die anwesend waren, als Timotheus für den Dienst ausgesondert wurde. Oder der Ausdruck könnte bedeuten, daß der Inhalt von Paulus' Evangelium an Timotheus bestätigt wurde »durch« (griech.: *dia*) das Zeugnis vieler Menschen. **4** *Wer in den Krieg zieht,* muß frei sein von allen weltlichen Geschäften und bereit sein, dem befehlführenden Offizier zu gehorchen und die Aufgabe, für die er angeworben wurde, zu erfüllen. **5** In der Antike erhielt der Sieger eines sportlichen Wettkampfes einen Kranz. *Nach der Regel* (JB): D.h. in strenger Übereinstimmung mit dem, was ein bestimmter Wettkampf erfordert, zunächst beim Training und dann beim eigentlichen Kampf. **6** *Der Ackermann, der sich müht, soll den ersten Anteil an den Früchten haben* (ZÜ): *Müht* und *ersten* sind wichtige Hinzufügungen: Ein solcher Einsatz steht im Gegensatz zu dem geringen Aufwand des trägen Bauers. Die drei Illustrationen (V. 3-6) unterstreichen verschiedene Aspekte der Aufforderung zur äußersten Hingabe zum Dienst am Evangelium. **6.7** *Bedenke, was ich sage:* D.h., erfasse die Bedeutung dessen, was gerade gesagt wurde, und denke über die praktische Anwendung auf deinen eigenen Dienst nach. Dies ist keine eitle Aufforderung, weil der Herr dazu Verstand, d.h. die Fähigkeit, recht zu urteilen, geben wird. **8** *Halt im Gedächtnis Jesus Christus:* Die folgenden zwei Sätze sind bekenntnishaft. Timotheus soll motiviert werden durch das Gedächtnis Jesu, der als »Messias« (Christus) bestätigt wurde durch seine Geburt als Mensch *aus dem Geschlecht Davids* in Erfüllung der Prophetie und durch seine Auferstehung von den Toten (vgl. Apg 2,36; Röm 1,1-4). Aus diesem Grunde kann man an ihn denken als an den lebendigen Herrn. Diese Grundwahrheit über Jesus ist Bestandteil des Evangeliums, das Paulus (und durch Paulus Timotheus) zur Verkündigung anvertraut wurde. *Nach meinem Evangelium:* Vgl. 2,16; 16,25; 1Kor 15,1. *Evangelium* bezieht sich sowohl auf die Verkündigung des Evangeliums als auch auf die Botschaft selbst.

9 *Für welches ich leide bis dahin, daß ich gebunden bin wie ein Übeltäter:* Diese Worte drükken die Schwere der Schmach und Schande aus, die Paulus erlitt, und auf die auch Timotheus gefaßt sein sollte. Aber *Gottes Wort ist nicht gebunden,* im Gegensatz zu Paulus, und kann nicht eingegrenzt werden. **10** *Darum:* D.h. für die Sache des Evangeliums und dessen Verbreitung. *Dulde ich alles:* Ich nehme geduldig jede Erfahrung auf mich, selbst die schlimmste (vgl. Hebr 12,2).

11-13 *Zuverlässig ist das Wort* (ZÜ): Die folgenden Sätze, die hier als glaubwürdig zitiert werden, sind möglicherweise einem bekannten Hymnus oder einer Sammlung von Aphorismen entnommen, die zur Treue bis zum Tod Mut machen und die Hoffnung auf die Teilhabe an Christi ewiger Herrlichkeit stärken sollten. Unser Eingang in jene Herrlichkeit wird unserem Anteil an seinen Leiden auf Erden entsprechen (vgl. Röm 8,17). **11** *Sterben wir mit* (griech.: Aorist): Der Bezug ist auf ein entscheidendes Ereignis in der Vergangenheit und ist wohl eher als ein Hinweis auf die Taufe als auf das Martyrium zu deuten (vgl. Röm 6,3.4.8). **12** Im Gegensatz dazu *dulden wir* (griech.: Präsens, eine andauernde Handlung). Zu beachten ist der paradoxe Gegensatz zwischen dem Weg und dem Ziel: durch Tod zum Leben, durch geduldigen Gehorsam zur Herrschaft. **13** *Sind wir untreu* (griech.: Futur): Es wird hier eine entferntere Möglichkeit angedeutet (vgl. Mt 10,33). Während das Versagen des Menschen, Christus auf Erden zu bekennen, die zukünftige Anerkennung dieses Menschen durch Christus beeinflußt, ändert das Versäumnis, Christus zu vertrauen und treu zu sein, dessen stete Zuverlässigkeit und Treue nicht (vgl. Röm 3,3). Gott kann sich selbst nicht untreu sein.

2,14-26 Einige Verhaltensregeln

Es bestand zunehmend die Gefahr, daß man seine Aufmerksamkeit nutzlosen und schädlichen Spekulationen und Streitfragen zuwandte. Namentlich werden zwei Männer genannt, die eine falsche Lehre über die Auferstehung verbreiteten. Timotheus soll daher die Christen und besonders jene »treuen Männer« (V. 2), denen er das Evangelium zur weiteren Verkündigung anvertraut hatte, an solche Wahrheiten erinnern, wie sie Paulus gerade eben aufgezählt hat (V. 4-13). Und er soll sie ernstlich mahnen, sich nicht auf Streitfragen einzulassen. Timotheus soll an der Verkündigung der Wahrheit festhalten: Damit wird er Gottes Zustimmung gewinnen und braucht sich dann vor Gott nicht zu schämen am Tag des kommenden Gerichts. Er soll eitle Phantastereien, die ebenso schädlich sein können wie ein Krebsgeschwür, meiden. Läßt das Scheitern im Glauben einiger Menschen ihm um das Überleben der Gemeinde angst werden, so soll er daran denken, daß die wahre Gemeinde von Gott selber gegründet worden ist, und daß nicht alle, die Christus angeblich als Herrn bekennen, wirkliche Glieder dieser Gemeinde sind. Gott allein weiß, wer wirklich sein Eigentum ist. Das Bekennen des Namens Jesu beinhaltet die Forderung (der manche nicht nachkommen wollen), der Sünde zu entsagen. Wie sich die Gegenstände in einem Haus in ihrer Beschaffenheit unterscheiden und manche von ihnen wenig oder keinen Wert haben und sich nicht für den ehrvollen Gebrauch eignen, so ist auch die Gemeinde der Christen eine gemischte Gesellschaft. Wer wie Timotheus die Fähigkeit besitzt, dies zu erkennen, sollte bestrebt sein, sich durch gewissenhafte Heiligung aus der Gruppe der Unwürdigen zu lösen. So soll er brauchbar werden für den ehrvollen Dienst des Herrn. Er soll nicht länger den eigenen Begierden leben, sondern sich der Gemeinschaft und den geistlichen Zielen der aufrichtigen Gläubigen anschließen. Als einer, der in den Dienst des Herrn gerufen wurde, soll er sich nicht auf sinnlose Streitigkeiten einlassen mit denen, die dem Irrtum verfallen sind, sondern mit ihnen freundliche Nachsicht üben und sie behutsam in der Wahrheit zu unterrichten suchen, in der Hoffnung, daß Gott sie zur Einsicht bringt und sie so dem Teufel, der sie gefangenhält, entfliehen und sich dem Willen Gottes widmen können.

14 *Daß sie nicht um Worte streiten:* D.h., sie sollen sich nicht auf Wortklaubereien einlassen. Die folgenden Sätze zeigen die Ergebnisse eines solchen Streits. Negativ ausgedrückt bringt der Streit keinen Gewinn. Positiv ausgedrückt stürzt ein solcher Streit die Hörer, anstatt daß sie erbaut werden, in eine geistliche »Katastrophe« (vgl. das Griech.). **15** *Der sich nicht schämen muß* (ZÜ): Das griech. Wort hat möglicherweise eine passive Bedeutung: »nicht zuschanden gemacht wird« (vgl. Phil 1,20). *Richtig austeilt* (wörtl.: »gerade schneidet«):

Vielleicht handelt es sich hier um eine Metapher. Wer einen geraden Weg oder eine gerade Furche zieht (schneidet), der weicht nicht vom Wort der Wahrheit - dem Evangelium - ab (vgl. Gal 2,14). **16** *Ungeistliches loses Geschwätz:* Gerade, das wertlos und eitel ist. Jene, die solchem Gerede nachgehen, haben die falsche Richtung eingeschlagen: Sie entfernen sich von Gott. **17** Wenn solchem Gerede Raum gegeben und nicht entgegengewirkt wird, breitet es sich aus wie ein bösartiges Geschwür, das das gesunde Gewebe wegfrißt. *Hymenäus* wird auch 1Tim 1,20 genannt. **18** Vielen fiel es schwer, an die leibliche Auferstehung zu glauben (vgl. 1Kor 15), vor allem jenen, die die Materie als etwas Böses betrachteten. Daher deuteten sie die Auferstehung ausschließlich geistlich, als eine bereits gemachte Erfahrung. Aber so verfehlten sie die Wahrheit und *verwirrten den Glauben* anderer (JB). **19** *Der feste Grund Gottes besteht:* Er kann nicht zerstört werden. Der Apostel bezieht sich hier auf die wahre Gemeinde, die Gott selbst baut (vgl. Eph 2,19-22). Das doppelte Siegel (Gottes und des Menschen) zeigt an, wie die echten Glieder von den unechten unterschieden werden. Zum Verständnis der Zitate 4Mo 16,5.26; vgl. Jes 52,11. Zu beachten ist, daß die Echtheit des einzelnen letztlich nur von Gott erkannt wird, und daß jeder, der sich zu Christus als dem Herrn bekennt, seine eigene Erwählung gewiß machen muß durch entsprechendes Handeln.

V. **21** betont erneut die Verantwortung des einzelnen, sich von der Verunreinigung durch die Verbindung mit den Unwürdigen zu reinigen. V. **22** nennt komplementäre Wahrheiten. Die Verunreinigung von innen wie von außen soll vermieden und die Gemeinschaft mit den Aufrichtigen angestrebt werden. **23** Bemerkenswert ist der wiederholte Hinweis, daß manche Fragen töricht, unnütz und dumm sind, weil sie nicht auferbauen, sondern Streit hervorrufen. **24** *Ein Knecht des Herrn:* Jeder Christ ist angesprochen (1Kor 7,22), vor allem aber der, der wie Timotheus zu einem speziellen Dienst berufen worden ist (vgl. Tit 1,1; Jes 42,2.3). **25** *Mit Sanftmut zurechtweisend* (ZÜ): D.h. die Wahrheit auf positive Weise darlegen, anstatt sich mit denen anzulegen, die der Wahrheit widerstehen. So soll man mit denen verfahren, die einer Irrlehre verfallen sind (vgl. den drastischeren Umgang mit solchen, die bewußt eine Irrlehre vertreten; Tit 3,10), denn sie können nur dann zurückgewonnen werden, wenn Gott ihnen einen Sinneswandel schenkt, der zur vollen Erkenntnis der Wahrheit führt. **26** Als Deutung bietet sich an, daß diejenigen, die vom Teufel vereinnahmt worden sind, wieder zu Besinnung kommen, sich aus der Falle des Teufels befreien und statt dessen dazu kommen, den Willen Gottes auszuüben.

3,1-9 Warnung vor dem kommenden Abfall

Falls es Timotheus befremdet, daß in der Gemeinde soviel Böses aufkommen kann, versichert ihm Paulus, daß noch Schlimmeres geschehen wird, je näher das Ende rückt. Die Sündhaftigkeit menschlichen Eigenwillens wird uneingeschränkt in Tat, Wort und Denken zum Tragen kommen. Ehrerbietung, Pflichttreue, Dankbarkeit und Liebe unter Verwandten und das Halten von Gottes Geboten werden ein Ende finden. Die Menschen werden zunehmend bösartig, unbeherrscht, gewalttätig, Feinde der Tugend, bereit zum Verrat der Angehörigen, leichtsinnig, irregeführt durch ihren Eigendünkel. Jene, die sich zur Religion bekennen, werden die Vergnügungssucht über die Liebe zu Gott stellen. Sie werden Gott äußerlich fürchten, aber seine eigentliche, verwandelnde Kraft werden sie bewußt ablehnen oder leugnen. Solche Menschen sind zu meiden. Sie gehören zu jenen, die schwache Frauen heimlich verführen, da diese wegen ihres empfindlichen Gewissens, wegen ihrer Bereitschaft, sich vom Gefühl beherrschen zu lassen, wegen ihrer Neugier und wegen ihrer Unfähigkeit, die Wahrheit zu erfassen, eine leichte Beute sind. Solche Menschen müssen in ihrem wahren Charakter als Gegner der Wahrheit erkannt werden, sowie als Menschen, die ihres Verstandes beraubt und in Gottes Augen verworfen sind gerade bezüglich des Glaubens, zu dem sie sich bekennen (vgl. Mt 7,22.23). Dennoch wird ihrem Wirken eine Grenze gesetzt sein, denn alle werden sehen, daß ihr Verhalten ausgesprochen eitel ist.

1 *In den letzten Tagen:* Das christliche Zeitalter als Ganzes wird manchmal so beschrieben (s. Hebr 1,2); aber hier wird mit *Vollendung* auf die Vollendung der Zeit Bezug genommen. Zu beachten ist das Futur *»es werden kommen«*, obwohl Gegenwartsform V. 5 und 6 zeigt, daß das Böse, das später ausreifen wird, bereits wirksam ist (vgl. Mt 13,24-30; 2Thes 2,7.8). *Schlimme Zeiten* (griech.: *chaleopos*), d.h. »schwierig«, »schwer, um darin zu leben«. **2** *Menschen:* Im Griech. steht der bestimmte Artikel, d.h., es geht hier nicht um die Menschen oder um die Menschheit im allgemeinen. Der ganze Kontext, vor allem V. 5, legt nahe, daß dieser sittliche Niedergang und die Manifestation des Bösen im Kreise der bekennenden Christen geschehen wird. Nicht die unerleuchteten Heiden, sondern jene, die der Wahrheit widerstehen und die Kraft des Evangeliums leugnen, werden verworfen (vgl. 2Thes 2,3; wo Paulus lehrt, daß »der Abfall« - griech.: *apostasia* - d.h. der religiöse Abfall, zuerst stattfinden muß). In V. 2 bis 4 ist zu beachten, wie die Beschreibung beginnt und endet: *Sie halten viel von sich, sind geldgierig... lieben die Wollust* (EÜ: *Vergnügen*) *mehr als Gott*, d.h., sie sind Menschen, die sich mehr um die Befriedigung ihrer eigenen Triebe sorgen als darum, daß sie Gott gefallen. Der Zerfall der Sitten ist die unweigerliche Folge. *Prahlerisch, hochmütig*, bereit anzugeben, lieblos zu anderen. *Lästerer:* Das sind jene, die despektierlich sowohl über Gott als über Menschen reden. 3 *Unversöhnlich:* Das griech. *aspondos* beschreibt nicht so sehr einen Menschen, der einen Vertrag bricht, als vielmehr den, der sich nicht mit anderen »vertragen« will. *Dem Guten feind:* Sie hassen alles, was gut ist, Dinge wie Menschen. 5 *Verleugnen:* Vgl. 1Tim 5,8; Tit 1,6. *Solche Menschen meide:* Vgl. 2,25. Von diesen Menschen muß man offenbar annehmen, daß für sie keine Erlösung mehr möglich ist und daß sie nur noch fähig sind, Böses zu tun. 6 *Lose Frauen* (EÜ): Im Griech. steht *gynaikaria*, eine Verkleinerungsform, die Verachtung ausdrückt. Diese Frauen werden leicht verführt (vgl. 1Tim 2,14). 8 *Jannes und Jambres* werden in einem hebräischen Targum zu 2Mo 7,11 erwähnt als Zauberer, die sich Mose widersetzten. Dieser Vergleich mag vielleicht an einen ähnlichen Gebrauch von okkulten Mächten denken lassen (s. 3,13: »Betrüger«). *Mit zerrütteten Sinnen:* D.h. unfähig, die Wahrheit zu begreifen (vgl. Röm 1,21.22; Eph 4,17.18). 9 Vgl. 2,16; 3,13. Wenngleich die Verderbtheit und die Macht zu täuschen bei solchen Menschen weiter zunimmt, geschieht das nicht, ohne daß ihre Torheit allgemein offenkundig wird.

3,10-4,5 Aufruf, das Wort trotz Verfolgung zu verkündigen

3,10-13 Paulus' Erfahrung als Beispiel

Wie sehr unterscheidet sich doch das bisherige Leben des Timotheus von alledem (d.h. von 3,1-9)! Paulus erinnert Timotheus an seinen eigenen Glauben und sein Tun und an die Verfolgung und an das Leid, in das sein Dienst für Christus ihn gebracht hat, nicht zuletzt bei seiner ersten Missionsarbeit in der Heimat des Timotheus. Timotheus soll sich zu Herzen nehmen, daß diese Erfahrung beispielhaft ist. Alle, die sich zu einem Leben der völligen Hingabe an Christus entschließen, müssen mit Verfolgung rechnen - und das um so mehr, als der Gegensatz zwischen Gut und Böse zunimmt und die bösen Menschen schlechter werden, sowohl in ihrer blinden Abkehr von der Wahrheit, als auch in ihrer Fähigkeit, andere zu verführen.

10 *Du aber bist genau... gefolgt*, nämlich als gehorsamer Jünger (vgl. 1Tim 4,6). Paulus tut sich nicht selbst hervor, sondern erinnert seinen treuen Nachfolger an die wesentlichen Merkmale der Nachfolge Christi. 11 *In... in...* (wörtl.: wie z.B.). Zur Erläuterung seines Anliegens nennt Paulus Anfechtungen, die Timotheus bekannt waren und aus denen er ersehen konnte, daß derartige Leiden zur unabdingbaren Erfahrung aller echten Christen gehören (s. Apg 14,19-22). Diese Lektion wird V. 12 bekräftigt (vgl. Mt 5,10; 10,22; Joh 15,20). 12 *Alle, die... wollen*, wörtl.: alle, die dazu entschlossen sind. *Gottesfürchtig... in Christus Jesus* (EÜ) ist eine treffende Charakterisierung des Geistes und des Lebens eines Christen, der in der persönlichen Beziehung zu Christus und in der Hingabe an seinen Herrn lebt. 13 *Betrüger:* Das griech. *goetes* bedeutet »Hexenmeister, Zauberer«, wörtl. »Heuler«, und läßt an den Einsatz magischer Künste denken.

3,14-17 Vom Wert der Heiligen Schrift

Zudem kennt Timotheus die offenbarte Wahrheit Gottes und ist von ihrem Wert überzeugt worden durch seine Unterweisung als Kind. Timotheus' Aufgabe besteht nun darin, treu an diesem Wort festzuhalten. Denn die gesamte Heilige Schrift, in der er unterwiesen wurde, ist auf einzigartige Weise dazu angetan, Menschen zu der Erfahrung des göttlichen Heiles durch den Glauben an den Messias Jesus zu führen. Aber das ist nicht alles: Jede einzelne Schrift (V. 6) hat aufgrund ihres Ursprungs im schöpferischen Hauch oder Geist Gottes (griech.: *theopneustos*, »gottgehaucht«; vgl. Ps 33,6) ihren Wert für die sittliche Erziehung und gründliche Ausrüstung zu jedem guten Werk des Menschen, der Gott gehört.

14 *Du aber* markiert einen scharfen Gegensatz zu den »bösen Menschen« (V. 13). 15 *Von Kind auf:* Diese Worte lassen an die Unterweisung des Timotheus seit frühester Kindheit denken (s. 1,5). *Die heilige Schrift:* Der bestimmte Artikel macht deutlich, daß es sich hier um eine bekannte Bezeichnung für das AT handelt (die auch bei Philo und Josephus begegnet). Zu beachten ist die Nennung des Themas und des Ziels des AT aus christlicher Sicht. Das AT liefert nicht nur Erkenntnis oder Information, sondern auch praktische Unterweisung: *die dich unterweisen kann...* Im Griech. steht hier ein Partizip Präsens, das eine andauernde, permanente Eigenschaft angibt. 16 *Alle Schrift:* Jede einzelne Schriftstelle (von der eben die Rede war; V. 15) ist nützlich, weil die ganze Schrift von Gott inspiriert ist. Man sollte also keine davon ausgrenzen. *Erziehung in der Gerechtigkeit:* Schulung oder Unterweisung in gerechter Lebensführung. 17 *Der*

Mensch Gottes: Die Worte beziehen sich hier besonders auf den christlichen Verkündiger, der, wie Timotheus, für Predigt und Seelsorge Verantwortung trägt (s. 4,1.2). *Vollkommen,... geschickt:* Im Griech. haben das Adjektiv und das Partizip dieselbe Wurzel und drücken so die Idee einer »völligen Geschicktheit und Eignung« aus.

4,1-5 Paulus' Auftrag an Timotheus

Im Blick auf seine Berufung zum Dienst beauftragt Paulus vor Gott Timotheus daher feierlich, das Wort zu verkündigen. Er soll bereit sein, jede sich bietende Gelegenheit zu nutzen, und er soll den Anspruch des Wortes seinen Hörern nahebringen, indem er sie sowohl zurechtweist als auch durch geduldige und umfassende Unterweisung ermutigt. Timotheus sollte sich dessen um so mehr befleißigen, weil eine Zeit kommen wird, in der die Menschen die nützliche Unterweisung nicht mehr ertragen und sich von der Wahrheit abwenden werden zu Fabeln und phantasievollen Lehren. Timotheus soll daher stets nüchtern sein und bereit, Not zu leiden. Der Dienst der Evangeliumsverkündigung erfordert Einsatz und Gewissenhaftigkeit.

1 Paulus beschwört Timotheus bei Gott, bei Christus, dem zukünftigen Richter, bei dessen »Erscheinung« bzw. bei dessen zweitem Kommen und bei dessen Reich. Es ist ein wichtiger Aspekt des ntl. Evangeliums, daß Jesus alle Menschen richten wird und daß der Tag kommt, da er als Richter offenbar werden wird (vgl. Apg 17,31; Röm 2,16). Die Formulierung *zu richten die Lebendigen und die Toten* begegnet uns in frühchristlichen Glaubensbekenntnissen. **2** *Predige das Wort,* d.h. das Evangelium (vgl. Apg 6,4; Kol 4,3). *Stehe bereit* (EÜ): Sei wachsam wie einer, der stets zum Dienst bereit steht. *Überführe* (ZÜ), *weise zurecht, ermahne:* Es ist bemerkenswert, wie das Wort und dessen Verkündiger zunächst verletzen müssen, ehe sie heilen können. *Ermahne mit aller Geduld und Lehre:* So soll der Verkündiger sowohl seine Zuhörer als auch das Thema seiner Verkündigung behandeln: Die Unterweisung soll positive Akzente setzen und nicht in negativer Verurteilung steckenbleiben. **3.4** Der Blick in die Zukunft, wie sie hier beschrieben wird, mahnt zur Verkündigung. *Nicht ertragen,* d.h. »sich nicht gefallen lassen«. Zu beachten ist, wie dieses Hören falsch ist sowohl im Blick auf das Motiv als auch auf das Interesse. Es wird bestimmt von Selbstsucht, von der jeweiligen Laune und von dem Bedürfnis nach Unterhaltung, und es führt bewußt von der Wahrheit weg hin zu faszinierenden *Fabeln.* **5** Timotheus soll daher unbedingt *nüchtern* oder besonnen sein und sich von dem »berauschenden Wein der Irrlehre« fernhalten.

4,6-22 Die persönliche Lage des Paulus; letzte Grußworte

Paulus erklärt seine Bereitschaft, den Märtyrertod zu sterben, der, wie er weiß, nahe bevorsteht. Sein Lebenswerk ist abgeschlossen; er ist seiner Berufung treu geblieben. Er freut sich auf jene Erfüllung des Heils, die der Herr an dem Tag, an dem er als Richter kommt, allen geben wird, die ihre Hoffnung auf sein Erscheinen gerichtet haben. Von den engsten Freunden und Mitarbeitern des Apostels ist jetzt nur noch Lukas bei ihm. Daher drängt Paulus Timotheus, möglichst bald zu ihm zu kommen und Markus sowie einige persönliche Habseligkeiten, die er in Troas hatte liegenlassen, mitzubringen. In der Gefangenschaft und bei der Gerichtsverhandlung hatte Paulus Enttäuschungen erlebt. *Demas* ließ ihn im Stich. *Alexander* fügte ihm sogar Schaden zu und sagte gegen ihn aus. Niemand war bereit, sich öffentlich auf seine Seite zu stellen. Aber der Herr gab ihm immer wieder Kraft, das Evangelium denen zu sagen, die darauf zu hören bereit waren. Gott hatte ihn davor bewahrt, daß er in die Knie gezwungen und zum Schweigen gebracht wurde. Paulus zeigt sich davon überzeugt, daß der Herr ihn sicher durch das, was ihm noch bevorsteht, hindurchführen wird in sein himmlisches Reich. Ihm sei die Ehre in Ewigkeit. Timotheus soll einigen besonderen Freunden Grüße ausrichten, und auch er selbst wird von einigen gegrüßt. Weil Paulus ohne die Gesellschaft jener ist, von denen Timotheus annehmen könnte, daß sie bei ihm wären, wünscht Paulus sehr, daß er noch vor dem Winter zu ihm käme. Möge er sich der Gegenwart des Herrn in seinem Herzen bewußt sein, und möge die rettende Gnade Gottes mit allen sein, in deren Mitte er sich befindet.

6 Die Lage des Paulus ist ein zusätzlicher Beweggrund für Timotheus, seinen Dienst auszurichten. Blut (4Mo 12,27) oder Wein (3Mo 28,3) wurden vor dem Herrn beim Opfer ausgegossen. Paulus spielt auf das Vergießen seines eigenen Blutes an; vgl. Phil 2,17. Was damals (im Philipperbrief) noch ferne Möglichkeit war, verwirklichte sich jetzt. *Mein Hinscheiden:* Das griech. Wort bezeichnet das Loslösen der Vertäuung eines Schiffes. **7** *Der gute Kampf* ist der Kampf für den *Glauben* (vgl. 1Tim 6,12). *Der Lauf:* Vgl. Apg 13,25; 20,24. *Der Glaube:* Das Evangelium, bzw. das Pfand oder Gut der Lehre, das Paulus anvertraut wurde. Er hat dieses Pfand erfolgreich bewahrt (vgl. 1,14). **8** *Bereit,* d.h. reserviert, beiseite gelegt. *Die Krone der Gerechtigkeit:* Entweder ist die

Krone als Belohnung für Gerechtigkeit zu verstehen, oder es ist mit ihr die Doppeldeutigkeit des Ausdrucks beabsichtigt.

10 Von *Demas* heißt es nicht, daß er vom Glauben abgefallen sei, sondern lediglich, daß er sich dadurch dem körperlichen Leiden zu entziehen versuchte, daß er den Kontakt zu dem zum Tode verurteilten Apostel abbrach. Vgl. seine Liebe zu dieser Welt mit der Liebe anderer zu der Erscheinung des Herrn (V. 8). **11** *Markus nimm zu dir:* D.h., nimm auch ihn mit auf deine Reise (vgl. Apg 20,13). Ungeachtet ernster Zweifel in der Vergangenheit an der Eignung des Markus (Apg 15,38), empfiehlt Paulus ihn hier (vgl. Kol 4,10) als sehr nützlich zum Dienst, vielleicht am Evangelium oder, was wahrscheinlicher ist, als persönlicher Gehilfe des Paulus. Einige Ausleger meinen, Markus habe wahrscheinlich die lateinische Sprache beherrscht, was ihn in Rom besonders nützlich machte. V. **12** impliziert vielleicht, daß Paulus Markus brauchte als Ersatz für Tychikus. Paulus beauftragte Tychikus mehr als einmal damit, Nachrichten zu überbringen und in seinem Namen aufzutreten (s. Eph 6,21.22; Kol 4,7.8; Tit 3,12). **13** *Der Mantel:* Ein weites Obergewand, das Paulus offenbar gegen die Kälte des einbrechenden Winters brauchte (s. V. 21). *Die Pergamente:* Das griech. *membranai* ist ein ursprünglich lat. Fachausdruck für präparierte Tierhäute *(Vellum)*, die für wichtige Dokumente dem Papyrus vorgezogen wurden. Diese Pergamente bedeuteten Paulus besonders viel. Sie waren vermutlich entweder Kopien atl. Schriften oder möglicherweise wertvolle persönliche Dokumente des Apostels. **14** *Der Herr wird ihm vergelten:* Paulus denkt wohl an Psalm 62,13 (vgl. Spr 22,12), zitiert und impliziert: »Es steht dem Herrn zu, ihm entsprechend zu vergelten (und nicht dir oder mir)«; vgl. Röm 12,19. **15** »In der Zwischenzeit«, so sagt Paulus Timotheus, »mußt du vor ihm auf der Hut sein.«

16 *Bei meinem ersten Verhör:* Gemäß der römischen Prozeßordnung war Paulus einmal vor Gericht erschienen, um sich zu verteidigen. Bei dieser Gelegenheit mußte er alleine für seine Sache eintreten, da er weder einen Rechtsbeistand noch entlastende Zeugen hatte. Diejenigen, die vielleicht seine Zeugen hätten sein können, hatten ihn verlassen - womöglich aus Furcht, weniger wohl, um Paulus bewußt zu schädigen (wie im Fall des Alexander). Daher betet Paulus, daß Gott ihnen dies in seiner Gnade nicht zurechnen möge. **17** *Damit durch mich die Botschaft ausgebreitet würde* bringt das Hauptanliegen des Paulus deutlich zum Ausdruck: Ihm geht es darum, daß auch in der Reichshauptstadt das Evangelium verkündigt werde. *Alle Heiden* bezieht sich auf die internationale Zusammensetzung der Zuhörerschaft des Paulus in Übereinstimmung mit dem Ziel des Evangeliums und gemäß dem Verkündigungsauftrag des Apostels (s. Röm 16,26; 1,5). *So wurde ich erlöst aus dem Rachen des Löwen* mag eine geläufige Redewendung für die Befreiung aus großer Gefahr gewesen sein. Oder aber *Löwe* bezieht sich auf die wilden Tiere im Amphitheater, auf Kaiser Nero oder auf den Teufel. 1Petr 5,8 scheint das Vom-Löwen-verschlungen-Werden zu bedeuten, daß das treue Zeugnis eines Menschen durch eine Kapitulation aus Furcht vor dem Teufel zum Schweigen gebracht wird. Vgl. auch die Bitte im Vaterunser: »Erlöse uns von dem Bösen.« (V. 18 klingt mehrmals das Vaterunser an.) **18** *Retten in* (griech.: *eis;* eine vielsagende Konstruktion): Paulus' Errettung soll dadurch vollkommen gemacht werden, daß er sicher hindurch geführt wird (hineingerettet) *in sein himmlisches Reich* (EÜ). Die Befreiung von allem Bösen, die er erwartet, ist nicht die Erlösung von dem Tod, sondern die Erlösung durch den Tod. Zu beachten ist, daß die Doxologie an Christus als Gott gerichtet ist.

22 Ein zweifacher Segen beschließt den Brief: Der erste ist an Timotheus persönlich gerichtet, der zweite ist die für Paulus typische »Unterschrift« (s. 2Thes 3,17.18).

Der Brief an Titus

Inhalt

Zur allgemeinen Einführung in diesen Brief vgl. S. 450ff

Kommentar

1,1-4 Persönliche Anrede und Grüße

Vgl. die Bemerkungen zu 1Tim 1,1-2. Paulus schreibt aus der Verpflichtung Gott gegenüber und mit der Autorität eines von Christus Beauftragten. Bei diesem Dienst und Auftrag geht es darum, diejenigen, die Gott zur Errettung auserwählt hat, zum Glauben an ihn (vgl. Apg 13,48; 1Thes 1,4-8) und zur vollen Erkenntnis der Wahrheit zu führen. 1 Die Unterweisung in der ganzen Wahrheit ist ein wesentlicher und unverzichtbarer Bestandteil des apostolischen Auftrages, und eben diese Wahrheit ist in Christus offenbart und ans Licht gebracht worden. Vgl. Mt 18,19f; Joh 1,14; Eph 1,13; 4,20f. Als Voraussetzung dafür, diese Wahrheit verstehen und sich an ihr freuen zu können, wird eine Haltung der *Frömmigkeit* (ZÜ) bzw. der tätigen Verehrung Gottes gefordert. 2 Diese Wahrheit vermittelt dem Menschen nichts Geringeres als die *Hoffnung auf das ewige Leben,* eine Hoffnung, die verbürgt wird durch ein Versprechen, das Gott, der weder Lüge noch Falschheit kennt, vor Anbeginn der Weltgeschichte gegeben hat; vgl. 4Mo 23,19; Hebr 6,18. 3 Gott hat sein Wort vor aller Öffentlichkeit gegeben, als der dafür bestimmte Zeitpunkt gekommen war (vgl. 1Tim 2,6), und zwar in Gestalt der Evangeliumsbotschaft. Und deren Weitergabe, so schreibt Paulus, *ist mir anvertraut* durch den unmittelbaren Auftrag Gottes, desjenigen also, der unsere Erlösung selbst schafft. 4 Paulus, ein gebürtiger Jude, grüßt in Titus einen Griechen (vgl. Gal 2,3), mit dem er durch den gemeinsamen Glauben in eine enge familiäre Beziehung getreten ist. Die Formulierung mag durchaus so zu deuten sein, daß Titus seine Bekehrung Paulus verdankte.

1,5-9 Von den Ältesten und Bischöfen

Paulus hatte Titus auf Kreta zurückgelassen, damit dieser ihre dortige Missionsarbeit zu Ende führe und vor allem die Ernennung der Ältesten für die einzelnen Ortsgemeinden vornehme (vgl. Apg 14,23). Er hatte ihn aber nicht nur beauftragt, sondern auch angewiesen, wie dies in der rechten Weise geschehen solle. Paulus nannte ihm die Kriterien, nach welchen die Männer zu berufen waren. Diese Anweisungen wiederholt und bekräftigt er nun noch einmal. Jeder, der zu einem solchen Amt ernannt wird, soll in Charakter und Lebenswandel über jeden Vorwurf erhaben sein, desgleichen frei von Charakterschwächen, die mit dem Dienst unvereinbar sind, und bedacht auf die Ausübung guter Werke und ein konsequentes Streben nach persönlicher Heiligung. Zudem soll ein Anwärter in seiner Treue dem Wort der Wahrheit gegenüber so unerschütterlich sein, daß er zum einen durch seine gesunde Lehre viele Menschen ermutigen, zum anderen sich selbst den Irrtümern derjenigen stellen kann, die dem Evangelium widersprechen, vgl. 1Tim 3,1-7 und die dortigen Anmerkungen.

5 Titus soll alles *vollends ausrichten* (LÜ; EinhÜ: *zu Ende führen;* EÜ: *in Ordnung bringen*), was *fehlt* (LÜ; EinhÜ: *noch zu tun ist*). Zu beachten ist, daß ein- und dieselben Diener der Gemeinde als *Älteste* (griech.: *presbyteroi)* bezeichnet werden - worin sich der Status, nämlich das Ältersein als andere Gemeindeglieder ausdrückt - und als *Bischöfe* (griech.:

episkopoi), wodurch die Funktion, nämlich das Amt eines »Aufsehers« gekennzeichnet wird. In einer Gemeinde kann es mehrere solcher Männer geben; vgl. Apg 20,17.28. **6** Das Privat- und Familienleben eines Mannes gibt, ebenso wie seine Vorgeschichte, Aufschluß über seinen Charakter und ist entscheidend im Hinblick auf seine Befähigung für das Amt. *Die nicht heillosen Treibens beschuldigt oder ungehorsam sind* (ZÜ) bezieht sich auf die *Kinder.* Kinder aus einem wirklich gläubigen Elternhaus sollten weder zügellos noch ungehorsam, sondern stattdessen vielmehr selber für das Evangelium empfänglich sein. **7** Ein unbescholtener Charakter ist unverzichtbar, weil der Älteste das Amt eines *Bischofs* ausüben, d.h. die Aufsicht führen soll - als einer, der Gott als Haushalter verantwortlich ist. Denn »das Haus« bzw. die Gemeinde, um die er sich kümmert, ist Gottes Eigentum. **7.8** Auffallend ist, welche Bedeutung im Blick auf die zu erfüllende Aufgabe den Eigenschaften eines Bischofs zukommt: den schlechten, von denen er frei sein, und den guten, die er besitzen sollte. **9** Mit dem Wort, das *gewiß* (LÜ) bzw. *zuverlässig* (ZÜ) oder vertrauenswürdig ist, und dem zum *Ermahnen mit der heilsamen Lehre* und zur Wiederlegung der Gegner wesentliche Bedeutung zukommt, ist *das der Lehre entsprechende Wort* (ZÜ) gemeint, eben die apostolische Lehre. Paulus, dem dieses Wort persönlich anvertraut worden ist, ist im höchsten Maße darum besorgt, daß diejenigen, die zu seinen Haushaltern eingesetzt werden, sich vor allen Dingen selbst daran halten und es dann auch gewissenhaft bewahren und weitergeben; vgl. 2Tim 2,2.

1,10-16 Gegen die Irrlehrer

Vgl. die auffällige Übereinstimmung mit den ganz ähnlichen Warnungen Jesu Mk 7,1-23. Es bedarf der »Bischöfe«, die sich mit den Irrtümern derjenigen, die sich gegen die Wahrheit stellen (V. 9), auseinandersetzen können. Es gibt viele, die eifrig darum bemüht sind, Menschen durch ihre Irrlehren fehlzuleiten, und diese müssen zum Schweigen gebracht werden. Dazu kommt, daß gerade die Kreter leicht auf Unwahres und Sinnliches hereinfallen, wie es das Zitat einer ihrer eigenen Dichter eindrücklich bezeugt. Deshalb ist es um der beständigen geistlichen Gesundheit der Christen auf Kreta willen dringend notwendig, die Irrlehrer und ihre falschen, von Menschen erdachten Lehren gründlich zu entlarven. In solchen Angelegenheiten bilden die Haltung des Herzens und die Auswirkungen im Leben eine Einheit. Diejenigen, die durch Zweifel in ihrem Herzen innerlich verdorben werden, verderben auch alles, was sie anfassen, durch die Art und Weise, wie sie damit umgehen. Wenngleich sie vielleicht mit ihrem Munde noch Gott bekennen, machen ihre Taten doch deutlich, daß sie ihn nicht kennen. In seinen Augen sind sie vielmehr verabscheuungswürdig, weil sie ungehorsam und dadurch zu jedem guten Werk unfähig sind.

10 Die Irrlehrer sind *ungehorsam* (ZÜ); d.h. sie unterstellen ihr Denken nicht der von Gott geoffenbarten Wahrheit. Und als Gemeindeglieder verhalten sie sich undiszipliniert und aufrührerisch. *Unnütze Schwätzer und Verführer* (ZÜ): Sie lehren Nichtiges, das mit der Wirklichkeit nichts zu tun hat (vgl. Röm 1,21f), und sie sind dazu imstande, das Denken der Menschen irrezuleiten. Die größte Gefahr stellen die Juden dar, die für den jüdischen Glauben werben und deren Lehren im Judentum wurzeln (vgl. V. 14). Sie müssen zum Schweigen gebracht werden: einmal wegen des Schadens, den sie anrichten können - sie gehören zu denjenigen, die den Glauben ganzer Familien zu erschüttern vermögen -, zum andern wegen der zweifachen Verurteilung, unter der sie stehen. Sie lehren nämlich, was nicht der Wahrheit entspricht, und sie tun es des materiellen Gewinnes wegen.

12 Paulus zitiert hier einen Hexameter des kretischen Philosophen Epimenides, den dieser etwa um 600 v.Chr. verfaßte. Es fällt auf, daß Paulus ihn als einen *Propheten* bezeichnet und **13** sein *Zeugnis* als *wahr* unterstreicht. Damit belegt die Heilige Schrift, daß zu einem gewissen, wenn auch geringen Grad auch heidnische Völker ihre Propheten gehabt haben. Das Zitat war vermutlich allgemein bekannt. Wahrscheinlich genossen die Kreter in Griechenland einen sprichwörtlichen Ruf als *Lügner.* Das Wesen der Irrlehren und derjenigen, die sie verbreiten, ist damit radikal bloßgestellt und das Urteil darüber gesprochen. **14** Im Gegensatz zum Evangelium, das »von Gott« stammt und die *Wahrheit* ist, kommt ihre Lehre *von Menschen* und besteht aus *Fabeln* oder reiner Erfindung. Diejenigen, die sie verbreiten, haben der Wahrheit den Rücken gekehrt. Darum tut jeder, der auf ihre Lehren achtgibt, ein Gleiches (vgl. Jes 29,13; Mk 7,6-9). Diese *Gebote* (LÜ; GN: *Vorschriften*) verboten wahrscheinlich den Gebrauch gewisser Dinge, weil diese als unrein galten (vgl. 1Tim 4,3; Kol 2,16.21). **15** bezieht sich auf *Dinge* (vgl. 1Tim 4,4), nicht auf Handlungen, die in jedem Falle sittlich falsch sind. Damit soll zum Ausdruck gebracht werden, daß die Reinheit bzw. Unreinheit solcher *Dinge* vom jeweiligen Gebrauch durch den Menschen (und nicht von seinem Urteil über sie) abhängt, nämlich entsprechend seinem inneren geistlichen und sittlichen Zustand. Die Verunreinigung entspringt dem Inneren des Menschen und wird nicht durch äußerliche Dinge hervorgerufen (vgl. Mk 7,15). **16** *Untüchtig* (LÜ; JB: *unbrauchbar;* GN: *unfähig;* griech.: *adokimoi*) ist ein Wort, das Paulus sehr häufig verwendet; es meint so viel wie »nicht bewährt«, »geprüft und dann verworfen«.

2,1-10 Anweisungen für verschiedene Gruppen in der Gemeinde

Nachdem er den Grund für die Entlarvung derjenigen dargelegt hat, die der Wahrheit entgegenstehen (1,10-16), führt Paulus nun aus, wie *nach der heilsamen Lehre* ermahnt werden soll. Sowohl die Anweisungen an Titus persönlich als auch die detaillierten Mahnungen, die dieser an andere weitergeben soll, betreffen das Verhalten. Das wirkungsvollste Gegenmittel für Irrlehren stellen positive sittliche Ermahnung und Lehre dar, weil gerade durch sie geistliche Gesundheit und angemessenes und konsequentes Verhalten gefördert werden. Es wurde bereits dargelegt, daß diejenigen, die den falschen Lehren Folge leisten, zuerst innerlich, in ihrem Herzen, verdorben werden und danach dann auch in ihrem äußerlichen Lebenswandel. Deshalb müssen diejenigen, die durch ihre Lehre echte geistliche Gesundheit bei anderen zu fördern suchen, die beständigen praktischen Auswirkungen der rechten Herzenshaltung fordern. Genau das soll Titus ganz offen verbreiten. Entsprechend hat er die verschiedenen Altersgruppen in den Gemeinden zu ermahnen. Die älteren Frauen soll er dazu auffordern, es den jüngeren in der gleichen Weise mitzuteilen. Und das, was er fordert, soll er - insbesondere den jungen Männern gegenüber - durch das Vorbild seines eigenen Lebens bekräftigen. So soll er die möglichen Widersacher durch den aufrichtigen Ernst und die über jeden Vorwurf erhabene Ausübung seines Amtes beschämen und zum Schweigen bringen. Diejenigen, die als Sklaven menschlichen Herren dienen, sind besonders dahingehend zu ermahnen, daß sie sich als gehorsam und vertrauenswürdig erweisen; dadurch können sie in ansprechender Weise die Bedeutung des Evangeliums bezeugen, durch das Gott als der Retter aller Menschen verkündigt wird.

2 *Nüchtern,* d.h. zurückhaltend und maßvoll. *Ehrbar* (LÜ; EinhÜ: *achtbar;* GN: *anständig*) bedeutet »würdig«, »der Ehrerbietung wert«. *Besonnen,* d.h. umsichtig, rücksichtsvoll, selbstbeherrscht. *Gesund* (LÜ; EinhÜ: *stark*) steht im Gegensatz zu »krank« oder »schwach« (vgl. 1Tim 6,4; Röm 14,1). **3** *Ehrwürdig:* Der griech. Ausdruck meint »wie es sich für eine heilige Person ziemt«. *Verleumderisch* (griech.: *diaboloi*): Vgl. 1Tim 3,6-11. **4** Die älteren Frauen sollen in ihrem Heim und unter den jüngeren eine aktive Lehrtätigkeit ausüben, doch allgemein nicht in der Gemeindeversammlung; vgl. 1Tim 2,11.12. **4.5** machen deutlich, daß christliche Ehefrauen ihre Wirkungssphäre in Heim und Familie - als gute Ehefrauen und Mütter - finden sollen, wobei sie ihren Mann als Haupt der Familie anerkennen. Verhielten sie sich anders, würden sie das gottgegebene Evangelium dem Vorwurf ausliefern, es ermuntere zu unziemlicher Freiheit und bringe Verwirrung in das Familienleben (vgl. 1Tim 6,1). *Gütig,* d.h. nicht hartherzig oder geizig in ihrer Haushaltsführung. Vgl. dazu den Gebrauch desselben Begriffes Mt 20,15 (GN: *großzügig*).

7 *Mache dich selbst zum Vorbild:* Die persönliche Bezugnahme ist betont. Das praktische »Vor-Bild« (griech.: *typos*) eines guten Lebenswandels, das Titus den anderen vor Augen stellen soll, ist er selbst. *Unverfälscht ... Ehrbarkeit* d.h. Reinheit der Motive und ehrbar in der Durchführung; damit werden Merkmale des Lehrers genannt und nicht der Lehre. **8** Des weiteren soll das, was Titus weitergibt, nicht nur seinem Wesen nach »heilsam«, sondern zugleich in seiner Darbietung auch untadelig sein und zu keinerlei Vorwurf Anlaß geben. Der Widersacher der Wahrheit, dessen Ziel es ist, die Lehrer der Wahrheit zu verunglimpfen und Falschheiten zu verbreiten, muß beschämt werden: durch diesen würdigen Umgang mit dem heilbringenden Wort einerseits, durch seine eigene Unfähigkeit, den Christen irgend etwas Schlechtes nachsagen zu können, andererseits. **9** *Widersprechen:* Das griech. *antilegein* (wörtl.: »dagegensprechen«) bedeutet so viel wie *widersetzlich sein* (JB), »deutlich seine Feindseligkeit zum Ausdruck bringen«. **10** *Veruntreuen:* Der griech. Ausdruck bedeutet wörtl. »für sich selbst zur Seite legen«. *In allen Stücken,* griech.: *pas,* »in allem« (vgl. EÜ), ist an dieser Stelle ein Ausdruck von umfassender Gültigkeit und meint »bei jeder Gelegenheit ohne Ausnahme«. *Eine Zierde sein:* Das griech. Verb *kosmein* kann für das »Setzen« eines Edelsteins verwandt werden, für einen Vorgang, bei dem er passend und damit vorteilhaft angebracht wird. *Die Lehre Gottes* (nicht Christi) *unseres Heilandes:* Damit sind nicht die ethischen Anweisungen unseres Herrn gemeint, sondern das Evangelium von unserer Erlösung; vgl. V. 11.

2,11-3,11 Die Pflicht des Christen, im Ausüben guter Werke beständig zu sein

Eben hat Paulus dargelegt, daß die Gläubigen das Evangelium von der göttlichen Errettung durch entsprechende gute Werke bzw. Christus-gemäßes Verhalten in der Öffentlichkeit anziehend machen sollen (vgl. 2,5.10). Nun gibt er zwei bemerkenswerte lehrhafte Zusammenfassungen wesentlicher Aussagen dieses Evangeliums (2,11-14; 3,3-7), die beide darauf hinweisen, daß ein Leben in guten Werken Gottes Wille ist und zudem für diejenigen, die die Gnade seiner Vergebung und Errettung in Anspruch genommen haben, das einzig angemessene Verhalten darstellt. Titus' Verantwortung ist es darum, dieses Evangelium, das wert ist, angenommen zu werden, mit ganzer Überzeugung weiterzugeben und dann in Vollmacht allen gegenüber, die sich als Glaubende bekennen, seine praktischen Forderungen ermahnend und zurechtweisend zu erheben. Dadurch sollen die Glaubenden bewogen werden, auf einen guten Lebenswandel äußerst sorgsam achtzuhaben. Diese Lehre, so sagt Paulus, ist schon in sich selbst vorzüglich, zugleich aber auch dem Menschen nützlich. Törichte Erörterungen und Themen, die nur zu Streit und zu Spaltungen führen, sollen tunlichst vermieden werden, da sie ja ganz offensichtlich zu nichts führen. In gleicher Weise sollen auch diejenigen gemieden werden, die ein verkehrtes Interesse dafür aufbringen und sich trotz Ermahnungen nicht davon abbringen lassen.

11 *Ist erschienen* (im Griech. die Zeitform des Aorist) bezeichnet eine abgeschlossene Handlung, nämlich die Menschwerdung und das Versöhnungswerk Christi (vgl. 3,4). Wesen und Ziel der so sichtbar gewordenen Gnade ist es, *zum Heil zu dienen* (ZÜ; GN: *zu retten*), und sie gilt nicht nur den Juden, sondern *allen Menschen:* Ihr Wirkungskreis ist weltweit. **12** Gottes errettende Gnade erzieht und ermahnt uns zugleich dazu, unsere gegenwärtige Lebensweise zu verändern. Negativ ausgedrückt geht es darum, jene Lebensweise aufzugeben, die - aus Mangel an Ehrfurcht gegenüber Gott - ausschließlich von innerweltlichen Interessen bestimmt wird. Positiv formuliert sollen wir danach streben, im rechten Verhältnis zu uns selbst, zu unseren Mitmenschen und zu Gott zu leben - d.h. *besonnen, gerecht und fromm* (EÜ: *gottesfürchtig*). **13** Dieses Evangelium vermittelt uns gleichzeitig eine Hoffnung über dieses Leben hinaus, die bereits als *selig* bezeichnet wird, weil sie die Fülle des Segens in sich birgt. Denn bei der zweiten Erscheinung (griech. *epiphaneia*) Christi wird es sich um eine Erscheinung der göttlichen »Herrlichkeit« handeln, so wie die erste eine Offenbarung seiner »Gnade« war (V. 11). Dann wird Jesus in aller Öffentlichkeit nicht nur als *unser Heiland,* sondern auch in der vollen Herrlichkeit seiner Majestät und Erhabenheit als *Gott* offenbar werden. Der Wortlaut kann aber auch bedeuten, daß die Ankunft Christi von einer Manifestation der göttlichen Herrlichkeit begleitet sein wird. **14** Daß Christus *unser Heiland* ist, beruht einzig und allein auf dem Selbstopfer, das er zu unserem Loskauf erbracht hat (vgl. Mk 10,45; 1Tim 2,6). Die vollkommene Erlösung, die er auf diese Weise erwirkt hat, bedeutet - negativ gesprochen - unsere Befreiung von jeglicher Form von Gesetzlosigkeit und - im positiven Sinne - unsere Reinigung zum Volk seines Eigentums (vgl. Ps 130,8; Hes 37,23), das sich in guten Werken übt. Ein solcherweise verändertes Leben wird denen ermöglicht, die Gott und seinen Christus als ihren Erlöser erkennen. Deshalb wird es auch völlig zu Recht von den Glaubenden erwartet, sowohl von Gott als auch von den Menschen. **15** *Niemand soll dich verachten* (LÜ; ZÜ: *mißachten;* EinhÜ: *geringachten;* GN: *deine Autorität anzweifeln*): Wenn du nun in dieser Weise sprichst, so gestatte niemandem, mit deinen Aussagen so umzugehen, als verdienten sie seine Aufmerksamkeit nicht.

3,1.2 Diese Verse geben detaillierte Auskunft darüber, wie positiver christlicher Lebenswandel in dieser Welt seinen Ausdruck findet, sowohl den Behörden als auch den Mitmenschen gegenüber. Christen sollen pflichtbewußte Bürger sein, bereit, sich für eine gute Sache zu verwenden - diese Ermahnung ist gerade hier vielsagend, da den Kretern der Ruf eines aufrührerischen Volkes anhing. Zudem sollen Christen allen Menschen, mit denen sie zu tun haben, wohlwollend begegnen und bewußt auf jede Form von Anfeindung - in Wort oder Tat - verzichten. Vielmehr sollen sie sich allen Menschen gegenüber rücksichtsvoll und vergebungsbereit erweisen.

Solches Verhalten wird motiviert durch das Wissen um die Tatsache, daß wir selbst ursprünglich genau so schlecht waren wie jene und daß Gott sehr gnädig mit uns verfahren ist, indem er uns erlöst hat, als wir es nicht verdienten. Das Evangelium von der vergebenden Gnade wird darum zum wiederholten Male eindringlich betont. **3** beschreibt die sündige und unerlöste menschliche Natur - was *auch wir früher waren. Unverständig* (ZÜ) (wörtl.: »unvernünftig«, »ohne Einsicht«): Sünder beweisen, wie sehr ihr sündiger Zustand Gott zuwider ist nicht zuletzt dadurch, daß sie sich sogar untereinander hassen. **4** macht deutlich, daß wir die Veränderung unseres Zustandes einzig Gott verdanken, seinem Einsatz, seiner Güte und dem Werk seiner Liebe (im Gegensatz zu unserem Haß und den Werken unserer Feindschaft) und seinem öffentlichen Eingreifen zu unserer Erlösung. **5** macht dies noch deutlicher: Wir verdanken unsere Errettung keinem einzigen eigenen guten Werk, sondern ausschließlich der Gnade Gottes; *nicht, wir* und *seiner* sind betont. Äußerlich wird uns der Status der Rechtfertigung durch das Siege der Taufe zuerkannt, d.h. *durch das Bad der Wiedergeburt*. Zur lebendigen Erfahrung wird sie über die Erweckung zum Leben und Erneuerung durch den Heiligen Geist. (Vgl. Joh 3,15: *geboren aus Wasser und Geist.*) **6** Diese Gabe des lebendigmachenden, innewohnenden Geistes ist uns von Gott zuteil geworden durch Christus und dessen Erlösungswerk (vgl. Joh 7,39; Apg 2,33). So hat die gesamte Dreieinigkeit teil an unserer Erlösung. **7** Und das Evangelium in seiner Gesamtheit beinhaltet nicht nur die Gabe des Gottessohnes zu unserer Rechtfertigung, sondern auch die Gabe des Heiligen Geistes, der uns durch das Leben, das er uns zuteil werden läßt, zu Erben macht, die auf die ewige Errettung hoffen dürfen; Vgl. 1,2; Röm 8,11.15-17.23f. Man wird *das Bad* (LÜ; EÜ: *die Waschung*) der Taufe auch als ein Zeichen werten dürfen, das zwei Wohltaten miteinander verbindet: die *Wiedergeburt* und die geistliche *Erneuerung*. Diese Wohltaten beinhalten ihrerseits womöglich *gerechtgesprochen* (ZÜ) zu sein und *gemäß der Hoffnung Erben des ewigen Lebens* zu werden. Das erste nennt den neuen Status des Angenommenseins bei Gott (an anderer Stelle als »Annahme an Sohnes statt« bezeichnet, z.B. Gal 4,5), das zweite bezeichnet den hinzukommenden Segen eines neuen, geistgeborenen Lebens. Der Begriff *Wiedergeburt* (griech.: *palingenesia*) - wie unser Begriff »Naturalisierung« (Einbürgerung) - will, obwohl er eine neue Geburt oder ein neues Wesen nahelegt, eher eine Statusveränderung anzeigen.

8 Das so in den V. 4-7 zusammengefaßte Evangelium ist eine Lehre, die Vertrauen verdient und rechtfertigt durchaus, daß Titus es voll Zuversicht und nachdrücklich verkündigt, damit diejenigen, die durch das Evangelium zum Glauben an Gott finden, nun auch ihre Aufmerksamkeit der Ausführung *guter Werke* widmen. Der griech. Ausdruck *proistasthai* kann so viel bedeuten wie »an die erste Stelle rücken« oder »sich vor allem anderen dafür hingeben« (vgl. 2,14). **9** Bemerkenswert ähnlich sind die Beschreibungen der schädlichen Lehre an dieser Stelle und in 1Tim 1,4; 6,4.20; 2Tim 2,23. **10** *Ketzerisch* (LÜ; EÜ: *sektiererisch;* griech.: *hairetikos*) beschreibt in erster Linie jemanden, der Spaltungen hervorruft. Diese kommen dadurch zustande, daß er aus eigenem Entschluß (und das ist der Kernpunkt!) die Wahrheit verläßt und eine andere Lehre annimmt und vertritt. So erlangt »ketzerisch« die Bedeutung von »einer falschen Lehre folgen«. Zu beachten sind die Bezugnahmen des Wortes: zunächst auf die ethische Ursache, nämlich den Eigenwillen, und dann auf die böse Folge, die Spaltung. Ein solcher Mensch braucht keine Diskussion, sondern Ermahnung. **11** *Verkehrt* (LÜ; EinhÜ: *entwurzelt;* GN: *nicht mehr zu helfen*): Was seine völlig unbefriedigende sittliche (nicht: intellektuelle) Verfassung ganz deutlich macht, ist die Tatsache, daß er die Ermahnungen gering schätzt.

3,12-15 persönliche Mitteilungen und Abschiedsgrüße

Paulus gibt Titus die Anweisung, in Nikopolis, wo er den Winter zu verbringen gedenkt, zu ihm zu stoßen. Er soll abreisen, sobald Artemas oder Tychikus eingetroffen ist. Paulus will nach eigener Aussage einen der beiden dorthin senden - vermutlich, um die Arbeit auf Kreta zu übernehmen, für die Titus bislang verantwortlich gewesen ist. Außerdem wird praktische Hilfeleistung erforderlich, um die Reise von Zenas und Apollos auszurichten, die sich möglicherweise ebenfalls auf dem Weg zu Paulus befinden. Diese Anweisung lenkt die Gedanken des Apostels noch einmal zu einer abschließenden Wiederholung seines Hauptgebotes an die Christen auf Kreta: daß sie lernen sollen, jede Gelegenheit zu guten Werken zu ergreifen und denen in Not beizustehen. Nur so können sie ein wirklich fruchtbares Leben führen. Im Anschluß daran übermittelt Paulus dem Titus Grüße von allen seinen Begleitern; er selbst grüßt alle auf Kreta, die ihm und seinen Mitarbeitern am Evangelium echte christliche Liebe entgegenbringen. Dann schließt er mit seinem charakteristischen Segenswunsch.

12 *Nikopolis:* Es gibt drei Städte mit diesem Namen - eine in Cilicien, eine in Thracien oder Mazedonien und eine in Epirus. An die letztgenannte ist vermutlich hier zu denken. *Dort* (nicht: hier) weist darauf hin, daß Paulus sich zum Zeitpunkt des Schreibens nicht in Nikopolis befand. **13** *Rüste gut aus zur Reise:* Man findet in den Briefen des NT mehrere Hinweise darauf, daß die Christen angehalten wurden, reisende Mitchristen gastfreundlich aufzunehmen und zu versorgen, insbesondere solche, die im Predigtdienst standen; vgl. Röm 15,24; 1Kor 16,6; 3Jo 5-8. **15** *Im Glauben* (LÜ; EinhÜ: *durch den Glauben*): Dies war das einigende Band, die christliche Liebe; vgl. 1Tim 1,2. *Die Gnade sei mit euch allen!* Vgl. dazu die Anm. zu 1Tim 6,21.

A.M. Stibbs

Der Brief an Philemon

Einleitung

Verfasser

Im Brief wird Paulus als Verfasser bezeichnet, und kaum je ist seine Verfasserschaft in Zweifel gezogen worden. Der ganze Brief ist viel zu paulinisch, als daß Zweifel daran aufkommen könnten. Trotz seiner Kürze gewährt er tiefen Einblick in den Charakter des Apostels. Man mag fragen, wie es kam, daß ein so kurzer, persönlicher Brief Teil des NT wurde. Das geschah wohl, weil dieser Brief ein beredtes Beispiel ist für das Engagement eines Christen für einen anderen. Und die Tatsache, daß gerade der Apostel Paulus mit seinem Leben dieses Beispiel gibt, muß den Brief für die ersten Christen sehr wertvoll gemacht haben.

Anlaß und Zweck

Der Brief ist an Philemon gerichtet, in dessen Haus sich, wie V. 2 nahelegt, eine Gemeinde versammelte. Nach V. 10 war Philemon wohl auch der Eigentümer des Sklaven Onesimus, der ihm weggelaufen war und dabei wohl etwas von seinem Besitz hatte mitgehen lassen. Irgendwie war Onesimus Paulus begegnet, und dieser hatte ihn zu Christus geführt. Deshalb nennt ihn Paulus seinen Sohn. Onesimus hatte Paulus erklärt, wie es zu seiner Flucht gekommen war, und eingesehen, daß es seine Pflicht als Christ wäre, zu Philemon zurückzukehren, obwohl er Paulus, seit er bei ihm war, manchen Dienst hatte tun können. Aber seine Rückkehr war gefährlich, denn in einer Gesellschaft, die die Sklaverei nicht nur duldete, sondern auch weitgehend von ihr abhängig war, waren schwere Strafen für geflüchtete Sklaven vorgesehen. Wenn Philemon auch Christ war, so könnte er es doch für ratsam halten, Onesimus zu bestrafen. Der Brief ist also eine Bitte um Milde und Nachsicht. Mit einer so eindringlichen Bittschrift versehen würde Philemon, der ja auch Christ war, Onesimus gewiß gnädig behandeln. Aber Paulus bittet nicht nur um Milde, er will mehr erreichen. Er erwartet, daß Philemon Onesimus ganz neu aufnimmt. nicht als Sklave, sondern als Bruder, genauso, wie er Paulus aufnehmen würde. Auf diesem Hintergrund ist der Brief zu verstehen, der mit der Bitte schließt, Philemon möge dem Apostel ein Quartier bereiten, wenn er - wie geplant - in Kürze zu Besuch in seine Gegend komme.

Datierung

Die enge Zusammengehörigkeit dieses Briefes mit dem Kolosserbrief ist schon erwähnt worden (s. die Einführung zum Kolosserbrief, S. 416ff). In der Einführung zum Kolosserbrief werden die Fragen zur Datierung ausführlich erörtert. Was für jenen Brief gilt, gilt auch für diesen. Wahrscheinlich hat Paulus seinen Brief an Philemon während seiner ersten römischen Gefangenschaft geschrieben (vgl. 1.9.13.22); dann wäre die Abfassungszeit um 58/9 n.Chr. anzusetzen.

Das frühe Christentum und die Sklaverei

Obwohl auch in anderen Paulusbriefen Sklaven erwähnt werden, gibt keiner einen so lebendigen Einblick in die Sklaverei wie dieser, dreht sich doch der ganze Brief um einen geflüchteten Sklaven. Warum ergreift Paulus nicht die Gelegenheit, um einmal deutlich das Übel der Sklaverei anzuprangern? Bevor eine Antwort gegeben werden kann, müssen einige Faktoren beachtet werden. Die Sklaverei war im Römischen Reich so tief in der Gesellschaftsordnung verwurzelt, daß eine direkte Konfrontation mit dem Staat über ihre Abschaffung (selbst wenn sie möglich gewesen wäre) unausweichlich zu einer Revolution geführt hätte. Aber Paulus war kein Revolutionär. Er glaubte, daß eine Beseitigung des Sklavensystems auf anderem Wege kommen müsse. Obwohl die Christen nicht hoffen konnten, auf politischem Wege die Sklaverei abzusetzen, konnten sie doch der Welt zeigen, wie die Gesellschaft von innen heraus veränderbar wäre. Dieser kurze Brief ist ein sprechendes Beispiel für diesen Ansatz. Paulus argumentiert, daß es zwischen Philemon und Onesimus ein neues Verhältnis geben müsse, zumal Herr und Sklave jetzt beide Christen waren. Hätte die Kirche Paulus' Rat beherzigt, dann wären bis zur Abschaffung der Sklaverei nicht so viele Jahrhunderte verstrichen.Sicher ist, daß dieser Brief dem Kampf gegen den Sklavenhandel wesentliche Anstöße gegeben hat.

Inhalt

Kommentar

Dieser kurze Brief gliedert sich in vier Abschnitte: Grußwort, Danksagung, Fürbitte für Onesimus und Schluß, und ähnelt damit in seinem Aufbau den Gemeindebriefen.

1-3 Grußwort

1 *Paulus, ein Gefangener Christi Jesu:* Anders als im Kolosserbrief erwähnt Paulus sein Apostelamt hier nicht. Er beschreibt nur seine gegenwärtige Situation, zweifellos damit Philemon sieht, daß seine Bitte für Onesimus eine geringe ist im Vergleich zu der Mühe, die er um Christi willen zu tragen hat. Wer um der Sache Jesu willen so viel gelitten hat, hat ein Recht, gehört zu werden. Wie im Kolosserbrief ist *Timotheus* Mitabsender. Paulus bezeichnet Philemon als *Mitarbeiter.* So nennt Paulus verschiedentlich Leute, denen er ihren Anteil an seiner Arbeit bewußt machen will. 2 Von *Aphia* wissen wir sonst nichts, vielleicht war sie Philemons Frau. *Archippus,* der auch Kol 4,17 im Zusammenhang des Dienstes erwähnt wird, wird hier als *Mitstreiter* bezeichnet; außer ihm wird nur noch Epaphroditus Phil 2,25 so genannt. Einige Ausleger nehmen an, daß er Philemons und Aphias Sohn gewesen sein mag. 3 Die Form des Grußes ist die bei Paulus übliche.

4-7 Danksagung

Weil der Brief so persönlich gehalten ist, ist dieser Dank besonders aufschlußreich.

4 *Meinem Gott:* Das Possessivpronomen macht auf sein Bewußtsein einer persönlichen Beziehung zu Gott aufmerksam. Das Wort *allezeit* ist typisch für Paulus, wenn er das Gebet für seine Leser erwähnt (vgl. 1Kor 1,4; Phil 1,4; Kol 1,3; 1Thes 1,2). An Philemon zu denken war für ihn stets Anlaß zu Dank. 5 *Denn ich höre:* Vermutlich hat Paulus diese Auskunft von Epaphras (vgl. Kol 1,4.8) erhalten. Die folgenden vier Teile des Satzes können verschieden gedeutet werden: *a. Liebe* kann mit *gegenüber allen Heiligen* verbunden werden und *Glaube* mit *an den Herrn Jesus.* Diese Reihenfolge wäre zwar ungewöhnlich, sie kommt aber bei Paulus an anderen Stellen vor. *b.* Sowohl *Liebe* als auch *Glaube* könnten mit den beiden anderen Begriffen verknüpft werden. Dann wäre der *Glaube* die Quelle der *Liebe.* Es wäre dann nicht ein Glaube gegenüber allen Heiligen, sondern ein Glaube, der in der Liebe seinen Ausdruck findet. Diese Deutung ist etwas problematischer als die erstgenannte. *c.* Eine andere Möglichkeit wäre die, Glaube als »Treue« zu verstehen, doch diese Deutung paßt schlecht zu dem Gebrauch des Wortes in V. 6.

6 *Die Gemeinschaft deines Glaubens* (EÜ): Der ganze Vers ist schwer zu interpretieren. Paulus hat seine Gedanken hier so sehr komprimiert, daß seine Aussage mehrdeutig wird. Der Satz könnte sich auf die Gemeinschaft an dem beziehen, was aus dem Glauben folgt (z.B. dem Geben von Almosen oder der Mitteilung des Glaubens). Es mag aber auch an die Gemeinschaft des Glaubens selbst gedacht sein (LÜ: *der Glaube, den wir miteinander haben*), evtl. auch an die Gemeinschaft (mit Gott) auf der Grundlage des Glaubens. Der übliche Gebrauch des griech. Wortes für Gemeinschaft *(koinonia)* bei Paulus spricht für die erstgenannte Möglichkeit (vgl. z.B. Phil 1,5). Die folgenden Worte: *wirksam werde in der Erkenntnis alles Guten* (EÜ) sind noch dunkler. Vielleicht bittet Paulus Philemon, seine *Erkenntnis* zu überprüfen, weil sie - durch die Klärung des Falles Onesimus - zunehmen soll. Dann wäre *Erkenntnis alles Guten* ein tieferes Verständnis des Guten in Christus, ein Verstehen der Segnungen, die Christus schenkt. Aber diese Wendung muß von dem Schlußsatz *das wir haben, in Christus* her interpretiert werden. *In:* Hier steht griech. *eis,* das eine Richtung andeutet (EÜ: *Im Hinblick auf*). Das, wofür gebetet wird, soll »auf Christus« hin geschehen. Demnach betet Paulus, daß Philemons »Gemeinschaft« auf Christus gerichtet sein möge.

7 Die Worte *Denn ich hatte große Freude und Trost durch deine Liebe* zeigen, wie sehr ihn Philemon beeindruckt hatte. Freude und Trost sind immer wieder Themen in den Paulusbriefen. Statt *Trost* ist besser »Ermutigung« zu übersetzen. Wie V. 5 erwähnt Paulus hier die

Liebe Philemons. *Die Herzen der Heiligen erquickt:* Wir wissen nicht, wodurch Philemon dies bewirkte; aber man darf annehmen, daß es sich um irgendwelche Wohltätigkeiten gegenüber den Christen in Kolossä handelte. Daß Paulus das innige *lieber Bruder* an das Ende des Satzes stellt, betont seine herzliche Zuneigung.

8-20 Fürbitte für Onesimus

In diesem Abschnitt zeigt der Apostel in den verschiedenen Schritten seiner Fürbitte für Onesimus ein ausgeprägtes Taktgefühl. Darauf soll im folgenden Kommentar eingegangen werden.

8 *Darum* verbindet die Fürbitte mit dem einleitenden Abschnitt. Paulus kennt Philemons Charakter, und deshalb will er lieber *bitten* (V. 9) statt ihm zu *gebieten.* Damit spielt Paulus indirekt auf seine apostolische Autorität an, die er aber V. 1 nicht erwähnt hat. *Freimütigkeit* (EÜ) *in Christus* ist eine »Kühnheit«, die darauf beruht, daß er um seine besondere Beauftragung durch Christus weiß. Paulus setzt voraus, daß er seine *Freiheit* als ein Recht in Anspruch nehmen könnte. *Was sich gebührt:* vgl. Kol 3,18. 9 Paulus hat zweimal Philemons Liebe erwähnt, und nun gründet er seinen eigenen Appell auf Liebe. Wegen der Haltung Philemons konnte Paulus nun nicht fordernd vorgehen, doch spricht er sehr persönlich: *Paulus, ein alter Mann, nun aber auch ein Gefangener.* »Alter Mann« hat, zieht man Eph 6,20 »Bote in Ketten« hinzu, sehr wahrscheinlich die Bedeutung »Gesandter« oder »Botschafter«. Die Fürbitte trägt ein Gesandter vor, der um Christi willen verhaftet worden ist. Solche Fürbitte hat Gewicht. 10 Er nennt *Onesimus* seinen *Sohn,* weil er sein geistliches Kind ist (vgl. 1Kor 4,15; 1Tim 1,2). Das Bild ist anschaulich: Durch Christus ist ein neues Verhältnis entstanden, ein Sklave ist das geistliche Kind des Apostels geworden, und da kann er ihn nicht mehr als Sklave ansehen. 11 Der Vers enthält ein Wortspiel, denn Onesimus bedeutet »nützlich«. Paulus weist darauf hin, daß dieser erst jetzt begonnen habe, seinem Namen Ehre zu bereiten. *Dir und mir* ist ein weiterer taktvoll dezenter Hinweis darauf, daß selbst in seiner Beziehung zu Philemon eine tiefgreifende Veränderung stattgefunden hat - wenngleich Philemon erst jetzt davon erfährt. 12 *Herz:* Paulus konnte sich keines stärkeren Ausdruckes bedienen, um zu zeigen, was Onesimus ihm bedeutete. Daß er ihn zurücksendet, ist für Paulus ein Opfer, und es ist eine Gunst, die er Philemon damit erweist. Was Paulus als Gegenleistung erbittet, muß am Verlust seines lieben Freundes gemessen werden. 13 Der Apostel formuliert hier als Wunsch - dessen Erfüllung er erhofft -, daß Onesimus ihm, mit Philemons Zustimmung freilich, dienen möge. Paulus verliert kein Wort darüber, wie dieser Dienst aussehen soll. Aber da der Apostel im Gefängnis sitzt, kann man sich leicht ausmalen, wie wertvoll ihm ein treuer Freund wäre. 14 Paulus betont noch einmal, wie sehr ihm an Philemons Zustimmung gelegen ist. Zwang stellt er gewissermaßen als einzige Alternative dagegen. *Freiwillig* betont noch einmal die Wichtigkeit der Zustimmung.

15-20 In diesem Abschnitt präzisiert Paulus nun endlich seinen Wunsch. Die jetzt folgenden Schritte der Fürbitte sind vielleicht die aussagestärksten. 15 Dieser Vers spricht gegen die Annahme, der Apostel bitte um die Dienste des Onesimus. Der Gegensatz von *eine Zeitlang* und *ewig* spricht dagegen, es sei denn, man versteht *ewig* nicht so, daß Philemon seinen Sklaven zurückbekommt, sondern (wie V. 16) einen Bruder in Christus. Aber man hat wohl davon auszugehen, daß Paulus Philemon den Verlust der Dienste des Onesimus, über die er zu Recht geklagt haben mag, erleichtern will. 16 Jetzt kommt Paulus seinem eigentlichen Anliegen noch näher. Er stellt dem alten Onesimus den neuen gegenüber. Aus einem *Sklaven* ist ein *geliebter Bruder* geworden (auch Kol 4,9 nennt er ihn so). Und bedeutet er so nicht Paulus mehr als Philemon? *Nach dem Fleisch* ist er ein Sklave, *in dem Herrn* dagegen gehört er Christus. 17 *Für deinen Freund hältst:* Dafür hielt ihn Philemon zweifellos. Deswegen wird er das, was im So-Satz steht, auch erfüllen. *Wie mich selbst:* Philemon soll Onesimus so begegnen, wie er Paulus begegnen würde. 18.19 Hier, gegen Ende der Fürbitte, erwähnt Paulus mögliche Schulden des Onesimus. Vermutlich hatte er Paulus bekannt, daß er seinen Herrn bestohlen hatte. Paulus' großzügiges Angebot, Onesimus' Schulden zu begleichen, will nicht recht zu den verschiedenen Stellen in seinen Briefen passen, in denen er von seiner Armut spricht und von der Notwendigkeit, mit seinen Händen zu arbeiten. Natürlich wäre es denkbar, daß er etwas geerbt hatte. Aber wahrscheinlicher ist, daß Paulus die Schulden mit der geistlichen Schuld »bezahlen« will, in der Philemon bei ihm steht.

Dadurch, daß er mit eigener *Hand* schreibt, zeigt Paulus, daß er seine Schuldverschreibung ernst nimmt. Aber er konnte sich wohl nicht vorstellen, daß Philemon die Schuld einfordern würde. 20 *Erquicke mein Herz:* Dies ist das letzte Glied in der Kette der Fürbitte. Paulus bittet für sich selbst. Das ist wirksamer, als wenn er mit einem letzten Aufruf für Onesimus geschlossen hätte. Das Wort *erquicken* benutzt Paulus ähnlich in 1Kor 16,18 von Menschen, die ihm Gutes getan hatten.

21-25 Schluß

21 Der Apostel zweifelt nicht daran, daß sein Brief Erfolg haben wird. Was er von Philemon erwartet, ist im Brief mehr angedeutet als offen ausgesprochen. Wenn die anfängliche Vermutung richtig ist, daß er die Dienste des Onesimus gerne für sich hätte, dann mag dieser Vers auf seine Freilassung anspielen.

22 Daß er eine *Herberge* (Gästezimmer) wünscht, zeigt, daß Paulus seinen Gefängnisaufenthalt nur als vorübergehend ansieht und mit seiner baldigen Freilassung rechnet. **23.24** Die hier genannten Personen werden alle auch Kol 4,10ff genannt. *Epaphras* wird dort nicht als *Mitgefangener* bezeichnet, wohl aber *Aristarch.* **25** Der Schlußvers ist identisch mit dem des Galaterbriefes.

Donald Guthrie

Der Brief an die Hebräer

Einleitung

Einige Fragen, die im Blick auf die Entstehung eines ntl. Dokuments normalerweise gestellt werden, können für den vorliegenden Brief nicht mit Sicherheit beantwortet werden. Auch wenn von der Argumentation her ernstzunehmende Antworten angeboten werden, müssen wir uns damit abfinden, weder den Absender noch die Empfänger dieses Briefes zu kennen.

Unsere Unkenntnis in diesen Punkten wirkt sich jedoch nicht negativ auf das rechte Verständnis aus und mindert auch nicht den geistlichen und theologischen Wert des Dokuments, durch den es sich von Anfang an ausgewiesen hat. Die einzig angemessene Antwort christlichen Glaubens auf diese offenen Fragen lautet, daß Gott selbst den Auftrag zu diesem Brief gegeben hat, um damit seine Gemeinde jederzeit aktuell anzusprechen. Der Brief ist ein Appell Gottes an die Empfängergemeinde damals und - durch die Vermittlung des Heiligen Geistes - an die Gemeinde heute. Das ist der ausschlaggebende Grund für seinen Platz im Kanon der ntl. Bücher.

Der Verfasser

Im Brief selbst wird der Verfasser nicht genannt. Auch frühchristliche Autoren geben keinen eindeutigen Hinweis auf ihn. Tertullian bezeugt eindeutig Barnabas als Verfasser, bleibt aber mit seiner Aussage von anderer Seite her unbestätigt, obwohl einiges für deren Richtigkeit spricht. Der Mann, der den christlichen Namen »Sohn der Ermahnung« (Apg 4,36) erhalten hatte, könnte für dieses »Wort der Ermahnung« (Hebr 13,22) verantwortlich zeichnen. Als Levit hätte er überdurchschnittliches Interesse am Opferritual, als Jude aus Zypern engen Kontakt mit der hellenistischen Philosophie des Judentums von Alexandria gehabt, zu der der Schreiber als auch die Empfänger des Briefes Beziehungen zu haben scheinen. Als einer derjenigen, die sich unmittelbar nach dem Pfingstgeschehen hatten taufen lassen (worauf möglicherweise Hebr 2,3.4 Bezug nimmt), wäre er unter den Einfluß der Lehre des Stephanus gekommen, einer Lehre, die in diesem Brief nachweisbar ist.

In Alexandria, wo der Brief wegen seines Inhalts Anerkennung gefunden hatte, neigte man im 3. Jh. dazu, ihn, wenngleich indirekt, mit Paulus in Verbindung zu bringen. Clemens nimmt an, der Brief sei von Paulus auf Hebr. geschrieben und von Lukas ins Griech. übersetzt worden. Origines ist der Auffassung, die grundlegenden Gedanken stammten zwar von Paulus, nicht aber ihre schriftliche Formulierung. Mit der Frage nach der Urheberschaft den Namen des Paulus ins Gespräch zu bringen, empfahl sich, weil dem Brief damit apostolische Autorität verliehen wurde, ohne die viele zögerten, ihn in den Kanon der biblischen Schriften aufzunehmen. Das hatte zur Folge, daß eine Reihe von Abschriften der Handschrift mit dem Titel versehen wurde: »Der Brief *des Paulus* an die Hebräer«. Die Mehrzahl der heutigen Forscher lehnt Paulus als Verfasser ab und beruft sich auf den inneren Aufbau des Briefes, seine Sprache, seinen Stil und seinen Inhalt (z.B. den Gegensatz von Hebr 2,3 und Gal 1,12; 2,6).

Andere Vorschläge sind rein spekulativ. Sie nennen Apollos, Silas, Aquila (oder Priszilla und Aquila) und den Evangelisten Philippus. Luther hält Apollos für den Schreiber. Soweit wir Informationen über diesen Mann besitzen (s. Apg 18,24-28), könnte er durchaus der Verfasser eines solchen Briefes sein. Doch uns fehlt jeglicher Beleg, der diese Annahme zu unterstützen in der Lage wäre. Wenn der Schreiber eines Buches der Bibel offensichtlich Anlaß hatte, seinen Namen nicht mitzuteilen, dann ist es unnötig und wenig erfolgversprechend, ihn entdecken zu wollen. Es ist ein Stück Weisheit, damit zufrieden zu sein, seinen Namen nicht zu wissen.

Die ursprünglichen Empfänger

Der Brief selbst enthält keine Angaben, an wen er ursprünglich gerichtet ist. Der uns vertraute Titel *An die Hebräer* geht auf das 2. Jh. zurück. Aus dem Inhalt wird deutlich, daß sich der Brief an jüdische Christen wendet. Der ganze Brief enthält keinen Hinweis auf das Heidentum; 9,15 scheint davon auszugehen, daß die Adressaten »unter dem ersten Bund« gewesen sind. Die atl. Schriften, der Bund vom Sinai und das levitische Opferritual werden respektvoll als gottgegebene Ordnungen und Autoritäten behandelt. Da der Brief - und somit das Reden Gottes - mehr Bezüge zur jüdischen Geschichte als zum Judentum und zur geläufigen Opferpraxis im Tempel in Jerusalem herstellt, wird neuerdings die Ansicht vertreten, der Brief sei an Heidenchristen adressiert gewesen. (Vgl. die Art, wie in 1Kor 10,1-11 Paulus, der hier an eine vorwiegend heidenchristliche Gemeinde schreibt, das AT zitiert und auf »unsere Väter« verweist. S. auch 1Kor 5,7.8.)

Der Ort, an dem sich die ursprünglichen Empfänger befinden, wird im Brief nicht genannt. Man dachte an Jerusalem, Caesarea, Antiochien in Syrien, Ephesus, Alexandria und Rom. Die Tatsache, daß die Empfänger Christus nicht persönlich gehört hatten (2,3), läßt darauf schließen, daß sie ihren Wohnsitz nicht in Jerusalem hatten. Ihre zweifellos jüdische Abstammung scheint eher hellenistisch und von Alexandria als rabbinisch und von Palästina her geprägt worden zu sein. Sie scheinen Diasporajuden gewesen zu sein, deren Schriften die des AT auf Griechisch (LXX) waren. Der Satz »die Brüder aus Italien grüßen euch« (13,24) kann so verstanden werden, daß Leute aus der Fremde Grüße an ihr Heimatland Italien schicken. Wenn diese Erklärung zutrifft (s. die Erläuterung zu 13,24), dann spricht sie dafür, daß die Empfänger Juden der Christengemeinde in Rom waren. Wichtig ist in diesem Zusammenhang vielleicht auch die Tatsache, daß der Brief erstmals in einem Schreiben zitiert wird, das Clemens von Rom im Jahre 95 verfaßt hat. Der Hinweis auf Verfolgung in 10,32-34 könnte sich auf die Vertreibung der (christlichen) Juden aus Rom durch den Kaiser Klaudius etwa um das Jahr 50 beziehen. S. dazu Apg 18,2.

Formal erinnert der Hebräerbrief mehr an eine Predigt als an einen Brief. Sein Stil ist rhetorisch, seine Argumentation logisch und streng durchstrukturiert. Wiederholt sind Ermahnungen eingestreut, und der Autor läßt seine Leser wissen: »Die Zeit würde mir zu kurz, wenn ich erzählen sollte . . .« (11,32). Auch wenn der Text von der Konzeption her an eine Predigt erinnert, ist doch die überlieferte Form ein Brief, der an eine bestimmte Empfängergruppe gerichtet ist. S. 2,3; 5,11.12; 6,9.10; 10,25.32-36; 13,7.19.23.24. Die Empfänger kannten sowohl den Absender als auch Timotheus. Der Absender äußert die Hoffnung, sie besuchen zu können. Sie waren schon lange Christen, ihr Anfang im Glauben ist dem Schreiber bekannt. Einige Stellen des Briefes (s. 13,24) deuten darauf hin, daß sie einen kleineren Kreis bildeten, der mehr in der Form eines Hauskreises zusammenkam als in der Gestalt einer großen Gemeinde, der vermutlich mehr neu Bekehrte angehört hätten.

Man darf annehmen (aber nur annehmen), daß es sich bei den ursprünglichen Empfängern dieses Briefes um eine Gruppe von Juden handelt, die einmal Mitglieder einer Synagoge in der Diaspora waren. Sie waren eifrige Verfechter eines Judentums nach ihrem Verständnis der atl. Schriften in griechischer Sprache gewesen, nicht aufgrund lebenslangen Aufenthalts in Palästina. Die Gedankenwelt Alexandrias war ihnen nicht fremd. Als Juden hatten sie den sehnlichen Wunsch, zu den großen Festen nach Jerusalem zu pilgern. Möglicherweise waren sie, wie auch der Schreiber des Briefes, zum Glauben an Jesus als den Christus gekommen, als sie zu Besuch in Jerusalem waren und die Apostel am Pfingstfest oder wenig später predigen hörten und das mächtige Wirken des Heiligen Geistes erlebten (2,3.4). Sie hatten vielleicht auch die Verfolgung der Christengemeinde in Jerusalem zu spüren bekommen, zu der die jüdischen Autoritäten und Eiferer vom Format eines Saulus von Tarsus aufriefen; 10,32-34 könnte darauf Bezug nehmen (s. Apg 5,41; 8,3; 9,13.14). Es ist auch denkbar, daß die verarmte Gemeinde in Jerusalem später von den Empfängern unseres Briefes Unterstützung erfahren hat (6,10).

Die Vorgeschichte ihres Lebens in der Nachfolge Jesu könnte im Zusammenhang stehen mit der Versicherung des Schreibers, daß die Nachfolger Jesu kein irdisches Jerusalem als ihre ewige Stadt besitzen, sondern die Stadt verlassen müssen wie ihr Herr (13,12-14). Als Christen sind sie »zu dem Berge Zion und zu der Stadt des lebendigen Gottes, dem himmlischen Jerusalem« gekommen (12,22). Da müssen sie nicht mehr vor dem Allerheiligsten stehen bleiben, in das der Hohepriester allein und nur einmal im Jahr hineingehen durfte, sondern dürfen selbst ungehindert und jederzeit voll Zuversicht durch den zerrissenen Vorhang in das Allerheiligste, in die Gegenwart Gottes, treten.

Die zeitliche Einordnung

Es ist unmöglich, mit absoluter Sicherheit ein Datum anzugeben; trotzdem läßt sich die Entstehung des Briefes einigermaßen zuverlässig zwischen den Jahren 60 und 70 ansetzen. Seine Adressaten waren schon längere Zeit Christen (5,12; 10,32). Einige ihrer ersten Vorsteher lebten nicht mehr (13,7), Timotheus dagegen lebte noch (13,22). Man darf davon ausgehen, daß der Schreiber die Zerstörung Jerusalems nicht unerwähnt gelassen hätte, wenn sie schon stattgefunden hätte, denn sie ist ein markantes Gerichtshandeln Gottes an der alten Art jüdischer Frömmigkeit.

Anlaß und Absicht des Briefes

Anlaß und Absicht des Briefes werden erkennbar, wenn man sich die Situation der Adressaten vergegenwärtigt. In diesem Zusammenhang ist deren geistliche Situation von größerer Bedeutung als ihre geographische. Auskunft darüber gibt allein der Brief. Der Schreiber vergleicht die gegenwärtige Lage der Empfängergemeinde mit der in der Vergangenheit. Aus dem Kontrast geht deutlich hervor, was sie sein sollen und was für einen gefährlichen Weg sie einzuschlagen geneigt sind.

Sie sind als Christen träge (5,11; 6,12) und mutlos (12,3.12) geworden. Sie haben ihren ursprünglichen Eifer im Glauben verloren (3,6.14; 10,23.35). Sie sind nicht gewachsen und haben keine Fortschritte gemacht. Ihr geistliches Verständnis und Unterscheidungsvermögen zeigt ernste Mängel (5,12-14). Ihr Besuch der Versammlungen läßt nach (10,25), ihren Lehrern im Glauben folgen sie nicht mehr (13,17). Sie müssen von neuem ermahnt werden, dem Glauben derer, die vorangegangen sind, nachzueifern (13,7). Sie lassen sich leicht durch neuartige Lehren verführen (13,9; man nimmt an, daß es sich um gnostische Lehren handelte, die auch in der Gemeinde von Kolossae Verwirrung gebracht hatten. S. die Einleitung zum Kol). Sie laufen Gefahr, die Verheißungen Gottes zu verlieren (4,1) und zu vergessen, was sie gehört haben (2,1). Sie sind sogar in Gefahr, ihren Glauben ganz aufzugeben durch bewußte und beharrliche Abtrünnigkeit (3,12; 10,26); diese Gefahr wächst mit ihrem Unvermögen zu prüfen, ob sich bereits jemand aus ihrem Kreis auf diesen Weg begeben hat (3,13; 12,15). Wenn sie aber der Versuchung Raum geben, erwartet sie nur noch das Gericht Gottes (10,26-31).

Als ehemals eifrige Anhänger des Judentums scheinen sie vom Christentum zutiefst enttäuscht zu sein, weil es kein sichtbares Königreich auf Erden gebracht hat und von der Mehrzahl der Juden strikt abgelehnt worden ist. Weiteres Festhalten am Christentum hatte für sie zur Folge, daß sie sich der aggressiven Ablehnung aussetzten, die der leidende Messias bis zum Kreuz ertragen hatte, und mit gewalttätiger Christenverfolgung rechnen mußten. Man kann sich daher gut vorstellen, daß sie ernsthaft erwogen, Jesus als ihren Messias aufzugeben und der Versuchung, die ihnen das Judentum mit sichtbaren Vorteilen anzubieten schien, nachzugeben bereit waren.

Aus der Art, wie der Schreiber aus eigener Erfahrung die Überlegenheit des neuen Bundes über den alten darstellt, geht hervor, daß das Judentum im Vergleich zum Christentum attraktiver zu sein schien, denn der Brief legt besonderen Wert auf die Einzigartigkeit Jesu, des Sohnes Gottes, im Vergleich zu den Propheten, Engeln, Ältesten und Hohenpriestern, die im alten Bund Ämter innehatten. Er zeigt, daß das alte Gesetz unvollkommen und vorläufig war, während die Nachfolge Christi Vollendung (7,19) in der Ewigkeit (5,9; 9,12.15; 13,20) zum Ziel hat.

Absender und Empfänger des Briefes waren offensichtlich hellenistische Juden, die in der griechischen Philosophie Bescheid wußten. Der Autor bedient sich der Bilder aus dieser Gedankenwelt, wenn er erklärt, daß der alte Bund nur ein »Abbild des wahren Heiligtums« (9,24), »ein Schatten von den zukünftigen Gütern, nicht das Wesen der Güter selbst« (10,1) war. Unter Christus zu sein ist die Wahrheit selbst, ist himmlische und geistliche Realität, die tatsächlich und ausschließlich alle die Werte besitzt, die jene anderen Dinge bestenfalls widerspiegeln oder vorläufig abbilden können. Gerade deshalb, weil die Empfänger des Briefes die göttliche Autorität der atl. Schriften anerkennen, bezieht der Schreiber seine Argumente für die Überlegenheit Christi über die Engel und die levitische Priesterschaft und für die Überlegenheit des Opfers Christi über das der Stiere und Böcke aus dem prophetischen Zeugnis des AT selbst; vgl. 1,5-13; 7,15-22; 10,5-10.

Die Absicht des Autors besteht erstens darin, seinen Lesern die kaum faßbare Offenbarung und Rettung bewußt zu machen, die Gott in Christus den Menschen geschenkt hat. Zweitens möchte er ihnen den himmlischen und ewigen Charakter der göttlichen Gnade bewußt machen, die im Glauben zu empfangen ist. Drittens möchte er ihnen die Haltung des Leidens und geduldigen Ausharrens im Glauben vor Augen führen, die durch den Leidensweg Christi, des »Herzogs unserer Seligkeit«, vorgezeichnet ist, und Gottes Erziehung an seinen Kindern dokumentiert. Viertens stellt er ihnen das furchtbare Gericht vor Augen, das denen bevorsteht, die all das Gesagte wissen und es ablehnen. Nachdem er sich bemüht hat, ihnen diese Punkte bewußt zu machen, fordert er sie zu entsprechendem Handeln auf. Dieses Schema zieht sich wie ein roter Faden durch den ganzen Brief: von der argumentativen Darstellung über die Aufforderung zum Handeln bis hin zu ernster Warnung.

Inhalt

Wie bereits angedeutet, kann der Inhalt dieses Briefes nur im Zusammenhang mit seinem Anlaß und der damit verknüpften Absicht richtig erfaßt werden. Der Schreiber betrachtet die atl. Schriften als verbindliches Wort Gottes, das bildhaft die Realitäten nach Gottes Plan wiederzugeben hat. Er bedient sich ständig dieser Bilder, um sein Thema zu illustrieren und zu entwickeln. Er erinnert daran, wie Gott sein

Volk aus Ägypten geführt hat, mit ihm am Sinai einen Bund geschlossen und eine Priesterschaft für die Stiftshütte zur Pflege der Bundesbeziehungen eingesetzt hat. Er erinnert daran, daß viele, die mit Gott losgezogen waren, in der Wüste umgekommen sind (3,16.17). Wegen ihres Unglaubens konnten sie Gottes Verheißung nicht erfahren und das Erbe nicht antreten (3,18.19; 4,2.6). Sie kamen unter Gottes Gericht wegen ihrer Mißachtung der Bundesgesetze (2,2). Mit dem Tode bestraft wurden diejenigen, die im geistlichen Sinn Hurerei getrieben hatten, indem sie fremde Götter anbeteten (10,28). Ähnlich erging es Esau, der als erstgeborener Erbe einer auserwählten Familie sein Erstgeburtsrecht verachtet und verkauft hatte. Es war unwiederbringlich verloren, er hatte seine Chance zur Reue vertan (12,16.17). Aus diesen Berichten folgert der Schreiber, daß die, denen Gottes Licht gegeben wird und denen sein Ruf gilt, entweder Gott glauben und gehorchen, um in den Besitz des ganzen Erbes zu gelangen, oder in sein Gericht kommen, weil sie das Licht ablehnen und den Ruf ignorieren.

Im Blick auf seine Leser hofft und bangt der Schreiber: Er hofft, daß sie Fortschritte machen und zur Reife gelangen (6,1); er bangt, daß einer die Gnade Gottes verlieren oder gar nicht empfangen könnte (12,15). Sie haben nämlich die Erfahrung jenes größeren »Exodus«, den Jesus in Jerusalem vollbracht hat, gemacht (6,4.5). Durch das Blut des neuen Bundes sind sie versiegelt und geheiligt worden (s. 10,29). Wie den Israeliten am Sinai erwuchs ihnen daraus nicht nur die Verpflichtung zum Glauben und Gehorsam, sondern auch das Erbe der göttlichen Verheißungen. Aber die Gefahren, die ihnen drohen, sind die gleichen wie bei den Israeliten des alten Bundes: Unglaube, Ungehorsam, Abtrünnigkeit, bewußte Ablehnung des Lichtes und Trennung vom lebendigen Gott (3,12; 10,26.38). Sie müssen deshalb ermutigt werden, vorwärtszugehen, und vor dem Zurückgehen gewarnt werden. Das macht den Inhalt des Briefes aus.

Der Schreiber ist davon überzeugt, daß die Offenbarung und Erlösung, die durch Christus den Menschen geschenkt ist, im Gegensatz zum alten Bund keinen vorläufigen Charakter hat, sondern ein letzter Appell Gottes an die Menschen ist. Die Verpflichtung zum Gehorsam ihm gegenüber und die Zusicherung vollkommener göttlicher Fürsorge haben absolute Gültigkeit. Sie bewirken entweder völlige Erlösung oder endgültige Verdammung des Menschen. Dem Autor liegt sehr daran, seine Leser zu konsequenter Nachfolge zu ermutigen.

An sorgfältig ausgewählten Beispielen zeigt er die Einzigartigkeit Christi und die Unterschiede zwischen dem alten und neuen Bund, um damit gleichsam den Boden für seine ermutigenden und warnenden Worte vorzubereiten. Christus ist die letzte Offenbarung Gottes, die größer ist als alles, was bisher durch Propheten oder Engel geschehen ist, weil er selbst, der Sohn Gottes, Gott ist. In Christus liegt die gültige Versöhnung der Menschen mit Gott, weil der, der herabgestiegen und wahrer Mensch aus Fleisch und Blut geworden ist, noch tiefer hinabstieg, den Tod für jeden Menschen erlitt und die Sünde dadurch wegnahm, daß er sich selbst zum Opfer für die Sünde machte. So wird der wahre Tempel gebaut, die lebendige Gemeinde aus Gottes Kindern, deren Haupt Christus ist, und der alle angehören, die ihm gehören. Sie haben nur dann daran teil, wenn sie während des Zuges durch die Wüste, die zwischen dem großen »Exodus« der Erlösung und dem Zukünftigen Erbe der Verheißung liegt, am Glauben festhalten.

Diese Gemeinde ist auch berufen, an dem neuen Bund teilzuhaben, dem noch größere Verheißungen gegeben sind, dessen Mittler Jesus durch seine Erlösungstat geworden ist. Als ihr Hoherpriester hat er ein für allemal mit der Sünde abgerechnet durch das einmalige Opfer seines irdischen, menschlichen Lebens am Kreuz. Dadurch erwarb er als der Fürsprecher seiner Gemeinde nicht nur Zugang zur Gegenwart Gottes, sondern auch den Platz zur Rechten des Vaters.

Der trennende Vorhang, der die Menschen vom Allerheiligsten fernhielt, ist endgültig zerrissen. So können sie zum Thron Gottes als einem Gnadenthron kommen. Der auf dem Thron Sitzende ist bereit, als ihr Anwalt vor Gott hinzutreten. Ihr Hoherpriester sitzt auf dem Gnadenthron; ihm dürfen sie ihre Not überlassen und von ihm kommt ihr vollkommenes Heil. Sein Volk kann sich auf die Erfüllung aller göttlichen Verheißungen des neuen Bundes verlassen. Mit diesem Vorrecht vor Augen soll es am Glauben und am offenen Bekenntnis festhalten, zu tieferer Erkenntnis der Gnade Gottes gelangen und sich darüber freuen.

Mit einem weiteren Punkt muß sich die Empfängergemeinde gründlich auseinandersetzen: Kontakt zu Gott ist nur durch den Glauben möglich. Gott ist der große Unsichtbare, dessen Größe erst noch erkannt werden wird. Die augenblickliche Lage und die persönlichen Erfahrungen der Empfänger scheinen der Gegenwart Gottes und der Aussicht auf die Anerkennung seiner Majestät zu widersprechen. Der Glaube ist daher unverzichtbar, wenn es um rechtes Erkennen und standfestes Durchhalten geht. Vom Glauben in der Bewährung berichtet das AT, wenn es seinen Lesern das Leben und Wirken solcher Menschen vor Augen führt, die Gott glaubend gehorchten und Erben seiner Verheißungen wurden. Der Autor fordert seine Leser auf, sich nicht von sichtbarem Ruhm und irdischem Erfolg, der Christen gewöhnlich selten beschieden ist, irritieren zu lassen. Sein Aufruf lautet vielmehr: »Laßt uns festhalten an dem Bekenntnis der Hoffnung und nicht wanken; denn er ist treu, der sie verheißen hat« (10,23). »Denn wir haben hier keine bleibende Stadt, sondern die zukünftige suchen wir« (13,14). Das Reich, das uns zur Freude gegeben ist, wird erst dann ganz sichtbar werden, wenn diese Zeit durch das Gericht ihr Ende gefunden hat.

Sie sollen daher alles von Christus erwarten, von seinem unwandelbaren Wesen (13,8), seiner treuen Begleitung (13,5.6) und seinem vollkommenen Opfer, das er vor den Toren Jerusalems gebracht hat (13,12). Anstatt der Versuchung nachzugeben, dem Christentum abzusagen und zum Judentum zurückzukehren, sollen sie sich ein für allemal, ungeachtet der daraus entstehenden Nachteile, vom Judentum trennen und mit dem gekreuzigten Jesus, ihrer einzigen Hoffnung, verbinden (13,13). Denn dieser Jesus, so betont der Schreiber in seinen letzten Segenswünschen noch einmal, ist »unser Herr«; er ist der »große Hirte der Schafe« (13,20). Alle unsere Hoffnung ist auf ihn gerichtet. Solches Vertrauen wird belohnt. Gott hat ihn von den Toten auferweckt. Der Bund, den sein Blut besiegelt, ist in Kraft. Gott steht zu seiner Erfüllung. Wir dürfen uns darauf verlassen, daß er, was uns betrifft, zu Ende führen wird. Wenn andere auch umkehren - davor muß nachdrücklich gewarnt werden - dürfen wir das nicht tun. »Wir aber sind nicht von denen, die zurückweichen und verdammt werden, sondern von denen, die glauben und die Seele erretten« (10,39).

Weitere Anmerkungen zu dem neuen Bund, der Priesterschaft Christi und zu den warnenden Passagen des Briefes finden sich in den Anhängen 1,2 und 3.

Inhalt

Zu beachten ist der Wechsel zwischen Erklärung und Ermahnung sowie die Dichte der Beweisführung in den erklärenden Abschnitten.

1,1-4	**Einleitung: Gott spricht zuletzt durch seinen Sohn**
1,5-14	**Der Sohn ist den Engeln überlegen**
2,1-4	**Praktische Anwendung und Ermahnung**
2,5-18	**Menschwerdung, Leiden und Sterben des Gottessohnes**
3,1-6	**Jesus ist Mose überlegen**
3,7-4,13	**Erläuterung persönlicher Konsequenzen und Warnung**
4,14-5,10	**Christus, unser großer Hoherpriester**
5,11-6,20	**Eine Ermahnung vorwärts zu gehen und durchzuhalten**
7,1-28	**Merkmale und Wirkung der ewigen Priesterschaft Christi**
8,1-6	**Das Besondere am hohenpriesterlichen Dienst Christi**
8,7-13	**Die beiden Bünde**
9,1-10	**Der Gottesdienst unter dem alten Bund**
9,11-10,18	**Merkmale des Opfers Christi**
10,19-39	**Praktische Ermahnungen**
11,1-40	**Die großen Taten des Glaubens**
12,1-29	**Persönliche Konsequenz: Aufruf zu rechtem Gottesdienst**
13,1-17	**Zusätzliche Ermahnungen**
13,18-25	**Persönliche Mitteilungen und abschließender Segensgruß**

Kommentar

1,1-4 Einleitung: Gott spricht zuletzt durch seinen Sohn

Diese Aussage am Anfang des Briefes umreißt das Hauptthema des Schreibers (vgl. 3,1). Daß Christus absoluten Vorrang hat und alleiniger Vertreter der Menschen vor Gott ist, zieht sich wie ein roter Faden durch den Brief. Der Sohn Gottes ist allen anderen Mittlern wie Propheten (V. 1) oder Engeln (V. 4) überlegen. Besondere Beachtung kommt der Kontinuität zu, die zwischen der atl. Offenbarung und der in Christus geschehenen besteht. Erstere bereitet letztere vor, diese wiederum ist die Vollendung jener (vgl. 10,8.9). Festzuhalten ist auch, daß die letzte Offenbarung, die Gott den Menschen gibt, nicht nur in der Menschwerdung des Sohnes Gottes besteht, sondern auch in dem Sühnopfer für die Sünde, das der Sohn an sich vollziehen läßt (vgl. 1Jo 4,9.10). Den vollen Umfang dieser Offenbarung und Erlösung erfahren nur die, die im Glauben erkennen, daß der einst gekreuzigte Christus jetzt auf dem Thron sitzt und alle erlösen kann, die durch ihn zu Gott kommen (s. 8,1; 7,25).

2-4 Hier werden acht Aussagen über Christus gemacht. In seinem ewigen Wesen ist er wahrhaftig und völlig Gott, der sichtbare Abglanz der Herrlichkeit Gottes. Er verkörpert göttliches Wesen, er ist der ewige *Sohn* des Vaters, »Gott aus Gott«. Nach dem göttlichen Willen ist er der Schöpfer und Erhalter sowie das Ziel der Schöpfung. Durch ihn ist alles gemacht. Er ist der *Erbe* des ganzen Universums. Das Ende wird hier vom Anfang her gesehen: Noch vor der Erschaffung des Universums wird der Sohn zu seinem Erben bestellt. Gegenüber den Menschen tritt er als Prophet, Priester und König auf. Er offenbart ihnen Gott und steht als Mittler zwischen ihnen und Gott (vgl. Joh 1,14.18). Er tilgt unsere Sünde und versöhnt uns mit Gott. Jetzt sitzt er auf dem Thron zur Rechten Gottes; als der Erhöhte hat er sein Erbe angetreten und steht über allem (vgl. Eph 1,20.21; Phil 2,9-11).

1,5-14 Der Sohn ist den Engeln überlegen

Im jüdischen Denken nehmen Engel als Überbringer der Offenbarungen Gottes an sein Volk eine wichtige Stellung ein. Deshalb betont der Verfasser die Überlegenheit Christi über die Engel und verleiht damit der Botschaft, die er bringt, besonderen Nachdruck. Als Belege dafür bringt der Schreiber sieben Zitate aus dem AT. Dieses Vorgehen verdient besondere Beachtung, zeigt es doch, daß erstens gläubige Christen einen direkten Bezug zum AT haben und dessen Aussagen für sie Autorität besitzen. Zweitens werden die zitierten Stellen nicht Psalmisten oder Propheten zugeschrieben, sondern als Worte Gottes aufgefaßt; vgl. dazu V. 1! Drittens können jetzt diejenigen, die Gottes letzte Offenbarung in Christus kennen, in den Worten des AT Anklänge und Bezüge auf Christus hin erkennen, die in der Form weder den Schreibern noch den Lesern vor Christus möglich waren (vgl. 1Petr 1,10-12).

5 *Sohn* ist der »so viel erhabenere« Name (V. 4), der die Überlegenheit Christi über die Engel bezeichnet. Der Sohn ist den Engeln überlegen, weil er ewig ist wie Gott und der jetzt erhöhte Menschensohn ist. Das erste Zitat aus Ps 2,7 beinhaltet beide Gedanken. Es gab keine Zeit, zu der der Vater nicht zu ihm sagen konnte: *Du bist mein Sohn.* Durch die Auferstehung in verklärter Leiblichkeit erhielt er einen neuen Rang als erhöhter Menschensohn. In Apg 13,33 wird das Zitat aus Ps 2 ausdrücklich mit Christi Auferstehung verknüpft. Er ist also nicht nur Sohn kraft seines göttlichen Wesens, sondern auch auf Grund seines menschlichen Wesens erhöht worden, um Sohn zu sein (»der Erstgeborene unter vielen Brüdern«, Röm 8,29). Das zweite Zitat, ein Versprechen, das David im Blick auf seine Nachkommen erhalten hatte (2Sam 7,14), ist in Christus erfüllt worden; Salomo konnte nie die Erfüllung dieses Versprechens sein.

6 In doppelter Hinsicht ist Jesus der »Erstgeborene«, der eine Sohn des Vaters (vgl. Kol 1,15.18): als Herrscher über die Schöpfung, vor der er war (s. Ps 89,27), und nun als Erstgeborener von den Toten, der als Wegbereiter des Heils für viele den Weg freimacht, als Kinder Gottes in die Herrlichkeit einzugehen (2,10). Das dritte Zitat weist darauf hin, daß sein Handeln für die Menschen als Schöpfer und Erlöser darin gipfeln wird, daß er wieder auf die »bewohnte« Erde kommen wird. Die prophetische Schau vom Kommen Gottes zum Gericht wird in der Person seines Sohnes erfüllt werden. Dann wird seine Göttlichkeit vollkommen offenbar werden, und alle Engel werden ihn anbeten. S. Ps 97,7 (das hebr. Wort für »Götter« wird in der LXX mit »Engeln« wiedergegeben).

7-9 Das vierte und fünfte Zitat macht deutlich, daß der Sohn eine Person mit voller Entscheidungsfreiheit ist, die den Thron zur Rechten Gottes einnimmt und Gott in ewiger Gerechtigkeit ist, während die Engel ihren Dienst (z.B. am Sinai) durch Wind und Feuer, d.h. im materiellen Bereich, in zeitlich bedingter Art, in kreatürlicher Dienstbereitschaft gegenüber dem göttlichen Willen versehen. Auf Grund seiner Gerechtigkeit als Menschensohn ist er erhöht und zu dem gemacht worden, dem die ganze Macht gehört. Die Zitate stammen aus Ps 104,4 und Ps 45,6.7. Was das für seine *Brüder* bedeutet, steht in 2,10. 13; 3,14. **10-12** Das sechste Zitat belegt, daß der Sohn - im Gegensatz zu den erschaffenen Dingen und Wesen - der Schöpfer, der souveräne, unwandelbare Herrscher ist. Die Worte aus Ps 102,25-27 (nach LXX zitiert) geben die Anrede des Vaters an den Sohn wieder und zeigen, daß er Gott, »der Herr« ist, der nie schwach werden oder vergehen wird (vgl. 13,8).

13 Das siebte Zitat schließlich drückt aus (vgl. 13,8), daß der Sohn den Engeln nicht nur in seinem Gottsein überlegen ist, sondern auch in dem, was Gott für ihn als erhöhten Menschensohn und thronenden Messias tut. Nach dem

Willen Gottes soll er den Thron behalten und seines endgültigen Sieges sicher sein (Ps 110,1). 14 Die Engel dagegen werden vom Thron ausgesandt, um denen zu dienen, die an der herrlichen Vollendung der Erlösten teilhaben werden. *Um derer willen, die das Heil ererben sollen,* lautet einer der Ausdrücke, die der Schreiber gebraucht, um das Volk Gottes und seine Bestimmung zu bezeichnen.

2,1-4 Praktische Anwendung und Warnung

Der Schreiber bringt die erste der für ihn charakteristischen nachdrücklichen Mahnungen und Warnungen (s. Anhang 3, »Die warnenden Passagen«). Die neue Offenbarung ruft alle, die mit ihr konfrontiert werden, zu einem Gehorsam auf, der aus mehreren Gründen höher zu achten ist als der Gehorsam gegenüber dem Gesetz des Mose. 2 Erstens: die Autorität des mosaischen Gesetzes ist bekannt. Es konnte nicht ungestraft herausgefordert oder mißachtet werden. Nach dem Gesetz *empfing* jede *Übertretung* und *jeder Ungehorsam* den *rechten Lohn.*

3.4 Zweitens: der Inhalt der neuen Botschaft lautet *Errettung* (EÜ), die Staunen hervorruft (vgl. Joh 1,17). Der dritte Grund liegt in der Person des Botschafters selbst. Das Gesetz vom Sinai war Mose durch Engel von Gott übermittelt worden (vgl. Apg 7,53; Gal 3,19); es geschah also durch eine mittelbare Offenbarung. Die neue Offenbarung geschieht dagegen direkt und unmittelbar durch den Herrn selbst. Den vierten Grund bildet die alles entscheidende Bestätigung der Botschaft. Zuerst von Christus selbst ausgesprochen, *wird* sie *uns* von zuverlässigen Augenzeugen *bekräftigt.* Hinzu kommt das Zeugnis vieler von Gott geschenkter *Zeichen* und *mächtiger Taten durch die Austeilung des heiligen Geistes,* die nicht menschlichem Ermessen, sondern allein dem Willen Gottes unterworfen sind. Vgl. Mk 16,20; 1Kor 12,11. Der letzte Grund ist die unausweichliche Folge der Mißachtung der Botschaft. Wer das Ziel, das in greifbare Nähe gerückt ist, verfehlt, setzt sich dem Gericht aus. Dieser Tatbestand wird im Brief noch ausführlich behandelt (s. 10,26.27). *Wie wollen wir entrinnen?* (Indikativ Futur): Die Gewißheit, mit der hier vom kommenden Gericht gesprochen wird, muß beachtet werden.

2,5-18 Menschwerdung, Leiden und Sterben des Gottessohnes

In diesem Kap. behandelt der Autor ein Problem, das sich seinen Lesern in der Aussage der Überlegenheit Jesu über die Engel stellen könnte. Jüdisches Verständnis schätzt nämlich Engel hoch ein. Danach waren Engel höher als Menschen einzustufen, standen sie doch z.B. bei der Gesetzgebung zwischen Gott und den Menschen (V. 2). Wenn Jesus Mensch war, am Kreuz litt und starb, wie konnte er dann höher als die Engel sein (1,4)?

Als Antwort auf diese Frage führt der Autor zunächst die Tatsache und die Bedeutung der Erhöhung Jesu als Mensch an: »Jesus, sehen wir . . . gekrönt« (V. 9). Dann beschreibt er den rettenden Plan Gottes, der in der Erniedrigung des Sohnes bestand, in dessen Gerechtigkeit (vor Gott) und heilsamem Wirken (für die Menschen). Weiter zeigt er, daß nicht nur Jesus berufen ist, Herrlichkeit und Macht zu erben, sondern auch die Menschen, deren Hoherpriester und Retter Jesus ist.

2,5-8 Nicht Engel, sondern Menschen sollen nach Gottes Willen künftig herrschen

So lautet die biblische Prophetie. Ps 8 spricht davon, daß die Menschen in der gegenwärtigen Weltordnung *eine kleine Zeit niedriger* sind *als die Engel* (V. 7). Gottes Plan jedoch ist, ihnen Herrlichkeit und Herrschaft, auch über die Engel, zu geben. Denn *alles* (V. 8) umfaßt auch die Engel; vgl. 1Kor 6,3. Diese Erhöhung ist noch nicht völlig realisiert (V. 8c). Man muß daher noch in der Aussageform der Zukunft davon sprechen. Es handelt sich um *die zukünftige Welt* (V. 5), d.h. die zukünftige Weltordnung (vgl. 6,5). Diese künftige Erhöhung oder Vollendung der Erlösung ist das Thema des Verfassers (V. 5) und sollte stets die Hoffnung eines Christen ausmachen (s. 10,37-39; 11,13-16; 13,14).

2,9-18 Der Sinn der Menschwerdung, des Leidens und Sterbens Jesu

9 In der Person Jesu verwirklicht sich die Bestimmung des Menschen. Als wahrer Mensch *war* er (eine kurze Zeit) *niedriger als die Engel.* Jetzt ist er *gekrönt mit Preis und Ehre.* Ps 8 ist daher messianisch. Gottes Absicht mit den Menschen erfüllt sich in dem einen Menschen, nämlich in Christus (vgl. Gal 3,16).

Gottes Plan mit den Menschen läßt erkennen, warum der Sohn zum Knecht erniedrigt wurde. Er wird nämlich als Mensch nur deshalb erhöht und *mit Preis und Ehre* gekrönt, weil er den Tod erlitten hat. Auf Grund einer herrlichen Offenbarung der *Gnade Gottes* wurde er Mensch, um zum Heil der ganzen Menschheit, d.h. *für alle,* zu sterben.

10 Nur Gott, der am Anfang und am Ende *aller Dinge* steht, konnte einen Retter schicken, der in der Lage war, den sündigen Menschen ihre schöpfungsmäßig zugedachte Würde zu-

rückzugewinnen. Als Jesus durch das Leiden hindurch in die Herrlichkeit, aus der er gekommen war, zurückkehrte, bahnte er den Weg, auf dem jetzt *viele* (vgl. Jes 53,12; Mk 10,45) an seiner Herrlichkeit als Kinder Gottes und Miterben Christi teilhaben können (vgl. Röm 3,23; 5,2; 8,29.30). Als Retter der Menschen mußte Jesus sterben. Das griech. Wort, das hier mit *Anfänger* wiedergegeben wird, bedeutet auch »Urheber« (Apg 3,15) oder »Anführer« (Apg 5,31).

Das Handeln unseres Herrn gipfelt darin, daß er das Haupt einer Gemeinschaft von Erretteten wird, die aus solchen Leuten besteht, die Gott seinem Sohn aufgrund seines Opfers gegeben hat (vgl. Joh 17,2.6.26). Die atl. Zitate, die hier als Belege angeführt werden, sind zu beachten. **12** Das erste Zitat stammt aus Ps 22, einem Psalm, der auf das Kreuz hinweist. Die Bildung einer *Gemeinde* oder »Kirche« (griech. *ekklesia)* mit Christus als deren Mitte, der seinen Brüdern Gott offenbart, ist nur durch sein Opfer möglich. **13** Die beiden anderen Zitate stammen aus Jes 8,17.18 (nach dem Wortlaut der LXX). Es handelt sich hier um eine Stelle im AT, an der der Gedanke des gläubigen Restes oder der »Gemeinde« besonders deutlich in Erscheinung tritt.

14.15 Diese nach göttlichem Plan erwählten *Kinder* waren als Menschen *Fleisch und Blut* und als Sünder der Unfreiheit und der Angst, der Macht des Teufels und des Todes ausgesetzt. Es gab weder Hoffnung auf eine erlöste Gemeinde noch auf ein Menschsein nach göttlichem Willen, wenn nicht die Macht des Teufels und der »Tore der Hölle« gebrochen werden konnte (s. Mt 16,18; Mk 3,26.27; 1Kor 15,17-19). Das ist geschehen, als der Sohn Gottes Mensch wurde und starb, nicht als hilfloses Opfer, sondern als der alles entscheidende Sieger (vgl. Offb 1,18; Röm 14,9).

16 Diese Rettung gilt den Menschen, nicht den Engeln. Christus kam, um die *Kinder Abrahams,* d.h. die Gläubigen (vgl. Gal 3,7.9.19) zu erlösen. Die Aussage »er nimmt sich an« nimmt nicht Bezug auf seine Menschwerdung, sondern auf sein Werk der Erlösung und Errettung; vgl. dazu 8,9 (ein Zitat aus Jer 31,32) wo das gleiche griech. Wort gebraucht wird, um ein gnädiges »Ergreifen« auszudrücken, z.B. um jemand aus der Knechtschaft herauszuholen. **17.18** Christus konnte ihnen nur dadurch helfen, daß er als wahrer Mensch ganz in ihre menschliche Versuchlichkeit hineingegeben wurde. Sie brauchten einen, der sie mit Gott versöhnt, indem er die Sünde sühnte und ihnen Sieg über die fortwährenden Versuchungen des Lebens verlieh (V. 18). Als der »Anfänger ihres Heils« (V. 10) wurde der Sohn Gottes ein Hoherpriester, der *treu* die Sünden des ganzen Volkes Gottes *sühnte* und *barmherzig* d.h. mitleidend mit den Versuchten war, weil er selbst versucht worden war wie ein Mensch. Deshalb nahm er den Weg der Menschwerdung, des Leidens und des Sterbens auf sich.

3,1-6 Jesus ist Mose überlegen

Mose war der menschliche Mittler des alten Bundes. Er war auf einzigartige Weise zum Knecht Gottes berufen worden (s. 4Mo 12,5-8). Mit ihm verbanden die Israeliten das Bewußtsein ihres Standes und ihrer Berufung als auserwähltes Volk Gottes. Die Gemeinschaft der Christen wird in ähnlicher Weise von Christus ins Leben gerufen und geheiligt (2,11); er ist der Mittler des neuen Bundes. **1** Christen sollen daher auf Jesus sehen, den sie als ihren *Apostel* und *Hohenpriester* bekennen. Er verbindet beide Ämter in seiner Person. Als Sohn Gottes ist er gesandt worden, um den Menschen Gott zu offenbaren, als Mensch ist er Hoherpriester geworden, um die Menschen mit Gott zu versöhnen. *Die ihr teil habt an der himmlischen Berufung:* darin liegt ein Gegensatz zu dem irdischen Erbe, das denen in Aussicht stand, die unter Moses Führung aus Ägypten kamen.

2 In mancher Hinsicht hat Jesus Ähnlichkeit mit Mose. Gott berief ihn, d.h., seine Würde und sein Handeln beruhten auf göttlichem Willen (vgl. 1Sam 12,6). Er war *treu.* Sein Wirken galt dem ganzen Haus Gottes (V. 2.6; vgl. 4Mo 12,7). **3** Jesus übertrifft aber auch Mose und ist größerer Herrlichkeit und Ehre würdig, war doch Mose selbst ein Teil des Hauses, in dem er diente und ein Mitglied des Volkes Gottes. **4** Christus ist aber der Erbauer dieses Hauses, er selbst ist Gott. Die Aufgabe des von Gott ernannten Königs bestand darin, dem Namen Gottes ein Haus zu errichten (2Sam 7,13). Der Tempel, den Jesus zu bauen versprach, ist das »Haus Gottes«, das »neue Israel« (vgl. 1Tim 3,15; Gal 6,16).

5.6 Diejenigen, die Jesus nachfolgen, bilden dieses »Haus Gottes« (V. 6). Mose war nur ein *Knecht* in dem Haus (V. 5). Christus ist als der Sohn über das Haus des Vaters gesetzt (V. 6). Er ist der Schlußstein, das Haus gehört ihm, weil er der Sohn ist (vgl. Mt 1,21: »sein Volk«). Zu beachten ist hier, daß er ausdrücklich in ein Sohnesverhältnis mit Gott gebracht wird; das ist ein deutlicher Hinweis auf seine Göttlichkeit. Das Handeln Moses trug vorläufigen Charakter (V. 5), es deutete Zukünftiges an und wies bereits auf das Wirken des einen hin, der kommen würde; s. 5Mo 18,15-19. Christus erfüllt, was Mose voraussah und andeutete. Er weist auf niemand anderen als sich selbst. Daher legt unser Brief so viel Nachdruck auf die Mahnung: »Schaut auf ihn« (3,1; 12,3). In ähnlicher

Weise war das atl. Haus oder Volk Gottes, in dem Mose diente, ein Abbild der christlichen Gemeinde, des gegenwärtigen Hauses Gottes, über das Christus als der Sohn gesetzt ist.

V. 6b greift die persönlichen Konsequenzen auf, die sich aus dieser Aussage ergeben. Die dort genannten Vorrechte sind denen vorbehalten, die bis zur Erfüllung der Hoffnung, die ihnen in Christus gegeben ist, ausharren. Vorbehaltloses Vertrauen und freudiges Zeugnis sind die Kennzeichen wiedergeborener Christen.

3,7-4,13 Erläuterung persönlicher Konsequenzen und Warnung

3,7-19 Die Gefahr des Unglaubens

S. Anhang 3, S. 511. Diese Warnung wird durch das ernste Beispiel des Versagens der Israeliten in der Wüste unterstrichen. Dem Vergleich zwischen Mose und Jesus in den V. 1-6 folgt der Vergleich zwischen der Verheißung und dem Volk des alten und dem des neuen Bundes. Mose und Jesus waren beide treu bis ans Ende (V. 2). Aber die Mehrzahl derer, die Mose nachfolgten, waren treulos. Sie waren am Passatag alle befreit worden, waren alle durch das Rote Meer geführt worden, doch später verhärteten sie ihre Herzen gegen Gott und kamen in der Wüste um. Vgl. 1Kor 10,1-5. Es ergeht eine deutliche Warnung, insbesondere an die Juden des 1. Jhs. n.Chr., die in Jesus das geopferte Passalamm erkannt und in seiner Auferstehung Gottes Macht erlebt hatten. Die Mehrheit des Volkes sah darin aber keinen Anlaß, an ihn zu glauben. Auch zu Moses Zeiten erlebte Israel vierzig Jahre lang Gottes Handeln (V. 9) und verweigert dennoch Gott den Gehorsam. Bis vor die Tore des verheißenen Landes zeigt sich der Unglaube. Unter ähnlichen Umständen entsteht der Hebräerbrief: An die vierzig Jahre sind vergangen seit der Verkündigung des Evangeliums durch Jesus selbst. Der göttliche Ursprung der Botschaft ist den Hebräern (2,3.4) nachdrücklich bestätigt worden. Sie sollen sich nicht über Gottes Wege empören, da sie sonst Gefahr laufen, die verheißene Vollendung nicht zu erreichen.

7 Die Ermahnung wird mit den Worten aus Ps 95,7-11 eingeleitet, die als ein Reden des *heiligen Geistes* zitiert wird. Sie sind *heute* aktuell für jene, die in dem neuen, durch die Offenbarung Gottes in Christus angebrochenen Zeitalter der Versöhnung leben. Deutlich weist hier der Autor auf die göttliche Urheberschaft und die Ausrichtung auf Christus hin, die in den atl. Schriften zu erkennen sind. Es hängt davon ab, wie die Menschen hören. Nicht nur Worte treffen die Menschen: der lebendige Gott selbst tritt ihnen gegenüber; vgl. 4,12.13. Ihm kein Gehör zu schenken heißt, ihn abzulehnen (V. 12).

8 Mit dem Herrn *hadern* und ihn *versuchen* lauten die Übersetzungen der hebr. Namen Meriba und Massa; s. 4Mo 20,1-13; 2Mo 17,1-7. Das eine Beispiel des Unglaubens Israels datiert aus dem ersten, das andere aus dem letzten Jahr der Wüstenwanderung. Beide zeigen, daß es vom Anfang bis zum Ende der vierzig Jahre verhärtete Herzen gab. **9** Gott *versuchen* heißt: ausprobieren, wie weit man im Unglauben gegen ihn gehen kann. **10** Obwohl Gott sie in seinem Zorn zurechtgewiesen und ihnen ihren Irrtum vor Augen geführt hatte, waren sie nicht bereit, sein Handeln an ihnen einzusehen. Sie weigerten sich, Buße zu tun. **11** Gott sagte ihnen mit großem Ernst, daß ein Volk, wie sie es waren, das verheißene Erbe nicht empfangen konnte.

12-15 Die Worte aus Ps 95 zeigen, daß *heute,* da die Stimme Gottes im Evangelium zu hören ist (vgl. 2Kor 6,2), die gleiche Gefahr droht, wie damals den Israeliten. Gottes Wort ruft unerbittlich zur Entscheidung zwischen Gehorsam und Ablehnung. Die Ursachen des Versagens liegen im *Betrug der Sünde,* durch den menschliche Herzen gegen Gott *verstockt* werden (V. 13), und daraus folgt Unglaube, der die Menschen dazu bringt, von Gott *abzufallen,* d.h. Gott den Gehorsam zu verweigern (V. 12). Tägliche gegenseitige Ermahnung schützt vor diesem Unheil (V. 13). *Alle Tage* sollen Christen einander *ermahnen,* wobei die Gesamtheit der Gemeinde für das einzelne Gemeindeglied verantwortlich ist. Jedes Glied der Gemeinde soll wiederum dafür Sorge tragen, daß kein anderes Glied aus den eigenen Reihen »infiziert« wird. Am messianischen Heil haben nämlich nur die teil, die *vom Anfang bis zum Ende* in ihrem Glauben standhaft sind (V. 14). Auf Vertrauen fußt die »Überzeugung« oder »Gewißheit« (griech.: *hypostasis,* Fundament) der Hoffnung (11,1). Es muß *bis zum Ende* festgehalten werden (vgl. 3,6) trotz Verzögerungen, Leiden oder zeitweiliger Enttäuschungen (vgl. 10,35.36), d.h. trotz der »Versuchung in der Wüste« (V. 8).

16-19 Das abschreckende Beispiel des Versagens der Israeliten wird durch eine Reihe von Fragen vertieft. Dieselben Menschen, die aus Ägypten geführt worden waren, forderten während der vierzig Jahre in der Wüste Gott immer wieder heraus - welch ein Gegensatz! Der Grund für ihre Bestrafung war Sünde, der Grund weshalb sie das verheißene Land nicht betreten durften, ein aus Unglauben geborener Ungehorsam. Mangel an Vertrauen oder »ein böses ungläubiges Herz« (V. 12) sind die stets gegenwärtige Bedrohung, der die Gemeinde ausgesetzt ist.

4,1-13 Aufforderung, in die Ruhe Gottes einzugehen

Zwingende Gründe sprechen für ein Ernstnehmen der Warnung: noch gilt das Angebot Gottes, in seine Ruhe einzugehen. Dieses Angebot auszuschlagen hieße, das Beste verlieren, was Gott für uns bereithält. **1** Es ist durchaus möglich, daß jemand *von euch etwa zurückbleibe* oder »dahinten bleibe«. Der Briefschreiber fordert die ganze Gemeinde nachdrücklich auf, achtzuhaben, daß nicht ein Glied der Gemeinde abfällt; vgl. 3,12.13; 12,15.

2 Durch die Predigt des Evangeliums wird den Menschen noch einmal angeboten, in die Ruhe Gottes einzugehen. Das Evangelium macht es möglich, »heute« seine Stimme zu hören. Wie aber das AT schon zeigt, werden die, die Gottes Wort aufnehmen, seinen verheißenen Segen nur dann empfangen, wenn sie sich auf eine innige Verbindung mit Gott einlassen, ihm Vertrauen entgegenbringen oder - nach den Worten einer anderen Handschrift - sich im Glauben mit denen zusammentun, die Gott gehorchen. Obwohl ein Eid Gottes den ungläubigen Israeliten den Zugang zum verheißenen Erbe versperrte, darf die gläubige Gemeinde heute wissen, daß Christus mit seinem Kommen auch dem Volk Gottes Zugang zu der Ruhe Gottes ermöglicht. **3** Wer an ihn glaubt, darf in diese Ruhe eingehen.

4 Diese Ruhe Gottes gibt es für die Menschen seit der Schöpfung. 1Mo 2,2 berichtet, daß *Gott am siebten Tag von all seinem Schaffen ruhte.* Diese Ruhe ist nicht mit Untätigkeit gleichzusetzen. Vielmehr beschreibt sie die Zufriedenheit und Erholung angesichts eines gelungenen Werkes. Die Begriffe, in denen die Schrift von der Ruhe spricht (1Mo 2,2; Ps 95,11), zeigen erstens, daß Gott selbst ruhte und zweitens, als logische Folge, daß er die Menschen in seine Ruhe hineinnehmen möchte. Mit seinem Wort hat Gott sich dafür verbrieft. **6** Drittens erfahren wir, daß jene, die die Gelegenheit hatten, hineinzukommen, sie aus *Ungehorsam* nicht ergreifen konnten. Gott hat ihnen jegliche Hoffnung auf ein Hineinkommen genommen (V. 3.5). **7.8** Wir stellen zudem fest, daß das Erbe, in das Josua das Volk hineinführt, nicht die eigentliche, verheißene Ruhe sein kann, denn lange nach Josua, zur Zeit Davids, spricht Gott von einer neuen Gelegenheit (»heute«), seine Stimme zu hören und in seine Ruhe einzugehen.

9 Gott will, daß das Volk seine *Ruhe* hält. Sie ist der Lohn, den er ihm bereitgestellt hat. **10** Diese Ruhe setzt ein Ruhen der eigenen Werke voraus (vgl. Offb 14,13), so, wie Gott von seinen Werken am Schöpfungssabbat ruhte. In seiner ganzen Fülle aber liegt diese Ruhe außerhalb dieses Lebens. Wer die Erlösung durch Jesus erfährt und neues Leben von ihm erhält, fängt an, sie hier und jetzt zu erfahren (s. Mt 11,28.29). Wie bereits in V. 3 gesagt, gehen nur die in Gottes Ruhe ein, die den entscheidenden Schritt tun und an Christus glauben. Sie fangen an, sich einer Gabe Gottes zu freuen, deren Dimension erst nach ihrer Vollendung offenbar werden wird.

11 Wir müssen daher unseren Eifer und unser Streben auf diese Ruhe Gottes konzentrieren, damit nicht jemand aus unseren Reihen fällt und wie die Israeliten in der Wüste (vgl. auch Lots Frau) ein Beispiel des Ungehorsams und Unglaubens wird. Es ist eine todernste Sache, im negativen Sinn ein Zeuge für die Wahrheit der göttlichen Verheißungen zu werden, indem man »dahinten bleibt«. Besser ist es, im positiven Sinn Zeuge zu sein. Wer Gottes Stimme hört, hat keine andere Wahl als sich dafür oder dagegen zu entscheiden (vgl. Mt 7,24-27).

Wir tun daher gut daran, uns Gedanken zu machen über das Wesen des Wortes, das uns begegnet, das Wort der Schrift und des Evangeliums, damit wir die Verantwortung erfassen, in die uns das Hören dieses Wortes stellt. **12** Es ist Gottes Wort. Es trägt seine Züge. Es lebt und ist eine wirksame und schöpferische Kraft. Gott selber ist darin aktiv, deshalb kommt es nie leer zurück (s. Jes 55,11). Es bedeutet Rettung oder Gericht. Wie ein scharfes Messer dringt es bis ins Innerste eines Menschen durch und schafft dort Trennung und Klarheit. Es richtet unsere Gedanken und Absichten (vgl. 1Kor 4,5), es ist der Richter (griech. *kritikos,* »Unterscheider«), vor dem alle erscheinen müssen. **13** In seinem Wort begegnet Gott dem Menschen als der, vor dem nichts zu verbergen ist. Gottes Blick sieht alles unverhüllt und unverfälscht. Alle, die das Wort (griech. *logos*) hören, das von Gott kommt, müssen ihm darüber am Ende Antwort und Rechenschaft geben. *Aufgedeckt:* das griech. Wort bedeutet »mit zurückgeworfenem Kopf und aufgedecktem Hals«. Hier wird ausgedrückt, daß es unmöglich ist, das Gesicht zu verbergen. Am Ende, wenn Gott Rechenschaft verlangt, müssen alle Menschen ihn anschauen und sich von ihm ins Gesicht blicken lassen.

4,14-5,10 Christus, unser großer Hoherpriester

4,14-16 Entfaltung des Hauptthemas des Briefes

Die hier enthaltene Warnung wird durch eine positive Ermutigung ergänzt. **14** Als Christen *haben wir* (diese Wörter sind hervorgehoben) *einen großen Hohenpriester.* Er ist eine wesensmäßige Größe, denn er ist zugleich wahrer Mensch und wahrer Gott. Nachdem Christus seine Aufgabe als Hoherpriester erfüllt hatte, hat er *die Himmel durchschritten,* ist in die unmittelbare Gegenwart Gottes eingegangen und sitzt dort auf dem Thron zur Rechten Gottes (vgl. Eph 4,10). V. 16 und weitere Stellen sprechen davon, daß er auf dem Thron sitzt (1,3.13; 8,1; 10,12). Da er selbst Mensch war und auf Erden lebte, kann er an unseren menschlichen Grenzen und Versuchungen mitleiden. Es liegt an uns, am offenen Glaubensbekenntnis zu Christus festzuhalten, um den Segen zu erfahren, den sein priesterliches Wirken ermöglicht hat. **15.16** »Mit Freudigkeit« (V. 16) oder *mit Zuversicht,* d.h. mit unserem Glauben und mit unserer Not dürfen wir jetzt unmittelbar vor den Thron Gottes treten. Wir werden feststellen, daß es ein Thron der Gnade und Barmherzigkeit ist, an dem wir Erbarmen für unsere Schwachheit und Sünde finden, und an dem uns Hilfe angeboten wird in der Not, die uns zur Stunde bedrängt. *Unsere Schwachheit* (V. 15) ist bedingt durch unsere begrenzte, kreatürliche Existenz, und aus ihr kommen Müdigkeit, Scheu vor Schmerz u.a.m. All das hat der Mensch gewordene Sohn Gottes durchgemacht, *doch ohne Sünde.* Dieser Satz beschreibt entweder den Ausgang seiner Versuchungen (d.h. er fiel nie in Sünde) oder einen Unterschied zu unserer Versuchung (d.h. in ihm war keine sündige Anlage, kein Hang zur Sünde von seinem Wesen her). *Hinzutreten* (V. 16): das griech. Verbum beschreibt das Hintreten des Priesters vor Gott. Dieses Vorrecht, das früher nur wenigen Auserwählten eingeräumt war, gilt jetzt allen, die der Gemeinde Gottes angehören. Dabei handelt es sich nicht um einen symbolischen, irdischen Raum, sondern um die tatsächliche Gegenwart Gottes.

5,1-10 Jesu Eignung zum Hohenpriester und sein Wirken in diesem Amt

Ein Hoherpriester ist dazu ausersehen, für die Menschen vor Gott einzutreten, insbesondere, um vor Gott für ihre Sünden zu opfern (V. 1; vgl. 9,7). Er muß als wahrer Mensch die Schwachheit der Menschen verstehen (s. 2,18; 4,15). Der Hohepriester darf auch nicht von sich aus Anspruch auf dieses Amt erheben, sondern muß dazu von Gott berufen und ernannt werden (V. 4). Alle diese Voraussetzungen erfüllte Christus. Der Verfasser des Briefes erinnert an Jesu göttliche Berufung, an sein Menschsein, sein konsequentes Mitleiden, seine Taten. Gott selbst erkannte ihn als seinen Sohn an (V. 5), als er ihn von den Toten auferweckte und ihn zum ewigen Hohenpriester berief, einem Amt nicht nach der Ordnung Aarons, sondern nach der »Ordnung Melchisedeks« (V. 6). Er kann ganz und gar mit den Menschen im Fleisch fühlen, weil er selbst, obgleich er der Sohn Gottes war, während seines Erdenlebens die ganze Tragweite bedingungslosen Gehorsams gegenüber Gottes Willen praktizierte, auch angesichts äußersten menschlichen Leidens und der Macht des Todes (V. 7.8). So war er vollkommener Mensch, eine Voraussetzung, die Gott mit seinem Dienst verknüpft hatte. Diesen Priesterdienst erkennt Gott an und verleiht dem Sohn den Titel eines Hohenpriesters nach einer neuen, ewigen Ordnung (V. 10). Jesu Handeln ist so vollkommen, daß er der einzige ausreichende Grund »ewigen Heils« für alle ist, die von ihm Glauben und Gehorsam gegenüber dem Willen Gottes für die Menschen lernen (V.9).

1.2 Die *Sünden,* die durch Opfer nach dem Gesetz zugedeckt wurden, waren Sünden, die aus menschlicher Schwachheit resultierten, Irrwege, die aus Unkenntnis eingeschlagen worden waren (V. 2), die aber nicht vorsätzlich begangen wurden (s. 4Mo 15,28-30). Ein menschlicher Hoherpriester wird solchem Fehlverhalten Verständnis entgegenbringen, weil er als Mensch unter der gleichen Schwachheit leidet. **3** Aus dem Grund muß er auch für seine eigenen Sünden Opfer bringen. An diesem Punkt unterscheidet sich Christus, denn er war ohne Sünde (7,26). Sein Mitleiden ist deswegen aber nicht weniger aufrichtig. Es ist nicht notwendig, einer Versuchung erlegen zu sein, um sich ihrer Macht auf den natürlichen Menschen bewußt zu sein. Wer ihr bis zum Ende widersteht, erfährt tatsächlich ihre ganze Gewalt. Vgl. 2,18; 4,15!

5.6 Die atl. Zitate in diesen beiden Versen stammen aus zwei wichtigen messianischen Psalmen (Ps 2,7 und Ps 110,4). Ein Vergleich zeigt, daß beide Psalmen auf zweierlei besonderen Nachdruck legen: Jesus ist thronender König und ewiger Priester (s. auch 1,5; 7,1ff und Anhang 2 S. 510).

7 *Der in den Tagen seines Fleisches sowohl Bitten als Flehen mit ..., Geschrei und Tränen dem dargebracht, der ihn aus dem Tod erretten kann, ...* (EÜ). Er betete, insbesondere in Gethsemane, mit ernstem und dringendem Flehen darum, nicht sterben zu müssen. Obwohl seine menschliche Natur vor dem Sterben Angst hatte (Mk 14,33-36), betete er demütig und gehorsam gegenüber dem Willen Gottes. Er war bereit zu lernen - in aufrichtiger Gottesfurcht - daß alle Umstände und Ereignisse ihren Platz im Plan des Vaters hatten. Solches Beten fand Erhörung. Er wurde gestärkt, damit er Gottes Willen bis zum Ende tun konnte und »den Kelch trinken konnte«. **8** Im Aushalten lernte der Sohn Gottes die ganze Tiefe und den Preis unendlichen Gehorsams. Er wurde dabei als Mensch vollendet und zum Grund ewigen, gültigen Heils für die Menschen gemacht. Den Segen seiner Erlösungstat erfahren die Menschen, die bereit sind, Jesus bedingungslos zu gehorchen.

5,11-6,20 Eine Ermahnung, vorwärts zu gehen und durchzuhalten

Tadel und Ermahnung sind eng mit der Thematik des Briefes verbunden (die nur reife Christen voll verstehen können), sie hängen mit der geistlichen Situation der Empfängergemeinde zusammen, mit der Erkenntnis des Planes, den Gott mit seinen Kindern hat, und mit der einzigen zwar möglichen Alternative, die aber Abfall von Gott ist und im Gericht endet. Wer die Gelegenheit hat, Gottes Wort zu hören, und diese ausschlägt, hat sich für das Gericht entschieden. Solch ein Mensch kann nicht zur Reue bewegt werden, er hat sich auf die Seite derer geschlagen, die Jesus kreuzigten. Alarmiert von solchen Gedanken, bemüht sich der Schreiber, seinen Lesern mit viel Liebe klarzumachen, daß ihre Lage nicht hoffnungslos ist. Ihr Leben zeigt die Frucht guter Werke. Aber sie müssen vor der Gefahr der Trägheit wachgerüttelt werden und lernen, ihren Eifer, den sie an ihre guten Werke gewandt haben, auch in das Festhalten am Vertrauen bis zu dem Tag der Erfüllung zu investieren (6,11.12). Um den Menschen jeglichen Zweifel zu nehmen, hat Gott sein zuverlässiges Wort durch einen Eid verbürgt (6,17).

Der Glaube beruht also auf zwei Grundlagen: Gottes Wort und Gottes Eid. Beide sind unumstößlich zuverlässig (6,18). Schließlich ist Jesus selbst zum »Vorläufer« (6,20) geworden und in das Allerheiligste, d.h. in die unmittelbare Gegenwart Gottes eingetreten, nachdem er der Hohepriester der Menschen nach der neuen, ewigen Ordnung Melchisedeks geworden ist. Darin liegt aller Grund und »starker Trost« (6,18), Schritte zu tun, um in der Nachfolge Jesu in den Vollbesitz der Verheißungen Gottes zu kommen, und die Hoffnung, in der er vorangegangen ist, festzuhalten.

5,11-6,12 Ein dringender Appell, zu mehr geistlicher Reife zu gelangen

Die Aussagen, die Christi Priesterschaft nach der Ordnung Melchisedeks betreffen (5,11), erfordern eine detaillierte Erklärung. Sie sind »feste Speise« (5,13.14), die nur geistlich Reifen zugemutet und nur von ihnen verstanden werden kann. Den ganzen Sachverhalt der Empfängergemeinde zu erläutern, ist schwierig, weil sie zwar schon längere Zeit Christen sind, dem Wort Gottes gegenüber aber träge geworden sind und sich rückwärts orientiert haben.

5,11 Das gleiche griech. Wort *nōthroi* wird mit *harthörig* als auch mit *träge* wiedergegeben (6,12). Zu **12** s. unter 6,1.2! In **13** und **14** wird jeweils zwischen zwei Typen von Gläubigen unterschieden: ein Kind kann noch nicht viel, es ist ungeschickt; ein Erwachsener dagegen verfügt über in der Praxis erprobte Fähigkeiten. Ein Kind wird mit Milch ernährt, ein Erwachsener nimmt dagegen feste Speisen zu sich. Besonderen Wert legt der Schreiber auf die durch *das Wort der Gerechtigkeit* erworbene Fähigkeit, Gutes von Bösem zu unterscheiden. Sie ist ein Zeichen geistlicher Reife. Vgl. 1Kö 3,7.9; Jes 7,16!

6,1.2 *Die Anfangsgründe der göttlichen Worte* (5,12) und *was am Anfang über Christus zu lehren ist* (6,1), also die Grundlagen, werden in 6,1.2 aufgeführt: Dinge, die von einem, der gläubig geworden ist, erwartet werden können und grundlegende Aussagen, die als bekannt vorausgesetzt werden. Der Begriff *Waschungen* (EÜ) ist zumal in der Mehrzahlform nicht der gebräuchliche griech. Ausdruck für die christliche Taufe. Er steht wohl für jüdische Reinigungsriten, vgl. 9,13. Man geht davon aus, daß die grundlegenden Aussagen, die hier gemacht werden, den Juden vom AT her bekannt sein müßten. Deshalb muß hier nicht noch einmal näher darauf eingegangen werden. Die Leser des Briefes sollen sich aber nicht mit diesen Grundkenntnissen zufriedengeben (V. 1), sondern von diesen jüdischen Grundlagen weg zur vollen *Reife* (EÜ) als Christen gelangen. Das fordert überlegtes und entschlossenes Handeln. *Wir wollen ... uns zum Vollkommenen wenden* wird im Griech. als passives Verbum wiedergegeben und bedeutet wörtlich: in einen Zustand versetzt werden (vgl. Mt 19,21;). »Der Gedanke meint nicht in erster Linie persönliche Anstrengung, sondern persönliches Nachgeben gegenüber einem aktiven Einfluß. Die Kraft ist wirksam, wir müssen uns ihr nur aussetzen« (B. F. Westcott, 1950). Vgl. Eph 3,20; Phil 2,13! Der Schreiber ermahnt seine Leser zum Re-Agieren und verleiht in V. 3 seiner Entscheidung Ausdruck.

3 Eine notwendige und sehr ernste Bedingung wird hier genannt: Die Menschen können nur handeln, *wenn Gott es zuläßt.* **4ff** Manche Handlungsweise ist aufgrund göttlicher Gegebenheiten moralisch *unmöglich.* Wenn Menschen innerhalb der irdischen Gemeinde an all den Segnungen des Evangeliums teilhaben und (wie jene, die die Rettung am Roten Meer erlebt hatten und später wegen ihres Unglaubens in der Wüste umgekommen sind) einer Gemeinde angehören, in der das kraftvolle Wirken des Geistes Gottes spürbar ist, sie also selbst seine Art *geschmeckt* haben, sich bewußt von allem abwenden und Christus ablehnen, dann ist es unmöglich, mit ihnen wieder ganz von vorn anzufangen und den Grund der Buße zu legen. Wer versäumt, auf das Angebot der

Gnade Gottes Antwort zu geben, wer sie ausschlägt, bewußt ablehnt, hat nur noch das Gericht Gottes zu erwarten; vgl. 1Kor 10,1-5 und besonders Lk 20,13-16! Die Schrift weist immer wieder darauf hin, daß die Gnade Gottes Rettung und Leben in das Verderben der Menschen hineinbringt, schließlich aber auch zur Verdammung derer führt, die sie erkannt und bewußt abgelehnt haben; vgl. 2Kor 2,15-16: Am Anfang ist es unmöglich, zwischen Weizen und Unkraut zu unterscheiden bzw. zwischen der Saat, die verdorren oder ersticken wird, und der Saat, die Frucht im Blick auf das ewige Leben bringen wird. Vgl. 1Kor 10,12; 2Tim 2,18.19! Das Urteil ergibt sich nicht aus dem Anfang, sondern aus dem Ende, der Frucht (V. 7.8). Dem Schreiber des Hebr liegt besonders daran, daß die, die die Gnade Gottes persönlich erfahren haben, konsequent weiter wachsen bis zum Ziel; vgl. 2Petr 1,5-11.

Einmal erleuchtet (V. 4): das Wort *einmal* drückt eine gewisse Absolutheit und Endgültigkeit aus und zeigt an, daß etwas ein für allemal so geschehen ist, daß keine Notwendigkeit zur Wiederholung besteht. Es steht im Kontrast zu *wieder* (V. 6), vgl. dessen Gebrauch in 9,26.28; 10,2; 12,26.27! Die so Erleuchteten sollten eigentlich nie wieder jenen gleich werden, die das Licht nie empfangen haben. **6** *Treuebruch begehen* ist die inhaltliche Wiedergabe dessen, was LÜ mit »abfallen« ausdrückt, was nichts anderes ist als eine völlige Ablehnung und Ableugnung des Glaubens an Christus. Menschen, die davon betroffen sind, trennen ihr Leben von Jesus ab (in eigener Verantwortung oder »für sich selbst« nach LÜ); sie lehnen seinen Anspruch, der Sohn Gottes zu sein, ab. Das gleiche Verhalten legten die an den Tag, die Jesus kreuzigten. Sie *machen* Christus öffentlich *zum Spott.* S. auch Anhang 3, S. 511f.

9 Nachdem der Schreiber seinen Lesern den unentrinnbaren Fluch vor Augen gestellt hat (V. 8), beeilt er sich, ihnen mit echter Liebe (nur an dieser Stelle spricht er seine Leser als seine *Lieben* an), zu versichern, daß sie nach seiner Einschätzung nicht in einer solch aussichtslosen Lage sind (manche Ausleger halten daher den Inhalt der V. 4-8 für mehr hypothetisch als realistisch). **10-12** Aus diesen Versen lernen wir, was echtes geistliches Leben auszeichnet, was zu wirklichem geistlichem Fortschritt nötig ist: *Eifer* oder voller Einsatz nicht nur in den Werken der *Liebe* (V. 10), im Dienst an den Glaubensgeschwistern, die das Volk Gottes darstellen, sondern auch im *Erkennen der Hoffnung,* die es *bis ans Ende festzuhalten* gilt und durch *Glauben und Geduld* (V. 12), welche bis zu dem Tag anhalten, an dem sie sehen, was sie bisher geglaubt haben. Das zeichnet die Erben der *Verheißung* aus.

6,13-20 Grundlagen des Vertrauens, auf dem Standhaftigkeit beruht

13.14 Gottes Verheißungen der Rettung sind besonders zuverlässig, weil hinter ihnen ein Eid Gottes steht. Das ist Wahrheit von Anfang an. Als Abraham seine Verheißung erhielt, schwur Gott zugleich, sie zu erfüllen. **15** Das Vertrauen in Gottes Wort ließ Abraham geduldig auf die Erfüllung der Verheißung warten. **16** Die Bedeutung eines Eides ermißt sich aus seinem Gebrauch. Er soll alle Zweifel an einer Aussage beseitigen und alle zum Schweigen bringen, die an der Richtigkeit der Aussage zweifeln. Glaubwürdigkeit und zuverlässige Erfüllung eines Versprechens werden durch eine Garantieerklärung des Versprechenden verbürgt. Dazu gehörte in der Rechtspraxis das Schwören bei dem lebendigen Gott. Wenn Menschen ihr Wort einander als Pfand geben, berufen sie sich auf Gott, der als Zeuge ihrer Aussage zwischen ihnen steht und über deren Erfüllung wacht (vgl. Ri 11,10; Röm 1,9; Rt 1,17). Gott, der beiden Parteien übergeordnet ist, kann Vergeltung üben, wenn ein Vertragspartner wortbrüchig wird. Das Wissen um die göttliche Vergeltung macht das Schwören bei Gott zu einer verbindlichen Zusage.

17.18 Um den Menschen in doppelter Hinsicht Gewißheit im Blick auf seine Verheißungen zu geben, hat Gott einen Eid geleistet. Er hat *sich ... mit seinem Eid verbürgt.* Er selbst machte sich zu einer Art dritter Partei, zum Mittler zwischen sich und den Menschen. Somit sind *wir* diejenigen, die dadurch einen *starken Trost* gewinnen (V. 18), denn wir haben eine doppelte Grundlage unseres Vertrauens: den Gott der Verheißungen, der uns sein Wort gibt, und den Gott, der sich mit seinem Eid für die Erfüllung der Verheißungen verbürgt hat. Wir können daher weder getäuscht noch enttäuscht werden.

19 Das Bild des Ankers eignet sich besonders als Symbol der Hoffnung. Es signalisiert Vertrauenswürdigkeit, die Bestand hat und nicht nachläßt, weil sie in unsichtbare Tiefen, bis ins Allerheiligste, bis in die Gegenwart Gottes reicht. **20** Mit diesem Gedanken werden die Leser auf *Jesus* und auf sein hohepriesterliches Amt *nach der Ordnung Melchisedeks* zurückgeführt, das Thema, das sich der Autor zu behandeln vorgenommen hat (5,10.11). Jesus bietet uns neue Hoffnung, weil er in das Allerheiligste hineingegangen ist. Er tat das nicht nur *um unserer Versöhnung willen,* sondern auch als *Vorläufer,* der uns den Weg bahnt, auf dem wir zu Gott kommen können; vgl. 7,19 und 10,19-22. Einem Anker gleich bietet er uns eine gewisse und bleibende Zuversicht, weil er im

Innersten des Tempels, in der Gegenwart Gottes lebt, und für immer auf dem Thron sitzt, während der levitische Hohepriester das Allerheiligste wieder verlassen mußte und dem Tod ausgeliefert war. Jesus ist ewiger *Hoherpriester*. Die Eigenschaft, ewig zu sein, unterscheidet die Priesterordnung Melchisedeks von der Aarons.

7,1-28 Merkmale und Wirkung der ewigen Priesterschaft Christi

Der Verfasser hat bereits dargestellt, daß Jesus für alle, die ihm nachfolgen, »die Quelle ewigen Heils« ist, weil er um ihretwillen »Hoherpriester nach der Ordnung Melchisedeks« geworden ist (s. 5,6.9.10). Über dieses neue und besondere Priesteramt Jesu hat er »viel zu sagen« (5,11). Er will das Thema ausführlich behandeln. Die atl. Schriften liefern und autorisieren das Bild von der Priesterschaft Melchisedeks, nach deren Ordnung der Messias kraft göttlichen Eides zu einem Priester für alle Zeiten erklärt wird (s. 1Mo 14,17-20; Ps 110,4). Die Hintergründe dieser Schriften und die Bedeutung dieses von Gott gewollten Vorbilds erläutert nun der Autor. Die neue Ordnung der Priesterschaft unterscheidet sich von der alten levitischen Ordnung, ist ihr überlegen und stellt ihre Überwindung dar. Sie macht möglich, was die levitische Priesterordnung nicht vermochte: sie läßt die jeder Religion zugrundeliegende Hoffnung auf freien Zugang zu Gott und völlige Errettung des Menschen Wirklichkeit werden (7,19.25).

3.4 (zu V. 1 u. 2 s.u.) Der Bericht in 1Mo läßt zweierlei über die Gestalt *Melchisedeks* erkennen. Er besaß ewiges Leben und große Würde. Die erste Eigenschaft wird durch das Schweigen des biblischen Berichts, die zweite durch Aussagen signalisiert. In der Bibel ist beides gleich wichtig: was gesagt und was verschwiegen wird. Es ist bemerkenswert, daß in 1Mo nichts über Melchisedeks Vorfahren ausgesagt wird, denn im AT wird der Abstammung, insbesondere der von Priestern, große Bedeutung beigemessen. Melchisedek wird einfach als Priester vorgestellt, jeglicher Hinweis auf seine priesterlichen Vorfahren entfällt. Weder seine Geburt noch sein Tod werden erwähnt. Er erscheint nur einmal in dem Bericht als Lebender und bleibt dem Gedächtnis der Leser als der Priester Melchisedek in Erinnerung. Es wird auch nichts über seinen Nachfolger gesagt. In den wenigen Zügen, die die Schrift von ihm preisgibt, ähnelt er dem *Sohn Gottes* (zu beachten ist der göttliche Titel und im Gegensatz dazu V. 22), der zwar einmal in die Geschichte eintrat, aber *weder Anfang der Tage noch Ende des Lebens* hat. Jesus ist ein Hoherpriester nach dieser Ordnung, einzigartig und *in Ewigkeit*.

Näher erläutert der Bericht aus 1Mo die Würde Melchisedeks (V. 4). Kein Geringerer als Abraham, der Erzvater, gab ihm den Zehnten, der aus dem Besten seiner Beute auszuwählen war. Er tat das in der Stunde seines eigenen Sieges, als er für sich hätte beanspruchen können, keinem im Lande mehr untergeordnet zu sein. **6** Melchisedek *segnete* Abraham, was beweist, daß er größer war als der von Gott geliebte Abraham. Ebenso ist Melchisedek größer als die levitischen Priester, denn sie durften nur von ihnen Gleichgestellten den Zehnten nehmen. Abraham muß erkannt haben, daß Melchisedek Rechte besaß, die den seinen überlegen waren. **9** Man könnte sogar sagen (obgleich manche diese Überlegung für unnütz halten), daß Levi, Abrahams Nachkomme, in das Verhalten seines Vorfahren mit einbezogen war und somit auch er die Größe und Überlegenheit Melchisedeks anerkannte. **1.2** Es ist zu beachten, daß die Schrift Melchisedek als *König* und als *Priester* einführt. Die Kombination beider Titel gehört zu den entscheidenden Charakteristika des Messias. Vgl. 8,1 sowie Sach 6,13! Auch die Bedeutung des hebr. Wortes »Melchi-zedek« gibt an, daß er *König der Gerechtigkeit* und in seiner Eigenschaft als König von »Salem« *König des Friedens* ist (V. 2). Beachten sollte man hier auch die Bedeutung der Reihenfolge der Titel: *erstens* Gerechtigkeit, *dann* Friede. Vgl. 12,11; Jes 32,17; Jak 3,17.18!

Außerdem liegt hier ein unabhängiger Beleg dafür vor, daß die Priesterschaft Melchisedeks, nach deren Ordnung unser Herr sein Priesteramt innehat, sich grundlegend von der levitischen Priesterordnung unterscheidet und ihr weit überlegen ist. Die biblische Prophetie weist nämlich darauf hin, daß der Messias ein von Gott ernannter Priester nach der Ordnung Melchisedeks sein muß. **11** Dieser atl. Hinweis auf die Notwendigkeit einer neuen Ordnung der Priesterschaft macht deutlich, daß die damals geltende levitische Ordnung nicht in der Lage war, das ihr gesetzte Ziel, zu erreichen, nämlich echte Versöhnung mit Gott herzustellen. **12** Die Priesterschaft im alten Bund war etwas Elementares zwischen Gott und seinem Volk (die ganze Beziehung basierte auf ihrem Dienst), so daß jegliche Änderung in der Ordnung der Priesterschaft notwendigerweise eine Umwälzung der grundlegenden Ordnung des Volkes nach sich zog. Diese Änderung ging mit der Errichtung eines neuen, in der Tat »besseren Bundes« einher (V. 22).

13.14 Einer der entscheidenden Züge der neuen Ordnung wird nun angeführt. Priester nach der alten Ordnung mußten Nachkommen Levis sein. Wir wissen aber, nicht nur aus der biblischen Prophetie, sondern auch aus zeitgeschichtlichen Quellen, daß Jesus, der Messias, aus einem anderen Stamm hervorgegangen ist. Es ist allgemein bekannt, daß er *aus Juda* kam, der keinen Anspruch auf die von Mose verkündete Ordnung der Priesterschaft hatte. Jesus wird hier eindeutig als *unser Herr* bezeichnet. Dieser Titel steht in Beziehung mit Ps 110,1, wo David ihn mit den Worten »mein Herr« anredet.

15ff Die Grundlage, auf der unser Herr sein Recht, Priester zu sein, geltend macht, läßt noch deutlicher erkennen, daß es einen vollkommenen Wechsel in der die Priesterschaft regelnden Ordnung gegeben hat. Nach der alten Ordnung waren die notwendigen Voraussetzungen für den Dienst und das Amt des Priesters physischer und äußerlicher Art, den Vorschriften des Gesetzes unterworfen (V. 16). Es war eine Frage der richtigen Vorfahren und der körperlichen Unversehrtheit, ob jemand dazu geeignet war. Unter der neuen Ordnung sind die notwendigen Voraussetzungen, die Christus für das Priesteramt und dessen Ausübung bringt, grundsätzlich geistlicher und innerer Art. Sie sind von einem Leben abhängig, das nicht zerstört werden kann (V. 16) und von der Fähigkeit, die Erlösung der Menschen konsequent bis zum Ziel durchzuführen (V. 25). Dieser Unterschied wird unmißverständlich bei der Vorstellung des neuen Priesters, der *in gleicher Weise wie Melchisedek ... eingesetzt wird,* deutlich gemacht (V. 15). Das entscheidende Kriterium an der Priesterschaft Melchisedeks, das hier hervorgehoben wird, ist, daß sie *in Ewigkeit* ist (V. 17). Der Eine, der nach dieser Ordnung Priester sein wird, muß Leben haben, das nicht nur nicht endet, sondern auch nicht beendet werden kann, d.h. *unzerstörbares Leben* (V. 16). Deshalb kann er das tun, was kein levitischer Priester zu tun imstande war: er kann Menschen zu Gott bringen (V. 19) und sie auf ewig selig machen (V. 25). Christi leiblicher Tod als Mensch war nicht die Auflösung seines ewigen Lebens als Gott. Er ging als Lebender in den Himmel ein und lebt dort ewig. Mit anderen Worten: sein unvergängliches Leben ermöglichte es ihm, im Tod und durch den Tod hindurch zu wirken und als das geschlachtete Lamm vor Gott hinzutreten. Damit ist gewiß, daß er jetzt in Gottes Gegenwart ewig lebt.

18.19 Gott rückt mit der Einführung eines neuen Priesters die alte Ordnung beiseite, er löst sie auf und weist sie als »vorige«, d.h. zeitlich bedingte und vorläufige Ordnung aus. Im Lichte dessen, was Christus getan hat, erkennen wir die Schwachheit und den Mangel der alten Ordnung. Indirekt versucht daher der Schreiber des Hebr diese christliche Erkenntnis seinen jüdischen Lesern nahezubringen, damit sie nicht den Fehler begehen, der alten jüdischen Ordnung weiter anhängen zu wollen. Diese ist nämlich durch göttlichen Willen aufgehoben worden und von Gott durch eine bessere ersetzt worden, die das schafft, was die alte Ordnung nicht vermochte: Zugang zu Gott.

20-22 Die neue Priesterordnung ist auch deshalb der alten überlegen, weil sie durch einen Eid Gottes eingesetzt worden ist. Das bezeugt, daß die neue Ordnung ein göttliches Vorhaben ist, dessen Garantie Gottes Wort und Gottes Eid bilden (vgl. 6,13-18). Daher ist sie im Vergleich zu der alten Ordnung ohne Mängel und, weil Gott sie eingerichtet hat, *ewig.* Der Tag, an dem der neu eingesetzte Priester stirbt oder die Wirkung seines Dienstes aufhört, wird nicht eintreten. Der Eid Gottes ist etwas Endgültiges, Ewiges, Unveränderliches. Jesus, der uns als Priester des neuen Bundes gegeben ist, ist der Garant eines Bundes, der offensichtlich viel *besser* als der alte ist. Es ist zu beachten, daß »nahen« (V. 19) und »Bürge« (V. 22) wahrscheinlich auf die gleiche griech. Wurzel zurückzuführen sind. Jesus ist »der Eine, der dauernde enge Verbindung zu Gott garantiert«.

23-25 Da dieser Priester ewig lebt, geht sein Priesteramt nicht auf einen Nachfolger über, wie das bei den levitischen Priestern der Fall war (V. 23.24). Der Tod hat keine Macht über dieses Amt. Es ist unvergänglich (V. 24) und kann nicht abgelöst werden. Wer zu Gott kommt und Jesus als Erlöser akzeptiert, wird ihm dort begegnen, denn er lebt und tritt für ihn ein. Und weil er ewig Priester und Mittler seines Volkes ist, kann er alle selig machen, die sich Gott im Vertrauen auf ihn nahen. Die Gegenwartsform der Verben *selig machen* und *kommen* (V. 25) zeigt, daß diese Erfahrung fortlaufend zu machen ist. Jesus wird alle selig machen, die »beständig kommen«, d.h. die nichts weiter wissen, als sich so Gott zu nahen.

26-28 Diese Verse fassen die bisherigen Aussagen des Schreibers zusammen. Unser Hoherpriester Christus ist unermeßlich groß. Er allein ist in der Lage, unsere Not zu übernehmen und unser ewiges Heil zu garantieren. Gott gegenüber ist er in seinem Wesen *heilig,* den Menschen gegenüber *unschuldig* und selbst *unbefleckt.* Er ist ohne Sünde, die ihn zu seiner Erlösungstat ungeeignet machen würde. Durch seine Himmelfahrt ist er aus der sündigen Umgebung der Menschen herausgenommen worden und an die höchste Stelle zur Rechten Gottes gesetzt worden. Im Gegensatz zu den levitischen Priestern muß er nicht fortlaufend für die Sünden opfern. Er vollbrachte das für die Sünden aller notwendige Opfer *ein-für allemal, als er sich selbst opferte.* Das ist ein neuer Gedanke (der zwar schon angesprochen wurde), auf den später noch ausführlich einzugehen ist. Als einer, dessen menschliches Leben der Macht des Todes ausgeliefert war, konnte er wie kein anderer zugleich Priester und Opfer sein. Er opferte *sich selbst.* Auch unter diesem Aspekt ist der neue Bund dem alten weit überlegen. Der alte Bund setzte nach dem Gesetz schwache Menschen als Hohepriester ein, die das eigentliche Ziel priesterlichen Handelns nicht erreichen konnten. Die neue Ordnung, die das Gesetz ersetzt, ist durch den Eid Gottes eingesetzt worden. Sie verlangt als Hohepriester einen, der göttlichen Ursprungs ist, den wahrhaftigen Sohn Gottes, der kraft seiner Menschwerdung, seines Sterbens, seiner Auferstehung und Himmelfahrt vollkommen und ewig Hoherpriester derer ist, die durch ihn zu Gott kommen (V. 25).

8,1-6 Das Besondere am hohenpriesterlichen Dienst Christi

Der Schreiber kommt nun zum wichtigsten Teil seines Briefes. Im Gegensatz zu den Juden des alten Bundes haben wir Christen einen unvergleichlichen Hohenpriester, der selbst die Wahrheit ist, der Gottes Anspruch an das Priesteramt erfüllt, dessen Dienst sich nicht in der sichtbaren Welt, sondern in der Welt Gottes vollzieht, dessen Wirken in dem Augenblick zur Vollendung kommt, in dem er den Platz zur Rechten Gottes einnimmt. Sein Dienst ist daher noch größer als der des Mittlers eines neuen und besseren Bundes.

Christus ist als *Diener* an der *wahren Stiftshütte* (V. 2) nicht in einem irdischen Tempel, sondern in der unmittelbaren Gegenwart Gottes für uns da. Ebenso wichtig zu wissen ist, daß die Sphäre seines Dienstes *im Himmel* (V. 1) und nicht *auf Erden* (V. 4) ist. Das erklärt, warum er unsichtbar ist und nicht wie der levitische Hohepriester detailliert festgelegte Zeremonien in einem irdischen Tempel ausführt. Diesen grundlegenden Unterschied muß der Schreiber seinen jüdischen Lesern zumuten. Die jüdischen Priester, die auf Erden dienten, gehörten einem Stamm an, dem Jesus nicht angehörte (V. 4). Auch das Gesetz, nach dem sie ihren Dienst versahen, war zwar von Gott gegeben, aber nur ein Abbild und Schatten der himmlischen Wahrheit (V. 5). Christus mußte diese Wahrheit erfüllen. Daraus geht hervor, warum sein Sterben notwendig war. Das Abbild des alten Bundes zeigt bereits, daß der Hohepriester, der Gott gegenübertreten wollte, ein *Opfer* für die Menschen, die er vertrat, bringen mußte (V. 3). Christus opferte sich selbst. Vgl. 7,27; 9,14; 10,10! Dieses Opfer geschah einmal. Im Griech. drückt die Aoristform des Verbums *opfern* eine einmalige, abgeschlossene Handlung aus, keinesfalls ein fortlaufendes Handeln. Jesus opfert sich daher nicht mehr. Gott hat sein einmaliges Opfer akzeptiert, das zeigt sich daran, daß er dem Sohn den Platz auf dem Thron, dem Ort aller Macht, gegeben hat (vgl. 10,12.13). Die Versöhnung der Menschen mit Gott findet mit der Inthronisation des Sohnes ihre Vollendung und weist ihn als den Mittler des neuen Bundes aus (V. 6).

Es ist von daher verständlich, daß der Schreiber den Unterschied zwischen Christi Wirken und dem der levitischen Priester hervorhebt. Er unterstreicht die »Hauptsache« (V.1), daß wir *einen solchen Hohenpriester* haben, indem er sie als den Höhepunkt der Offenbarung und Erlösung, als die Wahrheit schlechthin bezeichnet.

Dabei unterscheidet er sorgfältig zwischen der himmlischen Realität und ihrem irdischen Abbild (V. 2.5; vgl. 9,23.24; 10,1). Jesus gehört nicht der irdischen, sondern der himmlischen Ordnung an (V.4). Nur von daher kann sein Opfer, das er an sich selbst vollziehen ließ (als er als Mensch auf Erden starb), richtig verstanden werden. Es ist das Opfer in der himmlischen Stiftshütte, das Jesu Vollendung zur Rechten des Vaters vorausgeht (vgl. 1,3; 10,12; 12,2). Obwohl sie noch auf Erden leben, müssen Christen wissen, daß sie eine Wohnung im Himmel haben (s. 3,1; 12,22). Sie sind eingeladen, als Nachfolger Jesu voll Zuversicht zum Thron der Gnade (s. 4,14-16) zu kommen. Die Anbetung der Christen geschieht ebenso wie Christi priesterliches Wirken nicht »auf Erden«, sondern im Himmel.

8,7-13 Die beiden Bünde

7 Die Verheißung eines neuen Bundes im AT weist darauf hin, daß der erste Bund nicht vollkommen und ohne Mängel war. **8** Diese Verheißung (zitiert in V. 8ff) findet sich in Jer 31,31-34. Die Aussage dort zeigt, woran es dem ersten Bund mangelt: die Israeliten schaffen es nicht, nach seinen Bedingungen zu leben. Der Mangel des ersten Bundes lag darin, daß er sündigen Menschen keine Garantie gab, mit der Gnade Gottes weiter rechnen zu dürfen. So erklärte Gott seine Absicht, einen neuen Bund zu schließen, der auf »besseren Verheißungen« beruhen sollte (8,6). Er selbst wollte den Mangel gutmachen und die Verwirklichung seiner Absicht sicherstellen. Nach seinem Willen sollen Menschen von der Welt ausgesondert werden und mit ihm selbst in Beziehung treten; sie sollen sein Volk sein, sich seiner Nähe freuen und seinen Willen tun.

10 Gott will diesen Plan durch sein Gesetz realisieren, das nicht länger eine äußere Beschränkung sein soll, die von den Menschen übertreten wird, sondern eine innere Orientierung. Dieser Wechsel muß sich durch den Einzug des Geistes des Gehorsams in das menschliche Herz vollziehen. Sie sollen wie der Mensch gewordene Sohn Gottes sagen können: »ich freue mich, deinen Willen zu tun, mein Gott, dein Gesetz ist in meinem Herzen« (Ps 40,8). Eine so enge Verbindung mit Gott wird jeden, der dazu bereit ist, persönliche Erfahrungen mit Gott machen lassen. **11** Keine privilegierte Priester- oder Prophetenschicht muß Gott den Menschen nahebringen. Ihn persönlich zu kennen und von ihm unterwiesen zu werden, sind entscheidende Merkmale echter Kinder Gottes. Vgl. Jes 54,13; 6,45! **12** All das ist möglich, weil Gott durch seine Güte (und nicht durch das Gericht) ihre Sünden wegnimmt (vgl. 9,28), damit reine, ungetrübte Freundschaft zwischen ihnen und ihm selbst möglich ist.

Die grundlegende Tat göttlicher Gnade, auf der alles aufbaut, ist das priesterliche Handeln, das die Sünden wegschafft. Der Hohepriester, der den Menschen ermöglicht, zu Gott zu kommen, ist der Mittler des neuen Bundes (8,6). **13** Die Verheißung des neuen Bundes bedeutet seit den Tagen Jeremias, daß der alte Bund tatsächlich als *veraltet* anzusehen ist. Wenn etwas alt geworden ist, dann ist damit zu rechnen, daß es bald aufhört. Aus ihren jüdischen atl. Schriften führt der Autor seinen Lesern einen weiteren entscheidenden Beleg an, daß der alte Bund zeitlich begrenzt war und nach göttlichem Willen durch einen neuen ersetzt werden mußte.

9,1-10 Der Gottesdienst unter dem alten Bund

1 Der alte Bund hatte ein *irdisches Heiligtum* und von Gott gegebene *Satzungen für den Gottesdienst.* **2-5** Die Stiftshütte war in zwei Bereiche unterteilt, jeder davon reich und sorgfältig mit Gegenständen ausgestattet, die zum Zeremoniell benötigt wurden, dazu mit Symbolen der Gegenwart Gottes, seines Handelns mit seinem Volk in der Vergangenheit und der Offenbarung seines Willens über dessen Leben. Es ist nach den Worten des Schreibers an dieser Stelle nicht möglich, auf alle Gegenstände *im einzelnen* einzugehen (V. 5). Er will die Aufmerksamkeit auf die Art lenken, in der diese Gottesdienstordnung ihrem Zweck gerecht wurde, Menschen mit Gott in Verbindung zu bringen. **4** *Das goldene Räuchergefäß:* der Begriff (vgl. 1Kö 6,22) bezieht sich wahrscheinlich nicht auf das Vorhandensein des Gegenstands im Innern der Hütte, sondern auf seine Funktion in dem Gottesdienst, der am Versöhnungstag gefeiert wurde; s. 2Mo 30,1-10; 3Mo 16,12.13.18-20!

6 Die Vorschriften des alten Bundes erlaubten einer privilegierten Schicht - den Priestern - jederzeit *den vorderen Teil der Stiftshütte,* das Heilige, zu betreten. **7** Den hinteren Teil des Zeltes, das Allerheiligste, in dem die Cherubim (V. 5) auf dem Deckel der Bundeslade den Wohnsitz und die Größe Gottes symbolisierten, durften sie nicht betreten. Allein der Hohepriester durfte einmal im Jahr hineingehen; er mußte das Blut des Sühnopfers hineinbringen. **8** Diese durch den göttlichen Willen festgelegte Gottesdienstordnung war ein Zeichen dafür, daß der Weg in die unmittelbare Gegenwart Gottes dem ganzen Volk Gottes noch nicht geöffnet war. Bedeutsam ist der Unterschied zwischen der Würde des Gottesdienstes im alten Bund, die den jüdischen Lesern des Briefes bewußt ist, und der in geistlicher Hinsicht enttäuschenden, weil mangelhaften Wirkung des Gottesdienstes. »Das Gesetz konnte nichts zur Vollendung bringen« (7,19). Der Gottesdienst war keineswegs wertlos, denn er besaß eine tiefe innere Bedeutung. Als »Abbild des wahren Heiligtums« (9,24) deutete er auf das Wesen, die Notwendigkeit und den Segen der »zukünftigen Güter«, die in Christus, dem wahren Hohenpriester, erschienen sind.

9 Der begrenzte und vorläufige Charakter des alten Bundes zeigt sich auch an der Art des Gottesdienstes selbst. Denn die *Gaben* und *Opfer,* die er vorschrieb, konnten nicht vollkommen von Sünden reinigen und diejenigen, die sie brachten, nicht an ihr ersehntes Ziel bringen: Gott nahezukommen und sich seiner Gegenwart zu freuen. **10** *Äußerliche Satzungen* vermittelten denen, die sich ihnen unterwarfen, eine gewisse äußerliche, körperliche Reinigung (V. 3) und eine formale und rituelle äußere »Heiligkeit«. Sie sind daher eindeutig zeitlicher und vorläufiger Art und ihrem Zweck nur solange dienlich, bis sie von der Realität abgelöst werden, die sie einstweilen abbilden.

Die »zukünftigen Güter« (V. 11) sind nun für alle durch Christi Erscheinen und hohepriesterliches Wirken zugänglich gemacht worden. Denn die Formen, die symbolisch, d.h. als »Abbild« (V. 9) oder als »Gleichnis« zeigten, was notwendig ist, um zu Gott kommen zu können, zeigten auch, daß die Hindernisse noch nicht endgültig beseitigt waren, damit alle Zugang zum Heiligtum haben (V. 8). Solange zwischen der Gemeinde im Tempel und dem Allerheiligsten ein Vorhang hing, war der Zugang zu Gott nicht offen. Das heißt also, daß nur durch die Entfernung der herrschenden Ordnung, das Zerreißen des Vorhangs, die Menschen freien Zugang zu Gott erhalten. In diesem Zusammenhang verliert auch der den Priestern vorbehaltene Raum, der vordere Teil der Stiftshütte, seine Bedeutung. Der Autor unseres Briefes bemüht sich deshalb, seinen jüdischen

Lesern klarzumachen, daß die Verwirklichung der Hoffnungen, auf die der alte Bund hindeutete, die völlige Aufhebung der alten Ordnung in sich bergen muß. Er spricht von zweierlei Opfer; das alte hat Gott zugunsten eines neuen aufgehoben (s. 10,9), das der lebendige Weg durch den Vorhang ist (s. 10,19.20). Auf diese schwerwiegende Aussage hat er seine Leser bereits mit dem Hinweis vorbereitet, daß der alte Bund schwach geworden ist und sein Ende zu erwarten ist.

9,11-10,18 Merkmale des Opfers Christi

Jetzt schildert er die entscheidenden Merkmale des Opfers Christi und den großen, ewigen Segen, der uns durch sein Opfer zuteil wird. In persönlicher Form beschreibt und unterstreicht er diese Aussagen. Zunächst konfrontiert er sie mit der levitischen Gottesdienstform, dann belegt er sie mit Zitaten und Auslegungen einiger prophetischer Worte des AT.

9,11-15 Weitreichende Konsequenzen

Die Konsequenzen werden kurz zusammengefaßt. **11** Erstens schafft Christus als Hoherpriester der Sünder durch das Opfer seiner selbst den entscheidenden Zugang zu Gott. Das Ziel priesterlichen Wirkens ist, Verbindung zu Gott herzustellen, Versöhnung mit ihm zu erwirken und die Gemeinschaft mit Gott wiederherzustellen und aufrechtzuerhalten. Christus ist gekommen, die zukünftigen Güter sind erschienen, sie sind nicht länger »zukünftige«.

12-14 Zweitens schafft Christus *ewige Erlösung.* Er befreit das Volk Gottes von der Schande und dem Fluch, unter dem sie wegen der Sünde stehen. Er hat die Tür zum Vater aufgemacht, sein Opfer gilt ein für allemal und braucht nicht wiederholt zu werden. Drittens kann Christus durch sein vergossenes Blut (d.h. durch die unvergängliche Wirksamkeit seines Opfers) Gewissen von der lähmenden Macht der Schuld befreien und Menschen dazu bereit machen, *zu dienen dem lebendigen Gott.* Sein Opfer hat die Reinigungskraft, die den Opferritualen des jüdischen Kultes fehlte (V. 13.14). *Durch sein eigenes Blut* (V. 12), (eine noch etwas deutlichere Wiedergabe des Inhalts würde lauten: ... *nahm sein eigenes Blut*) drückt aus, daß der Opfertod Christi die Grundlage der Erlösung ist. *Durch den ewigen Geist* (V. 14) zeigt an, daß er als Knecht Gottes von Gott selbst zu dem Opfergang befähigt worden war (vgl. Jes 42,1), ist möglicherweise aber auch ein Hinweis darauf, daß Christus in der Stunde seines Todes als Mensch »sich selbst opfern« konnte, weil er als Sohn Gottes ewig dem Tod nicht ausgeliefert war.

15 Viertens beweist Jesu Handeln, daß er der *Mittler* (oder Ausführende) *des neuen Bundes* ist, d.h., daß er derjenige ist, der das verheißene Erbe Gottes erlangt hat. Schließlich ist sein Sterben die Garantie für die Befreiung von der Strafe, die auf den Übertretungen nach dem alten Bund steht. Er hat die göttliche Gnade erwirkt, mit der die Schuld des Volkes Gottes getilgt wird und die Sünden der Vergangenheit ausgelöscht werden.

9,16-23 Die Notwendigkeit des Opfers

Jesus hatte vor seinem Sterben gesagt: »Es muß so geschehen« (Mt 26,54). Aber die Kreuzigung des Messias blieb ein Ärgernis für die Juden. Sie benötigten viel Hilfe, um einzusehen, warum er gekreuzigt werden mußte. Der Schreiber führt hier zwei Gründe dafür an. Jesu Tod war notwendig, um den neuen Bund zu eröffnen, einzurichten und zu bestätigen. Durch ihn wird der neue Bund geheiligt, der ganz auf seiner Person und auf seinem Gehorsam bis zum Tod beruht. Und es war notwendig, die Menschen, denen der Bund gilt, von ihren Sünden zu erlösen, weil sie durch diese von Gott abgeschnitten sind. »Ohne Blutvergießen geschieht keine Vergebung« (V. 22). Deshalb war das einmalige Opfer, das besser als die unter dem Gesetz gebrachten war (V. 23), notwendig. Durch Christi Tod geschah eine wirksame Reinigung, durch sein Opfer wurde ein neuer (wirksamer) Bund geschlossen.

16.17 Unter dem Aspekt der Notwendigkeit des Todes im Zusammenhang mit einem Bund oder Testament werden mehrere Vorstellungen verknüpft. Nach altem Recht wurden Bünde durch Blut geschlossen (V. 18), symbolisch wurde der Tod einer oder beider beteiligter Parteien eingeführt. V. 16 und 17 sprechen von dem »Tod«, der »eingetreten sein muß«, damit das Testament in Kraft treten kann. Es wurden aber auch Bünde über Toten geschlossen, d.h. die Bündnispartner gingen zwischen den Hälften eines geschlachteten, geheiligten Opfertiers durch. S. 1Mo 15,7-21; Jer 34,18.19. Das war die sichtbare Bestätigung eines Treueschwurs bis zum Tod, der von einem Gebet begleitet wurde, das die Haftung mit dem eigenen Leben betonte (s. z.B. Rt 1,17; »Der Herr tue mir dies und das, nur der Tod wird mich und dich scheiden«) falls das gegebene Versprechen nicht eingehalten würde. Wenn eine Verpflichtung aus dem Bündnis gebrochen worden war, mußte der Fehltritt mit dem Tod bestraft werden. Das war der Preis für die Tilgung, den das Gesetz nach dem alten Bund forderte (V. 22).

Da Gottes neuer Bund ein Erbe beinhaltet, das volle Vergebung der Sünden (Vergessen Gottes) voraussetzt, konnte es solange nicht zur Verfügung stehen, bis tatsächlich einer mit seinem Blut Vergebung der Sünden erwarb, d.h. die Erlösung von den Übertretungen unter dem alten Bund brachte (V. 15). In diesem Zusammenhang erscheint daher der neue Bund wie eine Willenserklärung oder ein *Testament* (im Griech. steht das gleiche Wort für »Bund« und »Testament«). Nach dem Tode des Erblassers werden die Güter verfügbar. Christus konnte Vergebung für unsere Sünden nur durch seinen Tod erwirken, deshalb gab er sich selbst als Lösegeld für uns.

9,24-10,18 Die Endgültigkeit seines Opfers

Das Opfer, das Christus mit seinem Sterben ein für allemal gebracht hat, ist abgeschlossen und endgültig. Es hat den Zweck des Opfers voll erfüllt. Es ist daher weder ein größeres noch ein weiteres Opfer notwendig. Als Jesus rief: »Es ist vollbracht« (Joh 19,30), geschah kein Opfer mehr für die Vergebung der Sünden (10,18).

9,24 Christus ist in den Himmel eingegangen. Seine einmalige Opferhandlung vollbrachte, was die Opfer nach dem Gesetz nur bildlich auszudrücken vermochten. Denn der levitische Hohepriester betrat nur ein irdisches, von Menschenhand errichtetes Heiligtum. Durch seinen Tod hat Christus als unser Hoherpriester den Zugang zu Gott geöffnet (vgl. V. 11.12). Jetzt steht er vor dem Angesicht Gottes als unser Anwalt und bürgt dafür, daß wir angenommen und unsere Gebete erhört werden. Er vertritt alle, die durch ihn zu Gott kommen. Vgl. 4,14-16; 7,25; 1Jo 2,1.2.

9,25.26 Er opferte sich selbst; vgl. 7,27; 9,14. Das geschah im Gegensatz zum levitischen Hohenpriester, der das Allerheiligste *mit fremdem Blut* betrat. Dieser hatte selbst keine Macht, seine Handlung Gott als Opfer anzubieten, d.h. er konnte sich nicht selbst opfern. Das Blut eines geschlachteten Tieres, das er Gott anbot, war das Eingeständnis, daß etwas notwendig war, das er selbst nicht nur nicht tun konnte, sondern auch selbst darauf angewiesen war. Christus ist ihm in doppelter Hinsicht überlegen. Er brauchte kein *fremdes Blut,* das um seinetwillen vergossen wurde, um Eintritt in das Heiligtum zu erhalten, denn er war ohne Sünde. Er trat entscheidend in die Geschichte der Menschen ein, um ihre Sünde durch das *eigene Opfer* wegzunehmen. Er konnte das tun, weil er als Mensch »ohne Fehl« (9,14) und als Gott kraft seines »ewigen Geistes« (9,14) und seines »unendlichen Lebens« (7,16) noch im Tod handeln konnte und das Opfer seines menschlichen Lebens dem Vater anbieten konnte. Er war zugleich Priester und Opfer; er opferte sich Gott selbst.

9,25-28 Er opferte sich ein für allemal. Das geht daraus hervor, daß er nicht schon früher einmal erschienen ist. Sein Opfer ist historisch unanfechtbar. Er ist Mensch geworden, ist aus der Ewigkeit in die Zeit hereingetreten und hat sich zum Opfer gegeben, um die Sünden der Menschen wegzutragen. Wir werden durch das Opfer seines Fleisches und Blutes gerettet. Wenn mehrmaliges Opfern wie unter dem alten Bund jeweils zum Versöhnungstag nötig gewesen wäre, hätte Christus mehrmals Mensch werden müssen und den Tod erleiden müssen. Wenn sein Opfer nur für eine bestimmte Zahl von Menschen, z.B. die Generation zu Jesu Lebzeiten, ausgereicht hätte, gäbe es »nun« (V. 26, d.h. im 1. Jh. n. Chr., als der Brief entsteht) keine Rettung mehr. Auch wäre dann schon bald nach der Erschaffung der Welt eine Menschwerdung Christi notwendig gewesen (V. 26). Das ist nicht eingetreten und somit ein Zeichen dafür, daß es nicht notwendig war. Das beweist auch, daß die eine Menschwerdung Jesu und sein einmaliges Sterben und Auferstehen für alle Zeiten ausreicht, für die Vergangenheit, die Gegenwart und die Zukunft. Christi Erscheinen »am Ende der Welt« (V. 26) ist alles, was notwendig ist, um die Sünden der ganzen Welt durch sein einmaliges Opfer wegzunehmen. Jesus bezeugt selbst, daß sein Opfer ausreicht, um Erlösung für viele zu schaffen (Mk 10,45).

An dem Opfer Jesu entscheidet sich die Zukunft eines jeden Menschen. Daran läßt sich die Verantwortung messen, in die jeder mit seinem Leben gestellt ist. Auf dem irdischen Leben der Menschen beruht das Urteil über ihr jenseitiges, ewiges Leben (V. 27; vgl. Offb 20,12-13). Christi einmaliges Erscheinen in der Geschichte und sein Opfer zur Tilgung der Sünde reichen aus, um ewige Erlösung und ewiges Erbe der Verheißungen sicherzustellen. Eine Wiederholung ist nicht nötig. Der Gedanke, daß er sein Opfer auf Erden oder im Himmel wiederholen müßte, ist völlig abwegig. Die Erlösung geschah ewig und endgültig nicht durch ewig fortgesetztes Opfer, sondern durch ein einmaliges und alles entscheidendes Ereignis. Es wird jedoch noch ein ergänzendes Ereignis eintreten, das noch in der Zukunft liegt. Der Christus, der einmal geopfert wurde, wird *zum zweiten Mal . . . erscheinen* (V. 28), um die Erlösung seines Volkes zu vollenden, das sehnsüchtig auf ihn wartet.

9,26b-10,4 Durch das Opfer seines Blutes nahm Jesus die Sünden weg. Das war dem levitischen Opfer absolut unmöglich. Das Ziel und die Wirkung des Opfers Jesu bestand darin, die Sünde zunichte zu machen, und sie zu beseitigen (V. 26b - auf ähnliche Weise wird der alte Bund »aufgelöst«, s. 7,18). Christus wurde geopfert, um die Sünden vieler »wegzunehmen« (V. 28; vgl. Jes 53,12). Er nahm die Last auf sich und trug sie weg. Sie ist daher ganz weggeschafft.

Wenn er zum zweiten Mal erscheint, wird er nicht *der Sünde wegen* kommen, sondern um die Erlösung jener zu vollenden, die ihre Hoffnung ganz auf ihn setzen (V.28).

Im Gegensatz zu dieser Wirklichkeit - dem *Wesen der Güter selbst* (10,1) - war all das, was das jüdische Gesetz zu opfern vorschrieb, ein *Schatten* oder Abglanz der (noch) *zukünftigen Güter.* Seine jährlich wiederkehrenden Opfer konnten keine völlige Erlösung für die schaffen, die mit Gott ins Reine kommen wollten. Die Wiederholung der Opfer war ein Beweis ihres Unvermögens, echte Reinigung zu bewirken. Tieropfer können keine gültige Befreiung von Sünden garantieren, sie können die *Sünden* nicht *wegnehmen* (V. 4). Was sie nicht vermochten, hat Christus getan.

10,5-10 Sein Opfer erfüllte den Anspruch, den Gott an ein Opfer stellt. Er versöhnte die Menschen mit Gott, denn das Opfer, das er brachte, war Wirklichkeit im Gegensatz zu den Opfern nach dem Gesetz, die diese Wirklichkeit nur bruchstückhaft abbilden konnten. Den Mangel der Opfer nach dem Gesetz bringen atl. Zeugnisse zum Ausdruck, Ps 40,6-8 wird hier zitiert. Gott war mit den Opfern nicht zufrieden und wollte sie letztlich auch nicht. Sie erfüllten zwar ihren liturgischen Zweck, aber die gleichen Belegstellen, die von Gottes Unzufriedenheit mit den Opfern sprechen, deuten darauf hin, daß Gott auf ein besseres Opfer wartete (V. 6-9). Gottes Anspruch an ein Opfer wird dann erfüllt, wenn sich ein Mensch in der ganzen Freiheit seiner Entscheidung hingibt und sein Leben dem Willen Gottes unterwirft. Die atl. Propheten kündigen an, daß der Christus Gottes diese Entscheidung treffen und die Schrift erfüllen wird. Er wird erkennen, daß die prophetischen Worte auf ihn zutreffen und die ihm von Gott übertragene Aufgabe meinen.

Die Reihenfolge, in der der Psalmist (Ps 40,6-8) von der Ablehnung der Tieropfer und der Verheißung eines Menschen spricht, der bereit ist, den Willen Gottes zu tun, gibt zu erkennen, daß nach Gottes Plan der erste Punkt durch den zweiten ersetzt werden soll (V. 8.9). Das verlangt von den Lesern des Briefes, anzuerkennen, daß das levitische Opfer zur Erfüllung des Willens Gottes nunmehr »aufgehoben« und durch Gottes neue Ordnung ersetzt ist. Diese erfüllt vollkommen und endgültig, was die alte Ordnung nur andeuten konnte. Durch das Opfer Christi kann die Gemeinde vor Gott bestehen (V. 10); sie ist zum Dienst für Gott geheiligt.

10,11-14 Auf Grund seines Opfers darf Jesus den Platz zur Rechten Gottes einnehmen. Hier ist ein deutlicher Unterschied zu den levitischen Priestern festzustellen: sie mußten täglich vor den Altar treten und opfern, ohne Aussicht, jemals *Sünden wegnehmen zu können* (V. 11). Christus hat bereits seinen Platz an Gottes Seite eingenommen, ein Zeichen dafür, daß sein Opfergang abgeschlossen ist (V. 12). Er sitzt zur Rechten Gottes und weiß aufgrund des Wortes Gottes (s.Ps 110,1; Hebr 1,13), daß alle seine Feinde sich ihm ergeben müssen (V. 13). Das macht sein einmaliges Opfer möglich (V. 14), das ewige Gültigkeit hat. Er sorgt für die Vollendung der mit Gott Versöhnten, d.h. er stellt eine dauerhafte Verbindung mit Gott her, die allen zugute kommt, die sich durch ihn von ihren Sünden befreien lassen und ihm mit ihrem Leben zur Verfügung stehen.

10,15-18 Weitere Opfer für die Sünden sind nicht mehr erforderlich. Diese Feststellung gründet sich auf das Zeugnis des Heiligen Geistes, das uns das prophetische Wort und den Inhalt des neuen Bundes erläutert (s. Jer 31,31-34). Dessen krönende Zusage besteht in der Erklärung Gottes, der, nachdem der neue Bund geschlossen ist, der Sünden seines Volkes nicht mehr gedenken wird (V. 17). Wenn Sünden so vollkommen vergeben sind, daß Gott sie vergißt, dann besteht einfach keine Notwendigkeit mehr, weiter zu opfern, um Vergebung der Sünden zu erlangen. Christi Versöhnung, die dem neuen Bund zugrundeliegt, reicht aus und gilt ewig. Deshalb ist kein Raum mehr für irgendwelche Opfer (V. 18). Versöhnung muß nicht durch weitere Sühnopfer wieder erworben oder vervollständigt werden. Sie muß einfach im Glauben, der bereit ist, umzudenken, als ein vollkommenes und greifbares Gut angenommen werden, das Christus erworben hat (s. Röm 5,11).

10,19-39 Praktische Ermahnungen

10,19-25 Aufruf zum Ausharren im Glauben, in der Hoffnung und in der Liebe

Diese Verse fassen den positiven Appell des ganzen Briefes zusammen. Er beruht (zu beachten ist das begründende »Weil« in V. 19) auf richtungsweisenden Aussagen über die Wirksamkeit des Opfers Christi und seines ewigen Priesteramtes zur Rechten Gottes. In erster Linie wird zu zuversichtlichem, völligem Glauben aufgerufen (V. 22). Der Schreiber unterstreicht seine Ausführungen, die er bereits in 4,14-16 machte, als er das Thema einführte. Ergänzend kommen Ermahnungen hinzu, standhaft im offenen Bekennen der christlichen Hoffnung zu sein (V. 23) und gegenseitige Ermahnung, Liebe und Gemeinschaft zu üben (V. 24). Diese knappen Ermahnungen werden im Rest des Briefes noch ausführlich behandelt. Die Kapitel 11, 12 und 13 befassen sich der Reihe nach mit den Themen: Praxis des Glaubens, Geduld der Hoffnung, Liebe und gute Werke.

19.20 Der Zugang zu Gott steht allen Christen offen. Den Weg dorthin hat Jesus, der Vorläufer, gebahnt. Der Weg ist *neu,* d.h. er existierte unter dem alten Bund noch nicht; er ist lebendig und wirksam (vgl. Joh 14,6, dessen ursprüngliche Bedeutung etwa so lautet: »ich bin der wahre und lebendige Weg«.). Der »Vorhang«, durch den Jesus diesen Weg bahnte, war sein *Leib.* Denn als sein Leib im Opfertod gebrochen war, riß der Vorhang im Tempel entzwei. S. Mt 27,51-53; Kol 1,20-22! So haben wir die *Freiheit,* durch das *Blut Jesu* (d.h. durch seinen Tod und das vollkommene, gültige Opfer) Zugang zu Gott zu haben. Zu beachten ist, daß es nicht heißt: »mit dem Blut Jesu«! Christen müssen sich nicht länger um Opfer bemühen. Der Weg zum Vater steht offen. **21** Wenn wir so zu Gott kommen und uns in die Gemeinschaft seines Hauses aufnehmen lassen, begegnet uns Jesus, der auf dem Thron zur Rechten Gottes sitzt, als unser Priester, der unser Anliegen vertritt und unsere Not auf sich nimmt (vgl. 7,25). **22** Alle, die kommen, müssen ernsthaftes Wollen (ein wahrhaftiges Herz) und volles Vertrauen (vollkommenen Glauben) mitbringen. Christi Erlösung reinigt uns völlig, während die Reinigung nach dem Gesetz des alten Bundes nur durch Waschen des Körpers und Versprengen von Blut symbolisiert wurde (s. z.B. 3Mo 8,6.23). **23** Scheinbar unerfüllte Verheißungen verunsichern die Empfängergemeinde, so daß der Autor sie aufruft, standhaft im Bekennen ihrer Hoffnung zu bleiben, denn sie wird von dem garantiert, der sie gegeben hat. **24** Auch unter Christen sollte es durch bewußte Anteilnahme an der Not des Nächsten gegenseitigen Anreiz zu guten Werken geben. Der griech. Text spricht hier von »Einander-Beachten«. **25** Sie sollen sich deshalb nicht an den Gemeindegliedern orientieren, die den Versammlungen fernbleiben, sondern die Gelegenheit zu gegenseitiger Ermutigung umso mehr nutzen, je näher der Tag der Vollendung und des Gerichts kommt.

10,26-31 Die Konsequenz bewußter Ablehnung

Der Schreiber sieht in der Situation, in der er und die Gemeinde sich befinden, nur zwei Möglichkeiten: entweder Gott ganz zu gehorchen oder ihn ganz abzulehnen. Er hat seine Leser zu ganzem Gehorsam aufgerufen; jetzt entwirft er, zumindest hypothetisch, (das drückt die Formulierung »wenn wir« aus), die Alternative. »Angenommen, wir würden uns hartnäkkig und bewußt von dem abwenden, was wir empfangen und erkannt haben, was hätten wir noch zu erwarten?«

Die ernste Antwort auf diese Frage lautet zunächst, daß es keine weitere Möglichkeit der Tilgung unserer Sünden gibt (V. 26) und, zweitens, daß uns nur die schreckliche Aussicht auf das Gericht Gottes bleibt. Wir wären dann dem Zorn Gottes ausgeliefert, der allen vorbehalten ist, die sich gegen ihn auflehnen (V. 27). Unter dem alten Bund mußte ein Mensch, der sich gegen Gott aufgelehnt hatte (z.B. in Form von Götzendienst) die äußerste Strafe erleiden - er mußte sterben (V. 28). Liegt es daher nicht nahe, daß ein Abfall vom neuen Bund (wenn ein »erleuchteter« Mensch (V. 32) bewußt seinen Glauben verleugnet) eine mindestens ebenso schwere Strafe nach sich zieht (V. 29)? Welch eine Beleidigung, den Sohn Gottes mit Füßen zu treten und seinem Blut, das den Bund der Versöhnung besiegelt, seine heilige Bedeutung abzusprechen! Mit anmaßendem Stolz würde der Urheber aller Gnade behandelt! Die Bibel spricht unmißverständlich davon, daß Gott richten wird; sein Urteil wird zeigen, wer zu seinem Volk gehört und wer seine Verräter und Gegner sind (V. 30). Es gibt keine schrecklichere Aussicht, als Gott im Gericht gegen sich zu haben (V. 31). S. auch Anhang 3, S. 511f.

26 *Sündigen* meint hier Abfall von Gott oder Aufruhr gegen Gott (vgl. Jes 1,2.19.20; Hebr 3,12.13; 2Petr 2,21). Die Gegenwartsform läßt anhaltende Hartnäckigkeit vermuten; das im Griech. durch seine Stellung hervorgehobene Adverb betont die Mutwilligkeit des Handelns. Es gibt *hinfort kein andres Opfer mehr für die Sünden:* nicht nur, weil das eine, gültige Opfer abgelehnt worden ist, sondern auch, weil solche Sünde nicht vergeben wird. Das AT bezeugt, daß Gott um seines Volkes willen Gericht halten wird. Das bedeutet, daß er das Wahre durch die Entfernung des Falschen bestätigen wird. Vgl. 4Mo 16, besonders V. 5.

10,32-39 Ermutigung zu standhaftem Ausharren

Nach dem Ausblick auf das Schlimmste, das der Gemeinde widerfahren könnte, hat der Verfasser jetzt Grund genug, den Blick seiner Leser auf das Beste zu lenken. Die Empfänger des Briefes sind versucht, ihr Christsein aufzugeben, weil es ihnen mehr Leid und Ablehnung als Erfüllung ihrer durchaus menschlichen Hoffnungen bringt. Er ermutigt sie, indem er zunächst zurück und dann vorwärts blickt. Er erinnert sie an ihre eigenen Erfahrungen als Christen, als sie der Ablehnung und Versuchung ausgesetzt waren. Er erinnert an die ersten Zeugen. Er zeigt ihnen, daß ihre Situation nicht neu und unerwartet ist. Ihre Haltung gegenüber Anfechtungen in der Vergangenheit zeigte, daß sie sich bewußt waren, solche Erfahrungen als Christen sammeln zu müssen. Körperliche Leiden und materieller Verlust wurden angesichts des himmlischen Lohns mit Freuden hingenommen (V. 32-34; vgl. 2Kor 4,16-18). Er lenkt ihren Blick aber auch vorwärts und sagt ihnen, daß ihr zuversichtlicher Glaube nicht fehl am Platze ist. Der Glaube hält an der Verheißung des vollkommenen Lohns fest und darf auf keinen Fall aufgegeben werden (V. 35). Sie müssen jedoch erkennen, daß es nach dem Willen Gottes eine Zeit des Wartens, des Handelns und der Versuchung gibt, bevor die Freude über erfüllte Verheißungen eintritt (V. 36). Diese Erfüllung wird bald stattfinden. Sie wird durch das Erscheinen des kommenden Christus vollendet werden (V. 37). Sein Kommen ist gewiß, er wird seinen Termin nicht versäumen. Wer das weiß, steht vor der Wahl, am Glauben festzuhalten und von Gott angenommen zu werden oder sein Vertrauen wegzuwerfen und von Gott abgelehnt zu werden (V. 38). Für uns, sagt der Schreiber, ist die zweite Möglichkeit unvorstellbar. Wir gehören nicht zu denen, die zu ihrem Schaden vom Glauben weichen, sondern zu denen, die am Glauben festhalten, bis sie das Ziel der Erlösung erreichen (V. 39). (*Die Seele erretten* bzw. »die Seele gewinnen« (V. 39) - vgl. Lk 21,19; Joh 12,25!)

37.38 Der Autor unseres Briefes weist nicht extra darauf hin, daß er sich eines Zitats des AT bedient: Eine *kleine Weile* steht wohl in Bezug zu Jes 26,20. Die anderen Passagen stammen aus Hab 2,3.4. Nach dem Hebr. und der atl. Übersetzung meint das Zukünftige entweder die Vision des kommenden Gottes oder sein Kommen selbst, das sichtbar geschehen wird. Die LXX gebraucht ein personales Subjekt. Diese personale Konstruktion wird im Griech. noch durch den bestimmten Artikel verdeutlicht, der dem Partizip zugeordnet ist. Daher ist *der da kommen soll* eine Bezeichnung für den Messias (vgl. Mt 11,2). Mit seinem Zitat aus Hab 2,4 folgt der Schreiber nicht nur der LXX, die vom Hebr. abweicht, sondern er überträgt die beiden Aussagen. Auch hier ist das Subjekt beider Sätze die gleiche Person, die die Befürchtung äußert, daß Gläubige abfallen könnten. Die zweite Aussage ist jedoch hypothetischer Art. Das abschließende Reimpaar zeigt noch einmal die Alternative: im Glauben leben oder im Abfall von Gott umkommen. Wie vor Gott Rechtfertigung durch den Glauben gilt, so gilt auch sein Zorn und Fluch dem, der vom Glauben abfällt. **39** Der Verfasser geht davon aus, daß es weder seine noch die Absicht seiner Leser sein kann, geistlichen Selbstmord zu begehen.

11,1-40 Die großen Taten des Glaubens

In 10,38.39 hat der Autor die biblischen Grundlagen des Glaubens mit einem Lebensweg verglichen, an dem Gott Gefallen hat. Er hat dazu aufgerufen, auf diesem Weg zu bleiben, bis ihnen der Lohn dafür zuteil wird. Er unterstreicht seinen Aufruf anhand zahlreicher biblischer Beispiele, die zeigen, daß im Lauf der Geschichte der Glaube an Gott die einzige unverzichtbare Bedingung wertbeständigen Handelns und hoffnungsvollen Ausharrens ist.

Glaube, erklärt er weiter, beinhaltet zwei Dinge: »künftige« (erhoffte) und »unsichtbare« (V. 1). Er rechnet mit der Erfüllung der künftigen Dinge und der Realität der unsichtbaren. Ohne diese bewußte und zuversichtliche Glaubenshaltung ist es unmöglich, Gott zu gefallen (V. 6). Gott selbst ist die höchste unsichtbare Realität, mit der es der Glaube zu tun hat. Die zuverlässige Erfüllung seiner Verheißungen (vgl. V. 11) und sein zugesagter Lohn für die, die zu ihm kommen (V. 6), sind zukünftige Güter, die der Glaube erwartet. Der eine verlangt »Überzeugung« (griech. *elenchos*), d.h. »Beweis« oder »Bestätigung«, der andere fordert »Sicherheit« oder »Substanz« (griech. hypostasis, dessen eine mögliche Bedeutung »Erwerbsurkunde« lautet), d.h. Glauben aufgrund einer gewissen Zuversicht und einer sicheren Erwartung (V. 1). Sie sollen glauben wie die, die vorausgegangen sind (V. 2), deren Taten und Leiden von Gott für wert erachtet wurden, in der Bibel überliefert zu werden. Wegen ihres Glaubens wurden sie in die Gemeinde der Zeugen Gottes (griech. Märtyrer) aufgenommen (12,1). Gott erwies sich an ihnen (V. 2.4.5), und sie bezeugten ihn. Die Taten ihres Glaubens wurden aufgezeichnet, weil sie eine wichtige, mutmachende Botschaft sind, die für spätere Generationen Vorbildcharakter hat. Das Zeugnis überlebt den Zeugen, es wirkt über dessen Tod hinaus (V. 4).

Die vielen Zeugnisse des AT werden nun in zeitlicher Ordnung - z.T. detailliert - im Überblick behandelt. Überall liegt die Betonung auf der Überzeugung des Zeugen von der unsichtbaren göttlichen Wirklichkeit und auf seiner Gewißheit im Blick auf die zukünftige Erfüllung göttlicher Verheißungen. Beide Merkmale befanden sich oft genug im Widerspruch zur sichtbaren Welt und zur natürlichen Lebensauffassung (V. 9.11.17.18). Die einzig ausreichende Gewißheit war und ist der lebendige Gott, der zuverlässig handelt. Mose »hielt sich an den, den er nicht sah, als sähe er ihn« (V. 27). Er hielt irdische Mühsal und Schmach für besser als irdischen Reichtum und Genuß, weil er Gottes reichen Lohn für alle Mühe sah (V. 25.26). Die gemeinsame Erfahrung aller Zeugen besteht darin, aus der Ferne den verheißenen Lohn zu sehen, in dessen Genuß sie zu Lebzeiten nie kommen sollten (V. 13). Sie gaben nicht auf und wandten sich nicht wieder der Welt zu, die sie hinter sich gelassen hatten. Sie glaubten nämlich an eine Erfüllung, die im Himmel, nicht auf Erden, stattfindet (V. 14-16). Diese Zeugen sind Menschen, die Eigentum Gottes geworden sind und ihn als ihren Gott bezeichnen durften.

Die Betonung liegt auf dem Lohn nach dem Erdenleben. Es stimmt, daß einige den Lohn ihres Glaubens schon zu Lebzeiten als sichtbaren Sieg (V. 29-35a) empfingen, der materieller, moralischer oder geistlicher Art sein konnte. Doch die herausragenden Zeugen sind die Märtyrer (V. 35b-38), die um ihres Glaubens willen schweres Leid ertragen haben und auf grausame und schmachvolle Weise starben, ohne ihren Glauben preiszugeben. In ihrem unbezwingbaren Ausharren hat sich der Glaube als siegreich erwiesen. Ihr Lohn, den sie erwählten, lag jenseits des Todes in einer »besseren Auferstehung« (V. 35, d.h. die besser ist, als die Wiedererweckung zum Leben in dieser Welt, wie sie beispielsweise den Söhnen der Frauen von Zarpat und Schunem zuteil wurde). Keiner der Helden des Glaubens, obgleich sie für wert erachtet wurden, in der Bibel namentlich erwähnt zu werden, erlebte jemals die vollkommene Erfüllung der Verheißungen Gottes, weil Gott vorausschauend wollte, daß die Nachfolger Jesu noch größere Vorrechte haben und mit den Glaubenshelden des alten Bundes zusammen an der Vollendung teilhaben sollen (V. 34.40).

1 Die Wortstellung im Griech. legt die Betonung auf den Inhalt des Glaubens, d.h. auf *das, was man hofft* und das, *was man nicht sieht;* die Einbeziehung eines Nomens (griech. pragmata) im zweiten Vers macht deutlich, daß diese unsichtbaren Dinge real existieren. Ihre Existenz ist erfahrbar. **3** Solcher Glaube ist die grundlegende Voraussetzung des Erkennens, insbesondere des Erkennens des biblischen Zeugnisses. Er ist grundlegend für das Verstehen des Ursprungs der Welt, wie er in 1Mo beschrieben wird. Er ist die Grundlage rechten Denkens über jene »Welten« und »Zeiten«, in denen sich die Geschichte der Menschheit ereignet. Es ist unmöglich, nur aus dem sinnlich Wahrnehmbaren eine angemessene Erklärung für diese Zusammenhänge zu gewinnen. Es ist notwendig, die höhere und unabhängige Existenz des lebendigen Gottes anzuerkennen sowie sein schöpferisches Handeln, das mit den Worten *durch Gottes Wort* (»... und Gott sprach ...«) allein in 1Mo 1 zehnmal zum Ausdruck gebracht wird (vgl. auch Ps 33,6). **4** Abels Glaube bewirkte, daß sein Opfer besser war als das des Kains. Abels Verhalten Gott gegenüber war eine Antwort auf die Gegenwart Gottes, deren er sich bewußt war. Er war sich des Anspruchs Gottes bewußt und gehorchte ihm. Sein Glaube, der in seinem Opfer zum Ausdruck kam, machte ihn vor Gott *gerecht.* Durch seinen Glauben spricht er zu den Menschen (d.h. durch den biblischen Bericht; zu beachten ist die Gegenwartsform: *spricht er)* und zeigt ihnen, was es heißt, Gott zu gefallen.

5 Henoch ist ein Zeugnis dafür, daß lebendiger Glaube im Leben eines Menschen belohnt werden kann. Er wurde vor dem Sterben errettet und in die Gegenwart Gottes aufgenommen. **6** Diese Beispiele mögen genügen, um nachzuweisen, was V. 6 allgemeingültig ausdrückt: »Ohne Glauben ist's unmöglich, Gott zu gefallen«. Wie kann ein Mensch mit Gott rechnen, der unsichtbar ist und dessen Lohn erst nach dem irdischen Leben in Aussicht steht, wenn er nicht glaubt, daß Gott lebt und sich für den Lohn all derer verbürgt, die ihn von ganzem Herzen suchen (vgl. Jak 4,8a)?

7 *Noah* ist ein besonders leuchtendes Beispiel für Menschen, die das Vorrecht haben, das Evangelium zu hören. Aus Ehrfurcht vor dem Wort Gottes, das von drohendem Gericht sprach und ihm eine Möglichkeit zur Rettung wies, handelte er im Gehorsam gegenüber dem göttlichen Auftrag. Er war von der Erfüllung dessen, was Gott gesagt hatte, überzeugt. Durch seinen Glauben erbte nicht nur er jene *Gerechtigkeit,* die Gott den Glaubenden verheißt (hier ist zu beachten, daß die Leser mit diesem Gedanken vertraut sind; vgl. Röm 1,17); er wurde Zeuge Gottes für die Vernichtung seiner Zeitgenossen und Retter seiner eigenen Familie.

8 *Abraham* gehorchte dem göttlichen Befehl, wegzugehen, um in den Besitz eines Erbes zu gelangen, von dem er weder wußte, wo es sein sollte, noch wie es beschaffen sein sollte. Sein Glaube hielt sich an eine Zusage Gottes, die sich erst in Zukunft erfüllen sollte (vgl. V. 1). **9** Als er in das Land der göttlichen Verheißung gekommen war, mußte er dort als Fremdling unter den Einheimischen leben. Er lernte, als Nomade im Zelt zu hausen. Sein Sohn und sein Enkelsohn erbten die gleiche Verheißung, sahen deren Erfüllung aber ebensowenig wie ihr Vater bzw. Großvater. Doch diese Erfahrung ließ Abraham seinen Glauben nicht aufgeben. **10** Er blickte auf eine jenseits seines Horizonts liegende Erfüllung, eine ewige Stadt, die nach dem Plan Gottes gebaut werden würde (vgl. 12,22; 13,14). **11** Der Sieg des Glaubens in Sarahs Erfahrung war umso bemerkenswerter, nicht nur, weil sie lange unfruchtbar gewesen war (1Mo 11,30), sondern auch, weil eine solche Erfüllung in ihrem hohen Alter einfach nicht mehr zu erwarten war. Ihr Glaube ruhte auf Gottes Versprechen und auf der

Zuverlässigkeit seiner Verheißung (vgl. Röm 4,20.21). **12** Der eine Mann, von dem eine solch große Nachkommenschaft kam, war Abraham. S. 1Mo 15,5; Jes 51,1.2; Hes 33,24!

13-16 Die Erfahrung, die die Patriarchen mit Zusagen machten, die sich für sie noch nicht erfüllten, ließ sie im Glauben über den Tod siegen. Sie hatten gelernt, über den Tod hinaus auf eine Erfüllung zu blicken, die reicher war als die, die sie zu Lebzeiten erfahren konnten. Sie wußten, daß dieses Leben nicht mit dem Tod endet, der lediglich ein Durchgang zu einem besseren (d.h. himmlischen) Ziel ist (s. 1Mo 23,4; 47,9). Gott verband sich mit diesen Menschen und hieß *ihr Gott* (V. 16); vgl. Mk 12,26.27 und beachte den Bezug zum Leben nach dem Tod!

17.18 Abrahams Glaube wurde durch die Forderung, Isaak zu opfern, auf die Probe gestellt, nicht nur, weil dieser als Sarahs einziges Kind *(den einzigen Sohn)* besonders geliebt wurde, sondern auch, weil dieses Verlangen im Widerspruch zu der von Gott gegebenen Verheißung in Isaak zu stehen schien, die Abraham empfangen hatte. Durch Isaak sollte Abrahams Geschlecht fortgeführt und vermehrt werden. Abrahams Glaube siegte, weil er Gott keine Unbeständigkeit und Unzuverlässigkeit zutraute. Er glaubte, daß Gott dieses Problem lösen konnte und lösen mußte. Eine Lösung schien unmöglich, wenn Gott Isaak nicht das Leben geschenkt hätte, damit er der Vater vieler Kinder werden konnte. **19** Abraham rechnete ganz real mit Gott, sein Glaube siegte über den Tod, weil er die Hoffnung auf die Auferstehung hatte. Solcher Glaube läßt einen Weg voller Dunkelheit zu einem Pfad voller Hoffnung werden. Als »Zeichen des Zukünftigen«, *als »Gleichnis«* oder »geheimnisvolles Sinnbild« erfahrt Abraham das Geschehen um Isaak, das auf Jesu Sterben und Auferstehung hindeutet. Er lernt dabei, auch in den schwierigsten Situationen des Lebens Antworten von Gott zu erwarten (vgl. Röm 4,17).

20 *Isaaks* Glaube an Gottes souveräne Führung zeigt sich darin, daß er akzeptiert, daß Jakob im Gegensatz zur natürlichen Rangfolge und Ordnung vor Esau den Segen empfing (vgl. 1Mo 27,33) und somit den Segen für alle Nachkommen vorwegnahm. **21.22** In ähnlicher Weise sahen *Jakob* und *Joseph* über ihren Tod hinaus und ahnten den *Auszug* der Israeliten aus Ägypten sowie ihre Rückkehr nach Kanaan (vgl. 1Mo 48,21; 50,24). Jakob gab Joseph anstelle von Ruben das Erstgeburtsrecht. Jakob rechnete mit der Gegenwart und Macht Gottes: Trotz seines hohen Alters und seiner körperlichen Schwäche neigte er sich aus Ehrfurcht vor Gott (1Mo 47,31). Joseph wünschte ebenso wie Jakob, im Land der göttlichen Verheißung begraben zu sein; sie waren sich des Planes Gottes sicher; vgl. 2Mo 13,19; Jos 24,32!

23 Moses Eltern waren davon überzeugt, daß Gott ihr Kind am Leben erhalten wollte, um es später zu gebrauchen. Anstatt ihr Kind aus Angst vor dem Befehl des Pharao zu töten, retteten sie es im Glauben an Gott und mit seiner Hilfe. **24.25** Mose lehnte die Karriere als Prinz ab, die ihn als Sohn einer Tochter des königlichen Hauses erwartete und zog bewußt vor, einer der Israeliten zu sein, die nach seinem Glauben nicht ein Volk von Sklaven, sondern das Volk Gottes waren, d.h. ein Volk, dessen Schicksal in besonderer Weise von Gott abhängig ist. Das bedeutete für ihn, den Frondienst seines Volkes zu teilen anstatt zum Preis des Abfalls von Gott kurzlebigen Komfort und Luxus am ägyptischen Hof zu genießen. Auf die Bedeutung, die das Wort *Sünde* (vgl. 10,26) für die Empfänger des Briefes hat, wird hier ebenso Wert gelegt wie auf die Wahl des Mose, der lieber Leid ertragen als sündig werden wollte. **26** Mit dem Blick auf den höchsten Lohn, den Gott in Aussicht stellte, kam er zu der Überzeugung, daß *Schmach* um Gottes willen zu erleiden größeren Gewinn bringen würde als der Reichtum Ägyptens, der ihm zum Greifen nahe war. Solche Schmach ist die »Schmach Christi« (vgl. 13,13), weil sie das typische Los des Gesalbten des Herrn (d.h. des Messias) auf der Welt ist (Ps 89,50.51; Röm 15,3). Sie ist aber auch das Los derer, die ihm als sein Volk verbunden sind (vgl. 1Petr 4,12-16). **27** *Er fürchtete nicht den Zorn des Königs.* 2Mo 2,14 scheint dieser Aussage zu widersprechen, aber die beiden Stellen sind nicht unvereinbar. Obwohl Mose menschliche Angst verspürte und fliehen wollte, war er gewiß, daß nach dem Plan, den Gott mit ihm und dem Volk Israel hatte, die Feindschaft des Pharao nicht die Oberhand behalten durfte. Auch wenn die Feststellung: *verließ er Ägypten,* an Moses Flucht nach Midian denken läßt, ist doch wahrscheinlicher, daß sie auf den Auszug der Israeliten aus Ägypten Bezug nimmt, ein Ereignis, das in noch viel stärkerem Maße den Zorn des Pharao erregte. Wichtig sind die beiden Gründe, die für Moses Handeln den Ausschlag gaben: seine Gewißheit der Gegenwart Gottes (V. 27) und sein Vertrauen auf die zukünftige Belohnung (V. 26).

28 Moses Glauben half dem ganzen Volk, auf die Warnungen und Verheißungen Gottes zu reagieren. Auf Grund seiner Autorität konnte er das Volk von dem Ernst des drohenden Gerichts Gottes über alle Erstgeburt überzeugen und die von Gott angeordnete Schutzmaßnahme des »Blutvergießens« glaubhaft machen. Durch Gericht und Errettung zeigte Gott, wer zu ihm gehörte (2Mo 8,22). **29** *Das*

Rote Meer bildete ein von Natur aus unüberwindliches Hindernis. Es ist unmöglich, sich einen Weg hindurch vorzustellen und diesen dann auch zu benutzen, außer *im Glauben.* Der Versuch der ägyptischen Streitkräfte, es ohne Glauben zu »probieren«, endete im Untergang.

30 Die Art, wie Jericho eingenommen wurde, ist ein weiteres schlagendes Beispiel des Gehorsams und der Beharrlichkeit im Glauben, wozu der Verfasser des Briefes seine Leser aufmuntern will. Die Israeliten handelten im Vertrauen zum unsichtbaren Gott und waren gewiß, daß Gott zu seiner Zeit eingreifen wird *(sieben Tage);* sie wurden nicht enttäuscht. **31** *Rahab* handelte so, weil sie die Macht des Gottes Israels (d.h. des Unsichtbaren) und den mit Sicherheit zu erwartenden Sieg seines Volkes (d.h. zukünftige Dinge) erkannte; vgl. Jos 2,8-13! Auffallend ist, daß sie als Frau, die zudem eine Hure und somit offensichtlich eine Sünderin war, zu denen gerechnet wird, die durch ihren Glauben gerettet wurden. Im Gegensatz zu ihr werden die übrigen Einwohner Jerichos als *Ungehorsame,* d.h. als Ungläubige bezeichnet.

32-34 Aus Platzmangel beschränkt sich der Verfasser auf eine Auswahl von Namen und auf eine Aufzählung herausragender Taten. Es finden sich Hinweise auf Daniel *(Löwen den Rachen gestopft;* vgl. Dan 6,22.23) und die Männer im Feuerofen (*des Feuers Kraft ausgelöscht;* vgl. Dan 3,25-28). Viele Taten, die noch erwähnt werden, sind im AT überliefert. Es scheint durchaus möglich, daß dieser und der Überblick in V. 35-38 auch einige Bezüge zu gläubigen Juden herstellt, die zur Zeit der Makkabäer gelebt haben.

Der größte Sieg des Glaubens ist die Überwindung des Todes durch die Auferstehung. **35-38** Einige erfuhren diese Belohnung in ihrem diesseitigen Leben (V. 35); ihre Toten wurden ihnen wiedergegeben (s. 1Kö 17,17-24; 2Kö 4,17-37). (Auffallend ist an den biblischen Berichten, daß - möglicherweise aus sozialen Gründen - Frauen ihre verstorbenen Angehörigen wieder erhielten; vgl. Lk 7,11-17; Joh 11,1-46.) Andere hielten in unbezwingbarer Standhaftigkeit an ihrem Glauben fest, ohne dafür äußerliche Anerkennung zu finden, durchlitten Gefängnis und Qualen, mußten fliehen und in der Fremde umherziehen (V. 35-38). Befreiung von diesen Widerwärtigkeiten auf Kosten der Verleugnung ihres Glaubens kam für sie nicht in Frage. Ihr Lohn bestand in einer *»besseren* (d.h. himmlischen) *Auferstehung«* im Leben nach dem Tode (V. 35). *Deren die Welt nicht wert war* (V. 38) - es klingt zwar paradox, ist aber wahr: die Welt ihrer Tage behandelte sie so, als wären sie nicht wert, auf ihr zu leben; tatsächlich aber war die Welt solcher Menschen nicht wert. Ihnen hat Gott »eine Stadt bereitet« (V. 16). **39** Das Ziel der Vollendung, dem alle Glaubenshelden voll Hoffnung entgegengegangen sind, haben sie noch nicht vollständig erreicht. **40** Gottes Wille sieht nämlich vor, daß sie zusammen mit den noch lebenden Gläubigen vollendet werden sollen.

12,1-29 Persönliche Konsequenz: Aufruf zu rechtem Gottesdienst

Dieser Aufruf beruht erstens darauf, daß Jesus als Vorbild im Glauben und als der Anfänger und Vollender unseres Glaubens genügt (V. 1-3); zweitens auf der guten Absicht, die hinter Versuchungen steckt, mit denen der liebende himmlische Vater seine Kinder erzieht (V. 4-11); drittens auf den Gefahren noch größerer (und womöglich unheilvoller) Übertretungen, denen sich die Müdegewordenen und Sorglosen aussetzen (V. 12-17); viertens auf der kaum faßbaren Gnade, die unter dem neuen Bund erfahrbar ist und mit den Erfahrungen der unter dem alten Bund Lebenden nicht zu vergleichen ist (V. 18-24); schließlich auf dem drohenden und unausweichlichen Ende des Handelns Gottes mit den Menschen (V. 25-29).

12,1-3 Jesus Christus, das größte Vorbild

Die Taten der Glaubenshelden der Vergangenheit, die der Schreiber des Briefes aufzählt, sollen seinen Lesern Ansporn und Beispiel sein (V. 1); sie sollen ihren Kampf mit der gleichen Konzentration und Ausdauer führen. Vor allem ermahnt er sie, sich angesichts von Ablehnung und Verfolgung nicht entmutigen zu lassen, sondern sich ganz fest an Jesus und seinen Sieg zu halten (V. 2.3). Sie müssen sich gegenseitig ermutigen, dürfen nicht aufgeben und nicht ablehnen, was Jesus auf sich genommen hat. Er hatte trotz größter Schmach und schwerster Leiden am Kreuz den Blick frei auf den himmlischen Lohn, der ihm zustand. Er empfing ihn, als er sich auf den Thron zur Rechten Gottes setzte. Mit seiner Hilfe können wir den Weg des Glaubens gehen, er verbürgt sich, daß wir das Ziel erreichen. Jesus ist der Initiator und Vollbringer oder der »Anfänger und Vollender« unseres Glaubens (V. 2); vgl. 2,10; 5,8.9; 7,25.

1 *Eine Wolke von Zeugen.* Die Vorstellung einer Menge von Zuschauern mag in diesem Ausdruck mit eingeschlossen sein, wenngleich das Schwergewicht auf deren Zeugnis liegt. Es sind Gottes Zeugen, die uns durch ihr Beispiel Mut zusprechen. Unter *Sünde* versteht der Verfasser Auflehnung gegen Gott (V. 1.4). Die Versuchung, das Rennen ganz aufzugeben, tritt immer wieder auf und bedarf entschiedener Ablehnung und unbeugsamen Widerstands (vgl.

3,12.14; 10,26.38; 11,25). »Ausdauer« und *Geduld* sind eng mit »Dulden« verwandt (V. 2.3.7). **2** *Jesus:* Menschliche Bezeichnungen reichen für ihn nicht aus (vgl. 2,9; 6,20; 7,22; 12,24; 13,12). Er hat den Kampf des Glaubens ausgehalten. **3** Soviel Widerspruch gegen sich von den Sündern erduldet: das drückt die Ablehnung des Anspruches Gottes aus, die in trotziger Auflehnung gegen ihn geschieht. Vgl. »der ist wider den Kaiser« oder wörtl.: »spricht gegen den Kaiser« (Joh 19,12)!

12,4-11 Der Zweck des Leidens

Die Empfänger des Briefes müssen sich bewußt sein, daß ihre Leiden geringer sind als Jesu Leiden. Keiner von ihnen hat für seinen Glauben sein Leben lassen müssen (V. 4). Sie haben die deutlichen Worte der Schrift vergessen, daß Gott als liebender Vater die Versuchungen, denen Gläubige während ihres irdischen Lebens ausgesetzt sind, zur geistlichen Zurechtweisung und Erziehung seiner Kinder benutzt. Aus den Versuchungen resultiert die Erfahrung, daß Gott an seinen Kindern handelt (V. 6.7); wer davon verschont bleibt, sollte seine Stellung in der Gemeinde Gottes kritisch überprüfen (V. 8). Solche Erfahrungen sind zugegebenermaßen in dem Moment, in dem sie zu machen sind, unangenehm (V. 11). Deshalb ist es wichtig, die unsichtbare Hand, die sie kontrolliert, zu erkennen und sich demütig dem Willen des himmlischen Vaters zu unterwerfen (V. 9). Ebenso wichtig ist, Gottes Absicht in den Versuchungen zu erkennen und den Gewinn zu sehen, der uns dafür am Ende erwartet. Gott will Früchte unseres Glaubens sehen, Wachstum und Bewährung in Gerechtigkeit und Heiligkeit (V. 10). Er will, daß wir »an seiner Heiligkeit Anteil erlangen«. Diese Frucht entsteht nur im Leben derer, die »dadurch geübt sind« (V. 11), d.h. die in gehorsamem und ausdauerndem Glauben bereit sind, sich dem Willen Gottes zu unterwerfen und der Erziehung Gottes in ihrem Leben Raum zu geben. Das geschieht in der Hoffnung auf einen Lohn, der dieses Einsatzes wert ist.

5 *Erziehung:* Das griech. Wort *paideia* bedeutet »Erziehung«, Ausbildung eines Kindes oder Jugendlichen, wobei unser Text den Schwerpunkt auf Disziplin legt (vgl. Spr 3,11.12). Das AT wird hier zitiert, weil es praktische Bedeutung für unser Christenleben besitzt. **7** *Es dient zu eurer Erziehung, wenn ihr dulden müßt:* Das erklärt, warum Gott zuläßt, daß Gläubige Versuchungen ertragen müssen. Es geschieht im Interesse ihrer Erziehung als Kinder Gottes. **9** *Geistlicher Vater:* Diese Bezeichnung meint Gott als den Schöpfer menschlichen Wesens im Gegensatz zu den »Vätern nach dem Fleisch«. Sie schließt aber mit ein, daß geistlich geborene Menschen nur dann wahres Leben haben, wenn sie sich Gottes Führung unterwerfen. **10** *Wenige Tage:* die Strafe unserer leiblichen Eltern hat ihre Grenzen. Sie wird den Kindern gegenüber angewendet und ist vom unsicheren Urteil und der Stimmung der Menschen abhängig. Göttliche Strafe ist ihr weit überlegen: sie wird um des Menschen willen angewendet und bezweckt, ihn an der Heiligkeit Gottes teilhaben zu lassen.

12,12-17 Die ernste Gefahr, von Gott abgelehnt zu werden

Sie werden aufgefordert, ihre Verzagtheit abzuwerfen und als Christen dem Leben mit Mut und Vertrauen zu begegnen (V. 12). Wenn sie einander nicht helfen, besteht die Gefahr, daß einige, die im Glauben zum Stillstand gekommen sind, den Weg des Glaubens vollends verlassen (V. 13). Sie müssen gemeinsam danach trachten, in der Heiligung Fortschritte zu machen und untereinander Frieden zu halten (V. 14). Der Schreiber fordert die Gemeinde auf, darauf zu achten, daß niemand aus ihren Reihen der Gnade Gottes den Rücken kehrt. Verderblichem Einfluß in der Gemeinde ist zu wehren, denn er bringt die Gemeinde als Ganzes in Gefahr (V. 15). Fehlverhalten in dieser Richtung muß als Gottlosigkeit und Abfall von Gott identifiziert werden. Das würde dem Verhalten Esaus gleichkommen, der wegen eines unbedeutenden materiellen Vorteils das Erbe Gottes schändlich preisgegeben hat (V. 16). An ihm zeigt sich, daß die bewußte Ablehnung des Erbes nicht mehr rückgängig gemacht werden kann. Wer diesen Schritt einmal vollzogen hat, ist für immer von Gott abgeschnitten (V. 17).

12-15 Die volle Bedeutung der Verse 12 und 13 ist am besten im Vergleich mit Jes 35,3; Pred 4,25-27 und 1Kö 18,21 zu erfassen. Die ganze Gemeinde ist aufgerufen, auf geradem, zielgerichtetem Weg vorwärtszugehen, Unbeständigkeit zu vermeiden und den zum Stillstand Gekommenen Hilfe zu leisten (vgl. Röm 15,1.2). *Lahme* waren möglicherweise solche, die unschlüssig zwischen Christentum und Judentum schwankten. Es war zu befürchten, daß sie ihren Glauben an Christus völlig aufgeben würden. Das bezeichnet V. 15 als »Versäumen der Gnade«. Das Bild aus V. 13 macht deutlich: wenn die Angeschlagenen keine Hilfe erfahren, bleiben sie auf der Strecke. *Seht darauf, daß nicht jemand Gottes Gnade versäume* (V. 15): Das griech. Verbum hier bedeutet »Aufsicht üben« oder »das Hirten- bzw. Bischofsamt ausüben«; es bezieht sich auf die ganze Gemeinde, nicht auf spezielle Personen. In der christlichen Gemeinde ist die gesamte Gemeinde für den Einzelnen sorgepflichtig. Vgl. 3,12.13; 4,1; Gal

6,1.2. *Daß nicht etwa eine bittere Wurzel aufwachse und Unfrieden anrichte* (V. 15): diese Ausdrucksweise hat eine Entsprechung in 5Mo 29,18, wo ein Mensch so beschrieben wird, der sich von Gott abkehrt, um Götzen zu dienen. Solch ein Mensch kann die ganze Gemeinde in Unordnung bringen. Vgl. den Bericht über Achan, Jos 6,18; 7,25.

16.17 Esaus Torheit endete in der Verzweiflung (vgl. Judas). Er hatte keine Chance mehr, sein Tun zu bereuen und rückgängig zu machen. Er hatte eine Wahl getroffen, die sein Schicksal besiegelte. Seine Gottlosigkeit und seine fehlende Ehrfurcht vor den Dingen Gottes ließen ihn nicht mehr zu echter Reue gelangen. Er weinte wegen des Verlusts (des Erbes), nicht wegen der Sünde, die er begangen hatte.

12,18-24 Die Rechte im alten und im neuen Bund

Christen unter dem neuen Bund können Gott ganz anders erfahren als die Israeliten, die unter dem alten Bund aus Ägypten gezogen sind. Ihre Gotteserfahrungen waren irdischer, sichtbarer Art, furchterregend und mit Gesetzen verbunden, während unter dem neuen Bund himmlische, unsichtbare, freudige und gnädige Erfahrungen möglich sind. In der Wüste am Sinai standen die Israeliten vor einem brennenden Feuer. Über ihrem Lagerplatz lagen Wolken, Dunkelheit umgab sie, ein gewaltiger Sturm brauste (V. 18). Sie hörten durchdringenden Trompetenschall und eine gewaltige Stimme (V. 19). Der ganze Eindruck war so erschreckend, daß das Volk meinte, vergehen zu müssen (2Mo 20,18.19). Selbst ein Tier, das sich zu nahe heranwagte, mußte wegen des Frevels gesteinigt werden. Israel fürchtete um sein Leben (V. 20; s. 2Mo 19,12.13; 5Mo 5,25). Auch Mose zitterte vor Furcht (V. 21). Ganz andere Erfahrungen machen Christen, wenn Gott ihnen nahekommt: sie werden eingeladen, an seinem Segen teilzuhaben. Sie kommen mit der unsichtbaren himmlischen Wirklichkeit in Kontakt, die mit der diesseitigen Welt in Verbindung steht. Sie kommen zu dem wahren Berg und der wahren Stadt Gottes, wo Gott wohnt, wo Engel in festlicher Versammlung Gott dienen (V. 22) und die Gemeinde der himmlischen Erben sich sammelt. Sie begegnen einem allmächtigen Gott, der sie gerecht spricht; sie treffen die Gemeinde der Erstgeborenen (d.h. die Glaubenshelden und alle Gläubigen, die inzwischen verstorben sind), die ihrer seligen Vollendung entgegensehen (V. 23). Sie kommen zu Jesus, dem Mittler des neuen Bundes und erleben, wie das Blut, das Jesus vergossen hat, von Vergebung der Sünden spricht - im Gegensatz zu Abels Blut, das nach Rache schrie (1Mo 4,10) - und sie willkommen heißt - im Gegensatz zu der Stimme am Sinai - und ihnen Frieden zusichert (V. 24).

Im Griech. ist keines der Merkmale, die diese Verse aufführen, mit dem bestimmten Artikel versehen. Der Schreiber versucht hier, allgemeingültige Kriterien der beiden Bünde zusammenzustellen. **18** Das Wort »Berg« kommt in den zuverlässigsten Handschriften nicht vor. Die ursprüngliche Betonung liegt mehr auf der greifbaren Nähe des Geschehens, weniger auf der geographischen Situation (vgl. 1Jo 1,1). Andererseits ist die Erwähnung des Berges durchaus gerechtfertigt, denn der Berg Sinai und der Berg Zion stehen jeweils symbolisch für die Polarität der beiden Bünde.

22 *Viele tausend Engel:* Die Angabe der Menge »Zehntausende« oder »Myriaden« (griech.) wird üblicherweise bei Engeln benutzt (vgl. 5Mo 33,2; Dan 7,10). Ihre feierliche *Versammlung* steht im Kontrast zu ihrem furchterregenden Erscheinen am Sinai. **23** *Versammlung,* griech. ekklesia, ist die Bezeichnung für die Gemeinde. *Erstgeborene:* Dieser Ausdruck läßt namentlich jüdische Leser die Vorrechte des Erbes und des Segens assoziieren, die Esau verachtet hatte (V. 16). In Ägypten und in Israel wurden die Erstgeborenen mit Blut ausgelöst (2Mo 12,12.13; 13,2.13.15). Die Mehrzahlform im griech. Text deutet darauf hin, daß alle gemeint sind, die zur Gemeinde gehören. Sie haben besondere Rechte im himmlischen Jerusalem, ihre Namen stehen im Buch des Lebens (vgl. Lk 10,20; Offb 21,27). Zu dieser einen wahren Gemeinde im Himmel sollen die hebräischen Christen, denen der Brief gilt, hinzustoßen. **24** Jesu Handeln als Hoherpriester zur Rechten Gottes besteht darin, allen, die zu ihm kommen, den verheißenen Segen zu geben, den der Bund zu geben vermag, der durch Christi Blut geschlossen worden ist (vgl. 7,20-22; 8,6; 13,20-21).

12,25-29 Alle müssen sich vor Gott verantworten

25.26 Sie sollen daher achtgeben, daß sie nicht ihre Ohren vor dem verschließen, der mit ihnen spricht. (Die Gegenwartsform von Sprechen ist zu beachten; es ist eine ewige, immer gegenwärtige Offenbarung. V. 24 sagt uns, daß Gott jetzt gnädig spricht wegen des vergossenen Blutes Christi.) Es ist unmöglich, der Rechenschaft, die Gott fordert, zu entfliehen. Jene, die am Sinai versuchten, sich seiner Erscheinung zu entziehen, spürten, wie seine Stimme im wahrsten Sinn des Wortes *die Erde erschütterte.* Den Christen hingegen offenbart er endgültige Wahrheit über sein Reich. Unabhängig von der Art des Sprechens ist es immer der eine Gott, dem niemand entrinnen kann (V. 26; vgl. 1,1.2). Die Propheten weisen darauf hin, daß

Gott seinem Handeln mit der Welt ein Ende bestimmt hat (Hag 2,6); er wird mit einem alles entscheidenden Gericht Himmel und Erde erschüttern. Vgl. Mk 13,31; nicht die Erde und der Himmel werden ewig sein, sondern seine Worte! S. auch 2Petr 3,7! **27** Diese vorübergehende, zeitliche Ordnung wird ein Ende haben, und eine beständige, ewige Ordnung wird offenbart werden. **28** Die Gläubigen sind dazu ausersehen, an dem Königreich unter der ewigen Ordnung teilzuhaben (vgl. Dan 2,44; 7,18-27). *Laßt uns dankbar sein:* Echte Dankbarkeit gegen Gott bringt uns dazu, ihm in einer ihm wohlgefälligen Weise zu *dienen.* In der Gegenwart Gottes und angesichts solcher Zukunftsperspektiven geschieht unser Dienst im Bewußtsein der Unwürdigkeit und aus Ehrfurcht (vgl. 2Petr 3,9-14). **29** Obwohl wir ihn *unseren Gott* nennen dürfen, ist er doch *ein verzehrendes Feuer* (vgl. 5Mo 4,24; Jes 33,14-17), ein Zeichen des Eifers für die Heiligkeit und gegen die Sünde. Nur wer sich heiligen läßt, wird Gottes Gericht überleben, ihn sehen und ewig mit ihm regieren. S. auch Anhang 3, S. 512.

13,1-17 Zusätzliche Ermahnungen

Der Schreiber fügt nun (ganz in der Art des Paulus, vgl. Röm 12,4-13) eine Reihe knapper, praktischer Anweisungen für ein würdiges Christenleben an. Er warnt vor dem Überhandnehmen irreführender Lehren und fordert seine Leser nachdrücklich auf, endlich den jüdischen Glauben und den Gedanken an ein irdisches Jerusalem aufzugeben. Wegen Jesus und seines einmaligen Opfers, das er außerhalb der Mauern Jerusalems brachte, wird ihnen zwar Ablehnung der Menschen widerfahren, aber auch beständiger, himmlischer Lohn zuteil werden.

Der Autor weiß, daß die Gemeinde in der zurückliegenden Zeit gegenüber ihren Mitchristen freundlich und hilfsbereit gewesen ist (s. 6,10; 10,33.34). Er besteht darauf, solche praktische Liebe an den Gliedern der Gemeinde Christi weiterhin zu üben (V. 1). Sie sollte nicht nur Mitgliedern der Ortsgemeinde zugute kommen, sondern auch »Fremden« (V. 2) oder Besuchern von weiter her. Das ist ein Dienst, der mitunter überraschend belohnt wird. Abraham oder Lot sind ein Beweis dafür (s. 1Mo 18,19). Die Gemeinde soll besonders an Gefangene, Kranke und Mißhandelte denken, denn Christen haben die Anfechtungen der anderen mit zu tragen; sie sind nicht von Schmerzen ausgenommen (V. 3). Sie sollen darauf achten, daß die Ehe nicht für unwürdig erachtet wird (denn Gott hat sie gewollt), und die leiblichen Beziehungen, sofern sie in der Verantwortung vor Gott gepflegt werden, nicht als Befleckung angesehen werden (V. 4). Wer aber ehebrecherische Beziehungen aufnimmt, ob er verheiratet ist oder nicht, zieht den Zorn Gottes auf sich.

Das Verhältnis zu den materiellen Dingen hat nicht der Geiz zu bestimmen, sondern die Zufriedenheit, Zurückhaltung ist besser als das Jagen nach immer mehr. Das ist möglich, weil Gott jedem seine Hilfe zugesagt hat. Er wird nie jemand im Stich lassen. Von daher ist es möglich, getrost zu leben (V. 6) und offen zu bekennen, daß an der Seite Gottes nichts zu fürchten ist und uns niemand schaden kann. V. 5 und 6 sind dem AT entliehen; sie halten dem Gläubigen vor Augen, was Gott ihm ganz persönlich zugesagt hat (s. 5Mo 31,6; Jos 1,5). Das hilft ihm, sein Vertrauen zu Gott vor Menschen zu bekennen (s. Ps 118,6).

Die Empfänger des Briefes werden aufgerufen, standhaft im Glauben zu sein und sich an ihre Lehrer im Glauben zu erinnern (V. 7), die ihnen die Wahrheit Gottes und des Evangeliums gezeigt haben. Lebendige Erinnerung an deren Glauben soll ihnen Ansporn sein, es ihnen gleichzutun. Jesus Christus, dem sie nachfolgen, ist heute derselbe, der er gestern war und in Zukunft sein wird (V. 8). Er ist der Garant ihrer Versöhnung (vgl. 12,2).

Vor den verderblichen Einflüssen verschiedener fremdartiger Lehren, die im Umlauf sind (V. 9), sollen sie sich hüten, besonders vor der, die behauptet, man sei nur dann vollkommen, wenn man bestimmte heilige Speisen bzw. Opferspeisen zu sich nehme. Diese Lehre muß abgelehnt werden, sie ist ungeistlich. Im Glauben fest zu werden geschieht durch Gottes Gnade, nicht durch den Verzehr bestimmter Speisen; das zeigt die Erfahrung in geistlichen Dingen. Wer sich solchen Lehren hingegeben hat, zieht keinen geistlichen Gewinn aus ihnen. Die Gläubigen haben kein Recht, vom christlichen Altar (V. 10) bzw. vom Opfer (um den atl. Ausdruck zu gebrauchen) zu essen (vgl. 8,4.5). Auch die levitischen Priester durften das Fleisch der Opfertiere, deren Blut zur Sühnung der Sünde in das Innerste des Tempels gebracht wurde, nicht essen. Die Tiere wurden außerhalb des Tempelbezirks verbrannt (V. 11). Jesus, unser großer Hoherpriester, hat die Erlösung der Menschen außerhalb der Mauern Jerusalems vollbracht (V. 12). Das ist ein Bild dafür, daß alle, die an der Erlösung teilhaben wollen, sich nicht auf das Verzehren von Opferfleisch verlassen sollen und ihr Herz nicht an das irdische Jerusalem hängen sollen (V. 13). Sie müssen vielmehr bereit sein, das Lager Israels zu verlassen, Verachtung und Ablehnung zu ertragen, weil sie sich mit dem verbunden haben, der nach jüdischer Sicht mit Recht gekreuzigt wurde und unter dem Fluch Gottes stand. Allein in ihm finden sie Erfüllung, nicht in Speisevorschriften. Sie sollen ihre Hoffnung nicht auf eine gegenwärtige Stadt richten, die vergehen wird, sondern auf die Stadt des lebendigen Gottes, die ewig ist (V. 14; vgl. 12,27). Der Gottesdienst der Christen ist nicht auf eine Stadt auf Erden angewiesen, auch nicht auf einen Tempel oder eine Priesterkaste. Opfer werden im himmlischen Tempel durch Jesus, unseren Hohenpriester, gebracht, durch den alles geschieht. Unsere Opfer sind keine Tieropfer, sondern Gaben des Lobpreises und Dankes an Gott (V. 15; vgl. Ps 50; 14.23; Hos 14,2); hinzu kommt der Dienst praktischer Nächstenliebe (V. 16; vgl. Hos 6,6).

Anstatt sich durch fremde Lehren verwirren zu lassen, sollen sie zuversichtlich und gehorsam dem Vorbild ihrer Lehrer folgen (V. 17). Die tragen nämlich eine große Verantwortung, indem sie Vorbilder ihrer Schüler sind und Rechenschaft darüber geben müssen. Ihr Amt verdient Respekt. Ungehorsam hat am Tag des Gerichts für Vorbilder und Nachahmer schmerzliche Folgen.

9.10 An diesen Versen gehen die Auslegungen weit auseinander. Im Gegensatz zu der weiter oben gebotenen Auslegung meinen manche, der Verzehr von Speisen sei unter dem Aspekt der Trennung von reinen und unreinen Speisen zu betrachten (vgl. Röm 14,14-21; 1Kor 8,4-13; Kol 2,16; 1Tim 4,3-5). In den angegebenen Fällen wurde Heiligkeit durch strikte Abstinenz von unreinen Dingen gefördert. Die Vorstellung hier scheint mehr in die irreführende Richtung zu gehen, daß geistliche Güter durch den Verzehr von Opferfleisch zu erwerben seien. Der christliche *Altar* steht allgemein stellvertretend für das Kreuz, d.h. das Opfer Christi. Nach den Aussagen des NT haben die Gläubigen geistlich an dem Opfer Christi teil (s. Joh 6,53-56; 1Kor 5,7.8; 10,16). Manche bevorzugen die Auslegung, daß das, was die Priester der Stiftshütte leiblich nicht tun konnten, nämlich an dem Sündopfer teilzuhaben, den Christen im geistlichen Sinn möglich ist. **11** Die Einzelheiten des levitischen Rituals und die Kreuzigung Christi (V. 12) machen deutlich, daß es unmöglich ist, an Christus teilzuhaben, ohne das Judentum aufzugeben. **16** *Mit andern zu teilen* (griech. *koinōnia*, d.h. Gemeinschaft) bezeichnet den Akt des Teilens materieller Dinge mit anderen. In Röm 15,26 kommt die Bedeutung »Spende« hinzu; vgl. 2Kor 9,13!

13,18-25 Persönliche Mitteilungen und abschließender Segensgruß

18.19 Der Autor wendet sich persönlich an die Leser seines Briefes. Er bittet um ihre Fürbitte, damit seine Brüder in Christus und er einen glaubhaften Wandel als Christen führen können (V. 18). Ihm ist auch bewußt, daß sein Brief zu Mißverständnissen führen könnte, weshalb er ihrer Fürbitte bedarf, damit er die Gemeinde bald einmal besuchen kann. Er scheint früher eng mit ihr verbunden gewesen zu sein (V. 19). **20.21** Sein Segensgruß holt weit aus und enthält bedeutungsvolle Details, entspricht somit paulinischen Segensgrüßen. Der Schreiber versucht, die Gedanken seiner Leser auf die Taten Gottes zu lenken. Für ihn und für die Gemeinde sind die Taten Gottes die Grundlage der Gewißheit und der Hoffnung. Er betet darum, daß die Gemeinde viel von Gott erwarten möge. Gott weckte Jesus von den Toten auf. Er tat das nicht nur, weil er der Sohn Gottes ist, sondern auch das Haupt der Gemeinde ist (vgl. 2,10; 12,2), d.h. der *große Hirte der Schafe, unser Herr.* Gott tat das, weil durch das Blut Jesu und durch sein Sterben der *Bund*, der *ewig* ist, aufgerichtet wurde. Jesu Auferstehung ist der entscheidende Beweis dafür, daß die Menschen mit Gott versöhnt sind und Zugang zu Gott haben. Gott erfüllt, was seinem Volk unter dem neuen Bund verheißen ist (vgl. Sach 9,11). Er wird sein Volk herausführen wie er bereits Israel unter seinem Hirten Mose aus Ägypten und durch das Rote Meer geführt hat (s.Jes 63,11). Der Schreiber betet für seine Leser, daß sie durch Jesus, den Christus Gottes, Gott persönlich erfahren als den *Gott des Friedens*, sein Wirken in der Gemeinde und in ihrem Leben spüren und fähig werden, miteinander seinen Willen zu tun. *Der mache euch tüchtig:* Das griech. Verbum *katartizō* ist sehr vielschichtig. Es beinhaltet die Vorstellung harmonischer Ergänzung (vgl. 10,24.25; 12,13.14), der Auffüllung eines Mangels (s.1Thes 3,10) und des Zurechtbringens von etwas, das verkehrt oder beschädigt ist (in Gal 6,1 wird es mit »zurechthelfen«, in Mk 1,19 mit »flicken« wiedergegeben).

22 Der Absender behauptet, angesichts des Umfangs des Themas, das er zu behandeln sich vorgenommen hatte, *kurz* geschrieben zu haben und bittet die Empfänger seines Briefes um ihre ungeteilte Aufmerksamkeit. **23** Er gibt Nachricht von der Befreiung des *Timotheus;* das deutet auf eine enge Verbindung zu dem Apostel Paulus hin. **24** Seine besonderen Grüße an die *Lehrer* der Gemeinde sowie an die Gesamtgemeinde legen die Vermutung nahe, daß der Brief zunächst nur an eine begrenzte Zahl von Gemeindegliedern adressiert war. Aus den Worten »die aus Italien« läßt sich schließen, das der Absender mit Christen aus Italien Kontakt hatte. Die Wortwahl und -stellung ist aber nicht eindeutig genug, um entscheiden zu können, ob er aus Italien oder nach Italien geschrieben hat. Beides ist möglich, jüngere Forschungsergebnisse tendieren zu letzterer Version. 25 Am Schluß steht der schlichte und umfassende christliche Gruß, mit dem der Absender die Empfängergemeinde der Gnade Gottes anbefiehlt in der Gewißheit, daß sie für alle ausreicht.

Anhang 1

Der neue Bund

Nach den Aussagen des Briefes hat Gott einen Plan für sein Volk, den der Autor in verschiedenen Bildern nachzuzeichnen versucht. Er umschreibt Gottes Plan als ein zu erbendes Heil (1,14), als in die Welt gekommene Herrschaft (2,5-10), als Teilhaberschaft an Gottes Haus mit Christus (3,6.14), als Eingehen in die Ruhe Gottes (4,1.11), als Voranschreiten zu Reife und Vollkommenheit (6,1), als Erbschaft von Verheißungen (6,12; 10,36; 11,13), und als Empfang ewigen Erbes (9,15), als Erreichen des himmlischen Landes und der von Gott bereiteten Stadt (11,10.16; 12,22; 13,14) als Empfangen des Reiches, das unvergänglich ist (12,28). All das soll denen gehören, die das Volk Gottes sind, deren Gott zu heißen der ewige Gott sich nicht schämt (11,16).

Um diese besondere Beziehung zwischen sich und seinem Volk herzustellen und zu bewahren, hat Gott nicht nur sein Wort der Verheißung gegeben, sondern sich auch feierlich zu diesem Bund verpflichtet. Er tat das mit dem anerkannten, gültigen Siegel, mit vergossenem Blut. Gott lädt die Menschen ein, in diese Bundesbeziehung mit ihm einzutreten. Er will sie mit sich versöhnen. Wer der Einladung folgt, hat gemäß den Verheißungen des Bundes Zugang zu Gott. Er verpflichtet sich zum Gehorsam Gott gegenüber. Auf diesen Voraussetzungen entwickelt sich eine Vertrauensbasis.

Trotz der Unterschiede zwischen dem alten und dem neuen Bund besteht grundsätzlich Einheit und Kontinuität. Beiden Bünden liegt die gleiche Absicht zugrunde. Der neue Bund ist geschlossen worden, weil der alte unwirksam war und nur ein vorläufiges Abbild des besseren, zukünftigen (s. z.B. 9,9.10; 10,1) darstellte. Der neue Bund ersetzt den alten, weil er das vollbringt, was der alte nicht vermochte. Der neue Bund besteht ewig und hat ewige Wirksamkeit. Es besteht weder die Hoffnung noch die Notwendigkeit, daß Gott darüber hinaus noch mehr tut. Diesen Sachverhalt deutlich zu machen ist das Ziel des Briefes. Christlicher Glaube ersetzt nicht nur jüdischen Glauben, er ist ein Wort Gottes an die Menschen.

Der alte Bund scheiterte aus zwei Gründen. Erstens erfüllte das Volk, mit dem der Bund geschlossen war, seine Bedingungen nicht. Es blieb nicht beständig in Gottes Bund (8,7-9). Zweitens reichten die Satzungen des alten Bundes nicht aus, um den Menschen echte Erlösung von ihren Sünden zu gewährleisten und ihnen Zugang zu Gott zu schaffen (10,1-4). Die Ordnung und das Ritual im Tempel deuteten vielmehr darauf hin, daß der Weg ins Heiligtum noch nicht aufgebrochen war (9,8). Der Tempel bzw. die Stiftshütte war nur ein zeitlich bedingtes Abbild der Wohnung Gottes (9,9). Der alte Bund war schwach und mit Mängeln behaftet (7,18). Er war zwar von Gott eingerichtet worden, aber die gleichen biblischen Zeugnisse, die seinen göttlichen Ursprung bestätigen, weisen auf einen zukünftigen, besseren Bund hin. Das belegt, daß der alte Bund aufgehoben und abgelöst werden sollte (7,11-19; 8,1-13; 10,5-9).

Der neue Bund ist »besser« und auf »bessere Verheißungen« gegründet (8,6). Er ist wirksam, wo der alte Bund unwirksam war, denn er schafft tatsächlich Erlösung von Sünden (9,15), Befreiung von Schuld (10,15-18) und Zugang zu Gott (10,19-22). Er hat auch einen vollmächtigen Hohenpriester, der nicht nur wegen seines »ein für allemal« gebrachten Opfers (10,10-14) und seines »unendlichen Lebens« (7,15.16) Zugang zu Gott für sich und alle, die er vertritt, geschaffen hat, sondern auch wegen seines Platzes zur Rechten Gottes, auf den ihn Gott berufen hat (1,13). Er ist in der Lage, das vollkommene Heil für alle zu erwirken, die ihn als ihren Mittler zwischen sich und Gott haben wollen (7,25). Gott hat ihn von den Toten auferweckt, ihm den Platz zu seiner Rechten gegeben und ihm Sieg über alle seine Feinde verheißen (10,12.13). Diese Bürgschaft gilt auch der Gemeinde Jesu. Gott handelte an Jesus, »unserem Herrn, dem großen Hirten der Schafe«; es geschah »durch das Blut des ewigen Bundes« (13,20). Dieser Bund, der durch Christi Tod und Auferstehung besiegelt ist, schafft Vergebung der Sünden und Gewißheit im Blick auf die Vollendung der Gemeinde (10,8-18). Versagen ergibt sich nicht mehr zwangsläufig, weil Gott seinem Volk sein Gesetz ins Herz legt (8,10). Er rüstet es aus, damit es seinen Willen tun kann (13,20.21).

Die umfassende Garantie des neuen Bundes bildet die Person Jesu, der der Bürge und der Mittler des Bundes ist (7,21.22; 8,6; 9,14.15). Die Güter des Bundes werden von dem verwaltet, der auf dem Thron zur Rechten Gottes sitzt und ewig ist: Jesus Christus, derselbe gestern, heute und in Ewigkeit (13,8). Der Brief an die Hebräer möchte vor allem deutlich machen, daß die Christen unter dem neuen Bund »solch einen Hohenpriester haben, der auf dem

Thron zur Rechten der Majestät im Himmel sitzt« (8,1).

Anhang 2

Die Priesterschaft Christi

Der Brief verknüpft mit der Person Christi »Wahrheit« und »Vollkommenheit«. Was anderweitig nur bildhaft angedeutet oder bruchstückhaft realisiert wird, geschieht in Christus tatsächlich und vollkommen. Deshalb darf die christliche Auffassung von Priesterschaft nicht auf die levitische beschränkt werden. Obwohl letztere grundlegende Züge echter Priesterschaft trägt, zeigt die atl. Offenbarung noch mehr Merkmale priesterlichen Dienstes, die aber nicht in Aaron, sondern in Melchisedek personifiziert erscheinen. Die Kennzeichen des Priestertums Christi stehen notwendigerweise im Kontrast zu denen des levitischen.

Die levitischen Hohenpriester waren menschlich veranlagt, sündig und sterblich. Sie mußten auch für ihre eigenen Sünden opfern und konnten nicht ewig im Amt bleiben, weil sie der Macht des Todes unterworfen waren (7,23.27.28). Sie dienten in einem irdischen Tempel, der lediglich ein Abbild des himmlischen Heiligtums war (8,4.5; 9,1.9.23.24). Ihre Opfer waren Tieropfer, die niemals Sünden vergeben konnten (10,1-4). Unter dem alten Bund trennte ein Vorhang die Menschen vom Allerheiligsten im Tempel (9,7.8). Das Opfer am Versöhnungstag erlaubte nur einem Menschen zeitlich begrenzten (einmal pro Jahr) Zugang zum symbolischen Wohnsitz Gottes. Dem Volk war der Zugang zu Gott versperrt, der Hohepriester konnte ihn nicht öffnen. Das Opfer mußte wiederholt werden (10,11) und rief schmerzlich in Erinnerung, daß noch etwas Vollkommenes und Endgültiges zur Vergebung der Sünden getan werden mußte (10,1-3). Der Weg ins Heiligtum war noch nicht offen (9,8).

»Jesus, der Sohn Gottes« (4,14), ist der Hohepriester der Christen. Seine Priesterschaft ist von einer anderen Ordnung, allein schon wegen des Unterschieds in der Person des Priesters. Er kommt von Gott (1,3) und kann »durch ewigen Geist« (9,14) Dinge tun, die außerhalb menschlicher Macht liegen. Er ist wahrer Mensch, der nicht nur auf Grund seiner Geburt an der menschlichen Natur teilhatte, sondern auch durch die Erfahrung von Anfechtung und Leid eine endgültige Vollkommenheit in seinem Menschsein erreicht hat, die ihn in die Lage versetzt, seinen menschlichen Geschwistern ewiges Heil zu erwerben (2,9.10.14-18; 4,15; 5,7.9). Er vollbrachte, was kein levitischer Priester tun konnte. Weil er als Mensch ohne Sünde war, brauchte er, für seine eigenen Sünden nicht zu opfern. Er opferte sein unbeflecktes menschliches Leben als Sühnopfer für sündige Menschen. Weil er Gott, unvergänglicher Geist, war, handelte er aus der Kraft unvergänglichen Lebens (7,16). Als er als Mensch starb, brachte er sich Gott zum Opfer (9,14). Als Hoherpriester der Menschen ging er in die Gegenwart Gottes ein. Als er sein Leben am Kreuz opferte, »zerriß der Vorhang im Tempel in zwei Teile von oben bis unten« (10,10; Mk 15,37.38; vgl. Hebr 10,19.20). Er opferte im himmlischen Heiligtum (8,2; 9,11.12.24), nicht in dessen Abbild auf Erden (8,4.5). »Durch sein eigen Blut« (9,12) oder durch das Opfer seines Lebens (vgl. 10,19.20) ging er in das Heiligtum ein, um für uns vor das Angesicht Gottes zu treten (9,24). Gott hat sein Opfer angenommen, ihn als Sieger empfangen und ihm den Platz auf dem Thron zu seiner Rechten angeboten. Gott besiegelt die Versöhnung mit den Menschen, die Jesus erworben hat, indem er ihn von den Toten auferweckte (13,20). Christi Himmelfahrt wird nur am Rande des Briefes, zum Schluß, einmal erwähnt. Nach früherem Verständnis seines Opfers ging man davon aus, daß er zwar am dritten Tag in verklärter Leiblichkeit auferweckt worden ist und nach weiteren vierzig Tagen zum Himmel aufgefahren ist, aber kraft seines göttlichen Wesens unmittelbar nach seinem Tod am Kreuz in die Gegenwart Gottes eingegangen sei.

Seine Inthronisation im Himmel als unser Hoherpriester ist der göttliche Beweis dafür, daß er mit seinem Opfer ewige Versöhnung für uns erlangt hat (1,3; 10,12.13; 12,2). Gott machte ihn nicht nur durch sein Wort, sondern auch durch seinen Eid zum Hohenpriester nach der Ordnung Melchisedeks (5,9.10; 6,19.20; 7,21.22). Sein Priesteramt ist auf Grund seines vollendeten Opfers mit königlicher Macht und kraft seines göttlichen Wesens mit Ewigkeit ausgestattet. Jesus nahm den Platz zur Rechten Gottes ein und wird ihn behalten, weil Gott ihn dort haben will und ihm Sieg über alle seine Feinde geben wird (1,13).

Sein Dienst ist dem der levitischen Priester unter dem alten Bund weit überlegen. Er ist der Mittler des neuen Bundes (8,6), unter dem Sünder, die zu ihm und durch ihn zu Gott kommen, sichere Vergebung ihrer Sünden empfangen (7,20-25). Sie dürfen Gott und die gestaltende Kraft seines Geistes in ihrem Leben erfahren (8,10.12). Die Vergebung der Sünden, die er seinem Volk zusichert, beweist, daß kein weiteres Opfer für ihre Sünden mehr nötig ist (10,14-18). Unser Hoherpriester muß sein Opfer weder erneuern noch fortsetzen (7,26-28). Er vertritt uns vor Gott (gegen den Widersacher, der uns anklagt, Röm 8,33.34), wenn wir zu ihm kommen, und hat ewiges Heil für uns bereit (7,25). Wer zu ihm kommt, darf Verständnis und Hilfe erwarten, weil Christus selbst auf Grund seines Leidens und seiner Versuchungen auf Erden mitleiden kann (2,17.18; 4,15.16; 5,2.7.8).

Wer ihn als Mittler sucht, hat an seiner vollkommenen und endgültigen Versöhnung teil. Sein einmaliges Opfer beschert allen, die ihm vertrauen, ewigen, ungehinderten Zugang zu Gott (9,13.14; 10,10.14). Das Werk der Erlösung, das er an uns angefangen hat, das im Blut des neuen Bundes verbürgt ist, kommt mit der Auferweckung Jesu von den Toten und seiner ewigen Priesterschaft zur Rechten Gottes zur Vollendung (13,20.21; 7,25).

Anhang 3

Die warnenden Abschnitte

S. 2,1-4; 3,7-4,1; 6,4-8; 10,26-31.38.39; 12,15-17.25! Auf Grund ihres jüdischen Ursprungs rechneten die hebräischen Christen damit, daß immer wieder Propheten auftreten müßten und immer wieder Opfer für die Sünden gebracht werden müßten. Der einmalige und endgültige Charakter der Offenbarung Gottes in Christus und der Versöhnung mit Gott mußte ihnen bewußt gemacht werden. Der Mensch gewordene Sohn Gottes ist Gottes letztes Wort an die Menschen. Wer seine Versöhnung mit Gott ausschlägt, begibt sich in das Gericht Gottes (vgl. Mk 12,6-9). Kein weiteres rettendes Eingreifen Gottes darf mehr erwartet werden. Christi Opfer ist die entscheidende, ein für allemal geschehene Tat, die keiner Ergänzung oder Wiederholung bedarf (10,18; 9,25-28; 10,26). Christi Opfer, das einmal für die Sünden aller gebracht wurde, reicht für das ganze Volk Gottes für alle Zeit aus (10,10-14).

Wenn Menschen das Opfer Christi für sich in Anspruch nehmen, geschieht das in ähnlicher Weise wie das Opfer: »ein für allemal« (6,4; griech.: *hapax).* Wer (um einer Richtung der Auslegung zu folgen) bewußt dieses Angebot der Gnade Gottes angenommen hat, ihren Ursprung erlebt hat und sie dann ebenso bewußt ablehnt (ohne konsequent geglaubt zu haben und wiedergeboren zu sein), kann kein zweites Mal eine solche Gelegenheit zur Reue und zum Glauben erhalten (s. 12,16-17). Wer andererseits (um einer anderen Auslegung zu folgen) die rettende Gnade Gottes durch Christi Versöhnung und durch das Wirken des Heiligen Geistes in seinem Leben erfahren hat und dann versucht, so zu leben, als wäre das alles nicht wahr und nie gewesen, wird keine Chance haben, ein zweites Mal den entscheidenden Anfang als Christ im Glauben zu machen. 6,6 könnte bedeuten, daß Christus noch einmal gekreuzigt werden müßte, um die Vergebung solchen Handelns zu erwirken, weil dadurch sein Opfer öffentlich zur Schande gemacht wird. Das ist undenkbar. Eine neuerliche Erkenntnis der Sünde und Reue ist daher ausgeschlossen. Ebenso war es für viele der Israeliten, die von Gott infolge ihres Ungehorsams abgefallen waren, unmöglich, ein zweites Mal Passa oder die Befreiung am Roten Meer zu erleben, damit ihr Glaube wieder geweckt und erneuert würde. Wer von Gott abfällt, entscheidet sich für sein Gericht (vgl. 1Kor 10,1-5).

Die Art des Versagens, die hier angesprochen wird (um wieder der einen Richtung der Auslegung zu folgen), ist die bewußte Ablehnung der Rettung durch Christus. Sie birgt den Abfall von Gott in sich (3,12), die Ablehnung des Wortes Gottes und des Zeugnisses von Gott, dem Vater, dem Sohn und dem Heiligen Geist, einen Umgang mit dem Sohn Gottes wie mit einem, der verstoßen, gekreuzigt und unter den Fluch Gottes gebracht werden muß (so gingen die Juden mit ihm um, als sie ihn kreuzigen ließen), die Leugnung der Bedeutung des Bundes, den dieser wegen des vergossenen Blutes Jesu hat, die Beleidigung des Geistes Gottes, der sich gnädig darum bemüht, Jesus den Menschen bekannt zu machen (10,29). All das ist zusammengefaßt unter dem Begriff der Sünde wider den Heiligen Geist, die ewig keine Vergebung findet (Mk 3,28.29). Die hebräischen Christen waren von dieser Sünde bedroht, als sie versucht waren, an den Punkt zurückzukehren, an dem sie sich zuvor im Judentum befunden hatten (obwohl das eigentlich unmöglich war). Es bestand die Gefahr, daß sie Jesus, den Messias und Sohn Gottes ablehnten.

Es kann aber auch sein (nach der anderen Auslegung), daß der Schreiber des Hebräerbriefes bemüht ist, seinen Lesern, die Christen waren, klarzumachen, daß ihre gegenwärtige Neigung, schwach zu werden und auf halbem Wege in der Erkenntnis Christi stehen zu bleiben, eine fatale Selbsttäuschung ist. Sie hatten einen Anfang in der Nachfolge Jesu gemacht, nun standen sie vor der Wahl, entweder vorwärts zu gehen und in den Besitz des Erbes ihres Glaubens zu gelangen oder zurück zu gehen wie die Israeliten, die damit Gottes Zorn auf sich zogen und in der Wüste geschlagen wurden. Sie waren nämlich nicht mehr bereit gewesen, im Glauben an Gott dem verheißenen Land entgegenzugehen. In unserem Fall besteht das Versagen darin, daß Glieder der Gemeinde, die in den Bund mit Gott genommen waren, ihre daraus resultierenden Rechte und Pflichten nicht mit dem gebotenen Ernst wahrnahmen. Wenn jene, die aus Ägypten geführt worden waren und Gottes Willen unter dem ersten Bund nicht gehorcht hatten, vom Volk Gottes abgetrennt wurden, müssen dann nicht die, die den Anforderungen des neuen Bundes in Christus nicht nachkommen, mit noch strengeren Strafen rechnen? Gottes Erziehungsmaßnahmen im Leben eines Christen sind zwar schmerzlich, aber gewinnbringend. Sie sind ein Beweis des Handelns Gottes an ihnen, damit sie in der Heiligung voranschreiten (12,5-11). Kann im Leben eines Menschen, der durch die Gnade ein Kind Gottes ist, etwas Schrecklicheres eintreten, als daß Gott mit ihm wegen seiner Lebensführung ins Gericht gehen muß?

Dabei tauchen folgende theologische Streitfragen auf: War jemand, der von Gott abgefallen ist und ins Gericht kommt, jemals wiedergeboren? und: Kann ein Mensch, der einmal wiedergeboren wurde, endgültig verloren gehen? Manche beantworten beide Fragen mit »Nein«. Möglicherweise vergleichen sie die Aussagen in Mt 7,22.23 und 12,22-32; sie argumentieren eventuell damit, daß der Abfall von Gott ein Beweis dafür ist, daß dieser Mensch nie wiedergeboren war. Andere sind der Ansicht, daß die in 6,4.5 Genannten tatsächlich wiedergeboren waren, weil sie nicht deutlicher als solche beschrieben werden könnten. Sie werden vielleicht argumentieren, daß das Gericht über ihre völlige Vernichtung und geistliche Unfruchtbarkeit nicht notwendigerweise ihren Verlust des ewigen Heils einschließe. Sie seien nur »nahe daran, verflucht zu werden« (6,8); vgl. 1Kor 3,15; 5,5. Andere wiederum glauben, daß die Vorstellung, ein Wiedergeborener falle von Gott ab und gehe verloren, theoretischer und hypothetischer Art sei. Der Fall sei äußerst unwahrscheinlich und nur als entfernteste Möglichkeit denkbar. Gottes Gnade kann das verhindern; s. Joh 10,28.

Christen, d.h. alle, die an der Wahrheit teilhaftig geworden sind, werden gut daran tun, solche Warnungen mit großem Ernst zu betrachten. Lassen wir uns durch das Wort John Bunyans mahnen: »Dann sah ich, daß unmittelbar vor den Toren des Himmels ein Weg zur Hölle führte, genauso wie von Sodom aus«. Denken wir daran, daß der Apostel Paulus, obwohl er anderen das Evangelium gepredigt hatte und dazu gebraucht worden war, Menschen zu Christus zu führen, Angst davor hatte, selbst verwerflich zu werden (1Kor 9,27; wörtlich bedeutet das griech. Wort: »mißbilligt, gestrandet oder verworfen« - s. Mk 12,10 und vgl. 2Petr 2,20.21).

A.M. Stibbs

Der Brief des Jakobus

Einleitung

Luthers kritisches Urteil ist bekannt: »Darum ist Sankt Jakobs Epistel eine rechte stroherne Epistel gegen sie; denn sie hat doch keine evangelische Art an sich« (vgl. 1Kor 3,12). Daraus wird deutlich, daß die Absicht des Jakobus verkannt worden ist. Er wollte eine geistliche Kurskorrektur und nicht eine theologische Abhandlung bieten. Wir haben zuerst auf unseren Herrn und auf seinen Diener Paulus zu hören, und dann wollen wir uns von seinem anderen Diener Jakobus motivieren lassen, das bereits gegebene Wort gehorsam zu befolgen. Der Jakobusbrief ist kein evangelistisches Traktat, sondern eine an Christen gerichtete Ermahnung. Es gilt, das im Glauben empfangene Evangelium in die Praxis des Alltags umzusetzen. Neben den Rechten hat der Jünger Jesu auch Pflichten. Und um diese Pflichten der Jüngerschaft ist es Jakobus zu tun: Christen sollen Täter des Wortes sein. Seine Ermahnung wurzelt in der Lehre.

Dies erklärt das Fehlen bestimmter Aspekte der Evangeliumsverkündigung, des *Kerygmas.* Freilich bleibt manches unausgesprochen, doch der Bezugnahme auf das Wort (1,21) liegen wesentliche theologische Denkvoraussetzungen zugrunde. Jesus ist der Christus, der wiederkehrende Herr der Herrlichkeit, und sein ehrbarer Name darf nicht gelästert werden. Jakobus hat sowohl die Sprache als auch die Erfahrung der Bekehrung und des Heils verstanden (1,1.18.21; 2,1.7; 5,8).

Das scheinbare Fehlen einer durchgängigen Beweisführung bewirkt im Brief einen »Stakkato-Effekt«. Dies erklärt sich zum Teil aus seinen Ähnlichkeiten mit der griech. Diatribe, einer Streitschrift oder Moralpredigt, obwohl dieser Vergleich nur bedingt gültig ist. Die Diatribe war eine populär gehaltene ethische Abhandlung, eine Art säkularer Predigt mit markanten Eigenschaften: ein straffer, sich in Frage und Antwort ergehender fingierter Dialog mit einem imaginären Gesprächsgegner. Doch der Brief ist mehr als nur eine moralische Streitschrift. Er ist in gutem Griechisch verfaßt und weckt nicht den Eindruck einer Übersetzung, obwohl einige semitische Anklänge freilich an einen jüdischen Hintergrund denken lassen. Vor allem aber bildet das Evangelium das Herzstück des Schreibens.

Als Verfasser kommt eigentlich nur Jakobus, des Herrn Bruder (vgl. Mk 6,3; Apg 15,13; Gal 1,19), in Frage. Die Verfasserfrage und Echtheit des Briefes kann allerdings nicht mit letzter Gewißheit geklärt werden, und es sind verschiedene Einwände vorgebracht worden. Der Stil des Griechischen, so wird behauptet, sei zu gut; nirgends werde behauptet, daß es sich um den Bruder des Herrn handle; das *Kerygma* fehle; und außerdem nehme - wider Erwarten - das Ritualgesetz (gegenüber dem Moralgesetz) zu wenig Raum ein. Zudem stellt sich das Problem der Beziehung zu den paulinischen Schriften und der Deutung der textexternen Indizien. Freilich lassen sich diese Einwände durchaus widerlegen, und auch alternative Theorien überzeugen kaum (der Brief sei unter einem Pseudonym verfaßt oder gar anonym; er sei eine ursprünglich jüdische Schrift der 1,1 und 2,1 hinzugesetzt wurden usw.).

Der jüdische Hintergrund dieses »christlichen Amos«, wie er gelegentlich genannt wird, die semitischen Elemente, die Parallelen zu Apg 15 und gewisse Ähnlichkeiten (ohne literarische Abhängigkeit) mit der Bergpredigt belegen zwar nicht die traditionelle Verfasserschaft, aber sie lassen sich mit dieser durchaus vereinbaren. Bis die traditionelle Verfasserschaft überzeugend widerlegt worden ist und eine glaubhafte Alternative vorgelegt werden kann, hat sie durchaus das Recht, ernstgenommen zu werden.

Sollte es sich bei dem Verfasser tatsächlich um den leiblichen Bruder des Herrn, um Jakobus, handeln, so kann der Brief nicht später als 62 n.Chr. angesetzt werden. (Einige Ausleger datieren ihn sogar vor 50.) Folgende Überlegungen erhärten diese These: Es fehlt jede Bezugnahme auf den Fall Jerusalems 70 n.Chr.; nach dem Fall der Stadt gab es keine Großgrundbesitzer mehr; über die Auseinandersetzung zwischen Juden- und Heidenchristen verliert der Verfasser kein Wort; die Naherwartung der Wiederkunft Christi ist noch nicht voll entfaltet; der Brief setzt keine Vertrautheit mit den Evangelien oder den paulinischen Schriften voraus; die Strukturen einer Gemeindeordnung sind noch nicht ausgebildet. Für sich genommen beweisen diese Tatbestände nicht unbedingt eine frühe Datierung, doch sie sprechen durchaus dafür. Vermutlich lassen sich die Verfechter einer Spätdatierung (1./2.Jh.) von ihren Ansichten, was die Verfasserschaft angeht, beeinflussen.

Die Adressaten des Briefes sind Christen, wobei Judenchristen nicht ausgeschlossen sind. Es ist durchaus bemerkenswert, daß Jakobus vor der Auferstehung kaum als ein begeisterter Anhänger Jesu bezeichnet werden kann (vgl. Joh 7,3-5). Dennoch ist ihm der Herr erschienen (vgl. 2Kor 5,7) - in seiner Gnade und trotz Apg 10,41.

Inhalt

1, 1	**Eingangsgruß**
1, 2- 4	**Der Christ in der Anfechtung**
1, 5- 8	**Wachstum in Weisheit**
1, 9-11	**Vom Wohlstand**
1,12-15	**Die Versuchung erkennen**
1,16-18	**Alles Gute kommt von Gott**
1,19-27	**Hörer und Täter**
2, 1-13	**Kein Ansehen der Person**
2,14-26	**Der tätige Glaube**
3, 1-18	**Die Macht der Zunge**
4, 1-17	**Unfriede und Liebe zur Welt**
5, 1- 6	**Die Reichen auf der Anklagebank**
5, 7-11	**Das geduldige Warten auf den Herrn**
5,12	**Verbot des Schwörens**
5,13-20	**Die praktische Anwendung geistlicher Prinzipien**

Kommentar

1,1 Eingangsgruß

1 Der Brief beginnt in der üblichen Form: Absender und Adressaten werden genannt und ein Gruß ausgesprochen (vgl. Apg 15,23-29; 23,26-30). Jakobus macht deutlich, daß er ein Christ ist, doch anders als Paulus (vgl. Röm 1,1-7) führt er dies nicht weiter aus. Sein Recht, die Christen anzusprechen, gründet in der von ihm empfundenen pastoralen Verantwortung. Gleichzeitig richtet er sich als Jude an Juden.

Knecht (wörtl.: Sklave; griech.: *doulos)* setzt voraus die Rechtlosigkeit, die gänzliche Abhängigkeit vom Meister und den unbedingten Gehorsam. Hier wird die rechte Einstellung des Christen zu Gott beschrieben, obwohl nicht an eine Versklavung in menschlichem Sinne gedacht sein kann (vgl. Joh 15,14f). Im Judentum bezeichnete *Knecht Gottes* vornehmlich jene Männer, die Gott auf besondere Weise dienten. Somit reiht sich Jakobus unauffällig unter die Patriarchen und Propheten ein. Der fromme Jude bezeichnete sich im Gebet in der Gegenwart Gottes als Knecht. Mit dem einen Begriff »Knecht« bezeichnet sich Jakobus zugleich als gottesfürchtig und als ein Leiter der Gemeinde.

Beachtenswert ist, wie unaufdringlich und wirkungsvoll zugleich Jakobus *Herrn Jesus Christus* neben *Gottes* stellt. Mit *Jesus* verbindet sich die gesamte Evangelientradition des historischen Mannes von Nazareth. *Christus* (die griech. Form des hebr. *Messias,* »der Gesalbte«; Ps 2,2; Apg 4,26) bekräftigt, daß Jakobus an die Messianität Jesu glaubte. *Herr* ist der in der LXX übersetzte, von dem Juden nicht auszusprechende Gottesname (Jahwe), der von der Souveränität Gottes spricht. Gott steht das Herrschaftsrecht zu, und kein Geschöpf kann seiner Herrschaft entkommen. Nun bezieht Jakobus den Titel auf Jesus. Er kann sich als Sklave seines neuen Eigentümers bezeichnen, denn er deutet das Werk des Messias als Erlösung. Daß Jesus Herr ist, ist keine Neuheit; Jesus selbst hatte dies gelehrt (vgl. Mt 22,41-45; 28,18). S. auch 1Kor 7,23.

Die zwölf Stämme bezieht sich wohl auf die in der ganzen Welt zerstreut lebenden Juden. Der Begriff wird Apg 26,7 auf das Volk bezogen, obwohl es bereits ein Anachronismus war. Der Inhalt des Briefes richtet sich jedoch wohl kaum ausschließlich an die Juden. Die christliche Gemeinde ist das neue Israel Gottes, und deshalb könnte dieser Begriff, der das Israel von einst bezeichnete, auf die Gemeinde bezogen werden; vgl. Apg 15,16f. Somit sind auch Christen *in der Zerstreuung*, d.h. fern ihrer Heimat (vgl. 1Petr 1,1; 2,11). Vielleicht dachte Jakobus dabei an Apg 8,4; 11,19. Es ist durchaus passend, daß sich Jakobus in diesem Kontext nicht als den Bruder des Herrn bezeichnet, sondern als dessen Sklave, der den *zwölf Stämmen* der glaubenden Gemeinde dient; vgl. 1Petr 1,9f.

1,2-4 Der Christ in der Anfechtung

2 Jakobus verbindet diesen Absatz mit V. 1 durch einen Lautgleichklang: *Gruß* lautet griech. *chairein* und *Freude chara*. M. Dibelius sieht darin ein bewußtes Wortspiel (s. *Brief des Jakobus*, 1964). Der Verfasser verfügt über einen guten literarischen Stil. Jakobus will aber damit keineswegs sagen, daß die einzige *Freude* im Christenleben die ist, die aus der Anfechtung herrührt. Ihm geht es um die grundsätzliche Einstellung. *Erachtet es für lauter Freude:* Hier ist der Grund der Freude angesprochen, vergleichbar Lk 2,10: »Ich verkündige euch große Freude«. Die Anrede *Brüder* begegnet häufig im AT und auch im späteren Judentum, gewinnt aber im christlichen Kontext eine tiefere Bedeutung. In ihr klingt die Hingabe an Jesus (vgl. Mt 12,50) und die Mitgliedschaft in der Gottesfamilie (vgl. Röm 8,29) an. Damit ist zugleich auch eine Verbindung hergestellt zur Lehre von der Gotteskindschaft (vgl. Röm 8,15f). Geschickt erinnert Jakobus an die Einigkeit zwischen Schreiber und Leser. Vgl. dazu aus der atl. Weisheitsliteratur z.B. Spr 1,8 »mein Sohn« und im NT Mt 23,8f. *In... fallt* impliziert, daß die Anfechtungen von außen an den Glaubenden herantreten (vgl. dazu V. 14), etwa vergleichbar mit dem Mann, der »unter die Räuber fiel« (Lk 10,30).

3 Das Geheimnis liegt nicht in stoischem Trotz oder im schwachen Nachgeben (vgl. Hebr 12,5f), sondern in der Erkenntnis. Jakobus geht davon aus, daß seine Leser *wissen*. Der Christ soll daran denken, daß die Anfechtungen, die eine *Erprobung eures Glaubens* (EÜ) darstellen, die Realität und Kraft des Glaubens ans Licht bringen. Das wissen seine Leser bereits. Nun gilt es, über diese Wahrheit nachzusinnen und zu erkennen, daß der in Anfechtungen bewährte Glaube zum Sieg und zu tieferer Freude führt. Das Ergebnis der Bewährung in Anfechtungen ist *Geduld* (vgl. Röm 5,3).

4 Jakobus denkt nicht nur an eine einzige, isolierte Anfechtung. Der aktive Widerstand muß kontinuierlich geleistet werden. Das *Werk der Geduld* ist persönlich, denn sie sollen *vollkommen* und *unversehrt* gemacht werden. *Vollkommen* spricht von Reife und steht im Gegensatz zu einer ehemaligen Schwäche; *vollendet* (EÜ) spricht von einem Vollkommensein, von einer Makellosigkeit, der keine christliche Tugend fehlt. Beide Begriffe aber wollen zusammen gesehen werden. Jakobus hat hier 2,14 bereits vorweggenommen: Der Glaube arbeitet (vgl. Gal 5,6). *Mangel* ist das Schlüsselwort und verbindet diesen mit dem folgenden Abschnitt.

1,5-8 Wachstum in Weisheit

5 Damit sich keiner auf Unwissenheit berufe (vgl. V. 3), fordert Jakobus zum Gebet auf. Er ist aber seinem gedachten Gesprächspartner bereits einen Schritt voraus, indem er nicht nur zum Gebet um Wissen, sondern auch um *Weisheit* auffordert, und Weisheit ist das angewandte Wissen. Der Beter (vgl. 4,3) hat es nicht mit einem Gegenüber zu tun, der im Geben ungeübt wäre. Gott *gibt* regelmäßig und häufig (nicht: »wird geben«) *jedermann*, selbst dann, wenn er nicht darum gebeten wird (vgl. Mt 5,45). *Gern* (EÜ: *willig*) weist auf Gottes Bereitschaft und gnädige Großzügigkeit hin. Wenn Gott gibt, dann *schilt* er *niemanden*. Gott schilt weder den Empfänger, noch den zu ihm zurückkehrenden bußfertigen Sünder (vgl. Lk 15,20; 18,14). Jakobus wird noch einmal auf Weisheit zu sprechen kommen (vgl. 3,13-18). Doch jetzt schon kann er dem Glaubenden versichern, daß *sie ihm gegeben werden wird*.

6 Wer bei sich einen Mangel an Weisheit feststellt, sollte beten und *im Glauben* darum *bitten*. *Glaube* meint hier das durch Christus auf Gott gesetzte Vertrauen, ohne das ein Mensch lediglich ein Namenschrist bleibt. (Zu den Bestandteilen des Glaubens s. 2,22). Die für Jakobus charakteristische Haltung wird einmal mehr deutlich. Für ihn bedeutet der wahre Glaube nicht nur die stillschweigende intellektuelle Zustimmung: Der Glaube muß sich in der Praxis bewähren. Während der Christ bittet, sollte er zugleich vertrauen. *Zweifeln* ist weder Unglaube noch philosophisch begründete Skepsis. Merkmal des Zweifels ist die innere Zerrissenheit. Der Zweifler bezeugt und leugnet zugleich; er klammert sich an die Verheißung - und stellt zugleich ihre Erfüllung in Frage. Besonders anschaulich begegnet der Zweifler im Bild von der Meereswoge. Er »fährt gen Himmel«, um die verheißene Weisheit in Emp-

fang zu nehmen; er »sinkt in den Abgrund« (in das Tal der Welle), sich dessen gewiß, daß er die Weisheit ohnehin nicht erlangen würde (vgl. Ps 107,26 und Kontext).

7.8 *Denn* (EÜ) nennt den Grund für die Bitte im Glauben. *Solcher Mensch* ist der Zweifler. Jakobus spricht nicht von »diesem Menschen«, obwohl er ihn gerade eben erwähnt hat. *Solcher* ist distanzierter: Jakobus hält Distanz zum Zweifler. Zu Recht wird er als ein *doppelherziger Mensch* (EÜ) bezeichnet, denn in gewissem Sinne verfügt er über eine geteilte Seele; er ist ein Mensch, in dessen Brust zwei Seelen wohnen (s. Komm. zu V. 6). Er sollte den Herrn von ganzem Herzen lieben (vgl. Mk 12,30). Jakobus gewährt dem Kompromiß offensichtlich keinen Raum: »Eines aber tue ich« (vgl. Phil 3,13 EÜ; Jak 4,8). *Unbeständig auf allen seinen Wegen:* Hier wird die Charakterisierung von V. 6 fortgesetzt. Der Zweifler wird hin- und hergetrieben, obwohl er doch eigentlich »stehen« sollte (vgl. 1Kor 16,13). *Wegen* ist eine hebraisierende Umschreibung für »Verhalten« (vgl. Apg 14,16). Er verfolgt nicht die eine Straße des Vertrauens, sondern kommt ständig vom Wege ab, und selbst dann kann er nicht auf eigenen Füßen stehen. *Herr,* von dem er nichts erwarten soll, bezieht sich wohl auf Gott (vgl. V. 5). Dagegen setzt 5,14f dasselbe Wort in Bezug zu den Gemeindeältesten und zum Gebet, so daß es sich dort wohl auf Christus bezieht. 5,7.10 scheint der Bezug sowohl auf Gott als auch auf Christus zu sein. Das Fehlen eines eindeutig bestimmbaren Bezugs 1,7f spiegelt die Tatsache wider, daß Gott durch den Mittler am Menschen handelt.

1,9-11 Vom Wohlstand

9.10 *Ein Bruder . . ., der niedrig ist, . . . wer aber reich ist* läßt hier nicht an einen einzelnen, sondern jeweils an Gruppen von Menschen denken. Zwei Deutungsmöglichkeiten dieses Abschnittes bieten sich an. Einerseits mag Jakobus an das Jüngste Gericht gedacht haben. An jenem Tag wird der *niedrige Bruder* erhöht werden und *der reiche,* der als Nichtchrist zu denken ist, wird erniedrigt werden. Die Aufforderung, der Reiche solle sich *rühmen,* wäre dann ironisch gemeint, und Lk 16,25 böte einen guten Kommentar. Andererseits mag Jakobus an die Gegenwart gedacht haben. Der *reiche* Mann ist ein Christ, dessen Reichtum vergänglich ist (vgl. Mt 6,19f; 1Tim 6,17f). Die zweite Deutungsmöglichkeit ist wohl vorzuziehen. Es ist der *Reiche* als solcher - nicht der bloße Mensch -, der *vergehen wird.* Er wird auf seinen »Geschäftsreisen« (vgl. 4,13) *dahinwelken.* Trotzdem kann er sich dem Rühmen des armen Mannes anschließen: Gott gibt nämlich mehr als dem Armen mangelt (vgl. 2,5) oder als der Reiche besitzt. Hierin liegt bereits die *Hoheit* (EÜ) des *Bruders, der niedrig ist.* Es bedurfte dabei der Erniedrigung Christi, um dies dem Reichen zu offenbaren.

11 Das hier verwendete sprechende Bild von der *Sonne . . . mit ihrer Hitze* ist Jes 40,6ff entnommen und spielt möglicherweise auf Ps 102,4.11 an, beschränkt sich jedoch im vorliegenden auf *den Reichen.* 1Petr 1,24 verwendet das gleiche Bild, um den ehemals reichen Christen zu trösten: Dieses euch nun verkündigte Evangelium bleibt in Ewigkeit. Du darfst dich deiner Niedrigkeit rühmen; auf seinem dunklen Hintergrund tritt der im Himmel angelegte Schatz besonders markant hervor.

1,12-15 Die Versuchung erkennen

12 Die Seligpreisung ist Ps 1,1 (LXX) nachempfunden (vgl. Dan 12,12) und erinnert an 1,2. Jakobus denkt noch immer an die *Anfechtung,* im Vorliegenden vermutlich an eine sittliche Anfechtung, deren Anlaß (aber nicht Ursache) Armut oder Wohlstand sein könnte. Jene Anfechtung, die von außen an den Christen herantritt, ist zu ertragen, dagegen ist der inneren Versuchung zu widerstehen (vgl. 4,7; 5,11). Jakobus denkt dabei wohl nicht an eine bestimmte Versuchung und nennt sogleich den Grund für die Seligkeit (oder das Glücklichsein). *Der Mann, der die Anfechtung erduldet,* und dabei seine Prüfung bestanden hat, wird *die Krone des Lebens empfangen.* Dieser Siegeskranz ist ein Gottesgeschenk der Gnade und kann nicht vom Menschen erworben werden. Trotz der Bildersprache (vgl. 1Kor 9,24-27) handelt es sich hier nicht um bloßen Schmuck, denn es ist die Krone *des Lebens,* des ewigen Lebens. *Die Gott verheißen hat* bekräftigt, daß es sich um ein Geschenk handelt. *Gott* wird hier ergänzt: Im Griech. steht lediglich »er«. *Die ihn liebhaben:* Ein Ausdruck, der uns sowohl im AT (z.B. 2Mo 20,6) als auch im NT (z.B. Röm 8,28) als eine Bezeichnung für das Gottesvolk begegnet; hier ist die motivierende Kraft des Menschen angesprochen, der sich *bewährt* hat.

13 Befremden und Verdruß über die Heftigkeit der Anfechtung mag Fragen über ihren Ursprung aufwerfen. Oder ein Mensch mag seine Schwäche für das Böse, *wenn er versucht wird,* zu entschuldigen versuchen. Er vergißt dabei 1Kor 10,13. Inmitten seiner moralischen Anfechtung spricht der Mensch - Denken und Sprechen sind im semitischen Denken identisch - und führt ihren Ursprung auf Gott zurück. Gott jedoch ist jenseits der Sünde und empfindet keinen Drang zum Bösen. Weder kann er versuchen, noch versucht werden. Es ist nicht Gottes Gleichgültigkeit, die ihn vor dem Bösen bewahrt, sondern seine Heiligkeit. Und dennoch versteht Gott die Versuchlichkeit des Menschen, denn er ist allwissend und in Jesus Christus selbst Mensch geworden. Deshalb kann er denen helfen, die versucht werden; vgl. Hebr 2,18; 4,15. **14.15** *Begierden* können sowohl neutral als auch gut sein (vgl. Lk 22,15; Phil 1,23). Im vorliegenden Kontext wird der Begriff mit Verben verbunden, die von Zwang (*fortgezogen;* EÜ) und Anziehungskraft (*gelockt*) sprechen. Man mag geneigt sein, an Köder und Haken beim Angeln zu denken. Zwischen dem *ego* und der Begierde ist zu unterscheiden (vgl. Röm 7,17; Jak 1,8). Hauptthema V. 15 ist das anschauliche Bild der Geburt, in dem die Begierde als eine Hure in Erscheinung tritt. Das *ego* (»Ich«) befruchtet die Begierde, *Sünde* wird geboren, und wenn diese erwachsen (d.h. *vollendet*) ist, gebiert sie ihrerseits den Tod; vgl. Röm 6,23; 7,5. Mit *Tod* ist sowohl der gegenwärtige geistliche Zustand als auch das letzte Urteil Gottes beim Jüngsten Gericht angesprochen; vgl. 1,12.

1,16-18 Alles Gute kommt von Gott

16.17 *Irrt euch nicht,* denn falsche Gedanken führen zu falschem Verhalten. Versuchte Gott den Menschen zum Bösen, dann würde er sein eigenes Werk zunichte machen. Gott ist der Urheber des Guten. Jakobus zeichnet hier das Bild einer nicht abreißenden Kette von *guten* und *vollkommenen* Gaben. Dabei wäre es müßig, zwischen den verschiedenen Arten von Geschenken unterscheiden zu wollen. Diese beiden Adjektive, die im Kontext eines Hexameters stehen, sind rhetorisch wirkungsvoll eingesetzt. *Vater der Lichter* (EÜ) will sagen, daß Gott ihr Schöpfer ist. Offenbar sind die Himmelskörper angesprochen, doch *Lichter* trägt hier eine tiefere Bedeutung: Sie rühmen die Herrlichkeit dessen, der selber das Licht ist (vgl. Ps 19,1f; s. auch Jes 40,26). Trotzdem Sonne und Sterne Segen spenden, sind sie dem Wandel unterstellt. Sie ziehen ihre vorgezeichneten Bahnen, und so folgt auf die Nacht der Tag. Aber obwohl Sonne und Sterne untergehen können, kann Gott niemals untergehen. Auf ihn fällt kein *Schatten* (EÜ), so wie ein Mensch durch die »Bewegung« der Sonne plötzlich in einem Schatten zu stehen kommt. Zudem ist er kein substanzloser Schatten, sondern ewige Wirklichkeit. Gott ist in seinem Wesen unveränderbar und in seinem Charakter beständig. Er ist stets heilig, gerecht, liebend und weise. Niemals wird er den Menschen versuchen.

18 Um dem Irrtum, Gott könne den Menschen versuchen, noch einmal entschieden entgegenzutreten, nimmt Jakobus Bezug auf das Handeln des unwandelbaren Gottes in der Wiedergeburt, das auch ethische Folgen hat. Gott widerspräche sich selbst, wenn er den Menschen zum Bösen reizte, zumal er mit der Gabe des neuen Lebens eine sittliche und geistliche Zielsetzung verfolgt. Die Wiedergeburt ist weder ein Zufall noch eine natürliche Entwicklung. Es entspricht *seinem Willen,* daß die Glaubenden wiedergeboren werden. *Er hat uns geboren* ist ein Begriff aus der Schwangerschaft, doch sind ihm nicht die gewöhnlichen Begrenzungen gesetzt. Die Bezugnahme auf den Empfang des Heils als eine Neugeburt spiegelt ntl. Denken und Erfahrung wider (vgl. z.B. Joh 1,12f; 3,3; 1Petr 1,23). Sollte Jakobus hier überhaupt an Schöpfung gedacht haben, dann an die neue Schöpfung. Gottes »Werkzeug« bei der Wiedergeburt ist *das Wort der Wahrheit,* das verkündigte Evangelium - in der Tat eine »vollkommene Gabe« (V. 17). Gottes Absicht drückt sich in der Metapher aus, *damit wir gewissermaßen eine Erstlingsfrucht seiner Geschöpfe seien* (EÜ). *Erstlingsfrucht* bezeichnet jenen Teil der Ernte, der zuerst eingebracht wird: »Alles Beste vom Öl und alles Beste vom Wein und Korn, die Erstlingsgabe« (4Mo 18,12). Der Begriff bezeichnet die Spitzenqualität, das Beste vom Besten, dem die übrige Ernte folgen wird. Zur Verwendung des griech. *aparche* im Sinne von »erste Bekehrte« vgl. Röm 16,5 und 1Kor 16,15. Christen sollen also der Welt als Vorbild dienen und davon ausgehen, daß ihre Zahl im Laufe der geistlichen Ernte noch zunehmen wird.

1,19-27 Hörer und Täter

19 Das Wort, das die Wiedergeburt bewirkt, nimmt uns auch in die Pflicht. *Ihr sollt wissen* (griech.: *iste;* EÜ: *ihr wißt [doch]*) kann entweder als Indikativ oder Imperativ gedeutet werden, und die Ausleger sind sich nicht über die richtige Deutung einig. Steht das Verb im Indikativ, dann kennen die Leser (»uns«, V. 18) den Inhalt des Wortes, den Reichtum des Evangeliums. Handelt es sich andererseits um ein Gebot, dann lenkt es die Aufmerksamkeit - vielleicht sowohl der Hörer als auch der Leser - auf die nun folgende bedeutsame Aussage. In seinem Aufruf zum individuellen Gehorsam greift Jakobus nun zum Imperativ der dritten Person: *Ein jeder Mensch sei...* Es folgen drei Konkretisierungen, auf die der Rest des Abschnitts Bezug nimmt: *Schnell zum Hören* (V. 21-25); *langsam zum Reden* (V. 26f); *langsam zum Zorn* (V. 20). Die möglichen Anwendungen sind vielfältig. Jeder sollte schnell zum Hören sein: auf das Wort Gottes, auf die Botschaft des Predigers oder des Lehrers, auf den Gesprächsbeitrag des andern. (In Christus bleiben ist das Geheimnis; vgl. Joh 15,1-10.) Jeder sollte die voreilige Antwort, den übereilten Zorn, vermeiden. In bezug auf Gott eignet dem Wort *Zorn* (griech.: *orge,* nicht: *thymos*) besondere Bedeutung. Es handelt sich nicht um einen unbeherrschten Wutausbruch *(langsam zum Zorn)*, und dem Leser wird eine Zeit der Reflexion nahegelegt.

20 *Des Menschen Zorn* trägt Folgen. Er steht im Ungehorsam wider Mt 7,1 und ist ungerecht. *Gottes Gerechtigkeit* (EÜ) steht hier (seltsamerweise!) als eine Eigenschaft des Menschen und soll durch menschliches Handeln zum Tragen kommen. Aus dem einen Blickwinkel ist sie der Maßstab, den Gott an das menschliche Verhalten anlegt und damit ein Ideal; aus dem anderen Blickwinkel stellt sie sich als das Werk eines Menschen dar, der Gottes Anforderungen gerecht wird. Dieser Mensch ist der Gerechtigkeit Gottes gehorsam (vgl. Röm 10,3), und durch seinen Gehorsam verwirklicht er die Gerechtigkeit Gottes.

21 *Darum:* Es besteht ein ursächlicher Zusammenhang. *Legt ab* ist eine Metapher und bedeutet »zieht aus« (die schmutzigen Kleider). Diese Ermahnung läßt möglicherweise an den katechetischen Unterricht denken, dem sich Kandidaten für die Mitgliedschaft in der Gemeinde unterziehen mußten; vgl. 1Petr 2,1. Die Leser sind aufgerufen, sich von ihrem unchristlichen Verhalten in der Vergangenheit zu lösen: von der *Unsauberkeit* und von der *Bosheit. Sanftmut* ist die beherrschte Kraft. Wenn das Wort *in euch gepflanzt* wird, dann empfangt es sanftmütig und widersteht ihm nicht. Das Wort soll Wurzeln treiben. Freilich haben die Leser es bereits empfangen (V. 18), doch gilt es, das Wort immer wieder aufs neue zu beherzigen. *Sanftmut* steht in Gegensatz zum Zorn V. 19 und deutet auf die glaubende Aufnahmebereitschaft hin. Das Wort wird nicht lediglich gesät, sondern *eingepflanzt*, es wird empfangen *(nehmt das Wort an) und hat Kraft, eure Seelen selig zu machen* - sowohl heute als auch am Jüngsten Tage.

22 Zu beachten sind drei Stufen: Sie sollen *Hörer* des Wortes sein, es empfangen und schließlich *Täter des Wortes sein.* Hier klingt die Lehre Jesu an; vgl. z.B. Mt 7,24-27; auch die paulinische Lehre; vgl. z.B. Röm 2,13. Mit anderen Worten: Das Bewußtsein wird informiert, der Glaube geübt und der Wille motiviert. Bleibt die Tat aus, betrügen sich die bloßen Hörer selbst, haben sie doch nicht begriffen, was wahre Frömmigkeit ist.

23.24 Es folgt die Begründung. Der bloße *Hörer* gleicht einem Menschen, der sich *im Spiegel beschaut.* Das *Wort* wird mit einem Spiegel verglichen, denn es zeigt dem Menschen, wie er ist, auch dann, wenn ihm das Bild, das ihm aus dem Spiegel entgegentritt, nicht gefällt. *Sein leibliches Angesicht* ist die Wiedergabe des schwer zu übersetzenden Ausdrucks »das Gesicht seiner *Genesis«*. Von den verschiedenen möglichen Übersetzungen dieses Wortes ist wohl »Geburt« vorzuziehen. Dann heißt »das Gesicht seiner Geburt«: »das Gesicht, das ihm seit jeher eignet«, d.h. sein eigenes Gesicht. Die Formulierung macht deutlich, daß sich das Wort an den einzelnen wendet und daß dieser sich des Anspruchs bewußt ist. Der bloße *Hörer* dagegen wirft einen kurzen Blick in den Spiegel und eilt davon. Sofort *vergißt* er, was er gesehen hat - obwohl sein Gesicht verschmutzt war (vgl. V. 21). Weder nimmt er das Wort auf, noch handelt er danach.

25 Dem kurzen Blick stellt Jakobus nun das intensive Beschauen gegenüber. *Hineingeschaut* (EÜ; LÜ: *durchschaut;* griech.: *parakypsas)* zeigt einen Menschen, der sich über etwas beugt, damit er es besser sehen kann, etwa wie Maria, die »sich bückte vornüber in die Gruft und sieht . . .« (vgl. EÜ; Joh 20,11). Schlatter denkt an die Haltung des aufmerksamen und eifrigen Lesers, der sich über die Rolle der Thora beugt. Ähnlich sieht Jakobus einen Menschen, der in das *vollkommene Gesetz* schaut. Das hier angesprochene Gesetz ist nicht das Gesetz des alten Israel, sondern das Evangelium in seinem verpflichtenden Aspekt, dem Maßstab allen christlichen Verhaltens. Das Evangelium ist sowohl Gabe als auch Anspruch. Im Vergleich mit den heidnischen Gesetzeskodizes ist es *vollkommen*, vollkommen aber ist es vor allem anderen deshalb, weil es seinen Ursprung in Jesus Christus hat. Seinem Anspruch nach stellt es sich dem Christen gewissermaßen als ein *Gesetz* dar, doch ist seine erste Wirkung befreiend, und folglich wird es *Gesetz der Freiheit* genannt. Es ist die Freiheitsurkunde im Leben des Christen. Es redet keinem Antinomismus das Wort, aber es ist »ohne das Joch des Zwangs« (Barnabasbrief 2,6). Wer ernsthaft *hineinschaut*, der *bleibt* auch *dabei.* Unvermittelt wechselt die Metapher. Er vertieft sich so sehr im Wort, daß er sich nicht als ein *vergeßlicher Hörer*, sondern als ein *Täter* erweist. Solch ein Mensch wird *selig* - nicht nur im Gericht, sondern *in seiner Tat.* Er hat teil an der Seligkeit des Menschen, der die Anfechtung erduldet und sich bewährt (V. 12).

26.27 Diese Verse sind, wenn sie falsch gedeutet werden, ein Tummelplatz für Kirchengegner. Aber Jakobus denkt nicht an eine »Religion ohne Gott« (vgl. EÜ). Ihm geht es um die äußeren Aspekte der Religion, um religiöse Riten. *Religion* (vgl. EÜ; LÜ: *Gottesdienst)* ist das, was ein Außenstehender vom Leben in der Gemeinde vernimmt. Der Begriff ließe sich auch mit dem Wort »Ritus« zusammenfassen. Es gibt eine berechtigte Unterscheidung zwischen der inneren religiösen Haltung und ihrem äußeren Ausdruck im Gottesdienst. *Wenn jemand sich dünkt, er diene Gott* (EÜ; oder: *er sei gottesfürchtig, religiös)* und *seine Zunge nicht in Zaum hält*, der *betrügt* sich selbst und beweist damit, daß ihm der wahre Geist des Glaubens fehlt. Zunächst mag es den Anschein haben, als erschöpfe sich für Jakobus der äußere Ausdruck des inwendigen Glaubens im Ethischen: die Notleidenden *zu besuchen* und sich selbst sittlich *unbefleckt* zu halten. Er verneint jedoch nicht den Stellenwert der Anbetung; er manifestiert den Geist des Protests. Wenn - wie im vorliegenden - die ethische Pflicht vernachlässigt wird, dann wird das Ethische gewöhnlich als der eigentliche oder wahre Ritus hingestellt. Wäre nun der Gottesdienst zugunsten einer säkularen Moral, z.B. der Sorge um die Notleidenden und Hilflosen, zurückgestellt worden, so hätte Jakobus vermutlich seine Leser zum Gottesdienst als der wahren Moral aufgerufen. Proteste neigen unweigerlich dazu, einseitig zu sein. Aber sowohl der Gottesdienst als auch die Moral sind wesentlichste Ausdrucksformen des christlichen Glaubens; vgl. Hebr 10,23-25.

Ein reiner Gottesdienst (oder: *Religion;* vgl. EÜ) ist frei von Sünde, und er ist *unbefleckt,* wenn die, die anbeten, in der rechten Verfassung sind, sich *Gott, dem Vater,* zu nähern. Die Joh 18,28 genannten Männer waren wohl kaum in diesem Sinne *unbefleckt.* Wie man nicht *besuchen* sollte, wird Jakobus 2,17 gesagt. *Unbefleckt* sein erinnert an die schmutzigen Kleider V. 21 und ist nur dadurch zu erreichen, daß der Christ sich *von der Welt,* die in Feindschaft zu Gott steht (vgl. 4,4), enthält.

2,1-13 Kein Ansehen der Person

1 Jakobus greift das Thema des vorangegangenen Abschnitts wieder auf, indem er eine Situation beschreibt, die die Menschen aufruft, Täter des Wortes zu sein (vgl. 1,22). Er ermahnt seine Leser, jede Parteilichkeit *(Ansehen der Person)* zu vermeiden. Voreingenommenheit äußert sich auf vielfältige Weise, immer aber geht es darum, daß ein Mensch nicht nach dem beurteilt wird, was er ist, sondern nach dem, was er darstellt. Solches Verhalten ziemt sich nicht für Christen, die *den Glauben an Jesus Christus unsern Herrn halten.* Jakobus möchte, daß ihr Glaube aktiv und effektiv wird.

Bengel deutet hier »unseres Herrn ... der Herrlichkeit« (EÜ) appositionell: Jesus *ist* die Herrlichkeit. Unter *Herrlichkeit* ist zweierlei zu verstehen: *a.* Gott, wie er sich selbst offenbart hat, sein Wesen, sein Charakter, seine Majestät und seine Macht; und *b.* »die physische Ausstrahlung«, welche seine göttliche Gegenwart symbolisiert (vgl. 2Mo 24,16f; 40,34f), die rabbinische *Schekinah.* Beide sind in Jesus erfüllt (vgl. Joh 1,14; 2Kor 4,6). »Herrlichkeit« ist verwandt mit »Immanuel«; vgl. Mt 1,23; 28,20. Zurecht hat F. Mussner *(Der Jakobusbrief,* 1964) darauf hingewiesen, das das »Ansehen der Person« die Herrlichkeit Jesu leugnet; der Auftritt des Reichen wird wie eine Erscheinung des Herrn Jesus selbst gefeiert.

2 Zu beachten ist das *wenn:* Jakobus zeichnet hier ein Bild. Beide Männer scheinen Fremde zu sein und sind wahrscheinlich auch nicht Christen. Beide werden nach ihrem äußeren Erscheinungsbild beurteilt. Das griech. *synagoge* läßt an eine *Versammlung* oder an den Ort der Versammlung denken. Wir befinden uns scheinbar auf jüdischem Boden, doch die Christen sind in der Mehrzahl; vgl. 5Mo 1,17. **3** Dem reichen Mann wird ein *Platz* angeboten, vielleicht sogar ein Ehrenplatz (vgl. Mt 23,6). Dem armen Mann wird dagegen dieser verweigert, er darf stehen oder sich auf den Fußboden setzen, während der Sprecher auf seinem eigenen Platz sitzt, den er vielleicht sogar höflicherweise dem reichen Fremden anbietet. *Ihr sehet auf den ... und sprächet ... und sprächet:* Die Verben stehen im Plural; das »Kirchenratsmitglied« macht sich zum Wortführer der Gemeinde, die sprachlos die herrlichen Kleider bewundert. **4** Jakobus hat nichts an der dem reichen Mann von seiten der geblendeten Gemeinde erwiesenen Höflichkeit auszusetzen, doch er kritisiert die ungleiche Behandlung, die beiden zuteil wird. Nun wird es dem armen Manne sehr schwer fallen, dem verkündigten Wort zu glauben. *Unterschiede macht* ist dasselbe griech. Verb wie 1,6 *(diakrino,* wörtl.: »zweifeln«; vgl. Komm. zu 1,6). Die *Unterschiede* (Zweifel) setzen sich zusammen aus der Tatsache, daß Glaube sich im Besuch der Versammlung manifestiert und Weltlichkeit in der Verachtung des Armen. Die Inkonsequenz ist analog zu der des Zweiflers, des Menschen mit zwei Seelen. *Bei euch:* Diese Gefühle bewegen sie in ihren Herzen, bringen sie aber nicht offen zum Ausdruck. Sie haben sich als Richter erwiesen, deren *Urteil* von *bösen Gedanken* bestimmt wird; vgl. 4,11.

5 Energisch aber liebevoll setzt Jakobus seine Rede fort. Gottes Handeln und ihr eignes stehen in krassem Widerspruch zueinander! Die an den Gütern dieser Welt und deshalb auch in den Augen *der Welt Armen,* sind erwählt, *im Glauben reich* zu sein. Der Glaube hat sie reich gemacht. Der Ausdruck besagt allerdings nicht, daß »sie reich sind an Glauben«, so als wäre ihnen gewissermaßen als Ausgleich für ihre irdische Armut ein besonders großes Maß an Glauben zugeteilt worden. Jetzt sind sie reich; und reich werden sie sein, denn sie sind *Erben;* vgl. 1,12. Der Mann in seiner abgetragenen Kleidung könnte als eine Art sakramentales Zeichen für die göttliche Erwählung verstanden werden; vgl. 5Mo 7,6-8. **6** *Ihr aber habt dem Armen Unehre angetan,* d.h., indem ihr den Reichen bevorzugt behandelt habt. Aber gerade *die Reichen* sind es, die euch ausbeuten! Obwohl sich Jakobus eines typischen Beispiels bedient (»ein Mann«, V. 2) denkt er doch an eine ganze Gesellschaftsschicht und erinnert an die Unterdrückung durch wohlhabende und begüterte Nicht-Christen. Das Thema ist aus dem AT bekannt. **7** Außerdem *verlästern sie ... den guten Namen:* Zu ergänzen ist »Jesu«. Im AT wurde der Gottesname über einem Menschen genannt, um ihn in besonderer Weise als Gottes Eigentum zu kennzeichnen. Die Anspielung auf den Namen Jesu war deshalb für Judenchristen von besonderer Bedeutung, bekräftigte sie doch seine Herrlichkeit. *Der Name, der über euch angerufen worden ist* (EÜ): Zu denken ist hier wohl an den Taufakt, bei dem der Name Jesu über den Täufling angerufen wurde. Daß Jakobus selbst in Apg 15,17 aus der LXX Amos 9,12 zitiert, zeigt, daß er durchaus einen weiteren Horizont hatte, als ihm von manchen nachgesagt wird: Die Heiden haben in der Gemeinde Christi das Bürgerrecht, denn über ihnen »wird der Name genannt«.

8 *Das königliche Gesetz* (vgl. 3Mo 19,18) ist insofern »königlich«, als es von Gott, dem König, kommt, und es ist von den Untertanen seines Reiches zu halten. Das königliche Gesetz ist höher einzustufen als alle anderen Gesetze. Es könnte nun behauptet werden, die Mitglieder der Gemeinde *liebten* in der Tat ihren *Nächsten* - den reichen Mann. **9** Darüber haben sie jedoch versäumt, auch den armen Mann zu lieben. Jakobus denkt womöglich an den weiteren Textzusammenhang der V. 8 zitierten atl. Stelle (vgl. 3Mo 19,15). Sofern sie aber *die Person ansehen,* widersetzen sie sich dem geoffenbarten Willen Gottes und ziehen sich seinen Zorn zu, denn sie *tun Sünde* (vgl. 2,17). *Das Gesetz* fungiert als ein Richter und *überführt* sie: »Ihr seid *Übertreter«.*

10 Man vergleiche das Zitat 5Mo 27,26 (LXX) in Gal 3,10 und beachte dabei das Verhältnis von »alledem, was geschrieben steht« zu *am ganzen Gesetz schuldig.* Das Gesetz bildet eine Einheit. Die einzelnen Vorschriften des Gesetzes buchstabieren im Detail die Konkretisierung der Nächstenliebe. Wer in einem schuldig wird, der wird an der Liebe schuldig. Freilich heißt das nicht, daß ein Mensch, der einen Geldbetrag gestohlen hat, damit automatisch auch des Mordes oder des Ehebruchs schuldig geworden ist. Das Gesetz ist mehr als die Summe seiner Gebote, und die Befolgung eines Gebotes macht nicht die Übertretung eines anderen wieder wett. Die Verachtung des armen Mannes wird nicht durch die dem reichen Mann erwiesene Ehre wieder gutgemacht. (Dazu ein Beispiel: Ein Dach, das von mehreren Säulen getragen wird, bleibt auch dann noch bestehen, wenn eine Säule entfernt wird. Eine Kette dagegen besteht aus mehreren Gliedern; wer ein Glied entfernt, hat die Kette zerstört. Um letzteres geht es hier.) Das Gesetz in seiner Gesamtheit spiegelt den Willen Gottes für den Menschen wider. Und so sollen wir unseren Nächsten lieben: Mit dem Licht, mit dem die Bergpredigt das Gesetz beleuchtet (Mt 5,7). **11** Jakobus bekräftigt seine Aussage durch das Zitat 2Mo 20,13.14. Hinter jedem einzelnen Gebot steht *der gesagt hat,* der lebendige Gott. J. Schneider bemerkt zu Recht: »Wer an einer Stelle über den Zaun gestiegen ist, der hat ihn überwunden« *(Die Briefe des Jakobus, Petrus, Judas und Johannes,* 1961). Entscheidend für Jakobus ist, daß es sich um die Heilige Schrift handelt. Der Dekalog ist heute ebenso bindend wie seinerzeit in der Urgemeinde.

12 Daß Jakobus den Wandel so sehr betont (vgl. 1,22-27), ist nicht einfach »praktisches Christsein«. Die christliche Lebensführung hat ihr Motiv: Die Leser sollen das Wort annehmen und *handeln wie Leute, die ... gerichtet werden.* Sie sollen in ihrem Verhalten das Gericht nicht aus dem Blick verlieren. Dieses Gericht wird nach dem *Gesetz der Freiheit* urteilen (vgl. 1,25). Der Mensch will sein eigener Herr sein. Die Folgen davon zeigt 1,14f. Die Lust (GN: »die eigenen Wünsche«) ist für das Gesetz taub. Aber im Evangelium (vgl. 1,21) ist das Gesetz schon erfüllt; Jesus Christus hat es für uns erfüllt. Der Empfang des Evangeliums bedeutet Wiedergeburt (vgl. 1,18), und wer wiedergeboren ist, möchte Gott gefallen. Das Gesetz zeigt ihm, was er tun will. Der Christ ist nicht wie ein vor den Wagen des Zeus gespannter Hund. Er folgt gerne und braucht nicht angebunden zu werden. Deswegen ist er frei, und deswegen wird das Evangelium mit seinem Anspruch an die, die es annehmen, zu Recht *Gesetz der Freiheit* genannt. Die »neue Moral« dagegen treibt den Menschen in die Knechtschaft.

13 *Denn* leitet zur Begründung über. Der Gedankengang ist durch Auslassen eines ganzen Satzteils sehr komprimiert. Gewöhnlich würde im Griech. *denn* den Satz einleiten, der hier fehlt. Der Gedankengang lautet demnach vollständig: »Ihr werdet gerichtet werden« - V. 12. (Das ist eine ernste Androhung.) »*Denn* es ist ein unbarmherziges Gericht«; vgl. Mt 18,33. *Barmherzigkeit* ist im Handeln verwirklichtes Mitgefühl (vgl. V. 15f). Hier schließt sie zumindest Nächstenliebe ein, die sich in der rechten Haltung zum Armen zeigt. Die Unbarmherzigen begreifen Barmherzigkeit nicht, auch wenn sie behaupten, gläubig zu sein, begreifen sie doch nicht, daß sie auf die Barmherzigkeit Christi angewiesen sind. Was sie Glauben nennen ist kein christlicher Glaube, und sie sind reif für das *Gericht.* Die Vorstellung, daß Gericht ohne Barmherzigkeit sei, erscheint rachsüchtig und unchristlich. Aber zu Unrecht, denn Gericht als solches muß unbarmherzig sein. Wenn das Gericht Barmherzigkeit zeigt, ist es kein wahres Gericht mehr. Jakobus stellt hier einen Grundsatz klar und stellt ihm dann einen anderen Grundsatz zur Seite. Unbarmherzig sein, den Nächsten nicht lieben und ihm parteiisch gegenübertreten, das ist konkrete Sünde (vgl. V. 9), und Jakobus weiß von dem Evangelium, das mit jeder Sünde fertig wird - das ist der andere Grundsatz. Er kennt das rettende Wort (1,21) der Gnade (4,6), der Vergebung (5,15) und der Bedeckung von Sünden (5,20), und er erwartet die Wiederkunft Jesu, was er wohl kaum täte, wenn er nur das Gericht erwarten würde. Zudem spricht er aus persönlicher Erfahrung: Das Gesetz hat ihm nicht geholfen, aber in Jesus fand er Barmherzigkeit. Durch das Kreuz erlebte er, daß *Barmherzigkeit über das Gericht triumphiert.*

2,14-26 Der tätige Glaube

14 Die rhetorische Frage: *Was hilft's* mit der implizierten Ermahnung (vgl. 2,1ff; 3,1ff) gibt das Thema des Abschnittes an. Wie 2,2 leitet *so* ein erdachtes Beispiel ein, aber zweifellos stammt es aus seiner Erfahrung mit solchen, die Paulus falsch verstanden. Das Beispiel gliedert sich folgendermaßen: (1) eine Behauptung; (2) Jakobus' Kommentar dazu; (3) eine Frage. Die Behauptung: Jemand sagt: »Ich habe Glauben«, doch Jakobus erwidert: »Er hat aber keine Werke.« Behauptung und Widerrede bilden das Beispiel. Und wenn es so ist, wie geschildert, dann ist alles umsonst. Solch ein Glaube rettet nicht - oder etwa doch? (Die vorausgesetzte Antwort ist »Nein«.) Dem behaupteten Glauben fehlt es an Wirklichkeit, denn es ist einfach nichts zu sehen: Er hat *keine Werke.* Für Jakobus hängt Erlösung von dem Wort ab, das gehört und dem gehorcht wird (1,21f). **15.16** Auch dies ist kein eigentliches Vorkommnis. Jakobus sagt immer noch *wenn* und spricht *von einem Bruder oder einer Schwester.* Ein tatsächliches Ereignis würde die Nennung einer bestimmten Person verlangen. Jakobus benutzt sein Vorstellungsvermögen und sucht ein Beispiel aus dem, was wir »Sozialarbeit« nennen würden. Er betont: Guter Wille und Freundlichkeit genügen nicht. Deswegen wiederholt er seine Frage: »Wem ist damit gedient?« - auf das soziale, nicht auf das ewige Leben bezogen wie Mk 5,34b.

17 *So* wie in sozialer Verantwortung guter Wille ohne Taten tot ist, so ist auch im Geistlichen *Glaube* ohne *Werke* tot. Die Toten tun gar nichts! *Glauben allein* (V. 24) entspricht *Glaube ohne Werke* (V. 26). Hier mag an Lk 23,43 gedacht sein. Dem reuigen Schächer blieb keine Zeit mehr für Werke, aber sein Glaube hatte auch keine Zeit zu sterben. Jakobus hätte ihm nicht das Heil abgesprochen. Hier denkt er an den Glauben, der Zeit dazu hat, in Werken Ausdruck zu finden.

18 ist schwer zu verstehen. Die Auslegung hängt vor allem davon ab, wer der Redende ist und wo man Anführungsstriche setzt. *Könnte jemand* (griech.: *tis) sagen* ist ein Einwand, und *tis* das zugehörige Stilmittel. Es gibt zwei Deutungsmöglichkeiten: *a. Jemand* könnte der *jemand (tis)* aus V. 14 sein (oder sein Fürsprecher). Er sagt einfach: *»Du* (Jakobus) *hast Glauben«* und meint: »Du unterscheidest dich also nicht von uns. Wir glauben auch.« Worauf Jakobus scharf erwidert: *»Und ich* (betont) *habe Werke.«* Dann führt er seinen Angriff fort: »Zeige mir ...« *b.* Es könnte aber auch sein, daß Jakobus sich bedeckt hält und *jemand* an seiner Stelle sprechen und dem *tis (jemand)* aus V. 14 antworten läßt. Er beginnt damit, daß er sagt: *»Du hast Glauben* (wie du sagst; V. 14) *und ich habe Werke.«* Offensiv fährt er fort. Er weiß, daß Glaube eine innere Haltung ist, und da *»tis«* behauptet, ihn zu haben, fordert er ihn heraus: *»Zeig* ihn doch«, und denkt bei sich, »wenn du kannst; ich zweifle jedenfalls daran.« Denn es ist unmöglich, *Glauben* anders als durch *Werke* zu zeigen, und eben Werke hat der Angesprochene ja nicht aufzuweisen. Mit einem schweren Schlag beendet er die Runde: *Ich will dir meinen Glauben zeigen aus meinen Werken.* Dies kann er deshalb, weil Werke den Glauben zum Ausdruck bringen.

19 nimmt den Angriff noch schärfer wieder auf. Der Angegriffene will vielleicht seinen Glauben durch seine Rechtgläubigkeit unter Beweis stellen. »Du bist Monotheist? (der Satz muß nicht als Frage verstanden werden; vgl. ZÜ) Gut!« Das Urteil ist aufrichtig gemeint, denn es handelt sich um eine fundamentale Glaubensaussage (vgl. 5Mo 6,4), gewinnt hier aber bald einen ironischen Beiklang. »Damit hast du nicht deinen christlichen Glauben bewiesen; du befindest dich nämlich in merkwürdiger Gesellschaft: Die *Teufel glauben* wie du und *zittern* - wenn sie die Beschwörungsformel »ein Gott« hören - vor Gottes Macht. Dein Glaube ist nur eine populäre oder intellektuelle Sache, und er läßt sich mit allerlei Bösem verbinden. Wie ja auch die *Teufel glauben* und fortfahren, Böses zu tun, so kannst auch du (intellektuell) *glauben* und zugleich weiter sündigen. Das liegt nicht am falschen Inhalt des Glaubens, sondern daran, daß er nicht ausreicht. Ähnlich Tit 1,16; Hebr 11,6.

20 Hier spricht Jakobus in seinem eigenen Namen. Ist noch ein Beweis angesagt? So fügt er seinen Argumenten noch den Schriftbeweis (V. 21) hinzu um zu zeigen, daß *Glaube ohne*

Werke tot ist, d.h. müßig (Mt 20,3.6), wirkungslos, nutzlos. Die Anrede im Vokativ ist typisch für die Diatribe (s. Einl.). *Törichter*(Vokativ von griech. *kenos,* »leer«) *Mensch* sagt etwa so viel wie das *Raka* (EÜ) Mt 5,22; LÜ: *Nichtsnutz;* GN: *Idiot.* **21** Die erwartete Antwort ist »Ja«. *Seinen Sohn Isaak auf dem Altar geopfert* ist Zitat aus 1Mo 22,9 (LXX), wobei Jakobus »gelegt« durch »geopfert« ersetzt. Im Prinzip *opferte* Abraham seinen Sohn. Wenn *gerecht geworden* »für gerecht angesehen werden« bedeutet, kann es auf zweierlei Weise verstanden werden. Es kann von einem Menschen gebraucht werden, der tatsächlich gerecht lebt (vgl. 1Mo 18,19) und daher gerecht aufgrund der (durch die) Werke ist. Genau das meint Jakobus. Es kann aber auch so von einem Mann gesagt werden, der nicht auf diese Weise gerecht ist (vgl. Röm 3,10), sondern durch die Gnade Gottes als gerecht angesehen wird. Das ist die paulinische Rechtfertigungslehre.

22 *Du* ist jener *jemand* aus V. 14, und Jakobus appelliert an seine Einsicht und an seinen Wunsch, zu »erkennen« (V. 20). Abrahams *Glaube* wirkte zusammen *mit seinen Werken* und nicht umgekehrt. Die *Werke* waren nicht weltliche Moral, sondern Taten des Glaubens. An den *Werken* ist zu erkennen, daß der *Glaube* wirklich existiert (V. 18), daß er lebendig (V. 17) und fruchtbar (V. 20) ist, also vollkommen und reif. Wahrer *Glaube* umfaßt damit Glauben (an Lehren), Vertrauen (auf Christus) und ethisches Handeln (Werke der Liebe).

Es mag überraschen, aber die paulinische Rechtfertigungslehre ist eher abstrakt. Als Folge des Konfliktes zwischen Glaube und Werken wurde seine Lehre scharf durchdacht, präzisiert und neu betont. Die Lehre an sich jedoch ist abstrakt. Wir können sie isoliert als Lehre betrachten, aber die Rechtfertigung selbst tritt nicht isoliert auf; es gibt keine »Rechtfertigung an sich«. Nie wurde jemand gerechtfertigt, ohne daß zu gleicher Zeit etwas anderes geschah. Im Augenblick der Rechtfertigung wird der Mensch wiedergeboren, er erhält eine neue Natur und wird Teil des Leibes Christi. Bis hierher würde Jakobus sicher zustimmen.

Aber jetzt tritt ein neuer Faktor hinzu: der Faktor »Zeit«. Es vergeht eine gewisse, wenn auch vielleicht nur sehr kurze Zeit zwischen dem »ersten Glauben« und den guten Werken, die aus ihm hervorgehen. Paulus betont, daß Gott den Menschen in dem Augenblick annimmt, in dem er glaubt. Jakobus aber denkt an einen Menschen, der glaubt, der aber, seitdem er zu glauben begann, alle Gelegenheiten verstreichen ließ, gute Werke zu tun. Jakobus sucht nach Früchten und findet nur Blätter. Das würde Paulus gewiß auch so sehen (vgl. Gal 5,6). Aber für ihn steht der Augenblick der Bekehrung im Vordergrund, und auch Jakobus sagt, daß das Wort zunächst einmal angenommen werden muß (1,21). Nach der Bekehrung muß - nach Paulus - der »Wandel« des Gläubigen die Sünde meiden, und zwar nicht nur »Unterlassungssünden«; er soll - positiv gesprochen - Gott gehorchen (vgl. Röm 6,1-4.13; Eph 2,8-10). Diese »paulinische« Betonung der guten Werke findet sich auch bei Jakobus, daß nämlich der Glaube ohne Werke wertlos ist (2,14): Von Glaube kann nicht die Rede sein, schon gar nicht von christlichem Glauben. Paulus und Jakobus schließen einander nicht aus: Während Paulus besonders an den Beginn des christlichen Lebens denkt, denkt Jakobus an den nach der Bekehrung einsetzenden christlichen Wandel. Am Anfang steht der Glaube, aber wenn der Glaube echt ist, zeitigt er Werke.

23 In alledem sieht Jakobus die Erfüllung von 1Mo 15,6. Abraham hat wirklich *geglaubt.* Versteht man dies als Prophetie, so wurde sie *erfüllt* durch Abrahams tatsächliche Bereitschaft, seinen Sohn zu opfern. Das war ein Werk des Glaubens. Der Rest des Zitats aus 1Mo 15,6 *(zur Gerechtigkeit gerechnet)* und die Bezeichnung *Freund Gottes* (Jes 41,8; vgl. 2Chr 20,7), einer der ihn liebt und von ihm geliebt wird (vgl. 5Mo 3,35 LXX), sind Gottes Urteil über Abraham. (Zu beachten ist die komplementäre Verwendung desselben Textes - 1Mo 15,6 - bei Paulus Röm 4,1-5; vgl. Gal 3,6f.)

24 *Ihr seht:* Gemeint sind die Leser. Jetzt wird der Gedanke nicht mehr auf Abraham beschränkt, sondern allgemein formuliert; vgl. dazu V. 21. Paulus und Jakobus nennen verschiedene »Ursachen« oder »Mittel« der Rechtfertigung, die einander aber nicht ausschließen. Hierzu ein Beispiel: Der Besitzer eines großen Guts lädt Arbeitslose und ihre Familien auf sein Anwesen ein, um (mit ihm) zu seinem Haus zu gehen, damit sie dort mit ihm äßen, von ihm eingekleidet würden und dort wohnten. Da treffen sich zwei alte Freunde in dem Haus. »Wie bist du hierher gekommen?« fragen sie einander. »Ich bin, als ich eingeladen wurde, durch das Tor gekommen«, sagt der eine. »Ich bin den Weg hinaufgegangen«, sagt der andere. - Ähnlich sagen es Paulus und Jakobus. Wie kommt ein Mensch hinein? Paulus: Durch die Annahme der Einladung und den Schritt durch das Tor. Jakobus: Durch den Gang vom Tor zum Haus. Auch Paulus glaubt an den Weg vom Tor zum Haus, und Jakobus glaubt auch an das Tor. Aber sie setzen verschiedene Akzente. Beide, Tor und Weg, sind nötig, aber jedes kann als Mittel des Zugangs genannt werden. Ähnlich wird der Mensch *gerecht* durch Glauben und *gerecht durch Werke.* Der Glaube muß lebendig sein, und er bringt Werke hervor. Das Denken muß Glaube und Werke trennen, im Leben sind sie aber untrennbar. Joachim Jeremias macht die wesentlichen Punkte so klar: Christlicher Glaube und jüdische Werke (Paulus); jüdischer Glaube und christliche Werke (Jakobus). Paulus besteht auf dem christlichen Glauben gegenüber den jüdischen Werken, dem Halten der Gebote zur Rechtfertigung (vgl. Röm 3,28). Jakobus weist den jüdischen Glauben (Monotheismus; 2,19) als unzureichend zurück und verlangt christliche Werke als Erweis der Rechtfertigung.

25 S. Jos 2,1-24; 6,15-25; Mt 1,5; Hebr 11,31. Dieses Beispiel könnte auch Paulus gebraucht haben (vgl. 1Kor 6,9-11).

26 Ein toter Theismus oder selbst eine tote Rechtgläubigkeit hat für Jakobus wenig Wert: Vgl. 2,17 und 4,17. Vielleicht kann man sagen, daß die Einheit von *Leib* und *Geist* auf die Einheit von *Glaube* und *Werken* hinweist.

3,1-18 Die Macht der Zunge

1 Jakobus, getreu seiner Betonung des gelebten Glaubens, greift nun das Reden 1,19.26 (vgl. 2,12) wieder auf und sagt etwas, das sich nicht so einfach ins Deutsche übersetzen läßt: »Nicht zu viele von euch sollten Lehrer der Gemeinde werden wollen« (GN). Die Lehrer der Gemeinde waren angesehen, deswegen strebten viele nach dem Lehramt, was aber für die Gemeinde gefährlich werden konnte. Männer, die es zwar gut meinen, aber nicht fähig sind (oder selbstgerecht), könnten die Gelegenheit zu lehren ergreifen, und das könnte schlimme Folgen haben. Lehrer müssen reden, aber sie reden nicht immer weise (vgl. V. 13), und was sie sagen, dient nicht immer dem Frieden. Sie müssen auch verantwortungsbewußt sein. Mit der Formel *denn ihr wißt* (LÜ75) (griech.: *eidotes),* die auch von Paulus gebraucht wird (z.B. Röm 13,11), erinnert er an das, was die Leser wissen, und er schließt sich selbst in die Zahl der Lehrer ein, die ein *strengeres Urteil* empfangen. Er übersieht die Vergebung nicht (vgl. 5,15), aber die Erinnerung an das Gericht ist sehr heilsam. Die Steigerungsform *strenger* läßt vermuten, daß es beim Gericht unterschiedliche Grade der Beurteilung gibt. Das stimmt mit der Lehre Jesu überein (vgl. z.B. Lk 12,47f). Jakobus hat die gleiche strenge Einstellung zum Reden wie sein Meister (vgl. Mt 12,36f) und gebraucht im Griech. sehr ähnliche Worte (Lk 20,47 steht wie Jak 3,1 griech. *lambano krima* »ein Urteil empfangen« im Futur).

2 *Denn* leitet die Begründung ein. Es ist zu übersetzen: »Wir alle (einschließlich Jakobus) stolpern (vgl. 2,10) auf mancherlei Weise« (oder: oft). Vielleicht denkt Jakobus schon hier an das Bild vom Pferd. Dieses Bild ist ganz allgemein gehalten, aber hier geht es um Sünden des Redens, und seine Worte gelten allen, nicht nur den Lehrern. Reden ist ein Testfall: Wer dabei keine Fehler macht, ist ein *vollkommener Mann,* ein reifer Mensch. Die Sünde der Lehrer ist nicht so sehr falsche Lehre, sondern Rechthaberei und Besserwissen. Selbst der Lehrer kann dazulernen. Wer *vollkommen* ist, kann nicht nur die Zunge *im Zaum halten,* sondern auch alle Triebe des Körpers. Das ist keine Askese, die tötet, sondern Disziplin, die ordnet.

3.4 Jakobus gibt zwei einfache Beispiele dafür, was ein »vollkommener Mensch« tun kann. Auffällig ist der Gegensatz von Klein und Groß. Die *starken Winde* lassen an die Heftigkeit der Triebe denken, die der vollkommene Mensch beherrscht. 5 Das kleine Zaumzeug (Trensengebiß) und das kleine Ruder lenken große Dinge, weil sie selbst gelenkt werden. Aber die ungezäumte *Zunge,* wenn sie auch nur ein *kleines Glied* ist, kann ohne Lenkung große Wirkungen haben. Sie rühmt sich großer Dinge, die sie getan hat oder tun will. Wie das Ruder muß sie durch den Willen kontrolliert (V. 4) und durch den Verstand und das Wort gelenkt werden (vgl. 1,26). Aber die Zunge ist nicht leichter zu beherrschen als ein Funke im trokkenen Gras. Ein kleiner Funke kann einen Waldbrand entzünden, der Wochen brennt und Monate noch schwelt. Genauso gefährlich ist das Reden, und oft hat es schreckliche Folgen. Ein kleines Traktat mit Irrlehre kann eine ganze Gemeinde *anzünden;* das Flüstern eines Gerüchts kann eine Stadt in Flammen setzen. 6 *Auch die Zunge ist* in der Tat *ein Feuer. Eine Welt voll Ungerechtigkeit* ist keine schlechte Übersetzung des griech. »Welt der Ungerechtigkeit«. Im Licht von Lk 16,8 (wörtl.: »Haushalter der Ungerechtigkeit«) und Lk 18,6 (wörtl.: »Richter der Ungerechtigkeit«) ist wohl anzunehmen, daß Jakobus hier sagen will, daß die Welt Unrecht tut. Die Welt befleckt auch (1,27) und ist feindlich gegen Gott (4,4). Hier sind Berührungspunkte mit Johannes (vgl. Joh 7,7; 15,18f; 17,14f). Die Zunge ist offensichtlich die Welt im Kleinen. »Die Zunge ist unter unseren Gliedern die Welt der Ungerechtigkeit und befleckt die ganze Persönlichkeit ...« Aber Jakobus denkt vom einzelnen Menschen aus weiter an die ganze Menschheit. Die Zunge *zündet die ganze Welt an* (LÜ; EÜ; Lauf des Daseins), d.h. das Rad der *Genesis* (vgl. Komm. zu 1,23). Der Judenchrist Jakobus steht außer Verdacht, die Reinkarnation zu lehren. Er bedient sich bloß eines hellenistischen Ausdrucks, der in den Mysterien des Orpheus geläufig war. Die Zunge hat die Aufgabe der Kommunikation. Man kann es sich so vorstellen, daß jeder, der redet, im Kreis der Menschheit steht und ihn *in Flammen setzt* durch Begierden, Verdacht, Rivalität, Haß und Krieg. (Hier könnte Jakobus an eine glühendrote Achse gedacht haben, die das Rad anzündet.) Die Zunge selbst ist *von der Hölle* (Gehenna) *entzündet. Gehenna* wird für den Teufel benutzt so wie »Himmel« (z.B. in »Himmelreich«) für Gott steht. *Gehenna* ist die griech. Form des hebr. *Gehinnom,* »Hinnomtal«. Aufgrund von Drohworten über das Tal Jer 7,32; 19,6 sah die apokalyptische Literatur es als die Hölle des letzten Gerichts; vgl. LZB. Für Jakobus kommt böses Reden vom Satan.

7.8 Diese Verse begründen V. 6; vgl. 1Mo 1,26f; 9,2. Es liegt in der Natur des Menschen, alle Tiere zu beherrschen. Das war früher so und ist auch heute nicht anders. *Wird gezähmt:* ein fortdauernder Prozeß. Es gehört zum Wesen der Tiere, dem Menschen untertan zu sein. Aber niemand kann die *Zunge zähmen.* Die Pelagianer, die das menschliche Bemühen bei der Erlösung betonten, faßten V. 8 als Frage auf. Die Zunge ist ein *unruhiges Übel:* Sie will einfach nicht stillstehen. Ihr Echo kann noch dann töten, wenn der Sprecher selbst schweigt; vgl. Ps 140,4.

9 Vgl. 1Mo 1,27; Ps 62,5; 141,3. Jakobus denkt entweder an Menschen allgemein oder an Christen. Meint er Menschen allgemein, wäre es so zu verstehen: *Wir* von der Gemeinde und *wir* von der Welt benutzen das gleiche Instrument, die Zunge. »Wir von der Welt« ist kein glücklicher Ausdruck, aber er ist hier nötig, denn Jakobus identifiziert sich bei diesem Verständnis mit allen Menschen, wenn auch nicht mit ihrem *Fluchen.* Falls er mit *wir* nur Christen meint, ist es so zu verstehen: *Wir* Christen »gehen zur Kirche« und streiten untereinander. Das *wir* der seelsorgerlichen Anrede zeigt, wie weit Jakobus zu gehen bereit ist in seinem Bemühen, Menschen zu gewinnen, statt sie zurückzuweisen. Es ist unnütze Spekulation zu überlegen, ob Jakobus selbst jemals hätte einem *Menschen fluchen* können, wenngleich er sagt: *Wir fluchen den Menschen.* Die nächsten Verse zeigen seine Haltung, die der des Paulus gleicht (vgl. Röm 12,14). 1Kor 16,22; Gal 1,8f werfen eine völlig andere Frage auf.

10 Nicht unbedingt zur selben Zeit. Dieser Widerspruch wirft Fragen auf zur Echtheit des Gottesdienstes, ob öffentlich oder privat. **11.12** Jakobus weiß schon die Antwort auf seine Fragen im voraus. Diese sind eine ausgezeichnete Illustration. Die Natur selbst in ihrer Gesetzmäßigkeit bietet dem Menschen eine Lektion, weil er (nicht die Natur) Gottes Ebenbild ist. Und die letzte Feststellung (V. 12) weist auf die Notwendigkeit der Erneuerung (vgl. 1,18) und eines lebendigen Glaubens (vgl. 2,17) hin. Der Weinstock trägt Weintrauben, nicht Feigen; die Zunge soll das »hervorbringen«, was dem Evangelium gemäß ist. Wenn die Zunge zugleich segnet und flucht, ist ihr Besitzer ein Mensch mit zwei Seelen (vgl. 1,7f).

13 Jakobus wendet sich jetzt an die Lehrer, denn im späten Judentum wurden sie (die Rabbinen) mit den Weisen identifiziert. Die Frage ist zugespitzt *(klug* meint wohl »gelehrt«), doch ihr Sinn ist bedingend: »Wenn jemand sein Wissen benutzt, um sich recht zu verhalten . . .« Weisheit steht analog zum Glauben (vgl. 2,18), auch sie zeigt sich in *Werken.* Es ist die Versuchung der Lehrer, nur zu theoretisieren und arrogant zu sein (vgl. Joh 7,49). Jakobus will, daß Weisheit zu sittlichem Verhalten führt und nicht bloß schlichten Menschen ins Gesicht geschleudert wird. Sie sollen nicht ständig andere korrigieren und sich auch nicht dauernd in Streitigkeiten mit anderen Lehrern einlassen.

14 *Neid* und *Streit* (griech.: *eritheia)* lassen an Buhlen um die Gunst der Menschen, an Wahlintrigen, an illegale Manipulationen zu eigenen Gunsten und an die niederen Motive derer denken, die zu Höherem nicht fähig sind. Solches Verhalten ist keine Qualifikation, weder für einen Lehrer noch für Christen allgemein. Deshalb *rühmt euch nicht* eurer Weisheit. Lüge greift die *Wahrheit* an, die Gottes Mittel der Erneuerung (vgl. 1,18) ist. Wenn das, was Jakobus sagt, auf seine Leser zutrifft, dann sind sie von der *Wahrheit* abgeirrt, nicht unbedingt von der rechten Lehre, sondern von ihren ethischen Forderungen fürs Leben (vgl. 5,19; 1,21f.)

15 Solche Weisheit ist *nicht von oben* (vgl. 1,5.17). Sie ist *irdisch,* weltlich, ihrem Wesen nach nicht übernatürlich, es fehlt ihr die Kraft der Erneuerung (vgl. 1Kor 2,14; Jud 19), und ihre Quelle und ihre Beheimatung ist der Teufel. Die Lehrer sind kurzsichtig, strafen ihre eigene Bekehrung Lügen und spielen dem Feind in die Hand. **16** *Unordnung:* Störung des Friedens in der Gemeinschaft. Jakobus sagt nicht, daß es in jeder Gemeinde *lauter böse Dinge* gibt, sondern daß *Neid und Zank* zu solcher *Unordnung* führen; vgl. Gal 5,19f. *Böse Dinge* meint auch das, wodurch sie verursacht werden; *Neid und Zank* pflanzen sich als Ursache und Wirkung fort.

17 Dieser Vers sagt, was die himmlische Weisheit für die Menschen - nicht nur für die Lehrer - bewirkt: Vgl. 1,5, wo mit »jedermann« nicht nur Intellektuelle gemeint sind. *Weisheit,* die *lauter* ist, beherrscht die Gedanken (vgl. Phil 4,8). Weil sie *friedfertig* ist, bietet sie ein Gegengewicht zu den Streitsüchtigen, und weil sie *gütig* (griech.: *epieikes)* ist, pocht sie nicht auf ihr Recht und nicht auf den Buchstaben des Gesetzes. Weil sie sich *etwas sagen läßt,* ist sie offen für vernünftige Argumente, nicht nur für die, die in ihr Konzept passen. Sie gibt nach, wo sie es mit gutem Gewissen kann. In ihr ist *Barmherzigkeit* immer eine treibende Kraft, ein Mit-Erleben, das sowohl handelt als auch fühlt, und das mit guten Ergebnissen: Sie trägt *gute Früchte.* Sie ist *unparteiisch,* denn sie ist mit sich selbst im Reinen (vgl. 1,6) und diskriminiert nicht (vgl. 2,4). In ihr gibt es keine *Heuchelei,* und sie macht niemandem etwas vor.

18 Der ungewöhnliche Ausdruck *die Frucht ... gesät* ist leicht zu erklären. Ein Bauer mag auf ein reifes Feld weisen und sagen: »Diese Ernte wurde bei schlechtem Wetter gesät.« Hier trägt *Gerechtigkeit* Frucht. *Gerechtigkeit* wird V. 17 beschrieben. Die, die Weisheit von oben haben, handeln wie in V. 17, und das verlangt Nachdenken und Anstrengung (vgl. Mt 5,9): Sie müssen *Frieden stiften* (EÜ). Damit ist nicht Friedhofsstille gemeint. Solch »weises Leben« (V. 13) und gutes Verhalten pflanzt sich oft von selber fort. Wenn *Friede* das Motiv und die Atmosphäre bildet, dann wird sich die Gemeinde nicht spalten, und das hängt in nicht geringem Maße von der Beherrschung der Zunge ab.

4,1-17 Unfriede und Liebe zur Welt

1 Jakobus denkt wohl kaum an *Streit und Krieg* zwischen Nationen; vgl. 3,14.16. Da der ganze Brief so stark von Jesu Lehre geprägt ist, ist es nur natürlich, an Mt 5,21f zu denken. Der erste Begriff meint die andauernden Feindseligkeiten (EÜ: *Kriege),* der zweite (Streit) die gelegentlichen Ausbrüche. Vielleicht kann man noch weiter unterscheiden: Das Verb zum zweiten Begriff wird im Griech. auch für heftige Wortgefechte gebraucht, es kann auch heißen »eine Szene machen«. In andauernden Auseinandersetzungen (»Kriegen«) würde dann zu echten Waffen gegriffen. Der unmittelbare Anlaß des Streits mögen Meinungsverschiedenheiten in Lehrfragen oder soziale Unterschiede gewesen sein (vgl. 2,1f.6; 3,1.13). Friede ist nicht »natürlich«, er muß geschaffen werden; vgl. Eph 4,2f. Die Quelle des Streits sind die *Gelüste* (wörtl.: »Vergnügungen«), die Dibelius mit Begierden gleichsetzt (vgl. V. 2: »ihr seid begierig«, nicht: »ihr genießt«). Hier kämpfen die Begierden nicht wider die Seele (wie 1Petr 2,11), sondern gegen Verstand (vgl. Röm 7,23) und Nächstenliebe (vgl. 2,8), und sie bedienen sich sowohl der Arglist als auch der Gewalt (vgl. 1,14). Zu beachten ist die Einheit von Leib und Seele: die Zunge ist ein Glied (vgl. 3,5f).

2 Begierde und Nichthaben sind endlos: Es gibt keinen bleibenden Besitz. *Morden* und *kämpfen* sollte im übertragenen Sinn verstanden werden. Vielleicht ist es am besten, das ganze Satzgefüge konditional zu verstehen: »Wenn ihr begierig seid ... tötet ihr am Ende. Und wenn ihr neidet ... streitet ihr und führt Kriege.« Neid ist das innere Motiv des »Tötens«. Neid ist die Ursache vieler Verbrechen. Die momentane Befriedigung hinterläßt eine gähnende Leere. So fahrt ihr fort zu töten und zu kämpfen und Krieg zu führen.

3 Ihr großes Versagen liegt im Bereich des Gebetslebens. *Bitten* sie oder bitten sie nicht? Einige sehen hier eine Art Nachgedanken, weil Jakobus nämlich hinzufügt: »Gewiß, ihr betet, aber ...« Die Wortwahl kann aber auch in der Schwierigkeit der hebr. Sprache begründet sein, Ausnahmen auszudrücken; vgl. 1Mo 2,16f. Sie *empfangen* nicht, weil sie nur um Dinge bitten. Zudem sind es die falschen Dinge, die aus den falschen Motiven erbeten werden: Sie wollen sie nämlich für ihre *Gelüste vergeuden. Mord und Vergeudung:* Mancher wird sich fragen, ob das bei Christen vorkommen kann. Rassenunruhen zeigen, wie dünn der Deckel ist, der die Begierde zu töten und zu zerstören bedeckt. Man beachte, daß der Mensch auch falsch beten kann.

4 *Abtrünnige,* wörtl.: *Ehebrecherinnen* (vgl. EÜ), im Sinne von geistlicher Untreue. Das Bild der Ehe für die Gottesbeziehung findet sich schon im AT (z.B. Jes 54,5) und wird auch von Jesus (z.B. Mt 12,39) und Paulus (vgl. 2Kor 11,2) gebraucht. Der Wortgebrauch hier zeigt, daß für Jakobus die Gemeinde Braut Christi ist. Er wechselt dann aber zum Bild der Freundschaft. *Freundschaft mit der Welt* ist logisch und geistlich unvereinbar mit der Freundschaft mit *Gott:* logisch unvereinbar, weil beide, Gott und die Welt, absolute Ansprüche stellen. Geistlich unvereinbar, denn wer sich mit der Welt liiert, nimmt ihren Standpunkt an, und dieser ist *Feindschaft* gegen *Gott.* Jakobus zeichnet das Bild klar und scharf, schwarz oder weiß. Er ist kein Mann zweier Seelen (vgl. 1,8). *Wer der Welt Freund sein will* hat gewählt und hat lieber die Welt zum Freund als Gott. Dadurch macht er sich zum *Feind* Gottes, wenn er es auch vielleicht zuerst nicht merkt. Jakobus erwartet, daß seine Leser ihm hier auf jeden Fall folgen: *Wisset ihr nicht...? Wer* deshalb ... *Freund sein will ...*

5 Unklar ist, welche atl. *Schrift* gemeint ist. Es könnte sich um eine allgemeine Anspielung auf Stellen wie Hos 11,8 handeln. Entweder sind die beiden Freundschaften unvereinbar oder die *Schrift* ist *umsonst,* d.h. bedeutungslos. Der Geist *eifert* wie ein Ehemann um seine untreue Frau. Für das »Begehren« ist Phil 1,8 ein Beispiel. *Der Geist* (griech.: *to pneuma)* wird EÜ als Nominativ verstanden; dann ist *Geist* Subjekt des Satzes (»Der Geist begehrt«). *To pneuma* kann aber auch Akkusativ sein. Dann wäre Gott Subjekt und Geist Objekt: *Mit Eifer wacht Gott über den Geist* (LÜ). Für diese Deutung spricht der Grundtenor V. 5.6. *Geist* kann kaum den *Heiligen Geist* meinen, denn (vgl. V. 6a) Gott gibt nicht dem Heiligen Geist Gnade, zumal der Heilige Geist selbst der Geist der

Gnade ist (Hebr 10,29). Der *Geist* ist der »Odem des Lebens« aus 1Mo 2,7 (vgl. Jak 2,26). Obwohl es grammatisch möglich ist, ist es schwierig, den *Geist* als Subjekt zu verstehen, weil dann ein Objekt fehlen würde und die Verbform *hat in uns wohnen lassen* unnötigerweise verändert werden müßte.

6 *Gibt... Gnade* ist eine Vorwegnahme des vollen Zitats aus Spr 3,34 LXX, das mit *heißt es* eingeführt wird. Jakobus spricht von einer *reichlicheren Gnade*, weil sie größer ist als die, die schon mit dem Lebensodem gespendet wurde; sie ist auch größer im Blick auf die größere Forderung, was an Röm 5,20 erinnert. Einige Ausleger meinen, daß *Gnade* für Jakobus nicht die gleiche umfassende Bedeutung habe wie für Paulus. Aber bevor wir uns dieser Meinung anschließen, sollten wir das dunkle Bild der Sünde ins Auge fassen und das, was Jakobus über Vergebung sagt (5,15). *Gnade* muß in Demut angenommen werden. Menschliche Autonomie bedeutet Feindschaft gegen Gott. Jakobus ist unmißverständlich: Entweder Stolz oder Demut des Menschen, entweder Widerstand gegen Gott oder seine Gnade; vgl. 1Petr 5,5f.

7 *So* ruft Jakobus zur Demut auf: *Seid Gott untertan.* Er sagt dies, damit sie Gnade empfangen und dem Gericht entgehen, zumindest dem Gericht der Verdammnis. Dann zeigt Jakobus, wie man Gott *untertan* werden kann und ermutigt dazu mit einer Verheißung. Zuerst formuliert er negativ. Er fordert seine Leser auf, Gott *untertan* zu sein, indem sie seinem Feind, *dem Teufel, widerstehen* (vgl. Lk 4,13). Der Kampf lodert immer wieder auf, und die Verheißung bleibt gültig. Jakobus vermeidet jedes mögliche Mißverständnis. V. 4 sprach er von der Welt und Gott. Jetzt zeigt er, worum es dabei geht: Es ist der Gegensatz zwischen dem *Teufel* und Gott.

8 Jakobus will mehr als bloß negative Unterwerfung. Positiv gesprochen will er, daß seine Leser sich Gott *nahen.* Das stand im AT nur den Priestern zu (vgl. 2Mo 19,22; Hes 44,13), gilt aber jetzt für alle Gläubigen (vgl. Hebr 7,19). Der beste Kommentar zu *so naht er sich zu euch* ist Lk 15,20. Der erste Schritt zur Rettung eines Menschen wird von Gott getan, denn wer sich *Gott naht*, antwortet ja auf seinen vorausgegangenen Ruf. Nachdem Jakobus ermutigt hat, ruft er mit einer Reihe von klaren und dringlichen Imperativen zur Buße auf. Er ist mehr Chirurg, der schneidet, als Masseur. *Reinigt... und heiligt* ist die Sprache des religiösen Zugangs zu Gott mit ethischen Anklängen (vgl. 2Mo 30,19f; 40,31). Der gereinigte Mensch hat sich im religiösen Sinn »qualifiziert«, er ist im Zustand der Heiligkeit, in dem er Gott begegnen kann. Die Hände versinnbildlichen die Handlungen, die *Herzen* symbolisieren die Absichten. Nicht ohne Grund fordert das Gebet die levitische Reinigung der Hände. Apg 15,9 nennt das Mittel dieser Reinigung (und Apg 15,12.13 sagt, wer damals zuhörte). Zwischen *reinigen* und *heiligen* und zwischen *Händen* und *Herzen* sollten keine zu großen Unterschiede gemacht werden. Auch nicht zwischen *Sündern* und *Wankelmütigen* (vgl. 1,8; s. auch Ps 24,4).

9 *Jammert und klagt und weint:* Wenn die Reue echt ist, wird sich das zeigen. Das ist das Gegenteil von Namenschristentum. Nach Rengstorf sprachen die Rabbiner nicht oft vom *Lachen.* Feinde und Toren lachen, und so ist nach rabbinischer Ansicht Lachen Zeichen der Ablehnung der Allmacht Gottes und Symbol menschlicher Autonomie. Bei der Buße gibt es keinen Raum für Frivolität, und Freude soll auf die göttliche Erneuerung warten. **10** Auf die ernsten Worte folgt Ermutigung. Der *Herr wird* die *erhören*, die sich selbst vor ihm demütigen (vgl. Lk 16,15).

11 Jakobus denkt noch an die Kämpfe und Streitigkeiten und die erhitzten Reden (4,1) und die unbeherrschte Zunge (3,8). Jetzt ermahnt er mit großem Ernst (und sehr persönlich: *liebe Brüder)* seine Leser, nichts Böses übereinander zu reden *(verleumdet einander nicht).* Verleumdung verurteilt einen Menschen, ohne ihn zu hören und ist deshalb verboten. Sie ist eine Übertretung des Gesetzes, und zwar des ganzen Gesetzes (vgl. 2,8.10), und sie *verleumdet* und *verurteilt das Gesetz.* Der Verleumder tut nämlich, als ob er mehr wüßte und eine unabhängige, dem Gesetz nicht unterworfene Stellung hätte. Während er durch Gehorsam ein *Täter des Gesetzes* sein sollte, spielt er sich selbst zu dessen Richter auf und stellt sich über seine Brüder. Er hat sich nicht nur zum *Richter* gesetzt, der Recht spricht und das Gesetz deutet, sondern **12** er hat sich zum *Gesetzgeber* gemacht. Er hat tatsächlich ein neues Gesetz geschaffen, nach dem er seinen Bruder richtet. Der leugnet Gott, der so handelt und versündigt sich, indem er arrogant Gottes Platz für sich beansprucht. Feierlich stellt Jakobus fest: *Einer ist der Gesetzgeber und Richter.* (Das Wort *einer* war für Juden stark emotional besetzt; vgl. 5Mo 6,4). Gott erteilt nicht Ratschläge, sondern Befehle, er verurteilt und führt seine Entscheidungen aus. Denn wie die Gerechtigkeit, so gehört auch alle Macht ihm. Er kann *retten* und *verdammen.* Die rhetorische Frage: *»Wer aber bist du ...?«* braucht von Jakobus nicht beantwortet zu werden. Wenn noch irgend etwas von einem christlichen Gewissen übrig ist, wird es die Antwort schon geben. Hier steht wie 2,8 *den Nächsten.* Wer der Nächste auch sein mag, ob er zur Welt gehört oder zur Gemeinde, er soll geliebt werden. Das wiederholte »Brüder ... Bruder« V. 11 zeigt, daß Jakobus zur Gemeinde spricht. Aber der Geist der Lieblosigkeit ist in die Gemeinde eingebrochen.

13 Jakobus wendet sich nun an andere »hochgestellte« Menschen, die sich zwar nicht über das Gesetz stellen, wohl aber über Vorsehung und Schicksal. Jakobus setzt hart an: *Und nun, ihr, die ihr sagt:... wir gehen in die oder die Stadt...* Die Haltung dieser Menschen ist nicht Entscheidungsfreudigkeit, sondern weltliche Selbstherrlichkeit (»Wer oder was könnte uns bremsen?«) Jakobus greift nicht das Gewinnstreben an, er kritisiert die mangelnde Bereitschaft, Gott in den Entscheidungsprozeß einzubeziehen. Sie handeln so, als ob die Zukunft in ihrer Hand läge. Sie sagen nicht: »Laßt uns gehen...«, sondern zeigen das kalte, rücksichtslose Selbstvertrauen des großen Managements, das gleich ein ganzes Jahr in Planung nimmt. **14** Selbst *morgen* ist ja ihren Blicken verborgen. Die Antwort auf die Frage: »*Was* für ein *Leben* führt ihr?« wird nicht gegeben, sondern vorausgesetzt, *denn* gibt die Begründung. *Was ist euer Leben?* Könnt ihr nicht sehen, daß es vergänglich ist? Denn *ihr seid ein Rauch* (besser: »Nebel«), der aufsteigt und sich wieder verflüchtigt. Anstelle ihrer Selbstsicherheit bleibt nichts als Vergänglichkeit.

15 *So der Herr will* (lat.: *Deo volente,* DV) ist der entscheidende Faktor, der bei jeder Planung berücksichtigt werden muß; vgl. Apg 18,21; 1Kor 4,19. Leben *(und wir leben)* und Planen ist von Gott abhängig. Die durchaus mögliche semitische Interpretation: »Wenn der Herr will, daß wir dann noch leben, werden wir dies oder das tun« ist nicht überzeugend. **16** *Nun aber,* wo ihr eigentlich sagen solltet: »Wenn Gott will«, *rühmt* ihr euch dessen, was ihr V. 13 sagt. Der *Übermut* (die Arroganz) besteht darin, mehr zu beanspruchen als man ist, nämlich der stolze Herr des Lebens und der Zeit. *All solches Rühmen ist böse,* weil Gott der Herr der Schöpfung, der Geschichte und der Zeit ist.

17 Dieser Vers sollte mit »deswegen« beginnen. Jakobus nennt hier die Unterlassungssünde, die überall verbreitet ist. Die Kaufleute wissen um ihre Pflicht, richten sich aber nicht danach. Das geschieht mitunter im Geschäftsleben. V. 16 steht noch *böse,* hier steht *Sünde.* V. 17 ist auch eine Antwort für den Ungläubigen, der sagt, er »habe nie jemandem etwas Böses getan«. Wenn jemand das Wort nicht annimmt und ihm nicht gehorcht, der tut auch das *Gute* nicht.

5,1-6 Die Reichen auf der Anklagebank

1 Nach den Kaufleuten wendet sich Jakobus jetzt den begüterten Großgrundbesitzern zu. Er schreibt wie ein Prophet, er ruft weniger zur Buße auf als daß er den Untergang ankündigt, und er spricht die Reichen direkt und ohne falsche Rücksichtnahme an. *Und nun, ihr Reichen: Weint und heult* in Trauer wegen des auf euch wartenden *Elends.*

2.3 Der Untergang ihres Reichtums wird im Perfekt ausgedrückt; manche Ausleger verstehen das (wie im AT) als »prophetisches Perfekt« - das zukünftige Ereignis ist so sicher, daß es schon in der Vergangenheitsform beschrieben werden kann. Man kann es aber auch so verstehen, daß der Besitz der Reichen so groß ist, daß sie nicht alles verwenden können. Deswegen ist ihr Getreide *verfault* und sind ihre vielen Gewänder *von Motten zerfressen.* Ihre Silber- und Goldmünzen und ihr kostbarer Schmuck sind häßlich geworden *(verrostet* muß nicht zu wörtlich genommen werden. Jakobus schreibt nicht als Naturwissenschaftler, zudem bedeutet das griech. *ios* nicht nur »Rost«, sondern auch »Gift« wie 3,8). Die Ausdrucksweise war damals üblich; vgl. Pred 29,10; Thomasevangelium 76; Mt 6,19f; daß Jakobus Mt 6,19f als Vorlage benutzt hat, ist nicht zu belegen (s. D. Guthrie, *New Testament Introduction:* Hebrews to Revelation, 1962; W. G. Kümmel, *Einleitung in das Neue Testament,* 1973[18]. Der *Rost* - und die Löcher, die die *Motten* gefressen haben und das *verfaulte* Getreide - wird im Gericht als Beweismittel *(Zeugnis)* für wirtschaftliche Verantwortungslosigkeit und mangelndes soziales Gewissen herangezogen werden. *Wird euer Fleisch fressen:* Einige Ausleger halten es für möglich, den *Rost* mit dem Aussatz der Hölle gleichzusetzen, der das *Fleisch* der Verdammten zerfrißt; vgl. 4Mo 12,12; zur Verbindung von Aussatz und Verbrennen vgl. 3Mo 13,24f. *In diesen letzten Tagen:* Vgl. Apg 2,16f. Die Großgrundbesitzer sind blind oder gleichgültig.

4 Mehr noch: Mit all ihrem Geld haben sie nicht einmal ihre Arbeiter bezahlt. *Land* meint hier große Ländereien. Der Vers hat die Form eines synthetischen Parallelismus. Der zurückgehaltene Lohn schreit (jetzt - nicht erst im Gericht) und ist stilistisch mit dem Schreien *(Rufen) der Schnitter* (»Zahl uns unseren Lohn«) verbunden. Der *Herr Zebaoth* hört beide Parteien; vgl. Am 4,13. *Zebaoth* (hebr.: »Heerscharen«): *a.* die Heere Israels (vgl. 1Sam 17,45); *b.* die Himmelsheere, die Sterne und die Naturkräfte (vgl. 1Mo 2,1); *c.* die Engelheere (vgl. 1Kö 22,19; Jes 6,1-5). Geschichte, Natur und das Übernatürliche sind Werkzeuge in der Hand Gottes, um den Unterdrückten Recht zu schaffen.

5 Er wird nicht nur den Unterdrückten Recht schaffen, auch die Gerechtigkeit selbst wird aufrechterhalten. Vom Gesichtspunkt des kommenden Gerichts schaut Jakobus auf ihr ganzes Leben *auf Erden* als Luxus und Vergnügen (GN); vgl. Lk 16,19: »alle Tage«. Jakobus richtet seine Botschaft mit prophetischer Kraft aus: Während der Schlachttag schon vor der Tür stand, habt ihr euch noch gemästet (GN), wie der törichte Reiche Lk 12,19, der seine Seele essen und trinken lassen wollte. So blind vor ihrem Untergang sind auch die Reichen hier. Sie hören bis zuletzt nicht mit ihren Sünden auf, sie gehen so in ihnen auf, daß sie nicht einmal merken, daß es der *Schlachttag* ist. Zu beachten ist, wie geschickt und dramatisch Jakobus Jeremias Wort vom Schlachten der Schafe (Jer 12,3) anwendet.

6 Jakobus fällt in einen Stakkato-Ton: *»Ihr habt verurteilt! Ihr* habt den *Gerechten getötet!«* Der *Gerechte* ist Kollektivbegriff; vgl. Ps 37,12 »der Gerechte« (Sing.); Ps 37,17 »die Gerechten« (Plural). Da *der Gerechte* Messiastitel ist (vgl. Apg 7,52), sieht Jakobus wohl die Verurteilung des Messias in dem Erleben seiner gerechten Diener wiederholt. In beiden Fällen mögen die Reichen die Gerichte kontrolliert haben.

5,7-11 Das geduldige Warten auf den Herrn

7 Bei *geduldig* geht es um Zeit, nicht um Schmerzen. *So* ist Verbindung zum vorhergehenden Abschnitt und zeigt die Verbindung zwischen dem Gericht und der Parusie, dem *Kommen des Herrn.* Arme *Brüder* können Mut fassen. Es ist nicht anzunehmen, daß Jakobus an die bevorstehende Zerstörung Jerusalems denkt. Er hilft der Vorstellungskraft durch ein Bild, das alle verstehen. Ein geometrisches Problem kann langsam oder schnell gelöst werden, von einem Genie sogar blitzartig, doch der Bauer muß akzeptieren, daß die Saat Zeit braucht zum Reifen. Der *Frühregen* bringt die Saat zum Keimen, und der *Spätregen* ist nötig zum Reifen der Frucht; vgl. 5Mo 11,14.

8 Jakobus wendet die Lektion an. So wie der Bauer geduldig ist, *seid auch ihr geduldig. Stärket* (nicht wie V. 5 »mästet«) *eure Herzen* mit dem Gedanken, daß der *Herr bald kommt.* Das ist die wahre Medizin gegen Zwiespältigkeit (vgl. 1,8). *Kommt bald:* Das hier benutzte griech. Verb *engizo* bedeutet »sich nähern, herankommen«. Das *Kommen* des Herrn hat also noch nicht stattgefunden, es ist »nur« nahe. Diese Beobachtung ist wichtig für die Auslegung von Mk 1,15, wo dasselbe Verb benutzt wird. Das Reich Gottes ist in Jesus *nahe,* aber endgültig kommen wird es erst bei seiner Wiederkunft. Wenn das nicht so wäre, läge Jakobus völlig falsch.

9 Jakobus weiß, daß Not und Angst verbittern und so die Zunge lockern können. Deswegen ermahnt er voller Mitempfinden: *Liebe Brüder, seufzt nicht.* Er weiß, daß *widereinander seufzen* eine Form des Richtens ist, und Richten hat ja schlimme Folgen (vgl. Mt 7,1; Röm 2,1). Die Nähe des *Richters* verleiht der Warnung besonderes Gewicht. Die einfache Feststellung: *Der Richter steht vor der Tür* ist eindringlich. Offb 3,20 wird das Bild anders gebraucht. Bei Jakobus steht Jesus nur vor der Tür, während er in der Offenbarung spricht, noch bevor der, der drinnen ist, die Tür öffnet. Daß Jakobus nichts darüber sagt, wer die Tür öffnet, erhöht die Spannung; vgl. 4,11f.

10 Jakobus setzt bei seinen Lesern die Kenntnis der biblischen Überlieferung voraus und damit auch die Kenntnis der Ehrentafel ihres Volkes, die ihren Ausdruck Hebr 11 findet. Sie kannten die Propheten vor allem als Märtyrer. Das kann erklären, warum Jakobus seinen Lesern die *Propheten* als *Vorbild des Leidens* empfiehlt und nicht den Herrn, wie es Petrus tut (1Petr 2,21). Die Christen wußten, daß er mehr als ein Märtyrer war. *Leiden und Geduld* impliziert, daß die *Propheten* ertrugen, was ihnen auferlegt wurde. Der Gedanke der Zeit (V. 7) fließt hier mit dem Gedanken des Ertragens zusammen. *Propheten* werden treffend als Menschen, *die geredet haben in dem Namen des Herrn* definiert.

11 *Wir preisen selig, die erduldet haben:* Diese Haltung paßt zu großen Helden. Die Leser haben *von der Geduld Hiobs gehört,* nicht nur aus dem Volksmund, sondern aus der öffentlichen Verlesung des AT. *Zu welchem Ende ... geführt hat;* wörtl.: »das Ende *(telos)* des Herrn«. *Telos* kann »Ende« bedeuten (Mk 3,26; Hebr 7,3), »Ziel« (1Tim 1,5) oder »Ergebnis« (Röm 6,21). Jakobus meint »das Ende, das der Herr dem Hiob bereitet hat« (EÜ, Anmerkung). Diese Wendung ist ein Hebraismus, und Dibelius weist auf Mt 26,58 hin. Dort geht Petrus nicht in den Palast, um das Ende Jesu zu sehen, sondern wo es hinaus wollte. *Denn der Herr ist barmherzig:* Vgl. Ps 103,8; 111,4.

5,12 Verbot des Schwörens

Vgl. Mt 5,34-37. Der Gedanke des Gerichts verbindet diesen Vers mit dem vorhergehenden Abschnitt (vgl. V. 9). Das Verbot ist absolut! Es gibt keinen Kompromiß (vgl. 1,8)! *Vor allen Dingen* ist typischer Briefstil: »Vor allen Dingen sollte ich nicht vergessen, euch zu erinnern ...«; vgl. 1Petr 4,8.

5,13-20 Die praktische Anwendung geistlicher Prinzipien

13 Die Fragen sind eigentlich hypothetisch im Stil einer Diatribe (s. Einl.), vgl. 3,13; 1Kor 7,18.21.27. Das Verb *leiden* ist verwandt mit dem Substantiv V. 10. Es bedeutet, daß ihnen Unangenehmes angetan wird. Wer leidet, soll

»weiter beten«. Wer *guten Mutes* ist, ist nicht leichtfertig, sondern bei guter Verfassung, wie Soldaten vor einer Schlacht. Er sollte *singen. Beten* und *Singen* sind beides positive Reaktionen auf Erfahrungen. **14** Hier geht es um einen Kranken, der bei Bewußtsein ist, denn er soll die *Ältesten rufen,* die in der örtlichen *Gemeinde* Dienst tun. Das *Salben* mag vor oder während des Gebets stattfinden. *Öl* wurde als Medizin angesehen, und es mag als »Hilfe für den Glauben« oder als »Anreiz zum Glauben« dienen. Von Geistesgaben wird hier nicht gesprochen (vgl. 1Kor 12,9.28.30). *In dem Namen* kann »bei der Anrufung des Namens« oder »in der Kraft des Namens« bedeuten.

15 Krank wird V. 15 u. V. 14 mit zwei verschiedenen griech. Worten ausgedrückt: *astheneo* (V. 14) und *kamno* (V. 15). *Astheneo* bedeutet »krank sein«, ist aber auch mit dem Adjektiv *asthenes* »schwach« verwandt, das Röm 5,6 als Bezeichnung für »Sünder sein« gebraucht wird. *Helfen* (griech.: *sozo)* wird Röm 5,9f für die Bewahrung vor dem göttlichen Zorn verwendet, aber das gleiche Verb wird Mk 6,56 auch im medizinischen Sinn gebraucht: »gesund werden«. Für den *Kranken* wird *kamno* gebraucht, das sowohl von Erschöpfung und Krankheit spricht und selbst von Toten (vgl. Weisheit 4,16) gebraucht wird, aber offensichtlich nie von Sterbenden. *Kamno* wird für »ermatten« gebraucht, im wörtl. wie im geistl. Sinn: »daß nicht jemand strauchle . . . sondern vielmehr gesund werde« (Hebr 12,3). Das Wort für *aufrichten* wird für die Auferstehung gebraucht, aber nicht nur: Es kann »vom Schlaf aufwecken« und »(vom Bett oder Boden) aufheben« bedeuten. *Wenn* er *Sünde getan hat,* steht griech. im Perfekt, die Zeitform die dann benutzt wird, wenn die Folgen einer vergangenen Handlung noch in die Gegenwart reichen. Man könnte dann sagen: Wenn jemand unter der Last (noch unvergebener) Sünden leidet (vgl. Joh 8,21.24; 1Kor 15,17).

Die Doppeldeutigkeit der genannten Wörter erschwert die Auslegung. Man kann deswegen zwischen einer durchgehend medizinischen und einer durchgehend geistlichen Interpretation wählen. Entweder: Ein Mensch ist *krank,* das *Gebet des Glaubens* wird ihn heilen, und der Herr wird ihn von seinem Krankenlager *aufrichten.* Oder: Er ist geistlich hilflos und schwach und wird in einer geistlichen Erneuerung gerettet werden. Es kann sein, daß Jakobus bewußt doppeldeutig formuliert hat, damit der Kranke das Verständnis der Sätze für sich in Anspruch nehmen kann, das den Ergebnissen des Besuches der Ältesten entspricht. Denn alles ist ja Gottes Willen unterworfen: Er mag heilen wollen, dann ist die medizinische Interpretation passend. Wenn er nicht heilt, dann ist die geistliche Interpretation passend, denn ein Christ (»jemand unter euch«, V. 14) wird sicher von ganzem Herzen zu dem Gebet »Amen« sagen. In beiden Fällen ist der Hinweis auf die Vergebung gleichermaßen berechtigt.

Dieser Vers ist die (problematische) Grundlage des römisch-katholischen Sakraments der Krankensalbung, das bis vor kurzem »letzte Ölung« hieß. Der erste Theologe, der den Ausdruck gebraucht hat, war Petrus Lombardus (ca. 1100-1160). Seit der Zeit war die »letzte Ölung« eines der sieben katholischen Sakramente. Auch nach der Änderung der Bezeichnung wird das Sakrament der Krankensalbung vorwiegend Sterbenden gereicht. Jakobus bietet für die katholische Auffassung wenig Grundlage. Er sagt nicht, daß es ein Sakrament sei oder daß die fünf Sinne gesalbt werden sollten, und er sagt auch nichts über den mittelalterlichen Brauch, daß dazu vom Bischof geweihtes Öl benutzt werden müsse. Bei Jakobus sind die *Ältesten* (Laien-) Glieder der Gemeinde und nicht Priester. In den ersten sieben Jahrhunderten der Kirchengeschichte erwartete man allgemein, daß die Salbung zur Gesundung des Kranken führen würde. Das paßt besser zu Jakobus als die Ansicht, die Krankensalbung sei für Sterbende ein Weggeleit beim Übergang in die Ewigkeit.

16 *Bekennt* (hier könnte ein »deswegen« - angesichts der Ermutigung in V. 15 - hinzugefügt werden, LÜ: *so) einander die Sünden,* es könnte ja sein, daß jemand Unrecht getan hat. In gewisser Hinsicht sind sie alle krank, denn Jakobus wünscht, daß sie *gesund werden.* Damit kehrt er wieder zu den Kämpfen und Streitigkeiten der Zungen (vgl. 4,1) zurück. Dann blickt er von der Allgemeinheit zum Einzelnen, denn irgend jemand muß mit der Fürbitte beginnen. Und des *Gerechten Gebet* hat große Macht. *Wenn es ernstlich ist:* besser zu übersetzen: »in seiner Wirkung« (EÜ; ähnlich ZÜ). Das bedeutet: »Wenn es gerade wirkt«; denn selbst ein *Gerechter* muß schlafen und kann nicht immer beten. **17.18** *Schwacher Mensch:* (besser: *Mensch von gleichen Gemütsbewegungen* [EÜ]) also »einer von uns«; vgl. Apg 14,15. *Er betete . . . daß es nicht regnen sollte:* Vgl. 1Kö 17,1; 18,1.41-46. Die 3 1/2 Jahre stammen aus der jüdischen Überlieferung; vgl. Lk 4,25. Der Hinweis ist klar: die Leser mögen keine Propheten sein, aber es war nicht die Prophetie Elias, die Kraft hatte, sondern das Gebet des Gerechten. Sei gerecht (GN: Lebe, wie Gott es verlangt) - und bete!

19.20 Die Auslegung dieser Verse hängt davon ab, wer mit *jemand unter euch* gemeint ist. Soll der, der irrt, wiedergewonnen oder *bekehrt* werden? Für »Wiedergewinnen« spricht, daß der Irrende Gemeindemitglied ist *(jemand un-*

ter euch). Dann geht es um einen Hirten (Pastor), der den *Sünder* gesucht und gefunden und zur Umkehr (EÜ) gebracht hat. Er braucht einen, der seine *Seele vom Tode errettet.* Das Problem ist hier nicht die Errettung durch einen Mitchristen, denn der ist ja nur das Werkzeug (vgl. 1Kor 9,22). Das Problem ist, ob ein Christ verdammt sein kann. Deswegen ist zu vermuten, daß Jakobus an Bekehrung denkt und nicht an Wiedergewinnung. Unter Jakobus' Lesern waren, wie 4,1 vermuten läßt, nicht nur Christen, sondern auch Unbekehrte (4,1). Als solche Menschen das Evangelium hörten, waren sie der Wahrheit nahe. Und Jakobus schreibt ja auch, daß jemand weiter von (griech.: *apo)* der Wahrheit abirrt, nicht aus ihr heraus (griech.: *ek).* Es geht also um einen Menschen, der dem, der »nicht ferne vom Reiche Gottes ist« (Mk 12,34), zunehmend unähnlicher wird. Dann geht es also nicht um Wiedergewinnung, sondern um Bekehrung. Der christliche Mitarbeiter ist das Werkzeug der Rettung des Irrenden, und durch die Verkündigung des Kreuzes bedeckt er seine vielen *Sünden.*

Ronald A. Ward

Der erste Brief des Petrus

Einleitung

Verfasser

Der Verfasser beansprucht, »Petrus, ein Apostel Jesu Christi« (1,1) zu sein und »Zeuge der Leiden Christi« (5,1) gewesen zu sein. Er schreibt durch die Vermittlung von Silvanus aus einem Ort, den er Babylon nennt; sein Sohn Markus ist bei ihm (5,12.13). Abgesehen von diesem direkten Indiz enthält der Brief viele Hinweise auf das Leben und die Verkündigung Jesu; s. Verweise weiter unten im Komm. Das Urteil von F. H. Chase lautet: »Keine Epistel enthält so viel vom Geiste Jesu.«

Der Brief ist durch Bezeugungen und Zitate von frühen christlichen Autoren sehr gut beglaubigt, aber in den letzten Jahren ist seine Echtheit in Zweifel gezogen worden, im wesentlichen aufgrund von fünf Hauptanklagepunkten:

a. Es wird behauptet, daß der Stil und die Sprache - die zugegebenermaßen gut, aber nicht wirklich so klassisch sind, wie es einige wahrhaben wollen - viel zu gut seien für den ehemaligen Fischer Petrus, der in Apg 4,13 als »ungelehrt« beschrieben wird. Auch wird darauf hingewiesen, daß die atl. Zitate aus der LXX stammen, während man von Petrus doch erwarten würde, daß er die hebr. Texte zitiert. Dem muß entgegengehalten werden, daß in den Tagen des Petrus Galiläa wahrscheinlich zweisprachig war; Petrus wäre dann schon seit seiner Kindheit vertraut gewesen mit der griech. Sprache (der Name seines eigenen Bruders ist griech.) und da er Fischer war und an einem der großen Handelswege wohnte, mußte er die Sprache regelmäßig sprechen. Dreißig Jahre Evangelisationsarbeit und Verkündigung der christl. Lehre in einer Kirche, die einen immer größer werdenden Anteil an Nichtjuden umfaßte, hätten Griechisch dann zu seiner täglichen Sprache gemacht und die LXX zu seiner »Arbeitsbibel«. Auf jeden Fall wissen wir aus 5,12, daß Silvanus als Gehilfe beim Schreiben dieses Briefes beteiligt war, und das könnte beinhalten, daß er ein großes Maß an Freiheit hatte bezüglich des Stils und der Sprache, während er von Petrus den Inhalt des Briefes erhielt. Man ist sich im allgemeinen darüber einig, daß er mit dem Silvanus identisch ist, der in verschiedenen Briefen des Paulus und in Apg Silas genannt wird. Als römischer Bürger (s. Apg 16,37) scheint Silvanus ein gebildeter Mann gewesen zu sein und es gibt Beziehungen zwischen diesem Brief, 1 und 2Thes und dem Aposteldekret Apg 15, die darauf schließen lassen, daß er möglicherweise beim Abfassen aller vier Schriften beteiligt war.

b. Aus 4,14.16 hat man vielfach auf eine späte Entstehung des Briefes geschlossen. Man sagte, diese Verse müßten zu einer Zeit geschrieben worden sein, als die bloße Tatsache, daß man ein Christ war, ein Verbrechen bedeutete; der erste Hinweis auf eine solche Situation sei aber erst im Briefwechsel des Plinius (Gouverneur von Bithynien) mit Trajan (Kaiser von 98 bis 117 n. Chr.) zu finden. Doch das Hauptanliegen des Petrus in Kap. 2-4 ist, daß ein Christ dafür sorgen soll, ein heiliges, unschuldiges Leben zu führen, so daß, falls er verleumdet und angegriffen wird, solche Verleumdung sich als grundlos erweisen muß. Das Buch der Apg zeigt, daß von den frühesten Tagen an Mißverständnisse oder einfach die Ablehnung des Evangeliums zur Verfolgung »um des Namens Christi willen« führen konnten. Hinter 1Petr 4,14.16 braucht daher nicht mehr zu stehen als hinter ähnlichen Aussagen in Mt 10,22 und Apg 5,41 auch. (Vielmehr deutet der Hinweis des Petrus auf die Rolle des Staates in 2,13.14 eher darauf hin, daß er keine staatliche Verfolgung erwartete; die Haltung der Gemeinde gegenüber der staatlichen Autorität ist hier im Grunde die gleiche wie in der Apg.)

c. Eine gewisse Übereinstimmung mit paulinischen Gedanken, insbesondere die geistige Verwandtschaft mit Eph, wird von manchen als Einwand gegen die Echtheit des 1Petr gesehen. Dieser Ansicht kann man jedoch nur sein, wenn man annimmt, daß die beiden Apostel sich nie ausgesöhnt haben und daß ihre Verkündigung sehr unterschiedlich gewesen sein muß. Die Grundgedanken der christlichen Verkündigung in der frühen Kirche waren einheitlich, und es wäre merkwürdig, wenn es keine Ähnlichkeit gäbe. Wenn wir zudem in Betracht ziehen, daß Petrus und Paulus vielleicht zusammen in Rom waren, bevor der Brief geschrieben wurde, werden sie zweifellos über manche der Kernpunkte dieses Briefes miteinander gesprochen haben.

d. Einige Ausleger weisen darauf hin, daß das Gebiet, an das der Brief geschrieben wurde, zum Missionsgebiet des Paulus gehörte, und dieser Brief sei dann ein Verstoß gegen die Abmachung in Gal 2,9. Doch dagegen ist zu sagen, daß diese Abmachung etwa 10 Jahre zuvor getroffen wurde. In der Zwischenzeit aber war die Trennlinie zwischen Gemeinden für Juden und Gemeinden für Nichtjuden weniger deutlich geworden. Außerdem deutet 1,12 zwar an, daß Petrus diese Gebiete nicht ursprünglich evangelisiert hatte, aber es ist auch keineswegs sicher, daß es sich um Missionsgemeinden des Paulus handelte. Apg 16,6.7 spricht jedenfalls dagegen.

e. Weiter wird angeführt, daß in diesem Brief keine persönlichen Erinnerungen an Jesus erwähnt werden, wie man sie von Petrus erwarten könne. Das ist aber eine etwas willkürliche Feststellung, und viele Kommentatoren kommen aufgrund der Hinweise auf das Vorbild Jesu und der Anklänge an Worte Jesu zur entgegengesetzten Schlußfolgerung - s. 1,13; 2,20-25; 3,14; 4,14; 5,1.2 und andere Verweise im Komm. weiter unten.

Alles in allem ist keiner dieser Einwände wirklich überzeugend; und wir sehen daher keinen zwingenden Grund, die überlieferte Autorschaft des Petrus zu verwerfen.

Abfassungszeit und -ort

Im Hinblick auf das, was oben unter *b.* gesagt wurde, scheint ein Zeitpunkt innerhalb der Regierungszeit Neros am wahrscheinlichsten. Im Blick auf 2,12 können wir annehmen, daß er vor Ausbruch der Verfolgung in Rom (64 n. Chr.) geschrieben wurde, insbesondere dann, wenn Paulus zu jener Zeit umgekommen wäre, da Petrus keinen Hinweis auf den Märtyrertod des Paulus gibt. Die literarischen Beziehungen des Briefes weisen nach einigen Kommentatoren auf die Zeit nach 60 hin. Demnach wurde der Brief wahrscheinlich ungefähr im Jahre 63-64 n. Chr. geschrieben.

Die Argumente dafür, daß der Brief in Rom geschrieben worden ist, stützen sich auf die Tatsache, daß in Offb 16,19; 17,5, usw. Babylon ein verborgener Hinweis auf Rom ist. Dies gilt wohl auch für die Erwähnung Babylons 1Petr 5,13. Man argumentiert anhand der Ortsfolge, die 1,1 aufgelistet ist, daß der Schreiber daran dachte, daß der Überbringer des Briefes mit dem Schiff zu einem Hafen in Pontus fahren würde - was der Fall wäre, wenn er aus Rom käme - und dann in einem weiten Bogen zu den Empfängern des Briefes reisen würde, um vom gleichen Hafen aus zurückzukehren oder von irgendeiner Stelle an der Küste Bithyniens. Kol 4,10 zeigt, daß Markus zu der Zeit bei Paulus in Rom war, jedoch beabsichtigte, nach Kleinasien zu gehen, und 2Tim 4,11 ist er in Kleinasien, und Paulus läßt ihn zurückrufen nach Rom. 1Petr 5,13 ist er bei Petrus und das könnte sehr gut in Rom gewesen sein, wenn einige Ausleger auch annehmen, daß Markus beim Tode des Paulus nach Babylon in Mesopotamien geflüchtet ist, um Zuflucht zu finden bei Petrus. Angesichts der Tatsache aber, daß der Großteil unseres Beweismaterials sowohl Petrus als auch den Brief mit Rom verbindet, scheint die Abfassung des 1Petr in Rom die angemessenste Schlußfolgerung.

Die Adressaten

Vergleicht man die Angaben 1,1 mit einer Landkarte, so kann man feststellen, daß der Brief an eine Reihe von Gemeinden in Kleinasien nördlich der Taurusberge gerichtet war. Ihre genaue Bestimmung ist schwierig, da die angegebenen Ortsnamen sowohl auf alte Königreiche als auch auf römische Provinzen verweisen, und beide waren nicht immer dekkungsgleich. Einige Ausleger gehen im Blick auf 1,1.2.6-10 und die häufigen Bezugnahmen auf das AT davon aus, daß sich der Brief ursprünglich an Judenchristen richtete. Andererseits lassen etliche Stellen daran denken (vgl. 1,14.18; 2,9.18ff; 4,3-5), daß der Verfasser sich nicht nur an Juden- sondern auch an Heidenchristen wendet, zumal es recht unwahrscheinlich erscheint, daß es zu der damaligen Zeit für Juden- und Heidenchristen gesonderte Gemeinden gab. Die Unsicherheit im Blick auf die Adressaten ergibt sich daraus, daß Petrus von einem jüdischen Hintergrund aus schreibt und die Tatsache in den Vordergrund stellt, daß die christliche Gemeinde das wahre Israel Gottes ist.

Die Einheit des Briefes

Einige Kommentare wollen in 1,1 und 5,12-14 spätere Zusätze sehen. Es ist jedoch schwierig, die persönliche Bezugnahme 5,1 zu streichen, und außerdem widerspricht der Handschriftenbefund dieser These.

Gelegentlich wird behauptet, der ursprüngliche Brief schließe mit der Doxologie (Lobeshymne) 4,11; 4,12ff sei als spätere Hinzufügung zu werten, da von einer veränderten Situation ausgegangen werde. 3,17 - so wird behauptet - rechne kaum mit der Möglichkeit des Leidens, während 4,12 bereits von schweren Prüfungen rede. Obwohl das Argument zunächst überzeugen mag, ist - mit den meisten Gelehrten - von der Einheit von 1,3-4,11 auszugehen. Dabei steht 1,6 der Stelle 4,12 näher als 3,17. Vermutlich denkt Petrus einmal an die Gemeinde als ganze zum andern an die einzelnen Glieder der Gemeinde. Wahrscheinlich dachte er daran, daß die Gemeinden in absehbarer Zukunft der Verfolgung ausgesetzt würden; obwohl dann alle Mitglieder von der Verfolgung betroffen wären, so ist es doch immer wieder nur der einzelne, der besonders zu leiden hat. Dann wäre 3,17 weniger auf den einzelnen Leser bezogen. Andere Ausleger deuten an, daß Petrus vielleicht kurz vor 4,12 neue Nachrichten bekommen hatte, die ihn veranlaßten, den Tenor seines Briefes zu ändern, was aber im Blick auf 1,6 doch recht unwahrscheinlich erscheint.

Was das andere Argument anbelangt, so muß ein Lobeshymnus (4,11) nicht notwendigerweise den Abschluß des Briefes anzeigen; der Schreiber hat seinen Gedankengang zu Ende geführt und bricht nun in Lobpreis aus. Parallelen zu diesem literarischen Stilmittel begegnen Röm 11,33-36; 15,33; Eph 3,20.21 u.a.m. Da der textkritische Befund keine weiteren Anhaltspunkte bietet, ist Zurückhaltung angesagt.

Zielsetzung

Einige Ausleger wollen in den Bezugnahmen auf Taufe und geistliche Anfänge (3,21; 1,22; 2,2) Hinweise dafür sehen, daß es sich eigentlich um eine Predigt handelt, die anläßlich eines Taufgottesdienstes oder einer Osterliturgie gehalten wurde. Obwohl dies nicht auszuschließen ist, sprechen keine zwingenden Gründe für diese und ähnliche Hypothesen. Im folgenden wird davon ausgegangen, daß Petrus einzelnen Gruppen von Christen in der Zerstreuung schreibt, um ihnen praktische Anregungen für ihr christliches Leben zu geben und sie auf die bevorstehenden Leiden und Verfolgungen vorzubereiten.

Die geistige Heimat des Briefes

Der Brief nimmt mehrmals auf das AT Bezug, vor allem auf Jesaja und die Psalmen (vgl. 1,18-20.24.25; 2,6-8.22ff; 3,10-12; 4,17.18). Obwohl nicht auszumachen ist, ob dem Verfasser die Evangelien vorlagen, gibt es doch zahlreiche Anspielungen auf Ereignisse im Leben Jesu. Außerdem lassen sich einige interessante Vergleiche zwischen dem Brief und den Ansprachen des Petrus in der Apg anstellen.

Sprachliche Anklänge an den Römer- und Hebräerbrief sind recht häufig; man wird wohl sagen dürfen, daß die Verfasser »die gleiche geistliche Luft atmeten«. Zudem hatten sich in den christlichen Gemeinden bereits bestimmte Begriffe und Redewendungen als Ausdruck der gemeinsamen christlichen Erfahrung eingebürgert. Des weiteren sind interessante thematische Anknüpfungen an Eph und Jak festzustellen. Man sollte jedoch aus diesen Beobachtungen keine voreiligen Schlüsse ziehen.

Die Theologie des Briefes

Petrus ist ein »praktischer Theologe«. Die Glaubenslehre, um die es ihm geht, ist immer eingebunden in das Leben. Das wird aus folgender Zusammenfassung deutlich.

Gott

Die praktische Beziehung zwischen den drei Personen der Dreieinigkeit wird 1,1.2 dargelegt. Weil Gott souverän ist, kann man ihm vertrauen (4,19); weil er heilig ist, soll der Christ sein Leben nach Gottes Vorbild gestalten (1,15.16); weil Gott Vater ist, sollen seine Kinder seinem »Familiennamen« Ehre bereiten (1,7), und schließlich gibt die Tatsache, daß Gott sein Volk auserwählt hat, dem Glaubenden Gewißheit und Geborgenheit (1,2).

Christus

Jesus Christus ist uns in seiner Sündlosigkeit, seinem Gehorsam und seiner Leidensbereitschaft zum Vorbild geworden (2,21-24). Er ist gestorben und vom Tode auferstanden - so sollen wir der Sünde sterben und in der Kraft seiner Auferstehung leben (2,14; 4,1). Sein Werk, zu dem er vom Vater ausersehen wurde (1,20.21), ist die Erlösung (1,18.19), Versöhnung und das Opfer für die Sünden (3,18). In Christus gründen Glaube und Hoffnung, und sein Leben ist für uns Ansporn zu Heiligkeit und Liebe (1,21.22).

Der Heilige Geist

Der Heilige Geist ist der Heiligende (1,2), der Verfasser der Heiligen Schrift (1,11) und zugleich der, der den Verkündigern des Evangeliums die Vollmacht zu ihrem Auftrag gibt (1,12).

Die Heilige Schrift

Die Autorität der Heiligen Schrift wird vom Verfasser dadurch hervorgehoben, daß er sich - zur Bestätigung seiner eigenen Lehre - immer wieder auf das AT beruft (1,24.25; 2,6-8; 3,10-12). Die Heilige Schrift entstand dadurch, daß der Heilige Geist ihre Verfasser lenkte (1,11). Daß ihre Autorität eine bleibende ist, läßt sich anhand der AT-Zitate nachweisen (1,23.25). Sie wird auch als Samenkorn beschrieben, das im Leben des Menschen die Neugeburt bewirkt, wenn der Mensch auf die Verkündigung des

Evangeliums hört und darauf eingeht (vgl. 1,23 mit V. 25).

Die Gemeinde

Der Gemeinschaft des Volkes, in die der einzelne im Augenblick seiner Wiedergeburt eintritt, mißt Petrus einen hohen Stellenwert bei (2,2-5; vgl. 1,22.23). Die Gemeinde ist der Tempel Gottes, dessen Grundstein Christus selber ist (2,6-8), und als solcher ist sie der Erbe der Israel verheißenen Segnungen (2,9.10). Die Gemeinde erfüllt eine zweifache Funktion: Sie verherrlicht Gott und legt vor den Menschen Zeugnis ab (2,5.9); dieser Dienst ist eine verantwortungsvolle Aufgabe (5,1-4).

Von den letzten Dingen (Eschatologie)

Der Verfasser erinnert seine Leser an die Nähe des unsichtbaren Christus und auch daran, daß sie - wenn er erscheint - an seiner Herrlichkeit teilhaben werden. Dann wird sich ihr Heil vollenden, und sie werden ihr Erbe antreten (1,5); ihr Glaube wird belohnt (1,7; 4,13) und sie werden das volle Ausmaß der göttlichen Gnade entdecken (1,13); sie werden an Christi Herrlichkeit teilhaben (5,1), und ihre Treue im Dienst wird belohnt werden (5,1). Die Erwartung seiner Wiederkunft motiviert zu geheiligtem Leben und zu sorgfältiger Haushalterschaft (4,7-11.17.18).

Der Brief ist eine Herausforderung an seine Leser. Das ursprüngliche Feuer seiner Liebe - vom Herrn selbst entfacht; vgl. Joh 21,1.15-19 - ist im Herzen des Verfassers noch nicht erloschen. Aus den Zeilen seines Briefes spricht die persönliche Erfahrung und lebendige Erinnerung eines Jüngers Jesu Christi.

Inhalt

1, 1. 2	**Eingangsgruß**	
1, 3- 9	**Das Heil: Sein Wesen**	
1,10-12	**Das Heil: Seine Offenbarung**	
1,13- 5, 4	**Das Heil: Seine praktischen Auswirkungen**	
	1,13-21	Heiligung des Lebens
	1,22-25	Liebe zu den Brüdern
	2, 1- 3	Verlangen nach geistlichem Wachstum
	2, 4-10	Zugehörigkeit zum Gottesvolk
	2,11- 3,12	Zeugen vor der Welt
	3,13- 4, 6	Zeugen in der Verfolgung
	4, 7-11	Gelegenheiten nutzen
	4,12-19	Leiden für Christus
	5, 1- 4	Aufgaben der Ältesten
5, 5-11	**Letzte Ermahnungen und Zusicherungen**	
5,12-14	**Schluß**	

Kommentar

1,1.2 Eingangsgruß

Dem antiken Briefstil folgend beginnt Petrus, indem er seine eigene Person und die Adressaten des Briefes nennt und seine Autorität nachweist. Die Christen, an die sich der Brief richtet, lebten über die römischen Provinzen Kleinasiens verstreut. Sie sind durch den Glauben in eine Beziehung zu den drei Personen der Dreieinigkeit gebracht worden. *Der Vater* hat sie *ausersehen,* der Heilige Geist hat sie *geheiligt* zum *Gehorsam* an Jesus Christus, durch dessen *Blut* sie gereinigt worden sind. Diese nun grüßt Petrus mit den charakteristischen Segenswünschen des Alten *(Frieden)* wie des Neuen Bundes *(Gnade).*

Anmerkungen: 1 *Apostel:* wörtl. »Gesandter«. *Fremdlinge, die verstreut wohnen:* Gemeint sind wohl Gemeinden, bestehend aus Juden- und Heidenchristen (s. Einl.).

2 *Besprengung mit dem Blut Jesu Christi:* Mit diesen Worten könnte an ein Dreifaches gedacht sein: *a.* Das, was durch den Tod Christi er-

reicht wurde (Hebr 9,13.14); *b.* die Teilhabe an den Wohltaten des Neuen Bundes (vgl. 2Mo 24,3-8 mit Mk 14,24); *c.* die regelmäßige Reinigung von den Sünden, die wir als Christen in diesem Leben brauchen (vgl. 1Jo 1,7). Letzteres steht wohl im Vordergrund, obwohl Petrus durchaus an alle drei gedacht haben mag. Als der alte Bund in Kraft trat, wurde er mit der Besprengung von Blut besiegelt (2Mo 24,1-11). Das griech. *charis (Gnade)* hat dieselbe Wurzel wie der gewöhnliche hellenistische Eingangsgruß in einem Brief *(chaire* - »Grüße«) und ist wohl als ein Wortspiel gedacht: Damit werden sowohl Heiden- als auch Judenchristen, deren Gruß *Friede* war, gleichermaßen angesprochen.

1,3-9 Das Heil: Sein Wesen

Petrus hat von der Beziehung der Christen zu Gott gesprochen, und das führt ihn - ähnlich wie Paulus in seinen Briefen - zum Dank gegen Gott. Die den Christen zuteil werdenden Segnungen, die Petrus hier aufzählt, sind so groß, daß sie den Christen durch Zeiten der Anfechtung hindurchzutragen vermögen.

3-5 Petrus gibt einen Überblick über den Reichtum der Errettung und nennt ihre Quelle *(seine große Barmherzigkeit),* ihr Ausmaß *(wiedergeboren;* vgl. Joh 3,1-21), ihre Auswirkung *(eine lebendige Hoffnung),* ihre Mittel *(durch die Auferstehung ... von den Toten),* ihren Urheber *(Jesus Christus)* und ihr Ziel *(zu einem Erbe).* Hier werden die verschiedenen zeitlichen Aspekte der Errettung deutlich: Christen sind wiedergeboren durch die Barmherzigkeit Gottes, sie werden beschützt durch die Kraft Gottes, und sie freuen sich auf die vollständige Erlösung vom Bösen *zu der letzten Zeit.* **6.7** Solche Segnungen aus Gottes Hand sollten - trotz mancherlei Schwierigkeiten - zur Freude führen, denn die Anfechtungen hier auf Erden bezwecken die Läuterung des Glaubens. **8.9** Zwei Folgen dieses zuversichtlichen Glaubens an den unsichtbaren Christus sind zu nennen: Inmitten der gegenwärtigen Not schenkt er Freude und für die Zukunft Aussicht auf die Vollendung des Heils.

Anmerkungen: **4** *Unvergänglich, unbefleckt und unverwelklich:* Mit diesen drei Begriffen ist gesagt, daß das Erbe dem Glaubenden gewiß ist. **5** *Gottes Macht* bewahrt den Glaubenden. **6** *Dann werdet ihr euch freuen:* Dies wird als Tatsache hingestellt, obwohl die griech. Form auch den Imperativ zulassen könnte. Der zeitliche Bezug ist auf die *letzte Zeit* (V. 5). Die Verbindung mit dem folgenden Nebensatz ist wohl kausal (statt konzessiv): Wir freuen uns, *weil* wir *mancherlei Anfechtungen* erleiden (vgl. Mt 5,11.12). *Mancherlei* unterstreicht die Vielfalt der auf den Glaubenden zukommenden Anfechtungen, und derselbe Ausdruck beschreibt im vorliegenden Brief außerdem die Gnade Gottes, die allein durch die Prüfungen hindurchtragen kann (4,10). Petrus betont, daß solche Prüfungen vergleichsweise kurz sind, *eine kleine Zeit* dauern werden und daß sie nicht ohne die Zustimmung Gottes geschehen *(wenn es sein soll).* **7** Der geläuterte und vertiefte Glaube, der aus solchen Anfechtungen hervorgeht, wird bei seiner Offenbarung (»Enthüllung«) Jesus Christus verherrlichen und dem, der so geprüft worden ist, Ehre bereiten. Das Thema »Leiden« wird im weiteren Verlauf des Briefes mehrmals wieder aufgegriffen; vgl. 2,19-23; 3,14-17; 4,1-6.12-19; 5,10. **8** Vgl. dazu die Seligpreisung des Thomas Joh 20,29.

1,10-12 Das Heil: Seine Offenbarung

Die Propheten haben sich mit diesem Heil befaßt, sie haben es vorhergesagt, und es wurde ihnen gezeigt, daß das, was sie verkündigten, schließlich nur von denen verstanden würde, denen *die gute Nachricht* von Jesus Christus einst gepredigt würde. So herrlich ist diese Errettung, daß sie noch nicht einmal den Engeln vollständig offenbart wurde (vgl. Röm 8,19).

Anmerkungen: **10.11** *Die Propheten:* Gemeint sind die Verfasser des AT, deren zweifaches Thema die für das Gottesvolk bestimmte Gnade war, sowie das *Leiden* und die *Herrlichkeit danach* des Christus (auffallend ist hier die Parallele). Diese Verse sind wohl kaum auf christliche Propheten in der Zeit des NT zu deuten. Zu beachten ist hier die Aussage über die Inspiration der AT-Verfasser; vgl. Lk 24,25-27.44-47; Joh 5,39.45-47; Mt 5,17. Derselbe Geist, der die Propheten des AT leitete, leitet auch die Verkündiger des NT, durch die die Leser des Briefes die gute Nachricht vernommen haben.

1,13-5,4 Das Heil: Seine praktischen Auswirkungen

In dem Rest des Briefes geht es darum, wie die Wahrheiten des christlichen Glaubens von denen, die glauben, in die Praxis umgesetzt werden sollen. Im folgenden werden hauptsächlich ethische Akzente gesetzt, wobei der Leser immer wieder auf die das christliche Verhalten begründenden Wahrheiten des Evangeliums verwiesen wird. Petrus bemüht sich, seinen Lesern deutlich zu machen, wie das eingangs geschilderte Heil sich im Leben der Jünger Christi - auch unter widrigen Bedingungen - verwirklichen soll.

1,13-21 Heiligung des Lebens

13 Angesichts ihres Heils sind die Christen dazu aufgerufen, mit Fleiß und Disziplin eine christliche Ethik zu verwirklichen. Dies geschieht in der zuversichtlichen Erwartung der *Gnade*, welche *die Offenbarung Jesu Christi* bringen wird. **14-16** Wer im Licht der Naherwartung Jesu lebt, ist zum Gehorsam aufgerufen (vgl. Lk 12,35-48), und dieser Gehorsam manifestiert sich in einem Leben, das sich die Heiligkeit Gottes, der den Glaubenden berufen hat, zum Vorbild nimmt (vgl. Mt 5,48). Dies ist das einzige wirksame Gegenmittel zu einem Leben, das sich durch die einander widerstreitenden Begierden gestaltet. Unbeherrschte Begierden sind das Produkt geistlicher Unwissenheit, während sich das von Gott geforderte Verhalten auf die Offenbarung seines eigenes Wesens gründet. **17** Der Anspruch, Kind eines solchen himmlischen Vaters zu sein, der ein gerechter Richter ist, fordert ein besonnenes Verhalten während der Zeit des Lebens auf Erden, das als eine kurze Verbannung aus der Gegenwart Gottes gesehen werden muß. **18.19** Ein weiteres Motiv für ein solches Verhalten liegt in der Tatsache begründet, daß die Befreiung des Christen von der Leere des heidnischen Aberglaubens und des pharisäischen Formalismus mit einem hohen Preis erkauft wurde. **20.21** Der Hinweis auf Christus läßt Petrus auf die Größe seines Werkes und auf seine Ergebnisse eingehen: Er hebt hervor, daß Christi Werk vor aller Zeit beschlossen war, und der Ausdruck *am Ende der Zeiten* - der sich auf Christi Erscheinen bezieht - unterstreicht seine Endgültigkeit. Dieses wunderbare Werk Christi, verbunden mit der Tatsache, daß Gott ihn hinterher *auferweckt* und verherrlicht hat, begründet das Vertrauen des Christen zu Gott und schenkt ihm Gewißheit für die Gegenwart und Hoffnung auf die Zukunft.

Anmerkungen: **13** *Die euch angeboten wird* (wörtl.: *die euch gebracht wird;* EÜ): Das Partizip Präsens betont die Gewißheit. *In der Offenbarung:* Weitere Begleiterscheinungen der Wiederkunft Christi nennt V. 7. **14** *Gehorsame Kinder:* Ein Hebraismus, der suggeriert, daß der Gehorsam ihre Mutter ist, deren Charakterzüge sie geerbt haben sollten. *Paßt euch nicht an* (EÜ): Vgl. Röm 12,2. **16** *Ihr sollt heilig sein:* Vgl. 3Mo 11,44.45; 19,2; vgl. auch 2Mo 19,5.6. Was dies für das menschliche Verhalten bedeutet, wird am Leben Jesu deutlich (Joh 1,18). **17** Zu Gottes Gerechtigkeit als Richter vgl. die Worte des Petrus Apg 10,34; vgl. auch 5Mo 10,17. **18.19** Die Sprache läßt an Mk (10,45) und Joh denken (1,29.36; vgl. Offb. 5,6 mit Jes 53,7, wo in LXX dasselbe Wort mit »Lamm« wiedergegeben wird), wenn sie über das Sühneopfer Christi sprechen. *Ohne Fehler* (EÜ) spricht von sittlicher und *ohne Flekken* (EÜ) von physischer Vollkommenheit des Opfers (s. 3Mo 22,17-25 u. 2Mo 12,5, wo diese Forderungen genannt werden). **21** Der Glaube und die Hoffnung sind sowohl die Absicht als auch das Ergebnis der Auferstehung und Erhöhung Christi.

1,22-25 Liebe zu den Brüdern

22 Das bereits genannte Leben im Gehorsam (V. 2.14) bewirkt die von Gott geforderte Reinheit bei denen, die nach dem Willen Gottes die Heiligkeit des Vaters widerspiegeln sollen; ein solches Leben sollte auch zu echter Liebe zu den Mitchristen führen. Die Echtheit dieser Liebe erweist sich in ihrer Beständigkeit (vgl. EÜ). **23-25** Die zu solcher Liebe motivierende Kraft ist die Teilhabe an einer neuen und himmlischen Geburt, die bewirkt wird durch das *lebendige Wort Gottes, das da bleibt.* Dieses das neue Leben hervorbringende Wort ist nach Petrus die Verkündigung des Evangeliums.

Anmerkungen: **22** *Beständig* (EÜ: *anhaltend):* Das hier verwendete Wort (griech.: *ektenos)* begegnet im NT hier und 4,8 (in bezug auf Liebe) und Lk 22,44 und Apg 12,5 (in bezug auf Gebet). Es meint den »ganzen Einsatz«. **24.25** Jes 40,6.8 unterstreicht die bleibende und dynamische Kraft des Wortes Gottes.

2,1-3 Verlangen nach geistlichem Wachstum

Die Neugeburt weckt in ihrer Folge das Interesse am Wachstum der *neugeborenen Kindlein.* Dieses Wachstum wird - negativ gesprochen - dadurch erzielt, daß das Böse weggeräumt und - positiv gesprochen - ein Verlangen nach *vernünftiger Milch* im Leben des Neugeborenen geweckt wird. Zudem sollte das Ziel am Ende des neuen Lebens nicht aus den Augen verloren werden. Es ist das vollkommene Heil.

Anmerkungen: **2** *Vernünftig* (EÜ: *geistig;* griech.: *logikon):* Da der griech. Ausdruck von *logos* (»Wort«) abgeleitet ist, übersetzen andere: »wortgemäß«; oder, wegen der Anspielung auf das Wort »Logos«, »unverfälschte Milch des Wortes«. **3** Das Zitat aus Ps 34,9 kann entweder als ein Motiv für das Verlangen V. 2 angesehen werden, oder das Verlangen mag als Beweis dafür gelten, daß jemand *geschmeckt* hat, *daß der Herr freundlich ist.*

2,4-10 Zugehörigkeit zum Gottesvolk

Christliches Wachstum muß sowohl mit seinen gemeinsamen als auch mit seinen individuellen Aspekten gesehen werden, und Petrus wendet sich diesem nun zu. **4.5** Der Gedanke, der dadurch hervorgerufen wird, ist so beglükkend, daß Petrus die Metaphern vermischt; dem Gedankengang kann man trotzdem ziemlich leicht folgen. Wenn Christen Gemeinschaft pflegen mit Christus, dem lebendigen Stein, werden sie ihm ähnlich werden als lebendige Steine. Steine sind dazu da, daß man sie zu einem Bau zusammenfügt. Damit ist jedoch nur ein Aspekt des gemeinsamen Lebens angesprochen, denn wenn der Stein einmal in das Gebäude eingemauert wird, ist seine Rolle passiver Art. Petrus kehrt von der Struktur, vermutlich der des Tempels, ab und wendet sich denen zu, die innerhalb des Gebäudes gemeinsam anbeten; damit ist die aktive Seite im Leben der christlichen Gemeinde angesprochen. **6-8** In einer Zwischenbemerkung greift er die Hinweise auf den lebendigen Stein auf und zeigt, wie beide in Christus erfüllt worden sind: im Fall der Gläubigen und im Fall der Ungläubigen. Wie die Reaktionen der Menschen auch sein mögen, ob sie im Glauben zum lebendigen Stein kommen oder ihn - wie die Bauleute - verwerfen, Gottes Absichten können nicht zunichte gemacht werden: Christus wird der Eckstein des Gebäudes, und die, die *an das Wort nicht glauben (dem Wort nicht gehorsam sind;* ZÜ), werden nun über ihn stolpern und sich gegen ihn auflehnen. **9.10** Im Gegensatz zu den ebengenannten Ungläubigen hat die Gemeinde jene Vorrechte geerbt, die dem Volk Gottes im AT versprochen worden waren: *Ihr aber seid... daß ihr verkündigen sollt* ist eine heilsame Wiederholung des biblischen Prinzips, wonach ein solches Vorrecht mit Verantwortung verknüpft ist. Diejenigen, die Israels Segnungen erben, sollen Israels Werke tun, und sie sollen vor der Welt die Größe des Gottes, der so viel für sie getan hat, bekanntmachen.

Anmerkungen: **4-8** Zwei prophetische Fäden laufen hier zusammen: der kostbare Grundstein Jes 28,16 (V. 6 zitiert LXX, so wie Paulus in Röm 9,33) und der verworfene Eckstein Ps 118,22. Jesus bezog in Mk 12,10 letzteres auf sich selbst, und Petrus zitiert die Stelle vor den Hohenpriestern Apg 4,11. Jesus Christus ist sowohl das Fundament, auf dem die christliche Gemeinde gebaut ist, als auch der Eckstein, in den sie hineinwächst (s. 1Kor 3,11; Eph 4,11-13). Dadurch, daß Petrus die beiden Metaphern zusammenbringt, unterstreicht er, daß Christus nur für Gläubige kostbar ist (wie der ursprüngliche Zusammenhang zeigt) und daß die, die sich weigern, an ihn zu glauben, ihn für einen Stein halten, an dem sie sich *stoßen* - hier ist ein Zitat aus Jes 8,14 eingefügt. **5** *Auch ihr ... erbaut euch:* Diese Stelle ist schwer zu deuten. *»Lasset euch ... aufbauen* (ZÜ); aber *»werdet auch ihr aufgebaut* (EÜ; die Form ist die gleiche) ist vorzuziehen. *Priesterschaft* ist kollektiv und nicht abstrakt gebraucht: »eine Körperschaft von Priestern«. V. 9 legt besonderen Nachdruck darauf, daß dies ein Vorrecht aller Christen ist. Die Vorstellung vom *geistlichen Opfer* wird Röm 12,1.2 u. Hebr 13,15 weiter entfaltet. *Durch Jesus Christus:* Gemeint ist entweder wie die Opfer dargebracht werden oder warum sie annehmbar sind. **8** *Bestimmt* braucht nicht mehr zu besagen, als daß die, die dem Wort Gottes - sowohl dem geschriebenen als auch dem lebendigen - nicht gehorchen, merken werden, daß er ihnen nicht ein Fundament ist, auf dem sie bauen können, sondern ein Stolperstein.

9 Dieser Vers spricht den Christen die Verheißungen 2Mo 19,5.6; Jes 43,20.21 zu; vgl. Röm 9. *Geschlecht:* Angesprochen ist die physische Abstammung; es ist wohl an die durch die Wiedergeburt bewirkte Verbindung zu Gott und den Menschen zu denken. Der Wortstamm, aus dem *Priesterschaft* (griech.: *hierатyma)* abgeleitet ist, wird im NT nie benutzt, um ein christliches Amt zu beschreiben, sondern meint stets die gemeinsame Funktion aller Gläubigen (vgl. Offb 1,6). Im AT gelangten Königtum und Priestertum nie zu einer Personalunion, außer bei Melchisedek und dem von den Propheten angekündigten Messias (Saul sündigte, als er versuchte, beide Funktionen wahrzunehmen; 1Sam 13,5-15). Der Christ nimmt beide dadurch wahr, daß er »in Christus« ist. *Das heilige Volk,* d.h., es ist dazu aufgerufen, den Charakter des Gottes, der es berufen hat, widerzuspiegeln (vgl. 1,16). *Das Volk des Eigentums:* Diese Stelle bedient sich des Bildes eines orientalischen Herrschers, der neben der Staatskasse, die er mit seinen Ministern teilte, noch eine eigene Schatzkammer unterhielt. Das war seine eigene, private Geldbörse; der Gedanke findet seinen Ursprung 2Mo 19,5 und wird von Paulus Tit 2,14 aufgegriffen. Der letzte Teil dieses Verses schließt an die V. 5.6 an, um das Doppelamt zu unterstreichen, zu dem Gottes Volk gerufen ist: Gott geistliche Opfer zu bringen und seine *Wohltaten (die herrlichen Taten,* ZÜ) vor den Menschen zu verkünden (das Wort »Vortrefflichkeiten« kommt dem ursprünglichen, abstrakten Substantiv näher). **10** Eine solche Antwort, sowohl auf Gott als auch auf den Menschen hin, wird natürlich und spontan sein, wenn der Christ erfaßt hat, daß alle diese Segnungen unmittelbar der freien Gnade und Barmherzigkeit Gottes entspringen. Um diesen Punkt klarzustellen, zitiert Petrus das Thema von Hos 1,8-2,1; 2,23.

2,11-3,12 Zeugen vor der Welt

Weil die Christen auf diese ganz besondere Weise Gottes Volk sind, ist ihre wahre Heimat bei ihm; deswegen soll ihr Wandel in dieser Welt und sollen ihre Beziehungen zu anderen Menschen zum Ausdruck bringen, daß sie gleichsam nur auf der »Durchreise« sind, daß sie Bürger eines anderen, besseren Landes sind.

11.12 Allgemeine Prinzipien. Ab 1,15 hat sich Petrus mit den positven Aspekten der Heiligung als einem Leben vor Gott beschäftigt. Nun geht er kurz auf den negativen Aspekt, auf die Enthaltsamkeit, ein und wird diesen 4,1 noch einmal im Lichte der 3,18-22 entfalteten Theologie aufgreifen. Diese Enthaltsamkeit läßt die von seiten der nichtchristlichen Welt gegen die Christen vorgebrachten Anschuldigungen verstummen. Hier klingen die Anweisungen unseres Herrn Mt 5,16 an.

Anmerkungen: **11** *Fremdlinge und Pilger:* Die Wortwahl erinnert an 1,1.17 u. Hebr 11,13 und ist 1Mo 23,4 entnommen. *Fleischliche Begierden:* »Fleischlich« ist nicht gleichzusetzen mit »physisch«, sondern ist ethisch zu verstehen wie Gal 5,19ff. Der Christ soll sich diesen Begierden verweigern, da sie gegen den unsterblichen Teil seines Wesens kämpfen. **12** *Heiden:* Dieser Begriff wird im Blick auf die Beziehung der Gemeinde zu Israel, wie sie V. 9.10 geschildert wird, verwandt. *Am Tag der Heimsuchung* wird Gott die Welt heimsuchen und die Herzen der Menschen im Gericht durchleuchten.

13-25 In der Gesellschaft. **13-15** Der gute Wandel findet seinen Ausdruck in dem *Untertansein aller menschlichen Ordnung,* und es muß auffallen, daß Petrus, der zur Zeit des Kaisers Nero seinen Brief verfaßt hat, noch immer den Staat als eine von Gott verfügte Ordnung zur Erhaltung sittlicher Werte ansieht. Innerhalb dieser Ordnung soll die Aufrichtigkeit des Christen die Anschuldigungen der Verleumder Lügen strafen. Christen sollen dem Kaiser geben, was des Kaisers ist, und obwohl Petrus sehr wohl wußte, was es heißt, sich dem Kaiser zu verweigern, wenn dieser für sich beansprucht, was nur Gott zusteht (Apg 4,19.20; 5,29), stellt er diese letztgenannte Christenpflicht hier nicht in den Vordergrund. **16** Die Freiheit des Christen ist die Freiheit, als *Knecht Gottes* zu leben und das zu tun, was Gott wohlgefällt im Gegensatz zu dem, was einem selbst beliebt - d.h., unter dem Vorwand einer falsch verstandenen »Freiheit« den eigenen Begierden zu frönen. **17** Dies wird in vier kurzen Geboten konkretisiert. *Allen* Menschen ist *Ehre* zu erweisen (EÜ), denn Christus ist für alle gestorben und jeder Mensch kann gerettet werden; dennoch verbindet die Christen ein besonderes Band brüderlicher Liebe. *Gott* ist anzubeten, dem *König* ist Ehre zu zollen.

18-25 Für zwei besondere Gruppen von Menschen, deren untergeordnete Stellung in der antiken Welt ihnen das Leben besonders schwer machen konnte, fügt Petrus zu den genannten Prinzipien noch einige Einzelanweisungen hinzu. Das Los der *Sklaven* mochte unter einem guten Herrn durchaus erträglich sein, doch wurde den Sklaven in den meisten Fällen *Unrecht* getan. Wer eine verdiente Strafe geduldig über sich ergehen läßt, beweist damit noch lange nicht seine Tugendhaftigkeit; der Christ ist aufgerufen, auch die grausame Behandlung eines bösen Herrn geduldig zu ertragen, denn damit gewinnt er die Anerkennung Gottes. Mehr noch: Der Christ ist geradezu zum Leiden berufen, denn so bekommt er Gemeinschaft an den Leiden Christi; vgl. Phil 3,10. Petrus muß unweigerlich daran denken, wie der Herr seine Leiden ertrug, und er erinnert seine Leser umgehend an den Segen, in dessen Genuß sie durch die Leiden des Herrn gekommen sind.

Anmerkungen: **13** *Um des Herrn willen* erinnert sowohl an das Vorbild als auch an die Lehre Jesu (vgl. Mt 22,21). *Als dem Obersten,* d.h. der menschlichen Einrichtungen. **17** zitiert Spr 24,21, doch will Petrus nicht das gleiche Wort *(fürchtet)* sowohl auf unser Verhalten Gott gegenüber als auch dem Kaiser gegenüber anwenden, wie es der Spruchschreiber getan hat. **19** *Vor Gott um des Gewissens willen* (wörtl.: »wegen des Wissens um Gott«): Zweierlei könnte gemeint sein. Entweder hat der Herr den Sklaven unverdientermaßen bestraft, weil der Sklave sich zum christlichen Glauben bekennt, oder der Sklave erträgt die ungerechte Strafe in dem Bewußtsein, daß Gott darum weiß und an seinem Leiden teilhat. Petrus hat wohl an die Worte Jesu Mt 5,11f.46f; Lk 6,22f. 32-35; Joh 15,18.21 gedacht. **21** *Vorbild* (griech.: *hypogrammos)* begegnet nur an dieser Stelle im NT und bezieht sich auf eine Schreibvorlage, die der Schüler nachzeichnen soll. **22.23** Vgl. Mk 14,61.65; 15,29; Joh 19,1-9 u.a. Petrus zitiert Jes 53,9. **24.25** Die Beschreibung könnte die eines Augenzeugen sein, denn die Worte sind sehr anschaulich. *Hinaufgetragen:* Ein sprechendes Bild (vgl. Hebr 7,27). Die Bezugnahme auf die Absicht der Leiden Jesu - zitiert wird Jes 53,5.12 - nennt das Motiv für unser Leiden. Die rechte Antwort auf das Leiden unseres Heilandes für unsere Sünden kann nur sein, daß wir zu ihm als zu unserem *Hirten* zurückkehren und der *Sünde abgestorben, der Gerechtigkeit leben.* Das Bild erinnert einmal mehr an Jes 53,6 und Joh 10. Mit *Hüter* (ZÜ) oder *Aufseher* (EÜ; LÜ: *Bischof)* wurde gewöhnlich die Aufgabe eines Hirten beschrieben und damit auch die Aufgabe eines geistlichen Hirten oder Seelsorgers; das deutsche Wort »Bischof« ist von diesem Wortstamm abgeleitet.

3,1-7 In der Familie. Ähnlicher Gehorsam wird nun von den Ehefrauen gefordert, denn in der antiken Welt galten Frauen zusammen mit

Sklaven als »Wesen zweiter Klasse«. Das Christentum wertet beide auf, und Petrus betont die geistliche Gleichstellung von Mann und Frau als *Miterben*, während er weiterhin an der Unterordnung der Frau unter ihrem Mann im Rahmen der Ordnung Gottes festhält - die Frau als das physisch schwache Geschöpf und das Beispiel Saras sollen dies verdeutlichen. Gläubige Frauen waren nicht selten mit ungläubigen Ehemännern verheiratet; Petrus will nun, daß sie ihre Ehemänner durch ihr Verhalten für den Glauben gewinnen. Schließlich erfährt die Ehe eine hohe Wertschätzung durch den Appell an die Ehemänner, ihre Frauen rücksichts- und respektvoll - aufgrund ihres gemeinsamen Glaubens - zu behandeln; das praktische Ziel der Ehe ist das gemeinsame Gebet, das nicht durch irgendwelche Mißverständnisse behindert werden soll. Diese Ermahnungen richten sich offensichtlich an christliche Ehepaare, die sich das Erbe des von Gott geschenkten ewigen Lebens teilen.

Anmerkungen: 3 *Euer Schmuck soll nicht äußerlich sein:* Die folgenden Substantive bilden einen scharfen Gegensatz zur Haltung V. 2, denn sie sind alle aktiv und betonen die Zeit und die Mühe, die für den äußeren Schmuck aufgewendet werden; Gott bevorzugt die unvergängliche Schönheit des Charakters. 4 *Des sanften und stillen Geistes:* Ein solcher Geist läßt sich von anderen etwas sagen, ohne selbst andere bevormunden zu wollen. Ein solcher Charakter hat eine gute Ahnentafel innerhalb des Gottesvolkes - Sara, Rebekka, Ruth, Hanna, usw. 6 *Nannte ihn Herr:* Es mag wohl an 1Mo 18,12 gedacht sein, wo das Wort »Ehemann« auch »Gebieter« oder »Herr« bedeuten kann. 7 *Desgleichen* (d.h. »im gleichen Geiste«) könnte an 2,17 anknüpfen, an die allgemeine Ermahnung, »jedermann zu ehren«, oder es könnte im Blick auf das Verhalten der Ehefrau die Ehemänner anspornen, ihr Verhalten mit Liebe und Verständnis zu erwidern. *Wohnet bei ihnen mit Einsicht* (EÜ), wohnt vernünftig mit ihnen zusammen (LÜ) im Sinne von »versucht sie zu verstehen«. *Dem schwächeren Geschlecht:* s. 1Mo 2,18; 3,16.

8-12 In der Gemeinschaft. Petrus verläßt nun den Bereich der besonderen Beziehungen und schließt diesen Abschnitt mit einer Zusammenfassung der Haltung, die ein Christ in seinem Agieren und Reagieren an den Tag legen sollte. Dies läßt sich in dem Aufruf *segnet* zusammenfassen: Christen sollen die Liebe Gottes im Gebet für alle Menschen erbitten, auch für die, die ihnen Unrecht wünschen oder antun. Der Christ weiß ja, daß er selbst Erbe des göttlichen Segens ist; vgl. Ps 34,12-18. Der Christ ist - ähnlich dem Glaubenden im AT - dazu aufgerufen, untadelig und aufrichtig seinen Weg zu gehen, wobei er angehalten ist, den Frieden mit allen Menschen anzustreben, wissend, daß Gottes Segen und Wohlwollen auf solchem Wandel liegt.

Anmerkungen: 8 *Gleichgesinnt* bezieht sich auf die Einheit der Christen, wenn sie mit Christus eines Sinnes sind (vgl. Phil 2,5; Kol 3,2). Dies wird es ihnen ermöglichen, sich in die Gefühle anderer hineinzuversetzen (*mitleidig;* unser Wort »Sympathie« ist von dem hier verwendeten griech. Wort abgeleitet) und die Liebe Jesu für ihre Mitchristen zu empfinden. Diese gute Eigenschaft wurde bereits 1,22 genannt und kommt noch einmal 4,8 zur Sprache. Sie sollte das Kennzeichen christlicher Gemeinschaft sein. *Barmherzig:* Dem alten griech. Wort »mutig« wird hier eine neue, christliche Bedeutung gegeben, und die ebenfalls geforderte *demütige* Gesinnung (vgl. 5,5.6) unterstreicht, daß der Weg zu der in diesem Vers beschriebenen Charaktereigenschaft über die Demut und die Sorge um andere führt. 9 erinnert an 2,23; s. den Kommentar dort. *Dazu* könnte daran denken lassen, daß das Erbe als eine Art zu verdienende Belohnung zu betrachten sei. Eher im Einklang mit der ntl. Lehre scheint jedoch die Deutung zu sein, wonach *daß ihr den Segen ererbt* eine Erweiterung von *dazu* darstellt und das Wesen unserer Berufung definiert. Diese Deutung deckt sich auch mit der Aussage 2,21, daß es die Berufung des Christen ist, dem Beispiel seines Herrn im Leiden zu folgen und zusammen mit ihm die von Gott vorbereiteten Segnungen zu ererben (vgl. Röm 8,17.18). **10-12** Der Wortlaut des Zitats aus Ps 34,13-17 ist hier dem Textzusammenhang angeglichen, wobei das Verb von der zweiten in die dritte Person Imperativ abgeändert wurde. Unter *Leben* verstand der Psalmbeter vermutlich das zeitliche Dasein auf der Erde; im vorliegenden Kontext mag Petrus allerdings durchaus an das ewige Leben gedacht haben (vgl. V. 7).

3,13-4,6 Zeugen in der Verfolgung

13-17 Weil Petrus sowohl um Gottes Souveränität als auch um seine Gerechtigkeit weiß, fügt er seiner letzten Bemerkung eine rhetorische Frage und einen Kommentar bei, die anzudeuten scheinen, daß der engagierte Einsatz des Christen zugunsten des Rechts vermutlich keine Verfolgung nach sich ziehen wird. Dies aber widerspräche augenscheinlich den Warnungen Jesu (vgl. Mt 5,10-12; 10,17-22; 24,9; Joh 15,18-16,4), der Lehre und der Erfahrung des Paulus (Apg 14,22; 16,19ff; 19,23ff) sowie seinen eigenen Worten im folgenden Kapitel (4,12-19; vgl. auch V. 16.17 im vorliegenden Kap.). Angesichts dieser Überlegungen darf man wohl zu Recht den Akzent in dieser Frage auf das Verb *schaden* (griech.: *kakoson*) setzen.

Zwar muß der Christ jederzeit mit Verfolgung rechnen, doch kann diese ihm letztlich nichts anhaben, denn die Erfahrung führt unweigerlich zum Segen (V. 14; vgl. 1,6-9), und letztendlich liegt die Entscheidung bei Gott (4,19), der über die Seinen und ihre Verfolger wacht (3,12). Folglich sollen sich die Gläubigen nicht fürchten; das positive Gegenmittel zur Furcht besteht darin, Christus die Herrschaft über das eigene Leben einzuräumen. Solche echte Furcht des Herrn, die sich sowohl in aufrichtigem Verhalten als auch im glaubwürdigen Zeugnis äußert, wird alle Ängste beseitigen und am Ende die Widersacher beschämen.

18-22 Dieses Leiden des Unschuldigen könnte dem Willen Gottes entsprechen. Deshalb führt Petrus im folgenden aus, wie das von Gott vorherbestimmte Leiden des unschuldigen Christus nicht nur zum Heil der Menschen gereichte, sondern schlußendlich auch zu seiner Verherrlichung zur Rechten des Vaters führte. Die Überlegungen lassen sich nicht ohne weiteres nachvollziehen: Der Verfasser ist so sehr darum bemüht, den Sinn der Leiden Jesu herauszustellen, daß er aus dessen Tod gleich zwei Folgen ableitet. Die erste dürfte allen Christen bekannt sein: Sein Tod machte dem Menschen den Weg zu Gott frei. Die zweite Folge ist wohl weniger bekannt, doch scheint dieser Vers zu besagen, daß sich im Tod Christi Geist von seinem Leib löste und es ihm dadurch möglich wurde, in der Welt der Geister zu predigen. Nun wird der Verfasser an Noah erinnert, dessen erfahrene Errettung in auffälliger Parallele steht zu dem, was die Taufe versinnbildlicht. Der Glaube, mit dem der Gläubige in seiner Taufe auf Gott antwortet, wird durch die Auferstehung Jesu von den Toten möglich gemacht; und nun führt Petrus beide Gedankenstränge wieder zusammen, indem er die Verherrlichung Jesu nicht nur als Folge seines Opfertodes sieht, sondern auch in seiner Verherrlichung einen überzeugenden Grund für den Glauben des Menschen an ihn erkennt. Vgl. dazu die Anmerkungen.

4,1-6 Das Leiden im Fleisch ist daher nicht nur als Konsequenz der Nachfolge Christi zu akzeptieren; der Christ soll erkennen, daß es dem Leidenden leichter fällt, sich dem Willen Gottes zu fügen, zumal er im Leiden noch enger mit Christus verbunden ist. Durch die Erwähnung der Taufe 3,21 sah sich Petrus vielleicht veranlaßt, ähnlich wie Paulus Röm 6 zu argumentieren. Die Taufe symbolisiert die Inanspruchnahme der durch Christi Leiden und Sterben erwirkten Wohltaten seitens des Glaubenden, und der Glaubende, der die Taufe an sich vollziehen läßt, hat teil an dem Leiden und Sterben Christi. Die Röm 6,11 genannte Konsequenz eines solchen Todes ist die, daß »ihr dafür haltet, daß ihr der Sünde gestorben seid und lebt Gott in Christus Jesus«, und gerade um diese Konsequenz geht es Petrus im vorliegenden. Er unterstreicht die Dringlichkeit, indem er die in der Vergangenheit in egoistischer Genußsucht zugebrachte Zeit der künftigen Gelegenheit, Gott zu dienen, gegenüberstellt. Die so vollzogene radikale Umkehr des Christen kann unter seinen Mitmenschen Befremden auslösen und bisweilen Verfolgung nach sich ziehen, doch soll sich der Christ stets vergegenwärtigen, daß alle einmal vor Gott für ihr Verhalten Rechenschaft geben müssen. In dem Einschub (V. 6) führt Petrus den Nachweis, daß der Tod von Christen die Dringlichkeit unterstreicht, das Evangelium den Menschen zu verkündigen, solange sie noch am Leben sind, denn obwohl sie jetzt an ihrem Leib das göttliche Gericht über ihre Sünde erfahren haben, ist ihr Geist bei Gott (zu anderen Deutungsmöglichkeiten vgl. die Anmerkungen).

Anmerkungen: **3,14** Das Zitat aus Jes 8,12.13 legt nahe, daß der Genitiv *ihren* (EÜ) subjektiv aufzufassen ist (»teilt nicht ihren Schrecken«; vgl. EÜ!) und nicht objektiv wie LÜ (»fürchtet euch nicht vor ihrem Drohen«). Zudem könnte die hier und bei Jes ausgesprochene Ermahnung als eine Warnung gegen den Abfall vom Glauben verstanden werden, zumal dieser oft durch Furcht vor Verfolgung ausgelöst wurde - »teilt nicht ihre Gegenstände religiöser Ehrfurcht« (das griech. *phobeisthai* wird in seiner kultischen Bedeutung Lk 1,50; 18,2.4; Apg 13,16.26 verwendet). **17** Im Griech. steht das Verb *es will* im Optativ (EÜ; vgl. die Anmerkung dort: »wollen sollte«). Damit könnte angedeutet sein, daß das Leiden *für Gutestun* nur eine entfernte Möglichkeit darstellt. Vielleicht wollte Petrus seine Leser nicht unnötig in Angst versetzen. *Wille Gottes,* d.h., daß ihr leidet.

18 Dieser Vers zählt zu den prägnantesten Aussagen über das Sühneopfer Christi. Jesus nimmt sich in dreifacher Weise des Grundproblems des gebrochenen Verhältnisses des Menschen zu Gott an: *a.* Er hat das vollkommene Sündopfer dargebracht (vgl. Hebr 9,11-14; 10,1-10) und damit die Forderungen des Gesetzes erfüllt; *b.* Er hat das vom Gesetz für Sünder geforderte Todesurteil an sich vollstrecken lassen (vgl. 2Kor 5,21; Röm 6,23); *c.* Damit hat er die durch die Sünde verursachte Kluft zwischen Mensch und Gott überbrückt. *Gestorben* (EÜ): *Gelitten* (LÜ) ist zwar textkritisch auch bezeugt, ändert aber nichts an der Aussage. *Für die Sünden:* Nachdem Petrus den Wert der Leiden Christi als unser Vorbild hervorgehoben hat (s. 2,21), hebt er nun ihre Einzigartigkeit und Wirksamkeit hervor. Dabei verwendet er hier einen Begriff (griech.: *peri hamartion),* das

3Mo 5,11 u. 7,37 (LXX) im Singular verwendet wird, um das Sündopfer zu beschreiben. Unter ähnlicher Bezugnahme verwenden es auch andere ntl. Schreiber: z.B. Röm 8,3; Hebr 10,18; vgl. Hebr 5,3; 13,11. Da Christus selbst sündlos war, deutet die Formulierung darauf hin, daß sein Leiden sühnend war. *Einmal* (griech.: *hapax)* unterstreicht die Endgültigkeit des Werkes Christi (vgl. Hebr. 9,28). *Der Gerechte für die Ungerechten* enthält die griech. Präposition *hyper,* »zugunsten von«, und zeigt, daß Christi Leiden stellvertretend war. Der einzige Mensch, der aufgrund seiner vollkommenen Gerechtigkeit den Tod nicht verdiente, erlitt anstelle derer, die zu sterben verdienten, die Todesschmerzen. Unsere Strafe hat er auf sich genommen: Deutlich klingt hier Jes 53,6 an. *Damit er uns zu Gott führe* (EÜ): Das griech. Verb *prosago* ist ein Fachausdruck und bedeutet »einen Menschen zur Audienz beim König vorführen«; vgl. Röm 5,21 Eph 2,18; 3,12. *Geist* und *Fleisch* stehen einander gegenüber: Jesus starb einen physischen Tod, indem seine Körperfunktionen (Atmung, Blutkreislauf usw.) aufhörten, und er starb den geistlichen Tod, d.h., er erlitt die durch das Tragen der Sünden der Welt verursachte Trennung von Gott; vgl. Mk 15,34. Doch geistlicher Tod bedeutet nicht Auslöschung; nachdem er Gottes Gericht über die Sünde erfahren hatte, wurde sein Geist von seinem Körper freigelassen; vgl. Mk 15,37: Jesus »hauchte seinen Geist aus«.

19 Zwei miteinander verquickte Fragen werden zu diesem Vers aufgeworfen: Wann hat Jesus *den Geistern im Gefängnis gepredigt,* und wer waren diese Geister? Gewöhnlich werden die in diesem Vers beschriebenen Ereignisse zeitlich nach Jesu Tod angesetzt: als sein Geist in die jenseitige Welt der Verstorbenen hinüberging. Zusammen mit Apg 2,31 und Eph 4,9 wird dieser Vers als Beleg für die Formulierung im Glaubensbekenntnis herangezogen: »niedergefahren zur Hölle«. Einige Ausleger jedoch sehen hier einen anderen Bezug: Entweder handelt es sich hier um die Verkündigung des Geistes Christi vor seiner Fleischwerdung durch Noah zu dessen Zeitgenossen, oder es ist an den nachpfingstlichen Geist Christi zu denken, der durch die Apostel den Juden und Heiden gepredigt hat. In beiden Fällen wird *Gefängnis* auf den Leib gedeutet, bzw. auf ihren gegenwärtigen Aufenthaltsort. Beide genannten Deutungsmöglichkeiten setzen einen Gedankenbruch und einen abrupten Themawechsel voraus. Gehen wir jedoch von der ursprünglichen Auffassung aus, daß Jesus tatsächlich in die Geisterwelt gegangen ist, um dort seinen Sieg zu verkündigen (die Grundbedeutung von *predigen),* so begegnen uns zwei weitere Gedankengänge. Einige gehen davon aus, daß das Evangelium denen gepredigt wurde, die vor der Zeit Christi gestorben waren und so nie die Gelegenheit hatten, Buße zu tun und zu glauben; jene Menschen, die in der Sintflut ums Leben kamen, wären dafür ein Beispiel. Die Verwendung von *Geister* in dieser Bedeutung läßt sich anhand von Hebr 12,23 belegen. Andererseits läßt sich anhand von Abschnitten wie 2Petr 2,4-10; Jud 6 und 1Mo 6,1-8 der Nachweis erbringen, daß die im Gefängnis befindlichen Geister gefallene Engel sind. Zudem deckt sich diese Deutung mit der Verwendung des Begriffs *pneumata, Geister,* in der Heiligen Schrift, sofern er ohne nähere Bestimmung begegnet. Diese Deutung des schwierigen Abschnittes ist wohl alles in allem vorzuziehen, und V. 22 wird an den Gedanken wieder angeknüpft.

20 *Die einst ungehorsam waren:* Geht man von der vorgeschlagenen Deutung aus, so nimmt dieser Vers Bezug auf die Ereignisse 1Mo 6,1-4. Jene Ausleger, die unter den gefangenen Geistern menschliche Wesen verstehen, gehen davon aus, daß Noahs Zeitgenossen als besonders boshafte Menschen herausgestellt werden; sie werden vom Sieg Christi in Kenntnis gesetzt, oder sie erhalten eine Gelegenheit zur Umkehr: An dieser Stelle gehen die Meinungen der Kommentatoren wieder auseinander. Gott hatte *Geduld* als er ihnen Gelegenheit zur Umkehr gab, solange sich die Arche im Bau befand (vgl. 1Mo 6,3; 2Petr 3,5-9). *Wenige* ist ein biblischer Akzent (vgl. Mt 7,14; 22,14; Lk 13,23.24). Parallel dazu ist im AT oftmals die Rede von einem »Überrest« (vgl. Röm 9,27-29). Dennoch konnte Paulus von den »Vielen« sprechen, die gerecht gemacht werden (Röm 5,19). *Durchs Wasser hindurch* hat einen zweifachen Bezug: Räumlich gesprochen trug sie die Arche sicher auf dem Wasser, das für die anderen Gottes Gericht bedeutete. Die Präposition kann auch instrumental verstanden werden (etwa »mittels des«), und so wurde das Element, das ihre Zeitgenossen vernichtete, ihnen zum Mittel, das sie zu einem neuen Leben hinüberrettete. Hier ist wohl an beide Deutungsmöglichkeiten zugleich zu denken.

21 *Vorbild* (EÜ: *Gegenbild):* Das griech. *antitypon* meinte ursprünglich den auf einer Oberfläche von einem *typos* (Siegel) hinterlassenen Eindruck und beschreibt so die Entsprechung zwischen einem Stempel und seiner Gußform. Petrus erkennt in diesem Bild eine Parallele zur Taufe, denn hier versinnbildlicht das Wasser Gottes Gericht über die Sünde und die Hinüberrettung zu einem neuen Leben. Jesus sprach von seinem bevorstehenden Tod, durch den er Gottes Gericht über die Sünde ertrug, als einer Taufe (vgl. Mk 10,38.39; Lk 12,50), und diese Ideenverknüpfung ist Röm 6,3ff erhalten;

dort wird die Taufe als eine mystische Vereinigung des Glaubenden mit Christus in seinem Tod gesehen. So ist paradoxerweise der Tod, der das Mittel war, durch das Christus Gottes Gericht über die Sünde erlitt, gleichzeitig das Mittel, durch das der Glaubende in das neue Leben eingeht. Petrus beugt falschen Vorstellungen über die Taufe vor, indem er betont, daß die Wirksamkeit der Taufe nicht in ihrer äußeren symbolischen Aussage, daß nämlich *der Schmutz vom Leib abgewaschen* wird, begründet liegt, sondern in dem inwendigen Glauben an Gott. *Wir bitten Gott um ein gutes Gewissen* ist eine Übersetzung, die von der Verwendung des griech. *eperotema* (Bitte) in der LXX und im ntl. Griech. ausgeht. Anhand sprachwissenschaftlicher Vergleiche läßt sich jedoch nachweisen, daß das Wort z.Zt. des NT das feierliche Versprechen beim Abschluß eines Vertrags bezeichnete; entsprechend wäre dann zu übersetzen: »das feierliche Versprechen an Gott eines guten Gewissens«. Jedenfalls ist die große Tatsache, die alles, was die Taufe versinnbildlicht, möglich macht, *die Auferstehung Jesu Christi*, und die ist es, durch die wir letztendlich gerettet werden (vgl. 1,3). 22 Angesichts dieser wunderbaren Tatsache wiederholt Petrus das Verb »hingegangen« aus V. 19, das an den feierlichen Triumphzug Jesu denken läßt (die Erfüllung von Ps 110,1).

4,1 *Mit demselben Sinn* scheint sich - vom Kontext her - auf das zu beziehen, was bereits über Christi Tod und die Symbolik der Taufe gesagt worden ist. Christi Leiden führten zum Sterben seines Fleisches und ermöglichten seinem Geist, in eine ganz neue Seinsweise einzugehen, und dies sollte sich auch im Leben des Gläubigen manifestieren. Dann muß sich *wer im Fleisch gelitten hat* nicht unbedingt auf jene beziehen, die physischen Leiden ausgesetzt sind, sondern kann auch all jene mit umfassen, die durch ihre in der Taufe symbolisierte mystische Vereinigung mit Christus teilhaben an den Leiden ihres Herrn. Diese Einheit mit Christus sollte dadurch wirksam gemacht werden, daß der Christ sich von der Sünde lossagt und sich zu einem neuen Leben des Dienstes für Gott verpflichtet.

2 Mit *daß er... lebe* ist entweder der Grund angegeben, weshalb man sich mit demselben Sinn wappnet, oder aber die Folge der Absage an die Sünde angegeben; vermutlich ist an beide Deutungen zu denken. *Begierden:* Der Plural unterstreicht die Vielfalt der Begierden und Interessen, die einen Menschen in verschiedene Richtungen reißen können (sie werden V. 3 aufgelistet). Demgegenüber steht *der Wille* im Singular und deutet an, daß der Mensch erst dann zu einer integrierten Persönlichkeit wird, wenn er sich in ungeteiltem Gehorsam Gott ergibt.

3 *Ausschweifung* und alle folgenden Hauptwörter stehen griech. im Plural, wodurch vielerlei Aktivitäten angedeutet sind.

6 *Denn dazu ist auch den Toten das Evangelium verkündigt:* Hiermit ist möglicherweise Bezug genommen auf einen Vorwand der Gegner der Christen. »Ihr redet von der Wiederkunft Christi und davon, daß ihr jetzt schon das ewige Leben besitzt - warum sterbt ihr dann wie wir andere auch?« mag das Argument gelautet haben. »Die Sterblichkeit ist unter euch genauso hoch wie unter uns; euch widerfährt dasselbe Gericht wie uns.« »Nein«, erwidert der Apostel, »jene die gestorben sind (die Toten) mögen *zwar nach Menschenweise gerichtet werden im Fleisch*, indem sie den physischen Tod erleiden, doch weil ihnen *das Evangelium verkündigt* wurde (als sie noch lebten und darauf eingingen), *haben sie nun nach Gottes Weise das Leben im Geist.*« V. 5 hatte die Universalität des Gerichts betont: Entweder begegnet der Mensch nach seinem Tod dem Gericht, oder er läßt bereits hier auf Erden das Gericht über seine Sünden durch die Vereinigung mit Christus über sich ergehen. Dann wird der Tod bloß das Tor zu einem erfüllteren und freieren Leben im Geist sein; ein späteres Gericht wird er dann nicht mehr zu befürchten haben. Andere Kommentare deuten *die Toten* als die geistlich Toten bzw. als sämtliche Tote und verbinden die Verkündigung des Evangeliums hier mit 3,19; daraus leiten sie dann eine Lehre ab, wonach dem Menschen nach seinem Tod eine zweite Gelegenheit geschenkt wird, das Evangelium anzunehmen. Diese Auslegung widerspricht jedoch dem Textzusammenhang und findet auch an anderen Stellen in der Heiligen Schrift keine Bestätigung. *Den Menschen gemäß ... Gott gemäß* (EÜ): Es könnte daran gedacht sein, daß das Gericht im Fleisch das allgemeine Los des Menschen ist und daß das Leben im Geist eine besondere Eigenschaft Gottes ist; andererseits mag die Präposition *kata* hier im Sinne von »vor den Menschen« und »vor Gott« verwendet sein. An der Grundbedeutung ändert sich dadurch wenig.

4,7-11 Gelegenheiten nutzen

Die Erwähnung des Gerichts führt zu dem Hinweis, daß das letzte Gericht nicht bloß eine entfernte Möglichkeit ist, sondern daß Christi Wiederkunft, um die gegenwärtige Ordnung ihrem Ende zuzuführen, jederzeit eintreten könnte. Aus diesem Grund ergeht an die Christen die dringliche Mahnung, ihrer Berufung gemäß zu leben, Selbstbeherrschung und gegenseitige Liebe zu üben und verantwortungsbewußt mit jenen Gaben umzugehen, die Gott ihnen geschenkt hat. Solches Leben verherrlicht Gott (vgl. Mt 5,16).

Anmerkungen: **7** Mit *Ende* ist das griech. *telos* wiedergegeben, das die Bedeutung »Ziel« hat. Das Ende der gegenwärtigen Ordnung ist nicht nur ein Höhepunkt, sondern auch das Ziel, auf das Gott hinarbeitet. *Besonnen und nüchtern:* Der Christ sollte inmitten von Angst und Ungewißheit stets darum bemüht sein, in der Verbindung mit Gott zu bleiben. **8** *Beständig:* Vgl. Kommentar zu 1,22. *Die Liebe deckt auch der Sünden Menge:* Vielleicht ein Zitat aus Spr 10,12. Gelegentlich wird anhand dieses Verses behauptet, mit der Liebe lasse sich Sündenvergebung verdienen - nicht nur für den, der Liebe übt, sondern auch für den, der Liebe empfängt. Wahrscheinlich aber soll gesagt sein, daß wahre Liebe dem Nächsten seine Fehler nicht vorrechnet (vgl. 1Kor 13,4-7 u. Mt 6,14.15). Vielleicht ist auch ganz einfach daran gedacht, daß Gottes Liebe unsere Sünden bedeckt und daß diese Liebe uns zur Liebe untereinander motivieren sollte. **9** *Seid gastfrei:* Von besonderer Bedeutung war die Gastfreundschaft als es Wanderprediger und noch keine Kirchenhäuser gab (vgl. Mt 25,35; Röm 12,13; 16,3-5a; 1Tim 3,2; Hebr 13,2). **10** *Ein jeder:* Es gibt keinen Christen, der keine Gabe hätte. Die Ausführungen über die Haushalterschaft gewinnen im Blick auf die Tatsache, daß Jesus Lk 12,42ff gerade Petrus in dieser Angelegenheit ansprach, an Bedeutung. *Mancherlei:* Vgl. Kommentar zu 1,6. **11** *Wenn jemand predigt ... wenn jemand dient:* Damit sind die zwei großen Dienstbereiche innerhalb der christlichen Gemeinde abgedeckt: Der Dienst am Wort Gottes und der »Dienst an den Tischen« (vgl. Apg 6,1ff). Beide Dienste sind gleichermaßen von Gott eingerichtet worden. Und die Dienenden dürfen im Vertrauen auf Gott wissen, daß er ihnen die Kraft geben wird, ihre Aufgaben wahrzunehmen. *Gottes Wort* (EÜ: *Aussprüche Gottes):* Das griech. *logia* bedeutet ganz allgemein »göttliche Aussprüche« und Röm 3,2 sowie Hebr 5,12 wird mit diesem Wort die Heilige Schrift bezeichnet. *Sein ...:* Zur Bedeutung dieses Lobpreises (Doxologie) vgl. die Einl., S. 533.

4,12-19 Leiden für Christus

Petrus kehrt nun wieder zu dem Thema »Leiden« zurück und nennt einige weitere Faktoren, die dem Christen helfen werden, die Leiden nicht nur zu ertragen, sondern tatsächlich auch darin Freude zu erfahren. Zunächst wird durch das Leiden die Echtheit des Glaubens auf die Probe gestellt, und wir dürfen deshalb erwarten, daß Gott den Glauben prüfen (und damit auch stärken) wird. Zudem hat der Christ Gemeinschaft an den Leiden Christi. Für Christus führt der Weg zur Herrlichkeit über das Leiden, und diesen Weg werden auch seine Nachfolger gehen. Der Geist Gottes wird auch in der Verfolgung die Leben derer, die Verfolgung leiden, mit seiner Herrlichkeit erfüllen. Wer als Christ sein Leiden erträgt, verherrlicht Gott. Im Leiden erinnert Gott sein Volk daran, daß er mit seinem Gericht bei ihnen anfängt und daß sie sich auf eine herrliche Zukunft jenseits aller Verfolgung freuen dürfen - alle Fragen des Lebens können sie getrost dem anvertrauen, der ihnen das Leben gegeben hat. Im Gegensatz dazu hat der unbußfertige Sünder nichts, worauf er sich in diesem und im nächsten Leben freuen kann, wenn Gottes Gericht einmal eingesetzt hat.

Anmerkungen: **12** *Das Feuer der Verfolgung, ... das euch zur Prüfung geschieht* (EÜ): Dies knüpft an 1,6.7 an. *Fremdes* (EÜ; LÜ: *seltsames)* ist das Adjektiv zu dem Verb *laßt euch nicht befremden* (oder »überraschen«). **13** *Freut euch:* Das Verb begegnete bereits 1,6.8 und ursprünglich Mt 5,12. Einige meinen, dieses Verb müsse im Blick auf seine Verbindung mit der bei der Offenbarung Christi zu erwartenden Freude im Futur stehen (wie auch 1,8), doch ist dies angesichts der beiden anderen Bezugnahmen nicht notwendig. Vgl. wieder 1,11; Röm 8,17; 2Tim 2,12; zur Verbindung von Leiden und Herrlichkeit. **14** *Um des Namens Christi willen* heißt nicht unbedingt, daß allein schon Christsein eine strafbare Handlung war (vgl. Einl., »Verfasser« b.) *Der Geist der Herrlichkeit:* Gottes Geist ist der Geist der Herrlichkeit, da er seinem Volk die Herrlichkeit des Vaters manifestiert, indem er ihnen Christus offenbart und sie in sein Ebenbild umgestaltet (vgl. Joh 16,14; 2Kor 3,18). **15** *Einer, der sich in fremde Sachen mischt* (EÜ): Man mag zunächst meinen, dieser werde zu Unrecht neben den anderen Verbrechern genannt, doch verbirgt sich dahinter vielleicht ein Schuß grimmigen Humors. Christen werden sich im allgemeinen schwerer Delikte nicht schuldig machen, doch oft können sie der Versuchung nicht widerstehen, sich in fremde Angelegenheiten einzumischen. **16** *Christ* begegnet im NT nur noch an zwei Stellen in der Apg: 11,26 und 26,28. In beiden Fällen nimmt man gewöhnlich an, daß es sich um eine eher verächtliche Bezeichnung handelte, doch es gibt zwei weitere mögliche Ableitungen, die vielleicht von Bedeutung sind. Die lat. Nachsilbe *-ianus* wurde möglicherweise dem griech. Wort *Christ* beigefügt, im Sinne von »Anhänger des«, so wie die Anhänger des Herodes »Herodianer« genannt wurden (Mk 3,6). Andererseits war es in Rom Brauch, daß jemand, der von einer römischen Familie adoptiert wurde, den Namen seiner Adoptiveltern erhielt - und zwar mit diesem Suffix. Zum Beispiel: Wurde jemand von einem Domitius adoptiert, so durfte er sich fortan Domitianus nennen. Antiochia war eine sehr römische Stadt, und so ist es durchaus denkbar, daß die Christen dort sich selbst den Namen gaben als Zeichen dafür, daß sie in der Familie Christi aufgenommen, d.h. adoptiert worden waren (vgl. Röm 8,15-17; Eph 1,5). **17** *Gericht:* vgl. Jes 25,29; Hes 9,6; Mal 3,1-3. *Haus,* wörtl.: »Haushalt«. **18** Das Zitat aus Spr 11,31 (LXX) unterstreicht den Gedanken des vorherigen Verses und erinnert an Jesu Worte Lk 23,31. **19** Wird solches Leiden nun unter diesem Gesichtspunkt gesehen und akzeptiert, dann wird der Christ keineswegs aufgeben, sondern fortfahren, Gutes zu tun und Christi Beispiel zu folgen, indem er den Ausgang seiner Leiden in Gottes Hände legt. *Anbefehlen* ist dasselbe Verb, das Jesus Lk 23,46 verwendet (wo er das Gebet Ps 31,6 zitiert, das Abendgebet der frommen Juden), und daran ist wohl auch hier zu denken. Das vom selben Stamm abgeleitete Nomen verwendet Paulus 2Tim 1,12, um sein Vertrauen auf Gottes Bewahrung auszudrücken. *Schöpfer* soll wohl hier an Gottes Macht erinnern (s. 1,5 und vgl. dazu den Gedanken Phil 1,6).

5,1-4 Aufgaben der Ältesten

Im Blick auf die dem Volk Gottes bevorstehenden Leiden legt Petrus nun großen Wert darauf, daß die Gemeinde geeignete Leiter hat. Er schöpft aus seinem eigenen reichen Erfahrungsschatz und ermahnt die Leiter der Ortsgemeinden, ihren Aufgaben engagiert und vorbildlich nachzukommen, in dem er sie daran erinnert, daß sie »Unterhirten« sind, und ihnen die für treuen Dienst in Aussicht gestellte Belohnung ins Gedächtnis ruft.

Anmerkungen: **1** *Die Ältesten* (griech.: *presbyteroi)* waren dazu berufen, die geistliche Führung in den neu entstandenen Gemeinden wahrzunehmen (vgl. Apg 14,23; 20,17). Aus Apg 15,2 geht hervor, daß selbst die Jerusalemer Gemeinde schon sehr früh diese Dienstordnung kannte, die vermutlich von dem jüdischen Vorbild hergeleitet war (vgl. 4Mo 11,16-25; vgl. auch LZB unter »Ältester«). Die Ältesten hatten vornehmlich pastorale Aufgaben wahrzunehmen, und so erhielten sie schon sehr früh neben dieser Bezeichnung (die ihren Status anzeigt) auch die Bezeichnung *episkopoi* (»Bischöfe«, »Aufseher«), die ihre Funktion beschreibt. Daraus erklärt sich die Sprache von V. 2; anhand von Apg 20,28 läßt sich nachweisen, daß die Bezeichnungen austauschbar waren. *Mitältester* begegnet zwar sonst nirgends im NT, paßt jedoch sehr gut in diesen Zusammenhang, zumal Petrus bemüht ist, sein Einssein mit denen hervorzuheben, die er ermahnt. Einige Ausleger nehmen Anstoß an der Bezeichnung *Zeuge,* denn nach Mt 26,56; Lk 23,49 war Petrus bei der Kreuzigung nicht zugegen. Doch läßt sich dieser Einwand nicht aufrechterhalten, wenn man bedenkt, daß er Zeuge vieler Leiden des Herrn war (s. Lk 22,28.54-62; Joh 18,15-27). *Herrlichkeit:* s. Kommentar zu 4,13. **2** *Weidet* ist eine pastorale Metapher (vgl. Ps 78,70-72) und erinnert sehr anschaulich an den Auftrag, den Petrus vom Herrn selbst empfangen hatte (Joh 21,15ff; vgl. auch Apg 20,28). *Die euch anbefohlen ist* ist eine Spracheigentümlichkeit und bedeutet vielleicht »so gut ihr könnt« (so auch Erasmus und Calvin; vgl. aber EÜ: »die bei euch ist«). Beide Übersetzungsmöglichkeiten fügen sich gut in den Kontext: *Die bei euch ist* bezöge sich dann auf den Teil der Herde, der im Verantwortungsbereich des jeweiligen Ältesten steht. Einige Hss. fügen ein: *Achtet auf sie* (so LÜ; vgl. dagegen EÜ). Der Einschub ist für den Gedankengang des Verses unerheblich. *Nicht gezwungen* mag auf ein falsches Minderwertigkeitsgefühl anspielen oder auf eine Abneigung, Verantwortung zu übernehmen. Wer mit der falschen Einstellung an die Aufgabe herangeht, wird seinem Auftrag und seiner Verantwortung nicht gerecht. *Wie es Gott gefällt* ist eine mögliche Übersetzung des griech. *kata theon;* mit EÜ könnte man aber auch lesen: *Gott gemäß.* Petrus denkt hier wohl an das Vorbild des »Hirten eurer Seelen« 2,25; vgl. auch Ps 23; Joh 10,11. *Aus schändlicher Gewinnsucht* (EÜ) will nicht sagen, daß die Ältesten zu jener Zeit schon ein Gehalt bezogen; aber einem gewissenlosen Menschen boten sich immer wieder Gelegenheiten, sich auf illegalem Wege zu bereichern. Es ist aber keineswegs ausschließlich an die Einstellung zum Geld zu denken: So mag sich Selbstsucht auch im Streben nach Ansehen und Macht äußern. **3** *Nicht als Herren:* Die Ältesten sollen es nicht den weltlichen Vorgesetzten gleich tun (vgl. Mk 10,42, wo dasselbe Verb gebraucht ist), indem sie »herrschen« und die ausbeuten, die ihnen anvertraut worden sind. Vielmehr sollen sie mit gutem Beispiel vorangehen, indem sie die, die sich in ihrer Obhut befinden, im Glauben auferbauen. *Die (ihnen anvertrauten) Anteile (der Herde)* - EÜ; griech.: *kleroi:* Ursprünglich war *kleros* das zugeteilte Land, später das durch Los bestimmte Amt, und hier meint es die einem bestimmten Pastor zugeteilte Herde. (Vgl. unser »Klerus«.) *Vorbilder* (griech.: *typoi)* sind die zu kopierenden Muster oder Modelle. **4** *Erscheinen:* Bis jetzt war von der Wiederkunft Christi im Sinne einer »Enthüllung« oder »Offenbarung« gesprochen. Das hier verwendete Wort (griech.: *phaneroo)* verdeutlicht die Folge dieser Offenbarung, d.h., Jesus wird in seiner Herrlichkeit für alle sichtbar sein (vgl. Offb 1,7). *Unverwelklich* (EÜ) ist nicht dasselbe Wort wie in 1,4 (dort: *amaranton;* hier: *amaran-*

tinon, »des Amarant« - eine Zierpflanze, die man für unverwelklich hielt). Demgegenüber ist an die verwelklichen Siegeskränze zu denken, die bei griech. Sportereignissen den Siegern aufgesetzt wurden (vgl. 1Kor 9,25; 2Tim 4,8; Offb 3,11; 4,4). *Der Herrlichkeit* bezieht sich wohl auf den Anteil an der Herrlichkeit, die dem Träger des Siegeskranzes zukommt; zu denken ist an die »Krone des Lebens« Jak 1,12; vgl. auch Offb 2,10.

5,5-11 Letzte Ermahnungen und Zusicherungen

Petrus fordert nun die jungen Männer auf, den Ältesten den ihnen gebührenden Respekt zu zollen; beide - die Ältesten und die jungen Männer - sind aufgerufen, einander in Demut zu begegnen. Alle Sorgen sollen sie in Gottes Hände legen, denn er ist der fürsorgende Vater. Trotzdem ist der Christ zur Wachsamkeit aufgerufen, denn der Teufel hält immer Ausschau nach Opfern. Der unerschütterliche Glaube führt zum Sieg, und der Christ darf wissen, daß er in seinem Leiden nicht alleine ist: die christliche Gemeinde ist eine Gemeinschaft der Leidenden. Mehr noch: Der Christ hat die wunderbare Gewißheit, daß seine Leiden nur eine vergleichsweise kurze Zeit währen werden, denn Gott hält seine Geschicke in seinen Händen. Dieser Gott, der am Ende alles zum Guten hinausführen wird, verdient unser Lob und unsere Anbetung.

Anmerkungen: 5 *Desgleichen* knüpft entweder an die Ermahnungen der unmittelbar vorausgehenden Verse an oder aber an den Gedankengang von 2,13.18; 3,1.7. Mit *Ältesten* sind entweder wie V. 1 die Gemeindeleiter gemeint oder ganz allgemein ältere Menschen, denen die christliche Jugend mit Achtung und Respekt begegnen soll. *Umkleidet euch* (EÜ) bedeutet wörtl. »verknotet« oder »bindet an euch«, und Petrus mag wohl an Joh 13,4.5.15.16 gedacht haben. Das Zitat hier ist aus Spr 3,34 (LXX); vgl. auch Jak 4,6. Um dasselbe Prinzip geht es auch Jesus in Mt 23,12. **6** *Die gewaltige Hand Gottes* begegnet als Ausdruck häufig in der LXX, dort meist in Verbindung mit der Herausführung des Gottesvolkes aus Ägypten; hier erinnert der Ausdruck daran, daß Gott die Geschicke der Menschen in seiner Hand hält und auch das Leiden zum Segen wenden kann. 7 *Werft* (wörtl.: »schleudert«) begegnet auch Ps 55,23 (LXX). Die Begründung der - recht verstandenen - Sorglosigkeit ist aus den Worten Jesu Mt 6,25-34; 10,28-33 bekannt. **8** *Seid nüchtern:* Vgl. 1,13; 4,7. *Wacht:* Einmal mehr klingen des Herrn eigene Worte an Petrus an; Mt 26,41; Mk 14,38. *Widersacher* ist ein juristischer Begriff, hier vermutlich aber die griech. Übersetzung des hebr. *satan,* dem Widersacher der Seelen; vgl. Hi 1,6. Hier wie dort ist Satan der Anstifter von Verfolgung und Leiden, um den Glauben der Gotteskinder auf die Probe zu stellen oder - wenn möglich - zu zerstören. Petrus war mit diesem Verhalten vertraut (vgl. Mt 16,23; Lk 22,31). *Teufel* (griech.: *diabolos)* bedeutet »Verleumder«: In seiner Rolle als Zerstörer des Glaubens verleumdet der Teufel Gott vor den Menschen (vgl. 1Mo 3,1.4.5) und die Menschen vor Gott (vgl. Hi 1,9-11; 2,4.5). *Geht umher:* vgl. Hi 1,7; 2,2. 9 *Widersteht:* So ist mit dem Teufel umzugehen; s. Jak 4,7; vgl. auch Eph 6,11-17. Vor den Begierden des Fleisches soll man flüchten (vgl. 1Tim 6,11; 2Tim 2,22). *Fest:* Das Wort bezeichnet (im physischen Bereich) feste Körper. Ein oberflächlicher Glaube hält hier nicht stand, denn Petrus denkt wohl daran, daß der Teufel durch Verfolgung die Christen dem Glauben abspenstig machen will. Offb 12,11 zeigt den Weg zum Sieg auf. *In der Welt:* Im Gegensatz zu der Gruppe von Gemeinden in Kleinasien (vgl. 1,1), den Adressaten dieses Briefes. **10** *Aller Gnade:* Dem Ruf zur Standfestigkeit im Glauben wird die Lehre von der Bewahrung an die Seite gestellt. Weil Gott uns in Christus zur Teilhabe an seiner ewigen Herrlichkeit berufen hat, können wir uns ganz auf ihn verlassen: Er wird uns sicher ans Ziel bringen (vgl. 1,5; Phil 1,6; 1Thes 5,24; Jud 24). *Vollkommen machen* (EÜ; LÜ: *aufrichten;* wörtl.: »vollenden, in den gehörigen Zustand setzen«): Dieses Verb wurde oft von der Reparatur von Schiffen nach einem Kampf oder einem Sturm gebraucht; Mk 1,19 vom Flicken der Netze. *Befestigen, kräftigen* (EÜ): Das erste der beiden Verben (es begegnet auch Lk 22,32) wird meist in Verbindung mit Gegenständen verwendet und meint ihren festen Standort; das zweite Verb meint die feste Absicht. *Gründen* bedeutet »Fundament geben«; es fehlt in einigen alten Hss. **11** *Macht* wird hier mit Recht Gott zugeschrieben, denn nur seine Allmacht vermag den Christen durchzutragen. Dieses Nomen leitet sich von derselben Wurzel her wie »gewaltig« V. 6.

5,12-14 Schluß

Petrus faßt nun die zweifache Zielsetzung seines Briefes (ermutigen und Gewißheit vermitteln) zusammen und nennt seinen Sekretär. Er hatte sich vorgenommen, ihnen zu bezeugen, daß die von ihm entfaltete Lehre vom Heil in Wahrheit Gottes wirksame Gnade ist, und im Lichte dieser Jahre sollten seine Leser gefestigt werden. Einige Grüße werden ausgerichtet, und der Brief schließt mit dem charakteristisch hebr. Friedensgruß an alle Leser oder Hörer.

Anmerkungen: 12 *Silvanus* ist wahrscheinlich der Silas von Apg 15,22-18,5 (vgl. 2Kor 1,19; 1Thes 1,1; 2Thes 1,1). Zu seiner Rolle bei der Abfassung des Briefes vgl. Einl. *Den treuen Bruder:* Der bestimmte Artikel steht hier nicht zufällig (in einigen Übers.: »unseren«). Er könnte besagen, daß Silvanus den Empfängern des Briefes bekannt war, oder er könnte einfach seine Verbindung mit Petrus betonen. *Das* (ZÜ: *dieses)* könnte an V. 10 anknüpfen, da es auf die Möglichkeit des Wachstums im christlichen Leben verweist; vermutlich ist aber an den Gesamtkontext des Briefes zu denken. **13** *Babylon* ist verschieden gedeutet worden: als *a.* die antike Stadt in Mesopotamien, *b.* eine römische Garnisonsstadt in Ägypten (das heutige Kairo) oder *c.* die Stadt Rom. Aus Gründen, die in der Einleitung erörtert wurden (s. dort) ist wohl von »Rom« auszugehen. *Die mit euch auserwählt* wird gewöhnlich auf die Ortsgemeinde gedeutet, wobei *ekklesia* (weibl.), »Gemeinde«, sinngemäß zu ergänzen ist. Unwahrscheinlich dagegen ist, daß die Frau des Petrus gemeint sein könnte (vgl. Mk 1,30; 1Kor 9,5); der einzige Anhaltspunkt für diese Vermutung ist der nachfolgende Satzteil. *Mein Sohn Markus:* wahrscheinlich der Verfasser des zweiten Evangeliums, der sich Mk 14,51 vielleicht selbst erwähnt hat und in dessen Haus Petrus nach seiner Befreiung aus dem Gefängnis kam (Apg 12,12). Markus begleitete Paulus bei seiner missionarischen Arbeit (Apg 12,25-13,13), verließ ihn aber daraufhin; das mißfiel dem Apostel, der dann lieber Silas zum Begleiter nahm (Apg 13,13; 15,36-40). Jedoch gewann Markus später die Gunst des Paulus wieder (2Tim 4,11), und er war kurz vor des Apostels Tod bei Paulus in Rom (Kol 4,10; Phlm 24). Eusebius zitiert Papias, der gesagt haben soll, daß Markus eine schriftliche Aufzeichnung der Erinnerungen des Petrus an Taten und Aussprüche Jesu zusammenstellte, und das Evangelium des Markus wurde seit jeher mit der Gemeinde in Rom in Verbindung gebracht. *Sohn* wird im geistlichen Sinn benutzt (vgl. 1Tim 1,2). **14** *Mit dem Kuß der Liebe:* oder »heiliger Kuß«. Darauf wird bei verschiedenen Gelegenheiten hingewiesen (z.B. Röm 16,16; 1Kor 16,20; 2Kor 13,12; 1Thes 5,26) und er scheint allgemein gebräuchlich gewesen zu sein, wenn Christen sich zur Gemeinschaft zusammenfanden; vielleicht war der Kuß unter den Aposteln Brauch (vgl. Lk 22,48). Gegner, die den christlichen Glauben in Verruf bringen wollten, sahen in diesem Brauch einen willkommenen Anlaß. *Friede:* Mit diesem Wunsch schließt der Brief so wie er begonnen hatte (1,2). Aber dem Leser ist in der Zwischenzeit bewußt gemacht worden, wie dieser Friede ermöglicht wird - sogar im Leiden. Die Quelle des Friedens kann in *Christus* gefunden werden. Wie auch immer die Umstände sein mögen, der Mensch, der *in Christus* ist (vgl. Eph 1,3ff), wird immer den Frieden Gottes kennen, denn dieser Friede ist *allen* zugänglich, die in Christus sind.

Der zweite Brief des Petrus

Einleitung

Verfasser

Der Brief selbst beantwortet die Frage nach seinem Verfasser mit der eindeutigen Aussage: »Simon Petrus, Knecht und Apostel Jesu Christi« (1,1). Er war dabei, als Jesus Christus verklärt wurde (1,16-18) - neben Petrus waren nur noch Jakobus und Johannes bei der Verklärung zugegen (vgl. Mk 9,2ff). Den Empfängern dieses Briefes hat er schon einmal geschrieben (3,1), und mit den Adressaten verbindet ihn eine tiefe Freundschaft (3,1.8.14.17). Paulus bezeichnet er als einen »lieben Bruder« (3,15), und zur Zeit der Niederschrift des Briefes rechnet er offensichtlich mit dem eigenen Tod (1,14).

Anhand des Handschriftenbefundes läßt sich nicht nachweisen, daß die obengenannten Stellen dem Brief zu einem späteren Zeitpunkt beigefügt wurden, um ihm in den Gemeinden zu allgemeiner Anerkennung zu verhelfen. Gleichwohl behaupten viele Neutestamentler, der Brief sei eine unter falschem Namen erschienene Schrift, die von sich behauptet, die Lehre des (bereits verstorbenen) großen Apostels getreulich wiederzugeben. Die wesentlichen Gründe, die für diese Hypothese immer wieder vorgetragen werden, sind folgende:

a. Es wird gesagt, Sprache und Stil unterschieden sich - mehr als man erwarten würde - vom 1. Brief des Petrus. Man muß jedoch in Rechnung stellen, daß sein Sekretär Silvanus ihm bei der Abfassung des ersten Briefes zur Hand gegangen war (1Petr 5,12) und daß der vorliegende Brief andere Themen zum Inhalt hat. Tatsächlich lassen sich große Ähnlichkeiten zwischen beiden Briefen feststellen: Einige Wörter und Wendungen begegnen nur in diesen beiden Briefen und sonst nirgends im NT (z.B. »ablegen«, 1Petr 3,21 u. 2Petr 1,14; »lassen von der Sünde«, 1Petr 4,1 u. 2Petr 2,14). Andere sonst selten vorkommende Wörter sind z.B. »Bruderliebe«, 1Petr 1,22 u. 2Petr 1,7; »sehen« (griech.: *epopteno)* 1Petr 2,12; 3,2 u. 2Petr 1,16; sowie »darreichen« 1Petr 4,11 u. 2Petr 1,5. Ähnlichkeiten der Lehre lassen sich nachweisen in bezug auf Prophetie 1Petr 1,10-12; 2Petr 1,20.21, christliche Freiheit 1Petr 2,16; 2Petr 2,19 und Eschatologie (Lehre von den letzten Dingen) 1Petr 1,5; 4,7; 2Petr 3,3.10. Insbesondere läßt sich eine sprachliche Verwandtschaft zwischen dem Brief und den Reden des Apostels Petrus in der Apostelgeschichte aufzeigen: vgl. dazu »Frömmigkeit« mit »Gottesfurcht« Apg 3,12 u. 2Petr 1,6; »Gesetzlose« Apg 2,23 u. 2Petr 2,8; »Gerechtigkeit« Apg 1,17 u. 2Petr 1,1; sowie »Lohn für seine Gerechtigkeit« Apg 1,18 u. 2Petr 2,15; und »Tag des Herrn« Apg 2,20 u. 2Petr 3,10. Die jüngere Forschung hat gezeigt, daß die sprachlichen Einwände gegen eine petrinische Verfasserschaft nicht überzeugen können.

b. Der andere Haupteinwand gegen die petrinische Verfasserschaft des Briefes rührt von dem scheinbaren Zögern der frühen Kirche, den 2. Petrusbrief in den ntl. Kanon aufzunehmen. Aber die Tatsache, daß der Brief am Ende doch in den Kanon aufgenommen wurde - und dies zu einer Zeit, als die Gemeinde zu Recht den pseudopetrinischen Schriften, die von gnostischen Kreisen in Umlauf gebracht worden waren, mißtrauisch gegenüberstand - sollte nicht geringgeschätzt werden.

c. Die Tatsache, daß dieser Brief dem Judasbrief ähnelt, vor allem in Kapitel 2, wird gerne als weiteres Indiz gegen eine petrinische Verfasserschaft gewertet. Auf die besondere Beziehung dieser beiden Briefe zueinander soll später ausführlicher eingegangen werden; an dieser Stelle ist zu sagen,daß die Tatsache, daß der Judasbrief in weiten Teilen im 2. Petrusbrief enthalten ist, viele dazu geführt hat, im Judasbrief die ältere Schrift zu sehen: Hätte Petrus seinen Brief als erster verfaßt, hätte es für Judas keinen Grund gegeben, einen eigenen Brief zu schreiben. Ferner meint man, daß ein führender Apostel wie Petrus sich wohl kaum des Materials eines Mannes bedient hätte, der - obwohl er des Herrn Bruder war - erst nach der Auferstehung zum Glauben gekommen war (vgl. Mk 6,3; Joh 7,5). Auch dieses Argument ist nicht unbedingt beweiskräftig. So wäre es durchaus denkbar, daß Judas ein Exzerpt des 2. Petr. angefertigt haben könnte, um es einer oder mehreren Gemeinden zukommen zu lassen, die den zuvor verfaßten Petrusbrief nicht empfangen hatten. Zudem mag sich Petrus für Teile seines eigenen Briefes einer anderen Quelle bedient haben: Wie bereits in der Einleitung zu 1. Petr dargelegt wurde, mag er möglicherweise seine eigene oder die Predigt eines anderen jenem Brief zugrundegelegt haben. Schließlich ist nicht auszuschließen, daß sowohl Petrus als auch Judas eine andere gemeinsame Quelle gebraucht haben könnten.

d. Die in dem Brief enthaltene Lehre - so wird ferner behauptet - trage die Kennzeichen einer späteren Zeit. Dies ist jedoch nicht unbedingt zutreffend, da die in diesem Brief widerlegte falsche Lehre im Keim bereits in Kolossä vorhanden war (Kol 2,18) sowie - in ihrem ethischen Aspekt - in Korinth (1Kor 5; 6,12-20), als Paulus seine Briefe verfaßte. Ferner läßt die Parusie-Lehre in diesem Brief erkennen, daß die in 1.Petr vorhandene Hoffnung auf Christi Wiederkunft auch hier nicht fehlt. Es sind lediglich die Spötter, die die Hoffnung in Frage stellen (3,4); die Gottesfürchtigen haben noch immer die Hoffnung (3,12), und diese Lehre ist hier wie auch im 1. Brief das Motiv für ein geheiligtes Leben (vgl. 3,11-14 mit 1Petr 1,7.13.17; 4,7.13).

Die innere Forschung hat auf die Tatsache aufmerksam gemacht, daß die Theorie von einem pseudonym verfaßten Brief ein wichtiges ethisches Problem aufwirft. Spätere Generationen der Kirche haben diesen Brauch verurteilt, und auch Paulus hat sich bereits in ntl. Zeit aufs schärfste dagegen ausgesprochen (2Thes 2,2; 3,17). Es ist geradezu undenkbar, daß ein aufrichtiger Verfasser falsche persönliche Hinweise (1,1.16-18; 3,1) in einem Brief gebracht hätte, in dem Heiligung und Wahrhaftigkeit eine so wesentliche Rolle spielen (1,3.4.12; 3,11.17).Solch eine Täuschung wäre von keiner Gemeinde akzeptiert worden, die ihre Glieder zu einem untadeligen Leben aufrief.

Datierung

Die Ausführungen in 3,16 zeigen, daß z. Zt. der Niederschrift des Briefes bereits eine Reihe paulinischer Schriften in Umlauf waren. Man muß aufgrund von 1,12-17 nicht unbedingt zu dem Schluß kommen, daß die Evangelien bereits allgemein bekannt waren oder - anhand von 3,4 -, daß die erste Generation von Christen schon gestorben war. Bezugnahmen auf diesen Brief in anderen Werken machen deutlich, daß der 2. Petrusbrief spätestens Anfang des 2. Jhs. verfaßt worden ist; daß die in diesem Brief kritisierte Irrlehre noch nicht voll entfaltet war, spricht dafür, den Brief gegen Ende des 1. Jhs. zu datieren. Wenn wir noch dazu an der petrinischen Verfasserschaft festhalten, so legt sich ein Datum kurz vor dem Tod des Apostels (1,14), gegen Ende der 60er Jahre nahe.

Abfassungsort und Adressaten

Der Brief bietet keine Anhaltspunkte über seinen Abfassungsort. Geht man davon aus, daß Petrus der Verfasser ist und daß der erste Brief in Rom geschrieben wurde, dann ist es wahrscheinlich, daß auch dieser Brief dort verfaßt wurde. Sofern sich 3,1 auf 1Petr bezieht, sind wohl die Adressaten die gleichen geblieben; andererseits könnte 1,1 andeuten, daß der Brief für einen weiteren Leserkreis bestimmt war. Die Empfänger sind offensichtlich christliche Gemeinden, die unter den Anfängen der gnostischen Irrlehre leiden. Diese Irrlehre breitete sich schon sehr früh in Kleinasien aus. Vermutlich waren in den Gemeinden sowohl Juden- als auch Heidenchristen beheimatet (s. Einl. zu 1Petr; vgl. 1,1 mit 3,2).

Thema

Der Apostel weiß, daß sein Leben dem Ende zugeht. In seinem Brief entfaltet er drei Hauptgedanken. *a.* Christen sollen ihrer Berufung gemäß in praktischer Heiligung leben. *b.* Jedem Versuch, sie mit falscher Lehre und den aus ihr folgenden Ausschweifungen irrezuführen, soll entschieden widerstanden werden. *c.* Schließlich sollen Christen ihr Leben im Blick auf den kommenden Tag Gottes gestalten. Das erste und das letzte dieser Themen sind bereits aus dem ersten Brief bekannt; mit dem zweiten Thema ist wohl der Hauptanlaß des Briefes genannt, doch bemüht sich der Schreiber, sein Thema aus der positiven Perspektive des christlichen Wachstums und des endzeitlichen Ziels zu entfalten. Wohl deshalb ist es zwischen den beiden anderen Themen angesiedelt.

Die Einheit des Briefes

In neuerer Zeit hat man gelegentlich versucht, in den Kap. 1 und 3 den ursprünglichen Brief zu sehen, in den später Kap. 2 eingefügt worden sein soll. Einige wollen sogar behaupten, die Kapitel seien zunächst einzeln in Umlauf gebracht worden, wobei dann Kap. 1 der frühere Brief wäre, auf den 3,1 Bezug nimmt, und Kap. 3 wäre dann die 1,13 in Aussicht gestellte Erinnerung (mit dem beigefügten Kap. 2). In verschiedenen Analysen ist versucht worden, die sog. genuin petrinischen Abschnitte des Briefes herauszulösen, um dann das übrige Material einem späteren Herausgeber zuzuschreiben. Zwei wesentliche Gründe widersprechen jedoch dieser Theorie: Aus dem Handschriftenbefund läßt sich nicht nachweisen, daß ein

Teil des Briefes zu irgendeinem Zeitpunkt gesondert in Umlauf war; zudem bleiben Anhänger dieser Theorie eine Erklärung für die offensichtliche stilistische Einheit aller drei Kapitel schuldig.

Die Beziehung zum Judasbrief

Auch dem flüchtigen Leser wird auffallen, daß ein Großteil von Judas 4-18 in 2Petr enthalten ist, und dieser Umstand hat zu drei Theorien Anlaß gegeben, die im folgenden kurz zusammengefaßt sind.

a. Der zeitliche Vorrang des Judas. Dieser wird durch die Tatsache nahegelegt, daß Petrus sehr viel Material hinzufügt: Hätte Petrus zuerst geschrieben, dann hätte Judas wohl nur einige wenige Verse zu dem hinzugefügt, was bereits im Umlauf war. Dies widerspräche jedoch nicht der Theorie, wenn wir von der Möglichkeit ausgehen, daß Judas ein bereits vorhandenes Dokument kürzte, um den Bedürfnissen jener Gemeinden gerecht zu werden, die die ursprüngliche Schrift nicht empfangen hatten. Andere mutmaßen, Petrus habe den etwas strengen Ton des Judas abgemildert, seine Metaphern ineinandergeschoben und seine Bezugnahmen auf apokryphe Schriften gestrichen usw. Natürlich ließe sich jedes Argument dahingehend umkehren, daß Judas den Abschnitt aus dem Petrusbrief überarbeitete, indem er die Sprache zuspitzte, die unpassenden Metaphern korrigierte und die Beweisführung mit Apokryphenzitaten untermauerte.

b. Die zeitliche Priorität des Petrus. Die oben genannten Argumente können auch umgekehrt werden. Es ist bereits gesagt worden, daß ein Mann vom Rang eines Petrus wohl kaum einen Unbekannten wie Judas zitiert hätte. Ferner wird darauf hingewiesen, daß die bei Petrus noch zukünftigen Gefahren (2,1) bei Judas bereits schon seit einiger Zeit vorhanden sind (V. 4). Demgegenüber könnte natürlich auch hier wieder vorgebracht werden, daß Petrus des öfteren in der Gegenwartsform spricht und davon ausgeht, daß die gefährlichen Lehrer ihr Werk bereits begonnen haben (2,10b-19).

c. Eine gemeinsame, beiden Schriften zugrundeliegende Quelle. Die sich für beide der oben genannten Theorien ergebenden Schwierigkeiten haben zu einer dritten Alternative geführt, der Annahme einer gemeinsamen Quelle. Zwar löst sie einige der genannten Probleme, doch bleibt sie die Antwort auf eine wesentliche Frage schuldig: Warum hat sich Judas überhaupt die Mühe gemacht, einen eigenen Brief zu verfassen, wo er doch nur weite Teile seiner Quelle zitiert? Wäre es nicht naheliegender, daß er für seine Bedürfnisse eine Kurzfassung von 2Petr erstellt hat?

Mit den uns zur Verfügung stehenden Quellen ist es wohl unmöglich, die Frage nach der zeitlichen Priorität zufriedenstellend zu beantworten. Die Ähnlichkeiten zwischen dem 2. Petrusbrief und anderen Teilen des NT sollen im Kommentar erörtert werden.

Inhalt

1, 1. 2	**Eingangsgruß**		
1, 3-11	**Mahnung zu geistlichem Wachstum**		
		1, 3. 4	Die Mittel: von Gott bereitgestellt
		1, 5- 8	Das Ziel: fruchtbare Jüngerschaft
		1, 9	Die Bedeutung: Wissen um den eigenen Stand
		1,10.11	Das Ergebnis: vollkommenes Heil
1,12- 2,22	**Gründe, weshalb diese Dinge betont werden**		
		1,12-15	Die persönliche Begründung: der nahe Tod des Verfassers
		1,16-18	Die geschichtliche Begründung: der Glaube gründet auf Tatsachen
		1,19-21	Die Gewißheit: die Weissagungen gehen in Erfüllung
		2, 1-22	Die Warnung vor falschen Propheten
3, 1-16	**Gewißheit über das Kommen des Herrn**		
		3, 1. 2	Ein Appell, der Verheißung zu gedenken
		3, 3. 4	Eine Mahnung, Spötter nicht zu beachten
		3, 5- 7	Ein Grund, dieses Wort zu beachten
		3, 8. 9	Gründe, weshalb Gott noch wartet
		3,10-13	Eine Betonung der Wiederkunft und ihrer Folgen
		3,14-16	Mahnung zu rechtem Verhalten
3,17.18	**Ein Aufruf zu Standhaftigkeit und Wachstum; ein Hinweis auf den, dem alles zu verdanken ist**		

Kommentar

1,1.2 Eingangsgruß

Der Gliederung des ersten Briefes folgend stellt sich der Verfasser zunächst vor, weist sich als Apostel aus, nennt die Adressaten und grüßt sie mit einem Segenswunsch.

Anmerkungen: 1 *Simon Petrus:* vgl. die Einl. zu »Verfasser«. *Simon* (besser: »Symeon«; vgl. die buchstabengetreue Umsetzung der hebr. Form seines Namens, wie er Apg 15,14 begegnet, im Griech.) darf wohl als ein Indiz für die Authentizität des Briefes gewertet werden; die Verbindung beider Namen (vgl. Mt 16,16; Lk 5,8; Joh 21,15) erinnert an die durch die Gnade gewirkte Veränderung in dem Leben des Apostels. *Knecht und Apostel:* Der zweite Titel allein steht 1Petr 1,1 (der erste wird von Judas gebraucht). Zusammen genommen unterstreichen sie die Autorität dessen, der schreibt: Er ist zwar bloß ein Knecht, doch ist er von seinem Herrn zu einem Dienst beauftragt worden. *Empfangen* (griech.: *lachousin,* »durch Los zugeteilt bekommen«) hebt hervor, daß dieses Geschenk der Gnade und nicht einem Verdienst zuzuschreiben ist. Mit dem hier angesprochenen *Glauben* ist wohl jene von Gott gegebene Fähigkeit gemeint, auf seine Gnade durch persönliche Annahme und Vertrauen zu antworten; vgl. Eph 2,8.9. *Denselben teuren* (EÜ: *einen gleich kostbaren;* griech.: *isotimon):* das Wort wird von zeitgenössischen Schreibern verwendet, um solche zu bezeichnen, die die Privilegien des Bürgerrechts genießen. Einige Ausleger gehen davon aus, daß die Bezeichnung in diesem Zusammenhang die Gleichstellung von Heiden und Juden in Gottes Heilsplan andeutet, was sich in der Erfahrung des Petrus Apg 10,34.35 widerspiegelt; doch wurde bereits darauf hingewiesen, daß der Brief sich wohl nicht ausschließlich an Heidenchristen wendet. Vielleicht kommt hier die Demut des Knechts Jesu Christi zum Ausdruck, indem er bekennt, daß er, obwohl ein Apostel, dennoch ein Sünder ist, der, wie seine Leser, die *Gerechtigkeit unseres ... Heilandes Jesus Christus* braucht. Mit der Mehrzahl der Kommentare ist aber wohl davon auszugehen, daß *Gerechtigkeit* hier nicht die dem Glaubenden geschenkte Gerechtigkeit meint, sondern daß das Wort hier in einem ethischen und nicht in einem juristischen Sinn gebraucht wird und damit auf die Unparteilichkeit (»Fairneß«) Gottes hinweist. *Unseres Gottes und Heilandes Jesus Christus* (EÜ) entspricht dem Griech. eher als LÜ: *unser Gott... und der Heiland Jesus Christus.* Ein Vergleich mit der grammatischen Konstruktion im griech. Text von 1Petr 1,3 legt nahe, daß hier nur auf eine Person der Dreieinigkeit Bezug genommen wird (vgl. 1,11; 2,20; 3,18; s. auch Tit 2,13. Diese Stellen wären dann wichtige biblische Belege für die Gottheit Christi). *Heiland* als Hoheitstitel Jesu begegnet hauptsächlich in den Spätschriften des NT. Daß Jesus der Heiland ist, wird aber auch in der frühen Verkündigung des Petrus mehrfach betont (vgl. Apg 4,12; 5,31; s. auch 1Petr 1,11; 2,20; 3,2.18). 2 *Gott gebe euch viel Gnade und Frieden:* vgl. Kommentar zu 1Petr 1,2. *Erkenntnis* wird hier als ein Mittel betont, durch das Gnade und Frieden dem Glaubenden »immer reichlicher zuteil werden«. Die Irrlehrer der Gnosis gaben der Erkenntnis (griech.: *gnosis)* den Vorrang vor dem Glauben, und demgegenüber betonten die ntl. Schreiber die Notwendigkeit, *epignosis,* »volle Erkenntnis« (wie hier) zu erlangen, um dieser Irrlehre zu widerstehen. Solche Erkenntnis ist niemals bloß spekulativer Art - wie etwa die der Gnosis -, sondern wurzelt in der persönlichen Beziehung zu *Gott* in *Jesus unserem Herrn* (vgl. Joh 17,3; Phil 3,10).

1,3-11 Mahnung zu geistlichem Wachstum

Weil der Angriff die beste Verteidigung ist, hebt Petrus hervor, daß der Christ der Irrlehre am besten dadurch begegnet, daß er nicht nur in der Erkenntnis, sondern auch in der Ausübung seines Glaubens wächst. Gott hat ja den Glaubenden mit allem für sein Wachstum Notwendigen ausgerüstet, und solcher Fortschritt im Glauben vermittelt dem Christen die Gewißheit, daß er in einem rechten Verhältnis zu Gott steht.

1,3.4 Die Mittel: von Gott bereitgestellt

Der Fortschritt im Leben eines Christen ist nach Petrus von zwei Faktoren abhängig: Von der Macht Gottes und von seinen Verheißungen. Die Berufung Gottes wird dem zur Gewißheit, der im Glauben auf das Angebot Jesu Christi eingeht, und in der Erkenntnis Jesu wird dem Glaubenden alles zuteil, was er zur Heiligung braucht. Gott hat dem Glaubenden alle notwendigen Mittel fest zugesichert.

Anmerkungen: 3 *Seine* bezieht sich wohl - im Blick auf das Gesagte - auf Jesus. *Geschenkt* betont hier und im folgenden Vers, daß die Gabe ein freies Geschenk ist. *Leben* bezieht sich auf die Fülle des wahren Lebens, das Christus den Glaubenden geschenkt hat (vgl. Joh 10,10), während *Frömmigkeit* (EÜ: *Gottseligkeit)* die Christusähnlichkeit des Charakters ist, die ein solches Leben hervorbringen soll. *Durch seine Herrlichkeit und Kraft* weist auf den göttlichen Charakter und die Ausstrahlung des Lebens und der Person Jesu hin, wie sie von Petrus und den anderen Aposteln bezeugt wird. Vielleicht denkt Petrus an die Verklärung, wenn er die Herrlichkeit Jesu erwähnt und an seine eigene Berufung (Lk 5,1-11), wenn er von Kraft spricht. Wahrscheinlich aber meint er die Wirkung Jesu auf den Glaubenden (vgl. Joh 1,14). »Kraft« (EÜ: Gotteskraft; griech.: *arete)* wird auch 1Petr 2,9 in diesem Sinn verwendet. 4 *Durch sie* bezieht sich auf Christi Herrlichkeit und Kraft und betont, daß der Christ seine Teilhabe an der Natur Gottes diesen Eigenschaften Christi verdankt. So lehrt es auch Röm 6: Aufgrund dessen, was Christus ist und durch die Glaubensverbindung mit ihm genießt der Christ schon hier und heute die Möglichkeit eines Lebens, das befreit ist von der Knechtschaft der Sünde und das Jesus zunehmend ähnlicher wird. *Verheißungen:* Sie sind 1Petr 1,3-5; 2,9 aufgezählt. *Dadurch,* d.h. wenn ihr nach ihnen lebt. *Verderben* (griech.: *phthora)* ist der unaufhaltbare Zerfallsprozeß, dem die sterbliche Kreatur unterworfen ist. Es kam in die Welt als eine unmittelbare Folge des Sündenfalls, der wiederum durch die *Begierde* des Menschen ausgelöst wurde. Die Aussage kann entweder so verstanden werden oder aber als Hinweis auf die unabwendbaren Folgen der Sünde in jeder Folgegeneration der Menschheit. In jedem Fall aber besteht der von Gott aufgezeigte Ausweg darin, daß man seine Verheißungen in Anspruch nimmt und dadurch an seiner göttlichen *Natur* teilhat; die diesem Satz zugrundeliegenden Gedanken lassen sich in Versen wie Joh 1,12: 1Jo 3,2.3 nachweisen.

1,5-8 Das Ziel: fruchtbare Jüngerschaft

Da dem Christen diese »Mittel« zur Verfügung stehen, wird er nun aufgefordert, sie für sein geistliches Wachstum nutzbar zu machen; damit gibt er dem Verhältnis, das mit »Erkenntnis« unseres Herrn Jesus Christus umschrieben wird, sichtbaren Ausdruck. Der Glaube soll sich in einem tugendhaften Leben äußern, das von einer stetig sich mehrenden Gotteserkenntnis gefestigt wird. Dies wiederum befähigt zur Selbstbeherrschung, die ja notwendig ist, wenn der Christ in widrigen Umständen bestehen will. *Ausharren* (EÜ; LÜ: *Geduld)* heißt, die Augen trotz dieser Schwierigkeiten auf Gott und seine Absichten auszurichten; das wiederum führt zur *Frömmigkeit.* Wer die rechte Herzenseinstellung zu Gott hat, wird auch seinem Nächsten gegenüber brüderliche Liebe empfinden. Über allem - gewissermaßen als Deckstein des gesamten charakterlichen Bauwerkes - steht die christliche Liebe, die über die Familie Gottes hinaus sich allen Menschen zuwendet.

Anmerkungen: 5 *Reicht dar* (EÜ): Im klassischen Griech. beschreibt das Verb die Freigebigkeit reicher Bürger, die beispielsweise eine Theateraufführung finanzierten oder ein Kriegsschiff für den Staat bauen ließen, dem sie als stolze Bürger angehörten. Wer als Christ am Leben Gottes teilhat und ein Bürger des Himmels ist, sollte sich darum bemühen, zur Ehre Gottes eine überzeugende und anziehende Wesensart zu entwickeln. *Tugend* ist im Griech. dasselbe Wort wie »Kraft« V. 3 und bezieht sich vielleicht auf den dort angedeuteten Aneignungsprozeß. Der enge Zusammenhang zwischen dem praktischen Leben als Christ und der Aneignung von *Erkenntnis* wird noch einmal V. 8 hervorgehoben (vgl. Joh 7,17; Kol 1,10). 6 Weil nur Gott uns die Kraft zur Selbstbeherrschung geben kann, ist die *Enthaltsamkeit* (EÜ; LÜ: *Mäßigkeit)* von der zunehmenden Gotteserkenntnis abhängig (vgl. 1Petr 4,2). *Geduld* (EÜ: *Ausharren;* griech.: *hypomone)* ist die Fähigkeit, trotz Widerstand und Verfolgung an seinem Ziel festzuhalten (vgl. Hebr 12,1-3, wo dieselbe Wurzel mit »erdulden« wiedergegeben wird). *Frömmigkeit:* vgl. zu V. 3 oben. 7 *Brüderliche Liebe* wird 1Petr 1,22; 3,8 als Frucht der Wiedergeburt hervorgehoben, und Jesus hat sie zum Zeichen seiner Jünger gemacht (Joh 13,34.35). Die *Liebe* ist die Krönung aller christlichen Tugenden; vgl. 1Kor 13; Kol 3,14.

1,9 Die Bedeutung: Wissen um den eigenen Stand

Wer diese Art des Wachstums vernachlässigt, gibt damit zu verstehen, daß er die Tiefen vergessen hat, aus denen er errettet worden ist.

Anmerkungen: 9 *Blind, kurzsichtig* (EÜ): Eine seltsame Metapher! Vielleicht will Petrus damit sagen, daß solch ein Mensch blind ist für die wunderbaren Möglichkeiten geistlicher Entwicklung, die ihm in Christus gegeben sind; und er ist kurzsichtig, weil er nicht weit genug in die Vergangenheit zurückzublicken vermag, um sich an das Wunder der göttlichen Vergebung und Reinigung zu erinnern.

1,10.11 Das Ergebnis: vollkommenes Heil

Dem gegenüber fordert der Schreiber seine Mitchristen auf, sich um einen Wandel zu bemühen, der ihnen nicht nur volle Gewißheit über ihren Stand hier und jetzt vermittelt, sondern sie auch befähigt, ihr herrliches Ziel zu erreichen.

Anmerkungen: 10 *Befleißigt* (EÜ) hat dieselbe Wurzel wie »Fleiß« V. 5 und könnte sich auf diesen Vers beziehen. *Eure Berufung und Erwählung festzumachen* zeigt die Spannung an, die sich auch durch den ersten Brief hindurchzieht. Christen sind »auserwählt und ausersehen von Gott dem Vater« (1Petr 1,1f).

und dennoch sollen sie »mit Furcht und Zittern« den Weg des Glaubensgehorsams gehen (vgl. 1Petr 1,17 mit Phil 2,12.13). So deutet Petrus die Möglichkeit an, daß man auch als Christ *straucheln*, d.h. aus dem Stand der Gnade *fallen* kann (vgl. Jud 24, wo das Verb *ptaio* in demselben Sinn verwendet wird). Gemeint ist nicht das Sündigen (wie in Jak 3,2), und deshalb kann hier auch nicht an Sündlosigkeit gedacht sein. **11** Der Christ soll seine Hoffnung auf den *Eingang in das ewige Reich* Christi richten: Dieser Ausdruck ist hier in einem eschatologischen Sinn gebraucht. *Reichlich gewährt* ist dasselbe Verb wie V. 5 (»reicht dar«): Gottes reiche Belohnung soll Ansporn sein zu einem selbstlosen Leben für ihn.

1,12-2,22 Gründe, weshalb diese Dinge betont werden

Der Verfasser erklärt nun ausführlich, wieso er es für notwendig hält, in diesem Sinne zu schreiben. Er ist darum bemüht, seine christlichen Freunde an die Bedeutung des geistlichen Wachstums zu erinnern, weiß er doch, daß er nicht mehr lange leben wird. Als Augenzeuge betont er, daß ihr gemeinsamer Glaube sich auf historische Tatsachen gründet und daß diese Ereignisse die Weissagungen der Propheten bestätigen. Dieser Gedanke führt zu einer ausführlichen Warnung vor den falschen Propheten, die in die Gemeinde eindringen werden, gerade so, wie sie auch im Gottesvolk des AT aufgetreten sind. Die Gefahr, die von ihrer Lehre ausgeht, und der Irrtum ihrer Wege werden schonungslos aufgedeckt.

1,12-15 Die persönliche Begründung: der nahe Tod des Verfassers

Petrus weiß um die Notwendigkeit, seinen Freunden diese Dinge immer wieder vor Augen zu führen, solange er lebt; und indem er ihnen nun schreibt, stellt er sicher, daß sie auch über seinen Tod hinaus weiterhin durch das geschriebene Wort erinnert werden.

Anmerkungen: **12** *Erinnern:* Obwohl Christen die Wahrheit *wissen*, bleibt es die Pflicht der Verkündiger und Lehrer, ihnen die Wahrheit immer wieder neu vor Augen zu führen. *Befestigt* (EÜ): vgl. Kommentar zu 1Petr 5,10, wo dasselbe Verb verwendet wird. **13** *Zelt* (EÜ; LÜ: *Hütte;* griech.: *skenoma)* soll die Vorläufigkeit des Leibes unterstreichen (vgl. 2Kor 5,1-8). **14** *Ablegen* (EÜ): Dieses Bild spricht vom Ablegen der Kleidung und wird 2Kor 5,1-8 entfaltet. *Bald:* In ähnlicher Weise ahnte auch Paulus seinen nahen Tod; vgl. 2Tim 4,6. *Mir ... eröffnet hat* bezieht sich vielleicht auf die Worte des Herrn Joh 21,18.19 oder auf eine jüngere Offenbarung. **15** *Abschied* (EÜ; griech.: *exodos)* bezeichnet auch den bevorstehenden Tod des Herrn in Lk 9,31. Seine Verwendung hier könnte vielleicht schon andeuten, daß Petrus in den folgenden Versen auf die Verklärung zu sprechen kommt. Der Tod ist der Abschied aus der gegenwärtigen Seinsweise und der Eingang in das ewige Reich Christi (V. 11). *Jederzeit imstande seid, euch ... ins Gedächtnis zu rufen* bezieht sich entweder auf diesen Brief oder vielleicht auf die Informationen, die Petrus dem Markus für die Abfassung seines Evangeliums gegeben hatte.

1,16-18 Die geschichtliche Begründung: der Glaube gründet auf Tatsachen

Petrus erinnert seine Leser daran, daß er bei der Verklärung zugegen war, einem Ereignis, das sich in Zeit und Raum zugetragen hatte, und daß Gott der Vater damals Jesus als Gottessohn und Messias bestätigt hatte.

Das Verständnis dieser Verse hängt großenteils von der Deutung der Worte *Kraft und Kommen* ab. Beide Begriffe könnten sich auf die historischen Begebenheiten des Lebens Jesu auf Erden beziehen, doch das Wort *Kommen* bezieht sich im NT gewöhnlich auf das zweite Kommen Jesu (vgl. Mt 24,3.27; 1Thes 3,13; 2Petr 3,12). In diesem Fall könnten beide Wörter - als Hendiadyoin, eine die Ausdruckskraft verstärkende Verbindung zweier gleich bedeutender Hauptwörter, Jesu »Kommen in Kraft«, bezeichnen (vgl. Mk 13,26; 14,62). Eine dritte Deutungsvariante bezieht *Kraft* auf die Verklärung und *Kommen* auf die Wiederkehr Christi und verweist auf eine ähnliche Gedankenverknüpfung in Mk 9,1ff. Die Verklärung war gewiß ein Vorgeschmack der Herrlichkeit des Christus, die bei seiner Wiederkehr offenbar werden wird.

Anmerkungen: **16** *Ausgeklügelte Fabeln* waren ein Merkmal der spekulativen theologischen Systeme der Gnosis. *Augenzeugen* (EÜ) erinnert an die Behauptung 1Petr 5,1; Lk 1,2; Joh 1,14; 1Jo 1,1-3. *Herrlichkeit* (EÜ: *herrliche Größe)* wird im NT nur für die göttliche Herrlichkeit gebraucht (vgl. Lk 9,43; Apg 19,27). **17** *Dies ist ...* Diese Worte der himmlischen Stimme, die sich bei der Taufe und Verklärung des Herrn wiederholen, verbinden die Weissagungen von Ps 2,7 (die Krönung des Gottessohns) und Jes 42,1 (die Berufung des leidenden Gottesknechts) miteinander. **18** *Heiliger Berg* ist kein zwingender Anlaß für eine Spätdatierung des Briefes *(heilig* als Indiz für die spätere Herausbildung kirchlicher Traditionen): Der *Berg* wurde als heilig bezeichnet, weil er der Ort einer göttlichen Offenbarung war (vgl. 2Mo 3,5; 19,23).

1,19-21 Die Gewißheit: die Weissagungen gehen in Erfüllung

Die Ereignisse, auf die Petrus Bezug genommen hat, wurden von den Aposteln als Erfüllung des AT gesehen (vgl. Mt 1,22; 2,5.6). Jesus selbst hatte sie darauf hingewiesen (Joh 5,39; Lk 22,37; 24,26.27.44), und die frühe Verkündigung des Evangeliums betonte dies (Apg 2,25ff.34ff; 3,22-24). In Anbetracht der Tatsache, daß mit dem ersten Kommen Christi soviele Weissagungen in Erfüllung gegangen sind, sollten Christen umso mehr darauf achten, was bei seinem zweiten Kommen in Erfüllung gehen soll, zumal die Weissagungen nicht dem spekulativen Denken von Menschen entsprungen sind (wie z.B. die Mythen von V. 16); die Weissagungen gehen auf Gottes Offenbarung durch seinen Geist zurück.

Anmerkungen: **19** *Umso fester:* Manche meinen, damit sei gesagt, daß das Wort der Prophetie gewisser ist als die Stimme vom Berg. Andere Ausleger gehen davon aus, daß die Ereignisse des ersten Kommens Christi den Glauben an die Weissagungen für sein zweites Kommen erleichtern. *Lampe* (EÜ) ist ein aus der Heiligen Schrift bekanntes Bild (vgl. Ps 119,105). *An einem dunklen Ort:* Ohne die Gegenwart des wahren Lichtes ist diese Welt wahrlich dunkel (vgl. Joh 8,12). *Der Tag,* an dem Christus wiederkommt wie in 3,10; Röm 13,12. *Morgenstern* (griech.: *phosphoros*): in der Antike der Planet Venus, der beim Morgengrauen sichtbar ist. Hier ist Jesus gemeint; vgl. 4Mo 24,17; Lk 1,78; Offb 22,16; Eph 5,14. *In euren Herzen* erscheint zunächst schwierig, zumal Christi Kommen objektiv und sichtbar sein wird. Doch die Aussage könnte unvollständig sein: Christi Wiederkunft wird Licht und Freude in die Herzen derer bringen,die ihm gehören. Es ist allerdings möglich - wenn auch weniger wahrscheinlich -, daß »in euren Herzen« zum folgenden Satz gezogen werden soll: »Ihr sollt dies vor allem in euren Herzen wissen.« **20** *Ihr sollt ... wird* 3,3 wiederholt. *Weissagung der Schrift* unterscheidet sich von den 2,1 angesprochenen falschen Weissagungen. *Auslegung* ist ein Substantiv, das sonst nirgends im NT begegnet; in Mk 4,34 bezeichnet das verwandte Verb die Erklärung von Gleichnissen. Gewöhnlich wird die Aussage dahingehend gedeutet, daß Prophetie nur von dem verstanden werden kann, der von demselben Geist geleitet wird, der auch die Schreiber geleitet hat. Diese Deutung stülpt dem Verb aber eine ihm fremde Bedeutung über, und man sollte die Aussage deshalb eher auf den Ursprung statt auf das Verständnis der Heiligen Schrift beziehen: Keine Weissagung der Schrift ist aus einer privaten Deutung (der vergangenen, gegenwärtigen oder zukünftigen Ereignisse) hervorgegangen, und zwar aus den im folgenden genannten Gründen. **21** *Getrieben* (griech.: *pheromenoi):* Es ist das Bild eines Schiffes, das vor dem Wind hergetrieben wird.

2,1-22 Die Warnung vor falschen Propheten

Der Betonung der vom Geist gegebenen Weissagung folgt nun eine Warnung vor falschen Propheten. Es fällt auf, daß dies auch ein Aspekt der Lehre Jesu über die Zukunft ist (vgl. Mk 13,22.23). Dieses Kapitel sollte mit Judas 4,18 sorgfältig verglichen werden.

2,1-3 Die von ihnen ausgehende Gefahr. Die Gefahr ist eine dreifache: Sie zerstören sich selbst, indem sie Christus leugnen (vgl. Mt 10,33), sie rufen andere in ihre Nachfolge und leugnen den wahren Glauben, und sie werden versuchen, sich durch ihre falsche Lehre zu bereichern.

1 *Volk* scheint sich in diesem Zusammenhang auf das atl. Gottesvolk zu beziehen. Die Machenschaften der *falschen Propheten* werden erwähnt in 5Mo 13,1-5; 1Kö 13,18; 22,5-23; Jer 5,13.31; 6,13; 14,14; 23,21. *Falsche Lehrer:* »Falsch« bezieht sich entweder auf den Inhalt ihrer Lehre oder aber auf ihren Anspruch, Lehrer zu sein. Vielleicht aber ist auch an beides zu denken. *Einführen* hat im Griech. den Beigeschmack des Heimlichen. *Irrlehren* (griech.: *haireseis,* »ausgesuchte Lehrmeinungen«): In der Kirche wurde damit eine falsche Lehre bezeichnet, die sich ein Mensch »aussuchte« (im Gegensatz zu der von Gott geoffenbarten Lehre). *Verderblich* ist eine hebraisierende Formulierung, die sich auf die Folgen solcher Ansichten für die Betroffenen und ihren Glauben bezieht. *Herr* (griech.: *despotes),* nur hier und in Jud 4 auf Christus bezogen, wird aber gelegentlich für Gott verwendet (vgl. Apg 4,24; Offb 6,10; Lk 2,29). *Erkauft* bezeichnet den Erlösungsaspekt des Werkes Christi (vgl. Mk 10,45) und unterstreicht, daß der Christ folglich Christi Diener ist und nicht mehr sich selbst gehört (vgl. 1Petr 1,14-21 u. 1Kor 6,19b.20). **2** *Ausschweifungen* waren eine Folge der Neigung, die Erkenntnis über das Tun zu stellen: Die falschen Lehrer jener Zeit behaupteten, wie ein Christ lebe, spiele keine Rolle, da ja die Gnade jede Sünde - und sei sie noch so groß - vergeben könne. Das NT widerspricht dieser Ansicht entschieden, und die Argumente des Petrus gegen diese Auffassung sind in 1Petr 1,15; 2,11.12; 4,2; 2Petr 1,4; 3,11 nachzulesen (vgl. Röm 6,1.2.15). *Der Weg* war schon sehr früh eine Bezeichnung für den christlichen Glauben (vgl. Apg 9,2). *Der Wahrheit* bezieht sich möglicherweise auf Ps 119,30 oder Joh 14,6. *Verlästert:* Petrus hat bereits auf die Tatsache hingewiesen, daß Christen, die am wahren Glauben festhielten, ihres guten Verhaltens wegen verlästert wurden (1Petr 3,16; 4,3-5), und nun zeigt er sich besorgt darüber, daß die Sittenlosigkeit der pseudochristlichen Sekten Schande auf den wahren Glauben bringen könnte. **3** *Kaufen* (EÜ) hat einen kommerziellen Anklang. *Betrügerisch* (EÜ; LÜ: *erdichtet):* Die Irrlehren sind so zurechtgelegt, daß sie den Wünschen ihrer Hörer entsprechen (vgl. 1Thes 2,5). *Zögert nicht* (EÜ) heißt, daß das Gericht bevorsteht. *Schläft* ist eine sprechende Metapher. Die Vergeltung kommt bestimmt und wird - auch wenn sie nicht unmittelbar folgt - den Menschen treffen, der einen anderen in die Irre führt.

2,4-10a Ihre Verurteilung. Petrus entfaltet nun das Thema von V. 3, indem er auf frühe Ereignisse in der Geschichte des Gottesvolks zurückgreift, um zu zeigen, daß sowohl Gottes Heil als auch sein Gericht ihre Vollendung finden werden. Die Beispiele Noah und Lot sollen zeigen, daß Gott die Seinen erretten kann, während ihre gottlosen Zeitgenossen vernichtet werden. Das Los der gefallenen Engel dient als Hinweis auf die Tatsache, daß es ein Endgericht geben wird und daß die Rebellion des Menschen - die schließlich in ungezügelter Ausschweifung und Verwerfung der göttlichen Autorität gipfelt - der ihr zugedachten Strafe nicht entgehen wird. Zusammengenommen verdeutlichen die drei Beispiele (Engel, Noah, Lot) Gottes Bestrafung des Stolzes, des Ungehorsams und der Sittenlosigkeit.

Anmerkungen: **4** *Engel:* Vgl. 1Mo 6,1-4 und Jud 6; dort nennt der Verfasser den Stolz als Ursache ihres Falls. *Hölle* (EÜ: *Abgrund),* griech.: »des Tartaros« (Bezeichnung für den Strafort der abgeschiedenen Gottlosen). *Finstere Höhlen* (EÜ) rundet das Bild ab mit einer Anspielung auf die damaligen unterirdischen Kornspeicher. Ändert man im Griech. einen Buchstaben, so ergibt sich ein anderes Wort mit der Bedeutung »Ketten« (vgl. LÜ); der Ausdruck stünde dann parallel zu Jud 6. Die Bilder sind möglicherweise apokryphen Schriften entnommen. **5** *Noah:* s. 1Mo 6,8-9,28; vgl. auch 1Petr 3,20, wo auch die acht Geretteten erwähnt werden. *Ein Prediger* (den Ungehorsamen; vgl. 1Petr 3,20) deutet an, daß Noah beauftragt war, seine Zeitgenossen zur Umkehr zu rufen; jene aber zogen es vor, seine Botschaft zu ignorieren oder abzulehnen - wie es auch die Irrlehrer tun werden. Eine apokryphe Schrift beschreibt die Verkündigung des Noah. **6** *Sodom und Gomorra:* s. 1Mo 18,16-19,28. *Ein Beispiel:* Eine Tatsache, auf die auch Jesus anspielt Mt 10,15; 11,23f; Lk 17,29. **7** *Ruchlose* (EÜ; LÜ: *Schändliche),* wörtl.: »Gesetzlose«; weil sie Gott nicht fürchteten, glaubten sie, frei und prinzipienlos leben zu dürfen, indem sie den Begierden ihrer gefallenen Natur in ausschweifendem Leben frönten. **8** *Quälte* (EÜ): Ursprünglich bedeutete das Verb »Echtheit prüfen« und könnte in diesem Zusammenhang andeuten, daß der gottesfürchtige Mensch, der in einer gottlosen Welt lebt, bereit sein sollte, die Echtheit seines Glaubens unter Beweis zu stellen. **9** Statt aus dem zweiten Teil dieses Satzes, der von Bestrafung handelt, den Hauptsatz zu dem mit V. 4 begonnenen Bedingungssatz (vgl. EÜ) zu bilden (was logisch wäre), zieht Petrus es vor, die Aufmerksamkeit auf den positiven Aspekt der Barmherzigkeit Gottes zu richten, daß nämlich Gott sein Eigentum in einer solch verderbten Welt bewahren kann. Der Gedankensprung wurde möglicherweise durch die Erwähnung Lots V. 8 ausgelöst: Es fällt auf, daß dieser Akzent bei Judas fehlt. *Aus der Versuchung erretten:* vgl. 1Petr 1,6.7; 5,10. **10a** *Die, welche in der Lust der Befleckung dem Fleisch nachwandeln* (EÜ): Der Vergleich mit Jud 7 legt nahe, daß hier an Sodomie gedacht sein könnte. *Herrschaft* (griech.: *kyriotes)* bezieht sich hier wohl auf das Herrsein Christi (vgl. 1Petr 3,15). Doch könnte es auch schon eine Vorwegnahme der zweiten Vershälfte sein, sofern dort von Engeln die Rede ist, und dann bezöge sich das Wort auf die Herrschaft einer Engelgattung; vgl. die möglicherweise ähnliche Bezugnahme in Jud 8; Eph 1,21; Kol 1,16.

2,10b-22 Ihr Wesen. Der Apostel beschreibt nun die von diesen Männern ausgehende Gefahr, indem er auf ihr wahres Wesen eingeht. Sie sind überheblich (V. 10-12), ausschweifend (V. 13), unzüchtig (V. 14) und habgierig (V. 14b-16). Durch ihr Benehmen ziehen sie die Neubekehrten an und versklaven diese (V. 17-19). Petrus schließt diesen Abschnitt, indem er vor den ernsten Folgen eines Rückfalls in die Sittenlosigkeit warnt. Die Sprache dieses Abschnittes ist kompliziert und ungewöhnlich, denn der Schreiber reiht Wort an Wort, um die Ungeheuerlichkeit ihres Verhaltens hervorzuheben.

Anmerkungen: **10b** *Frech* zeugt von einem Geist, der sich weder um andere noch um die eigene Gefahr kümmert; *eigensinnig* (»selbstgefällig«) beschreibt die Einstellung jener, die so sehr von ihren eigenen Bedürfnissen eingenommen sind, daß sie für nichts anderes mehr ansprechbar sind. *Himmlische Mächte* mag sich auf Engel beziehen; *dann lästern* sie diese so wie die Männer von Sodom die Engel lästerten, die das Haus des Lot aufsuchten (1Mo 19,1ff). Es mag aber auch daran gedacht sein, daß sie das Verhalten der gefallenen Engel 1Mo 6,1-4 zum Vorwand nahmen, um ihre eigene Sittenlosigkeit zu rechtfertigen; dann redeten sie schlecht über die nichtgefallenen Engel, indem sie behaupteten, solches Verhalten sei für alle Engel typisch. Möglicherweise sind mit dem Begriff aber die Leiter der Gemeinde gemeint. **11** *Engel* haben dagegen das Recht, sich vor Gott über das Verhalten dieser arroganten Sterblichen zu beschweren; sie machen aber von ihrem Recht keinen Gebrauch: Vielleicht ist damit Bezug genommen auf einen ähnlichen Vorfall wie Jud 9. **12** Weil solches Verhalten *unvernünftig* ist - wie das der *Tiere* -, so wird diese Männer auch ein ähnliches Schicksal ereilen; vgl. Jud 10. *Wovon sie nichts verstehen:* Die Unwissenheit derer, die eine christliche Lebensweise kritisieren, wird von 1Petr 2,15 kommentiert. **13** *Um den Lohn der Ungerechtigkeit gebracht werden* (EÜ; vgl. Anm. »durch den Lohn der Ungerechtigkeit geschädigt werden«): Die Sünde lockt mit ihrem Angebot des Vergnügens und der Freude; wer sich aber auf sie einläßt, der wird am Ende um seine Freude gebracht. *Am hellen Tag:* Für den Christen ist der Tag die Zeit zum Arbeiten (vgl. Joh 9,4; Röm 13,13; 1Thes 5,7f). *Schmutzflecke* (EÜ; griech.: *spiloi):* »Flecke« sind etwas Entstellendes und Schmerzhaftes. *Schandflecke* (EÜ): Beide Begriffe begegnen im NT mit einer negativen Vorsilbe und beschreiben dabei das, was Christus war und was seine Gemeinde sein soll (vgl. Eph 5,27; 1Petr 1,19; 2Petr 3,14; Jud 24). *Prassen:* Das griech. Wort hat keinen negativen Beigeschmack; vgl. EÜ: »Festessen halten«. **14** *Augen voll Ehebruch* ist ein gedrängter Ausdruck für »Augen voll (Begier nach) einer Ehebrecherin haben« (vgl. EÜ). *Locken:* Zufrieden sind solche Sünder nie; stets ist ihnen daran gelegen, auch andere in die Irre zu führen. *Verflucht,* denn sie haben Christus abgelehnt (V. 2), der sie als einziger von ihrem Fluch erlösen kann (vgl. Gal 3,13). *Kinder* (EÜ) ist ein Hebraismus (wie 1Petr 1,14), das sind solche, die anderen untertan sind. **15.16** *Bileam* wird als klassisches Beispiel für einen Lehrer zitiert, der des persönlichen Gewinns wegen andere Menschen in die Irre führt. 4Mo 22-24 zeigt, wie Bileam wiederholt versuchte, gegen Israel zu weissagen, um die von Balak ausgesetzte Belohnung zu gewinnen; obwohl es ihm schlußendlich nicht gelang, Israel mit Worten zu vernichten, zeigt die Geschichte, daß er das Volk moralisch zerstörte (4Mo 31,16; vgl. 25,1-9). Bileam ist der Prototyp des Irrlehrers, der sich beliebt zu machen versucht, indem er Menschen davon überzeugt, daß Gottes Maßstäbe herabgesetzt werden können. Petrus erweitert hier ein in Jud 11 zitiertes Beispiel. *Torheit,* denn solches Verhalten widerspricht auch dem gesunden Menschenverstand.

17 *Brunnen ohne Wasser:* Die in Aussicht gestellte Erfrischung können sie nicht geben. *Nebel* (EÜ) mag ein Bild für ihre Unstetigkeit sein: Sie hängen die Fahnen ihrer Lehre nach dem Wind (vgl. Eph 4,14). Vielleicht ist auch daran zu denken, daß sie den erfrischenden Regen, den sie in Aussicht stellen, nicht liefern. Andere Kommentare sehen in diesem Ausdruck etwas, was nichts Gutes bringt, aber das Licht verdunkelt. *Das Dunkel der Finsternis* (EÜ) vgl. Komm. zu V. 4. Die Griechen verstanden unter *zophos* die Finsternis der Unterwelt. **18** *Stolz, nichtig* (EÜ): Das griech. Eigenschaftswort meint etwas, das größer ist als es sein dürfte. *Reizen:* Eine Eigenschaft der Sünde ist die Art und Weise, wie ihre Anhänger stets darum bemüht sind, andere an ihrem bösen Verhalten teilnehmen zu lassen (vgl. V. 14; Röm 1,32). *Kaum entronnen:* Irrlehrer nehmen sich häufig der Neubekehrten an, die noch nicht in der gesunden Lehre verwurzelt sind. **19** *Die Freiheit,* die diese Lehrer scheinbar anbieten, ist die Freiheit von der Verpflichtung, Christus zu dienen und in ihn hineinzuwachsen wie 1,3-11 darlegt. Dabei versäumen sie, daß diese Art der »Freiheit« bloß die alte Knechtschaft der Sünde in neuem Gewand ist (vgl. Röm 6 u. Joh 8,31-36). **20** *Denn ... sie ...* knüpft wohl in Gedanken an die Irrlehrer an und erklärt, wieso sie nun der Verderbtheit so ganz und gar verfallen sind. *Erkenntnis:* s. Komm. zu 1,2. *Das letzte* (EÜ): Petrus mag vielleicht an Jesu Worte Mt 12,45; Lk 11,26 gedacht haben, obwohl andere Kommentare eine Verbindung zu Lk 12,47.48 sehen wollen. **21** *Es wäre besser ... gewesen:* Weil sie Gottes Weg in Christus abgelehnt haben, gibt es für sie keinen anderen Weg zum Heil (vgl. Hebr 6,4-8; 10,26-31). *Weg:* s. Komm. zu V. 2. *Der Gerechtigkeit* betont die ethischen Konsequenzen der Christusnachfolge. **22** *Sprichwort:* Das erste begegnet Spr 26,11, während das zweite wahrscheinlich einer außerbiblischen Quelle entnommen ist, der alten *Geschichte des Ahikar.* Petrus mag auch an Mt 7,6 gedacht haben.

3,1-16 Gewißheit über das Kommen des Herrn

Petrus hat sich eingehend mit den Irrlehrern befaßt, denn er macht sich Sorgen um den Schaden, den sie anrichten könnten; nun aber kehrt er zu seinem Ausgangspunkt in 2,1 zurück. Seinen Brief begann er mit einer Aufforderung zu geistlichem Wachstum, und nun führt er das zweite Kommen Jesu als einen weiteren Beweggrund zu göttlichem Wandel an. Ehe er fortfährt, hält er einen Augenblick inne, um die Gewißheit der Wiederkunft zu unterstreichen und um zu erklären, wieso Gott bislang die Wiederkunft Christi verzögert hat.

3,1.2 Ein Appell, der Verheißung zu gedenken

Petrus betont die Einheit des vorliegenden

Briefes mit dem ersten sowie die Übereinstimmung seiner Lehre mit der der Propheten und der anderen Apostel.

Anmerkungen: 1 *Der zweite Brief* bezieht sich auf den ersten Petrusbrief oder auf die Kap. 1 und 2 dieses Briefes (sofern man davon auszugehen hat, daß sie einzeln verfaßt wurden) oder aber auf einen früheren Brief, der uns nicht erhalten ist. Falls die Weissagungen und das Gebot von V. 3 mit dem zweiten Kommen zu tun haben, können sie kaum den ersten Petrusbrief beschreiben, und es wird vermutlich auch auf einen verlorengegangenen Brief Bezug genommen. Sind die Worte jedoch ganz allgemein aufzufassen, so könnten sie durchaus den Inhalt von 1Petr beschreiben. *Ihr Lieben:* Das Herz des Schreibers erwärmt sich jetzt, da er sich nun von den Irrlehrern abwendet, um die Herde Gottes zu weiden. *Erwekke:* s. 1, 13. *Lauteren Sinn* im Gegensatz zu den in Kap. 2 beschriebenen Menschen. Der Ausdruck kann sowohl in einem moralischen Sinn als auch im Sinne von »frei von Vorurteil« verstanden werden. 2 *Von den heiligen Propheten zuvor gesprochenen Worte und des ... Gebotes* (EÜ): Die Betonung der Einheit des AT mit den apostolischen Schriften erinnert an 1Petr 1,10-12; 2Petr 1,19-21. *Gebot* bezieht sich offenbar auf die Lehre Christi als ganze, wie sie von den Aposteln entfaltet wurde (vgl. Joh 14,26). *Des Herrn und Heilands:* Er ist die höchste und letzte sowohl hinter den Propheten als auch hinter den Aposteln stehende Autorität (vgl. Eph 2,20). *Eure Apostel* wird von einigen auf die gedeutet, »die euch diese Botschaft gebracht haben«, doch liegt die Betonung wohl eher auf ihrer Zuverlässigkeit als auf ihrer Funktion: »Denen ihr vertraut und die euch den christlichen Glauben gelehrt haben« - im Unterschied zu den falschen Lehrern, die auftreten werden; vgl. Jud 17.

3,3.4 Eine Mahnung, Spötter nicht zu beachten

Jeder Pastor weiß, wie schnell sich Verzagtheit in einer Gemeinde Raum schaffen kann, und deshalb mahnt Petrus seine Leser, sich nicht von denen entmutigen zu lassen, die Gottes Verzögerung falsch deuten, indem sie behaupten, daß er nicht handeln werde. Jud 18 führt diese Warnung auf die Apostel selbst zurück.

Anmerkungen: 3 *Vor allem:* vgl. 1,20. *Spötter* zusammen mit dem Hinweis auf ihre *Begierden* läßt vermuten, daß noch immer an die Irrlehrer von Kap. 2 gedacht ist. Diejenigen, die ihren eigenen Begierden nachgehen, werden immer über jede Aufforderung zu tugendhaftem Leben spotten. 4 *Wo...?* Eine ähnliche Klage begegnet im 1. Clemensbrief 23,3f; 2. Clemens 11,2-4 und auch in verschiedenen rabbinischen Schriften. *Die Väter* könnte sich auf frühe Leiter der Gemeinde wie Stephanus, Jakobus (den Sohn des Zebedäus) usw. beziehen oder aber auf die älteren der ersten Generation von Christen, die zwischen 30 und 60 n.Chr. starben. Dies ist jedoch kein Beleg für eine Spätdatierung, denn dem gleichen Problem begegnet Paulus 1Thes 4,13ff. Der Hinweis auf die Sintflut V. 5-7 läßt es jedoch wahrscheinlich erscheinen, daß Petrus an die atl. Patriarchen denkt.

3,5-7 Ein Grund, dieses Wort zu beachten

Tatsächlich erweist sich das von den Spöttern vorgebrachte Argument V. 4 als unhaltbar. Sie haben einfach darüber hinweg gesehen, daß Gott tatsächlich zur Zeit der Sintflut mit Gericht eingriff, und diese Tatsache beweist zweierlei. Anhand der Beständigkeit der Weltordnung läßt sich eben nicht nachweisen, daß Gott den steten Lauf der Dinge nicht unterbrechen wird, um so sicherer wird er seine Verheißung zu der ihm gesetzten Zeit ausführen.

Anmerkungen: 5 *Durch Gottes Wort:* vgl. 1Mo 1,3; Ps 33,6; Joh 1,3; Hebr 11,3. *Aus Wasser und durch Wasser* bezieht sich vermutlich auf Wasser als eines der ursprünglich erschaffenen Elemente, aus denen Gott die Erde formte (vgl. 1Mo 1,2), und als eines der Mittel, durch das er sie noch immer erhält. 6 *Durch welche* (EÜ): Das Pronomen steht im Plural, bezieht sich aber wahrscheinlich auf das zweimal genannte Wasser. Es wird offensichtlich auf die Sintflut Bezug genommen (vgl. 1.Mo 6-9). 7 *Aber* (EÜ) soll wohl verbinden und nicht gegenüberstellen. *Durch dasselbe Wort:* vgl. Jes 66,15.16; Zeph 1,18; Mal 4,1-3; 1Kor 3,13; 2Thes 1,7f. *Der jetzt ist:* im Gegensatz zu dem neuen Himmel und der neuen Erde der Zukunft (vgl. Offb 21,1). *Bewahrt:* vgl. 2,9.10

3,8.9 Gründe, weshalb Gott noch wartet

Petrus hat die Gründe genannt, wieso Gottes Verheißung eines weiteren Eingriffs in den ordentlichen Lauf der Natur nicht von der Hand zu weisen ist; nun nennt er zwei Faktoren, die sein Verzögern erklären. Zeit spielt für Gott keine Rolle, und seine Liebe zum Menschen läßt ihn die Tür zur Umkehr solange wie möglich offen halten.

Anmerkungen: 8 *Sei euch nicht verborgen* steht im Gegensatz zu der willentlichen Unwissenheit der Irrlehrer V. 5.6. *Vor dem Herrn:* Das Zitat aus Ps 90,4 betont die Tatsache, daß Gott jenseits aller Zeit steht und von daher auch keinen Zeitdruck kennt (vgl. Hab 2,3). Irgendwelche Rückschlüsse auf die Lehre vom Tausendjährigen Reich läßt dieser Vers nicht zu, da es hier um eine ganz andere Frage geht. 9 *Will nicht:* vgl. Röm 2,4; 1Tim 2,4.

Obwohl dieser Vers als Beleg für die Allversöhnungslehre zitiert wird, lehrt er tatsächlich genau das Gegenteil. Seine Aussage ist die: Nach der Wiederkunft Christi, mit der auch sein Gericht einsetzen wird, wird es keine weitere Möglichkeit zur Umkehr geben, und deshalb räumt Gott in seiner Gnade dem Menschen soviel Zeit wie möglich ein, jetzt noch Buße zu tun.

3,10-13 Eine Betonung der Wiederkunft und ihrer Folgen

Die Begründung der Gewißheit der Wiederkunft Christi wird mit einer weiteren positiven Feststellung ihrer Tatsächlichkeit und ihrer Plötzlichkeit abgerundet. Petrus fährt fort und nennt die Folgen dieses Kommens für Natur und Welt, wie wir sie kennen, und die Früchte, die ein Wissen um die Wiederkunft Christi im Leben des Christen zeitigen sollte.

Anmerkungen: 10 *Wie ein Dieb* läßt an die Worte des Herrn Mt 24,42.43 denken, Worte, die der frühen Gemeinde wohl vertraut waren (vgl. 1Thes 5,2; Offb 3,3; 16,15). *Die Himmel werden vergehen* (EÜ): Dies hat auch Jesus erwähnt (Mk 13,31). *Die Elemente:* Das griech. Wort könnte sich sowohl auf die Elementarteilchen beziehen, aus denen die Welt besteht, als auch auf die anderen Himmelskörper. *Die Werke* meint entweder die materiellen Errungenschaften des Menschen (in Kunst, Architektur usw.) oder aber seine moralischen Werke. Die Auslegung hängt nicht zuletzt von den Deutungsmöglichkeiten des Verbes ab. 11 *Was für Leute* (EÜ): Die Wiederkunft Christi wird nicht nur in der Lehre des Herrn als Motiv für eine Gott wohlgefällige Lebensführung verwendet (s. Lk 12,35ff), sondern auch in den paulinischen Schriften (vgl. Röm 13,11ff; 1Thes 5,3ff) und früher von Petrus (1Petr 1,13; 4,7ff). 12 *Beschleunigt* (EÜ) ist dem »erstrebt« (LÜ) vorzuziehen, zumal es die Bedeutung menschlichen Handelns (z.B. in Evangelisation usw.; vgl. Apg 3,19-21) während der Zeit der göttlichen Gnade unterstreicht. *Um dessentwillen* (EÜ) ist besser als das ausschließlich zeitlich zu verstehende »an dem« (vgl. LÜ): *Die Ankunft des Tages* wird diese Ereignisse in Bewegung setzen. *Zergehen:* vgl. V. 10 sowie Ps 102,26-28; Hebr. 1,10-12. 13 *Verheißung:* z.B. wie in Jes 65,17ff; 66,22f.

3,14-16 Mahnung zu rechtem Verhalten

Die aus dem Gegenwartsbezug der Wiederkunft gezogene Schlußfolgerung wird jetzt wiederholt, und Petrus ermutigt seine Leser zu geheiligtem Leben, nicht nur im Blick auf die Tatsache, daß Christus jeden Augenblick wiederkehren könnte, sondern auch aus Dankbarkeit zu Gott für seine Geduld. Diesen Gedanken hat bereits Paulus in seinen Briefen zum Ausdruck gebracht, und der Hinweis läßt den Schreiber darauf aufmerksam machen, daß seine (die paulinischen) Briefe mißverstanden werden können, wie sie einige Menschen - vielleicht sogar bewußt - falsch verstanden haben.

Anmerkungen: 14 *Seid bemüht* (EÜ: befleißigt euch): eine Erinnerung an die 1,10 ausgesprochene Ermahnung. *Erfunden zu werden* (EÜ) wenn Christus kommt: Das Wort könnte sich auf V. 10 beziehen. *Unbefleckt und untadelig* steht in direktem Gegensatz zu den Lehrern von 2,13 (vgl. auch Jud 24). *Im Frieden* ist ein Herz dann, wenn es in der rechten Beziehung zu Gott steht. 15 *Erachtet,* d.h. erkennt, daß während Gott wartet, er sowohl Zeit den Ungläubigen zur Umkehr gibt als auch den Glaubenden, sein Heil zu verwirklichen (vgl. Phil 2,12.13) - im Sinne einer fortschreitenden Heiligung. *Wie auch* bezieht sich entweder allgemein auf die Lehre von der Wiederkunft oder aber im besonderen auf den letztgenannten Punkt: Gottes Verzögerung ist Geduld und nicht Versäumnis. Daß »davon« (V. 16) in allen Schriften des Paulus die Rede ist, läßt an erstere Deutung denken, zumal in allen seinen Briefen häufig auf das zweite Kommen Bezug genommen wird, während aber die andere Frage außerhalb des Römerbriefes kaum erörtert wird (vgl. Röm 2,4; 3,25; 9,22.23; 11,22.23). *Weisheit, die ihm gegeben ist* erinnert an die übernatürliche Urheberschaft der paulinischen Briefe (vgl. 1Kor 2,13; 3,10). 16 *Davon:* s. V. 15. *In allen Briefen* besagt nicht unbedingt, daß sämtliche uns bekannten kanonischen Schriften des Paulus bereits gesammelt worden waren, wenngleich zweifelsohne »Briefsammlungen« bereits in den christlichen Gemeinden in Umlauf waren. *Schwer zu verstehen* könnte auch »mehrdeutig« oder »mißverständlich« bedeuten. Schon Röm 3,8 zeigt, daß Paulus selber wußte, daß die Antinomisten (die »Gesetzlosen«) seine Lehre für ihre eigenen Zwecke verdreht und umgedeutet hatten. Weil *unwissende und leichtfertige* Menschen sich so verhalten, ist es für den Christen umso wichtiger, daß er in der Erkenntnis wächst und ein festes Fundament für sein Leben als Christ legt (vgl. 1,3-11). Die *anderen Schriften* kann gleichermaßen entweder so gedeutet werden, daß die paulinischen Schriften zur Heiligen Schrift zu zählen sind oder aber, daß sie nicht dazugehören. Obwohl sich aus dieser Stelle kein endgültiger Schluß ziehen läßt, zeigen doch die bisherigen Argumente des Petrus (1Petr 1,10-12; 2Petr 1,19-21; 3,2), daß die paulinischen Briefe alle für die Anerkennung als Heilige Schrift notwendigen Voraussetzungen erfüllen (die apostolische Autorität des Verfassers und die Leitung des Heiligen Geistes bei der Niederschrift). Dessen war sich Paulus natürlich selbst bewußt (vgl. z.B. 1Kor 2,13; 4,17; 2Kor 13,3-10; 1Thes 2,13).

3,17.18 Ein Aufruf zu Standfestigkeit und Wachstum; ein Hinweis auf den, dem alles zu verdanken ist

Der Verfasser kommt nun zum Schluß, indem er sich noch einmal auf das große Eingangsthema besinnt (vgl. 1,3ff). Die beste Vorkehrung gegen eine Ansteckung durch die Irrlehrer ist das geistige Wachstum. Wie jene Worte uns eingangs erinnerten, ist es Christus allein, der alles getan hat, um dieses Wachstum zu ermöglichen, weshalb wir ihm auch jetzt die Ehre erweisen und - nachdem er wiedergekommen sein wird - in alle Ewigkeit. So sei es!

Anmerkungen: 17 *Wißt im voraus* mag andeuten, daß sein Rat vor dem Auftreten der Irrlehrer bereits gegeben worden war (vgl. das Futurum 2,1). Wahrscheinlicher aber bezieht es sich auf die Tatsache, daß seine Leser schon jetzt auf die Gefahr aufmerksam gemacht werden, noch ehe diese Lehre sie erreicht hat. Der Antinomismus (jene Lehre, die die Bindung an das Sittengesetz leugnet) war gewiß schon zur Zeit der Briefe an die Römer und Korinther eine echte Gefahr. *Festigkeit* (EÜ) ist von derselben Wurzel hergeleitet wie das Verb 1Petr 5,10, das auch Jesus Lk 22,32 verwendet. **18** *Gnade und Erkenntnis* sind beide von Gott gegebene Geschenke, die ein moralisches und ethisches Wachstum ermöglichen, ein Wachstum also, dessen sich der Christ - wie der Brief gezeigt hat - befleißigen sollte. *Jesus Christus* kann seine Nachfolger zu diesem zweifachen Fortschritt befähigen, da er *Herr und Heiland* ist. *Ihm:* Der Bezug ist eindeutig auf Christus, womit der Schreiber unmißverständlich Jesu Göttlichkeit zum Ausdruck bringt. *Tag der Ewigkeit* (EÜ) ist der Tag, an dem die Ewigkeit eingeläutet wird und damit der Tag der Wiederkunft Christi. *Amen*, vermutlich eine spätere Hinzufügung: »So soll es sein« ist die Antwort des glaubenden Herzens am Ende des Briefes.

David H. Wheaton

Der erste Brief des Johannes

Einleitung

1.Johannes wird allgemein als »Brief« bezeichnet, doch finden wir weder Empfänger noch Absender genannt. Da auch andere Elemente des Briefstils fehlen, meinen einige Ausleger, es handele sich in Wirklichkeit um eine Predigt (Homilie). Es gibt aber auch Abschnitte (z.B. 2,1; 2,6), die es gerechtfertigt erscheinen lassen, 1.Johannes doch als Brief zu verstehen, wenn auch als einen Brief mit allerhand Eigenarten. Vielleicht können sie dadurch erklärt werden, daß er, einer Art Rundbrief gleich, für verschiedene Empfänger gedacht war.

Verfasser

Nach traditioneller Auffassung ist der Apostel Johannes der Verfasser. In der frühen Kirche ist nie ein anderer Verfasser genannt worden. Der Verfasser spricht mit Autorität, und dies würde zu seinem apostolischen Amt passen. Noch dazu wäre es wohl kaum denkbar, daß ein Unbekannter einen anonymen Brief verfaßt hätte. Der Schreiber war Augenzeuge zumindest einiger Taten Jesu (1,1-3; die Ansicht, daß mit dem *wir* alle Christen gemeint seien oder daß das *wir* einfach zum Briefstil gehöre, ist sicher nicht haltbar). In Stil und Gedankengang ähnelt 1Jo dem vierten Evangelium, und die Mehrzahl der Ausleger sind sich einig, daß eine enge Verbindung zwischen Joh und 1Jo besteht. Einige wenige kritische Ausleger betonen allerdings stilistische und theologische Unterschiede, die, wie sie meinen, ihre These belegen, wonach der eine ein Schüler des anderen gewesen sei. Sie weisen darauf hin, daß in 1Jo mehr zusammengesetzte Wörter vorkommen als in Joh und daß die Bedeutung des Todes Jesu unterschiedlich gewichtet werde. Die meisten Ausleger jedoch erkennen diese Unterschiede zwar, halten sie aber nicht für beweiskräftig genug, um zwei verschiedene Verfasser zu postulieren. Die stilistischen Eigenarten erklären sich aus den je verschiedenen Zielsetzungen des Evangeliums und der Briefe. John Stott schreibt: »Die Ähnlichkeit zwischen dem vierten Evangelium und 1.Johannes ist viel größer als die zwischen dem dritten Evangelium und der Apostelgeschichte, von denen wir wissen, daß sie denselben Verfasser haben« (*The Epistles of John*, TNTC, 1964, S. 24).

In der Diskussion um die Einleitungsfragen wird mitunter auf Johannes, den »Ältesten« (vgl. 2Jo 1, 3Jo 1), hingewiesen. Einige halten ihn für den Verfasser von Joh, einige für den von 1Jo (oder 2Jo und 3Jo, oder der Offb), andere für den von Joh und 1Jo. Allerdings ist dieser wenig bekannte »Älteste« wohl kaum als Verfasser geeignet. Einmal ist nicht sicher, ob der »Älteste« überhaupt ein anderer war als der »Apostel«. Handelt es sich aber tatsächlich um zwei verschiedene Personen, dann sind die vorgebrachten Argumente zu schwach, um ihn als Verfasser erscheinen zu lassen, zumindest sind sie viel schwächer als die der altkirchlichen Überlieferung, die das Evangelium dem Apostel zuschreibt.

Wenn 1Jo auch keinen Verfasser nennt, und wenn auch kein Verfasser mit absoluter Sicherheit festzulegen ist, so ist es doch am vernünftigsten, wie für das vierte Evangelium, den Apostel Johannes als Verfasser anzusehen.

Anlaß

Der Brief läßt erkennen, daß seine Leser mit einer Irrlehre konfrontiert waren, die die Inkarnation (Menschwerdung) Jesu verneinte. Im 2. Jh. gewannen verschiedene später unter der Bezeichnung »Gnosis« bekannte philosophische Systeme, die christliches und heidnisches Gedankengut in sich verbanden, an Einfluß. Sie betonten die Erkenntnis (griech.: *gnosis)* und lehrten einen Stufenweg der Erlösung, der nur Eingeweihten offenstand. Erlösung war für die Gnosis die allmähliche Befreiung des Menschen vom Gefängnis der Materie, seinem Körper, und sein Aufstieg zu Gott. Unsicher ist noch, wann die Gnosis auftrat. Voll entfaltet wurde sie vermutlich erst später, doch ihre ersten Ansätze liegen in der Zeit dieses Briefes, gegen Ende des 1. Jhs.

Offensichtlich wendet sich Johannes gegen eine Spielart dieser Gnosis. Für das Verständnis des Briefes ist festzuhalten, daß nach gnostischer Anschauung die Materie als solche böse ist. Deshalb könne Gott, der gut ist, mit der bösen Materie nichts zu tun haben. Und deshalb - so folgerte man weiter - könne er nicht in Jesus Christus Mensch geworden sein. Einige Gnostiker lehrten, daß Christus nur scheinbar einen Körper gehabt habe (sie werden »Doketisten« genannt nach dem griech. *dokeo*, scheinen). Man wird aber nicht annehmen müssen, daß sich Johannes gegen den voll entwickelten Doketismus wendet, zumal in seinem Brief nirgends von einem Scheinleib o.ä. die Rede ist.

Johannes wandte sich vermutlich gegen eine Vorstufe des Doketismus. Vertreter dieser Irrlehre verneinten die Inkarnation. Johannes nimmt sie ernst, denn ihr Angriff richtet sich gegen den Kern des christlichen Glaubens. War Christus nicht wahrer Mensch, und ist er nicht wirklich für uns gestorben, dann gibt es kein echtes Sühnopfer für unsere Sünden. Deswegen betont Johannes die Tatsächlichkeit der Menschwerdung Jesu. Außerdem legt Johannes Wert auf eine christliche Lebensführung, stand doch bei den Irrlehrern die »Erkenntnis« im Vordergrund. Einige der Irrlehrer waren zunächst Glieder der Gemeinde gewesen, hatten sich aber dann von ihr abgesetzt.

Es wäre indes falsch, den Brief ausschließlich als Kampfschrift gegen eine Irrlehre zu verstehen. Der Brief verfolgt, wie Johannes schreibt, durchaus ein positives Ziel: ». . . damit ihr mit uns Gemeinschaft habt . . . damit unsere Freude vollkommen sei« (1,3f). Er formuliert es noch genauer, wenn er schreibt: »Das habe ich euch geschrieben, damit ihr wißt, daß ihr das ewige Leben habt, die ihr glaubt an den Namen des Sohnes Gottes« (5,13). Mit dem Evangelium hatte Johannes ein ganz anderes Ziel vor Augen: ». . . damit ihr glaubt, daß Jesus der Christus ist, der Sohn Gottes, und damit ihr durch den Glauben das Leben habt in seinem Namen« (Joh 20,31).

Während das Ziel des Evangeliums eher evangelistisch ist, möchte der Brief seinen Lesern Glaubensgewißheit und Glaubenserkenntnis vermitteln. »Das Evangelium berichtet von ›Zeichen‹, die Glauben bewirken sollen (Joh 20,30.31), der Brief liefert Maßstäbe, nach denen der Glaube zu beurteilen ist« (Stott, TNTC, S. 23). Johannes nennt drei Kennzeichen wahrer Gotteserkenntnis und echter Gemeinschaft mit Gott: rechtschaffenes Leben, brüderliche Liebe und der Glaube an die Menschwerdung Gottes in Jesus. Diese drei Themen bilden das Hauptanliegen des Briefes.

Wie ein roter Faden ziehen sich zwei Kernaussagen durch den ganzen Brief: Gott ist Licht (4,5) und: Gott ist Liebe (4,8.16). Gott ist die Quelle des Lichts für den Verstand seiner Kinder und die Wärmequelle für ihre Herzen. Deswegen sollen Gottes Kinder, wie Johannes wiederholt betont, ihr Leben nach den höchsten ethischen Maßstäben ausrichten (2,1-6; 3,3.6.9; 5,1-3). Trotzdem bestimmt den Brief keine strenge Gesetzlichkeit, vielmehr spricht Johannes seine Leser als liebender und fürsorgender Vater an: »Meine Kindlein«; »meine Lieben«; »Kindlein, lasset euch von niemand verführen«; »Kindlein, hütet euch vor den Abgöttern«.

Datierung

1Jo bietet wenige Anhaltspunkte für seine zeitliche Einordnung. Unklar bleibt, ob das Evangelium zeitlich vor den Briefen anzusetzen ist oder umgekehrt. Es mag zum besseren Verständnis des Briefes beitragen, wenn man ihn nach dem Evangelium (dessen Datierung auch nicht gesichert scheint) einordnet. Die Mehrzahl der Ausleger teilen diese Auffassung und datieren entsprechend 1Jo gegen Ende des 1. Jhs. Eine gesicherte Datierung ist bei dem derzeitigen Stand der Forschung allerdings nicht möglich.

Inhalt

1, 1- 4	**Prolog**
1, 5- 2, 6	**Gemeinschaft mit Gott**
2, 7-17	**Das neue Gebot**
2,18-27	**Der Christ und der Antichrist**
2,28- 3,10	**Gottes Kinder**
3,11-18	**Liebet einander**
3,19-24	**Vertrauen**
4, 1- 6	**Der Geist der Wahrheit und der Geist der Lüge**
4, 7-21	**Gott ist Liebe**
5, 1- 5	**Der Sieg des Glaubens**
5, 6-12	**Gottes Zeugnis von seinem Sohn**
5,13-21	**Die Erkenntnis des ewigen Lebens**

Kommentar

1,1-4 Prolog

Diese Verse - im Griech. bilden sie einen einzigen komplexen Satz - dienen dem gesamten Brief als Prolog (Einleitung). In seiner Vorrede stellt Johannes die Kerngedanken vor, die er in seinem Schreiben zu entfalten gedenkt.

1 *Was* bezieht sich als Neutrum nicht auf eine Person, sondern hier wohl auf die Botschaft des Evangeliums. Weil aber Johannes dann vom Hören, Sehen und sogar vom Betasten spricht, müssen wir doch an Jesus denken. Das gilt auch für *Wort des Lebens,* womit durchaus das Evangelium gemeint sein kann. Trotzdem ist festzuhalten, daß Jesus »das Wort« genannt wird, und daß »in ihm war das Leben, und das Leben war das Licht der Menschen« (Joh 1,1.4). Diese eher ungewöhnliche Briefeinleitung erinnert uns sowohl an das Evangelium als auch an den, der das Herz des Evangeliums ist.

Von Anfang zeigt, daß das Evangelium nicht im nachhinein ausgedacht wurde. Es war immer schon in Gottes Plan. Johannes kommt jetzt zur Kernaussage, der Faktizität des Evangeliums. Im Evangelium geht es nicht um irgendeine schattenhafte mythische Figur wie in den griechischen Mysterien, sondern um eine eindeutig historische Person, die man *hören, beschauen* und *betasten* konnte (vgl. Lk 24,39; Joh 20,20.24ff). Immer stärker wird die Wirklichkeit der Erscheinung Jesu betont. Johannes meint nicht Visionen, sondern etwas Physisches. Deswegen sagt er: »*... was wir gehört haben, was wir gesehen haben mit unsern Augen, was wir betrachtet haben und unsre Hände betastet haben.*« GN: »... mit unseren Händen betastet haben« macht nicht deutlich, daß hier ein Subjektwechsel im Satz vorliegt. Erst ist *wir* Subjekt, dann *unsre Hände.* Vielleicht ist dieser Wechsel des Subjekts nur eine stilistische Zufälligkeit, es kann aber auch sein, daß dadurch die körperliche Berührung noch betont werden soll: *Unsere Hände* taten das ...

2 Johannes bedient sich des einfachen Mittels der Wiederholung, um seine Aussage zu bekräftigen. Hier greift er das Stichwort »Leben« aus V. 1 auf und wiederholt es dreimal in drei Zeilen. Ihm geht es nicht um das Leben allgemein, sondern um das Leben, das *erschienen ist.* (Hier mag im Griech. bewußt der Aorist gewählt worden sein, um hervorzuheben, daß es sich um die entscheidende Manifestation in *einem* Leben handelt.) Es ist auch das Leben, das *wir gesehen haben.* Man beachte die dreimalige Wiederholung von »Sehen« V. 1.2.3. Hinzu kommt, daß er und die, die bei ihm waren, das Leben *bezeugen* und *verkündigen.* Johannes hat ja schon davon gesprochen, daß es »von Anfang an war«. Jetzt spricht er denselben Gedanken mit anderen Worten aus, wenn vom *Leben* die Rede ist, *das ewig ist.* Dann folgt eine erneute betonende Wiederholung: *das uns erschienen ist.* Im Evangelium wird Jesus »das Leben« genannt (Joh 14,6). Deshalb ist davon auszugehen, daß es Jesus ist, der *bezeugt* und *verkündigt* wird. Das können wir auch aus dem Ausdruck *beim Vater* schließen. Hier steht »Leben« in der gleichen Wendung wie in Joh 1,1 das »Wort«. *Vater* ist die ausgesprochen christliche Bezeichnung für Gott und kommt in diesem Brief zwölfmal vor.

3 Noch einmal spricht Johannes von dem, *was wir gesehen und gehört haben.* Hier wird Augenzeugenschaft betont und verknüpft mit *verkündigen wir euch.* Diese Sätze ergeben dann keinen Sinn, wenn wir das *wir* im Sinne von »wir Christen« verstehen. *Wir* meint ausschließlich jene, welche Jesus tatsächlich als Mensch gesehen haben. Diese *verkündigen* das, was sie gesehen haben, der ganzen Gemeinde. Ein Ziel des Briefes gibt Johannes hier schon an: *damit auch ihr mit uns Gemeinschaft habt.* Dabei ist nicht zu übersehen, daß er umgehend *unsere Gemeinschaft* als Gemeinschaft *mit dem Vater und mit seinem Sohn Jesus Christus* definiert. Das Entscheidende bei *Gemeinschaft* (griech.: *koinonia)* ist das Gemeinsame, etwa das, was Partner miteinander teilen. Christliche Gemeinschaft ist die Teilhabe am gemeinsamen Leben in Christus durch den Heiligen Geist. Gemeinschaft bindet Christen aneinander, vor allem aber auch an Gott. Denn es ist *Gemeinschaft mit dem Vater und mit seinem Sohn Jesus Christus.* Auffallend ist, wie schon am Anfang des Briefes Johannes Jesus Christus mit dem Vater in Verbindung bringt. Johannes' vordringliches Anliegen ist es, die Bedeutung Christi deutlich zu machen, und er verliert dabei keine Zeit.

4 Sowohl *schreiben* als auch *wir* ist betont. Der Botschaft ist eine präzise und dauerhafte Form gegeben, und sie ist von denen verfaßt, die dazu autorisiert waren. Für die Lesart »eure Freude« (EÜ) sprechen einige Hss., doch *unsere Freude* ist als Lesart wohl vorzuziehen. Nur indem Johannes seine Freunde in die Gemeinschaft führt, von der er gerade geschrieben hat, wird seine eigene Freude *vollkommen.* So gehören »unsere Freude« und »eure Freude« zusammen. »Menschen zum wahren, ewigen Leben zu führen und sie darin zu erhalten, das erfüllt bei aller Mühe und allem Kampf doch unsere Freude« (de Boor).

1,5-2,6 Gemeinschaft mit Gott

Johannes hat uns über seine Absicht nicht im Unklaren gelassen: Er möchte seine Leser in Gemeinschaft mit Gott und mit anderen Glaubenden führen.

1,5 Gott ist Licht. *Das ist die Botschaft:* Diese Formulierung lenkt die Aufmerksamkeit auf die folgende Zusammenfassung der christlichen Botschaft. Diese Botschaft ist empfangen worden *(die wir von ihm gehört haben),* sie ist nicht von den Aposteln erdacht worden. *Von ihm:* Nicht nur an dieser Stelle bleibt unklar, wer gemeint ist, denn *ihm* ist keinem Bezugswort unmittelbar zugeordnet. Sowohl der Vater als auch der Sohn wurden zwei Sätze vorher erwähnt, und auf beide könnte sich *ihm* beziehen. Vielleicht ist eher an den Sohn zu denken, aber Vater und Sohn sind ja in jedem Fall eng miteinander verbunden.

Der Inhalt der Botschaft wird in dem Satz: *Gott ist Licht* in einer Weise zusammengefaßt, die an das vierte Evangelium erinnert (vgl. Joh 1,4-9) und dann wird hinzugefügt: *und in ihm ist keine Finsternis. Licht* kommt im Evangelium häufig vor, ist dort aber mit dem Sohn verknüpft und nicht - wie hier - mit dem Vater. *Licht* begegnet fünfmal in 1Jo (1,5.7; 2,8.9.10) und spricht von Gottes Gerechtigkeit und Rechtschaffenheit. *Keine Finsternis* ist im Griech. verstärkt verneint: gar keine Finsternis (EÜ); Gott ist nichts als *Licht.* Hier mag Johannes auch daran gedacht haben, daß unser Leben dem Licht Gottes ausgesetzt ist und daß nichts vor ihm verborgen bleibt (vgl. Ps 90,8). Weil er Licht ist, ist es wichtig, daß Menschen, die ihm gehören »im Licht wandeln« (V. 7).

1,6.7 Der erste Irrtum. Johannes hat eine Vorliebe für Konditionalsätze, und in V. 6-10 fangen eine ganze Reihe mit »wenn« an. Er beschäftigt sich mit drei Hindernissen für die Gemeinschaft. Zunächst geht es um solche, die behaupten, Gemeinschaft mit Gott zu haben. Johannes hat ja bereits gesagt, daß er seine Leser in diese Gemeinschaft führen möchte (V. 3). Jetzt macht er deutlich, daß es nicht mit einem bloßen Lippenbekenntnis getan ist. **6** Wenn jemand behauptet, er habe Gemeinschaft mit Gott, aber in *Finsternis wandelt,* dann lügt er, denn Gott ist Licht. »Religion ohne Moral ist Illusion« (Stott). Johannes formuliert scharf: *tun nicht die Wahrheit.* Dieser ungewöhnliche Ausdruck: »die Wahrheit tun« findet sich sowohl Joh 3,21 als auch in den Qumran-Texten. Wahrheit erschöpft sich nicht im Wort: Sie bedarf ebenso der Tat.

7 Nun folgt die Umkehrung: *wenn wir im Licht wandeln. Wandeln* versinnbildlicht das ganze Leben. Das Wort ist dazu geeignet, das stetige - wenn auch selten spektakuläre - Wachstum des Christen anzudeuten. Im Licht wandeln heißt, daß das Licht von Gott her unser ganzes wirkliches Leben durchdringt und in das Licht stellt. Dieses Wandeln wird an einem höchsten Maßstab gemessen: *wie er im Licht ist* (vgl. Mt 5,48). Es genügt nicht, irgendwelchen menschlichen Vorstellungen von Anstand und Sitte zu genügen. Der Christ erhält als Diener Gottes seine Maßstäbe von ihm. Er soll Gott ähnlich leben. Nach dem vorhergehenden Vers, der den in Finsternis Wandelnden die Gemeinschaft mit Gott abspricht, wäre vielleicht zu erwarten, daß Johannes denen, die im Licht wandeln, die Gemeinschaft mit Gott bestätigt. Statt dessen sagt er, daß sie *Gemeinschaft untereinander* haben. Obwohl die Gemeinschaft mit Gott mitzudenken ist (vgl. V. 3), setzt Johannes, indem er so formuliert, den Akzent auf die Gemeinschaft der Glaubenden, der er einen hohen Stellenwert einräumt.

Dem fügt Johannes noch hinzu, daß das *Blut Jesu, seines Sohnes, uns rein macht von aller Sünde.* Der Erlöser wird mit seinem menschlichen Namen *Jesus* genannt, doch in Verbindung mit dem Hoheitstitel *Sohn* wird seine Einmaligkeit betont. Beide Aspekte der Person des Erlösers verdienen unsere Beachtung. *Macht uns rein:* Die Verbform ist hier nicht Aorist, der die Einmaligkeit einer Handlung betont, sondern Präsens, das iterativ immer wiederkehrende Handlungen bezeichnet. Es geht also nicht um eine einmalige, sondern um die tägliche Reinigung. Weil Johannes V. 8.10 deutlich macht, daß ein Christ in diesem Leben nie von jeglicher Sünde frei sein wird, redet er hier keiner sündlosen Vollkommenheit das Wort, wohl aber davon, daß wir von den Sünden, die wir begehen, wenn wir im Lichte, d.h. mit Gott wandeln, gereinigt werden. Johannes weiß, daß selbst die, die in Gottes Nähe leben, immer wieder aufs neue der Reinigung bedürfen. Einige Ausleger sehen im *Blut* (auch 5,6.8) ein Symbol für das vom Fleisch erlöste Leben. Aber diese Deutung ist mit den Tatsachen nicht vereinbar. Im AT wie im NT spricht das Blut vom Leben, das in den Tod gegeben wurde. Weil Jesus für uns gestorben ist, haben wir die Reinigung von unseren Sünden. Der Singular *Sünde* steht gelegentlich für das Prinzip Sünde, aber hier ist *alle Sünde,* »jede sündige Handlung«, gemeint.

1,8.9 Der zweite Irrtum. **8** Den zweiten Irrtum benennt Johannes in dem Konditionalsatz: *Wenn wir sagen, wir haben keine Sünde ...* Der Ausdruck Sünde »haben« ist selten (auch Joh 9,41; 15,22.24; 19,11). Er bedeutet mehr als nur Sünde »tun« und meint wohl auch das Prinzip, das sich in einzelnen sündigen Handlungen manifestiert. Sünde ist etwas von Dauer, das dem Sünder anhaftet. Auch diesmal unterstreicht die folgende negative Formulierung die positive Aussage. Wenn wir sagen, wir hätten keine Sünde, dann *betrügen wir uns selbst* (wen sonst!), *und die Wahrheit ist nicht in uns.* Wahrheit wird dynamisch verstanden. Sie kann in wahrhaftigen Menschen Wohnung nehmen. Aber wer indes die offenkundige Falschheit behauptet, er habe keine Sünde, schließt damit die Möglichkeit aus, daß die Wahrheit in ihm wohnt. Dies gilt vor allem dem modernen Menschen, der in der Sünde wenig mehr sieht als Krankheit, Schwäche, Veranlagung, Umwelteinfluß u.a.m. und deshalb die schuldhafte Verstrickung des Menschen leugnet. Auf diese Weise betrügt der Mensch sich selbst.

9 Demgegenüber sind die, die ihre *Sünden bekennen* (der Plural ist bedeutsam: Wir bekennen konkrete Sünden, nicht nur die allgemeine Tatsache, daß wir sündigen). Weil Gott *treu und gerecht* ist, vergibt er uns, auf ihn ist Verlaß. Es wird nicht gesagt, wie er *uns von aller Ungerechtigkeit reinigt.* Aber V. 7 ist ja noch nicht vergessen; es ist das Blut Jesu, das reinigt. Nichts sonst kann die Flecken beseitigen.

1.10 Der dritte Irrtum. Jetzt setzt sich Johannes mit der Behauptung auseinander, daß *wir nicht gesündigt haben.* Bei allem, was Gott mit dem Menschen tut, geht er davon aus, daß der Mensch ein Sünder ist und der Erlösung bedarf. Wer sein Sündersein verneint, macht Gott *zum Lügner.* Negativ formuliert: *Sein Wort ist nicht in uns.* In vielen Teilen der Bibel hat das »Wort« dynamischen Charakter. Es führt Gottes Absichten aus (vgl. Jes 55,11). So darf man folgern: Jeder, der behauptet, kein Sünder zu sein und so Gott zum Lügner macht, zeigt dadurch, daß Gottes wirksames Wort nicht in ihm ist.

2,1.2 Das Sühnopfer für die Sünden. 1 Seine Leser nennt Johannes häufig *Kinder.* Hier benutzt er die Verkleinerungsform »Kindlein« (griech.: *teknia;* das Wort kommt 1Jo siebenmal vor, im übrigen NT nur einmal). Johannes schreibt seinen Brief auf, *daß ihr nicht sündigt.* Er hat seinen Lesern schon gesagt, daß er ihnen schreibe, damit sie Gemeinschaft hätten (1,3) und damit seine Freude vollkommen ist (1,4). Der dritte Grund nun paßt zu den beiden ersten, zumal Sünde Gemeinschaft und Freude erstickt. Sünde und lebendiges Christsein sind unvereinbar (vgl. 3,6.9; 5,18). Aber wiewohl der Christ nicht in Sünde lebt, so erlangt er doch in diesem Leben niemals einen Zustand völliger Sündlosigkeit (vgl. 1,8.10). Johannes sagt seinen Lesern nun, daß wenn *jemand sündigt, wir einen Fürsprecher bei dem Vater haben, Jesus Christus, der gerecht ist. Fürsprecher* ist ein forensischer Ausdruck (»Anwalt«), der den Verteidiger vor Gericht bezeichnet. Er ist der Rechtsbeistand des Angeklagten. Daß der Ausdruck hier begegnet, zeigt, daß es um den Sünder nicht gut steht. Er hat es sich mit dem Vater verdorben und braucht Hilfe. Auffallend ist, wie Christus hier als der Gerechte bezeichnet wird: Eher würde man erwarten, daß er als der *Barmherzige* bezeichnet würde. Aber das NT lehrt, daß Gott auf eine Weise vergibt, die seine Gerechtigkeit nicht kompromittiert. Vergebung setzt das ethische Gesetz nicht außer Kraft, sondern bestätigt es.

2 Christus ist auch die *Versöhnung für unsere Sünden.* Mit dem griech. Wort *hilasmos* ist eher an die Entfernung des Zorns als an die Beseitigung der Sünde gedacht. Der göttliche Zorn richtet sich gegen jede Art von Sünde (Röm 1,18), und vergeben heißt nicht, den Zorn einfach ignorieren. Mit dem Begriff der Versöhnung ist *eine* Möglichkeit gegeben, Christi Erlösungswerk zu verstehen. Trotzdem die Erlösung verschiedene Aspekte hat, wird der Aspekt der Versöhnung in der heutigen Theologie häufig unterschlagen. Schließlich gilt Christi Versöhnungswerk *für die ganze Welt.*

2,3-6 Gehorsam. 3 Hier zeigt Johannes eine Möglichkeit auf, wie man, ungeachtet des eigenen Versagens, prüfen kann, ob man die rechte Beziehung zu Gott hat und ob man in Gemeinschaft mit ihm lebt. Die Testfrage lautet, ob *wir seine Gebote halten.* Wahre Gotteserkenntnis kann nicht ohne Auswirkungen im Leben bleiben. Diese Erkenntnis Gottes zählt zu den wichtigen Themen des Briefes. Das Verb *ginosko* (wissen, erkennen) kommt 25 mal vor (und *oida,* wissen, 15 mal). Für Johannes ist die Erkenntnis Gottes weder mystische Schau noch intellektuelle Einsicht. Gotteserkenntnis zeigt, wer *seine Gebote hält.* Gehorsam ist keine augenfällige Tugend, aber sie bildet die Grundlage jedes wahren christlichen Lebens. 4 Wer behauptet, Gott zu kennen, aber *seine Gebote nicht hält, der ist,* so sagt Johannes unverblümt, *ein Lügner.* Er unterstreicht seine Behauptung durch den Nachsatz: *und in solchem ist die Wahrheit nicht.*

5 Demgegenüber steht: die *Liebe zu Gott ist wahrlich vollkommen* in dem Menschen, der *sein Wort hält. Wort* meint alle Gebote Gottes. Damit verkürzt Johannes das Christsein nicht auf eine irgendwie geartete Gesetzlichkeit. In Christus hat Gott sich selbst offenbart; Christus ist sein Wort (1,1; 1Jo 1,1). Das Kommen Christi ist eine Herausforderung an unsere ganze Lebensweise: Wir werden herausgefordert, unsere Selbstsucht aufzugeben und unser Kreuz auf uns zu nehmen. Und gerade darum geht es, wenn wir sein Wort halten wollen. Es folgt eine weitere überraschende Wendung. Eigentlich läßt V. 4 erwarten, daß Johannes nun davon schreibt, daß der Gehorsame wahrhaf-

tig ist oder die Wahrheit Gottes in sich hat. Statt dessen lesen wir, daß die Liebe Gottes in ihm ist, und zwar vollkommen. *Liebe* (griech.: *agape)* ist einer der wichtigsten Begriffe in 1Jo. Das Wort kommt 18 mal vor, häufiger als in jedem anderen Buch des NT (an zweiter Stelle folgt 1Kor: 14 mal). Die Kürze des vorliegenden Briefes unterstreicht nur den Stellenwert, den die Liebe einnimmt. Liebe sieht Johannes zuerst darin, daß Gott sich selbst in Christus schenkte (4,10). Aber mit *agape* wird auch die menschliche Antwort auf Gottes Liebe bezeichnet. Diese Liebe äußert sich in Gehorsam, denn Liebe hat Freude daran, Gottes Willen zu tun.

Am Ende des Verses erklärt Johannes, woran wir *erkennen* können, *daß wir in ihm sind.* Damit führt er einen neuen Gedanken ein. Er hat bereits von der Gemeinschaft mit Gott (1,3) und vom Wandeln im Licht (1,7) gesprochen und auch davon, daß man Gott kennen kann (2,3). Aber diese Gedanken sind gar nicht so verschieden. Wenn wir *in ihm* sind, haben wir Gemeinschaft mit ihm, kennen wir ihn und wandeln im Licht. **6** All dessen können wir gewiß sein, wenn wir *leben, wie er gelebt hat.* Es scheint, als ob sich das »in ihm« V. 5 auf Gott bezöge, aber die Erwähnung des Lebens zeigt, daß es sich in diesem Vers auf Jesus Christus bezieht. In jedem Fall aber sieht Johannes einen engen Bezug zwischen beiden, und so kommt es, daß mithin nur schwer auszumachen ist, wen er gerade meint.

2,7-17 Das neue Gebot

2,7-11 Lieben und Hassen. **7.8** *Meine Lieben:* So redet Johannes in diesem Brief mehrmals seine Leser an. Das paßt gut zu seiner Betonung der Liebe. Er nennt das *alte* und *neue Gebot* nicht beim Namen, aber zweifelsohne meint er die Liebe (vgl. 4,21; Joh 15,12). Das ist nichts Neues, sondern was *ihr habt von Anfang gehört.* Da es für den christlichen Glauben grundlegend ist, wurde es am Anfang gegeben. Aber es gilt immer wieder neu, und so ist es ein *neues Gebot* (vgl. Joh 13,34). Das alte Gebot hat für die eine neue Dringlichkeit, für die Christus starb.

Dieses Gebot wurde zuerst durch Christus erfüllt *(das wahr ist in ihm),* und er gibt die gleiche Liebe in die Herzen seiner Nachfolger *(und in euch).* Unser Verhalten dem Bruder gegenüber zeigt, ob wir noch in der *Finsternis* sind, *die vergeht,* oder im *wahren Licht, das jetzt scheint.* Wenn ein Mensch in der Liebe lebt, sind seine Schritte sicher, denn die Liebe macht sein Herz von allem frei, das ihn zu Fall bringen könnte. Licht ist die Atmosphäre, in der er lebt, und hell wird es dort, wo er hinkommt. Aber Haß und Licht vertragen sich nicht. **9-11** *Wer seinen Bruder haßt,* mag schöne Worte machen, aber er ist auf der falschen Spur, die ihn ins Unglück führt, denn Haß macht die Augen blind. Dreimal erwähnt Johannes die *Finsternis:* Haß und Finsternis gehören zusammen.

2,12-14 Die Familie des Glaubens. Zweimal spricht Johannes seine Leser mit dem Dreiklang *Kinder, Väter, junge Männer* an. Viel Auslegungskunst ist auf die genaue Bestimmung dieser drei Altersgruppen verwendet worden, ebenso auf den Wechsel der Zeitform von *ich schreibe* (V. 13c) zu *ich habe geschrieben* V. 14. Es hat schon seine Richtigkeit, wenn Johannes den *Vätern* (denen, die schon lange glauben) Erkenntnis zuschreibt und den *jungen Männern* Stärke. Da aber eigentlich jeder Glaubende ungeachtet seines Alters all diese Eigenschaften haben sollte, ist es wohl ratsam, in der Dreiteilung wenig mehr zu sehen als ein hervorhebendes Stilmittel. Alle Christen sind (aus Gnade, nicht von Natur aus) Kinder in ihrer Unschuld und Abhängigkeit vom himmlischen Vater, junge Männer an Stärke und Väter an Erfahrung. Johannes erinnert seine Leser, daß sie Vergebung der Sünden haben, die Erkenntnis Gottes, das Wort Gottes, das in ihnen wohnt, und den Sieg über den Bösen. Diese gehören zur Ausrüstung der Nachfolger Christi.

2,15-17 Liebe zur Welt. **15** Es ist an anderer Stelle darauf hingewiesen worden, daß Johannes ein Wort betont, indem er es wiederholt. Dreimal gebraucht er *Welt* in diesem Vers und dreimal in den beiden folgenden. *Welt* ist ein Schlüsselwort. Die *Welt* kann großes Interesse wecken. Deshalb sagt der Apostel: *Habt nicht lieb die Welt.* Einige Ausleger wollen hier einen Widerspruch zu Joh 3,16 erkennen: »So sehr hat Gott die Welt geliebt.« Aber Joh 3,16 meint Gottes Retterliebe zu allen Menschen, in 1Jo 2,15 warnt er die Christen, ihr Herz nicht auf Weltliches zu richten. Um zweierlei geht es dem Verfasser: *a.* Solche Liebe zur Welt verträgt sich nicht mit der Liebe zum Vater. *b.* In jedem Fall ist die Welt und alles, was in ihr ist, vergänglich.

16 *Des Fleisches Lust* meint die Befriedigung unserer fleischlichen Wünsche, *der Augen Lust* ein starkes Begehren dessen, was man sehen kann. *Hoffärtiges Leben* ist der leere Stolz weltlicher Gesinnung. (Mit diesen drei Sünden läßt sich auch das umschreiben, was Eva zum Ungehorsam verführte; 1Mo 3,6.) Sie haben ihren Ursprung nicht bei Gott *(ist nicht vom Vater).* Sie sind *von der Welt,* von dieser Welt, die eine vergängliche Erscheinung ist auf dem Weg zu ihrem Untergang. **17** *Wer aber den Willen Gottes tut, der bleibt in Ewigkeit.*

2,18-27 Der Christ und der Antichrist

2,18.19 Viele Antichristen. 18 *Die letzte Stunde:* Der Artikel steht nicht im griech. Wortlaut. Es müßte also heißen: »Es ist *eine* letzte Stunde.« Die Geschichte der Menschheit entwickelt sich in Etappen, bis sich eine zu einer Krise zuspitzt, ein Zeitalter zu Ende geht und ein neues beginnt, und die Menschen sagen: »Es kann nie wieder so werden wie früher.« Johannes sagt, daß solch eine letzte Stunde gekommen ist. Als Beweis dafür dient ihm das Erscheinen nicht des einen *Antichristen,* sondern *vieler Antichristen.* Die frühe Kirche erwartete ganz konkret am Ende der Zeit eine gewaltige Manifestation des Bösen, den Antichristen (vgl. »der Mensch der Gesetzlosigkeit«; 2Thes 2,3, EÜ). Obwohl Johannes viermal in 1Jo und einmal in 2Jo vom Antichristen spricht, ist er an der zukünftigen Person des Antichristen nicht weiter interessiert. Ihm geht es um seine Leser, und er betont, daß der Geist des Antichrist schon da sei.

19 Die vielen Antichristen waren Glieder der Gemeinde. Sie gehörten zu der sichtbaren Organisation »Kirche«, aber Johannes fügt sofort hinzu: *Sie waren nicht von uns.* Deshalb sind sie *von uns ausgegangen,* d.h. von uns fortgegangen. Obwohl sie Mitglieder der Gemeinde waren, haben sie nie richtig zu ihr gehört. Hier wird die »unsichtbare Kirche« vorausgesetzt, wenn auch der Ausdruck erst Jahrhunderte später geprägt wurde.

2,20.21 Kenntnis der Wahrheit. 20 *Ihr habt die Salbung von dem, der heilig ist* besagt schlicht, daß alle die Gabe des Heiligen Geistes erhalten haben. *Der heilig ist* ist zwar ein ungewöhnlicher Ausdruck, aber es kann kein Zweifel bestehen, daß der Heilige Geist gemeint ist. *Habt alle das Wissen:* Die Erleuchtung durch den Geist bedeutet, daß es unter Christen keine erleuchtete »Elite« gibt, von der der Rest abhängig wäre. Jeder Gläubige hat Erkenntnis. 21 Daran denkt Johannes wohl, wenn er jetzt den Hauptirrtum der Häretiker angreift. Die Irrlehrer leugneten die Wirklichkeit der Inkarnation. Es ist bekannt, daß es in der frühen Kirche Irrlehrer gab, die lehrten, der göttliche Christus sei bei der Taufe auf den Menschen Jesus herabgestiegen, habe ihn dann aber vor der Kreuzigung wieder verlassen. Johannes muß nicht unbedingt an diese Irrlehre gedacht haben, doch ihr ähnlich wird sie gewesen sein.

2,22.23 Die Lüge. 22 Sie *leugneten, daß Jesus der Christus ist:* Johannes sieht darin die fundamentale Lüge. Wer hier falsch liegt, auf den ist nirgends Verlaß. Er ist der *Antichrist, der den Vater und den Sohn leugnet.* Die Tatsache, daß in Jesus von Nazareth Gott und Mensch unauflösbar eins geworden sind, ist für Johannes so grundlegend, daß der, der dies leugnet, im Grundsätzlichen irrt. Er hat sich der radikalen Lüge schuldig gemacht. 23 Diese Leugnung des Sohnes hat Folgen: Wer den Sohn nicht versteht, versteht auch den Vater nicht. Ist Jesus nicht wirklich der Sohn Gottes und eins mit dem Vater, dann ist es auch nicht die Liebe Gottes, die wir in Jesu Leben und Tod offenbart sehen. Nur indem wir Jesus aufnehmen, werden wir Kinder Gottes (Joh 1,12), und wenn wir Jesus ablehnen, können wir nicht Mitglieder der Familie Gottes werden und haben das Recht vertan, Gott unseren Vater zu nennen.

2,24-27 In Gott bleiben. 24 *Was ihr gehört habt von Anfang an* verweist auf die einfache Botschaft des Evangeliums. Wenn die Leser diese Botschaft in sich *bleiben* lassen (dieses Verb begegnet 24 mal in 1Jo), *so werdet ihr auch im Sohn und im Vater bleiben.* 25 So erfüllt sich Gottes Verheißung des *ewigen Lebens.* 27 Hinzu kommt *die Salbung,* von der Johannes schon V. 20 gesprochen hat. Durch die inwendige Erleuchtung des Heiligen Geistes haben sie die Erkenntnis, auf die es ankommt, und das Wissen, daß sie in Gott bleiben.

2,28-3,10 Gottes Kinder

2,28.29 Vertrauen. Johannes ist auf die »Familienbeziehung« bedacht. So nennt er seine Leser jetzt *Kindlein,* spricht davon, daß sie *Zuversicht* haben können beim Kommen Christi und zeigt dann, wie rechtes Verhalten kundtut, wer *von ihm geboren ist. Geboren* (vielleicht besser: »gezeugt«) ist zu beachten: Glaubende sind nicht einfach Menschen, die sich bemühen, ein wenig besser zu leben; nein, sie sind Menschen, die grundlegend erneuert, ja völlig neu geboren sind. Und das Bemühen um die rechte Lebensführung ist ein Zeichen der göttlichen Erneuerung.

3,1-3 Was wir sein werden. 1 Hier gerät Johannes ins Staunen. *»Sehet!«* sagt er, »schaut euch die Liebe an, die uns der Vater geschenkt hat. Wir werden Kinder Gottes genannt, und wir sind es auch!« Wir *heißen* nicht nur Kinder Gottes, wir sind es auch in Wirklichkeit. Das hat zur Folge, daß *die Welt uns nicht kennt.* In den johanneischen Schriften ist die Unvereinbarkeit von Welt und Christsein häufig angesprochen. Daß die Welt die Gläubigen nicht kennt, ist nicht weiter verwunderlich, *denn sie kennt ihn nicht.* Aus syntaktischen Gründen müßte sich *ihn* auf den Vater beziehen, doch der Sinnzusammenhang legt einen Bezug auf Christus nahe. Johannes weiß, daß wir Kinder Gottes sind, aber das macht ihn nicht blind dafür, daß das Beste noch aussteht. 2 Johannes kleidet diese Tatsache in eine Bezugnahme auf die Verklärung. *Wenn es offenbar wird, wer-*

den wir ihm gleich sein; denn wir werden ihn sehen, wie er ist. Wenn es: wohl besser »wenn er«. »Er« und *ihn* sollten sich syntaktisch auf *Gott* beziehen, aber man spricht doch eher davon, daß man Christus sieht. Dem sollte aber wohl nicht zu viel Gewicht beigemessen werden, denn wer den Sohn sieht, der sieht auch den Vater (Joh 12,45; 14,9). Und wer Gott sieht, wird verändert. **3** Diese Aussicht motiviert für die Gegenwart, denn jeder, der *solche Hoffnung hat . . . reinigt sich, wie jener rein ist.*

3,4 Die Notwendigkeit rechten Verhaltens. Die Irrlehrer waren wohl der Meinung, auf die Erkenntnis käme es an und nicht so sehr auf den praktischen Lebensvollzug. Deswegen besteht Johannes darauf, daß Sünde Zeichen einer falschen Gottesbeziehung ist. *Sünde,* so sagt er, *ist die Gesetzlosigkeit* (EÜ) und der Satz ist im Griech. so konstruiert, daß die beiden Begriffe austauschbar sind. Das *Gesetz* ist natürlich das Gesetz Gottes. Kern der Sünde ist die Mißachtung der göttlichen Gebote. Es ist die Auflehnung des menschlichen Selbst gegen Gottes offenbarte Ordnung.

3,5-7 Christus und Sünde sind unvereinbar. **5** Christus kam, *damit er die Sünden wegnehme.* Christus und das Böse stehen sich diametral gegenüber. Es ist *keine Sünde in ihm.* **6** Das hat Konsequenzen für den Christen, denn *wer in ihm bleibt, der sündigt nicht.* Sätze wie diese dürfen wir nicht verwässern. Der Christ hat mit der Sünde nichts zu schaffen, und er darf sich nie mit ihr arrangieren, auch nicht mit kleinen oder gelegentlichen Sünden. Wir müssen aber auch beachten, daß im Griech. beide Verben in der Verlaufsform stehen: »Niemand, der dauernd in ihm bleibt, macht sich die Sünde zur Gewohnheit«, und weiter: »Niemand, der gewohnheitsmäßig sündigt, hat ihn gesehen oder erkannt.« Johannes geht es nicht um einzelne sündige Handlungen (dafür würde im Griech. eher der Aorist stehen), sondern um die gewohnheitsmäßige Grundhaltung. Das Leben, das ein Mensch führt, zeigt die Quelle, aus der er lebt. **7** Wer anders denkt, ist *verführt.* Es kommt nicht auf die große Erkenntnis an, auch nicht auf die Verachtung des Körpers, als wäre es gleichgültig, was der Körper tut, wenn nur die Seele rein bleibt. Solche trügerischen Argumente fegt Johannes beiseite. *Wer recht tut, der ist gerecht.* Und der Maßstab ist Christus: *wie auch jener gerecht ist.*

3,8-10 Kinder des Teufels. **8** Die Kehrseite der Münze ist, daß *wer Sünde tut, der ist vom Teufel.* Auch *tut* meint die gewohnheitsmäßige Handlung, die Lebenseinstellung. Hier geht es um einen absoluten Gegensatz, denn der Zweck *(dazu)* des Kommens Christi war es, *die Werke des Teufels zu zerstören. Zerstören* wird nicht genauer erläutert. Jesus kam, um den Teufel zu besiegen, aber über das Wie schweigt sich der Verfasser aus.

9 *Aus Gott geboren* weist auf göttliches Handeln hin. Das Leben des Christen ist ein übernatürliches. Der Christ ist durch die Kraft Gottes neu geschaffen. Auch hier ist wieder zu beachten, daß die Verben im Präsens stehen und damit wiederkehrende oder andauernde Handlungen oder Zustände bezeichnen. *Wer aus Gott geboren ist, der tut keine Sünde* aus Gewohnheit. Er *kann nicht* (gewohnheitsmäßig) *sündigen.* Johannes hat ja schon 1,8.10 eine sündlose Vollkommenheit bestritten, und deswegen dürfen wir diesen Vers nicht als Widerspruch dazu verstehen. Er besagt, daß die Sünde und der Christ sich in einem radikalen Gegensatz befinden. »Johannes geht es um die Unvereinbarkeit der Sünde mit dem Christsein, nicht um ihre Unmöglichkeit beim Christen« (Stott). Die Sünde paßt nicht zu einem Christen. Hier nennt Johannes einen Grund für die Unfähigkeit der Christen zu sündigen: *Sie sind von Gott geboren* (EÜ: *denn sein Same bleibt in ihm).* Dies ist eine recht ungewöhnliche Metapher (das Wort »Same« kommt nur hier bei Johannes vor, aber das mit *geboren* übersetzte Verb 10 mal in 1Jo). Die Metapher betont die im Glaubenden wirksame göttliche Kraft. *Bleibt* zeigt an, daß das nicht nur gelegentlich so ist: Es ist Gottes bleibende Gabe an sein Volk. **10** Johannes schließt diesen Abschnitt mit einer Gegenüberstellung der *Kinder Gottes* und der *Kinder des Teufels.* Wozu man gehört, entscheidet sich daran, ob man *recht tut und seinen Bruder lieb hat.*

3,11-18 Liebet einander

3,11-15 Das Gegenteil der Liebe. **11** Einmal mehr betont Johannes, daß die Liebe das erste Gebot ist *(von Anfang an).* Sie ist keine Nebensache, sondern macht den Kern der christlichen *Botschaft* aus. **12** Was Liebe ist, zeigt Johannes anhand ihres Gegenteils, des Hasses. *Kain, der von dem Bösen stammte,* ist ein negatives Beispiel. Weil er *von dem Bösen stammte, brachte er seinen Bruder um.* Das ist die logische Folge der Weigerung zu lieben (vgl. Mt 5,21f). Die Antwort auf die Frage: *Warum brachte er ihn um?* ist eine tiefschürfende Kritik der menschlichen Natur. Abel hatte kein Unrecht begangen, seine Rechtschaffenheit erwies sich als unerträglich für seinen Bruder Kain. Böse Menschen verachten das Gute, wenn es ihnen begegnet. Es ist ihnen ein Vorwurf, und sie kreuzigen es. **13** Darin liegt der Grund für die Aufforderung: *Wundert euch nicht* (hört auf, euch zu wundern!), *meine Brüder, wenn euch die Welt haßt.* Damit tun sich Christen meist sehr schwer. Ihre Beweggründe sind rein, und in ihren Herzen ist Liebe zu ihren Mitmenschen. Sie suchen keinen eigenen Vorteil, sondern bieten die kostbare Gabe des Evangeliums an. Aber die Welt reagiert darauf nicht voller Dankbarkeit: Sie haßt die Gläubigen.

14 Die Gegenüberstellung von Liebe und Haß wird hier weitergeführt. Auch hier wieder die formelhafte Wendung: *Wir wissen.* Johannes ist daran gelegen, daß alle Christen Erkenntnis haben, und deswegen betont er sie fortwährend. *Wir sind aus dem Tod in das Leben gekommen* (vgl. Joh 5,24) ist aussagekräftig und ungewöhnlich formuliert. Der Ungläubige lebt in einem Zustand, der nur als *Tod* bezeichnet werden kann. Anders der Gläubige: Er hat den Tod hinter sich gelassen und lebt ein *Leben,* das zu recht als solches bezeichnet wird. Es läßt sich daran nachweisen, daß wir *die Brüder lieben.* Immer wieder kommt Johannes darauf zurück. Hier bekräftigt er die Aussage durch ihre Umkehrung: *Wer nicht liebt, der bleibt* (vgl. z.B. 3,9; gemeint ist ein Zustand) *im Tod.* **15** Anhand einer anschaulichen Darstellung von Haß buchstabiert Johannes, was das heißt. *Wer seinen Bruder haßt, der ist ein Totschläger* (wörtl.: Mörder). Unser Herr sagte, daß bereits der lüsterne Blick schon Ehebruch sei und daß ein ärgerliches Wort das Gebot »Du sollst nicht töten« bricht (Mt 5,21f). Jesu Beispiel folgend stößt der Verfasser zu den tiefsten Wurzeln menschlichen Handelns vor. Haß ist aus dem gleichen Holz geschnitzt wie Mord. Und ein Mörder *hat nicht das ewige Leben bleibend in sich.* Das bedeutet freilich nicht, daß ein Mörder nicht Buße tun und Vergebung erhalten könnte, gleichwohl kann kein Mensch, der in seiner Mordlüsternheit verharrt, das ewige Leben besitzen, denn das eine schließt das andere aus.

3,16-18 Liebe ist konkret. **16** Diese christliche *Liebe* können wir nur *erkennen,* wenn wir gewahr werden, was auf Golgatha geschah, wo *er sein Leben für uns gelassen hat* (wie so oft ist auch hier syntaktisch nicht eindeutig festzulegen, wer *er* ist, obwohl der sinnvolle Bezug auf Jesus ist). Da Christus, das Vorbild der Christen, für die Menschen starb, sollen Christen *auch das Leben für die Brüder lassen.* Zu dieser Qualität der *Liebe* ist ein Christ stets verpflichtet.

17 Auch im 1. Jh. wird es vergleichsweise selten um Leben und Tod gegangen sein. Aber Liebe hat auch andere Wege, und sie wird im täglichen Leben gefordert. *Güter* (griech.: *bion;* nur noch 2,16 in 1Jo) ist in diesem Zusammenhang ungewöhnlich. Meist bedeutet es »Leben« (EÜ, Anmerkung: *Lebensunterhalt).* Aber der Sinn ist klar. *Sieht* (griech.: *theore)* bedeutet mehr als ein oberflächlicher Blick. Jemand *sieht* seinen Bruder lange genug, um sicher zu sein, wie sich seine Lage ausnimmt. Aber er *schließt sein Herz vor ihm zu.* Der Ausdruck *Herz* gibt beredt Beispiel dafür, wie das Christentum eine Sache verändern kann. Die wörtl. Bedeutung ist »Eingeweide«, jenes Körperorgan, daß die Griechen für den Sitz der Gefühle hielten. Wenn also das Wort gebraucht wird, bedeutet es, daß jemand gefühlsmäßig stark engagiert ist, vor allem, daß der Betroffene ärgerlich war (obwohl man gelegentlich auch an andere Gefühle dachte). Für den Christen jedoch bedeutete es, von Mitgefühl bewegt zu sein. Wenn jemand kein Mitgefühl zeigt, macht das deutlich, daß die Liebe Gottes (das kann entweder unsere Liebe zu Gott oder Gottes Liebe zu uns sein) nicht in ihm *bleibt.* **18** beginnt wieder mit der bekannten Anrede *meine Kinder,* und Johannes mahnt zu echter Liebe. Liebe erschöpft sich nicht im Lippenbekenntnis. *Tat* und *Wahrheit* zählen mehr als *Wort* und *Rede.*

3,19-24 Vertrauen

Johannes geht es nun darum, sensible Gewissen zu beruhigen. Vor Gott sollen wir nicht in Angst und Zittern leben, sondern in ruhigem Vertrauen.

19 Auch hier soll deutlich werden, wie wir prüfen können, *daß wir aus der Wahrheit sind* (nur hier wird in 1Jo vom Menschen gesagt, daß er *aus der Wahrheit* ist, allerdings wird 2,21 von der Lüge gesagt, daß sie nicht »aus der Wahrheit« ist). Der Ausdruck zeugt von der Wichtigkeit konsequenter und kompromißloser Ehrlichkeit und von der Wahrheit des Evangeliums. Die Gewißheit, daß wir zur Wahrheit gehören, gibt uns inneren Frieden. **20** Aber manchmal fehlt dem Gläubigen die ruhige, feste Gewißheit. *Unser Herz verdammt uns:* Entscheidend ist nicht unser subjektives Empfinden, sondern Gottes Urteilsspruch, denn er *erkennt alle Dinge.* Er kennt unsere wahren Motive und auch die Werke der Liebe, für die wir kein Lob geerntet haben (vgl. Mt 25,37-40). Er weiß, daß wir ihm gehören, und das zählt, wenn uns Zweifel überkommen. **21** Aber Johannes will nicht, daß für Christen der Zweifel und die Unsicherheit zur Norm werden. Für uns gibt es einen besseren Weg. Die Verheißungen Gottes sind so, daß es keinen Grund gibt, in Ungewißheit zu verharren. So können wir Vertrauen *(Zuversicht)* zu ihm haben. Da wir ihm gehören, haben wir nichts zu fürchten. **22** Der Zusammenhang zum bisher Gesagten ist unklar. Erhörung von Gebeten scheint nicht darin begründet zu sein, daß unser Herz uns nicht verbannt. Aber beides setzt Vertrauen voraus, und erhörtes Gebet stärkt unser Vertrauen. Dazu gehört auch der Gehorsam. *Halten* und *tun* haben die Zeitform des

Andauernden: Wirksames Gebet wird nicht durch gelegentliche »Ausbrüche« des Gehorsams möglich, sondern durch ein Leben, das vom Gehorsam geprägt ist. Weiter tun wir, *was vor ihm wohlgefällig ist.* Gemeint ist mehr als bloßes Halten von Geboten und erinnert an die Herzenseinstellung, von der Jesus in der Bergpredigt spricht. Da geht es Jesus, ebenso wie hier Johannes, um den Geist des Gebotes, nicht um den Buchstaben.

23 Das *Gebot* wird nun in den Begriffen Glaube und Liebe definiert. Daß der Singular gebraucht wird, mag andeuten, daß »nur eins not ist«. Es folgt hier keine Auflistung mühsam zu erfüllender Forderungen. Zudem sind Glaube und Liebe so eng miteinander verknüpft, daß wir sie als Einheit begreifen. *Glaube* meint Glauben *an den Namen seines Sohnes Jesus.* Der *Name* steht für die gesamte Person. Es ist der Glaube an alles, was Jesus ist und tut. Der zweite Teil des Gebotes mahnt, daß wir uns *untereinander lieben sollen.* Liebe und unsere Verantwortung füreinander sind die beiden großen Themen dieses Briefes. Wir sollen lieben, *wie er uns das Gebot gegeben hat.* Diese Ergänzung zu *sein Gebot* am Anfang des Verses betont, daß Gott die Art, wie wir leben, nicht gleichgültig ist. 24 V. 23 steht »Gebot« im Singular, hier wieder im Plural. Jeder, der die Gebote hält, *bleibt in Gott und Gott in ihm.* Diese gegenseitige Innewohnung gehört zu den weiteren Kernthemen des Briefes. Woher wissen wir, daß es zu dieser Innewohnung gekommen ist? *An dem Geist, den er uns gegeben hat.* Der Geist ist *gegeben* (nicht verdient), und der Geist schenkt Gewißheit.

4,1-6 Der Geist der Wahrheit und der Geist der Lüge

Die Erwähnung des Geistes wirft die Frage auf, wie die, die wirklich vom Geist Gottes inspiriert sind, von denen zu unterscheiden sind, die zu Unrecht behaupten, daß sie den Heiligen Geist hätten. Dieses Problem war nicht neu, gab es doch schon im AT falsche Propheten, und auch der Apostel Paulus hatte seinen Lesern Maßstäbe an die Hand gegeben, die der Feststellung dienten, wer »durch den Heiligen Geist« redet (1Kor 12,3).

1 *Es sind viele falsche Propheten ausgegangen in die Welt:* Die Religionen der Antike behaupteten alle, geistbegabte Menschen in ihren Reihen zu haben. Johannes warnt: Nicht jeder, der behauptet, unter Eingebung zu reden, spricht die Wahrheit. Seine Leser sollen nicht jedem glauben: *Prüft die Geister.* Daß sie *ausgegangen* sind, bedeutet vielleicht, daß die Menschen, um die es hier geht, die Gemeinde verlassen haben (2,19). 2 Geprüft werden kann die Wahrhaftigkeit eines Propheten an seiner Einstellung zu Jesus Christus. Genauer gefragt: *Bekennt* der Prophet Christus als *im Fleisch gekommen?* Die Betonung liegt auf dem Bekenntnis zur Person Jesu, nicht auf der Aussage über Jesus (EÜ: ... *der Jesus Christus, im Fleisch gekommen bekennt* ...). Der Hinweis auf das *Fleisch* betont die Inkarnation. Jesus nahm nicht nur menschliche Natur an, er wurde *Fleisch* (vgl. Joh 1,14; 2Jo 7). Der Geist, der bekennt, daß Jesus Christus im Fleisch gekommen ist, ist *von Gott.* Es geht nicht um menschliches Erkenntnisvermögen, sondern um das, was Gott offenbart. 3 Und das gibt es auch: einen *Geist, der Jesus nicht bekennt.* Jesus bekennen ist dasselbe wie bekennen, »daß Jesus Christus im Fleisch gekommen ist« (V. 2). Der Geist, der dieses Bekenntnis verweigert, *ist nicht von Gott,* d.h. er ist der Gegenspieler jenes Geistes, der V. 2 erwähnt ist. Er ist tatsächlich *der Geist des Antichrists.* Johannes hat bereits gesagt, daß viele Antichristen in der Welt sind (2,18), und er hat auch eine Definition gegeben: »Das ist der Antichrist, der den Vater und den Sohn leugnet« (2,22). Der Gedanke hier liegt ähnlich. Dort wie hier ist der Antichrist daran zu erkennen, daß er nicht anerkennt, daß Jesus der Christus ist, der ins Fleisch gekommen ist. Johannes setzt voraus, daß seine Leser vom zukünftigen Antichrist gehört haben, aber er sieht auch einen Gegenwartsbezug: In 2,18 spricht er von »vielen Antichristen«, hier vom *Geist des Antichrists. Jetzt schon* und *in der Welt* betonen seine gegenwärtige Wirksamkeit.

4 Aber Christen brauchen sich nicht zu ängstigen. *Ihr* ist betont. Glaubende unterscheiden sich grundsätzlich von anderen Menschen. Zuerst einmal sind sie *von Gott,* und dann haben sie *überwunden.* Von der Offenbarung einmal abgesehen, in der das Wort 17 mal vorkommt, verwendet dieser kurze Brief das Verb »überwinden« häufiger als jedes andere ntl. Buch (6 mal). Der Hinweis auf den Sieg fällt ungewöhnlich deutlich aus. Das Verb steht im Perfekt, einer Zeitform für Handlungen, die in der Vergangenheit angefangen haben und bis in die Gegenwart anhalten. Der Sieg hält an. Der Gläubige erhält den Sieg, denn *der in euch ist, ist größer, als der in der Welt ist.* Auch hier erklärt Johannes nicht näher, wen er mit *der* meint. Mit dem ersten *der* kann jede Person der Dreieinigkeit gemeint sein, welche ist nicht festzulegen; mit dem zweiten *der* ist wohl der Teufel gemeint. Gott ist viel mächtiger als der Teufel, und die, in denen Gott ist, überwinden deswegen das Böse.

5 Einmal mehr setzt die Wiederholung eines Wortes deutliche Akzente. *Welt* kommt in diesem Vers dreimal vor, dazu noch am Ende von V. 4. Die, die überwunden sind, gehören zur *Welt:* Sie sind *von* ihr, was sie reden, stammt

von ihr, und die Welt ist es, die auf sie hört. **6** Christen sollen sich nicht verwundern, wenn solche Menschen sie weder hören noch verstehen. Sie gehören zur falschen »Partei«. Aber Christen haben auch ihre Hörer. *Wir* ist betont, um den Gegensatz zu denen herauszustellen, die von der Welt sind. Christen *sind von Gott.* Anhand dieses Kriteriums kann Johannes feststellen, wer sie hört und wer nicht. Wer uns hört, *hat Gott erkannt,* wer nicht hört, *ist nicht von Gott.* Da auf diese Weise der *Geist der Wahrheit* und *der Geist des Irrtums* unterschieden werden können, ist die Schlußfolgerung wohl berechtigt, daß der eine Geist in den Menschen der einen Gruppe, der andere Geist in den Menschen der anderen Gruppe wohnt.

4,7-21 Gott ist Liebe

Im gesamten Brief fällt der Liebe eine wichtige Rolle zu. Im folgenden Abschnitt unterstreicht Johannes einmal mehr ihre Bedeutung, indem er darauf hinweist, daß sie ihre Wurzeln in Gott hat, der selbst die Liebe ist.

4,7-12 Liebet einander. **7** Die Ermahnung *laßt uns einander lieb haben* gründet in der Feststellung, daß *Liebe von Gott ist.* Die Liebe, von der die Rede ist, geht nicht auf menschliche Leistung zurück, sondern sie ist göttlichen Ursprungs. Wer in diesem Sinne liebt, bezeugt damit, daß er *von Gott geboren ist und Gott kennt.* **8** Johannes verdeutlicht dies anhand der negativen Umkehrung: *Wer nicht liebt, der kennt Gott nicht.* Die Begründung zählt zu den wichtigsten Kernaussagen der ganzen Bibel: *Gott ist Liebe.* Gemeint ist mehr als nur, daß »Gott liebt«: Gottes innerstes Wesen ist Liebe. Gott liebt nicht, weil er Liebenswertes findet; er liebt, weil sein ganzes Wesen Liebe ist. Seine Liebe zu uns macht sich nicht an dem fest, was wir sind; sie gründet in dem, was er ist. Er liebt uns eben, weil er ein Gott der Liebe ist. **9** Die Art der Liebe, von der Johannes schreibt, ist nicht unter allen Menschen zu finden, mehr noch: Sie ist nirgendwo unter den Menschen vorhanden. Wir kennen sie, weil sie *unter uns erschienen* ist, indem Gott *seinen eingeborenen Sohn gesandt hat in die Welt.* Gott sandte den Sohn, um den Menschen das Leben zu bringen. Leben im eigentlichen Sinn gibt es nur *durch ihn.*

10 Die wahre Bedeutung der Liebe und die wahre Quelle des Lebens sind nur im Kreuz zu erfassen. Wenn wir spezifisch christliche Liebe suchen, dürfen wir ihren Ursprung nicht beim Menschen annehmen: *nicht, daß wir Gott geliebt haben.* Diese Liebe werden wir nie finden, wenn wir vom Menschen ausgehend nach ihr suchen (*wir* ist betont). Diese Liebe finden wir, wenn wir erfassen, daß *er uns geliebt hat und gesandt seinen Sohn zur Versöhnung für unsre Sünden.* Um diese Liebe zu begreifen, müssen wir zunächst uns selbst als Sünder unter dem Zorn Gottes sehen, dann aber auch als Menschen, für die Christus starb. Liebe und Versöhnung schließen einander nicht aus; im Gegenteil: Dem Apostel gelingt es erst anhand der Versöhnung darzustellen, was Liebe im ureigentlichen Sinn ist. Es gehört zu den großen Paradoxien im NT, daß es Gottes Liebe ist, die freilich seinen Zorn von uns abwendet, und daß wir eben in dieser Abwendung des Zornes sehen, was wirkliche Liebe ist. **11** Das kann nicht ohne Folgen bleiben. Wenn wir erkennen, daß Gottes Liebe so groß ist, *sollen wir* (betont) *uns auch untereinander lieben.* Die Quelle und die bewegende Kraft der Liebe zu unseren Mitmenschen ist die göttliche Liebe, die sich in Christi Versöhnungswerk kundgetan hat. **12** Wie wichtig die Liebe untereinander ist, wird daran deutlich, daß Johannes diese Liebe - und nicht die Liebe zu Gott - als Zeichen dafür nimmt, daß *Gott in uns bleibt.* Wenn er sagt, daß niemand *jemals Gott gesehen hat* (vgl. Joh 1,18), dann will er damit die im AT bezeugten Fälle einer Gottesschau (z.B. 2Mo 24,11) nicht in Abrede stellen. Jene Visionen waren gewissermaßen bruchstückhaft und vorübergehend. Aber in Christus sehen wir Gott, und wenn wir lieben, bleibt Gott in uns. Dann ist sogar seine *Liebe vollkommen* (d.h., sie hat ihr Ziel erreicht) *in uns.* Das ist wahrlich eine überwältigende Feststellung!

4,13-16 In der Liebe bleiben. **13** Johannes hat schon gesagt, daß wir »durch den Geist« wissen, »daß er in uns bleibt«. Jetzt fügt er hinzu, *daß wir in ihm bleiben.* Beide Aspekte gehören zusammen und werden in 1Jo gleichermaßen betont. **14** Im Geist des Prologs kommt er jetzt noch einmal auf das apostolische Zeugnis zu sprechen, auf das, was *gesehen* wurde. Das Zeugnis gewinnt gegen Ende des Briefes größeren Raum. Das Verb »bezeugen« kommt 1,2 vor, an dieser Stelle und schließlich viermal in Kap. 5. Außerdem begegnet das verwandte Hauptwort »Zeugnis« sechsmal in Kap. 5. Der Aussagegehalt des Zeugnisses: Der Sohn ist *der Heiland der Welt* (dieser Ausdruck findet sich im NT nur noch Joh 4,42). Mit *Heiland* ist alles umschrieben, was Christus für die Menschen tat; *Welt* meint die ganze Menschheit. Johannes bezeugt eine wirkliche umfassende Erlösung. **15** Dennoch werden nicht alle gerettet. Denn wer gerettet werden will, muß bekennen, daß *Jesus Gottes Sohn ist.* Dann *bleibt* (wohnt) Gott im Gläubigen und der Gläubige in Gott.

16 Nirgendwo sonst ist zu lesen, daß Liebe *erkannt* und *geglaubt* wird. Daß sie »erkannt« wird, geht noch aus V. 10 hervor, aber daß *die Liebe, die Gott zu uns hat,* »geglaubt« wird, ist eher ungewöhnlich. Gott offenbart seine Liebe nie so, daß der weltlich gesinnte Mensch sie nicht übersehen könnte. Nur der Glaubende kann sie erkennen. Zum Abschluß dieses Gedankenganges (LÜ sieht das anders, sie rechnet V. 16b zum nächsten Abschnitt) wiederholt Johannes das große Wort aus V. 8: *Gott ist Liebe.* Daraus schließt er, daß *wer in der Liebe* bleibt, der bleibt *in Gott.* Die Liebe zu den Sündern ist keine menschliche Leistung, und diese Liebe bezeugt, wo sie in Erscheinung tritt, die Gegenwart Gottes.

4,17-21 Völlige Liebe. **17** Durch die gegenseitige Innewohnung wird die Liebe *vollkommen bei uns* in dem Sinn, *daß wir Zuversicht haben am Tag des Gerichts,* und das ist die größte Zuversicht, die einem Menschen zuteil werden kann. Denn *wie er ist, so sind auch wir in dieser Welt* erinnert daran, daß die Welt Christus nicht willkommen geheißen hat und auch die Christen nicht willkommen heißen wird.

18 Der Gedanke der Zuversicht wird durch die Zurückweisung der *Furcht* weiterentwikkelt. Dreimal setzt Johannes (betont) das Wort in diesem Vers ein, aber sonst an keiner anderen Stelle in seinem Schreiben. Auch das Verb *fürchten* kommt nur hier vor. Glaubende brauchen sich nicht zu fürchten, denn *Furcht* und *Liebe* schließen einander aus. *Vollkommene Liebe treibt die Furcht aus. Furcht* hat nämlich mit *Strafe* zu tun. Wenn wir uns fürchten, dann deswegen, weil wir um die verdiente Strafe wissen. Aber Gottes *vollkommene Liebe* gibt uns Zuversicht. Seine Liebe sorgt dafür, daß wir gerettet und nicht bestraft werden. Wenn wir uns fürchten, geben wir damit zu erkennen, daß wir *nicht vollkommen in der Liebe sind* (Johannes hat ja schon darauf hingewiesen, daß die vollkommene Liebe Zuversicht schafft am Tag des Gerichts; V. 17).

19 *Laßt uns lieben* kann auch übersetzt werden: »Wir lieben« (EÜ). Einige Handschriften haben (wie die alte LÜ), »Lasset uns ihn (Gott) lieben«, aber das entstellt den Sinn. Freilich ist unsere Liebe zu Gott stets nur Antwort auf seine Liebe. Aber darum geht es Johannes hier nicht. Er sagt: Wenn wir lieben (in dem spezifisch christlichen Sinn, wo Liebe dem gilt, der sie nicht verdient hat, weil sie in der Natur des Liebenden gründet und nicht in der Vortrefflichkeit des Geliebten), dann nur, weil *er uns zuerst geliebt hat.* **20** Wer sagt: *Ich liebe Gott,* aber den *Bruder* (Bruder = Christ? Bruder = Mensch?) hasse ich, zeigt, daß er *ein Lügner* ist. Die Liebe zu Gott konkretisiert sich immer in der Liebe zum Menschen. Wo das eine fehlt, ist auch das andere nicht da. Johannes geht einen Schritt weiter: *Wer seinen Bruder nicht liebt,* kann Gott nicht lieben. Johannes unterscheidet zwischen dem Bruder, den man sehen kann, und Gott, den man nicht sieht. Wer das Unsichtbare zu lieben behauptet, aber das Sichtbare haßt, begibt sich in das Reich der Fantasie.

21 Johannes beschließt sein Thema mit der Erinnerung an das *Gebot,* das *wir von ihm haben. Ihm* kann sich auf Gott sowohl als auch auf Christus beziehen. Auch hier bleibt der beabsichtigte Bezug unklar. Johannes hat an anderer Stelle von dem Gebot der Liebe gesprochen (3,23), jetzt betont er, daß die Liebe kein gutgemeinter Vorschlag, sondern ein ausdrückliches Gebot ist.

5,1-5 Der Sieg des Glaubens

Johannes verläßt das Thema Liebe und wendet sich nun der Beziehung zu Gott zu, und von dort - in einem weiteren Schritt - dem Glauben zu. Liebe und Glauben sind ineinander untrennbar verwoben (vgl. 4,16), und der Gläubige überwindet die Welt.

1 Der Glaube ist unlösbar mit unserer Christus-Erkenntnis verquickt, wie der Apostel mehrmals betont. Voraussetzung ist der Glaube, daß *Jesus der Christus* ist. Nur dann wird man ein Kind Gottes *(von Gott geboren).* Zu dem Bekenntnis, daß Jesus der Christus sei, führt nicht menschliches Erkennen. Wer dies Bekenntnis ablegt, bezeugt damit, daß in ihm ein göttliches Werk geschehen ist (vgl. 1Kor 12,3), und er wird die lieben, die seinen Glauben teilen, denn wer den Vater liebt, liebt auch sein Kind *(den, der von ihm geboren ist).* **2** Wieder stellt Johannes die enge Verknüpfung zwischen der Liebe zu Gott und der Liebe zum Mitmenschen heraus. Meist denkt er dabei an die Liebe zu Gott, die sich in der Liebe zu den Brüdern manifestiert, doch hier argumentiert er umgekehrt: Wir erkennen, *daß wir Gottes Kinder lieben, wenn wir Gott lieben.* Die Liebe zu Gott und die Liebe zum Menschen und das in solcher Liebe gelebte Leben bilden eine Einheit. Johannes spricht praktisch und konkret, und so kann er bei dem Gedanken an Gottes Liebe nicht verweilen. Er fährt fort: *und seine Gebote halten.* Wirkliche Liebe zeigt sich in dem Wunsch, Gottes Willen zu tun. **3** *Liebe zu Gott* definiert Johannes sogar als *seine Gebote halten.* Mit Gesetzlichkeit hat das nichts zu tun. Aber Johannes weiß, daß die Liebe zur Tat drängt. Sie findet ganz von selbst ihren Ausdruck darin, daß der Liebende tut, was dem Geliebten Freude macht. Und wo finden wir das, was ihm Freude macht? Doch in *seinen Geboten.* Wenn Johannes hinzufügt: *Seine Gebote sind nicht schwer,* dann will er damit nicht sagen, daß es sehr leicht sei, die Pflichten Gott gegenüber zu erfüllen. Er sagt vielmehr, daß Gottes Gebote keine mühsame Last sind. Sie mögen schwierig sein, doch sie sind eine Freude.

4 Jetzt richtet Johannes sein Augenmerk auf den *Sieg. Alles* ist Neutrum; das kennzeichnet die Aussage als allgemeingültig (vgl. 1,1). *Unser Glaube* (das Hauptwort kommt in 1Jo nur hier vor, in Joh, 2Jo und 3Jo gar nicht) steht zur Betonung im Griech. am Ende des Satzes (vgl. EÜ). *Überwunden hat:* Der entscheidende Sieg hat in der Vergangenheit stattgefunden, als Christus starb, um das Böse zu überwinden. Er wird für den Glaubenden freilich erst dann konkret, wenn er an ihn glaubt. **5** Die rhetorische Frage hebt die Rolle des Glaubens hervor. Den *Sieg* erhält der, der *glaubt,* daß *Jesus Gottes Sohn ist.* Auch hier wird unterstrichen, daß es nicht gleichgültig ist, was man von der Person Jesu glaubt. Einmal mehr stellt Johannes Wichtiges durch Wiederholung heraus: In diesen beiden Versen geht es dreimal um das *Überwinden der Welt.*

5,6-12 Gottes Zeugnis von seinem Sohn

Zeugen zu Person und Werk Jesu werden nun von Johannes beigebracht, denn es ist ja - wie bereits mehrfach angedeutet - keineswegs ohne Belang, was ein Mensch über Jesus Christus glaubt.

6 Daß Jesus *durch Wasser gekommen* ist, bezieht sich wohl auf seine Taufe, *Blut* dagegen auf seinen Tod. Bei der Taufe vernahm er die himmlische Stimme und trat sein Lebenswerk an. Einige Irrlehrer hatten wohl behauptet, der göttliche Christus sei auf Jesus bei seiner Taufe herabgekommen, um ihn dann kurz vor seinem Tod wieder zu verlassen. Dagegen richtet sich die Betonung des Blutes: *nicht mit Wasser allein, sondern mit Wasser und Blut.* Nicht das Wasser, sondern das *Blut* war der Stolperstein. Aber das Blut war (und bleibt) das Herzstück des Evangeliums. **7.8** Johannes fügt hinzu, daß der *Geist Zeugnis gibt* (auch hier ist das Bezeugen ein andauerndes Geschehen). In der Tat gibt es *drei* Zeugen. Der Geist wird zuerst genannt, vielleicht weil eben noch von ihm die Rede war, vielleicht aber auch, weil er als Person zum Zeugen besser geeignet ist als *Wasser* und *Blut.* Die Zeugen *stimmen überein* (wörtl.: *sind auf das eine gerichtet;* EÜ). Zwischen dem inneren Zeugnis des Geistes und allem, was Christi Taufe und Tod bedeutet, gibt es einen Zusammenhang. Die drei weisen auf das eine Handeln Gottes in Christus zur Rettung der Menschen hin.

9 Zur Verdeutlichung des Gesagten erinnert Johannes daran, daß wir unseren Mitmenschen Glauben schenken. Wenn dem so ist, sollten wir umso mehr dem eben genannten Zeugnis vertrauen, zumal *Gottes Zeugnis größer ist. Gott hat Zeugnis gegeben von seinem Sohn,* und Gott steht zu seinem Wort. **10** Jeder, der dem Sohn Gottes vertraut, *hat dieses Zeugnis in sich.* Diese Übersetzung ist »in ihm« vorzuziehen (vgl. ZÜ, Anmerkung), weil sich das Zeugnis des Heiligen Geistes an den Geist des Menschen richtet. *Wer an den Sohn Gottes glaubt* und *wer Gott nicht glaubt* bilden ein Gegensatzpaar. Daraus wird ersichtlich, daß Johannes keinen großen Unterschied macht zwischen »glauben« und »glauben an«, zwischen glauben an den Sohn und glauben an Gott. Für den Verfasser war Gott in Jesus Fleisch geworden, wer also an Christus glaubt, glaubt auch an Gott. Die Verweigerung des Glaubens macht Gott *zum Lügner* (vgl. 1,10).

11 Der Aussagegehalt des Zeugnisses mag zunächst verwundern, berichtet er doch von dem, was Gott getan, und nicht von dem, was er gesagt hat. Er hat uns *das ewige Leben gegeben.* Ewiges Leben ist Gottes Werk und Gottes Geschenk, und wenn wir darüber nachdenken, sehen wir darin eine Offenbarung Gottes. Die Beifügung *und dieses Leben ist in seinem Sohn* hat ihren Sinn: Das ewige Leben ist ohne den Sohn nicht vorstellbar, und ohne ihn ist auch das *Zeugnis* nicht denkbar (vgl. V. 9). Ewiges Leben ist Leben mit Christus und in Christus. **12** »›Glaube‹ im biblischen Sinn ist nicht das Fürwahrhalten von Lehrsätzen. ›Glaube‹ ist eine lebendige Verbundenheit von Person zu Person, so real, daß man den ›haben‹ darf, an den man ›glaubt‹ ... Es ist eine entscheidende Frage an uns alle, ob wir den Sohn Jesus Christus wirklich ›haben‹ oder uns nur gedanklich mit ihm beschäftigen und die biblischen Sätze über ihn bejahen. Hier geht es um unser Leben!« (de Boor).

5,13-21 Die Erkenntnis des ewigen Lebens

Johannes verfaßte sein Evangelium, damit seine Leser glaubten und so ewiges Leben hätten (Joh 20,31). 1Jo schrieb er, um den Glaubenden die Gewißheit des ewigen Lebens zu vermitteln. Hier, am Ende des Briefes, schließt sich der Kreis.

5,13-15 Zuversicht. **13** Briefempfänger sind *die ihr glaubt.* 1Jo ist kein evangelistisches Traktat, sondern ein an Christen gerichtetes Schreiben. Johannes hat schon viel über Erkenntnis und Wissen gesagt, und nun kommt er zu dem wichtigsten Stück der Erkenntnis: *damit ihr wißt, daß ihr das ewige Leben habt.* Nur hier spricht der Apostel vom Glauben *an den Namen* Jesu, d.h. vom Glauben an den ganzen Menschen Jesus, an alles, wofür sein Name steht (3,23 bedeutet das Griech. eher »dem Namen glauben«).

14 Vertrauen und Zuversicht gehören zusammen, und Johannes wendet sich nun unvermittelt der Zuversicht beim Gebet zu. Der Apostel hat eine feste und sehr tiefgründige Zuversicht, denn er denkt daran, daß man um irgend etwas bitten könne, schränkt seine Aussage allerdings sofort ein: Die Bitte muß *nach seinem Willen* geschehen. Das Gebet ist kein Mittel, Gottes Meinung zu ändern. Gebet muß, will es wirksam sein, mit Gottes Willen übereinstimmen. Dann *hört er uns.* An anderer Stelle im NT heißt es, daß wir im Glauben beten sollen (Mk 11,24) im Namen Jesu (Joh 14,14), daß die beten dürfen, die in Christus bleiben (Joh 15,7) und bereit sind, andern zu vergeben (Mk 11,25), und schließlich daß zum Gebet der Gehorsam gehört (1Jo 3,22). Gebet darf nicht der Befriedigung der Leidenschaften dienen (Jak 4,3). **15** Aus der Tatsache, daß Gott uns hört, schließt Johannes, daß er auch unsere Bitten erhört.

5,16.17 Gebet für Sünder. **16** Johannes geht es nun um Vergebung von Sünde, die durch Fürbitte erreicht werden kann. Er unterscheidet zwischen *Sünde zum Tode* und *Sünde nicht zum Tode,* bleibt seinen Lesern aber eine Definition schuldig. Er sagt, daß wir für den Bruder beten sollen, wenn er eine Sünde *nicht zum Tode* begeht. Gott wird das Gebet erhören, und *ihm das Leben geben.* Gemeint sein könnte, daß der »Bruder« bisher noch kein Christ war. Er lebte nicht, sondern war »tot in Übertretungen und Sünden« (Eph 2,1). Als Antwort auf die Fürbitte wird ihm *Leben* gegeben. *Sünde zum Tode* ist nicht als Tat, sondern als Zustand zu begreifen. Es gibt keine bestimmte Sünde zum Tode, aber es gibt einen sündigen Zustand der Auflehnung gegen Gott, den Johannes als »im Tod bleiben« bezeichnet (3,14). Jesus spricht die Warnung aus, daß dem, der den Geist lästert, »nicht vergeben werden soll« (Lk 12,10), und an diesen Ausspruch mag Johannes hier gedacht haben. Er fügt hinzu: *bei der sage ich nicht, daß jemand bitten soll.* Freilich sollen wir nicht ins Rechnen kommen, wann es sich für andere zu beten lohne und wann nicht. Die Worte sind als Warnung gedacht, daß Sünde Menschen in die Verdammnis bringt. **17** *Jede Ungerechtigkeit ist Sünde,* und deswegen dürfen wir Sünde niemals auf die leichte Schulter nehmen. Aber es gibt Sünden, die den Glaubenden nicht von der Gemeinschaft der Erlösten trennen.

5,18-21 Die Erkenntnis des Glaubenden. **18** Johannes hat viel zu sagen über Wissen und Erkenntnis. Jetzt macht er drei Aussagen, die alle mit *wir wissen* beginnen. Zunächst, *daß, wer von Gott geboren ist, der sündigt nicht.* Auch hier ist gewohnheitsmäßiges Sündigen gemeint. Der Grund ist, daß er von ihm, der von Gott geboren ist (= Jesus Christus), *bewahrt* wird. (*Wer von Gott geboren ist;* richtiger: *der* von Gott geboren ist (vgl. EÜ).) Deswegen kann ihn *der Böse nicht antasten.* **19** Die zweite Aussage betrifft die Herkunft der Glaubenden: Sie sind *von Gott.* Im Gegensatz dazu *liegt die ganze Welt im Argen* (Bösen), d.h. der Böse hat die Macht über sie. Das ungewöhnliche Verb weist vielleicht auf die Ohnmacht der unter Satans Regie lebenden Welt hin. Vielleicht ist auch an ihre Trägheit gedacht, an ihre fehlende Bereitschaft, sich gegen ihren Herrscher, Satan, aufzulehnen.

20 Der dritte mit *wir wissen* einsetzende Satz richtet unseren Blick auf die Inkarnation. *Der Sohn Gottes ist gekommen.* Das griech. *hekei* (ist gekommen) betont die Tatsächlichkeit des Kommens. Außerdem *hat* er uns Verständnis gegeben (EÜ). Der christliche Glaube ist kein Hindernis für das Denken, sondern eine Anregung zum rechten Denken. Das Verständnis bewirkt, daß *wir den Wahrhaftigen erkennen.* Wir kennen ihn nicht nur, sondern wir *sind in* ihm, d.h. *in seinem Sohn Jesus Christus.* Wie so oft in 1Jo werden der Vater und der Sohn in allerengster Beziehung gesehen. »Im« Vater sein ist das gleiche wie »im« Sohn sein. Johannes fährt fort: *Dieser ist der wahrhaftige Gott und das ewige Leben.* Auch hier ist nur schwer zu entscheiden, ob mit *dieser* der Vater oder der Sohn gemeint ist. Aber sie gehören so eng zusammen, daß es unerheblich ist, wem der unmittelbare Bezug gilt. Die Antike kannte zahlreiche Götter, falsche Götter allesamt, wie Johannes ausführt. Dagegen gibt es nur einen *wahrhaftigen Gott,* und in ihm haben Menschen *das ewige Leben.*

21 Zum letzten Mal benutzt Johannes die sehr persönliche Anrede *Kinder. Abgötter:* Das griech. *eidolon* könnte auch mit Gottesbild (zum Gebrauch im Gottesdienst) übersetzt werden, aber nach dem, was Johannes vorher gesagt hat, sind wohl nur heidnische Götzen gemeint. Johannes' Leser haben von Gott viele Gaben erhalten, einschließlich der »Erkenntnis« (V. 20). So sollen sie sich von jedem falschen Gott fernhalten.

Der zweite und der dritte Brief des Johannes

Einleitung

Diese beiden kurzen Briefe wurden in Schriften der frühen Kirche nur selten zitiert. Das spricht zwar nicht gegen sie, erschwert indes die Klärung verschiedener sog. Einleitungsfragen, etwa der zeitlichen Einordnung usw. In beiden Briefen zeichnet »der Älteste« als Absender, und mehr wird über ihn nicht gesagt. Die Mehrzahl der Neutestamentler folgern aus stilistischen Erwägungen, daß 1Jo und 2Jo vom gleichen Verfasser stammen, wenngleich das Urteil nicht einstimmig ist. Donald Guthrie kommt nach Abwägung der Argumente zu folgendem Ergebnis:

»1. Die gewichtigen textexternen Zeugen zur Verfasserschaft des Apostels Johannes passen zu dem Eindruck, den man beim Lesen gewinnt.

2. Die meisten Wissenschaftler, die die apostolische Verfasserschaft der Briefe oder des Evangeliums ablehnen, schreiben 1Jo einem gewissen Ältesten Johannes zu. Diese These hat heute zwar viele Anhänger, doch läßt sie sich anhand des Zeugenbefundes nur mit erheblicher Mühe belegen. Für diese Auffassung wäre es durchaus von Vorteil, wenn sich schlüssig nachweisen ließe, daß der Älteste Johannes wirklich ein anderer war als der Apostel gleichen Namens.

3. Für die Abfassung durch einen unbekannten Ältesten gibt es noch weniger Zeugen in der frühen Kirche. Sie ist deswegen äußerst unwahrscheinlich.

Mit - wie ich meine - gutem Grund wird man wohl in Johannes, dem Sohn des Zebedäus, den Verfasser aller drei Briefe sehen dürfen.« (*New Testament Introduction:* Hebrews to Revelation, 1962, S. 212)

Eine andere Frage ist die nach den Adressaten. Als Empfänger sind genannt »die auserwählte Herrin und ihre Kinder« (2Jo 1,1), doch bleibt umstritten, ob damit eine Frau gemeint ist oder ob »Herrin« für eine Gemeinde steht. Die Kinder wären dann die Gemeindeglieder. Für die erste Deutung spricht, daß sie die einfachste Lösung darstellt. Für die andere Auslegung, daß der Inhalt eher an einen Gemeindebrief als an eine private Mitteilung denken läßt. Zudem fehlen 2Jo (anders als 3Jo) die typischen Merkmale eines Privatbriefs. Mit dem Wissen, das uns zur Verfügung steht, ist die Frage nicht zu lösen, doch spricht vielleicht etwas mehr für einen Privatbrief, zumal der Inhalt für einen Gemeindebrief möglicherweise zu »dürftig« wäre.

Im Hintergrund von 2Jo ist die gleiche Irrlehre zu vermuten wie in 1Jo. Der Brief ist wohl als Warnung vor ihr gedacht. Es bestand offensichtlich die Gefahr, daß die Irrlehrer in die Gemeinde aufgenommen wurden und daß ihre Lehre sich so ausbreiten könnte. Der Älteste will dies verhindern. Einige Autoren sehen auch 3Jo vor dem gleichen Hintergrund. 3Jo handelt von der Gastfreundschaft Reisepredigern gegenüber. Ein gewisser Diotrephes hatte ihnen die Beherbergung verweigert, obwohl sie auf Empfehlung des Ältesten gekommen waren. So darf man wohl vermuten, daß er zur Gegenpartei gehörte - aber das sind reine Mutmaßungen. Mit Sicherheit kann nur gesagt werden, daß der Älteste Gajus zur Seite stehen will, und daß er später selbst etwas gegen Diotrephes unternehmen will.

Nur wenige Anhaltspunkte dienen einer Datierung. Die meisten Ausleger vermuten, daß die beiden Briefe aus der gleichen Zeit stammen und daß sie zeitlich in der Nähe von 1Jo anzusiedeln sind. Das würde ein Datum gegen Ende des 1. Jhs. nahelegen.

Der zweite Brief des Johannes

Kommentar

1-3 Eingangsgruß. Der antike Briefstil stellt an die Spitze den Absender, nennt dann den Empfänger und verbindet beide mit einem Grußwort. **1.2** Der Schreiber nennt sich *der Älteste.* Das kann auf sein Alter hinweisen oder auf seine Stellung in der Gemeinde. Empfänger ist *die auserwählte Herrin,* ein Ausdruck, der auch mit »eine auserwählte Herrin« übersetzt werden könnte. Man kann das eine oder auch beide griech. Worte als Eigennamen verstehen: »Elekta, die Herrin«, »die auserwählte Kyria« oder »Elekta Kyria«. Am meisten spricht jedoch für *auserwählte Herrin.* Ob damit eine Dame oder eine Gemeinde gemeint ist, bleibt umstritten (s. Einl.). Der Älteste versichert, daß er die Dame und ihre Kinder *in der Wahrheit* liebt. *Liebe* und *Wahrheit* sind wichtige Themen dieses Briefes (*Wahrheit* kommt fünfmal in V. 1-4 vor). Zu beachten ist die Folge: *die ich lieb habe . . . um der Wahrheit willen. Wahrheit,* so sieht es Johannes, führt zur *Liebe.* Die *Wahrheit* gilt es zu erkennen. Sie *bleibt* im Glaubenden und wird *in Ewigkeit* bei ihm sein. Es ist kaum vorstellbar, daß die *Wahrheit,* die so beschrieben wird, nichts mit Jesus Christus zu tun haben sollte, der von sich sagt: »Ich bin . . . die Wahrheit« (Joh 14,6).

3 Daß Johannes *Barmherzigkeit* zu *Gnade* und *Friede* hinzufügt, ist ungewöhnlich (nur noch in 1Tim; 2Tim). Dadurch wird *Gnade* unterstrichen. Sie ist die freie Gabe Gottes in Christus. Ungewöhnlich ist auch die Wendung, daß diese Dinge *mit uns* seien, würde man in einem Gruß doch eher erwarten: »mit euch«. Hierin unterscheidet sich dieser Gruß von allen anderen im NT. Er ist Ausdruck der Solidarität zwischen Schreiber und Leser. Alle brauchen *Gnade, Barmherzigkeit* und *Friede.* Von Jesus wird hier (und nur hier im NT) als *dem Sohn des Vaters* gesprochen. Er wird nicht als vom Vater getrennt vorgestellt.

4-6 Das Gebot der Liebe. 4 Der Älteste ist *sehr erfreut,* weil er unter den *Kindern* der erwählten Herrin einige *gefunden* hat, *die in der Wahrheit leben* (= die ein christliches Leben führen). Daß er diesen Ausdruck wählt, zeigt, wie sehr Johannes an der Wahrheit gelegen ist. Der Wahrheit zu folgen, steht nicht im Belieben des Menschen - etwa als eine Option unter anderen -, sondern ist *ein Gebot vom Vater empfangen.* In drei Versen begegnet das Wort »Gebot« viermal. Auch hier verwendet Johannes, wie in 1Jo und in den ersten Versen dieses Briefes, die Wiederholung, um Akzente zu setzen. **5** Der Älteste schreibt nicht vor, sondern bittet höflich: *ich bitte dich, Herrin.* Er schreibt kein *neues Gebot, sondern das, was wir getan haben von Anfang an* (vgl. 1Jo 2,7). Das Gebot der Liebe, das Johannes umgehend nennt, ist ein altes Gebot. Er sagt hier nicht, wie in 1Jo, daß es auch ein neues ist. Er begnügt sich mit dem Hinweis, daß es für Christen eine Verpflichtung bleibt, sich *untereinander zu lieben.* Das ist die Kernaussage, um die sich alle johannäischen Schriften bewegen.

6 *Das ist die Liebe* leitet eine Art Definition ein, und interessanterweise folgt *daß wir leben nach seinen Geboten.* Heute werden Liebe und Gehorsam oft als Gegensätze empfunden, und nicht selten wird Gehorsam mit Gesetzlichkeit verwechselt. Man darf sie aber nicht gegeneinander ausspielen. Wahre Liebe hat Freude am Gehorsam (vgl. 1Jo 5,3). Wer um die Beschaffenheit wahrer christlicher Liebe weiß, wird Gottes Gebote gerne befolgen. Johannes wiederholt, daß er nichts Neues verkündigt, sondern ein Gebot, das sie *von Anfang an gehört haben.*

7-11 Gesunde Lehre. *Denn* gibt den Grund für das Vorhergehende an. *Viele Verführer* (Menschen, die irrige Lehren über das Christsein gelehrt haben) sind *in die Welt ausgegangen.* Das bedeutet, daß sie einmal Gemeindeglieder waren (vgl. 1Jo 2,19). Im wesentlichen bestand ihr Irrtum darin, daß sie *Jesus Christus* nicht als *in das Fleisch gekommen* bekannten (vgl. 1Jo 4,2f). Wie in 1Jo geht es auch hier um die Bedeutung der Inkarnation. Jesus war in der Tat der Christus Gottes, der in das Fleisch gekommen war. Wer das nicht lehrt, verfällt in den schlimmsten Irrtum. Johannes nennt den, der diesem Irrtum verfällt, den *Verführer* und den *Antichrist.* Schon 1Jo 4,3 sprach er von dem, der diese Lehre lehrt, als dem *Antichrist,* aber die Bezeichnung *Verführer* ist neu. Wer so denkt, der irrt nicht nur, er führt auch andere in die Irre.

8 *Seht euch vor* ist ein Appell, auf sich selbst zu achten; offensichtlich bestand die Gefahr, das zu *verlieren,* was sie *erarbeitet* hatten. Die heute bisweilen übliche Abneigung gegen das Reden von Lohn und Strafe wird von den Schreibern des NT nicht geteilt. Freilich wird nie davon gesprochen, daß wir Gott nur deshalb dienen sollen, weil er uns einen Lohn in Aussicht stellt. Das wäre ein geradezu unchristlicher Beweggrund. Der Dienst, den wir Gott leisten, folgt ganz natürlich aus der Dankbarkeit des erlösten Herzens. Aber Gott wird die belohnen, die ihm treu dienen, und kein ntl. Schreiber scheint sich für diesen Gedanken entschuldigen zu wollen.

9 Die falschen Lehrer hielten sich offensichtlich für »fortschrittliche« Denker. Wer solche Fortschritte macht, von dem denkt Johannes, daß er über das Christentum hinausgeht. Nicht die Fortschrittlichkeit ist unser Ziel, sondern *in der Lehre Christi zu bleiben.* Wir müssen richtig über den Sohn denken, wenn wir richtig über den Vater denken wollen (vgl. 1Jo 2,23). **10** Keine andere Lehre darf geduldet werden. Johannes sagt nicht, daß man einem Irrlehrer nicht höflich begegnen solle. Aber wenn man damals einen Menschen beherbergte, brachte man damit zum Ausdruck, daß man seine Lehre schätze. Und da erfahrene Gastfreundschaft den Predigern half, ihre Botschaft zu verbreiten, trug der, der ihnen Gastfreundschaft gewährte, auch zur Verbreitung der Irrlehre bei. Wenn also jemand *diese Lehre* von der Inkarnation Gottes in Christus *nicht bringt,* soll er nicht aufgenommen werden. **11** Johannes macht den Grund deutlich. Wer so einen Menschen *grüßt, der hat teil an seinen bösen Werken.* Der Christ soll aber alles Böse meiden.

12.13 Abschluß. Der Älteste erklärt, warum er seinen Brief hier schließt. Nicht, daß er nichts mehr zu sagen wüßte. Im Gegenteil: *Ich hätte euch viel zu schreiben.* Aber er möchte lieber sprechen als schreiben. Er hat das Wichtigste geschrieben, legt nun seinen Stift hin und bewahrt das, was er noch zu sagen hätte, auf, bis er seine Freunde trifft. *Ich wollte es nicht mit Brief und Tinte tun* ist ein ungewöhnlicher Ausdruck, aber seine Bedeutung ist klar. **14** wörtl.: »von Mund zu Mund«. *Unsere Freude* verbindet die Interessen des Absenders und der Empfänger. **13** Der Brief endet mit Grüßen in der damals üblichen Form.

Der dritte Brief des Johannes

Kommentar

1 Eingangsgruß. Wie in 2Jo nennt der Absender sich einfach *der Älteste.* Empfänger ist *Gajus, der Liebe.* Viermal wird er so genannt, und noch dazu sagt Johannes: *den ich lieb habe in der Wahrheit.* Es bestand also eine tiefe Zuneigung. *Wahrheit* kommt sechsmal in 3Jo vor; damit ist das zentrale Thema genannt. Wie in 1Jo und 2Jo ist auch hier Wahrheit eng zusammenzusehen mit der Wahrheit des Evangeliums, mit der Wahrheit, die in Christus ist (V. 8).

2-4 Der Wahrheit folgen. **2** In Briefen des 1. Jhs. steht oft am Anfang ein Gebet. Hier betet Johannes für Gajus, daß es ihm äußerlich auch so gut gehe, wie es *seiner Seele* gut geht. **3** Das weiß er, weil ihn *Brüder* besuchten, die bezeugen konnten, daß er *in der Wahrheit* wandelte. Sie *gaben Zeugnis* von *seiner Wahrheit.* Gajus kannte und besaß die Wahrheit, er machte Fortschritte in der Wahrheit, und Johannes freut sich darüber. **4** Er hat in der Tat *keine größere Freude als die, zu hören, daß meine Kinder in der Wahrheit leben. Meine Kinder:* »Meine Kinder im Glauben«; »die, die durch meinen Dienst gläubig wurden«. Es gibt keine größere Freude für den Ältesten, als daß seine geistlichen *Kinder* Fortschritte machen.

5-8 Gastfreundschaft. **5** Hier setzt das eigentliche Thema des Briefes ein. Zum Verständnis müssen wir wissen, daß in der frühen Kirche jeder, der im Interesse des Evangeliums reiste, von der Gemeinde am Ort Gastfreundschaft erwarten konnte. Wahrscheinlich gab es kaum Prediger, die Geld genug hatten, in öffentlichen Herbergen zu wohnen, und zudem standen Herbergen in schlechtem Ruf. Für die Ausbreitung des Glaubens war wesentlich, daß Reiseprediger jederzeit Quartier bekamen. Johannes lobt Gajus für seine Gastfreundschaft. *Du handelst treu:* Handeln und Glauben stimmen überein. *Was du . . . tust* wird nicht genauer erklärt, aber die folgenden Verse zeigen, daß die Beherbergung von Gästen gemeint ist. *Zumal an fremden* ist nicht ganz deutlich übersetzt. Richtiger hat EÜ: »Was du an den Brüdern, und zwar an Fremden, getan hast.« Gajus wird demnach gelobt für Gastfreundschaft gegen Menschen, die ihm völlig unbekannt waren.

6 Diese Besucher hatten das, was Gajus getan hatte, *vor der Gemeinde* des Johannes bezeugt, so daß es weit bekannt geworden war. Johannes empfiehlt ihm, weiter so zu handeln. *Du wirst gut daran tun, wenn du sie weitergeleitest.* **7** Die reisenden Prediger *nehmen von den Heiden nichts an.* Und zwar deshalb nicht, weil es ihre Botschaft kompromittieren könnte. Das machte sie natürlich abhängig von Leuten wie Gajus. **8** *Sollen wir,* genauer: »wir sind verpflichtet«. Die Glaubenden sind verpflichtet, solche Männer zu versorgen *(aufzunehmen). Damit* (griech.: *hina)* gibt den Zweck an. Johannes verpflichtet seine Leser nicht nur einfach zur Gastfreundschaft, sondern sie sollen Gastfreundschaft leisten, damit Gottes Wille geschehe und sie so *Gehilfen der Wahrheit werden.*

9-12 Diotrephes und Demetrius. **9** *Diotrephes* war ein Mann von Autorität, doch wird nicht gesagt, welche Stellung er innehatte. Er tat genau das Gegenteil von dem, was Gajus tat, und behinderte sowohl den Ältesten als auch die Prediger. Johannes hat *der Gemeinde geschrieben,* aber Diotrephes hatte offensichtlich der Gemeinde den Brief vorenthalten. **10** Diotrephes hatte den Ältesten verleumdet, er *macht uns schlecht mit bösen Worten.* Er war auch mit Taten gegen Johannes vorgegangen, nicht nur mit Worten: *Er selbst nimmt die Brüder nicht auf* (das Verb steht im Präsens und zeigt an, daß er es immer wieder tat). Mehr noch: Er *mindert auch die, die es tun wollen, und stößt sie aus der Gemeinde.* Er hatte seine Stellung in der Gemeinde mißbraucht. Seine Opposition gegen die Prediger war unerbittlich. **11** Dieses schlechte Beispiel benutzt Johannes, um Gajus, den er zum vierten Mal in diesen Briefen *mein Lieber* nennt, etwas deutlich zu machen. Gajus soll *nicht dem Bösen nachfolgen, sondern dem Guten.* Wer Gutes tut, *ist von Gott.* Alles Gute hat seinen Ursprung in ihm. Wenn ein Mensch Böses tut, ist das ein Beweis dafür, daß er *Gott nicht gesehen hat.* **12** Es wird nicht gesagt, wer *Demetrius* ist, denn offensichtlich ist er bekannt. Er genießt einen guten Ruf in der Gemeinde. Aber er hat auch das *Zeugnis von der Wahrheit selbst.* Dieser schwierige Ausdruck besagt möglicherweise, daß sein Verhalten mit dem Evangelium in Einklang ist, so daß die Wahrheit des Evangeliums in seinem Leben sichtbar wird. *Wir* kann Plural des Briefstils sein, also nur den Apostel meinen. Es kann aber auch sein, daß *wir* den Apostel und andere bei ihm meint. Auf jeden Fall hat Demetrius seine volle Unterstützung.

13-15 Schlußbemerkung. Wie den zweiten Brief beendet Johannes auch diesen damit, daß er beteuert, er habe noch *viel zu schreiben,* möchte aber warten, bis er seinen Freund trifft. Anders als 2Jo 12 gebraucht er hier nicht die Gegenwart, sondern die Vergangenheitsform, die LÜ als Möglichkeitsform wiedergibt *(hätte zu schreiben).* Statt »Brief und Tinte« schreibt er hier »Tinte und Feder«. Aber die Bedeutung ist die gleiche. Genauso ist es auch mit seiner Hoffnung, seinen Freund zu sehen und mit ihm reden zu können. **15** *Friede* war ein gängiger Gruß, wenn man sich traf oder verabschiedete. Es war ein kleines Gebet, daß Gottes Friede sie umgeben möge. Friede ist nicht, wie bei uns, negativ definiert als die Abwesenheit von Krieg, sondern wurde vielmehr positiv als »Vorhandensein von Segen« verstanden. Johannes gibt Grüße weiter und bittet, *die Freunde* zu grüßen, und Gajus weiß offensichtlich, wer gemeint ist. *Jeden mit Namen:* Wenn er auch die Namen nicht nennt, so möchte er doch, daß jeder Freund den Gruß persönlich auffaßt.

Leon Morris

Der Brief des Judas

Einleitung

Verfasser

Vers 1 vermittelt uns die notwendigsten Angaben über den Autor: Er nennt sich Judas, bezeichnet sich als Bruder des Jakobus und aufgrund seiner Berufung als »Knecht Jesu Christi«. Die Tradition hat diesen Brief Judas, dem Bruder Jesu, zugeschrieben, der Mt 13,55 und Mk 6,3 erwähnt wird. Dies muß ein jüngerer Bruder Jesu sein, der genau wie Jakobus, Josef und Simon aus der Ehe Marias mit Joseph stammt. Wir wissen, daß die Brüder des Herrn, solange er lebte, nicht an ihn glaubten (Joh 7,5); Jakobus bekehrte sich jedoch später, möglicherweise aufgrund einer der Erscheinungen Jesu nach seiner Auferstehung (1Kor 15,7) und wurde ein Führer der Gemeinde in Jerusalem (Apg 12,17; 15,13; Gal 1,19; 2,9.12; Apg 21,18). Derselbe Jakobus wurde auch als Autor des Jakobusbriefes angesehen (s. dort), und im Blick auf seine Bedeutung wäre es natürlich, wenn Judas sich auf ihn als seinen Bruder beriefe. 1Kor 9,5 nimmt möglicherweise auf beide Bezug.

Man hat auch vermutet, daß der Apostel Judas der Autor sein könnte, den der griech. Wortlaut von Lk 6,16 und Apg 1,13 als »Judas des Jakobus« bezeichnet (Mt 10,3 und Mk 3,18 wird er Thaddäus genannt). Aber ein Apostel dürfte V. 17 wohl kaum so formuliert haben, wie Judas es tut, und nach normalem Sprachgebrauch ist unter dem griech. Ausdruck Lk 6,16 eher »Sohn« als »Bruder« zu verstehen. Man hat ebenfalls erwogen, daß es sich um einen pseudonym schreibenden unbekannten Autor handeln könnte; aber es ist schwer einzusehen, warum dieser, wenn er seinen Brief unter einem bedeutenderen Namen als seinem eigenen veröffentlichen will, ausgerechnet auf den unbekannten Judas, den Bruder des Jakobus, verfallen sollte. Man möchte annehmen, er würde dann versucht sein, sich gleich selbst als Bruder des Herrn zu bezeichnen. Die Bescheidenheit, die aus der gewählten Titulierung spricht, ist eher als Zeichen der Echtheit zu werten; sie stimmt zudem mit dem ganz ähnlichen Verhalten seines bedeutenderen Bruders überein (Jak 1,1).

Datierung

Die traditionelle Verfasserschaft wird zum Teil mit der Begründung in Frage gestellt, daß der Brief Anzeichen einer späteren Abfassung aufweise. V. 3 lege nahe, daß der Glaube sich bereits zu einer systematischen Lehre entwickelt habe und V. 17 u. 18 sprächen von den Aposteln, als sei ihre Generation bereits ausgestorben. Andererseits scheinen die Empfänger dieses Briefes noch von ihnen unterwiesen worden zu sein. Wenn wir bereit sind, Judas als Autor anzuerkennen und davon auszugehen, daß er möglicherweise ein jüngerer Bruder des Herrn war, dann müßte die Entstehung des Briefes in seine Lebenszeit fallen. Eusebius berichtet eine Geschichte von Hegesippus, nach der die Enkel dieses Judas vor Domitian gebracht wurden, als dieser römischer Kaiser war (81-98 n. Chr.). Dieselbe Quelle führt sie als Bischöfe zur Zeit Trajans an (98-117). Das würde dafür sprechen, daß ihr Großvater gut bis gegen Ende des 1. Jhs. gelebt haben könnte. Unter diesen Umständen läge eine relativ späte Datierung des Briefes nahe. Und wenn wir gleichzeitig für wahrscheinlich halten, daß der 2. Petrusbrief vorher abgefaßt wurde (s. Einführung zu 2Petr), so erscheint es durchaus möglich, daß Judas diesen Brief in den späten sechziger Jahren des 1. Jhs. geschrieben haben kann. Das Fehlen eines Hinweises auf den Fall Jerusalems, der sich V. 5 angeboten hätte, läßt an ein Abfassungsdatum vor 70 n. Chr. denken.

Thema

Nichts weist auf die Adressaten des Briefes hin, auch bleibt unbekannt, wo der Schreiber lebt. Er sagt lediglich, daß er Christen anspricht (V. 1). Anscheinend beabsichtigte er zunächst eine Abhandlung über christliche Lehre und christliches Leben (vielleicht im Stil des 1. Petrusbriefes), doch die Verbreitung von Irrlehren veranlaßte ihn, seine Leser vor den Folgen der Verbindung mit Irrlehrern zu warnen, und er verbindet damit eine Ermahnung, am apostolischen Glauben festzuhalten (V. 3).

Eine Besonderheit des Briefes gegenüber allen anderen kanonischen Schriften des NT besteht in der Verwendung jüdischer apokrypher Literatur. Daraus hat man gefolgert, daß sich das Buch an jüdische Leser richtet, wenngleich die Begründung nicht zwingend ist: Zitate entnimmt ein Verfasser gewöhnlich seinem eigenen Hintergrund, nicht notwendigerweise dem seiner Leser. Judas zitiert aus der *Himmelfahrt des Mose* (V. 9) und dem Buch *Henoch* (V. 15) und bezieht sich in V. 6 und 8 möglicherweise auch auf andere apokryphe Bücher. Als der ntl. Kanon definiert wurde, wurde Judas aufgrund dieser Zitate verdächtigt, doch sollte man nicht versäumen, daß auch ein strenges Inspirationsverständnis dem biblischen Autor das Recht nicht abspricht, aus außerkanonischen Quellen zu zitieren. Selbst Paulus nennt in 1Kor 10,7 und 2Tim 3,8 außerbiblische jüdische Schriften, in seiner Predigt in Athen (Apg 17,28) und in seinem Brief an Titus (1,12) sogar heidnische Dichter. Die Kanonizität des Judasbriefes war nicht unumstritten, doch zeigen Zitate früher Schreiber, daß er spätestens ab dem frühen 2. Jh. in der Gemeinde anerkannt wurde.

Inhalt

1. 2	**Anrede und Gruß**
3. 4	**Ermahnung, am Glauben festzuhalten**
5- 7	**Drei warnende Beispiele aus dem Alten Testament**
8-13	**Die Sünden der falschen Brüder**
14-16	**Henochs Prophezeiung**
17-23	**Das Gegenmittel**
24.25	**Abschließende Empfehlung und Lobpreis**

Kommentar

1.2 Anrede und Gruß

Der Autor stellt sich, dem antiken Briefschema folgend, vor, nennt seine Leser, für die der Brief bestimmt ist und betet für ihr geistliches Wachstum.

1 *Judas:* S. dazu die Einleitung. *Knecht* entspricht dem griech. *doulos,* Sklave: Judas ist deshalb ein wahrer »Bruder« Jesu (vgl. Mk 3,35). Auch Jakobus (1,1) und Petrus (2Petr 1,1) verwenden diesen Titel. *Bruder des Jakobus:* Dieser Hinweis läßt sich am besten im Blick auf Jakobus, den Bruder des Herrn (Mt 13,35) und Führer der Gemeinde von Jerusalem, verstehen (s. Einleitung). *Berufen ... geliebt ... bewahrt:* Die Verwendung von dreigliedrigen Wortgruppen zählt zu den Besonderheiten dieses Briefes. Die Beschreibung der Christen, an die sich Judas wendet, hebt hervor, daß das Heil ausschließlich von Gott kommt. Es ist das Ergebnis seiner Souveränität, seiner Liebe und seiner Macht und reicht - wie die verwendeten Verben signalisieren - von der Ewigkeit über die Zeit bis in die Ewigkeit (s. Röm 8,30; 1Petr 1,3-5). *In Gott:* Eigentlich wäre »von Gott« zu erwarten, doch mag hier eine Parallele zu dem paulinischen »in Christus« vorliegen. »Der Verfasser denkt wohl nicht daran, daß die Adressaten von ihm selbst ›in Gott‹ geliebt werden, sondern daß sie in Gottes Liebe geborgen sind« (W. Schrage). *Bewahrt für Jesus Christus* (vgl. 1Petr 1,5) könnte auch instrumental verstanden werden und hieße dann: »bewahrt durch Jesus«. Manche schließen daraus, daß der Brief für Heidenchristen bestimmt war und sehen in diesem Satz Anklänge an 1Petr 2,9.
2 *Barmherzigkeit und Frieden und Liebe* ist ein für das NT einmaliger Segensspruch. Man hat ihn auch mit der Dreiergruppe V. 1 in Verbindung gebracht: Gottes Berufung bringt Barmherzigkeit, seine Liebe streckt sich nach ihnen aus, und seine Bewahrung schenkt Frieden. Andere wollen in dem Dreiklang eine trinitarische Formel sehen: Gott der Vater bringt Barmherzigkeit, der Sohn Frieden und der Geist Liebe. *Viel* drückt die Bitte um die *Fülle* (ZÜ) des Segens aus, wie sie 1Petr 1,2 und 2Petr 1,2 begegnet.

3.4 Ermahnung, am Glauben festzuhalten

Eigentlich hatte sich der Verfasser ein anderes Thema vorgenommen, doch nun sieht er sich durch das Auftreten von Irrlehrern veranlaßt, seine Adressaten zum Festhalten am Wahren zu ermahnen.

3 *Ihr Lieben* unterstreicht die Liebe, die Judas als Hirte für die Empfänger seines Briefes empfindet. *Unser aller Heil* erinnert daran, daß der Autor vor Gott die gleiche Stellung einnimmt wie sie. Tit 1,4 spricht von dem »gemeinsamen Glauben« (ZÜ). Das Wort weist zugleich darauf hin, daß dieses Heil allen offensteht. *Kämpft,* ein Wort aus dem sportlichen Wettstreit, spricht vom Einsatz aller verfügbaren Kräfte. Geistige Anstrengung ist im Blick auf Verständnis und Lehre von Gottes Wort gefordert, sittliche Anstrengung dort, wo die Lehre in praktisches Verhalten umgesetzt wird (vgl. 1Petr 1,13ff; 2Petr 1,5ff). *Der Glaube* setzt eine anerkannte Lehre voraus, wie sie sich aus den frühen Predigten des Petrus herausbildete und z.B. 1Kor 15,3ff; 11,23-26; 1Tim 1,15; 3,16 u.a. formuliert wurde. *Ein für allemal* betont die Endgültigkeit der Offenbarung in Christus. 4 *Es haben sich einige . . . eingeschlichen* ist im Griech. durch ein einziges Verb wiedergegeben, das von »Heimlichkeit« und »fragwürdigen Absichten« spricht. *Geschrieben* kann zum Ausdruck bringen, daß die Namen der Empfänger in himmlischen Büchern aufgezeichnet sind (vgl. 5Mo 7,10; Lk 10,20; Offb 20,12). Dann bezieht sich *solches Urteil* wohl auf das im weiteren Gesagte. Man nimmt an, daß mit *schon längst* oder *längst vorher* (ZÜ) 2Petr 2,3 anklingt. Es kann sich aber auch auf die allgemeine Verurteilung von Übeltätern im AT beziehen. *Ausschweifung:* Ihre Lehre verfolgt das auch 2Petr 2 genannte Ziel unter Verwendung der gleichen Argumente, mit denen sich auch Paulus in Röm 6 und 7 auseinandersetzt. *Verleugnen:* Wer den Anspruch erhebt, ein Christ zu sein und dann ein ausschweifendes Leben führt, widerspricht sich selbst und zeigt, daß er nicht begriffen hat, was es heißt, Jesus *Herrscher und Herrn* zu nennen (vgl. 1Kor 6,19.20). Zunächst ist nicht klar, ob nur von Christus oder von Gott und Christus die Rede ist. In jüdischen wie christlichen Texten ist das Bekenntnis zu Gott als dem Gebieter bzw. »einzigen Gebieter« oft bezeugt (vgl. Weish 6,7; 8,3; Jud 9,12; 3Makk 2,2; Lk 2,29; Apg 4,24; Offb 6,10). Von daher liegt es nahe, an eine zweigliedrige Formel zu denken, zumal V. 25 einen Nachhall des monotheistischen Bekenntnisses bietet. 2Petr 2,1 zeigt aber, daß auch Christus »Gebieter« genannt werden konnte, so daß die Entscheidung nicht ganz sicher ist.

5-7 Drei warnende Beispiele aus dem Alten Testament

Der Autor macht deutlich, daß die Rechtsstellung für sich noch kein Garant der Errettung ist. Das ganze Volk Israel wurde aus Ägypten befreit, aber als Folge des Unglaubens kamen nicht alle in das verheißene Land. Selbst Engel wurden umgehend bestraft, als sie sich in einer mit ihrer Berufung unvereinbaren Weise verhielten. Obwohl Sodom und Gomorra zu den Städten des verheißenen Landes zählten und in ihren Mauern der gerechte Lot und seine Familie wohnten, wurden sie dennoch wegen ihrer Sittenlosigkeit zerstört.

5 *Obwohl ihr dies alles schon wißt:* vermutlich aus der vor der Taufe empfangenen katechetischen Unterweisung. *Das eine Mal . . . das andere Mal* läßt zunächst an 2Mo 6,9 denken, doch Sinn und Anordnung des Satzes legen nahe, das Adverb auf »umkommen« zu beziehen. Dann wäre der Bezug entweder ganz allgemein oder aber auf die Sintflut, die auch 2Petr erwähnt wird. 1Kor 10,1-11 bietet einen hilfreichen Kommentar zu dieser Anspielung. 6 *Engel* stehen ebenfalls im Dienst Gottes und sind von ihm mit Vorrechten ausgestattet. Ihre Erwähnung bezieht sich vielleicht auf die Ereignisse 1Mo 6,1-4, die in einigen apokryphen Schriften, die Judas, wie aus den folgenden Versen hervorgeht, kennt, ausführlich geschildert werden (vgl. auch die Parallele 2Petr 2,4). *Ihre Behausung* war eigentlich im Himmel, doch die Sünde veranlaßte sie zu dem Versuch, sich auf der Erde niederzulassen (1Mo 6). *Bewahrten . . . festgehalten* ist ein Wortspiel: Wer nicht bewahrt, was Gott ihm anvertraut, der ist untreu und wird von ihm festgehalten. *Mit ewigen Banden in der Finsternis:* Vgl. den Kommentar zu 2Petr 2,4. 7 *Sodom und Gomorra* werden auch in 2Petr 2,6ff genannt. *Haben Unzucht getrieben . . . und sind anderem Fleisch nachgegangen* kann zusammen mit V. 6 mit 1Mo 6 in Verbindung gebracht werden: Die Sünde der Männer von Sodom (1Mo 18,20) gipfelte in dem Verlangen nach geschlechtlichem Verkehr mit den beiden Engeln, die zu Lot gesandt waren (1Mo 19,5). *Die Pein des ewigen Feuers* ist in Einklang mit der Lehre Jesu; vgl. Mt 18,8; 25,41; Mk 9,48 u.a.

8-13 Die Sünden der falschen Brüder

Judas wendet sich nach diesen Beispielen aus der Geschichte nun jenen zu, von denen in seinem Brief die Rede ist. Er macht deutlich, daß ihr Verhalten nicht nur sittenwidrig, sondern auch anmaßend ist und im Gegensatz zu dem Verhalten des Erzengels Michael steht. Sie stehen in der Linie zu Kain, Bileam und Korah und sind damit eine Schande für jede christliche Gemeinschaft. Judas' scharfe Verurteilung erinnert an den zornigen Ausbruch des Petrus 2Petr 2,10-17.

8 *Ebenso aber . . . auch diese* (EÜ) unter-

streicht die Verwunderung darüber, daß diese Männer sich erdreisten, dem ungöttlichen Beispiel früherer Generationen zu folgen, obwohl doch Gott in der Vergangenheit solches Verhalten offenkundig bestraft hat. *Traumzustand* (ZÜ), *Träumer* (EÜ): Der Ausdruck läßt vermuten, daß die Irrlehrer sich darauf beriefen, einige ihrer Lehren durch Visionen empfangen zu haben. Mit *beflecken ... verachten ... lästern* sind die drei Hauptanklagepunkte gegen sie genannt: Sie lehren und praktizieren Unzucht, verachten Gottes Herrschaft und lästern die Engel. *Herrschaft* (griech.: *kyriotes*) ist aufgrund seiner Verwandtschaft zu *Kyrios*, »Herr«, wohl auf Gott zu beziehen. *Himmlische Mächte* (EÜ: *Herrlichkeiten*) steht hier, wie 2Petr 2,10, für »Engel«. **9** *Erzengel* findet sich als Bezeichnung im NT nur hier und 1Thes 4,16. *Michael* ist aus Offb 12,7 und dem Buch Daniel (10,13.21; 12,1) als Führer der himmlischen Heerscharen bekannt. Das Ereignis, auf das hier Bezug genommen ist, wird in der apokryphen Schrift *Die Himmelfahrt des Mose* näher beschrieben: Michael wird ausgesandt, um Mose beizusetzen, doch der Teufel hält ihn auf und beansprucht den Leichnam: Da er Materie sei, gehöre er ihm. Auch diesmal schmäht Michael den Teufel nicht, sondern antwortet ihm mit einem Wort aus Sach 3,2, und in diesem unterscheidet sich sein Verhalten von dem jener Männer. **10** *Wovon sie nichts verstehen:* Vielleicht ist hier an himmlische Wesen zu denken (wie V. 8), doch im weiteren Sinn könnten ganz einfach »geistliche Dinge« gemeint sein. *Von Natur aus* (ZÜ: *Aus Naturtrieb*): auf natürliche oder physische Weise. Indem sie auf geistliche Dinge keine Zeit verwenden, beschränken sie ihr Wesen auf das Materielle, und darin liegt ihr Untergang begründet. So gewinnt - ähnlich den Tieren - der physische Aspekt ihrer Existenz die Oberhand. **11** *Kain ... Bileam ... Korah:* Vgl. 1Mo 4,1-16; 4Mo 22,24; 16. Exemplarisch stehen diese Namen für Eifersucht, Habsucht und Stolz. Die geistigen Kinder dieser drei - von denen hier die Rede ist - sind auf die geistliche Entwicklung anderer neidisch und versuchen nun, sie zur Unmoral zu verführen (um sie geistlich zu töten). Aus Geldgier lehren sie, wonach den Menschen die Ohren jukken, und für ihre Dienste lassen sie sich gut bezahlen (vgl. 4Mo 25,1-9; 31,16; s. Komm. zu 2Petr 2,15). Ihr Stolz ist so groß, daß sie keine höhere Autorität und Macht als die eigene ertragen können. **12** *Schandflecken* (LÜ), *Klippen* (ZÜ): Der Begriff - in Anlehnung an 2Petr 2,13 - spricht von verborgener Gefahr. *Liebesmahle* (vgl. 2Petr 2,13) wurden in der Urgemeinde regelmäßig in Verbindung mit dem Abendmahl abgehalten. 1Kor 11,20ff zeigt, daß es bei diesen Anlässen nicht selten zu lieblosen Zwischenfällen und unchristlichen Verhaltensweisen kam. *Ohne Scheu,* d.h. ohne Furcht vor den Konsequenzen. *Weiden sich selbst:* Hier wird das griech. Wort für »Schafe hüten« verwendet. Das Kennzeichen eines falschen Hirten besteht darin, daß er seine Stellung zugunsten eigener Interessen mißbraucht und die Sorge um seine Herde vernachlässigt (vgl. Hes 34,2ff; Joh 21,15ff; 1Petr 5,2). *Wolken ohne Wasser:* Vgl. 2Petr 2,17. Wieder liegt die Betonung auf Täuschung: Sie halten nicht, was ihr äußeres Erscheinungsbild verspricht. *Unfruchtbare Bäume,* die zur Erntezeit keine Frucht tragen, haben den Zweck ihres Daseins nicht erfüllt (vgl. Mt 7,15-20). *Zweimal abgestorben* sind sie, denn sie haben wohl das geistliche Leben geschmeckt, das sie nun verschmähen (vgl. Hebr 6,4-8; 10,26-31; 2Petr 2,20-22). *Entwurzelt:* ein Bild des Gerichts (vgl. Ps 52,7; Jer 1,10; Mt 3,10). **13** *Wilde Wellen des Meeres* spricht von der Rastlosigkeit der Flut, die nach allem Wirbel und Rauschen lediglich Schaum und Abfall am Strand zurückläßt (vgl. Jes 57,20). *Unstete umherirrende Sterne* klingt an das *äthiopische Henochbuch* an, wo von Irrsternen die Rede ist, die, weil sie als Planeten ihre Bahn verlassen haben, gefesselt in einen Abgrund von Feuer geworfen werden (Äth. Hen. 18,13ff; 21,3ff; 90,24). Ebenso haben auch die Irrlehrer Gottes Ordnung verlassen und Gottes Gericht zu erwarten. *Dunkelste Finsternis in Ewigkeit:* Vgl. 2Petr 3,4.17.

14-16 Henochs Prophezeiung

Judas' Verurteilung der Irrlehrer spitzt sich im folgenden zu, und der Verfasser belegt seine Strafankündigung mit treffenden Zitaten aus dem Henochbuch.

14 *Henoch ... Adam* (vgl. 1Mo 5,1-18). Diese Beschreibung ist, wie auch das anschließende Zitat, dem Henochbuch entnommen. Diese apokryphe Schrift war zur Zeit des NT allgemein bekannt (zur Verwendung von Zitaten aus apokrypher Literatur bei Henoch vgl. die Einleitung). Mit *Herr* meint Henoch Gott, und *seine vielen tausend Heiligen* sind die Engel (vgl. 5Mo 33,2; Sach 14,5). Der Christ jedoch denkt bei diesen Worten an Christus, der mit seinen Engeln kommen wird (vgl. Mt 25,31; 2Thes 1,7). **15** *Gottlos* greift ein V. 4 gebrauchtes Wort auf, um diese Menschen zu beschreiben. Hier ist von ihrem Charakter und ihrem Verhalten die Rede. **16** Ihr *Murren* richtet sich gegen Gott und seine Wege (vgl. 2Mo 16,2.9; 17,3; 1Kor 10,10 u.a.), mürrisch war auch Israel auf seinem Wüstenweg. *Und hadern mit ihrem Geschick,* wörtl.: »mißbilligen, kritteln, nörgeln«. *Sie leben nach ihren Begierden:* Der Grund für ihr Verhalten liegt auf der Hand - sie sind mit Gottes Wegen der Wahrheit und Gerechtigkeit unzufrieden, weil sich diese mit ihren eigenen Lüsten nicht vereinbaren lassen. *Stolze Worte:* Sie reißen ihren Mund zu weit auf. (Vgl. 2Petr 2,18, wo das gleiche Wort verwendet wird.) *Sie schmeicheln den Leuten* (ZÜ: *anstaunen),* wörtl.: »sie bewundern die (äußere) Erscheinung des Menschen«, ein Verhalten, das im völligen Widerspruch zu Gottes Art steht (vgl. Apg 10,34; Jak 2,1ff).

17-23 Das Gegenmittel

Demgegenüber wird der Christ ermahnt, die apostolische Warnung fest im Gedächtnis zu behalten, zumal angesichts der durch die falschen Brüder verursachten Spaltungen. Außerdem kann der Christ ihren Anschlägen dadurch entgehen, daß er im Glauben wächst, das Gebet nicht vernachlässigt, eine geistliche Gesinnung bewahrt, auf die Vollendung des von Christus in ihm begonnenen Werkes geduldig wartet und sich im Dienst am Nächsten bewährt.

17 *Ihr aber* setzt christliches Verhalten in Gegensatz zu dem der Gottlosen. *Erinnert euch* klingt leitmotivisch auch 2Petr an (1,12-14; 3,2); s. auch Komm. zu V. 5. *Worte, die zuvor gesagt sind:* z.B. Apg 20,29.30; 1Tim 4,1ff; 2Tim 3,1ff; vgl. Mt 24,23f. 18 *Sagten* kann auch die schriftliche Äußerung meinen. *Zu der letzten Zeit* (vgl. 1Petr 1,20): Dieser Zeitabschnitt reicht von der Himmelfahrt bis zur Wiederkunft Christi. *Spötter* (vgl. 2Petr 3,3): Möglicherweise liegt beiden Quellen ein mündlich überliefertes Apostelwort zugrunde. 2Petr 3,3 läßt auf den Inhalt ihres Spottes schließen. 19 *Spaltungen hervorrufen,* indem man sich - ähnlich den Gnostikern - über andere Christen erhebt und sie nach »geistlichen« und »weltlichen« sortiert. Nun sind gerade sie, wie Judas feststellt, die *niedrig Gesinnten* (»Weltlichen«), denn ihr Mangel an geistlicher Frucht weist sie als geistlich Tote aus. Zu *niedrig* (wörtl.: »irdisch«, im Gegensatz zu dem »geistlichen« Menschen) s. Komm. zu 1Kor 2,14-16. 20 *Ihr aber:* Der Anfang von V. 17 wird zur Betonung wiederholt. *Allerheiligster Glaube* verweist, wie V. 3, auf den Inhalt der christlichen Offenbarung: Sie ist *heilig,* weil von Gott gegeben, und richtig gedeutet und ausgelebt führt sie zu einem geheiligten Leben. *Im heiligen Geist* bezieht sich auf die Erfahrung des Christen, der durch Jesus Christus aufgrund des Wirkens des Heiligen Geistes in der Gemeinschaft mit Gott bleibt. (Vgl. Röm 8,9.16.26; Eph 6,18.) 21 *Erhaltet euch* ergänzt die Aussage V. 1. Hat ein Mensch erkannt, daß ihm in Jesus Christus Gottes Liebe unverdientermaßen begegnet ist, wird er bemüht sein, Gott in Liebe zu antworten. Diese Liebe soll in seinem Verhalten sichtbar werden, und Joh 15,9.10 zeigt, daß auf diesem Wege das Bewußtsein der Liebe Gottes wachgehalten wird. Versäumt der Mensch indes, Gott in Liebe zu antworten, so wird sein Herz für Gottes Liebe unempfindlich. *Wartet auf die Barmherzigkeit:* Schließlich kann dem Irrtum durch eine lebendige Erwartung der Wiederkunft des Herrn vorgebeugt werden. Tit 2,11-14; 1Petr 4,7; 2Petr 3,11f sehen ähnlich in der Hoffnung auf seine Ankunft eine motivierende Kraft zum Gott wohlgefälligen Leben. 22.23 *Erbarmt euch derer... andere...:* Sollte der Leser den falschen Eindruck gewonnen haben, Rechtgläubigkeit sei selbstzufriedene Frömmigkeit und erschöpfe sich in der Pflege des eigenen geistlichen Lebens in Zurückgezogenheit, wird er von Judas eines besseren belehrt: Wahrer Glaube wendet sich dem anderen zu. Vom Text her unklar bleibt, ob von zwei (EÜ) oder von drei (LÜ) Gruppen die Rede ist. Nach LÜ besteht die erste Gruppe aus solchen, die an den Irrlehren Zweifel bekommen haben: Sie gilt es nun, durch Argumente zu überzeugen. Andere sind noch tiefer verstrickt, ihre Lage ist ernst: Keine Anstrengung darf unterlassen werden, um sie wie aus einem Feuer herauszureißen (s. Sach 3,2, bereits in V. 9 zitiert; Am 4,11). Um die dritte Gruppe ist es am schlimmsten bestellt, man kann nur Mitleid mit ihnen haben (und zwar in dem rechten Geist der *Furcht* Gottes und in der Erkenntnis, daß ich nur aufgrund der Gnade Gottes zu ihm kommen darf). *Kleid* (ZÜ) läßt an die verunreinigende Sünde denken. Wie bei dem Aussätzigen, dessen Kleider durch seine Krankheit verunreinigt waren (3Mo 13,47-52), sind sie als Quelle der Verunreinigung zu meiden.

24.25 Abschließende Empfehlung und Lobpreis

Nach den eher düster sich ausnehmenden Warnungen vor Irrlehre und Abkehr vom Glauben, bietet Judas seinen Lesern zum Abschluß einen hellen Ausblick auf Gott hin, der sie bis an das Ende der Zeit und in Ewigkeit bewahren und sicher an sein Ziel führen wird.

24 *Behüten:* Vgl. 1Petr 1,5. *Vor dem Straucheln* hat dieselbe Wurzel wie das Verb 2Petr 1,10; die Petrusstelle zeigt, wie dies erreicht wird. *Vor... stellen* ist eine formelle Wendung, die an die Vorstellung vor einem Würdenträger denken läßt. *Untadelig* kommt auch 1Petr 1,19 vor. Nachdem seine Heiligung vollendet ist, gleicht der Christ dem Wesen seines Retters. *Mit Freuden* (ZÜ: *Frohlocken):* Die Verbalform dieses Wortes, das von intensiver Freude spricht, wird von Petrus besonders gern verwendet (vgl. 1Petr 1,6.8). 25 *Dem alleinigen*

könnte darauf anspielen, daß die Irrlehrer bereits eine Hierarchie von Göttern und Halbgöttern lehrten, wie es in der späteren Gnosis üblich war. Vielleicht ist aber auch nur betont, daß unser Heil allein Gottes Werk ist. *Durch* gehört wohl eng zu *Heiland:* durch Jesus hat Gott uns gerettet (Apg 4,12). Es könnte auch bedeuten, daß unser Lob durch Jesus dargebracht wird (vgl. 1Petr 2,5; 4,11). Von den vier Gott zugeschriebenen Prädikaten unterstreicht *Ehre* (EÜ: *Herrlichkeit)* die leuchtend strahlende Größe Gottes (vgl. die Beschreibung des Himmels Offb 21,23; 22,5), *Majestät* seine Erhabenheit (vgl. Hebr 1,3), *Gewalt* die Fähigkeit, seinen souveränen Willen auszuführen, und *Macht* seine Autorität und sein unantastbares Recht, nach seinem Willen zu handeln. Diese Eigenschaften Gottes sind von *Ewigkeit,* und angesichts dieser herrlichen Schau des allmächtigen Gottes kann der Glaubende nur staunend und demütig bekennen: *Amen* - so soll es sein!

David H. Wheaton

Die Offenbarung

Einleitung

Der Verfasser

Als Ausgangsort der »Offenbarung des Jesus Christus« - nicht: des Johannes! - wird im ersten Vers Gott selber genannt. Das beansprucht für die Wahrheit und Gültigkeit, für die Annahme und Weitergabe dieses letzten Buches der Bibel grundlegende Bedeutung: Was uns Johannes weitergibt, entstammt nicht seinem Innern, wohl aber ist es durch ihn hindurchgegangen.

Wer ist nun dieser »Johannes«, der sich hier nur mit diesem Namen kennzeichnet und als »sein (= Gottes) Knecht« und »euer (= der kleinasiatischen Gemeinden) Bruder« ausgibt? Welcher Johannes wurde dieser außerordentlichen Schau gewürdigt und kann auf jede nähere Kennzeichnung seiner Person verzichten? Daß er als Judenchrist mit dem Zeugnis des AT und mit dem Christuszeugnis der Urgemeinde eng vertraut war und darin gelebt hat, steht fest. Ebenso, daß seine Muttersprache nicht die griechische, sondern die hebräisch-aramäische war, und er in unbestrittener Autorität den Gemeinden gegenüberstand, denen er seine Botschaft ausrichtete. Früh schon gilt in der Alten Kirche (Justin der Märtyrer, Irenäus u.a.) der Jesusjünger und Zebedäussohn Johannes als Verfasser. Später aufkommende Bedenken gegen den Zebedaiden haben weniger historische als dogmatische und stilistische Gründe: Sie betonen die sprachlichen und inhaltlichen Unterschiede zu dem Evangelium und den Briefen des Johannes. Doch sind andrerseits auch auffällige Übereinstimmungen festzustellen (vgl. Joh 1,1 u. Offb 19,13; Joh 1,29 u. Offb 5,6; Joh 5,22 u. Offb 5,7; Joh 7,37 u. Offb 22,17 u.a.). Auch läßt gerade die unbestrittene Autorität und Vollmacht, mit der der Verfasser vor uns steht, es am wahrscheinlichsten erscheinen, daß Johannes, »der Jünger, den Jesus liebhatte« (Joh 13,23), das letzte Wort von Jesus und seiner Wiederkunft anvertraut bekam. Die sprachlichen und inhaltlichen Unterschiede könnten durch Mitwirkung eines Übersetzers ihre Erklärung finden.

Letztlich ist es freilich nebensächlich, welchen Menschen Gott benützt hat, uns »die Offenbarung von Jesus Christus« zu vermitteln, da es ja nicht so sehr um dessen Person, sondern um die Wahrheit und Gewalt seiner Botschaft geht. »Wir brauchen nicht zu wissen, wer der Seher war, um zu begreifen, daß er in Autorität spricht« (Lilje).

Ort und Zeit der Abfassung

Die dem kleinasiatischen Festland im Ägäischen Meer 75 km vorgelagerte Insel Patmos wird 1,9 als Ort der empfangenen Gesichte und Botschaften genannt. Johannes, der Zebedaide, war nach der Überlieferung die letzten Jahrzehnte seines langen Lebens angesehener Bischof von Ephesus, dem Mittelpunkt der kleinasiatischen Kirche, und eine Zeitlang auf dieses Felseneiland, eine Sträflingsinsel, »wegen des Wortes Gottes und des Zeugnisses von Jesus« verbannt unter der Herrschaft und auf Veranlassung des römischen Kaisers Domitian (81-96 n. Chr.). Dieser hat als erster römischer Kaiser seit dem Jahre 86 sich in Rom amtlich »Gott, der Herr« nennen lassen und eröffnete damit den tiefen Gegensatz zwischen den offiziellen, den Staat und seine Repräsentanten absolut setzenden Pseudoreligionen und dem Glauben der jungen Kirche, der vom 1. Gebot her Jesus das alleinige und letzte Herr-Sein zuerkannte. Dieser neue antichristliche Kaiser- u. Staatskult fand in Kleinasien wohlvorbereiteten Boden und besondere Ausbreitung: »So thronte in dem neuen Kaisertempel zu Ephesus das marmorne Kultbild Domitians in mehr als vierfacher Lebensgröße, umgeben von Kandelabern, Altären, Statuen und den Huldigungsinschriften der getreuen Städte aus der Provinz Asia . . .« (Stauffer). So geriet Johannes unweigerlich in Gegensatz zum Kaiser und seinem abgöttischen Kult, zumal er nach dem Bericht Tertullians vom Kaiser nach Rom zitiert und dort verhört und gefoltert worden war. Anschließend wurde er um 95 n.Chr. auf die Insel Patmos verbannt, von seiner Festlandsgemeinde abgeschnitten, um dort zu verstummen. Aber gerade dort empfing er das Wort, das unverhüllt und vollmächtig die Hoheit des lebendigen Gottes und das siegreiche Wiederkommen des gekreuzigten Jesus bezeugt (22,10ff), das unerschrocken der Welt ihren letzten Herrn und unüberhörbar und eindringlich ihr Ende und den großen Neubeginn ansagt.

Eine frühere Abfassung unter Nero, noch vor der Zerstörung Jerusalems, ist unwahrscheinlich.

Empfänger und Absicht

Die unmittelbaren Empfänger des Buches waren die 7 kleinasiatischen Gemeinden, die 1,11 genannt sind und in Kap. 2 u. 3 ihre jeweilige persönliche Sonderbotschaft empfangen. Aber schon die Siebenzahl weist über diese örtliche und zeitliche Begrenzung hinaus auf die Gemeinde Jesu aller Zeiten und Orte: Die Einleitungsworte 1,1-3 und das Schlußwort 22,6-21 greifen ohne Schranken über alle Räume und Menschen hin; vgl. auch die 7 Seligpreisungen der Offb (1,3; 14,13; 16,15; 19,9; 20,6; 22,7.11).

Die dem Seher übergebene »Offenbarung Jesu Christi«, »dieses Trost- und Tränenbuch, dieses Gerichts- und Hoffnungsbuch« (Hartenstein) soll die Gemeinde Jesu in ihrer Anfechtung und Anfeindung, Verführung und Verfolgung nüchtern und wissend, stark und treu machen, zu »Geduld und Glauben der Heiligen« (13,10 u. 14,12) führen, nicht aber die menschliche Neugier und Sensationssucht befriedigen, auch nicht die »fromme Lüsternheit« (Hartenstein) der Christen. Was vom ganzen Wort der Schrift gilt, gilt von ihrem letzten Buch besonders: daß es »ein Licht« ist, »das da scheint an einem dunklen Ort, bis der Tag anbreche« (2Petr 1,19).

Besonderheit und Auslegung

Wie kaum ein anderes Buch des NT verarbeitet die Offb atl., besonders prophetische Stoffe, Zahlen, Worte und Bilder, setzt diese freilich in Beziehung zum neuen Gotteshandeln an Karfreitag und Ostern und kommt so zu einer Zusammenschau des zielklaren göttlichen Handelns und Redens; vgl. Hebr 1,1f. Das Gefälle zum Ziel hin wird immer wieder durch Durchblicke auf die Vollendung hin unterbrochen und dann auch wieder verzögert und neu aufgenommen. Vgl. die verschiedenen Siebener-Reihen der Siegel, Posaunen und Schalen! So ergibt sich keine linear fortlaufende, sondern eine mehr spiralförmige Darstellung des dramatischen Ringens Gottes um seine Welt, bis das Ziel in den ruhevollen Schlußkapiteln erreicht ist.

Von da aus empfiehlt sich als angemessene Auslegung eine solche, die das biblisch bezeugte Gesamthandeln Gottes in und mit seiner Schöpfung vom Anfang an bis zum Ziel der Rückgewinnung und Neugestaltung der Welt berücksichtigt, eine heils- oder reichsgeschichtliche Auslegung. Da Johannes in seiner besonderen Zeit unter Domitian gelebt und geschrieben hat, zunächst für angefochtene Christen seiner Zeit, kann und muß das für andere Zeiten Gültige aus den zeitlichen und örtlichen Gegebenheiten von damals heraus begriffen werden, womit der zeitgeschichtlichen Auslegung eine notwendige Hilfsfunktion zukommt. Abgelehnt werden muß eine welt- oder kirchengeschichtliche Auslegung, die die Bilder und Worte der Offenbarung mit welt- u. kirchengeschichtlichen Ereignissen oder Personen gleichsetzt, nicht nur sie zum Verstehen gebraucht: So gewiß die Offb das endgeschichtliche Gefälle und Wesen der Zeit nach Jesu Tod, Auferstehung und Erhöhung bis zu seiner Wiederkunft in großen Zügen für seine Gemeinde in prophetischer Vollmacht aufzeigt, so wenig will sie einen ins Einzelne gehenden »fahrplanmäßigen« Abriß der Weltgeschichte, auch nicht ihrer letzten Stationen geben. »Allen Bildern der Offenbarung eignet Anschaulichkeit und Verborgenheit . . . Jener Zeit, die demütig und gehorsam, vor allem gelehrt durch das Leiden in der Nachfolge und um des Wortes willen, auf die Offb hört, wird ein neues Licht geschenkt. Keiner Zeit aber wird ER das ganze Licht über das prophetische Buch geben, ehe nicht der Tag der Erfüllung angebrochen ist« (Hartenstein) - das muß nüchtern und demütig, bei allem aufmerksamen Lesen und gewissenhaften Auslegen und Verstehenwollen beachtet werden.

Bedeutung

»Dieses Buch ist entweder verachtet oder leidenschaftlich geliebt, aber nie mittelmäßig beurteilt worden« (Lilje). Die verschiedene Beurteilung der Offb im Laufe der Kirchengeschichte hängt letztlich mit der verschiedenen Stellungnahme zur Auferstehung Jesu und ihrer biblischen Deutung zusammen. Wer die Auferstehung Jesu ernstnimmt als ein einzigartiges, unerhörtes Gotteshandeln, das dieser sichtbaren Welt ihre Vorläufigkeit (2Kor 4,17f) und ihr Gericht (Apg 17,31), dem am Kreuz von der Welt Verworfenen und von Gott für die Welt Geopferten (Röm 3,25) aber die göttliche Bestätigung und umfassende Herrschaft (Phil 2,10f) zuspricht, der erwartet mit leidenschaftlicher Gewißheit und wachsendem Verlangen die Enthüllung *(Apo-kalypse)* und Machtergreifung des von Gott Auferweckten. So ist die »Offenbarung des Johannes« die notwendige »Vollendung des Osterzeugnisses« (Lilje), »das Evangelium vom auferstandenen Christus« (Bossuet), auf das seine Gemeinde bei ihrem vielfach gefährdeten Weg durch die Versuchungen und Verfolgungen dieser Welt angewiesen ist. Sie ist die abschließende Zusammenfassung aller in früheren biblischen Büchern - vom 1. Buch

Mose bis zum Judasbrief - angedeuteten und angesagten Aussagen vom Ende dieser Welt und von Gottes Sieg und Neuschöpfung. Je mehr die Welt sich verdunkelt, um so heller wirft das letzte Buch der Bibel Licht auf den Weg und auf das Ziel Gottes mit dieser Welt. Um so nötiger ist darum auch unser »demütig anklopfendes« und zugleich erwartungsvolles Suchen in diesem Buch, damit wir bereit werden zu gehorsamem Tun und Leiden in der Nachfolge hinter dem Gekreuzigten und im bewußten Entgegengehen dem wiederkommenden Christus entgegen.

Gliederung und Inhalt

Nach dem Eingangswort (1,1-8) erscheint der erhöhte Herr, der an die 7 kleinasiatischen Gemeinden je eine Botschaft richtet (1,9-3,22). Daraufhin wird der Thron Gottes als »Mittelpunkt des Alls« (Frey) und die Übergabe des 7-fach versiegelten Buches an das Lamm bezeugt (4-5). Die Gliederung und Abgrenzung der folgenden Kapitel ist nicht leicht, da in immer neuen Anläufen und Unterbrechungen (s.o.) die dem Ende zueilende Geschichte dargestellt wird. Eine von manchen Auslegern versuchte Aufteilung nach dem Sieben-Schema wirkt gezwungen und kommt auch zu verschiedenen Ergebnissen. So werden hier die Kapitel 6,1-19,10 zusammengefaßt unter dem Leitgedanken: Die Vorbereitung der Herrschaftsübernahme auf der Erde durch Jesus. Die Reihen der Siegel - (6,1-17), Posaunen - (8,1-9,21) und Schalen - Gerichte (11,15-19 u. 15,1-19,10) werden unterbrochen durch verschiedene Zwischenstücke. Nach der Übernahme der Herrschaft auf der Erde durch Christus (19,11-20,15) wird die Vollendung in der neuen Welt bezeugt (21,1-22,5). Ein Schlußwort (22,6-21) beendet das Buch.

Inhalt

1,1-8	**Das Eingangswort**	
	1,1-3	Überschrift
	1,4-6	Grußwort
	1,7.8	Die große Ansage
1,9-3,22	**Jesus Christus inmitten seiner Gemeinden**	
	1,9-20	Die neue Begegnung und die Beauftragung des Johannes
	2,1-3,22	Die sieben Botschaften des Erhöhten an seine Gemeinden
4-5	**Der Thronende und das Lamm**	
	4,1-11	Der Thronende und seine Umgebung
	5,1-14	Das Lamm und das siebenfach versiegelte Buch
6,1-19,10	**Die Vorbereitung der Herrschaftsübernahme auf der Erde durch Jesus Christus**	
	6,1-17	Die sechs ersten Siegel
	7,1-17	Zwischenschau auf die Gemeinde der Versiegelten und Erlösten
	8,1-9,21	Das siebente Siegel und die sechs ersten Posaunen
	10,1-11,14	Zweite Zwischenschau für die wartende Gemeinde
	11,15-19	Die siebente Posaune und der Lobpreis im Himmel
	12,1-14,20	Ein Durchblick durch die Endgeschichte der Welt
	15,1-19,10	Die letzten Gerichtsschläge
19,11-20,15	**Die Übernahme der Herrschaft auf der Erde durch Jesus Christus**	
	19,11-21	Jesu Christi siegreicher Einzug auf die Erde
	20,1- 6	Das Christusreich der 1000 Jahre
	20,7-10	Die endgültige Ausscheidung Satans
	20,11-15	Das Jüngste Gericht
21,1-22,5	**Die neue Welt**	
	21,1-8	Die neue Gottesgemeinschaft
	21,9-27	Das neue Jerusalem
	22,1-5	Das neue Paradies
22,6-21	**Das Schlußwort**	

Kommentar

1,1-8 Das Eingangswort

1,1-3 Überschrift

1 *Offenbarung Jesu Christi:* die Enthüllung des Messias Jesus, bevor alle (V. 7) ihn sehen, für seine *Knechte,* die zu seinem Dienst und zum Leiden für ihn bereit sind, »eine Vorschau für einige, vor der Endschau für alle« (Pohl). *In Kürze:* keine Zeitangabe zum Berechnen, sondern ein Weck- u. Trostruf zur Bereitschaft und zum Ausharren; vgl. auch Lk 18,8; Röm 16,20; 1Kor 7,28-31; Jak 5,8; 1Petr 4,7 u.a. Dies Buch ist also Gottes Gabe - vermittelt über Jesus und dessen Engel, über Johannes und die damaligen Erstempfänger an alle Glieder des Gottesvolkes. 2 *Das Wort Gottes und das Zeugnis von Jesus Christus:* eine kurze Zusammenfassung des Buches und aller Tätigkeit des Johannes vorher und nachher (1,9). Jesus ist *das* (letzte und entscheidende) Wort Gottes (Joh 1,1; Offb 19,13; Hebr 1,1f), darum muß er bezeugt werden, wo von Gott und seinem Reden gesprochen wird. *Gesehen:* nicht nur erdacht ist das Folgende, sondern gezeigt von Gott, von Jesus empfangen, nicht von Johannes ersonnen; vgl. 1Jo 1,1.3; 1Kor 15,4ff. 3 *Selig ist:* Die erste der 7 Seligpreisungen der Offenbarung unterstreicht die Autorität und den Wert des Buches für den, der es (vor-)*liest,* und für die, die es *hören und behalten,* die das Gehörte inmitten aller Verführung und Verfolgung festhalten und bewähren; vgl. Mt 7,24-27. *Die Zeit ist nahe:* S. Komm. zu V. 1! Prophetischer Ausdruck der Gewißheit und Dringlichkeit und Übermacht des göttlichen Eingreifens, der andrängenden Nähe des Kommenden, aber kein Anhaltspunkt für Berechnung oder zeitliche Festlegung; vgl. Phil 4,5. Biblische Erwartung ist immer Nah-Erwartung, die mit dem nahen und allgegenwärtigen Gott und der unbedingten Verläßlichkeit seiner Zusage rechnet, ihm aber doch den Zeitpunkt seines Eingreifens, seiner »Stunde« (Joh 7,30) überläßt: Hes 30,3; Joel 1,15; Hab 2,3ff; Mk 1,15; 2Petr 3,12; bes. Apg 1,7. Von daher sind alle kalender- oder fahrplanmäßigen Berechnungen mit Hilfe dieses Buches abwegig.

1,4-6 Grußwort

4 *Johannes an die sieben Gemeinden in der Provinz (Klein-)Asien:* Diese 7 Gemeinden (V. 11) sind Vertreter der Gemeinde Jesu aller Zeiten und Länder, alle Knechte Gottes (1,11; vgl. auch 2.7.11.17 usw.), aber zunächst die Erstempfänger des Geoffenbarten. *Gnade und Friede:* Der damals auch außerhalb der Christengemeinde übliche Eingangswunsch eines Briefes ist hier wie auch sonst im NT nicht eine leere Formel, sondern Zuwendung und Gabe des lebendigen dreifaltigen Gottes, vom gebannten Apostel in Vollmacht seinen bedrohten und ihres Hirten beraubten Gemeinden zugesprochen. »Wer Gnade und Frieden hat, der kann jeden Augenblick aus dieser Welt in jene übergehen« (Bengel). *Der da ist und der da war und der da kommt:* Ps 50,3; 96,13; Jes 40,10. Der ewige Gott schwebt nicht unbeteiligt über dieser Welt, sondern kommt auf sie zu, weil es seine Welt ist. *Von den sieben Geistern:* Die Siebenzahl ist ein Ausdruck der Fülle des göttlichen Geistes, vielleicht auch ein Hinweis auf die siebenfaltige Wirksamkeit des Gottesgeistes (Jes 11,2f), mit dem er in seine Schöpfung und besonders seine Gemeinde hineinwirkt. 5 *Jesus Christus, . . . der treue Zeuge,* dessen Wort absolut verläßlich ist, der sein Zeugnis bis in den Tod durchgehalten hat (Joh 18,37 u. 19,30), *der Erstgeborene von den Toten* (Ps 89,28; 1Kor 15,20): Der Erstgeborene Gottes war bereit, in den Tod zu gehen - darum hat er Vollmacht, alle nachzuziehen in seine Auferstehung hinein. *Herr über die Könige auf Erden:* Vgl. Jes 53,4; 55,4; Ps 2,2.6.10ff. *Der uns liebt:* die unaufhörliche, ununterbrochene, unverdiente, unvergleichliche Grundbeziehung Jesu zu seiner Gemeinde; *und uns erlöst hat:* die einmalige Entrichtung des Lösegeldes auf Golgatha (Mt 20,28; Joh 1,29.35). 6 *Zu Königen und Priestern:* das neue Gottesvolk, das die Bestimmung des alten (2Mo 19,6; Jes 61,6) als die Gemeinde des »Königs aller Könige« (19,16) und des großen, einen Hohepriesters (vgl. Hebr) erfüllen darf. Die Erlösung ist nicht Selbst- u. Endzweck, sondern Einsetzung zum Dienst an seiner Seite. *Ihm sei Ehre und Gewalt von Ewigkeit zu Ewigkeit:* ihm allein, dem rechtmäßigen Heiland und Herrn (s. Einl.). Man kann von dem, was Jesus für die Welt und seine Gemeinde getan hat, tut und tun wird, nur anbetend reden. *Amen:* Mit diesem beteuernden Gebetsschluß fordert Johannes die Hörer zum Lobpreis heraus und überbrückt die äußere Trennung von ihnen.

1,7.8 Die große Ansage

7 *Siehe!* Sei gefaßt darauf! *er kommt mit den Wolken* (Dan 7,13): nicht mehr in den Windeln (Lk 2,12). Gottes Herrlichkeit und Macht umgibt ihn (Mt 24,30). *Und es werden ihn sehen alle Augen* - den jetzt noch von den meisten Übersehenen; *und alle, die ihn durchbohrt haben* (Sach 12,10ff) - damals am Kreuz und seitdem von vielen in ihrem Christus- und Christenhaß (vgl. Apg 9,4). *Und es werden wehklagen um seinetwillen:* Die Jesus-Verachtung wird einer großen Jesus-Sehnsucht weichen. *Alle Geschlechter der Erde:* Von daher wird die Völkermission

dringlich als Vorbereitung der Begegnung mit dem Kommenden (Mt 28,19 u. 24,14)! *Ja, amen!* Bestätigende Zustimmung der wartenden Gemeinde; s. Komm. zu 22,20. **8** *Ich bin:* Gott selber beendet das Vorwort des Buches, das seinen Sieg bezeugt, als der Herr der Geschichte (2Mo 3,14), *das A und das O,* der allen Anfang und Ende setzt, selber aber ewig ist und allein der *Allmächtige* (griech.: *Pantokrator)* im Gegensatz zu den irdischen Mächten und Machthabern, die sich diesen Titel zu Unrecht zulegen. »Es gibt zwar viele oft widerspenstige Zwischenbuchstaben, die viel bedeuten wollen; aber sie werden alle verschwinden. Der A und O bleibt allein« (Bengel).

1,9-3,22 Jesus Christus inmitten seiner Gemeinden

1,9-20 Die neue Begegnung und die Beauftragung des Johannes durch den erhöhten Jesus Christus

9 *Ich Johannes* betont seine apostolische und prophetische Sonderstellung, *euer Bruder* bekennt die tiefe Verbundenheit mit den Gemeinden. *Mitgenosse an der Bedrängnis und am Reich und an der Geduld* kennzeichnet die drei wesentlichen Gemeinsamkeiten der Christen zwischen Himmelfahrt und Wiederkunft ihres Herrn: das Leiden unter und an der Welt, die Zugehörigkeit zur Königsherrschaft Jesu, jetzt schon im Glaubensgehorsam und in der Erwartung der Vollendung, und darum das beharrliche, unbeirrbare Durchhalten der Spannung von »Bedrängnis« und »Reich« - und das alles *in Jesus,* der mit den Seinen in Lebensverbindung steht. *War auf der Insel Patmos,* eine 54 qkm große, dem kleinasiatischen Festland vorgelagerte Sporadeninsel; s. Einleitung. **10** *Ich wurde vom Geist ergriffen,* nicht nur hineinversetzt in einen Bewußtseinszustand, der für die göttliche Welt geöffnet war, sondern in diese selbst; vgl. 1Kor 2,10; 2Kor 12,2f. *Am Tag des Herrn:* der Sonntag, an dem er durch seine Auferweckung von Gott als der Herr herausgestellt wurde (Röm 14,9), der Tag, an dem sich die Gemeinden auf dem Festland versammelten, ihrem unsichtbaren Herrn sich zu stellen und seine sichtbare Wiederkunft zu erwarten (s. Komm. zu 20,20). *Eine große Stimme:* wohl die Stimme eines Engels, noch nicht die des erhöhten Christus. *Wie:* Hier wie an etwa 70 anderen Stellen der Offb drückt dies Wort die Unzulänglichkeit aller irdischen Bilder aus, das Geschaute und Gehörte wiederzugeben. Zuweilen kann es auch wegfallen. *Posaune* ist nicht so sehr Musik- als Signalinstrument, das mit seinem rauhen Ton aufmerksam machen, ja aufschrecken will, etwas Wichtiges anzukündigen. **11** *Schreibe:* nicht nur, weil Johannes von den Gemeinden getrennt ist, sondern weil das Geschaute göttliche Verläßlichkeit und Verbindlichkeit hat. Seine Erfüllung ist so gewiß wie die schriftliche Niederlegung. *An die sieben Gemeinden:* »Diese Städte waren Behördensitze und schon dadurch Schwerpunkte für den Kaiserkult« (Pohl).

12 *Und ich wandte mich um:* Die Stimme kam also von außen her, er mußte nicht »in sich hineinhorchen«. *Sah ich sieben goldene Leuchter:* Im siebenarmigen Leuchter, der einmal seinen Platz im Jerusalemer Tempel hatte (2Mo 25,31; Sach 4,2.11ff), hat Israel ein Bild für sich selber gesehen als Auszeichnung und Verpflichtung: durch die Erkenntnis vom wahren Gott in der Gottesfinsternis der Welt Licht zu sein (Röm 2,19). Aber nun war der Tempel zerstört, der Leuchter verschwunden, und Israel hatte sich seinem Messias verschlossen. So ist die Bestimmung, Licht für die Welt zu sein, an die Gemeinde Jesu übergegangen (Kap. 20); vgl. Mt 5,14; Phil 2,15; aber zuvor Joh 8,12. Nur in Verbindung mit ihrem Herrn kann sie diese Bestimmung erfüllen, nur solange er **13** *mitten unter den Leuchtern* ist und sie sich seinem richtenden und zurechtbringenden Wort (Kap. 2 u. 3) unterwirft. *Menschensohn:* Die hier aufgenommene Selbstbezeichnung Jesu, mit der er seine Niedrigkeit (Lk 9,28) und seine Hoheit (Mt 26,64) bezeugte, weist hier vor allem auf seine Richter- und Herrschervollmacht hin, wie sie uns schon Dan 7 u. 10 gezeigt ist. *Angetan mit einem langen Gewand und gegürtet um die Brust mit einem goldenen Gürtel* erinnert freilich an die Amtstracht des Hohenpriesters (2Mo 25,7) und an die Einzigartigkeit dieses Richters, der zugleich Priester ist, beides mit letzter Vollmacht. **14** *Sein Haupt ... Feuerflamme:* So wird Daniel 7,9 Gott selber geschaut. Seine reine Heiligkeit und sein alles erhellender und durchdringender Blick, vor dem nichts im Dunkel bleibt (Ps 139,11f), werden auf den erhöhten Jesus übertragen. Die enge Zusammengehörigkeit und gleichzeitig die klare Unterschiedenheit von Gott und Jesus, die Unterordnung des Sohnes unter den Vater, ist ein durchgehender Zug im ganzen Buch und verbindet es in der Tiefe mit dem Johannesevangelium: Vgl. Offb 4 u. 5; 11,15; 12,10 u.v.a. mit Joh 10,30; 5,23; 5,39; 11,41; 12,27. **15** Auch *seine Füße wie Golderz, das im Ofen glüht* (Dan 10,6) und *seine Stimme wie großes Wasserrauschen* (Hes 1,24) weisen auf seine göttliche Gewalt und Hoheit hin: »Wo diese Füße hintreten, bleibt Asche übrig« (Pohl), wenn diese Stimme ertönt, verstummt alles andere. **16** Das Geheimnis der *sieben Sterne in seiner rechten Hand* wird erst V. 20 enthüllt. Aber soviel ist jetzt schon klar: Was diese rech-

te Hand hält, gehört ihr. Es ist einerseits völlig geborgen, andererseits völlig ihm ausgeliefert. *Und aus seinem Munde ging ein scharfes, zweischneidiges Schwert:* Ein Hinweis auf die endgültig richtende, über Tod und Leben entscheidende Vollmacht seines Wortes. Eine andere Waffe braucht er nicht (19,15). *Und sein Angesicht leuchtete, wie die Sonne scheint in ihrer Macht:* ein altes Bild für die sieghafte Überlegenheit (Ri 5,31), hier eine zusammenfassende Kennzeichnung dieses »Einen«, der den Endsieg Gottes heraufführen wird; vgl. Mt 13,47.
17 *Zu seinen Füßen wie tot:* Vgl. Jes 6,5; Dan 10,9; Apg 26,13ff. Noch weiß Johannes nicht, wer vor ihm steht. *Und er legte seine rechte Hand, auf mich:* Die Hand, in der die 7 Sterne sind - geborgen und verfügbar -, richtet ihn auf: eine Gebärde der liebenden Annahme (1,5) und zugleich der völligen Beschlagnahmung. *Fürchte dich nicht!* Die erste Folge der Gottesbegegnung ist immer die Furcht der Kreatur, ja das tödliche Erschrecken des Sünders vor der heiligen Übermacht Gottes. Nur er selber kann diese Furcht wegnehmen: »Eben derjenige, vor dessen Herrlichkeit man erschrickt, stärket so mächtig!« (Bengel). *Ich bin der Erste und der Letzte:* Er stellt sich mit den Selbstaussagen Gottes vor (1,8; 21,6; s. Komm. zu V. 14).
18 *... und der Lebendige. Ich war tot, und siehe, ich bin lebendig von Ewigkeit zu Ewigkeit:* Jetzt enthüllt sich der Erhöhte seinem Jünger als der, unter dessen Kreuz er stand, den er als Auferstandenen am dritten Tage danach sehen durfte, der nun aber in unvorstellbarer Vollmacht über ihm steht: *und habe die Schlüssel des Todes und der Hölle* (= Totenwelt). Auf Grund seines Gehorsams »bis zum Tode, ja zum Tode am Kreuz« (Phil 2,8ff) hat er nun die Macht über den Tod, ihn aufzuheben (1Kor 15,26), ihn und sein Gefängnis für immer abzutun (20,14) und alle ihm zu entreißen, die ihm verfallen waren. Ein hilfreiches Wort für seine vom Tod bedrohte, von Todfeinden umgebene Gemeinde!
19 *Schreibe, ... was ist und was geschehen soll danach:* Eine grobe Inhaltsangabe des Buches: Die sieben Gemeinden unter dem richtenden und tröstenden, zurechtbringenden Wort ihres erhöhten Herrn (Kap. 2 u. 3) und die kommenden »Heimsuchungen« Gottes, die mit seinem Siege enden (Kap. 6-22). Dazwischen Kap. 4 u. 5: Der Thronende und das Lamm, das von ihm die Durchführung seines Willens übernimmt als Bindeglied zwischen dem Gegenwärtigen und Zukünftigen.
20 *Das Geheimnis der sieben Sterne:* Auf antiken Darstellungen begegnen uns Götter oder Herrscher mit einem Sternbild in der Hand als Hinweis auf ihre große Macht. Im neuerbauten Tempel in Ephesus thronte das marmorne Bild des Kaisers Domitian inmitten von großen Kandelabern, die bei Ausgrabungen wieder ans Tageslicht kamen. Johannes sieht und bezeugt den wirklichen Weltherrscher, der inmitten seiner kümmerlichen, verachteten, von innen her gefährdeten, von außen her bedrohten Gemeinden steht, in dessen Hand *die Engel der sieben Gemeinden festgehalten* sind: ihre verantwortlichen Repräsentanten, vielleicht ihre Bischöfe oder Ältesten, also wohl eher schwache Menschen als Angehörige der himmlischen Welt. Vielleicht ist mit dem Bild von den Sternen bzw. Engeln oder Boten in der rechten Hand des Erhöhten nur noch einmal die doppelte Blickrichtung der Gemeinde Jesu umschrieben: ganz in seiner Hand und dadurch befähigt und beauftragt, in die Nacht der Welt hineinzustrahlen.

2,1-3,22 Die sieben Botschaften des Erhöhten an seine Gemeinden

Die in den Kap. 2 u. 3 enthaltenen sog. »Sieben Sendschreiben« stehen in enger Verbindung mit 1,9-20: Sie sind nicht nur seelsorgerliche Briefe des Johannes an die Gemeinden, sondern verbindliche Botschaft des erhöhten Herrn, der sie liebhat (1,5), aber auch ihr unbestechlicher Richter ist, von dessen Urteil sie jetzt schon und wenn er wiederkommt völlig abhängt. Sie sind darum nicht nur für die Erstempfänger, sondern auch für den heutigen Leser ein notwendiger Durchgang zu den folgenden Kapiteln, eine Begegnung mit dem kommenden Herrn und Richter zur Zurüstung und Zurechtbringung im Blick auf die angesagten Geschehnisse im Sinne von Mt 7,13, dem Wort von der engen Pforte.

Der Aufbau der 7 Botschaften ist durchgehend - von kleinen, freilich bezeichnenden Abweichungen abgesehen - derselbe: 1. Schreibbefehl des Erhöhten an Johannes und Nennung der Empfängergemeinde, vertreten durch ihren »Engel« oder »Boten« (s.o.; Stauffer zieht den Vergleich zu den kaiserlichen Botschaftern in den kleinasiatischen Städten); 2. Selbstdarstellung des Erhöhten, die auf die jeweilige Gemeinde besonders eingeht; 3. Zwischenurteil des Richters als Lob und Tadel aufgrund des Verhaltens und Zustandes der Gemeinde; 4. Bußruf mit Drohwort oder Mahnwort und Verheißung; 5. Weckruf - durchgehend im selben Wortlaut: *»Wer Ohren hat zu hören«;* Hinweis auf die Dringlichkeit des Gesagten und die Begrenztheit der Stunde - *was der Geist den Gemeinden sagt:* Das vom Herrn der Gemeinde empfangene und von Johannes weitergegebene Wort geschieht in der Vollmacht des Geistes Gottes, der dem willigen Hörer zum Gehorsam verhelfen will. An diesem Weckruf wird besonders deutlich, daß diese Botschaften und das ganze Buch weit hinausgreifen über den Kreis der Erstempfänger und alle Christen aller Zeiten einschließen und sich an sie richten. 6. Siegerspruch im Sinne der Verheißung eines Siegespreises für den »Soldaten Christi«, der sich dem geistlichen Kampf in der Nachfolge Jesu stellt (Eph 6,10ff) und ihn durchhält in Buße und Treue.

Der immer wieder unternommene Versuch, die sieben Sendschreiben auf sieben einander ablösende Epochen der Kirchengeschichte zu deuten, ist eine in das Buch hineingetragene Willkür, die die Botschaften in ihrer bleibenden Verbindlichkeit für die ganze Kirche und jeden Christen einschränkt. »Trotz aller Ungelenkigkeit und Eckigkeit im Ausdruck gehören diese Briefe zum Mächtigsten, das im Neuen Testament steht«, urteilt ein kritischer Theologe (W. Bousset) über diese beiden Kapitel.

a. **2,1-7 (Ephesus) Kehre zur ersten Liebe zurück!** **1** *Ephesus:* angesehene, reiche Hafenstadt, Sitz des römischen Prokonsuls, berühmt durch den Artemistempel (Apg 19), eines der sieben Weltwunder des Altertums. Unter Domitian Mittelpunkt der Kaiseranbetung mit einem neuerbauten Tempel für Domitian. Mit etwa 250.000 Einwohnern die drittgrößte Stadt des Römischen Reiches. Nach dem Fall Jerusalems der Mittelpunkt der jungen Christenheit. Dort hatten Apollos und Paulus, Johannes und später Polykarp und Ignatius gewirkt. *Der da hält . . .:* »Unbegreifliche Gegenwart des Herrn bei den Seinen auf Erden! Daran ihn seine Himmelfahrt nicht hindert« (Bengel). *Der da wandelt:* vielleicht ein Hinweis auf 1Mo 3,8. **2** *Ich kenne . . . und weiß:* Durchgehende Feststellung dessen, der um alles weiß, der Schein und Sein unterscheidet. *Deine Werke:* Ausdruck und Folge der Herzensstellung zu ihm, dem Herrn, der gelebte Glaube - oder Nichtglaube; 14,13; 2Kor 5,10. *Und deine Mühsal* im Dienst für Christus *und deine Geduld,* die Widriges tragen kann, weil sie um das Ziel weiß - *daß du die Bösen nicht tragen kannst,* weil sie es nicht duldet, daß die Gemeinde verwirrt oder verderbt wird: »Die Gewalt, sich zu scheiden, ist ein Zeugnis für die Kraft des Geistes Gottes« (Michel). *Apostel:* hier wohl Menschen, die ein besonderes Sendungsbewußtsein haben. *Lügner:* Im objektiven, nicht im subjektiven Sinne; sie fühlen sich vielleicht von Gott gesandt, sind es aber in Wirklichkeit nicht; vgl. Mt 7,15; 24,24; 1Jo 4,1; Apg 20,29 (an die Ältesten von Ephesus gerichtet). **3** *Um meinetwillen die Last getragen:* Vgl. Gal 6,2. Hier bestand die Last im Ringen um die Gemeinde, das nicht den bequemen Weg des »Alles-gelten-Lassens« wählt. **4** *Die erste Liebe:* Obwohl sie um seinetwillen soviel auf sich nahm und leistete (2,3), war ihr Verhältnis zu Jesus nicht mehr das ursprüngliche des demütigen Dankes und der selbstvergessenen Hingabe; vgl. Jer 2,2.5; Hos 2,16; 13,5.6; Joh 21,15; 1Kor 13,3; 16,22. Es geht hier nicht um eine Anfangsbegeisterung, sondern um die innerste Jesus-Verbundenheit, die sich von ihm beschenkt und beschlagnahmt weiß. Sie wirkt sich dann freilich auch auf den Umgang mit den Menschen aus. **5** *Tue Buße und tue die ersten Werke:* die ganz zu ihm zurückfindet und aus der immer neuen Vergebung heraus lebt und wirkt. *Werde ich über dich kommen:* im Gegensatz zu Joh 14,23 ein Kommen zum Gericht schon vor dem letzten Gericht. *Und deinen Leuchter wegstoßen von seiner Stätte:* Die Gemeinde wird die schützende und segnende Nähe ihres Herrn verlieren; vgl. Mt 5,13. Die Gemeinde und jeder Christ steht und fällt mit dem ganz persönlichen Verhältnis zu Jesus, das sich darin erweist, wie sein Ruf zur Umkehr ernstgenommen wird, der ein Ruf seiner Liebe ist, die auf Gegenliebe wartet. **6** *Nikolaiten:* Anhänger eines gewissen Nikolaus, von denen nichts Näheres bekannt ist. Vielleicht gleichzusetzen mit den »Anhängern der Lehre Bileams« (2,14). Vielleicht wird noch einmal auf die V.2 genannten »Bösen« zurückgegriffen, die die Gemeinde an ihre heidnische Umgebung angleichen wollen oder unbiblische Sonderlehren einführen. *Hassest* mit der klaren, leidenschaftlichen Ablehnung des Bösen, das die Gemeinde verführt und verdirbt. Auch Jesus kannte keine Gleichgültigkeit dem Bösen gegenüber; Joh 2,13ff. Frage der Kirchenzucht! Jesus erwartet von den Seinen einen heiligen Haß am rechten Platz. **7** *Wer überwindet* (wörtl.: »dem Sieger«): Wer sich besiegen läßt vom werbenden und warnenden Wort des Siegers von Golgatha (Joh 16,33), dessen Endsieg heute schon feststeht über alles, was ihm zuwider ist. *Zu essen geben von dem Baum des Lebens:* Vgl. 22,1ff: Teilnahme am ewigen Leben in der ungetrübten Gemeinschaft mit Gott, *im Paradies Gottes.* »Wer hat Lust und Liebe zu den Paradiesesfrüchten? Der begebe sich allen falschen Geschmackes an irdischen Dingen!« (Bengel). Vielleicht wird hier das rechte Sattwerden in ewiger Fülle gegenübergestellt allem voreiligen, eigenmächtigen Stillen des Lebenshungers abseits von Jesus.

b. **2,8-11 (Smyrna) Sei bereit zum Leiden!** **8** *In Smyrna:* eine alte, traditionsreiche Stadt, in der der griech. Dichter Homer geboren wurde. Damals reiche Handels- u. Hafenstadt mit einer einflußreichen Judenschaft, besonders seit der Zerstörung Jerusalems. Ignatius erwähnt in seinem Brief (um 110) den erbitterten Widerstand der dortigen Juden gegen die Christen von Smyrna. *Der Erste und der Letzte, der tot war. . .:* Der hartbedrängten, kleinen und armen Christengemeinde, die vor einer Verfolgung steht, in der einige ihrer Glieder sterben müssen, bezeugt ihr Herr, daß er das letzte Wort hat, daß er ihnen in den Tod - und ins ewige Leben - vorausgegangen ist und sie mit ihm rechnen darf. »Wie kräftig stärket diese Beschreibung Christi einen Gläubigen wider den Tod!« (Bengel). **9** *Ich kenne...:* Keine besondere Leistung wird erwähnt - und doch empfängt die Gemeinde nur Lob, weil sie in Trübsal und Armut an Jesus festhält. »Es kommt eben nicht auf große Werke an, sondern auf die Treue« (Bengel). *Aber du bist reich* bei äußerer Armut, reich in Verbindung mit dem reichen Gott und seinen Gaben und Verheißungen; Kol 2,3; Lk 12,21; 6,20; 2Kor 6,10. *Lästerung von denen, die sagen, sie seien Juden:* Anscheinend verweigerten die dortigen Juden denen die Gemeinschaft, die sich mit ihnen auch zum Gott der Väter bekannten, und verhinderten so den Schutz, den sie als Juden von Rom für ihre Religionsausübung genossen. Ja, sie verbündeten sich später mit heidnischen Anhängern des Kaiserkultes und schrien mit ihnen zusammen gegen die Christen: »Unsere Götter sind bedroht!«. Darum spricht ihnen Johannes den Ehrennamen »Juden« ab und nennt sie die *Synagoge Satans.* Vom Gottesdienst zum Satansdienst ist oft nur ein kleiner, aber unheimlicher Schritt; vgl. Joh 8,30-47; Röm 2,28. Wer sich mit den Feinden des Glaubens gegen die Glaubenden verbindet, hat diesen Schritt getan. **10** *Fürchte dich nicht vor dem, was du leiden wirst!* Das Trostwort dieses Schreibens ist ein Begleitwort in die Anfechtung des Leidens hinein, das der Herr seiner Gemeinde nicht erspart. Das Unbegreifliche, daß *der Teufel* seine Hand gegen die Gemeinde des Stärkeren erhebt (Mt 12,29; 28,18) - aber gleichzeitig auch »das Unerhörte - in Gottes Hand zu sein« (Dag Hammarskjöld); Mt 10,28ff; 28,20; Joh 10,28. Überall, auch im Gefängnis, ja im Tod, bleiben sie im Macht- u. Lebensbereich des Auferstandenen. *Bedrängnis:* der Normalzustand der Christen in der Welt; Mt 10,16; Apg 14,22; Röm 12,12; 1Petr 4,12. *Zehn Tage:* ein genau abgemessener, überwachter Raum göttlicher Erprobung, in dem sich Gott verherrlichen will an seinen Knechten (Dan 1,12.14). *Sei getreu bis an den Tod:* Der Tod ist nicht so sehr Endpunkt, sondern Höhepunkt ihrer Bewährung; Treue, die lieber das eigene Leben als Jesus fahren läßt. Es geht also um die Bereitschaft zum Märtyrertod für Jesus. Wenige Jahrzehnte später (155) hat der greise Bischof von Smyrna, Polykarp, diesem Wort gehorcht: »Wie sollte ich meinen König lästern (durch Verleugnung), der mich erlöst hat?« *Die Krone des Lebens:* Gerade der, der sein Leben um Jesu willen zu verlieren bereit ist, bekommt es unvergänglich als Sieger zurück; vgl. 2Tim 2,5; 4,8; 1Kor 9,25; Jak 1,12. **11** *Kein Leid... von dem zweiten Tode:* Dies Wort wiederholt die Verheißung von V. 10 und betont die Vorläufigkeit des ersten Todes, indem es an die schreckliche Möglichkeit des zweiten Todes erinnert, wenn Gott endgültig die Beziehung zu seinem Geschöpf abbricht; 20,6.14.

c. **2,12-17 (Pergamon) Dulde keine Zugeständnisse an den Feind!** **12** *Pergamon:* Die eindrucksvollste der sieben Städte und darum wohl auch die gefährlichste (V. 13). Ort der Wissenschaft und Bildung, Stätte einer berühmten Bibliothek (»Pergament«), Wohnsitz des römischen Statthalters (Amtssitz in Ephesus) von Kleinasien. Vor allem religiöses Zentrum mit vielen Heiligtümern, besonders der marmorne Zeusalter auf einem Berg, eines der sieben Weltwunder, Tempel der Göttin Roma und des göttlichen Augustus mit vielen Priestern (schon seit 29 n.Chr.), Heiligtum des Heilgottes Asklepios mit einer heilkräftigen, »wundertätigen« Quelle: das »Lourde des Altertums«. *Das scharfe, zweischneidige Schwert* (vgl. 1,16; Hebr 4,12), mit dem er trennt, was nicht zusammengehört, mit dem er tötet, was kein Lebensrecht hat in der Gemeinde, mit dem er aber auch schützt, was gefährdet ist und zu ihm gehören will: die richtende, trennende, tötende und bewahrende Gewalt seines Wortes und Geistes. **13** *Wo du wohnst:* Bei dieser Gemeinde ist der Wohnort das Wichtige; ein Ort besonderer Verführung und darum besonders notwendiger Wachsamkeit und Kompromißlosigkeit. *Der Thron Satans:* Wohl Anspielung auf den immer mächtiger werdenden, weil von oben her geförderten Kaiserkult; vielleicht auch die mit geschlechtlichen Orgien verbundenen alten heidnischen Kulte - *hältst an meinem Namen fest,* wo doch soviele andere Namen viel glänzender, bekannter, »lebensnäher« waren. *Glauben an mich* oder auch: Treue zu mir. *Nicht verleugnet:* nicht nur durch Nicht-Teilnehmen an dem heidnischen Treiben, sondern durch ein Bekenntnis zu Jesus, als es gefährlich, lebensgefährlich wurde *in den Tagen, als Antipas* (wohl ein führender Christ) Einzelopfer einer fanatischen Menge, noch nicht einer allgemeinen Christenverfolgung, wurde. *Mein treuer Zeuge* jetzt wird der Zeuge (martys) zum Blutzeugen (Märtyrer). **14** *Aber einiges* (wörtl.: Weniges): Da, wo der Satan wohnt, darf sich die Gemeinde keine, auch keine geringfügigen Zugeständnisse leisten. *Lehre Bileams:* Die schillernde alttestamentliche Gestalt (4Mo 25,1.2; 31,16) steht für eine die Gemeinde gefährdende »Lehre«, die die klare Trennung zum Heidentum hin aufhob und die Schranken des 1. u. 6. Gebotes niederriß. *Götzenopferfleisch* galt als Geschenk der Götter, denen man sich im Anschluß an die Mahlzeiten in geschlechtlicher Vereinigung mit Tempeldirnen hingab. **15** *Nikolaiten:* Während die Gemeinde in Ephesus sich diesen Leuten verschloß (V. 6), duldeten die Christen in Pergamon einige von ihnen in ihren Reihen und gefährdeten damit nicht nur ihre Geschlossenheit, sondern vor allem ihr Verhältnis zu Jesus, indem sie diesen Einbruch des fremden Geistes duldeten. Vielleicht handelt es sich um eine gnostische Sekte, die das Glaubensverhältnis zu Jesus, dem Herrn, zurücktreten ließ zugunsten »höherer Erkenntnisse«, die sich durchaus vertrugen mit einem enthemmten Triebleben. **16** *Tue Buße,* die in einer klaren Trennung von den gefährlichen Lehren, notfalls von ihren Vertretern sich äußert. *Mit dem Schwert meines Mundes:* V. 12; vgl. auch Apg 5,1-11. Wenn die Gemeinde »das Schwert des Geistes« (Eph 6,17) nicht benützt, dann muß es ihr Herr gegen sie kehren, jetzt schon und in der Stunde des letzten Gerichts. **17** *Von dem verborgenen Manna:* die jetzt noch verborgene Speise am Tisch des Herrn, die Teilnahme am Mahl des ewigen Lebens im Reich Gottes. Der Verzicht auf das Tod-einbringende Mahl an den Götzentischen der Welt lohnt sich! *Einen weißen Stein* entweder des göttlichen Freispruchs anstelle eines schwarzen, der in den damaligen »Scherbengerichten« das Todesurteil bedeutete, oder der göttlichen Siegerurkunde, wie sie damals den Siegern bei Wettkämpfen ausgehändigt wurde in Form eines weißen Steines, auf dem der Siegername eingeschrieben war, was zu besonderen Privilegien in der Heimatstadt berechtigte. *Ein neuer Name:* Mit der neuen Existenz (2Kor 5,17) verbindet sich das Geheimnis der Erwählung und Bewahrung durch Jesus. Die Erlösung durch ihn ist eine jedem einzelnen ganz persönlich geschenkte, nie eine »Massenware«.

d. **2,18-29 (Thyatira) Wehret euch gegen falsche Geister!** **18** *Thyatira:* Handelsstadt Lydiens; nur durch Purpurindustrie (Färber u. Händler) eine gewisse Bedeutung. Auch die dortige Christenheit war klein und unbekannt, doch vom *Sohn Gottes* (nur hier in der Offb!) nicht übersehen! *Augen wie Feuerflammen,* vor denen sich nichts und niemand verbergen, *Füße wie Golderz,* unter denen sich nichts halten kann: das Auge und die Vollmacht des Richters. **19** *Je länger je mehr:* ein inneres Wachstum; Joh 15,2. **20** *Isebel:* Die aus dem Heidentum stammende Königin wollte Israel seinem Gott entfremden und bekämpfte mit ihren Baals-Propheten den Glauben und die Propheten des Gottes Israels (1Kön 16ff). Darum ist ihr Name Kennzeichnung einer anscheinend einflußreichen Frau, die in der Gemeinde mit prophetischem Anspruch auftrat, in Wirklichkeit aber Verführerin war. Vielleicht war sie das örtliche Haupt der »Nikolaiten« (2,15), mit denen sie auf jeden Fall eine Verführung im Sinne der Verachtung und Übertretung des 1. u. 6. Gebotes gemeinsam hat, wobei besondere »Erkenntnisse« (V. 24) eine verhängnisvolle Rolle spielten. **21** *Zeit, Buße zu tun:* Jede Zeit zur Umkehr ist befristet. *Sie will sich nicht bekehren:* Der Anspruch auf besondere Geistbegabung macht unbußfertig und verstockt. **22** *In große Trübsal:* Eine nochmalige, freilich wiederum befristete und schmerzhafte Umkehrfrist. *Ihre Kinder:* die ihre Anhänger bleiben wollen. **23** *Mit dem Tode* geistlich oder auch leiblich? *Alle Gemeinden sollen erkennen:* Auch wenn der Richter straft, will er seiner Gemeinde Gutes tun, sie warnen und wecken. *Nieren* gelten als Sitz der Gefühle, *Herz* als Sitz der Gedanken und Enttschlüsse. **24** *... die Tiefen Satans:* Entweder beanspruchten diese Leute besondere Erkenntnisse über die Tiefen Gottes (vgl. 1Kor 2,10), was Johannes ihnen bestreitet: Ihr redet von Gott; in Wirklichkeit habt ihr es mit Satan zu tun! Oder sie gaben vor, auch die Tiefen Satans ohne Schaden kennen zu lernen im Sinne von: »Man muß alles mitgemacht haben, wenn man mitreden will.« *Nicht noch eine Last:* Der Erhöhte stellt keine neue Forderung, es kommt ihm nur auf das Eine an: **25** *Was ihr habt, das haltet fest:* den einfältigen, entschlossenen Glaubensgehorsam gegenüber Jesus, bis er kommt. **26** *Macht über die Heiden:* 19,15 vgl. Ps 2,9 nicht Anpassung verschafft Vollmacht über Außenstehende. Der erhöhte und wiederkommende Herr wird sie denen geben, die an ihm festhalten. **27** *Weiden mit eisernem Stab:* mit ihm zusammen, dem es von Gott gegeben ist (Ps 2,8; 110,1f). Nicht die Grausamkeit als Freude am Vernichten, aber die Überlegenheit und der Gerichtsernst liegen in dem Bild von den zerschmetterten Gefäßen. **28** *Wie auch ich:* Vgl. Joh 17,18. Jesus beteiligt die Seinen an dem, was er vom Vater empfangen hat und empfangen wird. *Der Morgenstern* war in der Antike Zeichen des Sieges und der Weltherrschaft. Der, der den Gottestag heraufführen darf und die Weltherrschaft übernimmt (22,1), will die, die in der Zeit seiner Verhüllung der Verführung widerstanden und an ihm festgehalten haben, an seinem Sieg u. seiner Herrschaft beteiligen.

e. **3,1-6 (Sardes) Werde wieder wach und wecke andere!** Die frühere Hauptstadt Lydiens, die Residenz des reichen Königs Krösus, war nach der persischen Eroberung unbedeutende Provinzstadt geworden. Im Jahre 17 n.Chr. zerstört, wurde sie unter Tiberius wieder aufgebaut; ein Umschlagplatz für Wollwaren. Die dortige Gemeinde empfängt kein Lob, sondern neben Laodicea sofort scharfen Tadel.

1 *Die sieben Geister Gottes ... die sieben Ster-*

ne: Die Geistesfülle (1,4), über die der Erhöhte verfügt, sieht hinter den Schein und läßt sich nicht täuschen - reicht aber auch aus, neues Leben zu schaffen, wo der Tod eingekehrt ist (vgl. Hes 37). Er kann besonders dem Verantwortlichen der Gemeinde (1,16 u. 20) den Geist entziehen oder ihn neu schenken. *Ich kenne deine Werke:* Ich weiß, wie es wirklich um dich steht. *Du hast den Namen, daß du lebst* bezieht sich vielleicht auf den Leiter der Gemeinde (»Engel«), der entgegen seinem Namen nicht Leben, sondern Tod ausstrahlt, innerlich abgestorben ist. Aber eher wohl auf die ganze Gemeinde, die als »lebendige Gemeinde« bei den Menschen gilt, in Wirklichkeit aber kein Leben mit Jesus und aus ihm hat (1Jo 5,12); darum das Urteil des Richters, das allein gilt: *Du bist tot.* 2 *Werde wach* vor Gott und für Gott - durch mein Wort, das ich an dich richte! Das Bild wechselt gnädig vom Tod zum Schlaf. Das ernste Urteil des Richters ist noch keine unwiderrufliche Verurteilung, sondern will die rettende Wende herbeiführen: »Wenn einem der Herr Jesus etwas befiehlt, so führt dieser Befehl die Kraft mit sich, gerade wie wenn er einen Gichtbrüchigen aufstehen und einen Blinden sehen heißt« (Bengel); vgl. Mt 26,41; Eph 5,14. *Und stärke das andere. . .:* Der Todesschlaf der Gemeinde äußerte sich auch darin, daß man sich gegenseitig in Ruhe ließ und keine Verantwortung füreinander empfand. Wer selber aufwacht aus diesem gefährlichen Schlaf, muß auch andere wecken, kann sie nicht in ihr Verderben hinein schlafen lassen; Lk 22,32. Die Stärkung besteht in der Ermunterung zum Glauben, in der Ertüchtigung zum Kampf gegen die Sünde. *Deine Werke nicht vollkommen vor meinem Gott:* daß sie ihm entsprechen und gefallen könnten; Mt 5,48. Die eigene Meinung und das Urteil der Menschen gilt nicht; Dan 5,27. 3 *Was du empfangen und gehört hast:* Im Hören des Wortes Gottes empfängt der Mensch etwas, kann es dann aber wieder verschleudern in Gleichgültigkeit und Ungehorsam. *Halte es fest und tue Buße:* In der Buße kann der Mensch wieder zum Wort und seiner Gabe, ja zu Gott selber zurückfinden und neu ergreifen, was Gott ihm anbietet. *Wenn du aber nicht wachen wirst* und meinen Ruf zur Umkehr überhörst, *werde ich kommen wie ein Dieb:* ohne Voranmeldung! Das ist sein Herrenrecht, auch seiner Gemeinde gegenüber, daß er die Zeit für die Umkehr und für seine richtende Begegnung selber bestimmt; Mt 24,42ff. Sachlich hierher gehört auch 16,15: vielleicht durch einen frühen Abschreiber vertauscht. 4 *Aber du hast einige (*wörtl.: *wenige) Namen:* Er übersieht keinen und keine noch so kleine Schar, die in Treue zu ihm hält. *Die ihre Kleider nicht besudelt haben:* Die Täuflinge empfingen ein neues Kleid; vgl. Gal 3,27. Es geht hier nicht um Sündlosigkeit, sondern um Treue gegen Jesus, die immer neu seine Vergebung in Anspruch nimmt. So kann man auch in Sardes Jesus die Treue halten und sein Lob empfangen. *Mit mir einhergehen in weißen Kleidern* des Sieges und der Vollendung und der Freude, in bleibender Jesusgemeinschaft. 5 *Ich werde seinen Namen nicht austilgen* in der Stunde des Gerichts *aus dem Buch des Lebens;* vgl. 2Mo 32,32; Ps 69,29; Lk 10,20; Phil 4,3; Offb 20,12.15. Ein Bild für die Gnade des ewigen Lebens, die wir uns nicht selber verschaffen, wohl aber verscherzen können. Der schriftliche Eintrag bedeutet Gewißheit. *Ich will seinen Namen bekennen:* Mt 10,32.

f. **3,7-13 (Philadelphia) Halte, was du hast - mit deiner kleinen Kraft!** 7 Wohl die jüngste, erst durch Attalos II. von Pergamon, genannt »Philadelphia« († 138), gegründete, unbedeutende Stadt, die öfters durch Erdbeben heimgesucht wurde und staatliche Hilfe benötigte. Die Christengemeinde in ihr empfängt, wie die von Smyrna, nur Lob von ihrem himmlischen Herrn. Wie diese steht auch sie unter dem Druck einer ihr feindselig gesonnenen örtlichen Judenschaft. Einige Jahrzehnte später sterben 11 ihrer Glieder zusammen mit dem Bischof Polykarp den Märtyrertod. *Der Heilige, der Wahrhaftige:* 6,10 werden diese beiden Benennungen Gott selber zugeschrieben, s. zu 1,14. Der Wechsel ist Ausdruck für die Würde des Sohnes und die Liebe des Vaters. Beiden eignet absolute Verläßlichkeit ihres Wortes. *Schlüssel Davids:* Vgl. Jes 22,22. Wie Eljakim, der Hof- u. Hausmeister Davids, die Schlüssel verwaltet und über den Zutritt zur Königsburg bestimmt, so entscheidet Jesus über den Zutritt zum oberen Jerusalem, zum Reich Gottes, zu Gott selber; Joh 14,6. *Der auftut, und niemand schließt zu. . .* wunderbare Unabhängigkeit Jesu und der Seinen! *Der zuschließt, und niemand tut auf:* ernste Unerbittlichkeit und Unwiderruflichkeit. 8 *Siehe, ich habe vor dir eine Tür aufgetan:* Das Bild von der offenen Tür ist - wie viele Bilder der Offenbarung - gewollt schwebend und mehrdeutig. Zunächst geht es wohl (V. 7) um die offene Tür, den freien Zugang zu Gott selber, heute schon, in jedem Augenblick. Dann aber auch um eine missionarische Möglichkeit, einen freien Zugang zu den Menschen. Und dann ist es die offene Tür in das Gottesreich, in das neue Jerusalem: »Ich will eingehen durch die offene Tür der Gemeinschaft mit Gott in die Geheimnisse des Wortes. Eine offene Tür ist vor mir in der Einsamkeit und in der Wirksamkeit im Dienste des Herrn. Bald werde ich eine offene Tür in den Himmel sehen, und dann werde ich da hineingehen zu meinem Herrn und König und mit Gott auf ewig eingeschlossen sein« (Spurgeon). *Denn du hast eine kleine Kraft* (vgl. 2Kor 12,9): Gerade weil die Gemeinde sich selber wenig helfen und wehren und durchsetzen kann, springt ihr Herr ein. *Und hast meinen Namen nicht verleugnet:* trotz des Druckes und der Drohungen. 9 *Einige aus der Synagoge Satans:* S. 2,9. *Siehe, ich will sie dazu bringen . . .:* Jes 60,14 u. 43,4 geht in Erfüllung, freilich ganz anders als ursprünglich angekündigt, da und solange sich die Juden in ihrer Ablehnung Jesu und seiner Gemeinde vom Volke Gottes und den ihnen geltenden Verheißungen ausschließen - aber sie können auch wieder unter sie zurückkehren; vgl. Jer 15,19. »Wie oft wendet sich das Urteil der Leute, wenn der Herr drein sieht!« (Bengel) 10 *Mein Wort von der Geduld:* »Das Wort, das dich geduldig auf mich warten heißt« (Schlatter). *Werde auch ich dich bewahren:* »Wie wir mit Gottes Wort umgehen, so gehet auch Gott mit uns um« (Bengel). *Vor der Stunde der Versuchung:* Wohl nicht im Sinne der Verschonung und vorherigen Entrückung, wohl aber der Bewahrung in dieser Stunde (Joh 17,15; Mt 24,13.22). Bei dieser »ökumenischen«, alle Länder und Grenzen überspringenden Versuchung geht es um die letztlich von Gott veranlaßte Erprobung und Entlarvung, aber auch Bewährung dessen, was im Menschen ist, wie er zu Gott und zu seinem Christus steht; vgl. Mt 4,1; 1Kor 10,13; Jak 1,2. 11 *Ich komme bald* (wörtl.: schnell): plötzlich; s. 3,3, aber auch 1,3. *Halte, was du hast:* Die Gemeinde bekommt keinen Tadel; aber einen Befehl, ja eine Warnung braucht sie zum Festhalten an Jesus und seiner Wahrheit mit ihrer kleinen Kraft; vgl. Mt 26,4; Mk 13,20.22; 1Kor 10,12; 16,13. *Krone:* Vgl. 1Petr 5,4; Jak 1,12; Offb 2,10. 12 *Pfeiler in dem Tempel Gottes:* Der Gebrauch der Bilder in der Offb scheint sich oft zu widersprechen: Nach 21,22 gibt es in der neuen Welt Gottes keinen Tempel mehr. Gemeint ist mit dem Bild vom »Pfeiler im Tempel«: 1. Du wirst für immer deinen Platz in der Nähe Gottes haben *(= nicht mehr hinausgehen)* 2. Du wirst - so gering jetzt deine Kraft ist - einmal eine wichtige, tragende Aufgabe übernehmen. 3. Du wirst ein Schmuckstück sein in der neuen Welt. *Ich will auf ihn schreiben . . .:* Die bleibende Zugehörigkeit zu Gott, zur neuen Stadt, zu Jesus wird verläßlich in Aussicht gestellt, »schriftlich gegeben«. »Oh, es überlasse sich jeder mit ganzer Kraft den siegreichen Worten des Herrn Jesus!« (Bengel)

g. **3,14-22 (Laodicea) Werde wieder brennend für Jesus!** 14 *Laodicea,* die südöstlichste der sieben Städte, am Lykosfluß in Phrygien gelegen, Schnittpunkt zahlreicher Handelsstraßen. Ihre Lage und Wirtschaft machte ihre Einwohner reich: Eine blühende Leinen- u. Wollwarenindustrie brachte ein berühmtes Bankwesen in die Höhe. Eine ärztliche Akademie regte die Herstellung von medizinischen und kosmetischen Artikeln an, die ins ganze Römische Reich ausgeführt wurden. An diese hervorstechenden Merkmale der Stadt knüpft der Brief an die dortige Gemeinde an, die, in einen elenden geistlichen Zustand versunken, die härtesten Tadel- und Drohworte empfängt, aber auch die der innigsten Werbung und der größten Verheißung. Die Gemeinde war noch während der Zeit des Paulus wohl durch seinen Schüler Epaphras (Kol 4,13) gegründet worden. Sie war Mitempfängerin des Kolosserbriefes (Kol 4,16). Um so schmerzlicher der Abfall innerhalb weniger Jahrzehnte in Richtung einer selbstzufriedenen Angleichung an ihre heidnische Umgebung, wohl im Zusammenhang mit dem Wohlstand der Stadt, an der sie teilhatte. Von Verfolgung ist nicht die Rede, das Lob fehlt völlig. Aber die Liebe des erhöhten Hirten (1,5) liegt darin, daß er diese Gemeinde noch anredet, um sie wirbt - auch mit der Androhung der endgültigen Trennung. Vielleicht das eindrücklichste und dringlichste (letzte!) der Sendschreiben, der gewaltige Abschluß der Reden des erhöhten Herrn und Richters an seine Gemeinde vor seiner Wiederkunft.

14 *Der Amen heißt, der treue und wahrhaftige Zeuge:* Gleichsinnige Ehrennamen Gottes und Jesu (Jes 65,10; 1Kor 10,13; 2Kor 1,20), die die unbedingte Verläßlichkeit seines Wortes in Gericht und Heil bezeugen. *Der Anfang der Schöpfung Gottes* (Kol 1,15f): Also nie ein Stück der Schöpfung, das man als »auch etwas« behandeln oder auf die Seite legen kann, sondern der, an dem niemand vorbeigehen und vorbeileben kann, ohne ewig Schaden zu nehmen. 15 *Weder kalt noch warm* (wörtl.: heiß): Vgl. Mt 24,12; Röm 12,11. Jesus hat Anspruch auf eine brennende Liebe. Dann eher noch eine klare Ablehnung als eine unentschiedene, bequeme Gleichgültigkeit und Scheinzugehörigkeit. »Leute, die sich schon lange Zeit haben von dem Herrn Jesus ein Liedlein nach dem andern vorsingen lassen und doch zur Kraft der Gottseligkeit nicht gelanget sind, die kommen nicht leicht zu etwas Besserem« (Bengel). 16 *Will auch ich dich ausspeien* (wörtl.: erbrechen): Eines der härtesten Worte aus seinem Munde, Androhung der ewigen Trennung, des ewigen Draußen (Lk 13,25-28; Offb 21,8), aber gerade in seiner Härte ein letzter, werbender Anruf seiner Barmherzigkeit. 17 *Ich bin reich:* Der äußere und erst recht der eingebildete innere Reichtum machen selbstzufrieden und blind für die eigene wesentliche Armut und Blöße; vgl. Mt 19,23f; Lk 6,24; 1Kor 4,8; Jak 1,11; 1Tim 6,9ff. »Wenn oft sonst nichts mehr von einem eigentlichen Leben vorhanden ist, so bleibt häufig ein Selbstgefühl oder der Selbsttrost auf

Grund vergangener Lebensanfänge« (Blumhardt). **18** *Ich rate dir:* Gütiges, nicht befehlendes Helfenwollen von einem, der wie ein erfahrener Arzt mit einem Kranken redet. *Gold* galt als der wertvollste irdische Stoff und ist darum Bild für das, was noch wertvoller ist, noch nötiger für den Menschen (Ps 19,11; 1Petr 1,7), letztlich: für Gott selber (Hi 22,25), und eine wirkliche Gemeinschaft mit ihm, die in allen Krisen des Lebens und der Welt sich bewährt; vgl. Lk 12,21; 2Kor 8,9; s. auch Jes 55,1-3. *Weiße Kleider* (vgl. Mt 22,11; Röm 13,14; Gal 3,27; Kol 3,10): das neue Wesen, das Jesus mit der Vergebung schenkt, die Gerechtigkeit des Glaubens, er selber und seine Art. *Augensalbe... damit du sehen mögest* den eigenen Zustand, die eigene Gefährdung, aber auch das Angebot und die Verheißung Jesu; vgl. Mt 5,3; 7,3ff; 6,22; Eph 1,18; 1Jo 2,11; Jak 1,10; 1Tim 6,6ff. *Von mir:* im Sinne von Mt 7,7. »Er gibt alles her, was man nur von ihm annehmen mag. Nur Eins ist, das man ihm geben muß, das Herz« (Bengel). **19** *Weise ich zurecht* (Spr 3,12): Im Sinne des barmherzigen Aufdeckens der wirklichen Lage. *Züchtige ich:* Im Sinne der liebenden Erziehung (1,5). *Eifrig:* Es geht um den rechten Eifer, der in ihm, dem Herrn und Richter und Erlöser, brennt (Joh 2,17; 2Kor 7,4; 11,2), der Eifer um die Ehre Gottes, um das eigene Heil und die Rettung der Verlorenen. Vgl. auch Jes 9,6; Tit 2,14; 1Petr 3,13. **20** *Siehe, ich stehe vor der Tür ...:* Möglicherweise beziehen sich dieser und die nächsten Verse, als Abschluß, auf alle Gemeinden, auf alle Hörer und Leser des Wortes; ganz gewiß aber ist es noch einmal ein Wort der herzlichen Werbung und zugleich der einzigartigen Hoheit dessen, der hier redet und einmal in göttlicher Macht kommen wird (19,11ff) allen gegenüber, die in Gefahr sind, ihn zu überhören, ihn »draußen vor der Tür« stehen zu lassen wie die Leute von Laodicea: »Lasset mich doch herein zu euch! Machet nicht ohne mich fort!« (Blumhardt). *Das Abendmahl mit ihm halten:* Die jetzt noch verhüllte, aber wirkliche, alles Kommende in sich schließende Gemeinschaft mit ihm selber liegt in der Tischgemeinschaft mit ihm, die in unseren Abendmahlsfeiern ihren leibhaftigen Ausdruck findet. **21** *Wer überwindet...:* Die größte und kühnste, kaum faßliche Zusage - gerade in diese Gemeinde hineingerufen; vgl. 1Kor 6,2; Offb 20,4.6; 22,3. »Gesiegt soll werden vom Heiland. Gesiegt soll werden von seiner Gemeinde. Die Welt und alles, was im Himmel ist und auf Erden und unter der Erde, muß unter seinen Fuß gebracht werden« (Blumhardt).

4-5 Der Thronende und das Lamm

Nun erweitert sich die Schau des Johannes: Nachdem er in den ersten Kap. den erhöhten Herrn gesehen hat, der seiner bedrängten und versuchten Gemeinde nahe ist und ihr durch den Seher ein persönliches Wort der Ermutigung und Zurechtbringung sagen läßt (1,19: »was ist«), wird ihm jetzt gezeigt und in den kommenden Kap. berichtet, »was geschehen soll danach« (1,19): der dramatische Ablauf der Weltgeschichte zum Ende hin, auf den Sieg Gottes zu und dessen Folgen (Kap. 6-22). Bevor er selber und seine Zuhörer die Abfolge dieser endzeitlichen Gerichte mit ihren Schrecken und ihrer Unruhe miterleben muß, darf und muß er und jeder, der in dieses Geschehen hineingenommen ist, einen Blick tun in den Himmel, damit ihm zuvor die letzte, eigentliche und bleibende, alles entscheidende Wirklichkeit bewußt wird, die über allem, was auf dieser Erde geschieht, feststeht: in heiliger Distanz und Unabhängigkeit und doch gleichzeitig zuinnerst an allem beteiligt und am Werk. Dann läßt sich das Kommende auch in all seiner Furchtbarkeit ertragen und das Ziel erwarten und dazwischen immer wieder das Lob und die Anbetung Gottes wagen.

Die beiden Kap. 4 u. 5 gehören eng zusammen und zeigen uns den unerschütterten Ausgangsort aller Schöpfung, alles Geschehens, von dem her dann auch das Ziel bestimmt und erreicht wird: der thronende Herr und Schöpfer und sein Sohn, der als geopfertes Lamm allein würdig ist, seinen Plan mit der Schöpfung hinauszuführen. Was Johannes schauen und weitergeben darf, ist eine Vorwegnahme der erfüllten Verheißung des »Schauens Gottes« aus Mt 5,8, die der Gemeinde Gottes, je mehr sich die Schöpfung dem Ende nähert, immer nötiger ist.

4,1-11 Der Thronende und seine Umgebung

1 *Danach sah ich:* Diese Wendung kündigt immer einen Einschnitt an; hier (s.o.) zunächst den Blick in den Himmel. *Eine Tür war aufgetan im Himmel:* Die sonst dem Menschen noch verschlossene Wirklichkeit der Gotteswelt wird sichtbar. »Der unsichtbare Hintergrund der Weltgeschichte tut sich auf« (J. T. Beck). *Die erste Stimme:* S. 1,10. *Steig herauf:* Der Abstand zwischen Himmel und Erde wird betont. **2** *Vom Geist ergriffen* (s. 1,10): Nachträgl. Erklärung von 4,1. *Ein Thron:* Ähnlich wie Johannes 1,12 zuerst die Leuchter sieht, so hier zuerst den Thron. Das Kommende ist eine Steigerung, das Eigentliche. *Auf dem Thron saß einer:* In abgelegenen Städten des Römerreiches waren leere Throne aufgestellt, die an den Kaiser in Rom erinnern sollten und Verehrung genossen. Hier aber ist der Thron, der einzig wirkliche und bleibende Thron, besetzt von dem, der über alles Herr und Richter ist. Johannes scheut sich im ganzen Kap., den Namen Gottes auszusprechen: Nur die himmlischen Anbeter (V. 8.11) nehmen Gottes Namen in den Mund. Über allen besetzten und immer wieder und zuletzt leeren Menschenthronen, ja über dem unheimlichen Thron Satans (2,12) steht der von Gott besetzte Thron im Himmel in unnahbarer Erhabenheit und ewiger Dauer; vgl. auch Ps 33,14; Jer 17,12 u. Offb 22,3.

3 *Jaspis:* weiß leuchtend. *Sarder:* rot schimmernd. *Regenbogen:* 1Mo 9,12-17. Gottes Friedens- und Heilswillen ist unlösbar von ihm. *Smaragd:* grünglänzend; vgl. Hes 1,26-28; Ps 104,2; Jak 1,7; 1Jo 1,5. 4 *Vierundzwanzig Älteste:* entweder die je 12 Vertreter des atl. und ntl. Gottesvolkes (vgl. Eph 2,20) oder die der atl. Ordnung (1Chr 24,5ff) entsprechenden himmlischen Priesterklassen; auf jeden Fall Menschen (trotz 7,14) ganz in der Nähe Gottes, selber auf Thronen, d.h. an seiner Herrschaft beteiligt; Ps 8,2; Offb 3,21. Gott will nicht allein sein; 1Mo 1,26; Offb 21,3. *Weiße Kleider:* die Kleidung der Erlösten; 3,18. *Goldene Kronen:* Hinweis auf das Mitherrschen; vgl. 1,6; 22,5. 5 *Blitze, Stimmen und Donner und sieben Fakkeln:* In das bisherige Bild erhabener Ruhe kommt machtvolle Bewegung: Zeichen für die überlegene Wirkungsmächtigkeit Gottes in seine Schöpfung hinein; vgl. 2Mo 19,16; Joh 5,17; Röm 11,36. 6 *Wie ein gläsernes Meer:* Vgl. 1Mo 1,6; Hes 1,22.26. Zunächst Bild für das leuchtende Himmelgewölbe als Throngrund; dann aber wohl auch dafür, daß sich vor Gott kein Dunkel und Aufruhr in seiner Schöpfung (besonders in der Völkerwelt; Ps 93,4) halten kann. Alles ist zur Ruhe gekommen und durchsichtig geworden. *In der Mitte:* In der nächsten Thronumgebung, vielleicht an den vier Ecken. *Vier himmlische Gestalten voller Augen:* Vgl. Hes 1,5.18; 2Chr 16,9. Engelwesen, die an der Allwissenheit Gottes teilhaben. 7 *Die erste Gestalt:* Im Unterschied zu Hes handelt es sich hier um vier verschiedene Wesen, Repräsentanten der Schöpfung (fleisch- u. pflanzenfressende Tiere, Menschen und Vögel) und gleichzeitig der Wesensart Gottes. 8 *Sechs Flügel:* Vgl. Jes 6,2. *Keine Ruhe:* Eine heilige Ruhelosigkeit im Sinne der ununterbrochenen Anbetung Gottes. *Heilig, heilig, heilig:* Vgl. Jes 6,3; 2Mo 3,14; Offb 1,4.8. Der anbetende Hinweis auf die Weltüberlegenheit Gottes (vgl. d. erste Vaterunserbitte) ist Mitteilung und Aufruf an die Mitgeschöpfe (V. 9) und Absage an die gotteslästerliche Anrede an den Kaiser Domitian: »Unser Herr und Gott!« 10 *Legten ihre Kronen nieder:* Ausdruck des demütigen Wissens, daß sie alles Gott verdanken, der willigen Unterwerfung und zugleich Protest gegen diese Geste in der damaligen Welt vor irdischen Herren. *Du hast alle Dinge geschaffen:* Urbekenntnis des wissenden Geschöpfes vor seinem Schöpfer, Anerkenntnis der ihm gebührenden und von der Welt vorenthaltenen Ehrung. »Wir sollen hier lernen, was wir für einen großen Gott haben, und uns von ganzem Herzen demütigen« (Bengel).

5,1-14 Das Lamm und das siebenfach versiegelte Buch

Wie unlösbar die beiden Kap. 4 u. 5 der Offb zusammengehören als ihr Herzstück, wird deutlich nach dem 4. Kap., das die Einzigkeit und Erhabenheit Gottes, des Schöpfers und Herrn seiner Schöpfung, bezeugt und zu seiner Anbetung hingeführt hat, ja ganz davon durchtränkt ist. Sowohl von der Theologie des Johannes wie auch von der Lage der Erst- und aller weiteren Empfänger des Buches, ja vom Zustand dieser Welt, vom »Seufzen der Kreatur« her, schreit das 4. Kap. geradezu nach einer Fortsetzung, die es ergänzt und hinausführt: Der Gott des Johannes ist immer verbunden mit Jesus, dem Christus (1,1), dem Sohn (2,18), besonders dem Lamme (von 5,6 bis 22,3 an vielen Stellen). Kap. 4 war Jesus mit keinem Worte erwähnt. Um so mehr tritt er Kap. 5 in Erscheinung als der, durch den Gott seinen Ratschluß, seinen Heil- u. Herrschaftswillen hinausführt: Zu tief klafft der Abgrund zwischen der erhabenen Herrlichkeit des Thronenden und seiner Umgebung (Kap. 4) und all dem, was hier auf dieser Erde geschieht und geworden ist und - scheinbar - ohne Wende weitergeschieht, vielleicht zu einem trost- u. sinnlos-schrecklichen Ende hin. Unternimmt er nichts gegen die Entehrung seines Namens, gegen die Verderbnis seiner Schöpfung, begnügt er sich mit seiner Andersartigkeit und Herrlichkeit und Entferntheit von seiner aufrührerischen Schöpfung? Die Antwort darauf gibt Kap. 5 und die darauf folgenden bis hin zu den letzten Kapiteln, die von der erlösten und erneuerten Schöpfung berichten.

1 *In der rechten Hand,* der Wirk-Hand, die nach jüdischer Anschauung seit der Zerstörung Jerusalems scheinbar untätig auf dem Rücken Gottes ruht. *Buch* meint eine Pergament-Schriftrolle *beschrieben innen und außen:* Die Beschriftung auf der Außenseite wiederholt das im Innern Geschriebene als Bestätigung der Verläßlichkeit. *Versiegelt mit sieben Siegeln:* Rechtsurkunden, besondere Testamente, die in endgültiger Form durchdacht, beschlossen und abgefaßt waren, erhielten ein siebenfaches Siegel. Hier handelt es sich um den Plan Gottes (Jes 28,29) zur Wiederherstellung seiner Ehre und Herrlichkeit inmitten seiner Schöpfung und zugleich zur Rettung und Heilung dieser Schöpfung; vgl. Jes 45,22ff. 2 *Stark:* Seine Stimme muß alle Schöpfungs-

räume durchdringen. *Wer ist würdig?* Die Würdigkeit ist der Fähigkeit vorgeordnet als ihre wichtigste Voraussetzung. *Das Buch aufzutun:* Den Gottesplan hinauszuführen, Gottes Herrlichkeit auszubreiten und die Schöpfung wieder zu heilen. **3** *Niemand, weder im Himmel* (2Mo 20,4; Phil 2,10): Kein Engel, keine himmlische Throngestalt, kein Mensch oder irdischer Herrscher (»das vernichtende Urteil über alle politischen Messiasse« - Stauffer), kein Toter, auch kein Patriarch oder Prophet und erst recht kein Teufel, soviel er sonst durcheinanderzubringen vermag als »der Fürst der Welt«. **4** *Ich weinte sehr:* So sehr leidet der Seher unter dem Zustand der Welt trotz seiner Zugehörigkeit zu Jesus. **5** *Einer der Ältesten,* der mehr weiß als sein Bruder »im Fleisch«. *Es hat überwunden:* Feststellung von etwas bereits Geschehenem (Joh 16,33; 19,30). Der entscheidende Sieg Jesu ist seit Golgatha errungen und damit die Voraussetzung geschaffen für die Eröffnung der Siegel, für die Heraufführung des Endsieges. *Der Löwe aus dem Stamm Juda:* Vgl. 1Mo 49,9. *Die Wurzel Davids* (Jes 11,1.10), nicht nur der Sproß! Messianische Bilder des AT und der jüd. Erwartung eines gottgesandten nationalen Herrschers werden auf Jesus übertragen, für ihn beschlagnahmt und neu gefüllt. **6** *Und ich sah* jetzt erst! *Mitten zwischen dem Thron und den vier Gestalten* - also am allernächsten bei Gott selber *und mitten unter den Ältesten* als der Herr der Gemeinde *ein Lamm stehen* - also lebendig, durch die Auferweckung wieder aufgerichtet *wie geschlachtet* (Jes 53,7; Joh 1,29.36; 1Kor 5,7). *Sieben Hörner:* Zeichen der göttlichen Machtfülle: Vgl. 5Mo 33,17. *Sieben Augen:* Zeichen der göttlichen Allwissenheit (Sach 4,10). *Die sieben Geister Gottes* (vgl. 1,4) stehen dem Lamm zur Verfügung (vgl. Joh 16,7f; 1Kor 3,17). **7** *Es kam:* Joh 5,19.30; 8,28 gelten auch jetzt noch. *Und nahm:* Vgl. Dan 7,13.14. »Mit dem Buch ist das Ende und die ganze Welt in seiner Hand« (Pohl). Nachdem er durch sein Lebensopfer die Schuldfrage gelöst hat, darf er jetzt im Auftrag und in der Vollmacht Gottes die Machtfrage (Karl Heim) lösen: Der Löwe, der sich als Lamm zerreißen ließ, liebt die, für die er starb, über die er herrschen darf. »Auf ihn ist unsere ganze Hoffnung gestellt« (Bengel). **8** *Eine Harfe und goldene Schalen voll Räucherwerk,* die jetzt auf Erden noch die Huldigungen für irdische Herrscher begleiten. *Die Gebete der Heiligen* (Ps 141,2): Betend darf die irdische Gemeinde mitwirken und dabeisein bei den himmlischen Lobgesängen. **9** *Ein neues Lied,* das immer an Gott oder das Lamm gerichtet ist (Ps 33,3; Offb 14,3 u.a.), weil er etwas Neues, Großes, Rettendes getan hat. *Du bist würdig:* Du allein, aber du wirklich. *Du bist geschlachtet:* Besser, du hast dich schlachten lassen. Sein Kreuzestod war nicht sein Verhängnis, sondern seine Tat; vgl. Joh 10,18; Hebr 10,9. *Erkauft* aus der Sklaverei der Sünde und des Todes durch das Lösegeld (Mt 20,28), seines Lebensopfers nach dem heiligen Muß der göttlichen Gerechtigkeit (Mk 8,31; Lk 24,26; Hebr 9,22). *Aus allen Stämmen:* Aus der zerrissenen Menschheit (1Mo 11) schafft sein blutiges Lebensopfer den Anfang eines neuen Gottesvolkes (Apg 2,9ff.22ff). Golgatha ist Auftrag und Inhalt der Völkermission. **10** *Könige und Priester:* S. 1,6. *Sie werden herrschen auf Erden:* Vgl. 20,6; 22,5. Manche Hss. haben sogar »herrschen« (Gegenwartsform), wohl entspr. »zu Königen . . . gemacht«. Dies wäre ein vorwegnehmender Ausdruck der Gewißheit des Kommenden. **11** *Viele Engel:* Der Kreis der Anbetenden erweitert sich, das Lob des Lammes steckt an und ergreift die ganze Himmelswelt mit ihren unübersehbaren Heeren *(vieltausendmal tausend),* die in ihrer großen Überzahl die kleine Zahl der irdischen Gemeindeglieder, die erdrückende Zahl derer, die auf Erden dem Lamme das Lob noch verweigern, zurechtrückt. **12** *Das Lamm:* Sie reden in der 3. Pers. (4,8), nicht weil sie nicht die Erlösten des Lammes sind, sondern um die übrigen Geschöpfe (V. 13) zum Lobe aufzurufen. *Kraft, Reichtum, Weisheit, Stärke* von Gott her, *Ehre, Preis, Lob* von den Geschöpfen her, ihm zugedacht und übergeben. **13** *Jedes Geschöpf:* eine Vorwegnahme des Letzten; vgl. Ps 145,9f; 148; Phil 2,10. *Dem, der auf dem Thron sitzt und dem Lamm:* Durch das Lamm handelt der Thronende in göttlicher Einheit auf das Ziel der Weltvollendung zu. *Von Ewigkeit zu Ewigkeit:* Das Erlösungswerk Gottes durch das Lamm wird nie hinfällig werden. Darum ist die ganze Schöpfung zuletzt vereinigt zum Lobe Gottes und des Lammes: »Die Geschichte der Welt und der ganzen Schöpfung wird enden in dem nicht endenden Lobgesang der ganzen Kreatur, die heimgefunden hat« (Hartenstein).

6,1-19,10 Die Vorbereitung der Herrschaftsübernahme auf der Erde durch Jesus Christus

6,1-17 Die sechs ersten Siegel

Von der erhabenen Ruhe und Majestät der Kap. 4 u. 5, von den Lobgesängen und Entscheidungsvorgängen im Himmel, geht es nun in die eigentliche Schilderung der Endgeschichte (Kap. 6-19) zurück zur Erde: Bilder der Unruhe und Schrecken, der Zerstörung und zunehmenden Auflösung wechseln freilich immer wieder mit ganz anderen, den Durchblicken zum Himmel und zur Vollendung hin. Deutlich wird, daß die Endezeit dieser Erde, die mit der Kreuzigung, Auferweckung und Himmelfahrt Jesu von Nazareth begonnen hat, nicht eine Aufwärtsenwicklung ist, sondern ein Gang in immer größere Katastrophen hinein. »Das Ende der Weltgeschichte und der Menschheit ist kein Idyll, sondern eine Katastrophe« (Martin Kähler). Die Lösung der sieben Siegel bedeutet die Auflösung der Lebensmöglichkeiten und -ordnungen auf dieser Erde, ja bis in den Kosmos hinein - aber auch Freigabe und Freiwerden für das große Neue. Dies alles geschieht nach einem göttlichen Plan, dessen Auslösung und Verwirklichung dem gekreuzigten und erhöhten Jesus übertragen ist. Der Gekreuzigte ist der Herr, so sehr andere Herren und Mächte zu bestimmen scheinen. Das geschlachtete Lamm bestimmt heimlich schon jetzt die Weltgeschichte: Er, der um der Sünde der Menschen willen geopfert wurde, hat das Recht, die Schöpfung von der Sünde zu befreien. Vorher aber muß sie ausreifen und in ihrer ganzen verheerenden Furchtbarkeit offenbar werden. »In der geschichtlichen Gestalt des gekreuzigten Gottessohnes faßt sich der Sinn der Weltgeschichte zusammen« (Lilje); vgl. dazu Ps 75,3; Jes 24,53; Joh 5,22. Unter den Gerichten Gottes enthüllt sich letztlich sein Heilsratschluß, der am Tag Jesu Christi offenbar wird, der jetzt schon auf diese Zukunft verborgen hindrängt.

1 *Das Lamm:* Jesus löst die letzten Geschichtskatastrophen aus; vgl. 5,6.7. Aber er tritt zunächst nicht in Erscheinung vor seiner Wiederkunft. *Das erste der sieben Siegel:* Die sieben Siegel enthalten die Fülle der Gottesgeschichte bis zur Herrschaftsübernahme durch Jesus; vgl. 3Mo 26,17ff. Das letzte Siegel (8,1) schließt die sieben Trompentengerichte (Kap. 8 u. 9) in sich, deren letztes die abschließende, sich in Steigerungen vollziehende Reihe der Schalengerichte nach sich zieht (15,7-16,20). Insofern sind die ersten sechs Siegel ein Warnungssignal, ein freilich immer unheimlicher werdendes Vorzeichen vor dem immer stärker auf die Welt zukommenden Letzten; vgl. Mt 24,8. *Eine der vier Gestalten:* Gottes Wille und Macht, nicht der Widersacher treibt die Geschichte voran und ihrem Ziel zu. *Donnerstimme,* hinter der Gott steht; vgl. 2Mo 19,16. *Komm!* Los! Jetzt ist deine Zeit! 2 *Weißes Pferd:* des siegreichen Eroberers. *Der darauf saß:* Manche Ausleger denken von 19,11ff her an Jesus, den heimlichen, zunächst noch verborgenen Sieger der Weltgeschichte und kommenden König der Erde. Diese Deutung scheidet aus, weil ja Jesus, das Lamm, diese Siegel geöffnet hat (V. 1). Andere denken an den Siegeslauf des Wortes Gottes zwischen Himmelfahrt und Wiederkunft Jesu (Mk 13,10). Dagegen spricht einmal der *Bogen,* der ein Gerichtswerkzeug Gottes ist (1Mo 9,13; hier ist er auf die Seite gestellt; 5Mo 32,23.42; Hes 39,3) wie auch die Zusammengehörigkeit der ersten vier Reiter als Unheilsmächte. Entweder stellt der erste Reiter einen äußeren Feind dar, etwa die Rom dauernd beunruhigenden Partherheere, und damit den Völkerkrieg oder wohl eher - als Gegenspieler und Nachäffer Gottes und Jesu - den Teufel als den Fürsten der Welt (Joh 14,30), den »Mörder von Anfang an« (Joh 8,44) oder seinen Antichrist, der sich immer mehr in die Weltgeschichte »sieghaft« vordrängend als der große Eroberer und Sieger der Weltgeschichte aufspielt und doch ganz Christus, dem letzten Sieger, untersteht (5,5 u. 6,1), auch schon vor seiner endgültigen Ausschaltung (19,20). »Das ist das Furchtbare am Antichrist, daß er Christo so ähnlich ist« (Bezzel); vgl. auch Mk 13,5.6 u. Joh 5,43 mit Offb 5,5. 4 *Den Frieden von der Erde nehmen:* Vgl. Mk 13,7. *Untereinander:* vielleicht Hinweis auf Bürgerkrieg. *Großes Schwert:* überhandnehmende Aufrüstung. 6 *Waage:* Zeichen der Rationierung und Teuerung. *Ein Maß Weizen:* eine Tagesration für einen Erwachsenen. *Silbergroschen:* Tageslohn eines Arbeiters. *Gerste:* eigentlich Pferdefutter, jetzt als Menschennahrung nötig geworden, darum ebenfalls 8-12fach verteuert. *Öl und Wein:* vielleicht als Luxusnahrung zu deuten, zumal in Jahren einer schlechten Getreideernte eine gute Weinernte erwartet wird; Hinweis auf soziale Spannungen. Eher aber eine Verheißung für die Christen: Öl (zur Salbung) und Wein (zum Herrenmahl) bleiben erhalten und damit der Gottesdienst. 8 *Der Tod* als der, der die Opfer der anderen Reiter einsammelt. *Hölle:* Totenwelt, gleichsam als Schleppnetz. *Macht über den vierten Teil der Erde:* große, aber noch nicht restlose Vernichtung. *Schwert und Hunger und Pest und durch die wilden Tiere:* Vgl. Hes 14,21. Die vier ersten Siegelgerichte mit ihren Rossen und Reitern haben Anklänge an Sach 1,8 u. 6,1-3. Doch hier bei Johannes tritt der erdumfassende Gerichtscharakter jedes Rosses bzw. Reiters klarer hervor. 9 *Das fünfte Siegel* gehört einerseits in die Reihe der von Jesus angekündigten Endzeitzeichen (Mt 24,9) hinein, stellt aber auch eine für die Offb typische Unterbrechung dar, die der Tröstung und Stärkung der bedrohten Christen dienen soll. *Unten am Altar die Seelen:* im Himmel. So wie das Blut der Opfertiere, in dem die Seele und das Leben enthalten sind, nach 3Mo 17,11, am Brandopferaltar im Tempel ausgeschüttet wurde, um Gott zu ehren, so darf die Gemeinde wissen, daß das irgendwo auf Erden vergossene Märtyrerblut gesammelt und vor den himmlischen Altar gebracht wird und die Getöteten darum dort, ganz in der Nähe Gottes, weiterleben dürfen, geborgen für immer. 10 *Sie schrien mit lauter Stimme:* Zeichen ihres Lebendig- und

Wachseins für Gottes Ehre und ihres leidenschaftlichen Verbundenseins mit seiner Sache. *Herr, du Heiliger und Wahrhaftiger:* Daran zweifeln sie nicht, *daß* er Wort hält. *Wie lange:* Sehnsuchtsschrei der Frommen, nicht nach Rache, sondern nach der Durchsetzung seiner Gerechtigkeit und nach der Vollendung seiner Herrschaft über alle seine Widersacher; vgl. 1Mo 4,10; Ps 79,5; Jes 51,9; Hab 1,2f. Sie erinnern Gott an sich selbst; Röm 12,19; 5Mo 32,43. **11** *Einem jeden ein weißes Gewand:* Des Siegers und der Anerkennung vor Gott, auf die allein alles ankommt; vgl. Mt 10,32. *Ihnen wurde gesagt:* Zusage, aber auch Aufschub. Auch die jenseitige Welt ist auf »Geduld« gestellt. *Bis vollzählig:* Die Vollzahl, die Gott selber festsetzt, ist ein Ausdruck des heiligen »Muß«, ein Stück seines göttlichen Planes, dem sich zuvor Jesus selber unterworfen hat; vgl. Lk 24,26; Kol 1,24; 2Petr 3,9. Die Erfüllung kommt rechtzeitig: 18,20; vgl. Hab 2,3. **12** *Ein großes Erdbeben:* Vgl. Mt 24,7; Am 9,5; Jes 24,19.20; Hebr 12,26ff. *Die Sonne wurde finster:* Vgl. Mt 24,29f; Joe 2,10; 3,4; Jes 13,10; Hes 32,7.8; Apg 2,20. Die ganze, dem Menschen bisher Geborgenheit und Ordnung schenkende irdische und außerirdische Schöpfung (1Mo 1,14ff) gerät in Erschütterung und Auflösung. **13** *Die Sterne* geraten aus ihrer Bahn. *Wie ein Feigenbaum:* Die Gestirne sind nicht Götter, sondern völlig abhängige Geschöpfe. **14** *Der Himmel wich:* Vgl. Ps 102,26ff; Hebr 1,12; Offb 16,26 u. 20,11. *Alle Berge und Inseln:* Vgl. Ps 36,7; 46,3; 97,5; Jes 2,14; 54,10. Alles Schützende und Feste enthüllt sich in seiner geschöpflichen Vorläufigkeit und Endlichkeit. **15** *Die Könige auf Erden:* Vgl. Ps 2,2. *Und die Großen:* Alle Gesellschaftsschichten (vgl. auch Jes 24,2ff), besonders aber die Mächtigen und Einflußreichen, die sich bisher sicher und überlegen wähnten und gaben, werden in ihrer Sicherheit getroffen (Jes 2,10; Jer 4,29) und suchen Zuflucht, wo keine mehr ist; vgl. 12-14. **16** *Fallt über uns und verbergt uns:* Lieber werfen sie sich der Katastrophe als dem bisher verachteten Gott in die Arme! Lieber sterben als Gott begegnen müssen! Aber sie ahnen die Aussichtslosigkeit dieser Flucht; vgl. Ps 139,7ff. *Vor dem Zorn des Lammes:* Wie alles andere, so teilt Gott mit dem Lamm auch seinen Zorn, sein heiliges, leidenschaftliches Nein zu allem Widerstand des Geschöpfes, das freilich im Dienste seines großen Ja steht; vgl. Kap. 21 u. 22. Es ist die gehorsame Entschlossenheit des Sohnes und Erlösers, den übernommenen Auftrag zu Ende zu führen; vgl. Joh 2,13ff; Mt 5,29f; Mt 10,34. **17** *Es ist gekommen:* Vgl. Joe 2,11; Zeph 1,11. Die Langmut Gottes (2Petr 3,9f; Hebr 10,31) ist begrenzt. Das Versöhnungswerk seines Sohnes wird ergänzt durch sein Gerichtshandeln; vgl. Joh 5,22.27; 2Kor 5,10; Hebr 9,27-28. *Wer kann bestehen?* Diese Frage aller Fragen beantwortet Kap. 7.

7,1-17 Zwischenschau auf die Gemeinde der Versiegelten und Erlösten

Der Inhalt dieses Kap. ist einerseits eine Unterbrechung zwischen Kap. 6 u. 8 (6. u. 7. Siegel), ein Zwischenblick auf das Gottesvolk vor und nach der endzeitlichen Drangsal und Bewährung, andererseits aber die unmittelbare, dem Seher und jedem Glied des Gottesvolkes unbedingt nötige Beantwortung der 6,17 gestellten Frage: Wer kann bestehen? Die Gemeinde Jesu muß durch eine doppelte Bedrohung hindurch: Als Glied der gerichtsreifen Menschheit hat sie teil an den göttlichen Gerichten (freilich ist sie darin auch geheimnisvoll geschützt; vgl. z.B. 9,4), und als Ausgesonderte, Herausgerufene Gottes und seines von der Welt verworfenen Sohnes ist sie von dieser zusätzlich abgelehnt und ihr verhaßt. Darum muß jetzt, von Johannes gleichsam herbeigesehnt, eine Klärung der Frage erfolgen, ob und wie sie dieser Doppelbelastung gewachsen ist, der sie entgegengeht. Die Antwort ist eine tiefe Tröstung und starke Ermutigung, durchzuhalten um jeden Preis. Der seelsorgerliche Grundton der Antwort ist die Zusage des guten Hirten Joh 10,28.

1 *Danach:* Nicht so sehr ein zeitlicher, sondern sachlicher Einschnitt. *Vier Engel* als Boten und Werkzeuge Gottes. *Vier Ecken der Erde:* Dahinter steht die antike Vorstellung von der Erde als großem Quadrat. *Die vier Winde:* Zerstörende Gewalten; vgl. 14,12; 16,5; Dan 7,2; vgl. auch 6,13. *Hielten fest:* Vgl. 2Thes 2,6. Gott sorgt immer wieder für Verzögerungen des Endes, für Atempausen seiner Gerichte, die mit einer göttlichen Absicht verbunden sind. *Baum:* An ihm läßt sich die Windstille vor dem Sturm besonders gut ablesen. **2** *Vom Aufgang der Sonne her:* Der Osten, Ort des Sonnenaufgangs, des Paradieses, der Messiaserwartung ist Zeichen des Heiles Gottes. *Das Siegel des lebendigen Gottes:* Ein Siegelring. *Mit großer Stimme:* Im Auftrag und in der Überlegenheit Gottes. *Gegeben war:* Von Gott her, der Herr seiner Schöpfung ist, auch in ihrer Auflösung. **3** *Bis wir versiegeln:* Vgl. Hes 9,4; Gal 6,17; Eph 4,30; 2Tim 2,19. Die Versiegelung bedeutet Eigentumskennzeichnung und damit Schutz. Nicht Verschonung und Erleichterung, wohl aber Bewahrung in der Drangsal durch die göttliche Erwählung und Treue; vgl. Phil 1,6. Auch das Tier versieht seine Anhänger mit einem Zeichen (vgl. 13,16 u.a.), das freilich zuletzt nicht Schutz, sondern Verderben nach sich zieht (19,20 u. 20,4). *An ihren Stirnen:* Vielleicht ein Hinweis darauf, daß sie in ihrem Denken bewahrt bleiben vor der Verführung und

Einschüchterung. Auf jeden Fall gilt: »Die Gemeinde der Glaubenden ist eine Gemeinde der Gezeichneten« (Michel). *Die Knechte unseres Gottes* meint das gesamte Gottesvolk, nicht nur die Märtyrer, freilich auch nicht die bloßen »Mitläufer«: Keine Gleichsetzung mit einer großen Volks- oder Staats- oder Freikirche, aber auch nicht mit einer kleinen, selbstgeschaffenen Auswahlgemeinde. **4** *Ich hörte die Zahl:* Sie wird ihm genannt, nicht vorgezählt - oder gezeigt! *144.000:* Wie die meisten Zahlen der Offb keine Zähl-, sondern Zeichenzahl: 12 mal 12 (Zahl des erwählten Gottesvolkes) mal 1000 (= 3 - Zahl Gottes - mal mit sich selber vervielfältigter 10 - Zahl der Völker): Es handelt sich um das neue Gottesvolk, aus allen Völkern der Menschheit (V. 9) von Gott ausgewählt und gekannt, jedes einzelne seiner Glieder. *Aus allen Stämmen Israels:* Das 12-Stämme-Schema des »alten« Israel ist Grundlage für das neue, aus Juden und Heiden zusammengesetzte, von Gott erwählte, an seinen Sohn Jesus Christus angegliederte (Joh 15) Gottesvolk; vgl. 1Kor 10,1-11.18; Eph 2,20; Jak 1,1; 1Petr 1,1; 2,9. Daß es sich hier nicht um eine judenchristliche Sondergemeinde handelt, geht schon daraus hervor, daß 14,1-5 nichts mehr von den Stämmen Israels erwähnt ist. Außerdem haben alle Glieder des Gottesvolkes die besondere göttliche Erwählung und Versiegelung nötig und auch empfangen. Auch die Reihenfolge der Stämme und ihre Zusammensetzung ist etwas Neues: Nicht Ruben, sondern Juda, der Stamm, aus dem David und Jesus als Messias hervorgegangen ist, führt an. Anstelle des Dan, aus welchem Stamm der Antichrist erwartet wurde, wird Manasse, Josefs Sohn, eingefügt. Paulus redet Röm 9-11 nicht von zwei Gottesvölkern, sondern von der Hoffnung, daß zuletzt ganz Israel in das eine Gottesvolk hineinfindet (11,25ff; vgl. auch Eph 2,14). **4-8** *Versiegelt:* Johannes beobachtet nicht den Vorgang der Versiegelung, auch kann er die Zeichen der Versiegelung so wenig sehen wie ein anderer Mensch, aber er läßt sich sagen und bezeugt es der bedrängten Gemeinde: Der lebendige Gott als der Herr der Welt und seines Volkes kennt jedes einzelne Glied und bewahrt es als sein persönliches Eigentum in allen Versuchungen und Verfolgungen. Damit ist auf die Frage von 7,17 eine erste Antwort gegeben. **9** *Danach:* Dazwischen liegt die ganze Zeit der Bedrängnis der Gemeinde zwischen Himmelfahrt und Wiederkunft Jesu, die sich freilich für Johannes verkürzt darstellt. Ihr letzter Abschnitt, »die große Trübsal« (V. 14) findet sich in der ganzen Zeit wieder und kennzeichnet sie im Innersten, so gewiß die Gemeinde Gottes zu allen Zeiten auf der Erde als Fremdkörper angesehen und zum »Hinausgehen aus dem Lager« aufgerufen wird (Hebr 13,13f) - auch wenn sie das zuweilen übersehen oder verleugnet hat. *Eine große Schar:* Gleichzusetzen mit den 144.000, die mit den Augen Gottes gesehen sind, jetzt mit den Augen eines Menschen, der sich außerstande sieht, so viele zu zählen. *Vor dem Throne und vor dem Lamm:* In der Vollendung, nach allem Kampf und Leiden. *Mit weißen Kleidern:* S. 3,4; 4,4. *Palmen:* Zeichen des Sieges und der Huldigung (vgl. Joh 12,13). **10** *Das Heil:* Die endgültige Errettung wird Gott und dem Lamm allein zugeschrieben; vgl. 12,10; 19,1. **11** *Alle Engel:* Die vollendete Gemeinde darf einmal sich vereinigen mit der himmlischen Welt. **12** *Amen* (am Anfang und Schluß des Lobgesangs) gibt jedem die Gelegenheit der Bestätigung und Einstimmung. So darf sich auch die Gemeinde hier auf Erden, die noch unterwegs ist, als kämpfende und angefochtene in ihrem Amen, in ihren Lobgesängen und Gottesdiensten jetzt schon einfügen in den himmlischen Lobpreis vor Gottes Thron. **13** *Wer sind diese?:* Einleitung einer wichtigen Erklärung; vgl. 17,7. **14** *Aus der großen Tübsal,* durch die sie hindurchgehen mußte; vgl. Dan 12,1; Mk 13,19ff. *Haben ihre Kleider gewaschen:* Geheimnis der Bewahrung und Errettung: die Reinigung und Erneuerung durch die Inanspruchnahme des blutigen Lebensopfers Jesu. Darin erweist sich die Erwählung und Versiegelung. **15** *Vor dem Thron:* Ewiger Ort und Dienst des Gottesvolkes (22,3). *Wird über ihnen wohnen* (wörtl.: *zelten;* vgl. Ps 27,5): Die Geborgenheit wird betont. **16** *Nicht mehr hungern noch dürsten* (Vgl. Jes 49,10; 55,1ff; Ps 121,6; Mt 5,6): Aller Lebenshunger und -durst wird in der Nähe Gottes und in der vollendeten Gemeinschaft mit Jesus gestillt, jede Anfechtung wird für immer vergangen sein. **17** *Das Lamm wird sie weiden:* Vgl. Ps 23; Jer 2,13; Joh 4,10-15; 7,37. *Abwischen alle Tränen* (vgl. Jes 25,6-8; Offb 21,4): Das Volk Gottes, das noch vor der Bedrängnis steht oder mitten drin ist, darf durch diese Zwischenschau aufs Ziel sich seines Gottes und Hirten vergewissern, daß das, was Johannes bereits als Gegenwart gesehen hat, einmal alles andere hinter sich lassende ewige Gegenwart sein wird.

8,1-9,21 Das siebente Siegel und die sechs ersten Posaunen

Nach der Zwischenschau auf das Gottesvolk vor und nach der endzeitlichen Bewährung (Kap. 7) setzt sich das Gerichtshandeln Gottes fort, sich steigernd in den sieben Posaunengerichten, die mit der Lösung des siebenten Siegels freigegeben sind: Nun sind alle Siegel gelöst, die Schriftrolle, die den Plan Gottes enthält, kann jetzt geöffnet werden, Gottes Plan steht jetzt nichts mehr im Wege: Auch von daher haben die »Siegel-Gerichte« vorlaufenden Charakter. Die Schilderung der kommenden Posaunen- und Schalengerichte (Kap. 8 u. 9; 15 u. 16) erinnern zuweilen an die »ägyptischen Plagen« (2Mo 7-10), die der Befreiung des Gottesvolkes aus ägyptischer Knechtschaft vorhergingen und sie ermöglichten. Aber die jetzigen, der Befreiung der Schöpfung vorhergehenden Gerichte haben dementsprechend ein viel größeres Ausmaß und eine andere Tiefe: Sie übergreifen die ganze Erde und ihre kosmische Umgebung und reichen ins Geistige und Unsichtbare hinein. Das macht die Auslegung der Bilder, in denen diese Gerichte vom Seher geschaut und wiedergegeben werden, im einzelnen oft schwierig: Inwieweit sind die Bilder unmittelbar auf die irdisch-außerirdische, sichtbare Schöpfung bezogen, inwieweit sind sie Gleichnis für geistige Vorgänge und unsichtbare Wirklichkeiten? Sicher decken sie beides ab, da die Schöpfung Gottes beides umfaßt - die sichtbare und die unsichtbare Welt - und der Mensch von den Gerichten immer umfassender getroffen wird. Gleichwohl dürfen die Bilder nicht auf ganz bestimmte geschichtliche Ereignisse eindeutig festgelegt werden (etwa einen kommenden Nuklearkrieg): Dies wäre immer kurzschlüssig und würde die Aussage und Verbindlichkeit einschränken. Andererseits drängen sich viele Erscheinungen und Geschehnisse inmitten einer sich immer mehr vom lebendigen Gott lösenden Gesellschaft und Welt als Beispiele für die angekündigten und sich anbahnenden Gottesgerichte auf: z.B. die Umweltzerstörung, die Zerrüttung menschlicher Beziehungen, die Zerstörung göttlicher Lebensordnungen und ihre Folgen usw. Sie empfangen von hier her ihre Deutung. Die sieben Posaunengerichte sind sieben Alarmzeichen und Weckrufe Gottes, der die ihm entfremdete, gegen ihn sich auflehnende Menschheit immer noch zu sich zurückruft (9,20), aus dem Schlaf einer gottlosen Sicherheit aufschrecken will, so wenig der Mensch diese Umkehr und dieses Aufwachen von sich aus in der Hand hat. Vor allem aber sind diese Gerichte Posaunenstöße, die sein Kommen (1,4) ansagen, um diese Erde zurückzuerobern (Jos 6,20) und in ihr sein Reich aufzurichten. Die Botschaft der beiden Kap. ist eine Veranschaulichung der Ankündigung Jesu Lk 21,25ff.

1 *Stille im Himmel: a.* Ehrfürchtiges Schweigen vor dem Kommenden (Ps 46,11); *b.* Stille für das Gebet der Christen entsprechend der spätjüdischen Anschauung: Wenn Israel betet, schweigen die Engel. *c.* Gottes gnädiges Reden hört auf, sein Gerichts-Schweigen beginnt.
2 *Die sieben Engel:* die Thron- oder Erzengel, die ständig vor Gott stehen - auch als Werkzeuge seiner Gerichte. *Sieben Posaunen:* Instrumente im Gottesdienst und Kriegsdienst; sie kündigen das siegreiche, Neues heraufführende Kommen Gottes an; vgl. 2Mo 19,13-20; Jes 27,13; Joe 2,9; 1Kor 15,52; 1Thes 4,16. 3 *Ein anderer Engel:* nicht des Gerichts, sondern der Gemeinde. *Viel Räucherwerk:* zur Reinigung und Unterstützung; vgl. Röm 8,26 und den Beistand des »Trösters« Joh 14-16. *Mit den Gebeten aller Heiligen:* im Sinne von 6,9-11 und den ersten Vaterunserbitten: um den Anbruch der Gottesherrschaft und das Ende der Gottesfinsternis auf dieser Welt. »Es vergehe die Welt und es komme dein Reich!« (Altchristliches Gebet) 4 *Hinauf vor Gott,* der auf diese Gebete wartet, sie hört und beantwortet; vgl. Lk 18,1-8. 5 *Feuer vom Altar:* als Einleitung der Gottesgerichte. So wichtig ist die Mitwirkung der bedrängten und scheinbar ohnmächtigen, aber betenden Gemeinde beim endzeitlichen Handeln Gottes. *Donner:* als Zeichen von Gottes aktiver Gegenwart und Handlungsbereitschaft (2Mo 19,16). 7 *Hagel und Feuer:* Vgl. 2Mo 9,23ff; Hes 38,22; Joe 3,3. *Mit Blut vermengt:* Es wird »blutiger Ernst«. *Erde:* Der Lebens- und Kulturraum des Menschen wird angegriffen. *Der dritte Teil:* beträchtlich, aber noch nicht alles. *Bäume, Gras:* lebenswichtige Mitgeschöpfe. 8 *Wie ein großer Berg:* vielleicht Erinnerung an den folgenschweren Vesuvausbruch (79 n.Chr.), jedoch ins Ungeheuere gesteigert. *Meer:* die Speisekammer und die Überlandstraße der Menschen - oder auch Gleichnis für die Völkerwelt. 10 *Ein großer Stern:* häufig auch Bild für einen Engel. *Wasserströme ... Wasserquellen:* das Lebenselement der Menschen und übrigen Lebewesen (V. 11). *Wermut* gilt als giftig (Jer 9,15). Vielleicht ist der Stern auch Bild für eine die geistigen Quellen menschlichen Lebens und Zusammenlebens vergiftende Geistesmacht. 12 *Sonne:* die Licht- und Wärmequelle für alle irdischen Lebewesen und gleichzeitig Bild für Gott (Ps 84,12). *Verfinstert:* Es wird dunkler auf der Erde; vgl. Ps 74,16 mit Jes 13,10; Mt 27,45. **7-12** Der Segen Gottes verläßt den Lebensraum des Menschen, der bisher unter der göttlichen Fürsorge, Verheißung und Treue gelebt hat, freilich weithin ohne es zu merken oder zu danken. 13 *Und ich sah:* ein Einschnitt, der die vier ersten von den nächsten, schwereren Posaunengerichten abhebt. *Adler:* Bote des göttlichen Gerichts (Mt 24,28). Alle Geschöpfe kann Gott als seine Boten benützen. Vielleicht ein Hinweis auf ein Gespür der Tiere für unmittelbar bevorstehende Katastrophen. *Weh, weh, weh:* Der krächzende Schrei wird gedeutet als Ansage von drei noch schrecklicheren Gerichten.

9,1 Während die ersten vier Posaunengerichte mehr die Schöpfung als Lebensraum des Menschen betrafen und bedrohten, geht es jetzt immer mehr auf ihn selber zu.

Stern (s. V. 10): wohl ein abgefallener Engel; vgl. Jes 14,12. *Schlüssel,* mit dem bisher zugeschlossen war. *Ihm wurde gegeben* von Gott, dem auch *der Abgrund,* der unterste Teil der Hölle, untersteht: Gott gibt die Dämonen frei, wenn der Mensch sich ihm hartnäckig entzieht; vgl. Röm 1,24. Bisher hat Gott gnädig unter Verschluß gehalten, was nun die Erde verderben darf. 2 *Rauch:* dämonische Verdunkelung und Vernebelung der Menschenwelt. 3 *Heuschrecken* haben schon bei Joel (2,4ff) wegen ihrer Vielzahl und Gefräßigkeit, der der Mensch hilflos gegenübersteht, unheimliche, nicht nur wirtschaftliche Bedeutung. Jetzt greifen die Heuschrecken den Menschen an, den die natürlichen Heuschrecken verschonen. 5 *Skorpion:* von hinten her, mit dem Schwanzstachel den Menschen angreifend und schmerzlich, zuweilen tödlich verwundend. *Das Siegel Gottes* (V. 4) hat eine vor diesen dämonischen Wesen Schutz gewährende Kraft. *Nicht daß sie sie töteten, sondern sie quälten:* ein wenn auch schmerzhafter Raum zur Buße. *Fünf Monate:* eine von Gott begrenzte Wirkungszeit, die sich deckt mit der Lebenszeit der Heuschrecken und Skorpione. *Ihre Qual:* ein Verlust aller Lebensfreude und jeglichen Lebenssinnes, die sich zum Lebensüberdruß steigert. Ps 36,11 wird im Negativen erfahren, das Leben wird zur unerträglichen Last, die man abschütteln will. 6 *Den Tod suchen* anstatt Gott. So wenig wert ist das Leben geworden, daß man es nur noch wegwerfen will und doch weiterführen muß! 7 Wie *Rosse,* den Menschen überlegene, *zum Krieg gerüstet* ihn bedrohende, *goldene Kronen* ihn beherrschende, *Menschen-Antlitz* ihn ansprechende, *Frauenhaar* ihn verführende, *Löwenzähne* ihn zerreißende, *Panzer* für ihn unangreifbare, *Rasseln der Wagen vieler Rosse, die in den Krieg laufen* angriffslustige, *Schwänze, Skorpione, Stacheln* heimtückisch-gefährliche Wesen. 11 *Einen König:* im Gegensatz zu den ungeordneten Heuschreckenschwärmen auf den Feldern zentral geführt. *Abaddon* (Hi 26,6; Ps 88,2): »Ort des Verderbens«; zeigt seinen Herkunfts- und Herrschaftsbereich an. *Apollyon:* »Verderber«; zeigt sein Tun und entlarvt ihn und seine Gefolgsleute als den eigentlichen, vom Menschen in seiner Blindheit freilich übersehenen Verursacher seiner Qualen an. So sehr diese dämonischen Wesen dem Menschen, auch dem Christen, überlegen sind, so gewiß sind sie Gott unterstellt und dürfen seinem Volk nicht schaden. 13 *Aus den vier Ecken des goldenen Altars vor Gott:* Ausdrücklich wird auch das nächste, noch unheimlicher den gottgelösten Menschen heimsuchende Gericht von Gott zugelassen und angeordnet und hat mit den Gebeten der Märtyrer (6,9-11) und Heiligen (8,3) einen engen Zusammenhang: Nur wenn es der Himmel zuläßt, darf die Hölle die Erde überschwemmen und verderben. Die Gebete der Christen können aufhaltend (1Mo 18,16ff) und beschleunigend (8,5) wirken. Sie ordnen sich in seinen Willen ein: Die 3. Vaterunserbitte gehört zur 2. dazu! 14 *Die vier Engel:* Unheilsgeister, die bisher von Gott gnädig zurückgehalten wurden. *Euphrat:* »Mit dem Namen Euphrat verband sich für den orientalischen Menschen das Bild großen geschichtlichen Grauens« (Lilje). Einst waren von dort die Erobererheere Assurs und Babylons aufgebrochen. Zur Zeit des Sehers beunruhigten von dorther unablässig die Parther die Ostgrenze des Reiches. Die Überschreitung dieser Israel von Gott gegebenen Grenze (1Mo 15,18) geschah freilich nie ohne seine Zulassung; vgl. Jes 7,18; Jer 4,6. So auch jetzt, wo noch ganz andere Heeresmassen sich über die ganze Erde aus dieser Richtung auf den Weg machen.

15 *Wurden losgelassen:* Nicht der Zufall, nicht das Chaos, nicht diese Mächte, sondern allein Gott bestimmt bis auf den Tag genau ihre verheerende Freilassung. *Zu töten:* Steigerung gegenüber V. 5 (quälen). 16 *Vieltausendmal tausend* (wörtl.: 200 Millionen): eine unvorstellbar große, übermenschliche Bedrohung. 17 *Die Rosse:* Steigerung gegenüber V. 7 (Heuschrecken wie Rosse). *Die darauf saßen:* mit ihren Pferden eine Einheit. *Feuer,* das versengt, *Rauch,* der die Sicht nimmt, *Schwefel,* der vergiftet. 18 *Der dritte Teil:* Steigerung gegenüber 6,9 (der vierte Teil). 19 *Die Kraft ... in ihrem Maul und in ihren Schwänzen:* vielleicht ein Hinweis auf eine dämonische Propaganda- und Terrorausübung. 20 *Die übrigen* (vgl. Jes 10,20ff): die unverdient Verschonten. *Bekehrten sich doch nicht* zu Gott, der auch noch in diesen Gerichten um den Menschen wirbt; vgl. Jes 26,10ff. Aus der Verzweiflung (V. 6) ist Verstockung geworden. Wer die Umkehr immer wieder hinausschiebt, kann sie zuletzt immer schwerer vollziehen. *Von den Werken ihrer Hände,* die ihnen offensichtlich nicht mehr helfen können, deren Gefangene sie geworden sind. *Anbeten die bösen Geister,* ohne es zu merken. *Die goldenen ... Götzen,* die tot sind und sie doch abhalten können, ihr Leben mit Gott zu leben. 21 *Sie bekehrten sich auch nicht:* Die Abkehr vom lebendigen Gott führt zur Übertretung seiner Gebote (2Mo 20), zur Rücksichtslosigkeit dem Mitmenschen gegenüber; Leben und Gesundheit, Wahrheit, die Ordnung der Geschlechtlichkeit und Ehe, das Eigentum anderer verlieren ihren unantastbaren Wert. Die Verblendung und Verstockung des

Menschen wird durch die Gerichte nicht aufgebrochen: »Alles bricht zusammen, nur das menschliche Herz nicht!« (Kohlbrügge). Auch die Reue vor Gott, »das Geschenk der Tränen« kann nicht jederzeit vom Menschen nachgeholt werden. Katastrophen reichen nicht aus zur Bekehrung, so gewiß sie den Boden dafür bereiten können. Umkehr ist Gnade, deren Stunde ergriffen werden muß mit letzter Entschlossenheit. Bekehrung, rettende Umkehr, wird auch in den Tagen des »Zornes des Lammes« (6,16) möglich sein. Aber nur in der Begegnung mit demselben Jesus, der auf dem Wege, das Lamm für alle Sünder zu werden, unter Tränen gesagt hat: »Wenn doch auch du erkenntest zu dieser deiner Zeit, was zu deinem Frieden dient!« (Lk 19,41f).

10,1-11,14 Zweite Zwischenschau für die wartende Gemeinde

Auch jetzt (vgl. 7,1), nach der Schilderung der sechs Posaunengerichte, kommt eine Unterbrechung, die vor allem der Unterweisung und Stärkung der bedrängten und angefochtenen, auf ihren wiederkommenden Herrn wartenden Gemeinde dient. Erst danach ertönt die siebte Posaune (11,15-19). Die stärkende Unterweisung der Gemeinde besteht in einem Doppelten: der Versicherung, daß das Ende unmittelbar bevorsteht und damit die Verwirklichung von Gottes Heilsplan, und der ernsten Ankündigung, daß vorher für Welt und Gemeinde noch viel Schweres zu bestehen ist.

10,1-11 Der Engel mit der wichtigen Botschaft. **1** *Ich sah:* Hinweis auf einen Einschnitt; etwas ganz Anderes. *Einen andern starken Engel:* Wohl ein Erzengel, der ganz durchstrahlt ist von der Herrlichkeit Gottes, von dem er herkommt. *Himmel:* als Gottes bevollmächtigter Vertreter. *Wolke* (1Kö 8,10), *Regenbogen* (1Mo 9,13f; Offb 4,3), *Haupt und Antlitz wie die Sonne* (Ps 84,12), *Feuersäulen* (2Mo 13,21). Sicher nicht Jesus, der in der Offb nie Engel genannt wird. Wohl aber gibt es gott- und jesusähnliche Engel, die von der Herrlichkeit Gottes gezeichnet sind. Dieser Engel ist ein Gegenstück zu den Gerichtsengeln von Kap. 8 u. 9; bes. zu 9,1. **2** *Ein Büchlein:* wohl nicht die Schriftrolle von 5,1, die in der Verfügung des Lammes bleibt (5,7). *Setzte seinen rechten Fuß auf das Meer und den linken auf die Erde* in erhabener Spreizstellung, die die Welt für Gott beschlagnahmt, dem die ganze Schöpfung gehört, der sie demnächst wieder unter seine Herrschaft stellen wird: »Gottes Territorium ist, worauf wir uns befinden!« (Bengel). Auch Hinweis darauf, daß die Botschaft, die er in seiner Hand hält, für die ganze Welt Bedeutung hat; vgl. V. 11. **3** *Mit großer Stimme wie ein Löwe brüllt* (Hos 11,10; Am 1,2; 3,8): S. zu V. 1. *Sieben Donner* als siebenfaches Echo: eine göttliche Bestätigung des Engelwortes; vgl. Ps 29,3-9; Joh 12,28. **4** *Wollte ich aufschreiben,* um es weiterzugeben. *Stimme vom Himmel:* nicht aus dem eigenen Inneren. *Versiegle!* hier: verschweige! *Was die sieben Donner geredet haben,* wissen wir darum nicht und sollen es auch nicht vermuten: »Gott gehet mit seinen Geheimnissen heiliglich um. Er gibt nicht allen alles auf einmal, sondern ein jedes zur rechten Zeit, in rechter Ordnung und Maß denen, für die es gehört, nach seinem Willen!« (Bengel); vgl. 5Mo 24,28; Mt 24,36; 2Kor 12,4. **5** *Seine rechte Hand,* in der die Schriftrolle war. *Bei dem, der lebt:* Was ich sage, ist so wahr, als Gott lebt und seine Schöpfung vor Augen ist. Wenn es nicht wahr ist, dann gibt es diesen Gott nicht, dann ist die ganze sichtbare Welt eine Täuschung. **6** *Es soll hinfort keine Zeit mehr sein:* Kein weiterer Zeitraum des Aufschubs! Das Ende steht unmittelbar bevor! Gott wartet nicht mehr länger mit der Verwirklichung seines Heilsplans! Dies Wort überbietet 6,11 und 8,3-5. **7** *Der siebente Engel:* S. 11,15 u. 17,17. *Vollendet das Geheimnis Gottes:* Dann tritt Gott aus seiner Verborgenheit heraus und vollendet durch Jesus seine Verheißungen; vgl. Ps 25,14; Am 3,7; Mt 13,11; Röm 11,25; 1Kor 4,1; 15,51; bes. Eph 1,9; 2Tim 3,16; vgl. auch Joh 19,28-30. **8** *Nimm das offene Büchlein,* das wohl die weitere Botschaft an Johannes enthält, die er weitergeben darf und soll; vgl. 1,1f. **9** *Nimm und verschling's!* (vgl. Hes 2,8; 3,1-3): Mache es dir ganz zu eigen! Werde ganz voll davon! Nimm es ganz in dich auf! Ausdruck für die Dringlichkeit und Herrlichkeit der Botschaft; vgl. Jer 15,16; aber auch 1Kor 11,24. **10** *Verschling's:* Auch im Deutschen steht verschlingen für eine intensive Aneignung des Gelesenen. In einer Eingeborenensprache wird in der Bibelübersetzung »glauben« wiedergegeben mit: »das Wort nehmen und essen«. *Und es war süß in meinem Munde:* Die Nachricht, daß es bald so weit ist (V. 7). *Bitter im Magen* über dem, was alles noch vorher geschieht. »Ehe es auf Erden gut wird, schlägt noch dazu der größte Jammer« (Bengel). **11** *Du mußt abermals weissagen* (nach der Botschaft von Kap. 6-9; vgl. Jer 1,10; 15,19; Dan 3,4; 7,14): Der prophetische Auftrag wird wiederholt und neu bestätigt als Voraussetzung für die Weiterverkündigung. *Von Völkern:* bes. in den Kap. 13; 17; 18.

11,1-14 Die Christusgemeinde in der Endzeit. *a. 1.2 Ihre Bewahrung und Scheidung.* In diesem Kap. greift Johannes besonders stark zurück auf jüdisch-apokalyptische Erwartungen, die sich wiederum auf atl. Überlieferung berufen. So wurde auf Grund eines alten Orakels mit der Uneinnehmbarkeit des Jerusalemer Tempels gerechnet, was den Widerstand

Jerusalems während der Belagerung durch die Römer (68-70 n.Chr.) besonders verstärkte. Diese Erwartung stand freilich im klaren Gegensatz zur Aussage Jesu Mk 13,1.2 - und zu dem, was dann geschah, was z.Z. der Abfassung der Offb schon weit über 20 Jahre zurücklag. Johannes gestaltet nun diese Erwartung völlig um und bezieht sie auf die Christusgemeinde, der er mit diesem Bild göttliche Bewahrung zusagt, sie aber freilich auch zu klarer Abgrenzung von allem aufruft, das mit ihrer Zugehörigkeit zum lebendigen Gott und ihrem Herrn nicht vereinbar ist.

1 *Steh auf und miß:* Vgl. Hes 40,3ff; Offb 21,15. Während dort das Messen Feststellen der Größe des neuen Tempels bedeutet, drückt es hier Bewahrung aus: Was gemessen ist vom Propheten, wird von Gott selber beschützt. *Tempel Gottes* meint das Volk Gottes, den neuen Tempel; vgl. Joh 2,20-22; Röm 12,4f; 1Kor 3,16; 2Kor 6,16; Eph 2,19; 1Petr 2,5. Es ist die Gemeinde Jesu aus Juden und Heiden. *Die dort anbeten:* Vgl. Joh 4,23f. 2 *Äußerer Vorhof:* Vgl. 2Mo 38,9ff. Der Vorhof - die Stätte der Versiegelung Jesu: hier wohl Sinnbild für alle verhängnisvolle »Weltoffenheit« und Kompromißfreudigkeit, die von einer klaren Nachfolge abhält. »Auch die Gemeinde hat, wie einst der Tempel zu Jerusalem, einen Rand, der sich weit in die Welt vorschiebt und vielen aus der Welt zugänglich sein wird. Je näher und je schärfer die Endzeit wird, um so weniger wird es diesen Vorhof noch geben können. Entweder man gehört wirklich zur Gemeinde, oder man bleibt draußen« (Lilje); vgl. Mt 7,7; Lk 12,32. *Die heilige Stadt:* zunächst Jerusalem, das Gott zur Hauptstadt seines Volkes, zum Sitz seiner gnädigen Gegenwart im Tempel gemacht hat, das dann aber der Schauplatz der Verwerfung Jesu wurde (V. 8). Darüber hinaus steht die Stadt für ganz Israel, soweit es sich dem Anruf Gottes durch Jesus versagt. *Zertreten:* Gott gibt preis. Gott ist an keinen heiligen Ort und keine menschliche Gemeinschaft gebunden; vgl. Ps 79,1; Mt 3,9; Lk 21,24: Dies mag auch eine Warnung für die Christenheit sein. *42 Monate* = 1260 Tage = 3 1/2 Jahre oder Zeiten; vgl. Dan 7,25; 12,7. Dort ist die Zeitspanne schwerster Bedrängnis des Gottesvolkes unter dem König Antiochus Epiphanes (168-165 v.Chr.) angesprochen. In der Offb (11,2f; 12,6; 13,5) ist die von Gott als »halbe Zeit« begrenzte Dauer der antichristlichen Endzeit zwischen Kreuz und Wiederkunft Jesu gemeint. In dieser Begrenzung der Preisgabe der Stadt an die Heiden ist wohl auch die Hoffnung für Israel enthalten; vgl. Lk 21,24; Röm 9-11. Der Gemeinde Jesu wird also göttliche Bewahrung angesagt durch Johannes, sofern sie sich »im Heiligtum« aufhält und nicht in den Vorhof abwandert und sich damit unter die Verwerfung Gottes begibt.

b. 3-14 Ihr Auftrag und ihr Leiden. In den folgenden Versen wird auf die im damaligen Judentum verbreitete Erwartung der Wiederkehr Moses und Elias als den beiden Vorläufern des Messias angeknüpft; vgl. 5Mo 18,15 u. Mal 4,5. In diesen beiden Männern sieht nun Johannes das Zeugenamt der Gemeinde vor der Welt verkörpert, zumal sie auch als kleine Minderheit einer erdrückenden feindseligen Macht (Pharao bzw. Ahab/Isebel) gegenüber die Sache Gottes vertraten; vgl. auch Mt 17,3. Freilich sieht Johannes dieses Zeugenamt doch mehr von Jesus, dem Hauptzeugen Gottes (1,5) geprägt: Die Zeugen Jesu teilen seinen Auftrag, sein Leiden (V. 8), seine Erhöhung. Darin liegt die besondere Tröstung dieses Abschnitts, daß Johannes der Gemeinde ihre tiefe Verbundenheit mit ihrem Herrn aufzeigt: indem er sie zu Zeugnis und Leidenschaft aufruft; vgl. Phil 3,10f; Mk 10,24f. 3 *Ich will geben:* Gott bzw. Jesus selber redet hier. *Zwei Zeugen:* Vgl. Lk 10,1; Joh 8,17. *1260:* Über die ganze antichristliche Zeit wird Jesus seine Gemeinde zu vollmächtigem Zeugnis ausrüsten. *Mit Trauerkleidern* (wörtl.: Säcken) als Bußgewänder: Jon 3,5; Mt 11,21; Mt 3,4; 2Kö 1,8. Sie sind Bußprediger, die zur Hinkehr zum lebendigen Gott aufrufen. 4 *Die zwei Ölbäume und die zwei Leuchter:* freie Umgestaltung von Sach 4,3.11-15 im Sinne von Mt 5,14; Offb 1,12. *Vor dem Herrn der Erde stehen* (vgl. 1Kö 17,1; 18,15): allein auf ihn hörend, ihm verantwortlich, von ihm abhängig und beauftragt; Voraussetzung und Kennzeichen des Zeugen Gottes. 5 *Feuer aus ihrem Mund:* Vgl. 2Kö 1,10; 2Sam 2,9. Hier wohl die Unwiderstehlichkeit und überführende Vollmacht ihres Wortes; vgl. Apg 7,54; Jer 5,14. *Getötet werden:* Vgl. Apg 5,1-11; aber auch Hebr 4,12f. 6 *Macht:* Vgl. 2Mo 7,17; 19,20; 1Kö 17,1; Mk 16,20; Jak 5,17. Die Zeugen Jesu sind mit dem verbunden, dem alle Macht gegeben ist im Himmel und auf Erden (Mt 28,18-20). 7 *Zeugnis vollendet:* Gott setzt auch dem Zeugnis für ihn eine Frist. *Das Tier aus dem Abgrund:* hier zum erstenmal; vgl. Dan 7,21. Dort steht König Antiochus Epiphanes (175-164 v.Chr.) dahinter, der eine widergöttliche Staatsmacht verkörperte, die die Gemeinde Gottes verfolgt. Zur Zeit des Johannes verlieh der römische Staat, vollends als er unter dem Kaiser Domitian göttliche Verehrung beanspruchte, dem antichristlichen Bilde des Tieres noch deutlichere Züge in der gotteslästerlichen Überschreitung der ihm gesetzten Grenzen und im Mißbrauch der ihm verliehenen Gewalt; vgl. Röm 13 mit Offb 13. Der Tiercharakter irdischer Staaten liegt nicht so sehr in ihrem Besitz und Gebrauch von Macht und Gewalt (Schwert: Röm 13,1-7), sondern in ihrer dämonischen Selbstüberschätzung und Gottesverachtung, die dann zum Mißbrauch, zur Verfolgung und Vernichtung der Glaubenden führt; vgl. Offb 13 u. 17. *Abgrund:* S. 9,11. *Wird mit ihnen kämpfen:* Hinweis darauf, daß es sich nicht nur um zwei Zeugen, sondern um die ganze zum Zeugnis aufgerufene Gemeinde handelt, deren Zeugnis notwendig zum Konflikt mit der Welt und ihren Machthabern führen muß, wenn es treu ausgerichtet wird. *Wird sie töten:* Vgl. Mt 10,16.21.28.39; 26,4; Lk 22,53. »Gott hat immer seine Herrschaft mitten unter allen Widerständen: auch wenn es scheint, das Böse sei dem Guten unterlegen. Es kann nicht eher ausbrechen, als wenn es Zeit ist, und kann nicht höher steigen oder länger währen, als Gott es zugibt« (Bengel). **8** *Ihre Leichname liegen:* äußerste und letzte Entehrung eines Menschen! Vgl. dagegen Mk 15,43ff - der Anfang der Erhöhung Jesu. *Die große Stadt:* sonst (14,8; 16,19; 17,5.8; 18,2.10) Rom, hier Jerusalem, das aber nicht einmal mit Namen genannt wird, sondern mit den Decknamen rebellischen Trotzes gegen Gott. In Jerusalem begann das antichristliche Wüten gegen Gott und seinen Christus und dessen Anhänger, dort starben die ersten Christuszeugen. Die Stadt Gottes kann zur Stadt des Antichristen werden. *Wo auch ihr Herr:* tiefe Verbundenheit jedes Märtyrers mit Jesus, dem Erzmärtyrer; vgl. Offb 1,5; Phil 3,10. Jeder, der für Jesus stirbt, stirbt gleichsam mit ihm in Jerusalem; vgl. Mt 23,37. **9** *Menschen aus allen Völkern:* wiederum ein Hinweis auf die Gemeinde Jesu als Zeuge ihres Herrn und des lebendigen Gottes in allen Zeiten und Ländern; vgl. Mt 28,19; Apg 1,8. *Lassen nicht zu:* im vermeintlichen Triumph und im Haß, der eigentlich Gott gilt. **10** *Freuen sich darüber:* Das Verstummen der Zeugen Gottes wird als Befreiung empfunden und ist doch Versinken in Nacht und Gericht. *Geschenke* im Taumel der Verblendung; vgl. Joh 16,20. *Gequält* (1Kö 18,17; Am 7,10; Apg 16,20; 17,6): völlige Verkehrung der Wahrheit; vgl. Am 5,4.44; Mt 19,17; Joh 10,11. Der Bußruf wollte ihnen die Qualen (9,4) ersparen; vgl. 2Kor 4,4; 1Jo 2,11. Der Zeuge Jesu muß freilich dem alten Menschen wehtun, damit der neue geboren werden kann. Aber der alte Mensch wehrt sich und rächt sich, wenn er nicht umkehrt. Der unbußfertige Mensch empfindet das Zeugnis von Jesus als unzumutbare Belastung und Beleidigung.

11 *Nach drei Tagen und einem halben* von 1260 Tagen: eine ganz kleine Frist, vielleicht Hinweis darauf, daß der scheinbar völlige Sieg des Tieres nur ganz kurz währt; vgl. Mt 16,21. *Der Geist des Lebens:* Vgl. Hes 37,5ff. *In sie ... von Gott:* der mit ihnen auch im Tode Verbindung hielt. *Eine große Furcht:* Vgl. Mt 27,52-54; 28,4. *Steigt herauf!* Gott bekennt sich zu ihnen und entrückt sie zu sich; vgl. 2Kö 2,11; 1Thes 4,13-16. *In einer Wolke* (vgl. Apg 1,9): Die Zeugen dürfen an der Erlösung und Herrschaft Jesu teilhaben; vgl. 20,4.6. **13** *Großes Erdbeben:* Vgl. Mt 27,52. Dort war das Erdbeben noch keine Strafe, nur Hinweis auf das Ungeheuere des Geschehens und Gottes Parteinahme für den Gekreuzigten. Hier ist es Gottes Strafgericht. *Der zehnte Teil:* Vorankündigung der Totalvernichtung der Stadt. *Siebentausend:* eine große, aber noch nicht umfassende Zahl. Die Einwohnerzahl Jerusalems betrug damals tatsächlich etwa 70.000. *Die andern:* im Gegensatz zu 9,20! *Und gaben ... Gott ... die Ehre!* Zwar keine Aussage über die Tiefe und Dauer der Umkehr (vgl. Dan 2,20), vielleicht aber eine Ansage der schließlichen Bekehrung Israels; vgl. Jes 59,20; Röm 11,25f. **14** *Das zweite Wehe:* Vgl. 8,13 u. 12,12.

11,15-19 Die siebente Posaune und der Lobpreis im Himmel

Anstelle der Schilderung des dritten »Wehe« werden wir, wie an vielen wichtigen Stellen der Offb (Kap. 5; 11; 15; 19) Zeugen der himmlischen Chöre, die die Machtergreifung Gottes lobpreisend vorwegnehmen und die Hörer und Leser am Lobpreis beteiligen wollen - mitten in der Anfechtung, im scheinbar erfolglosen Zeugnis des Wortes, des Leidens und der vermeintlich völligen Ausschaltung, ja äußeren Vernichtung.

15 *Der siebente Engel blies:* Vgl. 7,7-9,13. *Und es erhoben sich große Stimmen:* Zuerst - vor den Gerichten auf der Erde! - wird der Lobpreis im Himmel ausgelöst und berichtet. *Geworden:* Ausdruck der prophetischen Gewißheit, für die das verheißene Zukünftige bereits verwirklichte Gegenwart ist (vgl. 7,9-17; 10,7), hier aber auch Hinweis auf die unmittelbare Nähe des sehnlich Erwarteten; vgl. 6,10f. *Er wird regieren von Ewigkeit zu Ewigkeit:* Es wird keinen Sündenfall mit all seinen Folgen mehr geben. *Unsres Herrn und seines Christus,* denen sie allein zustehen; vgl. Ps 2.22.25; Jes 53,12; Ob 21; Sach 14,9. **16** *Die vierundzwanzig Ältesten* als die himmlischen Vertreter der irdischen Gemeinde. **17** *Wir danken:* Der höchste Grund des Dankens ist jetzt da. *Der du bist und der du warst* (vgl. 1,8 u. 4,8): Das 3. Glied fehlt - denn er ist gekommen und hat göttlich eingegriffen und die Schöpfung durch seine Gerichte befreit. *Herrschest:* Wörtl.: du bist König geworden. **18** *Die Völker sind zornig geworden:* Vgl. Ps 2,1.5.12; 46,7. Gottes Gerichtszorn wird mit dem Rebellenzorn der Menschen fertig und beendet ihn; vgl. 19,15. »Der Menschen Zorn ist giftig und grimmig, Gottes Zorn ist heilig und heiter« (Bengel). *Die Toten zu richten:* Vgl.

20,11-15. *Den Lohn deinem Knechte:* Vgl. Ps 62,13; Offb 21 u. 22. *Zu vernichten:* Vgl. 19,20; 20,10.15. **19** *Der Tempel Gottes im Himmel,* den es jetzt noch gibt als Hinweis auf die Verborgenheit Gottes, der aber einmal hinfällig sein wird; vgl. 21,22. *Ward aufgetan:* Der verborgen bleibende Gott zeigt seine Nähe verhüllt. *Die Lade seines Bundes,* die vor der Eroberung Jerusalems durch Babylon (586 v.Chr.) im Allerheiligsten des Tempels die gnädige Gegenwart Gottes darstellte, seitdem aber verschollen war, wurde in Israel zur Zeit des Messias zurückerwartet (2Makk 2,44ff). Ihr himmlisches Urbild, das der Seher schauen darf, weist hin auf die bleibende Bundestreue Gottes zu seinem Volk - auch in der Zeit vor seinem endgültigen Eingreifen. *Blitze* (vgl. Jes 30,30): Zeichen der Gottesgegenwart und gleichzeitig der Nähe seiner Gerichte, der letzten (7. Posaune), von denen Kap. 16-18 berichten. Die Gemeinde Gottes aber darf in allem Kommenden sich von ihm bewahrt und beauftragt wissen zum Zeugnis mit der Vollmacht, die sie von ihrem erhöhten Herrn empfängt. Auch und gerade im Leiden und Sterben darf sie sich mit ihm verbunden wissen und mit ihrer Erhöhung zu ihm und der Erfüllung dessen rechnen, was sie an Gottesverheißung empfangen hat.

12,1-14,20 Ein Durchblick durch die Endgeschichte der Welt

Bevor Kap. 16 die Folgen der vom Gerichtsengel bereits geblasenen 7. Posaune geschildert werden, die 7 Zornschalengerichte, gibt uns Johannes in den 3 Kap. 12-14 einen Einblick in die Hintergründe des ganzen und zeitlichen Geschehens, das letztlich ein Kampf zwischen Gott und seinem Widersacher, dem »Drachen« ist, auf der Erde ausgefochten vom Volk Gottes und dem Tier, dem irdischen Werkzeug Satans, dem Antichristen, der satanischen Nachäffung des fleischgewordenen Gottessohnes, Jesus Christus, ebenfalls Fleisch geworden in widergöttlichen menschlichen Machtgebilden und ihren einzelnen Repräsentanten; vgl. 1Mo 3,15; Mt 12,28; 1Jo 3,8; Eph 6,10ff; 1Jo 2,19. Es handelt sich also bei dem Kampf und Leiden, bei dem es auf »Geduld und Glauben der Heiligen« (13,10; 14,12) ankommt, nicht um einen der vielen Klassen - oder Rassen - oder sonstigen Kämpfe, sondern um einen Konflikt, bei dem offenbar werden soll, wer auf dieser Erde das letzte Wort hat, bei dem es um die Ehre Gottes und um die Rettung der Schöpfung geht. Daß dieser Kampf durch Jesu Sieg in seiner scheinbaren Katastrophe am Kreuz schon entschieden ist, ist die frohe Botschaft, die Siegesnachricht, die durch das ganze NT hallt. Für die Welt ist dies freilich einstweilen eine unglaubliche, ja lächerliche oder ärgerliche Botschaft. Daß die Gemeinde Jesu an diesem Sieg unter Leiden und scheinbarer Auslöschung in der Nachfolge ihres Herrn beteiligt ist, ist der dramatische, dunkle und zugleich helle Hintergrund des letzten Abschnittes der irdischen Geschichte.

12,1-18 Die Christusgemeinde in der Wüste. In diesem Kap. wird die Bedrängnis und gleichzeitig der göttliche Schutz des Gottesvolkes in der Gestalt einer Frau, die ein Kind gebiert und, vom Drachen verfolgt, in die Wüste flieht und dort versorgt wird, gezeigt. Johannes greift hier ein Bild auf, das in der griech. und oriental. Mythologie, vielleicht auch im röm. Kaiserkult (Stauffer) immer wiederkehrt und wahrscheinlich schon vom Judentum aufgenommen wurde, gestaltet es aber entscheidend um zur Grundaussage: Das göttliche Kind, der kommende Herr der Welt, ist der im AT angekündigte (Ps 2) Messias Jesus von Nazareth, Sohn der Maria, Glied des Gottesvolkes und zugleich sein Herr. Freilich nennt er keinen Namen, weil jeder Hörer und Leser weiß, wen er meint; vgl. 10 u. 11. Die Erfüllung des heidnischen Mythus, der der damaligen Welt wohlbekannt war, wird ihm zum »Zeichen am Himmel«, einem Stück der ihm geschenkten Offenbarung, ähnlich wie die Abmessung des Tempels und die beiden Zeugen Kap. 11; vgl. auch Mt 2,2ff.

1 *Großes Zeichen am Himmel:* eine für die ganze Welt wichtige Erscheinung. *Eine Frau* keine Einzelperson (V. 17), sondern Verkörperung des atl. und ntl. Gottesvolkes. Häufig wurden Völker und Städte in einer Frauengestalt personifiziert, da ja ihre Einwohner gemeint sind (z.B. Jes 1,8; Hes 16; Am 5,2; Offb 17,5). *Mit der Sonne bekleidet,* erleuchtet vom Licht des lebendigen Gottes (Ps 84,12; Mt 5,14). *Der Mond unter ihren Füßen:* Vielleicht ein Hinweis auf das bei »Tagesanbruch« verbleichende Licht menschlicher Religionen. *Krone von zwölf Sternen:* Hinweis auf die 12 Stämme Israels und 12 Apostel der Gemeinde. **2** *Sie ward schwanger:* die sog. »Messiaswehen«, die schmerzlichen Begleitumstände, vor dem ersten und zweiten Kommen des Christus; vgl. Mi 4,9; Jes 21,3; Jes 64,1; Lk 1,68ff; 2,25ff. »Solche Wehen waren das geistliche Verlangen, das Seufzen, die Gebete, das reif werdende Warten der Heiligen auf das Reich Gottes« (Bengel); vgl. Mt 24,8; 1Thes 5,3. **3** *Ein anderes Zeichen am Himmel:* S. V. 1. *Ein großer Drache* (Jes 27,1): Satan, der Widersacher Gottes (Phil 1,28; 1Petr 5,8), die nahe Geburt des Kindes ruft ihn auf den Plan; vgl. Mt 4,1ff; 13,15. *Rot* (wörtl.: feurig): Vielleicht ein Hinweis, daß er aus Gottes Nähe stammt oder göttliche Macht vortäuscht; vgl. 2Kor 11,14. *Sieben Häupter:* Nachäffung Gottes (1,4), scheinbar umfassende Intelligenz. *Zehn Hörner* (vgl. Dan 7,7): die aggressive Stoßkraft. *Sieben Kronen:* scheinbar legitime göttliche Herrschaft und Einflußnahme auf die Welt. **4** *Sein Schwanz fegte:* dämonische Gewalt (Dan 8,10), mit der er die Ordnung am Himmel teilweise stört, vielleicht aber auch Engel bzw. Lehrer oder Ordnungen und Werte vom Himmel losreißt und entgöttlicht. *Trat an die Frau* übermächtig-drohend. *Ihr Kind fräße:* Das ist der Hauptzweck seines Erscheinens; vgl. 1Mo 3,15; Mt 2,16ff. **5** *Sie gebar einen Sohn:* Vgl. Jes 7,14; 66,7; Lk 2,7. *Alle Völker,* auf die Satan Anspruch erhebt; vgl. Mt 4,8. *Weiden:* regieren (Ps 2,9). *Entrückt zu Gott* (vgl. 5,6; Apg 1,9): Nur die Geburt und Himmelfahrt Jesu sind hier wichtig. Er ist gekommen, auf den die Gemeinde gewartet hat - er ist in Sicherheit, dem der Drache nachstellte, ja er ist Herr über ihn. **6** *Entfloh:* Sie ist dem Drachen unterlegen, kann ihn nicht vernichten; vgl. 20,2.10. *In die Wüste:* Vgl. 2.-5. Mose: Israel ist in der Wüste unterwegs zum Land der Verheißung; vgl. 1Kö 17,2; Ps 78,52. *Einen Ort ... bereitet von Gott:* Ein Ort der Not und Armut, des Abseits und der völligen Abhängigkeit von Gott allein, aber auch der Wunder und göttlichen Führung und Fürsorge. *1260 Tage:* die Dauer der Endzeit.

7 *Kampf im Himmel,* wo Satan bisher Zutritt hatte: Vgl. Hi 1 u. 2; Sach 3,1. Bevor Satan ausgeschieden ist, ist Kampf - im Himmel und auf Erden; vgl. Mt 6,10; 1Mo 3,15. *Michael* (wörtl.: *Wer ist wie Gott?;* vgl. 1Mo 3,5; Dan 10,13.21; 12,1; Jud 9): der himmlische »Hauptheerführer«, der Kämpfer für Gott und sein Volk, darum Israels Schutzengel. *Der Drache* hat keinen Raum und kein Recht mehr im Himmel, nachdem dort das Lamm ist, das gesiegt hat (5,5; vgl. Joh 19,30) - aber jetzt in seiner Hoheit nicht mehr an seiner Ausweisung beteiligt ist. **8** *Sie siegten nicht:* Aussichtslose, weil von der Wirklichkeit her überholte Rebellion, die sich später wiederholt (20,7-9), gleichsam »ein Stockwerk tiefer«. *Nicht mehr gefunden:* Für immer aus dem Himmel ausgeschaltet als Verkläger derer, die er zuvor verführte; darum Joh 8,44. **9** *Die alte Schlange:* S. 1Mo 3,1. *Teufel:* wörtl.: *Durcheinanderwerfer. Satan:* Wörtl. (aram./hebr.): *Ankläger, Widersacher. Verführt:* weg von Gott, gegen Gott; vgl. 1Mo 3,1; Mt 4,1-11; 2Kor 11,3. *Auf die Erde geworfen:* Vgl. Lk 10,18; Joh 12,31-33. **10** *Große Stimme:* Wohl die Ältesten und die vollendete Gemeinde. *Ist geworden:* im Himmel schon erfüllt, auf der Erde im Kommen. *Der Verkläger unserer Brüder* (Lk 22,31; Röm 8,33): Verbundenheit der »oberen Schar« mit der irdischen Gemeinde; vgl. Hebr 12,22f. **11** *Sie haben ihn überwunden:* Obwohl sie ihm unterlegen sind, können sie siegen, freilich nur in Lebens- und Sterbensgemeinschaft mit dem, der gesiegt hat (Joh 16,33; 19,30; 1Jo 5,4; Offb 2,7ff). Ausdruck der Gewißheit des Kampfesausgangs; s. Komm. z. 11,15. *Durch des Lammes Blut und das Wort ihres Zeugnisses:* Dadurch, daß sie durch das blutige Sterben Jesu Vergebung ihrer Schuld haben (1Jo 2,14) und mit Wort und Lebenswandel dies bezeugen. Das Stillewerden unter dem Kreuz und das laute Bekennen vor der Welt (Röm 10,10) sind ihre überlegenen Siegeswaffen. *Und haben ihr Leben nicht geliebt bis in den Tod* (Mt 16,25; Röm 6,8.11; 2Kor 4,10; Kol 3,3; Offb 2,10): Befreiung von Lebensgier und Leidensscheu, Bereitschaft zum Dienst und Leiden. **12** *Freut euch, ihr Himmel* (Jes 44,23; 49,13): Der Himmel ist gereinigt und aufnahmefähig für die Gemeinde der erlösten Sünder. *Weh aber:* Das 3. Wehe (11,14) steht für die Erde noch aus. *Kommt zu euch hinab* (wörtl.: »ist zu euch hinabgekommen«) als ein für immer aus dem Himmel Ausgewiesener, in seinem Wirkungsraum Eingeschränkter. *Wenig Zeit* - 1260 Tage (12,6), 3 1/2 Zeiten (V. 14); ein von Gott allein bestimmter Zeitraum. *Großer Zorn* (wörtl.: *Wut):* in ihm liegt bereits seine Aussichtslosigkeit - trotz aller Scheinsiege. **13** *Die Frau, die:* Die Verfolgung der Gemeinde geschieht um Jesu willen, dem sie gehört und dient. Weil er der Wut des Drachens entrückt ist, hält dieser sich an seine Leute; vgl. Joh 15,20; Kol 1,24; 2Kor 4,10. **14** *Es wurden ... gegeben die zwei Flügel:* von Gott; vgl. 2Mo 19,4; 5Mo 32. Dies sind außerordentliche göttliche Schutz- und Führungsmaßnahmen; vgl. Jes 40,31. *Wüste:* S. Komm. zu V. 6. **15** *Die Schlange:* In ihrer letztlich ohnmächtigen Wut, weil sie die Gemeinde nicht vernichten darf, überschüttet sie sie: mit Verfolgung oder Wohlstand, mit falschen Lehren oder bösen Verleumdungen, mit einem Geist der Trägheit oder der Aktionen. **16** *Die Erde,* die des Herrn ist (Ps 24,1). *Tat ihren Mund auf:* Vgl. 4Mo 16,32. Alle natürlichen und geschichtlichen Gegebenheiten und Geschehnisse unterstehen der Allmacht Gottes, der sie für seine Gemeinde in ihrer Gefährdung helfend und rettend einsetzen kann, damit sich die Verheißung Jesu erfüllt (Mt 16,18). **17** *Wurde zornig:* Nach immer neuen Fehlschlägen seines Christushasses gibt er dennoch nicht auf. *Die übrigen:* soweit sie ihm erreichbar sind. *Von ihrem Geschlecht* (vgl. 1Mo 3,15): Die gottgesetzte Feindschaft wirkt sich jetzt in der Tiefe aus. *Die Gottes Gebote halten und haben das Zeugnis Jesu:* Verfolgung durch Satan ist Anzeichen des Gehorsams gegen Gott und der Treue zu Jesus. **18** *Er trat an den Strand des Meeres:* Wie ein Raubtier steht er sprungbereit mit seiner Vernichtungsabsicht am Ufer des Meeres, wo in der Ferne die Stadt Rom liegt und die gotteslästerliche Herrschaft des Kaisers - damals. Aber darüber hinaus: an die Ufer des Völkermeeres (Ps 93,4), über denen aber schon die Siegesgesänge der oberen Gemeinde erschallen. - Die Übersetzung »ich trat« (auf Grund einiger Hss.) ist unwahrscheinlich, weil der Zusammenhang von Kap. 12 u. 13 so eng ist, daß für eine Bewegung des Johannes kaum Raum ist an dieser Stelle.

13,1-18 Der Scheinsieg des Tieres. Wie der weitere Kampf des zornigen Drachen (12,17f) gegen die Glieder des Gottesvolks, gegen die Jünger Jesu aussieht, erfahren wir Kap. 13, das uns darüber hinaus den Hintergrund der Weltgeschichte, je mehr sie ihrem Ende zustrebt, als ein Ringen Satans um den Menschen zeigt, den er auf seine Seite, von Gott weg ziehen will, wobei ihm die Jesusgemeinde im Wege ist, die Gott durch Jesus für sich zurückgewonnen hat. Er beschreitet als der »Affe Gottes« dabei den Weg einer »satanischen Trinität« (Jung-Stilling): Er sendet in die Menschheit hinein einen Vollstrecker seines Willens - wie Gott in Jesus - als dessen Gegen- oder Ersatzgestalt, den Antichrist, der in allen möglichen, vorläufigen irdischen Erscheinungen, Staaten, Religionen, Bewegungen, Personen »Fleisch werden« (Joh 1,14) will, bis er schließlich am Ende in einer Gestalt weltweit sein Werk vollenden wird. Zu diesem »Tier aus dem Meer« gesellt sich das zweite Tier »aus der Erde«, der »falsche Prophet«, der Ideologe und Propagandist des Antichristen, der ihn verherrlicht, so wie Jesus durch den Geist Gottes »verklärt« wird (Joh 16,14). Ihr gemeinsames, unbeirrt verfolgtes Ziel ist, das Rettungswerk Gottes, das er durch Jesus in der Menschheit begonnen hat (Joh 3,16) und in der Kraft seines Geistes fortführt (Joh 14,25f), zu durchkreuzen und zunichte zu machen. Daß er dies alles tun darf, ist ein Zeichen der heute uns noch unfaßlichen heiligen Größe und Großzügigkeit des lebendigen Gottes, der durch die Bibel sich mit uns bekannt macht. Die Macht und Zeit, die dem »Drachen«, seinem Widersacher, gegeben ist, die er seinen Werkzeugen weitergeben darf, ist ihm vom Gott geliehen, damit zuletzt nicht des Widersachers, sondern Gottes Plan sich erfüllt.

1 *Ich sah:* Durch die vordergründig-sichtbaren, zeitgeschichtlichen Ereignisse und Personen hindurch wird dem Seher und Jünger Jesu ein Blick in den unsichtbaren Hintergrund und Zusammenhang der Geschichte gezeigt, die auf ihr Ende zueilt (3 1/2 Zeiten). *Ein Tier:* S. Komm. zu 11,7; vgl. Ps 27,1; Hi 40,25ff. *Meer:* zunächst wohl das Mittelmeer, an dessen Gestade sich das römische Weltreich ausbreitete. Dann aber wohl das Völkermeer, dessen Unruhe vom Abgrund her (11,7) gespeist wird; s. Ps 93. *Zehn Hörner:* wie der Drache (12,3), dessen Abbild und Werkzeug es ist. *Lästerliche Namen,* die Gott die Ehre rauben (2Thes 2,4; z.B.: »Der Kaiser ist Gott!«). 2 *Das Tier* vereinigt in sich die Züge der vier Tiere (Weltreiche) aus Dan 7,4-7 und ist damit eine Zusammenfassung brutaler Gewaltausübung, dämonisch mißbrauchter staatlicher Gewalt (im Widerspruch zu Röm 13,1-6) und ein »unmenschliches« Gegenbild zum »Menschensohn« (Dan 7,13), von seinem Wesen her schon für Gott verschlossen. *Wie:* S. Komm. zu 1,10. *Gab ihm seine Kraft* als seinem irdischen Werkzeug. Jesus nahm dieses Angebot nicht an (Mt 4,9ff), bekam dafür aus Gottes Hand Größeres; vgl. Mt 28,18; Offb 5,12. Beim Tier vollzieht sich eine satanische Gegenmaßnahme, die nicht Heil, sondern Chaos im Sinne hat. 3 *Als wäre es tödlich verwundet:* Vielleicht Anspielung auf einen geplanten Staatsstreich gegen Domitian im Jahre 88/89, der aber mißlang. Auf jeden Fall lügnerische Nachahmung von Sterben und Auferstehen Jesu: Er ist wirklich gestorben für andere; das Tier ist nur verwundet worden. Totenerweckung ist allein Gottes Sache. *Wurde heil:* Vielleicht auch eine Warnung vor vorzeitiger Toterklärung des Widersachers und seiner Werkzeuge. Heilung muß nicht in jedem Fall göttliche Bestätigung sein! *Die ganze Erde* ist Einfluß- und Machtbereich des Tieres. 4 *Beteten das Tier an:* Aus dem Staunen wird Anbetung. *Wer ist dem Tier gleich?* Schreckliche Verkehrung der anbetenden Einsicht; vgl. 2Mo 15,11; Ps 40,6; Jer 10,6. *Wer kann mit ihm kämpfen?* Weil Gott aus dem Blickfeld geriet, findet diese Frage nicht mehr die nötige Antwort, sondern wird zur Kapitulation vor Satan und seinem Werkzeug. Der Mensch allein, ohne Gott, auch und erst recht in der Gruppe, kann der Gewalt Satans nicht widerstehen. 5 *Gegeben:* Gott gibt dem Widersacher Möglichkeit, Kraft und Zeit, sogar ihn zu lästern. Gerade darin besteht seine Überlegenheit. Aber es gilt Hi 38,11. *Große Dinge:* Die ihn groß machen sollen. Vgl. dagegen Dan 4,31ff. *Zu lästern seinen Namen* (Dan 7,25): Gott die Ehre rauben. *Zweiundvierzig Monate:* S. 11,2; 12,6. 6 *Sein Haus:* der Himmel und die Gemeinde (2Kor 6,16). *Die im Himmel wohnen:* Die Heere Gottes, die einmal an seiner Vernichtung teilnehmen (19,14.20). 7 *Gegeben:* S. V. 5, Dan 7,21. *Heilige:* Das Volk Gottes, auf das er schützend seine Hand gelegt hat (11,1), das versiegelt ist als sein Eigentum (7,3). *Zu überwinden:* Die Gemeinde ist ihm wehrlos ausgeliefert und scheinbar preisgegeben zur Beseitigung. Aber gerade wenn sie sich äußerlich entrechten, ja töten lassen, zeigen die Christen, daß sie nicht von ihm wirklich überwunden werden, sondern daß sie ihn überwinden - in der Kraft des Sieges Jesu; vgl. Joh 16,33; 1Jo 4,4; Offb 2,10. *Über alle Völker:* Weltweite, »ökumenische« Machtentfaltung des Antichristen. Scheinbar gilt 5,9 u. 7,9 nicht mehr. Er

macht Jesus dem Augenschein nach die Herrschaft mit Erfolg streitig. **8** *Alle:* scheinbarer Totalsieg. *Deren Namen nicht:* wichtige Einschränkung. *Lebensbuch des Lammes:* S. 3,5. Nur in der Verbindung mit dem Lebensopfer Jesu kann ein Mensch angesichts dieser Bedrohung durch den Widersacher jetzt und im Endgericht (20,15) bestehen. *Vom Anfang der Welt* wird LÜ zu »geschrieben« gezogen, entsprechend 17,8 u. Eph 1,4. Im Griech. könnte es auch zu »geschlachtet« gezogen werden im Sinne der ewigen Erwählung Jesu, Opfer für Sünder zu werden; vgl. 1Petr 1,20, aber auch Hebr 9,26. **9** *Hat jemand Ohren:* Hinweis auf etwas besonders Wichtiges; vgl. 2,7 u.a. **10** *Wenn jemand ins Gefängnis soll:* Aufruf zu heiliger Gelassenheit und Leidensbereitschaft für Jesus, zum Verzicht auf äußeren Widerstand; vgl. Jer 15,2. »In den Zeiten des totalen Gerichts bleibt nichts anderes, als sich dem heiligen, unabänderlichen Willen Gottes zu fügen ... und ohne alle Illusion, aber auch ohne Furcht, das letzte blutige Weltende der Geschichte zu gehen« (Lilje). *Hier ist:* Hier gilt und hilft nur *Geduld und Glaube der Heiligen;* Aushalten im Vertrauen auf den lebendigen Gott und seinen Christus Jesus, treu bleiben in der Gewißheit, daß er das letzte Wort hat; vgl. Röm 8,31-37; 2Kor 4,17f; Hebr 12,1f. **11** *Ich sah:* S. Komm. zu V. 1. *Heraufsteigen:* ebenfalls von unten kommend. *Ein anderes Tier:* »falsche Prophet« (16,13; 19,20; 20,16), zur Ergänzung und Unterstützung des ersten Tieres. *Aus der Erde:* aus dem kleinasiatischen Festland, wo der Kaiserkult in Blüte stand, also eine einheimische Gestalt. Vielleicht auch ein Hinweis auf die größere, verführerische Nähe und gemeinsame »Bodenverbundenheit« dieses Tieres; vgl. Hi 40,15. *Zwei Hörner wie ein Lamm:* Es hat nach außen ein anderes, harmloseres Aussehen, das geradezu an Jesus und sein Opfer erinnert und ihn ersetzen soll. *Und redete wie ein Drache:* Wenn auch Aussehen und Auftrag verschieden sind, die Zielrichtung ist dieselbe: verführen, von Gott wegreißen; vgl. 1Mo 3,1. Die Warnung Jesu (Mt 7,15) wird immer wichtiger; vgl. Mt 24,24. **12** *Es übt alle Macht:* wie Jesus seinen Jüngern Macht gibt (Mt 10,1) und sie *vor ihm* stehen (11,4) in Abhängigkeit und Auftrag. *Es macht:* Es bewirkt und sorgt dafür, z.B. durch die Priester des Kaiserkultes und alle ihre Nachfolger. *Anbeten:* wie der Heilige Geist Jesus verherrlicht; vgl. Joh 16,4; 1Kor 12,3. **13** *Große Zeichen,* die Glauben wirken sollen, jede andere Haltung als unmöglich abtun; vgl. Mt 11,21; Joh 20,20; 2Thes 2,8f. *Feuer vom Himmel:* vgl. 1Kö 18,38; 2Kö 1,10-12; aber dagegen Lk 9,54ff; Apg 2: ein satanisches Gegenpfingsten, das eine falsche Begeisterung zur Folge hat. **14** *Verführt:* S. V.11f. *Ein Bild dem Tier:* zunächst wohl das Kaiserkultbild in Ephesus (s. Einl.) und anderen Städten. Aber dahinter steht der Protest gegen das göttliche Bilderverbot, mit dem der lebendige Gott seine heilige Andersartigkeit und Überlegenheit über alles Geschöpfliche wahren will; vgl. 2Mo 20,4ff. Wohl aber hat er den Menschen zu seinem Bild und Gegenüber und damit zu seinem Statthalter in der Schöpfung erwählt (1Mo 1,26ff) und hat er den Menschen Jesus als sein eigenes Ebenbild (2Kor 4,4; Kol 1,15) gesandt, in das der Mensch sich nach seinem Fall hineinbilden lassen darf (2Kor 3,18; Gal 4,19). Dies alles soll durch das Bild des Tieres zerstört werden: Die Unsichtbarkeit und Andersartigkeit Gottes, die dem Menschen oft so Not macht, soll ein Ende haben. Der Mensch soll nicht auf Gott, sondern auf das Tier und sein Bild ausgerichtet und in es hineinverwandelt werden. **15** *Gegeben:* S. V. 5 u. 7; nur darum kann er soviel *»machen«* (V. 12.14.16). *Geist:* Vgl. 1Mo 2,7; Vortäuschung echten Lebens entweder durch Tricks oder auch dämonisch-eindrückliche Zeichen. *Alle, die nicht anbeteten:* etwa durch Verweigerung des Weihrauchs vor dem Kaiserbild (Dan 3,5f). *Getötet:* Während das wirkliche Lamm für die Menschen stirbt, läßt dieses Schein-Lamm Menschen umbringen, die ihm im Wege sind. **16** *Allesamt, die Kleinen und Großen:* Durch Lüge und Gewalt erzwungene Einheit und Gleichheit, im Gegensatz zu der geistgewirkten Einheit und Gleichheit der Glieder am Leibe Jesu; vgl. Gal 3,28; Eph 4,1-6. *Zeichen an ihre rechte Hand oder an ihre Stirn:* Vgl. Hes 9,4; 2Mo 13,9; 5Mo 6,8; 11,18. Dort sind es Gottesworte, die an Gott erinnern sollen. Ebenso das Zeichen der Taufe (Mt 28,18f), auch Offb 7,3; hier ebenfalls Eigentumshinweis, der freilich in ganz andere Richtung weist. Wörtl.: »Prägemal« (durch das kaiserliche Siegel), eine Wesensprägung, die bis in die Tiefe reicht, das Denken und Handeln bestimmt. **17** *Das niemand kaufen:* Entscheidung bzw. Ausscheidung soll erzwungen werden. Den Christen soll die Lebensmöglichkeit abgeschnitten werden. Hierher gehört Jesu Gleichnis vom »Weltgericht« (Mt 25,31ff). Nicht allgemeine Nächstenliebe, sondern Solidarität mit seinen verfolgten, der Vernichtung anheimgegebenen Jüngern wird hier gerühmt! *Zahl seines Namens:* S. Komm. zu V. 18. **18** *Hier ist Weisheit* nötig (vgl. 1Kor 1,30; Kol 2,3; Jak 1,5; 3,17) neben Geduld und Glaube (V. 10)! Menschliche Schlauheit reicht nicht aus. *Verstand:* S. Komm. zu 17,9. *Der überlege die Zahl des Tieres* (wörtl.: *zähle):* Im Altertum wurden die hebr. und griech. Buchstaben auch als Zahlen benützt, so daß Worte auch in einer Zahl zusammengefaßt werden konnten (»Gematrie«). Diese freilich in das gesuchte Wort zurückzuführen, erforderte und erfordert viel, ja ist zuweilen - so auch hier - unmöglich. Es gibt unzählige Auflösungsversuche der Zahl *666,* u.a. das mit hebr. Buchstaben geschriebene griech. Wort *Neron Kesar* (Kaiser Nero) oder *Therion* (Tier). Alle diese Erklärungsversuche befriedigen nicht. Eher muß man auch diese Zahl, wie meist in der Offb, als Zeichen - nicht als Zählzahl - ansehen, zumal der Hinweis gegeben ist: *Zahl eines Menschen.* Tatsächlich ist 6 (vgl. Ps 8,6) ein wenig unter 7, der Zahl Gottes, die Zahl des unvollkommenen und sündigen Menschen (6 Tage: 2Mo 20,8ff; 6 Ellen: 1Sam 17,4; 6 Musikinstrumente: Dan 3,5). So wäre die Zahl 666 = 3 mal 6, die Zahl des Menschen der sich anmaßt, Gott (= 3) zu sein. Damit ist der von Gott losgerissene, selbstherrliche Mensch nicht nur Ziel und Werkzeug, sondern auch Erkennungszeichen des Tieres und seines Propheten wie seines Auftraggebers (1Mo 3,5).

Der Inhalt dieses wichtigen Kap. vom Antichristen und seinem Scheinsieg zeigt, daß die Geschichte der Menschheit nicht in Menschlichkeit und Mündigkeit endet, sondern in Unmenschlichkeit und Unfreiheit, in Lüge und Terror. Der Versuch des Menschen, Mensch zu sein ohne Gott, wird nicht gelingen, sondern immer mehr mißlingen - so sehr die satanische Trinität alles daran setzen wird, daß die Menschheit diesen Versuch bis zum bitteren Ende fortsetzt. Aber das Ende steht nicht in der Hand Satans und seiner Helfer oder des letztlich ohnmächtigen Menschen, sondern in der Hand dessen, der in seiner Verborgenheit einstweilen seinen Widersacher gewähren läßt, aber freilich schon den beauftragt und gesandt hat, der seine - Gottes - Sache herrlich hinausführen und alle seine Feinde ausschalten wird (1Kor 15,24ff). Der wird auch seine Leute, die in Geduld und Glauben an ihm festhalten, in aller ihrer scheinbaren Freigabe und Ohnmacht in seiner mächtigen, durchgrabenen Hand für seine großen künftigen Aufgaben bergen und führen (Joh 10,28).

14,1-20 Der Menschensohn - als der Weltenrichter. Nachdem die beiden Kap. 12 u. 13 nüchtern und ernst von der Bedrohung der Christusgemeinde und von der Übermacht des Feindes und seiner Helfer gesprochen hatten, von deren übermächtiger Verführung und brutalen Verfolgung, die der Gemeinde scheinbar keine Überlebensmöglichkeit mehr läßt, wird uns Kap. 14 ein tröstliches und gewaltiges Gegenbild gezeigt, das die ganze Vorläufigkeit und Vergeblichkeit des Scheinsieges des Widersachers aufzeigt, das die wirklichen Machtverhältnisse aufleuchten läßt, indem es einen Durchblick durch den Scheintriumph des Drachen mit seinen Trabanten hin zur unantastbaren Gemeinschaft des Lammes mit den Seinen, zum unmittelbar bevorstehenden Gericht durch den Menschensohn gewährt. Der auf der vom Feind noch beherrschten Erde hart bedrängten Gemeinde, die auf scheinbar verlorenem Posten steht (13,7), in der Anfechtung, als ob ihre Arbeit und ihre Leiden vergeblich sei (Jes 49,4; 1Kor 15,58) wird gezeigt, wie sich ihre Lage von oben und vom Ende her ansieht. Johannes darf in den Bildern dieses Kap. der Christengemeinde aller Zeiten den wichtigen Übergang von Dan 7,25, dem scheinbar ungehinderten Wüten des Tieres, zu Dan 7,26f, dem Gerichtseingreifen Gottes, ansagen, mit dem er seine Ordnung in der Schöpfung wiederaufrichtet und seinem Volk eine neue, unvorstellbar große Zukunft und Aufgabe in Aussicht stellt.

a. **1-5** *Das Lamm und die 144.000 auf dem Berg Zion.* **1** *Ich sah und siehe:* wieder Hinweis auf etwas Überraschendes und Wichtiges. *Das Lamm stehen:* S. Komm. zu 5,6. *Auf dem Berg Zion,* auf dem die Davidsburg, die Stadt Jerusalem und der Tempel in ihr errichtet war: Ort der Sehnsucht (Ps 122) und Geborgenheit (Ps 46; Jes 33,20). Nach atl., jüdischer Erwartung wird der Messias auf dem Berg Zion erscheinen, Israel dort sammeln und seine Feinde besiegen (Joe 3,5; auch Jes 2,2ff). *Mit ihm 144.000:* S. Komm. zu 7,3f; Das Lamm ist der Messiaskönig, der seine Leute vollzählig ans Ziel bringen wird; keiner wird fehlen! Durch alle Bedrohungen, Mißhandlungen, Vernichtungen, ja auch durch alle Zertrennungen und Zerstreuungen hindurch; vgl. Mk 13,27 u. Mt 28,20. *Seinen Namen... auf ihrer Stirn* (vgl. 7,3f; 11,1f, aber auch 13,16): Zeichen der Erwählung und der unter Leiden durchgehaltenen Zugehörigkeit zu Gott und Jesus, die sie abhielt, das Zeichen des Tieres anzunehmen. **2.3** *Eine Stimme vom Himmel:* Nur die Herkunft, nicht die Verursacher werden genannt. Aus dem Tosen (1,15; 19,6) der Wasser und Grollen (4,5; 8,5; 11,19) des Donners wird Harfenspiel (5,8; 15,2; 18,22) und daraus der Gesang, *ein neues Lied,* das auf die neue Gottestat hinweist, die endgültige Errettung des Gottesvolkes; s. 5,9. *Lernen:* Zunächst verstehen, dann erlernen - zum Mitsingen! Vgl. 2Kor 12,4. Der Chor des Himmels begrüßt die ans Ziel gekommene Jesusgemeinde der Erwählten, das neue Gottesvolk aus Heiden und Juden, die um Jesus geschart sind, die zu ihm hinausgegangen sind (Hebr 13,13), der selber draußen vor den Toren der Stadt Jerusalem gelitten hat (Hebr 13,12). Sie dürfen jetzt mit ihm drinnen sein, für immer geborgen, geheiligt durch sein Blut, für neue Aufgaben bereit.

Die nächsten Wendungen geben neue Antwort auf die alte Pilgerfrage Ps 24,3. *Die erkauft sind von der Erde* (vgl. 5,9; 1Kor 6,20; Hebr

13,12): Darin gründet ihre Zugehörigkeit zum Lamm. **4** Nicht mit Frauen *befleckt, jungfräulich:* keine asketische Elite-Gemeinde! Ehe ist in der Bibel nie Befleckung, auch 1Kor 7,25ff nicht. Gemeint ist im Sinne von 2Kor 12,9; Eph 5,22 unbeirrbare Treue zu Gott und Jesus im Sinne des 1. Gebots (Mt 22,37), 1Petr 1,21; vgl. Hos 2,11ff; Jer 2,2-6; Hes 16; Offb 4,8; 17,2.4.19.2. Darin eingeschlossen ist freilich auch der Gehorsam gegen das 6. Gebot; 1Kor 6,13-20. *Sie folgen dem Lamme nach* (vgl. Mt 10,38): Absage an Bequemlichkeit und Leidensscheu. *Erstlinge:* Der Anfang einer neuen, ganz Gott gehörigen Menschheit - wie es die gottgeweihte Erstlingsgarbe beim Beginn der Ernte ansagt, daß Gott die ganze Ernte gehört; vgl. 3Mo 23,9ff; Jak 1,18; 2Thes 2,13. **5** *Kein Falsch* (wörtl.: keine Lüge) im Sinne der Verleugnung ihres Herrn 13,5; vgl. Jes 53,9. *Untadelig:* aus der Opfersprache; vgl. 2Mo 12,5; Eph 1,4; 5,27; Röm 12,1; 1Petr 1,19.

b. **6-13** *Letzte Werbung und Warnung.* **6** *Mitten durch den Himmel* (s. 8,13): Im Zenit zum Zeichen der Dringlichkeit und Erreichbarkeit für alle Erdbewohner; z.B. Einsatz der technischen Möglichkeiten für die Evangeliumsverkündigung; vgl. Mt 24,14; Offb 13,7. *Ewiges Evangelium:* das ewige Rettung anbietet durch Umkehr, freilich in letzter Stunde; vgl. Mk 1,15. **7** *Fürchtet Gott* mehr als die Menschen und Mächte, die von ihm wegführen wollen; vgl. Mt 10,28; Jer 1,17. *Gebt ihm die Ehre:* Die ihm allein als dem Schöpfer und Herrn von seinen Geschöpfen zusteht. *Himmel, Erde:* Vgl. 8,6-12; 16,2ff. Der Lebensraum des Menschen, der ihm von Gott angewiesen und gnädig gewährt ist, kann von ihm auch weggenommen werden! **8** *Sie ist gefallen:* Vorwegnahme von 16,19; vgl. Jes 21,9; Dan 4,27. Ausdruck prophetischer Gewißheit: Was Gott beschlossen hat, ist vollzogenes Geschehen; vgl. 15,8; Jer 51,7. *Babylon, die große Stadt:* Zunächst Deckname für Rom (1Petr 5,13), aber darüber hinaus die ganze empörische und verführerische, Gott herausfordernde (1Mo 11,4), sein Volk einschüchternde und bedrängende (Ps 137) Weltkultur, die bis in die verfaßte Kirche hineinwirken und sie zur »Hure« machen kann, die sich der Welt und ihren vergehenden Herrn und Gedanken preisgibt und ihrem Herrn und Bräutigam Christus untreu wird. *Mit dem Zorneswein ihrer Hurerei:* mit ihrer Verführung zum Abfall von Gott, die seinen Zorn nach sich zieht. *Alle Völker* (vgl. Jer 51,7; Mt 28,19): die große Gegenaktion Gottes! **9.10** *Wenn jemand das Tier anbetet ... Bild ... Zeichen* (vgl. 13,15.16): Die scheinbare und unverzichtbare Lebenssicherung ist in Wirklichkeit der sichere Weg in den ewigen Tod. Der kurze Vorteil ist erkauft mit einer schrecklichen Zukunft. *Wein des Zornes Gottes:* S. Ps 75,9. *Unvermischt:* unverdünnt, Hinweis auf den Ernst seiner Gerichte; vgl. Gal 6,7. *Feuer und Schwefel* (vgl. 1Mo 19,24; Jes 34,9): abschreckende Beispiele für Gottes Totalgericht. *Vor dem Lamm,* das gekommen ist, vor dem Zorn Gottes zu retten, das aber auch den Zorn Gottes (6,16f) zur Ausführung bringt, wo sein Dienst abgelehnt wird. **11** *Der Rauch von ihrer Qual:* 1Mo 19,27. *Keine Ruhe Tag und Nacht:* Vgl. dagegen Mt 11,28 - wörtl.: »Ich will euch Ruhe geben«; Hebr 4,9. *Wenn jemand das Tier anbetet ...:* Noch einmal wird vor diesem verhängnisvollen Fehlschritt, der sich so zwingend und einleuchtend anbietet, als einer nie mehr zu behebenden Fehlentscheidung gewarnt. **12** *Hier ist* (beschwörende Gegenempfehlung): Hier gibt es nur eines, was rettet, die *Geduld der Heiligen* (s. 13,10). *Die da halten die Gebote Gottes und den Glauben an Jesus:* Erläuterung zu »Heilige«. Die Gebote Gottes kann man nur halten im Glauben an Jesus, der die Kraft dazu gibt; an Jesus glauben kann nur, wer die Gebote Gottes ernstnimmt und beides - Gebote und Glauben - festhält und sich vom Feind nicht nehmen läßt. **13** *Selig sind die Toten:* Das Halten der Gebote Gottes, der Glaube an Jesus kann das Leben kosten! Vielleicht auch ein tröstlicher Hinweis darauf, daß die Toten das ganze Heil haben und nicht zu kurz kommen gegenüber den Lebenden; vgl. 1Thes 4,13ff. *Die in dem Herrn sterben:* Nicht die Art des Todes oder die Länge des Lebens ist entscheidend, sondern das Sterben in der Verbindung mit Jesus; vgl. Joh 11,25f. *Von nun an:* wo es aufs Letzte geht. *Der Geist* des prophetischen Wortes (vgl. 2,7 usw.). *Sie sollen ruhen:* Vgl. Jes 57,2; Mt 11,28; Hebr 4,9; dagegen V. 11. »Es hat einen Sinn, dem Lamm die Treue zu halten!« (Lilje). *Ihre Werke* als Ausdruck ihres Glaubens, den sie gleichsam als Zeugen im Gericht bestätigen werden; vgl. Jak 2,14-26.

c. **14-20** *Der Menschensohn bringt die Ernte der Erde ein.* **14** *Und ich sah:* S. V. 1. Inmitten der drei Engel, die das Gericht ankündigen (V. 6-11), und der drei, die es zur Ausführung bringen (V. 15-20), erscheint der *Menschensohn* (1,13) aus Dan 7,13, dem das Gericht übertragen ist, als der kommende Herr der Erde und Richter aller Menschen, nicht nur als der Heiland der Seinen (1-5); vgl. Mt 25,31; Offb 19,14. Er, nicht das Tier, ist der wirkliche Sieger; vgl. Dan 7,7f mit 9-14. *Goldene Krone* (vgl. 19,12): der wahre Herrscher, der jetzt keine Dornenkrone (Joh 19,5) mehr trägt. *Scharfe Sichel:* Zeichen des Gerichts (s. 15 u. 19); nicht mehr das Sätuch (Mt 13,3ff) kennzeichnet ihn! **15** *Aus dem Tempel,* der himmlischen Wohnung Gottes. *Mit großer Stimme:* im Auftrage Gottes; vgl. Mt 24,36. *Die Ernte der Erde:* Bild für das Gericht; Reife - Schnitt - Bergung oder Vernichtung; vgl. Joe 4,13; Mt 13,30; Mk 4,29; Gal 6,7. Das Böse darf nicht immer weiterwuchern! Das Gute muß verwahrt werden. Beim Gericht geht es um die Wiederherstellung der Ordnung Gottes durch Ausscheidung des Gottwidrigen aus seiner Schöpfung. **16** *Setzte* (wörtl.: »warf«): Der, der von Gott zur Rettung gesandt wurde, ist jetzt Richter, beides im Dienste der Königsherrschaft Gottes, der Neugestaltung seiner Welt. *Die Erde wurde geerntet:* Entweder ist dieses erste Bild von der Weizenernte ein Bild für das Gericht aller Menschen, das dann durch das folgende Bild von der Weinernte ergänzt wird im Sinne von Joe 4,13, wo beide Ernten dasselbe meinen. Aber wahrscheinlich sind die beiden Bilder zu unterscheiden im Sinne von Mt 13,41-46: Die Weizenernte meint die Sammlung der »Gerechten«, die Weinernte das Gericht über »alles, was zum Abfall verführt, und die da Unrecht tun«. **17** *Ein anderer Engel:* Das Gericht über die Bösen wird einem Engel zur Durchführung überlassen. **18** *Vom Altar* unmittelbar von Gott, der die Gebete der Gläubigen, die Stimmen der Märtyrer hört und darauf antwortet; vgl. 6,9; 7,3.5; 9,13; 11,1; 16,7. *Macht über das Feuer:* Gottes Gerichtshandeln; vgl. Jes 33,14; Hebr 12,29. **19** *Kelter:* Bild für das göttl. Zorngericht; vgl. Jes 63,3; Joe 4,13; Kla 1,1; Offb 19,5. **20** *Draußen vor der Stadt:* Jerusalem! Dort wurde im Tal Josaphat nach jüdischem Glauben das Gericht über die Heiden erwartet, während Israel in der Stadt bewahrt wird (Joe 4,2.12). Jetzt aber, nachdem Golgatha geschehen ist, ist die Lage völlig anders: Die werden draußen vor der Stadt gerichtet, die sich dem, der draußen das Gericht aller auf sich nahm (Joh 1,29; Hebr 13,12), nicht anschlossen, ihn ablehnten und nicht mit ihm hinausgingen (Hebr 13,13). Seine Gemeinde ist in der Stadt drinnen, auf dem Berg Zion, geborgen; vgl. auch 11,1.2. *Bis an die Zäume der Pferde* (Jes 34,3ff): die den Christus begleiten, wenn er kommt, zu richten; vgl. 19,14.19. *1600 Stadien* = 300 km, etwa die Länge Palästinas von Dan bis Beerseba. Aber wohl auch hier eine Sinnzahl: Vier ist die Zahl der Erde mit ihren vier Himmelsrichtungen (s. 7,1). 4 mal 4 mal 100: Das Gericht ist umfassendes Erd- und Endgericht. Ja, es wird zum blutigen Krieg, der unerbittlich alles, was sich Gott widersetzt, vernichtet. »Oh, was muß da vorgehen, wenn der heilige Grimm Gottes die Übeltäter pressen wird!« (Bengel).

Kap. 14, das so licht beginnt und so düster endet, wendet sich zunächst ermunternd und tröstend an die Gemeinde, die an Jesus unter Drangsal festhalten will: Es lohnt sich ewig, jetzt schon mit dem Lamme zu leben und dem Tier zu trotzen, mag es kosten, was es wolle (V. 1-5.11f). Aber darüber hinaus sind diese Worte und Bilder an jeden gerichtet, der in diesen rasch dem Ende zueilenden 3 1/2 Zeiten lebt. Das Gericht über diese Erde steht unmittelbar vor der Tür und bringt eine völlige und bleibende Umwertung, auf die es sich heute schon, heute noch einzustellen gilt: Willige Unterwerfung unter den Gott, der seiner nicht spotten läßt! Heraus aus der tödlichen Verachtung des Schöpfers! Er wird den Menschen die Welt, die er für ihn erschaffen hat, wieder zerbrechen und wegnehmen (V. 6.7)! Was heute noch selbstsicher dasteht und den Menschen zur Gottlosigkeit berauscht, ist schon gerichtet und liegt morgen zerstört da (V. 8). Was heute noch als selbstverständlich und normal und klug gilt, wird sich morgen als ein kurzsichtiger Trugschluß, als eine Fehlentscheidung herausstellen, die ewiges Verderben bedeutet (V. 9-11). Es kommt nicht darauf an, bequem zu leben, sondern selig zu sterben (V. 13). Jesus ist nicht nur der Heiland, der uns die Liebe Gottes bringt, sondern auch der Richter, der seinen Zorn verwaltet und über alle Menschen das letzte Wort hat, das ewige Freude oder ewiges Verderben heißt (V. 14-20). Aber noch mitten in der Ankündigung seines schrecklichen Gerichtes und der unruhigen ewigen Qual derer, die ihn abgelehnt haben, tönt sein Heilandsruf, der jetzt noch gilt und bis in alle Ewigkeit hinein sich auswirkt: »Kommet her zu mir alle, die ihr euch abmüht und belastet seid: Ich will euch Ruhe geben!« (Mt 11,27f).

15,1-19,10 Die letzten Gerichtsschläge Gottes

Gott öffnet sich seine Welt wieder, die sich ihm so hart verschlossen hat, durch harte, schreckliche Gerichtsschläge. Der Trotz des gottlosen Menschen wird gebrochen, wenn seine Welt zerbricht. Dann wird der, der arm und sich verzehrend, zuletzt sein Leben preisgebend schon einmal in diese Welt hineingegangen ist, gesandt von der heiligen Liebe Gottes, um zu retten, was sich retten läßt, auch noch in letzter Stunde, noch einmal kommen, ausgestattet mit der Macht des lebendigen Gottes, um Gottes Reich auf dieser Erde aufzurichten und sein Heilands- und Richteramt zu vollenden.

15,1-8 Ein Blick in den Himmel. Wie schon früher geht auch dieser letzten Folge von Gerichten auf der Erde ein Blick in den Himmel voraus (Kap. 4 u. 5; 7,1-8,6), damit deutlich wird, daß diese Erde in ihren Schrecken nicht sich selbst überlassen ist, sondern unter Gottes Herrschaft steht, der nicht in Willkür, sondern nach seinem heiligen Ratschluß und Plan die Gerichte sendet, um seiner Schöpfung das Heil, die Heilung in Gerechtigkeit zu bringen und sein Volk zu befreien von aller Umklammerung und Bedrängnis durch den Feind von außen und innen. Darum vollziehen sich diese Gerichtsakte Gottes, zumal diese letzten, wie ein Stück himmlischer Liturgie - so schrecklich und sinnlos das Geschehen auf der Erde erscheinen mag.

1 *Ein anderes Zeichen am Himmel* (Vgl. 12,1): Jetzt ein entscheidender Schritt weiter. *Groß und wunderbar:* Vgl. Jes 28,29. *Sieben Engel:* Vgl. 11,14f. *Die letzten sieben Plagen:* Vgl. 3Mo 26,21. *Vollendet der Zorn Gottes* (s. 11,18; 16,17): 3 mal 7, die doppelte Unterstreichung der von Gott veranlaßten und überwachten Vollzahl der Gerichte. Joh 19,30: Die Vollendung des Opfers des Lammes hat als Kehrseite die Vollendung des Gotteszornes gegen all das, was sich von diesem Opfer nicht zu Gott zurückbringen läßt. 2 *Wie:* S. 1,10. *Gläsernes Meer:* S. 4,6; vgl. 1Mo 1,6; 2Mo 15. Hier betont: das von Gottes Herrlichkeit beherrschte und von seiner Gerechtigkeit zur Ruhe gebrachte Völkermeer. *Mit Feuer vermengt:* Hinweis auf Gottes Gerichte. *Die den Sieg behalten hatten über das Tier:* Von dem sie aber entehrt, geschlagen, getötet worden waren (13,7.9f)! *Gottes Harfen:* S. 14,2. 3 Das Lied Moses 2Mo 15,2ff nach dem wunderbaren Durchzug durch das Rote Meer und der Errettung von Pharao durch Gottes Eingreifen; vgl. Jes 51,9-11. *Das Lied des Lammes,* weil Gott durch Jesus eine noch größere Errettung, von einem noch gefährlicheren Feind geschenkt hat. Jesus stimmte schon zu Lebzeiten dieses Lied an (Mt 11,25ff), er ermöglichte es durch sein Gehorsamsopfer allen, die sich ihm anschließen, ihm gilt darum dieses Lied des Lammes. *Groß und wunderbar sind deine Werke* der Schöpfung und der Erlösung; vgl. Ps 98,11; 111,2; 139,14. *Herr, allmächtiger Gott* (wörtl.: Herr, Gott, du Allherrscher): Dir allein steht dieser Titel zu! *Gerecht und wahrhaftig... deine Wege,* auch wo sie zunächst unbegreiflich sind; vgl. Jes 26,8; 55,8; Ps 145,17; 5Mo 32,4. *König der Völker:* Vgl. Jer 10,7. 4 *Wer sollte dich nicht fürchten:* Vgl. Mal 1,11; Offb 14,7; dagegen 13,4. *Du allein bist heilig* (Jes 6,3): kein Mensch wie du, trotz 3Mo 11,44 u. Joh 17,19. *Alle Völker werden kommen* (vgl. Ps 86,8-10; Jes 2,2ff; 26,9; Jer 16,19-21): Gottessehnsucht und Gotteserkenntnis nach dem Gericht! *Deine gerechten Gerichte* (wörtl.: deine Rechtshandlungen - dasselbe Wort in 19,8 von Menschen ausgesagt): Deine Gerichte sind als gerechte Taten offenbar geworden. Vorher war dein Handeln verhüllt. Erkenntnis vom Ende her; vgl. Joh 13,7. 5 *Der Tempel, die Stiftshütte im Himmel* (vgl. 2Mo 25,9; Hebr 8,5): Das Urbild der Stiftshütte ist im Himmel. Nachdem die Bundeslade aus der irdischen Stiftshütte in den Tempel Salomos kam, kann auch zuweilen der Tempel als Stiftshütte bezeichnet werden, z.B. Ps 84,12; Hes 41,1. 6 *Aus dem Tempel:* von Gott her; feierlicher Stil. *Die sieben Engel:* in Priestergewändern; vgl. 1,13; Hebr 1,14. 7 *Eine der vier Gestalten* unmittelbar am Thron Gottes (4,6-8). *Sieben goldene Schalen:* göttliche Trinkgefäße. *Voll vom Zorn (-Wein) Gottes* (vgl. 14,10; Jer 25,15): »Die Welt endet nicht in strahlendem Fortschritt, sondern in den Gluten des Zornes Gottes« (Hartenstein). *Der da lebt von Ewigkeit her:* Der alle irdischen Machthaber und Reiche überlebt. 8 *Voll Rauch* (vgl. 2Mo 40,34f; 1Kö 8,10; Jes 6,4; Hes 10,4; 44,4): Zeichen der Anwesenheit und Herrlichkeit Gottes. *Von seiner Kraft:* seine heilige Übermacht über alle Feinde. *Niemand konnte in den Tempel gehen:* Gottes heilige Unzugänglichkeit für jeden fürbittenden Aufschub; vgl. Hab 2,20. »Der große König hält sich in seinem Kabinett verborgen, wenn er seinen heiligen Grimm ergehen läßt« (Bengel). Es gibt Zeiten, in denen Gott sein Antlitz verbirgt, wo es aber erst recht gilt, ihn festzuhalten in seiner Verheißung; vgl. Ps 27,8.14.

16,1-21 Die Ausgießung der sieben Zornschalen. Nun wird die Ausführung der schon 11,15 und bes. Kap. 15 feierlich angekündigten letzten Gerichte Gottes, der 7. Posaune, die die sieben Zornschalen, das 3. und letzte Wehe Gottes nach sich ziehen, bezeugt. Nachdem Gott immer wieder Pausen zwischen seinen Gerichten hat eintreten lassen, drängt er nun aufs Ende. Schlag auf Schlag vollzieht sich nun Gottes richterliches Eingreifen in die abtrünnige Menschenwelt und aufrührerische Schöpfung. »Unter den Trompeten ist vieles verblümt ...; aber unter den Schalen gehet es scharf und geschwind« (Bengel). Auch diese Gerichte sind, wie alle innerirdischen Gerichte, auch Anrufe Gottes, Aufruf zur Umkehr; s. 14,6ff. Immer wieder sind auch Anklänge an die ägyptischen Plagen (2Mo 7,14ff) vorhanden, die darauf hinweisen, daß es sich auch bei diesen endzeitlichen Gerichten Gottes um eine große Befreiungs- und Heimführungsaktion durch Gott handelt, jetzt freilich in viel größerem Maßstab und als Endlösung: Die ganze Schöpfung soll für immer und bis ins Innerste hinein wieder in die gute Gemeinschaft mit ihrem Schöpfer zurückgeführt werden. Die Reihenfolge der 7 Gerichtsschläge ist ähnlich wie bei den 6 Posaunengerichten (Kap. 8 u. 9), was den Wirkungsbereich anlangt. Der Inhalt und die Auswirkung ist freilich meist anders, in jedem Fall immer eine Steigerung: Es geht aufs Letzte. Gott zeigt noch einmal seine Macht, damit der Mensch auf ihn aufmerksam werde und ihm die Ehre erweise, die ihm zukommt und die dem Menschen sein Menschsein bewahrt und heilt; vgl. Joe 2,12.13. Immer deutlicher wird, daß der Mensch selber, nicht sein Lebensraum, von Gott gemeint sind und daß die

Gerichte auf die Ausschaltung der Verderbensmächte ausgerichtet sind, die die Erde verderben (11,18). Inwieweit die Gerichte die Sichtbarkeit und Leiblichkeit des Menschen und seiner Welt betreffen oder seine Innenwelt und das menschliche Zusammenleben, ist im einzelnen schwer zu entscheiden (z.B. 2,10; 13f), zumal Welt und Mensch als Geschöpfe Gottes ihm in beiden Bereichen, dem sichtbaren und unsichtbaren, unterstehen und beide Bereiche ineinandergreifen. Die Zerrüttung, ja Auflösung der Schöpfung und ihrer Ordnungen in allen Bereichen als Gericht - und gleichzeitig als Voraussetzung für den großen Neuanfang ist gemeint.

Das Ergebnis dieser letzten, gesteigerten Gerichte ist freilich, soweit sie der Mensch überhaupt überlebt, Unbußfertigkeit und Verstokkung. Die lange verweigerte Umkehr wird immer schwieriger nachgeholt. Vgl. auch die ägyptischen Plagen! Der Mensch gewöhnt sich an seine Gottlosigkeit - wenigstens sehr lange. Ob das menschliche Herz sich freilich auf die Dauer Gott verschließen kann, wird von 15,4 u.a. Stellen her auf jeden Fall als offene Frage bestehen bleiben.

1 *Eine große Stimme:* Entweder Gott selber oder ein Thronwesen in seinem Auftrag. Auch und gerade diese Gerichte sind nicht Zufall oder Willkür oder bloße Naturereignisse, sondern von Gott verhängtes Geschehen, das seinen Plan dem Ziele zuführt. *Geht hin* (vgl. Mt 28,19): Das Versöhnungsangebot Gottes geht zu Ende, der Gerichtsvollzug über die ganze Erde steht unmittelbar bevor. *Gießt aus* (vgl. Ps 69,15; Jer 10,25; 42,18; Zeph 3,18): Gerichtsvollzug. *Auf die Erde:* Hier Sammelname für den Lebensraum der Menschen, in dem freilich auch der Widersacher mit seinen Helfern sein Werk hat (12,9), wenn auch zeitlich begrenzt (12,12). 2 Vgl. 2Mo 9,26 u. Offb 8,7. *Böses und schlimmes Geschwür:* Die Menschen, die das »Malzeichen des Tieres« angenommen haben, bekommen nun ein »Brandmal Gottes«. Gott vergilt Gleiches mit Gleichem; vgl. 4ff; 2,22. Schon jetzt rächt sich die Kapitulation vor dem Feind; vgl. 13,4 u. 14ff; vgl. auch Jes 49,26; Röm 1,22ff; Apg 7,42. 3 *Der zweite Engel goß* ohne besondere Aufforderung; vgl. 2Mo 7,20f u. Offb 8,8f. *Alle Lebewesen starben,* weil das ganze Meer Blut geworden war. 4 Vgl. 8,10f: *zu Blut,* nicht zu Wermut! 5 *Engel der Wasserquellen:* Nach jüdisch-apokalyptischer Anschauung wird die Natur von Engeln »verwaltet« im Sinne von Lenkung und Bändigung. *Gerecht bist du:* Gottes Gerechtigkeit, nicht seine Rachgier ist am Werk! Mitten im Chaos kann und soll Gott gelobt werden, wenn man dies im Blick hat. 6 *Sie sind's wert:* Vgl. 3,4; dort Heilszusage, hier Unheilsbestätigung. Gottes Gerechtigkeit wird jedem gerecht. »Du hast es so geordnet, o Gott, daß sich selbst zur Strafe wird ein jeder ungeordnete Geist« (Augustin). 7 *Altar* (6,9ff): Wohl die Stimme der Märtyrer, die jetzt die Erhörung ihres Rufens erleben. *Ja Herr:* »Ja sagen in herzlicher Wahrheit zu allem, was Gott sagt, ist selig« (Bengel). 8 Vgl. 8,12. *Versengen mit Feuer:* Nicht nur Teilverfinsterung, sondern schwere Schädigung des Lebens durch das Gestirn, das Leben ermöglichen und fördern soll. 9 *Von großer Hitze:* »Gott läßt die Sonne aus ihrem Futteral heraus, daß sie die Erde schwarz macht« (jüd. Auslegung). *Lästerten den Namen Gottes,* an dem sie sonst vorbeilebten; vgl. dagegen Mt 6,9. *Bekehrten sich nicht* (vgl. V. 11 u. 21): fast wie ein unheimlicher Kehrreim. Der Mensch in seiner Verführung erfaßt den Sinn der Gerichte nicht, die vom Wort Gottes her allein beriffen werden, dem er sich freilich verweigert. *Ihm die Ehre zu geben:* Vgl. Jos 7,19; Joh 19,24. 10 Vgl. 9,1-12. *Thron des Tieres:* Zentrum der antichristlichen Weltmacht, von wo aus immer mehr Finsternis ausgeht im Sinne der Bosheit und der Ablehnung Gottes, der Orientierungslosigkeit und Angst, der Schamlosigkeit und Verzweiflung, des Verlöschens von Wahrheit und Liebe; vgl. Joh 3,19; 12,35; Eph 6,12; aber auch Joh 8,12; 12,46; Kol 1,13; 1Thes 5,4. Also nicht Sonnenfinsternis, sondern »Gottesfinsternis« (M. Buber). Vor der Vernichtung kommt die Verfinsterung. 11 *Zerbissen ihre Zungen,* anstatt mit ihrer Zunge die eigene Sünde und die Wirklichkeit Gottes zu bekennen. *Lästerten Gott:* Jetzt entsinnen sie sich Gottes, aber nur, um ihn zu lästern; vgl. 1Mo 3,12. Er ist schuld an den Gerichten. *Wegen ihrer Geschwüre:* »Hier sehen wir wie unter den Plagen, auch wenn sie anhalten und steigen, die Menschen nicht besser, sondern noch ärger und grimmiger werden« (Bengel). Die Strafen ersetzen nicht den einzigen Weg zum Heil, wohl aber können sie nach ihm verlangend machen; vgl. Jes 26,16, freilich auch Mt 13,21. 12 Vgl. 9,14f. *Euphrat:* Der natürliche Schutzwall vor den gefährlichen Heeren des fernen Ostens. *Sein Wasser trocknete aus:* Im Gegensatz zum Rettungswunder am Roten Meer (2Mo 14) öffnet das Austrocknen des Euphrat den unheimlichen östlichen, dämonisch gesteuerten Heerscharen die Türe in die Welt der Menschen; vgl. Jes 11,15; Jer 51,36; Sach 10,11. 13 *Aus dem Rachen des Drachen:* Hinweis auf die widergöttliche, ja satanische Inspiration der breiten Weltöffentlichkeit; vgl. 1Kö 22,20ff. *Gleich Fröschen:* »Im Parsismus galten Frösche als dienende Wesen des Gottes der Finsternis« (Lohse). *Drei unreine Geister:* Verführende Gegenmächte zu den Gerichtsboten Gottes, die zur Umkehr aufrufen (14,6ff),

um sie zu übertönen und zu verdrängen. Macht der Medien! **14** *Geister von Teufeln:* Mit imponierenden Leistungen und noch größeren Versprechungen verführen sie zum Leben ohne Gott, *zum Kampf* gegen ihn und seine Gemeinde, der scheinbar schon gewonnen ist angesichts der *Könige der ganzen Welt* mit all ihren Menschen und Mitteln. *Am Tag Gottes, des Allmächtigen* (wörtl.: des Allbeherrschers): Nicht ihr Tag kommt, sondern Gottes Tag und Sieg. Für sie wird dieser Tag das Ende bringen, auch wenn Satan noch ein letztes Mal ein weltweites Angebot in Bewegung setzen kann auf diesen Tag hin. **15** S. Komm. zu 3,3. Falls das Wort hierher gehört, hat es hier seinen guten Platz: Ein Zwischenruf des Erhöhten an seine auch von innen her bedrohte Gemeinde, mitten hinein in die Parolen vom »Endsieg« des Feindes und den ihn scheinbar beglaubigenden Zeichen und großen Worten seiner vielen Helfershelfer und Massen! Er will sie auf sich und sein unverhofftes Einbrechen in diese Welt werbend und warnend hinweisen; vgl. Mt 24,42-44; 1Thes 5,2; 2Petr 3,10. *Selig ist:* dritte Seligpreisung der Offb; s. 1,3. *Der da wacht,* der sich nicht berauschen und einschüchtern oder einschläfern läßt von der antichristlichen Macht- und Prachtentfaltung, sondern auf seinen wiederkommenden Herrn unbeirrt wartend eingestellt bleibt; vgl. Lk 12,35-40. *Seine Kleider bewahrt:* Der Orientale schlief unbekleidet; vgl. Lk 12,35. Die Christen sind nicht unbeteiligte, nichtbetroffene und -bedrohte Zuschauer bei den letzten Gerichten, sondern auf mancherlei Weise, gerade wenn es aufs Ende zugeht und die Nacht am dunkelsten ist, gefährdet, der Verführung oder Bedrängnis zu erliegen und den Todesschlaf der Welt mitzuschlafen. Es gilt, durch immer neu empfangene Vergebung und Lebenserneuerung gereinigte Kleider am Leibe zu behalten, Tag und Nacht; vgl. Eph 4,24. In der ununterbrochenen Glaubensverbindung mit Jesus sind sie für sein Kommen bereit; vgl. Röm 13,14. *Seine Blöße,* wörtl.: seine »Haltlosigkeit«; vgl. 1Kor 10,12; 16,13. **16** *Er versammelte sie:* Wohl alle Heere, die aus dem Osten bzw. der Unterwelt und die irdischen, die er bisher schon von seinem Thron (V. 10) aus beherrschte. Aber wie die Schlacht verläuft, wird erst 19,19ff geschildert. *Harmagedon:* Die Übersetzung »Megiddoberg« macht Schwierigkeiten, da Megiddo in der Ebene liegt und keinen Berg in unmittelbarer Nähe hat. Megiddo war schon öfters Schauplatz großer Entscheidungsschlachten, so bes. Ri 4,4ff; 5,19.31: Vom Himmel her wurde gegen die Feinde der Sieg errungen; vgl. 2Kö 9,27; 23,29; Jes 14,13; Sach 12,11. Auf dem 15 km entfernten Karmel siegte der Gott Israels mit Feuer vom Himmel her über Baal und seine Priester (1Kö 18). So ist Harmagedon wohl weniger ein geographisch als sachlich bestimmter Ort: die Stätte einer letzten umfassenden Zusammenrottung gegen Gott und sein Volk und zugleich des wunderbaren, plötzlichen und abschließenden Eingreifens Gottes zur Vernichtung des Widersachers und seiner Anhänger. **17** Vgl. 11,19. *Luft:* der Raum zwischen Erde und Himmel. Nach Eph 2,2 Sitz der bösen Geister, denen der Kampf Gottes zuletzt gilt. *Große Stimme:* wahrscheinlich Gott selbst; vgl. V. 1, als der Bestimmende und Handelnde. *Es ist geschehen* (vgl. Joh 19,30 u. Offb 21,6): Mit dem letzten Gerichtsschlag und seinen Folgen ist der Abschnitt des Einbruchs des Bösen in Gottes Schöpfung zu Ende gekommen und die Bahn frei für das große Neue: Die Durchsetzung der Gottesherrschaft auf allen Gebieten kann beginnen. **18** *Blitze und Donner:* Einerseits Zeichen von Gottes heiliger, machtvoller Gegenwart (s. 4,5; 2Mo 19,16; Hes 1,13), andererseits Inhalt und Auswirkung der letzten Gerichtsschale. *Großes Erdbeben:* S. 11,13; vgl. Hag 2,6; Dan 12,1; Hebr 12,26. Gottes Signale für die Auflösung und das Ende dieser Welt- und Weltzeit. **19** *Aus der großen Stadt:* Babylon (s. 14,8), als dem Inbegriff menschlich-dämonischer Selbstherrlichkeit, Verführung und Auflehnung gegen Gott. *Die Städte der Heiden,* die ebenfalls babylonischen Geist haben. Vielleicht liegt hier ursprünglich eine judenchristliche Prophezeiung vor, die nach der Verfolgung und Vertreibung der ersten Christen von Jerusalem »der großen Stadt Jerusalem« und den Städten der Heiden das Gericht ansagte; vgl. auch 11,8 u. 11,1f. Doch jetzt ist mit der großen Stadt das Zentrum des weltweiten endzeitlichen Abfalls und selbstsicheren Aufruhrs gegen Gott gemeint, ohne jede räumliche oder zeitgeschichtliche Festlegung. *Wurde gedacht:* S. 14,8; vgl. Hos 8,13. Vgl. dagegen 1Mo 8,1; 19,29; 2Mo 2,24; Ps 25,6; Lk 1,72. Gottes Gedenken kann Rettung und Gericht nach sich ziehen - er ist Herr seiner Schöpfung und seiner Ziele, gerecht und barmherzig; vgl. Ps 103,6.8. *Kelch:* Bild des verschuldeten Gerichts; vgl. 14,10; 18,6; Jes 51,17; Jer 25,15; dagegen Mt 26,39; Joh 18,11. **20** *Alle Inseln, Berge:* Es gibt nichts Bergendes mehr; vgl. 1Mo 7,19; Ps 46, 3.4. »Gott siehet lange zu, aber wenn es zur Strafe kommt, so kommt es mit Macht« (Bengel); vgl. auch 6,16. **21** *Wie Zentnergewichte* (s. Jos 10,11; Hes 38,22): aller menschlichen Gegenwehr spottend. *Vom Himmel:* Ausdruck des göttlichen Zorneshandelns; vgl. Röm 1,18; dagegen Jak 1,17.

Offensichtlich ist der menschliche Trotz noch nicht gebrochen, wenn auch die menschlichen Möglichkeiten am Ende sind. Noch sind die Mächte der Verführung am Werk. Von ihrer völligen Ausscheidung aus der Schöpfung, die immer wieder angedeutet wurde, wird in den nächsten Kapiteln berichtet.

17,1-19,10 Das Gericht über Babylon. Schon 14,8 u. 16,19 wurde auf den Fall Babylons als der großen endzeitlichen, widergöttlichen Verführungsmacht hingewiesen. In den nächsten Kap. wird nun das Gericht auf verschiedene Weise eingehender, gleichsam in Großaufnahme, begründet und bezeugt. Zunächst in Kap. 17 wird das Wesen der Hure Babylon gekennzeichnet in ihrer Verbindung mit dem Tier, der antichristlichen Weltmacht. Kap. 18 wird der endgültige Sturz als Gottes Gericht an ihr beschrieben und 19,1-10 der himmlische Jubel darüber vernommen.

Im Bilde der Hure Babylon laufen viele atl. Offenbarungslinien zusammen - angefangen beim Turmbau von Babel (1Mo 11), wo eine selbstherrliche Menschheit den Himmel stürmen will, über verschiedene gottlose Städte (Ninive: Nah 3,1-4, Tyrus: Jes 23,16f, Babylon: Jer 51). Bei Babylon kommt noch das jahrzehntelange Erleben der Gefangenschaft des geschlagenen und verschleppten Gottesvolkes in der heidnischen Großstadt mit ihrer selbstsicheren Überlegenheit des Siegers auf allen Gebieten, nicht zuletzt dem religiösen dazu, die für die kleine Minderheit der Israeliten einerseits zur schweren Bedrückung, andererseits zur großen Versuchung wurde. Aber Israel selber, das Gottesvolk, konnte zur Hure werden, die sich treulos von ihrem rechtmäßigen Ehemann und Versorger abwandte und fremden Göttern an den Hals warf; vgl. Hes 16 u. 23; Jos 1,2; Jer 3,2. In all diesen Fällen drückt das Bild von der Hure die üppige Selbstherrlichkeit aus, die nicht nur selber vom lebendigen Gott sich gelöst hat, sondern auch noch andere verführt zur Gottlosigkeit, ja zur Gottesfeindschaft. Für Johannes war die Welthauptstadt Rom, »die große Stadt«, die Hure Babylon seiner Tage. So bezog er die biblischen Zeugnisse für seine apokalyptische Zeit auf diese Stadt und bezeugt zugleich prophetisch auf Grund der ihm geschenkten Schau die endzeitliche Ausreifung aller Wesenszüge auf eine letzte weltweite Ausprägung der Hure Babylon hin, die als erste der großen antichristlichen Mächte dem Gericht Gottes anheimfällt. So wäre unter dem Bild von der Hure Babylon die selbstherrliche gottlose und gottfeindliche, endzeitliche Verführungsmacht zu sehen, die sich aller menschlichen Gemeinschaften und Möglichkeiten und Begabungen bedienen kann, ja, die sogar ins Volk Gottes des alten und neuen Bundes eindringen und sich die verfaßte Kirche zeitenweise und teilweise oder ganz gefügig machen kann. Aber diese verführerische Macht steht von Anfang an unter dem Gericht Gottes und wird zu seiner Zeit von ihm als erste zerbrochen. Gegenbild der Hure ist die Frau in der Wüste (Kap. 12), die ihrem himmlischen Bräutigam und Herrn die Treue hält und der Hochzeit des Lammes (19,7) entgegengeht, die »wartende und eilende« (2Petr 3,12) Gemeinde Jesu, die in Verführung und Verfolgung standhält, allein auf Jesus ausgerichtet und seine Zukunft gehorsams- und leidensbereit erwartet.

Uns Heutigen, die wir in einer nicht weniger apokalyptischen, das Ende dieser Welt anzeigenden Zeit leben, sind die Worte und Bilder, die Johannes für seine Zeit geschenkt wurden, vollmächtige Wegweisung, das Wesen, die Macht und den nahen Sturz der Hure Babylon unserer Zeit auf allen Gebieten und in allen Formen menschlichen Zusammenlebens, einschließlich des kirchlichen, zu entdecken, zu entlarven und zu fliehen (18,4).

a. **17,1-18** *Die Hure Babylon und das Tier.* In den beiden ersten Versen wird das Gericht über »die große Hure« angekündigt, V. 3-6 das Bild der Hure gezeichnet, V. 7-15 das Zusammenwirken von Hure und Tier gedeutet und V. 16-18 das Gottesgericht an der Hure durch das Tier bezeugt.

1 *Einer der sieben Engel:* Hinweis auf den Zusammenhang mit den Schalengerichten (16,19). Um was es bei ihnen geht, zeigt das Folgende: Anhebende Entlarvung und Entmächtigung der gottfeindlichen Verführungsmächte als Vorbereitung der Herrschaftsübernahme durch Jesus. *Die große Hure* (s. 14,8; Jer 51): Es geht um Hurerei im religiösen Sinne, der Abwendung vom lebendigen Gott, die freilich die geschlechtliche Zerrüttung meist im Gefolge hat. *An vielen Wassern* (s. Jer 51,13): Die Mündungskanäle von Euphrat und Tigris in Babylon damals, jetzt: s. V. 15. **2** *Könige auf Erden* (vgl. Jes 23,17; Jer 51,13): weltweite Verbindung von politischer Macht und selbstverherrlichender, gottwidriger Kultur. *Betrunken geworden:* Gottlosigkeit und Selbstüberschätzung ist immer Unnüchternheit; vgl. Jer 51,7; 1Thes 5,7. Große ansteckende Kraft der Verführung, die in die Gefahren hineintaumelt, z.B. Umweltkrise! **3** *In die Wüste* (vgl. Jes 21,1): Aus der Wüste kommt das Gericht über Babel; aus der großen reichen Stadt (V. 18) muß sie in das Grauen und die Einöde der Wüste. Vgl. dagegen: Die Frau (12,6 u. 14) darf aus der Wüste, ihrem Bergungsort in die lichte Gottesstadt umziehen (19,7; 21,2.9ff). *Eine Frau auf einem scharlachroten Tier,* auf einer kostbaren Schabracke. Eindrückliches und aussagekräftiges Bild aus der orientalischen Götterwelt, das die enge Verbindung, ja die Scheineinheit von Reiterin und Tier ausdrückt, wobei die Reiterin das Tier zu beherrschen scheint; vgl. Dan 7,7; Offb 13,1ff. *Voll lästerlicher Namen,* die Gott die Ehre rauben. *Sieben Häupter:* Herrschaftszeichen; V. 9! Vgl. dagegen 1Kor 11,3; Kol 1,18. Christus ist das Haupt seiner Gemeinde, ja jedes Christen. *Zehn Hörner:* Zeichen der Macht. **4** *Bekleidet mit Purpur und Scharlach:* Zeichen üppiger Pracht und aufreizender Verführungskraft. *Geschmückt mit Edelsteinen* (vgl. Hes 28,13): Zeichen großen Reichtums, der selbstsicher und selbstsüchtig macht; Kap. 18; Lk 16,19ff; Lk 12,16ff. Darum die Warnung; vgl. Lk 6,24; Jak 5,1. *Ein goldener Becher:* verlokkend. *In der Hand:* für jedermann. *Voll Greuel und Unreinheit ihrer Hurerei* (vgl. Jer 51,7): Hier wohl Anspielung auf den Kaiserkult, der von Rom aus verordnet wurde; aber auch alle andere Gottlosigkeit und Zuchtlosigkeit der Welthauptstadt. **5** *Auf ihrer Stirne:* Vorschrift für die Dirnen Roms zu ihrer Kennzeichnung; vgl. dagegen 7,3. *Ein Geheimnis:* Hinweis auf den Decknamen, hinter dem sich etwas Besonderes verbirgt. *Mutter der Hurerei:* Kaiserkult ist Hurerei und Greuel, nicht legitime Staatsbürgerpflicht. **6** *Betrunken vom Blut der Heiligen:* Gottlosigkeit wird zur Gottesfeindschaft, die sich an den Gliedern des Gottesvolkes austobt - von Neros Zeit angefangen. Schrecklichstes und zugleich entlarvendes Kennzeichen der Hure, daß sie sich am Gottesvolk vergreift und darüber wild, maßlos und wirklichkeitsfremd wird. *Ich wunderte mich sehr:* Vielleicht ein Hinweis auf die blutrünstige Art der sonst so anziehenden Reiterin; aber wohl eher auf die eigene Anfälligkeit dessen, der diese Frau auf dem Tier noch nicht ganz durchschaut und in Gefahr ist, zu viel von ihr zu halten.

In den nächsten Versen wird nun - ganz ungewohnt in der Offb, außer Kap. 7 - das eben geschaute Bild gedeutet. **7** *Warum wunderst du dich?:* In der Frage liegt wohl ein Vorwurf: Die Antwort soll Warnung und Hilfe sein für jeden, der im Wirkungsbereich der Hure leben muß. *Das Geheimnis der Frau und des Tieres:* Die Frau kann nur vom Tier her verstanden werden. Darum wird von diesem jetzt ausführlich gesprochen. Gott kann das Geheimnis der Bosheit enthüllen, weil er Macht darüber hat und davor schützen kann; vgl. 2Thes 2,7. Enthüllung ist Entlarvung. **8** *Das Tier* (vgl. 13,1ff; 17,11) kann als einzelner Repräsentant des antichristlichen Weltreiches sein oder seine Zusammenfassung. *Ist gewesen:* Es hat schon einmal auf der Erde seine Zeit gehabt; vgl. Dan 7. *Ist jetzt nicht:* Es darf jetzt nicht sein - von Gott her, der ihm seine Zeit anweist, der selbst aber immer war, ist und sein wird bzw. kommt; vgl. 2Mo 3,14ff; Offb 1,4. *Wird wieder aufsteigen aus dem Abgrund:* Nach jüd. Glauben verbindet ein Schacht (9,1) den Abgrund, die Wohnung der Dämonen, mit der Erdoberfläche, dem Wohnraum der Menschen, an dessen oberem Ende als Abdeckung der Tempel steht. Jeder Durchbruch geschieht allein auf Gottes Anordnung. Als Gegenspieler Gottes und seines Christus, in Anmaßung und Nachahmung wird eine Macht bzw. eine Person kommen, die die letzte und stärkste Verkörperung des Tieres ist. *In die Verdammnis fahren:* für immer; s. 19,20. *Es werden sich wundern:* in Ehrfurcht vor dem Tier, dem sie verfallen sind. Weil sie den wirklichen und kommenden Herrn (V. 14) nicht kennen als das erwürgte Lamm (5,6), müssen sie sich mit dem verzerrten Gegenbild (12,3) begnügen und sich von ihm belügen und imponieren lassen. *Im Lebensbuch des Lammes* (vgl. 3,5; 13,8; auch Ps 69,28): Göttliche Erwählung zum Leben in der zukünftigen Welt, die sich im gottesfürchtigen Gehorsam des Menschen erweist. **9** *Sinn, zu dem Weisheit gehört:* Einleitungsformel in ein nur von Gottes Geist enthüllbares Geheimnis. *Die Häupter sind sieben Berge:* Klarer Hinweis auf Rom, die Siebenhügel-Stadt. *Auf denen die Frau sitzt:* Selbstherrlich thronend als die heimliche Königin und Verkörperung der »Roma aeterna«, der ewigen Stadt, und ihres widergöttlich-verführerischen Wesens. *Sieben Könige:* Johannes wechselt jetzt die Deutung. Rom ist ja gleichzeitig Residenz der Kaiser als der Repräsentanten des Weltreiches. Auch 1Petr 2,13.17 u. 1Tim 2,2 ist mit dem König der Kaiser in Rom gemeint. **10** Das folgende ist zunächst wohl eine im einzelnen heute nicht mehr zu enträtselnde zeitgeschichtliche Anspielung. *Fünf sind gefallen:* Es sind aber schon mehr als 5 römische Kaiser seit Augustus abgetreten. Alle werden »fallen«, auch die kommenden, Gott allein steht und bleibt. *Einer ist da:* Der jetzt regierende ist Domitian. Nach seinem Nachfolger würde bald einer kommen, der schon einmal da war, als achter und letzter, als das Tier. Man sprach damals vom »Nero redivivus«, vom Kaiser Nero, der im Jahre 68 n.Chr. verstorben war, mit dessen Wiedererscheinen gerechnet wurde. Aber Johannes ist sicher nicht Anhänger oder Verbreiter dieses Aberglaubens gewesen, sondern will darauf hinweisen, daß das Tier aus dem Abgrund, das im Auftrage und der Kraft des Drachens, unter der zeitweiligen Gewährung Gottes schon einmal in der Geschichte mächtig am Wirken war, am Ende der Geschichte noch einmal eine beschränkte Zeit auftreten und wüten darf, bevor es endgültig gerichtet wird. **12** *Zehn Hörner:* Hier handelt es sich nicht um einander ablösende Herrscher, sondern um die gleichzeitig mit dem erwarteten Tier amtierenden Völkerregenten; vgl. Dan 7,20-24. *Noch nicht empfangen:* Johannes rechnet noch mit einer allein von Gott zu bestimmenden Wartezeit, trotz 1,3 u. 22,7; vgl. auch 2Thes 2,1ff. *Für eine Stunde*

Macht: Eine ganz kurze, von Gott eingegrenzte Frist; vgl. Mt 24,22. *Zusammen mit dem Tier:* Als seine Satelliten, auf jegliche Selbständigkeit verzichtend, nur scheinbar freie »Könige«. **13** *Eines Sinnes:* einer Zielrichtung ihres Willens. Ein Staatenbund, der sich selbst aufgibt, aber Selbständigkeit vortäuscht. **14** *Die werden gegen das Lamm kämpfen,* weil sie sich mit dem Tier eingelassen haben. Die Feindschaft gegen Jesus eint sie und setzt sie in Bewegung - ihrem raschen Ende entgegen, denn das Lamm ist der Stärkere. *Das Lamm wird sie überwinden,* nicht die Anhänger des Lammes. Diese werden in seiner Kraft überwinden (12,11), indem sie in Ohnmacht und Leidensbereitschaft Jesus die Treue halten und dem Tier und der Hure nicht verfallen. Aber auch Hinweis auf den Endsieg des wiederkommenden Herrn (19,16-20). *Herr aller Herren:* seit den babyl. Großkönigen Bezeichnung für den höchsten Herrscher. Sie steht Jesus allein zu. *Berufene, Auserwählte, Gläubige:* Alle drei Bezeichnungen beschreiben den Christen von einer neuen Seite und wollen die Gemeinde ihrer Berufung, Erwählung und ihres Glaubens gewiß machen: Gott steht dahinter, der durch Jesus seinen Sieg über das Tier erringt, an dem er seinen Jüngern teilgibt. Ihr Festbleiben im Glauben, ihr Erdulden, ohne den Glauben aufzugeben, ist ein Sieg des Lammes - schon bevor es sichtbar erscheint als Sieger. **15** *Die Wasser* (s. Jer 47,2; 51,13; auch Offb 17,1: bei Jer sind die Mündungsarme von Euphrat und Tigris gemeint): Aber das prophetische Wort muß jetzt von Johannes für seine Zeit und die ganze restliche Endzeit ausgelegt werden. *Völker:* Die im römischen Weltreich und im letzten Weltreich in einem großen Völkergemisch zusammenleben - im Gegensatz zu Israel, das unvermischt lebte; vgl. Jes 8,7f; Jer 47,2. **16** *Die werden die Hure hassen:* Satans Reich ist jetzt am Auseinanderbrechen. Vgl. Mt 12,25! Wie sich die Ordnung der Schöpfung auflöst, so muß sich auch die »Ordnung« der Hölle auflösen, die Jesus zunächst noch stehen läßt. *Entblößen:* Jes 47,3ff; Hes 23,25-29; Offb 16,15 ist das Gegenbild. Sie müssen die wesentliche Nacktheit und Armut der Verführerin enthüllen. **17** *Gott hat's ihnen in ihr Herz gegeben:* Gott benützt das Tier und seine Vasallen als Gerichtsvollzieher an der selbstherrlichen Verführungsmacht der Hure Babylon, bevor sie selber gerichtet werden (19,20). **18** *Die große Stadt,* die jetzt noch keine Ahnung von ihrem unmittelbar bevorstehenden Ende hat; die die Mächtigen der Welt noch so zu beherrschen scheint, solange sie auf dem Tier sitzt (V. 3). *Mit Feuer verbrennen:* 18,8.

Auch mit diesem Kap. will Johannes der Gemeinde in ihrer Bedrohung und Versuchung durch die antichristlichen Mächte, ihrem faszinierenden Glanz und ihrer brutalen Einschüchterung, helfen, das Gegenwärtige und Kommende gelassen in seiner vorübergehenden, von Gott abgemessenen, ja abgekürzten Dauer, im Lichte seines prophetischen Wortes vom kommenden Gericht und Sieg Gottes zu durchschauen; vgl. Lk 21,28. Offenbarung ist, zusammen mit der Enthüllung des Kommenden, immer auch Entlarvung des Gegenwärtigen.

b. **18,1-24** *Babylons Sturz.* Jetzt wird der immer wieder prophetisch angesagte (14,8; 16,19; 17,16f) Sturz der Verführungsmacht Babylon abschließend bezeugt. Freilich ohne Schilderung des Hergangs oder genaue Angaben, auf welche Weise das Gericht abgehalten wird. Aber das Ergebnis steht fest und wird in einer Zeichenhandlung eindrücklich betont (V. 21). Während Kap. 17 die Verführungsmacht Babylons im Bild der Hure beschrieben ist, erscheint sie in diesem Kap. im Bild der reichen, in Luxus und Genuß schwelgenden, in Diesseitigkeit und Gottlosigkeit versunkenen Weltstadt, deren Verführungsmacht sogartig andere anzieht, aber die, die sich nicht verführen lassen, rücksichtslos ausschaltet. Für Johannes trug das damalige Rom diese Züge. Es ist freilich - trotz aller Eroberungen durch fremde Heere - inzwischen noch nicht untergegangen und vom Erdboden verschwunden: Ein unübersehbarer Hinweis darauf, daß auch die in diesem Kap. dem Johannes geschenkte und von ihm bezeugte Schau der Stadt Babylon deren letzte, endzeitliche Ausprägung meint. Einstweilen steht Babylon - wie zur Zeit des Johannes die Welthauptstadt Rom - noch selbstsicher und gottlos als die große Verführerin, die zur Verfolgung greift, wo sie nicht verführen kann, und die nicht ahnt, daß Gottes Gerichtsspruch schon ergangen und ihr Sturz nahe ist.

1-3 Engelruf über den Gerichtsvollzug an Babylon. **1** *Große Macht:* für die Gerichtsbotschaft in Gottes Auftrag. *Die Erde wurde erleuchtet:* Er bringt den Lichtglanz Gottes mit; vgl. Hes 34,2f. Die kommende Gottesherrlichkeit kündigt sich an. »Der Himmelsbote verbreitet mit seinem Glanz auch die Gewißheit, daß hier Gottes Wille geschieht. . . Das Gericht, für Menschenaugen immer wieder unbegreiflich hinausgeschoben, eilt nun seinem Ende zu« (Lilje). **2** *Mit mächtiger Stimme:* weil die Botschaft gewaltig ist und alle angeht. *Sie ist gefallen, gefallen* (vgl. Jes 21,9; Offb 14,8; 16,19): Die Verdoppelung bedeutet Gewißheit und Endgültigkeit. Die Verkündigung des Gottesurteils ist der Anfang seiner Vollstreckung, vgl. Ps 33,9. *Behausung der Teufel* (vgl. Jes 13,21; 34,11.17f; Jer 50,39; Zeph 2,14): lauter Gerichtsvorbilder. Wo Gott nicht Raum bekommt, ziehen die Dämonen ein und verwüsten - zunächst unsichtbar, dann sehr sichtbar. **3** *Von dem Zorneswein ihrer Hurerei:* Ineinander von 2 Bildern; Wein als Bild für die Sünden Babylons, mit der sie die Völker verführt hat zu Selbstherrlichkeit, Luxus, Götzendienst statt zu Gottesfurcht (14,10; 17,4; Jer 51,7) und zugleich Bild für den strafenden Gotteszorn, den sie sich über diesem Verführen zuziehen; vgl. 14,10; Ps 75,9; Jer 51,17. »Der Zusammenbruch der Wohlstandgesellschaft wird geschildert, deren unersättliche Gier nach kostbaren Gütern Folge und Symptom ihrer Vergötzung menschlicher Macht und Möglichkeiten ist« (Roloff).

4f Aufforderung zum Auszug aus Babylon. **4** *Gehet hinaus aus ihr, mein Volk* (vgl. 1Mo 19,11ff - Sodom und Gomorra - Jes 48,20; Jer 50,8; 51,6 - Babylon): Auszug aus einer gerichtsreifen Stadt. Auch Mk 13,14 (Jerusalem) wurde von der Urgemeinde so verstanden. Der Auszugsbefehl löst von der Umgebung und richtet den Blick auf die Zukunft. Aber er ist hier wohl nicht wörtlich gemeint, sondern im Sinne der inneren Abkehr und Trennung von allem babylonischen Wesen, der Heiligung für Gott und seinen Christus: »... aus dem Staatswesen dieser Welt mit Schritten des Glaubens zu Gott hinfliehen« (Augustinus). Wer sich an der Sünde Babylons beteiligt, muß sich auch an seiner Strafe beteiligen; vgl. 2Kor 6,17; Hebr 13,10ff; aber auch Mt 28,19; Mt 5,13f bleibt für Jesu Jünger in Geltung. **5** *Denn ihre Sünden reichen bis in den Himmel,* aufgehäuft wie eine Pyramide. Das Maß ist voll; vgl. 1Mo 18,20; Jer 51,9. Das Ende der göttlichen Geduld ist erreicht. *Gott denkt* (wörtl.: »hat zur Kenntnis genommen«), auch wenn er nicht sofort eingreift.

6-8 Aufforderung an die Gerichtswerkzeuge. **6** *Bezahlt ihr:* Wohl nicht Strafengel sind angeredet, sondern die irdischen Gerichtsvollzieher (17,15-17). *Zweifach:* Die Sünde des Götzendienstes wird doppelt heimgesucht; vgl. Jer 16,18; Jes 40,2. *Kelch:* S. Komm. zu V. 3. **7** *Wieviel Herrlichkeit und Üppigkeit!* Nicht Ausdruck der Rachgier und Vergeltungssucht, sondern: Wissen um Gottes Gerechtigkeit und Überlegenheit; vgl. Lk 16,19-31; Jak 5,1ff. Nicht der Reichtum, sondern seine Vergötzung, sein eigensüchtiger Mißbrauch, ist die Ursache des Gerichts. *Denn sie spricht:* Selbstbetrug des Reichtums; vgl. Zeph 2,13; Mt 13,22; 2Petr 2,13; Lk 12,21. Ahnungslosigkeit gegenüber dem Kommenden als Folge der Gottlosigkeit, die berauscht (V. 3). **8** *An einem Tag* (plötzlich hereinbrechend): Am Vortag ist »noch alles still«; vgl. Jes 47,8f; Jer 50,31. *Tod, Leid, Hunger, Feuer:* Johannes läßt die Art des Gerichts noch offen; Gott hat viele Möglichkeiten. *Stark ist Gott:* Grundaussage der ganzen biblischen Offenbarung; Gott allein ist Herr und stark - darum richtet er zu seiner Stunde und kann vorher zuwarten.

9-19 Die Totenklage der Könige, Kaufleute und Seefahrer über Babylon. Alle drei Klagelieder haben drei Teile: Klageruf; Rückblick auf die Vergangenheit; Entsetzen über die plötzliche Vernichtung. Sie lehnen sich an Hesekiels Totenklage über Tyrus an; vgl. Hes 26f. **9** *Beweinen und beklagen* wie einen Toten; vgl. Lk 8,52. Jetzt steht freilich die Stadt noch auf der Höhe ihrer Macht. Man singt Loblieder vom »ewigen Rom«. Aber der Prophet und der Glaubende sehen durch das Jetzige und Sichtbare hindurch (Jes 14; Hebr 11,1). *Die Könige auf Erden* (vgl. 17,12; 16,18): Die zunächst im Bund mit ihr und im Windschatten ihrer Macht sich von ihr verführen ließen und sich dann gegen sie wandten; vgl. Hes 26,16; 27,33. *Rauch:* Der letzte verwehende Rest einstigen Reichtums und Selbstbewußtseins (V. 7)! **10** *Fernab:* Jetzt rücken sie äußerlich von ihr ab, ohne freilich ihr Verführtsein durch sie mit allen Folgen zu erkennen. **11** *Die Kaufleute auf Erden* (vgl. Hes 27,15.35f): Ihre Klage ist besonders lange und begründet; mit dem Sturz der Weltstadt, an deren Reichtum sie verdient hatten, schwindet auch ihr Reichtum, da ihre Handelsbeziehungen wegfallen. Nach Rom wurden Waren aus der ganzen damaligen Welt eingeführt, jetzt fehlt der Markt für die Luxusartikel. **12** *Gold ... Perlen:* wertvoller Schmuck; *feines Leinen ... Scharlach:* kostbare Stoffe; *wohlriechende Hölzer:* Thujaholz aus Afrika; *allerlei Gerät aus Elfenbein ... Marmor:* ausgefallene Möbel. **13** *Zimt* als Gewürz und Duftstoff; *Balsam* (Amomum): eine duftende Haarsalbe aus Indien; *Räucherwerk ... Weihrauch:* Duftstoffe für Gelage, *Wein ... Schafe:* Feinkost; *Pferde und Wagen:* vornehme Verkehrsmittel. *Leiber und Seelen von Menschen:* Sklaven, die wie Waren gehandelt und behandelt wurden und zur Aufrechterhaltung des Lebensstandards nötig waren. Jeder freie Römer besaß im Durchschnitt 23 Sklaven (Pohl). Mit Abscheu stellt Johannes dies an den Schluß der Reihe; vgl. Hes 27,13. **14** Gehört vielleicht zwischen V. 22 u. 23. *An dem deine Seele Lust hatte:* Die Begierde der Seele richtet sich ausschließlich auf Irdisches; vgl. 1Jo 2,16f; Röm 13,14. Darum ist ihr Leben verfehlt und leer und trostlos geworden, wenn dies alles wegfällt. »Genuß ist der kurzlebigste unter allen Versuchen, ohne Gott zu leben« (Lilje). *Man wird es nicht mehr finden:* Alles sammeln war umsonst; das Gesammelte ist unwiederbringlich verloren. **15** S. V. 10! **17** *Solcher Reichtum:* Auch sie verkennen die Vergänglichkeit dieser Dinge, indem sie sich an sie verlieren und sie überschätzen; vgl. V. 3. »Es ist doch ein elendes Ding um die Weltkinder, daß sie mit ihrer Verwunderung an einem solchen Dockenwerk (Puppenspielzeug) hängenbleiben und von nichts Besserem wissen wollen. Die rechte Überlegung (Einschätzung) hat sich bei ihnen gänzlich verloren« (Bengel). *Alle Schiffsherren:* Vgl. Hes 27,28-34. **18** *Schrien:* Ihnen geht ihr Lebensunterhalt verloren, sie werden arbeitslos. *Wer ist der großen Stadt gleich:* Sie können das Geschehene noch gar nicht fassen und sich damit abfinden. **19** *Warfen Staub:* Geste der Totenklage.

20 *Aufruf zum Jubel über Babylons Sturz. Freue dich:* nicht Schadenfreude am Untergang der Stadt, sondern an Gottes Gerechtigkeit, die sich darin erweist, die er durch sein Gerichtshandeln offenbart, nach der sein Volk hungert und dürstet (Mt 5,6), um deren volle Durchsetzung es bittet (Mt 6,9-13). *Ihr Heiligen:* In 12,12 wurde nur der Himmel zur Freude aufgerufen, jetzt darf sich auch die irdische Gemeinde freuen. *Apostel und Propheten* (vgl. Eph 2,20): besonders beauftragte Glieder der Gemeinde, deren Wort jetzt sich als wahr herausstellt. Vielleicht auch eine Anspielung auf die Apostel Petrus und Paulus, die in Rom getötet wurden; vgl. 6,9; 11,18; 16,17. Im Gericht über die Feinde und Verfolger der Gemeinde bekennt sich Gott zu ihr. Der Aufruf zur Freude ist einerseits Gegenstück zur Totenklage über Babylon, die vorherging, und andererseits Hinführung zum himmlischen Jubel über Babylons Sturz und Gottes Sieg mit all seinen Folgen in 19,1-10; vgl. 5Mo 32,43; Jes 44,23; Jer 51,48.

21-24 Todesanzeige für Babylon. **21** *Ein starker Engel,* der stärker ist als die ganze Weltstadt Babylon, über die er Gottes Vernichtungsgericht anzeigt. *Ein Stein* (vgl. Jer 51,63f): Eine Fluchhandlung, die das ergangene Gerichtsurteil Gottes (V. 2) im Zeichen vollzieht. *In einem Sturm* (wörtl.: mit Schwung): Vgl. V. **22f** *Die Stimme der Sänger:* Vgl. Jes 24,8; Jer 25,10; Hes 26,13. Totenstille anstelle der Lebensgeräusche. Wehmut und Trauer liegt über dieser Feststellung, trotz V. 20. Wie hätte alles anders sein können; vgl. Lk 19,42! *Deine Kaufleute waren Fürsten* (vgl. Jes 23,8): Händlergeist und Geldgier hat sie gekennzeichnet. *Deine Zauberei:* Entweder okkulte Handlungen oder Bezauberung durch den Luxus und Diesseitskult. **24** *Das Blut der Propheten:* letzter und gewichtigster Grund für das Gericht; vgl. 6,10; 17,6; Jer 51,49; Mt 23,35; Offb 11,8.

»Gehet hinaus aus ihr!« und »Freue dich über sie!« ist der doppelte Befehl dieses Kapitels an die Gemeinde Jesu in der gerichtsreifen Stadt Babylon. Nicht zu einer Verschwörung gegen sie sind sie aufgerufen, - das wäre Eigenmächtigkeit, die unter keiner Verheißung steht; vgl. Mt 26,52; Offb 13,10. Auch nicht zur Veränderung Babylons: Das wäre eine unnüchterne Selbstüberschätzung, die Anpassung zur Folge hätte und ihr Anteil am Gericht über Babylon verschaffte, weil sie selber die Art Babylons annehmen würde; vgl. Röm 12,2. Aber Auszug aus Babylon wird in den wenigsten Fällen äußerlich möglich und geboten sein, weil je länger je mehr überall Babylon ist; vgl. 1Jo 5,19; 1Kor 5,9f. Auszug bedeutet - s. zu V. 4 - die klare Trennung vom babylonischen Wesen und Leben in der Kraft der treuen Zugehörigkeit zu Jesus. Dazu gehört dann freilich auch die Licht- und Salzfunktion für die Umgebung, gerade im Anderssein, ja ein »Hingehen« zu den Menschen von Babylon im Sinne von Mt 28,19 und eine gelebte Verantwortung für die Stadt und den Staat, die nicht einfach mit Babylon gleichzusetzen sind im Sinne von Jer 29,7. Dies wird freilich weithin auf Ablehnung stoßen, ja auf Verachtung, Feindschaft und Verfolgung bis hin zur äußeren Vernichtung. Dahin gehört dann die zweite Aufforderung: Freue dich über sie! Versinke nicht in Bitterkeit und Selbstmitleid, in Hoffnungslosigkeit und Angst, sondern blicke über das Heute hinaus auf den Tag des wiederkommenden Herrn und seinen Sieg. Babylon und alles babylonische Wesen wird einmal nicht mehr sein. Sie müssen der Herrschaft Jesu und dem Reich Gottes, der neuen Stadt Gottes, dem neuen Jerusalem, Platz machen für immer. Die Gemeinde Jesu weiß sich in ihrer menschlich gesprochen immer aussichtsloser werdenden Lage inmitten Babylons bewahrt und geführt von der Fürbitte ihres Herren: »Ich bitte nicht, daß du sie aus der Welt nimmst, sondern daß du sie bewahrst vor dem Bösen« (Joh 17,15).

c. **19,1-10** *Der Lobpreis über Babylons Sturz.* Das Klagelied über das, was geschehen ist, was hätte sein können auf der Erde, ist nicht das Letzte, was zum Sturz Babylons zu sagen ist. Die Aufforderung zum Jubel im Himmel und bei den Heiligen (18,20) bekommt ein gewaltiges Echo, das den Abschluß des Gerichts über die Stadt und Hure Babylon und zugleich den Auftakt für alles Kommende, das große Neue, das ab 19,11ff bezeugt wird, bildet. Darauf weisen auch die Verse von der Hochzeit des Lammes und seinem Festmahl (V. 7.9) hin, zu der seine Braut und Gemeinde geladen ist. Das ist das lichte Gegenstück zum Sturz der Hure: Nun darf die Braut des Lammes, die bisher gewartet hat und in der Wüste leben mußte (12,6), deren Glieder der Verführung und dem Haß der Hure und des Tieres und seines Propheten ausgesetzt waren (Kap. 13 u. 17), mit dem Bräutigam, dem erhöhten und wiederkommenden Herrn, für immer vereinigt werden. Immer wieder klingen in der Offb an wichtigen Wendepunkten himmlische Lobgesänge auf: 5,9ff; 7,12ff; 11,15ff; 12,10. Die folgenden Verse sind Höhepunkt und Abschluß dieser himmlischen Chöre, die ihren Widerhall nicht nur in den Gottesdiensten der irdischen Gemeinde aller Zeiten fanden, sondern der Stärkung im angefochtenen Alltag des Dienstes und Wartens und Leidens der Gemeinde dienen. Dem dreifachen Klagelied Kap. 18 entspricht hier der dreifache Jubelchor. Abschluß ist eine Seligpreisung derer, die an der Lammeshochzeit teilnehmen dürfen, und eine Bestätigung für die Größe und Gültigkeit des Zeugnisses vom wiederkommenden Herrn.

1 *Danach:* nach der Totenklage und dem Todesurteil über Babylon. *Große Schar* (vgl. 7,3): hier wohl »die Menge der himmlischen Heerscharen«; vgl. Lk 2,13. *Im Himmel:* Auf der Erde ist noch das Tier und sein Prophet mit ihrer Anhängerschaft am Wüten! *Halleluja* (wörtl.: »Lobet Jahwe!«): Nur hier im NT. Auch im AT erst in den späteren Psalmen (ab 104,35), gleichsam aufgespart für das große, noch ausstehende Letzte: Gottes Sieg. Die Nennung des Gottesnamens, die Gewißheit seines Endsiegs ist das Besondere dieses biblischen Rufes, der von der Christenheit aufgenommen wurde als Inbegriff ihrer anbetenden Hoffnung. »Es ist etwas sehr Herrliches und Lauteres um das Lob Gottes. Wo es in vollem Schwange gehet, da kann nichts Trauriges dabeisein, sondern vollkommene Freude ist damit verbunden« (Bengel). *Das Heil:* von Gott, *die Herrlichkeit* (oder Ehre): für Gott, *die Kraft:* bei Gott! **2** *Denn wahrhaftig und gerecht* (vgl. Ps 19,10; 119,137; Offb 15,3; 16,5ff): das offenbart sich jetzt. *Große Hure:* S. 17,1. *Verdorben:* S. 11,18. Als erste der großen Verderbensmächte wird die Hure verurteilt und ausgeschieden. *Hurerei:* Untreue Gott gegenüber, Vergötzung des Irdischen. **3** *Zum zweitenmal:* Ausdruck der Gewißheit und Dringlichkeit des Gotteslobes. *Ihr Rauch:* S. 18,9.18. *Steigt auf in Ewigkeit:* als Zeichen von Gottes Gerichtsernst und herrlicher Überlegenheit; nie mehr wird es eine babylonische Verführung geben; vgl. 14,11; 20,10; aber auch 11,15; 1,6; 7,12. **4** *Die vierundzwanzig Ältesten:* S. 4,4ff. *Fielen nieder:* Vgl. V. 10. Gott allein gebührt Anbetung, die irdische Machthaber und ihre dämonischen Verführer für sich verlangen. *Amen, Halleluja!:* eindrückliche Bestätigung und Einstimmung. »Wer Amen recht sagen kann zu allem Lob Gottes, der taugt in den Himmel« (Bengel). **5** *Eine Stimme:* Nicht Gottes, aber in seinem Auftrag; vgl. Mt 3,17; 17,5; Joh 12,28. *Alle seine Knechte:* auch die auf Erden, die ganze himmlische und irdische Gemeinde. *Klein und groß:* Vor Gott schrumpfen die irdischen Unterschiede, alle sind vor ihm klein, alle sind von ihm groß geachtet; vgl. Ps 8,5f; 1Mo 1,26 u. 1Mo 2,7. **6** *Wie eine Stimme einer großen Schar:* Vgl. Dan 10,6. *Große Wasser* (vgl. Hes 1,24): vielleicht auch Völkerscharen; vgl. 17,5. *Starker Donner,* der alles übertönt und Gottes Nähe kündet. *Hat das Reich eingenommen:* Der große, sehnlich erwartete Eingriff Gottes hat begonnen, die Königsherrschaft Gottes wird enthüllt. Die ersten drei Vaterunserbitten werden jetzt erfüllt. Dieses ist der eigentliche Hauptgrund allen heute schon aufsteigenden und in der Vollendung angestimmten Gotteslobes: daß Gott zu seinem Gottsein steht und es innerhalb seiner Schöpfung überwältigend offenbart (V. 7). *Die Hochzeit des Lammes:* Die bleibende Vereinigung Jesu mit seiner ganzen Gemeinde. Im AT wird Gottes Bund mit Israel als Ehe dargestellt; vgl. Jes 54,6; Hes 16,7; Hos 2,21. Die ntl. Gemeinde weiß sich von Jesus her (Mk 2,19f) als Erbin dieses Bildes unterwegs zur Feier der Hochzeit mit ihrem erhöhten Herrn, der um sie geworben hat mit dem Einsatz seines Lebens; vgl. 2Kor 11,2; Eph 5,23f. Während das Hohelied in der jüdischen und gnostischen Auslegung auf Gott und die Seele hin ausgelegt wurde, sieht sich die ntl. Gemeinde als ganze, mit allen ihren Gliedern, als Braut ihres erhöhten Herrn. Voraussetzung für die Hochzeit und gleichzeitig Zeichen der jetzt schon sich äußernden Zusammengehörigkeit ist die gegenseitige Liebe. Sie ist von Jesus her unüberbietbar gegeben; vgl. Joh 13,1.34; 15,9.13; Offb 1,5; 3,9 - und ruft in den Seinen Gegenliebe hervor; vgl. Joh 14,15.28; 21,15ff; 1Petr 1,8; Eph 6,24. Das Bild von der Hochzeit als dem größten Fest im Menschenleben ist Hinweis auf die höchste Erfüllung, die die leibhaftige und dauernde Gemeinschaft mit Jesus für die Seinen bringen wird; vgl. Kol 3,3f; 1Jo 3,2. *Seine Braut hat sich bereitet:* in Erwartung und Heiligung; vgl. Mt 24,44; 25,10; Lk 1,17; 1Jo 3,3; Eph 5,27. **8** *Mit schönem reinem Leinen:* S. 3,5; 6,11; 7,9.13; 15,6; aber auch 17,4. Das hochzeitliche Festkleid, das ganz Geschenk des Bräutigams ist, erworben durch sein blutiges Sterben, das mit Gott versöhnt; vgl. 1Kor 1,30; Röm 13,14. Dann aber auch die Bewährung der Zugehörigkeit zu ihm in Treue und Gehorsam: *Die Gerechtigkeit* (wörtl.: »die Rechttaten«) *der Heiligen:* Vgl. Mt 22,4f; Eph 2,20; Phil 2,12f. Die Wechselwirkung, die von seiner Liebe ausgeht; s. zu V. 7. **9** *Schreibe:* damit es festgehalten und weitergegeben wird als verläßliche Mitteilung und Verheißung. *Selig sind:* die vierte Seligpreisung der Offb. *Die zum Hochzeitsmahl des Lammes berufen sind:* Wechsel im Bild; die Hochzeitsgäste sind wie die Braut alle Glieder der Gemeinde - die schon Verstorbenen, die ihm als Erstauferweckte (1Thes 4,16; Phil 3,10; 1Kor 15,23; Offb 20,4ff) zugeführt werden, und die jetzt noch auf Erden Lebenden, die durch die Verwandlung und Entrückung (1Thes 4,17; 2Kor 5,4) dem wiederkommenden Herrn gleichsam zur Einholung auf die Erde entgegengeführt werden. *Wahrhaftige Worte Gottes,* an die sich die wartende, kämpfende, leidende und angefochtene Gemeinde halten darf in der Vorfreude auf die Erfüllung des unvorstellbar Großen. **10** *Ich fiel nieder,* über der Größe der Botschaft; vgl. V. 4. *Tu es nicht:* Wohl weniger, weil Johannes ein Verbot der Engel-Überschätzung (Kol 2,18; Hebr 1,4ff) nötig gehabt hätte oder weitergeben wollte, sondern um die Autorität seiner Botschaft zu unterstreichen. Gegenüber dem *Zeugnis Jesu,* das er vom Engel zum Weitergeben empfing, versinkt der Unterschied Engel/Mensch. *Das Zeugnis Jesu aber ist der Geist der Weissagung:* Alle Prophetie will Jesus groß machen, nicht die Neugierde befriedigen; vgl. Joh 14,26; 16,13f. Alles Jesuszeugnis weist nach vorne. Jesus ist nicht nur der große Lehrer und das leuchtende Vorbild von früher, sondern der kommende Herr; vgl. Apg 1,11; Hebr 13,8; Offb 1,17f; 22,7.

19,11-20,15 Die Übernahme der Herrschaft auf der Erde durch Jesus Christus

Zwischen der Machtausübung der »satanischen Trinität« (s. Kap. 13) auf dieser Erde und der Vollendung mit der neuen Erde und dem neuen Himmel (Kap. 21 u. 22) schiebt sich die Machtübernahme Jesu auf der Erde ein (19,11-20,15): Nachdem die Verführungsmacht der großen Babylon gebrochen ist im Sturm der Gerichte Gottes, kommt es zu einer letzten Ansammlung, zu einem letzten Aufbäumen der Feinde Gottes auf der Erde, wo ihr Anführer seit seiner Ausstoßung aus dem Himmel (12,9) innerhalb seiner begrenzten Zeit wüten darf (12,12). Diese Zeit ist nun abgelaufen. Der bisher verborgene Jesus Christus, dem schon seit seiner Himmelfahrt alle Macht im Himmel und auf Erden gegeben ist (Mt 28,18), tritt aus seiner Verborgenheit heraus und erscheint als der Herr und Richter auf dieser Erde, als ihr letzter Herrscher und Zurechtbringer. Mit der ihm allein gegebenen göttlichen Vollmacht seines Wortes, mit dem er schon in seiner Erdenzeit in der Niedrigkeit gewaltig gewirkt hatte (Mk 4,35-5,43), wird er seine Feinde, alles, was ihm widersteht, was diese Erde verführt und verdirbt, besiegen, die große Reinigung, die Durchsetzung des Willens Gottes, die Aufrichtung seiner Ehre, die Durchrichtung alles Geschaffenen verwirklichen. Seine Gemeinde darf ihm dabei zur Seite gehen.

Die Offenbarung setzt dieses Zwischenreich Jesus Christi, seinen Tag (2Thes 2,2), der mit seinem machtvollen Erscheinen (19,11ff) beginnt und mit dem allgemeinen Gericht am »Jüngsten Tag« endet (20,11ff), deutlich ab von dem Folgenden, das in den beiden letzten Kapiteln beschrieben wird: die neue Gemeinschaft Gottes mit den Menschen in der erneuerten Schöpfung. Sie läßt diesen Tag 1000 Jahre währen (vgl. Ps 90,4; 2Petr 3,8), innerhalb deren Christus sein schöpferisches Richteramt hinausführt, das mit seinem Menschwerden und Gang in die Tiefe des Menschenelends verborgen begonnen und in seinem Kreuzessieg die entscheidende Grundlage für alles Weitere gelegt, die Vollmacht, alles zur Vollendung hinzuführen, empfangen hat. So lange nun diese Frist im Vergleich zu der vorhergehenden der 3 1/2 Jahre (11,2) ist, so auffällig kurz gefaßt ist der Bericht über diese Zeit: Vom Anfang (19,11-20,3) und Ende (20,7-15) abgesehen, sind es eigentlich nur die V. 4-6 Kap. 20. So umstritten diese Verse im Laufe der Kirchengeschichte und der biblischen Auslegung waren - von schroffer Ablehnung über eine große Verlegenheit bis zu ihrer leidenschaftlichen, ja fanatischen Aneignung, zu blutrünstigen Verwirklichungsversuchen, die in verweltlichter, dämonisierter Form bis zur Stunde weiterbetrieben werden -, so unverzichtbar ist ihre Botschaft im Gesamtzeugnis der Bibel und ihres letzten Buches. Es geht in ihr um die Aufarbeitung der Menschheitsgeschichte, der satanischen Rebellion in der Schöpfung Gottes durch den, der allein Recht und Macht dazu von Gott empfangen hat, weil er im Gehorsam gegen ihn sein Leben dafür gelassen hat. Viele Fragen bleiben offen - z.B. wer in den 1000 Jahren auf der Erde leben wird, in welcher Art gelebt wird, in welcher Sichtbarkeit Jesus und die Seinen, die doch schon im Auferstehungsleibe sind, sich auf Erden zeigen, welche Rolle Volk und Land Israel in dieser Zeit zukommt, von dem viele Ausleger meinen, daß die apostolische Hoffnung Röm 11,26 sich in dieser Zeit erfüllt und das zu seinem Messias Jesus bekehrte Volk als der Träger der großen Völkermission innerhalb dieser Zeit eingesetzt wird, usw. Feststeht, daß offensichtlich mit dem Tag Jesu Christi, mit dem Anbruch seiner Herrschaft in den 1000 Jahren einerseits die letzte Zeit für die Erde, die alte Schöpfung, angebrochen ist, in der Gottes ursprüngliche Absicht mit dem Menschen und seiner Welt durch Jesus herrlich herausgestellt wird, andererseits aber die neue Zeit der Vollendung zwar noch nicht voll da ist, aber sich, in diese alte Schöpfung gleichsam hineinragend, ansagt.

In allen Einzelfragen - außerhalb der großen Grundlinien - muß in der Auslegung Zurückhaltung geübt werden bzw. müssen wir offen unser Nichtwissen bekennen, solange uns Gott nicht durch die Weiterentwicklung und Erfüllung seiner Heilsgeschichte neues Licht gibt. Sonst vergreifen wir uns an der ernsten Warnung vor dem »Hinzutun« (22,18). Daß wir aber auch nichts hinwegnehmen (22,19) und vom Inhalt dieses wichtigen Abschnitts nichts unterschlagen, muß eine nüchterne, in das ganze Schriftzeugnis, vor allem auch des Paulus (1Kor 15; bes. V. 23-28; Kol 1,15-20; Eph 1,9f) und des prophetischen Wortes im AT hineinhorchende, um Gottes Geist demütig flehende und alle bereitgestellten Hilfsmittel zur Auslegung im Sinne von 1Thes 5,21 u. 1Jo 4,1 prüfende Bemühung wert sein.

19,11-21 Jesu siegreicher Einzug auf der Erde

Das Buch der Offb wie das ganze NT will Jesuszeugnis sein - so ganz besonders auch dieser Abschnitt von seinem Einzug auf der Erde an seinem Tage. Im unmittelbar vorausgehenden Vers (19,10) wird das ausdrücklich betont. Aber während das Jesuszeugnis der Evangelien und Briefe den in Niedrigkeit gekommenen Jesus als den zeigt, der auferweckt wurde, um Herr zu sein (Mt 28,18-20; Röm 14,9), geht die Offb von seiner Erhöhung aus und betont, daß der auf dem Thron Gottes Sitzende das Lamm ist, das geschlachtet ist (5,6): Der, der jetzt herrlich enthüllt, mit Gottes Macht und seinen Heerscharen auf der Erde einzieht als ihr Richter und Sieger über allen Widerstand, ist derselbe, der in die Armut und Bedrohung des Gottesvolkes hineingeboren wurde (12,1ff), der dann auf dem Esel in Jerusalem einzog (Mt 21,1-9), um dort gekreuzigt zu werden (11,8). Die großen atl. prophetischen Aussagen und Bilder vom Endzeithandeln Gottes, von seinem Messiaskönig, die Johannes mit Recht auf den wiederkommenden Christus überträgt, bekommen von daher, daß der Wiederkommende der Gekommene ist, eine neue Füllung und einen neuen Glanz: Der, von dem das Große, Gewaltige ausgesagt wird, ist der, der zuerst als der Retter und gute Hirte gekommen ist, der seine kleine Herde (Lk 12,32) nicht im Stich läßt, der alle Tage bei denen ist, die für ihn wirken und leiden (Mt 28,20), der für sie und alle das Leben gelassen hat (Joh 1,29; 10,11) und sie fest in seiner Hand hält (Joh 10,28), der heute noch werbend durch das Wort seiner Zeugen den Menschen in einer gerichtsreifen Welt begegnet.

a. **11-16** *Der Einzug Jesu mit seinem himmlischen Heer.* **11** *Himmel aufgetan:* Während 4,1 nur eine Tür, 11,19 nur der Tempel im Himmel aufgetan wurde, geht jetzt der Himmel über der Erde auf und schließt sich nicht mehr; vgl. Hes 1,1 u. Lk 2,9ff. *Weißes Pferd:* Reittier des siegreichen Heerführers bzw. Herrschers, wenn er nach der Schlacht oder dem Krieg in seine Hauptstadt einzog. *Der darauf saß:* Wichtig, worauf einer sitzt; vgl. Sach 9,9; Mt 21,6; Offb 6,1-8; 17,3. Der Einzug auf dem Esel ist die Voraussetzung für den Einzug auf dem weißen Pferd. *Treu und wahrhaftig:* Er verbürgt und verwirklicht die Verläßlichkeit Gottes und seines Wortes, auch all dessen, was er in seiner Niedrigkeit und Verhüllung dem Glauben zumutet. Jetzt wird es in seiner Wahrheit und Gültigkeit offenbar; vgl. 5Mo 32,4; Jes 25,1; 65,16; 1Petr 4,19; Röm 3,4; 1Kor 1,9; 2Thes 3,3; 1Jo 5,20. Dies ist der erste von vier Namen, die seinen Auftrag, seine Vollmacht, sein Wesen beschreiben. Der Name, unter dem er der Gemeinde bekannt ist, Jesus Christus, wird damit neu ausgelegt, der Entwertung durch Gewöhnung entrissen. *Er richtet und kämpft mit Gerechtigkeit* (vgl. Ps 96,13): Er, nur er und erst, wenn er wiederkommt, stellt als Richter und Sieger die göttliche Gerechtigkeit her, für die er zuerst sein Leben gelassen hat; vgl. Mt 3,15; Jes 53,11; Ps 11,7; Jes 9,5; Mt 6,33; Röm 1,17; 1Kor 1,30; 2Kor 5,21; 2Petr 3,13. Es ist ein schöpferisches Richten dessen, der allein gerecht ist und darum wirklich Gerechtigkeit durchsetzen kann. **12** *Augen wie Feuerflammen:* S. 1,14. *Viele Kronen:* Alle Kronen wird er als der König der Könige (V. 16) bekommen; die sie vorher trugen, trugen sie nur vorläufig, kurzfristig, oder angemaßt. *Einen Namen, den niemand kannte als er selbst:* Jesus hat am Geheimnis Gottes teil wie niemand sonst. Niemand kann da eindringen. Niemand hat Macht über ihn; vgl. 3,12. Hier handelt es sich um das Geheimnis zwischen seinem Jünger und ihm. Auch nach der »Offenbarung Jesu Christi« (1,1) wissen wir noch lange nicht alles von ihm! **13** *Mit einem Gewand, das von Blut getränkt war:* Im Unterschied und Gegensatz zum Sieger von Jes 63,1ff handelt es sich um sein eigenes Blut (Hebr 9,12; 13,12), nicht um das seiner Feinde, denen er ja erst entgegengeht (V. 15ff); die Kelter wird erst nachher getreten; vgl. auch 14,19ff. Das ist das Besondere dieses Richters und Herrschers, daß er zuerst sein Blut geopfert hat, bevor er richtet und herrscht. Der jetzt das Amt des Herrschers und Richters antritt, ist ein Herrscher und Richter von einzigartiger Würde (5,9) und darum siegreicher, umfassender Vollmacht. *Das Wort Gottes* (vgl. Joh 1,1; 1Jo 1,1; Hebr 1,1f): Durch ihn redet und handelt Gott mit der Welt als ihr Schöpfer, Erlöser und Richter; vgl. 1Kor 8,6; 2Kor 5,19ff; Mt 11,27; Joh 5,22. **14** *Das Heer des Himmels:* Engel (vgl. Mt 26,53; 25,31; 2Thes 1,7f u.a.). Aber auch seine Gemeinde der Erstauferstandenen und der zu ihm entrückten Verwandelten; vgl. 1Thes 4,13ff; Offb 17,14 s.o.! *Auf weißen Pferden:* Sonst hatte nur der an der Spitze ein weißes Pferd, seine Soldaten, die ihm den Sieg erringen halfen, folgten zu Fuß. Hier beteiligt der Sieger die Seinen an seinem Sieg, nicht aber an seinem Endkampf; den führt er genau so einsam durch, wie er auf Golgatha starb und siegte; vgl. Joh 18,3ff; 19,30; Offb 19,20. *Mit weißem, reinen Leinen:* Fest- und Kampfgewand! S. 19,8. **15** *Aus seinem Munde ging ein scharfes Schwert:* S. 1,16; 2,12. Das vollmächtige, mit Gottes Schöpfermacht und Vernichtungsgewalt geladene Wort ist die einzige, völlig ausreichende Waffe des Wiederkommenden; vgl. Jes 11,4; 1Thes 2,8; Hebr 4,12f; Eph 6,17. *Regieren* (wörtl.: »weiden«). *Mit eisernem Stabe,* der unzerbrechlich ist (vgl. Jer 28,13): Er bleibt Hirte; vgl. Hes 34,11; Ps 2,9; Offb 2,27; 12,5. *Er tritt die Kelter:* S. 14,19f; Joe 4,13. Der, der sich selber in die Kelter Gottes begab und das Gericht des Gotteszornes stellvertretend auf sich nahm (Jes 53; Joh 1,19; 2Kor 5,21), hält jetzt Gottes Gericht; vgl. 6,17. Die Zeit der Geduld und des gnädigen Angebotes Gottes 2Kor 5,20; Apg 17,30; Röm 2,4; 2Petr 3,9 ist einmal abgelaufen; vgl. Hebr 10,27. **16** *Auf seiner Hüfte* (wörtl.: »auf [bloßem] Schenkel«, von dem das Gewand wegflattert): Vielleicht ein Hinweis auf den nackt am Kreuz Hängenden, der letzten Ehre Beraubten. *König aller Könige* (vgl. 1,5; 17,14): Der einzige Großherrscher, der diesen Namen wirklich verdient und behalten darf; vgl. 5Mo 10,17; Dan 2,47; Phil 2,9ff.

b. **17.18** *Einladung an die Vögel.* **17** *Ein Engel in der Sonne stehend:* Der Christustag hat begonnen; vgl. Röm 5,17. Sieghaft, allen sichtbar; vgl. 8,13; 14,6. *Mit großer Stimme,* damit sie alle erreicht. *Allen Vögeln:* Vgl. Hes 39,4.17-20; Zeph 1,7; Mt 24,28. Bevor die Schlacht beginnt, kann schon das Aufräumungsheer für die Leichenheere des Feindes bestellt werden - so sicher ist der Ausgang! Eindrückliches und schreckliches Gegenbild zur Einladung zur Hochzeit des Lammes 19,7ff! **18** *Das Fleisch* (vgl. Jes 31,3; 40,6; Jer 17,5; 1Kor 15,50; Gal 6,8): Alle Menschen ausnahmslos und ohne Unterschied sind Fleisch. Wer darin bleibt und im Trotz gegen den werbenden und wiederkommenden Herrn darin verharrt, verfällt dem Gericht und Tod. Der allein wesentliche Unterschied: auf der Seite des Tieres oder des Lammes?

c. **19-21** *Der Sieg Jesu in der letzten Schlacht.* **19** *Ich sah das Tier und die Könige ... versammelt:* Bis zum Schluß im Wahn des Endsiegs bzw. in dämonischer Wut und Verblendung gefangen; vgl. 1Kor 2,7ff; Zeph 3,8. **20** *Und das Tier... und der falsche Prophet:* Die beiden Satansdiener als die großen Verführer und Verderber der Menschen auf der Erde werden noch vor der Hauptgestalt des Bösen, dem höllischen Widersacher Gottes, endgültig aus der Schöpfung ausgeschieden als dessen »Kreaturen«, dem sie völlig dienstbar waren. *Lebendig:* vielleicht Hinweis auf das Nicht-sterben-können. Auf jeden Fall Ausdruck des Grauens und der verwirkten Existenz. *In den feurigen Pfuhl:* Behälter für all das, was endgültig aus der Schöpfung Gottes ausgeschieden wird; vgl. Mt 5,22; 25,41; 13,40; 18,8; Mk 9,47f; Jak 3. *Schwefel:* Gestank als Zeichen des Gerichts; vgl. 1Mo 19,24; Ps 11,6; Hes 38,22; Jes 34,9. *Zeichen des Tieres, Bild des Tieres:* S. Komm. zu 13,13ff.

21 *Die andern wurden erschlagen:* Betont wird hier der Unterschied in der Behandlung der Menschen und ihrer satanischen Anführer und Verführer. Mit dem irdischen Tod ist noch nicht das letzte Wort über den Menschen gesprochen, er ist nur etwas Vorletztes. Nicht betont und geschildert ist der eigentliche Verlauf der Schlacht, so wenig wie 16,16 u. 17,14, wo ja schon auf das hier Geschilderte hingewiesen wird, »da der Seher nicht Szenen des Grauens auszumalen, sondern Gottes Willen über das Ende der Geschichte zu bezeugen hat« (Lilje). *Aus dem Munde dessen, der auf dem Pferd saß:* Jesus ist nicht der blutrünstige Rächer und Vernichter, sondern der Vollstrecker der göttlichen Gerechtigkeit im Sinne der Heilung und Wiederherstellung seiner Schöpfung: Was er während des »Heils-Tages« (2Kor 6,2) anfing (Mt 6,33; Röm 3,23f; 2Kor 5,17ff), das setzt er in der neuen Gottesstunde, die jetzt angebrochen ist, dem »Christustag«, der mit seinem Einzug in enthüllter göttlicher Macht begonnen hat und auf Gottes Ziel (21,5) zuläuft, fort. *Alle Vögel wurden satt:* Das ehrenvolle Begräbnis wurde ihnen verweigert (11,9), vielleicht weil keine Menschen mehr zum Begraben auf der Erde sind? Wohl eher ein Hinweis auf den großen, überwältigenden Sieg.

20,1-6 Das Christusreich der 1000 Jahre

Die Kap. 19 und 20 gehören eng zusammen: Die siegreiche Herrschaft des gekommenen Jesus Christus, der Christustag, ist angebrochen und erweist sich zunächst in der Ausschaltung der Feinde und ihres Anhangs, des Tieres und des falschen Propheten, die schon im Feuersee (V. 19) sind, hinausgetan aus der Erde, die jetzt Jesus untersteht. Aber der Teufel, der Hauptwidersacher ist noch frei. Nach seinem Sturz aus dem Himmel, der mit dem Kommen Jesu in Niedrigkeit (Lk 10,18), vor allem mit seinem Sterben (Joh 12,28) und seiner Erhöhung (Offb 12,9ff) erfolgte, ist ihm eine Zeitlang die Erde als eingeschränkter Wirkungsraum zugewiesen, weil er seine Verklägerrolle im Himmel durch Jesu priesterlichen Einsatz (Hebr 9,24ff) verloren hat (Röm 8,33ff). So wie ihn Jesus im Himmel »abgelöst« hat, so löst er ihn jetzt auch auf der Erde ab, wo er seine angemaßte, geraubte und schrecklich mißbrauchte Herrschaft (Mt 4,8ff u. Offb 13,2) nicht länger fortsetzen darf.

1 *Vom Himmel:* im Auftrag Gottes. *Schlüssel* (vgl. 9,1): zum Aufschließen, jetzt vor allem zum Zuschließen. *Abgrund* (griech.: *abyssos):* Ort der Finsternis, nicht des Todes und der Toten. Bereich des Teufels und seiner Dämonen; vgl. Lk 8,31; Offb 9,1.11; 11,7; 17,8. *Große Kette,* wie für einen gefährlichen Verbrecher. Von der langen Kette, an der er bisher schon unter Gottes Herrschaft war, kommt er jetzt an die ganz kurze. 2 *Er ergriff:* Ohne jeden Widerstand - seine Zeit ist abgelaufen (12,12). *Den Drachen, die alte Schlange* (s. 12,9): Die Namen sind Anklage und Grund für seine »Verhaftung«, die seinem Tun auf der Erde ein Ende setzt. Die vier Namen sind ein Gegenstück zu den vier Namen des einziehenden Reiters auf dem weißen Roß; vgl. 1Jo 3,8. *Für 1000 Jahre:* Wieder eine Sinn-, nicht Zählzahl; nach jüd.-apokalytischer Schau entspricht der Ablauf der Weltgeschichte dem Ablauf des sechstägigen Schöpfungswerks; vgl. 1Mo 1-2,3. Die Weltgeschichte wird mit einem großen Sabbat-Tag abgeschlossen, der 1000 Jahre dauert; vgl. Ps 90,4; 2Petr 3,8. Die Zahl kann auch als dreimalige (Gottes Zahl) Potenzierung von 10 (der Zahl der Weltreiche, Dan 2,42; 7,7; Offb 17,12) gedeutet werden: Gott vollendet die Welt in seinem Reich. Es ist ein göttlich abgerundeter Zeitraum, der die 3 1/2 Jahre, die ihm vorhergehen, in dem Satan noch wirken durfte, zu einer gebrochenen Zeit macht, die laufend an ihr rasches Ende erinnert wird - durch das Zeugnis von Jesus, dem wiederkommenden Sieger; vgl. Apg 3,19ff; 2Thes 1,7ff; Hebr 4,1-11. 3 *Warf ihn in den Abgrund:* Den Ort, wo er eigentlich hingehört, sein letztes Territorium, das nun freilich auch nur noch ein Ort der »Sicherungsverwahrung« ist vor seiner endgültigen Ausscheidung (V. 10). *Siegel* (vgl. Mt 27,66): Beide Male soll das Siegel sichern; es kommt darauf an, wessen Siegel benützt wird; vgl. Jes 24,21ff. *Bis vollendet würden:* Auch die 1000 Jahre sind nur ein Abschnitt der Heilsgeschichte Gottes, nicht ihr Ziel! Sie sind Abschluß der alten Weltzeit und zugleich Vorbereitung und Auftakt einer neuen! *Danach muß er losgelassen werden,* um auf der Erde, wo er sein Unheil verübt hat, gerichtet zu werden, nicht um sein Teufelswerk fortzuführen. 4 *Throne* (s. Dan 7,9.22.27; Mt 19,28; 25,31; 1Kor 6,2): zum Herrschen und Richten. Wie auch sonst (4,2; 20,11) wird zunächst der Thronsitz genannt. *Die Seelen derer:* Zunächst noch ohne Auferstehungsleib? Vgl. 6,9. *Angebetet das Tier* (s. 13,15f): Handelt es sich nur um eine Auswahl besonders bewährter Christen? Vgl. dagegen 1Kor 15,23: die Christus angehören; auch Offb 1,5f. *Wieder lebendig:* Vgl. Hes 37,3.10; Joh 5,29; 14,19. *Regierten mit Christus 1000 Jahre:* Knappe Hauptaussage über das »Tausendjährige Reich« (lat.: *Millennium)!* Keine näheren Angaben, in welcher Form und über wen regiert wird! Manche Ausleger ziehen darum 21,9-22,5 hierher zur Ergänzung. Dies ist insofern sinnvoll, als dort u.a. von den Völkern und Königen der Erde, die zur Gottesstadt aufbrechen (21,24), und von der »Heilung der Völker« (22,2) die Rede ist, was auf eine große, umfassende Missionszeit hinweisen würde, die durchaus zu dem Charakter der 1000 Jahre des Christusreiches passen würde; s. V. 6. Aber die V. 21,9ff gehören doch in den dortigen Zusammenhang: Sie sind ein Teil der Beschreibung der Vollendungswelt, der neuen Gottesstadt. Im übrigen fängt das Regieren der Christen durchaus schon vor der Wiederkunft Jesu im Verborgenen an nach Ötingers schönem Wort: »Die Fürbitte der Christen ist ihre Teilnahme an der Weltpolitik Gottes.« 5 *Die andern Toten aber:* Vgl. 1Kor 15,23; Offb 20,12f. *Die erste Auferstehung:* Vgl. Röm 8,9-11; Phil 3,10; 1Thes 4,16f. 6 *Selig:* Die 5. Seligpreisung der Offb; vgl. 14,13 - doch wohl dieselben! *Der zweite Tod:* Die endgültige Trennung von Gott, der alleinigen Quelle des Lebens; vgl. Ps 36,10. *Priester Gottes:* Jesus, der große Hohepriester (Hebr, bes. 2,17; 9,11), zu dem sie gehören, setzt mit ihnen zusammen sein hohepriesterliches Werk fort, wenigstens für die, die ihm vorher noch nicht begegnet sind; vgl. Hebr 9,26ff. Dazu mag auch die umfassende, ungehinderte, vollmächtige Evangelisierung der Lebenden und Toten (1Petr 3,19) gehören, das Angebot des Christusheils für alle, die bisher zu keiner letzten Annahme oder Zurückweisung Gelegenheit hatten. Dabei könnte das zu seinem Messias Jesus bekehrte Israel als Ganzes eine besondere Aufgabe und Verheißung empfangen; vgl. 1Mo 12,1-3; Jes 61,6f; Röm 2,19; 1Petr 2,5.9; Offb 1,6; 5,10. *1000 Jahre:* Die Lehre vom Reich der 1000 Jahre (griech.: »Chiliasmus« von (gr.) *chilioi* = 1000) das in der Bibel ausdrücklich nur hier erwähnt wird, wurde von den großen östlichen Kirchenlehrern der alten Kirche - bes. Origines, der stark in der griech. Philosophie dachte - als jüdische Vorstellung abgelehnt, während die westlichen Lehrer (Papias, Justin, Irenäus, Tertullian, Hippolyt) sie durchaus als zum Heilsplan Gottes gehörend bejahten. Nach der Konstantinischen Wende (313 n.Chr.) deutete Augustinus († 430), der große Lehrer der abendländischen Christenheit, die 1000 Jahre als die Zeit der befreiten und zur Anerkennung gekommenen Kirche, die dem Wiederkommen Jesu vorherginge. Das wirkte sich auf den Herrschaftsanspruch der mittelalterlichen Päpste und die kaiserliche Reichsidee stark aus. In der Reformationszeit suchten die ver-

schiedensten Gruppen die sozialen, politischen und religiösen Spannungen durch die gewaltsame Aufrichtung bzw. das aufgeregte oder stille Erwarten des Reiches der 1000 Jahre zu lösen. Dagegen stellte sich die Augsburger Konfession 1530 mit ihrem 17. Artikel, in dem sie die »jüdische Lehren« verwirft, wonach »vor der Auferstehung der Toten eitel Heilige, Fromme ein weltlich Reich haben und alle Gottlosen vertilgt werden«. Ob damit nur sein Mißbrauch oder der Chiliasmus selber abgelehnt wird, ist bis heute in der evangelischen Theologie umstritten. Letzteres wäre von den Schwierigkeiten der Auslegung und theologischen Einordnung und dem möglichen Mißbrauch der Lehre her zwar verständlich, aber doch ein klares Abrücken vom reformatorischen Schriftprinzip, nach dem allein die Heilige Schrift bestimmend ist für die kirchliche Lehre und Verkündigung und nicht umgekehrt. Zumal nicht nur Johannes, sondern auch Paulus den Gedanken einer Christus-Zwischenherrschaft vertritt, auch wenn er sie nicht ausgebaut hat und von 1000 Jahren nichts erwähnt, in 1Kor 15, einem für seine Theologie und das Christuszeugnis des NT besonders wichtigen Kap. (23-28). Das Zeugnis der beiden wichtigsten ntl. Jesusboten ergänzt sich und kann nicht unbeachtet bleiben: Das Zwischenreich der 1000 Jahre, der vorletzte Abschnitt im großen Heilsplan Gottes zur Heilung der Schöpfung, in die das Böse, der ungeheuerlichen Aufstand Satans eingebrochen ist. Jesus ist Gottes Werkzeug - von seiner ewig beschlossenen Erwählung (13,8; Kol 1,13ff) zu seinem Opfer bis zu seiner Unterstellung unter die göttliche Autorität nach Erfüllung seines Auftrags; vgl. 1Kor 15,28. So, wie im Einzelleben auf die Herrschaftsübernahme durch Jesus im freien Entscheid von Glauben und Taufe eine Zeit der Reinigung und Durchdringung, der Tötung des alten und des Wachstums des neuen Menschen folgt (Röm 6; 1Petr 1), so erfolgt auf die endgültige, offenbare Machtergreifung Jesu auf dieser Erde (19,11ff) eine Zeit der Reinigung von allen satanischen Einflüssen, die Durchdringung mit Christusleben und -wesen, ein Ausscheiden alles Gottwidrigen und ein Wachstum - zahlenmäßig und wesentlich - der Menschen auf Jesus zu, wobei die Jesusgemeinde ihrem Herrn zur Hand gehen darf. Darin besteht ihr »Herrschen« und »Richten« im Tausendjährigen Reich.

Der Einwand gegen die Lehre vom »Chiliasmus«: »Das Kommen Christi bringt nicht ein stufenweises Fortschreiten zur Vollendung der Geschichte, sondern bedeutet das Ende des alten Äons und den Anbruch der neuen Welt« (Lohse) ist nicht stichhaltig; Gott geht bei der Ausscheidung des unbegreiflichen, unheimlichen Einbruchs des Bösen in seine gute Schöpfung, der satanischen Empörung gegen ihn selber, den allein Heiligen und Ewigen, in vielen Stufen vor - die Zeit vor der Erwählung Israels, das Israel des Alten Bundes, die Fleischwerdung des Wortes in der Sendung Jesu, die Zeit der Kirche. Daß sich »die Lösung der Machtfrage« (Karl Heim) durch Jesu Wiederkunft, nachdem er in seinem ersten Kommen in Niedrigkeit die Schuldfrage gelöst hat, in einem längeren Prozeß vollzieht, in einem Zwischenreich der Christusherrschaft - das ist nicht nur das Zeugnis des Paulus, der davon spricht, daß »er herrschen muß, bis Gott ihm alle Feinde unter seine Füße legt« (1Kor 15,25): So verstehen wir auch Johannes in seinem Zeugnis von der 1000jährigen Herrschaft des Christus und der Seinen. Das entspricht auch dem in der Bibel bezeugten wachstümlichen Vorgehen Gottes in seiner Schöpfung. Diese Erde, die »des Herrn« ist (Ps 24,1ff) und vom Widersacher eine Zeitlang verdorben und entheiligt wurde, muß noch einmal Schauplatz der göttlichen Schöpferherrlichkeit werden, bevor sie verschwindet und der neuen Erde, die mit dem Himmel vereint ist, Platz macht - »zur Ehre Gottes, des Vaters« (Phil 2,11): Satans Zerstörungswerk darf nicht das Letzte sein, was auf dieser Erde geschieht, sondern der Gottessieg durch Jesus, der freilich noch Größeres nach sich zieht; s. Offb 21 u. 22. »Durch diesen letzten Tag der Geschichte wird wieder an den ersten angeknüpft ... es soll in dieser letzten Periode der Geschichte deutlich werden, was es um Gottes Erde ist, wenn nicht die Macht der Zerstörung auf ihr waltet« (Lilje).

20,7-10 Die endgültige Ausscheidung Satans

7 *Gefängnis:* Seine eingeschränkte Herrschaft in seinem letzten Bereich, der Finsterniswelt, des Abyssus, ist bereits sein Gefängnis, die kurze Kette, an die ihn Gott für sein endgültiges Gericht gebunden hat. 8 *Die Völker an den vier Enden der Erde:* des Teufels letztes Aufgebot, mit dem er seine letzte Auflehnung versucht. Es sind »unterirdische«, dämonische Heerscharen, die nicht auf der Erde, sondern in einem außerirdischen Bereich leben. *Gog und Magog:* S. Hes 38,2.9.15. Dort handelt es sich um weit entfernte Völker, die unter »Gog von Magog« (Land oder Volk) gegen das erneuerte Israel und Jerusalem anrennen und durch Gottes Eingriff vernichtet werden; vgl. Hes 38,18f. 9 *Sie stiegen herauf auf die Ebene der Erde:* aus dem Abgrund. *Das Heerlager der Heiligen, die geliebte Stadt:* das Volk Gottes in seiner Stadt, die mit Jerusalem verglichen wird, aber weder das alte noch das neue Jerusalem meint, sondern heilsgeschichtlich (Joh 4,20f), zu verstehen ist; vgl. Ps 46. *Fiel Feuer vom Him-*

mel und verzehrte sie (vgl. 2Kö 1,10ff; Sach 12,9): Gott selber greift ein und schützt sein Volk endgültig vor dem Wiedereinfall Satans. Die Rebellion darf sich nicht wiederholen. **10** *Wurde geworfen* (s. 12,9, 19,20): endgültige Ausscheidung Satans aus Gottes Schöpfung! Es gibt keine »ewige Wiederkehr« des Bösen! *Gequält Nacht und Tag von Ewigkeit zu Ewigkeit:* Kein Raum für eine endliche Beseligung Satans! Das Leiden des Geschöpfes unter seiner verschuldeten ewigen Trennung von seinem Schöpfer.

20,11-15 Das Jüngste Gericht

Schon im Bisherigen war viel von »Gericht(en)« und vom »Zorn Gottes und des Lammes« die Rede; vom Kap. 6-19. Dabei hat es sich um die göttliche Enthüllung und Freigabe des Bösen, die Preisgabe des Menschen, der sich mit dem Bösen einließ, Gottes leidenschaftlichen Widerstand gegen allen Abfall von ihm gehandelt, freilich als Anfrage und Aufruf zur Umkehr, zur Annahme seines Rettungsangebotes, so besonders noch 14,6.7. Aber nun, nachdem die letzten Gerichte Gottes mit der Ausschüttung der sieben Zornschalen und der Ausscheidung des Widersachers und seines Anhangs geschehen ist, nachdem die Menschen im Reich des Christus 1000 Jahre seine Herrschaft verspürt haben, kommt noch einmal ein Gericht, das letzte, das »Jüngste Gericht«, mit dem Gott diese alte Weltzeit abschließt: Eine letzte göttliche Enthüllung und Scheidung, der sich jeder Mensch ganz persönlich stellen muß. Gott vollzieht durch Jesus in einem persönlichen letzten Urteil die Entscheidung, die Antwort sein wird auf die Entscheidung des Menschen, die er gegenüber dem Heilsangebot in Christus getroffen hat. Das ist das Ende des Christustages.

11 *Große, weiße Throne* (vgl. Jes 6,1; Dan 7,9; Offb 4,2): Der Thron entspricht dem Thronenden in seiner Heiligkeit und Allmacht. *Flohen die Erde und der Himmel:* der Himmel als das Firmament über der Erde. Die in den Posaunen- und Schalengerichten begonnene Auflösung der Schöpfung als Wohnraum für den Menschen ist nun jäh zu Ende geführt. *Keine Stätte für sie gefunden:* Vgl. Ps 102,27; Mt 24,24; 1Kor 7,31; 2Petr 3,7ff. Sie ist dem Menschen nun völlig entzogen, bietet ihm keine Zuflucht mehr; vgl. Ps 139,7. **12** *Die Toten:* Der Mensch überlebt seinen Tod, weil er Gott begegnen muß, zu dessen Bild er erschaffen ist; vgl. 1Mo 1,26; Lk 20,38; Hebr 9,27. *Groß und klein:* Jetzt sind alle bisherigen Unterschiede hinfällig geworden vor dem einen, auf den alles ankommt; V. 15. *Stehen vor dem Thron:* Ganz einsam, persönlich, ausgeliefert und enthüllt, nur noch Gottes Richterthron ist da! Keiner kann ins Nichts fliehen oder sich hinter die Schöpfung oder hinter Satan und seine Verführung verstecken. Gott, nicht der Tod, ist die letzte Instanz für den Menschen. Er ist das A und O, der allem Anfang und Ende setzt. *Bücher wurden aufgetan* (vgl. Dan 7,10): Keine Befragung und Zeugenvernehmung ist nötig, keine Verharmlosung, Leugnung oder Selbstrechtfertigung ist möglich, kein Vergessen, Vertuschen, Verdrängen hilft mehr. Alles ist unbestechlich festgehalten; vgl. Mt 12,36. *Ein anderes Buch, das Buch des Lebens:* S. 3,5. 13,8 wird es das »Lebensbuch des Lammes« genannt: Es enthält die Namen derer, die zu ihm gehören und gehören wollen. Niemand kann sich selber eintragen, wohl aber seine Erwählung »festmachen« (2Petr 1,10) - oder verachten, und damit aus dem Buche gestrichen werden. *Nach ihren Werken:* Gott nimmt die Werke des Menschen ernst, denn sie enthüllen seine Stellung zu ihm und dem Angebot, das er durch Jesus ihm gemacht hat; vgl. 2,2; Jer 17,10; Ps 28,4; Apg 10,32; 17,31; Röm 2,6.11; 2Kor 5,10; Gal 5,6; 6,1.7. **13** *Das Meer:* Das Grab der Unbegrabenen, der in Natur- und Geschichtskatastrophen Umgekommenen; z.B. 1Petr 3,20. Keiner ist verloren oder auf ewig versunken: Die Gottesbeziehung ist stärker als alle Todesmächte. *Der Tod,* der den Menschen wegholt, *sein Reich* (wörtl.: Hades = Totenwelt), wo der Tod seine Beute verwahrt. Nicht zu verwechseln mit dem »Abgrund« *(abyssos* = Finsterniswelt), auch wenn sie sich berühren können; vgl. Lk 16,28. Die Totenwelt ist nicht Herrschaftsgebiet Satans, sondern Gottes. **14** *Der Tod und sein Reich:* beide als Personen gedacht. *Wurden geworfen:* Weil sie ausgedient haben, werden sie ausgeschieden. Sie sind als zerstörende Gewalten, als »Sold der Sünde« (Röm 6,23) vorübergehend von Gott zugelassen, aber doch Fremdkörper, ja Feinde (1Kor 15,26) in Gottes guter Schöpfung und haben darum in der neuen Schöpfung ohne Sünde keinen Platz mehr. *Der zweite Tod:* Die ewige Trennung von Gott, aus der es keine Rückkehr mehr gibt. **15** *Im Buch des Lebens:* An Jesus vorbei gibt es also keinen Zugang zur kommenden Welt. Das Lebensbuch des Lammes entscheidet, nicht das Buch der Werke! Das wichtigste »Werk« des Menschen: Das Heilsangebot des Gekreuzigten annehmen und ihm das Leben ausliefern; vgl. Joh 3,18. - In diesem ganzen Kapitel ist Jesus kaum erwähnt, vor allem nicht im Zeugnis vom Jüngsten Gericht. Nach 21,12 ist Jesus, wie bei allem Gotteshandeln in der Offb, im Gericht mit dabei als der Handelnde; vgl. Mt 25,31ff; Joh 5,22.27. Das Jüngste Gericht bildet ja den Abschluß des Christustages, des Reiches der 1000 Jahre. Es schließt das Geschehen und Ergebnis dieses wichtigen Abschnitts wohl mit ein. Von daher ist es denkbar, daß die Christen, die ebenfalls in diesen Versen vom Endgericht nicht besonders erwähnt werden, bei den Gerichten dabei sind, zumal das Lebensbuch des Lammes dabei aufgeschlagen wird. Der Christ darf mit dem Versprechen seines Herrn rechnen (Joh 5,24) im Sinne davon, daß er nicht in die Verurteilung hinein muß, wohl aber muß er wie jedermann - vgl. Hebr 9,27; 1Kor 3,3ff; 2Kor 5,10 - einer letzten Enthüllung seines Lebens und Wesens standhalten.

21,1-22,5 Die neue Welt

Nicht die Wiederkunft Jesu und das Jüngste Gericht mit seiner Enthüllung und Scheidung ist das Ziel des Planes Gottes, wie es in den Endzeitreden Jesu (Mt 13,37; Mt 25,46; Lk 21,38) vor seinem Sterben erscheint, sondern die Vollendung in der neuen Welt Gottes, wie sie und die beiden letzten Kap. der Offb und der Bibel bezeugen; vgl. 1Kor 15,21. Schlüsselsatz ist 21,5a, wo Gott selbst als das Ziel all seiner Wege der noch in der Anfechtung dieser Welt tief verstrickten Menschheit zuruft: Siehe, ICH mache alles neu! Der Akt der Neuschöpfung wird nicht beschrieben - so wenig wie die Auferstehung Jesu, der entscheidende Ansatz und Grundstein für die Neuschöpfung in den Evangelien - sondern ihr Ergebnis. Obwohl die Worte und Bilder der jetzigen vergehenden Welt völlig unzureichend sind, das Neue angemessen zu schildern, unternimmt es Johannes in drei gewaltigen, biblisch vorbereiteten Bildern in majestätisch-feierlichem Stil die neue Wirklichkeit zu bezeugen, jeweils von einer anderen Seite her. Die Schönheit der Bilder und die Vollmacht der Worte dieser letzten Kap. vermitteln etwas von dem, was Paulus 1Kor 2,9 bezeugt. Sie sind keine Vertröstung, die sich ein Mensch im Dunkel der Welt macht, sondern ein Widerschein der kommenden Welt, die einer schauen durfte, um sie den andern, die noch mit ihm unterwegs sind, weiterzusagen. »Es ist jedesmal, wenn man an diese Kapitel kommt, daß man eigentlich bloß lesen sollte und dann schweigend anbeten« (Hartenstein).

21,1-8 Die neue Gottesgemeinschaft

1 *Neuen Himmel:* Als Teil der Schöpfung (1Mo 1,6-8) war der alte vergangen. *Neue Erde:* Vgl. Jes 65,7; 66,17; 2Petr 3,13. *Das Meer:* Als der den Menschen bedrohende (20,13; Ps 93,3), ja unheimliche, der Unterwelt benachbarte (13,1) Bereich. 2 *Das neue Jerusalem:* Die neue Gottesstadt für das neue Gottesvolk aus Juden und Heiden. Das alte Jerusalem ist mit der alten Welt vergangen; vgl. 11,8; Jes 54,11-14; Hes 40-48; Offb 3,12. *Von Gott aus dem Himmel:* Doppelt hervorgehoben; Gott ist der Herr und Erbauer (2Kor 5,1; Gal 4,26; Hebr 12,22), nicht von unten, wie Stadt und Turm von Babel (1Mo 11,4). *Bereitet:* vorgesehen von Gott. *Geschmückte Braut:* S. Komm. zu 12,1; 19,7.9; vgl. Gal 4,21-31. Gegenbild zu Babylon als Hure (Kap. 17) und Stadt (Kap. 18). Die Gemeinde und ihr Wohnsitz als Mittelpunkt und Inbegriff der neuen Welt. »Ein feierlicher und zarter Ausdruck für die neue Wirklichkeit« (Lilje). 3 *Große Stimme:* S. 4,1; 5,2; 18,2. *Hütte Gottes:* Das entscheidend Neue, das Wesen der neuen Welt ist unverhüllte, »leibhaftige« Gemeinschaft Gottes mit den Menschen, Ende der Verborgenheit und Trennung; vgl. Sach 2,14; Mt 5,8; Joh 17,24ff. *Sein Volk* (wörtl.: »Völker«): Die Beschränkung auf Israel ist aufgehoben; vgl. Hes 37,27. 4 *Gott wird abwischen:* S. Komm. zu 7,17; Ausdruck und Folge der neuen Gottesgemeinschaft; vgl. Jes 66,13. *Der Tod:* S. Komm. zu 20,14; vgl. Jes 25,8; 1Kor 15,26.54f. *Leid, Geschrei, Schmerz:* S. Mt 5,4; Jes 35,10. *Das Erste ist vergangen:* das Vergängliche, weil Befleckte. 5 *Der auf dem Thron saß:* Nur 1,8 und hier redet Gott selber und enthüllt das Ziel all seines Handelns; vgl. Jes 43,1; 2Kor 5,17. Durch Christus macht Gott alles neu. Er beginnt beim einzelnen, hört aber nicht damit auf. *Schreibe!* S. Komm. zu 1,1; Gott selber erteilt den Schreib-Befehl zugunsten seines im Glauben wartenden, angefochtenen Volkes; vgl. 2Kor 5,7; Joh 20,29; Hebr 11,1. *Wahrhaftig und gewiß* (wörtl.: »treu und wahrhaftig«): wie »das Wort Gottes« (19,11.13), den sie ja bezeugen. 6 *Es ist geschehen* (vgl. Ps 33,9; Joh 19,30; Offb 16,17): Gott verbürgt sich selbst dafür. *A und O:* der erste u. letzte Buchst. des griech. Alphabets. Gott führt seinen Plan hinaus! S. Komm. zu 1,8; vgl. Jes 28,29; Phil 1,6. *Dem Durstigen:* Der nach Gott und seiner Gemeinschaft, der Enthüllung seiner Gerechtigkeit und Herrlichkeit brennend verlangt; vgl. Jes 55,1; Mt 5,6; 6,33; Joh 4,10-14; 7,37f; Offb 7,17. *Lebendiges Wasser:* Bild für das endzeitliche Heil. *Umsonst:* Gottesgemeinschaft ist immer Geschenk, das der Mensch nie verdienen oder beanspruchen kann. 7 *Wer überwindet:* S. Komm. zu 2,7 usw. Wichtige Ergänzung zu »umsonst«: Die Gnade Gottes schließt das Annehmen des Menschen mit allen Konsequenzen im Widerstand der Welt und des eigenen Herzens ein; vgl. Joh 1,11f. *Ich werde sein Gott sein:* Vgl. Joh 20,17. *Ererben* (vgl. Röm 8,17; 1Kor 15,50; 2Kor 6,18; 1Petr 1,3-5): Nicht etwas, sondern Gott selbst, die Sohnschaft, ist das Erbe; vgl. mit 2Sam 7,14 u. Jer 31,9: Dort ist die Sohnschaft auf Israel beschränkt bzw. auf seinen König. 8 Kehrseite von V. 7, Negativkommentar zu »umsonst« (V. 6). *Feige - Ungläubige - Frevler:* Sich steigernde Absage an Jesus; unterlassenes Bekenntnis; vgl. Mt 10,32; Absage an den Glauben (Hebr 10,35ff); Läste-

rung seines Namens (1Kor 12,3). *Mörder und Unzüchtige:* Unbußfertige Übertreter seiner Gebote. *Zauberer und Götzendiener:* die sich auf widergöttliche Mächte (1. Gebot!) einlassen. *Alle Lügner:* Zusammenfassung; die in der Lüge (gegen Gott, ohne Jesus; Röm 1,25; Joh 14,6) leben. *Zweite Tod:* S. Komm. zu 20,14; vgl. Lk 13,38; Joh 3,36; 1Kor 6,9; 1Petr 4,17. *Pfuhl:* S. Komm. zu 19,20. Der Mensch schließt sich selber aus, indem er sich von Jesus abwendet, durch den ihm Gott hier schon seine neue Gemeinschaft anfangsweise anbietet.

21,9-27 Das neue Jerusalem

9 *Einer von den sieben Engeln* (vgl. 17,1ff): schroffer Gegensatz des Geschauten! *Sieben Schalen:* Gericht und Heil gehören zusammen - aber das Gericht steht im Dienste des Heils. *Die Frau:* S. Komm. zu 12,1 u. 19,7. Die Braut ist Frau geworden, die Wartezeit der Braut ist zu Ende. Im folgenden wird das Bild der Frau durch das Bild der Stadt ersetzt und ergänzt; vgl. »Kirche« als Gemeinschaft von Menschen und ihr Versammlungsort. **10** *Großer und hoher Berg* (vgl. Hes 40,2ff): Johannes greift hier auf Worte und Bilder von Hes 40-48 zurück, betont aber wichtige Unterschiede; vgl. auch 2Mo 25,40; 5Mo 32,48ff; Mt 4,5.8. *Die heilige Stadt:* Vgl. Jes 52,1; s. Komm. V. 2. **11** *Die Herrlichkeit Gottes:* Sie bestimmt das Wesen der Stadt, die durchstrahlt und durchdrungen ist von Gottes Lichtglanz und Gegenwart; vgl. V. 3. *Jaspis:* S. Komm. zu 4,3. **12** *Große und hohe Mauer:* Ausdruck für Geborgenheit und Trennung; vgl. V. 17. *Zwölf Tore:* einladender Zugang; vgl. V. 25. *Zwölf Engel* (vgl. Jes 62,6): Zeugen des göttlichen Schutzes. *Namen der zwölf Stämme:* S. Komm. zu 7,4f; das Gottesvolk in seiner Vollzahl und Vielfalt. **13** *Von Osten 3 Tore:* Die Bewohner der Stadt kommen von allen Gegenden der Erde; vgl. Mt 28,19; Apg 2,8f. **14** *Zwölf Grundsteine:* wohl die Mauerabschnitte zwischen zwei Toren. *Die Namen der Apostel des Lammes:* Die Verkündigung der Apostel stellt die Grundlage und Abgrenzung her für die Stadt und ihre Bewohner; vgl. 1Kor 15,1-11; Gal 1,6-9; Eph 2,20; Mt 16,18; 28,18-20. Jüngerschaft gegenüber Jesus kennzeichnet das neue Gottesvolk. **15** *Maßstab:* S. Komm. zu 11,1. *Goldenes Rohr:* Dieser Maßstab dient der Feststellung der göttlichen Schönheit und Größe von Stadt und Mauer; vgl. Hes 40,3. **16** *Ihre Länge:* Vgl. Hes 43,16. Auch Ninive und Babylon waren quadratisch angelegt; Ausdruck der Vollkommenheit. *12.000 Stadien* (= 2.400 km): Ausdruck für die alles Menschenmaß übersteigende Größe der Stadt (vgl. Joh 14,2) für das Volk Gottes (Zwölfzahl). *Höhe:* Nicht nur quadratischer Grundriß, sondern auch Würfelform; Überbietung von Babylon; vgl. 1Mo 11,1ff. Was dort törichte, gotteslästerliche Anmaßung war, ist jetzt Gottes herrliches Geschenk für den Menschen. Diese von Gott erschaffene Stadt reicht tatsächlich bis an den Himmel, vereinigt Erde und Himmel: Nach jüd. Auffassung ist das Himmelgewölbe 12.000 Stadien über der Erde. Die Würfelform ist außerdem ein Hinweis auf das »Allerheiligste« im Tempel; vgl. 1Kö 6,20. Die ganze Stadt ist nun »Allerheiligstes«, Ort der Gegenwart Gottes: S. V. 22ff. **17** *144 Ellen* (= 72,2 m): Die für das neue Gottesvolk (12 mal 12) ausreichende Mauer; groß gegenüber irdischen Mauern, winzig gegenüber der neuen Stadt. **18-21** Die Schilderung der Baustoffe entspricht dem Wesen der Stadt; vgl. V. 11. »Also werden die Auserwählten einander durchschauen und ein jeder in jedem andern das Widerspiel der göttlichen Klarheit wahrnehmen« (Bengel). **19f** *Allerlei Edelsteine:* Vgl. 2Mo 28,17ff; Jes 54,11ff; Hes 28,13; Sach 9,16. **21** *Perlen:* himmlische Größe dieses besonders wertvollen Stoffes; vgl. Mt 13,45; 7,6; Offb 18,12. Sie sichern den Zugang zur neuen Stadt. **22** *Kein Tempel:* wichtiger Unterschied zu Hes 40-48 u. Dan 8,14! Die ganze Stadt - s. V. 16 - ist Tempel Gottes. Die Zeit der Verborgenheit Gottes und des unheiligen »Außerhalb« ist vorbei. Auch die Zeit der Religionen, Konfessionen und Theologien! Vgl. Mt 27,51; Mk 14,58; Joh 2,19; 4,21-24; Apg 6,14; Jer 31,34; Joh 6,45. *Er und das Lamm:* Erfüllung und Überbietung von Joh 14,23; s. Komm. zu V. 3! **23** *Sonne:* Sonne und Mond sind schon nach 1Mo 1,14 nur »Lampen«, keine Götter; ihre wichtige, aber eingeschränkte Bedeutung für den Menschen ist nun zu Ende; vgl. Jes 60,2.19f; Joh 8,12. **24** *Die Völker:* Vgl. zum folgenden Jes 60,3-11! Der Unterschied zwischen Israel und den (Heiden-)Völkern, zwischen »Gemeinde« und »Welt« entfällt. Die Völker - samt Israel; Joh 5,44 -, suchen nicht mehr ihre eigene Herrlichkeit, sondern tragen bei zur Verherrlichung Gottes, indem sie mit ihren Gaben ihm dienen; vgl. Jes 66,18. Sie leben nicht mehr in der Finsternis der Abwendung von Gott (Joh 3,19), sondern bewegen sich im Lichte der Wahrheit und Gegenwart Gottes, in der Herrlichkeit der neuen Stadt.

25 *Nicht verschlossen am Tage:* Alle haben Bürgerrecht; vgl. Phil 3,20. *Keine Nacht:* Wie für das Meer (21,1) und den Tod (20,14) ist auch für die Nacht und all ihre Verführung und Bedrohung (vgl. Sach 14,7; Mt 26,31; Joh 11,10; 1Thes 5,5.7) in der neuen Stadt kein Platz mehr. **26** *Pracht und Reichtum der Völker:* zu Gottes Verherrlichung, zu aller Nutzen, nicht nur für Israel; vgl. Jes 60,11. **27** *Nichts Unreines:* Kein Hinweis darauf, daß es außerhalb der Stadt noch Unreines gibt, sondern eine warnende und lockende Mahnung an die Gemeinde, die heute noch in der Versuchung zur Sünde lebt; s. Komm. zu V. 8 u. 22,15. *Lebensbuch des Lammes:* S. Komm. zu 3,5; 13,8; 17,8; 20,15. »Wer jetzt nicht den ganzen, ungeteilten Gehorsam wagt, und sich auf unwahrhaftige Kompromisse mit den gottfeindlichen Mächten einläßt, wird zur Gottesstadt keinen Zugang erhalten!« (Roloff).

22,1-5 Das neue Paradies

1 Während im Schöpfungsbericht (1Mo 2,10ff) ein Strom vom Paradies ausgeht, der sich in vier Arme teilt, um die ganze Erde zu tränken und ihr Leben zu schenken, sieht Hesekiel (47,1ff) für die Endzeit vom neuen Tempel einen Strom mit belebendem Wasser herausfließen, der das Tote Meer wieder mit Leben füllen wird und unterwegs an beiden Ufern fruchtbare Bäume mit allmonatlichen Früchten und unverwelklichen Blättern bewässert. Johannes überbietet beide Bilder, indem er uns *einen Strom lebendigen Wassers, klar wie Kristall* bezeugt, der *vom Thron Gottes und des Lammes* ausgeht: Die unerschöpfliche heilige Lebenskraft Gottes, der durch das Opfer des Lammes mit seiner Schöpfung versöhnt ist, teilt sich ihr mit und durchströmt sie in unvorstellbarer Fülle: Wer in der Stadt Gottes lebt, lebt Gottes Leben. Das jetzige Leben - leiblich und geistlich - ist erst ein Vorgeschmack des zukünftigen in Gottes unmittelbarer Gemeinschaft; vgl. Joe 4,18; Sach 14,8; Joh 7,37; 1Jo 5,11. - Jer 2,13 hat für immer aufgehört: Ps 36,10 wird voll erfahren. **2** *Bäume des Lebens:* Nicht nur ein Lebensbaum (1Mo 2,9), sondern viele; nicht nur die allmonatlichen Früchte, sondern auch die Blätter geben die Heil- und Lebenskräfte Gottes weiter; vgl. Hes 47,12. Die Menschen sind nicht mehr ausgeschlossen von ihnen (1Mo 3,22f): Sie dürfen immer neu und tiefer die heilenden Lebenskräfte Gottes, die der inneren und äußeren *Heilung der Völker* dienen, in sich aufnehmen. **3** *Nichts Verfluchtes:* Ursache und Folgen des Falles; vgl. 1Mo 3,14ff. Weder Menschen, die sich von der Sünde nicht lösen ließen (21,8.27), noch Verderbensmächte (19,20; 20,10.14): Alles, was mit der Sünde und ihren Folgen zu tun hat, wird für immer verbannt sein, kann sich nie mehr wiederholen. *Thron Gottes* (s. Komm. zu 4,2; 15,8!), der bisher unnahbar war. *Und des Lammes:* Auch und erst recht in der Vollendung bleibt Jesus derselbe (Hebr 13,8), der für die Menschen Mensch geworden ist und sich hingegeben hat (s. Komm. zu 5,6): Unaufhörliche Gegenwart und Gemeinschaft des Vaters und Sohnes mit den Menschen; s. Komm. zu 21,3. *Seine Knechte:* alle Bewohner der Stadt. *Werden ihm dienen,* willig und ewig; vgl. Hebr 9,14; Offb 7,15. - 1Mo 3,1ff gehört zu dem »Ersten« (21,4), das endgültig vergangen ist. **4** *Sein Angesicht sehen:* Das ist mehr als 2Mo 33,20ff u. 4Mo 26,25f; Ps 17,15; Mt 5,8; 1Kor 13,12; 1Jo 3,2 sind erfüllt. Höchste Offenbarung der Liebe Gottes; vgl. 1Jo 4,8. *Sein Name an ihren Stirnen:* Sie bekommen am Wesen Gottes, seiner Heiligkeit teil als sein Eigentum; vgl. Mt 6,9; Offb 3,12; 14,1. Die Gottesebenbildlichkeit (1Mo 1,26) ist an ihr Zeil gekommen. **5** *Keine Nacht:* S. Komm. zu 21,25. *Wird sie erleuchten:* Der Ursprung und die Fülle des Lichtes (1Mo 1,2ff; 1Jo 1,5) wird sie licht machen. *Sie werden regieren von Ewigkeit zu Ewigkeit:* Was in der Niedrigkeit des irdischen Christseins begonnen hat (Mt 23,11; Joh 13,14ff; 12,26), was sich im Christusreich der 1000 Jahre bewährte (20,6), das wird in Ewigkeit nicht aufhören und der Inhalt ihres Lebens sein: Teilhabe an Jesu priesterlicher Herrschaft; s. Komm. zu 5,10; 20,6. »Wer das Herrschen auf dieser Erde verlernt hat, den kann Gott brauchen zum Dienen in Ewigkeit« (Hartenstein).

22,6-21 Das Schlußwort

Das Schlußwort des Buches ist - mittelbar oder unmittelbar - noch einmal ein Wort des erhöhten Herrn an seine Gemeinde, das auf das Eingangswort (1,1-8) zurückgreift, mit dem es das ganze Buch umklammert. An einigen Punkten erinnert es stark an den urchristlichen Gottesdienst, in dem ja der »Brief« wohl verlesen wurde. Noch einmal wird in diesen Versen die Autorität des ganzen Buches betont, seine Verläßlichkeit (V. 6-8), sein Entscheidungsernst (V. 10-16) und seine Unantastbarkeit (V. 18f). Aber der Grundton, der schon 1,7 aufklang, wird hier am Schluß noch einmal kräftig aufgenommen in der dreimaligen Verheißung, mit der der kommende Richter und Retter sein unmittelbar bevorstehendes, alles veränderndes Eingreifen ansagt: SIEHE, ICH KOMME BALD! (7,12.20). Diese Verheißung gilt es zu hören und sich auf sie einzustellen in tätigem Warten (V. 12) und gehorsamem Zeugnis (V. 17).

6 *Er sprach:* entweder Jesus selbst (V. 7) oder ein Engel (V. 8) in seinem Auftrag. *Diese Worte:* das ganze Buch. *Gewiß und wahrhaftig:* S. Komm. zu 21,5 u. 19,11. Sie sind ja Zeugnis (V. 20) dessen, der selber »das Wort Gottes« (19,13) ist; s. Komm. dort. *Der Gott des Geistes* (wörtl.: der Geister). *Der Propheten:* Gottes Geist ist in den Propheten am Werk, zu denen auch Johannes gehört; vgl. 1,10; 10,7; 11,18; 22,9. *Engel:* Vgl. Hebr 1,14. *Bald:* S. Komm. zu 1,1.3. *Geschehen muß:* nach Gottes Plan; vgl. Dan 2,28. **7** *Siehe, ich komme bald* (12,20): Die neue endgültige Erfüllung von Jes 40,10 ist seit der Auferstehung Jesu für Gottes Volk das große Warteziel; vgl. Apg 1,11. *Selig ist:* 6. Seligpreisung der Offb. Sie nennt die rechte Folgerung aus der Ankündigung Jesu (s. Komm. zu 1,3): Nüchterner, leidensbereiter Gehorsam, nicht schwärmerische Unruhe; vgl. 2Thes 2,1ff. **8** *Ich, Johannes:* Noch einmal nennt er offen seinen Namen (s. Komm. zu 1,4.9). Er benützt keinen berühmten Decknamen aus der Vorzeit wie die jüd. Apokalyptiker und betont seine Ohren- und Augenzeugenschaft. *Fiel ich nieder:* S. Komm. zu 19,10. **9** *Bete Gott an!* Weil ihm allein Anbetung zukommt. Dazu soll das Buch führen und von aller unzulässigen Anbetung (13,8) befreien. **10** *Versiegle nicht!* Im Unterschied zur apokalyptischen Literatur, die sich als Geheimlehre versteht (auch Dan 8,26), ist das dem Johannes Mitgeteilte für die Öffentlichkeit, zur sofortigen Bekanntgabe bestimmt, denn es ist unentbehrlich zum Verstehen und Bewältigen der Gegenwart; die Endzeit ist bereits angebrochen und offen für das Angesagte: *die Zeit ist nahe!* S. Komm. zu 1,1.3. **11** *Tue fernerhin Böses:* Keine lieblose Aufforderung oder müde Resignation, sondern nüchterner Hinweis auf die große Scheidung, die begonnen hat; ein dringlicher Aufruf zur rechten Entscheidung; vgl. Jes 6,8ff; Hes 3,27; Mt 13,13ff; 24,12; Offb 14,6; aber auch 9,20f; 16,9.11.21. Die Gemeinde soll sich nicht beirren lassen durch das sie umgebende Anwachsen des Bösen. »Es ist etwas Unbegreifliches, welch eine Wahl der große Gott dem Menschen läßt zwischen Leben und Tod« (Bengel). **12** *Siehe, ich komme bald:* S. Komm. zu V. 7. *Lohn:* Vgl. Ps 62,13; Hinweis auf seine Mitwirkung im Jüngsten Gericht. *Seine Werke* (wörtl.: »sein Werk«): S. Komm. zu 2,2; 14,13. **13** *A und O:* S. Komm. zu 21,6. Hier von Jesus ausgesagt (vgl. auch 1,17; 2,8): Joh 10,30! Zwischen den beiden Buchstaben liegt die Geschichte des ganzen Kosmos, aller Menschen und der Gemeinde. **14** *Selig sind:* Letzte Seligpreisung der Offb, die noch einmal herausstellt, daß es zuerst auf die ergriffene Reinigung durch Jesus, auf die Annahme seiner Erlösung ankommt, wenn man zu ihm gehören will. Wichtige Ergänzung zu V. 12; vgl. 7,14; Joh 13,10. *Baum des Lebens* (22,2): Anteil am ewigen Leben (vgl. Joh 17,3). *Hineingehen* (22,25): als Bürger und Erbe, vgl. Joh 14,2f. **15** *Draußen:* S. Komm. zu 21,8.27. *Hunde:* Vielleicht Hinweis auf männliche Unzucht (5Mo 23,19), aber wohl eher auf Abgleiten in Irrlehre und Abfall (z.B. 2,14 usw.); vgl. Phil 3,6; auch 1Kor 16,22. Hunde sind verachtet als herrenlose, schamlose, alles fressende Tiere; vgl. Mt 7,6; 15,14; 2Petr 2,22. **16** *Für die Gemeinden:* Wohl zur Verlesung im Gottesdienst, damit sie auf Jesus wartend bleiben können. *Die Wurzel:* Vgl. Jes 11,1; Röm 1,3. *Das Geschlecht Davids:* Noch mehr; Inbegriff und Endziel des königlichen Geschlechts des Gottesvolkes. In ihm, dem »König aller Könige« ist alle Hoffnung auf den Messiaskönig zur Erfüllung gekommen; vgl. Mk 12,25ff. *Der helle Morgenstern:* S. Komm. zu 2,28. Vielleicht von 4Mo 24,17 her zu deuten: Jesus, der von Bileam geschaute endzeitliche König. **17** *Der Geist,* der in den Propheten redet (V. 6) und in die Gemeinde wirkt. *Die Braut:* S. Komm. zu 19,7. Die auf ihren Herrn wartende, hier wohl auch gottesdienstlich versammelte Gemeinde Jesu. *Komm!* als Sehnsuchtsschrei und Zeugnis der Zugehörigkeit zu ihm. *Wer es hört:* Jeder, der im Gottesdienst dabei ist; möglicherweise ein einladender Hinweis auf das Herrenmahl der Gemeinde. *Wen da dürstet:* S. Komm. zu 21,6. Schon jetzt ist dem Dürstenden in der Begegnung mit Jesus, in seiner Gemeinde das Lebenswasser angeboten; vgl. Joh 7,37. *Der komme:* Dieses Kommen im Sinne von Mt 11,28 ist die Voraussetzung dafür, daß das Wiederkommen Jesu erwartet und ersehnt wird. »Außer Christo ist alles dürr und trocken. Alles soll zu ihm treiben und ziehen« (Bengel). **18f** *Wenn jemand etwas hinzufügt:* Vgl. 5Mo 4,2. Notwendige Sicherung des prophetischen Wortes vor Mißbrauch. Aufforderung zu zuchtvollem und demütigem Umgang mit dem endzeitlichen Zeugnis: Wer sich an diesem Buche vergreift, vergreift sich an seinem künftigen Heil! S. Komm. zu 3,10. **20** *Der dies bezeugt:* Die Offb ist das Zeugnis Jesu; s. Komm. zu 1,1. Er steht hinter dem Wort des Johannes. *Ja, ich komme bald:* S. Komm. zu V. 7. *Amen, ja, komm Herr Jesus!* S. 1,7; 22,17. Die Bestätigung und Antwort der wartenden Gemeinde. Übernahme des aram. Gebetsrufes, mit dem der urchristliche Gottesdienst schloß (1Kor 16,22): *maranatha!* (unser Herr, komm!). Mit dem Ruf der wartenden Gemeinde, den sie ihrem kommenden Herrn entgegenschickt als Antwort auf seine Verheißung, schließt das Buch, dessen Absicht und Kraft eben dies ist: Diesen Ruf in der Gemeinde zu wecken und wachzuhalten. »Nur da ist rechte Gemeinde, wo sie auf Jesus wartet« (Lilje). **21** *Die Gnade des Herrn Jesu:* Der einleitende (1,4) und abschließende Gebetswunsch erinnert an den Eingang und Abschluß der Paulusbriefe. Aber hier weist er ganz bewußt darauf hin, daß jeder, der dieses Buch liest, die Gnade des Herrn Jesus braucht, seine freundliche, ganz persönliche Zuwendung, und sie auch empfängt, wenn er in dieser Welt wirklich einstimmen will in diesen Ruf, um ihn in Glaubensgewißheit und Zeugnisfreudigkeit in dieser Welt durchzuhalten, bis er da ist.

Gerhard Gläser